Stöber
Zwangsversteigerungsgesetz

Beck'sche Kurz-Kommentare

Band 12

Zwangsversteigerungsgesetz

Kommentar zum ZVG
der Bundesrepublik Deutschland mit einem Anhang
einschlägiger Texte und Tabellen

von

Kurt Stöber

Regierungsdirektor a. D.
Rothenburg ob der Tauber

18., neubearbeitete Auflage
des von Dr. Friedrich **Zeller** von der 6. bis 10. Auflage
bearbeiteten Werkes

Verlag C. H. Beck München 2006

Wilhelmi, ZVG, 1. Auflage 1934
Wilhelmi, ZVG, 2. Auflage 1937
bearbeitet von Dr. Walter Wilhelmi

Wilhelmi-Vogel, ZVG 3. Auflage 1952
Wilhelmi-Vogel, ZVG, 4. Auflage 1956
Wilhelmi-Vogel, ZVG, 5. Auflage 1959
bearbeitet von Dr. Hermann Vogel

Wilhelmi-Vogel-Zeller, ZVG, 6. Auflage 1965
bearbeitet von Dr. Friedrich Zeller

Zeller, ZVG, 7. Auflage 1967
Zeller, ZVG, 8. Auflage 1971
Zeller, ZVG, 9. Auflage 1974
Zeller, ZVG, 10. Auflage 1979
bearbeitet von Dr. Friedrich Zeller

Zeller, ZVG, 11. Auflage 1983
Zeller/Stöber, ZVG, 12. Auflage 1987
Zeller/Stöber, ZVG, 13. Auflage 1989
Zeller/Stöber, ZVG, 14. Auflage 1993
Zeller/Stöber, ZVG, 15. Auflage 1996
Zeller/Stöber, ZVG, 16. Auflage 1999
bearbeitet von Kurt Stöber

Stöber, ZVG, 17. Auflage 2002

Verlag C. H. Beck im Internet:

beck.de

ISBN 3 406 54049 X

© 2006 Verlag C. H. Beck oHG
Wilhelmstraße 9, 80801 München
Druck: Druckerei C. H. Beck Nördlingen
(Adresse wie Verlag)

Gedruckt auf säurefreiem, alterungsbeständigem Papier
(hergestellt aus chlorfrei gebleichtem Zellstoff)

Vorwort

Das Zwangsversteigerungsgesetz wurde seit Erscheinen der Vorauflage vor drei Jahren nicht wesentlich, aber doch an sechs Stellen geändert. Einschneidend sind jedoch die Neuerungen, die die Ende 2003 etwas überraschend verkündete Zwangsverwalterverordnung gebracht hat. Das Kostenrechtsmodernisierungsgesetz hat Bestimmungen über die Kosten in ZVG-Verfahren in das neu gefaßte Gerichtskostengesetz im wesentlichen (mit neuer Numerierung) zwar aus dem vormaligen Recht übernommen, mit einer neuen Gebührenstruktur für die Rechtsanwaltsvergütung aber doch grundlegende Änderungen bewirkt. Rechtsprechung und Schrifttum haben wiederum in reichem Maße Anlaß geboten, Kommentarstellen kritisch zu überprüfen und auch neu zu fassen. Beschwerdeentscheidungen des Bundesgerichtshofs in Immobiliarvollstreckungsverfahren waren nach der durch das ZPO-Reformgesetz neu geschaffenen Rechtsbeschwerde erstmals in die Kommentierung einzuarbeiten.

Die Gesetzgebung des Bundes ist ebenso wie Rechtsprechung und Schrifttum bis Ende September 2005 berücksichtigt. Landesrechtliche Bestimmungen sind weitgehend bis Sommer 2005 erfaßt.

Der Praxis rasche Orientierung zu ermöglichen und zuverlässige Aussagen zu geben, ist nach wie vor Anliegen dieses Erläuterungsbuchs. Damit wendet sich der Kommentar an alle, die mit Vorbereitung, Durchführung, Abwicklung und Auswirkungen von Immobiliarvollstreckungsverfahren befaßt, als Gläubiger, Schuldner oder sonst Beteiligte um Wahrung ihrer Rechte bestrebt oder am Grundstückserwerb bei Zwangsversteigerung interessiert sind. Oft decken Zwangsversteigerung und Zwangsverwaltung schonungslos Fehler, Versäumnisse oder auch nur Unachtsamkeiten auf, die bei Gestaltung und Sicherung der Rechte an Grundstücken (und anderen Objekten) unterlaufen sind. Beratung, Vertragsgestaltung und Abfassung notarieller Urkunden gebieten daher stets auch, schon frühzeitig und umfassend den Auswirkungen der Rechtsverwirklichung mit Immobiliarvollstreckung Rechnung zu tragen. Hierbei Hilfe zu geben, ist dem Kommentar ebenso angelegen.

Für Anregungen und Hinweise schulde ich wiederum Dank. Nach wie vor nehme ich sie gerne entgegen.

Rothenburg ob der Tauber, im Oktober 2005   Kurt Stöber

Vorwort

Aus dem Vorwort zur 10. Auflage

1. Diese 10. Auflage des ZVG-Kommentars erscheint im neuen Format der Beck'schen Kurzkommentare und in vollständiger Neubearbeitung. Die seit der 6. Auflage eingeführten Besonderheiten dieses Buches in Einteilung und Darstellung sind beibehalten und ausgebaut. ...
2. Das Buch ist das Ergebnis der Lebensarbeit des Verfassers. Es verwertet die Berufserfahrungen als Rechtsanwalt und als langjähriger Vollstreckungsrichter, auch als Leiter des Registergerichts München und des Konkurs- und Vollstreckungsgerichts München, verbunden mit Anregungen aus langjähriger Unterrichtstätigkeit an der Universität und bei der praktischen Aus- und Fortbildung der Studenten, Referendare und Rechtspfleger. Verarbeitet sind darum auch Anliegen von Anwälten und Fragen des Handels- und Registerrechts. Fast alles ist selbst „ausprobiert". ...
3. Der Erläuterungsstoff ist weiterhin nach Stichworten alphabetisch geordnet, um lange Überlegungen über die Gliederung zu ersparen ... Die Erläuterungen selbst, auch diejenigen zum ZVG-Einführungsgesetz und zu den anderen Texten, sind ohne Vor- und Zwischenbemerkungen bei den dazu sachlich gehörenden ZVG-Paragraphen eingeordnet, um mehrfaches Nachschlagen zu vermeiden. ...
4. ...
5. ... Muster, Beispiele und Fälle aus der Praxis sollen der Praxis dienen. Dabei wird der Kommentar durch das Handbuch ergänzt, auf das immer wieder verwiesen wird. Vieles muß in beiden Büchern behandelt werden, vieles findet sich von der Zweckbestimmung her nur in dem einen oder anderen der beiden. Der Kommentar muß sich nach dem Aufbau des Gesetzes richten und auch theoretische Überlegungen anstellen. Das Handbuch bringt, von Mustern und Beispielen ausgehend, den natürlichen Verfahrensablauf. Beide zusammen sollen durch ein schwieriges Spezialgebiet mit unterschiedlichen und wechselnden Ansichten von Schrifttum und Rechtsprechung führen. ...
6. ... 7. ...
8. Alle Zitate aus Rechtsprechung und Schrifttum stehen in Fußnoten, die ihrerseits keine sachlichen Erläuterungen enthalten, um den Lesefluß nicht zu stören. ...

München, Februar 1979   Dr. Zeller

Inhalt

Abkürzungen XV
Schrifttum XIX

Kommentar
Gesetz über die Zwangsversteigerung und die Zwangsverwaltung

Einleitung

I.	Grundstücksvollstreckung als Verfahrensrecht	1
II.	Immobiliarvollstreckung (ZPO §§ 864–871)	7
III.	Vollstreckungsverfahrensrecht, Verfahrensgrundsätze	19
IV.	Schuldnerschutz nach ZPO § 765a	71
V.	Zwangshypothek (ZPO §§ 866–868)	93
VI.	Zwangsvollstreckung und Kostenrecht	123

Erster Abschnitt. Zwangsversteigerung und Zwangsverwaltung von Grundstücken im Wege der Zwangsvollstreckung [§§ 1–161]

Erster Titel. Allgemeine Vorschriften [§§ 1–14]

§ 1	[Zuständiges Amtsgericht – Vollstreckungsgericht]	159
§ 2	[Bestimmung des zuständigen Gerichts]	162
§ 3	[Zustellungen von Amts wegen]	168
§ 4	[Zustellung durch Aufgabe zur Post]	174
§ 5	[Zustellungsbevollmächtigter beim Grundbuchamt]	177
§ 6	[Bestellung eines Zustellungsvertreters]	178
§ 7	[Aufgaben und Vergütung des Zustellungsvertreters]	181
§ 8	[Zustellung des Anordnungs- und Beitrittsbeschlusses]	184
§ 9	[Beteiligte]	185
§ 10	[Rangordnung der Rechte]	196
§ 11	[Rangfolge in derselben Rangklasse]	227
§ 12	[Rangfolge von Haupt- und Nebenansprüchen]	231
§ 13	[Laufende Beträge wiederkehrender Leistungen]	236
§ 14	[Ansprüche von unbestimmtem Betrag]	242

Zweiter Titel. Zwangsversteigerung [§§ 15–145a]

I. Anordnung der Versteigerung [§§ 15–27]

§ 15	[Anordnungsbeschluß]	245
§ 16	[Inhalt des Antrags]	354
§ 17	[Voraussetzungen der Anordnung]	361
§ 18	[Verbindung mehrerer Verfahren]	368
§ 19	[Grundbucheintragung, Mitteilungen des Grundbuchamts]	373
§ 20	[Beschlagnahmebeschluß, Beschlagnahmeumfang]	382
§ 21	[Umfang der Beschlagnahme: Besonderheiten]	394
§ 22	[Wirksamwerden der Beschlagnahme, Zahlungsverbot]	397
§ 23	[Wirkung der Beschlagnahme]	401
§ 24	[Verwaltung und Benutzung durch den Schuldner]	409

Inhalt

§ 25	[Sicherung der ordnungsmäßigen Bewirtschaftung]	410
§ 26	[Veräußerung nach der Beschlagnahme]	414
§ 27	[Beitrittsbeschluß]	417

II. Aufhebung und einstweilige Einstellung des Verfahrens [§§ 28–34]

§ 28	[Entgegenstehende grundbuchmäßige Rechte, andere Hindernisse]	426
§ 29	[Rücknahme des Antrags]	446
§ 30	[Einstweilige Einstellung auf Bewilligung des Gläubigers]	450
§ 30a	[Einstweilige Einstellung auf Antrag des Schuldners]	460
§ 30b	[Antrag, Belehrung, Entscheidung, Rechtsmittel]	469
§ 30c	[Erneute einstweilige Einstellung auf Antrag]	483
§ 30d	[Einstweilige Einstellung während eines Insolvenzverfahrens]	490
§ 30e	[Auflagen bei Einstellung infolge eines Insolvenzverfahrens]	499
§ 30f	[Aufhebung der Einstellung infolge des Insolvenzverfahrens]	503
§ 31	[Fortsetzung des eingestellten Verfahrens]	507
§ 32	[Zustellung der Einstellungs- und Aufhebungsbeschlüsse]	518
§ 33	[Einstellung oder Aufhebung durch Versagung des Zuschlags]	519
§ 34	[Löschung des Versteigerungsvermerks bei Aufhebung]	523

III. Bestimmung des Versteigerungstermins [§§ 35–43]

§ 35	[Versteigerungsgericht]	524
§ 36	[Zeit und Ort des Versteigerungstermins]	526
§ 37	[Mußinhalt der Terminsbestimmung]	530
§ 38	[Sollinhalt der Terminsbestimmung]	541
§ 39	[Bekanntmachung der Terminsbestimmung im Amtsblatt]	543
§ 40	[Anheftung an Gerichtstafel, sonstige Veröffentlichung]	547
§ 41	[Zustellung der Terminsbestimmung, Mitteilungen]	549
§ 42	[Akteneinsicht]	553
§ 43	[Bekanntmachungs- und Zustellungsfristen]	556

IV. Geringstes Gebot. Versteigerungsbedingungen [§§ 44–65]

§ 44	[Begriff des geringsten Gebots, Deckungsgrundsatz]	563
§ 45	[Berücksichtigung im geringsten Gebot]	584
§ 46	[Wert wiederkehrender Naturalleistungen]	594
§ 47	[Berechnungszeit wiederkehrender Leistungen]	595
§ 48	[Bedingte Rechte, Vormerkung, Widerspruch]	597
§ 49	[Bargebot]	603
§ 50	[Zuzahlung für nichtbestehendes Grundpfandrecht]	611
§ 51	[Zuzahlung für nichtbestehendes sonstiges Recht]	617
§ 52	[Bestehenbleibende Rechte]	627
§ 53	[Schuldübernahme bei Grundpfandrechten]	640
§ 54	[Fälligkeit der bestehenbleibenden Grundpfandrechte]	644
§ 55	[Gegenstand der Versteigerung, Zubehör]	646
§ 56	[Gefahrübergang, Nutzungen, Lasten, Mängelgewähr]	656
§ 57	[Rechte und Pflichten aus einem Miet-(Pacht-)Vertrag]	664
§ 57a	[Kündigungsrecht gegenüber dem Mieter (Pächter)]	672
§ 57b	[Vorausverfügung, Rechtsgeschäft über Miete (Pacht)]	680
§ 57c	[Beschränkung des außerordentlichen Kündigungsrechts]	688
§ 57d	[Ermittlung/Aufforderung der Mieter (Pächter), Anmeldung]	696
§ 58	[Zuschlagskosten]	699
§ 59	[Abweichung bei geringstem Gebot und Versteigerungsbedingungen]	700
§§ 60, 61 [aufgehoben]		713
§ 62	[Vorbereitende Erörterungen, Vortermin]	713

Inhalt

§ 63	[Einzel-, Gruppen- und Gesamtausgebot]	715
§ 64	[Verteilung eines vorgehenden Gesamtgrundpfandrechts]	725
§ 65	[Abgesonderte Versteigerung, anderweitige Verwertung]	735

V. Versteigerung [§§ 66–78]

§ 66	[Versteigerungstermin bis zur Geboteaufforderung]	738
§ 67	[Verlangen nach Sicherheitsleistung]	758
§ 68	[Höhe der Sicherheitsleistung]	763
§ 69	[Art der Sicherheitsleistung]	766
§ 70	[Entscheidung über die Sicherheitsleistung]	770
§ 71	[Behandlung unwirksamer Gebote]	775
§ 72	[Erlöschen der Gebote, Übergebot]	797
§ 73	[Bietzeit; Schluß der Versteigerung]	801
§ 74	[Verhandlung über den Zuschlag]	806
§ 74a	[Wertfestsetzung, Mindestgebot]	807
§ 74b	[Ausnahme von § 74a]	842
§ 75	[Einstweilige Einstellung wegen Zahlung im Termin]	844
§ 76	[Einstweilige Einstellung nach Deckung aus Einzelgebot]	848
§ 77	[Ergebnisloser Termin, Fortsetzung als Zwangsverwaltung]	850
§ 78	[Feststellungen im Protokoll]	855

VI. Entscheidung über den Zuschlag [§§ 79–94]

§ 79	[Keine Bindung an Vorentscheidungen]	859
§ 80	[Nicht protokollierte Terminsvorgänge]	860
§ 81	[Zuschlagsberechtigte: Meistbietender, Zessionar, Vollmachtgeber]	863
§ 82	[Wesentlicher Inhalt des Zuschlagsbeschlusses]	880
§ 83	[Zuschlagversagungsgründe]	884
§ 84	[Heilung von Verfahrensmängeln des § 83]	892
§ 85	[Antrag auf Zuschlagsversagung mit neuer Versteigerung]	894
§ 85a	[Zuschlagsversagung bei Meistgebot unter 50%]	898
§ 86	[Wirkung der Zuschlagsversagung]	909
§ 87	[Verkündung der Zuschlagsentscheidung]	911
§ 88	[Zustellung des Zuschlagsbeschlusses]	915
§ 89	[Wirksamwerden des Zuschlags]	917
§ 90	[Eigentumserwerb durch Zuschlag]	918
§ 91	[Erlöschen von Rechten, Liegenbelassungsvereinbarung]	923
§ 92	[Wertersatz für erlöschende Rechte]	938
§ 93	[Zuschlagsbeschluß als Vollstreckungstitel]	960
§ 94	[Gerichtliche Verwaltung für Rechnung des Erstehers]	968

VII. Beschwerde [§§ 95–104]

§ 95	[Zulässigkeit der Beschwerde vor Zuschlagsentscheidung]	972
§ 96	[Anzuwendende Vorschriften für Beschwerde gegen Zuschlag]	978
§ 97	[Beschwerdeberechtigte bei Zuschlagsentscheidung]	984
§ 98	[Beginn der Beschwerdefrist bei Zuschlagsentscheidung]	987
§ 99	[Beschwerdegegner, mehrere Beschwerden gegen Zuschlag]	990
§ 100	[Zulässige Beschwerdegründe gegen Zuschlagsentscheidung]	991
§ 101	[Zuschlagsentscheidung auf Beschwerde]	995
§ 102	[Zusätzliche Rechtsbeschwerde nach Erlösverteilung]	997
§ 103	[Zustellung der Beschwerdeentscheidung]	998
§ 104	[Wirksamwerden der Zuschlagserteilung in der Beschwerde]	999

VIII. Verteilung des Erlöses [§§ 105–145]

§ 105	[Bestimmung und Bekanntmachung des Verteilungstermins]	999
§ 106	[Vorbereitende Anmeldungen, vorläufiger Teilungsplan]	1004

IX

Inhalt

§ 107	[Feststellung der Teilungsmasse]	1004
§ 108	[aufgehoben]	1007
§ 109	[Verfahrenskosten; Verteilung des Überschusses]	1007
§ 110	[Zurücksetzung nicht rechtzeitig angemeldeter Rechte]	1009
§ 111	[Betagte Ansprüche; Abzug von Zwischenzins]	1011
§ 112	[Verteilung des Erlöses beim Gesamtausgebot]	1014
§ 113	[Aufstellung des Teilungsplans]	1019
§ 114	[Aufnahme in Teilungsplan nach Grundbuch oder Anmeldung]	1024
§ 114a	[Erweiterte Befriedigung des Erstehers]	1074
§ 115	[Verhandlung über den Teilungsplan; Widerspruch]	1087
§ 116	[Aussetzung des Teilungsplans bis zur Rechtskraft des Zuschlags]	1101
§ 117	[Ausführung des Teilungsplans bei Bargebotszahlung]	1102
§ 118	[Ausführung des Teilungsplans bei Nichtzahlung]	1111
§ 119	[Hilfsverteilung bei bedingten Ansprüchen]	1122
§ 120	[Ausführung des Teilungsplans bei bedingten Ansprüchen]	1124
§ 121	[Zuteilung auf Ersatzansprüche nach § 92 Abs 2]	1126
§ 122	[Verteilung des Erlöses auf Gesamtrecht]	1130
§ 123	[Hilfsverteilung bei Forderungsübertragung auf Gesamtrecht]	1134
§ 124	[Hilfsverteilung bei Widerspruch und im Falle des § 115 Abs 4]	1136
§ 125	[Zuteilung der Zuzahlungen nach §§ 50, 51]	1139
§ 126	[Unbekannter Berechtigter: Hilfsverteilung, Hinterlegung]	1146
§ 127	[Grundpfandrechtsbriefe und Vollstreckungstitel]	1148
§ 128	[Sicherungshypothek für Forderungen und Übererlös]	1151
§ 129	[Beschränkte Geltendmachung der Sicherungshypotheken]	1160
§ 130	[Eintragungs- und Löschungsersuchen]	1163
§ 130a	[Löschungsanspruch im Eintragungsersuchen]	1176
§ 131	[Vorlegung der Grundpfandrechtsbriefe nicht nötig]	1182
§ 132	[Vollstreckbarkeit der übertragenen Forderung]	1183
§ 133	[Wiedervollstreckung]	1185
§ 134	[aufgehoben]	1191
§ 135	[Vertreter zur Ermittlung des unbekannten Berechtigten]	1192
§ 136	[Kraftloserklärung von Grundpfandrechtsbriefen]	1193
§ 137	[Nachträgliche Ermittlung des Berechtigten]	1194
§ 138	[Ermächtigung zum Aufgebot des unbekannten Berechtigten]	1195
§ 139	[Termin bei nachträglicher Ermittlung des Berechtigten]	1196
§ 140	[Aufgebotsverfahren zur Ausschließung des Berechtigten]	1197
§ 141	[Termin nach Erlaß des Ausschlußurteils]	1198
§ 142	[Erlöschen der Rechte auf den hinterlegten Betrag]	1199
§ 143	[Außergerichtliche Einigung über die Erlösverteilung]	1200
§ 144	[Außergerichtliche Befriedigung der Berechtigten]	1203
§ 145	[Anzuwendende Vorschriften im Falle der §§ 143, 144]	1206

IX. Grundpfandrechte in ausländischer Währung [§ 145a]

§ 145a	[Ausländische Währung bei Zwangsversteigerung]	1207

Dritter Titel. Zwangsverwaltung [§§ 146–161]

§ 146	[Anzuwendende Vorschriften; Mitteilung an die Beteiligten]	1209
§ 147	[Zwangsverwaltung gegen den Eigenbesitzer]	1227
§ 148	[Umfang der Beschlagnahme, Verwaltung und Benutzung]	1229
§ 149	[Wohnrecht und Unterhalt des Schuldners]	1234
§ 150	[Bestellung des Zwangsverwalters; Übergabe des Grundstücks]	1242
§ 150a	Instituts-Zwangsverwalter	1248
§ 150b	[Schuldner als Zwangsverwalter]	1253
§ 150c	[Aufsichtsperson für den Schuldner-Zwangsverwalter]	1256
§ 150d	[Beschränktes Verfügungsrecht des Schuldner-Verwalters]	1259

Inhalt

§ 150 e	[Vergütung des Schuldner-Zwangsverwalters]	1260
§ 151	[Wirksamwerden der Beschlagnahme, Zahlungsverbot]	1261
§ 152	[Aufgaben des Zwangsverwalters, Miet- und Pachtverträge]	1263
§ 152 a	[Rechtsverordnung über Geschäftsführung und Vergütung]	1299
§ 153	[Vollstreckungsgericht und Zwangsverwalter]	1307
§ 153 a	[Entgelt für Ernährung der Tiere des Schuldners]	1316
§ 153 b	[Einstellung der Zwangsverwaltung auf Insolvenzverwalterantrag]	1317
§ 153 c	[Fortsetzung der Zwangsverwaltung]	1322
§ 154	[Verantwortlichkeit und Rechnungslegung]	1324
§ 155	[Die zu berücksichtigenden Ansprüche]	1330
§ 156	[Öffentliche Lasten; Verteilungstermin; Teilungsplan]	1341
§ 157	[Planausführung und Ergänzung; unbekannte Berechtigte]	1348
§ 158	[Termin für Zahlungen auf das Kapital von Grundpfandrechten]...	1351
§ 158 a	[Ausländische Währung bei Zwangsverwaltung]	1353
§ 159	[Klage auf Abänderung des Teilungsplans]	1353
§ 160	[Außergerichtliche Verteilung]	1354
§ 161	[Aufhebung der Zwangsverwaltung]	1355

Zweiter Abschnitt. Zwangsversteigerung von Schiffen, Schiffsbauwerken und Luftfahrzeugen im Wege der Zwangsvollstreckung [§§ 162–171 n]

Erster Titel. Zwangsversteigerung von Schiffen und Schiffsbauwerken [§§ 162–171]

§ 162	[Anzuwendende Vorschriften]	1368
§ 163	[Zuständiges Vollstreckungsgericht, weitere Beteiligte]	1375
§ 164	[Antragsvoraussetzungen]	1376
§ 165	[Bewachung und Verwahrung des Schiffes, Treuhandschaft, zusätzliches Wirksamwerden der Beschlagnahme]	1377
§ 166	[Beschlagnahme gegen Schiffer, Schiffer als Beteiligter]	1382
§ 167	[Besonderheiten zur Terminsbestimmung]	1383
§ 168	[Bekanntmachung der Terminsbestimmung]	1383
§ 168 a	[aufgehoben]	1384
§ 168 b	[Anmeldung beim Registergericht vor Terminsbekanntmachung]	1384
§ 168 c	[Schiffshypothek in ausländischer Währung]	1385
§ 169	[Miete und Pacht, Schiffshypothek gegen Ersteher]	1386
§ 169 a	[Wertfestsetzung und Zuschlagsversagung bei Seeschiff]	1387
§ 170	[Bewachung und Verwahrung des versteigerten Schiffes]	1387
§ 170 a	[Zwangsversteigerung eines Schiffsbauwerks]	1388
§ 171	[Zwangsversteigerung ausländischer Schiffe]	1389

Zweiter Titel. Zwangsversteigerung von Luftfahrzeugen [§§ 171 a–171 n]

§ 171 a	[Anzuwendende Vorschriften]	1392
§ 171 b	[Zuständiges Amtsgericht – Vollstreckungsgericht]	1395
§ 171 c	[Antrag und Anordnung, Bewachung und Verwahrung, Treuhandschaft, Beschlagnahme]	1395
§ 171 d	[Besonderheiten zur Terminsbestimmung]	1397
§ 171 e	[Registerpfandrechte in ausländischer Währung]	1397
§ 171 f	[Miete und Pacht, Registerpfandrecht gegen Ersteher]	1398
§ 171 g	[Bewachung und Verwahrung des versteigerten Luftfahrzeugs]	1398
§ 171 h	[Zwangsversteigerung ausländischer Luftfahrzeuge]	1398
§ 171 i	[Rangklasse 3 und 4 bei ausländischen Luftfahrzeugen]	1399

Inhalt

§ 171k	[Veräußerung und Belastung ausländischer Luftfahrzeuge nach der Beschlagnahme]	1399
§ 171l	[Benachrichtigung der ausländischen Registerbehörde und Beteiligten, öffentliche Bekanntmachung im Ausland]	1400
§ 171m	[Beschwerde gegen Zuschlag ausländischer Luftfahrzeuge]	1401
§ 171n	[Wertersatz für Mietrecht an ausländischem Luftfahrzeug]	1402

Dritter Abschnitt. Zwangsversteigerung und Zwangsverwaltung in besonderen Fällen [§§ 172–185]

§ 172	[Versteigerung und Verwaltung auf Insolvenzverwalterantrag]	1402
§ 173	[Beschlagnahmewirkung nur im Sinne von ZVG §§ 13, 55]	1412
§ 174	[Abweichendes geringstes Gebot, Doppelausgebot]	1414
§ 174a	[Abweichendes geringstes Gebot auf Antrag des Insolvenzverwalters]	1418
§ 175	[Zwangsversteigerung auf Antrag des Erben]	1420
§ 176	[Anzuwendende Vorschriften nach Antrag des Erben]	1422
§ 177	[Glaubhaftmachung bei Versteigerung auf Erbenantrag]	1425
§ 178	[Einfluß des Nachlaßinsolvenzverfahrens bei Antrag des Erben]	1425
§ 179	[Ausschluß des Nachlaßgläubigers vom übrigen Nachlaß]	1426
§ 180	[Teilungsversteigerung; anzuwendende Vorschriften; Einstellung]	1427
§ 181	[Voraussetzungen für Antrag auf Teilungsversteigerung]	1496
§ 182	[Geringstes Gebot und Ausgleichsbetrag]	1501
§ 183	[Kein Kündigungsrecht für Miet- und Pachtverträge]	1516
§ 184	[Sicherheitsleistung der Miteigentümer]	1517
§ 185	[Zuweisung eines landwirtschaftlichen Betriebs]	1519

Einführungsgesetz zu dem Gesetz über die Zwangsversteigerung und die Zwangsverwaltung

§ 1	[Inkrafttreten des ZVG; allgemeine Vorschriften]	1521
§ 2	[Fortgeltung des Landesrechts allgemein]	1522
§ 3	[Landesgesetzliche Entschädigungsansprüche]	1522
§ 4	[Rang öffentlicher Lasten]	1522
§ 5	[Katasterauszug]	1523
§ 6	[Zusätzlicher Inhalt der Terminsbestimmung]	1523
§ 7	[Weitere Terminsveröffentlichungen]	1523
§ 8	[Anmeldung alter Hypotheken]	1523
§ 9	[Nicht eintragungsfähige Rechte, Altenteil]	1523
§ 9a	[Bebaute Grundstücke im Beitrittsgebiet]	1530
§ 10	[Landesrecht zur Sicherheitsleistung]	1539
§ 11	[Landesrecht zur Feststellung des Grundstückswertes]	1539
§ 12	[Landesrecht zum Aufgebotsverfahren]	1539
§ 13	[Übertragung der Verfahrensdurchführung auf andere Stellen]	1540
§ 14	[aufgehoben]	1540
§ 15	[gegenstandslos]	1540

Inhalt

Anhang

A. Textanhang

I. Bundesrecht

	Nr	Seite
Zwangsversteigerungsgesetz (Hinweis)	T 1	1541
ZVG-Einführungsgesetz (Hinweis)	T 2	1541
Zwangsverwalterverordnung (ZwVwV)	T 3	1541
Abgabenordnung (AO) vom 1. 10. 2002	T 4	1547
Abgabenordnung-Einführungsgesetz vom 14. 12. 1976	T 5	1551
Apothekengesetz vom 15. 10. 1980	T 6	1551
Aufgaben-des-Vollstreckungsgerichts-Verfügung 1935	T 7	1551
Außenwirtschaftsgesetz vom 28. 4. 1961	T 8	1552
Bahnunternehmengesetz vom 7. 3. 1934	T 9	1553
Baugesetzbuch (BauGB) vom 23. 9. 2004	T 10	1553
Derzeit nicht belegt	T 11	1559
Binnenschiffahrtsgesetz (BinSchG) vom 20. 5. 1898	T 12	1560
Binnenschiffahrt-Vollstreckungsschutzgesetz vom 24. 5. 1933	T 13	1562
Brennrechte-Verfügung vom 16. 1. 1940	T 14	1563
Derzeit nicht belegt	T 15	1563
Bundesbankgesetz vom 22. 10. 1992	T 16	1563
Bundesversorgungsgesetz (BVG) vom 22. 1. 1982	T 17	1564
Flurbereinigungsgesetz (FlurbG) vom 16. 3. 1976	T 18	1564
Grundbücher-Wiederherstellungs-Verordnung, 26. 7. 1940	T 19	1566
Grunderwerbsteuergesetz (GrEStG) vom 26. 2. 1997	T 20	1567
Grundsteuergesetz (GrStG) vom 7. 8. 1973	T 21	1569
Handelsgesetzbuch (Seerecht) vom 10. 5. 1897	T 22	1570
Derzeit nicht belegt	T 23	1573
Handwerksordnung vom 24. 9. 1998	T 24	1573
Derzeit nicht belegt	T 25–27	1574
Hypothekenbankgesetz vom 9. 9. 1998	T 28	1574
Kabelpfandgesetz vom 31. 3. 1925 (Hinweis)	T 29	1574
Derzeit nicht belegt	T 30	1574
Landesrechtliche-Schuldtitel-Verordnung vom 15. 4. 1937	T 31	1575
Derzeit nicht belegt	T 32	1575
Luftfahrzeugrechtegesetz vom 26. 2. 1959	T 33	1575
Mitteilungen-in-Zivilsachen-(MiZi)-Anordnung	T 34	1578
Reichssiedlungsgesetz vom 11. 8. 1919	T 35	1580
Derzeit nicht belegt	T 36	1580
Schiffsbankgesetz vom 8. 5. 1963	T 37	1580
Schiffsversteigerungstermine-Verfügung vom 7. 3. 1941	T 38	1581
Schornsteinfegergesetz (SchfG) vom 10. 8. 1998	T 39	1581
Sozialgesetzbuch (SGB) – Verwaltungsverfahren – vom 18. 8. 1980	T 40	1582
Vermögensgesetz (VermG) vom 9. 2. 2005	T 41	1582
Versteigerungsterminsvordrucke-Verfügung vom 16. 8. 1938	T 42	1583
Verwaltungsvollstreckungsgesetz vom 27. 4. 1953	T 43	1583
Wasserverbandsgesetz (WVG) vom 12. 2. 1991	T 44	1584
Wohnungsbindungsgesetz (WoBindG) vom 13. 9. 2001	T 45	1584
Zahlungen-aus-öffentlichen-Kassen-Gesetz 1938 (Hinweis)	T 46	1586
Derzeit nicht belegt	T 47	1586

Inhalt

II. Landesrecht

	Nr	Seite
(Bad)Württ BGB-Ausführungsgesetz vom 29. 12. 1931	T 48	1586
BadWürtt GVG-Ausführungsgesetz vom 16. 12. 1975	T 49	1588
Bay BGB-Ausführungsgesetz vom 20. 9. 1982	T 50	1589
Bay GVG-Ausführungsgesetz vom 23. 6. 1981	T 51	1590
Bay Geschäftsstellen-Geschäftsanweisung (GAnwZ) vom 23. 1. 1980	T 52	1591
Berl ZVG-Ausführungsgesetz vom 23. 9. 1899	T 53	1591
Brandenburg	T 54	1595
Brem ZVG-Ausführungsgesetz vom 19. 3. 1963	T 55	1595
Hamb ZVG-Ausführungsgesetz vom 17. 3. 1969	T 56	1595
Hess ZVG-Ausführungsgesetz vom 20. 12. 1960	T 57	1596
Mecklenburg-Vorpommern	T 58	1599
Niedersächs ZVG-Ausführungsgesetz vom 23. 9. 1899	T 59	1599
Nordrhein-Westfäl Landschaftliche-Kreditanstalten-Gesetz vom 3. 8. 1897	T 60	1603
Nordrhein-Westfäl ZVG-Ausführungsgesetz v. 23. 9. 1899	T 61	1606
RheinlPfälz ZVG-Ausführungsgesetz vom 30. 8. 1974	T 62	1610
Saarl Justizausführungsgesetz (AGJusG) vom 5. 2. 1997	T 63	1611
Sächsisches Justizausführungsgesetz vom 12. 12. 1997	T 64	1613
Sachsen-Anhalt	T 65	1613
SchleswHolst ZVG-Ausführungsgesetz vom 23. 9. 1899	T 66	1613
Thüringer ZVG-Ausführungsgesetz vom 3. 12. 2002	T 67	1617

B. Tabellenanhang

Basiszinssatz ab 1. Januar 1999	Tab 1	1618
Lebenserwartung	Tab 2	1618
Zins- und Diskontierungsformeln	Tab 3	1620
Sachregister		1629

Abkürzungsverzeichnis

Abl	ablehnend
AcP	Archiv für civilistische Praxis, Band 150 ff [1949 ff]
AG	Amtsgericht
AGBG	(früheres) Gesetz zur Regelung des Rechts der Allgemeinen Geschäftsbedingungen
AIZ	Allgemeine Immobilienzeitung (1954 ff)
AktG	Aktiengesetz
AktO	Aktenordnung
AnfG	Anfechtungsgesetz
AnwBl	Anwaltsblatt (1950 ff)
AP	Arbeitsrechtliche Praxis, Nachschlagewerk des Bundesarbeitsgerichts
Art	Artikel
AusfVO	Ausführungsverordnung
BArbG	Bundesarbeitsgericht
BauGB	Baugesetzbuch
BayJMBl	Bayerisches Justizministerialblatt (1946 ff)
BayObLG	Bayerisches Oberstes Landesgericht auch: Entscheidungen des Bayerischen Obersten Landesgerichts in Zivilsachen (1948 ff) [BayObLGZ]
BayRS	Bayerische Rechtssammlung, Stand: 1. 1. 1983
BayVerfGH	Bayerischer Verfassungsgerichtshof
BB	Der Betriebsberater (1946 ff)
BBodSchG	Bundes-Bodenschutzgesetz
Betrieb	Der Betrieb (1948 ff)
BFH	Bundesfinanzhof auch: Entscheidungen des Bundesfinanzhofs [BFHE]
BGB	Bürgerliches Gesetzbuch
BGBl I	Bundesgesetzblatt, Teil I
BGH	Bundesgerichtshof auch: Entscheidungen des Bundesgerichtshofs in Zivilsachen [BGHZ]
BGHRep	BGH Report (2001 ff)
BGHWarn	Warneyer, Rechtsprechung des Bundesgerichtshofs in Zivilsachen (1963 ff)
BinSchG	Binnenschiffahrtsgesetz
BlGrBW	Blätter für Grundstücks-, Bau- und Wohnungsrecht (1952 ff)
BNotO	Bundesnotarordnung
BRAGO	(frühere) Bundesgebührenordnung für Rechtsanwälte (siehe jetzt: RVG)
BRAO	Bundesrechtsanwaltsordnung
BSG	Bundessozialgericht
BSHG	(früheres) Bundessozialhilfegesetz (jetzt SGB XII)
BStBl II	Bundessteuerblatt, Teil II (früher Teil III), Veröffentlichungen des Bundesfinanzhofs
BVerfG	Bundesverfassungsgericht auch: Entscheidungen des Bundesverfassungsgerichts [BVerfGE]
BWNotZ	Zeitschrift für das Notariat in Baden-Württemberg (1955 ff)
DDR	(frühere) Deutsche Demokratische Republik
Denkschrift	Denkschrift zum ZVG (siehe bei Schrifttum)

Abkürzungen

DGVZ	Deutsche Gerichtsvollzieherzeitung (1950 ff)
DNotZ	Deutsche Notar-Zeitschrift (1950 ff)
DR A	Deutsches Recht, Ausgabe A (Wochenausgabe)
DRiZ	Deutsche Richterzeitung (1950 ff)
DRpflZ	Deutsche Rechtspflegerzeitschrift (1962 ff)
DRZ	Deutsche Rechts-Zeitschrift (1946–1950)
DtZ	Deutsch-Deutsche Rechts-Zeitschrift (1990 ff)
DWW	Deutsche Wohnungswirtschaft (1949 ff)
E	Entscheidungsanhang (unveröffentlichte Entscheidungen in Auszügen) in 11. (auch 10.) Auflage dieses Kommentars
EG	Einführungsgesetz
ErbbauVO	Erbbaurechtsverordnung
EuroEG	Euro-Einführungsgesetz
EWIV	Europäische wirtschaftliche Interessenvereinigung
FamRZ	Zeitschrift für das gesamte Familienrecht (1954 ff)
FG	Finanzgericht
FGG	Gesetz über die Angelegenheiten der freiwilligen Gerichtsbarkeit
FlurbG	Flurbereinigungsgesetz
GBBerG	Grundbuchbereinigungsgesetz
GBO	Grundbuchordnung
GBV	Grundbuchverfügung
GGV	Gebäudegrundbuchverfügung
GKG	Gerichtskostengesetz
GrEStG	Grunderwerbsteuergesetz
GrStG	Grundsteuergesetz
GrundE	Das Grundeigentum (1957 ff)
GrundG	Grundgesetz
GVG	Gerichtsverfassungsgesetz
GVKG	Gerichtsvollzieherkostengesetz
GVO	Grundstücksverkehrsordnung
HambJVBl	Hamburgisches Justizverwaltungsblatt (1952 ff)
HessJMBl	Justizministerialblatt für Hessen (1949 ff)
HGB	Handelsgesetzbuch
HinterlO	Hinterlegungsordnung
HRR	Höchstrichterliche Rechtsprechung
HuW	Haus und Wohnung (1946–1957) (seit 1957: GrundE)
InsO	Insolvenzordnung
InVo	Insolvenz und Vollstreckung (Zeitschrift)
IZPR	Internationales Zivilprozeßrecht
JBlRhldPf	Justizblatt Rheinland-Pfalz (1947–1973)
JBlSaar	Justizblatt des Saarlandes (1957–1967) (früher: SRZ)
JMBlNW	Justizministerialblatt für das Land Nordrhein-Westfalen (1947 ff)
JR	Juristische Rundschau (1947 ff)
JurBüro	Das juristische Büro (1950 ff) (bis 1955 einschließlich: Das Büro)
JuS	Juristische Schulung (1960 ff)
Justiz	Die Justiz, Amtsblatt des Justizministeriums Baden-Württemberg (1952 ff)

Abkürzungen

JVBl	Justizverwaltungsblatt (1957–1972)
JVEG	Justizvergütungs- und -entschädigungsgesetz
JW	Juristische Wochenschrift
JZ	Juristenzeitung (1951 ff) (früher SJZ)
KG	Kammergericht
KKZ	Kommunal-Kassen-Zeitschrift
KO	(vormalige) Konkursordnung
KostO	Kostenordnung
KostVerz	Kostenverzeichnis (GKG – Anlage 1)
KostVfg	Kostenverfügung
KTS	Konkurs, Treuhand und Sanierung (1955 ff)
LG	Landgericht
LM	Lindenmaier/Möring: Das Nachschlagewerk des Bundesgerichtshofs in Zivilsachen
LPartG	Gesetz über eingetragene Lebenspartnerschaft
LuftfzRG	Gesetz über Rechte an Luftfahrzeugen
MDR	Monatsschrift für Deutsches Recht (1947 ff)
MittBayNot	Mitteilung des Bay Notarvereins, der Notarkasse und der Landesnotarkammer Bayern (1949 ff)
MittRhNotK	Mitteilungen der Rheinischen Notarkammer (1960 ff), jetzt RNotZ
NdsRpfl	Niedersächsische Rechtspflege (1947 ff)
NJW	Neue Juristische Wochenschrift (1947 ff)
NJW-RR	NJW-Rechtsprechungs-Report, Zivilrecht (1986 ff)
NotBZ	Zeitschrift für die notarielle Beratungs- und Beurkundungspraxis (1997 ff)
NVwZ	Neue Zeitschrift für Verwaltungsrecht
NVwZ-RR	NVwZ-Rechtsprechungs-Report
NZI	Neue Zeitschrift für das Recht der Insolvenz und Sanierung (1998 ff)
OLG	Oberlandesgericht
OLG	Die Rechtsprechung der Oberlandesgerichte auf dem Gebiet des Zivilrechts, Hrsgg von B. Mugdan und R. Falkmann (Bände 1 [1900] – 46 [1928])
OLG-NL	OLG-Rechtsprechung Neue Länder
OLGRep	OLG Report (Schnelldienst zur Zivilrechtsprechung)
OLGZ	Sammlung von Entscheidungen der Oberlandesgerichte in Zivilsachen (1965–1994)
PartGG	Gesetz über Partnerschaftsgesellschaften Angehöriger Freier Berufe (Partnerschaftsgesellschaftsgesetz)
RdL	Recht der Landwirtschaft (1949 ff)
RG	Reichsgericht
RGBl I	Reichsgesetzblatt, Teil I
RGZ	Entscheidungen des Reichsgerichts in Zivilsachen, Band 1–171 (1880–1943)
RHeimstG	(früheres) Reichsheimstättengesetz
RNotZ	Rheinische Notar-Zeitschrift (2001 ff); vormals MittRNotK
RpflBlatt	Rechtspflegerblatt (1953–1998)
Rpfleger	Der Deutsche Rechtspfleger (1948 ff)

Abkürzungen

RPflG	Rechtspflegergesetz
RpflJahrbuch	Rechtspfleger-Jahrbuch (1953 ff)
RpflStud	Rechtspfleger-Studienheft (1977 ff)
RVG	Rechtsanwaltsvergütungsgesetz
S	Seite
SachenRBerG	Sachenrechtsbereinigungsgesetz
SchfG	Schornsteinfegergesetz
SchiffsRG	Gesetz über Rechte an eingetragenen Schiffen und Schiffsbauwerken
SchlHA	Schleswig-Holsteinische Anzeigen, Justizministerialblatt für Schleswig-Holstein (1946 ff)
SGB	Sozialgesetzbuch
SJZ	Süddeutsche Juristenzeitung (1946–1950) (später JZ)
SRZ	Saarländische Rechts- und Steuerzeitschrift (1948–30. 6. 1957) (später: JBlSaar)
UBGG	Gesetz über Unternehmensbeteiligungsgesellschaften
UStDV	Umsatzsteuer-Durchführungsverordnung
UStG	Umsatzsteuergesetz
VerglO	(vormalige) Vergleichsordnung
VergV	Vergütungsverzeichnis (RVG – Anlage 1)
VersR	Versicherungsrecht (1950 ff)
VIZ	Zeitschrift für Vermögens- und Investitionsrecht (1991 ff.)
VwVG	Verwaltungsverfahrensgesetz
WEG	Wohnungseigentumsgesetz
WGV	Wohnungsgrundbuchverfügung
WM	Wertpapier-Mitteilungen, Teil IV: Wirtschafts-, Wertpapier- und Bankrecht (1947 ff) (bis Nr 26/1970: WPM IV, früher: WPM IV B)
WuM	Wohnungswirtschaft und Mietrecht (1950 ff)
WürttNotV	Mitteilungen aus der Praxis, Zeitschrift für das Notariat in Württemberg (1949–1954)
ZBlfG	Zentralblatt für Freiw. Gerichtsbarkeit
ZGB	Zivilgesetzbuch
ZIP	Zeitschrift für Wirtschaftsrecht (1980 ff)
ZMR	Zeitschrift für Miet- und Raumrecht (1952 ff)
ZPO	Zivilprozeßordnung
ZwVwV	Zwangsverwalterverordnung
ZVG	Zwangsversteigerungsgesetz
ZVG-Handbuch	Stöber, ZVG-Handbuch, 7. Auflage 1999
ZZP	Zeitschrift für Zivilprozeß (1950 ff)

Schrifttum*

1. Zwangsversteigerungsrecht

Armstroff Ernst, Die Zwangsvollstreckung in das bewegliche und unbewegliche Vermögen, 3. Auflage 1933

Badstübner Paul, Die Zwangsvollstreckung in das unbewegliche Vermögen in der gerichtlichen Praxis, 1902

Brand/Baur, Die Zwangsversteigerungs- und Zwangsverwaltungssachen in der gerichtlichen Praxis, 1930
Bearbeiter: Brand A und Baur J

Dassler/Schiffhauer/Gerhardt/Muth, Gesetz über die Zwangsversteigerung und die Zwangsverwaltung, Kommentar, 12. Auflage 1991
Bearbeiter: Schiffhauer Horst, Gerhardt Walter und Muth Johannes M.

Denkschrift zum ZVG, Denkschrift zu dem Entwurf eines Gesetzes über die Zwangsversteigerung und die Zwangsverwaltung nebst dem Entwurf eines Einführungsgesetzes, zitiert nach Hahn/Mugdan, Die gesamten Materialien zu den Reichs-Justizgesetzen, 5. Band 1897

Depré/Mayer, Die Praxis der Zwangsverwaltung, 2. Auflage 2004

Dispeger Siegfried, Die Praxis der Zwangsversteigerung und Zwangsverwaltung, Handbuch, 1905

Drischler Karl, Gesetz über die Zwangsversteigerung und die Zwangsverwaltung, Textausgabe mit erläuternden Hinweisen, 4. Auflage 1986

Eickmann Dieter, Zwangsversteigerungs- und Zwangsverwaltungsrecht, 2. Auflage 2004

Fischer Louis, Das Verfahren der Zwangsversteigerung nach dem ZVG an einem Rechtsfall dargestellt, 5. Auflage 1909

Fischer/Schäfer, Die Gesetzgebung, betreffend die Zwangsvollstreckung in das unbewegliche Vermögen im Reiche und in Preußen, 2. Auflage 1910
Bearbeiter: Fischer O und Schaefer L

Fraeb W M, Zwangsversteigerung und Zwangsverwaltung, erläuterte Handausgabe, 1929

Freund J, Die Zwangsvollstreckung in Grundstücke, 3. Auflage 1901

Groutars Gottfried, Die Zwangsvollstreckung in das unbewegliche Vermögen, 1951

Günther J, Reichsgesetz über die Zwangsversteigerung und die Zwangsverwaltung (2 Teile), 1899/1900

Haarmeyer/Wutzke/Förster/Hintzen, Zwangsverwaltung, 3. Auflage 2004
Bearbeiter: Haarmeyer Hans, Wutzke Wolfgang, Förster Karsten und Hintzen Udo

Hagemann Karl, Die Zwangsvollstreckung in das Erbbaurecht, 1929

Hamme Gerd, Die Teilungsversteigerung, 2. Auflage 2003

Henle Wilhelm von und Henle Eugen, Gesetz über die Zwangsversteigerung und die Zwangsverwaltung, 5. Auflage 1933

Hintzen Udo, Handbuch der Immobiliarvollstreckung, 3. Auflage 1999

Jaeckel/Güthe, Kommentar zum Zwangsversteigerungsgesetz, 7. Auflage 1937
von Jaeckel Paul und Güthe Georg, neu bearbeitet von Volkmar Erich und Armstroff Ernst

---

* Stand September 2005.

Schrifttum

Kleemann/Kusche, Grundriß der Zwangsversteigerung für Gläubiger, Schuldner, Rechtspfleger, 1990
Bearbeiter: Kleemann Wilhelm und Kusche Benno
Korintenberg/Wenz, Gesetz über die Zwangsversteigerung und die Zwangsverwaltung, 6. Auflage 1935
Bearbeiter: Korintenberg Werner und Wenz Peter
Krech/Fischer, Zwangsvollstreckung in das unbewegliche Vermögen, 10. Auflage 1929
Bearbeiter: Krech Johannes und Fischer O
Kretzschmar Ferdinand, Das Reichsgesetz über die Zwangsversteigerung und die Zwangsverwaltung, 1904
Kretzschmar Ferdinand, Die Zwangsversteigerung und die Zwangsverwaltung, 1911

Lancelle Georg, Gesetz über die Zwangsversteigerung und die Zwangsverwaltung, 1973
Lupprian Heinz, Gesetz über die Zwangsversteigerung und die Zwangsverwaltung, erläutert zum Handgebrauch, 1952

Mohrbutter/Drischler, Die Zwangsversteigerungs- und Zwangsverwaltungspraxis; Band 1: 7. Auflage 1986; Band 2: 7. Auflage 1990
Bearbeiter: Radtke Manfred und Tiedemann Heinz-Adolf
Motive zum ZVG, Motive zu dem Entwurfe eines Gesetzes betreffend die Zwangsvollstreckung in das unbewegliche Vermögen, amtliche Ausgabe, 1889
Münchmeyer C, Gefahren in der Zwangsversteigerung (Prüfung der Hauptgrundsätze des ZVG) 1901
Muth Johannes, Zwangsversteigerungspraxis, 1989

Nix Margret, Grundsätze der Zwangsverwaltung, 1990
Nußbaum Arthur, Die Zwangsversteigerung und Zwangsverwaltung, 1916 (Neudruck 1969)

Pfordten Theodor von der, Kommentar zu dem Gesetz über die Zwangsversteigerung und die Zwangsverwaltung, 1905
Pohle Rudolf, Gesetz über die Zwangsversteigerung und die Zwangsverwaltung, Textausgabe mit Verweisungen, 1950

Reinhard Paul, Einfluß der neuen Gesetzgebung auf die Zwangsversteigerung und Zwangsverwaltung, 3. Auflage 1927
Reinhard/Müller, Das Zwangsversteigerungsgesetz (ausführlich erläutert), 3./4. Auflage 1931 (mit Nachtrag 1932)
Bearbeiter: Reinhard Paul und Müller Hans

Samter M K, Handbuch zum Verfahren der Zwangsversteigerung und Zwangsverwaltung, 1904
Schöller W, Die Zwangsversteigerung und Zwangsverwaltung von Grundstücken im Wege der Zwangsvollstreckung, 1899
Steiner/(Bearbeiter), Zwangsversteigerung und Zwangsverwaltung; Band 1: 1984; Band 2: 1986
Bearbeiter: Eickmann Dieter, Hagemann Klaus, Storz Karl-Alfred, Teufel Helmut
Stöber Kurt, ZVG-Handbuch (Zwangsvollstreckung in das unbewegliche Vermögen) 7. Auflage 1999 (des von Friedrich Zeller in 3. und 4. Auflage mitbearbeiteten Handbuchs)
Storz Karl-Alfred, Praxis des Zwangsversteigerungsverfahrens, Leitfaden, 9. Auflage 2004
Storz Karl-Alfred, Praxis der Teilungsversteigerung, Leitfaden, 3. Auflage 2005

Schrifttum

Teufel Helmut, Zwangsversteigerung und Zwangsverwaltung, Rechtspfleger-Studienbuch, 4. Auflage 2005

Weber Hermann, Die Grundstücks-Zwangsverwaltung 1932

Wenz Peter, Zwangsvollstreckung in das unbewegliche Vermögen, 3. Auflage 1943

Wolff Th, Das Reichsgesetz über die Zwangsversteigerung und Zwangsverwaltung, 3. Auflage 1909

2. Grundbuch- und Sachenrecht, Zivilprozeßrecht, sonstiges

Bärmann/Pick/Merle, Wohnungseigentumsgesetz, Kommentar, 9. Auflage 2003
Bearbeiter: Pick Eckhart und Merle Werner

Bauer/von Oefele, Grundbuchordnung, Kommentar, 1999

Baumbach/Lauterbach/Albers/Hartmann, Zivilprozeßordnung mit Gerichtsverfassungsgesetz und anderen Nebengesetzen, 63. Auflage 2005
begründet von Baumbach Adolf, fortgeführt von Lauterbach Wolfgang
Bearbeiter: Albers Jan und Hartmann Peter

Baur/Stürner, Zwangsvollstreckungs-, Konkurs- und Vergleichsrecht, Lehrbuch, 12. Auflage 1996
Bearbeiter: Stürner Rolf

BGB/RGRK-(Bearbeiter), Das Bürgerliche Gesetzbuch mit besonderer Berücksichtigung der Rechtsprechung des Reichsgerichts und des Bundesgerichtshofes, Kommentar, 12. Auflage 1974 ff

Brox/Walker, Zwangsvollstreckungsrecht, 7. Auflage 2003
Bearbeiter: Brox Hans und Walker Wolf-D.

David, Über den Umgang mit Schuldnern, 17. Auflage 2003
Bearbeiter: David Peter

Demharter, Grundbuchordnung, 25. Auflage 2005
Bearbeiter: Demharter Johann

Erman/Bearbeiter, Bürgerliches Gesetzbuch, 11. Auflage 2004

Geimer Reinhold, Internationales Zivilprozeßrecht, 5. Auflage 2002

Grunsky Wolfgang, Grundzüge des Zwangsvollstreckungs- und Insolvenzrechts, 5. Auflage 1996

Güthe/Triebel, Grundbuchordnung, 6. Auflage 1936–1937
Bearbeiter: Triebel Franz

Ingenstau/Hustedt, Erbbaurecht, Kommentar, 8. Auflage 2001
Bearbeiter: Ingenstau Jürgen, Hustedt Volker

Jauernig Othmar, Zwangsvollstreckungs- und Konkursrecht, 21. Auflage 1999

Jauernig/(Bearbeiter), Bürgerliches Gesetzbuch, 11. Auflage 2004
Bearbeiter: Berger Christian, Jauernig Othmar, Mansel Heinz-Peter, Stadler Astrid, Stürner Rolf, Teichmann Arndt

Jonas/Pohle, Zwangsvollstreckungsnotrecht, Erläuterungsbuch, 16. Auflage 1954
Bearbeiter: Jonas Martin und Pohle Rudolf

Kuntze/Ertl/Herrmann/Eickmann, Grundbuchrecht, Kommentar zur Grundbuchordnung, Grundbuchverfügung und WEG-Grundbuchverfügung, 5. Auflage 1999
Bearbeiter: Kuntze Joachim, Herrmann Hans, Eickmann Dieter, Erber-Faller Sigrun, Munzig Jörg

Meikel/(Bearbeiter), Grundbuchrecht, Kommentar, 9. Auflage 2004
Bearbeiter: Bestelmeyer Horst, Böhringer Walter, Böttcher Roland, Brambring Günter, Ebeling Kurt, Göttlinger Franz, Grziwotz Herbert, Kraiß Harro, Morvilius Theodor, Nowak Barbara, Roth Herbert, Streck Edgar

Schrifttum

Mohrbutter Christian, Die Eigentümerrechte und der Inhalt des Erbbaurechts bei dessen Zwangsversteigerung, 1995

Mohrbutter Jürgen, Handbuch des gesamten Vollstreckungs- und Insolvenzrechts, 2. Auflage 1974
Bearbeiter: Mohrbutter Jürgen und Mohrbutter Harro

MünchKomm/(Bearbeiter), Münchener Kommentar zum Bürgerlichen Gesetzbuch, 4. Auflage 2001 ff

Musielak, Zivilprozeßordnung, Kommentar, 4. Auflage 2005

v Oefele/Winkler, Handbuch des Erbbaurechts, 3. Auflage 2003
Bearbeiter: Oefele Helmut von und Winkler Karl

Palandt/(Bearbeiter), Bürgerliches Gesetzbuch, 64. Auflage 2005
Bearbeiter: Bassenge Peter, Brudermüller Gerd, Diederichsen Uwe, Edenhofer Wolfgang, Heinrichs Helmut, Heldrich Andreas, Putzo Hans, Sprau Hartwig, Thomas Heinz und Weidenkaff Walter

Schöner/Stöber, Grundbuchrecht, 13. Auflage 2004
Bearbeiter: Schöner Hartmut und Stöber Kurt, unter Mitarbeit von Keller Ulrich

Schuschke/Walker, Vollstreckung und vorläufiger Rechtsschutz, Band I: Zwangsvollstreckung, §§ 704–915 h ZPO, 3. Auflage 2002

Staudinger/(Bearbeiter), Kommentar zum Bürgerlichen Gesetzbuch, 13. Auflage 1995 (soweit noch nicht erschienen: 12. Auflage 1978 ff

Stein/Jonas/(Bearbeiter), Zivilprozeßordnung, 22. Auflage 2002 ff
Bearbeiter: Berger Christian, Bork Reinhard, Brehm Wolfgang, Grunsky Wolfgang, Leipold Dieter, Münzberg Wolfgang, Roth Herbert, Schlosser Peter, Wagner Gerhard

Stöber Kurt, Forderungspfändung, Zwangsvollstreckung in Forderungen und andere Vermögensrechte, Erläuterungsbuch, 14. Auflage 2005

Stöber Kurt, GBO-Verfahren und Grundstückssachenrecht, Einführung und Lehrbuch, 2. Auflage 1998

Thomas/Putzo, Zivilprozeßordnung mit Gerichtsverfassungsgesetz, den Einführungsgesetzen und europarechtlichen Vorschriften, 26. Auflage 2004
Bearbeiter: Putzo Hans, Reichhold Klaus und Hüßtege Rainer

Weitnauer, Wohnungseigentumsgesetz, Kommentar, 9. Auflage 2005
Bearbeiter: Briesemeister Lothar, Gottschalg Wolfgang, Lüke Wolfgang, Mansel Heinz-Peter (unter Mitarbeit von Maus Gerhard und Wilhelmy Wolfgang)

Wieczorek/Schütze, Zivilprozeßordnung und Nebengesetze, 3. Auflage 1994 ff

Wolfsteiner Hans, Die vollstreckbare Urkunde, 1978

Zöller/(Bearbeiter), Zivilprozeßordnung mit Gerichtsverfassungsgesetz und den Einführungsgesetzen, mit Internationalem Zivilprozeßrecht, EG-Verordnungen, Kostenanmerkungen, 25. Auflage 2005
Bearbeiter: Geimer Reinhold, Greger Reinhard, Gummer Peter, Herget Kurt, Heßler Hans-Joachim, Philippi Peter, Stöber Kurt und Vollkommer Max

Gesetz über die Zwangsversteigerung und die Zwangsverwaltung

Einleitung

Übersicht

I. Grundstücksvollstreckung als Verfahrensrecht	1–10	IV. Schuldnerschutz nach ZPO § 765 a	52–61
II. Immobiliarvollstreckung (ZPO §§ 864–871)	11–19	V. Zwangshypothek (ZPO §§ 866–868)	62–75
III. Vollstreckungsverfahrensrecht, Verfahrensgrundsätze	20–51	VI. Zwangsvollstreckung und Kostenrecht	76–101

I. Grundstücksvollstreckung als Verfahrensrecht

Literatur: Gerhardt, Bundesverfassungsgericht, Grundgesetz und Zivilprozeß, speziell: Zwangsvollstreckung, ZZP 95 (1982) 467; Mohrbutter, Zu den Rechtsfolgen der Entscheidung des Bundesverfassungsgerichts vom 24. 3. 1976 – 2 BvR 804/75 – für das Zwangsversteigerungsverfahren, DRiZ 1977, 39; Quack, Verfahrensrecht und Grundrechtsordnung, Rpfleger 1978, 197; Schiffhauer, Soziale Aspekte im Zwangsversteigerungsverfahren, Rpfleger 1978, 397; E. Schneider, Die Belehrungspflicht in der Teilungsversteigerung, MDR 1977, 353; Stöber und Vollkommer, Anmerkung zu BVerfG v. 24. 3. 1976, Rpfleger 1976, 392; Suhr, Eine grundrechtsdogmatisch aufschlußreiche Zwangsversteigerung wegen vermögenswerter Rechte, NJW 1979, 145; Vollkommer, Verfassungsmäßigkeit des Vollstreckungszugriffs, Rpfleger 1982, 1 (auch JA 1982, 286).

Zwangsvollstreckung in das unbewegliche Vermögen regelt das Gesetz über 1 die Zwangsversteigerung und die Zwangsverwaltung als Teil des Zwangsvollstreckungsrechts der Zivilprozeßordnung (ZPO § 869). Immobiliarvollstreckung ist damit Verfahrensrecht zur Durchsetzung eines materiellen Anspruchs mit staatlichem Zwang. Mit der Verwirklichung materiellen Zivilrechts dient Zwangsvollstreckung in das unbewegliche Vermögen Gläubigerinteressen (Antragstellerinteressen). Der Staat als Inhaber des Zwangsmonopols[1] handelt durch seine Vollstreckungsorgane (bei Immobiliarvollstreckung durch das Vollstreckungsgericht) hoheitlich. Die verfassungsrechtliche Ermächtigung zum Eingriff in das Eigentum des Schuldners (Antragsgegners) gibt das GrundG mit Art 14 Abs 1 Satz 2. Das Verfahren findet in dem Ziel seine Rechtfertigung, eine begründete Geldforderung des Gläubigers zu befriedigen[2] oder einen anderen materiellen Anspruch des Antragstellers zu verwirklichen[3].

Mit dem materiellen **Liegenschaftsrecht** hängt Immobiliarvollstreckung in ihren 2 Voraussetzungen und Wirkungen eng zusammen (Denkschrift S 34). Die Befriedigung des Gläubigers einer Hypothek (BGB § 1113) oder eines sonstigen auf Zahlung aus dem Grundstück gerichteten Rechts (insbesondere einer Grundschuld,

---

[1] BVerfG 61, 126 (136) = MDR 1983, 188 (189) = NJW 1983, 559 = Rpfleger 1983, 80.
[2] BVerfG 46, 325 (335) = MDR 1978, 380 = NJW 1978, 368 = Rpfleger 1978, 206.
[3] BVerfG 42, 64 (75) mit abw Meinung Geiger S 79 = FamRZ 1976, 436 mit abw Meinung Geiger S 439 = MDR 1976, 820 = NJW 1976, 1391 mit abw Meinung Geiger S 1393 = Rpfleger 1976, 389 mit abw Meinung Geiger S 391 und mit teils krit Anm Stöber und zust Anm Vollkommer.

Einleitung 2   Grundstücksvollstreckung als Verfahrensrecht

BGB § 1191) erfolgt im Wege der Zwangsvollstreckung (BGB § 1147). Damit setzt das materielle Sachenrecht zur Verwirklichung des Rechts des Hypothekengläubigers oder sonstigen dinglichen Berechtigten die Regelung der Immobiliarzwangsvollstreckung voraus. Als Schuldnervermögen sind Grundstücke (näher Einl Rdn 11–15) aber auch Gegenstand der Zwangsvollstreckung wegen Geldforderungen, mithin wegen der Ansprüche, für die nicht das Grundstück dinglich, sondern dessen Eigentümer als Schuldner mit seinem Vermögen persönlich haftet (ZPO §§ 864–871). Immobiliarvollstreckung regelt daher Verfahrensrecht zugleich als Unterart des allgemeinen Zwangsvollstreckungsrechts (siehe ZPO § 869).

3 In **besonderen Fällen** finden Zwangsversteigerung und Zwangsverwaltung nicht zur Verwirklichung eines Geldanspruchs, sondern mit anderem Verfahrensziel statt. Mit Insolvenzverwalter-Zwangsversteigerung und Insolvenzverwalter-Zwangsverwaltung (§§ 172–174 a) wird das Verfügungs- und Verwaltungsrecht des Verwalters (InsO § 80 Abs 1) verwirklicht. Die Zwangsversteigerung eines Nachlaßgrundstücks (§§ 175–179) soll dem Erben Kenntnis vom Schuldenstand und damit eine Grundlage für seine Entscheidung verschaffen, ob er seine beschränkte Haftung geltend machen will. Die Zwangsversteigerung zum Zwecke der Aufhebung einer Gemeinschaft (meist Teilungsversteigerung genannt, §§ 180–185) dient der Verwirklichung des materiellen Auseinandersetzungsanspruchs eines Grundstücksmiteigentümers.

4 Immobiliarvollstreckung hat als Mittel zur **Verwirklichung materiellen Rechts** formalen Charakter. Das gewährleistet im Spannungsfeld zwischen den Interessen des Gläubigers (Antragstellers) und Schuldners (Antragsgegners)[4] Rechtssicherheit bei gleichmäßiger Wahrung der unterschiedlichen Belange der Verfahrensbeteiligten[5].

5 Das Immobiliarvollstreckungsrecht zeichnet sich durch eine Häufung schwierigster rechtlicher und wirtschaftlicher Probleme aus[6]. Das Verfahren ist, bedingt durch die hohe Ausbildung des Realkredits, auf kunstvollen Grundsätzen aufgebaut[7]. Die Vermischung von Prozeßgrundsätzen mit stark ausgeprägtem Formzwang und sachenrechtlichen Elementen bereitet den Verfahrensbeteiligten vielfach Schwierigkeiten. Aufgewogen wird das durch große Vorzüge des Gesetzes, das im ganzen dem Realkredit den notwendigen kräftigen Schutz unter gleichzeitiger Wahrung der sonstigen berechtigten Interessen darbietet[7]. Schutz vor vermögensrechtlichen Einbußen, die insbesondere Versehen, Irrtümer oder gar Unkenntnis nach sich ziehen[8], kann die den Grundrechtsgarantien entspringende Belehrungs- und allgemeine prozessuale Fürsorgepflicht des Vollstreckungsgerichts bieten (Einl Rdn 33.3).

6 Das Immobiliarvollstreckungsrecht hat mit weitreichenden wirtschaftlichen Auswirkungen und seinen den Beteiligten zumeist nicht leicht zugänglichen rechtlichen Schwierigkeiten, aber auch mit seinem teilweise technischen Charakter und mit strengen Formerfordernissen seit **jeher verantwortungsvolle Verfahrensgestaltung** durch den Richter des Vollstreckungsgerichts erfordert. Dessen Stellung im Zwangsversteigerungsverfahren bezeichnet zutreffend schon Nußbaum[9] formell als sehr starke und materiell als besonders verantwortungsvoll. Weil in der Hand des Richters (jetzt Rechtspflegers) hier die Wahrung von Interessen liegt, hat Nußbaum[9] bereits 1916 herausgestellt:
„Um so mehr wird das Gericht seine Tätigkeit unter dem Gesichtspunkt des nobile officium aufzufassen haben. Ist es schon im Prozeß Sache des Amtsrichters, eine formalistische Handhabung der Geschäfte zu vermeiden und im Rahmen der

---

[4] BGH 70, 206 (210) = MDR 1978, 839 = NJW 1978, 950 = Rpfleger 1978, 131.
[5] Schiffhauer ZIP 1981, 832 (I).
[6] Schiffhauer Rpfleger 1978, 397 (VI 3).
[7] Nußbaum, Zwangsversteigerung, S 11.
[8] OLG Köln MDR 1981, 591 = Rpfleger 1981, 311.
[9] Nußbaum, Zwangsversteigerung, S 22, 23.

richterlichen Pflichten auf eine sachlich ersprießliche Lösung hinzuwirken, so gilt dies in erhöhtem Maße für das Immobiliarvollstreckungs- und namentlich für das Zwangsversteigerungsverfahren. Insbesondere sollte der Richter den Parteien und ihren Vertretern, die sich etwa unerwarteten Schwierigkeiten gegenübersehen, deren Überwindung nicht erschweren, sondern möglichst erleichtern. Mit Recht wurde bereits in dem Bericht der Kommission des preußischen Herrenhauses zur Beratung des Gesetzes von 1883 betont, der Richter habe die Erledigung der Subhastationsgeschäfte nicht bureaukratisch zu betreiben, sondern es liege ihm eine vermittelnde, ausgleichende und fördernde Tätigkeit ob."
In besonderem Maße hat die neuere Entwicklung verantwortungsvolle Verfahrensleitung durch den Rechtspfleger des Vollstreckungsgerichts zur Wahrung der Interessen der (aller) an einer Immobiliarvollstreckung Beteiligten herausgestellt. Sie hat mit dem Gebot zu rechtsstaatlicher Verfahrensgestaltung (Einl Rdn 7.1) und mit der als Belehrungs- und allgemeine prozessuale Fürsorgepflicht[10] verstandenen Aufklärungspflicht (ZPO § 139; Einl Rdn 33) Verwirklichung des Grundrechtsschutzes in der Zwangsvollstreckung zu gewährleisten.

7.1 Anwendung des Verfahrensrechts und Verfahrensgestaltung stehen unter den **Garantiefunktionen des Grundgesetzes.** Verfahrensrecht muß daher im Blick auf die Grundrechte ausgelegt und angewendet werden[11]. Das gebietet eine rechtsstaatliche Verfahrensgestaltung[12] gleichgültig, ob es sich um eine Versteigerung im Rahmen der Zwangsvollstreckung oder um eine Teilungsversteigerung handelt[13]. Vollstreckungsgerichte haben in ihrer Verfahrensgestaltung die erforderlichen Vorkehrungen zu treffen, damit Verfassungsverletzungen durch Zwangsvollstreckungsmaßnahmen ausgeschlossen sind[14]. Besondere Bedeutung kommt der Gewährleistung des Eigentums (GrundG Art 14 Abs 1) zu; sie beeinflußt nicht nur die Ausgestaltung des materiellen Rechts, sondern wirkt zugleich auf das zugehörige Verfahrensrecht ein[15]. Verfahrensrecht hat rein instrumentalen Charakter[16]; es soll der Herbeiführung gesetzesmäßiger und unter diesem Blickpunkt richtiger, aber darüber hinaus auch im Rahmen dieser Richtigkeit gerechter Entscheidungen dienen[17]. Deshalb ist Vollstreckungsrecht als Verfahrensrecht so anzuwenden, daß einerseits das materielle Recht des Gläubigers eine reale Verwirklichungschance hat[18] (Justizgewähranspruch zur wirkungsvollen Durchsetzung des zivilrechtlichen Anspruchs[19]), andererseits aber der Eingriff in das grundgesetzlich geschützte Eigentum nicht über das notwendige Maß hinausgeht (dazu auch[20]). Gewähr dafür, einen angemessenen Erlös zu erhalten, bietet die verfassungsmäßige Eigentumsgarantie nicht (Einl Rdn 10). Unmittelbar aus GrundG Art 14 folgt aber die Pflicht der Gerichte, bei Eingriff in das verfassungsrechtlich gewährleistete Eigentum einen tatsächlich wirksamen Rechtsschutz zu gewähren[21]. Der Zugriff auf das Eigentum ist zudem

---

[10] Vollkommer Rpfleger 1976, 393 (Anmerkung).
[11] BVerfG 49, 252 = NJW 1979, 538 = Rpfleger 1979, 12.
[12] BVerfG 46, 325 = aaO (Fußn 2); BVerfG 42, 64 = aaO (Fußn 3); BVerfG 49, 220 mit abw Meinung Böhmer S 228 = MDR 1979, 286 = NJW 1979, 534 mit abw Meinung Böhmer S 535 = Rpfleger 1979, 296; BVerfG 51, 150 = Rpfleger 1979, 296.
[13] BVerfG 51, 150 = aaO (Fußn 12); LG Aurich NdsRpfl 1979, 108.
[14] BVerfG 52, 214 = MDR 1980, 116 = NJW 1979, 2607 = Rpfleger 1979, 450.
[15] BVerfG 46, 325 = aaO (Fußn 2); BVerfG 49, 220 = aaO (Fußn 12); BVerfG 51, 150 = aaO (Fußn 12).
[16] BVerfG 42, 64 = aaO (Fußn 3).
[17] BVerfG 42, 64; 46, 325 und 49, 220 = je aaO (Fußn 12).
[18] Quack Rpfleger 1978, 197.
[19] BVerfG (Kammerbeschluß) NJW 1988, 3141.
[20] Vollkommer Rpfleger 1982, 1 (8 zu Nr 12).
[21] BVerfG 46, 325 = aaO (Fußn 2); BVerfG 49, 220 = aaO (Fußn 12); BVerfG 51, 150 = aaO (Fußn 12); BGH MDR 2004, 774 (775) = NJW-RR 2004, 1074 (1075) = Rpfleger 2004, 434 (435).

Einleitung 7.1 Grundstücksvollstreckung als Verfahrensrecht

durch den **Grundsatz der Verhältnismäßigkeit**[22] und das Übermaßverbot[23] begrenzt (dazu auch[24]). Der Grundsatz besagt, daß der Eingriff in das grundgesetzlich geschützte Eigentum erforderlich und angemessen sein muß, um das Verfahrensziel zu erreichen. Zweck und Mittel müssen in einem vernünftigen Verhältnis zueinander stehen. Das kann bei Verfahrensgestaltung Abwägung der entgegenstehenden Interessen des Gläubigers (Antragstellers) an der Verwertung des Grundstücks einerseits und des Schuldners (Antragsgegners) an der Erhaltung seines Vermögens andererseits erfordern[25]. Grundsätzliche Schutzfunktionen erfüllen hierbei insbesondere die Bestimmungen des Verfahrensrechts über den Schuldnerschutz (§§ 30a–f, § 180 Abs 2, 3; ZPO § 765a), die dem Schuldner die Möglichkeit geben, die Zwangsversteigerung des durch GrundG Art 14 geschützten Eigentums abzuwenden[26]. Stets muß dem Schuldner effektiver Rechtsschutz gewährleistet werden[27]. Das schließt den Anspruch auf eine „faire Verfahrensdurchführung" ein, der zu den wesentlichen Ausprägungen des Rechtsstaatsprinzips gehört[28].

7.2 Verfahrensrecht (auch Vollstreckungsverfahrensrecht) läßt in weiten Bereichen im Interesse einer dem jeweiligen Verfahrensgegenstand angemessenen Prozedur **Ermessens- und Beurteilungsspielräume** zur Leitung, Förderung und Ausgestaltung des Verfahrensganges offen[29]. Sie müssen im Einzelfall im Blick auf das Verfahrensziel und die Grundrechte ausgelegt und angewendet werden; sie dürfen insbesondere nicht zu einer Verkürzung des grundrechtlich gesicherten Anspruchs auf einen effektiven Rechtsschutz führen[30]. Überschritten ist der den Gerichten bei Handhabung des Verfahrensrechts gesetzte Ermessens- und Beurteilungsspielraum jedenfalls dann, wenn die Rechtsanwendung bei verständiger Würdigung des das Grundgesetz beherrschenden Gedanken nicht mehr verständlich ist und sich daher der Schluß aufdrängt, daß sie auf sachfremden Erwägungen beruht[31].

7.3 „Allgemeines Prozeßgrundrecht" ist der Anspruch auf ein **faires Verfahren**; abgeleitet wird es aus dem Rechtsstaatsprinzip[32]. Der Rechtspfleger muß das Verfahren so gestalten, wie die Verfahrensbeteiligten von ihm erwarten dürfen: Er darf sich nicht widersprüchlich verhalten, darf aus eigenen oder ihm zuzurechnenden Fehlern oder Versäumnissen keine Verfahrensnachteile ableiten und ist allgemein zur Rücksichtnahme gegenüber den Verfahrensbeteiligten in ihrer konkreten Situation verpflichtet[32].

8 Rechtsstaatliche **Verfahrensgestaltung** kann im Einzelfall gebieten:

8.1 Aufklärung (ZPO § 139) des Antragstellers eines Teilungsversteigerungsverfahrens über die Tragweite des sofortigen Zuschlags bei unzulänglichem Meistgebot und die Möglichkeit, Erteilung des Zuschlags mit Einstellungsbewilligung (§ 30) oder Antragsrücknahme (§ 29) zu verhindern[33]. Desgleichen Aufklärung des bestrangig betreibenden Gläubigers einer Forderungsversteigerung über die nach-

---

[22] BVerfG 52, 214 = aaO (Fußn 14); OLG Schleswig Rpfleger 1979, 470 = SchlHA 1979, 215; Böhmer, Sondervotum, BVerfG 49, 228 = NJW 1979, 535.
[23] Böhmer aaO (Fußn 22).
[24] Vollkommer Rpfleger 1982, 1 (8 zu Nr 12).
[25] BVerfG 51, 150 = aaO (Fußn 12).
[26] BVerfG 49, 220 = aaO (Fußn 12).
[27] BVerfG 46, 325; 49, 220; 49, 252 und 51, 150 = je aaO (Fußn 11, 12); OLG Schleswig Rpfleger 1979, 470 = aaO (Fußn 22); OLG Celle KTS 1979, 320 = Rpfleger 1979, 116.
[28] BVerfG 46, 325; 49, 220 und 51, 150 = je aaO (Fußn 11, 12); OLG Celle und OLG Schleswig wie Fußn 27.
[29] BVerfG 42, 64 und 46, 325 = aaO (Fußn 2 und 3).
[30] BVerfG 49, 220 = aaO (Fußn 12).
[31] BVerfG 42, 64 = aaO (Fußn 3); BVerfG (Kammerbeschluß) NJW 1993, 1699 = Rpfleger 1993, 32 mit Anm Hintzen.
[32] BVerfG 78, 123 (126) mit weit Nachw = NJW 1988, 2787 = Rpfleger 1988, 533.
[33] BVerfG 42, 64 = aaO (Fußn 3).

Grundstücksvollstreckung als Verfahrensrecht 8.5 **Einleitung**

teiligen Folgen der Zuschlagserteilung bei geringem Meistgebot des nachrangigen Gläubigers (oder eines Dritten) mit Erlöschen des bestrangigen Grundpfandrechts bei fast völligem Ausfall und die Möglichkeit, Erteilung des Zuschlags mit Einstellungsbewilligung (§ 30) oder Antrag nach § 74a Abs 1 zu verhindern[34] (nicht zutreffend die Bedenken dagegen von Hintzen[35]). Zur Aufklärung Einl Rdn 33.

8.2 Entscheidung über den Zuschlag nicht sogleich im Versteigerungstermin, sondern in einem **späteren Verkündungstermin** (§ 87) zu treffen, damit der Schuldner (Antragsgegner) Gelegenheit erhält, von geeigneten Rechtsbehelfen zum Schutz seines Eigentums Gebrauch zu machen[36]. Ihm ist damit insbesondere zu ermöglichen, Einstellungsantrag durch seinen bei Schluß der Versteigerung im Versteigerungsraum nicht anwesenden Rechtsanwalt stellen zu lassen[37] oder bei krassem Mißverhältnis zwischen Meistgebot und Grundstückswert selbst in der Zwischenzeit Vollstreckungsschutz in Anspruch zu nehmen[38]. Wenn das Meistgebot in einem angemessenen Verhältnis zum Verkehrswert steht (wie zB bei Meistgebot über $^7/_{10}$ des Grundstückswertes; nach BGH[39] auch über der Hälfte), hat jedoch das Vollstreckungsgericht (ohne besondere Gründe) keine Veranlassung, dem Schuldner noch gesondert Gelegenheit zur Stellung eines Antrags nach ZPO § 765a zu geben[40].

8.3 Kurzzeitige **Unterbrechung des Versteigerungstermins** (§ 66 Rdn 11) nach Schluß der Versteigerung (§ 73 Abs 2) vor Verkündung der Entscheidung über den Zuschlag (§ 87 Abs 1), insbesondere auf übereinstimmenden Antrag von Gläubiger und Schuldner, wenn begründete Aussicht besteht, daß es anschließend zur einstweiligen Einstellung kommt[41].

8.4 Rechtzeitige Entscheidung über einen Einstellungsantrag des Schuldners, damit dieser bei Ablehnung auf den Ernst der Lage hingewiesen ist, seine rechtliche Situation überprüfen und sich schlüssig werden kann, ob er eine (verhältnismäßig geringe) titulierte Forderung bezahlen oder es auf die Versteigerung des Grundstücks mit allen rechtlichen und wirtschaftlichen Konsequenzen ankommen lassen will[42].

8.5 Wahrung schutzwürdiger Belange des Gläubigers mit beschleunigter Verfahrensfortführung. Wenn der Schuldner den Fortgang des Verfahrens unentwegt zielstrebig mit aussichtslosen Anträgen (auch untauglichen Ablehnungsgesuchen) und unzulässigen Beschwerden zu blockieren versucht, kann ihm daher damit begegnet werden müssen, daß seine Anträge mangels Rechtsschutzbedürfnis als unzulässig und unbeachtlich behandelt werden. Dann ist insbesondere das laufende Verfahren ohne Rücksicht auf solche mißbräuchliche Anträge[43] (dort für Verzögerung bei sachgerechter Behandlung aber kein Anhalt) fortzusetzen[44] und der Schuldner darauf zu verweisen, sachliche Einwendungen mit Beschwerden gegen den Zuschlag geltend zu machen. Zu querulatorischen Verzögerungsmaßnahmen des Schuldners auch[45].

---

[34] BVerfG (Kammerbeschluß) NJW 1993, 1699 = aaO (Fußn 31).
[35] Hintzen Rpfleger 1993, 33 (Anmerkung).
[36] BVerfG 51, 150 = aaO (Fußn 12); OLG Celle KTS 1979, 320 = aaO (Fußn 27).
[37] OLG Celle KTS 1979, 320 = aaO (Fußn 27).
[38] BVerfG 46, 325 und 51, 150 = je aaO (Fußn 2 und 12); BGH MDR 2005, 353 = NZI 2005, 181 = Rpfleger 2005, 151; LG Mönchengladbach Rpfleger 2004, 436 (Meistgebot von 7% des Verkehrswerts im 3. Versteigerungstermin).
[39] BGH NJW-RR 2004, 1074 = aaO (Fußn 21); auch LG Mönchengladbach aaO.
[40] LG Frankenthal Rpfleger 1984, 194.
[41] OLG Düsseldorf OLGZ 1994, 608 = Rpfleger 1994, 429.
[42] BVerfG 49, 220 = aaO (Fußn 12).
[43] AG Bernkastel-Kues und LG Trier, beide Rpfleger 1991, 70.
[44] OLG Köln Rpfleger 1980, 233 = VersR 1980, 686.
[45] Engel Rpfleger 1981, 81.

9 Als Teil der ZPO (§ 869; Rdn 19) ist Zwangsvollstreckung in das unbewegliche Vermögen rechtlich geregeltes Verfahren vor den ordentlichen Gerichten[46]. Zuständig für dieses Vollstreckungsverfahren, damit alle dem Gericht nach Verfahrensrecht zugewiesenen Vollstreckungshandlungen und Verfahrensmaßnahmen (ZPO § 764 Abs 1), ist das Amtsgericht als Vollstreckungsgericht (§ 1). Die nach den gesetzlichen Vorschriften des ZVG vom Richter wahrzunehmenden amtsgerichtlichen Geschäfte sind dem Rechtspfleger in vollem Umfang übertragen (RPflG § 3 Nr 1i). **Grundsätze** dieses amtsgerichtlichen Immobiliarvollstreckungsverfahrens sind:

9.1 Parteiherrschaft: Immobiliarvollstreckung wird nur auf Antrag angeordnet (§ 15; Dispositionsmaxime). Der Gläubiger bleibt Herr seines Verfahrens (Einl Rdn 21.2). Das Verfahren wird daher eingestellt, wenn der Gläubiger dies bewilligt (§ 30); es wird aufgehoben, wenn der Gläubiger seinen Antrag zurücknimmt (§ 29).

9.2 Amtsbetrieb: Das auf Antrag (§ 15) angeordnete Verfahren wird ohne Anträge der Beteiligten von Amts wegen durchgeführt. Nur zur Wahrung individueller Einzelrechte bedarf es eines gesonderten Antrags. Anträge sind nötig für: Anordnung (§ 15), Beitritt (§ 27), Aufhebung der Einstellung wegen eines Insolvenzverfahrens (§ 30f), Fortsetzung (§ 31), abweichende Versteigerungsbedingung (§ 59), Gesamtausgebot (§ 63 Abs 2), Verteilung einer Gesamthypothek (§ 64), Erlöschen eines nach landesrechtlicher Regelung unberührt bleibenden Rechts (EGZVG § 9 Abs 2), Sicherheitsleistung (§ 67 Abs 1), erhöhte Sicherheitsleistung (§ 68 Abs 2), Fortsetzung eines wegen Deckung aus Einzelgebot eingestellten Verfahrens (§ 76 Abs 2), Übergang zur Zwangsverwaltung (§ 77 Abs 2), zweiten Termin (§ 85), gerichtliche Verwaltung (§ 94), Rechtsmittel (§ 95), Aussetzung der Ausführung des Teilungsplans (§ 116), Wiederversteigerung (§ 133), Aufgebotsverfahren (§ 138). Zu diesen das Verfahren fördernden Anträgen kommen noch zahlreiche das Verfahren hemmende oder beseitigende (Einstellungs- und Aufhebungsanträge usw). Zustellungen erfolgen von Amts wegen (§ 3).

9.3 Beteiligtenzuziehung: Die am Grundstück Berechtigten werden als Beteiligte (§ 9) zu dem Verfahren zugezogen, damit sie ihre Rechte wahren können. Die Interessen der bei Eintragung des Versteigerungsvermerks aus dem Grundbuch ersichtlichen Berechtigten werden weitgehend von Amts wegen wahrgenommen. Rechte und Ansprüche, die zur Zeit der Eintragung des Versteigerungsvermerks nicht aus dem Grundbuch ersichtlich waren, bedürfen zwingend der Anmeldung (siehe zB §§ 9, 28, 37 Nr 4, § 41 Abs 1, §§ 45, 114).

9.4 Deckungsgrundsatz: Die Versteigerung wird unter Wahrung der dem betreibenden Gläubiger vorgehenden Rechte ausgeführt. Zugelassen wird nur ein Gebot, durch welches die dem Anspruch des Gläubigers vorgehenden Rechte sowie die Verfahrenskosten gedeckt werden (geringstes Gebot, § 44 Abs 1).

9.5 Gerichtliche **Prozeßleitungspflicht** (ZPO § 139). Einzelheiten Einl Rdn 33.

9.6 Rechtliches Gehör: Es ist im amtsgerichtlichen Vollstreckungsverfahren des Rechtspflegers ebenso uneingeschränkt wie im Rechtsmittelverfahren zu gewähren. Einzelheiten Einl Rdn 46.

9.7 Surrogationsgrundsatz: Mit dem Zuschlag tritt an die Stelle des Grundstücks, dessen Eigentümer der Ersteher wird (§ 90 Abs 1), der Versteigerungserlös. An diesem setzen sich die mit dem Zuschlag erloschenen Grundstücksrechte (§ 91 Abs 1) fort. Einzelheiten: § 91 Rdn 2.5.

10 Die **Verfahrensregeln der Zwangsversteigerung** sind auf die Konkurrenz der Bieter ausgerichtet[47]. Sie sollen mit freiem Wettbewerb der am Erwerb Interes-

---

[46] Zöller/Vollkommer, ZPO, Einl Rdn 39.
[47] BGH MDR 1979, 217 = NJW 1979, 162; Stöber ZIP 1981, 944.

sierten gewährleisten, daß das Grundstück zu einem seinem Wert möglichst entsprechenden Gebot zugeschlagen und auf diesem Weg möglichst wertrichtig Deckung für die auf ihm ruhenden Lasten erreicht werden kann[47]. Der Erlös braucht deswegen nicht rundweg der denkbar günstigste zu sein[48]. Wer sich in einer Zwangslage befindet und durch den Verkauf eines Grundstücks von drückenden Schulden befreien muß, kann sein Eigentum nicht immer zu günstigen Bedingungen in Geldwert umsetzen[49]. Veräußerungszwang kann den Verkaufswert mindern. Angemessenen Erlös gewährleistet die verfassungsmäßige Eigentumsgarantie (GrundG Art 14 Abs 1) bei Zwangsversteigerung so wenig wie im Falle einer freihändigen Veräußerung[49]. Die Rechtmäßigkeit einer Zwangsversteigerung kann daher nicht allein deshalb in Frage gestellt werden, weil sie einen angemessenen Erlös nicht erbracht hat[49]. Wenn der für den Eigentümer durch die Zwangsversteigerung eintretende Vermögensverlust (zB über [damals] 20 000 DM) in keinem vertretbaren Verhältnis zur Höhe der zu befriedigenden Forderung des Gläubigers steht (zB nicht einmal 1000 DM), gebietet jedoch der Grundsatz der Verhältnismäßigkeit Eigentumsschutz[50] (Einl Rdn 48, auch 52 ff). Sonst verletzt ein Zuschlag nicht schon deshalb die verfassungsmäßige Eigentumsgarantie, weil er auf ein (weit) unter dem Verkehrswert des Grundstücks liegendes Meistgebot erteilt worden ist[51]. Es gibt jedoch keinen allgemeinen Erfahrungssatz, daß der Versteigerungserlös nicht dem wirklichen Wert des versteigerten Grundstücks entsprechen würde[52]. Die Versteigerung ist aber nicht rechtmäßig, wenn die Funktion, die das Gesetz der Konkurrenz der Bieter im Versteigerungsverfahren zur Interessenwahrung zumißt, unerfüllt bleibt. Das ist der Fall, wenn Teilnehmer an der Versteigerung es verstehen, diese Konkurrenz zu schwächen oder auszuschalten[53]. Wer das Ziel der gesetzlichen Regelung der Zwangsversteigerung unterläuft, insbesondere die freie Konkurrenz unter Bietern ausschaltet, um sich zum Schaden der übrigen an der Versteigerung Beteiligten Vermögensvorteile zu verschaffen, oder wer den Zuschlag sonst durch ein unlauteres Verhalten bei der Versteigerung erschleicht, ist daher dem Vorwurf der Sittenwidrigkeit ausgesetzt[53]. Der mit den guten Sitten nicht zu vereinbarende Gebrauch einer Rechtsstellung wird nicht durch das formal nach den formstrengen Vorschriften des ZVG verlaufende Verfahren gedeckt[53]. Zur Sittenwidrigkeit allgemein Einl Rdn 52; zur Sittenwidrigkeit eines Bietabkommens § 71 Rdn 8; zur sittenwidrigen Ausnutzung eines Zuschlags § 81 Rdn 9; zu Schadensersatz bei sittenwidriger Ausnutzung eines Mißverständnisses (über die Bedeutung früher möglich gewesener Ausgebote mit Zahlungsfristen)[53].

II. Immobiliarvollstreckung (ZPO §§ 864–871)

Übersicht

Grundstücke als Gegenstand von ZVG-Verfahren	11	Verhältnis zur Vollstreckung in bewegliches Vermögen	17
Grundstücksbruchteile	12	Zwangsmaßregeln der Immobiliarvollstreckung	18
Grundstücksgleiche Rechte	13		
Gebäudeeigentum im Beitrittsgebiet	14	Zwangsvollstreckung als Verfahrensrecht	19
Sonstige Gegenstände	15		
Umfang der Immobiliarvollstreckung	16		

---

[47] BGH MDR 1979, 217 = NJW 1979, 162; Stöber ZIP 1981, 944.
[48] BVerfG 42, 64 = aaO (Fußn 3).
[49] OLG Celle Rpfleger 1979, 390.
[50] Böhmer, Sondervotum, BVerfG 49, 228 = NJW 1979, 535; Vollkommer Rpfleger 1982, 1 (5 zu Nr 7).
[51] OLG Celle Rpfleger 1979, 390.
[52] BGH MDR 1980, 575 = NJW 1980, 1580 = Rpfleger 1980, 184.
[53] BGH NJW 1979, 162 = aaO (Fußn 47).

> **Zivilprozeßordnung. Achtes Buch. Zwangsvollstreckung**
> Abschnitt 2 – Zwangsvollstreckung wegen Geldforderungen
> **Titel 2 – Zwangsvollstreckung in das unbewegliche Vermögen**
> **ZPO § 864 – Gegenstand der Immobiliarvollstreckung** (1) Der Zwangsvollstreckung in das unbewegliche Vermögen unterliegen außer den Grundstücken die Berechtigungen, für welche die sich auf Grundstücke beziehenden Vorschriften gelten, die im Schiffsregister eingetragenen Schiffe und die Schiffsbauwerke, die im Schiffsbauregister eingetragen sind oder in dieses Register eingetragen werden können.
>
> (2) Die Zwangsvollstreckung in den Bruchteil eines Grundstücks, einer Berechtigung der im Absatz 1 bezeichneten Art oder eines Schiffes oder Schiffsbauwerks ist nur zulässig, wenn der Bruchteil in dem Anteil eines Miteigentümers besteht oder wenn sich der Anspruch des Gläubigers auf ein Recht gründet, mit dem der Bruchteil als solcher belastet ist.

11 Grundstücke als Gegenstand von ZVG-Verfahren

11.1 Grundstücke unterliegen der Zwangsvollstreckung in das unbewegliche Vermögen (ZPO § 864 Abs 1). Grundstück im Rechtssinn (damit auch als Gegenstand der Immobiliarvollstreckung) ist eine räumlich fest abgegrenzte Bodenfläche (mit dem Raum darüber und darunter, BGB § 905), die im Grundbuch an einer besonderen Stelle eingetragen ist[1], oder anders gesagt: ein Stück Land, das gegenüber seiner Umgebung räumlich abgegrenzt, durch Vermessung festgelegt und mit einer amtlichen Nummer versehen und dazu im Grundbuch eingetragen ist. Als rechtliche Einheit eingetragen sein muß das Grundstück im Grundbuch auf einem besonderen Grundbuchblatt (GBO § 3 Abs 1) oder auf einem gemeinschaftlichen Grundbuchblatt (GBO § 4 Abs 1) unter einer besonderen Nummer (GBV § 6 Abs 1). Ist noch kein Blatt angelegt, kann der Gläubiger (Antragsteller) die Anlegung nach GBO § 14 erwirken. Sind Grundbücher abhanden gekommen oder zerstört, so müssen sie vor Vollstreckungsbeginn gemäß Grundbücher-Wiederherstellungsverordnung (Textanhang T 19; siehe jetzt auch GBO § 141 Abs 1) auf Antrag wiederhergestellt werden. Ein buchungsfreies (= nicht im Grundbuch eingetragenes) Grundstück (GBO § 3 Abs 2) nimmt nicht am Rechtsverkehr teil.

11.2 Vermessungstechnisch und grundbuchrechtlich werden die Grundstücke nach „Gemarkung" und „Flurstücknummer" bezeichnet (in Bayern früher nach „Steuergemeinde" und „Plannummer", seit 1935 auch hier aufgehoben). Grundstück im vermessungstechnischen Sinn ist das Flurstück, im tatsächlichen Sinn ist es ein räumlich abgegrenzter Teil der Erdoberfläche; im wirtschaftlichen Sinn ist eine wirtschaftliche Einheit von Bodenflächen, zB nach dem Grundstücksverkehrsgesetz, Baugesetzbuch, Reichssiedlungsgesetz. Ein Flurstück kann nicht aus mehreren Grundstücken im Rechtssinn bestehen; ein Grundstück im Rechtssinn kann mehrere Flurstücke umfassen, mindestens aber eines, nicht nur einen realen Teil davon. Als Teilfläche eines Grundstücks kann ein Flurstück nicht selbständig Gegenstand einer Immobiliarvollstreckung sein (Rdn 11.8; Ausnahme bei Vereinigung und Bestandteilszuschreibung).

11.3 Wenn mehrere Grundstücke **vereinigt** worden sind (BGB § 890 Abs 1) und diese selbständig belastet waren, behält jedes Teilgrundstück seinen bisherigen Grundpfandrechtsstand; die Grundpfandrechte des einen Teils ergreifen nicht das mit ihm vereinigte Grundstück. Die bisherigen Teile sind unwesentliche Bestandteile des neuen Grundstücks[2]. Daher beschränkt sich die Zwangsvollstreckung we-

---

[1] RG 84, 265 (270); BayObLG 1954, 258 (262); BayObLG Rpfleger 1981, 190 (191 rechte Spalte); Schöner/Stöber, Grundbuchrecht, Rdn 561.
[2] Schöner/Stöber, Grundbuchrecht, Rdn 624.

Immobiliarvollstreckung 11.5 **Einleitung**

gen des dinglichen Anspruchs des Gläubigers aus einem vor der Vereinigung eingetragenen Grundpfandrecht auf den dafür haftenden Teil[3]. Mitversteigerung (oder Zwangsverwaltung) des nicht der Belastung mit ihm vereinigten Teils kann der Gläubiger wegen seines dinglichen Anspruchs nicht betreiben. Die Vollstreckung richtet sich gegen das alte Grundstück, nur gegen den mit dem vollstreckenden Recht belasteten Teil; es ist auch der Vollstreckungsvermerk so einzutragen[4].

11.4 Mit **Bestandteilszuschreibung** (BGB § 890 Abs 2) wird das aufgenommene Grundstück vom Stammgrundstück verschluckt. Die Lasten bestehen an den bisherigen Einzelgrundstücken fort; es ergreifen aber die Grundpfandrechte des Stammgrundstücks auch das aufgenommene (BGB § 1131) und es gehen die auf dem aufgenommenen Grundstück schon haftenden besonderen Rechte den anderen im Range vor. Ein Gläubiger, dessen Recht erst nach der Zuschreibung eingetragen ist, und ein persönlicher Gläubiger können nach Bestandteilszuschreibung nur in das ganze Grundstück vollstrecken. Aus einem vor Zuschreibung am aufgenommenen Grundstück lastenden Recht kann dessen Gläubiger nur die Zwangsversteigerung dieses Grundstücks betreiben (keine Mithaft des Hauptgrundstücks). Der Gläubiger eines vor Beschlagnahme am Hauptgrundstück eingetragenen Rechts kann die Zwangsversteigerung des ihm haftenden neuen (einheitlichen) Grundstücks (BGB § 1131) betreiben. Er kann aber auch, wenn ihm die Zuschreibung nachteilig ist (zB wegen hoher Vorbelastungen am zugeschriebenen Grundstück) zunächst nur die Zwangsversteigerung des belasteten Hauptgrundstücks betreiben[5] und dadurch wieder die Abtrennung des zugeschriebenen Teils herbeiführen.

11.5 Vereinigung oder **Bestandteilszuschreibung** (BGB § 890) **erst nach Beschlagnahme** (§ 20) ändert den Gegenstand des Zwangsversteigerungsverfahrens nicht. Die Bestandsveränderung bleibt dem Beschlagnahmegläubiger gegenüber unwirksam (§ 20 Abs 1 Satz 1). Das Verfahren zur Zwangsversteigerung des beschlagnahmten bisherigen (rechtlich selbständigen) Grundstücks nimmt seinen Fortgang; es betrifft nicht das neue (einheitliche) Grundstück, erstreckt sich somit nicht auf die durch Vereinigung oder Bestandteilszuschreibung einbezogene Grundstücksfläche. Das gilt auch bei Bestandsveränderung, wenn die vereinigte oder zugeschriebene Teilfläche nur als Zuflurstück (Flurstück ohne selbständige Flurstücksnummer; zu ihm[6]) ausgewiesen war. Durch Beitritt können die Beschlagnahmewirkungen auch auf den neuen Grundstücksteil erstreckt werden, der noch nicht beschlagnahmt ist (persönlicher Gläubiger kann hier immer beitreten, dinglicher nur, wenn die Haftung für ihn erweitert ist). **Nach** Vereinigung oder Bestandteilszuschreibung ist nur noch das damit entstandene neue (einheitliche) Grundstück als Grundstück im Rechtssinn Gegenstand der Grundstückszwangsvollstreckung (ZPO § 864 Abs 1; Einl Rdn 11.3 und 11.4). Persönliche Gläubiger und Gläubiger eines nach Vereinigung oder Bestandteilszuschreibung eingetragenen dinglichen Rechts können nur noch die Zwangsversteigerung dieses neuen (einheitlichen) Grundstücks betreiben, nicht mehr aber in die bisher rechtlich selbständig gewesenen Grundstücke vollstrecken; diese sind nur noch reale Teile (unwesentliche Bestandteile) des einheitlichen (neuen) Grundstücks (als Grundstücksteile müßten sie für selbständige Vollstreckung wieder rechtlich verselbständigt werden; Einl Rdn 11.8). Gleiches gilt für Gläubiger der vor Vereinigung oder Bestandteilszuschreibung bestehenden Belastungen, deren Grundpfandrechte mit Nachverpfändung (Pfandunterstellung) auf den bisher nicht belastet gewesenen Grundstücksteil ausgedehnt worden sind.

---

[3] Wendt Rpfleger 1983, 192 (V 3).
[4] Jaeckel/Güthe §§ 15, 16 Rdn 7.
[5] Dassler/Muth § 1 Rdn 9; Steiner/Hagemann Einl Rdn 22.
[6] Schöner/Stöber, Grundbuchrecht, Rdn 684.

11.6 Zum **Vollstreckungstitel** für Zwangsversteigerung nach Vereinigung oder Bestandteilszuschreibung: § 16 Rdn 3.9 und 3.10.

11.7 Versteigerung nur eines realen Grundstücksteils (eines vormaligen Grundstücks als Flächenabschnitt) nach Vereinigung oder Bestandteilszuschreibung wegen des dinglichen Anspruchs aus einem vor der Vereinigung oder Bestandteilszuschreibung eingetragenen, an dem haftenden Teilgrundstück fortbestehenden Grundpfandrecht (Rdn 11.3 und 11.4) und ebenso nach Vereinigung oder Bestandteilszuschreibung, die dem Beschlagnahmegläubiger gegenüber unwirksam ist (Rdn 11.5), führt mit Erteilung des Zuschlags zur **Abtrennung des veräußerten Grundstücksteils.** Der Ersteher wird Eigentümer nur des versteigerten (vormaligen) Teilgrundstücks (§ 90 Abs 1). Einheitliche Eigentumslage als Erfordernis der Vereinigung zu einem Grundstück (BGB § 890 Abs 1) oder Bestandteilszuschreibung (BGB § 890 Abs 2) besteht damit nicht mehr. Das bewirkt Teilung des Grundstücks durch Hoheitsakt. Grundbuchberichtigung hat das Vollstreckungsgericht mit Ersuchen nach § 130 Abs 1 zu veranlassen; Eintragung des Erstehers als Eigentümer des zugeschlagenen Grundstücksteils gebietet auch dessen Eintragung als selbständiges Grundstück. Es ist daher der versteigerte Grundstücksteil von dem Gesamt-Grundstück abzuschreiben und in das Grundbuch wieder als selbständiges Grundstück einzutragen.

11.8 Sonst kann in **reale Grundstücksteile** nicht vollstreckt werden, solange die Teile nicht durch Teilung (zu ihr[7]) rechtlich verselbständigt sind. Auch Verfahrenseinstellung oder Verfahrensaufhebung kann hinsichtlich eines realen Grundstücksteils nicht erfolgen (auch nicht, wenn er als Flurstück mit eigener Flurstücknummer bezeichnet und im Grundbuch eingetragen ist). Ein Zuflurstück (ein selbständiges Grundstück, das nur vorübergehend vermessungstechnisch besteht und keine eigene Flurstücksnummer hat), zB eine zur öffentlichen Straße weggemessene Grundstücksteilfläche, kann (mit dem Vollstreckungsvermerk) auf das künftige Grundbuchblatt übertragen und vom Gläubiger freigegeben werden. Der Versteigerungsvermerk wird dann nach Aufhebung des Verfahrens hinsichtlich dieses Zurflurstücks gelöscht.

12 Grundstücksbruchteile

12.1 Auch auf den **Bruchteil** (ideeller oder gedachter Teil) eines Grundstücks (auch eines grundstücksgleichen Rechts, Gebäudeeigentums, Schiffs, Schiffsbauwerks, Luftfahrzeugs) kann sich die Zwangsvollstreckung in unbewegliches Vermögen erstrecken (ZPO § 864 Abs 2).

12.2 a) Der **Bruchteil** eines Grundstücks (anderen Objekts) kann Gegenstand der Immobiliarvollstreckung sein, wenn er „in dem **Anteil eines Miteigentümers** besteht" (ZPO § 864 Abs 2; Miteigentümer eingetragen oder Erbe des Eingetragenen, § 17 Abs 1). Bei der Gemeinschaft nach Bruchteilen (BGB §§ 741 ff) steht das Eigentum den Teilhabern gemeinschaftlich zu ziffernmäßig bestimmten ideellen Anteilen (zB je $1/2$, $1/4$ usw, aber auch in Prozenten möglich, zB je 50%). Über seinen ideellen (nur rechnerischen) Anteil am gemeinschaftlichen Grundstück kann jeder Teilhaber verfügen (BGB § 747); er kann mit einer Hypothek (BGB § 1114), Grundschuld (§ 1192 Abs 1) oder Rentenschuld (§ 1199) sowie Reallast (BGB § 1106) belastet werden. Demzufolge ist auch die Zulässigkeit der Zwangsvollstreckung in den Bruchteil eines Grundstücks (anderen Objekts) bestimmt. Sie kann wegen des dinglichen Anspruchs aus einem an dem Grundstücksbruchteil lastenden Rechts und wegen eines persönlichen Anspruchs gegen den Bruchteilsmiteigentümer als haftender Schuldner (Einl Rdn 2) erfolgen.

---

[7] Schöner/Stöber, Grundbuchrecht, Rdn 666.

Immobiliarvollstreckung 12.4 **Einleitung**

b) „In dem Anteil eines Miteigentümers" besteht der Bruchteil eines Grundstücks auch, wenn ein dienendes Grundstück noch einem Eigentümer gehört, dieser aber die Teilung und Zuordnung der Miteigentumsanteile zu herrschenden Grundstücken erklärt hat und Eintragung der Miteigentumsanteile auf den Grundbuchblättern der herrschenden Grundstücke erfolgt ist (GBO § 3 Abs 6 mit Abs 5). Diese **Buchung nach GBO § 3 Abs 6** ermöglicht Anteilsbelastung (BGB § 1114) und ebenso Zwangsvollstreckung in den Bruchteilen wegen eines dinglichen oder wegen eines persönlichen Anspruchs (ZPO § 864 Abs 2).

12.3 a) Der **Bruchteil** eines Grundstücks (anderen Objekts) kann Gegenstand der Immobiliarvollstreckung auch sein, wenn Miteigentum nicht mehr besteht, der Anspruch des Gläubigers sich aber „auf ein **Recht** gründet, mit dem der **Bruchteil** als solcher **belastet ist**" (ZPO § 864 Abs 2). Das ist insbesondere der Fall, wenn ein früherer Miteigentümer seinen Miteigentumsanteil mit einer Hypothek, Grundschuld, Rentenschuld oder Reallast belastet hat (Einl Rdn 12.2) und dessen Bruchteilsmiteigentum dann weggefallen ist, zB deshalb, weil aus dem Miteigentum Alleineigentum wurde[1]. Dem wird der Fall gleichgestellt, daß sich mit einer Gesamtgrundschuld belastete Grundstücksmiteigentumsanteile in der Hand eines Miteigentümers (oder auch eines Dritten) vereinigt haben, der Grundschuldgläubiger infolge Teilnichtigkeit der Sicherungsabrede hinsichtlich eines (einzelner) früheren Miteigentümer aber nur die Zwangsversteigerung (Zwangsverwaltung) des vormaligen Miteigentumsanteils des (oder der) anderen Grundstücksmiteigentümers betreiben kann[2]. In den früheren (nicht mehr bestehenden) Miteigentumsanteil kann ebenso vollstreckt werden, wenn ein Bruchteilsmiteigentümer den weiteren Bruchteil als Vorerbe hinzuerworben und nur den früheren Anteil gesondert belastet hat[3], wenn nach Zuschlag die Sicherungshypothek für eine übertragene Forderung (§ 128) an einem früheren (durch Zuschlag nicht mehr bestehenden) Miteigentumsanteil eingetragen ist, und wenn ein Schuldner seinen Miteigentumsanteil auf den anderen Miteigentümer nach AnfG § 3 anfechtbar übertragen hat (für die nach Verurteilung des Anfechtungsgegners dann zu duldende Vollstreckungsmaßnahme wird fingiert, daß der Miteigentumsanteil noch fortbesteht)[4].

b) Die Zwangsvollstreckung in den nicht mehr bestehenden Bruchteil eines Miteigentümers dient der Verwirklichung des Anspruchs des Gläubigers des Rechts, mit dem der Bruchteil als solcher noch belastet ist (zur Besonderheit für den Anfechtungsgläubiger Abs a). Sie kann daher nur wegen des **dinglichen Anspruchs** dieses Gläubigers (dinglicher Titel erforderlich, § 15 Rdn 9) erfolgen; zur Verwirklichung dieses Anspruchs wird für die Vollstreckung fingiert, daß der belastete „ideelle" Miteigentumsanteil fortbesteht. Die Bruchteilsbelastung besteht nicht mehr, wenn der Miteigentümer das Grundstück ganz erworben und danach die (bisherige) Bruchteilshypothek (-grundschuld usw) auf das Gesamtgrundstück erstreckt hat; die Zwangsvollstreckung in den vormaligen Bruchteil ist dann ausgeschlossen.

12.4 Zur **Vollstreckung in Grundstücksmiteigentum** kommen in Frage: Zwangsversteigerung oder Zwangsverwaltung des einzelnen Grundstücksbruchteils (ZPO § 866 Abs 1 mit § 864 Abs 2); Eintragung einer Zwangshypothek am einzelnen Bruchteil (ZPO § 866 Abs 1 mit § 864 Abs 2); zulässig sind auch Pfändung des Rechts auf Aufhebung der Gemeinschaft (BGB § 749 Abs 1)[5] (§ 180 Rdn 11.2) und Pfändung des Anteils an den Früchten der gemeinsamen Sache

---

[1] BayObLG DNotZ 1971, 659 = Rpfleger 1971, 316.
[2] BGH 106, 19 (27) = DNotZ 1989, 609 mit Anm Schmitz-Valckenberg = MittBayNot 1989, 83 und 207 mit Anm Schelter = MDR 1989, 434 = NJW 1989, 831; BGH DNotZ 2002, 853 = MDR 2002, 833 = NJW 2002, 2710.
[3] BayObLG 1968, 104 = DNotZ 1968, 626 = MDR 1968, 842 = NJW 1968, 1431 = Rpfleger 1968, 221.
[4] BGH 90, 207 (214) = MDR 1984, 486 = NJW 1984, 1986.
[5] Stöber, Forderungspfändung, Rdn 1542–1546 a mit weit Nachw.

Einleitung 12.4   Immobiliarvollstreckung

(BGB § 743 Abs 1). Nicht aber kommen in Frage: Pfändung des „Miteigentumsanteils", weil die Zwangsvollstreckung in unbewegliches Vermögen nur nach ZPO § 864 erfolgen darf; Rechtspfändung nach ZPO § 857, weil dies ein Recht voraussetzt, das nicht Gegenstand der Immobiliarvollstreckung ist[6].

12.5 Ein **Gesamtgrundpfandrecht** (BGB § 1132) stellt die (ursprüngliche oder nachträglich durch Veräußerung eines Bruchteils des haftenden Grundstücks entstandene) Belastung **mehrerer Miteigentumsanteile** eines Grundstücks (anderen Objekts), damit auch des ganzen in Miteigentum stehenden Grundstücks, dar[7]. Der Gläubiger kann daher wegen seines dinglichen Anspruchs nach seinem Belieben (BGB § 1132 Abs 1) in jeden belasteten Miteigentumsanteil (damit in einzelne, mehrere oder alle) vollstrecken. Als Gläubiger des Anspruchs aus einer Hypothek (Grundschuld usw) kann nach Übergang des Grundstücks in Bruchteilseigentum daher auch ein Grundstücksmiteigentümer in die Bruchteile der anderen Miteigentümer vollstrecken (hier keine Vollstreckung in den Eigenanteil, BGB § 1197 Abs 1). Wird gleichzeitig in mehrere Bruchteile vollstreckt, so sind sie wie mehrere Grundstücke zu behandeln. Verbindung der Verfahren ist nur nach § 18 möglich.

12.6 Bei **Miteigentum zur gesamten Hand** (Erbengemeinschaft, BGB-Gesellschaft, Gesamtgut der Gütergemeinschaft) bestehen an den einzelnen Grundstücken (anderen Objekten) des Gesamthandvermögens keine Anteile der Mitberechtigten. Die Gemeinschaftsmitglieder sind ungeteilt Eigentümer der zum gemeinsamen Vermögen gehörenden Sache; solange die Gemeinschaft besteht, ist jedes Vermögensstück durch die Bestimmung, dem Gemeinschaftszweck zu dienen, dinglich gebunden und der Verfügung des einzelnen Mitglieds entzogen (zB BGB §§ 719, 2040). In den Anteil an den zum Gesamthandsvermögen gehörenden Grundstücken (anderen Objekten) findet eine Immobiliarvollstreckung daher nicht statt. Der Gesamthandsvermögensanteil unterliegt der Rechtspfändung (ZPO §§ 857, 859; dazu § 180 Rdn 11).

12.7 Wenn ein Gläubiger den vollen wirtschaftlichen Wert eines **Bruchteils** nutzen will, muß er nach Pfändung die Auseinandersetzung der Gemeinschaft betreiben, weil Zwangsversteigerung oder Zwangsverwaltung eines **Bruchteils** immer wieder erfolglos bleiben (in der Versteigerung zu hohe Belastungen; in der Zwangsverwaltung erhebliche Schwierigkeiten bei Bruchteilen, § 146 Rdn 3.3). Der Gläubiger kann nicht aus einer Zwangshypothek an einem Bruchteil das ganze Grundstück über BGB § 751 Satz 2 oder § 1258 versteigern lassen, weil die Eintragung der Zwangshypothek keine Pfändung ist, sondern nur der Sicherung dient, und weil ja auch eine Vertragshypothek an einem Bruchteil nicht diesen Weg beschreiten kann.

12.8 Grundstücksbruchteil ist auch das **Wohnungseigentum** und das **Teileigentum** nach dem WEG. Als Sondereigentum an einer Wohnung oder an nicht zu Wohnzwecken dienenden Räumen bestehen sie aus der Verbindung eines Miteigentumsanteils am gemeinschaftlichen Eigentum mit Einzeleigentum; sie sind damit als besondere Art des Bruchteilsmiteigentums echtes Grundstückseigentum[8], das den näheren Regelungen des WEG unterliegt, nicht aber (was früher vereinzelt angenommen wurde) grundstücksgleiche Rechte. Zwangsversteigerung: § 15 Rdn 45.

12.9 Hierher gehören auch noch die verschiedenen Arten des landesrechtlichen **Stockwerkseigentums** (in den Ländern unterschiedlich geregelt). Zur Teilungsversteigerung § 180 Rdn 7.24.

---

[6] Furtner NJW 1957, 1620.
[7] BGH DNotZ 1961, 407 = NJW 1961, 1352 = Rpfleger 1961, 353; BGH 40, 115 (120) = NJW 1963, 2320 (2321); RG 164, 363 (365, 366).
[8] OLG Düsseldorf MittBayNot 1963, 327 = MittRhNotK 1963, 565.

Immobiliarvollstreckung   14.1 **Einleitung**

Grundstücksgleiche Rechte   13

13.1 Die Zwangsvollstreckung in eine „Berechtigung, für welche sich **auf Grundstücke beziehenden Vorschriften** gelten" (= grundstücksgleiches Recht = selbständige Berechtigung), erfolgt nach den Vorschriften über die Zwangsvollstreckung in Grundstücke: ZPO § 870. Auch hier kann in Bruchteile vollstreckt werden. Vollstreckungsvoraussetzung ist wie bei den Grundstücken, daß die Rechte ein Grundbuchblatt (Erbbaugrundbuchblatt) haben (wenn nicht, muß der Gläubiger dessen Anlage erwirken oder bei zerstörten oder abhandengekommenen Blättern die Wiederherstellung beantragen, Einl Rdn 11.1).

13.2 Zu den grundstücksgleichen **Rechten gehören:** I. Erbbaurecht: vor 22. 1. 1919 nach BGB § 1017, seitdem nach ErbbauVO §§ 11, 14. II. Wohnungserbbaurecht und Teilerbbaurecht nach WEG § 30 als Unterart des Erbbaurechts. III. Bergwerkseigentum (seit 1. 1. 1982) nach Bundesberggesetz (BBergG) vom 13. 8. 1980 (BGBl 1980 I 1310) § 9 Abs 1. IV. Landesrechtliches Stockwerkseigentum nach EBBGB Art 131 (= uneigentliches) und Art 182 (eigentliches Stockwerkseigentum). V. Landesrechtliche Realgemeindeanteile nach EGBGB Art 164.

13.3 Nicht mehr hierher gehören landesrechtliches Erbpachtrecht, Büdnerrecht, Häuslerrecht nach EGBGB Art 63, aufgehoben durch das Kontrollratsgesetz Nr 45.

13.4 Nur noch **beschränkt** hierher gehören landesrechtliche Realgewerbeberechtigungen, die im Grundbuch eingetragen sind (waren); nach Bundesberggesetz (§ 149) aufrechterhaltenes Bergwerkseigentum und Kohlenabbaugerechtigkeit nach EGBGB Art 67 und Landesrecht; sonstige Mineraliengewinnungsrechte nach EGBGB Art 68 und Landesrecht; Jagd- und Fischereigerechtsame nach EGBGB Art 69, bezüglich der Jagdrechte außer Kraft durch Reichs- und Bundesjagdgesetz; erbliche Nutzungsrechte nach EGBGB Art 196; reale Bann- und Zwangsrechte nach EGBGB Art 74 (Fährrecht; Schiffsmühlenrecht; früher auch Apothekenrealrechte, jetzt Rdn 13.5; früher auch Brennrechte, jetzt § 55 Rdn 4.1; früher auch Kaminkehrrechte, jetzt verliehene Kehrbezirke; früher auch Hufschmieds-, Brauerei-, Müllerei-, Gastwirtschafts- und ähnliche Gewerbegerechtsame, jetzt durch grundsätzliche Gewerbefreiheit und die entsprechenden Neuregelungen gegenstandslos; früher auch Abdeckereigerechtigkeit, durch Reichsgesetz vom 1. 2. 1934 aufgehoben).

13.5 Ein **Apothekenrealrecht** (Rdn 13.4) hat wirtschaftlich nur noch eingeschränkt Bedeutung. Für den Betrieb einer Apotheke ist jetzt nur die persönliche Betriebserlaubnis nötig, die nur ein Apotheker erhält. Früher gab es entweder ein staatliches Privileg (in Gebieten preußischen Rechts) oder ein Realrecht (in Gebieten bayerischen Rechts); das dingliche Recht war subjektiv-persönlich (selbständige Apothekengerechtigkeit) oder subjektiv-dinglich (als radiziertes Recht Bestandteil des Grundstücks). Die selbständige Gerechtigkeit bekam ein eigenes Grundbuchblatt, war belastbar und der Zwangsversteigerung und Zwangsverwaltung unterworfen. Diese Rechte sind vom Apothekengesetz (Textanhang T 6) aufrechterhalten, jedoch dahin abgeschwächt, daß auch ihre Inhaber der Betriebserlaubnis bedürfen, die allerdings als erteilt gilt (Apothekengesetz §§ 26, 27). Die Realrechte werden jetzt als Bestandteil des Grundstücks mitversteigert; sie erhöhen dessen Wert vor allem wegen des oft seit Jahrhunderten bestehenden Apothekennamens.

Gebäudeeigentum im Beitrittsgebiet   14

14.1 Auf Gebäudeeigentum, das in den Ländern **Brandenburg, Mecklenburg-Vorpommern, Sachsen, Sachsen-Anhalt** und **Thüringen** sowie in dem Teil des Landes Berlin, in dem das Grundgesetz früher nicht galt **(Beitrittsgebiet)** fortbesteht, findet das Grundstücksrecht des Bürgerlichen Gesetzbuchs Anwendung (EGBGB Art 233 § 4 Abs 1 und 7). Gebäudeeigentum unterliegt damit als Eigentumsform des unbeweglichen Vermögens (wie Grundstücke) der Immobiliarvollstreckung (ZPO § 864 Abs 1). Gebäudeeigentum sind als persönliches Eigentum

Einleitung 14.1

eines Nutzungsberechtigten Gebäude (Baulichkeiten, Anlagen, Anpflanzungen oder Einrichtungen), die errichtet sind
- nach **ZGB-DDR § 288 Abs 4** auf einem volkseigenen Grundstück auf Grund eines verliehenen Nutzungsrechts zur Errichtung und persönlichen Nutzung eines Eigenheimes oder eines anderen persönlichen Bedürfnissen dienenden Gebäudes (ZGB-DDR § 287 Abs 1);
- nach **ZGB-DDR § 292 Abs 3** auf der zum Bau eines Eigenheims oder anderen persönlichen Bedürfnissen dienenden Gebäudes zugewiesenen Bodenfläche einer Landwirtschaftlichen Produktionsgenossenschaft oder anderen sozialistischen Genossenschaft (§ 291 ZGB-DDR);
- auf Grund **anderer Rechtsvorschriften** (EGBGB Art 233 § 4 Abs 7) als Gebäudeeigentum in Verbindung mit einem Nutzrecht am Grundstück.

Zu diesem Gebäudeeigentum nach ZGB-DDR siehe EGBGB Art 233 § 4 und die Erläuterungen hierzu in den Kommentaren zum BGB; Einzeldarstellung auch bei[1].

14.2 Als Gebäudeeigentum **ohne dingliches Nutzungsrecht** sind unabhängig vom Eigentum am Grundstück Eigentum des Nutzers
- nach **EGBGB Art 233 § 2 b** Gebäude und Anlagen landwirtschaftlicher Produktionsgenossenschaften sowie Gebäude und Anlagen von Arbeiter-Wohnnungsbaugenossenschaften und von gemeinnützigen Wohnungsbaugenossenschaften auf ehemals volkseigenen Grundstücken in den Fällen von EGBGB Art 233 § 2 a Abs 1 Satz 1 Buchst a und b;
- nach **EGBGB Art 233 § 8** Gebäude und Anlagen, an denen auf Grund der Rechtsverhältnisse auf Grund des früheren ZGB-DDR § 459 und den dazu ergangenen Ausführungsvorschriften Gebäudeeigentum entstanden ist.

14.3 Als vom Grundstückseigentum unabhängiges Eigentum gehört Gebäudeeigentum (Gebäude, Baulichkeiten, Anlagen, Anpflanzungen sowie Einrichtungen) mit seinen wesentlichen Bestandteilen nicht zu den Bestandteilen des Grundstücks (EGBGB Art 231 § 5 Abs 1 als Ausnahme von BGB §§ 93, 94). Als wesentliche Bestandteile des Gebäudes gelten das Nutzungsrecht am Grundstück und die erwähnten Anlagen, Anpflanzungen oder Einrichtungen (EGBGB Art 231 § 5 Abs 2).

14.4 Gebäudeeigentum ist auf einem besonderen **Grundbuchblatt** (Gebäudegrundbuchblatt) nachgewiesen (für das Gebäudeeigentum ohne dingliches Nutzungsrecht von EGBGB Art 233 § 2 b dort Abs 2 Satz 1). Anlegung und Führung regelt die Verordnung über die Anlegung und Führung von Gebäudegrundbüchern (Gebäudegrundbuchverfügung – GGV) vom 15. 7. 1994 (BGBl I 1606). Das dem Gebäudeeigentum zugrunde liegende **Nutzungsrecht** wird von Amts wegen in das Grundbuch des belasteten Grundstücks eingetragen (EGBGB Art 233 § 4 Abs 1 Satz 2). Die Eintragung erfolgt in der zweiten Abteilung dieses Grundbuchs. Sie regelt GGV § 5. Gebäudeeigentum ohne dingliches Nutzungsrecht wird in das Grundbuch des betroffenen Grundstücks eingetragen (EGBGB Art 233 § 2 c Abs 1 und § 2 b Abs 2 Satz 3 sowie § 8 Satz 2). Die Eintragung erfolgt in der zweiten Abteilung dieses Grundbuchs. Sie regelt GGV § 6.

14.5 Behandlung eines Gebäudeeigentums bei Versteigerung des Grundstücks: EGZVG § 9 a mit Erläuterungen.

14.6 Gebäudeeigentum sind nicht **Wochenendhäuser** sowie andere Baulichkeiten, die der Erholung, Freizeitgestaltung oder ähnlichen persönlichen Bedürfnissen dienen und in Ausübung eines vertraglich vereinbarten Nutzungsrechts errichtet wurden (ZGB-DDR § 296 Abs 1 Satz 1). Sie waren unabhängig vom Eigentum am Boden Eigentum des Nutzungsberechtigten (soweit nichts anderes vereinbart war, ZGB-DDR § 296 Abs 1 Satz 1). Für das Eigentum an diesen Baulichkeiten galten (und gelten) die Bestimmungen über das Eigentum an beweglichen Sachen

---

[1] Schöner/Stöber, Grundbuchrecht, Rdn 699 a ff; Stöber, GBO-Verfahren, Rdn 117.

entsprechend (ZGB-DDR § 296 Abs 1 Satz 2). Über sie ist nun nach BGB §§ 929 ff zu verfügen; sie unterliegen der Zwangsvollstreckung in das bewegliche Vermögen mit Pfändung (ZPO §§ 808, 809) durch den Gerichtsvollzieher.

Sonstige Gegenstände 15

15.1 Der Zwangsvollstreckung in das unbewegliche Vermögen unterliegen auch
a) **Luftfahrzeuge** und ihre Bruchteile (§ 171 a Rdn 1);
b) **Schiffe** und **Schiffsbauwerke** und ihre Bruchteile (ZPO § 864), wobei Schwimmdocks wie Schiffsbauwerke behandelt werden (§ 162 Rdn 3.3);
c) **Bahneinheiten** nach Landesrecht (ZPO § 871; dazu § 15 Rdn 12).

15.2 Das **Kabelpfandgesetz** (BGBl III 403–10; Textanhang 14. Aufl T 19) ist am 1. 1. 1995 außer Kraft getreten (Art 13 § 1 Nr 1 Postneuordnungsgesetz vom 14. 9. 1995, BGBl I 2325 [2396]).

ZPO § 865 – Verhältnis zur Mobiliarvollstreckung (1) Die Zwangsvollstreckung in das unbewegliche Vermögen umfaßt auch die Gegenstände, auf die sich bei Grundstücken und Berechtigungen die Hypothek, bei Schiffen oder Schiffsbauwerken die Schiffshypothek erstreckt.

(2) Diese Gegenstände können, soweit sie Zubehör sind, nicht gepfändet werden. Im übrigen unterliegen sie der Zwangsvollstreckung in das bewegliche Vermögen, solange nicht ihre Beschlagnahme im Wege der Zwangsvollstreckung in das unbewegliche Vermögen erfolgt ist.

Umfang der Immobiliarvollstreckung 16

16.1 Gegenstände, auf die sich bei **Grundstücken** oder grundstücksgleichen Rechten **die Hypothek erstreckt,** werden für die Zwangsvollstreckung als Bestandteile des unbeweglichen Vermögens behandelt (ZPO § 865 Abs 1). Das gilt auch für die Zwangsvollstreckung in ein lastenfreies Grundstück und für die Zwangsversteigerung (-verwaltung) auf Antrag des Gläubigers eines (persönlichen) Zahlungsanspruchs[1]. Grund: Erhaltung des wirtschaftlichen Zusammenhangs zwischen Grundstück und mithaftenden Gegenständen zur Erzielung eines angemessenen Erlöses und Wahrung der Interessen des Gläubigers, der seine Befriedigung aus dem Grundstück und den übrigen Gegenständen nicht in getrennten Verfahren suchen soll.

16.2 Hypothekarisch **haftende Gegenstände** eines Grundstücks: BGB §§ 1120–1130. Zu diesen Gegenständen und zu ihrer Beschlagnahme durch Zwangsversteigerung § 20 Rdn 3 und § 21 Rdn 2; zur Beschlagnahme durch Zwangsverwaltung § 148 Rdn 2.

16.3 Bei **Schiffen** und Schiffsbauwerken gilt gleiches für die der Schiffshypothek haftenden Gegenstände (ZPO § 865 Abs 1); zu diesen Gegenständen § 162 Rdn 4.2. Entsprechendes gilt für Gegenstände, auf die sich bei Luftfahrzeugen das Registerpfandrecht erstreckt (§ 171 a Rdn 4).

Verhältnis zur Vollstreckung in bewegliches Vermögen 17

17.1 Hypothekarisch haftendes **Zubehör** des Grundstücks (anderen Objekts) kann **nicht mobiliargepfändet** werden (ZPO § 865 Abs 2). Verbotswidrige Pfändung ist nichtig[1*] (anders[2]: als fehlerhaft anfechtbar) und kann auch nicht nachträglich durch Wegfall der Zubehöreigenschaft geheilt werden, solange das Zubehör nicht von der Hypothekenhaftung frei ist. Vor Immobiliarbeschlagnahme darf also nur alles andere bewegliche Vermögen außer dem Zubehör gepfändet

---

[1] Zöller/Stöber, ZPO, § 865 Rdn 1 und 2.
[1*] OLG München MDR 1957, 428; Zöller/Stöber, ZPO, § 865 Rdn 11.
[2] Gaul NJW 1989, 2509 (2512) mit weit Nachw; MünchKomm/Eickmann, ZPO, § 865 Rdn 61; Musielak/Becker, ZPO, § 865 Rdn 10; Stein/Jonas/Münzberg, ZPO, § 865 Rdn 36.

Einleitung 17.1 Immobiliarvollstreckung

werden. Das Verbot gilt nicht für Zubehör des Mieters oder des Pächters[3]. Zur Anwartschaft auf Zubehör § 20 Rdn 3.5 und § 55 Rdn 3. Gegen Fortsetzung einer verbotswidrigen Mobiliarvollstreckung kann der Hypothekengläubiger Erinnerung (ZPO § 766, da Verstoß gegen ZPO § 865 Abs 2), nach allgemeiner Ansicht auch Widerspruchsklage nach ZPO § 771 erheben (auch Klage nach ZPO § 805 auf bevorzugte Befriedigung als minderer Rechtsbehelf). Die Mobiliarvollstreckung ist auch dann unzulässig, wenn Sachen, die in Ausübung eines Rechts mit dem Grundstück verbunden sind, laut Vertrag als wesentliche Bestandteile gelten[4]. Wurde Inventar eines stillgelegten Betriebes vom Insolvenzverwalter vor der Anordnung der Zwangsversteigerung veräußert, so verlor das Zubehör diese Eigenschaft schon mit der Stillegung[5], haftete aber noch dem Hypothekengläubiger[5]; dieses Zubehör wurde mit der Veräußerung frei[6], aber der Erlös gehört dem Hypothekengläubiger[7]; das Zubehör unterliegt hier jedoch nicht mehr der Beschlagnahme[7].

17.2 Vom Grundstück getrennte **Erzeugnisse** und **sonstige Bestandteile**, auf die sich die Grundpfandrechtshaftung noch erstreckt (BGB § 1120), unterliegen der Zwangsvollstreckung in das bewegliche Vermögen, solange nicht ihre Beschlagnahme erfolgt ist (ZPO § 865 Abs 2), können somit bis dahin durch den Gerichtsvollzieher gepfändet werden (ZPO § 803 Abs 1, § 808). Grund: Vereinfachung des Vollstreckungsverfahrens. Beschlagnahme erst **nach** Pfändung beseitigt deren Rechtswirkungen nicht[8]. Ist die nachfolgende Beschlagnahme durch einen **rangschlechteren** Gläubiger oder durch den Gläubiger einer persönlichen Vollstreckungsforderung (Rangklasse 5 des § 10) bewirkt, dann hat der Gerichtsvollzieher zu verwerten. Das dann der Beschlagnahme gegenüber vorrangige Pfändungspfandrecht (ZPO § 804) wird durch das nachfolgende Veräußerungsverbot (§ 23 Abs 1 Satz 1) nicht berührt. Bei Beschlagnahme durch einen **rangbesseren** Gläubiger hat Pfandverwertung durch den Gerichtsvollzieher zu unterbleiben (ZPO § 772). Weil der Pfandgegenstand schon bei Pfändung dem Grundpfandrecht gehaftet hat, kommt dem mit Beschlagnahme neueren Veräußerungsverbot gegenüber der Pfändung stärkere Wirkung zu. Der Pfandgläubiger muß sein Befriedigungsrecht zur Berücksichtigung in der Zwangsversteigerung oder Zwangsverwaltung anmelden (§ 37 Nr 4). Rechtsbehelf für Beschlagnahmegläubiger, wenn der Gerichtsvollzieher unzulässig verwertet: Erinnerung (ZPO § 766), dann sofortige Beschwerde (ZPO § 793), außerdem Klage nach ZPO § 772 (§ 771) oder (als minderer Rechtsbehelf) Klage nach ZPO § 805.

17.3 Besonderheit für Pfändung von **Früchten auf dem Halm** mit Rücksicht auf bevorstehende Trennung: ZPO § 810.

ZPO § 866 – Arten der Vollstreckung (1) Die Zwangsvollstreckung in ein Grundstück erfolgt durch Eintragung einer Sicherungshypothek für die Forderung, durch Zwangsversteigerung und durch Zwangsverwaltung.

(2) Der Gläubiger kann verlangen, daß eine dieser Maßregeln allein oder neben den übrigen ausgeführt werde.

(3) Eine Sicherungshypothek (Absatz 1) darf nur für einen Betrag von mehr als siebenhundertfünfzig Euro[9] eingetragen werden; Zinsen bleiben dabei unberücksichtigt, soweit sie

---

[3] AG Bonn DGVZ 1962, 98.
[4] LG Berlin DGVZ 1976, 26.
[5] BGH 60, 267 = MDR 1973, 667 = NJW 1973, 997 und 1973, 1611 Leitsatz mit abl Anm Schmidt = Rpfleger 1973, 243.
[6] RG 143, 241 (245).
[7] BGH 60, 267 = aaO (Fußn 5).
[8] RG 143, 241 (245).
[9] Ab 1. Jan. 2002. Vom 1. Jan. 1999–31. Dez. 2001 waren es 1500 Deutsche Mark. Dies gilt nicht für Eintragungen, die vor diesem Zeitpunkt beantragt worden sind (Art 3 Abs 7 der 2. Zwangsvollstreckungsnovelle vom 17. Dez. 1997, BGBl I 3039 [3046]); Betragsgrenze hier 500 DM.

Immobiliarvollstreckung 18.3 **Einleitung**

als Nebenforderung geltend gemacht sind. Auf Grund mehrerer demselben Gläubiger zustehender Schuldtitel kann eine einheitliche Sicherungshypothek eingetragen werden.

Zwangsmaßregeln der Immobiliarvollstreckung 18

18.1 Für die Immobiliarvollstreckung gibt es **drei Möglichkeiten:**

I. Zwangsversteigerung von Grundstücken (ZPO § 866 Abs 1), Grundstücksbruchteilen (ZPO § 864 Abs 2, § 866 Abs 1), Gebäudeeigentum, grundstücksgleichen Rechten (ZPO § 870, § 866 Abs 1), Schiffen und Schiffsbauwerken (auch Schwimmdocks) (ZPO § 870a Abs 1; ZVG §§ 162, 170a; Schiffsrechtegesetz §§ 73a, b, 81a) und Luftfahrzeugen (§ 171a).

II. Zwangsverwaltung von Grundstücken (ZPO § 866 Abs 1), Grundstücksbruchteilen (ZPO § 864 Abs 2, § 866 Abs 1), Gebäudeeigentum und grundstücksgleichen Rechten (ZPO § 870, § 866 Abs 1), (nicht zulässig für Schiffe, Schiffsbauwerke, Luftfahrzeuge).

III. Zwangshypothek auf Grundstücken (ZPO § 866 Abs 1), Grundstücksbruchteilen (ZPO § 864 Abs 2, § 866 Abs 1), Gebäudeeigentum, grundstücksgleichen Rechten (ZPO § 870, § 866 Abs 1) oder Schiffshypothek auf Schiffen und Schiffsbauwerken (auch Schwimmdocks) (ZPO §§ 870a, 866 Abs 1) oder Registerpfandrecht an Luftfahrzeugen (Luftfahrzeugrechtegesetz, §§ 1, 99).

18.2 Die **Zwangsversteigerung** soll, wenn durch Schutzmaßnahmen dem Schuldner das Eigentum nicht erhalten werden kann, durch bestmögliche zwangsweise Verwertung möglichst viele Gläubigeransprüche befriedigen und vielleicht auch noch für den Schuldner einen Überschuß erzielen. Die **Zwangsverwaltung** soll durch bestmögliche zwangsweise Nutzung des Objekts mit Hilfe eines Zwangsverwalters alle laufenden Verbindlichkeiten befriedigen und die betreibenden Ansprüche wegfertigen. Die **Zwangshypothek** (Schiffshypothek, Registerpfandrecht) dient nur der Sicherung der Forderung.

18.3 Der Gläubiger kann die Rdn 18.1 genannten Vollstreckungsmaßnahmen **einzeln oder nebeneinander** (gleichzeitig oder nacheinander[1]) betreiben (ZPO § 866 Abs 2). Grund[2]: Verschiedene Bedeutung, welche die einzelnen Maßregeln haben. Beschränkungen gelten bei Sicherungsvollstreckung (ZPO § 720a Abs 1 Buchst a: nur Eintragung einer Sicherungshypothek) und Arrestvollzug (ZPO § 932: nur Eintragung einer Sicherungshypothek). Das Verbot der Überpfändung (ZPO § 803 Abs 1) gilt nur für bewegliches Vermögen, nicht für die Immobiliarvollstreckung[3] (Ausnahme in § 76), auch nicht bei gleichzeitiger Vollstreckung in bewegliches und unbewegliches Vermögen[4]. Unser Rechtsgebiet kennt vielmehr ausdrücklich ein „Recht zur Häufung" der Vollstreckungsmöglichkeiten[5]. Bei offensichtlichem Mißbrauch durch den Gläubiger bleibt nur ZPO § 765a (Rdn 52 ff). Ein sorgfältiger Gläubiger wird sogar bei einem Antrag auf Anordnung der Zwangsversteigerung oder Beitritt zur Zwangsversteigerung wegen einer dinglich nicht gesicherten Forderung immer gleichzeitig auch die Eintragung einer Zwangshypothek beantragen, um sich den bei der Zwangshypothek jetzt durch BGB § 1179a gegenüber vorgehenden Eigentümergrundpfandrechten bestehenden gesetzlichen Löschungsanspruch zu sichern[6], den er durch die Versteigerungsbeschlagnahme nicht erhält. Wenn eine Grundschuld im Rang vorgeht (oder gleichsteht), ist überdies Ermittlung und Pfändung des Rückgewähranspruchs (§ 114 Rdn 7.7 und 7.8) vordringlich. Der gesetzliche Löschungsanspruch mit Vormerkungswir-

---

[1] BGH MDR 2003, 1067 = NJW-RR 2003, 1076 (1077).
[2] Begründung zur CPO-Novelle, Hahn/Mugdan, 8. Band (1898), S 165.
[3] LG Bad Kreuznach Rpfleger 1957, 353; LG Stuttgart ZZP 72 (1959) 324; Noack DGVZ 1967, 81 (I); Nußbaum, Zwangsversteigerung, § 5 (I d).
[4] LG Bad Kreuznach aaO (Fußn 3).
[5] Stein/Jonas/Münzberg, ZPO, § 866 Rdn 2.
[6] Stöber Rpfleger 1977, 425 (V 4).

Einleitung 18.3 Immobiliarvollstreckung

kungen (BGB § 1179a) gewährt bei der Grundschuld wegen ihrer abstrakten Rechtsnatur (Eigentümergrundschuld besteht nicht, wenn die gesicherte Forderung nicht entstanden oder wieder erloschen ist, § 114 Rdn 7.2) vielfach keine hinreichende Sicherung.

ZPO § 867 – Zwangshypothek (1) Die Sicherungshypothek wird auf Antrag des Gläubigers in das Grundbuch eingetragen; die Eintragung ist auf dem vollstreckbaren Titel zu vermerken. Mit der Eintragung entsteht die Hypothek. Das Grundstück haftet auch für die dem Schuldner zur Last fallenden Kosten der Eintragung.

(2) Sollen mehrere Grundstücke des Schuldners mit der Hypothek belastet werden, so ist der Betrag der Forderung auf die einzelnen Grundstücke zu verteilen. Die Größe der Teile bestimmt der Gläubiger; für die Teile gilt § 866 Abs 3 Satz 1 entsprechend.

(3) Zur Befriedigung aus dem Grundstück durch Zwangsversteigerung genügt der vollstreckbare Titel, auf dem die Eintragung vermerkt ist.

Zur Zwangshypothek Einleitung V Rdn 62–75.

ZPO § 868 – Erwerb der Zwangshypothek durch den Eigentümer (1) Wird durch eine vollstreckbare Entscheidung die zu vollstreckende Entscheidung oder ihre vorläufige Vollstreckbarkeit aufgehoben oder die Zwangsvollstreckung für unzulässig erklärt oder deren Einstellung angeordnet, so erwirbt der Eigentümer des Grundstücks die Hypothek.

(2) Das gleiche gilt, wenn durch eine gerichtliche Entscheidung die einstweilige Einstellung der Vollstreckung und zugleich die Aufhebung der erfolgten Vollstreckungsmaßregeln angeordnet wird oder wenn die zur Abwendung der Vollstreckung nachgelassene Sicherheitsleistung oder Hinterlegung erfolgt.

Erläuterungen Einleitung V Rdn 73.

ZPO § 869 – Zwangsversteigerung und Zwangsverwaltung Die Zwangsversteigerung und die Zwangsverwaltung werden durch ein besonderes Gesetz geregelt.

19 Zwangsvollstreckung als Verfahrensrecht der ZPO

Zwangsvollstreckung in das unbewegliche Vermögen ist als Verfahrensrecht Teil der ZPO. Das ZVG ist deshalb so zu lesen, als stünden seine Vorschriften im achten Buch der ZPO, nämlich an der Stelle des § 869. Auf die Verfahren des ZVG sind daher die allgemeinen Vorschriften der ZPO über die Zwangsvollstreckung (§§ 704 ff) und die allgemeinen Vorschriften über das Verfahren überhaupt anzuwenden, soweit nicht Ausnahmen des ZVG entgegenstehen[1].

ZPO § 870 – Grundstücksgleiche Rechte Auf die Zwangsvollstreckung in eine Berechtigung, für welche die sich auf Grundstücke beziehenden Vorschriften gelten, sind die Vorschriften über die Zwangsvollstreckung in Grundstücke entsprechend anzuwenden.

Erläuterungen Einleitung Rdn 13.

ZPO § 870a – Zwangsvollstreckung in ein Schiff oder Schiffsbauwerk (1) Die Zwangsvollstreckung in ein eingetragenes Schiff oder in ein Schiffsbauwerk, das im Schiffsbauregister eingetragen ist oder in dieses Register eingetragen werden kann, erfolgt durch Eintragung einer Schiffshypothek für die Forderung oder durch Zwangsversteigerung.

(2) § 866 Abs 2, 3, § 867 gelten entsprechend.

(3) Wird durch eine vollstreckbare Entscheidung die zu vollstreckende Entscheidung oder ihre vorläufige Vollstreckbarkeit aufgehoben oder die Zwangsvollstreckung für unzulässig erklärt oder deren Einstellung angeordnet, so erlischt die Schiffshypothek; § 57 Abs 3 des Gesetzes über Rechte an eingetragenen Schiffen und Schiffsbauwerken vom 15. November 1940 (Reichsgesetzbl. I S. 1499) ist anzuwenden. Das gleiche gilt, wenn durch eine gerichtliche Entscheidung die einstweilige Einstellung der Zwangsvollstreckung und zu-

---

[1] Denkschrift zum ZVG S 35; RG 73, 194 (195); Jaeckel/Güthe, Vorbem vor dem Gesetz; Korintenberg/Wenz, Einführung Kapitel 1 (I 1).

gleich die Aufhebung der erfolgten Vollstreckungsmaßregeln angeordnet wird oder wenn die zur Abwendung der Vollstreckung nachgelassene Sicherheitsleistung oder Hinterlegung erfolgt.

ZPO § 871 – Landesrechtlicher Vorbehalt bei Eisenbahnen: Unberührt bleiben die landesgesetzlichen Vorschriften, nach denen, wenn ein anderer als der Eigentümer einer Eisenbahn oder Kleinbahn den Betrieb der Bahn kraft eigenen Nutzungsrechts ausübt, das Nutzungsrecht und gewisse dem Betriebe gewidmete Gegenstände in Ansehung der Zwangsvollstreckung zum unbeweglichen Vermögen gehören und die Zwangsvollstreckung abweichend von den Vorschriften des Bundesrechts geregelt ist.

III. Vollstreckungsverfahrensrecht, Verfahrensgrundsätze

Übersicht

Anfang (Beginn) und Aufhebung (Ende) von ZVG-Verfahren 20	Haftung der Gläubiger bei ZVG-Verfahren 35
Anträge, Ausnützung von Möglichkeiten in ZVG-Verfahren 21	Haftung der Prozeßbevollmächtigten bei ZVG-Verfahren 36
Anwaltszwang, Beiziehung eines Rechtsanwalts 22	Haftung der Rechtspfleger und Richter bei ZVG-Verfahren 37
Aufgaben des Vollstreckungsgerichts in ZVG-Verfahren 23	Nicht belegt 38
Nicht belegt 24	Kostenentscheidung in ZVG-Verfahren 39
Ausländer in ZVG-Verfahren 25	Kostenfestsetzung in ZVG-Verfahren ... 40
Ausschließung und Ablehnung von Gerichtspersonen 26	Kosten: Gerichtskasse/Amtskasse bei ZVG-Verfahren 41
Aussetzung, Unterbrechung, Ruhen von ZVG-Verfahren 27	Muster und Beispiele 42
Begründung von gerichtlichen Beschlüssen 28	Pfändungen im Zusammenhang mit ZVG-Verfahren 43
Berichtigung von gerichtlichen Beschlüssen 29	Prozeßfähigkeit und Parteifähigkeit in ZVG-Verfahren 44
Devisenrecht in ZVG-Verfahren 30	Prozeßkostenhilfe im ZVG-Verfahren 45
Einstweilige Einstellung in ZVG-Verfahren; ZPO-Einstellungen 31	Rechtliches Gehör in ZVG-Verfahren 46
Fristen in ZVG-Verfahren 32	Rechtspfleger und Richter in ZVG-Verfahren 47
Gerichtliche Prozeßleitungspflicht zur sachdienlichen Verfahrensdurchführung 33	Rechtsschutzbedürfnis in ZVG-Verfahren 48
Gesetzliche Vertreter in ZVG-Verfahren 34	Vergleiche in ZVG-Verfahren 49
	Vollmacht in ZVG-Verfahren 50
	Währungsreform, Aufwertung, Lastenausgleich, Euro als Währung 51

Anfang (Beginn) und Aufhebung (Ende) von ZVG-Verfahren 20

20.1 Vollstreckungsverfahren sind durch **Beginn** und Ende der Zwangsvollstreckung begrenzt[1]. Zwangsversteigerung und Zwangsverwaltung beginnen schon mit dem Beschluß, durch welchen sie angeordnet werden (ist durch die Bestimmung des § 16 Abs 2 ausgesprochen, Denkschrift S 38), nicht erst mit dessen Zustellung an den Schuldner (diese bewirkt Beschlagnahme, § 22 Abs 1, § 146 Abs 1). Angeordnet ist das Vollstreckungsverfahren **mit Unterzeichnung** des Anordnungsbeschlusses. Dieser ist gerichtliche Vollstreckungsmaßnahme, die als einleitende Verfügung mit Unterzeichnung bewirkt ist. In diesem Zeitpunkt müssen daher auch die Voraussetzungen für den Beginn der Zwangsvollstreckung (ZPO §§ 704, 724, 750 ua) und der Verfahrensanordnung (§§ 17, 146 Abs 1, auch § 147) vorliegen. Daher kann nicht abweichend vom Beschlußdatum (als Zeit-

---

[1] Zöller/Stöber, ZPO, vor § 704 Rdn 33.

Einleitung 20.1

punkt der Unterzeichnung) auf den Zeitpunkt der „Hinausgabe" (durch Einlage in das Zustellungs- oder Postabholungsfach oder durch Übergabe an den Gerichtswachtmeister zur Zustellung), ersichtlich aus einem Aktenvermerk des Urkundsbeamten (so aber[2]; auch Hinausgabe des Eintragungsersuchens an das Grundbuchamt) abgestellt werden; alle vor diesem Zeitpunkt liegenden Vorgänge sind nicht nur interne Geschäftsvorgänge des Gerichts. Ausführungshandlungen der Geschäftsstelle (mit ihren durch die Geschäftslast und andere unabwägbare Zufälligkeiten bedingten Verzögerungen) kennzeichnen das Vollstreckungshandeln des Vollstreckungsorgans nicht. Der noch nicht „hinausgegangene" Beschluß unterliegt zwar noch dem jederzeitigen Zugriff des Gerichts; er kann geändert, neu formuliert oder vernichtet werden; dann ist der frühere gegenstandslos, als ob er nicht ergangen wäre. Bleibt es aber bei dem Beschluß, so ist sein Datum maßgebend, für Gericht und Beteiligte gleichermaßen feststellbar.

20.2 Ohne Bedeutung ist, daß der Beschlagnahmebeschluß „als beschwerdefähige Entscheidung **existent**" erst mit seiner Absendung (Hinausgabe) angesehen werden kann[3], weil erst damit das Gericht den Erlaß nach außen erkennbar macht. Der Erlaß selbst muß auf jeden Fall vorher liegen. Bei Anordnung des Verfahrens hat nämlich das Gericht „zugleich das Grundbuchamt um Eintragung dieser Anordnung in das Grundbuch zu ersuchen" (§ 19 Abs 1). Wegen der besonderen Eilbedürftigkeit wird das Ersuchen wohl immer schon vor den Beschlußausfertigungen „hinausgegeben". Wäre der Erlaß mit der Hinausgabe der Beschlußausfertigungen gleichbedeutend, so würde das Eintragungsersuchen gesetzwidrig schon vorher ergehen. In der natürlichen Verfahrensfolge unterschreibt der Rechtspfleger das Eintragungsersuchen unmittelbar nach dem Anordnungsbeschluß, nachdem dieser also mit seiner Unterschrift „erlassen" ist.

20.3 Entsprechend muß für die Vollstreckungsmaßnahme der Zwangshypothek die bei Unterschrift datierte **Eintragungsverfügung** des Grundbuchamts (GBO § 44 Abs 1 Satz 2) entscheiden, nicht die tatsächliche Eintragung. Bei Eintragung in das maschinell geführte Grundbuch, die nicht besonders verfügt wird, ist darauf abzustellen, wann sie von der für die Führung des Grundbuchs zuständigen Person veranlaßt ist (GBO § 130).

20.4 Zwangsversteigerung und Zwangsverwaltung **enden** als Einzelvollstreckungsmaßnahme mit ihrem vollständigen Abschluß nach Aufhebung des Verfahrens. **Aufhebungsfälle:**

A. Vollstreckungsversteigerung: I. Grundstücke und grundstücksgleiche Rechte: ZVG §§ 28, 29, § 30 (mit § 31), § 30a (mit §§ 30b, 31), § 30c (mit §§ 30b, 31), § 30f (mit § 31), § 33, § 37 Nr 5 (mit § 55), § 77 Abs 2, § 83 (mit §§ 84, 86, 33); ZPO § 765a, § 775 (mit § 776); II. Schiffe und Schiffsbauwerke: ZVG § 162, § 170a, § 171 (mit §§ 28, 29, 30, 30a, 30b, 30c, 30f, 31, 33, 37 Nr 5, §§ 55, 77 Abs 2, §§ 83, 84, 86); ZPO § 765a, § 775 (mit § 776); III. Luftfahrzeuge: ZVG § 171, § 171h (je mit §§ 28, 29, 30, 30a, 30b, 30c, 30f, 31, 33, 37 Nr 5, §§ 55, 77 Abs 2, §§ 83, 84, 86); ZPO § 765a, § 775 (mit § 776).

B. Zwangsverwaltung von Grundstücken und grundstücksgleichen Rechten: ZVG § 146 (mit §§ 28, 29), § 161; ZPO § 775 (mit § 776).

C. Insolvenzverwalterverfahren: I. Zwangsversteigerung von Grundstücken, grundstücksgleichen Rechten, Schiffen, Schiffsbauwerken, Luftfahrzeugen: ZVG § 172 (mit §§ 28, 29, 30, 31, 33, 37 Nr 5, § 77 Abs 2, §§ 83, 84, 86) und dazu § 162, § 170a 171, 171a, 171h; II. Zwangsverwaltung von Grundstücken und grundstücksgleichen Rechten: ZVG § 172 (mit §§ 146, 28, 29, 161).

---

[2] Steiner/Hagemann § 8 Rdn 9.
[3] BGH BGHWarn 1973, 771 = VersR 1974, 365; BGH FamRZ 2004, 1368 = MDR 2004, 1076 = Rpfleger 2004, 506 mit weit Nachw; OLG Frankfurt MDR 1974, 761 = NJW 1974, 1389 = OLGZ 1974, 302 = Rpfleger 1974, 272; Zöller/Vollkommer, ZPO, § 329 Rdn 18.

D. Nachlaßversteigerung von Grundstücken, grundstücksgleichen Rechten, Schiffen, Schiffsbauwerken, Luftfahrzeugen: ZVG § 175 (mit §§ 28, 29, 30, 31, 37 Nr 5, § 77 Abs 2, §§ 83, 84, 86); ZPO § 775 (mit § 776); dazu ZVG §§ 162, 170 a, 171, 171 a, 171 h.

E. Teilungsversteigerung von Grundstücken, grundstücksgleichen Rechten, Schiffen, Schiffsbauwerken, Luftfahrzeugen: ZVG § 180 Abs 1 (mit §§ 28, 29, 30, 30 b, 31, 37 Nr 5, § 77 Abs 2, §§ 83, 84, 86); ZPO § 775 (mit § 776); dazu ZVG §§ 162, 170 a, 171, 171 a, 171 h.

20.5 Aufhebungsmaßnahmen können sich auf dieselben **Gegenstände** beziehen wie die Verfahren selbst, also Grundstücke, Grundstücksbruchteile usw, in der Regel aber nicht auf Grundstücksteile (dazu Einl Rdn 11). Zubehör kann gesondert freigegeben werden (§ 55 Rdn 3).

20.6 Aufhebung des Verfahrens ist nicht gleichbedeutend mit **Verfahrensende.** Wird das Verfahren eines oder mehrerer betreibender Gläubiger aufgehoben und sind noch andere vorhanden, so laufen deren Verfahren weiter (zB § 29 Rdn 2.9). Werden die Verfahren aller betreibenden Gläubiger aufgehoben, so muß das Gericht erst noch den Beschlagnahmevermerk löschen lassen (§ 34), die Kosten bewerten, Urkunden zurückgeben usw, bevor es die Akten weglegen kann. Nach der Aufhebung der Zwangsverwaltung gegenüber allen betreibenden Gläubigern sind außerdem noch weitere Tätigkeiten des Vollstreckungsgerichts und des Zwangsverwalters möglich und nötig (§ 161 Rdn 5, 6), bevor das Verfahren endet. Im Falle des Zuschlags endet das Zwangsversteigerungsverfahren ohne Aufhebung, die Vollstreckung selbst allerdings schon mit dem Ende des Verteilungstermins, nach dem außer der etwaigen Widerspruchsklage noch die gerichtliche Verfügung über hinterlegte Beträge und das Grundbuchersuchen (§ 130) erledigt werden müssen. Für einen beitrittswilligen Gläubiger (der nicht auf andere Weise Beteiligter des Verfahrens ist) endet das Zwangsversteigerungsverfahren mit der Rechtskraft des Zuschlags (danach kein Beitritt mehr möglich, § 27 Rdn 2.5). Für einen Bietinteressenten, der nicht geboten hat oder zweifelsfrei überboten worden ist oder dessen Gebot endgültig zurückgewiesen ist, endet das Verfahren mit dem verkündeten „Schluß der Versteigerung", also mit dem Ende der Bietzeit (§ 73 Rdn 3), für den Meistbietenden, der nicht zum Zuge kommt, mit der rechtskräftigen Versagung des Zuschlags (§ 86 Rdn 2) oder mit rechtskräftigem Zuschlag an einen anderen. Je nach Verfahrens- und Interessenlage kann so das Verfahrensende unterschiedlich sein, unabhängig von der formellen Aufhebung.

Anträge, Ausnützung von Möglichkeiten in ZVG-Verfahren 21

21.1 In den Verfahren des ZVG gilt der **Antragsgrundsatz** (Einl Rdn 9.1): Das Gericht wird nur auf Antrag tätig. Die Verfahren werden nur auf Antrag durch Anordnungsbeschluß (§ 15) in Gang gebracht. Bei bestimmten Verfahrensvorgängen sind weitere Anträge nötig, so nach einer einstweiligen Einstellung der Fortsetzungsantrag (§ 31) oder auch wenn wegen Nichterreichung der $^7/_{10}$-Grenze der Zuschlag versagt werden soll (§ 74 a Abs 1) oder wenn nach einem ergebnislosen Versteigerungstermin ein neuer Termin angesetzt werden soll (§ 77 Rdn 2) usw. In anderen Fällen wieder sind Anträge zwar nicht nötig, aber zweckdienlich, so bei Versteigerung mehrerer Grundstücke in einem Verfahren der Antrag auf Gruppen- oder Gesamtausgebot (§ 63 Abs 2) oder bei der Verhandlung über den Zuschlag Anträge zur Entscheidung (§ 74 Rdn 2).

21.2 Der Antragsteller (Gläubiger) ist grundsätzlich **„Herr" seines Verfahrens.** Er kann (in bestimmten Grenzen) sein Verfahren einstweilen einstellen lassen (§ 30), er kann durch Antragsrücknahme das Verfahren aufheben lassen (§ 29) oder durch Teilrücknahme den Versteigerungsgegenstand beschränken (§ 29 Rdn 4) usw.

21.3 Der Antragsteller soll sich nicht darauf verlassen, daß seine Sache, einmal eingeleitet, „von selbst laufe" oder daß er von Amts wegen auf alle Einzelheiten und Möglichkeiten hingewiesen werde. Amtliche **Belehrungen** erfolgen **nur ausnahmsweise** (Einl Rdn 23); die gerichtliche Aufklärungspflicht (Einl Rdn 33) und das rechtliche Gehör (Einl Rdn 46) erfassen nicht alle einem Antragsteller günstigen oder ungünstigen Vorgänge. Der Antragsteller soll durch Rückfragen bei Gericht, durch Akteneinsicht (§ 42) und durch Einholung sachkundigen Rates (Einl Rdn 22) seine **eigene Sache** bestmöglich **fördern** und durch verständlich begründete Sachanträge, durch fristgemäße Äußerung zu Gegenanträgen und durch sachlich begründete Rechtsbehelfe und Rechtsmittel am Verfahren mitwirken.

21.4 „Wie eine betriebsame Partei im Erkenntnisverfahren vermöge ihres Einflusses auf den Gang des Prozesses die Herbeiführung der Entscheidung beschleunigen kann, so geht auch im Vollstreckungsverfahren der betriebsame Gläubiger dem säumigen und langsamen vor"[1].

21.5 Auch der Antragsgegner (Schuldner) kann durch **Ausnützung gesetzlicher Möglichkeiten** Schaden vermeiden oder verringern. Das Gericht kann Vollstreckungsschutz nur gewähren, wenn er beantragt wird (zB Einl Rdn 53.2). Der Antragsgegner muß sich selbst nach seinen Rechten und Möglichkeiten erkundigen, weil auch er nur ausnahmsweise von Amts wegen belehrt (zB § 30b Abs 1 Satz 2) oder eingeschränkt im Rahmen der gerichtlichen Aufklärungspflicht oder des rechtlichen Gehörs unterrichtet wird.

21.6 Soweit Anträge nicht in einem Termin gestellt werden müssen (zB im Versteigerungstermin), können sie schriftlich eingereicht werden (auch durch einen Bevollmächtigten) oder mündlich zu Protokoll der Geschäftsstelle des zuständigen Gerichts erklärt werden. Alle **Anträge**, soweit sie zu Protokoll zulässig sind, können bei jedem beliebigen Amtsgericht **zu Protokoll** gegeben werden. Sie müssen dort aufgenommen werden (ZPO § 129a Abs 1), werden allerdings erst mit dem Eingang bei dem zuständigen Gericht wirksam (ZPO § 129a Abs 2). Auf Wunsch kann das Protokoll auch dem Antragsteller zur Weitergabe an das zuständige Gericht ausgehändigt werden (ZPO § 129a Abs 2).

22 Anwaltszwang, Beiziehung eines Rechtsanwalts

22.1 Vor dem Vollstreckungsgericht besteht keine gesetzliche Verpflichtung, sich durch einen Rechtsanwalt vertreten zu lassen (ZPO § 78 Abs 1). Weil damit im ersten Rechtszug kein Anwaltszwang besteht, kann auch die (sofortige) Beschwerde zum Landgericht durch Erklärung zu Protokoll der Geschäftsstelle eingelegt werden (ZPO § 569 Abs 3). Der Verfahrensbeteiligte braucht sich auch im anschließenden (schriftlichen) Beschwerdeverfahren nicht durch einen Rechtsanwalt vertreten lassen[1*]. Zwar besteht vor dem Landgericht Anwaltszwang (ZPO § 78 Abs 1); eine schriftliche Erklärung in den Fällen, in denen (wie hier) die Beschwerde zu Protokoll der Geschäftsstelle eingelegt werden kann, kann jedoch auch zu Protokoll der Geschäftsstelle abgegeben werden (ZPO § 571 Abs 4 Satz 2). Daher besteht Anwaltszwang auch im schriftlichen Verfahren vor dem Beschwerdegericht nicht (ZPO § 78 Abs 5). Die Rechtsbeschwerde (ZPO § 574) ist durch Einreichung einer Beschwerdeschrift einzulegen (ZPO § 575 Abs 1); zu Protokoll der Geschäftsstelle kann sie nicht erklärt werden. Eingelegt werden kann sie nur durch einen beim Bundesgerichtshof zugelassenen Rechtsanwalt (ZPO § 78 Abs 1 und 5; § 95 Rdn 6).

22.2 Die ZVG-Verfahren sind in zahlreichen **Einzelfragen** so **schwierig** gestaltet, daß die Wahl des im Einzelfall richtigen Weges gründlicher Überlegung bedarf. Fristen und Rechtsbehelfe zu beachten, ist selbst für Rechtskundige nicht

---

[1] Bernhardt, Vollstreckungssperre nach der Vergleichsordnung (1929; Neudruck 1970), Einleitung.
[1*] Zöller/Vollkommer, ZPO, § 78 Rdn 46, Wieczorek/Schütze/Steiner, ZPO, § 78 Rdn 45.

Vollstreckungsverfahrensrecht 23.7 **Einleitung**

immer einfach. Ein Gläubiger (Antragsteller), ein Schuldner (Antragsgegner) oder ein sonst mit der Aussicht oder wenigstens Hoffnung auf einen Erlösanteil am Verfahren Beteiligter, der sich der Hilfe eines auf diesem Rechtsgebiet erfahrenen Rechtsanwalts bedient, ist daher sicher gut beraten, insbesondere im Versteigerungs- und Verteilungstermin, wo Anträge, Widersprüche, Zustimmungen usw sofort erfolgen und sofort entschieden werden müssen, wo die Stellungnahme zu gegnerischen Anträgen weitreichende Folgen haben kann. **Der Rechtsanwalt muß alles tun,** um bei eigener gründlicher Vorbereitung seinen Mandanten sachgerecht zu vertreten, Vorteile für ihn zu erzielen und Nachteile von ihm abzuwenden; er muß für ihn alle Fristen und Möglichkeiten beachten und unterliegt strenger Haftung (Einl Rdn 36).

Aufgaben des Vollstreckungsgerichts in ZVG-Verfahren 23

23.1 Die (frühere) Allgemeine Verfügung hierüber vom 3. 1. 1935 (Textanhang T 7), für Niedersachsen am 26. 4. 1955 ausdrücklich aufgehoben, ist auch sonst für Richter nicht mehr bindend (GrundG Art 97). Ihre Regeln für das Verhalten des Gerichts bei Zwangsversteigerung und Zwangsverwaltung können für Richter und Rechtspfleger nur **unverbindliche Empfehlungen** darstellen, die viel Selbstverständliches enthalten.

23.2 Ein verständiges Gericht wird **Anträge,** gleich welcher Art, immer **unverzüglich** behandeln. Für den Antragsteller kann das Schicksal seines Begehrens existenzentscheidend sein. Wo durch schuldhafte Verzögerung Schaden entsteht, können Rechtspfleger und Richter einer Haftung unterliegen (Einl Rdn 37). Wo durch besondere Umstände Verzögerungen nicht zu vermeiden sind, wird man mindestens einen Zwischenbescheid erwarten können. Auch den einem staatlichen Zwangsverfahren Unterworfene hat eine Menschenwürde, die „zu achten und zu schützen" „Verpflichtung aller staatlichen Gewalt" ist (GrundG Art 1). Rechtzeitige Entscheidung über einen Einstellungsantrag gebietet der grundrechtliche Anspruch auf effektiven Rechtsschutz (Einl Rdn 8.4).

23.3 Das Gericht wird vorgeschriebene **Belehrungen** (nur in bestimmten Fällen vorgesehen, zB § 30b Abs 1, § 31 Abs 3) in verständlicher Weise vornehmen, nicht durch einfache Bezugnahme auf manchmal schwer verständliche Paragraphen.

23.4 Entscheidungen des Vollstreckungsgerichts durch Beschluß (ZPO § 764 Abs 3) sind ohne mündliche Verhandlung möglich (ZPO § 128 Abs 4). Vielfach ist aber eine **mündliche Verhandlung** empfehlenswert. Insbesondere kann das Gericht bei Einstellungsanträgen nach §§ 30a, c, d, 180 Abs 2 und 3 in geeigneten Fällen mündliche Verhandlung ansetzen: § 30b Abs 2 Satz 2, § 180 Abs 2 Satz 3 und Abs 3 Satz 3. In dieser Verhandlung können die Voraussetzungen für die Einstellung vielfach leichter geklärt werden; bei der Teilungsversteigerung sind Abreden über die Auseinandersetzung und Abfindungsbeträge möglich.

23.5 Überhaupt kann das Gericht in zivilprozessualen Verfahren in jeder Verfahrenslage die **gütliche Einigung** versuchen. Es kann hierzu einen „Güteversuch" anordnen (ZPO § 278 Abs 2, entspr Anwendung) und auch das persönliche Erscheinen anordnen (ZPO § 278 Abs 3, § 141). Diese zunächst für den Prozeß bestimmte allgemeine Verfahrensregel gilt auch für die unter das 8. Buch der ZPO fallenden Verfahren, also für die Verfahren des ZVG, auch die Teilungsversteigerung. Gerade hierbei führen diese Versuche nicht selten zur vergleichsweisen Einigung.

23.6 Das Gericht hat in vernünftiger Weise von seiner **Aufklärungspflicht** (ZPO § 139) Gebrauch machen (Einl Rdn 33).

23.7 Das Gericht wird sich nicht auf die formale Abwicklung des formstrengen Verfahrens beschränken, sondern vor allem **wirtschaftliche Beweggründe** und Auswirkungen genau bedenken. Es wird sich um eine sachgemäße Erledigung bemühen, unvoreingenommen zwischen den Beteiligten stehen und um einen Ausgleich berechtigter Interessen bemüht sein.

23.8 Seine, nach gründlicher Prüfung alles Vorgetragenen, ergehende Entscheidung wird das Gericht verständlich **begründen** (Einl Rdn 28).

24 Randnummer 24 ist nicht belegt.

25 Ausländer in ZVG-Verfahren

25.1 Die **Rechtsfähigkeit,** damit auch die Parteifähigkeit eines ausländischen Gläubigers oder Schuldners richtet sich nach dem Recht des Staates, dem er angehört, bestimmt sich bei einem Personenzusammenschluß somit nach dem Recht des Gründungsstaates (Gründungstheorie; keine Rechtswahl, EGBGB Art 37 Abs 2). **Prozeßfähig** ist ein Ausländer nach ZPO § 55, wenn er nach dem Recht seines Heimatstaates (EGBGB Art 7 Abs 1) oder nach deutschem Recht prozeßfähig ist. Die (organschaftliche) Vertretung einer ausländischen juristischen Person oder anderen parteifähigen Personenvereinigung bestimmt sich nach dem Recht des Staates, in dem sie rechtsfähig ist. Eine demnach in einem Mitgliedstaat der **Europ Union** rechtsfähige Personenvereinigung ist in der Bundesrepublik auch dann rechts- und prozeßfähig, wenn sie ihren Verwaltungssitz in das Bundesgebiet verlegt, den satzungsmäßigen Sitz aber weiterhin im Gründungsstaat hat[1] (Folge der im EG-Vertrag garantierten Niederlassungsfreiheit[2]). Ihre Rechtsfähigkeit setzt sich bei Verlegung auch des (satzungsmäßigen) Sitzes in das Bundesgebiet (erfordert Regelungen der Rechtsverhältnisse nach deutschem Recht und Registereintragung) ebenso fort (Folge der Niederlassungsfreiheit). Die Rechtsfähigkeit einer in einem nicht der Europ Union angehörenden Staat gegründeten Personenvereinigung bleibt bei Anwendung der Gründungstheorie nach Verlegung des Verwaltungssitzes in das Bundesgebiet ebenso rechts- und parteifähig. Sie ist nach der (bislang vertretenen) Sitztheorie dann jedenfalls als BGB-Gesellschaft (teil-)-rechtsfähig und vor deutschen Gerichten aktiv und passiv parteifähig[3]. Verlegung auch ihres (satzungsgemäßen) Sitzes in das Bundesgebiet erfordert „Neugründung" und Registereintragung (grenzüberschreitende Sitzverlegung sieht das deutsche Recht nicht vor).

25.2 Für die im Inland durchzuführenden Verfahren sind auf jeden Fall die **deutschen Verfahrensvorschriften** der ZPO und des ZVG anzuwenden, dazu die Sondervorschriften über Exterritoriale und Angehörige fremder Streitkräfte, über Zustellungen im Ausland und Vollstreckbarkeit ausländischer Vollstreckungstitel (EGZPO §§ 1, 3; GVG §§ 18–21; Truppenstatut; Haager Zivilprozeßübereinkommen, Abkommen mit verschiedenen Staaten, Abkommen über die Vollstreckung gerichtlicher Entscheidungen samt Ausführungsgesetzen; Näheres in den ZPO-Kommentaren).

25.3 **Güterstand:** EGBGB Art 15 (Übergangsrecht EGBGB Art 220 Abs 3). Ausländer beim Grundstückserwerb: § 71 Rdn 7.

26 Ausschließung und Ablehnung von Gerichtspersonen

26.1 Auf Rechtspfleger, Richter und Urkundsbeamte sind die für den Prozeß geltenden Vorschriften (ZPO §§ 41–49) anzuwenden. Wegen Besorgnis der Befangenheit findet die Ablehnung gem ZPO § 42 Abs 2 nur statt, wenn ein Grund vorliegt, der geeignet ist, Mißtrauen gegen die Unparteilichkeit des Rechtspflegers

---

[1] BGH 154, 185 = JZ 2003, 525 mit Anm Eidenmüller = NJW 2003, 1461.
[2] Dazu EuGH DNotZ 2003, 139 = GmbHR 2002, 1137 = MittBayNot 2003, 63 = NJW 2002, 3614; auch BayObLG 2002, 413 = DNotZ 2003, 295 für den Fall, daß eine Gesellschaft ihren (faktischen) Verwaltungssitz stets nur in Deutschland hatte.
[3] BGH 151, 204 = DNotZ 2003, 145 = NJW 2002, 3539.

zu rechtfertigen. Es muß sich um einen objektiven Grund handeln, der vom Standpunkt des Ablehnenden aus die Befürchtung erwecken kann, der Rechtspfleger stehe der Sache nicht unvoreingenommen (nicht unparteiisch) gegenüber[1], er werde insbesondere nicht unparteiisch sachlich entscheiden[2]. Subjektive, unvernünftige Vorstellungen des Beteiligten rechtfertigen keine Ablehnung[3].

26.2 Mit der nach Grundsätzen rechtsstaatlicher Verfahrensgestaltung gebotenen Aufklärung eines Verfahrensbeteiligten (ZPO § 139; Einl Rdn 33) verletzt der Rechtspfleger seine Pflicht zur **Unparteilichkeit** nicht[4]. Gibt er in Ausübung der Verfahrensleitung einen Hinweis auf seine Beurteilung der Sach-, Streit- und Rechtslage, so hat ein Beteiligter wegen des ihm ungünstigen Inhalts dieses Hinweises keinen Anlaß, Mißtrauen gegen die Unparteilichkeit des Rechtspflegers zu erheben[5]. Verfahrensverstöße oder fehlerhafte Entscheidung lassen noch nicht den Schluß auf Befangenheit zu[6], damit auch nicht die Abkürzung oder (wiederholte) Verlängerung einer Frist ohne Anhörung des Schuldners[7] (ZPO § 225 Abs 2). Auch die Erfolglosigkeit des Antragstellers in einem anderen Verfahren vor dem abgelehnten Rechtspfleger begründet allein noch nicht die Besorgnis der Befangenheit. Die Anbringung eines Ablehnungsgesuchs in einem anderen Verfahren rechtfertigt auch nicht die Enthaltung von weiterer Tätigkeit des dort abgelehnten Rechtspflegers (ZPO § 47); es bedarf hierzu vielmehr eines eigenen Ablehnungsgesuchs[8]. In einem Zwangsversteigerungsverfahren der Gerichtskasse begründet nicht schon allein die Mitwirkung an der Entscheidung, den Kostenanspruch ausgelöst hat, die Besorgnis, daß ein Richter befangen sei[9]. Die Unvoreingenommenheit eines Rechtspflegers wird im allgemeinen auch nicht dadurch beeinträchtigt, daß wegen der angeblich unsachlichen Behandlung der früheren Sache von der Partei massive strafrechtliche Vorwürfe erhoben worden sind[9]. Die Mitgliedschaft des Rechtspflegers in der Verbandsversammlung eines Sparkassenzweckverbandes, der Gewährträger der vollstreckenden Gläubigerin ist, die Aufklärung über den für Einwendungen gegen die Vollstreckung aus einer Grundschuld vorgeschriebenen Rechtsweg und die Vorbereitung wesentlicher Teile des Protokolls über den Verteilungstermin können für sich allein nicht als Anzeichen einer Voreingenommenheit gewertet werden[10].

26.3 Über das Ablehnungsgesuch gegen den Richter des Vollstreckungsgerichts **entscheidet** ein anderer Richter des Amtsgerichts (ZPO § 45 Abs 2); das Landgericht entscheidet, wenn das Amtsgericht durch Ausscheiden des abgelehnten Richters beschlußunfähig wird (ZPO § 45 Abs 3). Einer Entscheidung bedarf es nicht, wenn der abgelehnte Richter das Ablehnungsgesuch für begründet hält (ZPO § 45 Abs 2 Satz 2). Über die Ablehnung des Rechtspflegers entscheidet der Richter des Vollstreckungsgerichts (RPflG § 10 Satz 2). Einer Entscheidung bedarf es jedoch nicht, wenn der abgelehnte Rechtspfleger das Ablehnungsgesuch für begründet hält (RPflG § 10 Satz 2 mit ZPO § 45 Abs 2 Satz 2). Wenn ein Richter mißbräuchlich (etwa nur zur Verfahrensverschleppung) abgelehnt wird, kann der Abgelehnte das Gesuch selbst als unzulässig verwerfen[11]. Ebenso kann der Rechts-

---

[1] BGH MDR 2003, 892 = NJW-RR 2003, 1220 = Rpfleger 2003, 453.
[2] LG Göttingen Rpfleger 1976, 56.
[3] BGH NJW-RR 2003, 1220 = aaO.
[4] BVerfG 42, 64 = aaO (wie Rdn 1 Fußn 3).
[5] OLG Karlsruhe OLGZ 1978, 224.
[6] BayObLG Rpfleger 1980, 193; OLG Düsseldorf NJW 1993, 2542.
[7] LG München I Rpfleger 2000, 407.
[8] BayObLG und OLG Düsseldorf je aaO (Fußn 6).
[9] OLG Frankfurt NJW 1980, 1805 Leitsatz = Rpfleger 1980, 300.
[10] LG Göttingen Rpfleger 1976, 55.
[11] BGH NJW 1992, 983; OLG Düsseldorf Rpfleger 1994, 340; OLG Koblenz Rpfleger 1985, 368.

Einleitung 26.3

pfleger über ein mißbräuchlich gestelltes Ablehnungsgesuch selbst entscheiden[12]; ZPO § 47 gilt in diesem Fall nicht[12]. Nicht zulässig dürfte es sein, daß der Rechtspfleger ein nochmaliges Ablehnungsgesuch deshalb als unzulässig übergeht, weil es (vermeintlich) bereits rechtskräftig entschiedene Gründe wiederholt (anders[13]).

26.4 Vor Erledigung des Ablehungsgesuchs (= rechtskräftige Entscheidung) darf der Rechtspfleger **nur unaufschiebbare Handlungen** vornehmen (ZPO § 47 Abs. 1; Handlungsverbot, Wartepflicht). Keinen Aufschub dulden beispielsweise die Aufhebung und Einstellung der Zwangsversteigerung (§§ 29, 30), die Aufhebung eines Versteigerungstermins (nicht aber eine Terminsbestimmung) und die Entscheidung über einen Beitrittsantrag (Eilentscheidung für Wirksamwerden der Beschlagnahme, § 27 Abs 2, § 22). Unaufschiebbare Handlung nach ZPO § 47 Abs 1 ist auch die Fortführung eines Versteigerungstermins, wenn der Rechtspfleger in ihm abgelehnt wird[14]. ZPO § 47 Abs 2 findet auf diesen Fall keine Anwendung, weil die unaufschiebbare Terminsfortführung nach ZPO § 47 Abs 1 keine Vertagung erfordert. Die wegen der Dringlichkeit nach ZPO § 47 Abs 1 vorgenommenen Verfahrenshandlungen, damit auch die Fortführung des Versteigerungstermins durch den abgelehnten Rechtspfleger, sind wirksam[15]; sie bleiben es auch, wenn die Ablehnung später für begründet erklärt wird[15]; ein Versteigerungstermin ist damit auch nicht nach ZPO § 47 Abs 2 Satz 2 zu wiederholen[15]. Die Entscheidung über den Zuschlag kann der abgelehnte Rechtspfleger jedoch nicht treffen, solange das Ablehnungsgesuch nicht (rechtskräftig) für unbegründet erklärt worden ist (wegen § 87 Abs 1 keine Dringlichkeit im Sinne von ZPO § 47 Abs 1); er kann sie nicht mehr treffen, wenn die Ablehnung für begründet erklärt ist. Entscheidung über den Zuschlag setzt aber Unmittelbarkeit der (mündlichen) Verhandlung (ZPO § 309) nicht voraus. Sie kann daher sogleich ein (als Vertreter zuständiger) Rechtspfleger, der den Versteigerungstermin nicht durchgeführt hat (§ 87 Rdn 3.10), auf Grund der durch das Versteigerungsprotokoll ausgewiesenen (§ 80) Vorgänge in dem wirksam abgehaltenen Versteigerungstermin treffen und verkünden. Ein kurz vor Terminsbeginn wegen Besorgnis der Befangenheit abgelehnter Rechtspfleger soll nach[16] den Termin nicht durchführen können; dem ist nicht zu folgen (so zutreffend[17]).

26.5 Rechtsmittel: Gegen den Beschluß, durch den das Gesuch für begründet erklärt wird, findet kein Rechtsmittel statt, gegen den Beschluß, durch den das Gesuch für unbegründet erklärt wird, damit auch bei Verwerfung des Ablehnungsgesuchs durch den Rechtspfleger als mißbräuchlich (Rdn 26.3), findet sofortige Beschwerde statt (ZPO § 46 Abs 2). Rechtsbeschwerde: ZPO § 574 Abs 1 Nr 2.

27 Aussetzung, Unterbrechung, Ruhen von ZVG-Verfahren

27.1 Eine **Aussetzung** oder **Unterbrechung** des Verfahrens nach ZPO §§ 148–155 und §§ 239–250 gibt es in den Verfahren des ZVG und in ZVG-Beschwerdeverfahren aus mehreren Gründen nicht[1] (auch § 15 Rdn 23.11): I. Das ZVG enthält Sondervorschriften über Einstellung und Aufhebung des Verfahrens

---

[12] MDR 2005, 943 = NJW-RR 2005, 1226 = Rpfleger 2005, 415.
[13] LG Kiel Rpfleger 1988, 544 mit zust Anm Wabnitz.
[14] OLG Celle NJW-RR 1989, 569; LG Aachen Rpfleger 1986, 59.
[15] Zöller/Vollkommer, ZPO, § 47 Rdn 3 und § 49 Rdn 4.
[16] LG Konstanz Rpfleger 1983, 490 mit abl Anm Weber.
[17] Weber Rpfleger 1983, 491 (Anmerkung).
[1] OLG Bamberg JurBüro 1982, 1411; OLG Frankfurt JurBüro 1976, 658 = Rpfleger 1975, 441; OLG Hamm JMBlNW 1963, 132; LG Frankenthal Rpfleger 1986, 24; LG Köln JMBlNW 1949, 4; LG Landshut NJW 1953, 1518.

Vollstreckungsverfahrensrecht 28.2 **Einleitung**

(zB §§ 26, 28–30 f, 180 Abs 2, 3) (anders[2]). II: In der Vollstreckung fehlt es an der für ZPO § 148 wesentlichen Abhängigkeit vom Bestehen oder Nichtbestehen eines anderen Rechtsverhältnisses. III. Die Zulässigkeit der Vollstreckung bestimmt sich nach dem Vorhandensein eines vollstreckbaren Titels mit Klausel und Zustellung und nicht nach dem wirklichen Bestehen einer Forderung. IV. Die Vollstreckung ist auf rasche Durchsetzung gerichtet und verträgt sich ihrer Natur nach nicht mit einer Aussetzung[3] oder Unterbrechung (anders[4]). V. Die genannten Vorschriften der ZPO sprechen selbst nur vom Prozeß.

27.2 Aus all diesen Gründen gibt es hier auch kein **Ruhen des Verfahrens** nach ZPO § 251[5].

27.3 Auch ZVG-Verfahren nach den §§ 172, 175, 180 werden in Anwendung der Vollstreckungsvorschriften des ZVG und der ZPO durchgeführt. Daher gibt es auch bei ihnen Aussetzung, Unterbrechung, Ruhen des Verfahrens nicht.

Begründung von gerichtlichen Beschlüssen 28

28.1 ZPO § 329 schreibt für Beschlüsse keine Begründung vor; das ZVG sagt hierüber nichts. Die Meinungen gingen früher auseinander (dazu näher[1]). **Begründungspflicht** auch für Beschlüsse des Richters/Rechtspflegers des Vollstreckungsgerichts folgt nach jetzt einhelliger Ansicht jedoch aus rechtsstaatlichen Verfahrensgrundsätzen (Einl Rdn 7)[2*] (je mit Nachweisen). Danach beruht die Begründungspflicht auf der Erwägung, daß dem Betroffenen eine sachgemäße Verteidigung seiner Rechte ermöglicht werden muß[3*]. Auf letztinstanzliche, den Rechtsweg abschließende Entscheidungen trifft dies nicht zu. Dem Grundgesetz läßt sich nicht entnehmen, daß jede gerichtliche Entscheidung mit einer Begründung zu versehen ist[4*] und daher auch nicht, daß eine mit einem ordentlichen Rechtsmittel nicht mehr anfechtbare Entscheidung stets mit einer Begründung zu versehen ist[5*]. Eine letztinstanzliche Entscheidung muß aber jedenfalls dann und insoweit begründet werden, als von dem eindeutigen Wortlaut einer Rechtsnorm abgewichen werden soll und der Grund hierfür sich nicht schon eindeutig aus den den Beteiligten bekannten oder für sie ohne weiteres erkennbaren Besonderheiten des Falles ergibt[6].

28.2 Rechtspflicht ist die **Begründung** stets, wenn der Beschluß einem **Rechtsmittel unterliegt**[7]. Der Staatsbürger, in dessen Rechte eingegriffen wird, hat dann ein Recht darauf zu erfahren, warum das Gericht seinen Fall so und nicht

---

[2] OLG Hamm MDR 1954, 683 = NJW 1954, 1123.
[3] Obermaier DGVZ 1973, 145 (B I).
[4] Sojka MDR 1982, 13 (3.).
[5] AG Köln DGVZ 1965, 12.
[1] Zeller, ZVG, 10. Aufl 1979, Rdn 12 (2–4) zu § 1.
[2*] OLG Frankfurt JurBüro 1980, 763 = Rpfleger 1980, 156; OLG Hamm FamRZ 1977, 744 (746); OLG München JurBüro 1980, 285 = MDR 1980, 146; LG Berlin Rpfleger 1978, 55.
[3*] BVerfG 50, 287 (B II) = NJW 1979, 1161.
[4*] BVerfG NJW 1982, 925.
[5*] BVerfG 50, 287 (B II) = NJW 1979, 1161; BVerfG (Kammerbeschluß) NJW 1997, 1693 mit weit. Nachw.
[6] BVerfG 71, 122 = MDR 1986, 379 = NJW 1987, 1619; BVerfG (Kammerbeschluß) NJW 1993, 1909; BVerfG (Kammerbeschluß) NJW 1998, 3484.
[7] BGH FamRZ 1982, 1200; OLG Bamberg JurBüro 1962, 632; OLG Celle MDR 1966, 513 = NJW 1966, 936 und 1367 Leitsatz mit abl Anm Schneider sowie 2174 mit zust Anm Arndt = OLGZ 1966, 430 = Rpfleger 1967, 20; OLG Hamm MDR 1991, 452; KG Berlin FamRZ 1994, 454 = NJW 1974, 2010; OLG München JurBüro 1981, 769 = Rpfleger 1981, 157; OLG Schleswig JurBüro 1980, 704 und 1981, 1903.

Einleitung 28.2

anders entschieden hat, ob das Für und Wider sachlich abgewogen wurde. Damit sind zugleich dem Rechtsmittelgericht die Gründe erkennbar zu machen, die für eine angefochtene Entscheidung maßgebend waren[8]. Begründung ist notwendig bei Zurückweisung eines Antrags[9], wenn einem Antrag bei Vorliegen von Einwendungen stattgegeben wird, bei Ermessensentscheidung und für Einstellungsbeschlüsse. Keiner Begründung bedarf ein Beschluß (ebenso wie in vergleichbaren Fällen ein Urteil; ZPO § 313a Abs 1), wenn auf Rechtsmittel und Begründung verzichtet ist und auch, wenn die Entscheidung übereinstimmenden Anträgen[10] oder Auffassungen der Parteien entspricht.

28.3 Gründe eines Beschlusses haben (wie beim Urteil) eine kurze **Zusammenfassung der Erwägungen** zu enthalten, auf denen die Entscheidung in tatsächlicher und rechtlicher Hinsicht beruht (ZPO § 313 Abs 3 entsprechend)[11]. Daß zu allem, was von einer Partei vorgebracht worden ist, ausdrücklich Stellung genommen wird, kann nicht verlangt werden[11]; darauf, daß sich die Entscheidungsgründe auch mit abwegigen Rechtsansichten der Beteiligten ausführlich auseinandersetzen, besteht kein (grundrechtlicher) Anspruch[12]. Auf die Rechtsausführungen einer veröffentlichten (insbesondere höchstrichterlichen) Entscheidung kann Bezug genommen werden[13]. Das Gericht darf sich aber in der Begründung nicht mit allgemeinen Floskeln begnügen (die formelhafte Wiederholung des Gesetzeswortlauts stellt keine Begründung dar), sondern muß im einzelnen auf das Für und Wider eingehen und dazu Stellung nehmen[14]. Jeder ist verärgert, wenn er durch eine nichtssagende Mitteilung den Eindruck bekommt, man habe sich nicht um seine Sache bemüht. Für jeden ist seine Sache die wichtigste. Wenn sonst keine Zweifel möglich sind, dem Antrag voll stattgegeben wird oder die Gründe sich unmittelbar aus dem Gesetz oder einer gefestigten Rechtsprechung ergeben und die Erwägungen damit auf der Hand liegen, kann die Begründung auf einen Hinweis auf gesetzliche Grundlage und Folgen zusammengefaßt werden. Dies darf allerdings nicht nur mit einer für Nichtjuristen unverständlichen Paragraphen-Aufzählung ersetzt werden. Entbehrlich ist die Erörterung irrtümlicher Rechtsansichten[15]; eingehend zu begründen ist die Entscheidung zweifelhafter oder schwieriger Fragen.

28.4 Wo die Begründung fehlt, aber nötig ist, kann sie (muß sie) der Rechtspfleger oder der Richter bei Vorlage an das Beschwerdegericht **nachholen.** Die nachgeholte Begründung ist den Parteien mitzuteilen.

28.5 Wo die Begründung nötig ist, ist ihr Fehlen ein erheblicher **Verfahrensmangel,** der zur Aufhebung des Beschlusses und zur Zurückverweisung der Sache führt.

29 Berichtigung von gerichtlichen Beschlüssen

29.1 Nach ZPO § 319 Abs 1 kann (ein Urteil) berichtigt werden, und zwar jederzeit und von Amts wegen (natürlich auch auf Antrag), wenn es sich um „Schreibfehler, Rechenfehler und ähnliche **offenbare Unrichtigkeiten**" handelt. Nur eine versehentliche Abweichung des vom Gericht Erklärten und des vom

---

[8] OLG Düsseldorf OLGZ 1972, 245.
[9] OLG Düsseldorf JurBüro 1981, 1540 mit zust Anm Mümmler = Rpfleger 1981, 408 Leitsatz; OLG Köln MDR 1971, 225.
[10] LG Stade KTS 1972, 203 = RpflJahrbuch 1973, 192 Leitsatz.
[11] BGH FamRZ 1982, 1200.
[12] BVerfG (Kammerbeschluß) NJW 1997, 1433.
[13] BGH FamRZ 1982, 1200.
[14] Arndt NJW 1966, 2174 (Anmerkung).
[15] Hartmann Rpfleger 1977, 1 (II 18 b).

Vollstreckungsverfahrensrecht　　　　　　　　　　31.2 **Einleitung**

Gericht Gewollten rechtfertigt demnach eine Berichtigung[1]; der Irrtum muß offenbar sein[1]. Die Vorschrift darf nicht zu großzügig angewandt werden, um nicht erhebliche Unsicherheiten in das Verfahren hereinzubringen. Berichtigungsbeschlüsse, die erkennbar keine gesetzliche Grundlage haben, besitzen trotz formeller Rechtskraft keine verbindliche Wirkung[2]. Wenn berichtigt werden darf, ist die berichtigte Fassung rückwirkend allein maßgebend.

29.2 Offenbare Unrichtigkeiten dieser Art können auch im Rahmen eines **ZVG-Verfahrens** berichtigt werden, so im Anordnungs- und Beitrittsbeschluß (§ 15 Rdn 4.15), im Zuschlagsbeschluß (§ 82 Rdn 4), aber auch ganz allgemein bei allen anderen Beschlüssen.

29.3 Gegen einen Berichtigungsbeschluß des Rechtspflegers gibt es sofortige Beschwerde (ZPO § 319 Abs 3). Gegen die ablehnende Entscheidung des Rechtspflegers gibt es befristete Rechtspflegererinnerung, die der Richter endgültig entscheidet (RPflG § 11 Abs 2 mit ZPO § 319 Abs 3; keine Vorlage an das Beschwerdegericht). Der Rechtspfleger kann dieser befristeten Erinnerung abhelfen (RPflG § 11 Abs 2 Satz 2).

29.4 Hat der Richter einen Berichtigungsbeschluß erlassen, gibt es sofortige **Beschwerde** gegen ihn. Lehnt er die Berichtigung ab, gibt es kein Rechtsmittel (ZPO § 319 Abs 3). Falls er aber ohne sachliche Prüfung oder unter Verkennung des Begriffs der „offenbaren Unrichtigkeit" abgelehnt hatte, wird Beschwerde für zulässig erachtet[3].

29.5 Protokolle können nach ZPO § 164 berichtigt werden (§ 78 Rdn 3). Zur Berichtigung von Vollstreckungstiteln § 15 Rdn 40.

Devisenrecht in ZVG-Verfahren　　　　　　　　　　　　　　　　　30

Nach dem Außenwirtschaftsgesetz (Textanhang T 8) gibt es zur Zeit in unserem Wirtschaftsgebiet (Gesetz § 4 Abs 1 Nr 1) (mit dem Gebiet der Bundesrepublik Deutschland nicht ganz übereinstimmend) **keine Devisenbeschränkung** im Grundstücksverkehr von Gebietsansässigen (Gesetz § 4 Abs 1 Nr 5) und Gebietsfremden (Gesetz § 4 Abs 1 Nr 7). In inländische Grundstücke (Grundstücksbruchteile, Gebäudeeigentum, grundstücksgleiche Rechte, Schiffe, Schiffsbauwerke, Luftfahrzeuge) von Gebietsfremden kann unbeschränkt vollstreckt werden; auch Teilungsversteigerung ist insoweit zulässig. Gebietsfremde können ihrerseits in inländische Grundstücke usw unbeschränkt vollstrecken, auch die Teilungsversteigerung darüber betreiben oder sonst an ZVG-Verfahren beteiligt sein. Gebote von Gebietsfremden: § 71 Rdn 7.1.

Einstweilige Einstellung in ZVG-Verfahren; ZPO-Einstellungen　　　31

31.1 Unter „Einstellung" versteht das ZVG (im Gegensatz zur InsO) immer nur die einstweilige Einstellung, bei der das Verfahren anhängig bleibt. Die Einstellungsmaßnahmen beziehen sich (wie Aufhebungsmaßnahmen), auf dieselben Gegenstände wie das Verfahren selbst, also Grundstücke, Grundstücksbruchteile usw, in der Regel aber nicht auf Grundstücksteile (Einl Rdn 11.8). Hinsichtlich Zubehör kann gesondert eingestellt werden (§ 55 Rdn 3).

31.2 Einstellungsfälle im Rahmen eines ZVG-Verfahrens:
A. Vollstreckungsversteigerung: I. Grundstücke (auch Gebäudeeigentum) und grundstücksgleiche Rechte: ZVG § 28, § 30, § 30a (mit § 30b, 31), § 30c (mit §§ 30b, 31), § 30d–f (mit §§ 30b, 31), § 33, § 37 Nr 5 (mit § 55), § 75, § 76,

---

[1] BGH MDR 1984, 824 = NJW 1985, 742.
[2] OLG Hamm DGVZ 1960, 170 mit zust Anm Schriftleit = Rpfleger 1960, 298 mit zust Anm Berner; Zöller/Vollkommer, ZPO, § 319 Rdn 29.
[3] Petermann Rpfleger 1973, 153 (IV a); OLG Hamm FamRZ 1986, 1136.

Einleitung 31.2 Vollstreckungsverfahrensrecht

§ 77 Abs 1, § 83 (mit §§ 84, 86, 33), § 85, § 85a; ZPO § 765a, § 769, § 775. II. Schiffe und Schiffsbauwerke: ZVG § 162, § 170a, § 171 (je mit §§ 28, 30, 31, 30a, 30b, 30c, 30d–f, 33, 37 Nr 5, §§ 55, 75, 76, 77 Abs 1, §§ 83, 84, 86, 85); ZPO § 765a, § 769, § 775. III. Luftfahrzeuge: ZVG § 171a, § 171h (je mit §§ 28, 30, 31, 30a, 30b, 30c, 30d–f, 33, 37 Nr 5, §§ 55, 75, 76, 77 Abs 1, §§ 83, 84, 86, 85); ZPO § 765a, § 769, § 775.

B. Zwangsverwaltung von Grundstücken (auch Gebäudeeigentum) und grundstücksgleichen Rechten: ZVG § 146 (mit § 28), §§ 153b mit c; ZPO § 769, § 775, § 776, nur in Ausnahmefällen § 765a.

C. Insolvenzverwalterverfahren: I. Zwangsversteigerung von Grundstücken (auch Gebäudeeigentum), grundstücksgleichen Rechten, Schiffen, Schiffsbauwerken, Luftfahrzeugen: ZVG § 172 (mit § 28, 30, 33, 37 Nr 5, § 77 Abs 1, §§ 83, 84, 85a, 86); dazu auch ZVG §§ 162, 170a, 171, 171a, 171h. II. Zwangsverwaltung von Grundstücken (auch Gebäudeeigentum) und grundstücksgleichen Rechten: ZVG § 172 (mit §§ 146, 28).

D. Nachlaßversteigerung von Grundstücken (auch Gebäudeeigentum), grundstücksgleichen Rechten, Schiffen, Schiffsbauwerken, Luftfahrzeugen: ZVG § 175 (mit §§ 28, 30, 31, 37 Nr 5, § 77 Abs 1, §§ 83, 84, 85a, 86); ZPO § 769, § 775; dazu §§ 162, 170a, 171, 171a, 171h.

E. Teilungsversteigerung von Grundstücken (auch Gebäudeeigentum), grundstücksgleichen Rechten, Schiffen, Schiffsbauwerken, Luftfahrzeugen: ZVG § 180 Abs 2 und 3, § 180 Abs 1 (mit §§ 28, 30, 30b, 31, 37 Nr 5, § 77 Abs 1, §§ 83, 84, 85a, 86); ZPO §§ 769, 770, 771 Abs 2, § 775; dazu §§ 162, 170a, 171, 171a, 171h; VermG § 3b Abs 3.

31.3 Bei der Einstellung erfolgt regelmäßig eine **Belehrung** des Gläubigers (Antragstellers) über die Fortsetzung (§ 31 Abs 3). Fortgesetzt wird grundsätzlich auf Antrag binnen bestimmter Frist. Einzelheiten, auch über die Folgen der Fristversäumung (und über ausnahmsweise Fortsetzung von Amts wegen) bei den einzelnen Kommentarstellen.

31.4 Bei der **Vollstreckungsversteigerung** beziehen sich Einstellungen nur auf die das Verfahren **betreibenden Gläubiger.** Sie lassen die Ansprüche der sonstigen Beteiligten unberührt; sind aber die Verfahren aller Gläubiger eingestellt, so gibt es auch für die anderen Beteiligten keine Versteigerung und keine Erlösverteilung. Jede Einstellung bezieht sich nur auf ein ganz bestimmtes Verfahren eines Gläubigers aus einem Anordnungs- oder Beitrittsbeschluß. Die Verfahren der anderen Gläubiger aus ihren Beschlagnahmebeschlüssen werden davon nicht berührt; sie laufen, unter Beachtung der für sie geltenden Fristen und anderen Vorschriften, weiter. Der Wegfall eines Gläubigers, dessen Verfahren eingestellt wird, kann aber die Berechnung des geringsten Gebotes verändern oder die Erlösverteilung beeinflussen.

31.5 Bei der **Teilungsversteigerung** bezieht sich die Einstellung nur auf einen bestimmten **Antragsteller;** sie läßt die Verfahren der anderen Antragsteller unberührt, auch die Ansprüche der sonstigen Beteiligten (falls das Verfahren überhaupt noch durchgeführt wird), kann aber das geringste Gebot beeinflussen. In der Insolvenzverwalter- und Nachlaßversteigerung (§§ 172, 175) bringt die Einstellung durch oder gegen den einzigen Antragsteller das ganze Verfahren zum Stillstand. Wenn bei der **Zwangsverwaltung** eine Einstellung ausnahmsweise vorkommt, wird das Verfahren der anderen betreibenden Gläubiger und der sonstigen Beteiligten nicht berührt.

31.6 ZPO-Einstellungen: Prozeßgericht (ZPO § 769 Abs 1) und Vollstreckungsgericht (ZPO § 769 Abs 2) können auf Vollstreckungsabwehrklage hin (ZPO § 767) oder auf Widerspruchsklage (ZPO § 771) oder auf Klage gegen die Vollstreckungsklausel (ZPO § 768) die Zwangsvollstreckung **einstellen.** Das Voll-

Vollstreckungsverfahrensrecht 31.10 **Einleitung**

streckungsgericht kann auch in fünf besonderen Fällen (ZPO § 775 Nr 1–5) einstweilen einstellen.

31.7 Prozeßgerichtliche Einstellungen sind auch im Wege einer Einstweiligen Verfügung möglich[1], sowohl zur Vollstreckungsversteigerung wie zur Teilungsversteigerung[1]; doch kann ein Rechtsschutzbedürfnis nicht bestehen, wenn Einstellung durch das Prozeßgericht (Einl Rdn 31.6) erwirkt werden kann[2]. In der Regel wird dem Gläubiger oder Antragsteller bei Androhung von Zwangsgeld oder Zwangshaft nach ZPO § 888 verboten (ZPO § 938 Abs 2), ein Zwangsversteigerungsverfahren (Vollstreckungsversteigerung, Teilungsversteigerung) oder Zwangsverwaltungsverfahren zu betreiben. Obwohl sich das Verbot nicht unmittelbar an das Vollstreckungsgericht wendet, darf dieses nicht durchführen, was das Prozeßgericht verbietet. Manchmal lautet die Einstweilige Verfügung (unzweckmäßig) auch dahin, daß das Verfahren unmittelbar eingestellt werde.

31.8 Einstellungsbeschlüsse des Prozeßgerichts (auch des allgemeinen Vollstreckungsgerichts) sind dem für Zwangsversteigerung oder Zwangsverwaltung zuständigen Vollstreckungsgericht in **Ausfertigung**, nicht in Abschrift oder Fotokopie, vorzulegen. Gleich wie sie lauten, bringen sie das Zwangsversteigerungs- oder Zwangsverwaltungsverfahren nicht unmittelbar zum Stillstand. Das Vollstreckungsgericht muß durch besonderen **Ausführungsbeschluß** sein Zwangsversteigerungs- oder Zwangsverwaltungsverfahren noch ausdrücklich einstellen, verbinden mit einer Fortsetzungsbelehrung des Gläubigers oder Antragstellers (Muster im ZVG-Handbuch Rdn 191–194), zuzustellen (§ 32) an Schuldner (Antragsgegner) und betroffenen Gläubiger (Antragsteller), unter Terminsabsetzung (falls schon Versteigerungstermin für diesen Gläubiger oder Antragsteller bestimmt, andere bleiben unberührt), mitzuteilen (falls Termin entfällt) an Behörden und sonstige Beteiligte.

31.9 Der Ausführungsbeschluß des Versteigerungsgerichts beruht auf ZPO § 775. Er ist **bis zur Zuschlagsverkündung** möglich (nach Schluß der Versteigerung durch Versagung, § 33), weil durch diese der Ersteher bereits Rechte erworben hat, die ihm nicht mehr außerhalb eines Rechtsmittelverfahrens genommen werden können. Spätere Einstellungen des Prozeßgerichts beeinflussen nur noch das Verteilungsverfahren in der Weise, daß der Teilungsplan aufgestellt, der Betrag für den von der Einstellung betroffenen Gläubiger aber hinterlegt wird (§ 117 Rdn 6).

31.10 Ein Einstellungsbeschluß des Prozeßgerichts wird **wirksam,** sobald er aus dem internen Bereich des Gerichts herausgeht[3]; er wendet sich an das Vollstreckungsorgan und ist von diesem zu berücksichtigen, wenn er ihm in zuverlässiger Weise zur Kenntnis gebracht wird[3]. Das Vollstreckungsorgan muß von sich aus prüfen, ob einer ergangen sei[3] (eine Amtsermittlungspflicht, zB durch Beiziehung der Prozeßakten, besteht nicht), der Schuldner muß ihm in vorgeschriebener Form Kenntnis verschaffen[3]. Es genügt aber, wenn die Kenntnis in anderer Weise erlangt ist[3], indem etwa der Gläubiger selbst vorlegt oder das Prozeßgericht Mitteilung gibt. Vollstreckungshandlungen, die das Vollstreckungsgericht erlassen hat, weil ihm eine vom Prozeßgericht angeordnete Einstellung der Zwangsvollstreckung nicht bekannt und noch nicht nachgewiesen war, sind nicht unwirksam; sie sind aber als unzulässig anfechtbar und auf Erinnerung (Beschwerde) des Schuldners aufzuheben[4]. Bestehen bleiben können unter den Voraussetzungen des ZPO § 776 Satz 2 nur Vollstreckungsmaßregeln, die schon vor Wirksamwerden der Einstellung vorgenommen wurden. Wenn in Ausführung der prozeßgerichtlichen

---

[1] LG Bonn NJW 1970, 2303.
[2] OLG Schleswig SchlHA 1989, 44.
[3] Kirberger Rpfleger 1976, 8.
[4] OLG Hamm NJW 1961, 1824; LG Berlin MDR 1975, 672 = Rpfleger 1976, 26.

Einleitung 31.10

Einstellung das Zwangsversteigerungs- oder Zwangsverwaltungsverfahren eingestellt wird, bevor der zugehörige Vollstreckungsvermerk im Grundbuch eingetragen war, kann auch angeordnet werden, daß das Eintragungsersuchen nicht abgesandt wird.

31.11 Nach ZPO § 775 Nr 5 gebietet Einstellung die Vorlage der Urschrift (oder einer beglaubigten Abschrift) des **Einzahlungs-** oder **Überweisungsnachweises** einer **Bank** (auch der Postbank AG) oder **Sparkasse** über Einzahlung oder Überweisung des zur Befriedigung des Gläubigers erforderlichen Betrags. Vorlage eines maschinell ausgedruckten Nachweises ist ausreichend, auch wenn er (wie ein Kontoausdruck) nicht unterschrieben ist[5]. Ungenügend sind unbeglaubigte Fotokopien von Zahlungsbelegen[6] und Nachweis, daß ein Wertbrief (mit Geld) abgesandt sei.

31.12 Fortsetzung (§ 31 Abs 1) kann der Gläubiger oder Antragsteller nach Wiederaufhebung der prozeßgerichtlichen Einstellung oder nach ihrem sonstigen Wegfall (zB durch Urteil) verlangen. Wird nach ZPO § 775 Nr 4 (Quittung) oder Nr 5 (Bankbeleg) eingestellt, so kann der Gläubiger jederzeit die Fortsetzung verlangen[7]; wenn der Gläubiger sofort widerspricht, Erfüllung bestreitet und Fortsetzung verlangt, unterbleibt die Einstellung überhaupt[8]. Der Schuldner hat nur die Möglichkeiten aus ZPO §§ 767, 769 (Abwehrklage mit prozeßgerichtlicher Einstellung) oder bei formellen Mängeln aus ZPO § 766 beim Vollstreckungsgericht selbst.

32 Fristen in ZVG-Verfahren

32.1 In ZVG-Verfahren sind die **allgemeinen Vorschriften** aus ZPO und BGB anzuwenden.

32.2 Aus der ZPO sind anzuwenden:
§ 222: Es gelten für Fristen die Vorschriften des BGB. Eine Frist, die an einem Samstag (Sonnabend), **Sonntag** oder allgemeinen Feiertag (bundes- oder landesrechtlich festgelegt) endet, verlängert sich bis zum nächstfolgenden Werktag.
§ 224: Durch **Parteivereinbarung** können Fristen abgekürzt werden, aber nicht Notfristen. Auf Antrag können richterliche und gesetzliche Fristen abgekürzt oder verlängert werden, gesetzliche aber nur in den besonders bestimmten Fällen.
§ 225: Über den eben genannten Antrag kann ohne **mündliche Verhandlung** entschieden werden. Abkürzung oder mehrmalige Verlängerung ist nur nach Anhörung des Gegners zulässig. Der Beschluß über die Zurückweisung eines Fristverlängerungsantrags ist beim Richter nicht anfechtbar (beim Rechtspfleger befristete Erinnerung nach RPflG § 11 Abs 2).
§ 233: **Wiedereinsetzung** in den vorigen Stand kann auf Antrag gewährt werden, wenn ohne Verschulden eine Notfrist oder die Wiedereinsetzungsantragsfrist nicht eingehalten werden konnte.
§ 234: Der genannte Antrag muß binnen zwei Wochen gestellt werden, beginnend mit dem Tag, da das Hindernis behoben ist.
§ 236: Die **Form** des Antrags richtet sich nach den Vorschriften für die versäumte Handlung. Der Antrag muß die Angabe der Wiedereinsetzung begründenden Tatsachen enthalten (zB daß der Antragsteller sich in einem Gebiet mit Seuchen, Erdbeben, Überschwemmungen aufgehalten habe); diese sind glaubhaft zu machen. In der Antragsfrist ist die versäumte Handlung nachzuholen; ist dies geschehen, so kann Wiedereinsetzung auch ohne Antrag gewährt werden.

---

[5] Zöller/Stöber, ZPO, § 775 Rdn 8.
[6] AG Berlin-Wedding DGVZ 1976, 93.
[7] OLG Hamm MDR 1973, 857 = OLGZ 1973, 488 = Rpfleger 1973, 324.
[8] OLG Hamm MDR 1970, 687 = NJW 1970, 1556 = Rpfleger 1970, 212; OLG Hamm DGVZ 1980, 153; OLG Frankfurt MDR 1980, 63 Leitsatz.

Vollstreckungsverfahrensrecht 32.6 **Einleitung**

§ 237: Über die Wiedereinsetzung **entscheidet** (unanfechtbar bei erteilter Wiedereinsetzung, § 238) das Gericht, das über die versäumte Handlung zu entscheiden hat. Bei sofortiger Beschwerde entscheidet das Beschwerdegericht. Bei einem Antrag aus § 30a entscheidet das Vollstreckungsgericht. Im Rechtspflegerverfahren ist der Rechtspfleger auch für die Wiedereinsetzung zuständig. Bei der Wiedereinsetzungs-Entscheidung dürfen dem Gesuchsteller Verzögerungen der Postbeförderung durch die Post AG und Verzögerungen bei der Entgegennahme des Gesuchs durch das Gericht (zB Abholung aus einem Postfach schon vor Ende des Tages) nicht zur Last gelegt werden[1].

32.3 Aus dem BGB sind anzuwenden:

§ 187 Abs 1: Für den **Beginn** der Frist wird der Tag des Ereignisses (Verkündung, Zustellung) nicht mitgerechnet.

§ 188: Eine Frist nach Tagen **endet** mit Ablauf des letzten Tages, eine Frist nach Wochen, Monaten, Vierteljahren, Halbjahren, Jahren endet mit Ablauf des Tages der letzten Woche oder des letzten Monats, der durch seine Benennung oder Zahl dem entspricht, auf den das Ereignis fällt (zB Beginn am 10. Juni, Monatsfrist endet am 10. Juli). Fehlt im letzten Monat dieser Tag, endet die Frist mit dem letzten Tag des Monats (zB Beginn am 30. oder 31. Januar, Ende am 28. bzw 29. Februar).

§ 189: Ein halbes Jahr = sechs Monate, ein Vierteljahr = drei Monate, ein halber Monat = fünfzehn Tage.

§ 190: Bei **Verlängerung** der Frist wird vom Ablauf der vorherigen Frist an gerechnet.

32.4 Unterschieden werden Notfristen (ZPO § 224 Abs 1 Satz 2) und normale Fristen.

a) **Notfristen** aus dem Gebiet des ZVG (Wiedereinsetzung gegen ihre Versäumung ist möglich) sind folgende: zwei Wochen für die sofortige Beschwerde (ZPO §§ 793, 569 Abs 1); zwei Wochen für die befristete Erinnerung gegen den Rechtspfleger (RPflG § 11 Abs 2 Satz 1); zwei Wochen für die (befristete) Erinnerung gegen den Urkundsbeamten und beauftragten oder ersuchten Richter (Rechtspfleger) (ZPO § 573 Abs 1); ein Monat für die Rechtsbeschwerde (ZPO § 575 Abs 1); zwei Wochen für Einstellungsanträge (§ 30b Abs 1, § 30c Abs 1, § 180 Abs 2 und 3), zwei Wochen für bestimmte Beschwerden gegen den Zuschlag bei Luftfahrzeugen (§ 171m).

b) **Normale Fristen** (keine Notfristen) sind alle übrigen aus dem Bereich des ZVG (keine Wiedereinsetzung gegen ihre Versäumung möglich). Bei ihnen unterscheidet man eigentliche und uneigentliche Fristen.

32.5 Eigentliche Fristen sind Zeiträume zur Vornahme einer Parteihandlung (= Handlungsfristen) oder zur Vorbereitung der Partei auf einen Termin (= Zwischenfristen, auch Warte- oder Überlegungsfristen). Die eigentlichen Fristen wenden sich also an die Verfahrensbeteiligten und verlangen von ihnen eine Handlung oder Überlegung. Eigentliche Fristen aus dem Gebiet des ZVG, und zwar Handlungsfristen sind: ein Monat für die Widerspruchsklage (§ 115 Abs 1, ZPO § 878); sechs Monate für erweiterte Zuschlagsbeschwerde bei Luftfahrzeugen (§ 171m); weitere eigentliche Fristen, und zwar Zwischenfristen sind: zwei bzw sechs Wochen für Bekanntmachung im Amtsblatt (§ 43 Abs 1, § 85); vier Wochen für Zustellungen und Ladungen vor dem Versteigerungstermin (§ 43 Abs 2, § 85); zwei Wochen für die Ladung des Erstehers oder Zahlungspflichtigen oder Meistbietenden zum Verteilungstermin (§ 105 Abs 4); sechs Wochen bzw ein Monat für Bekanntmachung bei Luftfahrzeugen (§ 171l Abs 2).

32.6 Uneigentliche Fristen sind Zeiträume zur Vornahme einer gerichtlichen Handlung oder Zeiträume, während deren das Verfahren ausgesetzt ist oder Fristen

---

[1] BVerfG 44, 302 = NJW 1977, 1233 = Rpfleger 1977, 245.

Einleitung 32.6   Vollstreckungsverfahrensrecht

gehemmt sind, auch Ausschlußfristen und ähnliche. Diese Fristen wenden sich an das Gericht und verlangen von ihm eine Tätigkeit oder Nicht-Tätigkeit. Dazu gehören: ein, zwei oder vier Jahre für rückständige wiederkehrende Leistungen (§ 10 Abs 1 Nr 2, 3, 4); sechs Monate für Fortsetzungsantrag (§ 31); ein, zwei, sechs Monate für Anberaumung des Versteigerungstermins (§ 36 Abs 2, § 85); vier Wochen für Mitteilung über betreibende Gläubiger (§ 41 Abs 2; keine feste Frist, verlangt nur „im Laufe der vierten Woche"); zwei Wochen für Berechnung laufender Leistungen nach dem Versteigerungstermin (§ 47); vier, zwölf und mehr Jahre Kündigungsschutz für Mieter und Pächter (§ 57 c); drei bis sechs Monate Wartefrist für zweiten Versteigerungstermin (§ 74 a Abs 3); drei Monate für Fortsetzungsantrag (§ 76 Abs 2); eine Woche für Entscheidungsverkündung (§ 87 Abs 2); zwei Wochen oder drei Tage für Anfertigung des Teilungsplans (§ 106); drei Monate für Nichteintritt der Befriedigungswirkung (§ 118 Abs 2); sechs Monate für Rangverlust (§ 129); drei Monate für Aufgebotswartezeit (§ 138); ein Jahr für Rechnungslegung durch Zwangsverwalter (§ 154); sechs Monate für Anmeldungen beim Registergericht (§ 168 b).

32.7 Über Fristen wird in unserem Rechtsgebiet **keine Belehrung** erteilt, außer bei bestimmten Einstellungs- und Fortsetzungsentscheidungen. Auch dort, wo eine Belehrung ausnahmsweise erfolgt, muß die Belehrung nicht alle Modalitäten der Fristberechnung enthalten, auch nicht den Hinweis, daß eine an einem gesetzlichen Feiertag ablaufende sich um einen Tag verlängert[2].

33 Gerichtliche Prozeßleitungspflicht zur sachdienlichen Verfahrensdurchführung

33.1 Auf eine allseits **sachdienliche Verfahrensdurchführung** hat der Rechtspfleger in ZVG-Verfahren hinzuwirken (ZPO § 139 Abs 1). Erörterung aller entscheidungserheblichen rechtlichen und tatsächlichen Gesichtspunkte mit den Verfahrensbeteiligten (Einl Rdn 33.4) ist Amtspflicht des Rechtspflegers in Immobiliarvollstreckungsverfahren[1]. Diese materielle Prozeßleitungspflicht des Gerichts regelt ZPO § 139 Abs 1 generalklauselartig. Bestimmung ist damit nicht nur für Verfahren mit mündlicher Verhandlung (ZPO §§ 128–165) getroffen; festgelegt ist ebenso die Mitverantwortung des Gerichts für eine umfassende tatsächliche und rechtliche Klärung der entscheidungserheblichen Gesichtspunkte in Verfahren, in denen Entscheidungen ohne mündliche Verhandlung ergehen können (ZPO § 128 Abs 4).

33.2 Zu erörtern hat der Rechtspfleger das Sach- und Streitverhältnis, soweit erforderlich, mit den Verfahrensbeteiligten (Einl Rdn 33.4) nach der **tatsächlichen** und **rechtlichen** Seite (ZPO § 139 Abs 1 Satz 1). Er hat in jeder Lage des Verfahrens dahin zu wirken, daß die Beteiligten sich rechtzeitig und vollständig über alle erheblichen Tatsachen erklären, insbesondere ungenügende Angaben zu geltend gemachten Tatsachen ergänzen, die sachdienlichen Anträge stellen und die Beweismittel bezeichnen (ZPO § 139 Abs 1 Satz 2).

33.3 Die gerichtliche Prozeßleitung (vormals gerichtliche **Aufklärungspflicht**) dient der Herbeiführung gesetzmäßiger und unter diesem Gesichtspunkt richtiger und damit gerechter Entscheidungen[2*]. Die Aufklärungspflicht ist als **Belehrungs-** und allgemeine **prozessuale Fürsorgepflicht** zu verstehen[3]. Dem Gericht ist damit

---

[2] BVerfG NJW 1971, 2217 mit abw Meinung Seuffert und Anm Schriftleit und NJW 1972, 243 Leitsatz mit abl Anm Weihrauch.
[1] BVerfG 42, 64 = aaO (Rdn 1 Fußn 3); BVerfG (Kammerbeschluß) NJW 1993, 1699 = Rpfleger 1993, 32 mit Anm Hintzen; OLG Hamm JurBüro 1986, 1889 = Rpfleger 1986, 441.
[2*] BVerfG 42, 64 = aaO (Rdn 1 Fußn 3) und BVerfG 46, 325 = aaO (Rdn 1 Fußn 2).
[3] Vollkommer Rpfleger 1976, 393 (Anmerkung).

Vollstreckungsverfahrensrecht 33.6 **Einleitung**

die Aufgabe zugewiesen, über die Rolle eines lediglich passiven Beobachters hinaus durch aktives (gestalterisches[4]) Eingreifen in den Verfahrensablauf zu einem sachlich richtigen und gerechten Verfahrensausgang beizutragen[5]. Ein Beteiligter ist vor einer seine Rechtslage verändernden Entscheidung zu veranlassen, seinen wahren Willen über den ihn betreffenden Verfahrensfortgang zu äußern[6]. Der Rechtspfleger darf nicht teilnahmslos zusehen, sondern muß durch Aufklärung handelnd eingreifen, wenn ein Beteiligter (Gläubiger, Schuldner, Antragsteller, Antragsgegner, Miteigentümer, sonstiger Beteiligter) Gefahr läuft, infolge eines nach Verfahrenslage sachlich gebotenen, aber unterlassenen Antrags einen Rechtsverlust zu erleiden[7].

33.4 Die Prozeßleitungspflicht beschränkt sich nicht auf **Gläubiger** und **Schuldner**, Antragsteller und Antragsgegner. Auch **sonstige Beteiligte** (§ 9), selbst wenn sei ein angemeldetes Recht noch nicht glaubhaft gemacht haben, sind durch Aufklärung, soweit sie als nötig oder angemessen anzusehen ist, vor Rechtsverlust zu schützen. So ist etwa ein Zubehöreigentümer, der sich als Beteiligter angemeldet hat (§ 9 Nr 2), rechtzeitig nach Maßgabe von § 37 Nr 5 zu belehren. Es ist weiter ein Beteiligter auf die offensichtliche Unzulänglichkeit seiner Anmeldung hinzuweisen, zB darauf, daß Kosten (insbesondere Anwaltskosten) nur bei rechtzeitiger Anmeldung den Rang der Hauptsache teilen (§ 10 Abs 2, § 37 Nr 4, § 110). Es ist auch ein Pfandgläubiger darauf hinzuweisen, daß eine Zustellung an das Vollstreckungsgericht als Drittschuldner rechtsunwirksam ist oder daß die Pfändung einer Sicherungsgrundschuld ohne die Forderung oder eines Rückgewährsanspruchs statt der Eigentümergrundschuld wertlos sein kann. Wenn sich zeigt, daß eine Grundschuld zu den bestehenbleibenden Rechten gehört, wird der persönliche Schuldner darauf hinzuweisen sein, daß er wegen § 53 Abs 2 die persönliche Forderung anmelden müsse. Bietinteressenten sind auf eine (bekannt gewordene) Unrichtigkeit des Sachverständigengutachtens hinzuweisen[8]. Ein zu einem Beschwerdeverfahren Hinzugezogener ist auf das bei Beteiligung mögliche Kostenrisiko hinzuweisen (§ 99 Rdn 2.5).

33.5 Aufklärungs- und Hinweispflicht besteht auch gegenüber einem **geschäftlich erfahrenen**, rechtskundigen und **anwaltlich vertretenen** Beteiligten. Jedoch braucht hier nicht ohne weiteres mit der Möglichkeit gerechnet werden, daß der Beteiligte oder sein Anwalt etwas übersehen (und deshalb den Sachverhalt unvollständig vorgetragen oder einen sachdienlichen Antrag nicht gestellt[9]) oder falsch beurteilt hat[10]. Im Einzelfall kann aber auch der geschäftlich gewandte, mit den einschlägigen Rechtsfragen grundsätzlich vertraute Beteiligte oder der Anwalt in der Beurteilung einer Verfahrenssituation irren. Dann muß das Gericht auch einen solchen Beteiligten zur Erreichung eines sachlich richtigen und gerechten Verfahrensergebnisses auf seinen zutage getretenen Irrtum hinweisen[11] (Hinweispflicht zum Schutz des Beteiligten vor Nachteilen).

33.6 Art und Umfang der Hinweise müssen sich an der jeweiligen Verfahrenslage orientieren. ZPO § 139 hält insoweit einen **Ermessens- und Beurteilungsspielraum** zur Leitung, Förderung und Ausgestaltung des Verfahrens offen[12]. Aufzuklären ist „soweit erforderlich", mithin wenn „Anlaß" besteht. Das ist der Fall, wenn ein Beteiligter zu einem geschäftsunerfahrenen Personenkreis gehört oder

---

[4] OLG Düsseldorf NJW 1993, 2542.
[5] OLG Hamm JurBüro 1986, 1889 = Rpfleger 1986, 441.
[6] BVerfG 42, 64 = aaO (Rdn 1 Fußn 3).
[7] BVerfG NJW 1993, 1699 = aaO (Fußn 1); Vollkommer aaO (Fußn 3).
[8] OLG Oldenburg Rpfleger 1989, 381.
[9] BGH Rpfleger 1977, 359.
[10] Schneider MDR 1968, 721 (722).
[11] OLG Hamm JurBüro 1986, 1889 = Rpfleger 1986, 441; Vollkommer, Die Stellung des Anwalts im Zivilprozeß, III 3 (S 50–53); Schiffhauer Rpfleger 1978, 397 (VI 2).
[12] BVerfG 42, 64 = aaO (Rdn 1 Fußn 3).

Einleitung 33.6 Vollstreckungsverfahrensrecht

wenn das hilflose Verhalten eines im Termin Anwesenden Zweifel aufkommen läßt, ob er das seine Rechte verändernde Verfahrensergebnis erkennt und billigt[13].

33.7 Wahrzunehmen ist die Prozeßleitung durch **Hinweise,** Erörterungen und Fragen. Damit unterscheidet sie sich vom rechtlichen Gehör (GrundG Art 103 Abs 1; Einl Rdn 46); es begründet ein Recht des Beteiligten auf Äußerung und eine Pflicht des Gerichts, anzuhören oder entgegenzunehmen. Art und Umfang der Prozeßleitung hängen vom Einzelfall ab. Das Gericht muß den Anschein der Parteilichkeit vermeiden (sonst könnte Ablehnung wegen Befangenheit erfolgen). Eine nicht von einem Rechtsanwalt vertretene Partei, die offensichtlich rechtsunkundig ist, ist über die rechtlichen Folgen ihres Handelns aufzuklären, auch über die ihres Nichthandelns. Auf sachlich richtige Fassung (Formulierung) eines Antrags muß hingewirkt werden (ZPO § 139 Abs 1 Satz 2). Was im Verfahren von Amts wegen zu beachten ist (zB die Prozeß- und Parteifähigkeit, uU auch die Vollmacht), ist im Falle von Bedenken mit den Beteiligten zu erörtern (ZPO § 139 Abs 3). Darauf hinzuwirken ist, daß unrichtige Parteibezeichnungen berichtigt werden, daß unklare Anträge klar gefaßt werden, daß alle notwendigen Erklärungen abgegeben werden. Nicht zu fragen braucht das Gericht, wo nach seiner Überzeugung alles genügend geklärt ist.

33.8 Gerichtliche Prozeßleitung **verbietet Überraschungsentscheidungen.** Eine Entscheidung darf daher auf einen rechtlichen oder tatsächlichen Gesichtspunkt, den ein Beteiligter übersehen oder für unerheblich gehalten hat, nur gestützt werden, wenn das Gericht darauf hingewiesen und Gelegenheit zur Äußerung gegeben hat (ZPO § 139 Abs 2 Satz 1). Zu sorgen ist für eine nach Sachlage angemessene Möglichkeit zur Äußerung. Das Gericht braucht daher aber seine Auffassung von der Sache nur knapp darzulegen[14], es muß sich also nicht rechtlich festlegen, bevor es entscheidet. Es darf nur niemand überrumpelt werden; kein Beteiligter soll erst aus der Entscheidung erfahren, daß das Gericht völlig andere Erwägungen für erheblich hielt, als diejenigen, die offensichtlich bisher zugrunde gelegt oder mündlich erörtert wurden. Auch das Versteigerungsgericht muß für ein gerechtes Verfahren[15], für „Fair play" (Einl Rdn 7.3) sorgen. Auch wenn es einen Gesichtspunkt abweichend von der übereinstimmenden Auffassung der Beteiligten beurteilen will, hat das Gericht vor Entscheidung darauf hinzuweisen und Gelegenheit zur Äußerung zu geben (§ 139 Abs 2 Satz 2). Nur soweit eine Nebenforderung betroffen ist, kann (nicht muß) ein Hinweis unterbleiben.

33.9 Dieser Prozeßleitung genügt das Gericht zum Teil schon durch die **vom ZVG vorgesehenen** und gebotenen **Hinweise:** auf Mängel des Versteigerungs- oder Zwangsverwaltungsantrags (für Anordnung wie für Beitritt) durch Aufklärungsverfügung (§ 15 Rdn 3.6); auf die Notfrist für einen Einstellungsantrag nach § 30b Abs 1 und auf die Frist für einen Fortsetzungsantrag nach § 31 Abs 3; auf drohende Rechtsverluste im Rahmen der Terminsbestimmung nach § 37 Nr 4 und 5; auf den Deckungsgrundsatz des geringsten Gebots nach § 44 Abs 1; auf die bevorstehende Ausschließung von Anmeldungen im Versteigerungstermin nach § 66 Abs 2 durch den gesetzlichen Hinweis im Termin; auf das Bestehenbleiben des Altenteils nach Einführungsgesetz § 9 (EGZVG § 9 Rdn 4.3) und den Gegenantrag; auf die Bedeutung der $^7/_{10}$-Grenze aus § 74a; auf das Antragsrecht des Erstehers aus § 116; auf die Eigentumsverhältnisse bei Grenzüberbau (§ 55 Rdn 6.6). Diese teils zwingend vorgeschriebenen, teils wenigstens gebotenen Hinweise allein können aber im Einzelfall zur Erfüllung der Aufklärungs-/Hinweispflicht nicht genügen. Nur mit der allgemeinen Frage, ob noch Erklärungen abgegeben werden, genügt das Gericht seiner Hinweispflicht nicht[16].

---

[13] BVerfG 42, 64 = aaO (Rdn 1 Fußn 3); Vollkommer aaO (Fußn 11).
[14] Hartmann Rpfleger 1977, 1 (II 14c).
[15] BVerfG 46, 325 = aaO (Rdn 1 Fußn 2); 49, 220 und 51, 150 (= je Rdn 7 Fußn 12).
[16] OLG Hamm JurBüro 1986, 1889 = Rpfleger 1986, 441.

33.10 Im einzelnen kann schwer festzustellen sein, was und wann aufzuklären ist. Mit Rücksicht auf die Entscheidung des Bundesverfassungsgerichts[17] (sie ist allgemein verbindlich) sind die Voraussetzungen in jedem Fall genau zu prüfen, weil eine unterlassene Aufklärung zur Aufhebung des Zuschlags (mit erheblichen Rechtsfolgen) führen kann[17]. Die Anwendung darf aber auch nicht übertrieben werden. So muß das Gericht nicht etwa vor oder bei Beginn der Bietzeit darauf hinweisen, daß unter bestimmten Umständen Sicherheitsleistung des Bieters verlangt werden könne. Das gehört an sich schon in den Bereich der Rechtsberatung (die Grenzen sind schwer festzustellen), die nicht Aufgabe des Gerichts ist. Trotzdem ist dieser Hinweis recht zweckmäßig, weil er manchen Ärger erspart. Dann sollte aber auch rechtzeitig auf die notwendige Art der Sicherheitsleistung hingewiesen werden. Über den allgemeinen Verfahrensablauf müssen sich die Terminsteilnehmer rechtzeitig vergewissern. Es tritt auch niemand für eine so weitgehende Aufklärung ein. Der Rechtspfleger muß auch nicht einen Gläubiger im Versteigerungstermin belehren, wie er vorgehen müsse, damit das Grundpfandrecht eines anderen ausfalle[18]. Dagegen hat er die Erschienenen über die Tragweite der Gebote aufzuklären[19], am besten dadurch, daß er die gesetzlichen Bekanntmachungen und Hinweise und die Feststellung des geringsten Gebots (§ 66 Abs 1) sorgfältig und verständlich, nicht formalistisch und übereilt erledigt. Aufklärung des Antragstellers einer Teilungsversteigerung sowie des Gläubigers der Forderungsversteigerung bei unzureichendem (geringem) Meistgebot anläßlich der Verhandlung über den Zuschlag (§ 74): Einl Rdn 8.1. Folgerichtig muß dann auch der Schuldner in der Vollstreckungsversteigerung (enger[20]: keine generelle Aufklärungspflicht; bestimmt sich nach den Umständen des Einzelfalls) und der Antragsgegner in der Teilungsversteigerung und den anderen besonderen Verfahren (§§ 172, 175) Gelegenheit erhalten, bei unzureichendem Meistgebot einen Schutzantrag zu stellen oder sonst einen zulässigen Weg zu wählen. Ebenso ist auch der (bestrangig) vollstreckende Gläubiger, dem mit dem Meistgebot eines (nachrangig) zur Befriedigung aus dem Grundstück Berechtigten (wegen § 85a Abs 3) Verlust droht, auf die Zuschlagsfolge hinzuweisen (§ 85a Rdn 4.6). Daß der im Versteigerungstermin anwesende bevollmächtigte Rechtsanwalt des Schuldners nicht darauf hingewiesen worden ist, daß ein Vollstreckungsschutzantrag (ZPO § 765a) nur berücksichtigt werden kann, wenn er vor der Zuschlagsverkündung gestellt wird, kann aber jedenfalls dann nicht als Verfahrensfehler angesehen werden, wenn die Erfolgsaussichten eines etwaigen Vollstreckungsschutzantrags höchst zweifelhaft sind[21].

33.11 Auch **nicht anwesende Beteiligte** sind im Rahmen der gesetzlichen Möglichkeiten vom Gericht durch Hinweise zu schützen[22]. Das kann bei Vorgängen im Versteigerungstermin schriftlich oder durch Übermittlung des den aufklärenden Hinweis enthaltenden Protokolls geschehen, wobei das Gericht, um dem Betroffenen Gelegenheit zum Eingreifen zu geben, für die Entscheidung über den Zuschlag einen besonderen Verkündungstermin ansetzen muß (§ 87 Abs 2). Eine Vertagung des Verteilungstermins ist dagegen nicht vorgesehen; was einem in diesem Termin nicht Anwesenden nicht schon vor dem Termin schriftlich mitgeteilt werden kann, geht eben endgültig zu seinen Lasten.

33.12 Nicht Aufgabe der Verfahrensleitung des Gerichts ist es, durch Fragen oder Hinweise **neue Anträge,** Anspruchsgrundlagen oder Einreden einzuführen, die in dem Vorbringen der Beteiligten nicht zumindest andeutungsweise eine

---

[17] BVerfG 42, 64 = aaO (Rdn 1 Fußn 3).
[18] BGH Betrieb 1976, 886 = WM 1976, 585.
[19] Nußbaum, Zwangsversteigerung, § 16 (I b).
[20] OLG Celle KTS 1979, 116 = NdsRpfl 1979, 34 = Rpfleger 1979, 116.
[21] OLG Frankfurt Rpfleger 1979, 391.
[22] Vollkommer Rpfleger 1976, 393 (Anmerkung).

Einleitung 33.12

Grundlage haben. Zur **Beratung** der Beteiligten und damit zu **Rechtsauskünften** ist das Gericht weder verpflichtet noch berechtigt ([23]meint, die Aufklärungspflicht komme einer Beratungspflicht gleich). Es darf sich also nicht im Gespräch mit den Beteiligten mit der Zweckmäßigkeit eines bestimmten Vorgehens oder mit Abwägung wirtschaftlicher Überlegungen oder mit dem Verfahrensrisiko allgemein befassen. Unzulässige Rechtsberatung wäre es, wenn das Gericht auf eine (zB nur aus einer Gläubigeranmeldung) erkennbare Pfändungsmöglichkeit einer durch den Zuschlag erloschenen versteckten Eigentümergrundschuld hinweisen würde; dies darf das Gericht auch nicht gegenüber der Gerichtskasse.

33.13 Hinweise für Wahrnehmung der gerichtlichen Prozeßleitung sind **aktenkundig** zu machen (ZPO § 139 Abs 4 Satz 1). Eine bestimmte Form und der inhaltliche Umfang des Aktenvermerks sind nicht vorgeschrieben. Eine hinweisende Verfügung (Nachricht) wird abschriftlich zu den Akten genommen. Mündlicher Aufschluß (außerhalb eines Termins) und fernmündliche Hinweise werden durch Aktenvermerk festgestellt; aktenkundig wird damit die Tatsache, daß auf einen bestimmten Gesichtspunkt hingewiesen wurde, nicht aber der Wortlaut des Hinweise. Jede Aufklärung im Versteigerungstermin (entsprechend auch im Verteilungstermin) ist als wesentlicher Vorgang der Verhandlung im **Protokoll** festzuhalten[24] (ZPO § 160 Abs 2, ZVG § 78). Schon um Haftungsgefahren für das Gericht auszuschließen, muß das Protokoll die Art der erfolgten Aufklärung hinreichend enthalten, so etwa (Vorschlag von[25]): „Die Antragstellerin wurde auf die Möglichkeit hingewiesen, den Versteigerungsantrag zurückzunehmen oder die Verfahrenseinstellung zu bewilligen". Beweis und Gegenbeweis: ZPO § 139 Abs 4 Sätze 2 und 3.

33.14 Mangelnde Prozeßleitung (Aufklärung) ist ein wesentlicher Verfahrensmangel. Der Anspruch auf rechtliches Gehör kann verletzt sein, wenn ein gebotener Hinweis unterlassen wurde. Allein darin, daß ein Verfahrensbeteiligter auf eine irrige Beurteilung der Verfahrenssituation nicht hingewiesen wurde, liegt allerdings nicht stets schon ein Verfahrensfehler. Hinzukommen muß vielmehr, daß das Gericht diesen Irrtum erkannt oder doch dadurch fehlerhaft gehandelt hat, daß es einen klar zutage liegenden Irrtum übersehen hat oder ihm nicht nachgegangen ist[26]. Beruht eine Entscheidung, insbesondere ein Zuschlag mit seinen weitreichenden Folgen, darauf, daß die Frage der Aufklärungspflicht aus Erwägungen verneint worden ist, die bei verständiger Würdigung der das Grundgesetz beherrschenden Gedanken nicht mehr verständlich sind, so ist GrundG Art 3 Abs 1 (Gleichheit vor dem Gesetz) verletzt[27]. Dieser Verstoß kann (letztlich) mit Verfassungsbeschwerde gerügt werden. Aber nicht durch das Bundesverfassungsgericht nachprüfbar ist eine bloß verfahrensrechtlich fehlerhafte Handhabung der Aufklärungspflicht, die nur auf unrichtiger Auslegung des § 139 ZPO, nicht aber zugleich auch auf sachfremder Anwendung der das Grundgesetz beherrschenden Gedanken beruht; ein solcher Fehler ist im allgemeinen Beschwerdeverfahren (§§ 95 ff) zu rügen.

33.15 Die richtig verstandene Prozeßleitung (Aufklärungspflicht) steht mit der Grundpflicht zur **Unparteilichkeit** des Versteigerungsrechtspflegers nicht in Widerspruch; sie wird durch diese auch nicht gemindert[28]. Kein Verfahrensbeteiligter hat ein schutzwürdiges Interesse daran, daß erforderliche Aufklärung und Hin-

---

[23] Mohrbutter DRiZ 1977, 39 (II 1).
[24] Vollkommer und Stöber Rpfleger 1976, 392 (Anmerkungen).
[25] Vollkommer Rpfleger 1976, 393 (Anmerkung).
[26] OLG Hamm JurBüro 1986, 1889 = Rpfleger 1986, 441.
[27] BVerfG 42, 64 und NJW 1993, 1699 = aaO (Fußn 1).
[28] BVerfG 42, 64 = aaO (Rdn 1 Fußn 3); OLG Hamm JurBüro 1986, 1889 = Rpfleger 1986, 441; Vollkommer Rpfleger 1976, 393 (Anmerkung).

weise unterbleiben und er eigene Vorteile im Verfahren erzielt. Ein Beteiligter, der als Bieter auftritt, hat keinen (schützenswerten) Anspruch auf günstigen Erwerb des Grundstücks durch Unterlassen der Aufklärung des Gläubigers (Antragstellers)[29].

Gesetzliche Vertreter in ZVG-Verfahren: Einl Rdn 44.2–44.8   34

Haftung der Gläubiger bei ZVG-Verfahren   35

35.1 Der Gläubiger darf auch in der Immobiliarvollstreckung nur in **sachgemäßer Weise** von seinen Rechten Gebrauch machen. Wenn er Vollstreckungsmaßnahmen durchführt, die ihm keinen Nutzen bringen, dem Schuldner aber schaden, ist dies sittenwidrig; der Schuldner kann dann Schutz mit Maßnahmen aus ZPO § 765a beantragen (Einl Rdn 52 ff).

35.2 Der Vollstreckungszugriff begründet zwischen Gläubiger und Schuldner eine **gesetzliche Sonderbeziehung** privatrechtlicher Art. Für den Gläubiger folgen daraus Sorgfaltspflichten; auch Pflichten zur Wahrung der Interessen des Schuldners kann diese Rechtsbeziehung erzeugen[1]. Mitteilung hat der Gläubiger dem Vollstreckungsgericht davon, daß die materielle Grundlage der Vollstreckung entfallen ist (insbesondere mit Tilgung der Vollstreckungsforderung), jedenfalls dann zu geben, wenn er das dem Schuldner zugesagt hat[1]. Die Zusage begründet die Verpflichtung, dem Vollstreckungsgericht rechtzeitig vor einem anstehenden Termin entsprechende Mitteilung zukommen zu lassen, um auf diese Weise die Fortsetzung der Zwangsvollstreckung zu verhindern[1].

35.3 Das zwischen einem Grundpfandrechtsgläubiger und dem Schuldner bestehende Verhältnis fordert nach Treu und Glauben, daß der Gläubiger nicht einen **Irrtum des Schuldners** über die Höhe der vollstreckbaren Forderung ausnützen darf, um den Schuldner durch eine Zwangsversteigerung von Haus und Hof zu vertreiben[2]. Eine unzulässige Ausnützung eines solchen Irrtums ist nicht nur dann anzunehmen, wenn der Gläubiger den Irrtum des Schuldners erkannt hat, sondern auch dann, wenn er sich der Erkenntnis des offen hervorgetretenen Irrtums in grobfahrlässiger Weise verschließt[2]. Wenn der Schuldner etwa meint, es werde nicht nur wegen der Zinsen, sondern auch wegen des Kapitals betrieben, und wenn er darum von der rechtzeitigen Zahlung absieht, ist der Gläubiger verpflichtet, den Irrtum aufzuklären und dem Schuldner den Betrag zu nennen, durch dessen Zahlung die Zwangsversteigerung abgewendet werden kann[2].

35.4 Den Gläubiger einer Grundschuld verpflichten die mit **Sicherungsvertrag** begründeten Rechtsbeziehungen, bei Verwertung des belasteten Grundstücks auch die berechtigten Belange des Sicherungsgebers (zumeist Eigentümers) in angemessener und zumutbarer Weise zu berücksichtigen, soweit sie nicht seinen Sicherungsinteressen entgegenstehen[3]. Verwertung des Grundstücks hat deshalb unter (tunlichster) Rücksichtnahme auf die Interessen des Sicherungsgebers zu erfolgen[4]. Der Gläubiger muß deshalb auch bestrebt sein, das bestmögliche Verwertungsergebnis im Interesse des Sicherungsgebers zu erzielen, und zwar auch dann, wenn die Verwertung des Grundstücks einen Erlös verspricht, der über dem Betrag der gesicherten Ansprüche liegt[4]. Eine freihändige Veräußerung hat der Gläubiger daher zu fördern, wenn ihm vom Eigentümer (Sicherungsgeber) eine günstige Verkaufsmöglichkeit nachgewiesen wird[4], ebenso aber, wenn der Gläubiger selbst

---

[29] BVerfG 41, 64 = aaO (Rdn 1 Fußn 3).
[1] BGH MDR 1985, 485 = NJW 1985, 3080.
[2] RG 91, 341.
[3] BGH NJW 1997, 1063 (1064); BGH DNotZ 1998, 287 = MDR 1997, 959 = NJW 1997, 2672.
[4] BGH NJW 1997, 2672 (2673) = aaO.

Einleitung 35.4 Vollstreckungsverfahrensrecht

einen Käufer findet, der bereit ist, das Grundstück zu einem höheren Preis als den erwarteten Versteigerungserlös zu erwerben[5].

35.5 Verstöße gegen seine Pflichten können den Gläubiger **schadensersatzpflichtig** nach BGB §§ 823, 826 machen. Schadensersatzpflichtig ist der Gläubiger dem Schuldner, wenn er seine Zusage, das Vollstreckungsgericht von der Wegfertigung der Vollstreckungsforderung zu benachrichtigen, schuldhaft nicht einhält[5]. Der Versteigerungsantrag (Zwangsverwaltungsantrag) einer Vollstreckungsbehörde, die im Verwaltungszwangsverfahren vollstreckt (§ 15 Rdn 38), ist Amtshandlung, deren Pflichtmäßigkeit nach BGB § 839 zu beurteilen ist[6] (für [früheren] Konkursantrag einer Gemeindefinanzbehörde). Er ist amtspflichtwidrig, wenn die gesetzlichen Antragsvoraussetzungen erkennbar nicht gegeben sind[6] sowie[7] (für verfrühten Antrag einer Gemeinde als Steuergläubigerin). Schadensersatzpflichtig (wegen positiver Verletzung des Sicherungsvertrags) ist der zur Wahrung der Schuldnerinteressen verpflichtete Gläubiger (siehe Rdn 35.4), wenn er bei freihändigem Verkauf zur Abwendung der Zwangsversteigerung den Kaufpreis durch die Vereinbarung einer Maklerprovision mit dem Käufer mindert, somit die Gelegenheit dazu benutzt, einen Teil des Betrages, den der Erwerber insgesamt zu zahlen bereit ist, ohne Anrechnung auf die gesicherte Schuld als Entgelt für eigene Vertragsbemühungen zu vereinnahmen[8].

36 Haftung der Prozeßbevollmächtigten bei ZVG-Verfahren

Literatur: Storz, Besondere Gefahrenquellen in der Zwangsversteigerung für den Rechtsanwalt als Berater eines Gläubigers, ZIP 1980, 1049; Storz, Besondere Gefahrenquellen in der Zwangsversteigerung für den Rechtsanwalt als Berater eines Gläubigers im Versteigerungstermin und im Verteilungsverfahren, ZIP 1981, 16.

36.1 Die Auftragsübernahme verpflichtet den Rechtsanwalt (das gilt für den Rechtsbeistand in gleicher Weise) zu einer allgemeinen **umfassenden,** erschöpfenden Belehrung und **Interessenwahrung.** Er hat dabei eine verantwortliche Tätigkeit, da er das Verfahren durch rechtzeitige und sachdienliche Anträge entscheidend beeinflussen kann. Sowohl die Anhörung und Befragung des Mandanten als auch die eigentliche juristische Beratungstätigkeit muß der Anwalt grundsätzlich persönlich ausüben; dies darf er nicht dem Bürovorsteher überlassen[1]. Der Anwalt ist darum auch verpflichtet, Termine selbst wahrzunehmen oder durch einen geeigneten Vertreter wahrnehmen zu lassen[2] (diesen hat er eingehend einzuweisen[3]). Als unabhängiger Berater und Vertreter in allen Rechtsangelegenheiten[3] muß der Anwalt die Interessen des Auftraggebers in jeder Richtung wahrnehmen und Aufträge so erledigen, daß voraussehbare und vermeidbare Nachteile nicht entstehen können. Er muß sein Verhalten so einrichten, daß er auch die nur möglichen Schäden vermeidet[4], wenn die Möglichkeit auch nur von einem Rechtskundigen vorausgesehen werden kann[4]. Die Geschäftsbesorgung hat der Rechtsanwalt so zu erledigen, daß Nachteile, die sich ergeben könnten, vermieden werden[5*]. Er muß seinen Auftraggeber ausreichend über den Gang des Verfahrens und für ihn damit verbundene Gefahren sowie über die Möglichkeit des Mitbietens

---

[5] BGH NJW 1985, 3080 = aaO.
[6] BGH 110, 253 = MDR 1990, 803 = NJW 1990, 2675.
[7] BGH NJW 1992, 2086 = Rpfleger 1992, 400.
[8] BGH NJW 1997, 2672 = aaO.
[1] BGH MDR 1982, 131 = NJW 1981, 2741.
[2] BGH MDR 1961, 120 = NJW 1961, 601; BGH 79, 249 = JurBüro 1981, 1176 mit Anm Mümmler = MDR 1981, 482 = NJW 1981, 2065 = Rpfleger 1981, 187.
[3] BGH NJW 1961, 601 = aaO (Fußn 2).
[4] BGH MDR 1975, 480 = WM 1975, 368.
[5*] RG 151, 259.

Vollstreckungsverfahrensrecht 36.4 **Einleitung**

aufklären[6]. Sowohl bei der Belehrung wie bei der Auftragsausführung selbst hat er von zwei in Frage kommenden Wegen immer den zu wählen, der für den Auftraggeber den weniger gefährliche ist[7], der am sichersten zum erstrebten Erfolg führt; er muß wenigstens auf die Gefahren aus dem anderen Weg hinweisen[7]. Wenn die rechtliche Beurteilung zu begründeten Zweifeln Anlaß gibt, muß er auch die Möglichkeit einer seinem Mandanten ungünstigeren Rechtsauffassung berücksichtigen[7] und seine Maßnahmen so treffen, daß im Falle der günstigeren Beurteilung der Rechtslage kein Nachteil entsteht[7]. Als Vertreter des Schuldners oder eines Miteigentümers darf er sich nicht auf Erklärungen des Gläubigers oder Antragstellers verlassen, der Einstellung des Verfahrens zuzustimmen, und dem Versteigerungstermin fernbleiben[8]. Für Anwalt und seinen Mandanten begründet der Anwaltsvertrag die Nebenpflicht, einander so weit zu informieren, daß gerichtliche Auflagen sachgemäß und ausreichend beantwortet werden können. Bei lückenhaften und oberflächlichen Informationen muß der Anwalt daher auf ihre Vervollständigung dringen und notfalls den Auftraggeber auch über prozeßrechtliche Nachteile unterrichten, die sich auf einer Pflichtverletzung im Verfahren (auch aus einer Verletzung der allgemeinen Prozeßförderungspflicht) erfahrungsgemäß ergeben können[9]. Der Anwalt ist schadensersatzpflichtig, wenn durch sein Verschulden das Ziel, die Interessen des Auftraggebers wahrzunehmen, nicht erreicht wird.

36.2 Wer sich als Rechtsanwalt (oder Rechtsbeistand) in dem sehr schwierigen Spezialgebiet der Immobiliarvollstreckung nicht ganz sicher fühlt, sollte lieber eine Vertretung rechtzeitig ablehnen. Verfahren dieser Art kann man nicht „nebenbei mitnehmen". Auch in einem zunächst einfach aussehenden Verfahren ist jederzeit mit **unvorhergesehenen Schwierigkeiten** von großer Tragweite zu rechnen.

36.3 Gefahren drohen schon **vor einem Verfahren**. Wenn der Anwalt durch einen Pfandabstand erfährt, daß bewegliches Vermögen des Schuldners nicht vorhanden sei, aber von Grundbesitz Kenntnis hat, darf er nicht erst das Offenbarungsverfahren betreiben. Er muß zur Vorbereitung von Vollstreckungsmaßnahmen (selbst) das Grundbuch einsehen (dies darf er nicht dem unkundigen Mandanten überlassen[10]) oder sich zur Einsicht eine Blattabschrift (-ausdruck) beschaffen und dann erforderlichenfalls sofort (wegen drohender Rangverschlechterung) auch die Zwangsversteigerung anordnen lassen oder Eintragung einer Zwangshypothek beantragen (die einen Rang sichert und den gesetzlichen Löschungsanspruch begründet); er muß prüfen, ob ein pfändbarer Grundschuld-Rückgewähranspruch besteht (Einl Rdn 18.3).

36.4 Wird ein Anwalt in einem schon laufenden Verfahren neu bestellt, so darf er sich nicht darauf beschränken, erst die Gerichtsakten zur Einsichtnahme anzufordern, sondern muß diese sofort selbst bei Gericht einsehen, dabei den Fristenlauf überprüfen und etwa gebotene Rechtsbehelfe sofort einlegen[11]; selbst wenn er vom Gericht über den Fristenlauf eine Auskunft erhält, muß er dies an Hand des Gesetzes überprüfen[12], er ist durch eine falsche Auskunft des Gerichts **nicht entschuldigt**.[12] Bei rechtswidriger Vollstreckung muß der Rechtsanwalt auch vorsorglich tätig werden, um eine eventuelle Schädigung seines Mandanten zu verhindern; das kann Erkundigung beim Vollstreckungsgericht über die Einleitung der Zwangsvollstreckung und deren Fortgang gebieten, aber auch Hinweis auf das Eigentum des Mandanten und Bitte um Terminmitteilung erfordern, um noch rechtzeitig Drittwiderspruchsklage erheben zu können[12].

---

[6] BGH 79, 249 = aaO (Fußn 2).
[7] RG 151, 259.
[8] BGH 79, 249 = aaO (Fußn 2).
[9] BGH Betrieb 1982, 327 = MDR 1982, 386.
[10] OLG Düsseldorf OLGRep 2001, 519.
[11] OLG Stuttgart JurBüro 1976, 972.
[12] OLG Düsseldorf NJW-RR 1995, 628.

Einleitung 36.5

36.5 Viele Gefahren drohen **im Lauf des Zwangsversteigerungs-** oder **Zwangsverwaltungsverfahrens:** Bei der Belehrung über die Abgabe von Geboten (Ausweispflicht, notarielle Vollmacht, Sicherheitsleistung usw); bei Irrtum über die Höhe des abgegebenen oder abzugebenden Gebots (Bestehenbleibende Rechte); bei nicht rechtzeitiger Anfechtung des Zuschlags (Frist ab Verkündungstermin); bei Belehrung über Fragen der Grunderwerbsteuer (strenger Standpunkt des Bundesfinanzhofs); bei unterlassenem Hinweis an das Gericht über erkennbare Verfahrensmängel oder auf eine notwendige Protokollierung (zB für Sicherheitsantrag) oder auf die offenbare Unrichtigkeit des geringsten Gebots; bei unterlassenem Widerspruch gegen Zulassung oder Zurückweisung eines Gebots (nur Widerspruch kann spätere Rechtsbehelfe ermöglichen); bei falscher Berechnung oder bei Versäumung einer Frist; bei unterlassener oder unvollständiger Anmeldung von Ansprüchen (endgültiger Rangverlust nach § 110); bei Nichtteilnahme an einem Versteigerungs- oder Verteilungstermin (Anträge werden grundsätzlich im Termin gestellt und entschieden); bei Unterlassung von begründeten Einstellungsanträgen oder Rechtsbehelfen; bei nicht rechtzeitiger oder nicht richtiger Verständigung des Mandanten über Zustellungen; bei Nichtvorlage der notariellen Vollmacht für formbedürftige Verfahrensvorgänge (fehlende Bietungsvollmacht[13] nach § 71 oder fehlende notarielle Vollmacht für den Antrag aus § 85); bei unterlassener Erklärung nach § 81 Abs 2 oder 3 (falls er einsteigern sollte, aber dies mangels notarieller Vollmacht nicht konnte); bei unterlassener rechtzeitiger Herbeiholung seines Mandanten in solchem Fall[13]; bei oder nicht rechtzeitig eingelegtem begründetem Widerspruch im Verteilungstermin; bei nicht rechtzeitiger Ablösung eines Rechts, durch die sich die Versteigerung hätte vermeiden lassen[14], bei unterlassenen Anträgen aus §§ 59, 63, 65, 74a, 115; bei unzureichendem Meistgebot (er muß hier alle verfahrensrechtlichen Möglichkeiten ausschöpfen, um Erteilung des Zuschlags zu verhindern, insbesondere wenn Anlaß zur Besorgnis besteht, daß der Antragsteller einer Teilungsversteigerung versuchen werde, das Grundstück möglichst billig zu ersteigern)[15], usw.

36.6 Muß der Mandant, um einen Ausfall zu verhüten, das Grundstück **selbst einsteigern,** so ist dies eine mittelbare, aber adäquat verursachte Folge eines schuldhaften Verhaltens des Anwalts[16] (für die dieser haftet); auf einen Schaden ist der etwaige Gewinn anzurechnen[16].

36.7 Vertritt ein Rechtsanwalt gleichzeitig **zwei Beteiligte** mit gleichgerichteten Interessen in einem Teilungsversteigerungsverfahren, und ist er einem der beiden Beteiligten gegenüber verpflichtet, ihn über die Möglichkeit des Mitbietens im Versteigerungstermin zu belehren oder einen entsprechenden Bietauftrag auszuführen, dann trifft ihn auch dem anderen Beteiligten gegenüber die Pflicht, dem ersteren diese Ersteigerungsmöglichkeit zu erhalten[17]. Zur Vertretung mehrerer Gläubiger durch denselben Anwalt in der Zwangsvollstreckung[18].

37 Haftung der Rechtspfleger und Richter bei ZVG-Verfahren

37.1 Der **Richter** des Amtsgerichts ist in der Immobiliarvollstreckung nur noch selten tätig, daher auch nur vereinzelt Haftungsgefahren ausgesetzt. Wo Richter tätig werden, haben sie dieselben Gesichtspunkte zu beachten wie der Rechtspfleger (Rdn 37.3). Für den Richter trifft wie für Beamten den Staat die Haftung (GrundG Art 34), wo der Richter nach BGB § 839 haften würde, also für Schäden durch Ausübung öffentlicher Gewalt und Verletzung einer Amtspflicht gegenüber Beteiligten oder Bietern. Die Haftung entfällt, wenn bei fahrlässigem Verhalten

---

[13] BGH MDR 1975, 480 = WM 1975, 368.
[14] BGH VersR 1967, 395.
[15] BGH 79, 249 = aaO (Fußn 2).
[16] RG 84, 386.
[17] BGH MDR 1985, 134 = NJW 1985, 1897.
[18] Kümmelmann AnwBl 1981, 175.

Vollstreckungsverfahrensrecht 38 **Einleitung**

der Verletzte auf andere Weise Ersatz erlangen kann oder wenn er es unterlassen hat, den Schaden durch Gebrauch eines förmlichen Rechtsbehelfs abzuwenden (BGB § 839 Abs 1 Satz 2 und Abs 3). Rückgriffsrecht des Staates bei Vorsatz oder grober Fahrlässigkeit: GrundG Art 34.

37.2 Der **Rechtspfleger** hat alle ZVG-Verfahren selbständig durchzuführen. Für seine Haftung als Beamter gilt das Rdn 37.1 Gesagte.

37.3 Der Rechtspfleger hat für die sachgemäße Erledigung der Verfahren zu sorgen. Es drohen ihm **zahlreiche Gefahren**, zB: falsche Fassung von Anordnungs- und Beitrittsbeschluß mit Auswirkung auf das geringste Gebot; Rangverschiebungen hierbei durch verspätete Entscheidung und Zustellung; unterlassene Belehrung nach §§ 30b, 31, 57d; unrichtige Belehrungen, insbesondere über Fristen; Nichteinhaltung der Fristen für Ladungen, Ausschreibungen, Zustellungen; unvollständige Ladungen und Bekanntmachungen; Nichtbeachtung von Zustellungsmängeln; fehlerhafte Wertfestsetzung (§ 74a Abs 5), zB deshalb, weil ein offenkundig fehlerhaftes Wertgutachten nicht überprüft wurde, unrichtiger Grundbuchbeschrieb in der Terminbestimmung (praktischer Fall[1]); fehlende Hinweise auf § 37 Nr 4 und 5; falsches geringstes Gebot[2] (der Rechnungsbeamte, wo vorhanden, haftet nur für den rein rechnerischen Teil, aber auch hier der Rechtspfleger für offensichtliche Rechenfehler); Nichteinhaltung der Mindestbietzeit; Verlassen des Sitzungszimmers ohne Verlängerung der Mindestbietzeit; Verstoß gegen die Verfahrensleitungspflicht (Rdn 33), dabei unterlassene Hinweise, Belehrungen und Mitteilungen im Termin, die nötig sind; Nichtbeachtung von Geboten oder Widersprüchen; Fehler bei der Sicherheitsleistung; unterlassener Ausschluß von Anmeldungen; unrichtiger Gebotsaufruf und Versteigerungsschluß; unterlassener Hinweis auf mögliches Doppelausgebot bei Altenteil; unterlassene Protokollierung (§ 80; zB fehlende Angabe über Beginn der Bietzeit[3]); Zuschlag trotz schwerer Verfahrensfehler; ungerechtfertigte Vertagung; unrichtiges Aufstellen und Ausführen des Teilungsplanes; Nichtbeachtung von Widersprüchen gegen den Teilungsplan; unvorsichtiges Umgehen mit Geldern; unrichtiges Grundbuchersuchen; Nichtüberwachung des Zustellungs- und Ermittlungsvertreters; Nichtüberwachung des Zwangsverwalters; usw.

37.4 **Pflichten** des Gerichts (mit Haftungsgefahr) bestehen nicht nur gegenüber den bei den Amtsgeschäften unmittelbar Beteiligten (also den eigentlichen Verfahrensbeteiligten aus § 9), damit auch gegenüber dem Vollstreckungsschuldner[4], sondern **gegenüber allen**, deren Belange nach der besonderen Natur des Rechtsgeschäfts durch dieses berührt werden und in deren Rechtskreis dadurch eingegriffen wird, auch wenn sie nur mittelbar und unbeabsichtigt betroffen werden[5]. Pflichten bestehen also auch gegenüber (den nicht am Verfahren beteiligten) Bietern (zum Meistbietenden § 81 Rdn 3.8) und bloßen Bietinteressenten, nicht aber gegenüber einem Dritten, der zum Vollstreckungsgläubiger nur schuldrechtlich in Beziehung steht wie der Zedent eines zur Sicherheit an den Gläubiger abgetretenen Grundpfandrechts[6].

37.5 Richtern und Rechtspflegern dieses Rechtsgebiets ist der rechtzeitige und genügend hohe Abschluß einer **Berufshaftpflichtversicherung** (mit Einschluß dieses besonderen Berufsrisikos am Vollstreckungsgericht) anzuraten.

Randnummer 38 ist nicht belegt. 38

---

[1] OLG Koblenz Rpfleger 2000, 342 mit Anm Storz.
[2] BGH FamRZ 2000, 1149 = MDR 2000, 883 = NJW 2000, 3358 = Rpfleger 2000, 403 (Nacherbenvermerk im geringsten Gebot).
[3] BGH MDR 1987, 298 = NJW-RR 1987, 246 = Rpfleger 1987, 118.
[4] BGH NJW 2000, 3358 = aaO (Fußn 2).
[5] RG 151, 175.
[6] BGH MDR 2001, 1351 = NJW-RR 2002, 124 = Rpfleger 2001, 609.

39 Kostenentscheidung in ZVG-Verfahren

Literatur: Stöber, Die Kostenentscheidung beim Vollstreckungsschutz nach §§ 30 a–d, 180 Abs 2 ZVG, Rpfleger 1956, 95.

39.1 Vollstreckungstitel für Beitreibung der dem Schuldner zur Last fallenden **notwendigen Kosten** der Zwangsvollstreckung (ZPO § 788 Abs 1 Satz 1) ist der Hauptsachetitel (Einl Rdn 40.2). Kostenausspruch des Vollstreckungsgerichts als Erstattungstitel (ZPO § 103 Abs 1) schließt diese gesetzliche Regelung der Kostenpflicht und des vereinfachten Verfahrens zur Durchsetzung des Erstattungsanspruchs aus. Die Verpflichtung des Schuldners, Kosten der Zwangsvollstreckung zu tragen, wird daher in Beschlüssen des Vollstreckungsgerichts, die als Vollstreckungsmaßnahme oder als Entscheidung ohne mündliche Verhandlung ergehen (ZPO § 764 Abs 3), nicht mit Kostenausspruch festgelegt. Keine Kostenentscheidung erhalten daher ein Anordnungs- und ein Beitrittsbeschluß, ein Fortsetzungsbeschluß, ein Wertfestsetzungsbeschluß und ähnliche Beschlüsse. Kosten des Zuschlags: § 82 Rdn 2.9.

39.2 Verfahren über einen **Einstellungsantrag** des Schuldners nach §§ 30 a–f sind (unselbständiger) Teil des Zwangsversteigerungsverfahrens. Die Kosten dieser Verfahren sind daher Kosten der Zwangsvollstreckung. Notwendige Kosten fallen somit dem Schuldner (dem Insolvenzverwalter[1]) nach ZPO § 788 Abs 1 zur Last. In der Entscheidung (stattgebenden wie ablehnenden) über einen Einstellungsantrag nach §§ 30 a–f ist daher keine Kostenentscheidung zu treffen[2]. Die Kosten können auch nicht durch Kostenausspruch nach ZPO § 788 Abs 4 dem Gläubiger auferlegt werden. Einstellungsverfahren in der Teilungsversteigerung: § 180 Rdn 12.10.

39.3 Kosten des Schutzverfahrens nach ZPO § 765 a: Einl Rdn 60.

39.4 Auch bei **Zurückweisung** oder **Zurücknahme** eines Anordnungs- oder Beitrittsantrags (vor oder nach Entscheidung über ihn) bestimmt sich die Kostenpflicht nach ZPO § 788 Abs 1, nicht nach dem Unterliegen (ZPO § 91 Abs 1, auch § 92) und nicht nach ZPO § 269 Abs 3 Satz 2 (würde Prüfung ausschließen, was notwendig war)[3] (anders[4]). Wenn trotz Antragszurückweisung oder -zurücknahme Zwangsvollstreckungskosten notwendig entstanden sind, hat sie der Schuldner zu tragen; Erstattungsgrundlage ist dann ZPO § 788 Abs 1; Kostenausspruch (Kostenentscheidung) hat daher nicht zu ergehen; klarstellende Begründung im Zurückweisungsbeschluß ist jedoch zulässig und geboten.

39.5 Die Kosten einer **nicht notwendigen** Zwangsvollstreckungsmaßnahme hat der Gläubiger zu tragen[5]. Dazu gehören auch dem Schuldner durch eine solche Vollstreckungsmaßnahme entstandene Aufwendungen[6]. Geltend gemacht werden müssen solche Kosten des Schuldners im Festsetzungsverfahren; sie können nicht nach ZPO § 788 Abs 1 beigetrieben werden. Als Festsetzungsgrundlage ist ein Kostenausspruch des Vollstreckungsgerichts erforderlich (ZPO § 103 Abs 1). Bei Zurückweisung eines Anordnungs- oder Beitrittsantrags ist daher auch über die den Gläubiger treffenden Kosten zu entscheiden, wenn der Schuldner am Vollstreckungsverfahren beteiligt war und seine durch die nicht notwendige Zwangsvollstreckungsmaßnahme verursachten Aufwendungen (wie insbesondere bei Vertretung durch einen Rechtsanwalt) als Verfahrenskosten dem Gläubiger zur Last fallen[6]. Entsprechendes gilt, wenn der Antrag zurückgenommen wird[7]. Kein Ko-

---

[1] LG Mühlhausen Rpfleger 2002, 275 und 374.
[2] Stöber Rpfleger 1956, 95; Steiner/Storz § 30 a Rdn 63.
[3] KG Rpfleger 1981, 318; LG Berlin JurBüro 1967, 678; LG Oldenburg ZIP 1983, 224.
[4] LG Münster JMBlNW 1952, 168.
[5] Zöller/Stöber, ZPO, § 788 Rdn 11.
[6] KG Rpfleger 1981, 318; OLG Koblenz JurBüro 1982, 1897; Zöller/Stöber, ZPO, § 788 Rdn 21.
[7] OLG Koblenz JurBüro 1982, 1897; Zöller/Stöber, ZPO, § 788 Rdn 21.

Vollstreckungsverfahrensrecht 39.10 **Einleitung**

stenausspruch erfolgt bei Zurückweisung oder Zurücknahme eines Anordnungs- oder Beitrittsantrags, wenn der Schuldner an dem Verfahren über den Antrag noch nicht beteiligt war (gegnerloses, einseitiges Verfahren).

39.6 Erledigung eines Zwangsvollstreckungsverfahrens mit der Folge, daß über Verfahrenskosten nach billigem Ermessen zu entscheiden wäre (ZPO § 91 a), tritt nicht schon dadurch ein, daß der Schuldner die Vollstreckungsforderung des Gläubigers befriedigt. Das Verfahren wird in diesem Fall nur auf Antragsrücknahme des Gläubigers (§ 29) oder nach Entscheidung einer Vollstreckungsgegenklage des Schuldners (ZPO § 776) aufgehoben. Beides kann nur geschehen, wenn der Gläubiger auch wegen der Verfahrenskosten befriedigt ist, über die es dann keiner Entscheidung bedarf. Mit Zurücknahme des Antrags endet das Vollstreckungsverfahren auch, wenn der Schuldner den Gläubiger nach Antragstellung, aber vor Anordnung des Verfahrens (Zulassung des Beitritts) befriedigt hat. „Erledigungserklärung" des Gläubigers ist in diesem Fall Antragsrücknahme. ZPO § 91 a findet keine Anwendung, weil der Antrag keine Streitentscheidung im Kostenpunkt bewirken konnte (Rdn 39.1) und daher auch kein Streit im Kostenpunkt anhängig bleiben kann, sondern die Kostenpflicht sich nach der Notwendigkeit bestimmt (ZPO § 788 Abs 1). Erledigung der Hauptsache im Erinnerungs- und Beschwerdeverfahren Rdn 39.9 und 39.10.

39.7 In Entscheidungen des Vollstreckungsgerichts sollte nie gesagt werden: „**Kosten fallen nicht an**"; oder „Die Entscheidung ist frei von Gebühren und Auslagen". Dieser Umstand ist nicht zu „entscheiden", er ergibt sich vielmehr aus den Kostengesetzen und ist bei der Kostenberechnung selbständig zu prüfen. Kommt diese Prüfung zu einem anderen Ergebnis als die „Entscheidung", so verwirrt der Vermerk nur; er bindet den Rechtspfleger bei Kostenfestsetzung und den Urkundsbeamten bei Kostenberechnung nicht. Zu „entscheiden" ist immer nur, wer die Kosten zu tragen hat, nicht aber, ob und welche Kosten anfallen.

39.8 In der **Insolvenzverwalter**versteigerung und -zwangsverwaltung (§§ 172–174) und in der **Erben**zwangsversteigerung (§§ 175–179) entstehen keine Zwangsvollstreckungskosten. Das Gericht erhebt die Verfahrenskosten vom Antragsteller. Eine Kostenentscheidung ergeht in diesen Verfahren nicht. Kosten der Teilungsversteigerung: § 180 Rdn 7.14.

39.9 Die Kosten des Verfahrens über eine **Vollstreckungserinnerung** (ZPO § 766) sind Kosten eines eigenständigen Rechtsbehelfs, nicht Kosten der (beanstandeten) Zwangsvollstreckung. Der Beschluß hat daher auch über die Kosten zu entscheiden[8] (ZPO § 308 Abs 2). Die Kosten einer ohne Erfolg eingelegten Erinnerung fallen dem Erinnerungsführer zur Last (ZPO § 97 Abs 1 entsprechend)[9]. Kostenpflicht bei erfolgreicher Erinnerung: ZPO §§ 91 ff[10]. Bei Zurücknahme ergeht Kostenentscheidung nach ZPO § 269 Abs 4, bei Erledigung nach ZPO § 91 a (siehe[11]). Für diese Kostenentscheidung ist der Richter (nicht der Rechtspfleger) zuständig[12].

39.10 Die Kosten des Verfahrens über eine **Beschwerde** (ZPO § 793) (auch Rechtsbeschwerde) sind Kosten eines selbständigen Zwischenstreits. Es ist daher im Beschwerdeverfahren über die Kosten zu entscheiden[13] (ZPO § 308 Abs 2). Die Kosten einer ohne Erfolg eingelegten Beschwerde fallen dem Beschwerdeführer zur Last (ZPO § 97 Abs 1). Kostenpflicht bei erfolgreicher Beschwerde:

---

[8] BGH MDR 1989, 142 = NJW-RR 1989, 125 = Rpfleger 1989, 79.
[9] Zöller/Stöber, ZPO, § 766 Rdn 34.
[10] BGH NJW-RR 1989, 125 = aaO (Fußn 8); Stein/Jonas/Münzberg, ZPO, § 766 Rdn 41; Zöller/Stöber, ZPO, § 766 Rdn 34.
[11] Zöller/Stöber, ZPO, § 766 Rdn 34.
[12] LG Frankenthal Rpfleger 1984, 361 mit Anm Meyer-Stolte.
[13] BGH NJW-RR 1989, 125 = aaO (Fußn 8).

Einleitung 39.10 Vollstreckungsverfahrensrecht

ZPO §§ 91 ff. Bei Zurücknahme ergeht Kostenentscheidung nach ZPO § 269 Abs 4, bei Erledigung nach ZPO § 91 a[14] (auch dann, wenn der Schuldner den Gläubiger nach Zurückweisung des Antrags auf Verfahrensanordnung oder Beitrittszulassung im Beschwerdeverfahren befriedigt[15]). Die Beschwerde im Vollstreckungsschutzverfahren (§§ 30 a–f) kann sich auch dadurch erledigen, daß der Gläubiger seinen Versteigerungsantrag zurücknimmt; auch dann erfolgt die Kostenentscheidung nach ZPO § 91 a[16]. Zu Besonderheiten für die Beschwerde bei Entscheidung über einen Schuldnerantrag nach ZPO § 765 a siehe Einl Rdn 60.2.

39.11 Notwendige Zwangsvollstreckungskosten (ZPO § 788 Abs 1) sowie Kosten eines Erinnerungs- und Beschwerdeverfahrens, die nach der Kostenentscheidung der Schuldner zu tragen hat, sind für den Gläubiger (sonstigen Beteiligten) **Kosten der Rechtsverfolgung** zur Befriedigung aus dem Grundstück (§ 10 Abs 2). Berücksichtigung erfordert Anmeldung (§ 10 Rdn 15.8). Der Kostenausspruch, daß der Gläubiger Kosten einer nicht notwendigen Vollstreckungsmaßnahme zu tragen hat, schließt Geltendmachung zur Befriedigung nach § 10 Abs 2 aus.

40 Kostenfestsetzung in ZVG-Verfahren

40.1 Die notwendigen Kosten der Zwangsvollstreckung (§ 10 Rdn 15) kann der Gläubiger „**zugleich mit dem** zur Zwangsvollstreckung stehenden **Anspruch**" (ZPO § 788 Abs 1 Satz 1), somit ohne Kostenfestsetzungsbeschluß als Vollstreckungstitel, **beitreiben**. Das Vollstreckungsgericht muß für diese Kosten prüfen, ob sie als beitreibbare Zwangsvollstreckungskosten (dem Grunde nach) in der beanspruchten Höhe notwendig entstanden sind[1]. Für Berücksichtigung eines Ansatzes genügt (wie bei Kostenfestsetzung, ZPO § 104 Abs 2) Glaubhaftmachung[1] (Beweis ist nicht nötig). Eine anwaltschaftliche Versicherung genügt für Auslagen für Post- und Telekommunikationsdienstleistungen, die dem Rechtsanwalt entstanden sind (ZPO § 91 Abs 2), während sonst Belege (Quittungen oder Nachnahmeumschläge) des Gerichts, Notars oder Gerichtsvollziehers und Durchschriften der Vollstreckungsanträge vorzulegen sind oder wenigstens die Aktenzeichen über Verfahren desselben Gerichts (dessen Akten leicht einzusehen sind) benannt werden müssen, aus denen die Angaben zu ersehen sind.

40.2 „**Zugleich**" (Rdn 40.1) bedeutet nicht, daß die Kosten nur zusammen mit der Hauptsache beigetrieben werden könnten, sondern bestimmt, daß der Hauptsachetitel auch für Beitreibung der Zwangsvollstreckungskosten Vollstreckungstitel ist[2]. Beitreibung ohne Festsetzungsbeschluß ist daher auch noch möglich, wenn die Hauptsache schon durch Zahlung oder Vollstreckung erledigt ist, wenn nur der Hauptsachetitel (der zur Vollstreckung nötig ist; ein besonderer Kostentitel ist dann nicht erforderlich) noch nicht an den Schuldner ausgehändigt ist[2] (mit Einzelheiten).

40.3 Der Gläubiger kann seine Kosten, auch wenn er sie in der vereinfachten Form mit der Hauptsache beitreiben könnte, immer[3] **festsetzen** lassen (ZPO § 788 Abs 2 Satz 1). Es ist sogar zu empfehlen, bei Vollstreckungsmaßnahmen, die sich über längere Zeit erstrecken, in angemessenen Zeitabständen die Kosten fest-

---

[14] LG Deggendorf FamRZ 1964, 49.
[15] OLG Schleswig Rpfleger 1962, 430 Leitsatz.
[16] LG Göttingen NdsRpfl 1958, 92 = RpflJahrbuch 1959, 244 Leitsatz.
[1] Zöller/Stöber, ZPO, § 788 Rdn 15; LG Darmstadt JurBüro 1988, 1087 = Rpfleger 1988, 332.
[2] Zöller/Stöber, ZPO, § 788 Rdn 14.
[3] Für Festsetzung schon vor Inkrafttreten von ZPO § 788 Abs 2 zB BVerfG 84, 6 (7) = NJW 1991, 2758; BGH MDR 1982, 728 = NJW 1982, 2070 = Rpfleger 1982, 235; BGH 90, 207 (210) = MDR 1984, 485 = NJW 1984, 1868.

Vollstreckungsverfahrensrecht   41.2 **Einleitung**

setzen zu lassen. Festsetzungsgrundlage (ZPO § 103 Abs 1) ist der Hauptsachetitel mit ZPO § 788 Abs 1 Satz 1. Der Kostenausspruch (die Kostenentscheidung) des Vollstreckungsgerichts ist Festsetzungsgrundlage (nach ZPO § 103 Abs 1 mit § 794 Abs 1 Nr 3) für die vom Gläubiger zu tragenden nicht notwendigen Zwangsvollstreckungskosten (Einl Rdn 39.5) und für die Kosten eines Erinnerungsverfahrens (Einl Rdn 39.9) sowie gegebenenfalls auch eines Schutzverfahrens nach ZPO § 765 a (ZPO § 788 Abs 4); für Kosten eines Beschwerdeverfahrens ist die Kostenentscheidung des Beschwerdegerichts (Einl Rdn 39.10) Festsetzungsgrundlage.

40.4 **Zuständig** für die Festsetzung der Zwangsvollstreckungskosten ist der **Rechtspfleger** (RPflG § 21 Nr 1) des Vollstreckungsgerichts (ZPO § 788 Abs 2 Satz 1)[4], nicht somit (wie früher angenommen) der Rechtspfleger des Prozeßgerichts (des ersten Rechtszugs), dessen Vollstreckungstitel Festsetzungsgrundlage ist.

40.5 Gegen den Kostenfestsetzungsbeschluß des Rechtspflegers gibt es sofortige Beschwerde (ZPO § 788 Abs 2 Satz 1 mit § 104 Abs 3 Satz 1 und RPflG § 11 Abs 1). Einer begründeten Beschwerde hat der Rechtspfleger des Vollstreckungsgerichts abzuhelfen (ZPO § 572 Abs 1). Nicht zulässig ist Beschwerde, wenn der Wert des Beschwerdegegenstandes 200 Euro nicht übersteigt (ZPO § 567 Abs 2). Rechtsbehelf dann: Befristete Erinnerung nach RPflG § 11 Abs 2 mit Abhilferecht des Rechtspflegers, über die bei Nichtabhilfe der Richter der Instanz entscheidet.

Kosten: Gerichtskasse/Amtskasse bei ZVG-Verfahren   41

41.1 Die Kosten des Verfahrens (Gerichtskosten) ohne die Kosten für Anordnung und Beitritt, ohne die Kosten für den Zuschlag und ohne Kosten für nachträgliche Verteilungsverhandlungen, sind gemäß § 109 Abs 1 in allen Zwangsversteigerungsverfahren **vorweg** aus dem Versteigerungserlös und gemäß § 155 Abs 1 vorweg aus der Zwangsverwaltungsmasse durch das Vollstreckungsgericht bzw den Zwangsverwalter **zu entnehmen.** Dies gilt auch, wenn dem (betreibenden) Gläubiger/Antragsteller Prozeßkostenhilfe bewilligt ist (Einl Rdn 45) oder wenn er gebühren- oder kostenbefreit ist (Einl Rdn 87).

41.2 Die Gerichtskosten für Anordnung und Beitritt hat der (betreibende) Gläubiger/Antragsteller als Kostenschuldner (GKG § 26 Abs 1) an die Gerichtskasse/Amtskasse zu zahlen. Hat er Prozeßkostenhilfe (Einl Rdn 45) oder ist er gebühren- oder kostenbefreit (Einl Rdn 87), so sind in der Vollstreckungsversteigerung und in der Zwangsverwaltung diese Kosten von der Gerichtskasse/Amtskasse nach § 10 Abs 2 zur Zahlung an sie an der Rangstelle des Rechts beim Vollstreckungsgericht **anzumelden** (KostVfg § 4 Abs 4). Geltendmachung der Kosten durch die Gerichtskasse/Amtskasse nach § 10 Abs 2 zur Zahlung an der Rangstelle des Rechts ist nicht auf den Fall beschränkt, daß dem Gläubiger/Antragsteller Prozeßkostenhilfe „ohne Zahlungsbestimmung" bewilligt ist. Der Schuldner haftet auch für solche Kosten (GKG § 29 Nr 4); er ist als Gegner des betreibenden Gläubigers/Antragstellers von der Zahlung der Kosten nicht befreit (kein Fall von ZPO § 122 Abs 2). Weil Bewilligung der Prozeßkostenhilfe Geltendmachung der Kosten nur gegen den Gläubiger/Antragsteller auf die vom Gericht getroffenen Bestimmungen beschränkt (ZPO § 122 Abs 1 Nr 1), können Kosten in allen Fällen der Prozeßkostenhilfe, mithin auch durch Zahlungen nach Festsetzung des Gerichts noch nicht getilgte Kosten, gegen den Schuldner als Grundstückseigentümer und damit zur Zahlung aus dem Versteigerungserlös an der Rangstelle des Rechts geltend gemacht werden. Wenn Kosten aus dem Versteigerungserlös eingezogen werden können, ist vorläufige Einstellung der Zahlungen, die mit Bewilligung der Prozeßkostenhilfe festgesetzt worden sind, nach ZPO § 120 Abs 3 zu bestimmen. Für Kosten, die von der Gerichtskasse/Amtskasse nach § 10 Abs 2 an der Rangstelle

---

[4] Zu dieser Vorschrift näher Zöller/Stöber, ZPO, § 788 Rdn 19 a.

Einleitung 41.2

des Rechts geltend zu machen sind, ist daher Zweitschuldnerrechnung auf den Vollstreckungsschuldner (GKG § 29 Nr 4) der Kasse beschleunigt und unter Hinweis auf § 37 Nr 4 und § 45 zuzuleiten[1]. In der Teilungsversteigerung ist dieses Verfahren weder bei Prozeßkostenhilfe noch bei Kostenbefreiung möglich.

41.3 Für **Gebühren-** bzw **Kostenbefreiung** in der Vollstreckungsversteigerung und Zwangsverwaltung ist dabei zu beachten: Die Anordnungs- und Beitrittskosten sind im Rang des Gläubigers, aber vor seinem Anspruch auf wiederkehrende Leistungen und Hauptsache zu befriedigen. Das gilt selbst dann, wenn der Gläubiger hierdurch ganz oder zum Teil mit seinen genannten Ansprüchen ausfällt, weil er keinesfalls infolge der Kostenbefreiung um den Betrag der Kosten vorrücken darf, weil er nicht mit seinem Anspruch an Zinsen und Hauptsache in die Rangstelle der Kosten einrücken darf[2] (anders[3]). Der Kostenbefreite wird hierdurch, wirtschaftlich gesehen, doch mit Kosten belastet[4]; obwohl der Gläubiger des Kostenanspruchs (Gerichtskasse/Amtskasse) und des Hauptanspruchs (betreibender Gläubiger) nicht mehr identisch sind (was § 12 auch gar nicht verlangt[5]), besteht der Zusammenhang von Hauptsache und Kosten weiter und es bleibt die alte Befriedigungsfolge des § 12[6].

41.4 Für **Prozeßkostenhilfe** des betreibenden Gläubigers in der Vollstreckungsversteigerung und Zwangsverwaltung ist zu beachten: Man muß die Staatskasse, die bei normaler Kostenpflicht des betreibenden Gläubigers ohne Rücksicht auf seinen Ausfall zum Zuge käme, weil sie Anordnungs- und Beitrittsgebühr von ihm erheben würde, bei Prozeßkostenhilfe an der Rangstelle des Gläubigers befriedigen (wie wenn er einfach trotz Kostenpflicht noch nicht bezahlt hätte), also vor seinen Ansprüchen auf wiederkehrende Leistungen und Hauptsache[7] (anders[8]: bei Minderheit stehe die Kasse zwar in der Rangstelle des Gläubigers, aber hinter ihm, sie müsse den Ausfall tragen, da die Kostenverfügung nur eine Verwaltungsvorschrift sei). Die Rangfolge ergibt sich nicht aus der Kostenverfügung, sondern aus ZVG § 12, der die Reihenfolge Kosten, Zinsen, Hauptsache festlegt, ohne Besonderheiten bei Prozeßkostenhilfe. Eine Vorwegentnahme der Anordnungs- und Beitrittskosten aus dem Versteigerungserlös bzw der Zwangsverwaltungsmasse ist ja durch § 109 Abs 1 und § 155 Abs 1 untersagt (anders[9]: diese Beschränkung gelte nur für den Beteiligten selbst, nicht für den Fiskus, der ihm durch Prozeßkostenhilfe die Kosten gestundet habe; gesetzlich nicht vertretbar).

41.5 Die **Gerichtskasse**/Amtskasse kann auch wegen der Kosten dem Verfahren **beitreten,** da ja für alle Kosten der Vollstreckungsschuldner haftet (GKG § 29 Nr 4) (nicht in der Teilungsversteigerung anwendbar). Ihre bloße Anmeldung zur Vollstreckungsversteigerung oder Zwangsverwaltung würde dann nicht zum Erfolg führen, wenn der betreibende Gläubiger (mit Kostenbefreiung oder Prozeßkostenhilfe) seinen Verfahrensantrag zurücknimmt, weil es dann zu keiner Erlösverteilung oder Masseauszahlung kommt; das Rechtsschutzbedürfnis für den Beitritt ist darum zu bejahen[10]. Steht schon der betreibende Gläubiger (mit Prozeßkostenhilfe

---

[1] Drischler RpflJahrbuch 1962, 322 (B III 4); Nieken SchlHA 1960, 213.
[2] LG Kiel SchlHA 1960, 209.
[3] Voigt JVBl 1966, 129.
[4] Nieken SchlHA 1960, 213.
[5] LG Kiel SchlHA 1960, 209.
[6] LG Kiel und Nieken je aaO (Fußn 5 und 4); Jaeckel/Güthe § 12 Rdn 1; Steiner/Hagemann § 10 Rdn 181 und § 12 Rdn 5.
[7] Stöber JVBl 1961, 248; Drischler RpflJahrbuch 1962, 322 (B III 4) und JVBl 1963, 169; Nieken SchlHA 1960, 213; Dassler/Muth § 10 Rdn 71; Steiner/Hagemann § 10 Rdn 181 und § 12 Rdn 5.
[8] Voigt JVBl 1966, 129.
[9] Drischler Rpfleger 1969, 119 (3 a); Nieken SchlHA 1960, 213.
[10] LG Oldenburg Rpfleger 1970, 215.

oder Kostenbefreiung) an aussichtsloser Stelle, würde die Kasse mit einem Beitritt erst recht nichts mehr bekommen. Über die Vollstreckung durch die Kasse § 15 Rdn 18).

Muster und Beispiele 42

42.1 Sie finden sich an zahlreichen Stellen dieses Kommentars, vor allem im ZVG-Handbuch.

42.2 Für Beschlüsse allgemein empfiehlt sich etwa **folgender Kopf,** in dem, entsprechend der Eigenschaft der Immobiliarvollstreckungen als sachbezogener Verfahren, die sich gegen Grundstücke richten, alle nötigen Angaben enthalten sind:

„**Beschluß** in dem Zwangs(versteigerungs)verfahren über den ($^1/_2$-Anteil des Herrn ... am) Grundbesitz zu ..., Gemarkung ..., Flurstücknummer ..., eingetragen im Grundbuch des Amtsgerichts ... für ..., Blatt ..., auf ...:"

42.3 Es empfiehlt sich immer, die verschiedenen Verfahren der betreibenden **Gläubiger** (die voneinander unabhängig sind) besonders zu **kennzeichnen,** etwa: „..., hier Gläubiger ...".

42.4 Bei Rechtsbehelfen und **Rechtsmitteln** empfiehlt sich, den Antragsteller zu kennzeichnen, etwa: „... hier Beschwerde des Schuldners ...".

42.5 Auf jeden Fall sollte zur Vermeidung von Unklarheiten bei Einstellungen, Änderungen, Aufhebungen, Fortsetzungen immer angegeben werden: „... das Zwangs(versteigerungs)verfahren aus dem (Anordnungs)beschluß des Gläubigers ... vom ... wird ...".

Pfändungen im Zusammenhang mit ZVG-Verfahren 43

43.1 Pfändungsbeschlüsse werden den Gerichten in ZVG-Verfahren häufig vorgelegt. Sie können nur verwendet werden, wenn sie **wirksam** sind. Es genügt nicht die Angabe, gepfändet werde ein „Anspruch aus jedem Rechtsgrund"[1]. Aus[1] läßt sich, knapp zusammengefaßt, entnehmen: Der Pfändungsbeschluß muß die gepfändete Forderung und ihre Rechtsgrundlage so genau bezeichnen, daß sie von anderen unterschieden werden kann und daß die Feststellung ihrer Identität gesichert ist; das Rechtsverhältnis, aus dem die Forderung hergeleitet wird, muß wenigstens in allgemeinen Umrissen angegeben werden; für die Auslegung können außerhalb des Beschlusses liegende Umstände nicht herangezogen werden; es genügt nicht, daß der Pfändungsbeschluß für die unmittelbar daran Beteiligten (Gläubiger, Schuldner, Drittschuldner) den Pfändungsgegenstand hinreichend deutlich bezeichnet, er muß es auch anderen gegenüber tun, insbesondere gegenüber weiteren Gläubigern des Schuldners; übermäßige Anforderungen sind dabei nicht zu stellen. Denkbare Fälle finden sich außer den einschlägigen Stellen der ZPO-Kommentare insbesondere[2]. Über die Pfändung von Auseinandersetzungsansprüchen auch § 180 Rdn 11, von Erbanteilen oder Miteigentumsanteilen § 15 Rdn 27, in der Zwangsverwaltung § 152 Rdn 14.

43.2 **Hypotheken** sind nach ZPO § 830 zu pfänden, **Grundschulden** nach ZPO § 857 Abs 6 mit § 830: bei Briefrechten durch Erwirkung des Pfändungsbeschlusses und Inbesitznahme des Briefes (Herausgabe oder Wegnahme durch den Gerichtsvollzieher), bei Buchrechten durch Erwirkung des Pfändungsbeschlusses

---

[1] BGH 13, 42 = NJW 1954, 881 = Rpfleger 1954, 371; BGH MDR 1965, 738 = Rpfleger 1965, 365 mit zust Anm Stöber; BGH MDR 1975, 567 = NJW 1975, 980 = Rpfleger 1975, 219; ständige Rechtsprechung, zuletzt BGH NJW-RR 1991, 1197 (1198).

[2] Bohn, Hypothekenpfändung, 6. Aufl 1964; Bohn/Berner, Pfändbare Forderungen, 1957; Stöber, Forderungspfändung, 14. Aufl 2005.

Einleitung 43.2 Vollstreckungsverfahrensrecht

und Grundbucheintragung. Aus dem sehr umfangreichen Schrifttum hierzu neben den einschlägigen Erläuterungen der ZPO-Kommentare seien genannt:[3].

43.3 Folgende **Ansprüche** sind dabei nach ZPO § 829 (Pfändungsbeschluß mit Zustellung) zu pfänden: Rückstände von Zinsen; Nebenleistungen und Kosten; vorgemerkte Ansprüche; durch Zuschlag erloschene Rechte; durch Sicherungshöchstbetragshypothek gesicherte Forderungen (ZPO § 837 Abs 3); Hilfsansprüche, um die Hauptpfändung durch Verschaffung oder Sicherstellung von Unterlagen vorzubereiten, zB Ansprüche auf Briefherausgabe, Grundbuchberichtigung, Briefvorlage zur Bildung eines Teilbriefes.

43.4 Eigentümerhypotheken sind nach ZPO § 830, Eigentümergrundschulden nach ZPO § 857 Abs 6 mit § 830 zu pfänden, also wie normale Hypotheken oder Grundschulden; bei Briefrechten durch Pfändungsbeschluß und Inbesitznahme des Briefes (Herausgabe oder Wegnahme), bei Buchrechten durch Pfändungsbeschluß und Grundbucheintragung (hierzu aus dem kaum noch zu übersehenden Schrifttum:[4]). Die Pfändung erfolgt hier nicht nach ZPO § 857 Abs 1 und 2 mit § 829 durch Zustellung des Pfändungsbeschlusses an den Schuldner (so zB noch[5]). Pfändung einer künftigen Eigentümergrundschuld:[6] (abgelehnt zB von[7]).

43.5 Ein Pfändungsbeschluß, der sich an einen Drittschuldner im **Ausland** wendet, kann im Inland erlassen werden. Zustellung im Ausland kann nach ZPO § 183 erfolgen. Für Zustellung im Wege der Rechtshilfe (ZPO § 183 Abs 1 Nr 2) verweigern die Behörden des fremden Staates jedoch vielfach die Mitwirkung.

44 Prozeßfähigkeit und Parteifähigkeit in ZVG-Verfahren

Literatur: Arens, Die Prozeßvoraussetzungen in der Zwangsvollstreckung, Festschrift für Schiedermair, 1976, S 1; Bork, Die Prozeßfähigkeit nach neuem Recht, MDR 1991, 97; Brammsen, Die Prüfung der Prozeßfähigkeit des Vollstreckungsschuldners durch die Vollstreckungsorgane, JurBüro 1981, 13; Frank, Zustellung und Zwangsvollstreckung gegen minderjährige Schuldner, JurBüro 1983, 481; Hoffmann, Die Prüfung der Partei- und Prozeßfähigkeit im Vollstreckungsverfahren, KTS 1973, 149; P. Kirberger, Zur Zulässigkeit der Überprüfung der Prozeßfähigkeit des Schuldners durch die Vollstreckungsorgane, FamRZ 1974, 637; Kropp, Die Zwangsvollstreckung in das unbewegliche Vermögen eines Minderjährigen. Umgehung des Vormundschaftsgerichts, MDR 1960, 464; Kube, Hat der Gerichtsvollzieher bei der Zustellung eines Titels die Prozeßfähigkeit des Vollstreckungsschuldners selbständig zu prüfen?, MDR 1969, 11; Kunz, Der Minderjährige im Zwangsvollstreckungsverfahren, DGVZ 1979, 53; Mager, Zustellungen, Zwangsvollstreckungen und Proteste gegen Minderjährige, DGVZ 1970, 33; Roth, Zwangsvollstreckung gegen prozeßunfähige Schuldner, JZ 1987, 895.

44.1 Parteifähigkeit, somit die Fähigkeit, im Vollstreckungsverfahren Gläubiger oder Schuldner (Antragsteller oder Antragsgegner) sein zu können (ZPO § 50 Abs 1), ist (persönliche) Vollstreckungsvoraussetzung[1]. Das Vollstreckungsgericht hat die Parteifähigkeit in jeder Lage des Vollstreckungsverfahrens von Amts wegen zu prüfen[2] (ZPO § 56 Abs 1). Ergibt sich, daß der Schuldner bereits bei Beginn der Zwangsversteigerung oder Zwangsverwaltung nicht parteifähig war, ist das (fehlerhafte) Verfahren aufzuheben[2]. Eine Fortsetzung gegen den Rechtsnachfolger ist unzulässig[2].

---

[3] Bohn, Hypothekenpfändung, Rdn 186–195, 329, 333, 337–339; Bohn/Berner, Pfändbare Forderungen, Rdn 186–195, 198–200; Stöber, Forderungspfändung, Rdn 1795–1885; Stöber RpflJahrbuch 1962, 303 (II, III, V, XI).
[4] Stöber, Forderungspfändung, Rdn 1913–1974; Zöller/Stöber, ZPO, § 857 Rdn 18–24.
[5] Sottung, Pfändung der Eigentümergrundschuld (1957).
[6] Stöber, Forderungspfändung, Rdn 1932 und 1948–1952; Zöller/Stöber, ZPO, § 857 Rdn 25.
[7] Blumentahl NJW 1971, 2032 (Anmerkung).
[1] Zöller/Stöber, ZPO, vor § 704 Rdn 16.
[2] OLG Hamm JurBüro 1990, 530 = MDR 1990, 347 = OLGZ 1990, 209 = Rpfleger 1990, 131; zur Prüfung ein Rechtsstreit ebenso BGH 134, 116 (118) = NJW 1997, 657 und BGH 159, 94 = NJW 2004, 2523.

Vollstreckungsverfahrensrecht 44.4 **Einleitung**

44.2 Prozeßfähigkeit, somit die Fähigkeit, Prozeßhandlungen selbst oder durch einen selbst bestellten Vertreter wirksam vorzunehmen oder entgegenzunehmen (prozessuale Handlungsfähigkeit, ZPO § 52), ist persönliche Vollstreckungsvoraussetzung. Das Vollstreckungsgericht hat die Prozeßfähigkeit in jeder Lage des Vollstreckungsverfahrens von Amts wegen zu prüfen[3] (ZPO § 56 Abs 1). Jedoch sind Anordnung der Zwangsversteigerung oder Zwangsverwaltung sowie Zulassung des Beitritts als rangwahrende und Beschlagnahmewirkung (§ 23) auslösende Vollstreckungszugriffe auch gegen den prozeßunfähigen (nicht vertretenen) Schuldner (Antragsgegner) zulässig[4]. Beschlagnahme mit Zustellung des Beschlusses an den Schuldner (Antragsgegner, nicht aber nach § 22 Abs 1 Satz 2, § 151 Abs 1, 2) bleibt dann jedoch ausgeschlossen. Gläubiger (Antragsteller) und für das weitere Verfahren auch Schuldner (Antragsgegner) müssen in der Zwangsvollstreckung immer prozeßfähig oder gesetzlich vertreten sein[5], der Schuldner (Antragsgegner) schon deshalb, weil er jederzeit entscheiden können muß, ob er von Rechtsbehelfen (insbesondere ZPO §§ 766, 767, 793) Gebrauch machen will[6]. Nicht gegeben sein muß Prozeßfähigkeit nur bei Einstellung für deren Dauer; vorliegen muß Prozeßfähigkeit insbesondere auch, wenn vom Schuldner eine Prozeßhandlung gefordert wird oder ihm gegenüber eine Handlung vorzunehmen ist, zB bei Zustellung des Hinweises auf das Antragsrecht nach § 30 b, bei Verfahrensfortsetzung oder Zuschlagsentscheidung sowie dann, wenn ihm rechtliches Gehör zu gewähren ist.

44.3 Wurde der Vollstreckungstitel dem (bekannt oder nicht erkennbar) prozeßunfähigen Schuldner zugestellt, so ist eine Vollstreckungsvoraussetzung (ZPO § 750 Abs 1) nicht gegeben. Der Verfahrensmangel ist von Amts wegen zu beachten. Es kann, insbesondere auch bei Minderjährigkeit des Schuldners, daher nicht darauf ankommen, ob das Prozeßgericht die Prüfung der Prozeßfähigkeit vorgenommen oder übersehen hat (anders[7]: Prüfung der Vollstreckungsorgane ist auf den späteren Wegfall der Prozeßfähigkeit und bei Minderjährigen auf den Fall beschränkt, daß die Prozeßunfähigkeit offensichtlich ist oder das Prozeßgericht die Prozeßfähigkeit ausdrücklich nicht geprüft hat). Verfahrensanordnung oder Zulassung des Beitritts sind als Vollstreckungshandlungen (staatliche Hoheitsakte) bei Verstoß gegen ZPO § 750 Abs 1 jedoch nicht unwirksam, sondern auf Rechtsbehelf (gegebenenfalls von Amts wegen) wieder aufzuheben[8]. Wenn Zustellung an den gesetzlichen Vertreter nachgeholt, sonach mit Behebung des Mangels die Fehlerhaftigkeit der Zwangsvollstreckungsmaßnahme beseitigt ist, kann sie nicht mehr aufgehoben werden[9]. Daher ist die Immobiliarvollstreckung nicht sogleich aufzuheben, sobald die genannte Tatsache dem Gericht bekannt wird, sondern nur nach § 28 Abs 2 einzustellen (bei späterem Bekanntwerden ist oder nicht der Zuschlag zu versagen[10], § 83 Nr 6) und mit dem alten Beschlagnahmezeitpunkt fortzusetzen, wenn Zustellung nachgeholt und damit Hebung des Hindernisses nachgewiesen wird.

44.4 Verliert der Schuldner die Prozeßfähigkeit **nach Beschlagnahme** und ist er durch einen Prozeßbevollmächtigten vertreten, so erfolgt keine Verfahrensunterbrechung (wie im Prozeß nach ZPO § 241)[11]. War der Schuldner nicht durch

---

[3] BGH NJW-RR 1986, 1571; OLG Karlsruhe Rpfleger 1992, 266.
[4] Stein/Jonas/Münzberg, ZPO, vor § 704 Rdn 81; Zöller/Stöber, ZPO, vor § 704 Rdn 16; Roth JZ 1987, 895 (V 2); anders Wieczorek/Schütze/Paulus, ZPO, vor § 704 Rdn 47.
[5] Zöller/Stöber aaO (Fußn 4); Stein/Jonas/Münzberg, ZPO, vor § 704 Rdn 80.
[6] OLG Frankfurt JurBüro 1976, 658 = Rpfleger 1975, 441.
[7] Roth JZ 1987, 895 (V 2); Brammsen JurBüro 1981, 13 (III); Kunz DGVZ 1979, 53.
[8] Zöller/Stöber, ZPO, vor § 704 Rdn 34 mit Nachw.
[9] Zöller/Stöber, ZPO, vor § 704 Rdn 35 mit Einzelheiten.
[10] Jaeckel/Güthe § 83 Rdn 4; Korintenberg/Wenz § 83 Anm 2.
[11] OLG Frankfurt JurBüro 1976, 658 = Rpfleger 1975, 441; Zöller/Stöber, ZPO, vor § 704 Rdn 16.

einen Prozeßbevollmächtigten vertreten, wird das Verfahren ebenfalls nicht unterbrochen, weil das ZVG für alle Einstellungs- und Aufhebungsmöglichkeiten Sondervorschriften hat (dazu Einl Rdn 27), weshalb die allgemeinen Vorschriften nicht anwendbar sind. Das Gericht hat aber nach FGG § 35 a durch Mitteilung an das Vormundschaftsgericht zu veranlassen, daß ein Betreuer bestellt wird. Die Bestellung eines Betreuers (BGB § 1896) hat als solche keine Auswirkung auf die Geschäftsfähigkeit des Betreuten (diese beurteilt sich nach § 104 Nr 2). Im Verfahren steht jedoch der Betreute einem nicht prozeßfähigen Beteiligten gleich, wenn er als Gläubiger oder Schuldner (Antragsteller oder Antragsgegner) durch seinen Betreuer, dessen Aufgabenkreis die Zwangsversteigerung (Vermögenssorge) betrifft[12], vertreten wird (ZPO § 53 mit BGB § 1902); dann erfolgen auch Zustellungen nur an den Betreuer (ZPO § 53 mit § 170 Abs 1). Betreuung mit Einwilligungsvorbehalt (BGB § 1903) bewirkt in dessen Umfang Prozeßunfähigkeit des Betreuten (ZPO § 52 mit BGB § 1903 Abs 1 Satz 2, §§ 108 ff), gesetzlich vertreten wird er dann durch seinen Betreuer (BGB § 1902). Bis zur Bestellung eines Betreuers für einen prozeßunfähig gewordenen Schuldner ist ein Zustellungsvertreter nach § 6 zu verwenden oder Zustellung an die Vormundschaftsbehörde zu veranlassen (§ 6 Abs 3), falls wegen Eilbedürftigkeit (zB bevorstehender Versteigerungstermin) die Bestellung des Betreuers durch das Vormundschaftsgericht nicht abgewartet werden kann; für entsprechende Anwendung von ZPO § 779 Abs 2 ist daher kein Raum (dafür aber[13]). An den prozeßunfähig gewordenen Schuldner kann nicht mehr wirksam zugestellt werden.

44.5 Wird vom Gläubiger ein **gesetzlicher Vertreter** des nicht prozeßfähigen Schuldners (Antragsgegner) benannt, so führt das Vollstreckungsgericht nicht Ermittlungen von Amts wegen, sondern stellt an den Benannten zu. Sobald feststeht, daß er nicht ordnungsgemäß bestellt ist, wird die Zustellung an den richtigen wiederholt.

44.6 Wenn in ZVG-Verfahren **Zweifel** über die Prozeßfähigkeit des Schuldners (Antragsgegners) für den Zeitpunkt des Verfahrensbeginns oder für später auftreten, lassen sich zwei gegensätzliche Standpunkte vertreten: a) wenn der Schuldner behauptet, er sei zu einem bestimmten Zeitpunkt oder überhaupt prozeßunfähig, so sei es seine Sache, dies darzutun[14]; vom Gesetz werde zum Schutz des Rechtsverkehrs die Rechts-, Geschäfts- und Prozeßfähigkeit eines Menschen vermutet[15]; das Vollstreckungsgericht dürfe davon ausgehen, daß der Schuldner prozeßfähig sei, weil das schon im vorausgehenden Erkenntnisverfahren geprüft werden mußte[16]; das Vollstreckungsgericht benötige Vollstreckungstitel in Ausfertigung und mit Zustellung[16] und sei dann an den Titel gebunden[17]; sei darin kein gesetzlicher Vertreter benannt, könne es davon ausgehen, daß der Schuldner prozeßfähig sei[17]; da Störungen der Geistestätigkeit selten seien, könne man Gegenbeweis von der Partei verlangen, die in einem angeblichen solchen Zustand Prozeßhandlungen vollzogen oder Prozeßvollmacht erteilt habe; b) die Prozeßfähigkeit müsse im Gegenteil als Prozeß- und Vollstreckungsvoraussetzung bewiesen werden; das Rechtspflegeorgan habe berechtigte Zweifel von Amts wegen zu klären[18]; sei dies nicht möglich, so müsse die betroffene Person als prozeßunfähig angesehen werden[19].

---

[12] LG Rostock NJW-RR 2003, 441 = Rpfleger 2003, 142.
[13] Roth JZ 1987, 895 (V 3).
[14] Mohrbutter/Drischler Muster 1 Anhang, Anm 12.
[15] OLG Frankfurt aaO.
[16] Mager DGVZ 1970, 33 (III 4).
[17] Kube MDR 1969, 10.
[18] OLG Oldenburg Rpfleger 1969, 135; OLG Stuttgart Rpfleger 1996, 36.
[19] OLG Hamm NJW 1959, 2215 = Rpfleger 1959, 351 mit Anm Haegele; OLG Stuttgart aaO.

44.7 Man muß die Probleme ganz **nach der Lage des Einzelfalls** angehen. Wenn ein Schuldner (Antragsgegner) bisher keinerlei Auffälligkeiten zeigte, mindestens nichts darüber bekanntgeworden ist, wenn auch im Titel kein gesetzlicher Vertreter benannt ist, wenn da plötzlich der Schuldner (Antragsgegner) behauptet, prozeßunfähig zu sein oder gewesen zu sein, muß man von der gesetzlichen Vermutung der Prozeßfähigkeit ausgehen und ihm den Beweis für das Gegenteil aufbürden, bei dessen Nichtgelingen auch den Nachteil hieraus. Dann muß, weil Störungen der Geistestätigkeit nach der Lebenserfahrung Ausnahmeerscheinungen sind, von der Partei, die sich auf Prozeßunfähigkeit beruft, die Darlegung von Tatsachen erwartet werden, aus denen sich ausreichende Anhaltspunkte dafür ergeben, daß die Behauptung der Prozeßunfähigkeit richtig sein könnte[20]. Diese Lebenserfahrung kann aber im Einzelfall nicht bedeutsam sein, wenn konkrete Anhaltspunkte dafür gegeben sind, daß Prozeßunfähigkeit des Schuldners (Antragsgegners) vorliegen könnte, so wenn er bei Vorsprachen, in Terminen oder schriftlichen Äußerungen oder laut Schilderung vertrauenswürdiger Personen bestimmte Auffälligkeiten zeigt, die begründete Zweifel an der Prozeßfähigkeit überhaupt oder für einen bestimmten Zeitpunkt entstehen lassen, er von Belehrungen, Zustellungen, Fragen unansprechbar erscheint[21]. Dann ist solchen Zweifeln (auch in der Teilungsversteigerung[22]) von Amts wegen nachzugehen und die Prozeßfähigkeit mit Mitteln des Freibeweises zu klären[23]. Es sind alle zumutbaren und Erfolg versprechenden Erkenntnisquellen auszuschöpfen[24]. Der Gläubiger (Antragsteller) hat dann Tatsachen und Beweisergebnisse für die als Verfahrensvoraussetzung zu prüfende Prozeßfähigkeit darzutun[24]. Sind die möglichen Erkenntnisquellen erschöpft und bestehen begründete Zweifel (hinreichende Anhaltspunkte) fort, dann ist die Prozeßfähigkeit nicht nachgewiesen. In beiden Fällen sollte man eine ärztliche Untersuchung (in der Regel amtsärztlich) erst nach Rechtskraft des Beschlusses hierüber ausführen. Für die Kosten hat der Gläubiger (Antragsteller) als das Verfahren veranlassender Teil aufzukommen (ihm gegebenenfalls im Rahmen von ZPO § 788 zu ersetzen). Vorschuß von ihm nach GKG § 17 Abs 3 anfordern (ist ja von Amts wegen zu prüfen), aber schon vor dessen Eingang die Untersuchung durchführen lassen.

44.8 Minderjährige werden von beiden Elternteilen gesetzlich vertreten (BGB § 1629 Abs 1 Satz 2; Ausnahme, wenn ein Elternteil die elterliche Sorge allein ausübt). Bei Erreichen der Volljährigkeit nach der Beschlagnahme wird das Verfahren ohne Titelumschreibung und neue Zustellung gegen den volljährig gewordenen Schuldner fortgeführt. Gegen den Minderjährigen kann durch Zwangshypothek, Zwangsversteigerung und Zwangsverwaltung ohne Genehmigung des Vormundschaftsgerichts vollstreckt werden. Hätte der Titel der Genehmigung bedurft, hat das Vollstreckungsorgan doch nicht die sachlichen Voraussetzungen zu prüfen, wenn es auch auf Mängel in der sich aus der Lage des Falles ergebenden Weise aufmerksam zu machen hat. Vollstreckungsgericht und Grundbuchamt können nicht wegen Fehlens der Genehmigung die Vollstreckung verweigern[25]. Ist der Titel nicht in Ordnung, so muß der Schuldner eben durch seinen gesetzlichen Vertreter Vollstreckungsabwehrklage erheben[25].

Prozeßkostenhilfe im ZVG-Verfahren

45.1 Für den Bereich des ZVG gelten die allgemeinen **Vorschriften der ZPO** über Prozeßkostenhilfe (ZPO §§ 114–127 a). Prozeßkostenhilfe auch in der Zwangsvollstreckung bewirkt die nach dem verfassungsrechtlichen Gleichheitsgrundsatz in

---

[20] BGH 18, 184 (189 f).
[21] LG Rostock NJW-RR 2003, 441 = aaO.
[22] OLG Karlsruhe FamRZ 1992, 846 Leitsatz = Justiz 1993, 224 Leitsatz.
[23] BGH 143, 122 (124) = NJW 2001, 289; OLG Frankfurt FamRZ 1994, 1125.
[24] OLG Frankfurt aaO (Fußn 23).
[25] Kropp MDR 1960, 464.

Einleitung 45.1 Vollstreckungsverfahrensrecht

Verbindung mit dem Sozialstaatsprinzip notwendige weitgehende Angleichung der bemittelten und unbemittelten Parteien im Bereich des Rechtsschutzes[1].

45.2 Prozeßkostenhilfe wird für jeden Rechtszug besonders bewilligt (ZPO § 119 Abs 1 Satz 1). Die für das Erkenntnisverfahren bewilligte Prozeßkostenhilfe schließt daher die Zwangsvollstreckung nicht ein[2]. Prozeßkostenhilfe für die **Zwangsvollstreckung** wird auf besonderen Antrag nach selbständiger Prüfung bewilligt[3], Voraussetzung ist unter anderem (ZPO § 114), daß die Rechtsverfolgung hinreichende Aussicht auf Erfolg bietet. Das ist nicht der Fall, wenn Verkehrswert des Grundstücks und vorhandene Belastungen keine Aussicht begründen, daß der Gesuchsteller als Gläubiger aus einem Versteigerungserlös etwas erhalten werde. In der **Zwangsverwaltung** wird dem Schuldner Prozeßkostenhilfe nur ausnahmsweise bewilligt werden können, zB wenn Beiordnung eines Anwalts in einem schwierigen Verteilungstermin oder in einem schwierigen Weisungsverfahren nach § 153 oder im Beschwerdeverfahren notwendig wird. Für jedes Immobiliarvollstreckungsverfahren ist Prozeßkostenhilfe gesondert zu bewilligen (Folge von ZPO § 119 Abs 1 Satz 1; Pauschalbewilligung ermöglicht ZPO § 119 Abs 2 nur für die Zwangsvollstreckung in das bewegliche Vermögen). Die für eine Mobiliarvollstreckung oder Forderungspfändung bewilligte Prozeßkostenhilfe schließt ein Immobiliarvollstreckungsverfahren nicht ein. Die Bewilligung der Prozeßkostenhilfe kann auf Antrag für Zwangsversteigerung und Zwangsverwaltung in einem Beschluß ausgesprochen werden. Dem Schuldner kann zur Wahrung seiner Rechte für ein (bestimmtes) Zwangsversteigerungs- oder Zwangsverwaltungsverfahren Prozeßkostenhilfe insgesamt gewährt werden, nicht nur für einzelne Verfahrensabschnitte in solchen Verfahren (wie Erinnerung, Einstellungs- oder Wertfestsetzungsverfahren). Abweichender Ansicht, Prozeßkostenhilfe könne nicht für das Gesamtverfahren, sondern nur für konkrete Einzelmaßnahmen[4] (einzelne Verfahrensabschnitte und -ziele) oder regelmäßig nicht für bloß vorsorglichen Rechtsschutz im Verseigerungstermin[5] bewilligt werden, kann nicht zugestimmt werden. Zweck der Prozeßkostenhilfe (Einl Rdn 45.1), Rechtswahrung und damit Rechtsverfolgung (ZPO § 114) im Gesamtverfahren durch den Schuldner (vgl Einl Rdn 22.2), für den es gilt, durch Ausnützung gesetzlicher Möglichkeiten Schaden zu vermeiden oder zu verringern (Einl Rdn 21.5), sowie Waffengleichheit bei Vertretung des Gläubigers durch einen Rechtsanwalt (ZPO § 121 Abs 2) schließen jede Einschränkung des Grundsatzes aus, daß Bewilligung der Prozeßkostenhilfe für jeden Rechtszug erfolgt (ZPO § 119). Beschwerdeverfahren in der Zwangsvollstreckung leiten einen jeweils besonderen Rechtszug ein, für den Prozeßkostenhilfe gesondert zu beantragen und zu bewilligen ist (ZPO § 119 Abs 1).

45.3 Zuständig für Bewilligung der Prozeßkostenhilfe für die Zwangsversteigerung oder/und Zwangsverwaltung ist das Vollstreckungsgericht (ZPO § 117 Abs 1 Satz 3), somit auch dann, wenn Zwangsvollstreckung aus dem in einer Familiensache erwirkten Vollstreckungstitel erfolgen soll[6]. Es entscheidet der Rechtspfleger (RPflG § 20 Nr 5). Über den Antrag auf Prozeßkostenhilfe für ein Beschwerdeverfahren entscheidet das Beschwerdegericht.

45.4 Wirkung der Bewilligung der Prozeßkostenhilfe: Beiordnung eines Rechtsanwalts (auch eines Kammer-Rechtsbeistands, EGZPO § 25, nicht aber eines an-

---

[1] BVerfG 56, 139 = Rpfleger 1981, 184 und BVerfG 78, 104 (108).
[2] Behr und Hantke Rpfleger 1981, 265; Schneider MDR 1981, 1 (II 4 b, c).
[3] Wax FamRZ 1985, 10 (C III 1).
[4] BGH FamRZ 2004, 177 Leitsatz = MDR 2004, 414 Leitsatz = NJW-RR 2004, 787 = Rpfleger 2004, 174; LG Bielefeld Rpfleger 1987, 210; LG Münster MDR 1994, 1254 = Rpfleger 1995, 36.
[5] LG Krefeld Rpfleger 1988, 156 mit krit Anm Meyer-Stolte; Fischer Rpfleger 2004, 190 (192).
[6] BGH FamRZ 1979, 421 = MDR 1979, 564 = NJW 1979, 1048 = Rpfleger 1979, 195.

deren Rechtsbeistands) auf Antrag nach ZPO § 121 Abs 2. Beiordnungsantrag kann im Wege der Auslegung in dem Antrag des Schuldners auf Bewilligung der Prozeßkostenhilfe für eine Zuschlagsbeschwerde zu erblicken sein[7]. Ansprüche der Staatskasse wegen rückständiger und entstehender Gerichtskosten sowie übergegangener Ansprüche des beigeordneten Rechtsanwalts dürfen gegen die Partei nur nach den Bestimmungen des Bewilligungsbeschlusses (ZPO § 120) geltend gemacht werden (ZPO § 122 Abs 1 Nr 1). Der beigeordnete Rechtsanwalt kann gegen die Partei Ansprüche auf Vergütung nicht geltend machen (ZPO § 122 Abs 1 Nr 3). Auf die Verpflichtung, die dem Gegner entstehenden Kosten zu erstatten (§ 10 Abs 2; ZPO § 788), hat die Bewilligung der Prozeßkostenhilfe keinen Einfluß (ZPO § 123). Der Zeitpunkt, von dem ab die Bewilligung wirksam wird, sollte, wenn der Antrag erst nach Beginn des Vollstreckungsverfahrens gestellt ist, im Bewilligungsbeschluß festgelegt werden.

45.5 Über die **Änderung** der Entscheidung über zu leistende Zahlungen bei wesentlicher Verbesserung der Verhältnisse (ZPO § 120 Abs 4, auch Anordnung sofortiger Zahlung aller bereits fälligen Kosten[8]) und über die **Aufhebung** der Bewilligung der Prozeßkostenhilfe (ZPO § 124) entscheidet gleichfalls das Vollstreckungsgericht. Zuständig ist der Rechtspfleger (RPflG § 20 Nr 4c mit Ausnahme). Die Aufhebung bewirkt, daß die Vergünstigungen des ZPO § 122 (Rdn 45.4) entfallen, der Beteiligte sonach alle entstandenen und entstehenden Kosten zu zahlen hat. Späterer Erwerb von Vermögen ermöglicht Aufhebung der Bewilligung mit Wirkung für die noch entstehenden Kosten durch den Rechtspfleger (RPflG § 20 Nr 5). Eine rückwirkende Aufhebung kann daher auch nicht bei Zuteilung aus dem Erlös angeordnet werden. Soweit die Vollstreckungsforderung zu dem von einem Gläubiger einzusetzenden Vermögen gehört (ZPO § 115 Abs 2), dürfte es aber zulässig sein, mit der Bewilligung Bestimmung des aus diesem Vermögen zu zahlenden Betrags (ZPO § 120 Abs 1) mit der Maßgabe zu treffen, daß Fälligkeit mit Zuteilung aus dem Erlös eintritt.

45.6 Zu Prozeßkostenhilfe für die Zwangsvollstreckung (insbesondere wegen Kinderunterhalts) siehe noch[9], zur Prozeßkostenhilfe für Hauseigentümer siehe[10].

45.7 Bewilligt werden kann Prozeßkostenhilfe auch dem Antragsteller und Antragsgegner in der **Teilungsversteigerung.** Soweit der Miteigentumsanteil zu dem von der Partei einzusetzenden Vermögen gehört (ZPO § 115 Abs 2 mit Ausnahme für kleines Hausgrundstück, besonders Familienheim, kann auch Zweifamilienhaus sein[11], nach Sozialgesetzbuch XII § 90 Abs 2 Nr 8) ist zulässig, mit der Bewilligung Bestimmung des aus diesem Vermögen zu zahlenden Betrags (ZPO § 120 Abs 1) mit der Maßgabe zu treffen, daß Fälligkeit eintritt mit Erlösverteilung nach Erteilung des Zuschlags infolge der dann möglichen Auseinandersetzung der Miteigentümer[12] (erfaßt auch gestundete Rechtsanwaltskosten, die nicht nach § 109 aus dem Versteigerungserlös zu entnehmen sind) oder bei Beendigung des Verfahrens mit Zurücknahme des Versteigerungsantrags infolge Veräußerung des Grundstücks oder entgeltlicher Übertragung des Miteigentumsanteils des von den Kosten befreiten Beteiligten bei Auseinandersetzung der Miteigentümer[13] (ist Abänderungsfall[14] nach ZPO 120 Abs 4). In Verfahren nach §§ 172, 175 ist Prozeßkostenhilfe kaum denkbar.

---

[7] OLG Köln Rpfleger 1983, 413.
[8] OLG Nürnberg Rpfleger 1994, 421.
[9] Bobenhausen Rpfleger 1984, 394; Fischer Rpfleger 2004, 190.
[10] Schneider Rpfleger 1985, 49.
[11] OLG Zweibrücken JurBüro 1982, 294.
[12] LG Saarbrücken Rpfleger 1987, 125.
[13] Bachmann Rpfleger 2001, 194 (Anmerkung).
[14] LG Frankenthal Rpfleger 2001, 193.

Einleitung 45.8

45.8 Bei Prozeßkostenhilfe des Gläubigers sind die Kosten des Anordnungs- und eines Beitrittsbeschlusses an der Rangstelle des Rechts von der Gerichtskasse/Amtskasse einzuheben (Einl Rdn 41). Alle sonstigen Verfahrenskosten werden vorweg aus dem Versteigerungserlös bzw der Zwangsverwaltungsmasse entnommen (§§ 109, 155 Abs 1).

46 Rechtliches Gehör in ZVG-Verfahren

46.1 Jedermann hat vor Gericht Anspruch auf rechtliches Gehör (GrundG Art 103 Abs 1; für Bayern außerdem Bay Verfassung Art 91 Abs 1). Ob das rechtliche Gehör gewährt wurde, muß jedes Gericht vor Erlaß einer Entscheidung prüfen[1]. Jeder Verfahrensbeteiligte kann mit der Rüge, in seinem Anspruch auf rechtliches Gehör verletzt zu sein, **Verfassungsbeschwerde** erheben (BVerfGG § 90 Abs 1), allerdings nur, wenn vorher der normale Rechtsmittelzug ausgeschöpft ist.

46.2 Rechtliches Gehör hat auch der **Rechtspfleger im Immobiliarvollstreckungsverfahren** zu gewähren. Es ist rechtlich geregeltes Verfahren vor einem ordentlichen Gericht (Einl Rdn 9), vor dem jedermann Anspruch auf rechtliches Gehör hat (GrundG Art 103 Abs 1). Das BVerfG[2] engt demgegenüber den Anspruch auf rechtliches Gehör auf das Verfahren vor dem Richter (im Sinne von GrundG Art 92) ein. Es geht demzufolge davon aus, daß sich im Verfahren vor dem Rechtspfleger die Pflicht zur Anhörung der in ihren Rechten Betroffenen nach dem rechtsstaatlichen Grundsatz des fairen Verfahrens bestimmt. Diese unbekümmert begründete, unverständliche Anschauung hat verdienten Widerspruch vielfach gefunden[3]. Das ist hier nicht zu erörtern. Denn auch die vom BVerfG verstandene Anhörung in Verfahren vor dem Rechtspfleger hat sich ausnahmslos nach den Grundsätzen zu richten, die für das rechtliche Gehör nach GrundG Art 103 Abs 1 entwickelt worden sind und gelten. Hierzu sind zahlreiche grundlegende und weiterführende Entscheidungen des BVerfG ergangen. Eingehende Erläuterungen geben die Kommentare zum Grundgesetz und zur Zivilprozeßordnung (Baumbach/Lauterbach/Hartmann, 63. Aufl 2005, Einl III Rdn 16–20 und Grundz § 128 Rdn 41–45; MünchKomm/Lüke, ZPO, 2. Aufl 2000, Einl Rdn 112–137; Stein/Jonas/Leipold, ZPO, 22. Aufl 2005, Rdn 9–112 vor § 128; Thomas/Putzo, ZPO, 26. Aufl 2004, Einl I Rdn 9–26; Zöllner/Greger, ZPO, 25. Aufl 2005, vor § 128 Rdn 3–8 a); dort finden sich auch vielfache Nachweise auf Rechtsprechung und Schrifttum (weitere Rechtsprechungsnachweise auch hier in 14. Aufl 1993, Einl Rdn 46). Zusammengefaßt gilt:

46.3 Rechtliches Gehör (GrundG Art 103 Abs 1) gibt den Beteiligten eines gerichtlichen Verfahrens ein Recht darauf, sich vor Erlaß der Entscheidung zu dem zugrunde liegenden Sachverhalt zu äußern und auch rechtliche Erwägungen vorzutragen (zB[4]). Jeder Beteiligte soll vor einer Entscheidung, die seine Rechte betrifft, zu Wort kommen, um Einfluß auf das Verfahren und sein Ergebnis nehmen zu können[5] (mit Nachw). Dem entspricht die Pflicht des Gerichts, den Vortrag der Beteiligten zur Kenntnis zu nehmen und bei seiner Entscheidung in Erwägung zu

---

[1] BVerfG 36, 85 = MDR 1974, 207 = NJW 1974, 133 = Rpfleger 1974, 12; BVerfG (Kammerbeschluß) NJW 1995, 2095.

[2] BVerfG 101, 397 = DNotZ 2000, 387 = FamRZ 2000, 731 = MDR 2000, 655 = NJW 2000, 1709 = Rpfleger 2000, 205.

[3] Dümig Rpfleger 2000, 248; Eickmann Rpfleger 2000, 245; Gottwald FamRZ 2000, 1477; Habscheid Rpfleger 2001, 1 (3) und 209; Heß und G. Vollkommer JZ 2000, 785 (Anmerkung); Pawlowski JZ 2000, 913.

[4] BVerfG 84, 188 = NJW 1991, 2823; BVerfG (Kammerbeschluß) NJW-RR 1993, 253 (254); BVerfG (Kammerbeschluß) NJW-RR 1993, 383.

[5] BVerfG 84, 188 = aaO (Fußn 4); BVerfG 86, 133 (144) = aaO (nachf Fußn 30); BVerfG (Kammerbeschluß) NJW 1996, 3202.

Vollstreckungsverfahrensrecht   46.4 **Einleitung**

ziehen[6]. Zugrunde gelegt werden dürfen einer Entscheidung nur Tatsachen und Beweismittel, zu denen sich die Beteiligten äußern konnten[7]. Hierunter fallen auch gerichtskundige Tatsachen[8], auch der Inhalt anderer Verfahrensakten (zB[9]) und auch ein von einem Beteiligten eingereichtes Gutachten[10]. Es muß Gelegenheit bestanden haben, Anträge zu stellen und sachdienliche Ausführungen zu machen, somit insbesondere auch zur Erwiderung auf eine dem Gericht zur Entscheidung unterbreitete Stellungnahme (zu Vorbringen) des Gegners. Jedoch darf rechtliches Gehör nicht zu einem uferlosen Austausch von Schriftsätzen führen; Schriftsätze, die nichts Neues bringen, brauchen nicht mehr zugeleitet werden.

46.4 Die Anhörung kann **mündlich oder schriftlich** unmittelbar oder mittelbar (über den Rechtsanwalt) erfolgen. Hat ein Beteiligter einen Vertreter (Bevollmächtigten, insbesondere Rechtsanwalt) bestellt, so kann nur unter seiner Beteiligung ausreichende Anhörung stattfinden[11]. Von Beweisergebnissen muß die Partei Kenntnis haben[12], ebenso von einem Sachverständigengutachten[13], auch davon, daß Akten beigezogen wurden, die verwertet werden sollen[14]. Ein Prozeßunfähiger kann Gehör nur durch Anhörung seines gesetzlichen Vertreters erhalten[15]. Das Gericht kann zur Äußerung eine Frist setzen; es muß jedenfalls auf eine Äußerung angemessene Zeit gewartet werden[16]. Eine selbst gesetzte Frist muß das Gericht auf jeden Fall abwarten[17], auch wenn ihm die Sache entscheidungsreif erscheint[18]. Ein während der Frist eingehender Schriftsatz muß berücksichtigt werden[19], wenn er neue Tatsachen, Beweismittel oder Rechtsausführungen enthält, nicht bloße Wiederholungen. Fristgerecht ist ein Schriftsatz eingegangen, wenn er rechtzeitig in die Verfügungsgewalt des Gerichts gelangt ist[20]; das ist auch der Fall, wenn der Schriftsatz in der Postverteilungs-/Posteinlaufstelle in einen für die Gerichtspost bestimmten Korb eingelegt ist[21]. Aber auch Äußerungen, die nach Fristablauf bis zum Erlaß der Entscheidung eingehen, müssen noch berücksichtigt werden[22], sie können nicht nach ZPO § 296 oder 296a zurückgewiesen werden[22]. Ein Fristgewährungsgesuch muß berücksichtigt werden[23]. Wenn nach der Entscheidung, aber vor Hinausgabe der Ausfertigung zur Zustellung, noch ein Schriftsatz eingeht, muß er noch berücksichtigt werden[24]. Akteneinsicht ist keine Gewährung recht-

---

[6] BVerfG (Kammerbeschluß) NJW-RR 1993, 253 (254).
[7] BVerfG 7, 239 = MDR 1958, 152 = NJW 1958, 297 Leitsatz = Rpfleger 1958, 261; BVerfG 1, 418 = NJW 1953, 177; BVerfG 6, 12 = MDR 1957, 84 = NJW 1957, 17 und 1957, 947 Leitsatz mit abl Anm Schätzler = Rpfleger 1957, 11 mit Anm Oldorf; BVerfG ständig, zB NJW 1991, 2757; BVerfG 55, 95 (98); BVerfG 67, 96 (99).
[8] BVerfG 10, 177 = MDR 1960, 24 = NJW 1960, 31.
[9] BVerfG (Kammerbeschluß) NJW 1994, 1210.
[10] BVerfG 62, 392.
[11] OLG Celle KTS 1979, 320 = Rpfleger 1979, 116.
[12] BVerfG 8, 184 = NJW 1959, 1723 = Rpfleger 1959, 89.
[13] BVerfG 15, 214 = Rpfleger 1964, 41 Leitsatz.
[14] BVerfG (Kammerbeschluß) NJW 1994, 1210.
[15] BayVerfGH FamRZ 1979, 347 Leitsatz = Rpfleger 1976, 350 mit zust Anm Kirberger.
[16] BVerfG 60, 313 = NJW 1982, 1691; OLG Köln Rpfleger 1984, 424.
[17] BVerfG 61, 37 = NJW 1982, 2367.
[18] BVerfG 12, 110 = Rpfleger 1964, 41 Leitsatz; BVerfG 42, 243 = MDR 1977, 202; BVerfG 64, 224.
[19] BVerfG 58, 353 = NJW 1982, 30; BVerfG 60, 120 = NJW 1982, 1453; BVerfG 67, 199.
[20] BVerfG 52, 203 = MDR 1980, 117 = NJW 1980, 580 = Rpfleger 1979, 451; BVerfG 60, 243 = NJW 1982, 1804.
[21] BVerfG 57, 117 = NJW 1981, 1951 = Rpfleger 1981, 285.
[22] OLG München MDR 1981, 1025 = OLGZ 1981, 489.
[23] BayVerfGH BayJMBl 1963, 313 = MDR 1963, 376.
[24] BVerfG 46, 315 = NJW 1978, 413 mit Anm Jekewitz; BayObLG 1980, 378 = MDR 1981, 409 = Rpfleger 1981, 144 und NJW-RR 1999, 1685; OLG Frankfurt MDR 1962, 744 = Rpfleger 1962, 340 mit zust Anm Lappe; OLG Zweibrücken NJW-RR 2002, 1015.

Einleitung 46.4

lichen Gehörs. Verletzt ist das rechtliche Gehör auch, wenn ein bei Gericht eingegangener, aber nicht zu den Akten gelangter Schriftsatz nicht berücksichtigt[25] oder sonst erhebliches Vorbringen nicht beachtet[26] (auch übersehen[27]) ist. In den Entscheidungsgründen müssen die wesentlichen, der Rechtsverfolgung oder Rechtsverteidigung dienenden Tatsachenbehauptungen verarbeitet werden[28].

46.5 Aus dem Prozeßgrundrecht des rechtlichen Gehörs (GrundG Art 103 Abs 1) folgt keine Frage- und Aufklärungspflicht des Gerichts in bezug auf seine Rechtsansicht[29]. Doch dürfen die Beteiligten auch von **rechtlichen Erwägungen** des Gerichts nicht überrumpelt werden. Es ist daher auch die rechtliche Seite nach ZPO § 139 zu erörtern. Die Beteiligten müssen Gelegenheit haben, sich auch zur Rechtslage zu äußern[30]. Wenn das Gericht einen rechtlichen Hinweis zu einer entscheidungserheblichen Frage erteilt hat und entgegengesetzt entscheiden will, müssen die (betroffenen) Beteiligten auf die Änderung der rechtlichen Beurteilung hingewiesen werden: ihnen muß Gelegenheit zur Stellungnahme gegeben werden[31].

46.6 Das Rechtsmittelgericht hat gleichermaßen rechtliches Gehör zu gewähren, aber auch einen etwaigen Verstoß durch die Vorinstanzen zu beseitigen[32]. Ist das rechtliche Gehör in der ersten Instanz nicht gewährt, so kann es in der Beschwerdeinstanz nachgeholt werden und wird durch Anhörung nachgeholt[33]. Ein Schriftsatz, der in Unkenntnis darüber, daß dem Landgericht eine Beschwerde vorgelegt ist, noch beim Amtsgericht eingereicht wird, muß von diesem an das Rechtsmittelgericht weitergeleitet werden. Das Beschwerdegericht verletzt den Anspruch des Schuldners auf rechtliches Gehör, wenn es eine zur Beschwerdebegründung erbetene Abschrift des Protokolls über den Versteigerungstermin nicht erteilt[34].

46.7 Ein Verstoß gegen GrundG Art 103 Abs 1 wird bereits darin gesehen, daß das Gericht nach formloser Übersendung eines Gutachtens (über den Verkehrswert[35]), der Beschwerdeschrift[36] oder sonst einer wesentlichen Urkunde (zB einer Zeugenaussage[37]) davon ausgeht, der Beteiligte habe Gelegenheit zur Äußerung gehabt, ohne sich auf geeignete Weise (etwa durch Eingangsbescheinigung oder dadurch, daß der Beteiligte sich geäußert hat[37]) vom Zugang der Postsendung zu überzeugen (es bestehe keine Vermutung für den Zugang eines formlos mit der Post übersandten Schreibens, da Postsendungen verlorengehen können). Hiergegen sagt mit Recht[38], daß diese Verschärfung der Anforderungen die Beschwerdevorschriften der ZPO aufheben würde; man muß sich auf das Funktionieren des normalen Postverkehrs verlassen können.

---

[25] BVerfG 46, 185 = MDR 1978, 201 Leitsatz; BVerfG 61, 78 = NJW 1982, 2368; BVerfG 61, 119 = Rpfleger 1982, 478.
[26] BVerfG 47, 182 = NJW 1978, 989.
[27] BVerfG 60, 247.
[28] BVerfG 54, 43 = FamRZ 1980, 151 und 58, 353 = NJW 1982, 30.
[29] BVerfG 74, 1 = NJW 1987, 1192; BGH 156, 279 (282).
[30] BVerfG 60, 175 (219) = NJW 1982, 1579; BVerfG 64, 135 (143) = NJW 1983 = 2762; BVerfG 65, 277 (234) = NJW 1984, 719; BVerfG 86, 133 (144) = DtZ 1992, 327 = NJW 1972, 2877 Leitsatz = VwZ 1992, 401; BVerfG (Kammerbeschluß) NJW 1996, 3202.
[31] BVerfG (Kammerbeschluß) NJW 1996, 3202.
[32] BVerfG 49, 252 = NJW 1979, 538 = Rpfleger 1979, 12.
[33] BVerfG 5, 9 = NJW 1956, 985; BVerfG 5, 22 = NJW 1956, 1026; BVerfG 7, 109 = NJW 1957, 1673 = Rpfleger 1957, 408; BVerfG 9, 303 = Rpfleger 1964, 41 Leitsatz.
[34] OLG Celle ZIP 1982, 1007.
[35] BVerfG (Kammerbeschluß) NJW 1991, 2757.
[36] BVerfG 36, 85 = aaO (Fußn 1).
[37] BVerfG (Kammerbeschluß) NJW 1995, 2095.
[38] Scheld Rpfleger 1974, 212 (I, II, VI, VII).

Vollstreckungsverfahrensrecht 47.3 **Einleitung**

46.8 Zur Gewährung rechtlichen Gehörs gehört es auch, daß für Personen, die nicht die deutsche Sprache beherrschen, ein Dolmetscher beigezogen wird, damit sie alle Vorgänge zuverlässig erfassen und verfolgen können.

46.9 Entscheidend ist: Das rechtliche Gehör darf nicht Formsache sein, die Verfahrensbeteiligten dürfen nicht als Statisten behandelt werden, sondern als Rechtsuchende, deren **menschliche Würde** es gebietet, daß sie ausreichend und rechtzeitig zu Wort kommen, um ihre Sache zu vertreten. Richter und Rechtspfleger sollen so handeln, wie sie in eigener Sache behandelt werden wollen.

Rechtspfleger und Richter in ZVG-Verfahren 47

47.1 Der Rechtspfleger ist in allen ZVG-Verfahren uneingeschränkt zuständig (RPflG § 3 Nr 1 i); auch sind ihm alle einschlägigen Geschäfte des Vollstreckungsgerichts im Zwangsvollstreckungsverfahren nach dem 8. Buch der ZPO (§§ 704–945) übertragen, **ausgenommen** die Entscheidung über Vollstreckungserinnerungen nach ZPO § 766 (RPflG § 20 Nr 17) und die Vereidigung von Dolmetschern im Termin (RPflG § 4 Abs 2 Nr 1)[1]. Verfassungsmäßige Bedenken gegen die Übertragung der Entscheidungen nach dem ZVG auf den Rechtspfleger bestehen nicht[2]. Vergleichsbeurkundung: Einl Rdn 49.4.

47.2 Der Schuldner darf, wie dem gesetzlichen Richter (GrundG Art 101 Abs 1 Satz 2), auch dem gesetzlichen Rechtspfleger nicht entzogen werden, sofern die betreffende Entscheidung nicht von untergeordneter Bedeutung ist[3] (bei Verstoß ist die Entscheidung zwar wirksam, aber anfechtbar[3]). **Gesetzlicher Richter/ Rechtspfleger** ist dabei nicht das Vollstreckungsgericht als organisatorische Einheit, sondern der im Einzelfall nach Gesetz und Geschäftsverteilungsplan Zuständige[3].

47.3 Der Rechtspfleger ist für die **Aufnahme** schwieriger und bedeutsamer **Anträge** und Erklärungen, die zur Niederschrift der Geschäftsstelle abgegeben werden können, und zur Aufnahme von Rechtsbehelfen zuständig, soweit sie gleichzeitig begründet werden (RPflG § 24; Besonderheit in Hamburg RPflG § 36 a). Wenn der Rechtspfleger einen Antrag zu Protokoll genommen hat, ist er angeblich nicht von der weiteren Ausübung seiner Tätigkeit als Rechtspfleger ausgeschlossen[4]. Hiergegen bestehen aber erhebliche Bedenken vor allem bei der Aufnahme von Anträgen, über die der Rechtspfleger dann selbst zu entscheiden hat, wegen der widerstreitenden Interessen, durch die wohl die Unparteilichkeit des Rechtspflegers gefährdet wird. Wie soll ein Rechtspfleger einen für den Schuldner aussichtsreichen (nämlich alle Gesichtspunkte hinreichend berücksichtigenden) Antrag aus ZPO § 765 a aufnehmen, den Schuldner hierbei hinsichtlich aller Voraussetzungen und Möglichkeiten aufklären, um dann anschließend völlig unvoreingenommen über eben diesen Antrag zu entscheiden und ihn mangels der Voraussetzungen gar abzulehnen? Für das Publikum ist ein solch gespaltenes Denken einfach unverständlich. Anträge einfacher Art mag dort, wo dies zulässig ist, der Beamte des mittleren Dienstes aufnehmen. Einstellungsanträge überschreiten aber in der Regel seine Zuständigkeit (RPflG § 24 Abs 2). Da der Gesetzgeber es versäumt hat, manche notwendigen Folgerungen aus dem Vorhandensein des Rechtspflegers als Rechtspflegerorgan zu ziehen, kann sich ein pflichtbewußter Rechtspfleger hier nur für befangen erklären, um dann den geschäftsplanmäßigen Vertreter (bei der Aufnahme des Antrags) eintreten zu lassen; Befangenheit nicht erst für die nachfolgende Entscheidung, sondern gerade für die vorausgehende Aufnahme des Antrags. Anhörung von Beteiligten im vorgesehenen Rahmen des

---

[1] Keidel NJW 1957, 521 (IV).
[2] OLG Celle Rpfleger 1979, 390.
[3] LG Frankfurt DRpflZ 1974, 21.
[4] LG Hamburg Rpfleger 1958, 94 mit zust Anm Bruhn.

Verfahrens oder die Erfüllung der vorgeschriebenen Aufklärungspflicht fallen nicht hierunter, vorausgesetzt, daß den Beteiligten hierbei nicht Anträge oder Einwendungen in den Mund gelegt werden.

47.4 Der Rechtspfleger ist bei seiner Tätigkeit **sachlich unabhängig** und nur an Recht und Gesetz gebunden (RPflG § 9). Er hat aber eine Sache dem Richter **vorlegen,** wenn eine Entscheidung des Bundesverfassungsgerichts oder Verfassungsgerichts eines Landes einzuholen ist (RPflG § 5 Abs 1 Nr 1)[5] oder wenn zwischen seinem und einem richterlichen Geschäft ein so enger Zusammenhang besteht, daß eine getrennte Behandlung nicht sachdienlich ist (RPflG § 5 Abs 1 Nr 2). Wenn die Anwendung ausländischen Rechts in Betracht kommt, kann der Rechtspfleger das Verfahren dem Richter vorlegen (RPflG § 5 Abs 2; Vorlagerecht). Der Richter bearbeitet die Sache, solange er es für erforderlich hält, kann sie aber auch jederzeit, also auch sofort, zurückgeben, wobei dann der Rechtspfleger an die vom Richter mitgeteilte Rechtsauffassung gebunden ist (RPflG § 5 Abs 3). Gibt der Richter die Sache zurück, darf der Rechtspfleger sie nicht erneut vorlegen mit der Begründung, er wolle von dieser Rechtsauffassung abweichen[6].

47.5 Wenn der Rechtspfleger ein ihm nicht zustehendes Geschäft (es sind nur noch wenige Fälle) durchführt, ist es unwirksam (RPflG § 8 Abs 4). Bei Streit oder **Ungewißheit** darüber, ob der Richter oder Rechtspfleger zuständig sei, entscheidet der Richter durch unanfechtbaren Beschluß (RPflG § 7); im Bereich des ZVG erlangt dies keine Bedeutung, weil hier Zuständigkeiten geklärt sind.

48 Rechtsschutzbedürfnis in ZVG-Verfahren

Literatur: Schiffhauer, Die Geltendmachung von Bagatellforderungen in der Zwangsversteigerung, ZIP 1981, 832; Schiffhauer, Die offensichtlich aussichtslose Zwangsversteigerung, Rpfleger 1983, 236; Wieser, Die zwecklose Zwangsversteigerung, Rpfleger 1985, 96.

48.1 Ein **Rechtsschutzbedürfnis** ist sachliche Verfahrensvoraussetzung der Zwangsvollstreckung[1]; es muß auch in der Zwangsversteigerung und Zwangsverwaltung gegeben sein[2]. Dem aus prozessualen Einzelvorschriften entwickelten Grundsatz liegt der Gedanke zugrunde, daß niemand die Gerichte unnütz oder gar unlauter bemühen oder ein gesetzlich vorgesehenes Verfahren zur Verfolgung rechtswidriger und insoweit nicht schutzwürdiger Ziele ausnutzen darf[3]. Das Fehlen eines Rechtsschutzbedürfnisses wird **von Amts wegen** berücksichtigt; Amtsermittlung der Tatsachen, die für oder gegen ein Rechtsschutzbedürfnis sprechen könnten, erfolgt jedoch nicht. Tatsachenvortrag und Beweislast für ein Rechtsschutzbedürfnis obliegen dem Antragsteller; es gilt freie Beweiswürdigung (ZPO § 286). Auf Bedenken hat das Vollstreckungsgericht aufmerksam zu machen (ZPO § 139).

48.2 Ob ein Rechtsschutzbedürfnis gegeben ist, kann in einem Zwangsvollstreckungsverfahren und damit im Zwangsversteigerungs- und Zwangsverwaltungsverfahren allerdings nur unter Berücksichtigung der Besonderheiten des formal gestalteten Durchsetzungsrechts gewürdigt werden[4]. Der Gläubiger hat ein Recht darauf, daß ihm das Vollstreckungsgericht als Vollstreckungsorgan auf Antrag

---

[5] Keine Zuständigkeit für Vorlage; BVerfG 30, 170 = MDR 1971, 372 = NJW 1971, 605 = Rpfleger 1971, 173; BVerfG 55, 370 = NJW 1981, 674 = Rpfleger 1981, 54 mit Anm Meyer-Stolte; BVerfG 61, 75 = NJW 1982, 2178.

[6] BGH BB 1968, 1265 = VersR 1968, 1186.

[1] BVerfG 61, 126 (135) = MDR 1983, 188 = NJW 1983, 559 = Rpfleger 1983, 80; Zöller/Stöber, ZPO, vor § 704 Rdn 17.

[2] BGH 151, 384 (388) = MDR 2002, 1213 = NJW 2002, 3178 = Rpfleger 2002, 578.

[3] BGH 54, 181 (184) = MDR 1970, 1007 = NJW 1970, 2033; RG 155, 72 (75).

[4] BGH 151, 384 (388) = aaO.

Vollstreckungsverfahrensrecht 48.4 **Einleitung**

Rechtsschutz gewährt (Vollstreckungsanspruch; dazu[5]). Beginn und Ablauf der Zwangsversteigerung/Zwangsverwaltung als Einzelverfahren der Geldvollstreckung sind zwingend festgelegt; Zwangsversteigerung, Zwangsverwaltung und Eintragung einer Sicherungshypothek als Maßregeln der Zwangsvollstreckung können nebeneinander ausgeführt werden (ZPO § 866 Abs 3); Schuldnerrechte sind mit Rechtsbehelfen (Einstellungsanträgen) und Rechtsmitteln zu wahren; dem Gläubiger einer Bagatellforderung ist keine Wertgrenze gesetzt, die Immobiliarvollstreckung ist ihm nicht verschlossen. Daß mit Anwendung eines ungeeigneten Zwangsmittels für den Gläubiger (sonst für Antragsteller) im Einzelfall kein Rechtsschutzbedürfnis besteht, muß sich daher aus dessen Besonderheiten ergeben.

48.3 Einem Immobiliarvollstreckungsantrag fehlt das Rechtsschutzbedürfnis nicht deshalb, weil der Gläubiger sich aus **anderen Objekten** seines Schuldners (bewegliches Vermögen, Forderungen, Rechte) befriedigen, mithin (vielleicht) einfacher und billiger zum Verfahrensziel kommen könnte. Denn für schnellere, einfachere Gläubigerbefriedigung mit anderen Zwangsvollstreckungmaßnahmen fehlen jedenfalls bei Entscheidung über den Anordnungs- und über einen Beitrittsantrag Anhaltspunkte. Die Einbringlichkeit einer Vollstreckungsforderung durch Zwangsvollstreckung in das bewegliche Vermögen des Schuldners mit Pfändung körperlicher Sachen durch den Gerichtsvollzieher oder mit Forderungspfändung kann aus vielerlei tatsächlichen oder rechtlichen Gründen zweifelhaft sein. Weil Ergebnis und Erfolg solcher Zwangsvollstreckungen in das bewegliche Schuldnervermögen sich nie sicher voraussehen lassen, kann einem Gläubiger insbesondere das Recht nicht versagt sein, mit Anordnungs- und Beitrittsbeschluß die Beschlagnahme des Grundstücks (§ 20) zu bewirken und damit ein noch ranggünstiges Recht auf Befriedigung aus dem Grundstück zu erlangen (§ 10 Abs 1 Nr 5) (so auch bereits[6]; außerdem[7]) (vorherige ergebnislose Mobiliarvollstreckung fordert[8], ähnlich[9]). Der vorherigen Durchführung eines Verfahrens auf Abnahme der eidesstattlichen Versicherung bedarf es nicht[10].

48.4 a) Auch der Gläubiger einer nur **geringen Forderung** hat mit seinem Vollstreckungsanspruch (Rdn 48.2) grundsätzlich das Recht auf Immobiliarvollstreckung. Es gibt keinen allgemeinen Grundsatz des Inhalts, daß die Zwangsversteigerung oder die Zwangsverwaltung wegen einer nur geringen Forderung nicht betrieben werden dürfe[11], dazu auch ZVG-Handbuch Rdn 111. Das Rechtsschutzbedürfnis fehlt daher auch dem Antrag auf Anordnung der Zwangsversteigerung (oder Zwangsverwaltung) und dem Antrag auf Zulassung des Beitritts zu einen Immobiliarvollstreckungsverfahren wegen einer Bagatellforderung nicht (wie hier[12], anders[13]; grundsätzlich zum Verbot der Übermaßvollstreckung[14]). Ein Rechtsschutzbedürfnis folgt in dem formal gestalteten Vollstreckungsverfahren bereits aus dem Gläubigerinteresse auf Befriedigung der durch den Vollstreckungstitel begründet ausgewiesenen Geldforderung (Einl Rdn 1). Eine Bagatellforderung kann auch ein Schuldner aufbringen, der in bedrängten Verhältnissen lebt; grundsätzlich muß

---

[5] Zöller/Stöber, ZPO, vor § 704 Rdn 2.
[6] Stöber, ZVG-Handbuch, Rdn 111.
[7] Steiner/Hagemann §§ 15, 16 Rdn 134.
[8] LG Oldenburg KTS 1982, 146 = Rpfleger 1981, 492.
[9] Kirchner Rpfleger 2004, 395 (399–401).
[10] LG Oldenburg KTS 1982, 146 = aaO.
[11] BGH MDR 1973, 89 = NJW 1973, 894; BGH MDR 2005, 55 (56) = NJW 2004, 3635 (3636) = Rpfleger 2004, 722; OLG Schleswig Rpfleger 1979, 470; Zöller/Stöber, ZPO, § 753 Rdn 8; Stein/Jonas/Münzberg, ZPO, vor § 704 Rdn 45; Schiffhauer ZIP 1981, 832; Schumann NJW 1981, 1031 (Buchbesprechung).
[12] Steiner/Hagemann §§ 15, 16 Rdn 128; Schiffhauer ZIP 1981, 832; Drischler KTS 1981, 389 (1.).
[13] AG Mainz Rpfleger 1981, 26.
[14] Vollkommer Rpfleger 1982, 1 (8; zu Nr 12).

Einleitung 48.4　　　　　　　　　　　　　　　　　Vollstreckungsverfahrensrecht

daher auch gegen ihn die zwangsweise Durchsetzung des materiellen Anspruchs des Gläubigers möglich sein[15]. Selbst sittenwidrige Härte der Vollstreckung im Einzelfall (dazu Einl Rdn 52 ff) schließt nicht das Rechtsschutzbedürfnis aus, sondern ist mit Schutz nach ZPO § 765 a abzuwenden.

b) Ein Rechtsschutzbedürfnis für die vom Gläubiger einer nur geringen Forderung gewählte Maßregel der Immobiliarvollstreckung kann zudem deshalb nicht verneint werden, weil mehrere **Vollstreckungsmaßregeln** auch **nebeneinander** ausgeführt werden können (ZPO § 866 Abs 2) und eine Reihenfolge nicht vorgesehen ist[16], sowie insbesondere auch, weil als Voraussetzung der Zwangsvollstreckung in Liegenschaften weder eine vorherige fruchtlose Mobiliarvollstreckung noch ein Vollstreckungsanspruch betragsmäßig erforderlich ist (über frühere Gesetzesvorhaben für eine Betragsgrenze[17]). Wenn die Forderung des Gläubigers 750 Euro nicht übersteigt, ermöglicht das Gesetz (ZPO § 866 Abs 2) überhaupt nur Zwangsversteigerung oder Zwangsverwaltung. Das trägt auch der Erwägung Rechnung, daß solche Vollstreckung in Immobilien mit Erfüllung durch den Eigentümer erfahrungsgemäß die rasche Befriedigung der geringen Gläubigerforderung bewirkt, deren längerfristige Sicherung durch Eintragung einer Zwangshypothek weder erwünscht noch gerechtfertigt erscheint.

c) Dem Recht des Gläubigers einer nur geringen Forderung, mit Beschlagnahme eine Befriedigungschance aus dem Grundstück zu wahren, fehlt ein Rechtsschutzbedürfnis auch nicht deshalb, weil nach den **Besonderheiten des Falles** (leicht verwertbares anderes Vermögen, hohe Grundstücksvorbelastung) die Versteigerung keine notwendige Vollstreckungsmaßnahme wäre. Denn Vollstreckungskosten eines im Einzelfall nicht gebotenen Immobiliarvollstreckungsverfahrens treffen als nicht notwendig den Gläubiger, sind vom Schuldner sonach nicht zu zahlen (ZPO § 788 Abs 1). Wenn auch in einem solchen Fall das Rechtsschutzbedürfnis gegeben ist, kann das Zwangsversteigerungsverfahren doch für den Schuldner eine sittenwidrige Härte darstellen, gegen die er dann nach ZPO § 765 a vorgehen kann (Einl Rdn 52 ff).

d) Zulässig ist daher jedenfalls die Versteigerung eines Grundstücks im Werte von (ca) 35 000 Euro auf Antrag des Gläubigers einer Forderung von etwa 500 Euro, sofern nur dem Schuldner effektiver Rechtsschutz (Rdn 48.5) gewährt wird (zu letzterem eingehend[18]). Ein Rechtsschutzbedürfnis muß immer auch bei Vollstreckung einer durch den Schuldtitel insgesamt ausgewiesenen geringen Forderung bejaht werden. Andernfalls würde bei Bagatellforderungen das Erkenntnisverfahren ins Leere gehen, das sich mit Schaffung des Vollstreckungstitels als rechtmäßig erwiesen hat. Allenfalls könnte die Vollstreckung einer Bagatellforderung als rechtsmißbräuchlich unzulässig sein, wenn aus ganz besonderen Gründen berechtigte Schutzinteressen des Schuldners eindeutig überwiegen. Das könnte bei Vollstreckung geringer Restzinsen oder einer sonst ganz unbedeutenden Rest- oder Nebenforderung wie insbesondere der bis zur Gutschrift des dem Gläubiger überwiesenen Forderungsbetrags noch aufgelaufenen geringfügigen Zinsen und Kosten der Fall sein (Beispiele und Nachweise bei[19]). Hierfür setzte[20] (in Anlehnung an die Gerichtsgebühr für Anordnungs- oder Beitrittsbeschluß) die Wertgrenze mit (damals) 10 DM (jetzt 50 Euro) an; dem kann gefolgt werden (dagegen und für Wertgrenze von (vordem) 50 DM oder noch höher[21]). Die Tatsache, daß Vollstreckungskosten die Gläubigerforderung übersteigen, rechtfertigt es jedenfalls nicht, eine Vollstreckung als rechtsmißbräuchlich anzusehen (so allge-

---

[15] OLG Düsseldorf NJW 1980, 1171; Stöber, Forderungspfändung, Rdn 488 a.
[16] OLG Schleswig Rpfleger 1979, 470; Schiffhauer ZIP 1981, 832 (V).
[17] Steiner/Riedel, ZVG, 8. Aufl 1973/1976, § 15 Rdn 6 c (6).
[18] Böhmer BVerfG 49, 228 = NJW 1979, 535.
[19] Stöber, Forderungspfändung, Rdn 488 a; Schiffhauer ZIP 1981, 832 (IV).
[20] Schiffhauer ZIP 1981, 832 (VIII 2).
[21] Steiner/Hagemann §§ 15, 16 Rdn 129.

mein[22]) Die praktische Bedeutung der so gesehenen Vollstreckungsgrenze ist jedoch gering. Zudem muß dann vor Zurückweisung des Antrags dem Gläubiger rechtliches Gehör (Einl Rdn 46) gewährt werden. Wenn der Schuldner böswillig nicht zahlt, wenn er die Zahlung einer geringen restlichen Zinsforderung ausdrücklich verweigert[23] oder wenn andere Vollstreckungsmaßnahmen völlig aussichtslos sind, könnte auch Zurückweisung des wegen einer Bagatellforderung gestellten Zwangsversteigerungsantrags Rechtsverweigerung sein, mithin durch den Grundsatz der Verhältnismäßigkeit nicht gedeckt sein[24]. Das muß für Anordnungs- und Beitrittsantrag gleichermaßen gelten (anders[24]: Beitritt ist immer zuzulassen, weil Schuldner schon durch Geltendmachung anderer Ansprüche sein Eigentum verliert).

48.5 Ob bei **Durchführung** des Versteigerungsverfahrens Schuldnerbelangen mit rechtsstaatlicher (insbesondere mit fairer) Verfahrensgestaltung in besonderer Weise Rechnung zu tragen und auf Antrag gegebenenfalls Schuldnerschutz zu gewähren ist, wenn die Versteigerung wegen einer geringen Forderung betrieben wird, ist keine Frage des Rechtsschutzbedürfnisses. Bedeutung erlangt hierfür, daß Anwendung des Verfahrensrechts und Verfahrensgestaltung unter den Garantiefunktionen des Grundgesetzes stehen (Einl Rdn 7). Das erfordert, daß nach Sicherung der Befriedigungschance des Gläubigers mit Beschlagnahme dem Schuldner mit Hinweis auf Einstellungsmöglichkeiten und Aufklärung über die Folgen der Verfahrensfortführung eine reelle Chance auf Erhaltung seines Eigentums am Grundstück gegeben wird[24]. Sachfördernd hierfür kann Bestimmung eines Termins zur mündlichen Verhandlung über einen Einstellungsantrag (§ 30b Abs 2 Satz 2), aber auch nochmalige Abmahnung des Schuldners vor Erteilung des Auftrags zur Grundstücksschätzung an den Sachverständigen (§ 74a Abs 5) und vor Terminsbestimmung sein. Näher dazu auch[25]. Die rigorose Vollstreckung einer (gesicherten) Restforderung (von [damals] rund 500 DM) des Staates durch Versteigerung des letzten wertvollen Vermögensstücks des Schuldners (unbelastetes Grundstück mit Wert von [damals] 60 000 DM) kann unter besonderen Umständen auch zu Schadensersatz verpflichtende Amtspflichtverletzung durch Verletzung des Grundsatzes der Verhältnismäßigkeit darstellen (von[26] für Vollstreckung einer restigen Hypothekengewinnabgabe erörtert).

48.6 Wahrung des verfassungsmäßig garantierten **Grundsatzes der Verhältnismäßigkeit** und des Übermaßverbots (Einl Rdn 7) schließt das Recht des Gläubigers einer nur geringen Forderung auf Immobiliarvollstreckung dem Grundsatz nach gleichfalls nicht aus. Verhältnismäßigkeitsgrundsatz und Übermaßverbot erfordern Abwägung der Gläubiger- und Schuldnerinteressen. Ablehnung oder Zurückstellung der Verfahrensanordnung oder Beitrittszulassung, die zu Verlust oder Minderung der Befriedigungschance des Gläubigers führen könnten, rechtfertigt das nicht. Schutz des Schuldners vor unverhältnismäßigem Eingriff in sein grundgesetzlich garantiertes Eigentum ist mit rechtsstaatlicher Verfahrensgestaltung, insbesondere mit den Einstellungsmöglichkeiten des Verfahrensrechts zu gewährleisten[27]. Bis zu einer Entscheidung des Vollstreckungsgerichts auf Antrag des Schuldners in einem Schutzverfahren nach ZPO § 765a ist Verfahrensanordnung (Beitritt zu einem Verfahren) zulässig[28]. Schaden könnte dem Schuldner damit allenfalls entstehen, weil er nicht mehr gegenüber dem Gläubiger über das Grundstück verfügen kann (§ 23). Wenn dieser Schaden unverhältnismäßig ist (nach[29]

---

[22] LG Bochum Rpfleger 1994, 117.
[23] AG Dinslaken JurBüro 1982, 783.
[24] Schiffhauer ZIP 1981, 832 (VIII 2–4).
[25] Schiffhauer ZIP 1981, 832 (VIII 4).
[26] BHG MDR 1973, 89 = NJW 1973, 894.
[27] Schiffhauer ZIP 1981, 832 (VIII 3 und 4).
[28] Wieser ZZP 98 (1985) 50 (1 F 1).
[29] Wieser aaO (C II 2).

dann, wenn er nicht geringer als der beizutreibende Geldbetrag des Gläubigers ist; kaum nachweisbar und feststellbar) kann Schutz nach ZPO § 765a geboten sein. Für eine weitere Einschränkung gibt auch[30] keinen Anhalt; er weist darauf hin, daß Berechtigung des Antrags auf Einleitung **und** Durchführung der Zwangsversteigerung von Amts wegen zu prüfen gewesen sei, und zwar nicht bereits bei Entscheidung über den Anordnungsantrag, sondern auf Grund der einem Einstellungsantrag des Schuldners zu entnehmenden Rüge, die vom Gläubiger gewählte Art der Vollstreckung sei nicht Rechtens. Beanstandet wird von[30] auch nicht die Anordnung der Versteigerung wegen einer geringen Forderung des Gläubigers, sondern die Durchführung der Versteigerung als schwerste Vollstreckungsmaßnahme, ehe auch nur der Versuch einer weniger belastenden unternommen worden ist. Das übersieht[31] (insoweit unklar[32]), das jedoch nicht das Vollstreckungsrecht des Gläubigers einer Bagatellforderung (Anspruch unter [ca] 255 Euro) verneint, sondern auf Antrag des Schuldners nach ZPO § 765a Schutz gewährt hat. Mit Anordnung der Zwangsversteigerung oder Zulassung des Beitritts ist der Grundsatz der Verhältnismäßigkeit der Mittel selbst dann nicht verletzt, wenn dem Gläubiger andere Vollstreckungsmöglichkeiten zur Verfügung stehen. Denn andere Vollstreckungsmaßnahmen können im Ergebnis einschneidendere Folgen für den Schuldner haben als die Immobiliarbeschlagnahme (so die Lohnpfändung wegen der Gefahr des Verlustes des Arbeitsplatzes oder die Offenbarungsversicherung wegen der Eintragung ins Schuldnerverzeichnis und der damit gefährdeten Kreditwürdigkeit) (so für das Verhältnis zur Mobiliarvollstreckung in der Wohnung[33]).

48.7 Nichtbestehen und Erlöschen der durch einen Vollstreckungstitel ausgewiesenen Gläubigerforderung sind mit den gegen den Schuldtitel zulässigen Rechtsbehelfen (Einspruch, Berufung, Revision, Vollstreckungsabwehrklage usw) geltend zu machen. Unterbleibt dies, so kann einem Vollstreckungsantrag des Gläubigers das Rechtsschutzbedürfnis nicht abgesprochen werden, die Vollstreckung bleibt dann als Staatstätigkeit rechtmäßig[34]. Entsprechend ist auch, wenn die Ausnutzung eines sachlich unrichtigen Vollstreckungstitels infolge besonderer Umstände sittenwidrig im Sinne von BGB § 826 und damit als unzulässige Rechtsausübung anzusehen ist, dies mit Klage geltend zu machen.

48.8 Auch wenn sich das Grundstück auf Grund seiner Lage, wegen Bauverbots oder Baubeschränkung oder anderer Umstände oder infolge hoher Vorbelastung voraussichtlich nur schwer oder derzeit voraussichtlich noch nicht **veräußern** läßt, kann dem Versteigerungsantrag nicht das Rechtsschutzbedürfnis abgesprochen werden (so auch[35]). Das ZVG setzt mit den Sondervorschriften über Verfahrensaufhebung nach zweimaliger Einstellung (§ 30 Abs 1) oder nach zweimaligem Versteigerungsversuch (§ 77 Abs 2) selbst Grenzen. Wer innerhalb dieser Grenzen das Gericht in Anspruch nimmt, handelt nicht rechtsmißbräuchlich (so auch[36]). Eine dem ZPO § 803 Abs 2 vergleichbare Vorschrift kennt das ZVG nicht, entsprechende Anwendung (für diese[37]) jedoch ist ausgeschlossen[38]. ZPO § 803 Abs 2

---

[30] Böhmer BVerfGE 49, 228 = NJW 1979, 535.
[31] LG Frankenthal (Pfalz) Rpfleger 1979, 433.
[32] AG Mainz Rpfleger 1981, 26.
[33] OLG Düsseldorf NJW 1980, 1171.
[34] OLG Schleswig Rpfleger 1979, 470; Stein/Jonas/Münzberg, ZPO, vor § 704 Rdn 22.
[35] LG Koblenz DGVZ 1998, 125 = JurBüro 1998, 328 = Rpfleger 1998, 300; Steiner/Hagemann §§ 15, 16 Rdn 135.
[36] LG Detmold Rpfleger 1998, 35; Steiner/Hagemann §§ 15, 16 Rdn 137.
[37] LG Augsburg Rpfleger 1986, 146; LG Bielefeld Rpfleger 1987, 424; LG Düsseldorf JurBüro 1987, 786 = Rpfleger 1987, 210; LG Regensburg NJW-RR 1988, 447; Wieser Rpfleger 1985, 96 (I 5).
[38] BGH 151, 384 = aaO (Fußn 2); BGH MDR 2004, 711 Leitsatz = Rpfleger 2004, 302; OLG Hamm Rpfleger 1989, 34; LG Berlin Rpfleger 1987, 209; LG Detmold Rpfleger 1998, 35; LG Dortmund JurBüro 1988, 1417; LG Freiburg Rpfleger 1989, 469; LG Koblenz

48.8 Einleitung

beruht auf der Erwägung, daß der Gegenstand des beweglichen Schuldnervermögens keinen oder doch keinen nennenswerten Verkehrswert hat und daher bei Veräußerung kein kostendeckender Verwertungserlös zu erzielen sein wird. Bei Versteigerung eines Grundstücks ist ein Verwertungserlös für (wenigstens teilweise) Gläubigerbefriedigung aber nicht schon wegen völliger Wertlosigkeit dieses Vollstreckungsgegenstandes ausgeschlossen; sie kann nur im Einzelfall an hohen Vorbelastungen scheitern, die den Grundstückswert erschöpfen. Ergebnislos bleiben kann die Versteigerung nur wegen des Verfahrensgrundsatzes, daß ein Gebot neben den Verfahrenskosten auch die dem Anspruch des Gläubigers vorgehenden Rechte zu decken hat (§ 44; geringstes Gebot). Daher ist ein rechtsähnlicher Tatbestand für analoge Anwendung des ZPO § 803 Abs 2 nicht gegeben. Grundstücksbelastungen können sich zwischen Verfahrensanordnung und späterer Durchführung der Versteigerung vielfach ändern. Ein Grundstück im Wert von (ca) 10 000 Euro, das mit einer Grundschuld in Höhe von 50 000 Euro vorbelastet ist, ist nach Löschung dieser Grundschuld ohne weiteres verwertbar. Im (formalisierten) Anordnungsverfahren (auch im Verfahren über einen Beitrittsantrag) hat das Vollstreckungsgericht jedenfalls keine Möglichkeit, sich über Vorbelastungen und damit die Aussichten späterer Grundstücksverwertung Gewißheit zu verschaffen. Es können Eigentümergrundschulden entstehen und Löschungsverpflichtungen zu erfüllen sein (bei Grundschulden auch auf Grund eines Rückgewähranspruchs); daß eine (auch hohe) Vorbelastung wegfällt und es daher doch noch zu einer Befriedigung des Gläubigers kommen kann, kann daher nicht nur als nicht vorhersehbare Veränderung und rein theoretische Möglichkeit angesehen werden (so aber[39]). Hohe Vorbelastungen allein können daher für einen Versteigerungsantrag nicht das Rechtsschutzbedürfnis ausschließen und es nicht rechtfertigen, einen Versteigerungsantrag (auch Beitrittsantrag) zurückzuweisen[40] oder das Verfahren aufzuheben[41] (anders[42]). Zudem beruht schon § 77 Abs 1 auf der Erwägung, daß dem Gläubiger nicht ohne weiteres zugemutet wird, von dem Verfahren bereits dann Abstand zu nehmen, wenn der erste Termin kein Ergebnis gehabt hat (Denkschrift S 54). Der Gläubiger kann in jedem Fall einen späteren zweiten Termin beantragen und selbst nach dessen Scheitern die Beschlagnahmewirkungen mit dem Antrag erhalten, das Verfahren als Zwangsverwaltung fortzusetzen. Weil dann hohe Vorbelastungen bei Verteilung der Nutzungen des Grundstücks nicht mit Kapitalbeträgen berücksichtigt werden (§ 155 Abs 2), kann Gläubigerbefriedigung noch immer zu erwarten sein. Für diese bleibt gewährleistet, daß Verfügungen des Schuldners über das Grundstück seit der Beschlagnahme trotz erfolglos gebliebener Zwangsversteigerung dem Gläubiger gegenüber unverändert unwirksam sind (Denkschrift S 54). Einem Versteigerungsantrag kann bei dieser gesetzlich ermöglichten Verfahrensgestaltung das Rechtsschutzbedürfnis nicht schon deshalb abgesprochen werden, weil derzeit keine Verwertungsmöglichkeit zu bestehen scheint (oder auch tatsächlich besteht). Bei langer Verfahrensdauer kann mit Besserung der allgemeinen oder besonderen Verhältnisse auch ein zunächst nicht verwertbares Objekt verkäuflich werden; die Verfahrenslage kann sich auch durch starke Wertänderungen, Wegfall besserrangiger Gläubiger oder Anträge aus § 59 (die bei hoher Vorbelastung naheliegen) zugunsten des Gläubigers ändern. Auch gibt es durchaus Gläubiger, die zu unerwartet hohem Meistgebot selbst einsteigern.

Rpfleger 1998, 300 = aaO (Fußn 35); LG Krefeld Rpfleger 1994, 35 und 1996, 120; LG Münster JurBüro 1988, 1416 = MDR 1989, 77 = Rpfleger 1989, 34; LG Stade, LG Aachen und LG Göttingen alle Rpfleger 1988, 420.

[39] Wieser Rpfleger 1985, 96 (I).
[40] BGH 151, 384 = aaO (Fußn 2); OLG Koblenz MDR 1986, 65 = Rpfleger 1986, 25 mit Anm Meyer-Stolte; LGe Aachen, Dortmund, Freiburg, Göttingen, Münster und Stade, alle Fußn 38.
[41] LG Krefeld Rpfleger 1996, 120 und 1998, 35.
[42] OLG Düsseldorf Rpfleger 1989, 470.

Daher kann einem Verfahren nicht das Rechtsschutzbedürfnis versagt werden (so wohl auch[43]: keine von Anfang an zwecklose Versteigerung, wenn die Befriedigung des Gläubigers praktisch für möglich zu halten ist), wenn sich nicht ausnahmsweise das Scheitern aller Versuche nach langer Verfahrensdauer und nach geänderten Verhältnissen voraussagen läßt (ähnlich für den Fall von ZPO § 765 a[44]). Vorsicht mit allen Vorausberechnungen. Manchmal kommen selbst anscheinend **aussichtslose Ansprüche** im Rahmen eines Versteigerungsverfahrens noch durch freiwillige Veräußerung des Objekts (soll nach[45] Zwecklosigkeit der Versteigerung nicht ausschließen) oder im Rahmen des Verwertungsmoratoriums (§§ 30 a–c, auch ZPO § 765 a) wenigstens teilweise zum Zuge. Mancher Schuldner leistet auch (das kann nicht dem Gläubiger angelastet werden) erst nach Ausschöpfung vollstreckungsrechtlicher Maßnahmen durch den Gläubiger; selbst für eine angeblich aussichtslose Forderung kann sich daher ein Beitritt wegen zu erwartender Ratenzahlungen empfehlen (anders[46]: Zweck des Verfahrens sei es nicht, den Schuldner zum Zahlen zu zwingen, sondern aus dem Versteigerungserlös den Gläubiger zu befriedigen).

48.9 Eine **sittenwidrige Härte** der Maßnahmen läßt das Rechtsschutzbedürfnis noch nicht entfallen. Zweckwidrige und darum nicht schutzwürdige Ziele verfolgt aber der Gläubiger mit einem Versteigerungsantrag, wenn im Einzelfall ganz besondere Umstände hervortreten, die das auch unter außergewöhnlichen Verhältnissen noch gesetzmäßige Vollstreckungsverlangen als unnütz oder unlauter erscheinen lassen. Das könnte vorliegen, wenn der Gläubiger einer Bagatellforderung (auch ein anderer Gläubiger) nach Verfahrensaufhebung infolge wiederholter ergebnisloser Versteigerungstermine (§ 77) sogleich neuen Versteigerungsantrag stellt, ohne daß eine Änderung der Verhältnisse in Aussicht steht. Praktischer Fall[47]: Grundstück im Wert von (damals) 3760 DM, vorbelastet mit 42 790 DM; in einem früheren Versteigerungstermin kein Gebot; Verfahren daher eingestellt und später aufgehoben. Für einen Versteigerungsantrag bei unveränderten Verhältnissen kein Rechtsschutzbedürfnis.

48.10 Hierhin gehört auch die Frage, ob bei **Amortisationsrechten** der Gläubiger wegen jeder neuen Fälligkeit **beitreten** darf. Einerseits entstehen dem Schuldner unnötige Kosten durch den Beitritt, falls im Laufe des Verfahrens die Teilforderung auch ohne Beitritt befriedigt wird. Andererseits besteht aber ohne Beitritt die Gefahr, daß der Schuldner oder ein Dritter die betreibenden Ansprüche ablöst (§ 75 Rdn 2) und daß so die nichtbetreibenden eben so nicht zum Zuge kommen; auch könnte bei längerer Verfahrensdauer und vorzeitigem Ende des Verfahrens (vor Befriedigung der „neuen" Fälligkeit) mindestens deren Zinsanteil eine Rangverschlechterung (§ 10 Rangklasse 4 auf Rangklasse 8) erleiden. Man wird auch diese Frage nur nach dem Einzelfall beantworten können. Dem Gläubiger kann man wohl den Beitritt (aus genanntem Schutzinteresse) nicht verwehren (so auch[48]), man wird aber wohl später bei den Kosten zu prüfen haben, ob sie für den Schuldner notwendig waren (§ 10 Rdn 15.1). Bei jeder In-Frage-Stellung des Rechtsschutzbedürfnisses ist größte Vorsicht geboten; insbesondere muß man beiden Teilen vor einer Entscheidung ausführliche Gelegenheit zur Erläuterung ihrer Standpunkte geben und sich vor der Vorwegnahme vermutlicher Ergebnisse hüten. Durch verhinderte Vollstreckungsakte kann man dem Gläubiger Schaden zufügen, der vielleicht nicht mehr zu ersetzen ist; wegen unnützer Kosten kann sich der Schuldner immer noch mit dem Gläubiger auseinandersetzen.

---

[43] Wieser Rpfleger 1985, 96 (I 1 a).
[44] OLG Köln MDR 1972, 877 = Rpfleger 1972, 378.
[45] Wieser Rpfleger 1985, 96 (I 1 d).
[46] Wieser Rpfleger 1985, 96 (I 1 b).
[47] LG Limburg/Lahn DGVZ 1970, 186.
[48] Steiner/Hagemann §§ 15, 16 Rdn 133.

48.11 In der **Zwangsverwaltung** ist mit der Möglichkeit, dem Gläubiger einen Vorschuß abzuverlangen (§ 161 Abs 3), schon etwas gegen nicht aussichtsreiche Verfahren getan. Nur ganz besondere Umstände können auch hier das Rechtsschutzbedürfnis verneinen lassen. Das könnte der Fall sein, wenn ein Grundstück, das auch weiterhin keine Erträge bringen kann (zB ein unbebautes und infolge seiner Lage nicht vermietbares Grundstück) nach Aufhebung der Zwangsverwaltung mangels Vorschußleistung auf Antrag desselben Gläubigers (oder eines erkennbar ebenfalls nicht vorschußbereiten anderen) sogleich erneut in Zwangsverwaltung genommen werden soll. Schaden, der mit Anordnung der Zwangsverwaltung dem Schuldner dadurch entsteht, daß ihm mit Beschlagnahme die Verwaltung und Benutzung des Grundstücks entzogen wird (§ 148 Abs 2), könnte bei geringer beizutreibender Gläubigerforderung unverhältnismäßig sein[49]. Jedoch kann sich ein Rechtsschutzbedürfnis auch bereits aus der angestrebten ordnungsgemäßen Bewirtschaftung des Objekts ergeben (§ 146 Rdn 2.2; nicht sachgerecht daher[50]). Bis zu einer Entscheidung des Vollstreckungsgerichts auf Antrag des Schuldners im Schutzverfahren nach ZPO § 765 a ist Verfahrensanordnung (Zulassung des Beitritts) zulässig (Einl Rdn 48.6). ZPO § 803 Abs 2 (dazu Rdn 48.8) findet auch auf die Zwangsverwaltung keine entsprechende Anwendung (anders[51]).

Vergleich in ZVG-Verfahren 49

Literatur: Hornung, Der Einfluß des Beurkundungsgesetzes auf die gerichtlichen Beurkundungsbefugnisse im Zwangsversteigerungsverfahren (Abschn. IV), Rpfleger 1972, 203.

49.1 Ein gerichtlicher Vergleich kann **auch in der Zwangsvollstreckung**[1], somit auch in einem Zwangsversteigerungs- oder Zwangsverwaltungsverfahren (auch in der Teilungsversteigerung[2]) geschlossen werden. Es muß sich um einen Vergleich zwischen den Parteien (oder zwischen einer Partei und einem Dritten) zur „Beilegung des Rechtsstreits" (ZPO § 794 Abs 1 Nr 1), also zum Abschluß des Versteigerungsverfahrens, handeln, der auch gegenseitiges Nachgeben (BGB § 779) erfordert. Dabei genügen auch geringfügige Zugeständnisse.

49.2 Nach Verkündung des Zuschlags ist ein Vergleich natürlich nur mehr über den Versteigerungserlös möglich, da die Rechte des Erstehers nicht rückgängig gemacht werden können (§ 96 Rdn 2).

49.3 Ein vor Gericht geschlossener Auseinandersetzungsvergleich (vornehmlich in der Teilungsversteigerung) wahrt die Form der notariellen Grundstücksveräußerung nach BGB § 311 b.[3] Bei dem Abschluß des Vergleichs können sich die Beteiligten aber auch auf einen gerichtlichen **Vorvertrag** beschränken und den endgültigen Vertrag (etwa mit einer Auflassung) einem Notar überlassen. Vorsicht ist bei Auflassungen in Vergleichen geboten (Formalien, Grunderwerbsteuer, Vorkaufsrechte, behördliche Genehmigungen). Für den Vergleichsabschluß (nicht aber für die Auflassung) genügt es sogar, wenn eine Seite in einem Termin zu Protokoll ein Angebot macht, die andere Seite in einem späteren Termin dieses Angebot zu Protokoll annimmt, wobei die Vereinbarung nicht ausdrücklich als Vergleich bezeichnet wird. Nicht möglich ist Auflassung in einem schriftlichen Vergleich[4] (ZPO § 278 Abs 6; keine Anwesenheit beider Teile).

---

[49] Wieser ZZP 98 (1985) 50 (C III).
[50] AG Überlingen/LG Konstanz Rpfleger 2002, 533.
[51] LG Frankfurt Rpfleger 1989, 35.
[1] Stein/Jonas/Münzberg, ZPO, § 794 Rdn 20; Zöller/Stöber, ZPO, § 794 Rdn 5; Hornung Rpfleger 1972, 203 (IV 1).
[2] RG 165, 161; Kammergericht JFG 14, 355 = JW 1936, 3477; Schiffhauer ZIP 1982, 526 (X).
[3] OLG München DNotZ 1971, 544 = FamRZ 1971, 93 = MDR 1970, 928.
[4] Zöller/Stöber, ZPO, § 794 Rdn 12.

Einleitung 49.4

49.4 Zur **Beurkundung** eines Vergleichs ist der Rechtspfleger im Rahmen seines Verfahrens zuständig, insbesondere auch bei der Teilungsversteigerung[5]. Dabei ist das Beurkundungsgesetz kein Hindernis[6]. Der Vergleich kann im Vortermin, im Versteigerungstermin, im Verkündungstermin geschlossen werden. Abschluß eines Vergleichs durch Annahme eines schriftlichen Vergleichsvorschlags ermöglicht ZPO § 278 Abs 6. Hierzu auch im ZVG-Handbuch Rdn 411, 730.

50 Vollmacht in ZVG-Verfahren

50.1 Die **ZPO-Vorschriften** über Prozeßbevollmächtigte (§§ 78 ff) gelten auch in der Zwangsvollstreckung und damit auch in den Verfahren der Zwangsversteigerung und Zwangsverwaltung. Der Bevollmächtigte ist auch hier als „Prozeßbevollmächtigter" zu bezeichnen, nicht einfach als „Vertreter". Die Rechte eines Prozeßbevollmächtigten sind umfassender als die eines Terminvertreters.

50.2 Die Prozeßvollmacht muß auf eine **prozeßfähige Person** lauten (ZPO § 79). Dies kann eine natürliche und geschäftsfähige Person sein (ZPO § 51). Wird ein Verein, eine juristische Person bevollmächtigt, so ist deren gesetzlicher Vertreter gemeint[1]. Bevollmächtigt werden können ein Rechtsanwalt, eine Rechtsanwaltsgesellschaft (§ 59 l BRAO), ein zugelassener Rechtsbeistand, andere Personen geschäftsmäßig (haupt- oder nebenberuflich, entgeltlich oder unentgeltlich) nur im Rahmen des Rechtsberatungsgesetzes. Ein Notar (der nicht Anwalt ist) kann nicht Bevollmächtigter im Zwangsversteigerungsverfahren sein[2]; mindestens darf er dann nicht als Bevollmächtigter auftreten, wenn mehrere Beteiligte aus seiner Beurkundung mit gegensätzlichen Interessen auftreten (Teilungsversteigerung)[3]. Nicht berührt wird die Wirksamkeit der einem Anwaltsnotar erteilten Vollmacht durch den Verstoß gegen ein Tätigkeitsverbot nach der BRAO oder gegen Amtspflicht nach der BNotO (abstrakte Vollmacht ist unabhängig von der Wirksamkeit des ihrer Erteilung zugrunde liegenden Geschäfts)[4].

50.3 Die Vollmacht ist grundsätzlich von Amts wegen zu **prüfen,** ausgenommen, wenn ein **Rechtsanwalt** (ein Rechtsbeistand nur bei Kammermitgliedschaft, EGZPO § 25) Bevollmächtigter ist (ZPO § 88 Abs 2), sonst auf Rüge des Gegners (ZPO § 88 Abs 1). Auch ein im Wege der Prozeßkostenhilfe Beigeordneter bedarf neben der Bestellung noch einer Vollmacht. Wer im Vollstreckungstitel als Bevollmächtigter genannt ist, braucht keine besondere Vollmacht vorzulegen, gleich woher der Titel stammt[5*], mithin auch bei Vollstreckung eines landgerichtlichen Urteils. Wenn ein Nichtanwalt in einem Vollstreckungsbescheid als Bevollmächtigter bezeichnet ist, muß jedoch noch eine Vollmacht vorgelegt werden, weil der Vollstreckungstitel ohne Vollmachtsnachweis erwirkt sein kann (ZPO § 703)[6*].

50.4 Im übrigen ist die Bevollmächtigung durch eine **schriftliche** Vollmacht nachzuweisen und diese zu den Gerichtsakten abzugeben (ZPO § 80 Abs 1). Vorzulegen ist das Original der Vollmachtsurkunde; Telefaxe, Fotokopien oder andere Vervielfältigungen reichen nicht aus[7], desgleichen nicht die schriftliche Bestätigung

---

[5] OLG Nürnberg Rpfleger 1972, 305; Hornung Rpfleger 1972, 203 (IV 3); Schiffhauer ZIP 1982, 526 (X).

[6] Hornung Rpfleger 1972, 203 (IV 2); Schiffhauer aaO.

[1] Zöller/Vollkommer, ZPO, § 79 Rdn 2.

[2] OLG Koblenz MittBayNot 1953, 157.

[3] BGH 51, 301 = DNotZ 1969, 503 = JurBüro 1969, 948 = MDR 1969, 572 = NJW 1969, 929.

[4] OLG Hamm Rpfleger1992, 77.

[5*] LG Hamburg AnwBl 1961, 23; Jaeckel/Güthe §§ 15–16 Rdn 5; Stöber, Forderungspfändung, Rdn 470; Stöber, ZVG-Handbuch, Rdn 16.

[6*] Bank JurBüro 1980, 1620.

[7] BGH 126, 266 = MDR 1994, 938 = NJW 1994, 2298; BFH 179, 5 = NJW 1996, 871; für Telegramm abweichend BFH BB 1996, 837 = NJW 1996, 2184 Leitsatz.

Vollstreckungsverfahrensrecht 50.7 **Einleitung**

eines Dritten über die Bevollmächtigung[8]. Die Vollmacht ermächtigt zu allen einschlägigen Prozeßhandlungen (ZPO § 81); zum Geldempfang nur mit einem ausdrücklichen Zusatz hierüber; nicht zum Bieten oder zur Abgabe von gebotsähnlichen Anträgen (zB § 85), hier nur in öffentlicher oder öffentlich beglaubigter Form. Das Gericht kann auch sonst auf Antrag des Gegners öffentliche Beglaubigung anordnen (ZPO § 80 Abs 2). Die schriftliche Vollmacht muß handschriftlich unterzeichnet sein (BGB § 126 Abs 1)[9]. Die Unterschrift muß ergeben, wer unterzeichnet hat, ob etwa bei einem Handelsunternehmen ein Organ, ein Prokurist usw; eine faksimilierte Unterschrift genügt nicht[9]. Es muß genügen, wenn die Vollmacht in Urschrift dem Gericht vorgezeigt und dabei (weil sie sich vielleicht auch noch auf andere Geschäfte bezieht oder etwa eine Generalvollmacht ist) eine (gerichtlich oder vom Anwalt) beglaubigte Abschrift zu den Akten abgegeben wird. Die Vollmacht kann auch zu Protokoll des Gerichts erklärt werden, braucht dann nicht unterschrieben zu werden. Vielfach wird von großen Banken, Versicherungen usw auf eine bei den Generalakten des Gerichtsvorstands hinterlegte allgemeine Vollmacht Bezug genommen. Dies wird für zulässig erachtet[10], ist aber unpraktisch und hinsichtlich Gültigkeit und Umfang schwer, meist nur mit Zeitverlust nachzuprüfen. Jedenfalls ist die Vollmacht erst als nachgewiesen anzusehen, wenn die Nachprüfung durch einen Aktenvermerk bestätigt ist.

50.5 Zum Erlöschen der Vollmacht siehe § 3 Rdn 3.3.

50.6 Der Prozeßbevollmächtigte kann auch in der Zwangsvollstreckung **ohne Vorlage** einer Vollmacht einstweilen zugelassen werden (ZPO § 89), jedoch mit Vorsicht, wo es sich um entscheidende Verfahrensabschnitte handelt, also keinesfalls im Versteigerungs- und Verteilungstermin mit sofort zu entscheidenden Anträgen. Auch eine Vollstreckungsschutzentscheidung wird erst nach Vorlage der Vollmacht ergehen können.

50.7 Tritt ein **vollmachtloser Vertreter** auf und wird seine Vertretung auch nachträglich nicht genehmigt (bei sorgfältiger Beachtung aller Vorschriften kann das eigentlich in der Immobiliarvollstreckung nicht vorkommen), so sind die Kosten grundsätzlich dem aufzuerlegen, der den nutzlosen Verfahrensaufwand veranlaßt hat (sogen Veranlasserprinzip)[11], die vom vollmachtlosen Vertreter veranlaßten Kosten somit diesem[12] wie insbesondere dann, wenn er den Mangel der Vollmacht gekannt hat[13]. Im Kopf einer Entscheidung ist der angeblich Vertretene als Partei zu nennen und der Vertreter mit dem Vermerk „als Prozeßbevollmächtigter aufgetreten"[14]; Rechtsmittel steht dem Vertreter zu[15]. Den Vertretenen als Partei treffen die Kosten, wenn er den Verfahrensaufwand veranlaßt hat wie dann, wenn der Vertreter auf Grund ihm erteilter, aber nicht wirksamer Vollmacht gehandelt hat[16] (weitergehend: wenn er einen Vertreter, der seine Vollmacht nicht nachweisen konnte, zu seinem Auftreten im Verfahren veranlaßt hat[17]).

---

[8] OLG München OLGZ 1993, 223.
[9] OLG Köln Rpfleger 1970, 355.
[10] Zöller/Vollkommer, ZPO, § 80 Rdn 11.
[11] BGH 121, 397 = NJW 1993, 1865.
[12] BGH MDR 1983, 292 = NJW 1983, 883; BGH NJW 1993, 1865; BGH MDR 1997, 1065; OLG Frankfurt JurBüro 1980, 1389 = OLGZ 1980, 278 = Rpfleger 1980, 315; OLG Köln MDR 1982, 239 = OLGZ 1982, 187 = Rpfleger 1982, 98; OLG Zweibrücken JurBüro 1999, 650 = NJW-RR 2001, 539; Schneider Rpfleger 1976, 229 (II 1).
[13] BGH 121, 397 = aaO (Fußn 11); OLG Frankfurt NJW-RR 1997, 31.
[14] OLG Frankfurt Rpfleger 1980, 315 = aaO (Fußn 12); Schneider Rpfleger 1976, 229 (III 3).
[15] Schneider Rpfleger 1976, 229 (III 4).
[16] BGH 121, 397 = aaO (Fußn 11).
[17] OLG Frankfurt Rpfleger 1980, 315 = aaO (Fußn 12); OLG Hamm NJW-RR 1990, 767; OLG Köln Rpfleger 1970, 355; Schneider Rpfleger 1976, 229 (I 2).

Einleitung 50.8

50.8 Über herrenlose Grundstücke § 15 Rdn 22, über Bietvollmacht § 71 Rdn 6.3; über Vollmacht bei Teilungsversteigerung auf Gläubigerantrag § 180 Rdn 11.10.

51 Währungsreform, Aufwertung, Lastenausgleich, Euro als Währung

51.1 Die Vorschriften aus der Zeit der **Inflation** von 1923 mit ihrer Währungsumstellung vom 13. 10. 1923 (1 Billion Papiermark = 1 Rentenmark) und von 1924 (1 Rentenmark = 1 Reichsmark) samt anschließender Aufwertungsgesetzgebung haben ihre Bedeutung längst verloren; sie sind nur noch in seltenen Ausnahmefällen anwendbar, so etwa die damaligen Vorschriften über Hypotheken und Schiffshypotheken in ausländischer Währung, über die in Roggen und Weizen, Feingold, Goldmark, Warenwert eingetragenen Grundpfandrechte und Schiffshypotheken. Wer sie benötigt, möge die 9. Auflage hierüber nachlesen und die einschlägigen Text dort verwenden.

51.2 Durch die **Währungsreform** vom 21. 6. 1948 wurden im damaligen Bundesgebiet alle Geldbeträge und vorher begründeten Verbindlichkeiten (mit Ausnahmen) im Verhältnis 10 : 1 auf Deutsche Mark umgestellt. Das bezog sich auch auf Grundpfandrechte, bei denen (mit Ausnahmen) dem eingetragenen Gläubiger nur noch $1/10$ als Stammrecht verblieb, während $9/10$ zunächst als Umstellungsgrundschuld, später als Hypothekengewinnabgabe (= HGA) für Zwecke des Lastenausgleichs beansprucht wurden. Die **Hypothekengewinnabgabe**, vom **Lastenausgleichsgesetz** geschaffen, war öffentliche Last; sie mußte seit 1966 durch einen Grundbuchvermerk gesichert sein. Die Verwaltung oblag den landesrechtlich festgelegten Stellen (meist bestimmten Finanzämtern). Die Last stand ausnahmsweise an letzter Stelle aller (sonst gleichberechtigten) öffentlichen Lasten aus § 10 Rangklasse 3. Das Rechtsgebiet bot vielerlei Besonderheiten und zahllose umstrittene Einzelfragen, die heute keine Rolle mehr spielen. Wer ausnahmsweise noch Vorgänge einschlägiger Art zu bearbeiten hat, kann das an Hand der 9. Auflage tun, in der sich auch die einschlägigen Texte finden und Rechtsprechung wie Schrifttum behandelt sind.

51.3 Die auf Grundstücken im **Beitrittsgebiet** (Einl Rdn 14.1) lastenden Altrechte (Reichsmarkhypotheken) wurden nicht abgewertet. Umgestellt auf Deutsche Mark wurden die auf Mark der (ehem) DDR lautenden Forderungen und Verbindlichkeiten mit Wirkung vom 1. Juli 1990 im Verhältnis 1 : 2 (Vertrag über die Schaffung einer Währungs-, Wirtschafts- und Sozialunion vom 18. Mai 1990, BGBl 1990 II 537 = GBl 1990 I 332, Art 10 Abs 5 und Anlage I Art 7 § 1 Abs 1, mit Ausnahmen ua für Renten und weitere wiederkehrende Zahlungen). Damit ist auch für Grundpfandrechte an Grundstücken im Beitrittsgebiet ein Umrechnungsbetrag von einer Deutschen Mark zu zwei Reichsmark oder Mark der DDR getreten.

51.4 Die Umrechnung einer **wertbeständigen Hypothek,** Grundschuld oder Rentenschuld, die vor dem 1. 1. 1976 (Inkrafttreten des Zivilgesetzbuchs der DDR) auf einem Grundstück im **Beitrittsgebiet** (Einl Rdn 14.1) bestellt wurde, mit einem festen Satz regelt GBBerG § 1. Die Umrechnung wertbeständiger Rechte, auch einer Reallast, die bereits auf Grund von Reichsvorschriften zu einem festen Satz auf Reichsmark umgestellt worden sind, bestimmt sich nach GBBerG § 2. Die Umrechnung der von reichsrechtlichen Umstellungsvorschriften mit einem festen Umrechnungswert nicht erfaßten wertbeständigen Rechte sieht GBBerG § 3 vor.

51.5 Der **Euro** ist ab 1. Jan 1999 als einheitliche Währung der Mitgliedstaaten der Europ Union (die die Voraussetzungen erfüllen; dabei die Bundesrepublik Deutschland) eingeführt (VO-EG Nr 974/98, Art 2 Satz 1). Ein Euro als Währungseinheit ist in 100 Cent untergeteilt (VO-EG Art 2 Sätze 2 und 3). Während einer Übergangszeit bis 31. Dez 2001 war der Euro auch in die nationalen Währungseinheiten und deren Untereinheiten, damit in die DM-Währung, gemäß den Umrechnungskursen unterteilt (VO-EG Art 6 Abs 1).

IV. Schuldnerschutz nach ZPO § 765a

ZPO § 765a – Vollstreckungsschutz (1) Auf Antrag des Schuldners kann das Vollstreckungsgericht eine Maßnahme der Zwangsvollstreckung ganz oder teilweise aufheben, untersagen oder einstweilen einstellen, wenn die Maßnahme unter voller Würdigung des Schutzbedürfnisses des Gläubigers wegen ganz besonderer Umstände eine Härte bedeutet, die mit den guten Sitten nicht vereinbar ist. Es ist befugt, die in § 732 Abs 2 bezeichneten Anordnungen zu erlassen. Betrifft die Maßnahme ein Tier, so hat das Vollstreckungsgericht bei der von ihm vorzunehmenden Abwägung die Verantwortung des Menschen für das Tier zu berücksichtigen.

(2) Eine Maßnahme zur Erwirkung der Herausgabe von Sachen kann der Gerichtsvollzieher bis zur Entscheidung des Vollstreckungsgerichts, jedoch nicht länger als eine Woche, aufschieben, wenn ihm die Voraussetzungen des Absatzes 1 Satz 1 glaubhaft gemacht werden und dem Schuldner die rechtzeitige Anrufung des Vollstreckungsgerichts nicht möglich war.

(3) In Räumungssachen ...

(4) Das Vollstreckungsgericht hebt seinen Beschluß auf Antrag auf oder ändert ihn, wenn dies mit Rücksicht auf eine Änderung der Sachlage geboten ist.

(5) Die Aufhebung von Vollstreckungsmaßregeln erfolgt in den Fällen des Absatzes 1 Satz 1 und des Absatzes 4 erst nach Rechtskraft des Beschlusses.

Übersicht

Allgemeines zu ZPO § 765a	52	Schuldnerantrag	57
Antragsberechtigung und Antrag	53	Schutzverfahren nach Antragstellung, Entscheidung	58
Härte und Sittenwidrigkeit als Schutzvoraussetzungen	54	Sofortige Beschwerde	59
Härtefälle im einzelnen	55	Verfahrenskosten	60
Maßregeln des Schuldnerschutzes	56	Verhältnis zu anderen Vorschriften	61

Literatur: Anheiner, Zur Gewährung von Vollstreckungsschutz im Zwangsversteigerungsverfahren, insbesondere auf Grund des § 765a ZPO, NJW 1956, 1668; Bloedhorn, Die neuerer Rechtsprechung zu § 765a, 811 und 813a ZPO, DGVZ 1976, 104; Böhle-Stamschräder, Neuregelung des Vollstreckungsrechts, NJW 1953, 1449; Drischler, Vollstreckungsschutz bei der Zwangsvollstreckung in das unbewegliche Vermögen unter besonderer Berücksichtigung der Härteklausel des § 765a ZPO, Rpfleger 1956, 91; Fuchs-Wissemann, Zur eigenartigen Entstehungsgeschichte des § 765a ZPO, DRiZ 1978, 110; Riedel, § 765a ZPO und das Zwangsversteigerungsverfahren, NJW 1955, 1705; Stöber, Ist § 765a ZPO bei der Zwangsversteigerung zur Aufhebung einer Gemeinschaft anwendbar?, Rpfleger 1960, 237; Teufel, § 765a ZPO in der Teilungsversteigerung, Rpfleger 1976, 86.

Allgemeines zu ZPO § 765a

52.1 Zweck der Vorschrift: ZPO § 765a regelt Schuldnerschutz zur Milderung untragbarer, dem allgemeinen Rechtsgefühl widersprechender Härten, die das formstrenge Vollstreckungsrecht im Einzelfall mit sich bringt[1]. ZPO § 765a ist **Generalklausel** des Vollstreckungsschutzes (Magna Charta des Vollstreckungsschutzes). Verwandt ist ZPO § 765a mit BGB §§ 138, 157, 226, 242, 826, wo in Darstellung eines allgemeinen Rechtsgedankens überall das Verbot sittenwidrigen Handelns festgelegt ist. Hervorgegangen ist die Schutzbestimmung aus dem Vollstreckungsmißbrauchgesetz vom 13. 12. 1934 (RGBl 1934 I 1234) und aus der Schutzverordnung vom 4. 12. 1943 (RGBl 1943 I 666). Die Vorschrift ist ein vollstreckungsrechtlicher Rechtsgrundsatz des allgemeinen Rechtssatzes über die Unzulässigkeit von Rechtsmißbrauch und des Verbots sittenwidrigen Handelns.

52.2 Anwendungsbereich: Als allgemeine Schutzvorschrift des Vollstreckungsverfahrens findet ZPO § 765a bei Zwangsvollstreckungen jeder Art Anwendung,

---

[1] Zöller/Stöber, ZPO, § 765 a Rdn 1.

auch bei Zwangsvollstreckung wegen Geldforderungen in das unbewegliche Vermögen (ZPO §§ 864–871). Anwendbar ist ZPO § 765 a insbesondere in der **Vollstreckungsversteigerung**[2].

52.3 Auch für die **Zwangsverwaltung** wird ZPO § 765 a allgemein als anwendbar angesehen[3], und zwar „als einzige aber sehr seltene Einstellungsmöglichkeit"[4] auf Antrag des Schuldners. Jedoch kennt das Zwangsverwaltungsverfahren an sich keine Einstellung (§ 146 Rdn 6). Wenn ausnahmsweise doch eingestellt werden soll, kann das nur in der Weise geschehen, daß das Verfahren als solches weiterläuft, der Zwangsverwalter im Amt bleibt und weiterhin die Nutzungen einzieht, aber angewiesen wird, an den von der Einstellung betroffenen Gläubiger nichts mehr auszuschütten, sondern für diesen zu hinterlegen (§ 146 Rdn 6.6). Für die Aufhebung oder Untersagung des Verfahrens ist ZPO § 765 a bei Zwangsverwaltung ohne Besonderheiten anwendbar. Über Anwendung von ZPO § 765 a für den Unterhalt des Schuldners in der Zwangsverwaltung Näheres bei § 149 Rdn 4.

52.4 In der **Insolvenzverwalterversteigerung** nach § 172 findet ZPO § 765 a keine Anwendung (so auch[5]). Der Gemeinschuldner (Grundstückseigentümer) hat keine Verfügungsgewalt über sein Vermögen (bei Eigenverwaltung Besonderheit nach InsO § 270 Abs 1). Diese steht dem Insolvenzverwalter zu (InsO § 80 Abs 1), auf dessen Antrag die Versteigerung erfolgt. Der Schuldner des Insolvenzverfahrens ist im Verfahren nach § 172 nicht Beteiligter (§ 172 Rdn 3.3); er ist während des Insolvenzverfahrens nicht antragsberechtigt, somit auch nicht nach § 765 a.

52.5 In der **Nachlaßversteigerung** nach § 175 findet ZPO § 765 a gleichfalls keine Anwendung (so auch[5]). Dieses Verfahren erfolgt auf Antrag des Erben (§ 175 Abs 1) oder eines an seiner Stelle Berechtigten. Daneben besteht eine Antragsberechtigung des Erben nach ZPO § 765 a daher nicht.

52.6 Bei Zwangsversteigerung zur Aufhebung einer Gemeinschaft (§§ 180–185) ist ZPO § 765 a als allgemeine Vorschrift des Vollstreckungsrechts anwendbar. Mit Zwangsversteigerung zur Aufhebung einer Gemeinschaft erfolgt Verwirklichung des schuldrechtlichen Auseinandersetzungsanspruchs eines Miteigentümers in Form rechtlichen Zwangs (Einl Rdn 3). Als Zwangsverfahren findet die Teilungsversteigerung gegen den Willen der Miteigentümer, die Antragsgegner sind, in einem als Teil des Zwangsvollstreckungsrechts geregelten Verfahren (ZPO § 869) statt; durchgeführt wird sie unter Anwendung der allgemeinen Bestimmungen des Vollstreckungsrechts. In diesem Verfahren hat der Antragsteller die Rechte des betreibenden Gläubigers, der Antragsgegner die Rechte des Schuldners aus der Vollstreckungsversteigerung (§ 180 Rdn 6.5). Entsprechende Anwendung der Vorschriften über die Vollstreckungsversteigerung (§ 180 Abs 1) und damit der allgemeinen Verfahrensvorschriften der Zivilprozeßordnung (ZPO § 869) gebietet auch in der Teilungsversteigerung auf Antrag Schutz vor sittenwidriger Härte des Zwangsverfahrens. Als allgemeine Schutzvorschrift des Vollstreckungsrechts ist ZPO § 765 a nicht auf die Geldvollstreckung beschränkt. Für den Antragsgegner der Teilungsversteigerung gebietet „entsprechende Anwendung" der Vorschriften über die Vollstreckungsversteigerung gleichen Schutz gegen Maßnahmen des staatlichen Zwangs zur Durchsetzung des materiellen Anspruchs des Antragstellers. Es gibt keinen Grund, der es rechtfertigen könnte, etwa drohende Verschleuderung des Grundstücks bei zu geringem Gebot (bei krassem Mißverhältnis von Meistgebot und Grundstückswert) in der Vollstreckungsverstei-

---

[2] BVerfG 49, 220 (225, 227, 228) = MDR 1979, 286 = NJW 1979, 534 = Rpfleger 1979, 296; BGH 44, 138 = MDR 1965, 899 = NJW 1965, 2107 = Rpfleger 1965, 302.
[3] Jonas/Pohle, ZwVNotrecht, § 756 a Anm 2; Mohrbutter/Drischler Muster 29 Anm 7; Drischler Rpfleger 1956, 91; Pöschl NJW 1956, 372.
[4] Drischler JurBüro 1964, 471 (A I 8).
[5] Riedel NJW 1955, 1705 (II).

gerung nach der Generalklausel von ZPO § 765a auszuschließen, bei hoheitlichem Handeln des Vollstreckungsgerichts in der Teilungsversteigerung aber als Verfahrensergebnis mit Erteilung des Zuschlags zu billigen. Als Maßnahme rechtlichen Zwangs ist die Teilungsversteigerung jedenfalls für die Anwendung von ZPO § 765a der Vollstreckungsversteigerung gleich (deren Verfahrensvorschriften entsprechend angewendet werden), nicht aber einem freihändigen Verkauf. Die von ZPO § 765a geforderte Interessenabwägung zwischen Gläubiger und Schuldner ist nicht auf ein Versteigerungsverfahren wegen einer Geldforderung beschränkt, sondern auch in der Teilungsversteigerung mit Würdigung der gegensätzlichen Interessen von Antragsteller und Antragsgegner ohne weiteres möglich und geboten. Der Rechtscharakter der Teilungsversteigerung als Zwangsverfahren, in dem sich der (als Gläubiger zu behandelnde) Antragsteller und der Antragsgegner (in der Verfahrensstellung des Schuldners) gegenüberstehen, gebietet mit entsprechender Anwendung (§ 180 Abs 1; ZPO § 869) geradezu auch Schutz des Antragsgegners nach der Generalklausel des Vollstreckungsschutzes. Daher ist mit[6] die (früher) vielfach vertretene Gegenmeinung abzulehnen, daß ZPO § 765a in der Teilungsversteigerung nicht anwendbar sei (so[7]). Das Bundesverfassungsgericht[8] hat diese Frage nicht näher erörtert.

Antragsberechtigung und Antrag   53

53.1 Auf ZPO § 765a kann sich **jeder Schuldner** berufen, gegen den sich eine Zwangsvollstreckung richtet, auch jede Personenhandelsgesellschaft (Offene Handelsgesellschaft, Kommanditgesellschaft), Partnerschaft sowie Europ wirtschaftliche Interessenvereinigung, und jede juristische Person (insbesondere Gesellschaft mbH, Aktiengesellschaft), ein Ausländer oder Staatenloser sowie der Insolvenzverwal-

---

[6] OLG Braunschweig NJW 1961, 129 mit abl Anm Sebode; KG Berlin MDR 1998, 1307 = Rpfleger 1998, 298 und NJW-RR 1999, 434 = Rpfleger 1998, 299; OLG Bremen Rpfleger 1979, 72; OLG Hamburg MDR 1954, 369; OLG Hamm NJW 1955, 149 mit Anm Schriftleit (überholt durch Fußn 7); OLG Karlsruhe OLGZ 1994, 107 (110) = Rpfleger 1993, 413 (414); OLG Karlsruhe (ZS Freiburg) Rpfleger 1994, 223; OLG Köln MDR 1991, 452 = NJW-RR 1992, 1261 = Rpfleger 1991, 197; OLG München BayJMBl 1954, 273 = NJW 1955, 149 Leitsatz (überholt durch Fußn 7); OLG Nürnberg NJW 1954, 722; OLG Schleswig JurBüro 1964, 612 = SchlHA 1964, 263; LG Aschaffenburg MDR 1959, 135; LG Stuttgart Justiz 1961, 169 = Rpfleger 1961, 51; LG Stuttgart Justiz 1975, 74; LG Stuttgart Justiz 1975, 272 mit zust Anm Holch; LG Stuttgart MDR 1993, 83 = Rpfleger 1992, 491; Musielak/Lackmann und Zöller/Stöber, ZPO, je § 765a Rdn 2; Leyerseder MDR 1956, 644; Pöschl BWNotZ 1967, 129 (5); Stöber Rpfleger 1960, 237 sowie Rpfleger 1960, 254 (Anmerkung) und in Besprechung zu Steiner/Riedel, ZVG, 7. Aufl (Nachtrag), Rpfleger 1960, 423; Stöber JVBl 1963, 50 (VIII); Teufel Rpfleger 1976, 84 (V, IX).

[7] OLG Hamm Rpfleger 1960, 253 mit abl Anm Stöber; OLG Hamm Rpfleger 1964, 341 mit zust Anm Haegele und KTS 1973, 143 = OLGZ 1972, 316; OLG Karlsruhe ZMR 1973, 89; OLG Koblenz NJW 1960, 828; OLG München NJW 1961, 787; OLG Oldenburg NJW 1955, 150 = Rpfleger 1954, 377 mit zust Anm Mohrbutter; LG Berlin MDR 1959, 47, FamRZ 1987, 1067 = NJW-RR 1988, 253 und Rpfleger 1993, 297 (überholt durch KG Berlin Rpfleger 1998, 298); LG Bielefeld Rpfleger 1983, 168; LG Braunschweig NdsRpfl 1977, 106; LG Frankenthal Rpfleger 1985, 315; LG Hildesheim MDR 1971, 589; Baumbach/Lauterbach/Albers/Hartmann, ZPO, § 765a Rdn 5; Dassler/Schiffhauer § 180 Rdn 72; Jaeckel/Güthe § 180 Rdn 1 (zum fr. Notrecht); Mohrbutter/Drischler Einleitung 1 C und Muster 29 Anm 5; MünchKomm/Heßler, ZPO, § 765a Rdn 18; Schuschke/Walker, ZPO, § 765a Rdn 4; Stein/Jonas/Münzberg, ZPO, § 765a Rdn 3; Bloedhorn DGVZ 1976, 104 (II); Drischler seit Rpfleger 1953, 549 ständig, so Rpfleger 1956, 91, JurBüro 1963, 241 und Rpfleger 1967, 357 (9); Mohrbutter Rpfleger 1954, 235, DRiZ 1977, 39 (II 3), Rpfleger 1954, 378 (Anmerkung) und NJW 1955, 124; Riedel NJW 1955, 1705 (II); Riggers JurBüro 1968, 583 (7 a) mit JurBüro 1971, 490 (2 c); Schneider MDR 1980, 817 (I 3); Sebode NJW 1961, 129 (Anmerkung).

[8] BVerfG 51, 150 (157) = KTS 1979, 275 = Rpfleger 1979, 296.

Einleitung 53.1   Schuldnerschutz nach ZPO § 765a

ter[1] (anders[2]). Der Insolvenzverwalter übt in Ansehung der Insolvenzmasse das Verwaltungs- und Verfügungsrecht aus (InsO § 80 Abs 1); ihm gewährleistet ZPO § 765a daher Schutz bei sittenwidriger Härte, die abgesonderte Befriedigung (InsO § 49) mit Zwangsversteigerung eines Massegrundstücks zum Nachteil der Insolvenzmasse als Haftungsobjekt zur gemeinschaftlichen Befriedigung der Insolvenzgläubiger im Einzelfall mit sich bringt. Der Schuldner selbst kann während eines Insolvenzverfahrens keinen Einstellungsantrag stellen[3] (Ausnahme bei Eigenverwaltung, InsO § 270 Abs 1), weil ihm die prozessuale Handlungsfähigkeit fehlt und er daher Rechte eines Beteiligten nicht ausüben kann[4] (nicht richtig[5]: der Schuldner könne Antrag stellen, wenn vom Insolvenzverwalter kein Schutzantrag nach ZPO § 765a gestellt wird).

53.2 Schutz nach ZPO § 765a wird **nur auf Antrag** des Schuldners gewährt. Dem Schuldner ist damit die Entscheidung anheimgegeben, ob er von der Schutzvorschrift Gebrauch machen will; sieht er davon ab, so nimmt er das damit verbundene Risiko in Kauf[6]. Das Antragserfordernis ist mit dem Grundgesetz vereinbar[7]. Als Schutzbestimmung des Vollstreckungsverfahrensrechts untersteht ZPO § 765a den Garantiefunktionen des Grundgesetzes (Einl Rdn 7). Effektiver Rechtsschutz und faire Verfahrensdurchführung müssen es dem Schuldner ermöglichen, die Zwangsversteigerung seines durch GrundG Art 14 geschützten Eigentums mit Einstellungsantrag nach ZPO § 765a abzuwenden, insbesondere mithin gegenüber einer unverhältnismäßigen Verschleuderung seines Grundvermögens nach ZPO § 765a um Rechtsschutz nachzusuchen. Dazu näher Einl Rdn 7, 8.

53.3 Ein am Grundstück **Berechtigter** (Gläubiger, § 10) kann nach ZPO § 765a Zuschlagsversagung auch dann nicht beantragen, wenn er teilweise durch ein sittenwidriges Gebot nicht gedeckt ist. ZPO § 765a ist Schutzvorschrift für den Schuldner; Gläubigerschutz gewährleisten § 74a Abs 1 und § 85, auch § 85a; zur Umgehung dieser Bestimmungen ist ZPO § 765a nicht benützbar (abzulehnen daher[8]).

54 Härte und Sittenwidrigkeit als Schutzvoraussetzungen

54.1 Eine **Härte** muß für eine Maßnahme nach ZPO § 765a die Zwangsvollstreckung wegen **ganz besonderer Umstände** bedeuten, die **mit den guten Sitten nicht zu vereinbaren** ist. Wirtschaftliche oder soziale Gesichtspunkte und allgemeine Interessenabwägungen rechtfertigen die Beschränkung der Vollstreckung nicht. Bei Prüfung dessen, was als eine mit den guten Sitten nicht zu vereinbarende Härte anzusehen ist, müssen auch die Wertentscheidungen des Grundgesetzes und die dem Schuldner in der Zwangsvollstreckung gewährleisteten Grundrechte berücksichtigt werden[1*].

54.2 Härten bringt jede Vollstreckung mit sich, diese muß der Schuldner in Kauf nehmen, damit muß er sich abfinden[2*], Verluste muß er hinnehmen, wenn er eine

---

[1] OLG Braunschweig NJW 1968, 164 = OLGZ 1968, 62; OLG Celle OLGZ 1973, 252; OLG Hamm KTS 1977, 50 mit Anm Schriftleit = NJW 1976, 1754 = OLGZ 1976, 489 = Rpfleger 1976, 146; OLG Karlsruhe Justiz 1968, 281; Stein/Jonas/Münzberg, ZPO, 765a Rdn 19; Zöller/Stöber, ZPO, § 765a Rdn 3.

[2] Mohrbutter KTS 1968, 59 (Anmerkung).

[3] LG Köln KTS 1968, 59 mit abl Anm Mohrbutter; AG Hannover Rpfleger 1987, 166.

[4] BVerfG 51, 405 = MDR 1979, 907 = NJW 1979, 2510.

[5] OLG Celle ZIP 1981, 1005.

[6] OLG Celle ZIP 1981, 1005; Zöller/Stöber, ZPO, § 765a Rdn 19.

[7] BVerfG 61, 126 = MDR 1983, 188 = NJW 1983, 559 = Rpfleger 1983, 80.

[8] Pöschl BWNotZ 1967, 129 (3).

[1*] BVerfG 52, 214 (219 f) = MDR 1980, 116 = NJW 1979, 2607 = Rpfleger 1979, 450.

[2*] OLG Hamm NJW 1955, 149 und JurBüro 2001, 660 = NJW-RR 2001, 1303 = Rpfleger 2001, 508; OLG Karlsruhe BWNotZ 1968, 224; OLG Köln JurBüro 1996, 159 = NJW-

fällige Schuld nicht bezahlen kann, sie liegen im Wesen der Zwangsvollstreckung, dürfen nur nicht so groß werden, daß die Vollstreckungsmaßnahme, insbesondere der Zuschlag, als sittenwidrig erscheint. Für Anwendung von ZPO § 765a genügt auch erhebliche Härte nicht, nicht einmal (allein), daß der Schuldner seine Existenz verliert. Härten und Verluste lassen sich bei Zwangsversteigerung so wenig ausschließen wie sie bei freihändigem Verkauf vermeidbar sind, wenn sich der Eigentümer in einer Zwangslage befindet und nur durch Veräußerung des Grundstücks von drückenden Schulden befreien kann. Die Maßnahme des Gläubigers muß moralisch verwerflich sein.

54.3 Als **Ausnahmevorschrift**[3] ist ZPO § 765a trotz des scheinbaren Ermessensspielraums eng auszulegen[4]. Es ist ein strenger Maßstab anzulegen, es sind hohe Anforderungen an die Erfüllung der Voraussetzungen zu stellen Mit Recht sagt[5] „Das Gesetz will nur in besonders liegenden Ausnahmefällen, in denen das geschriebene Recht versagt, Lücken im Schuldnerschutz aus Billigkeitserwägungen ... schließen". Die Vorschrift ist daher nur in Ausnahmefällen anzuwenden, nur mit großer Zurückhaltung, nur wenn die Gesetzesanwendung zu einem ganz untragbaren Ergebnis führen würde[6], nur wenn die dem Schuldner durch die Vollstreckung drohenden Nachteile schlechthin dem Rechtsgefühl aller billig und gerecht Denkenden widersprechen. Andere Schutzvorschriften dürfen nicht durch eine unkontrollierte Anwendung des ZPO § 765a unterlaufen werden. Die Vollstreckung aus einem mit rechtsstaatlichen Garantien ausgestatteten Vollstreckungstitel muß aus ganz besonderen Gründen im Einzelfall zu Folgen für den Schuldner führen, die über die mit jeder Vollstreckung verbundene Härte so weit hinausgehen, daß sie als sittenwidrig nicht mehr in Kauf genommen werden können. Zu vermeiden ist unerträgliche Härte und sittenwidriges Pochen auf formalen Rechtszwang.

54.4 Sittenwidrige Härte bewirkt die Zwangsvollstreckung, wenn sie moralisch zu beanstanden wäre, auch wenn den Gläubiger selbst kein Vorwurf trifft, die Vollstreckung aber ein sittenwidriges Ergebnis hat[7]. Als sittenwidrig kann man bezeichnen Vollstreckungsmaßnahmen, die den Schuldner schädigen ohne dem Gläubiger den geringsten Nutzen zu bringen, die moralisch verwerflich sind, weil die Vollstreckung nur zu dem Zweck erfolgt, dem Schuldner Kosten zu verursachen[8], wenn ein Gläubiger offensichtlich böswillig gegen den Schuldner vorgeht, aber auch eine Maßnahme, die das Leben oder die Gesundheit des Schuldners (Suizidgefährdung) oder seiner Angehörigen unmittelbar gefährdet[9]. Schwerwiegende Gefahr für Leben und Gesundheit des Schuldners (Suizidgefahr) begründet unabhängig von ihrer Ursache sittenwidrige Härte. Daher sind Beweisangebote des Schuldners für drohende konkrete Gefährdung besonders sorgfältig zu prüfen[10]

RR 1995, 1472; OLG Zweibrücken Rpfleger 2002, 465; LG Lüneburg MDR 1956, 237; LG Mainz NJW-RR 1998, 1451; auch BGH NJW 2000, 308 (für ZPO § 719 Abs 2).

[3] BGH 44, 138 = MDR 1965, 899 = NJW 1965, 2107 = Rpfleger 1965, 302; OLG Frankfurt MDR 1981, 412 = OLGZ 1981, 250 = Rpfleger 1981, 117; LG Lüneburg MDR 1956, 237.

[4] BGH MDR 2003, 1245 (1246) = NJW-RR 2003, 1648 (1649) = Rpfleger 2003, 604 (605); BGH Rpfleger 2004, 302; BGH MDR 2005, 55 (56) = NJW 2004, 3635 (3636) = Rpfleger 2004, 722.

[5] Jonas/Pohle, ZwVNotrecht, § 765 a Anm 4 a.

[6] BGH 44, 138 = aaO (Fußn 3); BGH NJW 2004, 3635 (3636) = aaO (Fußn 4); OLG Frankfurt Rpfleger 1981, 117 = aaO (Fußn 3); OLG Karlsruhe BWNotZ 1967, 318 = RpflJahrbuch 1969, 265 Leitsatz; LG Köln KTS 1968, 59 mit abl Anm Mohrbutter.

[7] OLG Hamm NJW 1957, 68 = Rpfleger 1957, 313.

[8] LG Lüneburg MDR 1976, 1027.

[9] BVerfG 52, 214 = aaO (Fußn 1*); BVerfG (Kammerbeschluß) Rpfleger 1994, 427; BVerfG (Kammerbeschluß) NJW 1994, 1719 = Rpfleger 1994 470; BVerfG (Kammerbeschluß) NJW 2004, 49; SaarlOLG Rpfleger 2003, 38; LG Krefeld Rpfleger 1996, 363; AG Hannover Rpfleger 1990, 174.

[10] BVerfG 52, 214 (220) = aaO (Fußn 1*), NJW 1994, 1719 und NJW 2004, 49.

Einleitung 54.4

und im Einzelfall die Risiken des Schuldners für Leben und/oder Gesundheit mit Gläubigerbelangen sorgsam abzuwägen[11]; einzubeziehen in die Prüfung ist aber auch, ob der Schuldner zumutbare Bemühungen zur Verringerung des Krankheitsrisikos unternommen, damit auch, ob er sich aktuell einer ärztlich empfohlenen lebenserhaltenden Behandlung zur Abwendung einer geltend gemachten Lebensgefahr unterzogen hat.[12]

54.5 Die (sittenwidrige) Härte muß **den Schuldner selbst** treffen, nicht Dritte[13]. Die Auswirkungen der Zwangsvollstreckung auf einen nahen Angehörigen des Schuldners (zB Gefahr für Leben oder Gesundheit eines ernsthaft erkrankten betagten Elternteils) können aber auch für den Schuldner selbst (sittenwidrige) Härte begründen[14]. Das gilt jedoch nicht (ohne weiteres) schon dann, wenn dem Schuldner die Möglichkeit genommen wird, einen hochbetagten pflegebedürftigen Elternteil in seinem Haushalt aufzunehmen[15]. Härte kann auch zu bejahen sein, wenn sie der Schuldner selbst verschuldet hat; bei der Interessenabwägung (Einl Rdn 54.6) wird dies allerdings gegen ihn sprechen. Unbelehrbarkeit eines Schuldners ist kein Umstand, der für eine Härte spricht. Auf Verschulden des Gläubigers kommt es nicht an. ZPO § 765a ist auch anwendbar, wenn der Gläubiger die außergewöhnliche Härte nicht erkennen konnte[16]. Interessen Dritter bleiben auf der Gläubiger- und auf der Schuldnerseite unberücksichtigt[17], desgleichen das Interesse des Meistbietenden, wenn der Zuschlag aus ZPO § 765a versagt werden soll[18]. Es kann daher auch nicht angenommen werden (so aber[19]), das Interesse des Erstehers erfordere gewisse Grenzen für die Anwendung von ZPO § 765a (anders[20]: auch Belange sonstiger Beteiligter, zB nachstehender Hypothekengläubiger, seien zu berücksichtigen). Nicht zu berücksichtigen sind auch angebliche Angebote weiterer Bietinteressenten.

54.6 Sittenwidrige Härte muß die Zwangsvollstreckung unter Würdigung des **Schutzbedürfnisses des Gläubigers** bedeuten. Die Verhältnisse müssen damit auch in Härtefällen klar und eindeutig zugunsten des Schuldners sprechen. ZPO § 765a verlangt eine **Interessenabwägung** zwischen Schuldner und Gläubiger: es muß eine sittenwidrige Härte für den Schuldner abwendbar sein, das Schutzbedürfnis des Gläubigers aber voll gewürdigt werden. Im Vordergrund steht das Interesse des Gläubigers[21], vorausgesetzt, daß er formell ordnungsgemäß vollstreckt[22]. Es dürfen nicht einseitig die Interessen des Schuldners, seine Schwierigkeiten und sozialen Nöte beachtet werden, was sehr häufig aber geschieht. Gläubigerinteressen müssen nachhaltig gewürdigt werden. Allein die Erwägung, daß der Gläubiger bei

---

[11] OLG Brandenburg Rpfleger 2000, 406 und Rpfleger 2001, 91; OLG Jena Rpfleger 2000, 463; OLG Oldenburg MDR 2002, 664; LG Mainz NJW-RR 1998, 1451; siehe auch Zöller/Stöber, ZPO, § 765a Rdn 11 mit weit Nachw (zur Gefahr für Leben und Gesundheit des Schuldners bei Zwangsräumung).
[12] BVerfG (Kammerbeschluß) NJW 2004, 49; BGH NJW 2005, 1859 = aaO (Fußn 14).
[13] OLG München BayJMBl 1955, 76 = JurBüro 1955, 200 Leitsatz; OLG Schleswig DGVZ 1956, 106 = SchlHA 1956, 115.
[14] BGH FamRZ 2005, 1170 = NJW 2005, 1859 = Rpfleger 2005, 454; OLG Frankfurt NJW-RR 1994, 81; OLG Hamm NJW-RR 2001, 1303 = aaO (Fußn 2): OLG Köln FamRZ 1994, 1046 = MDR 1994, 728 = NJW 1994, 1743 = Rpfleger 1994, 267; OLG Karlsruhe (ZS Freiburg) Rpfleger 1994, 223.
[15] LG Kleve JurBüro 1999, 607.
[16] Jonas/Pohle, ZwVNotrecht, § 765a Anm 4e.
[17] OLG München und OLG Schleswig je aaO (Fußn 13); LG Wiesbaden MDR 1955, 620 mit Anm Schriftleitg.
[18] OLG Hamburg MDR 1954, 369; OLG Saarbrücken OLGZ 1966, 182.
[19] Leyerseder MDR 1956, 644.
[20] Jonas/Pohle, ZwVNotrecht, § 765a Anm 4d.
[21] Grund NJW 1956, 126.
[22] Jessen NJW 1956, 1059.

einer vom Schuldner angebotenen Schuldentilgung letztlich besser fahre als bei Durchführung der Zwangsversteigerung, rechtfertigt jedoch nicht schon Annahme einer sittenwidrigen Härte für den Schuldner[23]. Nur bei krassem Mißverhältnis der für und gegen die Vollstreckung sprechenden Interessen kommt eine Einstellung in Frage[24]. Auf die sogenannte Schutzwürdigkeit des Schuldners kommt es hierbei nicht an[24]. Auch die wirtschaftlichen Verhältnisse des Schuldners sind nur bedingt unter dem Gesichtspunkt der guten Sitten zu untersuchen. Das Gericht darf von seinem nachprüfbaren Ermessen keinen unsachgemäßen Gebrauch machen. Die Voraussetzungen sind zB gegeben, wenn der Titel sehr jung ist, die Forderungen gering, der Gläubiger in geordneten wirtschaftlichen Verhältnissen ohne wesentliches Interesse an sofortiger Vollstreckung, weil schon durch Mobiliarvollstreckung gesichert, der Verlust des Schuldners aber unverhältnismäßig hoch wäre, weil er nur eine kleine Rente hat und im eigenen Haus mietfrei wohnt und wenn der Gläubiger die Einstellung nur deshalb nicht bewilligt, weil ihn der Schuldner beleidigt hat, wenn der Gläubiger also aus neben der Sache liegenden Gründen vollstreckt, die keinen Schutz verdienen. Für das **Schutzbedürfnis des Gläubigers** ist etwa zu beachten: daß er mit einem Titel grundsätzlich ein schutzwürdiges Vollstreckungsinteresse hat; wann und woraus seine Forderung entstanden ist, etwa als Schadensersatzanspruch aus unerlaubter Handlung des Schuldners; wie lange der Gläubiger mit Klage und Vollstreckung schon gewartet hat; ob der Schuldner Versprechungen nicht eingehalten hat, ob der Schuldner erfüllen könnte, aber nicht will[25] ; welches besondere Interesse des Gläubigers an der sofortigen Vollstreckung besteht; ob er etwa selbst dringend darauf angewiesen ist, weil er zB eine alte oder im Vertrauen auf die Erfüllung neu eingegangene Verpflichtung erledigen muß; ob der Schuldner alles ihm rechtlich und moralisch Zumutbare getan hat, um dem Gläubiger zu seinem Recht zu verhelfen (muß also alle Einnahmen ausnützen und darf sich nicht für andere Zwecke des Vermögens entäußern).

Härtefälle im einzelnen

55.1 Die **besondere Härte** kann sich aus der gewählten Vollstreckungsart oder der einzelnen Vollstreckungsmaßnahme ergeben[1], vielleicht auch aus der Vollstreckungszeit[2] (zB Todesfall in der Familie des Schuldners). Eine Härte liegt etwa vor, wenn die Gesundheit des Schuldners oder seiner Angehörigen erheblich gefährdet wird (Einl Rdn 54.4); es kann aber nicht einfach Krankheit des Schuldners genügen, desgleichen nicht schon die Gefahr psychogener Störungen[3], wohl aber fortgeschrittene Schwangerschaft oder hohes Alter. Eine wirtschaftlich offensichtlich zwecklose, in erster Linie in Schädigungsabsicht betriebene Vollstreckung (sehr schwer festzustellen), etwa an aussichtsloser Rangstelle, stellt eine besondere Härte dar[4], wenn also die Vollstreckung eine reine Schikane ist, wenn die Forderung gegenüber dem Grundstückswert sehr gering ist. Im letzten Fall bestehen allerdings erhebliche Bedenken für die Anwendung von ZPO § 765a, weil auch eine geringfügige Forderung, die der Schuldner umso leichter zahlen könnte, mit staatlichen Machtmitteln beigetrieben werden muß (sonst müßte sich der Staat weigern, einen Titel dafür zu geben). Anders ist es aber, wenn der Schuldner ein höhere Hauptsache schon getilgt und nur noch verhältnismäßig geringfügige Kosten zu zahlen hat und Leistung auch ernsthaft zu erwarten ist, oder wenn durch

---

[23] OLG Köln JurBüro 1996, 159 = NJW-RR 1995, 1472.
[24] Jonas/Pohle, ZwVNotrecht, § 765 a Anm 4 c und d.
[25] BGH NJW 2004, 3635 (3636) = aaO (Fußn 4).
[1] LG Wiesbaden JurBüro 1955, 451 Leits = MDR 1955, 620; Zöller/Stöber, ZPO, § 765 a Rdn 9; Jonas/Pohle, ZwVNotrecht, § 765 a Anm 4 a.
[2] Zöller/Stöber, ZPO, § 765 a Rdn 9; Jonas/Pohle, ZwVNotrecht, § 765 a Anm 4 a.
[3] OLG Köln MDR 1988, 152 = OLGZ 1988, 253.
[4] LG Limburg DGVZ 1970, 186 mit zust Anm Schiffhauer.

Einleitung 55.1

schon begonnene Raten eine nicht zu lange Abzahlungszeit gewährleistet ist oder wenn der Gläubiger eine Teilzahlung nur abgelehnt hat, weil er vom Schuldner beleidigt worden ist (siehe Rdn 54.6) oder wenn minderjährige Schuldner mit wertvollem Grundbesitz eine nicht sehr hohe Forderung unter Aufsicht eines Vormunds von ihrem Arbeitsverdienst alsbald abtragen können. Der häufige Hinweis auf eine geplante Umschuldung genügt nicht; es müßte schon durch die weitere Vollstreckung eine aussichtsreiche Schuldenabwicklung gestört und unmöglich gemacht werden, durch die sonst der Schuldner seinen Besitz erhalten und den Verlust großer Werte vermeiden kann, während die berechtigten Ansprüche der Gläubiger ohne unzumutbare Verzögerung zum Zuge kommen würden. Keine Härte dieser Art liegt vor, wenn der Gläubiger gegenüber dem Schuldner schon erhebliche Geduld bewiesen hat, nun aber auf Durchsetzung seiner Forderung besteht. Sittenwidrige Härte ist jedoch (regelmäßig) gegeben, wenn der Gläubiger sich weigert, bei Abwicklung und Auszahlung des zu seiner Befriedigung (Ablösung des Grundpfandrechts) auf Anderkonto eines Notars bereitgestellten Betrages (in zumutbarer Weise) mitzuwirken[5]. Härte wurde verneint, wo verpachtete Grundstücke eines kranken, schon von Sozialhilfe lebenden Schuldners versteigert wurden und der Sozialhilfebedarf hierdurch stieg, ohne daß aber die Krankheit betroffen wurde[6]. Versteigerung eines Einlagegrundstücks während eines Flurbereinigungsverfahrens würde eine Härte bedeuten, wenn der Schuldner mit seinem Grundbesitz auch das auf dem Abfindungsgrundstück neu errichtete Gebäude ohne Gegenwert verliert[7] (und dem Schutzbedürfnis des Schuldners nicht schon mit Festlegung abweichender Versteigerungsbedingung Rechnung getragen werden kann; § 59 Rdn 5.7).

55.2 Umstritten ist, ob ein Verfahren sittenwidrig ist, wenn es der Gläubiger an **aussichtsloser Rangstelle** betreibt (nutzloses Verfahren), während die anderen stillhalten[8], wenn ein Gläubiger trotz völliger Aussichtslosigkeit (Grundstückswert ca 12 000 Euro, geringstes Gebot 31 200 Euro, altes nicht ausbaufähiges Haus, Gläubiger will nicht einsteigern, betreibt nur persönlich, hat nichts zu erwarten) auf Termin besteht. Doch gibt es manchmal auch in zunächst aussichtslos erscheinenden Verfahren ein Ergebnis (besserrangige Gläubiger fallen weg; Grundpfandrechte werden gelöscht; unerwartet hohe Gebote aus persönlichem Interesse, Gläubiger steigert selbst ein, um Verlust zu verringern), so daß man nicht mit Sicherheit voraus das Verfahren für aussichtslos bezeichnen kann (s auch Einl Rdn 48). Es wäre daher eine unzulässige Vorwegnahme des Versteigerungsergebnisses, wollte man das Verfahren aufheben, weil voraussichtlich der Gläubiger nicht zum Zuge komme[9], weil voraussichtlich ein Gebot nicht abgegeben werde, weil das Verhalten des Gläubigers darum nur Schikane sei[10] (etwas weitergehend[11]: die Vollstreckung eines persönlichen Gläubigers in ein in Bau befindliches Grundstück könne unter besonderen Umständen sittenwidrig sein). Wenn der Gläubiger dauernd nicht mit Befriedigung seines Anspruchs an völlig aussichtsloser Rangstelle rechnen kann, kann die Zwangsversteigerung nicht zur Verwertung des Grundstücks führen (hohes geringstes Gebot führt zur Erfolglosigkeit der Versteigerung, § 77), das Verfahren für den Schuldner somit keine mit den guten Sitten nicht zu

---

[5] OLG Koblenz OLGZ 1985, 453 = Rpfleger 1985, 499 und 1986, 62 Leitsatz mit zust Anm Alisch.
[6] OLG Hamm Rpfleger 1970, 405.
[7] OLG Hamm Rpfleger 1987, 258.
[8] Schiffhauer Rpfleger 1978, 397 (IV 2); Jonas/Pohle, ZwVNotrecht, § 765 a Anm 4 b.
[9] BGH Rpfleger 2004, 302.
[10] OLG Köln MDR 1972, 877 = Rpfleger 1972, 378 und JurBüro 1996, 159 = NJW-RR 1995, 1472; LG Hannover MDR 1984, 764; LG Limburg Rpfleger 1977, 219; LG Lüneburg MDR 1976, 1027; LG Oldenburg Rpfleger 1982, 303.
[11] BGH BGHWarn 1972, 445 = KTS 1973, 70.

Schuldnerschutz nach ZPO § 765a   55.3 **Einleitung**

vereinbarende Härte bringen (anders[12]: sittenwidrige Härte, wenn Befriedigung des Gläubigers aus dem Versteigerungserlös wegen hoher Vorbelastungen nicht einmal teilweise erwartet werden kann). Verfahrenskosten können nicht notwendig sein, somit den Gläubiger treffen (ZPO § 788 Abs 1). Eine sittenwidrige Härte mit Vollstreckung durch einen derzeit an aussichtsloser Rangstelle stehenden Gläubiger kann sich nicht aus der Art der Vollstreckungsmaßnahme, sondern allenfalls aus dem Zeitpunkt der Vollstreckung ergeben (dazu Einl Rdn 55.1). Verfahrensaufhebung (bewirkt Wegfall der Beschlagnahmewirkungen, ZPO § 765a Abs 5) kann aber nach ZPO § 765a nicht allein deshalb angeordnet werden, weil der Gläubiger derzeit mit seinem Anspruch an aussichtsloser Rangstelle vollstreckt. Schikane (mit Folgen aus ZPO § 765a) kann es sein, wenn die Zeit oder die Art eines an sich durchsetzbaren Anspruch so gewählt ist, daß sie dem Gläubiger keinen Vorteil bringt, sondern nur dem Zweck dient, dem Schuldner Schaden zuzufügen, wenn also die Vollstreckung gerade zu dieser Zeit, gerade in dieser Art ein unangemessenes Mittel zur Erzielung eines an sich billigenswerten Zweckes ist.

55.3 Bei der Zuschlagsentscheidung wird es als sittenwidrig behandelt, wenn **Verschleuderung** des Grundstücks droht, also bei krassem Mißverhältnis von Grundstückswert und Meistgebot[13]. Dann müssen (zweite Voraussetzung) aber zudem konkrete Anhaltspunkte vorliegen, daß später das Ergebnis günstiger sein werde[14]. Wann ein krasses Mißverhältnis vorliegt, ist nach den Gesamtumständen des Einzelfalls zu beurteilen. Die Regelung in § 85a hat die Grenze der Sittenwidrigkeit nicht etwa bei 50 vH des Verkehrswerts festgeschrieben[15]. Krasses Mißverhältnis wird gleichwohl zu bejahen sein, wenn das Meistgebot unter 50% des Grundstückswerts liegt[16] oder knapp darüber (anders[17]: 50% genügen noch nicht, auch[18]: im Regelfall Mißverhältnis nur bei Gebot unter 50%, kann somit nur im 2. Termin praktisch werden); [19]bei 35% Mißverhältnis; [20]bei 10% Mißverhältnis; [21]Versteigerung zur Hälfte des Wertes ist kein unverhältnismäßige Verschleuderung; [22]ein Meistgebot von 62% des Wertes begründet (in der Regel) kein grobes Mißverhältnis, [23]ebenso ein Meistgebot von 70–71% nicht; [24]ein Drittel des Verkehrswertes kommt einer Verschleuderung zumindest nahe; anschaulich hierzu insbesondere auch[25]. Die Überlegungen gelten nicht im ersten Termin nach § 85a, wenn das Meistgebot unter 50% des Wertes ist, weil dann immer der Zuschlag versagt werden muß, sind aber anzustellen bei über 50% oder im zweiten Termin. Vollstreckungsschutz nach ZPO § 765a kann auch zur Anwendung kom-

---

[12] OLG Düsseldorf Rpfleger 1989, 470.
[13] OLG Düsseldorf Rpfleger 1989, 36 mit Anm Meyer-Stolte und (als Vorinstanz) LG Krefeld Rpfleger 1988, 375; OLG Hamburg MDR 1954, 369; OLG Nürnberg NJW 1954, 722; LG Köln KTS 1968, 59 mit abl Anm Mohrbutter.
[14] BGH MDR 2003, 1245 (1246) = NJW-RR 2003, 1648 (1649) = Rpfleger 2003, 604 (605); OLG Celle KTS 1979, 320 = Rpfleger 1979, 116; OLG Celle ZIP 1981, 1005; OLG Düsseldorf aaO (Fußn 13); OLG Frankfurt JurBüro 1976, 533 mit zust Anm Mümmler und Rpfleger 1979, 391; OLG Hamm NJW 1976, 1754 = OLGZ 1976, 489 = Rpfleger 1976, 146; OLG Koblenz JurBüro 1986, 1587; LG Köln KTS 1968, 59 mit abl Anm Mohrbutter.
[15] OLG Karlsruhe OLGZ 1994, 107 = Rpfleger 1993, 413.
[16] OLG Düsseldorf aaO (Fußn 13); OLG Frankfurt Rpfleger1976, 25; OLG Hamm aaO (Fußn 13) und MDR 1952, 754; OLG Hamburg und OLG Nürnberg je aaO (Fußn 13).
[17] OLG Hamm OLGZ 1971, 190.
[18] OLG Koblenz NJW-RR 1988, 690 (692) und JurBüro 1986, 1587.
[19] LG Stuttgart Justiz 1975, 272 mit Anm Holch.
[20] OLG Schleswig Rpfleger 1975, 372 mit zust Anm Schiffhauer = SchlHA 1975, 146.
[21] Arnold MDR 1979, 358 (III 8, Fußn 70).
[22] OLG Karlsruhe aaO (Fußn 15).
[23] LG Saarbrücken Rpfleger 2000, 80 (81).
[24] LG Bielefeld Rpfleger 1983, 168.
[25] Schiffhauer Rpfleger1978, 397 (IV 3).

Einleitung 55.3

men, wenn bei einem Gebot von über 50% im ersten Versteigerungstermin Versagung des Zuschlags nach § 85a ausscheidet[26]. Härte begründet aber nicht schon vor Durchführung des Verfahrens die Erwartung des Schuldners, infolge der Besonderheiten des Objekts werde ein Erlös weit unter seinem Marktwert liegen[27].

55.4 Verfahrensmängel begründen ZPO § 765a, wenn der Gläubiger sie verursacht und dadurch Vorteile erzielt hat[28]. Das Schutzbedürfnis des Gläubigers steht auch nicht entgegen, wenn er nicht dringend auf alsbaldige Erfüllung angewiesen ist und die Befriedigung nur kurze Zeit hinausgeschoben wird. Der vom Schuldner beantragte Schutz kann durch Interessenabwägung sogar zum Vorteil des Gläubigers gereichen, indem etwa notarielles Kaufangebot höher ist als das unter dem Grundstückswert liegende Meistgebot (hier kann nicht der Gläubiger Versagungsantrag stellen; es ist auch nicht von Amts wegen einzugreifen).

55.5 Es ist **keine** sittenwidrige **Härte,** wenn ein Gläubiger von mehreren Vollstreckungsmöglichkeiten diejenige wählt, die ihm am meisten Erfolg verspricht. Allerdings kann es als Mißbrauch angesehen werden, wenn der dingliche Gläubiger nur Zinsen oder Annuitäten beitreiben will und hierzu die Versteigerung statt der Zwangsverwaltung wählt, ohne daß er die Hauptsache zu bekommen wünscht, nur um einen besonders starken Druck auf den Schuldner auszuüben, wenn er also für seine geringe Forderung ein Zwangsmittel wählt, das dafür seiner Natur nach nicht geschaffen ist. Das Recht des Gläubigers darf aber nicht durch eine zu weit aufgefaßte Generalklausel gefährdet werden. Zur Begründung der Härte genügt nicht, wie schon für die Sittenwidrigkeit dargelegt (Rdn 55.7), der Titel sei falsch oder erschlichen, aber auch nicht, er sei durch ein Gegenrecht beseitigt[29]. Einwendungen gegen den Bestand des Anspruchs sind in dem Verfahren nach ZPO § 765a ausgeschlossen[30]; sie müssen mit den dafür gegebenen Rechtsbehelfen geltend gemacht werden. Vollstreckung der ganzen Forderung nach Wegfall teilweisen Forderungserlasses mit Vergleich infolge nur geringfügigen Überschreitens des Zahlungstermins ist in der Regel noch keine treuwidrige Wahrnehmung einer formalen Rechtsposition im Übermaß[31] und daher auch keine sittenwidrige Härte. Die Versteigerung eines kleinen Hausgrundstücks auf Antrag eines unterhaltsberechtigten Angehörigen, der Sozialhilfe erhalten und deshalb beigetriebene Unterhaltsbeträge an den Sozialhilfeträger abzuführen hat, kann jedoch sittenwidrige Härte begründen. Wenn der Sozialhilfeträger den Übergang des Anspruchs gegen den unterhaltspflichtigen Schuldner nach Sozialgesetzbuch XII § 93 nicht bewirken darf, weil das Hausgrundstück dem Schuldner als Familienheim dient, kann sich der Schuldner auf den nach SGB XII § 90 Abs 2 Nr 8 gewährten Vermögensschutz auch bei Vollstreckung durch den formal berechtigten, aber ablieferungspflichtigen Unterhaltsgläubiger mit Antrag nach ZPO § 765a berufen[32].

55.6 Die Vollstreckung eines nur **vorläufig vollstreckbaren Titels** ist nicht sittenwidrig[33]. Dessen Vollstreckung ist das gesetzliche Recht des Gläubigers und der Sinn der vorläufigen Vollstreckbarkeit; wenn das Berufungsgericht von der Möglichkeit der einstweiligen Einstellung nicht Gebrauch macht, ist die Vollstreckung keine Härte, wenn nicht noch besondere Umstände vorliegen, um ZPO § 765a anwenden zu können (siehe Rdn 55.1). Ebenso liegt in der Vollstreckung von Gerichtskosten durch die Gerichtskasse nicht schon deshalb eine sittenwidrige

---

[26] Hornung Rpfleger 1979, 365 (D VI 3).
[27] OLG Hamm NJW-RR 2002, 790 = Rpfleger 2002, 39.
[28] LG Kiel SchlHA 1970, 141.
[29] LG Wiesbaden MDR 1955, 620.
[30] OLG Koblenz NJW 1957, 1197 Leitsatz; LG Wiesbaden aaO; OLG Hamm NJW-RR 2002, 790 = Rpfleger 2002, 39 (Anspruchsbeschränkung auf Grund Sicherungsvereinbarung).
[31] BGH MDR 1980, 483 = NJW 1979, 1043.
[32] OLG Frankfurt OLGZ 1980, 472 = Rpfleger 1980, 440.
[33] OLG Koblenz NJW 1957, 1197 Leitsatz; LG Düsseldorf MDR 1959, 309.

Schuldnerschutz nach ZPO § 765a   56.2 **Einleitung**

Härte, weil der Schuldner gegen die seine Kostenschuld begründende Entscheidung ein Rechtsmittel eingelegt hat[34].

55.7 Keine Maßnahmen aus ZPO § 765a auslösen kann es, wenn der Gläubiger aus einem erschlichenen oder unrichtigen oder fehlerhaften Titel vollstreckt, weil das Vollstreckungsgericht sich nicht mit der **materiellen Seite** befassen darf[35] (anders[36]). Daher ist auch nicht zu berücksichtigen, daß der Gläubiger angeblich aus einem nichtigen Urteil in der Form einer ordnungsgemäßen vollstreckbaren Ausfertigung vollstrecke (anders[37]) oder daß er in der Zwangsverwaltung schon befriedigt sei[38]. In all diesen Fällen ist Vollstreckungsgegenklage das gegebene Mittel, das Verfahren aus ZPO § 765a dient nicht dazu, sachliche Einwendungen gegen die Forderung, sei es Bestand oder Höhe, nachzuprüfen. Wenn ein solcher Prozeß schwebt, kann nicht ein Vollstreckungsschutzverfahren aus ZPO § 765a nach ZPO § 148 ausgesetzt werden, weil es die Aussetzung in ZVG-Verfahren nicht gibt. Würde das Vollstreckungsgericht sich mit der materiellen Seite befassen, würde die Rechtskraftwirkung des Titels illusorisch. Es erscheint auch unzulässig, bei erheblichen Bedenken, daß der Titel sittenwidrig erlangt sei, dem Schuldner durch Einstellung auf begrenzte Zeit Gelegenheit zum Prozeß zu geben und nur, wenn er die Frist nicht nützt, seine erneute Einstellung erst als Rechtsverweigerung abzulehnen. Der Schuldner hat während der langen Dauer des Versteigerungsverfahrens genügend Zeit zu prozessualem Vorgehen und zur Herbeiführung der Einstellung durch das Prozeßgericht nach ZPO § 769 Abs 1.

Maßregeln des Schuldnerschutzes   56

56.1 Das Vollstreckungsgericht kann eine Vollstreckungsmaßnahme **einstweilen einstellen,** aufheben oder schon vor ihrer Durchführung untersagen (ZPO § 765a Abs 1). ZPO § 765a sieht neben der Möglichkeit der zeitweiligen Einstellung sonach auch die – selbst auf Dauer wirkende – Untersagung der Zwangsvollstreckung vor[1]. Es sind dies Maßnahmen, die über § 30a hinausgehen können. Eine Anordnung aus ZPO § 765a kann sich nur auf einzelne, bestimmte Vollstreckungsmaßnahmen beziehen, nicht aber die Vollstreckung im ganzen ausschließen oder aufheben. Maßnahme der Zwangsvollstreckung, gegen die Schutz gewährt werden kann, ist die Zwangsversteigerung oder -verwaltung eines (bestimmten) Objekts insgesamt als Vollstreckungsmaßnahme in unbewegliches Vermögen[2] (ZPO § 866 Abs 1), nicht nur ein konkreter Verfahrensakt im Rahmen eines solchen Immobiliarvollstreckungsverfahrens (Zuschlag; Räumung; anders[3]); vielfach wird jedoch erst eine (anstehende) konkrete Vollstreckungshandlung mit Eingriff in den Lebensbereich des Schuldners sittenwidrige Härte bedeuten können (so zutreffend[3]). Kein Eingriff ist nach beendeter Vollstreckung möglich; sie kann nicht rückgängig gemacht werden; ZPO § 765a kann jedenfalls nach Rechtskraft des Zuschlags nicht mehr angewandt werden, gerade noch durch Versagung des Zuschlags (dazu Einl Rdn 57.2).

56.2 Einstellung des Verfahrens ist der Regelfall, weil der Gläubiger durch eine Aufhebung seinen Rang verlieren würde. Erfolgen darf sie grundsätzlich nur auf

---

[34] OLG Frankfurt MDR 1981, 412 = OLGZ 1981, 250 = Rpfleger 1981, 117.
[35] OLG Hamburg MDR 1970, 426; Bloedhorn DGVZ 1976, 104 (II); Schiffhauer BlGrBW 1971, 63 (XI 2).
[36] LG Düsseldorf MDR 1959, 309.
[37] LG Köln WuM 1957, 77.
[38] OLG Bremen NJW 1968, 2249 Leitsatz = OLGZ 1969, 60.
[1] BVerfG 52, 214 (219) = MDR 1980, 116 = NJW 1979, 2607 = Rpfleger 1979, 450.
[2] SaarlOLG Rpfleger 2003, 37 (38).
[3] OLG Köln FamRZ 1994, 1046 = MDR 1994, 728 = NJW 1994, 1743 = Rpfleger 1994, 267.

Einleitung 56.2

bestimmte Zeit, nicht für alle Zukunft[4] (anders[5]: ohne Befristung; anders auch[6]: befristet oder unbefristet möglich). Aus der Erwägung, daß die Einstellung nach ZPO § 765a nicht den Titel dauernd beseitigen darf, muß eine Befristung erfolgen; die Einstellung soll ja nur eine vorübergehende Hilfe für den Schuldner sein, sonst muß er eben Vollstreckungsgegenklage erheben. Die Frist ist hier nicht auf sechs Monate begrenzt; es bietet sich aber nach dem Aufbau des ZVG die Frist von sechs Monaten an[7]. Für sie spricht, daß sich auch die Voraussetzungen des ZPO § 765a in der Regel nur für eine gewisse Zeit im voraus übersehen lassen, weil sich die Verhältnisse ändern können. Es ist weniger empfehlenswert, sich auf die Ausnahme zu verlassen, daß das Gericht auf Antrag nach ZPO § 765a Abs 4 den Beschluß wieder aufheben oder ändern können (so schlägt[8] vor), als vielmehr bei Fortdauer der sittenwidrigen Härte auf nochmaligen Antrag erneut einzustellen. Man kann ein ZVG-Verfahren mit seiner erheblichen Tragweite nicht unbefristet liegen lassen. Zur Vermeidung unzulässiger Grundrechtsbeeinträchtigungen des Schuldners kann aber auch die Vollstreckung aus einem rechtskräftigen Titel für einen längeren Zeitraum einzustellen sein[9].

56.3 Aufhebung des Verfahrens ist gegen und ohne Sicherheitsleistung zwar möglich, sollte aber nur erfolgen, wenn auf andere Weise der Zweck, eine sittenwidrige Härte zu vermeiden, nicht erreicht werden kann, somit nur im äußersten Fall, wenn Einstellung nicht genügt oder wo Einstellung nach der Art des Verfahrens nicht in Frage kommt, zB in der Zwangsverwaltung. Man darf äußerstens die Vollstreckung ganz aufheben, wenn damit dem Gläubiger noch nicht jede Möglichkeit genommen ist, seinen Anspruch zu verwirklichen[10].

56.4 Untersagung **(Ablehnung)** des Verfahrens kann schon vor Verfahrensbeginn ebenfalls in der Weise erfolgen, daß eine bestimmte beantragte Maßnahme abgelehnt wird. Die völlige Ablehnung, ohne zeitliche Begrenzung, würde den in einem anderen Verfahren geschaffenen Titel außer Kraft setzen. Auch dieses Mittel sollte nur gewählt werden, wenn auf andere Weise der Zweck nicht erreicht werden kann, nur mit größter Zurückhaltung, wenn etwa der Anspruch in grobem Mißverhältnis zu dem abzuwendenden Schaden steht. Ebenso wird nur in besonders gelagerten Einzelfällen zur Vermeidung unzulässiger Grundrechtsbeeinträchtigungen des Schuldners die Vollstreckung aus einem rechtskräftigen Titel für einen längeren Zeitraum einzustellen sein[11,12]. Hält die Ablehnung des Verfahrensantrags für unzulässig, weil der Schuldner nicht vorher gehört werden könne; nicht richtig.

56.5 Kein Eingriff darf erfolgen, wenn der Stillstand des Verfahrens keinem Beteiligten nützt, so in der Zwangsverwaltung, wo zwar der betroffene Gläubiger nichts aus der Masse erhält, der Schuldner aber weiterhin nicht die Verwaltung und Benutzung des Objekts hat und mit den Verwaltungskosten belastet bleibt (hierzu Einl Rdn 52.3). Die Maßnahmen des Gerichts sind mit oder ohne Zah-

---

[4] KG Berlin JR 1951, 662; OLG Koblenz NJW 1957, 1197; LG Düsseldorf MDR 1961, 510; LG Frankenthal Rpfleger 1984, 68; LG Göttingen NdsRpfl 1953, 225; LG Münster MDR 1954, 297; AG Wuppertal MDR 1954, 619; Breithaupt NJW 1953, 1002; Grund NJW 1955, 1344.
[5] Bohn NJW 1955, 1709; v Richthofen NJW 1953, 1380.
[6] OLG Hamm MDR 1954, 742; OLG München NJW 1954, 1612; LG Braunschweig NdsRpfl 1953, 184; Bauknecht NJW 1954, 52; Grein NJW 1954, 419; Reinhold SchlHA 1954, 172.
[7] OLG Jena Rpfleger 2000, 463 (464).
[8] Bohn NJW 1955, 1709.
[9] BVerfG 52, 214 = aaO (Fußn 1).
[10] LG Düsseldorf MDR 1961, 510.
[11] BVerfG 52, 214 = aaO (Fußn 1).
[12] LG Limburg Rpfleger 1977, 219.

lungsauflagen möglich. Sie können den vollstreckbaren Anspruch ganz oder zum Teil erfassen. Verfahrensaussetzung nach ZPO § 148 kann nicht erfolgen (dazu Einl Rdn 27).

Schuldnerantrag 57

57.1 Eine Entscheidung nach ZPO § 765a kann nur **auf Antrag des Schuldners** ergehen (ZPO § 765a Abs 1; Einl Rdn 53). Der Antrag muß aber nicht ausdrücklich auf ZPO § 765a gestützt sein. Es genügt die Erkennbarkeit des Begehrens[1] aus dem Sachvortrag[2]. Das Gericht ist schon zur Prüfung und Entscheidung in dieser Hinsicht verpflichtet, wenn die tatsächlichen Behauptungen des Schuldners die Möglichkeit einer sittenwidrigen Vollstreckung ergeben, auch wenn er das Wort „Sittenwidrigkeit" gar nicht gebraucht und auch den § 765a nicht nennt. Es genügt auch, wenn der Schuldner eine andere Einstellungsvorschrift nennt (zB § 30a) und dabei Umstände anführt, die eine Vollstreckung als sittenwidrig erscheinen lassen[3]; es genügt also Einstellungsantrag mit Tatsachenvortrag; es genügt, wenn der Vortrag des Schuldners darauf hinausläuft, daß die Versteigerung eine sittenwidrige Härte darstellt[4], einen äußersten Härtefall. Es genügt, wenn das Vorbringen des Schuldners klar erkennen läßt, daß er das Vorgehen des Gläubigers für unsittlich, unmoralisch oder für eine Schikane und daher für unzulässig hält[5]; es genügt sogar, wenn aus den Umständen zu entnehmen ist, daß jede gesetzliche Möglichkeit einer Einstellung beansprucht wird[6]. Doch enthält deswegen nicht jeder Antrag auf Einstellung nach § 30a ohne weiteres zugleich auch einen Einstellungsantrag nach ZPO § 765a[7]. Findet sich in einem allein auf § 30a gestützten Antrag keine Bezugnahme auf ZPO § 765a und sind keine Tatsachen vorgetragen, die ersichtlich über die Voraussetzungen des § 30a hinausgehen, so enthält der Schuldnerantrag nicht zugleich auch einen Schutzantrag nach ZPO § 765a[7].

57.2 Der Antrag aus ZPO § 765a ist an keine **Frist** gebunden (Besonderheit nur in Räumungssachen nach Abs 3), zulässig ist er in jeder Lage des Versteigerungsverfahrens (für die Beschwerdeinstanz Einl Rdn 59), auch schon unmittelbar nach Anordnung der Zwangsversteigerung[8]. Schon vor Verfahrensbeginn kann Untersagung der (künftigen) Vollstreckungsmaßregel beantragt werden (Einl Rdn 56.4). Als Antrag auf Verfahrenseinstellung zur Abwendung der Grundstücksverschleuderung (Versagung des Zuschlags, § 33) kann der Schutzantrag nach ZPO § 765a **nur bis zur Erteilung des Zuschlags** (Wirksamwerden mit Verkündung oder Zustellung durch das Beschwerdegericht, §§ 89, 104) gestellt werden[9], somit auch noch nach Schluß der Versteigerung[10] (§ 73 Abs 2) als Antrag auf Versagung des Zuschlags[11], insbesondere bei Verhandlung über den Zuschlag (§ 74), aber auch

---

[1] OLG Frankfurt Rpfleger 1979, 391.
[2] Jessen NJW 1956, 1059; Schneider MDR 1983, 546.
[3] BVerfG 49, 220 (II., Seit 225) mit abw Meinung Böhmer S 228 = MDR 1979, 286 = NJW 1979, 534 mit abw Meinung Böhmer = Rpfleger 1979, 296; KG Berlin NJW-RR 1999, 434 (435); OLG Köln NJW-RR 1990, 511.
[4] KG Berlin MDR 1966, 61 = NJW 1965, 2408 = OLGZ 1965, 288.
[5] Grund NJW 1957, 428 (Anmerkung).
[6] OLG München BayJMBl 1954, 273 = NJW 1955, 149 Leitsatz mit Anm Schriftl.
[7] OLG Karlsruhe JurBüro 1995, 607 = Rpfleger 1995, 426; KG Berlin OLGRep 1999, 357.
[8] OLG Brandenburg Rpfleger 2001, 91; SaarlOLG Rpfleger 2003, 37.
[9] OLG Düsseldorf Rpfleger 1987, 514; OLG Hamm NJW 1955, 149; OLG Koblenz NJW 1956, 1683; OLG Nürnberg NJW 1954, 722; LG Frankenthal Rpfleger 1984, 194; Leyerseder MDR 1956, 644; Steiner/Storz § 30a Rdn 79.
[10] OLG Nürnberg NJW 1954, 722.
[11] OLG Hamm NJW 1955, 149; LG Osnabrück Rpfleger 1955, 19 mit zust Anm Mohrbutter.

noch im Verkündungstermin (§ 87 Abs 1) vor Verkündung des Zuschlags, nicht mehr nach Verkündung des Zuschlags[12] (das Vollstreckungsgericht kann seine Zuschlagsentscheidung nicht mehr ändern; abzulehnen daher die Gegenmeinung[13], Antrag aus ZPO § 765a sei noch bis zur Rechtskraft des Zuschlags möglich), und nicht erstmals mit Beschwerde gegen den Zuschlag (Einl Rdn 59). Ein erst nach Rechtskraft des Zuschlags gestellter Antrag aus ZPO § 765a ist auf jeden Fall unzulässig[14] (unbestritten). Rechtsstaatliche Verfahrengestaltung erfordert bei krassem Mißverhältnis zwischen Meistgebot und Grundstückswert (nicht aber bei einem Meistgebot über $7/10$ des Grundstückswerts), daß dem Schuldner mit Anberaumung eines Verkündungstermins (§ 87) Gelegenheit gegeben wird, Vollstreckungsschutz nach ZPO § 765a in Anspruch zu nehmen (Einl Rdn 8.2). Antrag auf Schutz nach ZPO § 765a kann auch **wiederholt** werden (anders[15]: kein Rechtsschutzbedürfnis). Eine rechtskräftig abgelehnte Einstellung aus ZPO § 765a kann später dennoch erfolgen, wenn das mit Rücksicht auf eine Änderung der Sachlage beim neuen Antrag geboten ist[16], wohl auch dann, wenn nur die unveränderte Sachlage anders beurteilt wird, aber nur auf neuen Antrag, weil der erste durch Ablehnung erledigt ist (anders[17]: es müßten neue Tatsachen vorgetragen werden, die eine andere Beurteilung rechtfertigen; bezieht sich allerdings nur auf ZPO § 765a).

57.3 Zurückgenommen werden kann der Antrag bis zur Entscheidung, nach Beschwerde auch bis zur Entscheidung über den Rechtsbehelf. Der Schuldner kann auch davon absehen, einen Vollstreckungsschutzantrag zu stellen. Ein Vorausverzicht auf Vollstreckungsschutz nach ZPO § 765a vor Beginn der Zwangsvollstreckung oder vor Wirksamkeit einzelner Maßnahmen des Zwangsvollstreckungsverfahrens (wie vor Erteilung des Zuschlags) ist jedoch unzulässig[18], weil ZPO § 765a nicht nur der Wahrung der Einzelinteressen des Schuldners dient, sondern als Schutzbestimmung des Vollstreckungsrechts auch öffentlichem Interesse Rechnung trägt (anders[19]: könne verzichten). Deshalb kann Berufung auf ZPO § 765a auch nicht vertraglich ausgeschlossen werden.

57.4 Eine rein **vorsorgliche Prüfung** des Gerichts (ohne Antrag) ist nicht zulässig. Allerdings darf nicht übersehen werden, daß in einem Vollstreckungsschutzantrag aus § 30a häufig auch ein Einstellungsantrag nach ZPO § 765a mit enthalten ist (Rdn 57.1) oder im Rahmen einer Vollstreckungserinnerung nach ZPO § 766 vorgebracht wird.

58 Schutzverfahren nach Antragstellung, Entscheidung

58.1 Zuständig für die Entscheidung über den Antrag des Schuldners ist als Vollstreckungsgericht das Amtsgericht, bei dem das Zwangsversteigerungsverfahren (Zwangsverwaltungsverfahren) anhängig ist (§§ 1, 2). Rechtsstaatliche Verfahrensgrundsätze gebieten rechtzeitige Entscheidung über den Schutzantrag des

---

[12] OLG Celle NdsRpfl 1978, 56; OLG Düsseldorf Rpfleger 1987, 514; OLG Frankfurt Rpfleger 1975, 326 mit zust Anm Schiffhauer; OLG Hamm NJW 1955, 149.
[13] OLG Koblenz NJW 1956, 1683; LG Mannheim BWNotZ 1968, 129 Leitsatz; Böhmer zu BVerfG 49, 228 (240) = NJW 1979, 535; Riedel NJW 1955, 1705 (II).
[14] OLG Braunschweig NdsRpfl 1959, 204.
[15] Peters ZZP 90 (1977) 145 (V).
[16] Donau NJW 1954, 1315; Mohrbutter NJW 1955, 124.
[17] AG Bonn MDR 1955, 681 Leits mit Anm Glaser.
[18] OLG Hamm MDR 1960, 312 = NJW 1960, 104; LG Mannheim Justiz 1961, 231 = MDR 1963, 226 Leitsatz; Stein/Jonas/Münzberg, ZPO, § 765a Rdn 10; Zöller/Stöber, ZPO, § 765a Rdn 25.
[19] LG Göttingen NdsRpfl 1958, 210 = ZMR 1958, 368 mit Anm. Fischer; LG Mannheim WuM 1962, 94.

Schuldnerschutz nach ZPO § 765a 58.4 **Einleitung**

Schuldners nach ZPO § 765 a. Der entscheidungsreife Antrag darf nicht zurückgestellt und nicht erst bei Entscheidung über den Zuschlag abgelehnt werden (so[1] für einen Antrag nach § 30 a; siehe auch Einl Rdn 8.4).

58.2 Es gelten die allgemeinen **Verfahrengrundsätze** des ZPO-Verfahrens (dazu § 30 b Rdn 4). Der Schuldner hat daher durch Sachvortrag die Tatsachen geltend zu machen und im Streitfall zu beweisen, die wegen ganz besonderer Umstände sittenwidrige Härte der Zwangsvollstreckungsmaßnahme ausweisen. Der Gläubiger hat den Sachverhalt darzulegen und erforderlichenfalls zu beweisen, der Würdigung seines Schutzbedürfnisses ermöglicht und ausweist, daß die Schutzvoraussetzungen von ZPO § 765a nicht vorliegen. Der **Gläubiger** muß zu dem Antrag **gehört** werden; er muß sich äußern können (zum rechtlichen Gehör Einl Rdn 46). Über den Antrag kann schriftlich entschieden oder mündliche Verhandlung angesetzt werden (ZPO § 128 Abs 4). Mündliche Verhandlung ist vielfach ratsam, weil sich durch Erörterung des Sachverhalts mit den Beteiligten die Einstellungsgründe oft leichter klären lassen (siehe auch § 30 b Rdn 4.4).

58.3 Entschieden wird durch **Beschluß;** er ist zu begründen (Einl Rdn 28). Zugestellt wird er an den Gläubiger, wenn dem Schuldnerantrag ganz oder teilweise stattgegeben wurde, an den Schuldner, wenn sein Antrag (auch nur teilweise) abgelehnt wurde (ZPO § 329 Abs 3); immer zugestellt wird bei Aufhebung und Einstellung (§ 32); sonst erfolgt nur (formlose) Mitteilung. Über den kurz (unmittelbar) vor dem[2] oder erst im Versteigerungstermin[3] gestellten Antrag kann (muß aber nicht[3]) durch gesonderten Beschluß entschieden werden. Wenn nach Schluß der Versteigerung entschieden wird und ein wirksames Gebot abgegeben ist, kann über den Antrag nur durch Zuschlagsversagung (§ 33) oder Zuschlagserteilung entschieden werden[4] (auch wenn der Antrag bei Verhandlung über den Zuschlag nicht mehr wiederholt worden ist[5]), nicht mehr durch eine selbständige Einstellungsentscheidung. Wird der Zuschlag erteilt, so ist die Einstellung abgelehnt; wird der Zuschlag versagt, so gilt das mit Rechtskraft des Beschlusses als Einstellung (§ 86). Wird der Antrag nach Schluß der Versteigerung (überflüssig) durch selbständigen Beschluß zurückgewiesen, ist vor Rechtskraft bei Entscheidung über den Zuschlag der Versagungsgrund von § 83 Nr 6 vom Vollstreckungsgericht (§ 79) und im Beschwerdeverfahren (§ 100 Abs 3) neu zu prüfen (so auch[6]).

58.4 War der Antrag aus ZPO § 765a schon vor Aufforderung zur Abgabe von Geboten gestellt und gesondert entschieden und wurde der Antrag bei der Verhandlung über den Zuschlag nicht (ausdrücklich) wiederholt, so hat sich das Vollstreckungsgericht **in der Zuschlagsentscheidung** nicht damit befassen, weil ja der Antrag schon entschieden war und ein neuer nicht gestellt wurde (anders[7]: läßt das nur für den abschließend, also wohl rechtskräftig entschiedenen Antrag gelten; anders auch[8]: verlangt zu Unrecht, daß der entschiedene Antrag ohne Wiederholung in der Zuschlagsentscheidung nochmals zu prüfen und zu entscheiden sei, dies verstößt gegen die Vorschrift, daß aus ZPO § 765a nur auf ausdrücklichen Antrag entschieden werden darf; § 79, auf den sich das Gericht beruft, ersetzt den Antrag nicht).

---

[1] BVerfG 49, 220 mit abw Meinung Böhmer S 228 = MDR 1979, 286 = NJW 1979, 534 mit abw. Meinung Böhmer S 535 = Rpfleger 1979, 296.
[2] OLG Karlsruhe Rpfleger 1995, 471.
[3] BGH MDR 2005, 943 = NJW-RR 2005, 1226 = Rpfleger 2005, 415.
[4] OLG Köln Rpfleger 1997, 34 (35); LG Bayreuth Rpfleger 2001, 367.
[5] OLG Saarbrücken OLGZ 1966, 182.
[6] OLG Karlsruhe aaO.
[7] Schneider MDR 1980, 617 (II 2).
[8] OLG Hamm Rpfleger 1960, 410.

Einleitung 58.5 Schuldnerschutz nach ZPO § 765a

58.5 Bei einer Einstellung aus ZPO § 765a ist eine **Belehrung** des Gläubigers über die Fortsetzung des Verfahrens nicht vorgesehen. Aus dem allgemeinen Grundgedanken von § 31 Abs 3 wird man aber in ZVG-Verfahren auch hier eine Belehrung mindestens für empfehlenswert halten; es könnte die Beteiligten irreführen, wenn einmal eine Belehrung erfolgt, einmal nicht (dazu auch § 31 Rdn 2). Bei einer Einstellung aus ZPO § 765a ist auch nicht vorgeschrieben, daß die **Fortsetzung** nach § 31 erfolgen müsse. Es wird vertreten, § 31 gelte hier nicht[9]. Man wird aber auch hier die allgemeinen Grundgedanken von § 31 anwenden müssen, weil ja § 31 allgemein von Einstellungen spricht (dazu § 31 Rdn 3).

58.6 Wenn das Gericht aus ZPO § 765a Vollstreckungsmaßnahmen aufhebt, erfolgt die Aufhebung erst **nach Rechtskraft** des Beschlusses (ZPO § 765a Abs 5). Der Grund liegt darin, daß mit der Aufhebung (Hinausgabe des Beschlusses oder Verkündung in mündlicher Verhandlung) sonst die Beschlagnahme entfallen würde und bei Wiederaufhebung des aufhebenden Beschlusses durch die nächste Instanz nicht rückwirkend wiederhergestellt werden könnte (§ 15 Rdn 5.4). Es empfiehlt sich den Aufschub im Beschluß selbst zum Ausdruck zu bringen[10], etwa: „Die Aufhebung wird erst wirksam, wenn dieser Beschluß Rechtskraft erlangt hat", oder: „Dieser Beschluß wird erst mit Eintritt der Rechtskraft wirksam". Bis zur Rechtskraft kann nichts unternommen werden, was der Aufhebung entgegenstehen würde.

58.7 Der Antrag auf Schutz nach ZPO § 765a hat **keine aufschiebende Wirkung.** Das Vollstreckungsgericht (Rechtspfleger) kann jedoch vor Entscheidung auf Antrag oder von Amts wegen eine **einstweilige Anordnung** erlassen (ZPO § 765a Abs 1 Satz 2 mit § 732 Abs 2, zB den Versteigerungstermin absetzen. Hierfür wird glaubhaftes Vorbringen des Schuldners verlangt, das Beurteilung der Erfolgsaussichten des Antrags ermöglicht. Aufhebung der Zwangsversteigerung (Zwangsverwaltung) kann mit einstweiliger Anordnung nicht angeordnet werden. Die einstweilige Anordnung wird mit der Entscheidung gegenstandslos. Beschwerde gegen eine einstweilige Anordnung des Richters wird nicht für zulässig erachtet; die des Rechtspflegers ist daher mit befristeter Erinnerung (RPflG § 11 Abs 2) anfechtbar. Wird vor Rechtskraft des ablehnenden Beschlusses die Vertagung des Versteigerungstermins verweigert, so ist das kein Grund zur Zuschlagsversagung[11]. Es ist auch keine Willkür, wenn der Versteigerungstermin vor Entscheidung der Beschwerde aus ZPO § 765a durchgeführt wird. Es ist sogar zulässig, daß vor der Entscheidung über die Beschwerde aus ZPO § 765a der Zuschlag erteilt wird (Einl Rdn 59.4).

58.8 Das Vollstreckungsgericht kann seine Entscheidung über Maßnahmen aus ZPO § 765a wieder **aufheben oder ändern,** wenn dies mit Rücksicht auf eine Änderung der Sachlage[12] geboten ist (ZPO § 765a Abs 4). Die Aufhebung oder Änderung kann aber nur auf Antrag erfolgen (ZPO § 765a Abs 4), nicht von Amts wegen und nur bei Änderung der Sachlage[12]. Sie kann sich auf eine stattgebende wie auf eine ablehnende Erst-Entscheidung beziehen[13]. Dabei ist das Gericht an frühere Entscheidungen nicht gebunden. Die Änderung oder Aufhebung sollte aber zurückhaltend erfolgen, damit ein rechtskräftiger Abschluß des Verfahrens möglich wird[13]. Dabei taucht die Frage auf, wer eine Entscheidung des Rechtsmittelgerichts in solcher Weise aufheben oder ändern kann. An sich kann das Vollstreckungsgericht keine Entscheidung des Rechtsmittelgerichts ändern, es ist an sie gebunden, außer wenn das Landgericht die Beschwerde zurückgewiesen

---

[9] Drischler Rpfleger 1956, 91.
[10] Böhle-Stamschräder NJW 1953, 1449 (II 1); Schuler NJW 1961, 719 (4).
[11] LG Hamburg Rpfleger 1958, 94 mit zust Anm Bruhn.
[12] SaarlOLG Rpfleger 2003, 37 (zwischenzeitliche gesundheitliche Beeinträchtigung).
[13] Riedel NJW 1955, 1705 (III).

oder (früher) das Oberlandesgericht das Landgericht aufgehoben und das Amtsgericht bestätigt hat. Diese Beschränkung wäre praktisch unbrauchbar, weil für den Vollstreckungsschutz grundsätzlich das Vollstreckungsgericht zuständig ist und die höheren Gerichte nur im Wege des Rechtsmittels statt des Amtsgerichts entschieden haben. Daher muß (wie im Verfahren der Einstweiligen Verfügung) das untere Gericht die Entscheidung des oberen ändern oder aufheben können[14] (anders:[15] will das untere Gericht an die Entscheidung des oberen binden, falls das Rechtsmittel nur nicht als unzulässig verworfen sei, die Oberentscheidung trete an die Stelle der unteren; will aber auch eine Änderung durch das Obergericht nicht mehr zulassen, weil dessen Tätigkeit mit der Entscheidung beendet sei: damit wäre § 765a Abs 4 unanwendbar).

Sofortige Beschwerde 59

59.1 a) Gegen den (selbständigen) Beschluß (Einl Rdn 58.3) findet **sofortige Beschwerde** statt (ZPO § 793, RPflG § 11 Abs 1). Rechtsbeschwerde ist nur statthaft, wenn das Beschwerdegericht sie zugelassen hat (ZPO § 574 Abs 1 Nr 2). Wurde der Antrag auf Beschwerde aus ZPO § 765a abgelehnt, so ist Gegenvorstellung (§ 95 Rdn 2.6) nicht mehr zulässig, wenn inzwischen der Zuschlag erteilt ist[1].

b) **Beschwerde** nur gegen die Entscheidung über den **Zuschlag** (§ 96) findet statt, wenn nach Schluß der Versteigerung über den Antrag durch Erteilung oder Versagung des Zuschlags entschieden ist[2] (Einl Rdn 58.3).

59.2 Wenn Beschwerde gegen den (selbständigen) Beschluß über den Antrag nach ZPO § 765a (somit nicht gegen die mit Erteilung oder Versagung des Zuschlags getroffene Entscheidung) erhoben ist, unterscheidet sich das **Verfahren** nicht von sonstigen Beschwerdeverfahren in Vollstreckungssachen. Das Beschwerdegericht prüft und entscheidet die Voraussetzungen des ZPO § 765a und trifft die Anordnungen hieraus, wenn das untere Gericht zu Unrecht sie abgelehnt hat, oder hebt sie auf, wenn das untere Gericht sie zu Unrecht angeordnet hat. Das Beschwerdegericht kann also in diesem Fall selbst die **Einstellung** gewähren und muß **nicht** dazu an das Vorgericht zur Anordnung der Einstellung **zurückverweisen**[3], falls seine eigene Entscheidung ohne weitere tatsächliche Erhebungen möglich ist. Auch das Beschwerdegericht ist in solchen Fällen als Vollstreckungsgericht tätig. Das Beschwerdegericht kann aber auch, wenn es die Beschwerde für begründet hält, zur Sachentscheidung an das Amtsgericht zurückverweisen und ihm (damit dem Rechtspfleger) die erforderlichen Anordnungen übertragen (ZPO § 572 Abs 3), wobei dieses an die Rechtsauffassung des Obergerichts gebunden ist. Die Entscheidung des Amtsgerichts ist dann wieder normal anfechtbar. Diese Zurückverweisung soll nur erfolgen, wo etwa umfangreiche Ermittlungen nötig sind.

59.3 Bei diesem gesonderten Vollstreckungsschutzverfahren muß der Antrag aus ZPO § 765a (samt Sachvortrag dazu) nicht schon vor dem Vollstreckungsgericht gestellt gewesen sein. Es kann etwa bisher ein Schutzantrag nur auf § 30a gestützt gewesen sein und erstmals in der Beschwerde auch ZPO § 765a geltend gemacht werden. **In der Beschwerde** dieses Vollstreckungsschutzverfahrens ist jedes **neue Vorbringen zulässig** (ZPO § 571 Abs 2 Satz 1). Der Schutz aus ZPO § 765a kann in jeder Verfahrenslage beansprucht werden (Einl Rdn 57.2), also auch erst-

---

[14] Donau NJW 1954, 1315; Drischler Rpfleger 1956, 91.
[15] Gäbelein JZ 1955, 260 (III).
[1] OLG Braunschweig OLGZ 1965, 313.
[2] OLG Köln Rpfleger 1997, 34.
[3] KG Berlin MDR 1966, 61 = NJW 1965, 2408 = OLGZ 1965, 288; Jessen NJW 1956, 1059 (2); Riedel NJW 1955, 1705 (II).

Einleitung 59.3   Schuldnerschutz nach ZPO § 765a

mals vor dem Beschwerdegericht[4] (aber keine Prüfung erstmals durch das Beschwerdegericht ohne Antrag). Es wird ja nicht eine Rechtsverletzung des Amtsgerichts festgestellt (wie bei der Zuschlagsbeschwerde), sondern geprüft, ob im Zeitpunkt der Beschwerdeentscheidung eine Schutzmaßnahme laut Antrag möglich ist. Mit dem Beschwerdeantrag, das Verfahren einstweilen einzustellen, ändert sich der vom Schuldner verlangte Entscheidungsinhalt auch dann nicht, wenn der Beschwerdeführer sich neu auf ZPO § 765 a beruft. Das Beschwerdegericht (dann als Vollstreckungsgericht tätig) darf selbst entscheiden (ZPO § 572 Abs 3) und muß nicht (es kann aber) zurückverweisen; ZPO § 764 (Vollstreckungsgericht ist Amtsgericht) schließt das nicht aus. Auch in ZPO § 263 über die Klageänderung liegt kein Hindernis, weil immer noch derselbe Antrag gestellt wird, nur gestützt auf andere Vorschriften. In diesem Sinne[5]; anders[6]: das Beschwerdegericht müsse den Antrag an das Vollstreckungsgericht verweisen, sein Beschwerdeverfahren inzwischen aussetzen oder durch Zwischenentscheidung einstellen, es müsse immer erst das Vollstreckungsgericht über ZPO § 765a ausdrücklich entscheiden, bevor das Beschwerdegericht entscheiden dürfe, oder der Antrag sei in der Beschwerde gar nicht mehr zulässig.

59.4 Ist eine Beschwerde gegen die Ablehnung eines Antrags aus ZPO § 765 a noch nicht entschieden, so darf doch das Vollstreckungsgericht den **Zuschlag erteilen**[7]. Die Zuschlagsentscheidung muß also nicht bis zur Erledigung des genannten Verfahrens ausgesetzt werden[8]. Wenn gegen den Zuschlag Beschwerde eingelegt wird, darf auch nicht auf Grund eines Antrags aus ZPO § 765 a das Rechtsmittelverfahren ausgesetzt werden; in der Vollstreckung gibt es keine Aussetzung (Einl Rdn 27) (anders:[9] die Aussetzung sei im vorliegenden Fall nur bei verspätetem, ersichtlich unbegründetem oder rechtsmißbräuchlichem Antrag abzulehnen). Neben dem Zuschlagsrechtsmittelverfahren gibt es nicht noch ein besonderes Verfahren aus ZPO § 765 a[10]; das Beschwerdegericht darf nicht insoweit an das Amtsgericht zurückverweisen, sondern muß in seinem Verfahren gemäß § 83 Nr 6 entscheiden[10]; gegen eine unzulässige Entscheidung des Beschwerdegerichts im eben genannten Sinne wäre Vollstreckungserinnerung aus ZPO § 766 zulässig[10].

59.5 Die Beschwerde des Gläubigers und Bieters gegen die **Versagung des Zuschlags** (§ 97) kann nach § 100 mit § 83 Nr 6 auch darauf gestützt werden, daß einem Schutzantrag des Schuldners nach ZPO § 765 a zu Unrecht stattgegeben wurde. Die Versagung kann bestätigt oder der Zuschlag erteilt werden (keine Rückverweisung). Beschwerde des Bieters ermöglicht Berücksichtigung seiner Interessen jedoch nicht (Einl Rdn 54.5), kann somit nicht Prüfung der sittenwidrigen Härte durch das Beschwerdegericht ermöglichen, sondern nur bei Verfahrensverstoß (so bei Versagung des Zuschlags ohne Schuldnerantrag) Erfolg ha-

---

[4] KG Berlin OLGRep 1999, 357; OLG Stuttgart OLGZ 1975, 368.
[5] OLG Hamburg MDR 1958, 432; OLG Hamm JR 1955, 64; OLG Koblenz MDR 1955, 749; OLG Köln JMBlNW 1959, 181 = ZZP 1960, 303; OLG München MDR 1959, 930; OLG Stuttgart NJW 1954, 515 und OLGZ 1968, 446.
[6] OLG Braunschweig NdsRpfl 1959, 204; KG Berlin MDR 1960, 1018 = NJW 1957, 428 mit abl Anm Grund; KG Berlin MDR 1960, 1018 = NJW 1957, 428 = Rpfleger 1958, 122 mit zust Anm Bruhn; OLG Nürnberg Rpfleger 1966, 149; LG Berlin erwähnt bei Grund NJW 1956, 126 (II); LG Berlin DGVZ 1962, 62; LG Darmstadt MDR 1959, 309; Grund NJW 1956, 126 (II) und NJW 1957, 428 (Anmerkung).
[7] BGH 44, 138 = MDR 1965, 899 = NJW 1965, 2107 = Rpfleger 1965, 302; Jansen DNotZ 1960, 221; Lorenz MDR 1961, 371; Mohrbutter MDR 1955, 711 (712); Schneider MDR 1980, 617 (II 2); Stöber Rpfleger 1969, 221 (V).
[8] BGH 44, 138 = aaO (Fußn 7); Mohrbutter KTS 1968, 59 (Anmerkung).
[9] OLG Düsseldorf JMBlNW 1962, 127.
[10] OLG Hamm KTS 1970, 228 mit zust Anm Mohrbutter = OLGZ 1970, 189.

ben[11]. Der Meistbietende kann eine Zuschlagsversagung daher aus ZPO § 765a insoweit nicht mit Erfolg anfechten, als es sich um die Abwägung der Gläubiger/Schuldner-Interessen handelt[11], sondern nur insoweit, als die formalen Voraussetzungen zu prüfen sind (ob Antrag rechtzeitig gestellt, ob Antragsrecht besteht, welche Tatsachen zugrunde gelegt wurden[11]).

59.6 Wenn sich **nach Versagung des Zuschlags** aus anderen Gründen (§ 83 Nr 1–5 und 7) eine Beschwerde des Gläubigers oder Bieters als begründet erweist, ist vom Beschwerdegericht auch der bereits vor Erteilung des Zuschlags gestellte Schuldnerantrag nach ZPO § 765a zu prüfen. Ist ihm mit Schutz gegen sittenwidrige Grundstücksversteigerung stattzugeben, dann ist der Antrag vom Beschwerdegericht als Versagungsgrund zu berücksichtigen (§ 83 Nr 6 mit § 100 Abs 3).

59.7 Der Schuldner kann **nach Versagung des Zuschlags** Einstellungsantrag auch noch stellen, wenn der Gläubiger (oder Bieter) Beschwerde erhoben hat[12]. Beansprucht er **erstmals vor dem Beschwerdegericht** Schutz nach ZPO § 765a, dann hat das Beschwerdegericht über den Antrag selbst zu entscheiden (§ 101 Abs 1). Wenn die Beschwerde begründet ist, ist Rückverweisung an das Vollstreckungsgericht nicht zulässig (§ 101 Abs 1 als Ausnahme von ZPO § 572 Abs 3).

59.8 **Beschwerde des Schuldners** gegen den Zuschlag kann nach § 100 Abs 1 mit § 83 Nr 6 darauf gestützt werden, daß die „Zwangsversteigerung ... aus einem sonstigen Grund unzulässig" ist. Diese Vorschrift hat das Vollstreckungsgericht dann verletzt, wenn es einen im Zeitpunkt seiner Zuschlagsentscheidung vorliegenden Antrag aus ZPO § 765a zu Unrecht abgelehnt[13] oder nicht entschieden hat (bzw umgekehrt, wenn es ihm zu Unrecht durch Zuschlagsversagung stattgegeben hat). Wenn kein solcher Antrag ihm vorlag (kein unerledigter), durfte es in dieser Richtung nicht entscheiden (keine Entscheidung von Amts wegen). Die Anwendung der Generalklausel des ZPO § 765a ist somit für Erteilung/Versagung des Zuschlags zeitlich begrenzt in der ersten Instanz durch § 33, in der Beschwerdeinstanz durch § 100 (mit § 83 Nr 6).

59.9 Der **Schuldner** kann mit **Beschwerde gegen den Zuschlag,** mit dem zugleich ein bereits beim Vollstreckungsgericht gestellter Antrag aus ZPO § 765a mit entsprechendem Sachvortrag abgelehnt wurde (Einl Rdn 58.3), seinen Schutzantrag nach ZPO § 765a weiter verfolgen (§ 100 mit § 83 Nr 6). Wenn die Beschwerde begründet ist, hat das Beschwerdegericht unter Aufhebung des Zuschlags die Maßnahme nach ZPO § 765a selbst anzuordnen (keine Rückverweisung an das Vollstreckungsgericht, § 101 Abs 1 als Ausnahme von ZPO § 572 Abs 3).

59.10 a) Nach **Erteilung des Zuschlags** kann der Schuldner Schutzantrag nach ZPO § 765a **nicht mehr** (neu) **stellen** (Einl Rdn 57.2), somit auch nicht erstmals mit Beschwerde gegen den Zuschlag[14]. Die Zuschlagsbeschwerde kann daher auch

---

[11] OLG Brandenburg JurBüro 2002, 213; OLG Hamm NJW 1976, 1754 = OLGZ 1976, 489 = Rpfleger 1976, 146.
[12] OLG Schleswig JurBüro 1975, 1508 = Rpfleger 1975, 372 mit zust Anm Schiffhauer.
[13] BGH MDR 2003, 1245 (1246) = NJW-RR 2003, 1648 (1649) = Rpfleger 2003, 604 (605).
[14] OLG Bamberg NJW 1956, 429 mit abl Anm Riedel; OLG Celle NdsRpfl 1978, 56 und KTS 1979, 320 = Rpfleger 1979, 116; OLG Düsseldorf Rpfleger 1987, 514; OLG Frankfurt Rpfleger 1975, 326 mit zust Anm Schiffhauer und Rpfleger 1979, 391; OLG Hamm MDR 1952, 754 und NJW 1955, 149; OLG Köln MDR 1988, 152 = OLGZ 1988, 253; OLG Schleswig aaO (Fußn 12); OLG Stuttgart OLGZ 1975, 368; LG Frankenthal Rpfleger 1984, 194; LG Koblenz NJW 1957, 427; LG Mannheim BWNotZ 1968, 129 Leitsatz; LG München I BB 1955, 368; LG Osnabrück NJW 1959, 682 mit Anm Mohrbutter; LG Stuttgart BWNotZ 1973, 44.

nicht auf solche neue Tatsachen gestützt werden, welche die Einstellung des Versteigerungsverfahrens nach ZPO § 765a rechtfertigen könnten[15]. Ausgeschlossen ist damit auch die Berücksichtigung erst mit Zuschlagsbeschwerde geltend gemachter neuer Tatsachen zur (weiteren) Begründung eines bereits früher gestellten Antrags. Stellt der Schuldner gleichwohl nach Erteilung des Zuschlags zur Begründung seiner Beschwerde neu Antrag nach ZPO § 765a, so muß das Beschwerdegericht auch über diesen Beschwerdegrund (auf den die Beschwerde nicht mehr gestützt werden kann) selbst entscheiden (§ 100 mit § 83 Nr 6); es darf die Sache nicht an das Versteigerungsgericht zurückverweisen[16].

b) Vertreten wird daher zu Unrecht, der Antrag aus ZPO § 765a könne auch noch nach Erteilung des Zuschlags bis zu dessen Rechtskraft gestellt werden, wobei unterschiedliche Vorschläge gemacht werden (Entscheidung durch das Beschwerdegericht selbst, Einstellung bzw Aussetzung des Beschwerdeverfahrens und Verweisung des Antrags an das Vollstreckungsgericht oder zur Ermöglichung eines neuen Antrags beim Vollstreckungsgericht). Dabei meinen die einen, die maßgebenden Tatsachen dürften nicht nach der Zuschlagserteilung liegen, weil neue nicht berücksichtigt werden dürften, indem ZPO § 571 Abs 2 Satz 1 (zulässig neues Vorbringen in der Beschwerde) durch § 100 für den Zuschlag ausgeschlossen sei[17]; andere meinen, § 100 enthalte nur eine sachliche Beschränkung der Beschwerdegründe, keine zeitliche[18] und schließe nicht ZPO § 571 aus (Gegenteil ist durch[19] entschieden, daß ZPO § 765a nicht erstmals in der Zuschlagsbeschwerde beantragt werden könne); andere meinen, der Beschwerdeführer dürfe nicht in der Lage gewesen sein, die maßgebenden Tatsachen vor der Zuschlagserteilung geltend zu machen[20]; wieder andere meinen, neue Anträge und Tatsachen seien bis zur Rechtskraft des Zuschlags zulässig (wobei in der Regel vorgeschlagen wird, das Verfahren des Beschwerdegerichts einzustellen oder auszusetzen und den Einstellungsantrag an das Vollstreckungsgericht zu verweisen oder dort einen neuen Antrag stellen und entscheiden zu lassen, oder auch gesagt wird, der Antrag könne nach dem Zuschlag nur noch beim Vollstreckungsgericht gestellt werden, es sei nur vorsorglich gleichzeitig Zuschlagsanfechtung nötig)[21]. Vermittelnd meint[22], der Antrag könne dann nicht nach Zuschlagsverkündung gestellt werden, wenn er mit einer eigens zu diesem Zweck eingebrachten Zuschlagsbeschwerde eingebracht sei.

c) Wer nach Erteilung des Zuschlags (§ 74) bis zu dessen Rechtskraft noch Anträge aus ZPO § 765a zulassen will, beachtet nicht, daß nach Schluß der Versteigerung über einen Einstellungsgrund, auch nach ZPO § 765a, **nur durch Erteilung oder Versagung des Zuschlags** entschieden werden darf (§ 33) und folgerichtig nur entschieden werden kann, wenn die Entscheidung noch nicht verkündet ist und wenn der Antrag vorher gestellt ist. Anträge nach der Zuschlagsverkündung (gleich ob an das Vollstreckungsgericht oder ob an das Beschwerde-

---

[15] BGH 44, 138 = aaO (Fußn 7); OLG Hamm NJW 1955, 149 und NJW 1976, 1754 = aaO (Fußn 11); OLG Köln MDR 1988, 152 = aaO (Fußn 14); OLG Koblenz NJW 1956, 1683.
[16] OLG Düsseldorf Rpfleger 1987, 514.
[17] OLG Koblenz NJW 1956, 1683.
[18] OLG Bamberg Rpfleger 1975, 144 mit abl Anm Schiffhauer.
[19] BGH 44, 138 = aaO (Fußn 7).
[20] OLG Düsseldorf JMBlNW 1962, 127; OLG Koblenz NJW 1957, 1197 Leitsatz; Mohrbutter und Leyerseder NJW 1958, 370.
[21] OLG Braunschweig NdsRpfl 1959, 204; KG Berlin NJW 1957, 1240 mit zust Anm Lent; OLG Koblenz NJW 1955, 148 und 427 Leitsatz mit Anm Jansen; OLG Koblenz MDR 1956, 558; OLG Schleswig SchlHA 1957, 76 mit Anm Schriftleit; Jonas/Pohle, ZwVNotrecht, § 765a Anm 6 c.
[22] OLG Celle NdsRpfl 1978, 56.

gericht gerichtet) sind unzulässig; das Beschwerdegericht kann darüber nicht entscheiden, weil neue Tatsachen und neue Anträge beim Zuschlag durch § 100 ausgeschlossen sind (von dieser „einschränkenden" Auslegung des § 100 geht auch[23], aus; dies hält demgegenüber[24] für verfassungswidrig). § 100 ist eine Sondervorschrift, die allen sonstigen Regeln der ZPO, auch deren § 571 Abs 2 Satz 1, vorgeht[25], weil nach § 96 die Vorschriften der ZPO über die Beschwerde nur angewandt werden dürfen, sowie nicht §§ 97–104 etwas anderes bestimmen (gerade das tun sie in § 100). § 100 läßt Zuschlagsbeschwerde nur bei bestimmten Gesetzesverletzungen zu, wenn also das Versteigerungsgericht eine einschlägige Vorschrift auf den ihm unterbreiteten Tatbestand nicht oder nicht richtig angewandt hat. Die Zuschlagsanfechtung kann also nicht auf Tatsachen gestützt werden, die nach Zuschlagsverkündung eingetreten oder dem Versteigerungsgericht bekanntgeworden sind[25], somit keine neuen Anträge und auch nicht neue Tatsachen zu früheren Anträgen. Mit dem Erfordernis rechtzeitiger Antragstellung ist die Gewährung des Schuldnerschutzes nach ZPO § 765 a vom Verfahrensrecht an eine formelle Voraussetzung bedungen. Wenn der Schuldner ihr entsprochen hat, erfolgt im Beschwerdeverfahren die verfassungsrechtlich gewährleistete vollständige Nachprüfung des Zuschlags in tatsächlicher und rechtlicher Hinsicht. Daß nach der Prozeßordnung die Beschreitung des Rechtswegs von der Fristwahrung und damit hier von rechtzeitiger Antragstellung (bis zur Erteilung des Zuschlags) abhängig gemacht ist, ist aus verfassungsrechtlicher Sicht unbedenklich.

Verfahrenskosten

60.1 Die Kosten des Schutzverfahrens sind **Kosten der Zwangsvollstreckung**[1] (ZPO § 788 Abs 1). Ein Kostenausspruch ergeht daher bei (stattgebender wie ablehnender) Entscheidung über einen Antrag nach ZPO § 765 a nicht, wenn die Kosten als notwendige Zwangsvollstreckungskosten dem Schuldner zur Last fallen (anders[2]: Kostenentscheidung immer, weil es sich hierbei um ein selbständiges Verfahren mit voll ausgebildetem Rechtszug handelt und hier eine besondere Gerichtsgebühr anfällt; für Kostenentscheidungen auch[3]). Das gilt auch bei Erledigung mit Rücknahme des Antrags durch den Schuldner oder mit Einigung von Gläubiger und Schuldner, desgleichen bei Entscheidung über einen Antrag nach ZPO § 765 a mit Erteilung (auch Versagung) des Zuschlags für den einschlägigen Verfahrensabschnitt (der Ersteher trägt nur die Kosten für Erteilung des Zuschlags, § 58). Dem Gläubiger können die notwendigen Kosten des Verfahrens über den Schuldnerantrag durch Kostenentscheidung (ganz oder teilweise) auferlegt werden (bei mehreren Gläubigern auch nur einem oder einzelnen von ihnen, anderen nicht), wenn dies aus besonderen Gründen der Billigkeit entspricht (ZPO § 788 Abs 4); für jeden Gläubiger sind nur „seine" Gründe bedeutsam. Die besonderen Gründe für den Kostenbeschluß gegen den Gläubiger müssen in seinem Verhalten liegen; Verschulden ist nicht verlangt[4]. Entscheidung etwa: „... Die Kosten dieses besonderen Verfahrensabschnitts trägt der Gläubiger. Gründe: ...".

---

[23] BVerfG 46, 325 (335) = MDR 1978, 380 = NJW 1978, 368 = Rpfleger 1978, 206; BVerfG 49, 220 mit abw Meinung Böhmer S 228 = MDR 1979, 286 = NJW 1979, 534 mit abw Meinung Böhmer S 535 = Rpfleger 1979, 296.
[24] Böhmer in abw Meinung zu BVerfG 49, 228 = NJW 1979, 535.
[25] BGH 44, 138 = aaO (Fußn 7).
[1] OLG Hamm JZ 1957, 23 mit zust Anm Pohle = NJW 1957, 28 und 636 mit abl Anm Donau; OLG München NJW 1959, 393; LG Essen Rpfleger 1955, 164; LG Freiburg NJW 1954, 1690; Hodes NJW 1954, 260; Zöller/Stöber, ZPO, § 788 Rdn 26.
[2] OLG Düsseldorf Rpfleger 1950, 238; Bauknecht MDR 1954, 391; Schmidt-Futterer WuM 1961, 81 (1).
[3] LG Berlin Rpfleger 1991, 219.
[4] Zöller/Stöber, ZPO, § 788 Rdn 26.

Einleitung 60.2

60.2 Die Kosten des Verfahrens über eine **Beschwerde** gegen eine (stattgebende wie ablehnende) Entscheidung nach ZPO § 765a (auch Rechtsbeschwerde) sind Kosten eines selbständigen Zwischenstreits. Es ist daher im Beschwerdeverfahren über die Kosten (nach ZPO §§ 91 ff)[5], zu entscheiden (ZPO § 308 Abs 2; anders[6]: Kosten treffen den Schuldner nach ZPO § 788 Abs 1, auch wenn das Schutzverfahren in der Hauptsache für erledigt erklärt wurde); Einzelheiten Einl Rdn 39.10. Es wird jedoch ZPO § 788 Abs 4 als Sondernorm angesehen, deren abweichende Regelung es ermöglicht, den mit seinem Vollstreckungsschutzantrag erfolgreichen Schuldner auch mit den Kosten des Beschwerdeverfahrens zu belasten, wenn er nach Abweisung seines Antrags durch das Vollstreckungsgericht mit dem Antrag erst im Beschwerderechtszug durchdringt[7]. Wenn ein Vollstreckungsschutzantrag erstmals im Beschwerdeverfahren gestellt oder erweitert wird (von ZVG § 30a zB auf ZPO § 765a), treffen demzufolge die durch den Antrag oder die Erweiterung verursachten Kosten der Beschwerde (soweit solche anfallen) nach ZPO § 788 den Schuldner[8] (soweit sie nicht nach ZPO § 788 Abs 4 dem Gläubiger auferlegt werden). Mit den Kosten einer ohne Erfolg eingelegten Beschwerde des Gläubigers kann der Schuldner nicht (abweichend von ZPO § 97) belastet werden[9] (anders[10]: dem Schuldner müssen auch dann die Kosten auferlegt werden, wenn der Gläubiger das Rechtsmittel eingelegt hat und damit nicht durchdringt; wenn es der Billigkeit entspricht, sind nach ZPO § 788 Abs 4 dem Gläubiger die Kosten aufzuerlegen).

61 Verhältnis zu anderen Vorschriften

61.1 Über das Verhältnis eines Verfahrens aus ZPO § 765a zu der **Einstellungsbewilligung** des Gläubigers nach § 30 Näheres in § 30 Rdn 6.9. Wie dort ausgeführt, geht die Einstellungsbewilligung vor.

61.2 ZPO § 765a hat gegenüber **anderen Schutzvorschriften** des ZVG (§§ 30a–f, 180 Abs 2, 3) dem Grunde nach zwar nicht subsidiäre Bedeutung[1], ist somit nicht Auffangtatbestand für Fälle, in denen andere Schutzmöglichkeiten erschöpft sind[2]; ähnlich[3]: aber nein § 30a nur in Ausnahmefällen; anders[4]: erst müßten alle anderen Behelfe erschöpft sein. Der Antrag nach ZPO § 765a kann daher auch auf Gründe gestützt werden, die bereits in Einstellungsverfahren nach §§ 30a–f, 180 Abs 2, 3 geltend gemacht werden konnten. ZPO § 765a soll nicht nur zur Auffüllung von Gesetzeslücken dienen[5*], sondern auch primär angewandt werden[6*]. Ein Schutzbedürfnis nach dem als Ausnahmevorschrift eng auszulegenden ZPO § 765a (Einl Rdn 54.3) besteht aber nicht, wenn der Schuldner bereits nach anderen Bestimmungen ausreichend geschützt ist oder werden kann.

---

[5] OLG München NJW 1959, 393; OLG Nürnberg JurBüro 1965, 811 = NJW 1965, 1282.
[6] LG Berlin Rpfleger 1991, 219.
[7] OLG München NJW 1959, 393.
[8] OLG Nürnberg aaO (Fußn 5).
[9] OLG München NJW 1959, 393.
[10] LG Freiburg NJW 1954, 1690.
[1] LG Osnabrück Rpfleger 1955, 19 mit zust Anm Mohrbutter; Zöller/Stöber, ZPO, § 765a Rdn 13.
[2] LG Osnabrück und Zöller/Stöber je aaO; Drischler Rpfleger 1953, 497 und 549; Mohrbutter JurBüro 1954, 385 (1 a) und NJW 1955, 124 (A 1 a); Riedel DRiZ 1953, 177 und JR 1953, 397 (II).
[3] Mohrbutter Rpfleger 1955, 19 (Anmerkung).
[4] LG Düsseldorf MDR 1961, 510; Jonas/Pohle, ZwVNotrecht, § 765a Anm 4h.
[5*] Drischler Rpfleger 1965, 91.
[6*] LG Osnabrück aaO (Fußn 1); Drischler Rpfleger 1953, 497 und 549 sowie 1965, 91 und 1967, 357 (9); Mümmler JurBüro 1973, 689 (I C 2 a).

62.1 Einleitung

61.3 ZPO § 765 a darf nicht dazu benützt werden, einen **versäumten Antrag** aus § 30 a nachzuholen. Die Voraussetzungen für beide Einstellungsmöglichkeiten sind unterschiedlich; so ist bei ZPO § 765 a im Gegensatz zu § 30 a nicht vorausgesetzt, daß die Versteigerung durch Einstellung vermeidbar sei. Man kann auch nicht sagen, daß Gründe, die § 30 a rechtfertigen, für ZPO § 765 a nur geeignet seien, wenn sie nachweislich nach Ablauf der Notfrist für § 30 a eingetreten seien. Es ist zulässig, beide Anträge gleichzeitig zu stellen und auch gleichzeitig zu entscheiden. Auch nach Einstellungsablehnung aus § 30 a ist noch ein Antrag aus ZPO § 765 a möglich, ohne daß dafür völlig neue Gründe vorgetragen werden müßten.

61.4 Darüber, ob ZPO § 765 a nach zwei Einstellungen aus ZVG §§ 30 a mit c zum dritten oder weiteren Male durch **ZVG § 30 c** Abs 2 ausgeschlossen ist, Näheres bei § 30 c Rdn 7.

61.5 Über das Verhältnis von ZPO § 765 a zu **ZVG § 74 a** auch bei § 74 a Rdn 11.4, zu § 85 a bei diesem.

V. Zwangshypothek (ZPO §§ 866–868)

Übersicht

Als Vollstreckungsmaßnahme 62	Kosten des Gläubigers und der Eintragung 70
Antrag des Gläubigers 63	Mängel der Zwangshypothek 71
Antragsprüfung, Vollstreckungs- und Eintragungsvoraussetzungen 64	Rechtsbehelfe 72
Beanstandung von Vollstreckungs- und Eintragungshindernissen 65	Übergang auf Eigentümer 73
Betrag der Gläubigerforderung 66	Zwangshypothek bei Arrestvollziehung 74
Eintragung der Zwangshypothek 67	Zwangshypothek im Verwaltungszwangsverfahren 75
Gesamtrecht; mehrere Grundstücke 68	
Grundstücksvollstreckung des dinglichen Anspruchs 69	

Als Vollstreckungsmaßnahme 62

Literatur: Drischler, Die Zwangsvollstreckung durch Eintragung einer Sicherungshypothek und die Vollstreckung, JurBüro 1961, 5; Haegele, Die Zwangs- und Arresthypothek, BW-NotZ 1972, 107; Hagemann, Die Zwangshypothek im Zwangsversteigerungsverfahren, Rpfleger 1982, 165; Honisch, Probleme der Zwangshypothek, NJW 1958, 1526; Löscher, Die Eintragung von Zwangshypotheken in das Grundbuch, JurBüro 1982, 1617 und 1791 sowie 1983, 41; Quardt, Einzelfragen zur Zwangshypothek, JurBüro 1960, 177; Stender, Die Zwangs- und Arresthypothek, JurBüro 1973, 13.

62.1 Eintragung einer Sicherungshypothek ist neben Zwangsversteigerung und Zwangsverwaltung weitere Maßregel der Zwangsvollstreckung in ein Grundstück, auch in den Bruchteil eines Grundstücks (bei Buchung nach GBO § 3 Abs 6 auch in den Miteigentumsanteil eines „Allein"eigentümers, s Einl Rn 12.2 zu b) und jedes andere Objekt der Immobiliarvollstreckung (Einl Rdn 11–13, 15) (ZPO § 866 Abs 1). Der Gläubiger erlangt mit ihrer Eintragung eine Sicherungshypothek nach BGB § 1184 mit Rang vor späteren Rechten am Grundstück (BGB § 879) und vor Gläubigern noch nicht gesicherter Vollstreckungsforderungen, die später die Beschlagnahme mit Zwangsversteigerung oder Zwangsverwaltung bewirken (§ 10 Abs 1 Nr 4, 5). Die Zwangshypothek unterscheidet sich von der Sicherungshypothek des bürgerlichen Rechts nur durch ihren Entstehungstatbestand und einige daraus folgende Besonderheiten (insbesondere ZPO § 868). Dem Gläubiger ermöglicht Vollstreckung mit Eintragung einer Sicherungshypothek Schonung des Schuldners ohne Gefährdung seiner eigenen Inter-

Einleitung 62.1 Zwangshypothek

essen[1]. Die Zwangshypothek nur in Form der Sicherungshypothek ist mit Rücksicht auf den Schuldner vorgesehen; er bleibt in der Lage, die ihm gegen die Forderung zustehenden Einreden auch einem dritten gutgläubigen Erwerber gegenüber geltend zu machen[2]. Für den Gläubiger begründet Eintragung der Zwangshypothek (seit 1. Jan 1978) den gesetzlichen Löschungsanspruch gegenüber Eigentümerrechten (BGB § 1179 a)[2] (für Arresthypotheken gilt das nicht, ZPO § 932 Abs 1 Satz 2; hier gilt es erst, wenn die Umschreibung in eine Zwangshypothek erfolgt ist; hierzu Einl Rdn 74.1). Ein sorgsamer Vollstreckungsgläubiger wird daher jetzt immer zugleich mit dem Anordnungs- oder Beitrittsantrag im Zwangsversteigerungsverfahren aus einer persönlichen Forderung die Eintragung einer Zwangshypothek beantragen, um sich so den für diese geltenden gesetzlichen Löschungsanspruch aus BGB § 1179 a gegenüber vorgehenden Eigentümergrundpfandrechten (den er als Versteigerungsgläubiger eines persönlichen Anspruchs nicht hat) zu sichern. Der gesetzliche Löschungsanspruch hat gegenüber einer im Rang vorgehenden Grundschuld jedoch nur geringe Bedeutung. Es ist daher auch Pfändung des Rückgewähranspruchs des Schuldners als Besteller der Grundschuld (Sicherungsgeber) zu prüfen, und, wenn geboten, unverzüglich vorzunehmen[3].

62.2 Die Eintragung der Sicherungshypothek ist als **Maßnahme der Zwangsvollstreckung** Vollstreckungsakt **und** verfahrensrechtlich **Grundbuchgeschäft** (Akt der freiwilligen Gerichtsbarkeit)[4]. Das Grundbuchamt wird als Vollstreckungsorgan und als Organ der Grundbuchführung tätig. Die Hypothek entsteht mit der Eintragung (ZPO § 867 Abs 1 Satz 2), also mit Unterzeichnung im Grundbuch (GBO § 44 Abs 1) oder Aufnahme in den Datenspeicher (GBO § 129 Abs 1 Satz 1). Ihr Erwerb ist als Maßnahme der Zwangsvollstreckung nicht nach BGB § 878 gegen Verfügungsbeschränkungen vor Eintragung[5] (anders[6]) und für einen gutgläubigen Erwerber nicht nach BGB § 892 geschützt[7]. Erteilung eines Hypothekenbriefes ist ausgeschlossen (BGB § 1185 Abs 1).

62.3 Die Zwangshypothek wird auch eingetragen, wenn schon **Zwangsversteigerung** oder Zwangsverwaltung angeordnet und eingetragen ist. Sie hat dann aber Rangklasse 6 (aus ZVG § 10); bei Eintragung nach dem Vollstreckungsvermerk ist sie immer anzumelden (§ 9 Nr 2; § 37 Nr 4; § 44 Abs 1, § 114 Abs 1, § 156 Abs 2). Abgelehnt werden kann die Eintragung der Zwangshypothek nicht deshalb, weil wegen Geringwertigkeit des Grundstücks und hoher Vorbelastungen eine Befriedigung bei Zwangsversteigerung (derzeit) nicht zu erwarten ist[8].

62.4 An Schiffen (usw) ist zwangsweise eine **Schiffshypothek** eintragbar (ZPO § 870 a), an Luftfahrzeugen ebenso ein **Registerpfandrecht** (Luftfahrzeugrechtegesetz § 99 Abs 1). In diesen Fällen ist statt des Grundbuchamts die entsprechende Registerbehörde zuständig.

62.5 Keine Zwangshypothek ist die **„Sicherungshypothek des Bauunternehmers"**[9] nach BGB § 648 (meist als Bauhandwerkersicherungshypothek bezeichnet). Der Unternehmer eines Bauwerks oder eines einzelnen Teils des Bau-

---

[1] Begründung zum Entwurf eines Gesetzes betr Änderungen der CPO, 1897, abgedr bei Hahn/Mugdan, Die gesamten Materialien zu den Reichs-Justizgesetzen, Band VIII, 1898, Seite 165.
[2] Stöber Rpfleger 1977, 425 (V 4).
[3] So auch Zöller/Stöber, ZPO, § 866 Rdn 4.
[4] BGH 27, 310 = DNotZ 1958, 480 = MDR 1958, 498 = NJW 1958, 1090 = Rpfleger 1958, 216 mit Anm Riggers; BGH MDR 1976, 830 = NJW 1977, 48; BGH NJW 2001, 1134 (1135) = MDR 2001, 714 = Rpfleger 2001, 294; OLG Hamm Rpfleger 1973, 440.
[5] BGH 9, 250 = NJW 1953, 898; BGB-RGRK/Augustin § 878 Rdn 6.
[6] Wacke ZZP 82 (1969) 377; MünchKomm/Wacke, BGB, § 878 Rdn 18.
[7] BGH BB 1963, 286 = BWNotZ 1963, 67 Leitsatz = WM 1963, 219.
[8] LG Marburg Rpfleger 1984, 406.
[9] OLG Frankfurt NJW-RR 1995, 1359 = Rpfleger 1995, 500.

Zwangshypothek 63.4 **Einleitung**

werks hat danach einen schuldrechtlichen Anspruch, für seine Forderungen eine Sicherungshypothek an dem Baugrundstück des Bestellers zu erhalten (Ausnahme: BGB § 648a Abs 4). Eine Zwangsvollstreckung wegen einer Geldforderung (Eintragung einer Zwangshypothek) erfolgt mithin nicht. Bestellt wird diese Hypothek nicht auf Grund eines Leistungs- oder Duldungstitels, sondern durch Einigung (BGB § 873) oder einen sie ersetzenden rechtskräftigen Titel (ZPO § 894) und Eintragung. Sie kann durch Vormerkung gesichert werden, die wieder auf Grund Einigung oder eines sie ersetzenden Titels in die Hypothek umgeschrieben wird.

Antrag des Gläubigers 63

Literatur: Riggers, Der Antrag auf Eintragung einer Zwangshypothek, JurBüro 1966, 917; Schneider, Die Zwangshypothek für obsiegende Streitgenossen, MDR 1986, 817.

63.1 Die Zwangshypothek wird nur auf **Antrag** eingetragen (ZPO § 867 Abs 1). Der Antrag darf nicht weiter gehen als die Titelforderung, darf jedoch darunter bleiben[1]. Der Antrag muß wegen GBO § 13 Abs 2 schriftlich niedergelegt sein; er bedarf aber nicht der Beurkundung oder öffentlichen Beglaubigung, GBO § 29 ist hier nicht anzuwenden.

63.2 Der Gläubiger kann als Antragsteller durch jede prozeßfähige Person vertreten werden (ZPO § 79). Die **Bevollmächtigung** ist nach Vollstreckungsrecht[2], somit durch schriftliche Vollmacht (Einl Rdn 50.4) nachzuweisen (anders[3]: nach Maßgabe von FGG § 13); diese ist zu den Grundakten abzugeben (ZPO § 80 Abs 1; GBO § 10); sie bedarf keiner Beglaubigung. Prüfung der Vollmacht wie Einl Rdn 50.3.

63.3 Der Antrag muß das **Grundstück** übereinstimmend mit dem Grundbuch oder durch Hinweis auf das Grundbuchblatt **bezeichnen** (GBO § 28 Satz 1) (Muster im ZVG-Handbuch Rdn 15). Die Forderung ist betragsmäßig anzugeben (Hauptsache, Zinsen, andere Nebenleistungen, Kosten, Einl Rdn 66), jedoch ohne Antrags- und Eintragungskosten (wegen ZPO § 867 Abs 1 Satz 3).

63.4 Der Antrag muß den **Gläubiger** in Übereinstimmung mit dem Vollstreckungstitel bezeichnen. Nennt dieser einen Einzelkaufmann mit seiner Firma (HGB § 17 Abs 2), dann ist der Gläubiger mit seinem in das Grundbuch einzutragenden Familien- und Vornamen sowie mit Beruf (oder Geburtsdatum) und Wohnort (GBV § 15 Abs 1 Buchst a) anzugeben (dazu auch Einl Rdn 67.2). Für mehrere Gläubiger kann im Antrag das einzutragende Beteiligungsverhältnis (GBO § 47) bestimmt werden, wenn es sich aus dem Vollstreckungstitel nicht ergibt; dann jedoch bedarf der Antrag der Form des GBO § 29 (anders[4]: Angabe unterliegt nicht dem Formzwang von GBO § 29; dem ist nicht zu folgen, weil die Eintragungsgrundlage hier durch das Urteil nicht ersetzt ist). Streitgenossen, die in einem Rechtsstreit obsiegt haben und dabei denselben Anwalt hatten, sind hinsichtlich des Erstattungsanspruchs Gesamtgläubiger, wenn sie gemeinsam ohne Angabe eines Beteiligungsverhältnisses einen Kostenfestsetzungsbeschluß über einen einheitlichen Betrag erwirkt haben[5]. Der von einer Rechtsanwaltsgemeinschaft erwirkte Kostenfestsetzungsbeschluß ist, wenn er ein Beteiligungsverhältnis der Gläubiger nicht nennt, dahin auszulegen, daß die Honorarforderung den Sozietätsanwälten als Gesellschafter bürgerlichen Rechts zur gesamten Hand (nicht als Gesamtgläubiger nach BGB § 428) zustehen soll[6]. Doch darf sich ein nach Erlaß des

---

[1] RG 71, 312 (315).
[2] Zöller/Stöber, ZPO, § 867 Rdn 2; Stöber, ZVG-Handbuch, Rdn 16; Schuschke/Walker, ZPO, § 867 Rdn 2; Stein/Jonas/Münzberg, ZPO, § 867 Rdn 24.
[3] OLG Zweibrücken Rpfleger 2001, 174.
[4] OLG Köln OLGZ 1986, 11 = Rpfleger 1986, 91; Schneider MDR 1986, 817.
[5] BGH Rpfleger 1985, 321.
[6] BGH MDR 1996, 1070 = NJW 1996, 2859 = VersR 1996, 1306 (Aufgabe früherer Rechtsprechung).

Einleitung 63.4

Kostenfestsetzungsbeschlusses in die Sozietät aufgenommener Rechtsanwalt an der Vollstreckung dann nur beteiligen, wenn auch er in der Vollstreckungsklausel namentlich bezeichnet ist (ZPO § 750 Abs 1). Die Rechtsanwalts**gesellschaft** ist Gesellschaft mbH (BRAO § 59 c Abs 1), mithin mit ihrer Firma (BRAO § 59 k Abs 1) einzutragen (GBV § 15 Abs 1 b). Wenn der Gläubiger als natürliche Person im Vollstreckungstitel mit seiner Firma benannt ist (HGB § 17 Abs 2), muß das Grundbuchamt prüfen, ob er mit dem unter seinem bürgerlichen Namen als Gläubiger einzutragenden Antragsteller (GVB § 15 Abs 1 a) identisch ist[7] (siehe das Einl Rdn 64.2 Gesagte).

63.5 Der Antrag muß sich gegen den im Grundbuch als **Eigentümer** Eingetragenen richten (GBO § 39 Abs 1; zur Firma des Einzelkaufmanns § 15 Rdn 25.10). Ist der im Vollstreckungstitel benannte Schuldner der Erbe des Eingetragenen, so ist der Antrag auf Eintragung einer Zwangshypothek gegen ihn möglich, er muß jedoch eingetragen werden (GBO § 40 Abs 1). Ist der Titelschuldner nicht eingetragen, so kann der Gläubiger nach GBO § 14 das Grundbuch berichtigen lassen oder eine Berichtigung nach GBO §§ 82, 82 a anregen; hierzu nötige Urkunden kann er nach ZPO § 792 verlangen. Hatte die Vollstreckung gegen den eingetragenen Eigentümer schon begonnen, dann darf sie nach ZPO § 779 ohne Titelumschreibung in den Nachlaß fortgesetzt werden (§ 15 Rdn 30); Voreintragung des Erben ist dann nicht erforderlich (GBO § 40 Abs 1). Voreintragung ist aber nötig, wenn der verstorbene Schuldner, gegen den die Zwangsvollstreckung schon begonnen hatte, durch Rechtserwerb außerhalb des Grundbuchs Eigentümer geworden, aber noch nicht eingetragen war; dann jedoch darf im Wege der Grundbuchberichtigung auch der Verstorbene eingetragen werden (obwohl das Grundbuch hierdurch erneut unrichtig ist), um die Zwangshypothek eintragen zu können und so das langwierige Verfahren zur Ermittlung der neuen Erben samt Erbscheinsverfahren, Grundbuchberichtigung usw zu ersparen (so überzeugend[8] gegen die gegenteilige Entscheidung[9]). Wenn dem Grundbuchamt bekannt ist, daß das Grundstück versteigert wurde und Eigentümer der (noch nicht eingetragene) Ersteher ist (§ 90 Abs 1), nicht mehr der noch eingetragene Schuldner, soll der Antrag abzulehnen sein[10]. Bis zur Rechtskraft des Zuschlagsbeschlusses hat jedoch (wie bei Entscheidung über einen Beitrittsantrag, § 27 Rdn 2) die Grundbucheintragung des Schuldners (GBO § 39) maßgeblich zu bleiben (die Möglichkeit der Richtigkeit ist nicht voll widerlegt, weil der Zuschlag im Beschwerdeweg aufgehoben werden kann), so daß Eintragung der Zwangshypothek noch zulässig ist (zur Grundbuchberichtigung nach Rechtskraft § 130 Rdn 2.13 c). Zum Antrag gegen den als Schuldner noch nicht eingetragenen Ersteher siehe § 130 Rdn 6. Wenn der Schuldner noch nicht Eigentümer ist (zB nur Vormerkungsberechtigter), kann keine Zwangshypothek gegen ihn eingetragen werden. Es kann aber sein Auflassungsanspruch gepfändet werden (mit Sequesterbestellung und Bewilligung einer Sicherungshypothek durch diesen nach ZPO § 848 Abs 2), unter Umständen ist schon das Anwartschaftsrecht aus Auflassung pfändbar (zu diesem Fragenbereich Näheres bei[11]).

63.6 Mit dem Antrag sind dem Grundbuchamt der **Vollstreckungstitel** mit Zustellungsnachweis und alle sonst für den Beginn der Zwangsvollstreckung erforderlichen Urkunden sowie die zur Glaubhaftmachung von Kosten dienenden Belege (Einl Rdn 70.3) vorzulegen. Ein zum Titel gehörender Wechsel ist hier sofort mit vorzulegen (dazu: 15 Rdn 44). Nach Vermerk der Eintragung auf dem vollstreckbaren Titel (ZPO § 867 Abs 1 Satz 1) wird dieser an den Gläubiger zurück-

---

[7] BayObLG JurBüro 1983, 116 = Rpfleger 1982, 466.
[8] Hagena Rpfleger 1975, 389 (2).
[9] KG Berlin Rpfleger 1975, 133.
[10] OLG Jena Rpfleger 2001, 343.
[11] Stöber, Forderungspfändung, Rdn 2034 ff und 2054 ff.

Zwangshypothek 64.2 **Einleitung**

gegeben. Vorher ist beglaubigte Abschrift zu den Akten des Grundbuchamts zu nehmen (GBO § 10 Abs 1), auch von der Zustellungsurkunde, den sonstigen Urkunden und Kostenbelegen, auch von Wechseln.

63.7 Zurückgenommen werden kann der Antrag ganz oder zum Teil bis zur Unterzeichnung der Eintragung im Grundbuch oder Aufnahme in den Datenspeicher (Einl Rdn 62.2). Dazu ist (auch für die Vollmacht zur Rücknahme oder für den Widerruf einer Vollmacht) öffentliche oder öffentlich beglaubigte Form nach GBO §§ 29, 31 nötig[12]. Bei formloser Rücknahme ist Gelegenheit zur formgerechten Rücknahme zu geben oder antragsgemäß einzutragen oder bei Eintragungshindernissen der Antrag zurückzuweisen (ZVG-Handbuch Rdn 38).

Antragsprüfung, Vollstreckungs- und Eintragungsvoraussetzungen 64

64.1 Das Grundbuchamt handelt bei Eintragung einer Zwangshypothek als Vollstreckungsorgan und als Organ der freiwilligen Gerichtsbarkeit (Einl Rdn 62.2). Zu **prüfen** hat es daher

– die **Voraussetzungen der Zwangsvollstreckung;** sie bestimmen sich nach der Zivilprozeßordnung (ZPO §§ 704 ff) (den Verwaltungsvollstreckungsgesetzen; dazu Einl Rdn 75);
– die **Zulässigkeit der Grundbucheintragung** nach den Verfahrensvorschriften der Grundbuchordnung.

64.2 Vollstreckungsvoraussetzungen sind

a) **Antrag** (ZPO § 867 Abs 1 Satz 1); zu ihm und zur Vollmacht Einl Rdn 63.

b) **Vollstreckbares Endurteil** (ZPO § 704) oder anderer Vollstreckungstitel (ZPO § 794 usw). Ist die Zwangsvollstreckung aus dem Schuldtitel einstweilen eingestellt, so scheidet er als Vollstreckungsgrundlage aus[1]; wird dennoch Antrag gestellt, so ist der Gläubiger mit Aufklärungsverfügung (ZPO § 139) auf das Vollstreckungshindernis hinzuweisen und der Antrag sodann erforderlichenfalls zurückzuweisen[1]. Der Schuldner muß als **Eigentümer im Grundbuch** (bzw im entsprechenden Register) eingetragen sein (GBO § 39). Ist er im Vollstreckungstitel mit seiner **Firma** benannt, muß das Grundbuchamt in seiner Eigenschaft als Vollstreckungsorgan zur Prüfung der Voraussetzungen der Zwangsvollstreckung mit den ihm zur Verfügung stehenden Mitteln selbständig und auf eigene Verantwortung ermitteln, ob der mit seinem bürgerlichen Namen eingetragene Grundstückseigentümer (GVB § 15), auf dessen Grundstück die Zwangshypothek eingetragen werden soll, der in dem Vollstreckungstitel nur mit seiner Firma (HGB § 17 Abs 2) bezeichnete Schuldner ist (§ 15 Rdn 25.11). Gelegenheit zur Klärung der Identität des im Vollstreckungstitel mit seiner Firma bezeichneten Schuldners mit dem eingetragenen Grundstückseigentümer ist dem Gläubiger erforderlichenfalls (§ 15 Rdn 25.11) mit Zwischenverfügung unter Fristsetzung nach ZPO § 139 zu geben (§ 15 Rdn 3). Die Verfügung ist nicht rangwahrend im Sinne von GBO § 18 Abs 2, weil das Eintragungshindernis nicht in einer grundbuchrechtlichen Vorschrift (GBO §§ 39, 40), sondern in dem vermeintlichen Fehlen einer vollstreckungsrechtlichen Voraussetzung für die Zwangseintragung (ZPO § 750) liegt[2]. Der Titel braucht nicht auf den bürgerlichen Namen des Schuldners umgeschrieben zu werden[3], es darf nur an der Identität kein Zweifel bestehen[4].

---

[12] OLG Düsseldorf Rpfleger 2000, 62; OLG Hamm MittRhNotK 1985, 77 = Rpfleger 1985, 231.
[1] OLG Frankfurt Rpfleger 1974, 443.
[2] BayObLG 1956, 218 = DNotZ 1956, 596 mit abl Anm Schweyer = NJW 1956, 1800 = Rpfleger 1957, 22.
[3] Zöller/Stöber, ZPO, § 750 Rdn 10.
[4] BayObLG 1956, 218 = aaO; LG Hamburg DGVZ 1957, 124 = Rpfleger 1957, 257 mit zust Anm Bull.

Einleitung 64.2

c) Nachweis aller **weiteren Voraussetzungen** für den Beginn der **Zwangsvollstreckung** wie Vollstreckungsklausel (ZPO § 724), namentliche Bezeichnung von Gläubiger und Schuldner im Vollstreckungstitel oder der ihm beigefügten Vollstreckungsklausel (ZPO § 750 Abs 1), Zustellung (ZPO § 750), Fälligkeit der Gläubigerforderung[5] (ZPO § 751 Abs 1, so bei Unterhalt, Mietzinsen), Sicherheitsleistung (ZPO § 751 Abs 2), soweit nicht Eintragung im Wege der Sicherungsvollstreckung erfolgen kann (Rdn 64.3; jetzt die Regel), Nachweis der Gegenleistung oder des Annahmeverzugs[6] (ZPO § 765), Ablauf der Wartefrist (ZPO § 750 Abs 3, § 798). Im einzelnen siehe die Anmerkungen zu § 15. Auch der Betrieb eines Erwerbsgeschäfts durch einen in Gütergemeinschaft lebenden Ehegatten für Zwangsvollstreckung in das Gesamtgutsgrundstück mit einem gegen ihn (allein) ergangenen Vollstreckungstitel (ZPO § 741) ist vollstreckungsrechtliches Erfordernis der Eintragung. Prüfung hat daher durch das Grundbuchamt als Vollstreckungsorgan nach Vollstreckungsverfahrenrecht zu erfolgen; dieses kennt keine Formvorschrift für Nachweis dieser Vollstreckungsvoraussetzung. Nachweis der Erfordernisse von ZPO § 741 kann daher nicht in der Form von GBO § 29 verlangt werden[7] (anders[8]).

d) **Glaubhaftmachung** der bisherigen **Zwangsvollstreckungskosten** (ZPO § 788 Abs 1) dem Grunde (mit Notwendigkeit) und der Höhe nach (siehe Einl Rdn 70.3).

e) **Nicht zu prüfen** sind vom Grundbuchamt materiellrechtliche Einwendungen gegen den vollstreckbaren Anspruch[9] die mit Vollstreckungsabwehrklage geltend zu machen sind (ZPO § 767), Einwendungen förmlicher Art gegen Vollstreckungsunterlagen (ZPO §§ 732, 768) und der Widerspruch eines Dritten (ZPO §§ 771– 774); sie bleiben unbeachtlich, bis Einstellung der Zwangsvollstreckung erfolgt ist (oben b). Die im Urteil vorbehaltene Beschränkung der Haftung auf eine Vermögensmasse (für Erben auf Nachlaß, ZPO § 780, für Übernehmer auf den Bestand eines Vermögens, ZPO § 786; dort auch weitere Fälle) bleibt bei der Zwangsvollstreckung unberücksichtigt, bis Einwendungen mit Vollstreckungsgegenklage erhoben sind (ZPO §§ 781, 785, 786). Sie sind bis zur Einstellung der Zwangsvollstreckung oder Entscheidung des Rechtsstreits nicht zu beachten[10]; zuvor hindert somit Anordnung der Nachlaßverwaltung Eintragung der Zwangshypothek wegen einer Erblasserschuld nicht[11].

64.3 Für **Sicherungsvollstreckung** (ZPO § 720a Abs 1 Buchst b), muß die Wartefrist des ZPO § 750 Abs 3 abgelaufen sein. Der Vollstreckungstitel und (im Falle von ZPO § 750 Abs 2; so[12], anders bisher[13]) die Vollstreckungsklausel müssen dem Schuldner sonach zwei Wochen vorher zugestellt sein (ZPO § 750 Abs 3). Weiter ist Voraussetzung, daß der Schuldner von seiner Befugnis, die Vollstreckung abzuwenden, keinen Gebrauch gemacht hat. Er kann die Eintragung des Zwangs-

---

[5] OLG Frankfurt JurBüro 1998, 381.
[6] OLG Hamm Rpfleger 1983, 393; OLG Köln JurBüro 1997, 493 = Rpfleger 1997, 315; LG Wuppertal Rpfleger 1988, 153.
[7] Schöner/Stöber, Grundbuchrecht, Rdn 2214.
[8] BayObLG 1995, 249 = FamRZ 1996, 113 = NJW-RR 1996, 80 = Rpfleger 1996, 63.
[9] OLG Köln Rpfleger 1991, 149; LG Waldshut-Tiengen MittRhNotK 1987, 164.
[10] BayObLG mitgeteilt Rpfleger 1989, 396.
[11] OLG Frankfurt JurBüro 1997, 664 = NJW-RR 1998, 160.
[12] BGH 5. 7. 2005, VII ZB 14/05.
[13] OLG Düsseldorf DGVZ 1997, 42 = MDR 1997, 392; KG Berlin DGVZ 1988, 93 = JurBüro 1988, 790 = MDR 1988, 504 = Rpfleger 1988, 359; OLG Hamm JurBüro 1989, 1748 = Rpfleger 1989, 378 und NJW-RR 1998, 87 [89]; OLG Schleswig NJW-RR 1988, 700; OLG Karlsruhe JurBüro 1991, 270 = Justiz 1991, 56 = Rpfleger 1991, 51; OLG Stuttgart MDR 1990, 61 = NJW-RR 1989, 1535.

rechts durch Sicherheitsleistung in Höhe des Hauptanspruchs abwenden, falls nicht der Gläubiger seinerseits doch noch vorher schon Sicherheit geleistet hat (ZPO § 720 a Abs 3). Aus der durch Sicherungsvollstreckung erlangten Zwangshypothek darf der Gläubiger erst nach Leistung und Nachweis der Sicherheit (ZPO § 720 a Abs 1 Satz 2, § 751 Abs 2) sowie dann, wenn das Urteil inzwischen rechtskräftig oder sonst unbedingt vollstreckbar geworden ist und alle weiteren Erfordernisse für den Beginn der Zwangsvollstreckung aus dem damit ohne Sicherheitsleistung vollstreckbaren Titel vorliegen, die Zwangsversteigerung oder Zwangsverwaltung des Grundstücks betreiben. Vor Ablauf der Wartefrist von zwei Wochen des ZPO § 750 Abs 3 kann eine Zwangshypothek auf Grund eines nur gegen Sicherheitsleistung vorläufig vollstreckbaren Titels nur eingetragen werden, wenn die Sicherheit geleistet und durch eine öffentliche oder öffentlich beglaubigte Urkunde nachgewiesen und auch eine Abschrift dieser Urkunde zugestellt ist (ZPO § 751 Abs 2).

64.4 Voraussetzungen der Grundbucheintragung sind

a) Bezeichnung des Grundstücks im Antrag nach Maßgabe von GBO § 28 Satz 1 und der zu vollstreckenden Geldbeträge in Euro (GBO § 28 Satz 2) oder in den Währungen der Schweizerischen Eidgenossenschaft sowie der Vereinigten Staaten von Amerika (GBO § 28 Satz 2 mit Verordnung vom 30. Okt 1997, BGBl I 2683).

b) Voreintragung des Schuldners (GBO § 39).

c) Bezeichnung des Gemeinschaftsverhältnisses mehrerer Gläubiger als Eintragungsgrundlage nach GBO § 47.

64.5 Bei Eintragung der Zwangshypothek auf einem **Erbbaurecht** (auch auf einem Eigentümererbbaurecht[14]) ist ErbbauVO § 5 zu beachten. Zur Beibringung oder gerichtlichen Ersetzung der Eigentümerzustimmung kann dem Gläubiger mit Zwischenverfügung Frist gesetzt werden[15]. Das eingetragene Belastungsverbot wirkt auch gegen eine Zwangshypothek, Eintragung ohne Zustimmung des Grundstückseigentümers ist schwebend unwirksam[16]. Der Erbbauberechtigte hat jedoch gegen den Grundstückseigentümer einen Anspruch auf Zustimmung; der Gläubiger wird auf den Weg verwiesen, den Zustimmungsanspruch des Erbbauberechtigten nach ZPO § 857 Abs 3 zu pfänden und sich zur Einziehung überweisen zu lassen[17]. Das aber ist nicht für erforderlich zu halten. Es entscheidet der Gläubiger darüber, ob die Verfügung (im Wege der Zwangsvollstreckung) durch das Grundbuchamt erfolgt. Es erscheint daher als dem Sinn der ErbbauVO §§ 7, 8 entsprechend, dem Gläubiger sowohl die Ausübung des in ErbbauVO § 7 Abs 1 normierten Zustimmungsanspruchs als auch ein Antragsrecht im Sinne des ErbbauVO § 7 Abs 3 ebenso zuzugestehen (dem zustimmend[18]), wie für Versteigerung des Erbbaurechts (nun) dem betreibenden Gläubiger (dazu § 15 Rdn 13.12). Wenn für Belastungen bestimmter Gläubiger Ausnahmen von der Zustimmungsbedürf-

---

[14] BayObLG 1996, 107 = MDR 1996, 849 = NJW-RR 1996, 975 = Rpfleger 1996, 447; OLG Hamm MDR 1985, 585 = OLGZ 1985, 159 = Rpfleger 1985, 233.
[15] OLG Celle MDR 1985, 331.
[16] OLG Hamm MittBayNot 1953, 290 = Rpfleger 1953, 250; Furtner NJW 1966, 182 (C II 3 a); Löscher JurBüro 1961, 429 (35).
[17] BGH 33, 76 = DNotzZ 1961, 31 = MDR 1960, 833 = NJW 1960, 2093 = Rpfleger 1961, 192; OLG Hamm MDR 1993, 686 = OLGZ 1994, 12 = Rpfleger1993, 334 und 1994, 59 Leitsatz mit abl Anm Streuer.
[18] Streuer Rpfleger 1994, 59 (Anmerkung); nicht entschieden, dem aber zuneigend, auch BayObLG 1996, 107 = aaO (Fußn 14); BayObLG 1996, 301 (306) = NJW-RR 1997, 591 = Rpfleger 1997, 256 (Antragsrecht des Bauunternehmers für Belastung mit einer Bauhandwerkersicherungshpyothek).

Einleitung 64.5   Zwangshypothek

tigkeit festgelegt sind (zB keine Zustimmung für Hypotheken von Körperschaften und Anstalten des öffentlichen Rechts), gelten sie auch für Zwangshypotheken solcher Gläubiger[19], mit mißverständlichem Leitsatz).

64.6 a) Nach dem **Baugesetzbuch** ist die Eintragung einer Zwangshypothek nicht beschränkt. In Umlegungsverfahren[20], Sanierungsgebieten[21] und Entwicklungsbereichen bedarf ihre Eintragung keiner Genehmigung nach BauGB § 51 und §§ 144, 169. Das gilt natürlich nicht, wenn die Eintragung einer Zwangshypothek nur als Umgehung der sonst nicht möglichen Eintragung einer Grundschuld erfolgen soll[22] (anders zu Unrecht[23]).

b) Für **landwirtschaftliche Grundstücke** gibt es keine Beschränkung, diese können jederzeit mit einer Zwangshypothek belastet werden.

c) Für Eintragung einer Zwangshypothek auf dem Grundstück eines **Minderjährigen** ist keine vormundschaftsgerichtliche Genehmigung nötig.

d) Der Grundbesitz eines **Vorerben** kann mit einer Zwangshypothek belastet werden, wenn der Nacherbschaftsvermerk (GBO § 51) im Grundbuch eingetragen ist, auch wenn es sich nicht um eine befreite Vorerbschaft handelt; das Grundbuchamt prüft nicht, ob die Eintragung gegenüber dem Nacherben wirksam ist (dazu auch § 15 Rdn 30).

64.7 Vollstreckung bei fortgeltendem Güterstand der **Eigentums- und Vermögensgemeinschaft** nach dem Familiengesetzbuch der (ehem) DDR: § 15 Rdn 10.5. Vollstreckung in **Bruchteilseigentum** eines Ehegatten nach Überleitung in den gesetzlichen Güterstand der Zugewinngemeinschaft erfordert Voreintragung des Schuldners (GBO § 39 Abs 1) und seines Miteigentumsanteils in Bruchteilen[24] (GBO § 47). Die Eintragung als Berichtigung des Grundbuchs kann der Gläubiger beantragen[25] (GBO § 14). Allein sein Antrag auf Eintragung der Zwangshypothek wird nicht dahin ausgelegt, daß er (auch) auf Grundbuchberichtigung gerichtet ist[25]. Nachweis des Schuldneranteils in Bruchteilen ermöglicht Berufung auf die Vermutung von EGBGB Art 234 § 4a Abs 3. Erforderlich ist auch Voreintragung des Schuldners (ggfs seines Miteigentumsanteils), der nach EGBGB Art 233 § 11 (Ehegattenbruchteil Abs 5) Eigentümer eines Grundstücks aus der Bodenreform geworden ist.

64.8 Ist der Schuldner sowohl **Eigentümer des Grundstücks** als auch Eigentümer des **Gebäudeeigentums** auf dem Grundstück (Einl Rdn 14.1), so ist nach SachenRBerG § 78 Abs 1 Satz 1 eine Belastung allein des Gebäudes oder des Grundstücks ohne das Gebäude nicht mehr zulässig (zu den Schwierigkeiten, die sich damit ergeben, siehe[26]). Dieses (absolute) Verfügungsverbot des § 78 Abs 1 Satz 1 SachenRBerG gilt nicht nur bei Hinzuerwerb des Grund und Bodens nach Maßgabe des SachenRBerG, sondern auch bei Zusammenfallen des Grundstücks mit dem Gebäudeeigentum aus anderen Gründen[27]. Mit dem Wortlaut und nach

---

[19] OLG Celle Rpfleger 1985, 22.
[20] LG Regensburg MittBayNot 1977, 146 = Rpfleger 1977, 224; AG Eschweiler Rpfleger 1978, 187.
[21] OLG Oldenburg NJW-RR 1998, 1239.
[22] OLG Oldenburg aaO; Riggers JurBüro 1977, 1671.
[23] LG Regensburg aaO.
[24] LG Neubrandenburg DtZ 1995, 420 = MDR 1995, 525 = Rpfleger 1995, 250.
[25] LG Berlin Rpfleger 1994, 247.
[26] Schreiben des Bundesjustizministeriums über Zwangshypotheken in Grundstücke oder darauf befindliches Gebäudeeigentum vom 2. 3. 1995, DtZ 1995, 199.
[27] OLG Brandenburg DtZ 1996, 384 = JurBüro 1997, 103 = Rpfleger 1997, 60; OLG Jena DtZ 1997, 391 = OLG-NL 1997, 201 = Rpfleger 1997, 431; LG Dresden MittBayNot 1995, 133 = Rpfleger 1995, 407 mit Anm Wanek; aA OLG Dresden DtZ 1996, 222 = Rpfleger 1996, 102.

Zwangshypothek 65.3 **Einleitung**

Sinn und Zweck von SachenRBerG § 78 Abs 1 Satz 1 ist Belastung des Grundstücks zusammen mit dem Gebäudeeigentum (abweichend von ZPO § 867 Abs 2) als zulässig anzusehen[28] (anders[29]).

Beanstandung von Vollstreckungs- und Eintragungshindernissen 65

65.1 Vollstreckungsrechtliche Antragsmängel (Einl Rdn 64.2) schließen den Beginn der Zwangsvollstreckung und damit des Grundbucheintragungsverfahrens aus. Der Antrag, der einen vollstreckungsrechtlichen Mangel aufweist, wahrt daher **keinen Vollzugsrang** nach GBO § 17. Rangwahrende Zwischenverfügung nach GBO § 18 Abs 1 kann zur Behebung eines Vollstreckungsmangels deshalb nicht ergehen[1]. **Beanstandung** hat im Vollstreckungsverfahren zu erfolgen[2], dem Gläubiger ist daher mit **Aufklärungsverfügung** nach ZPO § 139 Gelegenheit zur Behebung des Vollstreckungshindernisses zu geben[3]. Für die Eintragungsreihenfolge (GBO § 17) ist dann der Zeitpunkt maßgebend, in dem das Vollstreckungshindernis behoben wird (Eingang beim Grundbuchamt, GBO § 13 Abs 2). Nach früher überwiegender anderer Ansicht sollte bei Fehlen einer Vollstreckungsvoraussetzung der Eintragungsantrag ohne Zwischenverfügung sofort abzulehnen sein[4]. Damit würde das Grundbuchamt als Vollstreckungsorgan jedoch gegen die ihm als Amtspflicht obliegende Aufklärungspflicht (Einl Rdn 33) verstoßen und dem Gebot rechtsstaatlicher Verfahrensgestaltung (Einl Rdn 7, 8) nicht genügen. Diese Ansicht ist somit abzulehnen.

65.2 Zur Herstellung eines **grundbuchrechtlichen Eintragungserfordernisses** (Einl Rdn 64.4) ist Gelegenheit mit **Zwischenverfügung** nach GBO § 18 Abs 1 zu geben[5] Die Zwischenverfügung ist rangwahrend nach GBO § 18 Abs 2.

65.3 Wenn der Antrag einen vollstreckungsrechtlichen Mangel aufweist (Beispiel: Vollstreckungstitel fehlt, ist nicht vollstreckbar ausgefertigt oder nicht zugestellt) und zugleich ein grundbuchrechtliches Eintragungserfordernis nicht erfüllt ist (Beispiel: Voreintragung des Schuldners fehlt, GBO § 39), ist Beginn der Zwangsvollstreckung ausgeschlossen (Rdn 65.1). Der Antrag kann daher nur insgesamt mit Aufklärungsverfügung im Vollstreckungsverfahren beanstandet werden, nicht aber bereits wegen des grundbuchrechtlichen Eintragungshindernisses vorweg auch mit rangwahrender Zwischenverfügung nach GBO § 18. Erst wenn das Vollstreckungshindernis (alle) behoben ist, wahrt der Antrag im Grundbuchverfahren die Vollzugsreihenfolge von GBO § 17; erst von da an kann daher zur Behebung eines (noch) fortbestehenden grundbuchrechtlichen Eintragungshinder-

---

[28] OLG Brandenburg DtZ 1996, 384 = aaO; LG Leipzig Rpfleger 1996, 285 und VIZ 1996, 482; Schöner/Stöber, Grundbuchrecht, Rdn 2197 a und 4287; Zöller/Stöber, ZPO, § 867 Rdn 23.
[29] LG Frankfurt/O Rpfleger 1997, 212; LG Chemnitz Rpfleger 1995, 456 mit Anm Wanek.
[1] BGH 27, 310 = DNotZ 1958, 480 = MDR 1958, 498 = NJW 1958, 1090 = Rpfleger 1958, 216 mit Anm Riggers; BayObLG 1956, 218 = DNotZ 1956, 596 mit abl Anm Schweyer = NJW 1956, 1800 = Rpfleger 1957, 22; OLG Düsseldorf MDR 1990, 62 = OLGZ 1990, 16 = Rpfleger 1990, 60; Stöber, ZVG-Handbuch, Rdn 18 a; Zöller/Stöber, ZPO, § 867 Rdn 1; Schöner/Stöber, Grundbuchrecht, Rdn 2179 und 2194; Stein/Jonas/Münzberg, ZPO, § 867 Rdn 34.
[2] Zöller/Stöber und Stöber, ZVG-Handbuch, je aaO.
[3] ThürOLG Rpfleger 2002, 355; LG Mainz Rpfleger 1991, 302; Stein/Jonas/Münzberg, ZPO, § 867 Rdn 34.
[4] BGH 27, 310 und BayObLG 1956, 218 = je aaO (Fußn 1); RG 60, 70 (72); OLG Frankfurt Rpfleger 1974, 443; LG Münster JMBlNW 1953, 199; Furtner MDR 1964, 460; Habscheid NJW 1967, 225 (III).
[5] Stöber, ZVG-Handbuch, Rdn 18 a; Zöller/Stöber, ZPO, § 867 Rdn 5; Hoche DNotZ 1957, 3.

Einleitung 65.3   Zwangshypothek

nisses mit rangwahrender Zwischenverfügung nach GBO § 18 Abs 1 Frist gesetzt werden.

65.4 Zurückzuweisen ist der Eintragungsantrag mit Beschluß, wenn das Vollstreckungs- oder Eintragungshindernis nach Ablauf der mit Aufklärungs- oder Zwischenverfügung gesetzten Frist nicht behoben ist oder (ohne Fristsetzung), wenn es sich um einen nicht behebbaren Mangel handelt (dann ist aber vor Entscheidung Hinweis nach ZPO § 139 oder rechtliches Gehör zu gewähren). Der Zurückweisungsbeschluß ist zu begründen (Einl Rdn 28).

66 Betrag der Gläubigerforderung

66.1 Für Eintragung der Sicherungshypothek muß die **Forderung** des Gläubigers **mehr als 750 Euro** betragen (ZPO § 866 Abs 3 Satz 1), also mindestens 750,01 Euro. Grund: Das Grundbuch soll nicht mit geringwertigen Eintragungen überlastet werden. Betragsgrenze für Eintragungen, die bis 31. Dez 1998 beantragt worden sind (Eingang beim Grundbuchamt): 500 DM (Art 3 Abs 7 der 2. ZwV-Novelle, BGBl I 3039 [3046]), dann bis 31. Dez 2001: 1500 DM.

66.2 Zinsen bleiben für Bemessung der Gläubigerforderung (von mehr als 750 Euro) als Nebenforderung unberücksichtigt (ZPO § 866 Abs 3 Satz 1 Halbs 2). Zinsrückstände, die in der Zwangsvollstreckung betragsmäßig geltend gemacht werden (650 Euro für die Zeit vom ... bis ...), werden als Hauptsache vollstreckt, sind somit für die Mindestbetrag von 750,01 Euro mit anderen Hauptsacheforderungen zusammenzurechnen[1]. Die Zwangsvollstreckung ist als Vollstreckungsverfahren vom Erkenntnisverfahren unabhängig. Für den Charakter der Zinsen als Nebenforderung oder Hauptsacheanspruch in der selbständigen Zwangsvollstreckung (somit für die Betragsgrenze von 750,01 Euro des ZPO § 866 Abs 3) kommt es daher allein darauf an, wie die Zinsen in der Zwangsvollstreckung betragsmäßig geltend gemacht werden[1]. Bedeutungslos dafür ist, wie Zinsen im Erkenntnisverfahren verlangt waren und daher im Vollstreckungstitel ausgewiesen sind. Daß Zinsen über den Rechtsstreit hinaus ihren Charakter als Nebenforderungen behalten, erfordert die Selbständigkeit der Zwangsvollstreckung nicht. Zinsrückstände, die im Vollstreckungstitel als Nebenforderung ausgewiesen sind, werden als Hauptsache vollstreckt, wenn sie in der Zwangsvollstreckung betragsmäßig geltend gemacht werden; als solche sind sie daher für den Mindestbetrag von 750,01 Euro mit anderen Hauptsacheforderungen zusammenzurechnen[1]; anders:[2] keine Berücksichtigung der Zinsen, die nicht selbständig eingeklagt waren. Wenn Zinsen selbständig oder zusammengefaßt mit Hauptsache eingeklagt waren, können sie gesondert eingetragen werden, falls dann die Forderung über 750 Euro ist[3]. Eine besondere Zwangshypothek für nur als Nebenforderung verlangte Zinsen ist nicht möglich[3]; auch die als Nebenforderung vergessenen sind nachträglich nicht mehr eintragbar[3] (anders:[4] als Nebenforderung aus demselben Titel zulässig, nicht aber aus einem neuen Titel). Zinsrückstände können aber betragsmäßig als Hauptsache vollstreckt werden. Der Betrag der kapitalisierten Zinsrückstände ist dann Geldbetrag der Forderung, für den Zwangsvollstreckung durch Eintragung einer Sicherungshypothek (ZPO § 866) erfolgen kann[5]. Daher kann bei Vollstreckung nur der Zinsen, die für einen bestimmten Zeitraum betragsmäßig verlangt werden, eine Zwangshypothek eingetragen werden[6], und zwar auch dann, wenn die

---

[1] Zöller/Stöber, ZPO, § 866 Rdn 5; MünchKomm/Eickmann, ZPO § 866 Rdn 10; Musielak/Becker, ZPO, § 866 Rdn 4.
[2] Quardt JurBüro 1960, 177 (I 1); Schumann JurBüro 1950, 33; Stein/Jonas/Münzberg, ZPO, § 866 Rdn 6.
[3] AG Pinneberg Rpfleger 1969, 171 mit abl Anm Haegele.
[4] Haegele Rpfleger 1969, 171 (Anmerkung).
[5] Schöner/Stöber, Grundbuchrecht, Rdn 2189.
[6] LG Bonn Rpfleger 1982, 76; Schuschke/Walker, ZPO, § 866 Rdn 6.

Zwangshypothek **66.7 Einleitung**

Hauptsacheforderung noch geschuldet und nicht mit vollstreckt wird (anders[7]; nicht richtig). Vollstreckung der (kapitalisierten) Zinsrückstände ist bei der (betragsmäßigen) Eintragung als (= mit der) Hauptsache stets dem Gläubiger zur Wahrung der Rangklasse 4 des § 10 Abs 1 stets anzuraten; als wiederkehrende Leistungen (damit als Nebenforderung geltend gemachte und eingetragene Gläubigerforderung) genießen die über 2 Jahre veralteten (rückständigen) Zinsen (Abgrenzung nach § 13) das Vorrecht der Rangklasse 4 des § 10 Abs 1 nicht mehr (sie fallen in Rangklasse 8).

66.3 Kosten dürfen zur Hauptsache hinzugerechnet werden, auch andere Nebenforderungen, Kosten auch, wenn sie als Vollstreckungskosten (ZPO § 788 Abs 1) nicht festgesetzt sind. Eintragungsfähig also: 730 Euro Hauptsache und 30 Euro Kosten und ...% Zinsen (dazu Muster der Eintragungsverfügung im ZVG-Handbuch Rdn 19).

66.4 Für Forderungen desselben Gläubigers aus mehreren Vollstreckungstiteln (auch Urteil und Kostenfestsetzungsbeschluß, mehrere Vollstreckungsbescheide, desgleichen Hauptsachetitel und nach ZPO § 788 Abs 1 mit beizutreibende bisherige Zwangsvollstreckungskosten) kann eine einheitliche Zwangssicherungshypothek eingetragen werden (ZPO § 866 Abs 3 Satz 2). Die Ansprüche eines Gläubigers aus mehreren Vollstreckungstiteln können zusammengefaßt werden, auch wenn (oder soweit) sie einzeln unter 750,01 Euro liegen (es muß aber der gesamte Betrag ohne Zinsen 750 Euro übersteigen) und auch, wenn Ansprüche Dritter durch Abtretung oder Erbfolge hinzuerworben wurden (dann jedoch Klauselumstellung, ZPO § 727, und Zustellung, ZPO § 750 Abs 2, erforderlich). Unzulässig ist aber die Zusammenfassung von Forderungen verschiedener Gläubiger, die erst zusammen 750 Euro übersteigen würden. Wenn auch nicht Titel mehrerer Gläubiger zusammengefaßt werden dürfen, so können doch mehrere Gläubiger aus einem Titel berechtigt sein (zur Bezeichnung des Rechtsverhältnisses im Antrag Einl Rdn 63.4). Die Zusammenrechnung mehrerer Titel ist, anders ausgedrückt, zulässig, wenn es sich um ein einheitliches Schuldverhältnis handelt, wenn also Gläubiger derselbe Gläubiger oder dieselbe Gläubigermehrheit und Schuldner überall derselbe Schuldner oder dieselbe Schuldnermehrheit ist.

66.5 Ein Urteil auf Zahlung von **Bruttolohn** ist vollstreckungsfähig[8], ermöglicht somit wegen des Bruttolohnanspruchs auch Eintragung einer Zwangshypothek. Möglich ist deren Eintragung aber auch, wenn mit der Bruttoforderung des Gläubigers „Zinsen von dem sich hieraus ergebenden Nettobetrag" vollstreckt werden[9]; für Grundbucheintragung bestimmt sind diese Nettozinsen, wenn der Schuldtitel als Gläubigerforderung auf Zinsen aus dem Bruttolohnbetrag, auflösend bedingt durch die Minderung um den Abzugsbetrag, verstanden wird und Eintragung so erfolgt.

66.6 Nach Eintragung der Zwangshypothek kann für **weitere** (festgesetzte oder Zwangsvollstreckungs-) **Kosten** oder für andere Nebenforderungen eine selbständige Zwangshypothek nur eingetragen werden, wenn der Anspruch wieder 750 Euro übersteigt[10].

66.7 Eine Zwangshypothek für eine Forderung von 750 Euro (seit 1. Jan 2002; zuvor seit 1. Jan 1999 1500 DM, davor 500 DM) oder weniger ist nichtig[11] (jetzt auch bei Verteilung Einl Rdn 68). Sie ist als inhaltlich unzulässig von Amts wegen zu löschen (GBO § 53 Abs 1).

---

[7] OLG Schleswig JurBüro 1982, 913 = Rpfleger 1982, 301 mit zust Anm Hellmig.
[8] BArbG BAGE 15, 220 = MDR 1964, 625 = NJW 1964, 1338 und 1823 Leitsatz mit krit Anm Putzo; Zöller/Stöber, ZPO, § 704 Rdn 6 mit weit Nachw.
[9] LG Bonn JurBüro 1995, 159 = MDR 1995, 747.
[10] RG 61, 423.
[11] RG 60, 279 (284).

67 Eintragung der Zwangshypothek

Literatur: Bärmann, Zur Grundbuchfähigkeit der Wohnungseigentümer-Gemeinschaft, DNotZ 1985, 395; Böhringer, Die Wohnungseigentümergemeinschaft als Gläubiger einer Zwangshypothek für Hausgeldrückstände, BWNotZ 1988, 1; Jansen, Rangvorbehalt und Zwangsvollstreckung, AcP 152, 508; Zeiser, Zwangssicherungshypotheken wegen Ansprüchen einer Wohnungseigentümergemeinschaft, Rpfleger 2003, 550.

67.1 Bei Eintragung muß die Zwangshypothek im Grundbuch als **Sicherungshypothek** bezeichnet werden (BGB § 1184 Abs 2). Der Gläubiger (für mehrere auch die Anteile in Bruchteilen oder das Gemeinschaftsverhältnis, GBO § 47), der Geldbetrag der Forderung, der Zinssatz und der Geldbetrag anderer Nebenleistungen müssen im Grundbuch angegeben werden; im übrigen (auch zur Bezeichnung der Forderung) kann und soll (GBO § 44 Abs 2) auf den Vollstreckungstitel (bei Verwaltungsvollstreckung auf den Eintragungsantrag) Bezug genommen werden (ersetzt hierfür die Eintragungsbewilligung) (BGB § 1115 Abs 1 mit § 874). Muster einer Eintragungsverfügung im ZVG-Handbuch Rdn 19.

67.2 Der **Gläubiger** ist nach GBV § 15 zu bezeichnen, als natürliche Person sonach mit Familien- und Vornamen, Beruf oder Geburtsdatum und Wohnort, als juristische Person, Handelsgesellschaft, Partnerschaft und Europ wirtschaftliche Interessenvereinigung mit dem Namen oder der Firma und dem Sitz. Der **Einzelkaufmann** ist auch dann mit seinem bürgerlichen Namen einzutragen, wenn er im Vollstreckungstitel mit seiner Firma (HGB § 17 Abs 2) bezeichnet ist[1] (siehe auch Einl Rdn 63.4). Gläubiger, der als Einzelkaufmann unter seiner Firma bezeichnet ist, ist der Firmeninhaber bei Eintritt der Rechtshängigkeit (§ 15 Rdn 25.10). Feststellung des mit seiner Firma bezeichneten Einzelkaufmanns (bei Bezeichnung im Antrag Prüfung) hat durch das Grundbuchamt als Vollstreckungsorgan zu erfolgen (§ 15 Rdn 25.11; Zweifel gehen zu Lasten des Gläubigers, § 15 Rdn 25.12). Daher ist der Antrag nicht zurückzuweisen, wenn der Vollstreckungstitel oder Antrag den bürgerlichen Namen des Gläubigers nicht nennt (anders[1]; es erfolgt jedoch keine von der Eintragungsunterlage abweichende Eintragung; eingetragen wird mit seinem bürgerlichen Namen vielmehr der im Vollstreckungstitel mit seinem Handelsnamen nach HGB § 17 Abs 2 ordnungsgemäß bezeichnete Gläubiger). Als Gläubiger mit seinem Namen einzutragen ist auch ein **Prozeßstandschafter,** zB ein Elternteil als Titelgläubiger (ZPO § 750 Abs 1), der im eigenen Namen Unterhaltsansprüche des Kindes gelten macht[2] (BGB § 1629 Abs 3 Satz 1). **Wohnungseigentümer** sind als Gläubiger einzeln[3] namentlich (GBV § 15 Abs 1) mit ihrem Gemeinschaftsverhältnis (GBO § 47) zu bezeichnen. Als Rechtsverhältnis ist die Wohnungseigentümergemeinschaft anzugeben[4]; nicht für ausreichend erachtet wird die Angabe „Gesamtberechtigte gemäß § 432 BGB"[4]. Die Teilrechtsfähigkeit der Wohnungseigentümer-Gemeinschaft ermöglicht (bei Bezeichnung im Titel, ZPO § 750 Abs 1) auch deren Eintragung als Gläubiger[5] (anders bisher[6]). Für Bezeichnung der (eintragenden) Wohnungseigentümer kann Angabe des Vor- und Familiennamens und (abweichend von GBV § 15 Abs 1 Buschst a) der Grundbuchblätter des Wohnungseigentums jedes der

---

[1] BayObLG NJW-RR 1988, 980 = Rpfleger 1988, 309.
[2] LG Konstanz NJW-RR 2002, 6 = Rpfleger 2001, 345; Stöber BGHRep 2001, 954.
[3] OLG Köln MDR 1995, 36 = OLGZ 1994, 521 = Rpfleger 1994, 496 mit abl Anm Sauren; LG Aachen Rpfleger 1994, 496 mit abl Anm Sauren. Zu Wohnungseigentümern als Gläubiger der Zwangshypothek eingehend Zeiser Rpfleger 2003, 550.
[4] KG Berlin OLGZ 1986, 47 = Rpfleger 1985, 435.
[5] BGH (2. 6. 2005, V ZB 32/05) NJW 2005, 2061 (2065 reSp).
[6] OLG Köln und LG Aachen je aaO (Fußn 3); LG Mannheim BWNotZ 1982, 19; auch BayObLG 1984, 239 = DNotZ 1985, 424 = MDR 1985, 142 = Rpfleger 1985, 102; anders Bärmann DNotZ 1985, 395; Böhringer BWNotZ 1988, 1.

67.3 Einleitung

Miteigentümer genügen[7] (anders[8]). Einzutragen ist der WE-Verwalter, wenn er in dem zugrunde liegenden Vollstreckungstitel als Gläubiger ausgewiesen ist[9]. Hierbei ist es unerheblich, ob der Verwalter materiell-rechtlicher Forderungsinhaber ist oder ob der Titel von ihm als gewillkürter Verfahrensstandschafter (hierzu[10]) erstritten wurde[11]. Nicht eintragbar ist eine Sicherungshypothek jedoch für den im Vollstreckungstitel mit „inkassobefugter Verwalter der Eigentümergemeinschaft X" bezeichneten Gläubiger[12] (weist weder den Verwalter noch die Wohnungseigentümer eindeutig als Gläubiger aus; Auslegung kaum denkbar). Der Anspruch an einen Miteigentümer auf Lasten- und Kostenbeitrag (WEG § 16 Abs 2) steht Wohnungseigentümern gemeinschaftlich zu; das für die Gläubigergemeinschaft maßgebende Rechtsverhältnis ergibt sich aus dem Vollstreckungstitel über einen solchen Anspruch in der für die Eintragung erforderlichen Weise hinreichend bestimmt[13] (noch für Mitgläubiger nach BGB § 432) (anders[14]). Die **BGB-Gesellschaft** ist nicht grundbuchfähig[15]; sie kann daher nicht als Gläubigerin einer Zwangshypothek in das Grundbuch eingetragen werden[16]. Für die Forderung auf Zahlung an einen (ohne eigenes Forderungsrecht) **begünstigten Dritten** ist der Gläubiger unter Bezeichnung des Dritten als Zahlungsempfänger einzutragen[17]. Für **Zwangsgeld** (ZPO § 888) ist als Gläubiger der Kläger zu bezeichnen und einzutragen; die Gerichtskasse ist bei Eintragung als Zahlungsempfänger anzugeben[18]. Die Erben sind als Berechtigte einzutragen, wenn der Nachlaßverwalter eine zum Nachlaß gehörenden Forderung vollstreckt[19].

67.3 Geldbetrag der Forderung, der in Spalte 3 als Betrag des Rechts (GBV § 11 Abs 4) und in Spalte 4 in Buchstaben zu schreiben ist (GBV § 17 Abs 1 Satz 1 mit § 11 Abs 5) ist die Vollstreckungsforderung. Dieser Forderungsbetrag wird durch den Vollstreckungsantrag des Gläubigers bestimmt; er kann sich aus mehreren Einzelansprüchen (Hauptsache, vorgerichtliche Auslagen, kapitalisierte Zinsen, festgesetzte Kosten, frühere Zwangsvollstreckungskosten) sowie aus den durch mehrere Schuldtitel (ZPO § 866 Abs 3 Satz 2) ausgewiesenen Gläubigeransprüchen zusammensetzen (hierzu näher[20]). Der Zinssatz muß bestimmt sein, bei Abhängigkeit vom Basiszinssatz oder SRF-Satz (vordem von dem Diskont- oder Lombardsatz) muß ein Höchstsatz angegeben werden[21] (BGB § 1115). Den für Basiszinsen oder Zinsen nach dem SRF-Satz (Diskont- oder Lombardzinsen) im Vollstreckungstitel nicht bezeichnete Höchstsatz der Zinsen muß der Gläubiger in

---

[7] OLG Köln aaO (Fußn 3).
[8] BayObLG Rpfleger 2001, 403; LG Aachen aaO (Fußn 3).
[9] BGH 148, 392 = BGHRep 2001, 952 mit Anm Stöber = JZ 2002, 357 mit Anm Münzberg = MDR 2002, 24 = NJW 2001, 3627 = Rpfleger 2002, 17 und 194 mit Anm Sauren; KG Berlin (Vorlagebeschluß) OLGRep 2001, 138 = Rpfleger 2001, 340.
[10] BGH 104, 197 (199) = NJW 1988, 910.
[11] BGH NJW 2001, 3627 = aaO; damit ist die frühere Gegenansicht, der schon vordem nicht zu folgen war, überholt.
[12] LG Frankfurt NJW-RR 1993, 589 = Rpfleger 1993, 238.
[13] LG Bochum Rpfleger 1981, 148 mit zust Anm Meyer-Stolte.
[14] Grundbuchamt Heidelberg BWNotZ 1984, 174.
[15] BayObLG 2002, 330 = DNotZ 2003, 70 = Rpfleger 2003, 78 mit Anm Dürnig; Schöner/Stöber, Grundbuchrecht, Rdn 241 a mit Nachw.
[16] BayObLG NJW-RR 2005, 43 = NotBZ 2004, 433; LG Berlin Rpfleger 2004, 283.
[17] OLG Karlsruhe Rpfleger 1998, 158; BayObLG OLGRep 2005, 215 Leitsatz; Zöller/Stöber, ZPO, § 867 Rdn 8.
[18] AG Hamburg Rpfleger 1982, 31.
[19] OLG Hamm JurBüro 1988, 1420 = MDR 1988, 865 = Rpfleger 1989, 17.
[20] Schöner/Stöber, Grundbuchrecht, Rdn 2187.
[21] KG Berlin Rpfleger 1971, 316 mit zust Anm Haegele; SchlHolstOLG MittBayNot 2003, 295 mit abl Anm Wolfsteiner = NotBZ 2003, 76; aA auch Böhringer BWNotZ 2003, 129 (130).

Einleitung 67.3 — Zwangshypothek

seinem (schriftlichen) Antrag bezeichnen. Künftige (insbesondere über den Eintragungstag hinaus fortlaufende) Zinsen können als Nebenforderungen eingetragen werden; ZPO § 751 Abs 1 steht dem nicht entgegen. Der Anfangstag der Verzinsung (der vor dem Eintragungstag liegen kann), kann durch Bezugnahme eingetragen werden. Ist ein Titel-Anspruch unverzinslich, so haftet das Grundstück für die gesetzlichen Zinsen (BGB § 1118) ohne Eintragung; die gesetzlichen Zinsen dürfen nicht eingetragen werden; in der Zwangsversteigerung und Zwangsverwaltung werden sie auf Anmeldung berücksichtigt (§ 45 Abs 1, § 114 Abs 1, § 155 Abs 2). Als andere Nebenleistungen werden Strafzinsen (einmalige oder fortlaufende), Säumniszuschläge oder Zinseszinsen eingetragen (nicht aber zB festgesetzte Kosten, frühere Zwangsvollstreckungskosten, kapitalisierte Zinsen, die als Vollstreckungshauptsache geltend gemacht sind; diese sind als Vollstreckungsanspruch des Gläubigers Hauptsacheteil). Eintragungskosten: Einl Rdn 70.2.

67.4 Die Zwangshypothek ist immer **Buchhypothek** (BGB § 1185 Abs 1), Ausschluß der Brieferteilung wird daher nicht eingetragen. Daß die Eintragung im Wege der Zwangsvollstreckung erfolgt, wird wegen der für die Sicherungshypothek geltenden Besonderheiten (ZPO § 868) angegeben[22] (genügend: „Zwangssicherungshypothek"). Die Sicherungsvollstreckung (ZPO § 720 a) wird als Grund der Eintragung nicht vermerkt[23] (auch ZVG-Handbuch Rdn 19). Sammelbuchung (zusammengefaßte Eintragung nach Verteilung) wäre zulässig, ist jedoch nicht zu empfehlen (dazu[24]).

67.5 In **ausländischer Währung** kann die Zwangshypothek nur mit den Rdn 64.4 bezeichneten Währungseinheiten, sonst aber nicht eingetragen werden (GBO § 28 Satz 2); bei einem Titel in (nicht eintragbarer) ausländischer Währung bleibt nur der Weg einer Höchstbetragshypothek in deutscher Währung (Euro)[25]. Zu ermitteln ist der Euro-Betrag durch Umrechnung nach der Zeit des Eintragungsantrags, in dem die Kursberechnung erfolgt sein muß; Zinsen sind in den Höchstbetrag einzuordnen[26].

67.6 Einen für den Grundstückseigentümer eingetragenen **Rangvorbehalt** kann der Gläubiger bei oder nach Eintragung der Zwangshypothek nicht ausnützen[27]. Das ist jetzt allgemeine Ansicht (unstreitig); zu den überholten früheren Meinungen siehe 12. Auflage § 1 Rdn 82.10 und 82.11.

67.7 Die Zwangshypothek kann nachträglich durch Einigung von Gläubiger und Schuldner in eine Hypothek oder Grundschuld umgewandelt werden (BGB § 1186).

67.8 Für eine Zwangshypothek ist keine Vormerkung möglich.

68 Gesamtrecht; mehrere Grundstücke

Literatur: Bruder, Zwangshypothek bei mehreren zu belastenden Grundstücken, NJW 1990, 1163; Groß, Zwangshypothek als Gesamthypothek? BWNotZ 1984, 111; Reuter, Das vergessene Problem der §§ 866 III, 867 II ZPO, Rpfleger 1986, 285.

68.1 Belastung **mehrerer Grundstücke** des Schuldners mit einer Zwangshypothek, somit Eintragung einer ursprünglichen Gesamt-Zwangshypothek auf mehreren Grundstücken desselben Schuldners, ist **nicht zulässig** (ZPO § 867 Abs 2 Satz 1). Doppelsicherung durch Zwangshypothek ist auch verboten, wenn die Grundstücke nacheinander im Wege der Zwangsvollstreckung belastet werden

---

[22] Schöner/Stöber, Grundbuchrecht, Rdn 2186.
[23] Zöller/Stöber, ZPO, § 867 Rdn 7.
[24] Schöner/Stöber, Grundbuchrecht, Rdn 2193.
[25] RG 106, 74; LG Osnabrück Rpfleger 1968, 122; K. Schmidt ZZP 98 (1985) 32 (46).
[26] RG 106, 74.
[27] RG 114, 426; BGH 12, 238 = DNotZ 1954, 378 = NJW 1954, 954; OLG Frankfurt MDR 1953, 243; LG München I MittBayNot 1953, 104.

sollen[1]. Grund[2]: Schutz des Schuldners vor übermäßiger Belastung seines Grundbesitzes mit Doppelsicherung des Gläubigers und Abwendung der mit einer Gesamthypothek verbundenen Schwierigkeiten. Wenn die Hypothek auf mehreren Grundstücken desselben Schuldners eingetragen werden soll, muß der Betrag der Forderung auf die einzelnen Grundstücke **verteilt** werden. Die Größe der Forderungsteile bestimmt der Gläubiger. Die Teile müssen je über 750 Euro betragen (ZPO § 867 Abs 2 Satz 2 mit § 866 Abs 3 Satz 1). Jedoch mußten für Eintragungen, die bis 31. Dez 1998 beantragt waren (Eingang beim Grundbuchamt) die einzelnen Teile nicht je über (damals) 500 DM (Betragsgrenze bis dahin nur für die Summe der Einzelhypotheken) betragen[3] (Art 3 Abs 7 der 2. ZwV-Novelle, BGBl I 3039 [3046]). Zinsen sind als Nebenforderungen bei jeder Teilforderung einzutragen[4]. Belastung eines Grundstücks allein mit Zinsen als Nebenleistungen (über die Teilforderung hinaus) ist unzulässig. Eine Rangfolge der Teile für die Befriedigung muß der Gläubiger (auch wenn die Teile gleich groß sind) nicht angeben[5]. Teilleistungen des Schuldners werden mangels anderweitiger Bestimmung (die Schuldner obliegt) nach BGB § 366 verrechnet[5]. Muster für die Verteilung im ZVG-Handbuch Rdn 26. Mit Eintragung nach Verteilung der Gläubigerforderung entstehen Einzelhypotheken (ZPO § 867 Abs 1 Satz 2).

68.2 Die **Verteilung** hat im (schriftlichen) Eintragungsantrag zu erfolgen; sie bedarf nicht der Form aus GBO § 29. Fehlende Verteilung der Forderung ist vollstreckungsrechtlicher Antragsmangel. Gelegenheit zur Nachholung der Verteilung ist daher unter Fristsetzung mit Aufklärungsverfügung nach ZPO § 139 zu geben (Einl Rdn 65.1). Diese Verfügung ist nicht rangwirksam im Sinne von GBO § 18 Abs 2, weil das Eintragungshindernis nicht in einer grundbuchrechtlichen Vorschrift liegt[6]. Die nachträgliche Verteilung ist Ergänzung (Vervollständigung) des Vollstreckungs/Eintragungsantrags; sie ist somit wie dieser schriftlich einzureichen[7]; nicht richtig somit frühere Ansicht, die nachträgliche Verteilung als formbedürftige teilweise Antragsrücknahme ansah[8].

68.3 Die **nachträgliche Verteilungserklärung** wirkt nicht auf den Eingang des ersten Antrags zurück[9] (BGB § 878 ist auf Rechtserwerb in der Zwangsvollstreckung nicht anwendbar, siehe Einl Rdn 62.2). Wenn die Verteilung nachgeholt wird, ist für die **Eintragungsreihenfolge** (GBO § 17) und damit für den Rang der Zwangshypothek mithin nicht der (frühere) Eingang des unvollständigen Antrags, sondern der Zeitpunkt maßgebend, in dem der die Verteilung enthalten-

---

[1] OLG Düsseldorf MDR 1990, 62 = OLGZ 1990, 16 = Rpfleger 1990, 60.
[2] Begründung der CPO-Novelle, Hahn/Mugdan, Materialien, Band VIII (1898), S 167.
[3] War allgemeine Meinung, zB RG 84, 265 (276); OLG Hamm DGVZ 1976, 117 mit zust Anm Jakobs = MDR 1975, 763 = NJW 1975, 2025 Leitsatz = OLGZ 1975, 305 = Rpfleger 1975, 261; OLG Dresden OLG 3, 201; OLG Colmar OLG 5, 331; Stein/Jonas/Münzberg, ZPO, § 867 Rdn 40; Zöller/Stöber, ZPO, § 867 Rdn 15; anders nur Reuter Rpfleger 1986, 285.
[4] Schöner/Stöber, Grundbuchrecht, Rdn 2194.
[5] BGH MDR 1991, 1093 = NJW 1991, 2022 = Rpfleger 1991, 903.
[6] BGH 27, 310 = DNotZ 1958, 480 = MDR 1958, 498 = NJW 1958, 1090 = Rpfleger 1958, 216 mit Anm Riggers; Schöner/Stöber, Grundbuchrecht, Rdn 2194; Honisch NJW 1958, 1526 (3).
[7] Schöner/Stöber, Grundbuchrecht, Rdn 2195; Stein/Jonas/Münzberg, ZPO, § 867 Rdn 51; Zöller/Stöber, ZPO, § 867 Rdn 15; Honisch NJW 1958, 1526 (4); Vollkommer in Besprechung zu Stein/Jonas, 19. Aufl 1972/1975, Rpfleger 1976, 446 (rechte Spalte Mitte).
[8] Haegele BWNotZ 1972, 107 (I 4); Grund WürttNotV 1950, 224 (A XI); Riggers Jur-Büro 1966, 917 (1 I 6).
[9] BGH 27, 310 = aaO (Fußn 6); BayObLG 1952, 49 = NJW 1952, 746; BayObLG 1956, 218 = DNotZ 1956, 596 mit abl Anm Schweyer = NJW 1956, 1800 = Rpfleger 1957, 22; OLG Düsseldorf Rpfleger 1990, 60 = aaO (Fußn 1); Zöller/Stöber, ZPO, § 867 Rdn 15; Honisch NJW 1958, 1526 (4); Hoche DNotZ 1957, 3.

Einleitung 68.3 Zwangshypothek

de (weitere) Antrag beim Grundbuchamt eingeht[10]. Wenn nach Zurückweisung des Antrags Beschwerde eingelegt und zugleich das Hindernis behoben wird, ist die Beschwerde unbegründet und neuer Eintragungsantrag in richtiger Form zu stellen[11].

68.4 Wurde verbotswidrig eine Gesamt-Zwangshypothek eingetragen, so ist sie von Amts wegen nach GBO § 53 Abs 1 zu **löschen**[12]. Denn die Verteilung der Forderung ist eine Voraussetzung für den Beginn der Vollstreckung[13] (auch ZVG-Handbuch Rdn 26). Mit späterer Löschung der Gesamt-Zwangshypothek auf allen weiteren Grundstücken wird die Zwangshypothek, die nur noch auf einem Grundstück eingetragen bleibt, nicht wirksam (anders[14]; nicht richtig, die inhaltlich unzulässig eingetragene Gesamt-Zwangshypothek kann nicht später heilen). Nicht entstanden ist eine zweite Zwangshypothek, wenn zunächst auf einem Grundstück eine Zwangshypothek in voller Forderungshöhe eingetragen wurde und später auf Grund eines weiteren Antrags unter Verletzung von ZPO § 867 Abs 2 für die gleiche Forderung (oder einen Teil dieser Forderung) nochmals eine Zwangshypothek auf einem anderen Grundstück (sonstigen Objekt) des Schuldners eingetragen wird[15]. Die Wirksamkeit der zuerst (zulässig) eingetragenen Einzel-Zwangshypothek wird davon nicht berührt[15]. Die zweite Zwangshypothek ist als inhaltlich unzulässig von Amts wegen zu löschen (GBO § 53 Abs 1 Satz 2), wenn sich diese Unzulässigkeit aus dem Eintragungsvermerk und den dort zulässigerweise in Bezug genommenen Eintragungsunterlagen selbst ergibt[16] (Mithaftvermerk gemäß GBO § 48; Buchung der mehreren Grundstücke im Bestandsverzeichnis desselben Grundbuchblatts). Ergibt sich der Gesetzesverstoß nicht allein aus dem Grundbuchblatt des zweiten Grundstücks (mit Einschluß der in Bezug genommenen Eintragungsunterlagen), dann ist Eintragung eines Amtswiderspruchs (GBO § 53 Abs 1 Satz 1) bei der nicht entstandenen zweiten Zwangshypothek geboten[16].

68.5 Es gibt aber **Ausnahmefälle** für das Zusammentreffen mehrerer Zwangshypotheken. Eine Gesamt-Zwangshypothek entsteht (nachträglich), wenn das belastete Grundstück später geteilt wird, somit auch, wenn ein Grundstücksteil abgeschrieben wird und die Belastung mangels Pfandfreigabe mitübertragen werden muß. Diese Teilung des mit der Zwangshypothek belasteten Grundstücks ist zulässig[17]. Wenn ein Gläubiger den Anspruch auf Übertragung mehrerer Grundstücke nach ZPO § 848 wegen einer Forderung hat pfänden und sich überweisen lassen, so hat er ein Gesamtpfandrecht an den Eigentumsverschaffungsansprüchen (ZPO § 804, BGB §§ 1273, 1222); werden diese Ansprüche erfüllt, so erwirbt er kraft Gesetzes eine Gesamt-Sicherungshypothek an den Grundstücken (ZPO § 848 Abs 2); sie ist im Wege der Grundbuchberichtigung einzutragen.

68.6 Eine Gesamtzwangshypothek entsteht, wenn für die Vollstreckungsforderung **Grundstückseigentümer gesamtschuldnerisch haften** und auf jedem ihrer Grundstücke eine Zwangshypothek eingetragen wird[18]. Für eine Gesamtschuld aller Wohnungseigentümer kann somit eine Zwangshypothek auch an jedem Woh-

---

[10] BGH 27, 310 = aaO (Fußn 6).
[11] LG Münster JMBlNW 1953, 199.
[12] RG 163, 121 (125).
[13] BGH 27, 310 = aaO (Fußn 6).
[14] Streuer Rpfleger 1988, 513 (B I).
[15] BayObLG Rpfleger 1986, 372; LG Mannheim Rpfleger 1981, 406; LG München II Rpfleger 1989, 96.
[16] BayObLG Rpfleger 1986, 372; LG München II Rpfleger 1989, 96.
[17] BayObLG 1996, 41 = DNotZ 1997, 391 = NJW-RR 1996, 1041 = Rpfleger 1996, 333; Schöner/Stöber, Grundbuchrecht, Rdn 668.
[18] BGH DNotZ 1961, 407 = MDR 1961, 673 = NJW 1961, 1352 = Rpfleger 1961, 353; LG Duisburg JurBüro 1981, 624 mit zust Anm Muth.

nungseigentum (als Gegenstand der Immobiliarvollstreckung, Einl Rdn 12.8), damit an allen Wohnungseigentumsanteilen eingetragen werden.

68.7 Haften mehrere Schuldner als **Gesamtschuldner,** so ist also die Zwangshypothek so zu beantragen und einzutragen, daß auf dem Gesamtgrundbesitz jedes einzelnen von ihnen die Schuldsumme ganz, aber auf die einzelnen Grundstücke dieses Schuldners verteilt eingetragen wird und daß hierbei die gesamtschuldnerische Haftung der einzelnen Grundstücksmassen der verschiedenen Schuldner vermerkt wird[19].

68.8 Wenn **ein** Grundstück im **Bruchteilsmiteigentum** mehrerer Schuldner steht oder Miteigentumsanteile nach GBO § 3 Abs 6 gebucht sind (Einl Rn 62.1), findet in die Anteile für Zwangsvollstreckung wie in Grundstücke statt (ZPO § 864 Abs 2). Haften die Miteigentümer für die Vollstreckungsforderung gesamtschuldnerisch, kann auf dem Anteil jedes der Miteigentümer als Belastungsgegenstand (BGB § 1114) eine Zwangshypothek eingetragen werden (wie Rdn 68.6). Damit entsteht ebenfalls eine Gesamtzwangshypothek[20]. Gleiches muß bei Zwangsvollstreckung in die nach GBO § 3 Abs 6 gebuchten Miteigentumsanteile eines Schuldners gelten. Ist der (= ein) Schuldner Miteigentümer von Bruchteilen an mehreren (verschiedenen) Grundstücken, dann ist Eintragung einer (ursprünglichen) Gesamt-Zwangshypothek auf diesen mehreren Grundstücksanteilen des selben Schuldners nicht zulässig (ZPO § 867 Abs 2 Satz 1). Es muß der Betrag der Forderung auf die einzelnen Miteigentumsanteile des Schuldners an den mehreren Grundstücken verteilt werden (wie Rdn 68.1).

68.9 Zulässig sind natürlich mehrere Zwangshypotheken für **verschiedene Forderungen** desselben Gläubigers gegen denselben Schuldner auf demselben Grundstück oder auf verschiedenen Grundstücken[21]. Sie können (ZPO § 866 Abs 3 Satz 2), müssen aber nicht einheitlich eingetragen werden; es muß aber völlig zweifelsfrei sein, welche Forderung aus welchem Titel auf welchem Grundstück gesichert werden soll[21]. Unzulässig ist eine sogenannte Ausfallzwangshypothek für den Fall, daß in der Zwangsversteigerung die ersteingetragene Zwangshypothek ausfalle[22], und zwar auch dann, wenn (vollstreckungsrechtlich) Zweifel an der hinreichenden Sicherung durch die bereits eingetragene Zwangshypothek bestehen[23].

68.10 Spätere **Erhöhungen** einer Zwangshypothek sind nur als Neueintragung möglich ([24]meint unzutreffend, die Erhöhung müsse nicht 750 Euro übersteigen). Wenn auf einem Grundstück die Zwangshypothek eingetragen ist und andere Grundstücke für dieselbe Forderung belastet werden sollen, muß der Gläubiger in Höhe des neuen einzutragenden Teils verzichten und der Verzicht eingetragen (BGB § 1168) oder der neu einzutragende Teil gelöscht sein[25], es genügt nicht, wenn dem Schuldner nur Löschungsbewilligung oder Verzichterklärung ausgehändigt ist (ZVG-Handbuch Rdn 39). Zulässig ist es, wenn eine Verkehrshypothek eingetragen ist, auf einem anderen Grundstück eine Zwangshypothek einzutragen[26] (auch ZVG-Handbuch Rdn 39; kritisch dazu und für Mithaftvermerk[27]), nicht aber am selben Grundstück[28]. Zulässig ist erst recht die Eintragung einer

---

[19] Löscher JurBüro 1961, 225 (V).
[20] BGH DNotZ 1961, 407 = aaO (Fußn 18); OLG Düsseldorf Rpfleger 2004, 39.
[21] OLG Zweibrücken Rpfleger 2001, 586; LG Lübeck SchlHA 1962, 199.
[22] OLG Stuttgart NJW 1971, 898 = OLGZ 1971, 257 = Rpfleger 1971, 191.
[23] LG Hechingen Rpfleger 1993, 169.
[24] Löscher JurBüro 1961, 339.
[25] RG 98, 106 (108); Löscher JurBüro 1961, 377 (Nr 32).
[26] RG 163, 121 (125); BayObLG MDR 1991, 163 = MittBayNot 1991, 26 = Rpfleger 1991, 53.
[27] Böhringer BWNotZ 1988, 97 (III).
[28] OLG Köln JurBüro 1996, 160 = NJW-RR 1996, 1106 = Rpfleger 1996, 153 mit weit Nachw.

Einleitung 68.10 Zwangshypothek

Zwangshypothek, wenn zur Sicherung der Gläubigerforderung an einem anderen Grundstück (aber auch an demselben Grundstück) bereits eine (forderungsunabhängige, BGB § 1191 Abs 1) (Sicherungs-)Grundschuld bestellt worden ist[29]. Nicht zulässig ist Eintragung einer Zwangshypothek für den Gläubiger auf dem bereits mit der Grundschuld belasteten Grundstück des Schuldners wegen des persönlichen Anspruchs aus dem (zusätzlichen) abstrakten Schuldversprechen (Übernahme der persönlichen Haftung für die Zahlung der Grundschuldsumme mit Zwangsvollstreckungsunterwerfung[30]; keine Doppelsicherung wegen der engen Verknüpfung von Grundschuld und Anspruch; überdies kein rechtliches Interesse für nachrangige nochmalige Eintragung). Eintragbar ist eine Zwangshypothek wegen dieses (abstrakten) persönlichen Anspruchs jedoch auf einem anderen Grundstück des Schuldners[31].

68.11 Auch in einen vom Schuldner **hinzuerworbenen Miteigentumsanteil** kann Zwangsvollstreckung mit Eintragung einer Zwangshypothek wegen der zunächst nur in den (bisherigen) Miteigentumsanteil des Schuldners am gleichen Grundstück vollstreckten Forderung (ZPO § 864 Abs 2; Einl Rdn 12.2) erfolgen. Wenn nach Eintragung der Zwangshypothek auf einem Miteigentumsanteil der Schuldner durch Erbfall (oder auf sonstige Weise) auch den weiteren Miteigentumsanteil erwirbt, kann daher mit Eintragung auch auf dem hinzuerworbenen Miteigentumsanteil im Wege der Zwangsvollstreckung „Erstreckung der Zwangshypothek" auf das Gesamtgrundstück erfolgen (dazu und zur Fassung der Eintragung[32]; anders[33]).

69 Grundstücksvollstreckung des dinglichen Anspruchs

Literatur: Schneider, Die Zwangsvollstreckung in ein Grundstück nach Erlangung einer Sicherungshypothek, JurBüro 1975, 1315; Stöber, Erfordert die Zwangsversteigerung mit dem Rang einer Zwangshypothek einen dinglichen Vollstreckungstitel? Rpfleger 1956, 326; Stöber, Dinglicher Vollstreckungstitel bei Zwangsversteigerung mit dem Rang einer Zwangssicherungshypothek, MDR 1961, 17.

69.1 Der Gläubiger erlangt mit Eintragung der Zwangshypothek für seine (persönliche) Vollstreckungsforderung eine **Sicherungshypothek** nach BGB § 1184 (Einl Rdn 62.1). Sie ist keine Zwischenstufe zu weiteren Vollstreckungsmaßnahmen, somit nicht Beginn der Zwangsversteigerung oder Zwangsverwaltung, sondern eine selbständig neben diesen beiden stehende Vollstreckungsart für das unbewegliche Vermögen (ZPO § 866 Abs 1 und 2). Als Belastung des Grundstücks gewährt die Zwangshypothek ihrem Gläubiger (dinglichen) **Anspruch** auf Zahlung des Hypothekenbetrages **aus dem Grundstück** (BGB § 1113 mit § 1184). Die Befriedigung dieses (dinglichen) Gläubigeranspruchs aus dem Grundstück erfolgt im Wege der Zwangsvollstreckung (BGB § 1147), somit durch Zwangsversteigerung oder Zwangsverwaltung. Für **Zwangsversteigerung** wegen des dinglichen Anspruchs (BGB § 1147; somit an der Rangstelle des Rechts) genügt der vollstreckbare Leistungstitel über die Geldforderung, die mit Eintragung der Zwangshypothek in das Grundstück als Schuldnervermögen vollstreckt wurde, auf dem die Eintragung vermerkt ist (ZPO § 867 Ab 3). Bezeichnet ist damit die durch Eintragungsbestätigung des Grundbuchamts ausgewiesene dingliche Vollstreckbarkeit des Titels. Ausreichend ist daher, wenn der Vermerk nicht unmittelbar auf den Titel oder ein mit ihm verbundenes Blatt gesetzt ist, auch eine gesonderte Eintragungsnachricht des Grundbuchamts (GBO § 55). Der maschinell hergestellte Eintragungsvermerk (die -nachricht) muß nicht unterschrieben sein;

---

[29] BayObLG Rpfleger 1991, 53 = aaO (Fußn 26); LG Lübeck Rpfleger 1985, 287.
[30] OLG Köln NJW-RR 1996, 1106 = aaO.
[31] Schöner/Stöber, Grundbuchrecht, Rdn 2208.
[32] Schöner/Stöber, Grundbuchrecht, Rdn 2196 a.
[33] OLG Oldenburg JurBüro 1996, 273 = Rpfleger 1996, 242.

Zwangshypothek **69.3 Einleitung**

auf ihm soll (nicht muß) aber der Vermerk angebracht sein, daß er auch ohne Unterschrift wirksam ist (GBV § 42 Sätze 1 und 2, jedenfalls entsprechende Anwendung). Ein gesonderter dinglicher Vollstreckungstitel (Duldungstitel, § 15 Rdn 9.4) als urkundliche Grundlage der Zwangsvollstreckung (ZPO § 704, auch § 794 Abs 1 Nr 5) ist (seit 1. Jan 1999) für Zwangsversteigerung nicht mehr erforderlich. Der mit dem Eintragungsvermerk versehene Titel muß auch nicht erneut nach § 750 Abs 1 ZPO zugestellt werden[1] (er „genügt" für die dingliche Vollstreckung). Vollstreckung des dinglichen Anspruchs mit dem Titel, auf dem die Eintragung vermerkt ist, ermöglicht ZPO § 867 Abs 3 gegen den Eigentümer bei Eintragung der Sicherungshypothek und seinen Erben sowie einen sonstigen Gesamtrechtsnachfolger (Umschreibung des Schuldtitels nach ZPO § 727; Zustellung dann nach ZPO § 750 Abs 2). Nach (rechtsgeschäftlichem) Eigentumswechsel oder nach Grundbuchberichtigung außerhalb einer Gesamtrechtsnachfolge, damit auch für Zwangsvollstreckung gegen einen auf Ersuchen des Vollstreckungsgerichts eingetragenen Ersteher (§ 130 Abs 1), wenn die Sicherungshypothek bestehen geblieben ist (§ 52 Abs 1), ist jedoch ein dinglicher Vollstreckungstitel (Duldungstitel) gegen diesen Eigentümer erforderlich[2] (§ 17). Als Erwerber oder berichtigend eingetragener Dritter ist der neue Eigentümer nicht Rechtsnachfolger des Schuldners, gegen den der Zahlungstitel erwirkt (und vollstreckt) ist; auf ihn kann der Zahlungstitel daher nicht umgeschrieben werden. Der vollstreckbare Leistungstitel, auf dem die Eintragung vermerkt ist, ermöglicht auch nach Eintragung der Zwangshypothek im Wege der Sicherungsvollstreckung (ZPO § 720 a Abs 1 Buchst b) bei Verwertungsreife Zwangsversteigerung (ZPO § 867 Abs 3 sieht keine Einschränkung vor). Daß Vollstreckbarkeit des Titels ohne Sicherheitsleistung gegeben ist, die Einschränkung von ZPO § 720 a Abs 1 damit nicht mehr besteht, ist vom Vollstreckungsgericht bei Entscheidung über den Versteigerungsantrag (und im Versteigerungsverfahren) zu prüfen. Zur Arresthypothek s Einl Rdn 74.4. **Zwangsverwaltung** wegen des dinglichen Anspruchs aus der Zwangshypothek ermöglicht ZPO § 867 Abs 3 gegen den Eigentümer bei Eintragung (seinen Gesamtrechtsnachfolger) gleichermaßen[3] (entsprechende Anwendung nach § 146 Abs 1). ZPO § 867 Abs 3 gilt ab 1. Jan 1999, findet somit Anwendung, wenn nach diesem Zeitpunkt die Zwangsversteigerung angeordnet oder der Beitritt zugelassen werden soll, damit auch bei Vollstreckung des dinglichen Anspruchs des Gläubigers einer vor diesem Zeitpunkt eingetragenen Zwangshypothek (die 2. ZwV-Novelle enthält hierfür keine Überleitungsbestimmung).

69.2 Beitritt wegen des dinglichen Anspruchs, wenn der Gläubiger bereits für seine persönliche Vollstreckungsforderung (vor oder nach Eintragung der Zwangshypothek) Beschlagnahme erwirkt hat: § 10 Rdn 9.4. Aufnahme der Hypothek in das geringste Gebot, wenn sie dem (persönlichen) Anspruch des vollstreckenden Gläubigers (in Rangklasse § 10 Abs 1 Nr 5) im „Rang" vorgeht: § 44 Rdn 4.5. Abtretung der Zwangshypothek ist Rechtsnachfolge; Vollstreckung eines dinglichen Titels durch den Zessionar erfordert nach ZPO § 750 Abs 2 daher Rechtsnachfolgeklausel und Zustellungsnachweise.

69.3 Zur Vollstreckung aus einer Zwangshypothek benötigen die im **Verwaltungszwangsverfahren** vollstreckenden Stellen keinen dinglichen Titel (sie brauchen ja nie einen Titel vorlegen, so Finanzamt, § 15 Rdn 34, oder Gerichtskasse, § 15 Rdn 18). Sie stellen nur Vollstreckungsanträge, müssen aber im Antrag erkennbar machen, ob sie dinglich oder persönlich vollstrecken wollen (§ 15 Rdn 38).

---

[1] Begründung BT-Drucks 13/341 Seite 38.
[2] Begründung aaO; Zöller/Stöber, ZPO, § 867 Rdn 20.
[3] Zöller/Stöber, ZPO, § 867 Rdn 20; mißverständlich Begründung aaO.

70 Kosten des Gläubigers und der Eintragung

Literatur: Eiselt, Zur Eintragungsfähigkeit der Kosten der Zwangsvollstreckung bei der Sicherungszwangshypothek, BWNotZ 1984, 68; Löscher, Berücksichtigung von Kosten bei Eintragung einer Zwangshypothek, Rpfleger 1960, 355; Löscher, Die Eintragung von Zwangshypotheken in kostenrechtlicher Sicht, JurBüro 1982, 979; Mümmler, Anwaltsgebühren bei Eintragung einer Sicherungs(zwangs)hypothek, JurBüro 1981, 1476.

70.1 Zu **unterscheiden** sind die Kosten der Eintragung der Zwangshypothek, die früheren Vollstreckungskosten und die Prozeßkosten. Die Eintragungskosten richten sich für das Gericht nach KostO §§ 62, 63 (dazu[1]), für die Rechtsanwälte nach RVG § 18 Nr 13 und VergV Nr 3309 zuzüglich der etwaigen Auslagen, und der eigenen Kosten und Auslagen der Partei (§ 10 Rdn 15). Alle zur Zwangshypothek gehörenden Kosten fallen dem Schuldner nur zur Last, soweit sie notwendig sind (ZPO § 788 Abs 1 Satz 1).

70.2 Für die **Eintragungskosten** (Kosten des Gerichts, der Partei, ihres Anwalts) haftet das Grundstück kraft Gesetzes und im Rang der Zwangshypothek, soweit sie dem Schuldner zur Last fallen (ZPO § 867 Abs 1 Satz 3). Sie sind nicht eintragungsbedürftig (bei Zwangsversteigerung und Zwangsverwaltung können sie aus dem Grundstück verlangt werden[2]), aber auch nicht eintragungsfähig[2]. Wenn man ihre Eintragung nicht schon für unzulässig ansieht, ist sie doch mindestens unnötig und darum abzulehnen[3]. Wird die Eintragung dennoch beantragt, so kann das Grundbuchamt dem Antrag unter Weglassen der nicht eintragungsfähigen Kosten stattgeben[4] nicht aber den ganzen Eintragungsantrag zurückweisen, oder auch nicht den Antragsteil zurückweisen, der sich auf die Eintragungskosten bezieht; es braucht auch nicht durch eine Zwischenverfügung klären lassen, ob insoweit der Antrag zurückgenommen wird.

70.3 Die bisherigen (notwendigen) **Vollstreckungskosten** (Mobiliarvollstreckung, Offenbarungsversicherungsverfahren, Forderungspfändungen, bisherige Immobiliarvollstreckungsverfahren) sind Vollstreckungsforderung des Gläubigers, somit als Geldbetrag der Gläubigerforderung bei Eintragung der Zwangshypothek im Grundbuch zu bezeichnen (BGB § 1115 Abs 1, Einl Rdn 67.3). Das Grundbuchamt prüft sie selbständig (als Vollstreckungsorgan), sowohl ihre Höhe wie ihre Notwendigkeit. Es ist kein besonderer Vollstreckungstitel für sie nötig, sie müssen also nicht festgesetzt sein[5] (Festsetzung verlangen zu Unrecht[6]). Die Entstehung der Vollstreckungskosten und ihre Höhe ist aber glaubhaft zu machen; sie können auch belegt werden (Quittungen, sonstige Nachweise), ([7]fordern, soweit Höhe und Anfall nicht offenkundig seien, öffentliche Urkunden oder Festsetzung; geht zu weit). **Pauschbeträge** dürfen für die Kosten nicht eingetragen werden, nur die tatsächlich angefallenen Beträge. Auch hier hat der Gläubiger die Kosten möglichst niedrig zu halten, weil der Schuldner Kosten für unnötige, übermäßige, aussichtslose Vollstreckungshandlungen nicht zu tragen hat.

70.4 Die **Prozeßkosten** sind gleichfalls Vollstreckungsforderung, müssen somit als Geldbetrag der Gläubigerforderung eingetragen werden (BGB § 1115 Abs 1, Einl Rdn 67.3). Sie müssen sich aus einem Titel ergeben, also festgesetzt sein (ZPO § 794 Abs 1 Nr 2).

---

[1] Löscher JurBüro 1982, 979.
[2] Stein/Jonas/Münzberg, ZPO, § 867 Rdn 44; Zöller/Stöber, ZPO, § 867 Rdn 13; Löscher Rpfleger 1960, 355 (B).
[3] Drischler JurBüro 1961, 5 (I).
[4] Stöber/Stöber, Grundbuchrecht, Rdn 2192; Stöber, ZVG-Handbuch, Rdn 24; Löscher Rpfleger 1960, 355 (B); Stein/Jonas/Münzberg, ZPO, § 867 Rdn 58.
[5] LG Regensburg Rpfleger 1979, 147.
[6] LG Lüneburg JurBüro 1951, 267; LG Mosbach NJW 1954, 1940.
[7] OLG Celle NJW 1972, 1902; Stender JurBüro 1973, 13 (II b cc).

Zwangshypothek 70.6 **Einleitung**

70.5 Die **Gerichtskosten** für Eintragung der Zwangshypothek werden der Gerichtskasse/Amtskasse vom Gläubiger als Antragsteller geschuldet (KostO § 2 Nr 1), als notwendige Kosten der Zwangsvollstreckung außerdem vom Vollstreckungsschuldner (Grundstückseigentümer) (KostO § 3 Nr 4). Beide haften als Gesamtschuldner (KostO § 5 Abs 1 Satz 1). Als Kostenschuldner kann der Vollstreckungsschuldner insbesondere in Anspruch genommen werden, wenn dem Gläubiger Prozeßkostenhilfe bewilligt ist (Einl Rdn 45) oder wenn dieser gebühren- oder kostenbefreit ist (Einl Rdn 87). Die Kostenpflicht des Vollstreckungsschuldners besteht auch bei Eintragung einer Zwangshypothek auf Ersuchen des Finanzamts[8]. Die Notwendigkeit der Kosten – nach Grund und Umfang – bestimmt sich auch für die Kostenpflicht des Schuldners nach ZPO § 788 Abs 1 Satz 2[9]; sie ist vom Standpunkt des Gläubigers zu beurteilen[10]. Notwendige Zwangsvollstreckungskosten sind die Gerichtskosten für Eintragung einer Zwangshypothek immer, wenn der Gläubiger diese Vollstreckungsmaßnahme objektiv für notwendig halten konnte, auch wenn sie später nicht zum erstrebten Erfolg führt. Das wird im Hinblick auf die mit Eintragung der Zwangshypothek verbundene Sicherung mit Aussicht auf Befriedigung bei Grundstücksveräußerung sowie auf Grund des dem Gläubiger der Zwangshypothek zustehenden gesetzlichen Löschungsanspruch (BGB § 1179 a) durchweg der Fall sein. Keine notwendigen Zwangsvollstreckungskosten sind aber Kosten, die durch unnötige, übermäßige, aussichtslose oder von vorneherein ungerechtfertigte Vollstreckungsmaßnahmen entstanden sind[11]. Bei übermäßiger Belastung des Grundstücks mit einer Zwangshypothek sind notwendige Kosten nur diejenigen, die sich bei Eintragung einer Sicherungshypothek zu einem der Belastungsfähigkeit angepaßten Betrag ergeben hätten[12]. Kosten für Eintragung einer offensichtlich aussichtslosen oder einer vom Gläubiger zu vertretenden fehlerhaften Zwangshypothek hat der Schuldner nicht als notwendige Zwangsvollstreckungskosten zu tragen. Die Zulässigkeit eines Duldungsbescheids als Grundlage der Zwangsvollstreckung gegen einen außerhalb des Besteuerungsverfahrens stehenden Dritten kann mit der Notwendigkeit der Kosten im Kostenansatzverfahren nicht geprüft werden[13]. Wenn jedoch der Vollstreckungstitel aufgehoben ist (vgl ZPO § 788 Abs 2) und ebenso wenn auch die Verwaltungsvollstreckung als nicht berechtigt erweist, weil der vollstreckte Anspruch nicht bestanden hat, ist die Notwendigkeit entfallen, der Schuldner mithin nicht nach KostO § 3 Nr 4 für Eintragungskosten haftbar[14]. Eine Haftung des Schuldners für notwendige Eintragungskosten entfällt nicht mit nachträglicher Aufteilung der Steuerschuld zusammen veranlagter Eheleute[15] und auch nicht dadurch, daß im finanzgerichtlichen Verfahren zunächst nur die Vollstreckbarkeit des der Zwangsvollstreckung zugrunde liegenden Duldungsbescheids nachträglich aufgehoben wird[16]. Wenn das Grundstück versteigert wird, sind noch geschuldete Kosten für Eintragung der Sicherungshypothek von der Gerichtskasse/Amtskasse nach § 10 Abs 2 zur Zahlung an sie an der Rangstelle des Rechts beim Vollstreckungsgericht anzumelden.

70.6 Die Gerichtskosten für **Löschung** der Zwangshypothek werden der Gerichtskasse/Amtskasse vom Antragsteller geschuldet (KostO § 2 Nr 1). Die Lö-

---

[8] OLG Hamm JurBüro 1975, 65 = Rpfleger 1973, 377; OLG Köln Rpfleger 1977, 459 und JurBüro 1980, 910 mit zust Anm Mümmler.
[9] OLG Hamm JurBüro 1975, 65 = aaO; OLG Köln JurBüro 1986, 900 = Rpfleger 1986, 240.
[10] OLG Düsseldorf JurBüro 1975, 1238 = Rpfleger 1975, 265; OLG Hamm aaO (Fußn 8).
[11] OLG Düsseldorf aaO (Fußn 10); OLG Hamm aaO (Fußn 8); LG Wuppertal JurBüro 1979, 84 mit zust Anm Mümmler.
[12] OLG Düsseldorf aaO (Fußn 10); OLG Hamm aaO (Fußn 8).
[13] OLG Köln JurBüro 1980, 910 mit zust Anm Mümmler.
[14] LG Wuppertal aaO (Fußn 11).
[15] OLG Düsseldorf aaO (Fußn 10).
[16] OLG Köln JurBüro 1980, 910 mit Anm zust Mümmler.

schungskosten sind keine Kosten der Zwangsvollstreckung; sie können nicht nach ZPO § 788 Abs 2 festgesetzt werden[17].

71 Mängel der Zwangshypothek

Literatur: Dümig, Fehler bei Eintragung von Zwangshypotheken, Rpfleger 2004, 1; Furtner, Rechtliche Bedeutung von Zwangseintragungen, die unter Verletzung vollstreckungsrechtlicher Vorschriften im Grundbuch vorgenommen wurden, DNotZ 1959, 304; Lüke, Die Auswirkung der öffentlich-rechtlichen Theorie der Zwangsvollstreckung auf die Zwangshypothek, NJW 1954, 1669.

71.1 Wird eine Zwangshypothek eingetragen, obwohl Vollstreckungsvoraussetzungen fehlen, so ist zu **unterscheiden,** ob durch die Mängel die Zwangshypothek nichtig oder nur anfechtbar ist, und zu überlegen, ob die Mängel im zweiten Fall heilen können und ob dies rückwirkend geschehen kann.

71.2 Nichtig sind Vollstreckungsakte nur ausnahmsweise, nämlich bei grundlegenden schweren Mängeln[1], wenn also wesentliche Voraussetzungen oder wesentliche Formvorschriften verletzt sind[2]. Das ist der Fall, wenn die Zwangshypothek für einen Betrag von 750 Euro oder weniger (ZPO § 866 Abs 3; Einl Rdn 66.7) oder als Gesamthypothek (ZPO § 867 Abs 2; Rdn 68.4) eingetragen wurde oder wenn sie trotz eines Insolvenzverfahrens entgegen dem Vollstreckungsverbot in InsO § 89 Abs 1 eingetragen wurde (ausgenommen an Grundstücken, die nicht zur Insolvenzmasse gehören[3]). Für unwirksam wird eine Zwangshypothek auch gehalten, wenn ein Vollstreckungstitel überhaupt fehlt oder wenn die Vollstreckung aus einem Titel eingestellt ist, weil dann dieser Titel als Vollstreckungsgrundlage ausscheidet[4], und dies auch dann, wenn das Grundbuchamt keine Kenntnis von der Einstellung hatte[5]; ein solcher Mangel kann jedoch nicht Wirkungslosigkeit des Vollstreckungshandelns und damit nicht Nichtigkeit der Zwangshypothek, sondern nur Anfechtbarkeit begründen ([6]mit Nachweisen).

71.3 Andere Mängel führen zur **Anfechtbarkeit.** Die Eintragung ist zwar gesetzwidrig, aber gültig[7]. Es entsteht ein durch Anfechtung auflösend bedingtes Recht[8], bis zur Aufhebung durch Rechtsmittelentscheidung wirksam[8] (anders:[9]). Fehlende Zustellung ist kein so schutzwürdiger Mangel, daß der Vollstreckungsakt nichtig wäre[10], auch nicht, wenn die Hypothek vor Fälligkeit der Forderung eingetragen war (zB wegen erst künftig fälliger Unterhaltsbeträge). Eintragung vor Ablauf der Wartefrist für Sicherungsvollstreckung (ZPO § 750 Abs 3) bewirkt ebenfalls nur Anfechtbarkeit (nicht aber Nichtigkeit); Heilung tritt mit Fristablauf nach Zustellung ein, wenn der Schuldner von seiner Abwendungsbefugnis (ZPO § 720a Abs 3) keinen Gebrauch gemacht hat[11]. Auch fehlende Sicherheitsleistung

---

[17] OLG Frankfurt JurBüro 1981, 786; OLG München MDR 1989, 460 = Rpfleger 1989, 255; OLG Stuttgart JurBüro 1981, 285 = Rpfleger 1981, 158; LG Berlin JurBüro 1988, 1419 = Rpfleger 1988, 457.

[1] BGH 66, 79 = MDR 1976, 648 = NJW 1976, 851 = Rpfleger 1976, 177.

[2] BayObLG 1975, 398 = MDR 1976, 410 = Rpfleger 1976, 66 und 123 Leitsatz; Stein/Jonas/Münzberg, ZPO, vor § 704 Rdn 130 und § 867 Rdn 14; Zöller/Stöber, ZPO, vor § 704 Rdn 34 und § 867 Rdn 21.

[3] BGH MDR 1974, 299 = NJW 1974, 147 = Rpfleger 1974, 62.

[4] OLG Frankfurt Rpfleger 1974, 443.

[5] LG Saarbrücken Rpfleger 1975, 328.

[6] Zöller/Stöber, ZPO, vor § 704 Rdn 34 mit Nachw.

[7] BGH 66, 79 = aaO (Fußn 1); Stein/Jonas/Münzberg, ZPO, § 750 Rdn 7.

[8] OLG Frankfurt MDR 1956, 111.

[9] Drischler JurBüro 1961, 5 (I); Furtner DNotZ 1959, 304 (I 1, II 2) und MDR 1964, 460; GBAmt Eppelheim und OLG Karlsruhe BWNotZ 1989, 23.

[10] BGH 66, 79 = aaO (Fußn 1).

[11] OLG Hamm NJW-RR 1998, 87 = Rpfleger 1997, 393.

71.5 Einleitung

(oder Zustellung der Nachweis-Urkunde[12], ZPO § 751 Abs 2) macht nicht die eingetragene Zwangshypothek nichtig; es entsteht auch hier eine auflösend bedingte Zwangshypothek, durch Nachholung rückwirkend wirksam (anders[13]); der Schuldner kann auch auf die Sicherheitsleistung verzichten und dadurch den Mangel heilen; bei Heilung ist die Hypothek von Anfang an mit dem Rang der Eintragung wirksam. Wenn die Zwangshypothek sich in eine Eigentümergrundschuld verwandelt hat (Einl Rdn 73), weil die zur Abwendung der Vollstreckung mögliche Sicherheitsleistung erfolgt ist, dann lebt die Zwangshypothek, sobald der Vollstreckungstitel unbeschränkt vollstreckbar ist, nicht mehr auf, sondern bleibt Eigentümergrundschuld, die der Gläubiger pfänden kann. Die Zwangshypothek ist auch wirksam, wenn der Gläubiger die erforderliche Sicherheit geleistet, aber in der Hinterlegungsurkunde nicht auf Rücknahme verzichtet hat, weil die Hinterlegungsstelle trotz des Mangels verpflichtet ist, nach HinterlO §§ 12, 13 die Voraussetzungen für die Auszahlung zu prüfen (gerichtliche Anordnung oder rechtskräftige Entscheidung)[14]. Unterlassene Vollstreckungsanzeige bei Zwangsvollstreckung gegen eine Gemeinde (EGZPO § 15 Nr. 3 iVm Landesrecht) sollte Nichtigkeit der Zwangshypothek ebenfalls nicht bewirken (anders[15]).

71.4 Jedenfalls können Mängel durch Nachholung des Unterlassenen oder Behebung des Fehlerhaften **heilen,** und zwar rückwirkend, so daß die Eintragung von Anfang an als ordnungsgemäß gilt[16]. Denn Staatshoheitsakte sind auch dann wirksam, wenn sie wegen Fehlern anfechtbar sind, weil das Bedürfnis nach Rechtssicherheit die Vermutung der Gültigkeit verlangt. Werden die Voraussetzungen nachträglich geschaffen, so richtet sich der Rang des Rechts gemäß BGB § 879 Abs 2 nach dem Zeitpunkt der Eintragung. Allerdings ist dabei mit Rücksicht auf die Zwischenrechte, die unter Beachtung der Vorschriften entstanden sind und die nicht beeinträchtigt werden dürfen, Vorsicht geboten, Rückwirkung also nur unter Beachtung dieser Rechte. Anders[17] keine Rückwirkung bei der Heilung einer Zwangshypothek.

71.5 Von **Amts wegen zu löschen** als inhaltlich unzulässig ist die Zwangshypothek nach GBO § 53 Abs 1 Satz 2 nur, wenn sich die Unzulässigkeit aus dem Eintragungsvermerk selbst oder den zulässigerweise in Bezug genommenen Eintragungsunterlagen ergibt[18]; andere Beweismittel dürfen nicht verwendet werden. Verstöße gegen vollstreckungsrechtliche und grundbuchrechtliche Vorschriften rechtfertigen daher die Amtslöschung der Zwangshypothek nur, wenn dadurch die Hypothek im Grundbuch als ein Recht mit einem gesetzlich nicht erlaubten Inhalt verlautbart ist und damit die Eintragung als eine erkennbar inhaltlich unzulässige im Grundbuch erscheint[19]. Das ist der Fall bei Eintragung der Zwangshypothek unter dem Mindestbetrag von 750,01 Euro (ZPO § 866 Abs 3; Einl Rdn 66)[19], und bei Eintragung als Gesamthypothek auf mehreren Grundstücken (Einl Rdn 68).

---

[12] BayObLG NJW-RR 2003, 1668 = Rpfleger 2003, 647.
[13] BayObLG 1975, 398 = aaO (Fußn 2).
[14] Löscher JurBüro 1962, 249 (250).
[15] BayObLG Rpfleger 1995, 106.
[16] BGH 66, 79 = aaO (Fußn 1); BayObLG Rpfleger 1995, 106; OLG Schleswig NJW-RR 1988, 700; Streuer Rpfleger 1988, 513 (A II, B II 1); Stein/Jonas/Münzberg, ZPO, § 867 Rdn 19, 21.
[17] BGH 27, 310 = DNotZ 1958, 480 = MDR 1958, 498 = NJW 1958, 1090 = Rpfleger 1958, 216 mit Anm Riggers; RG 60, 70 (72); Furtner DNotZ 1959, 304 (I 1, II 2) und MDR 1964, 460; Hoche DNotZ 1957, 3.
[18] BayObLG 1975, 398 = aaO (Fußn 2); BayObLG JurBüro 1981, 1098 = Rpfleger 1982, 98; BayObLG Rpfleger 1986, 372; OLG Frankfurt DGVZ 1981, 84 = OLGZ 1981, 261 = Rpfleger 1981, 312.
[19] BayObLG 1975, 398 und OLG Frankfurt Rpfleger 1981, 312 = je aaO (Fußn 2 und 18).

Einleitung 72

72 Rechtsbehelfe

72.1 Die **Zurückweisung** des Antrags ist mit (Grundbuch)Beschwerde anfechtbar (GBO § 71 Abs 1) (entsprechend bei der Schiffshypothek[1] Schiffsregisterordnung § 75).

72.2 Bei **Eintragung** findet Beschwerde nach GBO § 71 statt[2], nicht jedoch Erinnerung nach ZPO § 766 und nicht sofortige Beschwerde nach ZPO § 793[3]. Verlangt werden kann dann aber nur Eintragung eines Widerspruchs[4] (GBO § 53; soll nach[5] auch ohne Gesetzesverletzung möglich sein; nicht richtig) oder Löschung einer inhaltlich unzulässigen Eintragung (GBO § 71 Abs 2 Satz 2). Die Beschwerde gegen die Eintragung einer inhaltlich zulässigen Zwangshypothek mit dem Ziel ihrer Löschung ist dann zulässig, wenn nach dem konkreten Inhalt des Grundbuchs die Möglichkeit eines gutgläubigen Erwerbs sowohl für die Vergangenheit (infolge Fehlens einer entsprechenden Eintragung) wie für die Zukunft (infolge eingetragenen Widerspruchs) rechtlich ausgeschlossen ist[6].

73 Übergang auf den Eigentümer

Literatur: Deimann, Gesamtzwangssicherungshypothek und die „vergessene" Regelung des § 868 ZPO; Rpfleger 2000, 193.

73.1 Die Vorschriften des BGB, nach denen eine Sicherungshypothek **Eigentümergrundschuld** (auch Eigentümerhypothek) wird, gelten auch für die Zwangshypothek (desgleichen für die Arresthypothek)[1*]. Eigentümergrundschuld wird die Sicherungshypothek daher, wenn die vollstreckte (mit Arrest gesicherte) Forderung erlischt (BGB § 1163 Abs 1 Satz 2 mit § 1177 Abs 1); das Recht erwirbt damit der Eigentümer im Zeitpunkt des Erlöschens der Forderung. Wenn die Forderung bereits bei Eintragung der Zwangs-/Arresthypothek nicht besteht, steht die Sicherungshypothek von vorneherein (als Grundschuld) dem Eigentümer zur Zeit ihrer Eintragung zu (BGB § 1163 Abs 1 Satz 1)[2*]. Verzichtet der Gläubiger auf die Hypothek, so erwirbt sie der Eigentümer (BGB § 1168 Abs 1).

73.2 Als **Sonderbestimmung** regelt **ZPO § 868** (für Arresthypothek mit ZPO § 932 Abs 2) den Erwerb der Zwangshypothek durch den Eigentümer aus prozessualen Gründen. Die Zwangshypothek wird demnach Eigentümergrundschuld, wenn die zu vollstreckende Entscheidung oder ihre vorläufige Vollstreckbarkeit aufgehoben wird, ferner wenn die Zwangsvollstreckung für unzulässig erklärt wird oder ihre Einstellung angeordnet wird (ZPO § 868 Abs 1); weiterhin wenn die einstweilige Einstellung der Vollstreckung und zugleich die Aufhebung der erfolgten Maßregeln angeordnet wird oder wenn die zur Abwendung der Vollstreckung gestattete Sicherheitsleistung oder Hinterlegung erfolgt ist (ZPO § 868 Abs 2). Diese Vorschriften entsprechen ZPO § 775 Nr 1–3 und § 776. Sicherheitsleistung nach

---

[1] BayObLG JurBüro 1991, 1565 = Rpfleger 1992, 28.
[2] RG 106, 74 (75); BayObLG 1975, 398 = MDR 1976, 410 = Rpfleger 1976, 66 und 123 Leitsatz; BayObLG Rpfleger 1982, 98; OLG Frankfurt OLGZ 1981, 261 = Rpfleger 1981, 312 und JurBüro 1998, 381 (382); OLG Hamm Rpfleger 1973, 440 und DGVZ 1976, 117 mit zust Anm Jakobs = MDR 1975, 763 = NJW 1975, 2025 Leitsatz = OLGZ 1975, 305 = Rpfleger 1975, 261; OLG Köln OLGZ 1967, 499 und JurBüro 1996, 159 = Rpfleger 1996, 189; OLG Zweibrücken Rpfleger 2001, 174.
[3] KG Berlin NJW RR 1987, 592 = OLGZ 1987, 257 = Rpfleger 1987, 301; BayObLG JurBüro 1996, 159 = Rpfleger 1996, 189.
[4] BayObLG Rpfleger 1995, 106.
[5] OLG Celle NdsRpfl 1990, 8 = Rpfleger 1990, 112 und 253 Leitsatz mit abl Anm Münzberg.
[6] BGH MDR 1975, 655 = NJW 1975, 1282 = Rpfleger 1975, 246; OLG Frankfurt OLGZ 1981, 261 = aaO (Fußn 2) und JurBüro 1998, 381.
[1*] RG 78, 398.
[2*] RG aaO (Fußn 1); Kammergericht OLG 26, 155.

Zwangshypothek 73.4 **Einleitung**

ZPO § 720a Abs 3 erfolgt zur Abwendung bei Sicherungsvollstreckung; nach ZPO § 868 Abs 3 erwirbt damit der Eigentümer die mit Sicherungsvollstreckung nach ZPO § 720a Abs 1 Buchst b erlangte Sicherungshypothek. Der Grundstückseigentümer erwirbt das Recht mit Erlaß (Verkündung, Zustellung) der Entscheidung oder mit der Hinterlegung, ohne Eintragung, und zwar der Eigentümer bei Eintritt des Ereignisses. Wird die Entscheidung, durch die solches bewirkt war, wieder aufgehoben, so wird das Eigentümerrecht nicht mehr zur Zwangshypothek, sondern kann vom Gläubiger nur gepfändet werden. Ein Prozeßvergleich, mit dem ein (nicht rechtskräftiges) Urteil wirkungslos oder der nach einem rechtskräftigen Urteil (anderen Schuldtitel) vollstreckbare Anspruch beseitigt wird, äußert nicht die Wirkung einer vollstreckbaren (gerichtlichen) Entscheidung nach ZPO § 868, führt somit nicht dazu, daß der Eigentümer die Sicherungshypothek nach ZPO § 868 als Eigentümergrundschuld erwirbt ([3]für Vergleich mit der Verpflichtung, keine Zwangsvollstreckung aus einer Urkunde herzuleiten oder die bereits eingeleiteten Vollstreckungsmaßnahmen nicht weiter zu betreiben; siehe auch[4]). Die (vergleichsweise) vollstreckungshindernde Vereinbarung begründet jedoch für den Eigentümer eine dauernde Einrede gegen die Zwangsvollstreckung aus der Sicherungshypothek[5]; die Vergleichsabrede kann aber auch als Verzicht auf die Sicherungshypothek (BGB § 1168) oder Schulderlaß (BGB § 397 Abs 1; Eigentümergrundschuld dann nach BGB § 1163 Abs 1 Satz 2) zu verstehen sein.

73.3 Keine Eigentümergrundschuld entsteht, wenn eine Zwangshypothek mit Eröffnung des **Insolvenzverfahrens** als Vollstreckungsmaßnahme im letzten Monat vor dem Eröffnungsantrag (3 Monate im vereinfachten Insolvenzverfahren auf Schuldnerantrag, InsO § 312 Abs 1 Satz 3) unwirksam wird[6] (§ 88 InsO; § 15 Rdn 23.5). Die Zwangshypothek hat in diesem Fall ihre Wirksamkeit verloren; sie ist damit erloschen[7].

73.4 Wie BGB § 1163 Abs 1 Satz 2 regelt ZPO § 868 Fälle, in denen das Recht des Gläubigers aus der Sicherungshypothek **in Wegfall** kommt; die Hypothek geht in diesen Fällen nach Begründung des Gläubigerrechts mit Eintritt einer späteren Tatsache auf den Grundstückseigentümer über[8]. Wenn die Forderung nicht zur Entstehung gelangt ist oder bei Eintragung der Zwangs/Arresthypothek bereits wieder erloschen war, steht die Sicherungshypothek nach BGB § 1163 Abs 1 Satz 1 von vornherein dem Eigentümer zu (Einl Rdn 73.1). Sie ist auf ihn nach BGB § 1163 Abs 1 Satz 2 übergegangen, wenn die Forderung nach Eintragung der Zwangs/Arresthypothek, aber vor Eintritt einer der in ZPO § 868 bezeichneten Ereignisse, erloschen ist (etwa weil sie vom Grundstückseigentümer getilgt wurde). Dann ist (nochmaliger) Rechtserwerb durch den Eigentümer mit späterem Eintritt eines prozessualen Tatbestands der in ZPO § 868 genannten Art ausgeschlossen[9]. Ist umgekehrt der Übergang der Hypothek auf den Eigentümer auf Grund eines prozessualen Erwerbsgrundes bereits nach ZPO § 868 erfolgt, dann kann die Zwangs-/Arresthypothek nicht mehr später nach den Vorschriften des

---

[3] BayObLG Rpfleger 1998, 437.
[4] Zöller/Stöber, ZPO, § 775 Rdn 4 a.
[5] BayObLG Rpfleger 1998, 437.
[6] Zöller/Stöber, ZPO § 868 Rdn 2; aA BayObLG 2000, 176 = NJW-RR 2001, 47 = NZI 2000, 427 = Rpfleger 2000, 448; OLG Düsseldorf NJW-RR 2004, 138 = NZI 2004, 94 = Rpfleger 2003, 647 (anders, wenn bei der „Gesamt"zwangshypothek [Einl Rdn 68.7 und 68.8] die Voraussetzungen von InsO § 88 nur hinsichtlich eines Grundstücks oder Miteigentumsanteils vorliegen, OLG Düsseldorf NZI 2004, 93 = Rpfleger 2004, 39); Keller ZIP 2000, 1324 (1329); Musielak/Becker, ZPO, § 868 Rdn 3; Stein/Jonas/Münzberg, ZPO, § 867 Rdn 9 und § 868 Rdn 5 (zu 6.).
[7] Siehe BGH 130, 347 (353) = NJW 1995, 2715 (2716 reSp unten) zu GesO § 7 Abs 3.
[8] RG aaO (Fußn 1*); Kammergericht OLG 21, 23.
[9] RG aaO (Fußn 1*); Zöller/Stöber, ZPO, § 868 Rdn 1.

BGB Eigentümergrundschuld werden[10]. Der Eigentümer ist dann jeweils bereits Berechtigter. Die Veräußerung des Grundstücks ändert an dieser Berechtigung nichts[11]. Bei Eigentumswechsel zwischen dem Übergang der Zwangs-/Arresthypothek auf den Eigentümer und dem späteren (weiteren) Erwerbstatbestand für eine Eigentümergrundschuld bleibt das Recht daher dem (früheren) Eigentümer, der es vor Veräußerung des Grundstücks bereits erworben hat.

73.5 Eine „**Gesamt**"**zwangshypothek** (wegen ZPO § 867 Abs 2 nur in besonderen Fällen möglich, Einl Rdn 68.5–68.8) erwerben die Eigentümer der belasteten Grundstücke gemeinschaftlich (BGB § 1175), wenn der Vollstreckungstitel als Eintragungsgrundlage insgesamt nach ZPO § 868 entfällt[12]. Kommt der Vollstreckungstitel nach ZPO § 868 nur gegenüber dem Eigentümer eines der belasteten mehreren Grundstücke in Wegfall, erlischt auf seinem Grundstück die Hypothek entsprechend BGB § 1175 Abs 1 Satz 2; insoweit entsteht keine Eigentümergrundschuld[12].

73.6 Eine im Wege der **Verwaltungsvollstreckung** nach Abgabenordnung (und den auf sie verweisenden Verwaltungsvollstreckungsgesetzen) eingetragene Zwangshypothek geht bei Stundung oder Aussetzung der Vollziehung nur dann nach ZPO § 868 auf den Eigentümer über, wenn zugleich die Aufhebung der Vollstreckungsmaßnahme angeordnet ist (Abgabenordnung § 322 Abs 1 Satz 3).

73.7 Der Rechtserwerb aus ZPO § 868 Abs 1 ist durch diese Vorschrift rechtlich begründet. Daher besteht kein Anspruch aus **ungerechtfertigter Bereicherung** gegen den Grundstückseigentümer[13]. Über das Eigentümerrecht bei der Zwangshypothek auch ZVG-Handbuch Rdn 40. Zu Besonderheiten der Schiffszwangshypothek ZPO § 870 a Abs 3.

74 Zwangshypothek bei Arrestvollziehung

74.1 Die **Vollziehung eines Arrestes** in ein Grundstück (anderes Objekt der Immobiliarvollstreckung; für Schiff und Schiffsbauwerk jedoch ZPO § 931) erfolgt durch Eintragung einer Sicherungshypothek für die Forderung (ZPO § 932 Abs 1 Satz 1). Diese ist eine besondere Art **Sicherungshöchstbetragshypothek** und eine besondere Art Zwangshypothek. Als Sicherungshöchstbetragshypothek ist sie eine durch die Feststellung der Forderung auflösend bedingte Eigentümergrundschuld. Eingetragen wird die Arresthypothek auf Antrag des Gläubigers (ZPO § 932 Abs 2 mit § 867 Abs 1 Satz 1); das Arrestgericht ersucht nicht um Eintragung. Einer Vollstreckungsklausel bedarf der Arrestbefehl nur zur Vollziehung für einen anderen als den in ihm bezeichneten Gläubiger oder gegen einen anderen als den bezeichneten Schuldner (ZPO § 929 Abs 1). Die Arresthypothek hat keinen gesetzlichen Löschungsanspruch gegenüber Eigentümerrechten (ZPO § 932 Abs 1 Satz 2; dazu kritisch[1]), wie er sonst der Zwangshypothek zusteht (Einl Rdn 62.1). Erst nach Umschreibung der Arresthypothek in eine Zwangshypothek nach Vorlage eines Vollstreckungstitels und auf besonderen Antrag hin erlangt der Gläubiger aus dieser Zwangshypothek den gesetzlichen Löschungsanspruch[1].

74.2 Der Antrag auf Eintragung der Arresthypothek muß wegen der **Vollzugsfrist** von einem Monat (ZPO § 929 Abs 2) ab Verkündung des Urteils oder Zustellung eines nicht verkündeten Urteils oder des Arrestbeschlusses an den Antragsteller (ZPO § 929 Abs 2) oder ab Aushändigung an den Antragsteller[2] bei dem Grundbuchamt eingehen (Eingangszeitpunkt GBO § 13 Abs 2 und 3); für die

---

[10] RG aaO (Fußn 1*).
[11] RG aaO (Fußn 1*); Kammergericht OLG 26, 155.
[12] Deimann Rpfleger 2000, 193.
[13] BGH MDR 1976, 830 = NJW 1977, 48.
[1] Stöber Rpfleger 1977, 425 (V 4); Stein/Jonas/Grunsky, ZPO, § 932 Rdn 4.
[2] Stein/Jonas/Grunsky, ZPO, § 929 Rdn 2; Zöller/Vollkommer, ZPO, § 929 Rdn 5 und 10.

Zwangshypothek 74.3 **Einleitung**

Einhaltung der Frist gilt dieser Antragseingang als Vollzug (ZPO § 932 Abs 3). Gewahrt ist diese Frist auch bei rechtzeitigem Eingang des Antrags bei dem Amtsgericht, zu dem das für die Eintragung zuständige Grundbuchamt gehört; nicht erforderlich ist, daß er noch innerhalb der Vollziehungsfrist dem zuständigen Mitarbeiter des Grundbuchamts vorgelegt wird[3] (anders[4]). Gleichwohl bleibt der Zeitpunkt des Antragseingangs beim Grundbuchamt (GBO § 13) für die Reihenfolge der Erledigung (GBO § 17) maßgeblich, kann sonach mittelbar auf den Rang der Sicherungshypothek einwirken[5] (GBO § 45). Eintragungsverfügung und Eintragung müssen nicht innerhalb der Frist erfolgen, wohl aber müssen in der Frist alle nötigen Unterlagen vorhanden sein oder nachgebracht werden. Der Vollzug ist schon vor Zustellung des Arrestbeschlusses an den Schuldner möglich; die Zustellung muß aber binnen einer Woche nach Vollzug und noch vor Ablauf der Monatsfrist erfolgen (ZPO § 929 Abs 3). Diese Wochenfrist wird nach verbreiteter (gegen vordem herrschende) Meinung erst mit dem Zugriff auf das Schuldnervermögen, damit Eintragung der Arresthypothek, in Gang gesetzt[6], nicht damit schon mit dem Eingang des Eintragungsantrags beim Grundbuchamt. Vollstreckungsrechtliche Mängel (Einl Rdn 64.2) müssen innerhalb der Vollziehungsfrist beseitigt werden[7], grundbuchrechtliche Mängel (Einl Rdn 64.4) können mit rangwahrender Zwischenverfügung beanstandet werden[7] (Einl Rdn 65.2). Das Grundbuchamt überwacht die Zustellung nicht. Sobald es die Nichteinhaltung der Frist erkennt (durch Vorlage des Zustellungsnachweises; Feststellung ohne Formzwang nach GBO § 29 in freier Beweiswürdigung[8]), löscht es auf Antrag des Schuldners und ohne Mitwirkung des Gläubigers[9] (rechtliches Gehör, GrundG Art 103 Abs 1, ist jedoch geboten) oder auf Antrag des Gläubigers ohne Mitwirkung des Schuldners[10] die Hypothek (anders[11]: die mit Fristablauf eingetretene Grundbuchunrichtigkeit kann nur auf Grund Unrichtigkeitsnachweis nach GBO § 22 Abs 1 in der Form von GBO § 29 oder auf Grund Bewilligung von Gläubiger und Eigentümer berichtigt werden). Eintragung eines Amtswiderspruchs[11] (GBO § 53 Abs 1 Satz 1) ist nicht möglich (keine Gesetzesverletzung bei zulässiger Arrestvollziehung vor Zustellung). Nach Löschung kann, wenn die Frist zum Vollzug noch läuft, auf Antrag erneut eine Arresthypothek eintragen werden. Auf die Einhaltung der Frist kann der Schuldner nicht verzichten[12]. Wenn ein durch Eintragung der Sicherungshypothek zunächst vollzogener Arrest auf Widerspruch des Schuldners aufgehoben, im Berufungsverfahren jedoch ganz oder teilweise bestätigt wird, bedarf es jedenfalls dann, wenn die Hypothek vor Erlaß des Berufungsurteils auf Antrag des Schuldners gelöscht worden war, einer erneuten Vollziehung innerhalb der mit Verkündung des Berufungsurteils in Lauf gesetzten Vollziehungsfrist; die ursprüngliche Vollziehung wirkt nicht fort[13].

74.3 Die Arresthypothek ist als Sicherungshöchstbetragshypothek einzutragen (ZPO § 932 Abs 1). Als Höchstbetrag ist die **Lösungssumme** einzutragen (ZPO § 932 Abs 1, § 923). Muster für die Eintragung im ZVG-Handbuch Rdn 41. Die Eintragung ist auf dem Arrestbefehl zu vermerken (ZPO § 932 Abs 2 mit § 867

---

[3] BGH 146, 361 = MDR 2001, 714 = NJW 2001, 1134 = Rpfleger 2001, 294.
[4] OLG Düsseldorf NJW-RR 1994, 1024 = Rpfleger 1993, 489 und NJW-RR 1997, 781 = Rpfleger 1997, 259; LG Lübeck Rpfleger 1995, 66 und 294 Leitsatz mit abl Anm Gleußner.
[5] BGH 146, 361 = aaO.
[6] OLG Frankfurt NJW-RR 1999, 1446 = Rpfleger 1999, 84; Zöller/Vollkommer, ZPO, § 929 Rdn 24; Musielak/Huber, ZPO, § 929 Rdn 10.
[7] BGH 146, 361 (365) = aaO.
[8] OLG Köln OLGZ 1987, 405 (406) = Rpfleger 1987, 301.
[9] Schöner/Stöber, Grundbuchrecht, Rdn 2232.
[10] Wittmann MDR 1979, 549.
[11] BayObLG Rpfleger 1993, 397.
[12] OLG Frankfurt OLGZ 1982, 103 = Rpfleger 1982, 32.
[13] KG Berlin JurBüro 1981, 298 = Rpfleger 1981, 119.

Einleitung 74.3 Zwangshypothek

Abs 1). Die zu sichernde Forderung, also die Lösungssumme, muß den Betrag von 750 Euro übersteigen (ZPO § 932 Abs 2 mit § 866 Abs 3). Die Hauptforderung selbst kann auch unter 750 Euro sein, wenn nur die Lösungssumme den Betrag überschreitet[14] (auch ZVG-Handbuch Rdn 42). Bei Belastung mehrerer Grundstücke (Einl Rdn 68) ist die Lösungssumme zu verteilen (ZPO § 932 Abs 2 mit § 867 Abs 2), wobei auch hier die Teile jeweils mindestens 750,01 Euro betragen müssen (ZPO § 932 Abs 2 Satz 2 mit § 867 Abs 2 Satz 2; anders bis 31. 12. 1998). Der jeweils eingetragene Höchstbetrag wird als Lösungssumme der einzelnen Sicherungshypothek für Arrestaufhebung (ZPO § 934 Abs 1) angesehen[15].

74.4 Soll aus der Arresthypothek die Zwangsversteigerung oder Zwangsverwaltung betrieben werden, ist ein **dinglicher Titel** (Duldungstitel) nötig; ZPO § 867 Abs 3 findet auf die Arresthypothek keine Anwendung (ZPO § 932 Abs 2). Auf Duldung der Zwangsvollstreckung kann aus der Arresthypothek (nach Verwertungsreife) geklagt werden[16]; vorherige Umwandlung in eine Zwangshypothek erfordert das nicht. Wenn jedoch die Arresthypothek in eine Zwangshypothek umgewandelt worden ist (zur Umwandlung als Vollstreckungsmaßnahme s Rdn 74.5), findet auf sie mit den Vorschriften über die Zwangshypothek auch ZPO § 867 Abs 2 Anwendung. Vollstreckbarer Titel (auf dem die Eintragung vermerkt sein muß), der für Zwangsvollstreckung zur Befriedigung aus dem Grundstück genügt, ist dann der Vollstreckungstitel (Leistungstitel), der Grundlage für Umwandlung gegeben hat. Gegen einen neuen Eigentümer bei Eigentumswechsel nach Eintragung der Arresthypothek ist auch hier dinglicher Vollstreckungstitel (Duldungstitel) erforderlich (wie Einl Rdn 69.1). Duldungstitel wird ebenso benötigt, wenn Umwandlung der Arresthypothek in eine Sicherungshypothek rechtsgeschäftlich (mit Einigung und Grundbucheintragung) erfolgt ist.

74.5 Die Arresthypothek kann in eine Zwangshypothek **umgewandelt** werden (dazu auch ZVG-Handbuch Rdn 45), wobei der Vollstreckungstitel (nach Eigentumswechsel der Titel gegen den Schuldner bei Eintragung der Arresthypothek[17], gegen früher andere allgemeine Meinung) Einigung und Bewilligung des Eigentümers ersetzt. Die Umwandlung erfolgt nicht von selbst mit rechtskräftiger Verurteilung des Schuldners im Hauptsacheprozeß, sondern muß beantragt werden; sie kann nur beantragt werden, wenn alle Voraussetzungen für die Eintragung einer Zwangshypothek gegeben sind, so etwa über die Höhe der Forderung nach ZPO § 866 Abs 3[18]. Der Antrag ist nicht formbedürftig. Bei Belastung mehrerer Grundstücke muß die Verteilung der Forderung (ZPO § 867 Abs 2) formlos wiederholt werden. Der Umwandlungsantrag ist Antrag auf Vornahme einer Vollstreckungsmaßnahme und darum nach Eröffnung des Insolvenzverfahrens nicht mehr zulässig[19]. Die Umwandlung erfolgt nach den Grundsätzen in BGB § 1186. Der Antragsberechtigte muß den Antrag nicht stellen. Er kann Zwangsversteigerung oder Zwangsverwaltung auch unmittelbar aus der Arresthypothek mit dinglichem Titel (Rdn 74.4) betreiben. Die Umwandlung (mit anschließendem Vorgehen aus der Zwangshypothek) ist eine zusätzliche Möglichkeit der Vollstreckung. Sie verschafft den gesetzlichen Löschungsanspruch (Einl Rdn 62.1).

74.6 Wird der Arrest durch Urteil aufgehoben, fällt die Hypothek dem **Eigentümer** im Zeitpunkt der Aufhebung des Arrestes zu (ZPO § 932 Abs 2 mit § 868) (hierzu auch Einl Rdn 73). Löschungskosten: Einl Rdn 70.6.

74.7 Wurde die Arresthypothek entgegen dem Antrag nur auf einem Grundstück statt auf mehreren eingetragen (hierbei mit Verteilung), so ist das für den

---

[14] Haegele BWNotZ 1972, 107 (VI 1 b).
[15] LG Bremen Rpfleger 1994, 163.
[16] BGH MDR 1997, 777 = NJW 1997, 3230.
[17] LG Zweibrücken NJW-RR 1995, 512.
[18] Löscher JurBüro 1961, 225 (VIII).
[19] OLG Frankfurt Rpfleger 1975, 103.

Schuldner ohne Bedeutung, weil er nach Tilgung der Forderung oder nach dem Verzicht des Gläubigers auf das Recht die Eigentümergrundschuld nur in dem Umfang erwirbt, in dem vorher das Recht bestanden hat; er hat hierzu keinen Anspruch auf **Grundbuchberichtigung;** auch das dem Arrestgläubiger wegen des Fehlers zustehende Beschwerderecht geht nicht auf den Schuldner über.

Zwangshypothek im Verwaltungszwangsverfahren

Literatur: Bruhn, Eintragung einer Zwangshypothek für das Finanzamt, Rpfleger 1954, 437; Fichtelmann, Nochmals: Die Eintragung von Sicherungs-(Zwangs-)Hypotheken für das Finanzamt, Rpfleger 1965, 138; Kulla, Die Eintragung von Sicherungs-(Zwangs-)Hypotheken für das Finanzamt, Rpfleger 1965, 9 und 300; Kulla, Die Auswirkungen der Änderung des § 372 AO auf die Eintragung von Sicherungshypotheken, Rpfleger 1966, 100; Pfaff, Hypothekarische Sicherung von Ansprüchen mehrerer Steuergläubiger bzw nur eines Steuergläubigers, BWNotZ 1968, 254.

75.1 Im Verwaltungszwangsverfahren (§ 15 Rdn 38) erfolgt Zwangsvollstreckung in ein Grundstück (anderes Objekt der Immobiliarvollstreckung) gleichfalls durch **Eintragung einer Sicherungshypothek** für die Forderung (Abgabenordnung § 322 Abs 1 Satz 2 mit ZPO § 866 Abs 1 sowie die sonstigen Verwaltungsvollstreckungsgesetze). An die Stelle des Titels tritt der Antrag der Vollstreckungsbehörde, die zu bestätigen hat, daß die gesetzlichen Voraussetzungen für die Vollstreckung vorliegen (Abgabenordnung § 322 Abs 3); ein Leistungsbescheid ist nicht vorzulegen[1]. Der Antrag ist Eintragungs**ersuchen** nach GBO § 38 (Schiffsregisterordnung § 45; Abgabenordnung § 322 Abs 3)[2]. Er muß daher von der zuständigen Behörde unterschrieben und mit Siegel oder Stempel versehen sein (GBO § 29 Abs 3); Ausfertigung genügt nicht. Auch die Gerichtskasse (Amtskasse), die im Verwaltungszwangsverfahren vollstreckt (§ 15 Rdn 18), benötigt zur Eintragung keinen Vollstreckungstitel[3].

75.2 Daß die gesetzlichen Voraussetzungen für die (Verwaltungs-)Vollstreckung vorliegen, unterliegt **nicht** der Beurteilung (Prüfung) des **Grundbuchamts** (Abgabenordnung § 322 Abs 3 Satz 3). Das Grundbuchamt **prüft** somit nicht die sachlichen Voraussetzungen der Vollstreckung (daher keine Prüfung der Berechtigung der Kostenforderung bei Vollstreckung der Gerichts-/Justizkasse nach der JBeitrO[4]), sondern nur die **förmlichen,** ob also der ersuchende Behörde allgemein zuständig ist und die Forderung ihrer Art nach dem Verwaltungszwangsverfahren unterliegt[5] (dazu ZVG-Handbuch Rdn 28; Amtswiderspruch bei Eintragung der Zwangshypothek für eine nicht der Verwaltungsvollstreckung zugängliche Forderung[6]), ob im Antrag die gesetzlichen Voraussetzungen der Vollstreckung bestätigt sind, auch ob die Unterschrift des zuständigen Beamten und Siegel oder Stempel der Behörde nicht fehlen (GBO § 29 Abs 3). Ein sachliches Prüfungsrecht hat das Grundbuchamt auch nicht hinsichtlich der Bestätigung, der Schuldner betreibe selbständig ein Erwerbsgeschäft nach ZPO § 741[7], und auch nicht bei einem Duldungsbescheid gegen den Grundstückseigentümer, der selbst nicht Steuerschuldner ist[8].

---

[1] BGH 3, 140 = NJW 1951, 763 = Rpfleger 1951, 611.
[2] BGH aaO (Fußn 1); BayObLG JurBüro 1981, 1098 = Rpfleger 1982, 98.
[3] BayObLG 1948–1951, 610 = Rpfleger 1952, 133 mit zust Anm Bruhn und 1955, 337 Leitsatz; OLG Frankfurt JurBüro 1998, 48.
[4] OLG Frankfurt JurBüro 1998, 48.
[5] BayObLG JurBüro 1981, 1098 = Rpfleger 1982, 98; OLG Frankfurt JurBüro 1998, 48; LG Detmold Rpfleger 1993, 333; LG Siegen DNotZ 1958, 647.
[6] LG Detmold aaO (Fußn 5).
[7] BayObLG Rpfleger 1984, 232.
[8] OLG Hamm Rpfleger 1983, 481.

Einleitung 75.3

75.3 Die Forderung muß auch bei Verwaltungsvollstreckung 750 Euro übersteigen[9] (Einl Rdn 66). Steuerzinsen (Abgabenordnung § 233) bleiben dabei unberücksichtigt, soweit sie als Nebensache geltend gemacht sind (ZPO § 866 Abs 3). Dies gilt nicht für rückständige Steuersäumniszuschläge (Abgabenordnung § 240) und Verspätungszuschläge (Abgabenordnung § 152), die zwar steuerliche Nebenleistungen sind (Abgabenordnung § 3 Abs 3), als den Zinsen nicht gleiche Steuerforderungen (Rdn 75.5) aber ebenso wie Zwangsgelder und Kosten (ohne Antrags- und Eintragungskosten) in die Berechnung der Wertgrenze einzubeziehen sind.

75.4 Als **Gläubiger** einzutragen ist die **Körperschaft,** der die Vollstreckungsbehörde angehört (Abgabenordnung § 252), also bei einem Finanzamt des Landes das Land, auch wenn es sich um Bundessteuern handelt, die Bundesrepublik Deutschland bei Vollstreckung durch ein Hauptzollamt, die als Körperschaft vollstreckende Gemeinde usw, nicht die vollstreckende Behörde (Gerichtskasse, Finanzamt) und nicht deren Vertreter (Leiter oder Vorstand). In der Eintragung wird beim Fiskus in Klammern die besondere Vermögensmasse vermerkt, zu der die Forderung gehört, zB Freistaat Bayern (Landesjustizkasse Bamberg); dazu ZVG-Handbuch Rdn 28. Auch bei Vollstreckung von Steuerforderungen von Bund und Land wird als Gläubiger nur die Körperschaft eingetragen, der die Vollstreckungsbehörde angehört (Abgabenordnung § 252); damit können hier also (im Gegensatz zur Vollstreckung anderer Gläubiger) Forderungen mehrerer Gläubiger zusammengefaßt werden.

75.5 Steuersäumniszuschläge (Abgabenordnung § 240) müssen in das Grundbuch eingetragen werden; sie sind keine gesetzlichen Verzugszinsen[10], für die das Grundstück kraft Gesetzes (nach BGB § 1118) haften würde[11]. Gleiches gilt für Verspätungszuschläge (Abgabenordnung § 152) und Zwangsgelder (Abgabenordnung § 329). Künftige Steuersäumniszuschläge (Abgabenordnung § 240), die zusammen mit den Steuern beigetrieben werden, müßten als steuerliche Nebenleistungen (wie Zinsen, Einl Rdn 67) eintragbar sein (vgl Abgabenordnung § 254 Abs 3).

75.6 Auch bei Verwaltungsvollstreckung ist der Betrag der Forderung zu verteilen, wenn **mehrere Grundstücke** (andere Objekte) des Schuldners mit der Zwangshypothek belastet werden sollen (ZPO § 867 Abs 2 mit Abgabenordnung § 322 Abs 1 Satz 2). Die Teile müssen auch hier jeweils mindestens 750,01 Euro betragen (Einl Rdn 68.1).

75.7 Wenn der im Verwaltungszwangsverfahren zu vollstreckende Anspruch **öffentliche Last** des Grundstücks (§ 10 Abs 1 Nr 3; Rangklasse 3) ist, ist er von der Eintragung in das Grundbuch ausgeschlossen (GBO § 54). Ausnahme (siehe GBO § 54): Eine Zwangshypothek kann unter der **aufschiebenden Bedingung** eingetragen werden, daß das Vorrecht wegfällt (Abgabenordnung § 322 Abs 5). Auch für Beträge, die (bei Eintragung) bereits in Rangklasse 7 des § 10 Abs 1 ZVG fallen, kann somit eine Zwangshypothek eingetragen werden.

75.8 Über die wechselnde Behandlung der **steuerlichen Zwangshypothek** vor dem 1. 1. 1977 möge man die eingehende Darstellung der 9. Auflage nachlesen (§ 1 Anmerk 430).

---

[9] BayObLG 1953, 157 = Rpfleger 1955, 337 Leitsatz; Keidel Rpfleger 1955, 333 (a).
[10] BSozialG KTS 1988, 782.
[11] AG Glückstadt Rpfleger 1966, 14.

Zwangsvollstreckung und Kostenrecht vor 76 **Einleitung**

VI. Zwangsvollstreckung und Kostenrecht

Übersicht

a) Gerichtskosten	76–87	b) Gerichtsvollzieherkosten	88
Gebühr für Anordnung/Beitritt (KostVerz Nr 2210)	76	c) Rechtsanwaltskosten .... Vergütung für Immobilienvollstreckungsverfahren	89–99 89
Gebühr für das Versteigerungsverfahren (KostVerz Nr 2211, 2112)	77	RA-Gebühr für die Tätigkeit im Versteigerungsverfahren (VergV Nr 3311 Ziff 1	90
Gebühr für den Versteigerungstermin (KostVerz Nr 2213)	78	RA-Gebühr für die Tätigkeit im Einstellungsverfahren (VergV	
Gebühr für die Erteilung des Zuschlags (KostVerz Nr 2214)	79	Nr 3311 Ziff 6)	91
Gebühr für das Verteilungsverfahren (KostVerz Nr 2215, 2216)	80	RA-Versteigerungsterminsgebühr (VergV Nr 3312)	92
Gebühr für Vergleichsabschluß ...	81	RA-Verteilungsverfahrensgebühr (VergV Nr 3311 Ziff 2)	93
Mehrere betreibende Gläubiger ..	82	Gegenstandswert (RVG § 26)	94
Gebühr für Erinnerung/Beschwerde (KostVerz Nr 2240–2243)	83	Mehrere Anträge, mehrere Grundstücke, mehrere Auftraggeber	95
Verfahrensauslagen des Gerichts (KostVerz Teil 9)	84	RA-Gebühren in Zwangsverwaltungsverfahren	96
Rechtsbehelf gegen Kostenansatz; Nichterhebung von Gerichtskosten	85	Erinnerungs- und Beschwerdeverfahren (VergV Nr 3500, 3502, 3503, 3513)	97
Zwangsverwaltungskosten (KostVerz Nr 2220, 2221)	86	Andere Gebühren .... Auslagen des Rechtsanwalts	98 99
Zwangsvollstreckung und Kostenbefreiung	87	d) Rechtsbeistandskosten .... e) Sachverständigenkosten	100 101

a) Gerichtskosten

GKG § 54 Zwangsversteigerung. (1) Bei der Zwangsversteigerung von Grundstücken sind die Gebühren für das Verfahren im Allgemeinen und für die Abhaltung des Versteigerungstermins nach dem gemäß § 74 a Abs 5 des Gesetzes über die Zwangsversteigerung und die Zwangsverwaltung festgesetzten Wert zu berechnen. Ist ein solcher Wert nicht festgesetzt, ist der Einheitswert maßgebend. Weicht der Gegenstand des Verfahrens vom Gegenstand der Einheitsbewertung ab oder hat sich der Wert infolge bestimmter Umstände, die nach dem Feststellungszeitpunkt des Einheitswerts eingetreten sind, wesentlich verändert oder ist ein Einheitswert noch nicht festgestellt, ist der nach den Grundsätzen der Einheitsbewertung geschätzte Wert maßgebend. Wird der Einheitswert nicht nachgewiesen, ist das Finanzamt um Auskunft über die Höhe des Einheitswerts zu ersuchen; § 30 der Abgabenordnung steht der Auskunft nicht entgegen.

(2) Die Gebühr für die Erteilung des Zuschlags bestimmt sich nach dem Gebot ohne Zinsen, für das der Zuschlag erteilt ist, einschließlich des Werts der nach den Versteigerungsbedingungen bestehen bleibenden Rechte zuzüglich des Betrags, in dessen Höhe der Ersteher nach § 114 a des Gesetzes über die Zwangsversteigerung und die Zwangsverwaltung als aus dem Grundstück befriedigt gilt. Im Fall der Zwangsversteigerung zur Aufhebung einer Gemeinschaft vermindert sich der Wert nach Satz 1 um den Anteil des Erstehers an dem Gegenstand des Verfahrens; bei Gesamthandeigentum ist jeder Mitberechtigte wie ein Eigentümer nach dem Verhältnis seines gesamten Anteils anzusehen.

(3) Die Gebühr für das Verteilungsverfahren bestimmt sich nach dem Gebot ohne Zinsen, für das der Zuschlag erteilt ist, einschließlich des Werts der nach den Versteigerungsbedingungen bestehen bleibenden Rechte. Der Erlös aus einer gesonderten Versteigerung oder sonstigen Verwertung (§ 65 des Gesetzes über die Zwangsversteigerung und die Zwangsverwaltung) wird hinzugerechnet.

(4) Sind mehrere Gegenstände betroffen, so ist der Gesamtwert maßgebend.

Einleitung vor 76   Zwangsvollstreckung und Kostenrecht

(5) Bei Zuschlägen an verschiedene Ersteher wird die Gebühr für die Erteilung des Zuschlags von jedem Ersteher nach dem Wert der auf ihn entfallenden Gegenstände erhoben. Eine Bietergemeinschaft gilt als ein Ersteher.

GKG § 55 Zwangsverwaltung. Die Gebühr für die Durchführung des Zwangsverwaltungsverfahrens bestimmt sich nach dem Gesamtwert der Einkünfte.

GKG § 56 Zwangsversteigerung von Schiffen, Schiffsbauwerken, Luftfahrzeugen und grundstücksgleichen Rechten. Die §§ 54 und 55 gelten entsprechend für die Zwangsversteigerung von Schiffen, Schiffsbauwerken und Luftfahrzeugen sowie für die Zwangsvollstreckung und die Zwangsverwaltung von Rechten, die den Vorschriften der Zwangsvollstreckung in das unbewegliche Vermögen unterliegen, einschließlich der unbeweglichen Kuxe.

GKG § 57 Zwangsliquidation einer Bahneinheit. Bei der Zwangsliquidation einer Bahneinheit bestimmt sich die Gebühr für das Verfahren nach dem Gesamtwert der Bestandteile der Bahneinheit.

GKG-Kostenverzeichnis

Teil 2
Zwangsvollstreckung nach der Zivilprozeßordnung, Insolvenzverfahren und ähnliche Verfahren

Hauptabschnitt 2
Verfahren nach dem Gesetz über die Zwangsversteigerung und die Zwangsverwaltung; Zwangsliquidation einer Bahneinheit

Vorbemerkung 2.2:

Die Gebühren 2210, 2220 und 2230 werden für jeden Antragsteller gesondert erhoben. Wird der Antrag von mehreren Gesamtgläubigern, Gesamthandsgläubigern oder im Fall der Zwangsversteigerung zum Zweck der Aufhebung der Gemeinschaft von mehreren Miteigentümern gemeinsam gestellt, gelten diese als ein Antragsteller. Betrifft ein Antrag mehrere Gegenstände, wird die Gebühr nur einmal erhoben, soweit durch einen einheitlichen Beschluss entschieden wird. Für ein Verfahren nach § 765a ZPO wird keine, für das Beschwerdeverfahren die Gebühr 2240 erhoben; richtet sich die Beschwerde auch gegen eine Entscheidung nach § 30a ZVG, gilt Satz 2 entsprechend.

Nr.	Gebührentatbestand	Gebührenbetrag oder Satz der Gebühr nach § 34 GKG
Abschnitt 1 **Zwangsversteigerung**		
2210	Entscheidung über den Antrag auf Anordnung der Zwangsversteigerung oder über den Beitritt zum Verfahren	50,00 EUR
2211	Verfahren im Allgemeinen	0,5
2212	Beendigung des Verfahrens vor Ablauf des Tages, an dem die Verfügung mit der Bestimmung des ersten Versteigerungstermins unterschrieben ist: Die Gebühr 2211 ermäßigt sich auf	0,25
2213	Abhaltung mindestens eines Versteigerungstermins mit Aufforderung zur Abgabe von Geboten .... Die Gebühr entfällt, wenn der Zuschlag aufgrund der § 74a, § 85a ZVG, § 13 oder § 13a des Gesetzes über Vollstreckungsschutz für die Binnenschiffahrt versagt bleibt.	0,5
2214	Erteilung des Zuschlags .... Die Gebühr entfällt, wenn der Zuschlagsbeschluß aufgehoben wird.	0,5

Zwangsvollstreckung und Kostenrecht 76.1 **Einleitung**

Nr.	Gebührentatbestand	Gebührenbetrag oder Satz der Gebühr nach § 34 GKG
2215	Verteilungsverfahren	0,5
2216	Es findet keine oder nur eine beschränkte Verteilung des Versteigerungserlöses durch das Gericht statt (§§ 143, 144 ZVG): Die Gebühr 2215 ermäßigt sich auf	0,25

Abschnitt 2
Zwangsverwaltung

2220	Entscheidung über den Antrag auf Anordnung der Zwangsverwaltung oder über den Beitritt zum Verfahren	50,00 EUR
2221	Durchführung des Verfahrens: Für jedes angefangene Jahr, beginnend mit dem Tag der Beschlagnahme	0,5

Abschnitt 3
Zwangsliquidation einer Bahneinheit

2230	Entscheidung über den Antrag auf Eröffnung der Zwangsliquidation	50,00 EUR
2231	Verfahren im Allgemeinen	0,5
2232	Das Verfahren wird eingestellt: Die Gebühr 2231 ermäßigt sich auf	0,25

Abschnitt 4
Beschwerden

Unterabschnitt 1
Beschwerde

2240	Verfahren über Beschwerden, wenn für die angefochtene Entscheidung eine Festgebühr bestimmt ist: Die Beschwerde wird verworfen oder zurückgewiesen .... Wird die Beschwerde nur teilweise verworfen oder zurückgewiesen, kann das Gericht die Gebühr nach billigem Ermessen auf die Hälfte ermäßigen oder bestimmen, daß eine Gebühr nicht zu erheben ist.	100,00 EUR
2241	Verfahren über nicht besonders aufgeführte Beschwerden, die nicht nach anderen Vorschriften gebührenfrei sind: Soweit die Beschwerde verworfen oder zurückgewiesen wird ...	1,0

Unterabschnitt 2
Rechtsbeschwerde

2242	Verfahren über Rechtsbeschwerden, wenn für die angefochtene Entscheidung eine Festgebühr bestimmt ist; Die Rechtsbeschwerde wird verworfen oder zurückgewiesen .... Wird die Rechtsbeschwerde nur teilweise verworfen oder zurückgewiesen, kann das Gericht die Gebühr nach billigem Ermessen auf die Hälfte ermäßigen oder bestimmen, dass eine Gebühr nicht zu erheben ist.	200 EUR
2243	Verfahren über nicht besonders aufgeführte Rechtsbeschwerden, die nicht nach anderen Vorschriften gebührenfrei sind: Soweit die Rechtsbeschwerde verworfen oder zurückgewiesen wird	2,0

Gebühr für Anordnung/Beitritt (KostVerz Nr 2210) 76

76.1 Gerichtsgebühr nach GKG-KostVerz Nr 2210: Festgebühr von **50 EUR.** Die Gebühr wird erhoben für die **Entscheidung über den Antrag** auf Anordnung der Zwangsversteigerung eines Grundstücks (anderen Objekts) oder Zulassung des Beitritts zur Vollstreckungsversteigerung (§ 15) und ebenso für die Ent-

Einleitung 76.1 Zwangsvollstreckung und Kostenrecht

scheidung über den Antrag des Insolvenzverwalters (§ 172), eines Berechtigten nach § 175 sowie eines Berechtigten (auch eines pfändenden Gläubigers) auf Teilungsversteigerung (§ 180). Gleichgültig ist, ob der Gläubiger Antrag wegen eines (dinglichen) Anspruchs aus nur einem Grundstücksrecht oder wegen der (dinglichen) Ansprüche aus verschiedenen Rechten oder wegen dinglicher Ansprüche und persönlicher Forderungen oder wegen verschiedener, durch einen oder mehrere Vollstreckungstitel ausgewiesene Vollstreckungsforderungen gestellt hat. Unerheblich ist ebenso, ob dem Antrag (ganz oder zum Teil) stattgegeben wird oder ob er (ganz oder zum Teil) abgelehnt wird, und ob die Entscheidung mit Verfahrensanordnung oder Zulassung des Beitritts sowie Zurückweisung des weitergehenden Antrags in einem Beschluß zusammengefaßt oder in gesonderten Beschlüssen abgefaßt wird. Unerheblich ist ebenso, ob dem Antrag zunächst nur teilweise stattgegeben wird, im übrigen aber Zwischenverfügung zur Behebung des Hindernisses ergeht und erst später der weitergehende (restige) Antrag stattgebend oder ablehnend verbeschieden wird. Stets handelt es sich um die durch die Festgebühr abgegoltene „Entscheidung über den Antrag". Es macht keinen Unterschied, ob die Entscheidung beim Vollstreckungsgericht oder beim Beschwerdegericht ergeht und ob mit oder ohne mündliche Verhandlung. Die Gebühr fällt auch für die Entscheidung über einen Antrag des im Verwaltungszwangsverfahren vollstreckenden Finanzamts (Gerichtskasse, andere Vollstreckungsbehörde) an (Gebührenbefreiung Einl Rdn 87), ebenso bei Wiedervollstreckung nach § 133 (der Antrag leitet ein neues Verfahren ein, § 133 Rdn 2.1). Wird der Anordnungs- oder Beitrittsantrag vor Erlaß der Entscheidung zurückgenommen, so fällt die Gebühr nicht an. Teilweise Rücknahme des Antrags vor oder nach Erlaß der Entscheidung ist ohne Einfluß auf die Höhe der Festgebühr. Die Festgebühr beträgt auch dann 50,00 Euro (ermäßigt sich somit nicht), wenn die vollstreckbare Forderung des Gläubigers oder der Wert des Grundstücks geringer ist; sie soll (auch) eine Hemmschwelle für Gläubiger sehr geringer Forderungen darstellen; das für den Schuldner besonders einschneidende Verfahren zu beantragen[1].

76.2 **Ausgelöst** wird die Anordnungs-/Beitrittsgebühr durch die **Entscheidung** über den Antrag. Die „Entscheidung" ergeht, wenn die Urschrift mit der Unterschrift versehen wird (siehe Einl Rdn 20.1, nicht erst, wenn sie von der Geschäftsstelle zur Zustellung gegeben ist) oder wenn sie (ausnahmsweise, zB vom Beschwerdegericht) verkündet wird. Der Gebührenanfall durch die Unterschrift steht unter dem Vorbehalt, daß die Unterschrift nicht zurückgenommen wird. Eine Zwischenverfügung des Gerichts zur Behebung von Mängeln löst die Anordnungsgebühr noch nicht aus.

76.3 Getrennt abgefaßte und zeitlich nacheinander eingegangene **Anträge desselben Gläubigers** sind in einem Beschluß zusammenzufassen (§ 15 Rdn 4.13). Der Beschluß als die Entscheidung über jeden Antrag auf Anordnung oder Beitrittszulassung löst die Festgebühr von 50,00 Euro daher nur einmal aus (keine mehrfache Entscheidung auf Anordnung oder Zulassung des Beitritts). Maßgebend ist allein, ob eine Entscheidung ergeht oder mehrere Entscheidungen, nicht aber, ob ein Antrag oder mehrere gestellt werden. Jede **selbständige Entscheidung** über das in gesonderten Anträgen gestellte Begehren eines Gläubigers (Anordnung, Beitritt, Abweisung) löst eine eigene (gesonderte) Festgebühr aus. Wenn ein Gläubiger seinem eigenen Verfahren später beitritt, etwa wegen weiterer zwischenzeitlich fällig gewordener Zinsen oder weil er erst persönlich betrieben hat und dann aus dem dinglichen Recht (zB der Zwangshypothek) vollstreckt, entsteht die Festgebühr von 50,00 Euro daher wieder neu. Sie entsteht ebenso wieder neu, wenn nach Verfahrensordnung (Zulassung des Beitritts) über einen Gegenstand (zB Grundstück A oder Miteigentumsanteil des Ehemanns) auf einen neuen Antrag des gleichen Gläubigers für einen weiteren (anderen) Gegenstand des gleichen Schuldners oder eines anderen

---

[1] Begründung BT-Drucks 12/6962, S 82.

Eigentümers (zB Grundstück B oder Miteigentumsanteil des Ehegatten) zu entscheiden ist, auch wenn die Verfahren zugleich nach § 18 verbunden werden.

76.4 Werden gleichzeitig oder nacheinander **Zwangsversteigerung und Zwangsverwaltung** beantragt, so fallen zwei Anordnungsgebühren an, weil zwei gebührenpflichtige Entscheidungen vorliegen (GKG-KostVerz Nrn 2210 und 2220). Das gilt auch, wenn die Entscheidungen über beide Verfahren in einem Beschluß ergehen (sehr unzweckmäßig, weil zwei verschiedene Arten von Verfahren mit getrennter Aktenführung vorliegen). Es handelt sich, wenn auch auf einem Papier, um zwei sachliche Entscheidungen.

76.5 Die Anordnungsgebühr **gilt** nur die **Entscheidung** über die Anordnung (oder den Beitritt) **ab**. Das eine Verfahrensgebühr (GKG-KostVerz Nr 2211) auslösende „Verfahren im allgemeinen" beginnt „sogleich nach dem Beschluß über die Anordnung der Zwangsversteigerung"; „besondere Handlungen des Gerichts" für Entstehung dieser weiteren Gebühr, „zur Verwirklichung des Gebührentatbestands sollen nicht erforderlich" sein (Begründung zu GKG-KostVerz Nr 1510 und 1511 aF). Allerdings wird sich entgegen der Annahme des Gesetzgebers doch eine „Handlung" als nötig erweisen (Einl Rdn 77.2).

76.6 Zum **Anordnungsabschnitt** des Verfahrens gehört gebührenmäßig nur die gerichtliche Entscheidung, positiv oder negativ. Die ihr vorausgehenden Vorgänge (Entgegennahme des Antrags, Aufnahme zu Protokoll der Geschäftsstelle, Registrierung, Anlage der Akten, Rückfragen, Aufforderung zur Ergänzung, Berichtigung oder Vorlage von Unterlagen, auch mit Zwischenverfügung, sonstiger Schriftwechsel mit dem Antragsteller, auch eine Anhörung des Schuldners oder Antragsgegners vor der Entscheidung usw) sind gebührenfrei; bei Rücknahme in diesem Vorstadium also keine Gebühr. Erstattungspflichtige Auslagen (Einl Rdn 84) sind auch aus diesem Abschnitt zu zahlen.

76.7 Für **jeden Gläubiger** (Antragsteller bei Nachlaßversteigerung nach § 175 oder Teilungsversteigerung nach § 180) wird die Festgebühr nach GKG-KostVerz Nr 2210 gesondert erhoben (Vorbemerkung 2.2 zu GKG-KostVerz). Für die Entscheidung über jeden Antrag eines weiteren Gläubigers (Antragstellers) auf Zulassung des Beitritts zu einem Zwangsversteigerungsverfahren entsteht daher gesondert eine Festgebühr von 50,00 Euro. Sie wird ebenso für die Entscheidung über jeden Antrag mehrerer Gläubiger (sonstiger Antragsteller) einzeln (somit mehrfach) erhoben, wenn die (gleichzeitigen) Entscheidungen in einem Beschluß zusammengefaßt werden (§ 15 Rdn 4.13). **Gesamtgläubiger,** Gesamthandsgläubiger und (im Falle der Teilungsversteigerung) Miteigentümer, die den Antrag gemeinsam stellen, gelten als ein Antragsteller (Vorbemerkung aaO); das gilt auch, wenn Gesamtgläubiger als Pfändungsgläubiger gemeinsam Antrag auf Teilungsversteigerung stellen. Stellen Gesamtgläubiger Anträge einzeln (nach Verfahrensanordnung Antrag auf Zulassung des Beitritts), so wird die Festgebühr für jeden Antragsteller gesondert erhoben.

76.8 a) Betrifft der Antrag **eines Gläubigers** (anderen Antragstellers) **mehrere Gegenstände,** somit mehrere Grundstücke oder andere Objekte oder mehrere Bruchteile eines Grundstücks (anderen Objekts), und wird durch **einheitlichen** (Anordnungs/Beitritts/Zurückweisungs-)**Beschluß** entschieden, so wird die Gebühr nach GKG-KostVerz Nr 2210 **nur einmal** erhoben (Vorbemerkung 2.2 zu GKG-KostVerz). Nur einmal fällt die Festgebühr somit an, wenn die Zwangsversteigerung eines aus mehreren Grundstücken bestehenden Grundbesitzes desselben Schuldners (§ 18 Rdn 2.1), bei Vollstreckung eines an jedem Grundstück (oder Miteigentumsanteil) bestehenden Rechts sowie bei gesamtschuldnerischer Haftung auch verschiedener Eigentümer (§ 18 Rdn 2.2 und 2.3), durch einheitlichen Beschluß angeordnet wird[2]. Nur eine Anordnungs- oder Beitrittsgebühr gibt es in

---

[2] Begründung BT-Drucks 12/6962, S 81.

Einleitung 76.8 Zwangsvollstreckung und Kostenrecht

diesem Fall auch bei getrennt abgefaßten und zeitlich nacheinander eingegangenen Anträgen desselben Gläubigers, die in einem Beschluß zusammengefaßt sind (Rdn 76.3). Maßgebend ist ohne Rücksicht auf die Art und Zahl der Vollstreckungstitel allein, ob der Antrag eines Gläubigers (Antragstellers) mehrere Gegenstände betrifft und ob eine Entscheidung ergeht. Ermessensmißbräuchliche Ablehnung oder Unterlassung einer nach § 18 möglichen und sachdienlichen Verbindung mit Entscheidung durch nur einen Beschluß ist jedoch unrichtige Sachbehandlung, so daß Mehrkosten nicht zu erheben sind (GKG § 21 Abs 1).

b) Durch **einheitlichen Beschluß** wird über einen Antrag, der mehrere Gegenstände betrifft, auch entschieden, wenn Entscheidung zum Teil mit Verfahrensanordnung oder Zulassung des Beitritts ergeht und im übrigen Zurückweisung des weitergehenden Antrags erfolgt (wie Rdn 76.1). Das muß auch gelten, wenn diese gleichzeitige Entscheidung äußerlich in gesonderten Schriftstücken jeweils als eigener Beschluß abgefaßt wird. Mit „einheitlichem Beschluß" ist nicht die selbständige Form des Schriftstücks (Beschlusses) bezeichnet, sondern die Gesamtheit der einheitlichen Entscheidung. Wollte man das anders sehen, so wären Mehrkosten infolge unrichtiger Sachbehandlung nicht zu erheben (GKG § 21 Abs 1). Ebenso hat unerheblich zu bleiben, ob dem Antrag eines Gläubigers (Antragstellers) **für alle Gegenstände** zunächst nur teilweise stattgegeben wird, im übrigen aber (so wegen der Gläubigerforderung aus einem weiteren, noch nicht zugestellten Vollstreckungstitel) Zwischenverfügung zur Behebung eines Hindernisses ergeht und erst später der weitergehende (restige) Antrag stattgebend oder ablehnend verbeschieden wird (wie Rdn 76.1). Nicht durch einheitlichen Beschluß entschieden wird hingegen, wenn dem Antrag zunächst nur wegen **eines Objekts** (oder einzelner) durch Anordnung der Zwangsversteigerung (Zulassung des Beitritts) stattgegeben werden kann, hinsichtlich eines anderen Objekts (mehrer weiterer Objekte) jedoch Zwischenverfügung zur Behebung eines Hindernisses ergeht (zB weil hier Schuldnereintragung fehlt, § 17 Abs 1), und später erst der Antrag für dieses weitergehende Objekt stattgebend oder ablehnend verbeschieden wird. Dann fallen zwei Gebühren an.

76.9 Betreffen Anträge **mehrerer Gläubiger** (anderer Antragsteller) **mehrere Gegenstände,** so wird die Festgebühr nach GKG-KostVerz Nr 2210 für jeden Gläubiger (Antragsteller) gesondert erhoben (Vorbemerkung aaO; Einzelheiten Rdn 76.7). Jedoch entsteht bei Entscheidung durch einheitlichen Beschluß die Gebühr für jeden einzelnen (gesondert gebührenpflichtigen) Gläubiger (Antragsteller), dessen Antrag mehrere Gegenstände betroffen hat, nur einmal (wie Rdn 76.8).

76.10 Gesondert erhoben wird die Festgebühr von 50,00 Euro auch für jeden von mehreren Antragstellern einer **Teilungsversteigerung** (§ 180; mehrere Miteigentümer, Erben, Pfändungsgläubiger oder sonstige Antragsberechtigte). Wenn jedoch der (= ein) Antrag von mehreren Miteigentümern (zu Bruchteilen oder zur gesamten Hand), so zB von mehreren Miterben gleichzeitig (gemeinsam) gestellt ist, gelten diese als ein Antragsteller (wie Rdn 76.7).

76.11 Fälligkeit: Mit Erlaß der Entscheidung (GKG § 7 Abs 1 Satz 1); keine Vorschußpflicht (GKG § 10). **Kostenschuldner:** Antragsteller (GKG § 26 Abs 1), außerdem ua Vollstreckungsschuldner nach GKG § 29 Nr 4. Keine Vorwegnahme aus dem Versteigerungserlös (§ 109 Abs 1).

77 Gebühr für das Versteigerungsverfahren (KostVerz Nr 2211, 2212)
Literatur: Drischler, Zur Verfahrensgebühr des § 61 Abs 1 Nr 1 GKG, JVBl 1962, 102; Drischler, Die Verfahrenskosten im Falle der Nichtzahlung des Bargebots in der Zwangsversteigerung, JVBl 1963, 169; Mümmler, Entstehung und Höhe der Verfahrensgebühr des § 61 Abs 1 Ziffer 1 GKG, JVBl 1962, 51; Schneider, Der Gegenstandswert in Zwangsversteigerungsverfahren nach neuem Recht, MDR 1976, 180; Stöber, Die Gebühr für das Zwangsversteigerungsverfahren im allgemeinen (§ 61 Abs 1 Nr 1 GKG), JVBl 1962, 152.

Zwangsvollstreckung und Kostenrecht   77.5 **Einleitung**

77.1 Für das Versteigerungsverfahren wird nach GKG-KostVerz Nr 2211 eine **allgemeine Verfahrensgebühr** von 0,5 des Gebührensatzes (GKG § 34 Abs 1) erhoben. Diese Gebühr ermäßigt sich auf **0,25** des Gebührensatzes, wenn das Verfahren vor Ablauf des Tages (damit auch während dieses Tages) endet, an dem die Verfügung mit der Bestimmung des ersten Versteigerungstermins unterschrieben ist. Beendet ist das Verfahren mit Zurücknahme des Versteigerungsantrags (§ 29 Rdn 2.5) oder Aufhebung aus anderem Grund (zB aus § 28). Endet das Verfahren erst nach Ablauf des Tages der Terminbestimmung (Unterzeichnung) durch Rücknahme oder sonstige Aufhebung vorzeitig, so wird davon die 0,5 Verfahrensgebühr nicht mehr berührt. Auslagen werden in beiden Fällen erhoben. Terminsverfügung, die Gebührenermäßigung ausschließt, ist in einem Verfahren zur Versteigerung mehrerer Grundstücke (§ 18) auch die Terminsbestimmung zur Versteigerung nur eines (einzelner) dieser Grundstücke. Auch wenn für Versteigerung der weiteren Grundstücke vor Verfahrensbeendigung Versteigerungstermin nicht mehr bestimmt wird, ist daher die allgemeine Verfahrensgebühr mit 0,5 des Gebührensatzes aus dem Gesamtwert der Gegenstände (GKG § 54 Abs 4) zu erheben. Durch diese Verfahrensgebühr sind alle gerichtliche Handlungen und Maßnahmen in dem Versteigerungsverfahren (pauschal) abgegolten. Gesondert zu vergüten sind jedoch die Abhaltung des Versteigerungstermins (Einl Rdn 78), die Erteilung des Zuschlags (Einl Rdn 79), die Durchführung des Verteilungsverfahrens (Einl Rdn 80) und bestimmte Beschwerdeentscheidungen (Einl Rdn 83).

77.2 Das Verfahren im allgemeinen beginnt unmittelbar nach der Anordnung der Zwangsversteigerung, also sogleich nach Erlaß des Beschlusses über die Anordnung der Zwangsversteigerung (Beitrittszulassung); besondere Handlungen des Gerichts zur Verwirklichung des Gebührentatbestandes von GKG-KostVerz Nr 2211 sollen daher nicht erforderlich sein. Wirksam ist der Anordnungs/Beitrittsbeschluß, wenn er dem Gläubiger (Antragsteller) mitgeteilt ist (ZPO § 329 Abs 3). Zustellung an den Schuldner ist keine weitere Voraussetzung der Wirksamkeit, wie sich schon daraus ergibt, daß vor dieser Zustellung die Beschlagnahme durch Zugang an das Grundbuchamt wirksam werden kann (§ 22). Diese Zustellung (die sich unter Umständen im Ausland über Monate erstrecken kann) gehört, ebenso wie das Eintragungsersuchen an das Grundbuchamt, die Mitteilungen an die Behörden und an die Mieter usw bereits zum „Verfahren im allgemeinen". Insoweit ist also doch eine Handlung des Gerichts nötig, das „allgemeine Verfahren" einzuleiten. Erweist sich die Zustellung an den Schuldner als undurchführbar, weil er etwa vor Vollstreckungsbeginn gestorben war, und wird nun die Beschlagnahme wieder aufgehoben, so ist außer der Anordnungsgebühr die 0,25-Verfahrensgebühr verfallen. Nur wenn der Antragsteller (Gläubiger) zwar nach Unterschrift, aber vor Hinausgabe der Entscheidung an den Schuldner den Antrag zurückgenommen hätte, wäre nur die Anordnungsgebühr entstanden.

77.3 Wird der Anordnungsantrag **abgelehnt**, so wird die Entscheidung nur an den Antragsteller (Gläubiger) zugestellt. Der Anordnungsabschnitt ist damit beendet, das „allgemeine Verfahren" beginnt erst gar nicht. Es ist nur eine Anordnungsgebühr zu zahlen.

77.4 Wird eine die Anordnung ablehnende Entscheidung auf **Rechtsmittel** (Beschwerde) **bestätigt**, die Beschwerde also verworfen oder zurückgewiesen, so fällt neben der Anordnungsgebühr nur die Beschwerdegebühr an (GKG-KostVerz Nr 2240), aber keine Verfahrensgebühr. Wird eine stattgebende Entscheidung auf Rechtsmittel des Schuldners hin wieder aufgehoben, so war die Verfahrensgebühr (infolge Zustellung an den Schuldner) schon angefallen und entfällt nicht wieder, weil hier eine dem Insolvenzverfahren (GKG-KostVerz Nr 2320) entsprechende Vorschrift fehlt.

77.5 Würde eine (positive oder negative) Entscheidung über die Anordnung auf Grund mündlicher Verhandlung **verkündet** (ZPO § 329 Abs 1) (theoretisch

129

Einleitung 77.5   Zwangsvollstreckung und Kostenrecht

möglich, praktisch wohl nie vorkommend), so würde die Verkündung die Anordnungsgebühr auslösen (Einl Rdn 76.2), aber keine Verfahrensgebühr. Es handelt sich ja immer noch um den Anordnungsabschnitt.

77.6 Für **Einstellungsverfahren** nach §§ 30 a–f, 180 Abs 2–4, wird keine besondere Gerichtsgebühr erhoben; ebenso wird für Vollstreckungsschutzverfahren nach ZPO § 765 a innerhalb eines Zwangsversteigerungsverfahrens keine Gebühr erhoben (Vorbemerkung 2.2 zu GKG-KostVerz), somit die Gebühr nach GKG-KostVerz Nr 2111 nicht ausgelöst. Die Tätigkeit des Vollstreckungsgerichts in Einstellungs- und Vollstreckungsschutzverfahren ist pauschal durch die allgemeine Verfahrensgebühr (GKG-KostVerz Nr 2211; bei vorzeitiger Verfahrenserledigung ermäßigt nach Nr 2212) abgegolten. Gleichgültig ist, ob auf Schuldnerantrag ein Schutzverfahren nach ZPO § 765 a innerhalb eines ZVG-Verfahrens gesondert durchgeführt wird, ob ein Antrag aus ZPO § 765 a mit einem Einstellungsantrag aus §§ 30 a–f, 180 Abs 2–4 verbunden wird, aber auch, ob ein (zurückgewiesener oder zurückgenommener) Einstellungs- oder Vollstreckungsschutzantrag später wiederholt wird oder im Laufe des Verfahrens Antrag neu gestellt und auf neue Gründe gestützt wird. Es fällt auch keine Gebühr an für Einstellungsverfahren nach ZPO §§ 769, 771 und nach ZPO §§ 775, 776, weil hierfür im GKG keine Gebühr festgesetzt ist (GKG § 1).

77.7 **Geschäftswert** ist für die Verfahrensgebühr (die 0,5 wie die 0,25) der vom Gericht nach § 74 a festgesetzte Verkehrswert (GKG § 54 Abs 1 Satz 1). Dieser ist Geschäftswert auch bei Zwangsversteigerung eines Binnenschiffs (Binnenschiffahrt-Vollstreckungsschutzgesetz § 15), eines Schiffsbauwerks und eines Luftfahrzeugs (GKG § 56; zur Wertfestsetzung in diesen Fällen § 74 a Rdn 2.4); bei Zwangsversteigerung eines Seeschiffs (auch eines ausländischen) wird ein Wert nicht festgesetzt (§§ 169 a, 171 Abs 5). Wenn der Wert nicht festgesetzt ist, entscheidet der steuerliche Einheitswert (GKG § 54 Abs 1 Satz 2). Dies gilt aber nur, wenn der Wert tatsächlich gerichtlich festgesetzt ist, nicht also, wenn er nur geschätzt oder ermittelt, aber nicht ausdrücklich festgesetzt ist[1] (anders noch[2]); dabei muß der erste Festsetzungsbeschluß des Gerichts genügen, auch wenn etwa ein Beteiligter noch anfechten kann. Anders ausgedrückt: der Einheitswert kommt als Gegenstandswert nur dann nicht in Frage, wenn der Verkehrswert (des Grundstücks bzw der Schiffswert) gerichtlich festgesetzt ist[3]. Der festgesetzte Wert umfaßt auch die mit beschlagnahmten Zubehörstücke, so daß für abgesondert zu verwertende (§ 65) nichts hinzuzurechnen ist. Ändert sich der festgesetzte Wert auf Rechtsmittel hin, so entscheidet der neu festgesetzte Wert (gleich, ob erhöht oder verringert). Wird der Wert von Amts wegen (oder auf Antrag eines Beteiligten) infolge neuer Tatsachen und Umstände geändert, ist der höchste in dem abgegoltenen Verfahrensabschnitt festgesetzte Wert maßgebend (ähnlich[4]).

Beispiel: Nach Zubehörfreigabe wird der Wert vor Bestimmung des ersten Versteigerungstermins herabgesetzt. Die 0,5-Gebühr GKG-Kostverz Nr 2211 wird nach dem festgesetzten höheren Wert erhoben (keine Beendigung des Verfahrens vor Terminsbestimmung).

Der Einheitswert hat mit Ablauf des 31. 12. 1996 als steuerliche Bemessungsgrundlage an Bedeutung verloren[5]. Er wird für Grundbesitz jedoch nach Abgabenordnung § 180 Abs 1 Nr 1 mit BewG § 19 noch festgesetzt. Neuregelung für Verwendung des Einheitswertes bei Wertbestimmung nach GKG § 54 zur Berechnung der Gerichtskosten ist (bislang) nicht erfolgt. Ob an die Stelle des bishe-

---

[1] Mümmler JurBüro 1969, 577.
[2] LG Köln MDR 1964, 770.
[3] LG München I JurBüro 1972, 802 und 1973, 893 Leitsatz mit Anm Mümmler = Rpfleger 1972, 424.
[4] LG Paderborn Rpfleger 1989, 168.
[5] BVerfG NJW 1995, 2615 und 2624.

Zwangsvollstreckung und Kostenrecht **77.9 Einleitung**

rigen Einheitswertes später eine andere steuerliche Bemessungsgrundlage treten wird, ist noch nicht überschaubar.

77.8 Wenn der **Einheitswert** als Gegenstandswert in Betracht kommt, ist der nach den Grundsätzen der Einheitsbewertung (nicht der Grundstücksverkehrsbewertung) geschätzte Wert maßgebend, wenn der „Gegenstand" des Immobiliarvollstreckungsverfahrens (nicht der Wert des Verfahrensgegenstandes) „vom Gegenstand der Einheitsbewertung" (nicht vom Einheitswert) wesentlich abweicht oder „sich der Wert infolge bestimmter Umstände", die nach dem Feststellungszeitpunkt des Einheitswertes eingetreten sind (nicht vorher eingetretene) „wesentlich verändert" hat oder ein Einheitswert noch überhaupt festgestellt ist (GKG § 54 Abs 1 Satz 3). Beispiel für Gegenstandsabweichungen: Es wird ein jetzt bebautes Grundstück versteigert, der Einheitswert ist nur für das unbebaute festgesetzt, oder es wird ein Hof ohne Inventar versteigert, während der Einheitswert immer auch landwirtschaftliches Inventar erfaßt. Beispiele für Wertänderung: Umbau oder teilweise Zerstörung eines Gebäudes, nicht aber allgemeine Wertsteigerung für Grundstücke[6]. Die Abweichung oder Wertveränderung muß „wesentlich", darf somit nicht geringfügig sein; die Freigabe eines einzelnen Inventarstücks oder die Bebauung mit einer Gartenlaube in den genannten Beispielen genügt also nicht. Wertschätzung nach den Grundsätzen der Einheitsbewertung soll Bestimmung eines dem wahren Einheitswert nahekommenden Wertes ermöglichen; weitergehende Anforderungen, wie sie bei Ermittlung nach freiem Ermessen denkbar wären, sind nicht gestellt[7]. Der berichtigte Einheitswert kann höher als der festgestellte Einheitswert sein, aber auch niedriger sein; er soll nicht nur Wertsteigerungen, sondern auch Wertminderungen ausgleichen. Kommt zB Zubehör hinzu oder weg, so darf nicht einfach der Verkehrswert des Zubehörs dem Einheitswert zu- oder abgerechnet werden, sondern der Einheitswert ist um den entsprechenden Bruchteil seines Betrages zu erhöhen oder zu verringern. Dabei ist gleich, ob es sich um fremdes Eigentum handelt, das nach Beginn des Verfahrensabschnitts schon unmittelbar nach Anordnung der Zwangsversteigerung nach § 55 freigegeben wurde.

77.9 In einem Verfahren über **mehrere Grundstücke** (oder andere Objekte) (Verfahren müssen also verbunden sein; ob berechtigt, hier ohne Einfluß), wird die Gebühr für das allgemeine Verfahren (GKG-KostVerz Nr 2211 oder ermäßigt nach Nr 2212) aus den Gesamtwerten erhoben (GKG § 54 Abs 4). Zusammengerechnet werden die festgesetzten Grundstückswerte oder die Einheitswerte. Werden die Verfahren später **getrennt**, so erlangt Bedeutung, daß die Versteigerungsverfahrensgebühr als Pauschgebühr das Verfahren im allgemeinen **vor und nach** der Trennung umfaßt. Daher ist sowohl die vor als auch die nach Trennung nach dem jeweiligen Geschäftswert dieses Verfahrensabschnitts zu berechnende allgemeine Verfahrensgebühr zu bestimmen und der höhere Gebührenbetrag zu erheben (entspricht dem Pauschgebührensystem). Beispiele:

a) **Vor** Trennung keine Terminsverfügung; 0,25 Verfahrensgebühr aus dem Gesamtwert. Nach Trennung Terminsverfügungen in allen Einzelverfahren; jeweils 0,5 Verfahrensgebühren aus dem Wert des Einzelverfahrens. Diese ergeben den höheren Gebührengesamtbetrag, sind somit zu erheben.

b) **Vor** Trennung keine Terminsverfügung; 0,25 Verfahrensgebühr aus dem Gesamtwert. **Nach** Trennung Terminsverfügung nur noch in einem der Einzelverfahren; 0,5 Verfahrensgebühr aus dem Wert dieses Einzelverfahrens. Der höhere Gebührenbetrag ergibt sich aus der Summe des Anteils (bemessen nach dem Verhältnis der Grundstückswerte) des Verfahrens ohne Terminsbestimmung an der 0,25 Verfahrensgebühr und des Einzelverfahrens mit 0,5 Verfahrensgebühr.

---

[6] LG Berlin Rpfleger 1966, 276 mit Anm Stöber; Mümmler JurBüro 1969, 577 (B 2); Stöber JVBl 1960, 272 (VII B).
[7] Begründung BT-Drucks 12/6962, S 64.

Einleitung 77.9

c) **Vor** Trennung Terminsverfügung; 0,5 Verfahrensgebühr aus dem Gesamtwert. Terminsverfügung wird vor Trennung wieder aufgehoben; **danach** in allen Einzelverfahren keine weitere Terminsverfügung. 0,25 Verfahrensgebühren aus den Einzelwerten. Der höhere Gebührenbetrag (0,5 Gesamtverfahrensgebühr) oder Summe der Einzelverfahren) wird erhoben.

d) **Vor** Trennung Terminsverfügung; 0,5 Verfahrensgebühr aus dem Gesamtwert. Terminsverfügung vor Trennung wieder aufgehoben; **danach** weitere Terminsverfügung nur noch in einem gesonderten Verfahren. Nach Trennung 0,5 sowie weitere 0,25 Verfahrensgebühren aus den jeweiligen Einzelwerten. Der höhere Gebührenbetrag (0,5 Gesamtverfahrensgebühr oder Summe der Einzelgebühren von 0,5 und 0,25 aus den Einzelwerten) wird erhoben.

e) **Vor** Trennung Terminsverfügung; Trennung, ohne daß diese Terminsverfügung bis dahin aufgehoben worden wäre. Für jedes Einzelverfahren 0,5 Verfahrensgebühr aus den jeweiligen Einzelwerten nach GKG-KostVerz Nr 2211 (für diese einzelnen Pauschgebühren keine ermäßigende Beendigung des Verfahrens vor Trennung).

Entsprechendes gilt, wenn getrennte Verfahren **später verbunden** werden. Die schon getrennt angefallenen Gebührenbeträge werden nicht mehr berührt; die Pauschgebühr im Gesamtverfahren nach GKG-KostVerz Nr 2211 und/oder 2212 wird nach dem Gesamtwert bestimmt. Der höhere Gebührenbetrag wird erhoben.

77.10 Der Einheitswert ist vom Schuldner (Eigentümer), soweit möglich auch vom Gläubiger (Antragsteller, auch Insolvenzverwalter, Miterben usw) **nachzuweisen** (Vorlage des Einheitswertbescheides). Wird er nicht nachgewiesen, so ist das Finanzamt um Auskunft über die Höhe des Einheitswertes zu ersuchen (§ 54 Abs 1 Satz 4). Die Anforderung beim Finanzamt ist letztes Mittel zur Wertermittlung[8]; daher steht Abgabenordnung § 30 (Steuergeheimnis) der Auskunft nicht entgegen (§ 54 Abs 1 Satz 4).

77.11 Fälligkeit: Im Verteilungstermin oder mit Aufhebung des Verfahrens (GKG § 7 Abs 1 Satz 3). Findet kein Verteilungstermin statt, weil außergerichtlich verteilt wird, dann werden die Gebühren fällig, sobald der Nachweis über die außergerichtliche Verteilung erbracht wird (§ 143) bzw bei außergerichtlicher Einigung die 2-Wochen-Frist abgelaufen ist (§ 144 Abs 1). **Vorschußpflicht:** GKG § 15 Abs 1. Die Terminsbestimmung und das weitere Verfahren dürfen nicht von der Vorschußzahlung abhängig gemacht werden. **Kostenschuldner:** Antragsteller (soweit die Gebühren nicht dem Erlös entnommen werden können) (GKG § 26 Abs 1), außerdem ua Vollstreckungsschuldner nach GKG § 29 Nr 4. Vorschußpflichtig ist der (betreibende) Gläubiger (Antragsteller) (GKG § 26 Abs 1); mehrere haften als Gesamtschuldner. Wenn allerdings einer oder einige ihr Verfahren einstellen ließen (oder es ihnen gegenüber eingestellt wird) ist der Vorschuß nur von den anderen zu erheben. Mehrere Vorschuß Leistende haben gegeneinander Ausgleichsansprüche nach BGB § 426 (anders[9]) (außerhalb der Versteigerung durchzusetzen). Vorwegnahme aus dem Versteigerungserlös nach § 109 Abs 1.

78 Gebühr für den Versteigerungstermin (KostVerz Nr 2213)

78.1 Gerichtsgebühr nach GKG-KostVerz Nr 2213: **0,5** des Gebührensatzes. Die Gebühr entsteht mit der Aufforderung zur Abgabe von Geboten; damit gilt der Versteigerungstermin kostenrechtlich als abgehalten. Wird der Termin schon vor der Geboteaufforderung durch Einstellung oder Aufhebung beendet, fällt keine Terminsgebühr an. Der Vortermin (§ 62) und etwaige Besprechungstermine fallen nicht unter diese Gebühr; sie werden durch die Verfahrensgebühr abgegolten (Einl Rdn 77). Das weitere Schicksal des Termins (nach der Aufforderung) ist grundsätz-

---

[8] Begründung aaO (Fußn 7).
[9] AG Saarbrücken JurBüro 1978, 726 mit abl Anm Mümmler.

Zwangsvollstreckung und Kostenrecht 79.3 **Einleitung**

lich ohne Einfluß auf die Gebühr, ob also kein Gebot abgegeben wird, ob (nach der Aufforderung) das Verfahren eingestellt oder aufgehoben wird, ob der Zuschlag erteilt oder versagt wird. Nur wenn der Zuschlag gemäß § 74a oder § 85a oder Binnenschiffahrts-Vollstreckungsschutzgesetz § 13 oder § 13a ($^7/_{10}$- oder $^5/_{10}$-Grenze) versagt wird, dann entfällt die Versteigerungsterminsgebühr (GKG-KostVerz Nr 2213); auch dann müssen aber die schon entstandenen Auslagen (Rechnungsbeamter, Reisespesen, gemieteter Raum usw) erstattet werden. Erhoben wird die Gebühr für die Abhaltung mindestens eines Versteigerungstermins, damit auch dann nur einmal, wenn mehrere Versteigerungstermine stattfinden.

78.2 Wenn **mehrere Grundstücke** in einem verbundenen Verfahren (§ 18) getrennt ausgeboten werden, und zwar nicht zur gleichen Zeit, sondern nacheinander (dies auch in Terminen einzeln für jedes Grundstück), so entsteht für alle Grundstücke die Terminsgebühr schon mit der ersten Aufforderung zur Abgabe von Geboten, weil der Termin bereits damit als abgehalten gilt (GKG-KostVerz Nr 2213). Die für alle Grundstücke gemeinsame Terminsgebühr fällt auch an, wenn es im Lauf des Termins (durch Einstellung oder Rücknahme) zum Aufruf der weiteren Grundstücke nicht mehr kommt. Werden aber im selben Termin mehrere nicht verbundene Verfahren durchgeführt (das wird nicht für zulässig erachtet, § 66 Rdn 10.1), so entsteht für jedes Verfahren die Terminsgebühr gesondert.

78.3 Geschäftswert ist der vom Gericht nach § 74a festgesetzte Verkehrswert (GKG § 54 Abs 1 Satz 1); hierzu Einl Rdn 77.7. Wenn mehrere Grundstücke (andere Objekte) versteigert werden, ist der Gesamtwert der Gegenstände maßgebend, für die bei Aufforderung zur Abgabe von Geboten Versteigerungstermin abgehalten wird (GKG § 54 Abs 4); ausgenommen bleibt somit der Wert der Objekte, für die Versteigerungstermin nicht bestimmt oder vorher Verfahrenseinstellung/aufhebung erfolgt ist.

78.4 Fälligkeit, Vorschußpflicht, **Kostenschuldner** und Vorwegnahme: wie Einl Rdn 77.11.

Gebühr für Erteilung des Zuschlags (KostVerz Nr 2214) 79

79.1 Gerichtsgebühr nach GKG-KostVerz Nr 2214: **0,5** des Gebührensatzes. Die Gebühr entfällt (wird nicht erhoben), wenn der Zuschlagsbeschluß (auf Beschwerde) aufgehoben wird. Sie entsteht auch, wenn nach Versagung des Zuschlags erst durch das Beschwerdegericht Zuschlag erteilt wird. Eine Bietergemeinschaft (§ 71 Rdn 4) gilt als ein Ersteher (GKG § 54 Abs 5 Satz 2), die Gebühr entsteht somit bei Zuschlag an eine Bietergemeinschaft nur einmal. Bei Versteigerung mehrerer Grundstücke und Zuschlag an verschiedene Ersteher wird die Gebühr von jedem Ersteher (somit mehrfach) nach dem Wert des ihm zugeschlagenen Grundstücks (anderen Objekts) erhoben (GKG § 54 Abs 5 Satz 1). Bei Zuschlag mehrerer Grundstücke an einen Ersteher nach Versteigerung im Einzelausgebot (§ 63 Abs 1) entsteht die Gebühr für diese Erteilung des Zuschlags (einmal) nach dem Gesamtwert (GKG § 54 Abs 4). Versagung des Zuschlags und Versteigerung abgesondert verwerteter Sachen (§ 65) lösen keine Zuschlagserteilungsgebühr aus, sondern werden durch die Versteigerungsverfahrensgebühr mit abgegolten.

79.2 Die Zuschlagserteilungsgebühr kann nach besonderen Gesetzen ausnahmsweise **entfallen,** so nach Reichssiedlungsgesetz (Textanhang T 35) § 29.

79.3 Geschäftswert ist das Meistgebot, für das der Zuschlag erteilt wird, ohne Zinsen (aus § 49), einschließlich des Wertes der bestehenbleibenden Rechte (GKG § 54 Abs 2 Satz 1). Wenn das Gebot einem zur Befriedigung aus dem Grundstück Berechtigten erteilt ist, erhöht sich dieser Geschäftswert um den Betrag, in dessen Höhe der Ersteher nach § 114a ZVG als aus dem Grundstück befriedigt gilt (GKG § 54 Abs 2 Satz 1). Das soll nicht gelten, wenn der Meistbietende das Recht aus dem Meistgebot abgetreten hat und dem Dritten, der nicht zu den aus dem

Einleitung 79.3   Zwangsvollstreckung und Kostenrecht

Grundstück befriedigten Berechtigten gehört, der Zuschlag erteilt wird[1] (s § 114a Rdn 2.7). Hinterlegungszinsen bei Hinterlegung als Bietersicherheit oder des Meistgebots rechnen nicht mit. Auch die außerhalb des geringsten Gebotes bestehenbleibenden Belastungen werden nicht mitgerechnet, ebenso nicht die (schon im baren Meistgebot enthaltenen) liegenbelassenen Rechte (die Liegenbelassung wird ohnehin erst meistens im Verteilungstermin erkennbar) (Begründung hierzu Einl Rdn 80.3). Der Erlös aus einer abgesonderten Verwertung (§ 65) ist hier (im Gegensatz zur Verteilungsverfahrensgebühr) nicht einzurechnen, weil sich ja der Zuschlag des Objekts selbst nicht auf sie erstreckt.

79.4 Der **Wert der bestehenbleibenden Rechte** bestimmt sich nach den in §§ 50, 51 enthaltenen Wertvorschriften (anders[2]: maßgebend sei der wirtschaftliche Wert, der Verkehrswert, also der Betrag, den der Ersteher aufwenden müsse, um eine Ablösung zu erreichen, der sei frei zu schätzen). Bei eingetragenen Kapitalbeträgen ist somit diese anzusetzen, bei möglicher Ablösung der Ablösungswert, bei Höchstbetragsrechten der eingetragene Höchstbetrag, Gesamtbelastungen in voller Höhe (ausgenommen bei einem Verfahren nach § 64 Abs 2) (somit wie in § 50 Rdn 2 und § 51 Rdn 3). Hier hat[3] Bedenken, wenn es sich um bestehenbleibende Gesamtrechte handelt, meint: der Wert der Rechte sei nicht gleich ihrem Nennbetrag, wenn der Grundstückswert geringer sei, sei dies die oberste Grenze des für die Belastung einzusetzenden Betrags, da sonst unter Umständen die Belastung viel höher sei als der Wert des Objekts, etwa bei Wohnungseigentumsanteilen, die noch mit dem Gesamtrecht belastet seien. Dem kann nicht zugestimmt werden; der Ersteher (zum Bieten nicht gezwungen) hat in solchem Fall die volle Gesamtbelastung bewußt übernommen und muß sogar, wenn er nicht voll hieraus in Anspruch genommen wird, eine Zuzahlung nach § 50 leisten (§ 50 Rdn 2); dafür gibt es ja die Möglichkeit der Verteilung nach § 64. Hat der Ersteher aber die volle Belastung übernommen, so muß er auch in Höhe dieser seiner Leistung, dieses seines Gebots, die Zuschlagsgebühr (und die Grunderwerbsteuer) bezahlen, die sich nach dem Gebot bestimmt, gleich ob dieses über oder unter dem Wert des Objekts liegt. Das GKG hat hier bewußt gerade nicht die Gebühr an den Objektwert gebunden. Wenn man[3] folgt, müßte man auch sonst bei überhöhtem Gebot den Grundstückswert als Obergrenze ansetzen. Das aber hat GKG § 54 nicht vorgesehen.

79.5 Bei der **Teilungsversteigerung** vermindert sich der Gegenstandswert, wenn der Ersteher schon bisher Miteigentümer war, um seinen Anteil an dem versteigerten Gegenstand, wobei im Falle von Gesamthandseigentum jeder Mitberechtigte wie ein Bruchteilsmiteigentümer zu seinem Anteil angesehen wird (GKG § 54 Abs 2 Satz 2). Der bisherige Miteigentümer, der das Objekt ersteht, soll für seinen Anteil keine Zuschlagserteilungsgebühr bezahlen.

79.6 Fälligkeit: Mit Verkündung des Zuschlags, bei Erteilung durch das Beschwerdegericht mit Zustellung an den Ersteher (GKG § 7 Abs 1 Satz 2); keine Vorschußpflicht (GKG § 10). **Kostenschuldner:** Ersteher (die an einer Bietergemeinschaft Beteiligten samtverbindlich); Mithaft des Meistbietenden bei Abtretung der Rechte aus dem Meistgebot oder Bieten für einen anderen (GKG § 26 Abs 2 Satz 2). Keine Vorwegnahme aus dem Versteigerungserlös nach § 109 Abs 1.

79.7 Für die Eintragung des Erstehers und der Sicherungshypotheken entstehen Gebühren nach der KostO. Die Auslagen für die Zustellung des Zuschlagsbeschlusses an den Ersteher und an andere (§ 88) sind allgemeine Verfahrensauslagen, die zusammen mit den anderen Auslagen zu erheben sind. Sie treffen also nicht den Ersteher, auch nicht nach § 58 (§ 58 Rdn 3).

---

[1] LG Mönchengladbach Rpfleger 2003, 148; anders (früher:) LG Lüneburg Rpfleger 1988, 113.
[2] LG Saarbrücken Rpfleger 1971, 157.
[3] LG Freiburg Justiz 1977, 349.

Zwangsvollstreckung und Kostenrecht 80.5 **Einleitung**

Gebühr für das Verteilungsverfahren (KostVerz Nr 2215, 2216) **80**

80.1 Gerichtsgebühr nach GKG-KostVerz Nr 2215: **0,5** des Gebührensatzes. Dies ist eine **Pauschalgebühr,** die alle Tätigkeiten des Gerichts abgilt. Das Verteilungsverfahren beginnt mit der Bestimmung des Verteilungstermins (§ 105 Abs 1). Zum Verteilungsverfahren gehören auch die Übersendung der Beträge an den Berechtigten, die Bestellung eines Ermittlungsvertreters (§ 135), nachträgliche Verteilungshandlungen (§§ 137, 141; für sie dürfen nach § 109 die Kosten nicht aus dem Versteigerungserlös entnommen werden, es fallen aber nach dem jetzigen Kostenrecht außer Auslagen keine besonderen Kosten an), die Ermächtigung zum Aufgebot unbekannter Berechtigter (§ 138), nicht aber das Aufgebotsverfahren selbst. Mehrere Termine bilden ein Verfahren.

80.2 Wird das Verteilungsverfahren **außergerichtlich** durchgeführt (§§ 143, 144), so beträgt die Verteilungsverfahrensgebühr des Gerichts nur **0,25** (GKG-KostVerz Nr 2216), aber nur, wenn sich die außergerichtliche Verteilung auf den gesamten Erlös erstreckt, da sonst die volle Gebühr (auch soweit außergerichtlich verteilt) erhoben werden muß. Das Verteilungsverfahren beginnt hier mit der entsprechenden Mitteilung der Beteiligten an das Gericht über ihre Absicht.

80.3 Der **Geschäftswert** bestimmt sich nach dem Gebot ohne Zinsen (aus § 49, auch ohne Hinterlegungszinsen), für das der Zuschlag erteilt ist, einschließlich des Wertes der nach dem Versteigerungsbedingungen bestehenbleibenden Rechten (§ 54 Abs 3 Satz 1; zur Bewertung dieser Rechte Einl Rdn 79.4). Hinzugerechnet wird der Erlös aus einer gesonderten Versteigerung oder sonstigen Verwertung nach § 65 (GKG § 54 Abs 3 Satz 2). Nicht hinzugerechnet werden die außerhalb des geringsten Gebots bestehenbleibenden Rechte, auch wenn sie im Zuschlag bezeichnet (erwähnt) sind. Auch ein liegenbelassenes Recht (§ 91 Abs 2) wird nicht hinzugerechnet (es ist im baren Meistgebot bereits enthalten und mindert dieses, § 91 Abs 3)[1]; völlig falsch somit die Ansicht von[2], das neben dem vollen Bargebot und den bestehenbleibenden Rechten auch noch die liegenbelassenen zusätzlich ansetzte und so den Gegenstandswert fast verdoppelte, in offensichtlicher Verkennung des Begriffs der Liegenbelassung. Am Gegenstandswert ändert sich nichts durch nachträgliche Verteilungshandlungen, die sich nur auf einen Teil der Masse erstrecken (anders[3], der hier die Sondermasse zugrunde legen will). Im Falle der Zwangsversteigerung zur **Aufhebung einer Gemeinschaft** vermindert sich bei Zuschlag an einen der bisherigen Miteigentümer der Wert nicht „um den Anteil des Erstehers an dem Gegenstand des Verfahrens". Das war bis 31. 12. 1986 streitig; gesetzliche Klarstellung ist jedoch mit Neufassung des § 29 Abs 3 Satz 1 GKG ab 1. 1. 1987 erfolgt (Begründung, BT-Drucks 10/5113, Seite 46).

80.4 Erstreckt sich das Verteilungsverfahren auf **mehrere Grundstücke** (Verfahren verbunden), so werden die Meistgebote zusammengerechnet (GKG § 54 Abs 4). Die Gebühr wird dann einheitlich berechnet, auch wenn die Verteilung in mehreren Terminen erfolgen würde.

80.5 Fälligkeit, Kostenschuldner und Vorwegnahme: wie Einl Rdn 77.11. Wenn nur ein Grundstück (einzelnes Objekt) eines verbundenen (gemeinsamen) Verfahrens versteigert wurde, werden aus seinem Erlös nur die Gebühren und Auslagen vorweg entnommen, die auf dieses versteigerte entfallen; es werden also, weil die Gebühren (soweit sie nach dem Wert berechnet werden) aus dem Gesamtwert berechnet werden müssen, diese Teile der Kosten nach dem Verhältnis der Grundstückswerte aufgeteilt[4] (auch die zugehörigen Auslagen[4]) und nur bezüglich der versteigerten Objekte entnommen; die Anteile an den Kosten aber, die

---

[1] LG Krefeld Rpfleger 1978, 392.
[2] LG Krefeld Rpfleger 1976, 332 mit abl Anm Stöber.
[3] Mohrbutter KTS 1963, 21 (30).
[4] Korintenberg/Wenz §§ 63–64 Anm II 1.

auf die nicht versteigerten entfallen, trägt eben der betreffende betreibende Gläubiger[4]; andernfalls würden die Gläubiger der versteigerten Objekte benachteiligt. Keine Vorschußpflicht (GKG § 10).

81 Gebühr für Vergleichsabschluß

81.1 Für einen Vergleich über den Gegenstand des Zwangsversteigerungs-/-verwaltungsverfahrens (zulässig, Einl Rdn 49) wird keine gesonderte Gerichtsgebühr erhoben. Die Tätigkeit des Gerichts im Zusammenhang mit dem Vergleichsabschluß wird durch die Verfahrensgebühr (Versteigerungsverfahrensgebühr, Zwangsverwaltungsverfahrensgebühr) mit abgegolten[1].

81.2 Von dem den Verfahrensgegenstand **überschreitenden Vergleichsgegenstand** wurde früher eine besondere Vergleichsgebühr, nämlich 1/4 der vollen Gebühr, erhoben (GKG-KostVerz Nr 1170 aF; dazu hier 14. Auflage). Dem kann man nicht mehr folgen. GKG-KostVerz Nr 1900 sieht eine besondere Gebühr für den Abschluß eines Vergleichs vor Gericht „in einem zivilrechtlichen Verfahren" vor (GKG-KostVerz Teil 1). Für den Abschluß eines Vergleichs in einem ZVG-Verfahren ist in dem hierfür allein erheblichen Teil 2 des Kostenverzeichnisses keine Gebühr bestimmt. Eine solche kann daher auch dann nicht in Rechnung gestellt werden, wenn der Vergleichsabschluß zur Erledigung des Versteigerungsverfahrens Einbeziehung eines den Verfahrensgegenstand übersteigenden Vergleichsgegenstandes erfordert. Auch diese Tätigkeit des Gerichts wird durch die Gebühr für das Verfahren im allgemeinen (GKG-KostVerz Nr 2211) abgegolten, deren Anwendungsbereich weit gespannt ist.

82 Mehrere betreibende Gläubiger

Literatur: Stöber, Wie haften mehrere betreibende Gläubiger für die Kosten eines Zwangsversteigerungsverfahrens?, JVBl 1960, 175.

82.1 In Zwangsversteigerungs- oder Zwangsverwaltungsverfahren ist Schuldner der Kosten (Gebühren und Auslagen) der **Antragsteller** (betreibende Gläubiger) (GKG § 26 Abs 1 Satz 1). Wenn mehrere Gläubiger (in der Teilungsversteigerung Antragsteller) das Verfahren betreiben, haften sie als Gesamtschuldner (GKG § 31 Abs 1) neben dem Vollstreckungsschuldner (GKG § 29 Nr 4).

82.2 Die **gesamtschuldnerische** Haftung kann nur für Kosten gelten, die jedem der mehreren zur Last fallen. Kosten für Anordnung und Beitritt treffen jeden nur hinsichtlich seines Antrags (Einl Rdn 76). Kosten des Zuschlags treffen nur den Ersteher (GKG § 26 Abs 2). Die Verfahrensgebühr, die Versteigerungsterminsgebühr, die Verteilungsverfahrensgebühr (und in der Zwangsverwaltung die Zwangsverwaltungsverfahrensgebühr) treffen alle. Schuldner der Schreibauslagen (Dokumentenpauschale) ist jeweils der Veranlassende (GKG § 28 Abs 1; Einl Rdn 84). Die sonstigen Auslagen treffen alle (GKG § 26 Abs 1). Dabei muß man nicht unterscheiden, zu welchem Verfahrensabschnitt die Auslagen gehören (zB die Kosten der Schätzung gehören an sich zum allgemeinen Verfahren; wer eine Gebühr schuldet, ist auch für alle Auslagen haftbar. Es haftet also für die Kosten von Anordnung und Beitritt der Antragsteller, der die Tätigkeit des Gerichts in Anspruch nimmt[1*]; für die anderen Gebühren (und alle Auslagen, ausgenommen bestimmte Schreibauslagen) jeder, durch den eine Handlung veranlaßt wurde, die die Gebühr ausgelöst hat[1*]. Gläubiger (Antragsteller), die wieder ausscheiden oder deren Verfahren eingestellt ist, haften also nicht für später entstehende Kosten[1*]. Jeder haftet für die Kosten, die entstanden wären, wenn er allein betrieben hätte[1*].

---

[4] Korintenberg/Wenz §§ 63–64 Anm II 1.
[1] OLG Köln JVBl 1968, 192.
[1*] Stöber JVBl 1960, 175.

Zwangsvollstreckung und Kostenrecht 83.5 **Einleitung**

82.3 Die **Gerichtskasse** (Amtskasse) kann sich bei samtverbindlicher Haftung nach Belieben an einen oder mehrere halten. In ihrem Innenverhältnis sind die mehreren zu gleichen Anteilen verpflichtet (BGB § 426). Hat einer von ihnen Prozeßkostenhilfe, so haften, soweit Zahlungen an die Landeskasse nicht zu leisten sind, die anderen an seiner Stelle (anders als bei der Kostenbefreiung; Einl Rdn 87); Ausnahme in GKG § 31 Abs 3, wenn der haftende Kostenschuldner, der Prozeßkostenhilfe hat, Entscheidungsschuldner (GKG § 29 Nr 1) ist. Im übrigen ist die Haftung von praktischer Bedeutung in der Regel nur für die Frage der Vorschüsse, da ja bei Versteigerung die Kosten (ausgenommen für Anordnung und Beitritt, aber sonst alle Gebühren und Auslagen, abgesehen von bestimmten Schreibauslagen) vorweg aus dem Versteigerungserlös zu entnehmen sind (§ 109), bei der Zwangsverwaltung im Falle einer Ausschüttung vorweg aus der Verwaltungsmasse (§ 155 Abs 1); auf diese Weise werden dann auch die Vorschüsse wieder an die jeweiligen Einzahler rückerstattet. Kommt es nicht bis zu diesem Verfahrensabschnitt, bleibt es bei der samtverbindlichen Haftung aller.

Gebühr für Erinnerung/Beschwerde (KostVerz Nr 2240–2243) 83

83.1 Die **Vollstreckungserinnerung** nach ZPO § 766 ist frei von Gerichtsgebühren (GKG § 1); Auslagen (zB Sachverständigenkosten, Postgebühren für Zustellungen) werden jedoch erhoben.

83.2 Die (jetzt seltene) **Rechtspflegererinnerung** (RPflG § 11 Abs 2) ist gerichtsgebührenfrei (RPflG § 11 Abs 4); Auslagen werden erhoben.

83.3 Eine **Beschwerdegebühr** wird für die Beschwerde in Zwangsversteigerungs- und Zwangsverwaltungssachen (auch für Beschwerde im Richterablehnungsverfahren innerhalb einer Zwangsversteigerung[1]) nur erhoben, wenn die Beschwerde verworfen oder zurückgewiesen wird. Erhoben werden bei Verwerfung oder Zurückweisung der Beschwerde

– gegen die Entscheidung über den Antrag auf Anordnung der Zwangsversteigerung (GKG-KostVerz Nr 2210) oder Zwangsverwaltung (GKG-KostVerz Nr 2220) oder über den Beitritt zum Verfahren sowie über den Antrag auf Eröffnung der Zwangsliquidation einer Bahneinheit (GKG-KostVerz Nr 2230) nach **GKG-KostVerz Nr 2240** eine Festgebühr von 100,00 Euro. Wird die Beschwerde nur teilweise verworfen oder zurückgewiesen, kann das Beschwerdegericht die Gebühr nach billigem Ermessen auf die Hälfte ermäßigen oder bestimmen, daß eine Gebühr nicht zu erheben sei;

– in Verfahren über sonstige Beschwerden (sofern sie nicht nach anderen Vorschriften gebührenfrei sind) nach **GKG-KostVerz Nr 2241** 1,0 des Gebührensatzes. Zu diesen Verfahren gehören insbesondere die Beschwerde gegen die Entscheidung über den Zuschlag (§ 96), gegen die Entscheidung über einen Einstellungsantrag nach §§ 30 a–f, 180 Abs 2 und 3, gegen den Beschluß über die Festsetzung des Grundstückswertes (§ 74a Abs 5) sowie gegen jede Entscheidung, welche die Aufhebung, sonst die einstweilige Einstellung oder die Fortsetzung des Verfahrens betrifft (§ 79), dann Beschwerden im Erlösverteilungs- (§ 105) und Zwangsverwaltungsverfahrens (§ 146).

83.4 Für Entstehen der Beschwerdegebühr ist gleichgültig, ob Beschwerde sogleich gegen eine Vollstreckungsentscheidung (§ 95 Rdn 2.3) oder erst nach Entscheidung über eine Erinnerung (ZPO § 766) gegen eine Zwangsvollstreckungsmaßregel (§ 95 Rdn 2.1) stattfindet.

83.5 Keine Gebühr wird erhoben, wenn die Beschwerde vor Entscheidung zurückgenommen wird, wenn sie für erledigt erklärt wird sowie auch, wenn ihr stattgegeben wird.

---

[1] OLG München JurBüro 1985, 1372 = MDR 1985, 946 = Rpfleger 1985, 37.

Einleitung 83.6   Zwangsvollstreckung und Kostenrecht

83.6 Für das Verfahren über eine Beschwerde gegen eine Entscheidung über einen Antrag des Schuldners auf **Vollstreckungsschutz nach ZPO § 765 a** wird nach Vorbemerkung 2.2 zum GKG-KostVerz im Falle von GKG-KostVerz Nr 2240 gleichfalls eine Festgebühr von 100,00 Euro erhoben. Richtet sich diese Beschwerde auch gegen eine Entscheidung nach § 30a (gleiches gilt für §§ 30c, d–f sowie § 180 Abs 2 und 3), so wird die Gebühr nur einmal erhoben (Vorbemerkung 2.2 GKG-KostVerz). Die Festgebühr von 100,00 Euro wird auch erhoben, wenn die Beschwerde gegen die Entscheidung nach ZPO § 765a verworfen oder zurückgewiesen, der Beschwerde nach § 30a aber stattgegeben wird (oder umgekehrt). Auch dann kann das Gericht die Gebühr nach billigem Ermessen auf die Hälfte ermäßigen oder bestimmen, daß eine Gebühr nicht zu erheben ist. Eine Beschwerde gegen den Zuschlag ist dann nur nach GKG-KostVerz Nr 2241 gebührenpflichtig, wenn auch ZPO § 765a zu prüfen war[2] (keine Gebühr nach GKG-KostVerz Nr 2240). Das Verfahren über die Beschwerde gegen eine Entscheidung des Vollstreckungsgerichts über die Erinnerung nach ZPO § 766 bei Zwangsvollstreckung aus einem Zuschlagsbeschluß (§§ 93, 132 Abs 2) ist nicht Teil des Zwangsversteigerungsverfahrens; die Beschwerdegebühr für dieses Verfahren bestimmt sich daher[3] nach GKG-KostVerz Nr 2121.

83.7 a) Für das **Rechtsbeschwerdeverfahren** regeln GKG-KostVerz Nr 2242 und 2243 eigene Gebührentatbestände. Sie entsprechen den Gebührentatbeständen für Verfahren über Beschwerden; siehe daher das Rdn 83.3, 83.5 und 83.6 Gesagte. Die Gebühr beträgt jedoch nach GKG-KostVerz Nr 2242 200 Euro und 2,0 des Gebührensatzes im Falle von GKG-KostVerz Nr 2243; die Gebühr beläuft sich somit auf das Doppelte der für die Beschwerde bestimmten Gebühren.

b) Wird der Rechtsbeschwerde stattgegeben und werden die angefochtene Entscheidung sowie die Entscheidung des Vollstreckungsgerichts aufgehoben, dann ist das Verfahren über die Rechtsbeschwerde gebührenfrei; auch die Erstbeschwerde ist dann nicht verworfen oder zurückgewiesen, so daß auch für dieses Beschwerdeverfahren keine Gebühr zum Ansatz kommt. Wird die Rechtsbeschwerde gegen eine Anordnungs- oder Beitrittsentscheidung nur teilweise verworfen oder zurückgewiesen, ihr im übrigen aber unter teilweiser Aufhebung der angefochtenen Entscheidung stattgegeben, so kann das Rechtsbeschwerdegericht die Erstgebühr nach GKG-KostVerz Nr 2240 für das Verfahren über die Erstbeschwerde und die Gebühr für das Verfahren über die Rechtsbeschwerde nach billigem Ermessen je auf die Hälfte ermäßigen oder bestimmen, daß eine Gebühr nicht zu erheben ist. Wird der Beschwerde stattgegeben und die angefochtene Entscheidung des Vollstreckungsgerichts aufgehoben, auf Rechtsbeschwerde des Gegners aber die angefochtene Beschwerdeentscheidung wieder aufgehoben, dann wird für das Verfahren über die Rechtsbeschwerde keine Gerichtsgebühr erhoben (ihr wurde stattgegeben); für die dann verworfene oder zurückgewiesene Erstbeschwerde ist dann die Beschwerdegebühr vom ersten Beschwerdeführer geschuldet. Hat die Rechtsbeschwerde des Gegners im Anordnungs-/Beitrittsverfahren nur teilweise Erfolg, dann wird vom ersten Beschwerdeführer die Festgebühr nach GKG-KostVerz Nr 2240 (ggfs ermäßigt sie sich oder fällt ganz weg) und eine Gebühr nach GKG-KostVerz Nr 2242 vom Beschwerdeführer der 2. Instanz erhoben (ggfs ermäßigt sie sich oder fällt ganz weg). Für ein Verfahren über sonstige Beschwerden bestimmen GKG-KostVerz Nr 2241 und 2243 für jede Instanz den Gebührenbetrag von 1,0 oder 2,0 aus dem verworfenen oder zurückgewiesenen Teil (geschuldet vom jeweiligen Beschwerdeführer). Wird die Rechtsbeschwerde zurückgenommen oder wird sie für erledigt erklärt, so wird für das Verfahren vor dem Gericht der Rechtsbeschwerde keine Gebühr erhoben; eine Gebühr für die

---

[2] OLG Frankfurt JurBüro 1985, 261 = Rpfleger 1984, 479.
[3] OLG München JurBüro 1992, 744 = MDR 1992, 912 = Rpfleger 1992, 309.

Zwangsvollstreckung und Kostenrecht **83.10 Einleitung**

verworfene oder zurückgewiesene Erstbeschwerde nach GKG-KostVerz Nr 2240 oder 2241 bleibt dann geschuldet.

83.8 Beschwerden **mehrerer Beteiligter** gegen dieselbe Entscheidung (zB gegen die Festsetzung des Grundstückswertes) leiten ein Verfahren ein; eine Beschwerdegebühr wird bei Verwerfung oder Zurückweisung daher nur einmal erhoben.

83.9 Auslagen werden bei gebührenfreier (GKG-KostVerz Nr 2240–2243) für begründet befundene Beschwerde und Rechtsbeschwerde nicht erhoben; Ausnahme: wenn das Beschwerdegericht die Kosten dem Gegner des Beschwerdeverfahrens auferlegt hat (Vorbemerkung 9 zu GKG-KostVerz).

83.10 a) Der **Wert des Beschwerdegegenstandes** richtet sich nach ZPO § 3; das gilt auch im Rahmen von GKG § 54 wegen der Verweisung in GKG § 48 Abs 1 auf ZPO § 3 (als Wertbestimmung „für die Zuständigkeit"; so auch[4]; anders[5]: er bestimme sich nur nach GKG § 54 und sei somit derselbe wie in der ersten Instanz; nicht zu billigen; jetzt aufgegeben[6]). Für die Wertfrage können nur Anhaltspunkte gegeben werden.

b) Bei **Einstellungsentscheidungen** muß das Interesse des Schuldners an dem vorübergehenden Aufschub und das Interesse des Gläubigers an der Versagung dieses Schutzes bemessen werden und Wertgrundlage sein, nicht der Grundstücks- oder Einheitswert (der allerdings angemessen mit zu berücksichtigen ist, nach[7] mit einem Bruchteil), nicht die Forderung (von der in der Regel nur ein Bruchteil, etwa $1/3$–$1/4$[8] als Wert in Frage kommt), weil nicht Verhinderung, sondern nur Aufschub begehrt bzw versagt wird (wo nur wegen eines Teiles Beschwerde erhoben ist, entscheidet ein noch geringerer Wert). In diesem Sinne etwa:[9], anders:[10] maßgebend sei die Vollstreckungsforderung oder Grundstückswert. Für die Beschwerde gegen die Entscheidung über einen Einstellungsantrag nach § 180 Abs 2 ist auch das Interesse an weiterer mietfreier Nutzung des Grundstücks (6monatiger Mietwert der Räume) angenommen worden[11]; damit ist der Bewertung jedoch eine Nebenfolge der begehrten Einstellung zugrunde gelegt und dem Miteigentümerinteresse an Verwirklichung seines Auseinandersetzungsanspruchs nicht Rechnung getragen.

c) Bei Beschwerde gegen den Beschluß, durch den nach § 74a Abs 5 der **Grundstückswert** festgesetzt ist, ist das Interesse des Beschwerdeführers an einer höheren oder niedrigeren Wertfestsetzung frei zu bestimmen (ZPO § 3). Es richtet sich nicht nach dem Unterschiedsbetrag zwischen dem festgesetzten und erstrebten Grundstückswert, sondern nach dem Interesse an der Erzielung eines höheren Erlöses im Hinblick auf den Versagungsgrund des § 85a Abs 1 oder einen Versagungsantrag nach § 74a Abs 1 oder nach dem mit einem geringeren Wert ver-

---

[4] OLG Bamberg JurBüro 1979, 1863 mit Anm Mümmler; OLG Bremen JurBüro 1984, 89 mit zust Anm Mümmler; KG Berlin JurBüro 1982, 1223 und 1399 = Rpfleger 1982, 233; OLG Zweibrücken JurBüro 1981, 112 mit zust Anm Mümmler; LG Bayreuth JurBüro 1976, 1248 und JurBüro 1978, 892; Mümmler JurBüro 1980, 961 (26.2); Schneider MDR 1976, 180 (181).
[5] OLG Bremen JurBüro 1977, 1591 mit abl Anm Mümmler = Rpfleger 1977, 421.
[6] OLG Bremen JurBüro 1984, 89 mit zust Anm Mümmler.
[7] OLG Stuttgart Justiz 1986, 413 Leitsatz.
[8] KG Berlin JurBüro 1971, 182 = Rpfleger 1971, 193; LG Bayreuth JurBüro 1976, 802 und 1248.
[9] OLG Bamberg BayJMBl 1952, 218 = JurBüro 1953, 200 und JurBüro 1981, 919; Berg NJW 1953, 707 (Anmerkung); Gerold JurBüro 1959, 503; Mümmler JVBl 1962, 81 (2); Schneider MDR 1982, 265 (IV 3): Stöber Rpfleger 1960, 73 in Besprechung zu Wilhelmi/Vogel, ZVG, 5. Aufl; Stöber JVBl 1963, 50 (I).
[10] OLG München NJW 1953, 1716; Kröger JVBl 1961, 153 (154).
[11] LG Passau JurBüro 1986, 251.

Einleitung 83.10   Zwangsvollstreckung und Kostenrecht

folgten Interesse an unbehinderter alsbaldiger Grundstücksveräußerung durch Abwendung der mit solchen Versagungsgründen bedingten Verzögerungen. Mit einem Drittel der Differenz zwischen festgesetztem und erstrebtem Wert hat[12] das Interesse an der Abänderung des festgesetzten Grundstückswerts angesetzt (20% der Differenz nach[13]).

d) Bei der **Zuschlagsbeschwerde** geht das Interesse des Gläubigers auf rasche und erfolgreiche Beendigung, das Interesse des Schuldners auf Aufschub oder Vermeiden einer Verschleuderung oder auch nur auf Versteigerung zu einem höheren Wert (Wert nach dem wirtschaftlichen Interesse des Schuldners dann regelmäßig Unterschied zwischen festgesetztem Verkehrswert und Meistgebot zuzüglich bestehenbleibende Rechte[14]; so auch für nicht näher begründete Beschwerde des Schuldners[15]); bei Beschwerde des Bieters kann das Interesse auch auf Grundstückserwerb zu einem geringeren Erwerbspreis gehen[16]. Die Befriedigungsfiktion des § 114a ist für den Beschwerdewert unerheblich. Der Grundstückswert ist allerdings bei Abwägung aller Umstände unter Anwendung eines objektiven Maßstabes zu berücksichtigen; da Zuschlag eine endgültige Entscheidung ist (im Gegensatz zur Einstellungsentscheidung), ist der Wert jedenfalls höher als bei dieser[17]. Dieser Grundsatz muß auch für die Teilungsversteigerung gelten, wo es auch um widerstreitende Interessen geht. Bei ihr wird allerdings das Interesse an einer möglichst raschen Beendigung nicht so hoch anzusetzen sein wie bei der Vollstreckungsversteigerung; insbesondere wenn der Antragsgegner selbst die Versteigerung beantragt hat, kann sein Interesse am Aufschub nicht hoch sein. Der Wert der Zuschlagsbeschwerde kann nach Interessenlage sogar den Wert der ersten Instanz überschreiten. Das von einem Bieter mit der Beschwerde gegen einen den Zuschlag versagenden Beschluß verfolgte Interesse geht auf Erwerb des Grundstücks. Der Beschwerdewert entspricht daher dem durch das bare Meistgebot zuzüglich bestehenbleibende Rechte feststehenden Grundstückswert.

e) Der Wert einer Beschwerde gegen den **Teilungsplan** bestimmt sich nach dem Interesse des Beschwerdeführers an der Planänderung[18].

f) Der Wert der Beschwerde gegen die Festsetzung der **Vergütung des Zwangsverwalters** (§ 153 Abs 1) bemißt sich nach dem Interesse des Beschwerdeführers an der Abänderung der Vergütung, für zurückliegende Zeit mithin nach dem Unterschied zwischen der festgesetzten und der mit dem Beschwerdeantrag erstrebten anderen Verwaltervergütung.

84 Verfahrensauslagen des Gerichts (KostVerz Teil 9)

84.1 Als **gerichtliche Auslagen** werden neben den gerichtlichen Gebühren erhoben: Auslandszustellungskosten, Bekanntmachungskosten, Postgebühren bestimmter Art, Rechnungsgebühren (GKG § 70), Reisespesen, Sachverständigenentschädigung, Schreibauslagen (Dokumentenpauschale).

84.2 Auslandszustellungskosten (GKG-KostVerz Nr 9014) sind die Beträge, die ausländischen Behörden oder Einrichtungen zustehen und die sonstigen Kosten des Rechtshilfeverkehrs mit dem Ausland, und zwar auch dann, wenn diese Kosten aus besonderen Gründen (zB aus Gründen der Gegenseitigkeit) im Einzelfall

---

[12] KG Berlin JurBüro 1969, 260 = Rpfleger 1968, 403.
[13] OLG Celle Rpfleger 1982, 435.
[14] KG Berlin Rpfleger 1982, 233 = aaO (Fußn 4); Schneider MDR 1985, 353 (VI 2).
[15] KG Berlin Rpfleger 1982, 233 = aaO (Fußn 4).
[16] OLG Zweibrücken aaO (Fußn 4).
[17] OLG Bamberg JurBüro 1972, 249 mit zust Anm Mümmler; OLG Zweibrücken aaO (Fußn 4).
[18] OLG Bamberg JurBüro 1979, 1863 mit Anm Mümmler; Schneider MDR 1980, 265 (271).

Zwangsvollstreckung und Kostenrecht   **84.6 Einleitung**

nicht tatsächlich bezahlt werden müssen. Sie entstehen vornehmlich für die Zustellung der Anordnungs- und Beitrittsbeschlüsse an im Ausland ansässige Beteiligte (§ 8), können aber auch für weitere Zustellungen anfallen, wenn von der Möglichkeit, durch Aufgabe zur Post zuzustellen (§ 4), kein Gebrauch gemacht wird. Die Kosten können je nach Bestimmungsstaat eine beträchtliche Höhe erreichen; sie umfassen auch notwendige Übersetzungen und Beglaubigungen und die behördliche Vorprüfung im Inland.

84.3 Bekanntmachungskosten (GKG-KostVerz Nr 9004) sind die Kosten, die durch öffentliche Bekanntmachung entstehen. Es handelt sich um die Kosten der Veröffentlichung des Versteigerungstermins im Amtsblatt oder einem elektronischen Informations- und Kommunikationssystem und in anderen Blättern nach ZVG §§ 39, 40, sowie um Kosten der allgemeinen öffentlichen Bekanntmachung nach ZPO § 187 (Bekanntmachung im Bundesanzeiger oder anderen Blättern).

84.4 Auslagen für Telegramme (GKG-KostVerz Nr 9001), wie bei kurzfristiger Verständigung von einer Terminsaufhebung, nicht (mehr) aber Entgelte für andere Telekommunikationsdienstleistungen.

84.5 Kosten für Zustellung (GKG-KostVerz Nr 9002) durch
– die Post mit Zustellungsurkunde (Postzustellgebühr) oder Einschreiben gegen Rückschein (zB im Falle von § 4 Satz 2) in voller Höhe;
– Justizbedienstete nach ZPO § 168 Abs 1 (unmittelbare Zustellung durch den Gerichtswachtmeister usw) anstelle der tatsächlichen Aufwendungen jeweils in Höhe von 7,50 Euro.

Erhoben werden auch die Kosten erfolgloser Zustellungen, außer wenn das Gericht diese verschuldet hat[1] (in diesem Fall Nichterhebung, Einl Rdn 85.2). Jedoch werden in Zwangsversteigerungs- und Zwangsverwaltungsverfahren Kosten für Zustellungen neben den Gebühren, die sich nach dem Streitwert richten, nur erhoben, soweit in einem Rechtszug Auslagen für mehr als 10 Zustellungen anfallen. Grund: Sie sind in die Wertgebühren eingerechnet; in Großverfahren mit zahlreichen Verfahrensbeteiligten sollen die Auslagen für Zustellungen die Gebühreneinnahmen jedoch nicht aufzehren oder übersteigen.

84.6 Rechnungsgebühren (GKG § 70). Soweit in den Ländern der Bundesrepublik noch besondere Rechnungsbeamte für Rechnungsarbeiten (für die Aufstellung des geringsten Gebots und des Teilungsplanes, § 66 Abs 1, § 113 Abs 1, § 156 Abs 1) bestellt werden, sind als Auslagen Rechnungsgebühren zu erheben. Bemessen werden sie nach dem für die Arbeit erforderlichen Zeitaufwand (nur für den erforderlichen, nicht den tatsächlichen), und zwar 10 Euro für die Stunde, wobei auch die letzte, bereits begonnene Stunde voll berechnet wird, wenn sie zu mehr als 30 Minuten für die Erbringung der Arbeit erforderlich war; andernfalls sind dafür 5 Euro zu erheben (GKG § 70 Abs 1). Die Rechnungsgebühren setzt das Vollstreckungsgericht fest; gegen die Festsetzung findet Beschwerde für den Kostenschuldner und die Staatskasse statt (GKG § 70 Abs 2) jedoch nur, wenn der Beschwerdewert 200 Euro übersteigt oder das Gericht sie zugelassen hat (sonst befristete Erinnerung nach RPflG § 11 Abs 2), einzulegen schriftlich oder zu Protokoll; Abhilferecht des Gerichts; Verfahren gebührenfrei, nicht aufschiebend, keine Rechtsbeschwerde möglich (GKG § 66 Abs 3–6). Die Rechnungsgebühren werden auch dann erhoben, wenn der Rechnungsbeamte landesrechtlich keine besondere Vergütung erhält; jedoch dort nicht, wo kein besonderer Rechnungsbeamter bestellt wird, sondern seine Aufgaben zu den Dienstaufgaben des Rechtspflegers oder eines anderen Beamten gehören. Den Rechnungsbeamten, wo noch zugelassen, kann auch der Rechtspfleger, wie früher der Richter, unbeschränkt zuziehen.

---

[1] KG Berlin NJW 1969, 1444 = Rpfleger 1969, 316.

Einleitung 84.7 Zwangsvollstreckung und Kostenrecht

84.7 Reisespesen (GKG-KostVerz Nr 9006): Erhoben werden als Auslagen die bei Geschäften außerhalb der Gerichtsstelle (auswärtige Termine) den Gerichtspersonen (Richter, Rechtspfleger, Urkundsbeamte; wo noch zulässig, auch Rechnungsbeamte) auf Grund gesetzlicher Vorschriften (bundes- oder landesrechtlich) gewährten Vergütungen (Reisekostenvergütung, Auslagenersatz) und die Kosten für die Bereitstellung von Räumen (zB für einen Termin in einem Gasthaus), außerdem km-Kosten für den Einsatz von Dienstkraftfahrzeugen. Die Kosten eines bei der Dienstfahrt eingesetzten Dienstkraftfahrers werden angesetzt, wenn diesem nach den für Gerichtspersonen geltenden Regelungen eine besondere Vergütung gewährt wird.

84.8 Sachverständigenentschädigung (GKG-KostVerz Nr 9005) = Einl Rdn 101.

84.9 Schreibauslagen (Dokumentenpauschale): GKG-KostVerz Nr 9000 mit Einzelheiten.

84.10 Fällig zur Zahlung werden die Auslagen insbesondere, sobald eine Kostenentscheidung ergangen ist oder wenn das Verfahren beendet ist (GKG § 9 Abs 1); Schreibauslagen werden sofort nach ihrer Entstehung fällig (GKG § 9 Abs 2). **Schuldner** der im Verfahren entstehenden Auslagen ist (ebenso wie bei den Gebühren), soweit sie nicht dem Erlös entnommen werden können (Versteigerungserlös oder Zwangsverwaltungsmasse), der Antragsteller des Verfahrens (GKG § 26 Abs 1); sie werden also im Verteilungstermin aus dem Versteigerungserlös entnommen, in der Zwangsverwaltung zur Begleichung aus der Masse unmittelbar beim Zwangsverwalter angefordert. Auch hier ist Zweitschuldner der Vollstreckungsschuldner, soweit es sich um notwendige Kosten der Zwangsvollstreckung handelt (GKG § 29 Nr 4). Schuldner der Schreibauslagen ist ferner, wer sie veranlaßt hat (Antragsteller der Abschrift oder der Beteiligte, der nicht genügend Abschriften vorlegte) (GKG § 28 Abs 1). Mehrere Verpflichtete haften als Gesamtschuldner (GKG § 31 Abs 1). Für Schreibauslagen kann voller **Vorschuß** verlangt werden (GKG § 17 Abs 2), für andere Auslagen ein genügender Vorschuß (GKG § 17 Abs 3), der auch noch nach Erstellung des Sachverständigengutachtens erhoben werden kann[2]. Die Erhebung eines Auslagenvorschusses (für das Verkehrswertgutachten) steht im pflichtgemäßem Ermessen des Kostenbeamten[3]. Die Vornahme einer Handlung kann aber, weil in der Immobiliarvollstreckung alle Vorgänge von Amts wegen erfolgen müssen, nicht von der Vorschußzahlung für Auslagen abhängig gemacht werden (GKG § 17 Abs 1 mit 3, zB nicht der Auftrag an einen Sachverständigen zur Grundstücksschätzung). Eine Ausnahme gilt nur für die Auslandszustellung, bei der immer ein zur Deckung geeigneter Vorschuß erhoben wird, nach dessen Zahlung erst das Zustellungsverfahren durchgeführt wird (Vorschriften über den Rechtshilfeverkehr mit dem Ausland in Zivilsachen). Sind an einem Verfahren mehrere betreibende Gläubiger (Antragsteller) beteiligt, so haften sie für die dem Antragsteller zur Last fallenden Auslagen als Gesamtschuldner, Gebührenbefreite haben in der Regel die Auslagen zu ersetzen (Einl Rdn 87).

85 Rechtsbehelf gegen Kostenansatz; Nichterhebung von Gerichtskosten

85.1 Gegen den **Kostenansatz** (Aufstellung der Gerichtskostenrechnung, Anforderung von Vorschüssen, nicht aber die Kostenfestsetzung) gibt es die **Kostenerinnerung** sowohl für den Kostenschuldner wie für die Staatskasse zum Gericht des Kostenbeamten (GKG § 66 Abs 1). Über die Kostenerinnerung entscheidet der Rechtspfleger, wo er für das Hauptsacheverfahren zuständig ist[1], also in der

---

[2] OLG Stuttgart JurBüro 1981, 253.
[3] LG Berlin JurBüro 1985, 259.
[1] BayObLG 1974, 329 = Rpfleger 1974, 391, Rpfleger 1993, 484 und NJW-RR 2002, 1118; KG Berlin JurBüro 1987, 406; OLG Frankfurt JurBüro 1977, 844 und Rpfleger 1977,

Zwangsvollstreckung und Kostenrecht   **86.1 Einleitung**

Immobiliarvollstreckung erster Instanz (anders zB[2], die Kostenerinnerung sei nicht dem Rechtspfleger übertragen). War der zuständige Rechtspfleger selbst als Kostenbeamter tätig, darf er nicht über die Kostenerinnerung entscheiden[3]; er muß seinen Vertreter im Amt tätig werden lassen. Gegen die Entscheidung des Rechtspflegers gibt es unbefristete **Beschwerde**, falls der Wert des Beschwerdegegenstands 200 Euro übersteigt oder wenn sie zugelassen ist (GKG § 66 Abs 2), mit Abhilferecht des Rechtspflegers (GKG § 66 Abs 3 Satz 1). Weitere Beschwerde findet dann (nur) statt, wenn das Beschwerdegericht sie zugelassen hat (GKG § 66 Abs 4). Bei Beschwerdewert von 200 Euro und weniger gibt es, wenn die Beschwerde nicht zugelassen ist, (befristete) Rechtspflegererinnerung nach RPflG § 11 Abs 2. Erinnerung und Beschwerde auch zu Protokoll der Geschäftsstelle möglich, ohne Anwalt, ohne aufschiebende Wirkung, Verfahren gebührenfrei, keine Erstattung von Kosten (GKG § 66 Abs 5–8).

85.2 Nicht erhoben werden Gerichtskosten, die bei richtiger Sachentscheidung nicht entstanden wären (GKG § 21 Abs 1 Satz 1). Dazu gehören auch Auslagen für eine von Amts wegen veranlaßte Terminsverlegung oder Vertagung (GKG § 21 Abs 1 Satz 2). Man bezeichnete den Vorgang früher als Niederschlagung. Sie bezieht sich nicht auf außergerichtliche Kosten. Die Entscheidung obliegt dem Gericht (GKG § 21 Abs 2 Satz 1), also im Rechtspflegerverfahren dem Rechtspfleger, kann aber vorher schon „im Verwaltungsweg" erfolgen (GKG § 21 Abs 2 Satz 2). Wann Kosten durch unrichtige Sachbehandlung entstanden sind, hängt ganz vom Einzelfall ab, etwa für überflüssige Zustellungen oder Zustellungen mit falscher Anschrift (obwohl die richtige dem Gericht bekannt war), Tätigkeiten ohne notwendigen Antrag, Nichteinhaltung vorgeschriebener Fristen usw. Im wesentlichen handelt es sich also um Verstöße, wie sie Rechtspfleger und Richter Haftungsgefahren bereiten (Einl Rdn 37). Der Grundgedanke ist, dem Bürger nicht Kosten aufzubürden, die er nicht bezahlen müßte, wenn das Rechtspflegeorgan pflichtgemäß gehandelt hätte. Nichterhebung erfolgt von Amts wegen oder auf Antrag (= Kostenerinnerung, GKG § 66 Abs 1); bei Zurückweisung einfache Beschwerde (unbefristete Rechtspflegererinnerung). Ausnahmsweise können gerichtliche Kosten auch nicht erhoben werden bei abweisendem Bescheid oder Zurücknahme eines Antrags, wenn der Antrag auf „unverschuldeter Unkenntnis der tatsächlichen oder rechtlichen Verhältnisse" durch die Beteiligung beruht (GKG § 21 Abs 1 Satz 3), wobei allerdings strenge Voraussetzungen anzulegen sind.

Zwangsverwaltungskosten (KostVerz Nr 2220, 2221)   86

86.1 Gerichtsgebühr für Entscheidung über den Antrag auf **Anordnung** der Zwangsverwaltung oder über den **Beitritt** zum Verfahren nach GKG-KostVerz Nr 2220: Festgebühr von **50 Euro**. Hierzu Einl Rdn 76. Diese Anordnungsgebühr fällt auch an, wenn eine Zwangsverwaltung durch Einstweilige Verfügung des Prozeßgerichts angeordnet (zB zur Sicherung des Hypothekengläubigers nach BGB § 1134) und daraufhin vom Gläubiger bei Gericht beantragt wird (die Einstweilige Verfügung ist nur der Titel, schafft nur die Rechtsgrundlage, ersetzt aber nicht den Anordnungsbeschluß des Vollstreckungsgerichts), und zwar auch hier durch die Entscheidung. Keine Anordnungsgebühr entsteht jedoch bei Überleitung der Zwangsversteigerung in die Zwangsverwaltung nach § 77 Abs 2 Satz 2,

---

267; OLG Hamm JurBüro 1978, 238 = Rpfleger 1978, 37; OLG Zweibrücken JurBüro 1981, 1709 mit zust Anm Mümmler, JurBüro 1989, 501, Rpfleger 1991, 54 und Rpfleger 1998, 332; LG Koblenz MDR 1998, 437 = NJW-RR 1998, 359 = Rpfleger 1998, 151; LG München II Rpfleger 1973, 15.
[2] LG Berlin JurBüro 1976, 533 mit abl Anm Mümmler; LG Koblenz Rpfleger 1984, 435 mit abl Anm Meyer-Stolte; Bischof MDR 1975, 632 (1.2).
[3] Siehe die Fußn 1 Genannten sowie LG Bayreuth JurBüro 1985, 1228 mit Anm Mümmler.

Einleitung 86.1   Zwangsvollstreckung und Kostenrecht

weil hier keine neue Entscheidung über eine Verfahrensanordnung ergeht. Auch bei Anordnung der Sicherungsverwaltung nach § 94 fällt keine Anordnungsgebühr an; sie ist Sicherungsmaßnahme im bereits anhängigen Verfahren.

86.2 Gerichtsgebühr außerdem als **Verfahrensgebühr** für jedes angefangene Jahr, beginnend mit dem Tag der Beschlagnahme, nach GKG-KostVerz Nr 2221: **0,5** des Gebührensatzes. Geschäftswert: Gesamtwert der Einkünfte (GKG § 55) des jeweiligen Jahres. Maßgebend sind die Bruttoeinkünfte, also die Nutzungen des zwangsverwalteten Grundstücks, die der Zwangsverwalter in Geld eingenommen hat oder die ihm nach Umsetzung in Geld gemäß § 152 Abs 1 zugeflossen sind (nicht aber der Wert der dem Schuldner überlassenen Wohnräume), ohne irgendwelche Vorabzüge. Dauert die Verwaltung weniger als ein Jahr, so entscheiden die Gesamteinkünfte der Verwaltungszeit. Zur Frage der Einkünfte aus Gewerbebetrieb § 152 Rdn 9. Das Jahr wird **vom Tag der Beschlagnahme an** (§§ 22, 151) gerechnet oder ab der Überleitung nach § 77, nicht von der Besitzergreifung an (soweit diese nicht Beschlagnahmezeitpunkt ist, § 151 Abs 1). Die Jahre werden voll gerechnet, auch wenn das Verfahren bald wieder aufgehoben wird. Die Beschlagnahme (und damit die Verfahrensgebühr) endet bei Rücknahme des Antrags mit Eingang bei Gericht; bei Aufhebung wegen Zuschlags aber dauert sie an, bis der Verwalter alle Geschäfte abgewickelt hat (sie trifft auch ab Zuschlag nicht den Ersteher, weil gegen ihn keine Zwangsverwaltung läuft, dazu § 161 Rdn 6); sonst endet sie mit Erlaß des Aufhebungsbeschlusses. Mindestgebühr 10 Euro (GKG § 34 Abs 2).

86.3 Die Verfahrensgebühr umfaßt im jeweiligen Jahr die **gesamte Tätigkeit des Gerichts**: Ermittlungen, Bestellung des Zwangsverwalters, Anweisungen an ihn, Übergabe des Grundstücks, Festsetzung der Vergütung, Auferlegung einer Sicherheit, Verhängung von Zwangsgeld, Entlassung des Verwalters, Anordnung über die Viehernährung nach § 153a, Verhandlungen und Entscheidungen, Zahlungsverbote, Räumungsanordnungen nach § 149, Aufstellung eines Teilungsplans und Abhaltung des Termins hierzu, Zahlungsanordnungen nach § 157, Kapitalzahlungstermin, Rechnungsprüfungen, Aufhebungsbeschluß, Löschungsersuchen usw. Die Verfahrensgebühr fällt auch an, wenn keine besondere Tätigkeit des Gerichts nötig war. Vollstreckungsschutzverfahren aus ZPO § 765a (soweit überhaupt in der Zwangsverwaltung möglich) lösen keine besondere Gebühr aus (Vorbemerkung 2.2 zu GKG-KostVerz). Auslagen des Gerichts (Einl Rdn 84) werden gesondert erhoben (mit der nächstfälligen Gebühr, sonst am Verfahrensende).

86.4 Wenn **mehrere Objekte** einem verbundenen Verfahren unterliegen (auch Grundstücksbruchteile), wird die einheitliche Verfahrensgebühr aus dem Gesamtwert der (zusammengerechneten) Einkünfte erhoben (entspricht GKG § 54 Abs 4). Bei Verwaltung eines Bruchteils sind als Einkünfte nur der entsprechende Anteil an den Gesamteinkünften zu werten.

86.5 Die 0,5-Verfahrensgebühr jährlich entsteht auch bei Zwangsverwaltung auf Betreiben des Insolvenzverwalters (§ 172) sowie bei Fortsetzung einer ergebnislosen Zwangsversteigerung als Zwangsverwaltung (§ 77 Abs 2), ebenso bei Institutsverwaltung (§ 150a) oder wenn der Schuldner als Verwalter bestellt ist (§ 150b). Diese Jahresgebühr fällt aber nicht an für die Verwaltung oder Bewachung als Sicherungsmaßnahme nach § 25, nicht für die Verwaltung und Rechnung des Erstehers nach § 94, nicht für die Bewachung und Verwahrung von Schiffen nach § 165 oder Luftfahrzeugen nach § 171c Abs 2, auch nicht für die außergerichtliche Zwangsverwaltung landschaftlicher Kreditanstalten.

86.6 Fälligkeit: Anordnungs- und Beitrittsgebühr mit Entscheidung (GKG § 7 Abs 1 Satz 1 und Abs 2). Jahres-Verfahrensgebühr: am Ende eines jeden Jahres und mit Aufhebung des Verfahrens (GKG § 7 Abs 2). **Vorschußpflicht:** GKG § 15 Abs 2. **Kostenschuldner:** Antragsteller, für Jahres-Verfahrensgebühr jedoch nur, soweit sie nicht dem Erlös entnommen werden kann (GKG § 26 Abs 1). Weil der

Zwangsvollstreckung und Kostenrecht 87.5 **Einleitung**

Verwalter nicht vorschußpflichtig ist, kann der Gebührenvorschuß von ihm nur formlos eingefordert werden (keine Sollstellung auf den Verwalter).

Zwangsvollstreckung und Kostenbefreiung 87

87.1 Die Gesetze unterscheiden zwischen Kosten- und Gebührenfreiheit. Bei **Kostenfreiheit** entfallen Gebühren und Auslagenersatz; **Gebührenfreiheit** bedeutet, daß Gebühren entfallen, aber die Auslagen zu ersetzen sind, allerdings diese nicht vorauszuzahlen[1]. Die Befreiung kann eine persönliche sein (bezieht sich auf bestimmte natürliche oder juristische Personen) oder eine sachliche (bezieht sich auf bestimmte Vorgänge).

87.2 **Persönlich kostenbefreit** sind die Bundesrepublik Deutschland und deren Länder (GKG § 2 Abs 1). Die Stadtstaaten Berlin und Hamburg sind selbst in gemeindlichen Angelegenheiten kostenbefreit (weil Staat und Gemeinde übereinstimmen), nicht aber der Stadtstaat Bremen (aus mehreren Gemeinden bestehend), er ist nur in Landesangelegenheit kostenbefreit. Persönlich kostenbefreit sind auch die nach den Haushaltsplänen des Bundes und eines Landes verwalteten öffentlichen Anstalten und Kassen (GKG § 2 Abs 1).

87.3 Wegen des großen Umfangs der Befreiungsvorschriften und ihrer verschiedenartigen Ausgestaltung und der zahlreichen Ausnahmen wird auf das besondere Kostenschrifttum verwiesen.

87.4 Wird eine Zwangsversteigerung oder Zwangsverwaltung **gegen** einen **Gebührenbefreiten** betrieben (dürfte in der Praxis kaum vorkommen), so sind die Gebühren (bzw Kosten), soweit sie nicht dem Erlös entnommen werden können, vom Antragsteller zu erheben (GKG § 26 Abs 1), ausgenommen die Zuschlagskosten, für die der Ersteher haftet (GKG § 26 Abs 2). Die Vorschrift in GKG § 2 Abs 5 (die einem Kostenbefreiten auferlegten oder von ihm durch Vergleich übernommenen Kosten sind nicht zu erheben) ist nur für bürgerliche Rechtsstreitigkeiten mit einer Kostenentscheidung bestimmt, nicht für die ZVG-Verfahren, für die GKG § 26 ausnahmslos die Haftung des Antragstellers bei nicht aus dem Erlös entnehmbaren Kosten festlegt; kommt der betreibende Gläubiger mit seinem Kostenanspruch nicht aus dem Erlös zum Zuge, so hat er die Kosten zu tragen, gleich ob der Vollstreckungsschuldner ein kostenbefreiter oder ein „normaler" Schuldner ist. Durch die Kostenbefreiung des Gegners darf er zwar keinen Nachteil, aber auch keinen Vorteil haben.

87.5 Wenn ein **Gläubiger** (Anordnungs- und Beitrittsgläubiger) in der Vollstreckungsversteigerung Gebühren- oder Kostenfreiheit hat, werden die Anordnungs- und Beitrittsgebühr an der Rangstelle des Rechts von der Gerichtskasse erhoben. Der Gebührenbefreite darf nicht mit seinen Ansprüchen aus Zinsen und Hauptsache in die Rangstelle der Kosten einrücken[2] (anders[3]). Alle sonstigen Verfahrenskosten werden wie immer aus dem Versteigerungserlös vorweg entnommen (§ 109). In der Zwangsverwaltung wird mit den Anordnungs- und Beitrittskosten ebenso verfahren; die sonstigen Verfahrenskosten werden vorweg aus der Zwangsverwaltungsmasse entnommen (§ 155 Abs 1). In der Teilungsversteigerung können die Anordnungs- und Beitrittskosten für den Kostenbefreiten nicht aus seinem Erlösanteil entnommen werden, weil es an einer Rangstelle im Sinne von § 10 Abs 2 hier fehlt, die Kostenbefreiung endgültig ist, der Anteil am Erlös nicht durch sie geschmälert werden darf. Auch hier werden die sonstigen Kosten vorweg aus dem Erlös entnommen (§ 109).

---

[1] Mielke Rpfleger 1970, 159 (V).
[2] LG Kiel RpflJahrbuch 1962, 256 sowie 268 und 1967, 195 je Leitsatz = SchlHA 1960, 209.
[3] Voigt JVBl 1966, 129.

Einleitung 87.6

87.6 Wenn vom gebührenbefreiten betreibenden Gläubiger (Antragsteller) im übrigen keine Kosten erhoben werden, dürfen andere **Beteiligte** daraus **keinen Vorteil** und **keinen Nachteil** haben. Wenn also mehrere Gläubiger (Antragsteller) betreiben (sie haften als Gesamtschuldner, GKG § 31 Abs 1) und einer befreit ist, so vermindert sich der insgesamt zu erhebende Kostenbetrag (auch Sachverständigenauslagen für das Wertgutachten[4]) um den Anteil, der den Befreiten im Verhältnis zu den anderen getroffen hätte (BGB § 426: gleiche Anteile bei mehreren Verpflichteten)[5]; die Nichtbefreiten zahlen nur die Anteile, die sie vom Befreiten nicht verlangen können[6], weil sie nicht zur Zahlung höherer Beträge herangezogen werden dürfen, als wenn ihnen ein Nichtbefreiter gegenübergestanden wäre[7]. Das gilt auch, wenn mehrere Miteigentümer die Teilungsversteigerung betreiben und einer von ihnen (bei gesamtschuldnerischer Haftung aller) befreit ist.

88 b) Gerichtsvollzieherkosten

88.1 Der Gerichtsvollzieher wird im Rahmen der Immobiliarvollstreckung nur in einigen Fällen tätig. Er erhält dafür Gebühren, dazu als Nebenkosten Dokumentenpauschale, Wegegelder, Postgebühren, Kosten für Hilfspersonen und Vordrucke (Gerichtsvollzieherkostengesetz = GvKostG, KostVerz Nr 700–713).

88.2 Für die **Feststellung von Mietern oder Pächtern** nach ZVG § 57 b Abs 1 erhält er für jede festgestellte Person je 5,00 Euro (GvKostG KostVerz Nr 401; dazu die genannten Nebenkosten); diese Gebühr wird auch erhoben, wenn die Ermittlungen nicht zur Feststellung eines Mieters oder Pächters führen. Für die Feststellung (und Bezahlung) kommt es auf die Personen an, die selbständig Inhaber eines Miet- oder Pachtrechts sind, zB bei Eheleuten als Mieter beide Personen, dagegen nicht auf Kinder, Hausgehilfen, Untermieter oder andere, die ihr Benutzungsrecht vom Mieter ableiten.

88.3 Für die **abgesonderte Versteigerung** beweglichen Sachen nach § 65 Abs 1 erhält eine Versteigerungsgebühr GvKostG-KostVerz 300, die sich nach dem Erlös berechnet, und ggfs einen Zeitzuschlag nach GvKostG-KostVerz 500 (dazu die genannten Nebenkosten).

88.4 Für die **Besitzübertragung** an den Zwangsverwalter gemäß § 150 Abs 2 fällt eine Gebühr von 75 Euro an (= GvKostG-KostVerz 242 (Zeitzuschlag: 500) (dazu die genannten Nebenkosten).

88.5 Für die **Entsetzung aus dem Besitz** und die Einweisung in den Besitz bei Grundstücken, Schiffen, Schiffsbauwerken nach § 93, ZPO § 885 wie Rdn 88.4.

88.6 Für die **Bewachung und Verwahrung** von Schiffen, Schiffsbauwerken, Luftfahrzeugen nach §§ 165, 170, 170a, 171, 171c, 171g, 171h, Luftfahrzeugrechtegesetz §§ 99, 106 erhält der Gerichtsvollzieher eine Gebühr von 75 Euro (GvKostG-KostVerz 400; Zeitzuschlag: 500) (dazu die genannten Nebenkosten). Dazu § 165 Rdn 5.

c) Rechtsanwaltskosten (RVG §§ 26, 27; VergV Nr 3311, 3312)

RVG § 26 Gegenstandswert in der Zwangsversteigerung. In der Zwangsversteigerung bestimmt sich der Gegenstandswert

---

[4] Mümmler JurBüro 1984, 671.
[5] OLG Hamburg DNotZ 1965, 370.
[6] LG Hamburg JVBl 1961, 133; Stöber JVBl 1960, 241 (I A, II, IV); LG Münster JurBüro 1985, 1064 mit zust Anm Mümmler.
[7] LG Hamburg JurBüro 1955, 157.

Zwangsvollstreckung und Kostenrecht vor 89 **Einleitung**

1. bei der Vertretung des Gläubigers oder eines anderen nach § 9 Nr. 1 und 2 des Gesetzes über die Zwangsversteigerung und die Zwangsverwaltung Beteiligten nach dem Wert des dem Gläubiger oder dem Beteiligten zustehenden Rechts; wird das Verfahren wegen einer Teilforderung betrieben, ist der Teilbetrag nur maßgebend, wenn es sich um einen nach § 10 Abs. 1 Nr. 5 des Gesetzes über die Zwangsversteigerung und die Zwangsverwaltung zu befriedigenden Anspruch handelt; Nebenforderungen sind mitzurechnen; der Wert des Gegenstands der Zwangsversteigerung (§ 66 Abs. 1, § 74 a Abs. 5 des Gesetzes über die Zwangsversteigerung und die Zwangsverwaltung), im Verteilungsverfahren der zur Verteilung kommende Erlös, sind maßgebend, wenn sie geringer sind;
2. bei der Vertretung eines anderen Beteiligten, insbesondere des Schuldners, nach dem Wert des Gegenstands der Zwangsversteigerung, im Verteilungsverfahren nach dem zur Verteilung kommenden Erlös; bei Miteigentümern oder sonstigen Mitberechtigten ist der Anteil maßgebend;
3. bei der Vertretung eines Bieters, der nicht Beteiligter ist, nach dem Betrag des höchsten für den Auftraggeber abgegebenen Gebots, wenn ein solches Gebot nicht abgegeben ist, nach dem Wert des Gegenstands der Zwangsversteigerung.

RVG § 27 Gegenstandswert in der Zwangsverwaltung. In der Zwangsverwaltung bestimmt sich der Gegenstandswert bei der Vertretung des Antragstellers nach dem Anspruch, wegen dessen das Verfahren beantragt ist; Nebenforderungen sind mitzurechnen; bei Ansprüchen auf wiederkehrende Leistungen ist der Wert der Leistungen eines Jahres maßgebend. Bei der Vertretung des Schuldners bestimmt sich der Gegenstandswert nach dem zusammengerechneten Wert aller Ansprüche, wegen derer das Verfahren beantragt ist, bei der Vertretung eines sonstigen Beteiligten nach § 23 Abs. 3 Satz 2.

RVG-Vergütungsverzeichnis

Nr.	Gebührentatbestand	Gebühr oder Satz der Gebühr nach § 13 RVG
Abschnitt 3 **Unterabschnitt 4.** **Zwangsversteigerung und Zwangsverwaltung**		
3311	Verfahrensgebühr	0,4
	Die Gebühr entsteht jeweils gesondert	
	1. für die Tätigkeit im Zwangsversteigerungsverfahren bis zur Einleitung des Verteilungsverfahrens;	
	2. im Zwangsversteigerungsverfahren für die Tätigkeit im Verteilungsverfahren, und zwar auch für eine Mitwirkung an einer außergerichtlichen Verteilung;	
	3. im Verfahren der Zwangsverwaltung für die Vertretung des Antragstellers im Verfahren über den Antrag auf Anordnung der Zwangsverwaltung oder auf Zulassung des Beitritts;	
	4. im Verfahren der Zwangsverwaltung für die Vertretung des Antragstellers im weiteren Verfahren einschließlich des Verteilungsverfahrens;	
	5. im Verfahren der Zwangsverwaltung für die Vertretung eines sonstigen Beteiligten im ganzen Verfahren einschließlich des Verteilungsverfahrens und	
	6. für die Tätigkeit im Verfahren über Anträge auf einstweilige Einstellung oder Beschränkung der Zwangsvollstreckung und einstweilige Einstellung des Verfahrens sowie für Verhandlungen zwischen Gläubiger und Schuldner mit dem Ziel der Aufhebung des Verfahrens.	
3312	Terminsgebühr	0,4
	Die Gebühr entsteht nur für die Wahrnehmung eines Versteigerungstermins für einen Beteiligten. Im Übrigen entsteht im	

Einleitung 89 Zwangsvollstreckung und Kostenrecht

Nr.	Gebührentatbestand	Gebühr oder Satz der Gebühr nach § 13 RVG
	Verfahren der Zwangsversteigerung und der Zwangsverwaltung keine Terminsgebühr.	
	Abschnitt 5 **Beschwerde, Nichtzulassungsbeschwerde und Erinnerung**	
3500	Verfahrensgebühr für Verfahren über die Beschwerde und die Erinnerung, soweit in diesem Abschnitt keine besonderen Gebühren bestimmt sind	0,5
3502	Verfahrensgebühr für das Verfahren über die Rechtsbeschwerde (§ 574 ZPO)	1,0
3503	Vorzeitige Beendigung des Auftrags: Die Gebühr 3502 beträgt .... Die Anmerkung zu Nummer 3201 ist entsprechend anzuwenden.	0,5
3513	Terminsgebühr in den in Nummer 3500 genannten Verfahren	0,5

89 Vergütung für Immobiliarvollstreckungsverfahren

89.1 Für die Rechtsanwaltsgebühren kommt es darauf an, **in welcher Eigenschaft** der Vertretene den Rechtsanwalt in Anspruch genommen hat (als betreibender Gläubiger, sonstiger Gläubiger, Schuldner, Antragsteller, Antragsgegner, sonstiger Beteiligter, Bieter [ihm gleich steht bei Abtretung des Meistgebots und verdeckter Vertretung der Dritte, § 81 Abs 2 und 3], Nichtbeteiligter), nicht aber darauf, ob der Vertretene vom Gericht als Beteiligter anerkannt wird (auch Nichtbeteiligte können vertreten werden). Vertritt der Rechtsanwalt **gleichzeitig** im Zwangsversteigerungs- und Zwangsverwaltungsverfahren, so erhält er beide Gebührenarten nebeneinander[1], es handelt sich um selbständige Verfahren.

89.2 Das Gebührenrecht gilt **für alle** Immobiliarvollstreckungs**verfahren** (Vollstreckungsversteigerung, Zwangsverwaltung, Insolvenzverwalterversteigerung und -verwaltung, Nachlaß- und Teilungsversteigerung) und für alle der Immobiliarvollstreckung unterliegenden Objekte (Grundstücke, Bruchteile, Gebäudeeigentum, grundstücksgleiche Rechte, Schiffe, Schiffsbauwerke, Luftfahrzeuge), nicht für die Eintragung einer Zwangshypothek (Einl Rdn 70.1), nicht für die Vergütung des Zwangsverwalters (§ 152a Rdn 3), nicht für die Vergütung als Zustellungsvertreter aus § 6 (§ 7 Rdn 3) sowie als Ermittlungsvertreter aus § 135 (§ 135 Rdn 2), nicht für den Widerspruchsprozeß oder andere Prozesse, nicht für ein Aufgebotsverfahren aus §§ 138, 140, nicht für die Mitwirkung bei besonderer Verwertung nach § 65, nicht für die Vollstreckung aus dem Zuschlag. Für die Wiederversteigerung oder erneute Zwangsverwaltung aus § 133 fallen alle Gebühren neu an.

89.3 Gebühren und Auslagen müssen rechtzeitig **angemeldet** und spezifiziert werden, soweit sie sich nicht betragsmäßig aus dem Anordnungs- oder Beitrittsantrag ergeben (§ 37 Nr 4, § 45 Abs 1, § 114 Abs 1).

89.4 Die Gebühren gelten auch, wenn der Anwalt nicht im gesamten Verfahren vertritt, sondern nur **einzelne Handlungen** vornimmt.

89.5 Das Gesetz über die Vergütung der Rechtsanwältinnen und Rechtsanwälte (Rechtsanwaltsvergütungsgesetz – RVG) vom 5. Mai 2004, BGBl I 788, ist am **1. Juli 2004** in Kraft getreten. **Übergangsvorschriften** trifft wie folgt

---

[1] LG Berlin JurBüro 1967, 240.

Zwangsvollstreckung und Kostenrecht 90.1 **Einleitung**

RVG § 61. (1) Die Bundesgebührenordnung für Rechtsanwälte ..., und Verweisungen hierauf sind weiter anzuwenden, wenn der unbedingte Auftrag zur Erledigung derselben Angelegenheit im Sinne des § 15 vor dem 1. Juli 2004 erteilt oder der Rechtsanwalt vor diesem Zeitpunkt gerichtlich bestellt oder beigeordnet worden ist. Ist der Rechtsanwalt am 1. Juli 2004 in derselben Angelegenheit und, wenn ein gerichtliches Verfahren anhängig ist, in demselben Rechtszug bereits tätig, gilt für das Verfahren über ein Rechtsmittel, das nach diesem Zeitpunkt eingelegt worden ist, dieses Gesetz. § 60 Abs. 2 ist entsprechend anzuwenden.

(2) Auf die Vereinbarung der Vergütung ...

Die Kostenvorschriften der Bundesgebührenordnung für Rechtsanwälte sind in der 17. Auflage (2002) Rdn 89.1–89.24 erläutert.

RA-Gebühr für die Tätigkeit im Versteigerungsverfahren (VergV Nr 3311 Ziff 1) 90

90.1 Für die Tätigkeit des Rechtsanwalts im Zwangsversteigerungsverfahren bis zur Einleitung des Verteilungsverfahrens entsteht nach VergV Nr 3311 Ziff 1 eine **Gebühr von 0,4** des Gebührensatzes (RVG § 13 Abs 1). Diese **Versteigerungsverfahrensgebühr** kann für die Vertretung eines Beteiligten (Gläubiger, Schuldner usw, § 9), aber auch für die Vertretung eines Bieters[1] (besser: Biet- oder Erwerbsinteressenten), der nicht Verfahrensbeteiligter ist, anfallen. Sie umfaßt die gesamte Tätigkeit des Rechtsanwalts „bis zur Einleitung des Verteilungsverfahrens", beginnend mit der Entgegennahme des Vertretungsauftrags[2], aber ohne die Vertretung im Versteigerungstermin (die gesondert abgegolten wird), somit alles, was an Anwaltstätigkeit im genannten Verfahrenszeitraum anfällt und nicht ausdrücklich ausgeschlossen ist. Dazu gehören: Androhung der Versteigerung; Kündigungsschreiben; Antrag auf Bestellung des zuständigen Gerichts (§ 2); Antrag auf Anordnung oder Beitritt (§§ 15, 27); Antrag auf Erlaß eines Zahlungsverbots (§ 22 Abs 2); Antrag auf Anordnung von Sicherungsmaßregeln (§ 25); Mitwirkung bei Verfahren nach § 28; ganze oder teilweise Rücknahme (§ 29); Einstellungsbewilligung (§ 30); Mitwirkung bei Einstellungen auf Grund prozeßgesetzlicher Maßnahmen; Fortsetzung eingestellter Verfahren (§ 31); Antrag auf Zustellung der Beschlagnahme an die Mieter und Pächter und auf Feststellung der Mieter und Pächter (§ 57 b Abs 1 Satz 2 und 4); Vertretung im Vortermin (§ 62, nicht mit der Versteigerungstermingebühr abgegolten; dazu auch[3]); Vorbereitung des Versteigerungstermins; Prüfung des geringsten Gebots außerhalb des Versteigerungstermins; Wahrnehmung des Zuschlagsentscheidungstermins (§ 87); Antrag auf gerichtliche Verwaltung gegen den Ersteher (§ 94); Vertretung beim Wertfestsetzungsverfahren (§ 74 a); Anträge außerhalb des Versteigerungstermins auf abgeänderte Versteigerungsbedingungen (§ 59), auf Zuschlagsversagung (§ 85 Abs 1), auf abgesonderte Verwertung (§ 65); weiterhin: Anmeldungen zum Versteigerungstermin; Vertretung bei Einstellung wegen Zahlung oder Ablösung (§ 75); nachträgliche Äußerung zum Zuschlag im Verkündungstermin (§ 87 Abs 3); Antrag auf abweichendes geringstes Gebot bei der Insolvenzverwalterversteigerung (§ 174); zur Vorbereitung des Verfahrens Beschaffung von Notfristzeugnis, Rechtskraftzeugnis, Vollstreckungsklausel, Grundbuchzeugnis[4] nach § 17 Abs 2, Zustellungen und Herbeiführung eines Verzichts auf ein Wiederkaufsrecht zur Vorbereitung einer Teilungsversteigerung[5].

---

[1] Begründung BT-Drucks 15/1971 Seite 216.
[2] OLG Hamburg JurBüro 1975, 1346.
[3] Mümmler JurBüro 1984, 986.
[4] Mümmler JurBüro 1998, 577.
[5] Mümmler JurBüro 1979, 1285 (1287).

Einleitung 90.2 Zwangsvollstreckung und Kostenrecht

90.2 Die Gebühr ermäßigt sich nicht, wenn das Verfahren vorzeitig endet, selbst wenn der Antrag sogleich nach der Anordnung wieder zurückgenommen wird.

90.3 Nicht abgegolten durch die Versteigerungsverfahrensgebühr wird die Tätigkeit des Rechtsanwalts im Einstellungsverfahren (Rdn 91) und die Wahrnehmung des Versteigerungstermins für einen Beteiligten (Rdn 92), die Tätigkeit im Verteilungsverfahren (Rdn 93) und im Erinnerungs- sowie Beschwerdeverfahren, weiter die Anwaltstätigkeit nach Verfahrensaufhebung zur Befriedigung des Gläubigers aus einem Verkaufserlös (Tätigkeit nach VergV Nr 2100–2102), außerdem die durch die Hebegebühr (Rdn 98.2) vergütete Anwaltstätigkeit. Für Rechtsstreitigkeiten, die durch ein Zwangsversteigerungsverfahren ausgelöst werden, werden Kosten nach dem VergV Teil 3 (Nr 3100 ff) gesondert erhoben.

90.4 Die Versteigerungsverfahrensgebühr für die Vertretung eines **Bieters,** der nicht Verfahrensbeteiligter ist, umfaßt jede irgendwie auf die Ausführung des Auftrags gerichtete Tätigkeit des Anwalts, zB Vertretung im Versteigerungstermin (dafür keine gesonderte Gebühr; s VergV Nr 3312), die Vorbereitung darauf, die Abgabe von Geboten, Übergabe der Sicherheit, Erklärungen zur Sicherheit, Erklärungen über die Abtretung des Meistgebots und über die verdeckte Vollmacht, Liegenbelassungsvereinbarung. Nicht mit dieser Gebühr abgegolten (sondern mit Gebühren nach VergV Nr 2100–2102) werden: Verhandlungen mit den dinglich Berechtigten, Bietabkommen, Ausbietungsverträge, Einholung behördlicher Genehmigungen und ähnliche Vorgänge.

90.5 Die Gebühr für die Vertretung eines **Beteiligten** (§ 9) bis zur Einleitung des Verteilungsverfahrens schließt auch die Tätigkeit für diesen zum **Erwerb des Grundstücks,** damit zur Abgabe von Geboten ein. Ist der Bieter Beteiligter (§ 9), dann erhält somit der Rechtsanwalt, der ihn vertritt, die Versteigerungsverfahrensgebühr nur einmal (überholt[6]).

91 RA-Gebühr für die Tätigkeit in Einstellungsverfahren (VergV Nr 3311 Ziff 6)

91.1 Für die Tätigkeit des Rechtsanwalts
- im Verfahren über Anträge auf einstweilige Einstellung oder Beschränkung der Zwangsvollstreckung und einstweilige Einstellung des Verfahrens sowie
- für Verhandlungen zwischen Gläubiger und Schuldner mit dem Ziel der Aufhebung des Verfahrens

entsteht (gesondert) nach VergV Nr 3311 Ziff 6 eine **Gebühr von 0,4** des Gebührensatzes (RVG § 13 Abs 1). Diese **Einstellungsverfahrensgebühr** entsteht für die RA-Tätigkeit als Vertreter des Gläubigers oder Schuldners, Antragstellers oder Antragsgegners, in Verfahren über Anträge auf einstweilige Einstellung oder Beschränkung der Zwangsvollstreckung zB nach ZPO § 769 Abs 2, § 771 Abs 3, insbesondere aber auf einstweilige Einstellung des Versteigerungsverfahrens nach §§ 30 a–f, 180 Abs 2 und 3 und nach ZPO § 765 a. Die Einstellungsbewilligung des Gläubigers (§ 30) ist nicht „Antrag" auf einstweilige Einstellung des Verfahrens; sie ist durch die Versteigerungsverfahrensgebühr abgegolten (Rdn 90.1).

91.2 Das ZVG-Einstellungsverfahren **beginnt** für den Schuldnervertreter mit Erteilung des Auftrags, die Verfahrenseinstellung zu beantragen, damit nicht schon mit der Zustellung des Hinweises auf das Antragsrecht nach § 30 b Abs 1, für den Gläubigervertreter frühestens mit der Anhörung des Gläubigers (§ 30 b Abs 2 Satz 2) nach Stellung des Einstellungsantrags. Die Gebühr fällt auch an, wenn zu dieser Zeit die Antragsfrist nach § 30 b bereits abgelaufen, der Antrag somit verspätet gestellt ist. Vergütet wird mit der Einstellungsverfahrensgebühr die gesamte Tätigkeit des Rechtanwalts für Verfahren über Einstellungsanträge im gericht-

---

[6] Mümmler JurBüro 1972, 751.

lichen Verfahren (RVG § 15 Abs 1 und 2) zur Zwangsversteigerung eines Grundstücks (anderen Objekts) (RVG § 2 Abs 2 mit VergV Abschnitt 3 Unterabschnitt 4). Daher sind mehrere Einstellungsverfahren in dem Vollstreckungsverfahren des gleichen Gläubigers auf Grund desselben Beschlagnahmebeschlusses, zB Verfahren über den Antrag auf Einstellung nach § 30 a, dann auf erneute Einstellung nach § 30 c und schließlich auf Einstellung nach ZPO § 765 a, als eine Angelegenheit anzusehen, für die diese Verfahrensgebühr nur einmal gefordert werden kann (RVG § 15 Abs 1 und 2). Sie kann für die Tätigkeit des Rechtsanwalts als Schuldnervertreter (ebenso wie die Versteigerungsverfahrensgebühr, Rdn 90.1) auch dann nur einmal entstehen, wenn Antrag auf einstweilige Einstellung nach mehreren Beschlagnahmebeschlüssen des gleichen Gläubigers oder in den selbständigen Vollstreckungssachen mehrerer Gläubiger (Anordnungs- und Beitrittsgläubiger oder mehrere Beitrittsgläubiger) jeweils gesondert gestellt wird (§ 30 b Rdn 6). Dieselbe Angelegenheit betrifft ebenso die Tätigkeit des Gläubigervertreters, wenn der Schuldner zu mehreren Beschlagnahmebeschlüssen (Anordnung und Beitritt) jeweils Einstellung der Zwangsversteigerung beantragt hat.

91.3 Verhandlungen zwischen Gläubiger und Schuldner oder Antragsteller und Antragsgegner mit dem Ziel der Aufhebung des Verfahrens nennt die Bemühungen um eine gütliche Einigung, insbesondere auch in der Teilungsversteigerung, die darauf ausgerichtet sind, durch Rücknahme des Versteigerungsantrags (§ 29) die Versteigerung zu vermeiden. Verhandeln erfordert Meinungsaustausch über gegensätzliche Standpunkte, auch wenn er erfolglos endet; er kann mündlich, fernmündlich oder schriftlich stattfinden. Erklärungen nur eines Beteiligten (Anfragen, Mitteilung eines Erledigungsvorschlags, eines Stundungsgesuchs oder eines Ratenzahlungsangebots) und Erklärung des Einvernehmens damit (Aushändigung der Einstellungsbewilligung) genügen nicht. Die Gebühr begründen Verhandlungen auch, wenn kein Antrag auf einstweilige Verfahrenseinstellung gestellt war, damit nur außergerichtliche Verhandlungen zwischen Gläubiger und Schuldner mit dem Ziel der Verfahrensaufhebung stattgefunden haben. Wenn Verhandlungen mit dem Ziel der Aufhebung des Verfahrens während eines Einstellungsverfahrens oder auch vor oder nach diesem geführt wurden, entstehen Gebühren nicht mehrfach, sonach nicht gesondert je eine Gebühr für das Einstellungsverfahren und nochmals für die Verhandlungen. Der Gebührentatbestand von VergV Nr 3311 Ziff 6 trifft Bestimmungen zusammengefaßt für alle durch ihn abgegoltene Anwaltstätigkeiten; diese zusammen können die 0,4-Gebühr insgesamt daher nur einmal auslösen.

RA-Versteigerungsterminsgebühr (VergV Nr 3312)

92

Für die Wahrnehmung eines Versteigerungstermins (nicht eines Vortermins, § 62) **für einen Beteiligten** durch den Rechtsanwalt entsteht nach VergV Nr 3312 eine **Gebühr von 0,4** des Gebührensatzes (RVG § 13 Abs 1). Gleich ist, welcher Beteiligte im Termin vertreten wird (betreibender Gläubiger, Schuldner, Antragsteller, Antragsgegner, sonstiger Gläubiger, sonstiger Beteiligter); gleich ist ebenso, ob ein oder mehrere Versteigerungstermine stattfinden und wahrgenommen werden. Es genügt eine auch nur kurzfristige Anwesenheit im Termin nach dessen Aufruf, aber vor dem Schluß des Termins, wobei eine besondere Tätigkeit nicht nötig ist. Abgegolten werden alle Tätigkeiten im Termin, auch Anträge und Erklärungen, Anmeldungen, der Antrag auf Sicherheitsleistung und die Verhandlung über eine Sicherheit, die Übergabe der Sicherheit usw. Ist der Anwalt nur mit der Vertretung im Termin beauftragt, erhält er dennoch auch die Verfahrensgebühr[7]. Im übrigen, damit auch bei Vertretung eines Bieters oder Bieterinteressenten in einem Versteigerungstermin, entsteht keine Terminsgebühr.

---

[7] Schneider MDR 1976, 180.

Einleitung

93 RA-Verteilungsverfahrensgebühr (VergV Nr 3311 Ziff 2)

Für die Tätigkeit des Rechtsanwalts im Verteilungsverfahren nach Zwangsversteigerung entsteht (gesondert) nach VergV Nr 3311 Ziff 2 eine **Gebühr von 0,4** des Gebührensatzes (RVG § 13 Abs 1). Diese erhält der Rechtsanwalt für die Vertretung eines Beteiligten (gleich welcher Art) im gerichtlichen (§§ 105 ff) und (wenn ein solches nicht oder nur beschränkt stattfindet) im außergerichtlichen Verteilungsverfahren (§§ 143, 144); „und" in Nr 3311 Ziff 2 schließt die Verfahren nach §§ 143, 144 in den Gebührentatbestand ein, begründet somit keine nochmalige Gebühr. Er muß dabei mitwirken, somit eine Tätigkeit entwickeln, die irgendwie mit der Verteilung des Versteigerungserlöses zusammenhängt. Anwesenheit im Verteilungstermin selbst ist dazu nicht nötig. Es genügt aber nicht die bloße Entgegennahme der Ladung zum Termin, wohl aber die Prüfung des Teilungsplanes. Die Gebühr umfaßt jede Tätigkeit zwischen Bestimmung des Termins und Erlösverteilung; dazu gehören Anmeldungen (Einreichung der Anspruchsberechnung, Vorlage von Pfändungsbeschlüssen), Teilnahme am Termin, auch an mehreren, Mitwirkung bei der Aufstellung des Plans, Verhandeln über den Plan, Widerspruch gegen den Plan, Liegenbelassungsvereinbarung im Termin, Protokollangelegenheiten, nachträgliche Ausführung des Plans, auch der Antrag auf Ermächtigung zum Aufgebot (nicht das Aufgebotsverfahren) (§ 138) und die Verteilung nach einem Widerspruchsprozeß (ZPO § 882). Vertritt der Rechtsanwalt nur im Verteilungsverfahren, fällt keine Verfahrensgebühr zusätzlich an.

94 Gegenstandswert (RVG § 26)

94.1 Der Gegenstandswert (RVG § 26) richtet sich danach, in welcher Eigenschaft der Auftraggeber vertreten wird. Bei Vertretung des (beitreibenden) **Gläubigers** in der Vollstreckungsversteigerung oder eines anderen **Beteiligten** (§ 9; dort Rdn 2), damit eines dinglich Berechtigten oder Vormerkungsgesicherten, nicht aber des Schuldners oder eines neuen Eigentümers (zu diesen Rdn 94.2), bestimmt sich der Gegenstandswert nach dem Wert des dem Gläubiger oder Beteiligten zustehenden Rechts unter Einrechnung der Nebenforderungen (Zinsen, Kosten; im Gegensatz zu Gerichtsgebühren, GKG § 43 Abs 1). Wird vom Gläubiger nur wegen eines Teils der Forderung betrieben, so entscheidet über deren Betrag nur, wenn es sich um eine persönlich betreibende Forderung aus § 10 Rangklasse 5 handelt. Die genannten Werte sind aber auf jeden Fall nach oben begrenzt, und zwar für Versteigerungsverfahrens- und Versteigerungstermingebühr durch den Wert des Objekts (wie in § 66 Abs 1, § 74 a Abs 5 bestimmt), für Verteilungsgebühr durch den zu verteilenden Erlös (= Bargebot und Zinsen aus § 49 und Sondererlös nach § 65, ohne bestehenbleibende Rechte[8]). Nach diesem Gegenstandswert richtet sich auch die Gebühr für die Tätigkeit im Einstellungsverfahren; deren Wert bestimmt damit (auch im Falle von ZPO § 765 a) nicht (mehr) das nach ZPO § 3 zu bewertende Gläubigerinteresse an der Fortsetzung (Nichteinstellung) des Verfahrens. Ein in Abteilung II des Grundbuchs eingetragenes Recht eines Beteiligten (Belastungen mit Ausnahme von Hypothek, Grundschuld, Rentenschuld, GBV § 10) ist nach den für die Gerichtsgebühren geltenden Wertvorschriften, damit auch nach ZPO §§ 3–9, zu bemessen (RVG § 23 Abs 1). Recht eines Mieters oder Pächters ist das Miet- oder Pachtverhältnis; für dessen Vertretung sollte der Gegenstandswert damit nach GKG § 41 (RVG § 23 Abs 1) zu bemessen sein, regelmäßig sonach nach dem einjährigen Entgelt.

94.2 Bei der Vertretung des **Schuldners** (damit auch eines neuen Eigentümers) oder eines anderen Beteiligten (§ 9; dort Rdn 2), der nicht unter RVG § 26 Nr 1 fällt, damit des **Antragstellers** und **Antragsgegners** in der Teilungsversteigerung, eines Insolvenzverwalters, Testamentsvollstreckers und Miteigentümers, ge-

---

[8] Mümmler JurBüro 1979, 1285 (1287).

gen die nicht vollstreckt wird, bestimmt sich der Gegenstandswert nach dem Wert des Objekts (wie vorher behandelt), auch wenn Wertfestsetzung (§ 74 a) nicht erfolgt ist[9], in der Verteilung nach dem Erlös (wie vorher behandelt), wobei aber bei Miteigentümern oder Mitberechtigten die Höhe ihres Anteils[10] (am Wert oder Erlös) (der rechnerische, nicht der tatsächliche) entscheidet. Da für den Wert auf § 66 Abs 1, § 74 a Abs 5 Bezug genommen ist, handelt es sich um den Verkehrswert, wie vom Gericht festgesetzt (falls nicht festgesetzt, nach gleichen Grundsätzen zu berechnen). Belastungen werden nicht abgezogen. Nach diesem Gegenstandswert richtet sich auch die Gebühr für die Tätigkeit im Einstellungsverfahren; deren Wert bestimmt damit (auch im Falle von ZPO § 765 a) nicht (mehr) das Miteigentümerinteresse an der Einstellung oder Fortsetzung des Verfahrens. Betreibt ein Gläubiger, der einen Miteigentumsanteil oder Auseinandersetzungsanspruch gepfändet hat, die Teilungsversteigerung, so ist er Beteiligter nach § 9 Nr 1 und wird behandelt, wie Rdn 94.1 gesagt; sein Gegenstandswert richtet sich also nach dem Wert seiner Forderung.

94.3 Bei der Vertretung eines **Bieters,** der nicht Beteiligter (§ 9) ist, damit auch des Dritten bei Abtretung des Meistgebots und verdeckter Vertretung (§ 81 Abs 2 und 3) ist Gegenstandswert das höchste für den Auftraggeber abgegebene Gebot (auch wenn es zurückgewiesen oder unwirksam ist) oder – wenn ein Gebot nicht abgegeben wurde – der Wert des Gegenstands der Zwangsversteigerung (RVG § 26 Nr 3). Das Gebot besteht aus Bargebot und zugehören bestehenbleibenden Belastungen. Objektwert ist der vom Gericht nach § 74 a festgesetzte Verkehrswert, wo keiner festgesetzt ist, der tatsächliche Verkehrswert (nicht, wie bei Gerichtsgebühren, der Einheitswert). Bietet ein Beteiligter (§ 9) oder ist er Dritter nach § 81 Abs 2, 3, dann bleibt der Gegenstandswert für dessen Vertretung (Rdn 94.1) unverändert.

Mehrere Anträge, mehrere Grundstücke, mehrere Auftraggeber 95

95.1 Stellt der Rechtsanwalt für denselben Auftraggeber hintereinander **mehrere Anträge** (Anordnung und Beitritt oder zwei Beitritte), so werden die Gegenstandswerte zusammengerechnet, Gebühren damit nur einmal gerechnet (RVG § 22 Abs 1). Wird aber das erste Verfahren aufgehoben (Grund gleichgültig) und später wegen derselben oder einer anderen Forderung desselben Gläubigers ein neuer Antrag gestellt, so handelt es sich um zwei verschiedene Verfahren mit zwei Gebühren. Keine Zusammenrechnung erfolgt, wenn für den Erstantrag sogleich der Wert des Rechts statt der Teilforderung maßgebend war (RVG § 26 Nr 1; hier kein weiterer Gegestandswert).

95.2 Vertritt der Rechtsanwalt einen Gläubiger oder sonstigen Beteiligten in einem Verfahren über **mehrere Grundstücke** der gleichen oder mehrerer Eigentümer, Bruchteile von Grundstücken, Gebäudeeigentum, grundstücksgleiche Rechte, Schiffe, Schiffsbauwerke oder Luftfahrzeuge (§ 18), so erhält er die Gebühren nur einmal[11]. Es handelt sich dann um eine Angelegenheit (mit zusammengerechnetem Wert, wo es auf den Grundstückswert ankommt), wenn das Gericht ein (verbundenes) Verfahren durchführt. Werden Verfahren später verbunden, so bleiben die angefallenen Gebühren unberührt; neu anfallende Gebühren werden nach den Gesamtwerten berechnet. Werden die Verfahren wieder getrennt, dann bleiben angefallene Gebühren unberührt; von der Trennung an entstehen getrennte Gebühren für jedes Verfahren nach seinem Objektwert ab Trennung. Bei der

---

[9] Mümmler JurBüro 1978, 1462 und JurBüro 1979, 1285 (1287).
[10] LG Bonn JurBüro 1980, 887; Mümmler JurBüro 1979, 1285 (1287).
[11] OLG Köln JurBüro 1981, 154; LG Münster JurBüro 1980, 1687 mit Anm Mümmler = Rpfleger 1980, 401; Mümmler JurBüro 1983, 1464; aA bei Zwangsvollstreckung gegen mehrere Schuldner Meyer JurBüro 1999, 73.

Einleitung 95.2   Zwangsvollstreckung und Kostenrecht

Pauschgebühr erlangt Bedeutung, daß diese bereits vor der Verbindung oder wieder nach der Trennung aus den Einzelwerten voll anfallen kann.

95.3 Vertritt der Rechtsanwalt **mehrere Gläubiger** mit verschiedenen Forderungen, so sind das verschiedene Verfahren, für jedes besondere Gebühren[12]. Bei Gesamtgläubigerschaft gibt es nur eine Gebühr[13]. Vertritt der Rechtsanwalt sonst „in derselben Angelegenheit" mehrere Auftraggeber, gleich in welcher Eigenschaft (so als Berechtigte in Erbengemeinschaft, Ehemann und Ehefrau als Grundstückseigentümer je zur Hälfte, wenn gegen sie als Gesamtschuldner vollstreckt wird), dann liegt ein einheitlicher Auftrag, somit dieselbe Angelegenheit vor. Der Rechtsanwalt erhält die Gebühren aus den zusammengerechneten Gegenstandswerten (RVG § 22 Abs 1) (und die Auslagen) nur einmal. Gleich ist dabei, ob die mehreren von vornherein vertreten werden oder erst nacheinander dazu kommen, so durch nachträgliche Verbindung der Verfahren aus § 18. Jeder der Auftraggeber haftet aber nur für die Gebühren und Auslagen, die für seinen Auftrag entstanden wären (RVG § 7 Abs 2).

96 RA-Gebühren in Zwangsverwaltungsverfahren

96.1 In Zwangsverwaltungsverfahren erhält der Rechtsanwalt eine Verfahrensgebühr in Höhe von **0,4** nach VergV Nr 3311 jeweils gesondert für
- die Vertretung des Gläubigers im Verfahren über den Antrag auf Verfahrensanordnung oder auf Zulassung des Beitritts,
- die Vertretung des Gläubigers im weiteren Verfahren einschließlich des Verteilungsverfahrens,
- die Vertretung eines sonstigen Beteiligten im gesamten Verfahren einschließlich des Verteilungsverfahrens,
- die Tätigkeit in Verfahren über Einstellungsanträge sowie für Verhandlungen zwischen Gläubiger und Schuldner mit dem Ziel der Aufhebung des Verfahrens.

96.2 Die Zwangsverwaltungs-**Anordnungsgebühr** (= Beitrittsgebühr) (VergV Nr 3311 Ziff 3) erhält der Rechtsanwalt nur für die Vertretung des Antragstellers (= betreibenden Gläubigers). Er erhält diese Gebühr auch bei der von ihm beantragten Überleitung eines ergebnislosen Zwangsversteigerungsverfahrens in eine Zwangsverwaltung (§ 77 Abs 2) oder dann, wenn er auf Grund einer Einstweiligen Verfügung des Prozeßgerichts (siehe Einl Rdn 86.1) den Antrag stellt. Der Umfang seiner Tätigkeit ist ohne Bedeutung. Es wird hierdurch alles abgegolten von der Auftragsentgegennahme bis zum Anordnungs- oder Beitrittsbeschluß (bzw zu deren Ablehnung) (beide eingeschlossen). Nicht hierunter fallen aber die gerichtliche Verwaltung gegen den Ersteher (§ 94), nicht auch Sicherungsmaßnahmen gegen den Schuldner (§ 25), auch nicht die Bewachung und Verwahrung von Schiffen (§ 165) oder Luftfahrzeugen (§ 171c Abs 2). Übernimmt er die Vertretung erst nach der Anordnung oder dem Beitritt, so fällt diese Gebühr für ihn nicht mehr an. Bei vorzeitiger Beendigung des Anordnungs- oder Beitrittsabschnitts (durch Rücknahme des Antrags vor der gerichtlichen Entscheidung) ermäßigt sich die Gebühr nicht. Der Gegenstandswert bestimmt sich nach dem Anspruch, dessentwegen Anordnung oder Beitritt beantragt ist, wobei Nebenforderungen mitzurechnen sind; dabei sind künftige wiederkehrende Leistungen mit einem Jahresbetrag zu berücksichtigen (RVG § 27 Satz 1). Für den Antrag des Rechtsanwalts, der ein und denselben Gläubiger vertritt, die Zwangsverwaltung mehrerer Grundstücke (auch Wohnungseigentumsrechte) desselben Schuldners in demselben Verfahren anzuordnen, erhält er die Zwangsverwaltungsanordnungsgebühr nur einmal[14]; die Gebühr entsteht in derselben Angelegenheit (RVG § 15 Abs 2)[14].

---

[12] Unklar LG Hannover Rpfleger 2001, 323.
[13] Mümmler JurBüro 1981, 1798; wohl auch LG Hannover Rpfleger 2001, 323.
[14] OLG Köln JurBüro 1981, 154.

Zwangsvollstreckung und Kostenrecht 98.3 **Einleitung**

Wenn der Rechtsanwalt Antrag für jedes Grundstück (jedes Wohnungseigentumsrecht) gesondert stellt und die Verfahren bei Anordnung auch nicht verbunden werden (§ 18), gehören die verschiedenen Gegenstände nicht zusammen; dieselbe Angelegenheit ist dann nicht gegeben, so daß die Zwangsverwaltungsanordnungsgebühr für jeden Antrag gesondert entstanden ist (teilweise anders[14]). Wird ein anderer Beteiligter, etwa der Schuldner vertreten, fällt nicht diese Gebühr, sondern die Zwangsverwaltungsverfahrensgebühr für den Anwalt an (Rdn 96.3).

96.3 Die **Zwangsverwaltungs-Verfahrensgebühr** (VergV Nr 3311 Ziff 4 und 5) erhält der Rechtsanwalt (gesondert) für die Vertretung des Antragstellers (= betreibenden Gläubigers) im weiteren Zwangsverwaltungsverfahren nach der Anordnung oder dem Beitritt, einschließlich des Verteilungsverfahrens. Er erhält sie auch für die Vertretung eines sonstigen Beteiligten (zB des Schuldners, des Gläubigers eines Grundpfandrechts, im ganzen Zwangsverwaltungsverfahren einschließlich des Verteilungsverfahrens, gleich in welchem Umfang, auch bei Wahrnehmung von Terminen (es genügt schon, wenn ein Schreiben an den Zwangsverwalter gerichtet wird). Gegenstandswert ist bei der Vertretung des betreibenden Gläubigers (wie bei Anordnung oder Beitritt) dessen Anspruch (Nebenleistungen sind einzurechnen). Bei der Vertretung des Schuldners richtet sich der Gegenstandswert nach dem zusammengerechneten Wert der betreibenden Ansprüche. Bei der Vertretung eines sonstigen Beteiligten (zB eines dinglichen Gläubigers, der selbst nicht betreibt) ist der Wert nach billigem Ermessen zu bestimmen (RVG §§ 27, 23 Abs 3 Satz 2).

96.4 Die Tätigkeit in **Einstellungsverfahren**, zB nach § 153b, ZPO § 765a (selten), wird mit einer (gesonderten) Verfahrensgebühr in Höhe von 0,4 vergütet (VergV 3311 Nr 6). Siehe hierwegen das Rdn 91 Gesagte.

Erinnerungs- und Beschwerdeverfahren (VergV 3500, 3502, 3503, 3513)   97

Als **Verfahrensgebühr** für die Vertretung eines beliebigen Beteiligten in Beschwerde- und Erinnerungsverfahren der Zwangsversteigerung und Zwangsverwaltung entsteht nach VergV Nr 3500 eine Gebühr in Höhe von **0,5**. Die Vorschrift erfaßt die Erinnerung nach ZPO § 766 ebenso wie die Erinnerung nach RPflG § 11 Abs 2 (RVG § 18 Nr 5). Bei mehreren Beschwerdeverfahren entstehen mehrere Gebühren, falls die Verfahren nicht miteinander verbunden sind. Für die **Wahrnehmung eines Termins** in diesen Verfahren entsteht nach VergV Nr 3513 eine weitere Gebühr von 0,5. Es genügt die Anwesenheit in einem vom Gericht angesetzten Termin; Anträge müssen nicht gestellt werden. Für das Verfahren der **Rechtsbeschwerde** entsteht nach VergV 3502 eine Verfahrensgebühr in Höhe von 1,0. Gegenstandswert in Erinnerungs- und Beschwerdeverfahren: RVG § 23 Abs 2.

Andere Gebühren   98

98.1 Einigungsgebühr: VergV Nr 1000 in Höhe von 1,5. Die Gebühr kann neben den in anderen Teilen des VergV bestimmten Gebühren entstehen (Vorbemerkung 1).

98.2 **Hebegebühr:** VergV Nr 1009.

98.3 Für **außergerichtliche Tätigkeiten** des Rechtsanwalts sind Gebühren in VergV Teil 2 (Nrn 2100–2608) zusammengefaßt geregelt. Dieser Teil enthält Tatbestände für solche Gebühren, die unabhängig davon entstehen können, welchen Tätigkeitsbereich der dem Rechtsanwalt erteilte Auftrag umfaßt und nach welchen weiteren Teilen des VergV Gebühren entstehen.[15] In Zwangsversteigerungs- und Zwangsverwaltungsverfahren können insbesondere entstehen:

---

[14] OLG Köln JurBüro 1981, 154.
[15] Begründung BT-Drucks 15/1971 Seite 204.

Einleitung 98.3   Zwangsvollstreckung und Kostenrecht

- eine **Beratungsgebühr** nach VerV Nr 2100 in Höhe von 0,1 bis 1,0. Wenn der Auftraggeber Verbraucher ist (BGB § 13) und die Tätigkeit sich auf ein erstes Beratungsgespräch beschränkt, beträgt die Gebühr nach VergV Nr 2102 höchstens 190 Euro. Die Gebühr ist auf eine Gebühr für sonstige Tätigkeiten anzurechnen, die mit der Beratung zusammenhängt.
- eine **Gutachtengebühr** nach VergV Nr 2103 in angemessener Höhe;
- eine Gebühr für **Prüfung der Erfolgsaussicht eines Rechtsmittels** nach VerV Nr 2200 oder 2201 in Höhe von 0,5 bis 1,3;
- für nur **außergerichtliche Vertretung** eines Beteiligten (§ 9; dort Rn 2) eine Geschäftsgebühr nach VergV 2400 in Höhe von 0,5 bis 2,5. Sie entsteht für das Betreiben des Geschäfts einschließlich der Information und für die Mitwirkung bei der Gestaltung eines Vertrags. Eine Gebühr von mehr als 1,3 kann nur gefordert werden, wenn die Tätigkeit umfangreich oder schwierig war. Die Gebühr erhält der Rechtsanwalt auch für die Vertretung von Personen, die weder Verfahrensbeteiligte noch Bieter sind, aber in einem Zwangsversteigerungs- oder Zwangsverwaltungsverfahren irgend etwas vorzubringen haben, sich vielleicht zu Unrecht als Beteiligte ansehen und dementsprechend Anträge stellen. Wenn der Auftrag sich auf ein **Schreiben einfacher Art** beschränkt, das weder schwierige rechtliche Ausführungen noch größere sachliche Auseinandersetzungen enthält, beträge diese Geschäftsgebühr 0,3 nach VergV Nr 2402.

98.4 Vereinbarung der Vergütung: RVG § 4.

99 Auslagen des Rechtsanwalts

99.1 Der Rechtsanwalt erhält zusammen mit den Gebühren jeweils auch Ersatz seiner Auslagen (RVG § 1 Abs 1; VergV Nr 7000–7008), nämlich Umsatzsteuer, Entgelte für Post- und Telekommunikationsdienstleistungen, Dokumentenpauschale, Reisespesen, nicht aber allgemeine Geschäftsunkosten, die durch die Gebühren mit abgegolten werden (VergV Vorbemerkung 7 [1]).

99.2 Umsatzsteuer: Der Rechtsanwalt erhält Ersatz der auf seine Vergütung (und Unkosten) entfallenden Umsatzsteuer, es sei denn, diese wird nach dem Umsatzsteuergesetz, § 19 Abs 1, wegen des geringen Umsatzes nicht erhoben (VergV Nr 7008). Steuersatz ab 1. 4. 1998: 16 vH. Beträge können vom unterlegenen Gegner verlangt werden, wenn sie vom obsiegenden Teil zum sogenannten Vorsteuerabzug nicht verwendet werden können (war früher umstritten); zur Berücksichtigung genügt Erklärung (ZPO § 104 Abs 2 Satz 3).

99.3 Entgelt für Post- und Telekommunikationsdienstleistungen: Es wird nach tatsächlichem Anfall ersetzt; es kann dafür je Angelegenheit und Rechtszug ein Pauschalsatz bis zu 20% der gesetzlichen Gebühren, höchstens 20 Euro (zuzüglich der darauf entfallenden Mehrwertsteuer) berechnet werden (VergV § 7002). Bei Berechnung der tatsächlich angefallenen können bei Ferngesprächen im Ortsbereich nur die wirklichen Gebühreneinheiten berechnet werden, keine erhöhten Pauschsätze (die Fernsprechgrundgebühren gehören zu den allgemeinen Geschäftsunkosten).

99.4 Pauschale für die Herstellung und Überlassung von **Dokumenten:** VergV Nr 7000 (mit Einzelheiten).

99.5 Reisespesen: Bei Geschäftsreisen (zB zu auswärtigem Versteigerungstermin) erhält der Anwalt die Fahrtkosten für Verkehrsmittel (soweit sie angemessen sind), bei Benützung eines eigenen Kraftwagens 0,30 Euro für jeden angefangenen Kilometer des Hin- und Rückwegs sowie bare Auslagen (insbesondere Parkgebühren), dazu je nach Dauer der Abwesenheit ein Tage- und Abwesenheitsgeld und Ersatz der Übernachtungskosten. Einzelheiten: VergV Nr 7003–7006.

100 d) Rechtsbeistandskosten

100.1 Rechtsbeistände (Personen denen die Erlaubnis zur geschäftsmäßigen Besorgung fremder Rechtsangelegenheiten erteilt wurde, Rechtsberatungsgesetz,

Schönfelder Nr 99, § 1) können auch in Immobiliarvollstreckungsangelegenheiten beraten und vertreten, soweit sie uneingeschränkt oder für dieses Rechtsgebiet zugelassen sind. In der mündlichen Verhandlung vor Gericht dürfen sie nur auftreten, wenn sie Mitglied der Rechtsanwaltskammer oder ausdrücklich als Prozeßagenten zugelassen sind (ZPO § 157 Abs 1, 3 mit EGZPO § 25). Sie erhalten **Gebühren und Auslagen** wie Rechtsanwälte (für Gebühren gelten keine ermäßigten Sätze mehr) (Kostenrechtsänderungsgesetz, Schönfelder Nr 124, Art IX).

100.2 Die Kosten der Rechtsbeistände sind für den Gegner **erstattungspflichtig**.

e) Sachverständigenkosten

101.1 Die Entschädigung des Sachverständigen, der in einem ZVG-Verfahren angehört wird (dazu § 74a Abs 5), richtet sich nach dem JVEG. Der Sachverständige wird für seine **Leistung**, nicht für seinen Verdienstausfall, entschädigt (JVEG § 8 Abs 1). Das Honorar bestimmt sich nach der erforderlichen Zeit (JVEG §§ 8, 9). Ersatz von Aufwendungen: JVEG § 8 Abs 1, §§ 5–7 und 12.

101.2 Auch der als Sachverständiger herangezogene sogenannte **Sachverständigenausschuß** (§ 74a Rdn 10), wird nach den Vorschriften des JVEG entschädigt[1] Die Entschädigung richtet sich nach der Dauer der Tätigkeit jedes einzelnen Ausschußmitglieds; für alle Ausschußmitglieder ist ein einheitlicher Stundensatz auszuwerfen[1]. Umsatzsteuer fällt für die Sachverständigentätigkeit des Gutachterausschusses nicht an[1].

101.3 Wird ein Sachverständiger mit Erfolg von den Beteiligten **abgelehnt** und kann deshalb sein Gutachten nicht verwertet werden, so verliert er, falls er seine Ablehnung nur durch leichte Fahrlässigkeit verursacht hat, nicht den Entschädigungsanspruch. Er hat keinen Entschädigungsanspruch für die infolge der Ablehnung unterbliebene Tätigkeit[2]. Für die bis zur Ablehnung vorgenommene Tätigkeit hat der Sachverständige keinen Entschädigungsanspruch, wenn er den Ablehnungsgrund durch sein Verhalten in vorwerfbarer Weise (bei einfacher Fahrlässigkeit nicht der Fall) herbeigeführt hat[3]. Der Entschädigungsanspruch des Sachverständigen entfällt auch, wenn er bei der Entgegennahme des Auftrags einen ihm bekannten Ablehnungsgrund verschwiegen hat, obwohl er davon ausgehen mußte, daß von dem Grund weder das Gericht noch die Partei Kenntnis hat[4] Verwirkt sein kann der Entschädigungsanspruch, wenn das Gutachten schwerwiegende inhaltliche Mängel enthält und die Leistung damit unverwertbar ist[5]. Allein dadurch, daß das Gericht das Gutachten nicht für überzeugend oder lückenhaft hält und ihm daher nicht folgt, entfällt der Entschädigungsanspruch nicht[6]. Das Interesse auf Freistellung von Kosten für das Gutachten eines abgelehnten Sachverständigen ist mit Erinnerung (GKG § 5) geltend zu machen[7]. Für die (vom Gericht erbetene) Stellungnahme zu einem Ablehnungsgesuch erhält der Sachverständige keine Entschädigung[8].

---

[1] OLG München Rpfleger 1976, 264.
[2] BGH BB 1976, 438 = MDR 1976, 575 = NJW 1976, 1154 = Rpfleger 1976, 178; OLG Braunschweig NdsRpfl 1983, 142; OLG Frankfurt JurBüro 1979, 575; OLG Hamburg JurBüro 1978, 898 = MDR 1978, 237; OLG Hamm JurBüro 1979, 1687 = MDR 1979, 942; OLG Koblenz Rpfleger 1981, 37; OLG München Rpfleger 1981, 208; OLG Schleswig JurBüro 1979, 407; SchlHA 1979, 58 und JurBüro 1984, 583.
[3] OLG Bamberg JurBüro 1989, 1169; OLG Hamburg JurBüro 1989, 1019; OLG Koblenz JurBüro 1988, 1732 u MDR 2004, 831; Müller JR 1981, 52.
[4] Müller JR 1981, 52.
[5] OLG Düsseldorf JurBüro 2001, 537; OLG Koblenz FamRZ 1993, 562.
[6] OLG Düsseldorf aaO.
[7] BGH MDR 1984, 305 = NJW 1984, 870 = Rpfleger 1984, 120 Leitsatz.
[8] LG Krefeld JurBüro 1984, 262.

Erster Abschnitt. Zwangsversteigerung und Zwangsverwaltung von Grundstücken im Wege der Zwangsvollstreckung

Erster Titel. Allgemeine Vorschriften

[Zuständiges Amtsgericht – Vollstreckungsgericht]

1 (1) **Für die Zwangsversteigerung und die Zwangsverwaltung eines Grundstücks ist als Vollstreckungsgericht das Amtsgericht zuständig, in dessen Bezirke das Grundstück belegen ist.**

(2) **Die Landesregierungen werden ermächtigt, durch Rechtsverordnung die Zwangsversteigerungs- und Zwangsverwaltungssachen einem Amtsgericht für die Bezirke mehrerer Amtsgerichte zuzuweisen, sofern die Zusammenfassung für eine sachdienliche Förderung und schnellere Erledigung der Verfahren erforderlich ist. Die Landesregierungen können die Ermächtigung auf die Landesjustizverwaltungen übertragen.**

Allgemeines zum Zwangsversteigerungsgesetz 1

1.1 Das ZVG, eng verbunden mit dem materiellen Liegenschaftsrecht des BGB (Einl Rdn 2), ist mit diesem am 1. Jan 1900 für Schiffe, sonst mit Erstanlegung des Grundbuchs in Kraft getreten (EGZVG § 1 Abs 1). Es wurde durch zahlreiche Landesgesetze ergänzt und vielfach geändert. Überstanden hat es zwei Weltkriege und zahlreiche politische und wirtschaftliche Entwicklungen. Noch immer gilt es als „ein Meisterwerk begrifflicher Konstruktion, ohne daß darüber eine Berücksichtigung der Interessen aller Beteiligten zu kurz kommt"[1].

1.2 Das ZVG regelt (von geringfügigen landesrechtlichen Besonderheiten abgesehen) nach dem Wegfall der besonderen Zuständigkeiten in Baden-Württemberg ab 1. 1. 1972 das einschlägige Verfahren im ganzen Geltungsbereich einheitlich. Zusammen mit den §§ 864–871 der ZPO und Sondergesetzen für Schiffe und Luftfahrzeuge und in Verflechtung mit BGB, ErbbauVO, WEG und anderen **bietet** uns das ZVG eine sehr komplizierte **Sonderabteilung** des Rechtslebens. Eine systematische Übersicht über das ganze Rechtsgebiet in der Ablaufolge der Verfahren mit zahlreichen Mustern und Beispielen bringt das ZVG-Handbuch[2]. Der Kommentar, an die Reihenfolge des ZVG gebunden, bringt kurze Übersichten jeweils am Anfang eines Verfahrensabschnitts.

Übersicht zu §§ 1–14 2

In dem **Ersten Abschnitt** des Gesetzes (§§ 1–161) über Zwangsversteigerung und Zwangsverwaltung von Grundstücken im Wege der Zwangsvollstreckung befaßt sich dessen 1. Titel (§§ 1–14) mit den allgemeinen Vorschriften, die (mit Besonderheiten) für alle Verfahrensarten gelten. Es sind das Regeln über die Zuständigkeit (§§ 1, 2), Zustellung (§§ 3–8), die grundsätzliche Frage, wer Beteiligter ist (§ 9), und über die für das ZVG typische grundsätzliche Rangordnung (§§ 10–14).

Zuständigkeit 3

3.1 Sachlich zuständig ist das Amtsgericht (GVG § 22) als **Vollstreckungsgericht** (§ 1 Abs 1; ZPO § 764) in allen Verfahrensarten des ZVG und für alle Gegenstände der Immobiliarvollstreckung. Landesrechtliche Zuständigkeitsregelungen sind nach Aufhebung des EGZVG § 13 nicht mehr möglich.

---

[1] Grunsky, Zwangsvollstreckungsrecht, § 3 (IV 3).
[2] Stöber, ZVG-Handbuch, 7. Aufl 1999.

§ 1   3.2   Allgemeine Vorschriften

3.2 a) **Örtlich zuständig** für die Zwangsversteigerung und die Zwangsverwaltung eines Grundstücks (Grundstücksbruchteils, Wohnungseigentums, Gebäudeeigentums, grundstücksgleichen Rechts) ist dasjenige Amtsgericht, in dessen Bezirk das Grundstück (andere Objekt) „belegen" ist (Abs 1). Abgestellt ist auf die Lage des Grundstücks im Gerichtsbezirk, nach der sich regelmäßig (GBO § 1 Abs 1 Satz 2), nicht aber immer (GBO § 4 Abs 2) auch die Zuständigkeit für die Führung des Grundbuchs bestimmt. Sondervorschriften regeln die örtliche Zuständigkeit für Schiffe (§ 163 Abs 1, § 171 Abs 2), Schiffsbauwerke (§ 170a Abs 2) und Luftfahrzeuge (§ 171b Abs 1, § 171h).

b) Grundsätzlich ist als Vollstreckungsgericht jedes Amtsgericht für seinen Dienstbereich zuständig (Abs 1). Durch Rechtsverordnung können die Landesregierungen oder die von ihnen ermächtigten Landesjustizverwaltungen (seit 1. 7. 1957) jedoch die Zwangsversteigerungs- und Zwangsverwaltungssachen (alle Verfahren des ZVG) jeweils für mehrere **Gerichtsbezirke** einem Amtsgericht als gemeinsamem Gericht zuweisen (Abs 2). Bayern hat dies sofort getan und so erreicht, daß die schwierigen Verfahren von den mit dem Rechtsgebiet in besonderem Maße vertrauten, erfahrenen Rechtspflegern der größeren Gerichte bearbeitet werden. Die Zentralisierung bringt aber mit der Entfernung der Zentralgerichte für Schuldner und Beteiligte immer wieder auch Erschwernisse; sie ist oft dem für interessenwahrende Verfahrensgestaltung (Einl Rdn 7) wünschenswerten Kontakt zwischen Beteiligten (insbesondere Schuldner) und dem Vollstreckungsgericht hinderlich. Auf das Versteigerungsergebnis kann es sich nachteilig auswirken, wenn das Vollstreckungsgericht wegen räumlicher Entfernung mit Besonderheiten des örtlichen Grundstücksmarkts nicht mehr vertraut ist (daher kritisch gegen Konzentrierung der Versteigerungsverfahren auch[3]). Andere Bundesländer sind aus beachtenswerten Erwägungen nur zum Teil oder auch (besser) nicht nachgefolgt. Daß eine „schnellere Erledigung der Verfahren" deren Zusammenfassung bei Zentralgerichten erfordert hat (Voraussetzung nach Abs 2), kann heute nicht angenommen werden; Arbeitsüberlastung und personelle Engpässe bei größeren Zentralgerichten (auch in deren Geschäftsstellen) bewirken nicht selten Verfahrensverzögerung.

3.3 **Landesrechtliche** Vorschriften nach dem jetzigen Stand:

Baden-Württemberg: § 8 Abs 1 der Verordnung über gerichtliche Zuständigkeiten (Zuständigkeitsverordnung Justiz – ZuVOJu) vom 20. 11. 1998 (GBl 1998, 680), zuletzt geändert durch die Verordnung vom 3. 3. 2005 (GBl 2005, 292).
Bayern: § 38 der Verordnung über gerichtliche Zuständigkeiten im Bereich des Staatsministeriums der Justiz (Gerichtliche Zuständigkeitsverordnung Justiz – GZVJu) vom 16. 11. 2004 (BayGVBl 471): mit Abweichungen grundsätzlich das Amtsgericht am Sitz des übergeordneten Landesgerichts.
Brandenburg: § 9 Abs 2 der Verordnung über gerichtliche Zuständigkeiten und Zuständigkeitskonzentrationen (Gerichtszuständigkeits-Verordnung – GerZustV) vom 3. 11. 1993 (GVBl 1993 II 689), zuletzt geändert durch die Verordnung vom 30. 11. 2003 (GVBl 2003 II 55).
Nordrhein-Westfalen: Verordnung zur Bildung gemeinsamer Amtsgerichte für Zwangsversteigerungs- und Zwangsverwaltungssachen vom 26. 11. 1970 (GV. NW 1970, 761 = SGV. NW 311) geändert durch Verordnungen vom 2. 4. 1975 (GV. NW 1975, 351), vom 7. 2. 1979 (GV. NW 1979, 45), vom 4. 9. 1980 (GV. NW 1980, 825), vom 15. 11. 1983 (GV. NW 1983, 558), vom 23. 9. 1991 (GV. NW 1991, 373) und vom 5. 4. 2005 (GV. NW 2005, 274, Art 137 S 290).
Rheinland-Pfalz: § 2 der Landesverordnung über die gerichtliche Zuständigkeit in Zivilsachen und Angelegenheiten der freiwilligen Gerichtsbarkeit vom 22. 11. 1985 (GVBl 1985, 267 = BS 301-6), zuletzt geändert durch die Landesverordnung vom 24. 10. 2001 (GVBl 2001, 274).

---

[3] Steiner/Hagemann § 1 Rdn 1; Eickmann, Kurzlehrbuch, § 8 I 3.

Zuständiges Amtsgericht – Vollstreckungsgericht 3.7 § 1

Sachsen: Verordnung über gerichtliche Zuständigkeiten und Zuständigkeiten in Justizverwaltungssachen (Justizzuständigkeitsverordnung – JuZustVO) vom 6. 5. 1999 (GVBl 1999, 281 = BS 303–3) (§ 1 Abs 1 mit Anlage Nr 2).
Schleswig-Holstein: Landesverordnung über die Bildung gemeinsamer Amtsgerichte für Zwangsversteigerungs- und Zwangsverwaltungssachen vom 16. 11. 1981 (GVoBl 1981, 333), geändert durch Art VI § 4 des Gesetzes vom 8. 2. 1994 (GVoBl 1994, 124 und durch Art 2 Landesverordnung vom 8. 12. 1998 (GVoBl 1998, 378).
Thüringen: § 7 der Verordnung über gerichtliche Zuständigkeiten in der ordentlichen Gerichtsbarkeit vom 12. 8. 1993 (GVBl 1993, 563 = GS II 300–0–15), §-Zahl geändert durch Verordnung vom 27. 7. 1995 (GVBl 1995, 772), VO zuletzt geändert durch Verordnung vom 3. 12. 2002 (GVBl 2002, 424).

3.4 Die **Zuständigkeit** des Gerichts **bleibt** unberührt, wenn das Verfahren ordnungsgemäß angeordnet ist, das Grundstück aber später einem anderen Grundbuchbezirk und damit einem anderen Verfahrensgericht zugeteilt wird und der Gesetzgeber keine Übergangsregelung trifft[4].

3.5 Die (sachliche und örtliche) Zuständigkeit ist eine **ausschließliche** (ZPO § 802 mit § 869). Abweichende Vereinbarung der Beteiligten ist unzulässig (ZPO § 40 Abs 2).

3.6 Zu **prüfen** ist die Zuständigkeit als sachliche Vollstreckungsvoraussetzung **von Amts wegen,** auch vom Beschwerdegericht.

3.7 a) **Abzugeben** an das für mehrere Gerichtsbezirke nach Abs 2 zuständige gemeinsame Vollstreckungsgericht ist der Antrag, wenn er bei einem nicht zuständigen Amtsgericht im gemeinsamen Bezirk gestellt ist. Dem Antragsteller ist Abgabenachricht zu erteilen. Weitergabe an das zuständige Vollstreckungsgericht ist allgemeine Amtsobliegenheit des nicht mehr zuständigen Amtsgerichts im Versteigerungsbezirk des gemeinsamen Gerichts.

b) Der sonst bei einem unzuständigen Amtsgericht gestellte Antrag, über den noch nicht entschieden ist, kann auf Antrag des Antragstellers (nicht von Amts wegen) an das zuständige Vollstreckungsgericht **weitergeleitet** (formlos abgegeben) werden. Möglich wäre auch **Verweisung,** weil ZPO § 281 auch auf Verfahrensarten ohne mündliche Verhandlung[5] und damit auf Zwangsvollstreckungsverfahren Anwendung findet. Sie kann aber nur erfolgen, wenn das zuständige Gericht eindeutig bestimmt werden kann, keinesfalls, wenn erst unter mehreren unzuständigen eines nach § 2 bestimmt werden muß. Die Verweisung bewirkt, daß das Verfahren von dem neuen Gericht übernommen und fortgeführt wird, der Antrag somit bei ihm wirksam gestellt ist. Diese Verweisungswirkung im Gegensatz zur nur formlosen Abgabe erlangt für Zwangsversteigerung und Zwangsverwaltung zwar kaum einmal Bedeutung. Sicherungswirkung für Beschlagnahme hat das beim unzuständigen Gericht gestellte Verfahrensantrag nicht. An den Verweisungsbeschluß ist das angegangene Gericht entgegen ZPO § 281 Abs 2 nicht gebunden, weil es nur selbst über seine Zuständigkeit entscheiden kann. Gerichtsgebühren fallen erst mit der Entscheidung des Gerichts an (Einl Rdn 76). Parteikosten im Verfahren vor dem unzuständig angegangenen Gericht treffen den Antragsteller (ZPO § 281 Abs 3). Sachgerecht ist es daher nahezu immer, wenn der Antragsteller Abgabe (Weiterleitung) beantragt oder den beim unzuständigen Gericht gestellten Antrag zurücknimmt und neuen Antrag beim zuständigen Gericht stellt. Verweisung könnte aber im Gläubigerinteresse liegen für Wahrung des Neubeginns der Verjährung (BGB § 212 Abs 1 Nr 2) und zur Erhaltung des Rechtszugs für bereits entstandene Rechtsanwaltsgebühren (RVG § 20).

---

[4] OLG Frankfurt Rpfleger 1980, 396.
[5] RG 131, 197 (200).

3.8 Zurückzuweisen ist ein bei dem unzuständigen Gericht gestellter Antrag auf Verfahrensanordnung nach Anhörung des Antragstellers, wenn weder Abgabe noch Verweisung beantragt ist.

3.9 a) **Nach Verfahrensanordnung** können die Beteiligten die Zuständigkeit mit Rechtsbehelf (Erinnerung oder Beschwerde) gegen den Anordnungsbeschluß rügen. Die Unzuständigkeit ist nicht heilbarer Zuschlagversagungsgrund (§ 83 Nr 6, § 84); zu berücksichtigen ist er vom Beschwerdegericht von Amts wegen (§ 100 Abs 3). Sobald der (unheilbare, § 84 Abs 1) Verfahrensmangel festgestellt wird, ist das von einem unzuständigen Gericht angeordnete Verfahren daher (nach Anhörung der Beteiligten) von Amts wegen aufzuheben (§ 28 Abs 2, § 79 mit § 83 Nr 6 und § 86). Einstellung kann zunächst erfolgen, wenn Gelegenheit zu geben ist, Bestellung des Vollstreckungsgerichts als nach § 2 zuständiges Gericht zu erwirken.

b) **Verweisung nach Verfahrensanordnung** würde ZPO § 281 auf Antrag ermöglichen; anders[6], auch[7] (Wegfall der Beschlagnahmewirkungen mit Verfahrensaufhebung schließt sie aber neue Entscheidung über den Antrag nicht aus). Die Verweisungswirkung des ZPO § 281 (Einheitlichkeit des Verfahrens) erfährt jedoch für Zwangsversteigerungs- und Zwangsverwaltungsverfahren mit den Beschlagnahmewirkungen eine grundlegende Einschränkung. Auch Verweisungsantrag und Verweisung räumen die fehlerhafte Beschlagnahme mit Verfahrensanordnung durch ein unzuständiges Gericht als Aufhebungsgrund nicht aus. Verweisung kann daher nicht zur Folge haben, daß die fehlerhaft zustande gekommenen Beschlagnahmewirkungen beibehalten bleiben. Das zuständige Gericht hat in eigener Entscheidung über die Anordnung des Verfahrens zu befinden; wenn es anordnet, tritt erst damit die Beschlagnahme ein. Daher ist auch bei Verweisung die Aufhebung der unzulässig gewesenen Beschlagnahme von Amts wegen (§ 28 Abs 2) auszusprechen. Sicherungswirkung für Beschlagnahme kommt der Verweisung daher auch in diesem Fall nicht zu (siehe Rdn 3.7). Wenn gleichwohl ohne vorherige Verfahrensaufhebung verwiesen wird, dauert die Beschlagnahme zwar als Hoheitsmaßnahme bis zur Aufhebung des Verfahrens an. Diese ist durch das nach Verweisung zuständige Gericht anzuordnen; es hat dann über den nun bei ihm anhängigen Verfahrensantrag neu zu entscheiden.

3.10 Nach **Rechtskraft des Zuschlags** kann die Zuständigkeit nicht mehr gerügt werden. Ein Mangel der Zuständigkeit berührt den Verfahrensfortgang (§§ 105 ff) nicht mehr.

[Bestimmung des zuständigen Gerichts]

2 (1) **Ist das Grundstück in den Bezirken verschiedener Amtsgerichte belegen oder ist es mit Rücksicht auf die Grenzen der Bezirke ungewiß, welches Gericht zuständig ist, so hat das zunächst höhere Gericht eines der Amtsgerichte zum Vollstreckungsgerichte zu bestellen; § 36 Abs. 2 und 3 und § 37 der Zivilprozeßordnung finden entsprechende Anwendung.**

(2) **Die gleiche Anordnung kann getroffen werden, wenn die Zwangsversteigerung oder die Zwangsverwaltung mehrerer Grundstücke in demselben Verfahren zulässig ist und die Grundstücke in den Bezirken verschiedener Amtsgerichte belegen sind. Von der Anordnung soll das zum Vollstreckungsgerichte bestellte Gericht die übrigen Gerichte in Kenntnis setzen.**

---

[6] Steiner/Hagemann § 1 Rdn 33.
[7] Mohrbutter/Drischler Muster 8 Anm 1.

Bestimmung des zuständigen Gerichts   3.1   § 2

Allgemeines zu § 2   1

1.1 Zweck der Vorschrift: Bestimmung des (ausschließlich, ZPO § 802) örtlich zuständigen Vollstreckungsgerichts in den Fällen, in denen aus besonderen Gründen die Regel des § 1 versagt oder die Zwangsversteigerung (Zwangsverwaltung) mehrerer in verschiedenen Amtsgerichtsbezirken gelegener Grundstücke in einem Verfahren (§ 18) durchzuführen ist.

1.2 Anwendungsbereich: Die Vorschrift gilt auch für die Zwangsverwaltung, für das Insolvenzverwalterverfahren (§ 172), für das Nachlaßverfahren (§ 175) und für die Teilungsversteigerung[1] (§ 180), nicht aber für Schiffe (§ 162 Rdn 9.1) und (wegen § 171 b Abs 1) nicht für Luftfahrzeuge.

Bestimmung des zuständigen Gerichts: Voraussetzungen   2

2.1 a) Lage des Grundstücks zugleich in den Bezirken verschiedener (nach § 1 als Vollstreckungsgerichte zuständiger) Amtsgerichte (Abs 1, erste Alternative); hier wären nach § 1 beide Gerichte zuständig. Praktisch wird das nur nach Vereinigung oder Bestandteilszuschreibung (BGB § 890) der Fall sein[2].

b) (Oder) Ungewißheit mit Rücksicht auf die Grenzen der Gerichtsbezirke darüber, zu welchem Bezirk das Grundstück gehört (Abs 1, zweite Alternative; nicht mehr von praktischer Bedeutung). Wenn die Grenzen des Grundstücks selbst ungewiß sind, kann die Zuständigkeit nur nach ZPO § 36 Nr 6 geklärt werden.

c) (Oder) Zwangsversteigerung (Zwangsverwaltung) mehrerer in den Bezirken verschiedener (nach § 1 als Vollstreckungsgerichte zuständiger) Amtsgerichte belegener Grundstücke kann und soll nach § 18 im selben Verfahren erfolgen. Wenn die Zwangsversteigerung eines Grundstücksbruchteils angeordnet ist und sodann durch Gebietsänderungsgesetz ein anderes Amtsgericht für das Grundstück zuständig wird und dort die Zwangsversteigerung des anderen Bruchteils angeordnet werden soll, ist das gemeinsame Vollstreckungsgericht in entsprechender Anwendung des § 2 Abs 2 Satz 1 zu bestimmen[3].

2.2 Gerichtsbezirk ist immer der Versteigerungsbezirk, bei landesrechtlicher Zuweisung an ein zentrales Gericht nach § 1 Abs 2 somit dessen Bezirk. § 2 gilt nicht, wenn nur über die Zuständigkeit zwischen verschiedenen Abteilungen (oder Kammern) desselben Gerichts zu entscheiden ist; hier entscheidet der Geschäftsverteilungsplan (GVG § 21 e).

2.3 Auch im Vollstreckungsverfahren anwendbar ist außerdem **ZPO § 36** Abs 1 (für Nr 6:[4]) über die Bestimmung des zuständigen Gerichts, wenn (Nr 1) das an sich zuständige Gericht rechtlich (Ausschließung oder Befangenheit aller Rechtspfleger und Richter dieses Gerichts) oder tatsächlich (Krankheitsausfall aller dort Beschäftigten) verhindert ist, wenn (Nr 5) verschiedene Gerichte sich für zuständig erklärt haben oder wenn (Nr 6) verschiedene Gerichte sich in einem anhängigen Verfahren für unzuständig erklärt haben.

Gesuch   3

3.1 a) In den Fällen des **Abs 1** ist ein Gesuch eines Beteiligten (Gläubiger, Schuldner, anderer Verfahrensbeteiligter nach § 9) erforderlich (Abs 1 mit ZPO § 37 Abs 1). Von Amts wegen oder auch auf Anregung eines der Gerichte erfolgt diese Bestimmung nicht (anders[5]). Das Gesuch kann schriftlich oder zu Niederschrift der Geschäftsstelle gestellt werden; Anwaltszwang besteht (auch beim höheren Gericht) nicht. Für die Vollmacht gilt ZPO § 88 Abs 2.

---

[1] BayObLG Rpfleger 1998, 79.
[2] Praktischer Fall: BayObLG KTS 1997, 330 = Rpfleger 1997, 269.
[3] OLG Frankfurt Rpfleger 1980, 396.
[4] BGH FamRZ 1983, 578 = NJW 1983, 1859; RG 139, 351.
[5] Steiner/Hagemann § 2 Rdn 9.

§ 2 3.1 Allgemeine Vorschriften

b) Das Gesuch hat als Prozeßhandlung die Voraussetzungen der Zuständigkeitsbestimmung darzutun (Darlegungslast des Antragstellers); aus ihm muß sich daher ergeben, daß das beabsichtigte Verfahren durchgeführt werden kann. Die für den Beginn der Zwangsvollstreckung erforderlichen Urkunden (vollstreckbarer Schuldtitel, Vollstreckungsklausel, Zustellungsnachweis usw, § 16 Abs 2) und Nachweise über die besonderen Voraussetzungen der Verfahrensanordnung (§ 17) brauchen dem Gesuch nicht beigefügt werden[6], weil die allgemeinen Vollstreckungsvoraussetzungen in dem vorbereitenden Bestimmungsverfahren nicht geprüft werden (Rdn 4.2) (anders[7]); Vorlage ist dennoch zweckmäßig.

c) Wird Antrag auf Bestimmung der Zuständigkeit nach Abs 1 nicht gestellt, so muß das für das ZVG-Verfahren angerufene Gericht **Frist setzen,** binnen deren die notwendige Zuständigkeitsbestimmung herbeigeführt werden kann; bei Weigerung oder nach Ablauf der Frist muß der Verfahrensantrag zurückgewiesen werden. Wurde das ZVG-Verfahren schon in unzulässiger Weise angeordnet (bei Abs 1 ist ja noch kein Gericht dafür zuständig), so muß dieses bis zur Entscheidung des höheren Gerichts oder bis zum Ablauf der gesetzten Frist eingestellt und nach Fristablauf oder negativer Entscheidung des höheren Gerichts aufgehoben werden (aus § 28 Abs 2).

3.2 Für Zwangsversteigerung (Zwangsverwaltung) **mehrerer Grundstücke** in demselben Verfahren (Fall des Abs 2) kann Bestimmung des zuständigen Gerichts mit Gesuch eines Beteiligten verlangt werden. Es kann auch bereits in einem gemeinsamen Versteigerungsantrag für mehrerer Grundstücke zu erblicken sein (Auslegungsfrage). Die Anordnung kann aber auch auf Anregung eines der mit einem Verfahren befaßten Gerichte getroffen werden[8], weil die Verbindung mehrerer Verfahren von Amts wegen möglich ist (§ 18 Rdn 3.1). Hier sind ja mehrere Gerichte, jedes für sein Verfahren zuständig. Diese sollen nur aus **Zweckmäßigkeitserwägungen** nach § 18 verbunden werden; dazu müssen auf jeden Fall die Voraussetzungen des § 18 erfüllt sein[9]. Es können schon mehrere Verfahren angeordnet sein[10] oder nur eines[11] oder einige von ihnen oder noch keines[12]. Die Entscheidung des höheren Gerichts kann also schon vor Beginn der Verfahren erfolgen, aber auch noch, wenn die Verfahren schon laufen und irgendein Gläubiger die Verfahren zusammenlegen lassen will.

3.3 In den Fällen des **ZPO § 36 Abs 1 Nr 5 und 6** wird das Bestimmungsverfahren auch dort Vorlage eines der am Kompetenzkonflikt beteiligten Gerichte eingeleitet[13]. Für die Vorlage (in den in vollem Umfang übertragenen ZVG-Verfahren) ist der Rechtspfleger zuständig.

4 Verfahren, Entscheidung

4.1 a) Die Bestimmung trifft das für die beteiligten Gerichte **gemeinsame höhere Gericht,** also für Amtsgerichte im Bezirk eines Landgerichts dieses, für Amtsgerichte in verschiedenen Landgerichts-Bezirken das gemeinsame Oberlandesgericht; in Bayern war es für Amtsgerichte in verschiedenen Oberlandesge-

---

[6] BayObLG 1974, 15 = NJW 1974, 1204 = Rpfleger 1974, 167.
[7] Korintenberg/Wenz § 2 Anm 3; wohl auch Jaeckel/Güthe §§ 1, 2 Rdn 10.
[8] BGH MDR 1985, 52 = NJW 1984, 2166 = Rpfleger 1984, 363; BayObLG Rpfleger 1990, 131; BayObLG KTS 1995, 736; BayObLG Rpfleger 1998, 79; OLG Frankfurt Rpfleger 1980, 396.
[9] Denkschrift zum ZVG S 35; BayObLG 1974, 15 = aaO (Fußn 6).
[10] KG Berlin OLG 15, 289; OLG Frankfurt Rpfleger 1980, 396.
[11] LG Halle a. S. JW 1932, 3218.
[12] BGH NJW 1984, 2166 = aaO (Fußn 8); BayObLG JurBüro 1999, 438 = Rpfleger 1998, 438.
[13] BayObLG 1985, 397 = MDR 1986, 326 = NJW-RR 1986, 421 = Rpfleger 1986, 98; Zöller/Vollkommer, ZPO, § 37 Rdn 2.

richts-Bezirken Bayerns das Bayerische Oberste Landesgericht[14]. Für Amtsgerichte in verschiedenen Oberlandesgerichtsbezirken wäre der Bundesgerichtshof das gemeinsame höhere Gericht. Bestimmt wird aber das zuständige Gericht dann durch das Oberlandesgericht, zu dessen Bezirk das zuerst mit der Sache befaßte Amtsgericht als Vollstreckungsgericht (§ 1) gehört (Abs 1 Halbs 2 mit ZPO § 36 Abs 2). Es hat die Sache dem Bundesgerichtshof zur Entscheidung vorzulegen, wenn es bei der Bestimmung des zuständigen Gerichts in einer Rechtsfrage von der Entscheidung eines anderen Oberlandesgerichts oder des Bundesgerichtshofs abweichen will (Abs 1 Halbs 2 mit ZPO § 36 Abs 3).

b) In beiden Fällen des § 2 ist für die Bestimmung des höheren Gerichts nicht vorausgesetzt, daß gegen eine Weigerung des **Rechtspflegers,** ein Verfahren zu übernehmen oder abzugeben, erst die Entscheidung des Richters im Wege der sofortigen Beschwerde (oder Rechtspflegerinnerung RPflG § 11 Abs 2) herbeigeführt wird[15].

4.2 Das Verfahren fällt in das Gebiet der Rechtspflege[16]; die Bestimmung ist **Akt der Rechtsprechung**[17], nicht Akt der Justizverwaltung. Gegenüber dem ZVG-Verfahren ist die Zuständigkeitsbestimmung als eine das spätere Anordnungsverfahren vorbereitende Maßnahme selbständig; sie ist nicht unmittelbar Teil des ZVG-Verfahrens[18]. Sie kann daher auch schon vor Stellung des Vollstreckungsantrags (auch des Antrags auf Teilungsversteigerung[19]) und vor Anordnung der Versteigerung[20] getroffen werden. Die allgemeinen Vollstreckungsvoraussetzungen sowie Zulässigkeit und Aussichten des beabsichtigten Verfahrens[21] werden daher nicht von Amts wegen geprüft. Denn es soll nur das Gericht bestimmt werden, vor dem Recht gesucht werden kann und zu dessen Aufgaben die sachliche Entscheidung des Antrags gehört[22]. Erforderlich ist daher nur, daß das Verfahren durchgeführt werden kann, die für seinen Beginn erforderlichen Voraussetzungen (zB die Zustellung des Vollstreckungstitels) bis zur Entscheidung des zu bestimmenden Gerichts herbeigeführt werden können. Nur wenn offensichtlich ist, daß das Verfahren nicht durchgeführt werden kann (Gläubiger läßt etwa erkennen, daß er gar keinen Vollstreckungstitel hat), fehlt ein Rechtsschutzbedürfnis; Gerichtsstandsbestimmung ist dann ausgeschlossen.

4.3 Von **rechtlichem Gehör** des Schuldners ist in der Regel abzusehen[23]. Wenn das Verfahren wegen eines persönlichen Vollstreckungsanspruchs (Rangklasse 5 des § 10 Abs 1) angeordnet werden soll, rechtfertigt Sicherung der Beschlagnahmewirkung Nichtanhörung des Schuldners (er könnte schnell noch belasten oder veräußern). Aber auch dann das Verfahren wegen eines dinglichen Rechts (Rangklasse 4 des § 10 Abs 1) betrieben werden soll, macht Gewährleistung des Zwecks der Zwangsversteigerung regelmäßig Nichtanhörung des Schuldners erforderlich[24] (der durch Anhörung gewarnte Schuldner könnte die Beschlagnahme mit Veräußerung und Entfernung von Zubehörstücken, Bestandteilen und Erzeugnissen ge-

---

[14] BayObLG 1974, 15 = aaO (Fußn 6); BayObLG JurBüro 1999, 382; Keidel Rpfleger 1955, 333.
[15] KG Berlin OLGZ 1968, 472 = Rpfleger 1968, 225.
[16] RG 125, 299 (310); BayObLG 1974, 15 = aaO (Fußn 6).
[17] Zöller/Vollkommer, ZPO, § 36 Rdn 7.
[18] RG 125, 299 (310); BayObLG 1974, 15 = aaO (Fußn 6).
[19] BayObLG Rpfleger 1998, 79.
[20] BGH NJW 1984, 2166 = aaO (Fußn 8); BayObLG KTS 1995, 737.
[21] BayObLG 1974, 15 = aaO (Fußn 6), Rpfleger 1990, 131, KTS 1995, 737 sowie Rpfleger 1998, 79 und 438 = aaO (Fußn 12) sowie JurBüro 1999, 382.
[22] BayObLG 1974, 15 = aaO (Fußn 6).
[23] BGH NJW 1984, 2166 = aaO (Fußn 8) und KTS 1985, 132 = WM 1984, 1342; BayObLG 1974, 15 = aaO (Fußn 6); Steiner/Hagemann § 2 Rdn 14.
[24] BGH NJW 1984, 2166 = aaO (Fußn 8) und KTS 1985, 132 = aaO (Fußn 23).

fährden, BGB § 1121). Auch vor Anordnung einer Teilungsversteigerung rechtfertigt sich dann aber Anhörung des Antragsgegners nicht (dazu auch § 180 Rdn 5.8). Wenn Anhörung des Schuldners (Antragsgegners) nicht erfolgt, ist er an dem dann einseitigen Bestimmungsverfahren nicht unmittelbar beteiligt[25]. Erfolgt Bestimmung nach Abs 2 auf Anregung eines mit dem Verfahren befaßten Gerichts (Rdn 3.2), wird in dem das spätere Anordnungsverfahren nur vorbereitenden Verfahren zur Zuständigkeitsbestimmung auch Anhörung des daran nicht unmittelbar beteiligten Gläubigers (Antragstellers) unterbleiben können.

4.4 Zu **bestimmen** ist als Vollstreckungsgericht das Amtsgericht, in dessen Bezirk nach dem Ermessen des höheren Gerichts bei Ungewißheit über die Grenzen der Bezirke das Grundstück gelegen ist, sonst das Amtsgericht, bei dem die Aussicht für die Erzielung eines möglichst hohen Erlöses am günstigsten ist (dazu auch[26]). Das ist bei Versteigerung mehrerer landwirtschaftlicher Grundstücke (regelmäßig) das Amtsgericht, in dessen Bezirk sich die Hofstelle befindet[27]. Im Falle des Abs 2 entscheidet das höhere Gericht zugleich auch über die Voraussetzungen der Verbindung der Zwangsversteigerung (Zwangsverwaltung) mehrerer Grundstücke zu einem Verfahren nach pflichtgemäßem Ermessen unter Abwägung der Interessen der Beteiligten mit[28] (§ 18 Rdn 3.1). Ein gemeinsames Verfahren (§ 18) ist abzulehnen, wenn es unter Mitberücksichtigung wirtschaftlicher Interessen zu einer Benachteiligung von Beteiligten führen kann. Es ist auch nicht zu bestimmen, wenn es (wie bei Eigentumswohnungen oder sonst bei Grundbesitz, der keine wirtschaftliche Einheit bildet und auch nicht so beschaffen ist, daß er von einem Ersteher einheitlich genutzt werden könnte) nicht gerechtfertigt ist, Vermögenswerte zu Lasten des Schuldners dem örtlichen Bieterkreis zu entziehen[29]. Praktischer Fall: Zwar dieselbe Erbengemeinschaft, aber Grundstücke ohne wirtschaftlichen Zusammenhang, Vereinigung nicht werterhöhend; gemeinsame Versteigerung in Coburg würde für das weit entfernte Grundstück im Bayerischen Wald geringeren Erlös bringen, weil für dieses der örtliche Bieterkreis entfiele. Aber auch[30]: Wald- und Landwirtschaftsflächen, die mit einer Grundschuld belastet sind und deren größter sowie wertvollster Teil im Bezirk des (als zuständig) bestimmten Gerichts liegt.

4.5 Entscheidungs**muster** ZVG-Handbuch Rdn 50. Einen Kostenausspruch hat die Entscheidung des höheren Gerichts nicht zu treffen. Die **Kosten** des Bestimmungsverfahrens sind Kosten des Hauptsacheverfahrens (vgl[31]), (notwendige) Parteikosten somit Kosten der Rechtsverfolgung nach § 10 Abs 2. Bei Ablehnung oder Zurücknahme eines Bestimmungsantrags wird (wenn zum Verfahren der Schuldner als Antragsgegner zugezogen war) über die Kosten in entsprechender Anwendung von ZPO § 91 oder ZPO § 269 Abs 4 (hier auf Antrag) entschieden (hierzu[32]).

4.6 Der Beschluß, der auf Gesuch eines Beteiligten das zuständige Gericht bestimmt, wird dem Antragsteller des Zuständigkeitsverfahrens formlos **mitgeteilt,** ebenso dem Grundstückseigentümer (Vollstreckungsschuldner), wenn er gehört wurde (ZPO § 329 Abs 2); andernfalls erhält der Grundstückseigentümer (Voll-

---

[25] BayObLG 1974, 15 = aaO (Fußn 6).
[26] BGH NJW 1984, 2166 = aaO (Fußn 8) und KTS 1985, 132 = aaO (Fußn 23); BGH NJW-RR 1986, 1383 = Rpfleger 1987, 29 und KTS 1987, 143.
[27] BayObLG JurBüro 1999, 382.
[28] BGH aaO (Fußn 26, alle Entscheidungen); BGH KTS 1986, 719; BayObLG 1974, 15 = aaO (Fußn 6); BayObLG KTS 1995, 736, Rpfleger 1998, 79 und 438 sowie JurBüro 1999, 382.
[29] BGH KTS 1986, 719.
[30] BGH KTS 1987, 143.
[31] BGH MDR 1987, 735 = NJW-RR 1987, 757; BayObLG Rpfleger 1999, 321.
[32] BGH NJW-RR 1987, 757 und KTS 1987, 143; BayObLG Rpfleger 1999, 321.

Bestimmung des zuständigen Gerichts   5.1 § 2

streckungsschuldner) keine Nachricht. Anders[33]: Mitteilung des Beschlusses erfolgt immer nur an Antragsteller, nicht an Grundstückseigentümer (Vollstreckungsschuldner). Der Beschluß, der auf Anregung oder Vorlage eines mit einem Verfahren befaßten Gerichts das zuständige Vollstreckungsgericht bestimmt, wird dem Antragsteller dieses Verfahrens mitgeteilt, ebenso dem Grundstückseigentümer (Vollstreckungsschuldner), wenn er gehört wurde oder mit Beschlagnahme am Vollstreckungsverfahren des Erstgerichts bereits beteiligt war. Sonstigen Verfahrensbeteiligten wird der Beschluß nicht bekannt gemacht. Sie erhalten durch die (gemeinsame) Terminsbestimmung oder Bekanntmachung im Versteigerungstermin Kenntnis.

4.7 Die ablehnende Entscheidung des höheren Gerichts wird, wenn sie mit sofortiger Beschwerde anfechtbar ist, dem Antragsteller des Zuständigkeitsverfahrens zugestellt (ZPO § 329 Abs 2), sonst formlos mitgeteilt. Dem Grundstückseigentümer (Vollstreckungsschuldner) wird sie formlos mitgeteilt, wenn er gehört wurde. Die ablehnende Entscheidung auf Anregung oder Vorlage eines mit einem Verfahren befaßten Gerichts wird dem Gläubiger und/oder Grundstückseigentümer (Vollstreckungsschuldner) mitgeteilt, wenn er gehört wurde.

4.8 Werden Verfahren aus verschiedenen Gerichtsbezirken verbunden, so soll das vom höheren Gericht bestellte Vollstreckungsgericht die anderen beteiligten Gerichte **in Kenntnis setzen** (Abs 2 Satz 2). Dies soll verhindern, daß eines dieser Gerichte in Unkenntnis der festgesetzten Zuständigkeit seinerseits ein Verfahren anordnet. Die Nichtbeachtung dieser Ordnungsvorschrift ist gesetzlich nicht mit einem Nachteil bedacht. In sonstigen Fällen muß der Gläubiger (Antragsteller) die stattgebende Entscheidung dem dann zuständigen Gericht mit seinem Verfahrensantrag vorlegen oder zu diesem nachreichen.

4.9 Rechtsbehelfe: Der Beschluß, der das zuständige Gericht bestimmt, ist unanfechtbar (ZPO § 37 Abs 2). Die ablehnende Entscheidung ist mit sofortiger Beschwerde anfechtbar (ZPO § 37 Abs 1, § 793), ausgenommen dann, wenn ein Oberlandesgericht entschieden hat (ZPO § 567 Abs 1) oder der Bundesgerichtshof. Rechtsbeschwerde ist nur statthaft, wenn sie zugelassen ist (ZPO § 574 Abs 1 Nr 2).

4.10 Es fällt **keine Gebühr** für die Bestimmung des zuständigen Gerichts an. Die Tätigkeit wird durch die Verfahrensgebühr (Einl Rdn 77), im Falle einer Beschwerde durch die Beschwerdegebühr abgegolten. Fällt keine Verfahrensgebühr an, weil es nicht zum Verfahren kommt, und keine Beschwerdegebühr, weil kein anderes Beschwerdeverfahren durchgeführt wird, so wird eben keine Gebühr erhoben. Für die Vergütung des Rechtsanwalts gehört die Bestimmung des zuständigen Gerichts zu dem durch die Gebühr des RVG-VergV Nr 3311 (Ziff 1) abgegoltenen Rechtszug. Der nicht zur Vertretung im Zwangsvollstreckungsverfahren bestellte Rechtsanwalt erhält eine Schriftsatzgebühr.

Zuständigkeitsbindung   5

5.1 Die Bestimmung des höheren Gerichts ist bindend. Dem Vollstreckungsgericht wird damit die Amtsprüfung und Entscheidung darüber abgenommen, ob es örtlich zuständig ist (ZPO § 802)[34]. Zuständigkeitsbindung besteht gegenüber allen betreibenden Gläubigern, gleich, ob sie vor oder nach der Entscheidung beigetreten sind; sie besteht auch gegenüber allen sonstigen Beteiligten. Im Falle des Abs 2 begründet die Bestimmung Bindungswirkung auch hinsichtlich der Voraussetzungen für die Durchführung der Versteigerung mehrerer Grundstücke in demselben Verfahren (§ 18). Vor dem für zuständig bestimmten Gericht kann daher kein Gläubiger verlangen, daß die dort (durch das Obergericht für verbunden erklärten

---

[33] RG 125, 299 (310); BayObLG 1974, 15 = aaO (Fußn 6).
[34] BayObLG 1974, 15 = aaO (Fußn 6).

und daher) anhängigen Verfahren wieder getrennt werden. Das schließt nicht aus, daß die Verbindung wieder aufgehoben wird (§ 18 Rdn 3.8), wenn neue Tatsachen nach dem Ermessen des für zuständig bestimmten Gerichts ergeben, daß Versteigerung der mehreren Grundstücke nicht mehr in demselben Verfahren erfolgen „soll"[35] (anders[36]: Trennung nicht mehr möglich). Daß nicht mehr sachdienliche Verfahrensverbindung bestehen bleiben müsse, gebietet Zuständigkeitsbestimmung nicht. Für sachgerechte Verfahrenstrennung braucht der Gläubiger auch nicht (wie[37] annehmen) mit Antragszurücknahme und Herbeiführung neuer Beschlagnahme nachteilige Folgen in Kauf zu nehmen.

5.2 Das als zuständig bestimmte Gericht bleibt für die **ganze Verfahrensdauer** zuständig, auch wenn das Verfahren wegen eines der mehreren Grundstücke aufgehoben oder abgetrennt wird und auch, wenn nach teilweiser Aufhebung des Verfahrens nur noch für Grundstücke fortzusetzen ist, die nicht im Bezirk des gemeinschaftlichen Gerichts liegen[37]. Fall aus der Praxis: Grundstück I im Bezirk A, Grundstück II im Bezirk B; zuständig laut Obergericht für die Anordnung aus einem Gesamtrecht X das Gericht A; Gläubiger Y trat hinsichtlich Grundstück II bei; vor dem Versteigerungstermin nahm Gläubiger X seinen Antrag hinsichtlich beider Grundstücke zurück; anhängig blieb das Verfahren über II bei Gericht A (das ursprünglich für dieses Grundstück nicht zuständig war).

5.3 Die einmal begründete Zuständigkeit besteht auch für jeden weiteren **Beitritt**, solange das Verfahren läuft (anders[38]: Bestimmung hat für jeden Beitritt neu zu erfolgen). Weitere Bestimmung durch das dann übergeordnete gemeinsame Gericht (kann jetzt auch ein OLG sein) ist aber erforderlich, wenn ein neuer Gläubiger die Versteigerung anderer (neuer) Grundstücke in das Verfahren einbeziehen will.

[Zustellungen von Amts wegen]

3 Die Zustellungen erfolgen von Amts wegen

Literatur: Drischler, Die Zustellungen im Zwangsversteigerungsverfahren, JVBl 1962, 83; Drischler, Förmliche Zustellungen im Immobiliarvollstreckungsverfahren, JVBl 1965, 225; Vollkommer, Ist das Empfangsbekenntnis vom Zustellungsempfänger mit seinem vollen Namen zu unterschreiben?, Rpfleger 1972, 82.

1 Allgemeines zu § 3

1.1 Zweck der Vorschrift: Sicherung des Verfahrensfortgangs mit Ausführung der Zustellungen an alle Beteiligte **von Amts wegen.** Sie ist die Regel (ZPO §§ 166–190) im Gegensatz zur Zustellung auf Betreiben einer Partei (ZPO §§ 191–195). Von Amts wegen erfolgen Zustellungen in allen ZVG-Verfahren (auch im Beschwerdeverfahren); ausgenommen sind die Zustellung der Vorpfändung nach § 22 Abs 2 Satz 3 mit ZPO § 845 (nicht aber die des Zahlungsverbots nach § 22 Abs 1 Satz 1; dort Rdn 3.3) und der Anordnung zur Einziehung der Forderung bei anderweitiger Verwertung (§ 65 Satz 3 mit ZPO § 835 Abs 3 und damit auch § 829 Abs 2).

1.2 Das Verfahren bei Zustellung ist **ab 1. Juli 2002** neu geregelt (Zustellungsreformgesetz – ZustRG vom 25. 6. 2001, BGBl I 1206). Die nachstehenden Erläuterungen beziehen sich auf die neu gefaßten Zustellungsvorschriften (ZPO

---

[35] Dassler/Muth § 18 Rdn 13.
[36] Steiner/Hagemann § 2 Rdn 18; Korintenberg/Wenz § 18 Anm 3.
[37] Steiner/Hagemann § 2 Rdn 18.
[38] Jaeckel/Güthe § 2 Rdn 4.

Zustellungen von Amts wegen 2.1 § 3

§§ 166–195). Das frühere Recht, dem für Verfahren mit Zustellungen bis 30. 6. 2002 Bedeutung zukam, ist in der 16. Auflage (1999) dargestellt. Besonderheiten für ZVG-Verfahren regeln §§ 4–8; sie gehen den Zustellungsvorschriften der ZPO vor.

1.3 Zustellung ist Bekanntgabe eines Schriftstücks an eine Person in der in ZPO §§ 166–195 (Titel 2 im Dritten Abschnitt des Ersten Buchs der ZPO) bestimmten Form (ZPO § 166 Abs 1). Beurkundung (ZPO § 182) ist (im Gegensatz zum früheren Recht) kein notwendiger (konstitutiver) Bestandteil der Zustellung (mehr); sie dient nur dem Nachweis[1].

1.4 Ob (und wem) ein Beschluß (oder eine Verfügung) zuzustellen oder nur formlos mitzuteilen ist, richtet sich nach dem betreffenden Verfahrensvorgang (zB §§ 32, 41 Abs 1, § 57 b Abs 1, § 85 Abs 2, §§ 88, 105 Abs 2; ZPO § 329 Abs 2, 3; dazu an den einzelnen Stellen). Veranlaßt ist danach Zustellung, wenn die Bekanntgabe eines Schriftstücks Grundlage für Einleitung oder Fortgang des Vollstreckungsverfahrens (auch mit Verwirklichung rechtlichen Gehörs) ist sowie wenn eine Frist in Lauf zu setzen und eine Entscheidung bekanntzugeben ist. Nur formlose **Mitteilung** ist zumeist vorgesehen, wenn es lediglich auf die Information des Adressaten ankommt; auch dann erfolgt Zustellung aber, wenn das Gericht (Richter oder Rechtspfleger) sie anordnet (ZPO § 166 Abs 2). **Beschlüsse** und Verfügung, die nicht in einem Termin verkündet werden, sind formlos **mitzuteilen** (ZPO § 329 Abs 2 Satz 1). **Zugestellt** aber werden sie, wenn sie eine Terminsbestimmung enthalten oder eine Frist in Lauf setzen (ZPO § 329 Abs 2 Satz 2) oder einen Vollstreckungstitel bilden oder der sofortigen Beschwerde (befristeten Rechtspflegererinnerung) unterliegen (ZPO § 329 Abs 3 und RPflG § 11 Abs 1, 2). Formlos mitgeteilt werden zB Anordnungs- und Beitrittsbeschlüsse an den Gläubiger, wenn seinem Antrag voll stattgegeben ist, oder nicht mehr anfechtbare Beschwerdeentscheidungen (ausgenommen nach § 104) oder Mitteilungen nach § 41 Abs 2 und nach § 146 Abs 2 usw. Ein verkündeter Beschluß muß, um eine Rechtsmittelfrist in Lauf zu setzen, auch noch zugestellt werden, wenn nicht das Gegenteil festgesetzt ist wie in §§ 88, 98 für den Zuschlagsbeschluß.

1.5 Mitteilungen und Zustellungen in ZVG-Verfahren an Behörden und Organisationen regelt bundeseinheitlich die Vorschrift **„MiZi"** (Textanhang T 34). Auch gibt es landesrechtliche Sondervorschriften sowie bundeseinheitliche Vorschriften über den Rechtshilfeverkehr mit dem Ausland in Zivilsachen (Rechtshilfeordnung für Zivilsachen). Zu beachten sind auch Sondervorschriften für Soldaten und NATO-Truppen (§ 15 Rdn 35), sowie bei Verfahren über Bergwerke, Bergwerksanteile, Bergwerkseigentum (hier landesrechtlich in den ZVG-Ausführungsgesetzen) und beim Wohnungseigentum (§ 41 Rdn 2).

Aufgaben der Geschäftsstelle 2

2.1 Für Bewirkung der Zustellungen (ebenso für Mitteilungen) hat die **Geschäftsstelle** Sorge zu tragen. Ihr **Urkundsbeamter** (GVG § 153), nicht eine Hilfskraft, hat die Zustellungen (Mitteilungen) eigenverantwortlich[2], damit ohne besondere Weisung, zu bewirken. Wegen der Haftung (auch) des Rechtspflegers für die richtige Zustellung (Einl Rdn 37) sollte Beschlüssen, Terminsbestimmungen und Verfügungen jedoch immer eine besondere Verfügung über die Art der Zustellung oder Mitteilung und die Personen der Adressaten beigefügt werden. Auch sonst sind Weisungen des Rechtspflegers (zB nur eigenhändige Zustellung, Zustellung gegen Empfangsbekenntnis) zulässig; der Urkundsbeamter ist an sie gebunden[3].

---

[1] Begründung zu ZPO § 166 Abs 1, BT-Drucks 14/4554, Seite 15.
[2] BGH NJW 1956, 1878 und NJW-RR 1993, 1213 (1214); RG 105, 422 (423).
[3] BGH NJW-RR 1993, 1213 (1214).

2.2 Die Zustellung **führt der Urkundsbeamte** nach ZPO § 168 Abs 1 Satz 1 aus
– durch Aushändigung an der Amtsstelle (ZPO § 173),
– in vereinfachter Form gegen Empfangsbekenntnis (ZPO § 174), oder
– durch Einschreiben mit Rückschein (ZPO § 175).

Er kann mit der Zustellung **beauftragen**
– ein nach § 33 Abs 1 des Postgesetztes beliehenes Unternehmen (Post), oder
– einen Justizbediensteten.

Zustellungsauftrag: ZPO § 176. Einen Gerichtsvollzieher oder eine andere Behörde kann der Rechtspfleger sowie der Vorsitzende (auch Einzelrichter) des Beschwerdegerichts mit der Ausführung der Zustellung beauftragen, allerdings nur, wenn die vom Urkundsbeamten vorzunehmende Zustellung keinen Erfolg verspricht (ZPO § 168 Abs 2), wie zB die Zustellung an einen Wohnsitzlosen. Die Ausführung der Zustellung durch einen damit Beauftragten erfolgt nach ZPO §§ 177–181 (ZPO § 176 Abs 2). Einzelheiten dazu in den ZPO-Kommentaren. Zum Nachweis der Zustellung wird eine **Urkunde** nach ZPO § 182 angefertigt. Beweiskraft der Urkunde: ZPO § 182 Abs 1 Satz 2 mit § 418. Zustellung im Ausland: ZPO § 183; öffentliche Zustellung: ZPO §§ 185–188.

2.3 Die rechtzeitige Durchführung der Zustellung hat der **Urkundsbeamte zu überwachen**[4]. Gelangt die Zustellungsurkunde (das Empfangsbekenntnis oder der Rückschein) nicht alsbald zu den Akten, so hat er an die Erledigung (rechtzeitig) zu erinnern. Zu seinen Amtspflichten gehört es auch, nach Eingang des Zustellungsnachweises zu prüfen, ob er die ordnungsgemäße Ausführung der Zustellung ausweist[5]; bei unrichtiger Ausführung der Zustellung hat er erneut und gesetzesgemäß zustellen zu lassen. Der Rechtspfleger hat die ordnungsgemäße und fristgerechte Zustellung gleichfalls zu überwachen, wenn sie (wie nach § 43 Abs 2, § 83 Nr 1, § 105 Abs 2 und 4, § 130 Abs 1) für den Verfahrensfortgang notwendig oder bedeutsam ist.

3 Bevollmächtigte und gesetzliche Vertreter bei Zustellung

3.1 Die Person, der nach Bestimmung des ZVG (auch der ZPO) ein Schriftstück durch Zustellung bekanntzugeben ist (ZPO § 166 Abs 1), ist Zustellungs**adressat.** Das ist die prozeßfähige **natürliche Person** (ZPO § 52) selbst. Für eine nicht prozeßfähige Person erfolgen Zustellungen an ihren gesetzlichen Vertreter (ZPO § 170 Abs 1). Solange das Vollstreckungsgericht nichts darüber weiß, darf es davon ausgehen, daß der Schuldner prozeßfähig sei[6] (zur Frage der Prozeßfähigkeit Einl Rdn 44). Hat der Zustellungsadressat einen Prozeßbevollmächtigten bestellt, ist stets jedoch (nur) ihm zuzustellen (ZPO § 172).

3.2 Wenn der Zustellungsadressat **keine natürliche Person** ist, somit an eine juristische Person, rechtsfähige Personengesellschaft (BGB § 14 Abs 2), Behörde oder an ein Zweckvermögen (ZPO § 19) zuzustellen ist, erfolgt Zustellung an den gesetzlichen Vertreter (ZPO § 170 Abs 1). Zustellung an den Leiter genügt dann (ZPO § 170 Abs 2). Vorrangig ist auch in diesem Fall stets jedoch Zustellung an einen Prozeßbevollmächtigten (ZPO § 172).

3.3 Ein **Prozeßbevollmächtigter,** der für den Rechtszug bestellt ist, ist auch in ZVG-Verfahren stets der allein berufene Zustellungsadressat (ZPO § 172). Zustellung an den Verfahrensbeteiligten (§ 9) selbst, seinen gesetzlichen Vertreter oder sonst an eine andere Person ist als Verstoß gegen ZPO § 172 unwirksam. Es gehört das Verfahren vor dem Vollstreckungsgericht „zum ersten Rechtszug" (ZPO

---

[4] RG 91, 179 (183).
[5] BGH NJW 1990, 176 (177).
[6] LG Essen MDR 1956, 236 mit abl Anm Flies.

Zustellungen von Amts wegen 3.4 § 3

§ 172 Abs 1 Satz 3). Wenn ein Prozeßtitel vorliegt und darin ein Prozeßbevollmächtigter des Schuldners benannt ist, müssen daher alle Zustellungen in der Vollstreckungsversteigerung und Zwangsverwaltung (die anderen Verfahren laufen ohne Vollstreckungstitel) an den Prozeßbevollmächtigten erfolgen[7] (ZPO § 172), auch wenn die Partei neben ihm tätig wird und sogar, wenn der Prozeßbevollmächtigte im Ausland wohnt[8]. Der Prozeßbevollmächtigte, an den Zustellungen erfolgen müssen, kann auch nur für die Zwangsvollstreckung und **nur für das Immobiliarvollstreckungsverfahren** (damit auch für die Insolvenzverwalter-, Erben- oder Teilungsversteigerung) bestellt sein. Zustellungen müssen an den Prozeßbevollmächtigten erfolgen, bis der Vertretene mitteilt, daß der Bevollmächtigte nicht mehr tätig sei[9] oder daß ein anderer (an Stelle des bisherigen[10]) tätig sei. Zustellung an einen (bisherigen) Prozeßbevollmächtigten kann auch nicht mehr erfolgen, wenn der Vertretene sonst zu verstehen gegeben hat (zB durch Antragstellung nach ZPO § 765 a[11], persönliche Wahrnehmung anderer Prozeßhandlungen, Stellungnahme zu einem Antrag), daß er nicht mehr durch diesen vertreten sein will[12]. Sobald ein neuer Prozeßbevollmächtigter bestellt ist, darf nur an ihn zugestellt werden. Andernfalls wäre die Zustellung wirkungslos. Diese Regeln gelten auch, wenn nicht aus einem erstinstanzlichen Titel vollstreckt wird, sondern aus einem der höheren Instanz. Nach Mitteilung des Rechtsanwalts, der in einem Rechtsstreit, in dem die Vertretung durch einen Rechtsanwalt nicht geboten ist (Parteiprozeß), zum Prozeßbevollmächtigten bestellt war, daß sein Mandat beendet ist, sind Zustellungen nicht mehr an ihn, sondern wieder an die Partei selbst zu bewirken[13]. Auch Anzeige der Mandatsniederlegung durch den im Anwaltsprozeß (ZPO § 78 Abs 1) bestellten Prozeßbevollmächtigten bewirkt für das Zwangsvollstreckungsverfahren ohne weiteres das Erlöschen der Vollmacht[14], so daß Zustellungen wieder an die Partei selbst zu bewirken sind. Wenn der im Rechtsstreit durch einen Rechtsanwalt vertreten gewesene Gläubiger selbst die Zwangsvollstreckung beantragt, bringt er zum Ausdruck, daß er im Zwangsvollstreckungsverfahren nicht durch einen Bevollmächtigten vertreten sein will; Zustellungen erfolgen dann an den Gläubiger selbst[15]. Zustellung an einen Unterbevollmächtigten genügt nicht. Bei mehreren Prozeßbevollmächtigten genügt Zustellung an einen von ihnen; mit der Zustellung an den ersten von ihnen beginnen die Fristen zu laufen[16].

3.4 Wenn Anordnungs- oder Beitrittsbeschlüsse an die im Titel genannten Prozeßbevollmächtigten zugestellt werden (und das müssen sie), so empfiehlt sich gleichzeitig formlose **Mitteilung an den Schuldner** selbst, damit dieser ohne Verzögerung von der Beschlagnahme unterrichtet wird und die kurze Antragsfrist nicht versäumt. Dies wurde mitunter[17] als überflüssig und irreführend abgelehnt. Es gibt aber zahlreiche Fälle, in denen der Schuldner nur hierdurch vom Verfahren Kenntnis erhält, weil der frühere Prozeßbevollmächtigte nicht mehr für ihn tätig ist und den Beschluß unbeachtet läßt oder zurücksendet oder verspätet weitergibt.

---

[7] LG Gießen Rpfleger 1981, 26.
[8] BGH LM BEG 1956 § 209 Nr 59 = MDR 1963, 829 Leitsatz.
[9] BGH MDR 1964, 832 = NJW 1964, 2062 Leitsatz; OLG München Rpfleger 1970, 250; LG Gießen Rpfleger 1981, 26.
[10] OLG Frankfurt NJW-RR 1986, 1500 = Rpfleger 1986, 391.
[11] LG Berlin MDR 1994, 307.
[12] LG Trier Rpfleger 1988, 29.
[13] BGH FamRZ 1991, 51 = MDR 1991, 342 = NJW 1991, 295.
[14] OLG Koblenz Rpfleger 1978, 261.
[15] Dassler/Schiffhauer/Gerhardt, ZVG, (hier:) 11. Aufl 1978, § 3 Anm 3; Jaeckle/Güthe § 3 Rdn 6; Korintenberg/Wenz § 3 Anm 2 d; Steiner/Hagemann § 3 Rdn 27.
[16] Fraenkel JR 1965, 10.
[17] Dassler/Schiffhauer/Gerhardt aaO (Fußn 15); ihnen folgend Steiner/Hagemann § 3 Rdn 30 und §§ 15, 16 Rdn 234.

In der formlosen Mitteilung sollte man vermerken, daß die Frist ab Zustellung an den Prozeßbevollmächtigten läuft und daß auch weitere Zustellungen an ihn erfolgen müssen, solange nicht der Schuldner dem Gericht etwas anderes mitteilt.

3.5 Einem (rechtsgeschäftlich) **bevollmächtigten Vertreter** nur zur Empfangnahme von Zustellungen (Zustellungsbevollmächtigter) kann (nicht muß: ist Ermessen) zugestellt werden, wenn die Bevollmächtigung dem Gericht angezeigt ist[18]. Die Anzeige kann durch die Person, der zuzustellen ist, oder unter Vorlage einer schriftlichen Vollmacht (ZPO § 171 Satz 2; Ausnahme für den Rechtsanwalt, ZPO § 88 Abs 2) durch den Vertreter erfolgt sein. Stets vorrangig ist jedoch Zustellung an den Prozeßbevollmächtigten (ZPO § 172). Zustellung an den beim Grundbuchamt bestellten Zustellungsbevollmächtigten: § 5. Erforderlich ist Benennung eines Zustellungsbevollmächtigten bei Auslandszustellung nach ZPO § 184 Abs 1; geboten sein kann sie im Falle von § 4.

3.6 Eine **Partei kraft Amtes** (Insolvenzverwalter, Nachlaßverwalter, Zwangsverwalter) ist in ihrem Wirkungskreis Person, der Schriftstücke durch Zustellung bekanntzugeben sind. Zustellungen an einen **Insolvenzschuldner** im Verfahren über ein aus der Insolvenzmasse freigegebenes Grundstück oder an ihn als Bevollmächtigter eines Dritten benötigen den Zusatz: „Zustellen außerhalb des Insolvenzverfahrens" oder: „Zustellen trotz des Insolvenzverfahrens"; die Sendungen werden sonst von der Post dem Insolvenzverwalter zugeleitet (InsO § 99). Die Anordnung einer Postsperre durch das Insolvenzgericht hat nicht zur Folge, daß Zustellungen, die nicht die Insolvenzmasse betreffen, durch Auslieferung der an den Insolvenzschuldner gerichteten Sendungen an den Insolvenzverwalter mit Wirkung gegen den Insolvenzschuldner ausgeführt werden könnten[19].

3.7 Regel ist **Übergabe** des Schriftstücks **an die Person** selbst, der zuzustellen ist (ZPO § 177). Zur Vereinfachung, Beschleunigung und Praktikabilität regeln ZPO §§ 178–181 ersatzweise Zustellungen. Diese dienen einem effektiven und geordneten Verfahren; die Verfassungsmäßigkeit der Vorschriften über Ersatzzustellung unterliegt daher keinem Zweifel[20]. Die Person, an die das Schriftstück bei Ersatzzustellung übergeben wird, ist Zustellungs**empfänger** (siehe ZPO § 182 Abs 2 Nr 2). Zustellung an einen Vertreter und Ersatzzustellung an einen Ersatzempfänger, der am Rechtsstreit, damit auch am Vollstreckungsverfahren, als Gegner des Zustellungsadressaten beteiligt ist, verbietet sich (ZPO § 178 Abs 2).

4 Form des Schriftstücks

4.1 Bestimmung darüber, in welcher **Form** das Schriftstück zuzustellen ist, treffen die Vorschriften des Verfahrensrechts. Ist nichts bestimmt (wie in ZVG-Verfahren zumeist), wird von Amts wegen eine beglaubigte Abschrift (legt ZPO § 169 Abs 2 fest) des bei den Akten verbleibenden Schriftstücks zugestellt. Die Beglaubigung des zuzustellenden Schriftstücks wird von der Geschäftsstelle, damit von dem Urkundsbeamten (GVG § 153) vorgenommen (ZPO § 169 Abs 2 Satz 1).

4.2 Das zuzustellende Schriftstück muß einen ordnungsgemäßen **Beglaubigungsvermerk** haben. Die Zustellung ist sonst wirkungslos[21]. Der Erlaß der Entscheidung (Terminsbestimmung usw) mit Unterzeichnung muß in der dem Zustellungsadressaten zugehenden beglaubigten Abschrift mit Wiedergabe des Namens des Rechtspflegers/Richters, der die Entscheidung erlassen (unterzeichnet) hat, dargestellt sein. Genügend (wenn auch nicht zu empfehlen; der Urkundsbeamte kennt den Namen) ist der Vermerk „gez. Unterschrift"[22]. Wenn die dem Zustel-

---

[18] BGH NJW-RR 1993, 1083.
[19] BayObLGSt 1979, 25 = NJW 1979, 1218 Leitsatz = Rpfleger 1979, 215.
[20] BVerfG NJW 1969, 1303; BVerfG NJW 1980, 1480.
[21] BGH JVBl 1964, 184 = MDR 1964, 316 = VersR 1964, 848; RG 99, 140.
[22] BGH MDR 1982, 138 = NJW 1981, 2256.

Zustellungen von Amts wegen 5.2 § 3

lungsadressaten zugegangene beglaubigte Abschrift nicht erkennen läßt, ob die Entscheidung (Terminsbestimmung usw) unterschrieben und damit überhaupt erlassen worden ist, ist der Mangel so schwerwiegend, daß er einer wirksamen Zustellung entgegensteht[22]. Das ist auch der Fall, wenn die zugestellte Abschrift an Stelle der Unterschrift ein Fragezeichen aufweist[22], und wird außerdem angenommen, wenn in ihr der Name des Rechtspflegers/Richters lediglich in Klammern maschinengeschrieben wiedergegeben ist[23]. Ein solcher Zustellungsmangel kann nicht gemäß ZPO § 189 geheilt werden[24].

4.3 Von Entscheidungen (in ZVG-Verfahren Beschlüsse, ZPO § 764 Abs 3) wird (gewohnheitsmäßig) vielfach eine Ausfertigung zugestellt; sie ersetzt die Übergabe der beglaubigten Abschrift[25]. Die Ausfertigung besteht in einer wortgetreuen und richtigen Abschrift (auch Ablichtung oder sonst mechanischen Vervielfältigung) der Urschrift, die mit dem Ausfertigungsvermerk versehen ist[26] (siehe BeurkG § 49 Abs 1 Satz 1). Die Ausfertigung eines Beschlusses muß gleichfalls erkennen lassen, daß die Urschrift vom Rechtspfleger (Richter) unterschrieben ist (Rdn 4.2). Die Ausfertigung muß von dem Urkundsbeamten unterschrieben und mit dem Gerichtssiegel (Stempel genügt) versehen sein (ZPO § 317 Abs 3). Angabe des Tages der Ausfertigung (Datum) ist üblich (und geboten), aber nicht wesentlich. Wenn der Ausfertigungsvermerk fehlt, ist die Zustellung unwirksam.

Heilung von Zustellungsmängeln 5

5.1 Ein **Zustellungsmangel** (auch bei Zustellung der Terminsbestimmung[27]) kann nach ZPO § 189 **geheilt** sein. Damit soll Zustellung auch dann gewährleistet sein, wenn mit dem nachgewiesenen Zugang des Schriftstücks an den Zustellungsadressaten (ZPO § 166 Abs 1), nicht somit an eine Ersatzperson, seine schützenswerten Belange gewahrt sind und nur der Nachweis des einwandfreien formgerechten Zugangs nicht sichergestellt ist[28]. Geheilt sein kann nun (im Gegensatz zum früheren Recht) ein Zustellungsmangel auch, wenn durch die Zustellung der Lauf einer Notfrist (ZPO § 224 Abs 1 Satz 2) in Gang gesetzt werden soll. Wenn Zustellung gewollt war (Zustellungswille des Richters/Rechtspflegers oder Urkundsbeamten), die formgerechte Zustellung sich aber nicht nachweisen läßt oder das Schriftstück unter Verletzung zwingender Zustellungsvorschriften zugegangen ist, gilt es in dem Zeitpunkt als zugestellt, in dem das Schriftstück dem Zustellungsadressaten tatsächlich zugegangen ist (ZPO § 189). Dieser Zugang des Schriftstück kann mit allen Beweismitteln nachgewiesen werden. In das Ermessen des Gerichts ist die Wirksamkeit der Zustellung bei nachgewiesenem Zugang des Schriftstücks (anders als früher) nicht gestellt. Wenn nur formlose Übersendung gewollt war, kann der Zustellungsmangel nicht heilen[29]

5.2 Bestimmung über die Wirksamkeit der Zustellung (damit Heilung eines Zustellungsmangels) und den Zustellungszeitpunkt trifft der Rechtspfleger oder das Beschwerdegericht, der oder das mit der Entscheidung über die bewirkte Zustellung in einem anhängigen Verfahren befaßt ist. Gesonderter (selbständig anfechtbarer) Feststellungsbeschluß ergeht nicht[30].

---

[23] BGH FamRZ 1982, 482 = VersR 1982, 971; BGH MDR 1975, 482 = NJW 1975, 781 = ZZP 88 (1975) 330 mit abl Anm Vollkommer.
[24] BGH NJW 1981, 2256 = aaO (Fußn 22).
[25] BGH 14, 342 (344) = NJW 1954, 1722.
[26] Zöller/Stöber, ZPO, § 169 Rdn 14 mit Einzelheiten.
[27] LG Krefeld Rpfleger 1988, 375 und OLG Düsseldorf Rpfleger 1989, 36 mit Anm Meyer-Stolte.
[28] Zöller/Stöber, ZPO, § 189 Rdn 1.
[29] BGH MDR 2001, 1071 = NJW 2001, 3713 (3714).
[30] Stein/Jonas/Roth, ZPO, § 189 Rdn 18; Zöller/Stöber, ZPO, § 189 Rdn 9.

5.3 Es empfiehlt sich dringend, Zustellungserfordernisse **genau zu beachten.** Am Beginn etwa des Verfahrens bringt das nur kleine Verzögerungen mit sich, wenn eine Zustellung wiederholt werden muß; nach dem Zuschlag kann bei anderer Rechtsauffassung des Rechtsmittelgerichts das ganze Verfahren in Frage gestellt sein. Die Frage, ob im voraus auf eine Zustellung verzichtet werden kann, hängt von der Art des Zuzustellenden ab und wird an den einschlägigen Stellen behandelt (§ 32 Rdn 2 usw).

6 Zustellungsurkunde und andere Nachweise

6.1 Die **Zustellungsurkunde** (ZPO § 182) dient dem **Nachweis** der Zustellung. Notwendiger (konstitutiver) Bestandteil der Zustellung ist sie nicht (Rdn 1.3). Sie begründet als öffentliche Urkunde (ZPO § 182 Abs 1 Satz 2) den vollen Beweis der bezeugten Tatsachen (ZPO § 418), und zwar auch, wenn sie von einem Zusteller eines nach PostG § 33 Abs 1 beliehenen Unternehmens (Post) errichtet ist. Beweis der Unrichtigkeit (Gegenbeweis): ZPO § 418 Abs 2.

6.2 Fehlt die Unterschrift des Zustellers, ist die Beurkundung nicht bewirkt (nicht abgeschlossen). Die Unterschrift kann nachgeholt werden[31]; dann kann jedoch die Beweiskraft der Urkunde gemindert oder aufgehoben sein (ZPO § 419).

6.3 Ein **Verstoß** gegen ZPO § 182 berührt auch sonst die Wirksamkeit der Zustellung nicht (Beurkundung ist nicht konstitutiver Teil der Zustellung). Ein Mangel der Zustellungsurkunde kann jedoch ihre Beweiskraft mindern oder beseitigen (ZPO § 419). Als Beweis-Urkunde kann die Zustellungsurkunde vom Zusteller (nicht einer anderen Person) berichtigt werden (vergleichbar ZPO § 164 Abs 1). Fehlende oder ungenaue Angaben können stets mit anderen Beweismitteln nachgewiesen werden. Wenn Zustellung wirksam erfolgt ist, die Urkunde aber nicht vorgelegt werden kann (weil sie nicht auffindbar ist usw), kann Nachweis der Zustellung auch mit anderen Beweismitteln erbracht werden[32].

[Zustellung durch Aufgabe zur Post]

4 Wohnt derjenige, welchem zugestellt werden soll, weder am Orte noch im Bezirke des Vollstreckungsgerichts, so kann die Zustellung durch Aufgabe zur Post erfolgen, solange nicht die Bestellung eines daselbst wohnhaften Prozeßbevollmächtigten oder Zustellungsbevollmächtigten dem Gericht angezeigt ist. Die Postsendung muß mit der Bezeichnung „Einschreiben" versehen werden.

1 Allgemeines zu § 4

1.1 Zweck der Vorschrift: Vereinfachung der Zustellung mit Zulassung der Zustellung durch Aufgabe zur Post (ZPO § 184) in erweitertem Umfang. Wegen der zumeist großen Zahl der Beteiligten, ohne deren Zuziehung das Verfahren nicht durchgeführt werden kann, sollte damit der Gefahr begegnet werden, daß Anwendung der strengeren Zustellungsvorschriften der ZPO zu einer Unterbrechung oder Verzögerung des Verfahrens führt (Denkschrift S 36). Heute hat § 4 weitgehend seine praktische Bedeutung verloren, weil nun ZPO § 175 Zustellung durch Einschreiben mit Rückschein ermöglicht.

1.2 Anwendungsbereich: Die Vorschrift gilt in allen ZVG-Verfahren, auch für die Zwangsverwaltung und in Beschwerdeverfahren, und bei allen vorkommenden Zustellungen (für Terminsladung und Wertfestsetzung[1]) an Beteiligte (§ 9), ebenso

---

[31] Stein/Jonas/Roth, ZPO, § 182 Rdn 14; Zöller/Stöber, ZPO, § 182 Rdn 18; überholt BGH MDR 1961, 583 und 1981, 394 = NJW 1981, 874.
[32] Zöller/Stöber, ZPO, § 182 Rdn 17 mit Nachweisen.
[1] LG Krefeld Rpfleger 1990, 266.

Zustellung durch Aufgabe zur Post 2.3 **§ 4**

aber zB auch an Bieter, Ersteher, mithaftenden Bürgen, Meistbietenden (§§ 88, 103, § 105 Abs 2), Zwangsverwalter und auch an Ausländer mit einer Ausnahme: Der Anordnungsbeschluß und Beitrittsbeschlüsse dürfen an den Schuldner (Antragsgegner) nicht auf diese Weise zugestellt werden (§ 8). Sie gilt nicht für Zustellung einer Vorpfändung, die im Parteibetrieb erfolgt (§ 22 Abs 2 Satz 3) und nicht im Falle des § 65 Abs 1 S 3 mit ZPO § 835 sowie § 829 Abs 2. Gegenüber ZPO § 184 (Zustellung durch Aufgabe zur Post nach Auslandszustellung) ist § 4 die speziellere Bestimmung; ZPO § 184 erlangt daher in ZVG-Verfahren keine Bedeutung (ist durch § 4 verdrängt).

1.3 Voraussetzungen: Der Zustellungsadressat darf weder am Ort noch im Bezirk des Vollstreckungsgerichts (Versteigerungsbezirk, § 1 Rdn 3) wohnen und auch nicht dem Gericht einen in diesem Bezirk wohnhaften Prozeßbevollmächtigten oder Zustellungsbevollmächtigten (§ 3 Rdn 3.5) angezeigt haben. § 4 findet somit auch Anwendung, wenn der Adressat im Ausland wohnt. Auch eine Zustellung, die an den Prozeßbevollmächtigten (Zustellungsbevollmächtigten) des Adressaten zu erfolgen hat, kann durch Aufgabe zur Post bewirkt werden, wenn der Bevollmächtigte nicht im Versteigerungsgerichtsbezirk wohnt (so bei Wohnsitz im Ausland[2]). Anwendbar ist die Vorschrift auch, wenn der gesetzliche Vertreter eines Prozeßunfähigen oder der Vorstand einer juristischen Person außerhalb wohnt. Die Beteiligten müssen nicht vorher auf diese Möglichkeit hingewiesen werden[3]. Für die Feststellung der Voraussetzungen sind immer die Verhältnisse im Zeitpunkt der Ausführung mit Aufgabe zur Post (nicht der der Zustellungsanordnung; so aber[4]) maßgebend.

Bewirkung der Zustellung durch Aufgabe zur Post 2

2.1 Das Vollstreckungsgericht **kann** in den Fällen des § 4 Zustellung von Amts wegen statt auf dem sonst vom Gesetz vorgesehenen Weg (§ 3 mit ZPO §§ 166–190) durch Aufgabe zur Post als Einschreibesendung bewirken. Es muß von dieser Möglichkeit nicht Gebrauch machen, es kann auch den normalen gesetzlichen Weg wählen. Für welche Art es sich entscheidet, darf nicht von fiskalischen Interessen bestimmt werden (für Zustellung durch die Post können Postgebühren als Auslagen zu erheben sein, GKG-KostVerz Nr 9002; für die Aufgabe zur Post dagegen nicht), sondern nur **nach sachlichen Gesichtspunkten**[5]. Wenn die Partei einen Prozeß- oder Zustellungsbevollmächtigten hat, der zwar nicht im Bezirk des Vollstreckungsgerichts, aber im Inland wohnt, kann durch Aufgabe zur Post zugestellt werden; üblich und empfehlenswert auch dann aber Zustellung in normaler gesetzlicher Form. Bei Zustellung von Terminsbestimmungen ist durchweg der zuverlässigere Weg mit Zustellungsnachweis vorzuziehen, auch wenn hierdurch eine Verzögerung entsteht, um so einen einwandfreien Beweis zu erhalten und sich nicht der Gefahr auszusetzen, daß ein Verfahrensvorgang unwirksam sei oder eine Entscheidung aufgehoben werde.

2.2 Der Rechtspfleger sollte bei seiner Entscheidung oder Zustellungsverfügung immer auch bestimmen (dazu § 3 Rdn 2.1), ob nach den Zustellungsvorschriften der ZPO oder nach § 4 durch Aufgabe zur Post zugestellt werden soll, und die Wahl nicht der Geschäftsstelle überlassen[6]. Wenn keine Verfügung getroffen ist, steht es im Ermessen des Urkundsbeamten, in welcher Form er die Zustellung ausführt.

2.3 Zu erfolgen hat die Zustellung durch Aufgabe zur Post nach ZPO § 184 Abs 1 Satz 2, Abs 2. Die Geschäftsstelle **gibt** das zuzustellende Schriftstück ver-

---

[2] BGH MDR 1963, 829 Leitsatz = VersR 1963, 973.
[3] BGH MDR 1963, 486 = VersR 1963, 564.
[4] Drischler JVBl 1962, 83 (2); Steiner/Hagemann § 4 Rdn 6.
[5] Stöber JVBl 1966, 5 (III).
[6] Stöber aaO (Fußn 5); Jaeckel/Güthe § 3 Rdn 4.

schlossen mit Anschrift des Adressaten, mit Angabe des Absenders und mit Geschäftsnummer versehen **zur Post** (kann mit Hilfe des Gerichtswachtmeisters geschehen). Die Sendung muß mit der Bezeichnung „Einschreiben" versehen werden (Satz 2); bei Verstoß ist die Zustellung unwirksam. Erst nach erfolgter Aufgabe der Sendung bei der Post (durch den Gerichtswachtmeister) macht die Geschäftsstelle in den Akten einen Zustellungsvermerk (ZPO § 184 Abs 2 Satz 4). Er dient dem Nachweis, ist somit kein notwendiger Bestandteil der Zustellung (wie § 3 Rdn 1.3; überholt damit[7]). Wenn das zu übergebende Schriftstück mit unrichtiger oder in einem wesentlichen Teil unvollständiger Anschrift des Zustellungsempfängers zur Post gegeben worden ist, ist die Zustellung nicht wirksam[8]. Das gilt bei der im Ausland zu bewirkenden Zustellung durch Aufgabe zur Post insbesondere, wenn das Land, in dem der Bestimmungsort liegt, als Teil der Adresse des Zustellungsempfängers nicht bezeichnet ist[8]. Klare (und ausgeschriebene) Angabe des Bestimmungslandes ist immer geboten (ratsam), wenngleich strenge Anforderungen im Einzelfall einer Förmelei gleichkommen können (so für Zürich und Rom[9]) und wenn Abkürzung genügen mag („E" für „Espana"[9]). Eine mangelhafte Zustellung kann mangelfrei wiederholt und damit nachgeholt werden[10]; auch der Aktenvermerk kann später noch nachgeholt werden.

2.4 Der Aktenvermerk (Muster im ZVG-Handbuch Rdn 61) hat Betreff und Aktenzeichen zu enthalten. Bezeichnung des zuzustellenden Schriftstücks erfordert auch Angabe seines Datums. Nennen muß der Zustellungsvermerk auch den Tag der Aufgabe zur Post; fehlt seine Angabe (oder ist sie unrichtig), so ist die Zustellung zwar nicht unwirksam; die Beweiskraft des Vermerks (ZPO § 184 Abs 2) ist dann aber gemindert; er kann den Beginn einer Notfrist nicht nachweisen. Den Aktenvermerk hat der Urkundsbeamten zu unterschreiben. Allein dadurch, daß der Einlieferungsschein auf die in der Akte befindliche Urschrift des zuzustellenden Schriftstücks geklebt wird, kann der Tag der Aufgabe zur Post nicht wirksam in den Akten vermerkt werden. Der Aktenvermerk darf nicht vor Hinausgabe an den Gerichtswachtmeister angefertigt werden[11], weil er die erfolgte Zustellung darzustellen hat. Nachgeholt werden kann der Aktenvermerk vom Urkundsbeamten auch noch nach Einlegung eines Rechtsmittels[12]. Datierung des Zustellungsvermerks ist nicht vorgeschrieben; unrichtige Angabe des Datums seiner Anfertigung ist also unschädlich[13]. Der Sendung selbst soll nach bundeseinheitlichen Verwaltungsanordnungen ein Merkblatt beigegeben werden, daß es sich um eine Zustellung durch Aufgabe zur Post handle und daß die Zustellung (nun) zwei Wochen nach der Aufgabe zur Post am ... als bewirkt gelte (ZVG-Handbuch Rdn 61). Anordnung, in der nach ZPO § 184 Abs 2 Satz 3 auf diese Rechtsfolge hinzuweisen wäre, erfordert Zustellung nach § 4 nicht.

2.5 Als **bewirkt gilt die Zustellung** zwei Wochen nach der ordnungsgemäßen Aufgabe zur Post (ZPO § 184 Abs 2 Satz 1), auch wenn die Sendung als unbestellbar oder wegen Todes des Adressaten zurückkommt, soweit nicht der Tod dem Gericht schon bei Aufgabe bekannt war. Der Tag des Zugangs der Einschreibesendung ist für die Zustellung nicht maßgebend, auch wenn Zustellung mit Aufgabe zur Post durch Einschreibesendung „mit Rückschein" erfolgt ist[14]. Auch wenn diese eine Sendung als zugestellt gilt, muß dann für alle weiteren Zustellun-

---

[7] BGH 8, 314 = NJW 1953, 422 = Rpfleger 1953, 235.
[8] BGH 73, 388 = MDR 1979, 750 = Rpfleger 1979, 195.
[9] OLG Köln MDR 1986, 243 = OLGZ 1986, 216 = Rpfleger 1986, 142.
[10] BGH 32, 370 = MDR 1960, 829 = NJW 1960, 1763 = Rpfleger 1961, 13.
[11] BGH MDR 1966, 131 = Rpfleger 1966, 143.
[12] BGH MDR 1983, 204 = NJW 1983, 884 = Rpfleger 1983, 75; BGH MDR 1987, 483 = NJW 1987, 1707 = Rpfleger 1987, 205.
[13] BGH NJW 1983, 884 = aaO (Fußn 12).
[14] BGH NJW 1987, 1707 = aaO (Fußn 12).

gen an denselben Adressaten ein Zustellungsvertreter nach § 6 Abs 2 bestellt werden. Hierzu[15], auch im ZVG-Handbuch Rdn 61.

[Zustellungsbevollmächtigter beim Grundbuchamt]

5 Die Bestellung eines Zustellungsbevollmächtigten bei dem Grundbuchamte gilt auch für das Verfahren des Vollstreckungsgerichts, sofern sie diesem bekannt geworden ist.

Allgemeines zu § 5 1

1.1 Zweck der Vorschrift: Zustellung an einen besonderen Vertreter, für die der Wille des Zustellungsadressaten angenommen wird, daß der von ihm zur Empfangnahme grundbuchamtlicher Zustellungen ermächtigte Bevollmächtigte auch für die Zustellungen ermächtigt sein soll, die in dem Vollstreckungsverfahren von Amts wegen erfolgen[1].

1.2 Anwendungsbereich: Wie § 4 Rdn 1.2.

Zustellung an Grundbuch-Zustellungsvertreter 2

2.1 Voraussetzungen: a) Bestellung eines Zustellungsbevollmächtigten bei dem Grundbuchamt (für Schiffe und Luftfahrzeuge statt Grundbuchamt Registerbehörde). Nur wenn die Bestellung auf die (oder einzelne) Grundbuchangelegenheiten beschränkt ist, gilt sie für das Verfahren vor dem Vollstreckungsgericht nicht[2]. Zustellungsbevollmächtigter ist eine am Ort oder im Bezirk des Grundbuchamts (Vollstreckungsgerichts) wohnhafte Person, die zum Empfang der Schriftstücke bevollmächtigt ist (§ 3 Rdn 3.5). Er ist zu unterscheiden vom Prozeßbevollmächtigten, an den auch im Vollstreckungsverfahren zuzustellen ist (ZPO § 172).

b) Die Bestellung des Grundbuch-Zustellungsbevollmächtigten muß zur **Kenntnis** des Vollstreckungsgerichts gelangt sein. Das kann erfolgt sein durch Mitteilung des Grundbuchamts (§ 19 Abs 2), die auch durch Übersendung einer beglaubigten Abschrift des Wohnungsblatts aus dem Grundbuch geschehen sein kann[3], aber auch durch Einsicht in die Grundakten oder auf sonstige Weise (gleichgültig wie). Zeigt der Beteiligte selbst dem Vollstreckungsgericht an, daß er bei dem Grundbuchamt einen Zustellungsbevollmächtigten bestellt hat, so liegt darin zugleich eine Bestellung gegenüber dem Vollstreckungsgericht.

2.2 Die dem Vollstreckungsgericht zur Kenntnis gelangte Bestellung eines Grundbuch-Zustellungsbevollmächtigten ist zu beachten; **Zustellungen** haben **an ihn** zu erfolgen. Eine Zustellung, die dennoch an den Beteiligten selbst vorgenommen wird, ist jedoch nicht unwirksam (keine Anwendung des ZPO § 172)[4]. Wirksam ist die Zustellung an den Vertretenen bei dem Zustellungsbevollmächtigten auch dann, wenn das Gericht den Bevollmächtigten nicht kennt. Als falsche Zustellung unwirksam ist die Zustellung an einen vom Grundbuchamt unrichtig benannten, in Wirklichkeit dort nicht, nicht mehr (Bestellung ist bereits widerrufen) oder von dem mit mehreren Rechten an der Versteigerung Beteiligten nur für eines dieser Rechte bestellten Zustellungsbevollmächtigten[5]. Ist eine Zustellung an den Zustellungsbevollmächtigten nicht möglich (zB wegen unbekannten Aufenthalts), so gilt er als nicht bestellt; für ihn kann kein Zustellungsvertreter nach § 6 bestellt werden.

---

[15] Drischler JVBl 1962, 83 (4).
[1] Motive zum ZVG S 105.
[2] Dassler/Muth § 5 Rdn 3; Drischler JVBl 1962, 83 (3).
[3] RG 157, 89 (92).
[4] Jaeckel/Güthe §§ 4, 5 Rdn 5.
[5] KG Berlin OLG 4, 375; Jaeckler/Güthe §§ 4, 5 Rdn 4 und 5; Drischler aaO (Fußn 2).

2.3 Der Zustellungsbevollmächtigte ist **nur zum Empfang** von Zustellungen ermächtigt; er ist aber nicht Prozeßbevollmächtigter, also nicht zur Vertretung im Verfahren berechtigt, erst recht nicht verpflichtet.

2.4 Die Zustellungsvollmacht kann durch Mitteilung des Vollmachtgebers zu den Vollstreckungsakten **widerrufen** werden. Widerruf durch Anzeige zu den Grundakten erlangt nur Bedeutung, wenn er zur Kenntnis des Vollstreckungsgerichts gelangt (anders[6]: genügt nicht); nachträgliche Mitteilung durch das Grundbuchamt an das Vollstreckungsgericht sieht § 19 nicht vor. Der Tod des Vollmachtgebers ist dagegen ohne Einfluß auf die Vollmacht.

[Bestellung eines Zustellungsvertreters]

§ 6 (1) **Ist der Aufenthalt desjenigen, welchem zugestellt werden soll, und der Aufenthalt seines Zustellungsbevollmächtigten dem Vollstreckungsgericht nicht bekannt oder sind die Voraussetzungen für eine öffentliche Zustellung aus sonstigen Gründen (§ 185 der Zivilprozeßordnung) gegeben, so hat das Gericht für denjenigen, welchem zugestellt werden soll, einen Zustellungsvertreter zu bestellen.**

(2) **Das gleiche gilt, wenn im Falle der Zustellung durch Aufgabe zur Post die Postsendung als unbestellbar zurückkommt. Die zurückgekommene Sendung soll dem Zustellungsvertreter ausgehändigt werden.**

(3) **Statt der Bestellung eines Vertreters genügt es, wenn die Zustellung für nicht prozeßfähige Personen an die Vormundschaftsbehörde, für juristische Personen oder für Vereine, die als solche klagen und verklagt werden können, an die Aufsichtsbehörde angeordnet wird.**

1 Allgemeines zu § 6

1.1 Zweck der Vorschrift: Erleichterung der ungehinderten und sicheren Durchführung des Verfahrens[1].

1.2 Anwendungsbereich: Wie § 4 Rdn 1.2.

2 Anlaß der Bestellung eines Zustellungsvertreters (Absätze 1 und 2)

2.1 Ein Zustellungsvertreter **muß** nach **Abs 1** bestellt werden, wenn der Aufenthalt desjenigen, welchem zugestellt werden soll (Zustellungsadressat), und der Aufenthalt seines (etwaigen) Zustellungsbevollmächtigten dem Vollstreckungsgericht unbekannt ist. Genügend ist Nichtkenntnis des Gerichts; objektives Unbekanntsein ist nicht verlangt[1]. Die Bestellung hat bei Vorliegen dieser Voraussetzungen zu erfolgen; sie liegt nicht im Ermessen des Gerichts. Umstritten ist allerdings, ob und wie das Gericht seine Nichtkenntnis beheben soll.

2.2 Nachforschungen des Gerichts sind auf jeden Fall zulässig[2], es dürfen allerdings keine Verzögerungen entstehen. Nach[2] soll das Gericht nicht dazu verpflichtet sein. Es soll andererseits nicht unnötige Kosten entstehen lassen und muß nach[3] die Grundbuchmitteilungen einsehen, aber nicht die Grundakten. [4]meint, Nachforschungen seien eine nobile officium des Gerichts, zuerst müsse eine Klärung versucht werden, mindestens, wenn zwar der Wohnort, nicht aber die Straße

---

[6] Jaeckel/Güthe §§ 4, 5 Rdn 3; Steiner/Hagemann § 5 Rdn 6.
[1] Motive zum ZVG, S 106.
[2] LG Aachen Rpfleger 1965, 144 mit abl Anm Stöber; Drischler JVBl 1962, 83 (4a).
[3] Jaeckel/Güthe §§ 6, 7 Rdn 1; LG Aachen und Drischler je aaO (Fußn 2).
[4] Mohrbutter/Drischler Muster 16 Anm 2.

Bestellung eines Zustellungsvertreters 2.6 § 6

bekannt sei. Sehr weitgehend meint[5]: das Gericht brauche sich nur an den Inhalt der Versteigerungsakten halten, einschließlich der darin enthaltenen Grundbuchblattabschrift, es müsse sich nicht einmal durch Anruf oder Anfrage beim Grundbuchamt desselben Gerichts vergewissern, es sei schon berechtigt, einen Zustellungsvertreter zu bestellen, wenn das Grundbuchamt in seiner Mitteilung nach § 19 die Adressen nicht mitgeteilt habe.

2.3 Diese Einschränkungsversuche sind abzulehnen (siehe bereits[6]). Das Gericht muß doch mindestens, wenn die Grundakten zu den Versteigerungskaten gelangt sind (das ist die Regel nach § 19 Abs 2), aus ihnen Namen und Adressen **zu ermitteln suchen**. Vor allem ist auch die Mitteilung des Grundbuchamts nach § 19 ohne diese Adressen unvollständig und muß zur Vervollständigung zurückgegeben werden. Wenn das Grundbuchamt bei den meist zahlreichen Grunddienstbarkeiten (bei denen dies häufig geschieht) Namen und Adressen der Beteiligten nicht mitteilt, muß das Gericht ermitteln, wie erwähnt, und darf nicht einfach die nötigen Feststellungen durch Bestellung eines Zustellungsvertreters umgehen[6]. Die einmal erfolgte Feststellung der Adressen genügt allerdings, bis sich bei Eigentumswechsel der begünstigten Grundstücke der neue Eigentümer meldet[7], es muß dies nicht ständig überprüft werden[7]. Oft allerdings sind die Berechtigten bestehenbleibender Dienstbarkeiten (die nach §§ 9, 41 zu laden sind) gestorben oder verzogen, ihre Ermittlung durch Zustellungsvertreter ist kostspielig, sie haben in der Regel kein Interesse am Verfahren über das Nachbargrundstück. Hier kann (mit großer Vorsicht) wegen § 84 Abs 1 von einem Zustellungsvertreter abgesehen werden (dagegen aber[8]).

2.4 Dem Fall des unbekannten Aufenthalts (§ 6 Rdn 2.1) steht es gleich, wenn bei bekanntem Zustellungsbevollmächtigten Zweifel gegen die Wirksamkeit der Bestellung bestehen, die nicht einwandfrei zu klären sind[9], oder wenn der Adressat der Zustellung **gestorben** ist und seine Erben dem Vollstreckungsgericht unbekannt sind. Im letztgenannten Fall hat das Gericht nicht von sich aus die Erben zu ermitteln, sondern für die unbekannten Erben (nicht für den Verstorbenen, der nicht mehr Beteiligter sein kann) einen Zustellungsvertreter zu bestellen. Stirbt ein Beteiligter, für den schon ein Zustellungsvertreter bestellt ist, ohne daß das Vollstreckungsgericht vom Tod weiß, so wirkt die Bestellung auch für die Erben.

2.5 Ein Zustellungsvertreter **muß** nach Abs 1 außerdem bestellt werden, wenn die **Voraussetzungen der öffentlichen Zustellung** aus sonstigen Gründen gegeben sind (ZPO § 185 Nr 2 u 3: unausführbare oder keinen Erfolg versprechende Auslandszustellung und Zustellung an Exterritoriale). Öffentliche Zustellung an Beteiligte soll in den ZVG-Verfahren nicht erfolgen (sie würde vielfach Verzögerung des Verfahrens bewirken); ersetzt ist sie durch die Bestellung eines Zustellungsvertreters. Dies gilt nicht für die Zustellung von Anordnungs- und Beitrittsbeschlüssen an den Schuldner (Antragsgegner), für die § 8 die Anwendung von § 6 verbietet und damit wieder ZPO § 185 zuläßt.

2.6 Ein Zustellungsvertreter muß ebenso bestellt werden **(Abs 2),** wenn bei Zustellung durch Aufgabe zur Post (§ 4) die **Postsendung** als **unbestellbar** zurückkommt. Das gilt auch, wenn der Adressat gestorben ist und seine Erben dem Gericht unbekannt sind; auch hier ist der Vertreter für die unbekannten Erben zu bestellen. Bei Aufgabe zur Post gilt zwar die Sendung, obwohl sie zurückkommt, als ordnungsgemäß zugestellt (ZPO § 184 Abs 2; § 4 Rdn 2.5); es werden damit auch Fristen in Lauf gesetzt; aber der Zustellungsvertreter muß bestellt werden,

---

[5] LG Aachen aaO (Fußn 2).
[6] Stöber Rpfleger 1965, 145 (Anmerkung).
[7] Stöber aaO; Schiffhauer Rpfleger 1975, 187 (I 7).
[8] Steiner/Hagemann § 6 Rdn 14.
[9] LG Berlin JW 1935, 3062.

§ 6 2.6   Allgemeine Vorschriften

um den Berechtigten wenigstens nachträglich zu ermitteln[10] und um weitere Zustellungen in Empfang zu nehmen (die ja nicht mehr durch Aufgabe zur Post zugestellt werden dürfen). Die zurückgekommene Sendung soll dem Zustellungsvertreter ausgehändigt werden (§ 6 Abs 2 Satz 2); wesentlich ist dies nicht.

3 Bestellung und Auswahl des Zustellungsvertreters

3.1 Muster für den Beschluß: „Für den zur Zeit aufenthaltsunbekannten Beteiligten ... wird als Zustellungsvertreter ... bestellt (ZVG § 6)".

3.2 Der Beschluß über die Bestellung ist dem Zustellungsvertreter formlos **mitzuteilen** (ZPO § 329 Abs 2 Satz 1). Eine Gerichtsgebühr fällt nicht an.

3.3 Das Gericht ist frei in der Auswahl, es hat aber mit Sorgfalt auszuwählen[11]. Die **Auswahl** eines nicht geeigneten Vertreters kann Schadensersatzpflicht begründen. Der vom Gericht Ausgewählte ist nicht zur Übernahme verpflichtet. Will er die Übernahme der Tätigkeit ablehnen, muß er dies unverzüglich dem Gericht mitteilen. Verspätete Ablehnung kann Schadensersatzpflicht begründen.

3.4 Das Gericht ist nicht verpflichtet, den als Zustellungsvertreter Bestellten zu **belehren,** anzuweisen und im einzelnen zu **überwachen**[12] (anders[13]: Belehrungspflicht). Es muß ihm keine Bestallung aushändigen, kann dies aber tun. Es muß ihn nicht besonders verpflichten. Das Gericht kann kein Zwangsgeld gegen ihn verhängen; es braucht periodischen Berichte von ihm nicht anfordern[14], wohl aber muß es überwachen, ob er überhaupt tätig wird[14]; daher kann es, wenn er seine Pflichten nicht oder nicht mehr ordnungsgemäß erfüllen kann (Krankheit) oder will, ihn entlassen[14] und durch einen anderen ersetzen. Stirbt er oder wird sein Aufenthalt unbekannt, so ist dem Vertretenen ein neuer Vertreter zu bestellen[15]. Nicht nötig (aber zweckmäßig) ist, daß er im Bezirk des Vollstreckungsgerichts wohnt; an ihn könnte sonst ja wieder nach § 4 (durch Aufgabe zur Post) zugestellt werden (nicht zu empfehlen).

4 Vormundschaftsbehörde und Aufsichtsbehörde (Absatz 3)

4.1 Für eine **nicht prozeßfähige Person** (ZPO §§ 52, 55) und für einige **Körperschaften** muß trotz unbekannten Aufenthalts der Zustellungsadressaten (bzw trotz Vorliegen der Voraussetzungen einer öffentlichen Zustellung oder trotz einer als unzustellbar zurückgekommenen Postsendung) dann kein Zustellungsvertreter bestellt werden, wenn Zustellung an die **Vormundschaftsbehörde** angeordnet wird oder an die **Aufsichtsbehörde** erfolgen kann (Abs 3). Diese Zustellung „genügt" statt der Bestellung eines Vertreters; sie ist also wahlweise möglich; es kann daher auch in diesen Fällen ein Zustellungsvertreter bestellt werden. Anwendbar ist diese Vorschrift auch, wenn bei dem gesetzlichen Vertreter der nicht prozeßfähigen Person oder Körperschaft, an den zuzustellen wäre, eine Interessenkollision vorliegt (BGB §§ 181, 1795)[16] (anders[17]). Vormundschaftsbehörde ist das Vormundschaftsgericht oder eine landesrechtlich bestimmte Stelle. Die Zustellung an die Aufsichtsbehörde ist nur möglich, wenn eine vorhanden ist (Denkschrift S 36); das Registergericht ist keine solche[18]. Die Aufsichtsbehörde hat den Zustellungsempfänger zu ermitteln (oder Bestellung des fehlenden Vertreters bzw Organs zu veranlassen) und zu benachrichtigen und zugestellte Schriftstücke ihm auszuhändigen.

---

[10] Jaeckel/Güthe §§ 6, 7 Rdn 2; Drischler JVBl 1962, 83 (4 c).
[11] RG 157, 89 (92).
[12] Jonas/Pohle, ZwVNotrecht, § 6 Anm 2 c.
[13] RG 157, 89 (92); Steiner/Hagemann § 6 Rdn 19, § 7 Rdn 2.
[14] RG 157, 89 (94); Dassler/Muth § 7 Rdn 2.
[15] Drischler JVBl 1962, 83 (4).
[16] Jaeckel/Güthe §§ 6–7 Rdn 8 und 14; Steiner/Hagemann § 6 Rdn 25.
[17] Drischler JVBl 1962, 83 (4).
[18] Motive zum ZVG S 109.

4.2 Als **Körperschaften** kommen für § 6 Abs 3 in Frage: rechtsfähiger Verein (nicht der nichtrechtsfähige); Fiskus, Körperschaften, Stiftungen, Anstalten des öffentlichen Rechts (BGB § 89); alle Handelsgesellschaften mit Rechtspersönlichkeit; Genossenschaften; Versicherungsvereine auf Gegenseitigkeit. Bei den genannten Handelsgesellschaften kann es sich auch um eine im Handelsregister schon gelöschte, im Grundbuch noch eingetragene handeln. Ob dabei der Zustellungsvertreter oder die Aufsichtsbehörde die nochmalige bzw nachträgliche Bestellung von Abwicklern beantragen will (AktG § 273 Abs 4; GenG § 83 Abs 5; GmbHG § 66 Abs 5), unterliegt deren pflichtgemäßen Ermessen; nötig ist es wohl, wenn Obliegenheiten anfallen, für die sie nicht ermächtigt sind, oder wenn eine Erlöszuteilung zu erwarten ist. Aufsichtsbehörde ist dabei nicht der satzungsgemäße Vorstand oder Aufsichtsrat[18], sondern eine nach Bundes- oder Landesrecht zuständige staatliche Stelle[18], zB bei Stiftungen und Anstalten des öffentlichen Rechts, auch bei Vereinen eine landesrechtlich bestimmte Behörde. Bevor das Vollstreckungsgericht sich mit umfangreichen Ermittlungen befaßt, sollte es lieber sofort einen Zustellungsvertreter bestellen.

[Aufgaben und Vergütung des Zustellungsvertreters]

7 (1) **An den Zustellungsvertreter erfolgen die Zustellungen, solange derjenige, welchem zugestellt werden soll, nicht ermittelt ist.**

(2) **Der Zustellungsvertreter ist zur Ermittlung und Benachrichtigung des Vertretenen verpflichtet. Er kann von diesem eine Vergütung für seine Tätigkeit und Ersatz seiner Auslagen fordern. Über die Vergütung und die Erstattung der Auslagen entscheidet das Vollstreckungsgericht.**

(3) **Für die Erstattung der Auslagen haftet der Gläubiger, soweit der Zustellungsvertreter von dem Vertretenen Ersatz nicht zu erlangen vermag; die dem Gläubiger zur Last fallenden Auslagen gehören zu den Kosten der die Befriedigung aus dem Grundstücke bezweckenden Rechtsverfolgung.**

Allgemeines zu § 7   1

Zweck und **Anwendungsbereich:** Die Vorschrift regelt mit Aufgaben und Vergütung sowie Auslagenersatz des Zustellungsvertreters die Wirkungen seiner nach § 6 erforderlichen Bestellung. Die Vorschrift ist in allen ZVG-Verfahren anwendbar; Einschränkung: § 8.

Aufgaben des Zustellungsvertreters (Absätze 1 und 2)   2

2.1 Er **muß** im Rahmen des Verfahrens, für das er bestellt ist, für den von ihm Vertretenen Zustellungen jeder Art in **Empfang nehmen** (§ 7 Abs 1), jedoch nicht Anordnungs- und Beitrittsbeschlüsse (§ 8), auch nicht die zu den Anordnungs- und Beitrittsbeschlüssen gehörenden Ergänzungs- und Berichtigungsbeschlüsse und nicht die dem Verfahrensbeginn vorausgehenden Zustellungen (Vollstreckungstitel, Sicherheitsleistung usw). Mit der wirksamen Zustellung an den Vertreter treten alle Wirkungen der Zustellung voll ein. Weil Zustellungen für den nicht ermittelten Beteiligten an den Zustellungsvertreter erfolgen, findet öffentliche Zustellung (ZPO § 185) nicht statt.

2.2 Der Zustellungsvertreter **erhält auch** die Einstellungsbelehrung nach § 30 b Abs 1, falls diese nicht dem Anordnungs- oder Beitrittsbeschluß an- oder beigefügt ist, sowie etwaige Fortsetzungsbeschlüsse (die keinen Anordnungs- oder Beitrittsbeschluß darstellen) und den Aufhebungsbeschluß nach Einstellung wegen eines Insolvenzverfahrens (§ 30 f), Terminsladungen, Zuschlagsbeschluß usw (da er ja grundsätzlich alle Zustellungen erhält). Er ist aber weder berechtigt noch ver-

---

[18] Motive zum ZVG S 109.

pflichtet, für den Vertretenen im Verfahren zu handeln, kann somit Anträge nicht stellen, Rechtsmittel nicht einlegen, Termine nicht wahrnehmen, Anmeldungen nicht abgeben, auf zugeleitete Schriftsätze sich nicht äußern, Verzichte nicht erklären usw[1] und ist auch nicht anzuhören. Im Bedarfsfall hat hier das Vollstreckungsgericht beim Vormundschafts- bzw Nachlaßgericht die Bestellung eines Abwesenheitspflegers (BGB § 1911), eines Pflegers für unbekannte Beteiligte (BGB § 1913), eines Nachlaßpflegers (BGB § 1960) anzuregen. Hierzu auch im ZVG-Handbuch Rdn 65.

2.3 Der Zustellungsvertreter **muß** weiter den Vertretenen **ermitteln** und benachrichtigen (§ 7 Abs 2) und muß ihm die erhaltenen Schriftstücke aushändigen. Nach Ermittlung des Vertretenen wird an diesen nicht nochmals zugestellt. Weitere (neue) Zustellungen erfolgen aber nur noch an den Ermittelten. Stirbt der Vertretene während der Ermittlungen oder ist er schon vorher gestorben, dann muß der Zustellungsvertreter die Erben ermitteln und benachrichtigen und ihnen die Schriftstücke aushändigen. Die an den Vertreter erfolgten Zustellungen wirken, wenn sich herausstellt, daß der Vertretene schon gestorben war, gegen die Erben. Das Ergebnis seiner Ermittlungen muß der Zustellungsvertreter dem Gericht mitteilen. Unternimmt er nichts, so sind alle Zustellungen an ihn (soweit sie erfolgen dürfen) wirksam, aber er ist unter Umständen schadensersatzpflichtig.

2.4 Die durch Aufgabe zur Post zugestellten (§ 4), dann aber als unbestellbar zurückgekommenen Sendungen (§ 6 Abs 2) werden dem Zustellungsvertreter **ausgehändigt** (§ 6 Abs 2 Satz 2, nur Ordnungsvorschrift, Nichtbeachtung ohne Bedeutung), aber nicht neu zugestellt, weil die Zustellung schon als bewirkt gilt.

2.5 Die Bestellung zum Zustellungsvertreter **umfaßt nicht** auch die Tätigkeit nach § 135 (Ermittlung eines unbekannten Berechtigten nach dem Verteilungstermin durch einen besonderen Ermittlungsvertreter) oder nach ZPO §§ 779, 787 (besonderer Vertreter bei Vollstreckungshandlungen oder bei Vollstreckung in herrenlose Objekte). Wenn die Bestellung für Zwangsversteigerung und Zwangsverwaltung gelten soll, muß ein Zustellungsvertreter in jedem dieser (getrennten) Verfahren bestellt werden. Wird aber die Zwangsversteigerung wegen Nichtabgabe von Geboten im Termin nach § 77 Abs 2 als Zwangsverwaltung fortgesetzt, so bleibt die Vertretung, weil es sich um dasselbe Verfahren handelt.

2.6 Das Amt des Zustellungsvertreters **endet** mit der Mitteilung an das Gericht über die Ermittlung des vertretenen Beteiligten. Es dauert jedoch fort, wenn der Ermittelte nicht der richtige Beteiligte ist. Es endet auch, wenn das Gericht anderweitig (gleich auf welche Weise) die Anschrift erfährt, ohne daß es hierfür auf die (gebotene) Benachrichtigung des Zustellungsvertreters ankommt. Zustellungen, die nach Kenntnis des Vollstreckungsgerichts von der Ermittlung des Vertretenen (oder seines Bevollmächtigten), gleich auf welche Weise sie erlangt ist, an den Zustellungsvertreter erfolgen, sind unwirksam. Solange Zweifel bestehen, soll an den Vertreter und den Ermittelten zugestellt werden. Wenn nach Ermittlung des Aufenthaltsort desjenigen, dem zugestellt werden soll, von neuem unbekannt wird oder sonst die Voraussetzungen für eine öffentliche Zustellung später wieder eintreten, ist ein Zustellungsvertreter neu zu bestellen.

3 Vergütung und Auslagen des Zustellungsvertreters (Absätze 2 und 3)

3.1 Eine **Vergütung** für seine Tätigkeit erhält der Zustellungsvertreter vom Vertretenen, wenn er ihn ermittelt hat. Über die Vergütung entscheidet das Vollstreckungsgericht (§ 7 Abs 2). Das gilt auch, wenn der Vertreter zu Unrecht bestellt war[2].

---

[1] Drischler JVBl 1962, 83 (4); Jaeckel/Güthe §§ 6, 7 Rdn 5; Steiner/Hagemann § 7 Rdn 7.
[2] LG Lüneburg Rpfleger 1962, 57 mit Anm Drischler; Dassler/Muth § 7 Rdn 7.

Aufgaben und Vergütung des Zustellungsvertreters 3.6 § 7

3.2 Ersatz seiner (aller, nicht nur der baren) **Auslagen** kann der Zustellungsvertreter gleichfalls von dem ermittelten Vertretenen fordern. Darüber entscheidet ebenfalls das Vollstreckungsgericht (§ 7 Abs 2). Für den Auslagenersatz (nicht für die Vergütung) haftet subsidiär (soweit der Vertreter von dem Vertretenen Ersatz nicht erlangen kann, § 7 Abs 3) der betreibende Gläubiger[3] (Entscheidung hierüber nur im Prozeßweg, nicht durch das Vollstreckungsgericht), mehrere betreibende als Gesamtschuldner[4].
3.3 Wenn als Zustellungsvertreter ein **Rechtsanwalt** bestellt war, ist das RVG nicht anwendbar. Vielmehr entscheidet über die Höhe der Vergütung das Gericht nach billigem Ermessen. Zu berücksichtigen sind die Dauer, Schwierigkeit und Haftungsgefahr der Tätigkeit, die Forderung und das Interesse des Vertretenen und die Arbeitsleistung des Vertreters. Über die Auslagen, zuzüglich der Mehrwertsteuer, die auf sie entfällt, wird im Rahmen von ZPO § 91 (Notwendigkeit) entschieden. Die auf die Vergütung entfallende Mehrwertsteuer ist zwar in die Vergütung einzurechnen, also die vorgesehene Vergütung um den Betrag der Mehrwertsteuer zu erhöhen; so für die ähnliche Vergütung von Vormund und Pfleger[5], auch[6] (anders aber[7], daß sie gesondert bei den Auslagen zu ersetzen sei) (hierzu auch ZVG-Handbuch Rdn 66); trotzdem kann bei der Festsetzung der Vergütung die Mehrwertsteuer zur Ermöglichung eines Vorsteuerabzugs durch besondere Erwähnung des Steuersatzes „ausgeworfen" werden.
3.4 Festsetzungsbeschluß des Vollstreckungsgerichts gegen den Vertretenen ergeht, nach Gebühren und Auslagen getrennt, nur auf Antrag des Vertreters. Dabei sind genaue Angaben im Beschluß nötig, weil er ein Vollstreckungstitel gegen den Vertretenen ist, und zwar nach ZPO § 794 Abs 1 Nr 3. Auf Antrag erhält er eine Vollstreckungsklausel. Der Festsetzungsbeschluß wird dem Vertreter formlos mitgeteilt (bei teilweiser Ablehnung aber zugestellt), dem Vertretenen zugestellt (wo nötig öffentlich).
3.5 Muster für Vergütungsbeschluß (oder im ZVG-Handbuch Rdn 66): „Der statt des verstorbenen Beteiligten ... vom Zustellungsvertreter ermittelte Beteiligte ... (Der bisher aufenthaltsunbekannte, vom Zustellungsvertreter ermittelte Beteiligte ...) hat an den durch Beschluß des Vollstreckungsgerichts ... vom ... bestellten Zustellungsvertreter ... für dessen Tätigkeit eine Vergütung von Euro ... (hierin ...% = ... Euro Mehrwertsteuer eingeschlossen) und einen Auslagenersatz von ... Euro, zuzüglich ...% Mehrwertsteuer zu zahlen. Gründe: ... war (ist) als ... am Zwangsversteigerungsverfahren beteiligt, ist aber verstorben (war aber aufenthaltsunbekannt). Ihm mußte daher ein Zustellungsvertreter bestellt werden (ZVG § 6). Dieser hat die Erben (ihn) ermittelt. Er hat für seine Tätigkeit vom Ermittelten eine vom Gericht festzusetzende Vergütung (die auch die hierauf entfallende Mehrwertsteuer einschließt) und Ersatz seiner notwendigen Auslagen zu fordern (ZVG § 7), wobei auf die Auslagen entfallende Mehrwertsteuer gesondert zu erstatten ist. Für die Höhe der Vergütung war zu berücksichtigen ... (zeitraubend, Haftungsgefahr, fehlende Unterlagen ...). Die notwendigen Auslagen (ZPO § 91) sind glaubhaft gemacht."
3.6 Gegen den Festsetzungsbeschluß gibt es sofortige Beschwerde, wenn der Beschwerdewert 200 Euro übersteigt, wie in ZPO § 567 Abs 2 für Prozeßkosten bestimmt. Die Beschwerde ist nicht durch § 95 ausgeschlossen, weil keine Entscheidung gegen den Schuldner vorliegt[8]. Wenn der Vertreter Beschwerde einlegt, ist

---

[3] Drischler JVBl 1962, 83.
[4] Jaeckel/Güthe §§ 6–7 Rdn 7; Steiner/Hagemann § 7 Rdn 15; Dischler aaO (Fußn 3).
[5] BGH NJW 1975, 210 = Rpfleger 1975, 55; KG Berlin NJW 1973, 762 = Rpfleger 1973, 24; OLG Hamm MDR 1972, 1035 = NJW 1972, 2038 = Rpfleger 1972, 370.
[6] LG München I Rpfleger 1972, 371 in Anm der Schriftleit zu OLG Hamm.
[7] OLG Hamburg MDR 1972, 782 = NJW 1972, 1427.
[8] Drischler Rpfleger 1962, 57 (Anmerkung) und JVBl 1962, 83.

das Beschwerdegericht durch das Verbot der reformatio in peius (ZPO § 528 entsprechend) gehindert, die Vergütung herabzusetzen. Bei Beschwerdewert von 200 Euro und weniger gibt es gegen den Festsetzungsbeschluß des Rechtspflegers befristete Erinnerung zum Richter (§ 11 Abs 2 RPflG).

3.7 Vergütung und Auslagen sind **keine Verfahrenskosten** nach § 109 und daher nicht ins geringste Gebot und den Verteilungsplan aufzunehmen, auch nicht auf Anmeldung des Zustellungsvertreters. Nur Auslagen, die der betreibende Gläubiger als Zweitschuldner dieser Auslagen (§ 7 Rdn 3.2) freiwillig oder nach Verurteilung durch das Prozeßgericht ersetzt hat, sind auf seine Anmeldung hin und an seiner Rangstelle als Kosten der Rechtsverfolgung (§ 7 Abs 3) aufzunehmen.

[Zustellung des Anordnungs- und Beitrittsbeschlusses]

8 Die Vorschriften der §§ 4 bis 7 finden auf die an den Schuldner zu bewirkende Zustellung des Beschlusses, durch welchen die Zwangsvollstreckung angeordnet oder der Beitritt eines Gläubigers zugelassen wird, keine Anwendung.

1 Allgemeines zu § 8

1.1 Zweck der Vorschrift: Wahrung der Schuldnerbelange mit Anordnung, daß Anwendung der Bestimmungen über die vereinfachte Zustellung in ZVG-Verfahren (§§ 4–7) auf die für den Schuldner wichtige Einleitung des Verfahrens und Beitrittszulassung ausgeschlossen ist[1].

1.2 Anwendungsbereich: Die Vorschrift gilt in allen ZVG-Verfahren, auch in der Zwangsverwaltung, aber auch in Verfahren nach §§ 172, 175, 180, also insbesondere in der Teilungsversteigerung für die Zustellung an den Antragsgegner. Sie gilt nur für die Zustellung an den Schuldner (Antragsgegner), nicht aber für die Zustellung eines Anordnungs- oder Beitrittsbeschlusses an den Gläubiger (Antragsteller). Zustellung an den Schuldner ist auch die Zustellung, die an seinen Prozeßbevollmächtigten zu erfolgen hat (ZPO § 172). Untersagt ist nur die Zustellung des Anordnungs- und der Beitrittsbeschlüsse an den Schuldner (damit auch an seinen Prozeßbevollmächtigten); alle sonstigen Zustellungen können auch an den Schuldner (seinen Prozeßbevollmächtigten) in der erleichterten Form der §§ 4–7 erfolgen.

2 Zustellung von Anordnungs-/Beitrittsbeschluß

2.1 Der Anordnungsbeschluß und jeder Beitrittsbeschluß kann an den Schuldner (seinen Prozeßbevollmächtigten) lediglich **nach den Vorschriften der ZPO** über die Zustellung von Amts wegen zugestellt werden. Deren Zustellung außerhalb des Gerichtsbezirks durch Aufgabe zur Post (§ 4) oder an einen beim Grundbuchamt bestellten Zustellungsbevollmächtigten (§ 5) oder an einen vom Vollstreckungsgericht aufgestellten Zustellungsvertreter (§ 6) ist ausgeschlossen. Eine Zustellung, die dennoch nach §§ 4–7 erfolgt, wäre wirkungslos; sie würde Aufhebung des Versteigerungstermins (§ 43 Abs 2) und Versagung des Zuschlags (§ 83 Nr 1) gebieten.

2.2 Wird der Anordnungsbeschluß einer Teilungsversteigerung einem im Ausland wohnenden Miteigentümer (der Antragsgegner ist) nicht vorschriftsmäßig zugestellt (also durch Einschreiben mit Rückschein, wo nach völkerrechtlicher Vereinbarung zulässig, sonst auf dem diplomatischen oder konsularischen Weg, ZPO § 183), so ist

---

[1] Motive zum ZVG S 110; Denkschrift S 36.

Beteiligte   1.4 § 9

dies ein unheilbarer Mangel[2]. Das gilt ähnlich in der Vollstreckungsversteigerung bei Zustellungen an den Schuldner und auch für andere Arten des Versuchs.

2.3 Anordnungs- und Beitrittsbeschluß können bei unbekanntem Aufenthalt des Schuldners an ihn nur nach ZPO §§ 185–188 **öffentlich zugestellt** werden[3]. Dies geschieht nach Bewilligung durch das Vollstreckungsgericht (Rechtspfleger[4], RPflG § 3 Nr 1i) durch Aushang einer Benachrichtigung an der Gerichtstafel (ZPO § 186 Abs 2), nach Bestimmung des Gerichts zusätzlich auch durch Einrücken in den Bundesanzeiger oder in andere Blätter (ZPO § 187; dort auch zur Einstellung in ein elektronisches Informationssystem). Antrag des betreibenden Gläubigers auf Bewilligung der öffentlichen Zustellung ist nicht nötig, weil die Zustellung von Amts wegen erfolgt.

[Beteiligte]

9 In dem Verfahren gelten als Beteiligte, außer dem Gläubiger und dem Schuldner:

1. **diejenigen, für welche zur Zeit der Eintragung des Vollstreckungsvermerkes ein Recht im Grundbuch eingetragen oder durch Eintragung gesichert ist;**
2. **diejenigen, welche ein der Zwangsvollstreckung entgegenstehendes Recht, ein Recht an dem Grundstück oder an einem das Grundstück belastenden Rechte, einen Anspruch mit dem Rechte auf Befriedigung aus dem Grundstück oder ein Miet- oder Pachtrecht, auf Grund dessen ihnen das Grundstück überlassen ist, bei dem Vollstreckungsgericht anmelden und auf Verlangen des Gerichts oder eines Beteiligten glaubhaft machen.**

Literatur: Sievers, Sind die Miteigentümer Beteiligte im ZVG-Verfahren?, Rpfleger 1990, 335.

Allgemeines zu § 9   1

1.1 Zweck der Vorschrift: Bestimmung und Begrenzung des Kreises der Beteiligten[1]. Beteiligte sind nach näherer Maßgabe der einzelnen ZVG-Vorschriften (zB § 41 Abs 1, § 43 Abs 2, § 66 Abs 1, §§ 88, 105 Abs 2, §§ 106, 113 Abs 1, § 146 Abs 2) zum Verfahren zuzuziehen, damit sie am Verfahren teilnehmen und ihre Rechte wahren können. Welche (natürliche und juristische) Personen gemeint sind, wenn Einzelbestimmungen des ZVG Beteiligte nennen, regelt § 9 als allgemeine Norm vorweg.

1.2 Anwendungsbereich: Die Vorschrift gilt in allen ZVG-Verfahren, auch für die Zwangsverwaltung und für die Insolvenzverwalter- (§ 172), Nachlaß- (§ 175) und Teilungsversteigerung (§ 180). Mitunter gilt als Beteiligter auch, wer ein angemeldetes Recht noch nicht glaubhaft gemacht hat (§ 41 Abs 3, §§ 88, 105 Abs 2). Ausnahme für Beschwerdeverfahren nach § 99.

1.3 Ergänzt wird § 9 durch Einzelvorschriften, die den Kreis der Beteiligten für Sonderfälle erweitern, zB § 163 Abs 3, § 166 Abs 2, ErbbauVO § 24.

1.4 Als **Bezeichnung** für Personen, die in einem ZVG-Verfahren in Erscheinung treten, kennt das ZVG noch: Antragsteller (§ 181 Abs 2), Berechtigte (zB § 74b), Beschwerdeführer (§ 99 Abs 1), Bieter (zB §§ 67, 71, 72), Eigenbesitzer (§ 147), Ersteher (zB §§ 82, 90), Meistbietender (zB § 81 Abs 1), neu eingetrete-

---

[2] LG Koblenz Rpfleger 1972, 183.
[3] Drischler Rpfleger 1953, 497; Pöschl NJS 1954, 136.
[4] OLG München MDR 1988, 679 = Rpfleger 1988, 370.
[1] Motive zum ZVG zu § 8 (S 88); Denkschrift S 36.

ner Eigentümer (zB § 67 Abs 2), unbekannter Berechtigter (zB §§ 126, 135), Widersprechender (§ 115), mithaftender Bürge (zB § 105 Abs 2, 4).

2 Beteiligte: Grundfälle der Zwangsversteigerung

2.1 § 9 Einleitung: Beteiligter ist der **Gläubiger** = betreibende Gläubiger (Rdn 3.10), und zwar ohne Anmeldung. In den Verfahren nach §§ 172, 175, 180 ist der Antragsteller Beteiligter wie ein Gläubiger.

2.2 § 9 Einleitung: Beteiligter ist der **Schuldner** = Vollstreckungsschuldner (Rdn 3.28), und zwar ohne Anmeldung. In den Verfahren nach §§ 172, 175, 180 ist der Antragsgegner Beteiligter wie ein Schuldner.

2.3 § 9 Nr 1: Beteiligte sind alle, für die zur Zeit der Eintragung des Vollstreckungsvermerks (§ 37 Rdn 5.4) ein **Recht** im Grundbuch **eingetragen** ist = **dinglich Berechtigte** oder Realberechtigte oder Realbeteiligte, und zwar ohne Anmeldung. Maßgeblich ist die Grundbucheintragung, nicht eine dem Vollstreckungsgericht nach § 19 Abs 2 erteilte (unrichtige) Grundbuchblattabschrift. Zu eingetragenen Beteiligten gehören Eigentümer, Miteigentümer (zu Bruchteilen oder zur gesamten Hand), Berechtigte aus Hypotheken, Grundschulden (auch ein Miteigentümer als gesamtberechtigter Grundschuldgläubiger[2]), Reallasten, Grunddienstbarkeiten, beschränkten persönlichen Dienstbarkeiten, Nießbrauch, Dauerwohnrecht, Erbbaurecht, sowie bei Vollstreckung in Wohnungseigentum oder Wohnungserbbaurecht die übrigen Wohnungseigentümer oder Wohnungserbbauberechtigten (Rdn 3.35). Nicht darauf abgestellt ist, ob der Eingetragene tatsächlich Rechtsinhaber ist (siehe BGB § 891 Abs 1). Auch der unrichtig Eingetragene (BGB § 894) ist daher Beteiligter. Der eingetragene Gläubiger eines Briefgrundpfandrechts ist Beteiligter, solange nicht der wirkliche Berechtigte in wirksamer Form sein Recht nach § 9 Nr 2 anmeldet und sich als Berechtigter ausweist (BGB § 1155), ebenso der eingetragene Gläubiger einer Hypothek, solange nicht der wirklich Berechtigte eine Eigentümergrundschuld oder sonst den gesetzlichen Übergang des Rechts anmeldet und nachweist (anders[3]: bei nicht valutierter Hypothek sei der Eingetragene nicht Beteiligter). Grundbucheintragung eines Gläubigerwechsels: Rdn 3.12.

2.4 § 9 Nr 1: Beteiligte sind alle, für die zur Zeit der Eintragung des Vollstreckungsvermerks (§ 37 Rdn 5.4) ein **Recht** im Grundbuch durch Eintragung **gesichert** ist = Grundbuchgesicherte oder Realberechtigte oder Realbeteiligte, also Berechtigte aus einer Vormerkung, einem Widerspruch, einem Verfügungsverbot oder Pfändungsvermerk, und zwar ohne Anmeldung.

2.5 § 9 Nr 2: Beteiligte sind alle, die ein der Zwangsvollstreckung entgegenstehendes **Recht anmelden** = Anmeldungsbeteiligte. Hierzu gehören nichteingetragene Grundstückseigentümer, Interventionsgläubiger als Eigentümer von unter Eigentumsvorbehalt gelieferten Zubehörstücken (§ 37 Nr 5, § 55 Abs 2; solange nicht das Verfahren hinsichtlich des Zubehörstücks in ihrem Eigentum aufgehoben ist), der durch ein Veräußerungsverbot Geschützte (BGB §§ 135, 136; ZPO § 772) usw.

2.6 § 9 Nr 2: Beteiligte sind alle, die ein **Recht** an dem Grundstück oder an einem das Grundstück belastenden Recht **anmelden** = dinglich Anmeldende, auch Anmeldungsbeteiligte. Hierzu gehören Berechtigte aus den nach der Eintragung des Vollstreckungsvermerks eingetragenen Rechten oder ebensolchen oder nicht eingetragenen Rechten an einer Grundstücksbelastung (Pfandrecht oder Abtretung oder Rechtsübergang kraft Gesetzes, BGB §§ 412, 401), oder ein neuer Eigentümer nach dem genannten Zeitpunkt, außerdem Berechtigte aus einem zwar vor der Eintragung des Vollstreckungsvermerks eingetragenen Recht, das zu

---

[2] BGH DNotZ 1975, 487 = MDR 1975, 307 = NJW 1975, 445 = Rpfleger 1975, 84.
[3] Pikart WM 1968, 1190 (I 4).

Beteiligte 2.10 § 9

Unrecht gelöscht ist und Gläubiger einer ohne Eintragung entstandenen Sicherungshypothek (BGB § 1287 Satz 2; ZPO § 848 Abs 2).

2.7 § 9 Nr 2: Beteiligte sind, die einen **Anspruch** mit dem Recht auf Befriedigung aus dem Grundstück **anmelden** = Befriedigungsberechtigte oder Realberechtigte, auch Anmeldungsbeteiligte. Hierzu gehören die eine Zwangsverwaltung betreibenden Gläubiger wegen ihrer Verfahrensvorschüsse (§ 10 Rangklasse 1), der Insolvenzverwalter wegen des Kostenersatzanspruchs (§ 10 Rangklasse 1 a), land- und forstwirtschaftliche Bedienstete wegen ihrer Lohn- und Unterhaltsansprüche (§ 10 Rangklasse 2), Berechtigte aus einer öffentlichen Last (§ 10 Rangklasse 3), aus einer Überbaurente (BGB §§ 912–916), aus einer Notwegrente (BGB §§ 917–918), aus einer sogenannten altrechtlichen (nicht eintragungsbedürftigen) Grunddienstbarkeit (EGBGB Art 187), Früchtepfandrechtsgläubiger bei landwirtschaftlichen Grundstücken nach dem Düngemittelgesetz vom 15. 11. 1977 (BGBl I S 2134).

2.8 § 9 Nr 2: Beteiligter ist auch, wer einen **schuldrechtlichen Anspruch** anmeldet und erforderlichenfalls glaubhaft macht der geeignet ist, die Geltendmachung des Rechts eines anderen auf Befriedigung aus dem Grundstück (§ 10) auszuschließen oder zu beschränken. Der Anspruch muß den nach dem Grundbuchstand oder der Anmeldung als Rechtsinhaber Beteiligten verpflichten, das Recht dem Anmeldenden (ganz oder teilweise) zu überlassen. Der Anspruch hat dann ein Recht auf Befriedigung aus dem Grundstück an Stelle des Rechtsinhabers zum Gegenstand (s § 114 Rdn 3.4 b); der Gläubiger des Anspruchs ist deshalb Anmeldungsbeteiligter. Beteiligter ist damit insbesondere der Gläubiger, der einen schuldrechtlichen **Rückgewähranspruch** auf eine (Sicherungs-)Grundschuld (§ 114 Rdn 7.7) anmeldet[4] (anders[5]), wenn er nicht bereits in anderer Eigenschaft, insbesondere als nachrangiger dinglicher Berechtigter, Verfahrensbeteiligter ist. Nicht Beteiligter ist, wer (nur) einen schuldrechtlichen (durch Vormerkung nicht gesicherten, s Rdn 3.33) schuldrechtlichen Anspruch gegen den Eigentümer auf Bestellung eines Rechts an dem Grundstück hat (§ 10 Abs. 1 Nr 4; Belastung des Grundstücks mit einem Recht, BGB § 873 Abs 1).

2.9 Beteiligter ist ebenso der **Anfechtungsgläubiger,** der mit dem schuldrechtlichen Rückgewähranspruch (AnfG § 11; InsO § 143) ein Recht (§ 9 Nr 2) anmeldet und (erforderlichenfalls) glaubhaft macht[6].

2.10 § 9 Nr. 2: a) Beteiligt sind alle, die ein **Miet- oder Pachtrecht,** auf Grund dessen ihnen das Grundstück (auch Teile des Grundstücks, insbesondere Räume) überlassen ist, **anmelden** = Mieter und Pächter, auch Anmeldungsberechtigte. Beteiligte sind Mieter oder Pächter auf Anmeldung hin nur, wenn das Grundstück auf Grund des Miet- oder Pachtrechts (hierfür ist aber schriftlicher Mietvertrag nicht erforderlich) ihnen vom Berechtigten (Eigentümer, Nießbraucher, Hausverwalter, sonst Berechtigter) vor oder nach der Beschlagnahme überlassen ist (Vermieterpflicht nach BGB § 535 Abs 1), also nicht bei Besitzerwerb durch verbotene Eigenmacht. Sie sind Beteiligte auch, wenn das Grundstück vom Berechtigten auf Grund des Miet- oder Pachtrechts überlassen, aber noch gar nicht benutzungsfähig ist, weil zB das Wohn- oder Geschäftshaus erst im Bau ist. Mieter und Pächter können anmelden, solange das Verfahren läuft, nicht nur bis zur Aufforderung zur Abgabe von Geboten; die Eigenschaft als Beteiligter ist von diesem Zeitpunkt nicht abhängig.

b) Der **Untermieter** (Unterpächter), dem das Grundstück (Teile des Grundstücks, insbesondere Räume) auf Grund seines Untermietrechts (Unterpachtrechts) über-

---

[4] LG Koblenz JurBüro 2003, 551 (552).
[5] OLG Hamm OLGZ 1992, 376 = Rpfleger 1992, 308; OLG Köln KTS 1988, 572 = Rpfleger 1988, 324; Dassler/Muth § 9 Rdnr 17.
[6] BGH NJW 2001, 2477 (2479); BGH 130, 314 (325) = NJW 1995, 2846 (2848).

lassen ist, ist bei Anmeldung gleichfalls Beteiligter nach § 9 Nr 2 (anders[7]). Dem steht nicht entgegen, daß zwischen dem Vermieter (jeweils auch für Verpächter) und Untermieter (jeweils auch für Unterpächter) keine vertraglichen Beziehungen bestehen. Ebenso kommt es nicht darauf an, ob dem Untermieter das Grundstück mit Erlaubnis des Vermieters berechtigt überlassen ist (BGB § 553 Abs 1) oder ob die Überlassung an den Untermieter einen vertragswidrigen Gebrauch der gemieteten Sache darstellt (BGB § 541). Solange ein Anspruch des Vermieters auf Unterlassung eines vertragswidrigen Gebrauchs nicht durchgesetzt ist (BGB § 541), betrifft infolge der Überlassung des Grundstücks an den Untermieter auf Grund seines Untermietrechts das Verfahren dessen Interessen, deren Wahrung § 9 Nr 2 mit Beteiligung am Verfahren ermöglichen soll.

c) Erfahrungsgemäß senden Mieter vielfach schriftliche Mitteilungen an das Gericht. Nicht jede Mitteilung ist als Anmeldung im Sinne von § 9 Nr 2 anzusehen. Äußerungen über Mietvorauszahlungen, Baukostenzuschüsse, Mietkautionen sind als Erklärungen nach § 57 d anzusehen, andere mögen rein informatorischen Charakter haben. Ob wirklich eine Anmeldung nach § 9 Nr 2 beabsichtigt ist, mit ihrer Folge, Verfahrensbeteiligter zu sein, auf die Versteigerungsbedingungen nach § 59 einzuwirken oder ein Ablösungsrecht nach BGB § 268 auszuüben (§ 15 Rdn 20), und mit dem Wunsch, alle Mitteilungen und Zustellungen zu erhalten und an Terminen teilzunehmen, muß das Gericht in jedem Einzelfall nach den vorgetragenen Umständen entscheiden, im Zweifel zugunsten des Mieters. Klärung kann oft auch durch Rückfrage beim Mieter erfolgen. Mieter, die ausgezogen sind, sind nicht mehr zu berücksichtigen (ihnen ist das Grundstück nicht mehr „überlassen").

3 Beteiligte in Einzel- und Sonderfällen sowie bei Zwangsverwaltung

3.1 Behörden, an die bestimmte Mitteilungen oder Zustellungen zu richten sind, auch die von ihnen vertretenen Körperschaften, sind nicht Beteiligte, solange sie nicht ein zu berücksichtigendes Recht anmelden. Bei **Bergwerksversteigerung** sind die landesrechtlich Bestimmten Beteiligte, so in Bayern die bergrechtliche Gewerkschaft, im ehemals preußischen Rechtsbereich der Grubenvorstand.

3.2 Besitzer nach BGB §§ 1000, 1001, 1003 sind nicht Beteiligte (Ausnahme für die Zwangsverwaltung).

3.3 Der **Bodenschutzlastvermerk** (Abt II) weist auf das Vorhandensein einer durch den Einsatz öffentlicher Mittel zur Erfüllung der Pflichten zur Gefahrenabwehr als Ausgleichsbetrag entstandenen öffentlichen Last hin (§ 25 Abs 6 Gesetz zum Schutz des Bodens, BGBl 1998 I 502). Der öffentliche Kostenträger ist Beteiligter nach § 9 Nr 1. Wenn die öffentliche Last entstanden, der Bodenschutzlastvermerk aber noch nicht eingetragen ist oder erst nach dem Vollstreckungsvermerk in das Grundbuch eingetragen wurde, ist der öffentliche Kostenträger Beteiligter nach § 9 Nr 2.

3.4 Dauerwohnrecht, Dauernutzungsrecht nach WEG sind Rechte an einem Grundstück; bei dessen Versteigerung ist daher jeder Berechtigte Beteiligter nach § 9 Nr 1 oder Nr 2.

3.5 Eigentümer, Eigentumswechsel: a) Eigentümer des mit einem Erbbaurecht belasteten Grundstücks: Rdn 3.7.

b) Der neue Grundstückseigentümer nach Eintragung des Vollstreckungsvermerks ist Beteiligter nach § 9 Nr 2 (bei vorheriger Eintragung nach § 9 Nr 1), also nur, wenn er sein eingetragenes Eigentum anmeldet. Diese Anmeldung ist auch nötig, wenn das Gericht schon durch grundbuchamtliche Mitteilung (§ 19 Abs 3) vom Eigentumswechsel Kenntnis hat (ersetzt Anmeldung nicht). Der neue Eigentümer steht nach der Anmeldung nicht an der Stelle des bisherigen Schuldners, gegen den

---

[7] Jaeckel/Güthe § 9 Rdn 8; Steiner/Hagemann § 9 Rdn 87.

Beteiligte 3.12 § 9

das Verfahren seinen Fortgang nimmt. Er hat jedoch alle von der Beschlagnahme nicht berührten Rechte und Pflichten des Grundstückseigentümers, erhält mithin auch den Erlösüberschuß (siehe § 128 Abs 2).

3.6 Enteignungsverfahren nach Baugesetzbuch: Der Enteignungsvermerk (BauGB § 108 Abs 6) begründet für die Enteignungsbehörde nicht die Stellung eines Beteiligten (§ 15 Rdn 6.5).

3.7 Erbbaurecht: Bei Vollstreckung in das mit dem Erbbaurecht belastete Grundstück ist der Erbbauberechtigte Beteiligter nach § 9 Nr 1, also ohne Anmeldung. Bei Vollstreckung in das Erbbaurecht ist der Grundstückseigentümer nach ErbbauVO § 24 ebenfalls ohne Anmeldung Beteiligter.

3.8 Ersteher des Grundstücks ist nicht Beteiligter, weil dies weder in § 9 noch sonstwo festgelegt ist.

3.9 Flurbereinigung: Der Staat ist an der Immobiliarvollstreckung von in die Flurbereinigung einbezogenen Grundstücken nicht Beteiligter[8]. Die Teilnehmergemeinschaft (Körperschaft des öffentlichen Rechts, FlurbG § 16) ist Beteiligte nach § 9 Nr 2, wenn sie Ansprüche aus der Beitrags- oder Vorschußpflicht als öffentliche Last (FlurbG § 20) angemeldet hat.

3.10 Gläubiger ist derjenige, für welchen das Verfahren angeordnet ist[9] oder der Beitritt zu dem Verfahren zugelassen worden ist (betreibender Gläubiger). Die Unterscheidung, nur den Anordnungsgläubiger als Betreibenden zu bezeichnen, den Beitrittsgläubiger als Beigetretenen, ist unnötig. Beide sind (betreibende) Gläubiger. Bei etwa gleichzeitigen Anträgen ist es oft Zufall, wer Anordnungs- und wer Beitrittsgläubiger ist. Bei Wegfall des ursprünglichen Anordnungsgläubigers hat jeder Beitrittsgläubiger (jeder ist vom anderen unabhängig) weiterhin dieselben Rechte, wie wenn auf seinen Antrag die Versteigerung angeordnet wäre (§ 27 Abs 2). (Betreibender) Gläubiger ist auch derjenige, dessen Verfahren vorübergehend eingestellt ist, wenn es nur nicht aufgehoben ist (anders[10]: er sei aus dem Kreis der Beteiligten ausgeschieden; unrichtig, es ruhen nur bestimmte Folgen des Betreibens). Grundpfandrechtsgläubiger, die nicht betreiben, bezeichnet das ZVG nicht als Gläubiger, sondern als Beteiligte oder Berechtigte. Gläubigerwechsel = § 15 Rdn 29, 30. Verfahren nach §§ 172, 175, 180 = § 9 Rdn 2.1. Wird ein Anordnungs- oder Beitrittsbeschluß aufgehoben, so ist der betreffende Gläubiger in dieser Eigenschaft nicht mehr Beteiligter (hat dann insoweit auch keine Ladungen, Mitteilungen, Zustellungen mehr zu bekommen); als Grundpfandrechtsgläubiger oder sonst Berechtigter kann er nach § 9 Nr 1 oder 2 auch weiter Beteiligter sein.

3.11 Grenzregelungsverfahren (für die Zeit bis 20. 7. 2004, BauGB § 239; fortan „vereinfachte Umlegung"): Die Gemeinde ist als Gläubigerin der festgesetzten Geldleistungen Beteiligte nach § 9 Nr 1, wenn diese als öffentliche Last im Grundbuch vermerkt sind (BauGB § 81 Abs 2 mit § 64 Abs 3 und 6). Wenn der Grundbuchvermerk (noch) nicht oder erst nach dem Vollstreckungsvermerk eingetragen worden ist, wird die Gemeinde nur auf Anmeldung Beteiligte (§ 9 Nr 2).

3.12 Grundbucheingetragene sind, entgegen § 9 Nr 1, nicht mehr Beteiligte, wenn sie seit Eintragung des Vollstreckungsvermerks **wieder gelöscht**[11] oder wenigstens nachgewiesen löschungsreif[11] sind (im letzten Fall ist Vorsicht geboten, lieber weiter als Beteiligte behandeln, bis Löschung wirklich durchgeführt). Ist die **Abtretung** eines Grundbuchrechts eingetragen, wird von da an nicht mehr der frühere Gläubiger, sondern der neue als Beteiligter behandelt. Bei verzinslichen

---

[8] Wehr RdL 1971, 197 (198).
[9] Motive zum ZVG, zu § 8; Denkschrift S 36.
[10] OLG Nürnberg MDR 1976, 234 = NJW 1976, 902 Leitsatz = OLGZ 1976, 126.
[11] Jaeckel/Güthe § 45 Rdn 2.

Rechten kann aber, falls die Zinsen nicht ab Beginn abgetreten sind, der frühere Gläubiger noch mit den früheren Zinsen beteiligt sein. Ist die Abtretung eines Briefgrundpfandrechts angemeldet (§ 9 Nr 2) und hat sich der Zessionar als Berechtigter nach BGB § 1155 ausgewiesen, wird von da an (wie bei eingetragener Abtretung) nicht mehr der frühere Gläubiger, sondern nur noch der Neugläubiger als Beteiligter behandelt (wenn nicht alle Zinsen abgetreten sind, kann auch hier der frühere Gläubiger noch mit älteren Zinsen beteiligt sein). Wenn die Abtretung eines Briefgrundpfandrechts angemeldet ist (§ 9 Nr 2), der Zessionar sein Gläubigerrecht aber nicht in der Form des BGB § 1155 nachweisen kann (er legt nur schriftliche Abtretungserklärung vor), sind der bisherige und der neue Gläubiger als Beteiligte zu behandeln, bis der bisherige Gläubiger die Abtretung bestätigt; wenn er mitteilt, daß er infolge Abtretung nichts mehr zu bekommen hat, ist er nicht mehr als Beteiligter zu behandeln. Teilt ein Grundpfandrechtsgläubiger sonst mit, daß er nichts mehr zu bekommen habe, könnte ein Eigentümerrecht entstanden sein (Vorsicht bei Grundschulden) (§ 15 Rdn 11). Genügt für Löschung des Rechts im Grundbuch ein Todesnachweis und ist der Berechtigte auch als Beteiligter ausgeschieden, falls die Verhältnisse einwandfrei festzustellen sind. Bei Zweifeln sollte man sich lieber auf den Grundbuchinhalt verlassen.

3.13 Grundpfandrechtszession: Ein auf Grund Teilabtretung eines Grundpfandrechts entstandener Anspruch auf Übergabe des Teil-Briefs verwandelt sich mit dem Erlöschen des Grundpfandrechts in einen Anspruch darauf, daß der Zedent dem Zessionar den auf den abgetretenen Teil entfallenden Betrag des Versteigerungserlöses übereignet oder daß er duldet, daß der Zessionar selbst als Hebungsberechtigter auftritt; dieser schuldrechtliche Anspruch macht den Zessionar noch nicht zum Beteiligten nach § 9^{12} (dazu § 114 Rdn 5.1).

3.14 Herrenloses Grundstück: Der frühere Eigentümer ist nicht Beteiligter.

3.15 Der **Insolvenzverwalter** des Grundstückseigentümers ist Beteiligter als Schuldner (Rdn 3.28), wenn sich die Vollstreckung gegen ihn richtet (§ 15 Rdn 23.9, 23.11). Der Eigentümer, an dessen Stelle der Insolvenzverwalter getreten ist, kann Rechte eines Beteiligten selbst nicht mehr ausüben[13]; er ist daher nicht (mehr) Beteiligter[14]. Er kann im Verfahren zur Versteigerung eines in die Insolvenzmasse fallenden Grundstücks auch Verfassungsbeschwerde nicht erheben[15]. Der Insolvenzverwalter des Berechtigten eines zur Insolvenzmasse gehörenden (pfändbaren) Rechts am Grundstück (InsO §§ 35, 36) ist allein verfügungsbefugt (InsO § 80 Abs 1) und damit Beteiligter statt des Berechtigten. Wenn die Eröffnung des Insolvenzverfahrens nach Anordnung der Zwangsversteigerung (Zwangsverwaltung) erfolgt, tritt damit der Insolvenzverwalter an die Stelle des Rechtsinhabers als Beteiligter; er erhält von da an alle Zustellungen. Der Rechtsinhaber kann Rechte eines Beteiligten dann nicht mehr ausüben. Daß der Verwalter an die Stelle des Rechtsinhabers als Beteiligter getreten ist, ist von Amts wegen zu berücksichtigen. Wenn die Eröffnung des Insolvenzverfahrens nicht in das Grundbuch eingetragen ist (InsO § 32) und auch dem Vollstreckungsgericht sonst nicht bekannt geworden ist, kann jedoch als Beteiligter (zunächst) nur der Rechtsinhaber zugezogen werden (§ 9 Nr 2, entsprechende Anwendung); Zustellungen an ihn müssen in diesem Fall auch gegen den Insolvenzverwalter Wirksamkeit haben (Gebot der Rechtssicherheit bei nicht erkennbarem Zustellungsmangel). Ein nicht übertragbares und damit nicht pfändbares Recht (ZPO § 851 Abs 1) wie Nießbrauch (BGB § 1059) und beschränkte persönliche Dienstbarkeit (BGB § 1092 Abs 1), gehört nicht zur Insolvenzmasse (InsO § 36 Abs 1); Beteiligter ist daher der Rechtsinhaber, nicht dessen Insolvenzverwalter. Wenn ein sol-

---

[12] BGH BB 1962, 1222 = WM 1962, 1138.
[13] BVerfG 51, 405 = MDR 1979, 907 = NJW 1979, 2510.
[14] LG Lübeck Rpfleger 2004, 235.
[15] BVerfG 51, 405 = aaO.

Beteiligte 3.19 § 9

ches Recht jedoch mit dem Zuschlag erlischt (§ 91 Abs 1), endet die Unpfändbarkeit (§ 92 Rdn 2.5). Der an die Stelle des Rechts getretene Anspruch auf Wertersatz (§ 92) ist als Geldforderung pfändbar, fällt somit in die Insolvenzmasse (InsO § 35). Beteiligter ist damit vom Zuschlag an für das Verteilungsverfahren der Insolvenzverwalter des Rechtsinhabers; auch dieser Wechsel des Beteiligten ist von Amts wegen zu berücksichtigen. Berechtigter einer Grunddienstbarkeit ist der jeweilige Eigentümer des herrschenden Grundstücks; ist über dessen Vermögen das Insolvenzverfahren eröffnet, erhält dessen Insolvenzverwalter als Beteiligter alle Zustellungen.

Hat der Schuldner einen Insolvenzplan vorgelegt, dann kann er die einstweilige Einstellung des Verfahrens beantragen (§ 30 d Abs 2); nach Antragstellung ist er daher auch am Einstellungsverfahren zu beteiligen. Verwaltungs- und verfügungsbefugt bleibt der Grundstückseigentümer und Rechtsinhaber bei **Eigenverwaltung** (InsO § 270 Abs 1). Der Insolvenzschuldner kann durch **Freigabe des Grundstücks** aus der Insolvenzmasse (InsO § 32 Abs 3) oder durch Beendigung des Insolvenzverfahrens (InsO § 200 Abs 2 Satz 3 mit § 32 Abs 3 ua) Beteiligter werden; er muß dann das Immobiliarvollstreckungsverfahren in der zu diesem Zeitpunkt bestehenden Form und Lage gegen sich gelten lassen. Schon vorher ist es oft zweckmäßig, wenn er alle Zustellungen und Mitteilungen formlos und ohne Belehrung und mit einem Hinweis erhält, daß dies vorbehaltlich der Rechte des Insolvenzverwalters geschehe; eine Rechtsgrundlage besteht dafür nicht. Der **vorläufige Insolvenzverwalter** (InsO § 21 Abs 2 Nr 1, § 22) ist, wenn der Schuldner verwaltungs- und verfügungsberechtigt bleibt, nicht Beteiligter. Er kann jedoch die einstweilige Einstellung des Verfahrens beantragen (§ 30 d Abs 4), ist nach Antragstellung an einem Einstellungsverfahren somit zu beteiligen. Ist dem Schuldner ein allgemeines Verfügungsverbot auferlegt, so ist die Verwaltungs- und Verfügungsbefugnis über das Schuldnervermögen auf den vorläufigen Insolvenzverwalter übergegangen (InsO § 22 Abs 1 Satz 1); dann ist er auch Beteiligter. Die Immobiliarvollstreckung erfolgt jedoch weiterhin gegen den Schuldner (siehe § 21 Abs 2 Nr 3; § 15 Rdn 23.1), so daß der Grundstückseigentümer als Schuldner (neben dem vorläufigen Insolvenzverwalter) am Verfahren beteiligt ist. Der bei Eigenverwaltung bestellte **Sachwalter** (InsO § 270 Abs 3, § 274) hat nur Aufsichtsfunktionen; Beteiligter im Versteigerungsverfahren ist er nicht[16].

3.16 Landwirtschaftsbehörde ist bei der Versteigerung landwirtschaftlicher Grundstücke nicht Beteiligte[17].

3.17 Luftfahrzeuge = § 171 a Rdn 3.

3.18 Mieter = Rdn 2.10.

3.19 Miteigentum: Bei Vollstreckung in einen Grundstücksbruchteil sind die Miteigentümer (der anderen Bruchteile) Beteiligte, und zwar ohne Anmeldung, wenn sie bei Eintragung des Versteigerungsvermerks schon im Grundbuch standen (§ 9 Nr 1), andernfalls mit Anmeldung (§ 9 Nr 2)[18]. Ihre Rechte werden durch die Zwangsversteigerung berührt; mit denjenigen, deren Interesse aus dem Grundbuch hervorgeht[19], erfaßt § 9 auch sie. Auf deren Gemeinschaftsverhältnis (BGB §§ 741–758, §§ 1008–1011) mit den sich aus dem Bruchteilseigentum ergebenden Ansprüchen gegen Miteigentümer (Früchteanteil und Gebrauchsbefugnis, gemeinschaftliche Verwaltung und Benutzung usw) und auch gegen Dritte wirkt sich die Bruchteilsvollstreckung aus. Für Gesamtrechte haften sie (dinglich) mit.

---

[16] Stöber NZI 1998, 105 (V a).
[17] OLG Stuttgart Justiz 1967, 148 = OLGZ 1967, 301; AG Ravensburg BWNotZ 1981, 174.
[18] OLG Stuttgart NJW 1966, 1036 = OLGZ 1966, 57 = Rpfleger 1966, 113 mit zust Anm Diester; Steiner/Hagemann § 9 Rdn 47.
[19] Jaeckel/Güthe § 9 Rdn 1 und 3.

Bei Beendigung der Gemeinschaft haben sie bei Teilung mitzuwirken; sie haben die Teilungsversteigerung zu betreiben oder unterliegen ihr als Antragsgegner. Im Grundbuch ist ihr Recht (§ 9 Nr 1) oder Recht an dem Grundstück (§ 9 Nr 2) als Miteigentum eingetragen; das ihm entsprechende Interesse wahrt § 9 mit der Beteiligtenstellung. Nicht erfordert ist schon nach dem Gesetzeswortlaut, daß es sich um ein Recht „auf Befriedigung aus dem Grundstück" (zB § 10 Abs 1 Einleitungssatz) handeln müsse (daher nicht richtig[20], der Eintragung eines [beschränkten] „dinglichen Rechts" voraussetzt). Ist der Miteigentümer gesamtberechtigter Grundschuldgläubiger (auch als Gläubiger einer Eigentümergrundschuld), so ist er schon deshalb Beteiligter[21] nach § 9 (ohne oder mit Anmeldung). Ein Miteigentümer, zu dessen Gunsten als Anteilsbelastung des zu versteigernden Grundstücksbruchteils die Regelung der Verwaltung und Benutzung oder der Ausschluß (die Beschränkung) des Kündigungsrechts eingetragen ist (BGB § 1010), ist Beteiligter auch auf Grund dieser Eintragung. Wohnungseigentum: Rdn 3.35.

3.20 Nacherbe: Er ist (neben dem Vorerben) Beteiligter nach § 9 Nr 1, wenn sein Recht im Grundbuch eingetragen ist (Nacherbenvermerk, GBO § 51), sonst nach § 9 Nr 2 (nur) auf Anmeldung.

3.21 Notwegrente: Die aus BGB §§ 917, 918 Berechtigten sind am Verfahren über das notwegberechtigte Grundstück nur nach Anmeldung beteiligt (§ 9 Nr 2).

3.22 Öffentliche Lasten: Die nach § 10 Rangklasse 3 Berechtigten sind nur auf Anmeldung Beteiligte (§ 9 Nr 2). Der Grundbuchvermerk begründet jedoch die Beteiligtenstellung für den Wertausgleich nach dem Gesetz zum Schutz des Bodens (Rdn 3.3), für Geldleistungen im Grenzregelungsverfahren (Rdn 3.11) und nach dem Umlegungsplan (Rdn 3.31).

3.23 Öffentlichrechtliche **Inanspruchnahme** staats- oder völkerrechtlicher Art (Bundeswehr, Stationierungstruppen usw) macht den Inhaber dieses Rechts nicht zum Beteiligten, so lies Inanspruchnahme nach dem Bundesleistungsgesetz (Sartorius Band I Nr 665), Landbeschaffungsgesetz (dort Nr 690), Truppenstatut (Sartorius, Band II Nr 66 b) usw.

3.24 Pächter = Rdn 2.10.

3.25 Pfändungsgläubiger: Wenn die Pfändung eines Grundpfandrechts, eines anderen Grundstücksrechts oder eines Gemeinschaftsanteils nicht vor dem Vollstreckungsvermerk im Grundbuch eingetragen war, muß sie angemeldet werden. Die Anmeldung des Pfändungsgläubigers (auch nach Pfändung eines Rückgewähranspruchs, s Rdn 2.8) begründet nur für ihn die Beteiligtenstellung, nicht auch für den Grundpfandgläubiger (Inhaber des Rechts), dessen Recht gepfändet ist (falls dieser wegen nachträglicher Eintragung anmelden müßte).

3.26 Rentenbank: Die Landwirtschaftliche Rentenbank (früher Deutsche Rentenbank) ist bei Zwangsversteigerung oder Zwangsverwaltung eines zu ihren Gunsten belasteten (landwirtschaftlich, forstwirtschaftlich, gärtnerisch genutzten) Grundstücks ohne Anmeldung Beteiligte (Vorläufige Durchführungsbestimmungen zur Rentenbankverordnung vom 14. 11. 1923, RGBl 1923 I 1092, § 42). Zu den kaum noch anzuwendenden Vorschriften 9. Auflage mit Texten.

3.27 Schiffe: siehe § 163 Abs 3, § 166 Abs 1 und 2. Beteiligte sind mit Anmeldung außerdem die in HGB § 754 und BinSchG § 102 genannten Schiffsgläubiger.

3.28 Schuldner (früher Subhastat) ist derjenige, gegen den sich die Vollstreckung richtet, gegen den das Verfahren angeordnet ist[22] (auch durch Zulassung ei-

---

[20] Sievers Rpfleger 1990, 335.
[21] BGH NJW 1975, 445 = aaO (Fußn 2).
[22] Motive zum ZVG, zu § 8; Denkschrift S 36.

Beteiligte   3.36   § 9

nes Beitritts). Das ist bei Grundstücken der (eingetragene) Grundstückseigentümer (zu Eheleuten in Gütergemeinschaft § 15 Rdn 10.2), bei Zwangsverwaltung der Eigenbesitzer (§ 147), bei Erbbaurecht der Erbbaurechtsberechtigte, bei Schiffen der Schiffseigner, Schiffer, Eigenbesitzer (§ 164). Gemeint ist damit nicht der persönliche Schuldner einer Hypothekenforderung, der nach BGB § 1166 vom Gläubiger zu benachrichtigen ist. Schuldnerwechsel Rdn 3.5 und § 15 Rdn 30. Verfahren nach §§ 172, 175, 180 = Rdn 2.2.

3.29 Städtebauliche Sanierungs- und Entwicklungsmaßnahmen: Die Gemeinde, die eine Sanierungs- oder Entwicklungssatzung beschlossen hat, ist bei Versteigerung/Verwaltung eines Grundstücks, in dessen Grundbuch ein Sanierungs- (BauGB § 143 Abs 2) oder Entwicklungsvermerk (BauGB § 165 Abs 9) eingetragen ist, nicht Beteiligte (§ 15 Rdn 6.5).

3.30 Überbau: Die aus BGB §§ 912–916 Berechtigten sind am Verfahren über das überbauende Grundstück Beteiligte nach § 9 Nr 2, also nur auf Anmeldung hin. Bei der Versteigerung des überbauten Grundstücks wird der Eigentümer des überbauenden ebenfalls erst durch Anmeldung (§ 9 Nr 2) Beteiligter.

3.31 Umlegungsverfahren: Die Umlegungstelle (Gemeinde) ist bei Versteigerung/Verwaltung eines Grundstücks, in dessen Grundbuch ein Umlegungsvermerk (BauGB § 54 Abs 1) eingetragen ist, nicht Beteiligte (§ 15 Rdn 6.5). Als Gläubigerin der im Umlegungsplan festgesetzten Geldleistungen ist die Gemeinde jedoch Beteiligte nach § 9 Nr 1, wenn die Leistungen als öffentliche Last im Grundbuch vermerkt sind (BauGB § 64 Abs 1, 3 und 6). Wenn der Grundbuchvermerk (noch) nicht oder erst nach dem Vollstreckungsvermerk eingetragen worden ist, wird die Gemeinde nur auf Anmeldung Beteiligte (§ 9 Nr 2).
Die **Vereinfachte Umlegung** (BauGB §§ 80–84) ist ab 20. Juli 2004 an die Stelle des Grenzregelungsverfahrens getreten (BauGB § 239 mit Europarechtsanpassungsgesetz Bau [BGBl 2004 I 1359] Art 7). Es gilt damit das Rdn 3.11 Gesagte entsprechend.

3.32 Verfügungsverbot (BGB §§ 135, 136; ZPO § 772): Die damit Eingetragenen sind Beteiligte ohne Anmeldung nach § 9 Nr 1. Eintragung nach dem Versteigerungsvermerk erfordert Anmeldung nach § 9 Nr 2.

3.33 Vormerkung: Die damit Eingetragenen sind Beteiligte ohne Anmeldung nach § 9 Nr 1. Eintragung erst nach dem Versteigerungsvermerk erfordert Anmeldung nach § 9 Nr 2.

3.34 Widerspruch: Der Berechtigte, für den ein Widerspruch eingetragen ist, ist Beteiligter ohne Anmeldung nach § 9 Nr 1. Eintragung erst nach dem Versteigerungsvermerk erfordert Anmeldung nach § 9 Nr 2.

3.35 Wohnungseigentum und Wohnungserbbaurecht (entsprechend Teileigentum und Teilerbbaurecht) nach dem WEG: Bei ihrer Versteigerung sind die übrigen Eigentümer bzw Berechtigten Beteiligte[23], bei Eintragung vor dem Vollstreckungsvermerk ohne, bei Eintragung nachher mit Anmeldung[23] (§ 9 Nr 1 bzw Nr 2) (Vertretung durch den Verwalter = § 41 Rdn 2), beim Erbbaurecht auch der Grundeigentümer.

3.36 Zwangssicherungshypothek: Ihr Gläubiger ist Beteiligter als Grundbucheingetragener (§ 9 Nr 1) oder als dinglich Anmeldender. Zustellungen haben jedoch an den (Prozeß-)Bevollmächtigten zu erfolgen (ZPO § 172), durch den er im Eintragungsverfahren (ZPO § 867) vertreten wurde. Die Prozeßvollmacht schließt die Zwangsvollstreckung ein (§ 81). Diese ist mit Eintragung der Sicherungshypothek nicht beendet[24]. Daher ermächtigt die Prozeßvollmacht auch zur Vertretung bei weiteren der Befriedigung aus dem Grundstück dienenden Maß-

---

[23] OLG Stuttgart NJW 1966, 1036 = aaO (Fußn 18).
[24] Zöller/Stöber, ZPO, Rdn 6 zu § 866.

§ 9 3.36   Allgemeine Vorschriften

nahmen der Zwangsvollstreckung; unerheblich ist, ob sie auf Antrag des Gläubigers der Sicherungshypothek (ZPO § 867 Abs 3) oder eines Dritten erfolgen. Dem Vollstreckungsgericht ist der Prozeßbevollmächtigte als Vertreter bereits vom Grundbuchamt mitzuteilen (§ 19 Abs 2; dort Rdn 5.6). Wenn der Gläubiger selbst die Sicherungshypothek (§ 9 Nr 2) oder die zu berücksichtigenden Ansprüche (§§ 45, 114) anmeldet, bringt er damit zum Ausdruck, daß er nicht mehr vertreten sein will, die Vollmacht somit erloschen ist; Zustellungen erfolgen fortan an ihn[25].

3.37 Zwangsverwaltung: Beteiligte sind gemäß § 9 der (betreibende) Gläubiger, der Schuldner, der mit einem dinglichen Recht vor dem Zwangsverwaltungsvermerk Eingetragene, der ein späteres Recht Anmeldende (vorausgesetzt, daß es berücksichtigt werden darf, § 15 Rdn 3.1 und 6), der sonst nach § 9 Anmeldende, ferner einige bisher besonders oben Genannte. Zwangsversteigerung und Zwangsverwaltung des gleichen Grundstücks sind voneinander getrennt; Beteiligung an einem Verfahren umfaßt nicht als solche auch die Beteiligung am anderen. Von den an der Zwangsverwaltung Beteiligten sind in einem gleichzeitigen Zwangsversteigerungsverfahren Beteiligte daher nur die eine Zwangsverwaltung betreibenden Gläubiger mit ihren Verfahrensvorschüssen nach § 10 Rangklasse 1, und zwar nur mit Anmeldung, alle anderen an der Zwangsverwaltung Beteiligten aber nur dann, wenn sie nach den Vorschriften der Zwangsversteigerung Beteiligte sind (zB Gläubiger dinglicher Rechte, die an beiden Verfahren teilnehmen, oder Gläubiger persönlicher Ansprüche, die beide Verfahren hieraus beitreiben). Umgekehrt sind an der Zwangsversteigerung Beteiligte an der Zwangsverwaltung nur beteiligt, wenn sie deren Voraussetzungen erfüllen (zB mit dinglichen Rechten in beiden oder persönlich beide betreibend).

3.38 Besonderheiten im Beitrittsgebiet: a) Bei Versteigerung des Grundstücks ist der **Gebäudeeigentümer** Beteiligter
– als dinglicher Berechtigter nach § 9 Nr 1, wenn sein dem Gebäudeeigentum zugrunde liegendes Nutzungsrecht (EGBGB Art 231 § 5 mit Art 233 § 4) oder sein nutzungsrechtsloses Gebäudeeigentum (EGBGB Art 231 § 5 mit Art 233 § 2 b und 8) im Grundbuch des belasteten oder betroffenen Grundstücks (Abteilung II) zur Zeit der Eintragung des Versteigerungsvermerks eingetragen ist,
– sonst als Anmeldungsbeteiligter nach § 9 Nr 2, wenn er sein dem Gebäudeeigentum zugrunde liegendes Nutzungsrecht oder sein nutzungsrechtsloses Gebäudeeigentum anmeldet und erforderlichenfalls glaubhaft macht.

b) Bei Versteigerung des Gebäudeeigentums ist der **Eigentümer des Grundstücks,** das mit dem Nutzungsrecht des jeweiligen Gebäudeeigentümers belastet oder vom nutzungslosen Gebäudeeigentum betroffen ist, **nicht** Beteiligter (anders[26]; seine Rechtsstellung ist mit der des Eigentümers des Erbbaurechts-Grundstücks jedoch nicht vergleichbar). Für ihn ist im Gebäudegrundbuchblatt kein „Recht" eingetragen. Die Bezeichnung des „Gebäudeeigentums auf Grund eines dinglichen Nutzungsrechts" im Bestandsverzeichnis dient, ebenso wie die Angabe bei nutzungsrechtslosem Gebäudeeigentum, der Darstellung (Bezeichnung) des Gebäudeeigentumsbestands, ist somit nicht Eintragung eines „Rechts" im Sinne von § 9 Nr 1. Als dinglicher Realberechtigter (§ 9 Nr 1) ist der Eigentümer des belasteten oder betroffenen Grundstücks jedoch Beteiligter, wenn für ihn ein Widerspruch nach Gebäudegrundbuchverfügung (GGV) § 11 im Gebäudegrundbuchblatt eingetragen ist.

c) Der **Besitzberechtigte** (Nutzer) **aus der Sachenrechtsbereinigung** aus dem Recht zum Besitz gemäß EGBGB Art 233 § 2a ist bei Versteigerung des Grundstücks Beteiligter
– als dinglicher Berechtigter nach § 9 Nr 1, wenn ein Vermerk zur Sicherung seiner Ansprüche im Grundbuchblatt des betroffenen Grundstücks (Abteilung II;

---

[25] Zöller/Stöber, ZPO, Rdn 11 und 19 zu § 172.
[26] Keller Rpfleger 1992, 501 (II 4).

Beteiligte 4.2 § 9

der Vermerk hat Vormerkungswirkung, EGBGB Art 233 § 2 c Abs 2 Satz 3) zur Zeit der Eintragung des Versteigerungsvermerks eingetragen ist,
- sonst als Anmeldungsbeteiligter nach § 9 Nr 2, wenn er sein Besitzrecht aus der Sachenrechtsbereinigung aus dem Recht zum Besitz anmeldet und erforderlichenfalls glaubhaft macht.

d) Der Berechtigte eines Anspruchs auf **Rückübertragung eines Vermögenswertes** nach dem Vermögensgesetz (VermG) ist Beteiligter nach § 9 Abs 2, wenn er den Anspruch bei Versteigerung des betroffenen Grundstücks anmeldet[27]. Aber auch, wenn Anmeldung nicht erfolgt, damit Beteiligtenstellung nicht erlangt ist, sind dem Berechtigten des Rückübertragungsanspruchs Beschlüsse, durch die die Zwangsversteigerung eines Grundstücks oder Gebäudes angeordnet wird, sowie die Terminsbestimmung in dem Zwangsversteigerungsverfahren, zuzustellen (VermG § 3 b Abs 2); somit erfolgen dann andere Zustellung an ihn nicht.

e) Der Berechtigte eines **Mitbenutzungsrechts** im Sinne von ZGB-DDR § 321 Abs 1 bis 3 und § 322 (dazu EGBGB Art 233 § 5) ist bei Versteigerung des belasteten Grundstücks Beteiligter als dinglicher Berechtigter nach § 9 Nr 1, wenn sein Recht im Grundbuch eingetragen ist, sonst nach § 9 Nr 2, wenn er sein mit dem 31. 12. 1995 nicht erloschenes (dazu Grundbuchbereinigungsgesetz [GBBerG] §§ 8, 9) Recht anmeldet und erforderlichenfalls glaubhaft macht.

f) Der **Nutzer**, der auf Grund eines Überlassungs-, Miet-, Pacht- oder sonstigen Vertrags zur Nutzung eines Grundstücks berechtigt ist (Schuldrechtsanpassungsgesetz [SchuldRAnpG] § 4) ist Beteiligter nach § 9 Nr 2, wenn er sein Miet- oder Pachtrecht, auf Grund dessen ihm das Grundstück überlassen ist, anmeldet und erforderlichenfalls glaubhaft macht. Die Bestimmungen über Miete oder Pacht sind auf Verträge über Rechtsverhältnisse zur Nutzung von Grundstücken (Einzelheiten SchuldRAnpG § 1) anzuwenden (SchuldRAnpG § 6 Abs 1). Dazu gehören die schuldrechtlichen Nutzungsbefugnisse auf Grund eines Vertrags über die Nutzung von Bodenflächen zur Erholung (ZGB-DDR § 286 Abs 1 Nr 4; Einzelheiten ZGB-DDR §§ 312–315; vgl Überleitungsvorbehalt EGBGB Art 232 § 4 Abs 1 Satz 2).

3.39 Zur Beteiligung auch im ZVG-Handbuch Rdn 52–59.

Die Anmeldung der Beteiligten 4

4.1 Anmeldung ist Erklärung (Willensbekundung), daß der Berechtigte des nicht grundbuchersichtlichen Rechts (Anspruchs) zum Verfahren als Beteiligter zugezogen sein will und sein Recht (Anspruch oder auch die nicht grundbuchersichtliche Tatsache) im Verfahren berücksichtigt werde. Bei Eigentumswechsel erfordert Anmeldung eine Willensbekundung des neuen Eigentümers dahin, daß er neben dem (bisherigen) Schuldner (oder an dessen Stelle) als Beteiligter zugezogen sein will; es genügt bereits, wenn er einen Einstellungsantrag stellt oder sich in ein laufendes Einstellungsverfahren in Schuldnerstellung einschaltet. Mitteilung des Grundbuchamts (§ 19 Abs 3) und sonstige Kenntnis des Gerichts oder der Beteiligten ersetzen die erforderliche Anmeldung nicht. Anmeldung in der Zwangsverwaltung genügt für die Zwangsversteigerung nicht, ebenso nicht Anmeldung in der Zwangsversteigerung für die Zwangsverwaltung. Anmeldung für einen anderen erfordert Vollmacht; Prüfung nach ZPO § 88, bei Anmeldung durch einen Rechtsanwalt mithin nur, wenn der Mangel der Vollmacht gerügt wird. Näher zur Anmeldung § 37 Rdn 5, zu Erklärungen der Mieter auch § 9 Rdn 2.9.

4.2 Eine **Frist** oder Zeit für die Anmeldung zur Erlangung der Stellung eines Beteiligten ist nicht gesetzt. Er kann angemeldet werden, solange das Verfahren

---

[27] LG Halle WM 2000, 1606; anders Keller, Grundstücke in Vollstreckung und Insolvenz, 1998, Rdn 425: Verfahrensbeteiligter auf Grund VermG § 3 b Abs 2 (ist dort aber nicht bestimmt).

nicht beendet ist. **Zugezogen** wird der durch Anmeldung Beteiligte zum Verfahren nach Maßgabe der ZVG-Vorschriften (Rdn 1.1) von dem Verfahrensabschnitt an, in dem er mit Anmeldung (erforderlichenfalls auch Glaubhaftmachung) nach § 9 als Beteiligter gilt. Er ist nach Anmeldung Beteiligter für das weitere Verfahren. Das bis zur Anmeldung durchgeführte Verfahren muß er gegen sich gelten lassen; Wiederholung erledigter Verfahrensabschnitte kann er nicht verlangen (Besonderheit in § 74a Rdn 7 und 9; näher im übrigen bei den einzelnen Vorschriften). Eine späte Anmeldung, so erst nach Schluß der Versteigerung (§ 73 Abs 2), kann für den damit Beteiligten daher unter Umständen keine Rechte mehr wahren und keine Bedeutung mehr erlangen. Für Berücksichtigung der Ansprüche auf Befriedigung aus dem Grundstück (§ 10) und eines der Versteigerung entgegenstehenden Rechts hat Anmeldung rechtzeitig zu erfolgen (§ 37 Nr 4 und 5, § 66 Abs 2, § 114). Verspätete Anmeldung bewirkt in diesen Fällen Rechtsnachteil (§ 37 Nr 5, § 110).

4.3 Glaubhaftmachen (ZPO § 294) des Anspruchs kann vom Gericht oder von einem Beteiligten bei den dazu Verpflichteten (§ 9 Nr 2) jederzeit, auch noch nach Zuziehung des durch eine Anmeldung Beteiligten erst im Laufe des Verfahrens, verlangt werden. Das Gericht wird Glaubhaftmachung nur fordern, wenn sie nach Sachlage zur Darlegung der Berechtigung des Anmeldenden nötig erscheint. Unterbleibt Glaubhaftmachung, verliert der Anmeldende seine Stellung als Beteiligter, sofern er nicht ausnahmsweise auch bereits vor Glaubhaftmachung als Beteiligter zu behandeln ist (§ 41 Abs 3, § 88 Satz 2, § 105 Abs 2 Satz 2). Eine offensichtlich unbegründete oder „frivole" Anmeldung kann das Gericht zurückweisen[28], allerdings ohne vorheriges Verlangen nach Glaubhaftmachung nur, wenn sie nicht ernstlich gemeint oder nicht geeignet ist, die Stellung eines Beteiligten zu gewähren[29], weil in diesem Fall das Verlangen sinnlos wäre.

5 Verzeichnis der Beteiligten in ZVG-Verfahren

Es ist sehr zu empfehlen, in den Akten jedes Zwangsversteigerungs- und Zwangsverwaltungsverfahren (auch der Verfahren nach ZVG §§ 172, 175, 180) ein Verzeichnis aller am Verfahren Beteiligten **anzulegen** und **laufend zu ergänzen**. Es sollte die genauen Anschriften, den Prozeßbevollmächtigten, Blattzahl der Vollmacht, Blattzahl des einschlägigen Anordnungs- oder Beitrittsbeschlusses oder der Anmeldung und den Vermerk enthalten, welche Beteiligteneigenschaft gegeben ist, auch welche Grundbuchstelle ein dingliches Recht hat. Diese Liste hat sich langjährig bewährt, sie bietet jederzeit einen lückenlosen Verfahrensüberblick. In Terminen kann nach ihr die Anwesenheit festgestellt, bei allen Zustellungen und Mitteilungen nach ihr gearbeitet werden.

[Rangordnung der Rechte]

10 (1) **Ein Recht auf Befriedigung aus dem Grundstücke gewähren nach folgender Rangordnung, bei gleichem Range nach dem Verhältnis ihrer Beträge:**

1. **der Anspruch eines die Zwangsverwaltung betreibenden Gläubigers auf Ersatz seiner Ausgaben zur Erhaltung oder nötigen Verbesserung des Grundstücks, im Falle der Zwangsversteigerung jedoch nur, wenn die Verwaltung bis zum Zuschlage fortdauert und die Ausgaben nicht aus den Nutzungen des Grundstücks erstattet werden können;**

1a. **im Falle einer Zwangsversteigerung, bei der das Insolvenzverfahren über das Vermögen des Schuldners eröffnet ist, die zur Insolvenz-**

---

[28] Henle, ZVG, § 9 Anm 11.
[29] Jaeckel/Güthe § 9 Rdn 9.

masse gehörenden Ansprüche auf Ersatz der Kosten der Feststellung der beweglichen Gegenstände, auf die sich die Versteigerung erstreckt; diese Kosten sind nur zu erheben, wenn ein Insolvenzverwalter bestellt ist, und pauschal mit vier vom Hundert des Wertes anzusetzen, der nach § 74a Abs 5 Satz 2 festgesetzt worden ist;

2. bei einem land- oder forstwirtschaftlichen Grundstücke die Ansprüche der zur Bewirtschaftung des Grundstücks oder zum Betrieb eines mit dem Grundstücke verbundenen land- oder forstwirtschaftlichen Nebengewerbes angenommenen, in einem Dienst- oder Arbeitsverhältnis stehenden Personen, insbesondere des Gesindes, der Wirtschafts- und Forstbeamten, auf Lohn, Kostgeld und andere Bezüge wegen der laufenden und der aus dem letzten Jahre rückständigen Beträge;

3. die Ansprüche auf Entrichtung der öffentlichen Lasten des Grundstücks wegen der aus den letzten vier Jahren rückständigen Beträge; wiederkehrende Leistungen, insbesondere Grundsteuern, Zinsen, Zuschläge oder Rentenleistungen, sowie Beträge, die zur allmählichen Tilgung einer Schuld als Zuschlag zu den Zinsen zu entrichten sind, genießen dieses Vorrecht nur für die laufenden Beträge und für die Rückstände aus den letzten zwei Jahren. Untereinander stehen öffentliche Grundstückslasten, gleichviel ob sie auf Bundes- oder Landesrecht beruhen, im Range gleich. Die Vorschriften des § 112 Abs 1 und der §§ 113 und 116 des Gesetzes über den Lastenausgleich vom *14. August 1952 (Bundesgesetzbl I S 446) [jetzt 1. 10. 1969, Bundesgesetzbl I S 1909]* bleiben unberührt;

4. die Ansprüche aus Rechten an dem Grundstück, soweit sie nicht infolge der Beschlagnahme dem Gläubiger gegenüber unwirksam sind, einschließlich der Ansprüche auf Beträge, die zur allmählichen Tilgung einer Schuld als Zuschlag zu den Zinsen zu entrichten sind; Ansprüche auf wiederkehrende Leistungen, insbesondere Zinsen, Zuschläge, Verwaltungskosten oder Rentenleistungen, genießen das Vorrecht dieser Klasse nur wegen der laufenden und der aus den letzten zwei Jahren rückständigen Beträge;

5. der Anspruch des Gläubigers, soweit er nicht in einer der vorhergehenden Klassen zu befriedigen ist;

6. die Ansprüche der vierten Klasse, soweit sie infolge der Beschlagnahme dem Gläubiger gegenüber unwirksam sind;

7. die Ansprüche der dritten Klasse wegen der älteren Rückstände;

8. die Ansprüche der vierten Klasse wegen der älteren Rückstände.

(2) Das Recht auf Befriedigung aus dem Grundstücke besteht auch für die Kosten der Kündigung und der die Befriedigung aus dem Grundstücke bezweckenden Rechtsverfolgung.

Übersicht

Allgemeines zu § 10 1	Rangklasse 5 9
Rangklasse 1.. 2	Rangklasse 6 10
Rangklasse 1a 3	Rangklasse 7 11
Rangklasse 2.. 4	Rangklasse 8 12
Rangklasse 2/3 5	„Rangklasse 9" 13
Rangklasse 3.. 6	Rang bei Schiffsversteigerung 14
Rangklasse 3/4 7	Rechtsverfolgungskosten (Absatz 2) 15
Rangklasse 4.. 8	

§ 10 1.1 Allgemeine Vorschriften

Literatur: a) Zu Rangklasse 3: Belge, Haftung und Sicherung für Anliegerbeiträge, Rpfleger 1952, 145; Drischler, Die Grundsteuer in der Zwangsversteigerung, Rpfleger 1984, 340; Elsner, Grundsteuer bei der Zwangsversteigerung, BB 1985, 452; Fischer, Rechtliche Gestaltung und Probleme der öffentlichen Grundstückslast, NJW 1955, 1583; Hornung, Grundsteuer und Zwangsversteigerung, KKZ 1988, 205; Jäger, Zur Zulässigkeit der Begründung öffentlich-rechtlicher Grundstückslasten aufgrund landesrechtlicher Vorschriften, DVBl 1979, 24; Mayer, Grundsteuer im Insolvenzverfahren, in der Zwangsversteigerung und der Zwangsverwaltung, Rpfleger 2000, 260; Schreiber, Die öffentlichen Grundstückslasten nach § 10 Ziff 3 ZVG und ihre Rangverhältnisse, Rpfleger 1951, 117.

b) Zu Rangklasse 3/4: Drischler, Das Früchtepfandrecht nach dem Gesetz zur Sicherung der Düngemittel- und Saatgutversorgung, Rpfleger 1948/49, 499.

c) Zu Rangklasse 4: Böttcher, Sonstige Nebenleistungen nach § 1115 BGB, Rpfleger 1980, 81; Böttcher, Abtretung von Nebenleistungen bei Grundpfandrechten, Rpfleger 1984, 85; Canaris, Der Zinsbegriff und seine rechtliche Bedeutung, NJW 1978, 1891; Haegele, Zinsen und sonstige Nebenleistungen bei Grundpfandrechten, RpflJahrbuch 1974, 311; Kaps, Die Tilgungshypothek, DR 1941, 412; Riedel, Die Anwachsungs-Hypothek, JurBüro 1972, 469; Stöber, Nebenleistungen einer Grundschuld, ZIP 1980, 833.

1 Allgemeines zu § 10

1.1 Zweck der Vorschrift und **Anwendungsbereich:** Bestimmung der Ansprüche, die ein Recht auf Befriedigung aus dem Grundstück gewähren, und ihrer Reihenfolge mit Einteilung in (ab 1. 1. 1999) neun Rangklassen, sowie Regelung des Verhältnisses der Rangklassen zueinander (Denkschrift S 36, 37). Damit ist § 10 die **Grundlage** aller Verfahren nach dem ZVG: für die Berechnung des geringsten Gebots in der Vollstreckungsversteigerung (§§ 44, 49, 52); für die Verteilung des Erlöses in der Vollstreckungsversteigerung (§§ 109, 112–114); für die Verteilung der laufenden Nutzungen in der Zwangsverwaltung (§§ 155, 156, mit Besonderheiten dort und bezüglich des Früchtepfandrechts nach dem Düngemittelgesetz; auch in den weiteren Verfahren des ZVG, nämlich Schiffsvollstreckungsversteigerung (§§ 162–171 mit Besonderheiten in HGB §§ 754–764 und Binnenschiffahrtsgesetz §§ 102–109 und Binnenschiffahrtsvollstreckungsschutzgesetz), Luftfahrzeugvollstreckungsversteigerung (§§ 171a–171n mit Besonderheiten in § 171i und im Luftfahrzeugrechtsgesetz), ferner mit Einschränkungen auch in der Insolvenzverwalterversteigerung und Insolvenzverwalterzwangsverwaltung (§ 172), in der Nachlaßversteigerung (§ 175) und in der Teilungsversteigerung (§ 180).

1.2 Die grundlegende Rangordnung des § 10 hat alle **Sondervorschriften** ersetzt, auch die landesrechtlichen, soweit sie nicht in EGZVG §§ 2–3 aufrechterhalten sind, zB für Bayern (Rdn 5). § 10 enthält eine erschöpfende Aufzählung[1]. Über abweichende Rangklassen in der Zwangsverwaltung § 155 Rdn 2 und 3, bei der Schiffsversteigerung § 162 Rdn 5–7. Zu BauGB § 64 Abs 4 siehe Rdn 6.19.

1.3 Grundsatz aus der Einleitung von § 10: Andere Ansprüche, insbesondere persönliche Forderungen an den Grundstückseigentümer als Schuldner, deren Gläubiger das Verfahren nicht betreiben (und damit nicht in Rangklasse 5 des § 10 Abs 1 stehen), haben kein Recht auf Befriedigung aus dem Grundstück.

1.4 Die Rangordnung der Ansprüche bestimmt, daß jede folgende Rangklasse Rang **nach der vorausgehenden** hat. Ansprüche aus einer späteren Rangklasse kommen immer erst dann zum Zuge, wenn alle Ansprüche der vorhergehenden Rangklasse gedeckt sind. Berücksichtigung der in einer Rangklasse unter sich gleichberechtigten Ansprüche erfolgt nach dem Verhältnis der zugleich auszuzahlenden Beträge (§ 11 Rdn 1.3).

1.5 Die Rangordnung des § 10 ist **zwingend;** sie kann nicht durch Vereinbarungen der Beteiligten geändert werden; Rechtspfleger und Richter müssen sich an die gesetzliche Rangordnung halten (keine Abweichung im Wege abgeänderter

---

[1] RG 71, 424 (431).

Rangordnung der Rechte 2.1 § 10

Versteigerungsbedingungen, § 59 Rdn 2). Außerhalb des Vollstreckungsverfahrens ist jedoch die Vereinbarung möglich, daß die Rangordnung des § 10 für Beteiligte nicht gelten soll (²für den Umfang der Ausfallhaftung des Bürgen).
1.6 Befriedigt werden die Berechtigten teils mit, teils ohne Anmeldung (dazu bei den einzelnen Rangklassen). **Rangverschlechterungen** durch unterlassene oder verspätete Anmeldung oder durch mangelhafte oder unterlassene Glaubhaftmachung sehen vor § 9 Nr 2, § 37 Nr 4, § 45 Abs 1, § 66 Abs 2, §§ 110, 114 Abs 1.
1.7 „**Rangklasse 0**": Das ZVG bestimmt an verschiedenen Stellen (§ 44 Abs 1, § 49 Abs 1, § 109 Abs 1, § 155 Abs 1), daß **vor** den (nun) neun Rangklassen des § 10 Abs 1 die „Verfahrenskosten" zu decken sind. Zur besseren Anschaulichkeit der Einstufungsfolge kann man sich diese hilfsweise als Rangklasse 0 vorstellen.

Rangklasse 1 2

2.1 In dieser Rangklasse stehen **Zwangsverwaltungsvorschüsse**. Das sind die Aufwendungen für Erhaltung oder nötige Verbesserung des Grundstücks, die der Gläubiger verauslagt hat. Das Vorrecht beruht auf „dem Gesichtspunkte der nützlichen Verwendung"³ (Denkschrift S 37). **Ausgaben** zur Grundstückserhaltung oder -verbesserung können sein Instandsetzungskosten (insbesondere bei Gebäudereparatur), Leistungen für Feuer-³ und Hagelversicherung (nicht mehr aber Gebäudehaftpflicht- und sonstige Versicherung des Grundstücks und mithaftender Gegenstände), Lohn des zur Bewirtschaftung erforderlichen Personals, Kosten für Haltung des Viehbestandes sowie für Anschaffung landwirtschaftlicher Geräte, aber auch für einen Umbau oder die Vollendung eines Neubaus[4] (nicht aber für Errichtung eines Neubaus auf einem bisher unbebauten Grundstück[5]). Ein Vorschuß für die Vergütung des Zwangsverwalters rechnet dazu, wenn die Zwangsverwaltung zur Erhaltung der Substanz oder des Wertes des Grundstücks nötig ist[6] (so im Falle von BGB § 1134 Abs 2, nicht in dem von ZPO § 938 Abs 2). Anspruch mit Rangklasse 1 hat nur ein die **Zwangsverwaltung betreibender Gläubiger**, auch nach Zulassung des Beitritts (§ 27 Abs 2), nicht aber der Zwangsverwalter oder eine andere Person (Besonderheit § 155 Abs 4), auch nicht der Gläubiger der Sicherungsmaßnahmen (§ 25), und nicht der Beteiligte, der gerichtliche Verwaltung (§ 94) veranlaßt hat. Der Anspruch besteht für die vom Zwangsverwaltungsgläubiger freiwillig zweckbestimmt geleisteten Ausgaben ebenso wie für die auf Veranlassung des Gerichts (§ 161 Abs 3) erfolgten Aufwendungen. Wenn der Gläubiger durch einen Mietvertrag zu seinen Ausgaben verpflichtet war, hindert das doch sein Vorrecht nicht, wenn der von ihm geleistete Mietzins dem Mietwert entspricht[7]. Ausgaben können für den begünstigten Zweck auch als Sachleistungen aufgewendet sein (Lieferung von Baustoffen, Arbeitsleistungen); jedoch begründen Aufwendungen außerhalb des von § 10 Abs 1 Nr 1 gezogenen Rahmens keinen Befriedigungsanspruch, so nicht die Kosten für Lieferung von Material auf Grund eines mit dem Zwangsverwalter geschlossenen Kaufvertrags[8]. Der Zwangsverwalter selbst hat wegen seines Anspruchs auf Vergütung und Ersatz der Auslagen keinen Anspruch nach Rangklasse 1, ebenso nicht der Ersteher für Aufwendungen, wenn der Zuschlag aufgehoben und später einem anderen Meistbietenden erteilt wird. Für Aufwendungen des Gläubigers vor Anordnung der Zwangsverwaltung und für die Gerichtskosten für Anordnung des Verfahrens[9] be-

---

[2] BGH MDR 1993, 139 = Rpfleger 1992, 533.
[3] BGH 154, 387 = MDR 2003, 1074 = NJW 2003, 2162 = Rpfleger 2003, 454.
[4] RG 73, 397 (401); KG Berlin OLG 15, 25.
[5] KG Berlin OLG 15, 25.
[6] RG 25, 227.
[7] BGH BB 1954, 391 = LM LASG § 3a Nr 2 Leitsatz.
[8] OLG Dresden OLG 19, 179.
[9] BGH 154, 387 = aaO.

steht ein Befriedigungsanspruch nach Rangklasse 1 nicht[10]; daran kann auch durch Vereinbarung der Beteiligten nichts geändert werden. Die Grundsteuer (öffentliche Last in Rangklasse 3) dient weder der Objekterhaltung noch -verbesserung; ihre Begleichung aus einer Leistung des Gläubigers begründet Anspruch nach Abs 1 Nr 1 daher nicht[11].

2.2 Zur Erhaltung und nötigen Verbesserung des Grundstücks müssen die Ausgaben objektiv **bestimmt** gewesen und auch tatsächlich **verwendet** worden sein[12]. Vorrang genießen daher nur Ausgaben, die sich im Einzelfall werterhaltend oder werterhöhend ausgewirkt haben[13]. Darlegungs- und beweispflichtig dafür ist der Gläubiger. Wenn trotz Verwendung keine objekterhaltende oder -verbessernde Wirkung erzielt worden ist, besteht kein Rangvorrecht; den Mißerfolg trägt der Gläubiger. Gerichtliche Anforderung eines Vorschusses veranlaßt nur Vorauszahlung des zur Verfahrensfortführung erforderlichen Geldbetrages (§ 161 Abs 3), gewährleistet damit allein aber noch nicht die erforderliche Zweckbestimmung des Verfahrens und der dafür nötigen Aufwendungen. Andererseits ist auch nicht ausdrücklich verlangt, daß die Aufwendungen zur Fortsetzung der Zwangsverwaltung erforderlich gewesen sind (§ 161 Abs 3); als Ausgaben zur Grundstückserhaltung oder -verbesserung werden sie aber Aufwendungen nicht gelten können, die die Fortsetzung eines Zwangsverwaltungsverfahrens nicht erfordert hat. Daß der Vorteil noch bei Versteigerung vorhanden ist, kann (insbesondere bei langer Dauer und unerwarteter Verzögerung des Versteigerungsverfahrens) so wenig verlangt werden wie das Befriedigungsrecht mit Vorrang nicht auf einen Betrag beschränkt worden ist, um den das Grundstück bei Zwangsversteigerung noch verbessert ist[14] (anders[15]). Aufwendungen für Verbesserungen des Grundstücks, die tatsächlich erfolgt sind, aber im Rahmen der Zwangsverwaltung nicht notwendig waren, begründen keinen Befriedigungsanspruch in Rangklasse 1, so wenn an der nicht nötigen neuen Gebäudeausstattung nur dem Gläubiger an dem bevorstehenden Grundstückserwerb gelegen war. Die Vergütung des Zwangsverwalters kann nur berücksichtigt werden, wenn die Zwangsverwaltung notwendig war, um das Grundstück für die Zwangsversteigerung zu erhalten oder wieder herzustellen, die Tätigkeit des Zwangsverwalters damit über den üblichen Rahmen hinausgeht.[16] Der Vorschuß zur Aufbringung des Wohngeldes hat Vorrang nur insoweit, als die Abgabe zur Erhaltung und Verbesserung des Wohnungseigentums aufgewendet wurde (§ 152 Rdn 19.5).

2.3 Zinsen: § 155 Abs 3 (dort Rdn 8).

2.4 Für Ansprüche **Dritter** aus der Lieferung von **Düngemitteln, Saatgut** oder **Futtermitteln** (näher § 155 Abs 4 Satz 1) sowie für **Kredite** zur Bezahlung solcher Lieferungen (näher § 155 Abs 4 Satz 2) besteht gleichfalls Anspruch in Rangklasse 1. Diese Ansprüche kommen auch in einer der Verwaltung folgenden Zwangsversteigerung in Rangklasse 1 zum Zuge; Regelung ihres Befriedigungsrechts und Rangs in § 155 Abs 4 ist nur erfolgt, weil es sich in erster Linie um Forderungen handelt, die bei Zwangsverwaltung zu decken sind[17]. Daher nicht richtig[18]; daß in § 155 keine auf die Zwangsverwaltung beschränkte Regelung getroffen ist, zeigt dessen Abs 3; beide Regelungen des früheren Notrechts mit

---

[10] RG 145, 195; OLG Dresden OLG 19, 179; Mohrbutter KTS 1956, 107 (6).
[11] BGH 154, 387 = aaO; OLG Köln NZM 1999, 94 = Rpfleger 1998, 482; LG Bochum Rpfleger 1994, 517.
[12] BGH 154, 387 = aaO.
[13] BGH 154, 387 = aaO.
[14] Motive zum ZVG, zu § 9 Nr 1.
[15] LG Bochum Rpfleger 1994, 517; Jaeckel/Güthe § 10 Rdn 3.
[16] BGH 154, 387 = aaO.
[17] Jonas/Pohle, ZwVNotrecht, § 10 Anm 2 und § 155 Anm 4 d.
[18] Steiner/Hagemann § 10 Rdn 22 und 23.

Rangordnung der Rechte 2.9 § 10

diesem Anwendungsbereich sind „ohne sachliche Änderung" übernommen. Für Beschränkung des Vorrechts solcher im Verfahrensinteresse gemachten Aufwendungen (Gesichtspunkt der nützlichen Verwendung, Rdn 2.1) nur auf das Zwangsverwaltungsverfahren fehlt auch jeder rechtfertigende Grund.

2.5 In der **Zwangsversteigerung** besteht ein Anspruch der Rangklasse 1 nur, wenn die Zwangsverwaltung bis zum Zuschlag fortgedauert hat[19]. Das gewährleistet Zusammenhang zwischen dem Versteigerungserlös und der durch die Ausgaben bewirkten Erhaltung oder Verbesserung des Grundstücks. Betrieben oder bis zum Zuschlag fortgesetzt worden sein kann die Zwangsverwaltung auch von einem anderen Gläubiger. Der die Zwangsverwaltung betreibende Gläubiger hat Anspruch auf Auslagenersatz mithin auch, wenn er die Zwangsversteigerung selbst überhaupt nicht beantragt hat oder als betreibender Gläubiger vor oder nach der Zwangsversteigerungsbeschlagnahme weggefallen ist, aber ein anderer Gläubiger die anhängige Zwangsverwaltung (nicht ein neues Zwangsverwaltungsverfahren) bis zum Zuschlag fortgesetzt hat. Erforderlich ist außerdem, daß die Ausgaben nicht aus den Nutzungen des Grundstücks erstattet werden können (Abs 1 Nr 1). Die Unmöglichkeit, sie aus der Verwaltung zu decken, muß objektiv sein; der Gläubiger muß erst die Befriedigung in der Zwangsverwaltung versucht haben. Gleich ist, ob erst Zwangsversteigerung, dann Zwangsverwaltung angeordnet war oder umgekehrt.

2.6 Mehrere Ansprüche der Rangklasse 1 haben in Zwangsversteigerung und -verwaltung **gleichen Rang** (Abs 1, einleitender Satz).

2.7 In der **Zwangsversteigerung** müssen die Ansprüche der Rangklasse 1 angemeldet werden, und zwar zur Rangwahrung spätestens im Versteigerungstermin vor der Aufforderung zur Abgabe von Geboten (§ 37 Nr 4, § 45 Abs 1, §§ 110, 114). Diese Anmeldung erübrigt sich nicht deshalb, weil sich Anfall und Höhe der Ausgaben aus den Zwangsverwaltungsakten ergeben (beide Verfahren sind getrennt). In der **Zwangsverwaltung** sind die Ansprüche im Teilungsplan festzustellen (§ 156 Abs 2 Satz 1) und hierfür anzumelden (§ 156 Abs 2 Satz 4 mit § 114).

2.8 Wenn die Voraussetzungen der Rangklasse 1 fehlen, können die Ausgaben als **Kosten der Rechtsverfolgung** nach § 10 Abs 2 im Rang des Hauptanspruchs berücksichtigt werden, soweit es notwendige Vollstreckungskosten sind.

2.9 Vollstreckt werden kann der Anspruch eines die Zwangsverwaltung betreibenden Gläubigers auf Ersatz seiner Ausgaben zur Erhaltung oder nötigen Verbesserung des Grundstücks, die zu den vom Schuldner zu tragenden Zwangsvollstreckungskosten gehören (Rdn 2.8), auf Grund des Hauptsachetitels[19] mit ZPO § 788 (Einl Rdn 40.2). Kosten nicht notwendiger (auch vorzeitiger) Vollstreckung infolge der möglichen Befriedigung aus dem Grundstück trägt dann aber der Gläubiger. Bei Zwangsversteigerung oder/und Zwangsverwaltung hat der vollstreckende Gläubiger mit dem Kostenerstattungsanspruch Rangklasse der Hauptsacheforderung[19] (zumeist 4 oder 5 des § 10 Abs 1). Vollstreckung in Rangklasse 1 ist nach dem Wesen dieser Vorrangklasse ausgeschlossen. Vorrangige Berücksichtigung eines Anspruchs in Rangklasse 1 beruht auf „dem Gesichtspunkt der nützlichen Verwendung" (Rdn 2.1); es handelt sich um Aufwendungen, die eine wegen einer anderen Gläubigerforderung betriebene Zwangsverwaltung erfordert hat. Daher sollen sie dem Gläubiger auch in diesem Zwangsverwaltungsverfahren (nicht in einem neuen, Rdn 2.5) oder in einer mit diesem in Zusammenhang stehenden Zwangsversteigerung vorrangig erstattet werden. Vorrangige Vollstreckung in das Grundstück zur Erhaltung des Erstattungsanspruchs losgelöst von dem bisher vollstreckenden (anderen) Gläubigeranspruch oder fortwährender Vollstreckung anderer Ansprüche weiterer Gläubiger mit Zwangsverwaltung und Zwangsversteigerung

---

[19] LG Bochum aaO (Fußn 15).

widerspricht dem Wesen des Vorrechts in Rangklasse 1. Ein nachrangiger Gläubiger könnte andernfalls über Leistung des Zwangsverwaltungsvorschusses für die Zwangsversteigerung des Grundstücks zur Bildung des geringsten Gebots (§ 44) eine Rangstellung erlangen, die seinem mit Zwangsverwaltung vollstreckten nachrangigen Hauptanspruch nicht gebührt. Dem Hauptanspruch vorgehende Rechte würden dann bei Feststellung des geringsten Gebots nicht mehr berücksichtigt werden (§ 44). Daß sie durch die von ihnen nicht veranlaßte Zwangsverwaltung in dieser Weise Schaden erleiden, rechtfertigt Vorschußleistung eines die Zwangsverwaltung betreibenden Gläubigers nicht. Er kann den Vorschuß in einer Zwangsverwaltung oder Zwangsversteigerung vorrangig daher nur dann fordern und erhalten, wenn er aus den Nutzungen oder aus dem Erlös des fortgeführten Verfahrens gedeckt werden kann. Zudem würde Vollstreckung des Anspruchs mit Rangklasse 1 Vollstreckungstitel über den bevorrechteten Anspruch erfordern (§ 15 Rdn 9), somit Duldungstitel[19], der den Anspruch dieser Rangklasse bevorrechtigt ausweist. Zur Berücksichtigung des Anspruchs im Teilungsplan der Zwangsverwaltung kann ein solcher Titel jedoch nicht erlangt werden, weil er nicht benötigt wird (Rdn 2.7) und der Anspruch vorrangig entfällt, wenn die Zwangsverwaltung aufgehoben wird. In der Zwangsversteigerung besteht der Anspruch nur, wenn Deckung aus den Zwangsverwaltungsausgaben objektiv unmöglich ist (Rdn 2.5) und die Verwaltung bis zum Zuschlag fortdauert. Ein Urteil (anderer Vollstreckungstitel), dessen Vollstreckung nach seinem Inhalt von einer durch den Gläubiger zu beweisenden Tatsache abhängt, könnte wegen ZPO § 726 Abs 1 nicht vollstreckbar ausgefertigt werden. Damit fehlt zugleich aber das Rechtsschutzbedürfnis für Erlangung eines Duldungstitels über einen solchen Vorranganspruch. Entsprechendes gilt für die Ansprüche Dritter aus Lieferung von Düngemitteln usw (Rdn 2.4). Der Zahlungstitel über einen solchen Anspruch ermöglicht Vollstreckung in der vorrangigen Klasse 1 auch dann nicht, wenn die bevorrechtigte Rechtsnatur des Anspruchs dargelegt (glaubhaft gemacht oder nachgewiesen) wird (Anspruch mit seiner Rechtsnatur ist vom Vollstreckungsgericht nicht zu prüfen).

2.10 Zu Rangklasse 1 im ZVG-Handbuch Rdn 70.

3 Rangklasse 1 a

3.1 Rangklasse 1 a sieht bei **Zwangsversteigerung** vorrangigen **Ersatz von Feststellungskosten** zur Insolvenzmasse vor. Vorausgesetzt ist, daß „das Insolvenzverfahren über das Vermögen des Schuldners eröffnet" und „ein Insolvenzverwalter bestellt" ist (Rdn 3.8). Schuldner ist der Eigentümer des Grundstücks (anderen Objekts), dessen Versteigerung erfolgt (§ 17), nicht aber ein nach Beschlagnahme neu eingetretener Eigentümer, der Beteiligter nach § 9 Nr 2 sein kann (§ 9 Rdn 3.5). Betreibt die Zwangsversteigerung sowohl ein Gläubiger des vormaligen Eigentümers als auch ein Gläubiger des neu eingetretenen Eigentümers mit Vollstreckungstitel gegen diesen (§ 27 Rdn 3.3) und ist über das Vermögen des jetzigen (neuen) Eigentümers das Insolvenzverfahren eröffnet, dann kommen Feststellungskosten in Rangklasse 1 a nur zum Zuge, wenn dadurch das Recht des gegen den vormaligen Eigentümer vollstreckenden Gläubigers auf Befriedigung aus dem Grundstück nicht geschmälert wird. Diesem Gläubiger gegenüber ist der Eigentumswechsel nach Beschlagnahme als Verstoß gegen das Veräußerungsverbot unwirksam (dazu § 26 Rdn 2.2), so daß ihm gegenüber auch kein Vorrangrecht für Tätigkeit des Insolvenzverwalters des neuen Eigentümers begründet sein kann.

3.2 Anspruch besteht für die **Insolvenzmasse** „auf Ersatz der Kosten der Feststellung der **beweglichen Gegenstände,** auf die sich die Versteigerung erstreckt". Das sind beschlagnahmte Gegenstände (§ 55 Abs 1), sonach das mithaftende **Zubehör,** getrennte Erzeugnisse und sonstige Bestandteile (§ 20 Abs 2, § 21 mit BGB §§ 1120–1122). Die Erstattungsbestimmung ist der Erlösverteilung

Rangordnung der Rechte 3.4 **§ 10**

nach Verwertung einer beweglichen Sache (InsO § 170) vergleichbar, bei der ebenfalls der Verwertungserlös vor Befriedigung des absonderungsberechtigten Gläubigers zugunsten der Insolvenzmasse um einen Kostenbeitrag gekürzt wird. Es soll auch bei Zwangsversteigerung damit vermieden werden, daß die Insolvenzmasse zum Nachteil der (ungesicherten) Insolvenzgläubiger mit Bearbeitungskosten belastet bleibt, die ausschließlich für Verwaltertätigkeit im Interesse der am Grundstück Berechtigten verursacht sind[20]. Auf Kosten für Feststellung der beweglichen Gegenstände ist der Erstattungsanspruch beschränkt, weil vornehmlich Verwaltertätigkeit dafür Bearbeitungskosten verursacht. Dazu gehören Forderungen (insbesondere damit Versicherungsforderungen, § 20 Rdn 3.6) und Rechte, die mit dem Grundstück verbunden sind (BGB §§ 96, 1126), nicht. Als haftende Gegenstände können auch Forderungen zwar der Beschlagnahme (§ 20 Abs 2, § 21 Abs 1) und Versteigerung (§ 55 Abs 1) unterliegen, „bewegliche" Gegenstände (Sachen), die Nr 1 a erfaßt[21], sind sie jedoch nicht. Zumeist wird der Verwalter Schwierigkeiten haben zu klären, ob beim Schuldner vorgefundene bewegliche Sachen rechtlich (haftendes) Zubehör sind[22], diese sonach mit dem Grundstück (anderen Objekt) der abgesonderten Befriedigung, damit nicht seinem Verwertungsrecht unterliegen. Daher sollen Bearbeitungskosten nur für die Verwaltertätigkeit, die sich auf bewegliche Gegenstände bezieht (etwa in Form eines Zuschlags zum Regelsatz des Verwalterhonorars) nicht aus der Insolvenzmasse aufgebracht, sondern aus dem Verwertungserlös gedeckt werden; sie sind damit von dem am Grundstück als Rangletzter Berechtigten zu tragen. Wesentliche Bestandteile des Grundstücks (BGB §§ 93, 94) sind keine selbständigen Sachen. Der Immobiliarvollstreckung unterliegen sie als Grundstücksteile. Deren Feststellung begründet daher keinen Erstattungsanspruch nach § 10 Abs 1 Nr 1a. Zubehörstücke, die einem Dritten gehören, im Schuldnerbesitz aber mitversteigert werden (§ 55 Abs 2), gehören nicht zur Insolvenzmasse (siehe InsO § 35, auch § 47 Satz 1); der Verwaltungs- und Verwertungsbefugnis des Insolvenzverwalters unterliegen sie nicht. Eine Verwaltertätigkeit für ihre Feststellung begründet daher keinen bevorrechtigten Erstattungsanspruch in Rangklasse 1 a.

3.3 Anspruch auf Erstattung von Feststellungskosten zur Insolvenzmasse in Rangklasse 1 a kann auch bestehen, wenn bei Beginn der Versteigerung das Grundstück aus der **Insolvenzmasse freigegeben** ist (s InsO § 32 Abs 3). Nr 1 a erfordert, daß „im Falle der Zwangsversteigerung ... das Insolvenzverfahren ... eröffnet ist", nicht aber, daß die Versteigerung gegen den Insolvenzverwalter als Schuldner betrieben wird. Abgegolten werden durch den Kostenerstattungsanspruch Bearbeitungskosten für Verwaltertätigkeit zur Feststellung, daß bewegliche Gegenstände mit dem Grundstück (sonstigen Objekt) der abgesonderten Befriedigung (InsO § 49), damit nicht der Masseverwertung durch den Insolvenzverwalter (InsO § 159) unterliegen. Das erfordert nicht, daß der Verwalter auch bei Beginn der Zwangsversteigerung noch am Verfahren als Schuldner beteiligt ist.

3.4 Der **Betrag** der Feststellungskosten ist im Interesse der Praktikabilität pauschal festgelegt auf **vier vom Hundert** des Wertes der beweglichen Gegenstände. Maßgebend ist der mit dem Grundstückswert festgesetzte Wert der beweglichen Gegenstände (§ 74a Abs 5 Satz 2). Wenn er bei Festsetzung des Grundstückswertes nicht gesondert ausgewiesen ist, ist der Wert der Gegenstände den Unterlagen zu entnehmen, auf denen die Wertfestsetzung beruht. Maßgebender Zeitpunkt kann nur der Beginn der Versteigerung sein (§ 55 Rdn 2.2 mit 3.4). Keine Berücksichtigung findet daher der Wert der bei Festsetzung noch erfaßten Gegenstände, auf die sich zwar die Beschlagnahme erstreckt hat, die bis zum Beginn der Versteigerung aber ausgeschieden sind (§ 55 Rdn 2.3). Unerheblich bleibt hingegen,

---

[20] Begründung zu Art 20 EGInsO, BT-Drucks 12/3803, Seite 68.
[21] Siehe Begründung aaO (Fußn 20).
[22] Begründung aaO (Fußn 20).

ob Gegenstände, deren Wert anzusetzen ist, sogleich mit dem Grundstück versteigert oder später einer abgesonderten Verwertung (§ 65) zugeführt werden sollen. Erstreckt sich die Versteigerung nicht auf bewegliche Gegenstände, ergibt sich keine Bezugsgröße für Bemessung von Kosten. Bearbeitungskosten sind dann zur Insolvenzmasse nicht in Rangklasse 1 a zu erstatten, selbst wenn die Verwaltertätigkeit bis zum Beginn der Versteigerung Bearbeitungsaufwand für Feststellung erfordert hat, ob sich die Versteigerung auf bewegliche Gegenstände erstrecken wird.

3.5 Werden **mehrere Grundstücke** eines Schuldners in demselben Verfahren versteigert (§ 18), sind die gesamten Feststellungskosten nach dem Wert der (aller) beweglichen Gegenstände in Rangklasse 1 a bevorrechtigt. Bei Einzelversteigerung (§ 63 Abs 1) finden Feststellungskosten nach dem jeweiligen Wert der mit jedem Einzelgrundstück beschlagnahmten beweglichen Gegenstände Berücksichtigung. Werden Grundstücke **mehrerer Schuldner** versteigert und ist über das Vermögen nur eines von ihnen das Insolvenzverfahren eröffnet, sind Feststellungskosten als Recht auf Befriedigung nur aus seinem Grundstück vorrangig berechtigt. Ist über das Vermögen mehrerer Schuldner oder aller das Insolvenzverfahren eröffnet, sind die zu jeder Insolvenzmasse gehörenden Ansprüche auf Erstattung der Feststellungskosten jeweils pauschal 4 v. H. des jeweiligen Wertes als Recht auf Befriedigung aus dem Einzelgrundstück des jeweiligen Insolvenzschuldners bevorrechtigt. Wird nach Beschlagnahme das Verfahren hinsichtlich einzelner Grundstücke wieder aufgehoben (oder eingestellt), besteht bei Versteigerung der verbleibenden Grundstücke kein Recht auf Befriedigung für Feststellung der beweglichen Gegenstände der ausgeschiedenen Beschlagnahmegrundstücke. Die Feststellungskosten mit 4 v.H. bestimmen sich dann nur nach dem für die versteigerten Grundstücke festgesetzten Wert der mitversteigerten Gegenstände.

3.6 Die Ansprüche in Rangklasse 1 a müssen in der Zwangsversteigerung vom Insolvenzverwalter **angemeldet** werden, und zwar zur Rangwahrung spätestens im Versteigerungstermin vor der Aufforderung zur Abgabe von Geboten (§ 37 Nr 4, § 45 Abs 1, §§ 110, 114). Diese Anmeldung erübrigt sich nicht deshalb, weil im Grundbuch der Insolvenzvermerk eingetragen ist und die Kosten nach der Wertfestsetzung berechenbar sind.

3.7 **Vollstreckt** werden kann der zur Insolvenzmasse gehörende Anspruch auf Ersatz der Feststellungskosten **nicht**. Die Kosten sind „im Falle einer Zwangsversteigerung" zu decken. Bei anderer Veräußerung des Grundstücks (anderen Objekts) besteht der Anspruch nicht; der Verwalter kann entstandene Kosten dann aus dem Veräußerungserlös decken. Es handelt sich mithin um einen „Erstattungsanspruch", nicht um einen Haftungsanspruch, der im Wege der Zwangsversteigerung durchgesetzt werden könnte (Verwalter wäre dann überdies Gläubiger und haftender Schuldner in einer Person). Allein zur Kostenerstattung oder auch nur dafür, daß die Rangklasse 1 a der Bildung des geringsten Gebots zugrunde gelegt werden soll (§ 44; Besonderheit hierwegen aber bei Insolvenzverwalterversteigerung nach § 174 a), kann die Zwangsversteigerung wegen dieses Anspruchs daher nicht betrieben werden.

3.8 Wenn kein Insolvenzverwalter bestellt ist, sind Feststellungskosten nicht zu erstatten. Anspruch auf Kostenersatz besteht somit **nicht bei Eigenverwaltung** unter Aufsicht eines Sachwalters (InsO § 270).

3.9 Anspruch auf Befriedigung der Feststellungskosten mit Vorrang nach Nr 1 a besteht auch bei **Insolvenzverwalter-** (s § 174 a) und **Nachlaßversteigerung** (§ 175), wenn das Insolvenzverfahren über den Nachlaß des Erblassers (Eigentümers des Grundstücks) eröffnet ist (InsO §§ 315 ff). Bei **Teilungsversteigerung** (§§ 180 ff) kann der Vorranganspruch nur Bedeutung erlangen, wenn das Insolvenzverfahren über das Vermögen der gemeinschaftlichen Eigentümer eröffnet ist, das Grundstück (andere Objekt) als Gegenstand der Teilungsversteigerung damit

Rangordnung der Rechte 4.3 § 10

Eigentum einer Gesellschaft ohne Rechtspersönlichkeit (OHG, KG, Gesellschaft bürgerlichen Rechts usw; InsO § 11 Abs 2 Nr 1) ist oder zum Gesamtgut einer Gütergemeinschaft gehört (InsO § 11 Abs 2 Nr 2). Ist das Insolvenzverfahren über das Vermögen nur eines der Miteigentümer des Grundstücks (anderen Objekts) eröffnet, dessen Teilungsversteigerung erfolgt, erhält der Insolvenzverwalter eine Vergütung (InsO § 63) aus der Insolvenzmasse (InsO § 53), zu der nicht das Grundstück, sondern der Miteigentumsanteil des Schuldners des Insolvenzverfahrens gehört. Befriedigung von Feststellungskosten aus dem nicht zur Insolvenzmasse gehörenden Grundstück bei dessen Versteigerung schließt das aus. In einer **Zwangsverwaltung** besteht kein Anspruch auf Ersatz von Feststellungskosten (Wortlaut von Nr 1 a).

Rangklasse 2 4

4.1 In dieser Rangklasse stehen die **Litlohnansprüche** (auch Lidlohn: von „Liten" sowie „Laten" = Halbfreie, Hörige; Begriffserklärung[23]) der in Land- und Forstwirtschaft zur Grundstücksbewirtschaftung beschäftigten Personen. Grund (Denkschrift S 37): Diese Personen tragen durch ihre Dienste zur Erhaltung des wirtschaftlichen Standes bei und arbeiten so zum Nutzen aller, die Befriedigung aus dem Objekt erwarten dürfen.

4.2 a) Das Vorrecht besteht nur bei Versteigerung land- oder forstwirtschaftlicher Grundstücke und eines Grundstücks mit einem Nebenbetrieb. **Landwirtschaftliche Grundstücke** sind der Bodenbewirtschaftung und/oder der mit Bodennutzung verbundenen (nicht also der gewerblichen) Tierhaltung gewidmet, um pflanzliche oder tierische Erzeugnisse zu gewinnen; dazu gehören insbesondere Grundstücke für den Ackerbau, die Wiesen- und Weidewirtschaft, den Erwerbsgartenbau, den Erwerbsobstbau und den Weinbau sowie die Fischerei in Binnengewässern (Grundstücksverkehrsgesetz § 1 Abs 2). **Forstwirtschaftliche** Grundstücke werden mit Ausnutzung des Waldbodens, insbesondere durch Auf- und Abforstung, bewirtschaftet. Das Vorrecht besteht auch, wenn es sich nur um kleinen landwirtschaftlichen Grundbesitz und damit um ein land- oder forstwirtschaftliches Einzelgrundstück handelt.

b) **Nebenbetriebe** sind hier: Mühle, Sägewerk, Molkerei, Käserei, Branntweinbrennerei, Brauerei, Ziegelei, Tonwarenfabrikation, Herstellung bzw Gewinnung und Zubereitung von Obstwein, Säften, Essig, Tafelwasser, Gartenerzeugnissen, Torf, Torferzeugnissen, Holzkohle, Harz, Pech, Sand, Kies, Kalk, Schiefer, Ton usw (dazu auch HGB § 3 Abs 3 und die Kommentare hierzu). Die Nebenbetriebe müssen mit dem Grundstück so verbunden sein, daß allein oder hauptsächlich aus dem Grundstück die Rohstoffe dafür entnommen werden, und es muß das Nebengewerbe auf dem zu versteigernden Grundstück, nicht auf anderen des Schuldners, durchgeführt werden[24].

4.3 Bevorrechtigt sind Ansprüche der bei dem Schuldner (Grundstückseigentümer) in einem **Dienst- oder Arbeitsverhältnis** stehenden Personen, somit insbesondere des Gesindes, der Wirtschafts- und Forstbeamten, auch wenn der Anspruch von einem Pfandgläubiger des Berechtigten eingezogen wird (soweit überhaupt pfändbar). Es muß sich nicht um ein Dauerdienstverhältnis handeln[25], es genügt auch ein vorübergehendes Arbeitsverhältnis als Tagelöhner (auch Aushilfe ist daher genügend, so auch[26]; anders[27]). Das Befriedigungsrecht begründet auch ein vom Zwangsverwalter begründetes Dienstverhältnis (§ 152 Abs 1). Das Dienst-

---

[23] Stöber, ZVG-Handbuch, Rdn 71; Wacke ZIP 1991, 1472.
[24] Mohrbutter/Drischler Muster 57 Anm 2.
[25] Dassler/Muth § 10 Rdn 15; Mohrbutter/Drischler Muster 57 Anm 1.
[26] Korintenberg/Wenz § 10 Anm II 2.
[27] Jaeckel/Güthe § 10 Rdn 11; Steiner/Hagemann § 10 Rdn 49.

oder Arbeitsverhältnis muß nicht bis zur Beschlagnahme fortbestehen[28]. Es muß aber auf einem Abhängigkeitsverhältnis beruhen. Kinder des Schuldners, die dem elterlichen Hausstand angehören und so zur Dienstleistung in Haushalt und Geschäft verpflichtet sind (BGB § 1619), haben keinen Anspruch auf Vergütung und fallen daher nicht hierunter, falls nicht nach den Umständen des Falles ein (mindestens stillschweigender) Dienstleistungsvertrag abgeschlossen ist[29]. Ein Minderjähriger kann nach BGB § 113 zur eigenen Geltendmachung des Anspruchs berechtigt sein. Von einem Nießbraucher, Pächter[30] oder von einem Dritten (Hypothekengläubiger)[31] zur Bewirtschaftung des Grundstücks angenommene Personen haben kein Recht auf Befriedigung aus dem Grundstück, ebenso nicht die Ansprüche von Tierärzten, Steuerberatern, Dreschmaschinenverleihern, Lieferanten, auch nicht Ansprüche aus Miete oder Kauf.

4.4 Nur **Lohn, Kostgeld** und andere **Bezüge** dieser Personen als Entgelt aus dem Dienst- oder Arbeitsverhältnis sind bevorrechtigt. Dazu gehören auch der gesetzliche Entgeltfortzahlungsanspruch und die Arbeitnehmeranteile der Sozialversicherungsbeiträge, nicht aber die Arbeitgeberanteile, nicht Schadensersatzansprüche aus dem Arbeitsverhältnis, nicht Ansprüche des Fiskus wegen des Steuerabzugs vom Arbeitslohn, nicht Ansprüche für häusliche oder persönliche Dienste (reine Hausangestellte zB); wohl aber für Hausangestellte, deren Verwendung im Wirtschaftsbetrieb überwiegt.

4.5 Das Befriedigungsvorrecht in Rangklasse 2 ist beschränkt auf **laufende Beträge** und auf die aus dem letzten Jahr rückständigen (Abgrenzung § 13 Rdn 2). Bei einem schon aufgelösten Dienstverhältnis ist die Frist zu berechnen, wie wenn es bis zur Beschlagnahme fortgedauert hätte. Ältere Rückstände können nur durch Beitritt in Rangklasse 5 (also mit Titel) erreicht werden.

4.6 Das Befriedigungsvorrecht wird durch **Wechsel des Grundstückseigentümers** während der maßgebenden Bezugszeit nicht berührt, gilt also auch für Ansprüche gegen Vorgänger und für das von einem Nachfolger nicht übernommene Gesinde. Es können sogar in der Wiederversteigerung Beträge aus der Zeit vor der ersten Versteigerung mitberücksichtigt werden, wenn sie im ersten Verfahren nicht angemeldet waren und die maßgebende Frist noch eingehalten ist. Berechtigt sind ja auch noch Ansprüche, die erst nach der Beschlagnahme entstehen.

4.7 Falls **mehrere Grundstücke** bewirtschaftet werden, aber nur eines oder einige versteigert werden, sind die bevorrechtigten Ansprüche aufzuteilen, und zwar, weil das Gesetz hierzu nichts sagt, nach Größe und Wert der Grundstücke und nach Art und Umfang der für sie geleisteten Dienste[32].

4.8 Untereinander sind die in Rangklasse 2 gehörenden Ansprüche gleichberechtigt (§ 10 Abs 1, einleitender Satz).

4.9 In der **Zwangsversteigerung** müssen die Ansprüche der Rangklasse 2 angemeldet werden, und zwar zur Rangwahrung spätestens im Versteigerungstermin vor der Aufforderung zur Abgabe von Geboten (§ 37 Nr 4, § 45 Abs 1, §§ 110, 114). Diese Anmeldung erübrigt sich nicht deshalb, weil sich Anfall und Höhe der Ansprüche aus den Zwangsverwaltungsakten ergeben (beide Verfahren sind getrennt). In der **Zwangsverwaltung** sind die Ansprüche im Teilungsplan festzustellen (§ 156 Abs 2 Satz 1) und hierfür anzumelden (§ 156 Abs 2 Satz 4 mit § 114).

4.10 Landesrechtlich ist in oder hinter diese Rangklasse ein Vorrecht für gewisse Ansprüche von Bergarbeitern eingefügt (für Bayern Rdn 5).

---

[28] Dassler/Muthe § 10 Rdn 15; Mohrbutter/Drischler Muster 57 Anm 1.
[29] BGH FamRZ 1973, 298 = KTS 1973, 254 = MittBayNot 1973, 212 = WM 1973, 563.
[30] Steiner/Hagemann § 10 Rdn 50; Korintenberg/Wenz § 10 Anm II 2.
[31] OLG München OLG 14, 202.
[32] Mohrbutter/Drischler Muster 57 Anm 4; Steiner/Hagemann § 10 Rdn 52.

Rangordnung der Rechte 6.1 § 10

Rangklasse 2/3

Diese Zwischenklasse für **bergrechtliche** Ansprüche in **Bayern** hat nur noch für eine Übergangszeit Bedeutung. Auf Grund von EGZVG § 2 waren durch das bayerische ZVG-Ausführungsgesetz (10. Auflage, Textanhang T 50) Art 39 gewisse bergrechtliche Ansprüche hinter Rangklasse 2 und vor Rangklasse 3 eingefügt. Dieses Gesetz ist aufgehoben (BayerGVG-AusfG vom 23. 6. 1981, BayGVBl Seite 188, Art 56 Abs 2 Nr 3). Jedoch gilt Art 39 des vormaligen bayerischen ZVG-AusfG noch für die vor Inkrafttreten des Bundesberggesetzes vom 13. 8. 1980 (BGBl I Seite 1310) entstandenen unbeweglichen Kuxe, die nach dem Bundesberggesetz noch für eine Übergangszeit fortbestehen, bis zu deren Erlöschen oder ihrer Aufhebung (Bayer GVG-AusfG Art 55 Abs 5).

Rangklasse 3

6.1 In diese Rangklasse gehören **öffentliche Grundstückslasten**. Öffentlichrechtliche Lasten sind alle persönlichen, sachlichen und finanziellen Leistungen, die dem Bürger zugunsten der Allgemeinheit auferlegt werden[33]. Öffentliche Grundstückslasten sind sie, soweit ein Grundstück dafür dinglich haftet. Für diese gibt es keine gesetzliche Begriffsbestimmung[34]; ihr Entstehen richtet sich nach öffentlichem Recht (Gesetz oder Satzung eines autonomen Verbands), ihr weiteres Schicksal dann nach Privatrecht[35]. Die öffentliche Grundstückslast ist also eine im öffentlichen Recht (des Bundes oder eines Bundeslandes) kraft Gesetzes oder Satzung geschaffene Abgabenverpflichtung, die in Geld durch wiederkehrende oder einmalige Leistungen zu erfüllen ist und bei der die dingliche Haftung des Grundstücks besteht[36] (siehe Abgabenordnung § 77 Abs 2), neben der eine persönliche Zahlungsverpflichtung des Schuldners gegeben sein kann. Welche Zahlungsverpflichtung eine solche öffentliche Grundstückslast ist, wird meist in einer Rechtsvorschrift (Gesetz oder Satzung) ausdrücklich gesagt; sie kann darin aber auch diese Eigenschaft einfach durch die rechtliche Gestaltung und die Beziehung zum Grundstück erhalten[37]. Doch muß aus Gründen der Klarheit und Rechtssicherheit aus der gesetzlichen Regelung eindeutig hervorgehen, daß die Abgabeverpflichtung auf dem Grundstück lastet, daß mithin nicht nur eine persönliche Haftung des Abgabenschuldners, sondern auch die dingliche Haftung des Grundstücks besteht[38]. Zweifel in dieser Hinsicht schließen die Berücksichtigung einer Zahlungspflicht als öffentliche Last aus[39]. Wenn eine Vorschrift des öffentlichen Rechts eine Beitragspflicht für öffentliche Einrichtungen unabhängig davon begründet, ob der Schuldner Grundstückseigentümer ist, muß sie klarstellen, daß die Verpflichtung für den Fall der Heranziehung des (jeweiligen) Grundstückseigentümers den Charakter einer öffentlichen Last hat[39]. Wenn eine Beitragspflicht durch den Gesetzgeber nicht zumindest gesetzlich im Grundsatz als öffentliche Last festgelegt ist, kann sie nicht durch Verordnung (und darauf beruhende Satzung) als öffentliche Last ausgestaltet werden[40]. Die Eigenschaft als öffentliche Grundstückslast fällt nicht weg, wenn über die Höhe der Abgabe in einem Verwaltungsgerichtsverfahren ein Vergleich geschlossen wird[41].

---

[33] BGH KTS 1971, 192 = MDR 1971, 205; Fischer NJW 1955, 1583 (I).
[34] BGH MDR 1971, 205 = aaO und MDR 1981, 1002 = NJW 1981, 2127 = Rpfleger 1981, 349.
[35] Fischer NJW 1955, 1583 (2) (II).
[36] BGH NJW 1981, 2127 = aaO (Fußn 34); Fischer NJW 1955, 1583 (I).
[37] BGH MDR 1971, 205 = aaO; BGH NJW 1981, 2127 = aaO (Fußn 34); BGH MDR 1989, 60 = NJW 1989, 107 = Rpfleger 1988, 541; Fischer NJW 1955, 1583 (IV).
[38] BGH NJW 1981, 2127 und 1989, 107 = je aaO (Fußn 34 und 37); LG Aachen NJW-RR 1993, 1488.
[39] BGH NJW 1981, 2127 = aaO (Fußn 34) und LG Aachen NJW-RR 1993, 1488.
[40] BGH NJW 1981, 2127 und NJW 1989, 107 = je aaO (Fußn 34 und 37).
[41] BGH MDR 1971, 205 = aaO (Fußn 33).

6.2 Abgeltungslast/Abgeltungshypothek: Die nach dem 1. Weltkrieg geschaffene Gebäudeentschuldungssteuer wurde 1942 aufgehoben; sie mußte durch einen 10-Jahresbetrag abgegolten werden, der öffentliche Last war, ablösbar durch ein Bankdarlehen, dieses zu sichern durch eine Abgeltungshypothek an erster Stelle der Rangklasse 4. Ende 1964 erloschen die Lasten (GBMaßnG § 23). Einzelheiten noch in der 9. Auflage. Im Beitrittsgebiet (Einl Rdn 14.1) erloschen die Abgeltungslasten mit dem Ende des Jahres 1995 (GBMaßnG § 23 mit § 36a Satz 1). Auch in diesem Gebiet darf eine Abgeltungshypothek (auf Antrag) seit Ablauf des Jahres 1995 nicht mehr eingetragen werden (GBMaßnG § 22 mit § 36a Satz 1). Eine (noch) eingetragene Abgeltungshypothek hat Vorrang vor allen anderen am Grundstück bestehenden Rechten; sie erlischt in Höhe der zurückgezahlten Beträge (Gebäudeentschuldungssteuer-DVO 1942 § 8 Abs 3); eine Eigentümergrundschuld besteht damit nicht.

6.3 Bodensanierung, Altlastensanierung: Für Einsatz öffentlicher Mittel bei Maßnahmen zur Erfüllung boden- und altlastenbezogener Pflichten (BBodSchG § 4) kann der Eigentümer einen Wertausgleich zu leisten haben (BBodSchG § 25 Abs 1); zu diesem[42]. Der Ausgleichsbetrag ruht nach BBodSchG § 25 Abs 6 Satz 1 als öffentliche Last auf dem Grundstück. Fällig wird er als einmalige Leistung, wenn die Sicherung oder Sanierung abgeschlossen und der Betrag von der zuständigen Behörde festgesetzt worden ist (BBodSchG § 25 Abs 3). Zur Behandlung im Versteigerungsverfahren siehe das Rdn 6.4 zum Erschließungskostenbeitrag Gesagte. Grundbuchvermerk: § 25 Abs 6 Satz 2 BBodSchG. Ein Erstattungsanspruch des Landes für Kosten einer Altlastensanierung und für Wertzuwachsausgleich kann nach landesgesetzlicher Bestimmung als öffentliche Last auf dem Grundstück ruhen.

6.4 Erschließungskostenbeitrag zur Deckung des Aufwands für Erschließungsanlagen wie öffentliche Straßen, Wege und Plätze, Parkflächen und Grünanlagen (BauGB § 127). a) Als öffentliche Last ruht der Beitrag auf dem Grundstück, Erbbaurecht, dinglichen Nutzungsrecht, Wohnungs- oder Teileigentum (BauGB [vordem Bundesbaugesetz] § 134 Abs 2). Der Erschließungsaufwand, damit auch die öffentliche Last, umfaßt Kosten nur für Ersterschließung (Begriff BauGB § 128 Abs 1); Beiträge zu den Kosten für Erweiterungen oder Verbesserungen von Erschließungsanlagen können jedoch nach Landesrecht dazu gehören (BauGB § 128 Abs 2). Als öffentliche Last (BauGB § 134 Abs 2) ruht nach herrschender Ansicht[43] der Beitrag bereits von dem (kaum sicher bestimmbaren) Zeitpunkt an auf dem Grundstück, in dem die (zu dieser Zeit noch nicht abgerechnete, damit betragsmäßig noch nicht konkretisierbare) Beitragspflicht mit der endgültigen Herstellung der Erschließungsanlage entstanden ist (BauGB § 133 Abs 2; s dessen Wortlaut für nähere Abgrenzung). Beitragspflichtig als persönlicher Schuldner ist hingegen derjenige, der im Zeitpunkt der Bekanntgabe des Beitragsbescheids Eigentümer des Grundstücks (anderen Objekts) ist (BauGB § 134 Abs 1). Fällig wird der Beitrag einen Monat nach Bekanntgabe des Beitragsbescheids (BauGB § 135 Abs 1).

b) Den Erschließungsbeitrag, der als **öffentliche Last nach** Erteilung des **Zuschlags fällig** wird, trägt der Ersteher (§ 56 Satz 3 mit BGB § 103). Diese öffentliche Last bleibt Belastung des Grundstücks (anderen Objekts) auch des Erstehers. Sie erlangt als solche im Versteigerungsverfahren keine Bedeutung (dazu Rdn 6.17 zu a). Die öffentliche Last für eine Beitragspflicht, die **vor** Erteilung des **Zuschlags fällig** geworden ist, begründet als (bis zu 4 Jahren) rückständiger Betrag Anspruch auf Befriedigung aus dem Grundstück nach § 10 Abs 1 Nr 3. Im Versteigerungsverfahren ist sie als nicht grundbuchersichtlicher Anspruch zur Berücksichtigung im geringsten Gebot (§ 37 Nr 4, § 45 Abs 1) und zur Erlösverteilung

---

[42] Teifel Rpfleger 1999, 366; Sorge MittBayNot 1999, 232.
[43] BVerwG NJW 1985, 2568 (2569) mit Nachw; BGH DNotZ 1976, 360 = NJW 1976, 1314; auch VG Freiburg NJW-RR 1997, 1507.

Rangordnung der Rechte 6.4 § 10

(§ 114 Abs 1) **rechtzeitig anzumelden** und erforderlichenfalls glaubhaft zu machen (Rdn 6.21). Berücksichtigung erfolgt im **bar zu zahlenden Teil** des geringsten Gebots (§ 49 Abs 1). Vom Ersteher zu übernehmen (§ 52 Abs 1 mit § 91 Abs 1) ist diese öffentliche Last somit nicht; sie „erlischt" mit dem Zuschlag (vgl § 91 Abs 1). Unterbleibt rechtzeitige Anmeldung zum Versteigerungstermin, wird diese öffentliche Last auch nicht in das geringste Gebot (Bargebot) aufgenommen (§ 45 Abs 1).

c) Davon nicht berührt wird die (persönliche) Erschließungs**beitragspflicht** (BauGB § 134 Abs 1 Satz 1). (Persönlich) Beitragspflichtig ist derjenige, der im Zeitpunkt der Bekanntgabe des Beitragsbescheids Eigentümer des Grundstücks (anderen Objekts) ist (BauGB § 134 Abs 1). Ist das der (Vollstreckungs-)Schuldner (Eigentümer bis zur Erteilung des Zuschlags), schuldet er „seinen" Erschließungsbeitrag auch weiterhin[44]. Dann kann die Erschließungsbeitragsforderung nicht durch Bekanntgabe eines (neuen) Beitragsbescheids gegenüber dem Ersteher mit Wirkung gegen diesen nochmals festgestellt werden[45] Jedoch hat der Ersteher den Erschließungsbeitrag zu tragen, wenn bei Fälligkeit einen Monat nach Bekanntgabe der Zuschlag erteilt ist[46] (§ 56 Satz 2 mit BGB § 103; „einmaliger Beitrag als andere Last"). Verlangt und vollstreckt werden kann die persönliche Beitragsforderung weiterhin auch dann, wenn die Gemeinde es unterlassen hat, die öffentliche Last zum Zwangsversteigerungsverfahren anzumelden[47]. Der Ersteher ist als (persönlicher) Schuldner beitragspflichtig, wenn Eigentumserwerb mit Erteilung des Zuschlags (§ 90 Abs 1) im Zeitpunkt der Bekanntgabe des Beitragsbescheids bereits erfolgt ist (BauGB § 134 Abs 1). Dem Ersteher können somit auch für bereits hergestellte, aber noch nicht abgerechnete Erschließungsanlagen (vielleicht erst nach längerer Zeit) noch nicht unbedeutende Kosten als persönliche Beitragspflicht und öffentliche Last erwachsen.

d) **Vorausleistungen** für ein Grundstück (anderes Objekt), für das die Beitragspflicht noch nicht oder nicht in vollem Umfang entstanden ist, können unter bestimmten Voraussetzungen verlangt werden (BauGB § 133 Abs 3). Auch die durch Vorausleistungsbescheid (nicht jedoch durch Vorauszahlungsvereinbarung) begründete Forderung ruht gemäß BauGB § 134 Abs 2 als öffentliche Last auf dem Grundstück[48]. Eine durch Vorauszahlungsbescheid entstandene Beitragspflicht, die erst nach Erteilung des Zuschlags fällig wird, ist als öffentliche Last Belastung des Grundstücks (anderen Objekts) auch des Erstehers; im Versteigerungsverfahren erlangt sie keine Bedeutung. Eine durch Vorauszahlungsbescheid begründete Beitragspflicht, die bereits vor Erteilung des Zuschlags fällig wurde, ruht als öffentliche Last auf dem Grundstück des Schuldners. Sie begründet Anspruch auf Befriedigung nach § 10 Abs 1 Nr 3. Im Versteigerungsverfahren ist sie als nicht grundbuchersichtlicher Anspruch rechtzeitig anzumelden (wie unter b). Verrechnung einer Vorausleistung mit der endgültigen Beitragsschuld (auch bei Eigentumswechsel): BauGB § 133 Abs 3 Satz 2. Eine nicht gezahlte (eingeforderte) Vorausleistung führt nicht zum Erlöschen des (späteren) endgültigen Erschließungsbeitrags[49].

e) Eine **Verrentung** des Erschließungsbeitrags kann die Gemeinde zur Vermeidung unbilliger Härten im Einzelfall zulassen (BauGB § 135 Abs 2). Die Jahreslei-

---

[44] VG Freiburg NJW-RR 1997, 1507.
[45] So wohl auch (trotz des mißverständlichen Leitsatzes) VG Freiburg NJW-RR 1997, 1507. Ebenso für den neuen Eigentümer nach rechtsgeschäftlichem Erwerb BVerwG DNotZ 1976, 157 = NJW 1957, 403.
[46] So für den Käufer im vergleichbaren Fall der Veräußerung und BGB § 446 Abs 1 mit § 103 BGH DNotZ 1995, 403 (405) = NJW 1994, 2283.
[47] NiedersOVG KKZ 1996, 12 (13).
[48] BVerwG DVBl 1982, 543 = NVwZ 1982, 377; OVG Nordrhein-Westfalen KTS 1983, 153.
[49] VG Freiburg NJW-RR 1997, 1507.

stungen der auf dem Grundstück ruhenden öffentlichen Last (BauGB § 134 Abs 2) stehen dann nach BauGB § 135 Abs 3 Satz 4 wiederkehrenden Leistungen im Sinne des § 10 Abs 1 Nr 3 gleich (zu diesen Rdn 6.18). Zahlung des Erschließungsbeitrags in **Raten** (BauGB § 135 Abs 2) ändert die Rechtsnatur der für den Beitrag als einmalige Leistung bestehenden öffentlichen Last und die (persönliche) Beitragspflicht nicht (s auch Rdn 6.17). Fälligkeit der öffentlichen Last bei Erlösverteilung: § 111 Satz 1.

f) Zwangs-Sicherungshypothek s Rdn 6.24. Zu den dem Baugesetzbuch entsprechenden Bestimmungen des vormaligen Bundesbaugesetzes siehe Textanhang der 12. Auflage T 16. Vordem waren Erschließungskosten nach Landesrecht (teils) durch Sicherungshypothek rechtsgeschäftlich zu sichern, (teils) aber auch als öffentliche Last bestimmt. Aus einem früher eingetragenen Recht darf weiter vollstreckt werden; es ist nicht erloschen.

6.5 Flurbereinigung: Die Teilnehmer der Flurbereinigungsverfahren (dazu § 15 Rdn 17) sind zu Geldbeiträgen verpflichtet (FlurbG § 19 Abs 1), die als öffentliche Last auf dem Grundstück ruhen (FlurbG § 20). Nichtbeteiligte Grundstückseigentümer können einen Kostenanteil für Unterhaltung von Anlagen und einen Beitrag zu den Ausführungskosten schulden, die öffentliche Grundstückslast sind (FlurbG § 42 Abs 3 Satz 3, § 106).

6.6 Grundsteuer nach dem Grundsteuergesetz, die die Gemeinde erhebt (Gesetz § 1), ruht als öffentliche Last auf Grundstücken (natürlich auch auf Grundstücksbruchteilen) und Erbbaurechten (Gesetz §§ 12, 10). Fällig ist sie zu je einem Viertel am 15. Februar, 15. Mai, 15. August, 15. November oder in einem Jahresbetrag auf Antrag am 1. Juli, bei Kleinbeträgen auch abweichend (Gesetz § 28). Sie ist von der Gemeinde anzumelden.

6.7 Hypothekengewinnabgabe: Einl Rdn 51.2.

6.8 Knappschaftsbeiträge waren nach Knappschaftsgesetz § 148 Abs 2 bei Vollstreckung in Bergwerkseigentum, unbewegliche Bergwerksanteile, selbständige Kohlenabbaugerechtigkeiten oder Salzabbaugerechtigkeit öffentliche Last des Objekts.

6.9 Kommunalabgaben, das sind Abgaben, die Gemeinden und Gemeindeverbände zur Deckung ihres Aufwandes für die Herstellung, Anschaffung, Erweiterung, Verbesserung oder Erneuerung öffentlicher Einrichtungen und Anlagen als sogen Benützungsgebühren erheben, können je nach landesrechtlicher Regelung öffentliche Lasten sein[50]. Entsprechendes gilt für Beiträge und Umlagen, die Gemeinden und Gemeindeverbände für die Mitgliedschaft in einem Wasser- und Bodenverband oder in einem Zweckverband zahlen (sogenannte Verbandslasten) und als Gebühren denjenigen auferlegt haben, die Einrichtungen und Anlagen des Verbandes in Anspruch nehmen oder denen der Verband Vorteile gewährt. In Betracht kommen Straßenreinigungsgebühren und Anschluß-, Benützungs- sowie Bezugskosten für Gas, Strom, Wasser und Fernwärme. Abgaben für ein wirtschaftliches Gemeindeunternehmen zur Versorgung mit Gas, Strom, Trinkwasser, zur Abfall- und Abwasserbeseitigung, für Kanalisation, Müllabfuhr und Straßenreinigung, sind öffentliche Abgaben, wenn das Unternehmen in öffentlich-rechtlicher Organisationsform (zumeist als Eigenbetrieb) geführt wird. Die Erhebung der Abgaben erfordert dann Satzungsgrundlage, die den Abgabenschuldner bezeichnen und (gegebenenfalls in Verbindung mit Landesgesetz) die Eigenschaft als öffentliche Last erkennbar machen muß. Keine öffentlichen Lasten sind sonach gemeindliche Benutzungsgebühren, die nur vom jeweiligen Benutzer (auch Mieter, Pächter) für die Inanspruchnahme öffentlicher Einrichtungen erhoben werden können, mithin nicht dem Grundstück (seinem jeweiligen Eigentümer) auferlegt sind. Ge-

---

[50] Verwaltungsgerichtshof Kassel NJW 1981, 476; nicht richtig Messer NJW 1978, 1406 (1408, 1411).

Rangordnung der Rechte 6.14 **§ 10**

meindlichen Versorgungsunternehmen auf privatrechtlicher Grundlage (GmbH, Aktiengesellschaft) wird ein privatrechtliches Entgelt geschuldet; ihm fehlt die Eigenschaft als öffentliche Abgabe; es kann daher auch nicht öffentliche Grundstückslast sein. Einem beliehenen Unternehmer ist als Privatmann die Zuständigkeit eingeräumt, bestimmte einzelne hoheitliche Aufgaben im eigenen Namen zu erfüllen (zu diesem Zweck Hoheitsbefugnisse auszuüben)[51]; ihm wird daher ein privatrechtliches Entgelt geschuldet, das nicht öffentliche Grundstückslast sein kann. Für Bayern gilt das Kommunalabgabengesetz (KAG) idF vom 4. 4. 1993 (BayGVBl 264, mit Änderungen), nach dessen Artikel 5 zur Deckung des Investitionsaufwands der Gemeinden und Landkreise Beiträge von den Grundstückseigentümern und Erbbauberechtigten erhoben werden, die als öffentliche Last auf dem Grundstück, Erbbaurecht, Wohnungs- und Teileigentum ruhen. Sie unterliegen der Abgabenordnung (§ 15 Rdn 34). Nach dem hessischen Kommunalabgabengesetz ruht der Anspruch einer Gemeinde auf Erstattung der Kosten für die Herstellung eines (Kanal-)Grundstücksanschlusses als öffentliche Last auf dem Grundstück[52], ebenso der Kostenersatzanspruch für einen Haus- oder Grundstücksanschluß nach § 10 KAG NW[53]. Straßenreinigungs- und Kanalbenutzungsgebühren stellen in Niedersachsen (nach[54]) als Benutzungsgebühren gem § 5 NKAG keine öffentlichen Lasten dar (Beiträge sind öffentliche Lasten nach NKAG § 6 Abs 9). Eine Straßenausbauabgabe nach dem Schlesw-Holst Kommunalabgabengesetz wurde nicht als öffentliche Grundstückslast angesehen[55].

6.10 Landesrechtliche Grundstückslasten können je nach den Landes-Ausführungsgesetzen zum ZVG oder BGB öffentliche Grundstückslasten sein. In Betracht kommen nach Landesrecht Abgaben und Leistungen, die auf dem Grundstück lasten und nicht auf einer privatrechtlichen Verpflichtung beruhen. Hierzu können gehören Deichlasten, Schullasten, Kirchenlasten und Patronatslasten. Wesentliche landesrechtliche Bestimmungen siehe ZVG-Handbuch Rdn 74b.

6.11 Landesrentenbankrente für die Deutsche Siedlungs- und Landesrentenbank (jetzt: DSL-Bank Aktiengesellschaft, BGBl 1999 I 2441) war bei Eintragung im Grundbuch bis 30. 3. 1980, WohnungsbauÄndG 1980, BGBl I 59, 167, Artikel 4 Abs 2) den öffentlichen Lasten gleichgestellt (Gesetz § 14 Abs 1) und ging den dinglichen Rechten vor (HeuerlingsVO § 6; DurchführungsVO dazu § 1 Abs 2). Sie hat keine Bedeutung mehr. Gesetzesgrundlage noch 16. Auflage T 26 und 27.

6.12 Landwirtschaftliche Rentenbank: Die Reallast ist als öffentliche Grundstückslast anzusehen. Sie hat kaum noch Bedeutung. Näheres in der 9. Auflage.

6.13 Schornsteinfeger: Öffentliche Grundstückslast sind die Kehrgebühren nach SchFG § 25 Abs 4, einschließlich der Gebühren für die Bau- und Gebrauchsabnahme, samt Wegegeldern und anderen Auslagen (auch Umsatzsteuer). Anspruch auf Verzugszinsen begründet SchFG § 25 Abs 4 nicht[56]. Haftung bei Eigentumswohnanlagen: § 44 Rdn 5.29.

6.14 Steuern- und Abgaben-**Nebenleistungen:** Soweit die Ansprüche selbst als öffentliche Grundstückslasten zu befriedigen sind und dabei der Abgabenordnung unterliegen (Gesetz § 1), sind die steuerliche Nebenleistungen auch Verspätungszuschläge, Zinsen und Säumniszuschläge mit eingeschlossen. Ein Zwangsgeld (Abgabenordnung § 328) zur Durchsetzung eines Verwaltungsaktes dient nicht der Verwirklichung dinglicher Haftung (ist keine Vollstreckung des Anspruchs auf

---

[51] BGH 119, 75 (80) = NJW 1992, 2570 = Rpfleger 1993, 75.
[52] Verwaltungsgerichtshof Kassel NJW 1981, 478 Leitsatz.
[53] OVG Nordrhein-Westfalen KTS 1999, 137.
[54] AG Osterholz-Scharmbeck Rpfleger 1986, 489.
[55] BGH NJW 1989, 107 = aaO (Fußn 37).
[56] BVerwG NJW-RR 1994, 972.

§ 10 6.14 Allgemeine Vorschriften

Zahlung aus dem Grundstück), nimmt somit am Vorrang einer öffentlichen Last nicht teil. **Kosten** sind nach § 10 Abs 2 (wie die öffentliche Last) in Rangklasse 3 des § 10 Abs 1 bevorrechtigt, wenn sie durch eine die Befriedigung aus dem Grundstück bezweckende Rechtsverfolgung (notwendig, ZPO § 788) verursacht sind; dazu gehören nicht die Kosten der Rechtsverfolgung gegen den (für die öffentliche Last, zB nach Grundsteuergesetz § 10) persönlich zahlungspflichtigen Steuerschuldner (Rdn 15).

6.15 In **Umlegungsverfahren** nach BauGB §§ 57–61 für die Gemeinde festgesetzte Geldleistungen sind öffentliche Last des Grundstücks (oder Erbbaurechts) (BauGB § 64 Abs 3). Ebenso sind Geldleistungen für eine Gemeinde aus einer Grenzregelung (für die Zeit bis 20. 7. 2004, BauGB § 239; fortan „Vereinfachte Umlegung; s § 9 Rdn 3.31) öffentliche Last (BauGB § 81 Abs 2). Geldleistungen (Vorschüsse und Beiträge) aus früheren Umlegungsverfahren nach dem Bundesbaugesetz (§§ 57–62, 64) siehe dort (Textanhang 12. Auflage, T 16).

6.16 Wasser- und Bodenverbände: Die Beiträge der dinglichen Verbandsmitglieder sind öffentliche Grundstückslasten (Wasserverbandsgesetz vom 12. 2. 1991, BGBl I 405).

6.17 a) **Einmalige Leistungen,** die mit den „aus den **letzten vier Jahren** rückständigen Beträgen" in Rangklasse 3 fallen, sind die öffentlichen Lasten des Grundstücks, die nach ihrer Anspruchsgrundlage bei Fälligkeit in einem Betrag zu leisten sind. Das gilt auch für Hauptsachebeträge (einmalige Leistungen), die in Teilbeträgen (Raten; dann keine gleichzeitige Fälligkeit) zu erfüllen sind. Beispiele: Erschließungsbeitrag nach BauBG § 127 (Fälligkeit § 135), einmaliger Beitrag zur Teilnehmergemeinschaft bei Flurbereinigung, einmaliger Beitrag nach den Kommunalabgabegesetzen der Länder. Der Zeitpunkt der (gesetzlichen) **Fälligkeit** (zB für Erschließungskostenbeitrag BauGB § 135 Abs 1), nicht bereits der Zeitpunkt, in dem eine öffentliche Last entstanden ist (zB für Erschließungskostenbeitrag BauGB § 133 Abs 2) oder der Beitragsbescheid bekanntgemacht ist, ist als Zeitpunkt, in dem die Verpflichtung zu entrichten (BGB § 103) und mit dessen Ablauf sie rückständig ist (dazu nachf b), für Abgrenzung maßgeblich, ob das Grundstück im Eigentum des Schuldners haftet oder die Last vom Ersteher zu tragen ist (§ 56 Satz 2; anders[57], schon nach dem Wortlaut des § 10 Abs 1 Nr 3 nicht richtig). Eine (einmalige) öffentliche Last, die infolge Fälligkeit erst nach dem Zuschlag der Ersteher trägt (§ 56 Satz 2), wird nicht in das geringste Gebot aufgenommen (§ 44); ihr Bestehenbleiben bestimmt sich daher auch nicht nach § 52; sie gehört nicht zu den nach § 10 Abs 1 Nr 3 berechtigten „rückständigen" Beträgen; daher unterliegt sie auch nicht der Anmeldepflicht nach § 37 Nr 4 (anders[57], der Anmeldung bereits fordert, wenn die Pflicht mit Herstellung der Anlage entstanden ist, auch wenn Ansprüche noch nicht genau bezifferbar und fällig sind; dann besteht aber kein rückständiger Anspruch nach § 10 Abs 1 Nr 3 und kein Rechtsgrund für Aufnahme in das geringste Gebot).

b) Für die aus den **letzten 4 Jahren rückständigen Beträge** der einmaligen Leistungen bestimmt § 10 Abs 1 Nr 3 (nur) das Vorrecht; dazu, wie dieser Zeitraum festgestellt wird, sagt die Vorschrift nichts. § 13 trifft (nur) für wiederkehrende Leistungen Bestimmung, welche Beträge Rückstände sind, und unterscheidet damit zugleich von diesen die laufenden Beträge. Für Hauptsachebeträge trifft diese Vorschrift keine Bestimmung; sie ist auch nicht entsprechend anwendbar. Für einen Hauptsachebetrag, damit auch für den Anspruch auf Entrichtung einer (einmaligen) öffentlichen Grundstückslast, bedarf es aber auch keiner selbständigen Regelung des Begriffs „rückständige Beträge". Er steht mit dem Fälligkeitszeitpunkt bereits zuverlässig fest. Denn **rückständig** ist eine Leistung grundsätzlich, wenn der Termin für ihre **Fälligkeit vorbei** ist, ohne daß der Anspruch getilgt

---

[57] Stoltenberg RpflJahrbuch 1988, 370.

Rangordnung der Rechte 6.17 § 10

oder sonst erloschen ist. Diese Abgrenzung liegt auch der Lastenverteilung bei Grundstücksversteigerung zugrunde. Der Ersteher hat eine einmalige öffentliche Last zu tragen, wenn sie vom Zuschlag an zu entrichten ist (§ 56 Satz 2 mit BGB § 103). Anspruch auf Befriedigung aus dem Grundstück gewährt sie nach § 10 Abs 1 Nr 3 daher nur, wenn sie bei Fälligkeit nicht bezahlt, somit rückständig ist (siehe die Abgrenzung in BGB § 103). „Aus den letzten vier Jahren rückständige Beträge" sind daher die „Ansprüche auf Entrichtung der öffentlichen Lasten des Grundstücks", die als einmalige Leistungen **in den letzten vier Jahren vor dem Zuschlag fällig geworden** sind. Vier Jahre nach Fälligkeit gehört ein Anspruch auf Entrichtung einer öffentlichen Last somit nicht mehr zu den nach § 10 Abs 1 Nr 3 bevorrechtigten Ansprüchen. Nur dann fällt das Vorrecht mit Zeitablauf nicht weg, wenn der Berechtigte in dieser 4-Jahresfrist wegen seines Anspruchs auf Entrichtung der (einmaligen) öffentlichen Last die Beschlagnahme des Grundstücks erwirkt hat. Wahrung seines Vorrechts für die Dauer des Verfahrens, auf die er keinen Einfluß nehmen kann, gewährleistet dem Gläubiger der öffentlichen Last sein Vollstreckungszugriff, weil die Beschlagnahme der Sicherung des Erfolgs des Verfahrens dient (§ 20 Rdn 1.1), Beeinträchtigung seines Anspruchs, mithin auch Rangverlust, der Berechtigte daher nicht mehr erleiden kann.

c) Für Anwendung des § 13 zur Bestimmung des „Rückstands" eines Anspruchs auf Entrichtung einer einmaligen öffentlichen Last ist kein Raum. § 13 trifft nur für Abgrenzung der wiederkehrenden laufenden von den rückständigen Leistungen Bestimmung. Als maßgeblicher Zeitpunkt ist die (erste) Beschlagnahme daher zur einheitlichen Berechnung der Leistungen festgesetzt, die **für eine bestimmte Zeit** zu erbringen sind. Der Regelung liegt die Erwägung zugrunde, daß die Berechnung „für die verschiedenen Fälle wiederkehrender Leistungen" (Denkschrift S 38; für öffentliche Lasten ebenso wie für Ansprüche aus Rechten am Grundstück, aber auch für Litlohnansprüche) eine für alle Gläubiger in demselben Verfahren gleichmäßige sein muß[58]. Daher ist für alle Gläubiger gleichmäßig auf die erste Beschlagnahme abgestellt. Dem kommt für die Hauptsacheleistung, damit auch für eine als öffentliche Last seltenere einmalige Leistung (diese haben erst mit der Krisenzeit der 30er Jahre als längerfristige Grundstücksbelastungen allgemeinere Bedeutung erlangt) keine Bedeutung zu. Zur Bestimmung der Zeitdauer eines mit Fälligkeit entstehenden einmaligen Rückstandes trifft § 13 keine Regelung. Über ihren durch den Wortlaut festgelegten Anwendungsbereich hinaus sowie nach Sinn und Zweck kann die Vorschrift nicht für die Begriffsbestimmung herangezogen werden, was in anderen Fällen und damit auch als Anspruch auf Entrichtung einer öffentlichen Last rückständig ist. Ihre analoge Anwendung schließen die grundsätzlichen Unterschiede der Fälle aus. Bei einmaligen öffentlichen Lasten sind Rückstände nicht von laufenden Beträgen abzugrenzen; ein Recht auf Befriedigung in Rangklasse 3 begründet nur der einmalige Anspruch auf Entrichtung der Last. Damit fehlt schon die Grundlage für Bestimmung eines solchen aus den letzten vier Jahren rückständigen Anspruchs nach der Regelung des § 13. Gleichermaßen schließen Wortlaut und Zweck von § 10 Abs 1 Nr 3 Bestimmung des Rückstandes aus den letzten vier Jahren nach dem in § 13 festgesetzten Zeitpunkt der „ersten" Beschlagnahme aus. Würde der Rückstand mit der in § 13 getroffenen Bestimmung nach dem Zeitpunkt der (ersten) Beschlagnahme bemessen, dann würde damit nämlich der berücksichtigungsfähige Anspruch auf Entrichtung der öffentlichen Lasten aus den letzten vier Jahren in die Zeit vor dieser Beschlagnahme verlegt; in Widerspruch zu § 10 Abs 1 Nr 3 würde sich dann für die jüngeren, nämlich für die von der Beschlagnahme bis zur Versteigerung fällig werdenden öffentlichen Lasten überhaupt kein nach § 10 Abs 1 Nr 3 zu berücksichtigender Anspruch ergeben. Wenn bei Zwangsversteigerung eine früher für die Zwangs-

---

[58] Motive zum ZVG S 13.

verwaltung bewirkte Beschlagnahme als „die erste" maßgeblich wäre (§ 13 Abs 4), wäre die Folge noch sonderbarer; die Beschlagnahme durch Zwangsverwaltung würde dann zudem Bedeutung erlangen, obgleich sie für Hauptsachebeträge öffentlicher Lasten (einmalige Leistungen) ein Vorrecht in Rangklasse 3 des § 10 Abs 1 überhaupt nicht kennt (§ 155 Abs 2). Die Entwicklung, die zur nunmehrigen Fassung des § 10 Abs 1 Nr 3 geführt hat (soweit sie nach den unzulänglichen Quellen noch feststellbar ist), spricht für die hier vertretene Auslegung. Sie macht erkennbar, daß das Vorrecht der einmaligen Leistung von einer kürzeren Frist auf vier Jahre in einer Zeit erstreckt wurde, in der (bis dahin kaum bedeutsame einmalige) öffentliche Grundstückslasten eine solche Höhe erreicht hatten, daß sie der Eigentümer aus seinen Einkünften nicht mehr decken konnte. Folge war vielfach, daß der Berechtigte entweder nur zur Wahrung seines Vorrechts die Beschlagnahme des Grundstücks erwirken oder gar die Versteigerung durchführen mußte. Mit Erstreckung des Vorrechts der einmaligen Leistungen auf vier Jahre sollte dem Gläubiger ein Entgegenkommen auf längere Zeit ermöglicht werden. Ausdehnung des Rückstands auf die Zeit vor einer „ersten" Beschlagnahme des Grundstücks nach der für einmalige Leistungen nicht getroffenen und nicht passenden Regelung des § 13 unter Außerachtlassung der danach bis zum Zuschlag noch fällig werdenden Beträge ist damit nicht erfolgt.

6.18 Wiederkehrende Leistungen sind öffentliche Lasten des Grundstücks, die nach ihrer Anspruchsgrundlage (regelmäßig oder unregelmäßig) wiederkehrend für bestimmte Zeitabschnitte zu erbringen sind. Beispiele: Grundsteuer, Jahresleistungen bei verrentetem Erschließungsbeitrag (BauGB § 135 Abs 3 Satz 4), außerdem die im Gesetzeswortlaut genannten Zinsen, Zuschläge (zB Säumniszuschläge[59], Abgabenordnung § 240) oder Rentenleistungen sowie Tilgungszuschläge, „die zur allmählichen Tilgung einer Schuld als Zuschlag zu den Zinsen zu entrichten sind". Solche echte Tilgungsrechte waren das Abgeltungsrecht und die Hypothekengewinnabgabe (hierzu 10. Aufl 1979). Wiederkehrende Leistungen fallen in der Rangklasse 3 mit den **laufenden Beträgen** und mit den **Rückständen aus den letzten zwei Jahren**. Die Unterscheidung der laufenden Beträge von den Rückständen und damit auch die Berechnung der Rückstände aus den letzten zwei Jahren bestimmt § 13; Einzelheiten dort.

6.19 Alle öffentlichen Lasten sind in Rangklasse 3 unter sich **im Range gleich**. Frühere Sondervorschriften sind aufgehoben, die Ermächtigung für das Landesrecht in EGZVG § 4 ist gegenstandslos. Für die der Gemeinde im Umlegungsplan festgesetzte Geldleistung kann nach BauGB § 64 Abs 4 eine Rangbestimmung getroffen sein. Einem Grundpfandrecht (Hypothek, Grundschuld, Rentenschuld) kann danach ein Befriedigungsvorrecht vor der öffentlichen Last oder einem Teil derselben bewilligt sein.

6.20 Rückstände von mehr als zwei Jahren bei wiederkehrenden Leistungen und von mehr als vier Jahren bei einmaligen Leistungen gehören in Rangklasse 7 (Rdn 11). Die Fristen können nicht durch Vereinbarung oder Stundung verlängert werden; dazu § 13 Rdn 2), ebenso nicht durch Vollstreckungsaufschub (Abgabenordnung § 258). Öffentlichrechtliche Geldansprüche können einer Verjährung oder Ausschlußfrist unterliegen; dazu für Steuerforderungen nach der Abgabenordnung § 15 Rdn 34. In Bayern erlischt die Haftung des Grundstücks für fällige wiederkehrende Leistungen mit dem Ablauf von zwei, für fällige einmalige Leistungen mit dem Ablauf von vier Jahren nach dem Eintritt des Zeitpunkts, von dem an die Leistung gefordert werden kann, sofern das Grundstück nicht vorher beschlagnahmt worden ist. Das Grundstück haftet jedoch nicht über den Zeitpunkt hinaus, in dem die persönliche Schuld erlischt (BayBGB-AusfG vom 20. 9. 1982, BayRS 400-1-J, Artikel 70 Abs 2).

---

[59] LG Ansbach Rpfleger 1999, 141.

Rangordnung der Rechte 6.25 § 10

6.21 Öffentliche Grundstückslasten müssen, weil nicht aus dem Grundbuch ersichtlich, immer **angemeldet** werden (§ 37 Nr 4, § 45 Abs 1, § 114 Abs 1); auf Verlangen sind sie auch glaubhaft zu machen (§ 9 Nr 2); sie gelten als glaubhaft gemacht, wenn von der berechtigten Stelle eine spezifizierte Aufstellung eingereicht wird.

6.22 Im **geringsten Gebot** sind die **laufenden** wiederkehrenden Leistungen bis einschließlich vierzehnten Tag nach der Versteigerung einzusetzen (§ 47), im Teilungsplan dagegen bis zum Tag vor dem Zuschlag einschließlich, weil ab Zuschlagtag der Ersteher die Lasten zu tragen hat (§ 56, BGB § 103). Die Begrenzung im Teilungsplan wird bei Grundsteuern leicht übersehen, weil diese immer für längere Zeitabschnitte (Vierteljahr bzw Jahr) angemeldet werden. Beim geringsten Gebot wird häufig übersehen, daß die Beträge in der Regel von den Gemeinden nur bis einschließlich des Tages vor dem Versteigerungstermin angemeldet werden; um die Fristvorschrift des § 47 zu erfüllen, müssen dann die Leistungen für fünfzehn, nicht nur für vierzehn Tage hinzugerechnet werden (die Frist endet ja erst am vierzehnten Tag nach dem Versteigerungstermin). Ein weiteres Problem entsteht, wenn der Zuschlag später als zwei Wochen nach dem Versteigerungstermin erfolgt; wenn der Berechtigte dann zum Verteilungstermin die über § 47 hinausgehenden Ansprüche noch anmeldet, ist dies eigentlich verspätet und es muß dieser die Frist von § 47 überschreitende Anspruch an sich nach § 110 den anderen Ansprüchen nachgesetzt werden. Es liegt aber nicht in der Hand des Gläubigers und kann nicht sein Risiko sein, wenn das Gericht den Zuschlag weiter hinauszögert (etwa, weil irgendeine Entscheidung abgewartet werden muß, zB Ersetzung der Zustimmung zur Versteigerung eines Erbbaurechts, § 15 Rdn 13). Erfolgen kann weitergehende Anmeldung der Grundstückslasten zum Versteigerungstermin mit dem Zusatz, daß diese vorsorglich auch angemeldet werden, wenn der Zuschlag später als zwei Wochen nach dem Versteigerungstermin erteilt wird. Auch wo dies nicht ausdrücklich verlangt ist, kann die Anmeldung (im Wege der Auslegung) vom Gericht bis zum gesetzlichen Endzeitpunkt erstreckt werden (den ja nur das Gericht durch seine Terminansetzung ohne Einflußmöglichkeit der Gläubiger bestimmt); soweit es sich um einfach fortlaufende Leistungen handelt (so auch[60]). Wo allerdings durch Nachberechnung oder Grundbetragsänderung oder in anderer Weise sich eine in der früheren Anmeldung nicht gedeckte Erhöhung ergibt, muß es bei der Regel bleiben, also Anwendung von § 110.

6.23 Gegenüber öffentlichen Grundstückslasten ist eine **Ablösung** durch gefährdete Gläubiger gemäß BGB § 268 möglich; hierzu § 15 Rdn 20.14.

6.24 Die öffentliche Grundstückslast darf **nicht in das Grundbuch eingetragen** werden (GBO § 54) (Ausnahme für Vermerk der Geldleistungen nach einem Umlegungsplan, BauGB § 64 Abs 6; außerdem für Bodenschutzlastvermerk, siehe § 9 Rdn 3.3 und § 10 Rdn 6.3). Für sie kann, solange sie Rangklasse 3 hat, keine Sicherungshypothek eingetragen werden, keine freiwillige und keine zwangsweise (Einl Rdn 75). Bedingte Sicherung, nämlich unter der aufschiebenden Bedingung, daß das Rangvorrecht wegfällt, ist möglich (Abgabenordnung § 322 Abs 5). Fällige laufende Beträge können auf anderen (nichtbelasteten) Grundstücken des Schuldners gesichert werden. Rückstände der Rangklasse 7 auch auf dem haftenden Grundstück.

6.25 Keine öffentlichen Grundstückslasten sind:
– Versicherungsbeiträge für Brandversicherung bei (nun) privatrechtlichen Versicherungsgesellschaften;
– Feuerwehrbeiträge;
– Forderungen aus persönlichen Versicherungen (die nur mit Titel in Rangklasse 5 betreiben können);

---

[60] Mayer Rpfleger 2000, 260 (261).

§ 10 6.25   Allgemeine Vorschriften

- Beiträge zu Sozialversicherungen aller Art;
- der nach Abschluß einer Sanierung an die Gemeinde zu entrichtende Ausgleichsbetrag (BauGB § 154 Abs 4 Satz 3);
- der Geldbetrag zur Ablösung der Herstellungspflicht für Kraftfahrzeugstellplätze, der nach landesrechtlicher Bauordnung vom Bauherrn oder Grundstückseigentümer zu leisten ist, wenn (landesrechtlich) keine dingliche Haftung des Grundstücks (eindeutig) festgelegt ist[61];
- persönliche Steuern des Eigentümers, auch wenn sie aus Anlaß der Tätigkeit des Zwangsverwalters zu zahlen sind, oder die Steuerpflicht sich auf den Betrieb eines auf dem Grundstück geführten Unternehmens gründet (Abgabenordnung §§ 74, 75), so Einkommen-, Umsatz-, Körperschaftsteuer, Verbrauchssteuern (Bier, Getränke, Tabak usw), Gewerbesteuer[62] (vor 1. 1. 1977 bei dieser zum Teil etwas anders, dazu 9. Auflage);
- Grunderwerbsteuer im Gegensatz zur Grundsteuer;
- die öffentliche Wohnungsbindung nach dem Wohnungsbindungsgesetz.

6.26 Zu öffentlichen Grundstückslasten auch ZVG-Handbuch Rdn 73–75.

7 Rangklasse 3/4

7.1 Bei landwirtschaftlichen Grundstücken kann ein in eine Zwischenklasse 3/4 (vom ZVG nicht vorgesehen) einzuordnendes gesetzliches **Pfandrecht an den Früchten** bestehen: Düngemittelsicherungsgesetz. Es geht allen an den Früchten bestehenden dinglichen Rechten im Rang vor (Gesetz § 2 Abs 4), nicht aber den Ansprüchen in Rangklasse 1– 3 (anders[63]), und kann neben dem Vorrechtsanspruch des § 155 Abs 4 (§ 10 Rdn 3.4) bestehen (dazu[64]).

7.2 Das Pfandrecht **erstreckt sich** auf die Früchte derjenigen Ernte, zu deren Ertragssteigerung Düngemittel oder Saatgut im Rahmen einer ordnungsmäßigen Wirtschaftsweise (zu dieser[65]) vom Eigentümer, Besitzer, Nutznießer oder Pächter des Grundstücks nach dem 31. Juli beschafft und verwendet worden sind, und zwar sowohl wegen der Ansprüche aus der Lieferung wie aus Darlehen für ihre Bezahlung (Gesetz § 1). Das Pfandrecht erlischt mit der Entfernung der Früchte vom Grundstück (mit Ausnahmen) (Gesetz § 2) und mit dem 1. April des auf die Ernte folgenden Jahres, falls es nicht vorher geltend gemacht ist (Gesetz § 4).

7.3 Wird die Zwangsversteigerung **nach der Ernte** angeordnet, so erstreckt sich ihre Beschlagnahme auch auf die Früchte, soweit diese noch Zubehör des Grundstücks sind (§ 21 Abs 1). Diese Früchte unterliegen keiner Mobiliarvollstreckung (ZPO § 865 Abs 2 Satz 1). Damit sind sie auch dem Früchtepfandrecht des Gesetzes nicht unterworfen (Gesetz § 1 Abs 1 Satz 2); die sonst aus ihm Berechtigten (Rdn 7.2) sind am Zwangsversteigerungsverfahren nicht beteiligt.

7.4 Wird die Zwangsversteigerung **vor der Ernte** angeordnet, so erstreckt sich ihre Beschlagnahme auch auf die Erzeugnisse, die noch mit dem Boden verbunden sind (§ 21 Abs 1). Der Früchtepfandrechtsgläubiger geht den dinglichen Gläubigern vor, muß sein Recht aber anmelden, damit es bestehenbleibt (§ 37 Nr 4, § 45)[66]. Das Recht wird dann im geringsten Gebot als bestehenbleibend (§ 52) behandelt; der Ersteher erwirbt diese Gegenstände dann mit dem Früchtepfandrecht belastet.

7.5 Früchtepfandrecht in der Zwangsverwaltung § 148 Rdn 2; zum Früchtepfandrecht im ZVG-Handbuch Rdn 76.

---

[61] LG Aachen NJW-RR 1993, 1488.
[62] LG Stuttgart Rpfleger 1976, 329 mit zust Anm Stöber.
[63] Steiner/Hagemann § 10 Rdn 14 mit Fußn 23.
[64] Jonas/Pohle, ZwVNotrecht, § 155 Anm 5.
[65] BGH 120, 368 (371) = NJW 1993, 1791.
[66] Drischler Rpfleger 1948/49, 499; Mohrbutter/Drischler Muster 56 Anm 3 A.

Rangordnung der Rechte 8.5 § 10

Rangklasse 4

8.1 In diese Rangklasse gehören **alle dinglichen Rechte,** soweit sie nicht in Klasse 6 oder 8 fallen, also **Rechte am Grundstück** (oder Grundstücksbruchteil, Wohnungseigentum, Gebäudeeigentum oder grundstücksgleichen Recht), die das Eigentum (Bruchteilseigentum, Wohnungseigentum, Erbbaurecht, Gebäudeeigentum usw) belasten oder beschränken und unmittelbar aus ihm zu befriedigen sind oder Wertersatz nach § 92 erhalten. Dazu gehören: Hypothek (BGB § 1113), Grundschuld (BGB § 1191), Rentenschuld (BGB § 1199), Grunddienstbarkeit (BGB § 1018), beschränkte persönliche Dienstbarkeit (BGB § 1090), Nießbrauch (BGB § 1030), Reallast (BGB § 1105) sowie Erbbauzins (als Belastung eines Erbbaurechts, ErbbauVO § 9), dingliches Vorkaufsrecht (BGB § 1094), Erbbaurecht (ErbbauVO § 1), Wohnungserbbaurecht und Teilerbbaurecht (WEG § 30), Dauerwohnrecht und Dauernutzungsrecht (WEG § 31). Hierher gehören auch die besonderen wie Sicherungshypothek (BGB § 1184), Sicherungshöchstbetragshypothek (BGB § 1190), Zwangssicherungshypothek (ZPO § 867). Hierher gehören auch die nicht eintragungsbedürftigen (und nicht eintragungsfähigen) Rechte wie Überbaurente (BGB § 912), Notwegrente (BGB § 917), altrechtlichen Dienstbarkeit (EGBGB Art 187), die noch nicht eingetragenen aus BGB § 1287, ZPO § 848 Abs 2, und die zu Unrecht gelöschten Rechte. Als Rechte an einem Grundstück (auch Gebäudeeigentum) im Beitrittsgebiet (Einl Rdn 14) gehören hierher auch das Vorkaufsrecht nach ZGB-DDR § 306, das Nutzungsrecht an einem Grundstück für selbständiges Eigentum nach ZGB-DDR § 288 Abs 4, § 292 Abs 3 (Einl Rdn 14.1; es gilt als wesentlicher Bestandteil des Gebäudes EGBGB Art 231 § 5 Abs 2), das Mitbenutzungsrecht nach ZGB-DDR § 286 Abs 3 mit §§ 231, 322, die Hypothek und Höchstbetragshypothek nach ZGB-DDR §§ 452, 454a, und die Aufbauhypothek nach ZGB-DDR § 456 sowie die Zwangshypothek (Grundstücksvollstreckungsordnung §§ 4, 5). Übersicht zu Rangklasse 4 auch im ZVG-Handbuch Rdn 77–79.

8.2 Hierher gehören auch **Eigentümerrechte.** Sie werden in der Immobiliarvollstreckung grundsätzlich wie Fremdrechte behandelt (Sonderregelung für Zinsen und Vollstreckung), können wie diese durch Zuschlag erlöschen oder bestehenbleiben. Sie entstehen aus Hypotheken oder Grundschulden, entweder ursprünglich (= originär, hier wieder vorläufige und endgültige) oder nachträglich (= abgeleitet oder derivativ). Eigentümer**hypothek:** auch die Forderung, die durch die Hypothek gesichert ist, steht dem Eigentümer zu (forderungsbekleidet); Eigentümer**grundschuld:** nur das dingliche Recht steht dem Grundstückseigentümer zu (forderungsentkleidet). In bestimmten Fällen entsteht kein Eigentümerrecht, so bei (vormaliger) Reichsheimstätte nach RHeimstG § 17 Abs 2 Satz 2 (dazu § 15 Rdn 31.3), aus der Hypothek nach dem ZGB-DDR (§ 44 Rdn 5.14), bei der Schiffshypothek nur eine Eigentümerhypothek, keine Eigentümergrundschuld.

8.3 **Hauptansprüche** (einmalige Leistungen, Kapitalleistungen) werden hier (im Gegensatz zu Rangklasse 3) ohne zeitliche Beschränkung berücksichtigt, also auch, wenn sie mehr als vier Jahre „rückständig" sind. **Wiederkehrende Leistungen** werden (wie in Rangklasse 3) mit laufenden Beträgen und mit bis zu zwei Jahren rückständigen berücksichtigt. Die Abgrenzung regelt § 13; Einzelheiten dort. Ältere Rückstände gehören in Rangklasse 8. Stundung = § 13 Rdn 2.

8.4 Zu den Hauptansprüchen zählen hier (im Gegensatz zu Rangklasse 3, wo sie zu den wiederkehrenden Leistungen gerechnet werden) auch „Ansprüche auf Beträge, die zur allmählichen Tilgung einer Schuld als **Zuschlag** zu den Zinsen zu entrichten sind (§ 10 Abs 1 Nr 4). Ihre Behandlung in Zwangsversteigerung und Zwangsverwaltung ist unterschiedlich.

8.5 **Rang** mehrerer Rechte am Grundstück: § 11 Abs 1. Über die Frage, ob ein dingliches Recht einem Gläubiger der Rangklasse 5 gegenüber unwirksam ist und damit in Rangklasse 6 steht, Näheres bei Rdn 10.

§ 10 8.6 Allgemeine Vorschriften

8.6 Alle Ansprüche, die bei Eintragung des Vollstreckungsvermerks nicht aus dem Grundbuch ersichtlich sind, müssen **angemeldet** werden (§ 37 Nr 4, §§ 45, 110, 114), also später eingetragene, nichteingetragene oder zu Unrecht gelöschte, auch zu den rechtzeitig eingetragenen die rückständigen wiederkehrenden Leistungen (§ 13), Kosten, der Geldwert von Nebenleistungen. Zu Einzelfragen nach Zinsen, Nebenleistungen (Verwaltungskosten, Provisionen usw) § 12 Rdn 3. Bei jedem dinglichen Recht werden seinerseits berücksichtigt (Reihenfolge § 12 Rdn 1): Kosten der dinglichen Rechtsverfolgung (Rdn 15), wiederkehrende Leistungen mit Nebenleistungen, Hauptanspruch.

8.7 Bei der **Tilgungshypothek** (Amortisationshypothek) zahlt der Schuldner gleichbleibende, aus Zinsen und Tilgung bestehende Leistungen in einem bestimmten Prozentsatz des ursprünglichen Kapitals bis zur völligen Tilgung, so daß die bei fortschreitender Tilgung ersparten Zinsen der Tilgung zuwachsen. In der Zwangsversteigerung sind die einzelnen Amortisationsraten in Zinsanteil und Kapitalanteil zu zerlegen; der **Zinsanteil** ist mit zeitlicher Beschränkung (laufend und zwei Jahre Rückstand) zu berücksichtigen, der Kapitalanteil ohne diese Beschränkung, nach dem Grundsatz: Zinsen altern, Tilgungszuschläge nicht. In der Zwangsverwaltung dagegen werden die Tilgungszuschläge als wiederkehrende Leistungen behandelt (§ 155 Abs 2). Anmeldepflichtig sind nur Rückstände und Leistungen aus einem nach dem Vollstreckungsvermerk eingetragenen (auch aus einem nicht eingetragenen, insbesondere zu Unrecht gelöschten) Recht.

8.8 Bei der **Abzahlungshypothek** zahlt der Schuldner wechselnde Jahresleistungen (Tilgungssatz bleibt immer gleich, Zinsanteil allmählich geringer) oder feste Tilgungsbeträge, die an den Zinsfälligkeitstagen die Zinsen einschließen (so daß an diesen Terminen dann jeweils die reine Tilgungsleistung um den Zinsbetrag geringer ist). Die Tilgungsraten gehören nicht zu den wiederkehrenden Leistungen[67]. Sie werden in der Zwangsversteigerung als Hauptsachebeträge befriedigt, in der Zwangsverwaltung können sie, weil dort in Rangklasse 4 nur wiederkehrende Leistungen berücksichtigt werden dürfen (§ 155 Abs 2), nicht in den Teilungsplan eingesetzt werden, bis aus ihnen das Verfahren betrieben wird oder sie in einem Kapitalzahlungstermin (§ 158) befriedigt werden können.

8.9 Das Objekt haftet für **Nebenforderungen** aus einer Hypothek nur so lange, als die Hauptsache eingetragen ist. Wird die Hypothek gelöscht, erlischt sie auch für die Nebenforderungen. Hierzu und über gesonderte Abtretung von Zinsforderungen, auch von rückständigen[68]. Zu den Nebenleistungen § 12 Rdn 3.

9 Rangklasse 5

9.1 Hierher gehören die **Beschlagnahmeansprüche**. Diese Rangklasse umfaßt alle Ansprüche der vollstreckenden Gläubiger, gleich ob Anordnungs- oder Beitrittsgläubiger, gleich in welcher Rangklasse ihr Recht sonst stehen würde. Die betreibenden Ansprüche werden behandelt, als ob im Beschlagnahmezeitpunkt eine Hypothek an letzter Rangstelle für sie eingetragen wäre (Denkschrift S 37).

9.2 Wird **aus** einem Anspruch der **Rangklassen 2–4 betrieben,** so steht der vollstreckende Gläubiger mit den Ansprüchen an der gesetzlich ihnen zukommenden „vorhergehenden" Rangstelle (zB mit einem dinglichen Recht in Rangklasse 4). Mit den in Rangklasse 6–8 gehörenden unwirksamen Ansprüchen oder älteren Rückständen hat der vollstreckende Gläubiger Rangklasse 5. Er erhält den Erlösanteil nur einmal an der besseren Rangstelle 5, soweit dies dort möglich ist. Es kann also ein Berechtigter durch Anordnungs- oder Beitrittsbeschluß seinen Rang aus Rangklasse 6–8 nach Rangklasse 5 verbessern (zB wenn er aus älteren Rückständen der Rangklasse 8 betreibt), nicht aber sich aus Rangklasse 2–4 nach Rang-

---

[67] LG Duisburg RpflJahrbuch 1959, 269 Leitsatz; LG Köln MDR 1951, 487.
[68] Balser NJW 1958, 698; Böttcher Rpfleger 1984, 85.

Rangordnung der Rechte 10.2 § 10

klasse 5 verschlechtern. Die Ansprüche der Rangklasse 5 gehen mit all ihren Teilen den (nicht betreibenden) Ansprüchen aus Rangklassen 7 und 8 vor.

9.3 Vollstreckt ein dinglicher Gläubiger **nur persönlich,** also nur wegen der persönlichen (schuldrechtlichen) Forderung, so ist er vollstreckender Gläubiger in Rangklasse 5; sein dingliches Recht bleibt aber in Rangklasse 4. Folge bei Bildung des geringsten Gebots: § 44 Rdn 4.5.

9.4 Vollstreckt ein dinglicher Gläubiger **zunächst persönlich** und erwirbt er etwa **später** einen **dinglichen** Titel, so kann er nicht nachträglich durch irgend eine Erklärung oder Berichtigung seinen Rang verbessern (die Beschlagnahme ist in einem bestimmten Rang und auf Grund eines bestimmten Anspruchs erfolgt, hier auf Grund eines persönlichen), sondern muß aus dem dinglichen Titel, bei der Zwangssicherungshypothek wegen des dinglichen Anspruchs auf Grund seines Vollstreckungsrechts nach ZPO § 867 Abs 3, beitreten (auch § 15 Rdn 9). Betreibt der Gläubiger dann dinglich und persönlich, so werden die Ansprüche je an ihrer Rangstelle berücksichtigt. Der Gläubiger muß nur zum Verteilungstermin anmelden, aus welchem Anspruch (an welcher Rangstelle) er die ihm zustehenden Beträge insgesamt einmal erheben will (das Gericht müßte sonst den dinglichen Anspruch laut Grundbuch erfüllen, insoweit würde der persönliche laut Beschlagnahmebeschluß erlöschen und nicht mehr berücksichtigt werden). Er soll aber nicht den persönlichen Beschlagnahmeantrag zurücknehmen, weil sich zum dinglichen Anspruch ein Widerspruch aus § 115 oder ein anderes Hindernis ergeben könnte und weil auch die Kosten des persönlichen Betreibens nicht an der dinglichen Rangstelle gedeckt werden.

9.5 Der Rang **mehrerer betreibender** (Anordnungs- und Beitritts-)**Gläubiger** richtet sich nach § 11 Abs 2. Über das Verhältnis von Ansprüchen aus Rangklasse 4 zu Rangklasse 5: § 11 Rdn 3. Zu Rangklasse 5 auch im ZVG-Handbuch Rdn 80–81.

9.6 Die Ansprüche eines betreibenden Gläubigers müssen nicht **angemeldet** werden, soweit sie sich aus dem Beschlagnahmeantrag ergeben (§ 114 Abs 1 Satz 2); dazu gehören auch die aus dem Beschlagnahmeantrag ziffernmäßig ersichtlichen Gerichts- und Anwaltskosten (Rdn 15.8). Es ist aber zweckmäßig, auch diese Ansprüche zur Klarstellung nochmals anzumelden. Kosten müssen stets angemeldet werden, soweit sie im Beschlagnahmeantrag noch nicht geltend gemacht sind.

Rangklasse 6 10

10.1 In dieser Klasse sind **relativ unwirksame dingliche Rechte.** Dies sind Ansprüche aus Rechten an dem Grundstück (anderen Objekt), die an sich in Rangklasse 4 gehören würden, die aber infolge einer ihnen zeitlich vorausgehenden Zwangsversteigerungs- oder Zwangsverwaltungsbeschlagnahme dem Beschlagnahmegläubiger gegenüber (relativ) unwirksam sind (§ 23). Wiederkehrende Leistungen sind nur mit laufenden Beträgen und mit Rückständen aus den letzten zwei Jahren in Rangklasse 6; ältere Rückstände fallen in Klasse 8. Die Unwirksamkeit bezieht sich auf vorausgehende Anordnungs- und Beitrittsbeschlüsse und gilt nur gegenüber deren Gläubigern. Zu späteren Beschlagnahmegläubigern, denen gegenüber das Recht infolge ihrer nachfolgenden Beschlagnahme wirksam ist, hat es wieder Rangklasse 4. Das Rangverhältnis ist jedem Beschlagnahmegläubiger gegenüber selbständig festzustellen. Gegenüber mehreren Beschlagnahmegläubigern können sich die Rangklassen 4, 5 und 6 wiederholen (Beispiel im ZVG-Handbuch Rdn 83).

10.2 Wird aus solchen Ansprüchen das Verfahren **betrieben,** so rücken sie (gegenüber dem betreibenden Gläubiger, dem gegenüber sie unwirksam sind) in Rangklasse 5 auf. Als nicht betreibende werden sie in der Zwangsverwaltung überhaupt nicht berücksichtigt (§ 155 Abs 2). Auch in der Zwangsversteigerung können sie, wenn nicht betreibend, nur auf Anmeldung berücksichtigt werden (§ 37 Nr 4, §§ 45, 114), wenn sie (wie regelmäßig) nach dem Vollstreckungsvermerk eingetragen sind; wenn sie betreiben, gilt der Beschlagnahmeantrag als Anmeldung (§ 114 Abs 1 Satz 2). Wenn (ausnahmsweise) Eintragung noch vor oder zugleich mit dem Versteigerungsmerk erfolgt ist, wird der Anspruch nach Maßgabe der § 37 Nr 4, §§ 45, 114 von Amts wegen in Rangklasse 6 berücksichtigt.

10.3 Der Rang **mehrerer** solcher **Rechte** richtet sich nach § 11 Abs 1, also nach dem Grundbuchrang (§ 11 Rdn 3). Zu diesen Rechten auch im ZVG-Handbuch Rdn 82–83.

11 Rangklasse 7

11.1 In dieser Klasse stehen **ältere Rückstände der Rangklasse 3**. Es handelt sich um Ansprüche auf Entrichtung öffentlicher Lasten, die an sich in Rangklasse 3 gehören würden, wenn sie nicht die dort für Rückstände geltenden Fristen von zwei und vier Jahren überschreiten würden. Sobald das Verfahren aus ihnen betrieben wird, rücken sie in Rangklasse 5 auf (Rdn 9.2). Wenn nicht betreibend, sind sie anzumelden (§ 37 Nr 4, §§ 45, 114); als betreibend gelten sie durch den Beschlagnahmeantrag als angemeldet (§ 114 Abs 1 Satz 2). Verjährung wird nur auf Einrede des Schuldners berücksichtigt (dazu: § 15 Rdn 37). Ältere Ansprüche aus Rangklasse 2 (Litlohn) fallen nicht hierunter.

11.2 Der Rang der Ansprüche dieser Rangklasse richtet sich mangels eines Grundbuchrangs **nach dem früheren Rang** der Rechte in Rangklasse 3; sie sind also alle untereinander gleichrangig (§ 10 Abs 1 Nr 3).

11.3 Zu dieser Rangklasse auch im ZVG-Handbuch Rdn 84.

12 Rangklasse 8

12.1 In dieser Klasse stehen **ältere Rückstände der Rangklasse 4**. Es handelt sich um Ansprüche aus Rechten an dem Grundstück (anderen Objekt), die an sich in Rangklasse 4 gehören würden, wenn sie nicht als wiederkehrende Leistungen (ohne zugehörige Tilgungsbeträge, Rdn 8.7 und 8.8) mehr als zwei Jahre rückständig wären. Die Abgrenzung regelt § 13; Einzelheiten dort. Ein Wechsel des Gläubigers bleibt für die Tatsache des Rückstands ohne Bedeutung[69]; was rückständig war, bleibt rückständig[69]; von Dritten abgelöste Ansprüche der Klasse 8 bleiben in dieser Rangklasse[69]. Hauptsachebeträge bleiben immer in Rangklasse 4, auch die Tilgungszuschläge, nur die reinen wiederkehrenden Leistungen können also in Rangklasse 8 geraten. Auch die dem betreibenden Gläubiger gegenüber unwirksamen Ansprüche aus Rechten am Grundstück in Rangklasse 6 sind für die nachrangige Berücksichtigung Ansprüche der „vierten Klasse". Ihre mehr als zweijährigen Rückstände fallen daher ebenfalls in Klasse 8 (so auch[70], anders[71]). Sie sind als Ansprüche aus einem Recht an dem Grundstück (Klasse 4) infolge Begründung nach Beschlagnahme nur dem Gläubiger gegenüber unwirksam, verlieren damit aber ihr Recht auf Befriedigung aus dem Grundstück und ihr Rangverhältnis zu anderen Grundstücksrechten (§ 11 Abs 1) nicht. Wenn folglich der Anspruch aus einem solchen Recht der „vierten Klasse" nach dem Gläubiger in Klasse 6 berücksichtigt wird, müssen ausgeschiedene ältere Rückstände als solche eines Rechts der vierten Klasse nachrangig in Rangklasse 8 zum Zuge kommen. Mit den Ansprüchen „der vierten Klasse wegen der älteren Rückstände" stellt der Wortlaut der Nr 8 des § 10 Abs 1 nur auf „die Ansprüche aus Rechten an dem Grundstück", nicht aber darauf ab, ob sie dem Gläubiger gegenüber wirksam oder unwirksam sind. Die mehr als zwei Jahre

---

[69] RG 91, 297.
[70] Steiner/Hagemann § 10 Rdn 166.
[71] Jaeckel/Güthe § 10 Rdn 20.

rückständigen wiederkehrenden Leistungen der nur dem Gläubiger gegenüber unwirksamen Grundstücksbelastungen können auch nach dem Gesetzeszweck nicht mit der Folge entfallen, daß dem Grundstückseigentümer trotz ihm gegenüber wirksamer Haftung des Grundstücks ein Erlösüberschuß gebührt (siehe § 128 Abs 2). Das trägt weiter der Besonderheit Rechnung, daß das nachträglich eingetragene Recht einem Beschlagnahmegläubiger gegenüber unwirksam, einem später dazu gekommenen Beschlagnahmegläubiger gegenüber aber wirksam sein kann (Rdn 10.1). Beispiel: Nach Beschlagnahme am 1. 4. 2005 wird am 6. 4. 2005 eine Zwangshypothek mit Zinsen ab 1. 1. 2002 eingetragen. Laufende Leistungen in Klasse 6 sind die Zinsen ab 1. 4. 2005 (§ 13 Abs 3), Zweijahresrückstände in Klasse 6 sind die Zinsen vom 1. 4. 2003–31. 3. 2005; ältere Rückstände in Klasse 8 sind die Zinsen vom 1. 1. 2002–31. 3. 2003.

12.2 Der Rang der Ansprüche aus Klasse 8 **untereinander** richtet sich gemäß § 11 Abs 1 nach dem Grundbuchrang.

12.3 Sobald das Verfahren aus Ansprüchen der Klasse 8 betrieben wird, rücken sie in Rangklasse 5 auf (Rdn 9.2). Wenn nicht betreibend, sind sie anzumelden (§ 37 Nr 4, §§ 45, 114); als betreibend gelten sie durch den Beschlagnahmeantrag als angemeldet (§ 114 Abs 1 Satz 2). Verjährung wird nur auf Einrede des Schuldners berücksichtigt (dazu: § 15 Rdn 37).

12.4 Zur Rangklasse 8 auch im ZVG-Handbuch Rdn 85.

„Rangklasse 9" 13

Das ZVG kennt in § 10 nur 8 Rangklassen und die weitere Rangklasse 1 a. Es werden aber nach § 37 Nr 4 solche Rechte, die bei Eintragung des Vollstreckungsvermerks nicht aus dem Grundbuch ersichtlich waren und auch nicht spätestens im Versteigerungstermin vor der Aufforderung zur Abgabe von Geboten angemeldet wurden, bei der Feststellung des geringsten Gebots nicht berücksichtigt, also wie nicht vorhanden behandelt, sowie bei der Verteilung des Versteigerungserlöses **„den übrigen Rechten nachgesetzt";** sie gehen auch nach § 110 „den übrigen Rechten nach". Sie stehen also hinter den Ansprüchen der 8 Rangklassen des ZVG. Zur besseren Anschaulichkeit der Einstufungsfolge, kann man sich solche zurückgesetzte Ansprüche hilfsweise als „Rangklasse 9" vorstellen.

Rang bei Schiffsversteigerung 14

Bei **Schiffsversteigerung** gelten Vorrechte für bestimmte Forderungen. Auch ist die Rangfolge gegenüber § 10 geändert. Dazu § 162 Rdn 7.

Rechtsverfolgungskosten (Absatz 2) 15

15.1 Die **Kosten** „der Kündigung und der die Befriedigung aus dem Grundstück bezweckenden Rechtsverfolgung" kommen in allen Rangklassen neben dem Hauptanspruch zum Ansatz (§ 10 Abs 2 als Erweiterung des BGB § 1118 für alle Ansprüche). Mit Deckung auch dieser Kosten erfolgt vollständige Befriedigung des Gläubigers in dem Verfahren. Daß nur **notwendige** Kosten zur Verfolgung und Durchsetzung eines Anspruchs erstattet verlangt werden können, gilt als allgemeiner (übergeordneter) Grundsatz auch für die Kosten des § 10 Abs 2 in allen Fällen (für vollstreckenden Gläubiger ZPO § 788 Abs 1 mit § 91; für dingliche Kosten des BGB § 1118 auch BGB § 242).

15.2 Anspruch auf Befriedigung auch wegen der Kosten der Kündigung und (insbesondere) der Rechtsverfolgung besteht nach § 10 Abs 2 **in allen ZVG-Verfahren,** auch bei Zwangsverwaltung, Insolvenzverwalter- (§ 172), Erben- (§ 175) und Teilungsversteigerung (§ 180), und **für alle Beteiligte,** nicht nur für den (betreibenden) Gläubiger. Kündigungskosten (für sie in Zwangsverwaltung Einschränkung durch § 155 Abs 2) werden auch einem Beteiligten erstattet, der wegen seines gekündigten Rechts selbst die Zwangsversteigerung nicht betreibt.

§ 10 15.2 Allgemeine Vorschriften

Beteiligte, denen durch Teilnahme an dem von einem anderen Berechtigten betriebenen Verfahren (etwa durch Beauftragung eines Rechtsanwalts für Anmeldung und Terminswahrnehmung oder durch eigene Teilnahme am Termin) Kosten entstehen, haben Anspruch auf Befriedigung aus dem Grundstück an der Rangstelle ihres Rechts auch, wenn bar zu zahlende Ansprüche nicht bestehen (wie zB für den Berechtigten einer bestehenbleibenden Grunddienstbarkeit oder eines Wohnungsrechts). Das Recht auf Befriedigung aus dem Grundstück auch für Rechtsverfolgungskosten besteht nicht nur für Kosten, die durch Teilnahme an dem durchgeführten Verfahren erwachsen sind, dessen Erlös zu verteilen ist, sondern auch für (notwendige) Kosten früherer, wieder aufgehobener Verfahren. Für Verfahrensbeteiligte dient notwendiger Rechtsverfolgung auch die Teilnahme an einem Verfahren, das ein Dritter betreibt und auf dessen Fortsetzung sowie Aufhebung mit Antragsrücknahme sie keinen Einfluß haben.

15.3 Kosten der Kündigung sind die Kosten der Anfertigung und Zustellung der Kündigung sowie die Kosten der Vertretung dabei und die Kosten einer Vertreterbestellung nach BGB § 1141 Abs 2 zur Kündigung einer Hypothek (falls der Grundstückseigentümer nicht im Inland wohnt oder unbekannten Aufenthalts ist oder über seine Person unverschuldet Unkenntnis besteht). Bei einer Hypothek sind (dingliche) Rechtsverfolgungskosten nur die Kosten der Hypothekenkündigung (gegenüber dem Eigentümer; BGB § 1141 Abs 1), nicht aber solche der Kündigung der Forderung gegenüber dem (mit dem Eigentümer nicht identischen) Forderungsschuldner (Ausnahme für Sicherungshypothek infolge BGB § 1185 Abs 2); bei einer Grundschuld sind dingliche Rechtsverfolgungskosten ebenso nur die Kosten der Grundschuldkündigung, nicht aber die einer Kündigung der (nach schuldrechtlicher Abrede) gesicherten Forderung. Mehrkosten der Vertretung bei Kündigung, insbesondere durch einen Rechtsanwalt, sind nur erstattungsfähig, wenn das Rechtsverhältnis besondere Schwierigkeiten aufwies, die Beauftragung eines Rechtsanwalts zur zweckmäßigen Rechtsverfolgung durch den Gläubiger nötig machten[72].

15.4 Kosten der die Befriedigung aus dem Grundstück bezweckenden **Rechtsverfolgung** sind die durch Zwangsversteigerung oder Zwangsverwaltung veranlaßten Aufwendungen. Sie können dem Gläubiger eines Anspruchs nach § 10 Abs 1 Nrn 1–8 für Vorbereitung der Vollstreckung in das Grundstück, für Verfahrensanordnung oder Beitrittszulassung und für Teilnahme am Zwangsversteigerungs- oder Zwangsverwaltungsverfahren entstanden sein. Dazu gehören die Kosten der dinglichen Klage, soweit sie der Eigentümer zu tragen hat (hierzu § 15 Rdn 9.4), die Kosten einer nach Grundstücksbelastung für die Zwangsvollstreckung wegen des dinglichen Anspruchs erstellten notariellen Urkunde (ZPO § 794 Abs 1 Nr 5; nicht aber die Kosten der Bestellungsurkunde mit Eintragungsbewilligung), die Kosten für Ausfertigung und Zustellung des dinglichen Vollstreckungstitels (ZPO § 788 Abs 1 Satz 2), die Kosten eines Grundbuchauszugs, die Gerichtskosten für Anordnung des Verfahrens und für Zulassung des Beitritts, die Kosten für Vertretung bei Antragstellung und im Verfahren, für Anmeldung der Ansprüche sowie für Wahrnehmung der Termine (insbesondere Kosten für Zeitversäumnis und Reisekosten, Rdn 15.6), Kosten eines Zustellungsvertreters nach § 7 Abs 3, in der Zwangsversteigerung auch die aus den Erträgnissen nicht gedeckten Kosten eines Zwangsverwaltungsverfahrens. **Nicht** zu den dinglichen Rechtsverfolgungskosten gehören die Kosten einer persönlichen Klage (Forderungsklage; desgleichen nicht Mehrkosten, die durch Verbindung der persönlichen Klage mit der dinglichen Klage entstanden sind) sowie Kosten der Ausfertigung und Zustellung des Urteils über einen in Rangklasse 5 fallenden Gläubigeranspruch (erhalten diese Rangklasse nur, wenn auch sie in das Grundstück vollstreckt

---

[72] Staudinger/Wolfsteiner, BGB, § 1118 Rdn 6; auch MünchKomm/Eickmann, BGB § 1118 Rdn 12.

Rangordnung der Rechte 15.5 § 10

werden), Kosten früherer Vollstreckung in das bewegliche Schuldnervermögen (Mobiliarvollstreckung) und eines Offenbarungsverfahrens (sie sind nur als Vollstreckungsforderung mit Grundstücksbeschlagnahme in Rangklasse 5 beitreibbar) sowie Kosten des Grundstückserwerbs (des Bietens, einer Bietervollmacht, der Sicherheitsleistung des Bieters und des Zuschlags), auch wenn der Bieter/Ersteher Gläubiger ist und zur „Rettung" seines Rechts erwirbt, und ebenso nicht Kosten eines Maklers, der Bietinteressenten für den Grundstückserwerb gewinnen sollte[73] (sind keine Vollstreckungskosten; die Frage der Notwendigkeit stellt sich daher nicht; zT anders[73]).

15.5 Rechtsverfolgungskosten sind als **notwendig** (ZPO § 91) erstattungsfähig, wenn der Gläubiger oder Beteiligte sie im Zeitpunkt der Entstehung objektiv für notwendig (erforderlich) halten konnte. Kosten des Rechtsanwalts für notwendige Rechtsverfolgung sind stets zu erstatten (ZPO § 91 Abs 2 Satz 1). Reisekosten: ZPO § 91 Abs. 2. Notwendig sind Kosten einer Vollstreckungsmaßnahme, die sich im Ergebnis als unzulässig herausstellt und zu keinem Ergebnis führt, wenn der Gläubiger die Unzulässigkeit nicht erkennen konnte[74], wenn er also die Maßnahme im Zeitpunkt der Entstehung der Kosten objektiv für notwendig halten konnte[75], nicht aber, wenn er die Aussichtslosigkeit kannte[76]. Die Kosten einer Zustellung durch den Gerichtsvollzieher sind trotz der Möglichkeit einer Zustellung von Anwalt zu Anwalt (ZPO § 195) immer notwendig, nicht nur (so aber einschränkend[77]), wenn die zustellende Partei ein berechtigtes sachliches Interesse an dieser schnellen und sicheren Zustellung hat. Notwendig sind die Kosten für Maßnahmen aus § 25[78]. Notwendige Vollstreckungskosten sind die Auslagen für die Grunderwerbsteuer, damit der Schuldner im Grundbuch eingetragen werde[79]; anders[80] (darüber muß der Gläubiger einen Titel erwirken und in Rangklasse 5 beitreten). Nicht notwendig sind die Kosten einer vorzeitigen[81] (zB vor Fälligkeit) und verfrühten Vollstreckung (so wenn dem Schuldner nicht ausreichend Gelegenheit gegeben war, die Vollstreckung durch freiwillige Leistung abzuwenden[82]) sowie die Kosten mehrfacher Vollstreckung, wo eine genügt hätte. Nicht notwendig sind Kosten, die der Gläubiger vermeiden konnte, wenn er sorgfältig und gewissenhaft handelte, zB bei ungenauer Bezeichnung der Schuldneranschrift oder Nichtangabe des gesetzlichen Vertreters oder bei verspäteter Rücknahme eines Verfahrensantrags (wenn Zahlung schon vor Beginn oder weiteren kostenpflichtigen Maßnahmen erfolgt war) (selbst wenn der Gläubiger das nicht wußte, weil er vom Zahlungsempfänger – Rechtsanwalt, Bank – eine unrichtige Auskunft erhielt[83]). Notwendig sind nicht die Mehrkosten, die durch mehrere Anträge entstehen, wenn sie in einen hätten zusammengefaßt werden können[84]. Nicht notwendig sind die Kosten einer freiwilligen Rechtsnachfolge auf Gläubigerseite (durch Abtretung) für neue Vollstreckungsklausel und neue Zustellung[85], ebenso Zinsen und Kosten eines Kredits zur Bezahlung von Vorschüssen an das Ge-

---

[73] OLG Düsseldorf Rpfleger 1999, 501.
[74] OLG Hamburg DGVZ 1963, 136 = NJW 1963, 1015; Stöber, Forderungspfändung, Rdn 829.
[75] Stöber, Forderungspfändung, Rdn 829.
[76] OLG München NJW 1958, 1687.
[77] KG Berlin DGVZ 1981, 51 = Rpfleger 1981, 121.
[78] LG Schweinfurt WM 1966, 1275.
[79] Schiffhauer Rpfleger 1975, 12 (15); Haug NJW 1963, 1909; Laves JW 1930, 1909; Stöber, Forderungspfändung, Rdn 2052 mit Fußn 55.
[80] LG Köln MDR 1953, 560; Stein/Jonas/Münzberg, ZPO, § 788 Rdn 19.
[81] AG Düsseldorf NJW 1955, 594 mit zust Anm v Richthofen.
[82] BVerfG JurBüro 1999, 608 = NJW 1999, 778.
[83] LG Berlin JurBüro 1968, 556.
[84] OLG München NJW 1958, 1687.
[85] Jaeckel/Güthe § 30 Rdn 24.

§ 10 15.5 Allgemeine Vorschriften

richt[86]. Die Hebegebühr des Rechtsanwalts ist in der Regel nicht notwendig[87]; sie ist nur erstattungsfähig, wenn besondere Umstände die Gelderhebung durch den Rechtsanwalt ausnahmsweise erfordern, nicht aber, wenn dem Gläubiger zugemutet werden kann, Überweisung des ihm zustehenden Geldbetrags (auch des Versteigerungserlöses) an sich selbst zu veranlassen[88].

15.6 Parteikosten für **Teilnahme** an einem gerichtlichen **Termin** (zu deren Höhe Rdn 15.7), damit auch die Kosten für Terminswahrnehmung durch Vertreter von Banken, Versicherungen, Bausparkassen usw, können auch bei anwaltlicher Vertretung erstattungsfähig sein. Kosten für Teilnahme am Versteigerungs- und am Verteilungstermin sind in der Regel notwendig und damit erstattungsfähig. In den beiden Terminen fallen wichtige Entscheidungen, können manche entscheidende Anträge gestellt, verhandelt und entschieden werden, kann sich die Verfahrenslage durch Einstellungen oder Rücknahmen oder gewisse Anträge so erheblich verändern, daß die Anwesenheit oder Vertretung darin einfach unerläßlich ist (man denke allein an die Möglichkeiten von Einzel-, Gruppen-, Gesamtausgeboten und abweichenden Anträgen, zu denen und zu anderen Vorgängen eben nur die Anwesenden gehört werden können und von denen es vielleicht abhängt, ob ein Anspruch noch zum Zuge kommt). Natürlich muß das Vollstreckungsgericht auch hier in jedem Einzelfall entscheiden, ob die Anwesenheit nötig war, somit die Kosten notwendig entstanden sind. Wenn ein Beteiligter seine Rechte durch schriftliche Anmeldung voll wahren kann, ist seine Reise zum Termin nicht nötig. Er benötigt auch immer einen zuteilbaren Anspruch bei dem die Kosten mit zugeteilt werden können (zB nicht Mieter und Pächter, die ja aus der Masse nichts erhalten). Eine Bearbeitungsgebühr für die „Verwaltung und Verwertung" des Grundstücks als Sicherheit gehört nicht zu den Zwangsvollstreckungskosten, begründet somit auch bei Teilnahme am Versteigerungstermin keinen (pauschalierten) Anspruch auf Befriedigung aus dem Grundstück (anders[89]; nicht richtig).

15.7 Reisekosten bemessen sich auch für die Befriedigung aus dem Grundstück (Abs 2) nach ZPO § 91 Abs 1 Satz 2 (entsprechende Anwendung) nach den für die Entschädigung von Zeugen geltenden Bestimmung des Justizvergütungs- und -entschädigungsgesetzes (JVEG). Das gilt für Entschädigung der Zeitversäumnis ebenso wie für Fahrtkosten[90] und sonstigen Aufwand[91]. Entschädigung für Vertreter von Banken, Versicherungen, Bausparkassen usw (damit auch ein sogenanntes Ortsgeld) ist in diesem Rahmen erstattungsfähig. Verdienstausfall der Beauftragten solcher Institute rechnet (wie Personalkosten bei Behörden[92], anders jedoch[93]) zu den allgemeinen Unkosten der Bearbeitung der Rechtsangelegenheit, die nicht erstattet werden.

15.8 Berücksichtigung der Kosten **erfordert Anmeldung** (für Rangwahrung nach § 37 Nr 4 uU auch Glaubhaftmachung); ein Kostenfestsetzungsbeschluß ist nicht nötig. Angemeldet werden müssen die (nicht grundbuchersichtlichen) Kosten der Kündigung und Rechtsverfolgung zur Befriedigung aus dem Grundstück immer (§ 37 Nr 4, §§ 45, 114), und zwar rechtzeitig (§ 37 Nr 4, §§ 110, 114;

---

[86] OLG Nürnberg Rpfleger 1972, 179.
[87] OLG Frankfurt Rpfleger 1952, 445; LG Berlin Rpfleger 1976, 438; LG Detmold Rpfleger 2003, 36.
[88] LG Münster JurBüro 1980, 1687 mit Anm Mümmler = Rpfleger 1980, 401.
[89] OLG Düsseldorf Rpfleger 1999, 501.
[90] BVerwG Rpfleger 1984, 158 mit Anm Hellstab.
[91] Hellstab Rpfleger 1984, 158 (Anmerkung).
[92] BVerwG Rpfleger 1989, 255 und JurBüro 2005, 314 = Rpfleger 2005, 331: LG Köln JurBüro 1994, 229; Zöller/Herget, ZPO, § 91 Rdn 13 „Behörden".
[93] OLG Bamberg JurBüro 1992, 242; OLG Hamm NJW-RR 1997, 767 (auch zur Höhe); OLG Karlsruhe Rpfleger 1993, 484; OLG Stuttgart MDR 1990, 635 = NJW-RR 1990, 1341; Oppeln-Bronikowski Rpfleger 1984, 342.

Rangordnung der Rechte 15.10 § 10

über die Anmeldung § 37 Rdn 5). Als angemeldet gelten die Kosten des betreibenden Gläubigers, soweit sie sich aus dem Beschlagnahmeantrag als Gerichts-, Anwalts- oder sonstige Parteikosten ergeben (§ 114 Abs 1 Satz 2).

15.9 Die **Anmeldung** der Kosten muß (wie jede Anmeldung) Rechtsgrund des Anspruchs und einen bestimmten Betrag angeben (dazu allgemein[94], auch § 37 Rdn 5). Sie muß als Prozeßhandlung sonach die einzelnen Ansätze dem Grunde nach und betragsmäßig bezeichnen (Gebühren- und Auslagentatbestand sowie Höhe; spezifizierte Parteikosten). Betragsmäßig bestimmt ist dabei ein Ansatz auch, wenn er sich aus den Angaben ohne weiteres ziffernmäßig errechnen oder bestimmen läßt (Beispiel: 0,4 Gebühr nach Nr ..... RVG-VergV [oder § ..... GKG mit KostVerz Nr .....] aus ..... € Geschäftswert; oder: Beitrittsgebühr wie in der gerichtlichen Kostenrechnung festgestellt; dennoch nicht empfehlenswert). Das kann uneingeschränkt aber nur für Kosten gelten, deren Höhe schon feststeht oder bereits feststellbar ist. Für die nach Anmeldung zum Versteigerungstermin (nicht zum Teilungsplan) erst entstehenden, noch ungewissen Kosten (insbesondere Parteiauslagen für Informationsreisen, weitere Terminswahrnehmungen, Rechtsanwaltskosten in Beschwerdeverfahren, auch für Vertretung im späteren Verteilungsverfahren) kann nur Anmeldung eines Pauschalbetrags[95] mit Angabe, wofür er geltend gemacht wird (Anspruchsgrund) verlangt werden. Dies trägt dem Zweck der Anmeldung voll Rechnung, der darin besteht (wegen dieses Anmeldezwecks[96]), Gläubiger über die Höhe der ihnen vorgehenden Ansprüche zu unterrichten und dem Schuldner die Möglichkeit zu eröffnen, zu den angemeldeten Ansprüchen Stellung zu nehmen. Anmeldung weiterer (neuer) Kosten und Erhöhung angemeldeter Beträge (auch eines Pauschalbetrags) nach Aufforderung zur Abgabe von Geboten ist nur mit Rangverlust für den nachgemeldeten Teil möglich (§ 37 Nr 4, § 110). Wenn eine Anmeldung für bereits entstandene Kosten nur einen gemeinsamen Pauschalbetrag verlangt oder für noch anfallende Kosten nur einen pauschalen Betrag ohne Bezeichnung des Anspruchsgrunds nennt und mangels hinreichender Anhaltspunkte auch nicht durch Auslegung dem Grund und Betrage nach auf bestimmte Kosten bezogen werden kann, macht sie nicht erkennbar, was zur Berücksichtigung geltend gemacht ist; ihr kann daher als Prozeßhandlung keine Bedeutung, somit insbesondere nicht die Wirkung der rangwahrenden Anmeldung nach § 37 Nr 4 zukommen.

15.10 Ob das Vollstreckungsgericht zu **prüfen** hat, daß angemeldete Kosten in der verlangten Höhe entstanden sind und notwendig waren, und ob hierfür Ansätze **glaubhaft** zu machen sind (ZPO § 104 Abs 2), ist nicht ausdrücklich bestimmt und nicht geklärt, wird aber angenommen[97]. Dem ist mit[98] nicht zu folgen. Auszugehen ist davon, daß § 37 Nr 4 und § 45 Abs 1 Glaubhaftmachung verlangen, wenn der Gläubiger widerspricht. Erfolgt erforderliche Glaubhaftmachung dann nicht, können Kosten bei Feststellung des geringsten Gebots überhaupt nicht berücksichtigt und bei Verteilung des Versteigerungserlöses nur mit Rang nach allen anderen Rechten (§ 110) in den Teilungsplan aufgenommen werden. Im Versteigerungstermin erfolgt durch das Vollstreckungsgericht Prüfung angemeldeter Kosten für Rechte, die nicht in das geringste Gebot aufzunehmen sind (§ 44), überhaupt nicht. Für Aufnahme in das geringste Gebot ist sonst (§§ 44, 45) ebenso wie für Aufnahme in den Teilungsplan (§ 114) nur verlangt, daß Kosten ordnungsgemäß angemeldet sind (die einzelnen Ansätze müssen sonach nach Grund und Be-

---

[94] BGH 21, 30 (33) = KTS 1956, 120.
[95] Jaeckel/Güthe § 10 Rdn 24; Mohrbutter/Drischler Muster 60; Steiner/Hagemann § 10 Rdn 177.
[96] BGH 21, 30 (33) = aaO (Fußn 94).
[97] OLG Dresden OLG 15, 35; Dassler/Muth § 10 Rdn 70; Jaeckel/Güthe § 10 Rdn 24; Korintenberg/Wenz § 10 Anm III 5; Steiner/Hagemann § 10 Rdn 178.
[98] Reinhard/Müller § 10 Anm X 2.

§ 10   15.10   Allgemeine Vorschriften

trag geltend gemacht sein; Rdn 15.9) und nach § 10 Abs 2 ein Recht auf Befriedigung aus dem Grundstück gewähren. Die Anmeldung eines Anspruchs, der nach § 10 kein Recht auf Befriedigung aus dem Grundstück gewährt, wird bei Feststellung des geringsten Gebots (§ 37 Rdn 5.18) und zur Aufnahme in den Teilungsplan (§ 114 Rdn 2.8) nicht berücksichtigt. Daher sind für Feststellung des geringsten Gebots und Aufstellung des Teilungsplans Kosten daraufhin zu überprüfen, ob sie ordnungsgemäß (auch rechtzeitig) angemeldet und als Kosten der Kündigung und der die Befriedigung aus dem Grundstück bezweckenden Rechtsverfolgung (§ 10 Abs 2) notwendig, Gebührenbeträge damit auch dem Grunde nach, entstanden sind. Weil Glaubhaftmachung nicht verlangt ist (§ 45 und § 114 erklären ZPO § 104 Abs 2 nicht für anwendbar), kann Grundlage der Prüfung nur die Anmeldung sein. Sie hat die Kosten schlüssig und substantiiert als Kündigungs- oder Rechtsverfolgungskosten mit Befriedigungsanspruch nach § 10 Abs 2 auszuweisen, nicht aber darüber hinaus weiter glaubhaft zu machen. Das entspricht den Verfahrensgrundsätzen des ZVG, nach denen Berücksichtigung eines nicht grundbuchersichtlichen Anspruchs Anmeldung, nicht aber (außerhalb § 37 Nr 4 und § 45) Glaubhaftmachung für gerichtliche Prüfung erfordert und Einwendungen von den Beteiligten mit den dafür vorgesehenen Rechtsbehelfen geltend zu machen sind. Dabei konnte es auch für Kosten in ZVG-Verfahren bewenden, weil Kostenanfall und Kostenhöhe nahezu ausnahmslos durch die in den Akten festgehaltenen Prozeßhandlungen der Parteien (ihrer Bevollmächtigten) und durch den Verfahrensablauf ausgewiesen (sieht man einmal von Parteiauslagen für Informationsreise, Porto und Telefon usw ab) und Beteiligte vor Aufnahme in das geringste Gebot und in den Teilungsplan immer Gelegenheit zur Stellungnahme haben (§ 66 Abs 1, § 114 Abs 1), es für Prüfung mithin über schlüssige und substantiierte Anmeldung hinaus einer weitergehenden Glaubhaftmachung gar nicht bedarf. Weitergehende Anforderungen können aber auch an die Berücksichtigung der Kündigungs- und Rechtsverfolgungskosten des vollstreckenden (auch beigetretenen) Gläubigers nicht gestellt werden. Letztere werden zwar auch als Zwangsvollstreckungskosten zugleich mit dem zur Zwangsvollstreckung stehenden Anspruch beigetrieben (ZPO § 788 Abs 1). Auch für sie begründet aber § 10 Abs 2 das Recht auf Befriedigung aus dem Grundstück und zusammen mit § 114 als lex specialis auch die Grundlage für Berücksichtigung nach verfahrensrechtlichen Erfordernissen des ZVG.

15.11 Umsatzsteuerbeträge (Mehrwertsteuer) können mit Kosten der Kündigung und dinglichen Rechtsverfolgung verlangt werden, wenn der Berechtigte sie nicht als Vorsteuer abziehen kann (ergibt sich aus ZPO § 104 Abs 2 Satz 3, der hier jedenfalls entsprechend anwendbar ist). Für Prüfung durch das Vollstreckungsgericht muß auch hier zunächst ordnungsgemäße Anmeldung genügen (wie Rdn 15.10). Glaubhaftmachung dieser Tatsache ist zu substantiierter Anmeldung der Mehrwertsteuer nur erforderlich, wenn der Gläubiger widerspricht (§ 37 Nr 4), und dann nur für Aufnahme in das geringste Gebot (§ 45 Abs 1) oder Rangwahrung (§ 37 Nr 4). Für Glaubhaftmachung zur Berücksichtigung an der Rangstelle des Gläubigeranspruchs muß dann Erklärung des Berechtigten genügen daß er die Beträge nicht als Vorsteuer abziehen kann[99] (ZPO § 104 Abs. 2 Satz 3; was für Kostenfestsetzung genügt, ist auch für Kostenerstattung auf Grund Anmeldung ausreichend). Diese Erklärung genügt aber dann zur Berücksichtigung von Umsatzsteuerbeträgen nicht, wenn ihre Richtigkeit durch Nachweise entkräftet ist oder die Unrichtigkeit sich aus anderen dem Vollstreckungsgericht bekannten Umständen (zB dem Akteninhalt) zweifelsfrei ergibt.[100]

15.12 Bei **Aufhebung** eines Zwangsversteigerungs- oder Zwangsverwaltungsverfahrens hat der Schuldner die notwendigen Kosten der Rechtsverfolgung der

---

[99] BVerfG NJW 1996, 382.
[100] BGH Rpfleger 2003, 321.

mit einem Recht auf Befriedigung aus dem Grundstück am Verfahren Beteiligten gleichfalls zu tragen[101] (auch soweit sie keinen Vollstreckungstitel besitzen). Erstattungsgrundlage ist hier ZPO § 788 Abs 1 (siehe Einl Rdn 39.4). Für die Beitreibung dieser dem Schuldner zur Last fallenden notwendigen Kosten der Zwangsvollstreckung ist Vollstreckungstitel der Hauptsachetitel des Beteiligten (Einl Rdn 39.1). Im Festsetzungsverfahren müssen die Kosten geltend gemacht werden, wenn der Gläubiger über seinen Anspruch auf Befriedigung aus dem Grundstück noch keinen Vollstreckungstitel erwirkt hat (Einl Rdn 39.5) (wenn er zB nach Eintragung seiner Grundschuld keinen Duldungstitel erlangt hat oder wenn dem Berechtigten einer Grunddienstbarkeit Kosten notwendig entstanden sind). Hierfür ist als Festsetzungsgrundlage ein Kostenausspruch des Vollstreckungsgerichts erforderlich (ZPO § 103 Abs 1). Es ist daher auf Antrag des Erstattungsberechtigten über die den Schuldner treffenden Kosten zu entscheiden (siehe das Einl Rdn 39.5 Gesagte, das entsprechend gilt).

[Rangfolge in derselben Rangklasse]

11 (1) **Sind Ansprüche aus verschiedenen Rechten nach § 10 Nr 4, 6 oder 8 in derselben Klasse zu befriedigen, so ist für sie das Rangverhältnis maßgebend, welches unter den Rechten besteht.**

(2) **In der fünften Klasse geht unter mehreren Ansprüchen derjenige vor, für welchen die Beschlagnahme früher erfolgt ist.**

Literatur: Bleutge, Rangvorbehalt und Bestandteilszuschreibung, Rpfleger 1974, 387; Feuerpfeil, Die Rangeinheit von Haupt- und Veränderungsspalten in Abteilung II und III des Grundbuchs, Rpfleger 1983, 298; Meyer-Stolte, Rangverhältnis mehrerer Nachverpfändungen, Rpfleger 1971, 201; Rieve, Mehrfache Ausnutzung eines Rangvorbehalts, NJW 1954, 1434; Ripfel, Rangänderung zwischen einem Recht mit und einem solchen ohne Rangvorbehalt, BWNotZ 1962, 37; Schiffhauer, Die Wirkung des Rangvorbehalts in der Zwangsversteigerung, BlGrBW 1962, 17; Schmid, Die angebliche Rangeinheit von Haupt- und Veränerungsspalten in Abteilung II und III des Grundbuchs, Rpfleger 1982, 251 und (nochmals) Rpfleger 1984, 130; Unterreitmayer, Die stufenweise Ausnützung des Rangvorbehalts, Rpfleger 1960, 282; Zeitler, Rangrücktritt hinter ein Recht mit Rangvorbehalt, Rpfleger 1974, 176.

Allgemeines zu § 11

1

1.1 Zweck der Vorschrift: Regelung des Rangverhältnisses der Ansprüche aus verschiedenen Rechten, die nach § 10 Abs 1 in derselben Rangklasse zu berücksichtigen sind. Ihr Rang bestimmt die Reihenfolge der Berücksichtigung und Befriedigung. Ansprüche aus einer späteren Rangklasse kommen immer erst dann zum Zuge, wenn alle Ansprüche des vorgehenden Rangs voll gedeckt sind.

1.2 Anwendungsbereich: § 11 gilt für alle ZVG-Verfahren, Abs 2 nicht für die Teilungsversteigerung (§ 180 Rdn 7.2); Besonderes für Zwangsverwaltung (§ 155 Abs 2), für Schiffe (§ 162 Rdn 9.1) und Luftfahrzeuge (§ 171a Rdn 3).

1.3 Wo **mehrere Ansprüche** aus verschiedenen Rechten (dazu auch § 12 Rdn 1.3) gleichen Rang haben, sind sie nach dem Verhältnis der Beträge zu berücksichtigen (§ 10, einleitender Satz in Abs 1). Verhältnis der Beträge bedeutet Verhältnis der Gesamtansprüche jedes Gläubigers ohne Aufgliederung, also in der Zwangsversteigerung Kosten, Zinsen, Hauptsache des einen zusammengerechnet gegenüber Kosten, Zinsen, Hauptsache des anderen zusammengerechnet, und bei Zwangsverwaltung in der zweiten, dritten und vierten Rangklasse (§ 155 Abs 2) Kosten, Zinsen des einen zusammengerechnet gegenüber Kosten, Zinsen des anderen zusammengerechnet, überall natürlich nur die an derselben Rangstelle zu

---

[101] LG Münster JMBlNW 1952, 168.

berücksichtigenden Beträge. Erst wenn auf diese Weise der Gesamtanteil jedes einzelnen am Erlösanteil errechnet ist, wird der einzelne Anspruch dann nach § 12 wieder in Kosten, Zinsen, Hauptsache unterteilt, falls der Erlösanteil nicht für alles ausreicht. Muster hierzu ZVG-Handbuch Rdn 86.

2 Rangverhältnis bei nichteingetragenen Ansprüchen

2.1 Die Ansprüche der **Rangklasse 1** (Zwangsverwaltungsvorschüsse) **und 2** (Litlohn) sind je in ihrer Klasse untereinander gleichberechtigt (§ 10 Abs 1 einleitender Satz).

2.2 Öffentliche Grundstückslasten der **Rangklasse 3** haben unter sich gleichen Rang (§ 10 Rdn 6.19). Ebenso ist es bei diesen Ansprüchen aus öffentlichen Lasten in der **Rangklasse 7** (§ 10 Rdn 11.2).

3 Rangverhältnis in den Rangklassen 4, 6, 8 (Absatz 1)

3.1 Mehrere Rechte an einem Grundstück haben unter sich in ihrer jeweiligen Rangklasse (Klasse 4, 6 und 8 des § 10 Abs 1) Rang nach ihrem **materiellen Rangverhältnis**. Es bestimmt sich nach BGB § 879 Abs 1: in derselben Grundbuchabteilung nach der Reihenfolge der Eintragung; in verschiedenen Abteilungen nach dem Eintragungstag, bei gleichem Eintragungstag Gleichrang. Ein abweichendes Rangverhältnis kann eingetragen (BGB § 879 Abs 3) oder durch Sondervorschrift (Rdn 3.3–6) geregelt sein. Die Eintragung ist für das Rangverhältnis auch dann maßgebend, wenn die zum Erwerb des Rechts nach BGB § 873 erforderliche Einigung erst danach zustande gekommen ist (BGB § 879 Abs 2). Einzelheiten in den BGB-Kommentaren zu BGB § 879. Nachträgliche Änderung des Rangverhältnisses und Rangvorbehalt Rdn 5.

3.2 Für die Eintragung des Rangs der Rechte am Grundstück (Rangklasse 4, 6 und 8 des § 10 Abs 1) sind die Vermerke in den Grundbuch-**Veränderungsspalten** (Abteilung II Spalten 4 und 5; Abteilung III Spalten 5–7) mit der jeweiligen Eintragung in der Hauptspalte, auf die sie sich beziehen, als einheitliche Eintragung anzusehen[1] (auch[2]). Auch für die in der Veränderungsspalte eingetragenen Rechtsänderungen bestimmt sich daher, wenn keine Rangabweichung nach BGB § 879 Abs 3 eingetragen ist, der Rang gemäß BGB § 879 Abs 1 nach den Eintragungen in der Hauptspalte, und zwar nach der Reihenfolge der Eintragungen in derselben Abteilung oder nach den Eintragungstagen für die in verschiedenen Abteilungen eingetragenen Rechte[3]; dagegen[4]. Das gilt für nachträglich eingetragene Zinsänderungen[5] (anders[6]) ebenso wie für Abtretungen, insbesondere aber für die in die Änderungsspalte eingetragenen sogenannten Nachverpfändungen (Pfandunterstellungen). Wenn also bei mehreren auf einem Blatt gebuchten Grundstücken, von denen eines bisher schon belastet war, die Belastung nun auch auf die anderen erstreckt wird[7], dann ist das neu belastete Grundstück in derselben Rangfolge belastet wie das erste; seine neuen Belastungen haben nicht etwa unter sich Gleichrang.

---

[1] RG 132, 106 (111, 112); BayObLG 1959, 520 = DNotZ 1960, 540 = NJW 1960, 1155; OLG Hamm OLGZ 1985, 23 = Rpfleger 1985, 17 und 144 Leitsatz mit Anm Streuer; OLG Köln MittRhNotK 1982, 177; Schöner/Stöber, Grundbuchrecht, Rdn 2656.
[2] BGH 26, 344 = DNotZ 1958, 252 = NJW 1958, 630.
[3] KG Berlin DNotZ 1941, 348 = DR 1941, 1557 = JFG 22, 284 = HRR 1941 Nr 683; Schöner/Stöber, Grundbuchrecht, Rdn 2659.
[4] Schmid Rpfleger 1982, 251 und 1984, 130.
[5] RG 132, 106 (111, 112); BayObLG 1959, 520 = aaO (Fußn 1); Schöner/Stöber, Grundbuchrecht, Rdn 2493–2499.
[6] Schmid aaO (Fußn 4).
[7] Meyer-Stolte Rpfleger 1971, 201 (V).

3.3 Bei **Zuschreibung** eines Grundstücks zu einem anderen als dessen Bestandteil (BGB § 890 Abs 2) erstrecken sich die an dem Stammgrundstück bestehenden Hypotheken (Grundschulden, Rentenschulden) auf das zugeschriebene Grundstück (BGB § 1131 Satz 1). Rechte, mit denen das zugeschriebene Grundstück belastet ist, gehen aber im Rang vor (BGB § 1131 Satz 2). Eine Reallast wird nicht nach BGB § 1131 auf das zugeschriebene Grundstück erstreckt (wegen BGB § 1107 streitig; aber herrschende Meinung; dazu mit Nachweisen[8]). Andere Rechte werden durch Bestandteilszuschreibung nicht verändert; sie bleiben Einzelbelastungen des jeweiligen Grundstücks.

3.4 Der Rang **nicht eingetragener Rechte** (BGB § 1075 Abs 1; Überbaurente, Notwegrente, altrechtliche Grunddienstbarkeiten usw; siehe EGBGB Art 184, 187) untereinander und im Verhältnis zu eingetragenen Rechten (Besonderheit aber nach BGB §§ 914 Abs 1, § 917 Abs 2) bestimmt sich nach der Zeit ihrer Entstehung. Der Rang einer gesetzlich nach BGB § 1287 Satz 2, ZPO § 848 Abs 2 Satz 2 entstandenen Sicherungshypothek bestimmt sich nach dem Zeitpunkt des Erwerbs des Pfandrechts; sie geht damit den vom Schuldner bewilligten Grundpfandrechten im Rang vor[9]. Vorrang haben jedoch Rechte, die dem Veräußerer nach dem Rechtsverhältnis zu bestellen sind, dem der ver- oder gepfändete Auflassungsanspruch entsprungen ist[10] (dazu mit Nachweisen[11]). Ein **zu Unrecht gelöschtes** Recht am Grundstück behält seinen bisherigen Rang. Durch gutgläubigen Rechtserwerb Dritter (BGB § 892), den der Berechtigte eines nicht eingetragenen Rechts gegen sich gelten lassen muß, kann sich das Rangverhältnis nach dem Entstehungszeitpunkt oder des gelöschten Rechts aber ändern.

3.5 Eine dem **Eigentümer** oder einem der Eigentümer oder dem **persönlichen Schuldner** zugefallene Hypothek (auch die aus einer Grundschuld entstandene Eigentümergrundschuld) behält den Rang des bisherigen Fremdrechts. Entsteht nur eine Teil-Eigentümerrecht (oder fällt eine Hypothek dem persönlichen Schuldner nur teilweise zu), so kann es nicht zum Nachteil des dem Gläubiger verbliebenen Restes geltend gemacht werden (BGB § 1176), muß somit diesem nachgehen.

3.6 **Sonstiger Übergang** eines Grundstücksrechts kraft Gesetzes auf einen anderen ändert das Rangverhältnis nicht; das Recht behält seinen **bisherigen Rang.** Geht nur ein **Teil** des Rechts über, so hat dieser Rang nach dem Restanspruch des bisherigen Gläubigers (BGB § 426 Abs 2 Satz 2, § 774 Abs 1 Satz 2, § 1143 Abs 1 Satz 2). Ist ein Recht abgelöst (BGB § 268 Abs 1), so hat es den bisherigen Rang. Wird nur ein Teil abgelöst, so hat dieser Rang nach dem Restbetrag des bisherigen Gläubigers (BGB § 268 Abs 3 Satz 2), und zwar auch dann, wenn ein (nach Verrechnungsabrede, siehe § 16 Rdn 3.4) „erstrangig" vollstreckbarer Teilbetrag abgelöst wurde[12]. Der Übergang einer Hypothek auf den Versicherer, der den Hypothekengläubiger befriedigt hat, kann nicht zum Nachteil eines gleich- oder nachstehenden Hypothekengläubigers geltend gemacht werden, dem gegenüber die Verpflichtung des Versicherers zur Leistung bestehen geblieben ist (Versicherungsvertragsgesetz § 104) (Fall der gesetzlichen Rangänderung[13]).

3.7 Wird ein Grundpfandrecht an **mehrere** (wirksam) **abgetreten** und wird über den Rang der Abtretungen untereinander nichts vereinbart, so haben die ab-

---

[8] Schöner/Stöber, Grundbuchrecht, Rdn 652.
[9] BGH 49, 197 = DNotZ 1968, 483 = MDR 1968, 313 = NJW 1968, 493 und 1087 mit Anm Rose.
[10] KG Berlin JFG 4, 339; BayObLG 1972, 46 = DNotZ 1972, 536 = Rpfleger 1972, 182; Zöller/Stöber, ZPO, § 848 Rdn 8.
[11] Stöber, Forderungspfändung, Rdn 2050, 2053.
[12] BGH Rpfleger 1990, 378 (379); OLG Celle Rpfleger 1990, 378 = WM 1990, 860, je mit abl Anm Muth Rpfleger 1990, 380.
[13] LG Lüneburg Rpfleger 1988, 112.

getretenen Hauptsacheteile des Rechts unter sich gleichen Rang; der Zeitpunkt der Abtretung ist dabei ohne Einfluß, frühere Abtretung schafft keinen Vorrang. Der Gesamtanspruch jedes einzelnen (Kosten, Zinsen, Hauptsache) ist gleichrangig mit den anderen; der auf das Recht entfallende Erlös wird nach dem Verhältnis der Ansprüche geteilt und erst der Einzelanspruch dann nach § 12 beurteilt (hierzu im ZVG-Handbuch Rdn 86 ein Beispiel).

3.8 Das Rangverhältnis der bis 3. 10. 1990 entstandenen Rechte an einem Grundstück und Gebäudeeigentum im **Beitrittsgebiet** (Einl Rdn 14) bestimmt sich nach dem Zeitpunkt der Eintragung im Grundbuch (EGBGB Art 233 § 3 Abs 1, § 9 Abs 1). Nach dem Zeitpunkt der Entstehung bestimmt sich der Rang bei Rechten, die nicht der Eintragung in das Grundbuch bedürfen und nicht eingetragen sind (EGBGB Art 233 § 9 Abs 2). Bei einem eingetragenen Mitbenutzungsrecht ist der vermerkte Zeitpunkt oder Rang maßgebend (EGBGB aaO). Eine Aufbauhypothek (-grundschuld) behält ihren Vorrang (EGBGB Art 233 § 9 Abs 3 mit Einzelheiten).

4 Rangverhältnis in der Rangklasse 5 (Absatz 2)

4.1 Das Rangverhältnis der Ansprüche des (betreibenden; auch beigetretenen, § 27 Abs 2) **Gläubigers** richtet sich nach dem Zeitpunkt der Beschlagnahme (§ 11 Abs 2). Maßgebend ist der Zeitpunkt der Beschlagnahmewirksamkeit (§§ 22, 151 Abs 1 und 2). Sind also zwei Beitrittsbeschlüsse gleichzeitig zugestellt oder sind zwei Gläubiger in einem Beschluß zusammengefaßt, so haben die Ansprüche unter sich gleichen Rang. Dies gilt bei in einem Anordnungsbeschluß zusammengefaßten Ansprüchen mehrerer Gläubiger auch, wenn die Beschlagnahme schon durch Zugang des Eintragungsersuchens an das Grundbuchamt wirksam wird.

4.2 Bei den betreibenden Ansprüchen der Rangklasse 5 ist **nicht zu unterscheiden,** ob sie aus einem Recht der Rangklassen 6–8 oder aus persönlichen Vollstreckungsforderungen stammen. Ein Recht der Klassen 2–4 bleibt, auch wenn aus ihm betrieben wird, in seiner Rangklasse und unterliegt dort den dafür geltenden Rangvorschriften. Der dazu gehörende Beschlagnahmebeschluß aber (der ja auch über das Recht aus Klasse 2–4 hinausgehende Teilansprüche enthalten kann) (§ 10 Rdn 9.2) steht hinsichtlich der nicht in Klasse 2–4 fallenden Teile in dem für Klasse 5 festgelegten Rangverhältnis, ohne Rücksicht auf die Herkunft der Ansprüche, weil § 11 Abs 2 hierfür keine Ausnahmen vorsieht. Diese Regelung gilt ebenso, wenn Rechte aus Rangklasse 6–8 betreiben, weil diese ja durch das Betreiben eine Rangverbesserung erfahren (§ 10 Rdn 9.2). Sobald sie nach Klasse 5 aufrücken, unterliegen sie auch deren Rangvorschriften (so auch[14]). Die Gegenmeinung[15], die aus Klasse 2–4, 6–8 stammenden Ansprüche würden auch in Klasse 5 die alte Rangfolge haben, widerspricht dem § 11 Abs 2.

5 Rangvorbehalt, Rangänderung (Rangtausch)

5.1 Mit **Rangvorbehalt** (BGB § 881) kann einem erst später zu bestellenden Recht an dem Grundstück Vorrang vor dem früher unter Rangvorbehalt eingetragenen Recht gewährt werden. Ausnutzung des Rangvorbehalts begründet (abweichend von BGB § 879) Vorrang des später eingetragenen, in den Vorbehalt eingerückten Rechts. Unberührt bleibt der spätere Rang solcher Rechte, für die der vorbehaltene Vorrang nicht ausgenutzt worden ist; Einschränkung der Vorbehaltswirkung infolge solcher Zwischenrechte begründet BGB § 881 Abs 4. Näheres in den BGB-Kommentaren zu § 881.

5.2 **Rangtausch** richtet sich nach BGB § 880. Näheres in den BGB-Kommentaren hierzu. Hier kann nur kurz darauf eingegangen werden. Zwischenrechte

---

[14] Steiner/Hagemann § 11 Rdn 27.
[15] Drischler JVBl 1964, 159 (Fußn 6).

Rangfolge von Haupt- und Nebenansprüchen 1.3 **§ 12**

dürfen nicht beeinträchtigt werden (BGB § 880 Abs 5). Man kann nur den Platz abtreten, den man hat. Tritt ein mit anderen gleichrangiges Recht zurück, wird auch das vortretende gleichrangig. An Hauptsache und Zinsen (hier Ausnahmen nach BGB § 1119 Abs 1) kann nur soviel vortreten, als dem Zurücktretenden zustand. Für Kosten gilt aber § 10 Abs 2; die tatsächlichen Kosten der Rechtsverfolgung werden immer an der Rangstelle des Rechts befriedigt, ohne Rücksicht auf das Zwischenrecht. Wenn das Recht, das den Vorrang eingeräumt hat, durch Rechtsgeschäft aufgehoben wird (BGB § 875), bleibt der Vorrang für das tauschende erhalten (BGB § 880 Abs 4). Hinfällig wird die Rangänderung aber, wenn das zurücktretende Recht auf andere Weise erlischt (kraft Gesetzes, zum Beispiel mit Eintritt einer auflösenden Bedingung, durch Tod eines Nießbrauchers oder Dienstbarkeitsberechtigten, das Gesamtgrundpfandrecht mit Befriedigung nach BGB § 1173 Abs 1 oder § 1181 Abs 2). Mit (rechtsgeschäftlicher oder gesetzlicher) Aufhebung des vortretenden Rechts erlangt das zurücktretende wieder seinen früheren Rang. Wurde der Vorrang durch ein Recht eingeräumt, aus dem Zwangsversteigerung oder Zwangsverwaltung nicht betrieben werden kann (Dienstbarkeit), so hat der Rangtausch natürlich auf das Immobiliarvollstreckungsverfahren keinen Einfluß; betreibt also der Tauschpartner, so steht er nicht an der Rangstelle des anderen. Ein Widerspruch gegen den Rang bewirkt noch keine Rangänderung.

[Rangfolge von Haupt- und Nebenansprüchen]

12 Die Ansprüche aus einem und demselben Rechte haben untereinander folgende Rangordnung:

1. die Ansprüche auf Ersatz der im § 10 Abs 2 bezeichneten Kosten;
2. die Ansprüche auf wiederkehrende Leistungen und andere Nebenleistungen;
3. der Hauptanspruch.

Literatur: Amann, Durchsetzung der Reallast ohne Verlust der Reallast, DNotZ 1993, 222 und 2004, 599.

Allgemeines zu § 12 1

1.1 Zweck der Vorschrift und **Anwendungsbereich:** Regelung der Tilgungsreihenfolge mehrerer Ansprüche aus demselben Recht in der gleichen Rangklasse. § 12 gilt für alle ZVG-Verfahren.

1.2 Bei nicht ausreichender Masse sind zuerst die **Kosten,** dann die **wiederkehrenden Leistungen** und zuletzt die **Hauptsache** zu decken (entspricht BGB § 367 Abs 1). Diese Befriedigungsfolge erlangt Bedeutung, wenn nach der Rangfolge des § 11 für Ansprüche aus verschiedenen Rechten der auf ein Recht (auch für Gläubiger in Rangklasse 5) fallende Erlös nicht zur Deckung aller Einzelansprüche des Berechtigten ausreicht. Erst wenn nach § 11 errechnet ist, was auf den einzelnen Anspruch insgesamt entfällt, wird bei diesem nach § 12 vorgegangen (Beispiel im ZVG-Handbuch Rdn 87).

1.3 Berechtigung des gleichen Gläubigers setzt § 12 nicht voraus; die Befriedigungsfolge besteht auch, wenn nach (Teil)**Abtretung** ohne Rangbestimmung für Ansprüche auf Kosten, Zinsen und/oder Hauptsache aus **demselben Recht** mehrere Gläubiger berechtigt sind. Wenn Teilabtretung (ohne Rangbestimmung) in der Weise erfolgt ist, daß nur die Zinsen eines Grundpfandrechts (unter Vorbehalt des Kapitals) oder nur das Kapital eines Grundpfandrechts (unter Vorbehalt der Zinsen) übertragen worden sind oder in der Weise, daß das Kapital eines Grundpfandrechts (ohne Zinsen) an einen Gläubiger und nur die Zinsen dieses Grundpfandrechts (ohne Kapital) an einen anderen Zessionar übertragen worden sind, bleiben die Teile Ansprüche aus einem und demselben Recht, deren Tilgungsfolge sich nach § 12 bestimmt. Die Kosten aller Berechtigten sind dann (unter sich gleichrangig) nach § 12 Nr 1 vorweg zu decken; dann folgen nach § 12 Nr 2 die Zinsen und dann erst kommt nach § 12 Nr 3 der Hauptanspruch. Verschiedene Rechte, für die ein Rangverhältnis nach § 11 bestünde, sind durch solche Teilabtretung nicht entstanden. Teilabtretung des Kapitals des Grundpfandrechts (ohne Rangbestimmung) schafft dagegen selbständige Teilrechte zu gleichem Rang[1]; die Ansprüche sind daher nach dem Verhältnis der Beträge zu berichtigen (§ 11 Rdn 3.7). Wenn dann wieder nur Zinsen eines Teilrechts abgetreten werden, bleiben diese Ansprüche aus ihrem Teilrecht, mit dem sie (sofern keine Rangbestimmung erfolgt ist) in der Tilgungsfolge des § 12 zum Zuge kommen. Beispiel: Grundschuld zu 100 000 Euro mit Zinsen; abgetreten sind an Z 40 000 Euro ohne Rangbestimmung zusammen mit Zinsen hierzu; die Zinsen des restlichen 60 000 Euro sind abgetreten an D. Rangverhältnis § 11 Abs 1: Kosten des Z sowie Zinsanspruch des Z und Hauptsacheanspruch zu 40 000 Euro zusammengerechnet im Gleichrang mit Kosten der beiden Gläubiger sowie Zinsanspruch des D und Hauptsacheanspruch zu 60 000 Euro zusammengerechnet. Beide Gleichrangteile sind nach dem Verhältnis der Beträge zu befriedigen (§ 10 Abs 1, einleitender Satz mit § 11 Abs 1). Wenn der Erlös, der auf den nicht abgetretenen Hauptsacheteil nebst den abgetretenen Zinsen daraus des D nicht zur vollen Deckung der Ansprüche ausreicht, gebührt er nach der Befriedigungsfolge des § 12 zunächst (Nr 1) den (beiden) Berechtigten für gleichrangige Kosten, dann (Nr 2) D für Zinsen und erst dann (Nr 3) dem Gläubiger des Hauptanspruchs zu 60 000 Euro.

1.4 Nicht anwendbar ist § 12, wenn nach nur **teilweisem Übergang** eines Anspruchs **kraft Gesetzes** dieser nicht zum Nachteil des Gläubigers geltend gemacht werden kann (bei Teilablösung nach BGB § 268 Abs 3 Satz 2, Teilübergang auf Gesamtschuldner nach § 426 Abs 2 Satz 2, auf Bürgen nach § 774 Abs 1 Satz 2, auf Eigentümer nach § 1143 Abs 2); hier gilt § 11 (§ 11 Rdn 3.6). Geht für allein abgetretene Zinsen die Hypothek nach BGB §§ 268 (1150), 426, 774 über, so steht der übergegangene Anspruch dem Anspruch auf Hauptsache und laufende Zinsen des bisherigen Gläubigers nach.

1.5 Für **Verbraucherdarlehen** bestimmt BGB § 497 Abs 3 (vorher VerbrKrG § 11 Abs 3) für eine Gläubigerforderung in Rangklasse 5 des § 10 Abs 1 eine von BGB § 367 Abs 1 abweichende Tilgungsreihenfolge. Zahlungen, die zur Tilgung der gesamten Gläubigerforderung nicht ausreichen, sind danach zunächst auf die Kosten der Rechtsverfolgung (unter Einschluß der Vollstreckungskosten in das Grundstück, § 10 Abs 2), dann auf den übrigen geschuldeten Betrag (BGB § 497 Abs 1) und zuletzt auf die nach Eintritt des Verzugs angefallenen Zinsen, die auf gesondertem Konto zur nachrangigen Verrechnung zu verbuchen sind (BGB § 497 Abs 2), anzurechnen. Damit ist für die Vollstreckungsforderung des Gläubigers die Tilgungsreihenfolge auch in Abweichung von der Rangfolge des § 12 geändert. Voraussetzung ist jedoch, daß der Vollstreckungstitel diese Tilgungsreihenfolge nach BGB § 497 Abs 3 ausweist[2]. Wenn bereits das Urteil (der sonstige Vollstreckungstitel) gegen BGB § 497 verstöße, wird titelgemäß vollstreckt und verrechnet[3], somit in der Rangfolge des § 12. Für einen Vollstreckungstitel, dessen Hauptforderung auf Zinsen lautet, gilt die Tilgungsreihenfolge von BGB § 497 nicht (dort Abs 3 Satz 5; dazu[4] mit Nachw).

2 Rangverhältnis der Kosten (§ 12 Nummer 1)

Kosten der Kündigung und der die Befriedigung aus dem Grundstück bezweckenden Rechtsverfolgung (§ 10 Abs 2) sind als Anspruch bei allen Rechten

---

[1] BGH 46, 242 = MDR 1967, 209 = NJW 1967, 388 (389).
[2] Zöller/Stöber, ZPO, § 753 Rdn 7 a.
[3] Münzberg WM 1991, 170 (II 2 b, III und IV); Zöller/Stöber aaO (Fußn 2).
[4] Zöller/Stöber aaO (Fußn 2).

(Rangklassen 1–8 des § 10 Abs 1) **vor** den Nebenleistungen und der Hauptsache zu befriedigen (§ 12 Nr 1). Haben verschiedene Gläubiger zu Ansprüchen aus demselben Recht im gleichen Rang Kostenansprüche (siehe Rdn 1.3), so haben diese untereinander gleichen Rang; Vorrang eines Gläubigers (zB für mit Vorrang abgetretenen Zinsen) kommt auch seinen Kosten zu. Andere Kosten (Kosten persönlicher Rechtsverfolgung, vorgerichtliche Kosten) gewähren nur für einen vollstreckenden Gläubiger Anspruch auf Befriedigung aus dem Grundstück (Rangklasse 5 des § 10 Abs 1); sie gehören im Verhältnis zu anderen Ansprüchen dieses Gläubigers zu den anderen Nebenleistungen nach § 12 Nr 2. Nicht richtig ist (so aber[5]), daß diese Kosten Rang entsprechend § 12 Nr 1 einnehmen. Diese Kosten sind Vollstreckungsforderung des Gläubigers, die nur als dessen Anspruch mit Beschlagnahme ein Recht auf Befriedigung aus dem Grundstück gewährt (Rangklasse 5); sie sind daher Vollstreckungsanspruch neben der Hauptsacheforderung, somit Nebenleistungen, nicht aber Kosten der Befriedigung der (gesamten) in Rangklasse 5 fallenden Vollstreckungsforderung des Gläubigers. Über die Rangfolge bei Kostenbefreiung des Gläubigers Einl Rdn 87, bei Prozeßkostenhilfe (früher Armenrecht) Einl Rdn 45.

Rangverhältnis wiederkehrender Leistungen (§ 12 Nummer 2)   3

3.1 Wiederkehrende Leistungen und andere Nebenleistungen sind **nach** den Kosten und **vor** dem Hauptanspruch zu befriedigen (§ 12 Nr 2), wenn der Erlösanteil nicht für den ganzen Anspruch ausreicht. Zwischen laufenden und rückständigen wiederkehrenden Leistungen und Nebenleistungen wird dabei nicht mehr unterschieden[6]; wenn der Erlös nicht für alle ausreicht, sind aber regelmäßig erst die älteren zu befriedigen (BGB § 366 Abs 2; dazu Rdn 3.5). Sind aus demselben Anspruch mehrere Gläubiger berechtigt, so sind deren Leistungsansprüche untereinander gleichrangig (ebenso wie bei den Kosten; Rdn 2). **Hauptanspruch,** der an letzter Stelle zum Zuge kommt (§ 12 Nr 3), ist die als Hypothek oder Grundschuld eingetragene Grundstücksbelastung, die Ablösungssumme einer Rentenschuld, sonst der an die Stelle eines erloschenen Rechts getretene Anspruch auf Wertersatz (§ 92 Abs 1; im Gegensatz zu fälligen Leistungen).

3.2 Wiederkehrende Leistungen sind als Nebenleistungen insbesondere die **Zinsen** (Gebrauchsvergütung für Kapitalüberlassung), und zwar die rechtsgeschäftlichen (für Grundpfandrecht BGB § 1115 Abs 1) ebenso wie die gesetzlichen (BGB § 1118). Aber auch **wiederkehrende Leistungen** gehören hierher, die nicht Nebenleistungen sind, so die einzelnen Leistungen der Reallast und Rentenschuld; das entspricht BGB § 1107 und § 1200 Abs 1 über die Anwendung der für Hypothekenzinsen geltenden Vorschriften. „**Andere**" **Nebenleistungen** (ungenauer Wortlaut will die in BGB § 1115 Abs 1 bezeichneten Nebenleistungen erfassen) sind alle außerhalb des Kapitals (insbesondere eines Grundpfandrechts), jedoch abhängig von ihm zu entrichtenden Beträge. Für sie haftet das belastete Grundstück kraft eines Grundpfandrechts nur, wenn sie im Grundbuch eingetragen sind (BGB § 1115 Abs 1; Einigung als weiteres Belastungserfordernis BGB § 873 Abs 1). Nebenleistungen können einmalig, fortlaufend, für die ganze Dauer des Rechts, nur von einem Anfangstermin an oder bis zu einem Endtermin (BGB § 163), und aufschiebend oder auflösend bedingt (BGB § 158) zu beanspruchen sein. Tilgungsbeträge sind jedoch keine Nebenleistungen, sondern als Kapitalanteile[7] Hauptsacheanspruch nach § 12 Nr 3.

3.3 Zu **Nebenleistungen** öffentlicher Lasten (steuerlichen Nebenleistungen) § 15 Rdn 34. Nebenleistungen der **Rechte am Grundstück** kommen in ver-

---

[5] Steiner/Hagemann § 12 Rdn 5 (mit Fußn 12).
[6] Steiner/Hagemann § 12 Rdn 6.
[7] RG 104, 68 (72).

schiedenster Art vor. Nebenleistungen einer **Hypothek** können außer den Zinsen sein (siehe BGB § 1115 Abs 1) zum Beispiel Abschlußprovision oder Umsatzprovision (laut[8] keine Zinsen), Bearbeitungsgebühren, Bereitstellungsgebühren[9], Bürgschaftsgebühr[10], Geldbeschaffungskosten, die im Wege der Tilgungsstreckung zu erstatten sind[11], andere Kosten als die in BGB § 1118 und ZVG § 10 Abs 2 genannten, also Kosten, für die das Grundstück nicht kraft Gesetzes haftet (nicht also Kosten der Kündigung und der die Befriedigung aus dem Grundstück bezweckenden Rechtsverfolgung), Kreditgebühren, Mahngebühren, Säumniszuschläge, Strafzinsen bei unpünktlicher Kapital- oder/und Zinszahlung oder bei Eintritt sonstiger Umstände oder Ereignisse[12] (sind nicht Zinseszinsen[13]), Versicherungsprämien für zur Sicherung der Forderung eingegangene Versicherungen, Verwaltungskostenbeiträge[14], Verwaltungskostenzuschläge, Verzugs- und Überziehungsgebühren, Vorfälligkeitsentschädigung[15] und Zinseszinsen (BGB § 248 Abs 2 Satz 2)[16], außerdem Disagio oder Damnum (sonstige Entschädigung für höhere Auszahlung), wenn es infolge Tilgungsstreckung außerhalb des Kapitals als Nebenleistung geschuldet ist. Es handelt sich um den Abzug vom Nennbetrag des vertraglichen Darlehens (Unterschiedsbetrag zwischen Nenn- = Rückzahlungsbetrag und dem Darlehensnehmer tatsächlich zugeflossener Verfügungsbetrag). Wird der Abzugsbetrag einbehalten, ist er Teil der Darlehensschuld (BGB § 488 Abs 1), somit der durch die Hypothek (Hauptsache) gesicherten Geldsumme. Bei der **Zwangshypothek** können Nebenleistungen sein Strafzinsen, Säumniszuschläge oder Zinseszinsen, nicht aber Kosten, die durch einen Vollstreckungstitel (insbesondere Kostenfestsetzungsbeschluß) ausgewiesen sein mußten oder nach ZPO § 788 Abs 2 mit vollstreckt wurden, die mithin als (Teil der) Vollstreckungsforderung, nicht aber als Nebenforderung, geltend gemacht wurden[17], ebenso nicht Zinsrückstände, die betragsmäßig (kapitalisiert) vollstreckt und als Hauptsachebetrag der Sicherungshypothek eingetragene Grundstücksbelastung sind[17]. Nebenleistungen einer **Grundschuld** (BGB § 1191 Abs 2) sind weitere Belastung des Grundstücks, die zur Belastung mit der bestimmten Grundschuldhauptsache hinzutritt[18]. Nebenleistungen **des Gläubigers** (Rangklasse 5 des § 10 Abs 1) sind die als solche vollstreckten Beträge, für die Anordnung des Verfahrens oder Zulassung des Beitritts (§ 27 Abs 2) erfolgt ist.

3.4 Nicht vor dem Hauptanspruch in Rangklasse 4 (bzw 6) sind die älteren Rückstände der wiederkehrenden Leistungen und anderen Nebenleistungen der Rangklasse 8 zu befriedigen. § 12 regelt das Rangverhältnis in der gleichen Rangklasse (Rdn 1.1), ändert aber die Rangfolge des § 10 Abs 1 nicht ab. Daher ist auch der Gläubiger nicht dem Schuldner gegenüber berechtigt, eine nach § 12 Nr 3 dem Hauptanspruch zugefallene Zuteilung erst noch auf ältere Zinsrückstände in Rangklasse 8 zu verrechnen (so auch[19]; anders aber[20]).

3.5 Für nur **teilweise** Deckung des Anspruchs **eines** Berechtigten entweder an verschiedenartigen Kosten, unterschiedlichen wiederkehrenden Leistungen und/

---

[8] Belke BB 1968, 1219 (III 2 d).
[9] Haegele RpflJahrbuch 1974, 311 (I 4).
[10] LG Bielefeld Rpfleger 1970, 335.
[11] LG Düsseldorf Rpfleger 1963, 50 mit Anm Haegele.
[12] KG Berlin JFG 9, 271.
[13] RG 37, 274.
[14] OLG Neustadt DNotZ 1961, 666 mit Anm Ripfel = NJW 1961, 2260; OLG Frankfurt Rpfleger 1978, 409.
[15] OLG Karlsruhe Rpfleger 1968, 353.
[16] KG Berlin JFG 1, 461.
[17] Schöner/Stöber, Grundbuchrecht, Rdn 2187 und Rdn 2189.
[18] Stöber ZIP 1980, 613.
[19] Reinhard/Müller § 12 Anm III.
[20] Jaeckel/Güthe § 12 Rdn 3.

Rangfolge von Haupt- und Nebenansprüchen 4.1 **§ 12**

oder anderen Nebenleistungen oder Hauptsachebeträgen trifft das ZVG keine Regelung. Eine Bestimmung hat dennoch das Vollstreckungsgericht bei Zuteilung nach billigem Ermessen vorzunehmen; es hat sich dabei an BGB § 366 Abs 2 zu halten (geringere Sicherheit bei früherer Verjährung; größere Sicherheit bei Mithaft eines Dritten usw).

Vereinbarung abweichender Rangfolge 4

4.1 Die Rangfolge des § 12 ist nicht zwingend, es kann auch eine Vereinbarung darüber zwischen Gläubiger und Schuldner, daß die Hauptsache vor Kosten und Zinsen zu befriedigen sei, erfolgen[21], etwa schon bei der Bestellung des Grundpfandrechts. Grundbucheintragung der abweichend vereinbarten Tilgungsreihenfolge ist als Zahlungsbestimmung ebenso für zulässig zu erachten, wie die Vollstreckungsunterwerfung wegen eines „zuletzt zu zahlenden Teilbetrags" eintragbar ist[22] (aA[23]: keine Grundbucheintragung, sowie[24]: bedarf der Eintragung außer bei Zinsrückständen); Bezugnahem genügt (BGB § 874). Die Vereinbarung kann auch während des Zwangsversteigerungsverfahrens zwischen Gläubiger und Schuldner erfolgen; eine besondere Form ist dafür nicht vorgeschrieben. Der Schuldner wird hier weniger bereit sein, weil er vielleicht einen Nachteil befürchtet. Die Änderung kann auch durch abgeänderte Versteigerungsbedingung nach § 59 erfolgen, natürlich unter Zustimmung des Schuldners (§ 59 Abs 1 Satz 2), die dieser vielleicht nicht geben wird. Die Folgen zeigt ein Beispiel: Würde der Gläubiger eines erlöschenden Rechts nach § 12 nur mehr wegen der Kosten und Zinsen und wegen eines Teiles der Hauptsache befriedigt, dann könnte er wegen des Restes der Hauptsache aus einer gleichzeitig laufenden Zwangsverwaltung nichts erhalten (§ 155 Abs 2 Satz 1); mit der Abweichung erhält er vielleicht die ganze Hauptsache aus der Versteigerung, Zinsen und (soweit dort berücksichtigungsfähig) auch Kosten vielleicht aus der bei Zuschlag noch nicht abgerechneten Verwaltungsmasse (häufiger Fall, daß noch Mietzinsrückstände beizutreiben und für die Verwaltung trotz inzwischen erfolgten Zuschlags zu verwerten sind), und zwar nach der Versteigerungsverteilung. Ohne diese Regelung würde vielleicht ein Nachrangiger zum Zuge kommen oder sogar der Schuldner aus der Verwaltungsmasse einen Überschuß erhalten, den der Gläubiger erst wieder pfänden müßte. Der Gläubiger, der die Mitwirkung des Schuldners vermeiden will oder muß, könnte auch folgenden Weg wählen: er meldet im Versteigerung nur an Hauptsache, Kosten, vielleicht Zinsen ab Zuschlag, soviel eben voraussichtlich hier gedeckt werden kann; die nicht angemeldeten anderen laufenden Zinsen müßte das Gericht von Amts wegen einsetzen (§ 114 Abs 1 Satz 1), weil Nichtanmeldung kein Verzicht ist (§ 114 Rdn 4), falls nicht der Gläubiger erklärt, diese Beträge wolle er in dem Versteigerungsverfahren nicht erheben (Minderanmeldung im Verfahren; siehe § 45 Rdn 7; kann nicht als materiellrechtlicher Verzicht angesehen werden). Weil dem Gläubiger Versteigerungserlös und Verwaltungsmasse haften, wenn er an beiden Verfahren beteiligt ist, hat er die Wahl, ob er Zinsen aus dem einen oder anderen Verfahren erheben will[25]. Natürlich darf er dieselbe Leistung nur einmal erhalten und sie muß jeweils im anderen Verfahren angerechnet werden[25]. Er muß, auch im Hinblick auf die Folgen einer Liegenbelassung (§ 91 Rdn 5), in eigener Verantwortung entscheiden, welcher Weg ihm günstiger erscheint. Besonderheiten für Schiffe und Zwangsverwaltung: § 146 Rdn 3, § 162 Rdn 9.1.

---

[21] Jaeckel/Güthe § 12 Rdn 1; Steiner/Hagemann § 12 Rdn 3.
[22] Zu dieser Eintragung BGH 108, 372 = DNotZ 1990, 586 mit abl Anm Wolfsteiner = NJW 1990, 258 = Rpfleger 1990, 16.
[23] BGH 156, 274 = MDR 2000, 390 = NJW 2004, 361 = Rpfleger 2004, 92.
[24] Jaeckel/Güthe aaO (Fußn 21).
[25] Reinhard/Müller § 12 Anm V.

4.2 Eine **Änderung der Reihenfolge** des § 12 kann auch aus Anlaß der Abtretung von Zinsen zwischen Zedenten und Zessionar vereinbart werden, daß etwa der Zedent mit seiner Stammforderung den Vorrang vor den Zinsen behalten solle[26], wobei dies nicht im Grundbuch eingetragen werden muß[26].

4.3 a) Für eine **Reallast** ist abweichende Vereinbarung der Befriedigungsreihenfolge des § 12 auch in der Weise zulässig, daß das Stammrecht (die Reallast als Ganzes) „Vorrang" vor den Einzelleistungen (BGB § 1107) hat[27]. Die Bedeutung dieser Abweichung darf jedoch nicht verkannt und überschätzt werden. Wirkung hat sie nur bei nicht ausreichender Masse für die Befriedigungsreihenfolge des § 12 (Rdn 1.2; entspricht BGB § 367 Abs 1). Teilung der Reallast bewirkt sie nicht; ein materielles Rangverhältnis zwischen mehreren Teilen des Rechts wird somit nicht in der Weise begründet, daß bei Vollstreckung fälliger Einzelleistungen in das haftende Grundstück das Stammrecht als dem Anspruch des Gläubigers vorgehend nach § 44 in das geringste Gebot aufgenommen werden könnte (diesen Anschein erweckt verfehlt[27]). Das Recht des Gläubigers wird vielmehr nicht in das geringste Gebot aufgenommen, wenn er nur wegen eines Teils seines Anspruchs die Zwangsversteigerung betreibt (§ 44 Rdn 4.3). Daher werden die nach § 12 Nr 2 vorweg zu befriedigenden Zinsen und anderen Nebenleistungen nicht im geringsten Gebot berücksichtigt, wenn der Gläubiger eines Grundpfandrechts die Zwangsversteigerung nur wegen eines danach wegzufertigenden Hauptanspruchs (§ 12 Nr 3) betreibt. Ebenso kommt auch bei Abwandlung der Befriedigungsreihenfolge des § 12 die Reallast als Ganzes (das Stammrecht) nicht als bestehen bleibendes Recht in das geringste Gebot, wenn wegen erst danach wegzufertigender Einzelleistungen die Zwangsversteigerung betrieben wird. Wenn der Berechtigte die Zwangsversteigerung betreibt, erlischt somit stets die Reallast (das Stammrecht) als Grundstücksbelastung (§ 91 Abs 1). Abweichende Feststellung des geringsten Gebots ermöglicht § 59; s § 44 Rdn 4.12.

[Laufende Beträge wiederkehrender Leistungen]

13 (1) **Laufende Beträge wiederkehrender Leistungen sind der letzte vor der Beschlagnahme fällig gewordene Betrag sowie die später fällig werdenden Beträge. Die älteren Beträge sind Rückstände.**

(2) **Absatz 1 ist anzuwenden, gleichviel ob die Ansprüche auf wiederkehrende Leistungen auf öffentlichem oder privatem Recht oder ob sie auf Bundes- oder Landesrecht beruhen oder ob die gesetzlichen Vorschriften andere als die in § 10 Abs 1 Nr 3 und 4 bestimmten Fristen festsetzen; kürzere Fristen als die in § 10 Abs 1 Nr 3 und 4 bestimmten werden stets vom letzten Fälligkeitstag vor der Beschlagnahme zurückgerechnet.**

(3) **Fehlt es innerhalb der letzten zwei Jahre an einem Fälligkeitstermin, so entscheidet der Zeitpunkt der Beschlagnahme.**

(4) **Liegen mehrere Beschlagnahmen vor, so ist die erste maßgebend. Bei der Zwangsversteigerung gilt, wenn bis zur Beschlagnahme eine Zwangsverwaltung fortgedauert hat, die für diese bewirkte Beschlagnahme als die erste.**

1 Allgemeines zu § 13

1.1 Zweck und **Anwendungsbereich:** Festlegung des Zeitpunktes, der für die Unterscheidung laufender Beträge wiederkehrender Leistungen von den Rück-

---

[26] Reinhard/Müller § 161 Anm V 1.
[27] BayObLG 1990, 282 = DNotZ 1991, 805 = MDR 1991, 154 = NJW-RR 1991, 407 = Rpfleger 1991, 50; dazu auch BGH 156, 274 = NJW 2004, 361 = aaO.

ständen maßgebend ist. Diese Unterscheidung gilt für alle ZVG-Verfahren; sie regelt die Grenze zwischen den laufenden und den rückständigen Beträgen für alle Fälle, in denen das ZVG zwischen laufenden und rückständigen wiederkehrenden Leistungen unterscheidet (§ 10 Abs 1 Nr 2, 3, 4, 7 und 8, § 45 Abs 2, §§ 47, 114 Abs 2, §§ 129, 155 Abs 2, § 156 Abs 1; außerdem EGZVG § 2 Abs 2, § 3); Besonderheit für Schiffe (§ 162 Rdn 9.1), für Insolvenzverwalterverfahren § 172 Rdn 4, für Nachlaßversteigerung § 176 Rdn 2. Die Vorschrift ist anzuwenden, gleich ob es sich um Leistungen aus privaten oder öffentlichen Rechten, nach Bundes- oder Landesrecht oder mit anderen als den in § 10 Abs 1 Nr 3–4 genannten Fristen handelt (§ 13 Abs 2).

1.2 Begriffsbestimmung für Rückständigkeit gibt § 13 nur für die Abgrenzung der wiederkehrenden Leistungen in ZVG-Verfahren, nicht auch für sonstige Fälle der Abgrenzung (vgl bereits § 10 Rdn 6.17), insbesondere nicht für den Begriff „Rückstände" in BGB §§ 1159, 1178 sowie ZPO § 830. In solchen Fällen ist eine Leistung grundsätzlich rückständig, wenn der Termin für ihre Fälligkeit vorbei ist, ohne daß der Anspruch getilgt oder erloschen ist.

1.3 Der Wechsel des Gläubigers ist ohne Einfluß[1]; was rückständig ist, bleibt es auch bei einem Gläubigerwechsel[1].

Begriff der laufenden Beträge wiederkehrender Leistungen (Abs 1–3)   2

2.1 Laufende Beträge wiederkehrender Leistungen sind „der letzte vor der Beschlagnahme fällig werdende sowie die später fällig werdenden Beträge" (§ 13 Abs 1 Satz 1); alle „älteren Beträge sind **Rückstände**" (§ 13 Abs 1 Satz 2). „Beschlagnahme" ist dabei der Beschlagnahmewirksamkeitszeitpunkt (§ 22 Rdn 2). Es kommt auf den Fälligkeitszeitpunkt an, nicht auf den Zeitabschnitt, auf den sich die einzelne Leistung bezieht. Es ist also gleich, ob im voraus oder nachträglich bezahlt werden muß, ob der Betrag für den Zeitraum vor oder nach dem Fälligkeitstermin geschuldet ist. Dazu ein Beispiel: Beschlagnahme wirksam am 1. 7., Zinsen fällig am 30. 6.; kein Unterschied, ob diese für die Zeit vom 1. 4. bis 30. 6. oder vom 1. 7. bis 30. 9. oder vom 1. 6. bis 31. 8. usw zu zahlen sind.

2.2 Maßgebend nach § 13 ist der **letzte** Fälligkeitstermin **vor** der Beschlagnahme. Beispiel: Beschlagnahme wirksam am 1. 7., letzter Fälligkeitstermin vorher 30. 6. Werden die Leistungen am Tag der Beschlagnahme selbst fällig, so entscheidet nicht dieser Termin, sondern eben der letzte Fälligkeitstermin vorher. Beispiel: Beschlagnahme wirksam am 1. 7., Zinsen jeweils fällig am 1. 1. und 1. 7.; maßgebend der vorausgehende 1. 1. Ein Beispiel auch im ZVG-Handbuch Rdn 88.

2.3 Wenn innerhalb der letzten zwei Jahre vor der Beschlagnahme ein **Fälligkeitstermin fehlt,** entscheidet für die Abgrenzung von laufenden und rückständigen Leistungen der Zeitpunkt der Beschlagnahme (§ 13 Abs 3). Beispiel: Beschlagnahme wirksam am 1. 7. 2005, Fälligkeitstermine 1. 5. 2003, 1. 5. 2006 usw; maßgebend der Beschlagnahmewirksamkeitszeitpunkt. Beispiel auch im ZVG-Handbuch Rdn 90. Es werden also Fälligkeitstermine, die über zwei Jahre zurückliegen, nicht berücksichtigt. Alle Beträge bis zum Tag vor der Beschlagnahme einschließlich sind hier Rückstand, auch wenn sie noch gar nicht fällig gewesen wären[2]. Auch dann entscheidet der Beschlagnahmezeitpunkt, wenn das Recht so spät eingetragen ist, daß ein Fälligkeitstermin vor der Beschlagnahme noch fehlt. Beispiel: Recht eingetragen 10. 2. 2005, erster Zinstermin 31. 12. 2005, Beschlagnahme wirksam 1. 10. 2005; laufende Zinsen ab 1. 10. 2005, bis einschließlich 30. 9. 2005 Rückstand. Ebenso ist für öffentliche Lasten (Grundsteuer) der Be-

---

[1] RG 91, 297.
[2] Jaeckel/Güthe § 13 Rdn 3.

schlagnahmezeitpunkt maßgebend, wenn (so bei Nachberechnung von Grundsteuer) die Fälligkeit überhaupt erst nach Beschlagnahme eingetreten ist[3].

2.4 Es **fehlt** an einem bestimmten **Fälligkeitstermin** innerhalb der Frist von zwei Jahren vor dem Beschlagnahmewirksamkeitszeitpunkt immer in folgenden Fällen: bei Verzugszinsen (BGB § 288), Prozeßzinsen (BGB § 291), Wechsel- und Scheckzinsen (nach dem Wechsel- bzw Scheckgesetz) (sie sind alle bei Zahlung der Hauptsache fällig); ferner bei den Zinsen für eine Sicherungshypothek oder eine Zwangshypothek (Zinsen laufen hier täglich weiter); schließlich bei Grundschulden ohne Zinsfälligkeitstermin (kommen selten vor) und bei Zinsen, die nach einer Verfallklausel (abweichend von den vereinbarten Zahlungsterminen) fortlaufend zu erbringen sind. In diesen Fällen beginnen die laufenden Zinsen (anderen wiederkehrenden Leistungen) nach Abs 3 des § 13 **am Tag** der Beschlagnahme. Zinsen für den letzten Tag vor der Beschlagnahme gehören daher nicht zu den laufenden Beträgen (so auch[4]; anders[5]). Abgrenzung nicht nur im Fall von Abs 1 des § 13 maßgeblichen letzten Zeitpunkt vor der Beschlagnahme schließt Abs 3 des § 13 für alle Fälle aus, in denen es an einem Fälligkeitszeitpunkt fehlt. Das gilt auch in Ansehung der gesetzlichen Zinsen, bei denen von einem besonderen Fälligkeitstermin nicht die Rede sein kann[6], gleichermaßen daher auch für andere Fälle, in denen Zinsen und andere Nebenleistungen fortlaufend anwachsen, Fälligkeitszeitpunkte für ihre Erfüllung aber weder als Inhalt des Rechts noch gesetzlich bestimmt sind. Ein Fälligkeitstermin im Sinne von § 13 Abs 1 ergibt sich nicht daraus, daß (wie zB bei der Zwangshypothek) Zinsen fortlaufend anwachsen (täglich anfallen).

2.5 Der **Fälligkeitszeitpunkt** für Anwendung von § 13 **ergibt sich** bei dinglichen Rechten der Rangklasse 4, 6, 8 aus der Grundbucheintragung bzw der dort in Bezug genommenen Eintragungsbewilligung (BGB §§ 1115, 874). Für eine Darlehenshypothek soll, wenn nichts anderes bestimmt ist (selten), BGB § 488 Abs 2 gelten (zB[7]), die Zinsfälligkeit also nach Ablauf je eines Jahres seit der Hingabe des Darlehens bestehen[8]. Dem ist nicht zu folgen. Der Anfangszeitpunkt der Verzinsung muß sich aus der Eintragungsbewilligung ergeben[9] und eingetragen sein (Bezugnahme genügt). Enthält sie keine nähere Angabe, so wird sie dahin ausgelegt, daß Zinsen erst vom Tag der Eintragung an gefordert werden können oder gesichert sein sollen. Für diese Zinsen ergeben sich aber aus der in Bezug genommenen Eintragungsbewilligung dann keine Fälligkeitszeitpunkte. Es fehlt mithin an einem bestimmten Fälligkeitstermin. Bei Ansprüchen aus öffentlichen Grundstückslasten der Rangklasse 3, 7 ergibt sich der Fälligkeitszeitpunkt aus einem Gesetz oder einer kraft Gesetzes erlassenen Satzung oder dem einzelnen Steuer- bzw Leistungsbescheid, der eine Leistungsverpflichtung für einen bestimmten Zeitpunkt fälligstellt, bei Ansprüchen aus Litlohn der Rangklasse 2 aus dem Dienstvertrag oder allgemeinen Tarifvertrag. Der Fälligkeitszeitpunkt muß nicht innerhalb des Zeitraumes liegen, für den die Leistung zu erbringen ist, er kann auch nach ihm liegen. So kann etwa eine Steuerbehörde deshalb, weil der Grundstückseinheitswert noch nicht feststand oder weil der Schuldner die notwendigen Berechnungsunterlagen nicht vorlegte oder eine Anmeldung versäumte, eine Steuer oder andere Abgabe erst für einen zurückliegenden Zeitabschnitt festsetzen und

---

[3] OLG Oldenburg NdsRpfl 1982, 165 = Rpfleger 1982, 350.
[4] Jaeckel/Güthe § 13 Rdn 3; Steiner/Hagemann § 13 Rdn 18.
[5] Bohn, Hypothekenrecht, Rdn 1449; Bauch Rpfleger 1985, 466 (D II 6).
[6] Motive zum ZVG, zu § 14 Abs 2 (S 100).
[7] Jaeckel/Güthe § 13 Rdn 2; Korintenberg/Wenz § 13 Anm 2; Steiner/Hagemann § 13 Rdn 16.
[8] Mohrbutter/Drischler Muster 60 Anm 2.
[9] LG Aachen Rpfleger 1963, 116 mit Anm Haegele; Schöner/Stöber, Grundbuchrecht, Rdn 1957.

damit für einen bestimmten Zeitpunkt fälligstellen[10]. Das Vollstreckungsgericht ist an diese Festsetzung gebunden (mit der die Steuerforderung als Zahlungsanspruch erst entsteht[11]) und muß diese besondere Fälligstellung bei der Anwendung von §§ 10, 13 zugrunde legen.

2.6 Die Fälligkeit wiederkehrender Leistungen kann sich auch nach einer **Verfallklausel** bestimmen, die als Inhalt des dinglichen Rechts vereinbart (und im Grundbuch eingetragen; Bezugnahme genügt) ist. Eine nach der Verfallklausel eingetretene Fälligkeit wiederkehrender Leistungen bestimmt dann auch den Zeitpunkt, nach dem laufende Beträge von den Rückständen abzugrenzen sind. Das gilt, wenn vereinbart ist, daß Zinsen und andere wiederkehrende Leistungen sofort fällig und fortlaufend zu erbringen sind, wenn der Schuldner (eine bestimmte Zeit) in Zahlungsverzug kommt, über sein Vermögen das Insolvenzverfahren eröffnet oder die Zwangsversteigerung oder Zwangsverwaltung des belasteten Grundstücks angeordnet wird oder ein sonstiges Ereignis eintritt. Ist dem Gläubiger nur die Möglichkeit eingeräumt, bei Eintritt eines solchen Ereignisses Zinsen und andere wiederkehrende Leistungen fällig zu stellen, dann wird ihre Fälligkeit erst durch die (empfangsbedürftige) Gestaltungserklärung des Gläubigers herbeigeführt. Auf die nach der Verfallklausel eingetretene (meist dann fortlaufende) Fälligkeit der Zinsen und anderen Nebenleistungen ist (abweichend von den periodischen Zahlungsterminen) im Verfahren abzustellen, wenn darüber Klarheit besteht. Das ist der Fall, wenn der Eintritt des Ereignisses für sofortige (fortlaufende) Fälligkeit der Zinsen nachgewiesen oder sonst dem Vollstreckungsgericht (sicher) zur Kenntnis gelangt ist wie dann, wenn der Gläubiger künftige Zinsen als fortlaufende Nebenleistungen vollstreckt (§ 15 Rdn 15.2) oder bereits in einem Zwangsverwaltungsverfahren (nachgewiesen) geltend gemacht hat. Wenn und solange Zinsen auf Grund einer Verfallklausel fortlaufend fällig werden, kann nicht deshalb wieder auf die vereinbarten periodischen Fälligkeitszeitpunkte zurückgegriffen werden, weil der Gläubiger sich auf die nach der Verfallklausel eingetretene Fälligkeit nicht beruft, fortlaufende Zahlung somit nicht verlangt. Eine Änderung eingetretener Zinsfälligkeiten wäre vielmehr nur als Inhaltsänderung (BGB §§ 877, 873; erfordert Einigung und Eintragung) möglich; dem Beschlagnahmegläubiger gegenüber könnte sie keine Wirksamkeit erlangen (§ 23 Abs 1). Zahlungsbestimmungen müssen nicht für alle Forderungsteile (alle Teile eines Grundpfandrechts) gleich sein; es können für Hauptsache (zB sofort oder nach 3monatiger Kündigung fällig) und Zinsen sowie andere Nebenleistungen (zB halbjährlich nachträglich) auch unterschiedliche Fälligkeiten vereinbart (als Inhalt des Grundpfandrechts bestimmt) sein[12]. Daher müssen auch Zinsen nicht fortlaufend fällig werden, sondern fallen weiterhin nach den für sie vereinbarten Zahlungsbestimmungen an, wenn die Fälligkeit der Hauptsache eines Grundpfandrechts mit Kündigung oder auf Grund einer Verfallklausel eintritt. Daß die Fälligkeit der Hauptsache auch die der Zinsen und anderen Nebenleistungen zur Folge haben soll, bedarf klarer Vereinbarung in den Zahlungsbestimmungen oder (für deren Auslegung) zuverlässiger Anhaltspunkte darüber, daß sie so zu verstehen sind.

2.7 Welchen Einfluß eine **Stundung,** Teilzahlungsvereinbarung, Ratenbewilligung oder sonstige nachträgliche Verschiebung eines ursprünglichen Fälligkeitstermins (wie man sie auch nennen mag) haben kann, ist eine davon ganz verschiedene Frage. Stundung (und jede andere damit übereinstimmende Möglichkeit) bedeutet das Hinausschieben der Fälligkeit einer Forderung bei Bestehenbleiben der Erfüllbarkeit, mag sie vor dem ursprünglichen Termin erfolgen oder nachträglich. Stundung hemmt die Verjährung (BGB § 205) bzw unterbricht sie im Steu-

---

[10] BGH 19, 163 (171) = NJW 1956, 180; BGH MDR 1959, 469 = NJW 1959, 987; RG 83, 87 und 140, 307.
[11] OLG Frankfurt MDR 1983, 757.
[12] Schöner/Stöber, Grundbuchrecht, Rdn 1935.

errecht (Abgabenordnung § 231). Die gestundete Forderung kann der Gläubiger vor Ablauf der Stundungsfrist nicht verlangen, auch nicht zwangsweise beitreiben. Privatrechtliche Ansprüche, über die der Gläubiger durch Abtretung, Verzicht usw verfügen kann, darf er auch beliebig stunden; öffentlichrechtliche Ansprüche können auf gesetzlicher Grundlage gestundet werden (in Abgabenordnung § 222 ist die Stundung von Steuern und anderen Abgaben ausdrücklich vorgesehen).

2.8 Die Frage ist aber, **ob** eine **Stundung** die **Fristen** von zwei und vier Jahren in ZVG § 10, von denen § 13 ausgeht, **beeinflussen kann.** Bejaht wird dies für das ZVG unmittelbar von[13], für das ähnliche (vormalige) Konkursvorrecht mit Frist von einem Jahr in KO § 61 Abs 1 Nr 2 (allerdings nur bei Stundung vor dem ursprünglichen Fälligkeitstermin) von[14]. Verneint wird die Frage für das ZVG unmittelbar (für die Rangklasse 3) von[15] und (allgemein) von[16]. Es muß hier auf die Grundlagen des ZVG zurückgegangen werden. Die Denkschrift (S 37) sagt für Rangklasse 3, im Interesse des Realkredits würde hier bewußt und abweichend von der Jahresfrist der (ehemaligen) Konkursordnung das Vorrecht auf zwei Jahre Rückstand beschränkt, um in Fällen eines Notstands für diesen Zeitraum die Verpflichtungen stunden zu können, und zu Rangklasse 4, aus denselben Gründen würde hier ein Rückstand von zwei Jahren zugelassen. Die Motive[17] sagen bei Notständen sei es möglich, Abgaben der Rangklasse 3 ungefährdet (dh ohne Rangverlust) auf zwei Jahre zu stunden, ebenso für Rangklasse 4. Beide Stellen zeigen, daß die Schöpfer des ZVG davon ausgegangen sind, daß die Fristen festliegen und nur in ihrem Höchstrahmen durch Stundung ausgenützt werden können. Stundung kann sie also nicht über den gesetzlichen Rahmen hinaus verlängern. Stundung macht den ursprünglichen Fälligkeitstermin nicht gegenstandslos und bewahrt einen gesetzlichen Vorrang nicht über die Zeit hinaus, die diesen Ansprüchen nach §§ 10, 13 zusteht (so schon im ZVG-Handbuch Rdn 89). Im übrigen ergab sich für den Vorrang nach KO § 61 nicht aus einer der Entscheidungen des Reichsgerichts[18], daß durch Stundung vor der ursprünglichen Fälligkeit die Vorrangsfrist verlängert werde. Die Entscheidungen befassen sich gar nicht mit Stundung, sondern nur mit der Rdn 2.5 behandelten Fälligstellung einer vorher noch nicht festgesetzten, ja noch nicht festsetzbaren Steuer. Selbst wenn man sie entgegen ihrem Inhalt dahin auslegen wollte, sind sie nicht auf das ZVG anwendbar. Im ZVG handelt es sich nicht um die persönliche Steuer- oder Abgabenschuld des Grundstückseigentümers (in der früheren Konkursordnung ging es um die persönlichen Schulden des Gemeinschuldners; der Konkurs war über sein Vermögen eröffnet). In ZVG § 10 und in der ganzen Vollstreckungsversteigerung geht es um die dingliche Haftung des Versteigerungsobjekts, das nicht Steuerschuldner, sondern Haftungsgegenstand ist. Es wird von persönlichen Steuerschulden des Eigentümers wie von allen anderen persönlichen Ansprüchen gegen ihn nur dann berührt, wenn wegen dieser persönlichen Ansprüche ausdrücklich das Verfahren in Rangklasse 5 betrieben wird (folgerichtig gibt es diese Klasse bei der Teilungsversteigerung nicht und auch bei der Vollstreckungsversteigerung gibt es für sie keine Fristen irgendwelchen Vorrangs; weiter folgerichtig werden auch diese persönlichen Ansprüche durch die Beschlagnahme verdinglicht, weil das ZVG, übrigens auch in Rangklasse 1, 1a und 2, eben nur Ansprüche gegen das Grundstück kennt und darum zB in § 53 Ausnahmevorschriften für die persönliche Schuld bringen muß). Für die dingliche Haftung des Versteigerungsobjekts hat das ZVG im Inter-

---

[13] Jaeckel/Güthe § 13 Rdn 2.
[14] Mohrbutter, Handbuch des Vollstreckungsrechts, § 68 (II 2 b); Senst/Eickmann/Mohn, Handbuch für das Konkursgericht, Rdn 241.
[15] Korintenberg/Wenz § 13 Anm 2.
[16] Steiner/Hagemann § 13 Rdn 25.
[17] Motive zum ZVG S 96–97.
[18] RG 83, 87 und 140, 307.

esse aller Beteiligten die zwingende Rangfolge der §§ 10, 11 und die ebenso zwingenden Begriffsbestimmungen des § 13 über die Abgrenzung von laufenden und rückständigen Leistungen und deren Abhängigkeit vom Fälligkeitstermin geschaffen. Diese können nicht durch Vereinbarung der Beteiligten, nicht durch abgeänderte Versteigerungsbedingungen nach § 59, erst recht nicht durch einseitige Stundung des Gläubigers geändert werden. Die Fristen des § 10 können nicht verlängert und nicht verkürzt werden. Es kann also auch nicht ein Finanzamt oder eine Gemeinde durch Stundung die nichtbezahlten öffentlichen Lasten in den Vorrangszeitraum „hineinretten". Darauf, ob die Stundung vor oder nach der ursprünglichen Fälligkeit erfolgt sei, kommt es überhaupt nicht an.

2.9 Verjährungsvorschriften erlangen für die Abgrenzung laufender Beträge wiederkehrender Leistungen von den Rückständen und damit für die Berücksichtigung zwei oder vier Jahre rückständiger Beträge in Rangklasse 4 oder 3 keine Bedeutung[19] (§ 15 Rdn 37.3).

Einheitlicher Zeitpunkt für mehrere Beschlagnahmen (Absatz 4)

3.1 Beschlagnahme ist in ZVG-Verfahren für jeden betreibenden Gläubiger sein Beschlagnahmewirksamkeitszeitpunkt (§§ 22, 27, 151 Abs 1 und 2). Für die Berechnung aber, welche wiederkehrenden Leistungen als laufend, welche als rückständig gelten (§ 13 Abs 1), entscheidet für alle am Verfahren Beteiligten (gleich ob sie betreiben oder nicht) einheitlich der **erste Beschlagnahmewirksamkeitszeitpunkt** (§ 13 Abs 4 Satz 1). Dies gilt auch, wenn der Anordnungsbeschluß (zB wegen Antragsrücknahme) wieder aufgehoben wird und aus einem Beitrittsbeschluß weiter betrieben wird (es bleibt also bei dem Beschlagnahmewirksamkeitszeitpunkt des Anordnungsbeschlusses). Grund: Die Berechnung der Rückstände muß in demselben Verfahren für alle Gläubiger nach gleichen Grundsätzen erfolgen[20]. Richtet sich der maßgebende Beschlagnahmebeschluß gegen mehrere Schuldner (nicht aber Bruchteilseigentümer; dazu Rdn 3.4) und hängt die Wirksamkeit von der Zustellung an diese ab (also nicht vom Eingang des Eintragungsersuchens beim Grundbuchamt), so entscheidet der Tag, an dem an den letzten der mehreren Schuldner zugestellt ist.

3.2 Wird **zuerst** die Zwangs**verwaltung** angeordnet, dann die Zwangsversteigerung und dauert die Zwangsverwaltung bis zur Zwangsversteigerungsbeschlagnahme fort, so entscheidet auch für die Zwangsversteigerung dieser frühere Beschlagnahmezeitpunkt aus der Zwangsverwaltung (§ 13 Abs 4 Satz 2). Die Zwangsverwaltung darf somit nicht wieder aufgehoben oder ihre Beschlagnahmewirkung mit Antragsrücknahme erloschen sein, bevor die Zwangsversteigerungsbeschlagnahme wirksam geworden ist. Wird sie später wieder aufgehoben, so bleibt für die Versteigerung dennoch der Beschlagnahmezeitpunkt der früheren Zwangsverwaltung maßgebend. Umgekehrt gilt die Regel nicht. Wird erst die Zwangsversteigerung, dann die Zwangsverwaltung angeordnet, behält die Zwangsverwaltung ihren eigenen Beschlagnahmewirksamkeitszeitpunkt. Wird ein Zwangsversteigerungsverfahren nach § 77 Abs 2 in eine Zwangsverwaltung übergeleitet, dann hat das übergeleitete Zwangsverwaltungsverfahren den Beschlagnahmezeitpunkt der Versteigerung.

3.3 Im Falle von Rdn 3.1 ist die Lage ganz anders, wenn der **Anordnungsbeschluß** schon **erlischt,** bevor ein Beitrittsbeschluß wirksam wurde (durch Zustellung nach § 22 Abs 1 Satz 1); der Anordnungsbeschluß erlosch zB bei Antragsrücknahme schon mit dem Eingang der Rücknahme bei Gericht, nicht erst mit der ausdrücklichen Aufhebung (§ 29 Rdn 2), die Zustellung des Beitritts hat sich

---

[19] Stöber MittBayNot 1999, 441 (446).
[20] Motive zum ZVG S 100.

vielleicht, insbesondere bei mehreren Schuldnern, verzögert. Dann ist die Beitrittsbeschlagnahme die erste, weil sie ein neues Verfahren einleitet[21] (mit einem neuen Vollstreckungsvermerk im Grundbuch, der alte ist zu löschen) (§ 27 Rdn 4.6). Hier gibt es also keine Rückwirkung auf die frühere Beschlagnahme, ausgenommen natürlich, wenn etwa eine ältere Zwangsverwaltungsbeschlagnahme noch fortdauern würde, wie Rdn 3.2 ausgeführt (dann wäre sie maßgebend).

3.4 Mehrere Grundstücke bzw Grundstücks**bruchteile:** Die bisherigen Ausführungen bezogen sich auf den Beschlagnahmewirksamkeitszeitpunkt bei demselben Objekt. Hier entscheidet immer der früheste von mehreren Zeitpunkten. Das ZVG geht aber davon aus, daß jedes Grundstück und jeder Grundstücksbruchteil für sich einem Verfahren unterworfen wird, es kennt keine Einheit des Verfahrens (§ 18 Rdn 1). Auch eine Verbindung von Verfahren (§ 18) ändert daher mangels einer gesetzlichen Bestimmung hierüber nichts an den Beschlagnahmewirksamkeitszeitpunkten der **einzelnen** Verfahrens**objekte.** Sind mehrere Objekte gemeinsam beschlagnahmt, so haben sie denselben Beschlagnahmewirksamkeitszeitpunkt. Werden sie aber zu unterschiedlichen Zeiten beschlagnahmt, so ändert sich hieran durch eine Verbindung (die in diesem Falle ja nur nachträglich erfolgen kann) nichts. Jedes Objekt behält seinen Beschlagnahmewirksamkeitszeitpunkt; für jedes ist § 13 getrennt anzuwenden (mehrere Beschlagnahmebeschlüsse über dasselbe Objekt, Zwangsverwaltung über dasselbe Objekt). Wird Grundstück A 2004 beschlagnahmt, Grundstück B 2005, werden dann die Verfahren verbunden, so behält doch jedes seinen Zeitpunkt nach § 22. Wird über A Zwangsverwaltung, später die Zwangsversteigerung angeordnet, über B gleichzeitig mit A nur die Zwangsversteigerung oder später die Zwangsversteigerung, so wirkt es bei ihm nicht die Zwangsverwaltungsbeschlagnahme als erster Zeitpunkt. Das gilt auch für Grundstücksbruchteile und es gilt auch im Falle von Gruppen- und Gesamtausgeboten. Die dadurch für die Zinsberechnung entstehenden Schwierigkeiten müssen in Kauf genommen werden.

3.5 Zu einschlägigen Fragen im ZVG-Handbuch Rdn 90–93.

[Ansprüche von unbestimmtem Betrag]

14 Ansprüche von unbestimmtem Betrage gelten als aufschiebend bedingt durch die Feststellung des Betrags.

Literatur: Teufel, Gedanken zu § 14 ZVG, Rpfleger 1977, 193.

1 Allgemeines zu § 14

Zweck und **Anwendungsbereich:** Regelung, wie ein Anspruch, der nach § 10 Abs 1 ein Recht auf Befriedigung aus dem Grundstück gewährt, in dem Verfahren (namentlich bei Feststellung des geringsten Gebots sowie bei Verteilung des Versteigerungserlöses) dann zu behandeln ist, wenn er seinem Betrage nach unbestimmt ist (Denkschrift S 38). Das ist „der Natur der Sache entsprechend" in der Weise bestimmt, „daß der Anspruch als durch die Feststellung des Betrags bedingt zu gelten hat" (Denkschrift S 38). Als „fiktiv bedingter Geldanspruch" kann der betragsmäßig unbestimmte Anspruch (er ist seiner Natur nach kein bedingter[1]) in der auf Berücksichtigung und Befriedigung bestimmter Geldansprüche abgestellten Zwangsversteigerung und Zwangsverwaltung mit einem festen Geldbetrag erfaßt werden. § 14 gilt als allgemeine Vorschrift für alle ZVG-Verfahren.

---

[21] Jaeckel/Güthe § 13 Rdn 2.
[1] Reinhard/Müller § 14 Anm I.

Ansprüche von unbestimmtem Betrag 2.3 § 14

Art der Ansprüche von unbestimmtem Betrag 2

2.1 Mit „unbestimmtem Betrage" bezeichnet § 14 den **Geldbetrag**[2]. Ansprüche von unbestimmtem Betrage sind somit solche, die nicht auf einen bestimmten Geldbetrag lauten. Das ist der Fall, wenn ein Anspruch entweder überhaupt nicht auf Zahlung eines bestimmten (betragsmäßig festgelegten) oder bestimmbaren (ohne weiteres errechenbaren) Geldbetrags gerichtet ist (sondern etwa auf Naturalleistungen) oder wenn er zwar Geldanspruch ist, der Geldbetrag seiner Höhe nach aber noch nicht feststeht[3]. Unbestimmt sein kann in dieser Weise ein Anspruch auf wiederkehrende Leistungen, aber auch der Anspruch aus einem nicht auf Zahlung eines Kapitals gerichteten Recht an dem Grundstück (Hauptsache).

2.2 Überhaupt **nicht auf Geldzahlung** gerichtet sind insbesondere Litlohnansprüche (§ 10 Abs 1 Nr 2), soweit sie in Naturalleistungen geschuldet sind, und rückständige Einzelleistungen der Reallast (BGB § 1105), die nicht in Geld bestehen. Geldanspruch, dessen **Geldbetrag der Höhe nach** noch nicht feststeht, ist der Wertersatzanspruch des § 92, der an die Stelle eines durch den Zuschlag erloschenen, nicht auf Kapitalzahlung gerichteten Rechts getreten ist. Gerichtet sein kann dieser Ersatzanspruch auf einmaligen Wertersatz (§ 92 Abs 1) oder auf Wertersatz durch Zahlung einer Geldrente (§ 92 Abs 2). Ein durch Vormerkung (BGB § 883) oder Widerspruch (BGB § 899; auch GBO § 18 Abs 2, § 53 Abs 1) gesicherter Anspruch ist als bedingter Anspruch (§§ 48, 119) nach § 14 auch betragsmäßig bedingt, wenn ein Recht mit Anspruch von unbestimmtem Betrage gesichert ist (zB eine Reallast, Grunddienstbarkeit, beschränkte persönliche Dienstbarkeit, Nießbrauch usw; ebenso die Auflassungsvormerkung). Wenn für ein Recht der Höchstbetrag des Wertersatzes bestimmt ist (erfordert Grundbucheintragung, BGB § 882), ist der Geldbetrag seiner Höhe nach durch den bestimmten Höchstbetrag begrenzt; er steht bis zu dieser Wertgrenze im Einzelfall aber der Höhe nach noch nicht fest, ist somit durch den Wertersatzbetrag begrenzter Anspruch von unbestimmtem Betrage. Die ohne Beschränkung auf einen Höchstbetrag eingetragene Kautionshypothek des früheren preußischen Rechts steht als Geldbetrag der Höhe nach nicht fest; der Anspruch ist daher unbestimmt nach § 14. Das ablösbare Recht ist durch die Ablösungssumme bestimmt (§ 92 Abs 3), fällt somit nicht unter § 14.

2.3 Kein unbestimmter Anspruch nach § 14 ergibt sich aus

a) **Grundpfandrechten** (Hypothek, Grundschuld und Rentenschuld); ihr Berechtigter hat Anspruch auf Zahlung einer bestimmten Geldsumme aus dem Grundstück und betragsmäßig bestimmter Zinsen sowie anderer Nebenleistungen. Einen unbestimmten Anspruch begründet daher auch nicht die wertbeständige Hypothek und die Hypothek in **ausländischer Währung**[4]. Die Beträge stehen fest, sie müssen nur nach den reichs/bundesrechtlichen Umrechnungsvorschriften oder nach den Vorschriften des Grundbuchbereinigungsgesetzes umgerechnet werden (siehe § 145 a).

b) einem **betagten** unverzinslichen Anspruch (§ 111). Sein Betrag steht fest.

c) einer **Sicherungshypothek** (BGB § 1184). Bei ihr steht der Geldbetrag fest. Das gilt auch für die Zwangs-Sicherungshypothek.

d) einer **Sicherungshöchstbetragshypothek** (BGB § 1190); bei ihr ist nicht der Geldbetrag unbestimmt, sondern nur die Person des Berechtigten[5] (dazu Rdn 2.1).

---

[2] Kommissionsbericht, Drucksache 607, abgedruckt in Hahn/Mugdan, Materialien, S 38; Jaeckel/Güthe § 14 Rdn 2.
[3] Jaeckel/Güthe § 14 Rdn 2; Korintenberg/Wenz § 14 Anm 1; Steiner/Teufel § 14 Rdn 8, 9.
[4] Dassler/Muth § 14 Rdn 6; Jaeckel/Güthe § 14 Rdn 2.
[5] Dassler/Muth § 14 Rdn 6; Jaeckel/Güthe § 14 Rdn 3; Korintenberg/Wenz Einführung Kapitel 22 (2).

Sie ist vorläufige Eigentümergrundschuld, auflösend bedingt durch den Nachweis des Bestehens einer Forderung für den Eingetragenen. Zur Höchstbetragshypothek nach ZGB-DDR § 454a siehe § 48 Rdn 2.4.

e) einer **Arresthypothek** (ZPO § 932); bei ihr ist nicht der Geldbetrag unbestimmt, sondern nur die Person des Berechtigten. Das Grundstück haftet mit dem Geldbetrag der Lösungssumme (ZPO § 932 Abs 1 Satz 1), auch wenn (bzw soweit) der Arrestbefehl aufgehoben oder der Anspruch im Hauptsacheprozeß abgewiesen wird; das Recht steht dann dem Eigentümer zu (ZPO § 932 Abs 2, § 868).

f) der **Schiffshöchstbetragshypothek** nach Schiffsrechtegesetz § 75. Sie ist ein bedingtes Recht, bedingt durch die Feststellung von Betrag und Höhe der Forderung für den Eingetragenen, und kann nicht zum Eigentümerrecht werden. Sie wird ohne den Umweg des § 14 unmittelbar als bedingtes Recht (§§ 48, 50 Abs 2, §§ 119, 120) behandelt[6].

g) einem Altenteils- und **Unterhaltsanspruch** in Geld, der bei oder bis zum Eintritt eines unbestimmten oder ungewissen Ereignisses (Tod, Heirat) besteht.

h) einer **Wertsicherungsklausel**, durch die der Anspruch an den Lebenshaltungskosten-Index, einen bestimmten Beamtengehalt oder einen Tariflohn gebunden ist, wenn sie ohne weiteres Berechnung und damit betragsmäßige Bestimmung des Anspruchs ermöglicht.

2.4 § 14 soll auch auf Ansprüche anzuwenden sein, die **dem Grunde nach** nicht festgestellt (insbesondere weil sie bestritten) sind[7]. Dafür soll sprechen[8], daß die Ungewißheit über das Bestehen eines Anspruchs „selbstverständlich" jene über seinen Geldwert mit umfaßt und daß die Unbestimmtheit in der Feststellung des Betrags ihre Grenzen findet, diese Feststellung aber auch eine verbindliche Aussage über das Bestehen (zumindest das Entstehen) des Anspruchs enthalte. Dem ist nicht zu folgen (so siehe[9]). Mit einem „unbestimmten Anspruch", bei dem das Recht auf Befriedigung aus dem Grundstück nach § 10 Abs 1 selbst ungewiß ist im Sinne von zweifelhaft hinsichtlich seines Bestehens oder Fortbestehens oder seiner Dauer, befaßt sich § 14 nicht. Ungewißheit dem Grunde nach über einen betragsmäßig bestimmten Anspruch (zB das Bestehen einer Grundschuld) erfordert für Berücksichtigung im Verfahren keine Feststellung des Betrags; der Anspruch ist nicht bis dahin bedingt. Berücksichtigung des Anspruchs bestimmt sich vielmehr nach den einzelnen Verfahrensvorschriften. Er ist in das geringste Gebot und in den Teilungsplan nach dem Inhalt des Grundbuchs (oder nach Anmeldung und ggfs Glaubhaftmachung) aufzunehmen (§§ 45, 114); Einwendungen gegen seine Berücksichtigung sind mit den Rechtsbehelfen des Verfahrens geltend zu machen. Eine Ungewißheit auch „dem Grunde nach" vorbehaltlich der Feststellung des Betrags ist folgerichtig daher nicht denkbar. Ebenso aber braucht sich (umgekehrt) die Ungewißheit über einen betragsmäßig unbestimmten Anspruch nicht auf den Grund (das Bestehen) des Anspruchs zu erstrecken. Der Anspruch (zB der Litlohnanspruch in Natur, das Recht aus einer Reallast) kann zweifelsfrei (bestimmt) bestehen (hierwegen auch BGB § 891 Abs 1), der Anspruch betragsmäßig dennoch unbestimmt sein. Nur für den unbestimmten Anspruchsbetrag aber trifft § 14 eine Regelung.

3 Berücksichtigung als „aufschiebend bedingter Anspruch"

3.1 Als „fiktiver" bedingter Anspruch (Rdn 1) ist der durch Feststellung des Betrages aufschiebend bedingte Anspruch im Verfahren nach den **Bestimmungen über** die Berücksichtigung eines **aufschiebend bedingten Anspruchs** zu behandeln. Der Anspruch/das Recht wird daher wie ein unbedingtes Recht in das

---

[6] Jaeckel/Güthe § 14 Rdn 4; Korintenberg/Wenz § 14 Anm 4.
[7] Teufel Rpfleger 1977, 193 (II und VIII 1); Steiner/Teufel § 14 Rdn 10.
[8] Teufel aaO (Fußn 7).
[9] Dassler/Muth § 14 Rdn 2.

geringste Gebot aufgenommen (§ 48; für wiederkehrende Naturalleistungen aber auch § 46; sonst § 51 Abs 2). Zuteilung erfordert Hilfsverteilung nach § 119 und Planausführung nach § 120. Die Denkschrift (S 38) nennt als anzuwendende Bestimmung auch § 50 Abs 2 Nr 1. Weil im geringsten Gebot das Recht jedoch mit seinem eingetragenen Inhalt, nicht aber mit einem Geldbetrag, der unbestimmt ist, als bestehen bleibend berücksichtigt wird, ist aber kein erst noch betragsmäßig festzustellender Anspruch, somit kein „Anspruch von unbestimmtem Betrage" erfaßt; das berücksichtigte Recht ist daher nicht allein deshalb bedingt im Sinne von § 50 Abs 2 Nr 1, weil es mit einem nicht auf Geldzahlung gerichteten Inhalt bestehen bleibt. Die für betragsmäßige Feststellung des geringsten Gebots erforderliche Regelung trifft § 51 Abs 2. Daher erlangt § 14 in diesem Zusammenhang keine Bedeutung.

3.2 Mit **Feststellung des Betrags** wird der bis dahin aufschiebend bedingte Anspruch endgültig Anspruch von bestimmtem Geldbetrag. Bedeutsam wird die Feststellung des Betrags vor allem für Aufnahme des Anspruchs auf einmaligen Wertersatz oder auf Wertersatz durch Zahlung einer Geldrente (§ 92) in den Teilungsplan (§§ 114, 121) und für Ausführung des Teilungsplans. Für das Verteilungsverfahren sei daher auf die Ausführungen zu § 92 verwiesen. Über die Behandlung der unbestimmten Ansprüche auch an den einschlägigen Stellen für das geringste Gebot bzw den Teilungsplan (§ 44 Rdn 4, 5, § 114 Rdn 4).

Zweiter Titel. Zwangsversteigerung

I. Anordnung der Versteigerung

[Anordnungsbeschluß]

15 Die Zwangsversteigerung eines Grundstücks wird von dem Vollstreckungsgericht auf Antrag angeordnet.

Übersicht

Allgemeines zur Vollstreckungsversteigerung	1
Allgemeines zu ZVG § 15	2
Anordnungsantrag: Allgemeine Voraussetzungen, Prüfung	3
Anordnungsbeschluß	4
Anordnungsverfahren und -beschluß: Rechtsbehelfe	5
Baugesetzbuch (BauGB)	6
Bundesversorgungsgesetz, Soldatenversorgungsgesetz	7
„DDR"-Schuldtitel	8
Dinglicher Titel, Duldungstitel	9
Eheliches Güterrecht	10
Eigentümergrundpfandrechte (Zwangsvollstreckung)	11
Eisenbahnrecht	12
Erbbaurecht	13
Erbbaurechts-Grundstück	14
Fälligkeit der betreibenden Ansprüche, Kündigung	15
Fiskus und Körperschaften als Schuldner	16
Flurbereinigung	17
Gerichtskasse, Amtskasse	18
Gesellschaft, Handelsgesellschaft, Verein	19
Gläubiger-Ablösung	20
Grundstücksbruchteil, Gemeinderecht, Straßenfläche	21
Herrenlose Immobilie	22
Insolvenzverfahren mit Konkurs, Vergleichsverfahren, Gesamtvollstreckung	23
Landwirtschaftliche Grundstücke	24
Name und Firma in der Vollstreckung	25
Nießbrauch	26
Pfandrecht	27
Rechtliches Gehör des Schuldners	28
Rechtsnachfolge des Gläubigers	29
Rechtsnachfolge (Tod) des Schuldners	30
Reichsheimstättenrecht, Reichssiedlungsrecht	31
Sicherheitsleistung für und gegen die Zwangsvollstreckung	32
Sozialleistungsansprüche	33
Steuerforderungen	34

Truppenstatut, Soldaten 35	Vorkaufsrecht, Ankaufsrecht, Wiederkaufsrecht 42
Veräußerungsverbot, Sequestration 36	Wartefrist betreibender Ansprüche 43
Verjährung 37	Wechsel und Scheck als Vollstreckungsunterlagen 44
Verwaltungszwangsverfahren 38	
Vollstreckungshindernisse und -mängel (ohne Titel, Klausel) 39	Wohnungseigentum, Teileigentum 45
Vollstreckungstitel und -klausel (auch Mängel hierbei) 40	Zug-um-Zug-Leistung bei Vollstreckungsansprüchen 46
Vollstreckungstitel in Sonderfällen; Familien/Vormundschaftsgerichtliche Genehmigung 41	Zustellung und Mitteilungen im Anordnungsverfahren 47
	Zwangsversteigerung und Sachenrechtsbereinigung 48

1 Allgemeines zur Vollstreckungsversteigerung

1.1 Die Vollstreckungsversteigerung (auch Forderungsversteigerung genannt) kann eine **erstmalige** sein (§ 15) oder eine **erneute** (§ 133, diese mit einigen Besonderheiten). Eine Einführung in das Verfahren in der ungefähren Reihenfolge des Geschehensablaufs bietet das ZVG-Handbuch.

1.2 Die besonderen Vorschriften für das Vollstreckungsversteigerungsverfahren regelt das ZVG im **ersten Abschnitt** (§§ 1–161) = Zwangsversteigerung und Zwangsverwaltung von Grundstücken im Wege der Zwangsvollstreckung im Anschluß an den ersten Titel über allgemeine Vorschriften (§§ 1–14) in seinem **zweiten Titel** (§§ 15–145). Das Verfahren dient dem Ziel, Grundstücke (oder Grundstücksbruchteile, Wohnungseigentum, Gebäudeeigentum oder grundstücksgleiche Rechte) zwangsweise zu veräußern, um aus dem Erlös die daran Berechtigten zu befriedigen (Einl Rdn 1 und 2). Zwangsversteigerung ist als Zwangsvollstreckung **Ausübung hoheitlicher Befugnisse**[1]. Die „Zwangsvollstreckung in das unbewegliche Vermögen" (Immobiliarvollstreckung) erfolgt wegen einer fälligen (privatrechtlichen oder öffentlichrechtlichen) Geldforderung, aus einem persönlichen oder dinglichen Schuldtitel (bei bestimmten Vollstreckungsarten ohne Titel). Voraussetzungen und Grenzen der Vollstreckungshandlungen sind, mit bestimmten Ausnahmen, den Vereinbarungen der Parteien entzogen[2].

1.3 Zuerst wird das Objekt beschlagnahmt (§§ 15–34), dann wird es versteigert (§§ 35–104), schließlich wird der Erlös verteilt und das Grundbuch der neuen Rechtslage angepaßt (§§ 105–145).

1.4 Die **Beschlagnahme** erfolgt durch Anordnungsbeschluß (§ 15) und Beitrittsbeschlüsse (§ 27), immer nur auf Antrag (§ 16). Der Schuldner muß eingetragener Eigentümer oder der Erbe des Eingetragenen sein (§ 17). Im Grundbuch wird ein Vermerk eingetragen (§ 19). Die Beschlagnahme wird wirksam durch bestimmte Vorgänge (§ 22); sie umfaßt bestimmte Gegenstände (§§ 20, 21) und hat bestimmte Wirkungen (§§ 23, 24). Bei Hindernissen wird das Verfahren eingestellt oder aufgehoben (§§ 26, 28). Aufgehoben wird es auch bei Antragsrücknahme (§ 29), eingestellt, und zwar nur „einstweilen" (vorübergehend), auf Bewilligung des Gläubigers und auf Antrag des Schuldners bzw seines Insolvenzverwalters (§§ 30–31). Eingestellt oder aufgehoben wird auch unter den vollstreckungshindernden Voraussetzungen nach ZPO §§ 775, 776 (Einl Rdn 31) und bei Gewährung von Vollstreckungsschutz nach ZPO § 765 a (Einl Rdn 52).

1.5 Die **Versteigerung** erfolgt in einem öffentlichen Termin (§§ 35, 36, 66), nach Ablauf gewisser Fristen und Erledigungen bestimmter Ladungen, Mitteilungen, Bekanntmachungen, Zustellungen (§§ 36, 41, 43), nach Beschaffung bestimmter Unterlagen (§ 19), nach Ermittlung über und Aufforderung an Mieter und Pächter

---

[1] Zöller/Stöber, ZPO, vor § 704 Rdn 1.
[2] RG 128, 81 (85).

Anordnungsbeschluß 3.1 § 15

(§ 57d), nach Schätzung und Festsetzung des Wertes (§ 74a), manchmal nach einem Vortermin (§ 62), im übrigen in einem sehr formstrengen Verfahren mit zahlreichen Erfordernissen (§§ 66, 73), auf Grund eines geringsten Gebots mit Deckungsgrundsatz (§ 44), teils in bar (§ 49), teils mit zu übernehmenden Belastungen (§ 52), wobei bestimmte Miet- und Pachtverträge fortbestehen, aber ausnahmsweise gekündigt werden können (§ 57a). Versteigerungsbedingungen können unter bestimmten Voraussetzungen abweichend festgestellt werden (§ 59). Jedermann darf bieten (§§ 71–73), muß unter Umständen Sicherheit leisten (§§ 67–70). Von mehreren Objekten, deren Verfahren verbunden werden kann (§ 18), ist jedes einzeln, sind aber auch mehrere oder alle zusammen zu versteigern (§ 63). Das Objekt wird mit **Zuschlag** durch staatlichen Hoheitsakt originär dem Meistbietenden für sein Meistgebot übertragen (§ 81), falls keine Hindernisse bestehen (§§ 83, 84, 85a) und kein zulässiger Versagungsantrag gestellt wird, insbesondere wegen Nichterreichung des relativen Mindestgebots (§ 74a). Der Ersteher wird mit der Verkündung des Zuschlags (§ 87) Eigentümer (§§ 89, 90), unter Übergang von Nutzungen und Lasten (§§ 53, 54, 56) und unter Erlöschen bestimmter Belastungen (§ 91). Aus dem Zuschlag kann er vollstrecken (§ 93). Der Zuschlag kann, wie auch bestimmte andere Verfahrensvorgänge, angefochten werden (§§ 95–104).

1.6 Nach dem Zuschlag wird der **Erlös** in einem besonderen Verteilungstermin (§§ 105–107) nichtöffentlich, auf Grund eines Teilungsplans (§§ 106, 109, 113, 114) unter Vorwegnahme der Verfahrenskosten (§ 109) unter die Berechtigten **verteilt** (§ 109). Gegen den Plan kann Widerspruch erhoben werden (§ 115); der Widersprechende muß binnen Monatsfrist Widerspruchsklage erheben (ZPO §§ 876–882). Die Verteilung kann auch außergerichtlich erfolgen (§§ 143, 144). Wird das bare Meistgebot nicht bezahlt, werden den dafür Berechtigten Forderungen gegen den Ersteher übertragen (§ 118) und Sicherungshypotheken zugeteilt (§ 128), aus denen die beschleunigte erneute Vollstreckung durch Zwangsversteigerung oder Zwangsverwaltung (meist Wiederversteigerung genannt) erfolgen kann (§ 133). Nach der Verteilung und Erfüllung anderer Voraussetzungen wird das Grundbuchamt um Berichtigung im Sinne der neuen Rechtslage ersucht (§ 130). Unbekannte Erlösberechtigte werden gesondert ermittelt (§§ 135–142).

Allgemeines zu ZVG § 15

2.1 Zweck der Vorschrift: § 15 stellt (für Abgrenzung im Hinblick auf ZPO § 753 Abs 1) klar, daß Zwangsversteigerung eine dem Vollstreckungsgericht zugewiesene Vollstreckungsmaßregel ist[3] und daß Verfahrensanordnung (ebenso Zulassung des Beitritts nach § 27) von einem Antrag abhängig ist (Denkschrift S 38).

2.2 Anwendungsbereich: Die Vorschrift gilt für **alle Verfahrensarten** des ZVG, für die Vollstreckungs-, Insolvenzverwalter- (§ 172), Nachlaß- (§ 175) und Teilungsversteigerung (§ 180), aber auch für die Zwangsverwaltung (§ 146). Sie gilt für Grundstücke, Grundstücksbruchteile, Wohnungseigentum, Gebäudeeigentum, grundstücksgleiche Rechte, für Schiffe und Schiffsbauwerke (§ 162) sowie für Luftfahrzeuge (§ 171a).

Anordnungsantrag: Allgemeine Voraussetzungen, Prüfung

3.1 Ein **Antrag** ist Erfordernis jeder Zwangsvollstreckung bereits nach den allgemeinen Verfahrensgrundsätzen der Zivilprozeßordnung, die auch für die Zwangsversteigerung und Zwangsverwaltung gelten (ZPO § 869). Grund: Die Zwangsvollstreckung dient Gläubigerinteressen. Der Gläubiger (Antragsteller) bestimmt daher Beginn, Art und Ausmaß des Vollstreckungszugriffs[4]. Für das ZVG-Verfahren bringt das § 15 nochmals zum Ausdruck[5]. In welcher Weise der Gläubiger den Antrag zu

---
[3] Motive zum ZVG S 121.
[4] Zöller/Stöber, ZPO, vor § 704 Rdn 19.
[5] Motive zum ZVG S 121; Denkschrift S 38.

§ 15 3.1   Anordnung der Versteigerung

stellen hat, bestimmt § 16 als Ordnungsvorschrift (Denkschrift S 38). Als Prozeßhandlung, die das Verfahren einleitet, darf der Antrag nicht von einer Bedingung abhängig gemacht werden[6]. Von Amts wegen wird eine Zwangsversteigerung oder Zwangsverwaltung nie angeordnet. Zurücknahme des Antrags: § 29.

3.2 Der Gläubiger, der einen Antrag auf Zwangsversteigerung stellen will, sollte sich über folgende Punkte **vergewissern,** ohne daß die Reihenfolge dabei eine Rolle spielt, weil alle Voraussetzungen gleich wichtig sind, gleichzeitig erfüllt sein müssen. Wesentliche Voraussetzungen sind: a) Vollstreckungs**titel** (bei bestimmten Behörden Vollstreckungsantrag); b) Vollstreckungs**klausel** (nicht bei allen Titeln nötig); c) sonstige urkundliche **Nachweise:** Zustellungsnachweis für Titel, Ablauf der Wartefrist, Eintritt der Kalendertagsfälligkeit, vorherige Sicherheitsleistung, Voraussetzungen für Zug-um-Zug-Leistung nachgewiesen, Vollmacht, Wechsel oder Schecks zum Titel, Rechtsnachfolge-Nachweise mit Zustellung, nicht dagegen nötig der Hypothekenbrief; d) Erfüllung **besonderer Voraussetzungen:** eheliches Güterrecht, Verwaltungsvollstreckungsbesonderheiten; e) **Nichtvorliegen von Beschränkungen:** Fiskus, Insolvenzverfahren, Nacherbschaft, Erbbaurecht, sonstige Besonderheiten; f) **Zuständigkeit** des Vollstreckungsgerichts; g) Parteifähigkeit, Prozeßfähigkeit; h) Feststellung, ob der **Schuldner im Grundbuch** eingetragen oder Erbe des Eingetragenen ist (§ 17 Abs 1), ob das dingliche Recht, aus dem betrieben werden soll, im Grundbuch eingetragen ist, ob sich aus Abteilung II des Grundbuchamts keine entgegenstehenden Rechte ergeben; i) Inhalt des Antrags (§ 16). Dazu auch im ZVG-Handbuch Rdn 13.

3.3 Zuständig für die Entscheidung über einen Anordnungs- und Beitrittsantrag ist das **Vollstreckungsgericht** (Rechtspfleger), aber, wenn die Vollstreckungsvoraussetzungen erst in der Beschwerdeinstanz erbracht sind, auch das **Beschwerdegericht** (samt Belehrung, Grundbuchersuchen, Zustellung und Mitteilung) (für Beitritt auch § 27 Rdn 4.3). Die Entscheidung muß mit größter Sorgfalt und Beschleunigung erfolgen; auch bei schwierigen Fragen darf keine unnötige Verzögerung eintreten (ZVG-Handbuch Rdn 110). Dies ist nicht ausdrücklich vorgeschrieben, folgt aber aus dem Rechtsstaatsgrundsatz. Wenn das Vollstreckungsgericht Grundbuchfehler entdeckt, soll es das Grundbuchamt sofort darauf hinweisen.

3.4 Das Gericht ist an den **Antrag** des Gläubigers **gebunden;** es kann auch an Zinsen und Kosten nicht mehr zusprechen, als verlangt ist (ZPO § 308 Abs 1), aber auch nicht weniger, soweit der Antrag begründet ist. Bei offensichtlichen Schreib- oder Rechen**fehlern** im Antrag (die sich sogleich ausgerechnet werden können) ist kurze (ggfs fernmündliche) Rückfrage geboten, um dem Gläubiger Kosten und Rangverlust zu ersparen. Im übrigen prüft das Gericht die Zulässigkeit der erstrebten Maßnahme und die formelle Ordnungsmäßigkeit von Titel, Klausel und Zustellung. War der Verkäufer des Grundstücks (zB ein Bauträger) im Kaufvertrag über das Grundstück vom Käufer (dem jetzigen Schuldner) ermächtigt worden, Grundpfandrechte mit Wirkung für den Käufer zu bestellen, so muß der Kaufvertrag mit der Ermächtigung (Vollmacht) mit vorgelegt werden (Rdn 40.18). Das Vollstreckungsgericht prüft dagegen nicht, ob materiellrechtlich ein Anspruch besteht. Es prüft auch nicht, ob die Klausel erteilt werden durfte, ob insbesondere bei notariellen Urkunden mit unbeschränkter Vollstreckungsklausel die Ansprüche gekündigt oder sonst fällig sind (Rdn 40). Sind alle förmlichen Voraussetzungen erfüllt, muß es auch dann das Verfahren anordnen, wenn es weiß, daß die Forderung nicht mehr besteht (Rdn 40).

3.5 Zu **prüfen** hat das Vollstreckungsgericht bei Entscheidung über den Anordnungsantrag alle Voraussetzungen, die im Einzelfall für Anordnung der Zwangsversteigerung (oder Zwangsverwaltung) oder Zulassung des Beitritts erfüllt sein müssen. Für Anordnung der Vollstreckungsversteigerung (ebenso Zulassung des

---

[6] BVerfG 68, 132 (142) = NJW 1985, 846.

Anordnungsbeschluß 3.7 § 15

Beitritts nach § 27) müssen die für den Beginn der Zwangsvollstreckung erforderlichen Voraussetzungen (ZPO §§ 704 ff) vorliegen und das Grundstück dem Schuldner gehören (dies ist nach § 17 zu prüfen). Es müssen als Verfahrensvoraussetzungen die persönlichen Prozeßvoraussetzungen (Parteifähigkeit, Prozeßfähigkeit, gesetzliche Vertretung und ggfs Prozeßführungsbefugnis) und die sachlichen Prozeßvoraussetzungen (Antrag, Gerichtsbarkeit, Rechtsweg und Zuständigkeit, auch Rechtsschutzbedürfnis) (zu diesen Vollstreckungsvoraussetzungen[7]) vorliegen. Es dürfen aber auch keine der Versteigerung des Grundstücks als Schuldnervermögen **entgegenstehende Rechte** vorhanden sein. Solche erfordern nicht nur nachträgliche Einstellung oder Aufhebung des Verfahrens nach § 28, sondern hindern die Anordnung des Verfahrens (oder Zulassung des Beitritts), wenn sie schon bei Entscheidung über den Vollstreckungsantrag bekannt sind. Zu entgegenstehenden Rechten nachfolgend und bei § 28, für die Teilungsversteigerung auch bei § 180. Die für den Beginn der Zwangsvollstreckung nötigen Voraussetzungen werden, soweit sie nicht bereits mit den allgemeinen Darlegungen in der Einl und hinsichtlich der Zuständigkeit bei § 2 erläutert sind, unter den nachstehenden Randnummern mitbehandelt, außerdem nach dem Aufbau des Gesetzes auch bei §§ 16, 17, 18 und 27 sowie für die Zwangsverwaltung bei § 146.

3.6 Wenn der Antrag **Mängel oder Lücken** aufweist und daher berichtigt oder ergänzt werden muß, ist auf sachdienliche Antragstellung mit **Aufklärung** nach ZPO § 139 hinzuwirken (zur Prozeßleitung Einl Rdn 33). Gelegenheit zur Äußerung vor Entscheidung ist dem Gläubiger zu geben, wenn er bei Antragstellung einen rechtlichen Gesichtspunkt übersehen oder für unerheblich gehalten hat (ZPO § 139 Abs. 2). Gelegenheit zur sachdienlichen Antragstellung, Behebung eines Antragshindernisses oder Äußerung erhält der Gläubiger mit Aufklärungsverfügung unter Fristsetzung. Die Verfügung ist nicht rangwahrend im Sinne von GBO § 18 (wird in ihr zweckmäßig vermerkt). Muster für eine Zwischenverfügung im ZVG-Handbuch Rdn 112. Dem Schuldner wird sie nicht mitgeteilt (er würde sonst vor der Vollstreckung gewarnt). Dem Gläubiger bzw seinem Prozeßbevollmächtigten (ZPO § 172) ist sie, weil sei eine Frist in Lauf setzt, von Amts wegen zuzustellen (ZPO § 329 Abs 2). Um Zustellungskosten zu vermeiden und das Verfahren nicht zu verzögern, kann man sie auch zunächst formlos mitteilen und erst, wenn der Gläubiger Einwendungen hat oder nicht ihr nachkommen will, noch zustellen (ZVG-Handbuch Rdn 112). Kleinere Mängel können durch fernmündliche oder fernschriftliche Rückfrage behoben werden. In der Praxis wird sich kaum ein Gläubiger widersetzen (Rechtsbehelf Rdn 5.2), da die Beanstandung eines Antrags stets wohl auf der ständigen Rechtspraxis des Gerichts und vielfach auf der Rechtsmittelentscheidung des übergeordneten beruht. Die mit Aufklärungsverfügung gesetzte Frist kann verlängert werden (ZPO § 224 Abs 2), sie ist keine Ausschlußfrist; auch nach ihrem Ablauf können die Mängel beseitigt werden (wenn vor dem Beschwerdegericht, erläßt dieses, unter Aufhebung des abweisenden Beschlusses, den Anordnungs- oder Beitrittsbeschluß). Wenn das Vollstreckungsgericht keine Frist gesetzt hatte, kann es nach Ablauf einer angemessenen Zeit den Versteigerungsantrag zurückweisen[8]. Kostenscheidung: Einl Rdn 39. Muster für Zurückweisung im ZVG-Handbuch Rdn 113. Der Beschluß ist zu begründen[9]. Bedingte Zulassung eines unvollständigen oder unrichtigen Antrags ist nicht möglich.

3.7 Der für die Entscheidung zuständige Rechtspfleger soll **nichts übereilen**, nicht nach Schema arbeiten und trotz aller Arbeitsbelastung und Alltagsroutine in

---

[7] Zöller/Stöber, ZPO, vor § 704 Rdn 15–17 mit Zöller/Greger, ZPO, vor § 253 Rdnr 9–21.
[8] OLG Düsseldorf MDR 1971, 495 = Rpfleger 1971, 175; OLG München JVBl 1971, 65 = MDR 1971, 312 = Rpfleger 1971, 64; LG Oldenburg Rpfleger 1976, 109.
[9] OLG Düsseldorf und OLG München je aaO (Fußn 8).

jedem einzelnen an ihn herangetragenen Fall immer wieder alle allgemeinen und besonderen Voraussetzungen bedenken, wie sie insbesondere bei den §§ 1, 15, 16, 17, 18, 27, 28, 146, 162, 171a, 172, 175, 180 behandelt sind. Andernfalls können Haftungsgefahren entstehen. Auch für den Antragsteller und seinen Bevollmächtigten können solche entstehen. Fehler bei Verfahrensbeginn können das ganze weitere Verfahren in Frage stellen.

4 Anordnungsbeschluß

4.1 Anordnung der Zwangsversteigerung erfolgt durch **Beschluß** des Vollstreckungsgerichts (ZPO § 764 Abs 3). Über die **Form** des Anordnungs- und Beitrittsbeschlusses sagt das ZVG nichts. Der Beschluß muß jedoch als Maßnahme der Zwangsvollstreckung die Anordnung des Verfahrens (Zulassung des Beitritts, § 27) bestimmen und die Angaben nach ZVG § 16 enthalten[10] (ZVG-Handbuch Rdn 115), also: Grundstück (bzw sonstiges Objekt) (Gemarkung, Flurstücknummer, Grundbuchstelle), Eigentümer (Schuldner), Vollstreckungstitel (Behörde, Datum, Aktenzeichen), Anspruch (Gläubiger, Art und Höhe des Anspruchs). Die Zustellung des Titels wird immer wieder auch im Anordnungsbeschluß bezeichnet; notwendig (und zu empfehlen) ist das nicht.

4.2 Muster für Anordnungsbeschluß
a) Nach der üblichen Beschlußeinleitung (dazu Einl Rdn 42) kann der Anordnungsbeschluß **lauten:**

Die **Zwangsversteigerung**
des im Grundbuch des Amtsgerichts ... für Gemarkung ... Blatt ...auf den Namen des Schuldners ...
eingetragenen Grundstücks
Flurstücknummer ... [mit Wirtschaftsart, Lage und Größe,
ggfs auch Gemarkung]
wird wegen des dem Gläubiger zustehenden dinglichen − persönlichen − Anspruchs (Rangklasse ... des § 10 Abs 1 ZVG) im Betrage von
... Euro Hauptsache
nebst ... Zinsen seit dem ...
... Euro ... [andere Nebenleistungen, Prozeßkosten, frühere
Vollstreckungskosten usw]
und wegen der Kosten der gegenwärtigen Rechtsverfolgung
angeordnet.
Dieser Beschluß gilt zugunsten des Gläubigers als Beschlagnahme des Grundstücks.

b) **Fassung** auch: ZVG-Handbuch Rdn 114.

c) Bei einem Grundstücks**bruchteil** (auch bei Wohnungseigentumsanteil, Gebäudeeigentum) und bei einem grundstücksgleichen Recht sowie bei Anordnung der Versteigerung anderer Gegenstände (Schiff, Schiffsbauwerk, Luftfahrzeug) ist der Wortlaut entsprechend anzupassen. Zu Besonderheiten der Anordnung in Verfahren nach §§ 172, 175, 180 siehe dort.

4.3 Während im Antrag das **Grundstück** nur so bezeichnet werden muß, daß es mit Sicherheit festgestellt werden kann, ist es **im Beschluß** genau zu bezeichnen. Am zuverlässigsten erfolgt Bezeichnung übereinstimmend mit dem Grundbuch.

4.4 Der **Anspruch** des Gläubigers ist seiner Höhe nach (betragsmäßig; Teilanspruch siehe § 16 Rdn 3.4) und nach seiner Art **(Rechtsnatur)** zu kennzeichnen, also ob dinglich oder persönlich oder öffentliche Last nach Rangklasse 3 des ZVG § 10 Abs 1 (ZVG-Handbuch Rdn 116). Dabei könnte auf den Schuldtitel Bezug genommen werden, der auf einen dinglichen Anspruch aus einem eingetragenen

---

[10] Dassler/Muth § 15 Rdn 5; Jaeckel/Güthe §§ 15, 16 Rdn 1a; Korintenberg/Wenz §§ 15, 16 Anm 5; Steiner/Hagemann §§ 15, 16 Rdn 216.

Recht oder auf einen persönlichen Anspruch lautet[11]. Dies ist aber unzweckmäßig, der Beschlagnahmebeschluß sollte als staatlicher Hoheitsakt die Rechtsnatur des Anspruchs vielmehr selbst zweifelsfrei bezeichnen. Keinesfalls soll auf den Antrag Bezug genommen werden[12]. Es kann allerdings der Zuschlag nicht deshalb angefochten werden, weil im Anordnungs- oder Beitrittsbeschluß nicht ausdrücklich erwähnt war, ob er aus dinglichem oder persönlichem Anspruch ergangen war, falls nur wenigstens auf den Titel Bezug genommen war, der dies ersehen ließ. Falls im Antrag Angaben über die Art des Titels fehlen, ist dies aufzuklären. Wenn der Gläubiger einen dinglichen und einen persönlichen Titel vorlegt oder einen (persönlichen) Vollstreckungstitel, auf dem die Eintragung einer Zwangssicherungshypothek vermerkt ist (siehe ZPO § 867 Abs 3), ist davon auszugehen, daß er auf jeden Fall mit seinem Antrag zum Ziel kommen will, sein Vollstreckungsantrag also wegen aller aus seinen Titeln sich ergebenden Ansprüche gestellt sein soll. Sicher will er, weil besserrangig, zunächst dinglich betreiben; sollten aber hierbei Schwierigkeiten bestehen (Hypothek zB nichtig), so will er mit den anderen Ansprüchen zum Zuge kommen (hierzu § 16 Rdn 3). Folgerichtig ist es im Beschluß auch anzugeben, wenn der Gläubiger aus Rangklassen 2 betreibt. Die Rangfolge des § 12 für Deckung des Gläubigeranspruchs bei nicht ausreichender Masse wird im Anordnungsbeschluß nicht festgestellt; gleichermaßen wird in ihm auch die Tilgungsreihenfolge von BGB § 497 Abs 3, § 500 nicht bezeichnet.

4.5 Kann dem Antrag auf **dingliche Beschlagnahme** nicht stattgegeben werden (weil dinglicher Titel fehlt), so erfolgen Anordnung oder Beitritt aus dem persönlichen Anspruch, unter Zurückweisung des Antrags auf dinglichen Rang; hierfür keine besondere Kostenpflicht, weil die Anspruchshöhe dadurch nicht berührt wird. Wird später ein dinglicher Titel vorgelegt, so muß neuer Beitritt erfolgen (§ 10 Rdn 9.4).

4.6 Die **Kosten des Verfahrens** müssen im Beschluß nicht aufgeführt werden, weil die Kosten der Rechtsverfolgung immer an der Rangstelle des Rechts befriedigt werden (§ 10 Abs 2). Ein Hinweis ist aber zweckmäßig, etwa auf die „Kosten der gegenwärtigen Rechtsverfolgung", damit nicht übersehen werden und auch der Schuldner, wenn er die Vollstreckung abwenden will, bei seiner Zahlung die Kosten mitberücksichtigt. Aus diesem Grunde können auch die im Antrag bereits betragsmäßig geltend gemachten und angefallenen Kosten, insbesondere die mit Antragstellung entstandenen Anwaltskosten des Gläubigers samt (vom Gläubiger nicht als Vorsteuer abziehbare, § 10 Rdn 15.11) Mehrwertsteuer und Auslagen mit aufgeführt werden. Kostenpauschbeträge und die erst in späteren Verfahrensabschnitten noch entstehenden Kosten gehören nicht in den Beschluß. Da alle Kosten der Anordnung oder des Beitritts im Verfahren nur dann als angemeldet gelten, wenn sie aus dem Anordnungs- oder Beitrittsantrag ersichtlich sind (§ 114 Abs 1 Satz 2), im übrigen aber ausdrücklich angemeldet werden müssen, ist auch der Vermerk üblich: „... Kosten der Rechtsverfolgung, falls diese rechtzeitig angemeldet werden". Zu den Kosten auch ZVG-Handbuch Rdn 118.

4.7 Die **Beschlagnahme** ist gesetzliche Folge der Verfahrensanordnung (§ 20). Als solche müßte sie nicht ausdrücklich im Beschluß ausgesprochen werden. Bezeichnung der Beschlagnahmewirkung im Beschluß ist aber zweckmäßig und als üblich zu empfehlen.

4.8 Wird die Vollstreckungsversteigerung (oder Zwangsverwaltung auf Grund der **Pfändung** und Überweisung eines dinglichen Rechts angeordnet, so muß im Anordnungsbeschluß zusätzlich auch die Einziehungsbefugnis mit dem Betrag der Vollstreckungsforderung des pfändenden Gläubigers an den Pfandschuldner bezeichnet werden. Der Schuldner muß ja wissen, durch Zahlung welchen Betrags er

---

[11] RG 134, 56.
[12] Fröhlich Rpfleger 1959, 56 (57) (Anmerkung).

die Zwangsversteigerung oder Zwangsverwaltung abwenden kann. Der Gläubiger seinerseits darf nur wegen des ihm tatsächlich zustehenden Betrags das Verfahren betreiben. Ist eine Hypothek von 10 000 Euro für eine Forderung von 1000 Euro gepfändet, so ist die Einziehungsbefugnis des Pfandgläubigers der Höhe nach durch seine Vollstreckungsforderung von 1000 Euro begrenzt[13].

4.9 Über die genannten Angaben hinaus bedarf ein Anordnungs- und Beitrittsbeschluß im allgemeinen keiner weiteren **Begründung;** es ergibt sich bereits aus dem notwendigen Beschlußinhalt, daß die Vollstreckungsvoraussetzungen geprüft wurden und vorliegen. Nur wenn der Schuldner dem Antrag schon widersprochen hat oder sonst besonderer Anlaß gegeben ist (Einl Rdn 28), besteht Rechtspflicht zu weiterer Begründung.

4.10 Jeder Anordnungs- und Beitrittsbeschluß erfordert **Belehrung des Schuldners** über Einstellungsmöglichkeiten nach § 30a (§ 30b Abs 1). Dies gilt auch in der Teilungsversteigerung (§ 180 Rdn 12), nicht aber gegenüber dem Insolvenzverwalter (§ 30d Rdn 5.1). Es empfiehlt sich, dem Beschluß diese Belehrung des Schuldners anzufügen (Näheres bei § 30b Rdn 2). Sie kann auch auf einem besonderen Blatt beigegeben werden. Der Nachweis der Belehrung ist aber leichter, wenn diese (in Urschrift und Ausfertigungen) dem Beschluß unmittelbar angefügt ist.

4.11 In der Urschrift des Beschlusses folgen dann noch die **Verfügungen** des Gerichts über: Zustellungen, Eintragungsersuchen an das Grundbuchamt, Mitteilungen, Einholung der Brandversicherungsurkunde, Kostenbewertung, Wiedervorlage (mit Eingang oder nach zwei Wochen ab Zustellung an den Schuldner).

4.12 Der Anordnungsbeschluß muß vom Rechtspfleger (mit vollständigem Namen) **unterzeichnet** werden (ZPO § 329 Abs 1 Satz 2 mit § 317 Abs 2 Satz 1). Kennzeichnung nur mit einer Paraphe genügt nicht[14]. Ein nicht unterzeichneter Beschluß ist unwirksam[15].

4.13 **Mehrere** gleichzeitig zu entscheidende **Anträge** desselben Gläubigers oder verschiedener Gläubiger sind in **einem Beschluß** zusammenzufassen, damit kein Rangunterschied durch unterschiedliche Zustellungen nach § 11 Abs 2 eintreten kann. Dabei kommt es nicht auf den Zeitpunkt an, zu dem die verschiedenen Anträge bei Gericht eingegangen sind, sondern darauf, ob sie gleichzeitig entscheidungsreif sind (ZVG-Handbuch Rdn 122). Die mehreren Anträge haben unter sich keine zeitliche Rangfolge; sie sind zeitlich gleichrangig. In einem Beschluß ist auch dann zu entscheiden, wenn aus Gründen der Aktenführung die einzelnen Anträge oder die auf mehrere Grundstücke (oder Bruchteile) sich beziehenden Anträge in verschiedenen Akten mit verschiedenen Geschäftsnummern behandelt werden (§ 18 Rdn 3). Ein gemeinsamer Beschluß ist dann allerdings nur zulässig, wenn es sich um dasselbe Grundstück (Grundstücksbruchteil) handelt oder wenn die Verfahren über verschiedene Objekte nach § 18 verbunden werden dürfen und tatsächlich verbunden werden (zB durch gemeinsamen Beschluß) (§ 18 Rdn 3). In diesem Fall wird der Originalbeschluß (mit Belehrung, Zustellungsnachweisen usw) in die Akten eingelegt, in denen das gemeinsame Verfahren fortgeführt wird; zu den weiteren Akten kann eine Abschrift des gemeinsamen Beschlusses genommen werden; diese Akten sind sodann nicht mehr fortzuführen, sondern den gemeinsamen Verfahrensakten einzuverleiben (AktO § 5 Nr 4). Ein gemeinsamer Beschluß ist nicht zulässig, wenn die Verfahren nicht verbunden werden dürfen, wenn also ein Gläubiger in das Grundstück A, ein anderer in das Grundstück B

---

[13] Stöber, Forderungspfändung, Rdn 590.
[14] BGH 76, 236 (241); OLG Brandenburg JurBüro 1998, 369 = NJW-RR 1998, 862 = Rpfleger 1998, 207; OLG Karlsruhe NJW-RR 2004, 1507; OLG Köln NJW 1988, 2806, Rpfleger 1991, 198 und JMBlNW 1992, 126 = JurBüro 1992, 262.
[15] BGH 137, 49 (51) = MDR 1998, 298 = NJW 1998, 609.

Anordnungsbeschluß 5.4 § 15

desselben Schuldners aus (naturgemäß unterschiedlichen) persönlichen oder dinglichen Ansprüchen vollstrecken will oder einer in den Hälfteanteil des Schuldners A, der andere in den Hälfteanteil des Schuldners B am selben Grundstück oder derselbe Gläubiger aus persönlichen oder unterschiedlichen dinglichen Ansprüchen in den Hälfteanteil des A und den des B am selben Grundstück.

4.14 Mehrere Gläubiger, für die einheitlich in einem Beschluß das Verfahren angeordnet oder der Beitritt zugelassen wurde, betreiben das gemeinsame **Verfahren** dennoch **selbständig,** voneinander unabhängig. Einstellungen, Fortsetzungen, Aufhebungen wirken nur für und gegen den davon Betroffenen; auch Termine sind nur für den davon Betroffenen angesetzt. Es gibt keine Einheit des Verfahrens[16].

4.15 Offensichtliche **Schreibversehen** oder sonstige Unrichtigkeiten des Anordnungsbeschlusses (auch Beitrittsbeschlusses) (Namen, Grundstücksbeschreibung, Titelangaben) können nach ZPO § 319 berichtigt werden (dazu Einl Rdn 29), allerdings nicht zu großzügig. Wurde der Beschluß für einen nicht beantragten Teil erlassen (Antrag nur Teilbetrag, erlassen für vollen Betrag, so handelt es sich nicht mehr um ein Schreib- oder Rechenversehen, das berichtigt werden könnte. Hier muß Teilaufhebung erfolgen (Nichterhebung der Kosten Einl Rdn 85).

Anordnungsverfahren und -beschluß: Rechtsbehelfe 5

5.1 Der **Schuldner** hat gegen den Anordnungsbeschluß, wenn er vorher (wie regelmäßig) nicht gehört wurde, die Vollstreckungserinnerung nach ZPO § 766. Die Entscheidung über diese Erinnerung ist mit sofortiger Beschwerde nach ZPO § 793 anfechtbar (dazu § 95 Rdn 2). Wenn der Anordnungsbeschluß nach (vorheriger) Anhörung des Schuldners ergeht, ist der Beschluß Entscheidung im Vollstreckungsverfahren (§ 95 Rdn 2.3); auch Anfechtung durch den Schuldner hat dann mit sofortiger Beschwerde zu erfolgen (nicht mit unbefristeter Erinnerung nach ZPO § 766).

5.2 Die **Zwischenverfügung** (Aufklärungsverfügung) zur Behebung von Hindernissen durch den Gläubiger (Rdn 3.6) ist mit sofortiger Beschwerde anfechtbar (§ 95 Rdn 5.1). Gegen die **Ablehnung** des Versteigerungsantrags (ganze oder teilweise) hat der Gläubiger die sofortige Beschwerde (§ 95 Rdn 5.1) (keine Vollstreckungserinnerung).

5.3 **Rechtsbeschwerde** findet nur statt, wenn das Beschwerdegericht sie zugelassen hat (ZPO § 574 Abs 1 Nr 2).

5.4 Die **Beschlagnahme** (§ 20) **erlischt** bei Aufhebung des Anordnungsbeschlusses (ebenso eines Beitrittsbeschlusses) **sofort** mit Wirksamwerden der Entscheidung[17] durch Bekanntgabe (Zustellung, Mitteilung, Verkündung). Verfügungen des Schuldners über das Grundstück (insbesondere Veräußerung und Belastung) sind damit auch dem Gläubiger gegenüber wieder wirksam möglich, frühere Verfügungen (in der Zeit zwischen Beschlagnahme und Aufhebung) werden sogleich voll wirksam. Gleich ist, ob der Anordnungsbeschluß vom Rechtspfleger aufgehoben wird, der einer Vollstreckungserinnerung (ZPO § 766) oder sofortigen Beschwerde (ZPO § 572 Abs 1) abhilft oder durch das Beschwerdegericht. Rückwirkend kann die (erloschene) Beschlagnahme nicht wieder hergestellt werden (sie kann rückwirkend nicht wieder aufleben)[18], wenn die aufhebende Ent-

---

[16] Mohrbutter KTS 1973, 272 (273) (Anmerkung).
[17] BGH 66, 394 = MDR 1976, 1014 = NJW 1976, 1453 = Rpfleger 1976, 298; OLG Hamm DGVZ 1960, 23 = Rpfleger 1959, 283 mit Anm Berner und JMBlNW 1962, 235 = Rpfleger 1963, 19 mit Anm Berner; OLG Nürnberg MDR 1960, 931 Leitsatz = Rpfleger 1961, 52 mit Anm Berner.
[18] BGH 66, 394 = aaO (Fußn 17); RG 84, 200; OLG Hamm Rpfleger 1959, 283 = aaO (Fußn 17); OLG Köln OLGZ 1987, 209 = Rpfleger 1986, 488; OLG Saarbrücken OLGZ 1971, 425; Zöller/Stöber, ZPO, § 766 Rdn 30 und § 776 Rdn 4.

§ 15 5.4 Anordnung der Versteigerung

scheidung angefochten und vom Beschwerdegericht aufgehoben wird. Die Beschwerde hat keine aufschiebende Wirkung (ZPO § 570 Abs 1). Der (frühere) Rang der aufgehobenen Beschlagnahme ist für den Gläubiger verloren[19]. Es muß das Verfahren neu angeordnet (§ 15) oder der Beitritt des Gläubigers zugelassen werden (§ 27); dieser Beschluß gilt erst mit dem Zeitpunkt seines Wirksamwerdens (§ 22) als (neue) Beschlagnahme[20] zugunsten des Gläubigers (§ 20). Bis dahin ist das Grundstück zugunsten des Gläubigers nicht beschlagnahmt (ist es beschlagnahmefrei)[21]. Beschwerde ist mit dem Ziel zulässig, eine neue Anordnung der Versteigerung (oder Beitrittszulassung) anzuordnen; diese neue Beschlagnahme ist mit Beschwerde zu begehren. Die Voraussetzungen der Verfahrensanordnung (Zulassung des Beitritts) müssen bei Entscheidung über den (neuen) Beschlagnahmeantrag vorliegen; daß sie früher bestanden haben (die Aufhebung somit unzulässig erfolgt ist) genügt nicht (keine Neuanordnung daher zB, wenn der Schuldner nicht mehr eingetragener Eigentümer ist, § 17 Abs 1). Neue Anordnung der Beschlagnahme (auch einer Teilungsversteigerung[22]) kann mit Beschwerde gegen die Aufhebung gewollt sein (Auslegung), auch wenn dies nicht ausdrücklich verlangt ist.

5.5 Mit der **Anordnung,** daß der Aufhebungsbeschluß erst **mit seiner Rechtskraft wirksam** werde oder daß das Verfahren erst mit Rechtskraft der Entscheidung aufgehoben werde[23], können Gefahren und Nachteile ausgeschlossen werden, die sich mit dem sofortigen Wirksamwerden des Aufhebungsbeschlusses ergeben, wenn er (in höherer Instanz) noch korrigiert werden kann. Diese Anordnung entspricht dem Grundgedanken von ZPO § 765a Abs 5; sie ist von Amts wegen zu treffen. Allgemein wird sie nicht nur für zulässig, sondern für geboten erachtet (Ermessensentscheidung); sie wird als zwingend angesehen, wenn die Erfolgsaussichten für Anfechtung des Aufhebungsbeschlusses von vornherein gegeben sind[24] (auch zur Haftung bei schuldhafter Verletzung der Amtspflicht, von dieser Möglichkeit Gebrauch zu machen).

6 Baugesetzbuch (BauGB)

6.1 Das **Enteignungsverfahren** (BauGB §§ 85–122) ist kein Hindernis für die Immobiliarvollstreckung, auch nicht im Sinne von § 28. Der Enteignungsvermerk hat nur nachrichtliche Bedeutung. Genehmigungspflichtig ist nur eine (rechtsgeschäftliche) Verfügung über das Grundstück (BauGB § 109 Abs 1 mit § 51 Abs 1), nicht aber Einleitung und Durchführung einer Zwangsversteigerung (auch einer Teilungsversteigerung) oder Zwangsverwaltung und nicht Erteilung des Zuschlags. Von der Einleitung des Enteignungsverfahrens gibt die Enteignungsbehörde dem Vollstreckungsgericht Kenntnis (BauGB § 108 Abs 7). Eigentumserwerb des Erstehers mit Zuschlag (§ 90) berührt den Fortgang des Enteignungsverfahrens nicht. Der Ersteher wird im Enteignungsverfahren Beteiligter (BauGB § 106 Abs 1 Nr 2), sobald sein Eigentumserwerb der Enteignungsbehörde bekannt wird. Der Enteignungsvermerk bleibt eingetragen; das Vollstreckungsgericht kann um seine Löschung nicht nach § 130 ersuchen. Die Enteignungsbehörde gibt dem Vollstreckungsgericht außerdem von dem Enteignungsbeschluß

---

[19] BGH 66, 394 = aaO (Fußn 17); OLG Hamm Rpfleger 1959, 283 = aaO (Fußn 17).
[20] BGH 66, 394 = aaO (Fußn 17); OLG Saarbrücken OLGZ 1971, 425.
[21] RG 84, 200.
[22] LG Frankenthal Rpfleger 1983, 120.
[23] KG Berlin MDR 1966, 515; OLG Hamm JMBlNW 1955, 175; OLG Hamm Rpfleger 1957, 354 mit zust Anm Berner; OLG Hamm DGVZ 1960, 23 = Rpfleger 1959, 283 mit Anm Berner; OLG Hamm JMBlNW 1962, 235 = Rpfleger 1963, 19 mit Anm Berner; OLG Nürnberg MDR 1960, 931 Leitsatz = Rpfleger 1961, 52 mit Anm Berner; Stöber, Forderungspfändung, Rdn 742; Zöller/Stöber, ZPO, § 766 Rdn 30.
[24] SchlHOLG SchlHA 1993, 91.

Anordnungsbeschluß 6.4 § 15

Kenntnis, wenn dem Enteignungsantrag stattgegeben worden ist (BauGB § 113 Abs 5). Wenn durch Enteignung das Eigentum an dem Grundstück entzogen (BauGB § 86 Abs 1 Nr 1) und das Recht des Gläubigers nicht aufrechterhalten und nicht ersetzt wird, hat er Anspruch auf Wertersatz aus der Geldentschädigung für das Eigentum an dem Grundstück (BauGB § 97 Abs 4). An dieser Entschädigung setzen sich die Rechte der Entschädigungsberechtigten fort (Surrogationsgrundsatz). Ersetzt wird der bisherige Rechtszustand durch den im Enteignungsbeschluß geregelten neuen Rechtszustand mit dem in der Ausführungsanordnung festgesetzten Tag (BauGB § 117 Abs 5). Wenn die Entschädigungsberechtigten sich nicht einigen, kann Einleitung eines gerichtlichen Verteilungsverfahrens beantragt werden (BauGB § 119 Abs 1). Aufhebung des Eigentums des Schuldners und Begründung lastenfreien Eigentums des Enteignungsbegünstigten begründen durch Hoheitsakt ein der Zwangsversteigerung (oder Zwangsverwaltung) entgegenstehendes Recht (§ 28 Abs 1; entspr Anwendung). Das Verfahren ist daher aufzuheben, und zwar mit der Maßgabe, daß es für ein Verteilungsverfahren bei der bereits erfolgten Beschlagnahme sein Bewenden hat (BauGB § 119 Abs 3 Nr 2). Wird das Beschlagnahmerecht des Gläubigers aufrechterhalten (BauGB § 97 Abs 1), dann hat die Enteignung auf den Fortgang des Verfahrens keinen Einfluß.

6.2 Auch ein **Grenzregelungsverfahren** (BauGB §§ 80–84) bis 19. Juli 2004 (BauGB § 239), von da an ein Vereinfachtes Umlegungsverfahren (§ 9 Rdn 3.31), bildet kein Hindernis für die Immobiliarvollstreckung. Das Eigentum an den ausgetauschten oder einseitig zugeteilten Grundstücksteilen und Grundstücken geht lastenfrei auf den neuen Eigentümer über (BauGB § 83 Abs 3 Satz 1). Mit Eintritt des neuen Rechtszustands ist ein Zwangsversteigerungs- oder Zwangsverwaltungsverfahren für den auf den neuen Eigentümer übergegangenen Grundstücksteil (ein übergegangenes Grundstück) daher aufzuheben (wie Rdn 6.1). Sind Wertänderungen oder Wertunterschiede in Geld auszugleichen (BauGB § 81 Abs 1), dann sind dingliche Berechtigte auf den Geldanspruch des Eigentümers angewiesen (BauGB § 81 Abs 3). Sie können Einleitung eines gerichtlichen Verteilungsverfahrens beantragen (BauGB § 81 Abs 3 mit § 119). Wenn über das Grundstück des neuen Eigentümers, dessen Bestandteil ausgetauschte oder zugeteilte Grundstücksteile und Grundstücke werden (BauGB § 83 Abs 3 Satz 2), eine Zwangsversteigerung oder Zwangsverwaltung anhängig ist, nimmt das Verfahren für das Grundstück in seinem damit begründeten neuen Bestand seinen Fortgang; gesonderte Beschlagnahme der zugeteilten Fläche erfolgt daher nicht (Folge von BauGB § 83 Abs 2; die bisherige Rechtszustand wird durch den neuen ersetzt).

6.3 Städtebauliche Sanierungsmaßnahmen (BauGB §§ 136–164b) und städtebauliche **Entwicklungsmaßnahmen** (BauGB §§ 165–171) schaffen kein Hindernis für Immobiliarvollstreckung. Der Sanierungs- (BauGB § 143 Abs 2 Satz 2) und der Entwicklungsvermerk (BauGB § 165 Abs 9 Satz 3) haben nur nachrichtliche Bedeutung. Genehmigungspflichtig ist nur eine (rechtsgeschäftliche) Verfügung über das Grundstück (BauGB § 144 Abs 2 Nr 1 und 2), nicht aber Einleitung und Durchführung einer Zwangsversteigerung (auch einer Teilungsversteigerung, § 180 Rdn 7.5). Der Genehmigung bedarf die Belastung eines Grundstücks (BauGB § 144 Abs 2 Nr 2 und § 169 Abs 1 Nr 3). Zwangsversteigerung auf Antrag des Gläubigers eines ohne erforderliche Genehmigung eingetragenen Grundpfandrechts ist daher nach § 28 Abs 1 (entspr Anwendung) für nachträgliche Beibringung der Genehmigung einzustellen, ggfs auch aufzuheben. Eigentumserwerb des Erstehers mit Zuschlag (§ 90) berührt die weitere Durchführung der städtebaulichen Sanierungs- oder Entwicklungsmaßnahme nicht. Der Sanierungs/Entwicklungsvermerk bleibt eingetragen, das Vollstreckungsgericht kann nicht um Löschung nach § 130 ersuchen.

6.4 Ein **Umlegungsverfahren** (BauGB §§ 45–79) ist kein Hindernis für die Immobiliarvollstreckung, auch nicht im Sinne von § 28. Der Umlegungsvermerk

§ 15 6.4 Anordnung der Versteigerung

(BauGB § 54 Abs 1 Satz 2) hat nur nachrichtliche Bedeutung[25]. Die Verfügungssperre (BauGB § 51 Abs 1) betrifft eine Zwangsversteigerung oder Zwangsverwaltung nicht. Für die Durchführung dieser Verfahren (auch der Teilungsversteigerung) ist keine Genehmigung nötig, auch für den Zuschlag nicht. Eigentumserwerb des Erstehers mit Zuschlag (§ 90) berührt den Fortgang des Umlegungsverfahrens nicht. Der Ersteher tritt als Beteiligter in das Umlegungsverfahren in dem Zustand ein, in dem es sich befindet (BauGB § 49). Der Umlegungsvermerk bleibt eingetragen; das Vollstreckungsgericht kann um seine Löschung nicht nach § 130 ersuchen. Im Umlegungsverfahren können Grundstücksrechte und grundstücksgleiche Rechte verändert werden (BauGB § 61). Neu zugeteilte Grundstücke oder die Geldabfindungen treten an die Stelle der alten Grundstücke (BauGB § 63).

6.5 Der im Grundbuch eingetragene Enteignungs- (BauGB § 108 Abs 6), Sanierungs- (BauGB § 143 Abs 2), Entwicklungs- (BauGB § 165 Abs 9) oder Umlegungsvermerk (BauGB § 54 Abs 1) begründet für die Enteignungsbehörde oder Gemeinde (auch als Umlegungsstelle) **nicht** die Stellung eines **Beteiligten** (§ 9 Rdn 3.6, 3.29 und 3.31). Der Vermerk hat nur nachrichtliche Bedeutung; er dient der Rechtssicherheit und dem Rechtsschutz. Bei Grundbucheinsicht soll er über die Einleitung des Verfahrens und die damit eingetretenen Rechtswirkungen (Verfügungs- und Veränderungssperre, Genehmigungspflicht, Vorkaufsrecht, Verfahrenswirkung gegen den Erwerber als eingetretenem Rechtsnachfolger) unterrichten. Rechte begründet er nicht, mithin auch nicht ein Recht, das nach § 9 Nr 1 die Stellung eines Beteiligten begründen könnte.

7 Bundesversorgungsgesetz, Soldatenversorgungsgesetz

Literatur: Wolber, Das absolute Verfügungsverbot aus § 610 Abs 2 RVO bei Rentenabfindungen der gesetzlichen Rentenversicherung, Rpfleger 1978, 433; Wolber, Eintragung und Löschung befristeter Verfügungsverbote, Rpfleger 1982, 210.

7.1 Die Belastung oder/und Veräußerung eines Grundstücks (Erbbaurechts, Wohnungseigentums) kann zur bestimmungsgemäßen Verwendung einer nach dem Bundesversorgungsgesetz § 72 gewährten **Kapitalabfindung** bis zu fünf Jahren durch einen **Sperrvermerk** im Grundbuch von der Genehmigung der zuständigen Landes-Verwaltungsbehörde (in Bayern Landesversorgungsamt) abhängig sein (Gesetz § 75). Es handelt sich um ein Verfügungsverbot mit absoluter Wirkung[26]. Wirksam wird es mit Eintragung in das Grundbuch auf Ersuchen der zuständigen Behörde. Gegenüber voreingetragenen Rechten wirkt das Verbot nicht.

7.2 Der **Zwangsverwaltung** steht das Verfügungsverbot nicht entgegen; sie bewirkt keine Belastung oder Veräußerung des Grundstücks. Auch die Zwangsversteigerung aus einem vor dem Vermerk eingetragenen Grundpfandrecht bedarf keiner Genehmigung[27]. Die Fortführung der Versteigerung auf Antrag des Gläubigers eines persönlichen Anspruchs wird durch ein erst nach Beschlagnahme wirksam gewordenes Veräußerungsverbot nicht berührt (anders[28]; aber das Veräußerungsverbot erlangt keine Wirksamkeit gegen die am Grundstück bereits Berechtigten; vgl[29]). Sonst aber gehen die Ansichten auseinander.

7.3 Als gesetzliches Verfügungsverbot soll das Veräußerungsverbot der Zwangsversteigerung entgegenstehen[30]. Jedoch soll die **Zwangsversteigerung** aus einer mit Genehmigung der Verwaltungsbehörde eingetragenen Hypothek oder

---

[25] BGH 100, 148 (151); LG Frankenthal Rpfleger 2000, 63.
[26] Wolber Rpfleger 1978, 433 und 1982, 210; Stein/Jonas/Münzberg, ZPO, § 772 Rdn 5; siehe auch RG 105, 71.
[27] RG 105, 71; Stein/Jonas/Münzberg, ZPO, § 772 Rdn 5; Dassler/Muth § 28 Rdn 18; Steiner/Eickmann § 28 Rdn 60.
[28] Steiner/Eickmann § 28 Rdn 62.
[29] RG 130, 209.
[30] Wolber Rpfleger 1982, 210 (1).

Grundschuld keiner Genehmigung bedürfen[31], nach anderer Ansicht aber nur dann nicht, wenn bei Genehmigung der Belastung ausdrücklich vereinbart worden sei, daß hier die Vollstreckung zum Inhalt der Hypothek oder Grundschuld gehöre[32]. Wenn zwar die Belastung, nicht aber die Versteigerung gestattet worden sei, soll die Versteigerung aus dem dinglichen Recht nicht ohne Genehmigung angeordnet werden können[32]. Nicht genügen soll, daß die Verwaltungsbehörde mit ihrem dinglichen Recht hinter ein anderes zurückgetreten sei[32].

7.4 Die Veräußerungsgenehmigung ist nach Sinn und Zweck der Bestimmungen über Sicherung der Kapitalabfindung zu fordern, wenn die Versteigerung **nach Eintragung des Sperrvermerks** wegen eines persönlichen Gläubigeranspruchs oder wegen des dinglichen Anspruchs des Gläubigers eines nach dem Sperrvermerk ohne gleichzeitige Veräußerungsgenehmigung eingetragenen dinglichen Rechts angeordnet werden soll. Bei Versteigerung auf Antrag des Gläubigers eines vor dem Sperrvermerk eingetragenen Rechts oder eines nachher mit Veräußerungsgenehmigung eingetragenen Rechts ist eine Genehmigung nicht erforderlich. So kann der Staat für Bauzwecke dingliche Lasten genehmigen, sich aber vorbehalten, aus sozialen Gründen vor einer Vollstreckung Möglichkeiten zur Rettung zu erwägen; der dingliche Gläubiger wieder, der nur eine Belastungsgenehmigung erhalten hat, kann vor Kreditgewährung das Risiko abschätzen. Eine (erforderliche) Genehmigung muß bereits bei Erlaß des Anordnungsbeschlusses (Beitrittsbeschlusses) vorliegen, nicht erst zum Zuschlag (so auch[33]). Die von der Zustimmung des Grundstückseigentümers zur Veräußerung eines Erbbaurechts (Rdn 13) abweichende Behandlung gebieten die unterschiedlichen Zwecke der beiden Veräußerungsverbote. Die ErbbauVO will den Grundstückseigentümer davor schützen, daß ihm bei Versteigerung des Erbbaurechts ein nicht genehmer, nicht leistungsfähiger Erbbauberechtigter aufgezwungen werde, daß also in einem an sich zulässigen Versteigerungsverfahren der Zuschlag nicht ohne Kontrolle des Grundstückseigentümers erfolgen soll, daß dieser prüfen kann, ob der voraussichtliche Ersteher nach seiner Persönlichkeit in sittlicher, geistiger und vermögensrechtlicher Beziehung keine Bedenken erregt. Das Bundesversorgungsgesetz aber will verhüten, daß die dem Schuldner zur Schaffung eines Heimes vorzeitig ausgezahlte Rente durch Vollstreckung verlorengeht, daß also überhaupt ein Vollstreckungsverfahren in Gang kommt. Die Vorschrift soll die bestimmungsgemäße Verwendung des vom Staat gewährten Kapitals gewährleisten; sie ist als Ausnahme von der dem Eigentum innewohnenden Verfügungsmacht nicht ausdehnend auszulegen.

7.5 Wenn eine erforderliche Genehmigung fehlt, sind Anordnung der Zwangsversteigerung und Zulassung des Beitritts nicht zulässig. Wenn gleichwohl Verfahrensanordnung (Beitrittszulassung) erfolgt ist, ist nach § 28 Abs 1 zu verfahren. Verstoß begründet für die Verwaltungsbehörde auch Erinnerung nach ZPO § 766 (weil eine Vollstreckungsvoraussetzung fehlt), nicht aber Widerspruchsklage nach ZPO § 772.

7.6 Die bestimmungsgemäße Verwendung der einem **Soldaten** im Ruhestand gewährten Kapitalabfindung kann durch ein Veräußerungs- und Belastungsverbot bis zu fünf Jahren gesichert sein. Die Anordnung wird mit der Eintragung im Grundbuch wirksam (§ 31 Soldatenversorgungsgesetz idF vom 9. April 2002, BGBl I 1259). Genehmigungsbehörde ist das Bundesministerium der Verteidigung. Für dieses Verfügungsverbot gilt das Rdn 7.1–7.5 Gesagte entsprechend.

„DDR"-Schuldtitel 8

Urteile (andere Vollstreckungstitel) der Gerichte der ehem **DDR** aus der Zeit vor dem 3. Okt. 1990 (siehe ZPO-DDR § 88) bleiben wirksam; sie können voll-

---

[31] Steiner/Eickmann § 28 Rdn 61.
[32] LG Bamberg Entscheidungsanhang E 8.
[33] Steiner/Eickmann § 28 Rdn 61; anders Wolber Rpfleger 1982, 210 (1).

streckt werden (Einigungsvertrag Art 18 Abs 1). Unter Mark sind die vom Sitz des Gerichts, von dem der Titel stammt, gemeint[34]. Umstellung auf Deutsche Mark ist im Verhältnis 2:1 erfolgt (Staatsvertrag Art 7 § 1 mit Anlage I mit Ausnahme für die nach dem 30. Juni 1990 fällig werdenden wiederkehrenden Zahlungen, auch Unterhalt, dort Abs 2). Umstellung dann auf Euro Einl Rdn 51.5.

9 Dinglicher Titel, Duldungstitel

9.1 Dinglicher Vollstreckungstitel gegen den Grundstückseigentümer auf **Duldung der Zwangsvollstreckung** in das Grundstück ist zur Vollstreckung eines Anspruchs auf Zahlung aus dem Grundstück (BGB § 1147) notwendig. Benötigt wird ein Vollstreckungstitel auf Duldung der Zwangsvollstreckung in das Grundstück somit zur Vollstreckung aus einer **Hypothek** (Zahlungstitel ermöglicht nur Vollstreckung der [gesicherten] Forderung in Rangklasse 5 des § 10 Abs 1), und **Grundschuld** sowie der Einzelleistungen einer Rentenschuld, außerdem zur Vollstreckung aus einer **Reallast** (erfordert für Naturalleistungen und Handlungen Duldungstitel über die Gläubigerforderung mit dem aus dem Grundstück zu zahlenden Geldbeträgen[35]). Nur für die Zwangshypothek (nicht auch für die Arresthypothek, ZPO § 932 Abs 2) regelt ZPO § 867 Abs 3 eine Ausnahme; es genügt zur Befriedigung aus dem Grundstück der vollstreckbare (persönliche) Schuldtitel, auf dem die Eintragung vermerkt ist (dazu Einl Rdn 69.1). Der dingliche Titel muß mit Vollstreckungsklausel (ZPO § 724) und Zustellungsnachweis (ZPO § 750 Abs 1) sowie mit etwaigen Rechtsnachfolgenachweisen vorgelegt werden. Ist aus dem Titel der dingliche Anspruch nicht ersichtlich, kann nur persönlich betrieben werden. Legt der Gläubiger eine vollstreckbare Urkunde über den dinglichen Anspruch und die (gesicherte persönliche) Forderung vor und schränkt er seinen Antrag nicht ein, so will er im Zweifel wegen der beiden aus dem Titel sich ergebenden Ansprüche betreiben (Rdn 4.4).

9.2 Jeder dingliche Titel (der nicht zur Zahlung verpflichtet, sondern den Grundstückseigentümer dazu, die Verwertung des Grundstücks durch den Gläubiger zu dulden) muß erkennen lassen, **aus welchem dinglichen Recht** die Vollstreckung zu dulden ist. Es genügt nicht: „... aus der zustehenden Grundschuld ..."[36]; es genügt nicht bloße Bezugnahme auf die Grundbuchstelle. Der Titel muß auf einen genau bezeichneten Geldbetrag (und Nebenleistungen) lauten[36] und auf ein bestimmtes Recht sich beziehen[36]. Er muß den dinglichen Anspruch genau so bezeichnen, wie er im Grundbuch eingetragen ist; falls das Recht dabei nicht nach der Grundbuch-Nr bezeichnet wird, darf keinerlei Zweifel möglich sein[36]. Der Auslegung des Titels sind enge Grenzen gesetzt. Nötig also: „Duldung der Zwangsvollstreckung in das Grundstück Gemarkung ... Flurstücknummer ... (Grundbuch für ... Blatt ...) aus der in Abteilung III Nr ... des Grundbuchs eingetragenen Grundschuld zu ... Euro samt ... % Zinsen ab ...". Umwandlung des Grundpfandrechts in ein Verwertungsrecht anderer Art (zB einer Briefhypothek in eine Buchhypothek, einer Hypothek in eine Grundschuld) ändert an seinem Bestand und der Verwertungsbefugnis des Gläubigers (BGB § 1147) nichts; nach Umwandlung bedarf es daher keines neuen (nochmaligen) Vollstreckungstitels[37] (insbesondere keiner neuen Unterwerfungserklärung nach ZPO § 794 Abs 1 Nr 5, § 800).

9.3 Bezeichnung des **haftenden Grundstücks** im dinglichen Titel: § 16 Rdn 3.7. Der Zwangsvollstreckung auf Grund eines dinglichen Titels unterliegt nur das belastete (haftende) Grundstück (andere Objekt), aus dem der zu befriedigende dingliche Anspruch zu zahlen ist (BGB § 1147), nicht ein anderes Grund-

---

[34] OLG Hamm JMBlNW 1962, 233 = Rpfleger 1962, 408 mit zust Anm Berner.
[35] AG Deggendorf und LG Deggendorf Rpfleger 1990, 308.
[36] Reuter MittBayNot 1970, 130 (IV).
[37] LG Bonn Rpfleger 1998, 34; LG Düsseldorf DNotZ 1962, 97; Zöller/Stöber, ZPO, § 800 Rdn 12.

Anordnungsbeschluß 9.6 § 15

stück (sonstiges Objekt) im Schuldnervermögen. Ob das demnach für den dinglichen Anspruch des Gläubigers haftende Grundstück mit dem Grundpfandrecht auch materiell belastet ist, prüft das Vollstreckungsgericht nicht; es prüft nur, ob das Grundstück vorhanden ist und der Titel mit dem Grundbuchbeschrieb hinsichtlich der Identität des Grundstücks übereinstimmt. Wenn der Gläubiger einer Grundschuld seinen (dinglichen) Anspruch auf Zahlung aus dem Grundstück (BGB § 1191 Abs 1) vollstreckt, braucht ein durch die Grundschuld gesicherter Zahlungsanspruch nicht tituliert zu sein und nicht nachgewiesen werden. Es ist Natur der Grundschuld, daß der Gläubiger sich ohne den Nachweis einer Forderung aus dem Grundstück befriedigen kann. Die Grundschuld ist abstrakt, es besteht keine persönliche Schuldverpflichtung, nur die Pflicht, die Befriedigung aus dem Grundstück zu dulden, die der Eigentümer durch Zahlung abwenden kann. Wenn eine durch die Grundschuld gesicherte Forderung nicht oder nicht mehr besteht, begründet der schuldrechtliche Rückgewährungsanspruch (§ 114 Rdn 7.7) eine Einrede gegen die Grundschuld (BGB § 1157 mit § 1192 Abs. 1); diese ist vom Schuldner mit der Vollstreckungsabwehrklage geltend zu machen.

9.4 Einen **dinglichen Titel** (auf Duldung der Zwangsvollstreckung aus einem eingetragenen Recht) **erlangt der Gläubiger:** a) durch notarielle Unterwerfungserklärung des Schuldners nach ZPO § 794 Abs 1 Nr 5. In der Urkunde muß der dingliche Anspruch in einer die Zwangsvollstreckung ermöglichenden Weise, also bestimmt und unter Bezeichnung des Grundstücksrechts benannt sein[38]. Daß auch die Bestellung des auf Grund öffentlich beglaubigter Urkunde bereits eingetragenen Grundpfandrechts noch öffentlich beurkundet werde, ist für die Vollstreckbarkeit der notariellen dinglichen Unterwerfungserklärung nicht erforderlich[38]. b) durch Klage auf Duldung; c) vor 1. 7. 1977 auch durch einen Zahlungsbefehl/Vollstreckungsbefehl auf Duldung nach ZPO § 688 alt, § 794 Abs 1 Nr 4 alt, sogar im Urkundenverfahren nach ZPO § 703 a alt (seit 1. 7. 1977 ist Mahn-/Vollstreckungsbescheid nicht mehr wegen eines Duldungsanspruchs zulässig). Ein Rechtsschutzbedürfnis besteht für die Duldungsklage hinsichtlich der Zwangshypothek[39] nur (noch), soweit nicht bereits nach ZPO § 867 Abs 3 (Einl Rdn 69.1) vollstreckt werden kann. Der Gläubiger muß nicht den Schuldner vor Klageerhebung zur notariellen Unterwerfung auffordern[40] (anders[41] wegen der Kosten nach ZPO § 93 nötig, auch[42] mit Hinweis auf ältere Rechtsprechung). Hat der Schuldner vor der Klageerhebung eine solche Urkunde übergeben, besteht natürlich kein Anlaß mehr für die Klage. Ersatz eines fehlenden dinglichen Titels im Wege geänderter Versteigerungsbedingungen nach § 59 dort Rdn 5.4.

9.5 Betreibt ein Gläubiger zunächst persönlich und erwirkt er dann einen dinglichen Titel oder legt er diesen (oder den Eintragungsvermerk für die Zwangshypothek, ZPO § 867 Abs 3) erst später vor, so wird nicht rückwirkend der Anordnungs- oder Beitrittsbeschluß geändert, es ist **neuer Beitritt** nötig (§ 10 Rdn 9.4) weil es sich um völlig verschiedene Ansprüche handelt.

9.6 Bei **Verwaltungsvollstreckung** durch das Finanzamt, die Gerichtskasse und andere Behörden stellt die Vollstreckungsbehörde auch den für Vollstreckung

---

[38] BGH 73, 156 = DNotZ 1979, 342 = MDR 1979, 567 = NJW 1979, 928 = Rpfleger 1979, 132.
[39] OLG Oldenburg BlGrBW 1955, 109 mit zust Anm Mohrbutter = NJW 1955, 635; OLG Schleswig SchlHA 1958, 287; LG Hamburg JurBüro 1959, 292.
[40] OLG Frankfurt MDR 1980, 855; OLG Hamm JMBlNW 1952, 265; OLG Köln NJW 1977, 256.
[41] OLG Düsseldorf JMBlNW 1968, 262; OLG Karlsruhe MDR 1981, 939, Justiz 1987, 25 und NJW-RR 1999, 1085 Leitsatz; OLG München NJW 1968, 556; OLG Oldenburg BB 1984, 2026; OLG Saarbrücken MDR 1982, 499; OLG Schleswig JurBüro 1987, 1078 = SchlHA 1987, 95; LG Itzehoe SchlHA 1968, 214.
[42] OLG München MDR 1984, 674 = OLGZ 1984, 248 = Rpfleger 1984, 325.

§ 15 9.6 Anordnung der Versteigerung

des dinglichen Anspruchs erforderlichen Antrag (Abgabenordnung § 322 Abs 3). Daß die gesetzlichen Voraussetzungen der beantragten Vollstreckung des dinglichen Anspruchs vorliegen, unterliegt nicht der Beurteilung des Vollstreckungsgerichts, auch nicht bei einer Zwangshypothek.

9.7 **Fall** aus der Praxis: Mann und Frau zu je $1/2$ Miteigentümer, Hypothek bestellt, persönliches Schuldanerkenntnis, Unterwerfungsklausel aus Versehen nicht eingetragen; Mann gestorben, Frau Alleineigentümerin, hinsichtlich ihres früheren Anteils dingliche Vollstreckung auch ohne eingetragene Unterwerfung möglich nach ZPO § 794 Abs 1 Nr 5, weil keine Rechtsnachfolge insoweit vorlag (ZPO § 800 ist Zustellungserleichterung für Rechtsnachfolge); hinsichtlich ererbten Anteils Rechtsnachfolge, § 800 mangels Eintragung nicht anwendbar, nur persönliche Vollstreckung insoweit. Zur dinglichen Befriedigung gab es vier Wege: a) Unterwerfung beim Notar hinsichtlich des ererbten Anteils, Zustellung des Titels, keine Eintragung nötig; b) Umschreibung der Klausel auf Grund Erbscheins auf die Frau, Zustellung von Titel, Klausel und Erbschein nach ZPO § 750, keine Eintragung nötig; c) Duldungstitel erwirken, Zustellung des Titels, keine Eintragung nötig; d) in einem von einem rangbesseren Gläubiger betriebenen Verfahren kann das Recht auch ohne Eintragung der Unterwerfungsklausel befriedigt werden (so geschehen).

9.8 **Fall** aus der Praxis: Eine Reallast war an drei Grundstücken eingetragen, obwohl nur an zwei von ihnen bestellt; Anordnung dinglich nur hinsichtlich der zwei Grundstücke, hinsichtlich des dritten nur persönlich, weil insoweit ein dinglicher Anspruch nicht bestand, das Grundbuch nur unrichtig war und dies erkennbar für das Vollstreckungsgericht.

9.9 Ein Duldungstitel über die **Haftung für die Geldleistung** eines Dritten als Duldungsschuldner (nicht damit auf Leistung einer auf Geldzahlung gerichteten Forderung) ist Vollstreckungstitel über eine Geldforderung im Sinne von ZPO §§ 803 ff[43]. Das im Anfechtungsprozeß ergangene Urteil auf Duldung der Zwangsvollstreckung in ein (bestimmtes) Grundstück wird daher nach ZPO §§ 864 ff durch Zwangsversteigerung oder Zwangsverwaltung (auch Eintragung einer Sicherungshypothek[44]) vollstreckt. Es kann die Verpflichtung, die Zwangsvollstreckung in das Grundstück zu dulden, wegen einer (persönlichen) Gläubigerforderung in Rangklasse 5 des § 10 Abs. 1 ausweisen, in Sonderfällen auch eine Duldungsverpflichtung wegen eines dinglichen (Rangklasse 4 des § 10 Abs 1) oder sonst bevorrechtigten Gläubigeranspruchs.

10 Eheliches Güterrecht

Literatur: Arnold, Zwangsvollstreckung bei fortgeltendem Güterstand der Eigentums- und Vermögensgemeinschaft, DtZ 1991, 80; Baur, Zwangsvollstreckungs- und konkursrechtliche Fragen zum GlBerG, FamRZ 1958, 252; Berner, Neuregelung der Zwangsvollstreckung gegen Ehegatten im Zeichen der Gleichberechtigung, Rpfleger 1958, 201; Capeller, Nochmals: Notarielle Unterwerfungsklausel bei Ehegatten, NJW 1959, 201; Hornung, Die Bedeutung des ehelichen Güterrechts für die Zwangsvollstreckung, KKZ 1980, 221 und 1981, 1; Müller, Zwangsvollstreckung gegen Ehegatten, 1970; Rauscher, Immobiliarzwangsvollstreckung bei fremdem Güterstand, Rpfleger 1988, 89; Wassermann, Die Zwangsvollstreckung gegen Eheleute nach § 744 a ZPO, FamRZ 1991, 507; Weirich, Notarielle Unterwerfungsklausel bei Ehegatten, NJW 1959, 1478 und (nochmals) NJW 1959, 2102; Wittekopf, Zwangsvollstreckung gegen Ehegatten, 1955.

10.1 **Zugewinngemeinschaft** (BGB §§ 1363–1390): Das Vermögen ist nicht gemeinschaftlich, jeder Ehegatte verwaltet seines selbst. Ein Vollstreckungstitel muß sich gegen den Ehegatten richten, der als Schuldner Eigentümer des Grundstücks ist

---

[43] BGH 103, 30 (33) = NJW 1988, 1026 = Rpfleger 1988, 181.
[44] Dazu Alff Rpfleger 2003, 284.

Anordnungsbeschluß 10.2 § 15

(§ 17 Abs 1). Duldungstitel gegen den anderen Ehegatten ist nicht nötig (Gewahrsam oder Besitz sind keine der Immobiliarvollstreckung entgegenstehenden Rechte). Auch BGB § 1365 hindert die Vollstreckung in das Grundstück eines Ehegatten nicht, weil Vollstreckungsakte keine rechtsgeschäftlichen Verfügungen sind (zur Teilungsversteigerung § 180 Rdn 3.13). Vollstreckt ein Ehegatte, so ist auch das keine Verfügung nach BGB § 1365 und er bedarf nicht der Zustimmung des anderen.

10.2 a) **Gütergemeinschaft** (BGB §§ 1415–1518): Zur Vollstreckung in das Gesamtgut ist ein Titel gegen den allein verwaltenden Ehegatten nötig und genügend (ZPO § 740 Abs 1); wenn beide Ehegatten verwalten, ist ein Titel (Leistungstitel) gegen beide nötig (ZPO § 740 Abs 2). Gesamtgutsverwalter ist, wer durch Ehevertrag dazu bestimmt ist, sonst sind es beide (BGB § 1421). Ist die Gütergemeinschaft vor 1. 4. 1953 geschlossen, gilt der Mann als Verwalter (Gleichberechtigungsgesetz Art 8 I Nr 6). Betreibt der nicht oder nicht allein Verwaltende selbständig ein Erwerbsgeschäft, so genügt Titel gegen ihn (ZPO § 741). Darunter fällt jede auf Wiederholung angelegte, der Erzielung von Einkünften dienende wirtschaftliche Tätigkeit[45], somit ein Unternehmen des Handels- oder Gewerberechts ebenso wie jede freiberufliche Tätigkeit (zB eine Arztpraxis[46] oder ein landwirtschaftlicher Betrieb[47]), nur nicht ein Dienstverhältnis als Arbeitnehmer. Das Geschäft kann sogar schon in Liquidation sein. Selbständig betreibt ein Ehegatte das Erwerbsgeschäft, wenn er selbständiger Unternehmer ist (in Abgrenzung gegenüber abhängiger Tätigkeit)[47]; der Erwerbstätige muß nicht alleiniger Inhaber des Geschäfts sein; selbständig durch einen Ehegatten betrieben wird ein Erwerbsgeschäft auch dann, wenn es von beiden in Gütergemeinschaft lebenden und das Gesamtgut gemeinschaftlich verwaltenden Ehegatten geführt wird[47]. Vollstreckungstitel gegen den das Erwerbsgeschäft betreibenden Ehegatten ist für die Zwangsvollstreckung wegen aller Schulden, nicht nur der geschäftlichen, sondern auch der persönlichen, genügend[48]. Es ist nicht nachzuweisen und nicht zu prüfen, daß es sich um Geschäftsschulden handelt[48]. Wenn eine Verbindlichkeit nach materiellem Recht nicht dem Gesamtgut zur Last fällt (vgl BGB § 1460) muß vielmehr der andere Ehegatte seine Einwendungen mit Widerspruchsklage nach ZPO § 774 verfolgen.

b) Die Voraussetzungen (Verwaltungsrecht oder alte Gütergemeinschaft oder Erwerbsgeschäft) muß der vollstreckende Gläubiger beweisen[49] (Bescheinigung von Notar, Registergericht, Grundbuchamt, Gewerbeamt usw; alte Gütergemeinschaft meist aus Grundbuch ersichtlich). Für die Tatsache des Gewerbes genügt nicht die Berufsbezeichnung im Titel; sie könnte irreführend veranlaßt sein, daher Urkunden nötig. Leben die Ehegatten getrennt oder in Scheidung und wird einem ein Unterhaltsbetrag zugesprochen, so hat ihn der Verwaltende aus den Erträgnissen des Gesamtguts zu zahlen; tut er es nicht, kann der andere in das eigene Gesamtgut vollstrecken. Es genügt Titel gegen den Verpflichteten[50]. Ist die Versteigerung eines Gesamtgrundstücks wirksam angeordnet, so wird sie durch Aufhebung der Gütergemeinschaft nicht unwirksam[51]. Ist ein Titel gegen beide vorhanden und stirbt ein Teil, so ist auf den anderen nach ZPO § 727 umzuschreiben und nach ZPO § 750 Abs 2 neu zuzustellen.

c) **Schuldner** sind bei Zwangsversteigerung eines zum Gesamtgut gehörenden Grundstücks beide Ehegatten, gegen die sich als (eingetragene) Grundstückseigentümer (§ 9 Rdn 3.28) die Vollstreckung richtet, auch wenn sie (zulässig) nur

---

[45] BGH 83, 76 = FamRZ 1982, 468 = MDR 1982, 489 = NJW 1982, 1810; BayObLG 1983, 187 = FamRZ 1983, 1128 = Rpfleger 1983, 407.
[46] RG 144, 1 (2); BGH 83, 76 = aaO (Fußn 45); OLG Karlsruhe OLGZ 1976, 333.
[47] BayObLG 1983, 187 = aaO (Fußn 45).
[48] BayObLG 1983, 187 = aaO (Fußn 45); Zöller/Stöber, ZPO, § 741 Rdn 7.
[49] LG Frankenthal Rpfleger 1975, 371.
[50] Kleinle FamRZ 1997, 1194 (1195); Zöller/Stöber, ZPO, § 740 Rdn 9.
[51] OLG Koblenz Rpfleger 1956, 164.

§ 15 10.2   Anordnung der Versteigerung

mit einem gegen den allein verwaltenden oder ein Erwerbsgeschäft betreibenden Ehegatten erfolgt[52].

d) Zur Vollstreckung in Vorbehalts- oder Sondergut (BGB §§ 1417, 1418) ist ein Titel gegen den Betroffenen nötig; zur Vollstreckung bei fortgesetzter Gütergemeinschaft ist ein Titel gegen den überlebenden Gatten nötig und genügend (ZPO § 745 Abs 1).

10.3 Gütertrennung (BGB § 1414): Keine Besonderheit; zur Vollstreckung gegen jeden Ehegatten ist ein Titel gegen ihn nötig und genügend.

10.4 Alte Güterstände: Bei Verwaltung und Nutznießung des Mannes (wo vertraglich fortbestehend, BGB §§ 1408, 1409) ist zur Vollstreckung in Frauenvermögen Leistungstitel gegen die Frau und Duldungstitel alter Art (ZPO § 739 alt) gegen den Mann nötig[53]. Bei Errungenschafts- und Fahrnisgemeinschaft (wo fortbestehend, BGB §§ 1408, 1409, Gleichberechtigungsgesetz Art 8 I Nr 7) ist zur Vollstreckung in Gesamtgut Titel gegen den Mann nach ZPO § 740 alt nötig und genügend, zur Vollstreckung in das eingebrachte Gut der Frau Duldungstitel nach ZPO § 739 alt, in das Vorbehaltsgut der Frau Titel gegen diese[53]. Für Flüchtlinge und Vertriebene, die einen Güterstand nach anderem Recht hatten, gilt seit 1. 10. 1969 oder bei späterem Zuzug ab Beginn des 4. Monats nach Zuzug das Bundesrecht, falls nichts anderes im Güterrechtsregister eingetragen ist (Bundesgesetz vom 4. 8. 1969).

10.5 a) Bei fortgeltendem Güterstand der **Eigentums- und Vermögensgemeinschaft** nach dem Familiengesetzbuch der (ehem) DDR (nur bei Erklärung nach EGBGB Art 234 § 4 Abs 2 bis 2. 10. 1992) ist für die Zwangsvollstreckung in ein Grundstück (auch Gebäudeeigentum) im gemeinsamen Eigentum (FGB-DDR § 13 Abs 1, § 14 Abs 1) ein Leistungsurteil (anderer Vollstreckungstitel) gegen beide Ehegatten nötig (ZPO § 740 Abs 2 mit § 744a; gemeinschaftliche Gesamtgutsverwaltung nach EGBGB Art 234 § 4a Abs. 2). Genügend ist ein Urteil (Vollstreckungstitel) gegen einen Ehegatten nach Maßgabe von ZPO § 741 (mit § 744a), wenn er selbständig ein Erwerbsgeschäft betreibt[54]. Nach Beendigung des Güterstands der Eigentums- und Vermögensgemeinschaft, aber vor Auseinandersetzung, erfordert Zwangsvollstreckung in gemeinsames Eigentum Vollstreckungstitel gegen beide Ehegatten (ZPO § 743 Abs 1 mit § 744a; dazu[55]). Zwangsvollstreckung nur in den (gesamthänderischen) Anteil eines der Ehegatten am Grundstück ist nicht möglich (Anteilspfändung: ZPO § 860 Abs 2 mit § 744a). Zwangsvollstreckung in Grundbesitz im Alleineigentum eines Ehegatten (insbesondere bei Erwerb vor Eheschließung, FGB-DDR § 13 Abs 2, und bei abweichender Vereinbarung, FGB-DDR § 14 Abs 1) erfordert nur einen Vollstreckungstitel gegen diesen.

b) Mit Überleitung in den gesetzlichen Güterstand der Zugewinngemeinschaft des BGB am 3. Okt. 1990 (EGBGB Art 234 § 4 Abs 1) wurde früher gemeinschaftliches Vermögen (FGB-DDR § 13 Abs 1) Eigentum der Ehegatten zu gleichen Bruchteilen (EGBGB Art 234 § 4a mit Besonderheiten). Der Bruchteil jedes der Ehegatten ist Gegenstand der Immobiliarvollstreckung (ZPO § 864 Abs 2).

10.6 Leben die Ehegatten in Errungenschaftsgemeinschaft nach **italienischem Recht**, erfordert die Zwangsvollstreckung in das Gesamtgut einen Leistungs-Vollstreckungstitel gegen beide[56]. Vollstreckungstitel gegen nur einen der Ehegatten genügt, wenn dieser selbständig ein Erwerbsgeschäft betreibt (ZPO § 741)[56]. Zwangsvollstreckung in das Gesamtgut einer Gütergemeinschaft nach **niederländischem** Recht ist mit Leistungstitel gegen beide Ehegatten möglich (ZPO § 740

---

[52] LG Zweibrücken Rpfleger 1995, 223.
[53] Berner Rpfleger 1958, 201.
[54] Arnold DtZ 1991, 80 (84).
[55] Lipp FamRZ 1995, 65 (72).
[56] LG Heilbronn Rpfleger 1996, 521.

Anordnungsbeschluß 11.2 **§ 15**

Abs 2). Zur Zwangsvollstreckung in das ohne persönliche Haftung eines der Ehegatten mithaftende Gesamtgut ist Leistungstitel gegen den haftenden und Duldungstitel gegen den nicht mithaftenden Ehegatten genügend[57] (ZPO § 743, entspr Anwendung). Zur Immobiliarvollstreckung bei fremdem Güterstand (insbes bei jugoslawischem und italienischem Güterrecht) weiter[58].

10.7 Lebenspartner leben im Güterstand der Zugewinngemeinschaft; sie können durch Lebenspartnerschaftsvertrag (LPartG § 7) etwas anderes vereinbart haben (LPartG § 6 Abs 1). Übergangsvorschrift für eine vor dem 1. Jan 2005 begründete Lebenspartnerrschaft: LPartG § 21 Abs 1 und 2. Beim Vermögensstand der Zugewinngemeinschaft ist das Vermögen nicht gemeinschaftlich; jeder Ehegatte verwaltet seines selbst (BGB § 1363 Abs 2, § 1364 mit LPartG § 6 Satz 2). Ein Vollstreckungstitel muß sich daher gegen den Lebenspartner richten, der als Schuldner Eigentümer des Grundstücks ist (Rdn 10.1). Ein Duldungstitel gegen den anderen Lebenspartner ist nicht nötig. Haben die Lebenspartner durch Vertrag einen anderen Vermögensstand vereinbart (LPartG § 7) und ist das Grundstück Gesamtgut, kann die Vollstreckung Leistungstitel gegen beide Lebenspartner (ZPO § 740 Abs 2) oder nur gegen den Verwaltenden (ZPO § 740 Abs 2), bei Erwerbsgeschäft gegen einen der Lebenspartner (ZPO § 741), erfordern.

Eigentümergrundpfandrecht (Zwangsvollstreckung) 11

Literatur: Lorenz, Weitere Fragen zur konkursrechtlichen Problematik der Eigentümergrundschuld, KTS 1962, 28; Stöber, Die Beschränkungen des § 1197 BGB bei Verpfändung und Pfändung einer Eigentümergrundschuld, Rpfleger 1958, 339.

11.1 Grundsatz: Der Grundstückseigentümer kann als Inhaber eines Eigentümerrechts nicht die Zwangsvollstreckung hieraus zum Zweck seiner Befriedigung (Zwangsversteigerung oder Zwangsverwaltung) betreiben: BGB § 1197 Abs 1. Grund: Der Schuldner soll nicht zum Nachteil seiner Gläubiger sich durch Vollstreckung in das eigene Grundstück Vorteile verschaffen; er könnte sonst sein Grundstück für einen geringen Betrag selbst einsteigern und alle nachgehenden Belastungen erlöschen lassen[59].

11.2 Pfand- und Pfändungsgläubiger: a) Sie unterliegen der Beschränkung des BGB § 1197 Abs 1 nicht. Wenn sich das (bisherige) Eigentümerrecht nach Pfandreife mit Abtretung an den Pfandgläubiger (an Zahlungs Statt) oder mit Überweisung an den Pfändungsgläubiger an Zahlungs Statt (ZPO § 835) in ein Fremdrecht verwandelt hat, ist der Eigentümer nicht mehr Gläubiger, BGB § 1197 Abs 1 somit nicht mehr anwendbar. Aber auch der Pfandgläubiger nach Pfandreife (BGB §§ 1282, 1291) und der Pfändungsgläubiger[60] nach Überweisung zur Einziehung (ZPO § 835) können als Einziehungsberechtigte die Zwangsvollstreckung zum Zwecke der Befriedigung des Eigentümerrechts in das Grundstück betreiben[60] (so auch[61]; anders früher[62]). Die Beschränkung des BGB § 1197

---

[57] BGH FamRZ 1998, 905 = MDR 1990, 969 = NJW-RR 1998, 1377 = Rpfleger 1998, 350.
[58] Rauscher Rpfleger 1988, 89.
[59] Motive zum BGB Band III S 679.
[60] BGH 103, 30 = DNotZ 1988, 777 = MDR 1988, 395 = NJW 1988, 1026 = Rpfleger 1988, 181.
[61] OLG Köln NJW 1959, 2167; LG Bremen MDR 1954, 678 = NJW 1955, 184 mit abl Anm Horber; LG Hof Rpfleger 1965, 369 mit zust Anm Stöber; LG Münster JMBlNW 1956, 4; Stöber, Forderungspfändung, Rdn 1960; Stöber Rpfleger 1956, 326 (VI), Rpfleger 1958, 339 (V–VIII) und RpflJahrbuch 1942, 303 (XI); Dassler/Muth vor § 15 Rdn 29; Steiner/Hagemann §§ 15, 16 Rdn 182; Stein/Jonas/Brehm, ZPO, § 857 Rdn 109; Zöller/Stöber, ZPO, § 857 Rdn 29; Westermann NJW 1960, 1723 (Anmerkung).
[62] OLG Düsseldorf NJW 1960, 1723 mit abl Anm Westermann; LG Darmstadt MDR 1958, 853; Horber NJW 1955, 184 = (Anmerkung); Schumacher BB 1961, 273.

§ 15 11.2 Anordnung der Versteigerung

Abs 1 ist demjenigen, der gleichzeitig Grundstückseigentümer und Inhaber der Grundschuld ist, als rein persönliche Beschränkung zur Vermeidung mißbräuchlicher Rechtsausübung (Rdn 11.1) auferlegt; das Eigentümerrecht ist deswegen nicht inhaltlich beschränkte Grundschuld. Auf den einziehungsberechtigten Pfandgläubiger ist die Beschränkung von BGB § 1197 Abs 1 daher nicht anzuwenden.

b) Auch der Gläubiger muß (wie bei jedem Grundpfandrecht, aus dem er vollstrecken will, Rdn 9) neben dem Pfändungs- und Überweisungsbeschluß einen dinglichen Titel haben[63] (zur (Besonderheit nach ZPO § 867 Abs 3 s Einl Rdn 69.1). Er kann als Rechtsnachfolger (ZPO § 727) vollstreckbare Ausfertigung (oder Teilausfertigung) der notariellen Urkunde (ZPO § 794 Abs 1 Nr 5) erhalten, wenn der Eigentümer die nach der Unterwerfungsklausel vollstreckbare Grundschuld für sich bestellt (BGB § 1196)[64] oder erworben hat, nachdem das Grundpfandrecht als Hypothek oder Grundschuld Fremdrecht war[64] (zB mit Erlöschen der durch eine Hypothek gesicherten Forderung, BGB § 1163 Abs 1 Satz 2) (anders[65] für die durch Tilgung der Forderung entstandene Eigentümergrundschuld; das ist aber gleichfalls Rechtsnachfolgefall für den dinglichen Anspruch). Nicht als Rechtsnachfolger des in der Schuldurkunde bezeichneten Gläubigers wird der Eigentümer und damit sein Pfandgläubiger angesehen, wenn Vollstreckungsunterwerfung wegen einer Hypothekenforderung erfolgt, die Hypothek aber infolge Nichtvalutierung Eigentümergrundschuld geblieben[66] (BGB § 1163 Abs 1 Satz 1) oder das Recht sonst sogleich in der Person des Eigentümers entstanden ist (zB bei Nichtaushändigung des Briefes, BGB § 1163 Abs 2).

11.3 Insolvenzverwalter: a) War die Eigentümergrundschuld an einem Massegrundstück schon vor Eröffnung des Insolvenzverfahrens entstanden, so ist sie nach InsO § 35 Teil der Insolvenzmasse. Wenn ein Gläubigerrecht nach Eröffnung des Insolvenzverfahrens Eigentümergrundschuld wird, besteht ebenso Massezugehörigkeit. Erwerbshandlungen, die der Insolvenzverwalter gemäß InsO § 80 Abs 1 vornimmt, führen zum Erwerb für die Insolvenzmasse[67]. In die Insolvenzmasse fällt daher die mit Befriedigung eines Hypothekengläubigers durch den Insolvenzverwalter nach BGB § 1163 Abs 1 Satz 2, § 1177 entstandene Eigentümergrundschuld[67]. Ebenso fällt die Eigentümergrundschuld in die Insolvenzmasse, die der Insolvenzverwalter an dem zu dieser gehörenden Grundstück des Schuldners nach BGB § 1196 bestellt[67]. Bei Befriedigung des Hypothekengläubigers durch den Schuldner des Insolvenzverfahrens mit Mitteln zur Neuerwerb fällt die während des Verfahrens erlangte Eigentümergrundschuld als Neuerwerb gleichfalls in die Insolvenzmasse (InsO § 35; anders nach früherem Konkursrecht). Gleiches gilt, wenn der Gläubiger auf das Recht gemäß BGB § 1168 verzichtet. Die Freigabe des Grundstücks aus der Insolvenzmasse durch den Insolvenzverwalter bezieht sich nicht auf die Rechte aus einer Eigentümergrundschuld[68].

b) BGB § 1197 Abs 1 hindert den Insolvenzverwalter nicht, die **Vollstreckungsversteigerung** aus der Eigentümergrundschuld betreiben[69]; er handelt dabei auf Grund auferlegter Verwaltung, muß die Masse bestmöglich verwerten und kann hierbei nicht den Beschränkungen unterliegen, die für den Schuldner im Interesse seiner Gläubiger gelten (der Insolvenzverwalter handelt im Interesse aller Gläubiger). Zwar hat er die Möglichkeit des Sonderverfahrens aus ZVG § 172 (die Bela-

---

[63] BGH 103, 30 aaO (Fußn 60); Stöber Rpfleger 1965, 369 (Anmerkung).
[64] Stöber Rpfleger 1958, 339.
[65] OLG Hamm Rpfleger 1987, 297 mit Anm Knees.
[66] KG Berlin JFG 13, 404 = JW 1936, 2754 mit Anm Henke; Stöber Rpfleger 1958, 339.
[67] BayObLG 1980, 255 = DNotZ 1981, 576 = Rpfleger 1980, 429.
[68] BGH DNotZ 1978, 729 = MDR 1979, 44 = Rpfleger 1978, 363; LG München I KTS 1976, 247; Mohrbutter KTS 1956, 107 (7).
[69] Worm KTS 1961, 119 (124).

Anordnungsbeschluß § 15

stung des Grundstücks mit einer Eigentümergrundschuld ist nicht hinderlich, BGB § 1197 Abs 1 nicht einschlägig). BGB § 1197 Abs 1 hindert aber auch die Vollstreckungsversteigerung nicht, wenn man die Stelle richtig liest; sie lautet: „... so kann er nicht die Zwangsvollstreckung ... betreiben", der Schuldner nämlich; auf alle anderen bezieht sich dies nicht. Auch das Eigentümerrecht enthält das Recht auf Befriedigung aus dem Grundstück, das nur für den Schuldner selbst gehemmt ist[69], und zwar nur für die Zeit der Rechtsinhaberschaft als Grundstückseigentümer. Man würde sonst dem Schuldner des Insolvenzverfahrens Vollstreckungsschutz gegenüber dem Insolvenzverwalter gewähren[69]; dies ist nicht Sinn von BGB § 1197Abs 1.

11.4 Zession, Grundstücksveräußerung: Das bisherige Eigentümerrecht wird durch Abtretung (auch Überweisung an Zahlungs Statt, ZPO § 835) wieder zum Fremdrecht, ebenso durch Wechsel des Grundstückseigentümers (Veräußerung des Grundstücks; Eigentumserwerb durch Ersteher mit Bestehenbleiben des Eigentümergrundpfandrechts), wenn der neue Eigentümer nicht auch die Eigentümergrundschuld erwirbt. Von dem Zeitpunkt der Abtretung oder des Eigentumswechsels an kann der Berechtigte das (bisherige) Eigentümergrundpfandrecht daher wieder in das Grundstück vollstrecken; die Vollstreckungsbeschränkung des BGB § 1197 Abs 1 besteht nicht mehr. Rechtsnachfolgeklausel für den Erwerber der Eigentümergrundschuld: wie Rdn 11.2 (zu b).

11.5 Sonderfall: Hat ein Grundstücksmiteigentümer eine Grundschuld am ganzen Grundstück (also teils Eigentümerrecht, teils Fremdrecht), so kann er entweder in das ganze Grundstück oder in die Bruchteile der anderen Miteigentümer vollstrecken. Die Vollstreckung allein in seinen eigenen Bruchteil untersagt ihm BGB § 1197, wie in Abs 1 ausgeführt.

11.6 Zinsen (BGB § 1197 Abs 2): § 114 Rdn 6.9–6.12. Löschungsvormerkung und Löschungsanspruch § 114 Rdn 9.

Eisenbahnrecht

12.1 In Vermögen eines Bahnunternehmens kann nach dem Gesetz über Maßnahmen zur Aufrechterhaltung des Betriebes von Bahnunternehmen des öffentlichen Verkehrs (Bahnunternehmensgesetz; Textanhang T 9) nur beschränkt vollstreckt werden. Die Zwangsversteigerung eines Grundstücks, das dem Betrieb eines Bahnunternehmens des öffentlichen Verkehrs gewidmet ist (Gesetz § 3 Abs 2), darf angeordnet, aber nur mit Zustimmung der Aufsichtsbehörde (Gesetz § 5) durchgeführt werden (Gesetz § 3). Das Gesetz gilt nur, wenn landesrechtliche Vorschriften fehlen (Gesetz § 3 Abs 4). Die Eigenschaft als Bahnunternehmen ist kein der Versteigerung entgegenstehendes Recht nach § 28 Abs 1; Versteigerung kann also sofort angeordnet werden, doch ist das Verfahren dann bis zum Erlöschen der Betriebsgenehmigung oder bis zur Zustimmung der Aufsichtsbehörde einstweilen einzustellen (Gesetz § 3 Abs 1). Über die Frist für die Fortsetzung des eingestellten Verfahrens § 31 Rdn 3.

12.2 Landesrechtlich können Nutzungsrechte an einer Eisenbahn und bestimmten Betriebsgegenständen der Immobiliarvollstreckung unterliegen und abweichend vom ZVG geregelt werden (ZPO § 871).

Erbbaurecht

Literatur: Behmer, Der Rang des Heimfallanspruchs beim Erbbaurecht, Rpfleger 1983, 477; Busse, Zur Zwangsversteigerung von Erbbaurechten, NJW 1955, 1546; Busse, Folgen der Unwirksamkeit eines Erbbaurechts, Rpfleger 1957, 108; Furtner, Die rechtsgeschäftliche Verfügungsbeschränkung und ihre Sicherung, NJW 1966, 182; Haegele, Streit- und Zweifelsfragen um das Erbbaurecht, Justiz 1956, 89; Haegele, Folgen der Unwirksamkeit eines Erbbaurechts, Rpfleger 1957, 108; Haegele, Streitfragen und Probleme des Erbbaurechts, Rpfleger 1967, 279; Hagemann, Zwangsvollstreckung in das Erbbaurecht, 1929; Hansen,

§ 15   13   Anordnung der Versteigerung

Wann ist die Zustimmung des Grundstückseigentümers zur Zwangsversteigerung des Erbbaurechts erforderlich, SchlHA 1954, 77; Kalter, Einige Rechtsfragen zur Zwangsvollstreckung im Erbbaurecht, KTS 1966, 177; Kappelhoff, Die im voraus erteilte Zustimmung des Grundstückseigentümers zur Zwangsversteigerung des Erbbaurechts, Rpfleger 1985, 281; Kehrer, Rechtsfragen um das Erbbaurecht, BWNotZ 1957, 52; Lutter, Zustimmung zur Erbbaurechtsübertragung für den Fall der Zwangsversteigerung, DNotZ 1960, 235; Mohrbutter/Riedel, Zweifelsfragen am Erbbaurecht, NJW 1957, 1500; Chr. Mohrbutter, Die Eigentümerrechte und der Inhalt des Erbbaurechts bei dessen Zwangsversteigerung, Dissertation (1995); Muth, Belastungsbeschränkung des Erbbaurechts, Rpfleger 1991, 441; Pöschl, Das Erbbaurecht in der Zwangsversteigerung, BWNotZ 1956, 41; Pöschl, Zwangsversteigerung von Erbbaurechten, BB 1951, 977 und 1961, 581; Rahn, Die Dinglichkeit des Heimfallanspruches, und der sonstigen zum Inhalt eines Erbbaurechts bestimmbaren Verpflichtungen des Erbbauberechtigten, BWNotZ 1961, 53; Reinke, Eigentümerzustimmung in der Zwangsversteigerung des Erbbaurechts, Rpfleger 1990, 498; Scharen, Der Heimfallanspruch in der Zwangsversteigerung des Erbbaurechts, Rpfleger 1983, 342; Stakemann, Zur Zwangsversteigerung des Erbbaurechts, NJW 1984, 962; Weichhaus, Der Heimfallanspruch bei der Zwangsversteigerung eines Erbbaurechts, Rpfleger 1979, 329.

13.1 Das **alte Erbbaurecht** aus der Zeit vor 22. Jan 1919 richtet sich nach BGB §§ 1012–1017. Die Beziehungen zwischen Grundstückseigentümer und Berechtigten sind schuldrechtlicher Art. Das Recht ist dingliche Belastung des Grundstücks und zugleich selbst grundstücksgleiches Recht (BGB § 1017 Abs 1 und § 1012). Belastung und Veräußerung sind nicht an die Zustimmung des Grundstückseigentümers gebunden. Dieser hat keinen Heimfallanspruch; er ist am Vollstreckungsverfahren über das Erbbaurecht nicht beteiligt.

13.2 Das **neue Erbbaurecht** aus der Zeit ab 22. Jan 1919 untersteht der Erbbaurechtsverordnung (ErbbauVO). Es ist meist für 99 Jahre, oft auch nur für 75 Jahre bestellt. Wesentlicher Bestandteil des Erbbaurechts ist das Bauwerk (ErbbauVO § 12). Als **grundstücksgleiches Recht** (ErbbauVO § 11 Abs 1) ist das Erbbaurecht Gegenstand der Immobiliarvollstreckung (ZPO § 870). Der Grundstückseigentümer ist bei Zwangsvollstreckung in das Erbbaurecht gesetzlich Beteiligter nach § 9 (ErbbauVO § 24). Alle folgenden Ausführungen beziehen sich auf dieses neue Erbbaurecht. Es kann auch als Wohnungs- oder Teilerbbaurecht bestehen; Vorschriften über das Wohnungs- oder Teileigentum gelten dann entsprechend (WEG § 30).

13.3 Im **Anordnungsbeschluß** (Beitrittsbeschluß) ist das Erbbaurecht als Gegenstand der Zwangsvollstreckung genau zu bezeichnen (Rdn 4.3). Die Bezeichnung erfolgt am zuverlässigsten nach der Eintragung des Erbbaurechts im Bestandsverzeichnis des Erbbaugrundbuchs (GBV § 56). Der dort durch Bezugnahme auf die Eintragungsbewilligung eingetragene Inhalt des Erbbaurechts (GBV § 56 Abs 2) wird nicht gesondert mit aufgeführt, desgleichen nicht eine eingetragene Verfügungsbeschränkung nach ErbbauVO § 5. Beschluß**beispiel** (im Anschluß an Rdn 4.2)

Die Zwangsversteigerung

des im Erbbaugrundbuch des Amtsgerichts ... für Gemarkung ... Blatt ... auf den Namen des Schuldners ... vorgetragenen
   Erbbaurechts, das eingetragen ist auf dem im Grundbuch von ... Blatt ... unter Nr 2 des Bestandsverzeichnisses verzeichneten Grundstück
     Flurstücknummer ... [mit Wirtschaftsart, Lage und Größe,
        ggfs auch Gemarkung]
   in Abteilung II Nr 1 für die Dauer von ... Jahren
wird wegen ... angeordnet.
Dieser Beschluß gilt zugunsten des Gläubigers als Beschlagnahme des Erbbaurechts.

13.4 Von der Beschlagnahme erfaßt (§ 20) und **Gegenstand der Zwangsversteigerung** (§§ 55, 90) ist das Erbbaurecht mit seinem gesetzlichen (ErbbauVO

Anordnungsbeschluß 13.6 § 15

§ 1) und vertragsmäßigen (ErbbauVO §§ 2–8) Inhalt. Die mit dinglicher Wirkung als Inhalt des Erbbaurechts vereinbarten Rechte und Pflichten gehören daher nicht in die Versteigerungsbedingungen und nicht in das geringste Gebot (sie sind nicht Belastungen des Rechts). Ihre dingliche Wirkung hat die rechtliche Bindung des Erstehers zur Folge, der das Erbbaurecht mit seinem gesetzlichen und verdinglichten vertragsmäßigen Inhalt erwirbt (dazu § 52 Rdn 2.9).

13.5 a) Als **Inhalt des Erbbaurechts** kann vereinbart sein, daß der Erbbauberechtigte zur Veräußerung (und/oder Belastung) des Erbbaurechts der **Zustimmung** des Grundstückseigentümers bedarf (ErbbauVO § 5 Abs 1, auch Abs 2 mit Einzelheiten für Belastungsbeschränkung). Diese Verfügungsbeschränkung wird ausdrücklich in das Grundbuch eingetragen (GBV § 56 Abs 2); materiellrechtlich würde sie aber auch mit Bezugnahme auf die Eintragungsbewilligung entstehen[70]. Wegen des näheren Inhalts der Beschränkung, ebenso hinsichtlich etwaiger Ausnahmen, kann auf die Eintragungsbewilligung Bezug genommen sein[71].

b) Eine **Veräußerungsbeschränkung**, die Inhalt des Erbbaurechts ist, gilt auch für die Zwangsvollstreckung (ErbbauVO § 8), und zwar nicht nur für Vollstreckungsversteigerung, sondern auch für die Insolvenzverwalter- (§ 172), Nachlaß- (§ 175) und Teilungsversteigerung (§ 180), nicht aber für eine Wiedervollstreckung aus einer Sicherungshypothek nach § 128, weil dieses Verfahren nur die Folge eines vorausgegangenen zulässigen Verfahrens ist[72] (anders[73]).

c) Wenn **nur die Belastung** zustimmungspflichtig ist (ErbbauVO § 5 Abs 2), kann die Versteigerung ohne Zustimmung erfolgen. Auch für Verfahrensanordnung (Zulassung des Beitritts) auf Antrag eines persönlichen Gläubigers ist dann keine Zustimmung erforderlich[74] (anders[75]). Die Beschlagnahmewirkung (§ 23 Abs 1) steht einer Belastung mit einem Grundpfandrecht oder einer Reallast (ErbbauVO § 5 Abs 2) weder rechtlich noch wirtschaftlich gleich. Wenn Interessen des Grundstückseigentümers nicht mit Veräußerungszustimmung (ErbbauVO § 5 Abs 1) geschützt sind, soll die Veräußerlichkeit und damit die Zwangsversteigerung gerade nicht eingeschränkt sein. Daß sie zur Eintragung einer (dann nicht zustimmungspflichtigen) Sicherungshypothek (§ 128) führen kann (nicht aber muß), ist gesetzliche Folge der ohne Zustimmung zulässigen und wirksamen Veräußerung. Ein Beschlagnahmeverbot (mit Gefahr des Rangverlustes für den antragstellenden persönlichen Gläubiger; Haftungsfall) begründet deswegen allein ErbbauVO § 5 Abs 2 nicht. Als abwegig abzulehnen ist die noch weitergehende Ansicht[76], der persönliche Gläubiger bedürfe, wenn Veräußerung (ErbbauVO § 5 Abs 1) und Belastung (ErbbauVO § 5 Abs 2) zustimmungspflichtig seien, doppelter Zustimmung (für Verfahrensanordnung und dann für Erteilung des Zuschlags). Eine gegen das Verbot verstoßende Grundstücksbelastung ist unwirksam (ErbbauVO § 8 Abs 1); ist die erforderliche Belastungsgenehmigung nicht erteilt (und nicht ersetzt), dann besteht die dennoch eingetragene Grundstücksbelastung nicht. Das ist mit Vollstreckungsgegenklage (ZPO § 771) geltend zu machen (kein Fall des § 28)[77].

13.6 Der Vereinbarung einer **Veräußerungsbeschränkung** als Inhalt des Erbbaurechts müssen bereits vorhandene dingliche Berechtigte, insbesondere Gläubiger von Grundpfandrechten, zustimmen. Berechtigte später eingetragener dinglicher

---

[70] Schöner/Stöber, Grundbuchrecht, Rdn 1781.
[71] BayObLG 1979, 227 (230) = DNotZ 1980, 50 = Rpfleger 1979, 384.
[72] Steiner/Hagemann §§ 15, 16 Rdn 186.
[73] Dassler/Gerhardt § 133 Rdn 16.
[74] Muth Rpfleger 1991, 441 (III).
[75] Steiner/Eickmann § 28 Rdn 68; Kalter KTS 1966, 137 (145); Reinke Rpfleger 1990, 498 (III 4).
[76] Reinke Rpfleger 1990, 498 (III 6).
[77] Muth Rpfleger 1991, 441 (II 1).

§ 15 13.6 Anordnung der Versteigerung

Rechte müssen die bei Eintragung ihres Rechts bereits bestehende Veräußerungsbeschränkung gegen sich gelten lassen. Die Veräußerungsbeschränkung gilt daher immer auch für Verfahren aus einem Grundpfandrecht (oder einer Reallast)[78]. In der Zustimmung zur Belastung des Grundstücks (ErbbauVO § 5 Abs 2) liegt nicht auch zugleich die Zustimmung zur Veräußerung mit Erteilung des Zuschlags[79] (anders[80]: nach Zustimmung zur Belastung keine Zustimmung zur Zwangsversteigerung). Zustimmungspflichtig ist eine Zwangsversteigerung auch, wenn der zustimmungspflichtige Grundstückseigentümer zugleich Erbbauberechtigter, somit Schuldner ist[81], außerdem auch wenn sie der Grundstückseigentümer selbst betreibt (so auch[82]). Wenn der Grundstückseigentümer im voraus erklärt, niemals zustimmen zu wollen, ist doch das Verfahren nicht aufzuheben, sondern durchzuführen, weil ja die Zustimmung ersetzbar ist.

13.7 Anordnung und Durchführung der **Zwangsverwaltung** ist immer auch zulässig, wenn Zustimmungspflicht nach ErbbauVO § 5 vereinbart ist, weil sie keine Veräußerung und auch keine Belastung herbeiführt[83].

13.8 Auch die **Anordnung der Zwangsversteigerung** eines Erbbaurechts, ebenso Zulassung des Beitritts (§ 27) und die Fortführung des Verfahrens, setzen die Zustimmung des Grundstückseigentümers (zur Veräußerung nach ErbbauVO § 5 Abs 1) nicht voraus, können somit ungehindert erfolgen[84]. Die Zustimmung muß jedoch bei Entscheidung über den Zuschlag erteilt oder ersetzt sein[85].

13.9 Die Zustimmung ist nicht formbedürftig; sie kann somit dem Vollstreckungsgericht **schriftlich**[86] oder zu Protokoll erklärt werden (anders[87]: in der Form von GBO § 29 zufolge § 84 Abs 2 mit § 83 Nr 6 entsprechend; es wird aber kein Verfahrensmangel nachträglich geheilt, sondern eine Voraussetzung der Verfahrensdurchführung geschaffen). Sie ist bis zur Zuschlagsentscheidung nach BGB § 183 widerruflich[88] (zum Widerruf bis Grundbucheintragung[89]). Wenn sie (richtig) erst zum Zuschlag eingeholt und erteilt wird, kann sie nicht mit Vorbehalten oder Bedingungen verbunden werden (anders[90]). Es ist dann auch nicht mehr die Besonderheit möglich (und nötig), dem Verfahren zuzustimmen, aber einen Vor-

---

[78] BGH 100, 107 = MDR 1987, 570 = NJW 1987, 1942 = Rpfleger 1987, 257 und 320 Leitsatz mit Anm Drischler; OLG Hamm MDR 1985, 585 = OLGZ 1985, 159 (161, 162) = Rpfleger 1985, 233; OLG Hamm DNotZ 1987, 40 = OLGZ 1986, 385; KG Berlin DNotZ 1984, 384 = MDR 1984, 581 = OLGZ 1984, 171 = Rpfleger 1982, 282.

[79] BGH 100, 107 = aaO (Fußn 78); OLG Hamm Rpfleger 1985, 233 = aaO (Fußn 78); KG Berlin Rpfleger 1982, 282 = aaO (Fußn 78).

[80] LG Frankfurt DNotZ 1959, 598 Leitsatz = NJW 1959, 772; LG Hof DNotZ 1954, 210 = NJW 1954, 1247 = SchlHA 1954, 294 mit zust Anm Eisenberger; Jaeckel/Güthe § 28 Rdn 2.

[81] OLG Hamm Rpfleger 1985, 233 = aaO (Fußn 78).

[82] BayObLG 1960, 467 = DNotZ 1961, 266.

[83] Furtner NJW 1966, 182 (C II 3a); Lutter DNotZ 1960, 235 (1); Kalter KTS 1966, 137 (145).

[84] BGH 33, 76 = DNotZ 1961, 31 = MDR 1960, 833 = NJW 1960, 2093 = Rpfleger 1961, 192; BayObLG 1960, 467 = DNotZ 1961, 266.

[85] BGH 33, 76 und BayObLG 1960, 467 = je aaO (Fußn 84); LG Aachen JurBüro 1983, 303 = Rpfleger 1983, 119.

[86] Dassler/Schiffhauer § 81 Rdn 34; Steiner/Hagemann/Storz §§ 15, 16 Rdn 189 und § 81 Rdn 23.

[87] BGB-RGRK/Räfle, ErbbauVO, § 8 Rdn 8.

[88] LG Essen KTS 1977, 191 = RpflJahrbuch 1978, 46 und 205 je Leitsatz; v. Oefele/Winkler, Erbbaurecht, 4.282 (auch 4.83); MünchKomm/v. Oefele, ErbbauVO § 8 Rdn 11; Dassler/Schiffhauer § 81 Rdn 34; Steiner/Hagemann/Storz §§ 15, 16 Rdn 189 und § 81 Rdn 23; Schiffhauer Rpfleger 1986, 326 (343, X 4).

[89] BGH MDR 1963, 32 = NJW 1963, 36 = Rpfleger 1963, 378 mit Anm Haegele.

[90] Pöschl BWNotZ 1956, 41.

Anordnungsbeschluß 13.11 § 15

behalt bezüglich der Person des Erstehers zu machen. Die Bedingung, die Rechte des Eigentümers müßten in das geringste Gebot aufgenommen werden oder der Ersteher müsse alle Rechte und Pflichten aus dem Erbbauvertrag (also auch die nur rein schuldrechtlichen) übernehmen[90], mußte schon in die Versteigerungsbedingungen (als Abänderung nach § 59) aufgenommen werden. Die im voraus erteilte Zustimmung des Grundeigentümers bindet nicht dessen Rechtsnachfolger[91], weil es eine ganz persönliche Entscheidung des Grundstückseigentümers zur Zeit des Zuschlags ist.

13.10 Zustimmung kann der Erbbauberechtigte (Schuldner) von dem Grundstückseigentümer **verlangen**, wenn anzunehmen ist, daß durch die Veräußerung der mit der Bestellung des Erbbaurechts verfolgte Zweck nicht wesentlich beeinträchtigt oder gefährdet wird und daß die Persönlichkeit des Erwerbers Gewähr für eine ordnungsmäßige Erfüllung der sich aus dem Erbbaurechtsinhalt ergebenden Verpflichtungen bietet (ErbbauVO § 7 Abs 1 Satz 1). Auch für weitere Fälle kann ein Anspruch auf Erteilung der Zustimmung als Inhalt des Erbbaurechts vereinbart sein (ErbbauVO § 7 Abs 1 Satz 2). Der mit Bestellung des Erbbaurechts verfolgte Zweck ist nicht nur nach dem vertragsgemäßen Inhalt des Erbbaurechts zu bestimmen (so aber noch[92]); dazu kann auch die Erzielung von Erbbauzins gehören[93]. Die Verfolgung dieses Zwecks hat der Grundstückseigentümer jedoch selbst eingeschränkt, wenn er der Belastung des Erbbaurechts mit einem gegenüber der Erbbauzinsreallast vorrangigen Grundpfandrecht zugestimmt hat (die vorrangige Belastung wäre ohne Sinn, wenn die sich daraus ergebende Folge, daß bei Zwangsversteigerung der nachrangige Erbbauzins erlischt, mit Verweigerung der Veräußerungszustimmung nicht hinzunehmen wäre). Wenn aus dem vorrangigen Grundpfandrecht die Zwangsversteigerung betrieben wird, wird daher die für den Zuschlag erforderliche Zustimmung des Grundstückseigentümers ohne ausreichenden Grund verweigert, wenn dies lediglich darauf gestützt wird, daß die Erbbauzinsreallast infolge des Zuschlags erlischt (anders noch[94]) und der Meistbietende nicht bereit ist, in die schuldrechtlichen Verpflichtungen des zahlungsunfähigen Erbbauberechtigten hinsichtlich des Erbbauzinses einzutreten[95] (daher Ersetzung der Zustimmung nach ErbbauVO § 7 Abs 3)[95]. Das gilt gleichermaßen, wenn Zustimmung lediglich deshalb verweigert wird, weil der Meistbietende die Übernahme einer dinglich nicht gesicherten Erbbauzinserhöhungsvereinbarung ablehnt (anders noch[96]). Der Durchsetzung des Anspruchs auf Ersetzung der Zustimmung kann jedoch der Einwand unzulässiger Rechtsausübung entgegenstehen, wenn der vollstreckende Grundpfandgläubiger entgegen seiner zur Erlangung des Rangrücktritts gegebenen Zusage Darlehensmittel bestimmungswidrig ausgezahlt hat (dazu[97]).

13.11 Wenn die Zustimmung, auf die (gesetzlich) nach ErbbauVO § 7 Abs 1 Anspruch besteht, ohne ausreichenden Grund verweigert wird, kann sie auf Antrag in einem Verfahren der freiwilligen Gerichtsbarkeit durch das Amtsgericht **ersetzt** werden (ErbbauVO § 7 Abs 3 Satz 1). Wirksamwerden der ersetzenden amtsgerichtlichen Verfügung: ErbbauVO § 7 Abs 3 Satz 2 mit FGG § 53 Abs 1 Satz 1, Abs 2. Das Vollstreckungsgericht muß Termin zur Verkündung der Zuschlagsentscheidung bestimmen (§ 87) und entsprechend hinausschieben, damit eine Entscheidung über die Ersetzung der Zustimmung erwirkt werden kann[98]. Für einen

---

[91] Haegele Justiz 1956, 89 (VII).
[92] KG Berlin DNotZ 1984, 384 = aaO (Fußn 78).
[93] BGH 100, 107 = aaO (Fußn 78).
[94] OLG Hamm DNotZ 1987, 40 = aaO (Fußn 78).
[95] BGH 100, 107 = aaO (Fußn 78).
[96] OLG Oldenburg Rpfleger 1985, 203 mit Anm Hagemann.
[97] BGH 100, 107 = aaO (Fußn 78).
[98] BGH 33, 76 = aaO (Fußn 84).

weitergehend vereinbaren (nur schuldrechtlich wirkenden, nicht aber als dinglicher Inhalt des Erbbaurechts) Zustimmungsanspruch des Erbbauberechtigten ist nicht das Gericht der freiwilligen Gerichtsbarkeit, sondern das Prozeßgericht zuständig[99].

13.12 **Antrag** auf Ersetzung der Zustimmung nach ErbbauVO § 7 Abs 3 kann der Erbbauberechtigte selbst (auch sein Insolvenzverwalter[100]) stellen. Aber auch der die Zwangsversteigerung des Erbbaurechts betreibende Gläubiger ist berechtigt, den Anspruch aus ErbbauVO § 7 Abs 1 auf Zustimmung geltend zu machen und die gerichtliche Ersetzung der verweigerten Zustimmung zu beantragen[101]. Erforderlich ist daher nicht, daß er den Zustimmungsanspruch des Erbbauberechtigten pfänden und sich zur Einziehung überweisen läßt[102] (für diesen Weg aber noch[103]). Der Meistbietende ist nicht antragsberechtigt[104].

13.13 Wenn während der Zwangsversteigerung das Erbbaurecht **erlischt,** wird das Verfahren gegenstandslos; es ist aufzuheben, weil der Verfahrensgegenstand nicht mehr vorhanden ist. Es erstreckt sich nicht auf die (nur schuldrechtliche) Entschädigungsforderung aus ErbbauVO § 28. Erlischt das Recht nach dem Zuschlag, so hat der Ersteher Anspruch auf die Entschädigung.

13.14 Ein **nichtiges Erbbaurecht** besteht als grundstücksgleiches Recht nicht, kann somit nicht Gegenstand der Immobiliarvollstreckung sein.

a) Bei **inhaltlich unzulässiger Eintragung** verbieten sich Verfahrensanordnung und -durchführung. Die Nichtigkeit ergibt sich in diesem Fall aus dem Inhalt der Grundbucheintragung (auch der zulässig in Bezug genommenen Eintragungsbewilligung). Das Vollstreckungsgericht hat bei Prüfung des Anordnungsantrags daher zu berücksichtigen, daß ein Erbbaurecht als Gegenstand, über den ein Verfahren durchgeführt werden soll, nicht gebucht ist (§ 17 Rdn 3.1), Schuldnereigentum am Gegenstand der Vollstreckung somit nicht besteht. Nichtig wegen unzulässigen Rechtsinhalts ist zB ein Erbbaurecht, das nicht zur ersten Rangstelle bestellt oder eingetragen ist[105], sowie ein auflösend bedingtes Erbbaurecht. Gutgläubiger Erwerb ist bei inhaltlich unzulässig eingetragenem nichtigem Erbbaurecht (Nichtigkeit ergibt sich aus dem Grundbuchinhalt) ausgeschlossen[106] Durch Zuschlag kann ein nicht existierendes Erbbaurecht nicht erworben werden (siehe § 90 Rdn 2.4).

b) Wenn das **Grundbuch unrichtig ist,** weil die Grundbucheintragung ihrem Inhalt nach zulässig, aber die dingliche Erbbaurechts**bestellung nichtig** ist (Beispiele: Unwirksamkeit der Einigung, auch bei Einigung mit einem Vertreter ohne Vertretungsmacht, Fehlen einer notwendigen gerichtlichen oder behördlichen Genehmigung), verbieten sich Verfahrensanordnung und -durchführung gleichermaßen. Die Feststellung wird (wegen BGB § 891) jedoch vom Prozeßgericht zu treffen sein. In diesem Fall kann aber gutgläubiger Erwerb des Erbbaurechts oder eines Grundpfandrechts an dem Erbbaurecht erfolgt sein[107]. Für den Dritten, der im guten Glauben an den Bestand des Rechts dieses oder ein dingli-

---

[99] BGH 98, 362 = MDR 1987, 221 = NJW 1987, 442 = Rpfleger 1987, 61.
[100] OLG Hamm DNotZ 1967, 499 = MDR 1967, 127 = OLGZ 1966, 574 = Rpfleger 1967, 415 mit zust Anm Haegele.
[101] BGH 100, 107 = aaO (Fußn 78); OLG Köln OLGZ 1969, 228; Rpfleger 1969, 300.
[102] BGH 100, 107 = aaO (Fußn 78).
[103] BGH 33, 76 = aaO (Fußn 84).
[104] OLG Köln OLGZ 1969, 228 = Rpfleger 1969, 300.
[105] OLG Hamm MDR 1976, 499 = NJW 1976, 2023 = OLGZ 1976, 389 = Rpfleger 1976, 131.
[106] OLG Frankfurt Rpfleger 1975, 305; Schöner/Stöber, Grundbuchrecht, Rdn 1741, 1743.
[107] BayObLG 1986, 294 = Rpfleger 1986, 471; Schöner/Stöber, Grundbuchrecht, Rdn 1741, 1742.

Anordnungsbeschluß 13.17 § 15

ches Recht daran erworben hat, wird das Erbbaurecht dann fingiert. Daher kann der Gläubiger, der gutgläubig ein Recht an einem (unwirksamen) Erbbaurecht erworben hat sowie nach gutgläubigem Erwerb ein persönlicher Gläubiger dieses (neuen) Erbbauberechtigten und der Gläubiger eines von diesem Erbbauberechtigten bestellten Grundpfandrechts die Versteigerung des Erbbaurechts betreiben. Der Ersteher wird trotz des Mangels Erbbauberechtigter[108]. Eigentum des Erstehers begründet der Zuschlag als Hoheitsakt auch, wenn die Versteigerung von einem anderen Gläubiger (so von einem persönlicher Gläubiger des im Grundbuch unrichtig eingetragenen „ersten" Erbbauberechtigten) betrieben wird, die Nichtigkeit des Erbbaurechtsbestellung aber unerkannt (auch unbeachtet) geblieben ist.

13.15 Im **Beitrittsgebiet** (Einl Rdn 14.1) waren die vor dem 1. 1. 1976 (Inkrafttreten des Zivilgesetzbuchs der ehem DDR) nach BGB §§ 1012–1017 aF (Rdn 13.1) sowie die nach der ErbbauVO begründeten Erbbaurechte in unbefristete Rechte umgewandelt worden (EGZGB-DDR § 5 Abs 2 Satz 1 mit Erlöschenstatbeständen in § 5 Abs 2 Sätze und 6). Auf diese alten Erbbaurechte ist EGZGB-DDR § 5 Abs 2 nicht mehr anzuwenden. Mit Wiederherstellung der Wirkungen ihrer Befristung (unter Wahrung einer im Vertrauen auf die vormalige Rechtslage vorgenommene Bebauung) ist Anpassung an die Rechtsverhältnisse der Erbbaurechte nach der ErbbauVO (für alte nach BGB) erfolgt (SachenRBerG § 112).

13.16 Erbbauzins: § 52 Rdn 5, 6.

a) ZPO § 800 (dingliche Unterwerfung mit Wirkung gegen den jeweiligen Eigentümer) findet keine Anwendung, weil für Reallasten diese dingliche Unterwerfungsklausel unzulässig ist[109]. Anwendbar ist aber ZPO § 794 Abs 1 Nr 5 (vollstreckbare Urkunde mit dinglicher Unterwerfungsklausel, bei Rechtsnachfolge also ZPO §§ 727, 750 Abs 2 ohne die Erleichterung in ZPO § 800 Abs 2).

b) Ein schuldrechtlicher Anspruch auf Erbbauzinserhöhung begründet (auch wenn er durch Vormerkung gesichert ist), anders als die Einzelleistungen aus der Erbbauzinsreallast, keinen Anspruch auf Befriedigung aus dem Grundstück. Zwangsvollstreckung in das Grundstück nach BGB §§ 1107, 1147 daher nicht möglich.

c) Auswirkung der Rangänderung bei Rangrücktritt des Erbbauzinses auf ein Zwischenrecht § 44 Rdn 6.3.

13.17 Heimfallanspruch:

a) Der Grundstückseigentümer kann vom Erbbauberechtigten unter bestimmten Voraussetzungen verlangen, daß dieser ihm oder einem von ihm zu benennenden Dritten das Erbbaurecht übertrage (ErbbauVO § 2 Nr 4, § 3). Die Wirkungen dieses Heimfallanspruchs treten nicht von selbst ein, das Erbbaurecht geht nicht automatisch durch Entstehen der den Anspruch auslösenden Bedingungen oder durch „Geltendmachen" des Anspruchs über. Erst die „Durchsetzung" in Form der Grundbucheintragung (auf Grund Einigung oder rechtskräftigen Urteils gegen den Verpflichteten) führt an Stelle des bisherigen Erbbauberechtigten einen neuen ein (ähnlich wie beim Wiederkaufsrecht).

b) Der Heimfallanspruch ist kein der Zwangsvollstreckung (Zwangsversteigerung) des Erbbaurechts entgegenstehendes Recht[110] nach § 28 Abs 1. Er kann aber die Versteigerung (tatsächlich) behindern, weil er Inhalt des Erbbaurechts ist (ErbbauVO § 2 Nr 4), als solcher somit dingliche Wirkung gegen den jeweiligen Erb-

---

[108] Mohrbutter und Riedel NJW 1957, 1500.
[109] Schöner/Stöber, Grundbuchrecht, Rdn 1807; Erman/Grziwotz, ErbbauVO, § 9 Rdn 3; MünchKomm/v. Oefele, ErbbauVO § 9 Rdn 16.
[110] Weichhaus Rpfleger 1979, 329.

§ 15 13.17 Anordnung der Versteigerung

bauberechtigten hat, mithin auch gegen den Ersteher (§ 52 Rdn 2.8). Dieser hat bei künftiger Auslösung des Heimfallanspruchs (durch die dafür festgelegten Bedingungen) diesem nachzukommen. In der Versteigerung ist darauf hinzuweisen, weil die Verpflichtung die Bietinteressenten beeinflussen kann.

c) Der Heimfallanspruch ist zu behandeln wie eine Auflassungsvormerkung[111], Vorkaufsrecht ist er nicht (wenn auch einem subjektiv-dinglichen Vorkaufsrecht nach BGB § 1103 Abs 1 rechtlich gleichgestellt). Er ist dinglich wirkender Anspruch des Grundstückseigentümers gegen den Erbbauberechtigten. Für den Heimfallanspruch ist aber kein Zuzahlungswert nach § 51 (für den Fall des Nichtbestehens) festzusetzen, weil er nicht Belastung, sondern Inhalt des Erbbaurechts ist (vorher Abs b).

d) Schwierigkeiten gibt es, wenn der Heimfallanspruch während eines Versteigerungsverfahrens entsteht und geltend gemacht wird. I. Anmeldung (§ 37 Nr 4) oder Geltendmachung vor Zuschlag (§ 37 Nr 5) ist zur Rechtswahrung nicht vorgeschrieben, somit nicht erforderlich. Wenn vom Heimfallanspruch bereits Gebrauch gemacht ist oder wenn die bereits eingetretene Heimfallbedingung nicht (wie Anordnung der Zwangsversteigerung, Zwangsverwaltung, Eröffnung des Insolvenzverfahrens) allgemein bekannt ist (so zB bei Zahlungsverzug) kann der Grundstückseigentümer (als Beteiligter nach § 9; ErbbauVO § 24) jedoch zur Anzeige (Mitteilung) an das Vollstreckungsgericht (und dieses zur Bekanntgabe im Termin) verpflichtet sein. Wenn der Grundstückseigentümer (insbesondere auf ausdrückliches Befragen) eine ihm zumutbare Auskunft nicht erteilt, kann Geltendmachung des Heimfallanspruchs gegen den Ersteher nach den Grundsätzen von Treu und Glauben (BGB § 242) verwirken. II. Setzt der Grundstückseigentümer den Heimfallanspruch **nicht** mehr **vor** der **Zuschlagsentscheidung** durch (erfordert Grundbucheintragung), so wird der Zuschlag erteilt. Die Verpflichtung zur Übertragung des Erbbaurechts geht dann auf den Ersteher über, wie sie besteht, und ist vom Ersteher zu erfüllen[112] (anders nur[113]: der entstandene Anspruch sei als nicht eingetragenes dingliches Recht mit Rang nach dem Zeitpunkt seiner Entstehung gegen den Ersteher nur bei Berücksichtigung im geringsten Gebot wirksam). Ob die Übertragungsverpflichtung besteht, hat nicht das Versteigerungsgericht zu entscheiden; es muß aber im Termin darauf hinweisen, weil sie Bieter (ähnlich wie eine Auflassungsvormerkung) behindern kann. In das geringste Gebot ist der Anspruch nicht aufzunehmen (er ist nicht Belastung, sondern Inhalt des Erbbaurechts)[114] (anders[115]). Nach **Verkündung** des Heimfallanspruchs kann der Ersteher die Erfüllung verweigern[116]. Verjährung eines nicht titulierten Heimfallanspruchs (sonst BGB § 218[117] = § 197 Abs 1 nF) ist mit Ablauf von sechs Monaten von dem Zeitpunkt an eingetreten, in dem der Grundstückseigentümer von dem Vorhandensein der Voraussetzungen Kenntnis erlangt, sonst mit Ablauf von zwei Jahren vom Eintreten der Voraussetzungen an (ErbbauVO § 4). Zwangsversteigerung und Zuschlag hemmen oder unterbrechen den Lauf der Verjährungsfrist nicht. III. Setzt der Grundstückseigentümer den Heimfallanspruch **vor Zuschlagsentscheidung** durch (erfordert Grundbucheintragung, es kommt nicht darauf an, wann er „geltend gemacht" ist), so ist zu unterscheiden: bei **persönlich betreibenden** Gläubigern muß nun das Verfahren (dieser Gläubiger) aufgehoben und der Zuschlag (wenn nur persönliche Gläubiger betreiben) versagt werden, da ja

---

[111] Karow NJW 1984, 2669.
[112] BGB-RGRK/Räfle, ErbbauVO § 2 Rdn 32; MünchKomm/v. Oefele, ErbbauVO § 2 Rdn 7 und § 3 Rdn 3; Behmer Rpfleger 1984, 377; Weichhaus Rpfleger 1979, 329.
[113] Scharen Rpfleger 1984, 342.
[114] Behmer und Weichhaus je aaO (Fußn 112).
[115] Scharen Rpfleger 1984, 342.
[116] Groth DNotZ 1984, 372.
[117] BGH 111, 154 (156) = NJW 1990, 2067 = Rpfleger 1990, 350.

Anordnungsbeschluß 14.3 § 15

jetzt nicht mehr der bisherige Vollstreckungsschuldner als Erbbauberechtigter eingetragen ist und das Recht des neuen Erbbauberechtigten auf Grund seines schon vor der Beschlagnahme bestandenen verdinglichten Anspruchs wie das eines auf Grund einer Auflassungsvormerkung eingetragenen neuen Eigentümers (§ 28 Rdn 4) der Versteigerung nach § 28 Abs 1 entgegensteht[118]. Wird aber das Verfahren nur oder auch von **dinglichen** Gläubigern betrieben, so läuft deren Verfahren nach § 26 weiter und es wird auch normal der Zuschlag erteilt, weil ja bei einem Heimfall die vorhandenen dinglichen Rechte bestehenbleiben (ErbbauVO § 33). Diese Regel (Verfahren läuft weiter, Zuschlag wird erteilt) muß auch gelten, wenn das Verfahren **aus öffentlichen Lasten** der Rangklasse 3 des § 10 **betrieben** wird; diese sind nicht in ErbbauVO § 33 genannt, ruhen aber kraft Gesetzes auf dem Erbbaurecht und werden vom Wechsel des Erbbauberechtigten nicht berührt. Bei weiterlaufendem Verfahren geht unter Umständen die Verpflichtung zur Übertragung des Erbbaurechts auf den Ersteher über, wie sie besteht. Ob dies der Fall ist, hat auch hier nicht das Versteigerungsgericht zu entscheiden; es muß aber im Termin darauf hinweisen, weil es Bieter behindern kann. Der Anspruch ist auch hier nicht ins geringste Gebot aufzunehmen (vorher unter II). IV. Ob der Ersteher zur Übertragung verpflichtet ist, hängt von der jeweiligen Lage des Falles ab und ist vom **Prozeßgericht zu entscheiden.** Liegt gegen den bisherigen Erbbauberechtigten schon ein rechtskräftiges Urteil vor (das die Einigung hinsichtlich der Übertragung ersetzt), so wirkt dieses noch nicht gegen den Ersteher, weil dieser nicht Rechtsnachfolger nach ZPO § 325 Abs 1 ist und weil die Ausnahmegeltung von Urteilen gegen den Ersteher nach ZPO § 325 Abs 3 auf Urteile aus Reallasten, Hypotheken, Grundschulden, Rentenschulden beschränkt ist.

13.18 Zum Erbbaurecht auch im ZVG-Handbuch Rdn 262, 390–393.

Erbbaurechts-Grundstück 14

Literatur: Helwich, Erbbaugrundstücke in der Zwangsversteigerung, Rpfleger 1989, 389.

14.1 Das Erbbaurecht (alter und neuer Art) ist Belastung des Grundstücks (BGB § 1012 aF; ErbbauVO § 1 Abs 1). Es ist somit kein der Zwangsversteigerung oder Zwangsverwaltung des damit belasteten Grundstücks nach § 28 Abs 1 entgegenstehendes Recht. Der Erbbauberechtigte ist als dinglich Berechtigter nach § 9 am Verfahren zur Versteigerung des Grundstücks beteiligt.

14.2 Bei Versteigerung des Grundstücks wird das Erbbaurecht alter Art (bis einschließlich 21. 1. 1919 entstanden) wie jede andere dingliche Belastung behandelt. Ein neues (seit 22. 1. 1919 entstanden) kommt als Grundstücksbelastung an erster Rangstelle (ErbbauVO § 10 Abs 1 Satz 1) nach § 45 ins geringste Gebot als bestehenbleibendes Recht (§§ 44, 52); Zuzahlungsbetrag § 51 Rdn 4.6. Bestehen bleibt des Recht mit seinem gesetzlichen und vertraglichen Inhalt (Rdn 13). Es bleibt nach ErbbauVO § 25 aber auch außerhalb des geringsten Gebots bestehen, wenn es bei dessen Feststellung nicht zu berücksichtigen ist wie dann, wenn ein Gläubiger der Rangklasse 2 oder 3 des § 10 Abs 1 vollstreckt. Sein Erlöschen kann als abweichende Versteigerungsbedingung nach § 59 festgestellt werden (dazu § 59 Rdn 5.5).

14.3 Das **Bauwerk** ist wesentlicher Bestandteil des Erbbaurechts (Rdn 13.2); Grundstücksbestandteil ist es nicht (ErbbauVO § 12 Abs 2). Beschlagnahme (§ 20 Abs 1) und Versteigerung (§ 55 Abs 1) des Grundstücks erstrecken sich auf das Bauwerk daher nicht; sein Eigentümer wird der Ersteher mit dem Zuschlag (§ 91 Abs 1) nicht. Die zugunsten des jeweiligen Eigentümers des Grundstücks (subjektiv-dinglich) bestellte **Erbbauzinsreallast** (ErbbauVO § 9 Abs 1, 2; BGB § 1105 Abs 2) geht (als Grundstücksbestandteil, BGB § 96) auf den Ersteher mit dem Zuschlag über.

---

[118] AG Arnsberg Rpfleger 1979, 274.

§ 15 14.4 Anordnung der Versteigerung

14.4 Der (vereinbarte) Heimfallanspruch (ErbbauVO § 2 Nr 4) ist wesentlicher Bestandteil des Grundstücks (ErbbauVO § 3; BGB § 96)[119], teilt somit dessen Schicksal und geht mit diesem (§ 90) auf den Ersteher über.

15 Fälligkeit der betreibenden Ansprüche, Kündigung

15.1 Möglich ist die Zwangsvollstreckung nur wegen **schon fälliger Beträge,** nicht wegen der erst künftig fällig werdenden. Für den Beginn der Zwangsvollstreckung kann die Fälligkeit des beizutreibenden Anspruchs das Vollstreckungsgericht selbst zu prüfen haben (ZPO § 751 Abs 1) oder vom Gläubiger dem für die Erteilung der Vollstreckungsklausel zuständigen Organ nachzuweisen sein (ZPO § 726 Abs 1).

15.2 a) Wenn die Geltendmachung des Anspruchs nach dem Urteil (sonstigen Vollstreckungstitel) von dem **Eintritt eines Kalendertages** abhängt, darf die Zwangsvollstreckung nur beginnen, wenn der Kalendertag abgelaufen ist (ZPO § 751 Abs 1), nicht schon am Kalendertag der Fälligkeit. Abhängigkeit vom Eintritt eines Kalendertages besteht, wenn der Tag oder der Kalendertag ohne weiteres nach dem Kalender bestimmbar ist, so bei Datums- oder Tagesangabe wie „am Letzten des Monats März 2005"; „zwei Wochen nach Ostermontag 2005"; „kalenderhalbjährlich nachträglich"; das gilt auch bei Verurteilung zur Leistung einer Entschädigung nach Fristablauf (ZPO § 510b). Maßgebend ist der Zeitpunkt des gerichtlichen Anordnungs- oder Beitrittsbeschlusses. Anordnung oder Beitritt ist also möglich, „wegen 3000 Euro rückständigen Unterhalts aus der Zeit vom ..... bis .....", nicht „wegen des künftigen Unterhalts von monatlich ..... Euro ....."[120]. Zulässig ist die Zwangsvollstreckung auch dann bereits am Tag nach dem Fälligkeitstag, wenn dieser ein Sonntag oder allgemeiner Feiertag (auch Sonnabend) ist; BGB § 193 ist nicht einschlägig[121], anders[122]. Werden während des Verfahrens weitere Beträge fällig, so ist neuer Beitritt nötig (da diese Beträge nicht automatisch vom Verfahren erfaßt werden).

b) Den Fälligkeitszeitpunkt (Ablauf des Kalendertages) für den Beginn der Zwangsvollstreckung (ZPO § 751 Abs 1) hat das **Vollstreckungsgericht zu prüfen.** Die Vollstreckungsklausel zu dem Urteil (sonstigen Titel) auf künftige Leistung wird ohne Prüfung der Fälligkeit erteilt.

c) **Künftige Zinsen,** die als fortlaufende Nebenleistungen geschuldet sind (für die somit kein Fälligkeitstermin bestimmt ist wie zB halbjährlich nachträglich), können mit dem Hauptanspruch bis zu dessen Befriedigung mitvollstreckt werden[123]; ZPO § 751 Abs 1 gilt nicht für diese Nebenleistungen (vgl BGB § 1210 Abs 1 Satz 1). Für künftig fortlaufende Zinsen, die selbständig (ohne Hauptsacheanspruch) vollstreckt werden, ist Kalendertagablauf (ZPO § 751 Abs 1) Vollstreckungsvoraussetzung. Für Zinsen, deren Geltendmachung vom Eintritt eines Kalendertages abhängig ist (zB „fällig kalendervierteljährlich nachträglich") gilt ZPO § 751 Abs 1.

d) Nichtbeachtung der Kalendertagsfälligkeit: § 15 Rdn 40.

15.3 Wenn die Vollstreckung von dem Eintritt einer **aufschiebenden Bedingung** (Kündigung; Verzug für Verpflichtung zur weiteren Verzinsung) und/oder von dem Ablauf einer nicht nach dem Kalendertag bestimmten Frist abhängt (zB ein Monat nach Kündigung; 3 Monate nach Rechtskraft), ist die zur Zwangsvoll-

---

[119] BGH WM 1980, 652; ZIP 1980, 938.
[120] LG Berlin Rpfleger 1978, 335.
[121] Zöller/Stöber, ZPO, § 751 Rdn 2
[122] Baumbach/Lauterbach/Albers/Hartmann, ZPO, § 751 Rdn 4; MünchKomm/Heßler, ZPO, § 751 Rdn 13; Stein/Jonas/Münzberg, ZPO, § 751 Rdn 2; Wieczorek/Schütze/Salzmann, ZPO, § 751 Rdn 4.
[123] Stöber, Forderungspfändung, Rdn 495; Stöber, ZVG-Handbuch, Rdn 21; Steiner/Hagemann §§ 15, 16 Rdn 41.

streckung erforderliche Fälligkeit für Erteilung der Vollstreckungsklausel zu beweisen (ZPO § 726 Abs 1). Das Vollstreckungsgericht (als Vollstreckungsorgan) prüft in diesem Fall vor Beginn der Zwangsvollstreckung die Fälligkeit nicht; ihm wird sie mit Erteilung der Vollstreckungsklausel bindend bescheinigt (dazu[124]). Zustellungsnachweis (ZPO § 750 Abs 2): § 15 Rdn 40. Keine Anwendung findet ZPO § 726 Abs 1, wenn der Schuldner den Gläubiger von der Nachweispflicht befreit hat[125]. Wenn sonach der Gläubiger ermächtigt ist, sich eine vollstreckbare Ausfertigung **ohne Nachweis der Tatsachen** erteilen zu lassen, von deren Eintritt die Fälligkeit abhängt, hat die Versteigerungsanordnung auch zu erfolgen, wenn der Gläubiger die Zustellung der Kündigung nicht nachweist; denn Voraussetzung für die Vollstreckung ist hier der Titel mit Vollstreckungsklausel und Zustellungsnachweis. Ob die Vollstreckungsklausel zu Recht erteilt ist, darf das Vollstreckungsgericht nicht prüfen[126]. Weil in diesem Fall kein nach ZPO § 726 Abs 1 vollstreckbar ausgefertigter Schuldtitel vollstreckt wird, müssen für den Beginn der Zwangsvollstreckung auch Vollstreckungsklausel und urkundliche Nachweise nicht nach ZPO § 750 Abs 2 zugestellt sein[127]. Für die Versteigerungsanordnung (Zulassung des Beitritts) hat der Gläubiger daher auch Zustellung einer Kündigung nicht nachzuweisen; Vollstreckungsgrundlage ist allein die vollstreckbare Ausfertigung, deren Rechtmäßigkeit des Vollstreckungsgericht nicht nachzuprüfen hat. Es trifft dann nicht den Gläubiger der Beweis für die Fälligkeit der Forderung; vielmehr hat der Schuldner den Nichteintritt der Fälligkeit mit Einwendung nach ZPO § 767 geltend zu machen. Bei Verstoß gegen MaBV (Makler- und Bauträgerverordnung) §§ 3, 12 nimmt der BGH Nichtigkeit (BGB § 134) der ZwV-Unterwerfung im Bauträgervertrag unter Nachweisverzicht an[128].

15.4 Bei der **Reallast** erfolgt die Vollstreckung nur wegen der Einzelleistungen, bei Naturalien erst nach Umwandlung in Geld. Über ihre Vollstreckbarkeit in Geld muß ein Vollstreckungstitel vorliegen (Rdn 9.1). Auf die Einzelleistungen sind die Vorschriften für Hypothekenzinsen anzuwenden (BGB § 1107).

Fiskus und Körperschaften als Schuldner

16.1 Die Vollstreckung wegen Geldforderungen gegen Bund, Länder, Körperschaften, Anstalten und Stiftungen des öffentlichen Rechts ist **beschränkt:** ZPO § 882a. Hierunter fallen auch kirchliche Körperschaften des öffentlichen Rechts[129]a, nicht aber private Religionsgesellschaften; hierunter fallen auch die Träger der Sozialversicherung (Versicherungsträger), sie sind rechtsfähige Körperschaften nach Sozialgesetzbuch IV § 29 Abs 1. Die Vorschrift gilt aber nicht für öffentlichrechtliche Bank- und Kreditanstalten (ZPO § 882a Abs 3 Satz 2), auch nicht für Gemeinden und Gemeindeverbände, für diese ist laut ZPO-Einführungsgesetz § 15 Nr 3 Landesrecht maßgebend, insbesondere die Gemeindeordnungen.

16.2 Wenn ZPO § 882a anzuwenden ist, ist die Vollstreckungsabsicht vier Wochen **vorher anzuzeigen** (§ 882a Abs 1). Unzulässig ist die Vollstreckung in Sachen, die für die Erfüllung öffentlicher Aufgaben unentbehrlich sind oder deren Veräußerung ein öffentliches Interesse entgegensteht (§ 882a Abs 2) (dazu können auch Grundstücke gehören[129]). Die Beschränkungen gelten nicht, wo aus einem dinglichen Recht vollstreckt wird (§ 882a Abs 1 Satz 1).

---

[124] Zöller/Stöber, ZPO, § 726 Rdn 1.
[125] OLG Düsseldorf DNotZ 1977, 413 = Rpfleger 1977, 67; Zöller/Stöber, ZPO, § 726 Rdn 16.
[126] LG Stuttgart VersR 1961, 576.
[127] Zöller/Stöber, ZPO, § 750 Rdn 21.
[128] BGH 139, 387 = DNotZ 1999, 53 = MDR 1999, 32 = MittBayNot 1998, 458 mit Anm Schmidt = NJW 1999, 51 mit weit Nachw.
[129] BVerfG 66, 1 (23).

16.3 Über Vollstreckung durch den Fiskus § 15 Rdn 38, über Kirchen auch[130].

17 Flurbereinigung

Literatur: Ebeling Verfügungsverbot bei Flurbereinigung und Zwangsversteigerung, Rpfleger 1987, 232.

17.1 Flurbereinigung (auch als Umlegung, Arrondierung oder Zusammenlegung bezeichnet) hat die Zusammenlegung und wirtschaftliche Neugestaltung zersplitterten oder unwirtschaftlich zugeschnittenen Grundbesitzes und die Verbesserung der Bodenkultur zum Ziel. Das Verfahren ist bundesrechtlich im Flurbereinigungsgesetz (FlurbG) und landesrechtlich (Ausführungsgesetze der Länder; Übersicht bei Sartorius Band I Nr 860) geregelt.

17.2 Träger des Verfahrens ist die Teilnehmergemeinschaft als Körperschaft des öffentlichen Rechts (FlurbG § 16). Sie besteht ua aus den Eigentümern der im Flurbereinigungsgebiet (FlurbG § 2) gelegenen Grundstücke und Erbbaurechte (FlurbG § 10 Nr 1). Die Teilnehmer des Flurbereinigungsverfahrens sind zu Geldbeiträgen verpflichtet (FlurbG § 19 Abs 1), die als öffentliche Last auf dem Grundstück ruhen (FlurbG § 20; § 10 Rdn 6.5) und im Verwaltungszwangsverfahren (§ 15 Rdn 38) wie Gemeindeabgaben vollstreckt werden (FlurbG § 136 Abs 1 Satz 2); Vollstreckungsbehörde ist die Flurbereinigungsbehörde (FlurbG § 136 Abs 4). Die Formalien richten sich nach Landesrecht (in Bayern erstellt die Teilnehmergemeinschaft einen Leistungsbescheid mit Vollstreckungsklausel, braucht aber, weil sie kein Dienstsiegel hat, keines beifügen).

17.3 Durch Einleitung des Flurbereinigungsverfahrens tritt **keine Grundbuchsperre** ein[131]. Der Erwerber eines Grundstücks, auch der Ersteher, muß das bis zu seinem Erwerb durchgeführte Verfahren gegen sich gelten lassen (FlurbG § 15), ohne daß es auf sein Wissen ankommt. Bei **Abfindung** des Grundstückseigentümers **in Geld** wird ein Verfügungsverbot im Grundbuch eingetragen (FlurbG §§ 52, 53). Das Veräußerungsverbot hindert nicht die Versteigerung auf Antrag des Gläubigers eines vorher bestellten (somit wirksamen) dinglichen Rechts und Fortsetzung des schon vor Eintragung angeordneten Verfahrens (Beschlagnahmewirksamkeit ist maßgebend) eines persönlichen Gläubigers (so auch[132]) (Gläubigerbefriedigung aber durch die Teilnehmergemeinschaft nach FlurbG § 53 Abs 2). Sonst bestimmt sich seine (verfahrensrechtliche) Wirkung nach ZPO § 772 (dazu § 15 Rdn 36) (anders[132]: Gegenrecht nach § 28 Abs 1 für Gläubiger eines persönlichen Anspruchs, somit eines wirksamen Rechts). Mit dem in der Ausführungsanordnung zum Flurbereinigungsplan durch die Flurbereinigungsbehörde bestimmten Zeitpunkt (FlurbG §§ 61 ff) gehen dingliche und persönliche Ansprüche, auch Beschlagnahmeansprüche und öffentliche Lasten, bei **Landabfindung** von den alten Grundstücken (= Einlagegrundstücke) auf die neu zugewiesenen (= Ersatzgrundstücke) über (FlurbG § 68); bei Geldabfindung müssen sich die Genannten an diese halten (FlurbG §§ 72, 74, 75).

17.4 Das Flurbereinigungsverfahren ist **kein Hindernis** für die Zwangsversteigerung[133]. Die Versteigerung muß trotz anhängiger Flurbereinigung angeordnet werden.

17.5 Wenn bei Entscheidung über den Anordnungs- oder einen Beitrittsantrag mit dem in der Ausführungsanordnung der Flurbereinigungsbehörde bestimmten Zeitpunkt bereits der im Flurbereinigungsplan vorgesehene **neue Rechtszustand** an die Stelle des bisherigen getreten ist (FlurbG § 61), ist das neu gebildete

---

[130] BVerfG 66, 1 (23); Riggers JurBüro 1967, 697.
[131] OLG Oldenburg KTS 1975, 239; LG Ellwangen BWNotZ 1989, 91.
[132] Ebeling Rpfleger 1987, 232.
[133] OLG Hamm Rpfleger 1987, 258; OLG Oldenburg KTS 1975, 239; LG Ellwangen BWNotZ 1989, 91.

Anordnungsbeschluß 17.7 § 15

Grundstück Gegenstand der Immobiliarvollstreckung. Es ist im Antrag und Beschlagnahmebeschluß als Gegenstand des Verfahrens zu nennen. Verfahrensanordnung oder Zulassung des Beitritts erfordert nicht, daß auch das Grundbuch bereits nach FlurbG § 79 Abs 1 berichtigt ist. Eintragung des Schuldners als Eigentümer des alten Grundstücks genügt dem Erfordernis des § 17 Abs 1, weil das Abfindungsgrundstück das (eingetragene) eingebrachte Grundstück in verwandelter Form darstellt. Identifizierung ermöglicht der Flurbereinigungsplan als amtliches Verzeichnis der Grundstücke (FlurbG § 81 Abs 1). Ebenso kann der Zwangsversteigerungsvermerk in das Grundbuch eingetragen werden. Grundbuchberichtigung auf Ersuchen der Flurbereinigungsbehörde (FlurbG § 79 Abs 1) erfordert seine Eintragung nicht[134]. Als Verfahrensgegenstand beschlagnahmt ist das bereits nach dem neuen Rechtszustand gebildete Grundstück auch dann, wenn im Anordnungs- oder Beitrittsbeschluß noch das Einlagegrundstück als Gegenstand des Verfahrens bezeichnet ist (weil dem Vollstreckungsgericht der Eintritt des neuen Rechtszustands nicht bekannt geworden ist oder weil die bereits eingetretene Rechtsänderung übersehen wurde). Auch dann kann der Vollstreckungsvermerk vor Grundbuchberichtigung eingetragen werden[134]. Der Anordnungsbeschluß ist zu berichtigen (Rdn 4.14). Für die Terminsbestimmung (§ 37 Nr 1) kann immer nur Bezeichnung des nach dem neuen Rechtszustand bereits gebildeten Grundstücks den Anforderungen entsprechen (§ 37 Rdn 2).

17.6 Wenn bei Entscheidung über den Anordnungs- oder einen Beitrittsantrag der **neue Rechtszustand noch nicht** eingetreten ist, ist das Einlagegrundstück (sind die Einlagegrundstücke) Gegenstand der Immobiliarvollstreckung. Versteigert wird daher das Einlagegrundstück mit der Maßgabe, daß der Ersteher in das Flurbereinigungsverfahren eintritt, wie es ist[135], und daß er mit dem entsprechenden Vorgang des Flurbereinigungsverfahrens das Ersatzgrundstück erwirbt. Flurbereinigung bewirkt Änderung des Eigentumsrechts nicht in der Person des Eigentümers, sondern im Gegenstand seines Eigentums[136]. Das Abfindungsgrundstück stellt das eingebrachte Grundstück in verwandelter Gestalt dar[136]. Daher sind Versteigerung und Zuschlag unter Nennung der alten Grundstücks bis zu dem in der Ausführungsanordnung der Flurbereinigungsbehörde bestimmten Zeitpunkt möglich[137]. Dann wird Zuschlag nur noch unter Nennung des neuen Grundstücks erteilt, weil das alte Grundstück rechtlich untergegangen ist[137]. Das neue Grundstück wird, wenn das Grundbuch noch nicht berichtigt ist, im Grundbuch von dem alten repräsentiert. Maßgebende Grundlage ist der Flurbereinigungsplan. Jedoch kann Berichtigung des Grundbuchs nach § 130 (Eintragung des Erstehers usw) erst erfolgen, wenn die Ersatzgrundstücke im Grundbuch eingetragen sind[138]. Die vorläufige Besitzeinweisung des Flurbereinigungsverfahrens in Ersatzgrundstücke verhindert den Zuschlag der Einlagegrundstücke nicht[139], wichtig ist der vorher genannte Zeitpunkt in der Ausführungsanordnung.

17.7 Hat der Teilnehmer eines Flurbereinigungsverfahrens landwirtschaftliche Nutzflächen für länger als zwölf Jahre an einen Landwirt verpachtet, so wird er von Flurbereinigungskosten freigestellt, muß aber, wenn dem Pächter gekündigt wird, die Staatsmittel zurückzahlen, wobei unter Umständen der Ersteher diese Schuld des Vollstreckungsschuldners übernehmen muß, wenn er dem Pächter kündigt[140].

---

[134] LG Ellwangen BWNotZ 1989, 91.
[135] OLG Hamm Rpfleger 1987, 258; OLG Koblenz Rpfleger 1967, 417; OLG Oldenburg KTS 1975, 239.
[136] BGH 86, 226 (230).
[137] OLG Hamm Rpfleger 1987, 258; OLG Oldenburg KTS 1975, 239.
[138] OLG Oldenburg KTS 1975, 329; LG Ellwangen BWNotZ 1989, 91.
[139] OLG Koblenz Rpfleger 1967, 417.
[140] Wehr RdL 1971, 197.

17.8 Zum Flurbereinigungsverfahren auch[141] und ZVG-Handbuch Rdn 74, 109, 162, 401.

18 Gerichtskasse, Amtskasse

18.1 Nach der Justizbeitreibungsordnung werden Gerichtskosten, Gerichtsvollzieherkosten, Justizverwaltungsabgaben, Patentamtskosten usw beigetrieben, die dem Bund und den Ländern zustehen (JBeitrO § 1). **Vollstreckungsbehörden** sind dabei die Beitreibungsstellen der obersten Bundesgerichte, die gesetzlich besonders genannten Behörden, im übrigen die Gerichtskassen (JBeitrO § 2 Abs 1), an deren Stelle die Länder andere Behörden bestimmen können (JBeitrO § 2 Abs 1) (meist Amts-, Staats-, Landes-, Oberjustizkassen).

18.2 Es gelten grundsätzlich die **Vorschriften der ZPO** (JBeitrO § 6 Abs 1), wobei die Vollstreckungsbehörde jeweils an die Stelle des im Gesetz genannten Gläubigers tritt (JBeitrO § 6 Abs 2 Satz 1). Sie benötigt keinen Vollstreckungstitel; an dessen Stelle tritt der Vollstreckungsantrag (JBeitrO § 7 Satz 2), der an den Schuldner nicht zugestellt werden muß (JBeitrO § 7 Satz 3). Die Kasse benötigt zur (dinglichen) Vollstreckung aus einer Zwangshypothek, keinen dinglichen Titel[142] (§ 15 Rdn 9.6). Wie der Titel entfallen auch die Nachweise für die allgemeinen Vollstreckungsvoraussetzungen (Fälligkeit, Zustellung usw). Der Antrag ersetzt aber nicht die besonderen Vollstreckungsvoraussetzungen, zB den Erbschein bei Vollstreckung gegen den Erben (§ 17 Abs 3) oder das Grundbuchzeugnis (§ 17 Abs 2). Vollstreckt die Kasse aus einer gepfändeten Eigentümergrundschuld (den Pfändungsbeschluß erläßt sie selbst, JBeitrO § 6 Abs 2 Satz 2), so nimmt sie von da an am normalen Rechtsverkehr teil und benötigt wie jeder Gläubiger zur Immobiliarvollstreckung aus dem Eigentümerrecht einen dinglichen Titel (Rdn 11.2).

18.3 Im Antrag ist die **Forderung** zu bezeichnen. Bei dinglichen Ansprüchen ist anzugeben, daß dinglich vollstreckt werden soll[143].

18.4 Die Vollstreckung darf erst beginnen, wenn der Anspruch **fällig** ist, in manchen Fällen erst, wenn der Schuldner von bestimmten Rechtsbehelfen keinen Gebrauch gemacht hat (JBeitrO § 5 Abs 1). Manchmal ist auch die Genehmigung eines Vorgesetzten oder einer Aufsichtsbehörden nötig. Alle diese Voraussetzungen darf jedoch das Vollstreckungsgericht nicht prüfen; Verstöße der Kasse sind ohne Einfluß auf das Vollstreckungsverfahren. Stellt allerdings die Kasse ihren Antrag „vorbehaltlich der Genehmigung ..." (oder ähnlich), so ist er unwirksam.

18.5 Die Vollstreckung kann **gegen jeden** erfolgen, der zur Leistung oder Duldung der Vollstreckung auf Grund von Vorschriften verpflichtet ist (Voraussetzungen stellt die Kasse fest, nicht das Gericht), aus einer für sie eingetragenen Zwangshypothek auch gegen den Rechtsnachfolger des Schuldners (JBeitrO § 4). Einwendungen des Schuldners sind gerichtlich geltend zu machen (JBeitrO § 8), also außerhalb des Vollstreckungsverfahrens. Die Kasse kann inzwischen einstellen oder stunden (JBeitrO § 9). Unabhängig hiervon entscheidet das Vollstreckungsgericht über Erinnerungen oder Einstellungsanträge, die an das Vollstreckungsgericht gerichtet sind, nach seinen Verfahrensvorschriften (nicht über den materiellen Bestand der Forderung).

18.6 Hierzu auch § 15 Rdn 38 und im ZVG-Handbuch Rdn 10, 28.

---

[141] Röll DNotZ 1960, 648.
[142] LG Hildesheim NdsRpfl 1957, 119 = Rpfleger 1959, 56 mit Anm Frölich.
[143] Frölich Rpfleger 1959, 57 (Anmerkung).

Anordnungsbeschluß 19.2 **§ 15**

Gesellschaft, Handelsgesellschaft, Verein 19
19.1 Die (Außen-)**Gesellschaft des bürgerlichen Rechts** (BGB §§ 705–740) ist parteifähig[144]. Ist sie im Urteil (anderen Vollstreckungstitel als Schuldnerin bezeichnet (ZPO § 750 Abs 1), kann der Schuldtitel in das Gesellschaftsvermögen, nicht aber in das Vermögen eines der Gesellschafter[145] vollstreckt werden. Grundbucheintragung (§ 17 Abs 1) der Gesellschaft bürgerlichen Rechts als solcher, deren Prüfung dem Vollstreckungsgericht obliegt, kann jedoch nicht erfolgt sein; die Gesellschaft wird nicht als grundbuchfähig angesehen[146]. Zwangsversteigerung oder -verwaltung (hier Besonderheit bei Eigenbesitz, § 147) eines Gesellschaftergrundstücks kann mit dem gegen die (parteifähige) Gesellschaft lautenden Vollstreckungstitel daher nur angeordnet werden, wenn sicher feststeht, daß damit die im Grundbuch als Eigentümer mit ihrem Rechtsverhältnis (GBO § 47) als Gesellschafter eingetragenen Personen bezeichnet sind (§ 17 Abs 1); es muß eindeutige Identifizierung möglich sein. Vollstrecken kann der Gläubiger in das Gesellschaftsvermögen auch mit einem Schuldtitel gegen alle einzelnen Gesellschafter aus ihrer persönlichen Mithaftung[147]. Bezeichnen muß das Urteil (der andere Vollstreckungstitel) die Gesellschafter (ZPO § 750 Abs 1), die der Gesellschaft bei Beginn der Zwangsvollstreckung angehören; sie müssen im Grundbuch eingetragen sein (§ 17 Abs 1). Rechtsnachfolgeklausel bei Gesellschafterwechsel; ZPO § 727.
19.2 Zur Vollstreckung gegen eine **OHG** ist ein Titel gegen die Gesellschaft nötig (HGB § 124 Abs 2); aus dem gegen die OHG lautenden Titel kann aber nicht gegen die Gesellschafter selbst vollstreckt werden (HGB § 129 Abs 4) (auch nicht nach der Löschung der Gesellschaft im Handelsregister[148]); beide Regeln gelten auch für die **KG** (HGB § 161 Abs 2). OHG und KG können auch schon vor der Eintragung im Handelsregister bestehen, wenn sie nämlich ein Handelsgewerbe nach HGB § 1 betreiben, andernfalls erst ab Eintragung; ob sie ohne Eintragung bestehen, hat das Vollstreckungsorgan zu prüfen[149]. Umwandlung der OHG in eine KG (auch umgekehrt) ist Änderung nur der Haftform, nicht des Schuldners, berührt somit die Vollstreckbarkeit des Titels nicht. Bei Umwandlung einer BGB-Gesellschaft in eine OHG oder KG ist zur Zwangsvollstreckung in das Vermögen der Handelsgesellschaft (OHG, KG) ein gegen diese gerichteter Titel erforderlich (HGB § 124 Abs 2, § 161 Abs 2). Der gegen alle BGB-Gesellschafter lautende Titel (ZPO § 736) ermöglicht Vollstreckung gegen die OHG oder KG nicht (Ausnahme, wenn eine Auslegung als Titel gegen die OHG oder KG in Betracht kommt[150]). Wegen HGB § 124 Abs 2 ist Umschreibung des Titels (ZPO § 727) erforderlich[151]; eine Klarstellungsklausel genügt nicht (anders[152]). Die Zwangsvollstreckung in das Vermögen einer BGB-Gesellschaft, in die sich eine OHG oder KG mit Löschung im Handelsregister umgewandelt hat, weil ihr Geschäftsbetrieb auf den Umfang des Betriebes eines Kleingewerbetreibenden abgesunken ist, kann nicht ohne weiteres auf Grund des gegen die OHG oder KG lautenden Titels erfolgen[153]. Eine gegen die OHG oder KG bereits betriebene

---

[144] BGH 146, 341 = DNotZ 2001, 2 mit Anm Schemann = MDR 2001, 459 mit Anm Müther = MittBayNot 2001, 192 mit Anm Ann = NJW 2001, 1056 = Rpfleger 2001, 246.
[145] LG Bonn DGVZ 2004, 75.
[146] BayObLG 2002, 330 = DNotZ 2003, 52 = NJW 2003, 70 = Rpfleger 2003, 78 mit Anm Dümig; Demharter Rpfleger 2001, 329; BayObLG NJW-RR 2005, 43; Münch DNotZ 2001, 535; Stöber MDR 2001, 544; Schöner/Stöber, Grundbuchrecht, Rdn 241a mit weit. Nachw.
[147] BGH NJW 2001, 1056 (1060) = aaO (Fußn 144).
[148] OLG Düsseldorf Rpfleger 1976, 327.
[149] Noack DGVZ 1974, 1.
[150] BGH MDR 1967, 487 = NJW 1967, 821.
[151] Stein/Jonas/Münzberg, ZPO, § 736 Rdn 12.
[152] Eickmann Rpfleger 1970, 113; Noack DGVZ 1974, 1.
[153] LG Oldenburg Rpfleger 1980, 27; Stein/Jonas/Münzberg, ZPO, § 736 Rdn 3.

§ 15 19.2 Anordnung der Versteigerung

Vollstreckung wird mit Umwandlung in eine BGB-Gesellschaft jedoch nicht unzulässig; sie kann nach Umschreibung des Titels in entsprechender Anwendung von ZPO § 727 (Zustellung ZPO § 750 Abs 2) fortgesetzt werden[153]. Gegen die nach Beendigung der Liquidation im Handelsregister gelöschte OHG oder KG sind Vollstreckungsmaßnahmen zulässig, wenn noch ein Grundstück als Gesellschaftsvermögen vorhanden ist. Für den Gläubigerzugriff, für den die Personenhandelsgesellschaft weiterbesteht, besteht auch die Vertretungsbefugnis der (letzten) Liquidatoren fort[154].

19.3 Aktiengesellschaft, Aktienkommanditgesellschaft, **Gesellschaft mbH** und **Genossenschaft** sind als juristische Person (des Privatrechts) aktiv und passiv vollstreckungsfähig. Zur Zwangsvollstreckung in ihr Vermögen ist ein gegen sie lautender Vollstreckungstitel erforderlich, auch wenn die Gesellschaft nach Auflösung im Abwicklungs-(Liquidations-)Stadium bis zu ihrem Ende (Erlöschen) fortbesteht. Die Löschung einer solchen Handelsgesellschaft im Handelsregister nach Schluß der Abwicklung wirkt nicht konstitutiv. Gegen die nach Beendigung der Liquidation im Handelsregister gelöschte Handelsgesellschaft sind Vollstreckungsmaßnahmen zulässig, wenn noch ein Grundstück als Gesellschaftsvermögen vorhanden ist. Die Vertretungsbefugnis der früheren Liquidatoren besteht jedoch nicht mehr. Es sind gerichtlich die bisherigen Abwickler neu zu bestellen oder andere Abwickler zu berufen (Aktiengesetz § 273 Abs 4), und zwar auch für die Gesellschaft mbH[155] und die Genossenschaft. Löschung einer (vermögenslosen) Aktiengesellschaft, Aktienkommanditgesellschaft, Gesellschaft mbH oder Genossenschaft durch das Registergericht nach FGG § 141 a wirkt nicht konstitutiv; stellt sich nach der Löschung heraus, daß die Handelsgesellschaft doch noch Vermögen hat, so besteht sie trotz der Löschung weiter[156]. Gegen die gelöschte Gesellschaft sind Vollstreckungsmaßnahmen jedoch erst zulässig, wenn substantiiert dargetan ist, daß sie entgegen der Annahme des Registergerichts noch verwertbares Vermögen besitze[157]. Das Vorhandensein eines Grundstücks oder Grundstücksrechts (aus dem Grundbuch ersichtlich) muß ohne zusätzliche Begründung auf jeden Fall genügen. Der für den Gläubigerzugriff weiterbestehenden Handelsgesellschaft sind auf Antrag des Gläubigers vom Registergericht Liquidatoren zu bestellen (AktG § 290 Abs 3; GmbHG § 66 Abs 5; GenG § 83 Abs 5), an die der Titel zuzustellen ist[158] und gegen die als gesetzliche Vertreter Zwangsversteigerung oder Zwangsverwaltung durchgeführt werden. Es darf nicht einfach gegen die zuletzt tätig gewesenen Vorstände, Geschäftsführer usw vorgegangen werden[159]. Neue Liquidatoren müssen sogar dann bestellt werden, wenn eine Liquidation stattgefunden hatte[160]. Wird entgegen diesen Grundsätzen ein früherer Geschäftsführer usw als gesetzlicher Vertreter behandelt und ihm ein Beschlagnahmebeschluß zugestellt, so kann er sich, obwohl nicht Beteiligter, gegen seine Hereinziehung in das Verfahren mit Rechtsmitteln wehren[161]; dann haftet der antragstellende Gläubiger aus dem Veranlassungsgrundsatz für die entstandenen Kosten[161]. Der Vollstreckungstitel muß bei den Vorgängen dieses Abs nicht umgeschrieben werden, weil sich nur die gesetzliche Vertretung ändert.

---

[154] BGH MDR 1979, 932 = NJW 1979, 1987 = Rpfleger 1979, 335.
[155] BGH 53, 264 = DNotZ 1970, 427 = MDR 1970, 572 = NJW 1970, 1044 = Rpfleger 1970, 165 Leitsatz.
[156] BGH 48, 303 = MDR 1968, 34 = NJW 1968, 297; OLG Düsseldorf DNotZ 1980, 170.
[157] OLG Frankfurt Rpfleger 1976, 329; LG München I Rpfleger 1974, 371.
[158] OLG Frankfurt MDR 1983, 135 = Rpfleger 1982, 290.
[159] OLG Frankfurt aaO (Fußn 157); OLG Köln OLGZ 1977, 240 = Rpfleger 1976, 323; LG Berlin Rpfleger 1975, 334; Kirberger Rpfleger 1975, 341.
[160] OLG Köln aaO (Fußn 159); Bokelmann NJW 1977, 1139 (II 2); Kirberger aaO (Fußn 159).
[161] OLG Köln aaO (Fußn 159).

Anordnungsbeschluß 20.1 § 15

19.4 Die **Gesellschaft mbH** entsteht erst mit der Eintragung in das Handelsregister (GmbHG § 11 Abs 1). Eine Vorgesellschaft (die durch notariellen Gesellschaftsvertrag errichtete, GmbHG § 2, im Handelsregister aber noch nicht eingetragene GmbH) kann als auf die künftige juristische Person hin angelegtes, bereits körperschaftlich strukturiertes Rechtsgebilde[162] aber bereits als Grundstückseigentümerin im Grundbuch eingetragen sein[163] und Gesellschaftsgläubigern haften[164]. Mit einem gegen sie lautenden Vollstreckungstitel kann daher auch die Zwangsvollstreckung in ein für die werdende GmbH eingetragenes Grundstück angeordnet werden. Rechte und Pflichten der Vorgesellschaft gehen mit Eintragung der GmbH auf diese nahtlos über. Der Vollstreckungstitel muß für den Fortgang eines Vollstreckungsverfahrens daher nicht umgeschrieben (ZPO § 727) werden; er kann (muß aber nicht) mit einer klarstellenden Klausel versehen werden.

19.5 Zur Vollstreckung gegen die **Partnerschaft** ist ein Titel gegen die Gesellschaft nötig (PartGG § 7 Abs 2 mit HGB § 124 Abs 2). Vertretung: Durch jeden Gesellschafter einzeln (wenn er nicht nach dem Partnerschaftsvertrag von der Vertretung ausgeschlossen ist) oder Gesamtvertretung nach Regelung des Partnerschaftsvertrags (PartGG § 7 Abs 3 mit HGB § 125 Abs 1 und 2). Aus dem gegen die Partnerschaft lautenden Titel kann nicht gegen die einzelnen Partner vollstreckt werden (PartGG § 8 Abs 1 mit HGB § 129 Abs 4).

19.6 Die **Europäische wirtschaftliche Interessenvereinigung** (EWIV) gilt als Handelsgesellschaft; sie ist der OHG weitgehend gleichgestellt (EWIV-AusfG v 14. 4. 1988, BGBl I 514 § 1). Zur Zwangsvollstreckung in ihr Vermögen ist ein gegen sie gerichteter Schuldtitel erforderlich (EWIV-AusfG § 1 mit HGB § 124 Abs 2). Vertreten wird die EWIV durch den Geschäftsführer, wenn es mehrere sind einzeln oder nach anderer Regelung im Gründungsvertrag (VO EWG Nr 2137/85, Abl L 199/1 Art 20). Aus dem gegen die EWIV lautenden Titel kann gegen die haftenden Gesellschafter (VO EWG Art 24) nicht vollstreckt werden (EWIV-AusfG § 1 mit HGB § 129 Abs 4).

19.7 Ein rechtsfähiger **Verein** (BGB §§ 21–53) ist aktiv und passiv vollstreckungsfähig. Ein nichtrechtsfähiger Verein (BGB § 54) wird wie eine Gesellschaft (BGB §§ 705–740) behandelt; er kann als parteifähig (Rdn 19.1) vollstrecken; zur Vollstreckung gegen ihn (im Grundbuch kann er nicht eingetragen sein) genügt ein Titel gegen den Verein (ZPO § 735). Über Vollstreckung ins Vereinsvermögen auch[165].

Gläubiger-Ablösung 20

Literatur: Röll, Die Pfändung von Eigentümergrundschulden und die Ablösung von Grundpfandrechten durch den Käufer, MittBayNot 1964, Storz, Die Gläubigerablösung in der Zwangsversteigerung, ZIP 1980, 159.

20.1 Ein **Ablösungsrecht** steht nach BGB § 268 Abs 1 jedem Dritten zu, der durch Zwangsversteigerung Gefahr läuft, ein Recht oder den Besitz an dem Grundstück (dem sonstigen Gegenstand der Zwangsversteigerung) zu verlieren. Ein mit seinem Recht (Besitz) Gefährdeter hat nach BGB § 1150 bereits ein Ablösungsrecht, wenn der Gläubiger einer Hypothek (Grundschuld oder Rentenschuld) Befriedigung aus dem Grundstück verlangt, also nach Fälligkeit zur Zah-

---

[162] BGH 51, 30 = DNotZ 1969, 373 = MDR 1969, 293 = NJW 1969, 509; BGH 80, 129 = MDR 1981, 649 = NJW 1981, 1373 = Rpfleger 1981, 230 Leitsatz; BGH 80, 212 (214) = DNotZ 1982, 171 = MDR 1981, 823 = NJW 1981, 2125.
[163] BGH 45, 338 = DNotZ 1967, 381 = MDR 1966, 654 = NJW 1966, 1311 und 2161 Leitsatz mit Anm Schönle; BGH 72, 45 = DNotZ 1978, 689 = MDR 1979, 34 = NJW 1978, 1978 mit Anm K Schmidt.
[164] BGH 80, 212 = aaO (Fußn 162); BGH 72, 45 = aaO (Fußn 163).
[165] Stöber, Vereinsrecht, Rdn 740, 1283.

§ 15 20.1 Anordnung der Versteigerung

lung auffordert[166] (zu weitgehend[167]: es genüge schon, daß die Hypothek durch Kündigung fällig sei; es ist ja noch unklar, ob der Gläubiger überhaupt ein Verfahren durchführen will). Die Ablösungsberechtigung ist Ausnahmebefugnis, die dem Schutz des mit seinem Recht (Besitz) Bedrohten dient; ihm soll Ablösung die Möglichkeit gewähren, sich das Grundstück als Haftungsgegenstand (Gegenstand seines Besitzes) zu erhalten[168]. Doch ist die Ablösung über Gefährdung des nachrangigen Rechts durch Zwangsversteigerung hinaus nicht auch subjektiv noch davon abhängig, ob der Dritte mit Gläubigerbefriedigung den Zweck verfolgt, eine Zwangsversteigerung des Grundstücks abzuwenden[169]. Der Schuldner kann die Leistung des Dritten durch einen Widerspruch nicht behindern.

20.2 Das Ablösungsrecht steht demjenigen zu, dem Rechts- oder Besitzverlust droht, weil ein Gläubiger die Zwangsvollstreckung des Grundstücks betreibt (BGB § 268 Abs 1) oder der Gläubiger einer Hypothek (Grundschuld oder Rentenschuld) Befriedigung aus dem Grundstück verlangt (BGB § 1150). **Nicht** ablösungsberechtigt sind somit der Schuldner (er kann seine geschuldete Leistung an den Gläubiger bewirken, BGB § 362 Abs 1) und gegenüber dem Hypothekengläubiger der Eigentümer, der nicht persönlicher Schuldner ist; für ihn besteht nach BGB § 1142 das Befriedigungsrecht ohne Rücksicht auf ein Zwangsversteigerungsverfahren. Der persönliche Schuldner der in das Grundstück vollstreckenden Hypothekenforderung (der abzulösenden Hypothek) ist nicht ablösungsberechtigt, auch wenn er einen Ersatzanspruch an den Eigentümer hat (anders[170]); dessen Sicherung gewährleistet BGB § 1164. Der persönliche Schuldner einer nachrangigen Hypothek mit Ersatzanspruch ist bis zur Befriedigung des Gläubigers durch ihn nicht Rechtsinhaber, somit nicht ablösungsberechtigt. Ablösungsberechtigt ist auch ein während des Zwangsversteigerungsverfahrens neu eingetretener Eigentümer oder Miteigentümer[171] (der rechtsgeschäftliche ab Grundbucheintragung, der gesetzliche ab Erwerbsvorgang). Wird in einen Miteigentumsanteil vollstreckt, so ist der andere Miteigentümer berechtigt; dies gilt auch bei Ehegatten.

20.3 Jedes beschränkte **dingliche Recht** am Grundstück[172] (sonstigen Gegenstand der Zwangsvollstreckung) begründet unter den Voraussetzungen der BGB §§ 268, 1150 die Berechtigung zur Ablösung (für Nießbrauch zB[173]) ohne Rücksicht auf seinen Erwerbsgrund. Ebenso wie der Gläubiger einer rechtsgeschäftlich (BGB § 873) bestellten Hypothek (Grundschuld oder Rentenschuld) sind daher auch der Gläubiger einer Zwangshypothek[174] (ZPO § 867 Abs 1) und der Gläubiger einer gesetzlich entstandenen (zB BGB § 1287 Satz 2; ZPO § 848 Abs 2 Satz 2) oder einer auf Behördenersuchen eingetragenen Sicherungshypothek (zB §§ 128, 130) ablösungsberechtigt. Auch eine Eigentümergrundschuld ist Recht am Grundstück, berechtigt somit den Eigentümer als Rechtsinhaber zur Ablösung, auch wenn er daneben als Schuldner zur Zahlung oder als Eigentümer nach BGB § 1142 zur Befriedigung des Gläubigers berechtigt wäre. Vormerkung und wie diese Widerspruch zur Sicherung der Eintragung eines Rechts stehen als Sicherungsmittel des Sachenrechts den Rechten am Grundstück gleich, berechtigten

---

[166] RG 91, 297 (302); BGB-RGRK/Mattern § 1150 Rdn 2; Steiner/Storz § 75 Rdn 27.
[167] Röll MittBayNot 1964, 365 (3).
[168] RG 123, 338 (340) und 146, 317.
[169] BGH MittBayNot 1984, 24 (25 reSp) = NJW 1983, 2502 (2503); BGH MDR 1994, 578 = NJW 1994, 1475 = Rpfleger 1994, 374; OLG Köln Rpfleger 1989, 298 = WM 1989, 2754; OLG Saarbrücken OLG Z 1967, 102 (104).
[170] MünchKomm/Eickmann, BGB, § 1150 Rdn 19.
[171] Korintenberg/Wenz § 75 Anm 3; Steiner/Storz § 75 Rdn 34, 35.
[172] RG 167, 298 (299).
[173] OLG Frankfurt OLG 29, 366; OVG Münster MDR 1972, 358.
[174] LG Verden KTS 1973, 193 mit krit Anm Drischler = Rpfleger 1973, 296 mit zust Anm Schiffhauer.

Anordnungsbeschluß 20.7 § 15

somit zur Ablösung. Ablösungsberechtigung begründet daher insbesondere die Auflassungsvormerkung[175] (anders[176]). Das Recht muß bei Ablösung bestehen und dem Ablösenden zustehen; Einigung über die Belastung des Grundstücks (oder Eintragungsbewilligung) ohne Grundbucheintragung genügt nicht[177]. Nicht ablösungsberechtigt ist derjenige, dem zwar laut Grundbuch ein Briefgrundpfandrecht abgetreten wurde, der aber den Brief noch nicht erhalten hat[178] (und ihn daher nicht vorlegen kann). Dem Gläubiger eines Pfandrechts an einem Grundstücksrecht kann wie dem Rechtsinhaber selbst Rechtsverlust drohen; auch er ist daher ablösungsberechtigt. Nicht ablösungsberechtigt ist der Zessionar eines (schuldrechtlichen) Anspruchs auf (Rück-)Übertragung einer Grundschuld[179].

20.4 Zur Ablösung berechtigt ein dingliches Recht auch dann, wenn es erst nach der Beschlagnahme erworben ist[180], Besitz ebenso dann, wenn er erst nach Beschlagnahme erlangt ist. Weil Ablösung dem Inhaber des Grundstücksrechts (Besitzer) dessen Erhaltung ermöglichen will, macht es keinen Unterschied, ob die Belastung des Grundstücks vor oder nach der Beschlagnahme erfolgt ist oder ein Rechtsnachfolger das Recht erst nach Beschlagnahme erworben hat. Das Ablösungsrecht gewährt daher auch eine erst nach Beschlagnahme erworbene Zwangshypothek[181].

20.5 Besitz des Grundstücks (ebenso von Teilen des Grundstücks, insbesondere von Räumen) berechtigt zur Ablösung, wenn er durch die Zwangsvollstreckung gefährdet ist. Ablösungsberechtigt sind daher auch ein Mieter oder Pächter, dem das Grundstück (auch nur ein Grundstücksteil) überlassen ist, weil er (wegen § 57 a Satz 1) Gefahr läuft, seinen Besitz zu verlieren[182]. Dem Mieter (Pächter) steht das Ablösungsrecht auch zu, wenn das Kündigungsrecht des Erstehers infolge Leistung eines Baukostenzuschusses (einer Mietvorauszahlung) nach § 57 c eingeschränkt ist[183]. Der Untermieter (Unterpächter), dem das Grundstück (Teile des Grundstücks, insbesondere Räume) überlassen ist, ist Besitzer, als solcher somit ablösungsberechtigt. Darauf, ob ihm das Grundstück berechtigt überlassen ist, kann es nicht ankommen (vgl § 9 Rdn 2.9).

20.6 Ablösungsberechtigt ist jeder **dingliche Berechtigte,** der nach der Verfahrenslage im Zeitpunkt der Ablösung nicht in das geringste Gebot kommt (sei es in das Bargebot oder als bestehenbleibend), gleich ob er mit Befriedigung aus dem Erlös (in voller Höhe) rechnen kann[184]. Dies gilt auch, wenn er selbst das Verfahren betreibt, ihm aber ein anderer betreibender Gläubiger im Rang vorgeht[185] (zB mit besserrangigem dinglichen Recht) (mißverständlich[186], der dem betreibenden Gläubiger kein Ablösungsrecht zugestehen will, aber wohl nur den persönlich betreibenden meint).

20.7 Dingliche Gläubiger, die nach der Verfahrenslage im Zeitpunkt der Ablösung **ins geringste Gebot** kommen (Bargebot oder bestehenbleibend), sind in-

---

[175] OLG Kiel HRR 1934 Nr 1663; Dassler/Gerhardt § 75 Rdn 2; Steiner/Storz § 75 Rdn 36; BGB-RGRK/Alff/Mattern, § 268 Rdn. 2 und § 1150 Rdn 5.
[176] Staudinger/Selb, BGB, § 268 Rdn 5.
[177] BGB-RGRK/Alff/Mattern § 268 Rdn 2 und § 1150 Rdn 6.
[178] LG Osnabrück KTS 1976, 312.
[179] OLG Köln Rpfleger 1988, 324.
[180] OLG Frankfurt OLG 29, 366; Jaeckel/Güthe § 75 Rdn 3; BGB-RGRK/Mattern § 1150 Rdn 6.
[181] LG Verden aaO (Fußn 174).
[182] RG 90, 350; Jaeckel/Güthe § 75 Rdn 3; Korintenberg/Wenz § 75 Rdn 3; Reinhard/Müller § 75 Anm V; Steiner/Storz § 75 Rdn 38; Storz ZIP 1980, 159 (IV).
[183] Staudinger/Selb, BGB, § 268 Rdn 6.
[184] VG Verden aaO (Fußn 174); Jaeckel/Güthe § 75 Rdn 3.
[185] Storz ZIP 1980, 159 (II).
[186] Jaeckel/Güthe § 23 Rdn 13.

§ 15 20.7 Anordnung der Versteigerung

soweit ablösungsberechtigt, als ihre Nebenleistungsansprüche nicht mehr in der Rangklasse des Hauptanspruchs (§ 10 Nr 4) stehen, sondern veraltet zurückgesetzt sind (§ 10 Nr 8)[187].

20.8 Ablösungsberechtigt sind auch Gläubiger **öffentlicher Grundstückslasten** (dazu § 10 Rdn 6), die nicht ins geringste Gebot kommen (weil ein ihnen ranglich Vorgehender das Verfahren betreibt).

20.9 Nicht ablösungsberechtigt ist ein **persönlich betreibender Gläubiger**, der nach Verfahrenslage ins geringste Bar-Gebot kommt, weil sein Verfahren eingestellt ist (dazu § 44 Rdn 4.7). Berechtigt ist er aber, wenn er als betreibend nicht ins geringste Gebot kommt[188], denn auch der persönliche Gläubiger hat durch die Beschlagnahme ein Recht auf dingliche Befriedigung erworben (dazu § 20 Rdn 2) (anders[189] persönlich betreibende Gläubiger seien nicht berechtigt, weil sie kein „Recht am Grundstück" hätten). Folgerichtig muß auch ein nachgehender persönlich betreibender Gläubiger gegenüber einem ranglich vorausgehenden ablösungsberechtigt sein.

20.10 Berechtigt ist auch, wer ein der Zwangsversteigerung entgegenstehendes Recht (§ 28 Abs 1) **angemeldet** hat (§ 37 Nr 5)[190].

20.11 Nicht ablösungsberechtigt ist der **Zwangsverwalter** eines neben der Zwangsversteigerung laufenden Zwangsverwaltungsverfahrens.

20.12 Über die Rechte eines gefährdeten **Dauerwohnrechts** nach dem WEG in der Zwangsversteigerung § 44 Rdn 5.29.

20.13 Das Ablösungsrecht des BGB § 268 Abs 1 besteht für die dazu Berechtigten **gegenüber** Gläubigern, die das Zwangsversteigerungsverfahren dinglich (§ 10 Rangklasse 4) oder persönlich (Rangklasse 5) oder aus einem Vorzugsanspruch (Rangklasse 2, 3) betreiben, also gegenüber jedem betreibenden Gläubiger[191]. Das Ablösungsrecht des BGB § 1150 besteht gegenüber dem Gläubiger einer Hypothek, Grundschuld oder Rentenschuld, der Befriedigung aus dem Grundstück verlangt.

20.14 Auch gegenüber dem Gläubiger einer **öffentlichen Last** besteht das Ablösungsrecht des BGB § 268 Abs 1 eines dazu Berechtigten[192], sobald die Zwangsversteigerung aus der Last (mit Vorrang vor dem Ablösungswilligen) betrieben wird[193], wenn also die Vollstreckung schon begonnen hat. Es genügt nicht, daß eine Behörde die Vollstreckung nur androht. Wenn eine Landesbrandversicherungsanstalt wegen nichtbezahlter Brandversicherungsbeiträge des Grundstücks die Versicherung für ruhend erklärt, droht zwar den Grundstückseigentümern (und damit ihren Gläubigern) für den Fall eines (noch nicht eingetretenen) Brandschadens Gefahr (dazu § 76 Rdn 2), der Vorgang wirkt aber nicht wie eine Vollstreckung in das Grundstück und berechtigt noch nicht zur Ablösung. In einem laufenden (nicht aus der Brandversicherungsforderung betriebenen) Zwangsversteigerungsverfahren kann hiergegen eine Maßnahme nach § 25 erfolgen (dazu § 25 Rdn 3).

---

[187] Dassler/Gerhardt § 75 Rdn 2; Reinhard/Müller § 75 Anm V.
[188] Steiner/Storz § 75 Rdn 40; Storz ZIP 1980, 159 (IV).
[189] Jaeckel/Güthe § 23 Rdn 13 und § 75 Rdn 3; Korintenberg/Wenz § 75 Anm 3; Reinhard/Müller § 75 Anm V.
[190] Dassler/Gerhardt § 75 Rdn 2; Jaeckel/Güthe § 23 Rdn 13 und § 75 Rdn 3; Steiner/Storz § 75 Rdn 39; Storz ZIP 1980, 159 (IV).
[191] Jaeckel/Güthe § 75 Rdn 3; Storz ZIP 1980, 159 (IV).
[192] BGH NJW 1956, 1197; RG 135, 25; KG Berlin JW 1937, 3181 mit zust Anm Mentzel; OLG Hamm Rpfleger 1987, 75; Korintenberg/Wenz § 10 Anm 3.
[193] BGH KTS 1971, 192 = LM ZVG § 10 Nr 3 = MDR 1971, 205; Fischer NJW 1955, 1583 (II).

Anordnungsbeschluß 20.22 § 15

20.15 Bei **Insolvenzverwalterversteigerung** (§ 172) genügt für das Ablösungsrecht, daß ein Ablösungsberechtigter gemäß §§ 174, 174a nicht ins geringste Gebot kommt, weil dies ohne Zustimmung des Betroffenen erfolgt. In der Nachlaßversteigerung nach § 175 kommt die Ablösung nach Sachlage nicht vor, in der Teilungsversteigerung nach § 180 wird sie nur bei unterschiedlicher Anteilsbelastung (wegen § 182 Abs 1) oder Anteilsverpfändung und -pfändung (in Sonderfällen, § 180 Rdn 11.10k) praktisch.

20.16 In der **Zwangsverwaltung** verlieren dingliche und persönliche Gläubiger, öffentliche Grundstückslasten, Mieter und Pächter durch das Verfahren nicht ihr „Recht" oder ihren Besitz; hier ist keiner ablösungsberechtigt[194] (auch nicht gegenüber öffentlichen Lasten).

20.17 Den Gläubiger befriedigen kann der Ablösungsberechtigte durch **Berichtigung der geschuldeten Leistung,** die der Gläubiger vollstreckt (BGB § 268 Abs 1) oder deren Befriedigung er verlangt (BGB § 1150) (dazu auch § 75 Rdn 2.4). Wenn der Gläubiger nur wegen eines **Teils** einer höheren Forderung vollstreckt oder Befriedigung nur wegen eines Teils seines Rechts verlangt, besteht das Ablösungsrecht nur für diesen Teil. Die Befriedigung kann auch durch Hinterlegung (BGB §§ 372 ff) oder Aufrechnung (BGB § 387) erfolgen (BGB § 268 Abs 2), wenn deren Voraussetzungen vorliegen, unter den Voraussetzungen des BGB § 364 auch durch Leistung an Erfüllung Statt. Zahlung des Ablösenden kann unmittelbar an den Abzulösenden oder nach § 75 an das Vollstreckungsgericht erfolgen.

20.18 Jede Ablösung ist nur **bis** unmittelbar vor der **Zuschlagsverkündung** möglich, weil der Haftungsgegenstand nach ihr nicht mehr zugunsten des Ablösenden im bisherigen Zustand erhalten werden kann[195]. Ablösung hat also äußerstens im Versteigerungstermin oder zwischen Versteigerungs- und Verkündungstermin oder gerade noch im Verkündungstermin vor Erteilung des Zuschlags zu erfolgen. Wird der Zuschlagsbeschluß auf **Rechtsmittel** hin aufgehoben, so tritt der alte Verfahrenszustand wieder ein. Ablösung ist weiter möglich.

20.19 Die abgelöste Forderung erlischt nicht, sondern **geht auf den Ablösenden über:** BGB § 268 Abs 3, und zwar mit allen Neben- und Vorrechten: BGB §§ 401, 412. Der Ablösende erwirbt bei der Hypothek die Forderung (mit der sie sichernden Hypothek), bei der Grundschuld das Recht, soweit das Grundpfandrecht nicht schon vorher zum Eigentümerrecht geworden war. Eine Gesamthypothek (Gesamtgrundschuld) erwirbt der Ablösende an allen Grundstücken, auch wenn die Berechtigung zur Ablösung nur für ein Grundstück gegeben war[196].

20.20 Die Ablösung kann nicht **zum Nachteil** des Abgelösten erfolgen: BGB § 268 Abs. 3. Bei einer nur teilweisen Ablösung hat also die Restforderung des Gläubigers Vorrang vor dem abgelösten Teil der Forderung. Dazu § 11 Rdn 3.

20.21 Beteiligter im Zwangsversteigerungsverfahren wird der Ablösende als nicht grundbuchersichtlicher Berechtigter des Grundstücksrechts oder Anspruchs mit dem Recht auf Befriedigung aus dem Grundstück mit **Anmeldung** und erforderlichenfalls Glaubhaftmachung (§ 9 Nr 2); Vollstreckungsunterlagen (Vollstreckungstitel, Vollstreckungsklausel, Zustellung usw) benötigt er hierfür nicht[197].

20.22 Auf den Ablösenden geht nach BGB § 401 (mit § 412) auch die für den abgelösten Gläubiger durch **Anordnung** der Zwangsversteigerung (Zulassung des Beitritts; Zwangsverwaltungsanordnung) mit Beschlagnahme (§ 20 Abs 1) erlangte

---

[194] Steiner/Storz § 75 Rdn 24; Storz ZIP 1980, 159 (IV).
[195] Jaeckel/Güthe § 75 Rdn 2; Storz ZIP 1980, 159 (II).
[196] Kammergericht OLG 26, 191 (192); BGB-RGRK/Mattern § 1150 Rdn 11.
[197] Storz ZIP 1980, 159 (V).

§ 15 20.22 Anordnung der Versteigerung

Rechtsstellung über[198]. Ein (neuer) Beitrittsbeschluß ist daher für ihn nicht nötig und nicht zulässig. Beteiligter wird der Ablösende aber erst mit seiner Anmeldung (und notfalls Glaubhaftmachung) gemäß § 9 Nr 2 (Rdn 20.21). Ein bei Ablösung eingestelltes Verfahren berührt der Gläubigerwechsel nicht. Die seit Zustellung des Hinweises an den bisherigen Gläubiger laufende Frist für Stellung des Fortsetzungsantrags wird durch die Ablösung nicht berührt: Zustellung eines neuen Hinweises an den Ablösenden erfolgt nicht. Wenn Fortsetzung nicht rechtzeitig beantragt wird, wird das Verfahren aufgehoben (§ 31).

20.23 Wenn der Ablösende mit Anmeldung (und notfalls Glaubhaftmachung) für das weitere Verfahren an die Stelle des abgelösten betreibenden (beigetretenen) Gläubigers getreten ist, kann er die **Einstellung bewilligen** (§ 30) oder den Versteigerungs**antrag zurücknehmen** (§ 29). Dafür ist vom Vollstreckungsgericht lediglich das Recht des Ablösenden als Rechtsnachfolger des Gläubigers zur Stellung dieser Verfahrensanträge, also Zulässigkeit und ordnungsgemäße Ablösung zu prüfen. Vollstreckungsunterlagen auf seinen Namen (insbesondere Vollstreckungstitel mit umgeschriebener Klausel und Zustellungsnachweis, ZPO § 750) braucht der Ablösende hierfür nicht vorzulegen. Erklärt sich weder der (hierfür ausgewiesene) Ablösende noch der abgelöste betreibende Gläubiger über Antragsrücknahme oder Verfahrenseinstellung, dann wird das Verfahren im Falle des § 75 von Amts wegen, sonst bei Nachweis nach ZPO § 775 Nr 4, 5 eingestellt. Wenn der abgelöste (vorrangige) Berechtigte das Verfahren überhaupt nicht betrieben (so für Ablösung eines Grundsteueranspruchs[199]) oder im Versteigerungstermin nicht die Stellung eines betreibenden Gläubigers hatte, kommt einer Einstellungsbewilligung des Ablösenden nach Schluß der Versteigerung keine Bedeutung zu; sie kann nicht zur Versagung des Zuschlags führen. Der Schuldner muß einen Gläubigerwechsel durch Ablösung mit Vollstreckungsabwehrklage (ZPO § 767) geltend machen (§ 95 Rdn 3); in einem dinglichen Fall hat er einstweilige Anordnung nach ZPO § 769 zu erwirken.

20.24 Will der Ablösende das Verfahren als betreibender Gläubiger fortsetzen, muß er, wo kein **Vollstreckungstitel** vorhanden, diesen (Rdn 20.26), sonst als Rechtsnachfolger des (abgelösten) Gläubigers eine auf seinen Namen lautende und zugestellte Vollstreckungsklausel zum vorhandenen Titel vorlegen (ZPO §§ 727, 750)[200]. Das Verfahren wird sonst ihm gegenüber eingestellt[201]. Bis zum Nachweis der Vollstreckungsvoraussetzungen für den Ablösenden (Klauselumstellung und Zustellung) bleibt der Abgelöste Vollstreckungsgläubiger (siehe auch Rdn 29.6); der damit im Verfahren weiter berechtigte vollstreckende (bisherige) Gläubiger kann daher die Einstellung bewilligen (§ 30)[202] oder den Antrag zurücknehmen (§ 29; anders[203]: nach Ablösung kann bisheriger Gläubiger Antrag nicht zurücknehmen und Einstellung nicht bewilligen). Wenn der Ablösende Fortsetzung eines eingestellten Verfahrens rechtzeitig beantragt hat (in der Frist des § 31), kann zur Vorlage der auf ihn lautenden Vollstreckungsunterlagen (Titel, Klausel, Zustellung usw; ZPO §§ 704, 750) auch Gelegenheit über die Fortsetzungsfrist hinaus gewährt werden. Werden dann auf den Namen des Ablösenden lautende Vollstreckungsunterlagen nicht vorgelegt, ist sein Vollstreckungsrecht und damit rechtzeitiger Fortsetzungsantrag nicht nachgewiesen, das Verfahren mithin infolge fruchtlosen Fristablaufs nach § 31 aufzuheben.

---

[198] OLG Düsseldorf NJW-RR 1987, 247 = Rpfleger 1987, 75; Bischoff und Bobenhausen Rpfleger 1987, 381 (Anmerkung).
[199] OLG Hamm Rpfleger 1987, 75.
[200] OLG Düsseldorf und Bischoff sowie Bobenhausen je aaO (Fußn 198).
[201] BGH DNotZ 1963, 673 = VersR 1963, 671 = WM 1963, 754.
[202] OLG Bremen Rpfleger 1987, 381 mit zust Anm Bischoff und Bobenhausen; OLG Düsseldorf aaO (Fußn 198).
[203] Steiner/Storz § 75 Rdn 71; Storz ZIP 1980, 159 (V 4).

Anordnungsbeschluß § 15

20.25 Umschreibung und Neuzustellung des Vollstreckungstitels sind zur Verfahrensfortsetzung auch nötig, wenn im Versteigerungstermin ein nachrangiger Gläubiger den bestrangig betreibenden ablöst und dabei beide zu **Protokoll** alle nötigen Erklärungen (auch über das Einrücken des Ablösenden in die Stellung des Abgelösten) abgeben; das ist trotz des Beurkundungsgesetzes weiterhin möglich.

20.26 Auch bei Ablösung öffentlichrechtlicher Grundstückslasten gehen die **Vorzugsrechte** mit über[204], weil diese ihre Grundlage nicht im öffentlichen Recht, sondern im privaten Versteigerungsrecht haben (siehe für das vormalige Konkursvorrecht[205]), mithin nicht an der Person des Gläubigers, sondern an der Forderung haften. Der Ablösende rückt also in Rangklasse 3 ein[206] und erhält bei Erlösverteilung als Berechtigter (§§ 117, 118) den in dieser Rangklasse auf die öffentliche Grundstückslast zugeteilten Betrag. Den übergegangenen Anspruch in Rangklasse 3 kann der Ablösende auch anmelden. Er kann jedoch als Privatrechtssubjekt nicht im Verwaltungszwangsverfahren vorgehen[207], er kann auch nicht einen etwa vorhandenen öffentlichrechtlichen Vollstreckungstitel (oder einen Leistungsbescheid) auf sich umschreiben lassen, weil die Forderung mit ihrem Übergang auf den Ablösenden sich von ihrer hoheitlichen Beziehung löst[208], sondern muß sich im ordentlichen Rechtsweg einen Titel auf Duldung der Zwangsvollstreckung aus Rangklasse 3 (auf den er Anspruch hat) erwirken[209]. Er kann aber schon, bevor er den Titel erworben hat, das Zwangsversteigerungsverfahren hinsichtlich des abgelösten betreibenden Anspruchs einstellen oder aufheben lassen[210], weil er materiell der Berechtigte ist.

20.27 Ablösung wird auch als Mittel zur Erlangung einer **günstigen Rechtsstellung** im Verfahren angesehen, die dann im „Machtkampf" zwischen allen Verfahrensbeteiligten **taktisch ausgespielt** werden könne[211], aber (zB) auch cleveren Interessenten es ermögliche, das Verfahren nachhaltig zu stören und einen Billigerwerb herbeizuführen. Vor Gefahren, die sich mit Ablösung als Mittel für Erwerb einer verfahrenstaktischen Machtposition und deren unredlicher oder gar sittenwidriger Ausnutzung verbinden, muß jedoch gewarnt werden. Wer Ablösung benutzt, um eine günstige Rechtsstellung taktisch auszuspielen, das Verfahren zu stören und die Grundlage für einen Billigerwerb zu schaffen, zielt mit unlauterem Verhalten darauf ab, sich zum Schaden der übrigen an der Versteigerung Beteiligten Vermögensvorteile zu verschaffen und ist daher dem Vorwurf der Sittenwidrigkeit ausgesetzt (dazu Einl Rdn 10). Dem erkennbar mit den guten Sitten nicht zu vereinbarenden Gebrauch des Ablösungsrechts hat aber bereits das Vollstreckungsgericht (Beschwerdegericht) im Verfahren die Anerkennung zu versagen. Sittenwidrige Ausnutzung einer mit unlauterer Ablösung erlangten verfahrenstaktischen Machtposition kann zudem zu Schadensersatz verpflichten.

20.28 Zur Ablösung auch § 33 Rdn 2, § 75 Rdn 2, sowie im ZVG-Handbuch Rdn 100 mit Beispiel.

---

[204] RG 135, 25 und 146, 317; KG Berlin JW 1937, 3181 mit zust Anm Mentzel; Korintenberg/Wenz § 10 Anm 3; Steiner/Storz § 75 Rdn 62; Storz ZIP 1980, 159 (V); Fischer NJW 1955, 1583 (II).
[205] BGH 75, 23 = MDR 1979, 1014 = NJW 1979, 2198.
[206] RG 135, 25 und 146, 317; KG Berlin aaO (Fußn 204); Korintenberg-Wenz § 10 Anm 3; Storz ZIP 1980, 159 (VI).
[207] RG 135, 25 und 146, 317.
[208] BGH 75, 23 = aaO (Fußn 205).
[209] RG 146, 317 und 150, 58 (60); Jaeckel/Güthe § 23 Rdn 13; Korintenberg/Wenz § 10 Anm 3.
[210] Jaeckel/Güthe § 23 Rdn 13; Fischer NJW 1955, 1583 (II).
[211] Steiner/Storz § 75 Rdn 2, 15, 16, 19 und 20; Storz ZIP 1980, 159; zutreffend nun Storz, Praxis des Zwangsversteigerungsverfahren, Rdn B 7.1.1 aE: Das Ablösungsrecht darf nicht mißbraucht werden.

21 Grundstücksbruchteil, Gemeinderecht, Straßenfläche

21.1 Ein **Grundstücksbruchteil** ist wie ein Grundstück zu behandeln (ZPO § 864 Abs 2). Wenn der Schuldner nur Eigentümer eines Grundstücksbruchteils ist, muß sich der Anordnungsantrag hierauf beschränken. Die Größe des Bruchteils (zB 1/2) muß aus dem Antrag ersichtlich sein und mit dem Grundbuch übereinstimmen. Wird das Verfahren über das ganze Grundstück beantragt, so wird nur über den Bruchteil des Schuldners angeordnet, sonst aber der Antrag zurückgewiesen (es muß nicht der ganze Antrag zurückgewiesen werden, weil ja das Verfahren über jeden Bruchteil gesondert ist). Wird erst über einen Bruchteil angeordnet, dann auch die Versteigerung eines anderen beantragt, so ist für den weiteren Bruchteil neue Anordnung nötig; ein Beitritt ist nicht möglich, weil ja insoweit bisher kein Verfahren lief. Es empfiehlt sich daher auch, von vornherein getrennte Aktenführung für jedes Verfahren, auch für jeden Bruchteil (§ 18 Rdn 3.7).

21.2 Gemeinderechte (Gemeindenutzungsrechte, Realgemeindeanteile) sind im Grundbuch bei landwirtschaftlichen Anwesen noch eingetragen. Sie sind privatrechtlicher Natur, wenn sie auf einem Privatrechtstitel beruhen, öffentlich-rechtlich, wenn sich das Recht auf den Gemeindeverband gründet. Öffentlich-rechtliche gehören nicht in das Grundbuch[212]; der Grundbuchvermerk hat nur die Bedeutung eines Hinweises[213]. Das Vollstreckungsgericht kann von sich aus nicht die Natur des Rechtes entscheiden. Es wird die Rechte im Verfahren (auch im Anordnungs- und Beitrittsbeschluß) erwähnen, wie sie im Grundbuch eingetragen sind, also wie Bestandteile behandeln, und je nach Landesrecht einen Wert dafür anzusetzen. Zu bayerischem Recht[214], zu ehemals preußischem, insbesondere zu niedersächsischem Recht[215], allgemein auch[216].

21.3 Zwangsversteigerung einer **Straßen- und Wegefläche**[217] sowie einer als Kinderspielplatz[218] ausgewiesenen Fläche (mit eigener Flurstücknummer), die dem Gemeingebrauch gewidmet ist, aber in Privateigentum steht oder in die aus einem dinglichen Recht vollstreckt wird, ist zulässig. Hinsichtlich der Nutzung ist diese dem öffentlichen Recht unterstellt. Dadurch ist die Ausübung der aus dem Eigentum fließenden Rechte beschränkt, das Eigentum bleibt aber erhalten. Das Grundstück kann rechtsgeschäftlich übereignet, also auch zwangsversteigert werden. Es ist Sache des Meistbietenden sich zu entscheiden, ob er das Eigentum trotz der Beschränkung haben will.

22 Herrenlose Immobilie

22.1 Wenn in ein herrenloses Grundstück (BGB § 928), Schiff, Schiffsbauwerk (Schiffsrechtegesetz § 7) oder Luftfahrzeug (Luftfahrzeugrechtegesetz § 99 Abs 1) dinglich zwangsvollstreckt werden soll, ist nach ZPO § 787 auf Antrag vom Vollstreckungsgericht ein **Vertreter** zur „Wahrnehmung der sich aus dem Eigentum ergebenden Rechte und Verpflichtungen im Zwangsvollstreckungsverfahren" **zu bestellen**. Das ist nicht nötig, wenn schon durch das Prozeßgericht nach ZPO § 58 ein Vertreter zur „Wahrnehmung der sich aus dem Eigentum ergebenden Rechte und Verpflichtungen im Rechtsstreit" bestellt war, außer wenn dieser in-

---

[212] BayObLG 1960, 447; BayObLG 1964, 210 = NJW 1964, 1573.
[213] LG Amberg MittBayNot 1955, 164.
[214] BayObLG 1960, 447; BayObLG 1964, 210 = aaO (Fußn 212); BayObLG 1970, 21 = Rpfleger 1970, 167; BayObLG 1970, 45 = Rpfleger 1970, 168 Leitsatz; BayObLG Rpfleger 1978, 316; BayObLG MittBayNot 1990, 33 = (mitgeteilt) Rpfleger 1990, 54; LG Amberg MittBayNot 1955, 164.
[215] OLG Celle RdL 1954, 249; OLG Celle NdsRpfl 1961, 34 und 1961, 270.
[216] Mümmler JurBüro 1993, 522.
[217] LG Aachen Rpfleger 1965, 79.
[218] LG Oldenburg Rpfleger 1983, 33.

Anordnungsbeschluß   22.7 § 15

zwischen weggefallen ist. Beide Arten von Vertretern sind gesetzliche Vertreter des künftigen Eigentümers[219], nicht „Partei kraft Amtes".

22.2 Den **Vertreter** nach ZPO § 787 **bestellt** der Rechtspfleger (RPflG § 20 Nr 17). Muster für die Bestellung im ZVG-Handbuch Rdn 108. Die Kosten für den Vertreter fallen dem betreibenden Gläubiger zur Last. Er kann sie nach ZPO § 788 und ZVG § 10 Abs 2 als Vollstreckungskosten mit beitreiben[220].

22.3 Wird das Grundstück herrenlos, **bevor** die Immobiliarvollstreckung beginnt, so ist erst der Vertreter zu bestellen, bevor die Anordnung möglich ist. Wird es herrenlos, **nachdem** angeordnet ist, aber bevor die Anordnung wirksam ist, so ist bei Vollstreckung wegen einer öffentlichen Last oder eines dinglichen Anspruchs der Beschluß dem Vertreter zuzustellen, sonst ist das Verfahren wieder aufzuheben (weil es keinen Schuldner gibt). Wird es herrenlos, nachdem das Grundbuchersuchen beim Grundbuchamt eingegangen ist (damit Beschlagnahme wirksam), so ist, um zustellen zu können, sofort ein Vertreter zu bestellen. Wird das Grundstück erst nach der Zustellung an den Schuldner herrenlos, so ist das Verfahren fortzusetzen, weil es sich nicht um ein entgegenstehendes Recht nach § 28 Abs 1 handelt[221]. Um aber das Verfahren fortführen zu können (hier auch wegen eines Anspruchs in Rangklasse 5 des § 10 Abs 1), ist sofort der Vertreter zu bestellen. Erwirbt während des Verfahrens der Fiskus oder ein Anordnungsberechtigter das Eigentum, so ist § 26 anzuwenden[222] (dabei müssen folgerichtig auch die Ansprüche der Klassen 2 und 3 als dingliche behandelt werden).

22.4 Der Vertreter muß alle **Rechte des Eigentümers** wahrnehmen und wie ein sorgsamer Eigentümer handeln, auch eine durch die Sache gebotene Vollstreckungsabwehrklage erheben[223]. Zwangsversteigerung und Zwangsverwaltung finden gegen ihn statt, obwohl ein Eigentümer entgegen § 17 nicht im Grundbuch eingetragen ist[224].

22.5 Wo der Vertreter für den Prozeß nach ZPO § 58 bestellt war, ergeht der **Titel gegen ihn**. Wird der Vertreter nach ZPO § 787 für die Vollstreckung bestellt, so ist die vollstreckbare Ausfertigung gegen ihn zu erteilen und ihm zuzustellen (nach ZPO §§ 727, 750)[225].

22.6 Die Vollstreckung in ein schon herrenloses Grundstück kann (nach Bestellung des Vertreters) nur erfolgen, wenn „durch die Zwangsvollstreckung ein Recht an einem Grundstück ..." „geltend gemacht werden" soll (ZPO § 787 Abs 1). Es kann also in das herrenlose Grundstück **nur „dinglich"** vollstreckt werden. Das bedeutet, daß in Rangklasse 4, 6 und 8 aus einer Hypothek, Grundschuld, Rentenschuld, Reallast vollstreckt werden kann. Aus einer persönlichen Forderung (Rangklasse 5) kann keinesfalls vollstreckt werden, weil das Grundstück nicht mehr zum Vermögen des Schuldners gehört. Als dingliche Ansprüche muß man hier aber auch (was in keinem ZPO- oder ZVG-Kommentar angesprochen wurde; nun wie hier[226]) Ansprüche aus Rangklasse 2 und 3 behandeln, die wie die dinglichen Rechte sich nicht gegen den Grundstückseigentümer persönlich, sondern gegen das Grundstück richten.

22.7 Die **Tätigkeit** des Vertreters **endet** mit der Grundbucheintragung des neuen Eigentümers oder mit dem Ende des Vollstreckungsverfahrens, also in der

---

[219] Zöller/Vollkommer, ZPO, § 58 Rdn 1.
[220] Zöller/Stöber, ZPO, § 779 Rdn 10; Steiner/Hagemann § 17 Rdn 32.
[221] Jaeckel/Güthe § 28 Rdn 2; Mohrbutter/Drischler Muster 12 Anm 1.
[222] Mohrbutter/Drischler Muster 12 Anm 1.
[223] Stein/Jonas/Münzberg, ZPO, § 787 Rdn 4.
[224] Zöller/Stöber, ZPO, § 787 Rdn 1; Stein/Jonas/Münzberg, ZPO, § 787 Rdn 3.
[225] Zöller/Stöber, ZPO, § 787 Rdn 1; Steiner/Hagemann § 17 Rdn 32.
[226] Steiner/Hagemann § 17 Rdn 31; Stein/Jonas/Münzberg, ZPO, § 787 Rdn 2 mit Fußn 1.

§ 15 22.7   Anordnung der Versteigerung

Zwangsversteigerung mit dem Verteilungstermin. Für spätere Vorgänge (zB Auszahlung des zugeteilten Übererlöses) ist ein Pfleger für Unbekannte (BGB § 1913) zu bestellen (rechtzeitige Mitteilung an das Vormundschaftsgericht nötig).

22.8 Der Vertreter hat Anspruch auf Vergütung und Auslagenersatz. Über die Höhe müssen sich Gläubiger und Vertreter einigen. In entsprechender Anwendung von §§ 6, 7 muß es aber möglich sein, die Vergütung durch das Vollstreckungsgericht festzusetzen (anders[227]: nur Prozeßweg) etwa so: „... Der betreibende Gläubiger ... hat dem mit Beschluß des Vollstreckungsgerichts vom ... zur Wahrnehmung der sich aus dem Eigentum ergebenden Rechte und Verpflichtungen im Zwangsversteigerungsverfahren bestellten Vertreter ... ab ... bis zum Verteilungstermin dieses Verfahrens für jeden angefangenen Monat eine Vergütung von ... Euro zu entrichten und außerdem die anfallenden Auslagen und die anfallende Mehrwertsteuer zu ersetzen. Gründe: ..."

22.9 Ein Eigentumsverzicht bezieht sich nicht auf Eigentümerrechte am Grundstück, damit nicht auf eine **Eigentümergrundschuld;** sie wird durch den Eigentumsverzicht Fremdgrundschuld des früheren Eigentümers. Auch die Rechte der Mieter und Pächter nach § 57 c werden durch den Verzicht nicht berührt. Grundstückszubehör wird herrenlos mit der Besitzaufgabe (BGB § 959).

22.10 Aneignungsberechtigt ist bei Grundstücken und Grundstücksbruchteilen der Fiskus des Landes (BGB § 928 Abs 2) oder die landesrechtlich bestimmte Person (EGBGB Art 129, 190). Unter dieses gesetzliche Aneignungsrecht der Genannten fallen mit dem Grundstück auch Erzeugnisse und Bestandteile, die nach BGB § 953 dem Eigentümer zugefallen wären (diese kann sich also nicht nach BGB § 958 jedermann aneignen, weil sie das Schicksal des Grundstücks teilen), ferner die sonstigen Nutzungen (BGB § 100), also auch Miete und Pachtzinseingänge aus dem herrenlosen Objekt (solange sie nicht einem Nießbraucher oder sonst Berechtigten, BGB § 954, zustehen), ebenso der Übererlös eines versteigerten herrenlosen Objekts. Der Fiskus oder sonst gesetzlich Aneignungsberechtigte kann sein Aneignungsrecht auch abtreten in öffentlicher Urkunde, BGB § 313). Wenn der Fiskus oder sonst Berechtigte sich das Grundstück (samt Nutzungen usw) nicht aneignet, auch das Aneignungsrecht nicht abtritt, bleibt nur das Aufgebotsverfahren nach BGB § 927.

22.11 Fall aus der Praxis: Beim AG München waren von 1937–1956 acht herrenlose Grundstücke in Zwangsverwaltung, für die nach Aufhebung der Verwaltung (durch Rücknahme des Verfahrensantrags) in der anschließenden Pflegschaft für Unbekannte (BGB § 1913) ein Überschuß von etwa 100 000 DM verblieb. Als der Fiskus nach ergebnislosem Zwangsversteigerungsversuch eines Hypothekengläubigers (keine Gebote abgegeben) das Aneignungsrecht an einen Interessenten abtrat und dieser als Eigentümer im Grundbuch eingetragen wurde, mußte ihm auch der Überschuß als Nutzung des Grundstücks (weil mit dem Aneignungsrecht am Grundstück mit abgetreten) ausgehändigt werden.

22.12 Für **Schiffe** ist der Fiskus der Bundesrepublik Deutschland aneignungsberechtigt (Schiffsrechtegesetz § 7 Abs 2). **Luftfahrzeuge** werden für das Aneignungsrecht als bewegliche Sachen behandelt (Luftfahrzeugrechtegesetz § 98 Abs 1); hier also Aneignung nach BGB § 958. Die Regeln für den Eigentumsverzicht in BGB § 928 gelten nicht für Erbbaurechte (ErbbauVO § 11 Abs 1).

23 Insolvenzverfahren mit Konkurs, Vergleichsverfahren, Gesamtvollstreckung

Literatur: Hintzen, Insolvenz und Immobiliarzwangsvollstreckung, Rpfleger 1999, 256; Knees, Die Bank als Grundpfandrechtsgläubiger in der Unternehmensinsolvenz, ZIP 2001, 1568; Stöber, Insolvenzverfahren und Vollstreckungs-Zwangsversteigerung, NZI 1998, 105;

---

[227] Steiner/Hagemann § 17 Rdn 32.

Anordnungsbeschluß 23.1 **§ 15**

Vallender, Zwangsversteigerung und Zwangsverwaltung im Lichte des neuen Insolvenzrechts, Rpfleger 1997, 353; Wenzel, Die Rechtsstellung des Grundpfandrechtsgläubigers im Insolvenzverfahren, NZI 1999, 101.

23.1 a) Das Eröffnungsverfahren (InsO §§ 11–34) erlangt für Immobiliarvollstreckung keine Bedeutung. Ein Zwangsversteigerungs- oder Zwangsverwaltungsverfahren, in dem nach Verfahrensanordnung oder Zulassung des Beitritts die Beschlagnahme (§ 20 Abs 1, § 27 Abs 2) schon vor dem Eröffnungsantrag (InsO § 13 Abs 1) wirksam geworden ist, nimmt gegen den Eigentümer als Schuldner seinen Fortgang. Es bleibt die Beschlagnahme unberührt; das Verfahren wird nicht unterbrochen (Einl Rdn 27). Ein vorläufiger Insolvenzverwalter (InsO § 21 Abs 2 Nr 1) ist, wenn der Schuldner verwaltungs- und verfügungsbefugt bleibt, nicht Beteiligter (§ 9 Rdn 3.15); er ist Beteiligter (§ 9) neben dem Schuldner (Eigentümer), gegen den das Verfahren fortgeführt wird, wenn diesem ein allgemeines Verfügungsverbot auferlegt ist (§ 9 Rdn 3.15). Das Insolvenzgericht kann im Eröffnungsverfahren eine Maßnahme der Zwangsvollstreckung in Grundstücke (andere Objekte der Immobiliarvollstreckung) nicht untersagen oder einstweilen einstellen (InsO § 21 Abs 2 Nr 3). Es bleiben im Eröffnungsverfahren auch Anordnung der Zwangsversteigerung oder Zwangsverwaltung und Zulassung des Beitritts für (spätere) absonderungsberechtigte Gläubiger (Rdn 23.4) möglich; sie sind ebenso für Gläubiger eines persönlichen Anspruchs (§ 10 Abs 1 Nr 5) zulässig. Das ermöglicht dem Gläubiger eines persönlichen Anspruchs Erlangung des Rechts auf Befriedigung aus dem Grundstück (§ 10 Abs 1 Nr 5) und Sicherung mit Beschlagnahme (§ 22) für den Fall, daß der Insolvenzantrag zurückgenommen (InsO § 13 Abs 2), oder mangels Masse abgewiesen (InsO § 26 Abs 1) oder der Eröffnungsbeschluß im Beschwerdeverfahren (InsO § 34) aufgehoben wird: er kann dann gegen den Schuldner die Immobiliarvollstreckung mit der frühzeitig durch Beschlagnahme erlangten Berechtigung am Grundstück (Rang: § 11 Abs 2) fortführen. Ihm gegenüber sind Verfügungen über das Grundstück unwirksam (§ 23), auch wenn sie durch den verwaltungs- und verfügungsbefugten vorläufigen Verwalter erfolgt sein sollten. Ebenso kann, wenn der Eröffnungsantrag nach Erlaß des Anordnungs- oder Beitrittsbeschlusses, aber vor Wirksamwerden der Beschlagnahme, eingeht diese noch mit Zustellung des Beschlusses, Grundbuchersuchen oder Besitzerlangung durch den Zwangsverwalter Wirksamkeit erlangen. Unwirksam werden kann das Beschlagnahmerecht eines persönlichen Gläubigers nur mit Eröffnung des Insolvenzverfahrens (InsO § 88; Rdn 23.5). Im Eröffnungsverfahren kann, wenn ein vorläufiger Verwalter bestellt ist, von diesem die einstweilige Einstellung der Zwangsversteigerung verlangt werden (§ 30 d Abs 4); ihm ist damit ermöglicht, nachteilige Veränderungen in der Vermögenslage des Schuldners, damit insbesondere auch Versteigerung des Grundstücks auf Antrag des Gläubigers einer persönlichen Forderung, abzuwenden. Dieses Antragsrecht des Verwalters erfordert nicht, daß er mit einem allgemeinen Verfügungsverbot die Verwaltungs- und Verfügungsbefugnis erlangt hat; antragsberechtigt ist auch der sogenannt „schwache" vorläufige Insolvenzverwalter.

b) Die (zulässige) Zwangsversteigerung oder Zwangsverwaltung findet auch im Eröffnungsverfahren gegen den Eigentümer als Schuldner statt (Wortlaut von InsO § 21 Abs 2 Nr 3). Der Vollstreckungstitel hat für Anordnung des Verfahrens oder Zulassung des Beitritts daher gegen diesen zu lauten[228] und ihm zugestellt zu sein (ZPO § 750 Abs 1). Er bleibt verwaltungs- und verfügungsbefugt, auch wenn ein vorläufiger Insolvenzverwalter bestellt ist (InsO § 21 Abs 2 Nr 1). Wenn ein vorläu-

---

[228] So bereits Stöber, ZVG-Handbuch, Rdn 140 g; **anderer Ansicht** LG Cottbus NZI 2000, 183 = Rpfleger 2000, 294 Leitsatz und Rpfleger 2000, 465 (das hier sonderbarerweise dem Schuldner selbst das Recht zugesteht, „trotz Bestellung eines ‚starken' vorläufigen Insolvenzverwalters" Rechtsmittel einzulegen; Bachmann Rpfleger 2001, 105 (108); Wudy MittBayNot 2000, 489 (501). Wie hier (für Zwangsverwaltung) auch LG Halle Rpfleger 2002, 89 mit abl Anm AI ff.

§ 15 23.1 Anordnung der Versteigerung

figer Verwalter bestellt und dem Schuldner nach InsO § 21 Abs 2 Nr 2 ein allgemeines Verfügungsverbot auferlegt ist, ist die Verwaltungs- und Verfügungsbefugnis über das Schuldnervermögen zwar auf den vorläufigen Insolvenzverwalter übergegangen (InsO § 22 Abs 1 Satz 1). Wirkung hat dieses Verfügungsverbot jedoch nur für rechtsgeschäftliche Verfügungen und Leistungen an den Schuldner (InsO § 24 Abs 1 mit §§ 81, 82). Maßnahmen der Immobiliarvollstreckung sind nicht gleichgestellt. Gegen den Insolvenzverwalter können sie für Insolvenzgläubiger nach Eröffnung des Insolvenzverfahrens nicht erfolgen (InsO § 89 Abs 1); sie können daher auch im Eröffnungsverfahren nicht gegen den (verwaltungs- und verfügungsbefugten) vorläufigen Verwalter, sondern nur (weiterhin) gegen den Schuldner stattfinden (vgl die Einschränkung in InsO § 21 Abs 2 Nr 3 im Gegensatz zu Nr 2). Unverständlich ist daher die Ansicht[229], selbst für (zulässige) Vollstreckung einer persönlichen Forderung (mit Eintragung einer Zwangshypothek) müsse der Vollstreckungstitel gegen den vorläufigen Insolvenzverwalter lauten, wenn die Verwaltungs- und Verfügungsbefugnis auf ihn übergegangen sei, da er wie der spätere Insolvenzverwalter zu behandeln sei. Erfolgen kann gegen den Insolvenzverwalter nur dingliche Vollstreckung zur abgesonderten Befriedigung (InsO § 49). Vor Verfahrenseröffnung ist Zwangsvollstreckung für einzelne Gläubiger aber nicht ausgeschlossen, mit Zwangsvollstreckung zur abgesonderten Befriedigung eine Ausnahme für Gläubiger dinglicher Ansprüche daher auch nicht eigens ermöglicht. Das Eröffnungsverfahren behindert Immobiliarvollstreckung wegen eines dinglichen Anspruch so wenig wie die Vollstreckung des Gläubigers einer nur persönlichen Forderung. Für diese Vollstreckung erlangt es keine Bedeutung, ob mit Wirkung nur für rechtsgeschäftliche Verfügungen dem Schuldner ein allgemeines Verfügungsverbot auferlegt ist und damit die Verwaltungs- und Verfügungsbefugnis auf den vorläufigen Insolvenzverwalter übergegangen ist. Die Immobiliarvollstreckung für den Gläubiger eines dinglichen Anspruchs findet ebenso wie die Vollstreckung für den Gläubiger eines persönlichen Anspruchs gegen den Eigentümer als Schuldner statt. Daher hat der Vollstreckungstitel stets auch gegen ihn zu lauten und ihm zugestellt zu sein (ZPO § 750 Abs 1). Der „starke" Insolvenzverwalter kann im Verfahren gegen den Eigentümer als Schuldner Beteiligter sein (§ 9 Rdn 3.15); er ist aber im Vollstreckungsverfahren nicht Schuldner. Ebenso wie das Insolvenzgericht im Eröffnungsverfahren die Zwangsvollstreckung in das unbewegliche Vermögen gegen den Eigentümer als Schuldner nicht untersagen kann (InsO § 21 Abs 2 Nr 3), kann das dem Schuldner zur Unterbindung rechtsgeschäftlicher Verfügungen auferlegte allgemeine Verfügungsverbot für die Immobiliarvollstreckung keine Bedeutung erlangen. Etwas anderes ergibt sich auch nicht aus ZPO § 240 mit InsO § 86 Abs 1. Immobiliarvollstreckungsverfahren werden nicht unterbrochen (Rdn 23.11), müssen und können somit (nach Eröffnung des Insolvenzverfahrens) auch nicht vom oder gegen den Insolvenzverwalter aufgenommen werden (InsO § 86).

c) Zustellung, die Beschlagnahme bewirkt (§ 22 Abs 1 Satz 1), hat bei Anordnung der Zwangsversteigerung oder Zwangsverwaltung und Zulassung des Beitritts im Eröffnungsverfahren an den Eigentümer als Schuldner zu erfolgen. Zustellung an den vorläufigen Insolvenzverwalter bewirkt (auch bei vorläufiger Postsperre) Beschlagnahme nicht[230]. Das gilt auch, wenn ein vorläufiger Insolvenzverwalter bestellt und dem Schuldner ein allgemeines Verfügungsverbot auferlegt ist (wie vorst b).

23.2 Durch die **Eröffnung des Insolvenzverfahrens** verliert der Schuldner das Recht, das zur Insolvenzmasse gehörende Vermögen (InsO § 35) zu verwalten und über es zu verfügen; dieses Recht geht auf den Insolvenzverwalter über (InsO § 80 Abs 1). Rechte eines Beteiligten kann der Grundstückseigentümer somit nicht mehr ausüben (§ 9 Rdn 3.15). Nur im Falle des § 30d Abs 2 (Vorlage eines

---

[229] Bachmann Rpfleger 2001, 105 (108, 111 reSp, 112); Hintzen Rpfleger 1999, 256 (258); allgemeiner auch Wudy MittBayNot 2000, 489 (501).
[230] OLG Braunschweig Rpfleger 2001, 254.

Anordnungsbeschluß 23.5 § 15

Insolvenzplans) kann er Einstellungsantrag noch stellen. Jedoch bleibt bei Eigenverwaltung der Schuldner – unter Aufsicht eines Sachwalters – verwaltungs- und verfügungsbefugt (InsO § 270 Abs 1).

23.3 Zwangsvollstreckungen für Insolvenzgläubiger (InsO § 38), auch für nachrangige (InsO § 39), sind während der Dauer des Verfahrens weder in die Insolvenzmasse noch in das sonstige Vermögen des Schuldners zulässig (**Vollstreckungsverbot;** InsO § 89 Abs 1). Unzulässig sind sie auch, wenn der Antrag noch vor Verfahrenseröffnung gestellt wurde. Für bestimmte Masseverbindlichkeiten (InsO §§ 54, 55) besteht für die Dauer von sechs Monaten seit der Eröffnung des Insolvenzverfahrens ein Vollstreckungsverbot (InsO § 90). Insolvenzgläubiger dürfen nur noch im Rahmen des Insolvenzverfahrens mit ihren Forderungen befriedigt werden (InsO § 87).

23.4 Zur **abgesonderten Befriedigung** aus Grundstücken (anderen Objekten der Immobiliarvollstreckung) nach Eröffnung des Insolvenzverfahrens sind Gläubiger berechtigt, denen ein Recht auf Befriedigung im Wege der Zwangsvollstreckung zusteht (InsO § 49). Das sind insbesondere Gläubiger aus Rechten an dem Grundstück (§ 10 Abs 1 Nr 4, auch 6 und 8) und persönliche Gläubiger (§ 10 Abs 1 Nr 5), deren durch Anordnung des Verfahrens oder Zulassung des Beitritts erlangte Beschlagnahmerechte nicht nach InsO § 88 (Rdn 23.5) unwirksam geworden sind. Zu den dinglichen Gläubigern, die vollstrecken dürfen, gehören aber auch die aus ZVG-Rangklasse 2 und 3 (ebenso die älteren Rückstände in Rangklasse 7). Der Gläubiger einer Hypothek, Grundschuld oder Rentenschuld sowie der Berechtigte einer Reallast (BGB § 1105), desgleichen ein Gläubiger der Rangklasse 2 und 3, kann somit wegen seines dinglichen Anspruchs (erfordert dinglichen Vollstreckungstitel; Ausnahme ZPO § 867 Abs 3 sowie Verwaltungsvollstreckung), nicht jedoch wegen des daneben bestehenden persönlichen Anspruchs, auch während eines Insolvenzverfahrens die Befriedigung aus dem belasteten Grundstück im Wege der Zwangsvollstreckung betreiben (BGB § 1147). Es kann die Zwangsversteigerung oder Zwangsverwaltung des Grundstücks auf seinen Antrag (neu) angeordnet oder der Beitritt zu einem bereits (und noch) anhängigen Verfahren zugelassen werden. Ein Immobiliarvollstreckungsverfahren, das auf Antrag eines absonderungsberechtigten Gläubigers schon vor Eröffnung des Insolvenzverfahrens mit Beschlagnahme (Verfahrensanordnung oder Zulassung des Beitritts, § 20 Abs 1, § 27 Abs. 2) begonnen hat, nimmt seinen Fortgang; die Beschlagnahme bleibt unberührt (InsO § 80 Abs 2 Satz 2). Eine Zwangsversteigerung kann jedoch auf Antrag des Insolvenzverwalters, u U auch auf Antrag des Schuldners; einstweilen einzustellen sein (§§ 30 d–f), desgleichen eine Zwangsverwaltung (§ 153 b, c).

23.5 Unwirksam wird mit der Eröffnung des Insolvenzverfahrens eine mit Beschlagnahme durch Anordnung der Zwangsversteigerung (Zwangsverwaltung) oder Zulassung des Beitritts für den Gläubiger einer persönlichen Vollstreckungsforderung (Rangklasse 5 des § 10 Abs 1) im **letzten Monat vor dem Eröffnungsantrag** (auch einem zunächst mangelhaften oder beim unzuständigen Gericht gestellten[231]) oder nach diesem Antrag erlangte Sicherung (maßgebend ist der Zeitpunkt des Wirksamwerdens der Beschlagnahme[232]) an einem zur Insolvenzmasse gehörenden Grundstück (anderen Objekt der Immobiliarvollstreckung; sogen **Rückschlagsperre;** InsO § 88). Berechnung der Monatsfrist: InsO § 139. **Drei Monate** beträgt die Frist in dem auf Antrag des Schuldners eröffneten vereinfachten Insolvenzverfahren (InsO § 312 Abs 1 Satz 3). Nicht unwirksam werden Zwangsvollstreckungsmaßnahmen absonderungsberechtigter Gläubiger, damit auch die persönlicher Gläubiger aus weiter zurückliegender Zeit (s Rdn 23.4); sie bleiben unberührt. Der Gläubiger bleibt somit zur Verfahrensfortsetzung für ab-

---

[231] BayObLG 2000, 176 = NZI 2000, 427 = NJW-RR 2001, 47 = Rpfleger 2000, 448.
[232] Stöber NZI 1998, 105 (I 1 b aa).

gesonderte Befriedigung berechtigt (InsO § 49). Jedoch können Vollstreckungsmaßnahmen, die innerhalb des zweiten oder dritten Monats vor dem Eröffnungsantrag vorgenommen worden sind, wenn der Schuldner zur Zeit der Handlung bereits zahlungsunfähig oder dem Gläubiger die Benachteiligung der Insolvenzgläubiger bekannt war, durch den Insolvenzverwalter angefochten werden (InsO § 131 Abs 1 Nr 2 und 3, § 14).

23.6 Der Gläubiger einer **Zwangssicherungshypothek** hat mit Eintragung (ZPO § 867 Abs 1 Satz 2) durch Zwangsvollstreckung die Sicherung an dem Grundstück erlangt. Die vor dem letzten Monat (3 Monate im Falle von InsO § 312 Abs 1 Satz 3) vor dem Eröffnungsantrag eingetragene Zwangssicherungshypothek wird durch die Eröffnung des Insolvenzverfahrens daher nicht berührt (zur Anfechtung jedoch Rdn 23.5). Ihr Gläubiger ist daher wegen des dinglichen Anspruchs (nicht jedoch wegen der gesicherten Forderung, die Insolvenzforderung bleibt, s § 52 InsO) zur abgesonderten Befriedigung berechtigt[233] (InsO § 49). Daher berührt auch die Eröffnung des Insolvenzverfahrens eine Beschlagnahme mit Anordnung der Zwangsversteigerung (Zwangsverwaltung) oder Zulassung des Beitritts wegen des dinglichen Anspruchs eines solchen Gläubigers in der kritischen Phase vor Eröffnung der Insolvenzverfahrens nicht[233]. Das Vollstreckungsverfahren nimmt seinen Fortgang gegen den Insolvenzverwalter (Rdn 23.9).

23.7 Unwirksam wird mit Eröffnung des Insolvenzverfahrens die durch Eintragung einer **Sicherungshypothek** im Wege der Zwangsvollstreckung **im letzten Monat** (3 Monate im Falle von InsO § 312 Abs 1 Satz 3) vor dem Antrag auf Verfahrenseröffnung oder nach diesem Antrag erlangte Sicherung an einem zur Insolvenzmasse gehörenden Grundstück (Rückschlagsperre; InsO § 88). Damit ist zugleich eine Zwangsversteigerung oder Zwangsverwaltung zur abgesonderten Befriedigung (InsO § 49) wegen des dann nicht bestehenden dinglichen Anspruchs ausgeschlossen[234].

23.8 Das **Verbot der Einzelvollstreckung** durch einen Insolvenzgläubiger (§ 89 Abs 1; Rdn 23.3) und das 6monatige Vollstreckungsverbot für Gläubiger von Masseverbindlichkeiten (InsO § 90) sind von Amts wegen zu beachten[235]. Einem persönlichen Gläubiger, der Anordnung der Zwangsversteigerung beantragt und offenbar die Insolvenzeröffnung noch nicht gekannt hat, ist vor Zurückweisung des Antrags mit Hinweis auf das Vollstreckungshindernis (ZPO § 139; Einl Rdn 33) Gelegenheit zur Rücknahme seines Antrags zu geben[235]. Wenn das Vollstreckungsverbot von InsO § 89 Abs 1 unbeachtet bleibt findet Erinnerung nach ZPO § 766 Abs 1 Satz 1 statt. Erinnerungsbefugt sind der Insolvenzverwalter, bei Eigenverwaltung (InsO § 270 Abs 1) der Schuldner (nicht der Sachwalter), dieser auch bei Vollstreckung in sein sonstiges Vermögen. Über die Erinnerung entscheidet nicht das Vollstreckungsgericht, sondern das Insolvenzgericht (InsO § 89 Abs 3 Satz 1), das auch eine einstweilige Anordnung erlassen kann (InsO § 89 Abs 3 Satz 2). Das Insolvenzgericht kann den Anordnungs- oder Beitrittsbeschluß als Maßnahme der Zwangsvollstreckung jedoch nicht aufheben; es kann nur die Zwangsvollstreckung für unzulässig erklären oder einstellen (ZPO § 775 Nr 1 entspr und Nr 2). Diese Entscheidung bildet Grundlage für Verfahrensaufhebung oder Einstellung durch das Vollstreckungsgericht nach ZPO § 775 Nr 1 oder 2 mit § 776. Erinnerung an das Insolvenzgericht nach InsO § 89 Abs 3 Satz 1 findet (jedenfalls für Gläubiger und Schuldner) aber dann nicht statt, wenn nach allgemeinem Vollstreckungsrecht die sofortige Beschwerde gegeben ist[236] (hierzu § 15 Rdn 5.1 und 5.2). Rechtsbehelf des persönlich vollstreckenden Gläubigers (zum absonderungsberechtigt vollstreckenden Gläubiger Rdn 23.14) gegen die Ableh-

---

[233] Stöber NZI 1998, 105 (I 1 b bb).
[234] Stöber NZI 1998, 105 (I 1 b cc).
[235] LG Oldenburg ZIP 1981, 1011.
[236] BGH NZI 2004, 447; OLG Jena NJW-RR 2002, 626 = NZI 2002, 156; einschränkend OLG Düsseldorf NZI 2002, 388.

Anordnungsbeschluß 23.11 § 15

nung des Versteigerungsantrags daher sofortige Beschwerde, wenn er geltend macht, das Vollstreckungsverbot sei zu Unrecht angenommen worden. Bei Versagung des Zuschlags auf Grund von InsO § 89 Abs 1 findet sofortige Beschwerde gegen die Entscheidung über den Zuschlag statt (§ 96), über die das Beschwerdegericht entscheidet (kein Fall von InsO § 89 Abs 3). Das 6monate Vollstreckungsverbot für Masseverbindlichkeiten (InsO § 90) begründet einen der Fortsetzung des Verfahrens entgegenstehenden Vollstreckungsmangel. Das Vollstreckungsgericht hat daher ein unzulässig eingeleitetes Verfahren nach § 28 (dort Abs 2) aufzuheben oder den Zuschlag zu versagen (§ 33).

23.9 Schuldner der Zwangsvollstreckung zur **abgesonderten Befriedigung** (InsO § 49; Rdn 23.4) ist der kraft Gesetzes an die Stelle des Eigentümers als Rechtsinhaber (§ 17) getretene verwaltungs- und verfügungsbefugte **Insolvenzverwalter** (23.2). **Anordnung** des Verfahrens oder Zulassung des Beitritts **nach Eröffnung des Insolvenzverfahrens** auf Antrag eines absonderungsberechtigten Gläubigers erfordert daher einen gegen den Verwalter lautenden (dinglichen; auch § 867 Abs 3) Vollstreckungstitel[237] (ZPO § 750 Abs 1); auch Zustellung muß an diesen erfolgt sein (ZPO § 750 Abs 1). Der Verwalter ist (als Partei kraft Amtes) Rechtsnachfolger[238] im Sinne von ZPO § 727, wenn der absonderungsberechtigte Gläubiger gegen den Eigentümer als Schuldner ein (dingliches) Urteil (einen anderen dinglichen Vollstreckungstitel) bereits erwirkt hat; er ist ebenso Rechtsnachfolger für dingliche Vollstreckung einer Zwangshypothek mit dem vollstreckbaren Titel samt Eintragungsvermerk (ZPO § 867 Abs 3). Eine vollstreckbare Ausfertigung dieses Titels kann daher gegen den Insolvenzverwalter als Schuldner nach ZPO § 727 erteilt werden (Zustellungserfordernis ZPO § 750 Abs 2). Zu den dinglichen Gläubigern, die vollstrecken dürfen, gehören aber auch die aus der ZVG-Rangklasse 2 und 3. Bei **Eigenverwaltung** (InsO § 270 Abs 1) findet Zwangsvollstreckung zur abgesonderten Befriedigung mit (dinglichem) Vollstreckungstitel gegen den verwaltungs- und verfügungsbefugten Schuldner statt. Der Sachwalter ist nicht verwaltungs- und verfügungsbefugt; ein Schuldtitel gegen ihn ist daher nicht erforderlich.

23.10 War das **Insolvenzverfahren** bereits **vor Immobiliarbeschlagnahme eröffnet,** wurde auf Antrag eines dinglichen (absonderungsberechtigten) Gläubigers die Zwangsversteigerung oder Zulassung des Beitritts aber gleichwohl auf Grund des gegen den Insolvenzschuldner lautenden (bisherigen) Vollstreckungstitels angeordnet, so ist die Beschlagnahme als solche wirksam; gleiches gilt (falls es soweit kommt) für den Eigentumsübergang mit (rechtskräftigem) Zuschlag[239]. Weil jedoch ein gesetzesmäßiger Titel fehlt, ist das Verfahren (wenn Zuschlag nicht erteilt ist), sobald die Tatsache dem Gericht bekannt wird, nach § 28 Abs 2 einstweilen einzustellen (der Zuschlag zu versagen)[240] und dem Gläubiger aufzugeben, den Titel auf den Insolvenzverwalter umstellen und neu zustellen zu lassen. War umgekehrt das Verfahren (für dinglichen Gläubiger) mit Titel gegen den Insolvenzverwalter angeordnet, obwohl dessen Amt schon beendet oder das Grundstück aus der Masse freigegeben war, ist ebenfalls nach § 28 Abs 2 einzustellen, um den Titel gegen den Schuldner umstellen und neu zustellen zu lassen.

23.11 Die Wirkungen der **bereits wirksam gewordenen Beschlagnahme** (§ 20) berührt die nachfolgende Eröffnung des Insolvenzverfahrens nicht (InsO § 80 Abs 2 Satz 2; zur Rückschlagsperre jedoch Rdn 23.5). Eröffnung des Insolvenzverfahrens nach Beschlagnahme (hat aber Zustellung an den vorläufigen Insolvenzverwalter mit Rücksicht auf eine vorläufige Postsperre nicht bewirkt[241]) ist

---

[237] BGH (14. 4. 2005, V ZB 25/05) NotBZ 2005, 257; OLG Hamm Rpfleger 1966, 24 und OLGZ 1985, 218 = Rpfleger 1985, 310; Stöber NZI 1998, 105 (II).
[238] Zöller/Stöber, ZPO, § 727 Rdn 7; Stöber NZI 1998, 105 (II).
[239] OLG Celle MDR 1962, 141.
[240] OLG Hamm Rpfleger 1966, 24.
[241] OLG Braunschweig Rpfleger 2001, 254.

§ 15 23.11 Anordnung der Versteigerung

daher ohne Einfluß auf den **Fortgang des Verfahrens** absonderungsberechtigter Gläubiger (Rdn 23.4). Auch wenn die Eröffnung nach Wirksamwerden der Beschlagnahme durch Zugang des Eintragungsersuchens an das Grundbuchamt (§ 22 Abs 1 Satz 2), aber vor der Eintragung des Beschlagnahmevermerk im Grundbuch und vor der Zustellung des Anordnungsbeschlusses erfolgt ist, bleibt sie wirksam (dazu § 22 Rdn 2; anders wenn das Ersuchen erst nach Eröffnung des Insolvenzverfahrens dem Grundbuchamt zugegangen ist[241]). Durch Eröffnung des Insolvenzverfahrens wird die Zwangsversteigerung (Zwangsverwaltung) auch nicht nach ZPO § 240 unterbrochen (Vorschrift hier nicht anwendbar[242], Einl Rdn 27). Es tritt der Insolvenzverwalter, auf den das Verwaltungs- und Verfügungsrecht übergegangen ist (InsO § 80 Abs 1) als Schuldner (§ 9 Einleitungssatz) an die Stelle des Eigentümers. Er nimmt die Rechte des Schuldners als Partei kraft Amtes im eigenen Namen wahr. Umschreibung des Vollstreckungstitels gegen den Insolvenzverwalter hat nicht zu erfolgen[243], auch nicht, wenn das für den Gläubiger eines persönlichen Anspruchs (Rangklasse 5) angeordnete Verfahren seinen Fortgang nimmt[243]. Es hat auch nachträgliche Zustellung des Vollstreckungstitels an den Insolvenzverwalter nicht zu erfolgen. Der Verwalter tritt in das Verfahren in dem Stand ein, in dem es sich bei Eröffnung des Insolvenzverfahrens befindet. Der Anordnungsbeschluß und Beitrittsbeschlüsse, der Wertfestsetzungsbeschluß, Einstellungs- und Fortsetzungsbeschlüsse sind daher dem Verwalter nicht nochmals zuzustellen. Die Wirkungen der bereits wirksam gewordenen Beschlagnahme (§ 20) berührt die nachfolgende Eröffnung des Insolvenzverfahrens auch dann nicht, wenn das Versteigerungsverfahren einstweilen eingestellt ist. Es wird dann aber auch die Einstellung nicht gegenstandslos[244]; die Frist für Stellung des Fortsetzungsantrags (§ 31 Abs 1 Satz 2) läuft weiter[244]. Antrag auf Fortsetzung des Verfahrens muß daher auch dann noch rechtzeitig gestellt werden, wenn während der Einstellung das Insolvenzverfahren über das Vermögen des Schuldners eröffnet wird. Wird der Antrag nicht rechtzeitig gestellt, ist das Verfahren aufzuheben. Bei rechtzeitigem Fortsetzungsantrag wird die Verfahrensfortsetzung angeordnet; in dem fortzusetzenden Verfahren ist als Schuldner der Insolvenzverwalter an die Stelle des Eigentümers getreten. Bei Aufhebung oder Einstellung des Insolvenzverfahrens oder Freigabe des Grundstücks nach Beschlagnahme wird das Verfahren ohne Titelumschreibung gegen den Schuldner fortgesetzt[245].

23.12 Die **Unwirksamkeit** einer in der kritischen Phase vor Verfahrenseröffnung bewirkten Beschlagnahme (Rdn 23.5) begründet einen der Fortsetzung des Verfahrens entgegenstehenden **Vollstreckungsmangel**. Das Vollstreckungsgericht hat daher das auf Antrag des betroffenen Gläubigers mit Anordnungs- oder Beitrittsbeschluß eingeleitete Verfahren nach § 28 (dort Abs 2) aufzuheben oder (nach Schluß der Versteigerung, § 33) den Zuschlag zu versagen; in einem nicht eindeutigen Fall kann unter Bestimmung einer Frist einzustellen sein (§ 28).

23.13 Den besonderen Vorschriften über **Verbraucherinsolvenzverfahren** untersteht der Antrag einer natürlichen Person ohne oder mit geringfügiger wirtschaftlicher Tätigkeit (InsO § 304). Es ruht das Verfahren über den Antrag auf Eröffnung des Insolvenzverfahrens bis zur Entscheidung über den Schuldenbereinigungsplan (InsO § 306 Abs 1); Sicherungsmaßnahmen, damit auch die Bestellung eines vorläufigen Treuhänders (InsO § 313 Abs 1 mit § 21 Abs 2 Nr 1) sind zulässig (InsO § 306 Abs 2); Maßnahmen der Zwangsvollstreckung gegen den Schuldner in das unbewegliche Vermögen können durch das Insolvenzgericht jedoch

---

[242] KG Berlin NJW-RR 2000, 1075 = NZI 2000, 228; AG Göttingen NZI 2000, 95 = Rpfleger 2000, 121; Mohrbutter KTS 1958, 81; Stöber NZI 1998, 105 (I 1 a).
[243] BGH aaO (Fußn 237); AG Hamburg-Wandsbek Rpfleger 1967, 15 mit zust Anm Stöber; Mohrbutter aaO (Fußn 242); Stöber NZI 1998, 105 (I 1 a).
[244] Stöber NZI 1998, 105 (I 3 a).
[245] OLG Hamm OLGZ 1985, 218 = aaO.

Anordnungsbeschluß 23.15 § 15

nicht untersagt oder einstweilen eingestellt werden (InsO § 21 Abs 2 Nr 3). Anordnung der Zwangsversteigerung oder Zwangsverwaltung und Zulassung des Beitritts sind in dieser Zeit wie sonst im Eröffnungsverfahren möglich (Einl Rdn 23.1). Auch ist ein Zwangsversteigerungsverfahren auf Antrag des vorläufigen Treuhänders einzustellen[246] (§ 30 d Abs 4). Wird der Schuldenbereinigungsplan angenommen, so hat er die Wirkung eines Vergleichs im Sinne von ZPO § 794 Abs 1 Nr 1 (InsO § 308 Abs 1); nach ihm bestimmt sich, wie Beschlagnahmerechte berührt werden (InsO § 305 Abs 1 Nr 4). Der Antrag auf Eröffnung des Insolvenzverfahrens gilt als zurückgenommen (InsO § 308 Abs 2). Wenn der Schuldenbereinigungsplan scheitert, wird das Verfahren über den Eröffnungsantrag wieder aufgenommen (InsO § 311). Mit Eröffnung des Insolvenzverfahrens werden dann Zwangsvollstreckungen von Insolvenzgläubigern in der kritischen Phase vor dem Eröffnungsantrag unwirksam (InsO § 88 mit § 304 Abs 1). Zwangsvollstreckungen für einzelne Insolvenzgläubiger sind dann unzulässig (InsO § 89 Abs 1 mit § 304 Abs 1). Im vereinfachten Verfahren (InsO §§ 311–314) werden die Aufgaben des Insolvenzverwalters von einem **Treuhänder** wahrgenommen (InsO § 313 Abs 1); dieser ist jedoch nicht zur Verwertung von Gegenständen berechtigt, an denen ein Absonderungsrecht besteht (InsO § 313 Abs 3), somit von Gegenständen der Immobiliarvollstreckung (InsO § 49). Das Verwertungsrecht steht dem Gläubiger zu (InsO § 313 Abs 3 Satz 2), der zur abgesonderten Befriedigung berechtigt ist (InsO § 49). Der kraft Gesetzes an die Stelle des Eigentümers als Rechtsinhaber getretene Treuhänder ist (wie sonst der Insolvenzverwalter) Schuldner der Zwangsvollstreckung zur abgesonderten Befriedigung. Für Anordnung der Zwangsversteigerung oder Zwangsverwaltung und Zulassung des Beitritts muß daher ein gegen ihn lautender und ihm zugestellter Vollstreckungstitel vorliegen (wie Rdn 23.9). Fortsetzung eines Verfahrens, dessen Beschlagnahme unberührt bleibt (InsO § 80 Abs 2 Satz 2 mit § 304 Abs 1): wie Rdn 23.11. Antrag auf Einstellung des Zwangsversteigerungsverfahrens ermöglicht § 30 d[247]; Einstellung eines Zwangsverwaltungsverfahrens: § 153 b. An Stelle des „Insolvenzverwalters" ist der Treuhänder antragsberechtigt.

23.14 Rechtsbehelf für den absonderungsberechtigten Gläubiger, wenn sein Versteigerungsantrag zurückgewiesen oder das Verfahren nach § 28 aufgehoben wird: Sofortige Beschwerde (ZPO § 793), bei Verfahrensaufhebung ohne Anhörung Erinnerung (ZPO § 766). Das Insolvenzgericht hat über den Rechtsbehelf nicht (nach InsO § 89 Abs 3) zu entscheiden[248] (der Gläubiger nimmt sein Recht auf abgesonderte Befriedigung in Anspruch, InsO § 49, rügt somit nicht einen Verstoß gegen das Vollstreckungsverbot für Insolvenzgläubiger nach InsO § 89). Rechtsbehelf für den Insolvenzverwalter, wenn die Zwangsversteigerung (-verwaltung) auf Antrag eines Gläubigers angeordnet (der Beitritt zugelassen) wird, der ein Recht auf abgesonderte Befriedigung in Anspruch nimmt, oder wenn Aufhebung nach § 28 Abs 2 unterbleibt: Nach Anhörung sofortige Beschwerde (ZPO § 793), ohne Anhörung Erinnerung nach ZPO § 766. Auch diese Einwendungen beruhen nicht auf dem Vollstreckungsverbot für Insolvenzgläubiger (InsO § 89 Abs 1); eine Zuständigkeit des Insolvenzgerichts nach § 89 Abs 3 InsO begründen sie daher nicht[248]. Bei Entscheidung durch Erteilung oder Versagung des Zuschlags findet gegen die Zuschlagsentscheidung sofortige Beschwerde statt (§ 96 mit ZPO § 793 Abs 1).

23.15 Die **Freigabe** des Grundstücks aus der Insolvenzmasse durch den Insolvenzverwalter erfolgt durch eine an den Schuldner[249] des Insolvenzverfahrens gerichtete empfangsbedürftige und unwiderrufliche Erklärung. Wenn die Freigabe des

---

[246] So auch Hintzen Rpfleger 1999, 256 (262); aA Wenzel NZI 1999, 101 (nicht richtig).
[247] Hierzu auch Hintzen Rpfleger 1999, 256 (262) gegen Wenzel NZI 1999, 101, dem nicht gefolgt werden kann.
[248] Stöber NZI 1998, 105 (I 2 c).
[249] RG 94, 55.

Grundstücks mit Zugang der Erklärung des Verwalters an den Schuldner wirksam geworden ist, muß sich das Verfahren gegen ihn richten; der Zeitpunkt der Löschung des Insolvenzvermerks im Grundbuch hat nur deklaratorische Bedeutung. Anordnung des Verfahrens oder Zulassung des Beitritts erst nach Freigabe des Grundstücks aus Insolvenzmasse erfordert Vollstreckungstitel gegen den (wieder) verwaltungs- und verfügungsbefugten Schuldner und Zustellung an diesen[249a]. Wenn die Beschlagnahme vor Freigabe des Grundstücks bereits erfolgt war, nimmt das Verfahren gegen den wieder verwaltungs- und verfügungsbefugten Schuldner seinen Fortgang[249a]. Umschreibung des Titels auf den Schuldner und Zustellung an ihn erfordert das nicht[249a] (umgekehrter Fall von Rdn. 23.11). Möglich ist die Freigabe auch bei einer juristischen Person[249b].

23.16 Der Insolvenzverwalter, der einen auf den Schuldner des Insolvenzverfahrens lautenden Vollstreckungstitel gegen einen Dritten vollstreckt, muß die Vollstreckungsklausel auf seinen Namen umstellen und zustellen lassen (ZPO §§ 727, 750), desgleichen der Schuldner, der nach Aufhebung des Insolvenzverfahrens einen auf den Namen des Verwalters lautenden Titel vollstrecken will.

23.17 Die **Insolvenzordnung** und die auf ihr beruhenden Bestimmungen des Zwangsversteigerungsgesetzes gelten in einem Insolvenzverfahren, das nach dem 31. Dez 1998 beantragt worden ist, und zwar auch für die Rechtsverhältnisse und Rechte, die vor dem 1. Jan 1999 begründet worden sind (EGInsO Art 110 Abs 1 mit Art 104).

23.18 Auf **Konkursverfahren,** die vor dem 1. Jan 1999 beantragt worden sind, und deren Wirkungen sind weiter die bisherigen Vorschriften der (aufgehobenen) Konkursordnung anzuwenden (EGInsO Art 103 Satz 1). Das gilt ebenso für Anschlußkonkursverfahren, bei denen der im Verfahren vorausgehende Vergleichsantrag vor dem 1. Jan 1999 gestellt worden ist (EGInsO Art 103 Satz 2). Geregelt hat die Konkursordnung das Verwaltungs- und Verfügungsrecht des Konkursverwalters in § 6 Abs 2, das Verbot der Einzelvollstreckung in § 14 Abs 1, die fortdauernde Wirksamkeit einer schon vorher in der Immobiliarvollstreckung erfolgten Beschlagnahme in § 13 und die abgesonderte Befriedigung in §§ 4, 47–51. Einzelheiten 15. Aufl Rdn 23.1–23.8. Einstweilige Einstellung der Zwangsversteigerung auf Konkursverwalterantrag: § 30 c a. F. (dazu 15. Aufl).

23.19 Auf **Vergleichsverfahren,** die vor dem 1. Jan 1999 beantragt worden sind, und deren Wirkungen sind weiterhin die bisherigen Vorschriften der (aufgehobenen) Vergleichsordnung anzuwenden (EGInsO Art 103). In der Immobiliarvollstreckung erlangen sie nahezu keine Bedeutung mehr. Zu Einzelheiten s daher 15. Aufl Rdn 23.9–23.12.

23.20 Im **Beitrittsgebiet** (Einl Rdn 14) galt die **Gesamtvollstreckungsordnung** (GesO) idF vom 23. 5. 1991 (BGBl I 1185); die Konkursordnung ist dort nicht in Kraft getreten (Einigungsvertrag Anl I Kap III Sachgebiet A Abschn I Nr 4 und Anl II Kap III Sachgebiet A Abschn II Nr 1). Auf Gesamtvollstreckungsverfahren, die vor dem 1. Jan 1999 beantragt worden sind, und deren Wirkungen sind weiter die Vorschriften dieser (aufgehobenen) Gesamtvollstreckungsordnung anzuwenden (EGInsO Art 103). Ein Gesamtvollstreckungsverfahren erfaßt auch das Schuldnervermögen im Geltungsbereich der (vormaligen) Konkursordnung (Einigungsvertrag Anl II Kap III Sachgebiet A Abschn II Nr 1 d). Durch Eröffnung der Gesamtvollstreckung verlor der Schuldner das Recht zur Vermögensverwaltung und zur Verfügung über sein Vermögen (GesO § 5). Dieses Recht wird durch einen Verwalter ausgeübt (GesO § 8 Abs 2). Vor Eröffnung der Gesamtvollstreckung gegen den Schuldner eingeleitete Vollstreckungsmaßnahmen zugunsten einzelner

---

[249a] BGH (14. 4. 2005, V ZB 25/05) NotBZ 2005, 257.
[249b] BGH NJW 2005, 2015 = Rpfleger 2005, 465; OLG Stuttgart OLGRep 2004, 89.

Anordnungsbeschluß 24.1 § 15

(nicht absonderungsberechtigter) Gläubiger verloren ihre Wirksamkeit[250] (GesO § 7 Abs 3 Satz 1). Die Vollstreckungsverfahren sind an das Gericht zu verweisen, das die Gesamtvollstreckung durchführt (GesO § 7 Abs 3 Satz 2). Unwirksam wurde den Gesamtvollstreckungsgläubigern gegenüber auch eine Zwangshypothek[251] (ZPO § 867 Abs 1); sie erlosch[251] (GesO § 7 Abs 3 Satz 1). Der Gläubiger einer Hypothekenforderung nach dem Zivilgesetzbuch der (ehem) DDR ist berechtigt, die Vollstreckung des Grundstücks und der haftenden Gegenstände zu betreiben (ZGB-DDR § 455 Abs 1 Satz 1 mit EGBGB Art 233 § 3 Abs 1). Der Gläubiger eines Grundpfandrechts nach dem BGB kann aus dem Grundstück Befriedigung im Wege der Zwangsvollstreckung verlangen (BGB § 1147). Die Eröffnung der Gesamtvollstreckung behindert dieses Recht des dinglichen Gläubigers auf Befriedigung aus dem haftenden Grundstück nicht[252]. Für sie gilt daher gleiches wie für abgesonderte Befriedigung dinglicher Gläubiger nach Eröffnung des Insolvenzverfahrens. Ablösungsrecht des Verwalters: GesO § 12 Abs 1. Nach Eingang des Eröffnungsantrags konnten Vollstreckungsmaßnahmen (auch solche dinglicher Gläubiger) eingestellt werden (GesO § 2 Abs 4). Der Einstellungsbeschluß war vom Zwangsversteigerungsgericht nach ZPO § 775 Nr 2 zu vollziehen. Mit Eröffnung der Gesamtvollstreckungsverfahrens endete die Wirksamkeit dieser vorläufigen Einstellung nach GesO § 2 Abs 4. Dann erfolgt Fortsetzung der Zwangsversteigerung auf Antrag des Gläubigers (§ 31 Abs 1 Satz 1). Fristbeginn mit Erledigung der vorläufigen Einstellung (§ 31 Abs 2 Buchst d entsprechend).

Landwirtschaftliche Grundstücke 24
24.1 Landwirtschaftliche, forstwirtschaftliche und gärtnerisch genutzte Grundstücke (Begriffe § 10 Rdn 4.2) werden seit 1. 1. 1962 in der Zwangsversteigerung und Zwangsverwaltung (abgesehen von § 149 Abs. 2, §§ 150b–e, § 185) **wie andere Grundstücke** behandelt. Alle früheren Beschränkungen der Immobiliarvollstreckung sind aufgehoben[253]. Von der besonderen Eigenschaft der Grundstücke werden Zwangsversteigerung und Zwangsverwaltung (mit den genannten Ausnahmen) nicht berührt. Das Grundstücksverkehrsgesetz (= GrdstVG) mit seinen Beschränkungen rechtsgeschäftlicher Vorgänge bezieht sich nicht auf die Immobiliarvollstreckung. Auch wenn der Verdacht besteht, daß die Vorschriften des GrdstVG durch Zwangsversteigerung umgangen werden sollen, muß die Versteigerung angeordnet werden. Die Landwirtschaftsbehörde hat kein Beschwerderecht[254], sie kann auch nicht anregen, das Verfahren abzulehnen oder wieder aufzuheben (so meint[254]). Sie ist auch nicht vorher anzuhören[255]. Der Versteigerungsvorgang ist kein genehmigungspflichtiges Umgehungsgeschäft[256], jedenfalls dann nicht, wenn es dem Gläubiger auch um die Befriedigung einer geschuldeten und titulierten Forderung geht[257]. Die Landwirtschaftsbehörde ist überhaupt nicht am Verfahren beteiligt; dies gilt auch für die Verfahren nach

---

[250] BGH 128, 365 = NJW 1995, 1159 = Rpfleger 1995, 308 (damit überholt LG Schwerin DtZ 1994, 416).
[251] BGH 130, 347 = MDR 1995, 1021 = NJW 1995, 2715 = Rpfleger 1995, 514.
[252] OLG Braunschweig OLGReport 2001, 429; OLG Dresden DtZ 1997, 33 = Rpfleger 1996, 418; OLG Jena DtZ 1997, 32 = Rpfleger 1996, 418; LG Gera ZIP 1996, 618; LG Halle ZIP 1996, 1711; LG Leipzig Rpfleger 1996, 301 und 366: LG Magdeburg Rpfleger 1996, 210); LG Rostock Rpfleger 1997, 125; LG Schwerin Rpfleger 1996, 259; Braun und Bußhardt ZIP 1992, 902 (907); Hintzen und Wenzel Rpfleger 1996, 123 (Anmerkung); war zunächst streitig; anders [keine abgesonderte Befriedigung]: LG Memmingen; Rpfleger 1996, 222 mit abl Anm Hintzen und Wenzel = ZIP 1995, 1537; AG Halle-Saalkreis ZIP 1995, 1538.
[253] Haegele Rpfleger 1961, 276 (II).
[254] OLG Stuttgart BWNotZ 1967, 157 = Justiz 1967, 148 = OLGZ 1967, 301 = RdL 1967, 149.
[255] Steiner/Hagemann §§ 15, 16 Rdn 105; anders Pfeifer RdL 1966, 286.
[256] OLG Karlsruhe RdL 1966, 153 = RpflJahrbuch 1968, 198 Leitsatz.
[257] LG Kiel JurBüro 1981, 1884; unklar Steiner/Hagemann §§ 15, 16 Rdn 139.

§ 15 24.1 Anordnung der Versteigerung

§§ 172, 175, 180. Nur wenn das Vollstreckungsgericht sichere Kenntnis davon hat, daß die Versteigerung ausschließlich der mißbräuchlichen Umgehung der Genehmigungspflicht nach dem GrdstVG dient (zB weil sie unter dem Vorwand der Befriedigung eines für den genehmigungsfreien Grundstückserwerb rechtsgrundlos geschaffenen Titels betrieben wird), ist das Verfahren als rechtswidrig aufzuheben[258]. Die Wirksamkeit des in einem solchen Verfahren erteilten rechtskräftigen Zuschlags wird indessen nicht beeinträchtigt[259]. Von der Behörde soll dann aber Rückübereignung des Grundstücks in entsprechender Anwendung von GrdstVG §§ 2, 24 betrieben werden können[259].

24.2 Der auf Grund des GrdstVG § 7 Abs 2 im Grundbuch eingetragene Widerspruch ist kein **entgegenstehendes Recht** nach § 28 Abs 1[260], auch nicht die Reallast der Landwirtschaftlichen Rentenbank (§ 10 Rdn 6 und 9. Auflage, Beschränkung für Zwangsverwaltung). Auch in „Höfe" (Höfeordnung vom 26. 7. 1976, BGBl 1976 I 1934 für bestimmten landwirtschaftlichen Besitz in den Ländern Hamburg, Niedersachsen, Nordrhein-Westfalen und Schleswig-Holstein mit gesetzlicher Hoferbenordnung) (Übersicht[261]) darf vollstreckt werden[261].

24.3 Schutz der **Heuerlingsstellen** und Eigenheime für ländliche Arbeiter und Handwerker ist mit Außerkrafttreten der Heuerlingswohnungsverordnung mit Durchführungsverordnungen entfallen (BGBl 1980 I 167).

25 Name und Firma in der Vollstreckung

Literatur: Aden, Die Identitätsprüfung durch den Gerichtsvollzieher bei der Namensänderung des Schuldners, MDR 1979, 103; Bauer, Unwesentlich unrichtige Benennung des Schuldners im Schuldtitel, JurBüro 1967, 961; Mager, Zwangsvollstreckung für und gegen Einzelfirmen und Gesellschaften, DGVZ 1967, 97 und 129; Noack, Der Kaufmann und sein Geschäftsvermögen in der Zwangsvollstreckung, MDR 1967, 639; Petermann, Wann ist die Partei im vollstreckbaren Titel „namentlich" richtig bezeichnet? Rpfleger 1973, 153; Petermann, Zweifel an der Identität des Schuldners, DGVZ 1976, 84; Schneider, Die Firma des Einzelkaufmannes im Vollstreckungsrubrum, JurBüro 1979, 489; Schüler, Zwangsvollstreckung gegen eine Firma, DGVZ 1981, 65.

25.1 Beginnen darf Zwangsvollstreckung (Begriff Einl Rdn 1) nach ZPO § 750 Abs 1 nur, wenn **Gläubiger** und **Schuldner** als die Personen, für und gegen die sie stattfinden soll, im Vollstreckungstitel namentlich bezeichnet sind, wenn also Gläubiger und Schuldner die im Titel genannten Personen sind[262]. Im Verwaltungszwangsverfahren (Rdn 38) gilt gleiches für Bezeichnung im Vollstreckungsantrag der Vollstreckungsbehörde, der Vollstreckungsgrundlage (Rdn 38.5). Damit wird gewährleistet, daß staatlicher Zwang nur zur Durchsetzung eines urkundlich bereits ausgewiesenen Anspruchs erfolgt. Sichergestellt wird mit namentlicher Bezeichnung die Prüfung des Vollstreckungsgerichts, daß Gläubiger und Schuldner als Parteien des Zwangsvollstreckungsverfahrens mit den Personen identisch sind, für und gegen die der durch den Vollstreckungstitel festgestellte Anspruch durchzusetzen ist. Die **Bezeichnung** muß so genau sein, daß Gläubiger und Schuldner durch das Vollstreckungsgericht sicher festgestellt werden können; deren Identität hat das Vollstreckungsgericht selbständig und unter eigener Verantwortung zu prüfen. Zweifel gehen zu Lasten des Gläubigers, der aus dem Titel mit der ungenauen Parteibezeichnung vollstrecken will[263], bei Identitätszweifel ist daher eine gerichtliche Tätigkeit abzulehnen. Eine genaue Bezeichnung

---

[258] OLG Stuttgart BWNotZ 1981, 92 und 172 mit abl Anm Hepp = Rpfleger 1981, 241; LG Heilbronn Rpfleger 1994, 223; auch LG Koblenz Rpfleger 1997, 269.
[259] OLG Stuttgart aaO (Fußn 258).
[260] AG Waldbröl RdL 1963, 319.
[261] Dressel NJW 1976, 1244.
[262] Petermann Rpfleger 1973, 153 (I a).
[263] OLG Frankfurt Rpfleger 1979, 434; KG Berlin JurBüro 1982, 784 = Rpfleger 1982, 191.

Anordnungsbeschluß 25.4 **§ 15**

kann auch nachträglich herbeigeführt werden über ZPO § 319 (Berichtigung; dazu Rdn 40.9), § 731 (Klage auf Vollstreckungsklausel), § 727 (Rechtsnachfolge im weitesten Sinne). Maßgebend ist die Vollstreckungsklausel, wenn in ihr eine andere Person als Gläubiger oder Schuldner als im Vollstreckungstitel genannt ist (Folge von ZPO §§ 727 ff). ZPO § 319 wird oft allzuweit ausgelegt; an ungesetzliche Berichtigungsbeschlüsse ist das Vollstreckungsgericht nicht gebunden[264].

25.2 Eine unwesentlich **unrichtige Schreibweise** (Köhl statt Kohl) macht den Titel nicht ungeeignet, wenn die zuverlässige Feststellung von Gläubiger oder Schuldner dadurch nicht beeinträchtigt wird. Das gilt auch, wenn bei Datenverarbeitung die Namensschreibweise (geringfügig) abgeändert[265] oder undeutlich gefaßt (Herrmann Lothar)[266] wurde. Jedoch ist es nicht Aufgabe des Vollstreckungsgerichts, durch Überspannung von Ausdeutungsmöglichkeiten Mängel zu beheben, die vor dem Prozeßgericht behoben werden mußten. Wer verklagt werden sollte, läßt sich nicht aus den Zustellungsurkunden herleiten; diese haben nicht die Aufgabe, die Partei zu bezeichnen, sondern sie zu finden. Bringt die Prüfung durch das Vollstreckungsgericht kein sicheres Ergebnis, so ist die Vollstreckung abzulehnen, bis der Gläubiger einen berichtigten Titel vorlegt. Berichtigung des Titels durch das Prozeßgericht kann erfolgen, soweit die Identität zweifelsfrei gewahrt bleibt. Sie wäre an sich nicht möglich, wenn kein Schreibfehler des Gerichts vorliegt; doch wird hierbei großzügig verfahren. Berichtigung ist nach richtiger Ansicht aber nicht möglich, wenn die unrichtige Namensbezeichnung auf den Gläubiger zurückzuführen ist[267]; falscher Name (auch falscher Vorname) geht zu Lasten des Gläubigers[267].

25.3 Häufig werden abgekürzte **Vornamen** gebraucht, mitunter nur einzelne Buchstaben oder die Bezeichnung „N" (wenn der Vorname nicht bekannt ist; von „NN" = „non notus"). Man wird wohl sagen können: voller Vorname ist nicht unbedingt nötig, wenn die Identität sichergestellt ist[268] (anders[269], dem abgekürzter Vorname nicht genügt), Personengleichheit somit leicht geklärt werden kann[270]. Zu weitgehend wohl[271], daß Vollstreckung auch bei ganz falschen Vornamen möglich sei; hier sind ja der im Titel Genannte und der, gegen den vollstreckt werden soll, verschiedene Personen. Nicht unbedenklich auch[272]: fehlender Vorname sei unschädlich, wenn die Nämlichkeit feststehe.

25.4 Es kann hier nicht formalistisch und engherzig verfahren werden; abzustellen ist stets auf die Erfordernisse des Einzelfalles. **Formalien** sollen nicht das Verfahren unnötig erschweren, sondern der Rechtssicherheit dienen, sie sollen das sachliche Recht schützen, nicht vereiteln[273]. Ein Schuldtitel mit nur falscher Personenstandsangabe (Eheleute statt Mutter und Sohn) ist bei richtiger Namensangabe geeignet[274]. Fehlender Vorname ist dann kein Hindernis, wenn nach der sonstigen

---

[264] RG 124, 333 (334); auch Zöller/Vollkommer, ZPO, § 319 Rdn 29.
[265] LG Hannover JurBüro 1980, 774; Zöller/Stöber, ZPO, § 750 Rdn 5.
[266] LG Hannover JurBüro 1992, 57.
[267] AG Mönchengladbach JurBüro 1964, 38.
[268] OLG Köln MDR 1968, 762; LG Hamburg MDR 1961, 239 mit abl Anm Quardt; Petermann Rpfleger 1975, 153 (I b); Zöller/Stöber, ZPO, § 750 Rdn 6.
[269] LG Hamburg DGVZ 1957, 134 = Rpfleger 1957, 257 mit zust Anm Bull.
[270] RG 85, 163 (166); BayObLG JurBüro 1983, 116 = Rpfleger 1982, 466; OLG Hamm DGVZ 1963, 27 = JurBüro 1962, 533 = MDR 1962, 994; LG Berlin DVGZ 1964, 9; LG Bielefeld Rpfleger 1958, 278 mit Anm Bull; LG Hamburg Rpfleger 1958, 278 mit Anm Bull; LG Mannheim Rpfleger 1958, 277 mit krit Anm Bull; Petermann Rpfleger 1957, 395 (397).
[271] LG Hanau DGVZ 1959, 12.
[272] OLG Schleswig JurBüro 1973, 1102; AG Bonn; DGVZ 1994, 95; Petermann Rpfleger 1975, 153 (I b).
[273] RG 123, 204 (206) und 133, 365 (369); Vollkommer, Formenstrenge und prozessuale Billigkeit, 1973, § 2 II (S 24 ff).
[274] AG Mönchengladbach DGVZ 1964, 124 = JurBüro 1964, 696.

§ 15 25.4 Anordnung der Versteigerung

Parteibezeichnung und den örtlichen Verhältnissen keine Verwechslung möglich ist, andernfalls darf er nicht fehlen.

25.5 Trifft eine Schuldnerbezeichnung auf **gleichnamige Personen** zu (Max X Vater, Max X Sohn), so kann die Vollstreckung nicht erfolgen, wenn weder der Titel noch sonstige Umstände (Grundbucheintragung zB) einen verläßlichen Hinweis geben, wer von beiden gemeint ist[275]. Bei Zusätzen wie „sen" oder „jun" kann aber Vorsicht geboten sein; der im Grundbuch eingetragene „jun" kann inzwischen schon Großvater sein. Zu bedenken ist auch, daß das Vollstreckungsgericht nicht, wie es der Gerichtsvollzieher kann, an Ort und Stelle Ermittlungen führen kann, um den richtigen Schuldner zu finden.

25.6 Ändert sich der Name (durch Eheschließung, Scheidung, Kindesannahme, Einbenennung oder amtliche Änderung), so ist weder eine neue Vollstreckungsklausel nötig noch eine Berichtigung oder Ergänzung des Titels (durch berichtigende oder klarstellende Klausel) auf Grund von Urkunden (so aber[276]). Es ist vom Vollstreckungsorgan die Identität zu klären[277], zB durch Feststellung des Gerichtsvollziehers in der Zustellungsurkunde, durch Erklärung des Zustellungsempfängers, durch Bescheinigung (auf der früheren Familiennamen erweiterte Meldeauskunft) des Einwohnermeldeamts[278] oder durch einen vom Prozeßgericht auf Grund vorgelegter Urkunden auf den Titel gesetzten Vermerk, der zulässig und zweckmäßig ist[279]. Im norddeutschen Raum war es früher auch üblich, die Ehefrau mit Familien- und Vornamen des Mannes zu benennen, was für die Identitätsfeststellung genügte[280]. Standesamtliche Urkunden, die zum Nachweis nötig sind, kann der Gläubiger nach ZPO § 792 verlangen, nach Ansicht von[281] nur zu Händen des Gerichts.

25.7 Ändert sich nach der Verfahrensanordnung der Name des Schuldners, so richtet sich das Verfahren ohne Änderung des Titels weiter gegen den Schuldner, nur unter seinem neuen Namen.

25.8 Mehrere Gläubiger oder Schuldner müssen im Vollstreckungstitel einzeln als Personen, für oder gegen die Zwangsvollstreckung stattfinden soll, und mit ihrem Beteiligungs- bzw Verpflichtungsverhältnis angeführt sein. Unzureichend ist namentliche Bezeichnung nur eines dieser Gläubiger mit Hinweis auf eine Bürogemeinschaft oder Rechtsanwaltssozietät („Rechtsanwalt X und Partner"[282] [anders für Partnerschaft, Rdn 25.9], „u.a."[283]; „pp") sowie eine Sammelbezeichnung (Erbengemeinschaft X; Wohnungseigentümergemeinschaft ... straße Nr ...). Nur wenn ausnahmsweise Auslegung des Vollstreckungstitels (insbesondere anhand von Tatbestand und Entscheidungsgründen) noch eine zweifelsfreie Feststellung ermöglicht, welche Personen mit der Gesamtbezeichnung als Gläubiger oder Schuldner gemeint (bezeichnet worden) sind, ist ein solcher Titel als noch ausreichend anzusehen.

---

[275] LG Mainz DGVZ 1973, 170.
[276] LG Köln JurBüro 1968, 160 mit krit Anm Ahlborn.
[277] LG Koblenz FamRZ 2003, 1483; LG Köln JurBüro 1969, 447; AG Frankfurt DGVZ 1964, 190 = FamRZ 1964, 296; AG Köln JurBüro 1968, 159 mit Anm Ahlborn; AG Köln JurBüro 1968, 249 und 750; AG Merzig DGVZ 1975, 13; AG Mönchengladbach MDR 1962, 138 sowie JurBüro 1963, 714 und DGVZ 1964, 121 = FamRZ 1964, 633 Leitsatz; Aden MDR 1979, 103; Zöller/Stöber, ZPO, § 750 Rdn 9.
[278] LG Braunschweig FamRZ 1995, 1212 = NJW 1995, 1971 = Rpfleger 1995, 306; LG Bielefeld JurBüro 1987, 930.
[279] AG Kaiserslautern Rpfleger 1953, 527; AG Mönchengladbach DGVZ 1964, 121 = FamRZ 1964, 633 Leitsatz; Zöller/Stöber, ZPO, § 727 Rdn 31; Aden MDR 1979, 103.
[280] AG Mönchengladbach MDR 1962, 414.
[281] OLG Karlsruhe Rpfleger 1963, 162 mit krit Anm Peters.
[282] LG Bonn Rpfleger 1984, 28.
[283] LG Berlin Rpfleger 1977, 109; LG Gießen DGVZ 1995, 88.

Anordnungsbeschluß 25.12 § 15

25.9 Der Name einer **Handelsgesellschaft** (Aktiengesellschaft, Aktienkommanditgesellschaft, Gesellschaft mbH, aber auch offene Handelsgesellschaft und Kommanditgesellschaft) und einer Genossenschaft ist deren Firma. Eine Partnerschaft wird mit ihrem Namen (dabei Zusatz „und Partner" oder „Partnerschaft") bezeichnet, eine Europ wirtschaftliche Interessenvereinigung mit ihrer Firma. Nur mit diesem Namen nehmen Handelsgesellschaften, Partnerschaft und Europ wirtschaftliche Interessenvereinigung sowie die Genossenschaft am Rechtsverkehr teil. Sie müssen daher auch mit ihrer Firma (ihrem Namen) im Vollstreckungstitel für den Vollstreckungsbeginn namentlich bezeichnet sein (ZPO § 750 Abs 1). Ebenso sind sie auch in Vollstreckungsantrag und Anordnungsbeschluß (Beitrittsbeschluß) als Parteien des Vollstreckungsverfahrens (Gläubiger oder Schuldner) nur mit ihrer Firma (ihrem Namen) zu bezeichnen. Die erforderliche (§ 17 Abs 1) Eigentümereintragung des Schuldners im Grundbuch bezeichnet eine Handelsgesellschaft, sowie Partnerschaft und Genossenschaft, gleichfalls mit ihrer Firma (GBV § 15 Abs 1 Buchst b).

25.10 Der **Einzelkaufmann,** der eine von seinem bürgerlichen Namen abweichende **Firma** als Handelsnamen (HGB § 17 Abs 1) führt, kann unter seinem bürgerlichen Namen oder unter seiner Firma klagen und verklagt werden (HGB § 17 Abs 2) und im Vollstreckungstitel als Gläubiger oder Schuldner bezeichnet sein. Nennt der Vollstreckungstitel einen Einzelkaufmann unter seiner Firma, dann ist der Firmeninhaber bei Eintritt der Rechtshängigkeit (ZPO §§ 261, 696 Abs 3, § 700 Abs 2) als Gläubiger oder Schuldner bezeichnet[284], nicht der jeweilige Firmeninhaber und nicht der Firmennachfolger[285]. Mit diesem Vollstreckungstitel kann auch in das Privatvermögen des Kaufmanns vollstreckt werden. Hierfür muß der bürgerliche Name des Kaufmanns nicht noch zusätzlich genannt sein[286], auch nicht bei einer abgeleiteten Firma (HGB § 22)[286].

25.11 Feststellung des mit seiner Firma bezeichneten Einzelkaufmanns muß durch das Vollstreckungsgericht eigenverantwortlich erfolgen[287]. Das Handelsregister hat der Rechtspfleger (Richter) des Vollstreckungsgerichts hierfür einzusehen, wenn es ohne Erschwernisse zugänglich ist (wie dann, wenn Vollstreckungsgericht und Registergericht Abteilungen des gleichen Gerichts sind). Ermittlungspflichten für den Gläubiger braucht das Vollstreckungsgericht jedoch nicht vorzunehmen[288]. Vielmehr hat, wenn das Handelsregister nicht zugänglich ist (auch dann, wenn der mit seiner Firma Bezeichnete nicht eingetragen ist), der Gläubiger Nachweise dafür zu erbringen, wer der mit einer Firma als Kaufmann Bezeichnete ist; auch Vorlage einer (nicht alten) beglaubigten Handelsregisterabschrift (eines Registerzeugnisses oder einer Registerbescheinigung, HGB § 9) obliegt dem Gläubiger, wenn Registereinsicht nicht erfolgen kann[289]. Wenn die Ermittlungen Zweifel übrig lassen wie insbesondere bei Wechsel des Firmeninhabers oder bei Erlöschen der Firma, kann dem Gläubiger aufgegeben werden, durch Zeugnis des Registergerichts (HGB § 9) nachzuweisen, daß der Grundstückseigentümer bei Rechtshängigkeit Firmeninhaber war[289].

25.12 Ob der Vollstreckungstitel den Schuldner (oder Gläubiger) mit seinem **bürgerlichen Namen** oder mit einer **Firma** bezeichnet, muß sich eindeutig ergeben. Zweifel gehen zu Lasten des Gläubigers. Mit seinem bürgerlichen Namen ist der persönlich (nicht unter Zusatz des Wortes „Firma") mit Vor- und Zunamen

---

[284] RG 86, 63 (65) und 124, 333 (334); BayObLG 1956, 218 = DNotZ 1956, 596 mit abl Anm Schweyer = NJW 1956, 1800 = Rpfleger 1957, 22; OLG Hamburg MDR 1962, 994; OLG Karlsruhe Rpfleger 1963, 162 mit krit Anm Peters; OLG München NJW 1971, 1615; LG Berlin DGVZ 1965, 136.
[285] LG Essen DGVZ 1968, 38 = Rpfleger 1968, 228.
[286] LG Osnabrück JurBüro 1968, 656; Zöller/Stöber, ZPO, § 750 Rdn 10.
[287] BayObLG 1956, 218 (= wie Fußn 284); Zöller/Stöber, ZPO, § 750 Rdn 10.
[288] OLG München KTS 1971, 289; Zöller/Stöber, ZPO, § 750 Rdn 10.
[289] BayObLG 1956, 218 = aaO (Fußn 284); Zöller/Stöber, ZPO, § 750 Rdn 10.

25.12 genannte Schuldner auch dann bezeichnet, wenn ein auf einen Geschäftszweig (eine kaufmännische Tätigkeit) hinweisender Zusatz so beigefügt ist („Textilwaren"), daß er den Schuldner lediglich als Kaufmann ausweist, nicht aber mit seinem Handelsnamen (seiner Firma) nennt[290]. Gegen eine andere Person als Schuldner kann der Titel auch dann nicht vollstreckt werden, wenn der in ihm angegebene bürgerliche Name auch Bestandteil einer im Handelsregister eingetragenen Firma und der persönlich bezeichnete Titelschuldner nicht Firmeninhaber ist[290]. Der Vollstreckungstitel, der als Schuldner eine Firma bezeichnet und deren Inhaber namentlich nennt („Firma Bernhard H, Sägewerk, Inhaber Bernhard H"), ist nicht gegen einen (anderen) wirklichen Inhaber der Firma, sondern nur gegen die in ihm als Inhaber bezeichnete Person gerichtet[291], auch wenn Inhaberwechsel vor Rechtshängigkeit erfolgt ist[292].

25.13 Änderung der Firma (HGB § 31 Abs 1) ist Namensänderung, beeinträchtigt somit die Vollstreckbarkeit des Titels (ohne neue Klausel) nicht, wenn die Identität des Schuldners (oder Gläubigers) mit dem mit seiner früheren Firma Bezeichneten zweifelsfrei festgestellt werden kann (siehe Rdn 25.6). Bei Firmenänderung nach der Beschlagnahme wird das Verfahren ohne Umschreibung des Titels (mit der neuen Firmenbezeichnung des Gläubigers) fortgeführt. Unrichtige Schreibweise der Firma macht den Titel (bei möglicher Auslegung) nicht ungeeignet (siehe Rdn 25.2, auch 25.3). Erlöschen der Firma (HGB § 31 Abs 2) beendet nicht die Vollstreckbarkeit des Titels in das Privatvermögen des vormaligen Kaufmanns[293]. Bei Übernahme des Geschäfts unter Fortführung der Firma kann die Vollstreckungsklausel umgeschrieben werden (ZPO § 729 Abs 2).

25.14 Als **Gläubiger** einer geschäftlichen Vollstreckungsforderung kann der Einzelkaufmann auch in der Zwangsvollstreckung (Zwangsversteigerung und Zwangsverwaltung) **unter seiner Firma** auftreten (Folge von HGB § 17 Abs 2). Der **Schuldner** und der Gläubiger, der als Berechtigter eines dinglichen Rechts vollstreckt, ist in der Immobiliarvollstreckung (in Antrag, Anordnungs- und Beitrittsbeschluß) jedoch stets mit seinem **bürgerlichen Namen** zu bezeichnen. Bei Grundbucheintragung wird der Einzelkaufmann als Grundstückseigentümer oder als Gläubiger eines Grundstücksrechts immer nur mit seinem bürgerlichen Namen bezeichnet[294] (GBV § 15 Abs 1 Buchst a), auch wenn das Grundstück oder Grundstücksrecht zum Geschäftsvermögen gehört. Es ist daher auch Vollstreckung gegen eine natürliche Person als Grundstückseigentümer oder für sie als dinglich Berechtigter keine Angelegenheit des Geschäftsverkehrs, für den der Einzelkaufmann nach HGB § 17 mit seiner Firma bezeichnet wird. Auch der Einzelkaufmann führt deshalb in diesem Fall seinen bürgerlichen Namen; er ist damit auch vom Gläubiger und Vollstreckungsgericht als Partei des Vollstreckungsverfahrens mit seinem bürgerlichen Namen zu bezeichnen. Nicht richtig wäre daher Bezeichnung des Schuldners bei Verfahrensanordnung (Zulassung des Beitritts) als „Firma Josef Meier". Erfolgt ordnungswidrig Parteibezeichnung gleichwohl mit der Firma des Einzelkaufmanns, so berührt das die Beschlagnahmewirkungen gegen den damit zwar unrichtig Bezeichneten, aber als Partei des Vollstreckungsverfahrens feststehenden (identifizierbaren) Schuldner nicht. Ordnungswidrig wäre ebenso Bezeichnung des Einzelkaufmanns als Schuldner mit auf seine Firma hinweisendem Zusatz zu seinem bürgerlichen Namen. Nicht richtig wäre also Bezeichnung im Beschlagnahmebeschluß als „Josef Meier, Inhaber Franz Müller"

---

[290] LG Essen DGVZ 1968, 38 = Rpfleger 1968, 228.
[291] OLG Hamm JurBüro 1964, 533 mit zust Anm Schmidt; LG Koblenz Rpfleger 1972, 457 mit zust Anm Petermann.
[292] AG München DGVZ 1982, 172.
[293] Zöller/Stöber, ZPO, § 750 Rdn 10; Schneider JurBüro 1979, 489; Aden MDR 1979, 103.
[294] BayObLG DNotZ 1981, 578 = Rpfleger 1981, 192.

Anordnungsbeschluß 26.3 § 15

oder „Franz Müller, firmierend als Josef Meier" oder „Franz Müller, Handelsname Josef Meier".

25.15 Ein **Kleingewerbetreibender** (HGB § 1 Abs 2) oder eine andere Person, die **keine Firma** führen darf, muß im Vollstreckungstitel mit ihrem bürgerlichen Namen bezeichnet sein. Ist der Gläubiger oder (insbesondere) Schuldner auch in diesem Fall mit einer nicht eingetragenen Firma (unzulässig) bezeichnet, dann kann der Vollstreckungstitel für oder gegen den als Firmeninhaber Genannten vollstreckt werden, wenn Identifizierung zweifelsfrei möglich ist[295]. Das wird insbesondere angenommen, wenn das Wort „Firma" nur dem (gleichlautenden) Familien- und Vornamen vorangestellt ist[295], oder wenn die Firma nur einen Zusatz zur Kennzeichnung der beruflichen Tätigkeit des Schuldners darstellt (Firma S, Inhaberin Johanna W)[296] (s auch Rdn 25.12).

25.16 Ist im Vollstreckungstitel eine „Firma" genannt, die es nicht gibt, wird Vollstreckung abgelehnt; gegen einen nicht Existierenden kann nicht vollstreckt werden. Es ist das Risiko des Gläubigers, wenn er den Schuldner falsch bezeichnet.

25.17 **Fall** aus der Praxis[297]: Titel lautete auf „Möbelhalle Sch, Inhaber Hans K". Laut Handelsregister war Firmeninhaber Ursula K. Vollstreckung gegen Hans K wurde abgelehnt, weil er weder Schuldner noch Firmeninhaber war. Der Titel ließ nicht ausreichend erkennen, ob Hans oder Ursula K gemeint war. Es konnte Ursula K unter der Firma verklagt werden, benannt war aber Hans. Schuldner war nicht genügend bestimmt.

Nießbrauch 26

26.1 Der Nießbraucher eines Grundstücks hat das Recht, dessen Nutzungen zu ziehen (BGB § 1030 Abs 1) und es zu besitzen (BGB § 1036 Abs 1). Als Belastung des Grundstücks ist der Nießbrauch kein der Zwangsversteigerung nach § 28 Abs 1 entgegenstehendes Recht[298].

26.2 **Anordnung der Zwangsversteigerung** des mit einem Nießbrauch belasteten Grundstücks erfordert Vollstreckungstitel (nur) gegen den Eigentümer als Schuldner (§ 17 Abs 1; ZPO § 750). Vollstreckungstitel (auch nur als Duldungstitel) gegen den Nießbraucher ist nicht nötig[299]. Mit seinem Recht am Grundstück schuldet der Nießbraucher Gläubigerbefriedigung oder Duldung der Zwangsvollstreckung in das Grundstück nicht. Berücksichtigt wird der Nießbrauch (wie alle Rechte am Grundstück, § 10 Abs 1 Nr 4) nach seinem Rang. Der Nießbrauch im Rang vor dem (best-)betreibenden Gläubiger bleibt bestehen[300] (§ 52); der Nießbrauch im Rang nach (auch im Gleichrang mit) diesem Gläubiger erlischt mit Erteilung des Zuschlags (§ 91 Abs 1) mit Anspruch auf Wertersatz (§ 92 Abs 2). Damit kommt auch gleich dem Besitzrecht des Nießbrauchers (BGB § 1036 Abs 1) für Gläubigerbefriedigung durch Zwangsversteigerung keine Bedeutung zu (zur Zwangsverwaltung § 146 Rdn 11). Duldungstitel gegen den Nießbraucher ist daher auch nirgends vorgesehen und sachlich nicht geboten.

26.3 Das **Besitzrecht** des Nießbrauchers (BGB § 1036 Abs 1) und damit sein Recht auf die **Gebrauchsvorteile** (BGB § 1030 mit § 100) berührt die Beschlagnahme mit Anordnung der Zwangsversteigerung nicht. Er ist nicht Schuldner, so

---

[295] Zöller/Stöber, ZPO, § 750 Rdn 11.
[296] LG Nürnberg-Fürth Rpfleger 1958, 319 mit zust Anm Bull; Zöller/Stöber, ZPO, § 750 Rdn 11.
[297] AG Göttingen DGVZ 1967, 134 mit abl Anm Schriftleit.
[298] Jaeckel/Güthe § 28 Rdn 2; Dassler/Muth § 28 Rdn 17; Steiner/Eickmann § 28 Rdn 47; Staudinger/Frank, BGB, vor §§ 1030 ff. Rdn 90; Haegele DNotZ 1976, 5 (8; II 1).
[299] BGH DNotZ 2003, 773 (774) = NJW 2003, 2164 (2165) = Rpfleger 2003, 378 (379). Haegele DNotZ 1976, 5 (8; II 1).
[300] Staudinger/Frank, BGB, vor §§ 1030 ff. Rdn 90.

§ 15 26.3 Anordnung der Versteigerung

daß auch Sicherungsmaßnahmen nach § 25 gegen ihn ausgeschlossen sind. Gegen den Eigentümer (Schuldner) kann eine Sicherungsmaßnahme nach § 25 mit Einsetzung eines Verwalters auch zur Wahrung seiner Befugnisse zur Sicherung der Rechte gegenüber dem Nießbraucher (BGB §§ 1051–1054) angeordnet werden.

26.4 Für **Früchte** (Erzeugnisse und sonstige Ausbeute, BGB §§ 99, 100) gilt:

a) Bei Beschlagnahme **bereits getrennte Erzeugnisse** und sonstige Bestandteile (Begriff § 20 Rdn 3.3) sind als Grundstücksnutzungen Eigentum des Nießbrauchers (BGB §§ 954, 955 Abs 2). Auf sie erstrecken sich, auch soweit sie Zubehör sind, Beschlagnahme (§ 20 Abs 2 mit BGB § 1120) und Versteigerung (§ 55) nicht (zu § 55 Abs 2 und Eigenbesitz nachfolgend c).

b) Auch **Miet- und Pachtforderungen** sowie die Ansprüche aus einem mit dem Eigentum am Grundstück verbundenen Recht auf wiederkehrende Leistungen umfaßt die Zwangsversteigerungsbeschlagnahme nicht (§ 21 Abs 2). Als Nutzungen gebühren sie bis zur Versteigerung dem Nießbraucher, ebenso darüber hinaus, wenn sein Recht bestehen bleibt. Abgrenzung, wenn der Nießbrauch mit dem Zuschlag erlischt: BGB § 1056.

c) Die noch **mit dem Boden verbundenen Früchte** des Grundstücks (Erzeugnisse und sonstige Ausbeute) umfaßt die Beschlagnahme als Grundstücksbestandteile (§ 20 Abs 1). Dafür kommt es nicht darauf an, ob das Grundstück land- oder forstwirtschaftlich genutzt wird oder ob die Erzeugnisse mit Trennung Zubehör werden (hierwegen § 21 Abs 1). Die Beschlagnahme schmälert jedoch das Recht des Nießbrauchers auf solche Nutzungen (Früchte) des Grundstücks nicht. Sein Recht, die Sachnutzungen zu ziehen, ist aus dem Eigentümerrecht abgespaltenes sachenrechtliches Herrschaftsrecht. Daher bleibt es von der Beschlagnahme ebenso unberührt wie das Verwaltungs- und Benutzungsrecht des Schuldners innerhalb der Grenzen einer ordnungsgemäßen Wirtschaft (§ 24). Mit **Trennung nach Beschlagnahme** aber vor Versteigerung erwirbt der Nießbraucher daher auch das Eigentum an getrennten Erzeugnissen und sonstiger Ausbeute des beschlagnahmten Grundstücks. Die Fruchtziehung mit Trennung ist keine Verfügung (rechtsgeschäftliche Eigentumsübertragung; Begriff § 23 Rdn 2.2 und 2.4), der gesetzliche Eigentumserwerb des Nießbrauchers (BGB §§ 954, 955 Abs 2) somit auch nicht „gegen die Beschlagnahme verstoßende Verfügung" (§ 23 Abs 1 Satz 1 mit BGB § 135 Abs 1, § 136). Der Eigentumserwerb des Nießbrauchers ist daher auch dem Beschlagnahmegläubiger gegenüber wirksam. Ob die am Grundstück bestehenden Grundpfandrechte und damit auch die Beschlagnahmewirkungen sich an den getrennten Erzeugnissen und Bestandteilen fortsetzen, bestimmt sich nach BGB § 1120 und damit auch ZVG § 20 Abs 2. Mithaftung getrennter Erzeugnisse und sonstiger Bestandteile (auch soweit sie Zubehör sind) ist danach ausgeschlossen, soweit sie mit Trennung nach BGB §§ 954, 955 Abs 2 in das Eigentum des Nießbrauchers übergegangen sind. Sein Eigentumserwerb mit Trennung erfolgt frei von einer hypothekarischen Belastung[301] (auch[302]) und damit auch beschlagnahmefrei (so auch[303]). Weil sonach Haftung und Beschlagnahme der getrennten Erzeugnisse und sonstigen Bestandteile nicht bestehen, erlangen auch Enthaftung nach BGB §§ 1121, 1122 und damit erlaubte Schuldnerverfügung nach § 23 Abs 1 Satz 2 keinerlei Bedeutung. Früchteziehung durch den Nießbraucher **beseitigt** somit **die Beschlagnahme.** Daher werden die als Nutzungen des Nießbrauchers nach Beschlagnahme getrennten Erzeugnisse und sonstigen Bestandteile (Früchte, BGB § 99) auch nicht versteigert, soweit sie Zubehör sind auch nicht nach § 55 Abs 2, weil es sich nicht im Besitz des Schuldners befindet (Nießbraucher ist Eigenbesitzer, BGB § 872, vermittelt sonach nicht nach BGB § 868 Schuldnerbe-

---

[301] BGB-RGRK/Pikart § 955 Rdn 5; Motive zum BGB Band III S 656.
[302] MünchKomm/Oechsler, BGB, § 954 Rdn 4.
[303] Steiner/Teufel §§ 20, 21 Rdn 69; Staudinger/Frank, BGB, vor §§ 1030 ff Rdn 92.

Anordnungsbeschluß 27.1 § 15

sitz). Das Fruchtziehungsrecht des Nießbrauchers, dessen Recht bestehen bleibt (§ 52), berührt der Zuschlag nicht. Das Fruchtziehungsrecht des nachrangigen Nießbrauchers endet, wenn sein Recht am Grundstück mit dem Zuschlag erlischt.

d) Nach anderer Ansicht (der nicht zu folgen ist) kommt es auf den Rang des Nießbrauchs gegenüber dem Anspruch des betreibenden Gläubigers an. Wenn der Nießbrauch dem Grundpfandrecht des Gläubigers vorgeht oder das Verfahren wegen einer persönlichen Forderung (Rangklasse 5 des § 10 Abs 1) betrieben wird, sollen weder die dem Nießbraucher gehörenden Früchte von der Beschlagnahme erfaßt (anders[304]) noch sein Recht auf den Fruchtgenuß berührt werden[305] (anders[306]). Bei Nachrang des Nießbrauchers sollen zwar die vor der Beschlagnahme getrennten Erzeugnisse (auch soweit die Zubehör wären) von der Beschlagnahme nicht ergriffen werden (das regelt § 20 Abs 2 mit BGB § 1120 Abs 1); doch soll der Nießbraucher (im Gegensatz zum Pächter) den Fruchtgenuß nicht behalten[307]. Der Nießbraucher soll dann keine andere Stellung haben als sonst der Schuldner, die nach der Beschlagnahme getrennten Erzeugnisse sollen daher nur dann von der Beschlagnahme frei werden, wenn sie vom Nießbraucher vor Erteilung des Zuschlags veräußert und von dem Grundstück getrennt werden[308]; andernfalls sollen sie mitversteigert werden[308]. Nach wieder anderer Ansicht[309] soll der rangbessere Nießbraucher die Beseitigung der Beschlagnahme land- und forstwirtschaftlicher Erzeugnisse (für diese Einschränkung indes bietet § 21 Abs 1 keinen Anhalt, siehe Abs c) gemäß ZPO § 810 Abs 2, § 771 verlangen können (und müssen) und Berücksichtigung als grundbuchersichtlich nach § 28 Abs 1 zu erfolgen haben (Letzteres indes scheidet schon deshalb aus, weil die Nutzungsart des Grundstücks und beschlagnahmte Früchte nicht aus dem Grundbuch ersichtlich sind).

26.5 Wenn der Nießbrauch **an einem Vermögen** bestellt ist, können persönliche Gläubiger des Bestellers mit einer vor Nießbrauchbestellung erlangten Forderung in ein dem Nießbrauch unterliegendes Grundstück vollstrecken (BGB § 1086 als Gläubigerschutzvorschrift). Mit diesem Anspruch auf Befriedigung aus dem Grundstück unbeschadet der Rechte des Nießbrauchers ist der Gläubiger vor dem Nießbraucher berechtigt, mit der Folge, daß der Nießbrauch nicht bestehen bleibt, sondern mit dem Zuschlag erlischt[310]. Für Durchsetzung dieses Anspruchs auf Zugriff persönlicher Gläubiger hat zu dem Leistungstitel gegen den Eigentümer ein Duldungstitel gegen den Nießbraucher vorzuliegen (ZPO § 737). Das schließt Vollstreckung des persönlichen Gläubigers des Eigentümers ohne Duldungstitel in das Grundstück nicht aus mit der Maßgabe (siehe Rdn 26.2), daß der vorgehende Nießbrauch nicht berührt wird, somit bestehen bleibt.

26.6 Zwangsverwaltung: § 146 Rdn 10. Teilungsversteigerung: § 180 Rdn 7.17.

Pfandrecht 27

27.1 Das durch Verpfändung oder Pfändung erlangte Pfandrecht an einem **Miterbenanteil** (BGB § 2032) wirkt sich als Verfügungsbeschränkung für sämtliche Miterben aus[311]. Versteigerung eines zum Nachlaß gehörenden Grundstücks mit Vollstreckungstitel gegen sämtliche Miterben würde die Rechtsstellung des Erbteilspfandgläubigers schmälern. Sie bedarf daher seiner Zustimmung oder der Vor-

---

[304] Jaeckel/Güthe §§ 20, 21 Rdn 4.
[305] Korintenberg/Wenz § 21 Anm 3.
[306] Jaeckel/Güthe §§ 20, 21 Rdn 4.
[307] Jaeckel/Güthe §§ 20, 21 Rdn 4; Korintenberg/Wenz § 21 Anm 3.
[308] Korintenberg/Wenz § 21 Anm 3.
[309] Steiner/Eickmann § 28 Rdn 48.
[310] Zöller/Stöber, ZPO, § 737 Rdn 2.
[311] BayObLG 1959, 50 = NJW 1959, 1780 = Rpfleger 1960, 157.

§ 15 27.1   Anordnung der Versteigerung

lage eines gegen ihn gerichteten (rechtskräftigen) Titels auf Duldung der Zwangsvollstreckung[312]. Die als Verfügungsbeschränkung im Grundbuch eingetragene Verpfändung oder Pfändung eines Miterbenanteils ist daher, solange Zustimmung oder Duldungstitel nicht vorliegen, ein die Veräußerung nach § 28 Abs 1 hinderndes Recht[313]. Das gilt nicht, wenn die Versteigerung auf Grund eines vor der Verpfändung oder Pfändung eingetragenen, dem Erbteilspfandgläubiger gegenüber somit wirksamen dinglichen Rechts erfolgt[314] (so auch[315]).

27.2 Solange das **Pfandrecht nicht** als Veräußerungsverbot im Grundbuch **eingetragen** ist, hindert es die Anordnung der Zwangsversteigerung nicht. Jedoch soll nach ZPO § 772 Veräußerung nicht erfolgen, somit Versteigerungstermin nicht stattfinden und Zuschlag nicht erteilt werden. Rechtsbehelf für Pfandgläubiger, wenn dennoch die Versteigerung erfolgt: Widerspruchsklage nach ZPO § 771 mit § 772.

28 Rechtliches Gehör des Schuldners

28.1 Von Anhörung des Schuldners zum Antrag auf Vollstreckungsversteigerung (auch Zwangsverwaltung) ist in der Regel **abzusehen**[316]. In dem auf Vollstreckungshandeln angelegten Anordnungsverfahren (daher noch kein Verfahren vor Gericht mit Anspruch auf rechtliches Gehör nach GrundG Art 103 Abs 1; dazu § 180 Rdn 5.8) wird über den Gläubigerantrag schriftlich entschieden. Mündliche Verhandlung (die zulässig wäre[317]), ist praktisch nicht geboten. Anhörung des Schuldners zu dem Versteigerungsantrag vor schriftlicher Entscheidung hat in der Regel zu unterbleiben, weil sie gebotene Sicherung gefährdeter Interessen des Gläubigers mit wirksamer Beschlagnahme beeinträchtigen würde, die sofortigen Vollstreckungszugriff notwendig machen[318]. Wenn das Verfahren wegen eines persönlichen Vollstreckungsanspruchs (Rangklasse 5 des § 10 Abs 1) angeordnet werden soll, gebietet und rechtfertigt Sicherung der Beschlagnahmewirkung Nichtanhörung des Schuldners (er könnte schnell noch veräußern oder belasten)[319]. Aber auch wenn das Verfahren wegen eines dinglichen Rechts (Rangklasse 4 des § 10 Abs 1) betrieben werden soll, macht Gewährleistung des Zwecks der Zwangsversteigerung regelmäßig Nichtanhörung des Schuldners erforderlich (der durch Anhörung gewarnte Schuldner könnte die Beschlagnahme mit Veräußerung und Entfernung von Zubehörstücken, Bestandteilen oder Erzeugnissen gefährden, BGB § 1121)[320]. Siehe hierzu auch § 2 Rdn 4.3. Ein schutzwürdiges Interesse des Gläubigers an der Beschlagnahme wird auch dann Entscheidung ohne Schuldneranhörung gebieten, wenn das Rechtsschutzbedürfnis nicht eindeutig festgestellt (somit auch nicht ausgeschlossen) werden kann (für ausnahmsweise Schuldneranhörung dann, dies aber nur in Zweifelsfällen[321]; das mag Frage des Einzelfalls sein).

---

[312] BayObLG aaO (Fußn 311); OLG Frankfurt HRR 1937 Nr 758 = JW 1937, 2129; Stöber, Forderungspfändung, Rdn 729; Stöber Rpfleger 1962, 113 (114).

[313] BayObLG und OLG Frankfurt je aaO (Fußn 311 und 312); Stöber wie Fußn 312 und ZVG-Handbuch, Rdn 161 zu d; Steiner/Eickmann § 28 Rdn 50.

[314] Stöber, ZVG-Handbuch, Rdn 161 zu d.

[315] Steiner/Eickmann § 28 Rdn 50.

[316] BGH MDR 1985, 52 = NJW 1984, 2166 = Rpfleger 1984, 363; BGH KTS 1985, 137 = WM 1984, 1342; BayObLG 1974, 15 (18) = NJW 1974, 1204 = Rpfleger 1974, 167; OLG Stuttgart Justiz 1970, 52 Leitsatz; Metzger NJW 1966, 200; Stöber, ZVG-Handbuch, Rdn 110 a.

[317] Zöller/Stöber, ZPO, vor § 704 Rdn 23.

[318] BVerfG 57, 346 (359) = NJW 1981, 2111; Kunz ZZP 94 (1981) 358 (IV Buchbesprechung).

[319] BGH NJW 1984, 2166 und KTS 1985, 137 = je aaO (Fußn 316); BayObLG 1974, 15 = aaO (Fußn 316).

[320] BGH KTS 1985, 137 = WM 1984, 1342.

[321] Steiner/Hagemann §§ 15, 16 Rdn 140 und Rdn 203.

Verweisung des Schuldners auf den Rechtsweg nach Verfahrensanordnung dürfte sich auch dann als sachgerechter und interessengemäßer erweisen.

28.2 Zur Teilungsversteigerung § 180 Rdn 5.8.

Rechtsnachfolge des Gläubigers 29

Literatur: Obermaier, Die Rechtsnachfolge in das Zwangsvollstreckungsverfahren beim Tode einer Partei, DGVZ 1973, 145.

29.1 Gläubigerwechsel mit **Übergang der Forderung auf einen anderen** kann durch Rechtsgeschäft (Abtretung, BGB § 398), kraft Gesetzes (insbes Erbfolge, BGB § 1922 Abs 1; Ablösung, BGB § 268 Abs 3 Satz 1; Zahlung des Bürgen, BGB § 774 Satz 1; Gläubigerbefriedigung durch persönliche Schuldner mit Ersatzanspruch, BGB § 1164) oder Hoheitsakt (insbes Pfändung und Überweisung) eintreten. **Materiell** ist damit der bisherige Gläubiger nicht mehr berechtigt, vom Schuldner Leistung zu verlangen; ein Vollstreckungsverfahren darf er als Gläubiger demnach nicht mehr betreiben. Den Versteigerungserlös oder Zahlung durch den Zwangsverwalter darf der Altgläubiger daher nicht mehr in Empfang nehmen. Er darf diese Rechte auch nicht zugunsten des Rechtsnachfolgers ausüben[322]. Ausnahme: Aktivlegitimiert, den Anspruch im Wege der Zwangsvollstreckung durchzusetzen, bleibt der Titelgläubiger trotz Abtretung des Anspruchs, wenn er materiellrechtlich auf Grund einer Einziehungsermächtigung befugt ist, weiterhin Leistung an sich zu verlangen[323].

29.2 Die **Zwangsvollstreckung** ist von der materiellen Rechtmäßigkeit des Anspruchs jedoch gelöst; sie richtet sich nach dem **Inhalt des Vollstreckungstitels**[324]. Beginn und Fortsetzung der Zwangsvollstreckung erfolgen für die Person, die in dem Urteil (sonstigen Vollstreckungstitel) oder der ihm beigefügten Vollstreckungsklausel als Gläubiger namentlich bezeichnet ist (ZPO § 750 Abs 1 Satz 1). Deren materielle Berechtigung prüft das Vollstreckungsgericht nicht. Vielmehr ist Beendigung des Gläubigerrechts des im Vollstreckungstitel (in der Vollstreckungsklausel) Bezeichneten mit Übergang der Forderung auf einen anderen vom Schuldner als Einwendung gegen den durch Urteil (den sonstigen Vollstreckungstitel) festgestellten Anspruch mit Klage geltend zu machen (ZPO § 767; Vollstreckungsabwehrklage). Berücksichtigung im Vollstreckungsverfahren erfolgt, wenn Ausfertigung einer vollstreckbaren Entscheidung vorgelegt wird, durch die dem Schuldtitel die Vollstreckbarkeit entzogen ist (ZPO § 775 Nr 1 mit § 776) oder (vorläufig), wenn die Zwangsvollstreckung eingestellt ist (ZPO § 775 Nr 2 mit § 769 Abs 1, 2; je mit Einzelheiten).

29.3 Angeordnet wird Zwangsversteigerung oder Zwangsverwaltung (ebenso Zulassung des Beitritts) auf **Antrag des Neugläubigers** (§§ 15, 27) bei Rechtsnachfolge nach Rechtshängigkeit (nach Errichtung eines ohne Erkenntnisverfahren entwirkten Titels), wenn ihm als Rechtsnachfolger eine vollstreckbare Ausfertigung des für ihn wirkenden Urteils (sonstigen Vollstreckungstitels) erteilt ist (ZPO § 750 Abs 1, §§ 727, 797).

29.4 Die mit **Beschlagnahme** durch Anordnung der Zwangsversteigerung oder Zwangsverwaltung oder Zulassung des Beitritts bei Gläubigerwechsel **bereits begründete Rechtsstellung** des (bisherigen) Gläubigers geht mit der Forderung auf den neuen Gläubiger über (für Erbfolge BGB § 1922; für Abtretung, Ablösung, Zahlung durch Bürgen oder ersatzberechtigten persönlichen Gläubiger BGB § 401 mit § 412; für Verpfändung und Pfändung infolge Verfügungsbeschränkung des Schuldners und Einziehungsermächtigung nach Pfandreife oder Überweisung BGB §§ 1281, 1282, ZPO §§ 829, 835). Allein nach Verfahrensrecht beurteilt sich je-

---

[322] OLG München BayJMBl 1956, 145 = DGVZ 1956, 171.
[323] BGH VersR 1993, 504.
[324] BVerfG 28, 1 (8).

doch, ob dieser Gläubigerwechsel vom Vollstreckungsgericht im Vollstreckungsverfahren auch als Parteiwechsel zu prüfen und zu berücksichtigen ist. Denn nach Verfahrensrecht ist Gläubiger und damit Partei grundsätzlich der im Vollstreckungstitel oder in der Vollstreckungsklausel Benannte (Rdn 29.2).

29.5 Nimmt der **alte Gläubiger** (Zedent, Abgelöster usw) als der weiterhin durch Vollstreckungstitel und -klausel (formell) ausgewiesene Vollstreckungsgläubiger den Versteigerungs**antrag zurück** oder bewilligt er die Einstellung des Verfahrens, dann ist aufzuheben (§ 29) oder einzustellen (Rdn 20.24). Der materiell berechtigte neue Gläubiger müßte, wenn er das nicht wünscht, im Verfahren vorher die Parteistellung als Gläubiger mit Titelvorlage übernehmen. Nicht aufzuheben ist das Verfahren jedoch, wenn der alte Gläubiger nur erklärt, er habe seine Ansprüche an einen anderen abgetreten, der neue Gläubiger sich aber nicht meldet. Diese Erklärung und Untätigkeit des Gläubigers kann als Einstellungsbewilligung nach § 30 anzusehen sein. Doch ist hierbei Vorsicht geboten, weil der Vortrag des alten Gläubigers nicht richtig sein und der neue Gläubiger durch Reise, Krankheit usw verhindert sein könnte. Das Gericht kann aber nicht das Verfahren unerledigt liegenlassen. Es sollte dem alten und dem neuen Gläubiger die beabsichtigte Einstellung aus § 30 (wenn deren Möglichkeiten schon erschöpft sind, die daraus drohende Aufhebung aus § 30 Abs 1 Satz 3) ankündigen und zur Äußerung eine angemessene Frist setzen; die Verfügung ist zuzustellen.

29.6 Für den **bisherigen Gläubiger** wird die auf seinen Antrag eingeleitete Zwangsversteigerung oder Zwangsverwaltung weiter durchgeführt, wenn nicht der Neugläubiger als Partei das Verfahren übernimmt und fortsetzt (Rdn 29.7; zu Einstellungsgründen siehe Rdn 29.13). Denn Verfahrensgrundlage ist der Vollstreckungstitel (mit Vollstreckungsklausel, ZPO §§ 704, 724 mit § 750 Abs 1 Satz 1). Der bisherige Gläubiger behält formell daher auch nach dem Forderungsübergang noch als Partei des Zwangsvollstreckungsverfahrens die Stellung des betreibenden (vollstreckenden) Gläubigers. Gläubigerwechsel ist daher nicht vom Vollstreckungsgericht von Amts wegen zu berücksichtigen (anders[325]; Zwangsversteigerungstermin wird nicht anberaumt, Zuschlag nach § 83 Nr 6 nicht erteilt); er ist vom Schuldner mit Vollstreckungsabwehrklage geltend zu machen (Rdn 29.2). Nur in gesetzlich bestimmten Fällen (insbes ZPO §§ 775, 776) wird das Verfahren eingestellt oder aufgehoben (zB Rdn 29.13). Wechsel in der Person des Forderungsgläubigers ist kein Aufhebungsgrund. Besonderheiten ergeben sich lediglich bei Zahlung an den Berechtigten (hierfür § 114 Rdn 5 und § 157 Rdn 2).

29.7 Für **Fortsetzung** des Verfahrens durch den **neuen Gläubiger** hat dieser als Rechtsnachfolger seinen vollstreckbaren Anspruch durch Vorlage einer auf seinen Namen lautenden vollstreckbare Ausfertigung des Urteils (sonstigen Vollstreckungstitels) nachzuweisen. Als allgemeine Voraussetzung einer jeden Zwangsvollstreckungsmaßnahme bestimmt das ZPO § 750, der auch für die Fortsetzung einer jeden Vollstreckung gilt[326]. Für die Verfahrensfortsetzung durch den neuen Gläubiger hat das Vollstreckungsgericht diese Vollstreckungsvoraussetzung von Amts wegen zu prüfen. Ein neuer Gläubiger kann daher trotz materieller Berechtigung (die das Vollstreckungsgericht nicht zu prüfen hat) erst nach Vorlage seiner Vollstreckungsurkunden im fortzusetzenden Verfahren handeln[327]. Bis dahin ist das Vollstreckungsgericht an den vorliegenden Vollstreckungstitel zu halten und den formell berechtigten alten Gläubiger unverändert in seiner Parteistellung als Vollstreckungsgläubiger zu behandeln (so auch[328], die nur herausstellen, daß der bisherige Gläubiger zur Fortsetzung des Verfahrens nicht mehr berechtigt sei, weil dem Schuldner sonst Vollstreckungsgegenklage zustehen würde).

---

[325] Steiner/Teufel § 27 Rdn 37.
[326] BGH Betrieb 1963, 1118 = DNotZ 1963, 673 = VersR 1963, 671 = WM 1963, 754.
[327] Reinhard/Müller § 9 Anm II; Obermaier DGVZ 1973, 145 (C I 2).
[328] Jaeckel/Güthe § 9 Rdn 2; Korintenberg/Wenz § 9 Anm 2.

Anordnungsbeschluß 29.12 § 15

29.8 Weiter durchgeführt wird die Zwangsversteigerung (Zwangsverwaltung) nur noch für den **neuen Gläubiger,** wenn der Gläubigerwechsel für den Verfahrensfortgang durch Vorlage des Vollstreckungstitels mit einer auf den neuen Gläubiger lautenden Vollstreckungsklausel (und erforderlicher Zustellung[329]) nachgewiesen ist. Der alte Gläubiger ist damit aus dem Verfahren als Partei (damit auch als Beteiligter nach § 9) ausgeschieden. In seine durch Beschlagnahme erlangte Parteistellung ist in das Verfahren mit Parteiwechsel der Rechtsnachfolger durch Vorlage der Vollstreckungsnachweise eingetreten. Er hat das Verfahren im gegebenen Zustand (mit erschöpften Einstellungsmöglichkeiten, verbrauchten Rechtsbehelfen, rechtskräftiger Wertfestsetzung, nicht zu unterbrechendem Lauf von Fristen usw) übernommen. Zulassungsbeschluß (sonstigen Rechtsakt) des Vollstreckungsgerichts erfordert dieser Parteiwechsel nicht[330]. Ein Beitritt (§ 27) des neuen Gläubigers ist weder möglich noch nötig. Ein Rückstand ändert sich durch den Wechsel nicht; was rückständig war, bleibt es[331].

29.9 Der **Gläubigerwechsel** wird vom Vollstreckungsgericht dem Schuldner **mitgeteilt,** mindestens anläßlich der nächsten Mitteilung oder Zustellung (Muster im ZVG-Handbuch Rdn 140), auf jeden Fall noch vor einem Termin. Im Versteigerungstermin sind ohnehin die betreibenden Gläubiger bekanntzugeben (§ 66 Abs 1), zweckmäßig mit besonderem Hinweis auf den erfolgten Wechsel. Eine neue Belehrung des Schuldners über die Möglichkeit eines Einstellungsantrags gemäß § 30 b Abs 1 erfolgt nicht, weil Gläubigerwechsel keine neue Möglichkeit aus §§ 30 a, 30 c eröffnet.

29.10 Zurücknahme des Versteigerungsantrags (§ 29) oder **Bewilligung der Einstellung** (§ 30) durch den neuen Gläubiger bewirkt nicht Verfahrensfortgang für ihn, erfordert somit nicht Nachweis des Gläubigerrechts durch Vorlage des Vollstreckungstitels mit Rechtsnachfolgeklausel (so für Abgelösten auch Rdn 20.23). Wirksamkeit dieser Verfahrenshandlung des neuen Gläubigers bedingt jedoch, daß er als Rechtsnachfolger des Beschlagnahmegläubigers Verfahrensbeteiligter (§ 9) ist. In dieser Eigenschaft Beteiligter wird der neue Gläubiger aber erst mit Anmeldung des Rechtsübergangs (erforderlichenfalls weiter mit Glaubhaftmachung) gemäß § 9 Nr 2 (dazu bereits Rdn 20.21, 20.23).

29.11 Bei Gläubigerwechsel nur wegen eines Forderungs**teils** (insbes daher bei Teilabtretung) bleibt der bisherige Gläubiger mit dem restigen Anspruch betreibender Gläubiger (kann auch allein wegen der Zinsen und Kosten der Fall sein). Vollstreckung des Altgläubigers wegen seines Forderungsrestes und ebenso des Neugläubigers wegen des auf ihn übergegangenen weiteren Forderungsteils erfordert jeweils Nachweis des Gläubigerrechts (ZPO § 750 Abs 1 Satz 1) durch Vollstreckungstitel (oder -klausel) wegen des einzelnen Forderungsteils (für Altgläubiger durch den wegen des ihm verbleibenden Anspruchs nicht eingeschränkten bisherigen Schuldtitel).

29.12 Auch der **Tod des Gläubigers** bewirkt mit Änderung der materiellen Berechtigung Parteiwechsel im laufenden Vollstreckungsverfahren zunächst nicht. Der Erbe hat als neuer Gläubiger seinen Eintritt in die Parteistellung des (verstorbenen) Vollstreckungsgläubigers vielmehr gleichfalls unter Vorlage des umgeschriebenen Vollstreckungstitels (mit neuem Zustellungsnachweis) nachzuweisen (Prüfung durch das Vollstreckungsgericht von Amts wegen)[332] (anders[333]: bei Tod des Gläubi-

---

[329] OLG Hamm Rpfleger 2000, 171.
[330] RG 65, 414 (418); Jaeckel/Güthe § 9 Rdn 2 und § 27 Rdn 1; Reinhard/Müller § 9 Anm II; ähnlich Steiner/Teufel § 27 Rdn 37: Fortsetzungsbeschluß zweckmäßig.
[331] RG 91, 341.
[332] Mohrbutter, Handbuch des Vollstreckungsrechts, § 35 (IV).
[333] OLG Hamm JMBlNW 1963, 132.

gers sei sofort Umschreibung und Neuzustellung des Titels nötig). Parteistellung im Vollstreckungsverfahren als Gläubiger erfordert jedoch Parteifähigkeit (persönliche Prozeßvoraussetzung, die von Amts wegen zu prüfen ist)[334]. Daher kann der Verstorbene auch formell nicht noch betreibender Gläubiger sein. Weil aber auch Unterbrechung des Verfahrens nach ZPO § 239 nicht stattfindet (Einl Rdn 27), kann das Verfahren mit dem ursprünglichen Vollstreckungstitel nur für den (die) noch unbekannten Erben weiterlaufen. Diesem ist (wenn nicht ein Testamentsvollstrecker bestellt ist, BGB § 2205 Satz 1) ein Nachlaßpfleger (BGB § 1961) zu bestellen; da er gesetzlicher Vertreter ist, bedarf es für (Fortsetzung der) Vollstreckung durch ihn keiner auf ihn lautenden Vollstreckungsklausel (keiner Umschreibung der Klausel)[335].

29.13 Ablösung ist als Gläubigerbefriedigung bei Nachweis **Einstellungsgrund** nach ZPO § 775 Nr 4, 5 (Rdn 20.23), ebenso Zahlung durch den Bürgen (BGB §§ 765, 774) und durch einen ersatzberechtigten persönlichen Schuldner (BGB § 1164).

30 Rechtsnachfolge (Tod) des Schuldners

Literatur: Behr, Zwangsvollstreckung in den Nachlaß, Rpfleger 2002, 2; Jaspersen, Vollstreckung nach Anordnung der Nachlaßverwaltung, Rpfleger 1995, 243; Kessel, Eingriffe in die Vorerbschaft, MittRhNotK 1991, 137; Klawikowski, Die Grundstücksversteigerung bei Vor- und Nacherbschaft, Rpfleger 1998, 100; Mümmler, Nochmals: Fortsetzung der Zwangsvollstreckung nach § 779 Abs 1 ZPO, JurBüro 1976, 1445; Noack, Vollstreckung gegen Erben, JR 1969, 8; Obermaier, Die Rechtsnachfolge in das Zwangsvollstreckungsverfahren beim Tode einer Partei, DGVZ 1973, 145; Schüler, Wann kann eine Zwangsvollstreckung gegen einen Schuldner nach dessen Tod in den Nachlaß ohne Titelumschreibung betrieben werden, JurBüro 1976, 100.

30.1 Ist der **Schuldner** vor dem „Beginn" der Vollstreckung (Einl Rdn 20) gestorben, so muß das Verfahren abgelehnt, ein schon angeordnetes wieder aufgehoben werden; es kann erst nach Umschreibung und Neuzustellung des Titels neu angeordnet werden (ZPO §§ 727, 750)[336]. Kommt die Ausfertigung eines Anordnungs- oder Beitrittsbeschlusses zurück, weil der Schuldner gestorben sei, so ist somit zu prüfen, ob er vor oder nach Beginn des Verfahrens gestorben ist[336].

30.2 Gegen den **Erben** ist, solange er die Erbschaft noch **nicht angenommen** hat (BGB § 1943), die Zwangsvollstreckung (die erst nach dem Tod des Erblassers beginnen soll) nur in den Nachlaß und nur wegen eines gegen den Nachlaß gerichteten Anspruchs zulässig (nicht auch wegen einer eigenen Verbindlichkeit des Erben) (ZPO § 778). Es ist ein Nachlaßpfleger als gesetzlicher Vertreter der (noch) ungewissen (oder unbekannten) Erben[337] zu bestellen (BGB §§ 1961, 1960 Abs 3). Der Vollstreckungstitel (die Klausel) hat für die Rechtsverfolgung gegen den Nachlaßpfleger (BGB § 1960 Abs 3) diesen als Schuldner zu bezeichnen[338]; das ist auch mit Bezeichnung des (noch) ungewissen (unbekannten) Erben, vertreten durch den Nachlaßpfleger, möglich[339]. Bestellt werden kann ein Nachlaßpfleger, wenn die Erben unbekannt sind weil der sofortigen Erteilung eines Erbscheins tatsächliche oder rechtliche Schwierigkeiten entgegenstehen, deren Klärung noch nicht abzusehen ist[340].

---

[334] Zöller/Stöber, ZPO, vor § 704 Rdn 16.
[335] AG Hamburg DVGZ 1992, 43.
[336] Drischler JVBl 1962, 83.
[337] BGH 49, 1 = MDR 1968, 142 = NJW 1968, 353.
[338] BayObLG JurBüro 1991, 1565 = Rpfleger 1992, 28; LG Stuttgart Justiz 1994, 87; Zöller/Stöber, ZPO, § 778 Rdn 6.
[339] Stein/Jonas/Münzberg, ZPO, § 727 Rdn 16 Fußn 82 und § 750 Rdn 18 Fußn 70.
[340] LG Oldenburg Rpfleger 1982, 105 mit Anm Meyer-Stolte.

Anordnungsbeschluß 30.5 § 15

30.3 Nach Annahme der Erbschaft ist (neue) Zwangsvollstreckung gegen den Erben in den Nachlaß und in sein eigenes Vermögen zulässig. Er muß als Schuldner für Beginn der Zwangsvollstreckung in Vollstreckungstitel oder -klausel (ZPO § 750 Abs 1) namentlich bezeichnet sein. Haftungsbeschränkung: ZPO §§ 780–785.

30.4 Die Zwangsvollstreckung, die bei **Tod des Erblassers** (als Schuldner) gegen ihn **bereits begonnen** hatte, wird in den **Nachlaß fortgesetzt** (ZPO § 779 Abs 1), und zwar mit dem gegen den Erblasser lautenden Schuldtitel vor und/oder nach Annahme der Erbschaft. Der Titel muß nicht gegen den Erben umgeschrieben[341] und neu zugestellt werden; auch muß nicht das Grundbuch berichtigt werden. „Beginn" ist hier die Vornahme irgendwelcher Vollstreckungshandlungen zu Lebzeiten des Schuldners. Vollstreckung ist die gesamte auf Befriedigung des Gläubigers gerichtete Tätigkeit. Fortgesetzt werden kann die begonnene Zwangsvollstreckung in den gesamten Nachlaß, nicht nur die begonnene Zwangsmaßnahme. Der Gläubiger kann also später auch von einer Vollstreckungsart zu einer anderen übergehen[342], von der Mobiliarvollstreckung zur Immobiliarvollstreckung, von der Zwangsverwaltung zur Zwangsversteigerung und umgekehrt, von einem Nachlaßgegenstand zu einem anderen[343]. Es kommt nicht auf die einzelne, konkrete Vollstreckungsmaßnahme an, sondern auf die Vollstreckung im ganzen[344], es muß nur ein Zusammenhang zeitlich, wirtschaftlich, rechtlich bestehen[345] (anders[346]: nur eine bestimmte Vollstreckungsmaßnahme könne fortgesetzt werden; es liege hier eine Ausnahme von ZPO § 727 vor, die eng auszulegen sei). Zwangsvollstreckung eines anderen (noch gegen den Erblasser lautenden) Titels ist auch für den gleichen Gläubiger neu nicht zulässig. Ist der Schuldner nach wirksamer Anordnung gestorben, so kann für denselben Gläubiger ohne weiteres ein Beitritt dann erfolgen, wenn auch wegen des mit dem weiteren Antrag geltend gemachten Anspruchs die Zwangsvollstreckung gegen den Erblasser schon begonnen hatte, nicht aber, wenn dieser Anspruch gegen den Erben nach dem Tod des Erblassers (mit dem noch gegen diesen lautenden Titel) neu vollstreckt wird. Beitritt für einen anderen Gläubiger mit Titel (Klausel) noch gegen den Erblasser ist nicht zulässig, wenn für ihn eine Vollstreckung noch nicht begonnen hatte; die für einen Gläubiger begonnene Vollstreckung wirkt also nicht für einen anderen.

30.5 Zurückgekommene Beschlüsse, Ladungen usw müssen an einen Zustellungsvertreter (§ 6) oder, falls schon bekannt, an Erben, Nachlaßpfleger, Testamentsvollstrecker zugestellt werden (soweit nicht die Zustellung nach § 4 wirksam erfolgt war, dann nur auszuhändigen); die Berechtigten hat der Gläubiger zu ermitteln. Ist dies nicht möglich und genügt die Bestellung eines Zustellungsvertreters nicht, weil die Zuziehung des Schuldners zum Verfahren nötig ist (zB für einen Beitritt, § 8), so ist vom Gericht auf Antrag (nicht von Amts wegen) ein **Vertreter nach ZPO § 779 Abs 2** zu bestellen (nicht bei Nachlaßverwaltung, Nachlaßpflegschaft, Testamentsvollstreckung). Diese Vertretung endet, sobald ein Berechtigter als Schuldner zugezogen werden kann[347]. Die Kosten der Bestellung trägt der betreibende Gläubiger, der sie an der Rangstelle seines Rechts anmeldet und erhält[348]. An den besonderen Vertreter ist auch die Belehrung über mögliche

---

[341] LG Verden MDR 1969, 932; Zöller/Stöber, ZPO, § 779 Rdn 5.
[342] Obermaier DGVZ 1973, 145 (C II 1); Zöller/Stöber, ZPO, §§ 779 Rdn 4.
[343] LG München I MDR 1979, 853 Leitsatz; LG Verden MDR 1969, 932; Stein/Jonas/Münzberg, ZPO, § 779 Rdn 3.
[344] LG Dortmund NJW 1973, 374; LG Stuttgart DGVZ 1987, 12.
[345] Noack JurBüro 1976, 1147 (1152–1153).
[346] Schüler JurBüro 1976, 1003 (1004).
[347] Zöller/Stöber, ZPO, § 779 Rdn 8; enger Drischler JVBl 1962, 83: in das Verfahren eintritt.
[348] Stein/Jonas/Münzberg, ZPO, § 779 Rdn 10, 11; Zöller/Stöber, ZPO, § 779 Rdn 10.

§ 15 30.5 Anordnung der Versteigerung

Einstellungsanträge aus § 30 b zuzustellen. Zweckmäßig wird das Vollstreckungsgericht auf jeden Fall auch das Nachlaßgericht verständigen, damit dieses zur Sicherung des Nachlasses (FGG § 74) die nötigen Maßnahmen trifft. Keinesfalls unterbricht der Tod des Schuldners ein schon laufendes Immobiliarvollstreckungsverfahren (Einl Rdn 27). Das Verfahren darf auch nicht verzögert werden, weil ein anderer Gläubiger beitreten will und dazu erst zeitraubende Maßnahmen einleiten muß.

30.6 Bei einer **Erbengemeinschaft** sind Nachlaßanteil und Grundstücksanteil nicht identisch, auch wenn das Grundstück praktisch den gesamten Nachlaß bildet. Von dem Gläubiger eines einzelnen Miterben kann nicht unmittelbar in das Grundstück vollstreckt werden. Nachlaßanteil und Auseinandersetzungsanspruch gegenüber den Miterben können gepfändet und überwiesen werden (BGB § 2042, ZPO § 859 Abs 2, §§ 857, 835, 829), um hieraus dann die Teilungsversteigerung zu betreiben (§ 180 Rdn 11).

30.7 a) **Nachlaßverwalter, Nachlaßinsolvenzverwalter, Testamentsvollstrecker** sind Parteien kraft Amtes. Gegen diese ist daher Vollstreckungstitel für Beginn der Zwangsvollstreckung in ein Nachlaßgrundstück nötig.

b) Für **Nachlaßinsolvenzverwaltung** siehe das Rdn 23 Gesagte.

c) Anordnung der **Nachlaßverwaltung** nach Grundstücksbeschlagnahme ist auf den Verfahrensfortgang ohne Einfluß. Das Verfahren wird ohne Titelumschreibung fortgesetzt. Als Schuldner tritt jedoch der Nachlaßverwalter für den Verfahrensfortgang an die Stelle des Erben. Dieser kann verlangen, daß die Zwangsversteigerung (Zwangsverwaltung) eines Nachlaßgrundstücks, die zugunsten eines Privatgläubigers des Erben betrieben wird, aufgehoben wird (ZPO § 784 Abs 2). Rechtsweg für Geltendmachung dieser Einwendung: Klage nach ZPO § 785. Die (später) als Verfügungsbeschränkung in das Grundbuch eingetragene Nachlaßverwaltung ist daher nicht nach § 28 Abs 1 entgegenstehendes Recht (anders[349]; aber Eigenschaft als Vollstreckungsforderung eines Gläubigers, die nach BGB § 1984 Abs 2 Nachlaßvollstreckung nicht ermöglicht, ist nicht grundbuchersichtlich). Nach Anordnung der Nachlaßverwaltung ist Zwangsvollstreckung in ein Nachlaßgrundstück nur für Nachlaßgläubiger (BGB § 1984 Abs 2) mit Vollstreckungstitel gegen den Nachlaßverwalter zulässig (entspricht für Privatgläubiger des Erben InsO § 89 Abs 1). Wenn die Nachlaßverwaltung vor der Immobiliarbeschlagnahme mit einem gegen den Erben lautenden Schuldtitel angeordnet wird, fehlt ein gesetzesmäßiger Titel. Das Verfahren ist nach § 28 aufzuheben (bzw der Zuschlag ist zu versagen), sobald die Tatsache dem Gericht bekannt wird. Gleiches gilt, wenn umgekehrt das Verfahren mit Titel gegen den Nachlaßverwalter angeordnet wurde, obwohl sein Amt schon beendet war.

d) Der **Erbe** kann nach Anordnung von Nachlaßinsolvenz oder Nachlaßverwaltung verlangen (sofern er nicht bereits unbeschränkt für Nachlaßverbindlichkeiten haftet), daß die Beschlagnahme eines ihm gehörenden Grundstücks zugunsten eines Nachlaßgläubigers aufgehoben wird (ZPO § 784 Abs 1). Rechtsweg: Klage nach ZPO § 785.

e) Titel gegen den **Testamentsvollstrecker** ist für den Beginn der Zwangsvollstreckung in ein seiner Verwaltung unterliegendes Nachlaßgrundstück erforderlich (ZPO § 748 Abs 1). Weil das ab Tod des Erblassers gilt[350], ist Beschlagnahme mit einem gegen den Erben lautenden Schuldtitel Zwangsvollstreckung ohne gesetzesmäßigen Titel. Das Verfahren ist daher nach § 28 Abs 2 aufzuheben (bzw der Zuschlag ist zu versagen), sobald die Tatsache dem Gericht bekannt wird. Bei Teilverwaltung erfordert Zwangsvollstreckung in ein der Testamentsvollstreckung

---

[349] Steiner/Eickmann § 28 Rdn 42.
[350] Zöller/Stöber, ZPO, § 779 Rdn 2.

Anordnungsbeschluß 30.8 § 15

unterliegendes Nachlaßgrundstück Leistungstitel gegen den Erben und Duldungstitel gegen den Testamentsvollstrecker (ZPO § 748 Abs 2). Besonderheit für Zwangsvollstreckung wegen eines Pflichtteilsanspruchs: ZPO § 748 Abs 3. Erbfall (mit Testamentsvollstreckung) nach Beschlagnahme ist auf den Verfahrensfortgang ohne Einfluß (ZPO § 779). Das Verfahren wird ohne Titelumschreibung fortgesetzt. Als Schuldner tritt jedoch der Testamentsvollstrecker für den Verfahrensfortgang an die Stelle des Erben (siehe auch ZPO § 779 Abs 2). Wenn das Verfahren mit Titel gegen den Testamentsvollstrecker angeordnet wurde, obwohl dessen Amt schon beendet war, ist es nach § 28 Abs 2 aufzuheben (bzw Zuschlag zu versagen).

30.8 Gehört das Grundstück zur **Vorerbschaft,** dann ist Vollstreckung unbeschränkt zulässig wegen des Anspruchs eines **Nachlaßgläubigers** (des Gläubigers einer Nachlaßverbindlichkeit, BGB § 1967; Abgrenzung bei Nachlaßerbenschuld[351]) oder auf Grund eines dinglichen **Rechts**, das **gegen den Nacherben** wirkt[352] (zB vom Erblasser bestellte Hypothek oder mit Einwilligung des Erben, bei Minderjährigkeit auch mit vormundschaftsgerichtlicher Genehmigung[353], bestellte Grundschuld, BGB § 2115 Satz 2) oder eines sonst durch Verfügung des Vorerben mit Wirkung gegenüber dem Nacherben erlangten Anspruchs[354]. Dann kann auch Veräußerung des Nachlaßgrundstücks mit Erteilung des Zuschlags (§ 90 Abs 1) unbehindert erfolgen (BGB § 2115 Satz 2), ist somit durch Verfahrensrecht erlaubt (ZPO § 773). Ein Duldungstitel gegen den Nacherben (oder Nachweis seiner Zustimmung) ist für diese Zwangsvollstreckung nicht erforderlich. Er wird für Zwangsvollstreckung wegen einer vom Erblasser bestellten Hypothek nicht gefordert[355], kann aber ebenso auch, wenn die Vollstreckung sonst gegen den Erben wirkt, nicht verlangt werden[356] (anders[357]: es ist Sache des Gläubigers, die Zustimmungserklärung des Nacherben beizubringen oder seine Verurteilung zur Duldung der Zwangsversteigerung herbeizuführen; nur allgemein[358]: Anordnung ohne Duldungstitel ist zulässig, auch wenn der Schuldner nur Vorerbe ist). Prüfung der Frage, ob der Anspruch des Gläubigers dem Nacherben gegenüber wirksam ist, hat nach ZPO § 773 durch das Vollstreckungsgericht im Verfahren zu erfolgen[359] (anders[360]). Für diese Prüfung gelten die allgemeinen Grundsätze des ZPO-Verfahrens. Es ist vom Beibringungsgrundsatz beherrscht mit Darlegungs- und Beweislast des Gläubigers[361]. Daher ist es Sache des Gläubigers, nachzuweisen, daß die Zwangsvollstreckung (richtig inwieweit) durchgeführt werden darf (so richtig[362]). Nachzuweisen ist, daß die Versteigerung das Nacherbenrecht nicht vereitelt oder beeinträchtigt, ZPO § 773 sonach Durchführung des Verfahrens nicht hindert. Wenn der Gläubiger Duldungstitel gegen den Nacherben vorlegt (ist zulässig, aber nicht notwendig) oder dessen Einwilligung nachweist (bedarf als Erklärung zum Verfahren keiner öffentlichen Beglaubigung), ist der Nachweis erbracht. Über andere Nachweise hat das Vollstreckungsgericht nach freier Überzeugung zu entscheiden (ZPO § 286 Abs 1). Wenn nach Prüfung durch das Vollstreckungsgericht

---

[351] BGH FamRZ 1973, 187 = MDR 1973, 749; BGH 110, 176 = NJW 1990, 1237.
[352] OLG Karlsruhe Rpfleger 2000, 405.
[353] LG Berlin Rpfleger 1987, 457.
[354] RG 133, 263 (265); Wehrstedt MittRhNotK 1999, 103 (II 3).
[355] LG Berlin JW 1935, 813; LG Glogau JW 1937, 458 mit (teilweise) zust Anm Fraeb; BGB-RGRK/Johannsen § 2115 Rdn 9; Staudinger/Behrend, BGB, § 2115 Rdn 10.
[356] Staudinger/Behrend, BGB, § 2115 Rdn 18; Klawikowski Rpfleger 1998, 100 (I 2 a).
[357] Fraeb JW 1937, 458 (Anmerkung).
[358] LG Osnabrück JurBüro 1955, 236 mit zust Anm Mohrbutter.
[359] LG Glogau aaO (Fußn 355).
[360] Fraeb JW 1937, 458 (Anmerkung).
[361] Zöller/Stöber, ZPO, § 766 Rdn 27.
[362] OLG Nürnberg JurBüro 1960, 552 = MDR 1961, 63; Wehrstedt MittRhNotK 1999, 103 (II 3).

§ 15 30.8 Anordnung der Versteigerung

ZPO § 773 keinen Hinderungsgrund für Veräußerung begründet, steht dem Nacherben für seinen Widerspruch gegen unzulässige Verwertung Klage nach ZPO § 771 zu (mit Einstellungsmöglichkeit nach ZPO § 769) (ZPO § 773 Satz 2).

30.9 Der **Nacherbe** ist vor Anfall der Nacherbschaft (Eintritt der Nacherbfolge) nicht Grundstückseigentümer. Wegen seiner Schulden kann (solange noch Vorerbschaft besteht), Zwangsvollstreckung in ein Nachlaßgrundstück daher nicht erfolgen (siehe § 17).

30.10 a) Wegen der Ansprüche der **Gläubiger des Vorerben** (der persönlichen Schulden des Vorerben, der Grundstückseigentümer ist) unterliegt ein Nachlaßgrundstück bis zum Eintritt des Nacherbfalls (solange noch die Vorerbschaft dauert) als Schuldnervermögen der Zwangsvollstreckung. Diese Zwangsvollstreckung in das Nachlaßgrundstück bleibt auch wirksam, wenn der Nacherbfall nicht eintritt (wenn er ausfällt). Sie ist jedoch durch den Eintritt des Nacherbfalls **auflösend bedingt;** mit Eintritt des Nacherbfalls werden Zwangsmaßnahmen unwirksam (BGB § 2115 Satz 1). Dem trägt ZPO § 773 mit einem **vorgezogenen Verwertungsverbot** Rechnung. Vom Nacherbenschutz des BGB § 2115 kann der Erblasser nicht befreien (BGB § 2136); zwischen befreiter und nicht befreiter Vorerbschaft wird daher hier nicht unterschieden. Nacherbenschutz mit Eintritt der Nacherbfolge gewährleistet BGB § 2115 auch für den Fall, daß der zunächst Bedachte nur aufschiebend bedingter Vorerbe (und damit zugleich auflösend bedingter Vollerbe) war (hierzu[363]). Solange nicht feststeht, daß die Bedingung und damit der Nacherbfall nicht mehr eintritt, hindert daher ZPO § 773 auch in diesem Fall die Verwertung.

b) Schutz des Nacherben durch ein Geldvollstreckung durch einen Eigengläubiger des Vorerben gewährleistet ZPO § 773 mit dem schon vor Eintritt des Nacherbfalls bestehenden **Verwertungsverbot.** Die Bestimmung schließt als Verfahrensvorschrift für Nacherbenschutz Veräußerung mit Zuschlag (Eigentumsübertragung an Ersteher) aus. Eintragung des **Nacherbenvermerks** im Grundbuch (GBO § 51) dagegen dient nicht dem Nacherbenschutz vor Zwangsvollstreckung. Der Vermerk schützt den (künftigen) Nacherben vor Rechtsverlust, der mit rechtsgeschäftlicher Verfügung des Vorerben bei gutgläubigem Erwerb eines Dritten eintreten würde (BGB § 2113 Abs 3, § 892 Abs 1 Satz 2). Als Sollvorschrift (Ordnungsvorschrift) des Verfahrensrecht ist ZPO § 773 vom Vollstreckungsgericht zu befolgen, wenn es im Verfahren erkennt, daß das Beschlagnahmegrundstück zu einer Vorerbschaft gehört[364]. Diese Kenntnis für Beachtung des Verwertungsverbots begründet der eingetragene Nacherbenvermerk, wenn Zwangsvollstreckung für einen Gläubiger erfolgt, der kein gegen den Nacherben wirksames Zugriffsrecht auf den Nachlaßgegenstand hat (zur Prüfung Rdn 30.8). Das Nacherbenrecht verbietet Grundstücksveräußerung aber auch, wenn kein Nacherbenvermerk eingetragen ist. Das Vollstreckungsgericht wird (im Hinblick auf § 17) dann aber das Verwertungsverbot des ZPO § 773, auch wenn es angemeldet (geltend gemacht) ist, kaum einmal feststellen und berücksichtigen können. Dann hat der Nacherbe nach ZPO § 771 Widerspruch zu erheben (mit Einstellungsmöglichkeit nach ZPO § 769). Erteilung des Zuschlags bei Versteigerung ohne Berücksichtigung des Nacherbenrechts begründet Eigentum des Erstehers durch Hoheitsakt; Rechte des Nacherben sind damit am Grundstück erloschen[365].

c) Mit Bestimmung, wie das Nacherbenrecht prozessual wirkt und zu berücksichtigen ist, stellt ZPO § 773 als Sondervorschrift des Verfahrensrechts bereits klar, daß der im Grundbuch eingetragene **Nacherbenvermerk** kein nach § 28 Abs 1

---

[363] BGH 96, 198 = DNotZ 1986, 541 mit Anm Zawar = MDR 1986, 295 = NJW-RR 1986, 493 = Rpfleger 1986, 15.
[364] RG 80, 30 (35).
[365] BGB-RGRK/Johannsen § 2115 Rdn 15, 16; Staudinger/Berend, BGB, § 2115 Rdn 25, 26.

Anordnungsbeschluß 30.11 § 15

der Versteigerung entgegenstehendes Recht ist (anders[366]). Grundbuchersichtliche entgegenstehende Rechte nach § 28 Abs 1 sind zudem solche, die Aufhebung des Verfahrens gebieten. Sie sollen nicht erst der Feststellung im Wege des Rechtsstreits bedürfen, sondern von Amts wegen Berücksichtigung finden (Denkschrift S 42). Ein Nacherbenrecht jedoch bedingt und ermöglicht Verfahrensaufhebung überhaupt nicht; es verbietet nur Veräußerung (ZPO § 773). Von Amts wegen ist es bereits nach ZPO § 773 zu berücksichtigen, wenn es festgestellt ist (nicht erst nach Sicherung vor nachteiliger rechtsgeschäftlicher Verfügung mit Grundbuchvermerk; anders[367]). Berücksichtigung des bekannten, nicht eingetragenen Nacherbenrechts erfordert daher auch nicht, daß es noch ausdrücklich nach § 37 Nr 5 geltend gemacht wird (anders[368]; nicht zutreffend). Der mit ZPO § 773 gewährleistete Schutz des Nacherbenrechts wird auch durch Eintragung des Nacherbenvermerks nicht erweitert oder abgewandelt.

30.11 Für Geldvollstreckung durch **Eigengläubiger des Vorerben** gilt daher, auch wenn dem Vollstreckungsgericht das Nacherbenrecht durch den eingetragenen Nacherbenvermerk bekannt wird:

a) Zulässig ist Eintragung einer **Zwangshypothek**[369] (ZPO § 867 Abs 1). Sie ist keine Verwertung. Eintragung der Zwangshypothek erfordert gleichzeitige Eintragung des Vorerben (GBO § 39) und damit von Amts wegen auch des Nacherbenvermerks (GBO § 51) zum Schutz vor Rechtsverlust bei gutgläubigem Erwerb mit Verfügung über die Sicherungshypothek. Vollstreckung aus der Zwangshypothek mit Zwangsversteigerung unterliegt aber wieder der Beschränkung des ZPO § 773.

b) Die **Zwangsverwaltung** (die keine Veräußerung des Grundstücks ist), ist unbeschränkt zulässig[370] (hierzu § 146 Rdn 4.4 zu n).

c) **Anordnung der Vollstreckungsversteigerung** (Zulassung des Beitritts zu ihr) bewirkt Beschlagnahme, nicht aber Veräußerung, ist somit zulässig[371] (siehe ZPO § 773).

d) Mit Eintritt des Nacherbfalls verlieren die dem Nacherben gegenüber unwirksamen Zwangsmaßnahmen ihre Wirksamkeit (BGB § 2115 Satz 1). Der Nacherbe kann daher ihre Beseitigung verlangen (Rechtsweg: ZPO § 771). Aufhebung nach § 28 Abs 1 kann jedoch auch dann nicht erfolgen, wenn der Nacherbenvermerk im Grundbuch eingetragen war, weil er nicht grundbuchersichtlich macht, daß ein persönlicher Gläubiger des Vorerben vollstreckt hat (Vollstreckungsforderung könnte auch Nachlaßforderung gewesen sein).

e) **Unzulässig ist Verwertung** des Nachlaßgrundstücks vor Eintritt des Nacherbfalls (ZPO § 773). Verwertung würde mit Erteilung des Zuschlags erfolgen (§ 90 Abs 1). Zuschlag (nach zulässiger Beschlagnahme, oben c) ist daher zu versagen, wenn Prüfung bei Beschlußfassung über ihn (keine Bindung an Vorentscheidungen, § 79) ergibt, daß der Hinderungsgrund des ZPO § 773 besteht. Versagungsgrund: § 83 Nr 5, 6.

f) Mit Veräußerung im Wege der Zwangsvollstreckung verbietet ZPO § 773 nach seinem Sinn und Zweck jedoch nicht nur den Zuschlag als Hoheitsakt, der Ei-

---

[366] Steiner/Eickmann/Hagemann §§ 15, 16 Rdn 160 und § 28 Rdn 40; Fraeb JW 1937, 458 (Anmerkung).
[367] Steiner/Eickmann § 28 Rdn 38.
[368] Steiner/Hagemann §§ 15, 16 Rdn 160.
[369] KG OLG 7, 352; Schöner/Stöber, Grundbuchrecht, Rdn 2212; BGB-RGRK/Johannsen § 2115 Rdn 8; Stein/Jonas/Münzberg, ZPO, § 772 Rdn 10.
[370] KG OLG 7, 352; BGB-RGRK/Johannsen § 2115 Rdn 8; Stein/Jonas/Münzberg, ZPO, § 772 Rdn 10.
[371] LG Berlin JW 1935, 813, BGB-RGRK/Johannsen § 2115 Rdn 8; Steiner/Hagemann §§ 15, 16 Rdn 160; Stein/Jonas/Münzberg, ZPO, § 772 Rdn 10.

gentumsübergang bewirkt, sondern auch das **Veräußerungsverfahren** nach Beschlagnahme (so auch[372]). Durchführung des Verfahrens mit Wertfestsetzung, Terminsbestimmung und Terminsabhaltung bleibt daher gleichfalls ausgeschlossen. Gleichstellung mit dem Verfahren beim Erbbaurecht (Rdn 13.8; Terminsdurchführung, jedoch Versagung des Zuschlags, wenn bis dahin weder Genehmigung des Nacherben noch Duldungstitel gegen ihn vorgelegt ist; so noch bis 11. Auflage § 15 Rdn 37 [9]) verbietet die grundlegend verschiedene Interessenlage. Veräußerungszustimmung beim Erbbaurecht ermöglicht dem Grundstückseigentümer erst nach Abhaltung des Termins Prüfung der Person des Erwerbers und Erklärung der Veräußerungsgenehmigung; Veräußerungszustimmung beim Erbbaurecht durch den Eigentümer schützt vor Rechtsübergang auf einen ungeeigneten Erwerber (ErbbauVO §§ 5, 7). Nacherbenschutz (BGB § 2115; ZPO § 773) hindert Gläubiger des Vorerben daran, dessen Erbenstellung zum Nachteil des Nacherben auszunutzen. Verwertungserfordernis ist daher nach ZPO § 773 nicht, daß (subjektiv) der Geschützte die Veräußerung billigt, sondern (objektiv), daß der Gegenstand der Zwangsvollstreckung (endgültig) Schuldnervermögen für den Gläubigerzugriff ist (und bleibt). Hierfür ist Einwilligung des Nacherben Nachweismittel. Daher müssen die Voraussetzungen nicht erst bei Abschluß und rechtlicher Wirksamkeit der Veräußerung, sondern auch bereits bei deren Durchführung festgestellt sein. Das schließt zwecklose Verfahrensdurchführung aus, die allein dem durch ZPO § 773 nicht geschützten Zweck dienen würde, dem Gläubiger weitere Zeit für Beibringung der Nachweise zur Prüfung durch das Vollstreckungsgericht zu gewähren.

30.12 ZPO § 773 bewirkt gesetzlich Stillstand des Verfahrens. Einstellungsbeschluß aus dem Grund des ZPO § 773 (kein Fall des § 31 Abs 2 Buchst d; daher keine Fortsetzungsbelehrung) ist gleichwohl zulässig und als sichere Verfahrensgrundlage auch geboten. Er ist veranlaßt, weil den Beteiligten Abschluß der Prüfung des Vollstreckungsgerichts und als deren Ergebnis zur Kenntnis gebracht werden muß, daß Geldvollstreckung durch einen Privatgläubiger des Vorerben als Verwertungshindernis festgestellt ist. Rechtsbehelf für (angehörten) Gläubiger: ZPO § 793. Für Einstellung mit Fristsetzung zur Beibringung der Zustimmung des Nacherben bzw eines Duldungstitels gegen diesen (so[373], anders aber bereits[374]) besteht keine Gesetzesgrundlage; § 28 Abs 2 ermöglicht Verfahrenseinstellung und Aufhebung nach Zeitablauf nicht (§ 28 Rdn 8.3).

30.13 Langjährige Beschlagnahme mit Verfahrensdauer (Verfahrensstillstand wegen des Verwertungsverbots nach ZPO § 773) bis zum Eintritt der Nacherbfolge (zumeist Tod des Vorerben, BGB § 2106 Abs 1; dann auch keine 30-Jahresgrenze, BGB § 2109) kann **sittenwidrige Härte** (ZPO § 765 a), aber auch (jedenfalls bei geringer Vollstreckungsforderung) Verstoß gegen den Verfassungsgrundsatz der Verhältnismäßigkeit begründen, zumal der Vorerbengläubiger Sicherung mit Eintragung einer Zwangshypothek (mit wirtschaftlich zunächst gleichem Ergebnis) erlangen könnte. In solchen Fällen empfiehlt sich daher zur sicheren Rechtswahrung immer auch Zwangsvollstreckung durch Eintragung einer Zwangshypothek (ZPO § 866 Abs 1, 2).

31 Reichsheimstättenrecht, Reichssiedlungsrecht

Literatur: Hornung, Zur Aufhebung des Reichsheimstättengesetzes, Rpfleger 1994, 227.

31.1 Als **Reichsheimstätte** waren kleine Landwirtschaften oder Einfamilienhäuser mit Garten (auch ein Erbbaurecht) nach dem RHeimstG mit RHeimstAusfVO (Wortlaut 13. Aufl T 35) ausgegeben (RHeimstG § 1). Diese Eigenschaft

---

[372] LG Berlin Rpfleger 1987, 457; Steiner/Eickmann § 28 Rdn 40.
[373] Steiner/Hagemann §§ 15, 16 Rdn 160.
[374] Steiner/Eickmann § 28 Rdn 40.

Anordnungsbeschluß 32.2 § 15

wurde im Grundbuch (RHeimstG § 4) mit erster Rangstelle eingetragen (RHeimstG § 5).

31.2 Das **RHeimstG** (das durch die Wohnungsbaugesetzgebung an Bedeutung verloren hatte) ist zusammen mit der AusfVO mit Wirkung ab 1. Okt 1993 **aufgehoben** (Gesetz vom 17. 6. 1993, BGBl I 912). Die Beschränkung der Zwangsvollstreckung nach RHeimstG § 20 bestand für alte Forderungen nur noch bis 31. Dez 1998 weiter. Vorkaufsrecht und Heimfallanspruch des (vormaligen) Ausgebers bestehen nicht mehr; dieser ist (seit 1. 10. 1993) daher nicht mehr Beteiligter (§ 9).

31.3 **RHeimstG § 17 Abs 2 Satz 2,** wonach BGB § 1163 mit der Maßgabe Anwendung findet, daß mit dem Erlöschen der Forderung auch die Hypothek oder die Grundschuld erlischt, findet auf die am 1. 10. 1993 (Inkrafttreten des Ges 1993) im Grundbuch eingetragenen Hypotheken und Grundschulden weiterhin Anwendung (Ges 1993 Art 6 § 1 Abs 1).

31.4 Einem im Grundbuch noch eingetragenen **Heimstättenvermerk** kommt bei Zwangsversteigerung keine Bedeutung mehr zu. Der (gegenstandslose) Heimstättenvermerk ist daher nicht in das geringste Gebot aufzunehmen (so zutreffend[375]). Er ist nach Erteilung des Zuschlags zu löschen[375]. Wenn aus der Zeit vor dem 1. 10. 1993 eine Hypothek oder Grundschuld besteht und im Grundbuch eingetragen bleibt, weist auf die Besonderheit des RHeimstG § 17 Abs 2 Satz 2 nicht der Heimstättenvermerk hin. Es ist vielmehr vom Grundbuchamt nach Art 6 § 2 Abs 3 Ges 1993 von Amts wegen im Grundbuch zu vermerken, daß das Recht weiterhin den Regeln des RHeimstG § 17 Abs 2 Satz 2 unterliegt.

31.5 Ist ein Grundstück als Siedlerstelle nach dem **Reichssiedlungsgesetz** ausgegeben, so ist dies seit 1. 1. 1962 kein entgegenstehendes Recht nach § 28 Abs 1 mehr, also kein Hindernis für die Anordnung (Gesetz § 4 in neuer Fassung). Zum (nicht mehr bestehenden) Vorkaufsrecht des Siedlungsträgers § 81 Rdn 10.5.

Sicherheitsleistung für und gegen die Zwangsvollstreckung 32

Literatur: Jakobs, Vorläufige Vollstreckbarkeit gegen Sicherheitsleistung unter besonderer Berücksichtigung der Prozeßbürgschaft, DGVZ 1973, 107 und 129; Mümmler, Sicherheitsleistung durch Bürgschaft, JurBüro 1971, 217; Noack, Die Prozeßbürgschaft als Sicherheitsleistung und besondere Voraussetzung für die Zwangsvollstreckung, MDR 1972, 287; Schneider, Sicherheitsleistung durch Bankbürgschaft, JurBüro 1969, 487.

32.1 Ein Urteil kann schon vor Rechtskraft vollstreckt werden, wenn es für vorläufig vollstreckbar erklärt ist (ZPO § 704 Abs 1). Urteile (auch andere gerichtliche Vollstreckungstitel) können **ohne Sicherheitsleistung** (zumeist) oder (seltener) gegen Sicherheitsleistung für vorläufig vollstreckbar erklärt sein (ZPO §§ 708 ff). Umgekehrt kann der Schuldner aus einem noch nicht rechtskräftigen gerichtlichen Vollstreckungstitel, der vorläufig vollstreckbar ist, berechtigt sein, die Vollstreckung durch Sicherheitsleistung abwenden (ZPO §§ 711 ff). Ausnahmsweise darf der Gläubiger aus nur gegen Sicherheitsleistung vorläufig vollstreckbaren Titeln ohne Sicherheitsleistung eine Zwangshypothek auf Grundstücken oder eine Schiffshypothek auf Schiffen eintragen lassen (ZPO § 720a Abs 1) (aber mit einer Wartefrist von zwei Wochen nach Zustellung, ZPO § 750 Abs 3; dazu Rdn 43), was der Schuldner wieder seinerseits durch Sicherheitsleistung abwenden darf (ZPO § 720a Abs 3). Befriedigung des Gläubigers aus der Zwangshypothek darf dann aber erst nach Sicherheitsleistung des Gläubigers (oder Rechtskraft des Urteils) erfolgen (ZPO § 720a Abs 1) (hierzu Einl Rdn 64.3).

32.2 Wenn die Zwangsvollstreckung **von** einer **Sicherheitsleistung** des Gläubigers **anhängt,** darf sie erst beginnen, wenn die Sicherheit durch öffentliche oder

---

[375] Hornung Rpfleger 1994, 277.

§ 15 32.2 Anordnung der Versteigerung

öffentlich beglaubigte Urkunde nachgewiesen ist und eine Abschrift der Urkunde zugestellt ist (ZPO § 751 Abs 2). Vollstreckung nur eines Teilbetrags mit Teilsicherheit und Teilabwendungsbefugnis des Schuldners: ZPO § 752; Einzelheiten[376]. Öffentliche Urkunden sind solche, die von einer öffentlichen Behörde oder von einer mit öffentlichem Glauben versehenen Person (Notar, Gerichtsvollzieher, Urkundsbeamter) im Rahmen ihrer Zuständigkeit in der vorgeschriebenen Form aufgenommen sind (ZPO §§ 415, 418). Öffentlich beglaubigt sind Privaturkunden, bei denen die Unterschrift durch einen Notar beglaubigt ist (BGB § 129).

32.3 Nötig sind bei dieser **Sicherheitsleistung** des **Gläubigers:** Urteil oder Beschluß über die Tatsache, Art und Höhe der Sicherheitsleistung; Zustellung dieser Urkunde an den Schuldner; Leistung der Sicherheit in der vom Prozeßgericht gestatteten besonderen Art oder durch „Bank-"Bürgschaft oder durch Hinterlegung von Geld (ZPO § 108); Zustellung der Urkunde hierüber an den Schuldner.

32.4 Die Zwangsvollstreckung wird aufgehoben, wenn eine öffentliche Urkunde vorgelegt wird, aus der sich ergibt, daß die auf der Seite des Schuldners **zur Abwendung** der Vollstreckung erforderliche **Sicherheitsleistung** erfolgt ist (ZPO § 775 Nr 3, § 776). Nötig sind hier also: Urteil oder Beschluß über die Tatsache der gestatteten Sicherheitsleistung, ferner über die Höhe und Art der Sicherheitsleistung, und zwar vorzulegen in Ausfertigung[377], nicht als private Abschrift oder Fotokopie (keine Zustellung dieser Urkunde an den Gegner nötig); Leistung der Sicherheit in der vom Prozeßgericht gestatteten besonderen Art, durch Bürgschaft oder durch Hinterlegung von Geld (ZPO § 108; keine Zustellung der Urkunde hierüber an den Gegner).

32.5 Die Sicherheitsleistung wird nach Art und Höhe vom **Prozeßgericht** bestimmt (ZPO § 108) (nicht vom Vollstreckungsgericht). Wenn Bestimmung nicht getroffen und auch die Parteien ein anderes nicht vereinbart haben, ist die Sicherheitsleistung zu bewirken durch die schriftliche, unwiderrufliche, unbedingte und unbefristete Bürgschaft eines im Inland zum Geschäftsbetrieb befugten Kreditinstituts oder durch Hinterlegung von Geld oder geeigneter Wertpapiere (ZPO § 108 Abs 1 Satz 2). Vorbehalt befreiender Hinterlegung des Bürgschaftsbetrags schmälert die Wirksamkeit[378] (anders[379]). Macht die Bank ihre Haftung davon abhängig, daß ihr eine das Ersturteil ändernde oder aufhebende rechtskräftige Entscheidung vorgelegt werde, so ist das eine bedingte Bürgschaft, nach ZPO § 108 nicht geeignet[380]. Für Sicherheitsleistung des Gläubigers muß die Bürgschaft beide Möglichkeiten aus ZPO § 717 Abs 2 Satz 1 umfassen, also Ersatz des etwaigen Schadens, der dem Schuldner durch die Vollstreckung des Urteils und durch die von ihm zur Abwendung der Vollstreckung gemachten Leistungen entsteht[381]; umfaßt die Sicherheit etwa nur die erstgenannte Möglichkeit, so ist sie ungenügend[381].

32.6 Die **Bürgschaftsurkunde** muß nicht öffentlich beglaubigt sein, wenn dies nicht vom Prozeßgericht ausdrücklich angeordnet ist[382] (anders:[383]).

---

[376] Zöller/Stöber, ZPO, § 752 Rdn 2–6; Stein/Jonas/Münzberg, ZPO, § 752 Rdn 1–10.
[377] Jakobs DGVZ 1973, 107 und 129.
[378] LG Berlin DGVZ 1991, 9; LG Bielefeld MDR 1985; 238; LG Düsseldorf DGVZ 1988, 62 = JurBüro 1988, 1085; AG Düsseldorf DGVZ 1988, 62; AG Gütersloh ZIP 1982, 1250; AG Oberkirch DGVZ 1992, 14.
[379] OLG Koblenz Rpfleger 1995, 32; LG Frankfurt JurBüro 1989, 264.
[380] OLG Bamberg NJW 1975, 1664 = WM 1975, 1315.
[381] LG München I DGVZ 1974, 78.
[382] OLG Frankfurt NJW 1966, 1521 Leitsatz mit abl Anm Wüllerstorff; OLG Hamm DGVZ 1976, 117 mit zust Anm Jakobs = MDR 1975, 763 = NJW 1975, 2025 Leitsatz = OLGZ 1975, 305 = Rpfleger 1975, 261; OLG Hamburg MDR 1982, 588; OLG Koblenz Rpfleger 1993, 355; OLG München DGVZ 1967, 86 = OLGZ 1965, 292; LG Berlin DGVZ 1973, 90 = Rpfleger 1972, 421; LG Hannover MDR 1964, 1012 und DGVZ 1989, 141; LG

Anordnungsbeschluß 32.8 § 15

32.7 Fehlende **Zustellung** des Nachweises der Sicherheitsleistung macht den Vollstreckungsakt des Gläubigers nicht unwirksam, sondern nur auflösend bedingt. Durch Nachholung kann der Mangel geheilt werden[384]. Der Schuldner kann auf die Sicherheitsleistung des Gläubigers **verzichten** und auch hierdurch den Mangel heilen lassen (s Einl Rdn 71.3). Die Hinterlegungsurkunde muß dem Prozeßbevollmächtigten des Sicherheitsberechtigten zugestellt werden (ZPO § 172)[385]. Die Sicherheitsleistung aus einem Urteil erstreckt sich auch auf die Vollstreckung aus dem zugehörigen Kostenfestsetzungsbeschluß. Die Sicherheitsleistung des Gläubigers (zur Vollstreckung) entfällt, wenn die Rechtskraft des Titels nachgewiesen wird.

32.8 Bei Sicherheitsleistung durch **Bürgschaft** (gleich ob vom Gläubiger oder vom Schuldner zu leisten) muß das Original der Bürgschaftsurkunde an den, dem Sicherheit zu leisten ist, zugestellt werden[386] (anders[387]: erforderlich Zugang, BGB § 130 Abs 1, aber nicht Zustellung), wenn er einen Prozeßbevollmächtigten hat an diesen nach der allgemeinen Regel in ZPO § 172, von der hierfür keine Ausnahme gestattet ist (gerade der Bevollmächtigte muß ja in erster Linie die Wirksamkeit und die Auswirkungen der Bürgschaft überprüfen können) (anders, daß dies zwar möglich, aber nicht nötig sei[388]). Abschrift der Bürgschaftsurkunde mit Zustellungsnachweis (für das Original) ist dem Gericht einzureichen. Der Nachweis über die Zustellung für das Zustandekommen der Bürgschaft muß nicht wieder gesondert nach ZPO § 751 Abs 2 zugestellt werden[389]. Erst durch die Aushändigung der originalen Bürgschaftsurkunde an den Sicherheitsberechtigten kommt der vom Prozeßgericht angeordnete Zwangs-Bürgschaftsvertrag zustande (BGB §§ 760, 130)[390]. Nicht genügt Hinterlegung der Bürgschaftsurkunde bei der Hinterlegungsstelle[391]; Besonderheit, wenn Hinterlegung vom Prozeßgericht angeordnet ist[392]. Nicht genügt Zustellung einer Abschrift der Bürgschaftsurkunde, weil das Original jederzeit an den Bürgen zurückgelangen könnte und damit außer Kraft treten würde. Nur aus der Urschrift kann der Berechtigte unmittelbar gegen den Bürgen vorgehen; auch muß er ihren Inhalt genau überprüfen können. Anders sagen[393], daß die Zustellung der Abschrift genüge; dazu meint[394], daß dies nicht gelte, wenn die Bürgschaft dadurch auflösend bedingt sei, daß sie an den Bürgen zurückgelange (gerade dieser unschädliche[395] Vermerk findet sich fast ausnahmslos in Bankbürgschaften). BGB § 132 Abs 1 läßt eine Zustellung zu, sagt aber nur, wie zugestellt wird, nicht was; ZPO § 192 Abs 2 (Beglaubigung zu übergebender Ab-

---

Itzehoe DGVZ 1980, 156; LG Karlsruhe NJW 1967, 2412 Leitsatz; LG Lübeck JurBüro 1978, 126; Stein/Jonas/Bork, ZPO, § 108 Rdn 25; Zöller/Herget, ZPO, § 108 Rdn 7.
[383] AG Frankfurt BB 1965, 1123; Wüllerstorf NJW 1966, 1521 (Anmerkung).
[384] OLG Celle DGVZ 1954, 87 = Rpfleger 1954, 313.
[385] OLG Frankfurt MDR 1956, 111.
[386] OLG Düsseldorf MDR 1978, 489; OLG Koblenz Rpfleger 1993, 355; LG Landau DGVZ 1960, 29 = MDR 1959, 929.
[387] OLG Karlsruhe MDR 1996, 525.
[388] OLG München DGVZ 1959, 9 = MDR 1958, 927; LG Bochum Rpfleger 1985, 33; Stein/Jonas/Bork/Münzberg, ZPO, § 108 Rdn 26 und § 751 Rdn 12; Zöller/Herget, ZPO, § 108 Rdn 11; Jakobs DGVZ 1973, 107 und 129 (II 9 b).
[389] OLG Hamm und OLG Koblenz je aaO (Fußn 382); Stein/Jonas/Münzberg, ZPO, § 751 Rdn 12; Zöller/Stöber, ZPO, § 751 Rdn 6.
[390] OLG Frankfurt NJW 1966, 1521 Leitsatz mit abl Anm Wüllerstorff.
[391] OLG Hamm aaO (Fußn 382).
[392] OLG Hamburg MDR 1982, 588.
[393] KG Berlin NJW 1963, 661 = Rpfleger 1965, 355 Leitsatz; OLG München MDR 1979, 1029; LG Berlin DGVZ 1973, 117 = Rpfleger 1972, 422; AG Cuxhaven DGVZ 1975, 123.
[394] KG Berlin aaO (Fußn 393); LG Berlin und AG Cuxhaven je aaO (Fußn 393); Noack MDR 1972, 287 (II).
[395] OLG Hamburg MDR 1982, 588; Jacobs DGVZ 1973, 107 und 129 (II 5).

§ 15 32.8 Anordnung der Versteigerung

schriften) ist auf nichtgerichtliche Urkunden nach BGB § 132 Abs 1 nur sinngemäß anzuwenden; es genügt hier also nicht, nur eine Abschrift zuzustellen. Die Zustellung des Originals ist auf jeden Fall sicherer.

32.9 Auf jeden Fall muß die Zustellung durch den **Gerichtsvollzieher** erfolgen, nicht von Anwalt zu Anwalt (ZPO § 195), weil dabei keine öffentliche Urkunde vorliegt[396] (anders[397]: auch das Empfangsbekenntnis des Anwalts sei als öffentliche Urkunde anzusehen; durchaus nicht).

32.10 Wird erst **nach Erlaß des** ordnungsgemäßen **Anordnungs- oder Beitrittsbeschlusses** ein neuer Vollstreckungstitel vorgelegt, der zwar den früheren Titel bestätigt, aber im Gegensatz zu ihm **nun** die Vollstreckung von einer Sicherheitsleistung abhängig macht, so muß nach ZPO § 775 Nr 2 die Zwangsvollstreckung, weil sie nur gegen Sicherheitsleistung fortgeführt werden darf, einstweilen eingestellt werden.

32.11 Zu unterscheiden von der Sicherheitsleistung zur Vollstreckung oder Abwendung der Vollstreckung ist die besondere **ZVG-Sicherheitsleistung** des Meistbietenden nach den §§ 67–70 (Näheres dort).

33 Sozialleistungsansprüche

Literatur: Hornung, Die ZPO-Vollstreckung durch Sozialversicherungsträger, Rpfleger 1987, 225; Huken, Die Vollstreckung nach § 66 SGB X und die sich daraus ergebenden neuen Zuständigkeiten, KKZ 1981, 21; Jakobs, Mobiliar-Zwangsvollstreckung für Soziale Leistungsträger (§ 66 SGB X), DGVZ 1984, 163; Saum, Zur Zwangsvollstreckung der Sozialversicherungsträger, Sozialgerichtsbarkeit 1980, 340; Schulz, Die vollstreckbare Ausfertigung bei der Vollstreckung nach § 66 IV SGB X, DGVZ 1983, 133.

33.1 Ansprüche der im Sozialgesetzbuch zusammengefaßten Sozialleistungsbereiche (Arbeitsförderung, Sozialversicherung, Gesetzliche Krankenversicherung; Gesetzliche Rentenversicherung, Gesetzliche Unfallversicherung usw; SGB I §§ 3–9) **vollstrecken Behörden** des Bundes, bundesunmittelbare Körperschaften, Anstalten und Stiftungen des öffentlichen Rechts und die Verwaltungsbehörden der Kriegsopferversorgung nach dem Verwaltungsvollstreckungsgesetz (des Bundes) (SGB X, Verwaltungsverfahren, § 66 Abs 1, 2). Für die Vollstreckung zugunsten der übrigen Behörden der Sozialleistungsbereiche gelten die jeweiligen landesrechtlichen Vorschriften über das Verwaltungsvollstreckungsverfahren (SGB X, Verwaltungsverfahren, § 66 Abs 3).

33.2 Für die Vollstreckung in das **unbewegliche Vermögen** stellt die für den Leistungsträger zuständige Vollstreckungsbehörde (wie Finanzamt oder Gerichtskasse) Antrag an das Vollstreckungsgericht oder Grundbuchamt. Sie hat hierbei zu bestätigen, daß die gesetzlichen Voraussetzungen für die Vollstreckung vorliegen (VwVG § 5 Abs 1 und Abgabenordnung § 322 Abs 1). Zum Verwaltungszwangsverfahren näher Rdn 38.

33.3 Auch in entsprechender **Anwendung der Zivilprozeßordnung** können Leistungsträger aller Sozialleistungsbereiche aus ihren **Verwaltungsakten** vollstrecken lassen (SGB X § 66 Abs 4). Hierfür erteilt die vollstreckbare Ausfertigung (zu

---

[396] Stein/Jonas/Bork, ZPO, § 108 Rdn 26; Zöller/Herget, ZPO, § 108 Rdn 11; Mümmler JurBüro 1971, 217.
[397] OLG Düsseldorf JurBüro 1981, 872; OLG Frankfurt MDR 1978, 490 = NJW 1978, 1441 = OLGZ 1978, 193 = Rpfleger 1978, 261; OLG Koblenz MDR 1993, 470 = Rpfleger 1993, 355 und JurBüro 2001, 213; OLG München DGVZ 1967, 86 = OLGZ 1965, 292; LG Aachen JurBüro 1982, 1410 = Rpfleger 1983, 31 und MDR 1988, 238; LG Augsburg DGVZ 1998, 122 = JurBüro 1998, 495 = NJW-RR 1998, 1368 = Rpfleger 1998, 166; LG Aurich DGVZ 1990, 10; LG Hannover DGVZ 1989, 141; LG Mannheim DGVZ 1988, 187 = JurBüro 1989, 859 = Rpfleger 1989, 72; AG Freiburg DGVZ 1989, 46; AG Ulsingen DGVZ 1982, 13; Kotzur DGVZ 1990, 65; Jacobs DGVZ, 1973, 107 und 129 (II 9 a).

Anordnungsbeschluß 34.2 § 15

dieser eingehend[398]) des zu vollstreckenden Verwaltungsaktes (Leistungsbescheides, Beitragsbescheides) der Behördenleiter, sein allgemeiner Vertreter oder ein anderer dazu ermächtigter Angehöriger des öffentlichen Dienstes (SGB X § 66 Abs 4). Der Leistungsbescheid muß vollständig ausgefertigt und mit handschriftlich unterzeichneter Vollstreckungsklausel sowie original mit Siegelabdruck[399] (Stempelabdruck) versehen sein. Daß die Klausel auf ein Ausstandsverzeichnis, eine Zusammenfassung früher durch Leistungsbescheid oder sonst geltend gemachter Ansprüche, auf einen Auszug aus dem Leistungsbescheid oder eine nur inhaltliche Wiedergabe aus Beitragsbescheiden gesetzt wird, genügt nicht[400] (anders[401]). Zustellung im Parteibetrieb durch den Gerichtsvollzieher ist nachzuweisen. Zustellungsbescheinigung (ZPO § 169 Abs 1) über die von Amts wegen durchgeführte Zustellung des Verwaltungsakts durch den Leistungsträger genügt als Zustellungsnachweis.

33.4 Vollstreckt auf Grund des entsprechend geltenden SGB X § 66 nach Bundes- oder Landesverwaltungsvollstreckungsgesetz oder auf Grund dessen Abs 4 in entsprechender Anwendung der Zivilprozeßordnung werden auch Geldbußen aus Ordnungswidrigkeitsverfahren nach SGB III (Arbeitsförderung; dort § 405 Abs 2 Satz 2), nach dem Bundeskindergeldgesetz (dort § 16 Abs 3), nach dem Schwerbehindertengesetz (dort § 65 Abs 4) und nach dem SGB IV, Gemeinsame Vorschriften (dort § 112 Abs 3).

33.5 Kostenfreiheit (Gebühren- und Auslagenfreiheit) besteht für Vollstreckung von Sozialleistungsansprüchen in Verfahren der Zwangsversteigerung und Zwangsverwaltung **nicht** (mehr) (so auch[402]). Der die Kostenfreiheit regelnde SGB X § 64, sieht für diese Verfahren keine Befreiung vor. Bei Vollstreckung des Anspruchs auf Erstattung einer Sozialleistung (nicht aber einer anderen Forderung wie zu Unrecht ausbezahlten Honorars für vertragsärztliche Leistungen[403]) werden für Eintragung einer Zwangssicherungshypothek Gerichtskosten (Gebühren und Auslagen) nach der Kostenordnung nicht erhoben (SGB X § 66). Eine weitergehende Kostenfreiheit ergibt sich für Leistungsträger auch nicht aus SGB X § 7, über Amtshilfe, weil gerichtliche Vollstreckungsverfahren nicht den Behörden obliegen, mithin nicht im Wege der Amtshilfe durchgeführt werden können (SGB X § 1 Abs 1, § 3)[404].

Steuerforderungen 34

34.1 Die **Abgabenordnung** „gilt für alle Steuern einschließlich der Steuervergütungen, die durch Bundesrecht oder Recht der Europäischen Gemeinschaften geregelt sind, soweit sie durch Bundesfinanzbehörden oder durch Landesfinanzbehörden verwaltet werden" (Gesetz § 1 Abs 1) (Ausnahme für Realsteuern Rdn 34.7) und nach Maßgabe des Landesrechts auch für Landes- und Kommunal-Steuern und -Abgaben (zB nach dem bay Kommunalabgabengesetz).

34.2 „**Steuern** sind Geldleistungen, die nicht eine Gegenleistung für eine besondere Leistung darstellen und von einem öffentlichrechtlichen Gemeinwesen zur Erzielung von Einnahmen allen auferlegt werden, bei denen der Tatbestand zutrifft, an den das Gesetz die Leistungspflicht knüpft" (Gesetz § 3 Abs 1). „**Steuerliche**

---

[398] Hornung Rpfleger 1987, 225.
[399] Hornung Rpfleger 1987, 225 (VII 3 d); Jakobs DGVZ 1984, 163 (C III 2, 3); LG Aachen JurBüro 1983, 621; LG Aurich NdsRpfl 1986, 215; LG Aurich NdsRpfl 1986, 276; LG Aurich Rpfleger 1988, 198.
[400] LG Bielefeld JurBüro 1982, 1584; LG Kassel DGVZ 1984, 172; LG Ravensburg NJW 1981, 2524 Leitsatz; AG Arnstadt DGVZ 2000, 140; AG Augsburg DGVZ 2004, 77; AG Kassel DGVZ 1984, 172; AGe Neuruppin und Luckenwalde Rpfleger 2000, 119.
[401] LG Kassel DGVZ 1984, 175.
[402] LG Lüneburg Rpfleger 1982, 200; AG Bayreuth JurBüro 1984, 898.
[403] OLG Karlsruhe Justiz 1989, 353.
[404] Stöber, Forderungspfändung, Rdn 853.

§ 15 34.2   Anordnung der Versteigerung

Nebenleistungen sind Verspätungszuschläge (§ 152), Zinsen (§§ 233 bis 237), Säumniszuschläge (§ 240), Zwangsgelder (§ 329) und Kosten (§ 178, §§ 337 bis 345)" (Gesetz § 3 Abs 3).

34.3 Verspätungszuschläge bis 10% oder bis 25 000 Euro werden festgesetzt, wenn eine Steuerklärung nicht fristgemäß abgegeben wird (Gesetz § 152). **Stundungszinsen** werden erhoben, wenn eine Steuer gestundet wird (Gesetz § 234) (Zinsen 1/2% monatlich nur für volle Monate bei Abrundung der Schuld auf volle hundert Deutsche Mark, Gesetz § 238); **Säumniszuschläge** zur Hauptsache, wenn eine Steuer nicht rechtzeitig entrichtet wird (1% je angefangenen Monat, Schuld auf volle 50 Euro abgerundet, Gesetz § 240) und **Verzugszinsen**, wenn ein Rechtsbehelf erfolglos geblieben ist (Gesetz § 237, Zinssatz wie bei Stundungszinsen). **Zwangsgeld** bis zu 25 000 Euro wird festgesetzt, wenn ein Verwaltungsakt auf Vornahme einer Handlung oder auf Duldung oder Unterlassen durchgesetzt werden soll (Gesetz § 328 Abs 1, § 329). Die Ansprüche aus einem Steuerschuldverhältnis **verjähren** in fünf Jahren (Gesetz § 228).

34.4 Vollstreckungsbehörden sind allgemein die Finanzämter und Hauptzollämter (Gesetz § 249 Abs 1) und bei Zwangsgeld die Behörde, die den Verwaltungsakt erlassen hat (Gesetz § 249 Abs 1, § 328 Abs 1). Als **Gläubiger** des zu vollstreckenden Anspruchs gilt die Körperschaft, der die Vollstreckungsbehörde angehört (Gesetz § 252), also bei einem Finanzamt des Landes das Land, auch wenn es sich um Bundessteuern handelt und auch, wenn das Finanzamt als für die Vollstreckung des Anspruchs einer anderen Behörde bestimmte oder ersuchte Vollstreckungsbehörde tätig wird. Die Vollstreckung darf erst beginnen, wenn die Leistung fällig und der Schuldner durch ein Leistungsgebot aufgefordert ist, wobei eine Woche verstrichen sein muß (Gesetz § 254 Abs 1); Leistungsgebot ist nicht nötig für Säumniszuschläge und Zinsen, die zusammen mit der Steuer, und Kosten, die zusammen mit dem Hauptanspruch beigetrieben werden (Gesetz § 254 Abs 2). Bei Vollstreckung in das unbewegliche Vermögen stellt die **Anträge** die Vollstreckungsbehörde, wobei sie zu bestätigen hat, daß die gesetzlichen Voraussetzungen für die Vollstreckung vorliegen (unterliegt nicht der Prüfung von Vollstreckungsgericht und Grundbuchamt) (Gesetz § 322 Abs 3). Es genügt dabei eine Bestätigung in der allgemeinen Form des Gesetzeswortlauts, daß also die gesetzlichen Voraussetzungen vorliegen; die einzelnen Voraussetzungen (Fälligkeit, Leistungsgebot, Fristablauf usw) brauchen nicht einzeln bezeichnet und bestätigt zu werden. Bekanntgabe des Antrags (Eintragungsersuchens) als Verwaltungsakt an den Schuldner (erforderlich nach[405]; anders[406]) ist nicht Vollstreckungserfordernis, für Vollstreckungsbeginn vom Vollstreckungsgericht (Grundbuchamt) somit nicht zu prüfen.

34.5 Die Abgabenordnung enthält keine eigenständige Regelung der **Immobiliarvollstreckung.** Sie verweist vielmehr in § 322 Abs 1 und 2 auf ZPO §§ 864–871, auf Luftfahrzeugrechtegesetz § 106 und auf das ZVG. Zwangsversteigerung und Zwangsverwaltung sollen nur betrieben werden, wenn die Mobiliarvollstreckung nicht zum Erfolg führt (Gesetz § 322 Abs 4) (vom Gericht nicht zu prüfen). Wenn eine Zwangshypothek eingetragen ist, kann aus ihr ohne besonderen Duldungsbescheid (Gesetz § 191 Abs 1) gegen den Grundstückseigentümer, der es schon bei Eintragung des Rechts war und noch ist, vollstreckt werden. Der Antrag muß jedoch erkennen lassen, ob die persönliche Forderung oder der dingliche Anspruch aus der Zwangshypothek geltend gemacht wird (Rdn 9.6 und 38.6). Ein Duldungsbescheid ist aber nötig, wenn nach der Eintragung der Zwangshypothek (Schiffshypothek, Registerpfandrecht) ein Eigentumswechsel erfolgt ist (Gesetz § 323); er unterliegt nicht der Prüfung des Gerichts (Gesetz § 322 Abs 3); er ge-

---

[405] BFH 145, 17 = Betrieb 1986, 786; BFH 152, 53 = Betrieb 1988, 1201; BFH ZIP 1990, 408.

[406] Schwarz und App ZIP 1990, 358.

Anordnungsbeschluß 34.9 § 15

hört mit zu den gesetzlichen Vollstreckungsvoraussetzungen, deren Vorliegen die Vollstreckungsbehörde zu bestätigen hat (Gesetz § 322 Abs 3; Rdn 34.4). Wegen einer Steuer, die eine öffentliche Grundstückslast ist (zB Grundsteuer), ist die Vollstreckung in das Grundstück zu dulden (Gesetz § 77 Abs 2).

34.6 Die Finanzbehörde benötigt keinen **Vollstreckungstitel,** die Vollstreckung erfolgt im Verwaltungszwangsverfahren; die Einschaltung von Gericht und Grundbuchamt ist nur rechtstechnisch bedingt[407]. Auch Leistungsgebot oder andere Unterlagen sind nicht vorzulegen, wie Rdn 34.4, 34.5 ausgeführt. Die Finanzbehörde kann mit Zwangsversteigerung, Zwangsverwaltung (diese nur in Grundstücke und grundstücksgleiche Rechte) und mit Zwangshypothek (Schiffshypothek, Registerpfandrecht) vorgehen (Gesetz § 322 Abs 1–3). Sie kann aber auch ein Eigentümergrundpfandrecht pfänden und hieraus vorgehen (Rdn 11), nimmt dann aber am normalen Rechtsverkehr teil und benötigt zur Vollstreckung hieraus wie jeder Gläubiger einen dinglichen Titel (Rdn 11.2). Sie kann auch einen Gemeinschaftsanteil pfänden und hieraus die Teilungsversteigerung betreiben (§ 180 Rdn 11); muß dann normal die ordnungsgemäße Pfändung nachweisen.

34.7 Für die **Realsteuern** (= Grundsteuer und Gewerbesteuer, Gesetz § 3 Abs 2) gelten die besprochenen Vorschriften des Steuerrechts nur eingeschränkt (Gesetz § 1 Abs 2), weil die Verwaltung dieser Steuern Sache der Gemeinden ist. Vollstreckung erfolgt hier nicht nach der Abgabenordnung, sondern nach den landesrechtlichen Vorschriften über die Beitreibung von Gemeindeabgaben; es gelten hier also nicht die Rdn 34.1–34.6 besprochenen Regeln über die Vollstreckung, wohl aber, was in Rdn 34.2 über steuerliche Nebenleistungen gesagt ist. Die **Grundsteuer** (Grundsteuergesetz) ist eine öffentlichrechtliche Grundstückslast (Gesetz § 12), hat also in der Immobiliarvollstreckung mit laufenden Beträgen und Rückständen bis zu zwei Jahren immer (auch wenn aus ihr nicht betrieben wird) Rangklasse 3 des § 10 Abs 1 (auch ihre steuerlichen Nebenleistungen, Rdn 34.2). Die **Gewerbesteuer** (Gewerbesteuergesetze) ist eine nicht bevorrechtigte, nach ZVG also persönliche Forderung, die in der Immobiliarvollstreckung nur zum Zuge kommt, wenn aus ihr das Verfahren betrieben wird[408]; sie hat dann Rangklasse 5 des § 10 Abs 1 (betreibender persönlicher Anspruch[408]), ist keine öffentliche Grundstückslast; auch die auf den Betrieb eines Unternehmens sich gründende Gewerbesteuerhaftung des Grundstückseigentümers (Abgabenordnung § 74) gewährt kein Recht auf Befriedigung als öffentliche Last[408].

34.8 Der Ersteher haftet nicht für **rückständige Grundsteuer** des bisherigen Eigentümers; der Erwerb im Vollstreckungsverfahren ist vom Haftungsübergang ausgenommen (GrStG § 11). Der Ersteher haftet auch nicht für rückständige **Gewerbesteuer und sonstige Betriebssteuern** des bisherigen Eigentümers; auch insoweit ist der Haftungsübergang bei Erwerb im Vollstreckungsverfahren ausgeschlossen (Abgabenordnung § 75 Abs 2). Die frühere Vorschrift (dazu § 41 Rdn 4.3), wonach den Steuerbehörden die Terminsbestimmung mit der Aufforderung mitzuteilen war, etwaige Betriebssteuerrückstände zur Bekanntgabe im Versteigerungstermin anzugeben, ist entfallen.

34.9 An der Rangstelle der Steuerschuld (also auch bei einer nach § 10 Rangklasse 3 bevorrechtigten, wie der Grundsteuer) werden auch alle **„steuerlichen Nebenleistungen"** (Abgabenordnung § 3 Abs 3; Rdn 34.2, 34.3) befriedigt, darunter Zinsen und Säumniszuschläge; Steuern und steuerliche Nebenleistungen werden gleichbehandelt (Abgabenordnung § 1 Abs 2, § 37 Abs 1). Früher genossen einen Vorrang nur die Zinsen, nicht die Säumniszuschläge (war umstritten). Früher durfte das Finanzamt in bestimmte Kleinsiedlungen nur eingeschränkt vollstrecken; das gilt jetzt nicht mehr. Bei Zahlungen im Vollstreckungsweg, die nicht

---

[407] BGH 3, 140 = NJW 1951, 763 = Rpfleger 1951, 611.
[408] LG Stuttgart Rpfleger 1976, 329 mit zust Anm Stöber.

§ 15 34.9 Anordnung der Versteigerung

für alle Verbindlichkeiten ausreichen, bestimmt an sich das Finanzamt die Reihenfolge der Tilgung (Gesetz § 225 Abs 3); das gilt aber nicht für die ZVG-Verfahren, in denen die Reihenfolge gesetzlich durch § 12 festgelegt ist.

34.10 Wird das Verfahren auf Betreiben der Finanzbehörde angeordnet, so nimmt es seinen **normalen Verlauf.** Auch hier sind also die gegebenen Einstellungs- und Aufhebungsvorschriften wie alle anderen des ZVG anzuwenden. Laut Bundesgerichtshof[409] ist es eine unbillige Härte (Einl Rdn 52), wenn ein Finanzamt wegen einer dinglich gesicherten Schuld ganz geringer Höhe ein wertvolles, gar sonst unbelastetes Grundstück versteigern läßt (letztes wertvolles Vermögen des Schuldners, der in einer bedrängten wirtschaftlichen Lage war).

34.11 In den Vollstreckungsverfahren sind von den Bundes- und Landesfinanzbehörden die Bestimmungen der **Allgemeinen Verwaltungsvorschrift** über die Durchführung der Vollstreckung nach der Abgabenordnung (Vollstreckungsanweisung – VollstrA) vom 13. März 1980, Bundessteuerblatt I S 112, zu beachten (für Vollstreckung in das unbewegliche Vermögen Nummern 45–51). Als Verwaltungsvorschrift ist die Vollstreckungsanweisung in gerichtlichen Vollstreckungsverfahren nicht anzuwenden (Nr 1 Abs 1 Satz 2 Vollstreckungsanweisung).

35 Truppenstatut, Soldaten

Literatur: Bauer, Zwangsvollstreckungsverfahren gegen Mitglieder der in der BRD stationierten NATO-Truppen, JurBüro 1964, 247; Schwenk, Zustellungen und Vollstreckung in nichtstrafrechtlichen Verfahren nach dem NATO-Truppenstatut, NJW 1964, 1000; Schwenk, Die zivilprozessualen Bestimmungen des NATO-Truppenstatuts und der Zusatzvereinbarungen, NJW 1976, 1562.

35.1 Die deutsche Gerichtsbarkeit erstreckt sich für die Vollstreckung von Zahlungsansprüchen nicht auf Mitglieder der in der Bundesrepublik Deutschland stationierten **NATO-Truppen,** ihres zivilen Gefolges und ihrer Angehörigen nach Maßgabe der im NATO-Truppenstatut vom 19. 6. 1951 (BGBl 1961 II 1190), dem Zusatzabkommen vom 3. 8. 1959 (BGBl 1961 II 1218) und dem Gesetz dazu vom 18. 8. 1961 (BGBl 1961 II 1183) näher geregelten Befreiungen (GVG § 20). Truppenstatut und Zusatzabkommen sind abgedruckt in Sartorius II (Internationale Verträge, Europarecht) Nummern 66b, 66c, auszugsweise auch (mit Erläuterungen)[410].

35.2 Für die **Zustellung an Soldaten** der Bundeswehr (nicht Zivilangestellte) regelt besondere Bestimmungen der Erlaß des Bundesministers der Verteidigung über Zustellungen, Ladungen, Vorführungen und Zwangsvollstreckungen bezüglich Soldaten der Bundeswehr vom 23. Juli 1998 (VMBl 1998, 246) mit Änderung zuletzt vom 14. 6. 2004 (VMBl 2004, 109)[411].

36 Veräußerungsverbot, Sequestration

36.1 Die (verfahrensrechtliche) Wirkung eines (gesetzlichen sowie gerichtlich oder behördlich angeordneten) Veräußerungsverbots, das nur den **Schutz bestimmter Personen** bezweckt (BGB §§ 135, 136) regelt ZPO § 772 mit einem Veräußerungsverbot. Die Bestimmung erfaßt insbesondere das mit einstweiliger Verfügung erlassene (richterliche) Veräußerungsverbot (hierzu § 28 Rdn 5.6). Das Veräußerungsverbot schließt als Verfahrensvorschrift Durchführung des Versteigerungsverfahrens und Veräußerung mit Zuschlag aus, wenn das Verfahren wegen eines persönlichen Anspruchs oder auf Grund eines infolge des Verbots unwirksa-

---

[409] BGH MDR 1973, 566 = NJW 1973, 894.
[410] Baumbach/Lauterbach/Hartmann, ZPO, Schlußanhang III.
[411] Abgedruckt Zöller/Stöber, ZPO, vor § 166 Rdn 7; Baumbach/Lauterbach/Hartmann, ZPO, Schlußanhang II.

Anordnungsbeschluß 37.1 § 15

men Rechts betrieben wird. Es hindert nicht die Anordnung der Zwangsversteigerung (Zulassung des Beitritts), nicht eine Zwangsverwaltung und ebenso nicht die Eintragung einer Sicherungshypothek. Als Sollvorschrift (Ordnungsvorschrift) des Verfahrensrechts ist ZPO § 772 vom Vollstreckungsgericht zu befolgen, wenn es im Verfahren bekannt wird. Rechtsbehelf für Geschützten: ZPO § 771 (mit § 772). § 28 Abs 2 ermöglicht Verfahrenseinstellung und Aufhebung nach Fristablauf nicht (§ 28 Rdn 8.4; anders[412]). Die Rechtslage (verfahrensrechtliche Behandlung) ist dem in ZPO § 773 geregelten Nacherbenschutz gleich. Einzelheiten: Rdn 30.8 und 30.10–30.13 sowie § 28 Rdn 8.3 und 8.4.

36.2 Veräußerungsverbot nach ZPO § 772 ist **nicht** das mit **Beschlagnahme** durch Anordnung von Zwangsversteigerung oder Zwangsverwaltung bewirkte Veräußerungsverbot (§§ 20, 23 Abs 1 Satz 1), weil der Zugriff weiterer Gläubiger gesetzlich besonders geregelt ist[413]. Zulässigkeit des Beitritts (§ 27) nach Verfahrensanordnung und Versteigerung auf Betreiben des Beitrittsgläubigers hindert ZPO § 772 daher nicht. Zwangsversteigerung und Zwangsverwaltung sind nebeneinander zulässig (ZPO § 866 Abs 2). Zwangsverwaltung steht späterer Anordnung der Zwangsversteigerung daher nicht entgegen. Nach Anordnung der Zwangsverwaltung kann somit auch ein persönlicher Gläubiger oder der Gläubiger eines dem Zwangsverwaltungs-Beschlagnahmegläubiger nachgehenden dinglichen Rechts die Zwangsversteigerung anordnen lassen[414]. Die umgekehrte Reihenfolge ist schon dadurch ohne Bedeutung, daß in der Zwangsverwaltung das Grundstück nicht veräußert werden soll; ist die Versteigerung also angeordnet, kann jeder Berechtigte auch die Zwangsverwaltung anordnen lassen.

36.3 Eine **Sequestration** nach ZPO § 938 hindert weder die Zwangsversteigerung noch die Zwangsverwaltung. Sie ändert auch nichts an der Schuldnerstellung; der Sequester ist nicht allgemeiner Vertreter des Grundstückseigentümers (keine Titelumschreibung auf ihn), sondern hat nur die gesetzlich festgelegten Sonderaufgaben.

Verjährung 37

Literatur: Amann, Das Verjährungsrecht nach der Schuldrechtsreform aus notarieller Sicht, DNotZ 2002, 94; Schmidt, Zur Verjährung der Rückgewähransprüche nicht valutierter Grundpfandrechte, BWNotZ 2002, 97; Sostmann, Der Umfang des Zinsanspruchs bei Grundschulden, MittRhNotK 1999, 274; Stöber, Verjährte, rückständige und laufende Grundschuldzinsen in der Zwangsversteigerung, MittBayNot 1999, 441; Wolfsteiner, Neue Verjährungsfristen, DNotZ 2001, 902.

37.1 Verjährung hindert die Vollstreckung nicht; sie wird auch nicht von Amts wegen beachtet. Für den Schuldner begründet Verjährung eine **Einrede** (BGB § 214 Abs 1). Sie ist gegen den vollstreckenden Gläubiger mit Vollstreckungsabwehrklage (ZPO § 767) geltend zu machen. Vorläufige Anordnung zur Hemmung der Zwangsvollstreckung ermöglicht ZPO § 769: Einstellung und Aufhebung der Zwangsvollstreckung erfolgen auf Grund der gerichtlichen Entscheidung nach ZPO §§ 775, 776. Wenn ein verjährter Anspruch (insbesondere Zinsen und andere wiederkehrende Leistungen) in den Teilungsplan aufgenommen ist (§ 114), ist die Einrede der Verjährung mit Widerspruch geltend zu machen[415] (§ 115 Abs 1; ZPO § 876). Die Verjährung einer durch Hypothek gesicherten Forderung hindert die Vollstreckung des dinglichen Anspruchs nicht (BGB § 216 Abs 1); Ausnahme für verjährte Zinsen und andere wiederkehrende Leistungen: BGB § 216 Abs 3, § 1137.

---

[412] LG Ravensburg BWNotZ 1978, 162 mit krit Anm Hepp.
[413] Stein/Jonas/Münzberg, ZPO, § 772 Rdn 2.
[414] LG Köln NJW 1952, 591; Zöller/Stöber, ZPO, § 866 Rdn 4; Jaeckel/Güthe vor §§ 1–2 Rdn 27; anders Korintenberg/Wenz Einleitung Kapitel 26 (III 4).
[415] Stöber MittBayNotK 1999, 441.

§ 15 37.2 Anordnung der Versteigerung

37.2 Die Verjährung war bis 31. Dez 2001 in BGB §§ 194–225 geregelt. Neuregelung ist **ab 1. Jan 2002 in BGB §§ 194–218** nF erfolgt. Umfassende **Überleitungsbestimmung**, insbesondere für Beginn, Ablaufhemmung und Neubeginn der Verjährung sowie auch für Dauer der Verjährungsfrist, trifft EGBGB **Art 229 § 6**. Nach dem **neuen Recht** gilt ab 1. Jan 2002 (Besonderheiten in der Übergangszeit siehe die Überleitungsbestimmung):

37.3 Ein rechtskräftig festgestellter Anspruch (nicht aber regelmäßig wiederkehrende Leistungen) und Kosten der Zwangsvollstreckung verjähren in 30 Jahren (BGB § 197 Abs 1 Nr 3 und 6). **Zinsen** und sonst regelmäßig wiederkehrende Leistungen (bei Annuitätendarlehen auch der Tilgungsanteil der Zins- und Tilgungsraten[416]) verjähren in 3 Jahren (BGB §§ 195, 197 Abs 2) ab Jahresschluß (BGB § 199), stets jedoch mit dem Hauptanspruch (BGB § 217). Auch die Zinsen einer (Sicherungs-)Grundschuld verjähren nach BGB § 197 Abs 2 in (nun) drei Jahren[417]; die Verjährung ist nicht (nach BGB § 205) bis zum Eintritt des Sicherungsfalls gehemmt[417]. **Erneut beginnt die Verjährung**, wenn eine Vollstreckungshandlung beantragt oder vorgenommen wird (BGB § 212 Abs 1 Nr 2). Durch Zwangsvollstreckung kann der Gläubiger somit die Verjährung eines titulierten Anspruchs verhindern. Diese Unterbrechung dauert jedoch nicht für die Dauer des Vollstreckungsverfahrens an; sie beginnt sogleich neu, wenn die Vollstreckungshandlung beantragt oder vorgenommen ist. Insbesondere für Hypotheken- und Grundschuldzinsen, die während eines Vollstreckungsverfahrens zu verjähren drohen, erlangt daher Bedeutung, daß BGB § 212 Abs 1 Nr 2 die Möglichkeit mehrfachen Neubeginns der Verjährung eröffnet[418], auch mit Antrag auf Zwangsversteigerung vor Ablauf der bereits mit einem Zwangsverwaltungsantrag erneut begonnenen Verjährung[419] und umgekehrt). Verjährungsunterbrechende Wirkung hat aber auch jede einzelne Verwirklichung eines in BGB § 212 Abs 1 Nr 2 genannten Tatbestands, mithin auch jeder einzelne Vollstreckungsakt des Vollstreckungsgerichts[420] (Anordnung, Beitritt, Terminsbestimmung, Festsetzung des Verkehrswerts usw)[421]. Stellung des Antrags für Neubeginn der Verjährung ist nicht nur in dem einleitenden Antrag auf Zwangsversteigerung (oder Zulassung des Beitritts) zu sehen, sondern kann sich auch in späteren Stadien des Versteigerungsverfahrens wiederholen, so mit dem Antrag auf Fortsetzung eines eingestellten Verfahrens[421]. Berücksichtigung der Zinsen und anderen wiederkehrenden Leistungen eines nicht vollstreckenden Gläubigers im geringsten Gebot und Aufnahme in den Teilungsplan sind keine verjährungsunterbrechende Vollstreckungshandlung[422], Anmeldung hierfür (§ 45 Abs 1, § 114 Abs 1) ist nicht verjährungsunterbrechende Stellung eines Zwangsvollstreckungsantrags[422]. Der Neubeginn der Verjährung nach BGB § 212 Abs 1 Nr 2 entfällt bei einem Mangel der Zwangsvollstreckung oder Rücknahme des Antrags (BGB § 212 Abs 2 und 3 mit Einzelheiten).

37.4 Zu berücksichtigen sein können verjährte Zinsen und andere Nebenleistungen auch in der **Rangklasse 4** des § 10 Abs 1 (Abgrenzung nach § 13; kann somit bei länger zurückliegender Beschlagnahme praktische Bedeutung erlangen[423]). Berücksichtigt wird auch die Verjährung von Zinsen und anderen Nebenleistungen weder bei Zwangsvollstreckung des Anspruchs noch bei Erlösver-

---

[416] BGH 148, 90 = MDR 2001, 1101 = NJW 2001, 2711.
[417] BGH 142, 333 = DNotZ 2000, 59 = MDR 1999, 1571 = NJW 1999, 3705.
[418] BGH 93, 287 = MDR 1985, 562 = NJW 1985, 581 = Rpfleger 1987, 12 Leitsatz mit Anm Bauch.
[419] BGH MDR 2003, 1067 = NJW-RR 2003, 1076.
[420] AG Bremen JurBüro 1982, 1240.
[421] BGH 93, 287 = aaO (Fußn 418).
[422] Stöber MittBayNot 1999, 441 (443).
[423] Stöber MittBayNot 1999, 441 (445).

Anordnungsbeschluß 38.2 § 15

teilung im Zwangsversteigerungs- und Zwangsverwaltungsverfahren von Amts wegen[424] (wie Rdn 37.1). Der Eigentümer muß der Geltendmachung des Anspruchs mit der Einrede der Verjährung (BGB § 214 Abs 1) begegnen (Rdn 37.1). Dem vollstreckenden Gläubiger gegenüber kann sich der Eigentümer auch nach Abschluß der Vollstreckung zur Begründung eines Bereicherungsanspruchs noch auf die Verjährung berufen[425] (kein Fall von BGB § 214 Abs 2 Satz 1). Ob das auch gilt, wenn ein nicht vollstreckender Grundpfandrechtsgläubiger verjährte Zinsen und andere Nebenleistungen aus dem Versteigerungserlös erlangt hat, weil Widerspruch unterblieben ist, ist nicht geklärt. Rückforderung ist jedoch nicht behindert, wenn mit Verjährung ein öffentlich-rechtlicher Anspruch erloschen ist (zB eine Steuerschuld nach Abgabenordnung § 232). Ein **nachrangig Berechtigter** kann sich aus eigenem Recht (damit er aufrückt) nicht auf die Verjährung von Zinsen oder anderen Nebenleistungen berufen.

37.5 Der (schuldrechtliche) **Rückgewähranspruch** des Sicherungsgebers gegen den Grundschuldgläubiger (§ 114 Rdn 7.7) verjährt in zehn Jahren[426] (BGB § 196). Verjährungsbeginn: Mit Fälligkeit, sonach Erledigung des Sicherungszwecks. Der (abtretbare) Verzichtsanspruch des Eigentümers infolge dauernder Einrede gegen die Geltendmachung der Grundschuld (BGB §§ 1169, 1192 Abs 1) müßte (als dinglicher Anspruch) nicht der Verjährung unterliegen[427] (BGB § 902 Abs 1).

Verwaltungszwangsverfahren 38

Literatur: Gaul, Billigkeit und Verhältnismäßigkeit in der zivilgerichtlichen Vollstreckung öffentlicher Abgaben, JZ 1974, 279; Gaul, Die Mitwirkung des Zivilgerichts an der Vollstreckung von Verwaltungsakten und verwaltungsgerichtlichen Entscheidungen, JZ 1979, 496; Hornung, Gerichtliche Vollstreckung im Verwaltungszwangsverfahren, Rpfleger 1981, 86; Holtzmann, Ein neues Verwaltungsvollstreckungsrecht in Hessen, NJW 1966, 1744; Kreiling, Rechtsbehelfe gegen Beitreibungsmaßnahmen im Verwaltungsvollstreckungsrecht, NJW 1963, 888; Mattern, Vollstreckbare Titel in Verwaltungszwangsverfahren? NJW 1951, 544.

38.1 Verwaltungszwangsverfahren ist Vollstreckung im Verwaltungsweg durch Vollstreckungsbehörden des Bundes, einer bundesunmittelbaren juristischen Person des öffentlichen Rechts, eines Landes, einer Gemeinde oder sonstigen Körperschaft des öffentlichen Rechts. Für Einleitung (und Durchführung) der Verwaltungsvollstreckung bedarf es keines vollstreckbaren Titels. Die Verwaltungsvollstreckung wird von der Verwaltungsbehörde eingeleitet, die den Anspruch geltend machen darf; sie stellt selbst fest und bestätigt, daß die gesetzlichen Voraussetzungen für die Vollstreckung vorliegen[428]. **Vollstreckungsgericht** und Grundbuchamt sind auch bei Verwaltungsvollstreckung für die Vollstreckung in das unbewegliche Vermögen **zuständige** Vollstreckungsorgane. Es finden die für die gerichtliche Zwangsvollstreckung geltenden Vorschriften, namentlich ZPO §§ 864–871 und das ZVG Anwendung. Entsprechendes gilt für die Vollstreckung in ausländische Schiffe und in ausländische Luftfahrzeuge.

38.2 Im Verwaltungszwangsverfahren vollstreckt werden **öffentlich- rechtliche Geldforderungen**, nach (seltenen) Ausnahmen einzelner Landesgesetze auch bestimmte privatrechtliche Forderungen der öffentlichen Hand[429]. Wenn die Vollstreckungsbehörde ein Eigentümerrecht pfändet und daraus vorgehen will, nimmt

---

[424] Stöber MittBayNot 1999, 441.
[425] BGH MDR 1994, 54 = NJW 1993, 3318.
[426] Amann DNotZ 2002, 94 (121); Wolfsteiner DNotZ 2001, 902 und 2003, 321; Schmidt BWNotZ 2002, 97.
[427] Wolfsteiner DNotZ 2003, 321 (322); Schmidt aaO (noch streitig).
[428] Hornung Rpfleger 1981, 86 (VI und VIII).
[429] Holtzmann NJW 1966, 1744.

sie nach der Pfändung am normalen Rechtsverkehr teil, benötigt dann wie jeder andere Gläubiger zur Vollstreckung einen dinglichen Titel (Rdn 11.2) und geht insoweit nicht mehr kraft ihres Hoheitsrechts vor.

38.3 Geregelt ist die Verwaltungsvollstreckung
- in der **Abgabenordnung** (AO 1977, §§ 249–346) für die Verwaltungsakte der Finanzbehörden (§ 15 Rdn 34);
- im **Bundes-Verwaltungs-Vollstreckungsgesetz** vom 27. April 1953 (BGBl I 157, mit Änderungen) für die öffentlich-rechtlichen Geldforderungen des Bundes und der bundesunmittelbaren juristischen Personen des öffentlichen Rechts;
- in den **Verwaltungsvollstreckungsgesetzen der Länder,** zum Beispiel Baden-Württemberg vom 12. März 1974 (GBl 93); Bayern vom 11. Nov 1970 (BayRS 2010–2-I); Brandenburg vom 18. Dez 1991 (GVBl 661); Bremen vom 15. Dez 1981 (GBl 283); Hamburg vom 13. März 1961 (GVBl 79 [136]); Hessen vom 4. Juli 1966 (GVBl I 151); Mecklenburg-Vorpommern vom 26. Febr 2004 (GVBl 106 §§ 110, 111); Niedersachen (NVwVG) vom 2. Juni 1982 (GVBl 139); Nordrhein-Westfalen (VwVG NW) vom 19. Febr 2003 (GV.NW 156); Rheinland-Pfalz vom 8. Juli 1957 (GVBl 101); Saarland vom 27. März 1974 (ABl. 430); Sachsen vom 10. Sept 2003 (GVBl 614); Sachsen-Anhalt vom 23. Juni 1994 (GVBl 710); Thüringen vom 27. Sept 1994 (GVBl 1053); je mit Änderungen;
- in der **Justizbeitreibungsordnung** für Geldstrafen, Geldbußen, Ordnungs- und Zwangsgelder, Gerichtskosten und andere Justizverwaltungsabgaben.

Verwaltungsvollstreckung durch Behörden der **Sozialverwaltung:** § 15 Rdn 33.

38.4 Der zu vollstreckende Anspruch muß festgestellt sein. **Voraussetzung für die Einleitung** der Verwaltungsvollstreckung ist daher in der Regel (siehe VwVG-Bund § 3 Abs 2) Leistungsbescheid (durch den der Schuldner zur Leistung aufgefordert worden ist), Fälligkeit der Leistung, Ablauf einer Frist von einer Woche seit Bekanntgabe des Leistungsbescheides (oder Eintritt späterer Fälligkeit) und besondere Mahnung mit einer Zahlungsfrist von einer Woche. Diese Fragen unterliegen jedoch nicht der Beurteilung (Prüfung) durch das Vollstreckungsgericht oder Grundbuchamt[430]. Rechtsbehelfe gegen den Leistungsbescheid, mit dem die Geldleistung gefordert (festgesetzt) worden ist, sind außerhalb des Vollstreckungsverfahrens, mit den jeweils dafür vorgesehenen Möglichkeiten einzulegen[431].

38.5 Die für Vollstreckung in das unbewegliche Vermögen erforderlichen **Anträge** des Gläubigers stellt die Vollstreckungsbehörde. Sie hat zu bestätigen, daß die gesetzlichen Voraussetzungen für die Vollstreckung vorliegen (Rdn 38.4). Vollstreckungsgericht und Grundbuchamt prüfen nur, ob Antragsteller Vollstreckungsbehörde ist, ob ein im Verwaltungsvollstreckungsverfahren durchsetzbarer Anspruch geltend gemacht ist und ob ein formgerechter Antrag mit Bestätigung der gesetzlichen Vollstreckungsvoraussetzungen durch die Vollstreckungsbehörde vorliegt[432], nicht aber, ob der Anspruch materiell besteht. Der Vollstreckungsantrag ersetzt auch alle anderen allgemeinen Vollstreckungsvoraussetzungen (zB nach ZPO § 765), nicht aber die besonderen, zB nach § 17 Abs 2 und 3 (Grundbuchzeugnis, Erbschein).

38.6 Der Antrag der Vollstreckungsbehörde muß sich gegen die Person als Vollstreckungsschuldner richten, gegen die ein anderer Gläubiger den Titel erwirken muß, also zB auch gegen den Testamentsvollstrecker, Nacherben, Nießbraucher.

---

[430] RG 88, 99; BayObLG 1948–1951, 610 = Rpfleger 1952, 133 mit zust Anm Bruhn und 1955, 337 Leitsatz; OLG Nürnberg JurBüro 1976, 1392 mit Anm Mümmler; LG Oldenburg Rpfleger 1981, 120; Hornung Rpfleger 1981, 86 (IV).
[431] Hornung Rpfleger 1981, 86 (II 5); Kreiling NJW 1963, 888.
[432] Hornung Rpfleger 1981, 86 (VI und VIII).

Anordnungsbeschluß 38.12 § 15

Als **Duldungsschuldner** wird (gleich dem Leistungsschuldner) in Anspruch genommen, wer zur Duldung der Zwangsvollstreckung verpflichtet ist (VwVG-Bund § 2 Abs 2). Einen (gerichtlichen) Vollstreckungstitel benötigt die Vollstreckungsbehörde daher auch zur Vollstreckung aus einer eigenen Zwangshypothek nicht (Rdn 9.6); sie muß aber erklären, ob sie dinglich oder persönlich vollstrecken will (der Antrag ersetzt den dinglichen Titel[433]).

38.7 Die Vollstreckungsbehörde ist als **Gläubigervertreter** am Verfahren beteiligt; sie muß alle Zustellungen und Mitteilungen erhalten, kann Anträge stellen, Erklärungen abgeben. Allgemeine Vollstreckungsbehörden sind bundesrechtlich Hauptzollämter und Finanzämter (VwVG-Bund § 4; Abgabenordnung § 249), landesrechtlich meist die Finanzämter (zB bayerisches Verwaltungsvollstreckungsgesetz Art 25). Besondere Vollstreckungsbehörden sind in zahlreichen Gesetzen bestimmt (zB Flurbereinigungsbehörde, Gerichtskasse).

38.8 Die **Beitreibungskosten** fallen auch in der Verwaltungsvollstreckung dem Vollstreckungsschuldner zur Last (zB Abgabenordnung § 337 Abs 1; darauf verweisend VwVG-Bund § 19 Abs 1). Sie haben den Rang des Anspruchs (§ 10 Abs 2). Unzulässig wird ihre Beitreibung (ebenso wie die von Säumniszuschlägen zusammen mit der Hauptforderung), wenn der die Hauptforderung festsetzende Verwaltungsakt aufgehoben wird[434].

38.9 Vollstreckungsmaßnahmen und Entscheidungen des Vollstreckungsgerichts im Immobiliarvollstreckungsverfahren sind auch bei Verwaltungsvollstreckung mit den **Rechtsbehelfen der Zwangsvollstreckung** anzufechten[435]; es findet somit Erinnerung (ZPO § 766) oder sofortige Beschwerde (§ 96 mit ZPO § 793) statt, bei Rechtspflegertätigkeit im Falle von RPflG § 11 Abs 2 auch (befristete) Erinnerung. Über Anträge auf Vollstreckungsschutz entscheidet das Vollstreckungsgericht[435]. Einstellung der Zwangsversteigerung bestimmt sich nach den §§ 30a–f; bei sittenwidriger Härte kann Vollstreckungsschutz nach ZPO § 765a gewährt werden. Insoweit hat die Vollstreckungsbehörde in der zivilgerichtlichen Zwangsvollstreckung im Verfahren vor dem Vollstreckungsgericht keine weitergehenden Rechte als jeder Privatgläubiger[435].

38.10 Wenn eine im Verwaltungszwangsverfahren vollstreckte Geldforderung **abgelöst** (Rdn 20) oder **abgetreten** wird, gehen mit der Forderung auch ein Vorzugsrecht (so das Befriedigungsrecht in Rangklasse 3 des § 10) sowie die durch Beschlagnahme bereits erlangte Rechtsstellung im Verfahren auf den neuen Gläubiger über (s bereits Rdn 20.26) (anders für Abtretung[436]). Eine Privatperson kann als neuer Gläubiger aber nicht im Verwaltungszwangsverfahren weiter vollstrecken; sie kann jedoch als materiell Berechtigter Verfahrenseinstellung bewilligen und den Antrag zurücknehmen (Rdn 20.26).

38.11 Einschlägig ZVG-Handbuch Rdn 28. Zur Frage der bei Vollstreckung eines Steuerbescheides zu beachtenden Amtspflichten, wenn der Steuerschuldner um Stundung nachgesucht hat, siehe[437].

38.12 Landschaftliche Kreditanstalten: Vollstreckung auf ihr Betreiben kann noch in einzelnen Bundesländern nach einem früheren preußischen Gesetz (Textanhang T 60 bei Nordrhein-Westfalen) auf ihren Antrag erfolgen[438], der den vollstreckbaren Schuldtitel ersetzt (Gesetz § 4). Nach Umwandlung der Kreditanstalt in eine Aktiengesellschaft benötigt sie zur Fortsetzung des Verfahrens jedoch einen Vollstrek-

---

[433] RG 88, 99; LG Hildesheim NdsRpfl 1957, 119 = Rpfleger 1959, 56 mit Anm Frölich.
[434] VGH Mannheim NJW 1984, 253.
[435] Gaul JZ 1979, 496 (III 1).
[436] LG Oldenburg Rpfleger 1982, 435.
[437] BGH KTS 1982, 419 = MDR 1982, 554.
[438] OLG Hamm JMBlNW 1965, 233 = OLGZ 1965, 298.

kungstitel[439]. Die Kreditanstalt kann nach diesem Gesetz auch befugt sein, ein beliehenes Grundstück (selbst) in Zwangsverwaltung zu nehmen (Gesetz §§ 3, 5, 6).

38.13 Die Deutsche Siedlungs- und Landesrentenbank kann seit 1. Jan 1981 ihre Forderungen nicht mehr im Wege des Verwaltungszwangsverfahrens durchsetzen (Änderungsgesetz vom 22. 8. 1980, BGBl I 1558)[440]. Für die vor diesem Zeitpunkt begründeten Forderungen ist es bei der alten Regelung verblieben; sie können weiterhin im Verwaltungszwang beigetrieben werden (Änderungsgesetz § 23).

38.14 Zwangsversteigerung oder Zwangsverwaltung eines vom Schuldner bewohnten **Eigenheims** im Sinne des § 9 des II. WoBauG wegen eines persönlichen Anspruchs kann nach landesrechtlicher Bestimmung ([441]für VwVG Nordrhein-Westfalen) nur mit seiner Zustimmung zulässig sein.

39 Vollstreckungshindernisse und -Mängel (ohne Titel, Klausel)

Literatur: Bähr, Die Heilung fehlerhafter Zwangsvollstreckungsakte, KTS 1969, 1; Berner, Erörterung der gewandelten Rechtsanschauung über die Wirkung von Verstößen gegen formelle Vollstreckungsvorschriften, DGVZ 1961, 17; Furtner, Heilung von fehlerhaften Vollstreckungshandlungen, MDR 1964, 460; Naendrup, Gläubigerkonkurrenz bei fehlerhaften Zwangsvollstreckungsakten, ZZP 85 (1972) 311; Stöber, Fehlerhafte Zwangsvollstreckungsakte, Heilung ex nunc oder ex tunc, Rpfleger 1962, 9.

39.1 Mängel des Antrags haben grundsätzlich keinen Einfluß auf die Wirksamkeit des Beschlagnahmebeschlusses[442], wenn trotz des Antragsmangels Anordnungs- oder Beitrittsbeschluß erlassen wurde.

39.2 Eine **Zwangsvollstreckungsmaßnahme** (Vollstreckungsakt) kann **fehlerhaft** sein, weil nicht das zuständige Vollstreckungsorgan gehandelt hat, weil es an einer Voraussetzung der Zwangsvollstreckung mangelt (weil sie zu Unrecht angenommen wurde) oder weil das Vollstreckungsgericht in seinem Verfahren eine Maßnahme der Zwangsvollstreckung unter Verstoß gegen eine Verfahrensvorschrift (auch gegen einen allgemeinen Verfahrensgrundsatz) ausgeführt hat[443]. **Nichtig** (ohne Wirkung) ist eine fehlerhafte Zwangsvollstreckungsmaßnahme nur ausnahmsweise bei schwerer und offenkundiger (für jeden Sachkundigen ohne weiteres erkennbarer) Fehlerhaftigkeit; sonst ist sie als fehlerhafter Staatsakt nur durch **Anfechtung** mit einem Rechtsbehelf des Vollstreckungsverfahrens **vernichtbar**[444]. Nichtigkeit ist gegeben bei Verstoß gegen die sachliche Zuständigkeit (Verfahrensanordnung, die nicht durch das Vollstreckungsgericht, sondern eine dafür sachlich überhaupt nicht zuständige Behörde erfolgt ist[445]) sowie dann, wenn grundlegende Verfahrensvoraussetzungen fehlen[446] (Beispiel: Verfahrensanordnung über ein nicht existierendes Grundstück, über ein nichtig eingetragenes Erbbaurecht, Rdn 13.14) oder wenn gegen wesentliche Formvorschriften verstoßen wurde (bei Anordnung und Beitritt praktisch nicht vorstellbar). Nichtig sein soll auch

---

[439] OLG Hamm JurBüro 1989, 1178 = NJW-RR 1989, 959 = OLGZ 1989, 353 = Rpfleger 1989, 337.
[440] Hagemann KKZ 1984, 111.
[441] OLG Hamm JurBüro 2001, 607 = Rpfleger 2001, 562 Leitsatz; LG Siegen KKZ 1983, 226; Huken KKZ 1983, 223.
[442] RG 134, 56.
[443] Zöller/Stöber, ZPO, vor § 704 Rdn 34.
[444] BGH 1, 223 = MDR 1951, 281 = NJW 1951, 359; BGH MDR 1979, 922 = NJW 1979, 2045 = Rpfleger 1979, 299; BGH 30, 173 = MDR 1959, 743 = NJW 1959, 1873; BGH 66, 79 = MDR 1976, 648 = NJW 1976, 851 = Rpfleger 1976, 177; Stöber Rpfleger 1962, 9 (II).
[445] Zöller/Stöber, ZPO, vor § 704 Rdn 34; Stein/Jonas/Münzberg, ZPO, vor § 704 Rdn 130; Stöber, Forderungspfändung, Rdn 748.
[446] BGH 66, 79 = aaO (Fußn 444); Stöber Rpfleger 1962, 9 (II).

Anordnungsbeschluß 39.3 § 15

Verfahrensanordnung ohne Vollstreckungstitel[447]. Dem ist nicht zu folgen (so auch[448]). In diesem Fall ist nicht der (gerichtliche) Vollstreckungsakt als solcher mangelhaft, sondern durch das (zuständige) Vollstreckungsgericht in dem dafür bestimmten Verfahren unter Wahrung der für Beschlagnahme erforderlichen Beschlußform erfolgt. Vollstreckungshandeln nur auf fehlerhafter Grundlage kann aber nicht als grundlegender (ohne weiteres erkennbarer) Vollstreckungsmangel behandelt werden, der Nichtigkeit der Vollstreckungsmaßnahme bewirkt. Stets könnte zunächst auch nur zweifelhaft oder streitig gewesen sein, ob ein Titel als Vollstreckungsvoraussetzung fehlt; der Mangel kann auch erst nach Prüfung weiteren Vorbringens oder im Beschwerdeverfahren abschließend festgestellt werden. Fehlen des Titels kann daher wie jeder andere Mangel einer Voraussetzung für eine (äußerlich) wirksam ausgebrachte Vollstreckungsmaßnahme nur Anfechtbarkeit des Vollstreckungshandelns begründen (so auch[449]: für Anordnung der Zwangsverwaltung mit Titel, der sich nicht gegen den eingetragenen Eigentümer richtete). Der durch einen schwerwiegenden Fehler nichtige Vollstreckungsakt kann nicht heilen. Er ist als nichtig klarstellend aufzuheben (das kann auch mit Rechtsbehelf verlangt werden) und unter Behebung des Mangels vollständig zu wiederholen.

39.3 Nur **vernichtbar** sind Vollstreckungsakte in allen übrigen Fällen bei (sonstigen) Verstößen, die nicht so schwerwiegend sind, daß sie den Vollstreckungsakt nichtig machen würden, insbesondere bei Verstößen gegen ZPO §§ 724–798 (fehlende Klausel, Sicherheitsleistung, Zustellung[450], Wartefrist usw). Ein nur mangelhafter (vernichtbarer) Vollstreckungsakt ist mit dem jeweils zulässigen Rechtsbehelf anfechtbar, aber bis zu seiner Aufhebung voll wirksam[451]. Der fehlerhafte Vollstreckungsakt ist nicht aufschiebend, sondern auflösend bedingt[452] und wird mit der Behebung des Mangels bedingungslos wirksam[453], folgerichtig rückwirkend (ex tunc), weil ja die auflösende Bedingung der Anfechtbarkeit wegfällt. Rückwirkende Heilung kann entgegen verbreiteter Ansicht[454] nicht die Wirkung gegenüber Dritten erlangen, die inzwischen Rechte am Beschlagnahmeobjekt erworben haben (so[455]). Zwischenrechte dürfen auch durch rückwirkende Heilung daher nicht benachteiligt werden. Der richtig und rechtzeitig Vollstreckende und durch rückwirkende Heilung eines fremden Mangels Beeinträchtigte kann Erinnerung einlegen[456], mit der Wirkung, daß Rangänderung zu seinen Gunsten erfolgen muß[456]. Angenommen wird auch, daß er (ohne besonderen Rechtsbehelf einlegen zu müssen) in seinem Rang von vornherein nicht beeinträchtigt werden

---

[447] BGH 70, 313 (317); BGH 103, 30 = MDR 1988, 395 = NJW 1988, 1026 (1027) = Rpfleger 1988, 181; BGH 114, 315 (328) = MDR 1991, 860 = NJW 1991, 2147 = Rpfleger 1991, 384; BGH 121, 98 = MDR 1993, 578 = NJW 1993, 735 = Rpfleger 1993, 292 = ZZP 107 (1994) 98 mit Anm Walker; Stein/Jonas/Münzberg, ZPO, vor § 704 Rdn 129.
[448] Zöller/Stöber, ZPO, vor § 704 Rdn 34; BFH 199, 511 = NJW 2003, 1070 (für § 249 Abs 1 Satz 1 Abgabenordnung; Aufgabe früherer Rechtsprechung).
[449] BGH 30, 173 = aaO (Fußn 444).
[450] BGH 66, 79 = aaO (Fußn 444).
[451] OLG Celle DGVZ 1954, 87 = Rpfleger 1954, 313; OLG Frankfurt MDR 1956, 111; OLG Hamburg MDR 1961, 329.
[452] OLG Frankfurt MDR 1956, 111; OLG Hamburg MDR 1961, 329; LG München I NJW 1962, 3206 und 1963, 769 Leitsatz mit abl Anm Stöber; Stöber Rpfleger 1962, 9 (II).
[453] OLG Hamburg MDR 1961, 329; Stöber Rpfleger 1962, 9 (I).
[454] BGH 30, 173 = aaO (Fußn 444); OLG Celle, OLG Frankfurt und OLG Hamburg je aaO (Fußn 451).
[455] RG 25, 368 und 56, 212; OLG Hamburg MDR 1965, 143; Stöber Rpfleger 1962, 9 (III); Zöller/Stöber, ZPO, vor § 704 Rdn 35; Stöber in Besprechung zu Thomas/Putzo, ZPO, 1963, Rpfleger 1963, 254; Stöber NJW 1963, 769 (Anmerkung); Naendrup ZZP 1972, 311 (323–324); Furtner Rpfleger 1964, 460.
[456] Stöber Rpfleger 1962, 9 (IV und VI).

konnte[457]. Auf jeden Fall muß ein zunächst fehlerhafter (aber nicht nichtiger) Vollstreckungsakt nach Behebung des Mangels (zB nach Ablauf der Wartezeit aus ZPO § 798) nicht nochmals vollständig vorgenommen werden (gegenteiliges Verhalten wäre lebensfremder Formalismus).

39.4 Für das **Vollstreckungsgericht** begründet Wirksamkeit eines nicht angefochtenen fehlerhaften Vollstreckungsakts (einer fehlerhaften Verfahrensanordnung oder Zulassung des Beitritts) nicht die Verpflichtung, das Verfahren auch nach (späterer) Feststellung, daß eine Vollstreckungsvoraussetzung nicht gegeben ist, fortzuführen. Es sind zwar die nicht angefochtene fehlerhafte Beschlagnahme (§ 20) und Verfahrenshandlungen wirksam, die inzwischen auf ihrer Grundlage erfolgt sind. Der Vollstreckungsmangel stellt jedoch einen **Hinderungsgrund für Verfahrensfortgang** dar; als solcher ist er von Amts wegen zu beachten. Es ist, wenn dem Vollstreckungsgericht der Vollstreckungsmangel bekannt wird, das Verfahren nach § 28 Abs 2 (mit 1) einstweilen einzustellen (ausnahmsweise auch aufzuheben). Nach Schluß der Versteigerung hat Entscheidung durch Versagung des Zuschlags zu erfolgen (§ 33; keine Bindung an vorher getroffene Entscheidungen, § 79).

40 Vollstreckungstitel und -klausel (auch Mängel hierbei)

Literatur: Alff, Klauselverfahren in der Immobiliarvollstreckungspraxis, Rpfleger 2001, 385; von Rintelen, Probleme und Grenzen der Vollstreckungsunterwerfung in der notariellen Urkunde, RNotZ 2001, 2; Stöber, Vollstreckungsunterwerfung durch einen Bevollmächtigten, Rpfleger 1994, 393; Zawar, Zur Unterwerfungsklausel in der vollstreckbaren Urkunde, Festschr Lüke (1997) S 993.

40.1 Grundlage der Zwangsvollstreckung ist ein rechtskräftiges oder für vorläufig vollstreckbar erklärtes Endurteil (ZPO § 704 Abs 1) oder ein sonstiger Schuldtitel (ZPO § 794); Aufzählung der weiter möglichen Arten in den ZPO-Kommentaren. Durch den **Vollstreckungstitel** muß der zu vollstreckende Anspruch des Gläubigers ausgewiesen sein[458]. Das Vollstreckungsgericht stellt die mit Zwangsvollstreckung beizutreibende Geldforderung des Gläubigers nicht fest (Grundsatz der Trennung von Erkenntnis- und Vollstreckungsverfahren)[458]. Es hat die Zwangsvollstreckung durchzuführen, wenn die zu vollstreckende Geldforderung des Gläubigers durch einen ordnungsgemäß ausgefertigten Vollstreckungstitel nachgewiesen ist. Urkundliche Grundlage der Zwangsvollstreckung ist eine **vollstreckbare Ausfertigung** des zu vollstreckenden Urteils oder sonstigen Schuldtitels (ZPO §§ 724, 725; Ausnahmen siehe Rdn 40.11). Diese ersetzt als Ausfertigung im Rechtsverkehr die Urschrift, die in der Verwahrung des Gerichts (der sonstigen Behörde) bleibt; mit der Vollstreckungsklausel (ZPO § 725) ist von dem dafür zuständigen Organ Bestand und Vollstreckbarkeit des Schuldtitels bescheinigt[459].

40.2 Zulässig ist Immobiliarvollstreckung auch aus **vorläufig vollstreckbaren Titeln**, zB aus einem Versäumnisurteil. Die Möglichkeit einer Aufhebung rechtfertigt es nicht, das Verfahren abzulehnen, auch nicht aus ZPO § 765a wegen sittenwidriger Härte (dazu Einl Rdn 55.6).

40.3 Wird ein noch nicht rechtskräftiges **Urteil aufgehoben,** so tritt die vorläufige Vollstreckbarkeit mit der Verkündung des aufhebenden Urteils nach ZPO § 717 Abs 1 außer Kraft; das aufgehobene Urteil verliert die Eigenschaft als zur Zwangsvollstreckung geeigneter Titel. Wenn die Vollstreckung noch nicht beendet war, ist die Maßnahme nach ZPO § 775 Nr 1, § 776 von Amts wegen aufzuheben; nötig ist Vorlage einer Ausfertigung der das Urteil aufhebenden Entscheidung. Zwangshypothek: Einl Rdn 73.

---

[457] Furtner MDR 1964, 460.
[458] Zöller/Stöber, ZPO, vor § 704 Rdn 14.
[459] Zöller/Stöber, ZPO, § 724 Rdn 1.

Anordnungsbeschluß 40.6 § 15

40.4 Das Vollstreckungsgericht darf nicht die **materielle** Berechtigung des Titel-Gläubigers **nachprüfen**. Es muß das beantragte Verfahren auch dann durchführen, wenn bekannt ist, daß die Forderung nicht mehr besteht (anders[460]: Befriedigung nach § 114a bei Versteigerung eines mithaftenden Grundstücks ist nach § 28 zu beachten; nicht richtig, siehe § 28 Rdn 5.18). Solange der Gläubiger einen vollstreckbaren Titel in Händen hat, kann er vollstrecken; der Schuldner ist auf die entsprechenden Behelfe angewiesen: Vollstreckungserinnerung ZPO § 766 (nur wegen der Formalien), Abwehrklage ZPO § 767, Klausel-Erinnerung ZPO § 732, Anträge ZPO §§ 731, 775, 776, sonst Rechtsmittel oder Wiederaufnahmeklage; ein Dritter auf Widerspruchsklage ZPO § 771, ZVG-Widerspruch § 115. Das Recht des Gläubigers auf Vollstreckung beruht auf dem Titel. Die Vollstreckungsvoraussetzungen sind formalisiert. Die tatsächlichen materiellen Rechtsbeziehungen werden nur unvollkommen berücksichtigt; an ihre Stelle treten formale Kriterien; sind sie erfüllt, wird vollstreckt. Auf Grund des Titels wird der Vollstreckungsantrag des Gläubigers so lange als gerechtfertigt behandelt, bis der Schuldner oder ein Dritter durch Rechtsbehelf widerspricht[461]. Das Vollstreckungsverfahren ist im Verhältnis Gläubiger/Schuldner rechtmäßig.

40.5 Der Vollstreckungstitel muß in seinem **Inhalt** (Gläubiger, Schuldner, Forderung, Zinsen, Mahngebühren usw) genau **beachtet** werden. Er muß bestimmt sein und zwar in der Formel, auch ein dinglicher Titel muß bestimmt sein. Der Titel muß mindestens aus sich heraus bestimmbar sein. Den Zahlungsanspruch des Gläubigers bezeichnet der Titel bestimmt, wenn er betragsmäßig festgelegt ist oder sich (insbesondere bei einer vollstreckbaren Urkunde) ohne weiteres errechnen läßt. Es genügt nicht, daß die Höhe der Forderung erst durch die Einholung einer amtlichen Auskunft oder durch sonstige außerhalb des Titels liegende Berechnungsfaktoren bestimmbar ist, zB aus den Besoldungsgesetzen (Währungsklausel). Es genügt also nicht Zahlungsverpflichtung in Höhe eines bestimmten Beamtengehalts ohne Betragsangabe, mit jeweiligen Erhöhungen. Es gibt hierbei auch keine Ausnahme für den Zinssatz, der sich aus dem Grundbuch ergibt, er muß sich aus dem Titel bestimmt ergeben. In einer vollstreckbaren Urkunde (ZPO § 794 Abs 1 Nr 5) können jedoch die bestimmt bezeichneten Darlehenszinsen (7,75 vH) und die bestimmt ausgewiesenen (bedingten) Strafzinsen (1 vH) für den Fall des Zahlungsverzugs bei Unterwerfung unter die sofortige Zwangsvollstreckung mit dem zusammengefaßten Höchstzinssatz („wegen der Zinsen bis zu 8,75 vH jährlich") bezeichnet sein[462]. Der Grundsatz der Klarheit im Vollstreckungsrecht erfordert eine in sich vollständige Urkunde[463]. Eine Ausnahme gilt für Zinsen insofern, als der Verzinsungsbeginn zwar kalendermäßig festliegen muß (bestimmt ist Zinsbeginn ab Grundbucheintragung[464]), die Dauer des Zinslaufs aber offen ist (abhängig von der Erfüllung durch den Schuldner, freiwillig oder zwangsweise), ebenso, wenn die Zinshöhe in einem bestimmten Verhältnis zum Basiszinssatz oder SRF-Satz (vormals Bundesbank-Diskont- oder -Lombardsatz) steht, zB „Zinsen in Höhe von 4% über dem jeweiligen Basiszinssatz".

40.6 Auch ein Vollstreckungstitel darf, wo Zweifel möglich sind, vom Vollstreckungsorgan **ausgelegt** werden, und zwar nach allgemeinen Verfahrensgrundsätzen. Der Auslegung sind allerdings enge Grenzen gesetzt (zu den Auslegungsgren-

---

[460] LG Traunstein BB 1963, 282 nur abl Anm Hofstetter = NJW 1963, 55; LG Koblenz Rpfleger 1986, 395.
[461] Gaul ZZP 85 (1972) 251 (273).
[462] BGH 88, 62 = DNotZ 1983, 679 = MDR 1983, 922 = NJW 1983, 2262 = Rpfleger 1983, 408.
[463] OLG Stuttgart Rpfleger 1973, 222; LG Stuttgart BWNotZ 1972, 90; Zöller/Stöber, ZPO, § 704 Rdn 4.
[464] BGH NJW-RR 2000, 1358.

§ 15 40.6 Anordnung der Versteigerung

zen bei der Urteilsformel etwa[465]). Das Vollstreckungsorgan darf keinesfalls über den im Titel enthaltenen materiellen Anspruch des Gläubigers entscheiden[466]. Es darf daher nicht die Person des Gläubigers oder Schuldners entgegen dem Wortlaut des Titels aus der Klageschrift, aus dem sonstigen Akteninhalt oder gar durch Einholung einer schriftlichen oder telefonischen Auskunft der den Titel erlassenden Stelle feststellen.

40.7 Auslegung ist nicht zulässig, wenn ein dinglicher Titel nur dahin lautet, daß der Schuldner die Zwangsvollstreckung aus der Eigentümergrundschuld, „die dem Gläubiger zusteht", zu dulden habe, statt richtig auf Duldung der Vollstreckung in das Grundstück wegen eines genau bezeichneten Geldbetrags (dazu Rdn 9.2).

40.8 Wenn bei Verurteilung mehrerer Schuldner im Titel nicht gesagt ist, in welchem **Beteiligungsverhältnis** sie stehen, kann nicht vollstreckt werden[467]. Wenn insbesondere der vorgedruckte Vermerk „Gesamtschuldner" gestrichen ist, haften sie nicht gesamtschuldnerisch[468]. Es darf hier nicht aus dem Tatbestand (bei darüber schweigenden Entscheidungsgründen) entnommen werden, daß eine gesamtschuldnerische Haftung beantragt „und damit gewollt" war; richtig sagt vielmehr BGB § 420: wenn mehrere eine teilbare Leistung schulden – Geldschuld ist doch immer teilbar – so ist im Zweifel jeder zu gleichem Anteil verpflichtet. Das Vollstreckungsgericht darf sich nicht zum Prozeßgericht aufwerfen. Wenn das Haftungsverhältnis im Titel nicht angegeben ist, ist der Titel zu unbestimmt; für Auslegung bietet er dann kaum einmal eine Grundlage (siehe zB[469]: Haftung von Gesamtschuldnern kann dem Titel im Wege der Auslegung zu entnehmen sein, so nach BGB § 427, wenn mehrere Schuldner durch Vergleich verpflichtet sind[470]; hierfür kann auch GmbHG § 11 Abs 2 heranzuziehen sein). Wenn der Titel unrichtig ist, geht das zu Lasten des Gläubigers; er muß ihn vor Beginn der Vollstreckung mit den dafür gegebenen Mitteln richtigstellen lassen. Auch hinsichtlich einer Firmenbezeichnung muß der Titel klar sein.

40.9 Die **Berichtigung** von Vollstreckungstiteln erfolgt immer wieder nach ZPO § 319. Nach dieser Vorschrift ist die Berichtigung eines Urteils zulässig, jederzeit und von Amts wegen (also auch auf Antrag), wenn es sich um „Schreibfehler, Rechnungsfehler und ähnliche offenbare Unrichtigkeiten" handelt. Die Vorschrift darf nicht zu großzügig angewendet werden, um nicht erhebliche Unsicherheit zu bewirken. Berichtigungsbeschlüsse, die erkennbar keine gesetzliche Grundlage haben, besitzen trotz formeller Rechtskraft keine verbindliche Wirkung (Einl Rdn 29.1). Auf jeden Fall darf die Berichtigung oder sonstige Änderung eines Titels nur durch das Gericht erfolgen, das ihn erlassen hat[471]. Schriftliche Vermerke von Gerichtsvollziehern oder Parteivertretern auf dem Titel sind ohne Wirkung[471], solche Titel sind nur dann zur Vollstreckung geeignet, wenn der unbefugte Nachtrag oder Hinweis als solcher erkennbar und das Original noch lesbar ist[472]. Es ist nicht Sinn von ZPO § 319, das Rubrum (die Parteibezeichnung) eines Titels auf den jeweils neuesten Stand zu bringen. Das Rubrum darf nicht, wie es so häufig geschieht, berichtigt werden (abgesehen von den wirklich offenkundigen Schreibfehlern des Gerichts). Es ist wirkungslos, wenn statt der im Titel genannten

---

[465] BGH MDR 1962, 397 = NJW 1962, 591 Leitsatz.
[466] LG Bonn NJW 1963, 56.
[467] OLG Hamburg Rpfleger 1962, 382 mit abl Anm Berner; LG Berlin MDR 1977, 146 = Rpfleger 1976, 437.
[468] LG Berlin MDR 1977, 146 = Rpfleger 1976, 437.
[469] LG Berlin Rpfleger 1979, 145; Zöller/Stöber, ZPO, § 704 Rdn 11.
[470] KG Berlin MDR 1989, 77 = NJW-RR 1988, 1406.
[471] KG Berlin DGVZ 1973, 139 = Rpfleger 1973, 31.
[472] KG Berlin DGVZ 1973, 139 = Rpfleger 1973, 31; LG Bremen DGVZ 1982, 8; Zöller/Stöber, ZPO, § 704 Rdn 8.

Anordnungsbeschluß 40.15 § 15

Parteien im Wege der „Berichtigung" andere genannt werden[473]; eine Parteiauswechslung durch Berichtigungsbeschluß ist nicht möglich[474]. Hat die Partei falsch geklagt, ist das ihr Risiko und sie muß neu klagen.

40.10 Wenn die Vollstreckungsforderung des Gläubigers voll befriedigt ist, einschließlich aller Zinsen und Kosten also, hat der Gerichtsvollzieher nach ZPO § 757 Abs 1 die Titelausfertigung (mit einer Quittung) an den Schuldner **auszuhändigen**. Für das Vollstreckungsgericht gilt das nicht. Falls der Gläubiger nicht ausdrücklich die Aushändigung wünscht oder gestattet, ist der Titel dem Einsender zurückzugeben (hierzu § 127 Rdn 3).

40.11 Vollstreckungstitel benötigen regelmäßig eine **Vollstreckungsklausel** (ZPO §§ 724, 725). Ausnahmsweise erhalten manche keine solche, so Kostenfestsetzungsbeschlüsse, die auf das Urteil gesetzt sind (ZPO §§ 105, 795a), Vollstreckungsbescheide (ZPO § 796), Arreste und Einstweilige Verfügungen (ZPO §§ 929, 936) (jeweils mit Besonderheiten).

40.12 Die Vollstreckungsklausel bezeugt Bestehen und **Vollstreckungsreife** des Titels, und zwar gegen den im Urteil (in der vollstreckbaren Urkunde) bezeichneten Schuldner. Es ist daher nicht nötig, ihn in der Klausel ausdrücklich zu nennen. Das gilt nicht bei mehreren Titelschuldnern, bei denen der Titel mit Klausel gegen je einen versehen wird, und nicht bei Eigentumswechsel, wenn sich dingliche Ansprüche gegen frühere und jetzige Eigentümer ausschließen, wo also die Klausel nur getrennt erteilt werden kann (Rdn 40.18).

40.13 Die **Gültigkeit** der erteilten Klausel hat das Vollstreckungsgericht **nicht sachlich zu prüfen**[475] (für den Schuldner hier die Möglichkeit nach ZPO §§ 732, 768); es hat nur auf äußere Mängel zu achten. Bei der Prüfung der Vollstreckbarkeit dürfen für solche Tatsachen vom Vollstreckungsgericht berücksichtigt werden, von deren Eintritt die Leistungspflicht des Schuldners abhängig gemacht ist, wobei diese in der Schuldurkunde selbst bezeichnet sein müssen.

40.14 Das Vollstreckungsgericht hat auch nicht zu prüfen, ob die vor Klauselerteilung nötige **Kündigung** ordnungsgemäß erfolgt ist[476] (anders[477]). Die Fälligkeit nach ordnungsgemäßer Kündigung ist für Erteilung der Vollstreckungsklausel zu beweisen und zu prüfen (ZPO § 726 Abs 1; Rdn 15.3). Das Vollstreckungsgericht hat die erteilte Klausel als wirksam zu behandeln, weil sie selbst bei Verstößen nicht unwirksam ist (anders[478]: bei nach ZPO § 726 Abs 1 erteilter Klausel müsse das Vollstreckungsgericht prüfen, ob die nach § 726 nötigen Urkunden dem Schuldner zugestellt seien). [478]meint auch, wenn ein Grundpfandrecht erst nach Kündigung fällig sei und für einen noch nicht erreichten Zeitpunkt gekündigt sei, so genüge die erteilte Klausel nicht. Wenn (wie zumeist) der Schuldner den Gläubiger von der Nachweispflicht befreit hat, findet ZPO § 726 Abs 1 keine Anwendung (Rdn 15.3). Auch dann hat das Vollstreckungsgericht Zulässigkeit der Klauselerteilung (Grundlage hierfür dann ZPO § 724), somit auch Fälligkeit der Vollstreckungsforderung und Zustellung der Kündigungsnachweise nicht zu prüfen (kein Fall der ZPO § 726 Abs 1 mit § 750 Abs 2).

40.15 Auch ein mit Vollstreckungsklausel versehener gerichtlicher **Vergleich**, der eine Verfallklausel (kassatorische Klausel) enthält, ermöglicht Vollstreckung wegen der ganzen Forderung, ohne daß geprüft werden muß, ob die Vorausset-

---

[473] Petermann Rpfleger 1973, 153 (IV a).
[474] Vollkommer MDR 1992, 642.
[475] OLG Frankfurt JurBüro 1976, 1122; Zöller/Stöber, ZPO, § 724 Rdn 1 und 14.
[476] Kolbenschlag DNotZ 1965, 205 (III 3).
[477] LG Bonn Rpfleger 1968, 125.
[478] OLG Frankfurt Rpfleger 1973, 323.

§ 15 40.15   Anordnung der Versteigerung

zungen der Verfallklausel vorliegen[479]. Die Klausel deckt hier die unbeschränkte Vollstreckung, der Schuldner hat Zahlung zu beweisen. Gleiches gilt für die Vollstreckung einer notariellen Urkunde mit Verfallklausel.

40.16 Bei **Kalendertagsfälligkeit** wird die Klausel sofort erteilt, die Vollstreckung aber erst nach dem Ablauf des Kalendertages zugelassen (ZPO § 751 Abs 1). Dies hat das Vollstreckungsorgan zu beachten (Rdn 15). Ähnlich ist es mit der Frage der Sicherheitsleistung durch den Gläubiger (Rdn 32) und der gesetzlichen Wartefrist (Rdn 43). Trotz vorliegender Klausel hat das Vollstreckungsgericht diese Voraussetzungen selbst zu prüfen.

40.17 a) Wenn ein **Grundpfandrecht** (zur Zeit der Grundstücksveräußerung vor Grundbuchvollzug der Auflassung) vom jetzigen und künftigen Eigentümer **gemeinsam bestellt** wird, können sich beide in notarieller Urkunde der Vollstreckung (wegen des dinglichen Anspruchs) unterwerfen (ZPO § 794 Abs 1 Nr 5). Die Zwangsvollstreckung aus der Urkunde wegen des dinglichen Anspruchs aus dem vor Eigentumswechsel eingetragenen Grundpfandrecht findet dann gegen den **bisherigen Eigentümer** statt. Durch den **neuen Eigentümer** ist in der Urkunde Unterwerfung wegen des künftigen (dinglichen) Anspruchs gegen ihn aus dem Grundpfandrecht erfolgt. Auch dieser künftige Anspruch ist unterwerfungsfähig[480]. Gegen den neuen Eigentümer kann die Urkunde erst nach Entstehen des Anspruchs (gegen ihn) vollstreckbar ausgefertigt werden. Für Erteilung dieser vollstreckbaren Ausfertigung muß der Eigentumswechsel nachgewiesen sein (ZPO § 726 Abs 1). Wenn jedoch (wie zumeist) der neue Eigentümer auf diesen Nachweis verzichtet hat, kann auch die vollstreckbare Ausfertigung wegen des (künftigen) dinglichen Anspruchs gegen den neuen Eigentümer sogleich erteilt werden. Bezeichnet dann die vor Eintragung des Eigentumswechsels erteilte Vollstreckungsklausel keinen Schuldner, so ist sie ohne Einschränkung, somit wegen aller Ansprüche erteilt, über die die Urkunde errichtet ist. Vollstreckbar ausgefertigt ist die Urkunde dann wegen des gegen den bisherigen Eigentümer auf Grund seiner Unterwerfungserklärung vollstreckbaren (dinglichen) Anspruchs aus dem Grundpfandrecht und ebenso wegen des gegen den neuen Eigentümer auf Grund seiner Unterwerfungserklärung (ab Eigentumswechsel) vollstreckbaren künftigen (dinglichen) Anspruchs[481]. Vollstreckungsbeginn gegen den neuen Eigentümer schon vor Eintragung des Eigentumswechsels hindert § 17 Abs 1. Wenn nach Eigentumswechsel gegen den neuen Eigentümer vollstreckt werden soll, wird der dingliche Anspruch geltend gemacht, über den mit seiner Unterwerfungserklärung die notarielle Urkunde als Vollstreckungstitel errichtet ist. Somit handelt es sich um keinen Fall der Rechtsnachfolge wegen des vollstreckbaren (dinglichen) Anspruchs gegen den bisherigen Grundstückseigentümer (keine Umschreibung der Vollstreckungsklausel nach Eigentumswechsel[481]. Nochmalige Erteilung einer vollstreckbaren Urkundenausfertigung (ZPO § 727) und Klausel- sowie Urkundenzustellung (ZPO § 750 Abs 2) sind daher nicht erforderlich.

b) Wenn ein Grundpfandrecht (zur Zeit der Grundstücksveräußerung vor Grundbuchvollzug der Auflassung) vom jetzigen und künftigen Eigentümer gemeinsam bestellt wird, kann sich auch nur in der Urkunde **nur der neue Eigentümer** der sofortigen Zwangsvollstreckung wegen des dinglichen Anspruchs unterwerfen (ZPO § 794 Abs 1 Nr 5). Aus der Urkunde findet die Zwangsvollstreckung wegen des dinglichen Anspruchs gegen den bisherigen Eigentümer dann nicht statt (Erteilung einer vollstreckbaren Ausfertigung gegen ihn ist ausgeschlossen; kein Rechtsnach-

---

[479] OLG Düsseldorf JurBüro 1959, 38 mit zust Anm Bauer = NJW 1958, 227 = Rpfleger 1958, 383 mit zust Anm Berner.
[480] BGH 88, 62 = aaO (Fußn 462); KG Berlin DNotZ 1988, 238 = NJW-RR 1987, 1229 = OLGZ 1987, 424 = Rpfleger 1988, 30.
[481] KG Berlin NJW-RR 1987, 1229 = aaO (Fußn 480); OLG Naumburg NotBZ 2001, 114.

Anordnungsbeschluß 40.19 § 15

folgefall, wenn Grundbucheintragung der Auflassung doch nicht erfolgt). Durch den neuen Eigentümer ist in der Urkunde Unterwerfung (zulässig) bereits wegen des künftigen (dinglichen) Anspruchs gegen ihn aus dem Grundpfandrecht erfolgt. Erteilung einer vollstreckbaren Ausfertigung der Urkunde gegen den neuen Eigentümer ist jedoch erst nach Entstehen des Anspruchs (gegen ihn) zulässig (ZPO § 726 Abs 1). Eigentumswechsel muß für Erteilung dieser vollstreckbaren Ausfertigung nachgewiesen werden. Wenn jedoch (wie zumeist) der neue Eigentümer auf diesen Nachweis verzichtet hat, kann auch die vollstreckbare Ausfertigung wegen des (künftigen) dinglichen Anspruchs sogleich erteilt werden. Die für das Grundpfandrecht bereits vor Eintragung des Eigentumswechsels erteilte Klausel ist dann einfache Vollstreckungsklausel (nicht Klausel auf Grund eines der Sonderfälle von ZPO § 750 Abs 2). Zustellung auch der Vollstreckungsklausel und einer ihr zugrunde liegenden Urkunden nach ZPO § 750 Abs 2 hat daher nicht zu erfolgen. Zwangsvollstreckungsbeginn erst nach Eigentumswechsel gewährleistet § 17 Abs 1.

40.18 Zwangsvollstreckungs**unterwerfung** durch einen bevollmächtigten **Vertreter** in notarieller Urkunde (ZPO § 794 Abs 1 Nr 5, § 800) begründet Vollstreckbarkeit der Urkunde gegen den Schuldner[482]. Die Vollmacht unterliegt ZPO §§ 78 ff[483]. Die Vertretungsmacht des Bevollmächtigten ist vom Notar bei Erteilung der Vollstreckungsklausel (ZPO § 797 Abs 2 mit § 724), aber auch vom Vollstreckungsgericht[484] bei Anordnung der Zwangsversteigerung (Zwangsverwaltung) oder Zulassung des Beitritts (§ 27) zu prüfen[485]. Prüfung durch das Vollstreckungsgericht erfordert (auch wenn ein Rechtsanwalt als Bevollmächtigter aufgetreten ist[485]) Vorlage der Vollmacht[485], wenn eine andere notarielle Urkunde (zB Kaufvertragsurkunde) die Bevollmächtigung ausweist, somit einer (genügend auch auszuweisen[485]) Ausfertigung oder beglaubigten Abschrift dieser Urkunde[485]. Der Nachweis ist Urkunde für den Beginn der Zwangsvollstreckung, die dem Antrag beizufügen ist (§ 16 Abs 2)[485]. Bezugnahme in der vollstreckbaren Urkunde auf die Vollmacht, die in einer anderen in der Urkundensammlung des Notars verwahrten Vertragsurkunde enthalten ist, oder Bestätigung des Notars in der Vollstreckungsklausel über die Erteilung der Vollmacht in einer Vorurkunde, genügt als Vollmachtsnachweis nicht[485]. Wenn für den Schuldner bei Beurkundung der Unterwerfungserklärung ein Vertreter „auf Grund mündlich erteilter Vollmacht" oder „ohne Vertretungsmacht auf Grund nachzubringender Vollmacht" gehandelt hat, ist die Genehmigung der Unterwerfungserklärung durch den Vertretenen nachzuweisen (ZPO § 89, entsprechende Anwendung). Der Nachweis ersetzt in diesen Fällen den erforderlichen (urkundlichen) Vollmachtsnachweis; Schriftform ist daher als genügend zu erachten.

40.19 Erfolgt die Vollstreckung aus einer notariellen Urkunde, in der sich der Schuldner der Vollstreckung unterworfen hat (ZPO § 794 Abs 1 Nr 5) und wird die **Klausel** (wie es die Regel ist) **ohne besondere Zusätze** erteilt, so kann wegen Hauptsache, Zinsen und Kosten, die sich aus der Urkunde ergeben, vollstreckt werden. Es ist nicht nötig, die Klausel ausdrücklich wegen des Kapitals zu erteilen. Vollstreckbar sind alle Ansprüche, die sich aus der Urkunde ergeben. Auch in der Klausel zu einem Urteil werden ja die einzelnen Teile nicht erwähnt (ZPO § 725); sie ergeben sich aus der Urteilsformel. Diese Vorschrift ist auf notarielle Urkunden entsprechend anzuwenden (ZPO § 795). Eine gegenteilige alte Entscheidung von 1906 bezog sich auf den damaligen Rechtszustand, bei dem auch für Urteile eine unbeschränkte Klausel nur auf besondere Anweisung des Richters erteilt werden durfte. Soll die Vollstreckung aus einer notariellen Urkunde auf ei-

---

[482] Stöber Rpfleger 1994, 393.
[483] BGH 154, 283 (287) = DNotZ 2003, 694 = MDR 2003, 944 = NJW 2003, 1594; BGH NJW 2004, 59 (60), 839 (840) und 844.
[484] AA (keine Prüfung durch das Vollstreckungsgericht) OLG Zweibrücken OLGRep 1999, 20.
[485] Stöber Rpfleger 1994, 393.

§ 15 40.19　　　　　　　　　　　　　　　　　　　　Anordnung der Versteigerung

nen bestimmten Teil des Anspruchs beschränkt werden, muß das in der Klausel stehen. Wenn die Unterwerfungsurkunde über mehrere vollstreckbare Ansprüche erstellt ist und die Vollstreckungsklausel nur wegen einzelner erteilt sein soll, muß sie den Anspruch bezeichnen, auf den sie sich bezieht. Es ist aber nicht Sache des Vollstreckungsorgans, die vom Notar erteilte Klausel sachlich zu prüfen, ob sie zu Recht erteilt sei. Schuldner muß auch hier Einwendungen nach ZPO §§ 732, 768, 797 Abs 3 geltend machen. Ob Urkunden ausländischer Notare wie deutsche zu behandeln sind, wird verneint[486]. Vollstreckbar sind ausländische Urkunden nur, wenn ihre Zwangsvollstreckung im Inland durch Staatsvertrag zugelassen ist oder wenn sie im Inland mit einer Vollstreckungsklausel versehen worden sind (zB Übereinkommen vom 27. 9. 1968 über die gerichtliche Zuständigkeit und die Vollstreckung gerichtlicher Entscheidungen in Zivil- und Handelssachen, BGBl 1972 II S 773, Art 50 iVm Art 31).

40.20 Sind **mehrere Entscheidungen** in einer Sache ergangen (Berufungsgericht verwirft die Berufung, bestätigt also das Ersturteil; Einspruch gegen Versäumnisurteil oder Vollstreckungsbescheid wird durch Urteil verworfen; Versäumnisurteil oder Vollstreckungsbescheid werden durch Sachurteil bestätigt), so benötigt Vollstreckungsklausel nur der Titel, der den Zahlungsanspruch enthält; der Vollstreckungsbescheid bedarf auch dann einer Vollstreckungsklausel nur im Fall von ZPO § 796 Abs 1[487].

40.21 Der **gesetzliche Vertreter** eines Prozeßunfähigen (Einl Rdn 44) muß im Titel nicht benannt sein[488] (anders[489]). Er kann darin benannt sein. Wechselt er, so ist keine neue Klausel nötig. Es geht zu weit, einen Minderjährigen, für den der gesetzliche Vertreter im Titel nicht benannt ist, hierfür als prozeßfähig zu behandeln (so will[490] verfahren), weil ja die Prozeßfähigkeit vom Vollstreckungsorgan selbständig zu prüfen ist[491] (hierzu Einl Rdn 44).

40.22 Vollstreckungsklausel für und gegen **Rechtsnachfolger** = ZPO § 727; bei Erben oder Nacherben = ZPO § 728; bei (vormaliger) Vermögensübernahme = ZPO § 729; bei Nießbrauch = ZPO §§ 737, 738; bei Testamentsvollstreckung = ZPO §§ 748, 749. Die Rechtsnachfolge muß bei Gericht offenkundig sein oder durch öffentliche oder öffentlich beglaubigte Urkunden nachgewiesen (dazu Rdn 29). Ist die Klausel für oder gegen eine Partei kraft Amtes erteilt und wechselt dabei die Person dieser Partei (neuer Insolvenzverwalter), dann ist keine neue Klausel nötig; Berichtigung ist jedoch möglich.

40.23 Grundsätzlich muß der Vollstreckungstitel vor Beginn der Zwangsvollstreckung **zugestellt** werden (ZPO § 750 Abs 1; gleichzeitige Zustellung ist beim Vollstreckungsgericht nicht möglich). Die Zustellung soll dem Schuldner nachweislich Gelegenheit zur Kenntnisnahme vom Urteil (Inhalt des sonstigen Vollstreckungstitels) geben, damit er sein Verhalten danach einrichten kann[492]. Erfolgen kann die Zustellung auf Betreiben des Gläubigers an den Schuldner (ZPO § 750 Abs 1 Satz 2, §§ 191 ff), aber auch auf Betreiben des Schuldners an den Gläubiger; wenn der Schuldner den Vollstreckungstitel an den Gläubiger hat zu-

---

[486] Geimer DNotZ 1975, 461; Wolfsteiner, Vollstreckbare Urkunde, Rdn 81.1.
[487] LG Koblenz NJW-RR 1998, 1026 = Rpfleger 1998, 357.
[488] LG Braunschweig DGVZ 1960, 135 = MDR 1959, 848; LG Hamburg DGVZ 1959, 123 = MDR 1959, 219; LG Hamburg DGVZ 1960, 42 = Rpfleger 1959, 355 mit krit Anm Petermann; LG Kiel MDR 1957, 237; LG Mönchengladbach DGVZ 1960, 135, MDR 1960, 1017 und DGVZ 1961, 8 = JurBüro 1961, 36; AG Hannover NdsRpfl 1997, 15.
[489] OLG Oldenburg MDR 1955, 488; LG Hamburg MDR 1958, 925 = Rpfleger 1958, 276; Bull Rpfleger 1958, 425 und 1959, 82.
[490] LG Essen MDR 1956, 236 mit abl Anm Flies.
[491] LG Essen MDR 1958, 434 Leitsatz.
[492] OLG Frankfurt DGVZ 1981, 86 = MDR 1981, 591 = OLGZ 1982, 251 = Rpfleger 1981, 313.

Anordnungsbeschluß 40.26 § 15

stellen lassen, bedarf es für den Beginn der Zwangsvollstreckung daher keiner nochmaligen vorgängigen Zustellung an den Schuldner mehr[492]. Zustellung durch Aufgabe zur Post (ZPO § 184) genügt für Beginn der Zwangsvollstreckung; ihre Zulässigkeit ist Wirksamkeitsvoraussetzung und daher vom Vollstreckungsgericht zu prüfen. Auch Urteile der Streitgerichte des Justizbereichs und Vollstreckungsbescheide werden von Amts wegen zugestellt. Zur Vollstreckung muß der schon von Amts wegen zugestellte Titel nicht nochmals im Parteibetrieb zugestellt werden[493], es genügt dann amtlicher Zustellungsvermerk oder Bescheinigung des Gerichts über die erfolgte Zustellung[494].

40.24 Zuzustellen ist der **Titel**, bei einer durch einen Vertreter errichteten vollstreckbaren Urkunde (§ 794 Abs 1 Nr 5) auch die Vollmacht[494a] (Ausnahme: wenn der Schuldner vor Erwerben des Grundstücks den früheren Eigentümer vertreten hat, BGB § 185 Abs 2). Die Vollstreckungsklausel zu ihm muß nicht zugestellt werden. Wurde sie aber auf Grund einer Urkunde (Erbschein, Abtretung usw) erteilt (umgeschrieben), so muß vor Vollstreckungsbeginn außer dem Titel **auch die Klausel** und die Urkunde, auf der sie beruht, zugestellt werden: ZPO § 750 Abs 2. Der Hypothekenbrief (Grundschuldbrief) gehört nicht hierher. Auch sonst ist sinnlose Förmelei zu vermeiden. Nicht zuzustellen ist daher die eigene Bestallung an den Testamentsvollstrecker, Insolvenzverwalter, Nachlaßpfleger.

40.25 Bei Rechtsnachfolge muß, wie erwähnt, auch Erbschein, notarielle Abtretung usw mit zugestellt werden. Die **Urkunde** muß aber nicht gesondert zugestellt werden, wenn schon ihr ganzer Inhalt in die Vollstreckungsklausel aufgenommen ist (bei Abtretung: Zedent, Zessionar, abgetretene Forderung, Abtretungstag, beglaubigender Notar, Beglaubigungstag, Urkundennr; bei Erbschein: Gericht, Datum, Aktenzeichen, Erblasser, Erbe, Umfang der Erbschaft). Es wäre lebensfremder Formalismus, dann auch noch die Zustellung der Urkunde selbst zu verlangen[495] (anders[496]: Urkunde muß zugestellt werden). Die Aufnahme nur des wesentlichen Inhalts genügt nicht[497]. Es handelt sich bei ZPO § 750 Abs 2 um eine Schutzvorschrift für den Schuldner, die ihm rechtzeitige Kenntnis und die Möglichkeit von Einwendungen sichern soll.

40.26 Erleichterungen gibt es bei notariellen und anderen Urkunden nach ZPO § 794 Abs 1 Nr 5: wenn sich der Eigentümer eines mit Hypothek usw belasteten Grundstücks der sofortigen Zwangsvollstreckung unterworfen hat und der Rechtsnachfolger des Gläubigers als Berechtigter im Grundbuch eingetragen ist (neuer Hypothekengläubiger), so muß die Rechtsnachfolgeurkunde hierüber nicht an den Schuldner zugestellt werden: ZPO § 799. Hat der Grundstückseigentümer (Schuldner) gewechselt und ist der neue Eigentümer eingetragen und auch die Unterwerfung mit Wirkung gegen den jeweiligen Eigentümer, so muß die Urkunde über den Eigentumswechsel nicht an den Schuldner zugestellt werden: ZPO § 800. Es muß aber in beiden Fällen auch dem Rechtsnachfolger lautende Vollstreckungsklausel erwirkt (ZPO § 750 Abs 1)[498] und die umgeschriebene Vollstreckungsklausel zugestellt werden: ZPO § 750 Abs 2; dies ist nicht nötig im Falle von § 26, wenn nach dem Wirksamwerden der Beschlagnahme der Eigentümer wechselte und das Verfahren für einen dinglichen Gläubiger schon lief.

---

[493] OLG Karlsruhe Justiz 1973, 136; OLG München MDR 1972, 698 und OLGZ 1982, 101; LG Aachen DGVZ 1966, 111 = NJW 1965, 2064.
[494] OLG Hamm DGVZ 1968, 81 = JurBüro 1967, 338; Blomeyer Rpfleger 1973, 80 (2); Hornung Rpfleger 1973, 77 (Fußn 27).
[494a] BGH (14. 5. 2005, V ZB 9/05).
[495] OLG München BayJMBl 1956, 145 = DGVZ 1956, 171; Zöller/Stöber, ZPO, § 750 Rdn 20.
[496] LG Berlin DGVZ 1964, 107 = JR 1964, 346 mit abl Anm Gottwald.
[497] OLG Frankfurt Rpfleger 1977, 416; aA LG Bonn Rpfleger 1998, 34.
[498] LG Frankfurt ZIP 1983, 515.

40.27 Ein Gläubiger, der ein dingliches Recht abgetreten und wieder **zurückerworben** hat und noch den Titel mit der früheren Klausel besitzt, muß doch über beide Rechtsnachfolgen den Titel umschreiben und mit Nachweisen für beide Vorgänge auch zustellen lassen.

40.28 Verzicht des Schuldners auf Titelzustellung im voraus soll unwirksam sein, weil die Vorschrift nicht nur im Interesse des Schuldners, sondern auch im öffentlichen Interesse bestehe[499]. Der Mangel der Zustellung soll nachträglich durch Verzicht oder rügelose Einlassung heilbar sein[500]. Einen Vorausverzicht halten aber für zulässig[501]. Gegen den Verzicht bestehen wohl nur dort Bedenken, wo er für das Vollstreckungsorgan nicht eindeutig aus einer vom Schuldner stammenden Urkunde (zB Hypothekenbestellungsurkunde) ersichtlich ist. Sonst wäre es Förmelei, trotz seines Verzichts die Zustellung zu verlangen. Man muß nach Lage des Falles entscheiden, belehrt von BGH[502]: „Verfahrensvorschriften sind nicht um ihrer selbst willen, sondern wesentlich auch im Interesse der Beteiligten geschaffen, für die sie nicht zu Fallstricken werden dürfen". Wenn der Schuldner eindeutig und nachgewiesen verzichtet hat, ist Zustellung nicht nötig.

40.29 Auch dort, wo Zustellung unerläßlich ist, aber fehlt, ist die Vollstreckung **nicht nichtig,** nur anfechtbar[503]. Das Vollstreckungsgericht hat (erforderlichenfalls) nach § 28 Abs 2 zu verfahren (Rdn 39.4).

40.30 Wo der Schuldner einen **Prozeßbevollmächtigten** hat, muß an diesen zugestellt werden (ZPO § 172), sonst ist die Zustellung unwirksam, sie darf aber nicht an einen nur Unterbevollmächtigten erfolgen. Wo ein gesetzlicher Vertreter vorhanden ist, muß an diesen zugestellt werden (ZPO § 170 Abs 1), bzw an seinen Prozeßbevollmächtigten. Das zuzustellende Schriftstück muß einen ordnungsgemäßen Beglaubigungsvermerk tragen, da sonst die Zustellung wirkungslos ist[504]. Es empfiehlt sich, die Zustellungserfordernisse genau zu beachten, um nicht durch einen Fehler bei Verfahrensbeginn den späteren Zuschlag in Frage zu stellen.

41 Vollstreckungstitel in Sonderfällen; Familien/Vormundschaftsgerichtliche Genehmigung

41.1 Landesrechtliche Schuldtitel: Nach der Verordnung hierüber (Textanhang T 31) kann aus Titeln, die nach dem Recht eines Landes begründet sind, im ganzen Bundesgebiet vollstreckt werden.

41.2 Ausländische Vollstreckungstitel: Grundsätzlich kann aus ihnen nur vollstreckt werden, wenn die Zulässigkeit der Vollstreckung durch ein deutsches Vollstreckungsurteil ausgesprochen ist (ZPO § 722). Vollstreckt wird aus diesem, vorausgesetzt, daß es den Inhalt des ausländischen Urteils enthält, vor allem den zu leistenden Betrag; andernfalls wird auch das ausländische Urteil zur Vollstreckung benötigt[505]. Es gelten jedoch mannigfache Sonderregelungen, so für

---

[499] RG 83, 332 (336); KG Berlin abgedruckt in: Kirchner DGVZ 1962, 4; LG Flensburg DGVZ 1960, 173 = Rpfleger 1960, 303 mit abl Anm Berner; Stein/Jonas/Münzberg, ZPO, vor § 704 Rdn 100 und § 750 Rdn 8.
[500] RG 133, 215; RG 135, 118.
[501] RG 37, 378 (379); OLG Frankfurt MDR 1956, 111; LG Berlin DGVZ 1960, 172; LG Ellwangen DGVZ 1966, 170 = MittBayNot 1966, 219 = Rpfleger 1966, 145 mit zust Anm Berner; AG Montabaur DGVZ 1975, 92 mit abl Anm Schriftleit = JurBüro 1975, 1533 Leitsatz; Berner Rpfleger 1960, 303 (Anmerkung) und 1966, 134.
[502] BGH MDR 1960, 422 = NJW 1960, 494 und 1960, 735 Leitsatz mit Anm Mayer.
[503] BGH 66, 79 = MDR 1976, 248 = NJW 1976, 851 = Rpfleger 1976, 177.
[504] BGH Betrieb 1964, 1333 = JVBl 1964, 184 = MDR 1964, 316 = VersR 1964, 848; RG 99, 140; OLG Celle JurBüro 1968, 490 = Rpfleger 1969, 63; OLG München JurBüro 1970, 531 = Rpfleger 1970, 250; LG Berlin DGVZ 1961, 111.
[505] Stein/Jonas/Münzberg, ZPO, § 722 Rdn 26; Zöller/Geimer, ZPO, § 722 Rdn 93.

Anordnungsbeschluß 42.1 § 15

- Vollstreckungstitel eines Vertragsstaats des Brüsseler Übereinkommens vom 27. Sept. 1968 über die gerichtliche Zuständigkeit und die Vollstreckung gerichtlicher Entscheidungen in Zivil- und Handelssachen (EuGVÜ; BGBl 1972 II 773) mit Beitrittsübereinkommen von 1978, 1982 und 1989);
- (weitergehend) Vollstreckungstitel eines Vertragsstaats des Luganer Übereinkommens vom 16. Sept 1988 über die gerichtliche Zuständigkeit und die Vollstreckung gerichtlicher Entscheidungen in Zivil- und Handelssachen (BGBl 1994 II 2658) – damit Vollstreckungstitel der sogen EFTA-Staaten;
- Vollstreckungstitel eines Vertragsstaats des Haager Übereinkommens vom 2. Okt. 1973 über die Anerkennung und Vollstreckung von Unterhaltsentscheidungen (BGBl 1986 II 825);
- Vollstreckungstitel aus dem Königreich Norwegen, dem Staat Israel und aus Spanien nach dem jeweiligen Vertrag über die gegenseitige Anerkennung und Vollstreckung gerichtlicher Entscheidungen und anderer Schuldtitel in Zivil- und Handelssachen.

Einzelheiten des Verfahrens, in dem die Schuldtitel zur Zwangsvollstreckung zugelassen werden, regelt das Gesetz zur Ausführung zwischenstaatlicher Verträge usw (Anerkennungs- und Vollstreckungsausführungsgesetz – AVAG) vom 19. Febr 2001, BGBl I 288. Die fremden Titel werden danach in einem besonderen deutschen Verfahren mit der Vollstreckungsklausel versehen (§ 3 Gesetz). Wortlaut der Vollstreckungsklausel: § 9 Gesetz. Sonderabkommen bestehen für eine Reihe Staaten.

41.3 Eltern, Vormund, Pfleger und Betreuer bedürfen keiner Genehmigung des Familien- oder Vormundschaftsgerichts (der Vormund auch nicht der Genehmigung eines Gegenvormunds), wenn sie für das Kind oder Mündel eine Forderung durch Vollstreckungsversteigerung oder Zwangsverwaltung einziehen wollen. Geldannahme durch den Vormund, Pfleger oder Betreuer: § 117 Rdn 3; Teilungsversteigerungsantrag durch diese: § 181 Rdn 6.

41.4 Zu einigen Verfahrensvorgängen in ZVG-Verfahren benötigen Eltern, Vormund, Pfleger oder Betreuer die Genehmigung des Familien- oder Vormundschaftsgerichts. Dies wird an den einschlägigen Stellen behandelt. Eine Genehmigung darf nicht gegen den Willen des gesetzlichen Vertreters erteilt werden[506]. Eine Genehmigung kann das Gericht nur gegenüber Eltern, Vormund, Pfleger oder Betreuer erklären (BGB § 1828), somit nicht dem Vollstreckungsgericht. Die Genehmigung ist in der Regel nicht formbedürftig (Besonderheiten an einschlägigen Stellen), aber wegen des erforderlichen Nachweises nur in Schriftform denkbar.

41.5 Gegen Versagung der Genehmigung kann zB der Minderjährige **Beschwerde** einlegen mit der Begründung, das Rechtsgeschäft bedürfe keiner Genehmigung[507]. Mit dieser Begründung kann das auch ein Dritter, dessen Rechtslage durch den Bestand des die Genehmigung versagenden Beschlusses beeinträchtigt wird.

41.6 Das Vormundschaftsgericht ist vom Vollstreckungsgericht zu **benachrichten**, wenn ihm irgendein Umstand bekannt wird, der eine Tätigkeit des Vormundschaftsgerichts (für Minderjährige, Abwesende, Geschäftsunfähige usw) erforderlich macht (FGG § 35 a Satz 1). Dazu auch § 6 Rdn 4.

Vorkaufsrecht, Ankaufsrecht, Wiederkaufsrecht 42

42.1 a) Ein **Vorkaufsrecht** (ein gesetzliches ebenso wie ein als Grundstücksbelastung bestehendes, BGB § 1094) hindert die Anordnung von Zwangsversteigerung und Zwangsverwaltung nicht. Es ist kein entgegenstehendes Hindernis ge-

---

[506] BayObLG Rpfleger 1976, 391.
[507] KG Berlin Rpfleger 1976, 305.

mäß § 28 Abs 1, auch nicht bei dem Reichssiedlungsgesetz (§ 81 Rdn 10.4), auch nicht nach Baugesetzbuch (Rdn 6).

b) Ein schuldrechtliches **Vorkaufsrecht** (BGB § 463) verpflichtet nur den Besteller, erlangt somit in der Grundstücksvollstreckung keine Bedeutung. Zur Sicherung des (bedingten) Erwerbsanspruchs kann jedoch eine Vormerkung zugunsten des Vorkaufsberechtigten eingetragen sein. Diese Auflassungsvormerkung ist dann zwar kein der Zwangsversteigerung oder Zwangsverwaltung entgegenstehendes Recht; sie kann aber nach dem Rdn 42.2 Gesagten Bedeutung erlangen (s § 81 Rdn 10.1).

42.2 Ein **Ankaufsrecht** (Optionsrecht) verleiht die schuldrechtliche Befugnis, das Grundstück bei Eintritt bestimmter vertraglich vereinbarter Voraussetzungen zu erwerben. Es hindert als schuldrechtlicher Anspruch Anordnung der Zwangsversteigerung und Zwangsverwaltung nicht. Zur Sicherung des Erwerbsanspruchs kann eine Auflassungsvormerkung eingetragen sein. Sie ist gleichfalls kein der Zwangsversteigerung (Zwangsverwaltung) entgegenstehendes Recht (§ 28 Rdn 4). Eigentumsübertragung in Erfüllung des durch die Vormerkung gesicherten Anspruchs kann jedoch der Verfahrensfortsetzung entgegenstehen; daher kann auch die Auflassungsvormerkung bereits die Versteigerung tatsächlich behindern.

42.3 a) Ein rechtsgeschäftlich vereinbartes **Wiederkaufsrecht** (BGB §§ 456–462) hat ebenfalls nur schuldrechtliche Wirkung. Die Versteigerung (auch die Zwangsverwaltung) hindert es sonach nicht. Zu seiner Sicherung kann eine Auflassungsvormerkung eingetragen sein. Sie ist gleichfalls kein der Zwangsversteigerung (Zwangsverwaltung) entgegenstehendes Recht, kann das Verfahren aber nach dem Rdn 42.2 Gesagten behindern.

b) Entsprechendes gilt für das Wiederkaufsrecht nach dem Reichssiedlungsgesetz (§ 20). Es beeinflußt die Versteigerung nur, wenn es im Grundbuch eingetragen ist und dem betreibenden Gläubiger vorgeht. Dann ist es wie eine Auflassungsvormerkung zu behandeln (§ 81 Rdn 10.5).

43 Wartefrist der betreibenden Ansprüche

43.1 Eine Wartefrist ist nach der Zustellung des Vollstreckungstitels in bestimmten Fällen einzuhalten. Erst am Tage nach deren Ablauf darf die Zwangsvollstreckung beginnen. Die Fristberechnung erfolgt nach ZPO § 222, BGB § 187 Abs 1 (dazu Einl Rdn 32). Die Frist beginnt somit am Tag nach der Zustellung; zulässig ist die Zwangsvollstreckung (bei 2 Wochen Wartefrist) sonach am 15. Tag nach der Zustellung; jedoch sind für den Fristablauf auch Samstage, Sonntage und Feiertage zu beachten (BGB § 193). Die Wartefrist ist keine Notfrist; ein Zustellungsmangel kann nach ZPO § 189 geheilt werden[508].

a) Die Wartefrist beträgt **zwei Wochen** nach ZPO § 798, wenn es sich um einen der folgenden Vollstreckungstitel handelt: gerichtlicher Kostenfestsetzungsbeschluß, der nicht auf das Urteil gesetzt ist, notarielle Urkunde mit Vollstreckungsunterwerfung, Beschluß, der in einem vereinfachten Verfahren über den Unterhalt Minderjähriger den Unterhalt festsetzt oder einen Unterhaltstitel abändert, Beschluß über die Vollstreckbarerklärung eines Rechtsanwaltsvergleichs, vollstreckbare Notarkostenrechnung (KostO § 155); usw. Die Wartezeit gilt auch nach Umschreibung der genannten Titel wegen Rechtsnachfolge bzw nach ihrer Neuzustellung gemäß ZPO § 750 Abs 2.

b) Die Wartefrist beträgt **zwei Wochen** für Sicherungsvollstreckung nach ZPO § 720a durch Eintragung einer Zwangshypothek oder Schiffshypothek (ZPO § 750 Abs 3) (Einl Rdn 64.3).

---

[508] LG Kaiserslautern Rpfleger 1993, 256.

43.2 Ein **Verzicht** des Schuldners auf Einhaltung der Wartefrist wird zum Teil für nicht zulässig gehalten[509], zum Teil für zulässig[510]. Auf jeden Fall muß er zulässig sein, wenn auf Zustellung wirksam verzichtet ist (Rdn 40.28), weil dann die Frist nicht berechnet werden kann[511]. Man muß wie bei Verzicht auf Titelzustellung beachten: wenn der Schuldner nachweisbar und eindeutig verzichtet hat, ist nichts dagegen einzuwenden. Es handelt sich um eine Schutzvorschrift für den Schuldner, der Zeit haben soll, sich über den Vollstreckungsbetrag zu unterrichten[512].

43.3 Wurde die Wartefrist nicht eingehalten, so **heilt** der Mangel durch Fristablauf[512] (ex nunc), und zwar auch dann, wenn der Schuldner den Mangel vor Fristablauf durch Vollstreckungserinnerung nach ZPO § 766 gerügt hatte[512]. Der unter Verstoß gegen die Wartefrist ergangene Vollstreckungsakt ist nicht nichtig[512].

Wechsel und Scheck als Vollstreckungsunterlagen 44

Literatur: Treysee, Die Vollstreckung einer Wechselforderung, DGVZ 1983, 36.

44.1 Hat der Schuldner nach dem Vollstreckungstitel gegen **Aushändigung des Wechsels** zu leisten, dann darf Zwangsvollstreckung nur erfolgen, wenn dem Vollstreckungsgericht der Vollstreckungstitel zusammen mit dem Wechsel vorliegt. Die Vorlage auch des Wechsels ist Vollstreckungsvoraussetzung; sie ist von Amts wegen zu prüfen. Der Wechsel muß zusammen **mit dem Titel vorliegen** bei der Anordnung, beim Beitritt, im Versteigerungstermin, im Verteilungstermin bzw bei dem Antrag auf Zwangshypothek[513]. Bei Verlust des Wechsels ist nach Durchführung des Aufgebotsverfahrens (Wechselgesetz Art 90) das Ausschlußurteil mit dem Vollstreckungstitel vorzulegen[514].

44.2 Auch wenn ein Urteil den Wechselanspruch des Gläubigers auf Zahlung „**Zug um Zug** gegen Herausgabe des Wechsels" ausweist, liegt doch keine Verurteilung vor, deren Vollstreckung von einer Zug um Zug zu bewirkenden Leistung des Gläubigers an den Schuldner abhängt, mithin nach ZPO § 765 Beweis erfordern würde, daß der Schuldner befriedigt oder im Verzug der Annahme ist[515] (Rdn 46) (ähnlich[516], anders[517]). Es handelt sich hier nicht um die Befriedigung eines selbständigen Gegenanspruchs, sondern um die besondere Ausgestaltung des Rechts auf Quittung. Es ist nur der Wechsel zusammen mit dem Titel vorzulegen. Diese Vorlage ist Vollstreckungsvoraussetzung: der Schuldner ist nur verpflichtet, die Hauptsache zu leisten, wenn ... (WechselG Art 39, 50, 77). Daß das auch gelte, wenn das Urteil nur auf Leistung schlechthin lautet, kann nur für ein im Wechselprozeß (ZPO §§ 602–605) ergangenes Urteil (und für den Wechsel-Vollstreckungsbescheid) zutreffen. Weil der Vollstreckungstitel inhaltlich bestimmt zu sein hat, muß er sonst auch erkennen lassen, daß Erfüllung des Zahlungsanspruchs nur gegen Aushändigung des Wechsels zu erfolgen hat. Wenn sich aus

---

[509] Stein/Jonas/Münzberg, ZPO, § 798 Rdn 3; Wieczorek/Schütze/Paulus, ZPO, § 798 Rdn 4; Schilken DGVZ 1997, 81; Schumacher DGVZ 1961, 37.
[510] OLG Frankfurt MDR 1956, 111; Berner DGVZ 1961, 17 (III); Steiner/Hagemann, §§ 15, 16 Rdn 119.
[511] AG Montabaur DGVZ 1975, 92 mit abl Anm Schriftleit = JurBüro 1975, 1533 Leitsatz.
[512] OLG Hamm NJW 1974, 1516 = OLGZ 1974, 314 = Rpfleger 1974, 204.
[513] OLG Frankfurt DGVZ 1981, 84 = OLGZ 1981, 261 = Rpfleger 1981, 312.
[514] KG Berlin OLG 29, 278; LG Aachen DGVZ 1983, 75 = JurBüro 1982, 1414; AG Bergheim DGVZ 1984, 15.
[515] OLG Frankfurt Rpfleger 1979, 144 und Rpfleger 1981, 312 = aaO (Fußn 513); LG Düsseldorf DGVZ 1972, 59; Zöller/Stöber, ZPO, § 756 Rdn 4.
[516] Stein/Jonas/Münzberg, ZPO, § 726 Rdn 18.
[517] OLG Nürnberg BB 1965, 1293; Treyssee DGVZ 1983, 36.

§ 15 44.2 Anordnung der Versteigerung

dem Vollstreckungstitel nicht ergibt, daß Zahlung nur gegen Aushändigung des Wechsels zu leisten ist (das Wechselurteil weist dies konkludent aus[518]), hat das Vollstreckungsgericht auch Vorlage des Wechsels nicht zu verlangen (Vollstreckungsgrundlage ist der Schuldtitel; Prüfung des materiellen Anspruchs hat durch das Vollstreckungsgericht nicht zu erfolgen).

44.3 Vollstreckung eines selbständigen **Kostenfestsetzungsbeschlusses** (auch aus dem Wechselprozeß) erfordert nicht (wie Vollstreckung des Hauptsachetitels) Vorlage des Wechsels[519]. Der Festsetzungsbeschluß ist selbständiger Titel, in der Vollstreckung hieraus kann nicht mehr nachgeprüft werden, auf welchem Verfahren er beruht; auch könnte der Gläubiger, falls der Schuldner gegen Aushändigung des Wechsels die Hauptsache bezahlt hat, den Wechsel bei der Kostenvollstreckung gar nicht mehr vorlegen. Ebenso erfordert auch die Vollstreckung (früherer) Zwangsvollstreckungskosten (ZPO § 788) Vorlage des Wechsels nicht.

44.4 Was für den Wechsel gesagt ist, gilt genau so für einen **Scheck**-Vollstreckungstitel[520] (auch Scheckvollstreckungsbescheid[521]) (Scheckgesetz Art 34, 47).

44.5 Wenn der Titel nicht nur auf Zahlung „Zug um Zug gegen Aushändigung" eines bestimmten Wechsels (Schecks) lautet, sondern auch die Verurteilung des Gläubigers enthält, Zug um Zug gegen Zahlung der vom Beklagten zu entrichtenden Beträge den Wechsel (Scheck) herauszugeben, darf die Geldvollstreckung jedoch erst beginnen, wenn der Annahmeverzug des Schuldners nach ZPO § 765 nachgewiesen ist[522].

45 Wohnungseigentum, Teileigentum

Literatur: Barsties, Zur Frage der Zwangsversteigerung nicht mehr bestehender oder noch erbauter Wohnungseigentumsrechte, SchlHA 1983, 17; Friese, Versteigerung von Wohnungseigentum, MDR 1951, 592; Rupolphi, Die Wirkung einer Eigentumsbeschränkung nach § 12 WEG auf die Zwangsversteigerung des Wohnungseigentums, BlGrBW 1960, 369; Schindelmeiser, Die Zwangsversteigerung von Wohnungseigentum in besonderen Fällen, SchlHA 1983, 51; Weimar, Zwangsvollstreckung in das Erbbaurecht und Wohnungseigentum, BlGrBW 1976, 188.

45.1 Wohnungseigentum (ebenso Teileigentum, Rdn 45.8) ist als Eigentum (im Sinne des Eigentumsbegriffs des bürgerlichen Rechts, BGB § 903) Gegenstand der Immobiliarvollstreckung (Einl 12.8). Vollstreckt werden kann daher nur noch in dieses Eigentum (in das einzelne Wohnungseigentum), wenn der Grundstückseigentümer durch Teilung (sogen Vorratsteilung) Wohnungseigentum gebildet hat (WEG §§ 2, 8). Das Grundstück besteht dann als Gegenstand der Zwangsvollstreckung nicht mehr, auch wenn nach Teilung durch den Grundstückseigentümer Veräußerung noch nicht erfolgt ist, dem (bisherigen) Grundstückseigentümer somit nun alle Wohnungseigentumseinheiten gehören (zum Begründungsmangel jedoch Rdn 45.10). In den Bruchteil einer Wohnungseigentumseinheit kann (ebenso wie beim Grundstück, Einl Rdn 12.2 und 12.3) in den Fällen von ZPO § 864 Abs 2 vollstreckt werden, damit insbesondere, wenn Ehegatten Bruchteilsmiteigentümer sind und die Zwangsvollstreckung nur gegen einen Ehegatten als Schuldner zu erfolgen hat. Miteigentum zur gesamten Hand: wie Einl Rdn 12.6. Zwangsversteigerung oder Zwangsverwaltung mehrerer Wohnungseigentumsrechte oder eines Wohnungseigentumsrechts und eines Grundstücks (anderen Objekts) in dem-

---

[518] RG 36, 96 (105); RG 37, 1 (5); KG Berlin OLG 29, 278.
[519] OLG Frankfurt Rpfleger 1981, 312 = aaO (Fußn 513).
[520] AG Villingen-Schwenningen DGVZ 1988, 122.
[521] AG Aschaffenburg DGVZ 1992, 175; AG Hannover und LG Hannover DGVZ 1991, 142; AG Saarbrücken, LG Saarbrücken, OLG Saarbrücken, alle DGVZ 1990, 43.
[522] OLG Frankfurt Rpfleger 1979, 144.

Anordnungsbeschluß 45.4 § 15

selben Verfahren ist (wie Zwangsversteigerung mehrerer Grundstücke) nach Maßgabe des § 18 zulässig.

45.2 Im **Anordnungsbeschluß** (Beitrittsbeschluß) ist das Wohnungseigentum als Gegenstand der Zwangsvollstreckung genau zu bezeichnen (Rdn 4.3). Die Bezeichnung erfolgt am zuverlässigsten nach der Eintragung im Bestandsverzeichnis des Wohnungs- oder Teileigentumsgrundbuchs (WGV § 3 Abs 1).

45.3 Von der Beschlagnahme erfaßt (§ 20) und **Gegenstand der Zwangsversteigerung** (§§ 55, 90) ist das Wohnungseigentum mit dem gesetzlichen und für das Verhältnis der Wohnungseigentümer untereinander ergänzend oder abweichend vereinbarten, durch Grundbucheintragung verdinglichten Inhalt des Sondereigentums (WEG § 10). Die als **Inhalt des Sondereigentums** für das Verhältnis der Wohnungseigentümer untereinander getroffenen Vereinbarungen gehören daher nicht in die Versteigerungsbedingungen und nicht in das geringste Gebot (sie sind nicht Belastungen des Rechts). Sie wirken, ebenso wie Beschlüsse der Wohnungseigentümer und Entscheidungen des Richters, als Inhalt des Sondereigentums (für und) gegen den Ersteher[523], der Sondernachfolger des Wohnungseigentümers ist (WEG § 10 Abs 2, 3). Dem kann bei Vereinbarung eines **Sondernutzungsrechts** (Zuweisung eines bestimmten Bereichs des gemeinschaftlichen Eigentums an einen Wohnungseigentümer zur ausschließlichen Nutzung, zB als Kfz-Einstellplatz, Hausgarten) für den Wert eines Wohnungseigentums erhebliche Bedeutung zukommen (praktischer Fall bei[524]). Erworben sein kann ein Sondernutzungsrechts (zB ein Garagenstellplatz, ein Kellerabteil) auch noch durch Begründung (Zuweisung) erst nach Beschlagnahme. Dem Schuldner als Wohnungseigentümer ist damit die ausschließliche Befugnis zum Gebrauch des zu nutzenden Teils des Gemeinschaftseigentums zugewiesen (positive Komponente des Sondernutzungsrechts; dazu[525]); er ist von der Nutzung dieses Bereichs des Gemeinschaftseigentums nicht ausgeschlossen (negative Komponente; dazu[525]). Der Beschlagnahmegläubiger wird daher in seiner Rechtsposition durch diese Änderung des Inhalts des Sondereigentums nicht nachteilig berührt. Gegenstand der Versteigerung ist daher das Wohnungseigentum auch mit dem als Inhalt des Sondereigentums nach Beschlagnahme verdinglichten Sondernutzungsrecht. Feststellung des mit Vereinbarung der Wohnungseigentümer bestimmten Inhalts des Sondereigentums ist (bei Verfahrensdurchführung) stets unerläßlich. Begründung eines Sondernutzungsrechts erst nach Festsetzung des Verkehrswertes (§ 74a Abs 5) erfordert immer auch Prüfung, ob Wertanpassung von Amts wegen erforderlich ist (§ 74a Rdn 7.20). Gutgläubig kann ein Sondernutzungsrecht durch den Zuschlag nicht erworben werden[526].

45.4 Auf **gemeinschaftliche Gelder** der Wohnungseigentümer erstreckt sich die Beschlagnahme (und damit auch die Versteigerung, § 55) nicht[527]. Diese sind weder gemeinschaftliches Eigentum (WEG § 1 Abs 5) (anders[528]: Gelder sind untrennbarer Bestandteil des Wohnungseigentums) noch Zubehör (BGB §§ 97, 1120) noch sonst hypothekarisch haftender Gegenstand im Sinne von § 20 Abs 2. Zu ihnen können gehören Vorschüsse zu Lasten und Kosten nach Bestimmung des Wirtschaftsplans (WEG § 28 Abs 1 Nr 2, Abs 2), Instandhaltungsrückstellung (WEG § 21 Abs 5 Nr 4) und die Nutzungen (BGB § 100) des gemeinschaftlichen Eigentums (WEG § 16 Abs 1). Instandsetzungskosten trägt der Ersteher als Lasten des Wohnungseigentums ebenso wie die anderen Lasten und Verwaltungskosten

---

[523] BayObLG NJW-RR 1988, 1163.
[524] Ertl Rpfleger 1979, 81 (III 3 c); OLG Stuttgart Justiz 2002, 407 = OLGRep 2002, 290 sowie BWNotZ 2002, 186 = Rpfleger 2002, 576.
[525] Schöner/Stöber, Grundbuchrecht, Rdn 2913.
[526] BayObLG DNotZ 1994, 244 = Rpfleger 1994, 294.
[527] BayObLG 1984, 198 (207) = DNotZ 1985, 416 = MDR 1984, 1028 = Rpfleger 1984, 428.
[528] Bärmann/Pick/Merle, WEG, § 1 Rdn 39 und § 21 Rdn 1 und 157.

(WEG § 16 Abs 2), für die der Wirtschaftsplan vorschußweise Zahlung bestimmt, ab Zuschlag (§ 56 Satz 2); bis dahin treffen sie den Schuldner (dazu § 56 Rdn 3.10). Nutzungen des gemeinschaftlichen Eigentums gebühren dem Ersteher ab Zuschlag (§ 56 Satz 2); bis dahin gehören sie dem Schuldner. Diese Abgrenzung ist zwingend. Sie gebietet Verteilung der Früchte (BGB § 101) und Lastenaufteilung (BGB § 103) je nach der Dauer der Berechtigung oder Verpflichtung. Das schließt Übergang der anteiligen Nutzungen des Schuldners und seines Anteils an dem durch Vorschüsse gebildeten Verwaltungsvermögen auf den Ersteher aus. Zur Berechtigung der (anderen) Wohnungseigentümer, Lasten und Kosten aus den Vorschüssen zu decken und zur Haftung des Erstehers für Nachforderungen siehe jedoch § 56 Rdn 3.10.

45.5 a) Als **Inhalt des Sondereigentums** kann vereinbart sein, daß zur Veräußerung des Wohnungseigentums **Zustimmung** anderer Wohnungseigentümer oder eines Dritten (meist des Verwalters) nötig ist (WEG § 12 Abs 1). Diese Veräußerungsbeschränkung wird ausdrücklich in das Grundbuch eingetragen (WGV § 3 Abs 2). Im Eintragungsvermerk wird die allgemeine rechtliche Natur und der wesentliche Inhalt sowie die besondere Art der Beschränkung gekennzeichnet; wegen der Einzelheiten (etwa wegen der Form der Zustimmung) genügt auch hier Bezugnahme auf die Eintragungsbewilligung[529]. Die Veräußerungsbeschränkung gilt auch für die Zwangsvollstreckung (WEG § 12 Abs 3). Sie gilt auch für die Versteigerung in Verfahren nach §§ 172, 175, 180, nicht aber für eine Wiedervollstreckung aus einer Sicherungshypothek nach § 128, weil dieses Verfahren nur die Folge eines vorausgegangenen zulässigen ist. Wenn vereinbart ist, daß die Genehmigung (etwa des Verwalters) bei Veräußerung „im Wege der Zwangsversteigerung" nicht nötig sei, so ist damit auch die Teilungsversteigerung gemeint. Das muß nach dem Zweck der Regelung auch gelten, wenn bestimmt ist, daß „bei Veräußerung im Wege der Zwangsvollstreckung" die Zustimmung nicht erforderlich ist; damit ist (ebenso wie in WEG § 12 Abs 3) die Zwangsvollstreckung als Verfahren im Gegensatz zur rechtsgeschäftlichen Veräußerung bezeichnet, Einschränkung somit auch für Vollstreckungsverfahrensrecht in den besonderen Fällen des 3. Abschnitts des ZVG (§§ 172–185) vorgesehen.

b) Gläubiger bereits vorhandener Grundpfandrechte, müssen der Vereinbarung einer Veräußerungsbeschränkung als Inhalt des Sondereigentums zustimmen[530]. Berechtigte später eingetragener dinglicher Rechte müssen die bei Eintragung ihres Rechts bereits bestehende Veräußerungsbeschränkung gegen sich gelten lassen. Die Veräußerungsbeschränkung gilt daher immer auch für Verfahren aus einem Grundpfandrecht (anders[531]: Zustimmung des Gläubigers eines Grundpfandrechts am gesamten Grundstück ist nicht erforderlich, seine Befugnis zur Zwangsvollstreckung auch in die haftenden Sondereigentums-Einheiten wird durch die nach der Belastung vereinbarte Veräußerungsbeschränkung nicht beeinträchtigt). Die Veräußerungsbeschränkung gilt nicht, wenn alle Wohnungseigentumsanteile eines Grundstücks versteigert werden[532] (Zuschlag im Gesamtausgebot oder gleichzeitig bei Einzelausgeboten). Die Vorschrift gilt auch nicht für die aus Rangklassen 2 und 3 des § 10 Abs 1 betreibenden Gläubiger, deren Ansprüche auf dem ungeteilten Grundstück gelastet haben (so auch[533]); sie können durch Aufteilung in Woh-

---

[529] LG Kempten Rpfleger 1968, 58; Bärmann/Pick/Merle, WEG, § 12 Rdn 16; Weitnauer/Lüke, WEG, § 12 Rdn 8; Schöner/Stöber, Grundbuchrecht, Rdn 2902, 2903.

[530] Bärmann/Pick/Merle, WEG, § 12 Rdn 25; Schöner/Stöber, Grundbuchrecht, Rdn 2958.

[531] Steiner/Hagemann §§ 15, 16 Rdn 194; Friese MDR 1951, 592 (I).

[532] BayObLG 1958, 273 (280) = NJW 1958, 2016; Bärmann/Pick/Merle, WEG, § 12 Rdn 26; Weitnauer/Lüke, WEG, § 12 Rdn 16.

[533] Steiner/Eickmann/Hagemann §§ 15, 16 Rdn 194 und § 28 Rdn 70.

Anordnungsbeschluß   45.10   § 15

nungseigentumseinheiten nicht in ihrer dinglichen Berechtigung auf Zwangsvollstreckung in die nun haftenden Wohnungseigentumseinheiten mit Vereinbarung einer Veräußerungsbeschränkung beeinträchtigt werden. Ihre Berechtigung auf Vollstreckung wird durch eine nachträglich vereinbarte Veräußerungsbeschränkung somit nicht berührt.

c) Eine **Belastungsbeschränkung** erlaubt das WEG nicht, so daß sich bei ihm (anders beim Erbbaurecht, Rdn 13.6) die Frage nicht stellt, ob Zustimmung zur Belastung diejenige zur Veräußerung einschließt.

45.6 Anordnung und Durchführung der **Zwangsverwaltung** ist immer auch zulässig, wenn Zustimmungspflicht nach WEG § 12 Abs 1 vereinbart ist, weil sie keine Veräußerung (auch keine Belastung) herbeiführt.

45.7 Auch die **Anordnung der Zwangsversteigerung** eines Wohnungseigentums, ebenso Zulassung des Beitritts (§ 27) und Fortführung des Verfahrens setzen die Zustimmung (zur Veräußerung im Wege der Zwangsvollstreckung, WEG § 12 Abs 1, 3 Satz 2) nicht voraus, können somit ungehindert erfolgen. Die Zustimmung muß jedoch bei **Entscheidung über den Zuschlag** erteilt oder ersetzt sein[534]. Bedeutung erlangt die Veräußerungsbeschränkung nach WEG § 12 Abs 1 (mit Abs 3 Satz 2) somit in gleicher Weise wie beim Erbbaurecht; siehe daher das Rdn 13.8–13.10 Gesagte. Vor dem Zuschlag gibt es auch für die Berechtigten (der Beschränkung) keine Vollstreckungserinnerung und keine Widerspruchsklage. Wenn bis zum Zuschlag die Zustimmung nicht vorliegt, ist der Zuschlag zu versagen. Jedoch ist zunächst Verkündungstermin gesondert zu bestimmen (§ 87) und entsprechend hinauszuschieben, damit eine Entscheidung über die Zustimmung erwirkt werden kann. Der Gläubiger des Wohnungseigentümers wurde früher darauf verwiesen, sich dessen Anspruch auf Zustimmung pfänden und zur Einziehung überweisen zu lassen als gesetzliche Ermächtigung, die Zustimmung für den Wohnungseigentümer durchzusetzen[535]. Erforderlich ist das jedoch nicht; der die Zwangsversteigerung betreibende Gläubiger ist vielmehr berechtigt, selbst den Anspruch auf Zustimmung geltend zu machen (siehe Rdn 13.12). Der Anspruch auf Zustimmung durch andere Wohnungseigentümer oder durch den Verwalter ist im Verfahren nach WEG § 43 Abs 1 zu verfolgen, der Anspruch auf Zustimmung durch einen Dritten im Klageweg[536].

45.8 Was für das Wohnungseigentum gesagt ist, gilt auch für das **Teileigentum** (Sondereigentum an nicht zu Wohnzwecken dienenden Räumen). Zum Wohnungseigentum im ZVG-Handbuch Rdn 394–398.

45.9 Beim **Wohnungserbbaurecht** (WEG § 30) können die Verfügungsbeschränkung nach ErbbauVO § 5 (dazu Rdn 13.5) und die Veräußerungsbeschränkung nach WEG § 12 zusammentreffen. Für die Erteilung des Zuschlags sind dann beide Zustimmungen erforderlich.

45.10 Ein eingetragenes Wohnungseigentum kann **nicht entstanden** sein, weil die für vertragliche Einräumung nötige dingliche Einigung (WEG §§ 2, 3) oder die für Teilung durch den Eigentümer erforderliche Erklärung (WEG §§ 2, 8) nichtig ist oder weil Wohnungseigentum nach WEG § 1 Abs 4 rechtlich unzulässig durch Verbindung von Sondereigentum mit Miteigentum an mehreren Grundstücken gebildet ist (gilt infolge des Änderungsgesetzes vom 30. 7. 1973, BGBl I 910, nicht für Eintragungen vor 1. 10. 1973). Prüfung der auf einem Willensmangel beruhenden Nichtigkeit wird durch das Prozeßgericht erfolgen müssen; Feststellung

---

[534] LG Berlin Rpfleger 1976, 149; Bärmann/Pick/Merle, WEG, § 12 Rdn 55; Steiner/Eickmann/Hagemann §§ 15, 16 Rdn 194 und § 28 Rdn 69.

[535] Diester, WEG § 12 Anm 15; Steiner/Hagemann §§ 15, 16 Rdn 195; Friese MDR 1951, 592.

[536] Bärmann/Pick/Merle, WEG, § 12 Rdn 37 und 51; Steiner/Haegemann §§ 15, 16 Rdn 195; Weitnauer/Lüke, WEG, § 12 Rdn 12.

§ 15   45.10   Anordnung der Versteigerung

im Vollstreckungsverfahren wird kaum einmal möglich sein. Wenn Wohnungseigentum infolge eines Willensmangels unwirksam gebildet ist, kann Gutglaubensschutz eingreifen. Zugunsten eines Gutgläubigen (zB für den rechtsgeschäftlichen Erwerber, den Gläubiger einer Hypothek) wird Wohnungseigentum dann als entstanden fingiert[537]. Das infolge des Gutglaubensschutzes bestehende Wohnungseigentum besteht auch als Objekt der Zwangsvollstreckung. Bedeutung in der Zwangsversteigerungspraxis haben solche Fragen, soweit ersichtlich, noch nicht erlangt.

45.11   Wohnungseigentum (Teileigentum) erfordert **Sondereigentum an einer Wohnung** (Teileigentum an anderen Räumen) (WEG § 1 Abs 2, 3). Es kann jedoch schon vor Errichtung der Räume, an denen Sondereigentum (Teileigentum) bestehen soll, durch vertragliche Einräumung oder Teilung (WEG §§ 2, 3, 8) begründet und in das Grundbuch eingetragen werden. Dann verschafft die Bildung von Wohnungseigentum als gesicherte Rechtsposition eine Anwartschaft, daß jedem Miteigentumsanteil am Grundstück mit Bebauung Sondereigentum (Teileigentum) sowie Miteigentum an gemeinschaftlichen Gebäudeteilen zuwächst[538] (daß die Anwartschaft mit Errichtung des Gebäudes zum Vollrecht erstarkt). Das durch vertragliche Einräumung oder Teilung begründete und in das Grundbuch eingetragene Wohnungs- oder Teileigentum ist bereits in diesem Entwicklungsstadium als dingliche Anwartschaft Gegenstand der Zwangsvollstreckung[539] (anders[540]). Wenn das Gebäude (gleichgültig aus welchem Grund) nicht erstellt wird, bleibt das Wohnungseigentum in diesem Zustand wirksam, in dem es sich bei Grundbucheintragung befand, das ist in dem meistens Miteigentumsanteils am Grundstück[541] (Miteigentumsanteile ohne Sondereigentum; auch „isolierte" Miteigentumsanteile). Inhaltlich zulässig (damit wirksam) ist die Grundbucheintragung der Teilungserklärung oder Teilungsvereinbarung vor Errichtung des Gebäudes auch dann, wenn schon zu diesem Zeitpunkt nach öffentlichem Recht ein Bauverbot für das Grundstück besteht. Auch ein demnach wirksam begründetes Wohnungseigentum kann Gegenstand der Versteigerung sein[541].

45.12   Bei **Grenzüberbau,** den der Nachbar (nach BGB § 912 oder in Ausübung einer Grunddienstbarkeit, BGB § 95 Abs 1 Satz 2) zu dulden hat, ist das die Grundstücksgrenze überschreitende Bauwerk einheitlicher wesentlicher Bestandteil des Grundstücks, an dessen Gebäude Wohnungseigentum (Teileigentum) gebildet ist[542]. Versteigert wird das Wohnungseigentum (Teileigentum) daher auch, soweit Bereiche des gemeinschaftlichen Eigentums oder des Sondereigentums auf Grund des Überbaus auf dem Nachbargrundstück stehen (§ 55 Rdn 6.2). Versteigerung des Grundstücks, auf das übergebaut worden ist, erstreckt sich hingegen nicht auf den darauf stehenden Gebäudeteil (im gemeinschaftlichen Eigentum oder Sondereigentum) des benachbarten Wohnungseigentums-Stammgrundstücks (§ 55 Rdn 6.2). Unerlaubter Überbau wäre Verstoß gegen WEG § 1 Abs 4 (Rdn 45.10).

45.13   Bei **Abweichung** zwischen Teilungsplan (Grundbucheintragung) und **Bauausführung** erhebt sich die Frage, ob das eingetragene Wohnungseigentum entstanden ist. Es werden folgende Fälle unterschieden (dazu[543]), wobei immer Aufklärung aller Verfahrensbeteiligten und Interessenten (Bieter) über den durch

---

[537] BGH 109, 179 = DNotZ 1990, 377 und 1991, 153 Leitsatz mit Anm Zimmermann = NJW 1990, 447 = Rpfleger 1990, 62.
[538] BGH 110, 36 = DNotZ 1990, 259 = MDR 1990, 325 = NJW 1990, 1111 = Rpfleger 1990, 159.
[539] BGH 110, 36 = aaO; Schindelmeiser SchlHA 1983, 51.
[540] Barsties SchlHA 1983, 17.
[541] BGH 110, 36 = aaO (Fußnote 538).
[542] OLG Hamm OLGZ 1984, 54 = Rpfleger 1984, 98 und 266 Leitsatz mit Anm Ludwig.
[543] Schöner/Stöber, Grundbuchrecht, Rdn 2875–2882.

Anordnungsbeschluß 45.13 **§ 15**

abweichende Bauausführung mit der Grundbucheintragung nicht übereinstimmenden Gegenstand des Verfahrens besondere Bedeutung zukommt:

a) Bei nur **unwesentlicher** (geringfügiger) Abweichung der Bauausführung ist Sondereigentum entstanden. Gegenstand der Immobiliarvollstreckung ist das begründete (im Grundbuch gebuchte) Wohnungseigentum mit dem durch die Bauausführung tatsächlich entstandenen Sondereigentum (nach anderer Ansicht[544] ist für den Umfang des Sondereigentums der Aufteilungsplan maßgebend). Sondereigentum ist an einem Raum daher nur mit seiner tatsächlich vorhandenen Begrenzung entstanden, wenn ein Raum kleiner errichtet ist als geplant und aufgeteilt[545]. Der nach der tatsächlichen Bauausführung außerhalb dieses Sondereigentums gelegene (geplante) weitere Raumteil ist nicht Gegenstand einer Veräußerung[545]. Auch Gegenstand des Versteigerungsverfahrens (und einer Zwangsverwaltung) ist der Raum daher nur mit dem Ausmaß, mit dem durch die Bauausführung tatsächlich Sondereigentum entstanden ist.

b) **Abweichende Aufteilung der Räume** einer Wohnung ohne Änderung der Abgrenzung der Wohnung nach außen berührt die Wirksamkeit der Aufteilung nicht[546]. Gegenstand der Immobiliarvollstreckung ist das begründete (im Grundbuch gebuchte) Wohnungseigentum mit dem durch die Bauausführung tatsächlich entstandenen Sondereigentum.

c) Bei abweichender Bauausführung vom Aufteilungsplan in einer Weise, die es **unmöglich** macht, die errichteten Räume einer im Aufteilungsplan ausgewiesenen **Raumeinheit zuzuordnen**, entsteht kein Sondereigentum, sondern nur gemeinschaftliches Eigentum[547]. Das Wohnungseigentum bleibt dennoch in dem Zustand eines Miteigentums am Grundstück ohne Sondereigentum (als „isoliertes Miteigentum") wirksam (wie Rdn 45.11; Abhilfe durch Änderung des Teilungsplans). Für Verfahrensanordnung und Verfahrensdurchführung wird es mit den Miteigentumsanteilen bezeichnet, die verbunden bei Sondereigentum im Grundbuch eingetragen sind. Weil mit dieser Bezeichnung ein Miteigentumsanteil als Gegenstand der Immobiliarvollstreckung (ZPO § 864 Abs 2) hinreichend gekennzeichnet ist, muß das Verfahren nicht aufgehoben werden[548], wenn sich nach der Beschlagnahme erst ergibt, daß nicht das nach Grundbucheintragung und Beschlagnahmebeschluß beschriebene Wohnungseigentum besteht, sondern Wohnungseigentum im Zustand des Miteigentums. Aufklärung über die vom Grundbuchstand abweichende tatsächliche Rechtslage (auch Darstellung in der Terminsbestimmung) ist jedoch nachhaltig geboten.

d) Bau **mehrerer kleinerer Wohnungen** als Sondereigentumseinheiten für eine im Teilungsplan vorgesehene größere Wohnung bei gleichem Grundriß bewirkt Verbindung des Miteigentumsanteils mit dem Sondereigentum an diesen Wohnungen. Gegenstand der Immobiliarvollstreckung ist das begründete (im Grundbuch gebuchte) Wohnungseigentum mit dem durch die Bauausführung tatsächlich entstandenen Sondereigentum.

e) Wenn auf gleichem Grundriß **nur eine Wohnung** an Stelle der vorgesehenen mehreren Wohnungen errichtet ist, aber **zwei Miteigentumsanteile** bestehen, ist für jeden Miteigentümer Sondereigentum an den jeweils im Aufteilungsplan mit seinem Miteigentum verbundenen Räumen entstanden[549]. Gegenstand der Immo-

---

[544] BayObLG DNotZ 1999, 212.
[545] OLG Düsseldorf MittRhNotK 1989, 56 = NJW-RR 1988, 590 = OLGZ 1988, 239.
[546] BayObLG 1981, 332 = DNotZ 1982, 242 = MDR 1982, 148 = Rpfleger 1981, 21; OLG Hamm DNotZ 1987, 225 mit Anm Röll = MDR 1986, 939 = NJW-RR 1986, 1275 = Rpfleger 1986, 374.
[547] BGH NJW 2004, 1798 = NotBZ 2004, 63 = Rpfleger 2004, 207 mit Nachw.
[548] Anders LG Kassel Rpfleger 2002, 41.
[549] BayObLG 1981, 332 = aaO (Fußn 546).

§ 15 45.13 Anordnung der Versteigerung

biliarvollstreckung ist das jeweilige einzelne (im Grundbuch gebuchte) Wohnungseigentum mit dem durch diese Bauausführung tatsächlich entstandenen Sondereigentum an den Räumen, die nach dem Aufteilungsplan dem Anteil zugeordnet sind.

f) Wurden über den Teilungsplan hinaus Sondereigentumseinheiten auch auf **gemeinschaftlichem Eigentum gebaut** (zB Garagen auf einer Hoffläche, ein weiteres Stockwerk mit Wohnungen), so entsteht an den teilungsplanwidrig errichteten Einheiten kein Sondereigentum. Diese Räume bleiben vielmehr Gemeinschaftseigentum. Gegenstand der Immobiliarvollstreckung ist dann das begründete (im Grundbuch gebuchte) Wohnungseigentum mit dem Sondereigentum an den ihm nach dem Aufteilungsplan zugeordneten Räumen und dem gemeinschaftlichen Eigentum nach der tatsächlichen Bauausführung.

g) Sind **weniger Wohnungen** gebaut (es ist zB ein Gebäude einer Mehrwohnhausanlage nicht errichtet), ist für die gebauten Wohnungen Sondereigentum voll entstanden. Werden die restigen Wohnungen (endgültig) nicht mehr gebaut, ist die Anwartschaft auf (weiteres) Sondereigentum (zu ihr Rdn 45.11) untergegangen; es bestehen Miteigentumsanteile ohne Sondereigentum (vgl Rdn 45.11) mit der Verpflichtung zur Änderung der Teilungserklärung.

h) Gemeinschaftliches Eigentum ist entstanden, wenn auf einer im Aufteilungsplan als Teileigentum ausgewiesenen Fläche eine Anlage errichtet ist, die nach **WEG § 5 Abs 2 nicht Sondereigentum** sein kann (Raum mit Heizungsanlage). Die Aufteilung der Miteigentumsanteile berührt dieser Gründungsmangel nicht. Auch der vorgesehene Miteigentumsanteil ist selbst dann entstanden, wenn das mit ihm zu verbindende Sondereigentum nicht entstehen konnte; er besteht als „isolierter Miteigentumsanteil"[550]. Dieser ist verkehrsfähig, somit belastbar (anders[551]); er kann damit auch Gegenstand der Immobiliarvollstreckung sein (ZPO § 864 Abs 2). Alle Miteigentümer (damit auch ein Ersteher; eine Versteigerung wird praktisch freilich nicht mit Erfolg durchführbar sein) sind aufgrund des Gemeinschaftsverhältnisses jedoch verpflichtet, die Teilungserklärung (auch die vertragliche Begründung von Wohnungseigentum nach WEG § 3) so zu ändern, daß kein isolierter Miteigentumsanteil bestehen bleibt; dieser muß auf die anderen Miteigentümer übertragen werden[552]. Die am (isolierten) Miteigentumsanteil dinglich Berechtigten (damit auch der Gläubiger einer Zwangshypothek und ein Beschlagnahmegläubiger) haben an dieser Rechtsänderung mitzuwirken. Deren Rechte setzen sich an dem zu leistenden Wertausgleich als Surrogat fort.

46 Zug-um-Zug-Leistung bei Vollstreckungsansprüchen

46.1 Vor der Anordnung der Zwangsversteigerung oder Zwangsverwaltung (oder vor einem Beitritt) für einen Gläubiger, der einen vollstreckbaren Anspruch „Zug um Zug gegen ..." hat, muß durch **öffentliche** oder öffentlich beglaubigte **Urkunde** (zB durch ein Protokoll des Gerichtsvollziehers) nachgewiesen sein, daß der Schuldner befriedigt oder im Verzug der Annahme ist (Angebot der Gegenleistung durch den Gerichtsvollzieher). Eine Abschrift dieser Urkunde muß dem Schuldner bereits zugestellt sein (ZPO § 765). Die Urkunde samt dem Zustellungsnachweis muß mit dem Vollstreckungstitel vorgelegt werden. Bei Beweis durch ein Protokoll des Gerichtsvollziehers über eine nach ZPO § 756 begonnene Zwangsvollstreckung bedarf es der Zustellung nicht.

46.2 Für Wechsel und Schecks gilt dies **nicht** (Rdn 44).

---

[550] BGH 109, 179 = aaO (Fußn. 537).
[551] OLG Hamm MittBayNot 1991, 163 = MittRhNotK 1991, 12 = NJW-RR 1991, 35 = OLGZ 1991, 27 = Rpfleger 1990, 509.
[552] BGH 109, 179 = aaO (Fußn 537).

Anordnungsbeschluß 47.5 § 15

46.3 Auch die dem Gläubiger im Titel „Zug um Zug" gegen Zahlung durch den Schuldner aufgegebene Übergabe des **Grundschuldbriefes** und einer **Löschungsbewilligung** ist in der Regel keine Gegenleistung im Sinne des ZPO § 765[553]. Wenn das Urteil damit nur das Recht des Schuldners auf eine besonders ausgestaltete (qualifizierte) Quittung zum Ausdruck bringen will, ist die Vollstreckung nicht von den besonderen Voraussetzungen des ZPO § 765 abhängig[553]. Grundschuldbrief und Löschungsbewilligung müssen dann jedoch zusammen mit dem Titel (wie ein Wechsel) dem Vollstreckungsgericht vorliegen (Rdn 44).

Zustellung und Mitteilungen im Anordnungsverfahren 47

47.1 Der **Anordnungsbeschluß** (ebenso der Beitrittsbeschluß) in der Zwangsversteigerung und Zwangsverwaltung ist an den **Schuldner** (wenn er einen Prozeßbevollmächtigten hat, nur an diesen, § 3 Rdn 3) (förmlich) **zuzustellen** (ZPO § 329, ZVG § 8), und zwar von Amts wegen nach den Regeln der ZPO (§ 3 Rdn 2). Diese Zustellung darf nicht durch Aufgabe zur Post (§ 4), nicht an einem Grundbuchzustellungsbevollmächtigten (§ 5), nicht an einen Zustellungsvertreter (§ 6) erfolgen (§ 8). Ein Zustellungsverzicht des Schuldners ist bei Anordnungs- und Beitrittsbeschlüssen unzulässig, weil die Zustellung hier das Wirksamwerden der Beschlagnahme auslösen kann. Wo die Zustellung an einen **Prozeßbevollmächtigten** erfolgen muß, ist eine zusätzliche an den Schuldner nicht nötig, Mitteilung an diesen aber zu empfehlen (§ 3 Rdn 3.4).

47.2 An den **Gläubiger** (seinen Prozeßbevollmächtigten) wird der Anordnungsbeschluß (Beitrittsbeschluß), wenn er voll stattgibt, formlos **mitgeteilt**, bei teilweiser Ablehnung wird er, ebenso wie die voll ablehnende Entscheidung, (förmlich) zugestellt. Diese Zustellung kann auch nach §§ 3–7 erfolgen (siehe § 8).

47.3 Die **Beanstandungsverfügung** (Aufklärungsverfügung) an den Gläubiger (seinen Prozeßbevollmächtigten) kann zunächst formlos mitgeteilt werden (so auch[554]). Dem Schuldner wird sie nicht zur Kenntnis gebracht (vgl Rdn 28.1). Bringt der Gläubiger Einwendungen oder will er nicht nachkommen, kann man immer noch förmlich zustellen, um die Frist in Lauf zu setzen. In der Praxis genügt regelmäßig eine formlose Mitteilung, weil sich kaum ein Gläubiger der auf ständiger Rechtspraxis des Gerichts und der Rechtsprechung seines Beschwerdegerichts beruhenden Zwischenverfügung widersetzt.

47.4 Der **Zurückweisungsbeschluß** wird an den Gläubiger (seinen Prozeßbevollmächtigten) (förmlich) zugestellt. Diese Zustellung kann auch nach §§ 3–7 erfolgen (siehe § 8). Dem nicht angehörten Schuldner (§ 15 Rdn 28) wird der Zurückweisungsbeschluß nicht zur Kenntnis gebracht.

47.5 Der **Anordnungsbeschluß** (jedoch nicht Beitrittsbeschlüsse) aus der Zwangsversteigerung (manchmal auch aus der Zwangsverwaltung) soll in bestimmten Fällen bestimmten **Personen oder Stellen** zugestellt oder mitgeteilt werden. Zustellung erfolgt bei vermögensrechtlichem Rückerstattungsanspruch an den Berechtigten (VermG § 3b Abs 2), bei Zwangsversteigerung von einem Gebäudeeigentum betroffenen Grundstücks an den Nutzer (EGZVG § 9a Abs 3 Satz 1). Zustellung (oder Mitteilung) erfolgt bei Bergwerken an landesrechtlich bestimmte Bergbehörden, bei landwirtschaftlichen Grundstücken je nach Landesrecht (Sondervorschriften zu den MiZi). Bei Apothekenrechten mußten früher bestimmte Aufsichtsbehörden benachrichtigt werden (Allgemeine Verfügung vom 21. 6. 1937, Deutsche Justiz 1937, 958; für Bayern und Niedersachsen 1961 aufgehoben, sonst durch die MiZi). Bei Erbbaurechtsversteigerungen sollte man die Anordnung dem Grundstückseigentümer (auch wenn seine Zustimmung erst zum

---

[553] OLG Hamm DGVZ 1979, 123 = JurBüro 1979, 913.
[554] Steiner/Hagemann §§ 15, 16 Rdn 241.

Zuschlag nötig ist) sofort mitteilen, besser zustellen (anders[555]), damit er rechtzeitig Kenntnis erhält. Bei Rechtsanwälten kann eine Mitteilung an die Anwaltskammer, bei Notaren an die Notarkammer vorgeschrieben sein usw.

47.6 a) Der Schuldner wird mitunter im Anordnungsbeschluß (oder bei seiner Zustellung) auch „aufgefordert", **Mieter** und Pächter **zu benennen,** die zur Schaffung oder Instandsetzung des Mietraums Miet- oder Pachtzins ganz oder teilweise vorausentrichtet oder sonst Beiträge oder Baukostenzuschüsse geleistet haben, bei denen also § 57c einschlägig ist. Erfahrungsgemäß gibt kaum je ein Schuldner hierzu eine brauchbare Erklärung ab.

b) Das Vollstreckungsgericht muß von sich aus, wenn Anhaltspunkte für Zuschüsse oder Vorauszahlungen bestehen, die **Mieter** und Pächter anschreiben (§ 57d Abs 1) und sie daher **ermitteln.** Dazu § 57d Rdn 1. Die Aufforderung an den Schuldner erfolgt wohl aus der Erwägung, eine Haftungsgefahr für das Gericht abzuwenden, wenn das Gericht mangels einer Meldung des Schuldners keine „Anhaltspunkte" für Vorausleistungen findet und darum eigene Ermittlungen unterläßt. Es erscheint aber besser, wenn das Gericht trotzdem noch eigene Ermittlungen anstellt (je nach den örtlichen Verhältnissen).

c) Zustellung des Anordnungsbeschlusses an Mieter und Pächter: § 57b Rdn 3.

47.7 Es wurde vorgeschlagen[556] jeden Anordnungsbeschluß (ja auch jede Einstellung, Aufhebung, jeden Zuschlag) dem **Gerichtsvollzieher** mitzuteilen, damit dieser nicht verbotswidrig das Mobiliar pfände. Dies sieht zunächst einleuchtend aus, ist aber sachlich nicht geboten.

48 Zwangsversteigerung und Sachenrechtsbereinigung

Im Beitrittsgebiet (Einl Rdn 14.1) ergeben sich aus der Zusammenführung des Eigentums an Grund und Boden und desjenigen am Gebäude durch das SachenR-BerG Besonderheiten auch für Veräußerung im Wege der Zwangsversteigerung. Hierwegen siehe § 28 Rdn 11 und EGZVG § 9a.

[Inhalt des Antrags]

16 (1) **Der Antrag soll das Grundstück, den Eigentümer, den Anspruch und den vollstreckbaren Titel bezeichnen.**

(2) **Die für den Beginn der Zwangsvollstreckung erforderlichen Urkunden sind dem Antrage beizufügen.**

1 Allgemeines zu § 16

Zweck und **Anwendungsbereich:** Regelung mit Ordnungsvorschrift, in welcher Weise der Gläubiger den Antrag auf Zwangsversteigerung (Zwangsverwaltung) zu stellen hat (Denkschrift S 38). Die Vorschrift gilt für alle ZVG-Verfahren (wie § 15 Rdn 2.2), bei denen aus §§ 172, 175, 180 mit Abweichungen.

2 Antragsform (Absatz 1)

2.1 Der Antrag kann von dem **Gläubiger,** seinem gesetzlichen Vertreter oder Bevollmächtigten, **schriftlich** oder zu Niederschrift der Geschäftsstelle gestellt werden. Anwaltszwang besteht nicht. Muster für den Antrag: ZVG-Handbuch Rdn 101, 102, 128. Einreichung des Antrags in elektronischer Form: ZPO § 130a. Ein schriftlicher Antrag ist eigenhändig zu unterschreiben[1] (Faksimile ge-

---

[555] Dassler/Muth § 15 Rdn 25; Steiner/Hagemann §§ 15, 16 Rdn 239.
[556] Paschold DGVZ 1974, 53.
[1] LG Berlin MDR 1976, 148 = Rpfleger 1975, 440; Müller DGVZ 1993, 7.

Inhalt des Antrags 3.2 § 16

nügt also nicht[2]; anders[3]). Wiedergabe der Unterschrift in der Kopie bei Übermittlung des Antrags durch einen Telefaxdienst (Telekopie): ZPO § 130 Nr 6. Die Schriftlichkeit soll gewährleisten, daß dem Antrag der Inhalt der Erklärung und die Person, von der sie ausgeht, hinreichend zuverlässig entnommen werden können und daß es sich bei dem Schriftstück nicht nur um einen Entwurf handelt, sondern daß es mit Wissen und Wollen des Berechtigten dem Gericht zugeleitet worden ist[4]. Das ist, wenn die Unterschrift fehlt, frei zu würdigen (ZPO § 130 als Sollbestimmung); Zweifel sind durch Rückfrage beim Antragsteller (seinem Vertreter) auszuräumen. Förmliche Nachholung der Unterschrift ist dann zulässig, aber nicht erforderlich[5]; ausreichend ist bereits die aktenkundig zu machende fernmündliche oder auch eine telegrafische Bestätigung des Antragstellers[6]. Bei Behörden sowie bei einer Körperschaft oder Anstalt des öffentlichen Rechts ist es (außerhalb des Verwaltungszwangsverfahrens) nicht nötig, das Dienstsiegel beizufügen[7]; nötig ist, daß die Behörde zuständig ist und der zuständige Beamte unterschreibt[7], oder daß der Antrag im Anschluß an den in Maschinenschrift wiedergegebenen Namen des bearbeitenden Beamten mit einem Beglaubigungsvermerk versehen ist[8].

2.2 Im **Verwaltungszwangsverfahren** (§ 15 Rdn 34) hat der Antrag unterschrieben zu sein (Ausfertigung genügt nicht); er soll mit Siegel oder Stempel versehen sein (Beidrückung des Dienstsiegels wird nicht verlangt von[9] für Antrag der Landeskasse auf Anordnung der Haft). Das gilt auch bei Vollstreckung öffentlich-rechtlicher Geldbeträge nach Bundes-Verwaltungsvollstreckungsgesetz § 5 Abs 1 und den darauf oder unmittelbar auf Abgabenordnung § 322 verweisenden Landes-Verwaltungsvollstreckungsgesetzen (§ 15 Rdn 38).

2.3 Zurücknahme des Antrags: § 29.

Bezeichnung des Grundstücks und des Gläubigeranspruchs (Absatz 1)   3

3.1 Das **Grundstück** (der Grundstücksbruchteil, das Wohnungseigentum, das grundstücksgleiche Recht, das Gebäudeeigentum) ist im Antrag als Gegenstand der Zwangsvollstreckung (ZPO § 864) zu bezeichnen. Es muß so bestimmt angegeben sein, daß es als Eigentum des Schuldners (§ 17) mit Sicherheit aus dem Grundbuch (Wohnungseigentumsgrundbuch, Erbbaugrundbuch, Gebäudegrundbuchblatt) festgestellt werden kann[10] (§ 15 Rdn 4.3). Wird das Verfahren über einen **Bruchteil** beantragt, so muß dessen Anteilsgröße (zB $^1/_2$, $^1/_4$; nicht Größe in ha, a m^2) aus dem Antrag ersichtlich sein und mit dem Grundbuch übereinstimmen. Ist der Schuldner Bruchteilseigentümer, so muß sich der Antrag hierauf beschränken. Wird ein Verfahren über das ganze Grundstück beantragt, so wird über den Bruchteil des Schuldners angeordnet, der weitergehende Antrag zurückgewiesen. Es muß nicht der ganze Antrag zurückgewiesen werden, weil das Verfahren über jeden Bruchteil gesondert läuft (ZPO § 864 Abs 2).

3.2 Der **Eigentümer** des Grundstücks ist als Schuldner des Vollstreckungsverfahrens und zur Prüfung seiner Grundbucheintragung (§ 17) zu bezeichnen. Als Schuldner ist er mit seiner zustellungsfähigen Anschrift so anzugeben, daß er im

---

[2] LG Coburg DGVZ 1994, 62; LG Ingolstadt DGVZ 1994, 72; LG München I DGVZ 1983, 57.
[3] Dempewolf MDR 1977, 801.
[4] Gemeinsamer Senat der obersten Gerichtshöfe des Bundes BGHZ 67, 355 = MDR 1977, 378 = NJW 1977, 621 = Rpfleger 1977, 127.
[5] Vollkommer Rpfleger 1975, 419 (II).
[6] Stöber, Forderungspfändung, Rdn 469.
[7] OLG Frankfurt NJW 1960, 1675.
[8] Gemeinsamer Senat aaO (Fußn 4).
[9] LG Lüneburg NdsRpfl 1988, 30.
[10] Dassler/Muth § 16 Rdn 3; Jaeckel/Güthe § 16 Rdn 2; Mohrbutter/Drischler Muster 1 Anm 5.

§ 16 3.2 Anordnung der Versteigerung

Anordnungsbeschluß zutreffend benannt, ihm der Beschlagnahmebeschluß zugestellt (§§ 3, 8) und er zum Verfahren als Beteiligter (§ 9) zugezogen werden kann.

3.3 Der **Gläubiger** ist als Antragsteller gleichfalls mit seiner Anschrift so anzugeben, daß er im Anordnungsbeschluß als Partei bezeichnet werden kann, Zustellung an ihn möglich ist und seine Zuziehung zum Verfahren erfolgen kann.

3.4 a) Als **Anspruch** des Gläubigers ist der (dingliche) Anspruch auf Zahlung aus dem Grundstück (BGB §§ 1113, 1147, 1192 Abs 1, § 1200 Abs 1) oder die persönliche Geldforderung, die in das Grundstück als Schuldnervermögen vollstreckt wird, zu bezeichnen. Anzugeben ist der Geldbetrag des Anspruchs nach **Hauptsache, Zinsen** und anderen Nebenleistungen sowie **Kosten,** und die **Rechtsnatur** des Anspruchs (ob dinglich oder persönlich vollstreckt werden soll). Für Angabe der Rechtsnatur des Anspruchs genügt Verweisung auf den Titel. Erfolgt dabei keine Einschränkung, so umfaßt der Antrag alle aus dem Titel sich ergebenden Ansprüche des Gläubigers. Diese Angaben entfallen bei Verfahren nach §§ 172, 175, 180.

b) Auch nur wegen eines **Teils** seines (umfassenderen) Vollstreckungsanspruchs kann der Gläubiger Antrag stellen. Der Gläubiger bestimmt mit seinem Antrag Beginn und Ausmaß des Vollstreckungszugriffs (Parteiherrschaft)[11]; er hat daher eine Begründung für die Antragsbeschränkung nicht zu geben. Der Anspruchsteil ist betragsmäßig nach Hauptsache, Zinsen und sonstigen Nebenleistungen sowie Kosten und/oder mit seiner Rechtsnatur (nur dinglich, nur persönlich) genau zu bezeichnen. Nur wegen eines **Teils des Grundpfandrechts** kann vollstreckt werden, wenn Zwangsvollstreckungs-Unterwerfung lediglich wegen eines „zuletzt zu zahlenden Teilbetrags" des Rechts erfolgt ist (ist Verrechnungsabrede[12]). Als Anspruch nach Rechtsnatur und Betrag bestimmt zu bezeichnen ist daher dieser betragsmäßig begrenzte Teil des Rechts (oder ein Teil davon); er ist nicht „rangmäßig" abgespaltener Teilbetrag (hätte Teilung des Grundpfandrechts erfordert).

c) Ein **Restanspruch** nach teilweiser Befriedigung des Gläubigers ist nach Hauptsache, Zinsen, Kosten zu gliedern; die restliche Forderung ist genau zu beziffern[13]. Es ist nicht Aufgabe des Gerichts, getilgte oder erloschene Teile zu berechnen, es hat sich nur mit der Vollstreckung bestehender Forderungen, wie beantragt, zu befassen. Das Vollstreckungsgericht hat nicht zu prüfen, ob Teilzahlungen des Gläubigers vollständig und richtig verrechnet sind. Daher kann eine Gesamtabrechnung der Gläubigerforderung einschließlich aller einmal entstandenen Nebenkosten und die Glaubhaftmachung der Vollstreckungskosten sowie Darstellung aller Ratenzahlungen des Schuldners vom Gläubiger, der nur einen Restbetrag der durch den Schuldtitel ausgewiesenen höheren Gesamtforderung geltend macht, nicht verlangt werden (unter Darstellung des Streitstandes und mit Nachweisen:[14]). Der Gläubiger bestimmt mit seinem Antrag den Umfang der Zwangsvollstreckung, für die der Vollstreckungstitel urkundliche Grundlage ist. Das Vollstreckungsgericht hat den Anspruch nicht festzustellen; vielmehr ist das Erlöschen des Anspruchs mit Vollstreckungsgegenklage geltend zu machen. Jedoch muß eine vom Gläubiger zur Begründung seiner Restforderung eingereichte Aufstellung des Gesamtanspruchs und der Zahlungen des Schuldners rechnerisch nachprüfbar sein und den Vollstreckungsanspruch sachlich richtig ausweisen. Damit nicht unnütze Kosten entstehen, sollte der Gläubiger auch während des Verfahrens das Gericht jeweils genau über die Restforderung unterrichten.

---

[11] Zöller/Stöber, ZPO, vor § 704 Rdn 19.
[12] BGH 108, 372 = DNotZ 1990, 586 mit abl Anm Wolfsteiner = MDR 1990, 142 = NJW 1990, 258 = Rpfleger 1990, 16.
[13] Stöber Rpfleger 1967, 114 (Berichtigung S 156); Stöber, Forderungspfändung, Rdn 466; Steiner/Hagemann §§ 15, 16 Rdn 39.
[14] Zöller/Stöber, ZPO, § 753 Rdn 7; Stöber, Forderungspfändung, Rdn 464.

Inhalt des Antrags 3.8 **§ 16**

3.5 Der **vollstreckbare Titel** ist im Antrag als urkundliche Grundlage der Zwangsvollstreckung zu bezeichnen. Für Zwangsvollstreckungs**kosten** (ZPO § 788 Abs 1) ist der Hauptsachetitel zu bezeichnen, der für ihre Mitbeitreibung Vollstreckungstitel ist. Wenn Festsetzung erfolgt ist, ist der Kostenfestsetzungsbeschluß als Schuldtitel zu benennen.
3.6 Der **persönliche Vollstreckungstitel** oder die ihm beigefügte Vollstreckungsklausel muß Gläubiger und Schuldner namentlich bezeichnen (ZPO § 750 Abs 1). Dazu § 15 Rdn 25.
3.7 Ein **dinglicher Vollstreckungstitel** (§ 15 Rdn 9.4) hat mit dem Anspruch des Gläubigers gegen den Eigentümer des belasteten Grundstücks als Schuldner auf **Duldung der Zwangsvollstreckung** in das Grundstück (zur Erfüllung des Anspruchs auf Zahlung einer bestimmten Geldsumme aus dem **belasteten Grundstück**, BGB § 1147) dieses als haftenden Gegenstand zu **bezeichnen**. Diese Bezeichnung muß so genau sein, daß das belastete Grundstück als Gegenstand der Zwangsvollstreckung und die Grundbucheintragung des Schuldners als Eigentümer dieses Grundstücks (§ 17 Abs 1) zuverlässig festgestellt werden können[15]. Bezeichnung übereinstimmend mit dem Grundbuch (GBO § 28 Satz 1) empfiehlt sich, erfordert das aber nicht. Nicht notwendig ist daher Angabe aller aus dem amtlichen Verzeichnis (GBO § 2 Abs 2; Liegenschaftskataster) in das Grundbuch übernommenen Angaben; ausreichend kann auch jede andere Bezeichnung sein (zB nach Straße und Hausnummer), wenn sie für die Zwangsvollstreckung Identifizierung des haftenden Grundstücks zuverlässig sichert. Ebenso schmälern auch Veränderungen der Grundbuchstelle (Band- und Blattnummer)[15] sowie in der katastermäßigen Bezeichnung des Grundstücks nach Erwirkung des Vollstreckungstitels dessen Vollstreckbarkeit nicht. Bezeichnung mit anderer Flurstücknummer (auch infolge katastermäßiger Verschmelzung[16] oder Zerlegung von Flurstücken), mit anderer Gemarkung, mit anderer Nutzungsart (zB für Ackerland künftig Bauplatz; nach Bebauung eines bisherigen Bauplatzes), mit berichtigter Fläche oder zur Bereinigung eines Aufnahmefehlers beeinträchtigen die Vollstreckbarkeit des dinglichen Titels daher nicht. Solche Änderungen des Katastervortrags über die Bezeichnung des unveränderten Grundstücks werden mit Fortführung des Katasters von Amts wegen in das Grundbuch übernommen. Sie können nach Berichtigung des Grundbuchs diesem (vorher, soweit erforderlich, dem Veränderungsnachweis zum Liegenschaftskataster) entnommen werden. Feststellung des im Vollstreckungstitel mit seiner früheren Bezeichnung im amtlichen Verzeichnis als Gegenstand der Immobiliarvollstreckung genannten Grundstücks auch nach Änderung seiner katastermäßigen Bezeichnung bleibt daher unverändert möglich. Das gilt ebenso, wenn sich nach Eintragung der Rechtsänderung in einem Grenzregelungsverfahren nach Baugesetzbuch (oder nach vergleichbarer Rechtsänderung, zB in einem Flurbereinigungsverfahren) der neue Bestand des haftenden Grundstücks aus dem Grundbuch ergibt. Dann kann daher die Zwangsversteigerung des in seinem Bestand veränderten Grundstücks auf Grund des ursprünglichen dinglichen Vollstreckungstitels angeordnet werden[17].
3.8 a) **Veränderungen im Bestand** (der Begrenzung) eines Grundstücks als Gegenstand dinglicher Rechte können sich nach Erwirkung des Vollstreckungstitels mit Teilung, Vereinigung (BGB § 890 Abs 1) und Bestandteilszuschreibung (BGB § 890 Abs 2) ergeben.
b) **Teilung** des Grundstücks kann die daran lastenden Grundpfandrechte (Hypothek, Grundschuld, Rentenschuld) nicht beeinträchtigen. Sie bestehen als Gesamt-Grundpfandrechte (BGB § 1132) an den verselbständigten Grundstücksteilen fort. Für die Zwangsvollstreckung in die mit Teilung geschaffenen Grundstücke (nach

---

[15] LG Weiden Rpfleger 1984, 280.
[16] Stöber MittBayNot 2001, 281 (284).
[17] LG Lahn-Gießen Rpfleger 1979, 29.

§ 16 3.8 Anordnung der Versteigerung

§ 18 auch in alle zusammen) sind daher diese im Vollstreckungstitel mit der früheren Grundstücksbezeichnung weiterhin (bestimmt) benannt. Teilung eines Grundstücks schmälert daher die fortbestehende Vollstreckbarkeit des dinglichen Vollstreckungstitels nicht[18]. Das gilt nach dem Rdn 3.7 Gesagten auch, wenn Teilung mit Fortführung des Liegenschaftskatasters Änderung der katastermäßigen Grundstücksbezeichnung bewirkt (Zerlegung in zwei oder mehr Flurstücke mit eigenen Nummern) und für die Vollstreckung in eines der neuen Grundstücke auch, wenn das Grundpfandrecht an dem anderen neuen Grundstück infolge Pfandfreigabe (lastenfreier Abschreibung) erloschen ist. Nach Teilung und Veräußerung eines Grundstücks ist für die Zwangsvollstreckung gegen den neuen Grundstückseigentümer jedoch Umschreibung des dinglichen Titels auf diesen als Schuldner erforderlich (ZPO §§ 727, 750 Abs 1).

3.9 Bei **Vereinigung** (rechtlich) selbständiger Grundstücke zu einem Grundstück (BGB § 890 Abs 1) bleiben Einzelbelastungen der jeweiligen Grundstücks weiterhin (selbständig) bestehen. Grundpfandrechte erstrecken sich gesetzlich nicht auf den jeweils anderen Grundstücksteil des neuen Grundstücks. Für die Zwangsvollstreckung in das haftende (alte) Grundstück (Einl Rdn 11.3) bezeichnet der Vollstreckungstitel dieses als Gegenstand der Immobiliarvollstreckung unverändert[19], auch wenn die Grundstücke nach Verschmelzung im Liegenschaftskataster zu einer Bodenfläche mit neuer Bezeichnung im Grundbuch nicht mehr unter ihrer früheren Bezeichnung geführt werden (Rdn 3.7). Erfolgt bei Vereinigung Haftersteckung (Ausdehnung eines Grundpfandrechts auf das bisher nicht belastete Grundstück; sogen Nachverpfändung oder Pfandunterstellung), so begründet das für den in die Mithaft einbezogenen Teil des vereinigten Grundstücks (rechtsgeschäftliche) Neubelastung. Der bisherige Vollstreckungstitel weist den Anspruch auf Duldung der Zwangsvollstreckung in diesen neu belasteten Teil des einheitlichen Grundstücks nicht aus. Zur Zwangsvollstreckung auch in diesen Grundstücksteil muß daher ein (dinglicher) Vollstreckungstitel neu erwirkt werden. Eine Gesamthypothek (-grundschuld) auf allen vereinigten Grundstücken wird mit Vereinigung nicht zur Einzelhypothek des einheitlichen (neuen) Grundstücks; es finden auf sie vielmehr die Vorschriften über die Gesamthypothek nach wie vor Anwendung[20]. Zur Zwangsvollstreckung in das jeweils haftende (alte) Grundstück, damit auch bei Verfahrensverbindung nach § 18 bei Vollstreckung in mehrere oder alle dieser Grundstücke, bezeichnet der Vollstreckungstitel dieses als Gegenstand der Immobiliarvollstreckung daher ebenso unverändert; Bezeichnung des neuen Grundstücks, etwa in der Vollstreckungsklausel, erfordert (so iE auch[21]) und ermöglicht das (auch nach Verschmelzung) nicht.

3.10 a) **Zuschreibung** eines Grundstücks zum Bestandteil eines anderen (BGB § 890 Abs 2) ändert die Haftung des zugeschriebenen Grundstücks für die bisher an ihm lastenden Grundpfandrechte nicht; sie werden gesetzlich nicht auf das Hauptgrundstück erstreckt. Für die Zwangsvollstreckung in das haftende zugeschriebene bisherige Grundstück bezeichnet der Vollstreckungstitel dieses als Gegenstand der Immobiliarvollstreckung unverändert (auch wenn die katastermäßige Grundstücksbezeichnung geändert ist, Rdn 3.7). Haftersteckung ist (rechtsgeschäftliche) Neubelastung; der damit (neu) begründete Anspruch auf Zwangsvollstreckung auch des nachverpfändeten Hauptgrundstücks weist der bisherige Vollstreckungstitel nicht aus (Rdn 3.9).

b) Die an dem Hauptgrundstück bestehenden Grundpfandrechte werden mit Bestandteilzuschreibung (anders als bei Vereinigung) kraft Gesetzes auf das zuge-

---

[18] Wolfsteiner, Vollstreckbare Urkunde, Rdn 66.6.
[19] Stöber MittBayNot 2001, 281 (283).
[20] OLG Karlsruhe OLG 39, 222 (223); Schöner/Stöber, Grundbuchrecht, Rdn 624; Staudinger/Gursky, BGB, § 890 Rdn 26.
[21] Jursnik MittBayNot 1997, 151.

Inhalt des Antrags 4.2 § 16

schriebene Grundstück erstreckt (BGB § 1131 mit § 1192 Abs 1, § 1200 Abs 1). Für die unverändert zulässige Zwangsvollstreckung in das haftende (alte) Hauptgrundstück (Einl Rdn 11.4) bezeichnet der Vollstreckungstitel dieses als Gegenstand der Immobiliarvollstreckung weiter (wie Rdn 3.9). Weil der neue Grundstücksbestandteil gesetzlich dem Grundpfandrecht unterworfen ist, ist er auch ohne weiteres der Zwangsvollstreckung aus dieser Grundstücksbelastung unterworfen[22]. Daher bildet der vor Vereinigung für die Zwangsvollstreckung in das Hauptgrundstück erwirkte dingliche Vollstreckungstitel zugleich auch die urkundliche Grundlage für die Zwangsvollstreckung in das mit Bestandteilszuschreibung neu gebildete Grundstück.

3.11 Teilung zur **Begründung von Wohnungseigentum** (auch Teileigentum, WEG §§ 3, 8) beeinträchtigt die am Grundstück lastenden Grundpfandrechte (Hypotheken, Grundschulden und Rentenschulden) nicht. Sie bestehen als Gesamt-Grundpfandrechte (BGB § 1132) an dem Wohnungs-/Teileigentum fort[23]. Auch für die Zwangsvollstreckung in das mit Teilung begründete Wohnungs-/Teileigentum (nach § 18 auch in alle zusammen) bleibt daher der dingliche Vollstreckungstitel mit der früheren Grundstücksbezeichnung unverändert Vollstreckungsgrundlage[24] (das Rdn 3.8 Gesagte gilt auch hier). Umschreibung der Vollstreckungsklausel zur Bezeichnung des Wohnungs/Teileigentums als nunmehriger Haftgegenstand ist weder erforderlich noch zulässig[24] (anders[25]).

Urkunden zum Anordnungsantrag (Absatz 2) 4

4.1 „Dem Antrag beizufügen" sind die für den Beginn des Verfahrens erforderlichen Urkunden (Abs 2). Sie müssen mit dem Antrag vorgelegt werden. Es genügt nicht, auf andere Akten zu verweisen, in denen sie sich befinden, weil das Vollstreckungsgericht den Antrag sofort prüfen muß. Sind die Urkunden für einen Pfändungsantrag beim Vollstreckungsgericht oder für gleichzeitige Mobiliarvollstreckung beim Gerichtsvollzieher, so kann der Gläubiger natürlich das Vollstreckungsgericht ersuchen, sie dort anzufordern; das Risiko der Verzögerung, eines Verlustes oder einer Verwechslung trägt aber der Gläubiger.

4.2 Notwendige Urkunden sind bei der Vollstreckungsversteigerung und Zwangsverwaltung der Vollstreckungstitel (§ 15 Rdn 40, 41) mit Zustellungsnachweis und etwaigen Ergänzungsurkunden (Erbschein, Abtretung usw), auch Wechsel und Schecks (§ 15 Rdn 44), bei Zug-um-Zug-Titeln auch die Urkunde hierzu (§ 15 Rdn 46), bei Zwangsvollstreckungsunterwerfung durch einen Vertreter auch die Vollmacht (§ 15 Rdn 40.18), bei Grundstücksvereinigung mit Haftungsunterwerfung auch diese, außerdem Vollmacht des Vertreters des Antragstellers (wenn sie von Amts wegen zu prüfen ist, Einl Rdn 50) und Nachweise zur Glaubhaftmachung bisheriger Zwangsvollstreckungskosten (Einl Rdn 40). Zur Zwangsvollstreckung gegen einen von mehreren Gesamtschuldnern ist der gegen diesen lautende Vollstreckungstitel dem Antrag beizufügen; von der Vorlage aller gegen die Gesamtschuldner erteilten Vollstreckungstitel darf die Zwangsvollstreckung gegen nur einen von ihnen nicht abhängig gemacht werden[26] (anders[27]: Ausfertigungen müssen miteinander verbunden sein).

---

[22] Wolfsteiner, Vollstreckbare Urkunde, Rdn 66.7.
[23] BayObLG 1958, 273 = DNotZ 1959, 91 = NJW 1958, 2016; OLG Stuttgart DNotZ 1954, 252 = NJW 1954, 682 = Rpfleger 1954, 567 mit Anm Diester; Schöner/Stöber, Grundbuchrecht, Rdn 2849.
[24] LG Berlin Rpfleger 1985, 159 mit zust Anm Witthinrich; LG Essen Rpfleger 1986, 101.
[25] LG Weiden Rpfleger 1984, 280.
[26] LG Augsburg DGVZ 1993, 188; LG Bremen DGVZ 1982, 76; LG Stuttgart Rpfleger 1983, 161; AG Arnsberg DGVZ 1979, 188; AG Groß-Gerau MDR 1981, 414 = Rpfleger 1981, 151 mit zust Anm Spangenberg; AG Pirmasens DGVZ 1987, 30.
[27] AG Mönchengladbach-Rheydt DGVZ 1982, 79; AG Wilhelmshaven DGVZ 1979, 189.

§ 16 4.3 Anordnung der Versteigerung

4.3 Nach der Entscheidung über die Verfahrensanordnung können die Urkunden auf Antrag vorübergehend wieder dem Einsender **zurückgegeben** werden, etwa für weitere Vollstreckungsversuche. Sie müssen aber auf jeden Fall bei Terminsbestimmung sowie beim Versteigerungs- und Verteilungstermin in den Akten sein. Verstoß begründet jedoch keinen Zuschlagversagungsgrund, wenn der Vollstreckungstitel (die andere Urkunde) vor Verkündung des Zuschlags wieder eingereicht wird[28]. Manchmal wird empfohlen, eine Abschrift zurückzubehalten[29]; sie ersetzt nicht die Urschrift. Urkunden von größerem Wert (Wechsel oder Titel über hohe Summen, Erbscheine, Auslandstitel) oder von besonderer Wichtigkeit sollten auf jeden Fall nicht in die Akten eingelegt, sondern in besondere **amtliche Verwahrung** genommen werden, um einen Verlust bei Versendung oder Akteneinsicht zu vermeiden, insbesondere, wenn die Akten nicht geheftet werden.

4.4 Besonders zu verwahren sind auf jeden Fall **Hypotheken- und Grundschuldbriefe,** falls sie eingereicht werden. Anordnung und Beitritt sind nicht von der Vorlage der Briefe abhängig[30] (falls sie nicht mit dem Titel fest verbunden sind), weil der Gläubiger allein durch den Titel ausgewiesen wird. Der Schuldner kann allerdings nach BGB § 1160 Abs 1 der Geltendmachung eines Briefrechts widersprechen (= Einrede), wenn der Brief nicht vorgelegt wird (bei Wechseln und Schecks muß er nur gegen Vorlage leisten, bei Hypotheken-, Grundschuldbriefen muß er auch ohne Vorlage leisten, kann sich aber weigern). Das kommt etwa in Frage, wenn der Brief durch mehrere Gläubigerhände gegangen ist (etwa bei Zwischen- und Umfinanzierungen) und der Schuldner Bedenken gegen die Berechtigung des Antragstellers hat. Der Gläubiger muß den Brief erst auf Verlangen des Schuldners vorlegen. Bis dahin empfiehlt sich, von der Vorlage abzusehen. Rügt der Schuldner das Fehlen des Briefes, so setzt das Gericht dem Gläubiger eine Frist (in der Regel genügt formlose, auch telefonische Anforderung). Wird dann der Brief nicht vorgelegt (kommt wohl nicht vor), so kann der Schuldner gegen Anordnungs- oder Beitrittsbeschluß Vollstreckungserinnerung nach ZPO § 766 einlegen. Der Beschlagnahmebeschluß ist nicht etwa bei Nichtvorlage von Amts wegen aufzuheben. Der Schuldner kann auf die Vorlage (und auf sein Widerspruchsrecht bei Nichtvorlage) schon bei der Bestellung des Rechts verzichtet haben (Regelfall). Der Verzicht kann auch im Grundbuch eingetragen sein[31], wobei Bezugnahme auf die Eintragungsbewilligung genügt[32].

4.5 Nach EGZVG § 5 kann landesrechtlich bestimmt werden, daß dem Versteigerungsantrag ein **Steuerbuchauszug** − jetzt Liegenschaftskatasterauszug − beigefügt werden soll (nicht muß). Die meisten Länder hatten das (früher) getan. Diese Urkunde ist aber unnötig; das Vollstreckungsgericht hält sich an die Beschreibung im Grundbuch (die mit der des Liegenschaftskatasters übereinzustimmen hat); aus dem Kataster ist auch der wirkliche Zustand des Grundstücks nicht besser zu ersehen. Bebauungen können in der Regel erst aus dem Gutachten nach § 74a oder mit Anfragen an die Beteiligten festgestellt werden. Voraussetzung der Verfahrensanordnung ist die Vorlage des Katasterauszugs nicht[33]; eine Zurückweisung des Zwangsversteigerungsantrags kann daher allein auch nicht darauf gestützt werden, daß der Katasterauszug nicht beigebracht ist.

4.6 Zu den Urkunden auch im ZVG-Handbuch Rdn 103.

---

[28] BGH MDR 2004, 774 = NJW-RR 2004, 1366 = Rpfleger 2004, 368; OLG Düsseldorf OLGZ 1994, 508 = Rpfleger 1994, 429; Stöber NJW-Sonderheft BayObLG (2005) S 62.
[29] RG 134, 56 (61).
[30] LG Stuttgart VersR 1961, 576; Drischler RpflJahrbuch 1971, 316 (I A 2h).
[31] OLG Köln Rpfleger 1956, 340 mit Anm Bruhn.
[32] Lehnart Rpfleger 1958, 302.
[33] LG Frankfurt Rpfleger 2003, 94 mit Einschränkung bei Hinzutreten besonderer Umstände.

[Voraussetzungen der Anordnung]

17 (1) Die Zwangsversteigerung darf nur angeordnet werden, wenn der Schuldner als Eigentümer des Grundstücks eingetragen oder wenn er Erbe des eingetragenen Eigentümers ist.

(2) Die Eintragung ist durch ein Zeugnis des Grundbuchamts nachzuweisen. Gehören Vollstreckungsgericht und Grundbuchamt demselben Amtsgericht an, so genügt statt des Zeugnisses die Bezugnahme auf das Grundbuch.

(3) Die Erbfolge ist durch Urkunden glaubhaft zu machen, sofern sie nicht bei dem Gericht offenkundig ist.

Allgemeines zu § 17

1

Zweck und **Anwendungsbereich:** Bestimmung, wie für Verfahrensanordnung nachzuweisen ist, daß das Grundstück (auch das Wohnungseigentum, Gebäudeeigentum oder grundstücksgleiche Recht), dessen Versteigerung beantragt wird, dem Schuldner gehört (Denkschrift S 39). Die Vorschrift ist nach § 146 Abs 1 auch bei Zwangsverwaltung (ergänzt durch § 147) anzuwenden (§ 146 Rdn 4), entsprechend auch bei den Verfahren aus §§ 172, 175, 180, wobei für die Teilungsversteigerung in § 181 Abs 2 noch eine zusätzliche Voraussetzung für den Antragsteller gestellt ist und für die Nachlaßversteigerung § 177 ergänzend anzuwenden ist (§ 176 Rdn 2).

Eigentum des Schuldners am Vollstreckungsgegenstand

2

2.1 Zwangsvollstreckung als hoheitlicher Eingriff in das Eigentum des Schuldners (Einl Rdn 1) setzt voraus, daß das Grundstück (Wohnungseigentum, Gebäudeeigentum oder grundstücksgleiche Recht), dessen Versteigerung beantragt wird, **dem Schuldner gehört** (Denkschrift S 39). Die materielle Rechtslage (Erwerbsvorgang, auch Erwerbsgrund für das Eigentum des Schuldners) wird durch das Vollstreckungsgericht jedoch nicht geprüft. Es nimmt als Vollstreckungsorgan nur eine „formelle" Prüfung vor[1]. Für diese **Prüfung** des Schuldnereigentums zur Anordnung der Zwangsversteigerung folgt § 17 Abs 1 der Beweisvermutung des BGB § 891 Abs 1. Darnach wird vermutet, daß der als Eigentümer eingetragene Schuldner auch wirklicher Eigentümer ist. Demgemäß bestimmt § 17 Abs 1, daß die Zwangsversteigerung (Zwangsverwaltung) nur angeordnet werden darf, wenn der Schuldner (bei Antrag des Insolvenzverwalters nach § 172 der Schuldner des Insolvenzverfahrens, in Verfahren nach §§ 175, 180 der Antragsgegner), als Eigentümer des Grundstücks eingetragen ist (Eintragungsgrundsatz). Das Vollstreckungsgericht darf auch nicht prüfen, ob das Grundbuch formell richtig ist, ob die Eintragung mit der materiellen Rechtslage übereinstimmt; es ist **formell an die Eintragung gebunden.** Der Eingetragene kann nicht einwenden, daß er nicht Eigentümer sei[2], auch nicht, daß er nur als Treuhänder für den wahren Eigentümer tätig sei. Bei Vollstreckung gegen den eingetragenen Nichteigentümer hat der nicht eingetragene wahre Eigentümer sein der Zwangsversteigerung entgegenstehendes Recht geltend zu machen (§ 37 Nr 5), somit Widerspruchsklage zu erheben (ZPO § 771; Einstellung: ZPO § 769), falls er nicht sachlich die Vollstreckung dulden muß (zB wegen einer Anfechtung der Übereignung) (Vollstreckungserinnerung wäre nur gegen die Verletzung der Verfahrensvorschriften möglich). Für Verfolgung des dinglichen Anspruchs eines Grundpfandgläubigers gilt der im Grundbuch Eingetragene unwiderlegbar als Eigentümer (BGB § 1148 Satz 1).

2.2 Gegen den Berechtigten eines durch Vormerkung (BGB § 883 Abs 1) gesicherten **Auflassungsanspruchs** kann die Zwangsversteigerung nicht angeordnet

---

[1] Zöller/Stöber, ZPO, vor § 704 Rdn 18.
[2] RG 94, 55 (57).

werden. Desgleichen kann Zwangsversteigerung nicht angeordnet werden, wenn der Schuldner als Auflassungsempfänger bereits das **Anwartschaftsrecht** aus der Auflassung als Vermögensrecht erworben hat. Das Anwartschaftsrecht des Auflassungsempfängers ist pfändbares Vermögensrecht (ZPO § 857)[3].

2.3 Widersprechen kann ein mit **Auflassungsvormerkung** Eingetragener erst nach Eintragung als Eigentümer[4]. (näher § 28 Rdn 4.8). Eigenbesitz eines (noch nicht eingetragenen) Grundstückserwerbers ist kein Hinderungsgrund (§ 28 Rdn 5.4). Zum Anwartschaftsrecht des Auflassungsempfängers als Gegenrecht § 28 Rdn 5.5.

3 Eintragung im Grundbuch als Anordnungsvoraussetzung (Absatz 1)

3.1 In § 17 nicht ausdrücklich gesagt, aber als selbstverständlich vorausgesetzt (weil Schuldner sonst nicht als Eigentümer eingetragen sein könnte) ist, daß das **Grundstück** (damit auch das grundstücksgleiche Recht usw), über das ein Verfahren angeordnet werden soll, selbst im Grundbuch **eingetragen** (gebucht) sein muß. Andernfalls müßte erst ein Grundbuchblatt (GBO § 3 Abs 1 Satz 1, § 4 Abs 1) auf Antrag des betreibenden Gläubigers (GBO § 14) angelegt werden (Einl Rdn 11). Verlorene oder zerstörte Grundbücher müssen wiederhergestellt sein; vor der Wiederherstellung kann die Versteigerung allerdings angeordnet werden, wenn durch Urkunden glaubhaft gemacht ist, daß der Schuldner eingetragen oder Erbe des Eingetragenen war (GrundbuchwiederherstellungsVO § 16).

3.2 Als Eigentümer des Grundstücks usw **eingetragen** sein muß der im Vollstreckungstitel (der Vollstreckungsklausel) bezeichnete **Schuldner** (ZPO § 750 Abs 1), gegen den die Zwangsvollstreckung mit Verfahrensanordnung beginnen soll. Wenn das Verfahren nur über den **Bruchteil** eines Grundstücks usw beantragt ist (§ 16 Rdn 3.1) muß der Schuldner als dessen Eigentümer eingetragen sein. Richtige Eintragung auch der Eigentümer anderer Miteigentumsanteile ist dann weder nachzuweisen noch zu prüfen. **Samtverbindlich haftende Schuldner** müssen vollständig und mit ihrem für die Gemeinschaft maßgebenden Rechtsverhältnis (siehe GBO § 47) eingetragen sein (bei Bruchteilseigentum ist Eintragung jedes Miteigentümers Erfordernis der Vollstreckung in seinen Anteil und der zugleich nach § 18 möglichen Verfahrensverbindung). Ehegatten oder Mitglieder einer fortgesetzten Gütergemeinschaft müssen als Schuldner (§ 15 Rdn 10.2) zusammen mit dem für ihre Gemeinschaft maßgebenden Rechtsverhältnis auch dann eingetragen sein, wenn für Zwangsvollstreckung ein Vollstreckungstitel nur gegen einen von ihnen genügend ist (ZPO § 740 Abs 1, §§ 741, 745 Abs 1). Gesellschafter einer BGB-Gesellschaft werden mit ihrem Namen (GBV § 15) unter Angabe des Rechtsverhältnisses (§ 47) in das Grundbuch eingetragen; die BGB-Gesellschaft selbst wird als nicht grundbuchfähig angesehen[5]. Die als Eigentümer des zum Gesellschaftsvermögen gehörenden Grundstücks eingetragenen Gesellschafter sind eingetragene Eigentümer als Schuldner für Zwangsversteigerung, die mit einem gegen alle Gesellschafter lautenden (dinglichen oder persönlichen) Vollstreckungstitel (ZPO § 736) betrieben wird, ebenso aber, wenn ein gegen die (parteifähige[6]) BGB-Gesellschaft lautender Titel vollstreckt wird. Prüfung, ob dann das Grundstück Gesellschaftsvermögen ist, die eingetragenen Eigentümer damit Gesellschafter der im Vollstreckungstitel namentlich bezeichneten (ZPO § 750 Abs 1) BGB-Gesellschaft sind, obliegt dem Vollstreckungsgericht. Ein Duldungstitel (ins-

---

[3] Stöber, Forderungspfändung, Rdn 2055.
[4] Blomeyer KTS 1976, 81 (D 2 a).
[5] BayObLG 2002, 330 = DNotZ 2003, 52 = NJW 2003, 70 = Rpfleger 2003, 78 mit Anm Dümig; Schöner/Stöber, Grundbuchrecht, Rdn 241 a.
[6] BGH 146, 341 = DNotZ 2001, 234 mit Anm Schemann = NJW 2001, 1056 = Rpfleger 2001, 246.

Voraussetzungen der Anordnung 3.7 § 17

besondere ein im Anfechtungsprozeß ergangenes Urteil) wird gegen den Duldungsschuldner als Geldforderung (ZPO §§ 803 ff) vollstreckt (§ 15 Rdn 9.9). Dieser muß daher als Eigentümer des Grundstücks im Grundbuch eingetragen sein. Angeordnet wird die Zwangsversteigerung des Grundstücks, „früher eingetragen auf ..., jetzt eingetragen auf ...". Eintragung der Bestandsangaben nach Vereinigung oder Bestandteilszuschreibung und des Schuldners als Eigentümer des damit entstandenen Grundstücks erfüllt für Anordnung der Zwangsversteigerung eines belasteten vormaligen Flächenteils (§ 16 Rdn 3.9) die Anforderungen[7] des § 17 Abs 1.

3.3 Wenn der Schuldner Eigentümer, aber **nicht eingetragen** ist, muß ein persönlicher Gläubiger erst über GBO §§ 14, 22 Abs 2 die Berichtigung des Grundbuchs herbeiführen. Rechtsverfolgung eines dinglichen Gläubigers hingegen erfolgt nach der unwiderlegbaren Vermutung des BGB § 1148 gegen den Eingetragenen als Eigentümer (falls der Titel gegen ihn lautet), ohne Rücksicht auf die Richtigkeit der Eintragung.

3.4 Verstoß gegen den Eintragungsgrundsatz kann durch nachträgliche Grundbuchberichtigung **geheilt** werden, wenn der Schuldner bereits bei Verfahrensanordnung (nicht eingetragener) Grundstückseigentümer war. Wird der Schuldner jedoch erst nach Beschlagnahme Eigentümer (und als solcher eingetragen) oder erwirbt er nach diesem Zeitpunkt rechtsgeschäftlich mit Grundbucheintragung Eigentum (BGB § 873), dann ist Vollstreckung mit Verfahrensanordnung unzulässig erfolgt. Infolge des dann grundbuchersichtlichen Dritteigentums bei Beschlagnahme muß das Verfahren aufgehoben (§ 28 Abs 1) oder der Zuschlag versagt werden (§ 83 Nr 5–6).

3.5 Es gibt **Ausnahmen vom Eintragungsgrundsatz**. Wichtigste Ausnahme ist, daß der Schuldner der Erbe des Eingetragenen ist (dazu § 17 Rdn 4). Die Zwangsverwaltung kann auch gegen den Eigenbesitzer betrieben werden (§ 147). Bei Vollstreckung gegen den Insolvenzverwalter muß nicht dieser, sondern der Gemeinschuldner eingetragen sein. Bei Vollstreckung gegen den Testamentsvollstrecker müssen Erben oder Erblasser eingetragen sein (Titel gegen den Testamentsvollstrecker) (anders[8]: Voreintragung von Erben und Testamentsvollstrecker nötig, wenn der Titel auch gegen den Erben laute). Bei herrenlosen Grundstücken wird gegen den Vertreter aus ZPO § 787 vollstreckt, ohne daß dieser eingetragen ist (§ 15 Rdn 22). Bei Wiederversteigerung aus § 133 wird die erneute Vollstreckung angeordnet, obwohl der Ersteher noch nicht eingetragen ist (§ 133 Rdn 2).

3.6 Bei **Flurbereinigungsverfahren** stimmen **Grundbuchinhalt und** wirkliche **Rechtslage** vorübergehend nicht überein (§ 15 Rdn 17). Bis zum Eintritt des neuen Rechtszustands mit dem in der Ausführungsanordnung der Flurbereinigungsbehörde bestimmten Zeitpunkt werden die als Landabfindung ausgewiesenen neuen Grundstücke (Ersatzgrundstücke) von den alten Grundstücken (Einlagegrundstücken) repräsentiert. Wenn nach Einleitung eines Flurbereinigungsverfahrens die Zwangsversteigerung anzuordnen ist, muß der Schuldner daher eingetragener Eigentümer der Einlagegrundstücke (oder dessen Erbe) sein.

3.7 Bei **Umlegungsverfahren** nach BauGB §§ 45 ff stimmen Grundbuchinhalt und Rechtslage vorübergehend auch nicht überein. Erst mit Ersetzung des bisherigen Rechtszustands durch Inkrafttreten des Umlegungsplans (BauGB § 72) treten zugeteilte Grundstücke an die Stelle der alten Grundstücke (BauGB § 63; dazu § 15 Rdn 6). Wenn nach Bekanntmachung des Umlegungsbeschlusses die Zwangsversteigerung anzuordnen ist, muß der Schuldner daher eingetragener Eigentümer der bisherigen Grundstücke (oder dessen Erbe) sein.

---

[7] Stöber MittBayNot 2001, 281 (283).
[8] Haegele BWNotZ 1972, 107 (I 7).

§ 17 4   Anordnung der Versteigerung

4 Erbschaft als Anordnungsvoraussetzung (Absätze 1 und 3)

4.1 Gegen den (die) nicht eingetragenen **Erben** oder **Erbeserben** des eingetragenen Eigentümers als Schuldner kann Zwangsversteigerung (Zwangsverwaltung) auch angeordnet werden, wenn die Erbfolge glaubhaft gemacht oder offenkundig ist (§ 17 Abs 1 und 3). Berichtigung des Grundbuchs durch Eintragung des Erben ist dann nicht nötig. Nachzuweisen ist die Eintragung des Erblassers; die (bei Gericht nicht offenkundige) Erbfolge ist glaubhaft zu machen. Die Beschaffung der Urkunden durch den Gläubiger erfolgt nach ZPO § 792.

4.2 Die Erbfolge ist **durch Urkunden glaubhaft zu machen,** also nicht durch die von der ZPO (§ 294) sonst allgemein zugelassenen Mittel der Glaubhaftmachung (eidesstattliche Versicherung, Zeugen, Parteivernehmung). Hierzu dient in erster Linie der in Urschrift oder Ausfertigung vorzulegende Erbschein (beglaubigte Abschrift genügt nicht), der die (widerlegbare) Vermutung der Richtigkeit und Vollständigkeit seines Inhalts begründet (BGB § 2365). Genügen kann auch (wie für das Grundbuchamt, GBO § 35 Abs 1) eine Verfügung von Todes wegen, die in einer öffentlichen Urkunde enthalten ist, samt der Niederschrift über deren Eröffnung, oder sonstiges Zeugnis, zB ausländisches notarielles oder behördliches Zeugnis, notfalls in Verbindung mit einer eidesstattlichen Versicherung (diese zB über die Echtheit der Urkunde). Andere Urkunden, insbesondere privatschriftliche Testamente, werden zur Glaubhaftmachung der Erbfolge nur in Ausnahmefällen genügen[9] (anders[10]). Ihr Beweiswert ist frei zu würdigen (ZPO §§ 286, 294). Sie begründen nicht, wie der Erbschein (BGB § 2365), die Rechtsvermutung, daß das Erbrecht besteht, und reichen auch sonst nicht, wie im Grundbuchverfahren Verfügung von Todes wegen in öffentlicher Urkunde mit Eröffnungsniederschrift (GBO § 35 Abs 1) an dessen Stelle als Erbnachweis aus. Beweiswert kommt anderen (insbesondere privatschriftlichen) Urkunden daher nicht in gleicher Weise wie dem Erbschein zu. Für Glaubhaftmachung erforderliche „überwiegende Wahrscheinlichkeit"[11] der Erbfolge belegen sie daher nur in Ausnahmefällen. So kann etwa für Erblasser aus Staaten ohne behördliche Feststellung des Erbrechts auch ein privatschriftliches Testament (zusammen mit eidesstattlicher Versicherung über die Echtheit und darüber, daß kein anderes Testament vorhanden ist) genügen, vergleichbar dem Vorgehen nach GBO § 35 Abs 3; jedoch ist hier größte Vorsicht geboten und Erbnachweis mit gegenständlich beschränktem Erbschein (BGB § 2369) zumeist vorzuziehen.

4.3 Im **Beitrittsgebiet** (Einl Rdn 14.1) gelten die erbrechtlichen Bestimmungen des BGB seit dem 3. 10. 1990 (Beitritt; Einigungsvertrag Art 8; EGBGB Art 230). Besonderheit für Errichtung und Aufhebung einer Verfügung von Todes wegen: EGBGB Art 235 § 2. Das vormalige **Recht der** (ehem) **DDR** gilt (auch für Grundbesitz im früheren Gebiet der Bundesrepublik), wenn der Erblasser mit letztem gewöhnlichem Aufenthaltsort im Gebiet der (ehem) DDR vor dem 3. 10. 1990 (Beitritt) gestorben ist (EGBGB Art 235 § 1 Abs 1). Zu Einzelheiten siehe die BGB-Kommentare zu EGBGB Art 235. Auch bei letztem gewöhnlichem Aufenthalt des Erblassers in der Bundesrepublik bestimmt sich hinsichtlich des Eigentums (auch anderer Rechte) an Grundstücken im Beitrittsgebiet die Erbfolge nach dem Erbrecht der (ehem) DDR, wenn der Erblasser in der Zeit zwischen 1. 1. 1976 (Inkrafttreten des ZGB-DDR und des Rechtsanwendungsgesetzes § 25 Abs 2) und 2. 10. 1990 (beide Tage eingeschlossen) gestorben ist (Nachlaßspaltung, EGBGB Art 3 § 3). Keine Nachlaßspaltung ist bei Erbfall vor dem 1. 1. 1976 eingetreten. Auch hierwegen siehe zu Einzelheiten die Kommentare zum BGB. Auszuweisen hat der Erbschein die Erbfolge nach dem damit für den Erblasser-Grundbesitz geltenden Erbrecht. Die (früher) von

---

[9] Stöber, ZVG-Handbuch, Rdn 106; Jaeckel/Güthe § 17 Rdn 8.
[10] Steiner/Hagemann § 17 Rdn 45.
[11] Zöller/Greger, ZPO, § 294 Rdn 1 und 6.

Voraussetzungen der Anordnung 5.5 § 17

Staatlichen Notariaten der (ehem) DDR ausgestellten Erbscheine werden weiter anerkannt. Ein Erbschein des (jetzt zuständigen) Nachlaßgerichts hat (bei Erbfall in der Zeit der Nachlaßspaltung) durch Geltungsvermerk die Erbfolge für das Grundstück (andere Objekt), dessen Versteigerung angeordnet werden soll, darzustellen.

4.4 Urkunden sind nicht nötig, wenn die **Erbfolge** bei dem Gericht **offenkundig** ist (§ 17 Abs 3). Offenkundigkeit ist wie in ZPO § 291 zu beurteilen. Offenkundig sind Tatsachen, die dem Gericht kraft Amtes bekannt sind (frühere Verfahren) = gerichtskundige Tatsachen, sowie Tatsachen, die dem Gericht aus allgemeiner Kenntnis bekannt sind (Tagesgeschehen, Geschichtsereignisse) = allgemeinkundige Tatsachen. Daß eine Tatsache offenkundig ist, sollte für spätere Prüfung der Rechtmäßigkeit des Verfahrens (auch durch das Beschwerdegericht) mit Aktenvermerk festgehalten werden.

Zeugnis über Grundbucheintragung (Absatz 2) 5

5.1 Nachzuweisen ist die Eintragung des Schuldners als Eigentümer (oder des Erblassers, wenn der Schuldner Erbe ist), auch des Schuldners des Insolvenzverfahrens, durch ein **Zeugnis des Grundbuchamts** (§ 17 Abs 2 Satz 1). Der Inhalt des Zeugnisses ist gesetzlich nicht geregelt. Nach seiner Aufgabe muß es Grundbuchstelle (Gemarkung, [Band und] Blatt), das Grundstück (möglichst mit seinem Beschrieb im Bestandsverzeichnis) und den eingetragenen Eigentümer bezeichnen. Zuständig für Erteilung des Zeugnisses ist der Urkundsbeamte (GBO § 12c Abs 1 Nr 3). Unterzeichnung ist erforderlich, Abdruck des Siegels (Stempels) üblich, jedoch nicht zwingend[12]. Erstellt werden kann das Zeugnis als beglaubigte Teil-Grundbuchblattabschrift (Bestandsverzeichnis und Abteilung I; GBV § 45), beim maschinell geführten Grundbuch als amtlicher Ausdruck (GBO § 131 Satz 1). Einfache Grundbuchblattabschrift (GBV § 44 Abs 3) und einfacher Ausdruck (GBO § 131 Sätze 1 und 2) haben keinen Zeugnischarakter.

5.2 Praxis ist, daß die Grundbuchämter auch die aus Abteilung II des Grundbuchs ersichtlichen Verfügungsbeschränkungen (Insolvenzvermerk usw) angeben. Das Gericht erfährt so Beschränkungen nicht erst aus der Grundbuchblattabschrift und muß notfalls sein Verfahren nach § 28 wieder aufheben. Wenn die Beschränkungen schon aus dem Zeugnis ersichtlich sind, können sie bereits bei Prüfung des Antrags berücksichtigt werden.

5.3 Das Zeugnis hat die Eintragung des Eigentümers für die Verfahrensanordnung nachzuweisen, muß somit **möglichst neu** sein. Den Umständen nach muß es unwahrscheinlich sein, daß in der Zwischenzeit eine Änderung des durch das Zeugnis ausgewiesenen Grundbuchstands vorgenommen wurde. Darüber entscheidet das Gericht nach seinem Ermessen. Die Richtigkeit des Zeugnisses hat es nicht zu prüfen. Eine bekannte Unrichtigkeit (zB Eigentumswechsel nach Ausstellung des Zeugnisses) ist aber zu beachten. Wenn sich nach Verfahrensanordnung erweist, daß das Zeugnis unrichtig war, dann Vollstreckungserinnerung nach ZPO § 766, Verfahrensaufhebung nach § 28, notfalls Zuschlagsversagung.

5.4 Für das Zeugnis entsteht keine Gerichtsgebühr[13] (anders[14]: Gebühr nach Justizverwaltungskostenordnung § 2 Abs 1).

5.5 a) **Bezugnahme auf das Grundbuch** genügt statt des Zeugnisses zum Nachweis, daß der Schuldner (Erblasser) eingetragener Grundstückseigentümer ist, wenn das Vollstreckungsgericht zugleich das Grundbuchamt ist (§ 17 Abs 2

---

[12] LG Stuttgart Justiz 1991, 500 = Rpfleger 1992, 34.
[13] LG Stuttgart aaO; Steiner/Hagemann § 17 Rdn 17; Mümmler JVBl 1964, 42 (Anmerkung).
[14] AG Lauf JVBl 1964, 42 mit abl Anm Mümmler.

Satz 2). Vorlage eines Grundbuchzeugnisses ist auch dann natürlich zulässig. „Demselben Amtsgericht" gehören Vollstreckungsgericht und Grundbuchamt als dessen Abteilungen an, auch wenn sie nicht im gleichen Dienstgebäude untergebracht sind. Eine amtsgerichtliche Zweigstelle ist als unselbständige Dienststelle außerhalb des Sitzes des Hauptgerichts Teil des Amtsgerichts; daher ersetzt auch Bezugnahme auf das bei der Zweigstelle des Amtsgerichts geführte Grundbuch in dem Antrag zum Vollstreckungsgericht beim Hauptgericht das Zeugnis.

b) Auch das nach § 1 Abs 2 und den Landesvorschriften **gemeinsame Versteigerungsgericht** und die Grundbuchämter bei den zugeordneten Amtsgerichten im Bezirk dieses zentralen Vollstreckungsgerichts gehören für die nach Abs 2 Satz 2 mögliche Bezugnahme auf das Grundbuch „demselben" Amtsgericht an. Die (enge, auf Förmelei beruhende) Gegenansicht von[15] ist abzulehnen. Der Gesetzgeber hat mit Ermächtigung zur Zusammenfassung der Zuständigkeit durch Abs 2 des § 1 (in Kraft seit 1. 7. 1957) deren Auswirkungen für den Nachweis der Eintragung des Schuldners im Grundbuch nicht geregelt. Der unverändert gebliebene Abs 2 Satz 2 kann daher nicht nach seinem unklaren und zudem durch die Rechtsentwicklung überholten Wortlaut ausgelegt werden; die Auslegung hat sich vielmehr an dem Gesetzeszweck zu orientieren. Auszugehen ist daher davon, daß Bezugnahme auf das Grundbuch ermöglicht ist, weil sich damit die Eintragung leicht nachweisen läßt (Denkschrift S 39). Mit Konzentrationsermächtigung in Abs 2 des § 1 soll „eine sachdienliche Förderung und schnellere Erledigung der Verfahren" ermöglicht werden. Dem würde unverständliche Behinderung der Verfahrenseinleitung mit übertriebener Förmelei (Zeitverlust mit Anforderung, Erstellung und Übersendung des Zeugnisses) ebenso widersprechen wie Einführung einer Nachweispflicht für Fälle, in denen nach früherer Zuständigkeitsregelung Bezugnahme auf das Grundbuch erfolgen konnte. Bedeutsam ist weiter, daß Erfordernis der Verfahrensanordnung, somit Vollstreckungsvoraussetzung, lediglich Eintragung des Schuldners als Eigentümer ist. Nur für Prüfung dieses Erfordernisses bestimmt Abs 2 den vom Gläubiger dem Vollstreckungsgericht vorzulegenden Nachweis. Bezugnahme auf das Grundbuch erübrigt Vorlage eines Zeugnisses als Nachweis dann, wenn das Vollstreckungsgericht erforderliche Feststellung selbst ohne weiteres aus dem ihm zugänglichen Grundbuch treffen kann. Diese Besonderheit rechtfertigt die Erwägung, daß Feststellung einer durch Eintragung in einem öffentlichen Register ausgewiesenen Vollstreckungsvoraussetzung, von der ohne besondere Mühe Kenntnis zu erlangen ist, allgemeine Amtsobliegenheit eines Vollstreckungsorgans ist. Nach diesem Gesetzeszweck ersetzt den Nachweis durch Grundbuchzeugnis nicht nur die Eintragung im Grundbuch des gleichen Gerichts (sie wäre als sogen gerichtskundige Tatsache ohnedies nicht zu beweisen, ZPO § 291), sondern auch die Eintragung im Grundbuch eines Amtsgerichts im Bezirk des Vollstreckungsgerichts. Diese kann ohne weiteres ebenso festgestellt werden wie eine Grundbucheintragung, wenn Vollstreckungsgericht und Grundbuchamt nicht im gleichen Dienstgebäude untergebracht sind oder wenn das Grundbuch bei einer amtsgerichtlichen Zweigstelle geführt wird. Mit „demselben" Amtsgericht (Abs 2 Satz 2) kann angesichts der mit § 1 Abs 2 begründeten umfassenderen Zuständigkeit daher nicht jedes nach der Gerichtsorganisation selbständige Amtsgericht angesehen werden. Vielmehr sind nach dem auf Beweiserleichterung und Verfahrensbeschleunigung gerichteten Sinn und Zweck der Regelung mit „demselben" Amtsgericht als Vollstreckungsgericht das Amtsgericht (ZPO § 764) mit seinem durch § 1 Abs 2 und Landesvorschriften gebildeten Bezirk und als Grundbuchamt die Amtsgerichte, die Grundbücher für diesen Bezirk führen, bezeichnet. Statt des Zeugnisses genügt daher auch Bezugnahme auf das Grundbuch, das bei einem Grundbuchamt im Bezirk des zentralen Vollstreckungsgerichts geführt wird.

---

[15] Dassler/Muth § 17 Rdn 6; Steiner/Hagemann § 17 Rdn 22.

Voraussetzungen der Anordnung   5.9 § **17**

5.6 Wenn zulässig auf das Grundbuch Bezug genommen ist, hat ihm das **Gericht** (Rechtspfleger) die Eintragung des Schuldners als Eigentümer des Grundstücks für **Prüfung** des Vollstreckungsantrags zu entnehmen. In welcher Weise das zu geschehen hat, bestimmt das Gesetz nicht. Es bleibt daher dem für Entscheidung über den Antrag zuständigen Rechtspfleger überlassen, wie er sich Kenntnis von dem Grundbuchinhalt verschafft. Er kann sich (ebenso wie der Notar bei Erfüllung der Verpflichtung, sich über den Grundbuchinhalt zu unterrichten; dazu[16]) aller ihm zulässig erscheinender Mittel bedienen. Grundsatz ist, daß die Entscheidung über den Anordnungsantrag mit größter Beschleunigung zu erfolgen hat (§ 15 Rdn 3.3); jede Verzögerung, mit der die Gefahr eines Rechtsverlustes für den Gläubiger verbunden sein könnte, hat daher zu unterbleiben. Es sind deshalb alle Möglichkeiten auszuschöpfen, die nach den örtlichen Verhältnissen rasche und zuverlässige Feststellung der bei Entscheidung über den Beschlagnahmeantrag zu prüfenden Grundbucheintragung des Schuldners als Eigentümer gewährleisten. Das kann persönliche Einsicht des (im gleichen oder in einem benachbarten Dienstgebäude) leicht zugänglichen Grundbuchs oder (wenn möglich) Abruf der Daten aus dem maschinell geführten Grundbuch oder auch (insbesondere bei räumlicher Entfernung) fernmündliche Grundbuchauskunft erfordern. Im Einzelfall kann es (so bei umfangreichem oder unübersichtlichem Grundbuchinhalt) gerechtfertigt sein, fernmündlich oder persönlich vom Grundbuchamt einen sogenannten Grundbuchaufschluß[17] anzufordern (schriftliche Mitteilung über den einschlägigen Grundbuchinhalt), der den Inhalt eines Zeugnisses hat. Dann muß aber unverzügliche Vorlage des Grundbuchaufschlusses zu den Gerichtsakten gewährleistet sein. Einholung eines Grundbuchaufschlusses durch den Urkundsbeamten mit Vordruck-Anfrage oder unter Übersendung des Versteigerungsantrags (einer Abschrift davon) an das Grundbuchamt rechtfertigt sich jedenfalls außerhalb der Kontrolle des für Entscheidung über den Antrag zuständigen Rechtspflegers nicht.

5.7 In **Baden-Württemberg** sind Grundbuchämter an Stelle der Gerichte für die Führung der Grundbücher zuständig (LandesFGG, BWGBl 1975, 116, § 1). Sie bestehen in den Gemeinden. Grundbuchbeamte sind die Notare. Bezugnahme auf das hier nicht dem Amtsgericht angehörende Grundbuch ermöglicht Abs 2 Satz 2 nicht.

5.8 Zeugnis oder Bezugnahme **bei jedem Beitritt**: § 27 Rdn 2.5.

5.9 Bei Antrag auf Anordnung der **Zwangsverwaltung** können Grundbuchzeugnis und Grundbuchaufschluß nicht alles enthalten, was für die Entscheidung des Gerichts nötig ist. Hier kann das Gericht schon vor der Anordnungsentscheidung, sofern darunter die gebotene Beschleunigung (Rdn 5.6; auch im Hinblick auf den für Miet- und Pachtforderungen wichtigen fünfzehnten Tag des Kalendermonats) nicht leidet, auch erkunden, ob eine Auflassungsvormerkung eingetragen und der Besitz am Grundstück schon auf den Käufer übergegangen ist. Dies kann man feststellen, wenn man in diesem Fall sogleich auch die Grundakten einholt und den darin enthaltenen Kaufvertrag überprüft. Oft ist der Besitz bereits auf den Käufer übergegangen. Dann kann mangels Rechtsschutzbedürfnisses die Zwangsverwaltung gegen den noch eingetragenen Eigentümer nicht angeordnet werden, weil ja die Zwangsverwaltung allein dazu dient, die Nutzungen des Objekts zu ziehen, die hier dem Vollstreckungsschuldner aber nicht mehr zustehen (§ 146 Rdn 2). Hier ist dann die Zwangsverwaltung nur gegen den Eigenbesitzer (mit Titel gegen ihn) möglich (§ 147). Durch diese „Vorprüfung" vermeidet das Gericht, daß es eine Zwangsverwaltung anordnet und dann (wobei schon erhebliche Kosten entstanden sind) wieder aufheben muß.

---

[16] Schöner/Stöber, Grundbuchrecht, Rdn 534.
[17] Jaeckel/Güthe § 17 Rdn 12–13.

§ 18

[Verbindung mehrerer Verfahren]

18 Die Zwangsversteigerung mehrerer Grundstücke kann in demselben Verfahren erfolgen, wenn sie entweder wegen einer Forderung gegen denselben Schuldner oder wegen eines an jedem der Grundstücke bestehenden Rechtes oder wegen einer Forderung, für welche die Eigentümer gesamtschuldnerisch haften, betrieben wird.

1 Allgemeines zu § 18

Zweck und **Anwendungsbereich:** Ausnahme vom Grundsatz der Einzelversteigerung (siehe zB § 63). Zur Versteigerung mehrerer Grundstücke (nach ZPO § 864 Abs 2 auch mehrerer Bruchteile eines Grundstücks; außerdem mehrerer grundstücksgleicher Rechte usw) ist an sich für jedes von ihnen ein besonderes Verfahren erforderlich. Aus Gründen der Zweckmäßigkeit, namentlich zur Verminderung der Kosten (aber auch zur Erzielung eines günstigeren Erlöses mit gemeinsamem Ausgebot), sieht § 18 Ausnahme mit der Befugnis des Gerichts vor, Verfahren über die Versteigerung mehrerer Grundstücke (auch mehrerer grundstücksgleichen Rechte; für Erbbaurecht[1]) zu verbinden (Denkschrift S 39). Die Vorschrift gilt für alle ZVG-Verfahren.

2 Einzelfälle der Verfahrensverbindung und Voraussetzungen

2.1 Gleicher Schuldner: Verfahrensverbindung ist möglich, wenn die Zwangsversteigerung mehrerer Grundstücke (anderer Objekte) wegen einer Forderung gegen denselben Schuldner betrieben wird (Identität des Schuldners). Vollstreckt werden muß durch den Gläubiger wegen derselben persönlichen Forderung gegen denselben Schuldner in mehrere Grundstücke (andere Objekte). Das ist auch der Fall bei Vollstreckung nur einer von mehreren und damit ebenso gleichzeitig mehrerer Forderungen[2] des Gläubigers gegen denselben Schuldner zugleich in mehrere Grundstücke. Diese Voraussetzung liegt aber **nicht** vor, wenn Teile derselben Forderung gegen den Schuldner gesondert jeweils in einzelne Grundstücke vollstreckt werden[3] (Forderungsteil zu 20000 Euro in Grundstück I; Forderungsteil zu 30000 Euro in Grundstück II), und ebenso nicht, wenn verschiedene Einzelforderungen eines (auch mehrerer) Gläubigers vollstreckt werden[4] (Forderung 1 über 10000 Euro in Grundstück I; Forderung 2 über 20000 Euro in Grundstück II). Verschiedene Forderungen sind auch dinglicher Anspruch und gesicherte (persönliche) Forderung[5], so daß Verbindung nicht möglich ist, wenn eine durch Gesamthypothek gesicherte Forderung nur in ein Grundstück und wegen des dinglichen Anspruchs selbständig (nur) in das andere (oder eines der mitbelasteten anderen) vollstreckt wird. Ebenso kann nicht verbunden werden, wenn mehrere Gesamtgläubiger (BGB § 428) einzeln in jeweils ein anderes Grundstück des Schuldners vollstrecken[6]. Nicht hinderlich ist jedoch, daß die Grundstücke verschieden belastet sind oder daß weitere Gläubiger vorrangig nur in einzelne der Grundstücke vollstrecken. Verbunden werden kann daher zB, wenn der Gläubiger der erstrangigen Grundschuld in das damit einzeln belastete Grundstück vollstreckt und sodann ein weiterer Gläubiger wegen einer persönlichen Forderung in dieses und weitere Grundstücke (die persönliche Vollstreckung erfüllt die Voraussetzungen der Verbindung).

2.2 Gleiches Recht: Verfahrensverbindung ist möglich, wenn die Zwangsversteigerung mehrerer Grundstücke (anderer Objekte) wegen eines an jedem der

---

[1] OLG Hamm Rpfleger 1989, 249.
[2] Jaeckel/Güthe § 18 Rdn 1; Reinhard/Müller § 18 Anm 1.
[3] Dassler/Muth § 18 Rdn 3; Jaeckel/Güthe § 18 Rdn 1; Steiner/Hagemann § 18 Rdn 9.
[4] Dassler/Muth § 18 Rdn 3; Jaeckel/Güthe § 18 Rdn 1; Reinhard/Müller § 18 Rdn 1.
[5] Dassler/Muth § 18 Rdn 3.
[6] Steiner/Hagemann § 18 Rdn 9.

Grundstücke bestehenden Rechtes (Gesamtgrundpfandrecht, BGB § 1132; auch Gesamtreallast) betrieben wird (Identität des Rechts). Die Grundstückseigentümer können hierbei verschieden sein. „Dasselbe" Recht ist nicht nur ein dingliches, das die Grundstücke gesamt belastet, sondern auch etwa eine öffentliche Last der Rangklasse 3, die ungeteilt auf einem aus Bruchteilen bestehenden Grundstück oder auf mehreren Grundstücken lastet[7]. Hat aber der Gläubiger nach ZPO § 867 Abs 2 verteilte Zwangshypotheken aus einer ursprünglich ungeteilten Forderung, so können diese Verfahren nicht verbunden werden (nur bei der Vollstreckung aus der ungeteilten persönlichen Forderung, falls der Schuldner identisch ist).

2.3 Gesamtschuldner: Verfahrensverbindung ist auch möglich, wenn wegen einer (persönlichen) Forderung gegen mehrere gesamtschuldnerisch haftende Schuldner vollstreckt wird, die Grundstückseigentümer sind. Verfahrensverbindung bei Vollstreckung gegen Gesamtschuldner soll wirksame Gestaltung der Zwangsvollstreckung vor allem in den Fällen des Miteigentums der Schuldner nach Bruchteilen ermöglichen[8]. Ebenso zulässig ist aber auch die Verbindung der Verfahren zur Zwangsversteigerung mehrerer Grundstücke der Gesamtschuldner. Verbindung ist aber nicht möglich, wenn gegen die Gesamtschuldner wegen verschiedener Forderungen oder jeweils wegen eines Teils der gesamtverbindlich geschuldeten Forderung in jeweils ein anderes Grundstück vollstreckt wird (Rdn 2.1).

2.4 Verbunden werden können **alle ZVG-Verfahren**, auch Zwangsverwaltungen (§ 146 Abs 1), aber immer nur gleichartige Verfahren miteinander, also Vollstreckungsversteigerung mit Vollstreckungsversteigerung, Teilungsversteigerung mit Teilungsversteigerung[9] über Grundstücke derselben Gemeinschaft usw. Verbunden werden können Verfahren über Grundstücke, über Grundstücksbruchteile (auch über einen Grundstücksbruchteil zusammen mit solchen über Grundstücke[10]), über grundstücksgleiche Rechte, je eine Art unter sich aber auch alle drei Arten miteinander.

2.5 Unabdingbare Voraussetzung jeder Verfahrensverbindung ist **gemeinsame Zuständigkeit** des Vollstreckungsgerichts nach § 1 oder § 2. Verbunden werden kann somit nur, wenn die Verfahren beim selben Gericht anhängig sind (oder anhängig werden). Bestimmung der Zuständigkeit nach § 2 Abs 2 hat zunächst zu erfolgen, wenn die Grundstücke in den Bezirken verschiedener Vollstreckungsgerichte belegen sind.

Entscheidung über Verbindung von Verfahren 3

3.1 Die Verbindung erfolgt **auf Antrag** des Gläubigers, Schuldners oder eines sonst Beteiligten (§ 9) oder **von Amts wegen.** Über die Verbindung entscheidet das für alle zu verbindende Verfahren zuständige Vollstreckungsgericht (wenn die Voraussetzungen des § 18 erfüllt sind) nach pflichtgemäßem Ermessen unter Abwägung der Interessen der Beteiligten[11]. Immer muß die Verbindung zweckmäßig und sachdienlich sein. Das ist der Fall, wenn die Versteigerung der Grundstücke in einem Verfahren (mit möglichem Gesamtausgebot, § 63) einen höheren Erlös erwarten läßt, so bei einem aus mehreren Grundstücken bestehenden arrondierten Hof[12], bei Grundstücken für einheitliche landwirtschaftliche[13] oder gewerbliche Nutzung[14],

---

[7] Dassler/Muth § 18 Rdn 4.
[8] BT-Drucksache 7/3838 (Entwurf eines Gesetzes zur Änderung zwangsvollstreckungsrechtlicher Vorschriften) S 11.
[9] BayObLG Rpfleger 1998, 79.
[10] BGH KTS 1985, 132 = WM 1984, 1342.
[11] BGH KTS 1986, 719.
[12] LG Oldenburg Rpfleger 1985, 451.
[13] BayObLG KTS 1996, 736 und JurBüro 1999, 438 = Rpfleger 1998, 438.
[14] BGH NJW-RR 1986, 1383 = Rpfleger 1987, 29.

bei Grundstücken, die sonst (zB infolge ihres Zuschnitts und der Bebauung[15]) eine wirtschaftliche Einheit bilden (Haus- und Stellplatzgrundstück sowie Zufahrt)[16], zur Ermöglichung besserer Aussichten für Abgabe von Einzelausgeboten mit Verteilung eines vorgehenden Gesamtrechts[17]. Die Verbindung kann auch aus Gründen der Kostenersparung geboten sein. Vor allem bei Bruchteilen mit einem erst nach Verbindung zulässigen Gesamtausgebot (§ 63 Abs 1) ist die Verbindung, wo sie zulässig ist, immer zweckmäßig. Sachdienlicher Verbindung steht nicht entgegen, daß der Gesamtrechtsgläubiger das an allen Grundstücken bestehende Recht in allen Verfahren als bestrangig betreibender Gläubiger vollstreckt[18]. Daß nach Verbindung für einzelne Grundstücke der örtliche Bieterkreis nicht mehr erreicht wird, kann bei Abwägung der Interessen Ausschlag gegen die Verbindung geben. Das stellt aber keinen sonstige Vorteile überwiegenden Nachteil dar, wenn etwa die Grundstücke gewerblich genutzt werden und für ihren Erwerb interessierte Bieter ohnehin überregional geworben werden müssen[19]. Wenn keine Tatsachen erkennbar sind, die die Annahme rechtfertigen können, ein Gesamtausgebot werde ein höheres Meistgebot erbringen als die auch bei gemeinsamer Versteigerung verbindlichen Einzelausgebote (§ 63 Abs 1), ist Versteigerung in demselben Verfahren, somit Verbindung, nicht zweckmäßig (keine wirtschaftliche Einheit des Grundbesitzes, keine künftige einheitliche Nutzung, keine Gesamtgrundpfandrechte, für die die Vorteile des § 64 Bedeutung erlangen könnten; Ausfall eines ortsgebundenen Interessentenkreises, der vornehmlich als Bieter in Betracht kommt)[20]. Auch bei Verfahren zur Versteigerung von Wohnungseigentum (Teileigentum) bedürfen demnach Sachdienlichkeit und Zweckmäßigkeit der Verbindung im Hinblick auf die Interessen der Beteiligten der Prüfung[21]. Zwangsverwaltungen mit unterschiedlichen Nutzungen der Grundstücke (Fabrik und Wohngrundstück etwa) sollten nicht verbunden werden. Das nach § 2 gemeinsame höhere Gericht, das unter mehreren Gerichten das zuständige bestimmt, entscheidet über die Voraussetzungen für die Möglichkeit der Verbindung nach pflichtgemäßem Ermessen mit (§ 2 Rdn 4.4), und zwar bindend für das Vollstreckungsgericht; ob das Vollstreckungsgericht dann verbindet, ist seine Sache, nur für die Beurteilung der Voraussetzungen ist es gebunden.

3.2   Rechtliches **Gehör** irgendwelcher Beteiligten ist nicht nötig. **Begründung** der Entscheidung hat nach allgemeinen Grundsätzen zu erfolgen (Einl Rdn 28), eingehender somit insbesondere, wenn mit einem Hinweis auf die gesetzliche Grundlage die Erwägungen nicht bereits ohne weiteres erkennbar sind (anders[21]: Bedarf keiner Begründung).

3.3   Die Verbindung ist gerichtliche **Vollstreckungsmaßnahme,** nicht Verwaltungsakt.

3.4   Die Verbindung kann während des ganzen Verfahrens erfolgen, **ausdrücklich** im Anordnungs- oder Beitrittsbeschluß („Das Verfahren aus dem Anordnungsbeschluß vom ... wird mit dem Verfahren aus dem Anordnungsbeschluß vom ... gemäß ZVG § 18 verbunden"), aber auch **schlüssig** durch einen gemeinsamen Anordnungs- oder Beitrittsbeschluß (über mehrere Objekte oder Bruchteile eines Grundstücks) oder auch nachträglich durch besonderen Beschluß. Anordnung durch Beschluß ist bei nachträglicher Verbindung erforderlich (jedenfalls aber geboten), weil der Wille des Gerichts, mehrere Verfahren zu verbinden, jedenfalls

---

[15] OLG Hamm Rpfleger 1989, 249.
[16] OLG Hamm NJW-RR 1988, 320 = OLGZ 1987, 449 = Rpfleger 1987, 467 mit zust Anm Muth.
[17] BGH NJW-RR 1986, 1383 = aaO (Fußn 14).
[18] OLG Hamm NJW-RR 1988, 320 = aaO (Fußn 16).
[19] BGH NJW-RR 1986, 1383 = aaO (Fußn 14).
[20] BGH KTS 1986, 719.
[21] Jaeckel/Güthe § 18 Rdn 3; Steiner/Hagemann § 18 Rdn 13.

Verbindung mehrerer Verfahren 3.9 **§ 18**

unmißverständlich nach außen in Erscheinung treten muß. Zusammenfassung der Verfahren zu einer Sache (Vereinigung) unter einem Aktenstück) unter verschiedenen Aktenzeichen oder gleichem Aktenzeichen (gegen Bestimmungen über die Aktenführung und unzweckmäßig) ist keine den Beteiligten erkennbar gemachte Anordnung über eine Verbindung von Verfahren. Keine Verfahrensverbindung ist es ebenso, wenn das Beschwerdegericht mehrere Beschwerden in einem Beschluß entscheidet[22]. Die Verbindung ist auch nach der Bestimmung des Versteigerungstermins möglich, weil etwa angesichts § 63 nur bei Verbindung ein Versteigerungsergebnis zu erzielen ist.

3.5 Die in einem Anordnungs- oder Beitrittsbeschluß angeordnete Verbindung wird mit diesem Beschluß ausgefertigt und **mitgeteilt** oder zugestellt. Der Beschluß, der die Verbindung selbständig anordnet, desgleichen ein ablehnender Beschluß (anders[23]: bei Ablehnung Zustellung an Antragsteller nicht nötig) ist Gläubiger, Schuldner und einem Beteiligten (§ 9), der Verbindung beantragt (angeregt) hat, (formlos) mitzuteilen (ZPO § 329 Abs 2 Satz 1). Die übrigen Beteiligten (§ 9) erlangen von der Verbindung ebenso wie von einer Verfahrensanordnung bei Zuziehung zum Verfahren Kenntnis; gesondert mitgeteilt wird ihnen der Verbindungsbeschluß nicht.

3.6 Durch die Verbindung werden die mehreren Verfahren zu **einem Verfahren zusammengefaßt**. Es wird unter einem Aktenzeichen geführt. Ob von der Verbindung an auch gemeinsame Akten oder (weiterhin) getrennte Akten für die einzelnen Objekte zu führen sind, ist eine Frage der Zweckmäßigkeit. Wenn Verwirrung nicht zu besorgen ist, sind die Verfahren gemeinsam in einem Aktenstück zu führen. Getrennte Akten können geführt werden, wenn Irrtümer nicht auszuschließen sind oder wenn die Flurstücke an verschiedenen Grundbuchstellen gebucht sind, weil sich hier im Laufe des Verfahrens eine Trennung als nötig oder zweckmäßig erweisen kann und die verschiedenen Grundstücke dann ein unterschiedliches Verfahrensschicksal haben können.

3.7 Bis zur Verbindung sind getrennte Akten zu führen (Grundsatz der Einzelversteigerung in Einzelverfahren). Getrennte Akten sind auch für die nicht verbundenen Verfahren über verschiedene **Bruchteile** anzulegen, weil jeder Bruchteil einem Grundstück gleichzubehandeln ist. So kann nicht versehentlich im Verfahren über einen Bruchteil statt einer Neuanordnung für einen anderen Bruchteil fälschlich der Beitritt zum ersten Verfahren erfolgen. Jedoch ist der Antrag **in einem** verfahrenseinleitenden **Schriftstück** auf Anordnung der Zwangsversteigerung mehrerer Grundstücke (zB eines landwirtschaftlichen Anwesens mit seinen Einzelgrundstücken, eines Grundstücks im Bruchteilseigentum von Ehegatten) unter einer Nummer in das Aktenregister einzutragen (AktO § 1 Abs 1 Satz 3; Erläuterung 2 zu Liste 14) und daher auch nur in einem Aktenstück zu führen, ausgenommen, wenn die Trennung durch den Rechtspfleger/Richter sogleich angeordnet wird. Wenn Verbindung dann abgelehnt und Verfahren einzeln angeordnet werden, sind die selbständigen Verfahren als Aktenstücke einzeln zu führen; eines der Verfahren behält das bisherige Aktenzeichen, die übrigen werden unter neuen Aktenzeichen erfaßt (Erläuterung 2 zu Liste 14).

3.8 Trennung verbundener Verfahren: Eine ausdrückliche oder stillschweigende, ursprüngliche oder nachträgliche Verbindung kann wieder **aufgehoben** werden, wenn sie unzulässig oder wenigstens unzweckmäßig war, aber auch nach Ermessen des Gerichts (wie auch die Verbindung nach Ermessen erfolgen konnte). Hierzu im ZVG-Handbuch Rdn 374.

3.9 Besondere **Kosten** fallen für die Verbindung wie für die Trennung nicht an. Die Tätigkeit des Gerichts wird durch die Versteigerungsverfahrensgebühr (Einl

---

[22] KG Berlin JurBüro 1969, 986 = Rpfleger 1970, 36.
[23] Steiner/Hagemann § 18 Rdn 16.

Rdn 77), die Tätigkeit des Rechtsanwalts durch dessen Anwaltsverfahrensgebühr (Einl Rdn 90) abgegolten.

3.10 Rechtsbehelfe: Als Vollstreckungsmaßnahmen (Rdn 3.3) sind Verbindung und Trennung mit **Erinnerung** (ZPO § 766) anfechtbar[24] (anders[25]: nach Anhörung der Beteiligten [nun] sofortige Beschwerde), nicht somit als unanfechtbare Entscheidungen bei Richtertätigkeit mit befristeter Rechtspflegererinnerung nach RPflG § 11 Abs 2 (so aber[26]). Die Erinnerung steht Gläubiger, Schuldner und jedem in seinen Rechten verletzten Beteiligten (§ 9) zu. Gegen die Entscheidung des Richters über die Erinnerung findet sofortige Beschwerde statt (§ 95 schließt sie nicht aus[27], anders[28]). Erinnerung nach ZPO § 766 hat auch der Antragsteller gegen einen seine Anregung ablehnenden Beschluß (anders[29]: [jetzt] sofortige Beschwerde). Vom Beschwerdegericht können die Ermessenserwägungen uneingeschränkt auf ihre rechtliche Richtigkeit hin überprüft werden (nicht nur auf einen etwaigen Ermessensfehlgebrauch)[30]. Auf verfahrensfehlerhafte Anwendung des § 18 (wie bei unzulässiger Verbindung mit unrichtigem geringstem Gebot sowie unzulässigem Gesamtausgebot; auch ermessensmißbräuchliche Ablehnung der Verbindung) kann die Beschwerde gegen den Zuschlag gestützt werden (§ 83 Nr 1, 2 und 6); wenn Heilung nach § 84 nicht erfolgt ist.

3.11 Nach Ablehnung der Verbindung ermöglichen neue Tatsachen (Gründe) eine erneute Prüfung und Anordnung der Verfahrensverbindung. Anlaß für Prüfung und Verfahrensverbindung kann der Beitritt eines Gläubigers geben, der ein (bis dahin nicht erfülltes) Erfordernis nach § 18 (dazu Rdn 2) begründet. Aber auch andere Beurteilung der unveränderten Verfahrenslage ermöglicht erneute Prüfung und Verbindung. Als Maßnahme des Vollstreckungsorgans (Rdn 3.3) dient Verbindung der Verfahrensgestaltung zur Durchsetzung des Gläubigeranspruchs; sie erfolgt daher nach dem Ermessen des Vollstreckungsgerichts, und zwar auch von Amts wegen (Rdn 3.1); frühere Ablehnung der Verbindung ist daher nicht sachliche Entscheidung, die der Verfahrensgestaltung des Vollstreckungsgerichts dauernd Grenzen setzen könnte. Ablehnung der Verbindung oder Bestätigung des Ablehnungsbeschlusses bei Entscheidung über eine Erinnerung (damit auch Beschwerde, Rdn 3.10) kann für Verfahrensbeteiligte (§ 9), die nicht Parteien (Beteiligte) des Rechtsbehelfsverfahrens waren, keine Bindung begründen (anders offenbar[31]). Sie ist aber auch für den Erinnerungsführer und Beteiligte des Erinnerungsverfahrens nicht sachliche Entscheidung, die mit (materieller) Rechtskraftwirkung spätere andere Verfahrensgestaltung durch das Vollstreckungsgericht ausschließen könnte. Daher gibt es bei (zunächst) abgelehnter Verbindung keine „Rechtskraft", die gegenüber allen Beteiligten wirken und später abweichende Anordnung ausschließen könnte (anders[31]). (Spätere) Verbindung auch nach Ablehnung infolge anderer Beurteilung der unveränderten Verfahrenslage ist nach dem Ermessen des Gerichts ebenso für zulässig zu erachten wie Trennung verbundener Verfahren gestattet ist (Rdn 3.8).

3.12 Zur Verbindung im ZVG-Handbuch Rdn 373–375, Muster dort Rdn 371, 372.

---

[24] Jaeckel/Güthe § 18 Rdn 3; Korintenberg/Wenz § 18 Anm 3; Reinhard/Müller § 18 Anm V; Steiner/Hagemann, § 18 Rdn 18.
[25] Dassler/Muth § 18 Rdn 14.
[26] Mohrbutter/Drischler Muster 5 Anm 1.
[27] OLG Hamm NJW-RR 1988, 320 = aaO (Fußn 16); OLG Hamburg OLG 15, 30.
[28] KG Berlin OLG 15, 29.
[29] LG Oldenburg Rpfleger 1985, 451; Steiner/Hagemann § 18 Rdn 18.
[30] OLG Hamm NJW-RR 1988, 320 = aaO (Fußn 16).
[31] AG Hannover mit LG Hannover Rpfleger 1988, 322.

[Grundbucheintragung, Mitteilungen des Grundbuchamts]

19 (1) Ordnet das Gericht die Zwangsversteigerung an, so hat es zugleich das Grundbuchamt um Eintragung dieser Anordnung in das Grundbuch zu ersuchen.

(2) Das Grundbuchamt hat nach der Eintragung des Versteigerungsvermerkes dem Gericht eine beglaubigte Abschrift des Grundbuchblatts und der Urkunden, auf welche im Grundbuche Bezug genommen wird, zu erteilen, die bei ihm bestellten Zustellungsbevollmächtigten zu bezeichnen und Nachricht zu geben, was ihm über Wohnort und Wohnung der eingetragenen Beteiligten und deren Vertreter bekannt ist. Statt der Erteilung einer beglaubigten Abschrift der Urkunden genügt die Beifügung der Grundakten oder der Urkunden.

(3) Eintragungen im Grundbuch, die nach der Eintragung des Vermerks über die Anordnung der Zwangsversteigerung erfolgen, soll das Grundbuchamt dem Gericht mitteilen.

Literatur: Baum, Zwangsversteigerungsvermerk und unerledigte Eintragungsanträge, Rpfleger 1990, 141; Böttcher, Beeinträchtigung der Verfügungsbefugnis, Rpfleger 1983, 49; Böttcher, Verfügungsverbote, Rpfleger 1985, 381; Hagemann, Die Aufgaben des Grundbuchamts nach Anordnung der Zwangsversteigerung, Rpfleger 1984, 397 mit nochmaliger Stellungnahme Rpfleger 1985, 341; Mohrbutter, Die Bedeutung des Versteigerungs- und Konkursvermerkes sowie des Veräußerungsverbotes des Vergleichsverfahrens im Grundbuch, JurBüro 1956, 153; Rieger, Die §§ 17, 18 Abs 2 GBO, BWNotZ 2001, 79; Tröster, Die grundbuchliche Behandlung des Ersuchens nach § 19 ZVG bei Vorliegen unerledigter Eintragungsanträge, Rpfleger 1985, 337.

Allgemeines zu § 19   1

Zweck und **Anwendungsbereich:** Regelung der Verpflichtung des Vollstreckungsgerichts, die Eintragung des mit Beschlagnahme bewirkten Veräußerungsverbotes in das Grundbuch herbeizuführen, und der Maßnahmen des Grundbuchamts, die dem Vollstreckungsgericht in zuverlässiger Weise von dem Inhalt des Grundbuchs und dem für die Verfahrensdurchführung wesentlichen Inhalt der Grundakten Kenntnis geben. Die Vorschrift gilt für alle ZVG-Verfahren, bei Schiffen und Luftfahrzeugen mit ihren Registern und mit Ergänzung (§ 162 Rdn 9.1, § 171 a Rdn 3).

Grundbuchersuchen nach der Anordnung des Verfahrens (Absatz 1)   2

2.1 „Zugleich" mit der Anordnung (Abs 1), also **unverzüglich,** hat das Vollstreckungsgericht in allen Verfahren des ZVG von Amts wegen (nicht erst auf Antrag von Beteiligten) das Grundbuchamt um Eintragung der Anordnung zu ersuchen. „Zugleich" mit der Anordnung heißt mit Erlaß (Unterzeichnung) des Anordnungsbeschlusses (Einl Rdn 20.1) und ohne Rücksicht auf seine Zustellung.

2.2 Das Ersuchen des Vollstreckungsgerichts muß **schriftlich** sein, auch wenn Grundbuch-Rechtspfleger und Versteigerungs-Rechtspfleger personengleich sind. Es muß sich in seiner **Form** nach der GBO richten. Zu bezeichnen hat es das Grundstück nach Maßgabe von GBO § 28 Satz 1 (zweckmäßig mit Angabe des Eigentümers) und die vorzunehmende Eintragung; hierwegen kann nicht auf eine Anlage Bezug genommen werden[1]. Das Ersuchen ist zu unterschreiben und mit Siegel oder Stempel zu versehen (GBO § 29 Abs 3). Die Eintragung erfolgt dann auf Grund dieses Ersuchens (GBO § 38; ZVG § 19 Abs 1).

2.3 Das Ersuchen wird etwa lauten: „Durch Anordnungsbeschluß vom ... wurde über das im Grundbuch für ..., Blatt ..., auf ... eingetragene Grundstück Ge-

---

[1] Schöner/Stöber, Grundbuchrecht, Rdn 201.

§ 19 2.3 Anordnung der Versteigerung

markung ... Flurstücknummer ..., die Zwangsversteigerung angeordnet. Es wird ersucht, diese Anordnung in das Grundbuch einzutragen ...". **Muster** auch im ZVG-Handbuch Rdn 123.

2.4 Das Ersuchen kommt zu den **Grundakten** (GBO § 10 Abs 1).

2.5 Es ist **nicht nötig**, das Grundbuchamt auch **um** Erteilung von Abschriften, Übersendung einer Bestätigung, **Mitteilung** von Anschriften usw **zu ersuchen**; dies alles hat das Grundbuchamt von Amts wegen zu erledigen (Abs 2). Man soll es auch unterlassen, um Mitteilung künftiger Eintragungen im Grundbuch zu ersuchen; sie hat das Grundbuchamt nach der Sollvorschrift des Abs 3 mitzuteilen.

2.6 Dem Ersuchen sind **keine Unterlagen** beizugeben; das Ersuchen genügt für sich allein. Eine Ausfertigung des Anordnungsbeschlusses kann beigefügt werden, damit zB bei sehr vielen Grundstücken in einer Beschlagnahme auf den Beschluß Bezug genommen werden kann (im Ersuchen genügt Bezeichnung durch Hinweis auf das Grundbuchblatt, GBO § 28 Satz 1), um die gesonderte Aufführung aller Flurstücknummern zu ersparen. Der Beschluß kann aber nicht das Ersuchen ersetzen. Das Ersuchen kann bis zur Erledigung berichtigt oder ergänzt werden. Nach Erledigung kann, wenn auf Grund eines fehlerhaften Ersuchens die Anordnung unrichtig eingetragen wurde, um ergänzende Eintragung ersucht werden. Beispiel: Im Ersuchen wurden nur zwei Grundstücke angeführt, beschlagnahmt aber wurden drei; weiteres Ersuchen muß unverzüglich erfolgen. Oder: Angeordnet wurde die Zwangsversteigerung, ersucht wurde aus Versehen um Eintragung der Zwangsverwaltung; es ist sofort um Löschung dieses Vermerks und Eintragung des richtigen Zwangsversteigerungsvermerks zu ersuchen.

2.7 Das Vollstreckungsgericht muß die sachgemäße **Erledigung überwachen**[2]. Wenn nicht alsbald auf sein Ersuchen die Eintragung erfolgt, muß es auf Erledigung drängen (erforderlichenfalls auch eine Entscheidung im Dienstaufsichtsweg erzwingen). Gegen eine Ablehnung hat es Grundbuchbeschwerde nach GBO § 71 Abs 1 einzulegen[2]. Das Vollstreckungsgericht muß auch die Eintragungsmitteilung prüfen, außerdem, ob sich aus den Grundbuchmitteilungen Voraussetzungen für eine Anwendung von § 28 Abs 1 ergeben.

3 Grundbuchamtliche Prüfung, Grundbucheintragung

3.1 Zu prüfen hat das Grundbuchamt das Eintragungsersuchen des Vollstreckungsgerichts nur **formell**[3], nicht aber sachlich. Die Verantwortung für die Rechtmäßigkeit des Ersuchens im Einzelfall trägt allein das Vollstreckungsgericht[4]. Prüfen kann und muß das Grundbuchamt also (bei Verstoß Zwischenverfügung oder Ablehnung der Eintragung), ob das ersuchende Gericht (sachlich, nicht auch örtlich) zuständig ist (Vollstreckungsgericht, nicht Streitgericht), ob die Form des GBO § 29 Abs 3 eingehalten ist, ob das Ersuchen also unterschrieben und mit Siegel oder Stempel versehen ist[5], ob das Grundstück nach Maßgabe des GBO § 28 Satz 1 nach Gemarkung und Flurstücknummer (nicht nach Straße und Hausnummer) genügend bezeichnet ist, ob das Ersuchen mehrere Eintragungsersuchen enthält, aber nicht vollständig vollzogen werden kann (zB wenn sich das Ersuchen auf mehrere Grundstücke an verschiedenen Grundbuchstellen erstreckt, aber nicht ganz vollziehbar ist[6], weil zB eine Grundbuchstelle falsch benannt ist oder andere Grundstücke dort verzeichnet sind als die, auf die sich das Ersuchen bezieht). Das Grundbuchamt muß sich auch nicht damit begnügen, wenn ihm statt des Ersu-

---

[2] KG Berlin JR 1954, 465.
[3] Jaeckel/Güthe § 19 Rdn 2; Mohrbutter/Drischler Muster 2 Anm 4 mit Muster 11 Anm 2; Steiner/Hagemann § 19 Rdn 11; Schöner/Stöber, Grundbuchrecht, Rdn 219.
[4] Schöner/Stöber, Grundbuchrecht, Rdn 219.
[5] Schöner/Stöber, Grundbuchrecht Rdn 201 und 219.
[6] Mohrbutter/Drischler Muster 11 Anm 2.

Grundbucheintragung, Mitteilungen des Grundbuchamts   3.4   § 19

chens nur eine Ausfertigung des Anordnungsbeschlusses übersandt wurde[7]; es genügt höchstens, wenn im Ersuchen wegen der Bezeichnung der Grundstücke ergänzend auf den anliegenden Beschluß Bezug genommen wird, damit die Aufführung vieler Flurstücknummern erspart wurde[8]. Hierzu auch ZVG-Handbuch Rdn 125. Auf erkennbare Versehen (Schreibfehler, Widersprüche) hat das Grundbuchamt das Vollstreckungsgericht auf jeden Fall aufmerksam zu machen[9].

3.2   Sachlich hat das Grundbuchamt **nichts zu prüfen**[10], auch nicht nach § 17 (ob der Schuldner als Eigentümer eingetragen ist) und ZPO § 864 Abs 2 (ob Bruchteile eingetragen sind)[11] (beides hat das Vollstreckungsgericht zu prüfen). Es muß den Vollstreckungsvermerk auch eintragen, wenn schon ein neuer Eigentümer statt des Schuldners eingetragen ist[12], ja auch, wenn der Schuldner überhaupt nicht eingetragen war[13] oder nicht zweifelsfrei; auch wenn der Insolvenzvermerk eingetragen ist; auch wenn eine ähnliche Verfügungsbeschränkung eingetragen ist; auch wenn ein Nießbrauch eingetragen ist; auch wenn der Miteigentümeranteil nicht als Bruchteil im Grundbuch eingetragen ist (ZPO § 864 Abs 2); auch wenn das ersuchende Gericht (nach Ansicht des Grundbuchamts) örtlich nicht zuständig ist. An dem Bruchteil eines Ehegatten ist der Vollstreckungsvermerk daher auch einzutragen, wenn im Grundbuch noch das gemeinschaftliche Eigentum der Ehegatten im Güterstand der Eigentums- und Vermögensgemeinschaft eingetragen ist[14]. Es ist Sache des Vollstreckungsgerichts, sachliche Beschränkungen nach § 28 zu beachten; in seine Hand allein sind alle Entscheidungen im Zusammenhang mit der Anordnung gelegt. Hierzu auch ZVG-Handbuch Rdn 125.

3.3   Die Eintragung des Zwangsversteigerungsvermerks in das Grundbuch hat **umgehend** (ohne Verzug) zu erfolgen (Rdn 3.5). Fehlt eine formelle Voraussetzung, so muß das Grundbuchamt **Zwischenverfügung**[15] erlassen oder das Ersuchen **zurückweisen.** Die Zwischenverfügung hat das Eintragungshindernis zu bezeichnen, die Möglichkeit zu seiner Behebung aufzuzeigen und Frist zur Beseitigung des Hindernisses zu bestimmen. Behandlung, wenn sodann eine andere Eintragung beantragt wird, Rdn 4. Formlose Beanstandung (an Stelle einer Zwischenverfügung) ist zulässig[16] und bei leicht zu behebendem Vollzugshindernis geboten.

3.4   Zwangsversteigerungs- und Zwangsverwaltungs**vermerk sind getrennt** in der zweiten Abteilung des Grundbuchs einzutragen. Aktenzeichen und Gericht sind in dem Vermerk nicht zu bezeichnen[17] (anders[18]); die Praxis trägt sie vielfach klarstellend ein; das ist nicht sachgerecht; auch das Muster GBV Anlage 2a Abteilung II Nr 6 enthält diese Angaben; die GBV bietet dafür jedoch keine Handhabe; deshalb und auch als überflüssig hat diese Eintragung zu unterbleiben. Nicht eingetragen werden das Datum der Anordnung (abweichend GBV aaO; dazu bereits vorstehend) und daß Beschlagnahme (§ 22) erfolgt ist. Muster: „Die Zwangsversteigerung (Zwangsverwaltung) ist angeordnet. Eingetragen am ..." Muster auch im ZVG-Handbuch Rdn 125 a.

---

[7] Schöner/Stöber, Grundbuchrecht, Rdn 201.
[8] Schöner/Stöber, Grundbuchrecht, Rdn 201; Illner Justiz 1959, 245 (III).
[9] Jaeckel/Güthe § 19 Rdn 2.
[10] LG Heidelberg BWNotZ 1974, 135; Jaeckel/Güthe § 19 Rdn 2; Mohrbutter/Drischler Muster 2 Anm 4; Schöner/Stöber, Grundbuchrecht, Rdn 219.
[11] LG Heidelberg aaO (Fußn 10).
[12] LG Heidelberg aaO (Fußn 10); Steiner/Hagemann § 19 Rdn 11; Illner aaO (Fußn 8).
[13] Mohrbutter/Drischler Muster 2 Anm 4 und Muster 11 Anm 2.
[14] Böhringer DtZ 1994, 130 (132).
[15] Jaeckel/Güthe § 19 Rdn 3; Steiner/Hagemann § 19 Rdn 12.
[16] Schöner/Stöber, Grundbuchrecht, Rdn 445.
[17] Schöner/Stöber, Grundbuchrecht, Rdn 1622.
[18] Dassler/Muth § 19 Rdn 8; Steiner/Hagemann § 19 Rdn 14.

3.5 Die Eintragung des Vermerks verschafft dem mit Beschlagnahme bewirkten Veräußerungsverbot (§ 23 Abs 1 Satz 1) Wirksamkeit gegenüber allen, die ein Recht an dem Grundstück (einem mithaftenden Gegenstand, § 23 Abs 2 Satz 2) durch Rechtsgeschäft erwerben (BGB § 135 Abs 2, § 892 Abs 1 Satz 2). Jede gegen die Beschlagnahme verstoßende Verfügung bleibt damit dem Vollstreckungsgläubiger gegenüber unwirksam (BGB §§ 135, 136); gutgläubiger Erwerb Dritter bleibt ausgeschlossen (BGB § 892 Abs 1 Satz 2; unberührt bleibt jedoch Schutz gegen nachträgliche Verfügungsbeschränkung nach BGB § 878). Diese Wirkung des Versteigerungsvermerks wird mit seiner Eintragung begründet (s BGB § 892 Abs 1 Satz 2). Eingang des Ersuchens beim Grundbuchamt sichert die mit Eintragung begründeten Wirkungen des Vermerks nicht. Deshalb ist es Amtspflicht des Grundbuchamts, alles zur Abwendung eines Rechtsverlustes für den Beschlagnahmegläubiger notwendige zu tun. Der Versteigerungsvermerk ist daher ohne Verzug einzutragen; unnötige Zurückstellung, die dem Gläubiger Rechtsnachteil bringen kann, darf nicht erfolgen.

3.6 Wurde vor Eintragung des Vermerks wegen Antragsrücknahme das Verfahren **wieder aufgehoben** und um Löschung ersucht, so unterbleibt die Eintragung. Es muß nicht etwa erst eingetragen werden, um sofort wieder zu löschen.

3.7 Eine besondere **Gerichtsgebühr** entsteht für Ersuchen und Eintragung (KostO § 69 Abs 2) nicht. Die Tätigkeit des Vollstreckungsgerichts wird durch die allgemeine Versteigerungsverfahrensgebühr abgegolten (Einl Rdn 77).

4 Mehrere Grundbucheintragungen

4.1 Mehrere Eintragungen in das Grundbuch, die sich auf dasselbe Grundstück beziehen, müssen grundsätzlich in der **Reihenfolge des Eingangs** der Anträge beim Grundbuchamt erfolgen (GBO § 17). Das gilt auch, wenn dem Grundbuchamt das Ersuchen des Vollstreckungsgerichts um Eintragung des Zwangsversteigerungsvermerks (auch für das Ersuchen um Eintragung des Zwangsverwaltungsvermerks) (§ 19 Abs 1) zusammen mit einem anderen Eintragungsantrag (auch mehreren anderen Anträgen) zur Erledigung vorliegt, der das Eigentum „dasselbe Recht" (zutreffend so[19]) betrifft (so auch[20]) (anders[21]: dem unerledigten Antrag kann, falls nicht BGB § 878 zur Anwendung kommt, vor Eintragung des Zwangsversteigerungsvermerks nicht mehr entsprochen werden). Der Zwangsversteigerungsvermerk sichert die Beschlagnahmewirkungen (§ 23 Abs 1; BGB § 892 Abs 1 Satz 2), betrifft somit die Berechtigung des Grundstückseigentümers zur Verfügung über das Grundstück. Bei Zusammentreffen mit anderen Anträgen, die mit dem Grundstückseigentum dasselbe Recht betreffen, ist daher nach Wortlaut und Zweck von GBO § 17 Erledigung nach der zeitlichen Reihenfolge des Eingangs der Anträge (GBO § 13 Abs 2) geboten. Es ist bei früherem Eingang des Eintragungsersuchens des Vollstreckungsgerichts zuerst der Zwangsversteigerungsvermerk einzutragen; eine später beantragte Eintragung darf erst im Anschluß hieran vollzogen werden. Liegt bei Eingang des Eintragungsersuchens des Vollstreckungsgerichts dem Grundbuchamt bereits ein anderer Eintragungsantrag vor, dann darf der Zwangsversteigerungsvermerk nicht vor der Erledigung des früher gestellten Antrags vollzogen werden. Diese Vollzugsreihenfolge ändern Bestimmungen des materiellen Sachenrechts und materiellrechtliche Auswirkungen der Grundbucheintragungen nicht. Das materielle Sachenrecht des Bürgerlichen Gesetzbuchs erfordert, daß die Einrichtung des Grundbuchs als öffentliches Buch, die formellen Voraussetzungen, unter denen eine Eintragung in das Grundbuch vorzunehmen ist, und das Eintra-

---

[19] RG HRR 1940 Nr 516.
[20] Hagemann Rpfleger 1984, 397 (II 2); Baum Rpfleger 1990, 141 (III); Rieger BWNotZ 2001, 79 (84); Tröster Rpfleger 1985, 337 (IV); Dassler/Muth § 19 Rdn 10; Steiner/Hagemann § 19 Rdn 13; Meikel/Bestelmeyer, GBO, § 17 Rdn 22.
[21] Demharter, GBO, § 38 Rdn 36.

gungsverfahren bestimmt sind[22]. Diese Regelungen trifft das Grundbuchverfahrensrecht. Als Ordnungsvorschrift des Verfahrensrechts beruht GBO § 17 auf der Erwägung, daß der Stellung des Eintragungsantrags durch Vorschriften des materiellen Rechts sachliche Wirkung nur in bestimmten Beziehungen beigelegt sind (vgl BGB §§ 878, 892 Abs 2), und daß andere Vorschriften auf der Voraussetzung beruhen, daß im Wege der Ordnungsvorschrift des Verfahrensrechts dem früher gestellten Antrag der Vorzug vor dem später gestellten gewahrt werde[23]. Weil in den Fällen, in denen durch die mehreren beantragten Eintragungen dasselbe Recht betroffen wird, die Vornahme der einen Eintragung auf die Zulässigkeit oder Wirksamkeit der anderen oder auf das Rangverhältnis zwischen Eintragungen von Einfluß sein kann, bestimmt GBO § 17, daß in diesen Fällen die später beantragte Eintragung nicht vor der Erledigung des früher gestellten Antrags erfolgen darf[23]. Bedeutsam ist somit nur, daß auf den Eingang des Antrags (GBO § 13) als Verfahrenshandlung abgestellt ist.

4.2 Nach anderer Ansicht soll GBO § 17 über die Reihenfolge des Vollzugs nach dem Zeitpunkt der Antragstellung nicht für die Eintragung des Zwangsversteigerungsvermerks gelten[24], weil mit anderen Eintragungen kein Rangverhältnis besteht. Es soll vielmehr der Zwangsversteigerungsvermerk ohne Rücksicht auf schon vorliegende Eintragungsanträge sofort einzutragen sein (ja sogar eingetragen werden müssen)[25]. Dem ist nicht zu folgen (so auch[26]). Darauf, ob ein Rangverhältnis zwischen Zwangsversteigerungsvermerk und einer anderen Eintragung besteht (dazu Rdn 4.8), kommt es nach Wortlaut und Zweck von GBO § 17 nicht an; diese Bestimmung beruht nicht nur auf der Erwägung, daß die Reihenfolge der Eintragungen für ein Rangverhältnis von Bedeutung sein kann, sondern berücksichtigt ebenso, daß die Vornahme einer Eintragung auf die Wirksamkeit der anderen von Einfluß sein kann[27]. Schon weil die Eintragung des Zwangsversteigerungsvermerks für die materiellrechtliche Wirksamkeit der Verfügungsbeschränkung erlangen kann (BGB § 892 Abs 1 Satz 2), trifft GBO § 17 als Ordnungsvorschrift über die Reihenfolge des Vollzugs mehrerer Eintragungen auch für Eintragung des Zwangsversteigerungsvermerks Bestimmung.

4.3 Kenntnis des Grundbuchamts von dem mit Beschlagnahme bewirkten, aber noch nicht eingetragenen Verfügungsverbot (§§ 20, 23 Abs 1) ist **ohne Einfluß** auf die Erledigung der Eintragungen nach der Reihenfolge des Antragseingangs, steht somit der früheren Erledigung einer vor dem Zwangsversteigerungsvermerk beantragten Eintragung nicht entgegen. Das nur relative Verfügungsverbot sperrt das Grundbuch nicht. Prüfung der Wirksamkeit der Verfügungsbeschränkung, somit der (relativen) Unwirksamkeit einer gegen das Verbot verstoßenden Verfügung, ist dem Grundbuchamt weder zugewiesen noch möglich; sie würde Prüfung des materiellen Erwerbsvorgangs erfordern, dem für die Vollzugsreihenfolge des § 17 überhaupt keine Bedeutung zukommt (§ 19 Rdn 4.1).

4.4 Wenn **Eintragung** des Zwangsversteigerungsvermerks und eine andere Eintragung **gleichzeitig** erfolgen, fehlt die Voraussetzung für einen nach BGB § 892 Abs 1 geschützten gutgläubigen Erwerb (so auch[28] und für den Zeitpunkt der Widerspruchseintragung[29]). Die mit Beschlagnahme erfolgte Verfügungsbeschränkung ist dem Erwerber eines Rechts gegenüber nur dann nicht wirksam,

---

[22] Schöner/Stöber, Grundbuchrecht, Rdn 1.
[23] Denkschrift zur Grundbuchordnung, Hahn/Mugdan, Materialien, Seite 155.
[24] Jung MittRhNotK 1966, 262 (B I); auch Bauer/Kössinger, GBO, § 19 Rdn 233–251 mit –/Bauer, § 38 Rdn 36, 37.
[25] Mohrbutter KTS 1975, 135 (Anmerkung).
[26] Meikel/Bestelmeyer, GBO, § 17 Rdn 22.
[27] Denkschrift aaO (Fußn 23).
[28] Meikel/Bestelmeyer, GBO, § 17 Rdn 22.
[29] BGB-RGRK/Augustin § 892 Rdn 86.

wenn sie bei Erwerb des Rechts im Grundbuch nicht eingetragen war. Für den Vollzug mehrerer Grundbucheintragungen nach der zeitlichen Reihenfolge des Eingangs der Anträge (GBO § 17) trifft jedoch **GBO § 45 als Ordnungsvorschrift** des Grundbuchverfahrensrechts Bestimmung. Die Vorschrift gilt auch für Eintragung von Verfügungsbeschränkungen[30]. Weil zwischen dem Zwangsversteigerungsvermerk und einem Recht am Grundstück kein (materielles) Rangverhältnis besteht, ist die Eintragung eines Vorrangvermerks nicht zulässig[31]. Für „Eintragung eines Ranges" im Falle des GBO § 45 Abs 2 kann daher nur zu vermerken sein, daß die später beantragte Eintragung nach der früheren erfolgt ist (für Eintragung eines Rangvermerks[32]; bedenklich, weil der Rangvermerk frühere Eintragung der Rechtsänderung nicht bewirkt und daher bei gleichzeitiger Eintragung des Zwangsversteigerungsvermerks Gutglaubenserwerb nach BGB § 892 Abs 1 nicht gewährleistet). Demgemäß ist wie folgt zu verfahren: a) Wenn bei früherem Eingang des Eintragungsersuchens des Vollstreckungsgerichts zuerst der Zwangsversteigerungsvermerk einzutragen ist, ist er in Abteilung II des Grundbuchs vor einem dort einzutragenden (später beantragten) Recht einzutragen; Eintragung des Zwangsversteigerungsvermerks vor Eintragung von Rechtsänderung in Abteilung I oder Abteilung III hat nach GBO § 45 Abs 2 mit dem Vermerk zu erfolgen, daß diese später beantragte Eintragung (in Abteilung I oder III) nach der früheren (des Versteigerungsvermerks) erfolgt ist (Vermerk nach GBV § 18, entsprechend, an allen Grundbuchstellen). b) Wenn bei früherem Eingang des Antrags auf Eintragung einer Rechtsänderung der Zwangsversteigerungsvermerk erst nach Vollzug der beantragten Rechtsänderung einzutragen ist, ist er in Abteilung II des Grundbuchs in der Reihenfolge nach der zuerst beantragten Eintragung zu vollziehen; Eintragung der Rechtsänderung in Abteilung I oder III vor dem Zwangsversteigerungsvermerk hat nach GBO § 45 Abs 2 mit dem Vermerk zu erfolgen, daß die später beantragte Eintragung des Zwangsversteigerungsvermerks (in Abteilung II) nach der früheren beantragten Eintragung der Rechtsänderung (in Abteilung I oder III) erfolgt ist (Vermerk nach GBV § 18, entsprechend, an allen Grundbuchstellen).

4.5 a) Steht dem **zuerst** eingegangenen **Eintragungsersuchen** des Vollstreckungsgerichts ein Hindernis entgegen, dann kann Erledigung mit Eintragung eines Widerspruchs zugunsten des Beschlagnahmegläubigers (GBO § 18 Abs 2) erfolgen, weil das Ersuchen die berichtigende Eintragung der bereits eingetretenen Verfügungsbeschränkung betrifft (so auch[33]; ebenso unter Bezeichnung als „Vormerkung"[34]).

b) Wenn bei Eingang des Eintragungsersuchens des Vollstreckungsgerichts einer (früher) beantragten **Eintragung ein Hindernis** entgegensteht, kann die Eintragung des Zwangsversteigerungsvermerks nicht bis zur Behebung dieses Vollzugshindernisses zurückgestellt werden (so zutreffend[35]; anders[36]). Die Sicherung des Zwecks der Zwangsversteigerung (hier mit Eintragung des Zwangsversteigerungsvermerks, dazu § 23 Abs 2 Satz 2) muß auch gewährleistet sein, wenn Gefährdung nicht durch Verfügungen über das Grundstück selbst, wohl aber durch Verfügung über Zubehörstücke, Bestandteile und Erzeugnisse droht (allgemein dazu[37]). Für

---

[30] Denkschrift aaO (Fußn 23), S 165.
[31] KG JFG 12, 295.
[32] Hagemann Rpfleger 1984, 397 (II 3 b); Tröster Rpfleger 1985, 337 (IV und VI).
[33] Jaeckel/Güthe § 19 Rdn 3.
[34] Steiner/Hagemann § 19 Rdn 12.
[35] Tröster Rpfleger 1985, 337 (V 2).
[36] Hagemann Rpfleger 1984, 397 (II 3 b) und Rpfleger 1985, 341; Baum Rpfleger 1990, 141 (IV und V); Dassler/Muth § 19 Rdn 10; Steiner/Hagemann § 19 Rdn 13; Meikel/Bestelmeyer, GBO, § 17 Rdn 22.
[37] BGH KTS 1985, 132 = WM 1984, 1342.

Zurückstellung der Eintragung des Zwangsversteigerungsvermerks besteht keine Gesetzesgrundlage. Erledigung des früher gestellten Antrags regelt GBO § 18 Abs 2 mit Eintragung einer Vormerkung (oder eines Widerspruchs). Die Vorschrift ist zwingend[38]. Das Verfahrensrecht sieht weitergehenden Schutz für einen Eintragungsantrag bei Vorliegen eines Vollzugshindernisses nicht vor. Zurückstellung des Eintragungsersuchens des Vollstreckungsgerichts kann daher nicht erfolgen.

c) Ob eine **Vormerkung** (auch ein Widerspruch) nach **GBO § 18 Abs 2** einzutragen ist, wenn der Eintragung bei Eingang des Ersuchens um Eintragung des Zwangsversteigerungsvermerks ein Hindernis entgegensteht, ist streitig. Eintragung einer Vormerkung zugunsten eines Antrags auf Umschreibung des Eigentums an dem zu versteigernden Grundstück vor Eintragung des Versteigerungsvermerks verlangt[38] (ebenso[39]); keine Vormerkung soll einzutragen sein nach[40]. Einzutragen ist die Vormerkung (ebenso[41]), obschon sie für die Gestaltung der sachlichen Rechtslage ohne Bedeutung ist[42]. Die materielle Berechtigung des Antragstellers, dessen früherem Antrag ein Hindernis entgegensteht, kann Eintragung einer Vormerkung zwar nicht wahren und auch nicht verbessern. Die Vormerkung kann schon nicht gewährleisten, daß der Erwerber noch bis zur Eintragung der Rechtsänderung von der Beschlagnahme keine Kenntnis erlangt, gutgläubiger Erwerb somit gesichert bleibt (BGB § 892 Abs 1 Satz 1). Die Vormerkung sichert aber gutgläubigen Erwerb auch nicht, weil sie die Wirksamkeit der mit nachfolgender Eintragung des Versteigerungsvermerks grundbuchersichtlichen Beschlagnahme dem Erwerber gegenüber (BGB § 892 Abs 1 Satz 2) nicht aufhebt. Die Wirkung von BGB § 883 Abs 2, § 888, hat die Vormerkung des GBO § 18 Abs 2 nicht[43]; von Bedeutung ist sie nicht, weil die Beschlagnahme als Verfügung im Wege der Zwangsvollstreckung vor Eintragung der Vormerkung bereits erfolgt ist. Für Schutz des (früheren) Antragstellers nach BGB § 878 gegenüber der späteren Verfügungsbeschränkung mit Beschlagnahme erlangt die Eintragung der Vormerkung (ohnedies) keine Bedeutung. Daß die Vormerkung für die Gestaltung der sachlichen Rechtslage Bedeutung erlangt, ist jedoch nicht Voraussetzung ihrer Eintragung[44]. Das Ersuchen und der Antrag müssen nur dasselbe Recht betreffen. Die Vorschrift von GBO § 18 Abs 2 ist zwingend[44]; eine Prüfung der Zweckmäßigkeit der Eintragung hat nicht stattzufinden[44]. Die Eintragung der Vormerkung ist für die Rechtslage des früheren Antragstellers auch nicht ohne jeden Wert. Sie verändert zwar die materielle Rechtslage nicht und kann auch die Wirkungen der bereits erfolgten Beschlagnahme nicht abschwächen[44]. Mit Eintragung der Vormerkung noch vor dem Versteigerungsvermerk erlangt der (frühere) Antragsteller im Versteigerungsverfahren jedoch die Stellung eines Beteiligten, der von Amts wegen zum Verfahren zuzuziehen ist (§ 9 Nr 1). Seine Vormerkung wird bei Feststellung des geringsten Gebots (§ 48)[45] und bei Erlösverteilung (§ 119) von Amts wegen berücksichtigt (§ 45 Abs 1, § 114 Abs 1, auch § 37 Nr 4). Auch Sicherung dieses vorläufigen Schutzes mit Berücksichtigung im Verfahren rechtfertigt die nach GBO § 18 Abs 2 gebotene Eintragung der Vormerkung.

4.6 Diese verfahrensrechtliche Behandlung trägt auch den Schutzbestimmungen des materiellen Rechts Rechnung. Schutz vor Gefahren mit Rechtsnachteilen für

---

[38] RG HRR 1940 Nr 516.
[39] LG Heidelberg BWNotZ 1974, 134; Mohrbutter/Drischler Muster 11 Anm 2.
[40] Hagemann Rpfleger 1984, 397 (II 3 b); Rieger BWNotZ 2001, 79 (88); Dassler/Muth § 19 Rdn 10; Steiner/Hagemann § 19 Rdn 13; Brand/Schnitzler, Grundbuchsachen, § 58 Fußnote 1 (S 136); Meikel/Bestelmeyer, GBO, § 17 Rdn 22.
[41] Tröster Rpfleger 1985, 337 (V 2).
[42] RG HRR 1940 Nr 516.
[43] BGB-RGRK/Augustin § 883 Rdn 104.
[44] RG HRR 1940 Nr 516.
[45] Jaeckel/Güthe § 48 Rdn 4; Steiner/Eickmann § 48 Rdn 18.

den Begünstigten durch die Dauer des Eintragungsverfahrens, auf das Beteiligte keinen Einfluß haben, gewährleistet BGB § 878[46]. Dafür erlangen die Reihenfolge der Eintragungen und Eintragung einer Verfahrensvormerkung nach GBO § 18 Abs 2 zugunsten des früher gestellten Verfahrensantrages keine Bedeutung. BGB § 892 gewährleistet Sicherheit des Rechtsverkehrs mit Schutz des redlichen Erwerbers, sichert aber nicht redlichen Erwerb vor Rechtsnachteilen für den Begünstigten durch die Dauer des Eintragungsverfahrens und durch die im Eintragungsverfahren bestehenden Vollzugshindernisse. Die Verfahrensvormerkung des GBO § 18 Abs 2 sichert den dem ersten Antrag nach GBO § 17 gebührenden Vorrang bei Grundbucheintragung. Sie hat den Zweck, den öffentlich-rechtlichen Anspruch des Antragstellers gegen das Grundbuchamt auf Schutz gegen die Vereitelung oder Beeinträchtigung seines Antrags durch die Erledigung späterer Anträge für den Fall der Beseitigung des der Eintragung entgegenstehenden Hindernisses zu verwirklichen[47]. Sie hat zugleich die Erledigung des zweiten Antrags vor dem ersten unter Vorbehalt zu ermöglichen[47]. Das erlangt gegenüber einem Zwangsversteigerungsvermerk keine Bedeutung, weil dem Ersuchen um Eintragung des Versteigerungsvermerks ohne weitere (materielle) Prüfung auch dann stattgegeben werden muß, wenn der Schuldner nicht (oder nicht mehr) als Eigentümer eingetragen ist[48], einem früheren Antrag somit bereits entsprochen ist. Vorläufiger Schutz eines früheren Antrags mit Eintragung einer Vormerkung kann die Wirkung der Beschlagnahme daher nicht mehr abschwächen. Verbesserung der dem ersten Antragsteller schützenden materiellen Rechtslage oder weiteren Schutz des Rechtserwerbers hat die Verfahrensvormerkung nach GBO § 18 Abs 2 nicht zu gewährleisten. Andererseits aber hat dem Vollstreckungsgläubiger die unverzügliche Eintragung des Versteigerungsvermerks in der durch das Verfahrensrecht bestimmten Reihenfolge Schutz vor Rechtsverlust zu gewährleisten. Auch er ist schutzwürdig, weil seine durch das Vollstreckungsgericht bewirkte Beschlagnahme erst mit Eintragung des Versteigerungsvermerks im Grundbuch gesichert wird. Daher darf auch er durch das Eintragungsverfahren, auf dessen Dauer er keinen Einfluß hat, keine Nachteile erleiden. Nach seiner Interessenlage und ohne Gesetzesgrundlage wäre es daher nicht gerechtfertigt, mit Zurückstellung des Eintragungsersuchens bis zur endgültigen Entscheidung nach Erledigung des einem ersten Antrag entgegenstehenden Hindernisses auch möglichen redlichen Erwerb zu sichern.

4.7 Die nach GBO § 18 Abs 2 eingetragene Vormerkung kann bei endgültiger Eintragung des vorgemerkten Rechts nicht gelöscht werden, wenn nach Eintragung der Vormerkung zur Sicherung des Rechts des Erwerbers der Zwangsversteigerungsvermerk eingetragen worden ist[49].

4.8 Ein **Rangverhältnis** besteht zwischen Zwangsversteigerungsvermerk und Rechten am Grundstück **nicht**[50]. Mit dem Zwangsversteigerungsvermerk wird die durch Beschlagnahme des Grundstücks bewirkte Verfügungsbeschränkung des Eigentümers (§§ 20, 23) in das Grundbuch eingetragen (BGB § 892 Abs 1 Satz 2), nicht aber das Grundstück mit einem Recht belastet (BGB § 879). Die Wirkungen der mit dem Zwangsversteigerungsvermerk eingetragenen Verfügungsbeschränkung bestimmen sich, auch im Verhältnis zu den Rechten am Grundstück, nach materiellem Recht; weil der Vermerk das Eigentümerrecht einschränkt, nicht aber das Grundstück belastet, nimmt er an dem Rangverhältnis unter mehreren Rechten am Grundstück (BGB § 879) nicht teil[51].

---

[46] Schöner/Stöber, Grundbuchrecht, Rdn 110.
[47] RG 110, 203 (207).
[48] RG HRR 1940 Nr 516.
[49] RG HRR 1940 Nr 516; KG JFG 1, 310.
[50] RG HRR 1940 Nr 516.
[51] RG 135, 378 (384); KG JFG 12, 295; OLG Schleswig SchlHA 1974, 59; BGB-RGRK/Augustin § 879 Rdn 18.

Grundbucheintragung, Mitteilungen des Grundbuchamts 5.7 **§ 19**

Mitteilungen an das Vollstreckungsgericht (Absätze 2 und 3) 5

5.1 Bekanntzumachen ist die Eintragung des Zwangsversteigerungsvermerks (Zwangsverwaltungsvermerks) dem Vollstreckungsgericht und dem eingetragenen Eigentümer (GBO § 55 Abs 1).

5.2 Das Grundbuchamt **muß nach der Eintragung** des Vollstreckungsvermerks dem Vollstreckungsgericht eine Grundbuchblattabschrift und Abschriften aller Urkunden übersenden und die Anschriften der Beteiligten mitteilen (§ 19 Abs 2). Dazu ZVG-Handbuch Rdn 126.

5.3 Außerdem hat das Grundbuchamt den Zeitpunkt des Eingangs des Eintragungsersuchens dem Vollstreckungsgericht zu **bestätigen**, obwohl dies in § 19 nicht vorgeschrieben ist. Darum braucht nicht gesondert ersucht zu werden (nicht sachgerecht[52]); der Eingangszeitpunkt hat wegen § 22 Abs 1 Satz 2 Bedeutung für das Verfahren; er ist daher notwendig zu bezeichnen.

5.4 Eine **Grundbuchblattabschrift** (ordnungsgemäß beglaubigt), bei maschineller Führung des Grundbuchs einen amtlichen Ausdruck (GBO § 131), hat das Grundbuchamt dem Vollstreckungsgericht zu übersenden (Abs 2 Satz 1). Diese kann nicht durch Übersendung der Grundakten ersetzt werden. Offensichtliche Unrichtigkeiten darin darf das Vollstreckungsgericht nicht unbeachtet lassen; sonst darf und muß es sich auf die Richtigkeit und Vollständigkeit verlassen (Haftung des Grundbuchamts). Grundbuchamt und Vollstreckungsgericht müssen sich gegenseitig über Bedenken unterrichten[53] (über die Pflichten beider[54]). Wo vorhanden, hat das Grundbuchamt auch beglaubigte Abschriften des Bestandsblattes des Liegenschaftsbuchs zu übersenden.

5.5 Weiter hat das Grundbuchamt **Abschrift aller** im Grundbuch in Bezug genommenen **Urkunden** zu übersenden (Abs 2 Satz 1). Das indes ist weder üblich noch sachlich geboten, weil zu diesem Zeitpunkt die Urkunden noch nichts für das Verfahren ergeben; es ist auch kaum durchführbar, wenn es sich um viele Urkunden handelt. Wo das Gericht ausnahmsweise aus besonderem Anlaß die Urkunden sofort einsehen will, kann es die Grundakten beiziehen. Die Übersendung der Original-Urkunden (ohne Grundakten) ist entgegen Abs 2 Satz 2 wegen Verlustgefahr unzweckmäßig. Statt der Abschriften von Urkunden oder statt der einzelnen Urkunden kann das Grundbuchamt die ganzen Grundakten übersenden. Auch das ist (abgesehen vom erwähnten Ausnahmefall) unzweckmäßig, weil die Akten dann für die lange Verfahrensdauer vom Grundbuchamt entfernt sind (was den Vorschriften für ihre Behandlung widerspricht). Es ist besser, die Grundakten grundsätzlich erst auf ausdrückliches Ersuchen des Vollstreckungsgerichts zum Versteigerungstermin und später wieder zum Verteilungstermin zu übersenden (wo sie beide Male wirklich benötigt werden).

5.6 Das Grundbuchamt muß weiter die **Anschriften** der bei ihm bestellten Zustellungsbevollmächtigten (wegen § 5) und aller ihm bekannten Beteiligten und ihrer Vertreter (auch der Bevollmächtigten der Gläubiger von Zwangssicherungshypotheken) mitteilen, kann dies aber auch durch eine Abschrift des Wohnungsblattes aus den Grundakten ersetzen.

5.7 Alle Grundbucheintragungen, die **nach der Eintragung** des Vollstreckungsvermerks erfolgen, **soll** (nicht muß) das Grundbuchamt dem Vollstreckungsgericht **mitteilen** (§ 19 Abs 3), also auch Änderungen, Löschungen, sonstige Vermerke. Diese Mitteilungen sollen den Stand der erteilten Blattabschrift aktuell halten, bieten aber keine Garantie für die Vollständigkeit. Sie ersetzen keinesfalls die notwendigen Anmeldungen der Beteiligten, sind daher für geringstes Gebot (§ 44), Mindestgebot (§ 74a) und Teilungsplan (§ 113) grundsätzlich ohne Be-

---

[52] Hagemann Rpfleger 1984, 397 (III 2); Dassler/Muth § 19 Rdn 4.
[53] Illner Justiz 1959, 245 (IV).
[54] RG 157, 89 (92).

§ 19 5.7 Anordnung der Versteigerung

deutung. Das gilt allerdings nur mit Einschränkungen im Verteilungsverfahren (§ 114 Rdn 2) und in der Teilungsversteigerung (§ 182 Rdn 2). Besser ist es, wenn das Vollstreckungsgericht vor dem Versteigerungs- und vor dem Verteilungstermin (entsprechend auch in der Zwangsverwaltung vor dem Termin zur Aufstellung des Teilungsplanes) die Blattabschrift (den Ausdruck) auf Vollständigkeit überprüft (Abruf der Daten aus dem maschinell geführten Grundbuch). Zu beachten ist aber, daß viele nach der Eintragung des Vollstreckungsvermerks erfolgten Eintragungen oder Änderungen nur auf Anmeldung berücksichtigt werden dürfen.

6 Rechtsbehelfe gegen Grundbucheintragung oder Ablehnung

6.1 Gegen die **Ablehnung** der Eintragung durch den Urkundsbeamten (GBO § 12c Abs 2 Nr 3) sowie gegen dessen Zwischenverfügung haben Vollstreckungsgericht und betreibender Gläubiger[55] Erinnerung; über diese entscheidet der Grundbuchrichter (GBO § 12c Abs 4). Gegen dessen Entscheidung findet Beschwerde statt (GBO § 71 Abs 1); die Entscheidung des Beschwerdegerichts ist mit weiterer Beschwerde anfechtbar (GBO § 78). Nach Eintragung des Zwangsversteigerungsvermerks ermöglichen Beschwerde und weitere Beschwerde jedoch nur noch eine eingeschränkte (formelle) Prüfung (wie Rdn 6.2). Wenn − statt des Urkundsbeamten − der Rechtspfleger (in dieser Funktion) entschieden hat, findet gleichfalls Grundbuchbeschwerde statt[56] (RPflG § 11 Abs 1).

6.2 Die **Eintragung** des Zwangsversteigerungsvermerks ist bei Tätigkeit des Urkundsbeamten gleichfalls mit Erinnerung zum Grundbuchrichter anfechtbar; gegen dessen Entscheidung oder bei Tätigkeit des Rechtspflegers findet Beschwerde mit Ziel der Lösung statt[57], dann weitere Beschwerde (GBO § 71 Abs 1; GBO § 71 Abs 2 steht nicht entgegen). Mit Beschwerde kann aber nur gerügt werden, daß dem Ersuchen nicht hätte entsprochen werden können, weil es formell nicht ordnungsgemäß ist, nicht jedoch die (sachliche) Rechtmäßigkeit des Ersuchens (siehe Rdn 3.1).

6.3 Löschung des Zwangsversteigerungsvermerks nach Aufhebung des Verfahrens (§ 29), Versteigerung (§ 130 Abs 1) oder Eintragung auf Grund eines formell ordnungsgemäßen, sachlich aber unrichtigen Grundbuchersuchens kann nur auf Ersuchen des Vollstreckungsgerichts erfolgen.

7 Vermerk auch im Gebäudegrundbuch

Bei Beschlagnahme eines Grundstücks im Beitrittsgebiet ist (vom 1. 1. 1997 an) ein Zwangsversteigerungsvermerk auch in ein bestehendes Gebäudegrundbuchblatt einzutragen (EGZVG § 9a Abs 3 Satz 3; dazu die Erläuterungen dort).

[Beschlagnahmebeschluß, Beschlagnahmeumfang]

20 (1) **Der Beschluß, durch welchen die Zwangsversteigerung angeordnet wird, gilt zugunsten des Gläubigers als Beschlagnahme des Grundstücks.**
(2) **Die Beschlagnahme umfaßt auch diejenigen Gegenstände, auf welche sich bei einem Grundstücke die Hypothek erstreckt.**

---

[55] KG Berlin KGJ 34 A 257; KG Berlin OLG 15, 30 (31).
[56] BayObLG Rpfleger 1997, 101.
[57] BayObLG Rpfleger 1997, 101; KG HRR 1930 Nr 1509; Demharter, Grundbuchordnung, § 38 Rdn 36 und § 71 Rdn 39; anders Dassler/Muth § 19 Rdn 14; Mohrbutter/Drischler Muster 11 Anm 4; Steiner/Hagemann § 19 Rdn 17; Brand/Baur, Zwangsversteigerungssachen, § 11.

Beschlagnahmebeschluß, Beschlagnahmeumfang 2.2 § 20

Literatur: Dorn, Bestandteile und Zubehör in der Zwangsversteigerung, Rpfleger 1987, 143; Graba und Teufel, Anwartschaftsrecht am Zubehör in der Grundstücksversteigerung, Rpfleger 1979, 401; Keller, Gebäudeeigentum und Grundstücksversteigerung, Rpfleger 1994, 194; Möschel, Die Eigentumsanwartschaft an Zubehörstücken in der Grundstückszwangsversteigerung, BB 1970, 237; Mümmler, Bestandteil und Zubehör im Zwangsversteigerungsverfahren, JurBüro 1971, 805; Paschold, Die Grundstücksbeschlagnahme nach § 20 ZVG und ihre Auswirkung auf die Fahrnisvollstreckung des Gerichtsvollziehers, DGVZ 1974, 53; Teufel, Der Beitritt zur Zwangsversteigerung und das Zubehör, Rpfleger 1979, 186; Tiedtke, Die Aufhebung des belasteten Anwartschaftsrechts ohne Zustimmung des Pfandgläubigers, NJW 1985, 1305.

Allgemeines zu § 20 1

1.1 Zweck der Vorschrift: Sicherung des Erfolgs des Verfahrens (Denkschrift S 39) mit Beschlagnahme des Grundstücks als Folge des Anordnungsbeschlusses (Abs 1) und Regelung des Umfangs der Beschlagnahme (Abs 2) mit Einschränkung in § 21. Wirksamwerden und Ende der Beschlagnahme: § 22 Rdn 2.

1.2 Anwendungsbereich: Die Vorschrift gilt für Zwangsversteigerung und Zwangsverwaltung, nicht aber für die Insolvenzverwalterversteigerung und -verwaltung (§ 173 Satz 1) und die Nachlaßversteigerung (§ 176 mit § 173 Satz 1), nur mit Einschränkung für die Teilungsversteigerung (§ 180 Rdn 6.6). Über Besonderheiten bei Zwangsverwaltung § 146 Rdn 5.

Beschlagnahmewirkung der Verfahrensanordnung (Absatz 1) 2

2.1 Die Anordnung der Zwangsversteigerung **gilt als Beschlagnahme** des Grundstücks (Abs 1). Die Beschlagnahme tritt jedoch, ihrem Zweck entsprechend, nur **zugunsten des Gläubigers** ein, der die Verfahrensanordnung bewirkt hat (= betreibender Gläubiger). Beschlagnahmewirkung entsteht auch für den beitretenden Gläubiger (§ 27 Abs 2). Der Beitrittsbeschluß hat für den, der ihn erwirkt hat (ebenfalls betreibender Gläubiger, auch Beitrittsgläubiger genannt) die Wirkung der Beschlagnahme wie für den Anordnungsgläubiger (§ 27 Rdn 8). Die Beschlagnahme entsteht auch für persönlich betreibende Gläubiger. Die Beschlagnahme ist gesetzliche Folge der Verfahrensanordnung; sie ist daher nicht davon abhängig, daß sie im Beschluß ausdrücklich ausgesprochen wird (Denkschrift S 40) (die Aufnahme dieses Hinweises empfiehlt sich aber zur Aufklärung der Beteiligten, § 15 Rdn 4.7).

2.2 Bewirkt wird die Beschlagnahme durch hoheitliches Handeln des Vollstreckungsgerichts für den Staat als Inhaber der Zwangsgewalt[1]; sie ist somit **öffentlich-rechtlicher Natur**. Wesen und Wirkung der Beschlagnahme bestimmen sich nach Zwangsvollstreckungsrecht. Sie begründet für den (wegen eines persönlichen Vollstreckungsanspruchs) betreibenden Gläubiger das Recht auf Befriedigung aus dem Grundstück (§ 10 Abs 1 Nr 5) als prozessualen Anspruch, nicht aber ein Pfandrecht oder ein sonstiges dingliches Recht[2]. Die Versteigerung (oder Verwaltung) des Grundstücks und die Zuteilung des Verwertungserlöses (oder der Nutzungen des Grundstücks) an die Berechtigten in Ausübung staatlicher Zwangsgewalt sichert die Beschlagnahme nach Maßgabe der Verfahrensvorschriften des Zwangsvollstreckungsrechts. Gegen Verfügungen des Schuldners über das Grundstück und mithaftende Gegenstände schützt sie den betreibenden Gläubiger als Veräußerungsverbot (§ 23 Abs 1 Satz 1; BGB §§ 136, 135). Für mithaftende Gegenstände (BGB §§ 1120–1129) endet mit Beschlagnahme die Möglichkeit, das Erlöschen der Grundpfandhaftung nach den Bestimmungen des Bürgerlichen Rechts herbeizuführen. Rechtsänderungen durch Rechtshandlungen des Schuld-

---
[1] BVerfG 61, 126 (136) = NJW 1983, 559.
[2] Nußbaum, Zwangsversteigerung, § 6 (a I).

§ 20 2.2   Anordnung der Versteigerung

ners schließt die Beschlagnahme damit aus. Beschlagnahme ruft somit als öffentlich-rechtlicher (prozessualer) Akt mit den Verfahrensfolgen zugleich bedeutsame privatrechtliche Wirkungen hervor[2] (auch[3]). Durch die Beschlagnahme entsteht ein Sondervermögen des Schuldners, an dem die Verfahrensbeteiligten entsprechend dem Gesetz in bestimmter Rangfolge und unter bestimmten Voraussetzungen teilzunehmen berechtigt sind[4].

2.3 Nur **zugunsten des Gläubigers** wirkt die Beschlagnahme des Grundstücks (Abs 1), weil Zwangsvollstreckung Gläubigerinteressen dient, der Gläubiger somit durch seinen Antrag Beginn und Ausmaß des Vollstreckungszugriffs bestimmt (§ 15 Rdn 3.1). Beschlagnahmte mithaftende Gegenstände (nicht auch wesentliche Bestandteile) kann der Gläubiger daher durch teilweise Zurücknahme seines Antrags (§ 29 Rdn 4) oder Einstellungsbewilligung (§ 30 Rdn 5) von der Versteigerung ausnehmen (siehe auch § 55 Abs 1). Er kann ebenso mithaftende Gegenstände (nicht auch wesentliche Bestandteile) von der Beschlagnahme durch Einschränkung seines Versteigerungsantrags ausnehmen lassen; daß sich auf diese Gegenstände die Beschlagnahme nicht erstreckt, muß dann jedoch im Anordnungs- oder Beitrittsbeschluß zum Ausdruck gebracht werden[5] (Beispiel § 27 Rdn 10.4). Mit Zustimmung des Gläubigers erlangt eine Verfügung, die gegen das nur relativ wirkende Veräußerungsverbot verstößt, volle Wirksamkeit (§ 23 Rdn 2.1).

2.4 Auf Gegenstände, deren Beschlagnahme wirksam bleibt, erstrecken sich Versteigerung (§ 55 Abs 1) und Eigentumserwerb des Erstehers (§ 90).

2.5 Zur Beschlagnahme auch im ZVG-Handbuch Rdn 141.

3 Gegenstand der Beschlagnahme (Absatz 2)

Literatur: Schütz, Die Rechte des Grundpfandgläubigers an der Versicherungsforderung in der Zwangsversteigerung, VersR 1986, 853.

3.1 Die **Beschlagnahme erfaßt** (auch wenn die Immobiliarvollstreckung wegen einer persönlichen Forderung betrieben wird[6]) das Grundstück selbst (ZPO § 864 Abs 1) (bzw den Grundstücksbruchteil, ZPO § 864 Abs 2, das Wohnungseigentum unter Einschluß eines ihm zugeordneten Sondernutzungsrechts, s § 15 Rdn 45.3 und § 90 Rdn 4.3, das grundstücksgleiche Recht, ZPO § 870, oder Gebäudeeigentum, Einl Rdn 14) mit allen wesentlichen und unwesentlichen Bestandteilen, dazu alles (mithaftende Gegenstände), worauf sich beim Grundstück die Hypothek erstreckt (ZPO § 865 Abs 1), bei Schiffen die wesentlichen und unwesentlichen Bestandteile und die mithaftenden Gegenstände, auf die sich die Schiffshypothek erstreckt. Als mithaftende Gegenstände erfaßt die Beschlagnahme Erzeugnisse und Bestandteile, die vom Grundstück getrennt sind, soweit sie nicht in das Eigentum eines Dritten gelangt (BGB § 1120) oder nach § 21 Abs 1 freigestellt sind; eigenes Zubehör des Schuldners (Grundstückseigentümers BGB § 1120) (fremdes Zubehör: § 55 Abs 2 = 55 Rdn 3); Anwartschaften bei Zubehör (Rdn 3.5); Miet- und Pachtforderungen (BGB §§ 1123–1125) (aber nur in der Zwangsverwaltung, nicht in der Zwangsversteigerung, § 21 Abs 2); Ansprüche auf wiederkehrende Leistungen (BGB § 1126) (aber nur in der Zwangsverwaltung, nicht in der Zwangsversteigerung, § 21 Abs 2); Versicherungsforderungen (BGB §§ 1127–1130); gewisse Schadensersatzforderungen. Rechtsgeschäftlich kann Zubehör ebensowenig wie wesentliche Bestandteile von der Beschlagnahme ausgenommen werden (siehe aber Rdn 2.3). Die Beschlagnahme erfaßt nicht die Eigentümergrundpfandrechte (der Schuldner kann sie abtreten, er kann sich auch die Valuta auszahlen lassen).

---

[3] Steiner/Teufel §§ 20, 21 Rdn 2.
[4] RG 142, 85 (93).
[5] BGH DNotZ 1996, 551 (553) = NJW 1996, 835 (836) = Rpfleger 1996, 256.
[6] BGH DNotZ 1996, 551 (553) = aaO.

3.2 Wesentliche Bestandteile: a) Teile, die miteinander eine einheitliche Sache bilden, so daß ihre Trennung sie selbst oder die ganze Sache zerstören oder in ihrem Wesen verändern würde (BGB § 93). Wesentliche Bestandteile eines Grundstücks sind Sachen, die mit dem Grund und Boden fest verbunden sind, insbesondere Gebäude, außerdem Erzeugnisse des Grundstücks (organische Produkte wie Bäume und Pflanzen), solange sie mit dem Boden zusammenhängen, Samen ab Aussäen, Pflanzen ab Einpflanzen (BGB § 94 Abs 1 Satz 2). Die zur **Herstellung eines Gebäudes** eingefügten Sachen gehören auch ohne feste Verbindung zu den wesentlichen Bestandteilen (BGB § 94 Abs 2). Feste Verbindung mit dem Grund und Boden setzt nicht in jedem Fall Verankerung voraus, sondern liegt auch vor, wenn das Bauwerk durch sein Eigengewicht gleichwertig auf dem Grundstück festgehalten wird. Wesentlicher Grundstücksbestandteil ist daher eine Fertiggarage aus Beton, die ohne Fundament oder sonstige Verankerung auf dem Grund und Boden aufgestellt ist[7], auch ein Holzfertighaus, wenn es auf einem Betonfundament und einer Balkenunterkonstruktion errichtet ist[8], ein in den Boden eingelassenes Betonhöckerfundament mit dem darauf in Fertigbauweise aufgestellten Pavillonbau[9].

b) Der **Herstellung eines Gebäudes** dienen Sachen, ohne die das Bauwerk nach der Verkehrsanschauung noch nicht fertiggestellt ist[10] (Heizkessel eines Schulgebäudes[11]). Zur Herstellung eines Gebäudes sind in erster Linie Baumaterialien eingefügt, Gegenstände, die der Ausstattung oder Einrichtung des Bauwerks dienen dann, wenn nach der Verkehrsanschauung erst deren Einfügung dem Gebäude eine besondere Eigenart, ein bestimmtes Gepräge gibt oder wenn sie dem Baukörper besonders angepaßt sind und deswegen mit ihm eine Einheit bilden[12] (mit Nachw). Eingefügt sind Sachen, wenn sie nicht nur vorläufig abgestellt, sondern zum Verbleib an dem Platz angebracht sind, der für sie nach den baulichen und betrieblichen Erfordernissen bestimmt ist. Ein Eigentumsvorbehalt an Sachen erlischt mit Verbindung oder Einfügung als wesentlicher Bestandteil (Sonderrechtsunfähigkeit wesentlicher Bestandteile). Gebäudebestandteile sind demnach Fenster, Türen, Rolläden, Anlagen für Gas, Strom und Heizung (auch Öfen), Warmwasserbereiter für Bad und Küche, Fußbodenbeläge, auch Teppichboden, jedenfalls bei fester Verbindung mit dem Untergrund[13] (nach[14] auch der lose verlegte Teppichboden; anders aber[15]), Personen- und Lastenaufzüge, Platten der Gartenterrasse. Ob auch Sonnenkollektoren und die Elektrovoltaikanlage wesentliche Bestandteile sind, ist (noch) nicht geklärt; das dürfte eher zu verneinen sein; Zubehör sind sie aber jedenfalls. Bei Maschinen ist, selbst wenn sie für einen Fabrikbetrieb wesentlich sind und mit dem Bauwerk verbunden sind, der Regel nach eine Einfügung zur Herstellung des Gebäudes nicht anzunehmen[16]. Eine solche Annahme ist nur dann gerechtfertigt, wenn Maschinen und Bauwerk besonders aufeinander gearbeitet, insbesondere wenn die Maschinen an die Bauart und die Gliederung des Gebäudes angepaßt sind[17]. Serienmaschinen und genormte Raumausstattung in einem für verschiedene Verwendungszwecke geeigneten und bestimmten Gebäude (Fabrikhalle, Bürohaus) werden daher als selbständige Sachen gewertet.

---

[7] BFH 126, 481 = BStBl 1979 II 190 = DNotZ 1980, 390 Leitsatz = NJW 1979, 392.
[8] OLG Karlsruhe Justiz 1983, 13 = ZIP 1983, 330; LG Konstanz ZIP 1981, 512.
[9] BGH MDR 1978, 912 = NJW 1978, 1311.
[10] BGH MDR 1985, 131 = NJW 1984, 2277.
[11] BGH MDR 1979, 389 = NJW 1979, 712.
[12] BGH MDR 1985, 131 = NJW 1984, 2277.
[13] Moritz JR 1980, 55.
[14] LG Köln NJW 1979, 1608; AG Karlsruhe NJW 1978, 2602.
[15] LG Hamburg NJW 1979, 721 Leitsatz = VersR 1979, 151 und 539 Leitsatz mit Anm Zagel.
[16] RG 130, 264 (266).
[17] BGH MDR 1961, 591 = NJW 1961, 1251.

c) **Wesentliche Bestandteile sind:** ein Gebäude, das im Hinblick auf ein in Aussicht gestelltes, dann aber nicht verwirklichtes Erbbaurecht errichtet wurde[18]; ein Bootssteg zu dem Grundstück, von dem aus er angelegt ist[19]; eine Zentralheizungsanlage[20], selbst bei loser Verbindung durch Rohre[21]; ein Heizkessel und Heizanlagen bei Einbau auch in Fabrikgebäude[22]; ein Diesel-Notstromaggregat in einem großen Hotel[23] oder einem für den Betrieb einer Diskothek errichteten Gebäude[24]; die Be- und Entlüftungsanlage eines Gaststättengroßbetriebs[25] (aber auch einer Tiefgarage); eine ins Erdreich fest und fugenlos eingebundene Schwimmbeckenanlage (auch wenn sie aus genormten Fertigteilen zusammengesetzt ist[26]); Squash-Courts einer als Sqash-Anlage bestimmten Halle[27]; bei eingetragenen Motorschiffen der Motor[28], Schrauben, Kessel, Winden, Steuerruder (Zubehör dagegen Anker, Glocke, Boote, Radaranlage[29]); **nicht** eine (eingebaute) Schrankwand[31]; nicht bei einem Einfamilienhaus eine aus serienmäßigen Teilen hergestellte Schranktrennwand (Raumteiler zwischen Küche und Wohnküche) (ist auch nicht Zubehör)[32]; nicht Ladeneinrichtungsgegenstände (weil in verhältnismäßig kurzen zeitlichen Abständen modernisiert wird)[33]; nicht eine Kinderschaukel und ein Sandkasten[34]; auch nicht Glocke und Läutewerk eines Kapellengebäudes[35]. Eine **Einbauküche** (samt Elektroherd[36]) kann wesentlicher Bestandteil oder[37] Zubehör (Rdn 3.4) sein. Sie ist wesentlicher Bestandteil, wenn sie zur Herstellung des Gebäudes eingefügt ist (BGB § 94 Abs 2). Das erfordert, daß im Einzelfall nach Verkehrsanschauung (wie durchweg wohl bei einem modernen Wohnhaus) erst ihre Einfügung dem Gebäude eine besondere Eigenart, ein bestimmtes Gepräge gibt, ohne das das Gebäude nicht als fertiggestellt gilt, oder sie dem Baukörper besonders angepaßt ist und deswegen mit ihm eine Einheit bildet[38] (mit Nachw; anders[39] für eine aus serienmäßig hergestellten Einzelteilen zusammengesetzte Einbauküche). Zubehör ist sie. sonst (BGB § 97 Abs 1), wenn sie dem wirtschaftlichen Zweck des Wohnhauses

---

[18] BGH NJW 1961, 1251 = aaO.
[19] BGH BB 1967, 436 und 513 je mit Anm Schriftleitung = MDR 1967, 749.
[20] BGH 53, 324 = DNotZ 1970, 401 = MDR 1970, 495 = NJW 1970, 895; OLG Frankfurt DNotZ 1968, 656 = WM 1968, 1231; OLG Stuttgart BB 1966, 1037; OLG Saarbrücken NJW-RR 2001, 1632.
[21] OLG Köln Rpfleger 1970, 88.
[22] OLG Hamm Betrieb 1975, 200 = MDR 1975, 488.
[23] BGH DNotZ 1988, 166 = MDR 1988, 131 = NJW 1987, 3178.
[24] OLG Saarbrücken NJW-RR 2001, 1632.
[25] OLG Hamm MDR 1986, 405 = NJW-RR 1986, 376.
[26] BGH MDR 1983, 391 = NJW 1983, 567.
[27] OLG München Betrieb 1989, 1463 = OLGZ 1989, 335.
[28] BGH 26, 225 = MDR 1958, 307 = NJW 1958, 457.
[29] Mohrbutter, Handbuch des Vollstreckungsrechts, § 34 (I a).
[30] BGH MDR 1983, 391 = NJW 1983, 567.
[31] OLG Schleswig NJW-RR 1988, 1459.
[32] OLG Düsseldorf DNotZ 1987, 108 = OLGZ 1988, 115.
[33] LG Aachen NJW-RR 1987, 272.
[34] BGH MDR 1992, 582 = MittBayNot 1993, 78; NJW 1992, 1101.
[35] BGH MDR 1978, 912 = NJW 1984, 2277.
[36] OLG Hamburg MDR 1978, 138.
[37] OLG Celle NJW-RR 1989, 913 und 1990, 704 Leitsatz (mit Hinweis auf Rechtskraft).
[38] BGH MDR 1990, 613 = Rpfleger 1990, 218 mit Nachw; OLG Stuttgart FamRZ 1999, 855.
[39] OLG Düsseldorf OLGZ 1994, 424 = NJW-RR 1994, 1039 = Rpfleger 1994, 374; OLG Koblenz ZMR 1993, 66; OLG Nürnberg FamRZ 2003, 156 = MDR 2002, 815 = NJW-RR 2002, 1485; OLG Zweibrücken Rpfleger 1993, 169; AG Göttingen NJW-RR 2000, 1722; Jaeger NJW 1994, 432.

gewidmet ist[40] wie dann, wenn sie aus serienmäßig hergestellten Einzelteilen entsprechend den Bedürfnissen des Hauses angeschafft und für die konkreten Raummaße angepaßt ist[41]. Angenommen wurden Bestandteilseigenschaft von[42], Zubehöreigenschaft für eine nach Abschluß des Bauvorhabens nach den vorgesehenen Maßen gekaufte und eingefügte Einbauküche von[43], für eine vom Vermieter in ein Wohnhaus (in Norddeutschland) eingebaute Einbauküche von[44]. Landschaftlich bedingt wurde nach Verkehrsanschauung die Bestandteils- oder Zubehöreigenschaft immer wieder verneint[45], so für badischen Raum[46], für Rheinland[47], für Gebiete der Pfalz[48], für Eigentumswohnung in Nordrhein-Westfalen[49], für Raum Hannover[50] und bei nachträglicher Einfügung[51] (anders, wenn sich der Zweck aus dem Bauplan ergibt). Diese Rechtsprechung dürfte (weitgehend) überholt sein[52]. Die nur zu einem vorübergehenden Zweck eingefügte Einbauküche des Mieters (Pächters) ist weder Bestandteil noch Zubehör.

d) **Nicht** wesentliche Bestandteile eines Gebäudes sind die nur zu einem **vorübergehenden Zweck** mit dem Grund und Boden verbundenen Sachen, zB Bauhütten, Kongreßhallen, Bäume, Sträucher und Pflanzen einer Baumschule[53] und Gärtnerei (= Scheinbestandteile), außerdem ein in Ausübung eines Rechts an einem fremden Grundstück mit diesem verbundenes Gebäude oder anderes Werk (BGB § 95 Abs 1) wie eine auf Grund beschränkter persönlicher Dienstbarkeit errichtete Windkraftanlage. Nicht zu den Bestandteilen eines Gebäudes gehören Sachen, die nur zu einem vorübergehenden Zweck in das Gebäude eingefügt sind (BGB § 95 Abs 2). Ein vorübergehender Zweck wird verfolgt, wenn nach dem Willen des Handelnden schon bei Verbindung oder Einfügung spätere Rückgängigmachung beabsichtigt ist. Wesentliche Bestandteile **sind nicht**: Bauten des Mieters, weil die Vermutung besteht, daß er sie nur für die Dauer des Mietverhältnisses errichtet hat, auch wenn sie massiv sind oder bei längerer Mietdauer[54]; nicht einmal bei Vertrag auf Lebenszeit (anders aber, wenn das Bauwerk nach dem Willen des Erbauers bei Errichtung bei Beendigung des Vertragsverhältnisses in das Eigentum des Vertragspartners übergehen soll[55] oder wenn es von ihm gegen angemessene Entschädigung zu übernehmen ist[56]); der Anbau, den der Eigentümer eines Gebäudes errichtet, das Scheinbestandteil ist (selbst wenn feste Verbindung mit dem Grundstück auf Dauer gewollte

---

[40] LG Hagen Rpfleger 1999, 341.
[41] BGH MDR 1990, 815 = NJW-RR 1990, 586.
[42] OLG Frankfurt FamRZ 1982, 936; OLG Hamm FamRZ 1991, 89 = MDR 1990, 923; OLG Zweibrücken MittRhNotK 1989, 113 = NJW-RR 1989, 84.
[43] OLG Köln JurBüro 1979, 1814.
[44] LG Berlin NJW-RR 1997, 1097.
[45] Zur Abgrenzung auch Holch DGVZ 1998, 65.
[46] OLG Karlsruhe NJW-RR 1986, 19; OLG Karlsruhe (Freiburg) NJW-RR 1988, 459 = Rpfleger 1988, 542.
[47] OLG Düsseldorf OLGZ 1983, 350; OLG Düsseldorf MDR 1984, 51; OLG Düsseldorf NJW-RR 1994, 1039 = aaO (Fußn 38); Jaeger NJW 1994, 432.
[48] OLG Zweibrücken Rpfleger 1993, 169.
[49] OLG Düsseldorf NJW-RR 1994, 1039 = aaO (Fußn 39); OLG Hamm MittRhNotK 1989, 114 = NJW-RR 1989, 333 und FamRZ 1998, 1028.
[50] LG Hannover Rpfleger 1988, 543.
[51] OLG Nürnberg Betrieb 1973, 963 = MDR 1973, 758 = WM 1973, 854.
[52] Zweifel an der Berechtigung landschaftlich bedingter Verkehrsanschauung auch bei OLG Nürnberg MDR 2002, 815 = aaO (Fußn 39).
[53] RG 66, 88; LG Bayreuth DGVZ 1985, 42.
[54] BGH BB 1955, 335 = Betrieb 1955, 431 = BWNotZ 1955, 271 Leitsatz mit Anm Schriftleitung = WM 1955, 532; BGH VersR 1960, 365.
[55] BGH 92, 70 = NJW 1984, 2878.
[56] BFH 148, 334 = BStBl 1987 II 180 = MittBayNot 1987, 164 = NJW 1987, 2702.

§ 20 3.2   Anordnung der Versteigerung

ist)[57]; Wohnwagen, Wohnlauben, Bootshäuser; Behelfsheim eines Pächters[58]; Einrichtung einer Mühle[59]; die Bierschankanlage eines Gaststättengrundstücks[60]; Behelfsheime je nach dem Willen des Bauenden (nur zu vorübergehendem Zweck errichtet[61]); Sachen, die nur zu vorübergehendem Zweck verbunden, bei späterer Änderung der Zweckbestimmung[62]; Sachen, die nur zu vorübergehendem Zweck eingefügt sind[63]; Maschinen einer Fabrik, wenn in dem Gebäude nicht nur ein bestimmter Betrieb möglich ist, sondern auch andere[64].

3.3 Auf die vom Grundstück **getrennten Erzeugnisse** (Bodenprodukte) und sonstigen **Bestandteile** (Grundstücksteile wie Steine, Kies, Sand, Torf, Lehm, Ton) erstreckt sich die Beschlagnahme, soweit sie nicht (wie zB die Ernte des Nießbrauchers oder Pächters [Denkschrift S 40]) in das Eigentum eines Dritten gelangt sind (§ 20 Abs 2; BGB § 1120). Auf welchem Recht der Eigentumserwerb des Dritten beruht (BGB §§ 954–957) und welchen Rang dieses Recht hat, ist ohne Bedeutung; es muß nur der Eigentumserwerb erfolgt sein. Getrennte land- und forstwirtschaftliche Erzeugnisse sind nach Maßgabe von § 21 Abs 1 von der Beschlagnahme freigestellt. Im Augenblick der Beschlagnahme noch nicht getrennte Früchte, die nicht einem Pächter des Grundstücks zustehen (§ 21 Abs 3), sind immer beschlagnahmt. Zu Früchteziehung durch den Nießbraucher siehe § 15 Rdn 26.4.

3.4 Zubehör: a) Bewegliche Sachen, die, ohne Bestandteil der Hauptsache zu sein, dem wirtschaftlichen Zweck der Hauptsache zu dienen bestimmt sind und zu ihr in einem dieser Bestimmung entsprechenden räumlichen Verhältnis stehen, im Verkehr außerdem als Zubehör angesehen werden (ohne Rücksicht auf vorübergehende Trennung, BGB §§ 97, 98). Keine Zubehöreigenschaft begründet die nur vorübergehende Benutzung einer Sache für den wirtschaftlichen Zweck einer anderen (BGB § 97 Abs 2 Satz 1). Bei dem für die Zubehöreigenschaft erforderlichen Abhängigkeitsverhältnis (BGB § 97 Abs 1) ist nicht auf den Zweck abzustellen, für den ein Gebäude früher einmal errichtet wurde, sondern allein auf den gegenwärtig für Dauer bestimmten Nutzungszweck[65]. Zu nennen sind etwa: Ackerschlepper für ein landwirtschaftliches Grundstück[66]; Alarmanlage in Eigentumswohnung[67]; Bestuhlung einer Gaststätte[68], deren Bierschankanlage[69] (nach Verkehrsanschauung hat[70] für Inventar einer Gaststätte Zubehöreigenschaft verneint; sehr bedenklich, durch[71] überholt; Biertresen, Tresenbaldachin, Kellnerschrank usw können auch wesentliche Bestandteile sein[71]); Büroeinrichtung[72]; Baumaterialien, die zur Errichtung eines Neubaues oder zur Ausbesserung oder Verschönerung eines Gebäudes auf das Grundstück gebracht sind[73], auch noch nicht fertig montierte Heizkör-

---

[57] BGH DNotZ 1987, 212 = MDR 1987, 394 = NJW 1987, 774.
[58] OLG Hamburg MDR 1951, 736.
[59] OLG Schleswig DGVZ 1955, 135 = SchlHA 1955, 127.
[60] OLG Celle OLGZ 1980, 13 und MDR 1998, 463.
[61] BGH BB 1955, 335 = aaO (Fußn 54); LG Köln MDR 1951, 230.
[62] BGH 23, 57 = MDR 1957, 213 mit zust Anm Esser = NJW 1957, 457.
[63] BGH MDR 1962, 726 = NJW 1962, 1498.
[64] OLG Frankfurt DNotZ 1968, 656 = WM 1968, 1231.
[65] LG Freiburg BB 1977, 1672 mit zust Anm Eberding.
[66] AG Varel DGVZ 1962, 48 mit abl Anm Schriftl.
[67] OLG München MDR 1979, 934; wesentlicher Bestandteil nach OLG Frankfurt MDR 1989, 64.
[68] OLG Schleswig MDR 1995, 1212.
[69] OLG Celle OLGZ 1980, 13.
[70] LG Kiel Rpfleger 1983, 167.
[71] OLG Schleswig Rpfleger 1988, 76.
[72] LG Berlin DGVZ 1977, 156; LG Freiburg BB 1977, 1672 mit zust Anm Eberding; LG Mannheim BB 1976, 1152 = Betrieb 1976, 2206 = MDR 1977, 49.
[73] RG 86, 326.

Beschlagnahmebeschluß, Beschlagnahmeumfang 3.4 § 20

per[74]; Einbauküche siehe Rdn 3.2; Glocke und Läutewerk eines Kapellengebäudes[75], Gobelins im Schloß; Gondeln und Kähne im Gasthausteich; Heizöl in einem Miethaus[76] (sonst fertiggestellten Gebäude[77]); Hotelinventar und Hotelbus, auch sonstiges Hotelauto; Inventar eines Altersheims; Klavier im Gasthaus; die für ein Fotolabor (nach Anschaffung einer neuen Entwicklungsanlage) nachträglich eingebaute Klimaanlage (kein wesentlicher Bestandteil[78]); Kohlenvorräte einer Fabrik[79]; Kraftfahrzeuge eines Betriebes[80] (auch Elektrokarren und Gabelstapler[81]), nicht aber der Kraftfahrzeugpark eines modernen Speditions- bzw Transportunternehmens[82]; die Kühlanlage eines Gaststättengroßbetriebs[83]; Kühlmaschinen von Spezialgeschäften, auch Speiseeismaschine in einer Bäckerei/Konditorei; Lieferwagen eines Kaufhauses oder zu Kundendienstzwecken; Maschinen, die auf einem Betriebsgrundstück für die dort betriebene Produktion zum Einsatz kommen[84], insbesondere also von Fabriken und anderen Gewerbebetrieben; Pferde eines Reitstalles oder einer Brauerei; festinstallierte Satelliten-Empfangsanlage eines Wohngrundstücks[85]; Sauna in einem Einfamilienhaus[86]; Schreibmaschine im Betrieb; Telekommunikationsanlage eines Hotels[87]; Vieh in der Landwirtschaft[88], uU auch das in einer Tierfarm gehaltene; Waschmaschine im Mehrfamilienhaus[89]; Zuchthengst eines Reiterhofes[90] usw. Eine Sache kann auch Zubehör mehrerer Grundstücke sein[91]. Zubehör sind **nicht:** Heizöl im nicht fertiggestellten Bau[92], geliehenes Inventar einer Gaststätte oder das Inventar, das üblicherweise einer Brauerei gehört; Fernsprechnebenstellenanlage[93]; Sachen, die nur vorübergehend eingefügt sind, zB vom Pächter eingebaute Maschinen[94], auch Betriebsgeräte und Maschinen, wenn das Gebäude nicht objektiv hierfür für dauernd eingerichtet ist[95]; Holzlager der Möbelfabrik[96]; Maschinen und Geräte eines Bauunternehmers, die ausschließlich auf Baustellen eingesetzt werden[97] (anders[98]), auch nicht ein mobiler Baukran für das Lagergrundstück[99]. Es kommt hauptsächlich auf den Willen desjenigen an, der die Hauptsache nutzt.

b) Zubehör umfaßt die Beschlagnahme nur, wenn es in das Eigentum des **Eigentümers des Grundstücks** gelangt ist (Abs 2; BGB § 1120); zur Ver-

---

[74] BGH 58, 309 = JZ 1972, 658 mit krit Anm Kuchinke = MDR 1972, 658 = NJW 1972, 1187 = Rpfleger 1972, 248.
[75] BGH NJW 1984, 2277.
[76] OLG Schleswig SchlHA 1997, 110.
[77] LG Braunschweig ZMR 1990, 61; AG Saarlouis DGVZ 1999, 187.
[78] OLG Hamm NZI 2000, 477.
[79] RG 86, 326.
[80] OLG Hamm DGVZ 1954, 7.
[81] BGH 58, 309 = aaO (Fußn 74).
[82] BGH 85, 234 = MDR 1983, 388 = NJW 1983, 746 = Rpfleger 1983, 167.
[83] OLG Hamm MDR 1986, 405 = NJW-RR 1986, 376.
[84] BGH DNotZ 1980, 47 = MDR 1980, 137 = NJW 1979, 2514 = Rpfleger 1979, 452.
[85] AG Nürnberg/LG Nürnberg-Fürth DGVZ 1996, 123.
[86] AG Aschaffenburg DGVZ 1998, 158; s auch OLG Koblenz JurBüro 2004, 506; LG Lübeck JurBüro 2004, 505.
[87] LG Flensburg Rpfleger 2000, 345.
[88] AG Neuwied DGVZ 1975, 63.
[89] LG Dortmund DGVZ 1966, 10 = MDR 1965, 740.
[90] AG Oldenburg/H. DGVZ 1980, 93.
[91] Heinrich, Gemeinschaftliches Zubehör bei mehreren Grundstücken (1914), S 16.
[92] OLG Düsseldorf NJW 1966, 1714.
[93] OLG Köln BB 1960, 964 = NJW 1961, 461.
[94] BGH 56, 298 = BB 1971, 1123 mit Anm Schriftleitung = Betrieb 1971, 2113.
[95] BGH 62, 49 = BB 1974, 158 = MDR 1974, 390 = NJW 1974, 269 = Rpfleger 1974, 103.
[96] RG 86, 326.
[97] BGH 124, 380 = MDR 1994, 771 = NJW 1994, 864 = Rpfleger 1994, 266.
[98] OLG Hamm MDR 1985, 494.
[99] OLG Koblenz MDR 1990, 49.

steigerung des nicht beschlagnahmten Fremdzubehörs siehe aber § 55 Abs 2. Unter Eigentumsvorbehalt geliefertes Zubehör ist als Fremdzubehör nicht beschlagnahmt (zum Anwartschaftsrecht siehe Rdn 3.5). Beschlagnahme nach Erlöschen des Eigentumsvorbehalts mit Bezahlung des Kaufpreisrestes siehe Rdn 4.4.

3.5 Anwartschaften: Die Beschlagnahme erstreckt sich ebenso wie die Grundpfandhaftung (BGB § 1120) auch auf die Eigentumsanwartschaft des Eigentümers des Grundstücks an Zubehörstücken[100]. Ein Anwartschaftsrecht an Zubehör erlangt der Grundstückseigentümer insbesondere mit bedingter Übertragung des Eigentums (bedingte Übereignung bei Verkauf unter Eigentumsvorbehalt, siehe BGB § 448 Abs 1); sie bringt ihm als Erwerber mit Erfüllung des rechtsgeschäftlichen Erwerbstatbestands (BGB § 929) eine gesicherte Rechtsstellung, weil der Eigentumsübergang nur noch von dem Eintritt einer Bedingung (BGB § 158 Abs 1) abhängig ist, so daß die Rechtsposition des Erwerbers nicht mehr durch den Veräußerer einseitig zerstört werden kann. Übertragen wird das Anwartschaftsrecht nach allgemeiner Ansicht nach den für die Übertragung des Vollrechts geltenden Vorschriften; Übertragung der Anwartschaft an Zubehör erfolgt mithin nach den Bestimmungen für Eigentumsübertragung an beweglichen Sachen (BGB §§ 929–931)[101]. Das Anwartschaftsrecht unterliegt dem Vermieterpfandrecht[102] und dem Inventarpfandrecht nach dem Pachtkreditgesetz[103]. Die sonach rechtliche Gleichstellung mit dem Eigentum bewirkt auch die hypothekarische Haftung des Anwartschaftsrechts des Grundstückseigentümers an Zubehör (BGB § 1120) und ebenso, daß die Beschlagnahme sich auch auf ein Eigentümer-Anwartschaftsrecht am Zubehör erstreckt. Haftung und Beschlagnahme erfassen damit den Wert, der in der Chance des Erwerbs des Zubehöreigentums als Vollrecht liegt, und erlangen sonach bei Erwerb unter Eigentumsvorbehalt für Gläubiger wirtschaftliche Bedeutung durch bereits geleistete Kaufpreiszahlungen. Mit Eigentumserwerb durch Bedingungseintritt wandelt sich die Beschlagnahme des Anwartschaftsrechts in die Beschlagnahme des Zubehörgegenstands um. Wenn der Verkäufer vom Kaufvertrag zurücktritt, wird das Anwartschaftsrecht hinfällig; damit wird zugleich die hypothekarische Haftung der Anwartschaft gegenstandslos[104], mithin auch deren Beschlagnahme wirkungslos; gleiches gilt, wenn der Kaufvertrag angefochten wird[105]. Gegenstandslos wird die Grundpfandhaftung des Anwartschaftsrechts, wenn es (vor Beschlagnahme) von den (Kauf)Vertragsparteien aufgehoben wird[106] (dazu teilweise kritisch[107]). Mit Verfügung über das Anwartschaftsrecht nach Beschlagnahme verstößt der Anwartschaftsberechtigte gegen das Veräußerungsverbot (§ 23 Abs 1 Satz 1); die Verfügung ist daher dem Beschlagnahmegläubiger gegenüber unwirksam (§ 23 Abs 1 Satz 1; BGB § 135 Abs 1). Wirksam verfügen kann der Grundstückseigentümer jedoch in den Grenzen einer ordnungsgemäßen Wirtschaft (§ 23 Abs 1 Satz 2). Erweiterung (Ausdehnung) eines Eigentumsvorbehalts durch nachträgliche Verabredung zwischen Vorbehaltseigentümer und dem Anwartschaftsberechtigten ist als inhaltliche Änderung des Anwartschaftsrechts unzulässige Verfügung, dem nicht zustimmenden Beschlagnahmegläubiger gegenüber daher nicht wirksam (so für Ausdehnung des Eigentumsvorbehalts nach Übertragung des

---

[100] BGH 35, 85 = DNotZ 1961, 480 = MDR 1961, 680 mit zust Anm Reinicke = NJW 1961, 1349; Braun NJW 1962, 382; Liermann JZ 1962, 658; Mohrbutter KTS 1963, 77 (I); Graba und Teufel Rpfleger 1979, 401.
[101] BGH 75, 221 = MDR 1980, 224 = NJW 1980, 175 und 774 Leitsatz mit zust Anm Forkel = ZIP 1980, 36 mit Anm Kübler.
[102] BGH MDR 1965, 736 = NJW 1965, 1475.
[103] BGH 54, 319 = MDR 1971, 209 = NJW 1970, 2212.
[104] BGH 35, 85 = aaO (Fußn 100); BGH 75, 221 = aaO (Fußn 101).
[105] BGH 75, 221 = aaO (Fußn 101).
[106] BGH 92, 280 = MDR 1985, 571 = NJW 1985, 376.
[107] Tiedtke NJW 1985, 1305 und NJW 1988, 28.

Beschlagnahmebeschluß, Beschlagnahmeumfang 3.6 § 20

Anwartschaftsrechts[108]). Für fremdes Zubehör, das nicht beschlagnahmt ist, hat das ZVG in § 55 Abs 2 eine Sonderregelung getroffen. Die Beschlagnahme des Anwartschaftsrechts erlangt daher vornehmlich Bedeutung, wenn sich nicht die Versteigerung nach § 55 Abs 2 auf das fremde Zubehör selbst bezieht. Daher Näheres bei § 55 Rdn 3.

3.6 Versicherungsforderungen: Forderungen aus der Versicherung von Gebäuden und Früchten (Feuer-, Hagel-, Sturm- usw- Versicherung) unterliegen der Beschlagnahme, wenn der Versicherer dem Eigentümer leistungspflichtig ist (ungestörtes Versicherungsverhältnis), für Früchte aber nur gemäß § 21 Abs 1. Die Versicherungs-Entschädigungsansprüche sind beschlagnahmefrei, wenn die Haftung der Versicherung erloschen ist (BGB § 1127 Abs 2), also ab Wiederherstellung oder Ersatzbeschaffung, bei teilweiser Wiederherstellung nur noch entsprechende Teilhaftung. Wenn der Versicherer dem Eigentümer des Grundstücks gegenüber leistungsfrei ist, zB materiell wegen grobfahrlässiger Herbeiführung des Versicherungsfalles (Versicherungsvertragsgesetz § 61), Vornahme einer Gefahrenerhöhung (Gesetz § 23 Abs 1, § 25 Abs 1) oder formell wegen Versäumung der Klagefrist nach Gesetz § 12 Abs 3) (gestörtes Versicherungsverhältnis), bleibt bei der Gebäudeversicherung zwar die Haftung gegenüber Grundpfandgläubigern bestehen (Gesetz § 102 Abs 1). Bei dem Anspruch der Grundpfandgläubiger handelt es sich aber nicht um ein vom Grundstückseigentümer abgeleitetes, sondern um ein selbständiges, unmittelbares Recht, das an die Stelle der pfandweisen Haftung der Brandentschädigung getreten ist. Dieses unterliegt nicht der Beschlagnahme; es bleibt von der Zwangsversteigerung unberührt[109]. Der ersatzbeschaffte oder wiederhergestellte Gegenstand fällt seinerseits wieder unter die Beschlagnahme, daneben haftet nicht auch noch die Entschädigungsforderung[110]. Ist der Versicherer nur verpflichtet, die Summe zur Wiederherstellung zu zahlen, so wird er durch eine bestimmungsgemäße Zahlung an den Versicherten frei von seiner Verpflichtung und dies ist auch gegenüber dem Hypothekengläubiger wirksam (BGB § 1130). Das gilt aber nur, wenn vor der Beschlagnahme bezahlt ist. Zahlung der Entschädigungssumme aus Feuerversicherung ohne die erforderliche Anzeige an die Hypothekengläubiger befreit regelmäßig nicht, wenn der Feuerversicherer des mit Briefgrundpfandrechten belasteten Grundstücks sich die Briefe nicht hat vorlegen lassen, aber angenommen hat, der Eigentümer selbst sei Inhaber der Grundpfandrechte[110]. Nach der Beschlagnahme darf keinesfalls unmittelbar an den Schuldner bezahlt werden[111], sondern es ist zu hinterlegen. Im Versteigerungsverfahren sei dann der bisherige Eigentümer empfangsberechtigt, meint[112], die Gläubiger müßten die Zwangsverwaltung betreiben, um die Versicherungsgelder zu sichern (dazu § 152 Rdn 13); andere meinen, es sei an Ersteher zu zahlen[113]. Auf jeden Fall haftet die Entschädigungssumme (und wird mitversteigert und an den Ersteher zugeschlagen), solange der versicherte Gegenstand nicht wiederhergestellt und kein Ersatz beschafft ist. Nachher besteht für eine Doppelhaftung keine Handhabe, die Entschädigungsforderung ist beschlagnahmefrei, kann auch nicht mehr versteigert und zugeschlagen werden. Wem sie zusteht, hat das Vollstreckungsgericht nicht zu entscheiden, da dies eine materielle Rechtsfrage ist (daher hinterlegen); das gilt auch, wenn ein Gläubiger die Kosten der Wiederherstellung oder Ersatzbeschaffung vorgestreckt hat, wobei der Versicherer aber in der Regel die Entschädigung gemäß BGB § 1130 und den einschlägigen Versicherungsver-

---

[108] BGH 75, 221 = aaO (Fußn 101).
[109] BGH MDR 1981, 738 = NJW 1981, 1671 = Rpfleger 1981, 291; BGH NJW-RR 1997, 406.
[110] BGH LM VVG § 99 Nr 1 = MDR 1981, 130.
[111] Jaeckel/Güthe §§ 20, 21 Rdn 10; Reinhard/Müller § 20 Anm VIII 2 d.
[112] Drischler AIZ 1957, 75.
[113] Jaeckel/Güthe und Reinhard/Müller je aaO (Fußn 111).

trägen doch nicht an ihn auszahlen darf (hinterlegen). Zur Lage in der Zwangsverwaltung § 152 Rdn 13; zur Versicherungsforderung an Zubehör bei gutgläubiger Sicherungsübereignung[114]. **Versicherungsverträge** werden durch Anordnung der Zwangsversteigerung nicht beendet.

3.7 Schadensersatzforderungen: Auf einen Schadensersatzanspruch des Schuldners als Eigentümer wegen einer Beschädigung des Grundstücks erstreckt sich eine Hypothek nicht[115]; er unterliegt daher auch nicht der Beschlagnahme und nicht der Versteigerung (anders für einen Entschädigungsanspruch nach EGBGB Art 52, 53, zB die Schadensersatzforderung wegen Beschädigung durch Bergbau[116]).

3.8 Zum Umfang der Beschlagnahme auch ZVG-Handbuch Rdn 146–155.

4 Umfang der Beschlagnahme

4.1 Von der Beschlagnahme mit Verfahrensanordnung auf Antrag des Gläubigers einer **persönlichen** Vollstreckungsforderung (Rangklasse 5 des § 10 Abs 1) werden Grundstück und mithaftende Gegenstände mit ihrem Bestand **im Zeitpunkt des Wirksamwerdens** der Beschlagnahme (§ 22) erfaßt. Es werden von dieser Beschlagnahme all diejenigen Gegenstände ergriffen, die für eine Hypothek haften würden (§ 20 Rdn 3.1), wenn sie für den betreibenden Gläubiger im Augenblick der Beschlagnahme entstanden wäre[117]. Nicht erfaßt werden Gegenstände, auf die sich eine Grundpfandhaftung zur Zeit der Beschlagnahme nicht mehr erstreckt hätte (für die zu dieser Zeit Bestandteils- oder Zubehöreigenschaft oder die Haftungsvoraussetzung für getrennte Erzeugnisse und sonstige Bestandteile schon nicht mehr bestand), und zwar auch dann nicht, wenn sie für früher bestellte Grundpfandrechte noch haften. Gutglaubensschutz bei Erwerb noch vor Kenntnis der Beschlagnahme: BGB §§ 136, 135 Abs 2, § 1121 Abs 2 (dazu § 20 Rdn 4.3).

4.2 Auch bei Vollstreckung des Anspruchs aus einem **Recht an dem Grundstück** (§ 10 Abs 1 Nr 4; Hypothek, Grundschuld, Rentenschuld, auch Reallastansprüche, BGB § 1107) werden Grundstück und mithaftende Gegenstände mit ihrem Bestand im Zeitpunkt des Wirksamwerdens der Beschlagnahme erfaßt. Weil die Beschlagnahme jedoch die zunächst nur potentielle Grundpfandhaftung (BGB §§ 1120–1130) aktualisiert, ist von dem Bestand des Grundstücks und der mithaftenden Gegenstände bei Eintragung des Rechts des vollstreckenden Gläubigers auszugehen. Das Grundstück mit seinem Bestand in diesem Zeitpunkt ist von der **Grundpfandhaftung** erfaßt. Diese unterliegt bis Beschlagnahme Veränderungen durch nachträgliche Erweiterung oder Verringerung des Haftgegenstands. Nach der dann **im Zeitpunkt der Beschlagnahme** (ihres Wirksamwerdens, § 22) **bestehenden Grundpfandhaftung** bestimmt sich der Umfang der Beschlagnahme (§ 20). Auf Gegenstände, die bereits bei Eintragung des Rechts nicht (mehr) zum Bestand des haftenden Grundstücks gehörten (zB nicht mehr Zubehör oder als getrennte Erzeugnisse oder Bestandteile veräußert und entfernt waren), erstreckt sich eine Grundpfandhaftung nicht; sie werden auch von einer späteren Beschlagnahme nicht erfaßt. Nach Grundstücksbelastung kann sich – bis Beschlagnahme – eine Verringerung des Haftungsgegenstands durch Rechtshandlungen nur bei Vorliegen eines Enthaftungstatbestands ergeben (BGB §§ 1121, 1122). Danach werden Erzeugnisse und sonstige Bestandteile sowie Zubehörstücke von der Haftung nur durch Veräußerung und Entfernung frei (Veräußerung allein genügt also nicht, BGB § 1121 Abs 1), die innerhalb der Grenzen einer ordnungsmäßigen Wirtschaft getrennten Erzeugnisse oder Bestandteile außerdem ohne Veräußerung mit dauernder Entfernung, Zubehör ohne Veräußerung mit Entwidmung (= dau-

---

[114] OLG Zweibrücken OLGZ 1977, 212.
[115] BGH 107, 255 = MDR 1989, 809 = NJW 1989, 2123.
[116] RG 69, 247 (250); LG Saarbrücken Rpfleger 1998, 532 (zu BBergG § 117 Abs 3).
[117] Jaeckel/Güthe §§ 20, 21 Rdn 6.

ernder Wegfall einer der Voraussetzung der Zubehöreigenschaft[118]; BGB § 1122). Für Enthaftung zeitlich vor Beschlagnahme mit Veräußerung und Entfernung (oder Entfernung und Veräußerung) kommt es auf Gutgläubigkeit des Erwerbes nicht an. Die vor der Beschlagnahme aus der Grundpfandhaftung ausgeschiedenen Gegenstände werden von einer danach bewirkten Beschlagnahme nicht mehr erfaßt (§ 20 Abs 2). Praktischer Fall:[119]. Nachträgliche Erweiterung des Haftungsgegenstands tritt ein, wenn wesentliche Bestandteile und haftende Gegenstände erst nach Eintragung des Rechts Gegenstand des haftenden Grundstücks (wesentlicher Bestandteil, Zubehör usw) werden. Die Grundpfandhaftung und Beschlagnahme erstreckt sich auch auf diese Gegenstände.

4.3 Erzeugnisse und sonstige Bestandteile sowie Zubehörstücke erfaßt die Beschlagnahme vor Vollendung des Enthaftungstatbestands des BGB § 1121 Abs 1 (Veräußerung und Entfernung bzw Entfernung und Veräußerung) nur noch der **Gutgläubigkeit des Erwerbers** hinsichtlich der Beschlagnahme nicht mehr. Für den Fall der Veräußerung nach Entfernung und Beschlagnahme ergibt sich das aus BGB § 135 Abs 2, § 136, für den Fall der Entfernung (ist keine von BGB §§ 135, 136 unmittelbar erfaßte Verfügung) erst nach Veräußerung und Beschlagnahme aus BGB § 1121 Abs 2 Satz 2. Gutgläubigkeit des Erwerbers schließt Kenntnis des Versteigerungsantrags sowie Eintragung des Versteigerungsvermerks aus (§ 23 Abs 2).

4.4 Zubehör haftet hypothekarisch (BGB § 1120) und wird von der Beschlagnahme erfaßt (§ 20 Abs 2), wenn es mit Bezahlung des Kaufpreises (Eintritt der Bedingung für Erlöschen des Eigentumsvorbehalts) in das Eigentum des Grundstückseigentümers übergegangen ist. Eine spätere Übereignung dieses Zubehörs an einen Dritten hebt (auch bei Sicherungsübereignung) die hypothekarische Haftung nur auf, wenn die Enthaftungsvoraussetzungen des BGB § 1121 (Entfernung von dem Grundstück vor Beschlagnahme) oder des BGB § 1122 (Entwidmung) gegeben sind. Wenn zwischenzeitlich eine Enthaftung nicht erfolgt ist, erstreckt sich die von einem **dinglichen** Berechtigten erwirkte Beschlagnahme auf das noch haftende Zubehör auch dann, wenn an ihm ein Recht eines Dritten begründet ist[120]. Zur Freigabe ist dann der Beschlagnahmegläubiger nicht verpflichtet[120]. Das gilt auch zugunsten des Erwerbers einer Eigentümergrundschuld[120]. Für einen **persönlichen** Beschlagnahmegläubiger, dessen Beschlagnahme erst nach Sicherungsübereignung wirksam wird, sind übereignete Gegenstände Fremdzubehör. Seine Beschlagnahme nach Sicherungsübereignung erfaßt diese Gegenstände daher nicht (§ 20 Abs 2; BGB § 1120). Gleiches gilt für Zubehör, das der Pächter eines Betriebs vom Eigentümer des Betriebsgrundstücks zu Eigentum erworben und auf dem Grundstück belassen hat. Es ist durch Veräußerung ohne Entfernung keine Enthaftung eingetreten. Daß der Erwerber als Pächter das Grundstück in Besitz genommen und damit an dem auf ihm verbliebenen Zubehör Eigenbesitz erlangt hat, begründet keinen Enthaftungstatbestand. Die von einem dinglichen Berechtigten (dessen Recht bereits bei Übereignung bestellt war) erwirkte Beschlagnahme erstreckt sich auch auf dieses noch haftende Zubehör[121].

4.5 Beschlagnahme tritt nur **zugunsten des Gläubigers** ein (Rdn 2.1), für mehrere Gläubiger somit einzeln (gesondert). Bei Vollstreckung mehrerer Gläubiger ist damit gleicher Umfang der Beschlagnahmewirkung nach dem Bestand des Grundstücks (samt der mithaftenden Gegenstände) nicht gewährleistet. Gegenstände (etwa Zubehör), die von der Beschlagnahme zunächst erfaßt sind (§ 20 Abs 2; BGB § 1120) können der später dann von einem anderen Gläubiger (dem gleichen Gläubiger wegen einer anderen Vollstreckungsforderung) erwirkten neuen Beschlagnahme als dann schon aus der Grundpfandhaftung ausgeschieden nicht mehr

---

[118] BGH MDR 1985, 131 = NJW 1984, 2277.
[119] LG Waldshut-Tiengen BB 1987, 2333.
[120] BGH DNotZ 1980, 47 = MDR 1980, 137 = NJW 1979, 2514 = Rpfleger 1979, 452.
[121] LG Freiburg Justiz 1983, 237 = Rpfleger 1983, 34.

unterliegen. Dem kommt bei Antragsrücknahme (oder Einstellungsbewilligung) einzelner Gläubiger insbesondere für Bestimmung des Gegenstands der Versteigerung (§ 55) und des Eigentumserwerbs des Erstehers (§ 90) Bedeutung zu.

4.6 Der Umfang der Beschlagnahme bestimmt sich für Zwangs**versteigerung** und Zwangs**verwaltung selbständig** (gesondert) nach dem Haftungsumfang im Zeitpunkt ihres jeweiligen Wirksamwerdens. Der durch Anordnung einer Zwangsverwaltung bewirkte Beschlagnahmeumfang dauert daher nicht auch bis zu einer später wirksam gewordenen Zwangsversteigerungsbeschlagnahme fort (desgleichen nicht umgekehrt; s auch § 55 Rdn 2.5).

4.7 Änderung des Umfangs der Beschlagnahme nach dem Wirksamwerden bis zur Versteigerung: § 55 Rdn 2.

5 ZGB der (ehem) DDR und Beschlagnahme

5.1 Bei Zwangsversteigerung eines **Grundstücks** im Beitrittsgebiet (Einl Rdn 14.1) ist zu unterscheiden:

a) die **bis 31. 12. 2000** (einschließlich) angeordnete Beschlagnahme (dazu EGZVG § 9 a Rdn 2.2) erstreckt sich nicht auf das in EGBGB Art 233 §§ 2 b, 4 und 8 bezeichnete Gebäudeeigentum. Dieses ist unabhängig vom Eigentum am Grundstück (selbständiges) Eigentum des Nutzers. Die Gebäude, Baulichkeiten, Anlagen und Anpflanzungen oder Einrichtungen des Gebäudeeigentümers sind damit weder Bestandteil noch Zubehör des zu versteigernden Grundstücks (EGBGB Art 231 § 5 Abs 1). Das Gebäudeeigentum wird daher nicht mit dem Grundstück versteigert.

b) in die **ab 1. 1. 2001** angeordnete Beschlagnahme des Grundstücks ist im Interesse einer erleichterten Durchführung des Verfahrens und sicheren Feststellung des Verfahrensgegenstandes das Gebäudeeigentum (zunächst) mit einbezogen (EGZVG § 9 a Abs 1 Satz 1). Absicherung der Rechte des Gebäudeeigentümers gewährleistet, wenn sie grundbuchsichtlich sind, Berücksichtigung von Amts wegen nach § 28 Abs 1, sonst Geltendmachung mit Widerspruchsklage. Einzelheiten: EGZVG § 9 a (siehe die Erläuterungen hierzu).

5.2 Die Beschlagnahme eines **Gebäudeeigentums** (Einl Rdn 14) umfaßt auch die Anlagen, Anpflanzungen und Einrichtungen sowie das Nutzungsrecht am Grundstück, die wesentlicher Bestandteil des Gebäudes sind (EGBGB Art 231 § 5 Abs 2).

5.3 Die in Ausübung eines **vertraglich vereinbarten Nutzungsrechts** (ZGB-DDR §§ 312–315) errichteten Wochenendhäuser sowie anderen Baulichkeiten zur Erholung, Freizeitgestaltung oder ähnlichen persönlichen Nutzung sind (soweit nichts anderes vereinbart ist) unabhängig vom Eigentum am Boden Eigentum des Nutzungsberechtigten (ZGB-DDR § 296 Abs 1 mit EGBGB Art 232 § 4 Abs 1; zu diesen beweglichen Sachen Einl Rdn 14.6). Zu den Bestandteilen des Grundstücks gehören sie nicht (EGBGB Art 231 § 5 Abs 1); sie sind auch nicht Grundstückszubehör. Auf sie erstreckt sich die Beschlagnahme des Grundstücks daher nicht[122].

[Umfang der Beschlagnahme: Besonderheiten]

21 (1) **Die Beschlagnahme umfaßt land- und forstwirtschaftliche Erzeugnisse des Grundstücks sowie die Forderung aus einer Versicherung solcher Erzeugnisse nur, soweit die Erzeugnisse noch mit dem Boden verbunden oder soweit sie Zubehör des Grundstücks sind.**

(2) **Die Beschlagnahme umfaßt nicht die Miet- und Pachtforderungen sowie die Ansprüche aus einem mit dem Eigentum an dem Grundstücke verbundenen Rechte auf wiederkehrende Leistungen.**

---

[122] Keller Rpfleger 1994, 194 (III 2 zu Fall 4).

Umfang der Beschlagnahme: Besonderheiten   2.4 § 21

(3) **Das Recht eines Pächters auf den Fruchtgenuß wird von der Beschlagnahme nicht berührt.**

Allgemeines zu § 21   1

1.1 Zweck der Vorschrift (Denkschrift S 39, 40): Einschränkung des Grundsatzes (§ 20 Abs 2), daß die Beschlagnahme auch die für ein Grundpfandrecht haftenden Gegenstände umfaßt, für bestimmte land- und forstwirtschaftliche Erzeugnisse, Miet- und Pachtforderungen sowie wiederkehrende Leistungen, deren Einziehung und Verwertung Angelegenheit der dem Schuldner verbleibenden Verwaltung (§ 24) bleiben soll. Außerdem Regelung der Beschlagnahmewirkung im Verhältnis zu dem Recht des Pächters auf Fruchtgenuß.
1.2 Anwendungsbereich: Die Vorschrift gilt wie § 20 für die Vollstreckungsversteigerung, mit einer Erweiterung für die Zwangsverwaltung (§ 148 Rdn 2), eingeschränkt für die Teilungsversteigerung (§ 180 Rdn 6.6), nicht für die Insolvenzverwalter- und Nachlaßverfahren (§ 173 Satz 1 und § 176).

Landwirtschaftliche Erzeugnisse in der Beschlagnahme (Absatz 1)   2

2.1 Getrennte land- und forstwirtschaftliche Erzeugnisse, die nicht Grundstückszubehör sind, umfaßt die Zwangsversteigerungs-Beschlagnahme nicht (§ 21 Abs 1 als Einschränkung von § 20 Abs 2 mit BGB § 1120), auch wenn der Gläubiger eines Rechts am Grundstück die Versteigerung betreibt und auch nicht bei Versteigerung nur eines Einzelgrundstücks. Zu Land- und Forstwirtschaft: § 10 Rdn 4.2. Dem Schuldner verbleiben diese Erzeugnisse, solange nicht eine Zwangsverwaltung eingeleitet ist (§ 148 Abs 1), als Bodenfrüchte, deren Verwertung Verwaltungsangelegenheit (§ 24) ist. Maßgebender Zeitpunkt ist der Wirksamkeitszeitpunkt nach § 22. Land- und forstwirtschaftliche Erzeugnisse **umfaßt die Beschlagnahme** daher **nur,** wenn sie bei ihrem Wirksamwerden noch mit dem Boden verbunden oder (nach Trennung) Zubehör sind. Zubehör sind landwirtschaftliche Erzeugnisse, wenn sie für ein Landgut (ein zum Betrieb der Landwirtschaft eingerichtetes Grundstück) zur Fortführung der Wirtschaft erforderlich sind (BGB § 98 Nr 2), wie zB Saatgut, Viehfutter. Deren Beschlagnahme soll Mitversteigerung der dem Ersteher zur Fortführung der Wirtschaft dienenden getrennten Erzeugnisse und damit Erzielung eines angemessenen Versteigerungserlöses sichern. Die erst **nach** Beschlagnahme getrennten land- und forstwirtschaftlichen Erzeugnisse bleiben beschlagnahmt, bis sie der Schuldner im Rahmen ordnungsgemäßer Wirtschaft (§ 24) mit Veräußerung und Entfernung (BGB § 1121 Abs 1) oder mit dauernder Entfernung (BGB § 1122 Abs 1) enthaftet. Wenn demnach die Beschlagnahme nicht erloschen ist, werden sie mitversteigert (§ 55 Abs 1).
2.2 Die Forderung aus einer **Versicherung** land- und forstwirtschaftlicher Erzeugnisse ist in demselben Umfang wie die Erzeugnisse selbst von der Beschlagnahme frei (§ 21 Abs 1). Eine Versicherungsforderung ist von der Beschlagnahme daher nur erfaßt, wenn sie für Erzeugnisse geleistet wird, die zur Zeit der Beschlagnahme noch mit dem Boden verbunden oder Zubehör waren.
2.3 Durch den Gerichtsvollzieher (ZPO § 803 Abs 1, § 808) können getrennte Erzeugnisse, die **Zubehör** sind, **nicht gepfändet** werden (ZPO § 865 Abs 1 Satz 2; Einl Rdn 17.1). Im übrigen unterliegen sie der Zwangsvollstreckung in das bewegliche Vermögen, solange nicht ihre Beschlagnahme erfolgt ist (ZPO § 865 Abs 2 Satz 2; dazu Einl Rdn 17.2). In demselben Umfang ist die Forderung aus einer Versicherung pfändbar (ZPO § 865 Abs 2 Satz 2 mit § 829).
2.4 Früchte (Bodenerzeugnisse, die in regelmäßigen Zeitabständen gewonnen werden), die vom Boden noch nicht getrennt sind (Obst, Getreide, Kartoffeln, Rüben, Klee, Gras, Gemüse, Beeren, Hopfen, Tabak, nicht aber andere Bodener-

zeugnisse wie Holz, Kohle, Torf, Sand, Kies, Steine, Mineralien[1]) können nach ZPO § 810 (mit §§ 808, 809) als bewegliche Sachen **gepfändet** werden, solange sie nicht im Wege der Zwangsvollstreckung in das unbewegliche Vermögen beschlagnahmt sind (§§ 22, 151). Unzulässig ist diese Pfändung, wenn die Früchte mit Trennzug Zubehör werden (ZPO § 865 Abs 2; BGB §§ 97, 98 Nr 2) oder nach ZPO § 811 Nr 2–4 unpfändbar sind[2]. Ungetrennte Früchte eines verpachteten Grundstücks haften für Schulden des Pächters, können gegen ihn auch gepfändet werden, falls das Grundstück beschlagnahmt wurde[3], selbst wenn erst nach der Beschlagnahme verpachtet wurde[3] (Abs 3).

2.5 Verbotswidrige Pfändung trotz Beschlagnahme ist wirkungslos (nichtig) (Einl Rdn 17.1). Rechtsbehelf: ZPO § 766, auch § 771. Beschlagnahme erst **nach** Pfändung der Früchte beseitigt die Rechtswirkungen der Pfändung nicht. Ist die nachfolgende Beschlagnahme durch einen **rangschlechteren** Gläubiger oder den Gläubiger einer persönlichen Vollstreckungsforderung (Rangklasse 5 des § 10 Abs 1) bewirkt, dann hat der Gerichtsvollzieher zu verwerten. Bei Beschlagnahme durch einen **rangbesseren** Gläubiger hat die Pfandverwertung durch den Gerichtsvollzieher zu unterbleiben (ZPO § 772) (siehe Einl Rdn 17.2). Der Pfandgläubiger muß sein Befriedigungsrecht zur Berücksichtigung in der Zwangsversteigerung oder Zwangsverwaltung anmelden (§ 37 Nr 4). Rechtsbehelf für Beschlagnahmegläubiger, wenn der Gerichtsvollzieher trotzdem die Versteigerung betreibt: Erinnerung (ZPO § 766), daneben Widerspruchsklage nach ZPO § 772 (§ 771), auch Klage nach ZPO § 805.

2.6 Jeder (rangbessere) Grundstücksgläubiger, der nach § 10 Nr 1–4 oder 6–8 ein Befriedigungsrecht am Grundstück hat, kann einer nach ZPO § 810 Abs 1 Satz 1 zulässigen Pfändung nicht beschlagnahmter Früchte mit Klage nach ZPO § 771 widersprechen (ZPO § 772), weil die Früchte als Grundstücksbestandteile ihm haften[4] (§ 20 Abs 2; BGB §§ 1120, 99). Er kann als nur minderes Recht auch seinen Anspruch auf vorzugsweise Befriedigung aus dem Erlös mit Klage nach ZPO § 805 geltend machen. Ausgeschlossen ist diese Widerspruchsklage nach Früchtepfändung, die für einen dem Grundstücksgläubiger vorgehenden Anspruch erfolgt ist, also aus einem im Rang besseren dinglichen Recht oder etwa aus einer öffentlichen Last (ZPO § 810 Abs 2). Ein nur persönlich betreibender Gläubiger der Immobiliarvollstreckung kann gegen die vor seiner Beschlagnahme erfolgte Pfändung keine Widerspruchsklage erheben, weil er im Augenblick der Früchtepfändung noch kein Befriedigungsrecht am Grundstück hatte (erst mit der Beschlagnahme); auch ihm gegenüber ist nach der Beschlagnahme die Früchtepfändung nicht mehr zulässig (weil jetzt er ein Befriedigungsrecht hat). Dazu auch § 152 Rdn 10, sowie im ZVG-Handbuch Rdn 147, 151.

2.7 Zum **gesetzlichen Früchtepfandrecht** bei Früchten „auf dem Halm" nach dem Düngemittelgesetz: § 10 Rdn 7, § 148 Rdn 2, § 155 Rdn 6 und ZVG-Handbuch Rdn 76.

3 Miete und Pacht in der Beschlagnahme (Absatz 2)

Miet- und Pachtforderungen sowie Ansprüche auf wiederkehrende Leistungen aus einem mit dem Eigentum am Grundstück verbundenen Recht (BGB § 1126, Reallasten, Erbbauzins, Überbau- und Notwegrenten, landesrechtliche Gerechtigkeiten, Entgelt für Dauerwohnrecht nach WEG § 40) werden **in der Zwangsversteigerung nicht** von der Beschlagnahme erfaßt (§ 21 Abs 2). Die Einziehung

---

[1] Zöller/Stöber, ZPO, § 810 Rdn 2; Stein/Jonas/Münzberg, ZPO, § 810 Rdn 3; Noack Rpfleger 1969, 113 (I).
[2] Zöller/Stöber, ZPO, § 810 Rdn 3; Stein/Jonas/Münzberg, ZPO, § 810 Rdn 3.
[3] Münzel, Zwangsvollstreckung in ungetrennte Früchte (1939) (VI 2).
[4] Stein/Jonas/Münzberg, ZPO, § 810 Rdn 14; Münzel aaO (Fußn 3) S 48–49; Hoche NJW 1952, 961.

solcher Ansprüche ist Angelegenheit der dem Schuldner verbleibenden Verwaltung (§ 24). Sie unterliegen aber der Beschlagnahme in der Zwangsverwaltung (§ 148 Abs 1). Beschlagnahme nach BGB § 1123 Abs 2, § 1124 ist daher bei ihnen nur die Beschlagnahme in der Zwangsverwaltung (§ 148 Rdn 2).

Pachtrecht bei Beschlagnahme (Absatz 3) 4

4.1 Die von einem verpachteten Grundstück getrennten Erzeugnisse oder sonstigen Bestandteile, die in das Eigentum des Pächters gelangt sind, unterliegen der Beschlagnahme nicht (§ 20 Rdn 3.3). Ohne Wirkung ist nach § 21 Abs 3 die Beschlagnahme weiter im Verhältnis zu dem **Recht des Pächters,** dem der Grundstücksbesitz überlassen ist, **auf den Früchtegenuß** (BGB §§ 581, 596). Diesem Recht wird damit Schutz auch für die Zeit gewährleistet, während der die dem Pächter zufallenden Früchte noch mit dem Boden verbunden sind (Denkschrift S 40). Auf diese dem Pächter zustehenden Früchte erstreckt sich die Beschlagnahme nicht[5]. Von Gläubigern des Pächters können sie daher auch während eines Zwangsversteigerungsverfahrens gepfändet werden[6], auch wenn zugepachtete Grundstücke versteigert werden, die der Eigentümer landwirtschaftlicher Grundstücke neben seinem eigenen Land bewirtschaftet[6]. Die Pfändung stehender Früchte im Pachtland wird auch durch die Versteigerung der Eigengrundstücke des Pächters nicht ausgeschlossen.

4.2 Der **Pächter des Nießbrauchers** leitet sein Recht auf den Fruchtgenuß von diesem ab. Er kann daher keine anderen Rechte als der Nießbraucher selbst haben. Für ihn gilt daher § 21 Abs 3 nicht, sondern das § 15 Rdn 26.4 Gesagte.

[Wirksamwerden der Beschlagnahme, Zahlungsverbot]

22 (1) **Die Beschlagnahme des Grundstücks wird mit dem Zeitpunkte wirksam, in welchem der Beschluß, durch den die Zwangsversteigerung angeordnet ist, dem Schuldner zugestellt wird. Sie wird auch wirksam mit dem Zeitpunkt, in welchem das Ersuchen um Eintragung des Versteigerungsvermerkes dem Grundbuchamte zugeht, sofern auf das Ersuchen die Eintragung demnächst erfolgt.**

(2) **Erstreckt sich die Beschlagnahme auf eine Forderung, so hat das Gericht auf Antrag des Gläubigers dem Drittschuldner zu verbieten, an den Schuldner zu zahlen. Die Beschlagnahme wird dem Drittschuldner gegenüber erst mit dem Zeitpunkte wirksam, in welchem sie ihm bekannt oder das Zahlungsverbot ihm zugestellt wird. Die Vorschriften des § 845 der Zivilprozeßordnung finden entsprechende Anwendung.**

Allgemeines zu § 22 1

1.1 Zweck der Vorschrift: Bestimmung des Zeitpunkts, mit dem die Beschlagnahme wirksam wird, unter Wahrung der Interessen des Schuldners einer beschlagnahmten Forderung.

1.2 Anwendungsbereich: Die Vorschrift gilt für Vollstreckungsversteigerung und (ergänzt durch § 151) Zwangsverwaltung, eingeschränkt für die Teilungsversteigerung (§ 180 Rdn 6.6), nicht für Insolvenzverwalter- und Nachlaßverfahren (§ 173 Satz 1 und § 176) mit Ergänzung für Schiffe (§ 162 Rdn 3).

Beschlagnahmewirksamkeitszeitpunkt (Absatz 1) 2

2.1 Die Beschlagnahme durch den **Anordnungsbeschluß** wird entweder mit der Zustellung des Beschlusses an den Schuldner oder mit dem Zugang des Eintra-

---

[5] Jaeckel/Güthe §§ 20, 21 Rdn 4.
[6] Jaeckel/Güthe aaO (Fußn 6); Noack JurBüro 1979, 649 (VI).

gungsersuchens beim Grundbuchamt wirksam (§ 22 Abs 1). Der **frühere** von beiden **Zeitpunkten entscheidet.** Das Wirksamwerden durch Zugang an das Grundbuchamt macht die Zustellung nicht entbehrlich; beides ist also für das Verfahren nötig.

2.2 Bei **mehreren Schuldnern** als Miteigentümer zur gesamten Hand (zB Miterben) entscheidet dort, wo es auf den Zustellungszeitpunkt ankommt, die Zustellung an den letzten von ihnen[1]. Dagegen gilt bei Vollstreckung in Grundstücksbruchteile (dies sind verschiedene Verfahren, auch wenn sie verbunden werden) für jeden Bruchteil sein Zustellungszeitpunkt. Beispiel im ZVG-Handbuch Rdn 93. Ohne Einfluß auf das Wirksamwerden ist es, wenn der Schuldner schon vor dem offiziellen Wirksamkeitszeitpunkt von der Beschlagnahme Kenntnis erhält.

2.3 Die Beschlagnahme durch **Beitrittsbeschluß** kann nur durch **Zustellung** des Beschlusses an den Schuldner (bei mehreren an den letzten, wie Rdn 2.2) wirksam werden (Abs 1), weil kein neuer Vollstreckungsvermerk eingetragen, also auch kein neues Eintragungsersuchen an das Grundbuchamt gerichtet wird. Dieses Wirksamwerden durch Zustellung muß bis zur Erteilung (Wirksamwerden) des Zuschlags erfolgen, weil das Grundstück bis dahin Gegenstand der Zwangsvollstreckung in das unbewegliche Schuldnervermögen ist (ZPO § 864 Abs 1). Der Beitrittsgläubiger nimmt jedoch bei Nichtwahrung der Frist der § 43 Abs 2, § 44 Abs 2 an der Versteigerung nicht als betreibender Gläubiger teil. Erfolgt die Zustellung erst nach der Aufforderung zur Abgabe von Geboten im Versteigerungstermin (§ 66 Abs 2), dann wird der Gläubiger eines Anspruchs in Rangklasse 5 des § 10 Abs 1 wie jeder nachträglich angemeldete Anspruch allen übrigen Rechten nachgesetzt (§ 37 Nr 4, § 110). Für den Verteilungstermin gilt der Beitrittsantrag aber als Anmeldung (§ 114 Abs 1 Satz 2). Zustellung des Beitrittsbeschlusses nach Erteilung des Zuschlags führt als verspäteter Beitritt nur zu auflösend bedingter Wirksamkeit des Beschlagnahmebeschlusses. Er wird mit Rechtskraft des Zuschlagsbeschlusses rückwirkend unwirksam; wird der Zuschlag in der Beschwerde wieder aufgehoben, so ist der Beitritt wirksam[2], natürlich von Anfang an[2]. Zustellung des Beitritts nach Rechtskraft des Zuschlags bewirkt keine Beschlagnahme mehr, bleibt mithin wirkungslos.

2.4 Für das Wirksamwerden durch Zustellung ist eine **vorschriftsmäßige Zustellung** nötig. War sie mangelhaft, weil etwa ein ordnungsgemäßer Beglaubigungsvermerk fehlte, also ein wesentliches Zustellungserfordernis, so war die Zustellung unwirksam, die Beschlagnahme konnte nicht wirksam werden; sie kann es auch nicht rückwirkend mit der Nachholung einer ordnungsgemäßen Zustellung werden, sondern erst mit deren tatsächlichem Zeitpunkt. War vor diesem der Anordnungsbeschluß schon weggefallen, so ist kein Beitritt mehr möglich, sondern nur eine neue Anordnung, falls die anderen Voraussetzungen dafür noch vorliegen, zB nicht inzwischen das Eigentum gewechselt hat. Heilung bei Zustellungsmängeln (ZPO § 189) ist ordnungsgemäße Zustellung, die mit dem Zeitpunkt des Zugangs des Beschlusses die Beschlagnahme bewirkt.

2.5 Beschlagnahmewirksamkeit tritt auch bereits mit dem Zeitpunkt ein, in welchem das **Ersuchen** um Eintragung des Versteigerungsvermerks (§ 19 Abs 1) dem **Grundbuchamt zugeht,** „sofern auf das Ersuchen die Eintragung demnächst erfolgt" (§ 22 Abs 1). Dieser Zusatz hat nur insofern Bedeutung, als Beschlagnahmewirksamkeit nur eingetreten ist, wenn Eintragung des Vermerks tatsächlich erfolgt. Unterbleibt sie, dann hat der Eingang des Ersuchens keine Beschlagnahmewirkung[3]. Wenn (mehrere, § 18) Grundstücke in den Grundbüchern verschiedener Amtsgerichte (Grundbuchämter) eingetragen sind, wird für jedes Grund-

---

[1] Dassler/Muth § 22 Rdn 3; Steiner/Teufel § 22 Rdn 9.
[2] OLG Stuttgart OLGZ 1970, 361 = Rpfleger 1970, 102.
[3] Steiner/Teufel § 22 Rdn 13.

Wirksamwerden der Beschlagnahme, Zahlungsverbot 2.6 § 22

stück die Beschlagnahme gesondert mit dem Eingang des Ersuchens bei dem zuständigen Grundbuchamt wirksam[4]. „Demnächst" erfolgt die Eintragung auch noch, wenn sie in einem zusammenhängenden Verfahren erfolgt, zB nach einer Zwischenverfügung oder nach einer Entscheidung des Beschwerdegerichts (darf ja nicht zu eng ausgelegt werden). Beschlagnahmewirksamkeit bereits mit Eingang des Grundbuchersuchens gewährleistet dem Gläubiger einen ausgiebigeren Schutz gegen Verfügungen des Schuldners über das Grundstück, auch soweit es sich um das Verhältnis zu Dritten handelt (vgl BGB § 892 Abs 1 Satz 2; Denkschrift S 40). Das gilt mit Rücksicht auf BGB § 878 insbesondere für den Fall, daß die Zustellung des Beschlagnahmebeschlusses an den Schuldner erst nach dem Eingang des Eintragungsersuchens bewirkt wird, inzwischen aber ein Dritter mit Bewilligung des Schuldners eine Eintragung in das Grundbuch verlangt hat. Es ist die Wirksamkeit der Beschlagnahme nach dem Zeitpunkt des Eingangs des Grundbuchersuchens bestimmt; nicht richtig ist es daher, von einer „Rückdatierung" der Beschlagnahmewirksamkeit zu sprechen.

2.6 a) Nicht zu folgen ist daher auch der verbreitet gewesenen Meinung[5], daß eine „Rückdatierung" dann ausgeschlossen sei, wenn die Beschlagnahme auf Betreiben eines persönlichen Gläubigers erfolgt und wenn vor der tatsächlichen Eintragung des Vollstreckungsvermerkes, aber nach dem Eingang des Ersuchens beim Grundbuchamt (und vor der Zustellung des Anordnungsbeschlusses an den Schuldner, die ja sonst ihrerseits diesen wirksam werden läßt) über das Vermögen des Schuldners das Insolvenzverfahren eröffnet ist (wie hier[6]). Diese Ansicht, der im Hinblick auf die – nunmehrige – Rückschlagsperre von InsO § 88 (§ 15 Rdn 23.5) praktische Bedeutung kaum noch zukommt, ist auch abzulehnen, weil InsO § 80 Abs 2 Satz 2 bestimmt, daß eine erfolgte Immobiliarbeschlagnahme wirksam bleibt; erfolgt (nämlich wirksam geworden) ist sie nach § 22 Abs 1 schon mit dem Eingang des Ersuchens beim Grundbuchamt, und die fällt nicht mehr weg. Eine Ausnahme für den Fall der Eröffnung des Insolvenzverfahrens ist nicht vorgesehen und auch durch InsO § 89 Abs 1 (Vollstreckungsverbot für nicht absonderungsberechtigte Gläubiger ab Eröffnung des Insolvenzverfahrens) nicht bewirkt, weil auch der persönliche Beschlagnahmegläubiger durch wirksame Beschlagnahme im Immobiliarvollstreckungsverfahren vor der Eröffnung der Insolvenz ein dingliches Befriedigungsrecht aus dem Grundstück erworben hat und damit (sofern diese Beschlagnahme als Sicherung im Wege der Zwangsvollstreckung nicht nach InsO § 88 unwirksam wird) absonderungsberechtigt ist (§ 10 Abs 1 Nr 5, InsO § 49).

b) Die mit gegenteiliger Meinung Genannten beachten nicht, daß der Rechtserwerb in unserem Falle nicht nach Eröffnung, des Insolvenzverfahrens, sondern im vorher liegenden Zeitpunkt des Eingangs beim Grundbuchamt bereits eingetreten ist, und zwar gleichgültig, ob der Gläubiger dinglich oder persönlich berechtigt. Es bedarf nicht (wie[7] meint) der Anwendung des Rechtsgedankens von BGB § 878. § 22 Abs 1 bestimmt völlig eindeutig, daß die Beschlagnahme im Augenblick des Eingangs beim Grundbuchamt schon eingetreten ist, läßt sie somit nicht unter bestimmten Voraussetzungen ausnahmsweise zurückwirken (das würde die inzwischen erfolgte Eröffnung des Insolvenzverfahrens verhindern). Der Zusatz „sofern ..." bedeutet nicht, daß erst die Eintragung das Wirksamwerden rückwirkend bewirkt, sondern, daß der Vermerk überhaupt eingetragen werden muß und daß er möglichst rasch eingetragen werden muß – eine Ordnungsvorschrift für das

---

[4] Steiner/Teufel § 22 Rdn 16.
[5] Jaeckel/Güthe § 23 Rdn 12; Korintenberg/Wenz § 23 Anm 6; Reinhard/Müller § 20 Anm 2; Mohrbutter JurBüro 1956, 355 (1) und KTS 1958, 81 (1); Eickmann KTS 1974, 202 (III 2 b).
[6] Dassler/Muth § 22 Rdn 5; Steiner/Teufel § 23 Rdn 48.
[7] Eickmann KTS 1974, 202 (III 2 b).

Grundbuchamt. Es liegt nicht in der Hand des Grundbuchamts, durch Verzögerung der Eintragung die schon eingetretene Wirksamkeit wieder ungültig werden zu lassen. Hat das Grundbuchamt dem Eintragungsersuchen des Vollstreckungsgerichts nicht sogleich stattgegeben, sondern durch eine Zwischenverfügung die Behebung von Beanstandungen verlangt oder hat erst das Beschwerdegericht gegen den zurückweisenden Beschluß des Grundbuchamts dem Eintragungsersuchen stattgegeben, so entscheidet immer noch der Eingang beim Grundbuchamt. Die Gegenmeinung wäre richtig, wenn § 22 auf die InsO verweisen würde („unbeschadet des ...") oder die InsO § 22 außer Kraft setzen würde („dies gilt auch ..."). Eine Rückwirkung gibt es nur insoweit, als bei rechtskräftiger Ablehnung der Eintragung die Beschlagnahmewirkung durch Eingang rückwirkend nicht als eingetreten gelten kann; das Negative wirkt also zurück, die gesetzliche Voraussetzung der Eintragung ist eine auflösende Bedingung.

2.7 Die **Beschlagnahme endet** bezüglich des Grundstücks durch Aufhebung des Anordnungsbeschlusses (und aller Beitrittsbeschlüsse, weil sonst bei Aufhebung der Anordnung der nächste Beitritt als Anordnung gilt); sie endet im Falle der Rücknahme der Verfahrensanträge schon mit deren Eingang bei Gericht (§ 29 Rdn 2). Bezüglich der mithaftenden Gegenstände endet die Beschlagnahme auch schon durch Veräußerung im Rahmen einer ordnungsmäßigen Wirtschaft (§ 23 Abs 1) oder durch Freigabe seitens aller betreibenden Gläubiger (§ 29 Rdn 4). Nicht beendet wird die während einer Gütergemeinschaft erfolgte Beschlagnahme durch deren Beendigung. Im Falle der Versteigerung endet die Beschlagnahme des Objekts mit dem Zuschlag[8] (anders[9]: erst, wenn der Ersteher den Besitz erlange). Hierzu ZVG-Handbuch Rdn 145.

3 Forderungsbeschlagnahme und Zahlungsverbot (Absatz 2)

3.1 Auf **Miet- und Pachtforderungen** und auf Ansprüche aus einem mit dem Eigentum am Grundstück verbundenen Recht auf wiederkehrende Leistungen (§ 20 Rdn 3.1) erstreckt sich die Beschlagnahme der Zwangsversteigerung nicht (§ 21 Abs 2), nur bei der Zwangsverwaltung (§ 148 Abs 1). Versicherungsforderungen (§ 20 Rdn 3.6) mit Besonderheit nach § 21 Abs 1 und Schadensersatzforderungen (§ 20 Rdn 3.7) sind auch in der Zwangsversteigerung beschlagnahmt.

3.2 Den **Schuldner einer Forderung** (Mieter, Pächter, Versicherer usw) schützt Abs 2 gegen eine ihm unbekannte Beschlagnahme. Diesem Drittschuldner gegenüber wird die Beschlagnahme (abweichend von Abs 1) erst mit dem Zeitpunkt wirksam, in welchem sie ihm bekannt oder das Zahlungsverbot ihm zugestellt wird (Abs 2 Satz 2). Dies gilt für alle Forderungen, welche mit dem Grundstück der Zwangsvollstreckung unterliegen; Bedeutung erlangt die Sondervorschrift jedoch vorwiegend in der Zwangsverwaltung. Die Kenntnis des Versteigerungsantrags (§ 23 Abs 2) steht auch für den Drittschuldner der Beschlagnahmekenntnis gleich[10], nicht aber die Eintragung des Versteigerungsvermerks[11] und ebenso nicht, daß der Forderungsschuldner die Beschlagnahme kennen müßte (er braucht sich nach einer Beschlagnahme nicht erkundigen)[11].

3.3 Das Zahlungsverbot an den Drittschuldner (Abs 2 Satz 1) erläßt der Rechtspfleger des Versteigerungsgerichts (§§ 1, 15; ZPO § 828 findet keine Anwendung) auf Antrag des Gläubigers (Anordnungsgläubiger, auch Beitrittsgläubiger), nicht aber eines anderen nach § 9 Beteiligten, bei der Zwangsverwaltung auch auf Antrag des Zwangsverwalters (§ 151 Abs 3). Zustellung an den Drittschuldner erfolgt von Amts wegen (§ 3); öffentliche Zustellung an ihn ist, wie bei Forderungspfän-

---

[8] vd Pfordten, ZVG, § 22 Anm 3.
[9] Steiner/Teufel § 22 Rdn 38; Dispeker, Zwangsversteigerungspraxis, Muster III Anm 9 d.
[10] Dassler/Muth § 22 Rdn 8; Jaeckel/Güthe § 22 Rdn 4; Steiner/Teufel § 22 Rdn 28.
[11] Steiner/Teufel § 22 Rdn 32.

dung, nun (ab 1. Juli 2002) möglich[12]. Wenn dem Drittschuldner eine Ersatzzustellung (ZPO §§ 178–181) oder die öffentliche Zustellung nicht oder nicht sogleich zur Kenntnis gelangt ist, kann dies uU nicht zu seinen Lasten gehen (dazu mit Nachweisen[13]). Zustellung durch Aufgabe zur Post (§ 4) kann nur an Beteiligte erfolgen, ist daher an den Drittschuldner nicht möglich[14]; anders[15]. Dem antragstellenden Gläubiger und dem Schuldner ist das Zahlungsverbot nach ZPO § 329 Abs 2 formlos mitzuteilen. Ein Verfügungsverbot an den Schuldner (vgl ZPO § 829 Abs 1) wird mit dem Zahlungsverbot nicht verbunden; dieses enthält bereits der Anordnungsbeschluß.

3.4 Mit **Vorpfändung** nach ZPO § 845 (richtig: Benachrichtigung von einer bevorstehenden Pfändung) (Abs 2 Satz 3) kann sich der Gläubiger vor Folgen einer durch die Mitwirkung des Vollstreckungsgerichts möglichen Verzögerung der Zustellung des Zahlungsverbots sichern (Abs 2 Satz 3). Die Benachrichtigung, daß das gerichtliche Zahlungsverbot der Forderung (nicht die Beschlagnahme durch Anordnung der Zwangsversteigerung oder -verwaltung) bevorstehe, kann der Gläubiger dem Drittschuldner mit der Aufforderung, nicht an den Schuldner zu zahlen (ZPO § 845 Abs 1 Satz 1) vor oder nach Erlaß des Anordnungsbeschlusses im Parteibetrieb (ZPO § 191) zustellen lassen (von Amts wegen wird sie nicht zugestellt, § 3 Rdn 1). Eine Benachrichtigung des Schuldners mit der Aufforderung, sich jeder Verfügung über die Forderung zu enthalten, ist nicht erforderlich; das Zahlungsverbot an den Schuldner wird mit dem Anordnungsbeschluß bewirkt (enger[16]: nur bei Zahlungsverbot nach Wirksamwerden der Beschlagnahme keine Benachrichtigung des Schuldners). Die entsprechende Anwendung des ZPO § 845 hat zur Folge, daß auch der Gerichtsvollzieher im Gläubigerauftrag die Benachrichtigung zu erlassen hat (ZPO § 845 Abs 1 Satz 2). Für die Wahrung der Monatsfrist in ZPO § 845 Abs 2 genügt nicht die Kenntnis der Beschlagnahme, sondern nur die Zustellung eines Zahlungsverbots an den Drittschuldner innerhalb der Frist[17]. Es wird nicht die Beschlagnahmewirkung auf den Zeitpunkt der Zustellung der Pfändungsbenachrichtigung rückdatiert, sondern es wird durch diese Benachrichtigung (wenn sie in den gesetzlichen Formen erfolgt) eine wirksame Verfügung des Schuldners über die Forderung und eine wirksame Zahlung des Drittschuldners an den Schuldner ausgeschlossen. Im übrigen ist hier BGB § 1124 zu beachten[18].

3.5 Muster für Zahlungsverbot: ZVG-Handbuch Rdn 593.

[Wirkung der Beschlagnahme]

23 (1) **Die Beschlagnahme hat die Wirkung eines Veräußerungsverbots. Der Schuldner kann jedoch, wenn sich die Beschlagnahme auf bewegliche Sachen erstreckt, über einzelne Stücke innerhalb der Grenzen einer ordnungsmäßigen Wirtschaft auch dem Gläubiger gegenüber wirksam verfügen.**

(2) **Kommt es bei einer gegen die Beschlagnahme verstoßenden Verfügung nach § 135 Abs 2 des Bürgerlichen Gesetzbuchs darauf an, ob derjenige, zu dessen Gunsten verfügt wurde, die Beschlagnahme kannte, so steht die Kenntnis des Versteigerungsantrags einer Kenntnis der Beschlagnahme gleich. Die Beschlagnahme gilt auch in Ansehung der mit-**

---

[12] Zöller/Stöber, ZPO, § 829 Rdn 14; Stöber, Forderungspfändung, Rdn 531.
[13] Stöber, Forderungspfändung, Rdn 566.
[14] Steiner/Teufel § 22 Rdn 26.
[15] Dassler/Muth § 22 Rdn 8; Jaeckel/Güthe § 22 Rdn 3.
[16] Jaeckel/Güthe § 22 Rdn 5; Steiner/Teufel § 22 Rdn 32.
[17] Jaeckel/Güthe § 22 Rdn 5; Steiner/Teufel § 22 Rdn 36; Drischler JVBl 1965, 225 (n).
[18] AG Münster WuM 1955, 124 = ZMR 1955, 332 Leitsatz.

haftenden beweglichen Sachen als bekannt, sobald der Versteigerungsvermerk eingetragen ist.

Literatur: Jursnik, Veräußerung von Grundbesitz nach Anordnung der Zwangsversteigerung, MittBayNot 1999, 125; Jursnik, Störungen der Vertragsabwicklung durch Anordnung der Zwangsversteigerung nach Beurkundung des Kaufvertrages, MittBayNot 1999, 433; Schmidt, Das Grundstück in der Zwangsversteigerung; die Auswirkungen auf bestehende Kaufverträge, Besonderheiten bei deren Gestaltung, BWNotZ 1992, 35; Weirich, Der Verkauf eines Grundstücks im Zwangsversteigerungsverfahren, DNotZ 1989, 143.

1 Allgemeines zu § 23

1.1 Zweck der Vorschrift: Veräußerungsverbot als Schutz des Beschlagnahmegläubigers gegen Verfügungen des Schuldners über das Grundstück und/oder beschlagnahmte Gegenstände (§§ 20, 21) unter Wahrung des Schuldnerrechts, das Grundstück auch während des Versteigerungsverfahrens zu verwalten und zu benutzen.

1.2 Anwendungsbereich: Wie § 20 Rdn 1.2

2 Beschlagnahme als Veräußerungsverbot (Absatz 1 Satz 1)

2.1 Die Beschlagnahme hat die **Wirkung eines Veräußerungsverbots** (Abs 1 Satz 1), und zwar eines relativen (BGB § 135 und § 136; ZVG § 20 Abs 1, auch § 23 Abs 2) zum Schutz des Beschlagnahmegläubigers, auch des persönlich betreibenden. Eine gegen das Verbot verstoßende Verfügung des Schuldners (Grundstückseigentümers) über das Grundstück oder beschlagnahmte mithaftende Gegenstände (§ 20 Abs 2) und jede im Wege der Zwangsvollstreckung (auch Arrestvollziehung) gegen ihn erfolgte Verfügung ist dem **Beschlagnahmegläubiger gegenüber** unwirksam (BGB § 135 Abs 1 mit § 136). Gutglaubensschutz besteht jedoch für rechtsgeschäftlichen Erwerb (BGB § 135 Abs 2; dazu Rdn 4, 6). Zustimmung des Gläubigers zu einer verbotswidrigen Verfügung bewirkt als Verzicht auf den Schutz mit Wegfall der relativen Unwirksamkeit volle Wirksamkeit der Verfügung. Zustimmung des Gläubigers ist bis zur Versteigerung möglich[1] (§ 55 Abs 1, § 90 Abs 2); eine danach dem Vollstreckungsgericht bis zur Erteilung des Zuschlags (§§ 89, 90, 104) erklärte Zustimmung ist jedoch als Antragsrücknahme oder Einstellungsbewilligung (§§ 29, 30) hinsichtlich des mithaftenden Gegenstands zu werten. Zu rein tatsächlichen Handlungen bleibt der Schuldner in der Zwangsversteigerung unbeschränkt befugt (§ 24).

2.2 a) **Verfügung über das Grundstück**, die gegen das Veräußerungsverbot verstößt und damit dem vollstreckenden Gläubiger gegenüber nach BGB § 135 Abs 1 mit § 136 unwirksam ist, sind insbesondere Eigentumsübertragung und Belastung (BGB § 873), Veränderungen im Bestand des Grundstücks mit Teilung[2], Vereinigung oder Bestandheitszuschreibung (siehe § 16 Rdn 3.8–3.10), außerdem die Erhöhung des Zinssatzes eines eingetragenen Rechts[3], auch wenn sie in den Grenzen von BGB § 1119 bis zu 5% geschieht[4], die Erhöhung der Ablösungssumme einer Rentenschuld und die Ausübung eines Rangvorbehalts. Verfügung in diesem Sinne ist nicht das Geltendmachen, Übertragen, Pfänden, Verpfänden von Eigentümergrundpfandrechten, nicht die Kündigung von Hypotheken oder Grundschulden (ob die Kündigung gegenüber dem Ersteher wirksam ist, entscheidet sich nach § 54), nicht die Ausfüllung einer Höchstbetragshypothek[5], nicht die Umwandlung

---

[1] Jaeckel/Güthe § 23 Rdn 2; Steiner/Teufel § 23 Rdn 7.
[2] BayObLG 1996, 41 (45) = DNotZ 1997, 391 = NJW-RR 1996, 1041 = Rpfleger 1996, 333.
[3] OLG Hamburg OLG 26, 136.
[4] Jaeckel/Güthe § 23 Rdn 3; Korintenberg/Wenz § 23 Anm 3; Steiner/Teufel § 23 Rdn 15; Schmidt, Grundpfandrechte und geringstes Gebot (1953), Seite 19.
[5] Steiner/Teufel § 23 Rdn 19.

Wirkung der Beschlagnahme 2.3 § 23

von Grundpfandrechten (anders[6]) nach BGB §§ 1116, 1182, 1187, 1195, 1199, 1203, nicht eine Forderungsauswechslung nach BGB § 1180, nicht die Unterwerfung unter die sofortige Zwangsvollstreckung nach ZPO § 800 (ist prozessuale Erklärung zur Schaffung eines Vollstreckungstitels), auch nicht die nachträgliche Valutierung von Hypotheken, und nicht die Eintragung eines durch Vormerkung gesicherten Rechts (BGB § 883; die Vormerkung ist Platzhalter des Rechts).

b) **Bildung von Wohnungseigentum** (Teileigentum) nach Beschlagnahme durch Teilungsvereinbarung (WEG § 3) oder Teilungserklärung (WEG § 8) ist unzulässige Verfügung über das Grundstück[7] (auch wegen WEG § 4 Abs 2 Satz 2); anders (zulässig)[8]. Den Fortgang des Verfahrens und die Versteigerung des beschlagnahmten Grundstücks berühren diese Rechtsänderung nicht[9] (vgl auch Einl Rdn 11.5). Der Ersteher erwirbt mit Erteilung des Zuschlags das (versteigerte) Grundstück als Eigentum (§ 90 Abs 1). Damit verliert eine (unzulässig) bereits in das Grundbuch eingetragene Bildung von Wohnungseigentum (Teileigentum) ihre Wirksamkeit. Eintragung des Erstehers als Eigentümer des Grundstücks (§ 130 Abs 1) erfordert daher zugleich Anlegung eines Grundbuchblatts für das Grundstück und Schließung der Wohnungsgrundbücher. Zustimmung des Gläubigers (§ 20), auch der Beitrittsgläubiger (§ 27 Abs 1), zu der Veränderung des Bestands des Grundstücks mit Bildung von Wohnungseigentum (Teileigentum) bewirkt als Verzicht auf den mit Beschlagnahme begründeten Schutz volle Wirksamkeit der Verfügung. Für den Fortgang des Zwangsversteigerungsverfahrens tritt damit das Wohnungseigentum (Teileigentum) an die Stelle des Grundstücks in seinem bei Wirksamwerden der Beschlagnahme ausgewiesenen rechtlichen Bestand. Dann jedoch ist ein Versteigerungstermin aufzuheben, wenn in der Terminsbestimmung nicht das Wohnungseigentum als Gegenstand der Versteigerung bezeichnet und öffentlich bekannt gemacht ist (§ 37 Nr 1, § 39 Abs 1; erforderlich ist dann auch Wertfestsetzung für das neue Objekt).

2.3 a) Gegen das mit Beschlagnahme bewirkte Veräußerungsverbot verstößt eine Verfügung über das Grundstück, wenn das Veräußerungsverbot bei Vollendung der Rechtsänderung besteht. Für Rechtsänderung durch mehraktigen Verfügungstatbestand (BGB § 873; Einigung und Eintragung) muß der verfügende Berechtigte bei Vollendung des Rechtserwerbs noch verfügungsbefugt sein. Eine Verfügung über das Grundstück verstößt somit auch dann gegen das Veräußerungsverbot, wenn nach Einigung (BGB § 873 Abs 1) die Beschlagnahme vor Eintragung der Rechtsänderung in das Grundbuch (nach § 22) wirksam geworden ist. Der Gefahr von Rechtsnachteilen für den Begünstigten, die in einem solchen Fall aus dem Eintragungserfordernis mit den Zufälligkeiten des Eintragungsverfahrens besteht, begegnet **BGB § 878**. Die bindend gewordene (BGB § 873 Abs 2) Erklärung des über das Grundstück verfügenden Eigentümers wird, wenn Antrag auf Grundbucheintragung gestellt ist, durch ein danach mit Beschlagnahme bewirktes Veräußerungsverbot unwirksam (zu den Voraussetzungen für die Anwendung des BGB § 878 im einzelnen siehe die BGB-Kommentare, außerdem[10] und gegenüber einem beitretenden Gläubiger[11]). Auf Kenntnis des Erwerbers von der Verfügungsbeschränkung, die mit Beschlagnahme nach dem für Anwendung des BGB

---

[6] Steiner/Teufel § 23 Rdn 20.
[7] AG Würzburg und LG Würzburg Rpfleger 1989, 117 mit Anm Meyer-Stolte; Dassler/Muth § 23 Rdn 11, und insbesondere Dassler/Schiffhauer § 63 Rdn 5; Stöber, ZVG-Handbuch, Rdn 141 a.
[8] OLG Frankfurt OLGZ 1987, 266; LG Essen Rpfleger 1989, 116 mit Anm Meyer-Stolte; Weitnauer, WEG, § 3 Rdn 126.
[9] Stöber, ZVG-Handbuch, Rdn 141 a.
[10] Schöner/Stöber, Grundbuchrecht, Rdn 115.
[11] BGH DNotZ 1989, 160 = MDR 1988, 958 = NJW-RR 1988, 1274 = Rpfleger 1988, 543.

§ 878 maßgebenden Zeitpunkt bewirkt worden ist, kommt es nicht an (BGB § 878 ist keine Norm des Redlichkeitsschutzes). Mit Grundbucheintragung erlangt die Verfügung unter den Voraussetzungen des BGB § 878 volle Wirksamkeit auch dem Beschlagnahmegläubiger gegenüber.

b) Auf Erwerb im Wege der Zwangsvollstreckung, somit auf Eintragung einer Zwangshypothek (ZPO § 867 Abs 1, auch Arresthypothek, ZPO § 932) oder einer Vormerkung auf Grund einstweiliger Verfügung (BGB § 885 Abs 1) ist BGB § 878 nicht anwendbar[12] (anders[13]; ein Vollstreckungsantrag gewährt aber in keinem Fall Sicherung für die Zeit bis zur Ausführung der Vollstreckungshandlung). Eine nach Wirksamwerden der Beschlagnahme eingetragene Zwangshypothek oder Vormerkung auf Grund einstweiliger Verfügung ist daher als gegen das Veräußerungsverbot verstoßende Zwangsverfügung dem vollstreckenden Gläubiger gegenüber auch dann unwirksam, wenn Eintragungsantrag vor Beschlagnahmewirksamkeit gestellt war.

2.4 Verfügung über einen beschlagnahmten (mithaftenden) **Gegenstand** (§ 20 Abs 2), die gegen das Veräußerungsverbot verstößt und damit dem vollstreckenden Gläubiger gegenüber nach BGB § 136 mit § 135 Abs 1 unwirksam ist, sind die Eigentumsübertragung (BGB §§ 929ff) und die Belastung mit einem Pfandrecht (BGB § 1204) oder Nießbrauch (BGB § 1030).

2.5 Eintragung der Anordnung der Zwangsversteigerung (Zwangsverwaltung) in das Grundbuch (§ 19 Abs 1) schließt als grundbuchrechtlicher Schutzvermerk gutgläubigen rechtsgeschäftlichen Erwerb Dritter (Rdn 4, 6) aus. Der Vermerk sichert damit das durch Beschlagnahme bewirkte Veräußerungsverbot zugunsten des vollstreckenden Gläubigers (auch für Beitrittsgläubiger, § 27 Abs 1 Satz 2). Daher bewirkt die Eintragung des Vermerks **keine Sperre des Grundbuchs**[14] für weitere Eintragungen. Später eingehende Anträge (GBO §§ 13, 17) sind deshalb zu vollziehen. Dem Beschlagnahmegläubiger gegenüber sind die nach dem Vollstreckungsvermerk eingetragenen Rechtsänderungen (Übertragung des Eigentums, Begründung oder Änderung eines Rechts am Grundstück) als gegen das Veräußerungsverbot verstoßende Verfügungen jedoch unwirksam (BGB § 135 Abs 1 mit § 136) (relative Unwirksamkeit; nach Wegfall der Beschlagnahme oder mit Zustimmung des Beschlagnahmegläubigers besteht volle Wirksamkeit). Neu eingetragene Rechte haben gegenüber den bis dahin vorhandenen Beschlagnahmegläubigern Rangklasse 6 des § 10 Abs 1 (Gläubigerwechsel § 15 Rdn 29).

2.6 Die Beschlagnahme und das durch sie begründete Veräußerungsverbot sind **für jeden betreibenden Gläubiger unabhängig** von der für andere. Wird das Grundstück nach Eintragung des Vollstreckungsvermerks, aber vor Zustellung eines Beitrittsbeschlusses mit einem dinglichen Recht belastet, so ist dieses Recht nur dem Anordnungsgläubiger gegenüber unwirksam, sonst aber als Grundstücksbelastung wirksam entstanden, somit auch dem Beitrittsgläubiger gegenüber nicht unwirksam nach § 10 Abs 1 Nr 6 und § 23 Abs 1[15], weil die erste Beschlagnahme nur zugunsten des Anordnungsgläubigers als Beschlagnahme wirkt, nicht auch zugunsten späterer Beitrittsgläubiger. Für jeden betreibenden Gläubiger entscheidet der Zeitpunkt seiner Beschlagnahmewirksamkeit (bei Beitritten nur durch Zustellung). Dieselbe Grundbucheintragung kann also dem einen Gläubiger gegenüber wirksam, einem anderen gegenüber unwirksam sein; das Recht hat so gegenüber einer früheren Beschlagnahme Rangklasse 6, gegenüber einer späteren Rangklasse 4. Beispiel in ZVG-Handbuch Rdn 83.

---

[12] BGH 9, 250 = NJW 1953, 898; KG Berlin DNotZ 1962, 400 = Rpfleger 1962, 177; Schöner/Stöber, Grundbuchrecht, Rdn 113.
[13] MünchKomm/Wacke, BGB, § 878 Rdn 3 und 18.
[14] Korintenberg/Wenz § 23 Anm 2; Schöner/Stöber, Grundbuchrecht, Rdn 1627; Jung MittRhNotK 1966, 261 (B 1).
[15] Jaeckel/Güthe § 22 Rdn 2; Mohrbutter/Drischler Muster 7 Anm 1.

Wirkung der Beschlagnahme 4 § 23

Einzelne bewegliche Sachen (Absatz 1 Satz 2) 3

3.1 Gestattet ist dem Schuldner **Verfügung über einzelne** mitbeschlagnahmte **bewegliche Sachen** innerhalb der Grenzen einer ordnungsgemäßen Wirtschaft mit Wirksamkeit gegenüber dem Gläubiger (Abs 1 Satz 2; gilt nicht bei Zwangsverwaltung, § 148 Abs 1 Satz 2). Diese Einschränkung des Veräußerungsverbots entspricht der Regelung (§ 24), daß dem Schuldner auch nach der Beschlagnahme die Befugnis verbleibt, das Grundstück innerhalb der Grenzen einer ordnungsmäßigen Wirtschaft zu verwalten (Denkschrift S 41). Beschlagnahmte bewegliche Sachen, über die der Schuldner in den Grenzen des Abs 1 Satz 2 verfügen kann, können Zubehör, getrennte Erzeugnisse oder sonstige Bestandteile (§ 20 Rdn 3.1) sein.

3.2 Im Rahmen einer **ordnungsmäßigen Wirtschaft** liegen alle Maßnahmen, die in dem besonderen Fall nach wirtschaftlichen Erwägungen geboten oder statthaft erscheinen. Dazu gehören etwa die Bestellung und Aberntung von Feldern, der Absatz ernterifer Feldfrüchte und ihre Ablieferung an den Käufer[16], die Nutzung von Wald nach forstwirtschaftlichen Grundsätzen, alle Maßnahmen zur Fortführung eines Betriebes, sogar Veränderungen in der Wirtschaftsführung[17]. Es hängt ganz von den Einzelheiten ab, ob der Schuldner die Grenzen einer ordnungsmäßigen Wirtschaft überschreitet. Allgemeine Regeln lassen sich hierfür nicht aufstellen.

3.3 Nicht versteigert werden **Zubehörstücke,** die in den Grenzen einer ordnungsgemäßen Wirtschaft veräußert sind, nur dann, wenn sie auch nicht mehr im Besitz des Schuldners (oder eines neu eingetretenen Eigentümers) sind (§ 55 Abs 2). Bei Besitz des Schuldners (eines neu eingetretenen Eigentümers) muß das Verfahren auf Bewilligung der betreibenden Gläubiger insoweit eingestellt oder aufgehoben werden (§§ 29, 30) oder auf prozeßgerichtliche Entscheidung hin (§ 37 Nr 5, § 55 Abs 2).

3.4 Der **Erlös** aus einer im Rahmen der ordnungsmäßigen Bewirtschaftung zulässigen oder vom Gläubiger genehmigten Verfügung steht zur **freien Verfügung** des Schuldners. Den Erlös aus einer gegen die Beschlagnahme verstoßenden Verfügung muß der Schuldner nach BGB § 823 Abs 2, § 251 herausgeben, und zwar zur Teilungsmasse, wenn die Verfügung vor dem Schluß der Versteigerung erfolgt ist (weil der Erlös nur Surrogat für den Gegenstand ist, der nach § 55 der Versteigerung unterlag), und an den Ersteher, wenn die Verfügung nach dem Schluß der Versteigerung erfolgt ist (weil die Gefahr des zufälligen Untergangs insoweit nach dem Schluß der Versteigerung auf den Ersteher nach § 56 Satz 1 übergegangen ist). Der bösgläubige Erwerber einer beschlagnahmten Sache muß diese zurückgeben; der Ersteher kann, soweit sie ihm zusteht, gegen ihn nach § 93 vollstrecken.

Gutgläubiger Erwerb eines Rechts am Grundstück 4

Wirksam ist eine gegen das Veräußerungsverbot verstoßende Verfügung auch dem Beschlagnahmegläubiger gegenüber bei gutgläubigem (rechtsgeschäftlichem) Erwerb (BGB § 135 Abs 2 mit § 136). Gutgläubig erworben wird das Eigentum oder ein (beschränktes dingliches) Recht **an dem Grundstück** (Dienstbarkeit, Hypothek, Grundschuld usw; dazu § 10 Rdn 8.1) durch Rechtsgeschäft nach Wirksamwerden der Beschlagnahme, wenn das damit bewirkte Veräußerungsverbot weder aus dem Grundbuch (durch Eintragung des Versteigerungs- bzw Verwaltungsvermerks, § 19 Abs 1) ersichtlich noch dem Erwerber bekannt ist (BGB § 892 Abs 1; zu den Voraussetzungen der Anwendung des BGB § 892 im einzelnen siehe die BGB-Kommentare, außerdem[18]). Gutgläubiger Erwerb durch eine **nach** Eintragung des Vollstreckungsvermerk gegen das Veräußerungsverbot ver-

---

[16] BGH 120, 368 (370, 372) = NJW 1993, 1791.
[17] Jaeckel/Güthe § 24 Rdn 1.
[18] Schöner/Stöber, Grundbuchrecht, Rdn 343 ff.

§ 23   4   Anordnung der Versteigerung

stoßende Verfügung ist damit immer ausgeschlossen; auch bei gleichzeitiger Eintragung des Erwerbsvorgangs und des Vollstreckungsvermerks besteht kein Schutz nach BGB § 892; siehe § 19 Rdn 4.4). Antragstellung begründet kein Recht auf Erwerb nach BGB § 892; wird nach Antragstellung der Versteigerungsvermerk auf Grund eines später beim Grundbuchamt eingegangenen Ersuchens (§ 19 Abs 1) zuerst (oder gleichzeitig) eingetragen, dann ist das Veräußerungsverbot bei Rechtserwerb grundbuchersichtlich, gutgläubiger Erwerb durch nachfolgende (gleichzeitige) Eintragung der Rechtsänderung somit ausgeschlossen. Vor Eintragung des Versteigerungsvermerks ist gutgläubiger Erwerb ausgeschlossen, wenn dem Erwerber die mit Verfahrensanordnung bewirkte Beschlagnahme bekannt ist (BGB § 892 Abs 1 Satz 2). Maßgebender Zeitpunkt für diese Kenntnis des Erwerbers nach BGB § 892 Abs 2: Zeit der Stellung des Antrags (GBO § 13 Abs 2), wenn zur Vollendung des Rechtserwerbs nur noch die Eintragung fehlt, oder spätere Einigung (BGB § 873) oder Zeit des zur Vollendung des Rechtserwerbs noch erforderlichen nachfolgenden Rechtsakts (Entstehen der gesicherten Forderung für Erwerb der Hypothek, BGB §§ 1113, 1163 Abs 1 S 1; Übergabe des Briefes bei Briefhypothek oder Briefgrundschuld, wenn keine Aushändigungsabrede nach BGB § 1117 Abs 2 getroffen ist).

5   Kenntnis des Versteigerungsantrags (Absatz 2 Satz 1)

5.1   Kenntnis des Versteigerungsantrags (im maßgeblichen Zeitpunkt, Rdn 4) ist zum Schutz des Gläubigers einer Kenntnis der Beschlagnahme gleichgestellt (Abs 2 Satz 1). Grund: Der Erwerber muß hier mit der inzwischen erfolgten Beschlagnahme rechnen. Gutgläubiger Erwerb nach BGB § 892 Abs 1 Satz 2 somit gleichfalls ausgeschlossen, wenn Beschlagnahme mit Zustellung des Beschlusses oder Grundbucheingang des Eintragungsersuchens (§ 22 Abs 1) wirksam erfolgt ist, der Erwerber sie jedoch (im maßgeblichen Zeitpunkt) nicht kannte, aber doch Kenntnis vom Versteigerungsantrag hatte. Gestellt ist der Versteigerungsantrag mit Eingang bei Amtsgericht (muß nicht das Vollstreckungsgericht als Abteilung des Gerichts sein). Bis zu diesem Zeitpunkt genügt Kenntnis von einem in Aussicht genommenen (beabsichtigten) Antrag nicht. Erforderlich ist Kenntnis der Tatsache, daß ein Versteigerungsantrag gestellt ist. Kenntnis des Antragstellers und seiner Forderung braucht nicht zu bestehen. Es genügt auch Kenntnis von einem unvollständigen Beschlagnahmeantrag[19]. Die Kenntnis vom Antrag kann auch dadurch erlangt sein, daß Erlaß eines Anordnungs- oder Beitrittsbeschlusses oder Absendung des Grundbuchersuchens (§ 19 Abs 1) bekannt wurde (dann muß auch Antrag gestellt sein) oder auch, daß der Antrag schon vor einiger Zeit an das Vollstreckungsgericht abgesandt wurde (dann muß er dort auch eingegangen sein). Wird der Antrag zurückgenommen, so schadet Kenntnis nicht (keine Beschlagnahme, somit keine gegen das Veräußerungsverbot verstoßende Verfügung). Für Kenntnis von der Zurückweisung des Antrags wird das gleichfalls gelten müssen. Das wird auch gelten müssen, wenn der Zurückweisungsbeschluß auf Beschwerde aufgehoben und die Beschlagnahme angeordnet wird (der Erwerber brauchte hier nicht mehr mit der inzwischen erfolgten Beschlagnahme rechnen, es sei denn, auch vom Rechtsbehelf bestand Kenntnis (steht der Kenntnis vom Antrag gleich).

5.2   Rechtsänderung mit wirksamer Verfügung (Einigung und Eintragung, BGB § 873) des Eigentümers (Schuldners) **vor** Beschlagnahmewirksamkeit verstößt nicht gegen das erst danach bewirkte Veräußerungsverbot, ist somit wirksam, auch wenn der Erwerber den zu dieser Zeit schon gestellten Versteigerungsantrag gekannt hat. Eine Verfügung vor Zustellung des Beitrittsbeschlusses ist als vor Beitrittsbeschlagnahme (§ 22 Rdn 2.3) erfolgt daher dem Beitrittsgläubiger gegenüber stets wirksam, auch wenn der Versteigerungsvermerk infolge der Verfahrensanordnung eingetragen war.

---

[19] Mohrbutter/Drischler Muster 1 Anm 5; Steiner/Teufel § 23 Rdn 26.

Wirkung der Beschlagnahme 7.3 § 23

Mithaftender Gegenstände (Absatz 2 Satz 2) 6

6.1 Gutgläubiger Erwerb mithaftender beweglicher Sachen, somit beschlagnahmter getrennter **Erzeugnisse** oder sonstiger **Bestandteile** und **Zubehör** des Schuldners (§ 20 Abs 2; BGB § 135 Abs 2 mit § 136, §§ 932 ff, auch § 1244) oder eines Pfandrechts oder Nießbrauchs daran (BGB § 135 Abs 2 mit § 136, §§ 1032, 1208) durch Rechtsgeschäft nach Wirksamwerden der Beschlagnahme kann erfolgen, wenn das damit bewirkte Veräußerungsverbot weder dem Erwerber bekannt noch infolge grober Fahrlässigkeit unbekannt war. Weitergehend bestimmt Abs 2 Satz 2 zum Schutz des Gläubigers, daß die Beschlagnahme auch in Ansehung der mithaftenden beweglichen Sachen als bekannt gilt, sobald der Versteigerungs- bzw Verwaltungsvermerk (§ 19 Abs 1) im Grundbuch eingetragen ist. Gutgläubiger Erwerb durch eine **nach** Eintragung des Versteigerungsvermerks gegen das Veräußerungsverbot verstoßende Verfügung ist daher auch hinsichtlich der beschlagnahmten beweglichen Sachen (§ 20 Abs 2) immer ausgeschlossen. Daß die Kenntnis des Versteigerungsantrags auch hier einer Kenntnis der Beschlagnahme gleichsteht, bestimmt bereits Abs 2 Satz 1. Die **nach** Beschlagnahme, aber vor Eintragung des Versteigerungsvermerks erfolgte Verfügung über einen beschlagnahmten (mithaftenden) Gegenstand ist dem Gläubiger gegenüber somit unwirksam, wenn der Erwerber die Beschlagnahmewirksamkeit oder auch nur den Versteigerungsantrag gekannt hat (dem gleich Eintragung des Versteigerungsvermerks). Rechtsänderung mit wirksam vorgenommener (abgeschlossener) Verfügung vor Beschlagnahmewirksamkeit verstößt nicht gegen das erst danach bewirkte Veräußerungsverbot, ist somit wirksam, auch wenn der Erwerber den zu dieser Zeit schon gestellten Versteigerungsantrag gekannt hat. Wirksamkeit gegenüber einem Beitrittsgläubiger § 23 Rdn 2.6. Mögliche Mitversteigerung von Zubehör: § 55 Abs 2 (dazu § 55 Rdn 3).

6.2 Forderungen können nicht gutgläubig erworben werden (BGB § 404; Besonderheiten wie zB bei Sicherung durch Grundpfandrecht, sind hier nicht bedeutsam). Auf sie findet BGB § 135 Abs 2 keine Anwendung. Nach Beschlagnahme ist daher auch die Abtretung einer von ihr erfaßten Forderung an einen Gutgläubigen dem Beschlagnahmegläubiger gegenüber unwirksam.

Verfahrensbehandlung der Verfügungen bei Beschlagnahme 7

7.1 Die Wirksamkeit einer Verfügung trotz Beschlagnahme vor Rechtsänderung (BGB § 878; Rdn 2.3) und einer gegen das Veräußerungsverbot verstoßenden Verfügung infolge des Gutglaubensschutzes (BGB § 135 Abs 2 mit §§ 136, 892; Rdn 3, 4) weist der Grundbuchinhalt nicht aus. Insbesondere ist durch Eintragung des Rechts **nach** Wirksamwerden der Beschlagnahme, nicht aber vor dem Versteigerungsvermerk, nicht dargestellt, daß es auch dem vollstreckenden Gläubiger gegenüber wirksam geworden ist. Erwerbsschutz nach BGB § 878 ist von Voraussetzungen abhängig, die nicht grundbuchersichtlich sind (bindende Einigung und sonstige materiell-rechtliche Erfordernisse für Wirksamkeit der Verfügung nach BGB § 878 müssen erfüllt sein). Gutgläubiger Rechtserwerb (BGB § 135 Abs 2 mit §§ 136, 892) darf auch nicht durch Kenntnis der Beschlagnahme (auch des Versteigerungsantrags) ausgeschlossen sein. Der nach dem Recht eingetragene Versteigerungsvermerk bekundet dafür nichts. Für Berücksichtigung eines Rechts am Grundstück (§ 10 Abs 1 Nr 4 oder 6; zum Eigentumswechsel siehe § 28 Rdn 3) in der Zwangsversteigerung (oder Zwangsverwaltung) nach den Verfahrensgrundsätzen des Vollstreckungsrechts folgt daraus:

7.2 Zuziehung des Berechtigten zum Verfahren als **Beteiligter** (§ 9) erfolgt nach dem Inhalt des Grundbuchs bei Eintragung des Versteigerungsvermerks. Materielle Wirksamkeit der grundbuchersichtlichen Rechte ist dafür bedeutungslos, desgleichen deren Unwirksamkeit dem vollstreckenden Gläubiger gegenüber.

7.3 Anmeldepflicht für Rechtswahrung (§ 37 Nr 4, auch § 110) besteht nur für die zur Zeit der Eintragung des Versteigerungsvermerks nicht aus dem Grundbuch ersichtlichen Rechte. Zu dieser Zeit grundbuchersichtliche Rechte werden bei Feststellung des geringsten Gebots (§ 45; erforderlich Rang vor dem vollstreckenden Gläubiger, § 44) und Aufstellung des Teilungsplans (§ 114) nach dem Inhalt des Grundbuchs berücksichtigt.

7.4 Anmeldepflicht (mit Rangverlust nach § 110 als Folge der Unterlassung) besteht auch für einen aus dem Grundbuch nicht ersichtlichen **Vorrang**[20]. Demnach anmeldepflichtigen Vorrang (so zutreffend[21]) gegenüber dem Gläubiger einer persönlichen Vollstreckungsforderung begründet der ihm gegenüber nach BGB § 878 oder BGB § 135 Abs 2 mit §§ 136, 892 wirksame Rechtserwerb mit Berücksichtigung des Rechts in Rangklasse 4 des § 10 Abs 1 (statt sonst in Rangklasse 6). Die Anmeldung dieses nicht grundbuchersichtlichen Vorrangs muß Rechtsgrund und Rang zur Berücksichtigung im geringsten Gebot und/oder Teilungsplan angeben, somit insbesondere den nach BGB § 878 geschützten Erwerbsvorgang tatbestandsmäßig so bezeichnen, daß wirksamer Rechtserwerb auch gegenüber dem Beschlagnahmegläubiger schlüssig ersichtlich ist. Wenn der Gläubiger widerspricht, sind diese Tatsachen für Aufnahme in das geringste Gebot glaubhaft zu machen (§ 45 Abs 1; ZPO § 294). Keine Grundlage für Aufnahme des Rechts in das geringste Gebot und „vorrangige" Berücksichtigung im Teilungsplan bietet die „Anmeldung", wenn nur als Rechtsfolge geltend gemacht wird, daß mit geschütztem Rechtserwerb Vorrang bestehe; der beanspruchte Vorrang in Rangklasse 4 des § 10 Abs 1 muß mit den Voraussetzungen des § 44 (§ 114) für Aufnahme in das geringste Gebot angemeldet, nicht aber nur behauptet werden.

7.5 Anmeldung eines in Rangklasse 4 des § 10 Abs 1 beanspruchten Vorrangs erlangt für **gutgläubigen Rechtserwerb** (BGB § 135 Abs 1 mit §§ 136, 892) nur geringe Bedeutung, nämlich nur für ein Recht, das nach Verfahrensanordnung noch vor dem Vollstreckungsvermerk in das Grundbuch eingetragen worden ist. Gutgläubiger Erwerb mit Grundbucheintragung erst nach Eintragung des Zwangsversteigerungsvermerks ist immer ausgeschlossen (Rdn 3). Alle Rechte am Grundstück, die nach dem Inhalt des Grundbuchs oder (erforderlicher, § 37 Nr 4) Anmeldung erst nach dem Versteigerungsvermerk eingetragen worden sind, sind gegenüber dem Anordnungsgläubiger und nach dem Zeitpunkt, in welchem ein Beitrittsbeschluß mit Zustellung wirksam geworden ist (§ 22 Abs 1 Satz 1 mit § 27), auch gegenüber dem Beitrittsgläubiger immer unwirksam (Rangklasse 6 des § 10 Abs 1).

7.6 Rechtserwerb im Wege der **Zwangsvollstreckung** (Zwangshypothek, ZPO § 867 Abs 1; auch Arresthypothek, ZPO § 932) und Vormerkung auf Grund einstweiliger Verfügung (BGB § 885) bestimmt sich **nach der Eintragung** im Grundbuch. Der vor Beschlagnahme gestellte Eintragungsantrag und Gutgläubigkeit des Vollstreckungsgläubigers begründen keinen Schutz des Erwerbsvorgangs; BGB § 878 und § 135 Abs 2 mit §§ 136, 892, finden keine Anwendung (Rdn 2.3). Mit Eintragung der Rechtsänderung im Wege der Zwangsvollstreckung weist der Grundbuchinhalt deren Wirksamkeit oder Unwirksamkeit gegenüber dem Beschlagnahmegläubiger (mit dem Wirksamkeitszeitpunkt seiner Beschlagnahme, § 22) daher vollständig aus. Zwangshypothek und Vormerkung auf Grund einstweiliger Verfügung sind deshalb auch durch das Vollstreckungsgericht nur mit der durch den Grundbuchinhalt (Eintragungstag) dargestellten materiellen Berechtigung gegenüber dem Anordnungs- und jedem Beitrittsgläubiger (Zeitpunkt der jeweiligen Beschlagnahmewirksamkeit) als wirksam oder unwirksam zu behandeln.

7.7 Zusammenfassung somit: Berücksichtigung eines Rechts am Grundstück erfolgt in Rangklasse 6 des § 10 Abs 1, wenn es nach dem Inhalt des Grundbuchs (Tag der Eintragung, dann Beweisvermutung des BGB § 891) infolge der Beschlagnahme (Wirksamkeitszeitpunkt, § 22) dem Gläubiger gegenüber unwirksam

---

[20] RG 122, 61; Dassler/Muth § 37 Rdn 15; Jaeckel/Güthe §§ 37, 38 Rdn 9; Korintenberg/Wenz §§ 37, 38 Anm II 4; Steiner/Teufel §§ 37, 38 Rdn 53.
[21] Steiner/Teufel §§ 37, 38 Rdn 53 und § 23 Rdn 33.

Verwaltung und Benutzung durch den Schuldner   2.4 § 24

ist. Dem Zeitpunkt der Eintragung des Vollstreckungsvermerks kommt für Berücksichtigung des Befriedigungsrangs der Rechte in Rangklasse 4 oder 6 des § 10 Abs 1 keine Bedeutung zu. Als grundbuchlicher Schutzvermerk zum Ausschluß (weiteren) gutgläubigen Erwerbs stellt er nicht dar, daß (infolge GBO § 17) ein noch zuvor, aber bereits nach Beschlagnahme eingetragenes Recht dem vollstreckenden Gläubiger gegenüber nach BGB § 878 oder BGB § 135 Abs 1 mit §§ 136, 892 wirksam ist. Das Vollstreckungsgericht kann daher nicht nach dem Grundsatz verfahren, was vor dem Vollstreckungsvermerk eingetragen ist, wird als wirksam behandelt, was nachher eingetragen ist, wird als gegenüber dem Anordnungsgläubiger unwirksam behandelt (so aber[22]; anders 11. Auflage, § 23 Rdn 2; diese Ansicht ist aufgegeben). Wirksamkeit einer Verfügung trotz Beschlagnahme vor Rechtsänderung (BGB § 878) und (seltener Fall) einer gegen das Veräußerungsverbot verstoßenden Verfügung infolge des Gutglaubensschutzes (BGB § 135 Abs 2 mit §§ 136, 892) begründet Vorrang vor dem vollstreckenden Gläubiger in Rangklasse 4 des § 10 Abs 1. Dieser Vorrang muß (rechtzeitig) angemeldet werden (§ 37 Nr 4, §§ 45, 110, 114), weil er nicht grundbuchersichtlich ist.

[Verwaltung und Benutzung durch den Schuldner]

24 Die Verwaltung und Benutzung des Grundstücks verbleibt dem Schuldner nur innerhalb der Grenzen einer ordnungsmäßigen Wirtschaft.

Allgemeines zu § 24   1

1.1 Zweck der Vorschrift: Allgemeine Regelung des Schuldnerrechts, das Grundstück auch während des Versteigerungsverfahrens zu verwalten und zu benutzen. Entziehung auch dieser Befugnisse vor Veräußerung mit Zuschlag ist durch den Zweck der Zwangsversteigerung nicht geboten (Denkschrift S 41).

1.2 Anwendungsbereich: § 24 gilt für die Vollstreckungsversteigerung. Für die Zwangsverwaltung gilt er nicht, weil dort alle Nutzungen der Zwangsverwalter zieht (§ 148 Abs 2). Er ist für die Verfahren nach §§ 172, 175, 180 ohne Bedeutung, weil dort Verwaltungs- und Benutzungsrecht des Eigentümers unbeschränkt bleibt, für Schiffe und Luftfahrzeuge Besonderheiten (§ 162 Rdn 9.1, § 171a Rdn 3).

Verwaltungs- und Benutzungsrecht des Schuldners   2

2.1 Dem Schuldner **verbleibt** während der Vollstreckungsversteigerung die Verwaltung und Benutzung des Grundstücks (und der mitbeschlagnahmten Gegenstände, § 20 Abs 2) innerhalb der Grenzen einer ordnungsmäßigen Wirtschaft (zu dieser § 23 Rdn 3.2). Im Insolvenzverfahren gelten die Rechte für den Insolvenzverwalter (InsO § 80 Abs 1; Ausnahme bei Eigenverwaltung InsO § 270 Abs 1).

2.2 Der Schuldner hat ein Verwaltungs- und Benutzungsrecht, aber **keine Verpflichtung** dazu[1]; er ist nicht verpflichtet, das Grundstück zu bewirtschaften. Er unterliegt auch keiner Aufsicht (ZVG-Handbuch Rdn 142). Rechnung hat er nicht zu legen.

2.3 Auf **Zubehör,** das der verwaltende Schuldner beschafft (Eigentumserwerb erforderlich) erstreckt sich die Beschlagnahme (§ 20 Rdn 4.2). Veräußerung verbietet daher § 23 Abs 1 Satz 1 (Ausnahme Satz 2).

2.4 Das Verwaltungsrecht umfaßt **tatsächliche Handlungen,** Verfügungen nur, soweit sie nach § 23 Abs 1 Satz 2 erlaubt sind, nicht aber durch § 23 verbotenen rechtlichen Verfügungen (anders[2]: Verfügungen zulässig, soweit sie keine Veräuße-

---

[22] vd Pfordten, ZVG, § 23 Anm 2b und Anm 2c.
[1] Jaeckel/Güthe § 24 Rdn 2.
[2] Jaeckel/Güthe § 24 Rdn 1.

§ 24 2.4   Anordnung der Versteigerung

rung sind). Miet- und Pachtverträge kann der Schuldner abschließen (die Beschlagnahme schränkt nicht das Recht des Schuldners ein, sich durch schuldrechtlichen Mietvertrag [BGB § 535] zu verpflichten). Verfügung, die gegen die Beschlagnahme verstößt (§ 23 Rdn 2.1), ist weder der Vertrag über die Vermietung des Grundstücks noch die Besitz- und Gebrauchsüberlassung an den Mieter[3]. Wirksam ist ein Miet- oder Pachtvertrag sogar dann, wenn er nicht in den Rahmen einer ordnungsmäßigen Wirtschaft fällt (§ 24 hat mit dem Verhältnis des Schuldners zum Ersteher nichts zu tun[4]), etwa der Mietzins besonders niedrig ist (so auch[5]; anders[6]). Der Ersteher ist durch §§ 57, 57a geschützt, bei Kündigungsschutz für Wohnraum auch durch mögliche Mieterhöhung nach BGB §§ 557ff (vormals Gesetz zur Regelung der Miethöhe); die betreibenden Gläubiger können Maßnahmen nach § 25 beantragen (dort Rdn 4.2). Hierzu auch ZVG-Handbuch Rdn 142.

2.5 Verwaltung durch den Schuldner erfolgt auf **eigene Rechnung,** nicht zu Lasten des Versteigerungserlöses. Verwaltungserträgnisse (Überschüsse) gebühren dem Schuldner. Verwendungen erhält er nicht erstattet.

[Sicherung der ordnungsmäßigen Bewirtschaftung]

25 **Ist zu besorgen, daß durch das Verhalten des Schuldners die ordnungsmäßige Wirtschaft gefährdet wird, so hat das Vollstreckungsgericht auf Antrag des Gläubigers die zur Abwendung der Gefährdung erforderlichen Maßregeln anzuordnen. Das Gericht kann die Maßregeln aufheben, wenn der zu deren Fortsetzung erforderliche Geldbetrag nicht vorgeschossen wird.**

1 Allgemeines zu § 25

1.1 Zweck der Vorschrift: Gläubigerschutz mit Sicherungsmaßregeln für den Fall, daß der Schuldner nach Anordnung der Zwangsversteigerung die Wirtschaftsführung vernachlässigt oder durch Handlungen das Grundstück und mitbeschlagnahmte Gegenstände (§ 20 Abs 2) gefährdet. Weitere Maßnahmen gegen den Schuldner bringen §§ 93, 148 Abs 2, § 149 Abs 2, § 150 Abs 2.

1.2 Anwendungsbereich: § 25 ist für die **Vollstreckungsversteigerung** bestimmt. In der Insolvenzverwalterversteigerung (§ 172) ist er nicht anwendbar, weil der Insolvenzverwalter aus eigenem Recht alles Nötige zu unternehmen hat. In der Nachlaßversteigerung (§ 175) kommt er nicht in Frage. In der Teilungsversteigerung ist er anwendbar[1], weil der Antragsgegner wie ein Schuldner behandelt wird. In der Zwangsverwaltung soll er anwendbar sein[2*]; der Wortlaut spricht nicht dagegen; doch kann dort die Gefährdung durch den Schuldner viel besser mit den Maßnahmen der Zwangsverwaltung erreicht werden, wo der Zwangsverwalter allein verwaltungs- und nutzungsberechtigt ist (§ 148 Abs 2) (auch verpflichtet) und den Schuldner aus dem Grundstück entfernen kann (§ 149 Abs 2). Für Schiffe und Luftfahrzeuge besondere Verwahrungsvorschriften.

2 Anlaß zu Sicherungsmaßnahmen gegen den Schuldner

2.1 Maßnahmen sind veranlaßt, wenn zu befürchten ist, daß durch das Verhalten des Schuldners die **ordnungsmäßige Wirtschaft gefährdet** wird (§ 25 Satz 1).

---

[3] BGH 13, 1 (3) = NJW 1954, 953; BGH NJW 1989, 451; RG 106, 109 (111, 112).
[4] Jaeckel/Güthe § 24 Rdn 4.
[5] Dassler/Muth § 24 Rdn 2.
[6] LG Kassel NJW-RR 1990, 976; Steiner/Teufel § 24 Rdn 17.
[1] Mohrbutter/Drischler Muster 48 Anm 2; Steiner/Teufel § 25 Rdn 4.
[2*] OLG Koblenz MDR 1957, 172; Jaeckel/Güthe § 146 Rdn 7; Steiner/Teufel § 25 Rdn 5.

Sicherungsmaßregeln gegen den Schuldner ermöglicht § 25, um eine durch ihn drohende Gefährdung abzuwenden. § 94 dagegen richtet sich gegen den Ersteher zwischen Zuschlag und Bezahlung des Meistgebots, um zu verhindern, daß er verfügt, ohne seine Zahlungspflicht zu erfüllen. Ein Verschulden des Schuldners ist für Schutz zur Sicherung und Erhaltung des Grundstücks mit seinen wesentlichen Bestandteilen (insbesondere den Gebäuden) und dem beschlagnahmten Zubehör nicht nötig[3], es genügt unwirtschaftliches, aber auch passives Verhalten (Unterlassen der Aussaat, Nichteinbringen der Ernte) oder bloße Behinderung, somit objektive Gefährdung[3]. Auch Dringlichkeit ist nicht erforderlich; Voraussetzung ist Besorgnis der Gefährdung[4]. Es muß genügen, wenn der Schuldner unbekannten Aufenthalts ist und dadurch Mietzins nicht eingehoben oder eine notwendige Reparatur nicht ausgeführt wird. Es genügt auch, wenn wegen Mittellosigkeit des Schuldners solche Maßnahmen oder andere unterbleiben, etwa Brandversicherungsbeiträge nicht bezahlt werden (wodurch die Haftung der Brandversicherungssumme für die dinglichen Rechte in Frage gestellt ist). Es genügt auch, wenn in einem unbeaufsichtigten Grundstück Maschinen, Einrichtungen, Bauteile dem Zugriff des Schuldners oder Dritter ausgesetzt sind, etwa Bauhandwerker ihre Lieferungen wieder herausholen oder der Schuldner selbst Gebäude abbricht oder Teile verschleppt.

2.2 Auf das sogen **Milchkontingent** (Anlieferungsreferenzmenge) erstrecken sich Beschlagnahme und Versteigerung nicht (§ 55 Rdn 4.2). Weil dem Schuldner zudem die Verwaltung und Benutzung des Grundstücks nicht entzogen ist (§ 24), ist ihm Änderung der Bewirtschaftung mit Aufgabe der Milcherzeugung und damit Freisetzung der Referenzmenge nicht verwehrt. Die Anlieferungs-Referenzmenge kann er flächenungebunden übertragen (§ 55 Rdn 4.2). Durch eine Maßregel zur ordnungsgemäßen Bewirtschaftung kann nach Wegfall der Betriebsakzessiorität Nutzungsänderung und Übertragung der Referenzmenge nicht untersagt werden (zum früheren Recht[5]); Sicherung könnte der Gläubiger allenfalls mit Zwangsverwaltung erstreben (hierzu § 148 Rdn 2.7).

Antrag und Verfahren 3

3.1 Das Gericht darf **nur auf Antrag** des betreibenden Gläubigers, auch eines Beitrittsgläubigers (nicht aber anderer Gläubiger) tätig werden, nicht von Amts wegen. Angeordnet werden kann eine Maßregel nur, solange der Schuldner Eigentümer ist, also bis zur Verkündung des Zuschlags (nachher Maßnahmen gemäß § 94 gegen den Ersteher). Die tatsächlichen Behauptungen über die Gefährdung hat der Antragsteller **glaubhaft** zu machen. Wenn aber der Antrag gestellt ist (und Tatsachen glaubhaft gemacht), dann muß das Gericht Maßnahmen verhängen; nicht die Verhängung, nur die Auswahl der Maßnahmen unterliegt seinem Ermessen. Der Gläubiger darf nicht auf Zwangsverwaltung verwiesen werden (ist nicht Sicherungs-, sondern Vollstreckungsmaßregel), ebenso nicht auf das Mittel der einstweiligen Verfügung.

3.2 Mündliche Verhandlung über den Antrag ist nicht nötig (ZPO § 764 Abs 3), wohl aber zu empfehlen, bevor schwerwiegende Anordnungen ergehen. Ob dem Schuldner vorher rechtliches Gehör zu gewähren ist, hat das Gericht nach pflichtgemäßem Ermessen zu entscheiden. Vorherige Anhörung des Schuldners kann in bestimmten Verfahrenslagen den mit der Maßnahme zu verfolgenden Sicherungszweck vereiteln, hat somit dann zu unterbleiben. Die Entscheidung ergeht durch Beschluß (ZPO § 764 Abs 3), der zu begründen ist.

---

[3] LG Schweinfurt WM 1966, 1275.
[4] Steiner/Teufel § 25 Rdn 8.
[5] OLG Oldenburg Rpfleger 1986, 188; LG Lüneburg Rpfleger 1986, 188; AG Meppen Rpfleger 1986, 269.

3.3 Die Maßnahmen müssen ausdrücklich wieder **aufgehoben** werden[6]. Sie müssen aufgehoben werden, wenn der Zuschlag erteilt ist (anders[7]: sie erledigen sich damit von selbst, auch[8]: endet mit Rechtskraft des Zuschlags oder Überleitung in eine Maßnahme nach § 94) oder wenn der Antrag auf Maßnahmen zurückgenommen wird oder wenn das Zwangsversteigerungsverfahren ohne Zuschlag aufgehoben wird. Sie können aufgehoben werden, wenn der für ihre Durchführung nötige Geldbetrag vom Antragsteller nicht vorgeschossen wird (§ 25 Satz 2). Dagegen kann das Gericht sie nicht von sich aus aufheben, wenn es die Maßnahmen nicht mehr für nötig hält, weil es ja auch auf Antrag verhängen mußte. Es ist Sache des Gläubigers, der die Maßnahmen beantragte, ob er sie für entbehrlich hält. Es ist Sache des Schuldners, mit Rechtsbehelfen gegen sie vorzugehen. Eine bloße Mahnung braucht natürlich nicht aufgehoben zu werden.

3.4 Hierzu auch ZVG-Handbuch Rdn 143.

4 Art der Sicherungsmaßnahmen gegen den Schuldner

4.1 Den Umfang der Maßnahmen, die das Vollstreckungsgericht auf Antrag anordnen **muß**, bestimmt es nach Ermessen.

4.2 Zulässig sind alle Maßnahmen, die zur Abwendung der Gefährdung **erforderlich** sind oder erforderlich erscheinen. Das richtet sich (im Rahmen des gerichtlichen Ermessens) nach dem Zweck: bloße Ermahnung des Schuldners; Androhung von Zwangsgeld[9] Einsetzung eines Sequesters[9]; bei landwirtschaftlichen Grundstücken Bestellung einer Aufsichtsperson (ähnlich § 150 c); Gebot und Verbot einzelner Handlungen[10] (zB Verbot, das Grundstück zu betreten[10]); vollständige oder teilweise Entziehung der Verwaltung und Benutzung, Einsetzung eines Verwalters (zB für eine mit wertvollen Maschinen und anderen Einrichtungen vom Schuldner mit oder ohne Verschulden unbeaufsichtigt gelassene Fabrik[11], etwa auch, weil der Schuldner krank ist); Beiziehung des Gerichtsvollziehers zur Erzwingung von Handlungs- und Duldungspflichten[12] oder zur Beseitigung von Widerstand bei Einweisung des Sequesters oder sonstigen Verwalters. An einen Vorschlag des Gläubigers ist das Vollstreckungsgericht nicht gebunden; über seinen Antrag kann es jedoch nicht hinausgehen (ZPO § 308 Abs 1), wenn eine bestimmte Maßregel ausdrücklich verlangt ist. Hierzu auch ZVG-Handbuch Rdn 143.

4.3 Die Geschäftsführung eines Verwalters und die Geschäftsbesorgung eines Sequesters hat das Vollstreckungsgericht zu **beaufsichtigen.** Es kann Verwalter und Sequester mit erforderlichen Anweisungen versehen (dient der Anordnung der „erforderlichen" Maßnahmen). Der mit Wahrnehmung der Geschäfte zur Sicherung des gefährdeten beschlagnahmten Schuldnergrundstücks beauftragte Verwalter oder Sequester hat dem Vollstreckungsgericht als dem „Auftraggeber" erforderliche Nachrichten zu geben, auf Verlangen Auskunft zu erteilen und, wenn er Zahlungen entgegengenommen hat, Rechenschaft abzulegen (BGB § 666), bei längerer Dauer seiner Aufgaben auch periodisch.

4.4 Wenn durch Nichtzahlung von **Brandversicherungsbeiträgen** die Versicherungsanstalt das Ruhen der Versicherung androht (Rdn 2.1), kann (auf Antrag nur) das Gericht anordnen, daß der betreibende Gläubiger ermächtigt wird, diese

---

[6] Jaeckel/Güthe § 25 Rdn 8.8
[7] Dassler/Muth § 25 Rdn 10.
[8] Steiner/Teufel § 25 Rdn 12.
[9] Mohrbutter/Drischler Muster 48 Anm 2.
[10] Steiner/Teufel § 25 Rdn 10.
[11] LG Schweinfurt WM 1966, 1275.
[12] Rahn DGVZ 1967, 61 (II B 2).

Beiträge zu zahlen[13] oder daß sie von einem Verwalter aus dem Maßnahmenvorschuß des Gläubigers bezahlt werden. Für den betreibenden Gläubiger sind dies Kosten nicht nach § 109, auch nicht nach § 10 Abs 1 Nr 1 (Zwangsverwaltungskostenvorschüsse), sondern notwendige Vollstreckungskosten nach § 10 Abs 2 (an seiner Rangstelle). Hat der Gläubiger von sich aus schon die Versicherungsbeiträge bezahlt, so kann er sich nicht nachträglich dazu ermächtigen lassen (es besteht ja keine Gefährdung mehr) (vielleicht Ablösungsrecht, § 15 Rdn 20).

4.5 Die etwaigen **Verwaltungsüberschüsse** gehören (wie alle Nutzungen während der Zwangsversteigerung) dem Schuldner, nicht dem Ersteher. Diese Sicherungsverwaltung nach § 25 unterscheidet sich von der des § 94 (Rdn 2.1).

Kosten der Sicherungsmaßnahmen 5

5.1 Der Gläubiger, der Maßnahmen beantragt, ist dafür **vorschußpflichtig**. Der Vorschuß gehört nicht zur Zwangsversteigerungsmasse, sondern ist wie der Verfahrenskostenvorschuß nach InsO § 26 Abs 1 Satz 2 Treuhandgeld, das nur für den vorgesehenen Zweck verwendet werden darf, hier zur Durchführung der angeordneten Sicherungsmaßnahmen. Was hierzu nicht benötigt wird, ist nach Beendigung der Maßnahmen dem Antragsteller zurückzuerstatten und nicht als Überschuß zu behandeln. „Überschüsse" aus den Sicherungsmaßnahmen sind überhaupt nicht denkbar, da es nicht Aufgabe dieser Sicherungsmaßnahmen ist, Einnahmen aus dem Objekt zu ziehen (das wäre Sache einer Zwangsverwaltung). Wo sich ausnahmsweise im Rahmen der Maßnahmen Einnahmen und damit Überschüsse ergeben sollten, gehören sie nicht dem späteren Ersteher des Objekts, auch nicht dem Antragsteller der Maßnahmen, sondern dem Schuldner (Rdn 3.4).

5.2 Die dem Antragsteller erwachsenden Kosten sind für ihn Kosten der Rechtsverfolgung nach § 10 Abs 2, keine Zwangsverwaltungsvorschüsse nach § 10 Abs 1 Nr 1, auch nicht Verfahrenskosten nach § 109 (Rdn 4.4).

5.3 Ein Verwalter und Sequester (auch der dazu als Privatperson bestellte Gerichtsvollzieher) hat Anspruch auf eine angemessene Vergütung. Die Festsetzung kann durch das Vollstreckungsgericht (Rechtspfleger, vgl § 171c Rdn 3) erfolgen. Rechtsbehelf: sofortige Beschwerde.

5.4 Gerichts- und Anwaltsgebühren fallen nicht gesondert an. Die Tätigkeit des Gerichts wird durch dessen Versteigerungsverfahrensgebühr abgegolten (Einl Rdn 77), die Tätigkeit des Rechtsanwalts durch dessen Versteigerungsverfahrensgebühr (Einl Rdn 90).

Rechtsbehelfe bei Sicherungsmaßnahmen 6

6.1 Als Maßnahme im Rahmen der Zwangsvollstreckung ist Anordnung (auch Ablehnung) der Sicherungsmaßregel mit den Rechtsbehelfen des Vollstreckungsrechts anzufechten, also: gegen die Ablehnung der beantragten Maßnahme sofortige Beschwerde; gegen die Anordnung von Maßnahmen nach vorheriger Anhörung des Schuldners für diesen ebenso[14], ohne vorherige Anhörung des Schuldners für diesen Vollstreckungserinnerung nach ZPO § 766[15] (dann sofortige Beschwerde) (anders[16]: nicht anfechtbar).

6.2 § 95 steht hier **nicht entgegen,** weil diese Maßnahmen nicht der Vorbereitung des Zuschlags dienen; § 95 will ja nur solche Vorbereitungen nicht gesondert anfechten lassen. Hierzu § 95 Rdn 4.

---

[13] RG 52, 295; Mohrbutter/Drischler Muster 48 Anm 2.
[14] KG Berlin NJW 1966, 1273 = OLGZ 1966, 446; LG Schweinfurt WM 1966, 1275; Steiner/Teufel § 25 Rdn 25.
[15] Mohrbutter/Drischler Muster 48 Anm 3; Steiner/Teufel § 25 Rdn 25.
[16] OLG Koblenz MDR 1957, 172.

§ 26 Anordnung der Versteigerung

[Veräußerung nach der Beschlagnahme]

26 Ist die Zwangsversteigerung wegen des Anspruchs aus einem eingetragenen Rechte angeordnet, so hat eine nach der Beschlagnahme bewirkte Veräußerung des Grundstücks auf den Fortgang des Verfahrens gegen den Schuldner keinen Einfluß.

1 Allgemeines zu § 26

1.1 Zweck der Vorschrift: § 26 gewährleistet den Verfahrensfortgang für den Gläubiger eines eingetragenen Rechts auch dann, wenn bei Veräußerung nach Beschlagnahme der Erwerber von dieser keine Kenntnis hatte. Die Bestimmung regelt damit nur den praktisch seltenen Fall, daß der Zwangsversteigerungsvermerk bei Eigentumsübergang noch nicht eingetragen und der Erwerber auch nicht bösgläubig war.

1.2 Anwendungsbereich: § 26 ist für die Vollstreckungsversteigerung bestimmt, aber für die Zwangsverwaltung ebenso anwendbar; in den Verfahren nach §§ 172, 175, 180 kommt er nicht in Frage.

2 Dingliches Verfahren berührt die Veräußerung nicht

2.1 § 26 ist nicht glücklich gefaßt. Seine Bedeutung ist auch nicht ohne weiteres erkennbar. Es soll mit „Rücksicht auf den Realkredit" dem Gläubiger, „dessen Anspruch in einem schon zur Zeit der Veräußerung eingetragenen Rechte an dem Grundstücke sich gründet", die „glatte Verwirklichung des dinglichen Anspruchs" gesichert werden[1]. Der Fortgang des Verfahrens (Zwangsversteigerung oder Zwangsverwaltung) gegen den Schuldner ist daher wegen des Anspruchs aus einem eingetragenen Recht (Hypothek, Grundschuld, Rentenschuld, auch Reallastleistungen) auch bei **Veräußerung** des Grundstücks **nach Beschlagnahme** vorgesehen. Bei einem gegen das Veräußerungsverbot verstoßenden Eigentumsübergang nach Beschlagnahme nimmt das Verfahren aber ohnedies gegen den Schuldner (Grundstückseigentümer bei Beschlagnahme) seinen Fortgang (Rdn 2.2). Das will § 26 nicht nochmals zum Ausdruck bringen. Die Vorschrift bestimmt vielmehr weitergehend den Verfahrensfortgang auch für den Fall, daß der Eigentumsübergang gegenüber dem vollstreckenden dinglichen Gläubiger noch Wirksamkeit hätte, der Erwerber somit – sonst – dem Verfahrensfortgang widersprechen könnte (Rdn 2.6). Entscheidend ist der Zeitpunkt, mit dem die Beschlagnahme (§ 22; bei Zwangsverwaltung auch § 151) und damit das Veräußerungsverbot zugunsten des Gläubigers (§ 20 Abs 1 mit § 23 Abs 1 Satz 1) wirksam wird. Als Sondervorschrift für die Zulässigkeit des Verfahrens regelt § 26 die Erfordernisse des Verfahrensfortgangs, nicht aber eine Zuständigkeit des Vollstreckungsgerichts für deren Prüfung. Grundlage der Prüfung bieten nur § 28 und die Rechtsbehelfe des Vollstreckungsrechts. Demnach versteht sich § 26 in folgendem Zusammenhang:

2.2 Zwangsvollstreckung setzt voraus, daß das Grundstück, dessen Versteigerung erfolgen soll, **dem Schuldner gehört** (§ 17 Rdn 2.1). Nach Verfahrensbeginn schützt Beschlagnahme (§ 20 Abs 1) gegen Verfügungen des Schuldners (§ 20 Rdn 2.2). **Eigentumswechsel nach** Wirksamwerden der **Beschlagnahme** als Verstoß gegen das Veräußerungsverbot (§ 23 Abs 1 Satz 1) ist dem Beschlagnahmegläubiger gegenüber **unwirksam** (BGB § 135 Abs 1, § 136; § 23 Rdn 2.1). Das angeordnete Verfahren wird gegen den Schuldner (Grundstückseigentümer bei Beschlagnahme) fortgesetzt, gegen den es zulässig angeordnet wurde.

2.3 Ausnahmsweise kann Eigentumsübergang **nach Beschlagnahme** auch dem Vollstreckungsgläubiger gegenüber noch Wirksamkeit haben, nämlich bei

– **gutgläubigem Erwerb** vor Eintragung des Vollstreckungsvermerks (§ 23 Rdn 4);

---

[1] Motive zum ZVG S 144.

Veräußerung nach der Beschlagnahme 2.6 § 26

– Erwerbsschutz nach BGB § 878 (§ 23 Rdn 2.3); die Veräußerung verstößt dann nicht gegen die Beschlagnahme.

Dann steht das **Eigentum des Erwerbers** der Fortsetzung des (vor Eigentumsübergang) zulässig angeordneten Verfahrens **entgegen**. Der neue Eigentümer kann dann der Fortsetzung des von dem Gläubiger eines **persönlichen Anspruchs** (Rangklasse 5 des § 10 Abs 1) betriebenen Verfahrens widersprechen (ZPO § 771; wegen § 28 siehe dort Rdn 3). Als Eigentümer des Grundstücks ist er nicht Schuldner, in dessen Vermögen der Gläubiger des persönlichen Anspruchs vollstrecken kann (ZPO § 864).

2.4 **Nicht widersprechen** kann der Erwerber bei Eigentumsübergang **nach der Beschlagnahme** der Fortsetzung des von dem Gläubiger eines **persönlichen Anspruchs** betriebenen Verfahrens, wenn „einer der im § 23 Abs 2 bezeichneten Umstände entgegensteht" (Denkschrift S 41). Ausgeschlossen ist ein Widerspruch damit bei jeder gegen die Beschlagnahme verstoßenden Verfügung (Rdn 2.2) somit dann, wenn Erwerbsschutz nach BGB § 878 nicht besteht **und**

– im Grundbuch der Zwangsversteigerungsvermerk bei Eintragung des Eigentumsübergangs bereits eingetragen war (BGB § 135 Abs 2 mit § 892 Abs 1), auch wenn dessen Eintragung unter Verstoß gegen GBO § 17 erfolgt ist,
– im Grundbuch der Zwangsversteigerungsvermerk nach Beschlagnahme zwar noch nicht eingetragen war, der Erwerber aber in dem nach BGB § 892 Abs 2 maßgeblichen Zeitpunkt von der Beschlagnahme oder auch nur von dem Versteigerungsantrag (§ 23 Abs 2) Kenntnis hatte.

2.5 Auch wenn die Zwangsversteigerung von dem **Gläubiger eines eingetragenen Rechts** (Hypothek, Grundschuld, Rentenschuld, auch Reallastleistungen) betrieben wird (dinglicher Vollstreckungstitel [Besonderheit bei Zwangshypothek nach ZPO § 867 Abs 3] oder entsprechende Verwaltungsvollstreckung nötig; Rdn 2.8), ist bei Eigentumsübergang nach der Beschlagnahme ein Widerspruch des Erwerbers bei jeder gegen die Beschlagnahme verstoßenden Verfügung (Rdn 2.2) ausgeschlossen, somit ohne weiteres immer dann, wenn Erwerbsschutz nach BGB § 878 nicht besteht **und**

– im Grundbuch der Zwangsversteigerungsvermerk bei Eintragung des Eigentumsübergangs bereits eingetragen war (BGB § 135 Abs 2 mit § 892 Abs 1), auch wenn dessen Eintragung unter Verstoß gegen GBO § 17 erfolgt ist;
– im Grundbuch der Zwangsversteigerungsvermerk bei Eintragung des Eigentumsübergangs nach Beschlagnahme zwar noch nicht eingetragen war, der Erwerber aber in dem nach BGB § 892 Abs 2 maßgeblichen Zeitpunkt von der Beschlagnahme oder auch nur von dem Versteigerungsantrag (§ 23 Abs 2) Kenntnis hatte.

2.6 Bei Eigentumsübergang **nach** der Beschlagnahme auf Grund einer gegen die Beschlagnahme verstoßenden Verfügung würde demnach der Zwangsversteigerung oder Zwangsverwaltung das von dem Gläubiger eines eingetragenen Rechts betriebenen Verfahrens das Eigentum des Erwerbers **nur entgegenstehen**, wenn im Grundbuch der Zwangsversteigerungsvermerk bei Eintragung des neuen Eigentümers noch nicht eingetragen war und der Erwerber in dem nach BGB § 892 Abs 2 maßgeblichen Zeitpunkt von der Beschlagnahme oder auch nur von dem Versteigerungsantrag (§ 23 Abs 2) **keine Kenntnis hatte.** Für diesen besonderen Fall (Denkschrift S 41) bestimmt § 26 nun weitergehend, daß die Veräußerung auf den Verfahrensfortgang gegen den Schuldner keinen Einfluß hat. Veräußerung ist auch hier der Eigentumsübergang mit Eintragung in das Grundbuch (so auch[2]). Für die Kenntnis des Erwerbers von der Beschlagnahme oder auch nur von dem Versteigerungsantrag (Kenntnis im Sinne des § 23 Abs 2) ist auf den nach BGB

---

[2] LG Kleve DNotZ 1971, 547.

§ 26 2.6   Anordnung der Versteigerung

§ 892 Abs 2 maßgeblichen Zeitpunkt abgestellt. Erfaßt ist damit nicht nur ein erst nach der Beschlagnahme liegender maßgeblicher Zeitpunkt, sondern ohne weiteres auch der Fall, daß der nach BGB § 892 Abs 2 maßgebliche Zeitpunkt (= Kenntnis vom Versteigerungsantrag) vor dem Wirksamwerden der Beschlagnahme liegt, die Eintragung jedoch danach (so wohl auch[2]; anders[3]; nicht zutreffend). Ein Widerspruch des Erwerbers gegen die Fortsetzung des Verfahrens ist in diesem besonderen Fall der Veräußerung nach Beschlagnahme ausgeschlossen worden, weil die Zwangsversteigerung oder Zwangsverwaltung zur Befriedigung des grundbuchersichtlichen Rechts erfolgt (Einl Rdn 2), die auch der Erwerber dulden muß, weshalb er „von vornherein mit der Möglichkeit rechnen muß, daß der Gläubiger das Recht im Wege der Zwangsvollstreckung verfolge" (Denkschrift S 41).

2.7 Unklarheit besteht über den Fall, daß die Zwangsversteigerung wegen des Anspruchs aus einem **eingetragenen Recht** angeordnet ist, der Erwerb des danach eingetragenen Eigentümers nach Maßgabe von **BGB § 878** jedoch **nicht gegen das** mit Beschlagnahme bewirkte **Veräußerungsverbot verstößt**. Die Entstehungsgeschichte gibt über diesen Fall keinen Aufschluß. Der Wortlaut des § 26 ist unergiebig. Nach dem Zweck der Vorschrift kann nicht entscheidend sein, daß die erst nachträglich bewirkte Beschlagnahme die Rechtswirksamkeit (Gültigkeit) der Veräußerung des Grundstücks nicht mehr schmälert. Vielmehr muß der erst nach Eintragung des Erwerbers (BGB § 873) sich vollziehende Eigentumsübergang als Veräußerung des Grundstücks nach der Beschlagnahme im Sinne des § 26 behandelt werden (so auch[4]). Denn bis dahin kann der Gläubiger Befriedigung aus dem Grundstück nur im dinglichen Vollstreckung gegen den eingetragenen Eigentümer des Grundstücks suchen (siehe § 17). Nach dem Zweck des § 26 soll der Grundstückserwerber einer bei Verfahrensbeginn zulässigen Zwangsvollstreckung nachträglich aber nicht widersprechen können, wenn sie zur Befriedigung des grundbuchersichtlichen Rechts am Grundstück erfolgt, die auch der Erwerber zu dulden hat und mit der er rechnen muß (vgl auch zB BGB § 1141 Abs 1). Daher nimmt die wegen des Anspruchs aus einem eingetragenen Recht angeordnete Zwangsversteigerung oder Zwangsverwaltung auch dann gegen den Schuldner (Grundstückseigentümer bei Beschlagnahme) ihren Fortgang, wenn der Eigentumsübergang infolge des BGB § 878 nicht gegen das Veräußerungsverbot verstößt.

2.8 Wegen des **Anspruchs aus einem eingetragenen Recht** ist die Zwangsversteigerung oder Zwangsverwaltung angeordnet, wenn der Anordnungsbeschluß diese dingliche Rechtsnatur des Gläubigeranspruchs kennzeichnet (§ 15 Rdn 4.4; dinglicher Vollstreckungstitel [Besonderheit bei Zwangshypothek nach ZPO § 867 Abs 3] oder entsprechende Verwaltungsvollstreckung nötig). Auch wenn der Gläubiger wegen des dinglichen Anspruchs und zugleich wegen seines durch den Vollstreckungstitel ausgewiesenen persönlichen Anspruchs vollstreckt, kann (unter den Voraussetzungen des § 26) nur das wegen des Anspruchs aus dem eingetragenen Recht angeordnete Verfahren weiterbetrieben werden; der Fortsetzung des Verfahrens auch wegen des persönlichen Anspruchs kann der neue Eigentümer widersprechen.

2.9 Fortgesetzt wird das Verfahren wegen des Anspruchs aus dem eingetragenen Recht gegen den (bisherigen) Schuldner (§ 26). Der Erwerber tritt nicht als (neuer) Schuldner in das Verfahren ein; eine gegen ihn gerichtete Vollstreckungsklausel (ZPO § 727) muß nicht erwirkt werden. Wenn der Erwerber noch vor (oder zugleich mit) dem Vollstreckungsvermerk in das Grundbuch eingetragen wird, ist er Beteiligter nach § 9 Nr 1; bei späterer Eintragung wird er mit Anmeldung und ggfs Glaubhaftmachung Beteiligter (§ 9 Nr 2).

2.10 § 26 ist **nicht anwendbar,** wenn der Eigentumswechsel im Grundbuch **vor** dem Beschlagnahmewirksamkeitszeitpunkt eingetragen wurde, zB in der meist

---

[3] Korintenberg/Wenz § 26 Anm 2.
[4] Steiner/Teufel § 26 Rdn 18.

kurzen Zeitspanne zwischen dem Erlaß und dem Wirksamwerden des Anordnungsbeschlusses (dann ist § 28 anzuwenden), gleich ob dinglich oder persönlich betrieben wird.

2.11 Für jeden (von mehreren) vollstreckenden Gläubigern bestimmt nur die zu seinen Gunsten bewirkte Beschlagnahme (§ 20 Abs 1; nicht die vom Anordnungsgläubiger oder von anderen Beitrittsgläubigern erwirkte), ob eine danach bewirkte Veräußerung den Fortgang des wegen eines dinglichen Anspruchs betriebenen Verfahrens nicht berührt. Für jeden Beitrittsgläubiger ist somit die durch den jeweiligen Beitritt nur mit Zustellung des Beschlusses (§ 22 Abs 1, auch § 151 Abs 2) bewirkte Beschlagnahme maßgeblich (§ 27 Abs 2). Weil der eingetragene Versteigerungsvermerk (Verwaltungsvermerk) gutgläubigen Erwerb nach wirksamer Beitrittsbeschlagnahme ausschließt (§ 23 Rdn 2.5), erlangt bei Beitritt § 26 Bedeutung nur für die Fortsetzung des Verfahrens durch einen dinglichen Beschlagnahmegläubiger, wenn sich der Erwerber auf den Schutz des BGB § 878 berufen könnte.

Sonstiger Eigentumswechsel 3

§ 26 ist nur auf rechtsgeschäftliche Veräußerung anwendbar; nicht auf Eigentumswechsel durch Erbschaft[5] (hierfür ZPO § 779); nicht auf Eigentumswechsel durch Enteignung (bei Enteignung vor oder nach der Beschlagnahme ist das Vollstreckungsverfahren aufzuheben[5]); nicht auf Eigentumswechsel nach BGB § 928 Abs 1 (Dereliktion)[6]. Dem rechtsgeschäftlichen Erwerb steht dagegen der Eigentumserwerb durch den Fiskus nach BGB § 928 Abs 2 (Aneignung herrenloser Grundstücke) gleich[6], ebenso der durch Vereinbarung der Gütergemeinschaft nach BGB §§ 1415, 1416[7].

[Beitrittsbeschluß]

27 (1) **Wird nach der Anordnung der Zwangsversteigerung ein weiterer Antrag auf Zwangsversteigerung des Grundstücks gestellt, so erfolgt statt des Versteigerungsbeschlusses die Anordnung, daß der Beitritt des Antragstellers zu dem Verfahren zugelassen wird. Eine Eintragung dieser Anordnung in das Grundbuch findet nicht statt.**

(2) **Der Gläubiger, dessen Beitritt zugelassen ist, hat dieselben Rechte, wie wenn auf seinen Antrag die Versteigerung angeordnet wäre.**

Übersicht

Allgemeines zu § 27	1	Mehrere Gläubiger treten bei	6
Angeordnete Zwangsversteigerung (Abs 1 Satz 1)	2	Mitteilungen, Zustellungen, Belehrung	7
Antrag eines weiteren Gläubigers (Abs 1 Satz 1	3	Rechte des Beitrittsgläubigers (Abs 2)	8
Beitrittbeschluß (Absatz 1 Satz 1)	4	Versteigerungstermin und Wertfestsetzung beim Beitritt	9
Grundbucheintragung unterbleibt (Abs 1 Satz 2)	5	Zubehör und sonst mithaftende Gegenstände	10

Literatur: Drischler, Der Beitrittsbeschluß in der Immobiliarvollstreckung als Quelle für Regresse, JVBl 1964, 159; Teufel, Der Beitritt zur Zwangsversteigerung und das Zubehör, Rpfleger 1979, 186.

---

[5] Dassler/Muth § 26 Rdn 2; Mohrbutter/Drischler Muster 40 Anm 3; Steiner/Teufel § 26 Rdn 8.
[6] Steiner/Teufel § 26 Rdn 7.
[7] Dassler/Muth § 26 Rdn 2; Mohrbutter/Drischler aaO (Fußn 1); Steiner/Teufel § 26 Rdn 7.

§ 27 1 Anordnung der Versteigerung

1 Allgemeines zu § 27

1.1 Zweck: Die Vorschrift behandelt den Beitritt als Besonderheit der Zwangsvollstreckung in das unbewegliche Vermögen, weil für ein zweites Vollstreckungsverfahren über den gleichen Gegenstand kein Raum ist.

1.2 Anwendungsbereich: § 27 gilt für die Vollstreckungsversteigerung, Zwangsverwaltung, Teilungsversteigerung (hier mit Besonderheiten; § 180 Rdn 14–16), eingeschränkt für die Nachlaßversteigerung (§ 176 Rdn 3), nicht für das Insolvenzverwalterverfahren (§ 172 Rdn 4).

2 Angeordnete Zwangsversteigerung (Absatz 1 Satz 1)

2.1 Das Recht eines Gläubigers, die Zwangsversteigerung eines Grundstücks zu betreiben (ZPO §§ 864, 866) wird nicht dadurch beeinträchtigt, daß auf Antrag eines anderen Gläubigers oder auch des gleichen Gläubigers wegen eines anderen Anspruchs bereits ein Verfahren angeordnet ist. Da aber nur ein Verfahren zur Versteigerung des Grundstücks durchgeführt werden kann, ist auf den späteren Antrag nicht erneut die Versteigerung anzuordnen, sondern die Zulassung des Beitritts zu beschließen.

2.2 Nach Anordnung der Zwangsversteigerung wird der Beitritt zugelassen, wenn ein weiterer Antrag auf Zwangsversteigerung des Grundstücks usw gestellt wird (Abs 1 Satz 1). Es muß die Zwangsversteigerung eines Grundstücks, Grundstücksbruchteils, Wohnungseigentums, Gebäudeeigentums oder grundstücksgleichen Rechts somit bereits angeordnet und **noch anhängig** sein. Der weitere Antrag muß denselben Gegenstand betreffen (dazu Rdn 4.8).

2.3 Anhängig ist ein Verfahren schon ab Erlaß des Anordnungsbeschlusses (Einl Rdn 20). Beitritt ist von da an möglich, nicht erst ab Zustellung oder Grundbucheintragung. Anhängig ist das Verfahren auch noch, wenn es (gleich aus welchem Grund) einstweilen eingestellt ist oder wenn zwar die notwendige Fortsetzung des eingestellten Verfahrens nicht rechtzeitig nach § 31 beantragt ist, aber der (hier konstitutive) Aufhebungsbeschluß noch nicht ergangen ist. Bei Antragsrücknahme endet das Verfahren schon mit dem Eingang der Rücknahme bei Gericht (§ 29 Rdn 2).

2.4 Nach **Schluß der Versteigerung** (§ 73 Abs 2) kann Beitritt bis zur Erteilung (Wirksamwerden) des Zuschlags erfolgen, weil das Grundstück noch immer als Eigentum des Schuldners Gegenstand der Zwangsvollstreckung in das unbewegliche Vermögen ist (§ 22 Rdn 2). Beitritt nach Aufforderung zur Abgabe von Geboten kann jedoch Rangverlust bewirken (§ 22 Rdn 2). Geht **nach** Erteilung (Wirksamwerden) des **Zuschlags** noch ein Beitrittsantrag ein, so kann der **Beitritt** nur (auflösend) **bedingt** zugelassen werden[1]. Falls der Zuschlag rechtskräftig wird, ist der bedingte Beitritt rückwirkend unwirksam (er muß aber ausdrücklich aufgehoben werden), andernfalls bleibt er voll wirksam (Muster für bedingte Zulassung im ZVG-Handbuch Rdn 135, dazu auch Rdn 136–138). Wollte man (wegen theoretischer Bedenken gegen den bedingten Beitritt) die Entscheidung darüber bis zur Aufhebung des Zuschlags aufschieben, könnte inzwischen ein Dritter dingliche Rechte erwerben, zB eine Zwangshypothek (was zulässig ist) und würde so einem nur persönlich betreibenden Beitrittsgläubiger vorgehen.

2.5 Nach **Rechtskraft des Zuschlags** ist ein Beitritt in dem dann noch stattfindenden Verteilungsabschnitt nicht mehr möglich[2]. Ansprüche in Rangklasse 1 bis 4 sowie 7 und 8 des § 10 Abs 1 können dort nur noch angemeldet werden, andere Gläubiger müssen den Erlösüberschuß pfänden. Wenn noch ein Verfahren zur abgesonderten Versteigerung oder Verwertung einer Forderung oder einer

---

[1] OLG Stuttgart OLGZ 1970, 361 = Rpfleger 1970, 102; Jaeckel/Güthe § 27 Rdn 3.
[2] OLG Stuttgart aaO (Fußn 1).

Beitrittsbeschluß 3.4 § 27

beweglichen Sache nach § 65 anhängig ist, ist auch ein Beitritt zu diesem Verfahren noch möglich.

Antrag eines weiteren Gläubigers (Absatz 1 Satz 1) 3

3.1 Der weitere **Antrag** auf Zwangsversteigerung des Grundstücks usw kann von einem anderen (weiteren) Gläubiger oder auch von dem schon betreibenden Gläubiger (Rdn 3.3) gestellt sein. Für den neuen Antrag auf Zwangsversteigerung gelten die gleichen Voraussetzungen und Anforderungen wie für den Erst-Antrag. Wegen der allgemeinen Antragserfordernisse und der besonderen Vollstreckungsvoraussetzungen siehe daher die Ausführungen zum Anordnungsantrag bei §§ 15 und 16. Es müssen alle Vollstreckungsvoraussetzungen auch für den Beitrittsgläubiger und für den Zeitpunkt des Beitritts erfüllt sein. Gleich ist, ob der neue Antrag als Anordnungs- oder als Beitrittsantrag bezeichnet ist; er muß nur dasselbe Objekt betreffen. Die Urkunden sind vorzulegen (§ 16 Abs 2).

3.2 Der Schuldner muß **eingetragener Eigentümer** oder Erbe des Eingetragenen sein (§ 17 Abs 1). Nachweis, daß der Schuldner als Eigentümer des Grundstücks (noch) eingetragen (oder Erbe des eingetragenen Eigentümers) ist, muß erfolgt sein (§ 17 Abs 1, 2). Für diesen Nachweis sieht § 17 Abs 2 Vorlage eines Zeugnisses des Grundbuchamts oder Bezugnahme auf das Grundbuch „desselben" Amtsgerichts vor. Bezugnahme auf das Grundbuch, die nahezu immer ausreicht (§ 17 Rdn 5.5), kann auch schlüssig erfolgt sein wie dann, wenn der Antragsteller für Zulassung des Beitritts davon ausgeht, daß sich das bei Verfahrensanordnung geprüfte Eigentum des Schuldners nicht geändert hat. Auch dann ist das Eigentum des Schuldners im Zeitpunkt der Entscheidung über den Beitrittsantrag nach dem § 17 Rdn 5.6 Gesagten zu prüfen. Über den Nachweis des Eigentums des Schuldners hinaus haben Grundbuchzeugnis oder Bezugnahme auf das Grundbuch keine Bedeutung; Voraussetzung für den Beginn der Zwangsvollstreckung (Vollstreckungsvoraussetzung für Zulassung des Beitritts) sind sie nicht. Vorlage eines Zeugnisses des Grundbuchamts oder Nachprüfung bei Bezugnahme auf das Grundbuch erübrigen sich daher, wenn die Eintragung des Schuldners keines Nachweises bedarf. Das ist der Fall, wenn sie offenkundig ist (ZPO § 291), somit gerichtskundig ist. Wenn die Eintragung des Schuldners nach dem Stand des Vollstreckungsverfahrens offenkundig ist, darf somit (in einem ohnedies seltenen Fall, in dem Bezugnahme auf das Grundbuch nicht genügen würde) ein Zeugnis des Grundbuchamts nicht lediglich als Urkunde für den Vollstreckungsbeginn (§ 16 Abs 2) gefordert werden. Demnach kann der Frage, ob auch für jeden Beitritt ein Zeugnis des Grundbuchamts oder Bezugnahme auf das Grundbuch nötig sei (erforderlich nach[3], nicht nach[4]) praktische Bedeutung nicht zukommen.

3.3 Möglich ist der Beitritt auch wegen **anderer Ansprüche** des schon betreibenden Gläubigers oder wegen einer anderen Rechtsnatur des schon betreibenden Anspruchs (erst persönlich, dann dinglich, zB bei der Zwangshypothek) (dazu auch ZVG-Handbuch Rdn 134). Beitritt ist auch möglich, wenn seit der Anordnung der **Eigentümer gewechselt** hat, dann aber natürlich mit einem Titel gegen den jetzigen Eigentümer, nicht gegen den früheren (ZVG-Handbuch Rdn 138). Der Beitritt eines neuen Antragstellers wird auch zugelassen, wenn er nach dem Tod des Schuldners in den Nachlaß (ZPO § 779), gegen die Erben (vgl ZPO § 747) oder gegen den Testamentsvollstrecker (vgl ZPO § 748) neu vollstreckt.

3.4 Auch für eine **aussichtslose Forderung** kann ein Beitritt durchaus zu empfehlen sein, weil dann erfahrungsgemäß die Schuldner meist mit Ratenzahlungen beginnen, um das für sie unangenehme Verfahren loszuwerden. Allerdings droht hier unter Umständen eine Einstellung nach ZPO § 765a (Einl Rdn 55).

---

[3] Steiner/Hagemann § 17 Rdn 16.
[4] Dassler/Muth § 27 Rdn 2; Fischer, Zwangsversteigerungsverfahren, S 14.

3.5 Wird die Zwangsversteigerung wegen des Kapitals eines dinglichen Rechts betrieben, so erhalten aus dem Versteigerungserlös auch die **wiederkehrenden Leistungen** Befriedigung, soweit sie laufend oder bis zu zwei Jahren rückständig sind (§ 10 Abs 1 Nr 4); gleiches gilt bei öffentlichen Lasten (§ 10 Abs 1 Nr 3). Damit werden automatisch als laufend auch alle während des Verfahrens fällig werdenden wiederkehrenden Leistungen erfaßt. Für diese Raten wurde ein Beitritt vereinzelt daher nicht für möglich angesehen[5]. Das kann nicht gebilligt werden. Die Frage kann nur für die Kosten von Bedeutung sein, weil der Schuldner Kosten, die nicht notwendig sind, nicht ersetzen muß (ZPO §§ 91, 788). Der Gläubiger kann ja aus einer fälligen, nicht bezahlten Forderung (wenn er einen Titel hat) betreiben. Ein berechtigtes Interesse hat er auf jeden Fall, wenn Beträge der wiederkehrenden Leistungen über zwei Jahre rückständig werden und dann in Rangklasse 7 oder 8 zurückfallen, sofern wegen Bezahlung der bisher betreibenden Forderung das Verfahren aufgehoben wird. Nicht zu billigen ist es, wenn etwa Banken bei jeder neuen Amortisationsfälligkeit sofort den Beitritt erklären, ohne daß besondere Umstände dies rechtfertigen; man kann ihren Antrag nicht ablehnen, wird aber die Kosten nicht dem Schuldner aufbürden können.

3.6 Hindernisse, wie sie für die Anordnung gelten, stehen auch dem Beitritt entgegen (dazu bei § 15). Gelegenheit zur Behebung ist mit Aufklärungsverfügung zu geben (§ 15 Rdn 3.6). Zurücknahme des Antrags: § 29. Zurückweisung § 15 Rdn 3.6. Wo die Zustimmung zum Zuschlag (nicht schon zum Beitritt, § 15 Rdn 13.8) nötig ist (Erbbaurecht, Wohnungseigentum), müssen Anordnungs- und Beitrittsgläubiger sich hierum bemühen; erwirkt sie der eine, wirkt dies natürlich auch für den anderen.

4 Beitrittsbeschluß (Absatz 1 Satz 1)

4.1 In der Form der **Zulassung des Beitritts** zu dem bereits angeordneten Zwangsversteigerungsverfahren ist dem weiteren Versteigerungsantrag stattzugeben (Abs 1 Satz 1). Der Beschluß (ZPO § 764 Abs 3) muß als Maßnahme der Zwangsvollstreckung die Zulassung des **Beitritts anordnen;** zu Form und Inhalt § 15 Rdn 4. Betrag und Rechtsnatur des Anspruchs des beitretenden Gläubigers sind in dem Beschluß anzugeben. Der Beschluß gilt zugunsten des Gläubigers, der ihn erwirkt hat, als Beschlagnahme des Objekts (§ 20 Abs 1).

4.2 Muster: Der Beschluß ist wie beim Anordnungsbeschluß zu fassen, nur heißt es: „... wird der Beitritt zur Zwangsversteigerung der ... zugelassen ...". Dazu § 15 Rdn 4.2 und ZVG-Handbuch Rdn 129, 135.

4.3 Zuständig für die Entscheidung über einen Beitrittsantrag ist in allen ZVG-Verfahren der Rechtspfleger des Vollstreckungsgerichts (RPflG § 3 Nr 1 i). Hat er den Antrag zurückgewiesen und hebt ihn das Beschwerdegericht auf, so erläßt dieses den Beitrittsbeschluß (samt Belehrung usw), wie bei der Anordnung (dazu § 15 Rdn 3).

4.4 Rechtsbehelfe gegen den Beitritt bzw seine Ablehnung (ebenso wie bei der Anordnung): § 15 Rdn 5. Der Schuldner hat gegen den Beitrittsbeschluß, wenn er vorher (wie regelmäßig) nicht gehört wurde, somit die Vollstreckungserinnerung (nicht sofortige Beschwerde).

4.5 Wo **Vollstreckungsmängel** den Beitritt fehlerhaft machen, ist er doch als Staatshoheitsakt wirksam (Näheres § 15 Rdn 39).

4.6 Wird **vor der Zustellung** des schon erlassenen Beitrittsbeschlusses der **Anordnungsantrag zurückgenommen** (Eingang entscheidet; Rdn 2.3) oder das Verfahren aus § 28 oder einem anderen Grund aufgehoben, so wird der Beitrittsantrag als (neuer) Anordnungsantrag behandelt. Es wird unter Aufhebung des noch

---

[5] Jonas/Pohle, ZwVNotrecht, § 30 b Anm 3.

Beitrittsbeschluß 5 § 27

nicht zugestellten Beitrittsbeschlusses ein neuer Anordnungsbeschluß erlassen, der frühere Versteigerungsvermerk gelöscht und ein neuer eingetragen. Es ist nicht nötig, in diesem Fall bei dem betreibenden Gläubiger erst anzufragen, ob er mit Anordnung statt Beitritt einverstanden sei, weil er ja auf jeden Fall die Versteigerung wünscht und Anordnungs- wie Beitrittsverfahren für ihn gleich sind. Man darf nur nicht die alte Beschlagnahme bestehenlassen, es gilt ja jetzt ein ganz anderer Beschlagnahmezeitpunkt (wichtig für Zwischenrechte, aber auch für das Verfahren selbst, zB § 13). Man darf auch nicht, wenn Beitrittsantrag und Rücknahme zusammentreffen, das Verfahren noch als anhängig behandeln und erst den Beitritt beschließen, bevor man die Anordnung aufhebt, weil die Rücknahme bereits mit ihrem Eingang wirksam wurde, so daß eben kein Beitritt mehr möglich ist. Wurde ein ordnungsgemäß erlassener Beitrittsbeschluß verspätet an den Schuldner zugestellt (etwa weil dieser seine Anschrift geändert hatte) und ist vor der Zustellung die Anordnung entfallen, so ist der zugestellte und damit wirksame Beitrittsbeschluß nicht aufzuheben (wie im vorigen Fall), sondern durch einen Berichtigungsbeschluß in einen Anordnungsbeschluß umzuändern; unter Löschung des alten Vollstreckungsvermerks ist dann ein neuer einzutragen. Ist die Zustellung des Beitritts wegen erheblicher Fehler unwirksam (es ist zB eine nicht unterschriebene, nicht gesiegelte Abschrift zugestellt), vorher aber die Anordnung entfallen, und hat dann der Eigentümer gewechselt, so kann eine wirksame Zustellung des Beitrittsbeschlusses nicht mehr nachgeholt werden. Der Fehler heilt auch dann nicht, wenn der Schuldner ein Jahr lang den Mangel nicht gerügt, ja sogar Sachanträge gestellt hat, weil dieser Fehler von Amts wegen zu bereinigen ist und Nichtrüge keine Genehmigung eines so schweren Verfahrensfehlers ist. Hierzu auch im ZVG-Handbuch Rdn 136.

4.7 Ist das Zwangsversteigerungsverfahren bei Eingang des neuen Antrags nicht mehr anhängig (ist bereits die Antragsrücknahme eingegangen oder das Verfahren sonst, zB nach § 28, aufgehoben), dann wird ein Beitrittsantrag ohne Rückfrage bei dem Antragsteller als Anordnungsantrag behandelt.

4.8 Jeder Beitrittsbeschluß kann nur **dasselbe Grundstück** oder den gleichen Grundstücksbruchteil (oder dasselbe andere Versteigerungsobjekt) betreffen wie der Anordnungsbeschluß; der Schuldner darf dabei verschieden sein, wenn zB inzwischen der Eigentümer gewechselt hat. Wird das Verfahren erst über einen Grundstücksbruchteil angeordnet, dann die Versteigerung eines anderen Grundstücksbruchteils beantragt, so erfolgt im zweiten Fall kein Beitritt, weil ja über diesen Bruchteil noch kein Verfahren anhängig war, sondern eine neue Anordnung (Verbindung dann nur unter den Voraussetzungen des § 18). Zur neuen Anordnung ist auch nach § 19 das Grundbuchamt um Eintragung des Vollstreckungsvermerks zu ersuchen, weil bisher erst ein Vermerk auf dem anderen Bruchteil eingetragen war. Wenn zuerst die Versteigerung eines Bruchteils angeordnet war, dann die Versteigerung des ganzen Grundstücks beantragt wird, so ist der Beitritt hinsichtlich des schon beschlagnahmten Bruchteils zuzulassen, hinsichtlich des anderen die Versteigerung aber anzuordnen. Wenn die Versteigerung des ganzen Grundstücks angeordnet ist und dann die Zwangsversteigerung eines Bruchteils dieses Grundstücks beantragt wird, ist der Beitritt hinsichtlich dieses Bruchteils zuzulassen. Durch Zulassung des Beitritts ist (auch in einem Verfahren über mehrere Grundstücke) über einen weiteren Antrag zu entscheiden, wenn er nur Versteigerung des Bruchteils des bereits beschlagnahmten Grundstücks (eines von mehreren Grundstücken) verlangt.

Grundbucheintragung unterbleibt (Absatz 1 Satz 2)   5

Eine Eintragung der Beitrittszulassung in das Grundbuch erfolgt nicht (Abs 1 Satz 2). Ein Grundbuchersuchen (§ 19 Abs 1) unterbleibt daher. Es gibt daher auch keine erneute (oder auch nur ergänzende) Mitteilung des Grundbuchamts (§ 19 Abs 2). Der einmal eingetragene Versteigerungsvermerk wirkt auch zugunsten des beigetretenen Gläubigers, sobald die Beschlagnahme für diesen wirksam geworden ist (Denkschrift S 42). Dieser Versteigerungsvermerk bleibt eingetragen, wenn das Anordnungsverfahren nachträglich (also nach dem Wirksamwerden des Beitritts) aufgehoben wird.

6 Mehrere Gläubiger treten bei

6.1 Über gleichzeitig vorliegende Anträge muß auch hier **gleichzeitig entschieden** werden (§ 15 Rdn 4.13). Damit nicht durch verzögerte Bearbeitung Rangverschiebungen persönlicher Gläubiger eintreten, muß jeder Antrag sofort verbeschieden und die Entscheidung auch sofort zugestellt werden (die Zustellung entscheidet hier ja den Rang), da sonst inzwischen neue Grundbuchrechte eingetragen werden können. Geht vor der Hinausgabe zur Zustellung ein neuer Antrag ein, sollte man erst zur Zustellung geben, dann erst zur neuen Entscheidung vorlegen, da sonst durch immer neue Anträge die Erledigung verzögert wird. Bei gleichzeitig eingehenden Anträgen ist auch hier durch einen Beschluß zu entscheiden, damit nicht durch unterschiedliche Zustellungszeitpunkte Rangunterschiede entstehen. Mehrere hintereinander erlassene Beitrittsbeschlüsse müssen in der richtigen Reihenfolge zugestellt werden, sonst Haftungsgefahr[6].

6.2 Was für den Anordnungsbeschluß gilt, das gilt auch hier (§ 15 Rdn 4.13). Bei mehreren betreibenden Gläubigern ist **jedes** einzelne **Verfahren selbständig;** Einstellungen, Aufhebungen, Fortsetzungen wirken nur für den davon Betroffenen; es gibt keine Einheit des Verfahrens (§ 15 Rdn 4.14).

7 Mitteilungen, Zustellungen, Belehrung

7.1 Zu verlautbaren ist der Beitrittsbeschluß wie der Anordnungsbeschluß. Er ist somit an den **Schuldner** zuzustellen, an den **Beitrittsgläubiger** nur bei Teilablehnung (sonst nur mitzuteilen). Neben der (notwendigen) Zustellung an den Prozeßbevollmächtigten des Schuldners (ZPO § 172) empfiehlt sich auch hier bei Zweifeln über das Fortbestehen der Prozeßvollmacht eine formlose Mitteilung an den Schuldner selbst (§ 15 Rdn 47).

7.2 Auch für den Beitritt gilt, daß die Zustellung grundsätzlich an den **Prozeßbevollmächtigten** erfolgen muß (ZPO § 172), und zwar an den im jeweiligen Vollstreckungstitel genannten (es kann dies ja ein anderer sein als im Titel des Anordnungsgläubigers), sofern nicht dessen Vollmacht bereits erloschen ist (hierzu § 3 Rdn 3.3). Hat ein Rechtsanwalt (insbesondere unter Vorlage einer darauf bezüglichen Vollmacht) angezeigt, daß er in dem durch den Anordnungsbeschluß eingeleiteten Verfahren den Schuldner gegenüber dem betreibenden Gläubiger vertrete (leider werden die Prozeßvollmachten zum Nachteil des Schuldners sehr häufig in dieser beschränkten Form vorgelegt, weil es im Prozeß so üblich ist), so ist der Beitrittsbeschluß für einen anderen Gläubiger nicht an diesen Rechtsanwalt, sondern an den Schuldner selbst (an seinen Prozeßbevollmächtigten, der in dem vom Beitrittsgläubiger erwirkten Vollstreckungstitel genannt ist) zuzustellen, mindestens genügt dies. Das Gericht darf nicht unterstellen, daß sich die auf die Anordnung bezogene Vollmacht auf den Beitritt erstrecke (es gibt immer wieder Fälle, in denen sich der Schuldner gegenüber verschiedenen betreibenden Gläubigern auch von verschiedenen Anwälten vertreten läßt). Jedoch empfiehlt sich zusätzlich formlose Mitteilung an den Rechtsanwalt, der sich für den Anordnungsbeschluß bestellt hatte, mit der Anfrage, ob er auch in diesem Verfahren vertreten würde, und mit dem Hinweis, daß dann entweder Vollmacht für das neue Beitrittsverfahren oder eine nicht auf einen Gläubiger beschränkte Vollmacht vorzulegen sei (Prüfung der Vollmacht aber nicht von Amts wegen, ZPO § 88, wenn der Rechtsanwalt auch für das Beitrittsverfahren als Bevollmächtigter handelt) und daß

---

[6] Drischler RpflJahrbuch 1971, 316 (II 3).

Beitrittsbeschluß 8.2 § 27

bis dahin Zustellungen insoweit an den Schuldner erfolgen müßten. Die Beteiligten, an das Prozeßverfahren mit grundsätzlich einem Kläger gewöhnt, verlassen sich sonst darauf, daß alle Zustellungen des Verfahrens an den einmal bestellten Anwalt erfolgen würden. Den Rechtsanwälten wird daher dringend empfohlen, ihre Prozeßvollmachten in ZVG-Verfahren nicht wie in Prozessen „in Sachen X gegen Y" ausstellen zu lassen, sondern für das „Zwangsversteigerungsverfahren (Zwangsverwaltungsverfahren) gegen Y", wenn nicht im Einzelfall bewußt die Tätigkeit auf das Verfahren eines bestimmten Gläubigers beschränkt sein soll, etwa bei Interessenkollision.

7.3 Zu jedem Beitrittsbeschluß gibt es alle Einstellungsmöglichkeiten wie zum Anordnungsbeschluß, weil ja die Verfahren selbständig sind. Darum muß auch zu jedem Beitrittsbeschluß die **Einstellungsbelehrung** nach § 30 b Abs 1 erfolgen (§ 30 b Rdn 2.1).

7.4 Erneute Mitteilung (Zustellung) an den Grundstückseigentümer bei Erbbaurecht (§ 16 Rdn 47.5), nochmalige Aufforderung der Mieter (Pächter, § 57 d; dazu bereits § 15 Rdn 47.6) und Mitteilung an Behörden usw (wie bei der Anordnung) erfolgen zum Beitritt nicht mehr. Was zur Anordnung geschehen ist, wirkt auch für die Beitritte.

7.5 Dazu auch ZVG-Handbuch Rdn 131.

7.6 Auch Zustellung an den Berechtigten eines vermögensrechtlichen Rückerstattungsanspruchs (VermG § 3 b Abs 2) und bei Zwangsversteigerung des von einem Gebäudeeigentum betroffenen Grundstücks an den Nutzer (EGZVG § 9 a Abs 3 Satz 1) erfolgen nicht mehr. Zur Rechtswahrung ist Verständigung nur durch Zustellung des Anordnungsbeschlusses vorgeschrieben, nicht aber (laufende) Information mit Zustellung auch des Beitrittsbeschlusses.

Rechte des Beitrittsgläubigers (Absatz 2) 8

8.1 Wirksam wird der Beitrittsbeschluß (damit die Beschlagnahme für den Beitretenden mit „seinem" Veräußerungsverbot des § 23; dazu[7]) nur **durch Zustellung** an den Schuldner (§ 22 Abs 1), keinesfalls schon mit dem Erlaß (kein Eintragungsersuchen). Zustellung an den Schuldner ist hierbei bei Gesamthandsschuldnern an den letzten, bei Bruchteilsschuldnern ist sie für jeden gesondert maßgeblich. Voraussetzung ist dabei, daß die mit dem Anordnungsbeschluß bewirkte Beschlagnahme schon wirksam geworden ist[8] Ist dies nicht der Fall und wird der Beitrittsbeschluß etwa vor dem Anordnungsbeschluß zugestellt, so gilt er als Anordnungsbeschluß, während der ursprüngliche Anordnungsbeschluß zum Beitritt wird, wirksam mit seiner Zustellung. Das Wirksamwerden durch Zustellung kann sich durch öffentliche oder Auslandszustellung erheblich verzögern; bei der Terminsansetzung ist hierauf zu achten. Ein für den Anordnungsbeschluß ordnungsgemäß angesetzter Versteigerungstermin darf nicht wegen eines späteren Beitritts wieder abgesetzt werden, außer wenn der Anordnungsbeschluß wegen Einstellung oder Aufhebung wegfällt. Dazu ZVG-Handbuch Rdn 132. Zustellung an den Schuldner ist noch im Versteigerungstermin möglich, bedingt auch noch nachher (Rdn 2). Ein zunächst wegen gesetzwidriger Zustellung unwirksamer Beitrittsbeschluß kann nicht mehr durch ordnungsgemäße Zustellung **geheilt** werden, wenn vorher der Anordnungsbeschluß entfallen ist und der Eigentümer gewechselt hat (dazu auch Rdn 2).

8.2 Der Beitrittsgläubiger hat **dieselben Rechte,** wie wenn auf seinen Antrag die Versteigerung angeordnet wäre (Abs 2). Der Beitrittsbeschluß gilt zu seinen Gunsten als Beschlagnahme des Grundstücks (§ 20 Abs 2); für ihn hat sie die Wir-

---

[7] BGH DNotZ 1989, 160 = MDR 1988, 958 = NJW-RR 1988, 1274 = Rpfleger 1988, 453.
[8] LG Freiburg KTS 1975, 133 mit krit Anm Mohrbutter.

§ 27 8.2   Anordnung der Versteigerung

kung eines Veräußerungsverbots (§ 23 Abs 1 Satz 1). Als vollstreckende Gläubiger sind Anordnungs- und Beitrittsgläubiger (oder mehrere Beitrittsgläubiger im Verhältnis zueinander) voneinander unabhängig. Das ZVG kennt keine Einheit des Verfahrens[9]. Das Verfahren ist für den Beitrittsgläubiger daher auch dann fortzusetzen, wenn der (ursprüngliche) Versteigerungsantrag zurückgenommen wird oder als zurückgenommen gilt (Denkschrift S 42) oder das Verfahren des Anordnungsgläubigers eingestellt wird. Aufhebung oder Einstellung des Verfahrens des Beitrittsgläubigers berühren ebenso den Fortgang des Verfahrens des Anordnungsgläubigers nicht.

8.3 Wird vor der Zustellung des Beitritts ein **neues dingliches Recht** eingetragen, so ist dieses (trotz der Eintragung eines Vollstreckungsvermerks) dem Beitrittsgläubiger gegenüber wirksam (nicht § 23) und so in Rangklasse 4 (dem Beitrittsgläubiger gegenüber; dem Anordnungsgläubiger gegenüber in Rangklasse 6). Zur Berücksichtigung im Verfahren muß das Recht bei Eintragung nach dem Vollstreckungsvermerk aber angemeldet werden (§ 9 Nr 2, § 37 Nr 4, §§ 45, 114, 156 Abs 2).

9 Versteigerungstermin und Wertfestsetzung bei Beitritt

9.1 Eine schon vor dem Beitritt erfolgte und durch Zustellung auch ausgeführte **Terminsbestimmung** ist auch an den Beitrittsgläubiger (falls er nicht schon bisher beteiligt war) sofort zuzustellen (§ 41 Abs 1). Dabei können vielleicht die gesetzlichen Fristen nicht mehr eingehalten werden (§ 43 Abs 2); der Beitrittsbeschluß darf dann der Berechnung des geringsten Gebots nicht zugrunde gelegt werden. Erfolgt der Beitritt knapp vor dem Versteigerungstermin, so muß die Zustellung wenigstens noch versucht werden. Erfolgt der Beitritt erst im Versteigerungstermin, indem dem Schuldner der Beschluß im Termin selbst zugestellt wird (ZPO §§ 173, 177; wenn das nicht mehr möglich ist, vielleicht noch bedingter Beitritt, § 27 Rdn 2), so ist eine Terminsladung des Gläubigers nicht mehr möglich. Hierzu auch ZVG-Handbuch Rdn 131, 135.

9.2 Eine schon vor dem Beitritt erfolgte **Wertfestsetzung** ist auch dem neuen Beitrittsgläubiger (falls er nicht schon bisher beteiligt war) zuzustellen. Er hat dann die normalen Rechtsmittel dagegen (§ 74a Abs 5), auch wenn der Beschluß schon gegenüber allen anderen Beteiligten rechtskräftig ist (dazu § 74a Rdn 9). Wird Zustellung an Beitrittsgläubiger unterlassen, so kann unter Umständen auf sein Rechtsmittel hin der Wert geändert und auf Anfechtung des Zuschlags dieser aufgehoben werden. Dazu ZVG-Handbuch Rdn 213.

10 Zubehör und sonst mithaftende Gegenstände

10.1 Für den Beitrittsgläubiger umfaßt die **Beschlagnahme** mithaftende Gegenstände (Zubehör, getrennte Erzeugnisse und Bestandteile, Versicherungsforderung, § 20 Rdn 3) in gleichem Umfang wie dies bei Anordnungsbeschlagnahme der Fall ist (Abs 2, § 20 Abs 2, § 21). Weil jedoch Beschlagnahme durch Beitritt mit Zustellung des Beschlusses an den Schuldner bewirkt wird (§ 22 Rdn 2.3), sind nur die in diesem Zeitpunkt (nicht die bei früherer Anordnungsbeschlagnahme) mithaftenden Gegenstände zugunsten des Beitrittsgläubigers nach § 20 Abs 2 beschlagnahmt[10]. Die Beschlagnahme des Gegenstandes zugunsten des Anordnungsgläubigers wirkt nicht bereits auch für den Beitrittsgläubiger, weil die Beschlagnahme für jeden betreibenden Gläubiger immer unabhängig von der für den andere ist (§ 23 Rdn 2.6). Nach Veräußerung und Entfernung von Zubehör oder sonst mithaftender Gegenstände (BGB § 1121) und ebenso nach dauernder Entfer-

---

[9] RG 125, 24 (30).
[10] OLG Zweibrücken OLGZ 1977, 212 (219); Steiner/Teufel § 27 Rdn 42, 43; Teufel Rpfleger 1979, 186.

Beitrittsbeschluß 10.3 § 27

nung von Erzeugnissen oder Bestandteilen oder Aufhebung der Zubehöreigenschaft (BGB § 1122) **vor** Beitritt, die für den Anordnungsgläubiger als gegen seine Beschlagnahme verstoßende Verfügungen unwirksam sind, kann sich die Beitrittsbeschlagnahme daher nicht mehr auf den Gegenstand erstrecken (§ 20 Abs 2)[11].

10.2 Ein Beitritt erstreckt sich auch auf **Zubehör** (und andere mithaftende Gegenstände), das von allen bis dahin betreibenden Gläubigern, also vom Anordnungsgläubiger und den früheren Beitrittsgläubigern, **freigegeben** ist. Diese Beschlagnahme des Zubehörs muß im Beitrittsbeschluß nicht gesondert zum Ausdruck gebracht werden; sie erfordert auch keinen darauf gerichteten ausdrücklichen Antrag. Es ist auch nicht von Bedeutung, ob Zubehör oder ein mithaftender Gegenstand von den bisher betreibenden Gläubigern bislang nur freigegeben wurde (Freigabe ist Antragsrücknahme und wird bereits mit ihrem Eingang bei Gericht wirksam, § 29 Rdn 2) oder ob nach Freigabe (Teilrücknahme) oder aus anderen Gründen (zB weil der Zubehöreigentümer gegen den Anordnungsgläubiger sein der Versteigerung entgegenstehendes Recht nach § 37 Nr 5 gerichtlich durchgesetzt hat) bereits Teilaufhebungsbeschluß hinsichtlich einzelner oder mehrerer Zubehörstücke ergangen ist (§ 29 Rdn 4). Das folgt aus ZPO § 865 Abs 1 und 2 und aus ZVG § 27 Abs 2. Beitritt ist Zwangsvollstreckung in das unbewegliche Vermögen und damit auch Vollstreckungszugriff auf mithaftende Gegenstände, insbesondere Zubehör, das nicht gepfändet werden kann (ZPO § 865 Abs 1 und 2). Daher begründet die Anordnung, daß der Beitritt zu dem Versteigerungsverfahren über ein Grundstück zugelassen wird, dem Gläubiger die gleichen Rechte wie eine Versteigerungsanordnung (Abs 2). Der Beschluß gilt mithin nach § 20 Abs 1 zugunsten des Beitrittsgläubigers als Beschlagnahme des Grundstücks und umfaßt zu seinen Gunsten nach § 20 Abs 2 auch Zubehör und andere Gegenstände, die der hypothekarischen Haftung unterliegen (BGB § 1120). Ebenso wie Zubehör und andere Gegenstände, wenn nach einer von mehreren Gläubigern bewirkten Beschlagnahme Freigabe nur von einem oder einzelnen der Beschlagnahmegläubiger erklärt ist, noch immer für einen oder mehrere weitere Gläubiger beschlagnahmt bleiben, kann der Gegenstand nach Freigabe auch wieder von der Beschlagnahme mit Beitritt für einen weiteren Gläubiger erfaßt werden. Zulassung des Beitritts setzt nur ein bereits anhängiges Zwangsversteigerungsverfahren über ein Grundstück voraus (Abs 1), für die Beschlagnahmewirkungen zugunsten des Beitrittsgläubigers ist jedoch volle Identität der mit dem Grundstück beschlagnahmten Gegenstände (§ 20 Abs 2) nicht verlangt. Daher erfaßt mit Zulassung des Beitritts zu einem Zwangsverwaltungsverfahren die Beschlagnahme des Grundstücks zugunsten des Beitrittsgläubigers auch wieder Miet- und Pachtzinsforderungen, die von dem Gläubiger, auf dessen Antrag die Zwangsverwaltung angeordnet ist, bereits freigegeben waren, soweit sie nur noch hypothekarisch haften (§ 148 Abs 1).

10.3 Zubehör im Eigentum des Grundstückseigentümers, das von allen bis dahin betreibenden Gläubigern freigegeben worden ist, wird daher neuerlich für den Beitrittsgläubiger beschlagnahmt. Wenn Freigabe oder Verfahrensaufhebung erfolgt, weil alle bis dahin betreibenden Gläubiger **Dritteigentum** an Zubehör anerkannt haben oder weil gegen sie eine entsprechende Entscheidung des Prozeßgerichts ergangen ist, muß Aufhebung oder Einstellung des Verfahrens nach § 37 Nr 5 auch gegenüber dem neuen Beitrittsgläubiger herbeigeführt werden, wenn sich nicht das von ihm betriebene Versteigerungsverfahren nicht nach Maßgabe des § 55 Abs 2 auf die Zubehörstücke erstrecken soll. Nur wenn der Beitrittsgläubiger, für dessen Verfahren Aufhebung oder einstweilige Einstellung für Zubehörstücke nicht mehr herbeigeführt ist, im Versteigerungstermin nach § 43 Abs 2 nicht die Stellung eines betreibenden Gläubigers hat, weil der Beschlagnahmebeschluß dem Schuldner nicht vier Wochen vor dem Termin zugestellt worden

---

[11] OLG Zweibrücken und Steiner/Teufel je aaO (Fußn 10); Mayer RpflStud 1979, 4.

ist, wird das bereits freigegebene Zubehör auf Grund seines Beitritts nicht wieder in die Versteigerung einbezogen. Zur Klarstellung insbesondere für Interessenten müßte im Versteigerungstermin (zu empfehlen ist Aufnahme in die Versteigerungsbedingungen) darauf hingewiesen werden, ob nach Freigabe von Zubehör durch frühere Beschlagnahmegläubiger eine neuerliche Beschlagnahme für einen Beitrittsgläubiger rechtzeitig bewirkt ist und die Versteigerung nach § 55 sich auf damit wieder beschlagnahmtes Zubehör erstreckt.

10.4 Der Beitrittsgläubiger, der Zubehör oder sonst mithaftende Gegenstände besonders freizugeben hat, kann dies auch sogleich durch **Antragsbeschränkung** erklären (siehe auch § 20 Rdn 2.3). Es kann sich auch aus den Umständen des Einzelfalls ergeben, daß Antrag auf Zulassung des Beitritts mit der Beschränkung gestellt sein soll, daß Beschlagnahme freigegebener Gegenstände nicht verlangt wird. Das kann bei geringem Wert der Gegenstände und sicherer Rangstelle des beitretenden Gläubigers gewollt sein, wenn nach Freigabe bereits Teilaufhebungsbeschluß ergangen ist. Erforderlichenfalls ist mit Aufklärung (ZPO § 139) festzustellen, ob durch Antragsbeschränkung die von anderen Gläubigern freigegebenen Gegenstände sogleich auch von der Beitrittsbeschlagnahme ausgenommen werden sollen. Dann ist im Beitrittsbeschluß zu vermerken:
„Dieser Beitritt erstreckt sich nicht auf die Zubehörstücke, über die das Verfahren mit Beschluß vom ... aufgehoben worden ist, nämlich ..."

10.5 Ist das Verfahren über das Zubehör von allen bisher betreibenden Gläubigern nur **eingestellt,** so bewirkt Beitritt natürlich Beschlagnahme des Zubehörs. Ist wegen des Zubehörs eingestellt und dieses von der Versteigerung ausgenommen, so kann für das Verfahren über das Zubehör auch nach Rechtskraft des Zuschlags über das Hauptobjekt noch Beitritt erfolgen (Rdn 2.5).

II. Aufhebung und einstweilige Einstellung des Verfahrens

[Entgegenstehende grundbuchmäßige Rechte; andere Hindernisse]

28 (1) **Wird dem Vollstreckungsgericht ein aus dem Grundbuch ersichtliches Recht bekannt, welches der Zwangsversteigerung oder der Fortsetzung des Verfahrens entgegensteht, so hat das Gericht das Verfahren entweder sofort aufzuheben oder unter Bestimmung einer Frist, binnen welcher der Gläubiger die Hebung des Hindernisses nachzuweisen hat, einstweilen einzustellen. Im letzteren Falle ist das Verfahren nach dem Ablaufe der Frist aufzuheben, wenn nicht inzwischen der Nachweis erbracht ist.**

(2) **Wird dem Vollstreckungsgericht eine Verfügungsbeschränkung oder ein Vollstreckungsmangel bekannt, ist Absatz 1 entsprechend anzuwenden.**

Übersicht

Allgemeine Übersicht zu §§ 28–34	1	Maßnahmen nach § 28 Absatz 1	7
Allgemeines zu § 28	2	Verfügungs„beschränkung" als Verfahrenshindernis (Absatz 2)	8
Drittrechte als Hinderungsgrund (Absatz 1)	3	Vollstreckungsmangel als Verfahrenshindernis (Absatz 2)	9
Eigentum eines Dritten als entgegenstehendes Recht	4	Rechtsbehelfe	10
Einzelne Besonderheiten	5	Besonderheiten im Beitrittsgebiet	11
Grundbuchübersichtlichkeit des Verfahrenshindernisses (Absatz 1)	6		

Literatur: Hofmann, Zu § 28 ZVG bei Nacherbschaft am Versteigerungsobjekt, Rpfleger 1999, 317.

Entgegenstehende grundbuchmäßige Rechte **3 § 28**

Allgemeine Übersicht zu §§ 28–34 1

Die Fälle der Aufhebung und der einstweiligen Einstellung des Verfahrens, die schon vor dem Versteigerungstermin vorkommen können, regelt das ZVG in den §§ 28–34 im Anschluß an den ersten Abschnitt über die Anordnung der Versteigerung (§§ 15–27). Weitere Aufhebungs- und Einstellungsvorschriften finden sich in § 74a Abs 1, §§ 75, 76, 77 Abs 1 und 2, § 86, ZPO §§ 765a, 775, 776. Dieser zweite Abschnitt im zweiten Titel des ZVG behandelt Einstellung und Aufhebung wegen eines Grundbuchhindernisses, einer Verfügungsbeschränkung oder eines Vollstreckungsmangels (§ 28), Aufhebung wegen Antragsrücknahme (§ 29), Einstellung auf Bewilligung des betreibenden Gläubigers (§ 30) und auf Antrag des Schuldners (§§ 30a–c) bzw des Insolvenzverwalters (§§ 30d–f), Fortsetzung nach einer Einstellung (§ 31), grundsätzliche Zustellungspflicht bei Aufhebungs- und Einstellungsbeschlüssen (§ 32), Art der Aufhebung oder Einstellung nach Schluß der Versteigerung durch Zuschlagsversagung (§ 33) und Löschung des Vollstreckungsmerks nach Aufhebung des Verfahrens (§ 34).

Allgemeines zu § 28 2

2.1 Zweck der Vorschrift: Verfahrensbestimmung zur Wahrung der die Zwangsversteigerung (Zwangsverwaltung) hindernden grundbuchersichtlichen Rechte sowie zur Berücksichtigung einer dem Vollstreckungsgericht bekannt gewordenen hinderlichen Verfügungsbeschränkung und eines erkennbar gewordenen Vollstreckungsmangels. Grundbuchersichtlich entgegenstehende Rechte sollen nicht erst noch in einem Rechtsstreit festgestellt werden müssen, sondern sind der Bedeutung des Grundbuchs entsprechend von Amts wegen ebenso zu berücksichtigen wie bekannte Verfügungsbeschränkungen oder Vollstreckungsmängel.
2.2 Anwendungsbereich: § 28 gilt zunächst für die Vollstreckungsversteigerung, mit Einschränkungen auch für die Zwangsverwaltung (dort grundsätzlich keine Einstellung, § 146 Rdn 6) und mit mancherlei Einschränkungen für die Verfahren nach §§ 172, 175, 180 (soweit Hindernisse dort beachtlich sind).

Drittrechte als Hinderungsgrund (Absatz 1) 3

Der Zwangsversteigerung oder der Fortsetzung des Verfahrens nach Abs 1 **entgegenstehende Rechte** sind alle verfahrenshindernden Rechte **Dritter**, die auch der Verfahrensanordnung entgegenstehen (hierzu Erläuterungen zu 15). Das Grundstück (andere Objekt) kann nur als Schuldnervermögen Gegenstand der Zwangsversteigerung sein (Einl Rdn 1). Rechte Dritter darf eine Vollstreckung nicht beeinträchtigen (§ 15 Rdn 3.5). Der Zwangsversteigerung oder der Fortsetzung des Verfahrens steht das Recht eines Dritten daher entgegen, wenn es beeinträchtigt wird und der Dritte diese Beeinträchtigung nicht zu dulden braucht. Das schon bei Entscheidung über den Anordnungs- oder Beitrittsantrag bekannte entgegenstehende Recht eines Dritten hindert die Anordnung des Verfahrens oder der Zulassung des Beitritts (§ 15 Rdn 3.5). Es ist nach ZPO § 771 mit Widerspruch gegen die Zwangsvollstreckung im Wege der Klage geltend zu machen, wenn es vom Vollstreckungsgericht bei Entscheidung über den Antrag nicht zu prüfen war (siehe § 17 und Anmerkungen dort) oder nicht berücksichtigt werden konnte. Von diesem Grundsatz weicht Abs 1 für den Fall ab, daß das Recht, auf welches der Widerspruch gestützt werden könnte, **aus dem Grundbuch ersichtlich** ist (Denkschrift S 42). Ein grundbuchersichtlich entgegenstehendes Recht soll, um vom Vollstreckungsgericht berücksichtigt zu werden, nicht erst der Feststellung im Wege des Rechtsstreits bedürfen (Denkschrift aaO). Nicht zu diesen Rechten gehören eine Verfügungs„beschränkung" des Schuldners (Eigentümers; dazu Rdn 8) und Vollstreckungsmängel (Rdn 9); sie sind nach Abs 2 als die Zwangsversteigerung oder Fortsetzung des Verfahrens hindernd zu berücksichtigen.

4 Eigentum eines Dritten als entgegenstehendes Recht

4.1 **Eigentum eines Dritten** steht der Zwangsversteigerung (Zwangsverwaltung; Besonderheit jedoch bei Eigenbesitz, § 147) entgegen. Zwangsvollstreckung setzt voraus, daß das Grundstück (sonstige Objekt) dem Schuldner gehört (Rdn 3).

4.2 Angeordnet werden darf die Zwangsversteigerung (Zwangsverwaltung, mit Besonderheit in § 147) daher nur, wenn der Schuldner als Eigentümer des Grundstücks eingetragen oder Erbe des eingetragenen Eigentümers ist (§ 17 Abs 1). Wenn ein Dritter bereits **bei Verfahrensanordnung** (Unterzeichnung, Einl Rdn 20) eingetragener Eigentümer des Grundstücks war (Unrichtigkeit des Zeugnisses des Grundbuchamts; Eintragung des neuen Eigentümers nach Erteilung des Zeugnisses oder Grundbucheinsicht durch das Vollstreckungsgericht), stellt dessen grundbuchersichtliches Eigentum ein nach Abs 1 entgegenstehendes Recht dar[1]. Nachweis, daß der Schuldner dennoch in Wirklichkeit (nicht eingetragener) Eigentümer ist, kann die für Verfahrensanordnung notwendige Eintragung des Schuldnereigentums nicht ersetzen, die Maßnahmen nach Abs 1 somit nicht abwenden[1].

4.3 Das **nach Verfahrensanordnung,** aber **vor** Wirksamwerden der **Beschlagnahme** (§ 22) mit Auflassung und Eintragung (BGB § 873 mit § 925) erworbene Eigentum eines Dritten steht der Zwangsversteigerung (Zwangsverwaltung) auf Antrag eines **persönlichen** Gläubigers (Rangklasse 5 des § 10 Abs 1) in gleicher Weise entgegen (so auch[2]). (Rechtsgeschäftlicher) Eigentumserwerb vor Beschlagnahme (deren Wirksamkeit) verstößt nicht gegen das erst nach Eigentumsübergang mit Beschlagnahme bewirkte Veräußerungsverbot (§ 23 Rdn 2). Für die auf Antrag eines dinglichen Gläubigers (Anspruch in Rangklasse 4 des § 10 Abs 1) angeordnete Zwangsversteigerung (Zwangsverwaltung) gilt in diesem Fall das Rdn 4.7 (Absatz b) Gesagte.

4.4 Eigentumserwerb eines Dritten (Auflassung und/oder Eintragung des Erwerbers, BGB § 873 mit § 925) nach Wirksamwerden der **Beschlagnahme** verstößt gegen das damit bewirkte Veräußerungsverbot (Ausnahme Rdn 4.5), ist somit dem vollstreckenden Gläubiger gegenüber nach BGB § 135 Abs 1 mit § 136 unwirksam. Maßnahmen nach Abs. 1 sind daher nicht veranlaßt. Das Verfahren wird gegen den Schuldner (Grundstückseigentümer bei Beschlagnahme) fortgesetzt, gegen den es zulässig angeordnet wurde (dazu § 26 Rdn 2.2).

4.5 **Ausnahmsweise** verstößt Eigentumserwerb des Dritten **nach Beschlagnahme** auch dem Vollstreckungsgläubiger gegenüber nicht gegen das damit bewirkte Veräußerungsverbot bei

– gutgläubigem Erwerb vor Eintragung des Vollstreckungsvermerks (§ 23 Rdn 4, § 26 Rdn 2.3);
– Erwerbsschutz nach BGB § 878 (§ 23 Rdn 2.3, § 26 Rdn 2.3).

Auf das von dem Gläubiger eines **eingetragenen Rechts** (Rangklasse 4 des § 10 Abs 1) betriebene Verfahren hat die Veräußerung in diesen besonderen Fällen jedoch nach § 26 keinen Einfluß. Maßnahmen nach Abs 1 sind daher nicht veranlaßt. Das angeordnete Verfahren wird gegen den Schuldner (Grundstückseigentümer bei Wirksamwerden der Beschlagnahme) fortgesetzt, gegen den es (zulässig) angeordnet wurde (dazu § 26 Rdn 2.6; zu § 878 § 26 Rdn 2.7). Der Fortsetzung des von dem Gläubiger eines **persönlichen Anspruchs** (Rangklasse 5 des § 10 Abs 1) betriebenen Verfahrens steht das Eigentum des gutgläubigen oder nach § 878 geschützten Erwerbers (§ 26 Rdn 2.3) entgegen. Berücksichtigung des entgegenstehenden Rechts des neuen Eigentümers kann jedoch nicht nach Abs 1 von Amts wegen erfolgen (so auch[3]; Einstellung unter besonderen Voraussetzungen

---

[1] Jaeckel/Güthe § 28 Rdn 2.
[2] Steiner/Eickmann § 28 Rdn 18.
[3] Steiner/Eickmann/Teufel § 23 Rdn 34 und § 28 Rdn 20.

Entgegenstehende grundbuchmäßige Rechte   4.7   § 28

wird aber mitunter zugelassen). Es ist „aus dem Grundbuch nicht ersichtlich". Das Grundbuch weist nur die Eintragung des neuen Eigentümers nach Beschlagnahme aus, nicht aber die Voraussetzungen des gutgläubigen Eigentumserwerbs vor Eintragung des Vollstreckungsvermerks (Nichtkenntnis des Versteigerungsantrags und der Beschlagnahme) und ebenso nicht die Voraussetzungen für Anwendung des BGB § 878. Auf Eintragungsunterlagen des Grundbuchamts kann für Berücksichtigung des entgegenstehenden Eigentums eines Dritten nach Abs 1 nicht zurückgegriffen werden. Weil kein Verfahrensverstoß vorliegt (Eigentum des Schuldners als Voraussetzung der Anordnung oder Zulassung des Beitritts war gegeben, § 17 Abs 1 ist somit beachtet), kann das Dritteigentum auch nicht mit Erinnerung oder Beschwerde (ZPO §§ 766, 793) gegen den Anordnungsbeschluß (Beitrittsbeschluß) geltend gemacht werden. Es ist daher mit Drittwiderspruchsklage nach ZPO § 771 zu verfolgen und erst bei Vorlage eines Einstellungsbeschlusses oder der Entscheidung des Prozeßgerichts über die Widerspruchsklage (ZPO §§ 775, 776) zu berücksichtigen.

4.6 Grundbuchberichtigung nach Beschlagnahme durch **Eintragung des Erben:** § 15 Rdn 30.

4.7 Mit **Grundbuchberichtigung** nach Beschlagnahme durch Eintragung des **wirklichen Eigentümers** (bis dahin keine Übereinstimmung des Grundbuchs mit der wahren Rechtslage; siehe BGB § 894) wird das nicht eingetragene wirkliche Eigentum des Dritten als Recht grundbuchersichtlich; es steht der Verfahrensfortsetzung entgegen, wenn es bereits im Zeitpunkt der Beschlagnahme bestanden hat. Zu unterscheiden ist jedoch:

a) Der Zwangsversteigerung (Zwangsverwaltung mit Besonderheit nach § 147) auf Antrag des Gläubigers eines **persönlichen Anspruchs** (Rangklasse 5 des § 10 Abs 1) steht das Eigentum des Dritten entgegen. Weil das Grundstück dem Schuldner nicht gehört (Rdn 4.1), kann die Zwangsvollstreckung in das Grundstück nicht fortgesetzt werden. Von sofortiger Verfahrensaufhebung ist dennoch abzusehen. Dem Gläubiger ist mit Verfahrenseinstellung nach Abs 1 Gelegenheit zur Äußerung und gegebenenfalls zu nötigen Maßnahmen zu geben (Vorlage eines Duldungstitels gegen den Dritten).

b) Die Zwangsversteigerung (Zwangsverwaltung) auf Antrag des Gläubigers eines **dinglichen Anspruchs** ist rechtmäßig angeordnet worden. Für die Verfolgung des Rechts aus der Hypothek (damit auch aus einer Grundschuld, Rentenschuld oder von Reallastleistungen) gilt zugunsten des Gläubigers der im Grundbuch Eingetragene als Eigentümer (BGB § 1148 Satz 1; unwiderlegbare **Vermutung**). Der wirkliche Eigentümer kann der Vollstreckung auf Grund eines gegen den eingetragenen Nichteigentümer vollstreckbaren Titels nicht mit dem Einwand begegnen, es liege kein formeller Titel gegen ihn vor, also nicht mit der formellen Einwendung aus ZPO §§ 750, 766[4]. Diese Vermutung des BGB § 1148 **endet** mit Eintragung des wirklichen Eigentümers im Wege der Grundbuchberichtigung. Sein jetzt eingetragenes Eigentum steht somit der Fortsetzung des bis dahin rechtmäßig durchgeführten Verfahrens entgegen. Wenn das mit Berichtigung des Grundbuchs aus diesem ersichtliche Recht dem Vollstreckungsgericht bekannt wird, kann das Verfahren daher nur nach Abs 1 unter Bestimmung einer Frist zur Behebung des Hindernisses **eingestellt** (nie aber sofort aufgehoben) werden. Hindernis für Fortsetzung des Verfahrens ist das Fehlen eines **Vollstreckungstitels** (ZPO § 750 Abs 1) gegen den nun eingetragenen **wirklichen Eigentümer;** auch Zustellung an den (wirklichen) Eigentümer ist nicht nachgewiesen (ZPO § 750 Abs 2). Daß ein gegen den Schuldner lautender zugestellter Vollstreckungstitel (Bezeichnung des Schuldners in der Vollstreckungsklausel) vorzuliegen hat, gilt entgegen dem engen Wortlaut des ZPO § 750 Abs 1 (der diese Voraussetzung nur

---

[4] Staudinger/Wolfsteiner, BGB, § 1148 Rdn 5.

für den „Beginn der Vollstreckung" verlangt) auch für die Fortsetzung einer Vollstreckung, weil es sich um allgemeine Voraussetzungen einer jeden Zwangsvollstreckungsmaßnahme handelt (so[5] für den auf den Namen des Gläubigers lautenden Titel). Das gilt auch in einem Zwangsversteigerungsverfahren, das mit Rücksicht auf die betroffenen Werte besonders förmlich ausgestaltet ist[5]. Daher kann der Gläubiger die Zwangsvollstreckung erst fortsetzen, wenn die Vollstreckungsklausel auf den nunmehrigen Eigentümer umgeschrieben und Zustellung an diesen erfolgt ist. Umschreibung des Vollstreckungstitels ermöglicht ZPO § 727; der Eigentümer, der seine Eintragung erwirkt hat, gilt als Rechtsnachfolger des vorher eingetragen gewesenen[6]. Die dem (wirklichen) Eigentümer gegen den dinglichen Anspruch vorbehaltenen Einwendungen (BGB § 1148 Satz 2) sind mit Klage gegen den Vollstreckungstitel (ZPO § 767) geltend zu machen. Formelle Bedeutung haben sie nicht; sie schmälern somit weder die bisherige Vollstreckung noch die Rechtsnachfolge mit Grundbuchberichtigung. Wenn der Gläubiger die für Fortsetzung der Vollstreckung erforderlichen **Vollstreckungsunterlagen beibringt,** wird das Verfahren gegen den mit Grundbuchberichtigung eingetragenen wirklichen Eigentümer von Amts wegen **fortgesetzt.** Die Beschlagnahmewirkungen bestehen damit fort; das bis Einstellung durchgeführte Verfahren hat gegen den Schuldner-Rechtsnachfolger Wirksamkeit, muß somit nicht mehr wiederholt werden (Folge von BGB § 1148 Satz 1). Antrag auf Vollstreckungsschutz (§§ 30a–c) kann der (wirkliche) Eigentümer daher nicht neu stellen. Der unrichtig eingetragen gewesene Eigentümer, gegen den das Verfahren angeordnet wurde, ist **nicht mehr** als Schuldner **Verfahrensbeteiligter** (§ 9). Sein Ausscheiden als verfahrensbeteiligter Schuldner ist gesetzlich Folge der Beendigung der Vermutung des BGB § 1148 Satz 1 und des Verfahrensfortgangs gegen den wirklichen Eigentümer. Schuldner ist die Person, gegen die der Schuldtitel vollstreckbar ist. Der Wechsel der nach materiellem Recht haftenden Person bewirkt daher mit Klauselerteilung nach Grundbuchberichtigung, daß die Parteistellung des bisherigen verfahrensbeteiligten Schuldners endet und der (wirkliche) Eigentümer Schuldner ist. Verfahrensgrundsätze des Erkenntnisverfahrens gelten somit nicht. Es muß daher weder der neue Schuldner die Beteiligtenstellung durch Eintritt in das Verfahren ausdrücklich übernehmen noch der Gläubiger als Gegner zustimmen. Der Schuldnerwechsel vollzieht sich gesetzlich mit Verfahrensfortsetzung. Er gebietet von da an Zuziehung des (wirklichen) Eigentümers als Schuldner. Der Schuldnerwechsel wird daher nicht erst durch gesonderten Beschluß bewirkt, der den Eintritt des (wirklichen) Eigentümers als Schuldners in das Verfahren feststellt. Üblich und selbstverständlich ist dennoch klarstellende Feststellung im (gebotenen, § 31 Rdn 5.5) Fortsetzungsbeschluß.

4.8 a) Eine **Auflassungsvormerkung** (Rdn 5.1 zu a) erlangt als Sicherungsmittel für das der Zwangsversteigerung (Zwangsverwaltung) **entgegenstehende Eigentum** des Vorgemerkten (Rdn 4.1) Bedeutung. Eine vormerkungswidrige Verfügung (auch eine solche im Wege der Zwangsvollstreckung und Arrestvollziehung) ist dem Vorgemerkten gegenüber unwirksam (BGB § 883 Abs 2). Es steht daher auch das Eigentum, das ein Dritter nach Beschlagnahme (erst während des Vollstreckungsverfahrens) als Berechtigter eines Eigentumsübertragungsanspruchs erlangt hat, der durch eine **vor Beschlagnahme** (= Wirksamkeit) eingetragene Auflassungsvormerkung gesichert war (BGB § 883), der Zwangsversteigerung (Zwangsverwaltung, mit Besonderheit nach § 147) auf Antrag des Gläubigers eines **persönlichen Anspruchs** sowie des Gläubigers eines durch **vormerkungswidrige** Verfügung erlangten **Rechts** (BGB § 883 Abs 1; Eintragung **nach** Vormer-

---

[5] BGH DNotZ 1963, 673 = WM 1963, 745.
[6] OLG Hamm Rpfleger 1990, 215 und DNotZ 1999, 660 = NJW 1999, 1038; LG Rostock JurBüro 2001, 384 = NJW-RR 2001, 1024 = NotBZ 2001, 154; Staudinger/Wolfsteiner, BGB, § 1148 Rdn 8.

Entgegenstehende grundbuchmäßige Rechte 4.8 § 28

kung; für diesen Fall auch[7]) grundbuchersichtlich entgegen (so auch[8]); (enger[9]: Abs 1 findet nur Anwendung, wenn aus dem Grundbuch erkennbar hervorgeht, daß das Eigentum auf Grund der Vormerkung eingetragen ist). Beschlagnahme und Rechtserwerb sind als anspruchswidrige Verfügungen dem Dritten als (vorgemerkt gewesenem) Eigentümer gegenüber unwirksam. Die Zwangsvollstreckung eines solchen Gläubigers in das Grundstück kann daher nicht fortgesetzt werden, weil das Grundstück dem Schuldner nicht mehr gehört und der Eigentumswechsel dem Gläubiger gegenüber auf den Zeitpunkt der Vormerkung zurückwirkt. Diese Folge ist aus dem Grundbuch ersichtlich und daher vom Vollstreckungsgericht nach Abs 1 zu beachten. Das gilt (nach[10]) auch für den Fall, daß nach der Beschlagnahme im Wege der Berichtigung ein weiterer Berechtigter der Auflassungsvormerkung eingetragen worden ist und dieser das Miteigentum erwirbt. Von sofortiger Verfahrensaufhebung ist dennoch abzusehen. Dem Gläubiger ist mit Verfahrenseinstellung nach Abs 1 Gelegenheit zur Äußerung und gegebenenfalls zu nötigen Maßnahmen zu geben (Vorlage eines Duldungstitels gegen den Dritten; Wirksamkeit könnte bereits mit Genehmigung des Vormerkungsberechtigten, Wirksamwerden oder Wiederverwendung der Vormerkung eingetreten sein).

b) Der durch die Vormerkung gesicherte Eigentumserwerb begründet (nach dem Absatz a Gesagten) ein der Zwangsversteigerung grundbuchersichtlich entgegenstehendes Recht, wenn **„Löschung" der Vormerkung** bei Eigentümereintragung (oder später) **nicht erfolgt** ist. Ist die Vormerkung gelöscht worden, dann gilt folgendes: Allein durch die Löschung (GBO § 46) ist die Vormerkung materiell nicht untergegangen[11]. Hierzu bedürfte es noch einer materiellrechtlichen Aufhebungserklärung ihres Gläubigers (BGB § 875). Hat der Vormerkungsgläubiger und neu eingetragene Eigentümer ganz allgemein die Löschung „aller eingetragenen Grundstücksbelastungen" bewilligt und beantragt, so bezieht sich diese Erklärung auf eine zu seinen Gunsten eingetragene Auflassungsvormerkung nur für den Fall, daß gleichzeitig auch etwaige Zwischenrechte gelöscht werden[11] (somit auch Beschlagnahmegläubiger mit Antragsrücknahme entfallen). Eine darin zugleich (etwa) liegende materiellrechtliche Aufhebungserklärung ist inhaltlich in gleicher Weise beschränkt[11]. Es fehlt sonach an einer wirksamen Aufhebungserklärung für den Fall, daß dem Grundstück via die durch vormerkungswidrige Verfügung erlangtes Recht besteht oder auch, daß die Zwangsversteigerung auf Antrag des Gläubigers eines persönlichen Anspruchs betrieben wird. Demnach ist die Vormerkung trotz ihrer grundbuchlichen Löschung materiellrechtlich bestehen geblieben[11]; die Löschung ändert somit nichts daran, daß der Zwangsversteigerung das Eigentum des Vormerkungsgläubigers entgegensteht. Dabei ist gleichgültig, ob die Vormerkung zugleich mit Eigentumseintragung des Vorgemerkten oder erst später gelöscht wurde (siehe[11]). Für Berücksichtigung als entgegenstehendes Recht nach Abs 1 genügt, daß das Eigentum des Vormerkungsberechtigten und dessen Sicherung durch Vormerkung bis zur Eintragung des Eigentumsübergangs grundbuchersichtlich sind (anders[12]). Daher erlangt die umstrittene Frage keine Bedeutung, ob schon generell durch das Eigentum die (gelöschte) Auflassungsvormerkung ersetzt wird (dagegen sprechen sich[13] aus) und bereits damit ausgewiesen ist, daß das

---

[7] Mohrbutter/Drischler Muster 40 Anm 3; LG Trier Rpfleger 2000, 286. Zum Vormerkungsschutz bei Eintragung des Rechts (Zeitpunkt der Vollendung des Verfügungstatbestands) erst nach der Vormerkung RG 113, 403.
[8] LG Frankenthal Rpfleger 1985, 371; LG Freiburg KTS 1975, 133 mit Anm Mohrbutter; Dassler/Muth § 28 Rdn 8; Reinhard/Müller § 28 Anm III; Steiner/Eickmann § 28 Rdn 16 und 19.
[9] Jaeckel/Güthe § 28 Rdn 2; anders LG Trier Rpfleger 2000, 286.
[10] LG Frankenthal Rpfleger 1985, 371.
[11] BGH 60, 46 = MDR 1973, 302 = NJW 1973, 323.
[12] LG Stade DNotZ 1968, 636 = Rpfleger 1968, 284 mit abl Anm Riedel.
[13] BGB-RGRK/Augustin § 883 Rdn 12; BGH 60, 46 = aaO (Fußn 11).

Eigentum des Vormerkungsberechtigten ein nach Abs 1 entgegenstehendes Recht ist (so[14]; anders[15]). Berücksichtigt muß vielmehr auch werden, daß bloße Löschung (ohne Aufhebungserklärung) Grundbuchunrichtigkeit bewirkt und damit „vormerkungsfreien" Erwerb von Zwischenrechten durch einen Gutgläubigen ermöglicht (BGB § 892)[16]. Löschung der Vormerkung gefährdet daher den Vormerkungsgläubiger, so daß sie schon deshalb zu unterbleiben hat. In dem vom BGH[16] entschiedenen Fall ging es um die Frage, ob mit Abtretung einer vormerkungswidrig bestellten Grundschuld nach Löschung der (nicht aufgehobenen, somit fortbestehenden) Auflassungsvormerkung gutgläubiger Erwerb der Grundschuld auch dem neuen Eigentümer gegenüber erfolgen konnte. Dafür erlangte Bedeutung, daß für Schutz gegen gutgläubigen Erwerb von Zwischenrechten in der Eigentümereintragung die Vormerkung natürlich nicht fortwirkt (so[16]). Anders jedoch ist es für die dem Vormerkungsgläubiger selbst gegenüber unwirksame Verfügung (auch im Wege der Zwangsvollstreckung), wenn er als Eigentümer eingetragen wird. Dann ändert auch die Löschung der Vormerkung nichts daran, daß ihm gegenüber die Verfügung unwirksam war und bleibt[16] (Fall von[17]). Für Berücksichtigung dieser Unwirksamkeit verlangt Abs 1 nicht, daß die Vormerkung bei Rechtswahrung im Verfahren nach Abs 1 noch grundbuchsichtlich ist. Es wird vielmehr das frühere Bestehen eines Rechts im Sinne von BGB § 891 Abs 1 vermutet, wenn seine Löschung nicht der Grundbuchberichtigung gedient hat[18]. Ebenso hebt die Löschung der Vormerkung die für die vorangehende Zeit ausgewiesene Unwirksamkeit einer Verfügung nicht auf. Die Unwirksamkeit der vormerkungswidrigen Verfügung erweist sich daher auch nach (später) Löschung der Vormerkung bei Eigentümereintragung als grundbuchsichtlich im Sinne von Abs 1. Mit materiellrechtlicher Aufhebungserklärung des Berechtigten und Löschung der Vormerkung (BGB § 875) würden die Vormerkungswirkungen materiellrechtlich jedoch untergehen. Vormerkungswidrige Verfügungen würden dann mit Wegfall des Vormerkungsschutzes (wie mit Zustimmung; siehe zur Gläubigerzustimmung § 23 Rdn 2.1) Wirksamkeit erlangen. Eigentumserwerb des (vormaligen) Vormerkungsberechtigten würde nur in einem solchen Fall kein nach § 28 entgegenstehendes Recht mehr begründen.

c) **Nicht entgegen steht** das durch Vormerkung gesichert gewesene Eigentum des Dritten der Zwangsversteigerung oder Zwangsverwaltung wegen des **dinglichen Anspruchs** (Rangklasse 4 des § 10 Abs 1) aus einem dem vorgemerkten Eigentumsübertragungsanspruch gegenüber **wirksamen Recht** (BGB § 883 Abs 2; grundbuchsichtlich mit Eintragung vor der Vormerkung). Die Zwangsversteigerung oder Zwangsverwaltung wegen des dinglichen Anspruchs eines solchen Gläubigers ist gegen den Eigentümer bei Beschlagnahme als Schuldner rechtmäßig angeordnet worden. Durch Beschlagnahme als Verfügung im Wege der Zwangsvollstreckung nach Eintragung der Vormerkung hat sich die materielle Rechtsstellung des Vormerkungsberechtigten nicht verschlechtert; Beschlagnahme ist somit in diesem Fall keine vormerkungswidrige Verfügung im Wege der Zwangsvollstreckung. Auch die Vormerkung mit Rang nach dem vollstreckenden Grundpfandrecht sichert nur den Eigentumsübertragungsanspruch, schützt aber nicht gegen die Geltendmachung des rangbesseren dinglichen Rechts. Anordnung der Zwangsversteigerung oder Zwangsverwaltung wegen des dinglichen Anspruchs nach Entstehung der Vormerkung vereitelt oder beeinträchtigt daher den (nachrangig) vorgemerkten Anspruch nicht im Sinne von BGB § 883 Abs 2. Die Beschlagnahme ist deshalb nach Eigentumsumschreibung auch dem Vormerkungs-

---

[14] Riedel Rpfleger 1968, 285 (Anmerkung); Schiffhauer BlGrBW 1971, 63 (IX).
[15] LG Stade aaO (Fußn 12).
[16] BGH 60, 46 = aaO (Fußn 11).
[17] LG Stade aaO (Fußn 12).
[18] BGH 52, 355 = MDR 1970, 32 = NJW 1969, 2139 = Rpfleger 1969, 423.

berechtigten gegenüber nicht unwirksam (deshalb fällt auch die nachrangige Vormerkung nicht in das geringste Gebot, sondern erlischt mit dem Zuschlag; § 44 Abs 1, § 91 Abs 1). Fortsetzung der Zwangsvollstreckung erfordert daher nicht, daß die Vollstreckungsklausel auf den nunmehrigen Eigentümer umgeschrieben und diesem zugestellt wird (anders[19]: Einstellung nach Abs 1; Frist ist dem Gläubiger für die Umstellung und Neuzustellung seines Titels zu setzen; bedenklich; Vergleich mit Beginn der Vollstreckung erst nach Umschreibung des Eigentums hätte Aufhebung erfordert, mit der die Beschlagnahmewirkungen erlöschen; Rdn 4.2). Das angeordnete Verfahren wird gegen den Schuldner (Grundstückseigentümer bei Beschlagnahme) fortgesetzt, gegen den es zulässig angeordnet wurde (dazu § 26 Rdn 2.2). Der neue Eigentümer kann mit Anmeldung die Beteiligtenstellung erlangen (§ 9 Nr 2); er tritt jedoch nicht als Schuldner-Rechtsnachfolger in das Verfahren ein. Die Parteistellung als Schuldner oder Beteiligter des Vollstreckungsverfahrens ist Folge der durch Beschlagnahme nicht vereitelten oder beeinträchtigten materiellen Berechtigung. Daß die Partei- oder Beteiligtenstellung mit Beschlagnahme begründet wird und mit späterer Eigentumsübertragung auch bei Sicherung des Auflassungsanspruchs mit Vormerkung keine Änderung mehr erfährt, bewirkt nicht Vormerkungswidrigkeit (im Sinne von BGB § 883 Abs 2) der Beschlagnahme (ein Recht, dinglich Beklagter oder Vollstreckungsschuldner zu sein, schützt die Vormerkung nicht). Die Vermutung des BGB § 1148 erlangt in diesem Fall keine Bedeutung. Die nach der Beschlagnahme in Erfüllung des vorgemerkten Anspruchs bewirkte Veräußerung hat somit bei Rang der Vormerkung nach dem Recht des betreibenden Gläubigers auf den Verfahrensfortgang keinen Einfluß. Eine Maßnahme nach Abs 1 ist daher bei Vollstreckung eines der Vormerkung im Rang vorgehenden dinglichen Anspruchs nicht veranlaßt (und auch nicht zulässig).

d) Mit **Zustimmung des Vormerkungsberechtigten** ist dem vorgemerkten Eigentumsübertragungsanspruch gegenüber auch ein durch Verfügung nach Eintragung der Vormerkung erlangtes (damit nach der Vormerkung eingetragenes) Recht **wirksam**[20] (siehe auch § 23 Rdn 2.1). Es ist somit nicht (verfahrenshindernd) unwirksam nach BGB § 883 Abs 2 mit ZVG § 28 Abs 1 (dazu vorst a). Diese Zustimmung ist (materiell) auch formlos wirksam (BGB § 182 Abs 2)[21]. Der später nach Auflassung als Eigentümer eingetragene Berechtigte der Vormerkung hat daher auch die Durchsetzung des (dinglichen) Anspruchs des Gläubigers eines nach der Vormerkung, aber mit Zustimmung des Berechtigten, wirksam bestellten Grundpfandrechts im Wege der Zwangsvollstreckung zu dulden. Das Eigentum begründet daher auch in diesem Fall kein Recht, das dieser Vollstreckung entgegenstehen würde[22]. Die nach der Beschlagnahme in Erfüllung des vorgemerkten Anspruchs bewirkte Veräußerung hat somit auch auf den Fortgang des von dem Gläubiger des mit Zustimmung wirksam bestellten Grundpfandrechts betriebenen Verfahrens keinen Einfluß; es gilt das vorst Abs c Gesagte. Ist nicht bereits die Auflassungsvormerkung mit materiellrechtlicher Aufhebungserklärung gelöscht (dazu vorst b), dann erfordert Vollstreckungsfortgang, daß das Vollstreckungsgericht das Eigentum des vorgemerkt gewesenen Dritten verfahrensrechtlich nicht als nach Abs 1 hinderndes entgegenstehendes Recht zu behandeln hat. Das ist der Fall, wenn die Zustimmung des Vormerkungsberechtigten für Wirksamkeit des nach der Vormerkung eingetragenen Rechts dem Vollstreckungsgericht (sicher) bekannt oder durch öffentliche oder öffentlich beglaubigte Urkunden (gebietet

---

[19] OLG Hamm KTS 1985, 138 = OLGZ 1984, 463 = Rpfleger 1984, 426 = WM 1984, 1378.
[20] RG 154, 355 (367); Stöber MittBayNot 1997, 143 (144; III 2); Schöner/Stöber, Grundbuchrecht, Rdn 1523.
[21] RG 154, 355 (367).
[22] Stöber MittBayNot 1998, 143 (144; III 3).

§ 28 4.8   Anordnung der Versteigerung

§ 84 Abs 2) nachgewiesen ist. Kenntnis des Vollstreckungsgerichts begründet ein im Grundbuch eingetragener Wirksamkeitsvermerk[23]. Ist die Zustimmung dem Vollstreckungsgericht nicht berücksichtigungsfähig bekannt, ist gleichwohl von sofortiger Verfahrensaufhebung abzusehen. Dem Gläubiger ist vielmehr mit Verfahrenseinstellung nach Abs 1 Gelegenheit zur Äußerung und gegebenenfalls zu nötigen Maßnahmen zu geben (Vorlage eines Duldungstitels gegen den Dritten; hierzu vorst a aE).

e) Die **nach** Beschlagnahme eingetragene (bewilligte) Auflassungsvormerkung hat bei **gutgläubigem Erwerb** vor Eintragung des Vollstreckungsvermerks (BGB § 892 oder § 893; dazu[24]) oder bei Erwerbsschutz nach BGB § 878 (dazu[25]) auch dem vollstreckenden Gläubiger gegenüber noch Wirksamkeit. Auch dann steht nach Übertragung des Eigentums an den Vormerkungsberechtigten dessen Eigentum der Zwangsversteigerung (Zwangsverwaltung) auf Antrag des Gläubigers eines persönlichen Anspruchs sowie des Gläubigers eines durch vormerkungswidrige Verfügung erlangten Rechts entgegen (Rdn 4.5). Das entgegenstehende Recht ist dann jedoch nicht aus dem Grundbuch ersichtlich. Berücksichtigung kann daher nicht nach Abs 1 von Amts wegen erfolgen. Es ist mit Drittwiderspruchsklage nach ZPO § 771 zu verfolgen (anders[26], das allein darauf abstellt, wann der Zwangsversteigerungsvermerk in das Grundbuch eingetragen wurde).

f) **Keinen Vormerkungsschutz** gibt eine für einen nicht bestehenden Übereignungsanspruch eingetragene Vormerkung (zum künftigen und bedingten Anspruch aber BGB § 883 Abs 1 Satz 2). Die vom Anspruch abhängige (akzessorische) Vormerkung äußert daher keine Sicherungswirkung, wenn der Anspruch nicht besteht (unwirksam[27] oder erloschen[28] ist). Jedoch kann eine nicht entstandene oder (mit dem gesicherten Anspruch) erloschene Auflassungsvormerkung durch erneute Bewilligung ohne Grundbuchberichtigung und inhaltsgleiche Neueintragung wieder zur Sicherung eines neuen (deckungsgleichen) Anspruchs verwendet worden sein[29]; auch kann durch Bestätigung ein nichtiges Rechtsgeschäft vorgenommen (BGB § 141) oder durch Einigung und Eintragung (BGB) § 311b Abs 1 Satz 2 das unwirksame Rechtsgeschäft geheilt und die bereits eingetragene (zunächst unwirksame) Vormerkung ohne neuerliche Eintragung wirksam geworden sein[30]. Wiederverwendung sowie Wirksamwerden der Vormerkung entfalten jedoch keine auf den alten Eintragungszeitpunkt zurückreichende Sicherungswirkung[31]. Der „Rang" bestimmt sich vielmehr nach dem Zeitpunkt der neuen Bewilligung oder Heilung; zwischenzeitlich eingetragene Verfügungen (auch Verfügungen im Wege der Zwangsvollstreckung) bleiben daher wirksam[32]. Grundbuchersichtlich sind Fehlen des Vormerkungsschutzes ebenso wie Wiederverwendung sowie Wirksamwerden der Vormerkung erst nach Beschlagnahme oder

---

[23] Zu diesem BGH 141, 169 = DNotZ 1999, 1000 = MDR 1999, 796 mit Anm Stickelbrock = MittRhNotK 1999, 279 mit Anm H. Schmidt = NJW 1999, 2275 = Rpfleger 1999, 383; Frank MittBayNot 1996, 271; Keller BWNotZ 198, 25; Lehmann NJW 1993, 1558; Stöber MittBayNot 1997, 143.
[24] BGB-RGRK/Augustin § 883 Rdn 18; Schöner/Stöber, Grundbuchrecht, Rdn 1534.
[25] Schöner/Stöber, Grundbuchrecht, Rdn 112; MünchKomm/Wacke, BGB, § 878 Rdn 16.
[26] LG Freiburg KTS 1975, 133 mit Anm Mohrbutter.
[27] Schöner/Stöber, Grundbuchrecht, Rdn 1487, mit weit Nachw.
[28] BGH 143, 175 = DNotZ 2000, 639 mit Anm Wacke (dieser ablehnend zu Rangverlust bei bloßer Vertragsänderung) = MittBayNot 2000, 104 mit kritischer Anm Demharter = NJW 2000, 805 = Rpfleger 2000, 153 mit Anm Streuer; Schöner/Stöber, Grundbuchrecht, Rdn 1488.
[29] BGH 143, 175 = aaO.
[30] Schöner/Stöber, Grundbuchrecht, Rdn 1488.
[31] BGH 143, 175 = aaO; Schöner/Stöber, Grundbuchrecht, Rdn 1488.
[32] Schöner/Stöber, Grundbuchrecht, Rdn 1488 mit Nachw.

Erwerb des Rechts des dinglich vollstreckenden Gläubigers jedoch nicht. Das Vollstreckungsgericht hat daher für Beurteilung der Frage, ob das Eigentum des Vorgemerkten der Zwangsversteigerung oder Fortsetzung des Verfahrens entgegensteht, vom (grundbuchersichtlichen) Zeitpunkt der Eintragung der Vormerkung auszugehen. Der Gläubiger hat demzufolge für Hebung des Hindernisses nachzuweisen, daß der Eigentumswechsel nicht auf den Zeitpunkt der Eintragung der Vormerkung zurückwirkt und die Zwangsversteigerung zulässig ist, weil die Vormerkung ohne Anspruch zunächst keine Sicherungswirkung geäußert hat und die spätere Widerverwendung, Bestätigung oder Heilung nicht vollstreckungshinderlich ist. Nachweis hat durch öffentliche oder öffentlich beglaubigte Urkunden zu erfolgen (gebietet § 84 Abs. 2); ihn ersetzt sichere Kenntnis des Vollstreckungsgerichts (wie Abs c).

4.9 Anordnungs- und **Beitritts**gläubiger sind voneinander **unabhängig**. Weil Beschlagnahme und das durch sie begründete Veräußerungsverbot für jeden betreibenden Gläubiger unabhängig von der für andere sind, kann auch nur für jeden Gläubiger einzeln festgestellt werden, ob Eigentum eines Dritten der von dem Gläubiger betriebenen Zwangsversteigerung (Zwangsverwaltung) entgegensteht. Eigentum eines Dritten (auch wenn der Eigentumsübertragungsanspruch durch Auflassungsvormerkung gesichert war) kann für das Verfahren des Anordnungsgläubigers kein entgegenstehendes Recht sein, der Zwangsversteigerung (Zwangsverwaltung) oder Fortsetzung des von einem Beitrittsgläubiger betriebenen Verfahrens (spätere Beschlagnahme) aber entgegenstehen. Es ist dann das Verfahren des Gläubigers nach Abs 1 einzustellen (oder aufzuheben), dem das Eigentum des Dritten entgegensteht.

4.10 Daß sich das Vollstreckungsgericht an die Eigentumsverhältnisse bei Verfahrensbeginn (Beitrittszustellung) zu halten habe, davon muß eine Ausnahme für die **Teilungsversteigerung** gelten: Wird während des Teilungsversteigerungsverfahren eine Person als Alleineigentümer eingetragen, so besteht keine Gemeinschaft mehr, die auseinandergesetzt werden könnte, die Teilungsversteigerung ist undurchführbar. Nimmt der Antragsteller trotz sachgemäßer Belehrung durch das Gericht den Verfahrensantrag nicht zurück, so muß es eine Frist zur Äußerung setzen und dann aufheben.

Einzelne Besonderheiten

5.1 Auflassungsvormerkung

Literatur: J. Blomeyer, Die Auflassungsvormerkung in der Zwangsversteigerung, DNotZ 1979, 515; Ertl, Rechtsgrundlagen der Vormerkung für künftige und bedingte Ansprüche, Rpfleger 1977, 345; Knott, Die Wirkungen der Auflassungsvormerkung in der Zwangsversteigerung und im Konkurs, MittRhNotK 1967, 586; Streuer, Verfügungsbeschränkungen und Eigentumsvormerkung in der Zwangsversteigerung des Grundstücks, Rpfleger 2000, 357; Wörbelauer, Das unter Eigentumsvormerkung stehende Grundstück, DNotZ 1963, 580, 652 und 718.

a) Die Vormerkung zur Sicherung des Eigentumsverschaffungsanspruchs (Eigentumsvormerkung, auch Auflassungsvormerkung) ist **kein** der Zwangsversteigerung **entgegenstehendes Recht**[33], das nach Abs 1 von Amts wegen zu berücksichtigen wäre oder nach § 37 Nr 5 geltend gemacht werden könnte. Die Anordnung der Zwangsversteigerung (damit auch die Zulassung des Beitritts, § 27) hindert sie daher nicht; desgleichen (rechtlich) nicht die Verfahrensdurchführung. Als Sicherungsmittel des Sachenrechts (BGB § 883) sichert sie den schuldrechtlichen An-

---

[33] BGH 46, 124 = DNotZ 1967, 490 = MDR 1967, 34 = NJW 1967, 566 = Rpfleger 1967, 9; BGH MDR 1997, 52 = NJW 1996, 3147 (3148) = Rpfleger 1997, 76; LG Freiburg KTS 1975, 133 mit krit Anm Mohrbutter; Wörbelauer DNotZ 1963, 580 (Abschnitt 5); hiergegen Bedenken Wunner NJW 1969, 113 (III 1 B).

spruch auf Übertragung des Eigentums; von ihm ist sie in ihrer Begründung und ihrem Bestand abhängig[34] (Akzessorietät). Der gesicherte Anspruch kann auf Übereignung des ganzen Grundstücks oder auf Eigentumsverschaffung an einem (katastermäßig als Flurstück ausgewiesenen oder erst zu vermessenden) Grundstücksteil gerichtet sein; er kann künftiger oder bedingter Anspruch sein (BGB § 883 Abs 1 Satz 2).

b) Mit Sicherung des Erwerbsanspruchs (BGB §§ 883, 888) bewirkt die Vormerkung eine **tatsächliche Beschränkung** der Verfügungsfreiheit des Grundstückseigentümers; dessen Verfügung kann (volle) Wirksamkeit nur erlangen, wenn der vorgemerkte Anspruch nicht besteht oder der Berechtigte zustimmt (Rdn 4.8 zu d). In gleicher Weise kann die Auflassungsvormerkung auch ein Zwangsversteigerungsverfahren behindern. Eigentumsübertragung in Erfüllung des durch die Vormerkung gesicherten Anspruchs hindert die Fortsetzung des Verfahrens für den Gläubiger eines der Vormerkung gegenüber **unwirksamen** (BGB § 883 Abs 2) Rechts oder persönlichen Beschlagnahmeanspruchs (Rdn 4.8). Bei Versteigerung vor Eigentumsübertragung ist die Auflassungsvormerkung, die dem Anspruch des Gläubigers vorgeht, in das geringste Gebot aufzunehmen (§ 48 Rdn 3) mit Bestimmung eines Ersatzbetrags nach § 51 Abs 2 (§ 51 Rdn 4.2). Hat dann der Schuldner nach dem Zuschlag in Erfüllung des gesicherten Erwerbsanspruchs das Grundstück (den Grundstücksteil) an den Berechtigten aufzulassen, muß der Ersteher dieser Verfügung zustimmen (BGB § 883 Abs 2, § 888; § 52 Rdn 2.5). Interessenten können sich dadurch von Geboten abhalten lassen; sie können in der Vormerkung auch nur eine Behinderung erblicken, der sie bei Bemessung des Betrags des Gebots mindernd Rechnung tragen. Der Auflassungsvormerkung mag für das Erwerbsinteresse im Einzelfall keine Bedeutung zukommen, so wenn sie nur den Erwerbsanspruch für eine (geringe) Grundstücksfläche sichert (zB einer Straßenfläche von nur wenigen Quadratmetern). Sie kann aber bei Sicherung des Anspruchs auf Übertragung des Eigentums am Grundstück insgesamt auch bewirken, daß die Versteigerung zu keinem Ergebnis führt.

c) Behandlung der mit dem Zuschlag erlöschenden Auflassungsvormerkung bei Erlösverteilung: § 92 Rdn 7. Am Kauferlös setzt sich bei Veräußerung des Grundstücks an den vorrangigen Vormerkungsberechtigten durch den Insolvenzverwalter das Absonderungsrecht des Beschlagnahmegläubigers nicht fort[35].

d) Als ein der Versteigerung nach § 37 Nr 5 entgegenstehendes Recht wurde die Eigentumsvormerkung wegen ihrer (vermeintlich) einem Veräußerungsverbot verwandten (nicht gleichen) Wirkung neuerlich dargestellt[36]. Dem steht jedoch entgegen, daß diese Vormerkung keine Verfügungsbeschränkung begründet, sondern einen schuldrechtlichen Anspruch auf dingliche Rechtsänderung **sichert.** Anderweitige rechtsgeschäftliche Verfügung und ebenso Verfügung im Wege der Zwangsvollstreckung schließt dieser Schutz nicht aus (BGB § 883 Abs 2). Daher bewirkt die Vormerkung auch keine Grundbuchsperre; Eintragung einer vormerkungswidrigen Verfügung bewirkt daher keine (formelle, GBO § 22, oder materielle, BGB § 894) Grundbuchunrichtigkeit. Ebenso stellt die Auflassungsvormerkung kein der Versteigerung entgegenstehendes (sie hinderndes Recht) dar. Der vorgemerkte schuldrechtliche Anspruch hindert die Veräußerung des Grundstücks nicht; mit Klage nach ZPO § 771 kann daher der gesicherte Gläubiger auch Widerspruch gegen die Zwangsversteigerung nicht geltend machen. Rechtlos wäre er bei Verweisung auf Rechtsverfolgung nach § 37 Nr 5 überdies, wenn die am (ganzen) Grundstück eingetragene Auflassungsvormerkung den Anspruch auf Eigentumsübertragung bloß für eine noch nicht vermessene Teilfläche sichert. Denn für Rechtsverfolgung mit Klage und für einstweilige Einstellung oder Auf-

---

[34] BGH DNotZ 1981, 181 = MDR 1981, 305 = NJW 1981, 447.
[35] OLG Frankfurt ZIP 1981, 639.
[36] Streuer Rpfleger 2000, 357.

Entgegenstehende grundbuchmäßige Rechte 5.5 § 28

hebung des Verfahrens könnte diese Grundstücksfläche, für Durchführung der Zwangsversteigerung zudem der nicht zu übereignende Flächenabschnitt, gar nicht bezeichnet werden (keine Teileinstellung oder Teilaufhebung für einen unvermessenen, rechtlich nicht verselbständigten Grundstücksteil; Einl Rdn 11.8 und § 30 Rdn 5.1 sowie § 29 Rdn 4.1). Wenn die Vormerkung einen bedingten (damit auch einen schwebend unwirksamen[37]) oder künftigen Anspruch sichert (BGB § 883 Abs 1 Satz 2), könnte der Vorgemerkte durchweg ebenso (wenn der Anspruch mit späterem Eintritt der Bedingung oder des künftigen Ereignisses erst nach Erteilung des Zuschlags entsteht) vor Versteigerung die einstweilige Einstellung oder Aufhebung des Verfahrens nicht herbeiführen. Dem steht nicht entgegen, daß der im Grundbuch eingetragene Widerspruch nicht nach § 48 behandelt wird (Rdn 5.15 und § 48 Rdn 4) und der nicht eingetragene wahre Eigentümer sein Recht nach § 37 Nr 5 geltend zu machen hat oder vom Zuschlag auf den Erlös verwiesen wird. Der Widerspruch hat gutgläubigen rechtsgeschäftlichen Erwerb vom (eingetragenen) Nichtberechtigten zu verhindern (BGB § 892 Abs 1 Satz 1, § 899). Bei Erwerb durch Zwangsvollstreckung besteht ein Gutglaubensschutz jedoch nicht; durch den Zuschlag erwirbt der Ersteher Eigentum ohne Rücksicht auf guten oder bösen Glauben (§ 90 Rdn 2.1). Zur Abwehr (materiell) nicht zulässiger Zwangsvollstreckung in das nicht grundbuchersichtliche schuldnerfremde Dritteigentum bei (formell, § 17) ordnungsgemäßer Zwangsvollstreckung steht nur der Klageweg nach ZPO § 771 zur Verfügung. Wahrung des (selbst durch Widerspruch gesicherten) Dritteigentums, das der Zwangsversteigerung bereits entgegensteht, auf dem Rechtsweg ist damit nicht vergleichbar mit dem Schutz, den die Vormerkung nach BGB § 883 dem gesicherten schuldrechtlichen Anspruch auf Übertragung des Eigentums gewährt, der die Zwangsversteigerung vor Erfüllung nicht hindert und nicht aufhalten kann. Nicht verständlich ist schließlich, daß die (eingetragene) Auflassungsvormerkung auch noch (und nur) nach § 37 Nr 5 zu behandeln, sonach mit Drittwiderspruchsklage geltend zu machen sein soll. Als grundbuchersichtlich der Versteigerung entgegenstehendes Recht müßte sie nicht erst noch in einem Rechtsstreit festgestellt werden; sie wäre von Amts wegen nach § 28 Abs 1 zu wahren. Das aber wird doch wirklich (auch von[38]) nicht verlangt. Der Versteigerungspraxis bietet der nochmalige (inkonsequente) Versuch, die Eigentumsvormerkung als entgegenstehendes Recht nach § 37 Nr 5 zu behandeln, ernsthaft daher keinen Anhalt, die gefestigte Ansicht (vorst a–c) auch nur im Entferntesten in Zweifel zu ziehen.

5.2 Baugesetzbuch: Dazu § 15 Rdn 6.

5.3 Bundesversorgungsgesetz: Dazu § 15 Rdn 7.

5.4 Eigenbesitz des noch nicht eingetragenen Grundstückserwerbers ist kein Recht, das die Widerspruchsklage rechtfertigen würde[39], und auch kein Recht, das unter § 28 fällt. Nicht aufrecht erhalten hat das Reichsgericht[40] eine vordem weitergehende Entscheidung[41] (der auch nicht zugestimmt werden kann), nach der Besitz des Grundstückkäufers, dem das Grundstück übergeben und aufgelassen, der aber mangels Grunderwerbsteuerzahlung noch nicht als Eigentümer eingetragen war, ein mit Widerspruchsklage verfolgbares, die Veräußerung hinderndes und auch der Versteigerung entgegenstehendes Recht angesehen wurde. Besonderheit bei Zwangsverwaltung = § 17 Rdn 5.9.

5.5 Eigentum: Rdn 4; Muster im ZVG-Handbuch Rdn 158. Kein Hindernis nach Abs 1 ist ein schuldrechtlicher Anspruch auf Übertragung des **Eigentums.** Das **Anwartschaftsrecht** des Auflassungsempfängers wird als Recht bezeichnet,

---

[37] Schöner/Stöber, Grundbuchrecht, Rdn 1490.
[38] Streuer Rpfleger 2000, 357.
[39] RG 127, 8.
[40] RG 127, 8 (12).
[41] RG 116, 363.

das dazu berechtigt, die Zwangsvollstreckung eines (persönlichen) Gläubigers des noch nicht eingetragenen Eigentümers (Veräußerers) als Schuldner durch Widerspruchsklage gemäß ZPO § 771 abzuwenden[42]. Grundbuchersichtlich und damit nach Abs 1 entgegenstehendes Recht ist es jedoch nicht.

5.6 Einstweilige Verfügung: Durch sie (ZPO § 935) kann die Veräußerung, Belastung, Verpfändung eines Grundstücks (Schiffs usw) allgemein oder für bestimmte Personen oder für bestimmte Ansprüche untersagt werden (ZPO § 938 Abs 2), es kann eine Vormerkung oder ein Widerspruch oder ein Veräußerungsverbot eingetragen werden (BGB § 885 Abs 1 Satz 1, § 899 Abs 2 Satz 1, Schiffsrechtegesetz § 11 Abs 1, § 21, ZPO § 941). Zum Veräußerungsverbot s § 15 Rdn 36.1 und § 28 Rdn 8.4; zur Vormerkung zum Widerspruch § 48. Das Belastungsverbot steht der Zwangsversteigerung wegen des dinglichen Anspruchs des Gläubigers eines zuvor in das Grundbuch eingetragenen Recht nicht (grundbuchersichtlich) entgegen[43]. Wenn das nicht eingetragene Belastungsverbot dem Gläubiger bekannt war (dann kein gutgläubiger Erwerb; BGB § 892 Abs 1 Satz 2) muß der durch die Verfügung Geschützte sein entgegenstehendes Recht mit Vollstreckungsgegenklage (ZPO §§ 771, 772) geltend machen. Das Verbot begründet kein Hindernis nach § 28. Es soll (= darf) aber Versteigerung (als Veräußerung) nach ZPO § 772 nicht erfolgen; hierzu § 15 Rdn 36.

5.7 **Eisenbahn** (Bahnunternehmen) = § 15 Rdn 12.

5.8 **Erbbaurecht** = § 15 Rdn 13.

5.9 **Flurbereinigung** = § 15 Rdn 17. Sie ist kein Hindernis.

5.10 **Landwirtschaft** Grundstücksverkehrsrecht usw) = § 15 Rdn 24.

5.11 **Nacherbschaft** = § 15 Rdn 30.

5.12 **Nießbrauch:** Er ist kein Hindernis. Dazu § 15 Rdn 26.

5.13 **Pfandrechte** = § 15 Rdn 27.

5.14 **Vorkaufsrecht:** Es ist kein Hindernis. Dazu § 15 Rdn 42.

5.15 Der **Widerspruch** gegen die Richtigkeit des Grundbuchs mit Eintragung des Schuldners als **Eigentümer** (BGB § 899 Abs 1; ZVG § 17 Abs 1) ist (gleich der Auflassungsvormerkung, Rdn 5.1) kein der Zwangsversteigerung oder Zwangsverwaltung entgegenstehendes Recht[44]. Verfahrensanordnung und Zulassung des Beitritts hindert der Widerspruch daher nicht. Als Sicherungsmittel des Sachenrechts ist der Widerspruch kein Recht am Grundstück; er schützt bei unrichtigem Grundbuch den nicht eingetragenen Eigentümer gegen gutgläubigen Erwerb Dritter vom Nichtberechtigten (BGB § 892 Abs 1, § 899). Entgegenstehendes Recht ist da durch den Widerspruch geschützte (nicht eingetragene) Eigentum. Weil es aber aus dem Grundbuch nicht ersichtlich ist, wird es nicht nach Abs 1 berücksichtigt. Es muß vom Eigentümer mit Widerspruchsklage nach ZPO § 771 (ZVG § 37 Nr 5) geltend gemacht werden[45]. Grundbuchberichtigung mit Eintragung des durch den Widerspruch geschützten Eigentümers hindert die Fortsetzung des Verfahrens für die Gläubiger eines Rechts, der infolge des Widerspruchs das entgegenstehende Eigentum gegen sich gelten lassen muß. Fortsetzung des Verfahrens ist daher unzulässig für den Gläubiger eines Grundpfandrechts, dessen redlicher Erwerb nach BGB § 892 infolge der Eintragung des Widerspruchs ausgeschlossen war, und für den Gläubiger eines nach Eintragung des Widerspruchs erlangten persönlichen Beschlagnahmean-

---

[42] BGH 128, 184 (188) = DNotZ 1995, 532, (535) = NJW 1995, 659 (660) für Grundeigentum im Anschluß an BGH 55, 20 (279) = MDR 1971, 212 = NJW 1971, 799 = Rpfleger 1971, 13 für Anwartschaft an beweglicher Sache.

[43] OLG Köln Rpfleger 1983, 450.

[44] BGB-RGRK/Augustin § 899 Rdn 11; MünchKomm/Wacke, BGB, § 899 Rdn 26; Jaeckel/Güthe § 28 Rdn 2; Steiner/Eickmann § 28 Rdn 76; Mohrbutter und Riedel NJW 1957, 1500 (1 d).

[45] Jaeckel/Güthe § 28 Rdn 2.

spruchs (Rangklasse 5 des § 10 Abs 1). Berücksichtigung hat als grundbuchersichtlich nach Abs 1 von Amts wegen zu erfolgen. Es gilt für den Widerspruch dasselbe wie für die Auflassungsvormerkung (zu dieser Rdn 5.1). Bei Versteigerung vor Grundbuchberichtigung muß das entgegenstehende Eigentum nach § 37 Nr 5 rechtzeitig geltend gemacht werden (§ 48 Rdn 4).

5.16 Wiederkaufsrecht = § 15 Rdn 42.

5.17 Zurückbehaltungsrecht: Ein schuldrechtliches Zurückbehaltungsrecht steht der Zwangsversteigerung nicht entgegen[46].

5.18 Das **Erlöschen** (der sonstige Wegfall) des **Vollstreckungsanspruchs des Gläubigers** begründet Einwendungen gegen den durch das Urteil (den sonstigen Vollstreckungstitel) festgestellten Anspruch (ZPO § 767), nicht aber ein entgegenstehendes Recht (ZPO §§ 771 usw). Kein Hindernis nach Abs 1 bewirkt daher die bei früherer Versteigerung eines mithaftenden Grundstücks nach § 114a eingetretene Befriedigung des Gläubigers eines Grundpfandrechts, dem das mithaftende Grundstück zugeschlagen ist (siehe auch § 15 Rdn 40.4; anders[47], nicht richtig). In diesem Fall ist zudem nur die Mithaft, nicht aber eine der Voraussetzungen der Befriedigungsfiktion des § 114a als materiellrechtliche Folge des Zuschlags grundbuchersichtlich (Rdn 6); sie wird nicht einmal im Verteilungsverfahren des mithaftenden Grundstücks festgestellt (§ 114a Rdn 3.10). Es handelt sich um einen nach ZPO § 775 Nr 4 (Einl Rdn 31) zu beurteilenden Vorgang. Für die aus einem befristeten Grundpfandrecht (Hypothek oder Grundschuld) betriebene Zwangsversteigerung begründet der Eintritt des Endtermins während des Verfahrens kein seiner Fortsetzung entgegenstehendes Recht[48]. Ob mit Ablauf der Frist nach rechtzeitiger Einleitung des Verfahrens die Pfandhaftung geendet hat und damit die Grundstücksvollstreckung unzulässig geworden ist (oder ob das Pfandrecht nur erlischt, wenn es nicht vor dem Endtermin geltend gemacht ist), ist vom Prozeßgericht auf Vollstreckungsgegenklage (ZPO § 771) zu entscheiden.

Grundbuchersichtlichkeit des Verfahrenshindernisses (Absatz 1)   6

6.1 Die Grundbucheintragung des entgegenstehenden Rechts kann vor oder nach dem Versteigerungsvermerk erfolgt sein. Zu berücksichtigen ist daher auch ein zu Unrecht gelöschtes und nachher wieder eingetragenes Recht. Ob das eingetragene Recht besteht und eingetragen werden durfte, ist nicht zu prüfen. Ob das Grundbuch richtig ist, hat das Vollstreckungsgericht nicht materiell zu prüfen: es ist an dessen Inhalt gebunden; materielle Einwendungen gehören vor das Prozeßgericht. Dem Grundbuch sind das Schiffsregister und das Luftfahrzeugregister gleichzubehandeln.

6.2 Dem Vollstreckungsgericht muß das aus dem Grundbuch ersichtliche entgegenstehende Recht **bekannt geworden** sein. Gleichgültig ist, auf welche Weise es dem Vollstreckungsgericht zur Kenntnis gelangt ist. Gerichtsbekannt kann das Hindernis geworden sein durch eigene Einsichtnahme des Vollstreckungsgerichts in das Grundbuch, durch Mitteilung des Grundbuchamts oder Anmeldung eines Beteiligten.

Maßnahmen nach § 28 Absatz 1   7

7.1 Wird ein nach Abs 1 entgegenstehendes Recht als grundbuchersichtliches Hindernis bekannt, so hat das Vollstreckungsgericht (Abs 1 Satz 1)
– entweder das Verfahren **einstweilen einzustellen** unter Bestimmung einer Frist zur Hebung des Hindernisses durch den Gläubiger,
– oder das Verfahren **sofort aufzuheben.**

---

[46] OLG Saarbrücken OLGZ 1984, 126.
[47] LG Koblenz Rpfleger 1986, 395.
[48] LG Tübingen Rpfleger 1984, 165.

Folge der Anordnung: Bei Einstellung bleibt die Beschlagnahme (§ 20) bestehen; wenn das Verfahrenshindernis behoben wird, wird das Verfahren (mit dem ursprünglichen Beschlagnahmezeitpunkt) von Amts wegen fortgesetzt. Bei Aufhebung erlischt die Beschlagnahme für den betroffenen Gläubiger mit Erlaß des Beschlusses, falls die Wirksamkeit nicht bis zum Eintritt der Rechtskraft aufgeschoben ist (§ 15 Rdn 5.4).

7.2 Regel hat **Einstellung** unter Gewährung einer Frist zu sein. Sofortige Aufhebung rechtfertigt sich nur in Ausnahmefällen. Das bedingen rechtsstaatliche Verfahrensgrundsätze (Einl Rdn 7). Dem Gläubiger muß effektiver Rechtsschutz gewährt sein; in seiner durch Beschlagnahme erlangten Rechtsstellung darf er nicht betroffen werden, ohne vorher Gelegenheit zur Äußerung gehabt zu haben. Daher ist dem Gläubiger stets Gelegenheit zu geben, ein behebbares Verfahrenshindernis auszuräumen. Den Schuldnerbelangen trägt Abgrenzung mit Gewährung einer Frist Rechnung. Sofort aufgehoben werden kann daher nur, wenn das Hindernis sicher auf Dauer nicht beseitigt werden kann (aA[49]: Aufhebung nach Grundbuchlage auch, wenn Heilung des Hindernisses nur in einem Rechtsstreit festgestellt werden könnte, dessen Dauer und Ausgang ungewiß ist). Auch dann aber ist es ratsam, die Wirksamkeit bis zur Rechtskraft des Beschlusses aufzuschieben (§ 15 Rdn 5.5). Der Ansicht, daß das Vollstreckungsgericht nach pflichtgemäßem Ermessen zu entscheiden habe, ob einzustellen oder sofort aufzuheben sei, kann nicht mehr gefolgt werden. Eine vergleichbare Regelung trifft GBO § 18; auch diese Bestimmung wird mit Blick auf das Verfahrensziel und die Grundrechte so verstanden, daß Frist immer dann bestimmt werden muß, wenn ein Hindernis behebbar ist (dazu mit eingehender Begründung[50]). Es kann nicht darauf abgestellt werden, ob das Hindernis „leicht" oder „schwer" behebbar ist und ob es nach Anschauung des Vollstreckungsgerichts voraussichtlich in angemessener Frist ausgeräumt werden kann.

7.3 Die Entscheidung ergeht durch **Beschluß,** nach Schluß der Versteigerung nur noch durch Versagung des Zuschlags (§ 33; Besonderheit dort Rdn 2.2); nach dem Zuschlag ist beim Vollstreckungsgericht keine Entscheidung mehr möglich, ein übersehener Aufhebungsgrund ist bei der Zuschlagsanfechtung nach § 100 Abs 3, § 83 Nr 6 von Amts wegen zu beachten. Alle Einstellungs- und Aufhebungsbeschlüsse müssen an den betreibenden Gläubiger, den es betrifft, und an den Schuldner **zugestellt** werden, sowie an einen Dritten dann, wenn er einen Antrag auf einstweilige Einstellung oder Aufhebung gestellt hatte. Das gilt auch, wenn der Beschluß verkündet war (ohne Zustellung zwar wirksam, aber für die Beteiligten ohne Rechtswirkung[51]). Das muß infolge der zwingenden Vorschrift des § 32 auch gelten, wenn die Einstellung oder Aufhebung im Zuschlagsversagungsbeschluß enthalten ist. Wird die Einstellung oder Aufhebung abgelehnt, so genügt **Verkündung** der Ablehnungsentscheidung oder Verkündung der Zuschlagserteilung (ZPO § 329 Abs 1 nach vorausgehender mündlicher Verhandlung); ging keine mündliche Verhandlung voraus (der Zuschlagsverkündung ging sie immer voraus; kommt also nur bei gesonderter Ablehnungsentscheidung in Frage), dann muß auch die Ablehnung zugestellt werden (ZPO § 329 Abs 2, 3). Kam es dabei zur Aufhebung aller Beschlagnahmebeschlüsse (auch durch Zuschlagsversagung möglich), so ist nach § 34 der Vollstreckungsvermerk zu löschen (Näheres § 34 Rdn 2). Dazu auch ZVG-Handbuch Rdn 163.

7.4 Muster: Für die **Einstellung** ist etwa folgende Form zu empfehlen: „Das Zwangsversteigerungsverfahren aus dem Anordnungsbeschluß vom ... wird wegen eines Verfahrenshindernisses einstweilen eingestellt. Dem ... wird aufgegeben, bis spätestens ... folgende Auflage zu erfüllen: ... Bei Nichteinhaltung der Frist oder

---

[49] LG Trier Rpfleger 2000, 286.
[50] Schöner/Stöber, Grundbuchrecht, Rdn 429.
[51] Jaeckel/Güthe § 32 Rdn 3.

Nichtbefolgung der Auflage muß das genannte Verfahren aufgehoben werden. Gründe: "... § 28 Abs 1 ZVG ..." Muster auch im ZVG-Handbuch Rdn 158, für die Aufhebung Rdn 159. Bei der Einstellung ist es zweckmäßig, darauf hinzuweisen, daß die Beschlagnahme noch fortbesteht (ZVG-Handbuch Rdn 158).

7.5 Die zur Behebung des Hindernisses gesetzte **Frist** kann auf Antrag **verlängert werden** (Entscheidung durch Beschluß; wie Rdn 7.3). Wenn Frist gesetzt ist, kann der Nachweis auch noch nach Fristablauf erfolgen, solange der Aufhebungsbeschluß nicht ergangen ist.

7.6 a) **Fortsetzung** des eingestellten Verfahrens erfolgt nach Behebung des Mangels ohne Antrag (von Amts wegen). Behoben ist das Hindernis, wenn das Recht eines Dritten der Zwangsversteigerung oder Fortsetzung des Verfahrens nicht mehr entgegensteht, im Falle von Abs 2 die Verfügungsbeschränkung entfallen oder nicht mehr hinderlich oder der Verfahrensmangel ausgeräumt ist. Das kann bei Änderung der Sachlage der Fall sein, aber auch dann, wenn das Vollstreckungsgericht bei nochmaliger (eigener) Prüfung oder auf Einwendungen oder Hinweis des (betreibenden) Gläubigers bei unverändertem Sachverhalt feststellt, daß kein der Zwangsversteigerung oder Fortsetzung des Verfahrens hinderliches Recht eines Dritten, im Falle von Abs 2 kein Veräußerungsverbot oder Verfahrensmangel, besteht. Das ist Ausfluß des Amtsbetriebs (Einl Rdn 9.2), der es ausschließt, daß der Fortgang des Verfahrens unbegründet aufgehalten und ein zunächst unzutreffend angenommenes Verfahrenshindernis nur auf Rechtsmittel ausgeräumt werden kann. Daher begründet Verfahrenseinstellung keine Bindung (vgl ZPO § 318).

b) **Fortsetzungsbeschluß** ist geboten, nicht aber (zwingend) notwendig (§ 31 Rdn 5). Bei der Fortsetzung sind die Fristen des § 43 zu beachten.

7.7 Wenn das Verfahren von **mehreren Gläubigern** betrieben wird (Anordnungs- und Beitrittsgläubiger), ist nur das einzelne Verfahren einzustellen oder aufzuheben, dem nach § 28 ein Hindernis entgegensteht. Hindert ein grundbuchersichtliches entgegenstehendes Recht die Fortsetzung der Verfahren aller Beschlagnahmegläubiger, so ist insgesamt aufzuheben.

Verfügungs„beschränkung" als Verfahrenshindernis (Absatz 2)

8.1 Eine verfahrenshindernde **Beschränkung** des Schuldners **in der Verfügung** über das Grundstück (andere Objekt) ist stets schon zu berücksichtigen, wenn sie dem Vollstreckungsgericht bekannt ist (Abs 2). Grundbucheintragung (wie im Fall von Abs 1), der nur deklaratorische Bedeutung zukommt, ist demnach in diesem Fall nicht erforderlich. Damit schafft auch Abs 2 kein Verfahrenshindernis, sondern setzt eine vollstreckungshindernde (damit der Zwangsversteigerung oder der Fortsetzung des Verfahrens entgegenstehende[52]) Verfügungs„beschränkung" voraus und regelt lediglich, **wie** das Hindernis in dem bereits eingeleiteten Vollstreckungsverfahren zu berücksichtigen ist („... ist Abs 1 entsprechend anzuwenden"). Auch das aber dient lediglich der Klarstellung; als Verfahrenshindernis ist einer Verfügungs„beschränkung" schon nach allgemeinem Vollstreckungsverfahrensrecht mit Aufhebung oder Einstellung des Verfahrens unter Bestimmung einer Frist zur Behebung des (ausräumbaren) Hindernisses Rechnung zu tragen (zB ZPO § 139). Die Vorschrift trifft überdies entgegen ihrem (zu engen) Wortlaut Bestimmung nur für die Fälle der **Entziehung** der rechtlichen **Verfügungsbefugnis,** die Einleitung oder Fortsetzung des Verfahrens gegen den Eigentümer als Schuldner hindert. An dessen Stelle ist mit Entziehung der rechtlichen Verfügungsbefugnis kraft Gesetzes ein Verwalter getreten[53]. Gegen diesen kann ein

---

[52] OLG Karlsruhe Rpfleger 2000, 405 (zum Nacherbenrecht siehe aber Rdn 8.3); Muth KTS 1998, 529 (530).
[53] RG 71, 38 (40).

§ 28 8.1   Anordnung der Versteigerung

Vollstreckungsverfahren unzulässig sein oder als Schuldner nur unter bestimmten Voraussetzungen beginnen oder fortgesetzt werden. Das gilt für

- **Eröffnung des Insolvenzverfahrens** über das Vermögen des als Schuldner eingetragenen Eigentümers (§ 17; dazu § 15 Rdn 23.2). Sie bewirkt Unwirksamkeit einer Beschlagnahme in der kritischen Phase (Rückschlagsperre; § 15 Rdn 23.5), begründet für Insolvenzgläubiger ein Vollstreckungsverbot (InsO § 89 Abs 1, § 90; dazu § 15 Rdn 23.3) und erfordert für abgesonderte Befriedigung (InsO § 49) Anordnung oder Zulassung des Beitritts sowie Fortsetzung des Verfahrens gegen den verwaltungs- und verfügungsbefugten Insolvenzverwalter (InsO § 80 Abs 1; Einzelheiten § 15 Rdn 23). Ähnliches gilt bei Altverfahren für Eröffnung des Konkursverfahrens (§ 15 Rdn 23.17) und der Gesamtvollstreckung (§ 15 Rdn 23.19).
- **Testamentsvollstreckung,** soweit sie für Anordnung des Verfahrens oder Zulassung des Beitritts einen gegen den Testamentsvollstrecker lautenden Vollstreckungstitel erfordert (ZPO § 748) sowie Fortsetzung des Verfahrens gegen den verwaltungs- und verfügungsbefugten Testamentsvollstrecker gebietet (§ 15 Rdn 30.7).
- **Nachlaßverwaltung** (BGB § 1984 Abs 1, § 1985 Abs 1), die Zwangsvollstreckung nur Nachlaßgläubigern (BGB § 1984 Abs 2) mit Vollstreckungstitel gegen den Nachlaßverwalter ermöglicht oder Fortsetzung des Verfahrens gegen den verwaltungs- und verfügungsbefugten Nachlaßverwalter gebietet (dazu aber ZPO § 784; s § 15 Rdn 30.7).
- **Vorerben-Verwaltung,** die dem Vorerben die Verwaltungs- und Verfügungsbefugnis entzieht (BGB § 2129 Abs 1, § 1052).

8.2 Bei Beschränkung der rechtlichen **Verfügungsbefugnis** bleibt der Rechtsinhaber verfügungsbefugt; diese Verfügungsbefugnis besteht jedoch nur noch unbeschadet des geschützten Rechts des Dritten. Dem entspricht, daß der Eigentümer Schuldner des Vollstreckungsverfahrens bleibt, Anordnung der Zwangsversteigerung, Zulassung des Beitritts und Durchführung (Fortsetzung) des Verfahrens sonach Vollstreckungstitel gegen ihn erfordern (ZPO § 750 Abs 1) und Wahrung des geschützten Rechts des Dritten im Einzelfall nach den Besonderheiten der Schutzbestimmung im Vollstreckungsverfahren zu erfolgen hat. Demnach gilt:

- **BGB § 1365** als **gesetzliche Beschränkung** der Verfügungsbefugnis hindert die Vollstreckung in das Grundstück eines Ehegatten nicht (§ 15 Rdn 10.1).
- **ZPO §§ 829, 830** begründen mit **gerichtlichem** (hoheitlichem) **Verfügungsverbot** eine Beschränkung der Verfügungsbefugnis nur für Gegenstände, die der Forderungs- und Rechtspfändung unterliegen. Sie erlangen bei Immobilienvollstreckung (ZPO § 864) als Verfügungsbeschränkung des Eigentümers keine Bedeutung.
- **ErbbauVO § 5 Abs 1** (§ 15 Rdn 13.5) und **WEG § 12 Abs 1, 3 Satz 2** (§ 15 Rdn 45.7) als **vertraglich** begründete **Verfügungsbeschränkungen** erlangen erst bei Entscheidung über den Zuschlag Bedeutung. Anordnung der Zwangsversteigerung, Zulassung des Beitritts und Fortsetzung des Verfahrens bis zur Entscheidung über den Zuschlag hindern sie nicht.

8.3 Die Anordnung der **Nacherbschaft** enthält (vorbehaltlich einer Befreiung nach BGB § 2136) eine Verfügungsbeschränkung zu Lasten des Vorerben[54] (BGB § 2113 Abs 1). Schutz gegen Vollstreckungsmaßnahmen eines Gläubigers des Vorerben: BGB § 2115. Verfahrensrechtlich verwirklicht ZPO § 773 diesen Schutz mit einem vorgezogenen **Verwertungsverbot.** Einzelheiten: § 15 Rdn 30.8–30.13. Nach Abs 2 verfahrenshinderliche Verfügungsbeschränkung (als Entziehung der rechtlichen Verfügungsmacht, Rdn 8.1) ist Anordnung der Nacherbschaft nicht. Über die Veräußerung mit Erteilung des Zuschlags hinaus verbietet ZPO § 773

---

[54] BGH DNotZ 2000, 705 = NJW 2000, 1149.

Entgegenstehende grundbuchmäßige Rechte 9.2 § 28

die Zwangsvollstreckung in das der Nacherbfolge unterliegende Nachlaßgrundstück nicht[55] Zulässig ist daher die Anordnung der Zwangsversteigerung (ebenso Zulassung des Beitritts; § 15 Rdn 30.11). Als Schutzbestimmung des Vollstreckungsverfahrens zur Wahrung des geschützten Rechts des Nacherben (Rdn 8.2) verbietet ZPO § 773 die Veräußerung des Nachlaßgrundstücks, damit die Erteilung des Zuschlags. § 28 Abs 2 trifft Bestimmung über die Berücksichtigung des Nacherbenrechts daher nicht. Verfahrensstillstand bewirkt ZPO § 773 bereits gesetzlich (§ 15 Rdn 30.12); einstweilige Einstellung des Vollstreckungsgerichts nach § 28 ermöglicht das nicht. Überdies würde Einstellung nach § 28 erfordern, daß es dem Gläubiger möglich sein kann, Hebung des Hindernisses in der gesetzten Frist nachzuweisen. Das müßte Nachweis in der Frist ermöglichen, daß Nacherben nicht mehr eintreten, die angeordnete Zwangsversteigerung damit durchgeführt werden kann; das aber ist ausgeschlossen. Schließlich verbietet die mit Verfahrensanordnung (Zulassung des Beitritts) zulässige Zwangsvollstreckung in das dem Vorerben gehörende Nachlaßgrundstück Verfahrensaufhebung, die Abs 2 mit Abs 1 nach Ablauf einer bei Einstellung bestimmten Frist vor Ausfall des Nacherbfalls (§ 15 Rdn 30.10) gebieten würde. Schon deshalb kann § 28 Abs 2 keine Anwendung finden (anders[56]; nicht richtig).

8.4 Ein **Veräußerungsverbot** ist ebenso nicht nach Abs 2 verfahrenshinderliche Verfügungsbeschränkung. Verfahrensrechtlichen Schutz regelt ZPO § 772; die Bestimmung verbietet Veräußerung auch im Wege der Zwangsvollstreckung. Verfahrensstillstand bewirkt ZPO § 772 gesetzlich. Einstellungsbeschluß aus dem Grund des ZPO § 772 (kein Fall des § 31 Abs 2 Buchst d; daher keine Fortsetzungsbelehrung) ist gleichwohl zulässig und als sichere Verfahrensgrundlage auch geboten (wie § 15 Rdn 30.12). Für Einstellung des Verfahrens nach § 28 Abs 2 unter Fristsetzung zur Hebung des Hindernisses besteht keine Gesetzesgrundlage (wie § 15 Rdn 30.12 und vorst Rdn 8.3).

Vollstreckungsmangel als Verfahrenshindernis (Absatz 2) 9

9.1 Ein **Vollstreckungsmangel** besteht, wenn eine Voraussetzung für Anordnung des Verfahrens oder Zulassung des Beitritts unzutreffend als gegeben angenommen wurde. Der Mangel kann eine (allgemeine) Zwangsvollstreckungsvoraussetzung betreffen oder ein (besonderes) Erfordernis der Immobiliarvollstreckung (allgemein zu Vollstreckungserfordernissen § 15 Rdn 3.5). Das mit einem Vollstreckungsmangel behaftete Verfahren ist nicht rechtmäßig; es rechtfertigt Eingriff in das Eigentum des Schuldners nicht, das GrundG Art 14 Abs 1 schützt; wenn eine Vollstreckungsvoraussetzung fehlt, ist daher der Zuschlag zu versagen (nicht behebbarer Versagungsgrund, § 83 Nr 6; dort Rdn 4). Das Verfahren ist daher auch nicht fortzuführen, wenn der Vollstreckungsmangel schon vor Entscheidung über den Zuschlag festgestellt und damit dem Vollstreckungsgericht bekannt wird. Keinen Vollstreckungsmangel begründet ein **Verfahrensmangel.** Verfahrensdurchführung unter Verstoß gegen eine Verfahrensvorschrift bewirkt nicht Unzulässigkeit der Immobiliarvollstreckung. Für mangelfreie Durchführung des (zulässigen) Vollstreckungsverfahrens hat das Vollstreckungsgericht Sorge zu tragen; ein Verfahrensmangel ist daher von ihm zu beheben. Dem Gläubiger kann Ausräumung eines Verfahrensmangels nicht nach Abs 2 aufgegeben werden.

9.2 Nur wenn der Vollstreckungsmangel dem Vollstreckungsgericht **bekannt** ist, hat es von Amts wegen nach Abs 2 (mit Abs 1) unter Fristbestimmung einzustellen oder aufzuheben. Kenntnis erfordert auf sicherer Grundlage beruhendes Wissen. Es kann auch durch den Hinweis oder die Anregung eines Beteiligten veranlaßt sein. Jedoch hat das Vollstreckungsgericht Ermittlungen zur Feststellung erheblicher Tatsachen nicht vorzunehmen, mithin auch streitigen Tatsachenvor-

---

[55] BGH 110, 176 (182) = NJW 1990, 1237 (1239).
[56] Hofmann Rpfleger 1999, 137.

§ 28 9.2 Anordnung der Versteigerung

trag eines Beteiligten nicht auf seine Richtigkeit zu prüfen (keine Amtsermittlung von Entscheidungsgrundlagen). Einwendungen eines Beteiligten sind nicht im Vollstreckungsverfahren daraufhin zu überprüfen, ob ein Vollstreckungsmangel nach Abs 2 vorliegt; sie sind als Rechtsbehelfe des Vollstreckungsverfahrens (insbesondere ZPO § 766, auch § 793) zu entscheiden.

9.3 Als Einstellungsgrundlage schließt Abs 2 nicht aus, daß das Vollstreckungsgericht dem Beteiligten **formlos Gelegenheit** gibt, den Vollstreckungsmangel in angemessener Zeit auszuräumen. Das gebietet ZPO § 139; veranlaßt ist (zunächst) formlose Beanstandung stets, wenn der Vollstreckungsmangel ohne Verfahrensverzögerung ausgeräumt werden kann (wie zB dann, wenn der Vollstreckungstitel noch nicht wirksam zugestellt ist), die Beanstandung damit nach dem Stand des Verfahrens auf dessen Fortgang keine Auswirkung hat.

10 Rechtsbehelfe

10.1 Rechtsbehelf für den (betreibenden) **Gläubiger** gegen Einstellung oder Aufhebung: Ohne vorherige Anhörung Erinnerung nach ZPO § 766 (dann sofortige Beschwerde), nach vorheriger Anhörung sofortige Beschwerde (§ 95 mit ZPO § 793).

10.2 Der **Schuldner** (dessen Insolvenzverwalter usw) hat, wenn Einstellung oder Aufhebung nach Abs 1 oder 2 unterbleibt, Erinnerung nach ZPO § 766, dann sofortige Beschwerde (§ 95 mit ZPO § 793).

10.3 Gegen **Zuschlags**entscheidung (§ 33 oder § 81 Abs 1) gibt es sofortige Beschwerde nach § 96 mit ZPO § 793.

10.4 Ein **Dritter** hat sein der Versteigerung entgegenstehendes Eigentum mit Widerspruchsklage nach ZPO § 771 geltend zu machen (siehe § 37 Nr 5). Als Beteiligter (§ 9) hat er (wie der Schuldner) Erinnerung nach ZPO § 766, wenn Einstellung oder Aufhebung nach Abs 1 oder 2 unterbleiben.

11 Besonderheiten im Beitrittsgebiet

11.1 Gebäude- und Grundstückseigentum (Vereinigung)

a) Haben sich Grundstücks- und Gebäudeeigentum **in einer Person** vereinigt, so ist eine Veräußerung allein des Gebäudes oder des Grundstücks ohne das Gebäude nicht mehr zulässig (SachenRBerG § 78 Abs 1 Satz 1). Es handelt sich um ein (absolut wirkendes) gesetzliches Veräußerungsverbot. Als solches schließt es auch Veräußerung im Wege der Zwangsvollstreckung aus (§ 90 Abs 1). Das Veräußerungsverbot bei Erwerb des Grundstückseigentums durch den Nutzer oder des Gebäudeeigentums durch den Grundstückseigentümer ist damit entgegenstehendes Recht nach Abs 1. Es schließt Zwangsversteigerung nur des Grundstücks oder nur des Gebäudes je im Eigentum des (gleichen) Schuldners auf Antrag des Gläubigers einer persönlichen Forderung in Rangklasse 5 des § 10 Abs 1 aus.

b) **Anwendung** findet § 78 SachenRBerG auf **sämtliche Fälle der Identität** von Grundstücks- und Gebäudeeigentum[57], unabhängig somit davon, ob der Hinzuerwerb nach oder vor dem 1. Okt 1994 (Inkrafttreten des SachenRBerG) erfolgt ist[58] (anders[59]: nicht, wenn Eintragungsantrag vor dem 1. Okt 1994 beim Grundbuchamt eingereicht war) und unabhängig davon, ob der Hinzuerwerb rechtsgeschäftlich (mit Auflassung und Eintragung) oder kraft Gesetzes (zB durch Erbfolge) eingetreten ist[60]. Das gebietet der gesetzgeberische Zweck des § 78 SachenRBerG, nochmaliges Auseinanderfallen von Grundstücks- und Gebäudeeigentum mög-

---

[57] OLG Jena DtZ 1997, 391 = OLG-NL 1997, 201 = Rpfleger 1997, 431.
[58] OLG Jena DtZ 1997, 391 = aaO; Schöner/Stöber, Grundbuchrecht, Rdn 4287.
[59] LG Dresden MittBayNot 1995, 133 = Rpfleger 1995, 407 mit Anm Wanek.
[60] OLG Jena DtZ 1997, 391 = aaO.

Entgegenstehende grundbuchmäßige Rechte 11.1 § 28

lichst zu verhindern. Somit kommt § 78 SachenRBerG nicht nur bei Erwerb durch den Nutzer und Gebäudeeigentümer auf Grund des Vorkaufsrechts nach § 61 SachenRBerG zur Anwendung[61].

c) Grundstück und Gebäudeeigentum bleiben auch nach Vereinigung in einer Person Gegenstand der Immobiliarvollstreckung (ZPO § 864 Abs 1). Wenn der Eigentümer seine Verpflichtung, das Eigentum am Gebäude nach BGB § 875 aufzugeben (SachenRBerG § 78 Abs 1 Satz 3) noch nicht erfüllt hat, kann daher nur die Zwangsversteigerung des **Grundstücks und Gebäudeeigentums zusammen** (Verbindung nach § 18) zur gemeinsamen Versteigerung im Gesamtausgebot (damit ist Einzelausgebot nach § 63 Abs 1 gesetzlich ausgeschlossen) angeordnet werden. Die nach dem 31. 12. 2000 angeordnete **Beschlagnahme des Grundstücks** umfaßt auch das Gebäudeeigentum bereits nach EGZVG § 9a Abs 1 Satz 1. Dann ist das dem Grundstückseigentümer gehörende Gebäudeeigentum kein nach § 28 mit EGZVG § 9a Abs 2 der Zwangsversteigerung entgegenstehendes Recht.

d) **Ausnahme** vom Veräußerungsverbot: Unberührt bleibt die Befugnis zur Veräußerung im Wege der Zwangsversteigerung (oder zu deren Abwendung) (SachenRBerG § 78 Abs. 1 Satz 2). Diese Ausnahme trägt dem Interesse der Inhaber **dinglicher Rechte** an der Durchsetzung ihres Verwertungsanspruchs (BGB § 1147) Rechnung. Sie ermöglicht Anordnung und Durchführung der Versteigerung nur des Grundstücks oder nur des Gebäudeeigentums daher lediglich wegen des dinglichen Anspruchs in Rangklasse 4 (damit auch Rangklasse 6 und 8) des § 10 Abs 1 (anders[62]: gilt nicht allein für dinglichen Anspruch). Gleiches muß für Einzelansprüche aus einer öffentlichen Last (Rangklasse 3 des § 10) gelten. Beschlagnahme des Grundstücks oder nur des Gebäudeeigentums zugunsten eines Gläubigers vor Vereinigung in einer Person (§ 20 Abs 1) hat ein Verwertungsrecht in Rangklasse 5 des § 10 Abs 1 begründet. Auch diese Befugnis zur Veräußerung im Wege der Zwangsversteigerung, somit Verfahrensfortsetzung, bleibt daher nach SachenRBerG § 78 Abs 1 Satz 2 unberührt.

e) Erfolgt **nach Vereinigung** von Grundstücks- und Gebäudeeigentum Veräußerung (auch Versteigerung) allein des Gebäudes oder des Grundstücks (auch zur Abwendung einer Zwangsversteigerung, SachenRBerG § 78 Abs 1 Satz 2), dann fallen Eigentum am Grundstück und Eigentum am Gebäude wieder auseinander. Das Veräußerungsverbot von SachenRBerG § 78 Abs 1 Satz 1 besteht damit nicht mehr. Rechte des Erwerbers: SachenRBerG § 78 Abs. 3.

f) Eine Besonderheit für Durchsetzung des **Erfüllungsanspruchs des Grundstückseigentümers** aus dem Kaufvertrag zur Bereinigung der Rechtsverhältnisse regelt SachenRBerG § 79. Er kann die Zwangsversteigerung des Gebäudes oder der baulichen Anlagen des Nutzers nur unter gleichzeitiger Versteigerung des nach dem Vertrag zu veräußernden Grundstücks betreiben (SachenRBerG § 79 Abs 1 Satz 1). Grundstück und Gebäude können dann nur als Einheit ausgebaten werden. Es handelt sich beim Ausschluß der Einzelversteigerung gleichfalls um ein (absolut wirkendes) gesetzliches Veräußerungsverbot. Der Antrag auf Versteigerung des Gebäudes und des Grundstück darf erst gestellt werden, wenn dem Nutzer die Versteigerung des verkauften Grundstücks zuvor angedroht und eine Nachfrist zur Zahlung von mindestens zwei Wochen fruchtlos verstrichen ist (SachenRBerG § 79 Abs 1 Satz 2). Es handelt sich um eine Anordnungsvoraussetzung; Androhung und Fristablauf sind dem Vollstreckungsgericht daher für den Beginn der Zwangsvollstreckung urkundlich nachzuweisen (§ 16 Abs 2); rechtzeitige Erfüllung als Hinderungsgrund ist vom Schuldner mit Vollstreckungsgegen-

---

[61] OLG Jena DtZ 1997, 391 = aaO; auch LG Dresden aaO; weiter Nachweise siehe Einl Rdn 64.8.

[62] LG Halle Rpfleger 1997, 35 mit Anm Keller; auch Keller, Grundstücke in Vollstreckung und Insolvenz, Rdn 393, 394.

klage geltend zu machen. Anordnungsvoraussetzung für Vollstreckung auch in das Grundstück im übrigen: SachenRBerG § 79 Abs 2. Zu Zuschlag und zu den Zuschlagswirkungen: SachenRBerG § 79 Abs 3 und 4.

11.2 Rückerstattungsrecht

Literatur: Limmer, Das Restitutionsverfahren als ein die Zwangsversteigerung hinderndes Recht? VIZ 1994, 516.

Der **Rückerstattungsanspruch** (Restitutionsanspruch) nach dem Gesetz zur Regelung offener Vermögensfragen (Vermögensgesetz – VermG) idF vom 9. 2. 2005 (BGBl I 206) steht der Anordnung und Durchführung der Zwangsversteigerung nicht entgegen (ebenso[63]). Darauf beruht auch § 3 b Abs 4 VermG, der Regelung für den Fall trifft, daß Rückübertragung des Grundstücks oder Gebäudes nach Zwangsversteigerung nicht mehr möglich ist. Einer Grundstücksverkehrsgenehmigung bedarf die Anordnung (früher anders[64], nun überholt) und Durchführung der Versteigerung (Erteilung des Zuschlags) eines Grundstücks oder Gebäudeeigentums nicht (ebenso jetzt[65]); zur Teilungsversteigerung § 180 Rdn 19. Genehmigungspflichtig sind nach Grundstücksverkehrsordnung (GVO) § 2 Abs 1 idF vom 20. 12. 1993 (BGBl I 2221) nur die Auflassung eines Grundstücks und der schuldrechtliche Vertrag hierüber sowie die Bestellung und Übertragung eines Erbbaurechts und der schuldrechtliche Vertrag hierüber. Der Genehmigungstatbestand der früheren Grundstücksverkehrsverordnung (GVVO) § 2 Abs 1 Buchst d und k „Erwerb eines Grundstücks im Wege der gerichtlichen Verkaufs" und „Teilung des Nachlasses durch Entscheidung des staatlichen Notariats" wurde bereits durch das Gesetz zur Beseitigung von Hemmnissen bei der Privatisierung von Unternehmen und zur Förderung von Investitionen vom 22. 3. 1991 (BGBl I 766) aufgehoben. Das Versteigerungsverfahren kann auch nicht ausgesetzt werden, wenn das Amt für offene Vermögensfragen den Namen des Berechtigten nicht mitteilt[66] (wenn er nachträglich bekannt wird, hat Zustellung an ihn nach VermG § 3 b Abs 2 zu erfolgen; Terminsaufhebung wird deswegen nicht erforderlich[66]). Zur Durchführung des Versteigerungsverfahrens EG § 9 a und Anmerkungen dort.

[Rücknahme des Antrags]

29 Das Verfahren ist aufzuheben, wenn der Versteigerungsantrag von dem Gläubiger zurückgenommen wird.

1 Allgemeines zu § 29

1.1 Zweck der Vorschrift: Bestimmung, daß das Vollstreckungsgericht die Aufhebung des mit Zurücknahme des Versteigerungsantrags bereits erledigten Verfahrens durch besonderen Beschluß auszusprechen hat, damit die Erledigung des Verfahrens zur Kenntnis der unmittelbar Beteiligten gelangt (Denkschrift S 42).

1.2 Anwendungsbereich: § 29 gilt für alle ZVG-Verfahren.

2 Grundsätze zur Rücknahme des Antrags

2.1 Zwangsvollstreckung erfolgt auf Gläubigerantrag; sie dient Gläubigerinteressen (§ 15 Rdn 3.1). Der Gläubiger ist daher berechtigt, seinen Zwangsversteigerungsantrag (Zwangsverwaltungsantrag) zurückzunehmen. **Jeder** betreibende Gläu-

---

[63] Limmer VIZ 1994, 516.
[64] Keller Rpfleger 1992, 501 (II 1).
[65] Keller Rpfleger 1994, 194 (IV 2 aE [S 201]).
[66] LG Berlin Rpfleger 1994, 175.

Rücknahme des Antrags **2.5 § 29**

biger kann für sein Verfahren (als Herr seines Verfahrens) den Verfahrensantrag zurücknehmen. Antragsrücknahme durch den Ablösenden: § 15 Rdn 20.23).

2.2 Die **Rücknahmeerklärung** ist Prozeßhandlung. Sie kann schriftlich, zu Protokoll des Urkundsbeamten, in jedem Termin (Aufnahme in die Sitzungsniederschrift, siehe § 78), durch Fernschreiben und auch fernmündlich erklärt werden, sofern der Erklärende und die Ernstlichkeit der Erklärung sicher festgestellt sind (Rückruf und Aktenvermerk unerläßlich). Erklärung mit elektronischem Dokument: ZPO § 130 a. Die Erklärung muß nicht ausdrücklich mit den Worten „nehme zurück" geäußert werden, aber doch diesem Sinne nach. Für die Rücknahme genügt jede dahingehende Willensäußerung. Das Gesetz schreibt den Wortlaut der Erklärung nicht vor, die Erklärungen der Parteien müssen ihrem Sinne nach ausgelegt werden. Wenn der Gläubiger die Hauptsache für erledigt erklärt, will er sagen, daß er das Verfahren nicht mehr betreiben will, daß das Gericht auf seinen ursprünglichen Antrag hin nichts mehr unternehmen soll, daß das Verfahren beendet sein soll. Es genügt jede Erklärung des Gläubigers die erkennen läßt, daß das Verfahren aufgehoben werden soll. Eine Begründung ist nicht nötig[1]. Als Prozeßhandlung ist die Antragsrücknahme bedingungsfeindlich. Eine Rücknahme unter einer einschränkenden Bedingung (zB Kostenüberbürdung auf den Schuldner) kann daher keine Wirksamkeit äußern. Sie kann als Einstellungsbewilligung (§ 30) auszulegen sein (dann bleibt die Beschlagnahme aufrecht erhalten) oder Anlaß geben, durch Rückfrage bei dem Gläubiger (ZPO § 139) Klarstellung herbeizuführen. Der Gläubiger muß selbst dafür sorgen, daß er voll befriedigt wird, also auch wegen der Kosten, über deren Höhe er sich vergewissern muß. Rücknahme ist auch die dritte Einstellungsbewilligung desselben Gläubigers (§ 30 Abs 1 Satz 3).

2.3 Als Prozeßhandlung ist die (mit Eingang bei Gericht wirksam gewordene) Rücknahmeerklärung **unwiderruflich**[2]. Der Gläubiger kann dann nur dem noch von einem anderen betriebenen Verfahren beitreten (mit Rangverlust) oder es sonst neu anordnen lassen (mit Kostenverlust, weil der Schuldner nicht notwendige Kosten zu tragen hat, ZPO §§ 788, 91, also nicht zweimal Vollstreckungskosten zahlen muß, falls nicht auf seine Veranlassung hin zurückgenommen wurde).

2.4 Eltern sowie ein Vormund (Pfleger, Betreuer) bedürfen zur Rücknahme **nicht der familien-** bzw **vormundschaftsgerichtlichen Genehmigung**[3]; der Vormund bedarf auch keiner Genehmigung des Gegenvormunds. Die Antragsrücknahme ist Prozeßhandlung (nicht Rechtsgeschäft); daher begründet auch BGB § 1822 Nr 13 keine Genehmigungspflicht für Rücknahme des Versteigerungsantrags eines persönlichen Gläubigers (Rangklasse 5 des § 10 Abs 1) durch den Vormund (nicht richtig daher[4]). Als Prozeßhandlung wäre die Antragsrücknahme (wie auch der Verzicht[5]) zudem selbst dann ohne Genehmigung wirksam, wenn – was hier nicht der Fall ist – „nach den Vorschriften des bürgerlichen Rechts eine besondere Ermächtigung erforderlich" wäre (siehe ZPO § 54).

2.5 Wirksam wird die Rücknahme mit ihrem **Eingang bei Gericht**[6] (BGB § 130 Abs 1 und 3) (so bereits Denkschrift S 41), nicht erst mit dem Aufhebungsbeschluß, der nur deklaratorische Bedeutung hat[7] (auch Denkschrift S 42). Die Beschlagnahme endet mit der Rücknahme; damit enden auch die Rechte der be-

---

[1] Mohrbutter KTS 1973, 273 (Anmerkung).
[2] AG Bamberg Rpfleger 1969, 99; Drischler JurBüro 1964, 1 (A I 2 c); Mohrbutter/Drischler Muster 49 Anm 2; Ordemann AcP 157, 470.
[3] Jaeckel/Güthe § 29 Rdn 2.
[4] Eickmann Rpfleger 1983, 199 (200; Abschnitt II 1); Dassler/Muth § 29 Rdn 3; Steiner/Storz § 29 Rdn 25 Fn 28.
[5] BGH FamRZ 1955, 359 = Rpfleger 1956, 159.
[6] AG Bamberg Rpfleger 1969, 99.
[7] Mohrbutter KTS 1973, 273 (Anmerkung); Drischler und AG Bamberg je aaO (Fußn 2).

troffenen Gläubiger aus der Beschlagnahme[8]. Auch eine dem Vollstreckungsgericht aus Versehen zugeleitete Rücknahme ist wirksam und bindend[9]; das gilt natürlich nicht, wenn schon vor ihrem Eingang bei Gericht diesem fernmündlich, telegrafisch, fernschriftlich, zu Protokoll oder schriftlich der Widerruf zugegangen ist, weil die Rücknahme dann nicht mehr wirksam werden konnte. Wird vom Anordnungsgläubiger der Antrag zurückgenommen, bevor ein Beitrittsbeschluß zugestellt und damit wirksam ist (§ 22), so ist das alte Verfahren aufzuheben und der Beitritt als neue Anordnung (mit neuem Vollstreckungsvermerk) zu behandeln (§ 27 Rdn 2); es darf nicht mit der Aufhebung gewartet werden, bis der Beitritt wirksam ist. § 29 geht dem § 28 vor[10].

2.6 Aufhebung des Verfahrens nach Rücknahme des Versteigerungsantrags **bis zum Schluß** der Versteigerung (§ 73 Abs 2) erfolgt durch Beschluß (Muster Rdn 3), der zuzustellen ist (§ 32). Daß der Aufhebungsbeschluß erst mit seiner Rechtskraft wirksam wird (§ 15 Rdn 5.5) ist nicht vorzubehalten. Dieser Vorbehalt wird in Fällen, in denen auf Beschwerde hin der Aufhebungsbeschluß vom Rechtsmittelgericht wieder aufgehoben werden kann, empfohlen. Bei Aufhebung nach § 29 ist dies nicht nötig, weil die Rücknahmeerklärung als bedingungsfeindliche und unwiderrufliche Prozeßhandlung bestimmt zu sein hat. Der Gläubiger, der seinen Antrag zurücknimmt, kann gegen die Aufhebung nichts einwenden, der Schuldner erst recht nicht. Vorsicht ist nur dort geboten, wo eine zweifelhafte Erklärung des Gläubigers als Rücknahme behandelt wird; sofern man nicht vor der Aufhebung zurückfragt, sollte man dann die Wirksamkeit aufschieben, so etwa, wenn der Gläubiger erklärt hatte, das Verfahren solle eingestellt werden weil alles bezahlt sei (es können hier immer noch Kosten ausstehen).

2.7 Rücknahme ist auch noch **nach Schluß der Versteigerung** (§ 73 Abs 2) möglich, in diesem Fall mit der Folge der Zuschlagsversagung nach § 33. Auch dann erfolgt aber Aufhebung mit Beschluß, wenn kein Gebot abgegeben ist, alle Gebote erloschen sind oder nur ein nicht nachrangig vollstreckender Gläubiger seinen Antrag zurückgenommen hat (§ 33 Rdn 2.2 und 3). Rücknahme ist nicht mehr nach der Zuschlagsverkündung möglich, weil mit ihr das Objekt der Verfügungsgewalt des Schuldners und des betreibenden Gläubigers entzogen ist[11]. Eine solche verspätete Rücknahme kann auch vom Beschwerdegericht nicht mehr beachtet werden[12], außer wenn eine aus anderen Gründen eingelegte Zuschlagsbeschwerde ohnehin zur Aufhebung des Zuschlags führen muß. Nach Zuschlagsversagung ist Rücknahme auch noch im Beschwerdeverfahren möglich[13].

2.8 Mit Antragsrücknahme **vor Verfahrensanordnung** oder Zulassung des Beitritts (Unterzeichnung, Einl Rdn 20) wird der Antrag wirkungslos; über ihn ist durch Anordnung des Verfahrens (Zulassung des Beitritts) nicht mehr zu entscheiden. Daher hat auch „Aufhebung des Verfahrens" nach § 29 in diesem Fall nicht zu erfolgen.

2.9 Mehrere Gläubiger: Bei Antragsrücknahme durch einen von mehreren Gläubigern ist nur sein Verfahren aufzuheben. Dieser Aufhebungsbeschluß wird zweckmäßig mit dem Zusatz versehen, daß die Beschlagnahme bestehenbleibt und die anderen Verfahren weiterlaufen. Antragsrücknahme durch einen von mehreren betreibenden Gläubigern nach Schluß der Versteigerung: § 33 Rdn 3.

2.10 Rechtsbehelfe: Sofortige Beschwerde (§ 95 mit ZPO § 793). In der Praxis wird ein Rechtsmittel nur in Frage kommen, wenn das Gericht eine unklare Äußerung des Gläubigers als Rücknahme behandelt hat. Für einen Rechtsbehelf

---

[8] Motive zum ZVG § 42.
[9] AG Euskirchen Rpfleger 1973, 149.
[10] Drischler JurBüro 1964, 1 (A I 2 b).
[11] Motive zum ZVG § 107; Drischler JurBüro 1964, 1 (A I 2 c).
[12] Mohrbutter und Leyerseder NJW 1958, 370.
[13] LG Aachen Rpfleger 1985, 452.

Rücknahme des Antrags 4.2 § 29

soll nur dann ein Rechtsschutzbedürfnis bestehen, wenn in ihm der Antrag auf neue Anordnung (bzw neuen Beitritt) zu sehen sei, weil eine Aufhebung ja nicht rückgängig gemacht werden könne[14]; die Frage ist sofort ohne Bedeutung, wenn die Aufhebung nur nach vorheriger Anhörung oder nur „ab Rechtskraft wirksam" erfolgt.

2.11 Zur Antragsrücknahme im ZVG-Handbuch Rdn 203–205.

Muster zur Aufhebung bei Rücknahme 3

3.1 Bei **teilweiser** Antragsrücknahme: „1. **Beschluß:** Das Verfahren aus dem Anordnungs-/Beitritts-Beschluß vom ... (Gläubiger ...) wird hinsichtlich ... (Flurstücknummer oder Grundstücksbruchteil oder Zubehörstück) aufgehoben. Das Verfahren bleibt im übrigen anhängig, die Beschlagnahme bleibt bestehen, der Versteigerungstermin vom ... fällt nicht weg. Gründe: Der genannte betreibende Gläubiger hat seinen Verfahrensantrag (zum Teil) zurückgenommen (ZVG § 29). 2. **Verfügungen:** Beschluß zustellen an betreibenden Gläubiger ... und an Schuldner, Vollstreckungstitel (und Kostenbelege) an Gläubiger zurückgeben, Vorblatt, Register, Kostenbeamter, WV am ..."

3.2 Bei **vollständiger** Antragsrücknahme des einzigen betreibenden Gläubigers oder der mehreren betreibenden Gläubiger (wenn nach Schluß der Versteigerung, § 33 Rdn 3.3; wenn vorher, dann): „1. **Beschluß:** Das Verfahren aus dem ... -Beschluß vom ... (Gläubiger ...) und vom ... (Gläubiger) wird aufgehoben. Die Beschlagnahme ist beendet, der Versteigerungstermin vom ... wird abgesetzt. Gründe: Die genannten Gläubiger haben ihre Verfahrensanträge zurückgenommen (ZVG § 29) und damit das Verfahren beendet. 2. **Verfügungen:** Beschluß zustellen an betreibende Gläubiger und Schuldner, Vollstreckungstitel (und Kostenbelege) an Gläubiger zurückgeben, Terminsabladung an alle anderen Beteiligten und die vom Termin benachrichtigten Behörden, Aushang von Gemeinde zurückfordern, von Gerichtstafel entfernen, Veröffentlichungsauftrag bei Amtsblatt rückgängig machen, Schätzungsauftrag zurückholen, Löschungsersuchen an Grundbuchamt, Vorblatt, Kostenbeamter, Register, Weglegen."

3.3 Muster auch im ZVG-Handbuch: für Grundstücke Rdn 201, für Grundstücksbruchteile oder Zubehör Rdn 207, für Grundbuchersuchen Rdn 202.

Teilrücknahme des Verfahrensantrags 4

4.1 Erstreckt sich ein Zwangsversteigerungsverfahren (alle Arten nach dem ZVG) oder ein Zwangsverwaltungsverfahren auf mehrere **Grundstücke** oder **Grundstücksbruchteile** oder sonst mehrere Beschlagnahmeobjekte (verbundenes Verfahren), so kann der Gläubiger bzw Antragsteller den Antrag hinsichtlich einzelner oder einiger von ihnen zurücknehmen; dann ergeht insoweit Teil-Aufhebungsbeschluß (Rdn 3). Es kann sich aber immer nur um vollständige Grundstücke (oder andere Objekte, zB ein Erbbaurecht) oder um selbständige Grundstücksbruchteile (bzw Objekt-Bruchteile) handeln, nicht um reale Teile.

4.2 Eine Freigabe (Teilrücknahme) ist in den Zwangsversteigerungsverfahren (beliebiger Art) auch bezüglich einzelner oder mehrerer **Zubehörstücke** möglich. Macht etwa ein Dritter Rechte an einem Gegenstand geltend und geben auf seine Veranlassung die betreibenden Gläubiger den Gegenstand frei, so muß das Vollstreckungsgericht bezüglich des Gegenstands das Verfahren der freigebenden betreibenden Gläubiger bzw Antragsteller aufheben, ohne dabei übrigens zu entscheiden, ob es sich um Zubehör oder wesentliche Bestandteile handelt[15] (auch § 23 Rdn 6). In der Zwangsverwaltung können Zubehörstücke nicht freigegeben

---

[14] AG Medebach JMBlNW 1966, 257.
[15] OLG Hamm JMBlNW 1967, 272 = MDR 1967, 773 Leitsatz = OLGZ 1967, 445; OLG Koblenz JurBüro 1988, 1423 = Rpfleger 1988, 493.

werden, weil dies hier im Gegensatz zur Zwangsversteigerung (§ 55) nicht vorgesehen ist. Anhörung oder Zustimmung der nichtbetreibenden Gläubiger, auch der dinglichen, ist nicht nötig[16]. Eine Freigabe kann nicht rückgängig gemacht werden; es muß dann neue Anordnung insoweit beantragt werden.

4.3 Zur Teilrücknahme im ZVG-Handbuch Rdn 206.

4.4 Eine **Ermäßigung der Vollstreckungsforderung** in der Vollstreckungsversteigerung und in der Zwangsverwaltung ist keine Teilrücknahme. Die Beschlagnahme soll ja bestehenbleiben, das Verfahren soll weiterlaufen; beides ist von der Höhe der Forderung unabhängig. Auch an den Verfahrenskosten ändert sich nichts; Anordnungs- und Beitrittsgebühr sind angefallen und ermäßigen sich nicht mehr; die anderen Gebühren richten sich nicht nach der Forderungshöhe (dazu Einl Rdn 77, 78). In der Vollstreckungsversteigerung wird die Ermäßigung zu den Anmeldungen genommen, weil sie vielleicht für die Mitteilung aus § 41 Abs 2, im übrigen erst für die Verteilung von Bedeutung ist, wie die anderen Anmeldungen auch. In der Zwangsverwaltung ist sie nur interessant, wenn sich dadurch die Zuteilung ändert. Man wird sie in den drei Fällen durch Berücksichtigung in der Mitteilung, durch Anrechnung bei der Verteilung oder durch Berichtigung des Zuteilungsplanes der Verwaltung beachten. Zu einem Teilaufhebungsbeschluß besteht kein Anlaß. Wenn allerdings ein betreibender Gläubiger mit mehreren betreibenden Ansprüchen (mehrere Grundpfandrechte oder Grundpfandrecht und persönliche Forderung) einen ganzen Anspruch (einen Hypothekenanspruch samt zugehörigen Zinsen und Kosten etwa) zurücknimmt, könnte sich hierdurch die Verfahrensgrundlage ändern (andere Berechnung des geringsten Gebots); hier wird man eine Teilaufhebung beschließen müssen. Bei jeder Ermäßigung aber ist auf jeden Fall der Schuldner (zweckmäßig unter Übersendung einer Abschrift) zu benachrichtigen, am besten mit dem Hinweis, daß sich an der Beschlagnahme und der Tatsache des Verfahrens dadurch nichts ändert. Wenn er nichts erfährt, leitet er sonst vielleicht eine Vollstreckungsabwehrklage oder andere Maßnahmen ein.

[Einstweilige Einstellung auf Bewilligung des Gläubigers]

30 (1) **Das Verfahren ist einstweilen einzustellen, wenn der Gläubiger die Einstellung bewilligt. Die Einstellung kann wiederholt bewilligt werden. Ist das Verfahren auf Grund einer Bewilligung des Gläubigers bereits zweimal eingestellt, so gilt eine erneute Einstellungsbewilligung als Rücknahme des Versteigerungsantrags.**

(2) **Der Bewilligung der Einstellung steht es gleich, wenn der Gläubiger die Aufhebung des Versteigerungstermins bewilligt.**

Literatur: Lorenz, Rechtsfragen zur Einstellung des Zwangsversteigerungsverfahrens gemäß §§ 30 und 30a ZVG, NJW 1960, 614; Lorenz, Konkurrenz von Einstellungsanträgen nach § 30a und § 30 ZVG, NJW 1960, 1751; Ordemann, Die Einreichung und Rücknahme der Einstellungsbewilligung und des Fortsetzungsantrages in der Zwangsversteigerung, AcP 157, 470; Schmidt, Konkurrenz von Einstellungsanträgen nach § 30a und § 30 ZVG, NJW 1960, 1750; Wangemann, Das Verhältnis von § 30 zu § 30a ZVG, NJW 1961, 105.

1 Allgemeines zu § 30

1.1 Zweck der Vorschrift: Zulassung der einstweiligen Einstellung des Verfahrens auf Bewilligung des Gläubigers mit zeitlicher Begrenzung zur Wahrung der Interessen der am Grundstück Berechtigten; diese sollen mit fortlaufendem Anwachsen der Leistungen (§ 10 Abs 1 Nummern 2–4, § 13) nicht geschädigt werden (Denkschrift S 42).

---

[16] OLG Düsseldorf NJW 1955, 188.

Einstweilige Einstellung auf Bewilligung des Gläubigers 2.3 § 30

1.2 Anwendungsbereich: Die **Vorschrift gilt** für alle Versteigerungsverfahren. In der Insolvenzverwalterversteigerung kann der Insolvenzverwalter als Antragsteller gemäß § 30 die Einstellung bewilligen. In der Teilungsversteigerung kann der Antragsteller die Einstellung nach § 30 bewilligen[1] (nach Schluß der Versteigerung muß dann nach § 33 der Zuschlag versagt werden[2]). Für die Zwangsverwaltung ist eine Einstellung grundsätzlich nicht vorgesehen, § 30 nicht anwendbar (§ 146 Rdn 6).

1.3 Eine **Übersicht** der Einstellungsmöglichkeiten bietet Einl Rdn 31. In der Vollstreckungsversteigerung gibt es Einstellungen aus §§ 28, 30, 30a, 30c, 30d–f, 74a, 75, 76, 77, 85, 85a, 86 (33), ZPO §§ 765a, 769, 771, 775.

Bewilligung der Einstellung (Absatz 1 Satz 1, Absatz 2) 2

2.1 Einstweilige Einstellung **hält den Fortgang** des nach Anordnung auf Gläubigerantrag von Amts wegen durchzuführenden (Einl Rdn 9.2) Verfahrens **auf** (Einl Rdn 31). Die Beschlagnahme (§ 22) bleibt bestehen; Verfahrenshandlungen unterbleiben.

2.2 Jede Zwangsversteigerung erfolgt auf Gläubigerantrag; sie dient Gläubigerinteressen (§ 15 Rdn 3.1). Der Gläubiger ist daher berechtigt, das Verfahren mit Zurücknahme seines Antrags zu beenden (§ 29) oder mit Bewilligung der Einstellung **zeitweilig zum Stillstand** zu bringen (§ 30). Die Einstellung bewilligen kann auch, wer nach BGB § 268 die Ansprüche des betreibenden Gläubigers abgelöst hat (§ 15 Rdn 20.23).

2.3 Die **Einstellungsbewilligung** ist (wie die Rücknahmeerklärung, § 29 Rdn 2.2) Prozeßhandlung. Sie kann schriftlich, zu Protokoll des Urkundsbeamten, in jedem Termin (dann Aufnahme in die Sitzungsniederschrift, siehe § 78), durch Fernschreiben und auch fernmündlich erklärt werden, sofern der Erklärende und die Ernstlichkeit der Erklärung sicher festgestellt sind (Rückruf und Aktenvermerk unerläßlich). Erklärung mit elektronischem Dokument: ZPO § 130a. Die Einstellungsbewilligung kann ausdrücklich erklärt oder als Antrag auf Vertagung oder **Aufhebung des Versteigerungstermins** (Abs 2) vorgebracht werden, sofern es sich nicht um eine Vertagung oder Verlegung aus verfahrensrechtlichen Gründen (zB Verhinderung des Gläubigers oder seines Bevollmächtigten) handelt. Auch die Zustimmung des Gläubigers zu einer Einstellung nach ZPO § 765a kann in eine Einstellungsbewilligung nach § 30 umzudeuten sein[3] (anders:[4]); hierbei ist allerdings Zurückhaltung anzuraten und Rückfrage geboten. Eine Einstellungsbewilligung kann auch die Rücknahme eines Fortsetzungsantrags sein oder eine Stundungsbewilligung oder ein Wunsch nach Ruhen des Verfahrens oder das „hilfsweise" Einverständnis, überhaupt jedes Verhalten des Gläubigers, das zeigt, daß er die Fortsetzung des Verfahrens nicht wünscht (so auch[5]; dazu ZVG-Handbuch Rdn 184). **Begründen** muß der Gläubiger seine Einstellungsbewilligung nicht[6]. Aus seiner Erklärung muß aber unzweideutig der Wille ersichtlich sein, daß er zur Zeit eine Fortsetzung des Verfahrens nicht wünscht. Passives Verhalten des Gläubigers (er äußert sich auf Anfrage nicht, widerspricht einem Schutzantrag des Schuldners nicht, zahlt einen Kostenvorschuß nicht) kann nicht als Einstellungsbewilligung gewertet werden (so auch[7]). **Muster** zur Einstellungsbewilligung im ZVG-Handbuch Rdn 182.

---

[1] LG Bonn MDR 1955, 556; LG Hanau MDR 1977, 1028.
[2] LG Hanau MDR 1977, 1028.
[3] Riedel NJW 1955, 1705.
[4] Steiner/Storz § 30 Rdn 29.
[5] Steiner/Storz § 30 Rdn 24.
[6] Mohrbutter KTS 1973, 273 (Anmerkung).
[7] Jaeckel/Güthe § 30 Rdn 4; Steiner/Storz § 30 Rdn 29.

§ 30 2.4 Anordnung der Versteigerung

2.4 Als Prozeßhandlung ist die Einstellungsbewilligung **bedingungsfeindlich**. Eine Einstellungsbewilligung unter einer einschränkenden Bedingung (zB daß der Schuldner eine Teilzahlung leistet und nachweist) kann daher keine Wirksamkeit äußern. Daher kann die Einstellung auch nicht mit Zahlungsauflagen für den Schuldner verbunden werden (Rdn 2.11). Bewilligungen, mit denen eine Bedingung verknüpft ist, geben daher Anlaß, durch Rückfrage bei dem Gläubiger (ZPO § 139) Klarstellung herbeizuführen.

2.5 Der Gläubiger kann in seiner Einstellungsbewilligung keine **Frist** setzen. Wenn er eine bestimmte Frist nennt, für die er einstellen will, wird das nicht als bedingte Erklärung angesehen, sondern als unbedingte Einstellungsbewilligung verbunden mit dem Hinweis auf den zeitlich in Aussicht genommenen Verfahrensfortgang. Die vom Gläubiger gesetzte Frist bleibt daher unbeachtet (ZVG-Handbuch Rdn 185). Vom Gericht ist daher unbefristet einzustellen[8]. Es ist Sache des Gläubigers, nach der von ihm vorgesehenen Zeit die Fortsetzung zu beantragen (§ 31). Wenn im Einzelfall (begründete) Zweifel bestehen, ob die Einstellungszeit Bewilligung unzulässig unter Bedingung sein soll, kann Rückfrage beim Gläubiger (ZPO § 139) zur Klarstellung seiner Erklärung veranlaßt sein.

2.6 Einstellungsbewilligung ist nicht die vom Gläubiger gestattete oder angeregte **Hinausschiebung der Terminveröffentlichung** im Amtsblatt (die gesetzliche Frist muß aber eingehalten werden), die Zustimmung zu einer vom Schuldner nach § 30 a oder § 30 c beantragten Einstellung[9], der Gläubiger verzichtet damit nur auf Gegeneinwände gegen den Antrag (anders[10]: Zustimmung zum Antrag aus § 30 a sei, allerdings nur unter besonderen Umständen, eine Einstellungsbewilligung) und nicht das Einvernehmen des Gläubigers mit einer vom Schuldner nach ZPO § 227 beantragten Terminsverlegung[11].

2.7 Als Prozeßhandlung wird die Einstellungsbewilligung mit ihrem **Eingang bei Gericht wirksam** (§ 29 Rdn 2.5). Wenn sie der Gläubiger dem Schuldner ausgehändigt hat, hat dieser sie dem Gericht nachzuweisen. Nach Eingang der Einstellungsbewilligung bei Gericht verbieten sich weitere Vollstreckungshandlungen; den Verfahrensstillstand bewirkt jedoch erst der ausführende **Einstellungsbeschluß** des Vollstreckungsgerichts. Daher kann vor Erlaß dieses Beschlusses die Bewilligung **zurückgenommen** werden[12]. Es ist dies kein Fortsetzungsantrag, der ja erst nach erfolgter Einstellung möglich und nötig ist[13]; es wäre eine neue Einstellungsbewilligung nötig, wenn der Gläubiger sich wieder anders entschließen würde. Durch rechtzeitige Rücknahme gilt die Einstellungsbewilligung als nicht erfolgt, ausgenommen, wenn es sich um die dritte Bewilligung handelt (Rdn 3). Erst wenn nach Erlaß des Einstellungsbeschlusses die Bewilligung zurückgenommen wird, ist dies als Fortsetzungsantrag zu behandeln[14].

2.8 Einstweilige **Einstellung** des Verfahrens nach Bewilligung des Gläubigers **bis** zum Schluß der Versteigerung (§ 73 Abs 2) erfolgt durch **Beschluß des Gerichts** (Muster Rdn 4), der zuzustellen ist (§ 32). Die Einstellungsbewilligung des Gläubigers hat das Vollstreckungsgericht mit Erlaß des Einstellungsbeschlusses zu vollziehen.

2.9 Der Einstellungsbeschluß muß den **Grund der Einstellung** angeben, daß es sich nämlich um eine Einstellung aus § 30 und nicht um eine andere handelt. Es muß Klarheit über Folgen und Fristen bestehen.

---

[8] LG Traunstein Rpfleger 1989, 35; Steiner/Storz § 30 Rdn 35.
[9] Steiner/Storz § 30 Rdn 29.
[10] Schmidt NJW 1960, 1750.
[11] Dassler/Muth § 30 Rdn 5; Steiner/Storz, § 30 Rdn 29.
[12] AG Bamberg Rpfleger 1969, 99; Ordemann AcP 157, 470; Steiner/Storz § 30 Rdn 33.
[13] Ordemann AcP 157, 470.
[14] AG Bamberg Rpfleger 1969, 99.

Einstweilige Einstellung auf Bewilligung des Gläubigers   2.15   § 30

2.10   Wenn schon **Versteigerungstermin** angesetzt war, ist er, falls er nicht für einen anderen Gläubiger durchgeführt werden muß, im Einstellungsbeschluß abzusetzen. Die Beschlagnahme bleibt auch dann aber bestehen (dazu Rdn 4). Der Gläubiger bleibt Beschlagnahmegläubiger; es werden aber seine Ansprüche nicht der Berechnung des geringsten Gebots zugrunde gelegt, falls während seiner Einstellung versteigert wird.

2.11   **Auflagen** oder Bedingungen sind im Gegensatz zu der vom Schuldner beantragten Einstellung nach § 30 a nicht zulässig[15]. Der Gläubiger kann ja jederzeit ohne Angabe von Gründen das Verfahren fortsetzen. Die gewünschten Auflagen kann und muß er selbst überwachen. Der Schuldner muß sie (ohne Mitwirkung des Gerichts) erfüllen, um den Fortsetzungsantrag des Gläubigers zu vermeiden. Um nicht die verschiedenen Einstellungsmöglichkeiten zu vermengen, sollte man auch nicht, wie geraten wurde[16], vom Schuldner angebotene und vom Gläubiger gebilligte Auflagen in den Einstellungsbeschluß nach § 30 aufnehmen (also auch nicht in der Art: „Die Einstellung tritt außer Kraft, wenn die zwischen den Parteien vereinbarten Raten von ... jeweils zum ... nicht bezahlt werden"); das würde nur verwirren[17].

2.12   Einstellungsbewilligung ist auch noch **nach Schluß der Versteigerung** möglich, in diesem Fall mit der Folge der Zuschlagsversagung nach § 33; auch dann aber ergeht Einstellungsbeschluß, wenn kein Gebot abgegeben wurde, alle Gebote erloschen sind oder nur ein nachrangig vollsteckender Gläubiger die Einstellung bewilligt hat (§ 33 Rdn 2.2 und 3). Nach Zuschlagsverkündung ist Einstellungsbewilligung nicht mehr möglich, weil mit ihr das Objekt der Verfügungsgewalt des Schuldners und des betreibenden Gläubigers entzogen ist (siehe § 29 Rdn 2.7).

2.13   Einstellungsbewilligung **vor Verfahrensanordnung** oder Zulassung des Beitritts (Unterzeichnung, Einl Rdn 20) ermöglicht § 30 nicht (anders[18]: Bewilligung möglich von Antragstellung an), ist somit nicht durch Einstellungsbeschluß zu vollziehen. Vor Verfahrensanordnung (Zulassung des Beitritts) hat der Antragsteller jederzeit die Möglichkeit, Aufschub oder Überlegungsfrist zu erbitten (auch mit Rückforderung des Schuldtitels), mit der Folge, daß die Entscheidung über den Vollstreckungsantrag ausgesetzt bleibt (vergleichbar dem ruhenden Vollstreckungsauftrag an den Gerichtsvollzieher; dazu[19]). Ein noch nicht laufendes Verfahren kann der Gläubiger nicht einstellen lassen. Der Schuldner wird ja auch ohne Beschlagnahme und ohne Vollstreckungsvermerk von Wirkungen des Antrags noch nicht betroffen.

2.14   **Mehrere Gläubiger:** Jeder betreibende Gläubiger kann **nur für sich** die Einstellung bewilligen. Es ist dann nur das einzelne Verfahren des Gläubigers einzustellen, für das die Einstellung bewilligt ist. Die Verfahren der anderen betreibenden Gläubiger werden hierdurch nicht berührt. Es ist zweckmäßig, in dem Beschluß darauf hinzuweisen. Ein schon anstehender Versteigerungstermin ist nur abzusetzen, wenn alle betreibenden Gläubiger (deren Beschlüsse rechtzeitig vor dem Termin zugestellt sind, § 43 Abs 2) die Einstellung bewilligen (oder wenn das Gericht auch aus anderen Gründen das Verfahren einstellt) oder wenn hinsichtlich der noch betreibenden die gesetzlichen Fristen aus § 43 nicht gewahrt sind. Es empfiehlt sich, auf das Bestehenbleiben oder den Wegfall des Versteigerungstermins im Beschluß hinzuweisen.

2.15   Nach Einstellung wird der Anspruch des Gläubigers in dem **für weitere Gläubiger fortzuführenden** Verfahren der Berechnung des geringsten Gebots

---

[15] Jaeckel/Güthe § 30 Rdn 2; Kolbenschlag MDR 1960, 102 (I 1); Schmidt NJW 1960, 1750.
[16] Lorenz NJW 1960, 614 und NJW 1960, 1751 (B).
[17] Wangemann NJW 1961, 105.
[18] Ordemann AcP 157, 470.
[19] Zöller/Stöber, ZPO, § 753 Rdn 11.

§ 30 2.15 Anordnung der Versteigerung

nicht zugrunde gelegt (Rdn 2.10). Wenn deshalb durch die Einstellung eines **vorrangigen Gläubigers** die nachrangigen Gläubiger Erschwernisse erleiden, ist das die Folge des Ranges, aber kein Rechtsmißbrauch[20], auch keine Schikane nach BGB § 226[21], weil ja die Bewilligung nicht nur den Zweck hat, anderen zu schaden, sondern doch auch dem Schuldner nützt[21]. Wenn ein Gläubiger aus seinem besseren Recht betreibt, sich dabei ein höheres Meistgebot ergibt, das alle Gläubiger deckt, dann aber der betreibende Gläubiger die Einstellung bewilligt (kurz vor Schluß der Versteigerung), ein neues geringstes Gebot nach seinem schlechteren Recht, aus dem er weiterbetreibt, aufgestellt wird und er selbst, insbesondere als der nun noch allein Anwesende, nur das geringste Gebot ausbietet, dann ist das sittenwidriger Mißbrauch einer formalen Rechtsstellung (dazu eingehend[22]); der Zuschlag ist daher zu versagen[23] (zustimmend[24]; anders[25], nicht richtig, das sei zwar ein Trick, aber vom Gericht nicht zu verhindern) (Bedenken hat auch[26]). Einwendungen erhebt nur[27], der aber verkennt, daß nicht jede einzelne Verfahrenshandlung für sich, sondern das Gesamtverhalten des Gläubigers als sittenwidrig verwerflich ist und daher die Nichtigkeit des sittenwidrigen Meistgebots (BGB § 138; auch Einl Rdn 10) Versagung des Zuschlags gebietet.

2.16 Wenn der **bestrangig betreibende Gläubiger** nach eigenem Meistgebot (also nach Schluß der Versteigerung) die Einstellung bewilligt, so darf das nicht als Zuschlagsversagungsantrag gemäß § 74a behandelt werden, weil dieser Antrag einen anderen Zweck hat (Näheres § 74a Rdn 3.7); die Einstellungsbewilligung soll dem Schuldner ermöglichen, sein Grundstück zu retten, der Antrag aus § 74a soll in einem neuen Termin für den Gläubiger ein besseres Ergebnis ermöglichen.

2.17 Zustellungen: Der Einstellungsbeschluß ist an den betreibenden Gläubiger, den er betrifft, und an den Vollstreckungsschuldner zuzustellen (§ 32). Der ablehnende Beschluß (soweit Ablehnung bei § 30 möglich sein sollte, kaum denkbar) ist an den betroffenen Gläubiger zuzustellen (ZPO § 329 Abs 2 Satz 2), an den Schuldner mitzuteilen (ZPO § 329 Abs 2 Satz 1).

2.18 Kosten: Gerichts- oder Anwaltsgebühren fallen durch und für eine Einstellungsbewilligung und den Einstellungsbeschluß nicht an. Die Tätigkeit dabei wird durch die gerichtliche Versteigerungsverfahrensgebühr (Einl Rdn 77) und durch die Rechtsanwalts-Versteigerungsverfahrensgebühr (Einl Rdn 90) abgegolten.

2.19 Rechtsbehelfe: Für Gläubiger nach vorheriger Anhörung sofortige Beschwerde (§ 95 mit ZPO § 793), ohne vorherige Anhörung Vollstreckungserinnerung (ZPO § 766; gegen diese Entscheidung dann sofortige Beschwerde). Ein Rechtsmittel wird praktisch nur in Frage kommen, wenn das Gericht eine unklare Äußerung des Gläubigers als Einstellungsbewilligung behandelt hat.

3 Erneute und dritte Einstellungsbewilligung (Absatz 1 Sätze 2 und 3)

3.1 Nach der **Fortsetzung** des eingestellten Verfahrens (§ 31) kann derselbe betreibende Gläubiger aus demselben Beschlagnahmebeschluß (wieder bis spätestens vor der Zuschlagsverkündung) die Einstellung **erneut**, also ein zweites Mal, bewilligen. Fortsetzungsantrag und erneute Bewilligung können miteinander verbunden werden. Bewilligt der Gläubiger während einer noch laufenden Einstellung erneut die Einstellung, so ist durch Rückfrage zu klären, was er will, ob er Fortset-

---

[20] OLG Schleswig KTS 1973, 272 mit zust Anm Mohrbutter; Drischler KTS 1975, 283 (3a); Schiffhauer Rpfleger 1978, 397 (III 3).
[21] OLG Schleswig und Drischler je aaO (Fußn 20).
[22] Stöber ZIP 1981, 944.
[23] Stöber ZIP 1981, 944.
[24] Vollkommer Rpfleger 1982, 1 (7 zu Nr 10).
[25] Drischler KTS 1975, 283 (3a).
[26] Schiffhauer Rpfleger 1978, 397 (III 3).
[27] Storz ZIP 1982, 416 (III).

Einstweilige Einstellung auf Bewilligung des Gläubigers 3.3 § 30

zung und gleichzeitig Neueinstellung will[28] oder ob er die frühere Einstellung nur bestätigen will (was überflüssig ist) oder ob er die vorausgehende Erklärung etwa als verlorengegangen angesehen hat. Daß Fortsetzung und neue Einstellung gewünscht werden, darauf kann man etwa schließen, wenn die Erklärung gegen Ende der vorausgehenden Einstellungszeit bei Gericht eingeht[29] (anders[30]: es müsse ausdrücklich Fortsetzung verlangt und dann Einstellung bewilligt werden; sagt aber selbst wieder, der Fortsetzungsantrag könne auch schlüssig erfolgen, durch Bewilligung gegen Ende der vorausgehenden Frist). Dazu ZVG-Handbuch Rdn 189.

3.2 Rücknahme des Versteigerungsantrags ist eine erneute Einstellungsbewilligung des Gläubigers, dessen durch einen Beschlagnahmebeschluß eingeleitete Einzelverfahren (Rdn 5.4) auf Grund seiner Bewilligung bereits zweimal nach § 30 einstweilen eingestellt war (§ 30 Abs 1 Satz 3). Grund: Rdn 1.1. Jeder Gläubiger darf für das von ihm betriebene Verfahren zum selben Beschlagnahmebeschluß somit nur **zweimal** die Einstellung **bewilligen.** Hierbei sind nicht mitzuzählen nach neuerlichem Beitritt des Gläubigers wegen des gleichen Anspruchs zu dem von anderen Gläubigern weiterbetriebenen Verfahren frühere Einstellungen auf Grund von Bewilligungen, die vor Zurücknahme des vormaligen Versteigerungs-/Beitrittsantrags und Aufhebung des früheren Beschlagnahmebeschlusses erklärt waren (Rdn 5.4; ebenso ZVG-Handbuch Rdn 190; anders[31], nicht richtig), dann nicht die Einstellungen des Prozeßgerichts, nicht die vom Schuldner oder Insolvenzverwalter bewirkten und nicht die sonst kraft Gesetzes erfolgten[32]. Es kommt auch nicht darauf an, wie lange in jedem Einzelfall eingestellt war[32]. Jeder betreibende Gläubiger muß für sich gerechnet werden. Ein Gläubiger, der das Verfahren aus mehreren Beschlagnahmebeschlüssen betreibt (Rdn 5.4), kann für jedes durch einen Beschlagnahmebeschluß eingeleitete selbständige Einzelverfahren die Einstellung zweimal bewilligen (auch wenn er wegen jeweils fälliger Zinsforderungen mehrfach beigetreten ist[33]). Es muß also derselbe betreibende Gläubiger aus demselben Beschlagnahmebeschluß zweimal die Einstellung bewilligt haben und es muß daraufhin jeweils fortgesetzt worden sein, bevor eine dritte Einstellungsbewilligung zwingend als Rücknahme des einschlägigen Verfahrensantrags behandelt werden kann und muß. Auf die dritte Bewilligung hin muß das betroffene Verfahren sofort aufgehoben werden (nach § 29). Hierbei empfiehlt es sich aber, weil vielleicht der Aufhebungsbeschluß auf Rechtsmittel hin aufgehoben werden könnte (falsche Berechnung der erfolgten Einstellungen, Mißverständnis gegenüber dem Gläubiger), die Aufhebung erst mit der Rechtskraft des Beschlusses wirksam werden zu lassen (§ 15 Rdn 5.5). Da die dritte Bewilligung eine Antragsrücknahme bedeutet und die Rücknahme, sofort bei Eingang wirksam, nicht zurücknehmbar ist (§ 29 Rdn 2.3), kann auch die dritte Bewilligung nicht zurückgenommen werden, im Gegensatz zur ersten und zweiten. Dazu ZVG-Handbuch Rdn 190.

3.3 Erfolgt die **dritte Bewilligung,** während noch die vorausgehende zweite Einstellung läuft, so soll das bedeuten (laut[34]), daß der Gläubiger zur Zeit keinen

---

[28] Ordemann AcP 157, 470.
[29] Jaeckel/Güthe Anhang 5, Seite 1121 Rdn 7; Jonas/Pohle, ZwVNotrecht, § 30 Anm § 2 b.
[30] Ordemann AcP 157, 470.
[31] LG Bonn Rpfleger 1990, 433 und 1991, 69 Leitsatz mit krit Anm Hintzen; auch LG Bonn Rpfleger 2001, 365 (für Rechtsmißbrauch).
[32] Jonas/Pohle, ZwVNotrecht, § 30 Anm 2 d.
[33] OLG Düsseldorf OLGZ 1991, 76 = Rpfleger 1991, 28 und 69 Leitsatz mit Anm Hintzen; LG Dessau Rpfleger 2004, 724 mit Anm Witthinrich; anders (bei rechtsmißbräuchlicher Verfahrensgestaltung) LG Erfurt Rpfleger 2005, 375.
[34] Jaeckel/Güthe § 30 Rdn 3; Jonas/Pohle, ZwVNotrecht, § 30 Anm. 2 d; Ordemann AcP 157, 470.

Fortsetzungsantrag stellen wolle, das Gericht müsse dann erst nach Fristablauf aufheben. Dem kann nicht zugestimmt werden, vielmehr ist durch Rückfrage zu klären, was der Gläubiger will, und bei einer dritten Bewilligung muß eben aufgehoben werden.

3.4 Rechtsbehelfe bei Aufhebung des Verfahrens: Wird wegen dritter Einstellungsbewilligung das Verfahren eines betreibenden Gläubigers aufgehoben, so hat dieser Gläubiger bei vorheriger Anhörung sofortige Beschwerde, ohne vorherige Anhörung (die nicht vorkommen sollte) Vollstreckungserinnerung (gegen diese Entscheidung dann sofortige Beschwerde)[35].

4 Muster für Einstellungsbeschluß

„**Beschluß:** Das Zwangsversteigerungsverfahren aus dem Anordnungs-/Beitritts-Beschluß vom ... (Gläubiger ...) wird auf die Bewilligung des Gläubigers einstweilen eingestellt. Die Beschlagnahme bleibt bestehen, das Verfahren der anderen Gläubiger wird hierdurch nicht berührt, der Versteigerungstermin vom ... bleibt bestehen (wird abgesetzt).
Belehrung des Gläubigers: Das Verfahren wird nur auf Antrag des genannten Gläubigers fortgesetzt. Der Antrag muß spätestens binnen sechs Monaten ab Zustellung dieser Belehrung bei dem Vollstreckungsgericht eingehen, da sonst das Verfahren aufgehoben werden muß.
Gründe: Der genannte Gläubiger hat die Einstellung seines Verfahrens bewilligt (erneut bewilligt) (ZVG § 30). Er muß über die Fortsetzungsmöglichkeit belehrt werden (ZVG § 31). Der Versteigerungstermin bleibt bestehen, weil noch andere Gläubiger das Verfahren betreiben (muß abgesetzt werden, weil ...)"
Verfügungen ähnlich § 29 Rdn 3, aber es wird der Versteigerungsvermerk nicht gelöscht und das Register nicht abgetragen. Hierzu auch ZVG-Handbuch Rdn 183, 187.

5 Teileinstellung

5.1 Erstreckt sich ein Zwangsversteigerungsverfahren auf **mehrere Grundstücke** oder Grundstücksbruchteile oder sonst mehrere Beschlagnahmeobjekte (ZPO § 864; verbundenes Verfahren, § 18), so kann der Gläubiger bzw Antragsteller die Einstellung auch nur hinsichtlich einzelner oder einiger von ihnen bewilligen (ebenso wie er insoweit auch aufheben lassen kann; § 29 Rdn 4). Mit **Teileinstellungsbeschluß** wird dann das Verfahren zur Versteigerung des oder der Einzelgrundstücke (eines Grundstücksteils usw) eingestellt. Nur für eine Teilfläche eines Grundstücks (zB eine zur Straße weggemessene Grundstücksfläche) kann die Einstellung nicht bewilligt und angeordnet werden[36]. **Zubehör** kann von der Zwangsversteigerung ausgenommen werden (§ 29 Rdn 4.2); der Gläubiger kann daher Verfahrenseinstellung auch nur hinsichtlich eines einzelnen (oder mehrerer) Zubehörstücke bewilligen. Einstweilige Einstellung durch Beschluß des Gerichts wird dann nur hinsichtlich des Zubehörstücks angeordnet. Bewilligt werden kann die Einstellung für Zubehör im Schuldnereigentum (auf das sich die Beschlagnahme erstreckt), aber auch für Zubehör im Schuldnerbesitz, das einem Dritten gehört und deshalb nicht beschlagnahmt ist, aber doch nach § 55 Abs 2 mitversteigert wird. Dazu ZVG-Handbuch Rdn 185 a.

5.2 Macht ein Dritter Rechte an einem Gegenstand geltend, bei dem es zweifelhaft ist, ob er **Zubehör** oder wesentlicher Bestandteil ist, und bewilligen auf Veranlassung des Dritten der betreibende Gläubiger die Einstellung, so muß das Vollstreckungsgericht bezüglich dieses Gegenstands das Verfahren einstellen, ohne selbst die Frage zu entscheiden. Einer Anhörung oder Zustimmung der nicht

---

[35] LG Kassel Rpfleger 1950, 564.
[36] Jaeckel/Güthe §§ 15–16 Rdn 7.

Einstweilige Einstellung auf Bewilligung des Gläubigers 5.5 § 30

betreibenden dinglichen Gläubiger bedarf es nicht[37]; Verfahren somit wie bei der Teilaufhebung (§ 29 Rdn 4.2).

5.3 Teileinstellung nur hinsichtlich einzelner Grundstücke (anderer Objekte) eines verbundenen Verfahrens (§ 18) erfordert nicht, daß die Verbindung wieder aufgehoben wird (Trennung des Verfahrens kann aber nach dem Ermessen des Gerichts erfolgen, § 18 Rdn 3.8). In dem weiterhin verbundenen Verfahren unterbleiben Verfahrenshandlungen für das Grundstück (die Objekte), das nach Einstellung vom Verfahrensfortgang ausgeschlossen ist; hinsichtlich der weiteren Grundstücke (Objekte) wird das Verfahren weiter durchgeführt.

5.4 Ein Gläubiger, der das Verfahren aus **mehreren Beschlagnahmebeschlüssen** betreibt (Anordnungs- und Beitrittsbeschluß oder mehrere Beitrittsbeschlüsse), kann die Einstellungsbewilligung auf einen oder einige von ihnen beschränken (so auch[38]). Er kann, wie mehrere Gläubiger (Rdn 2.14), für jedes durch einen Beschlagnahmebeschluß eingeleitete selbständige Einzelverfahren die Einstellung bewilligen (siehe auch Rdn 3.2). Es ist dann nur das einzelne Verfahren dieses Gläubigers. Die anderen Verfahren des Gläubigers (aus weiteren Beschlagnahmebeschlüssen) werden hierdurch nicht berührt. Es ist zweckmäßig, in dem Beschluß darauf hinzuweisen. Bewilligt der Gläubiger ohne Einschränkung, so bezieht sich dies auf die Verfahren aus allen Beschlagnahmebeschlüssen. Nimmt der Gläubiger nach zweimaliger Einstellung den Versteigerungsantrag wegen eines (betragsmäßigen) Teils seines Anspruchs (zB nur wegen der Zinsen) zurück und tritt er wegen dieses Anspruchs nach (Teil)Aufhebung (sie soll nicht erfolgen können, § 29 Rdn 4.4) wieder bei (§ 27), dann vollstreckt er aus mehreren Beschlagnahmebeschlüssen (ebenso wie wenn er zunächst wegen des restigen Anspruchs die Verfahrensanordnung erwirkt hätte und sodann wegen des Teilanspruchs, zB der Zinsen, beigetreten wäre). Auch für die Möglichkeit zweimaliger Einstellung ist das Verfahren aus dem Beitrittsbeschluß daher (wieder) als selbständiges Verfahren gesondert zu werten (siehe Rdn 3.2). Die „dritte" Einstellungsbewilligung im Erstverfahren wegen des Restanspruchs gilt dann als Antragsrücknahme nur für den verbliebenen Anspruch aus dem (ersten) Beschlagnahmebeschluß, nicht jedoch, soweit das Verfahren auf Grund des Beitrittsbeschlusses gesondert betrieben wird; insoweit braucht Einstellung zugleich überhaupt nicht bewilligt werden und führt eine Einstellungsbewilligung nur zur erstmaligen Verfahrenseinstellung (anders[39]; nicht zutreffend; rechtsmißbräuchliche Verfahrensgestaltung wäre jedoch denkbar).

5.5 Für Einstellung und Verfahrensfortgang handelt es sich (wie auch bei Verfahrensaufhebung, § 29 Rdn 4.4) um selbständige Verfahren eines Gläubigers auch dann, wenn zwar nur **ein Beschlagnahmebeschluß** erwirkt ist, der Gläubiger aber gleichzeitig Ansprüche aus **mehreren Rechten** vollstreckt (Hypothek, Grundschuld, Zwangshypothek, persönliche Forderung). Wenn auf Antrag eines Hypothekengläubigers ein Beschlagnahmebeschluß ergangen ist, kann somit zB wegen des dinglichen Anspruchs (Rangklasse 4 des § 10 Abs 1) die Einstellung bewilligt und angeordnet werden, wegen der zugleich mitvollstreckten persönlichen Forderung (Rangklasse 5 des § 10 Abs 1) das Verfahren hingegen weiter betrieben werden. In dem fortzuführenden Verfahren wird der dingliche Anspruch des Gläubigers der Berechnung des geringsten Gebots dann nicht zugrunde gelegt. **Nicht** möglich ist dagegen für den Anspruch des Gläubigers aus einem Recht oder einer Vollstreckungsforderung eine nur auf einen betragsmäßigen Teil des Anspruchs aus einem Beschlagnahmebeschluß (auf einen Forderungsteil) beschränkte Einstellungsbewil-

---

[37] OLG Düsseldorf NJW 1955, 188.
[38] OLG Düsseldorf OLGZ 1991, 76 = Rpfleger 1991, 28 und 69 Leitsatz mit Anm Hintzen; Steiner/Storz § 30 Rdn 21.
[39] LG Erfurt Rpfleger 2005, 375; LG Lüneburg Rpfleger 1987, 469.

ligung (so auch[40]; anders für mehrere Beschlagnahmebeschlüsse, siehe Rdn 5.4). Verfahrenseinstellung kann nur gegenständlich beschränkt (Rdn 5.1), für einzelne von mehreren Gläubigern (Rdn 2.14) oder für einzelne selbständige Ansprüche und für mehrere Beschlagnahmebeschlüsse des gleichen Gläubigers erfolgen, nicht aber für einen Forderungsteil des größeren Gläubigeranspruchs. Einstellung erfordert, daß wegen eines Gläubigeranspruchs nicht versteigert wird; bei Teileinstellung nur wegen eines Forderungsteils würde aber gerade das Verfahren auf Grund des einheitlichen Beschlagnahmebeschlusses wegen dieses Anspruchs (wegen des weiteren Anspruchsteils) weiterlaufen. Die Verfahrenslage würde sich somit nicht ändern (keine andere Berechnung des geringsten Gebots); zu einer Teileinstellung besteht daher in einem solchen Fall kein Anlaß.

6 Verhältnis von § 30 zu anderen Einstellungen

6.1 Verhältnis zu § 28: Als verfahrensmäßig selbständige Vorschriften haben § 28 und § 30 unterschiedliche Bedeutung (anders[41]: § 30 hat Vorrang, und[42]: Fortsetzungsantrag des Gläubigers ist abzuwarten, dann ist nach § 28 einzustellen). Einstellung auf Bewilligung des Gläubigers bewirkt zeitweiligen Stillstand der von Amts wegen durchzuführenden Zwangsversteigerung (Rdn 2.1, 2.2). Bei Einstellung nach § 28 unterbleibt Verfahrensfortgang, weil er wegen des entgegenstehenden Rechts eines Dritten, wegen der Verfügungsbeschränkung oder des Verfahrensmangels, nicht zulässig ist; Fristablauf hat Verfahrensaufhebung zur Folge, wenn das Hindernis nicht behoben wird. § 28 als Verfahrensbestimmung mit weitergehender Einstellungsfolge ist daher auch anzuwenden, wenn bei Bekanntwerden des Verfahrenshindernisses Einstellung bereits auf Bewilligung des Gläubigers (§ 30) erfolgt ist. Es ist **auch nach § 28** unter Bestimmung einer Frist zur Behebung des Hindernisses **einzustellen** oder (ausnahmsweise, § 28 Rdn 7) das Verfahren aufzuheben. Umgekehrt kann während einer (befristeten) Einstellung nach § 28 das Verfahren nicht nochmals nach § 30 eingestellt werden. Wenn die Zwangsversteigerung bereits wegen eines grundbuchersichtlichen entgegenstehenden Rechts oder wegen eines Hindernisses nach § 28 Abs 2 nicht fortgeführt wird, kann nicht auch noch nach Bestimmung (Bewilligung) des Gläubigers mit Einstellung Verfahrensstillstand angeordnet werden. Einstellung nach **§ 28** mit ihrer weitergehenden Wirkung hat daher stets **Vorrang** vor Einstellung auf Bewilligung des Gläubigers. Das gebietet auch die Wahrung der Interessen des Berechtigten des entgegenstehenden grundbuchersichtlichen Rechts. Ihm trägt § 28 Abs 1 mit Frist zur Behebung des Hindernisses und Verfahrensaufhebung als Folge des Fristablaufs Rechnung. Weitergehende Fortdauer der mit Beschlagnahme (§ 22) erlangten Verfahrensstellung des Gläubigers hat der Berechtigte des entgegenstehenden grundbuchersichtlichen Rechts nicht hinzunehmen. Der Gläubiger kann mit Einstellungsbewilligung daher das durch ein grundbuchersichtliches Vollstreckungshindernis veranlaßte Verfahren zur Klärung, ob die Zwangsversteigerung zulässig angeordnet oder aufzuheben ist, nicht hindern. Der Berechtigte eines entgegenstehenden Rechts hätte andernfalls die Fortdauer der Beschlagnahme unerträglich lange Zeit zu dulden (möglich wäre zweimalige Einstellung auf Bewilligung des Gläubigers auf je 6 Monate mit erst anschließender Fristbestimmung nach § 28) oder sein grundbuchersichtliches Gegenrecht mit Klage geltend zu machen. Das würde der mit § 28 Abs 1 geregelten Wahrung der entgegenstehenden Berechtigung widersprechen.

6.2 Verhältnis zu § 30 a: Einstellung auf **Bewilligung des Gläubigers** nach § 30 hält den Verfahrensfortgang auf (Rdn 2.1); Verfahrenshandlungen unterbleiben. Zwangsvollstreckung auf Gläubigerantrag findet während des zeitweiligen

---

[40] Steiner/Storz § 30 Rdn 21.
[41] Dassler/Muth § 30 a Rdn 24; Steiner/Storz § 30 Rdn 13.
[42] Wangemann NJW 1961, 105.

Einstweilige Einstellung auf Bewilligung des Gläubigers 6.6 § 30

Verfahrensstillstands nicht statt. Daher kann in dieser Zeit auch befristeter Schutz des Schuldners zur Verhinderung der Zwangsverwertung seines Eigentums nicht gewährt werden. Einstellung auf Bewilligung des Gläubigers nach § 30 hat deshalb gegenüber einem Schutzverfahren nach § 30a jederzeit den **Vorrang**[43]. Auf Bewilligung des Gläubigers (der Herr seines Verfahrens ist) ist nach § 30 somit immer sofort einzustellen. Auch durch ein Verfahren aus § 30a wird die Möglichkeit einer Einstellungsbewilligung nach § 30 daher nicht ausgeschlossen[44]; bewilligt der Gläubiger während eines Verfahrens nach § 30a die Einstellung, hat das Gericht ohne Nachprüfung der allgemeinen und besonderen Voraussetzungen zu § 30a und ohne Verfahrensumstellung und ohne Abwägung der Interessen sofort nach § 30 einzustellen[45]. Dazu ZVG-Handbuch Rdn 186.

6.3 Einstellung im Wege des **Vollstreckungsschutzes** (§ 30a) bewirkt Verfahrensstillstand; Verfahrenshandlungen unterbleiben. Neuerliche Einstellung aus anderem Rechtsgrund mit der gleichen Folge kann in dieser Zeit nicht erfolgen. Das schon im Wege des Vollstreckungsschutzes eingestellte Verfahren kann daher nicht erneut auf Grund anderer Vorschrift, mithin auch nicht auf Bewilligung des Gläubigers eingestellt werden. Eine vom Gläubiger bewilligte Einstellung (§ 30) des **bereits** im Wege des Vollstreckungsschutzes **eingestellten** Verfahrens erlangt daher keine Bedeutung.

6.4 Wenn die Einstellungsbewilligung des Gläubigers dem Gericht vor Wirksamwerden des Einstellungsbeschlusses aus § 30a (mit Absendung), wenn auch erst nach Abfassung des im Wege des Vollstreckungsschutzes einstellenden (noch gar nicht wirksamen) Beschlusses zugeht, muß sie berücksichtigt, das Verfahren sohin auf Bewilligung (§ 30) eingestellt werden. Geschieht das nicht, dann kann Aufhebung des auf Schuldnerantrag ergangenen, mit Hinausgabe existent gewordenen (fehlerhaften) Einstellungsbeschlusses nur noch durch Anfechtung mit sofortiger Beschwerde erreicht werden. Unbeanstandet (von Amts wegen) kann das Vollstreckungsgericht nach Bewilligung der Einstellung durch den Gläubiger (§ 30) den bereits mit Hinausgabe wirksam gewordenen, aber noch nicht rechtskräftigen Einstellungsbeschluß aus § 30a nicht wieder aufheben. Wenn dieser Einstellungsbeschluß angefochten ist, hat der Rechtspfleger der begründeten sofortigen Beschwerde jedoch abzuhelfen (ZPO § 572 Abs 1). Dann hat der Vorrang der Einstellungsbewilligung (Rdn 6.2) zur Folge, daß der vorausgehende (fehlerhafte) Beschluß, mit dem das Verfahren aus den Gründen des § 30a eingestellt wurde, aufzuheben sowie nach § 30 (unter Gläubigerbelehrung über Fortsetzung) einzustellen ist. Beschwert und beschwerdeberechtigt sind Schuldner (ihm bleibt bei Verfahrenseinstellung nach Bewilligung die Einstellungsmöglichkeit aus Gründen des Vollstreckungsschutzes) und der Gläubiger (er kann nach bewilligter Einstellung jederzeit die Verfahrensfortsetzung beantragen).

6.5 Die (vorrangige) Einstellung des Verfahrens nach § 30 bringt das Verfahren über die Beschwerde des Schuldners gegen den seinen Antrag auf einstweilige Einstellung ablehnenden Beschluß zum Stillstand. Gegenstandslos wird damit das Beschwerdeverfahren jedoch nicht (es gilt das § 30b Rdn 10.6 zum Verfahren über den Einstellungsantrag selbst Gesagte entsprechend). Nach Fortsetzung des Vollstreckungsverfahrens ist vielmehr über die Schuldnerbeschwerde zu entscheiden. Die Fortsetzung des Verfahrens begründet nicht etwa die Voraussetzungen der erneuten Einstellung nach § 30c Abs 1.

6.6 Verhältnis zu § 30c: Es gilt auch hier, was für § 30a gesagt ist. Die Einstellung aus § 30 hat den Vorrang. Wenn der betreibende Gläubiger aus § 30 einstellen läßt, ist ein gleichzeitiger Antrag aus § 30c überholt und nicht mehr zu

---

[43] Dassler/Muth § 30a Rdn 25; Steiner/Storz § 30 Rdn 10, 11; Wangemann NJW 1961, 105; Schmidt NJW 1960, 1750 (A I).
[44] Schmidt NJW 1960, 1750 (A III).
[45] Dassler/Muth § 30a Rdn 25; Steiner/Storz § 30 Rdn 11; Schmidt NJW 1960, 1750 (A I).

entscheiden. Zum Schuldnerschutz, wenn das Verfahren nach bewilligter Einstellung fortgesetzt wird, siehe § 30b Rdn 10.

6.7 Verhältnis zu § 30 d: Hier gilt, was für § 30a gesagt ist. Die Einstellung aus § 30 hat den Vorrang. Wenn der betreibende Gläubiger aus § 30 einstellen läßt, ist ein gleichzeitiger Antrag aus § 30 d überholt und nicht mehr zu entscheiden[46] (anders[47]).

6.8 Verhältnis zu § 180 Abs 2 und 3: Für das Verhältnis der Einstellungsbewilligung aus § 30 durch den Antragsteller der Teilungsversteigerung zum Einstellungsantrag des Antragsgegners aus § 180 Abs 2 oder 3 gilt entsprechend, was über das Verhältnis von § 30 zu § 30a gesagt ist[48]: § 30 geht vor (dazu § 180 Rdn 12.11).

6.9 Verhältnis zu ZPO § 765 a: Auch hier geht § 30 vor (so auch[49]). Wird im Rahmen eines auf ZPO § 765 a gestützten Vollstreckungsschutz- oder Rechtsmittelverfahrens die Einstellung bewilligt, so hat das Gericht nach § 30 einzustellen, ohne die Voraussetzungen von ZPO § 765 a zu prüfen, weil es ohne sonstige Voraussetzungen an die Bewilligung gebunden ist. Das Beschwerdegericht, wenn bei ihm erst bewilligt wird, muß unter Aufhebung des vorausgehenden ablehnenden Beschlusses einstellen und nicht etwa zur Einstellung aus § 30 zurückverweisen, gleichzeitig auch über die Fortsetzung belehren. Dazu auch ZVG-Handbuch Rdn 186.

6.10 Verhältnis zu ZPO § 766 Abs 1 mit § 732 Abs 2, § 769, § 771 Abs 3, § 775: Auch hier geht § 30 vor[50]. Einstellung auf Bewilligung des Gläubigers bewirkt Verfahrensstillstand, so daß neuerliche Einstellung aus anderem Rechtsgrund mit der gleichen Folge nicht mehr erfolgen kann. Prozeßgerichtliche Einstellung kann daher nur durch Einstellungsbeschluß ausgeführt werden, wenn der Gläubiger Fortsetzungsantrag gestellt hat. Umgekehrt kann nach Verfahrenseinstellung auf Grund einer prozeßgerichtlichen Anordnung Einstellung nicht mehr nach § 30 erfolgen.

[Einstweilige Einstellung auf Antrag des Schuldners]

30a (1) Das Verfahren ist auf Antrag des Schuldners einstweilen auf die Dauer von höchstens sechs Monaten einzustellen, wenn Aussicht besteht, daß durch die Einstellung die Versteigerung vermieden wird, und wenn die Einstellung nach den persönlichen und wirtschaftlichen Verhältnissen des Schuldners sowie nach der Art der Schuld der Billigkeit entspricht.

(2) Der Antrag ist abzulehnen, wenn die einstweilige Einstellung dem betreibenden Gläubiger unter Berücksichtigung seiner wirtschaftlichen Verhältnisse nicht zuzumuten ist, insbesondere ihm einen unverhältnismäßigen Nachteil bringen würde, oder wenn mit Rücksicht auf die Beschaffenheit oder die sonstigen Verhältnisse des Grundstücks anzunehmen ist, daß die Versteigerung zu einem späteren Zeitpunkte einen wesentlichen geringeren Erlös bringen würde.

(3) Die einstweilige Einstellung kann auch mit der Maßgabe angeordnet werden, daß sie außer Kraft tritt, wenn der Schuldner die während der Einstellung fällig werdenden wiederkehrenden Leistungen nicht binnen zwei Wochen nach Eintritt der Fälligkeit bewirkt. Wird die Zwangsversteigerung von einem Gläubiger betrieben, dessen Hypothek oder

---

[46] Mohrbutter KTS 1961, 103 (III).
[47] Kniestedt KTS 1961, 61.
[48] Mohrbutter KTS 1961, 103 (III).
[49] Dassler/Muth § 30a Rdn 25; Steiner/Storz § 30 Rdn 12.
[50] Dassler/Muth § 30a Rdn 27; Steiner/Storz § 30 Rdn 13; Wangemann NJW 1961, 105.

Grundschuld innerhalb der ersten sieben Zehnteile des Grundstückswertes steht, so darf das Gericht von einer solchen Anordnung nur insoweit absehen, als dies nach den besonderen Umständen des Falles zur Wiederherstellung einer geordneten wirtschaftlichen Lage des Schuldners geboten und dem Gläubiger unter Berücksichtigung seiner gesamten wirtschaftlichen Verhältnisse, insbesondere seiner eigenen Zinsverpflichtungen, zuzumuten ist.

(4) **Das Gericht kann ferner anordnen, daß der Schuldner Zahlungen auf Rückstände wiederkehrender Leistungen zu bestimmten Terminen zu bewirken hat.**

(5) **Das Gericht kann schließlich die einstweilige Einstellung von sonstigen Auflagen mit der Maßgabe abhängig machen, daß die einstweilige Einstellung des Verfahrens bei Nichterfüllung dieser Auflagen außer Kraft tritt.**

Übersicht

Allgemeines zu § 30 a	1	Schuldnerzahlungen und andere Auflagen (Absätze 3–5)	6
Einstellungs-Grundsätze	2	Verhältnis von § 30 a zu anderen Einstellungen	7
Einstellungs-Voraussetzungen (Absatz 1)	3	Verzicht des Schuldners auf Vollstreckungsschutz	8
Frist für Einstellung	4		
Gläubigerinteressen (Absatz 2)	5		

Literatur: Arnold, Die Vollstreckungsnovelle vom 1. Februar 1979, MDR 1979, 358; Drischler, Die ab 1. Juli 1979 in Kraft tretenden Änderungen des Zwangsversteigerungsgesetzes, KTS 1979, 146; Fuchs, Die Ursache der Nichterfüllung der Verbindlichkeiten bei der Einstellung der Zwangsversteigerung nach § 30a ZVG, MDR 1966, 898; Hornung, Die Zwangsvollstreckungsnovelle 1979, Rpfleger 1979, 321; Müller, Das Gesetz zur Änderung zwangsvollstreckungsrechtlicher Vorschriften, NJW 1979, 905; Riggers, Vollstreckungsschutz nach § 30a ZVG, JurBüro 1968, 583; Schröder, Die Änderung zwangsvollstreckungsrechtlicher Vorschriften ab 1. Juli 1979, JurBüro 1979, 793.

Allgemeines zu § 30 a   1

1.1 Zweck der Vorschrift: Regelung der Voraussetzungen des Schuldnerschutzes im Versteigerungsverfahren. Zeitweilige Verfahrenseinstellung soll es dem schutzwürdigen Schuldner ermöglichen, die Zwangsverwertung seines durch GrundG Art 14 geschützten Eigentums abzuwenden (Einl Rdn 7.1). Zur geschichtlichen Entwicklung des Schuldnerschutzes durch Verfahrenseinstellung[1].

1.2 Anwendungsbereich: § 30a gilt für die **Vollstreckungsversteigerung**, sofern nicht über das Vermögen des Schuldners ein Insolvenzverfahren eröffnet ist (siehe §§ 30 d–f). Auf die Teilungsversteigerung ist er nicht anwendbar, weil dort die Sondervorschrift von § 180 Abs 2 und 3 gegeben ist. Für Insolvenzverwalter- und Nachlaßversteigerung ist er nicht anwendbar. Anzuwenden ist § 30a in der Wiederversteigerung nach § 133, die (abgesehen von Erleichterungen) eine Vollstreckungsversteigerung ist. In der Zwangsverwaltung ist die Einstellung nicht vorgesehen. Die Vorschrift gilt für Grundstücke aller Art, auch für landwirtschaftliche, für die es keinen Sonderschutz gibt, auch für Grundstücksbruchteile, Wohnungseigentum, Gebäudeeigentum und grundstücksgleiche Rechte, auch für See- und Binnenschiffe und Luftfahrzeuge.

Einstellungs-Grundsätze   2

2.1 Abs 1 enthält den **Grundtatbestand** für eine Einstellung auf Antrag des Schuldners, Abs 2 einen Gegentatbestand, bei dessen Vorliegen die Einstellung abzulehnen ist; Abs 3–5 bestimmen, wie die Einstellung mit Auflagen verknüpft

---

[1] Arnold MDR 1979, 358 (III 2).

§ 30a 2.1   Anordnung der Versteigerung

werden kann oder soll. Das Gericht hat also zu prüfen, ob es überhaupt einstellen soll, ob mit oder ohne Auflagen und für wie lange Zeit. Es handelt sich um ein Verwertungsmoratorium: im Rahmen des Versteigerungsverfahrens soll auf Antrag des Schuldners die Verwertung des beschlagnahmten Objekts hinausgeschoben werden, wenn dies unter Abwägung der Schuldner- und Gläubigerinteressen gerechtfertigt erscheint. Dem Gläubiger wird kein Verzicht auf die Vollstreckung zugemutet, sondern nur ein zeitweiliges Stillhalten unter Fortbestehen der erworbenen Vollstreckungssicherheiten.

2.2 Die Einstellung setzt einen **Antrag** des Schuldners voraus (Abs 1); von Amts wegen erfolgt Prüfung nicht. Als Antrag ist jede Willensäußerung anzusehen, mit der der Schuldner den Stillstand des Verfahrens erstrebt, also auch, wenn er Zahlungsaufschub oder Hinausschieben des Versteigerungstermins verlangt[2] oder sein Verlangen als Widerspruch, Einspruch, Ablehnung, Protest oder ähnlich bezeichnet. Der Antrag ist zu jedem Anordnungs- oder Beitrittsbeschluß möglich; Frist § 30b Rdn 3. Antragsmuster im ZVG-Handbuch Rdn 165.

2.3 Für **erneute Einstellung** nach Fortsetzung eines Verfahrens, das bereits gemäß § 30a einstweilen eingestellt war, bestimmt § 30c die Schutzvoraussetzungen selbständig.

3 Einstellungs-Voraussetzungen (Absatz 1)

3.1 Sachliche Voraussetzung der Einstellung ist nach Abs 1 (Grundtatbestand; Rdn 2.1), daß

— Aussicht besteht, daß durch die Einstellung die **Versteigerung vermieden** wird,
— die Einstellung nach den persönlichen und wirtschaftlichen Verhältnissen des Schuldners sowie nach der Art der Schuld der **Billigkeit** entspricht.

Als Grundstückseigentümer soll damit der schutzwürdige Vollstreckungsschuldner Gelegenheit finden, die Zwangsversteigerung abzuwenden. Mit dem Erfordernis der Billigkeit ist der Schuldnerschutz dem für Aussetzung der Verwertung gepfändeter beweglicher Sachen geltenden ZPO § 813b (vormals § 813a) angenähert[3]. Nach der seit 1. 7. 1979 geltenden Fassung des § 30a Abs 1 wird nicht mehr nur auf allgemeine wirtschaftliche Verhältnisse abgestellt.

3.2 a) Nur wenn Aussicht besteht, daß durch die Einstellung die **Versteigerung vermieden** wird, kann sie angeordnet werden (= **Sanierungsfähigkeit**). Als Verfahrensbestimmung des Vollstreckungsrechts erfüllt § 30a damit eine Schutzfunktion zur Wahrung der Interessen des Schuldners an der Erhaltung seines durch GrundG Art 14 geschützten Eigentums. Daß Aussicht besteht, durch die Einstellung die Versteigerung zu vermeiden, ist gleichwertige Einstellungsvoraussetzung neben dem Erfordernis, daß nach den persönlichen und wirtschaftlichen Verhältnissen sowie nach der Art der Schuld die Einstellung der Billigkeit entsprechen muß. Wenn dem Schuldner auch durch eine Einstellung nicht mehr zu helfen ist, darf sie nicht angeordnet werden, selbst wenn sie nach seinen Verhältnissen der Billigkeit entsprechen würde. Diese weiteren Einstellungsvoraussetzungen brauchen dann nicht mehr geprüft zu werden[4].

b) **Voraussichtlich vermieden** werden muß durch die Einstellung nur die Versteigerung auf Antrag des Gläubigers, dessen Vollstreckungsverfahren eingestellt werden soll, nicht die Versteigerung für die Zukunft überhaupt[5]. Vermieden werden kann durch die Einstellung die Versteigerung somit, wenn es dem Schuldner möglich sein wird, den vollstreckenden Gläubiger als Gegner des Einstellungs-

---

[2] Schiffhauer Rpfleger 1978, 397 (IV 2).
[3] Begründung des Regierungsentwurfs, BT-Drucksache 8/693, Seite 51.
[4] Drischler Rpfleger 1956, 91.
[5] Dassler/Muth § 30a Rdn 6; Jonas/Pohle, ZwVNotrecht, § 30a Anm 4b.

Einstweilige Einstellung auf Antrag des Schuldners 3.3 § 30a

antrags zu befriedigen oder sein Vollstreckungsverfahren auf sonstige Weise abzuwenden. Daß der Schuldner bei Einstellung seine gesamten wirtschaftlichen Verhältnisse (anders[6]; unrichtig) oder wenigstens seine ungünstige Lage als Grundstückseigentümer insgesamt sanieren kann, ist nicht Einstellungserfordernis. Verfahrensfortgang auf Antrag anderer Gläubiger wird oft aber auch für das Einzelverfahren, in dem Einstellung beantragt ist, keine Aussicht begründen, daß diese Versteigerung vermieden werden kann. Nicht nötig ist, daß die Versteigerung schon mit einmaliger Einstellung für sechs Monate vermieden wird; Rechnung getragen werden kann vielmehr auch einer nach der Verfahrenslage noch zulässigen erneuten Einstellung. Dem Schuldner muß es jedoch voraussichtlich möglich sein, in der Zeit der Einstellung (und nicht erst später) die Zwangsversteigerung abzuwenden. Die Aussicht, daß sich bei Hinausschieben des Termins das Versteigerungsergebnis bessern werde, genügt nicht[7], weil die Versteigerung dann ja doch nicht vermeidbar ist. Daß Einstellung bewirken kann, daß bei einer sich schon anbahnenden freihändigen Veräußerung (Versteigerung wird damit vermieden) ein besseres Ergebnis erzielbar ist, kann jedoch genügen[7] (anders[8]). Wenn die Versteigerung nicht vermeidbar ist, kann nicht eingestellt werden, weil dem Schuldner vorübergehend das Existenzminimum erhalten bleiben soll[9]; denn danach müßte doch versteigert werden, auch wenn dann der Unterhalt nicht mehr gewährleistet ist. Eingestellt werden kann auch nicht, um dem Schuldner die Wohnung zu erhalten; denn nach Fristablauf muß dann doch versteigert werden, auch wenn der Schuldner keinen Ersatzraum hat[9].

c) Daß die Versteigerung voraussichtlich vermieden wird, muß nach den (allen) **Umständen des Einzelfalls** anzunehmen sein und geprüft werden. Die maßgeblichen Tatsachen sind daher vom Schuldner vorzutragen und ggfs glaubhaft zu machen. Seine bloße Behauptung, er wolle sich um Kredit oder eine Umschuldung bemühen, genügt nicht.

3.3 a) Der **Billigkeit** muß die Einstellung nach den persönlichen und wirtschaftlichen Verhältnissen des Schuldners sowie nach der Art der Schuld entsprechen. Der Schuldner muß demnach **schutzwürdig** sein. Schuldner ist der (eingetragene) Grundstückseigentümer als Vollstreckungsschuldner, nicht ein persönlicher Schuldner, für dessen Verbindlichkeit der Eigentümer sein Grundstück belastet hat. Bei Zwangsvollstreckung gegen Ehegatten, die in Gütergemeinschaft leben, wird diese Schuldner, bei alleinigem Verwaltungsrecht eines Ehegatten oder Betrieb eines Erwerbsgeschäfts durch einen Ehegatten (ZPO §§ 740, 741) somit nicht nur dieser Ehegatte, sondern auch der andere Teil (§ 15 Rdn 10.2; anders[10]). Zu den persönlichen Verhältnissen des Schuldners rechnen etwa Zuverlässigkeit[11], Krankheit, Arbeitslosigkeit, Scheidung mit mancherlei Folgen, Tod des Ehepartners oder eines mitarbeitenden Kindes sowie andere Familienereignisse[12] (anders früher[13]; durch Gesetzesänderung überholt), auch persönliches Mißgeschick, uU auch Unstimmigkeiten mit dem vollstreckenden Gläubiger.

b) Die **wirtschaftlichen Verhältnisse** des Schuldners können auf Umständen beruhen, die „in den allgemeinen wirtschaftlichen Verhältnissen begründet sind" (bis 30. 6. 1979 Einstellungserfordernis), die somit außerhalb seiner Verantwortungssphäre liegen und auf die der Schuldner keinen Einfluß hat. Sie können durch Umstände bedingt sein, die nur für den Geschäftsbereich des Schuldners,

---

[6] Steiner/Storz § 30a Rdn 35.
[7] Jonas/Pohle, ZwVNotRecht, § 30a Anm 4b.
[8] Steiner/Storz § 30a Rdn 36.
[9] Steiner/Storz § 30a Rdn 37.
[10] Käfer FamRZ 1954, 126.
[11] Arnold MDR 1979, 358 (III 2); Hornung Rpfleger 1979, 321 (D II 1).
[12] Dassler/Muth § 30a Rdn 8.
[13] LG Berlin NJW 1959, 202.

seinen Berufszweig oder seine besondere Lebenslage allgemein typisch sind. Sie können aber auch nur durch die individuellen Verhältnisse des Schuldners bedingt sein. Als allgemeine wirtschaftliche Verhältnisse sind Umstände zu berücksichtigen, die auf der Eigengesetzlichkeit des Wirtschaftslebens beruhen, sowie Folgen wirtschaftspolitischer Maßnahmen (Kreditsperre, Exportschwierigkeiten, Zinsgefüge), Folgen wirtschaftlicher Krisenzeiten, Kettenreaktionen von Insolvenzverfahren oder Kreditbeschränkungen. Umstände, die für den Geschäftsbereich des Schuldners, seinen Berufszweig oder auch nur für eine Bevölkerungsgruppe (nur für Aussiedler, Arbeitslose, Kriegsversehrte, ihre Witwen und Waisen) insgesamt typisch sind, können durch die ihnen nachteilige allgemeine Entwicklung bedingt, aber auch durch besondere räumliche (örtliche) Verhältnisse verursacht sein. Dazu gehören daher auch zB Hochwasserschäden oder für Landwirte Viehseuchen größeren Umfangs. Die individuellen Verhältnisse des Schuldners können Schutz mit Verfahrenseinstellung erfordern etwa bei unverschuldeter, nur vorübergehender wirtschaftlicher oder finanzieller Bedrängnis[14] oder bei Zahlungsschwierigkeiten, die durch Insolvenzverluste hervorgerufen sind.

c) Bei den persönlichen oder wirtschaftlichen Verhältnissen des Schuldners kann es sich um einen nur **vorübergehenden** Zustand handeln (Krankheit, Unwetter, Hochwasser, Erdbeben, Viehseuchen) oder um **Dauerumstände** (Versehrtheit, dauernde Berufs- oder Erwerbsunfähigkeit). Nicht erforderlich ist, daß die für Nichterfüllung fälliger Verbindlichkeiten ursächlichen Umstände für den Schuldner unabwendbar waren, er insbesondere nicht die Möglichkeit gehabt hat, die Umstände zu verhindern oder nachträglich zu beheben oder auch nur einen Zahlungsverzug später zu beseitigen (anders zu früherer Gesetzesfassung[15]). Unter solchen Umständen kann aber Bedeutung erlangen, daß die Einstellung dem Gläubiger zuzumuten sein muß (Abs 2).

d) Auch nach der **Art der Schuld** muß die Einstellung der Billigkeit entsprechen. Es wird daher eine Verpflichtung des Schuldners aus strafbarer oder unerlaubter Handlung strenger zu beurteilen sein als eine rein vertragliche, eine Verpflichtung aus Waren- oder Geldkredit, der in Kenntnis schlechter wirtschaftlicher Lage des Schuldners gewährt wurde anders als eine für den Unterhalt oder die Existenz des Gläubigers (zB eines Handwerkers) lebensnotwendige Verbindlichkeit, eine Verpflichtung, die zur Deckung eines übertriebenen persönlichen Aufwands oder leichtfertig oder durch Abschluß eines riskanten Geschäfts eingegangen wurde, anders als eine allgemein geschäftsübliche Schuld oder die Verbindlichkeit aus einem nur durch Entgegenkommen des Gläubigers zustandegekommenen Rechtsgeschäft. Auch eine anderweitige Sicherung der Forderung des Gläubigers kann Bedeutung erlangen.

e) Nach allen Umständen muß die Einstellung „**der Billigkeit**" entsprechen. Dies ist etwa zu verneinen, wenn grob unwirtschaftliches Verhalten, arge Fehlinvestitionen oder Fehlkalkulationen oder Fehlspekulationen vorliegen oder wenn der Gläubiger dem Schuldner bereits durch langfristige Stundung entgegengekommen war, wenn der Schuldner die Erfüllung der Verbindlichkeit schon lange verschleppt hat oder wenn die notwendigen Mittel zur sofortigen Befriedigung des Gläubigers zur Verfügung stehen oder unverzüglich bereitgestellt werden können (zB durch zumutbare Kreditaufnahme).

4 Frist für Einstellung

4.1 Die **Frist für die Einstellung** nach § 30a kann höchstens sechs Monate betragen (Abs 1). Damit ist die Höchstdauer der Einstellung bestimmt; Einstellung für kürzere Zeit ist somit zulässig. Im allgemeinen soll die Frist von 6 Monaten,

---

[14] LG Köln KTS 1980, 418 mit zust Anm Drischler.
[15] Jonas/Pohle, ZwVNotrecht, § 30a Anm 4 b.

um den Einstellungszweck zu erreichen, voll ausgeschöpft werden. Zu berücksichtigen ist bei der Bemessung der Frist aber auch, wie lange der Schuldner schon bisher Aufschub hatte, sei es auf Bewilligung des Gläubigers oder nach anderen Einstellungsvorschriften, auch infolge der Dauer der gegenwärtigen Einstellungsverhandlungen oder eines Beschwerdeverfahrens. Diese Zeiten sind nach dem Gesetz nicht auf die Zeit der Einstellung anzurechnen. Für (höchstens) sechs Monate darf im Einzelfall auch dann nur eingestellt werden, wenn bei der Voraussetzung, durch die Einstellung müsse die Versteigerung voraussichtlich vermieden werden (Abs 1), eine zweimalige Einstellung von vornherein in Rechnung gezogen wird, also für die Abzahlung zwölf Monate angesetzt werden. Zur Frist ZVG-Handbuch Rdn 174.

4.2 Die **Einstellungsdauer** ist bei Einstellung zu bestimmen und im Einstellungsbeschluß zu bezeichnen. Wurde dies übersehen, so ist davon auszugehen, daß für sechs Monate eingestellt ist. Die sechs Monate werden vom Zeitpunkt des Einstellungsbeschlusses an (nicht von seiner Rechtskraft an) gerechnet[16]; die für die Prüfung des Antrags aufgewandte Zeit bleibt außer Betracht. Es sollte jedoch nicht einfach „für sechs Monate" eingestellt, sondern der Tag des Fristablaufs genau kalendermäßig bestimmt werden („bis einschließlich 31. März ..."), um Zweifel auszuschließen. Wo das aber nicht geschehen ist, ist als Beginn der Tag des Beschlusses anzusehen.

Gläubigerinteressen (Absatz 2)   5

5.1 Besondere Gläubigerinteressen schließen nach Abs 2 die Verfahrenseinstellung auf Antrag des Schuldners aus. Die Bestimmung trägt mit **Ablehnungsgründen** für Berücksichtigung der gewichtigen Interessen des Gläubigers an alsbaldiger Befriedigung seiner vollstreckbaren Forderung als Ausgleich dafür Sorge, daß Schuldnerinteressen mit dem allgemein gehaltenen Einstellungstatbestand des Abs 1 umfassend zu würdigen sind. Interessen Dritter, auch solche eines Eigenbesitzers, können bei Prüfung des Einstellungsantrags keine Bedeutung erlangen.

5.2 Nicht zuzumuten ist eine einstweilige Einstellung dem vollstreckenden Gläubiger, wenn nach seinen wirtschaftlichen (nicht auch persönlichen) Verhältnissen für ihn der Aufschub der Befriedigung seiner Vollstreckungsforderung nicht tragbar wäre. Sein Interesse an alsbaldiger Erfüllung der Beschlagnahmeforderung muß demnach das Schutzinteresse des Schuldners (dem Eigentumsverlust droht) ganz erheblich überwiegen. Das ist immer der Fall, wenn der Aufschub der Befriedigung der Gläubigerforderung einen **Nachteil** bringen würde, der **unverhältnismäßig** wäre. Abwägung der gegenseitigen Interessen etwa nach Billigkeitsgesichtspunkten rechtfertigt das nicht. Für den Gläubiger können sprechen: eigene gewichtige Verpflichtungen, Anwachsen der Zinsrückstände beim Schuldner, Verringerung der Sicherheit, auch die Art seiner Forderung, zB aus einer Schadensersatzverpflichtung des Schuldners wegen unerlaubter Handlung oder Unterhaltsforderung. Auch ein Verschulden des Schuldners oder Gläubigers kann von Bedeutung sein. Dem Schuldner fällt seine verschuldete wirtschaftliche Bedrängnis eher zur Last als unverschuldete. Ihn belastet es auch, wenn er seine unzureichenden Mittel für rangschlechtere Gläubiger verwendet, in der Hoffnung, gegen den rangbesseren Einstellung zu erhalten. Gegen den Schuldner spricht auch seine Unfähigkeit oder böswilliges oder leichtfertiges Verschleppen der Zahlungen oder unlauteres Verhalten im vorausgegangenen Prozeß. Grobes Verschulden des Gläubigers ist es, wenn er in Erwartung der Kapitalrückzahlung durch den Schuldner leichtfertig feste anderweitige Zahlungsverpflichtungen eingegangen ist.

5.3 Auch wenn anzunehmen ist, daß eine **spätere** Versteigerung mit Rücksicht auf die Beschaffenheit oder die sonstigen Verhältnisse des Grundstücks einen

---

[16] BGH NJW 2004, 3635 (3636) = Rpfleger 2004, 722.

wesentlich **geringeren Erlös** bringen würde, ist der Einstellungsantrag abzulehnen. Das kann mit weiterem Verfall des Grundstücks, mit Verfall des Grundstückswerts oder mit Änderung der Geldmarktlage zu besorgen sein, damit kann aber auch nach besonderen Umständen, die durch die Lage des Grundstücks oder örtliche Verhältnisse begründet sind, zu rechnen sein. Weil der Ablehnungsgrund der Wahrung von Gläubigerinteressen dient, kann ein voraussichtlich geringerer Erlös die Ablehnung des Antrags nur rechtfertigen, wenn die zu erwartende Wertminderung die Befriedigung des Gläubigers voraussichtlich schmälern oder gefährden wird. Auch die Erlösminderung für den Gläubiger mit dem Anwachsen fortlaufender bevorrechtigter Ansprüche gehört daher zu den Verhältnissen des Grundstücks, die Ablehnung des Antrags gebieten können. Wenn ein geringerer Erlös bei späterer Versteigerung die Befriedigung des (an sicherer oder ohnedies aussichtsloser Rangstelle stehenden) Gläubigers nicht beeinträchtigen wird, kann Ablehnung des Antrags nicht erfolgen; dem Schutz des Schuldners vor Wertverlust dient Abs 2 nicht.

5.4 Abzulehnen ist der Einstellungsantrag des Schuldners aus den Gründen des Abs 2, wenn die sachlichen Voraussetzungen des Grundtatbestands des Abs 1 (Rdn 2.1) erfüllt sind. Ablehnung des Antrags hat zu erfolgen, wenn auch nur **einer der beiden Gegentatbestände** des Abs 2 (Unzumutbarkeit oder geringerer Erlös bei späterer Versteigerung) gegeben ist. Wenn schon die sachlichen Einstellungsvoraussetzungen des Abs 1 nicht erfüllt sind, brauchen entgegenstehende Gläubigerinteressen nach Abs 2 nicht geprüft zu werden. Wenn besondere Gläubigerinteressen nach Abs 2 die Ablehnung des Antrags zwingend gebieten, kann aber auch von einer weiteren Aufklärung der für den Grundtatbestand des Abs 1 maßgeblichen Tatsachen abgesehen werden.

6 Schuldnerzahlungen und andere Auflagen (Absätze 3–5)

6.1 Die einstweilige Einstellung **kann** (Abs 3 Satz 1, Abs 4 und Abs 5) von der Erfüllung bestimmter **Zahlungsverpflichtungen** oder anderer **Auflagen abhängig** gemacht werden. Unter bestimmten Voraussetzungen (Abs 3 Satz 2) ist die Einstellung **nur mit Zahlungsauflagen** anzuordnen. Einstellung unter Bestimmung von Zahlungsverpflichtungen oder anderen Auflagen dient der Wahrung der Interessen des Gläubigers, der einen durch gewichtige Schuldnerbelange begründeten zeitweiligen Aufschub seines Vollstreckungsrechts hinzunehmen hat. Dem hat der schutzwürdige Schuldner mit Erfüllung zumutbarer Zahlungsverpflichtungen oder anderer Auflagen Rechnung zu tragen. Solche können dem Zweck dienen, ein weiteres Anwachsen der Gläubigerforderung mit Wegfertigung wiederkehrender Leistungen abzuwenden, eine Verschlechterung der Befriedigungschance des Gläubigers mit Tilgung weiter entstehender wiederkehrender Leistungen besserrangiger Berechtigter zu verhindern oder auch nur allgemein den Zweck der Einstellung (Begleichung der Schuld zur Verhinderung der Zwangsversteigerung) zu fördern. Auflagen, die nicht durch das Gläubigerinteresse geboten sind, können nicht bestimmt werden, so zB nicht, daß Zahlungen an einen nachrangigen Berechtigten zu leisten sind. Ob die Einstellung von einer Zahlungsverpflichtung oder einer sonstigen Auflage abhängig zu machen ist, entscheidet das Gericht nach pflichtgemäßem **Ermessen** unter Abwägung der Belange des Gläubigers und des Schutzinteresses des Schuldners. Jedoch darf Bestimmung nicht gegen einen (ausdrücklichen) Antrag des Gläubigers getroffen werden (ZPO § 308 Abs 1 Satz 1; entsprechende Anwendung). Nicht erforderlich ist, daß der Gläubiger Antrag stellt, die Einstellung von einer Zahlungsbestimmung oder anderen Auflagen abhängig zu machen. Abs 3–5 begründen keinen Anspruch des Gläubigers, der mit Antrag geltend zu machen wäre, sondern beschränken das Ausmaß des Schuldnerschutzes nach dem Ermessen des Gerichts. Von notwendigen Zahlungsauflagen (Abs 3 Satz 2) darf nur abgesehen werden, wenn dies nach den besonderen Umständen des Falles zur Wiederherstellung einer geordneten wirtschaftlichen Lage

Einstweilige Einstellung auf Antrag des Schuldners   6.3 § 30a

des Schuldners geboten und dem Gläubiger zuzumuten ist, zB wenn zunächst höhere Steuerrückstände des Schuldners zu tilgen sind. Nicht eingestellt werden darf, wenn auf eine Auflage nicht verzichtet werden kann, der Schuldner sie aber nicht erfüllen kann.

6.2 Zahlung **wiederkehrender Leistungen** des Gläubigerrechts (oder Gläubigeranspruchs), die während der Einstellung fällig werden, kann dem Schuldner bei Anordnung der einstweiligen Einstellung aufgegeben werden (Abs 3 Satz 1). Die einstweilige Einstellung wird dann mit der Maßgabe angeordnet, daß sie **außer Kraft** tritt, wenn eine wiederkehrende Leistung nicht binnen zwei Wochen nach Eintritt der Fälligkeit bewirkt wird. Bei den Leistungen muß es sich um Ansprüche des Gläubigers auf das Recht handeln, aus dem das Verfahren betrieben wird[17], gleich, ob aus Kapital oder Zinsen betrieben wird. Nur die während der Einstellung fällig werdenden wiederkehrenden Leistungen ermöglichen nach Abs 3 Satz 1 die Zahlungsauflage, somit nicht Leistungen, die bei Verfahrensanordnung bereits fällig sind (und ggfs mit vollstreckt werden) oder die nach Verfahrensanordnung vor Einstellung fällig geworden sind (deswegen Abs 4). Auflagen sind auch nur wegen eines Teils der wiederkehrenden Leistungen möglich[17].

6.3 Aufzugeben ist dem Schuldner bei Einstellung **Zahlung** auf die fällig werdenden wiederkehrenden Leistungen des Gläubigerrechts (nicht aber auch auf das Recht eines anderen Beteiligten), wenn die Zwangsversteigerung von dem Gläubiger einer Hypothek oder Grundschuld betrieben wird, die innerhalb der **ersten sieben Zehnteile** des Grundstückswerts steht (Abs 3 Satz 2). Dann muß die Einstellung sonach mit der Maßgabe angeordnet werden, daß sie bei Nichterfüllung der Anordnung außer Kraft tritt. Von der Zahlungsanordnung darf in diesem Fall nur unter besonderen Voraussetzungen abgesehen werden (Rdn 6.1); diese sind in den Entscheidungsgründen darzustellen. Für eine persönliche Vollstreckungsforderung (Rangklasse 5 des § 10 Abs 1) gilt Entsprechendes nicht. Steht das Grundpfandrecht nur zum Teil innerhalb der genannten Grenze, so muß die Auflage nur den darunter fallenden Teil betreffen. Die **Höhe der $7/10$-Wertgrenze** ist Entscheidungsgrundlage für Anordnung der Zahlungsauflage bei Einstellung (Abs 3 Satz 2) und Würdigung besonderer Einzelumstände, die es ermöglichen, von einer (sonst gebotenen) Zahlungsauflage abzusehen. Bemessung des Grundstückswerts hat somit nur für und bei Entscheidung über den Einstellungsantrag zu erfolgen. Der für die Entscheidung maßgeblich gewesene Grundstückswert ist daher in den Gründen des Einstellungsbeschlusses mit den Erwägungen darzustellen, auf denen die Entscheidung beruht. Gesonderte (selbständige) Wertfestsetzung nach § 74a Abs 5 (mit kostspieliger Wertermittlung) nur für die Bestimmung der $7/10$-Wertgrenze bei Entscheidung über den Einstellungsantrag erfolgt somit nicht (so auch[18]; anders[19]). Die Einstellung nach § 30a soll verhindern, daß es zur Versteigerung kommt, die Festsetzung nach § 74a Abs 5 hingegen hat nur den Zweck, den Wert für einen etwaigen Zuschlagsversagungsantrag im Versteigerungstermin zu bestimmen, soll somit gerade dem Fortgang der Versteigerung dienen. Es sind daher auch nur Gläubiger und Schuldner zu dem Einstellungsantrag zu hören, auch soweit der Grundstückswert für Anordnung einer Zahlungsauflage nach Abs 3 entscheidungserheblich ist (§ 30b Abs 2 Satz 2). Wenn infolge der (fortgeschrittenen) Vollstreckung eines anderen Gläubigers im Verfahren der Wert nach § 74a Abs 5 bereits festgesetzt ist (praktisch selten), wird dieser Wert zugrunde zu legen sein; Änderungen sind dann somit zu würdigen. Sonst können für Wertbestimmung als Unterlagen Brandversicherungsurkunde, Kaufverträge in den Grundakten, Angaben von Gläubiger und Schuldner Bedeutung erlangen. Darlegungspflichtig für

---

[17] Jonas/Pohle, ZwVNotrecht, § 30a Anm 5a.
[18] Dassler/Muth § 30a Rdn 16; Steiner/Storz § 30a Rdn 55.
[19] Jonas/Pohle, ZwVNotrecht, § 30 Anm 5b; Mohrbutter, Handbuch des Vollstreckungsrechts, § 36 (I a); Leyerseder NJW 1955, 1427; Nikoleit BWNotZ 1965, 48 (II a).

Wertangaben, die eine Zahlungsanordnung nach Abs 3 Satz 2 gebieten, ist der Gläubiger; der Schuldner ist für Umstände darlegungspflichtig, die Anhalt für einen Wert bieten, daß der Gläubiger nicht innerhalb der ersten sieben Zehnteile steht (siehe § 30b Rdn 4.1). Ist nach dem Ermessen des Gerichts bereits unter Abwägung der Gläubiger- und Schuldnerinteressen die einstweilige Einstellung nach Abs 3 Satz 1 unter Zahlungsauflage anzuordnen oder erfordern es ganz besondere Umstände, von einer Zahlungsauflage nach Abs 3 Satz 2 abzusehen, erlangt keine Bedeutung mehr, ob die Gläubigerforderung in der $^7/_{10}$-Wertgrenze steht und deshalb eine Zahlungsauflage erfordert hätte; weil dann der Grundstückswert keine entscheidungserhebliche Bedeutung hat, ist auf ihn auch in den Gründen des Einstellungsbeschlusses nicht einzugehen.

6.4 Auch **Zahlungen auf Rückstände** wiederkehrender Leistungen (des Gläubigers, Rdn 6.2) zu bestimmten Terminen können dem Schuldner bei Einstellung aufgegeben werden (Abs 4). Rückstände sind nach dem Zweck der Vorschrift den während der Einstellung fällig werdenden wiederkehrenden Leistungen des Abs 3 gegenübergestellt; sie sind somit nicht von den Leistungen abzugrenzen, die im Verfahren nach § 13 laufende wiederkehrende Beträge sind. Rückstände sind hier die bis Verfahrensanordnung (Beschlagnahme) fällig gewordenen Beträge und die danach vor Einstellung fällig gewordenen Leistungen. Die Zahlungsauflage ist auch hier mit der Maßgabe anzuordnen, daß sie außer Kraft tritt, wenn der Schuldner eine Leistung nicht binnen zwei Wochen nach Eintritt der Fälligkeit bewirkt. Die Anordnung kann auch bestimmen, daß Zahlungen nur wegen eines Teils der rückständigen wiederkehrenden Leistungen zu bewirken sind. Auch wenn die Zwangsversteigerung von einem Grundpfandgläubiger innerhalb der ersten $^7/_{10}$ des Grundstückswerts betrieben wird, steht die Anordnung der Zahlung auf Rückstände im Ermessen des Gerichts, ist sie somit nicht (wie im Falle des Abs 3 Satz 2) notwendig anzuordnen.

6.5 Von **sonstigen** (anderen) **Auflagen** kann die einstweilige Einstellung schließlich mit der Maßgabe abhängig gemacht werden, daß sie bei Nichterfüllung außer Kraft tritt (Abs 5). Auch diese Auflage muß unter Abwägung der entgegenstehenden Interessen des Gläubigers und des Schuldners dem Schutzzweck Rechnung tragen, mit Einstellung die Versteigerung unter Wahrung der Gläubigerinteressen zu vermeiden. Bestimmt werden kann zB Zahlung auf das Kapital, dies aber nur in Ausnahmefällen[20], oder Zahlungen auf öffentliche Lasten oder auf nicht gesicherte Zinsen einer Sicherungshypothek[20] oder Zinszahlung an vorausgehende Hypothekengläubiger[20]. Alles soll den Zweck haben, daß der betreibende Gläubiger während der Einstellungszeit nicht durch das Anwachsen vorgehender Ansprüche in seiner Stellung verschlechtert werde. Dagegen kann das Gericht nicht Zahlungen auf die persönliche Forderung eines betreibenden Grundschuldgläubigers anordnen, weil das diesem einen ihm nicht zustehenden Vorteil verschaffen würde[21], ihn besser stellen würde als bei Durchführung der Versteigerung[21] (in der er keine Zahlung auf die persönliche Forderung erhält) (anders[22]: es seien in diesem Falle auch Zahlungsauflagen auf persönliche Forderungen möglich). Damit die Zahlungsauflage nicht in diesem Sinne ausgelegt wird und auf Grund einer bestehenden Vereinbarung (wie regelmäßig bei Banken vorhanden) auf die persönliche Schuld verrechnet wird, muß das Gericht genau sagen, worauf zu zahlen ist.

6.6 Außer Kraft tritt die einstweilige Einstellung nach Anordnung des Gerichts, wenn der Schuldner eine Leistung nicht in der Frist erbringt (Abs 3 Satz 1, Abs 4 und 5). Bedeutungslos bleibt, worauf die Nichterfüllung beruht, ob etwa der Schuldner nur durch Mietpfändung Dritter oder durch Anordnung der Zwangs-

---

[20] Jonas/Pohle, ZwVNotrecht, § 30a Anm 5d.
[21] Kolbenschlag DNotZ 1965, 73 (IV 2).
[22] Steiner/Storz § 30a Rdn 58.

verwaltung (für diesen oder für andere Gläubiger) nicht mehr in der Lage ist, die Auflage zu erfüllen. Bei Nichterfüllung der Auflage kann der von der Einstellung betroffene Gläubiger Fortsetzung verlangen; die Wirkung der Säumnis kann nicht durch nachträgliche Erfüllung der Auflagen rückgängig gemacht werden; es ist, falls Voraussetzungen erfüllt, nur noch erneute Einstellung möglich. Ob die Einstellung außer Kraft getreten ist, muß das Gericht auf den Fortsetzungsantrag hin entscheiden. Es sind Gläubiger und Schuldner anzuhören; mündliche Verhandlung ist möglich (§ 30b Abs 2 Satz 2). Lehnt das Gericht die Fortsetzung ab, gibt es sofortige Beschwerde für den betreibenden Gläubiger, setzt es vorzeitig fort, ebenso für den Schuldner (entsprechend § 30b Abs 3 Satz 1).

Verhältnis von § 30a zu anderen Einstellungen 7

7.1 Verhältnis zu § 30 = § 30 Rdn 6.2, zu § 30d = § 30d Rdn 9, zu ZPO § 765a = Einl Rdn 61. § 30a ist gegenüber anderen Antragsmöglichkeiten des Schuldners nicht subsidiär, er muß nicht erst andere Wege versucht haben.

7.2 In einem Einstellungsantrag aus § 30a kann unter Umständen, auch wenn das nicht ausdrücklich gesagt ist, ein Einstellungsantrag aus ZPO § 765a liegen (dazu Einl Rdn 57).

Verzicht des Schuldners auf Vollstreckungsschutz 8

Der Schuldner kann einen Vollstreckungsschutzantrag unterlassen oder wieder zurücknehmen. Daraus folgt aber nicht, daß auch ein Verzicht im voraus zulässig wäre[23]. Ein einseitiger oder auch ein vertraglicher Verzicht ist auf jeden Fall vor Empfang der Vollstreckungsschutzbelehrung unwirksam[24], ebenso vor Beginn der Vollstreckung[25] (anders[26]: Verzicht sei im voraus möglich; einschränkend[27]: Verzicht ist nach begonnener Vollstreckung möglich). Dazu auch Einl Rdn 57.3. Zustimmung des Schuldners zur Fortsetzung eines eingestellten Verfahrens ist nicht vorgesehen (anders § 30f Abs 1 Satz 1); der Schuldner kann daher nach Einstellung nicht mit Zustimmung zur Verfahrensfortsetzung auf weitergehenden Schutz bis zum Ablauf der Einstellungszeit verzichten. Er kann, wenn der Einstellungsbeschluß noch nicht rechtskräftig ist, jedoch seinen Einstellungsantrag zurücknehmen (§ 30b Rdn 4.7).

[Antrag, Belehrung, Entscheidung, Rechtsmittel]

30b (1) **Die einstweilige Einstellung ist binnen einer Notfrist von zwei Wochen zu beantragen. Die Frist beginnt mit der Zustellung der Verfügung, in welcher der Schuldner auf das Recht zur Stellung des Einstellungsantrages, den Fristbeginn und die Rechtsfolgen eines fruchtlosen Fristablaufs hingewiesen wird. Der Hinweis ist möglichst zugleich mit dem Beschluß, durch den die Zwangsversteigerung angeordnet wird, zuzustellen.**

(2) **Die Entscheidung über den Antrag auf einstweilige Einstellung des Verfahrens ergeht durch Beschluß. Vor der Entscheidung sind der**

---

[23] Jonas/Pohle, ZwVNotrecht, § 30b Anm 2d.
[24] Jonas/Pohle, ZwVNotrecht, § 30a Anm 7.
[25] OLG Hamm MDR 1960, 312 = NJW 1960, 104; LG Bonn ZMR 1955, 147 mit Anm Schreiber; LG Limburg NJW 1958, 597; LG Lübeck ZMR 1958, 210; Stein/Jonas/Münzberg, ZPO, § 704 Rdn 100 und § 765a Rdn 10; Jonas/Pohle, ZwVNotrecht, § 30a Anm 7 und ZPO § 765a Anm 9.
[26] LG Göttingen NdsRpfl 1958, 210 = ZMR 1958, 368 mit Anm Fischer; LG Mannheim Justiz 1961, 231 = MDR 1963, 226 Leitsatz; LG Münster MDR 1958, 922; LG Tübingen MDR 1954, 680; Schubath JR 1957, 51.
[27] Dassler/Muth § 30b Rdn 4; Steiner/Storz § 30a Rdn 34.

§ 30b　　　　　　　　　　　　　　　　　　　　　　Anordnung der Versteigerung

Schuldner und der betreibende Gläubiger zu hören; in geeigneten Fällen kann das Gericht mündliche Verhandlung anberaumen. Der Schuldner und der betreibende Gläubiger haben ihre Angaben auf Verlangen des Gerichts glaubhaft zu machen.

(3) Gegen die Entscheidung ist die sofortige Beschwerde zulässig; vor der Entscheidung ist der Gegner zu hören.

(4) **Der Versteigerungstermin soll erst nach Rechtskraft des die einstweilige Einstellung ablehnenden Beschlusses bekanntgegeben werden.**

Übersicht

Allgemeines zu § 30 b	1	Mehrere Grundstücke	7
Antragsbelehrung des Schuldners (Absatz 1 Sätze 2 und 3)	2	Muster für die Entscheidung	8
Einstellungsantrag des Schuldners (Absatz 1 Satz 1)	3	Rechtsbehelf im Einstellungsverfahren (Absatz 3)	9
Einstellungsverfahren (Absatz 2 Sätze 2 und 3)	4	Schuldnerantrag und -schutz nach bewilligter (anderer) Einstellung	10
Entscheidung (Absatz 2 Satz 1)	5	Versteigerungstermin (Absatz 4)	11
Mehrere Gläubiger und mehrere Verfahren eines Gläubigers	6	Wiederholung eines abgelehnten Antrags	12

Literatur: Schneider, Die Prüfungspflicht des Gerichts bei Einstellungsanträgen des Schuldners in der Grundstücksversteigerung, MDR 1983, 546; Stöber, Die Kostenentscheidung beim Vollstreckungsschutz nach §§ 30 a–d, 180 Abs 2 ZVG, Rpfleger 1956, 95.

1 Allgemeines zu § 30 b

1.1 Zweck der Vorschrift: Befristung des Antragsrechts des Schuldners zur Vermeidung von Verfahrensverzögerungen und Regelung des Einstellungsverfahrens.

1.2 Anwendungsbereich: § 30b gilt wie § 30a für die **Vollstreckungsversteigerung** (einschließlich der Wiederversteigerung nach § 133), zum Teil aber auch für die Teilungsversteigerung (§ 180 Rdn 12, 13), nicht für Verfahren nach §§ 172, 175. Wenn über das Vermögen des Schuldners ein Insolvenzverfahren eröffnet ist, gelten nur Abs 2–4 nach Maßgabe von § 30d Abs 3 entsprechend.

2 Antragsbelehrung des Schuldners (Absatz 1 Sätze 2 und 3)

2.1 Der Schuldner ist auf das Recht zur Stellung des Einstellungsantrages, den Fristbeginn und die Rechtsfolgen eines fruchtlosen Fristablaufs hinzuweisen (Abs 1 Satz 2). Erst mit Zustellung der hinweisenden Verfügung an den Schuldner beginnt die Notfrist von zwei Wochen, in welcher die Einstellung beantragt werden muß. Die hinweisende Verfügung ist von Amts wegen zuzustellen (§ 3 mit ZPO §§ 166–190). Sie soll „möglichst gleichzeitig mit dem Beschluß, durch den die Zwangsversteigerung angeordnet wird", zugestellt werden (Abs 1 Satz 3). Wenn ein Vollstreckungstitel eines Prozeßgerichts vorliegt und darin ein Prozeßbevollmächtigter des Schuldners benannt ist, muß die Zustellung an den Prozeßbevollmächtigten erfolgen, solange seine Vollmacht nicht erloschen ist[1] (ZPO § 172) (§ 3 Rdn 3 und § 27 Rdn 7.2). Die Belehrung ist mit jedem Beitrittsbeschluß neu zuzustellen (§ 27 Rdn 7.3); weil der Gläubiger voneinander unabhängig gegen den Schuldner vollstrecken, kann Antrag auf Einstellung nach § 30a in den Einzelverfahren eines Vollstreckungsgläubigers gestellt werden. Die Belehrung ist ebenso mit jedem Fortsetzungsbeschluß neu zuzustellen, falls dazu noch ein Einstellungsantrag (auch über § 30c) möglich ist. Nur wenn kein Antrag mehr möglich ist, erfolgt auch keine Belehrung mehr.

---

[1] LG Gießen Rpfleger 1981, 26.

Antrag, Belehrung, Entscheidung, Rechtsmittel 2.4 **§ 30b**

2.2 Die **Form der Belehrung** bestimmt das Gesetz nicht. Das ZVG spricht von Verfügung (§ 30 b), Hinweis (§ 31), Belehrung (§ 57 b) oder Aufforderung (§ 57 d) und knüpft an die Zustellung den Beginn einer Frist oder die Abwendung eines Rechtsnachteils. Als Verfügung muß der nach Abs 1 Satz 2 zuzustellende Hinweis dem Schuldner erkennbar machen, daß die Belehrung durch das Vollstreckungsgericht erfolgt und in welcher Vollstreckungssache sie vorgenommen wird, für welchen Anordnungs-, Beitritts- oder Fortsetzungsbeschluß sie somit die Notfrist in Gang setzt. Unterschrift und Stempel sind nicht nötig. Der Hinweis kann mit dem Anordnungs-, Beitritts- oder Fortsetzungsbeschluß verbunden (auf ihn gesetzt) sein (er ist dann mit ihm auszufertigen) oder auf ein gesondertes Blatt (Belehrungsformular) zu den Akten verfügt werden, das als Formblatt urschriftlich zugestellt, somit nicht mehr durch die Geschäftsstelle ausgefertigt wird. Die Praxis hält es mitunter für sicherer, die Belehrung auf Urschrift und Ausfertigung der Beschlagnahmebeschlüsse einzudrucken und sieht von der Verwendung eines eigenen Belehrungsformblatts ab. Dazu wird geltend gemacht, daß ein besonderes Blatt erfahrungsgemäß leicht verlorengeht oder übersehen wird. Solche Bedenken sind aber unbegründet. Besondere Zustellung des Hinweises würde Abs 1 Satz 3 nicht ausschließen (Sollvorschrift). Sie ist aber nicht sachdienlich; auch wegen der zusätzlichen Postgebühren für besondere Zustellung sollte die Belehrung immer zusammen mit dem Beschlagnahmebeschluß zugestellt werden (für unnütz entstehende Kosten müßte die Nichterhebung angeordnet werden). Zur Belehrung im ZVG-Handbuch Rdn 169.

2.3 Muster (dazu ZVG-Handbuch Rdn 164) für die Belehrung des Schuldners in der Vollstreckungsversteigerung bei Anordnungs- und Beitrittsbeschluß (bei der erneuten § 31 Rdn 8) etwa: „Der Schuldner kann zu diesem Beschluß die einstweilige Einstellung bis zu höchstens sechs Monaten beantragen, wenn die in ZVG § 30 a Abs 1 genannten Voraussetzungen erfüllt sind. Die Vorschrift ist nachstehend abgedruckt. Der Einstellungsantrag muß spätestens binnen einer Notfrist von zwei Wochen ab Zustellung dieser Belehrung bei dem Vollstreckungsgericht eingehen, weil sonst die Versteigerung durchgeführt werden muß. Der Antrag ist durch Angabe der Tatsachen, die eine Einstellung nach § 30 a rechtfertigen können, zu begründen. Eine Abschrift für den Gläubiger ist beizufügen. Wortlaut von § 30 a Abs 1: ..."

2.4 a) Wenn die **Belehrung unterblieben** ist (oder auch nicht ordnungsgemäß erfolgt ist oder nicht wirksam zugestellt wurde), die Antragsfrist somit nicht in Lauf gesetzt wurde, kann Einstellungsantrag auch noch im Laufe des Verfahrens bis zur Erteilung des Zuschlags (dann auch Entscheidung über den Antrag mit der Beschlußfassung über den Zuschlag, Rdn 5.5) gestellt werden. Die Terminsbestimmung ist dennoch wirksam (Rdn 11). Sobald der Mangel erkannt wird, ist die Belehrung nachzuholen. Wenn das Verfahren wegen mehrerer Ansprüche von verschiedenem Rang betrieben wird, ist Aufschiebung des Verkündungstermins für die Zuschlagsentscheidung (§ 87) dann aber nur geboten, wenn dem Schuldner die Antragsbelehrung nachträglich noch für den Beschlagnahmebeschluß (Fortsetzungsbeschluß) des bestbetreibenden Gläubigers zugestellt werden muß. Ein Grund für Versagung des Zuschlags liegt nicht vor, wenn keine Belehrung nach § 30 b erfolgt ist; unzulässig im Sinne von § 83 Nr 6 ist die Fortsetzung des Verfahrens nur bei begründetem Einstellungsantrag, nicht aber, wenn der Schuldner Vollstreckungsschutzantrag nicht gestellt hat. Wahrung der Schuldnerinteressen mit Berufung auf Notwendigkeit zeitweiliger Verfahrenseinstellung und Gründe für Schutz vor Zwangsverwertung des Grundstücks gewährleistet Anhörung nach Schluß der Versteigerung über den Zuschlag (§ 74). Antragsbelehrung nach § 30 b ist nicht Voraussetzung für Berufung auf Schuldnerschutz, sondern erfüllt die Aufgabe, das Antragsrecht des Schuldners zur Vermeidung von Verfahrensverzögerungen zu befristen (Rdn 1.1). Fehlende Antragsbelehrung des Schuldners ist daher auch nicht vom Beschwerdegericht als unheilbarer Zuschlagsversagungsgrund von

§ 30b 2.4 — Anordnung der Versteigerung

Amts wegen zu berücksichtigen (§ 83 Nr 6, § 84) (anders[2]; dem steht aber schon entgegen, daß ein Recht des Schuldners beeinträchtigt sein müßte, daß mithin nicht als Erfordernis des Versagungsgrundes von § 83 Nr 6 Ungewißheit über den Umfang der Beeinträchtigung bestehen kann, § 83 Rdn 2.1).

b) Belehrung des Schuldners in den Fällen, in denen nach Fortsetzung des Verfahrens (§ 31) ein Recht zur Stellung des Einstellungsantrags nicht mehr gegeben ist (Rdn 10) und fehlerhafte Belehrung des Schuldners nach Eröffnung des Insolvenzverfahrens begründet kein Recht zur Stellung eines (gesetzlich nicht vorgesehenen) Einstellungsantrags (so auch[2]).

3 Einstellungsantrag des Schuldners (Absatz 1 Satz 1)

3.1 Auf **Antrag** nur kommt das Einstellungsverfahren in Gang (§ 30a Abs 1 Satz 1, § 30b Abs 1 Satz 1), nicht von Amts wegen. Antragsberechtigt ist nur der Schuldner, also derjenige, gegen den sich auf Grund eines Leistungs- oder Duldungstitels (oder auf Grund eines Vollstreckungsantrags im Verwaltungszwangsverfahren) die Vollstreckung in das Grundstück sich richtet, bei Gesamtgut der Gütergemeinschaft jeder Ehegatte[3], nicht nur der Verwaltungsberechtigte (ZPO § 740; aA[4]). Von mehreren Schuldnern (zB Miterben) kann jeder selbständig den Antrag stellen[4]; solange der Antrag eines von ihnen nicht rechtskräftig entschieden ist, kann die Versteigerung nicht erfolgen (Abs 4). Wenn bei einem Schuldner die Einstellungsvoraussetzungen bejaht werden, bei den anderen aber nicht, unterbleibt bei Gesamthandseigentum die ganze Versteigerung; bei Bruchteilseigentum kann für einen Bruchteil eingestellt, in die anderen vollstreckt werden; bei Vollstreckung in mehrere Grundstücke verschiedener Eigentümer in demselben Verfahren (§ 18) kann die Versteigerung eines Grundstücks eingestellt, das Verfahren zur Versteigerung des anderen Grundstücks fortgesetzt werden.

3.2 Der **Antrag** muß als Rechtsbehelf die Vollstreckungssache, in der einstweilige Einstellung erfolgen soll, und das Einstellungsbegehren auf der Grundlage des § 30a erkennbar machen. Als Vollstreckungsschutzantrag ist jedes aus einer Erklärung des Schuldners ersichtliche Begehren auf Aufschub der Versteigerung anzusehen (§ 30a Rdn 2.2). Wenn nicht Einstellung ausdrücklich auf kürzere Zeit verlangt ist (dann ZPO § 308 Abs 1), ist mit dem Antrag Einstellung auf die Dauer von 6 Monaten begehrt. Der Antrag muß die Einstellungsgründe (die Tatsachen, die nach § 30a Einstellung rechtfertigen) darstellen (Rdn 4.1), aber (insbesondere rechtlich) nicht weiter begründet werden (Begründung ist stets aber zweckmäßig und ratsam).

3.3 Der Antrag ist **beim zuständigen Vollstreckungsgericht** (das den Beschlagnahmebeschluß erlassen hat) schriftlich oder zu Protokoll der Geschäftsstelle anzubringen. Erklärung mit elektronischem Dokument: ZPO § 130a. Wird der Antrag über ein anderes Gericht eingereicht, muß er in der Frist beim zuständigen eingehen. Beim Amtsgericht München wurde der Antrag einer auswärts wohnenden blinden und kranken Schuldnerin ohne Angehörige zwecks Fristwahrung sogar fernmündlich entgegengenommen, bevor dann jemand zu ihr kommen konnte, um für sie an das Gericht zu schreiben.

3.4 Der Einstellungsantrag kann nur binnen einer **Notfrist von zwei Wochen,** beginnend mit der Zustellung der Belehrung, gestellt werden (Abs 1 Satz 1 und 2). Diese Notfrist kann durch Vereinbarung der Beteiligten nicht verkürzt werden (ZPO § 224 Abs 1); auch ihre Verlängerung ist nicht zulässig[5]. Auch vom Gericht darf die Notfrist weder abgekürzt noch verlängert werden, weil es das Gesetz nicht

---

[2] Schiffhauer Rpfleger 1983, 256 (Anmerkung).
[3] LG Zweibrücken Rpfleger 1995, 223.
[4] Jonas/Pohle, ZwNotrecht, § 30b Anm 2b.
[5] Jonas/Pohle, ZwNotrecht, § 30b Anm 2c.

Antrag, Belehrung, Entscheidung, Rechtsmittel 4.1 **§ 30b**

ausdrücklich gestattet (ZPO § 224 Abs 2). Die Frist wird nicht gewahrt, wenn der Antrag bis zum Fristende nur bei einem unzuständigen Gericht eingeht (unzuständig auch das früher zuständig gewesene nach Übertragung seiner Befugnisse auf das gemeinsame Gericht nach § 1 Abs 2). Ein verspäteter Antrag ist als unzulässig zurückzuweisen. Verfrüht, vor Zustellung der Belehrung, kann Antrag dagegen gestellt werden, nicht jedoch vor Verfahrensanordnung oder Beitrittszulassung. Wie bei jeder Notfrist ist Wiedereinsetzung möglich (Einl Rdn 32). Dabei kann sich aber bei zugestellter ordnungsgemäßer Belehrung der Schuldner nicht auf Rechtsunkenntnis berufen (hieraus keine Wiedereinsetzung; anders[5]). Trotz Wiedereinsetzungsantrags kann der Zuschlag nicht mit der Begründung angefochten werden, die Voraussetzungen für die Wiedereinsetzung seien gegeben[6]. Bei der Wiedereinsetzungsentscheidung ist die Anhörung des Gegners nicht durch die ZPO vorgeschrieben, die Pflicht dazu ergibt sich aber unmittelbar aus GrundG Art 103 Abs 1[7].

3.5 Begründet werden (Rdn 3.2) kann der Antrag auch erst nach Ablauf der Notfrist von zwei Wochen. Frist setzt Abs 1 nur für die Antragstellung, nicht aber auch für das Vorbringen der Tatsachen, auf die der Antrag gestützt wird. Die Begründung kann daher nachgebracht werden. Es kann auch nach Ablauf der Notfrist der Antrag auf neue Tatsachen gestützt, die Begründung somit ergänzt werden.

3.6 Wurde der Anordnungs- oder Beitrittsbeschluß, dem die Belehrung beigefügt war, **später berichtigt,** so läuft die Antragsfrist doch schon ab Zustellung der Belehrung, nicht neu ab Zustellung der Berichtigung. Wurde die Belehrung berichtigt, so kann die Notfrist erst ab Zustellung der berichtigten Belehrung laufen.

3.7 Ein Einstellungsantrag kann **spätestens** bis zur Zuschlagsverkündung gestellt werden, falls die Frist von zwei Wochen nicht ohnehin schon vorher abgelaufen ist (zB bei Zustellung eines Beitrittsbeschlusses erst kurz vor oder in dem Versteigerungstermin). Mit dem Zuschlag erwirbt der Ersteher Rechte, die ihm nur im Rechtsmittelverfahren und nur bei Verstoß gegen einen Versagungsgrund (§ 100) wieder entzogen werden können. Das könnte nur der Fall sein, wenn bereits bei der Erteilung des Zuschlags ein Hinderungsgrund der Fortsetzung des Verfahrens entgegengestanden hätte (§ 83 Nr 5). Danach kann daher ein die Fortsetzung des Verfahrens hindernder Einstellungsgrund nicht mehr neu geltend gemacht werden.

3.8 Ein Einstellungsantrag ist kein „Rechtsmittel" im Sinne von BGB § 839 Abs 3[8].

Einstellungsverfahren (Absatz 2 Sätze 2 und 3) 4

4.1 a) Für das Einstellungsverfahren gelten die allgemeinen **Grundsätze des ZPO-Verfahrens.** Das folgt aus ZPO § 869. Das Verfahren ist daher vom Beibringungsgrundsatz beherrscht mit **Darlegungs- und Beweislast** der Parteien (so auch[9]). Der Schuldner als Antragsteller hat die seinen Einstellungsantrag nach § 30a Abs 1 rechtfertigenden und die gegen eine Zahlungsanordnung oder Auflage nach § 30a Abs 3–5 sprechenden Tatsachen vorzutragen, dem Gläubiger obliegt der Sachvortrag für die einer Einstellung nach § 30a Abs 2 entgegenstehenden Tatsachen und für die Tatsachen, die nach § 30a Abs 3–5 eine Zahlungsanordnung oder Auflage gebieten können. Das Vollstreckungsgericht hat somit nicht die der Entscheidung zugrunde zu legenden Tatsachen von Amts wegen zu ermitteln (so auch[10]). Es hat nach ZPO § 139 im Wege der Verfahrensleitung dahin zu wirken, daß sich Schuldner und Gläubiger über alle erheblichen Tatsachen

---

[6] Böhle-Stamschräder NJW 1953, 1494 (III 3 b).
[7] BVerfG 8, 253 = JZ 1959, 59 mit Anm Baur = MDR 1959, 21 = NJW 1958, 2011 = Rpfleger 1959, 122.
[8] BGH KTS 1994, 608 = NJW 1994, 1403 Leitsatz = NVwZ 1994, 409.
[9] Jonas/Pohle, ZwNotrecht, § 30b Anm 4 d.
[10] Dassler/Muth § 30b Rdn 5.

§ 30b 4.1   Anordnung der Versteigerung

vollständig erklären und sachdienliche Anträge stellen (dazu Einl Rdn 24), nicht aber unter Verletzung des Beibringungsgrundsatzes von Amts wegen zu ermitteln. Der Tatsachenvortrag von Schuldner und Gläubiger ist Entscheidungsgrundlage, wenn er nicht bestritten (ZPO § 138 Abs 3), zugestanden (ZPO § 288) oder bei Gericht offenkundig ist (ZPO § 291). Sonst sind Angaben **auf Verlangen** des Gerichts **glaubhaft zu machen** (Abs 2 Satz 3). Glaubhaft zu machen sind (wenn es das Gericht verlangt) Einstellungsvoraussetzungen vom Schuldner und Gegenvoraussetzungen vom betreibenden Gläubiger. Möglich ist Glaubhaftmachung durch eidesstattliche Versicherung und alle sonstigen Beweismittel (ZPO § 294 Abs 1), auch durch anwaltliche Versicherung[11]. Wurde der Antrag (wegen verspäteter Zustellung des Beitrittsbeschlusses) erst im Versteigerungstermin oder kurz zuvor gestellt (Frist muß noch laufen), so ist sofort glaubhaft zu machen[12] (ZPO § 294 Abs 2). Verlangt das Gericht Glaubhaftmachung von Tatsachen nicht, dann hat es die tatsächlichen Behauptungen ohne Beweiserhebung nach freier Überzeugung zu würdigen (ZPO § 286)[13]. Daß damit abweichend von den Verfahrensregeln der ZPO Angaben nur auf Verlangen des Gerichts glaubhaft zu machen sind, trägt der Besonderheit des Einstellungsverfahrens und der Verfahrensbeschleunigung Rechnung; dieser kommt Vorrang vor umfassender Beweisführung über vorgetragene Tatsachen zu[13], weil nur eine in ihren Auswirkungen nicht so umfassende Zwischenentscheidung über den Fortgang des Verfahrens zu treffen ist und dafür nach dem Sach- und Verfahrensstand vielfach auch ohne weitere Nachweise beurteilt werden kann, ob entscheidungserhebliche tatsächliche Angaben für wahr zu erachten sind.

b) Die früher vereinzelt noch dargestellte Ansicht, das Einstellungsverfahren werde von der Offizialmaxime (Amtsgrundsatz) beherrscht[14], das Gericht müsse daher, sobald der Antrag gestellt ist, von Amts wegen ermitteln, ob die Einstellungsvoraussetzungen gegeben sind, sowie wenn eine Begründung fehlt, müsse das Gericht versuchen aufzuklären, ob die Einstellungsvoraussetzungen vorliegen, hat gegen allgemeine **prozessuale Grundsätze des Antragsverfahrens** verstoßen. Sie wird nicht mehr vertreten[15].

4.2 Gläubiger und Schuldner sind vor der Entscheidung **zu hören**: Abs 2 Satz 2; Verfahrensgrundsatz des rechtlichen Gehörs, GrundG Art 103 Abs 1 (dazu Einl Rdn 46). Verletzt ist der Anspruch auf **rechtliches Gehör**, wenn das Gericht dem Gläubiger oder dem Schuldner keine Gelegenheit gibt, zu wesentlichen Behauptungen Stellung zu nehmen. Ob zu Gegenäußerungen nochmals anzuhören ist, hängt davon ab, ob in ihnen neue erhebliche Tatsachen oder Beweismittel vorgebracht sind. Ob die Angehörten die gebotene Gelegenheit zur Äußerung ausnützen, ist ihre Sache. Entbehrlich ist die Anhörung des Gläubigers, wenn ein (eindeutig) verspäteter Antrag als unzulässig zurückgewiesen werden muß. Dann kann aber zunächst Aufklärung des Schuldners geboten sein, weil der Schuldner, der die Verspätung vielleicht nicht kennt, Wiedereinsetzungsgründe haben könnte oder weil etwa Gründe für die Anwendung von ZPO § 765 a vorliegen können. Man wird aber auch verspätete Anträge immer dem Gläubiger zuleiten, da er vielleicht nach § 30 seinerseits einstellen lassen will. Hierzu im ZVG-Handbuch Rdn 173. Ob mit der Terminsbestimmung zugewartet werden soll, wenn der Antrag des Schuldners verspätet oder sonst unzulässig ist, entscheidet das Gericht nach Ermessen.

4.3 Den Schuldner muß das Gericht nach einer vorausgehenden (klaren) Belehrung über die Einstellungsvoraussetzungen (Rdn 2) zur Ergänzung oder Vervoll-

---

[11] Zöller/Greger, ZPO, § 294 Rdn 5.
[12] OLG Koblenz NJW 1955, 148 und 427 Leitsatz mit Anm Jansen.
[13] LG Berlin Rpfleger 1987, 514.
[14] Steiner/Storz § 30 a Rdn 28 und § 30 b Rdn 16.
[15] Storz, Praxis des Zwangsversteigerungsverfahrens (9. Aufl 2004), Rdn B 3.1.1.

Antrag, Belehrung, Entscheidung, Rechtsmittel 4.7 **§ 30b**

ständigung seines Sachvortrags zu den einzelnen Einstellungsvoraussetzungen nur nochmals anregen, wenn es dazu besonderen Anlaß erkennt, etwa weil der Schuldner die deutsche Sprache nicht genügend beherrscht oder durch Alter oder Krankheit das Geschehen nicht erfaßt. Bei ungenügendem schriftlichem Vortrag empfiehlt sich, den Schuldner auf die Geschäftsstelle zu bitten, um seine Erklärungen zu Protokoll zu nehmen. Keinesfalls darf ein weniger gewandter Schuldner benachteiligt werden.

4.4 Mündliche Verhandlung ist nicht vorgeschrieben (ZPO § 128 Abs 4 und § 764 Abs 3 mit § 869) aber möglich (Abs 2 Satz 2). Ob mündliche Verhandlung anberaumt oder ob schriftlich entschieden wird, bestimmt das Gericht nach pflichtgemäßem Ermessen. „In geeigneten Fällen" ist mündliche Verhandlung ratsam; vielfach ist sie sachfördernd. Sie dient der Erörterung des Sach- und Streitstandes (empfiehlt sich somit bei unklarem oder unvollständigem Vorbringen des Schuldners oder Gläubigers), aber auch der Förderung und Beschleunigung des Verfahrens über den Einstellungsantrag; sie soll auch eine **gütliche Einigung** der Parteien darüber ermöglichen, ob und wie die Versteigerung vermieden werden kann (ZPO § 278 entsprechend). Sie hat den Vorteil, daß für die Vollstreckungsversteigerung die Einstellungsvoraussetzungen, insbesondere die wirtschaftlichen Verhältnisse, leichter zu klären sind und Gläubiger eher zu Entgegenkommen bereit sind, während sie in der Teilungsversteigerung häufig eine Einigung über die Auseinandersetzung, über Bedingungen und Abfindungsbeträge ermöglichen wird (zur mündlichen Verhandlung[16]). Erfahrungsgemäß endet eine mündliche Verhandlung über einen Einstellungsantrag nicht selten mit einer Vereinbarung über Ratenzahlungen und mit Bewilligung der Einstellung des Verfahrens[17].

4.5 Zu einer mündlichen Verhandlung kann das **persönliche Erscheinen** angeordnet werden (ZPO § 141). In der Verhandlung kann auch ein Vergleich geschlossen werden (Einl Rdn 49). Es ist ein **Protokoll** aufzunehmen, wozu (ausnahmsweise bei wichtigem Grund) ein Urkundsbeamter zugezogen werden kann (ZPO § 159 Abs 1). Im Rahmen eines (protokollierten) **Vergleichs** (nicht im Schriftsatzvergleich, ZPO § 278 Abs 6), etwa bei der Teilungsversteigerung, kann auch eine Auflassung erklärt werden; doch sollte man wegen der hierbei zu beobachtenden Vorschriften (nach Abgabenordnung, Baugesetzbuch usw) die Beteiligten nur zu einem Vorvertrag veranlassen und alles andere dem Notar überlassen, um eine Haftungsgefahr zu vermeiden. Das empfiehlt sich als sachdienlich trotz des kritischen Hinweises von[18]. Die mündliche Verhandlung ist nichtöffentlich, nur unter Teilnahme von Schuldner und betroffenem Gläubiger. Der Rechtspfleger hat alle Möglichkeiten der Sitzungsleitung (wie im Versteigerungstermin, § 66 Rdn 3).

4.6 Eine **einstweilige Anordnung** ist an sich bei allen Einstellungsanträgen entsprechend ZPO §§ 707, 719 (oder § 766 Abs 1 Satz 2, § 732 Abs 2[19]) möglich. Es fehlt aber hier das Bedürfnis dafür, weil ja das Gericht während der Prüfung ohnehin das Verfahren nicht fortführt. Eine Terminsabsetzung auf diesem Wege entfällt, weil ja der Versteigerungstermin erst nach rechtskräftiger Ablehnung der Einstellung bekanntgegeben (besser: angesetzt) werden soll (Abs 4) und weil die für einen anderen betreibenden Gläubiger erfolgende Terminsansetzung auf ein Einstellungsverfahren keinen Einfluß hat.

4.7 Zurücknehmen kann der Schuldner seinen Einstellungsantrag bis zur Rechtskraft der Entscheidung, auch noch im Rechtsmittelverfahren. Die Zurücknahme ist dem Vollstreckungsgericht gegenüber schriftlich oder zu Protokoll der Geschäftsstelle zu erklären. Sie wird mit Eingang wirksam. Ein bereits ergangener,

---

[16] Böhle-Stamschräder NJW 1953, 1494 (III 3 b).
[17] Schiffhauer ZIP 1981, 832 (836; VIII 4).
[18] Hornung Rpfleger 1979, 278 (279); Besprechung der 10. Aufl dieses Buches.
[19] Stöber Rpfleger 1967, 16 (Anmerkung).

noch nicht rechtskräftiger Einstellungsbeschluß wird damit wirkungslos, ohne daß es seiner ausdrücklichen Aufhebung bedarf.

5 Entscheidung (Absatz 2 Satz 1)

5.1 Die Entscheidung über den Antrag auf einstweilige Einstellung des Verfahrens ergeht durch **Beschluß** (Abs 2 Satz 1; entspricht ZPO § 764 Abs 3). Er ist zu **begründen** (Einl Rdn 28). Der Beschluß hat, wenn der Einstellungsantrag zulässig und begründet ist, die einstweilige Einstellung unter Bezeichnung der Dauer (§ 30a Rdn 4.2) anzuordnen und etwaige Zahlungsanordnungen oder andere Auflagen (§ 30a Abs 3–5) festzulegen. Zurückgewiesen wird der Einstellungsantrag des Schuldners, wenn er nicht zulässig (zB erst nach Ablauf der Notfrist gestellt) oder nicht begründet ist. Wenn bei Einstellung davon abgesehen wird, Zahlungsanordnungen oder Auflagen festzusetzen (§ 30a Abs 3–5), die der Gläubiger verlangt hat, erfolgt gesonderte Zurückweisung des Gläubigerantrags in der Entscheidungsformel nicht (dem Antrag des Schuldners wird mit Einstellung entsprochen), sondern nur Stellungnahme in den Entscheidungsgründen.

5.2 Eine **Kostenentscheidung** ist nicht zu treffen (Einf Rdn 39.2).

5.3 **Zugestellt** werden muß der Einstellungsbeschluß an den Vollstreckungsschuldner und den Gläubiger (§ 32). Zustellung oder Mitteilung an andere Beteiligte nicht vorgesehen und hat daher zu unterbleiben, um nicht irrezuführen (anders[20]: will den gegenüber einem Beitrittsgläubiger ergangenen Einstellungsbeschluß an den Anordnungsgläubiger zustellen; verwirrt nur). Der einen Einstellungsantrag ablehnende Beschluß ist dem Vollstreckungsschuldner zuzustellen, dem Gläubiger nur mitzuteilen (ZPO § 329 Abs 2). Zustellung erfolgt von Amts wegen (§ 3); Zustellung an den Prozeßbevollmächtigten: ZPO § 172. Auch wenn nach (freigestellter) mündlicher Verhandlung entschieden wird, ist der Beschluß zuzustellen (kein Fall des ZPO § 329 Abs 1; siehe ZVG § 32).

5.4 Die **Wirkung der Einstellung** beschränkt sich auf das Einzelverfahren des Gläubigers, in dessen Vollstreckungssache Antrag auf Einstellung gestellt war (Rdn 3) und in dessen Versteigerungsverfahren Einstellung durch Beschluß angeordnet ist; sie erstreckt sich nicht auf andere betreibende Gläubiger (Rdn 6). Der Gläubiger, dessen Verfahren eingestellt ist, kann ungehindert von dieser Versteigerungseinstellung in sonstiges Vermögen des Schuldners vollstrecken oder ein Insolvenzverfahren beantragen, ja auch die Zwangsversteigerung in ein anderes Grundstück des Schuldners oder aus anderen Ansprüchen in dasselbe Grundstück betreiben. Das Vollstreckungsgericht kann auch bei Änderung der Sachlage den Einstellungsbeschluß nicht aufheben oder ändern (keine ZPO § 765a Abs 4 vergleichbare Regelung; Fortsetzungsantrag kann nach § 31 Abs 2 Buchst b erst nach Ablauf der Einstellungszeit gestellt werden).

5.5 a) Nach Schluß der Versteigerung kann, wenn ein Gebot abgegeben ist, nur noch durch **Versagung des Zuschlags** eingestellt werden (§ 33 Rdn 2). Mit Rechtskraft wirkt der Versagungsbeschluß wie eine einstweilige Einstellung (§ 86), da Verfahrensfortsetzung für den Gläubiger noch möglich ist. Auf keinen Fall darf hier ausdrücklich eingestellt werden, weil sonst alle noch gültigen Gebote erlöschen würden (§ 72 Abs 3; dazu § 33 Rdn 2). Wenn in der Zuschlagsentscheidung über einen Einstellungsantrag zu entscheiden ist (für §§ 30a, 30c selten, weil die Antragsfristen regelmäßig schon abgelaufen sind), dann ist im Zuschlagsbeschluß an sich kein besonderer Ausspruch darüber nötig, daß die Einstellung abgelehnt werde, weil die Zuschlagserteilung die stärkste Form der Ablehnung ist[21]. Bei den Beteiligten könnte aber der Eindruck entstehen, es sei der Antrag übersehen worden; daher ist zu empfehlen, darüber etwas zu sagen.

---

[20] Drischler Rpfleger 1956, 91.
[21] Jansen NJW 1955, 427 (Anmerkung).

b) Muster etwa (ZVG-Handbuch Rdn 333): „Dem Meistbietenden ... wird auf sein im Versteigerungstermin vom ... abgegebenes Meistgebot von ... der Zuschlag versagt. Dieser Beschluß hat mit Eintritt seiner Rechtskraft die Wirkung einer einstweiligen Einstellung des Verfahrens aus dem Anordnungs-/Beitritts-Beschluß vom ... (Gläubiger ...) und vom ... (Gläubiger ...) (bei § 30 ohne Fristangabe, bei § 30a oder ZPO § 765a: „bis einschließlich ..." oder: „bis zum Ablauf von sechs Monaten ab dem Tag der Rechtskraft dieses Beschlusses").
Wenn eine Entscheidung nach ZPO § 765a mit verbunden ist, wäre etwa noch anzufügen: „Hinsichtlich des hiermit auch entschiedenen Einstellungsantrags aus ZPO § 765a gegenüber dem Anordnungs-/Beitritts-Gläubiger ... aus dem Beschluß vom ... hat der Schuldner die Kosten zu tragen; Gegenstandswert für die Anwaltskosten hierbei ... Euro".
Bei Zuschlagserteilung wird man etwa sagen: „Durch diese Zuschlagserteilung wird der Einstellungsantrag des Schuldners vom ... aus ZPO § 765a gegenüber ... zurückgewiesen; insoweit trägt der Schuldner die Kosten; Gegenstandswert für die Anwaltskosten hierbei ... Euro".
Anzuschließen ist die Belehrung (je nachdem für §§ 30, 30c), etwa: „Die Belehrung des unter ... genannten Gläubigers ... über die Fortsetzung wird nach Rechtskraft dieses Beschlusses erfolgen" oder: „Für den Gläubiger ... wird das Verfahren nur auf Antrag fortgesetzt; dieser Antrag ...".
Das gilt nur für Gläubiger, deren Ansprüche der Berechnung des geringsten Gebotes zugrunde gelegt waren. Für Nachrangige (§ 33 Rdn 2) wird man im Zuschlagsversagungsbeschluß etwa sagen: „Das Verfahren des im Versteigerungstermin vom ... nicht bestrangig (nicht rechtzeitig) betreibenden Gläubigers ... aus dem ... Beschluß vom ... wird bis ... einschließlich eingestellt. Dieses Verfahren wird nur auf Antrag fortgesetzt; der Antrag ...".

Mehrere Gläubiger und mehrere Verfahren eines Gläubigers 6

Als **Verfahren zur Einzelvollstreckung** der Gläubigerforderung in das Schuldnervermögen ist **jedes** auf Gläubigerantrag nach Anordnung (§ 15) oder Zulassung des Beitritts (§ 27) von Amts wegen durchzuführende Vollstreckungsverfahren **selbständig**. Durch gemeinsamen Anordnungsbeschluß auf Antrag mehrerer Gläubiger (§ 15 Rdn 4.13) oder nach Anordnung der Zwangsversteigerung mit Zulassung des Beitritts zu der bereits anhängigen Versteigerung wird lediglich deshalb entschieden, weil Verfahrensgegenstand nur ein Grundstück als Schuldnervermögen ist und dessen Versteigerung auch auf mehrfache Gläubigervollstreckung nur in einem gemeinsamen Verfahren durchgeführt werden kann (siehe zB § 27 Rdn 1.1). Für den Fortgang seiner Einzelvollstreckung bleibt daher aber jeder von mehreren Gläubigern des „gemeinsamen" Verfahrens selbständig; es gibt keine Einheit des Vollstreckungsverfahrens. Ebenso bleibt für einen Gläubiger, der das Verfahren aus mehreren Beschlagnahmebeschlüssen betreibt (Anordnungs- und Beitrittsbeschluß oder mehrere Beitrittsbeschlüsse) jedes durch einen Beschlagnahmebeschluß eingeleitete Einzelverfahren selbständig. Daher hindern auch Einstellung (zu § 30 dort Rdn 2.14) und Aufhebung (§ 29 Rdn 2.9) eines Einzelverfahrens den Fortgang der Verfahren anderer Gläubiger oder anderer Verfahren des gleichen Gläubigers nicht. Ebenso bringt auch eine Einstellung im Wege des Vollstreckungsschutzes nur das einzelne Vollstreckungsverfahren des Gläubigers zum Stillstand, in dem auf Antrag Schutz nach § 30a (oder § 30c; Entsprechendes gilt im Falle des § 180 Abs 2) gewährt, die Einstellung somit angeordnet ist; davon wird der Fortgang der auf Antrag anderer Gläubiger oder des gleichen Gläubigers auf Grund anderer Beschlagnahmebeschlüsse betriebenen Verfahrens nicht berührt. **Vollstreckungsschutz** nach § 30a (§ 30c) muß der Schuldner daher gesondert in **jeder** mit Anordnungs- oder Beitrittsbeschluß auf Gläubigerantrag angeordneten **selbständigen** Vollstreckungssache **beantragen,** deren Einstellung erfolgen soll. Gegenüber jedem Beschlagnahmegläubiger beginnt die Antragsfrist von zwei Wochen (Abs 1) mit dem Hinweis an den Schuldner auf das Recht zur Stellung des Einstellungsantrags in der auf Antrag des (jeweiligen) Gläubigers eingeleiteten (Einzel)Vollstreckungssache (Rdn 2.1). Jede mit Beschlagnahmebeschluß (Beitrittsbeschluß) auf Gläubigerantrag eingeleitete Einzelvollstreckung ist Verfahren, das nach § 30a auf Schuldnerantrag einzustellen ist, wenn die sachlichen Voraussetzungen des Schuldnerschutzes erfüllt sind. Entschieden wird über jeden Antrag auf einstweilige Einstellung eines Gläubigerverfahrens selbständig durch Beschluß. Die Einstellungs**voraussetzungen** des § 30a sind für jeden Einstellungsantrag gegenüber einem durch Beschlagnahmebeschluß (Anordnungs- oder Beitrittsbeschluß) eingeleiteten Vollstreckungsverfahren somit **gesondert zu prüfen.** Das kann zur Folge haben, daß ein Vollstreckungsverfahren auf Schuldnerantrag einzustellen, der gegenüber einem anderen Vollstreckungsgläubiger gestellte Einstellungsantrag (zB aus den nur für diesen Gläubiger bestehenden Versagungsgründen des § 30a Abs 2) jedoch abzulehnen ist. Die Entscheidung über Einstellungsanträge zu mehreren Beschlagnahmebeschlüssen können nach pflichtgemäßem Ermessen des Vollstreckungsgerichts äußerlich zu einem gemeinsam abgefaßten Beschluß verbunden oder in Einzelbeschlüssen getroffen werden.

7 Mehrere Grundstücke

7.1 Verbindung von Verfahren zur Zwangsversteigerung mehrerer Grundstücke (§ 18) **nach Beschlagnahme** berührt den Lauf der in den bisherigen Einzelverfahren bereits in Gang gesetzten einzelnen Notfristen nicht. Die Einstellungsfristen laufen für jedes der Grundstücke gesondert nach dem Fristbeginn vor Verfahrensverbindung. Die Verbindung der Verfahren begründet auch kein neues Antragsrecht, wenn eine Antragsfrist (oder beide) bereits vor Verfahrensverbindung fruchtlos abgelaufen ist. Ist für eines der Verfahren vor der Verbindung die Einstellung abgelehnt oder angeordnet, so bezieht sich das nicht auf das andere Verfahren.

7.2 Auch wenn die Zwangsvollstreckung mehrerer Grundstücke in demselben Verfahren erfolgt (§ 18), kann der Schuldner die einstweilige **Einstellung** nur hinsichtlich **eines der Grundstücke beantragen.** Beantragt er die Einstellung des Verfahrens zur Zwangsversteigerung der mehreren Grundstücke insgesamt, dann müssen für alle Grundstücke die sachlichen Einstellungsvoraussetzungen des § 30a geprüft werden. Sind sie hinsichtlich eines der Grundstücke gegeben, hinsichtlich des (oder eines von mehreren) anderen Grundstücks jedoch nicht erfüllt, dann ist nur das Verfahren zur Zwangsversteigerung dieses einen Grundstücks einzustellen; der weitergehende Einstellungsantrag ist zurückzuweisen. Beispiele: Nur die Versteigerung eines der Grundstücke würde zu einem späteren Zeitpunkt einen wesentlich geringeren Erlös bringen (§ 30a Abs 2); der Billigkeit entspricht in einem Verfahren über mehrere Grundstücke verschiedener Eigentümer die Einstellung nur nach den Verhältnissen eines Schuldners (§ 30a Abs 1).

8 Muster für die Entscheidung

8.1 Einstellung ohne Auflagen: „1. Beschluß: Das Zwangsversteigerungsverfahren aus dem Anordnungs-/Beitritts-Beschluß vom ... (Gläubiger ...) wird auf den Antrag des Schuldners bis einschließlich ... eingestellt. 2. Belehrung des Gläubigers: Das Verfahren wird nur auf Antrag des Gläubigers fortgesetzt. Der Antrag kann erst nach dem im Beschluß genannten Einstellungsende gestellt werden und muß spätestens am ... (genau ausgerechnet für den letzten Tag des sechsten Monats, unter Berücksichtigung von Samstagen, Sonntagen, Feiertagen) bei dem Vollstreckungsgericht eingehen, weil sonst das Verfahren aufgehoben werden muß. Gründe: ..."

8.2 Einstellung mit Auflagen: „1. Beschluß: Das Zwangsversteigerungsverfahren ... (weiter wie in Abs 1) bis einschließlich ... unter folgenden Auflagen eingestellt: Der Schuldner hat ab ... jeweils zum ... eines Monats Raten von monatlich ... Euro auf die Rückstände gemäß dem genannten Beschlagnahmebeschluß zu zahlen. Bei ganzer oder teilweiser Nichteinhaltung dieser Auflage tritt die einstweilige Einstellung vorzeitig außer Kraft. 2. Belehrung des Gläubigers: Das genannte Verfahren ... (weiter wie Rdn 8.1). Der Antrag kann erst nach dem im Beschluß genannten Einstellungsende oder nach dem vorzeitigen Außerkrafttreten der Einstellung gestellt werden und muß spätestens am ... (weiter wie Rdn 8.1). Gründe ..."

8.3 Einstellung der Teilungsversteigerung aus § 180 Abs 2: „1. Beschluß: Das zur Aufhebung der Gemeinschaft betriebene Zwangsversteigerungsverfahren aus dem Anordnungs-/Beitritts-Beschluß vom ... (Antragsteller ...) wird auf den Antrag des Antragstellers bis einschließlich ... eingestellt. 2. Belehrung des Antragsgegners: Das Verfahren wird nur auf den Antrag des Antragstellers fortgesetzt. Der Antrag kann erst nach dem im Beschluß genannten Einstellungsende gestellt werden und muß spätestens am ... (genau ausgerechnet, wie Rdn 8.1) bei dem Vollstreckungsgericht eingehen, weil sonst das Verfahren aufgehoben werden muß. Gründe: ..."

8.4 Ablehnung eines Einstellungsantrags aus § 30 a oder § 180: „Beschluß: Der Antrag des Schuldners (Antragsgegners) ... vom ..., das Zwangsversteigerungsverfahren (das zur Aufhebung der Gemeinschaft betriebene Zwangsversteigerungsverfahren) aus dem Anordnungs-/Beitritts-Beschluß vom ... (Gläubiger/Antragsteller ...) einstweilen einzustellen, wird zurückgewiesen. Gründe: ..."

8.5 Fristen und Belehrungen sind eindeutig zu fassen (§ 30 a Rdn 4). Wer es für zweckmäßig hält, kann einfügen: „... unter Aufrechterhaltung der Beschlagnahme eingestellt ...". Es kann auch in den Gründen erwähnt werden, daß die Verfahren der weiteren Gläubiger von der Einstellung nicht berührt werden. Es ist nicht zweckmäßig, auch noch eine Belehrung über den möglichen Rechtsbehelf anzufügen; durch eine nicht vorgeschriebene zusätzliche Belehrung übernimmt das Gericht die Verpflichtung, in allen Fällen zu belehren. Muster auch im ZVG-Handbuch Rdn 166 (Ablehnung des Einstellungsantrags aus § 30 a), Rdn 167 (Einstellung aus § 30 a), Rdn 168 (Einstellung aus § 30 a mit Auflagen), Rdn 717 (Einstellung aus § 180).

Rechtsbehelf im Einstellungsverfahren (Absatz 3)

9

9.1 Beanstandung des Gläubigers oder Schuldners, daß eine (erforderliche) Belehrung unterblieben, fehlerhaft vorgenommen oder nicht wirksam zugestellt sei, hat mit Einwendungen nach ZPO § 766 zu erfolgen; Beschwerde ist dann ausgeschlossen (§ 95).

9.2 Gegen die **Einstellungsentscheidung** gibt es sofortige Beschwerde (Abs 3). Die **Rechtsmittelfrist** beginnt, auch bei verkündetem Einstellungsbeschluß, immer erst mit der Zustellung (ZPO § 569 Abs 1 Satz 2), die für Einstellungsentscheidungen vorgeschrieben ist (§ 32); sie beginnt bei verkündetem Einstellungsbeschluß (selten) spätestens mit dem Ablauf von fünf Monaten nach der Verkündung. Eine Ausnahme macht der Zuschlagsversagungsbeschluß gemäß §§ 33, 87 Abs 1, für den die Frist mit der Verkündung beginnt (§ 98). Die Frist läuft für jeden von der Entscheidung Betroffenen gesondert, mit der Zustellung an ihn. Anfechtungsberechtigt ist der Schuldner bei Ablehnung oder bei Einstellung mit Auflagen, der betroffene Gläubiger bei Einstellung oder unterlassenen oder geringeren Auflagen als gewünscht[22]. Der Rechtsmittelgegner ist vor der Entscheidung zu hören (Abs 3 Satz 1); dies ist nicht nötig, wenn schon auf Grund des eigenen Vorbringens dem Rechtsmittel nicht stattgegeben werden kann, zB bei Unzulässigkeit.

---

[22] Drischler Rpfleger 1956, 91.

§ 30b 9.3   Anordnung der Versteigerung

9.3 Rechtsbeschwerde findet nur statt, wenn das Beschwerdegericht sie zugelassen hat (ZPO § 574 Abs 1 Nr 2).

10 Schuldnerantrag und -schutz nach bewilligter (anderer) Einstellung

10.1 Ob ein Verfahren, das nicht nach § 30a, sondern aus anderem Grund einstweilen **eingestellt war,** somit insbesondere auf Bewilligung des Gläubigers (§ 30), nach § 28, nach ZPO § 765a oder nach ZPO § 775, **nach Fortsetzung** (§ 31) auf **Antrag des Schuldners** unter den Voraussetzungen des § 30a einstweilen auf die Dauer von 6 Monaten (oder in Verbindung mit § 30c einmal erneut) eingestellt werden kann, ist nicht (gesondert) geregelt. § 30c sieht eine erneute (zweite) Einstellung für den Fall vor, daß der Gläubiger die Fortsetzung eines Verfahrens betreibt, das gemäß § 30a bereits einmal einstweilen eingestellt war. Für diesen Fall begrenzt § 30c insbesondere den Schuldnerschutz auf einmalige Wiederholung der Einstellung, setzt somit für mehrfache Einstellungen in demselben Verfahren auf Schuldnerantrag eine Höchstdauer[23]. Der klare Wortlaut und auch der Gesetzeszweck (Rdn 10.3) schließen entsprechende Anwendung dieser Regelung auf Fälle der Verfahrensfortsetzung nach Einstellung aus anderen Gründen aus (anders[24]) ([25]verkennt jedoch die Wirkung der Einstellungsbewilligung vor Ablauf der Antragsfrist des § 30b oder von Entscheidung über einen Antrag des Schuldners völlig; dazu Rdn 10.5 und 10.6).

10.2 § 30a regelt die **sachlichen Voraussetzungen** der Einstellung eines Verfahrens auf Antrag des Schuldners, soweit nicht § 30c als Sonderbestimmung für den dort bezeichneten Fall der einmal erneuten Einstellung Anwendung findet. § 30a Abs 1 erfordert Antrag des Schuldners. Daß dieser Antrag nicht mehr (oder nur noch einmal erneut) gestellt werden könnte, wenn ein Verfahren fortgesetzt wird, das nach § 30 oder sonst aus anderem Grund einstweilen eingestellt war, bestimmen weder § 30a noch eine andere Vorschrift. Auch nach Fortsetzung eines solchen Verfahrens bietet somit § 30a die sachliche Grundlage für Verfahrenseinstellung auf Antrag des Schuldners. Demnach ist allein bedeutsam, ob Verfahrenseinstellung nach dieser Bestimmung noch beantragt werden kann; Verfahrenseinstellung auf Bewilligung des Gläubigers nach § 30 oder aus anderem Grund (Ausnahme: § 30a nach Maßgabe des § 30c Abs 1) eröffnet keine erneute Einstellungsmöglichkeit nach § 30a, schließt aber ebenso ein noch nicht erloschenes Antragsrecht nach § 30b nicht aus. Entsprechendes gilt für den Antrag nach § 30c auf einmal erneute Einstellung.

10.3 Beantragt werden kann vom Schuldner die einstweilige Einstellung des Verfahrens nur binnen der **Notfrist von zwei Wochen,** die mit Zustellung einer Antragsbelehrung beginnt (Abs 1). Verfahrensverzögerungen sollen mit dieser Befristung des Antragsrechts vermieden werden. **Nach** fruchtlosem **Fristablauf** kann Antrag auf Verfahrenseinstellung aus den Gründen des § 30a **nicht** mehr gestellt werden. Ein rechtskräftig **abgelehnter** Einstellungsantrag kann nicht mehr wiederholt werden (Rdn 12). Wenn in der Notfrist von zwei Wochen des Abs 1 Antrag nicht gestellt oder wenn ein Schuldnerantrag abgelehnt ist, kann somit Verfahrenseinstellung auf Antrag des Schuldners aus den Gründen des § 30a nicht mehr angeordnet werden. Davon besteht für den Fall, daß das Verfahren nicht sogleich bis zur Versteigerung und Erteilung des Zuschlags fortgesetzt und durchgeführt, sondern später aus anderen Gründen (insbesondere auf Gläubigerbewilligung nach § 30 oder nach ZPO § 765a; dazu[26]) eingestellt und erst dann wieder fortgesetzt wird (§ 31), keine Ausnahme[26] (anders[27]: Ablehnung eines Einstellungs-

---

[23] Jonas/Pohle, ZwVNotrecht, § 30d Anm 1.
[24] LG Aachen MDR 1987, 683; Schiffhauer Rpfleger 1983, 256 (Anmerkung).
[25] LG Aachen MDR 1987, 683.
[26] LG Nürnberg-Fürth Rpfleger 1983, 256.
[27] Dassler/Muth, § 30d Rdn 4; Schiffbauer Rpfleger 1983, 256 (Anmerkung).

Antrag, Belehrung, Entscheidung, Rechtsmittel 10.5 **§ 30b**

antrags nach § 30a als unzulässig oder unbegründet schließt nach Verfahrenseinstellung und -fortsetzung Antrag nach § 30c nicht aus; nicht richtig, weil der Schuldner die Möglichkeit zweimaliger Einstellung nicht beliebig auf das Verfahren „verteilen" kann; anders auch[28]: Einstellung im Wege des Vollstreckungsschutzes nochmals selbst nach Zurückweisung eines früheren Antrags). Dem Schuldner ist nach fruchtlosem Ablauf der Antragsfrist oder nach rechtskräftiger Zurückweisung eines Vollstreckungsschutzantrags die Möglichkeit der Verfahrenseinstellung aus den Gründen des § 30a verschlossen. Auch neue Gründe ermöglichen Wiederholung eines rechtskräftig abgelehnten Einstellungsantrags nicht (Rdn 12). Neue Einstellungsgründe kann der Schuldner daher auch nicht mehr geltend machen, wenn nach rechtskräftiger Antragsablehnung der Gläubiger mit Einstellungsbewilligung (§ 30) den Verfahrensfortgang aufgehalten hat und später auf seinen Antrag das Verfahren fortgesetzt wird. Entsprechendes gilt, wenn der Schuldner früher in der Antragsfrist nach Anordnung der Zwangsversteigerung (Zulassung des Beitritts) keinen Einstellungsantrag gestellt hatte; damit hat er sich der Einstellungsmöglichkeit aus § 30a begeben. Eine Verfügung mit Schuldnerbelehrung nach Abs 1 Satz 2 ist daher nicht zuzustellen, wenn ein Verfahren fortgesetzt wird, in dem der Schuldner Antrag auf nochmalige einstweilige Einstellung nicht mehr stellen kann.

10.4 Gleiches gilt, wenn das Verfahren **bereits einmal** erneut **nach § 30c eingestellt** war. § 30c beschränkt die Zahl der Einstellungen auf Schuldnerantrag. Zugelassen ist nur eine erneute Einstellung; weitere Einstellungen desselben Verfahrens sind ausgeschlossen. Antrag des Schuldners auf nochmalige Einstellung des Verfahrens im Wege des Vollstreckungsschutzes (nach § 30a oder § 30c) ist aber auch nicht mehr zulässig, wenn nach (erstmaliger) Einstellung Schutzantrag nach § 30c nicht gestellt oder zurückgewiesen wurde, dann das Verfahren auf Bewilligung des Gläubigers (§ 30) oder aus anderem Grund (zB ZPO § 765a) erneut eingestellt wurde und wieder fortgesetzt wird. Weil der Schuldner Antrag auf nochmalige einstweilige Einstellung nicht mehr stellen kann, wird auch in diesem Fall eine Verfügung mit Schuldnerbelehrung nach Abs 1 Satz 2 daher nicht zugestellt.

10.5 a) Verfahrenseinstellung kann der Schuldner jedoch **beantragen,** wenn der Gläubiger Einstellung **in der Antragsfrist** des § 30b noch vor Eingang eines Einstellungsantrags des Schuldners **bewilligt** hat oder wenn die Zwangsversteigerung vor Eingang eines Schuldnerantrags in der Notfrist des Abs 1 Satz 1 aus anderen Gründen (zB nach ZPO § 765a) einstweilen eingestellt wurde und später auf Gläubigerantrag fortgesetzt wird (§ 31). Einstellung auf Bewilligung des Gläubigers (§ 30) oder aus anderem Grund (ZPO § 765a ua) bewirkt Verfahrensstillstand. Infolge des Vorrangs der Einstellungsbewilligung (§ 30 Rdn 6.2) oder anderen Einstellungsgrundes kann Schutz des Schuldners mit Einstellung des Verfahrens auf seinen Antrag nicht mehr gewährt, Einstellungsantrag vom Schuldner somit auch nicht mehr gestellt werden. Damit ist dann aber das Recht des Schuldners, Verfahrenseinstellung aus den Gründen des § 30a (auch § 30c) zu verlangen, nicht ausgeschlossen. Das ermöglicht es dem Schuldner, im fortzusetzenden Verfahren Einstellung mit Antrag nach § 30a (auch § 30c) zu verlangen.

b) **Antrag** auf Einstellung ist auch nach Fortsetzung des Verfahrens binnen einer **Notfrist von zwei Wochen** zu stellen (Abs 1 Satz 1). Sie beginnt mit der nach Verfahrensfortsetzung nötigen Zustellung einer Verfügung, in welcher der Schuldner auf Antragsrecht und -frist hingewiesen wird (Abs 1 Satz 2). Die vor Verfahrenseinstellung (mit dem Beschlagnahmebeschluß) bereits zugestellte Verfügung, in welcher der Schuldner auf Antragsrecht und -frist hingewiesen worden ist, setzt die neuerliche Antragsfrist nicht bereits mit Fortsetzung des Verfahrens (Zustellung des Fortsetzungsbeschlusses an den Schuldner) in Gang. Die Verfahrenseinstellung hat bewirkt, daß der Lauf der mit Zustellung des Hinweises begonnenen Frist ge-

---

[28] Hornung Rpfleger 1979, 321 (D II 2b).

endet hat (ZPO § 249 Abs 1 entsprechend), somit auch der Hinweis für den Beginn der Frist seine Wirkung verloren hat. Die Notfrist für den nach Verfahrensfortsetzung zulässigen Einstellungsantrag beginnt somit erst mit Zustellung einer den Schuldner auf Antragsrecht und -frist nach Verfahrensfortsetzung hinweisenden Verfügung zu laufen. Dieser Hinweis ist möglichst zugleich mit dem Beschluß, durch den die Verfahrensfortsetzung angeordnet wird, zuzustellen (Abs 1 Satz 3 entsprechend).

c) Durch **Änderung des** (vormaligen) **§ 30 d** mit Wirkung ab 1. Juli 1979 (Gesetz vom 1. 2. 1979, BGBl I 127) hat sich für den Fall der Verfahrensfortsetzung nach bewilligter Einstellung (§ 30) keine andere Rechtslage ergeben. § 30 d in seiner bis dahin geltenden Fassung hatte bestimmt, daß das Verfahren auf Antrag des Schuldners nur einmal erneut auch dann einstweilen eingestellt werden kann, wenn es „gemäß § 30 ... einstweilen eingestellt" war. Damit wollte § 30 d jedoch (wie es für Einstellung nach § 30 a noch immer der Fall ist), eine wiederholte Einstellung nach Fortsetzung eines bereits eingestellt gewesenen Verfahrens begrenzen und damit für mehrfache Einstellungen in demselben Verfahren eine Höchstdauer festsetzen sowie die sachlichen Voraussetzungen im Wiederholungsfall verschärfen. Die frühere Regelung, daß das Verfahren auch dann auf Antrag des Schuldners nur noch einmal eingestellt werden konnte, wenn es bereits auf Grund einer Bewilligung des Gläubigers (§ 30) einstweilen eingestellt war, ermöglichte es dem Gläubiger jedoch, den Schuldnerschutz zu verkürzen. In Fällen, in denen ein Einstellungsantrag des Schuldners aus den Gründen des § 30 a Erfolg versprach, konnte der Gläubiger seinerseits die Einstellung bewilligen und sogleich die Fortsetzung des Verfahrens betreiben; alsdann konnte auf Antrag des Schuldners das Verfahren nur noch einmal eingestellt werden (dazu Begründung[29]). Nur diese Möglichkeit wurde im Interesse des Schuldnerschutzes damit ausgeschlossen, daß in § 30 d aF die Bezugnahme auf die Einstellung nach § 30 gestrichen wurde[29]. Dadurch wurde somit nur eine dem Schuldner nachteilige Begrenzung der Einstellungsmöglichkeit aus § 30 a beseitigt.

10.6 Ein **Antrag des Schuldners** auf einstweilige Einstellung des Verfahrens, der in der Notfrist des Abs 1 oder § 30 c Abs 1 Satz 2 gestellt wurde, wird mit Einstellung des Verfahrens auf Bewilligung des Gläubigers (§ 30) oder aus anderem Grund (ZPO §§ 765 a, 775 ua) noch vor Entscheidung **nicht gegenstandslos.** Infolge des Vorrangs der Einstellungsbewilligung ist nach ihr das Verfahren zwar sofort nach § 30 einzustellen (§ 30 Rdn 6.2); infolge des Vorrangs eines sonstigen Einstellungsgrundes wird das Verfahren gleichermaßen sofort eingestellt. Weil damit der Stillstand des Verfahrens eingetreten ist (§ 30 Rdn 2.2), unterbleiben Verfahrenshandlungen. Daher kann in der Zeit dieser Einstellung dem Schuldner auch befristeter Schutz zur Verhinderung der Zwangsversteigerung seines Eigentums nicht gewährt (§ 30 Rdn 6.2), über den Einstellungsantrag des Schuldners somit nicht entschieden, dieser daher auch nicht zurückgewiesen werden. Die Einstellung des Verfahrens nach § 30 (oder aus anderem Grund) bringt damit auch das Verfahren über den Einstellungsantrag des Schuldners zum Stillstand (auch ZPO § 249 in entsprechender Anwendung). Gegenstandslos wird damit der Einstellungsantrag des Schuldners, über den noch nicht entschieden ist, jedoch nicht. **Er bleibt** bis zur Fortsetzung des eingestellten Verfahrens **anhängig.** Der Schuldner muß nach Verfahrensfortsetzung keinen Einstellungsantrag erneut stellen; ihm ist bei Verfahrensfortsetzung daher auch kein Hinweis (nach Abs 1 Satz 1) auf Antragsrecht und -frist zuzustellen. Nach Fortsetzung des Vollstreckungsverfahrens ist über seinen Antrag aus § 30 a vielmehr zu entscheiden (so auch[30]). Dieser Antrag ist Prozeßhandlung; eine gesetzliche Grundlage dafür, daß er mit Einstellung des Vollstreckungsverfahrens seine Wirkung verlieren würde, besteht nicht. Erledi-

---

[29] BT-Drucksache 7/3838, S 11.
[30] Dassler/Muth § 30 b Rdn 11; Lorenz NJW 1960, 614 und NJW 1960, 1751.

gung des Verfahrens über den Schuldnerantrag bewirkt Einstellung der Zwangsversteigerung auf Bewilligung des Gläubigers (§ 30) oder aus anderem Grund nicht. Sie würde verfahrensmäßig Erledigungserklärung erfordern, an der es fehlt. Ihr müßte als Erledigungsereignis eine Tatsache zugrunde liegen, die den ursprünglich zulässigen und begründeten Antrag nachträglich unzulässig und unbegründet machen würde (dazu siehe[31]). Das jedoch bewirken eine Einstellungsbewilligung des Gläubigers (§ 30) oder Verfahrenseinstellung aus anderem Grund nicht. Damit ist das Vollstreckungsverfahren nicht beendet; der Schuldner kann daher aus den Gründen des § 30a Schutz gegen die Zwangsverwertung seines Eigentums (§ 30a Rdn 1.1) bei Verfahrensfortgang weiter beanspruchen. Auf die Dauer der Verfahrenseinstellung im Wege des Vollstreckungsschutzes ist die Zeit eines Verfahrensstillstands aus anderem Grund nicht anzurechnen (§ 30a Rdn 4.1). Darauf kommt es daher auch für den Fortgang des bereits beantragten Einstellungsverfahrens nicht an.

10.7 Wenn das Zwangsversteigerungsverfahren **bereits** auf Schuldnerantrag nach § 30a (oder § 30c) einstweilen **eingestellt ist,** erlangen Bewilligung des Gläubigers oder ein anderer Einstellungsgrund keine Bedeutung (§ 30 Rdn 6.3). Einmal erneute Einstellung des Verfahrens bestimmt sich daher in diesem Fall nach § 30c Abs 1.

Versteigerungstermin (Absatz 4)   11

Den **Versteigerungstermin** soll das Gericht erst nach Rechtskraft des die Einstellung ablehnenden Beschlusses bekanntgeben (Abs 4), richtig gesagt, erst ansetzen[32]. Ob das Gericht auch bei verspätetem Antrag in dieser Weise zuwarten soll, entscheidet es nach Ermessen[33]. Wird die Vorschrift des Abs 4 nicht beachtet, so ist die Terminsbestimmung dennoch wirksam[34]. Wird vom Schuldner ein Einstellungsantrag nicht gestellt, so kann das Gericht den Versteigerungstermin nach Ablauf der Zwei-Wochen-Frist für den Antrag bekanntgeben bzw ansetzen[35].

Wiederholung eines abgelehnten Antrags   12

Wiederholung des rechtskräftig abgelehnten Einstellungsantrags wird vielfach für zulässig behandelt, wenn er auf neue Tatsachen gestützt werde[36]. Dies ist als ungesetzlich abzulehnen[37], weil Einstellungsanträge zwingend nur in der Frist des § 30b Abs 1 gestellt werden dürfen und die kurze Frist von zwei Wochen bis zur Wiederholung (nach vorheriger Ablehnung) längst abgelaufen ist. Eine Wiederholung des Antrags ist nur bei ZPO § 765a möglich, bei § 30a selbst dann nicht, wenn er auf solche neue Tatsachen gestützt wird, die der Schuldner während der Frist des § 30b nicht vorbringen konnte (dazu Einl Rdn 57.2).

[Erneute einstweilige Einstellung auf Antrag]

30c (1) **War das Verfahren gemäß § 30a einstweilen eingestellt, so kann es auf Grund des § 30a einmal erneut eingestellt werden, es sei denn, daß die Einstellung dem Gläubiger unter Berücksichtigung sei-**

---

[31] Zöller/Vollkommer, ZPO, § 91a Rdn 2 und 3.
[32] Stöber Rpfleger 1969, 221 (IV a mit Fußnote 21).
[33] Jonas/Pohle, ZwVNotrecht, § 30b Anm 7.
[34] Stöber Rpfleger 1969, 221 (V); Jonas/Pohle, ZwVNotrecht, § 30b Anm 7.
[35] Drischler JurBüro 1964, 1 (A I 2c).
[36] OLG Koblenz NJW 1955, 148 und 427 Leitsatz mit Anm Jansen; LG Koblenz 15. 6. 1955, 4 T 152/55; erwähnt bei Anheier, wie nachf, sonst nicht veröffentlicht; AG Bonn MDR 1955, 681 Leitsatz mit Anm Glaser; Jonas/Pohle, ZwVNotrecht, § 30b Anm 6d; Anheier NJW 1956, 1668; Jansen NJW 1955, 427 (Anmerkung).
[37] LG Heidelberg NJW 1963, 1929; Steiner/Storz § 30b Rdn 47.

§ 30c Anordnung der Versteigerung

ner gesamten wirtschaftlichen Verhältnisse nicht zuzumuten ist. § 30 b gilt entsprechend.

(2) **Hat eine erneute Einstellung stattgefunden, ist auch § 765 a der Zivilprozeßordnung nicht mehr anzuwenden.**

Übersicht

Allgemeines zu § 30 c 1	Erneute Einstellung: Verfahren über Einstellungsantrag (Abs 1 Satz 2) 5
Antragsmöglichkeit für erneute Einstellung (Absatz 1 Satz 1) 2	Muster für die Entscheidung 6
Einstellungsvoraussetzungen 3	Sittenwidrigkeit als erneuter Einstellungsgrund (Absatz 2) 7
Erneute Einstellung: Antragsbelehrung (Absatz 1 Satz 2) 4	

1 Allgemeines zu § 30 c

1.1 Zweck der Vorschrift: Begrenzung der Höchstdauer mehrfacher Einstellung desselben Vollstreckungsverfahrens auf Antrag des Schuldners (§ 30 a).

1.2 Anwendungsbereich: Die Vorschrift gilt wie § 30 a nur für die Vollstreckungsversteigerung, sofern nicht über das Vermögen des Schuldners ein Insolvenzverfahren eröffnet ist (siehe §§ 30 d–f). Für die Teilungsversteigerung gilt als Sondervorschrift § 180 Abs 2 und 3, für die Verfahren nach §§ 172, 175 gilt § 30 c nicht.

2 Antragsmöglichkeit für erneute Einstellung (Absatz 1 Satz 1)

2.1 Einmal **erneut eingestellt** werden kann die Zwangsversteigerung eines Grundstücks, wenn das Verfahren nach vorangegangener Einstellung **gemäß § 30 a** auf Antrag des Gläubigers (§ 31 Abs 1) fortgesetzt wird. Begrenzt ist damit die Höchstdauer mehrfacher Einstellungen eines Vollstreckungsverfahrens im Wege des Schuldnerschutzes. Einstellungen aus anderen Gründen, insbesondere auf Bewilligung des Gläubigers nach § 30, nach § 28, wegen teilweiser Deckung des betreibenden Gläubigers nach § 76 Abs 1, wegen Nichtabgabe von Geboten nach § 77 Abs 1, auf Anordnung des Prozeßgerichts oder nach ZPO § 769 Abs 2, auch nach ZPO § 765 a (hier jedoch Abs 2; dazu Rdn 7) schränkt § 30 c so wenig ein[1] wie Zuschlagsversagungsgründe (insbesondere nach § 74 a Abs 1, § 85 Abs 1, § 85 a). § 30 c dient der Wahrung der Gläubigerbelange: sein Vollstreckungsanspruch rechtfertigt Berücksichtigung schutzwürdiger Schuldnerinteressen nur mit zeitlich begrenztem Verfahrensstillstand. Damit dient die Bestimmung zugleich auch der Wahrung der Interessen der am Grundstück sonst Berechtigten; sie sollen nicht dadurch geschädigt werden, daß sich ein Verfahren unangemessen verschleppt und damit Leistungen Besserberechtigter fortlaufend anwachsen (siehe § 30 Rdn 1.1). Diese Begrenzung der Vollstreckungsdauer entspricht einem dringenden praktischen Bedürfnis; § 30 c trägt dem allerdings nur unvollkommen Rechnung; die Bestimmung ist zudem nicht glücklich gefaßt.

2.2 a) **Verfahren,** das einmal erneut eingestellt werden kann, ist das **einzelne Vollstreckungsverfahren** zur Zwangsversteigerung, das auf Antrag **eines Gläubigers** vom Vollstreckungsgericht angeordnet (§ 15) oder mit Zulassung des Beitritts des Antragstellers (§ 27) eingeleitet worden ist, somit nicht das Versteigerungsverfahren über das gleiche Grundstück (sonstige Objekt) insgesamt. In jeder mit Anordnungsbeschluß oder Beitrittsbeschluß auf Gläubigerantrag angeordneten (zugelassenen) selbständigen Vollstreckungssache ist Verfahrenseinstellung nach § 30 a gesondert zu beantragen (§ 30 b Rdn 6). Wenn dann Einstellung nach § 30 a erfolgt ist und das eingestellte Verfahren auf Antrag des Gläubigers fortgesetzt wird (§ 31 Abs 1), kann in diesem Einzelvollstreckungsverfahren Einstellung auf Antrag des Schuldners nach Abs 1 nur noch einmal erneut beantragt werden.

---

[1] Jonas/Pohle, ZwVNotrecht, § 30 d Anm 2.

Erneute einstweilige Einstellung auf Antrag 2.3 § 30c

b) Auszugehen ist somit immer vom **Verfahren desselben** vollstreckenden **Gläubigers** aus demselben Beschlagnahmebeschluß. Es wird für jeden Beschlagnahmebeschluß und jeden betreibenden Gläubiger dabei (es können ja in einem Beschluß mehrere betreibende Gläubiger zusammengefaßt sein) gesondert gezählt. Wurde ein Beschlagnahmebeschluß eines Gläubigers aufgehoben und die Beschlagnahme wieder neu angeordnet (weil zB der Gläubiger die Fortsetzungsfrist versäumt und neuen Antrag gestellt hat), so wird für diesen wieder neu gezählt (nur die Frage der Zumutbarkeit einer Einstellung für den Gläubiger kann durch frühere Einstellungen beeinflußt werden[1]). Bei den Berechnungen kommt es also auf die Zahl der Einstellungen an[1], nicht auf die Dauer der einzelnen Einstellung. Auch kurzfristige sind mitzuzählen (deren Dauer ist wieder bei der Frage der Zumutbarkeit zu berücksichtigen).

c) Einmal erneut kann das Verfahren nach Abs 1 Satz 1 auch eingestellt werden, wenn die vorangegangene Einstellung nach § 30a deshalb **außer Kraft getreten** ist, weil der Schuldner Zahlungsverpflichtungen oder andere Auflagen nicht erfüllt hat (Abs 3–5 des § 30a). Voraussetzung für nochmalige Einstellung nach Abs 1 ist lediglich, daß das Verfahren bereits gemäß § 30a eingestellt war. Daß diese Einstellung bis zum Ablauf der im Einstellungsbeschluß angeordneten Einstellungsdauer (§ 30a Rdn 4) bestanden hat, ist nicht gefordert. Gegen erneute Einstellung kann in einem solchen Fall jedoch das schutzwürdige Gläubigerinteresse sprechen (Rdn 3.3).

d) Weiterer Schuldnerschutz mit Verfahrens**einstellung** ist **ausgeschlossen,** wenn ein Verfahren nach § 30c **bereits** einmal **erneut eingestellt** war, auch wenn diese Einstellung mit Versagung des Zuschlags erfolgt ist (§§ 33, 86)[2]. Andere Einstellungen sind nicht anzurechnen. War also das Verfahren zB nach § 30, nach ZPO § 765a oder auf prozeßgerichtliche Anordnung eingestellt und wurde es dann auf Antrag des Schuldners nach § 30a (fristwahrender Antrag ist möglich; siehe § 30b Rdn 10.5) einstweilen eingestellt, so kann es gemäß § 30c Abs 1 auf Grund des § 30a einmal erneut eingestellt werden.

2.3 a) Wenn das Verfahren vor Fortsetzung auf Gläubigerantrag (§ 31 Abs 1) **aus anderem Grund** (nicht gemäß § 30a) **einstweilen eingestellt** war, kann es **nicht** nach Abs 1 Satz 1 einmal **erneut eingestellt** werden (zum nicht erledigten Einstellungsantrag siehe Rdn 2.5). Die Voraussetzung erneuter Einstellung ist dann schon nach dem Wortlaut von Abs 1 Satz 1 (Einstellung gemäß § 30a) nicht gegeben; aber auch der Gesetzeszweck verbietet nochmalige Einstellung auf Grund des § 30a in einem solchen Fall. § 30c soll es dem schutzwürdigen Schuldner ermöglichen, auch nach der erstmals nur auf die Dauer von sechs Monaten möglich gewesenen Verfahrenseinstellung (§ 30a Abs 1) die Zwangsversteigerung seines durch GrundG Art 14 geschützten Eigentums abzuwenden (§ 30a Rdn 1.1). Mit Begrenzung der erneuten Einstellung bleiben Gläubigerbelange für alle Einstellungsfälle gewahrt (Rdn 2.1); sie ist nur einmal und im Falle des § 30a Abs 1 nur auf die Dauer von höchstens sechs Monaten möglich. Abs 1 soll somit einmalig (Gläubigerinteresse) eine **zeitliche Erweiterung** (Verlängerung) **des Schuldnerschutzes** für die Fälle ermöglichen, in denen der Schutzzweck mit der nach § 30a zeitlich (sechs Monate) begrenzten Einstellung zunächst nicht voll gewährleistet werden konnte. Nicht Zweck des Abs 1 ist es aber, dem Schuldner grundsätzlich die Möglichkeit zu geben, Vollstreckungsschutz für jeden Gläubiger zweimal in Anspruch zu nehmen, nach jeder Einstellung, gleich aus welchem Grund, somit neuerlich ein Einstellungsrecht zu begründen, und lediglich die Zahl der Einstellungen auf Antrag des Schuldners auf zwei (anrechenbare) Einstellungen zu begrenzen (so aber[3]). Dem trägt auch die Bestimmung Rechnung, daß Antrag

---

[2] OLG Bamberg NJW 1956, 429 mit abl Anm Riedel.
[3] Schiffhauer Rpfleger 1983, 256 (257) (Anmerkung); Dassler/Muth § 30d Rdn 2; Steiner/Storz § 30d Rdn 16.

auf Verfahrenseinstellung nur in einer Notfrist von zwei Wochen gestellt werden kann (§ 30 b Rdn 10.3).

b) Abs 1 Satz 1 ermöglicht somit **keine** nochmalige Einstellung eines Verfahrens, das **aus anderem Grund** (nicht nach § 30 a) einstweilen eingestellt war. Wenn ein Verfahren auf Antrag des Gläubigers fortgesetzt wird (§ 31 Abs 1), das nach § 28, insbesondere aber nach § 30, nach ZPO § 765 a, § 775 oder aus sonstigem Grund einstweilen eingestellt war, kann es daher nicht deshalb auf Grund des § 30 a einmal erneut eingestellt werden, weil es (früher) nicht schon zweimal nach § 30 a eingestellt war. Das aus anderem Grund eingestellt gewesene Verfahren kann nach Fortsetzung auf Gläubigerantrag (§ 31 Abs 1) daher auch dann nicht nach Abs 1 einmal erneut eingestellt werden, wenn

– vom Schuldner in der Notfrist von zwei Wochen des § 30 b Abs 1 nach Beschlagnahme Einstellungs**antrag nicht gestellt** wurde (so richtig[4] für Fortsetzung eines nach fruchtlosem Ablauf der Notfrist nach ZPO § 765 a eingestellten Verfahrens);

– ein in der Notfrist des § 30 b Abs 1 gestellter Einstellungs**antrag** des Schuldners bereits früher (rechtskräftig) **abgelehnt** worden ist.

Der Schuldner, der in der Notfrist von zwei Wochen nach Beschlagnahme Einstellungsantrag nicht gestellt hat, wird deswegen nicht, wie[5] vorbringt, „für diese Fristversäumnis doppelt bestraft", weil er statt zweimal kein einziges Mal Vollstreckungsschutz beantragen kann. Daß Vollstreckungsschutz nur auf Antrag gewährt und nicht gegen den Willen des Schuldners von Amts wegen wahrgenommen wird, trägt dem Gedanken Rechnung, daß (auch) der Betroffene die Möglichkeit haben soll, auf das Verfahren einzuwirken (so[6] für ZPO § 765 a). Es wird daher die Selbstverantwortlichkeit des Schuldners respektiert, indem mit Fortsetzung des Verfahrens (die er möglicherweise sehr wünscht) seiner Entscheidung Rechnung getragen wird (dazu[6]), Schutz mit Einstellungsantrag in der Notfrist des § 30 b Abs 1 nicht in Anspruch zu nehmen. Wenn der Schuldner mit seinem Verhalten in Kauf nimmt, daß mit fruchtlosem Ablauf der Notfrist des § 30 b Abs 1 Einstellung aus den Gründen des § 30 a und damit auch § 30 c ausgeschlossen ist, kann (ohne Gesetzesgrundlage) auch Verfahrenseinstellung aus anderem Grund kein Antragsrecht neu begründen.

c) Der Fall des § 30 c liegt auch nicht vor, wenn ein Antrag aus § 30 a rechtskräftig abgelehnt ist und der Schuldner nun **neue Tatsachen** vorbringen will, die er vorher nicht vorbringen konnte[7] (nicht zulässig).

2.4 Die Voraussetzungen **erneuter** Einstellung nach Abs 1 Satz 1 sind auch **nicht** gegeben, wenn der Gläubiger Einstellung in der Antragsfrist des § 30 b Abs 1 noch vor Eingang eines Einstellungsantrags des Schuldners bewilligt hat oder wenn die Zwangsversteigerung vor Eingang eines Schuldnerantrags in der Notfrist des § 30 b Abs 1 aus anderen Gründen (zB nach ZPO § 765 a) eingestellt wurde und später auf Gläubigerantrag fortgesetzt wird. Der Schuldner kann nach Fortsetzung des Verfahrens in einem solchen Fall vielmehr Einstellung (erstmals) nach § 30 a verlangen. Dazu § 30 b Rdn 10.5.

2.5 Ein **Antrag** des Schuldners auf einstweilige Einstellung des Verfahrens, der in der Notfrist des § 30 b Abs 1 gestellt wurde, ist mit Einstellung des Verfahrens auf Bewilligung des Gläubigers (§ 30) oder aus anderem Grund (ZPO § 765 a, § 775 usw) noch vor Entscheidung **nicht gegenstandslos** geworden. Nach Fortsetzung des Vollstreckungsverfahrens ist vielmehr über den in der Notfrist gestellten Antrag des Schuldners auf Verfahrenseinstellung nach § 30 a zu entschei-

---

[4] LG Nürnberg-Fürth Rpfleger 1983, 256 mit Anm Schiffhauer.
[5] Steiner/Storz § 30 d Rdn 15.
[6] BVerfG 61, 126 (137, 138) = MDR 1983, 188 = NJW 1983, 559 = Rpfleger 1983, 80.
[7] LG Heidelberg NJW 1963, 1929.

Erneute einstweilige Einstellung auf Antrag   5.1 § 30c

den. Dazu § 30b Rdn 10.6. Fortsetzung des Verfahrens begründet damit auch in diesem Fall **nicht** die Voraussetzungen der erneuten Einstellung nach Abs 1.

Einstellungsvoraussetzungen 3

3.1 Auch die nochmalige Einstellung setzt einen **Antrag** des Schuldners voraus (Abs 1 Satz 1 mit § 30a); von Amts wegen erfolgt Prüfung nicht. Der Antrag kann auch hier nur in der Notfrist von zwei Wochen ab Zustellung der Belehrung (nach Fortsetzung des eingestellten Verfahrens) gestellt werden[8] (Abs 1 Satz 2 und § 30b Abs 1). Zu diesem Antrag § 30b Rdn 3.

3.2 Die **sachlichen Voraussetzungen** auch der wiederholten Einstellung regelt § 30a (dort Rdn 3 und 5).

3.3 **Gläubigerinteressen** sind als Ablehnungsgrund bereits nach § 30a Abs 2 (dort Rdn 5) zu berücksichtigen. Sie stellt Abs 1 Satz 1 neuerlich als Ablehnungsgrund heraus. Daß er nach nochmaliger Bestimmung in Abs 1 Satz 1 besteht, wenn die erneute Einstellung dem Gläubiger unter Berücksichtigung seiner **gesamten** wirtschaftlichen Verhältnisse nicht zuzumuten ist, kann (wenn die Wiederholung nicht als überflüssig angesehen werden soll) nur bedeuten, daß schutzwürdige Gläubigerbelange umfassender (stärker) zu würdigen und nachhaltiger zu berücksichtigen sind als bei erster Einstellung[9]. Die Zumutbarkeit für den Gläubiger kann bereits mit langer Dauer der Einstellung besonderes Gewicht erlangen. Wenn der Schuldner schon bei der ersten Einstellung eine Zahlungsauflage nicht erfüllt hat, wird erneute Einstellung dem Gläubiger nur noch schwerlich und dann zugemutet werden können, wenn besondere Gründe den Zahlungsrückstand erklärbar machen und künftige Erfüllung anzuordnender Auflagen gewährleistet ist.

3.4 **Schuldnerzahlungen** und andere **Auflagen** sind nach § 30a Abs 3–5 unter den dort bezeichneten Voraussetzungen auch bei erneuter Einstellung möglich und anzuordnen. Einzelheiten: § 30a Rdn 6.

Erneute Einstellung: Antragsbelehrung (Absatz 1 Satz 2) 4

4.1 Auch Antrag auf erneute Einstellung (Rdn 3.1) ist binnen einer Notfrist von zwei Wochen ab Zustellung der Belehrung zu stellen (Abs 1 Satz 2 mit § 30b Abs 1). Hingewiesen werden muß der Schuldner auf das Recht zur Antragstellung, den Fristbeginn und die Rechtsfolgen des fruchtlosen Fristablaufs (§ 30b Rdn 2).

4.2 Die Belehrung über Einstellungsantragsrecht und -antragsfrist ist in entsprechender Anwendung (Abs 1 Satz 2) von § 30b Abs 1 Satz 3 möglichst zugleich **mit dem Fortsetzungsbeschluß** zuzustellen. Ein Fortsetzungsbeschluß ist nicht vorgeschrieben, aber geboten (§ 31 Rdn 5). Unterbleibt er, so muß auf jeden Fall die Belehrung gesondert zugestellt werden.

4.3 Die **Form der Belehrung** über die erneute Einstellungsmöglichkeit für Schuldner ist wie bei § 30b Rdn 2, wobei aber zu betonen ist, daß es sich um eine erneute Einstellungsmöglichkeit handelt.

4.4 Zur Antragsbelehrung bei Fortsetzung auch ZVG-Handbuch Rdn 196, 200a.

Erneute Einstellung: Verfahren über Einstellungsantrag (Absatz 1 Satz 2) 5

5.1 Für das **Verfahren** zur Entscheidung über den erneuten Einstellungsantrag gelten Abs 2–4 des § 30b entsprechend (Abs 1 Satz 2). Es finden somit auch die allgemeinen Grundsätze des ZPO-Verfahrens Anwendung (dazu § 30b Rdn 4.1). Gläubiger und Schuldner sind vor der Entscheidung zu **hören** (Abs 1 mit § 30b Abs 2 Satz 2). **Glaubhaftmachung** der Angaben hat auch hier auf Verlangen des Gerichts zu erfolgen (Abs 1 mit § 30b Abs 2 Satz 3). **Mündliche Verhandlung**

---

[8] LG Bremen MDR 1955, 683.
[9] Stöber, ZVG-Handbuch, Rdn 177; Steiner/Storz § 30d Rdn 21.

kann in geeigneten Fällen anberaumt werden (Abs 1 mit § 30b Abs 2 Satz 2). Die Entscheidung ergeht durch **Beschluß** (Abs 1 mit § 30b Abs 2 Satz 1), der zu begründen ist. Nochmalige Einstellung auf Antrag des Schuldners kann nach § 30a Abs 1 (mit § 30c Abs 1) höchstens bis zu sechs Monaten angeordnet werden. Nach Schluß der Versteigerung kann, wenn ein Gebot abgegeben ist, nur noch durch Versagung des Zuschlags eingestellt werden (§ 33). **Rechtsbehelfe:** § 30b Rdn 9. Vertagung des Versteigerungstermins aus verfahrensmäßigen Gründen ist der erneuten Einstellung nach Abs 1 nicht gleichzuachten (§ 43 Rdn 8; auch ZVG-Handbuch Rdn 220). Näher zum Einstellungsverfahren in den Erläuterungen zu § 30b.

5.2 Ein **Antrag** des Schuldners auf erneute einstweilige Einstellung, der in der Notfrist des Abs 1 Satz 2 mit § 30b Abs 1 gestellt wurde, wird **mit Einstellung** des Verfahrens auf Bewilligung des Gläubigers (§ 30) oder **aus anderem Grund** (ZPO §§ 765a, 775 ua) **nicht gegenstandslos.** Das Verfahren ist infolge des Vorrangs der Einstellungsbewilligung (§ 30) oder des sonstigen Einstellungsgrundes zwar sofort (ohne weitere Antragsprüfung) einzustellen. Damit gelangt jedoch lediglich das Verfahren über den Antrag auf erneute Einstellung zum Stillstand. Über diesen Antrag des Schuldners auf nochmalige Einstellung des Verfahrens nach § 30c ist nach Fortsetzung des Vollstreckungsverfahrens zu entscheiden. Dazu § 30b Rdn 10.

6 Muster für die Entscheidung

Der erneute Einstellungsbeschluß gleicht dem ersten derartigen Einstellungsbeschluß samt der Fortsetzungsbelehrung für den Gläubiger (§ 30b Rdn 8, § 31 Rdn 8). Ebenso ist es bei der Teilungsversteigerung, wo der erneute Einstellungsbeschluß aus § 180 Abs 2 dem ersten samt Fortsetzungsbelehrung für den Antragsteller gleicht (§ 30b Rdn 8).

7 Sittenwidrigkeit als erneuter Einstellungsgrund (Absatz 2)

7.1 Nach einer erneuten Einstellung „ist auch § 765a ... **nicht mehr anzuwenden":** Abs 2. Diese Vorschrift ist umstritten.

7.2 Es wird vertreten, daß durch diese Vorschrift eine zweite oder dritte Einstellung auf Grund von ZPO § 765a **ausgeschlossen** sei[10], es heißt, man müsse hierbei die Sittenwidrigkeit in Kauf nehmen oder aber annehmen, daß nach einer erneuten Einstellung die Vollstreckung nicht sittenwidrig sein könne[11], man könne nur durch Vertagung oder Hinausschieben des Termins helfen[12]; vor Grundstücksverschleuderung sei der Eigentümer nach § 85a geschützt[13].

7.3 Vielfältig sind die Bemühungen, ZPO **§ 765a trotzdem noch** anzuwenden[14], wobei aber bei der Anwendung Vorsicht geboten sei, die Voraussetzungen

---

[10] OLG Bamberg NJW 1956, 429 mit abl Anm Riedel; OLG Koblenz NJW 1956, 1683; LG Osnabrück Rpfleger 1956, 247 mit Anm Mohrbutter; Dassler/Muth § 30d Rdn 5–7; Jonas/Pohle, ZwVNotrecht, § 30d Anm 1; Böhle-Stamschräder in Besprechung zu Steiner/Riedel, JR 1954, 36 (37); Bruhn Rpfleger 1958, 125 (Anmerkung); Drischler Rpfleger 1953, 497 (4) und Rpfleger 1956, 91; Mohrbutter JurBüro 1954, 385 (1a) und NJW 1955, 124 (A 1a); Riggers JurBüro 1968, 583 (7b); Vogel MDR 1953, 523 (III) und JZ 1954, 335.

[11] Jonas/Pohle, ZwVNotrecht, § 30d Anm 8d.

[12] LG Osnabrück Rpfleger 1956, 247 mit Anm Mohrbutter; Drischler Rpfleger 1956, 91; Mohrbutter NJW 1955, 124 (A 1a).

[13] Dassler/Muth § 30d Rdn 9.

[14] KG Berlin OLGZ 1966, 61; Hornung Rpfleger 1979, 321 (D II 2); Mohrbutter Rpfleger 1967, 102 (3); Mohrbutter, Handbuch des Vollstreckungsrechts, § 36 (I 2); Mohrbutter/Drischler Muster 28 Anm 2; Anheier NJW 1956, 1668; Drischler JurBüro 1964, 241 (2h) und Rpfleger 1967, 357 (8); Nowack DRiZ 1954, 3; Riedel DRiZ 1953, 177 (1) und JR 1953, 397 (II), außerdem NJW 1955, 1705 sowie NJW 1956, 429 (Anmerkung); Schmidt Rpfleger 1961, 141.

Erneute einstweilige Einstellung auf Antrag   7.6 § 30c

streng zu prüfen seien oder nur in besonders geeigneten Ausnahmefällen, nur in größerem zeitlichem Abstand von der erneuten Einstellung oder erst bei nachträglichem Eintritt der Voraussetzungen des ZPO § 765a, also bei Vortrag neuer Tatsachen oder gar im Wege einer Vertagung nach ZPO § 227 oder, wenn die eine sittenwidrige Härte begründenden Umstände über die Gründe hinausgingen, die eine Einstellung nach §§ 30a ff rechtfertigen.

7.4 Alle diese Bemühungen, formell vom Gesetz nicht gedeckt (Vertagung nur bei verfahrensrechtlichen Hindernissen möglich, Terminsverschiebung wäre eine verschleierte Einstellung), zeigen nur, daß Abs 2 eine **nicht durchdachte Vorschrift** ist, die wie andere Unstimmigkeiten durch Einbau früherer Notvorschriften entstanden sind. Es handelt sich um eine mißglückte Formulierung mit scheinbarem Widersinn. Dazu meint[15]: Die §§ 30a ff und ZPO § 765a seien gar nicht gleichzeitig auf denselben Sachverhalt anwendbar, § 30a nur bei Sanierungsfähigkeit, ZPO § 765a nur, wenn keine Aussicht auf Abwendung bestehe und dabei das Existenzminimum bedroht sei, in der Zwangsversteigerung aber nur in besonderen Ausnahmefällen anwendbar, wenn der Schuldner alles Zumutbare getan habe.

7.5 Die wortgetreue Anwendung von Abs 2 führt in gar manchen Fällen nach allgemeiner Ansicht zu nicht vertretbaren Härten. Daraus erklären sich die mancherlei Umgehungsversuche, die aber nicht nötig sind. Gewiß sollen Mißbrauch des Vollstreckungsschutzes und Verschleppung des Verfahrens verhindert werden. Jedoch ist nun einmal ZPO § 765a **eine Generalklausel** (Einl Rdn 52), die in allen Verfahren gilt, bei denen es um Zwangsvollstreckung geht, die aber mit ihren strengen gesetzlichen Voraussetzungen ohnehin nur ausnahmsweise anwendbar ist. Wenn aber nach ihr eine Vollstreckungsmaßnahme wegen ganz besonderer Umstände eine mit den guten Sitten nicht vereinbare Härte für den Schuldner darstellt, dann gilt das immer, auch für den dritten und vierten Vollstreckungsversuch. Was vorher sittenwidrig war, kann nicht plötzlich vom Gesetz gebilligt werden, wenn sich nicht die Tatumstände geändert haben. Wenn zwei Einstellungen im Sinne des § 30c erfolgt sind, ist eine dritte oder vierte aus den Gründen des § 30a keinesfalls mehr zulässig, auch nicht im formellen Umweg über ZPO § 765a. Wenn aber die sehr strengen Voraussetzungen des ZPO § 765a wirklich vorliegen und das mit Rücksicht auf die vorausgehenden Einstellungen besonders sorgfältig geprüft (nicht nur aus sozialem Mitgefühl einfach so angenommen) wurde, dann kann diese Magna Charta des Vollstreckungsschutzes, hervorgegangen aus den grundlegenden Gedanken von Treu und Glauben (BGB §§ 138, 226, 242, 826), einfach nicht ausgeschlossen werden (anders[16]: Vorlage an das BVerfG gem GrundG Art 100, weil Abs 2 verfassungswidrig ist); sie muß angewendet werden, wenn auch ihrem Zweck nach nur in äußersten Notfällen, und auch dies nur gegenüber dem Schuldner selbst. § 85a bietet schon deshalb keinen ausreichenden Schutz, weil danach der Zuschlag in einem erneuten Versteigerungstermin nicht versagt werden kann (§ 85a Abs 2; verfehlt daher[17]).

7.6 Gerade weil Zeller zwanzig Jahre dieses Rechtsgebiet täglich bearbeitet hat, wurden bereits in der 10. Auflage, entgegen mancherlei Kritik im Schrifttum und gegen alle noch so wohlklingenden Theorien im Interesse der dem Verfahren unterworfenen Menschen, die bei aller Schuld immer noch Menschen und nicht einfach Rechtsobjekte sind, auch die **Beispiele** für die mögliche Anwendung des ZPO § 765a trotz des § 30d Abs 2 aufrechterhalten: a) Der Schuldner hat einen hohen Schuldbetrag im Laufe zweier Einstellungen getilgt, einen geringen Rest oder die Kosten kann er in absehbarer Zeit ebenfalls erledigen; würde man jetzt versteigern, wären alle Opfer umsonst gewesen. b) Der Schuldner betreibt eine Gärtnerei und wohnt mit Frau und Kindern auf dem Grundstück, wird durch eine

---

[15] Henckel, Prozeßrecht, Kapitel 6 (III 5 c).
[16] Steiner/Storz § 30d Rdn 43.
[17] Dassler/Muth § 30d Rdn 9.

§ 30c 7.6   Anordnung der Versteigerung

schwere Krankheit plötzlich für längere Zeit berufsunfähig und erhält eine Rente, aus der die bisherigen Tilgungsraten nicht mehr bezahlt werden können; für eine Kreditaufnahme mit guten Aussichten werden noch ein paar Monate benötigt; bei sofortiger Versteigerung würde die ganze Familie obdach- und existenzlos. c) Der Schuldner ist Fuhrunternehmer und hat durch Unfall eines Fahrers hohe Reparaturkosten und Einnahmenausfall; über die zwölf Monate Einstellung hinaus benötigt er noch ein paar Monate, gerade die Zeit, die der Gläubiger bis zur Auszahlung des Versteigerungserlöses auch noch zuwarten müßte.

7.7   Dazu auch im ZVG-Handbuch Rdn 181 a.

[Einstweilige Einstellung während eines Insolvenzverfahrens]

30d (1) Ist über das Vermögen des Schuldners ein Insolvenzverfahren eröffnet, so ist auf Antrag des Insolvenzverwalters die Zwangsversteigerung einstweilen einzustellen, wenn

1. im Insolvenzverfahren der Berichtstermin nach § 29 Abs. 1 Nr. 1 der Insolvenzordnung noch bevorsteht,

2. das Grundstück nach dem Ergebnis des Berichtstermins nach § 29 Abs. 1 Nr. 1 der Insolvenzordnung im Insolvenzverfahren für eine Fortführung des Unternehmens oder für die Vorbereitung der Veräußerung eines Betriebs oder einer anderen Gesamtheit von Gegenständen benötigt wird,

3. durch die Versteigerung die Durchführung eines vorgelegten Insolvenzplans gefährdet würde oder

4. in sonstiger Weise durch die Versteigerung die angemessene Verwertung der Insolvenzmasse wesentlich erschwert würde.

Der Antrag ist abzulehnen, wenn die einstweilige Einstellung dem Gläubiger unter Berücksichtigung seiner wirtschaftlichen Verhältnisse nicht zuzumuten ist.

(2) Hat der Schuldner einen Insolvenzplan vorgelegt und ist dieser nicht nach § 231 in der Insolvenzordnung zurückgewiesen worden, so ist die Zwangsversteigerung auf Antrag des Schuldners unter den Voraussetzungen des Absatzes 1 Satz 1 Nr. 3, Satz 2 einstweilen einzustellen.

(3) § 30b Abs. 2 bis 4 gilt entsprechend mit der Maßgabe, daß an die Stelle des Schuldners der Insolvenzverwalter tritt, wenn dieser den Antrag gestellt hat, und daß die Zwangsversteigerung eingestellt wird, wenn die Voraussetzungen für die Einstellung glaubhaft gemacht sind.

(4) Ist vor der Eröffnung des Insolvenzverfahrens ein vorläufiger Verwalter bestellt, so ist auf dessen Antrag die Zwangsversteigerung einstweilen einzustellen, wenn glaubhaft gemacht wird, daß die einstweilige Einstellung zur Verhütung nachteiliger Veränderungen in der Vermögenslage des Schuldners erforderlich ist.

Übersicht

Allgemeines zu § 30 d 1	Einstellung vor Eröffnung des Insolvenzverfahrens (Absatz 4) 6
Einstellungsvoraussetzungen (Absatz 1 Satz 1) 2	Muster für Entscheidung 7
	Schuldner bei Eigenverwaltung 8
Entgegenstehende Gläubigerinteressen (Absatz 1 Satz 2) 3	Verhältnis zu §§ 30, 30a, 30c 9
Einstellung auf Schuldnerantrag (Absatz 2) 4	Vollstreckungsschutz auf Schuldnerantrag nach Beendigung des Insolvenzverfahrens 10
Einstellungsverfahren (Absatz 3) 5	

Einstweilige Einstellung während eines Insolvenzverfahrens 2.2 **§ 30d**

Literatur: Stöber, Insolvenzverfahren und Vollstreckungs-Zwangsversteigerung, NZI 1998, 105; Hintzen, Insolvenz und Immobiliarzwangsvollstreckung, Rpfleger 1999, 256; Knees, Die Bank als Grundpfandrechtsgläubiger in der Unternehmensinsolvenz, ZIP 2001, 1568; Vallender, Zwangsversteigerung und Zwangsverwaltung im Lichte des neuen Insolvenzrechts, Rpfleger 1997, 353; Wenzel, Die Rechtsstellung des Grundpfandrechtsgläubigers im Insolvenzverfahren, NZI 1999, 101.

Allgemeines zu § 30 d 1

1.1 Zweck der Vorschrift: Regelung der Voraussetzungen des Schuldnerschutzes im Verfahren gegen den Insolvenzverwalter auf Antrag eines zur abgesonderten Befriedigung Berechtigten (InsO § 49). Zeitweilige Verfahrenseinstellung soll die bestmögliche und ungestörte Verwertung der Insolvenzmasse, die ungestörte Fortführung eines Unternehmens oder Veräußerung eines Betriebs sowie Zustandekommen und Erfüllung eines Insolvenzplans gewährleisten.

1.2 Anwendungsbereich: § 30d gilt, wie § 30a, für die Vollstreckungsversteigerung, auch von Schiffen und Luftfahrzeugen (§§ 162, 171a). In der Insolvenzverwalterversteigerung ist er nicht anwendbar, da der Verwalter ohnehin als Antragsteller das Verfahren in der Hand hat, es daher nach § 30 einstellen kann (dazu § 172 Rdn 5). Auch in den Verfahren nach §§ 175 und 180 ist § 30 d nicht anwendbar.

1.3 §§ 30 d–f finden Anwendung wenn das **Insolvenzverfahren nach dem 31. Dez 1998 beantragt** worden ist (§ 15 Rdn 23.16). Wenn ein Konkurs- oder Gesamtvollstreckungsverfahren vor dem 1. Jan 1999 beantragt worden ist, sind weiter die bisherigen (sonst aufgehobenen) Vorschriften (§§ 30 c und d aF) anzuwenden (§ 15 Rdn 23.17–23.19). Einstweilige Einstellung in solchen Verfahren kann damit nur nach §§ 30 c, d aF verlangt werden, und zwar auch, wenn erst nach dem 31. Dez 1998 die Versteigerung zur abgesonderten Befriedigung angeordnet oder der Beitritt zugelassen worden ist. Ebenso bestimmt sich die Verfahrensfortsetzung nach vormaligem Recht. Zu den demnach anzuwendenden Vorschriften s 15. Auflage.

Einstellungsvoraussetzungen (Absatz 1 Satz 1) 2

2.1 Antrag setzt die Einstellung auch voraus, wenn über das Vermögen des Schuldners das Insolvenzverfahren eröffnet ist; Prüfung der Einstellungsvoraussetzungen erfolgt auch im Verfahren gegen den Insolvenzverwalter nicht von Amts wegen (§ 30a Rdn 2.2). Antragsberechtigt ist der Insolvenzverwalter (Abs 1 Satz 1), im Sonderfall von Abs 2 auch der Schuldner. Der Verwalter hat bei Vollstreckung in das zur Insolvenzmasse gehörende Schuldnervermögen die Stellung des Schuldners[1]. Der Insolvenzschuldner (Grundstückseigentümer) hat keine Verfügungsgewalt über sein Vermögen; diese steht dem Insolvenzverwalter zu (InsO § 80 Abs 1). Der Schuldner des Insolvenzverfahrens ist daher, vom Ausnahmefall des Abs 2 abgesehen, nicht antragsberechtigt (so auch[2]) (auch nicht hilfsweise, wenn der Insolvenzverwalter keinen Antrag stellt). Der Insolvenzverwalter ist allen Beteiligten des Insolvenzverfahrens gegenüber verantwortlich (InsO § 60); er muß gewissenhaft die Lage prüfen und objektiv die Belange der Insolvenzgläubiger beachten. Besonderheit bei Eigenverwaltung: Rdn 8. Im Verbraucherinsolvenzverfahren (InsO § 304), damit im vereinfachten Insolvenzverfahren (InsO §§ 311–314), werden die Aufgaben des Insolvenzverwalters vom Treuhänder wahrgenommen (InsO § 313 Abs 1); er ist daher an Stelle des „Insolvenzverwalters" antragsberechtigt (§ 15 Rdn 23.13).

2.2 Der **Insolvenzverwalter** ist auch **antragsberechtigt,** wenn Eröffnung des Insolvenzverfahrens erst **nach Anordnung** der Zwangsversteigerung oder Zulas-

---

[1] OLG Braunschweig NJW 1968, 164 = OLGZ 1968, 62.
[2] AG Hannover Rpfleger 1987, 166; Dassler/Muth § 30 c Rdn 1.

sung des Beitritts erfolgt ist und der Grundstückseigentümer als (bisheriger) Vollstreckungsschuldner (jetzt Schuldner des Insolvenzverfahrens) die für ihn vor der Eröffnung des Insolvenzverfahrens laufende Frist für einen Antrag aus §§ 30a oder c versäumt hat oder wenn der Antrag des Schuldners auf Verfahrenseinstellung nach §§ 30a oder c vor Eröffnung des Insolvenzverfahrens abgewiesen wurde. Abs 1 regelt die Verfahrenseinstellung nach Eröffnung des Insolvenzverfahrens selbständig. Abgestellt ist auf die Wahrung der Belange der Insolvenzgläubiger an angemessener Masseverwertung, ungestörter Fortführung eines Unternehmens oder Veräußerung eines Betriebs sowie Zustandekommen und Erfüllung eines Insolvenzplans, nicht aber (wie im Falle des § 30a Abs 1) auf Interessen des schutzwürdigen Schuldners. Für Verfahrensschutz in der mit Eröffnung des Insolvenzverfahrens gegen den Insolvenzverwalter fortzusetzenden Versteigerung und sein eigenes Antragsrecht ist daher bedeutungslos, daß der Schuldner selbst früher Vollstreckungsschutz nach §§ 30a oder c (somit aus anderem Grund) nicht in Anspruch genommen hat oder mit seinem Antrag abgewiesen worden ist.

2.3 Sachliche Voraussetzung der Verfahrenseinstellung ist Eröffnung des Insolvenzverfahrens über das Vermögen des Schuldners und außerdem, daß entweder

a) eine Gläubigerversammlung, in der auf der Grundlage eines Berichts des Insolvenzverwalters über den Fortgang des Insolvenzverfahrens beschlossen wird (**Berichtstermin**, InsO § 29 Abs 1 Nr 1) **noch nicht stattgefunden** hat (Abs 1 Satz 1 Nr 1). In dem Berichtstermin sollen die verschiedenen Möglichkeiten für den Fortgang des Insolvenzverfahrens erörtert und entschieden oder näher untersucht werden, welche Möglichkeit wahrgenommen werden soll. Bis zum Berichtstermin ist daher auf Antrag einzustellen, ohne daß weitere Erfordernisse erfüllt sein müßten.

b) Oder: bei Entscheidung über den Antrag nach dem Berichtstermin (InsO § 29 Abs 1 Nr 1) das Grundstück nach dem Terminsergebnis im Insolvenzverfahren für eine **Fortführung des Unternehmens** oder für die Vorbereitung der **Veräußerung eines Betriebs** oder einer anderen Gesamtheit von Gegenständen **benötigt** wird (Abs 1 Satz 1 Nr 2).

c) Oder: bei Entscheidung nach Vorlage eines Insolvenzplans durch den Insolvenzverwalter (oder Schuldner; InsO § 218 Abs 1 Satz 1) die **Durchführung** des vorgelegten **Insolvenzplans gefährdet** würde (Abs 1 Satz 1 Nr 3). Dieser Einstellungsgrund beruht auf der gleichen Erwägung wie InsO § 233. Es soll nicht Grundstücksveräußerung ohne Rücksicht auf den vorgelegten Plan fortgesetzt und damit dem Plan die Grundlage entzogen werden können.

d) Schließlich: sonst durch die Versteigerung die angemessene **Verwertung der Insolvenzmasse** wesentlich erschwert würde (Abs 1 Satz 1 Nr 4). Das entspricht dem früher in § 30c Abs 1 Satz 1 (aF) bestimmten Einstellungserfordernis. Gefährdung der Durchführung des Insolvenzverfahrens wird insbesondere zu besorgen sein, wenn bei sofortiger Versteigerung ein erheblich geringerer Wert zu erwarten ist als bei einer späteren Veräußerung, wenn also eine Versteigerung „zur Unzeit" vermieden werden soll[3]. Es müssen demnach konkrete Anhaltspunkte für eine bessere freihändige Verwertung bestehen[4], nicht nur für eine andere Verwertung, sondern für eine wesentlich bessere; wenn zB der Insolvenzverwalter darlegt, daß er in ernsten Verkaufsverhandlungen mit einer Reihe Interessenten steht. Es liegt keine wesentliche Erschwerung der Massenverwertung vor, wenn die Gegenüberstellung der Renditen nicht eindeutig zugunsten des freihändigen Verkaufs spricht wie dann, wenn eine zu kalkulierende Minderung des Erlöses im Versteigerungsfall gegenüber dem Verkauf am freien Markt unter Berücksichtigung einer allgemeinen Steigerung der Grundstückspreise und der bis zum Abschluß der Veräu-

---

[3] Begründung BT-Drucks 12/2443, Seite 176 (zu § 187).
[4] LG Düsseldorf KTS 1956, 62; LG Ulm ZIP 1980, 477.

Einstweilige Einstellung während eines Insolvenzverfahrens   3   § 30d

ßerungsverhandlungen noch anfallenden Zinsen, Grundsteuern und sonstigen Unkosten nicht wesentlich ist[5]. Es ist keine wesentliche, zur Einstellung ausreichende Erschwerung, wenn der Rest der Insolvenzmasse bei seiner Verwertung durch die Zwangsversteigerung des Grundstücks nicht beeinflußt wird[6]. Es genügt auch nicht die Befürchtung, der Veräußerungserlös werde im Falle der Zwangsversteigerung des Grundstücks so gering sein, daß die Insolvenzmasse auch noch zur Befriedigung der in der Zwangsversteigerung ausfallenden absonderungsberechtigten Ansprüche dienen müsse[6]. Der Einstellungsantrag hat auch keine Aussicht[7], wenn (wegen angeblicher besserer Verwertbarkeit) der Insolvenzverwalter ein Anfechtungsrecht gegenüber den betreibenden Gläubigern der Zwangsversteigerung (weil Ansprüche anfechtbar erworben) beansprucht; damit wird gar nicht, wie für § 30d nötig wäre, eine bessere Verwertbarkeit der Masse behauptet; das angebliche Anfechtungsrecht richtet sich vielmehr gegen die Zulässigkeit der Zwangsversteigerung überhaupt, die aber vom Prozeßgericht zu klären ist, nicht vom Vollstreckungsgericht im Rahmen seines Einstellungsverfahrens.

Entgegenstehende Gläubigerinteressen (Absatz 1 Satz 2)   3

Besondere Gläubigerinteressen schließen die Verfahrenseinstellung auf Antrag des Insolvenzverwalters nach Absatz 1 Satz 2 aus. Grund: § 30a Rdn 5. Abzuwägen sind die Interessen des (vollstreckenden) Gläubigers gegenüber denen der übrigen Insolvenz-Gläubiger[8], nicht die Interessen der betreibenden Gläubiger gegenüber denen des Schuldners (Insolvenzschuldners). Es kann durchaus das Interesse eines einzelnen die Zwangsversteigerung betreibenden Gläubigers größer sein, weil er etwa die Versteigerung betreiben muß, um seinen eigenen Verpflichtungen gegenüber einem größeren Kreis schutzwürdiger Gläubiger nachkommen zu können[9]. Auf jeden Fall ist der Antrag abzulehnen, wenn die Hinauszögerung der Versteigerung dem betreibenden Gläubiger wirtschaftlich nicht zugemutet werden kann. In der Regel haben die Interessen der Insolvenzgläubiger-Gesamtheit das größere Gewicht[10]. Dem Gläubiger ist die Einstellung auf bestimmte Zeit bei möglicher, aber noch ungewisser späterer Verwertung des Grundstücks als Bauland dann jedenfalls nicht zumutbar, wenn sich seine Forderung jährlich um hohe Zinsen erweitert und nicht einmal sicher ist, ob seine bereits bestehende Forderung noch voll gedeckt werden kann[11]. Ihm kann die Versteigerung nicht zuzumuten sein, wenn der Insolvenzverwalter nach Eröffnung des Insolvenzverfahrens mit einem (gebotenen) Einstellungsantrag grundlos zugewartet und Verfahrenseinstellung dann erst zu Beginn des Versteigerungstermins oder erst im letzten Augenblick vor Verkündung des Zuschlags (erst nach Schluß der Versteigerung und Anhörung über den Zuschlag, § 74) gestellt hat[12]. Wirtschaftliche Verhältnisse des Gläubigers, die Einstellung als unzumutbar erweisen und Ablehnung des Einstellungsantrags gebieten, sind nicht nur eine schlechte Vermögenslage und Zahlungsschwierigkeiten. Unzumutbar verletzt werden die wirtschaftlichen Verhältnisse des Gläubigers auch, wenn auf späten Antrag des Insolvenzverwalters nach einem länger dauernden Versteigerungsverfahren die bei Beginn der Versteigerung mögliche oder bei Schluß der Versteigerung mit einem günstigen Meistgebot anstehende Befriedigung des Gläubigeranspruchs mit Verfahrenseinstellung noch unterbunden wird[12].

---

[5] LG Ulm ZIP 1980, 477.
[6] LG Berlin GrundE 1961, 159.
[7] AG München KTS 1970, 238; Schiffhauer BlGrBW 1971, 63 (XII).
[8] LG Ulm ZIP 1980, 477; AG Bremen ZIP 1980, 389; Stöber NZI 1998, 105 (IV), Jonas/Pohle, ZwVNotrecht, § 30c Anm 2c.
[9] Jonas/Pohle, ZwVNotrecht, § 30c Anm 2c.
[10] OLG Braunschweig NJW 1968, 164 = OLGZ 1968, 62.
[11] AG Bremen ZIP 1980, 389.
[12] Stöber NZI 1998, 105 (III 2b); Knees ZIP 2001, 1568 (III 2.2.2).

4 Einstellung auf Schuldnerantrag (Absatz 2)

Auf **Antrag des Schuldners** ist die Zwangsversteigerung einstweilen einzustellen, wenn **er einen Insolvenzplan vorgelegt** hat (InsO § 218 Abs 1 Satz 1) und dieser nicht nach InsO § 231 von Amts wegen zurückgewiesen worden ist. Damit ist der Bestimmung Rechnung getragen, daß auch der Schuldner, nicht nur der Insolvenzverwalter (Rdn. 2.3), zur Vorlage eines Insolvenzplans berechtigt ist. Voraussetzung für Einstellung auf Schuldnerantrag ist ebenso, daß durch Versteigerung die Durchführung des vorgelegten Insolvenzplans nicht gefährdet wird (Abs 2 mit Abs 1 Satz 1 Nr 3). Ausgeschlossen ist auch Einstellung auf Schuldnerantrag, wenn sie dem Gläubiger unter Berücksichtigung seiner wirtschaftlichen Verhältnisse nicht zuzumuten ist (Abs 2 mit Abs 1 Satz 2). Vorlage eines Insolvenzplans nur durch den Verwalter begründet kein Antragsrecht des Schuldners nach Abs 2. Antragsberechtigt ist der Schuldner jedoch, wenn er zugleich (oder zusammen) mit dem Insolvenzverwalter einen Insolvenzplan vorgelegt hat.

5 Einstellungsverfahren (Absatz 3)

5.1 Der **Antrag** des Insolvenzverwalters im Falle des Abs 1 und der Antrag des Schuldners im Falle von Abs 2 müssen nicht in einer 2-Wochenfrist gestellt werden; § 30b Abs 1 gilt nach Abs 3 nicht entsprechend. Damit entfällt zugleich die Antragsbelehrung des Insolvenzverwalters[13]. Zulässig ist der Antrag bis unmittelbar vor Zuschlagsentscheidung[14] (verspätete Antragstellung kann jedoch Ablehnung gebieten, Rdn 3). Nach Schluß der Versteigerung kann, wenn ein Gebot abgegeben ist, nur noch nach § 33 durch Erteilung oder Versagung des Zuschlags entschieden werden[15]. Wurde der Antrag kurz vor dem Versteigerungstermin oder erst in diesem gestellt, so kann die Entscheidungsverkündung auch über eine Woche hinausgeschoben werden (§ 33 Rdn 2, § 87 Rdn 3). Nach Erteilung des Zuschlags kann Einstellung (wie im Falle des § 30b; dort Rdn 3.7) nicht mehr verlangt werden.

5.2 Der Antrag des Insolvenzverwalters, im Falle von Abs 2 der Antrag des Schuldners, muß als Rechtsbehelf die Vollstreckungssache und das **Einstellungsbegehren** auf der Grundlage des § 30d **erkennbar** machen. Als Einstellungsgründe muß er die Tatsachen darstellen, die er in § 30d die Einstellung rechtfertigen. Einzelheiten § 30b Rdn 3.2. Für den **Verzicht** des Insolvenzverwalters auf Vollstreckungsschutz aus § 30d muß gelten, was für den Verzicht des Schuldners gesagt ist (§ 30a Rdn 8). Vereinzelt wird Verzicht für zulässig erachtet[16]. Zulässig ist jedoch lediglich Verfahrensfortsetzung mit Zustimmung des Insolvenzverwalters (§ 30f Abs 1 Satz 1).

5.3 Für das **Verfahren** zur Entscheidung über den Einstellungsantrag des Insolvenzverwalters (im Falle des Abs 2 des Schuldners) gelten Abs 2–4 des § 30b entsprechend (Abs 3). Es gelten somit auch die allgemeinen Grundsätze des ZPO-Verfahrens. Der Insolvenzverwalter (Schuldner) hat die seinen Einstellungsantrag nach Abs 1 (Abs 2) rechtfertigenden Tatsachen vorzutragen[17]. Dazu § 30b Rdn 4.

5.4 Für die **Anhörung** von Gläubiger und Insolvenzverwalter (im Falle von Abs 2: des Schuldners) gelten über den anzuwendenden § 30b die Grundsätze wie für den Schuldner bei § 30a (Abs 3). Vor der Entscheidung über den Einstellungsantrag sind also der Gläubiger und der Insolvenzverwalter (im Falle des Abs 2 der Schuldner) zu hören (§ 30b Abs 2 Satz 2), vor der Entscheidung über die Be-

---

[13] Stöber NZI 1998, 105 (IV 2).
[14] AG Hamburg-Wandsbek Rpfleger 1967, 15 mit zust Anm Stöber; Hintzen Rpfleger 1999, 256 (259).
[15] Stöber Rpfleger 1967, 15 (Anmerkung).
[16] Mohrbutter KTS 1961, 103 (IV).
[17] LG Schwerin WM 1996, 887.

Einstweilige Einstellung während eines Insolvenzverfahrens 5.8 § **30d**

schwerde der Beschwerdegegner (§ 30 b Abs 3 Satz 1). Dazu § 30 b Rdn 4.2; zum rechtlichen Gehör auch Einl Rdn 46.

5.5 Für Einstellung der Zwangsversteigerung erfordert Abs 3, daß die **Voraussetzungen glaubhaft gemacht** sind (Abs 3). Damit ist der in Bezug genommene § 30 b Abs 2 Satz 3 modifiziert[18]. Glaubhaft zu machen hat der Insolvenzverwalter (im Falle von Abs 2 der Schuldner) die Voraussetzungen für die Einstellung daher, ohne daß das vom Gericht gesondert verlangt werden müßte; auf fehlende Glaubhaftmachung ist jedoch hinzuweisen (ZPO § 139). Bloße Behauptung, die Verwertung der Insolvenzmasse werde durch die Zwangsversteigerung erschwert, genügt nicht (für diese Erleichterung ist[19] zu Unrecht). Der Gläubiger hat auf Verlangen des Gerichts (§ 30 b Abs 2 Satz 3 ist insoweit ohne Einschränkung in Bezug genommen) glaubhaft zu machen, daß eine Einstellung ihm nach Abs 1 Satz 2 nicht zuzumuten ist.

5.6 Einzustellen ist nach dem **Einstellungsgrund** der Nrn 1–4 des Abs 1, der **zur Zeit der Entscheidung** über den Antrag – nicht zur Zeit der Antragstellung –, damit auch bei Entscheidung über die Beschwerde, erfüllt ist[20]. Zurückgewiesen werden kann ein (zulässiger) Antrag als unbegründet daher nur, wenn bei Entscheidung keiner der Einstellungsgründe der Nrn 1–4 des Abs 1 Verfahrenseinstellung rechtfertigt[20]. Unerheblich bleibt, daß der Einstellungsantrag zunächst auf einen bestimmten (einzelnen) Einstellungsgrund gestützt war[20]. Rechtsschutzbegehren des Insolvenzverwalters ist die einstweilige Einstellung der Zwangsversteigerung. Begründet ist der Einstellungsantrag daher, wenn nach dem Tatsachenvortrag eine anzuwendende Rechtsnorm bei Beschlußfassung die Einstellung rechtfertigt[20]. Wenn der Insolvenzverwalter Einstellung nach Abs 1 Nr 1 verlangt, weil ein Berichtstermin nach InsO § 29 Abs 1 Nr 1 noch bevorsteht, kann der Antrag nach Durchführung des Berichtstermins daher nicht als gegenstandslos („erledigt") angesehen und nicht zurückgewiesen werden, wenn das Grundstück bei Entscheidung für die Unternehmensfortführung benötigt wird (Abs 1 Nr. 2). Neuer Einstellungsantrag für diesen weiteren Einstellungsgrund ist daher nicht erforderlich[20]; auf den (früheren) Antrag ist vielmehr nach Nr 2 des Abs 1 einzustellen[20]. Für die diese Einstellung rechtfertigenden Tatsachen hat der Insolvenzverwalter jedoch die Darlegungspflicht und die Verpflichtung zur Glaubhaftmachung[20]. Daher gebietet auch ZPO § 139, dem Insolvenzverwalter (erforderlichenfalls) Gelegenheit zur weiteren Begründung seines Einstellungsantrags zu geben[20]. Entsprechendes muß für Entscheidung erst nach Eröffnung des Insolvenzverfahrens über den Antrag des vorläufigen Verwalters (Abs 3) gelten; auch die Einstellung nur aus den Gründen des Abs 1 kann daher keinen nochmaligen Antrag des Insolvenzverwalters erfordern, setzt aber Vortrag der Tatsachen voraus (keine Ermittlung von Amts wegen), die Einstellung nur aus einem der Gründe des Abs 1 rechtfertigen.

5.7 Mündliche Verhandlung kann das Gericht bei einem Einstellungsantrag des Insolvenzverwalters wie bei einem Antrag des Schuldners ansetzen (Abs 2 und § 30 b Abs 2 Satz 2). Dazu § 30 b Rdn 4.4 und 4.5.

5.8 Die Entscheidung ergeht durch **Beschluß** (Abs 2 mit § 30 b Abs 2 Satz 1; entspricht ZPO § 764 Abs 3), der zu begründen ist (Einl Rdn 28). Anzuordnen ist die einstweilige Einstellung nach § 30 d ohne Angabe einer Frist[21]. Eine Kostenentscheidung ist nicht nötig (§ 30 b Rdn 5.2). Nach Schluß der Versteigerung kann, wenn ein Gebot abgegeben ist, nur noch durch Versagung des Zuschlags eingestellt werden (Rdn 5.1). Rechtsbehelfe: § 30 b Rdn 9.

---

[18] Bericht des Rechtsausschusses, BT-Drucks 12/7303, Seite 108.
[19] Bittmann KTS 1961, 106.
[20] Stöber NZI 1998, 105 (IV 2 c).
[21] Jonas/Pohle, ZwVNotrecht, § 30 c Anm 3; Drischler Rpfleger 1956, 91; Mohrbutter KTS 1961, 103 (V).

5.9 Zustellungen erfolgen nur an den Insolvenzverwalter, wenn dieser Antrag gestellt hat (Abs 3), im Falle von Abs 2 (nur) an den Schuldner.

5.10 Mehrere Gläubiger vollstrecken mit ihren Einzelforderungen selbständig in das zur Insolvenzmasse gehörende Schuldnergrundstück. Auch Vollstreckungsschutz nach § 30 d muß daher der Insolvenzverwalter oder (im Falle von Abs 2) der Schuldner in jedem selbständigen Vollstreckungsverfahren beantragen und für jedes Gläubigerverfahren geprüft und angeordnet werden. Dazu § 30 b Rdn 6.

6 Einstellung vor Eröffnung des Insolvenzverfahrens (Absatz 4)

6.1 Bereits im Insolvenz-**Eröffnungsverfahren** (InsO § 13 Abs 1) ist die einstweilige Einstellung der Zwangsversteigerung möglich, wenn ein **vorläufiger Verwalter** (InsO § 21 Abs 2 Nr 1) bestellt ist; dem gleich ist Bestellung eines vorläufigen Treuhänders im Verbraucherinsolvenzverfahren (InsO § 306 Abs 2, § 313 Abs 1). Auf dessen Antrag ist die Zwangsversteigerung einstweilen einzustellen, wenn diese zur Verhütung nachteiliger Veränderungen in der Vermögenslage des Schuldners erforderlich ist (Abs 4). Das muß glaubhaft gemacht sein. Der Einstellungsgrund entspricht dem für Mobiliarvollstreckung in InsO § 21 Abs 1, Abs 2 Nr 3 angeführten. Eine Frist für die Antragstellung besteht nicht. Antragsberechtigt ist auch der sogen „schwache" Insolvenzverwalter (§ 15 Rdn 23.1 a aE).

6.2 Einstellung der Zwangsversteigerung auf Antrag des vorläufigen Verwalters (Treuhänders) soll bereits **vor Eröffnung** des Insolvenzverfahrens (somit vorweg) **Schutz** der Gläubigergesamtheit an ungestörter Insolvenzabwicklung sichern[22]. Als vorweggenommene Wahrung der Interessen der Gläubiger kann die Schutzwürdigkeit daher nicht weiter ausgedehnt sein als die Wahrung dieser Gläubigerbelange nach Eröffnung des Insolvenzverfahrens[22]. Daher muß auch das Einstellungsinteresse des vorläufigen Verwalters überragenden Belangen des (absonderungsberechtigt) vollstreckenden Gläubigers weichen. Auch Einstellung auf Antrag des vorläufigen Verwalters kann daher nach Abs 1 Satz 2 (jedenfalls in entsprechender Anwendung) nicht angeordnet werden, wenn sie dem Gläubiger unter Berücksichtigung seiner wirtschaftlichen Verhältnisse nicht zuzumuten ist[23].

6.3 Einzustellen ist auf Antrag des vorläufigen Insolvenzverwalters nicht nur eine auf Antrag eines **absonderungsberechtigten Gläubigers** betriebene Zwangsversteigerung, sondern auch eine Zwangsversteigerung, die auf Antrag eines (späteren) **Insolvenzgläubigers** angeordnet ist. Vollstreckungsverbot (InsO § 89 Abs 1) und Rückschlagsperre (InsO § 88) erlangen damit bereits im Eröffnungsverfahren Bedeutung. Mit Einstellung der von einem (im Verfahren) Absonderungsberechtigten betriebenen Zwangsversteigerung wird dessen Recht, ebenso wie nach Eröffnung des Insolvenzverfahrens mit Einstellung nach Abs 1, bereits im Eröffnungsverfahren beschränkt. Die vorzeitige Verwertung des in die Insolvenzmasse fallenden Grundstücks soll im Interesse einer reibungslosen Abwicklung des Insolvenzverfahrens verhindert werden.

7 Muster für Entscheidung

Für die Einstellung kann die Entscheidung etwa lauten: „**Beschluß:** Das Zwangsversteigerungsverfahren aus dem Anordnungs-/Beitritts-Beschluß vom ... (Gläubiger ...) und vom ... (Gläubiger ...) wird auf Antrag des Insolvenzverwalters gemäß § 30 d Abs 1 ZVG einstweilen eingestellt. Gründe: ..."

8 Schuldner bei Eigenverwaltung

Bei **Eigenverwaltung** unter Aufsicht eines Sachwalters bleibt der Schuldner verwaltungs- und verfügungsbefugt (§ 270 Abs 1 Satz 1); das Recht zur Verwertung

---

[22] Stöber NZI 1998, 105 (IV 1 d).
[23] Stöber NZI 1998, 105 (IV 1 d); Knees ZIP 2001, 1568 (II 2.2.2).

von Gegenständen, an denen Absonderungsrechte bestehen, steht dem Schuldner zu (InsO § 282 Abs 1 Satz 1). Der Schuldner hat daher auch das Recht des Insolvenzverwalters, Antrag auf einstweilige Einstellung der Zwangsversteigerung nach Abs 1 zu stellen. Auch bei Ausarbeitung eines Insolvenzplans durch den Sachwalter (InsO § 284 Abs 1) sollte nicht dieser, sondern der verwaltungs- und verfügungsbefugte Schuldner nach Abs 1 Nr 3 antragsberechtigt sein.

Verhältnis zu §§ 30, 30a, 30c 9

9.1 Vollstreckungsverfahren werden durch die Eröffnung des Insolvenzverfahrens **nicht** nach ZPO § 240 **unterbrochen** (dazu Einl Rdn 27). Daher wird auch eine bei Eröffnung des Insolvenzverfahrens schon angeordnete Einstellung aus § 30 nicht hinfällig und eine Einstellung nach § 30a nicht unterbrochen[24]; sie läuft, wie angeordnet, weiter. Verfahrenshandlungen unterbleiben in dem bereits eingestellten Verfahren auch weiterhin[24]. (Nochmalige) Verfahrenseinstellung auf Antrag des Insolvenzverwalters (Abs 1) ist daher in dieser Zeit nicht anzuordnen[25]. Fortsetzung der nach § 30 oder § 30a angeordneten Einstellung kann der (absonderungsberechtigte) Gläubiger auch nach Eröffnung des Insolvenzverfahrens in der Frist des § 31 ohne Angabe von Gründen und ohne Zustimmung des Insolvenzverwalters beantragen. Für vereinzelte (früher) abweichende Ansicht[26], daß das nach § 30a eingestellte Verfahren nur mit Zustimmung des Insolvenzverwalters fortgesetzt werden könnte, fehlt eine gesetzliche Grundlage; Wahrung der Interessen des Insolvenzverfahrens gewährleistet § 30d.

9.2 Nach Fortsetzung des eingestellt gewesenen Verfahrens kann der Insolvenzverwalter, im Falle von Abs 2 der Schuldner, **Antrag** stellen, die Zwangsversteigerung nun nach Abs 1 oder 2 **einstweilen einzustellen.** Der Antrag muß nicht in einer 2-Wochenfrist gestellt werden; § 30b Abs 1 gilt nicht entsprechend (Abs 3). Damit entfällt zugleich eine Antragsbelehrung des Insolvenzverwalters (und des Schuldners).

9.3 § 30d gibt einen von anderen Einstellungsgründen unabhängigen, **selbständigen Einstellungsgrund** für Vollstreckungsschutz nach Eröffnung des Insolvenzverfahrens sowie bei Bestellung eines vorläufigen Verwalters. Keine Bedeutung für das Antragsrecht und die Einstellung aus einem der Gründe des § 30d erlangt daher, ob das Versteigerungsverfahren bereits gemäß § 30a einmal oder nach § 30c erneut einmal eingestellt war[27]. § 30c findet (im Gegensatz zur früheren Regelung im vormaligen § 30d für Einstellung auf Antrag des damaligen Konkursverwalters) keine Anwendung.

9.4 Verhältnis zu ZPO § 765a: Einl Rdn 61.

Vollstreckungsschutz auf Schuldnerantrag nach Beendigung des Insolvenzverfahrens 10

10.1 Mit **Beendigung des Insolvenzverfahrens** (Aufhebung, InsO § 200 Abs 1, § 258 Abs 1, oder Einstellung, InsO § 207 Abs 1, §§ 212, 213) enden Rechte und Pflichten des Insolvenzverwalters; der Schuldner erlangt wieder das Verwaltungs- und Verfügungsrecht über sein Grundstück, das zur Insolvenzmasse gehört hat. Gleiches gilt bei **Freigabe** des Grundstücks aus der Insolvenzmasse durch den Insolvenzverwalter. In dem fortzusetzenden Versteigerungsverfahren ist der Schuldner wieder selbst Verfahrensbeteiligter. Schutz gegen Zwangsverwertung des Grundstücks mit Verfahrenseinstellung kann daher nur wieder von ihm verlangt werden.

---

[24] Stöber NZI 1998, 105 (I 3a).
[25] Stöber NZI 1998 105 (I 3b).
[26] Jonas/Pohle, ZwVNotrecht, § 30c Anm 4; Mohrbutter KTS 1961, 103 (IV).
[27] Stöber NZI 1998, 105 (III 1e).

§ 30d 10.2   Anordnung der Versteigerung

10.2 § 30 c bietet jedoch keine Grundlage für (erneute) Einstellung auf Antrag des Schuldners des nach Aufhebung einer Insolvenzeinstellung fortzuführenden Versteigerungsverfahrens[28]. Einmalige Einstellung ermöglicht § 30 c nur, wenn das fortzusetzende Verfahren gemäß § 30 a eingestellt war. Einstellung des Verfahrens aus anderem Grund, somit wegen eines Insolvenzverfahrens nach § 30 d, erfüllt die Voraussetzungen erneuter Einstellung nach § 30 c nicht[28].

10.3 Grundlage für Verfahrenseinstellung auf Antrag des Schuldners bietet **nur § 30 a** (im Wiederholungsfall mit § 30 c). Weil jedoch vom **Schuldner Antrag** auf Verfahrenseinstellung auch nach Beendigung des Insolvenzverfahrens oder Freigabe des Grundstücks aus der Insolvenzmasse **nur in der Notfrist** von zwei Wochen (§ 30 b Abs 1) gestellt werden kann, gilt:

a) Wenn nach Anordnung der Zwangsversteigerung oder Zulassung des Beitritts **vor Eröffnung des Insolvenzverfahrens** die **Notfrist** von zwei Wochen des § 30 b für Antragstellung **bereits abgelaufen** ist und Einstellungsantrag nicht gestellt wurde oder wenn ein Schuldnerantrag vor Eröffnung des Insolvenzverfahrens bereits abgelehnt wurde, ist nochmaliger Antrag des Schuldners auf Einstellung des Verfahrens ausgeschlossen.

b) Wenn nach Anordnung der Zwangsversteigerung oder Zulassung des Beitritts **vor Ablauf der Antragsfrist** des § 30 b Abs 1 das **Insolvenzverfahren** eröffnet wurde, konnte die Frist für Stellung des Schuldnerantrags auf Verfahrenseinstellung nicht ablaufen (kein Fall von ZPO § 249). Das ermöglicht es dem Schuldner, in dem fortzusetzenden Verfahren Einstellung nach § 30 a (noch) zu verlangen[29]. Unerheblich ist dann, ob während des Insolvenzverfahrens Einstellung nach § 30 d erfolgt war oder ein Einstellungsantrag des Insolvenzverwalters abgelehnt worden ist. Das Antragsrecht des Schuldners besteht selbständig; es ist nicht vom Insolvenzverwalter als Vollstreckungsschuldner bis zur Beendigung des Insolvenzverfahrens oder Freigabe des Grundstücks abgeleitet. Beantragt werden muß diese Einstellung jedoch vom Schuldner in der Notfrist von zwei Wochen des § 30 b Abs 1 Satz 1.

c) Wenn erst **nach Eröffnung des Insolvenzverfahrens** zur abgesonderten Befriedigung die Zwangsversteigerung gegen den Insolvenzverwalter **angeordnet** oder der Beitritt zugelassen (§ 27) worden ist, konnte Einstellung nach § 30 a vom Schuldner noch nicht verlangt werden. Die Notfrist des § 30 b Abs 1 für Stellung eines Einstellungsantrags durch den Schuldner war dann noch nicht in Lauf gesetzt. Das Recht des Schuldners, Verfahrenseinstellung nach § 30 a zu beantragen, ist daher noch nicht ausgeschlossen[29]. Auf Antrag des Schuldners kann die Versteigerung nach § 30 a Abs 1 daher eingestellt werden. Ohne Bedeutung ist auch hier, ob während des Insolvenzverfahrens Einstellung nach § 30 d erfolgt war oder ein Einstellungsantrag des Insolvenzverwalters abgelehnt worden ist (wie Abs b). Beantragt werden muß diese Einstellung vom Schuldner binnen einer Notfrist von zwei Wochen; diese beginnt mit Zustellung der hinweisenden Verfügung.

10.4 Auf sein **Antragsrecht** (sofern es nicht bereits ausgeschlossen ist), den Fristbeginn und die Rechtsfolgen eines fruchtlosen Fristablaufs ist der Schuldner nach Beendigung des Insolvenzverfahrens oder Freigabe des Grundstücks aus der Insolvenzmasse **hinzuweisen** (§ 30 b Abs 1). Wenn nur noch einmal erneute Einstellung nach § 30 c erfolgen kann, hat Belehrung nach § 30 c Abs 1 Satz 2 mit § 30 b Abs 1 zu erfolgen. Der Hinweis ist bei Verfahrensfortsetzung gegen den Schuldner nach Beendigung des Insolvenzverfahrens oder Freigabe des Grundstücks (damit Aufhebung der einstweiligen Einstellung nach § 30 f) zuzustellen (§ 30 b Abs 1, auch § 30 c Abs 2 Satz 2).

---

[28] Stöber NZI 1998, 105 (IV 3a).
[29] Stöber NZI 1998, 105 (IV 3b).

Auflagen bei Einstellung infolge eines Insolvenzverfahrens 2.1 § 30e

10.5 Ein **Antrag** des Schuldners auf einstweilige Einstellung des Verfahrens, der in der Notfrist des § 30 b Abs 1 noch **vor Eröffnung des Insolvenzverfahrens** gestellt worden ist, bei Eröffnung des Insolvenzverfahrens aber noch unerledigt ist, wird nach Eröffnung des Insolvenzverfahrens nicht mehr entschieden. Der Antrag wird aber mit Eröffnung des Insolvenzverfahrens und Fortsetzung der Zwangsversteigerung gegen den Insolvenzverwalter nicht gegenstandslos. Wenn das Versteigerungsverfahren nach Beendigung des Insolvenzverfahrens oder Freigabe des Grundstücks aus der Insolvenzmasse gegen den Schuldner fortgesetzt wird, ist über seinen Antrag aus § 30 a (oder § 30 c) daher zu entscheiden. Vor der Entscheidung ist auch der Schuldner (nochmals) zu hören (§ 30 b Abs 2 Satz 2); ihm ist insbesondere Gelegenheit zu geben, die für Einstellung nach Verfahrensfortsetzung sprechenden Gründe vorzubringen.

[Auflagen bei Einstellung infolge eines Insolvenzverfahrens]

30e (1) **Die einstweilige Einstellung ist mit der Auflage anzuordnen, daß dem betreibenden Gläubiger für die Zeit nach dem Berichtstermin nach § 29 Abs. 1 Nr. 1 der Insolvenzordnung laufend die geschuldeten Zinsen binnen zwei Wochen nach Eintritt der Fälligkeit aus der Insolvenzmasse gezahlt werden. Ist das Versteigerungsverfahren schon vor der Eröffnung des Insolvenzverfahrens nach § 30 d Abs. 4 einstweilen eingestellt worden, so ist die Zahlung von Zinsen spätestens von dem Zeitpunkt an anzuordnen, der drei Monate nach der ersten einstweiligen Einstellung liegt.**
(2) **Wird das Grundstück für die Insolvenzmasse genutzt, so ordnet das Gericht auf Antrag des betreibenden Gläubigers weiter die Auflage an, daß der entstehende Wertverlust von der Einstellung des Versteigerungsverfahrens an durch laufende Zahlungen aus der Insolvenzmasse an den Gläubiger auszugleichen ist.**
(3) **Die Absätze 1 und 2 gelten nicht, soweit nach der Höhe der Forderung sowie dem Wert und der sonstigen Belastung des Grundstücks nicht mit einer Befriedigung des Gläubigers aus dem Versteigerungserlös zu rechnen ist.**

Allgemeines zu § 30 e

1

Zweck der Vorschrift ist es, zu verhindern, daß durch die einstweilige Einstellung der wirtschaftliche Wert des Rechts des betreibenden Gläubigers vermindert wird. Der Gläubiger soll durch den Zeitablauf im Grundsatz keinen Schaden erleiden[1].

Einstweilige Einstellung mit Zins-Zahlungsauflage (Absatz 1)

2

2.1 Abs 1 gebietet, die Einstellung mit der **Anordnung** zu verbinden, daß dem beitreibenden Gläubiger **laufend** die geschuldeten **Zinsen** binnen zwei Wochen nach Eintritt der Fälligkeit aus der Insolvenzmasse **zu zahlen sind** (Abs 1 Satz 1). Die Anordnung ist stets von Amts wegen zu treffen (kein Ermessen); Antrag des Gläubigers erfordert sie nicht. Anzuordnen ist die Zinszahlung für die **Zeit nach dem Berichtstermin** (InsO § 29 Abs 1 Nr 1). Erfolgt Einstellung bereits im Eröffnungsverfahren auf Antrag des vorläufigen Verwalters (§ 30 d Abs 4), dann ist die Zahlung der Zinsen von dem Zeitpunkt an anzuordnen, der drei Monate nach der einstweiligen Einstellung liegt, wenn der Berichtstermin erst nach diesem Zeitpunkt stattfindet (Abs 1 Satz 2). Es soll damit vermieden werden, daß laufende Zinszahlungen an den Gläubiger länger als drei Monate unterbleiben. Einstellungen auf Schuldnerantrag nach §§ 30a, c vor Stellung eines Insolvenzantrags erlan-

---

[1] Begründung BT-Drucks 12/2443, Seite 176 (zu § 188).

§ 30e 2.1 Anordnung der Versteigerung

gen für Zinsbeginn keine Bedeutung. Anzuordnen ist die Zahlung der für die Zeit nach dem maßgeblichen Termin **laufend geschuldeten Zinsen,** nicht der danach fällig werdenden Zinsen. Zinsen für den Zahlungszeitraum, in denen der Berichtstermin oder Ablauf der 3-Monatsfrist (die Beschlagnahme oder Verfahrensfortsetzung) fällt, sind daher entsprechend BGB § 103 nach dem Verhältnis der Zeitdauer aufzuteilen. Zahlung von Zinsen für die Zeit vor dem Berichtstermin kann demnach nicht bedungen werden. Zinsen, deren Zahlung an den Gläubiger nicht erfolgt, behalten ihren Anspruch auf Befriedigung aus dem Grundstück nach § 10 Abs 1. Auflage, daß Zinsen auch an (vor- oder nachrangige) Beteiligte zu zahlen wären, die nicht selbst in das Grundstück vollstrecken, die mithin von der Einstellung nicht betroffen sind, ermöglicht Abs 1 nicht.

2.2 Abgestellt ist auf **Zinsen,** die als Nebenleistung des vollstreckten Anspruchs dem betreibenden Gläubiger nach § 10 Abs 1 ein **Recht auf Befriedigung aus dem Grundstück** gewähren. Daß auch wegen solcher Zinsen in das Grundstück vollstreckt wird, ist für den betreibenden Grundpfandgläubiger nicht erfordert. Zinszahlung ist daher auch zu bedingen, wenn zB der Gläubiger einer Grundschuld (Recht nach § 10 Abs 1 Nr 4) nur den Hauptsacheanspruch vollstreckt. Wird nur wegen eines **Teils** des Grundpfandrechts vollstreckt (§ 16 Rdn 3.4 b), sind laufend geschuldete Zinsen des betreibenden Gläubigers nur die als Nebenleistungen des vollstreckten Teilbetrags zu berechnenden Zinsen; angeordnet werden kann daher nur Zahlung der für diesen Teilbetrag geschuldeten Zinsen[2]. Zinsen einer **Grundschuld** sind die von der Grundschuldsumme zu berechnenden wiederkehrenden Leistungen (BGB § 1192 Abs 2); sie gewähren ein Recht auf Befriedigung aus dem Grundstück. Anspruch auf sie hat der Gläubiger unabhängig von der nach schuldrechtlicher Abrede gesicherten Forderung, damit auch, wenn Forderungszinsen geringer oder nicht geschuldet sind (§ 114 Rdn 7.6 d und e). Es ist daher Bestimmung zu treffen, daß diese (dinglichen) Grundschuldzinsen[3] zu zahlen sind; Beschränkung dieser (dinglichen) Zinsen des betreibenden Gläubigers auf die Höhe der Forderungszinsen schließt die abstrakte Rechtsnatur der Grundschuld ebenso aus wie Anordnung, daß Forderungszinsen zu zahlen sind (Forderungszinsen wären bei Sicherung einer Kontokorrentforderung überdies nicht feststellbar). Vermieden wird Wertminderung des Gläubigerrechts mit Verschlechterung der Befriedigungschance durch weitere anwachsende Zinsen (zu diesem Zweck der Zahlungsauflage Rdn 1, auch 2.1) auch nur mit Zahlung der Grundschuldzinsen; bei Zahlung nur der Forderungszinsen würden die Grundschuldzinsen nicht erlöschen (BGB § 1178 Abs 1 mit § 1192). Werden nur (fällige, ZPO § 751 Abs 1) Hypotheken- oder Grundschuldzinsen vollstreckt, sind (weiter fällig werdende) Zinsen Nebenleistungen des nicht vollstreckbaren Kapitalbetrags, damit nicht Anspruch des betreibenden Gläubigers. Zahlungsanordnung auch für solche Zinsen ermöglicht Abs 1 Satz 1 daher nicht. **Verzugszinsen** begründen bei Anfall als wiederkehrende Leistungen ein Recht auf Befriedigung in Rangklasse 4 des § 10 Abs 1; einstweilige Einstellung gebietet daher auch Anordnung ihrer Zahlung[4]. Andere wiederkehrende Nebenleistungen und Tilgungsanteile einer Annuitätenhypothek[5] sind Zinsen nicht gleich; ihre Zahlung kann nach Abs 1 Satz 1 nicht angeordnet werden. Wiederkehrende Leistungen einer **Reallast** (auch einer Erbbauzins-Reallast) vollstreckt der Gläubiger wie rückständige Hypothekenzinsen (BGB §§ 1107, 1147) ohne das Stammrecht (die Reallast als Grundstücksbelastung, BGB § 1105). Die während des Verfahrens weiter fällig werdenden Reallastleistungen entspringen als Einzelleistungen

---

[2] LG Göttingen NZI 2000, 186 = Rpfleger 2000, 228.
[3] So auch Hintzen Rpfleger 1999, 256 (260); Alff Rpfleger 2000, 228 (Anmerkung); aA LG Göttingen NZI 2000, 186 = aaO; LG Stade Rpfleger 2002, 472; Knees ZIP 2001, 1568 (III 2.2.2.1).
[4] LG Göttingen NZI 2000, 186 = aaO; Wenzel NZI 1999, 101 (102).
[5] Wenzel NZI 2000, 101 (102).

Auflagen bei Einstellung infolge eines Insolvenzverfahrens   3.1 § 30e

dieser nicht vollstreckten Grundstücksbelastung (der Reallast als Stammrecht), sind somit nicht dem betreibenden Gläubiger laufend geschuldete Nebenleistungen seiner Vollstreckungsforderung. Zahlungsanordnung auch für fortlaufende Realleistungen ermöglicht Abs 1 Satz 1 daher nicht. Für den Gläubiger eines **persönlichen Anspruchs** (§ 10 Abs 1 Nr 5) kann nur Zahlung der Zinsen bedungen werden, für die infolge Beschlagnahme (Anordnung oder Zulassung des Beitritts) ein Recht auf Befriedigung aus dem Grundstück erlangt ist. Teilzahlungen können dem Schuldner nicht aufgegeben werden.

2.3 Aufzugeben ist die Zahlung der Zinsen **binnen zwei Wochen** nach Eintritt der Fälligkeit (Abs 1 Satz 1). Die erste Zinszahlung hat bei Einstellung schon vor dieser Zeit daher Zinsen vom Tag nach dem Berichtstermin (dem sonstigen Anfangstermin) bis zum Ende des Zinszahlungszeitraums zu umfassen. Fälligkeitszeitpunkt: § 13 Rdn 2.5. Fehlt es an einem Fälligkeitstermin, sind die Zinsen fortlaufend zu erbringen (§ 13 Rdn 2.4); es sollte aber dem Zweck von Abs 1 nicht widersprechen, wenn dann periodische Zahlung (zB an jedem Monatsersten nachträglich) angeordnet wird. Folge der Nichtzahlung oder eines Zahlungsverzugs: § 30f Abs 1. Die Einstellung ist demnach aufzuheben, wenn Auflagen nicht beachtet werden; daß sie (von selbst) außer Kraft tritt, wenn Leistungen nicht bewirkt werden, kann daher im Einstellungsbeschluß nicht bestimmt werden.

2.4 Nach dem Zweck der Zahlungsauflage, zu verhindern, daß durch die einstweilige Einstellung der wirtschaftliche Wert des Rechts des betreibenden Gläubigers vermindert wird (Rdn 1), soll der in Abs 1 vorgesehene Zahlungsbeginn sicherstellen, daß der Gläubiger höchstens drei Monate lang am Zwangszugriff gehindert ist, ohne laufende Zinszahlungen zu erhalten[6]. Dieser Gesetzeszweck gebietet und rechtfertigt Anordnung **nicht**, daß bei Einstellung erst nach dem Berichtstermin auch **rückständige Zinsen** zu zahlen sind. Bei Einstellung erst nach dem Berichtstermin wie zB dann, wenn der absonderungsberechtigte Gläubiger erst später die Zwangsversteigerung beantragt hat oder einem Verfahren beigetreten ist, aber auch dann, wenn in einem laufenden Verfahren Einstellungsantrag erst später gestellt wurde, kann daher nur Zahlung der von dieser Einstellung an laufend geschuldeten Zinsen nach Abs 1 anzuordnen sein. Abzustellen für den Zinsbeginn ist dann mithin auf den Tag der Bekanntmachung des Einstellungsbeschlusses an den Insolvenzverwalter (im Falle von § 30d Abs 2 an den Schuldner); dieser Tag wird in die 2-Wochenfrist nicht eingerechnet (BGB § 187 Abs 1).

2.5 Daß die Anordnung von Amts wegen zu treffen ist (Rdn 2.1) schließt nicht aus, daß der Gläubiger Bestimmung trifft, von einer Anordnung nach Abs 1 **abzusehen** oder nur Zahlung eines zeitlich oder betragsmäßig bestimmten Teils der laufend geschuldeten Zinsen anzuordnen, so nur von Grundschuldzinsen mit 12 vH statt der eingetragenen 18 vH oder nur der Zinsen aus der Hälfte des vollstreckten Grundschuldkapitals. Die Bestimmung begrenzt als (bindender) Antrag des Gläubigers die bei Einstellung zu treffende Zahlungsanordnung (ZPO § 308 Abs 1, entspr Anwendung).

Einstellung mit Zahlungsauflage bei Nutzung des Grundstücks (Absatz 2)   3

3.1 Nutzung des Grundstücks (anderen Objekts) **für die Insolvenzmasse** gebietet auf **Antrag** des Gläubigers weiter Zahlungsanordnung für **Wertverlust** (Abs 2). Nutzung erfolgt, wenn die Früchte und Gebrauchsvorteile (BGB § 100) für Zwecke des Insolvenzverfahrens in Anspruch genommen werden. Eine Gebrauchspflicht verbindet sich damit nicht. Anordnung nach Abs 2 kann daher nicht ergehen, wenn das vom Insolvenzverwalter nach InsO § 80 Abs 1 zu verwaltende Grundstück, wie zB ein Bau- oder Lagerplatz, nicht genutzt wird. Vorausgesetzt ist überdies, daß das Grundstück (andere Objekt), damit auch beschlagnahmte mit-

---

[6] Begründung BT-Drucks 12/2443, Seite 176f (zu § 188).

haftende Gegenstände (§ 20 Abs 2), durch die Nutzung für die Insolvenzmasse einen Wertverlust überhaupt erleidet[7]. Dieser ist vom Gläubiger darzutun; auf Verlangen des Gerichts ist er glaubhaft zu machen (§ 30d Abs 3 mit § 30b Abs 2 Satz 3). Von Amts wegen wird ein Wertverlust nicht ermittelt. Zahlung eines (bloßen) Nutzungsentgelts, damit auch von Miete und Pacht, ist nicht vorgesehen, kann daher auch nicht angeordnet werden[7]. Abgestellt ist nur auf den Wertverlust, den das Grundstück durch die Nutzung für die Insolvenzmasse erleidet; unerheblich bleibt daher ein Wertverlust des (nachrangigen) Rechts des Gläubigers, dessen Rang sich durch Anwachsen von Zinsen und Nebenleistungen vorgehender Rechte schmälern kann[7]. Ausgleichzahlung für Wertverlust ist **von der Einstellung an** zu leisten, mithin nicht vom Berichtstermin an oder nach Ablauf von 3 Monaten. Zu erfolgen hat die Ausgleichzahlung für Wertverlust an den von der Einstellung betroffenen betreibenden Gläubiger zur Deckung seiner Beschlagnahmeansprüche. Deren Rangordnung bestimmt § 12. Auf Ansprüche dieses Gläubigers, die weitergehend nach § 10 Abs 1 ein Recht auf Befriedigung aus dem Grundstück gewähren, aber nicht vollstreckt werden, und Ansprüche nicht betreibender Gläubiger ist Ausgleichzahlung für Wertverlust nicht zu leisten. Es soll nur der wirtschaftliche Wert des Rechts des betreibenden Gläubigers durch die Verfahrenseinstellung nicht vermindert, nicht somit eine zusätzliche (damit weitergehende) Sicherung der Rechte am Grundstück insgesamt bewirkt werden.

3.2 Die Auflage, daß laufende Zahlungen für Wertverlust zu leisten sind, kann, wenn Antrag gestellt ist, sogleich **im Einstellungsbeschluß** getroffen werden. Sie kann auch während der Einstellungszeit durch **gesonderten Beschluß** aufgegeben werden. Das hat zu erfolgen, wenn der Gläubiger Antrag erst nach Verfahrenseinstellung stellt, wenn das Grundstück später für die Insolvenzmasse genutzt wird oder wenn Wertverlust erst nach Einstellung entsteht.

4 Keine Zahlungsauflage für voraussichtlich ausfallenden Gläubiger (Absatz 3)

Die einstweilige Einstellung ist **nicht mit der Auflage** anzuordnen, daß laufende Zinsen zu zahlen sind (Abs 1) und auf Antrag ein Wertverlust durch laufende Zahlungen aus der Insolvenzmasse auszugleichen ist (Abs 2), wenn der betreibende Gläubiger eine **Befriedigung** aus dem Versteigerungserlös **nicht zu erwarten** hat (Abs 3). Mit einer Befriedigung des Gläubigers aus einem Versteigerungserlös darf (vorausschauend) nach dem Wert des Grundstücks und den vorgehenden anderen Rechten mit Anspruch auf Befriedigung nach § 10 Abs 1 nicht zu rechnen sein. Entsprechend herabgesetzte Zahlungen wie Zahlung der Zinsen nur für eine Teilforderung sind anzuordnen, wenn nur eine Teilbefriedigung des Gläubigers zu erwarten ist; das ist mit der Bestimmung zum Ausdruck gebracht, daß Abs 1 und 2 nicht gelten, „soweit nach der Höhe der Forderung" des Gläubigers mit seiner Befriedigung aus dem Versteigerungserlös nicht zu rechnen ist. Ob von einer Auflage abzusehen ist oder ob entsprechend herabgesetzte Zahlungen anzuordnen sind, weil nur eine Teilbefriedigung zu erwarten ist, entscheidet das Gericht nach pflichtgemäßem Ermessen. Vorgehende und gleichstehende Belastungen des Grundstücks und die Gläubigerforderung sind hierfür nach dem Inhalt des Grundbuchs und nach den bis zur Entscheidung vorliegenden Anmeldungen zu bemessen. Anhalt für den zu erwartenden Versteigerungserlös bietet der nach § 74a Abs 5 (etwa bereits) festgesetzte Wert des Grundstücks (wie § 30a Rdn 6.3). Gesonderte (selbständige) Wertfestsetzung nach § 74a Abs 5 (mit kostspieliger Wertermittlung) nur für Entscheidung, ob bei Einstellung eine Zahlungsauflage zu treffen oder von ihr abzusehen ist, erfolgt nicht (wie § 30a Rdn 6.3; anders[8]; nicht zutreffend). Im Einzelfall kann nur schwer festzustellen sein, ob nach Abs 3 von Zahlungsauflagen Abstand zu nehmen ist. Dann muß es dem Insolvenzverwalter

---

[7] Stöber NZI 1998, 105 (IV 3b).
[8] Wenzel NZI 1999, 101 (103).

(im Falle von § 30 d Abs 2 dem Schuldner) obliegen, die Voraussetzungen des Abs 3 darzulegen und erforderlichenfalls glaubhaft zu machen.

Mehrere Gläubiger 5

5.1 Einstweilige Einstellung nach § 30 d muß gesondert in jedem mit Anordnungs- oder Beitrittsbeschluß auf Gläubigerantrag angeordneten selbständigen Vollstreckungsverfahren beantragt und bestimmt werden (§ 30 d Rdn 5.10). In **jeder Vollstreckungssache** ist bei Einstellung daher auch gesondert Zinszahlung mit Auflage nach Abs 1 und, wenn Antrag gestellt ist, Zahlung für Wertverlust nach Abs 2 anzuordnen. Zu prüfen ist somit auch für die Vollstreckungssache jedes einzelnen Gläubigers, ob Zahlungsauflage nach Abs 3 zu unterbleiben hat, weil nicht mit einer Befriedigung aus dem Versteigerungserlös zu rechnen ist. Es kann daher die einstweilige Einstellung des Verfahrens eines (vorrangigen) Gläubigers mit einer Zahlungsauflage anzuordnen, bei Einstellung in der Vollstreckungssache eines (nachrangigen) anderen Gläubigers von einer Zahlungsauflage abzusehen sein.

5.2 Ausgleichszahlung für Wertverlust, die bei Verfahrenseinstellung in den Versteigerungsverfahren mehrerer Gläubiger angeordnet ist (Rdn 5.1), ist an die beteiligten Gläubiger zur Deckung der Beschlagnahmeansprüche in der **Rangfolge des § 10 Abs 1** mit § 11 zu leisten. Bestimmung ist im Einstellungsbeschluß zu treffen. Ist Einstellung zunächst nur im Einzelverfahren eines nachrangigen Gläubigers erfolgt und wird nach Beitritt eines besserrangigen Gläubigers auch dessen Verfahren unter Bestimmung einer Zahlungsauflage für Wertausgleich eingestellt, dann ist die im zeitlich früheren Einstellungsbeschluß zugunsten des nachrangigen Gläubigers ergangene Bestimmung zu ändern (gebietet Anhörung des Gläubigers vor Entscheidung). Ausdrückliche Bestimmung, in welcher Reihenfolge mehreren Gläubigern ein Wertausgleich gebührt, trifft Abs 2 zwar nicht. Die Rangordnung der Ansprüche in § 10 Abs 1 mit der Rangfolge des § 11 bildet jedoch Grundlage für Berücksichtigung der Ansprüche in allen Abschnitten des Versteigerungsverfahrens; der Grundsatz, daß Ansprüche einer späteren Rangklasse und Rangfolge immer erst dann zum Zuge kommen, wenn alle vorgehenden Ansprüche gedeckt sind (§ 10 Rdn 1.4), muß daher auch für den an mehrere betreibende Gläubiger zu leistenden Wertausgleich gelten. Die Berechtigung der Gläubiger kann sich demgegenüber weder nach der Zeitfolge der Beschlagnahmebeschlüsse noch nach der Reihenfolge ihrer Anträge auf Wertausgleich oder Einstellungsbeschlüsse bestimmen; Wertausgleich kann auch nicht verhältnismäßig nach den Beträgen der Gläubigeransprüche zu leisten sein. Anhalt dafür, daß nur die Rangfolge der Gläubiger maßgeblich sein kann, bietet überdies Abs 3 mit der Bestimmung, daß Zahlung für Wertausgleich an einen betreibenden Gläubiger nicht anzuordnen ist, wenn er eine Befriedigung aus dem Versteigerungserlös nicht zu erwarten hat.

Rechtsbehelfe 6

Die sofortige Beschwerde gegen die einstweilige Einstellung (§ 30 d Abs 3 Satz 1 mit § 30 b Abs 3 Satz 1) mit Zahlungsauflage kann auch darauf beschränkt werden, daß die Zahlungsauflage zu Unrecht angeordnet oder unzulässig nach Abs 3 nicht getroffen wurde. Sofortige Beschwerde findet auch gegen den Beschluß statt, der eine Zahlungsauflage gesondert anordnet oder (wegen des Vorrangs eines anderen Gläubigers) abändert.

[Aufhebung der Einstellung infolge des Insolvenzverfahrens]

30f (1) **Im Falle des § 30 d Abs. 1 bis 3 ist die einstweilige Einstellung auf Antrag des Gläubigers aufzuheben, wenn die Voraussetzungen für die Einstellung fortgefallen sind, wenn die Auflagen nach § 30 e nicht beachtet werden oder wenn der Insolvenzverwalter, im Falle des § 30 d**

§ 30f Anordnung der Versteigerung

Abs. 2 der Schuldner, der Aufhebung zustimmt. Auf Antrag des Gläubigers ist weiter die einstweilige Einstellung aufzuheben, wenn das Insolvenzverfahren beendet ist.

(2) **Die einstweilige Einstellung nach § 30 d Abs. 4 ist auf Antrag des Gläubigers aufzuheben, wenn der Antrag auf Eröffnung des Insolvenzverfahrens zurückgenommen oder abgewiesen wird. Im übrigen gilt Absatz 1 Satz 1 entsprechend.**

(3) **Vor der Entscheidung des Gerichts ist der Insolvenzverwalter, im Falle des § 30 d Abs. 2 der Schuldner, zu hören. § 30 b Abs. 3 gilt entsprechend.**

Literatur: Stöber, Aufhebung der auf Antrag des Insolvenzverwalters angeordneten Einstellung der Zwangsversteigerung, NZI 1999, 439.

1 Allgemeines zu § 30 f

Zweck der Vorschrift ist Regelung der zur Fortsetzung des Versteigerungsverfahrens erforderlichen Aufhebung einer Anordnung der einstweiligen Einstellung infolge Eröffnung des Insolvenzverfahrens oder auf Antrag des vorläufigen Verwalters.

2 Aufhebung der einstweiligen Einstellung (Absätze 1 und 2)

2.1 Schutz mit Einstellung der Zwangsversteigerung nach Eröffnung des Insolvenzverfahrens kann nur Wirksamkeit behalten, solange die sachlichen **Schutzvoraussetzungen** für Vollstreckungsaufschub in diesem Sonderfall bestehen. Wenn sie **weggefallen** sind, ist daher die Fortsetzung des Vollstreckungsverfahrens des Gläubigers zu ermöglichen.

2.2 Fortsetzung eines eingestellten Verfahrens erfolgt nur auf Gläubiger**antrag** (§ 31 Rdn 1.1). Nach einstweiliger Einstellung infolge Eröffnung des Insolvenzverfahrens oder auf Antrag des vorläufigen Verwalters (§ 30 d) erfordert sie **Aufhebung der Einstellung** durch das Vollstreckungsgericht. Die einstweilige Einstellung tritt mit Eintritt des Beendigungsgrundes nicht ohne weiteres außer Kraft[1]. Prüfung und Entscheidung, ob die Voraussetzungen der Verfahrensfortsetzung gegeben sind, erfolgt vielmehr in einem besonderen Verfahren mit eigenem Rechtsmittelzug (§ 30 f mit § 30 b Abs 3). Es setzt **Antrag** des Gläubigers voraus (Abs 1 und 2). Für Antragstellung bestimmt § 31 Abs 1 Satz 2 mit Abs 2 eine Frist von 6 Monaten.

2.3 Aufzuheben ist die einstweilige Einstellung, wenn (Abs 1)
– die **Voraussetzungen** für die Einstellung nach § 30 d Abs 1–3 fortgefallen sind,
– die **Auflagen** nach § 30 e **nicht beachtet** werden, Zahlungen auf laufend geschuldete Zinsen oder für Wertverlust somit nicht oder nicht vollständig oder nicht rechtzeitig geleistet werden,
– der Insolvenz**verwalter zustimmt.** Grund: Antrag ist Einstellungsvoraussetzung; dem Insolvenzverwalter kann zur Erfüllung seiner Aufgaben daran gelegen sein, daß die zunächst eingestellte Grundstücksverwertung zur abgesonderten Gläubigerbefriedigung durchgeführt wird,
– der **Schuldner** der Aufhebung **zustimmt,** der nach Vorlage des Insolvenzplans Einstellung erwirkt hat (Fall von § 30 d Abs 2),
– das **Insolvenzverfahren** beendet ist.

2.4 Die auf Antrag eines vor Eröffnung des Insolvenzverfahrens bestellten **vorläufigen Verwalters** angeordnete einstweilige Einstellung (Fall von § 30 d Abs 4) ist aufzuheben, wenn der Antrag auf Eröffnung des Insolvenzverfahrens zurückge-

---

[1] Stöber NZI 1999, 439.

nommen oder abgewiesen ist (Abs 2 Satz 1). Wird das Insolvenzverfahren eröffnet, dann dauert diese Einstellung fort. Es gilt Abs 1 Satz 1 entsprechend (Abs 2 Satz 2).

2.5 Fortgefallen sind die Voraussetzungen der einstweiligen Einstellung (Abs 1 Satz 1) auch bereits dann, wenn sie dem **Gläubiger** unter Berücksichtigung seiner wirtschaftlichen Verhältnisse **nicht mehr zuzumuten** ist (§ 30 d Abs 1 Satz 2). Änderung der Verhältnisse bewirkt damit, daß Bindung des Vollstreckungsgerichts an den Einstellungsbeschluß, der Unzumutbarkeit für den Gläubiger noch verneint hat, nicht mehr besteht.

2.6 Fortgefallen sind die Voraussetzungen für die Einstellung (Abs 1 Satz 1) nicht bereits, wenn der einzelne Einstellungsgrund entfallen ist, nach dem Einstellung erfolgt ist, sondern erst, wenn die (somit **alle**) **Voraussetzungen** des § 30 d für die Verfahrenseinstellung infolge des Insolvenzverfahrens in Wegfall gekommen sind². Fortgefallen sind damit die Voraussetzungen der Einstellung auf Antrag eines vorläufigen Verwalters (§ 30 d Abs 4) nicht schon mit Eröffnung des Insolvenzverfahrens (InsO § 27), wenn nach Verfahrenseröffnung Einstellungsgründe nach § 30 d Abs 1 Satz 1 Nrn 1–3 bestehen, ebenso die Voraussetzungen der Einstellung vor dem Berichtstermin (§ 30 d Abs 1 Satz 1 Nr 1) somit nicht bereits mit Durchführung dieses Termins, wenn Einstellungsgründe nach § 30 d Abs 1 Nr 2 oder 3 fortbestehen. Das ist Folge der Einstellung, die mit Rücksicht auf das Insolvenzverfahren, damit für dessen Dauer erfolgt ist, nicht aber nur für einen einzelnen Verfahrensabschnitt, für den zur Zeit der Einstellung deren Erfordernisse gegeben waren. Das bringt auch Abs 2 Satz 2 mit der Bestimmung zum Ausdruck, daß „im übrigen" Abs 1 Satz 1 entsprechend gilt, die einstweilige Einstellung nach § 30 d Abs 4 somit (wie im Falle des § 30 d Abs 1–3) erst aufzuheben ist, wenn die Voraussetzungen für die Einstellung fortgefallen sind. Eine einstweilige Einstellung hält den Verfahrensfortgang somit für die gesamte Dauer des Insolvenzverfahrens auf. Es ist mithin nicht die auf Antrag eines vorläufigen Verwalters angeordnete Einstellung nach Eröffnung des Insolvenzverfahrens aufzuheben und das Vollstreckungsverfahren sodann auf Antrag des Insolvenzverwalters erneut einzustellen, weil der Berichtstermin noch bevorsteht, nach dessen Abhaltung damit nicht diese Einstellung wiederum aufzuheben und das Vollstreckungsverfahren dann wieder auf Antrag des Insolvenzverwalters einzustellen, weil das Grundstück für eine Fortführung des Unternehmens oder die Vorbereitung einer Veräußerung benötigt wird. Dem entspricht, daß im Falle des Abs 1 (damit auch bei Einstellung auf Antrag des vorläufigen Insolvenzverwalters, wenn das Insolvenzverfahren eröffnet wurde, Abs 2 Satz 2) die 6-Monatsfrist für den Fortsetzungsantrag nur mit dem Ende des Insolvenzverfahrens beginnt (§ 31 Abs 2 Buchst c). Aufhebung der einstweiligen Einstellung erfordert Prüfung all der Einstellungsgründe des § 30 d. Wenn der Verwalter, im Falle des § 30 d Abs 2 der Schuldner, der Aufhebung nicht zustimmt (Aufhebungsgrund nach Abs 1 Satz 1), kommt damit zugleich der in § 30 d Abs 1 und 2 bedungene Antrag zum Ausdruck, die für das Insolvenzverfahren einmal angeordnete Einstellung auch aus anderen Grund fortbestehen zu lassen.

2.7 Freigabe des Grundstücks durch den Insolvenzverwalter aus der Insolvenzmasse (§ 15 Rdn 23.14) nennt Abs 1 und 2 als Aufhebungsgrund nicht gesondert. Damit erlangt der Schuldner, wie mit Beendigung des Insolvenzverfahrens, jedoch wieder die Verwaltungs- und Verfügungsbefugnis über das Grundstück, das zur Insolvenzmasse gehört hat. Aufhebungsgrund ist daher auch in diesem Fall Abs 1 Satz 2.

Aufhebungsverfahren (Abs 3)   3

3.1 Vor der Entscheidung über den Gläubigerantrag auf Aufhebung des Verfahrens ist der **Insolvenzverwalter zu hören**[3] (Abs 3 Satz 1). Er ist auch bei

---

[2] Stöber NZI 1998, 105 (III 4) und NZI 1999, 439; Hintzen Rpfleger 1999, 256 (161); LG Göttingen Rpfleger 2001, 193.
[3] Stöber NZI 1999, 439 (441); LG Göttingen Rpfleger 2001, 193.

§ 30f 3.1   Anordnung der Versteigerung

Freigabe des Grundstücks aus der Masse zu hören (die Freigabe könnte bestritten werden). Anhörung unterbleibt jedoch, wenn der Insolvenzverwalter nicht mehr im Amt ist, weil das Insolvenzverfahren beendet ist (Fall von Abs 1 Satz 2). Der Schuldner ist zu hören, wenn das Verfahren nach § 30 d Abs 2 auf seinen Antrag nach Vorlage eines Insolvenzplans eingestellt wurde. Als Antragsteller hat der Gläubiger die Tatsachen vorzutragen, die Verfahrensfortsetzung ermöglichen; der Insolvenzverwalter hat die Tatsachen vorzutragen, die dem Antrag entgegenstehen können[3]. Der Tatsachenvortrag des Gläubigers ist Entscheidungsgrundlage, wenn er vom Insolvenzverwalter nicht bestritten (ZPO § 138 Abs 2), zugestanden (ZPO § 288) oder bei Gericht offenkundig ist (ZPO § 291). Sonst sind die Angaben zu beweisen (Glaubhaftmachung ist nicht vorgesehen, somit nicht ausreichend[4]). Mündliche Verhandlung über den Fortsetzungsantrag kann anberaumt werden (ZPO § 764 Abs 3 mit § 869).

3.2   Das Vollstreckungsgericht entscheidet durch **Beschluß** (ZPO § 764 Abs 3). Er ist zu begründen. Anzuordnen ist die Aufhebung der einstweiligen Einstellung. Das Vollstreckungsverfahren nimmt damit seinen Fortgang. Besonderer (nochmaliger) Fortsetzungsbeschluß (§ 31 Rdn 5.4) erübrigt sich. Der Aufhebungsbeschluß ist dem Insolvenzverwalter, wenn das Insolvenzverfahren beendet oder das Grundstück aus der Insolvenzmasse freigegeben ist und im Falle von § 30 d Abs 2 dem Schuldner zuzustellen, dem Gläubiger ist er mitzuteilen. Wenn die Aufhebung der Einstellung abgelehnt wird, hat Zustellung des Beschlusses an den Gläubiger, Mitteilung an den Insolvenzverwalter oder Schuldner zu erfolgen.

3.3   Rechtsbehelf: Sofortige Beschwerde (Abs 3 Satz 2 mit § 30 b Abs 3) Beschwerdeberechtigt ist bei Zurückweisung des Antrags der Gläubiger, bei Aufhebung der Einstellung der Insolvenzverwalter, im Falle des § 30 d Abs 2 der Schuldner.

4   Mehrere Gläubiger

Jeder von mehreren Gläubigern eines „gemeinsamen" Verfahrens bleibt für den Fortgang seiner **Einzelvollstreckung** selbständig. Daher muß auch jeder Gläubiger gesondert Antrag auf Aufhebung der einstweiligen Einstellung stellen, die den Fortgang seines Vollstreckungsverfahrens hindert. Aufzuheben ist jeweils nur die einstweilige Einstellung für das Verfahren des Gläubigers von mehreren, der Antrag nach Abs 1 oder 2 gestellt hat.

5   Muster

„Beschluß: Die mit Beschluß vom ... angeordnete einstweilige Einstellung des Zwangsversteigerungsverfahrens aus dem Anordnungs-/Beitritts-Beschluß vom ... (Gläubiger ...) wird auf Antrag des Gläubigers aufgehoben. Das Zwangsversteigerungsverfahren wird somit fortgesetzt. Gründe: ..., § 30 f Abs 1 (oder Abs 2) ZVG."

6   Neuer Antrag

Nach (rechtskräftiger) Ablehnung des Gläubigerantrags, die einstweilige Einstellung aufzuheben, kann ein neuer Aufhebungsantrag nur auf neue Gründe infolge Veränderung der Verhältnisse gestützt werden[5]. Ebenso kann nach (rechtskräftiger) Aufhebung der Einstellung auf erneuter Antrag des Insolvenzverwalters (dafür keine Antragsfrist, § 30 d Rdn 5.1) auf einstweilige Einstellung des Verfahrens aus den Gründen des § 30 d nur auf neue Gründe infolge Veränderung des Verhältnisses gestützt werden.

---

[4] Anders LG Göttingen aaO.
[5] Stöber NZI 1999, 439 (444).

[Fortsetzung des eingestellten Verfahrens]

31 (1) Im Falle einer einstweiligen Einstellung darf das Verfahren, soweit sich nicht aus dem Gesetz etwas anderes ergibt, nur auf Antrag des Gläubigers fortgesetzt werden. Wird der Antrag nicht binnen sechs Monaten gestellt, so ist das Verfahren aufzuheben.

(2) Die Frist nach Absatz 1 Satz 2 beginnt
a) im Falle des § 30 mit der Einstellung des Verfahrens,
b) im Falle des § 30 a mit dem Zeitpunkt, bis zu dem die Einstellung angeordnet war,
c) im Falle des § 30 f Abs. 1 mit dem Ende des Insolvenzverfahrens, im Falle des § 30 f Abs. 2 mit der Rücknahme oder der Abweisung des Antrags auf Eröffnung des Insolvenzverfahrens,
d) wenn die Einstellung vom Prozeßgericht angeordnet war, mit der Wiederaufhebung der Anordnung oder mit einer sonstigen Erledigung der Einstellung.

(3) Das Vollstreckungsgericht soll den Gläubiger auf den Fristbeginn unter Bekanntgabe der Rechtsfolgen eines fruchtlosen Fristablaufs hinweisen; die Frist beginnt erst zu laufen, nachdem der Hinweis auf die Rechtsfolgen eines fruchtlosen Fristablaufs dem Gläubiger zugestellt worden ist.

Übersicht

Allgemeines zu § 31 ... 1	Mehrere Gläubiger und mehrere Verfahren eines Gläubigers ... 6
Belehrung der Gläubiger bei Einstellung (Absatz 3) ... 2	Mehrere Grundstücke ... 7
Frist für Fortsetzungsantrag (Absatz 1 Satz 2, Absatz 2) ... 3	Muster zu Fortsetzungsbeschluß und -belehrung ... 8
Gläubigerantrag auf Verfahrensfortsetzung (Absatz 1 Satz 1) ... 4	Rechtsbehelfe bei Fortsetzung oder Aufhebung ... 9
Maßnahmen für Verfahrensfortsetzung; Fortsetzungsbeschluß ... 5	

Allgemeines zu § 1   1

1.1 Zweck der Vorschrift: Abs 1 bestimmt als Regel, daß die Fortsetzung eines einstweilen eingestellten Verfahrens von einem Antrag des Gläubigers abhängig ist. Grund: Verfahrensfortsetzung erfolgt allein im Gläubigerinteresse; von dem Gläubiger muß sie daher mit Antrag verlangt werden. Abs 2 begrenzt das Antragsrecht zeitlich. Gesonderten Hinweis an den Gläubiger auf den Fristbeginn sieht Abs 3 vor.

1.2 Anwendungsbereich: Die Vorschrift gilt für alle ZVG-Verfahren, also für die Vollstreckungsversteigerung, für die Insolvenzverwalter- und Nachlaßversteigerung sowie für die Teilungsversteigerung. Die Bestimmung **gilt nicht,** soweit sich „aus dem Gesetz etwas anderes ergibt" (Abs 1 Satz 1). Von Amts wegen (ohne Antrag, so daß § 31 nicht gilt) werden fortgesetzt: das nach § 28 wegen eines entgegenstehenden Rechts, einer Verfügungs„beschränkung" oder eines Vollstreckungsmangels eingestellte Verfahren (§ 28 Rdn 7.6) und das vom Vollstreckungsgericht nach ZPO § 769 Abs 2, § 771 Abs 3 eingestellte Verfahren, wenn die Entscheidung des Prozeßgerichts nicht beigebracht ist, außerdem das vom Vollstreckungsgericht nur für die Dauer einer Erinnerung nach ZPO § 766 Abs 1 Satz 2 mit § 732 Abs 2 und das nur für die Beschwerdedauer nach ZPO § 570 Abs 2, 3 eingestellte Verfahren (Einstellung wird mit der Entscheidung gegenstandslos).

1.3 Abs 2 Buchst c gilt nur für Insolvenzverfahren, die nach dem 31. Dez 1998 beantragt worden sind. Dazu und zu der aufgehobenen bisherigen Fassung der Vorschrift siehe § 30 d Rdn 1.3.

2 Belehrung der Gläubiger bei Einstellung (Absatz 3)

2.1 Der **Gläubiger** eines einstweilen eingestellten Verfahrens, das nur auf Antrag fortgesetzt wird, ist auf den **Fristbeginn** für Stellung des Fortsetzungsantrags und die Rechtsfolgen eines fruchtlosen Fristablaufs **hinweisen** (Abs 3). Die hinweisende Verfügung ist von Amts wegen zuzustellen (§ 3 mit ZPO §§ 166–190), und zwar, wenn der Gläubiger durch einen Prozeßbevollmächtigten vertreten wird, an diesen (ZPO § 172). Zwar sagt das Gesetz, das Gericht solle belehren, doch bestimmt es gleichzeitig, daß die Antragsfrist erst mit der Zustellung der Belehrung zu laufen beginnt, so daß diese in jedem Fall notwendig ist (Pflicht des Vollstreckungsgerichts).

2.2 **Zuständig** für die Belehrung ist, wer den Einstellungsbeschluß erläßt. Wenn ein Landgericht als Beschwerdegericht einstellt, obliegt ihm auch die Belehrung, weil das Gericht in diesem Fall als Vollstreckungsgericht tätig wird (anders[1]: Belehrung in diesem Falle immer durch das Vollstreckungsgericht).

2.3 Die **Form** der Belehrung bestimmt das Gesetz nicht (siehe bereits § 30 b Rdn 2.2). Als gerichtliche Verfügung muß der Hinweis dem Gläubiger erkennbar machen, daß die Belehrung durch das Vollstreckungsgericht erfolgt. Unterschrift und Stempel sind nicht nötig. Der Fristbeginn muß genau bezeichnet sein, ebenso die Rechtsfolgen der Fristversäumung. Die Belehrung soll nicht weiter gehen, als im Gesetz vorgeschrieben, um Haftungsgefahren zu vermeiden. Der Hinweis kann mit dem Einstellungsbeschluß verbunden (auf ihn gesetzt) (er ist dann mit ihm auszufertigen) oder auf ein gesondertes Blatt (Belehrungsformular) zu den Akten verfügt werden, das als Formblatt urschriftlich zugestellt, somit nicht mehr durch die Geschäftsstelle ausgefertigt wird. Die Belehrung kann mit dem Einstellungsbeschluß oder später gesondert zugestellt werden; sie hat so rechtzeitig zu erfolgen, daß sich ein Fristbeginn nach Abs 2 des § 31 nicht verzögert. Im Falle des § 30 ist die Belehrung demnach mit dem Einstellungsbeschluß zu verbinden, auf den sie sich bezieht, bei Einstellung nach § 30 a (auch § 30 d) kann sie auch erst (kurz) vor dem Zeitpunkt erfolgen, bis zu dem die Einstellung angeordnet ist. Im Falle des § 86 allerdings (Einstellungswirkung durch Rechtskraft des Zuschlagsversagungsbeschlusses) kann die Belehrung nicht in den Versagungsbeschluß aufgenommen werden, sondern muß nach Eintritt der Rechtskraft gesondert zugestellt werden (§ 86 Rdn 2, § 87 Rdn 2) (dazu ZVG-Handbuch Rdn 333), weil eine Belehrung ja nur zu einer Einstellung erfolgt, diese aber erst im Falle der Rechtskraft vorliegt.

2.4 Wenn die **Belehrung** nicht sogleich zusammen mit dem Einstellungsbeschluß verfügt und zugestellt wurde, ist sie gesondert **nachzuholen**. Sie darf nicht erst erfolgen, wenn nach der Regelung des Abs 2 des § 31 der Fristablauf schon begonnen hätte oder sein Beginn alsbald mit Sicherheit zu erwarten ist; erst mit der Belehrung beginnt ja der Fristlauf. Die Belehrung darf auch nach zweiter Einstellung im Sinne des § 30 Abs 1 Satz 3 nicht auf einen späteren Zeitpunkt verschoben werden (anders[2]), weil sonst das Verfahren zum Nachteil anderer Beteiligter (Anwachsen laufender Leistungen) in einem nicht vorgesehenen Ausmaß verlängert werden würde.

2.5 Die Belehrung muß **bei jedem Einstellungsbeschluß** erfolgen, zu dem der Gläubiger die Fortsetzung beantragen kann (**für jeden betreibenden Gläubiger** und jeden Beschluß **gesondert**), weil ein einmal angeordnetes Verfahren nicht unerledigt und eingestellt bleiben kann. Es fällt nur die Belehrung über Frist-

---

[1] Drischler Rpfleger 1956, 91; Jonas/Pohle, ZwVNotrecht, § 31 Anm 3 b.
[2] Schiffhauer Rpfleger 1978, 397 (IV 2).

Fortsetzung des eingestellten Verfahrens 3.3 § 31

beginn und Fristlauf unterschiedlich aus (Rdn 3); bezüglich der Folgen der Fristversäumung ist die Belehrung immer gleich, daß nämlich nach fruchtlosem Fristablauf das Verfahren des betroffenen betreibenden Gläubigers aufzuheben ist: Abs 1 Satz 2. Die Belehrung muß also nicht nur in den von Abs 2 genannten Fällen erfolgen; hier ist nur für bestimmte Einstellungsfälle der Fristbeginn festgelegt. Eine Belehrung des Gläubigers erfolgt zwar nicht bei den von Amts wegen fortzusetzenden Verfahren (Rdn 1.2), dagegen bei allen anderen Einstellungen aus §§ 30, 30a, 30c, 30d, 75, § 77 Abs 1, § 86 (mit § 33), ZPO §§ 765a, 775, 776, auch bei Bahnunternehmen (hierzu § 15 Rdn 12); bei Einstellung nach § 76 erfolgt keine Belehrung (§ 76 Rdn 3.2).

2.6 Belehrung eines Gläubigers ist **nicht mehr** nötig, wenn dieser schon Fortsetzungsantrag gestellt hat. Dies ist denkbar bei Einstellung aus ZPO §§ 775, 776, wenn das Gericht den Gläubiger angehört hat und dieser der Einstellung widerspricht, hilfsweise oder unmittelbar nach der Einstellung die Fortsetzung beantragt; denkbar ist es auch, wenn die Frist sich aus einem anderen Grund erledigt hat oder wenn inzwischen die Versteigerung durch einen anderen Gläubiger erfolgt ist.

2.7 Über die Folgen einer **dritten Einstellungsbewilligung** muß der Gläubiger nicht belehrt werden[3].

2.8 Zu Belehrungen auch ZVG-Handbuch Muster bei § 30 = Rdn 183, bei § 30a = Rdn 195.

Frist für Fortsetzungsantrag (Absatz 1 Satz 2, Absatz 2) 3

3.1 Der Antrag des Gläubigers auf Fortsetzung des einstweilen eingestellten Verfahrens **muß binnen sechs Monaten** gestellt werden (Abs 1 Satz 2; Eingang bei Gericht, Rdn 4.2); Fristbeginn: Abs 2 und Abs 3. Zeitlich begrenzt ist das Antragsrecht des Gläubigers, damit nicht durch eine übermäßige Dauer der Unterbrechung des Verfahrens andere Beteiligte beeinträchtigt werden (Denkschrift S 43). Eine Besonderheit findet sich in § 76 Abs 2, wo eine Antragsfrist von drei Monaten besteht. Verlangt werden kann Fortsetzung des Verfahrens erst, wenn der Einstellungsgrund weggefallen ist. Daher richtet sich auch der Beginn der Frist für den Fortsetzungsantrag des Gläubigers nach dem jeweiligen Einstellungsgrund. Immer beginnt die Antragsfrist jedoch **erst** zu laufen, wenn in dem danach maßgeblichen Zeitpunkt des Fristbeginns (Abs 2) an den Gläubiger der **Hinweis** auf die Rechtsfolgen eines fruchtlosen Fristablaufs bereits **zugestellt ist** (im Falle des § 30 auch: gleichzeitig zugestellt wird). Spätere Zustellung dieses Hinweises hat zur Folge, daß die Frist erst mit dem (späteren) Zeitpunkt der Zustellung zu laufen beginnt (Abs 3 Halbsatz 2).

3.2 Fortsetzung des nach § 30 auf seine **Bewilligung** eingestellten Verfahrens kann der Gläubiger jederzeit betreiben. Bei Verfahrenseinstellung auf Bewilligung des Gläubigers beginnt die Frist daher mit der Einstellung (Abs 2 Buchst a), also mit Zustellung des Einstellungsbeschlusses, bei Zuschlagsversagung aus diesem Anlaß mit Rechtskraft des Versagungsbeschlusses.

3.3 Fortsetzung des auf **Schuldnerantrag** nach § 30a (auch erneut nach § 30c) eingestellten Verfahrens kann der Gläubiger erst verlangen, wenn die im Einstellungsbeschluß bestimmte Einstellungsdauer abgelaufen ist, vorher nur, wenn die Einstellung nach Abs 3–5 des § 30a außer Kraft getreten ist, weil der Schuldner wiederkehrende Leistungen nicht geleistet oder eine sonstige Auflage nicht erfüllt hat. Bei Einstellung des Verfahrens auf Antrag des Schuldners nach § 30a beginnt die Frist daher mit dem Zeitpunkt, bis zu dem die Einstellung angeordnet war (Abs 2 Buchst b) gleich, ob die Einstellung auf einen bestimmten Kalendertag befristet war oder einfach nach Wochen oder Monaten bemessen war (zur Einstellungsdauer in diesem Fall § 30a Rdn 4.2). Wenn die Einstellung infolge Nichter-

---

[3] Jonas/Pohle, ZwVNotrecht, § 30d Anm 2d.

füllung der Auflagen vorzeitig außer Kraft tritt, kann der Gläubiger zwar sofort die Fortsetzung verlangen, aber seine gesetzliche Antragsfrist beginnt doch erst mit dem ursprünglichen Einstellungsende[4]. War in allen diesen Fällen ein Rechtsmittel des Gläubigers (bzw Antragstellers) gegen die Einstellung erfolglos, so läuft die Frist in der ursprünglichen Form, nicht erst ab Rechtskraft der Rechtsmittelentscheidung. Wenn nach § 30a eingestellt war und inzwischen das Insolvenzverfahren eröffnet ist, ist die Fortsetzung nicht an die Voraussetzungen in § 30d (Aufhebung nach Fortfall der Einstellungsvoraussetzungen des § 30d Abs 1, Zustimmung des Insolvenzverwalters usw) gebunden (diese Bindung gilt nur bei Einstellungen aus § 30d selbst).

3.4 Für Fortsetzung des aus Anlaß eines **Insolvenzverfahrens** eingestellten Verfahrens **(§ 30d)** hat der Gläubiger die Aufhebung der einstweiligen Einstellung nach § 30f Abs 1 oder 2 unter den dort bestimmten Voraussetzungen zu verlangen. Der Aufhebungsantrag begehrt Fortsetzung des Verfahrens, ist somit zugleich als Antrag auf Verfahrensfortsetzung nach Abs 1 Satz 1 anzusehen (siehe auch Rdn 4.1); gleichwohl sollte, weil das noch nicht sicher geklärt ist, ein ausdrücklicher Fortsetzungsantrag mit dem Antrag auf Aufhebung der einstweiligen Einstellung verbunden werden. Die Frist von sechs Monaten beginnt jedoch nicht bereits mit einem früheren Zeitpunkt, in dem schon Aufhebung der Einstellung möglich wäre, zB weil eine Auflage nach § 30e nicht beachtet wurde oder der Insolvenzverwalter zugestimmt hat. Die Frist beginnt hier für das auf Antrag des Insolvenzverwalters (§ 30d Abs 1) oder des Schuldners nach Vorlage des Insolvenzplans (§ 30d Abs 2) oder bei Eigenverwaltung (Fälle von § 30f Abs 1) außerdem für das auf Antrag eines vorläufigen Verwalters vor Eröffnung des anschließenden Insolvenzverfahrens (Fall von § 30f Abs 2 Satz 2 mit Abs 1) eingestellte Verfahren stets erst mit dem Ende des Insolvenzverfahrens. Das muß auch gelten, wenn der Insolvenzverwalter das Grundstück aus der Insolvenzmasse freigegeben hat. Für das auf Antrag eines vorläufigen Verwalters eingestellte Verfahren beginnt die Frist, wenn der Antrag auf Eröffnung des Insolvenzverfahrens zurückgenommen oder abgewiesen wurde (Fall von § 30f Abs 2 Satz 1) damit. Enden kann das Insolvenzverfahren mit Aufhebung (InsO § 200 Abs 1, § 258 Abs 1) oder Einstellung (InsO § 207 Abs 1, § 211 Abs 1, §§ 212, 213 Abs 1). Maßgebend ist jeweils der Zeitpunkt, zu dem der Beschluß wirksam wird, also nach InsO § 9 Abs 1 Satz 3 der Ablauf des dritten Tages nach der Ausgabe des die öffentliche Bekanntmachung enthaltenden Blattes, weil dies als Zustellung an alle am Insolvenzverfahren Beteiligten gilt (InsO § 9 Abs 3); Fristbeginn sonach mit dem Tag nachher.

3.5 Fortsetzung des auf Antrag eines **Miteigentümers** nach **§ 180 Abs 2** eingestellten Verfahrens zum Zwecke der Aufhebung einer Gemeinschaft kann erst betrieben werden, wenn die im Einstellungsbeschluß bestimmte Einstellungsdauer abgelaufen ist. Die Frist beginnt daher mit dem Zeitpunkt, bis zu dem die Einstellung angeordnet war (Tag danach; Abs 2 Buchst b infolge entsprechender Anwendung nach § 180 Abs 1)[5]. Das gilt ebenso für die wiederholte Einstellung nach § 180 Abs 2.

3.6 Die vom **Prozeßgericht** angeordnete (Einstellungsbeschluß, einstweilige Verfügung, einstweilige Anordnung) und vom Vollstreckungsgericht ausgeführte (ZPO § 775) Einstellung ermöglicht Fortsetzung der Vollstreckung erst, wenn die Einstellung vom Prozeßgericht wieder aufgehoben oder wenn sie sonst erledigt ist. Mit diesem Zeitpunkt beginnt daher die Frist für den Fortsetzungsantrag (Abs 2 Buchst d). Wieder aufgehoben wird durch verkündeten oder zugestellten Beschluß etwa nach ZPO §§ 707, 719, 769; sonst erledigt sich die Einstellung bei Befristung oder Betagung durch Zeitablauf oder durch Eintritt des Ereignisses (Ablauf der Einstellungszeit, rechtskräftige Erledigung des Prozesses), auf jeden Fall mit rechts-

---

[4] Jonas/Pohle, ZwVNotrecht, § 31 Anm 2b.
[5] LG Lübeck SchlHA 1960, 178; Jonas/Pohle, ZwVNotrecht, § 31 Anm 2b.

Fortsetzung des eingestellten Verfahrens   3.12   § 31

kräftiger Erledigung, also Verwerfung oder Zurückweisung des Rechtsmittels, das die Einstellung veranlaßt hatte[6], auch durch einen gerichtlichen Vergleich.

3.7 Auf eine vom **Vollstreckungsgericht** nach ZPO § 765a angeordnete Einstellung findet Abs 2 Buchst b entsprechende Anwendung[7]. Die Frist beginnt demnach mit dem Zeitpunkt, bis zu dem die Einstellung angeordnet war (Rdn 3.3) (anders[8]: hier sind die Fortsetzungsvorschriften des § 31 nicht anwendbar). Das ist bei Änderung des Einstellungsbeschlusses (ZPO § 765a Abs 4) der nach dem geänderten Beschluß maßgebliche Zeitpunkt oder bei (nachträglicher) Aufhebung des nach ZPO § 765a angeordneten Schutzes der Zeitpunkt, mit dem der Aufhebungsbeschluß wirksam wird.

3.8 **In anderen** nicht in § 31 geregelten oder nach den genannten Vorschriften sinngemäß anzuwendenden **Fällen** gilt folgendes: nach dem Bahnunternehmengesetz § 3 Abs 3 beginnt die Antragsfrist bei Einstellung nach § 3 Abs 1 Satz 2 mit dem dort genannten Ende der Einstellung, also mit dem Ende der Betriebserlaubnis für das Unternehmen oder mit der Zustimmung der Aufsichtsbehörde; bei Einstellungen aus **ZPO § 775 Nr 4 und 5** wird eine Einstellungszeit nicht festgelegt, hier kann der Gläubiger jederzeit fortsetzen und es muß der Schuldner seinen Widerstand durch Vollstreckungsabwehrklage nach ZPO § 767 durchsetzen, die Frist beginnt formell erst mit der Zustellung der Belehrung (Abs 3); ebenso ist es (Einstellungszeit nicht festgelegt, Fristbeginn erst mit Zustellung der Belehrung) bei Einstellung nach § 75 (Zahlung im Termin) oder § 77 (Nichtabgabe von Geboten), auch nach § 86 (wenn also der Zuschlagsversagungsbeschluß bei zulässiger Fortsetzung mit Rechtskraft als Einstellung wirkt, dazu § 86 Rdn 2, § 87 Rdn 2).

3.9 Wo das Vollstreckungsgericht über den Fristbeginn nicht aus seinen eigenen Vorgängen unterrichtet ist, hat es diesen durch **Rückfrage** aufzuklären. Außerdem ist es Sache des Schuldners bzw der anderen Beteiligten, das Gericht auf das Ende einer Frist aufmerksam zu machen[9]; sie haben dabei entsprechende Beschlüsse oder Urteile in Ausfertigung vorzulegen, falls die Vorgänge nicht amtsbekannt sind.

3.10 Zu den Fristen im ZVG-Handbuch Rdn 198–199.

3.11 Für die **Berechnung der Fristen** gelten insbesondere BGB §§ 186–190, 193, ZPO §§ 222–225 (Einl Rdn 32). Sie können als gesetzliche weder verlängert noch verkürzt werden (ZPO § 224 Abs 2), auch nicht durch das Vollstreckungsgericht mit Bestimmung einer kürzeren Frist in der Belehrung[10] des Abs 3. Ausnahmsweise wird bei Zustimmung aller Verfahrensbeteiligten eine Verlängerung der Antragsfrist für zulässig gehalten[11] (ausgenommen bei § 76). Die Zustimmung müßte vom Gläubiger mit seinem Verlängerungsantrag vor Fristablauf nachgewiesen werden. Eine Abweichung von gesetzlichen Fristen erscheint aber in dem formstrengen ZVG-Verfahren mindestens nicht unbedenklich, da sie unter Umständen zur Zuschlagsversagung führt (§ 83 Nr 1 und 6). Im übrigen ist die Verlängerung einer gesetzlichen Frist nach ZPO § 224 Abs 2 nur auf gesetzlich besonders genannte Fälle beschränkt, daher hier wohl unzulässig. Da die Antragsfrist keine Notfrist ist, gibt es gegen ihre Versäumung keine Wiedereinsetzung in den vorigen Stand.

3.12 Auch **für den Beginn** der Antragsfrist erst mit Zustellung der Belehrung an den Gläubiger (Rdn 3.1) sind **zu beachten**: BGB § 187 Abs 1 (Zustellungstag wird nicht mitgerechnet), BGB § 188 (Schlußtag, dazu Einl Rdn 32), BGB § 193 (Fristende an einem Samstag, Sonntag oder gesetzlichen Feiertag, dazu Einl Rdn 32).

---

[6] Jonas/Pohle, ZwVNotrecht, § 31 Anm 2 g.
[7] Steiner/Storz § 31 Rdn 25; Jonas/Pohle, ZwVNotrecht, § 31 Anm 2 b.
[8] Drischler Rpfleger 1956, 91.
[9] Jonas/Pohle, ZwVNotrecht, § 31 Anm 3 b.
[10] LG Frankenthal, Rpfleger 1983, 120.
[11] Jonas/Pohle, ZwVNotrecht, § 31 Anm 3 e.

3.13 Die **Antragsfrist** kann ohne Zutun des Gläubigers, außerhalb seines Machtbereichs, **gegenstandslos** werden, wenn während ihres Laufes anderweitig eingestellt wird, auf Anordnung des Prozeßgerichts oder kraft Gesetzes. Solange in solcher Weise eingestellt ist, kann der Gläubiger nicht Fortsetzung verlangen; solange er nicht Fortsetzung verlangen kann, kann die Frist nicht zu seinem Nachteil laufen[11]. Endet diese Unterbrechung, so muß die Antragsfrist wohl neu zu laufen beginnen, ohne Anrechnung der vor der Unterbrechung verstrichenen Zeit[11], weil für die Antragsfristen des § 31 ein ununterbrochener Lauf vorgesehen ist (Gegensatz zu BGB § 191), so daß die Unterbrechung ähnlich wie bei der Verjährung (BGB § 212) wirken muß.

4 Gläubigerantrag auf Verfahrensfortsetzung (Absatz 1 Satz 1)

4.1 Der **Antrag** muß (als Rechtsbehelf) die Vollstreckungssache bezeichnen, in der die Verfahrensfortsetzung erfolgen soll, und zum Ausdruck bringen, daß vom Gläubiger Fortsetzung (weitere Durchführung) des Versteigerungsverfahrens verlangt wird. Anzubringen ist der Antrag beim zuständigen Vollstreckungsgericht schriftlich oder zu Protokoll der Geschäftsstelle (elektronisches Dokument: ZPO § 130a). Als Fortsetzungsantrag ist jedes aus einer Erklärung des Gläubigers ersichtliche Begehren auf weitere Durchführung des Versteigerungsverfahrens anzusehen, damit auch der Antrag eines Gläubigers, eine Insolvenzeinstellung nach § 30f aufzuheben (Rdn 3.4). Eine Begründung ist nicht erforderlich; unter Umständen hat der Gläubiger jedoch nachzuweisen, daß der Einstellungsgrund weggefallen ist (Rdn 5.3).

4.2 Innerhalb der Antragsfrist muß der Antrag bei dem für das Verfahren **zuständigen Vollstreckungsgericht** eingehen. Der Eingang bei einem anderen Gericht, bei dem der Antrag etwa im Rechtshilfeweg zu Protokoll gegeben wird, genügt nicht, auch nicht bei den Gerichten, deren ZVG-Tätigkeit einem gemeinsamen Gericht übertragen wurde. Vor Ablauf der bestimmten Einstellungszeit kann der Antrag nicht gestellt werden (bei § 30 jederzeit, weil ja der Gläubiger die Dauer der Einstellung bestimmt, abgesehen von ihrer Höchstdauer). Zulässig ist er freilich auch schon gegen Ende der Einstellungszeit[12]. Wurde er verfrüht gestellt, so ist er nicht wirkungslos, sondern muß einfach auf das Ende der Einstellungszeit bezogen werden, weil er als vorsorglich zur Entscheidung nach Fristablauf gestellt anzusehen ist.

4.3 Wenn der Antrag **nicht binnen der Frist** von sechs Monaten **gestellt** wird, ist das Verfahren von Amts wegen **aufzuheben** (Abs 1 Satz 2). Es ist auch dann aufzuheben, wenn der Antrag bei dem zuständigen Vollstreckungsgericht verspätet (erst nach Ablauf der Antragsfrist) eingeht. Aufzuheben ist dann auch, wenn der verspätete Antrag noch vor Erlaß des Aufhebungsbeschlusses eingeht, weil die Fristversäumung nicht geheilt werden kann. Gegen die Aufhebung sofortige Beschwerde. Ratsam ist es, die Wirksamkeit der Aufhebung bis zur Rechtskraft des Beschlusses aufzuschieben, da die einmal aufgehobene Beschlagnahme nicht wieder aufleben kann.

4.4 Beantragt werden kann nur die Fortsetzung eines eingestellten Verfahrens; Fortsetzungsantrag ist daher erst **von der Einstellung an** möglich. Er kann aber **mit der Einstellungsbewilligung verbunden** werden[13], es kann also fortgesetzt und sofort wieder eingestellt werden. Es erscheint nicht richtig, in diesem Fall auf die ausdrückliche Fortsetzung als angeblich zu formalistisch zu verzichten (so[14]). Eingestellt werden kann ja nur ein laufendes, also nach vorausgehender Einstellung wieder fortgesetztes Verfahren. Schon zur Vermeidung von Zweifeln über den Fristenlauf ist dies zu beachten (gibt auch[14] zu). Wenn der Gläubiger gegen Ende

---

[12] Ordemann AcP 157, 470.
[13] Drischler Rpfleger 1967, 357 (10); Ordemann aaO (Fußn 12).
[14] Jonas/Pohle, ZwVNotrecht, § 31 Anm 2e.

Fortsetzung des eingestellten Verfahrens 5.2 § 31

seiner Fortsetzungsantragsfrist die Einstellung bewilligt und diese zulässig ist (also keine dritte Bewilligung), so ist das ein Fortsetzungsantrag, verbunden mit neuer Einstellungsbewilligung. Umgekehrt kann nicht die Einstellung bewilligt und gleichzeitig die Fortsetzung verlangt werden; das wäre eine unzulässige Einstellung auf Zeit[15] (anders[16], auch[17] für Fortsetzung unmittelbar nach Ablauf von 6 Monaten); in diesem Fall kann das Gericht nur unbeschränkt einstellen[18], es setzt erst auf ausdrücklichen Antrag fort.

4.5 Der Fortsetzungsantrag kann (wie die Einstellungsbewilligung) nicht an eine **Bedingung** geknüpft werden, etwa daran, daß ein anderer Gläubiger Fortsetzungsantrag stellen. Abzulehnen ist auch die Verbindung eines Fortsetzungsantrags mit einer Einstellungsbedingung in der Weise, daß das Verfahren nur fortgesetzt werden solle, wenn der Schuldner nicht binnen einer bestimmten Frist zahle und dies dem Gericht nachweise. Der Fortsetzungsantrag muß unmißverständlich gestellt sein; er liegt nicht etwa in einer Einstellungsbewilligung für eine bestimmte Zeit[19].

4.6 Die **Rücknahme** des Fortsetzungsantrags, bevor die Fortsetzung beschlossen oder sonst in Gang gebracht ist, kann noch nicht als Einstellungsbewilligung angesehen werden, weil das Verfahren, auch wenn kein besonderer Fortsetzungsbeschluß vorgeschrieben ist, jedenfalls erst mit einer Verfügung des Gerichts (zB Terminsfestsetzung) fortgesetzt wird. Solange nichts geschehen ist, kein Fortsetzungsbeschluß und keine ihn ersetzende Verfügung, kann der Fortsetzungsantrag zurückgenommen werden; es bleibt dann beim bisherigen Verfahrensstand, das Verfahren bleibt weiter eingestellt, bis die Fortsetzungsantragsfrist abgelaufen ist.

4.7 Die Rücknahme des Fortsetzungsantrags nach der Fortsetzung ist eine neue Einstellungsbewilligung. Bei Rücknahme des Fortsetzungsantrags nach Ablauf der Fortsetzungsfrist gilt der Fortsetzungsantrag als nicht gestellt und das **Verfahren** ist nach Abs 1 Satz 2 **aufzuheben**.

Maßnahmen für Verfahrensfortsetzung; Fortsetzungsbeschluß 5

5.1 Zu **prüfen** ist für Fortsetzung des Verfahrens, ob der Antrag des Gläubigers rechtzeitig gestellt (§ 31) und der Einstellungsgrund entfallen ist, außerdem (wie bei Verfahrensanordnung), ob alle Vollstreckungserfordernisse erfüllt (alle Voraussetzungen wie für den Beginn der Zwangsvollstreckung gegeben) sind und die für Zwangsvollstreckung erforderlichen Urkunden vorliegen (§ 16 Abs 2). Nur der Fortsetzungsantrag muß in der Frist des § 31 gestellt sein; Zwangsvollstreckungsunterlagen (zB ein zurückgegebener Vollstreckungstitel) können auch nach Ablauf der Frist beigebracht werden. Auch die Fortsetzung des Verfahrens kann (auf rechtzeitigen Antrag) nach Fristablauf angeordnet und vorgenommen werden. Wenn wegen eines Insolvenzverfahrens eingestellt war, muß die Einstellung aufgehoben sein (§ 30 f). Materielle Einwendungen des Schuldners können bei Fortsetzung des Verfahrens keine Berücksichtigung finden. Wenn der Schuldner die Zusage einer längeren Einstellung (nach § 30) durch den Gläubiger behauptet, muß er Klage nach ZPO § 767 erheben.

5.2 Anhörung des Schuldners zu dem Fortsetzungsantrag kann im Einzelfall geboten oder doch zweckmäßig sein, ist aber nicht nötig. Fortsetzung des Verfahrens erfordert Verfahrenshandlung des Gerichts. Diese ist Verfahrensmaßnahme, mit der dem Schuldner Kenntnis vom Wegfall des Einstellungsgrundes und Gelegenheit gegeben wird, seinen Anspruch auf rechtliches Gehör vor Gericht (GrundG Art 103 Abs 1) im Verfahren wahrzunehmen.

---

[15] LG Traunstein Rpfleger 1989, 35; Korintenberg/Wenz § 35 Fußnote 1; Drischler Rpfleger 1967, 357 (10).
[16] Ordemann AcP 157, 470.
[17] LG Frankfurt MDR 1986, 595 = Rpfleger 1986, 231.
[18] LG Traunstein Rpfleger 1989, 35; Ordemann AcP 157, 470.
[19] Jaeckel/Güthe § 30 Rdn 3.

5.3 Wenn die Zulässigkeit der **Verfahrensfortsetzung feststeht** (wie im Falle des § 30, im Falle des § 30a mit Ablauf des Zeitpunktes, bis zu dem die Einstellung angeordnet war, sonst bei Offenkundigkeit der Tatsache, die Fortsetzung ermöglicht, ZPO § 291), ist dem Vollstreckungsgericht für Verfahrensfortsetzung kein weiterer Nachweis zu erbringen. Wenn der Wegfall des Einstellungsgrundes bei dem Vollstreckungsgericht nicht offenkundig ist (ZPO § 291), hat der Gläubiger als Antragsteller die Tatsachen vorzutragen, die Verfahrensfortgang ermöglichen. Die Darlegungs- und Beweislast nach den Grundsätzen des ZPO-Verfahrens (§ 30b Rdn 4.1) trifft ihn somit, wenn die nach § 30a auf Schuldnerantrag angeordnete Verfahrenseinstellung infolge Nichterfüllung einer Zahlungsanordnung oder einer anderen Auflage außer Kraft getreten ist (Abs 3–5 des § 30a). Der Tatsachenvortrag des Gläubigers ist Grundlage der Verfahrensfortsetzung, wenn er vom Schuldner nicht bestritten (ZPO § 138 Abs 2) oder zugestanden (ZPO § 288) wird. Sonst sind die Angaben zu beweisen (Glaubhaftmachung ist nicht vorgesehen, somit auch nicht ausreichend). Prozeßgerichtliche Einstellungsbeschlüsse und Einstellungsunterlagen werden vom Vollstreckungsgericht vollzogen, wenn es davon auf irgend eine Weise zuverlässig Kenntnis erlangt (ZPO § 775). Daher erfordert auch Fortsetzung, daß Wiederaufhebung der Anordnung nachgewiesen oder sonstige Erledigung durch Tatsachenvortrag dargestellt oder erforderlichenfalls bewiesen wird.

5.4 Fortzusetzen hat das Vollstreckungsgericht das mit Einstellung zum Stillstand gekommene Verfahren. Förmliche Anordnung (durch Beschluß, auch Verfügung) ist nicht (ausdrücklich) vorgesehen, dennoch aber (außer bei Aufhebung der Einstellung infolge eines Insolvenzverfahrens nach § 30f) geboten (Rdn 5.5) und üblich. Sonst hätte das Vollstreckungsgericht zur weiteren Durchführung des Verfahrens die Maßnahme oder Entscheidung zu treffen, die eine sachgemäße Fortführung der auf Antrag des Gläubigers mit Verfahrensanordnung (Zulassung des Beitritts) eingeleitete Zwangsversteigerung erfordert. Je nach Verfahrensstand bei Einstellung könnte somit Fortführung auf verschiedene Weise erfolgen: Durch Zustellung einer Belehrung (falls noch Einstellungsantrag möglich) an Schuldner, durch Entscheidung (oder auch Weiterführung des Verfahrens, § 30b) über einen Einstellungsantrag (§ 30b Rdn 10.6), durch Zustellung des Beschlusses über die Anordnung der Grundstücksschätzung nach § 74a, verbunden mit der Belehrung (über Einstellungsmöglichkeit) an Schuldner, durch förmlichen Hinweis des Gerichts auf die bevorstehende Terminsansetzung, verbunden mit der genannten Belehrung, durch Zustellung der Terminsbekanntmachung nur dann, wenn keine Einstellungsmöglichkeit mehr besteht, andernfalls deshalb nicht, weil mit der Terminsbekanntmachung keine Belehrung verbunden werden kann (die Terminsansetzung darf ja erst nach rechtskräftiger Einstellungsablehnung erfolgen, § 30b Abs 4). Daß eine Verfahrenshandlung zur Fortsetzung des eingestellten Verfahrens vorgenommen wird, müßte dann Gläubiger und Schuldner erkennbar sein. Ihnen ist der Einstellungsbeschluß zugestellt (§ 32); daher müssen sie auch Kenntnis davon erlangen, daß dem Beschluß keine Wirkung mehr zukommt. Dem Gläubiger und Schuldner wäre sonach gesondert bekanntzumachen, daß die Prozeßhandlung (zB Terminsbestimmung bei Vollstreckung noch durch weitere Gläubiger, Gutachtenauftrag an den Sachverständigen), auch für den Gläubiger vorgenommen ist, dessen Verfahren fortgesetzt wird; das würde sich nur erübrigen, wenn (ausnahmsweise) in dem auf Antrag fortzusetzenden Einzelverfahren sogleich eine Verfahrenshandlung oder Entscheidung vorzunehmen ist, die den Gläubiger und sein Vollstreckungsverfahren (erforderlichenfalls nach Anordnungs- oder Beitrittsbeschluß) bezeichnet und den Verfahrensfortgang darstellt.

5.5 (Besonderer) **Fortsetzungsbeschluß** wurde zwar bei Gesetzesberatung nicht gefordert, „um das Verfahren nicht unnötig verwickelt zu machen"[20].

---

[20] Jaeckel/Güthe § 31 Rdn 7.

Fortsetzung des eingestellten Verfahrens 5.11 § 31

Von[21] (auch sonst im Schrifttum) wird er befürwortet, um den Fortsetzungszeitpunkt festzulegen (anders[22]), von dem der Fristlauf der damit verbundenen Belehrung abhängt, auch die Berechnung des geringsten Gebots nach § 44 Abs 2. Zulässig ist er als Verfahrenshandlung des Gerichts, mit der Gläubiger und Schuldner Kenntnis davon gegeben wird, daß in der Vollstreckungssache des Gläubigers, der Fortsetzung beantragt hat, der Einstellungsgrund entfallen und Verfahrensfortsetzung zulässig ist, weitere Verfahrenshandlungen somit auch das eingestellt gewesene Verfahren fortsetzen. Der Fortsetzungsbeschluß trägt dem Erfordernis Rechnung, daß den Beteiligten nach Zustellung des Einstellungsbeschlusses Kenntnis davon zu geben ist, daß dieser keine Wirkung mehr äußert (Rdn 5.4); er schafft Klarheit über Grundlage und Zulässigkeit des fortzuführenden Vollstreckungsverfahrens. Damit trägt er zugleich dem Erfordernis Rechnung, daß dem Schuldner der Beschluß, auf Grund dessen die Versteigerung erfolgen kann, vier Wochen vor dem Versteigerungstermin zugestellt zu sein hat (§ 43 Abs 2, § 44 Abs 2).

5.6 Ist bei einem nach §§ 30, 30a eingestellten Verfahren das Insolvenzverfahren eröffnet worden, so ist der Fortsetzungsantrag als gegen den Insolvenzverwalter gestellt anzusehen, ohne daß die Umschreibung des Vollstreckungstitels gegen ihn nötig wäre.

5.7 Zur Verfahrensfortsetzung auch ZVG-Handbuch Rdn 196–200a.

5.8 Der Fortsetzungsbeschluß muß nicht zugestellt werden; Mitteilung an Gläubiger und Schuldner erfolgt nach ZPO § 329 Abs 2. Zuzustellen ist aber die mit dem Beschluß verbundene Belehrung des Vollstreckungsschuldners oder Antragsgegners (§ 30b Abs 2). Wenn bereits Versteigerungstermin bestimmt ist, erfordert Wahrung der Fristen des § 43 Abs 2 (dort Rdn 4.2) und § 44 Abs 2 (dort Rdn 4.8) auch Zustellung des Fortsetzungsbeschlusses. Dazu ZVG-Handbuch Rdn 200a.

5.9 Kosten: Für die Fortsetzung entsteht keine besondere Gerichts- oder Anwaltsgebühr. Die Tätigkeit des Gerichts wird durch die Versteigerungsverfahrensgebühr (Einl Rdn 77) abgegolten, die des Rechtsanwalts durch die Anwalts-Versteigerungsverfahrensgebühr (Einl Rdn 90).

5.10 Ablehnung eines Fortsetzungsantrags erfolgt durch Beschluß. Er ist dem Gläubiger zuzustellen, dem Schuldner mitzuteilen. Wenn der Antrag nicht binnen sechs Monaten gestellt (eingegangen) ist, erfolgt seine Ablehnung mit Aufhebung des Verfahrens (Abs 1 Satz 2); Zustellung des Aufhebungsbeschlusses: § 32.

5.11 a) **Nach Rechtskraft des Zuschlags** kann ein Verfahren zur Grundstücks-Zwangsversteigerung nicht mehr fortgesetzt werden, weil der Ersteher mit Zuschlag Eigentümer des Grundstücks wird (§ 90).

b) **Bis zur Rechtskraft** des Zuschlags kann Fortsetzung nur noch bedingt für den Fall beantragt und angeordnet werden, daß der Zuschlag im Beschwerdeweg rechtskräftig aufgehoben wird, ebenso wie in dieser Zeit der Beitritt eines Gläubigers nur noch für diesen Fall zugelassen werden kann (§ 27 Rdn 2.4). Fortsetzungsantrag für diesen Fall bewirkt, daß das nach Aufhebung des Zuschlags fortzusetzende Verfahren auch wieder von dem antragstellenden Gläubiger betrieben wird. Hat ein Gläubiger Fortsetzungsantrag nicht in der Antragsfrist gestellt, dann muß nach rechtskräftiger Aufhebung des Zuschlags auch sein Verfahren aufgehoben werden.

---

[21] LG Lübeck SchlHA 1960, 178; Dassler/Muth § 31 Rdn 13; Steiner/Storz § 31 Rdn 42; Jonas/Pohle, ZwVNotrecht, § 30d Anm 6; Mohrbutter, Handbuch des Vollstreckungsrechts, § 36 (I c); Mohrbutter/Drischler Muster 55 Anm 4 und Muster 28 Anm 1; Stöber, ZVG-Handbuch, Rdn 200a; Ordemann AcP 157, 470; Drischler Rpfleger 1956, 91, JVBl 1962, 83 (7) und 1965, 225 (d) sowie JurBüro 1964, 1 (2f); Schmidt DRiZ 1959, 119.

[22] Jaeckel/Güthe § 31 Rdn 7.

c) Wenn nach bewilligter Verfahrenseinstellung das **Grundstück** auf Betreiben anderer Gläubiger **versteigert** worden ist, äußert die Einstellungsbewilligung keine Wirkungen mehr. Die Erlösverteilung erfolgt von Amts wegen (§§ 105 ff). Sie ist Folge der Grundstücksversteigerung. Ein Gläubiger kann mit Einstellungsbewilligung nicht mehr den zeitweiligen Stillstand des Verteilungsverfahrens herbeiführen; ebenso erfordert die Erlösverteilung keinen Fortsetzungsantrag eines Gläubigers, dessen Zwangsversteigerungsverfahren vor Zuschlag auf Bewilligung eingestellt war. Die bewilligte Einstellung hat nur das Versteigerungsverfahren des Gläubigers zum Stillstand gebracht. Weil sie Bedeutung nur für den Versteigerungsabschnitt des Verfahrens hat, ist die Einstellungsbewilligung auch in Abschnitt II des zweiten Titels des ersten Abschnitts des ZVG geregelt. Bei Verfahrensfortgang mit Erlösverteilung (daselbst Abschnitt VIII) schmälert daher die Einstellungsbewilligung insbesondere das Recht auf Befriedigung aus dem Versteigerungserlös, also auf Zuteilung und Teilnahme bei Planausführung nicht. Dem dinglichen Gläubiger gewährt sein Recht am Grundstück (§ 10 Abs 1 Nr 4), dem persönlichen Vollstreckungsgläubiger gewährt die durch Anordnung oder Beitritt bewirkte Beschlagnahme (§ 10 Abs 1 Nr 5) ein bei der Erlösverteilung zu berücksichtigendes Recht. Dieses Recht auf Befriedigung aus dem Grundstück und Berücksichtigung bei Verteilung des Erlöses eines versteigerten Grundstücks beeinträchtigt die früher bewilligte Einstellung der dennoch erfolgten Versteigerung nicht. Verfahrenseinstellung auf Bewilligung (§ 30) erfordert daher nicht, daß der Gläubiger sich unter Wegfall seiner Einstellung erst wieder an der Erlösverteilung zu beteiligen hat, indem er eine entsprechende Erklärung (als Fortsetzungsantrag) an das Gericht abgibt. Daher kann auch kein Gläubiger bei nicht rechtzeitiger Erklärung von der Erlösverteilung ausgeschlossen, sein Verfahren sohin nicht als aufgehoben behandelt werden. Nach Zuschlag ist Antragsrücknahme (§ 29 Rdn 2.7) und folglich auch Verfahrensaufhebung wegen eines unterlassenen Fortsetzungsantrags nicht mehr möglich, weil das Objekt der Verfügungsgewalt des Gläubigers entzogen ist. Wenn die Frist noch über den Verteilungstermin hinaus läuft, kann daher auch nicht, weil der Gläubiger noch wegfallen könnte, bedingt zugeteilt und hinterlegt werden (§§ 119, 120). Es ist zu unterscheiden, ob der Gläubiger Einstellung des Verfahrens zur Zwangs**versteigerung** bewilligt hatte (§ 30) oder ob von Amts wegen zu berücksichtigende Gründe für Einstellung oder Beschränkung der Zwangs**vollstreckung** vorliegen (ZPO § 775). Mit Einstellung oder Beschränkung einer Zwangsvollstreckung (ZPO § 775, auch § 776) hindert der Stillstand des Vollstreckungsverfahrens auch die Gläubigerbefriedigung bei Erlösverteilung. Bewilligte Einstellung (§ 30) hingegen konnte nur für den Fortgang des Versteigerungsverfahrens Bedeutung erlangen, nicht aber das Recht des Gläubigers auf Befriedigung aus dem Grundstück (§ 10; dazu auch § 114) schmälern. Will ein Gläubiger sein Recht auf Berücksichtigung bei Erlösverteilung (ganz oder teilweise) aufgeben, so steht ihm dafür das Gesetz nicht die Einstellungsbewilligung des § 30 (mit Unterlassen eines rechtzeitigen Fortsetzungsantrags nach § 31), sondern die Anmeldung (§ 114) als Verfahrenserklärung zur Berücksichtigung bei Aufstellung des Teilungsplans zur Verfügung.

6 Mehrere Gläubiger und mehrere Verfahren eines Gläubigers

Jeder von mehreren Gläubigern eines „gemeinsamen" Verfahrens bleibt für den Fortgang seiner **Einzelvollstreckung** selbständig (§ 30b Rdn 6). Einstellung und Fortsetzung mit ihren Fristen wirken ebenso wie alle einschlägigen Anträge immer nur für und gegen die davon unmittelbar betroffenen betreibenden Gläubiger, nicht für und gegen die anderen. Wenn die Verfahren mehrerer Gläubiger (gleichzeitig oder nacheinander) eingestellt wurden, läuft die **Frist** für Stellung des Fortsetzungsantrags (§ 31) für jeden Gläubiger **gesondert;** es gibt keine Einheit des Verfahrens. Jeder Gläubiger hat daher Fortsetzung seines eingestellten Verfahrens in der nach seinem Einstellungsgrund und der ihm zugestellten Belehrung laufen-

Fortsetzung des eingestellten Verfahrens 9.1 § 31

den Frist des § 31 gesondert zu beantragen. Ein Fortsetzungsbeschluß hat den Gläubiger (ggfs auch den Beschlagnahmebeschluß als Grundlage seines Verfahrens) zu bezeichnen, dessen eingestelltes Verfahren fortgesetzt wird. Fortsetzung des Verfahrens für einen Gläubiger auf rechtzeitigen Antrag berührt die für andere Gläubiger angeordnete Verfahrenseinstellung nicht. Beitritt eines weiteren Gläubigers und Durchführung des auf seinen Beitritt eingeleiteten Verfahrens bewirkt keine Fortsetzung des bei Zulassung des Beitritts eingestellten Verfahrens eines anderen Beschlagnahmegläubigers. Auch der Beitritt desselben Gläubigers wegen einer anderen Forderung ist keine Fortsetzung seines früheren Verfahrens. Aufgehoben wird jedes Einzelverfahren eines Gläubigers, wenn nach Einstellung dessen Fortsetzung nicht binnen sechs Monaten beantragt ist (Abs 1 Satz 2); die Verfahren der anderen betreibenden Gläubiger werden davon nicht berührt; sie laufen ungehindert weiter.

Mehrere Grundstücke 7

Bei Zwangsversteigerung mehrerer Grundstücke in demselben Verfahren (§ 18) kann der Gläubiger nach Einstellung des Gesamtverfahrens auch die Verfahrens**fortsetzung** nur hinsichtlich **eines** (oder einzelner) **der Grundstücke** beantragen. Die Einstellung des Verfahrens über die weiteren Grundstücke wird davon nicht berührt; sie dauert an. Das Verfahren über die weiteren Grundstücke ist aufzuheben, wenn hierwegen Fortsetzungsantrag nicht binnen sechs Monaten gestellt ist (Abs 1 Satz 2). Ein Fortsetzungsantrag des Gläubigers bezieht sich auf das Gesamtverfahren (auf das Verfahren über alle Grundstücke), wenn nichts anderes zum Ausdruck gebracht ist.

Muster zu Fortsetzungsbeschluß und -belehrung 8

8.1 Gegenüber **Schuldner:** „Beschluß: Das mit Beschluß vom ... einstweilen eingestellte Zwangsversteigerungsverfahren aus dem Anordnungs-/Beitritts-Beschluß vom ... (Gläubiger ...) wird auf Antrag des Gläubigers fortgesetzt. Belehrung des Schuldners: Der Schuldner kann nochmals ... (wie § 30b Rdn 2). Gründe: Der Gläubiger hat rechtzeitig die Fortsetzung beantragt (ZVG § 31). Zugleich mußte der Schuldner über die Einstellungsmöglichkeit belehrt werden (ZVG §§ 30c, 30a, 30b)".

8.2 Bei **Teilungsversteigerung:** „Beschluß: Das mit Beschluß vom ... einstweilen eingestellte, zur Aufhebung der Gemeinschaft betriebene Zwangsversteigerungsverfahren aus dem Anordnungs-/Beitritts-Beschluß vom ... (Antragsteller ...) wird auf den Antrag des Antragstellers fortgesetzt. Belehrung des Antragsgegners: Der Antragsgegner kann nochmals ... (wie § 30b Rdn 2). Gründe: Der Antragsteller hat rechtzeitig die Fortsetzung beantragt (ZVG §§ 180, 31). Zugleich mußte der Antragsgegner über die Einstellungsmöglichkeit belehrt werden (ZVG §§ 180, 30b)".

8.3 Muster auch in § 30 Rdn 4, § 30b Rdn 5.5 und 8, § 30f Rdn 5 und ZVG-Handbuch Rdn 196.

Rechtsbehelfe bei Fortsetzung oder Aufhebung 9

9.1 Gegen die mit der Fortsetzung verbundene **Belehrung** ist höchstens Vollstreckungserinnerung denkbar (§ 30b Rdn 9.1), **gegen den Fortsetzungsbeschluß** selbst wie immer für den vorher nicht gehörten Schuldner oder Antragsgegner auch Vollstreckungserinnerung, anschließend sofortige Beschwerde (anders[23]: nur sofortige Beschwerde), für den vorher Gehörten sofortige Beschwerde, gegen den die Fortsetzung ablehnenden Beschluß für den Gläubiger oder Antragsteller sofortige Beschwerde.

---

[23] LG Darmstadt MDR 1957, 753.

9.2 Für Rechtsbehelfe gegen Aufhebungsbeschlüsse wird das **Rechtsschutzbedürfnis** dann bejaht, wenn darin ein neuer Antrag auf Anordnung oder Beitritt zu sehen ist[24] (Aufhebung sei dann insoweit rückgängig zu machen, als für die Fristen aus §§ 30a, d der frühere Zustand bestehe). Die Frage ist ohne Bedeutung, wenn die Aufhebung (richtig) erst „ab Rechtskraft wirksam" erfolgte.

[Zustellung der Einstellungs- und Aufhebungsbeschlüsse]

32 Der Beschluß, durch welchen das Verfahren aufgehoben oder einstweilen eingestellt wird, ist dem Schuldner, dem Gläubiger, und, wenn die Anordnung von einem Dritten beantragt war, auch diesem zuzustellen.

1 Allgemeines zu § 32

Zweck und **Anwendungsbereich:** Die Vorschrift regelt (in Abweichung von ZPO § 329) die Ausführung der Zustellungen bei einstweiliger Einstellung und Aufhebung des Verfahrens. Sie gilt für alle ZVG-Verfahren.

2 Zustellung von Einstellungs- und Aufhebungsentscheidungen

2.1 Aufhebungs- und Einstellungsbeschlüsse müssen immer von Amts wegen (§ 3) zugestellt werden. Zustellung hat auch zu erfolgen, wenn die Anordnung auf ein Zubehörstück beschränkt ist. Ein **Verzicht** auf die Zustellung ist nicht zulässig, weil die Zustellung nicht nur im Interesse des Betroffenen liegt, sondern auch Fristen in Lauf setzt oder andere Ereignisse auslöst.

2.2 Die Aufhebungs- und Einstellungsbeschlüsse müssen an den **Schuldner** (Vollstreckungsschuldner) und an den (jeweils betroffenen) **Gläubiger** zugestellt werden, an einen **Dritten** dann, wenn er die Aufhebung oder Einstellung (zB nach § 28 oder nach ZPO § 769 Abs 2) beantragt hatte. Betroffen von der Entscheidung und Zustellungsempfänger ist nur der betreibende Gläubiger, dessen Verfahren durch die Entscheidung eingestellt oder aufgehoben wird; keine Zustellung erhalten die übrigen betreibenden Gläubiger. Die Zustellung erfolgt von Amts wegen (§ 3), wenn der Gläubiger, Schuldner oder Dritte einen Bevollmächtigten hat an diesen (§ 3 Rdn 3); sie ist durch Aufgabe zur Post möglich (§ 4). Keine Zustellung erhalten andere Beteiligte (§ 9), auch nicht der nach Beschlagnahme neu eingetretene Grundstückseigentümer; dessen Benachrichtigung ist gleichwohl ratsam. Wird allerdings der Versteigerungstermin gleichzeitig aufgehoben (weil andere Gläubiger nicht vorhanden oder für sie nicht fristig erfüllt sind), so muß Terminsabladung an alle Beteiligten erfolgen, und zwar formlos. § 32 soll aber nicht eng in dem Sinn verstanden werden, daß eine Verfahrensaufhebung nur dem Gläubiger, Schuldner oder antragstellenden Dritten durch Zustellung bekanntzumachen ist. Ist der Anordnungsbeschluß weiteren Personen oder Stellen zugestellt oder mitgeteilt worden (§ 15 Rdn 47.5), so sollte in der Schuldnerinteresse als selbstverständlich gelten, daß diesen jedenfalls durch Mitteilung auch die Aufhebung des Verfahrens (wenn es von mehreren Gläubigern betrieben wurde die Aufhebung hinsichtlich des letzten dieser mehreren Gläubiger) zur Kenntnis gebracht wird.

2.3 Zustellung eines Einstellungs- oder Aufhebungsbeschlusses an Schuldner und Gläubiger hat nach § 32 auch zu erfolgen, wenn der Beschluß (nach ZPO § 329 Abs 1) bereits in einem Termin (auch Versteigerungstermin) verkündet worden ist. Nur der nach Schluß der Versteigerung in Form der Zuschlagsversagung verkündete Einstellungs- oder Aufhebungsbeschluß (§§ 33, 87 Abs 1) wird nicht zugestellt (§ 33 Rdn 6).

---

[24] AG Medebach JMBlNW 1966, 257.

Einstellung oder Aufhebung durch Versagung des Zuschlags 2.4 § 33

2.4 Für **Ablehnung** eines Aufhebungs- oder Einstellungsantrags gilt § 32 nicht; Verkündung, Zustellung oder Mitteilung des Beschlusses erfolgt nach ZPO § 329. Zugestellt wird der Beschluß an den abgewiesenen Antragsteller; dem Gegner wird er nur mitgeteilt, wenn Anhörung erfolgt ist.

[Einstellung oder Aufhebung durch Versagung des Zuschlags]

33 Nach dem Schlusse der Versteigerung darf, wenn ein Grund zur Aufhebung oder zur einstweiligen Einstellung des Verfahrens oder zur Aufhebung des Termins vorliegt, die Entscheidung nur durch Versagung des Zuschlags gegeben werden.

Allgemeines zu § 33   1

1.1 Zweck der Vorschrift: § 33 trifft Bestimmung, daß die Entscheidung nur durch Versagung des Zuschlags erfolgen darf, wenn ein Grund zur Aufhebung oder einstweiligen Einstellung des Verfahrens oder auch zur Aufhebung des Termins erst nach dem Schluß der Versteigerung (§ 73 Abs 2) zu berücksichtigen ist.

1.2 Anwendungsbereich: Die Vorschrift gilt für alle Versteigerungsverfahren, also auch für Insolvenzverwalter-, Nachlaß-, Teilungsversteigerung.

Aufhebung und Einstellung mit Zuschlagversagung   2

2.1 Nach Schluß der Versteigerung (= § 73 Abs 2: nach dem Ende der Bietzeit, wenn der Schluß der Versteigerung verkündet ist) darf über Einstellungs- und Aufhebungsgründe nur durch Zuschlagsversagung (§ 83) entschieden werden. Es gilt das für **Einstellungs- und Aufhebungsgründe jeder Art:** §§ 28, 29, 30, 30a, 30c, 30d, 31, 75, 76, ZPO §§ 765a, 769, 775, 776. Es gilt dies auch dann, wenn der Aufhebungs- oder Einstellungsgrund schon vor Schluß der Versteigerung entstanden, bis dahin aber unbekannt oder unberücksichtigt (siehe auch § 79) geblieben ist; ausgenommen ist die Sonderregelung in § 77. Einstellung oder Aufhebung durch einfachen Beschluß hätte Erlöschen der Gebote zur Folge (§ 72 Abs 3). Bei Entscheidung durch Versagung des Zuschlags erlöschen die am Schluß der Versteigerung noch wirksamen Gebote erst mit Rechtskraft (§ 86); damit bleibt den Beteiligten die Möglichkeit gewahrt, mit Beschwerde die Aufhebung des Versagungsbeschlusses und die Erteilung des Zuschlags herbeizuführen.

2.2 Die Regel gilt für das Gesamtverfahren, sonst nur für den **bestrangig betreibenden Gläubiger,** nicht aber für einzelne nachrangig vollstreckende Gläubiger (Rdn 3). Sie gilt nur, wenn im Termin überhaupt Gebote abgegeben wurden. Wenn **kein Gebot** abgegeben ist oder alle Gebote erloschen sind, ist das Verfahren durch (einfachen) Beschluß aufzuheben oder einstweilen einzustellen oder § 77 anzuwenden.

2.3 Wenn eine Einstellung des Vollstreckungsgerichts wegen **Dringlichkeit nach ZPO § 769 Abs 2** in Frage kommt, abhängig von einer Entscheidung des Prozeßgerichts (die Einstellung gewähren oder versagen kann), ist der Zuschlagsverkündungstermin hinauszuschieben (§ 87 Abs 1) und die Entscheidung des Prozeßgerichts abzuwarten (wenn diese eine Einstellung versagt, hätte sonst das Vollstreckungsgericht zu Unrecht den Zuschlag versagt). Hat das Vollstreckungsgericht doch auf einen Antrag nach ZPO § 769 Abs 2 den Zuschlag (rechtskräftig; sonst kann noch mit Beschwerde Aufhebung des Beschlusses bewirkt werden) versagt, muß nach Ablauf der Frist die Zwangsvollstreckung mit erneuter Versteigerung (Bestimmung des Termins unter Wahrung der Fristen) fortgesetzt werden. Einstweilige Einstellung nach ZPO § 769 Abs 2 unter Fristbestimmung durch das Vollstreckungsgericht hätte Erlöschen der Gebote zur Folge (§ 72 Abs 3).

2.4 Anzuwenden ist § 33 auch, wenn **Eröffnung** eines Insolvenzverfahrens oder Bestellung eines vorläufigen Insolvenzverwalters erst nach Schluß der Versteige-

§ 33 2.4   Aufhebung und einstweilige Einstellung

rung erfolgt und dann Antrag nach § 30 d gestellt wird (über ihn darf nur nach § 33 entschieden werden[1]).

2.5 § 33 gilt auch im **Rechtsmittelverfahren,** weil dafür keine Ausnahme bestimmt ist (so auch[2]; anders[3]). Nicht anwendbar ist § 33 im Rechtsmittelverfahren nur, wenn der Einstellungs- oder Aufhebungsgrund erst nach Erteilung des Zuschlags aufgetreten ist und vom Beschwerdegericht nicht mehr berücksichtigt werden kann, wie bei Antragsrücknahme erst nach Zuschlag (unzulässig, § 29 Rdn 2.7), oder Einstellungsbewilligung erst nach Zuschlag (unzulässig, § 30 Rdn 2.12) oder wie zB bei § 765 a, der nicht erstmals im Rechtsmittelverfahren auftauchen darf (Einl Rdn 59.10). Wenn der Zuschlag durch das Rechtsmittelgericht aufgehoben wird und ein nach Schluß der Versteigerung eingetretener Aufhebungs- oder Einstellungsgrund bei Erteilung des Zuschlags unberücksichtigt geblieben ist, hat daher das Rechtsmittelgericht den Zuschlag nach § 33 zu versagen.

2.6 Bei **Ablösung** des einzigen betreibenden Gläubigers vor Versteigerungsschluß ist nach § 75 einzustellen, nachher ist der Zuschlag nach § 33 zu versagen. Wird einer von mehreren betreibenden Gläubigern abgelöst, so ist vor Versteigerungsschluß für den Abgelösten einzustellen, für die anderen fortzuführen und, falls der bestrangig betreibende Gläubiger abgelöst ist, neues geringstes Gebot aufzustellen, nach dem Versteigerungsschluß aber bei Ablösung des bestrangig betreibenden Gläubigers der Zuschlag zu versagen (hier kein neues geringstes Gebot, keine Wiederaufnahme der Versteigerung zulässig), während die Ablösung anderer betreibender Gläubiger auf den Zuschlag ohne Einfluß ist. Dazu auch § 15 Rdn 20 und § 75 Rdn 2.

2.7 Der Beschluß über die Versagung des Zuschlags muß den Einstellungs- oder Aufhebungs**grund ersehen lassen,** weil davon Fortsetzung und Fristen abhängen; zur Fassung § 30 b Rdn 5.5. Der Beschluß darf allerdings nicht neben der Versagung noch ausdrücklich einstellen. Unrichtig daher, wenn[4] empfiehlt, den Zuschlag zu versagen „mit der Maßgabe, daß das Verfahren einstweilen eingestellt wird". Unrichtig auch, wenn[5] empfiehlt, den Zuschlag zu versagen „unter gleichzeitiger befristeter Einstellung". Geschieht dies dennoch, so ändert das nichts mehr an der Wirkung aus § 86, die dem Versagungsbeschluß kraft Gesetzes zukommt[6] (falls Fortsetzung zulässig ist). Eine (überflüssige) Einstellung bei dieser Gelegenheit ist nur als Hinweis auf die Wirkung des § 86 anzusehen[7], so daß Gebote nicht nach § 72 Abs 3 erlöschen[8]. Besser ist es aber auf jeden Fall, wenn Unklarheit vermieden und richtig ausgesprochen wird, daß der Versagungsbeschluß mit Eintritt seiner Rechtskraft die Wirkung einer einstweiligen Einstellung (bzw Aufhebung) habe. Muster auch im ZVG-Handbuch Rdn 333.

3 Mehrere Gläubiger bei Zuschlagversagung

3.1 Liegen **nur bei einem** oder einigen von mehreren **nachrangig** betreibenden Gläubigern, die nicht der Berechnung des geringsten Gebots zugrunde gelegt waren und durch deren Wegfall sich nichts ändert, vor oder nach Schluß der Versteigerung Aufhebungs- oder Einstellungsgründe vor, so ist ihnen gegenüber einzustellen oder aufzuheben, und zwar normal, ohne Anwendung des § 33, und zwar bei allen denkbaren Einstellungs- oder Aufhebungsgründen.

---

[1] Stöber Rpfleger 1967, 16 (Anmerkung).
[2] Jaeckel/Güthe § 33 Rdn 1; Steiner/Storz § 33 Rdn 19.
[3] KG Berlin OLGZ 1966, 566 = Rpfleger 1966, 310.
[4] Jonas/Pohle, ZwVNotrecht, § 30 b Anm 5.
[5] Drischler Rpfleger 1956, 91.
[6] OLG Hamm NJW 1965, 2410 = OLGZ 1965, 311.
[7] OLG Hamm aaO (Fußn 6); Mohrbutter Rpfleger 1967, 102 (5).
[8] OLG Hamm aaO (Fußn 6).

Einstellung oder Aufhebung durch Versagung des Zuschlags 3.4 § 33

3.2 § 33 ist auch nicht anzuwenden, wenn der bestrangig betreibende Gläubiger **vor dem Schluß der Versteigerung** wegfällt; dann wird für ihn eingestellt oder aufgehoben und für den jetzt bestrangig betreibenden nächsten Gläubiger ein neues geringstes Gebot aufgestellt und neu zur Abgabe von Geboten aufgefordert.

3.3 Wenn nach Schluß der Versteigerung **für alle** betreibende Gläubiger Aufhebungs- oder Einstellungsgründe vorliegen, ist einheitlich durch Versagung des Zuschlags (§ 33) zu entscheiden (so auch[9]), somit nicht nur für den bestrangig betreibenden Gläubiger der Zuschlag zu versagen und für nachrangig betreibende Gläubiger aufzuheben oder einzustellen.

3.4 a) Bei Wegfall des bestrangig Betreibenden **nach Schluß der Versteigerung** wird vertreten: Versagung, wenn die Rechte, die nach dem für den nächsten Bestrangigen aufzustellenden geringsten Gebot zu berücksichtigen seien, nicht mehr vom Meistgebot gedeckt seien[10]; geringstes Gebot sei rückwirkend unrichtig, daher Zuschlag nach §§ 84, 83 Nr 1 zu versagen[11], Bestehenbleiben statt Barzahlung beeinträchtigt[12]; keine Versagung nur bei Genehmigung bestimmter Beteiligter[13] und Erteilung des Zuschlags trotz Genehmigung im übrigen nicht gegen den Willen des bestrangig betreibenden Gläubigers[14] (in dieser allgemeinen Aussage unrichtig) sowie Versagung des Zuschlags auf jeden Fall[15]. Die Lösung liegt in § 84 und hängt davon ab, wer das Verfahren betreibt. Nach § 84 können beeinträchtigte Beteiligte ein unrichtiges Verfahren genehmigen und es wird ohne die Notwendigkeit einer Genehmigung zugeschlagen, wenn niemand beeinträchtigt ist, beides unter anderem dann, wenn das geringste Gebot unrichtig aufgestellt war (§ 83 Nr 1, § 84 Abs 1) (unrichtig dann, wenn durch Wegfall des bisher bestrangig Betreibenden an sich ein neues geringstes Gebot nötig gewesen wäre).

b) War der bisherige Bestrangige aus der Rangklasse 2 oder 3, so mußten alle Ansprüche in bar berücksichtigt werden, alle dinglichen Rechte erlöschen (§§ 44, 49, 52); durch Verschiebung des bestrangig Betreibenden auf einen späteren Platz einer dieser Klassen oder auch auf die erste Stelle der Rangklasse 4 ändert sich nichts, wenn das Meistgebot alle baren Ansprüche vor dem jetzt bestrangig Betreibenden deckt; es ist alles bar zu berücksichtigen, es erlöschen alle dinglichen Rechte, niemand ist beeinträchtigt, niemand muß genehmigen; Zuschlag ist zu erteilen[16].

c) Wenn statt eines bestrangig Betreibenden aus Rangklasse 5 ein anderer derselben Klasse nunmehr betreibt, blieben und bleiben alle Recht der Klasse 4 bestehen, waren und sind alle Ansprüche der Klassen 1–3 bar zu berücksichtigen; es ändert sich nichts, wenn der Anspruch des bisherigen Bestrangigen weggefallen oder durch das bare Gebot gedeckt ist; niemand ist beeinträchtigt, niemand muß genehmigen; Zuschlag ist zu erteilen.

d) Betreibt statt eines bisher Bestrangigen aus Rangklasse 4 aber ein Rangschlechterer dieser Klasse oder statt eines Gläubigers der Klasse 4 nunmehr bestrangig ein Gläubiger der Klasse 5, dann müßten nach dem neu aufzustellenden geringsten

---

[9] Dassler/Muth, § 33 Rdn 6; Steiner/Storz, § 33 Rdn 9 und 11.
[10] RG 89, 426.
[11] OLG Hamm KTS 1973, 141 = OLGZ 1972, 312 = Rpfleger 1972, 149; OLG Köln OLGZ 1972, 62 = Rpfleger 1971, 326 mit teils zust, teils abl Anm Stöber; Nußbaum, Zwangsversteigerung, § 16 (IV); Wenz, Zwangsvollstreckung in das unbewegliche Vermögen, 3. Aufl 1943, Abschnitt 4 D II 2.
[12] AG Bamberg Rpfleger 1968, 98.
[13] Jaeckel/Güthe § 29 Rdn 5; Korintenberg/Wenz § 29 Anm 2 und § 44 Anm 6 und Fußn 6; Steiner/Storz § 33 Rdn 14 und 15.
[14] Steiner/Storz § 33 Rdn 15.
[15] Dassler/Muth § 33 Rdn 8.
[16] OLG Köln Rpfleger 1990, 176 mit krit Anm Storz = ZIP 1989, 1430; LG Kassel Rpfleger 2002, 408; LG Mosbach Rpfleger 1992, 360; AG Waldshut-Tiengen Rpfleger 1986, 102.

Gebot die dem jetzt bestrangig betreibenden Gläubiger vorgehenden dinglichen Rechte liegenbleiben, statt nach dem alten geringsten Gebot bar berücksichtigt zu werden; hier ist ein Nachteil gegeben, alle Benachteiligten müssen genehmigen; sonst ist der Zuschlag zu versagen (Genehmigung § 84 Abs 2; dazu § 84 Rdn 3). Das gilt auch, wenn als bestehenbleibendes Recht nur eine Eigentümergrundschuld zu berücksichtigen ist (anders[17]); deren Berücksichtigung im geringsten Gebot kann nicht unterbleiben, wenn für einen Nachrangigen eine nicht erfüllte (vorgemerkte) Löschungsverpflichtung bestehen kann (BGB §§ 1179, 1179a, s § 44 Rdn 5.15). Diese schuldrechtliche Verpflichtung ändert die dingliche Rechtslage nicht; ob der Anspruch besteht und später zu erfüllen ist, kann nicht bei Entscheidung über den Zuschlag im Zwangsversteigerungsverfahren geprüft und entschieden werden.

3.5 Nun kann allerdings auch der **Schuldner** durch Zuschlag auf das alte (und unrichtige) geringste Gebot hin **benachteiligt** sein. Er ist benachteiligt, wenn das neue geringste Gebot (das notwendig wäre) durch den weiter rückwärts stehenden Rangbesten mehr Barzahlung enthalten müßte oder liegenbleibende Rechte statt Barzahlung oder mehr liegenbleibende als früher. In diesen Fällen wäre nämlich das Ergebnis für den Schuldner besser, weil die Bieter zu höheren Geboten (bar und liegenbleibend zusammen) gezwungen wären und so mehr Schulden getilgt würden, ja vielleicht ein Überschuß für den Schuldner bliebe. Es genügt in solchen Fällen schon die Möglichkeit einer Beeinträchtigung (§ 84 Rdn 2). Daher ist in einem solchen Fall immer die Genehmigung des Schuldners nötig, da sonst der Zuschlag zu versagen ist. Die Versagung wird nach Sachlage die Regel sein. Dazu im ZVG-Handbuch Rdn 333.

4 Rechtsbehelfe bei Zuschlagversagung

4.1 Nach dem Schluß der Versteigerung kann der Beschluß, der eine Einstellung des Zwangsversteigerungsverfahrens ablehnt, **nicht mehr gesondert angefochten** werden[18], auch nicht eine Entscheidung aus ZPO § 765 a. Anfechtbar ist nur noch der Zuschlag, wenn der betroffene Gläubiger der Berechnung des geringsten Gebots zugrunde gelegt war, da ja sonst die Frage der Einstellung für den Zuschlag ohne Bedeutung ist.

4.2 Ein bei Zuschlagsentscheidung **laufendes Rechtsmittel** gegen einen die Einstellung ablehnenden Beschluß (auch aus ZPO § 765a) ist durch Zuschlagserteilung **gegenstandslos**[19], ein neues Rechtsmittel ist insoweit unzulässig. Es darf auch nicht ein Zuschlagsanfechtungsverfahren ausgesetzt werden, um das Verfahren zur Entscheidung eines Antrags aus § 765a zurückzuverweisen. Auch die Rechtsmittelinstanz muß nach § 33 verfahren (Rdn 2.5).

5 Teileinstellung, Teilaufhebung

5.1 Wenn bei dem betreibenden Gläubiger, der dem geringsten Gebot zugrunde gelegt ist, Einstellungs- oder Aufhebungsgründe nur hinsichtlich eines **Teiles des Versteigerungsgegenstands** vorliegen, zB hinsichtlich eines von mehreren Grundstücken oder Grundstücksbruchteilen (die durch Gesamtausgebot versteigert werden, nicht aber, wenn sie im Einzelausgebot versteigert werden) oder hinsichtlich einzelner mitversteigerter Zubehörstücke (die freigegeben werden), so muß der Zuschlag trotzdem in vollem Umfang versagt werden. Die Regel des § 33 gilt auch hier. Man kann dem Meistbietenden nicht gegen seinen Willen weniger zu-

---

[17] OLG Stuttgart Rpfleger 1997, 397.
[18] KG Berlin OLGZ 1966, 566 = Rpfleger 1966, 310; OLG Schleswig SchlHA 1968, 122; LG Verden NdsRpfl 1967, 60; Dassler/Muth § 33 Rdn 11; Jansen NJW 1955, 427 (Anmerkung); Mohrbutter Rpfleger 1967, 102 (2).
[19] BGH 44, 138 = MDR 1965, 899 = NJW 1965, 2107 = Rpfleger 1965, 302; OLG Schleswig SchlHA 1968, 122; Mohrbutter Rpfleger 1967, 102 (2).

schlagen, als er nach seinem Meistgebot erwerben sollte und wollte. Auch wenn die freizugebenden Teile unwesentlich sein sollten, ist es nicht angängig, den Zuschlag zu erteilen, weil eine Abweichung von den aufgestellten Versteigerungsbedingungen ein Zuschlagsanfechtungsgrund ist (§ 100 Abs 1, § 83 Nr 1).
5.2 Zuschlag ist in diesem Falle nur zulässig, wenn der Meistbietende die Herausnahme der genannten Teile (etwa nebensächlicher Zubehörstücke oder unwesentlicher Ödlandstücke aus einem großen Anwesen) genehmigt (auf Erwerb ausdrücklich **verzichtet**)[20]. Der Verzicht muß bei der Verhandlung über den Zuschlag (§ 74) erfolgen, zu Protokoll.

Zustellung bei Zuschlagversagung 6

Der verkündete Zuschlagversagungsbeschluß (§ 87 Abs 1) wird nicht zugestellt, im Gegensatz zu den sonstigen Einstellungs- und Aufhebungsbeschlüssen, die nach § 32 zuzustellen sind. Die zugehörige Belehrung allerdings aus § 31 (falls eine Fortsetzung noch zulässig ist) muß zugestellt werden.

[Löschung des Versteigerungsvermerks bei Aufhebung]

34 Im Falle der Aufhebung des Verfahrens ist das Grundbuchamt um Löschung des Versteigerungsvermerkes zu ersuchen.

Allgemeines zu § 34 1

Zweck und **Anwendungsbereich:** Regelung der Verpflichtung des Vollstreckungsgerichts, bei Aufhebung des Verfahrens die Löschung des Zwangsversteigerungsvermerks herbeizuführen, der zur Sicherung des mit Beschlagnahme bewirkten Veräußerungsverbots nach § 19 Abs 1 in das Grundbuch einzutragen war. Die Vorschrift gilt für alle Verfahrensarten des ZVG.

Löschungsersuchen 2

2.1 Um Löschung des Vollstreckungsvermerks **muß ersucht werden,** wenn das Verfahren des einzigen oder des letzten von mehreren betreibenden Gläubigern (Antragstellern) aufgehoben wird oder wenn der Zuschlag versagt wird und dabei keine Fortsetzung mehr möglich ist (§ 86). Wird das Verfahren nur hinsichtlich eines von mehreren beschlagnahmten Grundstücken oder nur für einen Grundstücksbruchteil (Einl Rdn 12) aufgehoben (zB hinsichtlich des ½-Miteigentumsanteils der Ehefrau), so ist um Löschung des Versteigerungsvermerks nur an dem Grundstück oder dem Grundstücksmiteigentumsanteil zu ersuchen, für das oder den die Beschlagnahmewirkungen beendet sind. Wird bei Aufhebung die Wirksamkeit bis zur Rechtskraft aufgeschoben, so erfolgt das Löschungsersuchen des Vollstreckungsgerichts an das Grundbuchamt erst nach Rechtskraft, sonst nach Zustellung oder Verkündung des Aufhebungsbeschlusses, also ohne die Rechtskraft abzuwarten. Bei Verfahrensbeendigung durch Antragsrücknahme kann das Ersuchen schon vor der Zustellung des Aufhebungsbeschlusses ergehen. Wird im Rechtsmittelverfahren der Aufhebungsbeschluß aufgehoben und war dessen Wirksamkeit bis zur Rechtskraft aufgeschoben (an sich sollte hier noch nicht gelöscht werden), so ist ein etwa schon gelöschter Vermerk ohne Neuanordnung wieder einzutragen, die Beschlagnahme bestand weiter. Wird aber ein Aufhebungsbeschluß ohne Aufschub seiner Wirksamkeit aufgehoben, so kann die Beschlagnahme nicht rückwirkend wiederhergestellt werden, es muß erst das Verfahren auf Antrag neu angeordnet werden und neuer Vollstreckungsvermerk eingetragen werden.

---

[20] Dassler/Muth § 33 Rdn 4; Steiner/Storz § 33 Rdn 29; Mohrbutter/Drischler Muster 54 Anm 2; Mohrbutter, Handbuch des Vollstreckungsrechts, § 35 (I d).

§ 34 2.2   Bestimmung des Versteigerungstermins

2.2 Um Löschung des Zwangsversteigerungsvermerks ist auch zu ersuchen, wenn das Verfahren schon vor Eintragung des Vermerks wegen Antragsrücknahme wieder aufgehoben wurde. Es unterbleibt dann die Eintragung (§ 19 Rdn 3.6). Wenn bei Aufhebung des Verfahrens wegen Antragsrücknahme sogleich nach Beschlagnahme das Eintragungsersuchen (§ 19 Abs 1) noch nicht gefertigt (noch nicht dem Grundbuchamt zugeleitet) war, wird um Eintragung des Vermerks nicht erst ersucht; Löschungsersuchen erübrigt sich dann.

2.3 Form des Löschungsersuchens: GBO § 29 Abs 3 (§ 38). Dazu § 19 Rdn 2. **Muster** für Löschungsersuchen im ZVG-Handbuch Rdn 202.

2.4 Zu **prüfen** hat das Grundbuchamt auch das Löschungsersuchen nur formell, nicht sachlich[1] (§ 19 Rdn 3). Wird ein Grundstück oder Grundstücksteil pfandfrei abgeschrieben, wird der Vollstreckungsvermerk daran auch nur auf Ersuchen des Vollstreckungsgerichts gelöscht. Mitteilung von der Löschung des Vermerks erhalten vom Grundbuchamt das Vollstreckungsgericht (als Antragsteller) und der Eigentümer (GBO § 55 Abs 1).

2.5 Nach Löschung des Zwangsversteigerungsvermerks gibt es keinen Anspruch auf Umschreibung des Grundbuchblatts, damit der Vermerk nicht mehr grundbuchersichtlich ist[2].

III. Bestimmung des Versteigerungstermins

[Versteigerungsgericht]

35 Die Versteigerung wird durch das Vollstreckungsgericht ausgeführt.

1 Allgemeine Übersicht zu §§ 33–43

Vorschriften über die „Bestimmung des Versteigerungstermins" regelt das ZVG in den §§ 35–43 im zweiten Abschnitt über Aufhebung und Einstellung des Verfahrens (§§ 28–34). Dieser dritte Abschnitt im zweiten Titel des ZVG (§§ 15–145) behandelt die Zuständigkeit des Vollstreckungsgerichts (§ 35), Zeit und Ort des Versteigerungstermins (§ 36), den Mußinhalt der Terminsbestimmung (§ 37), ihren Sollinhalt (§ 38), die Bekanntmachung im Amtsblatt (§ 39), sonstige Bekanntmachungen (§ 40), Zustellungen und Mitteilungen an die Beteiligten (§ 41), Akteneinsicht (§ 42), Versteigerungs- und Zustellungsfristen (§ 43).

2 Allgemeines zu § 35

Die Zuständigkeit des Vollstreckungsgerichts auch für die Durchführung der Versteigerung ergibt sich bereits aus § 1 Abs 1. Dies gilt für alle Versteigerungsverfahren des ZVG. Mit Aufhebung von EGZVG § 13 und Außerkrafttreten landesrechtlicher Besonderheiten in Baden-Württemberg hat § 35 seine frühere Bedeutung verloren. Über die Zuständigkeit § 1 Rdn 3.

3 Vorbereitung des Versteigerungstermins

3.1 Bevor Versteigerungstermin angesetzt und damit ein nur noch schwer anzuhaltendes Verfahren mit erheblichen Kosten und anderen Folgen in Gang gebracht wird, müssen gewissenhaft alle **Voraussetzungen für Zulässigkeit der Ver-**

---

[1] Schöner/Stöber, Grundbuchrecht, Rdn 219.
[2] BayObLG 1992, 127 = MDR 1992, 1000 = NJW-RR 1993, 475 = Rpfleger 1992, 513; OLG Düsseldorf DNotZ 1988, 169 = MDR 1987, 1034 = NJW 1988, 975 = Rpfleger 1987, 409; LG Bonn MittRhNotK 1988, 121 = Rpfleger 1988, 311; LG Köln MittRhNotK 1984, 247.

Versteigerungsgericht 3.2 § 35

fahrensdurchführung überprüft werden, damit nichts übereilt und nichts übersehen wird, somit nicht etwa der Termin wieder aufgehoben werden muß. Zu beachten sind auch landesrechtliche und örtliche Besonderheiten, auch durch die Art und Lage Grundstücks bedingte. Dazu auch ZVG-Handbuch Rdn 220. Man kann sich ungefähr an folgenden Merkzettel halten.

3.2 Merkzettel für die Vorbereitung des Termins:

a) Verfahren terminsreif für den Anordnungs-/Beitritts-Beschluß vom ... (Gläubiger ...); entweder kein Einstellungsantrag dazu gestellt oder dieser rechtskräftig abgelehnt oder nach Einstellung fortgesetzt oder neuer Einstellungsantrag rechtskräftig abgelehnt; Verfahren unabhängig voneinander; es genügt Terminsreife für einen Beschlagnahmebeschluß.

b) Beteiligtenverzeichnis (§ 9 Rdn 5) mit Angaben über Anschriften, Bevollmächtigte, Blattzahl, Anmeldung, Vollmacht angelegt.

c) Brandversicherungsurkunde vorhanden, geprüft, ob richtiges Grundstück, ob Besonderheiten daraus ersichtlich.

d) Grundbuchblatt und Grundbuchmitteilungen vorhanden, geprüft, ob Hindernisse nach § 28 ersichtlich, ob Beschrieb und Eigentümer mit den Angaben in den Beschlagnahmebeschlüssen übereinstimmen, ob Anschriften von Beteiligten oder Bevollmächtigten ersichtlich.

e) Verfügungs„beschränkung" und Vollstreckungsmangel als Verfahrenshindernis nicht bekannt (§ 28 Abs 2).

f) Grundakten, falls vorhanden, überprüfen, ob Hindernisse oder Besonderheiten ersichtlich, ob Unklarheiten noch durch Grundbuchamt aufzuklären.

g) für Gruppenbezeichnung der Wirtschaftsart im Grundbuch die im Liegenschaftsbuch ausgewiesene (konkrete) Wirtschaftsart festgestellt.

h) Straße und Hausnummer festgestellt.

i) Anordnungs- und Beitrittsbeschlüsse überprüft formell und sachlich, in Vergleich mit Antrag, Grundbuchblatt, sonstigen Unterlagen (zB dem Schätzungsgutachten), richtig zugestellt und mitgeteilt, Nachweise vorhanden, Belehrungen erteilt.

k) Vollstreckungstitel mit Klausel und Zustellungsnachweis nochmals geprüft, dazu Duldungstitel, Erbscheine, Abtretungsurkunden, Vollmachten, Wechsel, Schecks und etwaige sonstige für Verfahrensfortsetzung erforderliche Vollstreckungsunterlagen.

l) Grundstücksschätzung erfolgt, Beteiligte verständigt, Wert festgesetzt, zugestellt, Nachweise dazu geprüft.

m) Mieter ermittelt und nach § 57 d angeschrieben.

n) Erbbaurecht: Anordnungsbeschluß an Grundstückseigentümer zugestellt (vgl § 15 Rdn 47.5), geprüft, ob seine Zustimmung nötig, dann Vermerk in der Terminsbestimmung. Bestehenbleiben des Erbbauzinses als Inhalt der Reallast vereinbart (§ 52 Abs 2 Satz 2)?

o) Flurbereinigung: Landesrechtliche Besonderheiten beachtet.

p) Bei Versteigerung von Wohnungseigentum geprüft, ob die Zustimmung der anderen Wohnungseigentümer oder eines Dritten, etwa des Verwalters nötig ist (§ 15 Rdn 45); in diesem Falle auf die Zustimmungsvoraussetzung für den Zuschlag in der Terminsbestimmung hinweisen.

q) Sonstige landesrechtliche oder andere Besonderheiten (zB Brennrecht).

r) Grundstück im Beitrittsgebiet und Gebäudeeigentum: Zustellung an Berechtigten eines vermögensrechtlichen Rücksatzungsanspruchs (VermG § 3 b Abs 2) und (bei Versteigerung des Grundstücks) an Nutzer (EGZVG § 9 a Abs 3 Satz 1) erfolgt, Gebäudeeigentum beschlagnahmt? (EGZVG § 9 a Abs 1, 2). Anmeldungen des Gebäudeeigentümers und des Nutzers nach EGZVG § 9a Abs 2, 3 bereits erfolgt?

s) Berechnung des geringsten Gebots, wo möglich, an Rechnungsbeamten übertragen.

t) Termin nach Zeit und Ort festlegen, Sitzungssaal bereitstellen, bei besonderen Verfahren Wachtmeister oder Polizeischutz vorsehen, Protokollführer einteilen.

u) Kostenbewertung, Gebühren und Vorschüsse erheben.

[Zeit und Ort des Versteigerungstermins]

36 (1) **Der Versteigerungstermin soll erst nach der Beschlagnahme des Grundstücks und nach dem Eingange der Mitteilungen des Grundbuchamts bestimmt werden.**

(2) **Der Zeitraum zwischen der Anberaumung des Termins und dem Termin soll, wenn nicht besondere Gründe vorliegen, nicht mehr als sechs Monate betragen. War das Verfahren einstweilen eingestellt, so soll diese Frist nicht mehr als zwei Monate, muß aber mindestens einen Monat betragen.**

(3) **Der Termin kann nach dem Ermessen des Gerichts an der Gerichtsstelle oder an einem anderen Orte im Gerichtsbezirk abgehalten werden.**

Literatur: Büchmann, Schuldnerschutz bei der Vorbereitung des Zwangsversteigerungstermins, ZIP 1985, 138; Papke, Wirtschaftliche Bedeutung der Terminsbestimmung im Zwangsversteigerungsverfahren, KTS 1965, 140.

1 Allgemeine Terminsbestimmung

Zweck und **Anwendungsbereich:** § 36 bestimmt (als Ordnungsvorschrift) Einzelheiten über Zeit und Ort des Versteigerungstermins. Die Regelung will sachgerechte Gestaltung des Verfahrens zur Verwertung des Grundstücks gewährleisten und den Beteiligten Vorbereitung auf die Grundstücksverwertung ermöglichen. Die Vorschrift gilt für alle Versteigerungsverfahren des ZVG, mit Besonderheiten für Schiffe und Luftfahrzeuge (§ 162 Rdn 9.1, § 171a Rdn 3). Eine Besonderheit gilt auch für Bestimmung eines neuen Termins nach Versagung des Zuschlags auf ein Meistgebot unter $^{7}/_{10}$ oder unter der Hälfte des Grundstückswerts (§ 74a Abs 3, § 85a Abs 2).

2 Bestimmung des Versteigerungstermins (Absatz 1)

2.1 Die Terminsbestimmung ist **Beschluß** im Sinne der ZPO[1]. Als solcher muß die Terminsbestimmung vom Rechtspfleger mit vollem Namen unterzeichnet werden (ZPO § 329 Abs 1 Satz 2 mit § 317 Abs 2 Satz 1; Abgrenzung zum Entwurf); Handzeichen (Paraphe) genügt als Unterschrift nicht[2] (ersetzt sie nicht[3]).

2.2 Bestimmt werden soll der Versteigerungstermin erst **nach der Beschlagnahme** des Grundstücks (Abs 1). Gemeint ist der Beschlagnahmewirksamkeitszeitpunkt aus § 22. Das ist selbstverständlich, weil vor Beschlagnahme noch gar nicht feststeht, ob es zu einem Verfahren und in diesem zu einem Versteigerungstermin kommt.

2.3 Der Versteigerungstermin soll auch erst **nach dem Eingang der Grundbuchmitteilungen** des § 19 bestimmt werden (Abs 1). Auch das ist selbstver-

---

[1] Henle, ZVG, § 36 Anm 4; Jaeckel/Güthe §§ 35, 36 Rdn 1.
[2] Zöller/Vollkommer, ZPO, § 329 Rdn 36; MünchKomm/Feiber, ZPO, § 217 Rdn 9; Stein/Jonas/Roth, ZPO, § 216 Rdn 11; Stöber, ZVG-Handbuch, Rdn 222e.
[3] OLG Köln OLGZ 1988, 459 = NJW 1988, 2805.

ständlich, weil die Versteigerung ohne Kenntnis des Beschlagnahmezeitpunkts und des Grundbuchinhalts nicht ordnungsgemäß durchgeführt werden kann. Nichtbeachtung dieser Ordnungsvorschrift wäre für den Verfahrensfortgang zwar unschädlich; auch als Ordnungsvorschrift ist Abs 1 für das Vollstreckungsgericht jedoch verpflichtend[4]. [5]meint, man solle einfach die Grundakten noch vor der Verfahrensanordnung zuziehen, weil man dann die Blattabschrift usw nicht abwarten brauche. Dies ist nicht zu empfehlen, da die Grundakten nicht unnötig vom Grundbuchamt entfernt werden sollen.

2.4 Die Terminsbestimmung soll auch nicht erfolgen, bevor die eine **Einstellung ablehnende** Entscheidung **rechtskräftig** ist (§ 30b Abs 4). Es könnte ja immer noch zur Einstellung kommen, solange die Entscheidung nicht unanfechtbar ist, dann wäre die Terminsbestimmung nutzlos erfolgt. Wird kein Einstellungsantrag gestellt, ist entsprechend der Ablauf der Antragsfrist aus § 30b Abs 1 Satz 1 abzuwarten. Auch diese Ordnungsvorschrift ist zu befolgen; ein Verstoß dagegen wäre allerdings unschädlich. Sicher ist das Verfahren zu beschleunigen, es darf aber nichts übereilt werden. Wenn[6] meint, der Termin könnte schon vorher angesetzt, brauche aber erst nach der genannten Zeit bekanntgemacht werden, so ist nicht beachtet, daß die Fristen meist knapp berechnet sind und daß bei Anfechtung die Rechtsmittelinstanz nicht in der kurzen Zeit entscheiden kann. Dagegen muß und soll das Ergebnis einer Erinnerung des Schuldners gegen den Beschlagnahmebeschluß (ZPO § 766) nicht abgewartet werden; der Schuldner könnte sonst durch immer neue Erinnerungen die Terminsansetzung praktisch verhindern oder doch verzögern. Auch Anträge aus ZPO § 765a, ein beliebtes Mittel mancher Schuldner zur Verzögerung, sollen die Terminsansetzung nicht aufhalten.

2.5 Terminsbestimmung kann erst erfolgen, wenn der in ihr zu bezeichnende **Grundstückswert** (§ 38 Satz 1) festgesetzt ist (§ 74a Rdn 7.11). Rechtskraft der Wertfestsetzung ist wünschenswert, aber nicht (zwingend) nötig (dazu näher § 74a Rdn 7.11 und 7.12).

2.6 Spätestens bei der Bestimmung des Versteigerungstermins ist vom Gericht ein Gebühren- und Auslagenvorschuß zu erheben (GKG § 15 Abs 1, § 17 Abs 3). Das Verfahren, also die Terminsbestimmung, darf aber nicht von der Zahlung abhängig gemacht werden.

2.7 Gegen die Terminsbestimmung (entgegen den Ordnungsvorschriften des § 36) gibt es Vollstreckungserinnerung nach ZPO § 766, aber wegen § 95 kein anderes Rechtsmittel. Mängel können durch Zuschlagsanfechtung gerügt werden. Gegen das unbegründete Unterlassen oder Hinausschieben der Terminsbestimmung trotz Terminsreife ist ebenfalls Vollstreckungserinnerung möglich[7], weil ein pflichtwidriges Verhalten des Gerichts auch eine Art und Weise der Zwangsvollstreckung ist.

Fristen des Versteigerungstermins (Absatz 2)   3

3.1 Das ZVG bestimmt **Mindestfristen,** damit sich die Beteiligten zur Wahrung ihrer Interessen und Bietinteressenten auf den Erwerb des Grundstücks rechtzeitig vorbereiten können, und **Höchstfristen,** damit das Verfahren nicht unangemessen verzögert wird. Es handelt sich dabei um Ordnungsvorschriften, deren Nichteinhaltung das Verfahren nicht gefährdet[8], auch wenn es in Abs 2 Satz 2 „muß" heißt.

3.2 Der Termin soll, „wenn nicht besondere Gründe vorliegen", **nicht weiter als sechs Monate** hinausgeschoben werden (Abs 2 Satz 1). Ein sachgemäß vorge-

---

[4] RG 164, 385 (387); KG Berlin JR 1954, 465.
[5] Papke KTS 1965, 140 (III 6).
[6] Papke KTS 1965, 140 (III 4).
[7] Papke KTS 1965, 140 (III 7).
[8] Steiner/Teufel § 36 Rdn 43; Drischler MDR 1955, 400.

hendes Gericht wird ohnedies nicht länger zuwarten als nötig. Besondere Gründe, die Bestimmung auch eines späteren Termins zulassen, liegen namentlich vor, wenn es gilt, eine dem Schuldner nachteilige Versteigerung zu ungelegener Zeit zu verhindern (Denkschrift S 43). Das kann vornehmlich für die Versteigerung ländlicher Grundstücke Bedeutung erlangen (Denkschrift S 43).

3.3 Besondere Gründe sind keinesfalls der Wunsch, dem Schuldner zu helfen; hierfür ist das Einstellungsverfahren bestimmt, in dem als Einstellungsvoraussetzung zu prüfen ist, ob Aussicht besteht, daß die Versteigerung vermieden wird (anders[9]: wenn das Grundstück nicht überschuldet sei, könne man durch längere Frist dem Schuldner die freihändige Verwertung ermöglichen). Eine Hinausschiebung des Termins ohne begründeten Anlaß wäre Verfahrenseinstellung, die nur durch Einstellungsbeschluß erfolgen darf. Entweder wird das Verfahren eingestellt oder es wird betrieben. Wenn es betrieben wird, muß **Termin** angesetzt werden. Jede Verzögerung schadet den nachrangigen Gläubigern, weil die ihnen vorgehenden Zinsen immer mehr anwachsen und so ihre Aussichten schmälern[10]. Die Terminsbestimmung darf nicht länger hinausgeschoben werden, als es das Gesetz zuläßt. Daher der Grundsatz: Termin so rasch, wie es gesetzlich zulässig und dem Gericht möglich ist.

3.4 Ermessens- und Beurteilungsspielraum des Gerichts bei Verfahrensgestaltung (Einl Rdn 7.2) ermöglicht es, in geeigneten Fällen dem **Schuldner** vor Terminsbestimmung mit Hinweis auf den notwendigen Verfahrensfortgang sowie die mit Terminsbestimmung verbundenen erheblichen Bekanntmachungskosten in **kurzer Frist** nochmals Gelegenheit zur Wegfertigung der Vollstreckungsforderung zu geben. Die gerichtliche Prozeßleitungspflicht (Einl Rdn 33) kann das gebieten. Veranlaßt sein kann das insbesondere bei nicht großer Vollstreckungsforderung des Gläubigers. Sonst können es in diesem Stadium des Verfahrens (nach Grundstücksschätzung und Wertfestsetzung) nur besondere Umstände des Einzelfalls rechtfertigen, dem Schuldner mit ausdrücklichem Hinweis nochmals Gelegenheit zu geben, durch sofortige Zahlung der Vollstreckungsforderung des Gläubigers den Fortgang des Verfahrens zur Zwangsverwertung seines Eigentums abzuwenden.

3.5 Nicht mehr als **zwei Monate,** mindestens aber einen Monat, soll der Zeitraum zwischen der Anberaumung des Termins und dem Termin betragen, wenn das Verfahren **einstweilen eingestellt** war (Abs 2 Satz 2). Unter „vorausgehender Einstellung" (die eine Höchstfrist von zwei Monaten nach sich ziehen soll) sind ohne Rücksicht auf ihre Dauer im einzelnen zu verstehen Einstellungen aus §§ 30, 30a, 30c, 30d, 77, 86, 180 Abs 2 und 3; ZPO §§ 765a, 707, 719, 769; nicht aber eine durch das Rechtsmittelgericht aufgehobene Einstellung[11] und nicht Vorgänge aus §§ 74a, 85a usw. § 36 Abs 2 besagt einfach, daß dann, wenn schon durch Einstellung das Verfahren aufgehalten worden ist, der Versteigerungstermin so nah als möglich anzusetzen sei. Betreiben **mehrere Gläubiger,** so soll nach einer Ansicht[12] die Fristenkürzung nur für den gelten, dessen Verfahren eingestellt war, während für die anderen die normalen Fristen gelten; nach anderer Ansicht[13] soll auf die für den Regelfall vorgesehenen Fristen abzustellen sein, die Sonderregelung des Abs 2 Satz 2 sich somit nicht auswirken. Zutreffend erscheint es, in diesem Fall auf das Verfahren des bestbetreibenden Gläubigers abzustellen.

3.6 Eingehalten werden müssen in jedem Fall aber auch die Fristen des § 43 (zwingend). Daher ist die Mindestfrist von einem Monat heute ohne praktische Bedeutung; infolge der einzuhaltenden Ladungsfrist von vier Wochen (§ 43 Abs 2) beträgt die Mindestfrist zwangsläufig immer mehr als einen Monat.

---

[9] Papke KTS 1965, 140 (IV 2).
[10] Papke KTS 1965, 140 (II 1).
[11] Steiner/Teufel § 36 Rdn 30.
[12] Mohrbutter/Drischler Muster 33 Anm 3 f.
[13] Steiner/Teufel § 36 Rdn 31.

Zeit und Ort des Versteigerungstermins 4.2 **§ 36**

3.7 Nicht mehr als sechs Monate (nach Einstellung zwei Monate) soll auch nach **Terminsaufhebung** (§ 43) der Zeitraum zwischen der Anberaumung des neuen Termins und dem Terminstag betragen.

3.8 Zur Durchführung der Versteigerung in der mit Abs 2 eingegrenzten Zeit ist **Terminstag nach dem Ermessen** des Vollstreckungsgerichts (Einl Rdn 7.2) festzulegen, der bestmögliche Veräußerung des Grundstücks erwarten läßt. Dieser Termin ist unter Abwägung aller Umstände des Einzelfalls auszuwählen (Lage und Beschaffenheit des Grundstücks, Besonderheiten des örtlichen Immobilienmarktes, größerer oder begrenzter, nur örtlicher oder überregionaler Interessentenkreis, ungünstige Zeiten unmittelbar vor oder zwischen Feiertagen oder auch nur allgemein ungünstige Jahreszeit). Allgemeine Grundsätze für Festlegung der Terminszeit lassen sich nicht aufstellen. Erwägungen weiteren Schuldnerschutzes vor Durchführung der Versteigerung oder Gläubigerbelange an schneller Befriedigung auch aus minderem Erlös bei Veräußerung zu weniger günstiger Zeit dürfen keine Bedeutung erlangen. Ein sachgemäß vorgehendes Gericht wird ohnedies alle Umstände für Auswahl eines zeitgünstigen Versteigerungstermins berücksichtigen. Es wird auch erwägen, daß bei Zwangsverwertung erfahrungsgemäß die Auswahl des Terminstags allein keinen Einfluß auf das Erwerbsinteresse und die Höhe der Gebote hat. Auf das Versteigerungsergebnis wird sich (wenn überhaupt) die Terminszeit im Einzelfall daher nur auswirken können, wenn sich noch andere wesentliche Umstände für einen günstigen (oder auch ungünstigen) Terminszeitraum zeigen. Daher sind bei Terminsfestlegung vor allem voraussichtlich störende Faktoren auszuschalten[14]. Der Ermessensspielraum des Gerichts bei Bestimmung des Terminstags ermöglicht auch Berücksichtigung der Geschäftsbelastung. Es muß sachgerechte Vorbereitung und Durchführung des Versteigerungstermins gewährleistet sein. Daß sich das Gericht nur noch nach seiner Geschäftslast richtet und andere Erwägungen außer acht läßt, trägt sachgerechter Verfahrensgestaltung nicht Rechnung.

3.9 Gegen eine unangemessene Verzögerung, die nicht durch besondere Gründe gerechtfertigt ist, gibt es Vollstreckungserinnerung nach ZPO § 766 (Rdn 2.7; dann sofortige Beschwerde).

Ort des Versteigerungstermins (Absatz 3) 4

4.1 Der Versteigerungstermin hat, wie alle anderen gerichtlichen Tätigkeiten, **an der Gerichtsstelle** selbst stattzufinden; er kann „nach dem Ermessen des Gerichts" „an einem anderen Ort im Gerichtsbezirk" abgehalten werden (Abs 3). Der Gerichtsbezirk des nach Landesvorschrift bestimmten gemeinsamen Vollstreckungsgerichts (§ 1 Abs 2) umfaßt auch die Bezirke der zugeordneten Amtsgerichte. Zustimmung des zugeordneten Amtsgerichts ist nicht einzuholen (GVG § 166). Auch Anzeige an das zugeordnete Amtsgericht ist nicht notwendig, sollte dennoch aber Selbstverständlichkeit sein. Abgehalten werden kann der Versteigerungstermin auch auf dem zu versteigernden Grundstück oder in seiner Nähe, etwa in einem Gasthaus oder in einem Gemeindesaal, Konzertsaal, einer Turnhalle. Bei Objekten mit voraussichtlich großen Besuchermengen muß der Versteigerungsraum (Saal) so groß sein, daß allen ernsthaften Interessenten die Teilnahme am Versteigerungstermin möglich ist. Dabei darf die Frage der Sicherheit des Verfahrens nicht vernachlässigt werden (Wachtmeister, Polizei, Alarmanlage usw). Praktischer Fall: Zum Termin in einem 40 Personen fassenden „Saal" erschienen etwa 150 Interessenten zur Versteigerung eines Bauernhofes; sie teilnehmen zu lassen gelang nur unter Einbeziehung des Gerichtsganges bei geöffneten Saaltüren.

4.2 Bei Grundstücken aus den auswärtigen Gerichtsbezirken (§ 1 Abs 2) wird sich für das gemeinsame Gericht insbesondere bei landwirtschaftlichen Grundstük-

---

[14] Büchmann ZIP 1985, 138 (III 1.2).

ken unbedingt empfehlen, den Termin **im auswärtigen Bezirk** abzuhalten, weil dort die örtlichen Interessenten leichter erscheinen können. Andererseits kann, wie in München erlebt, die ablehnende und drohende Haltung der vom Schuldner mitgebrachten Verwandtschaft die Bietinteressenten hemmen. Regeln lassen sich nicht aufstellen.

4.3 Die Wahl des Terminsortes kann jedenfalls **nicht angefochten** werden. Kein sachgemäß verfahrendes Gericht wird einen völlig ungeeigneten Ort (abgelegene Einöde zB) wählen. Es entscheidet nach Ermessen (Abs 3).

[Mußinhalt der Terminsbestimmung]

37 Die Terminbestimmung muß enthalten:

1. **die Bezeichnung des Grundstücks;**
2. **Zeit und Ort des Versteigerungstermins;**
3. **die Angabe, daß die Versteigerung im Wege der Zwangsvollstreckung erfolgt;**
4. **die Aufforderung, Rechte, soweit sie zur Zeit der Eintragung des Versteigerungsvermerkes aus dem Grundbuche nicht ersichtlich waren, spätestens im Versteigerungstermine vor der Aufforderung zur Abgabe von Geboten anzumelden und, wenn der Gläubiger widerspricht, glaubhaft zu machen, widrigenfalls die Rechte bei der Feststellung des geringsten Gebots nicht berücksichtigt und bei der Verteilung des Versteigerungserlöses dem Anspruche des Gläubigers und den übrigen Rechten nachgesetzt werden würden;**
5. **die Aufforderung an diejenigen, welche ein der Versteigerung entgegenstehendes Recht haben, vor der Erteilung des Zuschlags die Aufhebung oder einstweilige Einstellung des Verfahrens herbeizuführen, widrigenfalls für das Recht der Versteigerungserlös an die Stelle des versteigerten Gegenstandes treten würde.**

Übersicht

Allgemeines zum Muß-Inhalt der Terminsbestimmung 1	Gerichtliche Aufforderung: Entgegenstehende Rechte (§ 37 Nr 5) 6
Bezeichnung des Grundstücks in der Terminsbestimmung (§ 37 Nr 1) 2	Landesrecht zur Terminsbestimmung (Muß-Inhalt) 7
Bezeichnung von Ort und Zeit in der Terminsbestimmung (§ 37 Nr 2) 3	Rechtsbehelf bei mangelhafter Terminsbestimmung 8
Bezeichnung der Versteigerungsart in Terminsbestimmung (§ 37 Nr 3) 4	Sonstige Hinweise in der Terminsbestimmung (Muß-Inhalt) 9
Gerichtliche Aufforderung: Anmeldung (§ 37 Nr 4) 5	Vordrucke für Terminsbestimmung ... 10

1 Allgemeines zum Muß-Inhalt der Terminsbestimmung

1.1 Zweck und **Anwendungsbereich:** Die Vorschrift bestimmt den Muß-Inhalt der Terminsbestimmung für den Versteigerungstermin. Sie gilt für **alle Versteigerungen,** mit gewissen Abweichungen für Grundstücksrechte, Schiffe, Luftfahrzeuge, Insolvenzverwalter-, Nachlaß- und Teilungsversteigerung (§ 37 Rdn 4, § 162 Rdn 9.1, § 171a Rdn 3, § 172 Rdn 5.14, § 180 Rdn 7.25).

1.2 § 37 enthält **zwingende Vorschriften,** bei deren Nichtbeachtung der Versteigerungstermin aufzuheben (§ 43) oder der Zuschlag zu versagen ist (§ 83 Nr 7), falls der Verstoß nicht mehr fristgemäß geheilt werden kann; eine Genehmigung nach § 84 ist nicht möglich. Diese Regeln gelten auch, wenn durch Unrichtig-

Mußinhalt der Terminsbestimmung 2.2 **§ 37**

keiten im Soll-Inhalt der Terminbestimmung (§ 38) eine wesentliche Angabe aus dem Muß-Inhalt (§ 37) unklar oder unvollständig wird. Ist die Terminsbestimmung richtig verfügt und veröffentlicht, aber einem Beteiligten unrichtig mitgeteilt, so ist dessen Genehmigung nach § 84 möglich.

1.3 Mit dem vorgeschriebenen Inhalt erfüllt die Terminsbestimmung die Aufgabe, die am Erwerb des Grundstücks Interessierten auf die Gelegenheit aufmerksam zu machen und alle, deren Rechte von dem Verfahren berührt werden, zur Wahrung dieser Rechte zu veranlassen (Denkschrift S 43).

1.4 Wesentlich und darum **Muß-Inhalt sind:** Bezeichnung des Grundstücks (Rdn 2), Bezeichnung von Ort und Zeit (Rdn 3), Bezeichnung der Versteigerungsart (Rdn 4), gerichtliche Aufforderung, nicht grundbuchersichtliche Rechte anzumelden (Rdn 5), gerichtliche Aufforderung, entgegenstehende Rechte geltend zu machen (Rdn 6), sowie landesrechtliche (Rdn 7) und sonstige Muß-Hinweise (Rdn 9). Nicht in § 37 selbst ist der Vordruck für Terminsbestimmung geregelt (Rdn 10).

1.5 Dazu im ZVG-Handbuch Rdn 221, 222, 222a–c.

Bezeichnung des Grundstücks in der Terminsbestimmung (§ 37 Nr 1) 2

2.1 Die Terminbestimmung muß „die Bezeichnung des **Grundstücks**" enthalten (§ 37 Nr 1). Das Grundstück muß (auch unter Berücksichtigung landesrechtlicher Ausführungsvorschriften) **so genau wie möglich** angeführt sein. Die Bezeichnung muß für die Beteiligten und für Dritte, insbesondere für Interessenten und für alle, die sich die Anmeldungsaufforderungen richten, mit hinreichender Sicherheit erkennbar machen, auf welches Grundstück sich die Terminsbestimmung bezieht; jede Verwechslungsgefahr muß ausgeschlossen sein[1]. An Deutlichkeit und Richtigkeit der Grundstücksbezeichnung sind strenge Anforderungen zu stellen[2].

2.2 Wie das Vollstreckungsgericht das Grundstück im einzelnen bezeichnet, steht in seinem Ermessen[3] (ablehnend[4]). Die gewählte Bezeichnung muß das Grundstück im Einzelfall **richtig** und mit der erforderlichen **Deutlichkeit** nennen. Das wird in Anlehnung an GBO § 28 Satz 1 zweckmäßig durch Bezeichnung übereinstimmend mit dem Grundbuch nach Gemarkung, Flurstücknummer, Wirtschaftsart (zB Acker, Wiese, Garten, Wohnhaus mit Hofraum oder mit Garten) und Lage (Straße und Hausnummer oder sonstiger ortsüblicher Bezeichnung) erfolgen. Wörtliche Aufnahme des Grundstücksbeschriebs übereinstimmend mit dem Grundbuch in die Terminsbestimmung ist zwar nicht vorgeschrieben, jedenfalls aber ratsam. Wenn im Grundbuch die Wirtschaftsart (Nutzungsart) des Grundstücks nur noch mit einer Gruppenbezeichnung (Gebäude- und Freifläche, Landwirtschafts-, Betriebs-, Wald-, Wasserfläche usw) eingetragen ist, hat die Bezeichnung des Grundstücks mit der im Liegenschaftsbuch ausgewiesenen konkreten Nutzungsart zu erfolgen. Angabe nur der Gruppenbezeichnung (Gebäude- und Freifläche für Hotelgrundstück[4] oder für ein gewerblich oder gemischt gewerblich genutztes Grundstück[5]) kann dem Erfordernis deutlicher Grundstücksbezeichnung nicht entsprechen (anders[6]: „Gebäude- und Freifläche" genügt für das

---

[1] RG 57, 200; OLG Celle NdsRpfl 1951, 139; OLG Oldenburg Rpfleger 1980, 75 mit Anm Schiffhauer; LG Augsburg Rpfleger 1999, 232; LG Frankenthal Rpfleger 1984, 326 mit zust Anm Meyer-Stolte; LG Oldenburg Rpfleger 1980, 306.
[2] RG 57, 200.
[3] OLG Oldenburg Rpfleger 1980, 75 mit Anm Schiffhauer.
[4] OLG Hamm MDR 1991, 261 = OLGZ 1991, 193 = Rpfleger 1991, 71.
[5] OLG Hamm Rpfleger 1997, 226 mit zust Anm Demharter; OLG Koblenz Rpfleger 2000, 342 mit Anm Storz.
[6] OLG Hamm OLGZ 1992, 218 = Rpfleger 1992, 122.

mit einem privat genutzten Wohnhaus bebauten Grundstück, und[7]: genügt für das mit einem Mehrfamilienhaus [mit 13 Wohnungen] bebaute Grundstück, sowie[8]: genügt für das mit einer gewerblich genutzten Halle bebaute Grundstück; je nicht überzeugend). Unzureichend ist eine nur abstrakte, nichtssagende Bezeichnung, aber auch die Bezeichnung nur mit dem Grundbuchbeschrieb, wenn er mit der wirklichen Beschaffenheit des Objekts und mit tatsächlichen Verhältnissen nicht übereinstimmt[9] (wie vor allem in Gebieten mit starker Bautätigkeit, nach Änderung der Beschaffenheit oder Nutzungsart des Grundstücks, wenn zB eine Grünfläche Bauland geworden ist); dann ist auch deren Bezeichnung anschaulich aufzunehmen[9]. Bei gemischter Nutzung (gewerblich und privat als Wohngebäude) hat auch die gewerbliche Nutzung (zB Restaurationsbetrieb mit Bistro, oder auch Tankstelle, Werkstattgebäude und Nebenräume) mindestens schlagwortartig bezeichnet zu sein[10]. Auch bei einem Gebäude mit einem außergewöhnlichen Charakter, das mit Wohngebäuden herkömmlicher Art kaum etwas gemein hat (schloßähnliches Gebäude aus der Barockzeit), gehört zur ordnungsgemäßen Bekanntmachung der zumindest schlagwortartige Hinweis auf die tatsächliche Nutzungsart[11]. Eine im Grundbuch noch nicht eingetragene neue oder geänderte Straßen- und Hausnummernbezeichnung ist anzugeben, wenn sie amtlich feststellt ist. Für die zutreffende Bezeichnung des Grundstücks muß das Vollstreckungsgericht eingetretene Änderungen überprüfen, die ihm vom Grundbuchamt oder vom Sachverständigen mitgeteilt oder durch Hinweise der Beteiligten bekannt werden; Zweifel sind auszuräumen. Unklarheiten sind aufzuklären. Daher ist Bezeichnung der Beschaffenheit des Objekts nach den tatsächlichen Verhältnissen und erst recht mit einem geänderten oder neuen Straßennamen und mit anderer Hausnummer mit dem Hinweis, daß die vom Grundbuchbeschrieb abweichende Nutzungsart oder Lagebezeichnung „durch den Sachverständigen" festgestellt ist („laut Sachverständigengutachten nun ...") bedenklich. Zwar wird das für zulässig erachtet[11] (die Entscheidung bietet jedoch keine Grundlage für Verallgemeinerung); damit soll deutlich gemacht sein, daß diese Angabe durch das Gericht nicht abschließend geprüft ist[11]. Dennoch ist davon dringend abzuraten. Das Vollstreckungsgericht muß wissen, welches Grundstück es versteigert und wie es für Erfüllung des Zwecks der Veröffentlichung, zur bestmöglichen Verwertung eine möglichst breite Öffentlichkeit über den Versteigerungstermin zu unterrichten (§ 39 Rdn 2), zu beschreiben ist. Feststellung der tatsächlichen Gegebenheiten, die Sachkunde (Fachwissen des Sachverständigen) nicht erfordert, obliegt dem Vollstreckungsgericht selbst (Tatsachenfeststellung ist Aufgabe des Gerichts; vgl zB ZPO § 404a Abs 3). Gewährleistungsausschluß (§ 56 Satz 3) rechtfertigt Veröffentlichung der Terminsbestimmung mit ungeprüften Angaben nicht. Dafür, daß eine tatsächliche Nutzungsart rechtlich zulässig ist, bietet die Bezeichnung in der Terminsbestimmung keinen Vertrauensschutz[12] (§ 56 Satz 3); Nachforschungen dazu hat das Vollstreckungsgericht daher nicht vorzunehmen[12].

2.3 Unrichtige, unvollständige oder sonst irreführende Grundstücksbezeichnungen können zu Mißverständnissen führen und Haftungsgefahren begründen (s Einl Rdn 37.3). Kommt der gewählten Bezeichnung die für eine Terminsbekanntmachung zu fordernde Deutlichkeit nicht mehr zu, dann muß der Termin nach § 43 (wegen nicht ordnungsgemäßer Bekanntmachung oder Zustellung) **aufgehoben** und der Zuschlag nach § 83 Nr 7 versagt werden (siehe Rdn 1). Ergänzung in einer nachträglichen Veröffentlichung kann die unzulängliche Be-

---

[7] OLG Düsseldorf Rpfleger 1997, 225.
[8] LG Ellwangen Rpfleger 1996, 361.
[9] OLG Karlsruhe Justiz 1990, 129 = MDR 1990, 452 = OLGZ 1990, 346.
[10] OLG Hamm OLGZ 1992, 220 = Rpfleger 1992, 122.
[11] OLG Hamm Rpfleger 2000, 172.
[12] OLG Karlsruhe OLGZ 1990, 346 = aaO (Fußn 9).

Mußinhalt der Terminsbestimmung 2.5 § 37

zeichnung in der Terminsbestimmung selbst nicht heilen[13]. Unzureichend in diesem Sinne sind alleinige Angabe des Grundbuchblattes und der laufenden Nummer des Bestandsverzeichnisses[14], Bezeichnung des mit einem zum Teil fertigen Wohnhaus bebauten Grundstücks nur in Übereinstimmung mit dem Grundbuch als Wiese ohne Hinweis auf das Bauwerk oder Bezeichnung des mit einem Wohnhaus und Betriebsgebäude bebauten und als Gartenbaubetrieb genutzten Grundstücks nach dem Grundbuchbeschrieb als „Ackerland"[15]. Bei einem Grundstück mit einem Gehöft, das aus einem Wohnhaus mit zwei Wohnungen (240 m² Wohnfläche), einer Reithalle mit eingebauten Pferdeställen (1600 m²) und zwei Remisen besteht, genügt die Angabe „mehrere Flurstücke verschiedener Wirtschaftsart und Lage" samt Größe und Verkehrswert nicht den gesetzlichen Erfordernissen[16]. Bezeichnung als „Hof- und Gebäudefläche" mit Angabe der jeweiligen Lage in Verbindung mit Größenangaben und Verkehrswert läßt nicht auf eine industrielle Nutzung schließen, ist mithin bei Nutzung als Fabrikgrundstück unzureichend[17] (nicht zutreffend daher[18]; dazu kritisch auch[19]). Fehlender Hinweis, daß ein Gebäude (eine Sägemühle) sich zum Teil auf einem anderen Grundstück befindet, kann die Terminsbestimmung unzulänglich machen[20]. Ungenügend ist die Bezeichnung „Hof- und Gebäudefläche", wenn sie nur so verstanden werden kann, daß auf dem Grundstück auch Gebäude vorhanden sind, die vorhandenen Gebäudeteile aber Überbauten und damit Bestandteile des Nachbargrundstücks sind, die nicht mit versteigert werden[21] (unzutreffend[21] mit der Einschränkung, daß bereits Angaben über Wert, Größe und Lage des Grundstücks erkennbar machen könnten, daß wertmäßig zu Buche schlagende Gebäude nicht vorhanden sind). Zu weitgehend ist es aber, bei einem Gebäude auch noch Einzelangaben über Stockwerke und über die Zimmerzahl aufzunehmen.

2.4 Für **ein** Grundstück, das aus mehreren im amtlichen Verzeichnis selbständig aufgeführten Teilen besteht (Flurstücknummern, Katasterparzellen), hat die Terminsbestimmung die Wirtschaftsart der einzelnen Grundstücksflächen zu bezeichnen und ersehen zu lassen, daß es sich um nur ein Grundstück handelt (nicht um mehrere, die Einzelausgebote nach § 63 Abs 1 ermöglichen würden). Ebenso sind bei Versteigerung **mehrerer** Grundstücke in demselben Verfahren (§ 18) die einzelnen Grundstücke so anzugeben, daß jedes von ihnen als Einzelgegenstand der Zwangsversteigerung (ZPO § 864 Abs 1) gekennzeichnet ist. Eine Terminsbestimmung in einem Verfahren zur Versteigerung **zahlreicher Grundstücke** muß somit für jedes von ihnen die Grundstücksbezeichnung genau wie möglich enthalten. Die Einzelangaben müssen auch in der Veröffentlichung (§ 39 Rdn 2) und Anheftung enthalten sein. Nennt die Terminsbestimmung nur noch die Flurstücknummern, enthält sie aber keine Einzelangaben zur Grundstücksbezeichnung, so verfehlt sie ihren Zweck, Interessenten auf die Versteigerung aufmerksam zu machen.

2.5 Wenn Termin zur Versteigerung nur des **Bruchteils** eines Grundstücks bestimmt wird, muß dieser Bruchteil als Gegenstand der Zwangsversteigerung (ZPO § 864 Abs 2) bezeichnet, somit auch mit seiner Anteilsgröße genau angegeben werden (zB $^1/_2$-Miteigentumsanteil an dem Grundstück ...). Für die genaue Be-

---

[13] LG Kaiserslautern Rpfleger 1964, 120 mit zust Anm Stöber.
[14] RG 57, 200; Schiffhauer Rpfleger 1980, 76 (Anmerkung).
[15] LG Frankenthal Rpfleger 1984, 326 mit zust Anm Meyer-Stolte; auch OLG Düsseldorf Rpfleger 1997, 225 (226).
[16] LG Oldenburg Rpfleger 1979, 115.
[17] Schiffhauer Rpfleger 1980, 76 (Anmerkung).
[18] OLG Oldenburg Rpfleger 1980, 75 mit Anm Schiffhauer.
[19] Drischler KTS 1981, 389 (4).
[20] OLG Dresden HRR 1936 Nr 828.
[21] LG Oldenburg Rpfleger 1980, 306.

zeichnung ist auch Angabe des Bruchteilseigentümers mit Familien- und Vornamen (ohne Geburtsdatum oder Beruf) erforderlich. Sie dient der Bezeichnung des Bruchteils des Grundstücks als Gegenstand der Zwangsvollstreckung (ZPO § 864 Abs 2), die nach Nr 1 notwendiger Inhalt der Terminsbestimmung ist, nicht somit der weiteren Identifizierung des Gegenstands der Zwangsversteigerung (dazu § 38 Rdn 5.1). Daher verbieten Angabe des Bruchteilseigentümers weder Erfordernisse des Datenschutzes noch die Änderung des § 38 (dort Rdn 5.1), mit der Bezeichnung des eingetragenen Eigentümers als „Soll"inhalt der Terminsbestimmung entfallen ist. Als selbständiger Gegenstand der Immobiliarvollstreckung (ZPO § 864 Abs 2) ist auch der Miteigentumsanteil an einem dienenden Grundstück, der nach GBO § 3 Abs 5 und 6 auf dem Grundbuchblatt des dem Schuldner gehörenden Hauptgrundstücks eingetragen ist (zB ein Hofraum, Zufahrts- oder Anliegerweg, Garagenvorplatz, Mülltonnenstellplatz) als solcher zu bezeichnen[22]. Wenn Gegenstand der Immobiliarvollstreckung der als solcher mit einem Recht belastete Bruchteil eines Grundstücks ist, der nicht mehr in dem Anteil eines Miteigentümers besteht (ZPO § 864 Abs 2; Einl Rdn 12.3), ist dieser Bruchteil genau zu bezeichnen. Dessen Bezeichnung als Gegenstand der Zwangsversteigerung (Nr 1) erfordert ebenso Nennung des Familien- und Vornamens des vormaligen Miteigentümers, dessen Anteil mit dem Recht belastet wurde. Bei Versteigerung eines Grundstücks mit einer wertvollen Grunddienstbarkeit sind auch hierüber Angaben zu machen.

2.6 Sind mehrere Grundstücke oder Grundstücksbruchteile ausgeschrieben und wird das Verfahren über **einige** oder eines noch vor dem Termin eingestellt oder aufgehoben, so kann doch die Versteigerung für den Rest durchgeführt werden.

2.7 Bei der Versteigerung eines **Erbbaurechts** sind genaue Angaben nötig über: Das Erbbaurecht nach seiner Bezeichnung im Erbbaugrundbuch (mit belastetem Grundstück, Grundbuchblatt, Gemarkung, Flurstücknummer, Beschrieb) und über das Bauwerk (wie Rdn 2.2 und 2.3) sowie Dauer. Der Eigentümer des belasteten Grundstücks ist (wie der Erbbauberechtigte, § 38 Rdn 5.1) nach Familien- und Vornamen zu nennen. Der durch Bezugnahme auf die Eintragungsbewilligung eingetragene Inhalt des Erbbaurechts (ErbbauVO § 2; GBV § 56 Abs 2) dient nicht seiner „Bezeichnung", gehört somit nicht in die Terminsbestimmung. Falls die Veräußerung nur mit Zustimmung des Grundstückseigentümers zulässig ist, zum Zuschlag also seine Zustimmung benötigt wird (§ 15 Rdn 13), ist es unerläßlich, hierauf in der Terminsbestimmung hinzuweisen, damit die Interessenten nicht mit freier Erwerbsmöglichkeit rechnen, sondern rechtzeitig mit dem Eigentümer verhandeln können. Muster für das Erbbaurecht im ZVG-Handbuch Rdn 389, Ausführungen dazu Rdn 390.

2.8 Bei der Versteigerung eines **Wohnungs/Teileigentums** erfordert Bezeichnung des Objekts Angabe des in zahlenmäßigen Bruchteil ausgedrückten Miteigentumsteils an dem Grundstück, Bezeichnung des im Miteigentum stehenden Grundstücks (zweckmäßig übereinstimmend mit dem Bestandsverzeichnis des Wohnungsgrundbuchs) und seiner Größe sowie des mit dem Miteigentumsanteil verbundenen Sondereigentums an bestimmten (zu nennenden) Räumen. Angabe auch der Wohnfläche[23] (Nutzfläche) und der Zahl der Räume gehört nicht zum demnach notwendigen Inhalt der Terminsbestimmung (ist auch nicht Gegenstand der Eintragung im Bestandsverzeichnis des Wohnungs/Teileigentumsgrundbuchs). Die Wohnfläche (Nutzfläche) entspricht auch nicht der Größe des Grundstücks, die nach § 38 in der Terminsbestimmung bezeichnet werden soll (anders wohl[23]; dem entspricht die Größe des Miteigentumsanteils). Aus der Sicht des Erwerbsinteressenten gehören aber Angaben über Lage mit Geschoßbezeichnung (1. Obergeschoß rechts), Wohnfläche (Nutzfläche) und Zahl der Räume zu den notwendi-

---

[22] Oestreich Rpfleger 1988, 302 (2.5); Schiffhauer Rpfleger 1975, 187 (V 2).
[23] OLG Karlsruhe (ZS Freiburg) MDR 1993, 472 = OLGZ 1993, 346 = Rpfleger 1993, 256 mit Anm Meyer-Stolte.

gen Informationen[24]. Diese versetzen den Interessenten in die Lage zu entscheiden, ob das Objekt für seine Zwecke geeignet ist und ob sowie in welchem Umfang er ein Gebot für die Eigentumswohnung erbringen will und kann. Die Terminsbestimmung sollte daher zur Bezeichnung des Objekts (§ 37 Nr 1) auch Angabe darüber enthalten. Auch diese Angaben müssen vollständig und richtig sein; sie müssen das Wohnungs-/Teileigentum mit der erforderlichen Deutlichkeit nennen (Rdn 2.2). Das ist nicht der Fall, wenn das falsche Stockwerk der zu versteigernden Eigentumswohnung genannt (veröffentlicht) ist[25] oder wenn die angegebene (veröffentlichte) Wohnfläche der Eigentumswohnung gegenüber der tatsächlichen Wohnfläche nicht unwesentlich abweicht[26] (Folge Rdn 2.3).

Bezeichnung von Ort und Zeit in der Terminsbestimmung (§ 37 Nr 2)   3

3.1 Der **Ort** der Versteigerung muß in der Terminsbestimmung enthalten sein (Nr 2), bezeichnet nach Ort, Straße, Hausnummer, Gebäudeteil, Zimmernummer usw, jedenfalls so, daß er von Beteiligten und Interessenten zweifelsfrei und zuverlässig aufzufinden ist (zur Verlegung des Terminsorts § 66 Rdn 3.2). Das gilt auch dann, wenn das Gericht die Versteigerung nicht im Gerichtsgebäude, sondern „an einem anderen Orte im Gerichtsbezirk" (§ 36 Abs 3) abhält, etwa in einem Gebäude auf dem zu versteigernden Grundstück (§ 36 Rdn 4). Angabe auch der Zimmernummer des Versteigerungsraums im Gerichtsgebäude (bei Versteigerung an einem anderen Ort nicht immer möglich und geboten) gilt als selbstverständlich. Erfordernis der Terminsbestimmung ist das jedoch nicht ohne weiteres. Bei kleineren und mittleren Gerichtsgebäuden, in denen nach den örtlichen Verhältnissen Terminswahrnehmung in einem nicht mit einer Zimmernummer bezeichneten Versteigerungsraum ohne weiteres möglich ist, wäre der Terminsort auch bereits mit genauer Angabe des Gerichtsgebäudes ausreichend bezeichnet (siehe § 66 Rdn 3.2). Verlangt wird Angabe auch der Nummer des Versteigerungsraums in Orten, „in denen Gerichtsgebäude von größerem räumlichen Umfang bestehen"[27].

3.2 Die **Zeit** der Versteigerung muß in der Terminsbestimmung enthalten sein (Nr 2), und zwar der Beginn des Termins, bezeichnet nach Jahr, Monat, Tag (Tagesdatum möglichst mit Wochentagsbenennung), Stunde und Minute der gesetzlichen Zeit am Ort der Versteigerung. Ein besonderer Hinweis, daß es sich etwa um die Sommerzeit handle, erscheint nicht nötig, da diese ja gesetzliche Zeit ist. Festlegung des Terminsbeginns zu besonders ungünstiger Tageszeit (morgens um 7.00 in einem Verfahren mit auswärtigen Beteiligten) kann Mißtrauen gegen die Unparteilichkeit des Rechtspflegers begründen und Ablehnung rechtfertigen[28]. Falsche Zeitangabe bei Veröffentlichung als Zuschlagsversagungsgrund siehe § 83 Rdn 4.1 zu m.

Bezeichnung der Versteigerungsart in Terminsbestimmung (§ 37 Nr 3)   4

4.1 Vollstreckungsversteigerung: Die Terminsbestimmung muß bei ihr die Angabe enthalten, daß sie „im Wege der Zwangsvollstreckung" erfolgt (Nr 3). Dies gilt auch für die Wiederversteigerung (§ 133), die eine Vollstreckungsversteigerung ist, gleich welche Versteigerung ihr vorausgegangen ist; wegen der besonderen Gestaltung des geringsten Gebots (§ 128 Abs 4) ist die zusätzliche Angabe „zwecks Wiederversteigerung" nicht unzweckmäßig; sie darf aber die Angabe, daß es sich um eine Zwangsvollstreckung handle, nicht ersetzen.

---

[24] Siehe BGH 145, 121 (129) zu den Anforderungen an die Angaben in einem Prospekt für Immobilienanlage.
[25] LG Augsburg Rpfleger 1999, 232.
[26] OLG Karlsruhe OLGZ 1993, 346 = aaO (Fußn 23).
[27] KG Berlin OLG 25, 262.
[28] BGH NJW-RR 2003, 1220 = Rpfleger 2003, 453.

4.2 Insolvenzverwaltungsversteigerung: § 172 Rdn 5.14; **Nachlaßversteigerung:** § 176 Rdn 3.20. **Teilungsversteigerung:** § 180 Rdn 7.25.

5 Gerichtliche Aufforderung: Anmeldung (§ 37 Nr 4)

5.1 Die Terminsbestimmung **muß** die gerichtliche Aufforderung **enthalten,** spätestens im Versteigerungstermin vor der Aufforderung zur Abgabe von Geboten Rechte, die bei Eintragung des Versteigerungsvermerks nicht aus dem Grundbuch ersichtlich waren, anzumelden und notfalls glaubhaft zu machen, widrigenfalls ... (Nr 4). Diese Aufforderung ist eine Art **Aufgebot**[29]. Fehlt sie in der Terminsbestimmung, dann tritt Rangverlust (§ 110) nicht ein. Über die Abgrenzung zu Nr 5 (und § 28) in Rdn 6.

5.2 Erforderlich ist Anmeldung zur
– Erlangung der Stellung als Beteiligter (§ 9 Nr 2);
– Aufnahme nicht grundbuchersichtlicher Ansprüche in das geringste Gebot (§ 37 Nr 4, § 45);
– Rangwahrung (§ 37 Nr 4, § 110);
– Übernahme der persönlichen Schuld durch den Ersteher bei bestehen bleibender Grundschuld oder Rentenschuld (§ 53 Abs 2);
– Wirksamkeit einer nicht grundbuchersichtlichen Fälligkeit gegenüber Ersteher (§ 54);
– Aufnahme nicht grundbuchersichtlicher Rechte (Ansprüche) in den Teilungsplan (§ 114, auch bei Zwangsverwaltung, § 156 Abs 2);
– Urteilswirkung gegen Ersteher (ZPO § 325 Abs 3).

Die Terminsbestimmung hat nur den Wortlaut der Aufforderung der Nr 4 zu enthalten.

5.3 Anmeldung ist **Verlautbarung** (Bekundung) des **Willens,** daß
– der Berechtigte des nicht grundbuchersichtlichen Rechts zum Vollstreckungsverfahren als Beteiligter (§ 9 Nr 2) zugezogen sein will;
– das bei der Eintragung des Vollstreckungsvermerks aus dem Grundbuch nicht ersichtliche Recht (der Anspruch) trotzdem bei der Feststellung des geringsten Gebots und bei der Verteilung des Versteigerungserlöses (der Nutzungen des zwangsverwalteten Grundstücks) berücksichtigt werden soll;
– die nicht grundbuchersichtliche Tatsache die gesetzliche Rechtsfolge haben soll.

5.4 Anmeldepflichtig sind grundsätzlich alle **Rechte,** die bei Eintragung des Versteigerungsvermerks nicht im Grundbuch standen, also: dingliche Rechte, die eintragungsfähig sind, aber erst nach dem Versteigerungsvermerk oder noch überhaupt nicht eingetragen wurden; auch alle Ansprüche der Rangklassen 1–3, die grundsätzlich nicht im Grundbuch eingetragen werden; auch Zinsen nicht eingetragener Rechte samt Verzinsungsbeginn[30]; auch Zinsrückstände eingetragener Rechte (Verzugszinsen § 114 Rdn 4.1); ferner die Kosten der Rechtsverfolgung (§ 10 Rdn 15.8, 15.9 mit Einzelheiten). Rechte in Abteilung II des Grundbuchs sind aus Zeit der Eintragung des Versteigerungsvermerks aus dem Grundbuch ersichtlich (müssen somit nicht angemeldet werden), wenn sie mit laufender Nummer in Spalte 1 vor dem Versteigerungsvermerk eingetragen sind, nicht aber bei Eintragung am gleichen Tag mit laufender Nummer nach dem Versteigerungsvermerk. In Abteilung III des Grundbuchs sind Rechte zur Zeit der Eintragung des Versteigerungsvermerks grundbuchersichtlich, wenn sie unter Angabe eines früheren Tages (GBO § 44 Abs 1; bei maschineller Grundbuchführung GBO § 129 Abs 2 Satz 1) eingetragen worden sind, ebenso aber, wenn Versteigerungsvermerk und das Recht in Abteilung III am gleichen Tag eingetragen wurden

---

[29] Sieg MDR 1961, 1003 (Anmerkung).
[30] RG 136, 232 (235).

Mußinhalt der Terminsbestimmung 5.10 § 37

(anders für Buchung am gleichen Tag[31]; nicht zutreffend). Eintragungen, die in Abteilung II am gleichen Tag mit laufender Nummer nach dem Versteigerungsvermerk erfolgen, werden erst nach diesem Vermerk grundbuchersichtlich, Eintragungen, die in Abteilung III am gleichen Tag erfolgen, sind zur gleichen Zeit, also bei Eintragung des Vermerks grundbuchersichtlich. Das entspricht nicht nur natürlicher Anschauung, sondern auch dem Normzweck der Nr 4 (mit §§ 9, 45, 110, 114), der dem Verfahrensgrundsatz folgt, daß die Interessen grundbuchersichtlicher Berechtigter von Amts wegen wahrzunehmen sind (Einl Rdn 9.3). Öffentliche Lasten gelten als glaubhaft gemacht, wenn die Anmeldung der zuständigen Behörde eine spezifizierte Aufstellung enthält.

5.5 Anmeldepflichtig sind **auch** Rechte, die nicht im Grundbuch eingetragen sein müssen; so die Entschädigungsforderung des Erbbauberechtigten aus ErbbauVO § 28, die Sicherungshypothek des Pfandgläubigers aus BGB § 1287 (auch aus ZPO § 848 Abs 1).

5.6 Anmeldepflichtig ist auch ein bei Eintragung des Versteigerungsvermerks nicht aus dem Grundbuch ersichtlicher **Vorrang**[32], ebenso der gegenüber dem Gläubiger einer Vollstreckungsforderung erlangte Vorrang (§ 23 Rdn 5.4)

5.7 Nicht anmeldepflichtig sind nicht eingetragene Rechte, die gesetzlich trotz Nichtaufnahme in das geringste Gebot bestehenbleiben: Überbau- und Notwegrente (§ 52 Abs 2); Rentenbankreallast (§ 52 Rdn 4) (aber Zinsen aus ihr); Leibgedinge und altrechtliche Grunddienstbarkeiten nach EGZVG § 9 mit Landesrecht[33] (jedoch hier Rückstände aus diesen Rechten).

5.8 Nicht anmeldepflichtig sind Rechte, die zwar aus dem Grundbuch ersichtlich sind, von denen aber das Grundbuch nicht ergibt, wem sie zustehen, zB ein Eigentümerrecht[34], also auch Rechte aus einer Eigentümerhypothek für den nicht mehr eingetragenen früheren Eigentümer (das Recht ergibt sich aus dem Grundbuch, nur der Berechtigte ist anzumelden) (anders[35]), oder der Rückübertragungsanspruch an den Gläubiger einer Sicherungsgrundschuld[36].

5.9 Die **Auflassungsvormerkung** (sie fällt nicht unter § 37 Nr 5) gehört auch dann nicht zu den nach Nr 4 anzumeldenden Rechten, wenn sie einen bedingten Eigentumsübertragungsanspruch sichert (anders[37]: anzumelden sei, wenn geltend gemacht werden soll, daß bereits eine Bedingung eingetreten sei). Anmeldepflichtig ist sie aber bei Eintragung nach dem Versteigerungsvermerk.

5.10 Anmeldung als Geltendmachung eines Rechts (Anspruchs) dient allein der verfahrensrechtlich vorgesehenen Rechtswahrung. Sie ist damit **Prozeßhandlung**. Als solche ist sie von der bürgerlich-rechtlichen Willenserklärung zur Herbeiführung einer rechtsgeschäftlichen Rechtsänderung zu unterscheiden. Ein Gläubiger, der anmeldepflichtige Ansprüche oder eine anmeldepflichtige Tatsache (zB eine Kündigung, eine Rechtshängigkeit) nicht angemeldet hat, verliert seine dingliche (materielle) Berechtigung nicht, sondern ist damit nicht bei Verfahrensfortgang oder gegenüber dem Ersteher (wie zB nach §§ 53, 54, auch ZPO § 325 Abs 3) ausgeschlossen ist. Ein nicht angemeldeter Anspruch wird nur bei der Feststellung des geringsten Gebots (§ 45 Abs 1) und bei der Aufstellung des Teilungsplans (§ 114 Abs 1) nicht berücksichtigt. Wenn das Recht verspätet noch ange-

---

[31] Steiner/Eickmann § 45 Rdn 10 und 19.
[32] RG 122, 61; KG Berlin JR 1956, 424; Bruhn Rpfleger 1957, 198 (4); Dassler/Muth § 37 Rdn 15; Jaeckel/Güthe § 45 Rdn 1 und § 114 Rdn 11; Steiner/Eickmann §§ 37, 38 Rdn 53; Mohrbutter/Drischler Muster 60 Anm 2.
[33] OLG Hamm OLGRep 1995, 132.
[34] RG 77, 296.
[35] Mohrbutter/Drischler Muster 60 Anm 4.
[36] BGH MDR 1979, 44 = Rpfleger 1978, 363.
[37] Wörbelauer DNotZ 1963, 652 (7).

meldet wird, ist Rangverlust (§ 110) gegeben. Das erlangt keine Bedeutung, wenn nach Aufforderung zur Abgabe von Geboten das Verfahren nicht fortgeführt wird, insbesondere wenn es eingestellt (§ 30), der Versteigerungstermin aufgehoben oder der Zuschlag versagt (§ 33) wird. Der Rechtsinhaber kann seine Berechtigung und Ansprüche daher bei Verfahrensfortgang vor nochmaliger Aufforderung zur Abgabe von Geboten (§ 66 Abs 2) oder für einen späteren neuen Versteigerungstermin wieder rechtzeitig anmelden. Er kann einen nicht angemeldeten Anspruch auch in einem anderen Verfahren weiter verfolgen (so, wenn nach Ausfall in der Zwangsversteigerung noch restiger Erlös aus Zwangsverwaltung verteilt wird, bei Versteigerung eines mithaftenden Grundstücks). Demgegenüber ist ein Gläubiger, der seine materielle Berechtigung durch Rechtsgeschäft (Verzicht, Aufhebung oder Abtretung; dazu § 114 Rdn 7, 11) aufgegeben hat, nicht mehr Rechtsinhaber. Er kann Ansprüche aus seinem vormaligen Recht am Grundstück (§ 10) später überhaupt nicht mehr geltend machen, solche bei Fortgang des Verfahrens sonach nicht wieder anmelden, sie auch nicht mehr verspätet mit Rangverlust zum Teilungsplan anmelden (§§ 110, 114) und auf sie in der Zwangsverwaltung oder für ein mithaftendes Grundstück nicht zurückgreifen.

5.11 Als Prozeßhandlung erfordert Anmeldung die Befugnis, das Recht (den Anspruch) im Verfahren geltend zu machen. Die Anmeldung kann daher durch den **Rechtsinhaber** (Gläubiger des Grundpfandrechts, Berechtigten eines sonstigen Grundstücksrechts, Gläubiger eines Anspruchs in Rangklassen 1–3 des § 10 Abs 1) erfolgen oder durch den an seiner Stelle zur Verfügung über den Anspruch Befugten (zB durch den Insolvenzverwalter, InsO § 80 Abs 1) oder auch nur zur Geltendmachung im Verfahren Berechtigten (zB als Pfandgläubiger schon vor Überweisung). Wenn ein bisher nicht angemeldetes Recht von einem Dritten gepfändet und von ihm angemeldet wird, ist diese Anmeldung auch für den bisherigen Gläubiger wirksam, dessen Rechte der Pfandgläubiger ausübt.

5.12 Eine bestimmte **Form** ist für die Anmeldung nicht vorgeschrieben[38]. Sie kann schriftlich erfolgen oder mündlich zu Protokoll der Geschäftsstelle oder eines Termins (auch im Versteigerungstermin), auch telegrafisch oder fernmündlich erklärt[39], aber auch als Telebrief (Telefax) übermittelt werden. Erklärung mit elektronischem Dokument: ZPO § 130a. Nötig ist auf jeden Fall eine Willensbekundung des Berechtigten[40]; es muß etwas erklärt[40], durch Verlautbarung Bekundung) eines Willens zweifelsfrei erkennbar gemacht werden, daß ein Recht verfolgt (geltend gemacht) werden soll, insbesondere daß ein nicht grundbuchersichtliches Recht (ein Anspruch) bei der Feststellung des geringsten Gebots und bei der Verteilung des Versteigerungserlöses berücksichtigt werden soll[41]. Bei Untätigkeit liegt keine Anmeldung vor[42]. Die Anmeldung ist auch nötig, wenn das Gericht oder die Beteiligten schon von dem Recht (Anspruch) Kenntnis haben[42], sie ist dann nicht unter dem Gesichtspunkt von Treu und Glauben entbehrlich[42]. Es müssen Rechtsgrund[42] und Rang[42] des Anspruchs, bei Anmeldung zum geringsten Gebot (dazu auch § 45 Rdn 2) und zur Berücksichtigung bei Erlösverteilung (dazu auch § 114 Rdn 2–5) auch ein bestimmter Betrag angegeben werden[42]. Mitteilungen des Grundbuchamts ersetzen die Anmeldung nicht. Eine Dienstaufsichtsbeschwerde ist auch als Anmeldung anzusehen, wenn der Beschwerdeführer erkennbar auch die Wahrnehmung seiner materiellen Ansprüche zum Ausdruck bringt[43], vorausgesetzt jedoch, daß sie bei dem Amtsgericht, das als Vollstreckungsgericht zuständig ist, erhoben ist.

---

[38] BGH 21, 30 = KTS 1956, 120; LG Lübeck SchlHA 1982, 199.
[39] BGH 21, 30 = aaO (Fußn 38), Mohrbutter/Drischler Muster 60 Anm 1.
[40] BGH 21, 30 = aaO (Fußn 38).
[41] BGH 21, 30 = aaO (Fußn 38); LG Lübeck SchlHA 1982, 199.
[42] BGH 21, 30 = aaO (Fußn 38).
[43] LG Lübeck SchlHA 1982, 199.

5.13 Die Anmeldung hat als Prozeßhandlung **nur für das Verfahren** Bedeutung, in dem sie erfolgt ist. Anmeldung für ein Zwangsverwaltungsverfahren gilt daher nicht als solche für das Zwangsversteigerungsverfahren (und umgekehrt). Anmeldung in einem schon früher anhängig gewesenen Zwangsversteigerungsverfahren, das aufgehoben wurde, wirkt nach neuer Beschlagnahme des Grundstücks nicht für das spätere Verfahren.

5.14 Ein **Vertreter** hat eine Vollmacht vorzulegen (ZPO § 80 Abs 1) oder die Genehmigung des Vertretenen oder seine gesetzliche Vertretungsmacht nachzuweisen. Die Vollmacht des Vertreters wird von Amts wegen geprüft, wenn nicht als Bevollmächtigter ein Rechtsanwalt auftritt (ZPO § 88 Abs 2).

5.15 **Muster** für eine Anmeldung im ZVG-Handbuch Rdn 230.

5.16 Die Anmeldungen anmeldepflichtiger Ansprüche nach Nr 4 müssen **spätestens im Versteigerungstermin** vor der Aufforderung zur Abgabe von Geboten dem Gericht vorliegen. Bei unterlassener oder verspäteter Anmeldung wird der Anspruch (wenn er dem bestrangig betreibenden Gläubiger vorausgeht) im geringsten Gebot nicht berücksichtigt (also weder als bar zu zahlend noch als bestehenbleibend); außerdem wird er bei der Erlösverteilung allen betreibenden Gläubigern und allen übrigen Ansprüchen hintangesetzt, gleichsam in einer Rangklasse 9 (dazu § 10 Rdn 13), erleidet also einen **materiellen Rangverlust** (§ 110). Daran kann auch die nachträgliche Anmeldung im Rechtsmittelverfahren trotz § 97 Abs 2 nichts mehr ändern[44]. Wenn ein Vorrang (Rdn 5.6) nicht rechtzeitig angemeldet worden ist, findet nur dieser Vorrang keine Berücksichtigung. Das Recht nimmt dann mit seiner grundbuchersichtlichen Rangstelle am Verfahren teil. Zurücksetzung nach § 110 hinter andere Rechte erfolgt hier nicht[45]. Der Rangverlust kann nicht eintreten, wenn die Aufforderung zur Anmeldung nach Nr 4 in der Terminsbekanntmachung gefehlt hat. Über verspätete oder beschränkte Anmeldungen auch[46].

5.17 Als prozessuale Erklärung kann die Anmeldung **zurückgenommen** werden. Mit wirksamer Rücknahme (Eingang bei Gericht) enden die mit Anmeldung begründete Beteiligtenstellung und die der Anmeldung zukommende Rechtswahrung (Nr 4, § 114 usw). Mit Rücknahme des Versteigerungsantrags ist auch die in ihm enthaltene Anmeldung (§ 114 Abs 1 Satz 2) zurückgenommen (anders[47]). Zu mehrfachen Anmeldungen § 45 Rdn 2.

5.18 **Unzulässige** Anmeldungen sind nicht ausdrücklich zurückzuweisen, sondern einfach nicht zu berücksichtigen[48], weil ihnen keine Wirkung zukommt. Unzulässig ist eine Anmeldung, wenn sie durch einen dazu nicht Berechtigten erklärt ist oder einen Anspruch zum Gegenstand hat, der nach § 10 kein Recht auf Befriedigung aus dem Grundstück gewährt.

Gerichtliche Aufforderung: Entgegenstehende Rechte (§ 37 Nr 5)

6.1 Die Terminsbestimmung **muß** die gerichtliche Aufforderung **enthalten,** vor der Erteilung des Zuschlags für ein der Versteigerung entgegenstehendes Recht die Verfahrenseinstellung oder Verfahrensaufhebung herbeizuführen, widrigenfalls ... (Nr 5).

6.2 Es muß sich um **Rechte** handeln, **die** der Versteigerung **entgegenstehen,** sei es um solche, die schon aus dem Grundbuch ersichtlich sind und darum unter § 28 Abs 1 fallen (sie müssen schon von Amts wegen beachtet werden), sei es um solche, die aus dem Grundbuch nicht ersichtlich sind. Die Hindernisse können der

---

[44] LG Berlin GrundE 1959, 503 Leitsatz.
[45] RG 122, 61.
[46] Riedel JurBüro 1974, 689.
[47] Dassler/Schiffhauer § 114 Rdn 41.
[48] Mohrbutter/Drischler Muster 60 Anm 1.

ganzen Versteigerung entgegenstehen oder bei mehreren Grundstücken oder Grundstücksbruchteilen nur bei einem oder einigen von ihnen hinderlich sein oder auch nur bei Zubehörstücken. Unter Nr 5 fallen Eigentum Dritter, insbesondere aber die Rechte an Zubehör (§ 20 Rdn 3, § 55 Rdn 3) (die darum nicht unter Nr 4 fallen[49]), Veräußerungsverbote (zB aus Insolvenzverfahren), Verwertungsverbot bei Nacherbschaft (§ 28 Rdn 8.3).

6.3 Die Verfahrens**einstellung** oder Verfahrens**aufhebung** kann durch Einstellungsbewilligung aller betreibenden Gläubiger (§ 30) oder durch teilweise Antragsrücknahme aller betreibenden Gläubiger (§ 29) erfolgen oder auch durch Einstellungsmaßnahmen des Prozeßgerichts oder Vollstreckungsgerichts nach ZPO §§ 769, 771 (gegen den Willen der betreibenden Gläubiger können die entgegenstehenden materiellen Rechte, die nicht aus dem Grundbuch ersichtlich sind, nur im Wege der Widerspruchsklage nach ZPO § 771 geltend gemacht werden[50]).

6.4 Macht ein Dritter Rechte an einem Gegenstand geltend, bei dem zweifelhaft ist, ob er **Zubehör oder Bestandteil** ist, und geben die betreibenden Gläubiger den Gegenstand frei oder bewilligen sie die Einstellung insoweit, so hat das Gericht das Verfahren bezüglich des Gegenstands formell aufzuheben oder einzustellen, ohne selbst zu entscheiden, welche Eigenschaft er hat. Einer Anhörung oder Zustimmung der nicht betreibenden dinglichen Berechtigten bedarf es nicht (§ 29 Rdn 4, § 30 Rdn 5, § 55 Rdn 3). Wird nach der Versteigerung des Grundstücks (wobei der Gegenstand von der Versteigerung ausgenommen war) die Einstellung hinsichtlich des Gegenstands aufgehoben, so ist er nach § 65 abgesondert zu verwerten.

6.5 Bei **mehreren Betreibenden** müssen Einstellung und Aufhebung sich auf sie alle erstrecken, sonst muß der Gegenstand insoweit versteigert werden. Wird vor oder im Laufe einer Zwangsversteigerung ein fremdes Zubehörstück mobiliargepfändet, aber nicht gemäß § 37 Nr 5 aus der Zwangsversteigerung ausgenommen, so erlischt das **Pfändungspfandrecht** mit Rechtskraft des Zuschlags[51].

6.6 Wer nicht rechtzeitig die Freigabe eines Gegenstands nach Nr 5 erwirkt, wird an Stelle seiner Zugriffsmöglichkeit auf den Gegenstand selbst nunmehr hinsichtlich seines Rechts auf die **Teilnahme am Versteigerungserlös** beschränkt: § 37 Nr 5 = Surrogationsgrundsatz (§ 92 Rdn 7).

6.7 Was unter Nr 5 fällt und auf den Erlös angewiesen ist, erleidet **keinen Rangverlust** nach § 110 (wie es bei den unter Nr 4 fallenden Ansprüchen der Fall ist).

6.8 Der Ersteher hat **nicht** das Recht, den Gegenstand herauszugeben und dafür den Betrag des Meistgebots zu kürzen[52]. Wenn der Berechtigte sein entgegenstehendes Recht nicht im Rahmen des Versteigerungsverfahrens geltend macht, bleibt ihm noch die **Bereicherungsklage** gegen den als letzten aus der Masse Befriedigten aus ungerechtfertigter Bereicherung nach BGB § 812 (dazu ZVG-Handbuch Rdn 538), nicht aber gegen den Ersteher. Dazu § 55 Rdn 3.

6.9 Nr 5 schreibt die Aufforderung des Gerichts in der Terminsbestimmung zur Anmeldung nur für die der Versteigerung überhaupt entgegenstehenden Rechte vor. Der Vordruck für die Versteigerungsterminsbestimmung (Rdn 10) sieht auch den **Hinweis bezüglich des Zubehörs** vor. Die ihm zugrunde liegende Verfügung sagt zwar, es „muß" solcher Vermerk gebracht werden, ist aber keine Rechtsvorschrift, daher nur als Sollvorschrift zu behandeln.

6.10 Ist ein Grundstück irrtümlich auf dem Grundbuchblatt des Schuldners, gleichzeitig aber auch auf dem des wahren Eigentümers eingetragen, in der Terminsbestimmung jedoch ohne Hinweis auf die **Doppelbuchung** nur nach dem

---

[49] Möschel BB 1970, 237 (2, 4).
[50] LG Saarbrücken RpflJahrbuch 1959, 271 Leitsatz = SRZ 1951, 16.
[51] LG Lüneburg DGVZ 1952, 76; AG Celle DGVZ 1952, 76.
[52] Jaeckel/Güthe § 92 Rdn 1 a.

Sollinhalt der Terminsbestimmung § 38

Grundbuchblatt des Schuldners bezeichnet, so sieht der wahre Eigentümer hieraus nicht, daß es sich um sein Grundstück handelt (er weiß von dem Verfahren gar nichts), und kann daher auch nicht nach Nr 5 anmelden; er kann sein Eigentum darum auch nicht verlieren (dazu § 90 Rdn 2).

6.11 Die nach Nr 5 notwendige Geltendmachung eines entgegenstehenden Rechts wird nicht durch eine etwaige Mitteilung des Grundbuchamts oder durch zufällige **Kenntnis** des Gerichts ersetzt.

Landesrecht zur Terminsbestimmung (Muß-Inhalt) 7

7.1 Soweit nach EGZVG § 8 durch Landesgesetz bestimmt wurde, daß die vor dem Inkrafttreten des BGB eingetragenen Hypotheken bei der Feststellung des geringsten Gebots nur auf Grund einer Anmeldung zu berücksichtigen sind, muß die Aufforderung nach Nr 4 auch auf die Anmeldung der Ansprüche aus diesen Hypotheken ausgedehnt werden (EGZVG § 8 Abs 2). Die Vorschrift ist wohl gegenstandslos.

7.2 Hier gelten landesrechtliche Besonderheiten.

Rechtsbehelf bei mangelhafter Terminsbestimmung 8

Gegen unrichtige oder unvollständige Terminsbestimmung gibt es Vollstreckungserinnerung nach ZPO § 766, aber wegen § 95 kein anderes Rechtsmittel (§ 36 Rdn 2.7). Mängel können durch Zuschlagsanfechtung gerügt werden.

Sonstige Hinweise in der Terminsbestimmung (Muß-Inhalt) 9

9.1 Ausländische Währung: Wenn noch alte Grundpfandrechte oder Schiffshypotheken in ausländischer Währung eingetragen sind (dazu 8./9. Auflage sowie Einl Rdn 51) hat die Terminsbestimmung einen Hinweis hierauf zu enthalten. Für Schiffshypotheken gilt jetzt § 168c Nr 1, für Pfandrechte an Luftfahrzeugen das Luftfahrzeugrechtegesetz § 87. Bei Belastung des Grundstücks mit einer nach GBO § 28 Satz 2 zugelassenen Währung regelt § 145a Nr 1 die Angabe in der Terminsbestimmung.

9.2 Flurbereinigung: Bei Grundstücken, die in ein Flurbereinigungsverfahren einbezogen sind, werden nach Grundbuchlage die „Einlagegrundstücke" versteigert; der Ersteher erwirbt aber, weil er das Flurbereinigungsverfahren in seiner gegebenen Lage übernehmen (und gegen sich gelten lassen) muß, die „Ersatzgrundstücke", unter Umständen auch nur eine Geldabfindung (§ 15 Rdn 17). Es ist darum nötig, in der Terminsbestimmung auf das Flurbereinigungsverfahren und seinen Verfahrensstand hinzuweisen.

9.3 Landwirtschaft: Solange die Versteigerung landwirtschaftlicher Grundstücke keiner Beschränkung unterliegt (§ 15 Rdn 24), ist auch kein Hinweis auf diese Eigenschaft nötig.

9.4 Schiffe: Bei ihrer Versteigerung ist § 167 zu beachten.

Vordrucke für Terminsbestimmung 10

Den Wortlaut legte eine Allgemeine Verfügung vom 16. 8. 1938 fest (zum Teil in landesrechtliche Bereinigte Sammlungen aufgenommen; landesrechtlich zum Teil geändert oder durch neue Vorschrift ersetzt). Ein Muster mit dem Wortlaut der eingefügten Aufforderung bringt das ZVG-Handbuch Rdn 219.

[Sollinhalt der Terminsbestimmung]

38 Die Terminsbestimmung soll die Angabe des Grundbuchblatts, der Größe und des Verkehrswerts des Grundstücks enthalten. Ist in einem früheren Versteigerungstermin der Zuschlag aus den Gründen des

§ 74a Abs 1 oder des § 85a Abs 1 versagt worden, so soll auch diese Tatsache in der Terminsbestimmung angegeben werden.

1 Allgemeines zum Soll-Inhalt der Terminsbestimmung

1.1 Zweck der Vorschrift: § 38 bezeichnet die in die Terminsbestimmung für den Versteigerungstermin aufzunehmenden weiteren Angaben (Sollinhalt der Terminsbestimmung).

1.2 Anwendungsbereich: Die Vorschrift gilt für **alle Versteigerungsarten**, mit natürlichen Abweichungen für grundstücksgleiche Rechte, Schiffe, Luftfahrzeuge.

1.3 Die Bestimmung hat nur die Bedeutung einer **Ordnungsvorschrift** (Denkschrift S 43). Deren Nichtbeachtung hat nicht (wie das Fehlen einer nach § 37 wesentlichen Angabe) Terminsaufhebung und Zuschlagsversagung zur Folge, außer wenn durch unrichtige Angaben zu § 38 die zwingenden des § 37 mißverständlich oder unklar werden. Der Soll-Inhalt darf zwar fehlen, aber nicht fehlerhaft sein.

2 Bezeichnung des Grundbuchblatts in der Terminsbestimmung

Das Grundbuchblatt soll (nicht muß) nach § 38 benannt werden: Grundbuchbezirk, Gemarkung, [Band und] Blatt oder sonstige amtliche Bezeichnung. Angabe auch der Seite gehört nicht dazu, weil mit ihr ein Grundbuchblatt nicht bezeichnet wird (siehe GBV §§ 2, 3). Entsprechend soll bei Erbbaurechten das Erbbaugrundbuchblatt, bei Wohnungseigentum das Wohnungseigentumsgrundblatt, bei Gebäudeeigentum das Gebäudegrundbuchblatt benannt werden.

3 Bezeichnung der Grundstücksgröße und des Verkehrswerts

3.1 Die **Grundstücksgröße** ist (nicht muß) nach § 38 anzugeben. Eine Gewähr für die Größenangaben gibt es jedoch nicht (§ 56 Satz 3); unter Umständen kann aber eine Haftung für grobfahrlässig falsche Angaben entstehen. Die Größenangabe sollte nach den amtlichen Maßeinheiten (ha, a, m²) erfolgen. Landesübliche Bezeichnungen (Morgen, Tagwerk) sind nicht verboten; es darf aber nicht durch sie ein falscher Eindruck über die tatsächliche Größe entstehen (darum mindestens die zusätzliche Angabe in amtlichen Maßeinheiten empfehlenswert).

3.2 Der **Verkehrswert** des Grundstücks (§ 74a Abs 5) ist (nicht muß) nach § 38 anzugeben. Es kann der festgesetzte Wert insgesamt bezeichnet werden, aber auch, wenn die Wertfestsetzung Einzelwerte ausweist und Angabe im Einzelfall zur Unterrichtung der Interessen dienlich ist, der Wert für das Grundstück und der Wert der beweglichen Gegenstände, auf die sich die Versteigerung erstreckt, je gesondert genannt werden. Wenn Termin zur Versteigerung mehrerer Grundstücke (in einem nach § 18 verbundenen Verfahren) bestimmt ist, ist der Verkehrswert jedes der Grundstücke zu bezeichnen.

4 Bezeichnung früherer Zuschlagsversagung

Versagung des Zuschlags in einem früheren Versteigerungstermin aus den Gründen des § 74a Abs 1 (weil das Mindestgebot nicht erreicht wurde) oder des § 85a Abs 1 (weil das Meistgebot die Hälfte des Grundstückswertes nicht erreicht hatte) soll in der Terminsbestimmung angegeben werden, weil Versagungsanträge aus § 74a oder § 85a nicht mehr möglich sind. Vorgesehen ist in Satz 2 nur die Angabe der Tatsache, daß der Zuschlag aus einem der genannten Gründe versagt worden ist. Hinweis auf die sich daraus ergebenden Rechtsfolgen ist nicht bestimmt, aber zulässig und zur Information der Beteiligten sowie möglichen Interessenten zu empfehlen[1]. Beispiel für Hinweis in Terminsbestimmung ZVG-Handbuch Rdn 222c und bei[1].

---

[1] Hornung Rpfleger 1979, 321 (D III).

Bekanntmachung der Terminsbestimmung im Amtsblatt § 39

Keine Bezeichnung des Eigentümers 5

5.1 Der zur Zeit der Eintragung des Versteigerungsvermerks eingetragene (ebenso ein später eingetragener) Eigentümer des Grundstücks (Erbbauberechtigte) wird in der Terminsbestimmung nicht (mehr) genannt. Die früher vorgeschriebene Angabe des Namens des Grundstückseigentümers ist entfallen (Änderung des § 38 durch Art 10 Nr 1 des 1. Justizmodernisierungsgesetzes vom 24. Aug 2004, BGBl I 2198 [2206]), weil sie den Anforderungen des heutigen Datenschutzes nicht mehr entsprochen haben soll[2]. Glücklich und sachgerecht ist diese Änderung nicht. Die aufgehobene Regelung sollte dazu beitragen, das Grundstück eindeutig zu identifizieren. Daß Namensnennung nun unterbleibt, soll für den „potentiellen Ersteigerer" keine Nachteile bringen, weil er die Möglichkeit hat, das Grundbuch und die Versteigerungsakten (mit dem Wertgutachten) einzusehen[2]. Damit wird aber übersehen, daß vielfach erst Namensnennung in der Terminsbestimmung die Aufmerksamkeit der breiten Öffentlichkeit für bestmögliche Verwertung des konkreten Grundstücks weckt (so bei landwirtschaftlichen Grundstücken, Waldparzellen, aber auch bei einem Bauplatz) und oft erst auch Dritten, deren Rechte von der Versteigerung berührt werden und zu wahren sind (Rdn 2.1), den Gegenstand der Versteigerung sicher zur Kenntnis bringt (s § 39 Rdn 2.6). Eine Überleitungsbestimmung besteht nicht; die Bezeichnung des Eigentümers unterbleibt daher auch in Verfahren, die vor dem 1. Sept 2004 (Inkrafttreten des 1. Justizmodernisierungsgesetzes) angeordnet wurden.

5.2 Bezeichnung des Anteils des Miteigentümers bei Zwangsversteigerung (nur) eines Bruchteils des Grundstücks (ZPO § 864 Abs 2): § 37 Rdn 2.5.

Landesrecht zur Terminsbestimmung (Soll-Inhalt) 6

6.1 EGZVG § 6 ermächtigt die Landesjustizverwaltungen zur Anordnung, daß die Terminsbestimmung **noch andere Angaben** über das Objekt als die in § 38 genannten enthalten solle. Diese Ergänzungen sind nur Ordnungsvorschriften, deren Nichtbeachtung die Versteigerung nicht gefährden kann. Allerdings ist es zur Vermeidung von Haftungsgefahren immer ratsam, sich auch an diese Vorschriften zu halten. Für Bergwerke gelten landesrechtliche Besonderheiten.

6.2 Die für die ehemaligen preußischen Gebietsteile früher vorgeschriebene Angabe der „Friedensmiete" und der Verschuldungsgrenze für landwirtschaftliche Grundstücke ist entfallen.

Sonstige Hinweise in der Terminsbestimmung (Soll-Inhalt) 7

7.1 Baubehördliche Beschränkungen: Sie sind vom Vollstreckungsgericht an sich nicht zu erforschen und auch nicht in die Terminsbestimmung aufzunehmen. Es ist Sache der Bietinteressenten, sich hierwegen selbst an die Baubehörde zu wenden. Das Gericht wird allerdings im Rahmen des Schätzungsgutachtens auch solche Beschränkungen feststellen lassen, weil sie den Grundstückswert beeinflussen. Es hat sie jedoch zu ermitteln, wo Beschränkungen entgegen der (bekanntgemachten) Grundbucheintragung bestehen, wenn etwa im Grundbuch „Bauplatz" eingetragen, Bebauung aber verboten ist.

7.2 Zubehör, das mitversteigert wird, ist nicht zu ermitteln und nicht anzugeben. Auch die Sondervorschriften hierüber für Baden-Württemberg (8./9. Auflage) sind aufgehoben.

[Bekanntmachung der Terminsbestimmung im Amtsblatt]

39 (1) **Die Terminsbestimmung muß durch einmalige Einrückung in das für Bekanntmachungen des Gerichts bestimmte Blatt oder in**

---

[2] Begründung des Gesetzentwurfs der Bundesregierung, BT-Drucks 15/1508, S 36.

einem für das Gericht bestimmten elektronischen Informations- und Kommunikationssystem öffentlich bekanntgemacht werden.

(2) Hat das Grundstück nur einen geringen Wert, so kann das Gericht anordnen, daß die Einrückung oder Veröffentlichung nach Absatz 1 unterbleibt; in diesem Falle muß die Bekanntmachung dadurch erfolgen, daß die Terminsbestimmung in der Gemeinde, in deren Bezirke das Grundstück belegen ist, an die für amtliche Bekanntmachungen bestimmte Stelle angeheftet wird.

Literatur: Oestreich, Öffentliche Bekanntmachungen im „Amtsblatt", Rpfleger 1988, 302.

1 **Allgemeines zu § 39**

1.1 **Zweck der Vorschrift:** Regelung der öffentlichen Bekanntmachung der Terminsbestimmung. Es muß grundsätzlich eine einmalige Veröffentlichung im **Amtsblatt** oder Internet erfolgen. Sonstige Veröffentlichungen sind möglich oder vorgesehen (§ 40 Rdn 3).

1.2 **Anwendungsbereich:** Die Vorschrift gilt für **alle Versteigerungsarten**. Absatz 2 gilt jedoch nicht bei Versteigerung von Schiffen (§ 168 Abs 3) und Luftfahrzeugen (§ 171 d Abs 2).

2 **Bekanntmachung der Terminsbestimmung** (Absatz 1)

2.1 Die Terminsveröffentlichung im Amtsblatt oder Internet (Abs 1) hat den Zweck, im Interesse einer bestmöglichen Verwertung des Grundstücks eine möglichst breite Öffentlichkeit über den Versteigerungstermin zu unterrichten[1] und alle, deren Rechte von der Versteigerung berührt werden, zur Wahrung dieser Rechte zu veranlassen. Bei Nichtbeachtung der Vorschrift ist der Versteigerungstermin aufzuheben oder der Zuschlag zu versagen (§ 43 Abs 1, § 83 Nr 7, § 100 Abs 3). Zusätzliche sonstige Veröffentlichungen sind erlaubt, manchmal auch vorgesehen (§ 40 Rdn 3).

2.2 **Amtsblatt** und Art der Veröffentlichung werden landesrechtlich bestimmt. Bei gemeinsamem Versteigerungsgericht (§ 1 Abs 2) sowie nach Bestimmung des Versteigerungsgerichts (§ 2) ist das Amtsblatt des Versteigerungsgerichts maßgebend, nicht das des ihm zugeteilten Gerichts (so auch[2]). Eine zusätzliche Veröffentlichung im Amtsblatt des zugeteilten Gerichts kann sich aber nach Lage des Falles empfehlen. Wenn das Amtsblatt mit einem Anzeigenteil für die Gesamtausgabe und besonderen Regionalausgaben erscheint, entscheidet die behördliche Anordnung über die Bestimmung des Amtsblatts, ob die Veröffentlichung in der Gesamtausgabe oder in der Regionalausgabe erfolgen muß. Ohne ausdrückliche Bestimmung ist immer die Gesamtausgabe gemeint.

2.3 Veröffentlichung der Terminsbestimmung in einem **elektronischen Informations- und Kommunikationssystem** (Abs 1 idF des JKomG, BGBl 2005 I 837 [857]) „soll" benutzerfreundlichere Bekanntmachung ermöglichen, die Interessenten in die Lage versetzt, mit (erheblich) geringerem Zeit- und Kostenaufwand Information über Versteigerungsobjekte zu erlangen[3]. Das Informations- und Kommunikationssystem und die Art der Veröffentlichung werden landesrechtlich bestimmt. Das Vollstreckungsgericht kann diese Bestimmung (ohne landesrechtliche Ermächtigung) nicht selbst treffen.

2.4 Veröffentlichung im Amtsblatt oder Internet sieht Abs 1 **alternativ** vor, nicht kumulativ. Veröffentlichung im Amtsblatt ist neben der Internetveröffentlichung (ebenso umgekehrt) somit nicht notwendig, als zusätzliche Bekanntma-

---

[1] OLG Hamm MDR 1979, 151 = NJW 1979, 1720 Leitsatz = OLGZ 1979, 376 = Rpfleger 1979, 29.
[2] Steiner/Teufel § 39 Rdn 14.
[3] Begründung in Stellungnahme des Bundesrats zum JKomG, BT-Drucks 15/4067, Seite 62.

chung aber zulässig (§ 40 Rdn 3.1). Bestimmung trifft das Vollstreckungsgericht (der Rechtspfleger); sie ist aktenkundig zu machen.

2.5 Inhaltlich muß die Veröffentlichung die gesamte Terminsbestimmung wiedergeben, mindestens mit dem Inhalt nach § 37. Auch der Sollinhalt gehört zum Inhalt der Terminsbestimmung, ist mithin zu veröffentlichen[4]; dies gilt auch für die zusätzliche Angabe nach § 38 Satz 2 über frühere Zuschlagversagung[4]. Unterschriften sind entbehrlich[5], doch muß das Gericht ersichtlich sein. Datum ist entbehrlich[5] (ähnlich[6]: nicht notwendig, aber zweckmäßig; anders[7]). Bei Veröffentlichung mehrerer Terminsbestimmungen in der gleichen Ausgabe des Amtsblatts können die Aufforderungen nach § 37 Nr 4 und 5 (mit einem entsprechenden Hinweis) zusammengefaßt vorangestellt[8] (somit auch angefügt) werden (anders[9]: ist für jedes Verfahren gesondert aufzuführen, nicht richtig). Eine fehlerhafte Veröffentlichung muß im Amtsblatt wiederholt werden (unter Wahrung der Frist aus § 43), weil sonst keine vorschriftsmäßige Veröffentlichung vorliegt; Ergänzung (Berichtigung) in nachträglicher Veröffentlichung genügt nicht (§ 37 Rdn 2.3). Hierzu auch ZVG-Handbuch Rdn 223.

2.6 Abs 1 trägt dem Zweck der öffentlichen Bekanntmachung der Terminsbestimmung nur unzulänglich Rechnung. Veröffentlichung im Internet mag Unterrichtung einer breiten (interessierten) Öffentlichkeit zur bestmöglichen Verwertung des Grundstücks (Rdn 2.1) zwar dienlich sein (nicht einmal das ist aber stets sicher gewährleistet); sie bleibt auch nicht, wie Veröffentlichung im Amtsblatt (einer Tageszeitung) vornehmlich lokal begrenzt. Es fällt der öffentlichen Bekanntmachung der Terminsbestimmung aber auch die Aufgabe zu, alle, deren Rechte durch die Versteigerung berührt werden, zur Wahrung dieser Rechte zu veranlassen (§ 37 Nr 4 und 5; Rdn 2.1). Daß nicht an einem Grundstückserwerb interessierte (unbekannte) Beteiligte gerichtliche Internetveröffentlichungen regelmäßig verfolgen, von einer sie betreffenden Zwangsversteigerung zur Wahrung ihrer Rechte somit in gleicher Weise wie von einer Veröffentlichung in einer örtlichen Tageszeitung als Amtsblatt (damit auch frühzeitig) Kenntnis erlangen, ist trotz der inzwischen weiteren Verbreitung dieses Mediums aber doch jedenfalls unwahrscheinlich. Stete Überwachung elektronischer Bekanntmachungen der Zwangsversteigerungstermine durch (möglicherweise) vielleicht irgendwann einmal Betroffene kann nicht erwartet und schon gar nicht als wirklichkeitsnah unterstellt werden. Nicht unbeachtet kann überdies bleiben, daß für Veröffentlichung eines ZPO-Aufgebots (sicher mit Bedacht) zurückhaltender nur öffentliche Bekanntmachung im Internet (ZPO §§ 948, 1009) ermöglicht wurde. Warum demgegenüber angesichts der Bedeutung der Aufforderung zur Rechtswahrung eine Internet-Veröffentlichung der Terminsbestimmung die Bekanntmachung im Amtsblatt erübrigen soll, ist nicht nachvollziehbar. Daß nur eine der beiden Veröffentlichungen gewählt werden kann, läßt sich jedenfalls nicht (was die Begründung versucht[10]), mit Einsparung der Kosten für Veröffentlichung im Amtsblatt und (gar noch) Reduzierung des Zeitaufwandes in den Abteilungen für Zwangsversteigerungssachen rechtfertigen. Daß (unbekannte) Beteiligte von der Terminsbestimmung mit den öffentlichen Aufforderungen zur Rechtswahrung sicher und rechtzeitig Kenntnis erlangen, sollte daher die Praxis durch zusätzliche Veröffentlichung nach § 40 Abs 2 sicherstellen.

---

[4] Hornung Rpfleger 1979, 321 (D III).
[5] Dassler/Muth § 39 Rdn 4.
[6] Steiner/Teufel § 39 Rdn 12.
[7] Jaeckel/Güthe § 39 Rdn 2.
[8] LG Frankenthal Rpfleger 1988, 421.
[9] Dassler/Muth § 39 Rdn 4.
[10] Begründung in Stellungnahme des Bundesrats zum JKomG, BT-Drucks 15/4067, Seite 62.

§ 39 2.7 Bestimmung des Versteigerungstermins

2.7 Bekanntgemacht ist die Terminsbestimmung mit dem Tag der Ausgabe (allgemeinen Auslieferung) der Nummer des Amtsblatts oder wenn sie in den Datenspeicher des Kommunikationssystems in lesbarer Form wiedergabefähig aufgenommen ist. Ein **Belegstück** der Veröffentlichung wird zu den Versteigerungsakten genommen; die wiedergabefähige Aufnahme in den Datenspeicher wird in den Akten nachgewiesen.

2.8 Zweckmäßig ist die **Zeit der Veröffentlichung** nicht sofort nach der Terminsansetzung, sondern so, daß die Frist aus § 43 gewahrt wird. Die Leser vergessen sonst die Nachricht wieder; auch wird durch verfrühte Bekanntgabe (einer dann vielleicht wieder wegfallenden Versteigerung) der Kredit des Schuldners gefährdet[11].

2.9 Die **Terminsaufhebung** muß nicht im Amtsblatt oder Internet veröffentlicht werden. Je nach Sachlage ist sie aber zu empfehlen, um etwa hohe Reisekosten auswärtiger Interessenten usw zu ersparen, auch wenn es natürlich unsicher ist, ob die Veröffentlichung gelesen wird. Veröffentlichung bei Terminsverlegung § 43 Rdn 8.

3 Bekanntmachung bei geringem Grundstückswert (Absatz 2)

3.1 Für **geringwertige Grundstücke** kann das Gericht anordnen, daß die Amtsblattveröffentlichung (um Kosten zu sparen) sowie eine Internetveröffentlichung (aus nicht ersichtlichem Grund) unterbleibt (Abs 2). In diesem Falle muß dafür das Gericht die Terminsbestimmung an der für amtliche Bekanntmachungen der Gemeinde bestimmten Stelle (Gemeindetafel) anheften lassen (Abs 2). Die Anordnung des Gerichts muß aktenkundig sein; den Beteiligten (jedenfalls Gläubiger und Schuldner) sollte (nicht muß) sie zur Kenntnis gebracht werden. Ein formeller Beschluß mit Zustellung ist nicht nötig. Gegen die Anordnung haben alle Beteiligten die Vollstreckungserinnerung nach ZPO § 766.

3.2 Eine Wertgrenze dafür, was als geringwertig zu gelten habe, ist nirgends genannt. Es ist Zurückhaltung geboten (Haftungsgefahr). Das Gericht entscheidet nach pflichtgemäßem Ermessen. Hat das Grundstück (entgegen der Annahme des Gerichts) keinen geringen Wert (nach Wertfestsetzung praktisch kaum vorstellbar) und wird gleichwohl von Amtsblattveröffentlichung nach Abs 2 abgesehen, dann ist die Terminsbestimmung nicht ordnungsgemäß bekannt gemacht.

3.3 Zu erfolgen hat die Bekanntmachung der Terminsbestimmung bei Versteigerung eines geringwertigen Grundstücks durch Anheftung an der **Gemeindetafel**. Durch Aushang an der Gerichtstafel kann diese Veröffentlichung nicht ersetzt werden. Die Anheftung nimmt die Gemeinde vor, die dazu im Wege der Amtshilfe verpflichtet ist (siehe GrundG Art 35 Abs 1). Bestätigung der Gemeindeverwaltung über die Anheftung wird als Nachweis zu den Vollstreckungsakten genommen. Ist Termin zur Versteigerung mehrerer (geringwertiger) Grundstücke bestimmt, die in verschiedenen Gemeindebezirken liegen, muß in allen Gemeinden Anheftung an die Gemeindetafel erfolgen.

3.4 Die Anheftung muß **fristgemäß** erfolgt sein (Frist § 43 Abs 1), also sechs bzw zwei Wochen vor dem Termin. Wie lange sie dann tatsächlich dauert (Abreißen durch Dritte oder Witterungseinflüsse), ist nicht bedeutsam[12]; sie muß aber doch wohl solange gedauert haben, daß ein größerer Kreis von Personen ausreichend Kenntnis erhalten konnte[13]. Sofortiges oder alsbaldiges Wiederentfernen würde den Zweck vereiteln. Das Gericht kann diese Vorgänge kaum überprüfen. Anzuwenden ist die Gemeindetafelanheftung höchstens bei rein ländlichen Gebieten, wo die Gemeindetafel an Rathaus oder Kirchhofmauer noch allgemeine

---

[11] Mohrbutter/Drischler Muster 35 Anm 1.
[12] Henle, ZVG, § 39 Anm 6.
[13] Mohrbutter/Drischler Muster 36 Anm 2.

Anheftung an Gerichtstafel, sonstige Veröffentlichung   2.4 **§ 40**

Beachtung findet, nicht aber in Städten, gar in Großstädten, wo kaum noch jemand weiß, wo sich die Gemeindetafel befindet.

[Anheftung an Gerichtstafel, sonstige Veröffentlichung]

40 (1) Die Terminsbestimmung soll an die Gerichtstafel angeheftet werden. Ist das Gericht nach § 2 Abs 2 zum Vollstreckungsgerichte bestellt, so soll die Anheftung auch bei den übrigen Gerichten bewirkt werden. Wird der Termin nach § 39 Abs 1 durch Veröffentlichung in einem für das Gericht bestimmten elektronischen Informations- und Kommunikationssystem öffentlich bekannt gemacht, so kann die Anheftung an die Gerichtstafel unterbleiben.

(2) Das Gericht ist befugt, noch andere und wiederholte Veröffentlichungen zu veranlassen; bei der Ausübung dieser Befugnis ist insbesondere auf den Ortsgebrauch Rücksicht zu nehmen.

Allgemeines zu § 40

Zweck und **Anwendungsbereich:** Bestimmung, daß jedenfalls bei Veröffentlichung der Terminsbestimmung im Amtsblatt Bekanntmachung auch durch Anheftung an die Gerichtstafel erfolgen soll und Klarstellung, daß andere und wiederholte Veröffentlichungen erfolgen können. Die Vorschrift gilt für alle Versteigerungsverfahren mit Besonderheiten für Schiffe (§ 168) und Luftfahrzeuge (§ 162 Rdn 9.1, § 171a Rdn 3).

Gerichtstafelanheftung der Terminsbestimmung (Absatz 1)

2.1 Die Terminsbestimmung **soll** (nicht muß) jedenfalls bei Veröffentlichung im Amtsblatt an die Gerichtstafel angeheftet werden (Abs 1 Satz 1). Es ist dies Ordnungsvorschrift, deren Nichtbeachtung nicht zur Terminsaufhebung oder Zuschlagsversagung führt. Zwingend ist der Gerichtstafelaushang auch dann nicht, wenn nach § 39 Abs 2 bei geringwertigen Grundstücken die Amtsblattveröffentlichung unterbleibt, weil dort als Ersatz die Anheftung an die Gemeindetafel vorgesehen ist.

2.2 An die Gerichtstafel ist die **vollständige Terminsbestimmung** anzuheften. Üblich ist Anheftung einer Ausfertigung. Die Anheftung wird durch die Geschäftsstelle besorgt. Eine Frist ist nicht vorgesehen. Der Tag der Anheftung und der Abnahme ist auf dem Schriftstück zu vermerken. Es wird nach dem Terminstag als Nachweis zu den Versteigerungsakten genommen.

2.3 Ist von mehreren Gerichten eines durch das Obergericht als zuständig bestellt (§ 2 Abs 2), so soll die Anheftung an die Gerichtstafel auch **bei den anderen Gerichten** erfolgen (Abs 1 Satz 2). Bei gemeinsamem Gericht (§ 1 Abs 2) ist Aushang zusätzlich auch an der Gerichtstafel des zugeordneten Gerichts nicht vorgesehen, aber zu empfehlen (nicht aber erforderlich, wie[1] anzunehmen scheint).

2.4 Unterbleiben kann (nicht muß) die Anheftung an die Gerichtstafel, wenn der Termin durch Veröffentlichung in einem gerichtlichen Informations- und Kommunikationssystem öffentlich bekannt gemacht wird (Abs 1 Satz 3). Für die Information der Öffentlichkeit kann damit die Veröffentlichung im Internet als ausreichend angesehen werden; der Bekanntmachung an der Gerichtstafel wird dann praktisch keine weitergehende Bedeutung mehr zukommen. Bestimmung trifft das Vollstreckungsgericht (der Rechtspfleger); sie ist aktenkundig zu machen.

---

[1] Steiner/Teufel § 40 Rdn 4.

3 Sonstige Veröffentlichungen der Terminsbestimmung (Absatz 2)

3.1 Außer der durch § 39 Abs 1 zwingend vorgeschriebenen öffentlichen Bekanntmachung (Ausnahme in § 39 Abs 2) sind **weitere Veröffentlichungen** (nicht zwingend und an keine Frist gebunden) **zulässig.** Das Gericht kann nämlich „noch andere und wiederholte Veröffentlichungen" zulassen, wobei „insbesondere auf den Ortsgebrauch Rücksicht zu nehmen" ist (Abs 2). Mit weiterer Veröffentlichung kann die bereits der Amtsblatt- oder Internetbekanntmachung gesetzte Aufgabe (§ 39 Rdn 2.1) im Einzelfall unterstützt und weiter gefördert werden, zur bestmöglichen Verwertung des Grundstücks die Erwerbsgelegenheit möglichst vielen Interessenten zur Kenntnis zu bringen. Es kann damit ebenso gewährleistet werden, daß der Termin Betroffenen zur Rechtswahrung zur Kenntnis gelangt (Rdn 2.6). Rücksichtnahme auf den Ortsgebrauch (zB Grundstück in Großstadt, Ballungsgebiet oder ländlichem Raum) und die Besonderheiten des zu versteigernden Objekts (zB Einfamilienhaus, landwirtschaftliches Anwesen oder Gewerbegrundstück) lassen dem pflichtgemäßen Ermessen des Vollstreckungsgerichts im Einzelfall einen weiten Raum (siehe auch[2]: es gibt hinsichtlich der Wirksamkeit von Veröffentlichungen sehr starke regionale und örtliche Unterschiede). Berücksichtigung des Ortsgebrauchs bei zusätzlicher (weiterer) Veröffentlichung kann im Einzelfall zu werbewirksamer Anzeige der Erwerbsgelegenheit genutzt werden[3]. Überspannte Erwartung an Werbemethoden des privaten Grundstücksmarkts (Werbetechniken der Wirtschaft, so augenscheinlich[4]) ist kaum hilfreich; sie wird sich vielfach schon deshalb nicht erfüllen, weil Grundstücksveräußerung durch Zwangsversteigerung ihren eigenen Gesetzesmäßigkeiten folgt. Wenn nur Erwerbsinteresse der Bevölkerung im Verbreitungsgebiet des Amtsblatts bestehen wird, wird die Amtsblatt- oder Internetveröffentlichung durchweg größere Aufmerksamkeit finden als eine Anzeige im überfüllten Immobilien- oder Anzeigenteil einer Tageszeitung. Das Vollstreckungsgericht hat nach seinem Ermessen unter Berücksichtigung des Ortsgebrauchs und der Art des zu versteigernden Objekts zu bestimmen, ob noch weitere Veröffentlichungen erfolgen soll, ebenso aber auch, wie der Bekanntmachungstext zu fassen und in welchem Bekanntmachungsblatt er abzudrucken ist.

3.2 Möglich sind etwa Ausrufen, Ausschellen, beides nur noch in kleinen und geschlossenen Orten üblich, für Städte und zersiedelte Landschaften unbrauchbar. Hier wie überall sind Veröffentlichungen in örtlichen Zeitungen (Regionalblättern) und vor allem in Fachverbandszeitschriften (je nach der Eigenart des Objekts als landwirtschaftliches, gewerbliches, zur Vermietung bestimmtes usw) besser. Allerdings sollen solche Veröffentlichungen, um nicht den Schuldner zu schädigen, zeitnah zum Termin gelegen sein[5] (Fristvorschriften und Inhaltsvorschriften nach §§ 37, 43 gelten hier nicht[6]), auch um den Kosten willen möglichst knapp gehalten werden. Mit anderer Veröffentlichung ermöglicht Abs 2 bei Veröffentlichung der Terminsbestimmung im Amtsblatt auch Bekanntgabe der Erwerbsmöglichkeit im **Internet** (Rdn 2.4).

3.3 In München hat sich die sogenannte **Kurzausschreibung** bewährt, eine etwa eine Woche vor dem Termin in Immobilienanzeigen in großen Tageszeitungen erfolgende Bekanntgabe über Art und Größe, Lage und Wert, Versteigerungsort und -zeit, mit einem Kostenaufwand in Höhe eines Bruchteils der Kosten für die Amtsblattveröffentlichung, aber mit großer Beachtung durch Interessenten.

3.4 Der **Schuldner darf** auch von sich aus den Termin in der Presse **veröffentlichen,** um Interessenten heranzubringen. Das gilt ebenso für die Antrags-

---

[2] Storz, Praxis des Zwangsversteigerungsverfahrens, Rdn C 3.3.
[3] Hornung Rpfleger 1979, 321 (D III).
[4] Büchmann ZIP 1985, 138 (I 3 und III 3).
[5] Mohrbutter/Drischler Muster 35 Anm 1.
[6] LG Ellwangen Rpfleger 1996, 361; LG Göttingen Rpfleger 1998, 211.

gegner der Teilungsversteigerung. Natürlich können auch der Gläubiger, der Antragsteller der Teilungsversteigerung und sonstige Beteiligte diesen Weg wählen. Die Veröffentlichung hat den privaten Charakter der Anzeige erkennbar zu machen; somit auch den Namen des Inserenten zu nennen; sie darf nicht den Anschein einer gerichtlichen Bekanntmachung erwecken. Wenn unwahre oder irreführende Angaben gemacht werden, kann das Gericht eine Gegenbekanntmachung bringen, im übrigen im Termin die Verhältnisse klarstellen. Bleibt ein erster Termin durch solche Machenschaften ohne Ergebnis, wird das Gericht in seiner Veröffentlichung für den zweiten Termin darauf hinweisen, daß nur die amtliche Veröffentlichung maßgebend ist.

3.5 EGZVG § 7 läßt **landesrechtlich** noch weitere Veröffentlichungen zu. Einige Länder haben davon Gebrauch gemacht.

3.6 Kosten einer zusätzlichen Veröffentlichung durch das Gericht: Einl Rdn 84.3. Parteikosten können nur bei Notwendigkeit (dafür müssen besondere Gründe sprechen, ZPO § 788) nach § 10 Abs 2 erstattet verlangt werden.

[Zustellung der Terminsbestimmung, Mitteilungen]

41 (1) **Die Terminsbestimmung ist den Beteiligten zuzustellen.**

(2) **Im Laufe der vierten Woche vor dem Termin soll den Beteiligten mitgeteilt werden, auf wessen Antrag und wegen welcher Ansprüche die Versteigerung erfolgt.**

(3) **Als Beteiligte gelten auch diejenigen, welche das angemeldete Recht noch glaubhaft zu machen haben.**

Allgemeines zu § 41

Zweck: Bestimmung, daß das Gericht den Beteiligten „vermöge ihrer Beziehungen zu dem Verfahren" von der Terminsbestimmung durch Zustellung besondere Kenntnis zu geben hat (Denkschrift S 44) und außerdem vor dem Termin mitzuteilen hat, auf wessen Antrag und wegen welcher Ansprüche die Versteigerung erfolgt.

An Beteiligte erfolgt Zustellung der Terminsbestimmung (Absatz 1)

2.1 Die Terminsbestimmung „ist" (**zwingend**) allen Beteiligten von Amts wegen (§ 3) zuzustellen (Abs 1). Dabei gelten als Beteiligte (abweichend von § 9 Nr 2) auch diejenigen, die das angemeldete Recht noch glaubhaft zu machen haben (Abs 3). Durch Zustellung der Terminsbestimmung wird den Beteiligten besondere Kenntnis und damit Gelegenheit zur Wahrung ihrer Rechte gegeben. Dagegen verfolgt § 41 nicht das Ziel, den Beteiligten Kenntnis von der Möglichkeit, ein Grundstück zu ersteigern, zu geben; Verlust der Erwerbschance durch unterbliebene Zustellung der Terminsbestimmung fällt daher nicht in den Schutzbereich der Norm und ist deshalb nicht erstattungsfähig[1].

2.2 Die Zustellung muß **an alle Beteiligte** erfolgen; an die schon im Zeitpunkt der Terminszustellung dem Gericht bekannten Beteiligten mit der Frist aus § 43 Abs 2; an diejenigen Beteiligten, die erst später dem Gericht bekannt werden (durch Anmeldung oder Beitritt) ohne die Frist aus § 43 Abs 2. Daß Zustellung auch an die erst nach Terminsbestimmung neu hinzugetretenen Beteiligten (die „Verspäteten") zu erfolgen hat, sieht Abs 1 vor, weil er nur von den „Beteiligten" spricht und damit von der ursprünglichen Fassung des Entwurfs abweicht, daß nur an die zur Zeit der Terminsbestimmung „vorhandenen Beteiligten" zuzustellen sei[2]. Rechtzeitige Zustellung (§ 43 Abs 2) an einen verspäteten Beteiligten ist aber

---

[1] OLG Düsseldorf VersR 1982, 102 Leitsatz.
[2] Jaeckel/Güthe § 41 Rdn 1.

so wenig vorgesehen wie Terminsaufhebung oder Zuschlagsversagung bei unterbliebener Zustellung an ihn (s § 83 Rdn 3.1). Diese Zustellung, mit der dem verspäteten Beteiligten von der Terminsbestimmung nochmals besondere Kenntnis gegeben wird, kann sich erübrigen, wenn der nachträglich bekannt Gewordene die Stellung als Beteiligter mit Anmeldung eines Anspruchs zu dem ihm bereits bekannten und in der Anmeldung bezeichneten Termin erlangt hat (§ 9 Abs 2), wie zB die Gemeinde mit Anmeldung von Grundsteuer, der Kaminkehrer mit Anmeldung von Kehrgebühren. Die für einen bestimmten Termin vorgelegte Anmeldung bewirkt jedenfalls, gleich der Verfahrensgenehmigung (die allerdings der Form des § 84 Abs 2 bedarf), Ordnungsmäßigkeit des Verfahrens, in dem Zustellung nicht mehr erfolgt (§ 43 Abs 2 mit § 84 Abs 1 entsprechend); nochmalige Zustellung wäre nur Förmelei. Erfolgt nachträglich Anmeldung zum Verfahren allgemein, macht es somit nicht erkennbar, daß sie zu einem bestimmten, bekannten Termin eingereicht wird, oder tritt ein Gläubiger dem Verfahren bei, so ist die Zustellung noch zu versuchen, auch wenn sie erst kurz vor dem Termin erfolgen kann. Am Terminstag selbst wäre der Versuch eine zwecklose Förmelei. Auf keinen Fall ist der Termin wegen solcher Zustellungsversuche zu vertagen. Wenn ein Beteiligter nach Zustellung an ihn wechselt (mit Übertragung des Rechts oder der Forderung, Übergang durch Ablösung eines Rechts, Erbfolge) hat nochmalige Zustellung an den Rechtsnachfolger nicht zu erfolgen (zulässig wäre sie nach dem Ermessen des Gerichts gleichwohl; dann sollte aber ein Hinweis erfolgen, daß Fristwahrung bereits mit Zustellung an den Rechtsvorgänger erfolgt ist). Bei jedem Versteigerungstermin sind die inzwischen erfolgten Änderungen der Beteiligten, ihrer Bevollmächtigten und gesetzlichen Vertreter und ihrer Anschriften zu beachten. Hierbei bewährt sich das empfohlene Beteiligtenverzeichnis (§ 9 Rdn 5).

2.3 Erbbaurecht: Bei seiner Versteigerung ist der Grundstückseigentümer immer Beteiligter (ErbbauVO § 24) und somit Zustellungsempfänger der Terminsbestimmung.

2.4 Wenn der **Gebäudeeigentümer** bei Versteigerung des Grundstücks (§ 9 Rdn 3.38) sowie der **Besitzberechtigte** (Nutzer) aus der Sachenrechtsbereinigung (§ 9 Rdn 3.38) Beteiligte sind, ist ihnen zuzustellen.

2.5 Wenn über das Vermögen des Schuldners **das Insolvenzverfahren** eröffnet ist, gehört er (der Schuldner des Insolvenzverfahrens) nicht zu den Beteiligten (an seiner Stelle der Insolvenzverwalter). Es könnte aber jederzeit das Grundstück aus der Insolvenzmasse freigegeben oder das Insolvenzverfahren beendet werden. Darum sollte auch der Schuldner die Terminsbestimmung erhalten, mit dem Zusatz: Trotz des Insolvenzverfahrens zustellen!

2.6 Mieter, Pächter: Wenn sie anmelden (§ 9 Rdn 2.9), sind sie Beteiligte und erhalten die Terminsbestimmung zugestellt, auch wenn sie ihre Ansprüche noch nicht glaubhaft gemacht haben.

2.7 Rückerstattungsberechtigter nach VermG: Die Terminsbestimmung ist ihm zuzustellen (VermG § 3b Abs 2; Textanhang T 41).

2.8 Wohnungseigentum und Wohnungserbbaurecht: Bei seiner Versteigerung sind die anderen Wohnungseigentümer oder Wohnungserbbauberechtigten (natürlich auch die Teileigentümer usw) desselben Grundstücks Beteiligte (§ 9 Rdn 3). Meist handelt es sich um zahlreiche Personen, nicht selten mit wechselnden Anschriften. Es genügt, wenn an den Verwalter (WEG §§ 20 ff) für sie mit dem Hinweis zugestellt wird, daß die Zustellung an ihn in seiner Eigenschaft als Verwalter des gemeinschaftlichen Eigentums erfolgt[3]. Es genügt Zustellung einer Ausfertigung an ihn[4]. Er ist zwar nicht gesetzlicher Vertreter der Genannten, hat

---

[3] OLG Stuttgart NJW 1966, 1036 = OLGZ 1966, 57 = Rpfleger 1966, 113 mit zust Anm Diester.
[4] BGH 78, 166 = MDR 1981, 220 = NJW 1981, 282 mit abl Anm Kellermann = Rpfleger 1981, 97.

aber in mancher Beziehung nach außen die Stellung eines solchen[5] und ist berechtigt, alle Zustellungen entgegenzunehmen, die an die Wohnungseigentümer in dieser Eigenschaft gerichtet sind (WEG § 27 Abs 2 Nr 3), auch dazu, alle Maßnahmen zu treffen (Anträge), die zur Fristwahrung nötig sind (WEG § 27 Abs 2 Nr 4). Die Möglichkeit entfällt bei Interessenkollision[6], insbesondere, wenn der Verwalter selbst Verfahrensgegner ist (ZPO § 178 Abs 2, entspr Anwendung)[7].

2.9 Rechtsbehelfe: Die nicht ordnungsgemäß erfolgte Zustellung der Terminsbestimmung (Beanstandung eines Zustellungsfehlers, Nichtberücksichtigung eines Beteiligten) kann mit Vollstreckungserinnerung nach ZPO § 766 gerügt werden (wie § 36 Rdn 2.7) mit dem Antrag, die Zustellung vorzunehmen oder (bei Nichtwahrung der Zustellungsfrist des § 43 Abs 2) den Versteigerungstermin aufzuheben. Beschwerde ist ausgeschlossen[8] (§ 95). Mängel können durch Zuschlagsanfechtung gerügt werden.

2.10 Zur Zustellung der Terminsbestimmung ZVG-Handbuch Rdn 224.

Mitteilung über Betreibende und Ansprüche (Absatz 2) 3

3.1 In der vierten Woche vor dem Versteigerungstermin (also in dem Zeitraum von ungefähr 22–28 Tagen vor dem Termin) soll den Beteiligten mitgeteilt werden, auf wessen Antrag und wegen welcher Ansprüche die Versteigerung erfolgt (Abs 2). Wird der Mitteilung unterlassen, kann dies trotz der Soll-Vorschrift eine Amtspflichtverletzung des Gerichts sein, aus der Schadensersatzansprüche entstehen können[9]. Ist die Mitteilung unrichtig, so besteht kein Anspruch auf Vertagung des Termins und kein Zuschlagsanfechtungsgrund[10] (abweichend[11]).

3.2 Die Mitteilung nach Abs 2 ergeht **an alle Beteiligte** wie die Terminsbestimmung, auch an die bis zur Absendung „verspätet" (erst nach Terminsbestimmung) neu hinzugetretenen, auch an die Gläubiger, deren Verfahren zur Zeit eingestellt ist (Beteiligte bleiben sie trotzdem). Als Beteiligte gelten (abweichend von § 9 Nr 2) auch hier diejenigen, die das angemeldete Recht noch glaubhaft zu machen haben (Abs 3). Die Mitteilung hat auch der Schuldner (anders[12]) und der Gläubiger zu erhalten, weil von der Benachrichtigung kein Beteiligter ausgeschlossen ist (anders[12]: Gläubiger nicht, wenn ihm sämtliche Beschlagnahmebeschlüsse zugestellt sind; entspricht nicht dem Gesetz). Die Mitteilung erfolgt formlos (keine Zustellung). Im Amtsblatt wird sie nicht veröffentlicht.

3.3 Die Mitteilung, zunächst für die Vollstreckungsversteigerung bestimmt, soll den Beteiligten die zuverlässige Vorbereitung auf den Termin ermöglichen. Sie **soll** ihnen eine Grundlage für die Prüfung verschaffen, ob und inwieweit sie von der Versteigerung berührt werden, insbesondere die für Berechnung des geringsten Gebots maßgebenden Tatsachen **vorläufig klarstellen.** Es muß darum aus ihr der vom betreibenden Gläubiger beanspruchte Rang[13] (Eigenschaft als Klasse 2, 3, als dinglicher oder persönlicher Anspruch) erkennbar sein (anders[14]), auch wenn dies nicht unmittelbar, sondern nur an Hand der Grundbuchstellenbezeichnung ersehen werden kann (so auch[15]). Bezeichnung eines Anspruchs als eines solchen der „Rangklasse § 10 Abs 1 Nr 3 ZVG" bringt das Vorrecht gegen-

---

[5] OLG Stuttgart aaO (Fußn 3).
[6] BayObLG 1973, 145 = MDR 1973, 850 = Rpfleger 1973, 310.
[7] BayObLG 1989, 342 = MDR 1989, 1106 = NJW-RR 1989, 1168.
[8] LG Krefeld Rpfleger 1987, 167.
[9] Jonas/Pohle, ZwVnotrecht, § 41 Anm 2; Korintenberg/Wenz § 41 Anm 2.
[10] Dassler/Muth § 41 Rdn 11; Jaeckel/Günthe § 41 Rdn 2.
[11] Steiner/Teufel § 41 Rdn 15.
[12] Jaeckel/Güthe § 41 Rdn 3.
[13] Dassler/Muth § 41 Rdn 11; Jaeckel/Güthe § 41 Rdn 2; Steiner/Teufel § 41 Rdn 13.
[14] Mohrbutter/Drischler Muster 37 Anm 2.
[15] Steiner/Teufel § 41 Rdn 15.

über nachfolgenden dinglichen (Rangklasse 4 des § 10 Abs 1) und persönlichen Ansprüchen (Rangklasse 5 des § 10 Abs 1) deutlich zum Ausdruck, stellt mithin insbesondere klar, daß der Anspruch den Rechten am Grundstück (Rangklasse 4 des § 10 Abs 1) im Rang vorgeht und sie bei Zuschlag zum Erlöschen bringt[16]. Aufgenommen werden nur die aus den Beschlagnahmebeschlüssen ersichtlichen Beträge, nicht die angemeldeten oder im Verfahren grundbuchmäßig zustehenden. Die Mitteilung ist nur vorläufig, weil sich die Verhältnisse bis zum Termin durch eine Einstellungsbewilligung (aber nicht durch einen Beitritt, wegen der dafür einzuhaltenden Fristen) noch ändern können.

3.4 Die Mitteilung **umfaßt** nur die rechtzeitig (§ 44 Abs 2) zugestellten Beschlagnahmebeschlüsse (so auch[17]; anders[18]: auch die verspätet zugestellten mit einem Vermerk hierüber, kann irreführen; sie sind ja nicht Beschluß, auf Grund dessen die Versteigerung erfolgen kann, § 43 Abs 2, werden mithin nicht dem geringsten Gebot zugrunde gelegt). Nicht in die Mitteilung aufgenommen werden Beschlagnahmebeschlüsse, deren Verfahren eingestellt und nicht rechtzeitig fortgesetzt ist, weil sich durch einen Fortsetzungsantrag die Grundlage des geringsten Gebots nicht mehr ändern kann[19] (so auch ZVG-Handbuch Rdn 225) (anders[20]: auch sie aufzunehmen). Angeregt wird, auch solche Beschlüsse mit aufzunehmen, um ein vollständiges Bild zu geben[21]; dafür aber ist die Mitteilung nicht bestimmt. Sie hat nicht alle Verbindlichkeiten des Schuldners bekannt zu machen, sondern den Beteiligten die Prüfung ihrer Lage zu ermöglichen. Ebenso wie die Mitteilung nicht Aufschluß über die nicht grundbuchersichtlichen Rechte und angemeldeten Ansprüche geben kann, hat sie selbst persönlich betreibende Ansprüche, die dann, wenn sie dem bestrangigen Betreibenden vorgehen, als eingestellt ins geringste Bargebot aufzunehmen sind, nicht zu bezeichnen.

3.5 In der **Teilungsversteigerung** und den anderen Versteigerungsverfahren ist entsprechend die Mitteilung auf die hier vorliegenden Anordnungs- und Beitrittsbeschlüsse zu erstrecken.

4 Sonstige Mitteilungen über die Terminsbestimmung

4.1 Neben der förmlichen Zustellung an die Beteiligten (Rdn 2) ist für die Terminsbestimmung manchmal auch **formlose Mitteilung** vorgesehen.

4.2 Apotheken: Die besondere Mitteilungspflicht bei Vollstreckung in Apothekengerechtigkeiten (Allgemeine Verfügung vom 21. 6. 1937, Deutsche Justiz 1937, 958) ist in einigen Ländern ausdrücklich aufgehoben, im übrigen durch das Bundesapothekengesetz überholt (Einl Rdn 13).

4.3 Für **Betriebssteuerrückstände** und rückständige **Grundsteuer** haftet der Ersteher nicht (§ 15 Rdn 34.8). Dies gilt für Vollstreckungs- und Insolvenzverwalterversteigerung und ebenso für die Nachlaß- und Teilungsversteigerung (siehe auch § 180 Rdn 7.25 f). Mitteilung an Steuer- und Zollbehörden (Finanzamt, Hauptzollamt, Gemeinde) mit der Aufforderung, Steuerrückstände bekanntzugeben, sieht MiZi XI/1 daher nicht (mehr) vor. Damit ist die (vormalige) Allgemeine Verfügung vom 5. 5. 1937 (8./9. Auflage Text 400) entfallen.

4.4 Landesrechtlich können zusätzliche Mitteilungen vorgesehen sein, etwa an die Brandversicherungsanstalt, an das Landwirtschaftsgericht, an die Flurbereinigungsämter (in Bayern Flurbereinigungsdirektionen), an den Bezirksschornstein-

---

[16] LG Traunstein Rpfleger 1982, 232.
[17] Dassler/Muth § 41 Rdn 7.
[18] Jaeckel/Günthe § 41 Rdn 3.
[19] Mohrbutter/Drischler Muster 37 Anm 1.
[20] Steiner/Teufel § 41 Rdn 14; Schiffhauer in Besprechung zu Stöber/Zeller, Handbuch zum ZVG, 3. Aufl 1974, KTS 1975, 57 (58).
[21] Mohrbutter/Drischler Muster 37 Anm 1.

Akteneinsicht 2.2 § 42

fegermeister usw. Die Beispiele treffen alle auf Bayern zu. Zum Teil beruhen sie auf den landesrechtlichen Sondervorschriften zur MiZi.

4.5 MiZi: Die Anordnung über Mitteilungen in Zivilsachen Abschnitt XI verlangt die Mitteilung der Terminsbestimmung an die Gemeindeverwaltung (wegen Abgabenordnung § 77, BauGB § 134 Abs 2, GrStG § 12 und wegen der Beiträge nach Kommunalabgaberecht) und an Stellen, die öffentliche Lasten einziehen (zu diesen § 10 Rdn 6), für Lasten nach landesrechtlichen Bestimmungen jedoch nur, soweit feststeht, daß derartige Angaben in Betracht kommen.

[Akteneinsicht]

42 (1) **Die Einsicht der Mitteilungen des Grundbuchamts sowie der erfolgten Anmeldungen ist jedem gestattet.**

(2) **Das gleiche gilt von anderen das Grundstück betreffenden Nachweisungen, welche ein Beteiligter einreicht, insbesondere von Abschätzungen.**

Allgemeines zu § 42

1

1.1 Zweck der Vorschrift: Erweiterte Akteneinsicht in ZVG-Verfahren, damit insbesondere Interessenten Kenntnis von Unterlagen erlangen können, die für den Grundstückserwerb in der Zwangsversteigerung bedeutsam sind.

1.2 Anwendungsbereich: Die Vorschrift gilt für alle Versteigerungsverfahren, auch bei Schiffen und Luftfahrzeugen, auch in der Teilungsversteigerung, Insolvenzverwalter- und Nachlaßversteigerung.

Art und Umfang der Akteneinsicht

2

2.1 Gegenüber dem allgemeinen Akteneinsichtsrecht in ZPO § 299 bringt § 42 eine **Erweiterung:** Jede Person, gleich ob am Verfahren beteiligt oder nicht (die Beteiligten schon nach ZPO § 299), kann ohne Darlegung eines rechtlichen Interesses, ohne Ausweis, ohne Vollmacht, ohne sonstige Unterlagen für sich oder andere (in beschränktem Umfang, Rdn 2.2) Einsicht in die Gerichtsakten nehmen. Interessenten soll damit Unterrichtung über die Verhältnisse des Grundstücks ermöglicht werden. Das erweiterte Einsichtsrecht gilt nur für Versteigerungsakten und nur bis zum Schluß der Versteigerung (§ 73 Abs 2; so auch[1] anders[2]: bis Zuschlag). Danach kann Dritten Akteneinsicht auch nicht zur Feststellung der Höhe des Meistgebots gestattet und daher Auskunft über das Meistgebot nicht erteilt werden[3] (verfehlt[4]). Die Einsicht in Zwangs**verwaltungsakten** ist (auch während einer Zwangsversteigerung) nur nach ZPO § 299 möglich. Ein rechtliches Interesse an dieser Akteneinsicht kann auch ein Insolvenzgläubiger haben[5]. Handakten des Zwangsverwalters (auch eines Institutsverwalters[5]) sind keine Verfahrensakten des Gerichts; ZPO § 299 bietet daher keine Grundlage für Einsicht auch in diese Akten. Die Entscheidung darüber, wem er seine Akten zugänglich macht, obliegt dem Verwalter[5]. Das Gericht kann ihm nicht nach § 153 Abs 1 Weisung erteilen, Beteiligten oder Dritten Akteneinsicht zu gewähren (Einsicht durch das Gericht selbst: § 16 ZwVwV).

2.2 Die Einsichtnahme (für die Beteiligten nach ZPO § 299 in allen ZVG-Verfahren und für deren ganze Dauer unbeschränkt) ist für die nicht am Verfahren Beteiligten gemäß dem Zweck der erweiterten Einsichtnahme **beschränkt auf**

---

[1] Steiner/Teufel § 42 Rdn 11.
[2] Dassler/Muth § 42 Rdn 6.
[3] OLG Frankfurt JurBüro 1993, 24 = OLGZ 1992, 285 = Rpfleger 1992, 267.
[4] Meyer-Stolte Rpfleger 1992, 267 (Anmerkung).
[5] OLG Stuttgart OLGRep 1997, 66.

Mitteilungen des Grundbuchamts (gemäß § 19), Anmeldungen der Gläubiger (dabei auch deren Versteigerungs- und Beitrittsanträge, § 114 Abs 1 Satz 2), Mieter und sonstigen Beteiligten, alle das Grundstück betreffenden und von Beteiligten eingereichten Nachweisungen, insbesondere Schätzungen. Jeder Beteiligte kann ja einschlägige Unterlagen einreichen, die das Gericht nicht zurückweisen darf[6]. Obwohl das ZVG hier offenbar noch vom früheren Verfahrensstand ausgeht, der eine amtliche Schätzung nicht kannte, sind die vom Gericht jetzt nach § 74a eingeholten Gutachten ebenfalls allgemein einsehbar[7], ebenso die vom Gericht beschafften Grundstücksnachweisungen, wie Brandversicherungsurkunde, Hausnummernmitteilung. Es sind dies alle Unterlagen, die ein Bietinteressent benötigt, um sich über seine Absichten schlüssig zu werden. **Nicht einsehbar** sind dagegen für Nicht-Beteiligte Vollstreckungsschutzunterlagen und sonstige nicht ausdrücklich genannte Teile der Akten sowie die Mitteilung des Finanzamts über die Höhe des Einheitswertes zur Kostenberechnung (§ 66 Rdn 5.2). Anordnungs- und Beitrittsbeschlüsse (§§ 15, 27) sowie die Mitteilung über Betreibenden und Ansprüche (§ 41 Abs 2) unterliegen nicht der allgemeinen Einsicht; diese Aktenstücke gehören nicht zu den Mitteilungen des Abs 1 und auch nicht zu den von Beteiligten eingereichten Nachweisen (Abs 2). Unerläßlich ist es jedoch, Interessenten Aufschluß über den bestbetreibenden Gläubiger und seinen Rang zu geben. Es sind Außenstehenden nur die zugänglichen Teile vorzulegen; die Geschäftsstelle hat zu überwachen, daß in Akten nicht über den erlaubten Umfang hinaus Einsicht genommen wird. Sie hat auch auf Vollstreckungstitel, Vollmachten, Zustellungsnachweise, Erbscheine, Abtretungsurkunden zu achten. Eine Ausnahmegenehmigung über eine weitergehende Einsichtnahme (auch zur Feststellung des Meistbietenden und der Höhe des Gebots) erteilt der Gerichtsvorstand (ZPO § 299 Abs 2), wenn ein rechtliches Interesse glaubhaft ist. Vorsicht ist geboten. Für Einsicht in Akten über aufgehobene Zwangsversteigerungsverfahren begründet Besitz eines Vollstreckungstitels allein ein rechtliches Interesse nicht[8]. Wenn Einsicht in Akten über ein aufgehobenes (und längere Zeit zurückliegendes) Verfahren verlangt wird, ist stets auch den (zumeist vorrangigen) Interessen des Schuldners und der Verfahrensbeteiligten, ihre Vermögensbeziehungen nicht offenbart zu sehen, Rechnung zutragen[8].

2.3 Urkunden über eine **Sicherheitsleistung** für Gebote dürfen vor der Zuschlagsentscheidung niemandem, auch Beteiligten nicht, zur Einsichtnahme zugänglich gemacht werden (so auch[9]). Aus ihnen können andere Beteiligte oder Interessenten die Höhe der Sicherheitsleistung ersehen und damit die Höhe des Betrages, bis zu dem der betreffende Einreicher bieten will. Es ist auch im Versteigerungstermin darauf zu achten, wo die Urkunden zu Protokoll überreicht werden und trotzdem nicht mit dem Protokoll vorzeitig eingesehen werden dürfen.

2.4 Die Einsichtnahme erfolgt auf der **Geschäftsstelle** und nur während der **Dienststunden** des Gerichts. Ein Recht auf **Aushändigung** der Akten (oder Übersendung, auch an die Geschäftsstelle eines anderen Gerichts zur Einsicht) besteht nicht[10]. Ein solches Recht steht auch dem von einem Beteiligten bevollmächtigten Rechtsanwalt nicht zu[11]. Andererseits ist es nicht verboten, Akten einem Rechtsanwalt (auch Rechtsbeistand [Erlaubnisinhaber] als Mitglied der RA-

---

[6] Jaeckel/Güthe § 42 Rdn 1.
[7] Dassler/Muth § 42 Rdn 3; Steiner/Teufel § 42 Rdn 8.
[8] OLG Köln KTS 1991, 204.
[9] Steiner/Teufel § 42 Rdn 6.
[10] LG Bonn Rpfleger 1993, 354.
[11] BGH MDR 1961, 303 = NJW 1961, 559 = Rpfleger 1961, 190; BGH MDR 1973, 580; BFH NJW 1968, 864; OLG Brandenburg NJW-RR 2000, 1091; OLG Frankfurt Jur-Büro 1989, 867; OLG Schleswig Rpfleger 1976, 108; Schneider Rpfleger 1987, 427 (Anmerkung).

Kammer[12]) zur Einsicht (insbesondere für kurze Zeit) zu überlassen. Jedoch muß die Hinausgabe der Akten (ganz oder in Teilen) auf besondere Ausnahmefälle beschränkt bleiben. Grundsätzlich müssen Zwangsversteigerungsakten durch das Gericht sicher verwahrt und im überschaubaren Bereich des Dienstgebäudes greifbar bleiben. Die Einsicht ist daher grundsätzlich nur in den Diensträumen zu gewähren, nicht durch Aktenüberlassung oder Aktenübersendung[13]. Über einen Antrag auf Aushändigung (oder Zusendung) der Akten aus besonderen Gründen (etwa weil ein neu beauftragter Anwalt vor dem Termin sonst ausreichende Information nicht mehr erlangen kann) hat der Rechtspfleger nach pflichtgemäßem Ermessen[14] zu entscheiden.

2.5 Darüber, ob **beigezogene Akten** einer anderen Behörde (zB der Baubehörde, auch des Nachlaßgerichts) eingesehen werden dürfen, entscheidet grundsätzlich diese Behörde. Verbietet sie die Einsichtnahme, dann darf sie das Gericht nicht gewähren[15]. Es kann dann aber die Behördenakten auch nicht zum Gegenstand seines Verfahrens machen und kann sie infolgedessen auch für seine Entscheidungen nicht verwerten. Das gilt auch für **Grundakten.** Urkunden, auf welche im Grundbuch Bezug genommen ist, wären jedoch nach § 19 Abs 2 in beglaubigter Abschrift zu den Zwangsversteigerungsakten zu geben. Deren Einsicht wäre jedermann gestattet (§ 42 Abs 1). Wenn die Grundakten zu den Zwangsversteigerungsakten abgegeben werden (§ 19 Abs 2 Satz 2) erstreckt sich das allgemeine Einsichtsrecht folglich auf die in ihnen enthaltenen Urkunden, auf welche im Grundbuch Bezug genommen ist. Bei Akteneinsicht ist dafür Sorge zu tragen, daß in Grundakten nicht über diesen erlaubten Umfang hinaus Einsicht genommen wird. Versendung zugezogener Grundakten verbietet § 17 AV über geschäftliche Behandlung der Grundbuchsachen.

2.6 Soweit jemand Einsicht zusteht, kann er sich auch **Aufzeichnungen und Abschriften** herstellen, aber keine gerichtlichen Abschriften verlangen (im Gegensatz zu Beteiligten nach ZPO § 299 Abs 1), auch nicht mit Genehmigung des Gerichtsvorstands.

2.7 Zur Einsichtnahme ZVG-Handbuch Rdn 226.

Besichtigung des Grundstücks 3

Besichtigung des Versteigerungsgrundstücks kann nur der Schuldner ermöglichen, nicht aber vom Vollstreckungsgericht erlaubt oder erzwungen werden (so auch[16]), nicht für Bietinteressenten (was sich unter Umständen ungünstig auf die Versteigerungslust auswirkt), nicht für das Gericht (das zwar durch Versteigerung das Objekt dem Schuldner wegnehmen, es aber nicht gegen seinen Willen besichtigen darf), nicht einmal für den Sachverständigen (der es im Interesse des Schuldners günstig schätzen soll) (dazu § 74a Rdn 10.5). Zu Vorbehalten gegen einen Besichtigungstermin auch[17]. Die Besichtigung der Wohnräume (s § 149 Abs 1) und von Geschäftsräumen des Schuldners kann gegen dessen Willen auch der Zwangsverwalter nicht ermöglichen; sie kann auch bei Zwangsverwaltung nicht gerichtlich angeordnet werden[18]. Dem Zwangsverwalter soll es auch nicht erlaubt sein, die Besichtigung vermieteter oder verpachteter Gebäudeteile auf leer stehender

---

[12] Siehe BVerfG (Senatsbeschluß) NJW 1998, 3188 Leitsatz = NVwZ 1998, 836; zur Gleichstellung des Erlaubnisinhabers bei Kammermitgliedschaft allgemein EGZPO § 25.
[13] OLG Köln MDR 1983, 848 = Rpfleger 1983, 325; OLG Schleswig JurBüro 1990, 397 = MDR 1990, 254.
[14] LG Bonn Rpfleger 1993, 354.
[15] BGH MDR 1973, 580.
[16] Steiner/Teufel § 42 Rdn 4.
[17] Mümmler JurBüro 1977, 1331.
[18] LG Ellwangen/Jagst DGVZ 1995, 125 = Rpfleger 1995, 427.

Räume oder ungenutzter Grundstücksflächen zu ermöglichen[19]. Für Räume und Gebäudeteile, deren Besitz einem Mieter oder Pächter überlassen ist, gebietet das schon Wahrung der Rechte des besitzenden Dritten. Geltendmachung des miet/pachtvertraglichen Anspruchs gegen diesen zum Dulden von Besichtigungen ist Vermieterrecht, somit dem Schuldner verblieben; Verwalteraufgabe ist Wahrung dieses Schuldnerrechts für Veräußerung des Grundstücks nicht (§ 152 Abs 1). Als (unmittelbarer) Besitzer leer stehender Gebäudeteile und nicht vermieteter/ verpachteter Grundstücksflächen ist es dem Zwangsverwalter jedoch möglich, deren Besichtigung zu gestatten; das ist ihm als Verwalteraufgabe (§ 152 Abs 1) auch erlaubt. Auf Gestattung der Besichtigung hat ein Erwerbsinteressent gegen den Zwangsverwalter aber so wenig Anspruch wie gegen den Schuldner. Mit Einverständnis des Schuldners wird der Zwangsverwalter die Besichtigung jedoch zu gestatten haben (Verwalterpflicht zur ordnungsgemäßen Nutzung für bestmögliche [zwangsweisen] Veräußerung). Zu Besonderheiten bei Vollstreckung gegen Miteigentümer in das gemeinschaftliche Grundstück und bei Teilungsversteigerung siehe[20].

[Bekanntmachungs- und Zustellungsfristen]

43 (1) **Der Versteigerungstermin ist aufzuheben und von neuem zu bestimmen, wenn die Terminbestimmung nicht sechs Wochen vor dem Termin bekanntgemacht ist. War das Verfahren einstweilen eingestellt, so reicht es aus, daß die Bekanntmachung der Terminbestimmung zwei Wochen vor dem Termin bewirkt ist.**

(2) **Das gleiche gilt, wenn nicht vier Wochen vor dem Termin dem Schuldner ein Beschluß, auf Grund dessen die Versteigerung erfolgen kann, und allen Beteiligten, die schon zur Zeit der Anberaumung des Termins dem Gericht bekannt waren, die Terminsbestimmung zugestellt ist, es sei denn, daß derjenige, in Ansehung dessen die Frist nicht eingehalten ist, das Verfahren genehmigt.**

Übersicht

Allgemeines zu § 43	1	Versteigerungstermin im Verfahren auf Antrag mehrerer Gläubiger	6
Beachtung und Berechnung der Fristen	2	Versteigerungstermin: Aufhebung und Neubestimmung	7
Bekanntmachungsfrist (Absatz 1)	3		
Beschlußzustellungsfrist (Absatz 2)	4	Versteigerungstermin: Verlegung, Vertagung	8
Terminszustellungsfrist (Absatz 2)	5		

1 Allgemeines zu § 43

1.1 Zweck der Vorschrift: Bestimmung einzuhaltender Fristen (Bekanntmachungs-, Beschlußzustellungs-, Terminzustellungsfrist), die den Erfolg der Versteigerung gewährleisten sollen.

1.2 Anwendungsbereich: Die Vorschrift gilt für **alle Versteigerungsverfahren,** mit Besonderheiten für Schiffsbauwerke und Luftfahrzeuge (Rdn 3, 4, 5).

2 Beachtung und Berechnung der Fristen

2.1 Die Bekanntmachung der Terminsbestimmung kann ihren Zweck nur erfüllen, wenn zwischen ihr und dem Termin eine angemessene Frist liegt (Denk-

---

[19] LG Heilbronn Rpfleger 2003, 679 mit Anm Schmidberger.
[20] Liebl-Wechsmuth JurBüro 1984, 161; AG Aachen FamRZ 1999, 848; AG Aachen FamRZ 1999, 848 mit abl Anm Kogel; AG Wetzlar FamRZ 2002, 1500.

schrift S 44). Es müssen Interessenten auf die Erwerbsgelegenheit aufmerksam und gewonnen werden; ihnen muß die Einstellung auf den Grundstückserwerb in der Zwangsversteigerung ermöglicht werden. Dafür bestimmt **Abs 1** eine **Bekanntmachungsfrist** von sechs Wochen (bei eingestellt gewesenem Verfahren verkürzt auf zwei Wochen). Der besonderen Lage des Schuldners wird zeitlich auch gegenüber späteren Beitritts- und Fortsetzungsbeschlüssen noch dadurch besonders Rechnung getragen, daß er sich mit den Gläubigern in angemessener Frist ins Benehmen setzen kann, um die Versteigerung abzuwenden (**Beschlußzustellungsfrist** des **Abs 2** von vier Wochen). Den Beteiligten (auch Gläubiger und Schuldner) muß ausreichend Gelegenheit bleiben, sich rechtzeitig auf den Versteigerungstermin mit seinen weitreichenden Folgen vorzubereiten (insbesondere durch Beschaffung von Urkunden und Anstellen von Berechnungen). Daher muß Zustellung der Terminsbestimmung (§ 41 Abs 1) an alle bekannte Beteiligte vier Wochen vor dem Termin erfolgt sein (**Terminszustellungsfrist des Abs 2**). Diese Fristen sind unabänderlich. Das Vollstreckungsgericht kann sie nicht verkürzen, aber auch längere Mindestfristen nicht bestimmen. Auch durch Vereinbarung der Beteiligten können die Fristen nicht abgeändert werden.

2.2 Die **Fristen** von sechs (oder zwei) Wochen (Abs 1) und vier Wochen (Abs 2) werden nach BGB §§ 186–193 **berechnet** (Einl Rdn 32). Der Tag der Bekanntmachung bzw Zustellung wird nicht mitgerechnet (BGB § 187 Abs 1, ZPO § 222). Die Frist endet also mit Ablauf des gleichnamigen Wochentags, an dem die Bekanntmachung oder Zustellung erfolgte (falls dies nicht ein Samstag usw ist). Es handelt sich um eigentliche Fristen (Einl Rdn 32).

2.3 Das ZVG sagt nicht, daß die Fristen des § 43 umzudrehen, also vom Terminstag zurückzurechnen seien. Sie sind wie die anderen vom Ereignis aus (Bekanntmachung, Zustellung) **zum Terminstag hin zu rechnen.** Beispiele: a) Ereignis am Freitag, Fristbeginn am Samstag/Sonnabend, Fristende mit Ablauf eines Freitags, Termin am Montag möglich. b) Ereignis am Samstag/Sonnabend, Fristbeginn am Sonntag, Fristende mit Ablauf eines Montags, Termin am Dienstag möglich. c) Ereignis am Sonntag (soweit überhaupt möglich), Fristbeginn am Montag, Fristende mit Ablauf eines Montags, Termin am Dienstag möglich.

2.4 Die Nichtbeachtung der **Bekanntmachungsfrist** des Abs 1 stellt einen **absoluten** und **unheilbaren Verstoß** dar, der in jeder Verfahrenslage und auch noch im Rechtsmittelverfahren von Amts wegen zu berücksichtigen ist (§ 83 Nr 7, §§ 84, 100 Abs 3).

2.5 Ein Verstoß gegen **Abs 2** (Beschlußzustellungsfrist, Terminszustellungsfrist) kann durch **Genehmigung** des Betroffenen **geheilt** werden (Abs 2, § 84). Der Termin kann auch abgehalten werden, wenn eine dieser Fristen (oder beide) nicht eingehalten ist, wenn aber der Betroffene wahrscheinlich volle Deckung erhält (anders[1]); endgültige Entscheidung muß dann in der Zuschlagsentscheidung erfolgen. Erteilt werden darf der Zuschlag, wenn der Betroffene tatsächlich nicht beeinträchtigt ist[2] (§ 84). In diesem Falle riskiert man allerdings, daß der Termin mit seinen Kosten verloren ist, wenn der Betroffene entgegen der Erwartung doch beeinträchtigt ist, also nicht voll gedeckt wird. Es kann auch durch Nichtaufhebung eines solchen nicht fristgemäßen Versteigerungstermins eine Haftung entstehen[3].

Bekanntmachungsfrist (Absatz 1)

3.1 Die Bekanntmachung der Terminsbestimmung im Amtsblatt oder in dem elektronischen Informations- und Kommunikationssystem (§ 39 Abs 1) muß (mindestens) **sechs Wochen** vor dem Tag des Versteigerungstermins erfolgen (Abs 1

---

[1] Dassler/Muth § 43 Rdn 14.
[2] Jaeckel/Güthe § 43 Rdn 3; Mohrbutter/Drischler Muster 38 Anm 3; Steiner/Teufel § 43 Rdn 26.
[3] BGH LM BGB § 839 (D) Nr 5 = MDR 1958, 491.

§ 43 3.1 Bestimmung des Versteigerungstermins

Satz 1). Nur wenn das Verfahren schon einmal eingestellt war, genügen **zwei Wochen** (Abs 1 Satz 2). Die Vorschrift ist zwingend (bei Verstoß Abs 1).

3.2 Zeit der Bekanntmachung: § 39 Rdn 2.4. Wiederholte und andere Veröffentlichungen (§ 40 Abs 2) berühren die mit Amtsblattveröffentlichung oder elektronischer Veröffentlichung (§ 39 Abs 1) beginnende Bekanntmachungsfrist nicht. Mit Bekanntmachung durch Anheftung an die Bekanntmachungsstelle der Gemeinde beginnt die Frist, wenn Amtsblattveröffentlichung nach § 39 Abs 2 unterbleibt.

3.3 Für die **abgekürzte Frist** von zwei Wochen kommt es auf die Einstellung des Verfahrens des bestbetreibenden Gläubigers an (so auch[4]); daß die Verfahren aller in diesem Termin betreibenden Gläubiger mindestens einmal eingestellt waren, ist nicht erforderlich (anders[5]; nicht richtig). Wahrung der Frist für alle vollstreckenden Gläubiger ist dennoch ins Auge zu fassen (Rdn 6). Gleich ist, wie lange jeweils und aus welchem Rechtsgrund Einstellung erfolgt war. Zweck der Vorschrift ist es, weitere Verfahrensverzögerungen nach den schon durch Einstellung verursachten zu verhindern. Die Fristverkürzung bezieht sich nur auf die Bekanntmachungsfrist, nicht auf die Beschlußzustellungsfrist und die Terminszustellungsfrist; diese sind voll einzuhalten, so daß durch die Abkürzung der Bekanntmachungsfrist nicht viel gewonnen ist.

3.4 Zur Bekanntmachungsfrist ZVG-Handbuch Rdn 223.

3.5 Eine **Berichtigung** einer fehlerhaften Bekanntmachung im Amtsblatt oder Internet, auch wenn sie noch in der Frist erfolgt, kann die wirksame Bekanntmachung der Terminsbestimmung nicht ersetzen. Erforderlich ist Wiederholung der Veröffentlichung unter Wahrung der Frist Abs 1 (§ 37 Rdn 2.3, § 39 Rdn 2.3).

3.6 Für **Schiffsbauwerke** gibt es abweichend von Abs 1 für die Terminsbekanntmachung eine Frist von zwei Wochen (§ 170a Abs 2). Für Schiffe gilt dies nicht.

4 Beschlußzustellungsfrist (Absatz 2)

4.1 Der Versteigerungstermin darf nur durchgeführt werden, wenn (mindestens) **vier Wochen** vor dem Termin dem Schuldner ein „Beschluß, auf Grund dessen die Versteigerung erfolgen kann", zugestellt ist (Abs 2). Verstoß kann geheilt werden (Rdn 2.5). Der Schuldner muß genügend Zeit zur Überlegung und Berechnung haben, aus welchen Ansprüchen der Termin durchgeführt wird (§ 44 Rdn 4). Bei Teilnahme mehrerer betreibender Gläubiger muß somit mindestens für einen von ihnen der Beschlagnahmebeschluß fristgemäß zugestellt sein (dazu Rdn 6). Eine Fristverkürzung wegen vorausgehender Einstellung ist hier nicht zulässig.

4.2 Beschluß, auf Grund dessen die Versteigerung erfolgen kann, ist der **Anordnungsbeschluß** und jeder **Beitrittsbeschluß**. Für ein nach einstweiliger Einstellung (gleich aus welchem Grund; wegen der Besonderheit des § 30f siehe jedoch nachfolgend) fortzusetzendes Vollstreckungsverfahren ist der **Fortsetzungsbeschluß** Grundlage des Verfahrensfortgangs (§ 31 Rdn 5.5), somit maßgeblicher Beschluß (so auch[6]). Auch er (ebenso natürlich der Anordnungs- oder Beitrittsbeschluß, auf Grund dessen das fortzusetzende Verfahren betrieben wird) muß daher dem Schuldner vier Wochen vor dem Termin zugestellt sein. Der Schuldner muß auch in dem Verfahren, das mit Fortsetzungsbeschluß weiter betrieben wird, gegenüber dem Gläubiger die zu seinem Schutz bestimmte Überlegungszeit des Absatzes 2 haben. Es genügt somit nicht, wenn die Fortsetzung kurz vor dem Termin

---

[4] Dassler/Muth § 43 Rdn 5.
[5] Steiner/Teufel § 43 Rdn 12.
[6] Dassler/Muth § 43 Rdn 6; Steiner/Teufel § 43 Rdn 16; Drischler Rpfleger 1967, 357 (10); Ordemann AcP 157, 470.

oder erst in diesem erfolgt (§ 44 Rdn 4). Bei Teilnahme mehrerer Gläubiger muß somit mindestens für einen von ihnen die Zustellung fristgemäß sein, auf jeden Fall für denjenigen, der dem geringsten Gebot zugrunde liegt (Rdn 6). Der **Beschluß** über die **Aufhebung** der einstweiligen **Einstellung** (§ 30 f Rdn 3.2) ist (statt eines Fortsetzungsbeschlusses) Beschluß, auf Grund dessen die Versteigerung erfolgen kann, wenn die auf Antrag des Insolvenzverwalters nach § 30 d Abs 1–3 eingestellte Versteigerung auf Antrag des Gläubigers fortgesetzt wird, weil der Einstellungsgrund entfallen ist (§ 30 f Abs 1), ebenso, wenn die auf Antrag des vorläufigen Verwalters eingestellte Versteigerung (§ 30 d Abs 4) auf Antrag des Gläubigers aufgehoben wird, weil der Antrag auf Eröffnung des Insolvenzverfahrens zurückgenommen oder abgewiesen ist (§ 30 f Abs 2). Vier Wochen vor dem Termin muß daher dem Schuldner dieser Aufhebungsbeschluß, nicht ein (nicht erforderlicher, gleichwohl aber gefaßter) Fortsetzungsbeschluß zugestellt sein.

4.3 Die Zustellung des maßgebenden Beschlusses muß **gesetzmäßig** erfolgt sein, zutreffendenfalls an den gesetzlichen Vertreter, Prozeßbevollmächtigten, Insolvenzverwalter, Testamentsvollstrecker. Der Termin muß sonst aufgehoben werden, wenn nicht das Verfahren genehmigt wird; Genehmigung zu Protokoll des Gerichts oder nach § 84 Abs 2.

4.4 Für **Schiffsbauwerke** gilt abweichend von Abs 2 eine Beschlußzustellungsfrist von einer Woche (§ 170 a Abs 2). Für Schiffe gilt dies nicht.

4.5 Zur Beschlußzustellungsfrist ZVG-Handbuch Rdn 224.

Terminszustellungsfrist (Absatz 2)

5.1 Sie beträgt für alle „Beteiligte, die schon zur Zeit der Anberaumung des Termins dem Gericht bekannt waren", (mindestens) **vier Wochen** (Abs 2). Zeit der Anberaumung des Termins ist der Zeitpunkt der Terminsbestimmung; dabei ist nicht auf den Tag der Anordnung (Unterzeichnung) des Termins durch den Rechtspfleger abzustellen, sondern darauf, wann die Terminsbestimmung mit der ersten Hinausgabe aus dem inneren Geschäftsbetrieb existent geworden (= erlassen) ist[7]. Diese Frist kann, im Gegensatz zur Bekanntmachungsfrist (Rdn 3), nicht wegen vorausgehender Einstellung des Verfahrens verkürzt werden. Die Terminsladung muß der Mitteilung nach § 41 Abs 2 vorausgehen, weil die Mitteilung im Laufe der vierten Woche vor dem Termin erfolgt, die Terminsladung aber mindestens vier volle Wochen vor dem Termin liegen muß.

5.2 Zugestellt sein muß die Terminsbestimmung den **nach § 9** am Verfahren **Beteiligten.** Wer ein angemeldetes Recht noch glaubhaft zu machen hat und daher Beteiligtenstellung nach § 9 Nr 2 noch nicht erlangt hat, gehört nicht dazu. Daß auch für Zustellung der Terminsbestimmung bereits als Beteiligter gilt, wer das angemeldete Recht erst noch glaubhaft zu machen hat, ist nicht bestimmt. § 41 Abs 3 findet als Sondervorschrift für Benachrichtigung zur Terminsvorbereitung keine (entsprechende) Anwendung. Für die weitreichende Auswirkung eines Verstoßes gegen Abs 2 (Terminsaufhebung und selbst Zuschlagsversagung) kann ohne ausdrückliche Gesetzesgrundlage die fehlende Beteiligtenstellung nach § 9 Nr 2 nicht schon mit vorläufiger Zulassung einer nicht überprüfbaren Anmeldung ersetzt (fingiert) werden. Wer ein angemeldetes Recht noch glaubhaft zu machen hat, hat noch keine Rechtsstellung im Verfahren erlangt, die Rechtswahrung mit Terminszustellung mindestens vier Wochen vor dem Termin begründen könnte. Daher kann der gegenteiligen Ansicht[8] nicht zugestimmt werden.

5.3 Zustellung der Terminsbestimmung an einen Beteiligten, der erst nach Anberaumung des Versteigerungstermins durch Anmeldung (§ 9 Nr 2) bekannt wur-

---

[7] LG Lübeck SchlHA 1982, 199.
[8] Dassler/Muth § 43 Rdn 8; Jaeckel/Güthe § 43 Rdn 2; Korintenberg/Wenz § 43 Anm 4; Steiner/Teufel § 43 Rdn 19.

de oder beigetreten ist, weniger als vier Wochen vor dem Termin, rechtfertigt und ermöglicht Terminsaufhebung nicht[9] (§ 41 Rdn 2.2). Das gilt auch, wenn der Beteiligte erst nach Terminsbestimmung, aber noch mehr als vier Wochen vor dem Termin bekannt wurde, „rechtzeitige" Zustellung an ihn somit noch möglich gewesen wäre, und auch dann, wenn Zustellung der Terminsbestimmung an ihn überhaupt nicht mehr erfolgt ist[10].

5.4 Der **Rückerstattungsberechtigte** nach dem Vermögensgesetz ist nicht Beteiligter, wenn er seinen Anspruch nicht angemeldet hat (§ 9 Rdn 3.38). Für Zustellung der Terminsbestimmung (§ 41 Rdn 2.7) wird er nach dem Zweck von VermG § 3b Abs 2, den berechtigten Alteigentümer zur Wahrung seiner Interessen zu unterrichten, einem Beteiligten nach Abs 2 jedoch gleichzustellen sein[11]. Wenn er schon zur Zeit der Terminsbestimmung bekannt war, hat das auch für Wahrung der Terminszustellungsfrist zu gelten.

5.5 Rechtzeitige Zustellung ist auch erfolgt, wenn sie bei rechtzeitigem Zugang nach ZPO § 189 als bewirkt angesehen wird[12]. Die Vorschrift (Heilung Rdn 2.5) ist nicht eingehalten, wenn zwar die Ladung rechtzeitig erfolgt ist, sie aber **unrichtige Angaben** enthält, etwa über den durch § 37 vorgeschriebenen Inhalt hinaus solche, die geeignet sind, die Terminsladung unverständlich, unklar oder unrichtig zu machen[13], etwa wenn fälschlich von einer nötigen Bietgenehmigung die Rede ist[13], oder wenn bei der Teilungsversteigerung in der Terminsbestimmung nicht ausdrücklich gesagt ist, daß sie zwecks Aufhebung der Gemeinschaft erfolgt[14] (§ 37 Rdn 4).

5.6 War die Terminsbestimmung fristgemäß zugestellt, auch inhaltlich richtig, aber **nicht wirksam zugestellt** (Rdn 4.3), so muß das Gericht von Amts wegen, mindestens auf Rüge eines Beteiligten, den Termin aufheben, auch wenn nicht derjenige rügt, dem falsch zugestellt ist[15]. Bei den Zustellungsanschriften kann das Gericht von den Angaben im Grundbuch-Wohnungsblatt ausgehen, auch wenn der Betroffene nicht mehr dort wohnt, außer wenn das Gericht schon eine andere Anschrift erfahren hatte.

5.7 Für **Schiffsbauwerke** gibt es abweichend von Abs 2 eine Terminsladungsfrist von einer Woche (§ 170a Abs 2). Für Schiffe gilt dies nicht.

5.8 Zur Terminsladungsfrist ZVG-Handbuch Rdn 224.

6 Versteigerungstermin im Verfahren auf Antrag mehrerer Gläubiger

6.1 Wenn mehrere Gläubiger das Versteigerungsverfahren betreiben, ist jedes Verfahren für sich zu beurteilen. Für jeden, der im Termin noch betreibt, sind die Fristen des § 43 einzuhalten. Wenn für den Anordnungsgläubiger Termin bestimmt ist, dann ein Beitritt erfolgt und hierauf die Bestimmung durch Einstellung oder Aufhebung wegfällt, muß der Termin, falls für den Beitrittsgläubiger die Fristen nicht eingehalten sind, aufgehoben werden. Die Voraussetzungen müssen mindestens immer für den Gläubiger erfüllt sein, **der dem geringsten Gebot zugrunde liegt.**

6.2 Die **verkürzten Fristen** aus Abs 1 für die Terminsbekanntmachung bei vorausgehender Einstellung (Rdn 3) sind grundsätzlich nur zulässig, wenn für die in dem Termin betreibenden Gläubiger das Verfahren einmal eingestellt war. Bei der

---

[9] OLG Düsseldorf Rpfleger 1995, 373.
[10] OLG Dresden OLG 19, 185; OLG Düsseldorf Rpfleger 1995, 373; OLG Rostock OLG 27, 213.
[11] LG Berlin Rpfleger 1994, 175.
[12] OLG Celle Rpfleger 1991, 166.
[13] OLG Koblenz Rpfleger 1957, 253.
[14] OLG Koblenz NJW 1959, 1833.
[15] LG Berlin WM 1959, 1205.

Terminsansetzung sind die voraussichtlichen Verhältnisse im Termin zu bedenken. Für die Fristabkürzung genügt es an sich, wenn das Verfahren des im Termin bestrangig betreibenden Gläubigers einmal eingestellt war. Die Voraussetzungen müssen nämlich nur und auf jeden Fall für den betreibenden Gläubiger, der dem geringsten Gebot zugrunde gelegt ist, erfüllt sein. Bei plötzlichen Verfahrensänderungen (wenn ausgerechnet dieser Gläubiger wegfällt) ist aber die Gefahr sehr groß, daß der Termin scheitert. Darum empfiehlt sich, daß die Fristen für alle betreibenden Gläubiger des Termins gewahrt werden und daß dann, wenn nur bei einem oder einigen eingestellt war, lieber auf die Fristverkürzung verzichtet wird.

Versteigerungstermin: Aufhebung und Neubestimmung 7

7.1 Aufhebung ist Absetzung des Versteigerungstermins vor Beginn[16]. Sie erfolgt durch Verfügung des Rechtspflegers. Diese ist den Beteiligten mitzuteilen (ZPO § 329 Abs 2), denen die Terminsbestimmung zugestellt wurde (§ 41 Abs 1). Veröffentlichung im Amtsblatt muß nicht erfolgen (§ 39 Rdn 2.6), kann aber klarstellend geboten sein (Rdn 8).

7.2 Spätere Bestimmung eines **neuen Versteigerungstermins** ist Beschluß im Sinne der ZPO (§ 36 Rdn 2.1), der in Form einer (vollständig) neuen Terminsbestimmung ergeht. Diese muß die Angaben des § 37 und hat die weiteren Angaben des § 38 vollständig zu enthalten. Berichtigung nur des Terminstags der früheren Terminsbestimmung oder Bezugnahme auf diese zur Bezeichnung notwendiger oder erforderlicher Angaben wäre unzulässig. Die Frist des § 36 Abs 2 gilt wiederum auch für die neue Terminsbestimmung. Diese ist nach § 39 öffentlich bekannt zu machen und nach § 40 an die Gemeindetafel anzuheften; anderweitige und wiederholte Veröffentlichungen können erfolgen (§ 40 Abs 2). Zuzustellen ist die neue Terminsbestimmung den Beteiligten (§ 41 Abs 1), und zwar allen Beteiligten, die schon bei Anberaumung des neuen (nicht des früheren) Termins bekannt waren, wiederum mindestens vier Wochen vor dem Termin (Abs 2). Die volle Bekanntmachungsfrist des Abs 1 ist für den neuen Termin zu wahren. Mitteilung nach § 41 Abs 2 hat an die Beteiligten im Laufe der vierten Woche vor dem neuen Termin zu erfolgen.

Versteigerungstermin: Verlegung, Vertagung 8

8.1 Verlegung ist Aufhebung des Versteigerungstermins vor Beginn unter gleichzeitiger Bestimmung eines (früheren oder späteren) anderen Versteigerungstermins[17]. Terminsverlegung kann (auf Antrag oder von Amts wegen) nur aus **erheblichen Gründen** erfolgen (ZPO § 227 Abs 1 Satz 1 mit § 869). Das Einvernehmen von Gläubiger und Schuldner (auch in Übereinstimmung mit den übrigen Beteiligten) genügt nicht (ZPO § 227 Abs 1 Satz 2 Nr 3). Erhebliche Gründe können wegen der Auswirkung der Terminsänderung für alle am Verfahren Beteiligte (§ 9) und uU erheblicher weiterer Bekanntmachungskosten nur schwerwiegende Gründe sein; sie müssen besonders zwingender Natur sein. Interessen des Schuldners, der seine Rechte im Termin selbst wahrnehmen will, durch Krankheit jedoch an der Teilnahme verhindert ist, und Gläubigerinteressen sind bei Ermessensentscheidung über einen Antrag auf Terminsverlegung in gleicher Weise zu wahren[18]. Verhinderung des Schuldners oder seines Bevollmächtigten an der Terminwahrnehmung ermöglichen mit Rücksicht auf die Gläubigerinteressen Verlegung (regelmäßig[18]) nicht[19] (Schuldner könnte trotz Erkrankung binnen kurzer Zeit einen, gegebenenfalls anderen, Vertreter mit der

---

[16] Zöller/Stöber, ZPO, § 227 Rdn 1.
[17] OLG Köln OLGZ 1984, 245 = Rpfleger 1984, 280 mit zust Anm Weber; Zöller/Stöber, ZPO, § 227 Rdn 2.
[18] BVerfG KTS 1988, 565 = Rpfleger 1988, 156.
[19] OLG Celle KTS 1979, 320 = Rpfleger 1979, 116.

Wahrnehmung seiner Rechte im Termin beauftragen[20]). Keine Bedenken bestehen gegen die Verlegung **aus** zwingenden **verfahrensmäßigen Gründen,** weil etwa der zuständige Rechtspfleger verhindert ist (und auch sein geschäftsplanmäßiger Vertreter nicht zur Verfügung steht) oder weil der Sitzungsraum nicht zugänglich ist, zB durch einen Gebäudebrand (und dabei kein Ausweichraum beschafft werden kann), auch weil die Akten unvorhersehbar fehlen (etwa vom Rechtsmittelgericht weggeholt sind und auch nicht durch einen Boten rechtzeitig zurückgebracht werden können). In solchen Fällen (die bei ordnungsgemäßer Geschäftsführung nicht vorkommen dürfen), ist die Verlegung nicht als Einstellung zum Schutze des Schuldners anzusehen; zu letztgenanntem Zweck darf die Verlegung keinesfalls erfolgen, weil es über den Vollstreckungsschutz für den Schuldner Sondervorschriften gibt (anders[21]: es könnten hierdurch noch Härten ausgeglichen werden), auch nicht, um die Vorschriften über das Mindestgebot nach § 74 a auszuweiten[22] (dazu § 74 a Rdn 13).

8.2 Verlegung erfordert **Absetzung** des Versteigerungstermins (Rdn 7.1) und **Bestimmung eines neuen Versteigerungstermins** mit neuer (selbständiger) Terminsbestimmung. Diese muß die Angaben des § 37 und hat die weiteren Angaben des § 38 vollständig zu enthalten (Rdn 7.2). Öffentliche Bekanntmachung, Zustellung, Anheftung an die Gemeindetafel, Mitteilungen und Wahrung aller Fristen müssen wiederum (neu) erfolgen[23] (Rdn 7.2). Nur kurzfristige Verlegung eines Versteigerungstermins ist somit nicht möglich. Zur Klarstellung kann es geboten sein, mit der neuen Terminsbestimmung auch die Aufhebung des früheren Versteigerungstermins zu veröffentlichen, so dann, wenn nach Bekanntmachung des aufgehobenen Termins Versteigerungstermin neu auf eine spätere Terminsstunde des gleichen Tags (statt vormittags nun nachmittags) festgelegt wird. Wenn ein Versteigerungstermin, der bereits öffentlich bekanntgemacht ist (§ 39 Abs 1), auf eine spätere Terminsstunde desselben Tags verlegt wird und dieser neue Versteigerungstermin etwa zwei Wochen später ebenfalls im Amtsblatt, allerdings ohne einen Hinweis auf die Verlegung des früheren Termins, öffentlich bekanntgemacht wird und die beiden Veröffentlichungen die Daten der jeweiligen Terminsbestimmung enthalten, ist kein Zuschlagsversagungsgrund gegeben[24].

8.3 Anspruch auf Verlegung eines Zwangsversteigerungstermins, der in der Zeit vom 1. Juli bis 31. August anberaumt ist, auf Antrag ohne Begründung nach ZPO § 227 Abs 3 besteht nicht; Zwangsversteigerungsverfahren sind typischerweise eilbedürftig; Abs 3 des § 227 findet daher nach dessen Nummer 7 in diesen Verfahren keine Anwendung.

8.4 Vertagung ist Beendigung eines bereits begonnenen Versteigerungstermins vor dessen Schluß unter gleichzeitiger Bestimmung eines neuen Termins[25]. Terminsvertagung kann (auf Antrag oder von Amts wegen) gleichfalls nur aus erheblichen Gründen erfolgen (ZPO § 227 Abs 1 Satz 1 mit § 869; dazu Rdn 8.1). Vertagung erfordert **Aufhebung** des Termins durch zu verkündenden Beschluß (Gebote erlöschen, § 72 Abs 3) und **Bestimmung eines neuen Versteigerungstermins** mit neuer (selbständiger) Terminsbestimmung. Diese muß die Angaben des § 37 und hat die weiteren Angaben des § 38 vollständig zu enthalten (Rdn 7.2). Öffentliche Bekanntmachung: Rdn 7.2. Der neue Termin ist wiederum Versteigerungstermin, der neu mit dem Aufruf der Sache beginnt (§ 66 Abs 1),

---

[20] BVerfG aaO (Fußn 18).
[21] Mohrbutter NJW 1955, 124.
[22] Drischler Rpfleger 1951, 175.
[23] KG Berlin NJW 1957, 106; OLG Celle MDR 1954, 557; Jaeckel/Güthe § 43 Rdn 1; Mohrbutter, Handbuch des Vollstreckungsrechts, § 47 (III).
[24] SchlHOLG SchlHA 1985, 41.
[25] OLG Köln aaO (Fußn 17); Zöller/Stöber, ZPO, § 227 Rdn 3.

nicht Fortsetzung des vertagten Termins. Er ist der maßgebende im Sinne des Gesetzes.

8.5 Unterbrechung eines Versteigerungstermins ist von der Verlegung und Vertagung zu unterscheiden. Unterbrochen wird ein Versteigerungstermin, wenn zwischen den einzelnen Abschnitten eines zeitlich einheitlichen Termins ein verhandlungsfreier Zwischenraum eingeschaltet wird. Dazu (auch zur Abgrenzung gegenüber der Vertagung) § 66 Rdn 11, außerdem[26].

IV. Geringstes Gebot. Versteigerungsbedingungen

[Begriff des geringsten Gebots, Deckungsgrundsatz]

44 (1) **Bei der Versteigerung wird nur ein solches Gebot zugelassen, durch welches die dem Anspruche des Gläubigers vorgehenden Rechte sowie die aus dem Versteigerungserlöse zu entnehmenden Kosten des Verfahrens gedeckt werden (geringstes Gebot).**

(2) **Wird das Verfahren wegen mehrerer Ansprüche von verschiedenem Range betrieben, so darf der vorgehende Anspruch der Feststellung des geringsten Gebotes nur dann zugrunde gelegt werden, wenn der wegen dieses Anspruchs ergangene Beschluß dem Schuldner vier Wochen vor dem Versteigerungstermin zugestellt ist.**

Übersicht

Allgemeine Übersicht zu §§ 44–65	1
Allgemeines zu § 44	2
Begriffsbezeichnungen in der Zwangsversteigerung	3
Geringstes Gebot: Grundsätze (Absatz 1)	4
Geringstes Gebot: Einzel- und Sonderfälle	5
Geringstes Gebot: Rangänderung, Rangvorbehalt	6
Mehrere Gläubiger bei Aufstellung des geringsten Gebots (Absatz 2)	7
Mehrere Grundstücke bei Aufstellung des geringsten Gebots	8
Muster für geringstes Gebot und Versteigerungsbedingungen	9
Rechtsbehelfe gegen Feststellung des geringsten Gebots	10
Teilansprüche im geringsten Gebot	11
Verfahrenskosten im geringsten Gebot	12
Vorbereitung des geringsten Gebots, Rechnungsarbeiten	13

Literatur: Drischler, Geringstes Gebot, Mindestgebot, Meistgebot und höchstzulässiges Gebot in der Zwangsversteigerung, Rpfleger 1951, 175; Drischler, Das geringste Gebot in der Zwangsversteigerung, RpflJahrbuch 1960, 347; Drischler, Gesetzliche und abgeänderte Versteigerungsbedingungen in der Immobiliarvollstreckung, RpflJahrbuch 1974, 335; Maier, Die Aufnahme des Deckungs- und Übernahmeprinzips in das Zwangsversteigerungsgesetz, Tübingen, 1984; Reichel, Die Behandlung des Rangvorbehalts in der Zwangsversteigerung, JW 1926, 779; Reinhard, Rangvorbehalt und Zwangsversteigerung, JW 1923, 262; Schalhorn, Der Rang der Grundpfandrechtszinsen im geringsten Gebot in der Zwangsversteigerung, JurBüro 1971, 121; Schiffhauer, Die Wirkung des Rangvorbehalts in der Zwangsversteigerung, BlGrBW 1962, 17; Schmidt, Grundpfandrechte und geringstes Gebot in der Zwangsversteigerung von Grundstücken, Berlin, 1953; Schmidt, Das geringste Gebot bei Fortsetzung eingestellter Zwangsversteigerungsverfahren, DRiZ 1959, 119; Stöber, Wirksamkeitsvermerk und Zwangsversteigerung, MittBayNot 1997, 143; Ulbrich, Rechtsprobleme des Rangrücktritts und des Rangvorbehalts in der notariellen Praxis, MittRhNotK 1995, 289.

---

[26] OLG Köln aaO (Fußn 17).

§ 44   Geringstes Gebot. Versteigerungsbedingungen

1 Allgemeine Übersicht zu §§ 44–65

Die Vorschriften über ein geringstes Gebot und Versteigerungsbedingungen regelt das ZVG in den §§ 44–65 im Anschluß an den dritten Abschnitt über Bestimmung des Versteigerungstermins (§§ 35–43; Übersicht § 35 Rdn 1). Dieser vierte Abschnitt im zweiten Titel des ZVG (§§ 15–145) befaßt sich mit dem grundlegenden Deckungsgrundsatz (§ 44), wie das geringste Gebot überhaupt zu bilden ist (mit den Ergänzungen über zu berücksichtigende Grundbucheintragungen und Anmeldungen, § 45; über Werte für Naturalleistungen, § 46; über die Berechnung wiederkehrender Leistungen, § 47; über bedingte Rechte, Vormerkung und Widerspruch, § 48), mit den zwei Bestandteilen des geringsten Gebots, seinem bar zu zahlenden Teil (§ 49) und seinen bestehenbleibenden Belastungen (§ 52). Außerdem behandelt dieser Abschnitt als Versteigerungsbedingungen die Fragen der Zuzahlung (§§ 50, 51), die Schuldübernahme bei bestehenbleibenden Grundpfandrechten (§ 53), die Fälligkeit solcher Rechte (§ 54), den Umfang der Versteigerung (§ 55) und den Gefahrenübergang (§ 56), die Fragen des Miet- und Pachtrechts (§§ 57–57 d), zuletzt auch die Zuschlagskosten (§ 58), das Gesamt- und Einzelausgebot (§ 63) und die Aufteilung der Gesamtrechte (§ 64); dazu die Möglichkeit abweichender Versteigerungsbedingungen (§ 59) sowie weiter den für die Festlegung der Bedingungen möglichen Vortermin (§ 62).

2 Allgemeines zu § 44

2.1 Zweck der Vorschrift: Deckungsprinzip zur Sicherung der dem Anspruch des Gläubigers vorgehenden Rechte am Grundstück vor Beeinträchtigung durch Zwangsversteigerung auf Antrag des nachrangigen Anspruchs. Zur Durchführung dieses Grundsatzes regelt § 44 Begriff und Bildung des geringsten Gebots.

2.2 Anwendungsbereich: Die Vorschrift gilt für **alle Versteigerungsverfahren**, mit Besonderheiten für Insolvenzverwalter- (§ 174), Nachlaß- (§ 176) und Teilungsversteigerung (§ 182), für Schiffe und Luftfahrzeuge.

3 Begriffsbezeichnungen in der Zwangsversteigerung

3.1 Das geringste Gebot gehört zu den Versteigerungsbedingungen und ist deren Bestandteil. Das ZVG verwendet den Ausdruck manchmal in diesem weiteren Sinne (§§ 91, 107, 108, 109). Im allgemeinen aber verwendet es die **getrennten Begriffe** für geringstes Gebot und Versteigerungsbedingungen.

3.2 Es kommen im wesentlichen folgende Begriffe vor:

a) **Geringstes Gebot** (§ 44 Abs 1): Gebot, das nicht unterschritten werden darf, wenn das Gebot wirksam sein soll;

b) **Geringstes Bargebot** = zu zahlender Teil des geringsten Gebots (§ 49 Abs 1): Teil des geringsten Gebots und zugleich des Bargebots;

c) **Bestehenbleibende Belastungen** (§ 52): Teil des geringsten Gebots, zugleich des Meistgebots;

d) $7/_{10}$-**Mindestgebot** (§ 74a): Relatives Mindestgebot; $5/_{10}$-**Mindestgebot** (§ 85a): absolutes Mindestgebot; im ersten Versteigerungstermin nur gelten beide;

e) **Meistgebot** (§ 81 Abs 1): Höchstes Gebot, das bis Schluß der Versteigerung wirksam abgegeben ist, bestehend aus barem Meistgebot (nur dieses wird geboten, § 49 Rdn 2.2) und bestehenbleibenden Belastungen;

f) **Bargebot** (§ 49 Abs 1): Teil jedes Gebots, auch des Meistgebots, der zu zahlen ist, bestehend aus geringstem Bargebot und Mehrgebot, ohne bestehenbleibende Belastungen;

g) **Bares Meistgebot** (§ 49 Abs 1): Teil des Meistgebots, der zu zahlen ist, bestehend aus geringstem Bargebot und Mehrgebot des Meistbietenden;

h) **Einzelgebot** (§ 63 Abs 1): Gebot auf eines von mehreren im selben Verfahren zu versteigernden Grundstücken, entsprechend dem Einzelausgebot;

Begriff des geringsten Gebots, Deckungsgrundsatz 4.2 § 44

i) Gruppengebot (§ 63 Abs 2): Gebot auf einige von mehreren im selben Verfahren zu versteigernde Grundstücke, entsprechend dem Gruppenausgebot;

k) Gesamtgebot (§ 63 Abs 2): Gebot auf alle im selben Verfahren zu versteigernde Grundstücke, entsprechend dem Gesamtausgebot;

l) Übergebot (§ 72 Abs 1): Gebot, das ein vorausgehendes zulässiges Gebot übersteigt;

m) Untergebot: Gebot, das unter dem vorausgehenden zulässigen Gebot liegt und daher unwirksam ist;

n) Mehrgebot (§ 49 Abs 1): Der das geringste Bargebot übersteigende Teil des Bargebots, beim Meistgebot zugleich dessen Teil;

o) Höchstgebot (früheres Preisrecht): Gebot, das nach den seit langem aufgehobenen Preisvorschriften nicht nach oben überschritten werden durfte;

p) Fiktives Meistgebot (§ 85 Abs 3): bei Versagungsantrag nach § 85 gilt das bisherige Meistgebot im zweiten Termin als Gebot des Antragstellers;

q) Versteigerungserlös (§ 105 Abs 1): zu zahlender Teil des Meistgebots nach § 49 Abs 1, zuzüglich Erlös aus abgesonderter Verwertung nach § 65, zuzüglich der Zuzahlung nach §§ 50, 51, zuzüglich der Zinsen aus dem Bargebot nach § 49 Abs 2.

3.3 Im **Verteilungsabschnitt** des Zwangsversteigerungsverfahrens gibt es weitere Begriffe (hierzu § 105 Rdn 3).

Geringstes Gebot: Grundsätze (Absatz 1) 4

4.1 Die Vollstreckungsversteigerung wird vom **Deckungsgrundsatz** beherrscht: Die Versteigerung darf nur unter Sicherung der Verfahrenskosten (§ 109 Abs 1) und Wahrung derjenigen Rechte erfolgen, die dem Anspruch des betreibenden Gläubigers vorgehen[1]. Rechte am Grundstück sind damit gegen Beeinträchtigung bei Zwangsversteigerung auf Antrag des Gläubigers eines nachrangigen Vollstreckungsanspruchs (Rangklasse des § 10 Abs 1) geschützt. Die Gebote sind nach unten begrenzt, alle dem bestrangig betreibenden Gläubiger vorgehenden Ansprüche müssen gedeckt sein, also ausgeboten werden, durch Zahlung (§ 49 Abs 1) und Übernahme der bestehenbleibenden Belastungen (§ 52 Abs 1). Dabei ist kein Unterschied, aus Ansprüchen welchen Ranges betrieben wird. Maßgebend ist die Rangordnung nach § 10. Rangordnung und Deckungsgrundsatz bewirken, daß kein das Verfahren Betreibender die vorgehenden Ansprüche beeinträchtigen kann. Der versteigerte Gegenstand wird also nicht wie bei beweglichem Vermögen grundsätzlich lastenfrei erworben. Zur Entstehungsgeschichte[2]. Zum Deckungsgrundsatz im ZVG-Handbuch Rdn 239.

4.2 Der **Rang** des Anspruchs des Gläubigers und der ihm vorgehenden, zu deckenden Rechte bestimmt sich nach §§ 10–12. Den Rang mehrerer Rechte, mit denen das Grundstück belastet ist (§ 10 Abs 1 Nr 4, auch Nr 6 und 8) regelt BGB § 879; für Rechte an Grundstücken im Beitrittsgebiet treffen auch EGBGB Art 233 § 3 Abs 1 und § 9 Bestimmung. Der bestrangig betreibende Gläubiger selbst und alle ihm gleichstehenden oder nachgehenden Ansprüche kommen nicht ins geringste Gebot. Betreibt ein Gläubiger der **Rangklasse 3,** so kommen nur die Verfahrenskosten (§ 109) und die Ansprüche der Rangklassen 1–2 ins geringste Gebot (in Klasse 3 sind alle gleichrangig). Betreibt ein **dinglicher** Gläubiger (Rangklasse 4), so kommen nur die Verfahrenskosten (§ 109) und die Ansprüche der Rangklassen 1–3 ins geringste Gebot, aus der Rangklasse 4 nur die dem betreibenden Gläubiger vorgehenden Ansprüche. Betreibt ein persönlicher Gläubiger

---

[1] Denkschrift zum ZVG S 35; Motive zum ZVG S 110–115.
[2] Maier, Die Aufnahme des Deckungs- und Übernahmeprinzips in das Zwangsversteigerungsgesetz, 1984.

(Rangklasse 5) so kommen die Verfahrenskosten (§ 109) und die Ansprüche der Rangklassen 1–4 (§ 10) ins geringste Gebot.

4.3 Das **Recht des vollstreckenden Gläubigers** wird nach Abs 1 auch dann nicht (zahlbar oder bestehen bleibend) ins geringste Gebot aufgenommen, wenn er nur aus einem **Teil** seines Anspruchs betreibt[3]. Betreibt er es aus den Zinsen der Hypothek, bleibt die Hauptsache nicht bestehen. Eine Ausnahme gibt es bei Teilabtretung mit Vorrang des Restes oder bei Teilablösung nach BGB § 268, wenn das Verfahren nur aus dem abgetretenen oder abgelösten nachrangigen Teil betrieben wird; hier kommt der vorrangige, selbständig gewordene Teil ins geringste Gebot. Werden also Zinsen ohne Hypothek mit Rang nach dieser abgetreten oder abgelöst und wird hieraus betrieben, so kommt die Hypothek selbst ins geringste Gebot. Hierzu auch Rdn 11; zur Abweichung nach § 59 mit Hinweis auf materielle Gestaltungsmöglichkeiten s Rdn 4.12.

4.4 Betreibt ein Gläubiger aus **Ansprüchen verschiedenen Ranges** (zB mit einem Beschlagnahmebeschluß aus einer Hypothek, mit einem anderen aus der davon unabhängigen persönlichen Forderung) oder betreibt er aus demselben Anspruch mit verschiedenem Rang (mit einem Beschlagnahmebeschluß wegen des persönlichen Anspruchs aus einer Zwangshypothek, mit einem anderen wegen des dinglichen Anspruchs daraus), so entscheiden jeweils die besserrangigen für das geringste Gebot (s Abs 2). Die Rangklasse der Ansprüche (ihre Rechtsnatur) muß im Anordnungs- oder Beitrittsbeschluß gekennzeichnet sein (§ 15 Rdn 4.4).

4.5 Betreibt ein Hypothekengläubiger nur **aus** seinem **persönlichen Anspruch,** zB mangels eines dinglichen Titels aus der persönlichen Forderung (war früher bei Zwangshypothek immer wieder der Fall), so bleibt das dingliche Recht im geringsten Gebot bestehen[4]. Bei der Hypothek, die dann bestehen bleibt, übernimmt der Ersteher gesetzlich die Schuld nach Maßgabe des § 53 Abs 1. Der Gläubiger könnte die Übernahme nach § 53 und BGB § 416 genehmigen. Dann würde seine Forderung gegen den Schuldner erlöschen; aus dem Vollstreckungstitel könnte der Gläubiger seinen persönlichen Anspruch an den Versteigerungserlös dann nicht mehr geltend machen[4]. Aus dem Versteigerungserlös könnte er dann nur die vom Ersteher geschuldeten Kosten (§ 10 Abs 2) und Zinsen bis Zuschlag (§ 56 Satz 2) bezahlt erhalten. Wird der Gläubiger, der nicht genehmigt hat, wegen seines vollstreckten persönlichen Anspruchs aus dem baren Versteigerungserlös befriedigt, dann erlischt mit der vollstreckbaren Forderung aus dem Schuldtitel die Hypothekenforderung. Auf den früheren Eigentümer geht die Hypothek dann nach BGB § 1164 über[4]; sie sichert in Höhe des Ersatzanspruchs diesen an den Ersteher (§ 53; BGB § 415 Abs 2). Es entsteht keine Eigentümergrundschuld zugunsten des Schuldners (und früheren Eigentümers) nach BGB § 1163 Abs 1 Satz 2, weil dieser bei Erlöschen der Forderung nicht mehr Eigentümer ist[4]. Wenn der Gläubiger des Rechts selbst einsteigt und mit Genehmigung der Schuldübernahme nach § 53 persönlich haftet, erlischt die Forderung durch Vereinigung (wird nicht aus der Masse bezahlt).

4.6 Betreibt der Gläubiger einer **Grundschuld** aus seiner nach schuldrechtlicher Abrede (§ 114 Rdn 7.2) durch diese **gesicherte Forderung,** so bleibt die Grundschuld (Rangklasse 4 des § 10 Abs 1; nicht die bei späterer Bestellung in Rangklasse 6 fallende) im geringsten Gebot bestehen. Der Ersteher übernimmt mit der besten bleibenden Grundschuld auch nur eine gegen den Schuldner bestehende Forderung und nur unter den Voraussetzungen des § 53 Abs 2. Der Gläubiger könnte die Übernahme nach § 53 und BGB § 416 genehmigen. Dann würde seine Forderung gegen den Schuldner erlöschen; aus dem Vollstreckungstitel könnte der Gläubiger seinen persönlichen Anspruch an den Versteigerungserlös

---

[3] Jaeckel/Güthe § 44 Rdn 2.
[4] RG 76, 116 (120); Jaeckel/Güthe §§ 15–16 Rdn 11; Reinhard/Müller § 16 Anm IV 3 f.

Begriff des geringsten Gebots, Deckungsgrundsatz 4.12 § 44

dann nicht mehr geltend machen. Aus dem Versteigerungserlös könnte er dann nur die vom Ersteher nicht geschuldeten Kosten (§ 10 Abs 2) und Zinsen bis Zuschlag (§ 56 Satz 2) bezahlt erhalten. Wird der Gläubiger, der nicht genehmigt hat, wegen seines vollstreckten persönlichen Anspruchs aus dem baren Versteigerungserlös befriedigt, dann ist mit Erledigung des Sicherungszwecks der Rückgewähranspruch (zu ihm § 53 Rdn 3.2 und § 114 Rdn 7.7) zu erfüllen.

4.7 Betreiben **mehrere persönliche Gläubiger** (Rangklasse 5) und wird für den besserrangigen (Rang § 11 Abs 2, nach der Zeitfolge der Beschlagnahme) das Verfahren eingestellt, so sind seine Ansprüche ins geringste Bargebot aufzunehmen (§ 49 Rdn 2).

4.8 Der **Anordnungs- oder Beitrittsbeschluß**, der bei der Feststellung des geringsten Gebots zugrunde gelegt werden soll, muß (mindestens) **vier Wochen** vor dem Versteigerungstermin dem Schuldner zugestellt sein (Abs 2). Zum Fortsetzungs- und Aufhebungsbeschluß nach § 30f siehe § 43 Rdn 4.2.

4.9 Wahrung der dem betreibenden Gläubiger vorgehenden Rechte stellt § 44 mit Bestimmung der Ansprüche sicher, auf deren Deckung es ankommt. Damit erfordert Versteigerung auf der Grundlage des Deckungsgrundsatzes **Feststellung der zu deckenden Ansprüche** und Rechte. Vor dem Beginn der Versteigerung ist daher ein **geringstes Gebot** (Abs 1) durch das Vollstreckungsgericht festzulegen (§ 66 Abs 1). Es umfaßt die bestehenbleibenden Rechte (§ 52 Abs 1) und einen zu zahlenden Teil (§ 49 Abs 1). Nach dem geringsten Gebot (als Versteigerungsbedingung) bestehen bleibende Rechte erlöschen nicht mit dem Zuschlag (§ 91 Abs 1). § 44 bestimmt nur, welche Ansprüche und Rechte in das geringste Gebot aufzunehmen sind, gibt aber keine Aussage über die verfahrensrechtlichen Voraussetzungen für die Berücksichtigung eines zu deckenden Anspruchs oder Rechts bei Aufstellung des geringsten Gebots durch das Vollstreckungsgericht. Diese regelt § 45 in Übereinstimmung mit dem Grundbuchsystem des BGB. Danach werden die bei Eintragung des Versteigerungsvermerks grundbuchersichtlichen Rechte von Amts wegen berücksichtigt; andere Ansprüche und Rechte müssen geltend gemacht werden: sie finden nur bei rechtzeitiger Anmeldung und erforderlichenfalls Glaubhaftmachung Aufnahme in das geringste Gebot.

4.10 **Aufgestellt** wird das geringste Gebot als **Grundlage der Zwangsversteigerung** im Versteigerungstermin (§ 66 Abs 1). Erörterungen darüber sind schon in einem Vortermin möglich (§ 62). Damit die Beteiligten sich schon vor dem Termin im Bild machen können, was im Versteigerungstermin geschehen kann und wird, erhalten sie in der vierten Woche vor dem Termin eine Mitteilung über die betreibenden Ansprüche (§ 41 Abs 2). Die Berechnungsgrundlage im Termin kann sich gegenüber dieser Mitteilung noch in der Weise verschieben, daß im Termin wegen Einstellung oder Aufhebung des Verfahrens des bisher bestrangig betreibenden Gläubigers ein schlechterrangiger dem geringsten Gebot zugrunde gelegt wird (§ 43 Abs 2). Auch nach Aufforderung zur Abgabe von Geboten kann sich das geringste Gebot im Versteigerungstermin noch ändern (dazu näher § 66 Rdn 7).

4.11 Das geringste Gebot **muß** bei Versteigerung mindestens **erreicht werden.** Gebote, die unter dem geringsten Gebot bleiben **(Untergebote),** sind unzulässig (Abs 1) und müssen zurückgewiesen werden (§ 71 Abs 1); sonst ist der Zuschlag zu versagen.

4.12 **Abweichende Feststellung** des geringsten Gebots ermöglicht § 59. Mit abweichender Feststellung des geringsten Gebots und damit der Versteigerungsbedingungen nach dieser Vorschrift kann auch dem Interesse des Berechtigten einer Reallast, der (fällige) Einzelleistungen vollstreckt, und des Gläubigers einer Hypothek oder Grundschuld, der die Zwangsversteigerung nur wegen der Zinsen oder nur wegen eines Hauptsacheteilbetrags betreibt, Rechnung getragen werden,

§ 44 4.12   Geringstes Gebot. Versteigerungsbedingungen

wenn er zur Annahme des Kapitals nicht genötigt sein will[5] (so schon Motive zum ZVG S 176). Nach § 44 wird das Fortbestehen seines Rechts durch Aufnahme in das geringste Gebot nicht gewahrt (Rdn 4.3). Der vollstreckende Berechtigte (Gläubiger) muß auf Wahrung seines Rechts daher selbst bedacht sein[6]. Er kann mit Antrag auf abweichende Feststellung der Versteigerungsbedingungen Aufnahme seines Hauptanspruchs (des Stammrechts der Reallast) in das geringste Gebot verlangen[7]. Der Zustimmung nachstehender Beteiligter und des Eigentümers bedarf es für Bestimmung, daß das Recht fortbestehen bleibt, nicht (§ 59 Abs 3; dort Rdn 7). Dem Antrag muß daher stattgegeben werden, wenn (möglicherweise) beeinträchtigte Vorrangrechte (damit auch ein Gleichrangrecht) nicht vorhanden sind. Das Ausgebot erfolgt daher dann immer nur mit der verlangten Abweichung. Zur Behandlung des Antrags bei Vorhandensein (möglicherweise) beeinträchtigter Zwischenrechte (auch eines Gleichrangrechts) siehe § 59 Rdn 7. Gestaltungsmöglichkeiten, die Bestehenbleiben des Rechts (des Hauptanspruchs, § 12 Nr 3) bei Vollstreckung fälliger Einzelleistungen (§ 12 Nr 2) sichern, bieten sich zudem nach materiellem Recht; dazu eingehend[8] mit Darstellung weiteren Schrifttums.

4.13 Ein Anspruch des haftenden **Vermögensübernehmers,** dem die Haftungsbeschränkung gegenüber Zwangsvollstreckungsmaßnahmen vorbehalten ist, auf Ersatz seiner Aufwendungen (BGB § 419 Abs 2 [aF], §§ 1990, 1978 Abs 3) begründet ein Recht auf vorzugsweise Befriedigung aus dem Grundstück. Es wird dadurch realisiert, daß die begünstigte Forderung auf Anmeldung (§ 45 Abs 1) in das geringste Gebot bar (§ 49 Rdn 2.4) aufgenommen wird[9].

5 Geringstes Gebot: Einzel- und Sonderfälle

5.1 Altenteil (auch Leibgeding, Leibzucht, Auszug) ist Sammelbezeichnung, unter der zur Versorgung des Berechtigten bestellte Dienstbarkeiten und Reallasten in das Grundbuch eingetragen sind (GBO § 49). In das geringste Gebot werden diese Rechte am Grundstück (§ 10 Abs 1 Nr 4) übereinstimmend mit dem Grundbuch gleichfalls unter der Sammelbezeichnung „Altenteil" (Leibgeding, Leibzucht, Auszug) aufgenommen, wenn ein nachrangiger Gläubiger die Zwangsversteigerung betreibt. Als Grundstücksbelastung bleiben sie dann bestehen (§§ 52, 91 Abs 1). Zuzahlungsbetrag ist nach § 51 Abs 2 zu bestimmen. Kosten (§ 10 Abs 2) sowie Ansprüche auf wiederkehrende Leistungen (Endzeitpunkt § 47) werden im zu zahlenden Teil des geringsten Gebots berücksichtigt. Die nicht fällige ergänzende Reallastverpflichtung zu einer einmaligen Leistung (Pflicht, die Beerdigungskosten zu tragen, § 92 Rdn 6.1) ist Inhalt des bestehen bleibenden (Stamm-)Rechts. Die mit dem Zuschlag fällige Verpflichtung zu einer einmaligen Leistung (Zahlung eines Erlösanteils bei Veräußerung, § 92 Rdn 6.1) kann nicht dem Ersteher zur Last fallen; sie trifft den Schuldner als Grundstückseigentümer im Veräußerungsfall. Somit sind auf diese Einzelleistung die für Zinsen einer Hypothekenforderung geltenden Vorschriften entsprechend anzuwenden (BGB § 1107). Als Nebenleistung (§ 12 Nr 2) ist der Erlösanspruch daher in den bar zu zahlenden Teil des geringsten Gebots aufzunehmen (§ 49 Abs 1; das jedoch ist nicht weiter geklärt). Zur Anmeldung und Behandlung bei Erlösverteilung § 92 Rdn 6.1. Besonderes nach Landesrecht, wenn demnach Aufnahme in das geringste Gebot nicht erfolgt: EGZVG § 9.

5.2 Auflassungsvormerkung: § 48 Rdn 3.

---

[5] Stöber NotBZ 2004, 265 (Abschn IV 2).
[6] Stöber NotBZ 2004, 265 (Abschn IV 3).
[7] Jaeckel/Güthe Rdn 13 zu § 44; Stöber aaO (Fußn 6).
[8] Amann DNotZ 2004, 599.
[9] BGH 66, 217 = MDR 1976, 825 = NJW 1976, 1398.

5.3 Beschränkte persönliche Dienstbarkeit: Als Recht am Grundstück (§ 10 Abs 1 Nr 4) ist die beschränkte persönliche Dienstbarkeit (BGB §§ 1090–1093) jeder Art, auch als Wohnungsrecht, in das geringste Gebot aufzunehmen, wenn ein nachrangiger Gläubiger die Zwangsversteigerung betreibt. Sie bleibt dann bestehen (§§ 52, 91 Abs 1). Zuzahlungsbetrag ist nach § 51 Abs 2 zu bestimmen.

5.4 Eigentümergrundpfandrechte: Die Eigentümergrundschuld (BGB § 1177 Abs 1, § 1196 Abs 1) und die Eigentümerhypothek (BGB § 1177 Abs 2) sind als Grundstücksrechte vom Eigentum am Grundstück verschiedene (selbständige) Vermögensrechte. Sie bleiben dem Eigentümer als Vermögensrechte auch bei Veräußerung des belasteten Grundstücks. Eine Eigentümergrundschuld(-hypothek) mit Rang vor dem betreibenden Gläubiger ist daher in das geringste Gebot aufzunehmen. Ins geringste Gebot kommt die auf den Namen des Eigentümers als solche eingetragene (sogenannte offene) Eigentümergrundschuld (die für den Eigentümer ursprünglich bestellte, BGB § 1196, oder aus einem Fremdgrundpfandrecht nachträglich entstandene und bereits umgeschriebene) ebenso wie die Eigentümergrundschuld (-hypothek), die gesetzlich aus einem Grundpfandrecht entstanden ist, das im Grundbuch noch für einen anderen (Dritten) eingetragen ist (sogenannte verschleierte oder verdeckte Eigentümergrundschuld oder -hypothek). Aufnahme in das geringste Gebot erfordert nach § 45 Eintragung des Rechts als Grundstücksbelastung (§ 10 Abs 1 Nr 4) zur Zeit der Eintragung des Versteigerungsvermerks oder rechtzeitige Anmeldung, nicht aber, daß ein demnach zu berücksichtigendes Grundpfandrecht zu dieser Zeit bereits als Grundschuld auf den Eigentümer übergegangen oder auf ihn eingetragen war. Dazu ZVG-Handbuch Rdn 249. Der Deckungsgrundsatz erfordert auch nur Berücksichtigung des Grundpfandrechts als Grundstücksbelastung, nicht aber Feststellung des Grundpfandgläubigers. Daher wird für das geringste Gebot nicht ermittelt, ob ein noch als Fremdrecht eingetragenes Grundpfandrecht rechtlich bereits Eigentümergrundschuld oder -hypothek ist. Die Berücksichtigung eines Rechts in Übereinstimmung mit dem Grundbuch als Fremdrecht (Hypothek oder Grundschuld) ist daher unschädlich. Wenn eine Hypothek oder Grundschuld in das geringste Gebot aufgenommen ist, bleibt auch eine etwa an ihre Stelle getretene Eigentümergrundschuld (Eigentümerhypothek) gedeckt und bei Zuschlagerteilung bestehen (§ 52 Rdn 2). Löschungsvormerkung (BGB § 1179) und gesetzlicher Löschungsanspruch (BGB § 1179a), bei der Grundschuld auch Rückgewährvormerkung (BGB § 883), hindern das Entstehen einer Eigentümergrundschuld, mithin ihre Berücksichtigung im geringsten Gebot nicht[10]. **Zinsen** aus einem Eigentümerrecht kommen nicht in das geringste Gebot (BGB § 1197 Abs 1), auch nicht für einen Pfandgläubiger oder den Insolvenzverwalter (§ 114 Rdn 6) und nicht für die beiden Wochen des § 47.

5.5 Enteignungsvermerk nach BauGB § 108 Abs 6: Er ist kein Recht am Grundstück, gehört somit nicht in das geringste Gebot. Nach Erteilung des Zuschlags ist er nicht zu löschen (§ 15 Rdn 6.1).

5.6 Entschuldungsvermerk: Er ist nicht mehr von Bedeutung. Das Entschuldungsabwicklungsgesetz und die Löschungsverordnung sind aufgehoben[11]. Ein noch im Grundbuch eingetragener Entschuldungsvermerk ist zu löschen (GBO § 84 Abs 1 Satz 2). Ein in den neuen Bundesländern etwa nach dem Schuldenregelungsgesetz noch eingetragener Entschuldungsvermerk ist gegenstandslos; er ist zu löschen. Für einen Vermerk über die Entschuldung der Klein- und Mittelbauern beim Eintritt in die landw Produktionsgenossenschaft sieht GBV § 105 Abs 1 Satz 2 Buchst a ein vereinfachtes Löschungsverfahren vor.

5.7 Erbbaurecht bei Versteigerung des Grundstücks: § 15 Rdn 14; Erbbauzinsreallast: § 52 Rdn 4 und 5.

---

[10] RG 57, 209 (211).
[11] InsOÄndG vom 26. 10. 2001, BGBl I 2710, Art 8.

§ 44 5.8   Geringstes Gebot. Versteigerungsbedingungen

5.8 Gebäudeentschuldungssteuer-Abgeltungshypothek: § 10 Rdn 6.2. In Höhe zurückgezahlter Beträge ist sie erloschen. Aufnahme solcher Beträge in das geringste Gebot erfolgt nicht (kein Eigentümeranspruch). Anmeldung des eingetragenen Gläubigers genügt[12].

5.9 Gesamtrecht: Es wird als Recht am Grundstück bei Versteigerung durch einen nachrangigen Gläubiger (wie Rdn 5.13) bei jedem der haftenden Grundstücke voll in das geringste Gebot (bestehen bleibend und bar) aufgenommen, ohne Rücksicht auf die Mithaft. Hinweis auf die Mithaft ist nicht nötig, aber zweckmäßig. Dazu mit Beispiel ZVG-Handbuch Rdn 259. Verteilung bei Versteigerung mehrerer Grundstücke in demselben Verfahren: § 64.

5.10 Grunddienstbarkeit: Als Recht am Grundstück (§ 10 Abs 1 Nr 4; BGB §§ 1018–1029) ist sie ins geringste Gebot aufzunehmen, wenn ein nachrangiger Gläubiger die Zwangsversteigerung betreibt. Sie bleibt dann bestehen (§§ 52, 91 Abs 1). Zuzahlungsbetrag ist nach § 51 Abs 2 zu bestimmen.

5.11 Grundschuld: Siehe Hypothek und Sicherungsgrundschuld.

5.12 Höchstbetragshypothek nach BGB: Sie belastet als Sicherungshypothek (BGB § 1190 Abs 1, 3) das Grundstück unbedingt in Höhe des vollen eingetragenen Geldbetrags. Entstanden sein kann sie auch als Arresthypothek (ZPO § 932 Abs 1). Eine dem bestrangig betreibenden Gläubiger vorgehende Höchstbetragshypothek ist als Recht am Grundstück (§ 10 Abs 1 Nr 4) ins geringste Gebot aufzunehmen. Die Forderungshöhe ist nur dafür von Bedeutung, wem das Recht zusteht, ob dem Eigentümer oder dem eingetragenen Gläubiger, wobei sie bis zur Feststellung der Gläubigerforderung eine vorläufige, auflösend bedingte Eigentümergrundschuld ist (dies jedoch nicht nach ZGB-DDR § 454 Abs 1 Satz 1 und 2, Abs 2 Satz 1; siehe Rdn 5.14). Zinsen sind im Höchstbetrag enthalten (BGB § 1190 Abs 2), werden im bar zu zahlenden Teil des geringsten Gebots daher nicht gesondert berücksichtigt. Rechtsverfolgungskosten (§ 10 Abs 2) werden in das bare geringste Gebot gesondert aufgenommen.

5.13 Hypothek: Als Recht am Grundstück (§ 10 Abs 1 Nr 4; BGB §§ 1113–1189) ist sie ins geringste Gebot aufzunehmen, wenn ein nachrangiger Gläubiger die Zwangsversteigerung betreibt. Sie bleibt dann bestehen (§§ 52, 91 Abs 1). Kosten (§ 10 Abs 2) sowie Ansprüche auf wiederkehrende Leistungen und andere Nebenleistungen (siehe § 12 Nr 2) werden im bar zu zahlenden Teil des geringsten Gebots berücksichtigt (§ 49 Abs 1), und zwar die laufenden Beträge regelmäßig wiederkehrender Leistungen für die Zeit bis zum Ablaufe von zwei Wochen nach dem Versteigerungstermin (§ 47). Der Ersteher trägt Zinsen und andere Nebenleistungen der bestehenbleibenden Hypothek vom Zuschlag an (§ 56 Satz 2). Berücksichtigung nach dem Inhalte des Grundbuchs oder nur bei rechtzeitiger Anmeldung: § 45. Siehe außerdem Höchstbetragshypothek, Tilgungshypothek und Zwangshypothek.

5.14 Hypothek im Beitrittsgebiet: Die an einem Grundstück (auch Gebäudeeigentum) im Beitrittsgebiet (Einl Rdn 14) lastende Hypothek (auch als Aufbauhypothek oder Zwangshypothek) nach §§ 452–457 des vormaligen Zivilgesetzbuchs-DDR (es ist am 1. Jan 1976 in Kraft getreten, EGZGB-DDR § 1) ist mit der Forderung untrennbar verbunden (ZGB-DDR § 454 Abs 1 Satz 1). Sie besteht nur in der jeweiligen Höhe der Forderung einschließlich Zinsen und Nebenforderungen (ZGB-DDR § 454 Abs 1 Satz 2). Ist die Forderung erloschen, so ist auch diese Hypothek erloschen (ZGB-DDR § 454 Abs 2 Satz 1), eine Eigentümergrundschuld somit nicht zur Entstehung gelangt. Wenn feststeht, daß eine ZGB-Hypothek mit der Forderung erloschen ist, wird sie nicht nach § 44 (Rdn 5.13) in das geringste Gebot aufgenommen (§ 45 Rdn 6.3). Soweit feststeht, daß eine ZGB-Hypothek mit der Forderung teilweise erloschen ist, wird

---

[12] OLG Celle NdsRpfl 1950, 118.

sie nur in Höhe des noch bestehenden (valutierten) Teils in das geringste Gebot aufgenommen. Der Feststellung kann namentlich auch eine Erklärung des Forderungsgläubigers über das Erlöschen der Forderung (damit auch der Hypothek) zugrunde liegen; eine Erklärung auch des Eigentümers ist hierfür nicht erforderlich (folgt aus EGBGB Art 233 § 6 Abs 1 Satz 2). Wenn das Erlöschen der Forderung und damit der Hypothek nicht sicher feststeht (somit ungewiß ist) muß die ZGB-Hypothek nach dem Inhalt des Grundbuchs (§ 45 Abs 1) in das geringste Gebot aufgenommen und eine mögliche Nachzahlungspflicht im Verteilungsverfahren nach § 125 behandelt werden. Gleiches gilt für die zur Sicherung einer künftigen Forderung bestellten Hypothek (ZGB-DDR § 452 Abs 1 Satz 3), wenn die Forderung noch entstehen kann. Die abweichende Regelung in § 12 Abs 3 Satz 2 der vormaligen Grundstücksvollstreckungsverordnung-DDR, daß „eine nicht angemeldete Forderung als erfüllt und ein nicht angemeldetes Recht als nicht mehr bestehend" gilt, hat für das ZVG-Verfahren keinerlei Bedeutung. Die Höchstbetragshypothek nach ZGB-DDR § 454a ist bedingtes Recht (dazu § 48 Rdn 2–4). Auf Hypotheken noch aus der Zeit vor Inkrafttreten des ZGB-DDR (1. Jan 1976) ist das von diesem Zeitpunkt geltende Recht, somit das Hypothekenrecht des BGB, anzuwenden (EGZGB-DDR § 6 Abs 1; auch EGBGB Art 233 § 6 Abs 2). Aufnahme in das geringste Gebot erfolgt daher (als Fremdrecht oder als Eigentümergrund) mit dem vollen Betrag des Rechts (Rdn 5.4).

5.15 Eine **Löschungsvormerkung** nach BGB § 1179 und ein gesetzlicher Löschungsanspruch nach BGB §§ 1179a, b (dazu § 114 Rdn 9) hindern das Entstehen eines Eigentümergrundpfandrechts nicht. Eine Eigentümergrundschuld (Eigentümerhypothek) ist daher stets auch in das geringste Gebot aufzunehmen, wenn eine Löschungsvormerkung oder ein gesetzlicher Löschungsanspruch nach BGB §§ 1179a, b besteht und geltend gemacht ist[13]. Das Eigentümergrundpfandrecht bleibt nur dann als löschungsreifes Recht unberücksichtigt (§ 45 Rdn 6), wenn dem Vollstreckungsgericht die zur Löschung nötigen Urkunden vorgelegt sind[13]. Zur Löschungsvormerkung als Nebenrecht, das einem bestehenbleibenden Grundpfandrecht anhaftet, Rdn 5.17; zum gesetzlichen Löschungsanspruch, wenn das betroffene Grundpfandrecht bestehen bleibt, § 91 Abs 4, § 130a.

5.15a Das **Mitbenutzungsrecht** nach ZGB-DDR § 321 Abs 1–3, § 322 gilt als Grundstücksrecht, soweit seine Begründung der Zustimmung des Grundstückseigentümers bedurfte (EGBGB Art 233 § 5 Abs 1). Als solches ist es in das geringste Gebot aufzunehmen, wenn ein nachrangiger Gläubiger die Zwangsversteigerung betreibt. Folge der Nichtberücksichtigung im geringsten Gebot: EGBGB Art 233 § 5 Abs 2 Satz 3 (hierzu EGZVG § 9a Rdn 4).

5.16 Nacherbenvermerk: Er gehört nicht ins geringste Gebot, ist kein Recht im Sinne von § 44 Abs 1, sondern Verfügungsbeschränkung[14], auf Grund des Zuschlags zu löschen[15]. Das gilt auch, wenn das Anwartschaftsrecht des Nacherben ver- oder gepfändet ist und das Pfandrecht gleichfalls im Grundbuch eingetragen ist.[16]

5.17 Nebenrechte: Eine bestehenbleibende Belastung wird in der Form, in der sie besteht, in das geringste Gebot aufgenommen, also mit ihren zusätzlichen Eintragungen (Pfandrechte, Vormerkungen, Widersprüche, Rangvermerke, Mithaftvermerke usw). Sie müssen nicht ausdrücklich im geringsten Gebot berücksichtigt (bezeichnet) werden; ihr Bestehen ergibt sich aus dem Grundbuch oder der Anmeldung, ihr Fortbestehen folgt kraft Gesetzes aus dem Nichterlöschen des Hauptrechts. Doch ist es zweckmäßig, die im Grundbuch eingetragenen Neben-

---

[13] RG 57, 209 (211).
[14] BGH DNotZ 2000, 705 = FamRZ 2000, 1149 = MDR 2000, 883 = NJW 2000, 3358 = Rpfleger 2000, 403; OLG Hamm MDR 1969, 56 = NJW 1969, 516 = OLGZ 1969, 63 = Rpfleger 1968, 403.
[15] OLG Hamm aaO.
[16] BGH aaO.

rechte und angemeldete nicht eingetragene Nebenrechte (auch Belastungen) eines bestehenbleibenden Rechts auch im geringsten Gebot zu nennen. Beispiel ZVG-Handbuch Rdn 265.

5.18 Nießbrauch: Als Recht am Grundstück (§ 10 Abs 1 Nr 4; BGB §§ 1030–1067) ist er ins geringste Gebot aufzunehmen, wenn ein nachrangiger Gläubiger die Zwangsversteigerung betreibt. Er bleibt dann bestehen (§§ 52, 91 Abs 1). Zuzahlungsbetrag ist nach § 51 Abs 2 zu bestimmen. Siehe auch § 15 Rdn 26.

5.19 Das **Nutzungsrecht** an einem Grundstück für selbständiges Eigentum nach ZGB-DDR § 288 Abs 4, § 292 Abs 3 kommt in das geringste Gebot, wenn ein nachrangiger Gläubiger die Zwangsversteigerung betreibt. Es bleibt dann bestehen (§§ 52, 91 Abs 1). Zuzahlungsbetrag ist nach § 51 Abs 2 zu bestimmen. Folge der Nichtberücksichtigung im geringsten Gebot: EGBGB Art 233 § 4 Abs 4 und (ab 1. 1. 2001) EGZVG § 9a.

5.20 Reallast: a) Als Recht am Grundstück (§ 10 Abs 1 Nr 4; BGB §§ 1105–1112) ist sie ins geringste Gebot aufzunehmen, wenn ein nachrangiger Gläubiger die Zwangsversteigerung betreibt. Sie bleibt dann bestehen (§§ 52, 91 Abs 1). Zuzahlungsbetrag ist nach § 51 Abs 2 zu bestimmen. Kosten (§ 10 Abs 2) sowie wiederkehrende Leistungen und andere Nebenleistungen (mit Endzeitpunkt nach § 47) werden im bar zu zahlenden Teil des geringsten Gebots berücksichtigt (§ 49 Abs 1). Bewertung der Naturalleistungen: § 46.

b) Eine **wertgesicherte Reallast** wird als bestehenbleibendes Recht mit ihrem eingetragenen Inhalt in das geringste Gebot aufgenommen. Wiederkehrende Leistungen, die in den bar zu zahlenden Teil des geringsten Gebots aufzunehmen sind, können als Anspruch von bestimmtem (§ 14 Rdn 2.3 zu i) oder von unbestimmtem Betrag (erfordert Bestimmung nach § 46) zu berücksichtigen sein (wie nachf Abs c).

c) Als Inhalt einer Reallast (BGB § 1105 Abs 1 Satz 2), damit auch einer Erbbauzinsreallast (ErbbauVO § 9 Abs 1 Satz 1), kann vereinbart sein, daß die zu entrichtende Leistungen sich ohne weiteres an veränderte Verhältnisse anpassen **(automatische Anpassung).** Als besteh en bleibendes Recht ist diese Reallast mit automatischer Anpassung mit ihrem eingetragenen Inhalt in das geringste Gebot aufzunehmen. Rückständige Leistungen, die im bar zu zahlenden Teil des geringsten Gebots zu berücksichtigen sind, können als bestimmte oder unbestimmte Ansprüche zu berücksichtigen sein (§ 45 Rdn 3.6). Sie sind von bestimmtem Geldbetrag, wenn der Anspruch grundbuchrechtlich auf Zahlung eines ohne weiteres erkennbaren Geldbetrages gerichtet ist. Das ist der Fall, wenn der Geldbetrag bei Fälligkeit nach der eingetragenen Geldleistung und der Anpassungsklausel ohne weiteres betragsmäßig bestimmt werden kann (§ 14 Rdn 2.3 zu i). Bezeichnung dieses Geldbetrags hat bei Feststellung des geringsten Gebots durch das Vollstreckungsgericht nach dem Inhalt des Grundbuchs zu erfolgen. Um einen Anspruch von unbestimmtem Betrag (§ 14) handelt es sich bei unbezifferter Geldleistung und bei ursprünglich bezifferter Geldleistung, soweit die Anpassungsklausel Berechnung und betragsmäßige Bestimmung der Leistungen bei Fälligkeit nur anhand außerhalb des Grundbuchs feststellbarer Voraussetzungen (ggfs erst durch richterliche Entscheidung) ermöglicht. Beispiel: Anpassung nach dem Wert des belasteten Grundstücks oder der ortsüblich erzielbaren Nettomiete. Diese Leistungen von unbestimmtem Betrag (§ 14) gelten als aufschiebend bedingt durch die Feststellung des Betrags; im geringsten Gebot sind sie wie unbedingte Ansprüche zu berücksichtigen (§ 48). Zur Berücksichtigung im bar zu zahlenden Teil des geringsten Gebots ist für wiederkehrende Leistungen der Geldbetrag nach § 46 festzusetzen (§ 45 Rdn 3.6).

d) Bestehenbleiben mit abweichender Feststellung des geringsten Gebots s Rdn 4.12.

Begriff des geringsten Gebots, Deckungsgrundsatz 5.27 § 44

5.21 Relative Unwirksamkeit: Ist ein vorgehendes Recht gegenüber einem betreibenden Gläubiger unwirksam, gegenüber einem anderen nicht, so meint[17], es müsse für beide das geringste Gebot aufgestellt, dann das geringere gewählt werden. Dies ist nicht richtig, weil (anders als nach dem früheren ZVG-Entwurf, von dem die Motive[18] ausgehen) bei dem ZVG allein der bestrangig betreibende Gläubiger maßgebend ist, um das geringste Gebot zu berechnen.

5.22 Rentenschuld: Sie ist als besondere Art der Grundschuld (BGB §§ 1199–1203) Grundstücksbelastung (§ 10 Abs 1 Nr 4), auf deren einzelne Leistungen die für Hypothekenzinsen geltenden Vorschriften Anwendung finden (BGB § 1200 Abs 1). Siehe daher Hypothek.

5.23 Sanierungsvermerk nach BauGB § 143 Abs 4: Er ist kein Recht am Grundstück, gehört somit nicht in das geringste Gebot. Nach Erteilung des Zuschlags ist er nicht zu löschen (§ 15 Rdn 6.3).

5.24 Sicherungsgrundschuld: Sie ist als Recht am Grundstück ins geringste Gebot aufzunehmen, wenn ein nachrangiger Gläubiger die Zwangsversteigerung betreibt (wie bei Hypothek dargestellt, Rdn 5.13). Als Grundstücksrecht ist die Sicherungsgrundschuld abstrakt, von der Forderung gelöst, daher in das geringste Gebot voll (mit dem eingetragenen Betrag des Rechts) einzusetzen, auch wenn der Gläubiger erklärt, daß die Forderung voll oder nicht voll entstanden oder daß sie wieder erloschen sei. Wiederkehrende Leistungen (insbesondere Zinsen) werden von Amts wegen mit laufenden Beträgen (§ 45 Abs 2), bei Anmeldung durch den Grundschuldgläubiger außerdem mit rückständigen Beträgen in den zu zahlenden Teil des geringsten Gebots (§ 49 Abs 1) eingestellt. Hierzu mit Beispiel im ZVG-Handbuch Rdn 260. Nebenleistungen: § 49 Rdn 2.5. Der schuldrechtliche Rückgewähranspruch des Sicherungsgebers (§ 114 Rdn 7.7) erlangt für Feststellung des geringsten Gebots keine Bedeutung. Er ist vom Gläubiger der bestehen bleibenden Grundschuld (§ 52) unverändert zu erfüllen. Wird dem Gläubiger der Grundschuld vom Ersteher Zahlung geleistet (BGB § 1142 mit § 1192 Abs 1), so besteht der Rückgewähranspruch als Anspruch auf Auskehrung des erlangten „Übererlöses" fort[19].

5.25 Tilgungshypothek (auch **Annuitätenhypothek**): Sie ist als Recht am Grundstück (§ 10 Abs 1 Nr 4; BGB § 1113) ins geringste Gebot aufzunehmen, wenn ein nachrangiger Gläubiger die Zwangsversteigerung betreibt (siehe Rdn 5.13). Die Bestimmungen über die Tilgung des Darlehens durch Zuschläge zu den Zinsen sind Rückzahlungsbedingungen. Die Zuschläge sind nicht neben dem Kapital, sondern als Kapitalteile zu dessen allmählicher Tilgung zu entrichten[20]. Es muß nicht ermittelt werden, ob und in welcher Höhe schon eine Eigentümergrundschuld entstanden sei (siehe Rdn 5.4). Berücksichtigung der wiederkehrenden Leistungen (Zinsen und Tilgungsanteile) und der Hauptsache § 49 Rdn 6.

5.26 Umlegungsvermerk nach BauGB § 54 Abs 1: Er ist kein Recht am Grundstück, gehört somit nicht in das geringste Gebot. Nach Erteilung des Zuschlags ist er nicht zu löschen (§ 15 Rdn 6.4).

5.27 Vorkaufsrecht: Es ist als Recht am Grundstück (§ 10 Abs 1 Nr 4; BGB § 1094) ins geringste Gebot aufzunehmen, wenn ein nachrangiger Gläubiger die Zwangsversteigerung betreibt, ohne Unterschied, ob es für einen (so auch[21]) oder mehrere Fälle bestellt ist. Auch das Vorkaufsrecht für nur einen Verkaufsfall kann einen durch Ausübung (BGB § 464) bereits entstandenen Anspruch auf Übertra-

---

[17] Henle, ZVG, § 44 Anm 7.
[18] Motive zum ZVG S 166.
[19] BGH DNotZ 1989, 752 = MDR 1989, 238 = NJW-RR 1989, 173 = Rpfleger 1989, 120.
[20] RG 54, 88 (92).
[21] Dassler/Schiffhauer § 44 Rdn 14; Ripfel BWNotZ 1963, 161 (6).

gung des Eigentums sichern (BGB § 1098 Abs 2); schon deshalb darf es nicht übergangen werden (ZVG-Handbuch Rdn 264). Daß ein Vorkaufsrecht, wie oft gesagt wird (so[22]), nicht in das geringste Gebot aufzunehmen sei, wenn es nur für den ersten Fall bestellt ist, ist demnach so allgemein nicht zutreffend. Nur wenn das Erlöschen des Vorkaufsrechts objektiv (sicher) feststeht, bleibt es unberücksichtigt (hierzu § 45 Rdn 6.5). In der Vollstreckungs- und in der Insolvenzverwalterversteigerung ist das Vorkaufsrecht ausgeschlossen (§ 81 Rdn 10.2). Wenn es nur auf den ersten Verkaufsfall bestellt ist (BGB § 1097; anders bei Bestellung für den ersten Vorkaufsfall), wird es mit Erteilung des Zuschlags daher hinfällig (§ 81 Rdn 10.2). Sein Erlöschen steht objektiv dann aber nur (sicher) fest, wenn auch ausgeschlossen ist, daß es nicht einen durch Ausübung (BGB § 464) bereits entstandenen Eigentumsübertragungsanspruch sichert (BGB § 1098 Abs 2). Wenn der Vorkaufsberechtigte bestätigt, daß das Vorkaufsrecht nicht ausgeübt ist, wird es bei der Vollstreckungs- und Insolvenzverwalterversteigerung daher nicht in das geringste Gebot aufgenommen. Die Erklärung ist in öffentlich beglaubigter Urkunde (§ 84 Abs 2) oder zu Niederschrift des Vollstreckungsgerichts (§ 78) abzugeben. Wenn der bei Ausübung des Rechts bestehende Anspruch auf Eigentumsübertragung gepfändet ist, hat auch der pfändende Gläubiger zu erklären, daß das Vorkaufsrecht Wirkungen nicht äußert.

5.28 Vormerkung, Widerspruch: Das gesicherte Recht ist wie ein eingetragenes Recht zu berücksichtigen (§ 48). Näheres Anmerkung zu § 48.

5.29 Wohnungseigentumsgesetz: a) Auf **Wohnungseigentum** (Teileigentum) als Gegenstand der Immobiliarvollstreckung (Einl Rdn 12.8) ruht die **Grundsteuer** als öffentliche Last (GrStG § 12). Das (einzelne) Wohnungseigentum (Teileigentum) als wirtschaftliche Einheit (Bewertungsgesetz § 93 Abs 1) ist haftender Steuergegenstand nach GrStG § 2 Nr. 2 mit Bewertungsgesetz § 68 Abs 1 Nr 3 und § 70 Nr 1. Mithaft für Grundsteuer der zu den anderen (übrigen) Sondereigentumsrechten gehörenden Miteigentumsanteile besteht nicht. Als öffentliche Last (§ 10 Abs 1 Nr 3) gehört daher nur Grundsteuer des beschlagnahmten Wohnungseigentums (Teileigentums) in das geringste Gebot.

b) Die **Kehr- und Überprüfungsgebühren** nach SchfG § 25 (samt Umsatzsteuer und Auslagen, § 10 Rdn 6.13) sind öffentliche Last des im (gemeinschaftlichen) Eigentum (aller) Miteigentumsanteile stehenden Grundstücks (SchfG § 25 Abs 4; auch WEG § 16 Abs 2), und zwar auch dann, wenn die gebührenpflichtigen Tätigkeiten an Anlagen im Sondereigentum vorgenommen wurden. Die Wohnungseigentümer (Teileigentümer) haften als Miteigentümer samtverbindlich[23]. Weil es sich demnach um eine gemeinschaftliche Angelegenheit handelt, ist der Verwalter berechtigt und verpflichtet, Zahlung zu bewirken (WEG § 27 Abs 2 Nr 1 und 2). Werden Kehr- und Überprüfungsgebühren doch zur Zwangsversteigerung angemeldet, sind sie als Gesamtbelastung bei Versteigerung nur einer Wohnungs- oder Teileigentums-Einheit voll in das geringste Gebot aufzunehmen, bei Versteigerung aller (oder mehrerer) Wohnungs- oder Teileigentums-Einheiten zur Aufnahme in das geringste Gebot für Einzelausgebote im Verhältnis der Miteigentumsanteile der Eigentümer aufzuteilen (§ 63 Rdn 2.5).

c) Ein **Erschließungsbeitrag** ruht bei einer noch nicht veräußerten Eigentumswohnung voll als öffentliche Last darauf und ist bei der Versteigerung daher mit dem vollen angemeldeten Betrag ins geringste Gebot aufzunehmen[24].

d) **Lasten- und Kostenbeiträge,** die von einem Wohnungs- oder Teileigentümer nach Ablauf des Rechnungsjahres auf Grund der Jahresabrechnung (WEG

---

[22] Jaeckel/Güthe § 48 Rdn 5; Mohrbutter/Drischler Muster 44 Anm 4; Steiner/Eickmann § 44 Rdn 119; Ripfel BWNotZ 1963, 161.
[23] BVerwG NJW-RR 1994, 972.
[24] LG Lüneburg Rpfleger 1976, 68.

§ 28 Abs 3) oder fortlaufend als Wohngeld nach dem Wirtschaftsplan (WEG § 28 Abs 1 Nr 1 und 2) an den Verwalter (WEG § 27 Abs 2) zu leisten sind, sind den Wohnungseigentümern als Verpflichtung zur anteiligen Lasten- und Kostentragung (WEG § 16 Abs 2) geschuldet. Ein Recht auf Befriedigung aus dem Wohnungs- oder Teileigentum gewähren sie nach § 10 nicht. Im geringsten Gebot werden sie daher nicht berücksichtigt.

e) Das **Dauerwohnrecht** (Dauernutzungsrecht) nach WEG §§ 31 ff unterliegt als (dienstbarkeitsartige) Belastung den allgemeinen Rangvorschriften. Es kommt nach § 44 ins geringste Gebot, wenn ein nachgehender Gläubiger die Zwangsversteigerung betreibt. Wenn die Versteigerung des Grundstücks ein dem Recht vorgehender oder gleichstehender Gläubiger einer Hypothek, Grundschuld, Rentenschuld oder Reallast betreibt, erlischt das Recht mit dem Zuschlag. Gemäß WEG § 39 kann aber für diesen Fall das Bestehenbleiben des Dauerwohnrechts „abweichend von § 44 ZVG" vereinbart sein. Dies muß im Grundbuch eingetragen sein. Dann ist das Dauerwohnrecht nach abweichender Bestimmung (vergleichbar § 59) in das geringste Gebot und die Versteigerungsbedingungen aufzunehmen (vgl[25]). Keine Wirkung hat diese Vereinbarung aber, wenn ein Gläubiger der Rangklasse 2 oder 3 des § 10 Abs 1 die Versteigerung betreibt[26]. Sonst ist die Vereinbarung trotz Eintragung in der Versteigerung nur dann verbindlich, wenn der Dauerwohnberechtigte im Zeitpunkt der Feststellung der Versteigerungsbedingungen im Versteigerungstermin seine fälligen Zahlungsverpflichtungen gegenüber dem Grundstückseigentümer erfüllt hat (WEG § 39 Abs 3). Diese Vorschrift ist mit erheblichen rechtlichen und tatsächlichen Schwierigkeiten verbunden, weil hier schuldrechtliche Streitfragen für dingliche Rechte von Bedeutung sein sollen[27]. Das Vollstreckungsgericht mit seinen hierfür unzureichenden prozessualen Mitteln kann nur durch Befragung der Anwesenden zu ermitteln versuchen, ob die Voraussetzungen vorliegen. Können diese im Versteigerungstermin nicht geklärt (objektiv festgestellt, § 45 Rdn 6) werden, dann ist das Recht als bedingtes in das geringste Gebot aufzunehmen (bei Wegfall Zuzahlung nach § 51). Die Nichterfüllung unerheblicher Teilbeträge ist ohne Bedeutung[28]. Dazu kommt eine weitere Schwierigkeit: die notwendige Zustimmung zur Vereinbarung durch die vorausgehenden Gläubiger von Hypotheken, Grundschulden, Rentenschulden, Reallasten (WEG § 39 Abs 2) ist vielleicht von einem Teil der Gläubiger erteilt, von anderen nicht, also nur relativ wirksam. Wenn nicht alle dem Dauerwohnrecht mit Rang vorgehenden Hypotheken usw (WEG § 39 Abs 2) der Vereinbarung über das Bestehenbleiben des Rechts zugestimmt haben, kann es nach dieser Bestimmung bestehenbleiben, wenn hierdurch kein Grundpfandrecht (und keine Reallast), das der Eintragung der Vereinbarung nicht zugestimmt hat, beeinträchtigt wird, wenn also der bestrangig betreibende Gläubiger dem nicht zustimmenden Grundpfandrechtsgläubiger nachgeht. Besteht das Recht am ganzen Grundstück und geht es an einem Wohnungseigentumsanteil dem betreibenden Gläubiger nach, so erlischt es auch an den anderen Wohnungseigentumsanteilen (hierzu auch § 91 Rdn 2.4). Ein Beispiel aus[29]: vorausgehende Gläubiger A und B, A geht dem B vor; A betreibt die Versteigerung; A hat zugestimmt, B nicht; dann fällt B nicht ins geringste Gebot; hier muß auch das Dauerwohnrecht erlöschen; erst nach der Auszahlung des B aus dem Erlös ist der weitere Erlös (als Ersatzzahlung) an das Dauerwohnrecht zu zahlen, in Höhe seines kapitalisierten Wertes; möglich ist ein Doppelausgebote nach ZVG § 59; hat B zugestimmt, A nicht, so

---

[25] Stöber Rpfleger 1996, 136 (II 5).
[26] Weitnauer/Mansel, WEG, § 39 Rdn 4; Bärmann/Pick, WEG, § 39 Rdn 41; Dassler/Schiffhauer § 44 Rdn 19; Bänder BlGrBW 1953, 306.
[27] Diester, WEG, vor § 31 Rdn 27 und § 39 Anm 1, 11; Diester Rpfleger 1954, 281 (1 b).
[28] Weitnauer/Mansel, WEG, § 39 Rdn 15.
[29] Bänder BlGrBW 1953, 306.

§ 44 5.29   Geringstes Gebot. Versteigerungsbedingungen

erlischt das Recht; wenn B betreibt und nicht zugestimmt hat, A zugestimmt hat, erlischt ebenfalls das Recht; wenn B betreibt und zugestimmt hat, A nicht, bleibt das Recht bestehen, weil A nicht beeinträchtigt ist; Nachrangige können nicht widersprechen. Dazu auch ZVG-Handbuch Rdn 398.

5.30 Zinsen: Ist der Zinsfuß eines dem betreibenden Gläubiger vorgehenden Rechtes nach der Beschlagnahme des Grundstücks erhöht worden (selbst im Rahmen von BGB § 1119 bis zu 5%), so ist diese Erhöhung bei der Feststellung des geringsten Gebots gegenüber dem betreibenden Gläubiger unwirksam (siehe § 23 Rdn 2.2).

5.31 Zwangshypothek: Sie wird als Recht am Grundstück (§ 10 Abs 1 Nr 4) behandelt wie eine rechtsgeschäftlich bestellte Sicherungshypothek (Rdn 5.13). Das Bestehen der Forderung muß nicht nachgewiesen werden. Hierzu auch ZVG-Handbuch Rdn 258.

6 Geringstes Gebot: Rangänderung, Rangvorbehalt

6.1 Grundlage für **Feststellung des Rangs** des Anspruchs des betreibenden Gläubigers und der zu deckenden vorgehenden Rechte (Rdn 4.2) sind die Grundbucheintragungen im Zeitpunkt der Eintragung des Versteigerungsvermerks. Berücksichtigung einer erst danach in das Grundbuch eingetragenen Rangänderung und eines erst danach unter Ausnutzung des Rangvorbehalts eingetragenen Rechts erfordert Anmeldung (§ 37 Rdn 5.6). Eine Rangänderung, die das geringste Gebot verringert, also den Rang des bestrangig Betreibenden verbessert, muß entsprechend § 44 Abs 2 mindestens vier Wochen vor dem Termin eingetragen sein[30].

6.2 Mit **Rangänderung** unter mehreren Rechten, mit denen ein Grundstück belastet ist (BGB § 880), ist das vorgetretene Recht (mit Nebenleistungen) vor oder neben das zurückgetretene Recht getreten. Dazu § 11 Rdn 5.2 und ZVG-Handbuch Rdn 267, sowie[31]. Das vortretende Recht verliert den Rang wieder, wenn das zurücktretende kraft Gesetzes oder durch Zeitablauf erlischt (BGB § 880 Abs 4). **Zwischenrechte** dürfen nicht beeinträchtigt werden (BGB § 880 Abs 5). Mit Rücksicht auf Zwischenrechte kann also an Hauptsache und Zinsen (Ausnahme für die Zinsen BGB § 1119 Abs 1) nur soviel vortreten, als bisher dem Zurücktretenden an der von ihm aufgegebenen Rangstelle zustand; man kann vor den Platz abtreten, den man hat (tritt ein Gleichrangiger zurück, wird der Tauschpartner wieder gleichrangig). Für die **Kosten** gilt aber § 10 Abs 2: die tatsächlich entstandenen Kosten der Rechtsverfolgung werden immer an der Rangstelle ihres Anspruchs befriedigt, gehen somit bei einem Rangtausch ohne Rücksicht auf Zwischenrechte mit (natürlich nur, soweit sie wirklich für den rangtauschenden Teil ihres Rechts entstanden sind). Wenn das zurücktretende Recht und das Zwischenrecht Gesamthypotheken sind, das vortretende nicht, darf die Rangstelle vor dem Zwischenrecht nur auf einem Grundstück in voller Höhe in Anspruch genommen werden[32]. Änderungen im Rahmen von BGB § 1119 (Zinsen, Zahlungszeit) sind zulässig. Tritt ein Recht zwischen zwei gleichrangige, mit Rang vor dem einen, nach dem anderen, so wird durch die Rangänderung der Erlösanspruch des unverändert gebliebenen Gleichrangrechts nicht berührt (BGB § 880 Abs 5). Der Erlös verteilt sich nach den Beträgen der bisherigen Gleichrangrechte (§ 10 Abs 1 Einleitungssatz). Was sich danach für das unverändert gebliebene Gleichrangrecht ergibt, bleibt diesem. Den danach auf den Rang des zurückgetretenen Gleichrangrechtes fallenden Erlös erhält das bei Rangtausch mit diesem vorgetretene Recht zum Nachteil des ihm jetzt nachstehenden Rechts.

---

[30] Jaeckel/Güthe § 44 Rdn 4; Schmidt DRiZ 1959, 119.
[31] Schöner/Stöber, Grundbuchrecht, Rdn 2560 ff; Schmidt, Grundpfandrechte und geringstes Gebot, S 30–38.
[32] Jaeckel/Günthe § 11 Rdn 3.

Begriff des geringsten Gebots, Deckungsgrundsatz 6.3 § 44

Beispiel zum letzten Fall: Zwischen die gleichrangigen A = 20 000 Euro, B = 10 000 Euro tritt C = 5000 Euro nach A, aber vor B. Bei einem Erlös von 20 000 Euro fallen nach dem Verhältnis der Gleichrangrechte auf A ($^2/_3$ =) 13 333,33 Euro, und auf den Gleichrang B ($^1/_3$ =) 6666,67 Euro. Infolge des Rangtausches muß C mit seinem Anspruch auf diesen Erlösteil aber vor B berücksichtigt werden. Es erhalten somit: A 13 333,33 Euro; C 5000; B 1666,67 Euro. Bei einem Erlös von 25 000 Euro fallen nach dem Verhältnis der Gleichrangrechte auf A ($^2/_3$ =) 16 666,67 Euro, und auf den Gleichrang B ($^1/_3$ =) 8333,33 Euro. Infolge des Rangtausches muß C mit seinem Anspruch auf diesen Erlösteil vor B berücksichtigt werden. Es erhalten somit: A 16 666,67 Euro; C 5000 Euro; B 3333,33 Euro.

6.3 a) **Keine** Beeinträchtigung im Sinne von BGB § 880 Abs 5 ist bei Rangrücktritt eines Grundpfandrechts die Auswirkung der Vollstreckung durch den vortretenden Grundpfandgläubiger.

Beispiel: Hypothek A, Hypothek B, Hypothek C; A räumt C den Vorrang ein, C betreibt, auch B erlischt jetzt.

b) Anders wäre es, wenn das zurücktretende Recht kein dingliches Verwertungsrecht ist, aus ihm die Zwangsversteigerung des Grundstücks zur Befriedigung des Gläubigers somit nicht betrieben werden kann. Dann würde Erlöschen des Zwischenrechts bei Versteigerung auf Antrag eines vorgetretenen Grundpfandrechtsgläubigers das Zwischenrecht unzulässig berühren (BGB § 880 Abs 5). Auch das Zwischenrecht muß daher in diesem Fall in das geringste Gebot aufgenommen werden[33] (anders nur[34]).

Beispiel: Dienstbarkeit A, Grundschuld B, Hypothek C; Rangänderung zwischen A und C. C (nun erste Rangstelle) betreibt die Zwangsversteigerung. BGB § 880 Abs 5 erfordert Aufnahme des Zwischenrechts B in das geringste Gebot.

c) Vor Beeinträchtigung durch Rangänderung muß ein Zwischenrecht nach BGB § 880 Abs 5 auch dann geschützt bleiben, wenn das zurücktretende Recht nur eingeschränkte Verwertungsmöglichkeit bietet, also seinem Gläubiger nicht in dem gleichen Ausmaß wie dem Gläubiger des vortretenden Rechts Befriedigung aus dem Grundstück im Wege der Zwangsvollstreckung ermöglicht.

Beispiel: Erbbauzins A (monatlich 1000 Euro), Hypothek B, Grundschuld C (100 000 Euro, fällig, mit 12 vH Zinsen jährlich, monatlich zahlbar). A räumt C den Vorrang ein; C (nun an erster Rangstelle) betreibt die Zwangsversteigerung des belasteten Erbbaurechts.

Es erlangt Bedeutung, daß dem A isolierte Verwertung des Reallaststammrechts verwehrt ist. **Vollstreckung** zur dinglichen Befriedigung **ermöglichen** nur **rückständige Einzelleistungen** (ErbbauVO § 9 Abs 1 mit BGB §§ 1107, 1147). Bei Zwangsversteigerung **vor Rangänderung** wegen solcher Gläubigeransprüche wird das Recht des B nicht in das geringste Gebot aufgenommen (Abs 1); er erlischt durch den Zuschlag (§ 52 Abs 1 Satz 2, § 91 Abs 1). Wenn rückständige Einzelleistungen der Erbbauzinsreallast nicht bestehen, kann (vor Rangänderung) jedoch „aus der Rangstelle" der Erbbauzinsreallast die Zwangsversteigerung nicht betrieben werden, Zuschlag Erlöschen des Rechts B daher nicht bewirken. Auch **nach Rangänderung** kann Zwangsversteigerung von dem im Rang vorgetretenen Grundpfandrecht (C) und der Folge, daß das (nach BGB § 880 Abs 5 „nicht berührte") Zwischenrecht erlischt, nicht in weitergehendem (betragsmäßigen) Umfang betrieben werden. Durch Rangänderung wird dem Zwischenrecht (B) gegenüber das bisher nachstehende Recht (C) nur im Ausmaß des zurückgetrete-

---

[33] Dassler/Schiffhauer § 44 Rdn 36; Reinhard/Müller § 44 Anm V 6 b; Steiner/Eickmann § 44 Rdn 74.
[34] Korintenberg/Wenz Einführung Kapitel 6 Beispiel 11 Fußn 10 (S 49).

nen Rechts (Erbbauzinsreallast A) zum vorgehenden Recht[35]. Erlöschen durch Zuschlag bei Versteigerung auf Antrag des Grundpfandgläubigers „im Ausmaß der Verwertungsbefugnis der zurückgetretenen Erbbauzinsreallast" berührt das Zwischenrecht nicht unzulässig. Ausgeschlossen als beeinträchtigend im Sinn von BGB § 880 Abs 5 ist jedoch Erlöschen des Zwischenrechts bei Versteigerung auf Antrag des Grundpfandgläubigers wegen weitergehender Ansprüche. Das Zwischenrecht (B) muß daher in das geringste Gebot aufgenommen werden, wenn fällige (rückständige) Einzelleistungen der Erbbauzinsreallast bei Rangänderung nicht bestanden haben (kein Verwertungsrecht „gegenüber" B bis zu dieser Zeit) und das von da an vorgehende Recht des (vollstreckenden) C im betragsmäßigen Umfang der zwischen Rangänderung und Vollstreckungsbeginn (Anordnung oder Beitritt) weiter fällig gewordenen Einzelleistungen der Erbbauzinsreallast befriedigt wird oder vom Gläubiger des Zwischenrechts B abgelöst ist (BGB §§ 268, 1150) (im Beispiel monatlich 1000 Euro; Verwertungsrecht C nur in diesem Umfang vorrangig „gegenüber B"). Dieser eingeschränkten Verwertungsbefugnis entspricht die Erlöszahlung nach Rangtausch eines nach § 92 Abs 2 nur in Raten auszuzahlenden Rechts mit einem Grundpfandrecht (dazu § 92 Rdn 4.18). Berücksichtigung des Zwischenrechts im geringsten Gebot muß möglich sein, wenn die Voraussetzungen der zur Rechtswahrung nach BGB § 880 Abs 5 eingeschränkten Vollstreckungsbefugnis des Gläubigers des vorgetretenen Grundpfandrechts angemeldet und (erforderlichenfalls) glaubhaft gemacht sind (§ 45 Abs 1). Praktische Erfahrungen für diesen Fall der Rangänderung fehlen; Rechtsprechung ist nicht bekannt. Es ist daher auch die weitere Rechtsentwicklung zu beachten.

6.4 Ein nicht auf Geldzahlung gerichtetes Recht (Dienstbarkeit, Nießbrauch, Vorkaufsrecht usw) ist für die Auswirkung der Rangänderung auf ein Zwischenrecht mit seinem Ersatzzahlungsbetrag (§ 51 Abs 2) zu berücksichtigen.

Beispiel I: Hypothek A zu 100 000 Euro, Grundschuld B, Dienstbarkeit C mit einem Ersatzzahlungsbetrag von 20 000 Euro. A räumt C den Vorrang ein. Rangfolge jetzt: Dienstbarkeit C, Teil Hypothek A (da größer als das vortretende Recht des C), Grundschuld B, Rest Hypothek A. Wenn A die Versteigerung betreibt (2. Rangstelle mit Teil vor B) bleibt C (vorgehendes Recht) bestehen, nicht aber B.

Beispiel II: Hypothek A zu 25 000 Euro, Grundschuld B, Dienstbarkeit C mit einem Ersatzzahlungsbetrag von 100 000 Euro. A räumt C den Vorrang ein. A hat jetzt Rang nach C, aber auch nach B. Wenn A die Versteigerung betreibt, bleiben daher C und B bestehen.

Anders[36]: Wenn das bestrangige Grundpfandrecht des betreibenden Gläubigers nachrangigen Rechten in Abt II, die ihrerseits einem dem zurückgetretenen Recht gegenüber nachrangigen Recht in Abt III ebenfalls nachrangig sind, den Vorrang eingeräumt hat, muß bei der Versteigerung die Frage, ob das Zwischenrecht in Abt III durch diese Rangänderung berührt wird, durch ein von Amts wegen vorzunehmendes Doppelausgebot mit und ohne Bestehenbleiben der vortretenden Rechte Abt II, die betragsmäßig nicht feststehen, beantwortet werden. Dieses Doppelausgebot soll ergeben, ob der Wert des versteigerten Objekts ohne Übernahme des (nicht auf Zahlung eines Geldbetrags gerichteten) Rechts höher einzuschätzen ist als bei Bestehenbleiben dieses Rechts, welches Meistgebot also dem Zwischenrecht eine günstigere Deckung gewährt. Es ist jedoch nicht auf das Versteigerungsergebnis im Einzelfall abzustellen, sondern allein maßgeblich, welche Rechte nach dem Rang des betreibenden Gläubigers gegen Beeinträchtigung geschützt sein müssen. Welche Rechte bestehen bleiben und welche Rechte erlöschen, muß somit für Wirksamkeit (damit Zulassung) des Gebots von vornherein feststehen (das erfordert § 44) und nicht erst nachträglich vom Versteigerungsergebnis her geprüft

---

[35] BGB-RGRK/Augustin § 880 Rdn 44.
[36] OLG Hamm OLGZ 1985, 326 = Rpfleger 1985, 246.

Begriff des geringsten Gebots, Deckungsgrundsatz 6.5 § 44

und festgelegt werden. Zuschlag auf das Meistgebot nach Doppelausgebot, das dem Zwischenrecht eine günstigere Deckung bei der Erlösverteilung gewährt (so[36]), kann zudem den Eigentümer schädigen (Beispiel: Bare Meistgebote bei Doppelausgebot 100 000 Euro sowie 90 000 Euro mit 30 000 Euro bestehenbleibende Rechte; günstigere Deckung des Zwischenrechts um 10 000 Euro bar, aber Verlust für Eigentümer von 20 000 Euro) und selbst dem vermeintlich zu schützenden Zwischenrecht nachteilig sein (Zuzahlungsfall für die bestehenbleibenden Rechte im Wert von 30 000 Euro [bei 90 000 Euro Bargebot] ist unerkannt bereits eingetreten oder streitig). Beides rechtfertigt BGB § 880 Abs 5 jedoch nicht.

6.5 Rangvorbehalt (BGB § 881) begründet eine mit dem Eigentum verbundene Befugnis, ein anderes Recht mit Vorrang eintragen zu lassen. Ist bei der Aufstellung des geringsten Gebots das vorbehaltene Recht noch nicht eingetragen oder ist es nach der Eintragung des Versteigerungsvermerks eingetragen, aber nicht nach § 37 Nr 4 angemeldet, so hat der Rangvorbehalt keinen Einfluß auf das geringste Gebot. Bleibt das vorbehaltsbelastete Recht bestehen, dann bleibt mit ihm als Nebenrecht auch die (noch nicht ausgeübte) Befugnis unberührt, das vorbehaltene Recht eintragen zu lassen. Die Ausübungsbefugnis steht dann dem Ersteher zu (BGB § 881 Abs 3). Sonst erlischt der Vorbehalt mit dem Recht. Für ein Grundpfandrecht an der vorbehaltenen Rangstelle bestimmt sich der Zeitpunkt der Zinsbeginns nach der Eintragungsbewilligung[37], bei Rangvorbehalten aus der Zeit vor Frühjahr 1995 (Veröffentlichung der BGH-Entscheidung[37]) wird, wenn eine Angabe fehlt, der Zeitpunkt der Eintragung des Grundpfandrechts als Mindestinhalt der in Bezug genommenen Eintragungsbewilligung angesehen[37]. Wenn der Rangvorbehalt ausgeübt ist und das vorbehaltene Recht unmittelbar dem mit Vorbehalt belasteten Recht folgt, hat das später eingetragene, in den Vorbehalt eingerückte Recht (abweichend von BGB § 879) Vorrang vor dem vorbehaltsbelasteten Recht (Rangänderung mit Ausnutzung des Rangvorbehalts). Eine Einschränkung der Vorbehaltswirkung bei Vorhandensein von Zwischenrechten (später eingetragene Rechte, für die der vorbehaltene Vorrang nicht ausgenützt worden ist) bestimmt § 881 Abs 4. Beispiele für (die zumeist schwierigen) Berechnungen geben[38]. Das vorbehaltene Recht ist nur soweit mit seinem Rang vor dem belasteten zu berücksichtigen, als nach Abzug des Zwischenrechtsbetrags von dem Betrag des vorbehaltenen Rechts noch etwas bleibt[39]. Dem Zwischenrecht darf kein höherer Betrag vorgehen als vor der Rangänderung; ist das Zwischenrecht größer als das vorbehaltene, so geht diesem das vorbehaltene nicht vor; ist das Zwischenrecht kleiner, so geht diesem das vorbehaltene nur mit dem Rest vor. Wenn im Rangvorbehalt nichts über Zinsen gesagt ist, sind 5% gemäß BGB § 1119 zu berücksichtigen. Wird aus dem vorbehaltsbelasteten die Versteigerung betrieben und löst der Zwischenberechtigte in Höhe des Unterschiedsbetrags zwischen dem belasteten und dem vorbehaltenen das belastete ab, so fallen der abgelöste und kraft Gesetzes auf den Ablösenden übergegangene Teil des belasteten Rechts und das Zwischenrecht in das geringste Gebot, wenn dann wegen des nicht abgelösten Teils weiterbetrieben wird[40]. Wird nach der Beschlagnahme ein Recht an der vorbehaltenen Rangstelle eingetragen, so ist es dem Beschlagnahmegläubiger gegenüber unwirksam. Bei Rangvorbehalt und relativem Rang sind nur die dem betreibenden Gläubiger in jedem Fall vorgehenden Rechte in dieser Höhe als bestehenbleibend ins geringste Gebot aufzunehmen. Steht nur fest, daß ein bestimmter Betrag dem betreibenden Gläubiger vorgeht, nicht aber, wem er zufällt, so ist er in das geringste Gebot aufzunehmen (anders[41]).

---

[37] BGH 129, 1 = DNotZ 1996, 84 mit Anm Kutter = NJW 1995, 1081 = Rpfleger 1995, 343.
[38] Steiner/Eickmann § 44 Rdn 85; Haegele BlGrBW 1960, 23.
[39] Mohrbutter/Drischler Muster 75 Anm.
[40] LG Frankfurt MittBayNot 1959, 201 = NJW 1959, 1442.
[41] Jaeckel/Güthe § 45 Rdn 8.

§ 44 7.1   Geringstes Gebot. Versteigerungsbedingungen

7 Mehrere Gläubiger bei Aufstellung des geringsten Gebots (Absatz 2)

7.1 Wenn **mehrere Gläubiger** die Versteigerung des Grundstücks betreiben, bestimmt sich das geringste Gebot nach dem **bestrangig betreibenden** Gläubiger (Denkschrift S 45). Nach dem Deckungsgrundsatz darf die Versteigerung dann nur unter Sicherung der Verfahrenskosten (§ 109 Abs 1) und Wahrung derjenigen Rechte erfolgen, die dem Anspruch des bestbetreibenden Gläubigers vorgehen. Es wird dann gleichfalls nur ein geringstes Gebot aufgestellt, nicht mehrere mit Vergleich, welches das geringste ist. Grund: Die Verfahren der mehreren betreibenden Gläubiger sind voneinander unabhängig. Das Vollstreckungsrecht des bestrangig betreibenden Gläubigers wird daher nicht dadurch beeinträchtigt, daß auch noch andere Gläubiger mit nachrangiger Berechtigung die Versteigerung des gleichen Grundstücks betreiben. Rangordnung und Deckungsgrundsatz bewirken daher nur Schutz der Rechte am Grundstück vor Beeinträchtigung bei Zwangsversteigerung, die dem bestbetreibenden Gläubiger vorgehen. Dies ermöglicht das niedrigste geringste Gebot[42].

7.2 Betreibender Gläubiger ist ein Vollstreckungsgläubiger, wenn die Versteigerung in dem auf seinen Antrag mit Anordnung des Verfahrens (§ 15) oder Beitrittszulassung (§ 27) eingeleiteten Vollstreckungsverfahren erfolgt. **Einstweilige Einstellung** (gleich aus welchem Grund) des Verfahrens eines von mehreren Gläubigern hält dessen Fortgang auf (§ 30 Rdn 2.1). Davon wird die Grundstücksvollstreckung der anderen Gläubiger, somit der Fortgang des auf ihren Antrag angeordneten oder mit Beitrittszulassung eingeleiteten Verfahrens nicht berührt (§ 30 Rdn 2.14). Die **Versteigerung** in dem **für die anderen Gläubiger** fortzuführenden Vollstreckungsverfahren erfolgt dann aber nicht mehr für den Gläubiger, dessen Verfahren einstweilen eingestellt ist. Für ihn bleibt die Beschlagnahme (§ 20) bestehen; Verfahrenshandlungen in dem auf seinen Antrag eingeleiteten Verfahren unterbleiben aber (§ 30 Rdn 2.1). Ein Gläubiger, dessen Verfahren (gleich aus welchem Grund) einstweilen eingestellt ist, kann dem geringsten Gebot daher **nicht zugrunde gelegt werden**[43]. Er ist Beschlagnahmegläubiger (§ 20), Beteiligter (§ 9) und bei Erlösverteilung Berechtigter (§§ 117, 118), nicht mehr aber Gläubiger eines nach § 44 für das geringste Gebot maßgeblichen Anspruchs, für den die Versteigerung des Grundstücks betrieben wird.

7.3 Nur dann darf ein bestrangig betreibender Gläubiger (mit nicht eingestelltem Verfahren) der Feststellung des geringsten Gebots zugrunde gelegt werden, „wenn der wegen seines Anspruchs ergangene Beschluß dem Schuldner **vier Wochen** vor dem Versteigerungstermin **zugestellt** ist" (Abs 2). Grund: Der Schuldner und alle Beteiligte müssen zur Wahrung ihrer Rechte rechtzeitig vor dem Versteigerungstermin sichere Kenntnis davon haben, welche Versteigerungsbedingungen gelten werden. Sie müssen rechtzeitig sicher feststellen können, für welche Rechte am Grundstück Deckung durch Aufnahme in das geringste Gebot erfolgt und für welche Verlust in der Zwangsversteigerung droht, somit Zeit für Überlegung und Berechnung und für Maßnahmen zum Schutz ihrer gefährdeten Rechte haben.

7.4 Beschluß, auf Grund dessen die Versteigerung erfolgen kann (und der vier Wochen vor dem Versteigerungstermin zugestellt sein muß) ist der **Anordnungs-** und jeder **Beitrittsbeschluß**. Für ein nach einstweiliger Einstellung (gleich aus welchem Grund; wegen der Besonderheit des § 30f siehe jedoch nachfolgend) fortzusetzendes Vollstreckungsverfahren ist auch der **Fortsetzungsbeschluß**[44] Beschluß, auf Grund dessen die Versteigerung erfolgen kann (siehe § 43 Rdn 4.2); auch er muß daher nach Abs 2 dem Schuldner vier Wochen vor dem Versteige-

---

[42] Motive zum ZVG S 166.
[43] RG 125, 24 (30).
[44] Dassler/Schiffhauer § 44 Rdn 49; Steiner/Eickmann § 44 Rdn 17; Drischler JVBl 1962, 83 (7) und Rpfleger 1967, 357 (10); Jonas/Pohle, ZwVNotrecht, § 30d Anm 8b.

rungstermin zugestellt sein. Es wird auch vertreten, daß ohne Fortsetzungsbeschluß die Fortsetzung vier Wochen vor dem Termin wirksam geworden sein müsse, daher der Fortsetzungsantrag schon vier Wochen vor dem Termin bei Gericht eingegangen sein müsse[45]. Dem ist nicht zu folgen. Zweck der Frist ist es doch, Schuldner und andere Beteiligte, die vier Wochen vor dem Termin die Ansprüche berechnen (§ 41 Abs 2, § 43 Abs 2, § 44 Abs 2), vor Überraschungen zu schützen[45], weshalb nicht einfach im oder kurz vor dem Termin fortgesetzt werden kann (die Meinung, Fristwahrung sei bei Fortsetzung nicht nötig, Fortsetzung noch im Termin daher möglich, wird nicht mehr vertreten). Der Beschluß über die Aufhebung der einstweiligen Einstellung (§ 30f Rdn 3.2) ist Beschluß, auf Grund dessen die Versteigerung erfolgen kann, wenn Einstellung auf Antrag des Insolvenzverwalters oder des vorläufigen Verwalters erfolgt war (§ 30 d); auch er muß daher nach Abs 2 dem Schuldner vier Wochen vor dem Versteigerungstermin zugestellt sein (siehe bereits § 43 Rdn 4.2).

7.5 Wenn dem Schuldner der wegen des Anspruchs des bestrangig betreibenden Gläubigers ergangene Beschluß nicht vier Wochen vor dem Versteigerungstermin zugestellt ist (Abs 2) oder wenn das Verfahren des bestrangig betreibenden Gäubigers (gleich aus welchem Grund) einstweilen eingestellt ist, muß der **folgende Anspruch** (des dann maßgeblich bestrangig betreibenden Gläubigers) der Feststellung des geringsten Gebots zugrunde gelegt werden (Denkschrift S 45). Das dem jetzt bestrangig betreibenden Gläubiger vorgehende Recht des Gläubigers, dessen Beschluß dem Schuldner nicht rechtzeitig zugestellt oder dessen Verfahren eingestellt ist, wird dann in das geringste Gebot aufgenommen (sein Recht als bestehen bleibend; Kosten, Zinsen und andere wiederkehrende Leistungen als bar zu zahlende Beträge).

7.6 Verspätet zugestellte Beschlüsse können nur unter besonderen Voraussetzungen dem geringsten Gebot zugrunde gelegt werden, sei es mit Genehmigung des Schuldners und der betroffenen sonstigen Beteiligten nach § 83 Nr 1, § 84 Abs 1, sei es auf Grund eines Antrags auf abgeänderte Versteigerungsbedingungen nach § 59.

7.7 Die Frist muß auch dann eingehalten sein, wenn eine **Rangänderung** mit Auswirkung auf das geringste Gebot erfolgt ist, also der jetzt bestrangig betreibende Gläubiger erst durch die Rangänderung an seine bestrangige Stelle gelangt ist.

7.8 Zu mehreren Gläubigern auch ZVG-Handbuch Rdn 245a, zu mehreren Ansprüchen eines Gläubigers ZVG-Handbuch Rdn 246.

Mehrere Grundstücke bei Aufstellung des geringsten Gebots 8

8.1 Für jedes von mehreren in einem Verfahren zu versteigernden Grundstücken (auch anderen Objekten, wie Bruchteilen usw) ist **Einzelausgebot** vorgeschrieben, sofern nicht im Termin von allen anwesenden Beteiligten darauf verzichtet wird (§ 63 Abs 1 und 4). Für jedes von ihnen ist daher zum Versteigerungstermin ein geringstes Gebot mit Versteigerungsbedingungen vorzubereiten. Das gilt auch, wenn der erwähnte Verzicht schon im Vortermin (§ 62) erklärt wurde, weil ja im Versteigerungstermin weitere Beteiligte erscheinen können, die nicht im Vortermin waren und die dann nicht verzichten.

8.2 Für **Gruppenausgebote** (Zusammenfassung einiger aus einer Anzahl von gleichzeitig zu versteigernden Grundstücken nach § 63 Abs 2) sollte nur dann das geringste Gebot vorbereitet werden, wenn Interessenten bei Vorsprachen oder im Vortermin entsprechende Anregungen gegeben oder Anträge gestellt haben. Es ist unmöglich, alle theoretisch möglichen Kombinationen vorzubereiten, wenn es sich um mehrere Objekte handelt. Erst nach Antrag im Termin muß eben dann die Gebotsaufstellung erledigt werden, auch wenn dadurch eine kleine Verzögerung eintritt. Hier nützt nur die persönliche Vorbereitung des amtierenden Rechtspflegers und seines Rechnungsbeamten.

---

[45] Schmidt DRiZ 1959, 119.

§ 44 8.3   Geringstes Gebot. Versteigerungsbedingungen

8.3 Bei einer Mehrheit von Objekten sollte (und kann) zum Versteigerungstermin aber immer ein **Gesamtausgebot** (§ 63 Abs 2) vorbereitet werden, um den Termin zu beschleunigen, da mit diesem Antrag wohl in der Regel zu rechnen ist.

9 Muster für geringstes Gebot und Versteigerungsbedingungen

9.1 Das geringste Gebot samt Versteigerungsbedingungen wird fast in jedem Verfahren Besonderheiten aufweisen, die durch allgemeine Regeln nicht zu erfassen sind. Es kann hier nur ein **grundlegendes Gerüst** gebracht werden, das entsprechend abzuwandeln ist.

A. Geringstes Gebot.

Das geringste Gebot umfaßt den bar zu zahlenden Teil und die bestehenbleibenden Belastungen (ZVG §§ 44, 49, 52).

I. Die **bestehenbleibenden Rechte** im Gesamtwert von ... setzen sich wie folgt zusammen:
1. Beschränkte persönliche Dienstbarkeit (Geh- und Fahrtrecht) Abt II Nr ... des ..., gemäß § 51 Abs 2 ZVG gewertet auf   ... Euro
2. Hypothek ohne Brief Abt III Nr ... des ... zu   ... Euro
3. Grundschuld Abt III Nr ... des ... zu   ... Euro

II. **Der zu zahlende Teil** im Gesamtbetrag von ... setzt sich wie folgt zusammen:
1. Verfahrenskosten (Gebühren und Auslagen des Gerichts) zu insgesamt ... Euro, nämlich ... und ...
2. Ansprüche der Rangklasse 1 (laut Anmeldung) ...
3. Ansprüche der Rangklasse 2 (laut Anmeldung) ...
4. Ansprüche der Rangklasse 3 (laut Anmeldung):
   a) Grundsteuer der Gemeinde ... b) ...
5. Ansprüche der Rangklasse 4:
   a) aus der Buchhypothek in Abt III Nr ... zu ... (Gläubiger ...):
      Kosten keine angemeldet; Zinsen ...
   b) aus der ...
6. Ansprüche der Rangklasse 5 (nur falls ein nachrangiger persönlicher Gläubiger betreibt und das vorrangige Verfahren eingestellt ist):
   a) aus dem Anordnungsbeschluß vom ... für ...: Kosten ...; Zinsen ...; Hauptsache ...;
   b) aus dem Beitrittsbeschluß vom ...

B. Versteigerungsbedingungen.

1. Bestehen bleiben die im Grundbuch eingetragenen folgenden Belastungen
   a) Beschränkte persönliche Dienstbarkeit (Geh- und Fahrtrecht) Abt II Nr ... des ..., gemäß § 51 Abs 2 ZVG gewertet auf ... Euro
   b) Hypothek ohne Brief Abt III Nr ... des ... zu ... Euro
   c) Grundschuld Abt III Nr ... des ... zu ... Euro
2. Das Bargebot ist vom Zuschlag an mit 4% zu verzinsen.
3. Das Bargebot (mit diesen Zinsen) ist spätestens im Verteilungstermin zu berichtigen.
4. Das Meistgebot gibt nur diesen durch Zahlung zu berichtigenden Betrag an. Die unter 1. bezeichneten bestehenbleibenden Rechte im Gesamtbetrag von ... Euro sind in dem gebotenen Betrag nicht mit inbegriffen, sondern bleiben daneben bestehen.
5. Die Kosten des Zuschlagsbeschlusses trägt der Ersteher.
6. Von der Versteigerung sind folgende Gegenstände ausgenommen:
   a) zugunsten von ... drei Öfen, Marke ..., Farbe ..., Aufstellungsort ...;
   b) zugunsten von ..."
7. Im übrigen gelten die gesetzlichen Versteigerungsbedingungen.

9.2 Ein **Beispiel** eines geringsten Gebots mit mehreren Berechnungsfällen bringt das ZVG-Handbuch Rdn 241–243, Muster für Versteigerungsbedingungen das ZVG-Handbuch Rdn 271.

Rechtsbehelfe gegen Feststellung des geringsten Gebots 10

Wegen § 95 gibt es weder ein Rechtsmittel noch einen anderen besonderen Rechtsbehelf gegen die Feststellung[46]. Es kann nur der Zuschlag wegen angeblich unrichtiger Feststellung des geringsten Gebots nach § 83 Nr 1 angefochten werden[46]. Hier ist trotz der Generalklausel in RPflG § 11 Abs 2 (wonach der Rechtspfleger in Fällen der Unanfechtbarkeit des Richters immer mit befristeter Rechtspflegererinnerung anfechtbar sei) auch der Rechtspfleger nicht gesondert anfechtbar (auch nicht, wenn er die Anmeldung eines Anspruchs oder seines Rangs ausdrücklich zurückgewiesen hat[47]), weil es sich bei der Aufstellung des geringsten Gebots und der Versteigerungsbedingungen um eine nur der Vorbereitung des Zuschlags dienende unselbständige Zwischenentscheidung handelt. Auch eine form- und fristlose Vollstreckungserinnerung nach ZPO § 766 kann das Verfahren nicht aufhalten.

Teilansprüche im geringsten Gebot 11

11.1 Wird nur **wegen eines Teiles** des Anspruchs **betrieben,** zB nur wegen der Zinsen, so kommt doch der gesamte Anspruch des Gläubigers aus einem bestimmten Recht (zB aus einer Hypothek, einer Grundschuld, aber auch aus einer persönlichen Forderung) nicht ins geringste Gebot (dazu Rdn 4.3). Wünscht der betreibende Gläubiger eines dinglichen Rechts dessen Kapital nicht zu erhalten (der persönlich betreibende erhält ohnehin nur, was er betreibt), so muß er die Zwangsverwaltung betreiben (dort wird nur der betreibende Teil eines Anspruchs berücksichtigt: § 155) oder muß die Abweichung durch abgeänderte Versteigerungsbedingungen nach § 59 erzielen (s Rdn 4.12).

11.2 Wird **aus Zinsen** betrieben, die mit der Maßgabe **abgetreten** sind, daß sie dem Hauptanspruch nachgehen sollen, oder aus Zinsen der Rangklasse 8 (die – nur die Zinsen – durch das Betreiben in Klasse 5 aufrücken), so kommt das Kapital ins geringste Gebot (falls nach den grundsätzlichen Regeln überhaupt).

Verfahrenskosten im geringsten Gebot 12

12.1 Sie sind **vorweg** ins geringste Gebot **aufzunehmen,** und zwar die Kosten, die § 109 nennt, also nicht die Anordnungs- und Beitrittskosten, auch nicht die Zuschlagsgebühr, sondern die Versteigerungsverfahrensgebühr, die Versteigerungsterminsgebühr und die Verteilungsverfahrensgebühr samt Auslagen (dazu Einl Rdn 77, 78 und 80, 84).

12.2 Die Versteigerungsverfahrensgebühr und die Versteigerungsterminsgebühr können bereits **endgültig** berechnet werden, die Verteilungsverfahrensgebühr erst **vorläufig,** weil ja das künftige Meistgebot noch nicht bekannt ist (Einl Rdn 80). Die vorläufige Berechnung erfolgt aus dem festgesetzten Grundstückswert, mindestens jedoch aus dem Betrag des geringsten Gebots, damit der benötigte Kostenbetrag auf jeden Fall vorhanden ist, wenn das Meistgebot nur in Höhe des geringsten Gebots abgegeben werden sollte (anders[48]: nur aus dem Betrag des geringsten Gebots, weil sich sonst ein zu hoher Betrag ergebe und das geringste Gebot falsch sei). Zu den Auslagen gehören auch Sachverständigenentschädigung, Ausschreibungsauslagen, Reisekosten, entstandene und voraussichtlich noch entstehende Rechnungsgebühren wo noch möglich (dazu Einl Rdn 84).

---

[46] BayObLG 1959, 50 = NJW 1959, 1780 = Rpfleger 1960, 157.
[47] LG Augsburg Rpfleger 2001, 92.
[48] Korintenberg/Wenz § 44 Anm 4.

§ 44 13 Geringstes Gebot. Versteigerungsbedingungen

13 Vorbereitung des geringsten Gebots, Rechnungsarbeiten

13.1 Alle zur Vorbereitung der Feststellung des geringsten Gebots und dazu der Rangverhältnisse der angemeldeten oder aus dem Grundbuch ersichtlichen Rechte dienenden Handlungen und Verhandlungen sind Sache des zuständigen **Rechtspflegers,** der im Termin das geringste Gebot dann aufstellt. Bei der Vorbereitung hat er nur vorläufige Ergebnisse, weil (selbst bei Abhalten eines Vortermins nach § 62) das geringste Gebot erst im Termin aufgestellt wird (§ 66 Abs 1) und Anmeldungen noch bis zur Aufforderung zur Abgabe von Geboten zulässig sind.

13.2 Der Rechtspfleger kann dort, wo dies (landesrechtlich) zulässig ist, einen **Rechnungsbeamten** zuziehen (§ 66 Abs 1).

[Berücksichtigung im geringsten Gebot]

45 (1) **Ein Recht ist bei der Feststellung des geringsten Gebots insoweit, als es zur Zeit der Eintragung des Versteigerungsvermerkes aus dem Grundbuch ersichtlich war, nach dem Inhalte des Grundbuchs, im übrigen nur dann zu berücksichtigen, wenn es rechtzeitig angemeldet und, falls der Gläubiger widerspricht, glaubhaft gemacht wird.**

(2) **Von wiederkehrenden Leistungen, die nach dem Inhalte des Grundbuchs zu entrichten sind, brauchen die laufenden Beträge nicht angemeldet, die rückständigen nicht glaubhaft gemacht zu werden.**

Übersicht

Allgemeines zu § 45 1	Kosten mit oder ohne Anmeldung 5
Anmeldung oder Grundbucheintragung maßgebend 2	Löschungsreife, erloschene und nichtige Rechte 6
Anmeldung zum Versteigerungstermin (Besonderheiten) 3	Minderanmeldung 7
Glaubhaftmachen der angemeldeten Ansprüche 4	Rechtsbehelf für und gegen Anmeldungen 8

1 Allgemeines zu § 45

1.1 Zweck der Vorschrift: Regelung der verfahrensrechtlichen Voraussetzungen für die Berücksichtigung der Ansprüche im geringsten Gebot.

1.2 Anwendungsbereich: Die Vorschrift gilt für alle Versteigerungsverfahren mit Besonderheiten für Schiffe, Luftfahrzeuge, Insolvenzverwalter- und Nachlaßversteigerung (§ 162 Rdn 9.1, § 171a Rdn 3, § 172 Rdn 4, § 176 Rdn 2). Sie gilt nicht für die Verteilung (siehe § 114).

2 Anmeldung oder Grundbucheintrag maßgebend

2.1 Bei der Feststellung des geringsten Gebots sind Ansprüche, die nach § 10 ein Recht auf Befriedigung aus dem Grundstück gewähren und nach § 44 gedeckt sein müssen, bar (§ 49 Abs 1) oder als bestehen bleibende Rechte (§ 52 Abs 1) zu berücksichtigen (Abs 1)

– nach dem **Inhalt des Grundbuchs** (ohne Anmeldung) insoweit, als sie zur Zeit der Eintragung des Versteigerungsvermerks (§ 37 Rdn 5.4) aus dem Grundbuch ersichtlich waren,
– sonst nur, wenn **Anmeldung** rechtzeitig (§ 37 Nr 4) erfolgt und erforderlichenfalls der Anspruch auch glaubhaft gemacht ist.

Anmeldung eines nach dem Versteigerungsvermerk eingetragenen Rechts ist auch erforderlich, wenn das Verfahren nur für einen Beitrittsgläubiger fortgesetzt wird oder das geringste Gebot nach dem Anspruch eines Gläubigers bestimmt wird, dessen Beitritt erst nach der Eintragung des Rechts wirksam geworden ist. Eine Sonderregelung gilt für wiederkehrende Leistungen (Rdn 3).

2.2 Grundsätzlich werden die Ansprüche ohne Anmeldung ins geringste Gebot aufgenommen, wenn sie sich **aus dem Grundbuch ersehen** lassen (das entspricht dem Grundbuchsystem des BGB, Denkschrift S 45), und zwar in Zeitpunkt, da der Versteigerungsvermerk darin eingetragen wurde. Das gilt auch für Rechte, die nach Beschlagnahme, aber noch vor dem Versteigerungsvermerk in das Grundbuch eingetragen wurden, sofern sie wegen ihres Ranges vor dem Gläubiger oder auch wegen der für das Vollstreckungsgericht maßgeblichen Reihenfolge der Eintragungen Aufnahme in das geringste Gebot finden. Zu Ausnahmen Rdn 6.

2.3 Das **Grundbuch selbst** bildet auch dann die Grundlage für die Feststellung des geringsten Gebots, wenn mit seinem Inhalt die dem Vollstreckungsgericht vorliegende beglaubigte Abschrift des Grundbuchblatts (§ 19 Abs 2) nicht übereinstimmt. Anmeldepflicht wird nicht begründet, wenn die Grundbuchblattabschrift ein Recht (oder seinen Rang) nicht richtig ausweist; Klarstellung durch den Gläubiger, der den Mangel erkennt, ist zur Schadensabwendung aber notwendig. Wird das geringste Gebot nach der nicht mit dem Grundbuch übereinstimmenden Blattabschrift unrichtig aufgestellt, dann ist § 45 als Vorschrift über die Feststellung des geringsten Gebotes verletzt. Wenn der Mangel noch erkannt wird, ist der Zuschlag zu versagen (§ 83 Nr 1) oder vom Beschwerdegericht aufzuheben (§ 100).

2.4 Zur **Anmeldung**, die als Prozeßhandlung der Geltendmachung eines Rechts (Anspruchs) dient, näher § 37 Rdn 5. Minderanmeldung § 45 Rdn 7. Wo eine Anmeldung nötig ist, genügt die in der Zwangsverwaltung erfolgte nicht für die Zwangsversteigerung (auch nicht umgekehrt); es muß für jedes Verfahren gesondert angemeldet werden.

2.5 Ansprüche des Gläubigers, die sich aus dem **Versteigerungsantrag** (auch Beitrittsantrag) ergeben, gelten als angemeldet (§ 114 Abs 1 Satz 2). Die Anmeldung ist damit rechtzeitig im Sinne von § 37 Nr 4, § 110 erfolgt; sie ist Anmeldung auch für Feststellung des geringsten Gebots nach § 45, wenn das Recht des Gläubigers zu berücksichtigen ist (insbesondere weil sein Verfahren eingestellt oder sein Beschluß nicht rechtzeitig nach § 44 Abs 2 zugestellt worden ist und sein Anspruch dem maßgeblichen bestbetreibenden Gläubiger vorgeht). Rücknahme des Versteigerungsantrags: § 37 Rdn 5.17.

2.6 Die Anmeldung muß gemäß § 37 Nr 4 **spätestens im Versteigerungstermin** und hier spätestens vor der Aufforderung zur Abgabe von Geboten (§ 66 Abs 2) erfolgen, um für die Versteigerung berücksichtigt zu werden, auch um in der Verteilung keinen Rangverlust zu erleiden (§ 37 Rdn 5.16). Eine verspätete Anmeldung ist bei Wiederholung des Versteigerungstermins (§§ 74 a, 77, 85 usw) wirksam. Die Anmeldung hat unmittelbare Bedeutung zunächst dafür, welche Ansprüche im geringsten Bargebot zu berücksichtigen sind, welche bestehen bleiben; die außerhalb des geringsten Gebots bestehenbleibenden bedürfen dieser Anmeldung nicht.

2.7 Eine Anmeldung gilt für die **gesamte** Dauer des **Verfahrens,** zu dem sie erfolgt ist, nicht aber für andere Verfahren (§ 37 Rdn 5.13). Die Anmeldung zu einem früheren Versteigerungstermin findet daher bei Feststellung des geringsten Gebots auch Berücksichtigung, wenn Versteigerung erst in einem später neu bestimmten Termin erfolgt. Für den späteren Versteigerungstermin bräuchte die Anmeldung daher nicht wiederholt zu werden. Es empfiehlt sich jedoch, Ansprüche zu einem späteren Termin neu zu berechnen und wieder anzumelden, damit insbesondere zwischenzeitliche Änderungen (Zahlung von Zinsen, weiter entstan-

dene Kosten) berücksichtigt werden können. Wenn ein Gläubiger seine Ansprüche in mehreren Anmeldungen, insbesondere zu verschiedenen Terminen, geltend gemacht hat, ist die letzte wirksame Anmeldung maßgeblich; frühere Anmeldungen gelten damit als zurückgenommen. Davon zu unterscheiden ist die Anmeldung von Ansprüchen in mehreren Schriftstücken, die sich ergänzen (zB Anmeldung zunächst von Zinsen, dann auch von Rechtsverfolgungskosten) und daher mit ihrem zusammengefaßten Inhalt die für Berechnung des geringsten Gebots (auch der Aufstellung des Teilungsplans) maßgebliche Anmeldung darstellen.
2.8 Durch Änderung (Minderung, Zurücknahme) der Anmeldung nach Aufforderung zur Abgabe von Geboten (§ 66 Abs 2) ändert sich das festgestellte geringste Gebot während der Bietstunde nicht (§ 66 Rdn 7.3 und 7.6).

3 Anmeldung zum Versteigerungstermin (Besonderheiten)

3.1 Ohne Anmeldung berücksichtigt werden im geringsten Gebot Rechte aus § 10 Rangklasse 4 gemäß der Grundbucheintragung zur Zeit der Eintragung des Versteigerungsvermerks und ihre aus dem Grundbuch ersichtlichen laufenden wiederkehrenden Leistungen einschließlich des Ranges dieser Rechte, soweit er aus dem Grundbuch ersichtlich ist[1], dazu die Verfahrenskosten nach § 109 (hierzu Rdn 5). Berücksichtigt werden ebenso die durch Vormerkung oder Widerspruch rechtzeitig im Grundbuch gesicherten Rechte (§ 48).

3.2 Ohne Anmeldung werden laufende wiederkehrende Leistungen nur nach dem Inhalt des Grundbuchs aufgenommen (§ 45 Abs 2). Verzugszinsen: § 114 Rdn 4.1. Für **unverzinslich** eingetragene Rechte werden Zinsen nach BGB § 1115 Abs 1 nicht im geringsten Gebot berücksichtigt. Das Grundstück kann aber doch für **gesetzliche Zinsen,** insbesondere für Verzugs- und Prozeßzinsen, haften (BGB § 1118); diese müssen als nicht grundbuchersichtlich (rechtzeitig) angemeldet werden (siehe auch § 114 Rdn 5.30).

3.3 Eine **Eigentümergrundschuld** (Eigentümerhypothek) wird nach dem Inhalt des Grundbuchs ohne Zinsen (BGB § 1197 Abs 2; dazu § 44 Rdn 5.4) in das geringste Gebot aufgenommen. Rechtsverfolgungskosten, die dem Eigentümer als Grundschuldgläubiger (ausscheidbar) entstehen (§ 10 Abs 2), müssen immer als solche angemeldet werden. Beendet ist die Unverzinslichkeit des Eigentümerrechts auf Grund des BGB § 1197 Abs 2, wenn das Grundstück veräußert, das Grundpfandrecht aber nicht auf den Erwerber übergegangen ist. Wenn diese Rechtsänderung, mithin der neue Eigentümer des Grundstücks, bei Eintragung des Versteigerungsvermerks bereits im Grundbuch eingetragen ist, sind ab Eigentumswechsel grundbuchersichtliche laufende Zinsen nach § 45 Abs 2 aber für den Voreigentümer als Grundpfandgläubiger zu berücksichtigen. Bei späterem Eigentumswechsel kommt das Recht mit den Zinsen ab dieser Rechtsänderung in das geringste Gebot, wenn die Rechtsänderung dem Vollstreckungsgericht bis zur Aufforderung zur Abgabe von Geboten bekannt ist; es gilt das nachfolgend für den Gläubigerwechsel Gesagte. Beendet ist die Unverzinslichkeit des Eigentümerrechts außerdem, wenn das bisherige Eigentümerrecht mit Abtretung zum Fremdrecht geworden ist (§ 15 Rdn 11.4). Laufende Zinsen sind daher nach dem Inhalt des Grundbuchs in das geringste Gebot aufzunehmen, wenn die Abtretung des Eigentümerrechts vor (oder zugleich mit) dem Versteigerungsvermerk in das Grundbuch eingetragen wurde (zur Abtretung mit rückständigen Zinsen siehe § 114 Rdn 6.12). Wenn die Abtretung erst nach dem Versteigerungsvermerk in das Grundbuch eingetragen wird, weist dieses in dem nach § 45 maßgeblichen Zeitpunkt zwar ein eingetragenes verzinsliches Recht, als dessen Inhalt (§ 44 Rdn 5.4) aber die Unverzinslichkeit für den grundbuchersichtlichen Berechtigten aus. Dann erlangt für die Verzinslichkeit die Änderung des Berechtigten zur betragsmäßigen Berücksichtigung

---

[1] Jaeckel/Güthe § 45 Rdn 2.

des Rechts im geringsten Gebot Bedeutung. Daher ist die mit Änderung des Rechtsinhabers eingetretene Verzinslichkeit nach § 45 Abs 1 anzumelden. Das Vollstreckungsgericht hat eine solche Rechtsänderung, ebenso wie sonstige Änderungen des Berechtigten, nicht zu ermitteln. Die grundbuchersichtliche Verzinslichkeit des Rechts ist jedoch (ebenso wie umgekehrt die Unverzinslichkeit mit Entstehen der Eigentümergrundschuld, § 44 Rdn 5.4) auch zu berücksichtigen, wenn der Gläubigerwechsel (auch ein Eigentümerwechsel, mit dem die Beschränkung des § 1197 Abs 2 fortfällt) dem Vollstreckungsgericht bei Aufforderung zur Abgabe von Geboten sicher bekannt ist (gleich auf welche Weise es Kenntnis erlangt hat), insbesondere also, wenn der Gläubigerwechsel nachgewiesen und damit gerichtskundig geworden ist. Das folgt für das nach Eintragung des Versteigerungsvermerks durch öffentliche Urkundenkette ausgewiesene Gläubigerrecht des Besitzers des Hypothekenbriefs (Grundschuldbriefes) aus §§ 1155, 891 BGB; für andere Fälle ergibt sich das aus dem Grundsatz, daß nach § 37 Nr 4 (damit auch § 45) nur ein nicht grundbuchersichtliches Recht mit Anspruch auf Befriedigung aus dem Grundstück (§ 10), nicht aber eine Änderung des Rechtsinhabers, der bei Planausführung zu berücksichtigen ist (§§ 117, 118) angemeldet werden muß. Mit der dem Vollstreckungsgericht bekanntgewordenen Änderung des Rechtsinhabers ist daher auch seiner Auswirkung auf die betragsmäßige Berücksichtigung des bisherigen Eigentümerrechts bei Feststellung des geringsten Gebots stets von Amts wegen Rechnung zu tragen.

3.4 Ohne Anmeldung berücksichtigt werden Rechte nach dem Rdn 3.3 Gesagten auch bei **sonstiger Änderung des Rechtsinhabers**. Aus dem Grundbuch ersichtliche Zinsen werden im geringsten Gebot als laufende wiederkehrende Leistungen nach Abs 2 ohne Anmeldung daher auch berücksichtigt, wenn ein Grundpfandgläubiger diese Zinsen sich bei Abtretung vorbehalten oder das Zinsrecht (nach BGB § 1154) gesondert abgetreten hat, oder wenn mit Teilablösung Zinsen eines dem betreibenden Gläubiger vorgehenden Rechts nach BGB § 268 auf den Ablösenden übergegangen sind (§ 12 Rdn 1). Wenn das Recht bei Eintragung des Versteigerungsvermerks grundbuchersichtlich war, ist es daher mit laufenden wiederkehrenden Leistungen ohne Anmeldung in das geringste Gebot aufzunehmen; die teilweise Änderung des Rechtsinhabers erlangt erst Bedeutung, wenn bei Planausführung an den Berechtigten zu leisten ist (§§ 117, 118). Ansprüche früherer Eigentümer auf Zinsen aus einem vormaligen Eigentümergrundpfandrecht, das ihnen weiterhin zugesteht, bedürfen daher gleichfalls keiner Anmeldung (anders[2]; hierzu bereits Rdn 3.3). Davon zu unterscheiden ist jedoch die Frage, ob eine als Fremdrecht eingetragene Hypothek oder Grundschuld auf den früheren Eigentümer übergegangen ist, somit diesem ab Eigentumswechsel als wieder verzinsliches Grundpfandrecht gebührt. Diese Änderung des Rechtsinhabers und damit die Verzinslichkeit des Rechts können nach dem Rdn 3.3 Gesagten nur berücksichtigt werden, wenn Anmeldung erfolgt oder die Rechtsänderung dem Vollstreckungsgericht sicher bekannt geworden ist.

3.5 Mit Anmeldung nur dürfen in das geringste Gebot die bei Eintragung des Versteigerungsvermerks nicht aus dem Grundbuch ersichtlichen Ansprüche aufgenommen werden. Dazu gehören:

a) Ansprüche aus den **Rangklassen 1, 1a und 2** des § 10 einschließlich derjenigen aus dem Früchtepfandrecht nach dem Düngemittelgesetz.

b) Ansprüche aus der **Rangklasse 3** des § 10 = öffentliche Grundstückslasten. Sie gelten als glaubhaft gemacht, wenn die Anmeldung der zuständigen Behörde eine spezifizierte Aufstellung enthält. Werden (laufende) öffentliche Lasten genau bis einschließlich des vierzehnten Tages nach dem Versteigerungstag angemeldet, verzögert sich aber der Zuschlag, so müssen sie auch ohne diesbezügliche Anmeldung

---

[2] Fischer NJW 1955, 573.

richtig bis zu diesem erstreckt werden; sie gelten so als angemeldet (dazu § 10 Rdn 6.22).

c) Aus den Rechten der **Rangklasse 4** des § 10: Rückständige wiederkehrende Leistungen; nicht eingetragene laufende wiederkehrende Leistungen, nicht eingetragene gesetzliche Zinsen (Verzugszinsen, Prozeßzinsen); Kosten der Rechtsverfolgung und Kündigung (dazu auch Rdn 5), auch die Kosten der Eintragung einer Zwangshypothek; nicht eingetragene Rechte wie Überbaurente und Notwegrente; alte Hypotheken nach EGZVG § 8 gemäß Landesrecht; altrechtliche Dienstbarkeiten nach EGZVG § 9 gemäß Landesrecht; nach dem Versteigerungsvermerk eingetragene Rechte samt laufenden und rückständigen wiederkehrenden Leistungen und Kosten. Rechte, die nicht im Grundbuch eingetragen sein müssen wie die Entschädigungsforderung des Erbbauberechtigten nach ErbbauVO § 38; die Sicherungshypothek eines Pfändungsgläubigers aus BGB § 1287 und ZPO § 848 Abs 2; Verpfändungen[3]; zu Unrecht gelöschte Rechte[3]; Rangänderungen bei allen eingetragenen Rechten[4]). Vorfälligkeitsentschädigung: § 49 Rdn 2.6.

3.6 Unbestimmte Ansprüche (§ 14 Rdn 2) gelten als aufschiebend bedingt durch die Feststellung des Betrags, sind im geringsten Gebot somit wie unbedingte Ansprüche zu berücksichtigen (§ 48). Es brauchen daher auch von wiederkehrenden Leistungen unbestimmter Ansprüche, die nach dem Inhalt des Grundbuchs zu entrichten sind, die laufenden Beträge nicht angemeldet, die rückständigen nicht glaubhaft gemacht zu werden (§ 45 Abs 2). Für wiederkehrende Leistungen, die **nicht in Geld** bestehen, hat das Gericht einen Geldbetrag festzusetzen, auch wenn ein solcher nicht angemeldet ist (§ 46). Nicht in Geld bestehen wiederkehrende Leistungen auch, wenn der Anspruch grundbuchersichtlich nicht auf Zahlung eines bestimmten (ohne weiteres errechenbaren) Geldbetrags gerichtet ist. Der Anspruch auf wiederkehrende Leistungen, der zwar Geldanspruch ist, dessen Geldbetrag seiner Höhe nach aber noch nicht feststeht (siehe § 14 Rdn 2.1), ist ebenso (gleich dem nicht in Geld bestehenden Anspruch) im geringsten Gebot als grundbuchersichtlich nach § 45 Abs 2 zu berücksichtigen und nach § 49 Abs 1 als bar zu berichtigend in das geringste Gebot aufzunehmen. Seine Aufnahme in das geringste Gebot kann nicht von der Bezeichnung oder Anmeldung eines Geldbetrags abhängig gemacht werden. Das erfordert daher, daß das Gericht nach § 46 einen Geldbetrag (ebenso wie für den nicht in Geld bestehenden Anspruch) festsetzt (zur Behandlung, wenn bereits ein Geldbetrag angemeldet ist, siehe § 46 Rdn 2.3). Bedeutung hat das für die Reallast und Erbbauzinsreallast mit Wertsicherungsklausel und mit automatischer Anpassungsklausel (siehe § 44 Rdn 5.19).

3.7 Dazu ZVG-Handbuch zur Frage der Anmeldung Rdn 232, **Muster** für die Anmeldung Rdn 230. Über verspätete Anmeldungen auch[5]. Wert der wiederkehrenden Leistungen, die nicht in Geld bestehen: § 46. Endzeit für alle wiederkehrenden Leistungen: § 47. Abweichende Versteigerungsbedingungen: § 59.

4 Glaubhaftmachen der angemeldeten Ansprüche

4.1 Ansprüche, die angemeldet werden müssen, sind, wenn ein betreibender Gläubiger widerspricht (das ist nicht der Widerspruch nach § 115), glaubhaft zu machen: Abs 1. Rückständige (grundbuchersichtliche) Beträge wiederkehrender Leistungen müssen nicht glaubhaft gemacht werden: Abs 2. Verlangen kann die Glaubhaftmachung der betreibende Gläubiger (Begriff § 44 Rdn 7.2), wenn mehrere Gläubiger die Versteigerung betreiben gegen jeden von ihnen. Nicht betreibender Gläubiger ist der Anordnungs- oder Beitrittsgläubiger, dessen Verfahren (gleich aus welchem Grund) einstweilen eingestellt ist. In dem eingestellten Verfahren unter-

---

[3] Schmidt, Grundpfandrechte und geringstes Gebot, S 30–31.
[4] RG 136, 232.
[5] Riedel JurBüro 1974, 689.

Berücksichtigung im geringsten Gebot 6.3 § 45

bleiben Verfahrenshandlungen (§ 30 Rdn 2.1). Die Versteigerung in dem für anderer Gläubiger fortzuführenden Vollstreckungsverfahren erfolgt daher nicht für ihn (§ 44 Rdn 7.2). Ihm kommt daher auch kein Widerspruchsrecht nach Abs 1 zu. Nach Verfahrensfortsetzung kann die Versteigerung auf Antrag auch des Gläubigers, dessen Verfahren eingestellt war, wieder (nur) erfolgen, wenn Beschlußzustellung vier Wochen vor dem Termin erfolgt ist (§ 43 Abs 2); erst dann ist er auch wieder betreibender Gläubiger für Widerspruch nach Abs 1. Das Gericht kann (anders als bei § 9) nicht von sich aus, wenn kein Gläubiger widerspricht, die Glaubhaftmachung verlangen. Das Verfahren ist also wie bei § 37 Nr 4.

4.2 Das Glaubhaftmachen erfolgt **nach ZPO § 294,** also mit allen Beweismitteln und mit eidesstattlicher Versicherung. Bei einer Behörde genügt eine spezifizierte Anmeldung. Bei einem Recht, das nach dem Versteigerungsvermerk eingetragen wurde, erübrigt sich Glaubhaftmachung, wenn die Eintragung vom Grundbuchamt mitgeteilt ist (§ 19 Abs 3); sonst genügt Bezugnahme auf das Grundbuch.

Kosten mit oder ohne Anmeldung 5

5.1 Kosten der Rechtsverfolgung (§ 10 Abs 2) müssen, weil aus dem Grundbuch nicht ersichtlich, nach § 37 Nr 4 und § 45 angemeldet werden. Die Anordnungs- und Beitrittsgebühr samt Anwaltskosten müssen gemäß § 114 Abs 1 Satz 2 auch hier durch den Versteigerungsantrag als angemeldet gelten, allerdings der Anwaltskosten nur, wenn sie ziffernmäßig darin aufgegliedert sind (sonst müssen auch sie angemeldet werden). Zur Anmeldung der Kosten näher § 10 Rdn 15.9. Die nachträgliche Erhöhung anzumeldender Kosten mit dem Rang der Hauptforderung ist (wegen § 110) nicht möglich.

5.2 Die sogenannten **Kosten des Verfahrens** (§ 109) sind von Amts wegen ohne Anmeldung zu berücksichtigen: § 44 Abs 1, § 49 Abs 1.

5.3 Bei persönlicher **Gebührenbefreiung** des Gläubigers sind von diesem die Auslagen anzumelden; bei Prozeßkostenhilfe des betreibenden Gläubigers hat die Gerichtskasse/Amtskasse die Kosten an der Rangstelle des Rechts anzumelden. Hierzu Einl Rdn 41, § 10 Rdn 15.

Löschungsreife, erloschene und nichtige Rechte 6

6.1 Trotz rechtzeitiger Grundbucheintragung wird ein nichtiges, erloschenes oder löschungsreifes Recht im geringsten Gebot **nicht berücksichtigt.**

6.2 Ein **nichtig eingetragenes Recht** (zB eine Zwangshypothek für eine Forderung bis zu 750 Euro (bei Antrag vor dem 1. 1. 1999: 500 DM, dann bis 31. 12. 2001: 1500 DM) [Einl Rdn 66.7]; ein ohne Angabe des Berechtigten eingetragenes Recht; eine ohne Bezeichnung ihres Inhalts eingetragene Dienstbarkeit) kommt nicht ins geringste Gebot[6]. Eine nicht grundbuchersichtliche Nichtigkeit muß sicher feststehen; das ist regelmäßig der Fall, wenn ein rechtskräftiges Urteil darüber vorgelegt ist, daß das Recht unwirksam ist. Ein nicht (auch ein nicht in der erforderlichen Zahl) unterzeichneter Grundbuchvermerk stellt keine (wirksame) Grundbucheintragung dar (GBO § 44 Abs 1; Besonderheit bei maschineller Grundbuchführung nach GBO § 130 Satz 1); ein Recht ist damit nicht entstanden, Berücksichtigung im geringsten Gebot daher ausgeschlossen.

6.3 Ein bereits **erloschenes Recht** wird nicht im geringsten Gebot berücksichtigt, wenn sein Erlöschen objektiv feststeht[7]. Ein Löschungs- oder Berichtigungs-

---

[6] Jaeckel/Güthe § 45 Rdn 2; Korintenberg/Wenz § 45 Anm 1; Steiner/Eickmann § 44 Rdn 32.

[7] Motive zum ZVG S 162; OLG Hamm JurBüro 1966, 894 = OLGZ 1967, 57; Steiner/Eickmann § 44 Rdn 33.

antrag braucht dann nicht gestellt zu sein[8]. Zu berücksichtigen ist das Erlöschen eines Rechts, wenn es dem Vollstreckungsgericht sicher bekannt, also offenkundig ist. Das kann der Fall sein, weil das Erlöschen allgemeinkundig ist. Das ist als gerichtskundig insbesondere, was sich ohne weiteres aus Akten desselben Gerichts (Vollstreckungsgerichts) ersehen läßt oder doch jedenfalls, was der Rechtspfleger aus seiner amtlichen Tätigkeit kennt. Zu berücksichtigen sind daher das Erlöschen eines Grundpfandrechts durch Befriedigung mit Zahlung (auch von Tilgungsraten einer Tilgungs- oder Annuitätenhypothek) durch den Zwangsverwalter (BGB § 1181 Abs 1), das Erlöschen einer Auflassungsvormerkung wenn feststeht, daß der vorgemerkte Anspruch nach vollständiger Erfüllung nicht mehr besteht[9], das (vor Versteigerung erfolgte) Erlöschen eines Gesamtrechts mit Befriedigung des Gläubigers in einem Immobiliarvollstreckungsverfahren über ein mithaftendes Grundstück[10] (BGB § 1181 Abs 2). Das erloschene Gesamtrecht bleibt auch unberücksichtigt, wenn im Verfahren über das mithaftende Grundstück nach § 91 Abs 2 vereinbart ist, daß das Recht bestehen bleibt, weil auch damit die Befriedigungswirkung eingetreten ist (§ 91 Abs 3 Satz 2)[11]. Wenn der Berechtigte das Erlöschen des Rechts bestreitet und das Erlöschen nicht sicher feststeht (urkundlicher Nachweis der Aktenvorgang in einem anderen Immobiliarvollstreckungsverfahren), muß die Grundstücksbelastung nach dem Inhalte des Grundbuchs (Abs 1) in das geringste Gebot aufgenommen und eine mögliche Nachzahlungspflicht im Verteilungsverfahren nach § 125 Abs 2 behandelt werden. Für Rückstände von Zinsen und anderen Nebenleistungen genügt zum Nachweis des Erlöschens Verzicht mit Erklärung des Gläubigers gegenüber dem Eigentümer (BGB § 1178 Abs 2 Satz 1); solange an einem solchen Anspruch einem Dritten ein Recht zusteht (zB einem Pfandgläubiger), ist auch dessen Zustimmung nachzuweisen (BGB § 1178 Abs 2 Satz 2). Zur Anmeldung „Zinsen sind bezahlt" siehe Rdn 7. Zur Tilgungs- und Annuitätenhypothek außerdem § 44 Rdn 5. Vereinigung eines Rechts mit dem Eigentum in einer Person führt nicht zum Erlöschen (BGB § 889); Eigentümergrundschuld und Eigentümerhypothek als Vermögensrecht des Eigentümers an seinem Grundstück müssen daher in das geringste Gebot aufgenommen werden (§ 44 Rdn 5), auch wenn eine Löschungsvormerkung oder ein gesetzlich vorgemerkter Löschungsanspruch besteht (Rdn 3).

6.4 a) Ein auf **Lebenszeit des Berechtigten** beschränktes Recht erlischt mit dem Tod des Berechtigten. Gesetzlich auf Lebenszeit des Berechtigten beschränkt sind
– der Nießbrauch (BGB § 1061 Satz 1),
– die beschränkte persönliche Dienstbarkeit (BGB § 1090 Abs 2 mit § 1061), damit auch ein Wohnungsrecht (BGB § 1093 Abs 1).

Rechtsgeschäftlich (erfordert Einigung und Eintragung, die auch durch Bezugnahme nach BGB § 874 erfolgt sein kann) auf Lebenszeit des Berechtigten beschränkt sein können
– die subjektiv-persönliche Reallast (BGB § 1105 Abs 1),
– ein Grundpfandrecht (Hypothek, Grundschuld oder Rentenschuld),
– das Pfandrecht an einem Recht (BGB § 1273).

Lebenszeitrecht kann damit auch das Altenteil (Leibgeding usw, § 44 Rdn 5.1) sein. Eine Reallast im Rahmen eines Altenteils zur Sicherung der Kosten der Beerdigung und Grabpflege ist vererblich, nicht aber auf Lebenszeit beschränkt[12], kann somit nicht schon bei Todesnachweis unberücksichtigt bleiben. Das mehreren als Gesamtberechtigte oder Gesamthänder (zB Gläubigern einer Reallast als

---

[8] OLG Hamm aaO (Fußn 7).
[9] Blomeyer DNotZ 1979, 515 (A II).
[10] OLG Hamm aaO (Fußn 7); Jaeckel/Güthe § 45 Rdn 2.
[11] OLG Hamm aaO (Fußn 7).
[12] BayObLG 1983, 113 = DNotZ 1985, 41 = Rpfleger 1983, 306 und Rpfleger 1988, 98.

Gesamtgläubiger nach BGB § 428) je auf Lebenszeit zustehende Recht bleibt bei Tod eines der Berechtigten zugunsten des Überlebenden bestehen; es erlischt erst mit dem Tod des letztversterbenden Berechtigten. Zu Vorkaufsrecht und Vormerkung (Widerspruch) Rdn 6.5.

b) **Steht** das **Erlöschen** eines Lebenszeitrechts **objektiv fest** (so wenn die Sterbeurkunde für den Berechtigten eines bei Tod erloschenen Altenteils vorliegt), so ist es nicht mehr als bestehen bleibend in das geringste Gebot aufzunehmen (hierzu auch ZVG-Handbuch Rdn 248 a). Einvernehmen des Rechtsnachfolgers des Berechtigten oder Eintragung einer sogen Vorlöschklausel sind hierfür (anders für Löschung im Grundbuch nach GBO § 23) nicht erforderlich; daher erlangt auch keine Bedeutung, daß Versteigerung noch innerhalb eines Jahres nach dem Tod des Berechtigten erfolgt (Sperrjahr von GBO § 23 Abs 1); bedeutungslos ist ebenso ein Widerspruch des Rechtsnachfolgers (anders[13] für ein Recht mit möglichen Rückständen; nicht richtig, für Rückstände haftet der Ersteher nicht, § 56 Satz 3; der Anspruch des Rechtsnachfolgers auf Rückstände gebietet Aufnahme des Stammrechts in das geringste Gebot daher nicht). Nicht mit dem Recht erloschene rückständige Leistungen sind von Amts wegen (grundbuchersichtliche wiederkehrende, Abs 2) oder auf Anmeldung (Abs 1) im bar zuzahlenden Teil des geringsten Gebots zu berücksichtigen.

6.5 a) Das **Vorkaufsrecht** einer natürlichen Person ist gesetzlich weder vererblich noch übertragbar (BGB § 1098 Abs 1 mit § 473); es erlischt sonach mit dem Tod des Berechtigten. Abweichende Bestimmung kann jedoch getroffen sein (Grundbucheintragung erforderlich; Bezugnahme genügt). Das auf eine bestimmte Zeit beschränkte Vorkaufsrecht ist im Zweifel vererblich. Auch wenn sonach das Vorkaufsrecht mit dem Tod des Berechtigten erloschen ist, kann es doch einen mit Ausübung zu Lebzeiten des Berechtigten bereits entstandenen Eigentumsübertragungsanspruch sichern (BGB § 464 mit § 1098 Abs 1), der noch nicht durchgesetzt ist; er ist vererblich. Daher ist das Vorkaufsrecht stets in das geringste Gebot aufzunehmen, sofern nicht auch sicher feststeht, daß es zu Lebzeiten des Berechtigten nicht ausgeübt ist (Nachweis kann Bestätigung des Erben erbringen, siehe § 44 Rdn 5.27).

b) Auch die **Vormerkung** (BGB § 883) zur Sicherung eines auf Lebenszeit des Berechtigten beschränkten künftigen oder aufschiebend bedingten Anspruchs (meist eines Auflassungsanspruchs) kann den mit Eintritt des bedingten Ereignisses bereits zu Lebzeiten des Berechtigten entstandenen, aber noch nicht erfüllten Anspruch sichern. Dieser Anspruch ist vererblich; Sicherung gewährt damit die Vormerkung auch dem Rechtsnachfolger. Sie ist auch nach dem Tod des Berechtigten daher als bestehenbleibend in das geringste Gebot aufzunehmen, sofern nicht feststeht, daß der künftige oder aufschiebend bedingte Anspruch nicht entstanden ist (Nachweis durch Bestätigung des Erben, siehe § 44 Rdn 5.27).

c) Wenn mit dem Tod des Berechtigten das **Vorkaufsrecht und zugleich** ein mit Ausübung des Vorkaufsrechts zu Lebzeiten des Berechtigten **bereits entstandener Eigentumsübertragungsanspruch erloschen** sind (sichere Feststellung), wird das Vorkaufsrecht als erloschenes Recht bei Feststellung des geringsten Gebots nicht mehr berücksichtigt. Gleiches gilt für die Vormerkung, wenn mit dem Tod des Berechtigten ein gesicherter gewesener künftiger oder aufschiebend bedingter Anspruch auch für den Fall erloschen ist, daß er mit Eintritt des bedingten Ereignisses zu Lebzeiten des Berechtigten bereits entstanden, bei dessen Tod aber noch nicht erfüllt war.

6.6 Ein **löschungsreifes Recht** wird nicht in das geringste Gebot aufgenommen, wenn spätestens bei Aufforderung zur Abgabe von Geboten sämtliche für die

---

[13] Steiner/Eickmann § 44 Rdn 33.

Löschung erforderlichen Urkunden vorliegen[14]. Dazu gehört auch der Eintragungsantrag eines dazu Berechtigten (GBO § 13 Abs 1); er kann auch zu Niederschrift der Geschäftsstelle oder zu Protokoll des Vollstreckungsgerichts erklärt werden. Löschung im Grundbuch braucht dann nicht erst noch vorgenommen werden. Ein zugunsten einer natürlichen Person eingetragenes nicht vererbliches und nicht veräußerliches Recht, insbesondere Nießbrauch und beschränkte persönliche Dienstbarkeit (auch als Wohnungsrecht) **gilt** spätestens mit dem Ablauf von 110 Jahren von dem Geburtstag des Berechtigten an (wenn dieser nicht aus dem Grundbuch oder den Grundakten ersichtlich ist: vom Tag der Eintragung des Rechts an) als erloschen (GBBerG § 5 Abs 1). Ausnahme: Wenn innerhalb von 4 Wochen ab dem genannten Zeitpunkt eine Erklärung des Berechtigten bei dem Grundbuchamt eingegangen ist, daß er auf dem Fortbestand seines Rechts bestehe (GBBerG aaO). Ein demnach als erloschen geltendes Recht kann vom Grundbuchamt von Amts wegen gelöscht werden (GBBerG § 5 Abs 3). Wenn Löschung nicht erfolgt ist, wird es als löschungsreif nicht in das geringste Gebot aufgenommen. Gegenstandslosigkeit (GBO §§ 84–87) könnte Löschung erst nach Löschungsankündigung ohne Widerspruch und Feststellungsbeschluß ermöglichen (GBO § 87), bietet sonach keine Grundlage dafür, das Recht bei Feststellung des geringsten Gebots zu übergehen (anders[15] mit Nachw).

6.7 Urkunden, aus denen sich die Nichtigkeit, das Erlöschen oder die Löschungsreife eines Rechts ergeben, zB die Sterbeurkunde für den Berechtigten eines bei Tod erloschenen Altenteils oder Wohnungsrechts, sind zu den Versteigerungsakten zu nehmen, wenn das Recht mit dem Zuschlag nach § 91 Abs 2 erlischt.

7 Minderanmeldung

7.1 Laufende wiederkehrende Leistungen, die nach § 45 Abs 2 als grundbuchersichtlich zu berücksichtigen wären, werden nicht in das (bare) geringste Gebot aufgenommen, soweit der Gläubiger (ausdrücklich) **weniger anmeldet** (sogenannte Minderanmeldung, auch beschränkte Anmeldung). Über seinen Antrag (seine Anmeldung) hinaus darf dem Gläubiger ein Anspruch auch nicht bei Aufnahme in das geringste Gebot zugesprochen werden (ZPO § 308 Abs 1 iVm § 869) (so auch[16]). Die Anmeldung bildet die obere Grenze des Anspruchs, der im Verfahren zu berücksichtigen ist. Wenn der Gläubiger mit Anmeldung nur einen Teil des Anspruchs geltend macht, also verlangt, daß der bei Eintragung des Versteigerungsvermerks grundbuchersichtliche Anspruch in das geringste Gebot (später auch in den Teilungsplan) betragsmäßig nur in dem geltend gemachten Umfang (oder auch überhaupt nicht) aufgenommen wird, kann er nur nach diesem Antrag, nicht aber nach dem weitergehenden Inhalt des Grundbuchs berücksichtigt werden. Durch Minderanmeldung wird also ein sonst von Amts wegen zu berücksichtigender (höherer) Anspruch lediglich zur Aufnahme in das geringste Gebot (später auch in den Teilungsplan) begrenzt. Als Antrag im Verfahren ist Minderanmeldung Prozeßhandlung; sie ist als Verfahrenshandlung daher von rechtsgeschäftlicher (sachenrechtlicher) Verfügung über ein dingliches Recht (seinen Erlösanspruch; dazu § 114 Rdn 7) zu unterscheiden. Minderanmeldung einer wertgesicherten Reallast begrenzt nur die bereits fälligen Einzelleistungen; für (teilweise) Aufgabe der Reallast als Grundstücksbelastung wäre zur Erklärung des Berechtigten (die in einer Minderanmeldung als Prozeßhandlung nicht zu erblicken ist) noch die Löschung im Grundbuch erforderlich (BGB § 875). Die Minderanmeldung kann daher nicht bewirken, daß die Reallast als Grundstücksbelastung nur in dem angemeldeten

---

[14] Motive zum ZVG S 162; RG 57, 209 (211); OLG Hamm aaO (Fußn 7); Jaeckel/Güthe § 45 Rdn 2; Korintenberg/Wenz § 45 Anm 1.
[15] Dassler/Schiffhauer § 45 Rdn 3.
[16] LG Frankenthal Rpfleger 1986, 232 mit insoweit zust Anm Meyer-Stolte; Riedel Jur-Büro 1974, 689 (III); Steiner/Eickmann § 45 Rdn 34; Dassler/Schiffhauer § 45 Rdn 7.

Umfang (mit den in der Anmeldung verlangten künftig fortlaufenden Einzelleistungen) in das geringste Gebot aufgenommen wird (anders[17], nicht richtig).

7.2 Als **Prozeßhandlung** erfordert die Minderanmeldung wie die Anmeldung selbst die Befugnis, das Recht (den Anspruch) im Verfahren geltend zu machen (§ 37 Rdn 5.11). Ein Vertreter muß durch Vollmacht legitimiert sein oder Genehmigung oder gesetzliche Vertretungsmacht nachweisen (§ 37 Rdn 5.14). Eine danach als prozessuale Erklärung nicht wirksame Minderanmeldung bleibt als unzulässig unberücksichtigt.

7.3 Die Minderanmeldung **begrenzt** als Prozeßhandlung für verfahrensrechtliche Rechtswahrung den zu berücksichtigenden Anspruch betragsmäßig. Für die Versteigerung schafft sie (wie sonst der maßgebliche Inhalt des Grundbuchs, Abs 2) Klarheit über den Umfang des zu berücksichtigenden Anspruchs, damit es insbesondere jedem Nachrangigen möglich ist, ihm vorgehende Ansprüche dem Grund und dem Betrag nach sicher festzustellen. Minderanmeldung vor Aufforderung zur Abgabe von Geboten führt daher nach § 110 ebenso zu Rangverlust[18], wenn der weitergehende Anspruch im Verteilungsverfahren (§ 114) wieder geltend gemacht wird, wie verspätete Anmeldung eines nicht grundbuchersichtlichen und daher anmeldepflichtigen Anspruchs (anders[19]: im Verteilungsverfahren kann nicht mehr als angemeldet geltend gemacht werden; nicht richtig).

7.4 Als Prozeßhandlung erlangt die Minderanmeldung **nur für das Verfahren Bedeutung**, in dem sie erklärt ist. Sie schränkt für dieses Verfahren den Betrag ein, der sonst (ohne Anmeldung) nach Abs 1 und 2 (auch § 114 Abs 1) nach dem Inhalt des Grundbuchs zu berücksichtigen wäre. Die materielle Berechtigung des Gläubigers berührt die Minderanmeldung nicht. Eine persönliche Forderung bleibt daher außerhalb des Verfahrens bestehen, an dem sie nicht teilgenommen hat. Wenn die mit Aufforderung zur Abgabe von Geboten (§ 66 Abs 2) eingetretene Ausschlußwirkung bei Verfahrensfortgang entfällt, kann der Gläubiger seinen Anspruch daher auch wieder geltend machen; ausgeschlossen gewesene Ansprüche kann der Gläubiger bei Verfahrensfortgang vor nochmaliger Aufforderung zur Abgabe von Geboten oder für einen späteren neuen Versteigerungstermin daher wieder rechtzeitig anmelden (§ 37 Rdn 5.10).

7.5 Wenn der Gläubiger mit der Anmeldung nur einen **Teil** der aus seinem **Recht** zu berücksichtigenden laufenden wiederkehrenden Leistungen deshalb geltend macht, weil er nur noch in Höhe des verlangten Betrags Rechtsinhaber ist und damit einen Anspruch voll verlangt, liegt keine Minderanmeldung (beschränkte Anmeldung) vor. Die Anmeldung kann dann ausweisen (zB wenn der Gläubiger erklärt, daß nicht verlangte Beträge bezahlt sind[20]), daß der weitergehende Anspruch auf laufende wiederkehrende Leistungen erloschen ist (BGB § 1178 Abs 1). Weil das Erlöschen des Rechts mit der Bestätigung des Gläubigers offenkundig ist, wird ein weitergehender Anspruch dann nicht im geringsten Gebot berücksichtigt (Rdn 6). Die Anmeldung kann in einem solchen Fall für den nicht verlangten Teil der laufenden wiederkehrenden Leistungen aber auch einen Gläubigerwechsel (mit Abtretung, Ablösung, sonstigem Rechtsübergang kraft Gesetzes) ausweisen. Dann ist die Änderung des Rechtsinhabers von Amts wegen zu berücksichtigen (Rdn 3.4). Für den neuen Gläubiger sind mithin laufende wiederkehrende Leistungen auch ohne Anmeldung nach Abs 2 im geringsten Gebot zu berücksichtigen (nicht genau daher[21]: der neue Gläubiger könne Ansprüche selbständig geltend machen und unter Umständen anmelden).

---

[17] OLG Oldenburg NdsRpfl 1988, 8.
[18] OLG Oldenburg Rpfleger 1980, 485 mit Anm Laube = NdsRpfl 1980, 263; Dassler/Schiffhauer § 45 Rdn 14; Riedel JurBüro 1974, 689 (III).
[19] Meyer-Stolte Rpfleger 1986, 232 (Anmerkung).
[20] Jaeckel/Güthe § 45 Rdn 2.
[21] Riedel JurBüro 1974, 689 (III).

§ 45 8   Geringstes Gebot. Versteigerungsbedingungen

8 Rechtsbehelf für und gegen Anmeldungen

Das geringste Gebot (und mit ihm jede anerkannte oder unberücksichtigt gebliebene Anmeldung) kann nur durch Anfechtung des Zuschlags anfechten, wer durch fehlerhafte Berücksichtigung oder Nichtberücksichtigung eines Rechts oder Anspruchs benachteiligt ist. Dazu § 44 Rdn 10.

[Wert wiederkehrender Naturalleistungen]

46 Für wiederkehrende Leistungen, die nicht in Geld bestehen, hat das Gericht einen Geldbetrag festzusetzen, auch wenn ein solcher nicht angemeldet ist.

1 Allgemeines zu § 46

Zweck und **Anwendungsbereich:** Klarstellung (zur Beseitigung von Zweifeln, Denkschrift S 45), daß vom Gericht für wiederkehrende Leistungen, die nicht in Geld bestehen, zur Berücksichtigung im geringsten Gebot (§ 49 Abs 1) ein Geldbetrag festzusetzen ist. Die Vorschrift gilt für alle Versteigerungsverfahren des ZVG, nicht für die Zwangsverwaltung (§ 146 Rdn 4). Sie gilt nicht für die Verteilung (Rdn 2.4).

2 Geldwert wiederkehrender Leistungen

2.1 Es sind (regelmäßig und unregelmäßig) wiederkehrende Leistungen, die nicht in Geld bestehen, zur Berücksichtigung im geringsten Gebot (§ 49 Abs 1) **in Geld umzurechnen.** Unter § 46 **können fallen:** Altenteilsleistungen, die nicht in Geld bestehen; Ansprüche des Gesindes auf Kost und Wohnung nach Rangklasse 2 des § 10; Kirchen- und Schullasten oder Wegebaulasten in Natur oder ähnliche Dienstleistungen; sonstige Reallasten, die nicht in Geld bestehen, auf die aber die Vorschriften über Hypothekenzinsen anzuwenden sind (BGB § 1107). Es handelt sich um Ansprüche von unbestimmtem Betrag nach § 14 (§ 14 Rdn 2). Ohne Bedeutung ist, ob die ihrer Natur nach „wiederkehrenden Leistungen" im besonderen Fall nur einmal zu entrichten sind (wie bei Erlöschen der Haftung des Grundstücks nach Entstehen nur einer Leistung).

2.2 Ein **Geldbetrag** ist für wiederkehrende Leistungen unabhängig davon **festzusetzen,** ob ein solcher angemeldet ist (Wortlaut des § 46). [1] will nur festsetzen lassen, wenn nicht angemeldet ist, doch verlangt § 46 die Festsetzung immer, insbesondere „auch wenn" kein Wert angemeldet ist (so auch[2]). Erfordernis ist nur, daß die nicht in Geld bestehenden wiederkehrenden Leistungen im geringsten Gebot zu berücksichtigen sind. Das ist bei Rang vor dem Anspruch des bestbetreibenden Gläubigers der Fall für

- laufende Beträge eingetragener wiederkehrender Leistungen (§ 45 Abs 2),
- angemeldete Rückstände eingetragener wiederkehrender Leistungen (keine Glaubhaftmachung, § 45 Abs 2);
- laufende und rückständige Beträge nicht eingetragener wiederkehrender Leistungen (insbesondere aus Rangklassen 2 und 3 des § 10 Abs 1), wenn sie als Recht auf Befriedigung aus dem Grundstück (nicht aber ihr Geldbetrag) rechtzeitig angemeldet und erforderlichenfalls glaubhaft gemacht sind (§ 45 Abs 1).

Keine Festsetzung eines Wertes erfolgt für wiederkehrende Naturalleistungen, die nicht in das geringste Gebot aufzunehmen sind.

---

[1] OLG Celle NdsRpfl 1951, 139.
[2] Steiner/Eickmann § 46 Rdn 5.

2.3 Festzusetzen ist der **Geldbetrag,** der objektiv den Wert der zu berücksichtigenden wiederkehrenden Naturalleistungen ausdrückt. Diesen Geldwert der Leistungen hat das Gericht festzustellen. Es entscheidet nach billigem Ermessen; ein Sachverständiger kann zugezogen werden. Anmeldung eines Geldbetrags (nicht aber nur ein Vorschlag als Äußerung zur Bewertung durch das Gericht) begrenzt den festzusetzenden Wert (ZPO § 308 Abs 1; so auch[3]). In der angemeldeten Höhe ist der Geldbetrag festzusetzen, wenn er den Wert der Leistungen zutreffend (objektiv) wiedergibt, sonst besteht Bindung an die Anmeldung nicht[4] (anders[5]: Anmeldung, gegebenenfalls mit Glaubhaftmachung, ist maßgebend); kleinliche Beurteilung bei Bewertung durch das Gericht ist jedoch nicht angebracht. Zu bewerten sind die bis zu dem Endzeitpunkt des § 47 zu berücksichtigenden Leistungen. Maßgebend ist der Wert im Zeitpunkt der Fälligkeit der

2.4 Die Wertfestsetzung gilt nur **für das geringste Gebot,** für die sie § 46 verlangt. Der Umrechnungsbetrag (man sollte, um die Begriffe nicht zu verwirren, hier nicht vom „Ersatzwert" sprechen) steht an der Stelle des Rechts; er wird an dessen Rang in das bare geringste Gebot aufgenommen. Für die Verteilung des Erlöses gilt § 46 nicht, auch nicht für die Berechnungen nach § 92. Für bewertete und im geringsten Gebot berücksichtigte Beträge wiederkehrender Naturalleistungen ist gesonderte Anmeldung zum Teilungsplan nach § 114 jedoch nicht mehr erforderlich. Die Festsetzung des Umrechnungswertes hat keine unmittelbare Bedeutung für die Festsetzung des Zuzahlungswertes nach § 51 (anders[6]), weil sich § 46 nur auf wiederkehrende Leistungen bezieht, § 51 auf das Stammrecht; sie hat auch keine Bedeutung für das Verteilungsverfahren. Es handelt sich bei § 46 um einen rein rechnerischen Vorgang, der die Rechtsnatur der Ansprüche nicht ändert, sondern sie nur in Geld umrechnen läßt (ausdrücken), weil im geringsten Gebot nur Geldansprüche unterzubringen sind.

2.5 Rechtsbehelf: Ist die Festsetzung des Umrechnungsbetrags zu hoch, so können die Beteiligten sie mit Rechtsmittel gegen den Zuschlag anfechten (wenn die Frage hier überhaupt eine zu berücksichtigende Rolle spielt). Die zu hohe Festsetzung kann (wohl nur theoretisch) zur Nichtabgabe von Geboten führen und damit zu den Folgen des § 77.

[Berechnungszeit wiederkehrender Leistungen]

47 Laufende Beträge regelmäßig wiederkehrender Leistungen sind für die Zeit bis zum Ablaufe von zwei Wochen nach dem Versteigerungstermine zu decken. Nicht regelmäßig wiederkehrende Leistungen werden mit den Beträgen berücksichtigt, welche vor dem Ablaufe dieser Frist zu entrichten sind.

Allgemeines zu § 47

Zweck und **Anwendungsbereich:** Klarstellung (zur Beseitigung von Zweifeln), wie laufende Beträge wiederkehrender Leistungen im geringsten Gebot zu berücksichtigen sind. § 47 gilt nur für Versteigerungsverfahren (nicht für die Zwangsverwaltung) und nur für den Versteigerungstermin (nicht für den Verteilungstermin).

Berechnungszeit wiederkehrender Leistungen im geringsten Gebot

2.1 Laufende Beträge wiederkehrender Leistungen öffentlicher Lasten des Grundstücks und bestehenbleibender Rechte trägt der Ersteher vom Zuschlag an

---

[3] Steiner/Eickmann § 46 Rdn 6.
[4] Dassler/Schiffhauer § 46 Rdn 3; Steiner/Eickmann § 46 Rdn 6.
[5] Jaeckel/Güthe § 46 Rdn 2; Reinhard/Müller § 46 Anm II.
[6] Drischler RpflJahrbuch 1960, 347 (A VI).

§ 47 2.1   Geringstes Gebot. Versteigerungsbedingungen

(§ 56 Satz 2); sie sind bei der Erlösverteilung daher aus der Masse bis einschließlich des Tages vor dem Zuschlag zu zahlen. Weil aber der Zuschlagstag bei Beginn der Versteigerung noch nicht feststeht und Verkündung des Zuschlags auch in einem späteren Termin erfolgen kann (§ 87 Abs 1), sind bei Feststellung des geringsten Gebots laufende Beträge wiederkehrender Leistungen nicht nur bis zum Versteigerungstermin einsetzen, sondern für eine gewisse Frist darüber hinaus. Diese Frist soll den Gläubiger, dessen Anspruch bei einem Zuschlag auf ein nur in Höhe des geringsten Gebots abgegebenes Meistgebot gedeckt sein muß, vor möglicher Schädigung schützen.

2.2 In das geringste Gebot aufzunehmen sind **laufende** Beträge wiederkehrender Leistungen dann, wenn sie **regelmäßig wiederkehren** (zB Zinsen), bis einschließlich des vierzehnten Tages nach dem Versteigerungstermin (Satz 1 des § 47). Dafür ist die Zeit der Fälligkeit ohne Bedeutung (vor oder nach dem Endzeitpunkt des § 47). Wenn sie **nicht regelmäßig wiederkehren** (zB die nur bei Bedarf anfallenden Arztkosten eines Altenteilsberechtigten), werden wiederkehrende Leistungen mit den Beträgen eingesetzt, die vor dem Ablauf der genannten Frist zu entrichten sind (Satz 2 des § 47). Nicht in Geld bestehende sind in Geld umzurechnen (§ 46).

2.3 Die Fristverlängerung über den Versteigerungstermin hinaus erfaßt natürlich nur Leistungen, die **schon vorher bestanden.** Waren für die Zeit vor dem Versteigerungstermin keine Zinsen zu entrichten, dann sind sie es auch nicht für diese zwei Wochen, zB also nicht für eine bis zum Zuschlag nicht verzinsliche Eigentümergrundschuld (dazu ZVG-Handbuch Rdn 249). § 47 verlängert nur die Frist für wiederkehrende Leistungen, begründet solche aber nicht neu.

2.4 Im **Verteilungstermin** werden dann die wiederkehrenden Leistungen wieder anders berechnet. Ab Zuschlag trägt ja der Ersteher alle laufenden Lasten (§ 56), also auch die wiederkehrenden Leistungen aus bestehenbleibenden Rechten. Dazu § 114 Rdn 5.30. Die Berechnung im geringsten Gebot ist nur eine rechnerische, nur eine vorläufige, die endgültige erfolgt erst im Teilungsplan (hierzu ZVG-Handbuch Rdn 250).

2.5 Eine **Verletzung dieser Vorschrift** des § 47 ist dann ohne Einfluß, wenn das bare Meistgebot höher ist als das geringste Bargebot bei richtiger Berechnung[1].

2.6 Laufende wiederkehrende Leistungen (insbesondere öffentlicher Grundstückslasten) werden oft nur bis einschließlich des Tages vor dem Versteigerungstermin angemeldet; das Gericht hat auch in diesem Fall fünfzehn **Tage** (nicht nur vierzehn) **hinzurechnen** (§ 10 Rdn 6.22).

3 Unter § 47 fallende Leistungen

Von § 47 **erfaßt werden** alle wiederkehrenden Leistungen (gleich, ob es sich um Haupt- oder Nebenleistungen handelt), die ins geringste Gebot kommen können: Grundsteuern, Zinsen, Grundstücksgebühren, Kaminkehrgebühren, Reallastleistungen, Altenteilsleistungen usw, auch soweit es sich dabei um unbestimmte Leistungen (§ 14 Rdn 2) und sonstige Naturalleistungen (§ 46 Rdn 2) handelt.

4 Wiederkehrende Leistungen bar zu berichtigender Ansprüche

Wenn in das geringste Gebot der Anspruch eines **besserrangigen persönlichen** Gläubigers nach Einstellung des von ihm betriebenen Verfahrens (§ 44 Rdn 4.7, § 49 Rdn 2) oder bei neuer Versteigerung des Grundstücks die **Sicherungshypothek** (§ 128 Abs 4) **bar** aufzunehmen ist, sind wiederkehrende Leistungen (insbesondere Zinsen) nicht nur bis zum Ablauf von zwei Wochen nach dem Versteigerungstermin, sondern bis zu dem zu unterstellenden (mutmaßlichen) Termin

---

[1] LG Frankfurt NJW-RR 1988, 1276 = Rpfleger 1988, 494; LG Lübeck SchlHA 1973, 129.

der Befriedigung (Erlösverteilung) zu berücksichtigen. § 47 regelt nur die Berücksichtigung der wiederkehrenden Leistungen, die vom Zuschlag an der Ersteher trägt (§ 56 Satz 2). Sie sind, weil dieser Tag bei Versteigerungsbeginn noch nicht feststeht, bis zum Ablauf von zwei Wochen nach dem Versteigerungstermin anzusetzen, um Schädigungen des Gläubigers vorzubeugen. Das gilt für den Beschlagnahmeanspruch eines besserrangigen persönlichen Gläubigers und die nach § 128 Abs 4 bar zu deckende Sicherungshypothek nicht gleichermaßen. Diese Ansprüche sind überhaupt nicht vom Ersteher zu tragen; sie werden aus dem Versteigerungserlös bar berichtigt. Zu den dem Gläubiger vorgehenden Ansprüchen, die zu decken sind (§ 44 Abs 1), gehören diese Ansprüche daher mit ihren wiederkehrenden Leistungen (insbesondere Zinsen) bis zur Erlösverteilung. Sie können wegen des damit anderen Endzeitpunkts für Deckung aus dem Versteigerungserlös daher nicht in entsprechender Anwendung des § 47 berücksichtigt werden, sondern müssen bis zur Erlösverteilung weiter berechnet werden, die immer erst längere Zeit nach dem Zuschlagstermin stattfindet. Weil auch der Endzeitpunkt dieser fortlaufenden Ansprüche bei Beginn der Versteigerung noch nicht feststeht, kann für diesen gesetzlich nicht geregelten Fall der Deckungsgrundsatz nur mit Feststellung eines mutmaßlichen Verteilungstermins als Endzeitpunkt der fortlaufenden Ansprüche gewahrt werden (so auch[2]). Entsprechendes gilt für Zinsen der Zwangsverwaltungsvorschüsse (§ 155 Abs 3).

[Bedingte Rechte, Vormerkung, Widerspruch]

48 Bedingte Rechte sind wie unbedingte, Rechte, die durch Eintragung eines Widerspruchs oder einer Vormerkung gesichert sind, wie eingetragene Rechte zu berücksichtigen.

Literatur: Stöber, Wirksamkeitsvermerk und Zwangsversteigerung, MittBayNot 1997, 143.

Allgemeines zu § 48

1.1 Zweck der Vorschrift: Durchführung des Deckungsgrundsatzes (§ 44 Rdn 2.1) zur Wahrung bedingter Rechte und der durch Vormerkung oder Widerspruch gesicherten Rechte durch Gleichbehandlung mit unbedingten oder bereits eingetragenen Rechten bei Feststellung des geringsten Gebots, weil dieses nicht von einer Bedingung abhängig gemacht werden kann.

1.2 Anwendungsbereich: Die Vorschrift gilt für alle Versteigerungsverfahren des ZVG (nicht für die Zwangsverwaltung) und nur für das geringste Gebot (nicht für den Teilungsplan; hier §§ 119, 120).

Bedingte Rechte im geringsten Gebot

2.1 Bedingte Rechte sind bei der Feststellung des geringsten Gebots **als unbedingte** zu behandeln. Bedingt ist ein Recht, wenn es als Grundstücksbelastung (Entstehen oder Fortbestand) von einem zukünftigen ungewissen Ereignis abhängig gemacht ist (BGB § 158). § 48 gilt für aufschiebend und auflösend bedingte Rechte. Die Vorschrift gilt für den bestehen bleibenden bedingten Hauptanspruch (§ 52) und für den bar in das geringste Gebot aufzunehmenden bedingten Anspruch auf wiederkehrende Leistungen und andere Nebenleistungen (§ 49 Abs 1). Wenn ein als bestehendbleibend bedingt berücksichtigtes Recht nicht besteht oder wieder wegfällt, die aufschiebende Bedingung aber nicht oder die auflösende eintritt, hat der Ersteher Zuzahlung zu leisten (§ 50 Abs 2 Nr 1, § 51). Im Verteilungsverfahren ist Zuteilung auf einen bedingten Anspruch nach §§ 119, 120 zu behandeln. Hierzu auch ZVG-Handbuch Rdn 253.

2.2 Berücksichtigung eines bedingten Rechts erfolgt **nach § 45** von Amts wegen oder, wenn es zur Zeit der Eintragung des Versteigerungsvermerks nicht

---

[2] Dassler/Schiffhauer § 47 Rdn 3; Steiner/Eickmann § 47 Rdn 12–15.

aus dem Grundbuch ersichtlich war, auf rechtzeitige Anmeldung (für wiederkehrende Leistungen auch § 45 Abs 2). Trotz rechtzeitiger Grundbucheintragung (oder Anmeldung) werden nichtig eingetragene, erloschene und löschungsreife bedingte Rechte nicht berücksichtigt (§ 45 Rdn 6). Daher bleibt ein aufschiebend bedingtes Recht auch unberücksichtigt, wenn der Ausfall der Bedingung objektiv feststeht, ein auflösend bedingtes Recht ebenso, wenn der Eintritt der Bedingung objektiv feststeht. Eine bedingte Hypothek kommt daher nicht mehr ins geringste Gebot, wenn sie durch den Ausfall der aufschiebenden oder den Eintritt der auflösenden Bedingung als Grundstücksbelastung entfallen ist und dies (objektiv) feststeht. Eine (unbedingte) Hypothek zur Sicherung einer bedingten Forderung (BGB § 1113 Abs 2) kommt aber (als Eigentümergrundschuld, BGB § 1163 Abs 1, § 1177) ins geringste Gebot, wenn mit dem Ausfall oder Eintritt der Bedingung die Forderung nicht mehr entstehen wird oder erloschen ist.

2.3 § 48 gilt nicht für **betagte** Ansprüche. Diese sind im geringsten Gebot als solche einzusetzen und im Bargebot nur mit dem gegenwärtigen Wert (§ 111) (ZVG-Handbuch Rdn 256). Ist die Zeit der Fälligkeit noch ungewiß, so gelten die Ansprüche als aufschiebend bedingt (§ 111).

2.4 Die **Höchstbetragshypothek** des BGB ist kein bedingtes Recht in diesem Sinne. Es ist nicht der Anspruch bedingt, sondern nur die Person des daraus Berechtigten unbestimmt (§ 44 Rdn 5.12). Dagegen ist die Schiffshöchstbetragshypothek nach Schiffsrechtegesetz § 75 bedingtes Recht (§ 14 Rdn 2). Die Höchstbetragshypothek nach ZGB-DDR (§ 454a) besteht nur in Höhe der Forderung (ZGB-DDR § 454 Abs 1 Satz 2), ist somit bis zur Feststellung der Forderung nicht vorläufige (auflösend bedingte) Eigentümergrundschuld. Daher ist sie (durch Feststellung der Forderung) bedingtes Recht. Andere Hypotheken, die mit der Forderung erlöschen (somit nicht zur Eigentümergrundschuld werden können) gehören nicht zu den bedingten Rechten (anders[1]). Sie bestehen bei Versteigerung als Grundstücksbelastung für ihren Gläubiger in Höhe der (möglicherweise betragsmäßig nicht bekannten) Forderung unbedingt. Ihr Bestand ist daher nicht vom Ausfall oder Eintritt eines bei Versteigerung künftigen ungewissen Ereignisses abhängig, somit nicht bedingt. Daß die Forderung besteht und die Hypothek ihrem Gläubiger zusteht, wird vermutet (BGB § 1138 mit § 891 Abs 1). Zu berücksichtigen sind diese Rechte im geringsten Gebot daher mit dem als Belastung des Grundstücks eingetragenen Betrag. Nicht oder auch nur teilweise nicht aufgenommen werden sie nur, wenn oder soweit das Erlöschen sicher feststeht (§ 45 Rdn 6.3). Das gilt für die eine (vormalige) Heimstätte belastende Hypothek (anders[2]) (auch Grundschuld; RHeimstG § 17 Abs 2 Satz 2; dazu § 15 Rdn 31) und nun insbesondere für die an einem Grundstück (Gebäudeeigentum) im Beitrittsgebiet lastende Hypothek nach dem vormaligen Zivilgesetzbuch-DDR (zu diesen Rechten § 44 Rdn 5.14; Ausnahme für Höchstbetragshypothek vorstehend). Als bedingte Rechte würden diese Hypotheken stets auch bei späterem Bedingungseintritt einen Zuzahlungsfall auslösen (§ 50 Abs 2 Nr 1), der bei Erlösverteilung immer als ungewiß von Amts wegen nach § 125 Abs 2 zu behandeln wäre und bei Erlöschen durch den Zuschlag Hilfsverteilung nach § 119 gebieten sowie die Erlösauszahlung durch die dem Recht anhaftende Bedingung behindern würde. Das würde dem Wesen und der Rechtsnatur solcher Grundstücksbelastungen widersprechen. Eine mit der gesicherten Forderung erlöschende Hypothek ist vielmehr ebenso unbedingtes Recht wie den Zinsen und anderen Nebenleistungen einer unbedingten Hypothek oder Grundschuld (BGB §§ 1113, 1191) nicht deshalb eine Bedingung anhaftet, weil sie bei Vereinigung mit dem Eigentum erlöschen (BGB § 1178 Abs 1 Satz 1), somit nicht zur Eigentümergrundschuld werden.

---

[1] Dassler/Schiffhauer § 48 Rdn 2; Steiner/Eickmann § 48 Rdn 12.
[2] Steiner/Eickmann § 48 Rdn 12.

Bedingte Rechte, Vormerkung, Widerspruch 3.2 § 48

Durch Vormerkung gesicherte Rechte im geringsten Gebot 3

3.1 Rechte, die durch Eintragung einer Vormerkung gesichert sind (BGB § 883; GBO § 18 Abs 2, § 76 Abs 1), sind im geringsten Gebot **wie eingetragene Rechte** zu berücksichtigen. Eine Vormerkung ist also im geringsten Gebot zu berücksichtigen, wenn sie ein dingliches Recht am Grundstück sichert (zB Vormerkung für eine Hypothek, Vormerkung für eine Grunddienstbarkeit), nicht aber, wenn sie nur ein Recht an einem Grundstücksrecht (Nießbrauch, Pfandrecht), einen Vorrang, einen Abtretungsanspruch oder einen Löschungsanspruch sichert; das zu berücksichtigende vorgemerkte Recht muß also eine selbständige Belastung sein[3]. Ist die Eintragung einer verzinslichen Hypothek (Grundschuld) vorgemerkt, dann sind auch die Zinsen vom vorgemerkten Zinsbeginn an wie Zinsen eingetragenen Grundpfandrechts, mithin bis zum Ablaufe von zwei Wochen nach dem Termin (§ 47) in den bar zu zahlenden Teil des geringsten Gebots aufzunehmen (siehe auch § 119 Rdn 2).

3.2 Eine **Auflassungsvormerkung** (zu ihr § 28 Rdn 5.1), die dem Anspruch des (bestrangig betreibenden) Gläubigers vorgeht, ist in das geringste Gebot aufzunehmen[4] mit Bestimmung eines Ersatzbetrags nach § 51 Abs 2 (§ 51 Rdn 4.2). Folge des Bestehenbleibens: § 52 Rdn 2.6. Das gilt auch dann, wenn die Vormerkung einen aufschiebend bedingten Auflassungsanspruch sichert[4] (zB beim Wiederkaufsrecht oder Ankaufsrecht[4]). Angemeldet werden muß die Auflassungsvormerkung für Berücksichtigung im geringsten Gebot, wenn sie bei Eintragung des Versteigerungsvermerks aus dem Grundbuch nicht ersichtlich war (§ 45 Abs 1), so bei Veräußerung des Grundstücks und Sicherung des Erwerbsanspruchs durch Vormerkung erst während des Versteigerungsverfahrens (zur Anmeldepflicht allgemein § 37 Nr 4). [5]verlangt auch Anmeldung der Fälligkeit, wenn der vorgemerkte Anspruch (aufschiebend) bedingt ist. Der Berechtigte soll hier anmelden müssen, wenn er geltend machen will, daß bereits ein Ereignis eingetreten ist, das den nur bedingten Anspruch auf Übereignung zum unbedingten gemacht hat (so auch, wenn die Fälligkeit durch das Zwangsversteigerungsverfahren selbst ausgelöst wurde). Dem kann nicht gefolgt werden. Anmeldung der Fälligkeit sieht das ZVG nur für Grundpfandrechte vor (§ 54). Den durch die Vormerkung gesicherten Anspruch hat der Schuldner zu erfüllen; der Ersteher hat als vormerkungswidriger Erwerber (BGB § 883 Abs 2 Satz 2) der Eintragung zur Verwirklichung des gesicherten Anspruchs zuzustimmen (BGB § 888; dazu § 52 Rdn 2.6). Nach ZVG-Verfahrensrecht bedarf es für Wahrung des Anspruchs gegen den Schuldner und auch zur Sicherung seiner Erfüllung bei vormerkungswidriger Verfügung, somit für die Vormerkungswirkung gegen den Ersteher, keiner besonderen Geltendmachung der nach § 45 im geringsten Gebot zu berücksichtigenden Vormerkung. Der Ersteher erwirbt das Grundstück belastet mit der Vormerkung (nicht mit dem Anspruch; dieses sichert die bestehenbleibende Vormerkung). Ist ein Recht bedingt oder betagt ist, bedarf für Berücksichtigung aber keiner Anmeldung (§ 45). Berücksichtigung der Vormerkung „wie ein eingetragenes Recht" (§ 48) schließt für den Eigentumserwerb des Erstehers (§ 90) Rechtswirkungen für den Fall des Eintritts (Zustimmungspflicht nach BGB § 888) oder Ausfalls (Zuzahlungspflicht nach § 51) der Bedingung ein (Folge für Bemessung des Gebots: § 51 Rdn 2.2). Unterbliebene Anmeldung nur der bereits eingetretenen Fälligkeit des gesicherten Anspruchs kann daher auch nicht bewirken, daß nur das Weiterbestehen der bedingten Vormerkung für zukünftige Fälle nicht berührt wird, in denen ein fälliger Anspruch erneut durch den Eintritt der vorgesehenen Bedingung ausgelöst wird (so aber[5]). Für den mit Bedingungseintritt bereits durchsetzbaren Anspruch würde

---

[3] BGH 53, 47 = MDR 1970, 222 = NJW 1970, 565 = Rpfleger 1970, 60.
[4] BGH 46, 124 = DNotZ 1967, 490 = MDR 1967, 34 = NJW 1967, 566 = Rpfleger 1967, 9; BGH MDR 1997, 52 = NJW 1996, 3147 = Rpfleger 1997, 76.
[5] Wörbelauer DNotZ 1963, 652 und 718 (7, 10).

damit die Sicherungswirkung der Vormerkung zwar nicht entfallen (BGB § 883 Abs 1 Satz 2), seine Erfüllung jedoch daran scheitern, daß die Zustimmung des Erstehers (BGB § 888) nicht mehr zu erreichen ist. Das würde nicht nur dem Wesen der Vormerkung, sondern auch dem Grundsatz widersprechen, daß es für die Vormerkungswirkungen keinen Unterschied macht, ob ein vormerkungswidriger Erwerb durch rechtsgeschäftliche Verfügung oder im Wege der Zwangsvollstreckung erfolgt (BGB § 883 Abs 2).

3.3 Wirksam ist das durch Verfügung nach Eintragung der Auflassungsvormerkung (sonach mit „Rang" nach der Vormerkung) erlangte Recht des (best)betreibenden Gläubigers dem Vormerkungsberechtigten gegenüber mit seiner Zustimmung[6]. Das bestimmt § 182 Abs 1 BGB[7] und ergibt ebenso die entsprechende Anwendung des § 185 Abs 1 BGB[7]. Diese Zustimmung – die nach materiellem Recht formlos möglich ist[7] – behebt „den sich aus § 883 Abs 2 ergebenden Mangel" der Bestellung des Grundpfandrechts „ein für allemal"[7]. Die dem vollstreckenden Gläubiger gegenüber dann wirkungslose, aber „vorrangig" eingetragene Auflassungsvormerkung wird (ebenso wie ein nichtig eingetragenes oder bereits erloschenes Recht; dazu § 45 Rdn 6.1–6.3) im geringsten Gebot nicht berücksichtigt[8]. **Verfahrenserfordernis** für Nichtberücksichtigung der Vormerkung ist, daß ihre Wirkungslosigkeit dem (best)betreibenden Gläubiger gegenüber dem Vollstreckungsgericht sicher bekannt oder grundbuchersichtlich ist[9]. Sie ist sicher bekannt, wenn die Zustimmung des Vormerkungsberechtigten zur nachrangigen (sonst ihm gegenüber nach § 883 Abs 2 BGB unwirksamen) Verfügung (Belastung des Grundstücks mit dem Recht des vollstreckenden Gläubigers) durch Vorlage einer öffentlichen oder öffentlich beglaubigten Urkunde nachgewiesen ist oder im Versteigerungstermin (auch im Vortermin, § 62) von dem (bei mehreren: allen) Vormerkungsberechtigten als dem betroffenen Beteiligten durch schlüssige Erklärung bestätigt wird[9]. Durch **Wirksamkeitsvermerk** kann die Wirksamkeit eines nachrangigen Grundpfandrechts auch dem Berechtigten der zuvor eingetragenen Auflassungsvormerkung gegenüber grundbuchersichtlich dargestellt sein[10]. Erlangt das Vollstreckungsgericht von einem (vor oder nach dem Versteigerungsvermerk; dazu[11]) in das Grundbuch eingetragenen Wirksamkeitsvermerk Kenntnis, wird somit die dem (best)betreibenden Gläubiger gegenüber unwirksame Auflassungsvormerkung nicht in das geringste Gebot aufgenommen[12]. Sie erlischt durch den Zuschlag (§ 91 Abs 1) ebenso wie eine nachrangig eingetragene Auflassungsvormerkung. Zur Behandlung bei Erlösverteilung dann: § 92 Rdn 7.

---

[6] Stöber MittBayNot 1997, 143 (144); Schöner/Stöber, Grundbuchrecht Rdn 1523.

[7] RG 154, 355 (367).

[8] Stöber MittBayNot 1997, 143 (144); Frank MittBayNot 1996, 271 (273); Lehmann NJW 1993, 1558 (1559); Skidzun Rpfleger 2002, 9 (11); Ulbrich MittRhNotK 1995, 289 (308).

[9] Stöber MittBayNot 1997, 143 (144).

[10] BGH 141, 169 = LM § 873 BGB mit Anm Amann = DNotZ 1999, 1000 = MDR 1999, 796 mit Anm Stickelbrock = MittRhNotK 1999, 279 mit Anm H Schmidt = NJW 1999, 2275 = Rpfleger 1999, 383; Stöber MittBayNot 1997, 143 (145); zum Wirksamkeitsvermerk weiter insbes OLG Saarbrücken BWNotZ 1995, 170 mit Anm Bühler = MittRhNotK 1995, 25 = Rpfleger 1995, 404; LG Amberg MittBayNot 1996, 41; Schöner/Stöber, Grundbuchrecht, Rdn 296 und 1523a; Staudinger/Gursky, BGB, Rdn 165 zu § 883; Frank MittBayNot 1996, 271; Gursky DNotZ 1998, 273; Keller BWNotZ 1998, 25; Lehmann NJW 1993, 1558; Schultz RNotZ 2001, 541.

[11] Stöber MittBayNot 1997, 143 (145).

[12] Stöber MittBayNot 1997, 143 (144–146). Dort (S 147) auch zum Verfahren, wenn geltend gemacht wird, daß ein Wirksamkeitsvermerk unrichtig eingetragen ist. S auch Frank, Lehmann, Skidzun und Ulbrich je aaO (Fußn 8).

3.4 Die Auflassungsvormerkung hat **Rang** nach dem Zeitpunkt ihrer Eintragung[13] oder nach abweichender Rangeintragung (BGB § 879 Abs 3), die auch bei (zulässiger[14]) Rangänderung erfolgt sein kann. Ein Grundpfandrecht kann Vorrang auch durch Ausnutzung eines bei der Auflassungsvormerkung eingetragenen Rangvorbehalts (zur Zulässigkeit[15]) erlangt haben. Der Rang der Auflassungsvormerkung ist maßgebend für Berücksichtigung im geringsten Gebot (§ 48 mit § 44) und Erlösverteilung bei Erlöschen der Vormerkung (§§ 114, 119). Berücksichtigung eines der Vormerkung gegenüber **wirksamen** „nachrangigen" Rechts: Rdn 3.3: Keine (vorrangige) Berücksichtigung kann die Auflassungsvormerkung finden, wenn sie **keine Sicherungswirkung** äußert, weil der Anspruch nicht besteht (unwirksam oder erloschen ist; dazu § 28 Rdn 4.8 f). Das Vollstreckungsgericht hat jedoch vom (grundbuchersichtlichen) Rang der Vormerkung auszugehen (wie § 48 Rdn 4.8 f); sie kann daher bei Aufstellung des geringsten Gebots und bei Erlösverteilung nur dann nicht berücksichtigt werden, wenn die Nichtigkeit oder das Erlöschen sicher (objektiv) feststeht (§ 45 Rdn 6.2 und 6.3) oder Löschungsunterlagen vorliegen (§ 45 Rdn 6.6). Bei **Wiederverwendung** einer erloschenen Auflassungsvormerkung (dazu § 28 Rdn 4.8 f) bestimmt sich der Rang der (neu bewilligten) Vormerkung nach dem Zeitpunkt der neuen Bewilligung, nicht nach der alten Eintragung[16]. Ist das durch entsprechenden Rangvermerk im Grundbuch ersichtlich (zum Ausdruck gebracht)[17], ist der Rang der Vormerkung nach dem Inhalt des Grundbuchs zu bestimmen (§ 45 Abs 1). Der aus dem Grundbuch nicht ersichtliche Vorrang eines Rechts am Grundstück, damit für Nichtberücksichtigung der Vormerkung im geringsten Gebot der Vorrang des Anspruchs des betreibenden Gläubigers, ist anmeldepflichtig (§ 37 Rdn 5.6 und § 45 Rdn 3.5 c) und bei Widerspruch glaubhaft zu machen. Anmeldung erfordert schlüssige Darstellung der Tatsachen, die den Nachrang der Vormerkung ausweisen.

3.5 Anfechtung der Auflassungsvormerkung (nach dem AnfG) verpflichtet zur Duldung der Zwangsvollstreckung in das Grundstück. Folge ist, daß der Vormerkungsberechtigte als Anfechtungsgegner bei der Zwangsversteigerung gegenüber dem Gläubiger von der Vormerkung keinen Gebrauch machen darf[18]. Die Vormerkung kann nach wirksamer Anfechtung durch den Gläubiger, der die zu duldende Zwangsvollstreckung in das Grundstück betreibt, daher nicht in das geringste Gebot aufgenommen werden. Verfahrenserfordernis für Nichtberücksichtigung der Vormerkung ist, daß durch Anfechtungsurteil die Verpflichtung des Vormerkungsberechtigten zur Duldung der Zwangsvollstreckung in das Grundstück durch den Anfechtungsberechtigten nachgewiesen ist oder der Anfechtungsgegner für außergerichtliche Regelung (Erfüllung des Anfechtungsrechts) in öffentlicher oder öffentlich beglaubigter Urkunde oder im Versteigerungstermin (auch im Vortermin, § 62) durch schlüssige Erklärung bestätigt, daß die Vormerkung anfechtbar erlangt ist.

3.6 Die **Rückübertragungsvormerkung** (§ 114 Rdn 7.8) fällt wie die Löschungsvormerkung nicht unter § 48; sie ist keine Belastung des Grundstücks, sondern eine Belastung einer Grundstücksbelastung[19] und teilt deren Schicksal (zu behandeln nach §§ 119, 120).

---

[13] BGH 46, 124 (127) = aaO (Fußn 4); auch BGH NJW 1996, 3147 (3148) = aaO (Fußn 4); BGH DNotZ 1998, 281 (282) = NJW 1997, 936; BGH 141, 169 = aaO (Fußn 10).
[14] OLG Frankfurt Rpfleger 1980, 185 mit Nachw; Schöner/Stöber, Grundbuchrecht, Rdn 1531 a.
[15] Schöner/Stöber, Grundbuchrecht, Rdn 1531 a und 2132.
[16] BGH 143, 175 = DNotZ 2000, 639 mit abl Anm Wacke = MittBayNot 2000, 104 mit kritischer Anm Demharter = NJW 2000, 805 = Rpfleger 2000, 153 mit Anm Steuer.
[17] BGH 143, 175 (183) = aaO.
[18] BGH NJW 1996, 3147 = aaO (Fußn 4).
[19] Dempewolf, Rückübertragungsanspruch, XI 2 a.

3.7 Das **Wiederkaufsrecht** nach dem Reichssiedlungsgesetz (§ 81 Rdn 10.4) ist wie eine Auflassungsvormerkung zu behandeln[20]. Es ist an sich nur ein schuldrechtlicher Anspruch des Siedlungsträgers, der ausnahmsweise verdinglich ist. Durch die Versteigerung verliert das Grundstück die Eigenschaft, der Ersteher ist nicht Siedler, er hat keine Bindung wie bei einer bestehenbleibenden Auflassungsvormerkung. Wenn für das Recht nach § 92 ein Ersatzwert festgestellt wird, ist der Wiederkaufspreis abzusetzen (§ 92 Rdn 6.12).

4 Durch Widerspruch gesicherte Rechte im geringsten Gebot

4.1 Rechte, die durch Eintragung eines **Widerspruchs** gesichert sind (BGB § 899; GBO § 18 Abs 2, § 53 Abs 1, § 76 Abs 1) sind im geringsten Gebot (gleichfalls) wie eingetragene Rechte zu berücksichtigen. Das erfordert (siehe bereits Rdn 3.1), daß das Recht, wenn es im Grundbuch eingetragen wäre, als (selbständige) Belastung des Grundstücks (anderen Objekts) – auch als Inhaltserweiterung – Aufnahme in das geringste Gebot zu finden hätte. Bei dem durch den Widerspruch als Schutzvermerk gesicherten Recht muß es sich somit um ein dingliches Recht am Grundstück handeln wie bei Widerspruch gegen die Löschung einer Hypothek oder Grundschuld oder gegen die Nichteintragung eines außerhalb des Grundbuchs bestehenden Rechts, zB einer Sicherungshypothek nach BGB § 1287 Satz 2, ZPO § 848 Abs 2, damit um ein Recht, das – weil nicht eingetragen – auch bereits in das geringste Gebot aufzunehmen ist, wenn es rechtzeitig angemeldet und glaubhaft gemacht ist (§ 45 Abs 1; dort Rdn 3.5 zu c). Keine Berücksichtigung nach § 48 findet somit der Widerspruch, der zB ein Recht an einem Grundstücksrecht oder einen Löschungsanspruch sichert oder der sich gegen die Person des eingetragenen Berechtigten eines Grundstücksrechts (auch im Fall von BGB § 1139) richtet (es wird das Recht ungeachtet des bei ihm eingetragenen Widerspruchs berücksichtigt). Zu berücksichtigen ist das durch den Widerspruch gesicherte Recht im geringsten Gebot als „eingetragenes Recht" (als wenn es eingetragen wäre). Berücksichtigung erfolgt bei Eintragung des Widerspruchs bereits zur Zeit der Eintragung des Versteigerungsvermerks nach dem Inhalt des Grundbuchs, sonst bei rechtzeitiger Anmeldung (§ 45 Abs 1).

4.2 Der **Widerspruch gegen das Eigentum** des Schuldners (§ 17 Abs 1) zugunsten eines nicht eingetragenen (wirklichen) Eigentümers ist (wie die Auflassungsvormerkung; dazu § 28 Rdn 5.1) kein der Versteigerung entgegenstehendes Recht. Er sichert auch kein (selbständiges) dingliches Recht am Grundstück, sondern schützt gegen Rechtsverlust aus rechtsgeschäftlicher Verfügung des eingetragenen „Nicht-Eigentümers" (BGB § 892 Abs 1). Das (nicht eingetragene) **Eigentum** des Berechtigten des Widerspruchs ist **der Versteigerung entgegenstehendes Recht** nach § 37 Nr 5. Der nicht eingetragene Eigentümer hat daher vor der Erteilung des Zuschlags die Aufhebung oder einstweilige Einstellung des Verfahrens herbeizuführen. Daher kann Berücksichtigung des Widerspruchs (des durch den Widerspruch geschützten nicht eingetragenen Eigentums) im geringsten Gebot nicht erfolgen (so auch[21]). Wird Aufhebung oder einstweilige Einstellung der Versteigerung nicht (rechtzeitig) erwirkt, geht mit dem Eigentumserwerb des Erstehers durch den Zuschlag (§ 90 Abs 1) das bisherige Eigentum, damit auch das durch den Widerspruch (gegen rechtsgeschäftliche Verfügungen) gesicherte nicht eingetragene Eigentum des Dritten, unter.

---

[20] BGH 57, 356 = DNotZ 1972, 349 = MDR 1972, 313 = NJW 1972, 537 = Rpfleger 1972, 216.
[21] Dassler/Schiffhauer § 48 Rdn 5; Reinhard/Müller § 48 Anm III 2; Steiner/Eickmann § 48 Rdn 25.

Nach **anderer Ansicht**[22] soll auch der Widerspruch zugunsten des Eigentums eines Dritten unter § 48 fallen, somit bei Feststellung des geringsten Gebots zu berücksichtigen sein, wenn er dem Anspruch des betreibenden Gläubigers vorgeht. Folge wäre, daß mit dem Zuschlag das durch den Widerspruch geschützte Eigentum nicht erlöschen würde. Das jedoch kann nicht richtig sein. Der Widerspruch schützt nur gegen rechtsgeschäftliche Verfügungen[23] (BGB § 892 Abs 1 Satz 1), wahrt somit keine Rechte bei Zuschlag, der als hoheitlicher Vollstreckungsakt Eigentum des Erstehers originär begründet (§ 90 Rdn 2.1) und gewährt (bei Aufnahme in das geringste Gebot) keine BGB § 888 vergleichbare Verpflichtung des Erstehers zur Mitwirkung bei Verwirklichung des gesicherten gewesenen Grundbuchberichtigungsanspruchs. Daß zwar der durch Vormerkung gesicherte Eigentumserwerb, nicht aber das durch Widerspruch geschützte Eigentum auch dem Ersteher gegenüber geltend gemacht werden kann, folgt aus den verschiedenartigen Sicherungszwecken. Die **Vormerkung sichert** einen (schuldrechtlichen) Anspruch auf Eigentumsübertragung (BGB § 883 Abs 1); **Eigentum,** das der Versteigerung entgegenstehen würde und nach § 37 Nr 5 vor Erteilung des Zuschlags geltend gemacht werden könnte, hat der Vormerkungsberechtigte **noch nicht.** Erst der durch die Vormerkung gesicherte (spätere) Rechtserwerb begründet Eigentum. Schutz gewährt die (im geringsten Gebot berücksichtigte) Vormerkung daher zur Wahrung des erst nach dem Zuschlag erworbenen Eigentums (als der Versteigerung entgegenstehendes Recht) auch gegen den Zuschlag als Verfügung im Wege der Zwangsvollstreckung (BGB § 883 Abs 2). Der **Widerspruch** hingegen **schützt** nur gegen Rechtserwerb durch (rechtsgeschäftliche) Verfügung des im Grundbuch (unrichtig) eingetragenen Nichteigentümers. Das nicht eingetragene **Eigentum** des (wahren) Eigentümers **steht** aber **bereits** der Zwangsversteigerung **entgegen** (§ 17 Rdn 2, § 28 Rdn 4). Es kann als die Versteigerung hinderndes Recht **vor Erteilung des Zuschlags** nach § 37 Nr 5 geltend gemacht und (jedenfalls mit einstweiliger Einstellung des Verfahrens nach ZPO § 771 Abs 3 mit § 769) gewahrt werden. Noch weitergehende Rechtswahrung auch über den Zuschlag hinaus zu gewährleisten ist daher nach Zweck und Wesen des Widerspruchs nicht Aufgabe dieses Schutzvermerks. Dem widerspricht nicht, daß Eintragung eines infolge Widerspruchs bestehen gebliebenen Grundstücksrechts auch nach dem Zuschlag vom Ersteher verlangt werden kann. Denn Folge der Berücksichtigung des Rechts im geringsten Gebot (§ 48) ist, daß der Ersteher mit dem Zuschlag Eigentümer nur des mit dem Recht (bedingt) belastenden Grundstücks wird (§ 90 Abs 1, § 91 Abs 1 mit § 52 Abs 1). Anspruch auf Berichtigung des Grundbuchs gibt daher BGB § 894. Der Ersteher ist zur Erfüllung des Anspruchs auf Eintragung des (bedingt) bestehen gebliebenen Rechts am Grundstück demnach als Betroffener verpflichtet (Zuzahlungspflicht nach §§ 50, 51, wenn das Recht nicht besteht). Der Widerspruch selbst begründet und wahrt demgegenüber keinen Berichtigungsanspruch. Daher erlangt auch für den Berichtigungsanspruch nach BGB § 894 keine Bedeutung, ob das Grundstücksrecht nach § 48 infolge des Widerspruchs oder (wenn ein Widerspruch nicht eingetragen war) als nicht eingetragene Grundstücksbelastung nach rechtzeitiger Anmeldung und (erforderlichenfalls) Glaubhaftmachung in das geringste Gebot aufzunehmen war.

[Bargebot]

49 (1) **Der Teil des geringsten Gebots, welcher zur Deckung der Kosten sowie der im § 10 Nr 1 bis 3 und im § 12 Nr 1, 2 bezeichneten Ansprüche bestimmt ist, desgleichen der das geringste Gebot übersteig-**

---

[22] Jaeckel/Güthe § 48 Rdn 5; Korintenberg/Wenz § 48 Anm 6; Staudinger/Gursky, BGB § 899 Rdn 9.
[23] RG 117, 346 (352).

§ 49 Geringstes Gebot. Versteigerungsbedingungen

gende Betrag des Meistgebots ist von dem Ersteher im Verteilungstermine zu berichtigen (Bargebot).

(2) Das Bargebot ist von dem Zuschlag an zu verzinsen.

(3) Das Bargebot kann entrichtet werden durch Überweisung oder Einzahlung auf ein Konto der Gerichtskasse, sofern der Betrag der Gerichtskasse vor dem Verteilungstermin gutgeschrieben ist und ein Nachweis hierüber im Termin vorliegt, oder durch Barzahlung.

(4) Der Ersteher wird durch Hinterlegung von seiner Verbindlichkeit befreit, wenn die Hinterlegung und die Ausschließung der Rücknahme im Verteilungstermine nachgewiesen werden.

Übersicht

Allgemeines zu § 49	1	Hinterlegung als Zahlung für Verteilungstermin (Absatz 4)	5
Bargebot (Absatz 1)	2		
Bargebotszinsen (Absatz 2)	3	Tilgungshypothek (Annuitätenhypothek): Zins, Tilgungsbeträge	6
Entrichtung des Bargebots (Absatz 3)	4		

1 Allgemeines zu § 49

1.1 Zweck der Vorschrift: Regelung der Zahlungspflicht des Erstehers (Denkschrift S 45) und der damit in Zusammenhang stehenden Gliederung des geringsten Gebots (§ 44) in zwei Teile: den zu zahlenden Teil (= geringstes Bargebot) nach § 49 Abs 1 und die bestehenbleibenden Belastungen nach § 52.

1.2 Anwendungsbereich: Die Vorschrift gilt für alle Versteigerungsverfahren mit Besonderheiten für Schiffe und Luftfahrzeuge (§ 162 Rdn 9.1, § 171 a Rdn 3).

2 Bargebot (Absatz 1)

2.1 Ein geringstes Bargebot ist immer vorhanden. Bestehenbleibende Rechte (§ 52) bestehen nach den gesetzlichen Versteigerungsbedingungen dann nicht (Abweichung nach § 59 möglich), wenn wegen eines Anspruchs der Rangklassen 2 oder 3 des § 10 Abs 1 oder aus dem rangbesten dinglichen Recht (Rangklasse 4 des § 10 Abs 1) betrieben wird (hier Abweichung nach ErbbauVO § 9 Abs 3 Nr 1 und nach WEG § 39 Abs 1 möglich).

2.2 Im Termin wird **nur das Bargebot geboten,** bestehend aus dem zu zahlenden Teil des geringsten Gebots (= geringstes Bargebot) und dem das geringste Gebot übersteigenden Teil des Meistgebots (= Mehrgebot). Beide Teile sind im Verteilungstermin spätestens vom Ersteher zu zahlen (§ 49 Abs 1), soweit nicht § 91 Abs 2 vorliegt. Bestehenbleibende Rechte (§ 52) werden nicht ausdrücklich mitgeboten, sind aber Teil des Erwerbspreises, somit stillschweigend mitzuzählen, weil der Ersteher diese Belastungen des Grundstücks übernehmen muß (sie werden auch nach § 74 a und § 85 a mitgerechnet). Wie bestehenbleibende Rechte wird auch ein an ihrer Stelle nach §§ 50, 51 zu leistender Zuzahlungsbetrag nicht mitgeboten. Jeder Bieter muß also, um seine Gesamtleistung zu berechnen, sein im Termin zu nennendes Bargebot und die bestehenbleibenden Belastungen zusammenzählen. Zweckmäßig wird das Gericht im Versteigerungstermin mehrmals, vor allem im Rahmen der Versteigerungsbedingungen, darauf hinweisen, daß ein Bargebot die Belastungen nicht enthält, daß vielmehr im Falle des Zuschlags die bekanntgegebenen Belastungen, die als bestehenbleibend bezeichnet sind, gesondert zu übernehmen sind.

2.3 Ein **bestehenbleibendes** dingliches Recht (§ 52) gehört mit seinem Kapitalbetrag auch dann **nicht** in das geringste Bargebot, wenn die **Fälligkeit** des Kapitals nach § 54 im Versteigerungstermin angemeldet bzw bekanntgegeben worden ist. Das bei Feststellung des geringsten Gebots berücksichtigte Recht bleibt auch bestehen (§ 52), wenn es fällig ist. Über seine Zahlung muß sich der Gläubi-

Bargebot 2.6 § 49

ger des Rechts mit dem Ersteher außerhalb des Versteigerungsverfahrens auseinandersetzen.

2.4 Das **geringste Bargebot muß enthalten** (Abs 1): die Kosten des Verfahrens nach § 44 Abs 1 (§ 109); die Ansprüche der Rangklasse 1–3 (wenn nicht aus einem ihnen vorgehenden oder gleichstehenden Recht betrieben wird); die Kosten der dinglichen Rechtsverfolgung aus bestehenbleibenden Rechten und die wiederkehrenden Leistungen und anderen Nebenleistungen aus den bestehenbleibenden Rechten (§ 12 Nr 1–2, § 49 Abs 1). Die Aufzählung in Abs 1 ist jedoch nicht als vollständig und abschließend anzusehen. Zu ergänzen ist, daß alle weiteren dem betreibenden Gläubiger vorgehenden Ansprüche, die nicht als Grundstücksrechte bestehen bleiben können, ins geringste Bargebot gehören[1], so der Anspruch eines besserrangigen persönlichen Gläubigers (Rdn 2.7) und der Aufwendungsersatzanspruch des Vermögensübernehmers (§ 44 Rdn 4.13). Zum geringsten Bargebot im ZVG-Handbuch Rdn 240.

2.5 Nebenleistungen einer Grundschuld (BGB § 1191 Abs 2) sind in das geringste Bargebot aufzunehmen (Abs 1 mit § 12 Nr 2), und zwar **regelmäßig wiederkehrende** für die Zeit bis zum Ablauf von zwei Wochen nach dem Versteigerungstermin (§ 47). Auch die nur **einmalig** zu entrichtende Nebenleistung (zB „... einmalige Nebenleistung von 10 vH des Grundschuldbetrags") gehört in das geringste Bargebot. Wenn sie nicht fällig ist, kann eine betagte Nebenleistung (Fälligkeit hängt von einem künftigen gewissen Ereignis ab, § 111 Rdn 2.2; gilt auch für den kündbaren Anspruch, § 111 Rdn 2.4) als unverzinslicher Anspruch nur unter Abzug eines Zwischenzinses nach § 111 Satz 2 berücksichtigt werden (§ 111 Rdn 2.8). Für diese Abzinsung kann als Zeit der Zahlung im Sinne von § 111 nur ein mutmaßlicher Verteilungstermin angenommen werden (gleich dem Fall § 47 Rdn 4). Steht der Zeitpunkt der Fälligkeit der unverzinslichen einmaligen Nebenleistung noch nicht fest (§ 111 Rdn 2.5), dann gilt der Anspruch als aufschiebend bedingt (§ 111 Satz 2). Als solcher wird er voll (ohne Abzug eines Zwischenzinses) in das geringste Bargebot aufgenommen, bei Erlösverteilung aber nach §§ 119, 120 behandelt (§ 111 Rdn 2.5). Die fällige und die nicht fällige einmalige Nebenleistung kann somit nicht mit dem Hauptanspruch der Grundschuld als Belastung des Grundstücks nach § 52 bestehen bleiben. Sie ist nach Abs 1 mit § 12 Nr 2 durch Zahlung zu decken, erlischt somit durch den Zuschlag als Belastung des Grundstücks (§ 91 Abs 1) und ist auf Ersuchen des Vollstreckungsgerichts zu löschen (§ 130). Auch die befristet gleichzeitig mit den Zinsen zu erbringende Nebenleistung der Grundschuld (zB „Für die Zeit vom ... bis ... ist gleichzeitig mit den Zinsen eine Nebenleistung von jährlich 1/2 vH der Grundschuld zu entrichten") gehört in das bare geringste Gebot; dabei handelt es sich bis zum Endzeitpunkt um regelmäßig wiederkehrende Leistungen; zu berücksichtigen sind diese somit nach § 47 bis zum Ablauf von zwei Wochen nach dem Versteigerungstermin. Der Ersteher hat regelmäßig wiederkehrende Leistungen (auch befristete, gleichzeitig mit den Zinsen zu erbringende) vom Zuschlag an zu tragen (§ 56 Satz 2). Endzeitpunkt für Berücksichtigung im Teilungsplan ist daher der Tag vor dem Zuschlag (§ 114 Rdn 7.1).

2.6 Nebenleistung ist auch die sogenannte **Vorfälligkeitsentschädigung,** die für die durch die Zwangsversteigerung (ein sonstiges Ereignis) ausgelöste vorzeitige Fälligkeit des Hypotheken- oder Grundschuldkapitals geschuldet ist (§ 12 Rdn 3.3). Sie ist eine einmalige Leistung, auch wenn sie der Höhe nach in Prozenten des Kapitals und für einen gewissen Zeitraum berechnet wird. Diese Nebenleistung kann nur den Schuldner treffen (sie muß daher aus dem Bargebot befriedigt werden), nicht den Ersteher (sie kann daher nicht bestehenbleiben). Das muß auch dann gelten, wenn das Recht bestehenbleibt (weil ein ihm nachgehender Gläubiger betreibt). Das bestimmt Abs 1 mit § 12 Nr 2. Die Vorfälligkeitsent-

---

[1] BGH 66, 217 (227) = MDR 1976, 825 = NJW 1976, 1398.

schädigung ist aufschiebend bedingter Anspruch (vorzeitige Kapitalfälligkeit ist Bedingung für Grundstücksbelastung); sie gehört nach § 48 wie ein unbedingter Anspruch in das geringste Gebot (kein betagter Anspruch, somit kein Zwischenzinsabzug nach § 111). Bei Erlösverteilung ist sie nach §§ 119, 120 zu behandeln. Die (mit Bedingungseintritt bereits entstandene und die noch nicht angefallene) Vorfälligkeitsentschädigung kann somit nicht mit dem Kapitalbetrag der Hypothek oder Grundschuld als Belastung des Grundstücks nach § 52 bestehen bleiben. Sie ist durch Zahlung zu decken, erlischt somit durch den Zuschlag als Belastung des Grundstücks (§ 91 Abs 1) und ist auf Ersuchen des Vollstreckungsgerichts zu löschen (§ 130).

2.7 Betreiben mehrere **persönliche Gläubiger** (Rangklasse 5 des § 10 Abs 1) die Versteigerung und wird das Verfahren des oder der besserrangigen (Rang § 11 Abs 2 nach der Zeitfolge der Beschlagnahmen) eingestellt, also ein schlechterrangiger persönlicher Gläubiger dem geringste Gebot zugrunde gelegt, so müssen, obwohl das nicht in § 49 aufgeführt ist, die Ansprüche des oder der besserrangigen persönlichen Gläubiger (mit eingestelltem Verfahren) ins geringste Bargebot aufgenommen werden. Sie gehören nach § 44 ins geringste Gebot, können aber nicht nach § 52 bestehenbleiben, müssen somit bar berücksichtigt werden[2]. Werden dabei mehrere Grundstücke gleichzeitig versteigert, so müssen auch diese Ansprüche eines rangbesseren zur Zeit nicht betreibenden persönlichen Gläubigers (wie Gesamtbelastungen bestehenbleibender dinglicher Rechte) bei jedem Grundstück (in das sie betreiben) ins geringste Gebot aufgenommen werden[3]. Beantragt ein im Rang nachgehender persönlich betreibender Gläubiger gemäß § 64 Abs 1 die Aufteilung dieser ihm vorgehenden Gesamtbelastung, so ist diese zu verteilen[3]. Wird dabei die Forderung des dann bestrangig betreibenden persönlichen Gläubigers durch die Summe der zuschlagsfähigen Meistergebote nicht oder nicht voll gedeckt, so ist der Zuschlag zu versagen, auch wenn ein Doppelausgebot gemäß § 64 Abs 2 nicht stattgefunden hat[3].

2.8 Ins geringste Bargebot gehören nicht die **Zuzahlungsbeträge** nach §§ 50, 51.

2.9 Bei der **Wiederversteigerung** (§ 133) gehören die im geringsten Gebot berücksichtigten Sicherungshypotheken des § 128 Abs 1 und 2 (weil ein Recht hinter ihnen betreibt) ins geringste Bargebot (§ 128 Abs 4), dürfen also nicht bestehenbleiben.

3 Bargebotszinsen (Absatz 2)

3.1 Das **Bargebot** (geringstes Bargebot und Mehrgebot = der das geringste Bargebot übersteigende Teil des Meistgebots) ist zu verzinsen (Abs 2). Verzinsung des Bargebots ab Zuschlag ist Ausgleich dafür, daß die Nutzungen des Grundstücks ab Zuschlag auf den Ersteher übergehen (§ 56 Satz 2). Der Zinssatz ist gesetzlich 4% jährlich (BGB § 246), falls nicht durch abgeänderte Versteigerungsbedingung nach § 59 ein anderer Zinssatz festgelegt wird. Die Verzinsung **beginnt** mit dem Tag der Zuschlagswirksamkeit (§§ 89, 104). Sie endet mit dem Tag vor dem Verteilungstermin (in ihm ist das Bargebot zu berichtigen, Abs 1), im Falle der Hinterlegung (Abs 4) mit dem Tag vor Wirksamkeit der befreienden Hinterlegung (Rdn 5.1) (der Tag der Hinterlegung wird nicht mehr verzinst). Die Verzinsung endet nicht bereits mit Überweisung oder Einzahlung auf ein Konto der Gerichtskasse (Abs 3; keine schuldbefreiende Leistung vor dem Verteilungstermin) und nicht dadurch, daß der Ersteher vor dem Verteilungstermin einen hebungsberechtigten Gläubiger außergerichtlich befriedigt (§ 117 Rdn 5.5). Alle Vorgänge werden immer auf den Beginn des Tages (Null Uhr) bezogen.

---

[2] BGH 66, 217 = aaO (Fußn 1); AG Gemünd Rpfleger 1957, 88 mit (unter Vorbehalten) zust Anm Drischler; Dassler/Schiffhauer § 44 Rdn 51; Steiner/Eickmann § 44 Rdn 5 und 31.
[3] AG Gemünd aaO (Fußn 2).

Bargebot 5.1 § 49

3.2 Zu verzinsen ist das Bargebot (wie Rdn 3.1 behandelt) unverändert auch, wenn aus dem Bargebot zu befriedigende **Ansprüche unverzinslich** sind; diese Zinsen des Bargebots fallen dann als unausgeschiedener Teil des Erlöses dem Nächstberechtigten an. Die Erlösverteilung erfolgt ohne Unterschied, ob der Erlös aus diesen Bargebotszinsen oder aus seiner Hauptsache stammt.

3.3 Liegenbelassungsvereinbarung und Befriedigungserklärung (in beiden Formen) (§ 117 Rdn 5) ändern nichts an der Bargebotsverzinsung nach § 49 (auch die Entscheidung des Bundesgerichtshofs[4] besagt trotz ihrer etwas mißverständlichen Einleitung nichts Gegenteiliges; dazu bei § 91 Rdn 4).

3.4 Zu berechnen sind die Zinsen nach der Zeitdauer der Verzinsung (Rdn 3.1) bezogen auf das **Kalenderjahr.** Sie laufen hier von einem gesetzlich genau festgelegten Tag bis zu einem anderen bestimmten Tag, müssen somit nach Kalendertagen berechnet werden. Bemessung nach Bankzinstagen (Monat mit 30 Tagen) ist gesetzlich nicht bestimmt. Bemessung einer Zeitspanne (der Zeit der Verzinsung) vereinfacht mit 30 Kalendertagen monatlich ist für Zinsberechnung der Banken und in der Wirtschaft, nicht aber allgemein verkehrsüblich: auf Bankzinstage kann zur Feststellung der nach Kalendertagen bemessenen Zeitdauer der Verzinsung daher nicht ausgewichen werden.

Entrichtung des Bargebots (Absatz 3) 4

Entrichtet werden kann das Bargebot (samt Bargebotszinsen) durch
- **Barzahlung** im Verteilungstermin an das Vollstreckungsgericht (Abs 3 mit § 107 Abs 2),
- (rechtzeitige) **Überweisung** oder Einzahlung auf ein Konto der für das Vollstreckungsgericht zuständigen Gerichtskasse; gleich steht Überweisung oder Einzahlung auf ein Konto der (zuständigen) Gerichtszahlstelle[5].

Rechtzeitig entrichtet ist das Bargebot bei Überweisung oder Einzahlung auf ein Konto der Gerichtskasse (Gerichtszahlstelle), wenn ihr der Betrag vor dem Verteilungstermin gutgeschrieben ist. Dann muß außerdem der Nachweis hierüber (Zahlungsanzeige) dem Vollstreckungsgericht im Verteilungstermin vorliegen. Abs 3 soll entsprechend den Gewohnheiten im Geld- und Zahlungsverkehr, die (praktisch unübliche) Barzahlung an das Vollstreckungsgericht im Verteilungstermin erübrigen, will damit aber auch den mit Barzahlung in einem gerichtlichen Termin verbundenen Gefahren begegnen. Dem entspricht auch bare Zahlung im Kassenraum der Gerichtskasse (Gerichtszahlstelle) vor dem Verteilungstermin. Bare Zahlung an die Gerichtskasse will Abs 3 seinem Wortlaut nach nicht ausschließen; auch diese Zahlungsweise ist nach Sinn und Zweck des Abs 3 vielmehr gesetzesgemäß. Die Gerichtskasse hat daher auch Barzahlung vor dem Verteilungstermin anzunehmen. Auch bei solcher Zahlung hat ein Nachweis hierüber im Verteilungstermin dem Vollstreckungsgericht vorzuliegen. Der Gerichtskasse bar bezahlte oder auf ein Konto überwiesene oder eingezahlte Beträge können vom Ersteher nicht zurückgefordert, ihm von der Gerichtskasse somit nicht erstattet werden. Der Ersteher hat das Bargebot entrichtet; über den Geldbetrag kann daher nur das Vollstreckungsgericht im Erlösverteilungsverfahren verfügen (§§ 105 ff). Es hat auch eine (etwaige) Rückzahlung an den Einzahler zu veranlassen, wenn im Verteilungstermin Forderungsübertragung erfolgt ist, weil das Geld nicht rechtzeitig gutgeschrieben war oder Nachweis im Verteilungstermin nicht vorgelegen hat, oder wenn der Zuschlag aufgehoben ist.

Hinterlegung als Zahlung für Verteilungstermin (Absatz 4) 5

5.1 a) **Hinterlegung** des baren Meistgebots (Bargebot) ermöglicht dem Ersteher Abs 4. Den Ersteher befreit diese Hinterlegung von seiner Verbindlichkeit; seine

---

[4] BGH 68, 276 = MDR 1977, 742 = NJW 1977, 1287 = Rpfleger 1977, 246.
[5] Begründung BT-Drucks 13/7383, Seite 7.

§ 49 5.1   Geringstes Gebot. Versteigerungsbedingungen

Zahlungspflicht erlischt damit. Zulässig ist auch Hinterlegung nur eines Teils des baren Meistgebots (kein Fall des BGB § 266; es ist Zahlung im Verfahren an das Gericht geschuldet). Wie zu hinterlegen ist, bestimmt sich nach der **Hinterlegungsordnung**. Bewirkt ist demnach die Hinterlegung, wenn
- auf Antrag des Erstehers als Hinterleger die Annahme der Hinterlegung durch die Hinterlegungsstelle (Amtsgericht) verfügt ist (HinterlO § 6 Abs 1),
- das bare Meistgebot bei der Hinterlegungskasse (Kasse der Justizverwaltung, auch Gerichtszahlstelle) eingezahlt ist. Bei Einsendung mit der Post ist der Tag der Einzahlung bei der Post maßgeblich (BGB § 375). Bei sonst bargeldloser Zahlung (Banküberweisung, Zahlung mit Scheck) entscheidet der Tag, an dem der Betrag der Kasse gutgeschrieben wird; BGB § 375 findet keine entsprechende Anwendung.

b) Bestimmung über die **örtliche Zuständigkeit** der Hinterlegungs**stelle** (des Amtsgerichts) trifft weder § 49 Abs 4 noch die Hinterlegungsordnung. Der Ersteher kann daher bei einer Hinterlegungsstelle seiner Wahl hinterlegen[6]. Üblich und zweckmäßig ist die Hinterlegung bei der Hinterlegungsstelle des Amtsgerichts, dem das Vollstreckungsgericht angehört oder bei einer Hinterlegungsstelle im Bezirk des gemeinsamen Versteigerungsgerichts (§ 1 Abs 2). BGB § 374 Abs 1 über die Hinterlegung bei einer Hinterlegungsstelle des Leistungsorts (Verstoß berührt Wirksamkeit der Hinterlegung aber nicht) findet als Bestimmung für Hinterlegungsfälle des materiellen Rechts (BGB § 372) auf die Hinterlegung des Meistgebots durch den Ersteher keine Anwendung. Zuständig als Hinterlegungs**kasse** ist die Kasse der Justizverwaltung, der die Kassengeschäfte des Amtsgerichts der Hinterlegungsstelle obliegen[7]. Abgabe an eine andere Hinterlegungsstelle würde HinterlO § 4 ermöglichen.

c) **Befreiung** des Erstehers **von** seiner **Verbindlichkeit** als Hinterlegungswirkung (Abs 4) tritt mit dem Tag ein, an dem die Hinterlegung formell ordnungsgemäß bewirkt ist und der Ersteher als Hinterleger auf das Recht der Rücknahme verzichtet hat. Der Rücknahmeverzicht ist der Hinterlegungsstelle zu erklären (dem Vollstreckungsgericht ist er nur nachzuweisen); er braucht nicht zugleich mit dem Hinterlegungsantrag (HinterlO § 6 Abs 1) abgegeben, sondern kann auch nachträglich erklärt werden. Diese Erklärung bedarf keiner Form; ihr Zugang an die Hinterlegungsstelle muß jedoch nachgewiesen werden (daher ist Schriftform praktisch unumgänglich). Rücknahmeverzicht unter Bedingung oder Zeitbestimmung ist unwirksam. Maßgebend ist der Tag, an dem die letzte Erfordernis der befreienden Hinterlegung (Annahmeverfügung, Einzahlung, Rücknahmeverzicht, nicht aber Nachweis gegenüber dem Vollstreckungsgericht, die erst im Verteilungstermin erforderlich ist) erfüllt ist.

5.2 Mit der Zahlung des Erlöses im Verteilungstermin oder mit Hinterlegung des bar gebotenen Betrags unter Ausschluß der Rücknahme (Abs 4) endet auch die Pflicht des Erstehers zur Verzinsung des Bargebots (Rdn 3.1).

5.3 Hinterlegung zur Sicherheitsleistung (Bietersicherheit, § 70 Abs 2) hat nicht die Hinterlegungswirkung des Abs 4. Weil der als Sicherheit hinterlegte Geldbetrag als Zahlung des Erstehers gilt (§ 107 Abs 3), kann er aber auch als Erstehzahlung für den Hinterlegungsfall des Abs 4 verwendet werden. Dafür ist (nochmalige) Annahmeverfügung der Hinterlegungsstelle nicht erforderlich (die bereits hinterlegte, damit auch die an das Gericht geleistete Sicherheit, § 70 Abs 2, gilt als gezahlt). Verwendung der bereits hinterlegten (gezahlten) Bietersicherheit zur Hinterlegung für Befreiung von der Verbindlichkeit (Abs 4) erfordert daher

---

[6] Bülow/Mecke/Schmidt, HinterlO, § 1 Rdn 7; anders (bei der für das Vollstreckungsgericht zuständigen Hinterlegungsstelle) Jaeckel/Güthe § 49 Rdn 8; Dassler/Schiffhauer § 49 Rdn 11.
[7] Bülow/Mecke/Schmidt, HinterlO, § 1 Rdn 8.

Bargebot 6.2 § 49

nur, daß der Ersteher dem Vollstreckungsgericht ausdrücklich erklärt, daß seine „Sicherheit auch **in Anrechnung** auf das Bargebot unter Rücknahmeverzicht hinterlegt werden" solle. Als letztes Erfordernis der befreienden Hinterlegung (Abs 4) bewirkt diese Erklärung, daß die Verpflichtung des Erstehers zur Verzinsung des hinterlegten Geldes endet (Abs 2; Zinsen daher bis zum Tag vor dem Eingang der Erklärung bei Gericht). Andernfalls gilt die Sicherheit erst im Termin als bezahlt[8] (§ 107 Abs 3) und es muß dann das volle Bargebot vom Zuschlag an verzinst werden.

5.4 Hinterlegung unter Rücknahmeverzicht schließt nur das eigene Recht des Erstehers aus, das Geld zurückzunehmen (BGB § 376). Entfällt der Hinterlegungsgrund (Aufhebung des Zuschlags durch das Beschwerdegericht), dann hat das allein verfügungsberechtigte Vollstreckungsgericht Rückzahlung an den Hinterleger anzuordnen.

5.5 Hierzu im ZVG-Handbuch Rdn 276, 418.

5.6 Hinterlegungs**zinsen** gehören zur Teilungsmasse. Hinterlegungs**kosten** (Kosten der Einzahlung, auch Überweisung) trägt der Ersteher als Hinterleger.

Tilgungshypothek (Annuitätenhypothek): Zins, Tilgungsbeträge 6

Literatur: Hagemann, Die Tilgungshypothek im geringsten Gebot und Teilungsplan, Rpfl-Stud 1982, 25; Kaps, Die Tilungshypothek, Deutsches Recht (Wochenausgabe) 1941, 401.

6.1 Bei der **Tilgungshypothek** (Annuitätenhypothek) sind an den festgelegten Fälligkeitsterminen als Kapitalteile **Zuschläge zu den Zinsen** zur allmählichen **Tilgung des Kapitals** zu entrichten (dazu § 10 Rdn 8.7). Beispiel: 6 vH Zinsen, jährlich nachträglich zahlbar, außerdem ab ... 2 vH zuzüglich der durch die fortschreitende Tilgung ersparten Zinsen als Tilgung, so daß fortlaufend 8 vH wiederkehrende Leistungen, fällig am 31. Dez. eines jeden Jahres, zu entrichten sind. Die Zahlungsbestimmungen über Fälligkeit und Berechnung der Tilgungsbeträge (somit Höhe an den einzelnen Fälligkeitsterminen) sind Rückzahlungsbestimmungen (§ 44 Rdn 5.25). **Fortschreitende Kapitalfälligkeit** ist damit (rechtsgeschäftlich bestimmter) **Inhalt** des Grundpfandrechts. Zur allmählichen Tilgung des Kapitals und zu seiner Verzinsung sind ab Tilgungsbeginn regelmäßig wiederkehrende, einheitliche und stets gleich hohe Leistungen in der Weise zu bewirken, daß mit fortschreitender Kapitaltilgung ersparte Zinsen der Tilgung zuwachsen. Der mit fortschreitender planmäßiger Kapitalfälligkeit sich **vergrößernde Kapitalanteil** der gleichbleibenden Leistungen (Tilgungsbetrag) und dementsprechend der sich jeweils **verringernde Zinsanteil** ist damit für jeden Fälligkeitszeitpunkt von Tilgungsbeginn an fest vorausbestimmt. Betragsmäßig wird er banküblich in einem Tilgungsplan ausgewiesen (zahlenmäßige Darstellung der Zinsen und des Kapitalanteils für jeden Fälligkeitszeitpunkt sowie des jeweiligen Restkapitals), der als Bestandteil der Eintragungsbewilligung bei Bezugnahme auf diesen Inhalt der Grundbucheintragung (BGB § 1115 Abs 1 mit § 874) sein kann.

6.2 In der Zwangsversteigerung (zur Zwangsverwaltung auch § 155 Abs 2) werden die aus Zins und Tilgung bestehenden einheitlichen (regelmäßig wiederkehrenden) Leistungen und der Hauptsachebetrag des Rechts wie folgt behandelt:
– **Zinsrückstände über 2 Jahre** haben als „ältere Rückstände" Anspruch auf Befriedigung aus dem Grundstück nur noch in Rangklasse 8 des § 10 Abs 1. **Tilgungsbeträge** behalten als Kapitalteile (als fällige Teile des Rechts am Grundstück) ohne zeitliche Begrenzung Rangklasse 4 des § 10 Abs 1 ZVG (dazu bereits § 10 Rdn 8.7).

---

[8] Dassler/Schiffhauer § 49 Rdn 12; Steiner/Eickmann § 49 Rdn 18.

§ 49   6.2   Geringstes Gebot. Versteigerungsbedingungen

- **Tilgungsbeträge** sind als Beträge, die zur allmählichen Tilgung der Schuld als Zuschlag zu den Zinsen zu entrichten sind, „den wiederkehrenden Leistungen" gleichgestellt (§ 10 Abs 1 Nr 4; dazu unter Darstellung der Entwicklung[9]). Sie sind im geringsten Gebot demgemäß als **bar zu zahlende Beträge** zu berücksichtigen (geringstes Bargebot, § 49 Abs 1 mit § 12 Nr 2). In das Bargebot fallen die einheitlichen (aus Zins und Tilgung) bestehenden Annuitätenfälligkeiten mit den aus den letzten zwei Jahren rückständigen Beträgen (§ 10 Abs 1 Nr 4) und die als Kapitalteile in Rangklasse 4 des § 10 Abs 1 verbliebenen Tilgungsbeträge der mehr als zwei Jahre rückständigen Fälligkeiten.
- **Tilgungsbeträge** sind als Kapitalteile an Fälligkeitstagen zu entrichten, nicht für bestimmte Zeiträume. Sie gehören daher nicht zu den nach § 56 (BGB § 103) zeitlich abzugrenzenden Lasten des Grundstücks. Der **Endzeitpunkt des** § 47 erlangt daher für die Abgrenzung keine Bedeutung (so auch[10]; anders[11]: sind bis zum Ablauf von zwei Wochen nach dem Versteigerungstermin zu berechnen; anders auch[12]: Tilgungsleistungen sind anzusetzen, soweit sie bis zum Ablauf der Frist des § 47 regelmäßig fällig werden). Als wiederkehrende Leistungen können daher nur die vor dem Versteigerungstermin bereits fällig gewordenen Tilgungsbeträge bar in das geringste Gebot aufgenommen werden (ZVG-Handbuch Rdn 261; auch[13]). Das gilt auch, wenn nach dem Versteigerungstermin bis zum Ablauf der Zwei-Wochenfrist des § 47 ein weiterer Tilgungsbetrag fällig wird (anders[14]). Wenn nach dem Versteigerungstermin bis zur Erteilung des Zuschlags ein weiterer Tilgungsbetrag fällig wird, bleibt das Recht mit der Maßgabe bestehen, daß die (nach der Grundbucheintragung) eingetretene Kapital-Teilfälligkeit fortbesteht (ZVG-Handbuch Rdn 261). Von der letzten Annuitätenfälligkeit vor dem Versteigerungstermin bis zum Ablauf der Zwei-Wochenfrist des § 47 sind daher in das geringste Bargebot nur noch Zinsen (aus dem Kapitalrest) zeitanteilig, nicht mehr aber Tilgungsbeträge aufzunehmen (sogen Stückzinsen; so auch[15]).
- Die **Hauptsache** bleibt nur unter Abzug der aus dem Bargebot zu befriedigenden Tilgungsraten bestehen (dazu ZVG-Handbuch Rdn 261). In Höhe der berücksichtigten baren Tilgungsraten erlischt das Recht auch für Befriedigung aus dem Grundstück (BGB § 1181 Abs 1). Da Hypothekenteile nicht doppelt gedeckt werden können, kann im geringsten Gebot das Kapital als bestehenbleibendes Recht (§ 52) nur mit dem Betrag berücksichtigt werden, der sich nach Abzug der in das Bargebot aufgenommenen oder in einem gleichzeitigen Zwangsverwaltungsverfahren befriedigten Tilgungsteile ergibt (ist von Amts wegen festzustellen).

Berücksichtigt werden Zinsen und auch Tilgungsbeträge als wiederkehrende Leistungen der Tilgungshypothek mit den laufenden Beträgen von Amts wegen (§ 45 Abs 2); die Rückstände (damit auch rückständige Tilgungsbeträge) werden nur berücksichtigt, wenn sie (rechtzeitig) angemeldet sind (§ 45 Abs 1).

6.3 Schuldnerverzug (Nichtzahlung einer aus Zins- und Kapitalteil bestehenden Rate bei Fälligkeit) **bewirkt keine Änderung** des Inhalts des Grundpfandrechts (sie würde Einigung und Grundbucheintragung erfordern, BGB § 877 mit § 873). Folge der fortschreitenden Kapitalfälligkeit als (rechtsgeschäftlich bestimm-

---

[9] Jonas/Pohle, ZwVNotrecht, § 10 Anm 5 b (S 192).
[10] Dassler/Schiffhauer § 47 Rdn 4; Steiner/Eickmann § 47 Rdn 8; Mohrbutter/Drischler Muster 60 Anm 1.
[11] Jaeckel/Güthe § 10 Rdn 18; Korintenberg/Wenz Einführung, Kapitel 22 Anhang Anm 2; Jonas/Pohle, ZwVNotrecht, § 10 Anm 5 b (S 193).
[12] Kaps Deutsches Recht (Wochenausgabe) 1941, 401 (XV 3).
[13] Mohrbutter/Drischler Muster 60 Anm 1.
[14] Kaps aaO (Fußn 12).
[15] Steiner/Eickmann § 47 Rdn 8.

ter) Inhalt der Annuitätenhypothek (Rdn. 6.1) ist, daß die darauffolgende Rate wiederum aus dem **für sie** ab Tilgungsbeginn betragsmäßig **vorausbestimmten** (planmäßigen) Kapitalanteil (dieser Tilgungsteil auch erhöht um die planmäßig ersparten Zinsen der vorausgehenden – nicht gezahlten – Kapitalfälligkeit) und dem entsprechend verringerten Zinsanteil besteht. Nur diese Zinsen (berechnet nach dem mit planmäßiger allmählicher Kapitaltilgung für den Fälligkeitstag vorausbestimmten Kapitalrest) sind als Grundstücksbelastung eingetragen (BGB § 1115) und Inhalt der Einigung (BGB § 873 mit § 1113) über die Grundstücksbelastung. Zinsberechnung nach Zahlungsrückstand (Nichtzahlung einer Fälligkeit) für die darauffolgenden Raten aus dem tatsächlich noch offenen Restkapital (so aber[16]), nicht jedoch aus dem durch fortschreitende planmäßige Kapitalfälligkeit vorausbestimmten Restkapital (= nach Tilgungsplan), verkennt die rechtliche Bedeutung der Rückzahlungsbestimmungen und der von ihnen abgeleiteten Zinsbelastung des Grundstücks. Auch (andere) Auslegung ist ausgeschlossen: Inhalt der Grundbucheintragung kann die Änderung des Zinsanteils einer Rate und damit der Verzinslichkeit des Rechts ab Zahlungsverzug (Nichtzahlung der vorausgehenden Fälligkeit) schon deshalb nicht sein, weil damit ein objektiver Anhaltspunkt für die Höhe der Zinsen (das Ausmaß der Zinsbelastung des Grundstücks) fehlen würde. Das zeigt sich auch mit den Erschwernissen, die Aufteilung der einheitlichen wiederkehrenden Leistung in einen Zins- und Kapitalanteil bei Wegfertigung des Zahlungsrückstandes im Laufe einer folgenden Zinsperiode bringen würde.

Beispiel: Zahlungsrückstand mit der Fälligkeit am 31. 12. 2004 (Zinsen nachträglich). Berechnung der Zinsen für 1. 1.–31. 12. 2005 nach dem Restkapital (keine Minderung um die Tilgung zum 31. 12. 2004). Wegfertigung des Zahlungsrückstands am 17. 3. 2005.

Die planmäßig vorausbestimmte Aufteilung der wiederkehrenden Leistung zum 31. 12. 2005 in Zins- und Tilgungsanteil würde sich ändern, damit wiederum (weil am 31. 12. 2005 ein geringerer Kapitalanteil getilgt würde) aber auch die Kapitaltilgung an allen folgenden Fälligkeitsterminen. Schon bei nur einmaligem Zahlungsrückstand würde allmähliche Kapitaltilgung dann nicht mehr nach den vereinbarten (und im Grundbuch eingetragenen) Zahlungsbestimmungen erfolgen, sondern sich nach dem Zahlungsverhalten des Schuldners bemessen. Nach wiederholter Wegfertigung rückständiger Fälligkeiten erst im Laufe der folgenden Zinsperioden wären Kapitalrest und Aufteilung der weiteren Fälligkeiten in (bestimmte) Zins- und Tilgungsanteile nur noch durch Kontrolle der Zahlungseingänge festzustellen. Solche Grundstücksbelastung mit Zinsen entspricht nicht dem im Sachenrecht und für Grundbucheintragung maßgeblichen Bestimmtheitsgrundsatz und auch nicht der Verkehrsanschauung vom Inhalt der Einigung über Zinshöhe (Grundstücksbelastung) und Kapitalfälligkeit bei Vereinbarung einer Annuitätenhypothek. Deren Besonderheiten wird mit Verzugs- oder Strafzinsen für den Fall des Zahlungsrückstandes Rechnung getragen (so auch[17]). Diese sollen nicht einen Zinsanspruch aus dem Restkapital bei Zahlungsverzug „ersetzen", sondern infolge der sich mit fortschreitender planmäßiger Kapitalfälligkeit mindernden Vertragszinsen bei Zahlungsrückstand als zusätzlicher (bedingter) Zinsanspruch das Grundstück (bestimmt) weiter belasten.

[Zuzahlung für nichtbestehendes Grundpfandrecht]

50 (1) **Soweit eine bei der Feststellung des geringsten Gebots berücksichtigte Hypothek, Grundschuld oder Rentenschuld nicht besteht, hat der Ersteher außer dem Bargebot auch den Betrag des berücksichtigten Kapitals zu zahlen. In Ansehung der Verzinslichkeit, des**

---

[16] Steiner/Eickmann § 47 Rdn 10.
[17] Kaps aaO (Fußn 12).

§ 50 Geringstes Gebot. Versteigerungsbedingungen

Zinssatzes, der Zahlungszeit, der Kündigung und des Zahlungsorts bleiben die für das berücksichtigte Recht getroffenen Bestimmungen maßgebend.

(2) Das gleiche gilt:
1. wenn das Recht bedingt ist und die aufschiebende Bedingung ausfällt oder die auflösende Bedingung eintritt;
2. wenn das Recht noch an einem anderen Grundstücke besteht und an dem versteigerten Grundstücke nach den besonderen Vorschriften über die Gesamthypothek erlischt.

(3) Haftet der Ersteher im Falle des Absatzes 2 Nr 2 zugleich persönlich, so ist die Erhöhung des zu zahlenden Betrags ausgeschlossen, soweit der Ersteher nicht bereichert ist.

Übersicht

Allgemeines zu § 50	1	Höhe des Betrags, Zins und Zahlungspflicht (Absatz 1)	5
Anfall einer Zuzahlung für Grundpfandrechte (Absatz 1 Satz 1)	2	Teilungsplan und Klage auf Zuzahlung	6
Bedingtes Recht (Absatz 2 Nr 1)	3		
Gesamtrecht (Absatz 2 Nr 2)	4	Wegfall bei persönlicher Haftung (Abs 3)	7

1 Allgemeines zu § 50

1.1 Zweck der Vorschrift: Erhöhung der Zahlungspflicht des Erstehers mit dem Wegfall eines bei der Feststellung des geringsten Gebots berücksichtigten Grundpfandrechts (Denkschrift S 46).

1.2 Anwendungsbereich: Die Vorschrift gilt für alle Versteigerungsarten. Behandlung der Zuzahlung im Verteilungstermin: § 125.

1.3 Als Zuzahlungspflicht legen §§ 50 und 51 eine Erhöhung der Zahlungspflicht des Erstehers (§ 49 Abs 1) fest. Der **Begriff „Zuzahlung"** ist dem früher häufig verwendeten Begriff der „Ersatzzahlung" vorzuziehen, weil „Ersatzzahlung" ein Begriff des § 92 für einen ganz anderen Vorgang ist, wieder zu unterscheiden von der Festsetzung des Umrechnungswertes nach § 46. Der von[1] gebrauchte Begriff „Zahlungserweiterungspflicht" ist zwar sachlich zutreffend, aber zu umständlich; die Begriffe „Ausgleichszahlung" oder „Nachzahlung" sind kaum üblich.

2 Anfall einer Zuzahlung für Grundpfandrechte (Absatz 1 Satz 1)

2.1 Wenn das Grundstück für eine als bestehenbleibend übernommene Hypothek, Grundschuld oder Rentenschuld **nicht haftet,** weil sie als Grundstücksbelastung nicht besteht oder infolge Mithaftung eines anderen Grundstücks erlischt oder von einer Bedingung abhängig war und sich mit deren Ausfall oder Eintritt erledigt hat, kann der Vorteil hiervon nicht dem Ersteher zukommen (Denkschrift S 46); er wäre mit Eigentumsübergang zu einem geminderten Erwerbspreis bereichert. Wegfall eines als bestehenbleibend übernommenen Grundpfandrechts bewirkt daher eine entsprechende **Erhöhung der Zahlungspflicht** des Erstehers. Sie kommt den Berechtigten am Grundstück zugute, die bei Fortbestehen des Grundpfandrechts unbefriedigt geblieben wären (Denkschrift S 46); wenn solche Berechtigte nicht mehr vorhanden sind, gebührt der Betrag dem Eigentümer bei Erteilung des Zuschlags als Erlösüberschuß.

2.2 Zuzahlung ist vom Ersteher zu leisten, wenn eine in das geringste Gebot als bestehenbleibend aufgenommene **Hypothek,** Grundschuld oder Rentenschuld **nicht besteht** (Abs 1), zB wegen Unwirksamkeit der Eintragung (BGB § 873 mit

---

[1] Schmidt, Grundpfandrechte und geringstes Gebots, S 45.

Zuzahlung für nichtbestehendes Grundpfandrecht   2.5 § 50

§ 1115), weil die Forderung einer Hypothek nach ZGB-DDR §§ 452–457 nicht entstanden oder erloschen ist (§ 44 Rdn 5.14) oder weil das Grundpfandrecht durch Zahlung im Zwangsverwaltungsverfahren (§ 158 Abs 1) erloschen ist (BGB § 1181 Abs 1, 2). „Nicht bestehen" muß das Grundpfandrecht im Zeitpunkt des Wirksamwerdens des Zuschlags (§§ 89, 104). Das ist der Fall, wenn der vollständige Wegfall oder die Minderung des Rechts oder die Tatsache des ganzen oder teilweisen Nichtbestehens zwischen der Abgabe des Meistgebots und der Zuschlagserteilung eintritt oder wenn diese Umstände zwar schon früher eingetreten sind, vom Gericht aber nicht erkannt oder nicht beachtet wurden. Zuzahlungspflicht tritt aber nicht ein, wenn der Wegfall oder die Minderung zwischen Zuschlagserteilung und Erlösverteilung eintritt (bei Grundpfandrechten kaum denkbar); hier kommt der Vorteil dem Ersteher zugute[2].

2.3 Keine Zuzahlungspflicht tritt ein, wenn eine als bestehenbleibend übernommene **Grundschuld** besteht, der Grundschuldgläubiger aber nach Erledigung des Sicherungszwecks (Nichtentstehen oder Erlöschen der nach einer Sicherungsabrede gesicherten Forderung) zur Rückgewähr verpflichtet ist[3] (§ 114 Rdn 7.7). Zuzahlung kommt außerdem nicht in Betracht, wenn für eine bestehen gebliebene Gesamtgrundschuld unter Verstoß gegen den Rückgewähranspruch eines Dritten nach Versteigerung (Zuschlag) Löschungsbewilligung erteilt wird, die es dem Ersteher ermöglicht, sein Grundstück von der dinglichen Belastung zu befreien[4].

2.4 Keine Zuzahlungspflicht tritt ein, wenn das bestehenbleibende Grundpfandrecht einem Dritten zusteht, auf den es kraft Gesetzes oder durch Abtretung übergegangen ist oder wenn es als Grundstücksbelastung besteht, aber zu Unrecht in das geringste Gebot aufgenommen ist[5] (Wegfall des zu Unrecht in das geringste Gebot aufgenommenen Rechts ist natürlich ein Fall des § 50) oder wenn es aus Versehen nicht in das geringste Gebot aufgenommen ist[6] oder wenn ein Recht nur einzelnen Beteiligten gegenüber (relativ) unwirksam ist[7] oder wenn es nach dem Anfechtungsgesetz angefochten ist[8].

2.5 Eigentümerrechte: Eine Zuzahlungspflicht besteht nicht, wenn das im geringsten Gebot bestehenbleibende Grundpfandrecht dem Eigentümer zusteht, also bei der Grundschuld oder bei der ganz oder zum Teil zurückbezahlten Hypothek, Höchstbetragshypothek (nach BGB), Tilgungshypothek, weil in diesen Fällen das Recht besteht. Eine Ausnahme gilt bei einer (vormaligen) Reichsheimstätte nach RHeimstG § 17 Abs 2 (dazu § 15 Rdn 31); hier Zuzahlungspflicht nach Abs 1, soweit das Recht erloschen war. Dagegen gilt Abs 2 Nr 1 (Zuzahlungspflicht) für eine bestehenbleibende Eigentümergrundschuld, falls derjenige, der Anspruch auf Löschung des Rechts hat, diese Löschungsansprüche geltend macht[9] und durchsetzt; hier ist das Eigentümerrecht auflösend bedingt[9], soweit das Interesse des Berechtigten reicht (dazu § 114 Rdn 9). Keine Zuzahlungspflicht besteht jedoch, wenn bei Versteigerung mehrerer Grundstücke (auch Miteigentumsbruchteile) und Zuschlag im Gesamtausgebot das im geringsten Gebot bestehen gebliebene Grundpfandrecht nicht mehr als Gesamtrecht besteht, sondern (wie nach Befriedigung des Gläubigers durch einen der Eigentümer [auch Miteigentümer] nach BGB

---

[2] Drischler RpflJahrbuch 1960, 347 (A IV c 2).
[3] BGH DNotZ 1994, 47 = MDR 1993, 755 = NJW 1993, 1919 = Rpfleger 1993, 415.
[4] BGH 106, 375 (Gründe nicht vollständig abgedruckt) = DNotZ 1989, 618 = MDR 1989, 630 = NJW 1989, 1349 = Rpfleger 1989, 295.
[5] RG 138, 125.
[6] Dassler/Schiffhauer § 50 Rdn 1.
[7] Dassler/Schiffhauer § 50 Rdn 25; Jaeckel/Güthe § 15 Rdn 18; Wörbelauer DNotZ 1963; 652 (6).
[8] Wörbelauer DNotZ 1963, 652 (6).
[9] RG 57, 209 (212); OLG Frankfurt OLGRep 1999, 234.

§ 1173 Abs 1 Satz 1 als Eigentümergrundschuld) nur noch an einem der Grundstücke (Miteigentumsanteile) lastet, an dem anderen Grundstück (Miteigentumsanteil) hingegen erloschen ist[10] (vergleichbarer Fall: Erlöschen der Gesamthypothek nach dem Zuschlag nur an einem der Grundstücke (Miteigentumsanteile) Rdn 4.1 bei Fußn 14).

3 Bedingtes Recht (Absatz 2 Nr 1)

3.1 a) Zuzahlung ist vom Ersteher zu leisten, wenn bei einem **aufschiebend bedingten Grundpfandrecht,** das in das geringste Gebot als bestehenbleibend aufgenommen ist, die aufschiebende Bedingung (die von der Bedingung abhängige Wirkung tritt mit dem Eintritt der Bedingung ein, BGB § 158 Abs 1) ausfällt (Abs 2 Nr 1) oder wenn bei einem **auflösend bedingten Grundpfandrecht,** das in das geringste Gebot als bestehenbleibend aufgenommen ist, die auflösende Bedingung (mit dem Eintritt der Bedingung endet die Wirkung und tritt der frühere Zustand ein, BGB § 158 Abs 2) eintritt (Abs 2 Nr 1 des § 50). Das Grundstück haftet auch dann nicht für das bei Feststellung des geringsten Gebots als bestehenbleibend berücksichtigte Grundpfandrecht. Auch der Wegfall des übernommenen Grundpfandrechts mit Bedingungsausfall oder -eintritt kann dem Ersteher nicht zugute kommen. Erhöhung der Zahlungspflicht begründet daher auch das Erlöschen des Grundpfandrechts mit Wegfall der aufschiebenden oder Eintritt der auflösenden Bedingung nach dem Wirksamwerden des Zuschlags (Abs 2 Nr 1). Wenn das Grundpfandrecht mit Bedingungsausfall oder -eintritt bereits bei Erteilung des Zuschlags (im Zeitpunkt seines Wirksamwerdens) erloschen war, hat es nicht bestanden; dann begründet bereits Abs 1 die Zuzahlungspflicht. Den bedingten Rechten stehen befristete nicht gleich; wenn sie erlöschen, gibt es keine Zuzahlung. Die Höchstbetragshypothek ist kein bedingtes Recht (§ 44 Rdn 5.12); sie fällt nicht unter Abs 2 Nr 1; wohl aber ist die Höchstbetragshypothek nach ZGB-DDR § 454a bedingtes Recht (§ 48 Rdn 2.4). Ist eine durch **Vormerkung** oder **Widerspruch** gesicherte Hypothek, Grundschuld, Rentenschuld gemäß § 48 wie ein eingetragenes Recht berücksichtigt worden, so wird sie gemäß Abs 2 wie ein aufschiebend bedingtes Recht behandelt (Zuzahlungspflicht bei Ausfall der aufschiebenden Bedingung), weil noch in der Schwebe ist, ob es besteht oder entsteht[11] (keine Behandlung nach § 51).

3.2 b) **Keine Zuzahlungspflicht** nach Abs 2 Nr 1 tritt ein, wenn der Gläubiger einer Grundschuld im Zeitpunkt des Zuschlags einem Miteigentümer bereits Löschungsbewilligung für das bestehen gebliebene Grundpfandrecht erteilt hat, diesem Miteigentümer das Grundstück zugeschlagen wird und er nach seiner Eintragung als Eigentümer im Grundbuch die Löschung der Grundschuld herbeiführt. Die Grundschuld als Grundstücksbelastung war in diesem Fall kein bedingtes Recht. Entsprechende Anwendung[12] von Abs 2 Nr 1 kommt wegen der Unterschiedlichkeit der Sachverhalte (s bereits Rdn 2.3) nicht in Betracht. Die Grundschuld hat bei Erteilung des Zuschlags als unbedingte Grundstücksbelastung bestanden. Anspruch auf sie nach Wegfall des Sicherungszwecks hatte der Sicherungsgeber (mehrere gemeinschaftlich) oder dessen Rechtsnachfolger auf Grund seines Rückgewähranspruchs (zu diesem § 114 Rdn 7.7). Kein Recht auf die Grundschuld begründet der Rückgewähranspruch nachfolgend am Grundstück Berechtigten in der Reihenfolge des Ausfalls (§ 125 Rdn 2.5), damit auch nicht dem Eigentümer als Erlösüberschuß (§ 128 Abs 2). Der Anspruch des Sicherungs-

---

[10] OLG Düsseldorf Rpfleger 1996, 298.
[11] BGH 53, 47 = MDR 1970, 222 = NJW 1970, 565 = Rpfleger 1970, 60.
[12] Für diese (bei Teilungsversteigerung) aber OLG Hamm MDR 2002, 1273 = OLGRep 2002, 276. Gegen entsprechende Anwendung auf nicht valutierte Grundschulden BGH NJW 1993, 1919 = aaO (Fußn 3).

gebers auf die Grundschuld ist allein mit der den Ersteher begünstigenden Löschung nicht entfallen. Mit Löschung hat der Ersteher vielmehr Lastenfreistellung des Grundstücks ohne rechtlichen Grund auf Kosten des Berechtigten des Rückgewähranspruchs erlangt. Er ist somit diesem bereicherungsrechtlich, nicht aber zur Zahlung nach Abs 2 Nr 1 verpflichtet.

Gesamtrecht (Absatz 2 Nr 2)

4.1 Zuzahlung ist vom Ersteher außerdem zu leisten, wenn eine **Gesamtbelastung** (Gesamthypothek, Gesamtgrundschuld, Gesamtrentenschuld) vorliegt und diese am versteigerten Grundstück (auch nur Miteigentumsanteil, BGB § 1114) nach den Gesamtbelastungsvorschriften **erlischt** (Abs 2 Nr 2). Erhöhung der Zahlungspflicht tritt damit ein, wenn das Gesamtrecht **nach dem Zuschlag** wegfällt. Wenn es nach Gesamtrechtsvorschriften an dem versteigerten Grundstück bereits bei Erteilung des Zuschlags (im Zeitpunkt seines Wirksamwerdens) erloschen war, hat es nicht bestanden; dann begründet bereits Abs 1 die Zuzahlungspflicht. Gesamtbelastungen erlöschen nach BGB § 1181 Abs 2 (mit § 1182), § 1173 Abs 1 (mit § 1173 Abs 2), § 1174 Abs 1, § 1175 Abs 1 Satz 2 und Abs 2. Der Zuzahlungsfall kann somit eintreten, wenn das Gesamtrecht am versteigerten und an einem anderen, nicht versteigerten Grundstück (auch an mehreren; entsprechendes gilt für Miteigentumsbruchteile) besteht, außerdem, wenn die Grundstücke (Miteigentumsbruchteile) nach Einzelausgeboten unter jeweils voller Berücksichtigung der Gesamtbelastung (§ 63 Rdn 2.5) einzeln (auch an den gleichen Ersteher; er könnte sich sonst durch einmalige Zahlung des Kapitals befreien) zugeschlagen worden sind. Der Zuzahlungsfall kann ebenso eintreten, wenn mehrere gesamtbelastete Grundstücke (Miteigentumsbruchteile) im Gesamtausgebot zugeschlagen wurden und das berücksichtigte Gesamtrecht noch auf einem nicht versteigerten Grundstück lastet oder auch, wenn alle (in unterschiedlichem Rang) gesamtbelasteten Grundstücke (Miteigentumsbruchteile) versteigert wurden, das Gesamtrecht aber nur bei einem (einigen) von ihnen bestehengeblieben, bei dem (einigen) anderen aber erloschen ist und aus deren Erlös der Gläubiger befriedigt wird[13]. Entsprechendes gilt bei Versteigerung aller gesamtbelasteten Grundstücke und Zuschlag in Gruppenausgeboten (mit Zusammenfassung jeweils mehrerer der gesamtbelasteten Grundstücke) oder bei Zuschlag im Gruppen- und Einzelausgebot. Auch die BGB-Verteilung nach BGB § 1132, § 1172 Abs 2 ist hinsichtlich des (nicht zugeteilten) Restbetrags Erlöschen (das Grundstück wird frei); in den Fällen des § 1172 kann der Eventualberechtigte die Verteilung verlangen; hier immer Zuzahlung nach Abs 2 Nr 2. Die Regel ist: Zuzahlung ist nötig, soweit der Ersteher ohne sein Zutun (ohne daß er etwas leisten mußte) von einer Gesamtbelastung frei wird. Das ist nicht der Fall, wenn nach Versteigerung mehrerer Grundstücke (auch Miteigentumsbruchteile) und Zuschlag im Gesamtausgebot das Gesamtrecht nur an einem (an einzelnen) der Grundstücke (Miteigentumsbruchteile) erlischt[14], im übrigen aber an einem der versteigerten Grundstücke noch besteht (auch nur an einem Miteigentumsbruchteil; nicht aber an mithaftenden anderen Grundstücken[15]). Es müssen mehrere zusammen zugeschlagene Grundstücke als ein Grundstück behandelt werden; Zuzahlung nach Abs 2 Nr 2 tritt damit ein, wenn das Gesamtrecht an allen einem Ersteher zugeschlagenen Grundstücken nach Gesamtrechtsvorschriften erlischt[15].

4.2 Auch wenn ein Bruchteilsmiteigentümer den anderen Bruchteil (auch mehrere andere Bruchteile) ersteht (der mit seinem gesamtbelastet ist), kann der Zu-

---

[13] BGH 46, 246 = DNotZ 1967, 512 Leitsatz = MDR 1967, 292 = NJW 1967, 567 = Rpfleger 1967, 211.
[14] Jaeckel/Güthe § 50, 51 Rdn 10; Reinhard/Müller § 50 Anm VI; Schiffhauer Rpfleger 1984, 81 (84; V 4).
[15] Jaeckel/Güthe (Fußn 14).

zahlungsfall eintreten (wie bei Einzelversteigerung von Grundstücken an den gleichen Ersteher, Rdn 4.1)[16]; als Erwerber des mit der (im geringsten Gebot voll berücksichtigten) Gesamtlast behafteten Anteils und als bisheriger Miteigentümer des weiteren gesamtbelasteten Grundstücksanteils könnte sich der Ersteher sonst durch einmalige Zahlung des Kapitals befreien. Das gilt auch, wenn eine Grundschuld (als Mitbelastung) auf dem versteigerten Grundstücksmiteigentumsanteil bestehen geblieben ist. Aber die Wegfertigung der durch die bestehengebliebene Grundschuld gesicherten Forderung (deren Tilgung oder sonstiger Wegfall) begründet bei Zwangsversteigerung eines Miteigentumsanteils (eines mithaftenden Grundstücks) noch keinen Zuzahlungsfall (und keinen Anspruch auf Bereicherungsausgleich; dazu Rdn 2.3; so auch[17], nicht richtig[18]). Die (abstrakte) Grundschuld erlischt nicht schon damit nach Gesamtrechtsvorschriften; sie ist in Erfüllung des Rückgewähranspruchs dem Grundschuldbesteller (dem sonstigen Gläubiger dieses Anspruchs) zu übertragen, damit anteilig auch dem Eigentümer des versteigerten Miteigentumsanteils, der sie (mit) bestellt hat (seinem Rechtsnachfolger als Berechtigter des Rückgewähranspruchs). Es muß erst noch diese Grundschuld nach Gesamtrechtsvorschriften erlöschen oder (für Bereicherungsausgleich) aus sonstigem Grund ohne entsprechende Gegenleistung des Erstehers wegfallen (aufgehoben oder gelöscht werden). Anders ist es aber[19], wenn in zwei nicht verbundenen Verfahren über Bruchteile derselbe Ersteher den Zuschlag erhält und wenn sich mit Zuschlag die bisherige Gesamthypothek in eine Einzelhypothek umwandelt: dann keine Zuzahlung[19].

5 Höhe des Betrags, Zins und Zahlungspflicht (Absatz 1)

5.1 Zu zahlen hat der Ersteher den Betrag des **Kapitals** der bei Feststellung des geringsten Gebots als bestehenbleibend berücksichtigten Hypothek oder Grundschuld in der Höhe („... soweit"), in der das Grundpfandrecht nicht besteht, als bedingtes Recht später weggefallen oder als Gesamtrecht infolge der Mithaft eines anderen Grundstücks erloschen ist. Bei einer Rentenschuld bestimmt die Ablösungssumme (BGB § 1199 Abs 2) den Zuzahlungsbetrag. Die im baren Teil des geringsten Gebots berücksichtigten Kosten, Zinsen und anderen Nebenleistungen bleiben für die Höhe des Zuzahlungsbetrags ohne Bedeutung (Zahlung des Erstehers hat gemeinsam mit dem Bargebot zu erfolgen, § 49 Abs 1).

5.2 Für den Zuzahlungsbetrag legt § 50 auch die **Zahlungsbedingungen** fest. § 49 über Zahlung im Verteilungstermin und die Verpflichtung zur gesetzlichen Verzinsung (mit 4 vH ab Zuschlag) gilt somit nicht. Den Ersteher soll der Zuzahlungsfall nicht weiter als das im geringsten Gebot berücksichtigte Recht bei Bestehenbleiben belasten; er soll ihn aber auch nicht (zB mit Zinsvorteil bei gesetzlichen Zinsen von nur 4 vH) begünstigen. Es bleiben daher für in Ansehung der Verzinslichkeit, des Zinssatzes, der Zahlungszeit, der Kündigung und auch des Zahlungsorts, die für das im geringsten Gebot berücksichtigte Recht selbst geltenden Bestimmungen maßgebend (Abs 1 Satz 2). Bedeutung erlangt damit auch, daß das Grundpfandrecht für **Rückstände von Zinsen** erlischt, soweit es sich mit dem Eigentum in einer Person vereinigt (BGB § 1178 Abs 1, § 1192 Abs 2). Mit Erfüllung des Anspruchs auf Rückstände von Zinsen an den Gläubiger eines auflösend bedingten Rechts (Abs 2 Nr 1) oder eines Gesamtrechts (Abs 2 Nr 2) (auch mit anderem Erlöschen infolge Vereinigung) endet damit für den Zeitraum des weggefertigten (entfallenen) Zinsrückstandes die Verzinslichkeit des berücksichtigten Rechts. Verzinslichkeit für diesen Zeitraum besteht dann nach den für das berücksichtigte Recht getroffenen Bestimmungen bei (künftigem) Eintritt des Zu-

---

[16] Korintenberg/Wenz § 50 Anm 4.
[17] Dassler/Schiffhauer § 50 Rdn 25.
[18] LG Freiburg NJW-RR 1987, 1420.
[19] LG Oldenburg KTS 1978, 123.

zahlungsfalls nicht mehr. In einem solchen Fall ist der Zuzahlungsbetrag daher nicht vom Zuschlag an zu verzinsen, sondern erst von dem Zeitpunkt der fortbestehenden (weiterlaufenden) Verzinslichkeit des Rechts an (keine mehrfache Verzinsung vom Zuschlag an für den Zeitraum, für den Zinsen bereits erbracht sind oder der Zinsanspruch des Grundpfandrechts sonst erloschen ist). Zuteilung des damit zunächst noch ungewissen Anspruchs auf Zinsen vom Zuschlag an: § 125 Abs 2.

Teilungsplan und Klage auf Zuzahlung 6

Behandlung des Zuzahlungsbetrags im Teilungsplan und Planausführung: § 125. Wenn die Zuzahlungspflicht im Verteilungstermin nicht festgestellt, somit im Teilungsplan nicht nach § 125 berücksichtigt ist, sind die Berechtigten, denen eine Zuzahlung zugutekommt, auf eine Klage gegen den Ersteher angewiesen. Es erfolgt **keine Nachtragsverteilung** durch das Vollstreckungsgericht. Dazu § 125 Rdn 2–4.

Wegfall bei persönlicher Haftung (Absatz 3). 7

Ausgeschlossen ist die Zuzahlungspflicht bei einer nach den Vorschriften über die Gesamthypothek erlöschenden Gesamtbelastung (Fall von Abs 2 Nr 2), wenn der Ersteher zugleich persönlich haftet und nicht bereichert ist (Abs 3). Eine persönliche Haftung des Erstehers kann nur nach § 53 entstehen. Die vom Ersteher nach § 53 übernommene Schuld erlischt nicht mit Verzicht des Gläubigers auf das Gesamtrecht am versteigerten Grundstück oder Gläubigerausschluß (BGB § 1175 Abs 2). Daher bleibt der persönlich haftende Ersteher in einem solchen Fall von der Zuzahlungspflicht befreit. Wenn jedoch der Forderungsgläubiger von einem anderen (mithaftenden) Forderungsschuldner befriedigt wird, dem auch gegen den Ersteher kein Ersatzanspruch zusteht, wäre der Ersteher (ohne sein Zutun) von der persönlichen Schuld frei, somit ohne Zuzahlungsfall bereichert. Darauf bezieht sich die Einschränkung am Schluß des Absatzes 3, nach der die Zuzahlung nur entfällt, wenn der Ersteher nicht bereichert ist. Über die Anwendung des § 50 Abs 3 entscheidet das Prozeßgericht.

[Zuzahlung für nichtbestehendes sonstiges Recht]

51 (1) **Ist das berücksichtigte Recht nicht eine Hypothek, Grundschuld oder Rentenschuld, so finden die Vorschriften des § 50 entsprechende Anwendung. Der Ersteher hat statt des Kapitals den Betrag, um welchen sich der Wert des Grundstücks erhöht, drei Monate nach erfolgter Kündigung zu zahlen und von dem Zuschlag an zu verzinsen.**

(2) **Der Betrag soll von dem Gerichte bei der Feststellung des geringsten Gebots bestimmt werden.**

Übersicht

Allgemeines zu § 51	1	Einzelne Rechte für Zuzahlung nach § 51	4
Anfall einer Zuzahlung für sonstige Rechte (Absatz 1 Satz 1)	2	Feststellung des Zuzahlungsbetrags (Absatz 2)	5
Betrag der Zuzahlung (Absatz 1 Satz 2)	3	Verzinsung, Zahlung (Absatz 1 Satz 2)	6

Literatur: Schiffhauer, Die Grunddienstbarkeit in der Zwangsversteigerung, Rpfleger 1975, 187.

§ 51

1 Allgemeines zu § 51

1.1 Zweck der Vorschrift: Erhöhung der Zahlungspflicht des Erstehers (Grund: § 50 Rdn 2.1) mit dem Wegfall eines bei Feststellung des geringsten Gebots berücksichtigten sonstigen Rechts.

1.2 Anwendungsbereich: § 51 gilt für alle Versteigerungsverfahren.

2 Anfall einer Zuzahlung für sonstige Rechte (Absatz 1 Satz 1)

2.1 Zuzahlung hat der Ersteher auch zu leisten, wenn das Grundstück für ein (nach dem geringsten Gebot) als bestehenbleibend übernommenes dingliches **Recht anderer Art** (alle Rechte an einem Grundstück außer Hypothek, Grundschuld und Rentenschuld, für die bereits § 50 Bestimmung trifft) nicht haftet, weil es als Grundstücksbelastung nicht besteht (Abs 1 mit § 50). „**Nicht bestehen**" (Zuzahlungsfall des § 50 Abs 1) muß auch das sonstige Recht im Zeitpunkt des Wirksamwerdens des Zuschlags (§§ 89, 104). Das ist der Fall, wenn der vollständige Wegfall oder die Minderung des Rechts (die auch hier möglich ist) oder die Tatsache des Nichtbestehens zwischen der Abgabe des Meistgebots und der Zuschlagserteilung eintritt (zB Tod des Berechtigten eines Wohnungsrechts) oder wenn diese schon früher eingetreten war, vom Gericht aber nicht anerkannt oder nicht beachtet wurde. Zuzahlungspflicht besteht daher nicht, wenn das Ereignis nach der Zuschlagsverkündung eintritt (dann hat der Ersteher den Vorteil). Zuzahlung für dingliche Rechte anderer Art ist auch in den Fällen des § 50 Abs 2 zu leisten, mithin (Nr 1) bei bedingtem Recht mit Ausfall oder Eintritt der Bedingung und (Nr 2; selten) mit Erlöschen eines Rechts nach besonderen Vorschriften über Gesamtrechte, auch wenn das Ereignis nach dem Zuschlag eintritt. Eine Zuzahlung kommt jedoch nicht in Frage, wenn das Recht kraft Gesetzes oder durch Abtretung auf einen Dritten übergegangen ist, wenn es besteht, jedoch zu Unrecht in das geringste Gebot aufgenommen wurde, wenn es aus Versehen nicht aufgenommen wurde, wenn es nur einzelnen Beteiligten gegenüber (relativ) unwirksam ist oder wenn es nach dem Anfechtungsgesetz angefochten ist[1].

2.2 Das durch einen Endtermin **befristete Recht** und das **betagte Recht** stehen dem bedingten Recht nicht gleich (§ 50 Rdn 3)[2]. Zur Zuzahlung verpflichtet § 50 Abs 2 Nr 1 (mit § 51) nur bei Wegfall eines bedingten Rechts. Dessen Rechtswirkungen (Eintritt oder Beendigung) sind von einem zukünftigen ungewissen Ereignis abhängig (BGB § 158); Bieter berücksichtigen es sonach voll im Erwerbspreis, weil sie ihr Gebot danach richten müssen, daß das noch nicht feststehende Ereignis eintreten oder ausfallen kann und das Recht dann (je nach Art der Bedingung) das Grundstück endgültig belastet. Ist das mit dem Wegfall des bedingten Rechts nicht der Fall, hat der Ersteher die weggefallene Belastung als Erwerbspreis durch Zuzahlung zu leisten. Beim befristeten und betagten Recht ist der Wegfall der Grundstücksbelastung dagegen meistens bestimmt: Bieter können daher ihr Gebot danach bemessen, ob das Recht das Grundstück noch für kürzere oder längere Zeit belastet[3]. Als Erwerbspreis berücksichtigt das Meistgebot sonach bereits die sichere zeitliche Beschränkung eines befristeten oder betagten Rechts: die Rechtswirkungen des befristeten Rechts enden mit einem zukünftigen gewissen Ereignis (Endtermin, BGB § 163); beim betagten Recht ist nur der Zeitpunkt, nicht aber der Eintritt des künftigen Ereignisses ungewiß, das die Wirkungen des Rechts beendet[4] (zu den Begriffen auch § 111 Rdn 2). Ist die

---

[1] Jaeckel/Güthe §§ 50, 51 Rdn 18.
[2] Jaeckel/Güthe §§ 50, 51 Rdn 3; Korintenberg/Wenz §§ 50, 51 Anm 3; Reinhard/Müller Anm III 2.
[3] Korintenberg/Wenz §§ 50, 51 Anm 3; Nußbaum Zwangsversteigerung, § 19 III (Seite 1488).
[4] BGH 52, 269 = DNotZ 1970, 32 = MDR 1969, 918 = NJW 1969, 2043 und 1970, 130 Leitsatz mit Anm Hönn = Rpfleger 1969, 348.

Befristung („auf die Dauer von 25 Jahren ab ..." oder „bis 31. 12. 20..") als Endtermin der Grundstücksbelastung bestimmt (zB bei Nießbrauch, beschränkter persönlicher Dienstbarkeit wie oft bei Wohnungsrecht oder Tankstellendienstbarkeit, Reallast für bestimmte Zeit) und ist bei Versteigerung mit dem Eintritt des Endtermins die Grundstücksbelastung **bereits erloschen,** dann muß sie im geringsten Gebot überhaupt nicht berücksichtigt werden[5] (§ 45 Rdn 6). Das mit Eintritt des Ereignisses (zB Tod des Wohnungsberechtigten) bei Versteigerung bereits erloschene betagte Recht wird im geringsten Gebot nicht berücksichtigt, wenn sein Erlöschen feststeht[6] (§ 45 Rdn 6). Wenn ein befristetes oder betagtes Recht bei Feststellung des geringsten Gebots berücksichtigt wurde, obgleich es bei Erteilung des Zuschlags tatsächlich nicht (oder nicht mehr) bestand, hat der Ersteher nach § 50 Abs 1 (mit § 51) normal Zuzahlung zu leisten[7]. Bei der Feststellung des geringsten Gebots ist der in diesem Fall zu zahlende Betrag nach Abs 2 zu bestimmen. Keine Zuzahlung begründet aber der Wegfall eines im geringsten Gebot berücksichtigten befristeten oder betagten Rechts mit dem Endtermin oder Eintritt des ungewissen Zeitpunkts des bestimmten Ereignisses erst nach dem Zuschlag. Weil Bieter bei Versteigerung davon ausgehen müssen, daß auch ein betagtes Recht mit einem bestimmten Ereignis aufhört, also mit dem noch ungewissen Eintritt des bestimmten Ereignisses erlischt, befreit der sichere Wegfall des Rechts nach dem Zuschlag den Ersteher von einem Recht, das bei Bemessung des Erwerbspreises nicht über die sichere zeitliche Beschränkung hinaus berücksichtigt werden konnte. Es entfällt nur die Belastung, deren Erlöschen mit dem Eintritt des zukünftigen Ereignisses nach Eigentumserwerb durch den Ersteher bei Bemessung des Erwerbspreises bereits feststand. Dem Ersteher, der sein Gebot danach bemessen hat, bringt daher der Wegfall des Rechts keinen durch Zuzahlung auszugleichenden Vorteil. Das gilt auch bei Erlöschen des Rechts mit Eintritt des Ereignisses bald nach dem Zuschlag. Der wirtschaftliche Vorteil bei frühem Wegfall des Rechts erlangt nur für die wirtschaftlichen Verhältnisse des Erstehers Bedeutung; er kommt dem Ersteher ebenso zugute[7] (der Ersteher hat auf den Vorteil Anspruch[8]) wie ihn eine lange Dauer des Rechts weitergehend belastet.

Betrag der Zuzahlung (Absatz 1 Satz 2)   3

3.1 Zu zahlen hat der Ersteher für ein berücksichtigtes, aber nicht bestehen gebliebenes Recht anderer Art „den Betrag, um welchen sich der Wert des Grundstücks erhöht" (Abs 1 Satz 2). Die **Höhe des Zuzahlungsbetrags** bemißt sich damit nach dem Betrag, um den der Wert des Grundstücks objektiv durch die (bei Wertermittlung nach § 74a Abs 5 nicht abzusetzende, s § 74a Rdn 7.4) Belastung gemindert ist, der somit bei Verkauf des Grundstücks ohne die zu wertende Einzelbelastung über den bei Veräußerung des belasteten Grundstücks erreichbaren Kaufpreis hinaus erzielt werden könnte[9]. Davon ist der Wert zu unterscheiden, den das Recht für den Berechtigten besitzt und den er bei Erlöschen des Rechts nach § 92 Abs 1 aus dem Versteigerungserlös verlangen könnte; auf diesen Wert kommt es nicht an[10]. Der Berechtigte wird den Wert seines Grundstücksrechts danach einschätzen, welchen Vorteil es ihm gewährt und welche wirtschaftlichen Nachteile er hat, falls es wegfällt[11]. Zuzahlungsbetrag dagegen ist der Betrag, um

---

[5] Korintenberg/Wenz §§ 50, 51 Anm 3.
[6] Korintenberg/Wenz aaO (Fußn 5); Reinhard/Müller § 50 Anm III 2.
[7] Jaeckel/Güthe §§ 50, 51 Rdn 3; Reinhard/Müller § 50 Anm III 2.
[8] Nußbaum, Zwangsversteigerung, § 19 (S 1488).
[9] OLG Hamm OLGZ 1984, 71 = Rpfleger 1984, 30.
[10] OLG Hamm aaO (Fußn 9); Schiffhauer Rpfleger 1975, 187 (II 2); Wörbelauer DNotZ 1963, 652 (6).
[11] OLG Hamm aaO (Fußn 9); Schiffhauer Rpfleger 1975, 187 (II 2).

den die Belastung den Grundstückswert mindert. Bestimmt wird er durch die Wertdifferenz der Preise, die bei Veräußerung im gewöhnlichen Geschäftsverkehr für das Grundstück ohne und mit Bestehenbleiben der wertmindernden Belastung erzielbar sind[11]. Nicht maßgebend sind daher auch der Wert, der als Höchstbetrag des Wertersatzes bestimmt ist (BGB § 882)[11], ein Vielfaches des nach § 46 für wiederkehrende Leistungen bestimmten Wertes und ein durch den Berechtigten angemeldeter Wert[12]; es könnte sonst der Schuldner durch einen Bekannten etwa für eine Dienstbarkeit einen übermäßig hohen Betrag anmelden lassen und so die Versteigerung verhindern.

3.2 Die Erhöhung des Grundstückswerts mit Wegfall der Belastung, die **wertmindernde Auswirkung** der Grundstücksbelastung somit, ist **nach objektiven Gesichtspunkten** zu bewerten. Die wertmindernden Umstände sind entsprechend der Art des Rechts nach den Verhältnissen des Einzelfalls unter Berücksichtigung der Lage auf dem örtlichen Grundstücksmarkt und den Marktgepflogenheiten zu bestimmen. Allgemeine Regeln lassen sich für diese Wertbemessung nicht aufstellen. Bei einem Recht auf Entrichtung wiederkehrender Leistungen aus dem Grundstück (Reallast, Erbbauzins, auch Altenteil) geben deren Wert und die (Rest)Dauer der Berechtigung (unter Abzug von Zwischenzinsen; dazu Rdn 4.7) selbstverständlich wesentliche Aussage für die wertmindernde Auswirkung der Grundstücksbelastung (ähnlich[13]). Bei dem auf Lebenszeit des Berechtigten befristeten Recht läßt sich, da eine konkrete Lebenserwartung nicht feststellbar ist, die Restdauer der Berechtigung nach der statistischen Lebenserwartung bemessen (sie beruht auf Erfahrungstatsachen; hierzu, wenn auch mit anderer Zielrichtung, § 92 Rdn 4.4). Allein in Jahreswertfaktoren, vervielfacht mit der mutmaßlichen Dauer des Rechts und gemindert um Zwischenzins (s Rdn 4.7), lassen sich die wertmindernden Umstände kostenmäßig erfahrungsgemäß jedoch nicht voll ausdrücken. Diese Werte können nur (wenn meist auch wesentliche) Anhaltspunkte für die Bestimmung des Zuzahlungsbetrags darstellen; zu bemessen ist er im Einzelfall immer nach dem Betrag der Grundstückswertminderung infolge der Belastung unter Würdigung aller Faktoren, die auf dem Immobilienmarkt den Preis bestimmen. Für einen Erwerbsinteressenten ist nicht allein von Bedeutung, welchen Wert seine Zahlung mit Zwischenzins für die Dauer des Rechts ergeben wird, er bemißt den Kaufpreis für Erwerb eines unbelasteten Grundstücks nach dessen gegenwärtigem Marktwert, der durchaus anders sein kann als die Summe des Restwertes des belasteten Grundstücks und kapitalisierter Wert der Belastung. Daß der Ersteher insbesondere für eine in wiederkehrenden Leistungen zu entrichtende Grundstücksbelastung den Zuzahlungsbetrag drei Monate nach Kündigung, sonach alsbald aufzubringen hat, wird für Bemessung seiner Höhe regelmäßig keine betragsmäßig bewertbare Bedeutung erlangen. Der mit alsbaldiger Zahlung des Mehrwerts verbundenen Belastung des Grundstückserwerbers steht der mit sofortiger Lastenfreiheit gegebene Mehrwert der Eigentumsrechte gegenüber. Ablösung von (insbesondere längerfristigen) Belastungen durch einen Grundstückserwerber wird daher oft mit einer Aufzahlung erkauft. Bei Erwerb des mit dem wertmindernden Recht nicht belasteten Grundstücks wird vielfach gerade wegen der Lastenfreiheit der Mehrwert des Grundstücks trotz alsbald fälliger weiterer Kapitalzahlung nicht hinter dem Gesamtwert der aus dem belasteten Grundstück dem Berechtigten zu erbringenden Leistungen zurückbleiben.

3.3 Der Betrag, um den der Grundstückswert infolge der Belastung gemindert ist, kann vielfach nur nach Erfahrungssätzen bemessen werden. Bestimmt werden kann er im allgemeinen entsprechend der Art des Rechts nur in freier Schätzung

---

[12] Schiffhauer Rpfleger 1975, 187 (II 2).
[13] Reinhard/Müller § 51 Anm II wie folgt: „Einen Anhalt wird in der Regel die Zusammenrechnung der wiederkehrenden Hebungen von bestimmter Dauer gewähren, wobei die künftig fällig werdenden unter Abzug des Zwischenzinses anzusetzen sind."

Zuzahlung für nichtbestehendes sonstiges Recht 4.2 § 51

nach pflichtgemäßem Ermessen auf Grund der Erfahrungen über die örtlichen Marktgewohnheiten. Das entspricht den Grundsätzen für Berücksichtigung wertmindernder Faktoren bei Grundstücksschätzung.

3.4 Der Fall, daß ein ins geringste Gebot aufgenommenes Recht nicht besteht, ist selten. Die maßgebenden Umstände sind in der Regel schon in der Versteigerung überschaubar, etwa auf Anmeldung eines Berechtigten. **Bietern muß klar sein, daß sie das Recht im Falle des Zuschlags übernehmen müssen, wie es eingetragen ist und tatsächlich besteht, die Wertfestsetzung somit keine Bedeutung haben, insbesondere keine Zuzahlungspflicht begründen kann, daß sie also nur dann, wenn das Recht unerwartet wirklich nicht bestehen sollte, zusätzlich einen Zuzahlungsbetrag zahlen müssen.** Bietinteressenten müssen letzten Endes selbst entscheiden, inwieweit sie sich (unabhängig von der Höhe des festgesetzten Zuzahlungsbetrags) durch ein bestehenbleibendes Recht im Sinne des § 51 belastet fühlen. Sowohl für Interessenten wie für seine eigene Wertfestsetzung muß das Gericht unbedingt die Einzelheiten oder Besonderheiten des Rechts klären, ob etwa eine Leitungsrechts-Dienstbarkeit kaum von Bedeutung ist, weil nur ein Kabel am Rand des Grundstücks verlegt werden kann, oder ob es die Benützung des Grundstücks erheblich erschwert, weil etwa auf fünf Masten oder Ständern eine Mehrfachleitung das Grundstück ungünstig überquert; diese Umstände ergeben sich in der Regel ohnehin aus dem Schätzungsgutachten.

Einzelne Rechte für Zuzahlung nach § 51 4

4.1 Ein **Altenteilsrecht** (§ 44 Rdn 5.1) fällt unter § 51, wenn es bei Feststellung des geringsten Gebots berücksichtigt ist (somit als dem bestrangig betreibenden Gläubiger vorgehend oder nach § 59). Im nachgehendes kann gemäß Landesrecht gesetzlich bestehen bleiben (EGZVG § 9 Abs 1); in diesem Fall ist kein Zuzahlungsbetrag festzusetzen[14] (für entsprechende Anwendung des Abs 2 sind[15]; nach Wortlaut und Zweck von §§ 50, 51 ist für analoge Anwendung jedoch kein Raum). Der Umfang der Minderung des Grundstückswerts bei Bestehen eines Altenteilsrechts (die Werterhöhung bei Nichtbestehen des Rechts) ist in besonderem Maße eine Einzelfallfrage; Inhalt und Umfang des Rechts (insbesondere Größe der Wohnung und Wert der zu erbringenden Altenteilsleistungen) sind für den Erwerbsinteressenten maßgebliche Wertfaktoren, als wertmindernde Umstände somit zu berücksichtigen. Grundlage für Bemessung der Dauer des Rechts gibt die statistische Lebenserwartung (Rdn 3.2). Die zu bewertende Werterhöhung des Objekts ist mit dem Wert des Rechts jedoch nicht identisch (Rdn 3.1); Lebenserwartung und der Wert der dem Berechtigten zu erbringenden Leistungen können immer nur Anhalt für die Bewertung der Wertminderung des Grundstücks im Einzelfall geben; allein diesen aber rechnerisch nicht bestimmen (Rdn 3.1). Die Wertbestimmungen der KostO (§ 24) sowie im Bewertungsgesetz dienen anderen Zwecken, enthalten somit keine allgemeinen Rechtsgedanken. Wo die Zuzahlungswertfestsetzung nötig ist, soll sie bei Eheleuten gemeinsam und getrennt erfolgen, also „für den Fall, daß beide nicht bestehen, auf ... Euro, für den Fall, daß für den Ehemann nicht bestehend, auf ... Euro, für den Fall, daß für die Ehefrau nicht bestehend, auf ... Euro"[16]. Ruht das Altenteil auf mehreren Grundstücken, dann ist der Zuzahlungswert für jedes Einzel-, Gruppen-, Gesamtausgebot gesondert festzusetzen.

4.2 Auflassungsvormerkung (Eigentumsvormerkung: § 48 Rdn 2.3): a) Auch für sie ist ein Zuzahlungsbetrag festzusetzen, selbst wenn sie nur einen beding-

---

[14] Jaeckel/Güthe EG § 9 Rdn 7; Schiffhauer Rpfleger 1975, 187 (VI 6, Fußn 165); Mohrbutter/Drischler Muster 79 Anm 4.
[15] Dassler/Schiffhauer § 51 Rdn 5; Schiffhauer Rpfleger 1986, 326 (XI 2).
[16] Dassler/Schiffhauer § 51 Rdn 15.

ten Anspruch sichert[17] (dazu im ZVG-Handbuch Rdn 268). Fällt die aufschiebende Bedingung aus, dann ist Zuzahlung[18] zu leisten. Das muß auch gelten, wenn an den Vormerkungsberechtigten selbst zugeschlagen wird, weil der Ersteher nicht auf Grund des der Vormerkung zugrunde liegenden Rechtsgeschäfts erwirbt[19].

b) Den Zuzahlungsbetrag der Auflassungsvormerkung, die sich auf das ganze Grundstück bezieht, bestimmt (als Wertminderung des Grundstücks infolge der Belastung, Rdn 3.1) der Verkehrswert des Objekts (wenn der Ersteher tatsächlich billiger oder teurer erwirbt, ist das persönliches Glück oder Mißgeschick), gemindert um die auf ihm ruhenden (dem Berechtigten der Vormerkung gegenüber wirksamen) Belastungen (nicht der vom Ersteher tatsächlich übernommenen, die je nach Verfahrenslage ganz anders sein können), somit die Differenz zwischen dem Verkehrswert des Grundstücks und dem auf diesem ruhenden Belastungen, die der Vormerkungsberechtigte zu übernehmen hat (so im Fall[20]; so auch[21]; ähnlich[22]: Grundstückswert abzüglich der Vormerkung vorgehende Grundstücksbelastungen). Die Gegenleistung, die der Vormerkungsberechtigte noch zu erbringen hat, gebührt dem Ersteher nicht (§ 52 Rdn 2.6). Sie schmälert den Betrag somit nicht, um den der Wert des Grundstücks sich mit Wegfall der Vormerkung erhöht (Rdn 3.1); daher kann sie auch den durch Verkehrswert abzüglich Belastungen bestimmten Zuzahlungsbetrag (als werterhöhenden Betrag nach Abs 1) nicht weiter mindern; sie kann somit nicht auch noch abgezogen werden (anders hier bis 12. Auflage; die Ansicht ist aufgegeben).

c) Bezieht sich die Auflassungsvormerkung nur auf einen Teil des Grundstücks (zB einen Streifen für Straßenzwecke), so ist nur ein entsprechender Teilwert maßgebend; es kann das ein Betrag im Verhältnis der Größe dieses und des verbleibenden Teiles sein; es kann aber auch, weil der wegzunehmende Teil nach Lage und Beschaffenheit vielleicht den größeren Wert hat, dieses andere Wertverhältnis entscheiden. Hat eine Auflassungsvormerkung bloß für eine Teilfläche nur eine geringe oder möglicherweise keine Bedeutung für das Erwerbsinteresse (dazu § 28 Rdn 5.1) und damit für den bei Verkauf des Grundstücks erzielbaren Erlös (Rdn 3.1), dann kann sich mit ihrem Wegfall der Grundstückswert nur in geringem Umfang oder (im Einzelfall) auch gar nicht erhöhen; dann kann auch den Zuzahlungsbetrag nur dieser mindere Betrag, nicht aber der volle anteilige Grundstückswert bestimmen.

d) Daß der gesicherte Anspruch nur aufschiebend bedingt (weil zB ein Kaufangebot noch nicht angenommen ist) oder auflösend bedingt (§ 48 Rdn 3.2) ist, kann für Bemessung des Zuzahlungsbetrags keine Bedeutung erlangen. Die Minderung des Grundstückswerts und damit der Zuzahlungsbetrag kann sich nicht nach der Wahrscheinlichkeit des Bedingungseintritts bestimmen, sondern wegen der Berücksichtigung der Vormerkung wie das eingetragene Recht (Eigentum des Vorgemerkten, § 48) nur nach der bei Bedingungseintritt oder -ausfall voll belastenden Wertminderung (siehe Rdn 2.2; auch § 48 Rdn 3.2). Auf die Wahrscheinlichkeit des Bedingungseintritts kommt es so wenig an wie im Falle des § 50 Abs 2 Nr 1; danach bestimmt für die Vormerkung zur Sicherung des Anspruchs auf Eintragung einer Hypothek, Grundschuld oder Rentenschuld der Betrag des vorgemerkten Kapitals den Zuzahlungsbetrag, nicht aber eine Wertminderung nach Maßgabe der Wahrscheinlichkeit des Bedingungseintritts.

---

[17] BGH 46, 124 = DNotZ 1967, 490 = MDR 1967, 34 = NJW 1967, 566 = Rpfleger 1967, 9; Blomeyer DNotZ 1979, 515 (A II); Wörbelauer DNotZ 1963, 652 (6).
[18] BGH 46, 124 = aaO (Fußn 17); Jaeckel/Güthe §§ 119, 120 Rdn 2.
[19] LG Augsburg Rpfleger 1966, 370.
[20] BGH 46, 124 = aaO (Fußn 17).
[21] Dassler/Schiffhauer § 51 Rdn 5; Steiner/Eickmann § 51 Rdn 24.
[22] Blomeyer DNotZ 1979, 515 (A II).

e) Besteht die Auflassungsvormerkung an Bruchteilen, zB an zwei Hälfteanteilen, so haften die Bruchteile theoretisch gesamtschuldnerisch und es wäre danach der Wert bei jedem Bruchteil in voller Höhe festzustellen. Im Gegensatz aber zur Hypothek, bei der als Gesamthypothek von jedem Miteigentümer alles verlangt werden kann, ist bei der Auflassungsvormerkung die Mitwirkung aller Miteigentümer nötig, es haftet jeder nur in Höhe seines Grundstücksanteilswertes und es hat durch den Wegfall jeder nur den anteiligen Vorteil.

f) Eine Auflassungsvormerkung, die nicht besteht, weil sie etwa auf einem nach dem Baugesetzbuch nicht genehmigten Rechtsgeschäft beruht oder die Bestellung sonst nichtig ist, gehört nicht in das geringste Gebot (§ 45 Rdn 6.2). Nach daher nicht richtiger anderer Ansicht hat sie keinen Wert (erhöht durch Wegfall nicht den Grundstückswert gemäß § 51), so daß der Erhöhungswert mit Null anzunehmen sein soll[23].

g) Der festgesetzte Zuzahlungsbetrag bestimmt den Ersatzbetrag für den Fall, daß die Auflassungsvormerkung nicht besteht. Diese Zahlungspflicht des Erstehers vermindert sich um den Betrag, den er zur Abwendung des (vorgemerkten) Auflassungsanspruchs (zu seinem Nichtentstehen) aufwenden muß[24]. Diese Minderung erlangt für Bestimmung des Betrags bei Feststellung des geringsten Gebots nach § 51 Abs 2 keine Bedeutung. Die Minderung schränkt die Zahlungspflicht des Erstehers ein; über diese Ermäßigung der Zahlungspflicht hat daher nicht das Vollstreckungsgericht bei Bestimmung des Betrags nach Abs 2, sondern im Streitfall das Prozeßgericht zu entscheiden.

4.3 Beschränkte persönliche Dienstbarkeit (§ 44 Rdn 5.3): Ein Zuzahlungsbetrag ist zu bestimmen. Anhalt zur Bewertung geben die Erläuterungen zur Grunddienstbarkeit Rdn 4.9; Anhalt für Bestimmung des Zuzahlungsbetrags einer Tankstellendienstbarkeit bietet der monatliche Pachtzins, vervielfältigt mit der Laufzeit[25].

4.4 Dauerwohnrecht und Dauernutzungsrecht nach WEG §§ 31 ff (§ 44 Rdn 5.29) sind als dienstbarkeitsartige Grundstücksbelastung zu werten. Sie beeinträchtigen den Grundstückswert insbesondere auch im Hinblick auf ihre Veräußerlichkeit und Vererblichkeit (WEG § 33 Abs 1); die Lebenserwartung des Berechtigten erlangt daher für die Bewertung keine Bedeutung (anders[26], nicht richtig). Es handelt sich um ein bedingtes Recht (auflösend bedingt), wenn das Fortbestehen von der Erfüllung fälliger Zahlungsverpflichtungen oder vereinbarter weiterer Bedingungen abhängt (WEG § 39 Abs 3). Der Zuzahlungsbetrag richtet sich nach Art und Umfang des Rechts, insbesondere danach, in welchem Umfang der Grundstückseigentümer in seinen Rechten behindert wird.

4.5 Eigentümergrunddienstbarkeit (andere Eigentümerrechte): Festsetzung eines Zuzahlungsbetrags hat zu erfolgen.

4.6 Erbbaurecht: Auch für ein neues aus der Zeit seit 22. 1. 1919 (§ 15 Rdn 13) ist ein Zuzahlungsbetrag nötig, obwohl das Recht bei der Grundstücksversteigerung immer bestehenbleibt, auch wenn es nicht ins geringste Gebot kommt (ErbbauVO § 25). Denn das Erbbaurecht könnte nichtig eingetragen sein und daher nicht bestehen. Das alte Recht aus der Zeit vor 22. 1. 1919 (§ 15 Rdn 13) kann als dingliche Belastung erlöschen. Der Zuzahlungsbetrag bemißt sich nach dem durch die Belastung mit dem Erbbaurecht geminderten Wert des

---

[23] Dassler/Schiffhauer § 51 Rdn 15; Häsemeyer KTS 1971, 22 (1).
[24] BGH 46, 124 aaO (Fußn 17).
[25] Mohrbutter/Drischler Muster 81, Anhang.
[26] Steiner/Eickmann § 51 Rdn 26.

§ 51 4.6 Geringstes Gebot. Versteigerungsbedingungen

Grundstücks (siehe Rdn 3.1), der erheblich sein kann, sich aber auch nach der Restdauer des Erbbaurechts bestimmt[27] (anders:[28] Wert „Richtung null").

4.7 Erbbauzins: Er ist eine der Reallast ähnliche Belastung (ErbbauVO § 9 Abs 1); wie bei der Reallast ist der Zuzahlungswert zu bestimmen. Für den Ersteher besteht (wie bei der Reallast, Rdn 4.13) die Belastung in den aus dem Grundstück zu entrichtenden wiederkehrenden Leistungen. Der Wert der zu erbringenden Leistungen kennzeichnet wesentlich daher auch die wertmindernde Auswirkung der Belastung des Erbbaurechts (s bereits Rdn 3.2). Für die Werterhöhung des Erbbaurechts (den ohne den zu wertenden Erbbauzins erzielbaren weiteren Kauferlös) bietet die Bewertung und Kapitalisierung der wiederkehrenden Leistungen daher maßgebliche Grundlage. Für den nach Zeit und Höhe für die gesamte Erbbauzeit im voraus bestimmten Erbbauzins (ErbbauVO § 9 Abs 2 Satz 1 aF) kennzeichnet daher die der Monats- oder Jahresleistung, vervielfacht mit der Restdauer und gekürzt um Zwischenzins (für Abzinsung auch[29]) wesentlich die wertmindernde Wirkung der Belastung für das Objekt (Diskontierungsformel Anhang Tab 3 b). Sachleistungen (nicht üblich) sind nach der Belastung für den Eigentümer in Geld umzuwandeln. Ist Anpassung des Erbbauzinses an veränderte Verhältnisse (dinglicher) Inhalt des Erbbaurechts (ErbbauVO § 9 Abs 2; automatische Gleitklausel, Anpassung auf Verlangen des Berechtigten oder automatische Anpassung; s § 52 Rdn 5), ist der Erbbauzins bei Versteigerung zugrunde zu legen; bereits eingetretene (verlangte) Veränderungen sind zu berücksichtigen, künftig weiter mögliche Veränderungen bleiben außer Betracht[30]. Allein in Jahreswertfaktoren, vervielfacht mit der Dauer des Rechts und gekürzt um Zwischenzins, lassen sich die wertmindernden Umstände jedoch erfahrungsgemäß nicht voll ausdrücken (s bereits Rdn 3.2). Ein Interessent bemißt den Kaufpreis für Erwerb eines unbelasteten Erbbaurechts nach dessen gegenwärtigem Marktwert. Wer ein Erbbaurecht ersteigert wird zB nicht dessen Wert um bare 1000 Euro, verkürzt um einen „marktgerechten"[31] Zwischenzins (welchen?) höher bemessen, wenn eine (erst) in 80 Jahren zu zahlende (letzte) Erbbauzinsrate von (derzeit) 1000 Euro nicht zu leisten ist. Überdies wird Ablösung einer längerfristigen Belastung oft mit einer Aufzahlung erkauft. Es sind die wertmindernden Umstände daher auch bei Nichtbestehen einer Erbbauzinsreallast nach den Verhältnissen des Einzelfalls unter Berücksichtigung der Lage auf dem örtlichen Grundstücksmarkt und den Marktgepflogenheiten zu bestimmen (s Rdn 3.2). Allein rechnerische Bewertung der noch sehr lange Zeit zu erbringenden (wertgesicherten) Erbbauzinsleistungen (mit Abzinsung) mag mit dem Bestreben verständlich sein, einen nachprüfbaren (nachrechenbaren) Wert zu erlangen, wird aber den Grundsätzen (s Rdn 2.3 und 2.4) nicht gerecht, die Bestimmung eines erzielbaren höheren Kaufpreises infolge Wegfall des Rechts gebieten (anders[32]: Wie Wertersatz nach § 92 Abs 1 nach finanzmathematischen Grundsätzen zu ermitteln). Die Begrenzung durch einen nach BGB § 882 eingetragenen Höchstbetrag weist den Wert für den Berechtigten aus, der nicht maßgeblich ist (Rdn 3.1).

4.8 Erbbauzins-Vormerkung: § 52 Rdn 5.5.

4.9 Grunddienstbarkeit (§ 44 Rd 5.10): Zuzahlungsbetrag ist die Differenz des Grundstücksverkehrswerts ohne die wertmindernde Grunddienstbarkeit zum

---

[27] BGH NJW 1989, 2129 (2130).
[28] Dassler/Schiffhauer § 51 Rdn 18; Helwich Rpfleger 1989, 389 (IV 1).
[29] Dassler/Schiffhauer § 51 Rdn 16; Steiner/Eickmann § 51 Rdn 29; Streuer Rpfleger 1997, 141 (144, 145).
[30] Streuer Rpfleger 1997, 141 (144, 145).
[31] Streuer Rpfleger 1997, 141 (147).
[32] Streuer Rpfleger 1997, 141 (144, 145 f); ähnlich Morbutter, Die Eigentümerrechte und der Inhalt des Erbbaurechts bei dessen Zwangsversteigerung (1995), IV. Kap 1 a bb) S 136.

Zuzahlung für nichtbestehendes sonstiges Recht 4.13 **§ 51**

Grundstücksverkehrswert unter Berücksichtigung der Grunddienstbarkeit ([33]mit Beispielen aus der Rechtsprechung, auch[34]). Die Wertminderung des Grundbesitzes durch Belastung mit einer Dienstbarkeit läßt sich in der Regel nicht exakt bewerten, sondern nur durch Schätzungen bestimmen[35]. Es sind alle Faktoren zu würdigen, die auf dem Grundstücksmarkt den Preis nachteilig beeinflussen[36]. Ein Wegerecht (zum Begehen und Durchfahren einer Tiefgarage) als Belastung eines Grundstücks, an dem Wohnungseigentum gebildet ist, wird ein einzelnes Wohnungseigentumsrecht nicht hoch belasten; ein Erwerber wird wegen dieses Wegerechts am Grundstück sicher nur einen geringen Abschlag auf den Wert des Wohnungseigentums ansetzen[36]. Eingehend zur Bewertung der Minderung des Grundstückswertes[36] (für Enteignungsentschädigung bei Belastung mit einer Dienstbarkeit zu Errichtung und Betrieb einer U-Bahn).

4.10 Höchstpersönliche Rechte: Wenn sie durch Tod des Berechtigten vor Zuschlagswirksamkeit erlöschen, Zuzahlung, wenn nachher, keine.

4.11 Nießbrauch (§ 44 Rdn 5.18): Er wird immer die Höhe des Meistgebots sehr beeinträchtigen, weil der Ersteher bis zu seinem Ablauf keine Grundstücksnutzungen hat.

4.12 Notwegrente, Überbaurente: Es kommt (wenn nach Anmeldung Aufnahme in das geringste Gebot zu erfolgen hat) eine Zuzahlung in Betracht, die unter Berücksichtigung der Bedeutung des Rechts einen der Billigkeit entsprechenden Ausgleich bietet[37].

4.13 Reallast (§ 44 Rdn 5.19): Die Belastung besteht für den Ersteher in den aus dem Grundstück zu entrichtenden wiederkehrenden Leistungen; sie können in Geld, Naturalien oder in Handlungen bestehen. Der Wert der dem Berechtigten zu erbringenden Leistungen kennzeichnet wesentlich auch die wertmindernde Auswirkung der Grundstücksbelastung (s auch bereits Rdn 4.7; dort auch zur automatischen Anpassung). Für die Wertminderung des Grundstücks (den ohne die zu wertende Reallast erzielbaren weiteren Kauferlös) bietet die Bewertung und Kapitalisierung der wiederkehrenden Leistungen (gekürzt um Zwischenzins) daher maßgebliche Grundlage. Naturalien oder Handlungen sind hierfür nach der Belastung für den Eigentümer in Geldbeträge umzuwandeln. Bei der befristeten und betagten Reallast erlangt Bedeutung, ob das Recht das Grundstück noch längere oder kürzere Zeit belasten wird (Monats- oder Jahresleistung vervielfacht mit der Restdauer und gekürzt um Zwischenzins, s Rdn 4.7). Bei betagtem Recht wird die Restdauer durch die Lebenserwartung des Berechtigten bestimmt, die als durchschnittliche = statistische gemäß der Tabelle (Tabellenanhang Tab 2) festgestellt wird. Solche Berechnungsgrundlage kann jedoch nur Anhalt für die Bewertung geben. Die zu bewertende Wertminderung des Objekts bemißt sich immer nach dem auf dem Grundstücksmarkt bei Veräußerung ohne die wertmindernde Belastung erzielbaren Mehrwert (Rdn 3.1). Es sind alle maßgeblichen Marktfaktoren zu würdigen (Rdn 3.1). Die allein bedeutsame Minderung des Grundstückswerts durch wiederkehrende Leistungen in Naturalien oder Handlungen und durch eine im Einzelfall nicht sicher bestimmbare Lebenserwartung des Berechtigten wird sich vielfach nur nach den Verhältnissen des örtlichen Grundstücksmarkts und den Erwägungen der Erwerbsinteressenten (Rdn 4.1) nach billigem Ermessen (durch Schätzung) festlegen lassen. Begrenzung durch einen nach BGB § 882 eingetragenen Höchstbetrag scheitert daran, daß dieser nur den Wert für den Berechtigten ausweist (Rdn 3.1).

---

[33] Schiffhauer Rpfleger 1975, 187 (II 2).
[34] BGH 120, 38 = NJW 1993, 457.
[35] BGH 83, 61 = MDR 1982, 648 = NJW 1982, 2179; BGH 120, 38 = NJW 1993, 457.
[36] BGH 83, 61 = aaO (Fußn 35).
[37] LG Mosbach MDR 1960, 1013.

§ 51 4.14   Geringstes Gebot. Versteigerungsbedingungen

4.14 Vorkaufsrecht (§ 44 Rdn 5.27): Es mindert den Wert des belasteten Grundstücks. Zuzahlungsbetrag ist aber nicht der Grundstückswert, sondern der Betrag, um den sich der Grundstückswert durch die Behinderung der freien Verwertbarkeit vermindert (ZVG-Handbuch Rdn 268). Das Recht sperrt nicht das Grundbuch. Objektive Anhaltspunkte lassen sich nicht geben[38], das Interesse des Berechtigten am Fortbestehen des Rechts ist nicht maßgebend. Oft wird die Wertminderung nicht als schwerwiegend anzusehen sein. Rechnung zu tragen ist der dauernden Belastung mit einem Vorkaufsrecht für alle Verkaufsfälle, uU auch der Vormerkungswirkung zur Sicherung des durch bereits erfolgte Ausübung entstandenen Anspruchs auf Eigentumsübertragung (BGB § 1098 Abs 2). Das einmalige Vorkaufsrecht, das in der Zwangsversteigerung nicht ausgeübt werden kann und erlischt (§ 81 Rdn 10.2), bringt überhaupt keine Wertminderung, ist sonach mit Null zu bewerten, wenn es nicht bereits Vormerkungswirkungen nach BGB § 1098 Abs 2 äußert. Keine Wertminderung ist bei Teilungsversteigerung die Ungewißheit bei Zuschlag, ob das Vorkaufsrecht (noch) ausgeübt wird (anders[39]).

4.15 Vormerkung, Widerspruch: Sie werden wie eingetragene Rechte berücksichtigt (§ 48). Der Zuzahlungsbetrag ist daher nach dem durch die Belastung mit dem vorgemerkten (eingetragenen) Recht geminderten Grundstückswert zu bestimmen.

4.16 Wohnrecht: Zuzahlung, auch wenn es aus öffentlichrechtlichen Gründen unwirksam ist, wenn also die mit ihm bedachten Räume auch vom Ersteher nicht zu Wohnzwecken benützt werden dürfen.

5 Feststellung des Zuzahlungsbetrags (Absatz 2)

5.1 Den **Zuzahlungsbetrag** soll (= hat) das Gericht bei Feststellung des geringsten Gebots **bestimmen** (Abs 2), somit im Versteigerungstermin vor der Aufforderung zur Abgabe von Geboten (§ 66 Abs 1). Die Bestimmung erfolgt nach Anhörung der anwesenden Beteiligten (§ 66 Abs 1). Möglich ist Erörterung des Wertes auch schon in einem Vortermin (§ 62). Beteiligten kann (nicht muß) auch schon vor dem Versteigerungstermin Gelegenheit gegeben werden, zur Bewertung des Zuzahlungsbetrags schriftlich Stellung zu nehmen. In schwierigen Fällen kann ein Sachverständiger angehört werden[40]. Die Bestimmung erfolgt bei Bezeichnung des Rechts im geringsten Gebot (§ 66 Abs 1); sie ist mit diesem zu verlesen; gesonderter Beschluß ergeht somit nicht. Rechtsstaatliche Verfahrensgrundsätze gebieten Begründung der Bestimmung (Einl Rdn 28). Die Festsetzung muß für jeden Versteigerungstermin neu erfolgen, weil sich inzwischen der Wert geändert haben könnte[41]. Bindung an die in einem früheren Termin getroffene Bestimmung besteht nicht.

5.2 Die Festsetzung des Zuzahlungsbetrags ist gesetzliche **Versteigerungsbedingung**[42]. Mit der Bestimmung bei der Feststellung des geringsten Gebots steht der Zuzahlungsbetrag fest[42]; er kann nach Rechtskraft des Zuschlags nicht mehr in einem späteren Prozeß gegen den Ersteher angegriffen werden[42]. Unterlassene Festsetzung (trotz der Soll-Vorschrift) ist ein Verstoß nach § 83 Nr 1[43]. Wenn die

---

[38] Sichtermann BB 1953, 543; Stoll BB 1953, 49.
[39] Gayring Rpfleger 1985, 392 (III).
[40] BGH MDR 1966, 46 = NJW 1966, 154 = Rpfleger 1966, 206; Schiffhauer Rpfleger 1975, 187 (II 2).
[41] Schiffhauer aaO (Fußn 40).
[42] BGH NJW 1966, 154 = aaO (Fußn 40).
[43] OLG Celle NdsRpfl 1951, 139.

Festsetzung unterblieben und der Zuschlagsbeschluß rechtskräftig geworden ist, entscheidet das Prozeßgericht (§ 125 Rdn 2).

5.3 Die Festsetzung ist nicht für sich anfechtbar (s zum Rechtspfleger § 44 Rdn 10), nur im Rahmen der Zuschlagsanfechtung[44]. Es handelt sich nicht um eine gesondert anfechtbare Entscheidung gemäß § 95. Mit Zuschlagsbeschwerde ist auch die zu hohe Festsetzung des Zuzahlungsbetrags anfechtbar (sie kann ein zu niedriges bares Gebot zur Folge haben)[45].

Verzinsung, Zahlung (Absatz 1 Satz 2) 6

6.1 Zu verzinsen ist der Zuzahlungsbetrag des § 51 „von dem Zuschlag an" (Abs 1 Satz 2). Die Verzinsung beginnt mit dem Tag der Zuschlagswirksamkeit (§§ 89, 104). Der Zinssatz ist gesetzlich 4 vH jährlich (BGB § 246), falls nicht durch abgeänderte Versteigerungsbedingung nach § 59 ein anderer Zinssatz festgelegt ist. Die Verzinsung endet mit dem Tag vor Erfüllung (Leistung an den Berechtigten) oder schuldbefreiender Hinterlegung.

6.2 Zu **zahlen** ist der Zuzahlungsbetrag nach § 51, abweichend von der Regelung des § 50, erst drei Monate **nach Kündigung** (Abs 1 Satz 2). Kündigen kann der Berechtigte, dem der Zuzahlungsbetrag zugeteilt ist (§ 125) oder dem er als Nächstberechtigter zusteht[46]. Der Ersteher kann auch dem Berechtigten kündigen; er kann auch ohne Kündigung Zahlung leisten (BGB § 271 Abs 2). Durch Hinterlegung in entsprechender Anwendung des § 49 Abs 3 kann der Ersteher seine Zahlungspflicht schon vor dem Verteilungstermin erfüllen (so auch[47], anders[48]). Durch den Berechtigten kann Kündigung erst nach erfolgter Übertragung gemäß § 125 oder im Rahmen der Klage erfolgen. Behandlung des Zuzahlungsbetrags im Verteilungsverfahren: § 125. Wenn das Verteilungsverfahren schon abgeschlossen ist, findet eine Nachtragsverteilung nicht statt; der Berechtigte (wer sich für berechtigt hält) ist dann auch hier auf Klage gegen den Ersteher angewiesen. Zahlung (nicht aber die Wirksamkeit der Kündigung) an einen nicht durch unbedingte Übertragung nach § 125 Abs 1 Legitimierten kann der Ersteher von der Löschung des Rechts oder Aushändigung der zur Löschung erforderlichen Urkunden abhängig machen[49] (anders[50]).

[**Bestehenbleibende Rechte**]

52 (1) **Ein Recht bleibt insoweit bestehen, als es bei der Feststellung des geringsten Gebots berücksichtigt und nicht durch Zahlung zu decken ist. Im übrigen erlöschen die Rechte.**

(2) **Das Recht auf eine der in den §§ 912 bis 917 des Bürgerlichen Gesetzbuchs bezeichneten Renten bleibt auch dann bestehen, wenn es bei der Feststellung des geringsten Gebots nicht berücksichtigt ist. Satz 1 ist entsprechend auf den Erbbauzins anzuwenden, wenn nach § 9 Abs 3 der Verordnung über das Erbbaurecht das Bestehenbleiben des Erbbauzinses als Inhalt der Reallast vereinbart worden ist.**

---

[44] Fischer BWNotZ 1963, 37 (B II 1 a).
[45] OLG Hamm OLGZ 1984, 71 = Rpfleger 1984, 30.
[46] Schiffhauer Rpfleger 1975, 187 (Fußnote 62).
[47] Reinhard/Müller § 51 Anm III.
[48] Jaeckel/Güthe §§ 50, 51 Rdn 16; Steiner/Eickmann § 51 Rdn 33.
[49] Dassler/Schiffhauer § 51 Rdn 21; Schiffhauer aaO (Fußn 45).
[50] Steiner/Eickmann § 51 Rdn 34.

§ 52 Geringstes Gebot. Versteigerungsbedingungen

Übersicht

Allgemeines zu § 52 1	Reallast für Erbbauzins ohne Bestandsschutz 5
Bestehenbleiben von Rechten im geringsten Gebot (Absatz 1 Satz 1) 2	Versteigerungsfeste Erbbauzinsreallast (Absatz 2 Satz 2) 6
Erlöschen von Rechten (Absatz 1 Satz 2) 3	Weitere gesetzlich bestehenbleibende Rechte 7
Notweg- und Überbaurente (Absatz 2 Satz 1) 4	

1 Allgemeines zu § 52

1.1 Zweck der Vorschrift: Durchführung des Deckungsgrundsatzes (§ 44 Rdn 2.1) mit Fortbestand der bei Feststellung des geringsten Gebots berücksichtigten Rechte (Abs 1 Satz 1), Erhaltung der in den BGB §§ 912 bis 917 bezeichneten Renten (Überbau- und Notwegrente) (Abs 2 Satz 1) (Denkschrift S 47) sowie Gewährleistung des vereinbarten Bestehenbleibens einer Erbbauzins-Reallast (Abs 2 Satz 2). Zugleich wird dem Ersteher das Erlöschen der das Grundstück belastenden Rechte gesichert, die nicht nach dem geringsten Gebots bestehen bleiben sollen (Abs 1 Satz 2). Abs 2 Satz 2 ist angefügt seit 1. 10. 1994 durch Art 2 Nr 2 SachenRÄndG vom 21. 9. 1994 (BGBl 1994 I 2457 [2489]).

1.2 Die Vorschrift gilt für alle Versteigerungsverfahren mit Besonderheiten für Schiffe und Luftfahrzeuge (§ 162 Rdn 9.1, § 171a Rdn 3).

2 Bestehenbleiben von Rechten im geringsten Gebot (Absatz 1 Satz 1)

2.1 Zwangsversteigerung unter Wahrung der dem Gläubiger vorgehenden Rechte (Deckungsgrundsatz, § 44 Rdn 2.1, 4.1) erfordert auch deren Schutz vor Rechtsbeeinträchtigung durch Veränderung (volle bare Auszahlung für ein das Grundstück belastendes Recht). Bei Feststellung des geringsten Gebots berücksichtigte **Rechte am Grundstück** (aus Abteilung II und III des Grundbuchs) werden daher in der Weise gedeckt, daß sie mit der **Hauptsache bestehen bleiben** (Abs 1 Satz 1). Sie gehen „auf den Ersteher über", das heißt, der Ersteher wird Eigentümer des unverändert mit diesen Rechten belasteten Grundstücks (§ 90 Abs 1). Eine Hypothek oder Grundschuld bleibt auch dann bestehen, wenn sie nach § 54 gekündigt (sonst fällig) ist (§ 49 Rdn 2.3). § 52 verwirklicht den „Übernahmegrundsatz" (auch „Übergangsgrundsatz"). Die zu übernehmenden Rechte werden auch als „Übernahme" bezeichnet[1]. Folge ist, daß der Ersteher vom Zuschlag an die wiederkehrenden Leistungen des Rechts und andere Nebenleistungen (§ 12 Nr 2) als Lasten des Grundstücks zu tragen hat (§ 56 Rdn 3.6). Die als Teil des geringsten Gebots nach § 49 zu zahlenden Kosten, wiederkehrenden Leistungen und anderen Nebenleistungen des Rechts bis zum Zuschlag werden bei Erlösverteilung in den Teilungsplan aufgenommen (§ 114).

2.2 Bestehen bleiben Rechte nach Abs 1 auch, wenn sie im geringsten Gebot durch abweichende Feststellung nach § 59 berücksichtigt und nicht durch Zahlung zu decken sind.

2.3 **Bestehen bleibt** das bei der Feststellung des geringsten Gebots berücksichtigte Recht auch dann, wenn Berücksichtigung **zu Unrecht** erfolgt ist[2] (nicht nach § 44 oder § 59 hätte erfolgen können). Umgekehrt erlischt ein Recht (nach § 52 Abs 1 Satz 2) auch dann, wenn es zu Unrecht nicht in das geringste Gebot

---

[1] Weber NJW 1952, 1284 (II), berichtigt 1953, 94.
[2] BGH 53, 47 = MDR 1970, 222 = NJW 1970, 565 = Rpfleger 1970, 60; KG Berlin DNotZ 1975, 105 = Rpfleger 1975, 68; Jaeckel/Güthe § 52 Rdn 2; Steiner/Eickmann § 52 Rdn 19 und Rdn 20.

Bestehenbleibende Rechte 2.6 § 52

aufgenommen worden ist, Berücksichtigung nach § 44 (oder § 59) somit hätte erfolgen müssen[3]. Der Ersteher übernimmt grundsätzlich nur, was im geringsten Gebot berücksichtigt ist (Abs 1) und im Zuschlag (§ 82) steht (Ausnahmen: Rdn 7). Ein im geringsten Gebot berücksichtigtes Recht, das in Wirklichkeit als Grundstücksbelastung nicht (nicht mehr) besteht, kann nicht bestehen bleiben. Der Zuschlag kann einem als Grundstücksbelastung nicht bestehenden Recht nicht zur Entstehung verhelfen[4] Folge: Zuzahlungspflicht des Erstehers nach §§ 50, 51.

2.4 Änderung eines bestehenbleibenden Rechts bewirkt Erteilung des Zuschlags **nicht**. Bestehen bleibt ein Recht am Grundstück unverändert, sonach mit seinem gesetzlichen und/oder rechtsgeschäftlich festgelegten Inhalt und mit den es belastenden **Rechten Dritter** (Pfandrecht, Nießbrauch, auch Vormerkung und Widerspruch, desgleichen Verfügungsbeschränkungen, auch Rangvermerk). Bezeichnung solcher **Nebenrechte** im geringsten Gebot ist hierfür nicht nötig (§ 44 Rdn 5.17); ihr Fortbestand folgt gesetzlich aus dem Nichterlöschen des Hauptrechts (ZVG-Handbuch Rdn 265); sie bleiben mit dem Grundstücksrecht (an ihm) bestehen, das durch den Zuschlag nicht berührt wird[5].

2.5 Mit Verpflichtungen **schuldrechtlicher** Art befaßt sich § 52 nicht; der Ersteher ist für sie nicht Rechtsnachfolger des Schuldners (§ 90 Rdn 7). Die Schuldübernahme bei bestehenbleibenden Rechten regelt § 53, Bestimmungen für Miet- und Pachtrechte treffen §§ 57–57 d. Zu Verpflichtungen aus Versicherungsverträgen s § 56 Rdn 3.9 und § 90 Rdn 8.

2.6 Auflassungsvormerkung: a) Wenn sie **bestehenbleibt** (Berücksichtigung im geringsten Gebot § 48 Rdn 3.2) ist Eigentumserwerb mit Zuschlag (§ 90) **vormerkungswidrige Verfügung** (BGB § 883 Abs 2 Satz 2). Erfüllung des (gesicherten) Anspruchs hat durch den Anspruchsschuldner zu erfolgen; er hat die Auflassung (die zur Rechtsänderung erforderlichen Erklärungen) abzugeben (war im Fall von[6] erfolgt). Der Ersteher hat als (vormerkungswidriger) Erwerber der zur Verwirklichung des gesicherten Erwerbsanspruchs erforderlichen Eintragung nach BGB § 888 zuzustimmen[7]. Der Ersteher, der mit Zuschlag Eigentümer wird, hat das Grundstück somit wieder „herauszugeben", wenn der Vormerkungsberechtigte mit seinem Anspruch auf Auflassung durchdringt (so[8]).

b) Anspruch auf die noch ausstehende **Gegenleistung** hat der Ersteher nicht[9]. Der vom Schuldner zu erfüllende Auflassungsanspruch und die (dingliche) Verpflichtung des Erstehers, der Grundbucheintragung zuzustimmen, die diesen Anspruch verwirklicht, sind voneinander unabhängig. Der Anspruch auf Gegenleistung (meist Kaufanspruch nach BGB § 433 Abs 2) beruht auf dem Rechtsverhältnis, das den Schuldner zur Erfüllung des Auflassungsanspruchs verpflichtet; eine Berechtigung des Erstehers begründet der Zuschlag nicht. Die Zustimmungsverpflichtung des Erstehers beruht auf dem vormerkungswidrigen und damit dem Berechtigten des vorgemerkten Anspruchs gegenüber unwirksamen Rechtserwerb; er begründet keinen Zahlungsanspruch gegen den Vormerkungsberechtigten und bewirkt auch keine Überleitung des Anspruchs des zur Leistung verpflichteten Schuldners auf

---

[3] Steiner/Eickmann § 52 Rdn 21.
[4] RG 138, 125 (127).
[5] OLG Hamm Rpfleger 1959, 130 mit Anm Stöber.
[6] RG 133, 267.
[7] RG 133, 267; Jaeckel/Güthe § 48 Rdn 5; Korintenberg/Wenz § 48 Anm 6; Mohrbutter/Drischler Muster 44 Anm 2.
[8] BGH 46, 124 = DNotZ 1967, 490 = MDR 1967, 34 = NJW 1967, 566 = Rpfleger 1967, 9.
[9] BGB-RGRK/Augustin § 883 Rdn 98; MünchKomm/Wacke, DGB, § 883 Rdn 51; Jaeckel/Güthe § 48 Rdn 5; Steiner/Eickmann § 48 Rdn 21; Korintenberg/Wenz § 48 Rdn 5; Mohrbutter/Drischler aaO (Fußn 7); Mohrbutter, Handbuch des Vollstreckungsrechts, § 39 (I c); Drischler Rpfleger 1967, 357 (2); Knott MittRhNotK 1967, 586 (595).

§ 52 2.6 Geringstes Gebot. Versteigerungsbedingungen

den Ersteher. Dem entspricht es, daß der Bieter sein Gebot als Erwerbspreis nach dem Betrag des um die Belastung (das vorgemerkte Eigentum) geminderten Grundstückswertes bemißt (§ 51 Rdn 4.2). Dazu hat der Ersteher den Betrag zu zahlen, um den der durch die Belastung (voll) geminderte Wert des Grundstücks sich erhöht, wenn der vorgemerkte Anspruch nicht besteht, ein Recht aus der Vormerkung somit nicht mehr geltend gemacht werden kann (§ 51). Dann bilden das Meistgebot und dieser Zuzahlungsbetrag zusammen den Erwerbspreis. Das Meistgebot als Teil dieses Erwerbspreises wird um einen Anspruch auf Gegenleistung auch dann nicht verkürzt, wenn der Ersteher das Grundstück mit Erfüllung seiner Zustimmungspflicht (BGB § 888) wieder herauszugeben hat (würde den Ersteher rechtsgrundlos besserstellen). Sicherung eines Erwerbsanspruchs durch Vormerkung schränkt die Verwertbarkeit des Grundstücks ein oder schließt sie aus (§ 28 Rdn 5.1). Übergang des Anspruchs auf eine Gegenleistung auf den Ersteher für bessere Verwertbarkeit des Grundstücks ist nicht vorgesehen. Ein Betrag der Gegenleistung hat auch bei Zwangsversteigerung weder ermittelt noch mit den Versteigerungsbedingungen festgestellt zu werden; Streit oder Ungewißheit über den Anspruch auf Gegenleistung kann im Verfahren nicht geklärt werden. Desgleichen wird nicht festgestellt, ob ein Schuldneranspruch auf Gegenleistung etwa schon abgetreten oder auch verpfändet oder gepfändet ist. Die Beschlagnahme des Grundstücks (§ 20) erstreckt sich nicht auf einen schuldrechtlichen Anspruch des Eigentümers (oder auch nur eines Voreigentümers). Es kann daher auch in dem Versteigerungsverfahren, das auf sicherer Grundlage durchzuführen ist, der für Bemessung des Gebots bedeutungslose Schuldneranspruch auf eine Gegenleistung keine Erstehersberechtigung begründen. Als (etwaiger) Gläubiger des (anspruchsberechtigten) Schuldners kann der Ersteher den Anspruch auf Gegenleistung pfänden und sich überweisen lassen[10].

c) Persönliche Ansprüche kann der Ersteher als Erwerber gegen den Berechtigten der Vormerkung aus Miet- oder Pachtverhältnissen sowie aus Verwendungen für das Grundstück haben. Dazu näher in den BGB-Kommentaren zu § 888.

2.7 Dauerwohnrecht und Dauernutzungsrecht nach WEG §§ 31 ff sind (dienstbarkeitsartige) Belastungen des Grundstücks, bleiben somit nur bei Aufnahme in das geringste Gebot bestehen. Dazu § 44 Rdn 5.29.

2.8 Eigentümerpfandrecht: Wenn eine Hypothek oder Grundschuld (auch Rentenschuld) ins geringste Gebot aufgenommen ist, bleibt auch die aus ihr entstandene Eigentümerschuld bestehen[11], es ist dasselbe Recht, nur mit anderem Inhaber und inhaltlich gewandelt[11]. Der Berechtigte eines Eigentümerrechts muß darum, wenn dieses ins geringste Gebot kommt, das Recht nicht zur Wahrung seiner Ansprüche anmelden[12], auch sonst keine Erklärung abgeben. Mit dem Zuschlag an einen Dritten verwandelt es sich in ein Fremdrecht des bisherigen Eigentümers. Ein Eigentümerrecht ist auch die Sicherungshöchstbetragshypothek bis zur Feststellung einer dinglich gesicherten Forderung des Gläubigers. Für die Löschung einer Eigentümergrundschuld ist die Löschungsbewilligung des früheren Eigentümers nötig, bei Bruchteils- oder Gesamthandseigentum aller früheren Eigentümer. Wird das Recht auf Grund einer Löschungsbewilligung des als Gläubiger Genannten vom Ersteher zur Löschung gebracht, war es aber Eigentümerrecht, so hat die Löschung Aufhebung des Rechts nicht bewirkt (BGB § 875). Die früheren Eigentümer können dann Grundbuchberichtigung verlangen; müssen dies aber nicht, sondern können auch sofort aus der unter der Sicherungshöchstbetragshypothek sich verbergenden früheren Eigentümergrundschuld (nach Zuschlag Fremdgrundschuld), die materiellrechtlich bestehengeblieben ist, die Duldung der Zwangsvoll-

---

[10] Mohrbutter/Drischler Muster 44 Anm 2; Mohrbutter und Drischler je aaO (Fußn 9).
[11] BGH DNotZ 1961, 407 = MDR 1961, 673 = NJW 1961, 1352 = Rpfleger 1961, 353; OLG Düsseldorf Rpfleger 1996, 299.
[12] OLG Düsseldorf Rpfleger 1996, 299.

Bestehenbleibende Rechte 2.11 § 52

streckung vom Ersteher verlangen. Fall aus der Praxis: Beim Zuschlag blieben zwei Straßenkostensicherungshypotheken (Höchstbetragshypotheken) der Gemeinde bestehen. Die Gemeinde hatte schon vor der Versteigerung Löschung bewilligt, drei der vier Miteigentümer hatten zugestimmt. Urkunde blieb beim Notar und wurde erst nach dem Zuschlag an den Ersteher ausgehändigt, der löschen ließ. Alle vier früheren Miteigentümer klagten nun auf Duldung der Zwangsvollstreckung aus den Grundschulden. Urteil erging dahin, weil durch die Löschung Grundbuch unrichtig sei und die Grundschulden materiellrechtlich bestünden, die Aushändigung der Löschungsbewilligung kein Verzicht auf die Rechte sei, die als Grundschulden weiterbestünden.

2.9 Erbbaurecht: a) Bei der Versteigerung des **belasteten Grundstücks** bleibt ein neues Erbbaurecht (seit 22. 1. 1919) immer bestehen, entweder infolge Berücksichtigung im geringsten Gebot oder gemäß ErbbauVO § 25 außerhalb des geringsten Gebots (Rdn 7). Der Inhalt des bestehenbleibenden Erbbaurechts ändert sich nicht; der Ersteher tritt in Rechte und Pflichten als neuer Grundstückseigentümer ein.

b) Ein **Erbbaurecht** (ein neues seit dem 22. 1. 1919) wird mit seinem tatsächlichen Bestand und seinem rechtlichen, nämlich gesetzlichen und gesetzlich vorgesehenen vertraglichen Inhalt versteigert[13], also mit Heimfallrecht[14], Vertragsstrafenbewehrung[15], Vorkaufsrecht, Zustimmungspflicht. Die Verpflichtung zur Zahlung einer Vertragsstrafe wirkt gegen den Ersteher aber nur dann, wenn auch die strafbewehrte Hauptverpflichtung zulässiger Erbbaurechtsinhalt ist[16]. Die gesetzlich vorgesehenen Vereinbarungen nach ErbbauVO §§ 2–8 haben dingliche Wirkung. Die Rechte und Pflichten hieraus müssen nicht ins geringste Gebot aufgenommen werden; sie sind Gegenstand des Erbbaurechts, sein Inhalt (ErbbauVO § 2), nicht seine Belastung, die je nach dem Rang des betreibenden Gläubigers erlöschen oder bestehenbleiben würde (dazu § 15 Rdn 13).

c) Die **Entschädigungsansprüche** aus ErbbauVO §§ 27, 28 gehen auf den Ersteher über, ohne daß sie im geringsten Gebot aufzunehmen sind, weil sie nur Surrogat für ein erlöschendes Erbbaurecht sind (ErbbauVO § 28).

2.10 Früchtepfandrecht nach dem Düngemittelsicherungsgesetz: Es bleibt bestehen, wenn es (nach Anmeldung durch seinen Gläubiger) im geringsten Gebot berücksichtigt ist (§ 10 Rdn 7.4). Wird es nicht ins geringste Gebot aufgenommen (mangels Anmeldung oder aus Versehen), so ist der Versteigerungsgegenstand frei von ihm.

2.11 Eine **Gesamthypothek** oder Gesamtgrundschuld bleibt bei Versteigerung eines der haftenden Grundstücke als Belastung bei Aufnahme in das geringste Gebot (§ 44 Rdn 5.9) in vollem Umfang (BGB § 1132) bestehen (Berücksichtigung nur mit einem Teilbetrag bei Versteigerung mehrerer Grundstücke: § 64). Wenn das Recht durch Zwangsversteigerung oder Zwangsverwaltung aus einem der mithaftenden anderen Grundstücke oder Grundstücksbruchteile bereits befriedigt ist, ist es auch an dem zu versteigernden (weiteren) Grundstück erloschen (BGB § 1181 Abs 2) (bei teilweiser Befriedigung nur teilweise). Das nach BGB § 1181 Abs 2 bereits erloschene Gesamtrecht bleibt bereits bei Feststellung des geringsten Gebots (ganz oder mit dem erloschenen Teil) unberücksichtigt (§ 45 Rdn 6.3); damit ist auch nach § 52 Abs 1 ausgeschlossen, daß es (weiter) bestehen bleibt. Wenn das bereits erloschene Gesamtrecht trotzdem in das geringste Gebot als bestehenbleibendes Recht aufgenommen ist, hat der Ersteher Zuzahlung zu leisten

---

[13] LG Braunschweig Rpfleger 1976, 310 mit krit Anm Meyer-Stolte; Winkler DNotZ 1970, 390; (II 1).
[14] Rahn BWNotZ 1961, 53 (1) (III, IV).
[15] Rahn BWNotZ 1961, 53 (II, IV).
[16] BGH 109, 230 = DNotZ 1991, 391 = MDR 1990, 326 = NJW 1990, 832.

(§ 50 Abs 1); das gleiche gilt, wenn (soweit teilweise) ein bestehengebliebenes Gesamtrecht an dem versteigerten Grundstück erst nach Erteilung des Zuschlags erlischt (§ 50 Abs 2 Nr 2).

2.12 Wird ein **Grundstücksbruchteil** vollstreckungsversteigert, so bleibt eine als Anteilsbelastung im Grundbuch eingetragene Vereinbarung über die Regelung der Verwaltung und Benutzung oder/und den Ausschluß des Rechts, die Aufhebung der Gemeinschaft zu verlangen (BGB § 1010), bestehen, wenn sie in das geringste Gebot aufgenommen ist, weil aus einem nachrangig eingetragenen dinglichen Recht oder persönlich betrieben wird. Eine als Anteilsbelastung dem bestbetreibenden Gläubiger gleichstehende oder nachgehende Vereinbarung erlischt jedoch, wenn sie bei Feststellung des geringsten Gebots nicht berücksichtigt ist. Gegen den Ersteher als Eigentümer des damit nicht mehr nach BGB § 1010 belasteten Grundstücksbruchteils wirken die vereinbarte Verwaltungs- und Benutzungsregelung sowie der Aufhebungsausschluß dann nicht[17]. Die Vereinbarung erlischt auch, wenn die Voraussetzungen nach BGB § 751 vorliegen, wenn also ein Gläubiger den Auseinandersetzungsanspruch gepfändet und zur Einziehung überwiesen erhalten hat und dann die Teilungsversteigerung durchführt (dazu § 180 Rdn 11).

2.13 Rangvorbehalt: Er bleibt bestehen, wenn das vorbehaltsbelastete Recht bestehenbleibt. Der Ersteher kann ihn dann ausnützen. Sonst erlischt der Vorbehalt mit dem Recht (§ 44 Rdn 6.5).

2.14 Tilgungshypothek: Sie bleibt nur unter Abzug der aus dem Bargebot zu befriedigenden Tilgungsraten bestehen. Dazu § 44 Rdn 5.25.

2.15 Vorkaufsrechte: Solche nach Baugesetzbuch = § 52 Rdn 7.2, dingliche = § 81 Rdn 10.2. Beim Bestehenbleiben eines Vorkaufsrechts hat die Vollstreckungsgericht eine Belehrungspflicht gegenüber den Bietern. Das Vorkaufsrecht kann auch an einem Miteigentumsbruchteil bestehen und bestehenbleiben.

2.16 Zwangshypothek: Sie ist als Recht am Grundstück (§ 10 Abs 1 Nr 4) in das geringste Gebot aufzunehmen und bleibt bestehen, wenn ihr Gläubiger das Versteigerungsverfahren nur aus dem persönlichen Anspruch (§ 10 Abs 1 Nr 5) betreibt (§ 44 Rdn 4.5), ebenso, wenn ein anderer die Zwangshypothek nachgehender Gläubiger betreibt. Nur wenn ein ihr vorgehender oder gleichrangiger Gläubiger betreibt, erlischt sie und wird ausbezahlt, und zwar in Rangklasse 4 (auch wenn ihr Gläubiger selbst in Rangklasse 5 betrieben hatte). Wird aus der Zwangshypothek dinglich betrieben, erlischt sie normal.

2.17 Hinsichtlich der **besonderen Versteigerungsverfahren** nach §§ 172, 175, 180 sind auch die dort geltenden Besonderheiten über die Aufstellung des geringsten Gebotes (§ 174 Rdn 2, § 176 Rdn 3, § 182 Rdn 2–4) zu beachten.

2.18 Hierzu im ZVG-Handbuch Rdn 247–270 und andere Stelle.

3 Erlöschen von Rechten (Absatz 1 Satz 2)

Soweit Rechte nicht bestehenbleiben, müssen sie erlöschen: § 52 Abs 1 Satz 2. Das **Erlöschen** ist also die notwendige Folge des Nicht-Bestehenbleibens. Der Ersteher ist damit davor geschützt, daß Ansprüche gegen das Grundstück geltend gemacht werden, die er nicht kennen und deshalb nicht in seine Kalkulation mit einbeziehen konnte[18]. Es erlöschen die Hauptsacheansprüche der dem bestrangig betreibenden Gläubiger gleichstehenden und nachgehenden dinglichen Rechte (Rangklasse 4, 6), alle Ansprüche auf rückständige oder laufende wiederkehrende Leistungen jedes Ranges (auch öffentliche Lasten[18]) bis einschließlich des Tages vor der Wirksamkeit des Zuschlagsbeschlusses (Rangklassen 1–4, 6–8) (also auch

---

[17] Döbler MittRhNotK 1985, 181 (G I).
[18] BVerwG NJW 1985, 756 = Rpfleger 1985, 36 mit Anm Meyer-Stolte.

Bestehenbleibende Rechte 5.1 § 52

für dem bestrangig betreibenden Gläubiger vorgehende Hauptsacheansprüche) (der Ersteher haftet für rückständige wiederkehrende Leistungen nicht, für laufende erlöschender Rechte nicht, für laufende bestehenbleibender Rechte erst ab Zuschlag, § 56 Rdn 3) und alle Ansprüche außerhalb der bisher genannten, die nicht ausdrücklich durch Aufnahme ins geringste Gebot oder sonst kraft Gesetzes oder kraft einer Versteigerungsbedingung bestehenbleiben. Die erlöschenden Ansprüche gehen aber nicht unter; ihnen haftet wie bisher das Grundstück nunmehr der Versteigerungserlös (eingeschränkt durch § 110): Surrogationsgrundsatz (§ 92 Rdn 2).

Notweg- und Überbaurente (Absatz 2 Satz 1) 4

4.1 Das **Recht** auf eine Überbaurente (BGB §§ 912–916) und auf eine Notwegrente (BGB § 917 Abs 2) **bleibt** auch dann **bestehen,** wenn es bei der Feststellung des geringsten Gebots nicht berücksichtigt ist (Abs 2 Satz 1) und damit auch dann, wenn der Ersteher es nicht kannte. Grund: Diese Renten entziehen sich ihrer Natur nach dem Einfluß der Zwangsversteigerung (Denkschrift S 47). Die Rechte auf diesen Renten gehen allen Rechten an dem Grundstück (auch älteren) vor (BGB § 914 Abs 1 und § 917 Abs 2). In das Grundbuch werden sie nicht eingetragen (§ 914 Abs 2 Satz 1, § 917 Abs 2).

4.2 Die Renten sind jährlich im voraus zu entrichten (BGB § 913 Abs 2 mit § 917 Abs 2). Die einzelnen Leistungen sind somit (wie Hypothekenzinsen, BGB § 914 Abs 3, § 917 Abs 2 mit § 1107) **wiederkehrende Leistungen** in Rangklasse 4 des § 10 Abs 1 (die über 2 Jahre rückständigen damit in Rangklasse 8). Ein nicht erlöschendes Recht trägt der Ersteher vom Zuschlag an (§ 56 Satz 2). Aus dem Versteigerungserlös bar zu zahlen sind die wiederkehrenden Leistungen bis einschließlich des Tages vor der Wirksamkeit des Zuschlags (§ 56 Rdn 3.4). Diese müssen zur Aufnahme in das geringste Gebot und zur Befriedigung aus dem Erlös rechtzeitig angemeldet (§ 37 Nr. 4; Rangverlust § 110; Teilungsplan § 114 Abs 1) und erforderlichenfalls glaubhaft gemacht werden Für die während der Dauer seines Eigentums fällig werdenden Leistungen haftet der Ersteher auch persönlich (BGB § 914 Abs 3 mit § 917 Abs 2 und § 1108 Abs 1).

Reallast für Erbbauzins ohne Bestandsschutz 5

Literatur: Bertolini, Erbbauzins und Vereinbarung gemäß § 59 Abs 1 ZVG, MittBayNot 1983, 112; Dedekind, Der Konflikt zwischen Erbbauzinsreallast und Finanzierungsgrundpfandrecht, MittRhNotK 1993, 109; Eichel, Neuregelung des Erbbauzinses nach dem Sachenrechts-Änderungsgesetz, MittRhNotK 1995, 193; Groth, Erbbaurecht ohne Erbbauzins? DNotZ 1983, 652 und (nochmals) DNotZ 1984, 372; Karow, Rangkonflikt Erbbauzinsreallast/ Grundpfandrecht – Lösung durch Stillhalteerklärung? NJW 1984, 2669; Klawikowski, Neue Erbbauzinsreallast, Rpfleger 1995, 145; Mohrbutter Chr, Die Eigentümerrechte und der Inhalt des Erbbaurechts bei dessen Zwangsversteigerung, Dissertation (1995); Mohrbutter H und Chr, Die Neuregelung des Erbbauzinses, ZIP 1995, 806; Muth, „Stillhalteerklärung" und Zwangsversteigerung des Erbbaurechts, JurBüro 1985, 801; v. Oefele, Die Erbbaurechtslösung nach dem Sachenrechtsbereinigungsgesetz, DtZ 1995, 158; v. Oefele, Änderung der Erbbaurechtsverordnung durch das Sachenrechtsänderungsgesetz, DNotZ 1995, 643; Ruland, Wegfall des Erbbauzinses in der Zwangsversteigerung, NJW 1983, 96; Sperling, Die Stillhalteerklärung als Mittel zur Sicherung des Erbbauzinses im Falle der Zwangsversteigerung, NJW 1983, 2487; Tradt, Der Erbbauzins und die Zwangsversteigerung des Erbbaurechts, DNotZ 1984, 370; Wilke, Zur Auslegung des § 9 Abs 2 ErbbauVO idF des Sachenrechtsänderungsgesetzes 1994, DNotZ 1995, 654; Winkler, Der Erbbauzins in der Zwangsversteigerung des Erbbaurechts, DNotZ 1970, 390 und NJW 1985, 940; siehe auch die Literatur zum Erbbaurecht bei § 15 Rdn 13.

5.1 Eine **Erbbauzinsreallast** (ErbbauVO § 9 Abs 1, BGB §§ 1105–1118) ist Belastung des Erbbaurechts. Als solche bleibt sie (das Stammrecht) bei der Versteigerung des Erbbaurechts (wie jede andere dingliche Belastung) bestehen, wenn sie

633

§ 52   5.1   Geringstes Gebot. Versteigerungsbedingungen

bei der Feststellung des geringsten Gebots berücksichtigt ist (§ 52 Abs 1 Satz 1). Berücksichtigung bei Feststellung des geringsten Gebots erfolgt nach § 44, wenn die Erbbauzinsreallast in Rangklasse 4 des § 10 Abs 1 Rang vor dem Anspruch des betreibenden Gläubigers hat (§ 11 Abs 1), oder abweichend nach § 59. Die bei Feststellung des geringsten Gebots nicht berücksichtigte Erbbauzinsreallast erlischt mit dem Zuschlag[19] (§ 52 Abs 1 Satz 2, § 91 Abs 1; Wertersatz: § 92 Abs 1). Der Ersteher erwirbt das Erbbaurecht dann frei von Erbbauzinsverpflichtungen (erbbauzinsloses Erbbaurecht); er tritt nicht in den schuldrechtlichen Vertrag hierüber ein[20]. Analoge Anwendung von § 52 Abs 2 [jetzt] Satz 1 (dafür früher[21]) ist ausgeschlossen. Nicht in das geringste Gebot aufgenommen wird die Erbbauzinsreallast auch, wenn der Grundstückseigentümer als der Berechtigte aus der Reallast selbst die Zwangsversteigerung des Erbbaurechts betreibt (§ 12 Rdn 4.3 und § 44 Rdn 4.3). Auch wenn der Eigentümer den Heimfallanspruch (§ 15 Rdn 13.17) geltend gemacht hat, steht ihm der Erbbauzins für die Dauer des Erbbaurechts zu, mithin bis zum dinglichen Vollzug des Anspruchs[22] (mit Einigung und Grundbucheintragung). Die Erbbauzinsreallast mit Rang vor dem Recht des Gläubigers wird in das geringste Gebot daher auch aufgenommen, wenn Versteigerung erfolgt, obwohl der Heimfallanspruch bereits geltend gemacht ist.

5.2   Die **einzelnen Leistungen** der Erbbauzinsreallast unterliegen den für Hypothekenzinsen geltenden Vorschriften (ErbbauVO § 9 Abs 1 Satz 1 mit BGB § 1107). Als solche sind sie wiederkehrende Leistungen des Rechts in Rangklasse 4 des § 10 Abs 1, bei mehr als 2jährigem Rückstand in Rangklasse 8. Als Leistungen in Rangklasse 4 des § 10 Abs 1 werden sie bei Rang vor dem bestbetreibenden Gläubiger (§ 44) in den bar zu zahlenden Teil des geringsten Gebots (§ 49 Abs 1) aufgenommen, wenn sie bei Eintragung des Versteigerungsvermerks grundbuchersichtlich waren oder rechtzeitig angemeldet wurden (§ 45). Endzeitpunkt für Berücksichtigung: § 47. Die Leistungen einer bestehengebliebenen Erbbauzinsreallast trägt der Ersteher ohne Zuschlag an (§ 56 Satz 2). Für diese wiederkehrenden Leistungen haftet der Ersteher (für die Dauer seiner Berechtigung) auch persönlich nach BGB § 1108 mit ErbbauVO § 9 Abs 1 Satz 1.

5.3   Wenn als Entgelt für die Bestellung eines Erbbaurechts eine Erbbauzinsreallast vereinbart (und bestellt) war, nicht aber auch eine schuldrechtliche Zahlungsverpflichtung des (ersten) Erbbauberechtigten begründet worden ist, haftet dieser vom Zuschlag an (mit dem der Ersteher Erbbauberechtigter wird, § 90 Abs 1) nicht mehr für die weiter fällig werdenden Leistungen[23] (je für die mit dem Zuschlag erloschenen Erbbauzinsreallast).

5.4   Der Erbbauzins mußte **früher nach Zeit und Höhe** für die ganze Erbbauzeit im voraus bestimmt sein (ErbbauVO § 9 Abs 2 Satz 1 idF bis 30. 9. 1994). **Dann** war (ab 1. 10. 1994 geregelt (Änderung durch SachenRBerG Art 2 § 1, BGBl 1994 I 2457 [2489]), daß der Erbbauzins nach Zeit und Höhe für die ganze Erbbauzeit im voraus bestimmt werden **kann** (ErbbauVO § 9 Abs 2 Satz 1), daß **Inhalt** des Erbbauzinses aber auch eine Verpflichtung zu seiner **Anpassung** an veränderte Verhältnisse sein kann, wenn die Anpassung nach Zeit und Wertmaßstab bestimmbar ist (ErbbauVO § 9 Abs 2 Satz 2). **Jetzt** ist (seit 16. 6. 1998) nur bestimmt (Euro-Einführungsgesetz Art 11a, BGBl 1998 I 1242 [1254]), daß die

---

[19] BGH 81, 358 = MDR 1982, 131 = NJW 1982, 234 = Rpfleger 1981, 478; BGH 100, 107 (115) = MDR 1987, 570 = NJW 1987, 1942 = Rpfleger 1987, 257 und 320 Leitsatz mit Anm Drischler; OLG Hamburg MDR 1975, 853; OLG Nürnberg MDR 1980, 401; LG Braunschweig Rpfleger 1976, 310 mit Anm Meyer-Stolte; Götz DNotZ 1980, 3 (VI a).
[20] Winkler DNotZ 1970, 390 (II).
[21] Winkler DNotZ 1970, 390 (V).
[22] BGH MDR 1990, 994 = NJW-RR 1990, 1095 = Rpfleger 1990, 412.
[23] OLG Hamburg MDR 1990, 537 = NJW-RR 1991, 658; LG Münster Rpfleger 1991, 33 mit Anm Meyer-Stolte.

Bestehenbleibende Rechte 5.6 § 52

Vorschriften über die Reallast entsprechende Anwendung finden (ErbbauVO § 9 Abs 1 Satz 1). Der (vom gleichen Zeitpunkt an) **BGB § 1105 Abs 1** angefügte **Satz 2** ermöglicht als Inhalt der Reallast (damit ebenso der Erbbauzinsreallast) Vereinbarung, daß die zu entrichtenden Leistungen sich **ohne weiteres** an veränderte Verhältnisse **anpassen,** wenn anhand der festgelegten Voraussetzungen Art und Umfang der Belastung des Grundstücks bestimmt werden können (automatische Anpassung). Bestehen bleibt die Erbbauzinsreallast **mit automatischer Anpassung** in dem durch die Anpassungen bis zum Zuschlag bestimmten Umfang und mit der Anpassungsklausel als fortbestehender Inhalt, auch wenn Anpassungen seit Bestellung (Grundbucheintragung) des Rechts im geringsten Gebot betragsmäßig nicht gesondert bezeichnet sind.

5.5 Die (bis 30. 9. 1994 weit verbreitete) **Vormerkung** zur Sicherung des Anspruchs auf **Erhöhung des Erbbauzinses** (ErbbauVO § 9a Abs 3) mit Eintragung einer Reallast des Inhalts, daß von einem bestimmten Zeitpunkt an der neu festgesetzte Erbbauzins zu zahlen ist, bleibt als bedingtes Recht (§ 48) wie der Erbbauzins im geringsten Gebot nur bestehen, wenn ihr der ins Erbbaurecht vollstreckende Gläubiger nachgeht (Besonderheit nach § 59); sonst erlischt die Vormerkung (§ 91 Abs 1; zum Wertersatz § 92 Rdn 6.4). Der Zuzahlungsbetrag der bestehenbleibenden Vormerkung auf Erhöhung des Erbbauzinses (§ 51 Abs 2) bemiß sich nach dem Wert (wie § 51 Rdn 4.7) der noch zurückliegenden Wertänderungen gesicherten Anpassungsverpflichtung, die noch nicht durch Eintragung einer Erhöhung (Neufestsetzung) der Erbbauzinsreallast erfüllt ist. Für darüber hinaus gesicherte zukünftige Anpassungen wird der Wert mit Null angenommen[24] (keine Bewertung künftig weiter möglicher Veränderungen; wie § 51 Rdn 4.7).

5.6 Für **Wertsicherung** der Erbbauzinsreallast, die als Inhalt des Erbbauzinses in der Zeit vom 1. 10. 1994 bis 15. 6. 1998 nach dem damaligen ErbbauVO § 9 Abs 2 Satz 2 vereinbart werden konnte (dingliche Wertsicherung) war zunächst nicht geklärt, ob mit (dinglicher) Gleitklausel wertgesicherte wiederkehrende Geldleistungen bestimmt werden konnten (so[25]) oder ob die Anpassung unmittelbar gegenüber dem jeweiligen Erbbauberechtigten durchzusetzen war (der auch den erhöhten Zins zu zahlen hat[26]) oder ob Gelegenheit geboten war zwischen beiden Möglichkeiten zu wählen (so[27]). Berücksichtigung in der Zwangsversteigerung hat sich jedenfalls nach der Grundbucheintragung der Erbbauzinsreallast zu bestimmen. Eine gleitende Erbbauzinsreallast (dingliche Gleitklausel) wird als bestehenbleibendes Recht mit ihrem eingetragenen Inhalt in das geringste Gebot aufgenommen (§ 44 Rdn 5.19). Ist eine (gesondert) zu erfüllende Verpflichtung zur Anpassung vereinbarter Inhalt des Erbbauzinses, dann erfordert Änderung (insbesondere Erhöhung mit dem Rang des Rechts) der Reallast (vor oder nach Erteilung des Zuschlags) Einigung und Eintragung im Erbbaugrundbuch (BGB §§ 873, 877). Der Erbbauzins ändert sich dann nicht schon von selbst (ohne dingliche Verfügung als Erfüllungsgeschäft), wenn die Anpassungsvoraussetzungen vorliegen[28]. Diese Anpassung einer bestehengebliebenen Erbbauzinsreallast ist unmittelbar gegenüber dem Ersteher durchzusetzen (kein Fall von BGB § 888). Als Inhalt der Reallast sichert der mit dinglicher Rechtsänderung noch nicht erfüllte

---

[24] Streuer Rpfleger 1997, 141 (145). So auch Mohrbutter, Die Eigentümerrechte und der Inhalt des Erbbaurechts bei dessen Zwangsversteigerung., 1995, S 105, für den Fall, daß sowohl Erbbauzinsreallast als auch die Anpassungsvormerkung unwirksam sind.
[25] BayObLG 1996, 159 = MDR 1996, 1235 = MittBayNot 1996, 372 mit Anm Ring = Rpfleger 1996, 506 und 1997, 18 mit Anm Streuer; Eichel MittRhNotK 1995, 913 (B II 2.1 und 2.4); v Oefele DNotZ 1995, 643 (III c–g); Wilke DNotZ 1995, 654.
[26] Stellungnahme des Bundesrats, BT-Drucks 12/5992, Seite 194.
[27] Klawikowski Rpfleger 1995, 145; Mohrbutter H und Chr ZIP 1995, 806 (III und IV).
[28] Mohrbutter H und Chr ZIP 1995, 806 (III 3 und 4).

Anspruch auf Erbbauzinsanpassung die Verpflichtung zur Rechtsänderung, nicht aber einen Erhöhungsbetrag im Rang des Rechts; ein Erhöhungsbetrag ist daher auch nicht, gleich einem bedingten oder vorgemerkten Recht, nach § 48 bereits wie der eingetragene erhöhte Erbbauzins zu behandeln[29].

5.7 Inhalt der Erbbauzinsreallast kann (seit 1. Okt 1994) außerdem die Vereinbarung sein, daß der jeweilige Erbbauberechtigte dem jeweiligen Inhaber der Reallast gegenüber berechtigt ist, das Erbbaurecht in einem bestimmten Umfang mit einer der Reallast **im Rang vorgehenden Grundschuld,** Hypothek oder Rentenschuld im Erbbaugrundbuch **zu belasten** (ErbbauVO § 9 Abs 3 Nr 2). Als Rangvorbehalt zugunsten des jeweiligen Erbbauberechtigten begründet dieser Erbbauzinsinhalt eine mit dem Erbbaurecht verbundene Befugnis, das vorbehaltene Recht eintragen zu lassen. Dem Ersteher des Erbbaurechts bleibt damit insbesondere die Möglichkeit zu einer (wieder) erstrangigen Belastung des Erbbaurechts auch dann erhalten, wenn ein vorrangiges Grundpfandrecht (oder alle) mit dem Zuschlag erlöschen, das Erbbaurecht aber als versteigerungsfest (§ 52 Rdn 6) bestehen geblieben ist.

5.8 Die **Grundbucheintragung,** daß Wertsicherung (Rdn 5.6) und Rangvorbehalt (Rdn 5.7) vereinbarter **Inhalt** des Erbbauzinses sind, kann durch **Bezugnahme** auf die Eintragungsbewilligung erfolgt sein (BGB § 874; vermittelnd[30]: Rangvorbehalt sollte ausdrücklich vermerkt werden; anders[31]: ist im Erbbaugrundbuch zu vermerken, Bezugnahme genügt nicht; ist aber nicht vorgeschrieben). Deren Überprüfung ist daher unerläßlich. Hinweis im Versteigerungstermin auf diesen Inhalt der Erbbauzinsreallast als bestehenbleibendes Recht gebietet die gerichtliche Aufklärungspflicht.

5.9 Ein nur **schuldrechtlich** (ohne dingliche Sicherung) **vereinbarter** Erbbauzins begründet lediglich eine persönliche (schuldrechtliche) Verpflichtung des (ersten) Erbbauberechtigten. Er gibt kein Recht auf Befriedigung aus dem Erbbaurecht (§ 10) und findet damit bei Feststellung des geringsten Gebots sowie bei Erlösverteilung keine Berücksichtigung. Den Ersteher verpflichtet er nicht; dieser tritt nicht in die schuldrechtlichen Verpflichtungen des Erbbaurechtsvertrags ein. Entsprechendes gilt für die nur schuldrechtlich vereinbarte Anpassungsklausel.

5.10 Zur Lösung des Interessenkonflikts zwischen Kreditgeber (der für sein Grundpfandrecht Rang vor dem Erbbauzins verlangt) und dem Grundstückseigentümer (der sich gegen das Erlöschen seiner nicht versteigerungsfesten, Rdn 6, Erbbauzinsreallast sichern möchte) können „Stillhalteerklärung" (dazu[32]) und Verpflichtung, Änderung der Versteigerungsbedingungen herbeizuführen und/ oder ihr zustimmen[33], beitragen. Gleichwertigen Ersatz für Rangrücktritt der Erbbauzinsreallast hinter die Grundpfandrechte bieten diese Lösungen jedoch nicht (dazu[34]).

5.11 Im **Beitrittsgebiet** kann der Eigentümer eines vor dem 1. 1. 1976 mit einem Erbbaurecht belasteten Grundstücks (vgl § 15 Rdn 13.15) eine Anpassung des Erbbauzinses verlangen, wenn das Erbbaurecht unbebaut ist, neu bebaut wurde oder eine bauliche Maßnahme vorgenommen wurde (SachenRBerG § 112 Abs 2 Satz 4). Dieser gesetzliche Anspruch auf Erbbauzinsanpassung begründet als schuldrechtlicher Anspruch kein Recht auf Befriedigung aus dem Grundstück (wie Rdn 5.9).

---

[29] Mohrbutter H und Chr ZIP 1995, 806 (III 4).
[30] v. Oefele DNotZ 1995, 643 (II 5).
[31] v. Oefele/Winkler, Handbuch des Erbbaurechts, Rdn 6.55.
[32] Sperling NJW 1983, 2487; Groth DNotZ 1984, 372; Karow NJW 1984, 2669.
[33] Groth DNotZ 1984, 372; Karow NJW 1984, 2669; Tradt DNotZ 1984, 370.
[34] Groth DNotZ 1984, 372; Karow NJW 1984, 2669.

Versteigerungsfeste Erbbauzinsreallast (Absatz 2 Satz 2) 6

Literatur: Stöber, Die nach Inhaltsvereinbarung bestehenbleibende Erbbauzins-Reallast, Rpfleger 1996, 136; Bräuer, Die zwangsversteigerungsfeste Erbbauzins-Reallast, Rpfleger 2004, 401; siehe auch die Literatur bei Rdn 5.

6.1 Bestehen bleibt die „bei Feststellung des geringsten Gebots" (§ 44; Rdn 5.1) nicht berücksichtigte Erbbauzinsreallast auch dann, wenn dies nach ErbbauVO § 9 Abs 3 Nr 1 als **Inhalt des Rechts vereinbart** ist (Abs 2 Satz 2). Als Inhalt der Reallast kann (seit 1. 10. 1994) demnach vereinbart werden, daß die Reallast abweichend von § 52 Abs 1 mit ihrem Hauptanspruch bestehen bleibt, wenn der Grundstückseigentümer aus der Reallast oder der Inhaber eines im Range vorgehenden oder gleichstehenden dinglichen Rechts die Zwangsversteigerung des Erbbaurechts betreibt. Die für Belastung des Erbbaurechts erforderliche Grundbucheintragung dieses Inhalts der Reallast kann durch Bezugnahme auf die Eintragungsbewilligung erfolgt sein (BGB § 874; siehe bereits Rdn 5.8; Bedenken bei[35], aber gegen Ungültigkeit der Vereinbarung bei Bezugnahme). Die Vereinbarung erlangt keine Bedeutung (der Erbbauzins erlischt somit), wenn ein Gläubiger der Rangklasse 2 oder 3 des § 10 Abs 1 die Zwangsversteigerung betreibt[36]; für diesen Fall kann das Bestehenbleiben der Erbbauzinsreallast nicht als Rechtsinhalt vereinbart werden. Sie schützt in der Insolvenzverwalterversteigerung nicht, wenn der Verwalter Feststellung des geringsten Gebots nach § 174 a verlangt.

6.2 Abs 2 Satz 2 ist unglücklich gefaßt; er macht mit seinem unklaren Wortlaut und der scheinbar atypischen Regelung den Gesetzeszweck nicht sicher erkennbar. Die Vorschrift hat (allein) die Aufgabe, das **vereinbarungsgemäße Bestehenbleiben** des Rechts (ErbbauVO § 9 Abs 3 Nr 1) für das Versteigerungsverfahren **anzuordnen**[37]. Nur dafür trifft sie Bestimmung, daß „Satz 1 ... entsprechend ... anzuwenden" ist. Von der Überbau- und Notwegrente (Rdn 4) unterscheidet sich die Erbbauzinsreallast jedoch grundlegend. Diese Renten können nicht in das Grundbuch eingetragen werden (BGB § 914 Abs 2 Satz 1), die Erbbauzinsreallast soll als eingetragenes Recht nach dem Willen der Beteiligten bestehen bleiben. Abs 2 Satz 1 dient dem Schutz der nicht grundbuchersichtlichen Überbau- und Notwegrente, Abs 2 Satz 2 der Erhaltung der nachrangigen Erbbauzinsreallast nach dem Willen der Beteiligten. Das ist der Sonderregelung in WEG § 39 Abs 1 gleich und beruht auf der Selbstverständlichkeit, daß die Vorschriften des ZVG über die Feststellung des geringsten Gebots und der Versteigerungsbedingungen nicht zwingender Natur sind (§ 59 Rdn 2.1). Besonderheit gegenüber der nach § 59 möglichen Abweichung ist, daß (wie im Falle von WEG § 39 Abs 1) bindende Abmachung über die abweichende Feststellung und Zustimmung der beeinträchtigten Beteiligung schon bei Bestellung des Rechts oder nachfolgender Inhaltsänderung erfolgen (nicht somit erst im Versteigerungsverfahren)[38]. Daher darf die Bestimmung nicht so verstanden werden, daß die Reallast „außerhalb des geringsten Gebots" (sozusagen nebenbei) bestehen bleiben würde. Für Erhaltung der grundbuchersichtlichen nachrangigen Erbbauzinsreallast nach dem Willen der Beteiligten bringt Abs 2 Satz 2 mit seinem Wortlaut vielmehr zum Ausdruck, daß das Recht auch dann bestehen bleibt, wenn es bei Feststellung des geringsten Gebots nach den Regeln des § 44 als dem Gläubiger vorgehendes Recht nicht berücksichtigt ist[39]. Es ist bei Inhaltsvereinbarung nach ErbbauVO § 9 Abs 3 Nr 1 nur ein solches Gebot zulässig, durch welches die dem Anspruch des Gläubigers vorgehenden Rechte und die zu berücksichtigten Verfahrenskosten gedeckt werden (das bestimmt § 44 Abs 1), wenn

---

[35] v. Oefele DNotZ 1995, 643 (II 2 a).
[36] v. Oefele DNotZ 1995, 643 (II 4 b und 4 d); Mohrbutter Chr, Erbbaurecht bei Zwangsversteigerung, VI. Kap 1 d aa (Seite 231); Mohrbutter H und Chr ZIP 1995, 806 (V 2).
[37] Stöber Rpfleger 1996, 136 (V 1).
[38] Stöber Rpfleger 1996, 136 (III 2).
[39] Stöber Rpfleger 1996, 136 (ganze Abhandlung).

§ 52   6.2   Geringstes Gebot. Versteigerungsbedingungen

darüber hinaus das Bestehenbleiben der Erbbauzinsreallast vereinbarungsgemäß gewahrt bleibt. Das ist folglich das Gebot, das nicht unterschritten werden darf, wenn es wirksam sein soll (§ 44 Rdn 3.2), somit das „geringste Gebot"[40]. Daher muß bei Feststellung des geringsten Gebots und der Versteigerungsbedingungen im Versteigerungstermin (§ 66 Abs 1) auch die nach (abweichender) Inhaltsvereinbarung (ErbbauVO § 9 Abs 3 Nr 1) bestehenbleibende Erbbauzinsreallast berücksichtigt werden[41], auch[42]: „Das Stammrecht ... bleibt abweichend von § 52 Abs 1 als Teil des geringsten Gebots (§ 44) gem Abs 2 Satz 2 bestehen." Zur Abgabe von Geboten wird nur unter dieser Bedingung aufgefordert. Nur Hinweis des Rechtspflegers auf die durch ErbbauVO § 9 Abs 3 Nr 1 getroffene Regelung oder verallgemeinernde Feststellung, daß die Versteigerung (im übrigen) „zu den gesetzlichen Bestimmungen" erfolgt[43], genügt nicht. Es müssen geringstes Gebot und Versteigerungsbedingungen, die nach § 66 Abs 1 im Versteigerungstermin festgestellt und verlesen werden, die Erbbauzinsreallast als nach „abweichender" Vereinbarung der Beteiligten bestehenbleibendes Recht bezeichnen[43].

6.3 Für die nach ErbbauVO § 9 Abs 3 Nr 1 bestehenbleibende Erbbauzinsreallast ist im geringsten Gebot auch ein **Zuzahlungsbetrag** (§ 51 Abs 2) für den Fall zu bestimmen, daß das Recht doch nicht besteht[44].

6.4 Die **nicht im Grundbuch eingetragene** (versehentlich gelöschte) Erbbauzinsreallast schützt Abs 2 Satz 2 nicht vor dem Erlöschen[45]. Sie muß für Feststellung im geringsten Gebot angemeldet werden (§ 45 Abs 1).

6.5 Bestehen bleibt auch die als versteigerungsfest nicht erlöschende Erbbauzinsreallast mit ihrem gesetzlichen und **rechtsgeschäftlich vereinbarten Inhalt.** Unverändert bleibt damit auch eine Anpassungsklausel (Rdn 5.4), als Inhalt einer wertgesicherten Reallast (Rdn 5.6) die Verpflichtung zur Anpassung an veränderte Verhältnisse und als Inhalt einer mit Rangvorbehalt versehenen Reallast (Rdn 5.7) die Befugnis des jeweiligen Erbbauberechtigten zur vorrangiger Belastung erhalten.

6.6 Die **Leistungen** der als versteigerungsfest bestehenbleibenden Erbbauzinsreallast trägt der Ersteher **vom Zuschlag an** (§ 56 Satz 2); er haftet für diese wiederkehrenden Leistungen (für die Dauer seiner Berechtigung) auch persönlich nach BGB § 1108 mit ErbbauVO § 9 Abs 1 Satz 1. Die bis zum Zuschlag zu berechnenden Erbbauzinsleistungen erlangen für Feststellung des geringsten Gebot keine Bedeutung; sie fallen nicht in das bare geringste Gebot (§§ 44, 49 Abs 1). Sie behalten ihren Rang als wiederkehrende Leistungen des Rechts in Rangklasse 4 des § 10 Abs 1, bei mehr als 2jährigem Rückstand in Rangklasse 8. Aus dem Versteigerungserlös werden sie an der Rangstelle des Rechts, damit nach einem vorrangig betreibende Gläubiger, befriedigt (§ 114 Abs 1).

6.7 Wird die Vereinbarung, daß die Erbbauzins-Reallast bestehen bleiben soll (ErbbauVO § 9 Abs 3 Nr 1) **nachträglich** als Inhalt des Erbbauzinses getroffen, bedarf sie zur Wirksamkeit der Zustimmung der vorgehenden oder gleichstehenden Berechtigten (ErbbauVO § 9 Abs 3 Satz 2). Wenn Grundbucheintragung dann nach dem Versteigerungsvermerk erfolgt ist, muß die Inhaltsänderung zur Berücksichtigung bei Feststellung des geringsten Gebots überdies (rechtzeitig) angemeldet werden (§ 45 Abs 1). Wenn die Inhaltsänderung **nach Beschlagnahme** durch Anordnung der Zwangsversteigerung getroffen wird, ist sie dem Beschlagnahmegläubiger (wenn es mehrere sind: allen) gegenüber unwirksam (Folge von § 23 Abs 1 Satz 1). Sie kann daher nach ErbbauVO § 9 Abs 3 Nr 1, ZVG § 52

---

[40] Stöber aaO (V 3).
[41] Stöber aaO (V und VI).
[42] Mohrbutter H und Chr ZIP 1985, 806 (V 2).
[43] Stöber aO (V 6).
[44] Stöber aaO (VI 2).
[45] Stöber aaO (VI 3).

Abs 2 Satz 2 Bestehenbleiben der Erbbauzins-Reallast mit ihrem Stammrecht nicht ermöglichen (dem trägt[46] nicht Rechnung). Hat sie mit Zustimmung des (wenn es mehrere sind: aller) Beschlagnahmegläubiger Wirksamkeit erlangt, dann bedarf die nach dem Zwangsversteigerungsvermerk eingetragene Inhaltsänderung der (rechtzeitigen) Anmeldung (§ 45 Abs 1; insoweit zutreffend[46]) und die für Wirksamkeit notwendige Zustimmung des Nachweises.

6.8 Für die **Vormerkung** zur Sicherung des Anspruchs auf **Erhöhung des Erbbauzinses** (ErbbauVO § 9a Abs 3; Rdn 5.5) kann Bestehenbleiben nach ErbbauVO § 9 Abs 3 Nr 1 ebenso vereinbart sein. Auch sie ist dann in das geringste Gebot als bestehenbleibend aufzunehmen (§ 48). Die nur für den Erbbauzins getroffene Vereinbarung, daß die Reallast nach ErbbauVO § 9 Abs 3 Nr 1 bestehenbleibt, wirkt nicht zugleich auch für die Vormerkung zur Sicherung des Anspruchs auf Erhöhung des Erbbauzinses. Diese ist selbständige Belastung des Erbbaurechts mit eigenem Rang. Im geringsten Gebot ist sie (selbständig) wie ein eingetragenes Recht zu berücksichtigen (§ 48). Bestehenbleiben kann sie nach Abs 2 Satz 2 daher nur dann, wenn dies auch als ihr Inhalt nach ErbbauVO § 9 Abs 3 Nr 1 vereinbart ist. Ist das nicht der Fall, dann bleibt nur die Erbbauzinsreallast nach Abs 2 Satz 2 bestehen; die Vormerkung erlischt in einem solchen Fall (Rdn 5.5).

Weitere gesetzlich bestehenbleibende Rechte 7

7.1 Rechte und Lasten, die nicht unter § 52 fallen, bleiben bestehen, wenn das für den Einzelfall gesetzlich besonders vorgesehen ist. Dann ist ohne Bedeutung, ob das Recht (die Last) dem bestrangig betreibenden Gläubiger vor- oder nachgeht. Es bleibt dann auch bestehen, wenn es im Versteigerungstermin nicht erwähnt wird (zur Amtspflicht, die Beteiligten darauf hinzuweisen, aber EGZVG § 9 Rdn 4.3). Am besten wird es im Rahmen der Versteigerungsbedingungen aufgezählt, mit dem Zusatz: „Außerhalb des geringsten Gebotes bleibt bestehen …" Für diese Rechte gibt es keine Zuzahlung nach §§ 50, 51. Es kann nicht erwogen werden, daß ein solches Recht auch dann bestehen bleibe, „wenn es bei der Feststellung des geringsten Gebots nicht berücksichtigt ist", dann aber der Ersteher Zuzahlung leisten müsse, weil das Recht eben doch nicht bestehe. Ein Zuzahlungsbetrag (§ 51 Abs 2) ist daher auch dann nicht festzusetzen, wenn das Bestehen einer nicht eingetragenen altrechtlichen Dienstbarkeit streitig ist (anders[47]; nach Wortlaut und Zweck von §§ 50, 51 ist für analoge Anwendung jedoch kein Raum). Soweit es sich um dingliche Rechte handelt, die dem bestrangig betreibenden Gläubiger vorgehen, bleiben sie schon bestehen, wenn sie bei der Feststellung des geringsten Gebots berücksichtigt sind. Dafür muß ein nicht eingetragenes Recht angemeldet und erforderlichenfalls glaubhaft gemacht werden (§ 45 Rdn 1).

7.2 Es bleiben bestehen auf Grund gesonderter gesetzlicher Regelung:

a) Ein **Altenteilsrecht** nach EGZVG § 9 mit Landesrecht (Einzelheiten EGZVG § 9 Rdn 3);

b) **Altrechtliche Grunddienstbarkeiten** nach EGZVG § 9 mit Landesrecht (Einzelheiten EGZVG § 9 Rdn 2);

c) **Baugesetzbuch-Vorkaufsrecht** nach diesem Gesetz §§ 24 ff; es kann zwar nicht gegenüber dem Zuschlag ausgeübt werden, wohl aber bei nach der Versteigerung erfolgenden Veräußerungen, geht also durch die Versteigerung nicht für später unter (dazu § 81 Rdn 10);

d) **Erbbaurecht** (neues) bei der Grundstücksversteigerung nach ErbbauVO § 25 und gewisse erbbaurechtliche Ansprüche (dazu Rdn 2.9);

---

[46] Bräuer Rpfleger 2004, 401 (406).
[47] Dassler/Schiffhauer § 51 Rdn 5; Steiner/Eickmann § 51 Rdn 5; Reinhard/Müller EGZVG § 9 Anm II 6; Schiffhauer Rpfleger 1986, 326 (XI 2).

§ 52 7.2 Geringstes Gebot. Versteigerungsbedingungen

e) Als **Meliorationsanlagen-Dienstbarkeit** die beschränkte persönliche Dienstbarkeit des Eigentümers einer Anlage zur Bewässerung von Grundstücken oder zu deren Beregnung für Haltung einer Meliorationsanlage bei Zwangsversteigerung des belasteten Grundstücks, wenn das Verfahren bis 31. Dez 2005 beantragt wurde (Gesetz zur Regelung der Rechtsverhältnisse an Meliorationsanlagen [Meliorationsanlagengesetz – MeAnlG] vom 21. 9. 1994, BGBl I 2538 [2550] § 6);

f) **Mitbenutzungsrecht** (zeitlich begrenzt) (Einzelheiten EGZVG § 9a Rdn 4);

g) **Nutzungsrecht** für Gebäudeeigentum (zeitlich begrenzt) (Einzelheiten EGZVG § 9a Rdn 2);

h) **Öffentliche Lasten** als solche (§ 10 Rdn 6), die der Ersteher vom Zuschlag an zu tragen hat (§ 56 Satz 2);

i) **Schiffshypothek** nach dem Schiffsbankgesetz § 6, falls aus einem ihr vorgehenden oder gleichstehenden Recht betrieben wird, auf Verlangen der Schiffsbank, sobald diese ein Schiff oder Schiffsbauwerk zur Verhütung von Verlusten erworben hat (aus nachgehenden nach § 52 ins geringste Gebot).

[Schuldübernahme bei Grundpfandrechten]

53 (1) **Haftet bei einer Hypothek, die bestehenbleibt, der Schuldner zugleich persönlich, so übernimmt der Ersteher die Schuld in Höhe der Hypothek; die Vorschriften des § 416 des Bürgerlichen Gesetzbuchs finden mit der Maßgabe entsprechende Anwendung, daß als Veräußerer im Sinne dieser Vorschriften der Schuldner anzusehen ist.**

(2) **Das gleiche gilt, wenn bei einer Grundschuld oder Rentenschuld, die bestehenbleibt, der Schuldner zugleich persönlich haftet, sofern er spätestens im Versteigerungstermine vor der Aufforderung zur Abgabe von Geboten die gegen ihn bestehende Forderung unter Angabe ihres Betrags und Grundes angemeldet und auf Verlangen des Gerichts oder eines Beteiligten glaubhaft gemacht hat.**

Literatur: v. Olshausen, Ausgleichsansprüche bei ins geringste Gebot gefallenen Hypotheken, Sicherungsgrundschulden und Sicherungsreallasten, KTS 1993, 511.

1 Allgemeines zu § 53

1.1 Zweck der Vorschrift: Regelung gesetzlicher Schuldübernahme durch den Ersteher für eine bestehenbleibende Hypothek (mit Besonderheit auch bei Grundschuld), wie sie bei Kaufverträgen über Grundstücke üblich ist, aus Gründen der Billigkeit (Denkschrift S 46). Der Schuldner, der zwangsweise sein Grundeigentum verliert, soll damit gegen eine weitere Inanspruchnahme aus seiner persönlichen Verbindlichkeit geschützt sein[1].

1.2 Anwendungsbereich: § 53 gilt für alle Versteigerungen.

2 Schuldübernahme bei bestehender Hypothek (Absatz 1)

2.1 Haftet bei einer Hypothek, die bestehenbleibt, der (Vollstreckungs)Schuldner (§ 9 Einleitungssatz) zugleich persönlich für die gesicherte Forderung, so **übernimmt der Ersteher** mit Eigentumserwerb durch Zuschlag kraft Gesetzes in Höhe der Hypothek auch diese persönliche Schuld (Abs 1 Halbsatz 1). Der Ersteher wird also bei einer bestehenbleibenden Hypothek, bei der eine persönliche Haftung des Schuldners bestand, auch persönlicher Schuldner in Höhe der Hypothekenforderung. **Voraussetzung** ist, daß die Hypothek besteht (sonst Zuzahlung

---

[1] BGH 133, 51 (56) = DNotZ 1997, 175 = MDR 1996, 1178 = NJW 1996, 2310 = Rpfleger 1996, 520.

nach § 50), daß der Schuldner bei Wirksamwerden des Zuschlags (§§ 89, 104) dem Hypothekengläubiger persönlich haftet und daß die Hypothek infolge Berücksichtigung bei der Feststellung des geringsten Gebots (nach § 44 oder § 59) nach § 52 Abs 1 (nicht aber nach § 91 Abs 2) bestehen bleibt. Die Schuldübernahme durch den Ersteher tritt dann **kraft Gesetzes** ein, erfolgt somit ohne besondere Erklärung des Erstehers oder eines Beteiligten und ohne (besondere) Feststellung durch das Gericht in den Versteigerungsbedingungen. Bei Liegenbelassungsvereinbarung nach § 91 Abs 2 ist der bisherige Schuldner von der Haftung befreit (§ 91 Abs 3 Satz 2); hierbei ist die Regelung der persönlichen Schuld der Erstehers der Vereinbarung überlassen, § 53 ist darauf nicht anwendbar[2]. Der Haftung des Schuldners für die Hypothekenforderung steht die Haftung nur des (während des Verfahrens) neu eingetretenen Eigentümers für die Hypothekenforderung gleich[3] (teilweise anders[4]). War persönlicher Schuldner nicht der Vollstreckungsschuldner, sondern ein Dritter (wenn zB der Eigentümer die Hypothek für eine fremde Schuld bestellt hatte), so ist § 53 nicht anwendbar[5]. Das gilt auch, wenn der Vollstreckungsschuldner dem persönlichen Schuldner zur Befreiung des Gläubigers verpflichtet war[6].

2.2 Die Wirkung der (gesetzlich angeordneten) Schuldübernahme hängt von der **Genehmigung des Gläubigers** (von seiner nachträglichen Zustimmung) ab (BGB § 415 Abs 1 Satz 1); gegen seinen Willen kann ihm ein anderer Schuldner nicht aufgedrängt werden. Mit Anführung lediglich des BGB § 416 in § 53 Abs 1 ist nur klarstellend hervorgehoben, daß die Schuldübernahme auch ohne ausdrückliche Erklärung des Gläubigers Wirksamkeit erlangen kann; daß auch BGB § 415 (ebenso BGB § 414) auf die (gesetzlich angeordnete) Schuldübernahme des § 53 anwendbar ist[7], ist als selbstverständlich nicht ausdrücklich bestimmt. Dem Gläubiger gegenüber erlangt die Schuldübernahme somit keine Wirkung, solange die Genehmigung nicht erteilt oder wenn sie verweigert ist; Rechte aus der Schuldübernahme stehen ihm dann nicht zu; sein Forderungsschuldner ist weiterhin der bisherige (persönliche) Schuldner. Wenn und solange die Schuldübernahme nicht genehmigt (oder wenn sie versagt) ist, begründet sie jedoch nach BGB § 415 Abs 3 die **Verpflichtung des Erstehers** (als Übernehmer) gegenüber dem Schuldner, den Gläubiger rechtzeitig zu befriedigen[8]. Die Übernahme der Schuld durch den Ersteher hat damit zunächst nur die Bedeutung einer Erfüllungsübernahme.

2.3 Die für Vollwirkung der Schuldübernahme erforderliche **Genehmigung durch den Gläubiger** kann sowohl dem Ersteher als auch dem (persönlichen) Schuldner gegenüber erklärt werden (BGB § 182 Abs 1), jedoch erst dann, wenn der Schuldner oder Ersteher dem Gläubiger die Schuldübernahme mitgeteilt hat (BGB § 415 Abs 1 Satz 2). Die Mitteilung soll erst das Zugriffsrecht des Gläubigers nach dem Willen des bisherigen Schuldners oder Übernehmers eröffnen; sie ist daher auch im Falle des § 53 erforderlich[9] (anders[10]). Die Mitteilung ist (anders als im Fall des BGB § 416 Abs 3) formfrei und an keine Frist gebunden. Wenn der Gläubiger die Genehmigung erklärt, ist die Schuldübernahme wirksam (BGB § 415 Abs 1); BGB § 416 erlangt dann keine Bedeutung[11]. Die strengeren Voraussetzun-

---

[2] BGH MDR 1981, 482 = NJW 1981,1601 = Rpfleger 1981, 140; BGH 133, 51 = aaO (Fußn 1).
[3] Jaeckel/Güthe § 53 Rdn 5; Steiner/Eickmann § 53 Rdn 9.
[4] Dassler/Gerhardt § 53 Rdn 3.
[5] Jaeckel/Güthe § 53 Rdn 5; Dassler/Gerhardt § 53 Rdn 3.
[6] Dassler/Gerhardt § 53 Rdn 4; Jaeckel/Güthe § 53 Rdn 5; Steiner/Eickmann § 53 Rdn 8.
[7] BGH 133, 51 (52) = aaO (Fußn 1); RG 125, 100 (103) und 136, 91 (95, 96).
[8] BGH 133, 51 (53) = aaO (Fußn 1).
[9] RG 136, 91 (95, 96).
[10] Steiner/Eickmann § 53 Rdn 15.
[11] BGB-RGRK/Weber § 416 Rdn 5; MünchKomm/Möschel, BGB, § 416 Rdn 2.

gen des BGB § 416 müssen in diesem Fall nicht erfüllt sein. Im Einverständnis des Hypothekengläubigers mit dem Bestehenbleiben nach § 59 liegt seine Genehmigung zur Schuldübernahme[12]; sie ist (wie im Falle des § 415 die Einwilligung vor Abschluß des Übernahmevertrags) ohne besondere Mitteilung nach BGB § 415 Abs 1 Satz 2 wirksam; damit wird der bisherige Schuldner von der Haftung frei.

2.4 Der **Schuldner** (sein Insolvenzverwalter[13]) kann eine **Klärung** über das Wirksamwerden der Schuldübernahme **nach BGB § 416** herbeiführen. Diese Bestimmung ergänzt BGB § 415 mit der Maßgabe, daß unter weiteren Voraussetzungen auch das Schweigen des Gläubigers als Genehmigung gilt (Rechtsfolge nach § 416 Abs 1 Satz 2). BGB § 416 findet auf die Schuldübernahme bei Bestehenbleiben der Hypothek mit der Maßgabe Anwendung, daß der Schuldner als Veräußerer anzusehen ist (§ 53 Abs 1 Halbsatz 2). Die Rechtsfolge des BGB § 416 Abs 1 Satz 2 erfordert, daß der Schuldner (als Veräußerer; auch sein Insolvenzverwalter[13]) dem Gläubiger der Hypothekenforderung die Schuldübernahme nach Wirksamwerden des Zuschlags schriftlich mit dem Hinweis auf die Rechtsfolge bei Fristablauf mitgeteilt hat, daß seit dem Zugang dieser Mitteilung (BGB § 130) sechs Monate verstrichen sind und der Gläubiger die Genehmigung dem Schuldner (als Veräußerer) gegenüber nicht verweigert hat. Die entsprechende Anwendung von BGB § 416 setzt nicht voraus, daß der Ersteher schon als Eigentümer im Grundbuch eingetragen ist, sondern nur, daß der Zuschlagsbeschluß wirksam ist[14].

2.5 Mit erklärter (BGB § 415) oder mit bei Fristablauf erteilter (BGB § 416) **Genehmigung** entfaltet die (gesetzlich angeordnete) Schuldübernahme Wirksamkeit gegenüber dem Gläubiger: sie bewirkt Wechsel des Forderungsschuldners. Der Ersteher ist damit als Verpflichteter an die Stelle des bisherigen Schuldners getreten (siehe BGB § 414), somit dem Gläubiger gegenüber zu dessen Befriedigung verpflichtet. Der bisherige (persönliche) Schuldner ist damit frei geworden (aus dem Schuldverhältnis als Verpflichteter ausgeschieden). Wegen der Nebenrechte ist BGB § 418 zu beachten. Die Mithaftung von Grundstücken, die dem Schuldner gehören, erlischt mangels Einverständnis mit der Schuldübernahme; die Mithaftung von Grundstücken des Vollstreckungsschuldners bleibt aber bestehen.

2.6 Die **Verurteilung** des früheren Grundstückseigentümers (= Vollstreckungsschuldners) als persönlicher Schuldner der Hypothekenforderung hat im Verhältnis zum Ersteher keine Rechtskraftwirkung für den Gläubiger[15].

2.7 Erfüllt der Ersteher seine Verpflichtung nach BGB § 415 Abs 3 nicht, sondern befriedigt **der Schuldner** als Forderungsschuldner den Gläubiger, so hat er gegen den Ersteher einen Erstattungsanspruch[16] nach BGB § 670, der durch Übergang der Hypothek auf ihn (§ 1164 Abs 1 Satz 1) dinglich gesichert ist[17]. Zahlt der Ersteher (auch nach Verweigerung der Genehmigung) an den Gläubiger in Erfüllung seiner Schuldbefreiungsverpflichtung, so leistet er als Dritter (§ 267 Abs 1). Folge ist das Erlöschen der Forderung (BGB § 362 Abs 1) und Erwerb der Hypothek durch den Ersteher als Eigentümergrundschuld (BGB § 1163 Abs 1 Satz 2, § 1177 Abs 1). Besonderheiten, die sich bei Zahlung ergeben, wenn der nach BGB § 415 Abs 3 verpflichtete Ersteher ausdrücklich auf die Hypothek leistet sowie wenn der Versteigerungsschuldner nicht Schuldner der durch die Hypothek gesicherten Forderung ist, sind als materiellrechtliche Fragen in den BGB-Kommentaren erörtert (dazu mit Nachweisen auch[18]).

---

[12] Dassler/Gerhardt § 53 Rdn 6; Steiner/Eickmann § 53 Rdn 16.
[13] Wolff ZIP 1980, 417 (II 3.3).
[14] Dassler/Gerhardt § 53 Rdn 8; Jaeckel/Güthe § 53 Rdn 5; Steiner/Eickmann § 53 Rdn 22.
[15] BGH MDR 1960, 752 = NJW 1960, 1348.
[16] RG 129, 27 (29 f); MünchKomm/Möschel, BGB, § 415 Rdn 18.
[17] Dassler/Gerhardt § 53 Rdn 9; Korintenberg/Wenz § 53 Anm 3; Steiner/Eickmann § 53 Rdn 25; v. Olshausen KTS 1993, 511 (II 1).
[18] v. Olshausen KTS 1993, 511 (II 2).

2.8 § 53 gilt auch, wenn der **Ersteher** des Grundstücks **zugleich Gläubiger** der bestehengebliebenen Hypothek und der gesicherten Forderung ist[19]. In Höhe der Hypothek erlischt dann die persönliche Forderung, weil sie sich mit der Schuld in einer Person vereinigt[20] (Ausnahme, wenn Rechte an der Forderung bestehen). Diese Wirkung der Schuldübernahme hängt nicht davon ab, daß der Ersteher als Gläubiger sie nach BGB § 416 genehmigt; als Gläubiger gilt der Ersteher kraft Gesetzes mit dem Zuschlag wegen seiner persönlichen Forderung als befriedigt[20].

2.9 Für ein **herrenloses Grundstück** kann § 53 nicht gelten, weil hier kein persönlicher Schuldner vorhanden ist.

Schuldübernahme bei Grundschuld und Rentenschuld (Absatz 2)

3

3.1 Bei **Grundschuld** und **Rentenschuld** ist außer den allgemeinen Voraussetzungen noch Abs 2 zu beachten: wenn sie bestehenbleiben und der Schuldner (§ 9 Einleitungssatz) persönlich für die durch sie nach schuldrechtlicher Abrede (Sicherungsvertrag) gesicherte Forderung haftet, übernimmt der Ersteher die Schuld, falls der Schuldner (sein Insolvenzverwalter[21]) spätestens im Versteigerungstermin vor der Aufforderung zur Abgabe von Geboten die gegen ihn bestehende persönliche Forderung (und damit deren Sicherung durch die Grundschuld) unter Angabe von Grund und Betrag anmeldet und auf Verlangen des Gerichts oder eines Beteiligten glaubhaft macht. Grund: Persönliche Haftung ist aus dem Grundbuch nicht ersichtlich und mit einer Grundschuld (Rentenschuld) auch durch Abrede nicht ohne weiteres verbunden. Diese Anmeldung der persönlichen Forderung kann nur durch den Schuldner (in der Teilungsversteigerung durch die Antragsgegner-Miteigentümer) erfolgen, nicht durch den Grundschuldgläubiger. Das Glaubhaftmachen kann nur ein Beteiligter verlangen, der seine Befriedigung aus dem das geringste Gebot übersteigenden Teil des Meistgebots beanspruchen kann. Wird Anmeldung (und Glaubhaftmachen oder nur das verlangte Glaubhaftmachen) unterlassen, dann wird die persönliche Haftung durch den Ersteher nicht übernommen[22]. Daran, daß es dann Bereicherungsansprüche des bisherigen persönlichen Schuldners (der die Schuld tilgt) gegen den Ersteher (aus BGB § 812) gebe, hat der BGH[23] nicht festgehalten.

3.2 Bleibt in der Versteigerung eine **Sicherungsgrundschuld** bestehen, so muß sie der Ersteher gegen sich gelten lassen, wie sie eingetragen ist. Er kann sich nicht auf den schuldrechtlichen Vertrag berufen, wenn die Forderung nicht nach Abs 2 angemeldet und erforderlichenfalls glaubhaft gemacht worden ist[23]. Der Rückgewähranspruch steht dann weiterhin dem Sicherungsgeber (oder seinem Rechtsnachfolger) zu. Der Ersteher kann Einreden, die sich aus dem zwischen dem früheren Eigentümer (Sicherungsgeber) und dem Gläubiger der Grundschuld (Sicherungsnehmer) abgeschlossenen Sicherungsvertrag ergeben, dem Grundschuldgläubiger nicht entgegensetzen[23] (s § 114 Rdn 7.9). Nur wenn er die persönliche Schuld nach § 53 Abs 2 übernimmt, dann geht auch der Rückgewähranspruch (gegen den Grundschuldgläubiger) auf ihn über. Zu den Rechtsfolgen der Zahlung bei der Sicherungsgrundschuld näher[24].

3.3 Für die **Reallast** gilt § 53 nicht[25]. Die persönliche Haftung des Erstehers regelt BGB § 1108. Zum Innenverhältnis zwischen Schuldner und Ersteher § 56 Rdn 3.6.

---

[19] BGH 133, 51 = aaO (Fußn 1).
[20] BGH 133, 51 (54) = aaO (Fußn 1); RG 84, 378 (381).
[21] Wolff ZIP 1980, 417 (II 3.3); Jaeckel/Güthe § 53 Rdn 3.
[22] RG 80, 350; Jaeckel/Güthe § 53 Rdn 3.
[23] BGH 155, 63 = DNotZ 2003, 707 = MDR 2003, 943 = NJW 2003, 2673 = NotBZ 2003, 60 mit Anm Krause = Rpfleger 2003, 522 (Vorinstanz: OLG Zweibrücken OLGRep 2002, 450).
[24] v. Olshausen KTS 1993, 511 (III).
[25] Dassler/Gerhardt § 53 Rdn 3; Jaeckel/Güthe § 53 Rdn 2; Steiner/Eickmann § 53 Rdn 47–50.

§ 54 Geringstes Gebot. Versteigerungsbedingungen

[Fälligkeit der bestehenbleibenden Grundpfandrechte]

54 (1) **Die von dem Gläubiger dem Eigentümer oder von diesem dem Gläubiger erklärte Kündigung einer Hypothek, einer Grundschuld oder einer Rentenschuld ist dem Ersteher gegenüber nur wirksam, wenn sie spätestens in dem Versteigerungstermine vor der Aufforderung zur Abgabe von Geboten erfolgt und bei dem Gericht angemeldet worden ist.**

(2) **Das gleiche gilt von einer aus dem Grundbuche nicht ersichtlichen Tatsache, infolge deren der Anspruch vor der Zeit geltend gemacht werden kann.**

1 Allgemeines zu § 54

1.1 Zweck der Vorschrift: Anmeldepflicht für die nicht grundbuchersichtliche Kündigung und sonstige Fälligkeit eines bestehenbleibenden Grundpfandrechts zur Rechtswahrung auch gegenüber dem Ersteher.

1.2 Anwendungsbereich: § 54 gilt für alle Versteigerungsverfahren.

2 Anmeldung der Kündigung (Absatz 1)

2.1 § 54 setzt die wirksame Kündigung einer bestehenbleibenden Hypothek (BGB § 1141), Grundschuld (BGB § 1193) oder Rentenschuld voraus[1] und **schränkt diese** zugunsten des Erstehers ein[1], indem er bestimmt: eine dem Eigentümer (Schuldner) gegenüber oder von ihm (nicht aber von dem persönlichen Schuldner, der nicht Eigentümer ist) dem Gläubiger gegenüber wirksam ausgesprochene Kündigung eines bestehenbleibenden Grundpfandrechts wirkt dem Ersteher gegenüber nur, wenn sie spätestens im Versteigerungstermin und hier wieder spätestens vor der Aufforderung von Geboten erfolgt und außerdem bei Gericht angemeldet ist (Abs 1). Die Vorschrift gilt auch für die Sicherungshypothek (keine Ausnahme durch BGB § 1185 Abs 2).

2.2 Die Anmeldung kann **schriftlich oder zu Protokoll** der Geschäftsstelle (vor dem Versteigerungstermin) oder zu Protokoll des Versteigerungstermins erfolgen. Anmeldung mit elektronischem Dokument: ZPO § 130 a. Zur Anmeldung berechtigt ist der Gläubiger des Rechts, aber auch der Vollstreckungsschuldner und sogar ein Dritter, der ein rechtliches Interesse hieran hat[2] (zB der Pfandgläubiger, ein Nießbraucher). Glaubhaftmachung ist nicht vorgeschrieben. Prüfung der Kündigung erfolgt durch das Vollstreckungsgericht; seine Tätigkeit beschränkt sich auf die Bekanntmachung der Anmeldung (§ 66 Abs 1). Ist die ordnungsgemäße Anmeldung im Versteigerungstermin nicht bekanntgemacht (entgegen der Verpflichtung des Gerichts nach § 66 Abs 1), so tritt die Wirkung dieser Anmeldung nach § 54 dennoch ein[3] (anders[4]: wenn sie nicht bekanntgemacht sei, dann sei das nur ein Zuschlagsversagungsgrund nach § 83 Nr 1, § 100).

2.3 Die dem Ersteher gegenüber unwirksame Kündigung muß ihm gegenüber nach dem Zuschlag wiederholt werden. Eine **nicht angemeldete** Kündigung bleibt dem Ersteher gegenüber unwirksam, auch wenn er sie bei Abgabe seines Ge-

---

[1] RG 86, 255.
[2] Dassler/Gerhardt § 54 Rdn 4; Jaeckel/Güthe § 54 Rdn 3; Korintenberg/Wenz § 54 Anm 1; Steiner/Eickmann § 54 Rdn 12.
[3] Korintenberg/Wenz § 54 Anm 1.
[4] Dassler/Gerhardt § 54 Rdn 4; Jaeckel/Güthe § 53 Rdn 3; Mohrbutter, Handbuch des Vollstreckungsrecht, § 39 (III c).

Fälligkeit der bestehenbleibenden Grundpfandrechte 3.1 § 54

bots gekannt hat[5]. Mit dem objektiven Erfordernis, daß Anmeldung erfolgt sein muß, gewährleistet § 54 eine sichere Grundlage für das Versteigerungsgeschäft in der Erwägung, daß mit einem günstigen Einfluß auf die Höhe der Gebote zu rechnen sei, wenn Bieter in Ermangelung einer entgegenstehenden Eröffnung damit rechnen dürfen, daß bei Erteilung des Zuschlags das bestehenbleibende Recht zunächst nicht zu zahlen ist[6]. Sicherheit wird damit bei Aufforderung zur Abgabe von Geboten allen Bietern gleichermaßen gewährleistet. Als Grundlage der Versteigerung kann sich die bei Aufforderung zur Abgabe von Geboten geltende gesetzliche Versteigerungsbedingung für den späteren Ersteher nicht nach seiner persönlichen Lage wandeln. Auf objektive Erfordernisse stellt § 54 ab, weil zur Erzielung eines möglichst günstigen Versteigerungsergebnisses keine der Höhe der Gebote nicht zuträgliche Ungewißheit aufkommen und kein späterer Streit darüber hingenommen werden soll, ob eine nicht angemeldete Fälligkeit gegenüber einem Bieter, dem später der Zuschlag erteilt wurde, wegen persönlicher Kenntnis (in welchem Ausmaß) etwa doch wirksam sei. Damit stellt § 54 zugleich dem Grundpfandgläubiger (und sonst Anmeldeberechtigten) ein prozessuales Mittel zur Hand, das es ermöglicht, zur Förderung möglichst günstiger Gebote von der Geltendmachung der mit Kündigung bereits eingetretenen Fälligkeit abzusehen. Diesem Normzweck trägt die abweichende Ansicht von[7] nicht Rechnung; sie ist abzulehnen (siehe auch Rdn 4.1).

2.4 Nur **dem Ersteher,** nicht auch dem Gläubiger **gegenüber** ist eine nicht angemeldete Kündigung unwirksam. Der Ersteher kann sich dem Grundpfandgläubiger gegenüber daher immer auf eine nicht angemeldete Kündigung berufen. Auch dem (vom Eigentümer verschiedenen) persönlichen Schuldner und Mitverpflichteten gegenüber bleibt die Kündigung stets wirksam.

2.5 Ist eine **Tilgungshypothek** für eine Darlehensforderung bestellt und kann diese im Falle der Versteigerung mit sofortiger Wirkung gekündigt werden, so kann der Schuldner nach der Versteigerung auch die durch seine teilweise Tilgung entstandene und gemäß Zuschlag bestehengebliebene Eigentümergrundschuld (ab Zuschlag Fremdgrundschuld für den Vollstreckungsschuldner) gegenüber dem Ersteher mit sofortiger Wirkung kündigen[8].

2.6 § 54 schafft kein neues Kündigungsrecht für bestehenbleibende Grundpfandrechte[9]; die Vorschrift behandelt auch nicht die Frage der Zulässigkeit und der Wirksamkeit der Kündigung[9]. Wenn die rechtzeitige **Kündigung nicht rechtswirksam** war, kann sie es daher auch durch § 54 nicht werden[10]. Die Kündigung und Umwandlung der Rentenschuld während eines Versteigerungsverfahrens (BGB § 1203) verstößt zB gegen § 23 und ist daher dem schon vor diesem Zeitpunkt betreibenden Gläubiger gegenüber unwirksam[10].

2.7 Zur Kündigung und ihrer Anmeldung im ZVG-Handbuch Rdn 278, 279.

Anmeldung von nicht grundbuchersichtlichen Tatsachen (Absatz 2)   3

3.1 Nicht aus dem Grundbuch ersichtliche Tatsachen, aus denen ein **Anspruch vorzeitig geltend gemacht** werden kann, müssen (gleichfalls) vor Aufforderung zur Abgabe von Geboten eingetreten sein und rechtzeitig angemeldet werden (Abs 2). Rechtzeitig bedeutet: spätestens im Versteigerungstermin, und zwar vor der Aufforderung zur Abgabe von Geboten (Abs 1). Form der Anmeldung Rdn 2.2. Kenntnis des Erstehers erübrigt Anmeldung nicht (Rdn 2.3).

---

[5] Dassler/Gerhardt § 54 Rdn 4; Jaeckel/Güthe § 54 Rdn 3.
[6] Jaeckel/Güthe § 54 Rdn 3.
[7] Steiner/Eickmann § 54 Rdn 4.
[8] OLG Hamburg MDR 1976, 401.
[9] RG 86, 255; Dassler/Gerhardt § 54 Rdn 2.
[10] RG 86, 255.

§ 54 3.2   Geringstes Gebot. Versteigerungsbedingungen

3.2 Aus dem Grundbuch und den darin zulässig (wirksam) in Bezug genommenen Urkunden ersichtlich und daher nicht anmeldepflichtig ist zB, daß die Hypothek bei Einleitung der Zwangsversteigerung oder Zwangsverwaltung oder Eröffnung des Insolvenzverfahrens sofort fällig sein solle, wenn der Zwangsvollstreckungs- oder Insolvenzvermerk (vor Aufforderung zur Abgabe von Geboten) eingetragen ist. Anmeldepflichtig dagegen sind die nicht ersichtlichen **kassatorischen Klauseln** oder die Ausübung der Rechte aus BGB § 1133.

3.3 Wenn sich die Geltendmachung des Grundpfandrechts nach einem nicht grundbuchersichtlichen Ereignis bestimmt (Lebensalter, Verheiratung, Tod des Gläubigers usw), bewirkt der Eintritt des Ereignisses die Fälligkeit. Dann kann der Anspruch infolge der vereinbarten Fälligkeit, **nicht** aber „vor der Zeit" geltend gemacht werden. Auf diesen Fall trifft § 54 Abs 2 daher nicht zu[11].

3.4 Hierzu im ZVG-Handbuch Rdn 279.

4 Anmeldung von rechtshängigen Ansprüchen (ZPO § 325 Absatz 3)

4.1 Die **Rechtskraft** eines Urteils über einen Anspruch aus einer Reallast, Hypothek, Grundschuld oder Rentenschuld wirkt nach ZPO § 325 Abs 1, 3 auch für und gegen den Rechtsnachfolger einer Partei. Da der Ersteher nicht Rechtsnachfolger des Vollstreckungsschuldners ist, war hier eine Sonderregelung nötig. Wenn das Urteil nämlich den Anspruch aus einer Reallast, Hypothek, Grundschuld, Rentenschuld betrifft, wirkt es gegen den Ersteher nur dann, wenn die Rechtshängigkeit des Anspruchs spätestens im Versteigerungstermin, und zwar vor der Aufforderung zur Abgabe von Geboten, angemeldet worden ist: ZPO § 325 Abs 3. Dies gilt entsprechend auch für eine Schiffshypothek: ZPO § 325 Abs 4. Die Regel gilt auch dann, wenn der Ersteher oder das Gericht die Rechtshängigkeit schon kannte[12]. Meldet der Gläubiger des Rechts nicht an, so erhält er keine vollstreckbare Ausfertigung des Titels gegen den Ersteher[13].

4.2 Anzumelden ist immer die **Rechtshängigkeit**, nicht die Rechtskraft des Vollstreckungstitels, auch wenn dieser schon rechtskräftig ist (anders[14]: das rechtskräftige Urteil ist anmeldepflichtige Tatsache, sowie[15]: das Urteil wirke hier auch ohne Anmeldung gegen den Ersteher; ist aber im Gesetz so nicht vorgesehen).

4.3 Zur Anmeldung im ZVG-Handbuch Rdn 280.

[Gegenstand der Versteigerung, Zubehör]

55 **(1) Die Versteigerung des Grundstücks erstreckt sich auf alle Gegenstände, deren Beschlagnahme noch wirksam ist.**

(2) Auf Zubehörstücke, die sich im Besitze des Schuldners oder eines neu eingetretenen Eigentümers befinden, erstreckt sich die Versteigerung auch dann, wenn sie einem Dritten gehören, es sei denn, daß dieser sein Recht nach Maßgabe des § 37 Nr 5 geltend gemacht hat.

1 Allgemeines zu § 55

1.1 Zweck der Vorschrift: Bestimmung der Gegenstände, auf welche die Versteigerung (und daher mit dem Zuschlag der Eigentumserwerb des Erstehers, § 90) sich erstreckt.

---

[11] Dassler/Gerhardt § 54 Rdn 3; Jaeckel/Güthe § 55 Rdn 4; Korintenberg/Wenz § 54 Anm 4.
[12] RG 122, 156 (158); Zöller/Vollkommer, ZPO, § 325 Rdn 49.
[13] RG 122, 156 (158).
[14] Dassler/Gerhardt § 54 Rdn 5; Steiner/Eickmann § 54 Rdn 19.
[15] Mohrbutter, Handbuch des Vollstreckungsrechts, § 34 (I d).

Gegenstand der Versteigerung, Zubehör 2.5 § 55

1.2 Anwendungsbereich: Die Vorschrift gilt für alle Versteigerungsverfahren mit Besonderheiten für Insolvenzverwalter- und Nachlaßversteigerung (§ 172 Rdn 4, § 176 Rdn 2).

Allgemeine Übersicht über die Gegenstände der Versteigerung 2

2.1 Den **Umfang der Beschlagnahme** behandeln § 20 und § 21. **Was der Versteigerung unterliegt bestimmt** § 55. Beide Regelungen stimmen zum Teil nicht überein.

2.2 Die **Beschlagnahme** durch Anordnungs- oder Beitrittsbeschluß umfaßt das Grundstück (§ 20 Abs 1) und alle Gegenstände, auf die sich die Hypothek erstreckt (§ 20 Abs 2 mit Einschränkung nach § 21). Sie umfaßt auch land- und forstwirtschaftliche Erzeugnisse und Forderungen aus einer Versicherung dieser Erzeugnisse, falls die Erzeugnisse noch mit dem Boden verbunden oder Zubehör des Grundstücks sind (§ 21 Abs 1), also ungeerntete Früchte oder zwar geerntete, aber noch als Zubehör vorhandene[1], in der Zwangsversteigerung dagegen nicht Miet- und Pachtforderungen und Ansprüche auf wiederkehrende Leistungen aus einem mit dem Eigentum am Grundstück verbundenen Recht (§ 21 Abs 2). Die **Versteigerung erstreckt sich** auf alle Gegenstände, deren Beschlagnahme noch wirksam ist (Abs 1), und zwar noch wirksam bei Beginn der Versteigerung, mithin im Augenblick der Aufforderung zur Abgabe von Geboten[2] (nicht im Zeitpunkt der Erteilung des Zuschlags), weil den Bietern vor der Abgabe ihrer Gebote Klarheit bestehen muß[3]. Die Versteigerung erstreckt sich darüber hinaus sogar auf Zubehörstücke, die nicht im Eigentum des Vollstreckungsschuldners, nur in seinem Besitz stehen (Abs 2); diese unterliegen also nicht der Beschlagnahme, wohl aber der Versteigerung. Auf beschlagnahmte Versicherungsforderungen erstreckt sich die Versteigerung auch nach Hinterlegung[4].

2.3 Zu den schon **ursprünglich** beschlagnahmten Gegenständen **treten** bis zu dem Rdn 2.2 genannten Zeitpunkt diejenigen **hinzu**, die inzwischen Zubehörstücke geworden sind (über Grundstücke, die durch Bestandteilszuschreibung hinzugekommen sind, Einl Rdn 11). Andererseits **scheiden aus** der Beschlagnahme in der genannten Zeit diejenigen Gegenstände aus, über die als Zubehör der Schuldner nach § 23 Abs 1 Satz 2 im Rahmen der ordnungsmäßigen Wirtschaft verfügt hat oder die durch Vernichtung, Untergang oder Verbrauch seitens des Schuldners oder durch gutgläubigen Erwerb eines Dritten ausgeschieden sind (hier aber § 23 Abs 2 Satz 2: mit der Eintragung des Versteigerungsvermerks gilt die Beschlagnahme als bekannt) oder auch dadurch, daß bei Zubehör innerhalb der Grenzen einer ordnungsmäßigen Wirtschaft (§ 23 Abs 1 Satz 2) für die Dauer eine Änderung der Widmung für den Zweck der Hauptsache erfolgt[5], oder auch solche, hinsichtlich deren das Zwangsversteigerungsverfahren eingestellt oder aufgehoben ist oder deren besondere Verwertung nach § 65 angeordnet ist. Zubehörbeschlagnahme nach Beitritt: § 27 Rdn 10.

2.4 Abweichungen vom gesetzlichen Versteigerungsumfang sind nach **§ 59** möglich, sei es durch Ausschluß von an sich zu versteigernden oder durch Einbeziehung von an sich nicht zu versteigernden Gegenständen, etwa aus § 55 Abs 2 (mit Einverständnis ihrer Eigentümer).

2.5 Bei **gleichzeitiger** Durchführung von **Zwangsversteigerungs-** und **Zwangsverwaltungsverfahren** über dasselbe Objekt sind die Beschlagnahmen

---

[1] RG 143, 33 (39).
[2] BGH 58, 309 = JZ 1972, 658 mit krit Anm Kuchinke = MDR 1972, 685 = NJW 1972, 1187 = Rpfleger 1972, 248; RG 143, 33 (39).
[3] RG 143, 33 (39).
[4] Mohrbutter in Festschrift für Herbert Schmidt (1981), S 111 (I 3).
[5] Schiffhauer BlGrBW 1971, 63 (VIII 5).

§ 55 2.5 Geringstes Gebot. Versteigerungsbedingungen

beider Verfahren voneinander getrennt (siehe bereits § 20 Rdn 4.6). Die nach § 148 von der Zwangsverwaltungsbeschlagnahme zusätzlich erfaßten Gegenstände werden von der Zwangsversteigerungsbeschlagnahme nicht erfaßt. Einstellung oder Aufhebung des Zwangsverwaltungsverfahrens für mithaftende Gegenstände hat für die Zwangsversteigerung keine Bedeutung[6].

2.6 Besonderheiten in Rdn 3–6; Versteigerung von Gemeinderechten § 15 Rdn 21.2; zum Umfang der Versteigerung im ZVG-Handbuch Rdn 281–283. Zum Gebäudeeigentum bei Verseigerung des Grundstücks EGZVG § 9a Rdn 2.

3 Bestandteile und Zubehör in der Versteigerung

3.1 Bestandteile werden kraft Gesetzes **mitversteigert:** Abs 1. Art der Bestandteile § 20 Rdn 3.

3.2 Zubehör wird wegen des wirtschaftlichen Zusammenhangs mit dem Grundstück nach § 55 mitversteigert. Art des Zubehörs § 20 Rdn 3. Auf Zubehör erstreckt sich die Versteigerung

– nach **Abs 1,** wenn es von der **Beschlagnahme erfaßt** worden ist, weil es in das Eigentum des Eigentümers des Grundstücks gelangt ist (§ 20 Abs 2; BGB § 1120; dazu § 20 Rdn 3.4) und die Beschlagnahme im Zeitpunkt der Versteigerung noch wirksam ist;

– nach **Abs 2,** wenn das nicht beschlagnahmte Zubehör im Eigentum eines Dritten sich in **Besitz des Schuldners** (oder eines neu eingetretenen Eigentümers) befindet und der Dritte Freigabe nach § 37 Nr 5 nicht erwirkt hat.

Grund dieser Regelung (Denkschrift S 47): Bei der Bedeutung des Zubehörs für den Wert des Grundstücks muß jeder, der auf das Grundstück bietet, sicher sein, daß er, wenn ihm der Zuschlag erteilt wird, mit dem Grundstück alle Sachen erwirbt, die nach BGB §§ 97, 98 als Zubehör anzusehen sind[7]. Nur so ist oft auf ein angemessenes Ergebnis der Versteigerung zu rechnen. Daher kann es nicht darauf ankommen, ob die einzelne Sache im Eigentum des Schuldners oder eines Dritten ist; nur wenn der Dritte seine Rechte nach § 37 Nr 5 geltend gemacht hat, soll die Sache der Versteigerung nicht unterliegen. Die Zubehöreigenschaft beurteilt sich auch im Rahmen von Abs 2 nach BGB §§ 97, 98[8]. Das Vertrauen des Bieters, rechtlich nicht zum Zubehör gehörende Gegenstände würden mit versteigert, wird nicht geschützt, auch dann nicht, wenn diese im Wertgutachten (§ 74a Abs 5) erwähnt sind[8]. Was ein Mieter, Pächter oder Nießbraucher einbringt (zB Öfen, Tankstellenanlage[9]), ist wegen der nur **vorübergehenden Zweckbestimmung** nicht Zubehör (BGB § 97 Abs 2 Satz 1); es ist zudem nicht mittelbarer Besitz des Schuldners, sondern nur unmittelbarer Besitz des Mieters, Pächters, Nießbrauchers. Der fremde Besitz an diesen Gegenständen, die nicht Zubehör sind, braucht nicht erkennbar zu sein. Mieter usw brauchen daher nicht die Freigabe ihrer Öfen, Herde, Badeeinrichtungen zu erwirken (auch ZVG-Handbuch Rdn 283), weil Scheinzubehör in unmittelbarem Besitz des Mieters usw weder nach Abs 1 noch nach Abs 2 durch den Zuschlag in das Eigentum des Erstehers gelangen kann. Der frühere Streit, ob der Richter, mit Pferd und Wagen zum Versteigerungsobjekt fahrend und dort amtierend, seine eigenen Pferde, die er dem Schuldner zur Aufbewahrung gab, mitversteigere, dürfte wohl mangels Pferden gegenstandslos sein. Immerhin wird einem Rechtspfleger, der ausnahmsweise auf dem Grundstück versteigert, noch immer geraten, sein Kraftfahrzeug nicht ge-

---

[6] BGH DNotZ 1996, 551 (553) = NJW 1996, 835 (836) = Rpfleger 1996, 257.
[7] BGH DNotZ 1996, 551 (553) = aaO (Fußn 6).
[8] BGH NJW 1984, 2277 (2278); BGH DNotZ 1996, 551 (553) = aaO (Fußn 6).
[9] Richert JurBüro 1972, 277 (9–10).

rade in den Räumen des Schuldners zu parken, obgleich damit Zubehöreigenschaft nicht erlangt wird und es schon deshalb nicht nach Abs 2 in die Versteigerung fallen kann.

3.3 Besitz des Schuldners (BGB § 854) oder des neu eingetretenen Eigentümers ist nach Abs 2 Voraussetzung für Mitversteigerung des Zubehörs. Auf den Besitz kommt es hier an, weil der Bieter keine Ermittlungen über das Eigentum anstellen kann, sich bei seinem Gebot vielmehr darauf verlassen darf, was er wahrnehmen kann[10] (dazu § 37 Rdn 6), auch wenn er es vom Versteigerungsraum aus gar nicht gegenständlich wahrnimmt. Genügend ist mittelbarer Besitz des Schuldners. (Nicht beschlagnahmtes) Zubehör wird somit nach Abs 2 auch mitversteigert, wenn es ein Dritter für den Schuldner als Nießbraucher, Pfandgläubiger, Pächter oder Mieter (so wenn der Schuldner Zubehör mit der Wohnung vermietet hat), Verwahrer oder in einem ähnlichen Verhältnisse besitzt, vermöge dessen er dem Schuldner gegenüber nur auf Zeit zum Besitz berechtigt oder verpflichtet ist (BGB § 868). Die Vermutung aus ZPO § 739, der Ehegatte sei zugunsten seiner Gläubiger als Gewahrsamsinhaber und Besitzer anzusehen, gilt in der Versteigerung bezüglich des Zubehörs nicht[11].

3.4 Maßgebender Zeitpunkt ist die Versteigerung (Rdn 2.2). Sie erstreckt sich auf Zubehör nach Abs 1, wenn seine Beschlagnahme in diesem Zeitpunkt wirksam ist, oder nach Abs 2, wenn im Zeitpunkt der Versteigerung der Gegenstand Zubehöreigenschaft hat und sich im Besitz des Schuldners (oder eines neu eingetretenen Eigentümers) befindet. Änderung der Widmung vor diesem Zeitpunkt dahin, daß ein Zubehörstück im Schuldnerbesitz nur noch vorübergehend dem Zweck der Hauptsache dienen soll (BGB § 97 Abs 2 Satz 1), hebt die für Mitversteigerung nach Abs 2 erforderliche Zubehöreigenschaft auf[12]. Nach Versteigerungsbeginn kann der Schuldner auch nicht mehr durch eine Verfügung innerhalb der Grenzen einer ordnungsmäßigen Wirtschaft die Versteigerungsmasse beeinflussen, wie das vor der Versteigerung nach § 23 Abs 1 Satz 2 zulässig ist[13]. Für die Versteigerungswirkung des Abs 2 bleiben Aufhebung der Zubehöreigenschaft oder Beendigung des Schuldnerbesitzes erst nach Versteigerungsbeginn ohne Bedeutung. Wenn ein Gegenstand als Zubehör mitversteigert wird, kommt es auf die Kenntnis des Bieters (und späteren Erstehers) vom Vorhandensein und von den Eigentumsverhältnissen nicht an. Auch ohne ihm bekannte, von der Versteigerungsbeschlagnahme erfaßte Versicherungsforderung geht auf ihn über, wobei ein etwaiges Pfandrecht an dieser Forderung mit dem Zuschlag erlischt[14].

3.5 Das der Versteigerung **entgegenstehende Recht** eines Dritten an nicht beschlagnahmtem Zubehör im Schuldnerbesitz muß von dem Berechtigten nach Maßgabe des § 37 Nr 5 rechtzeitig geltend gemacht werden. Geltend gemacht ist das entgegenstehende Recht, wenn der Dritte die Verfahrenseinstellung oder Verfahrensaufhebung für alle betreibende Gläubiger erwirkt hat (dazu § 37 Rdn 6.3). Gibt der betreibende Gläubiger nicht frei, so hat der wahre Eigentümer vor der Versteigerung den Weg nach ZPO §§ 769, 771, 775, 776. Bloße Anmeldung des Berechtigten genügt nicht; das Verfahren muß hinsichtlich des Zubehörgegenstands ausdrücklich eingestellt oder aufgehoben sein, um Abs 2 auszuschließen. Geltendmachung vor Aufforderung zur Abgabe von Geboten schließt Mitversteigerung nach Abs 2 aus. Bei Geltendmachung danach noch bis zum Schluß der Versteigerung erfolgt nicht neues Ausgebot mit neuer Bietzeit. Die Versteigerung hat sich auf den Gegenstand erstreckt, so daß der Zuschlag ganz versagt werden muß, wenn nicht der Meistbietende die Herausnahme des Gegenstands ausdrück-

---

[10] BGH MDR 1969, 743 = NJW 1969, 2135 = Rpfleger 1969, 289.
[11] OLG Bamberg FamRZ 1962, 391; LG Coburg FamRZ 1962, 387.
[12] BGH NJW 1984, 2277 (2278).
[13] RG 143, 33.
[14] RG 135, 159; LG Lüneburg DGVZ 1952, 76; AG Celle, DGVZ 1952, 76.

lich genehmigt (§ 33 Rdn 5). Nach Erteilung des Zuschlags ist Freigabe überhaupt nicht mehr möglich. Das der Versteigerung entgegenstehende Recht besteht dann aber am Versteigerungserlös fort. Geltendmachung im Verteilungsverfahren: § 92 Rdn 8.

3.6 Muster für Einstellungsbeschluß nach **ZPO § 769 Abs 2** etwa wie folgt: „... Das Zwangsversteigerungsverfahren aus dem ...-Beschluß vom ... (Gläubiger ...) wird zugunsten von ... hinsichtlich der folgenden Gegenstände ohne Sicherheitsleistung einstweilen eingestellt: ... Der genannte Antragsteller hat bis spätestens ... dem Vollstreckungsgericht entweder eine Entscheidung des Prozeßgerichts über die Einstellung des Verfahrens oder eine Freigabeerklärung des genannten Gläubigers vorzulegen, da sonst nach Fristablauf von Amts wegen die Versteigerung der genannten Gegenstände fortgesetzt wird. Auf das übrige Zwangsversteigerungsverfahren hat diese Teileinstellung keinen Einfluß.
Gründe: Der Antragsteller hat seine Ansprüche, die der Versteigerung entgegenstehen, genügend glaubhaft gemacht. Wegen der Dringlichkeit muß das Vollstreckungsgericht befristet einstellen (ZPO §§ 769, 771), jedoch nur bis zu dem genannten Zeitpunkt. ..."
Wenn Einstellung auf Antrag eines Vorbehaltseigentümers erfolgt, sollte in dem Beschluß klargestellt werden, daß „... die Einstellung die Versteigerung der Anwartschaft des Eigentümers des Grundstücks auf Eigentumserwerb an dem Zubehörgegenstand nicht berührt."

3.7 Darüber, **ob** eine Sache **Zubehör oder Bestandteil** ist, entscheidet nicht das Vollstreckungsgericht (§ 37 Rdn 6.4), sondern das Prozeßgericht. Die Ansicht des Versteigerungsrechtspflegers hierüber ist unverbindlich. Stellt das Prozeßgericht ein, hat das Versteigerungsgericht nicht zu prüfen, ob es sich um Zubehör oder Bestandteile handelt, es muß einstellen, ohne über die Eigenschaft zu entscheiden. Dies muß es auch, wenn die betreibenden Gläubiger insoweit freigeben (Anhörung der nichtbetreibenden hierzu ist nicht nötig[15]; dazu § 29 Rdn 4, § 30 Rdn 5). Falls der von der Versteigerung so ausgenommene Gegenstand dann doch wesentlicher Bestandteil ist, erwirbt der Ersteher Eigentum, muß aber auf Grund schuldrechtlicher Bereicherungsansprüche die Trennung des Gegenstands vom Grundstück dulden[16].

3.8 Gehört ein **Zubehörstück zu mehreren Grundstücken,** zB zum Fuhrpark von zwei verschiedenen Betrieben, so sollte abgesonderte Verwertung nach § 65 erfolgen, um den Erlös entsprechend verteilen zu können[17], am besten auf Antrag dessen, der Ansprüche bezüglich eines Zubehörstückes erhebt, und ohne daß die Zustimmung anderer Beteiligter nötig wäre[17]. Dabei entscheidet das Gericht nach pflichtgemäßem Ermessen und unter Berücksichtigung der Interessen der Hypothekengläubiger[17] (anders[18]: verweist den Hypothekengläubiger auf die Klage aus § 771).

3.9 Wenn **Zubehör** von der Versteigerung **ausgeschlossen** wird, muß das nicht im Zuschlagsbeschluß erwähnt werden[19] (enger, aber nicht eindeutig[20]; anders[21]). Zu empfehlen ist es auf jeden Fall. Ein Zubehörstück, das freigegeben

---

[15] OLG Düsseldorf NJW 1955, 188; OLG Hamm, MDR 1967, 773 Leits = OLGZ 1967, 445.
[16] RG 74, 201 und 150, 22; OLG Koblenz JurBüro 1988, 1423 = Rpfleger 1988, 493; Jaeckel/Güthe § 90 Rdn 7; Nußbaum, Zwangsversteigerung, § 18 (III 1).
[17] Mohrbutter KTS 1963, 77 (IV).
[18] Jaeckel/Güthe § 65 Rdn 10.
[19] RG 127, 272 (274).
[20] BGH DNotZ 1996, 551 (553) = aaO (Fußn 6).
[21] Jaeckel/Güthe § 55 Rdn 2.

Gegenstand der Versteigerung, Zubehör 3.11 § 55

wurde, haftet trotzdem weiter für Grundpfandrechte, soweit es nicht vom Grundstück entfernt worden ist[22]. Da wesentliche Bestandteile nicht von der Versteigerung ausgenommen werden können, empfiehlt sich bei Freigabe durch die betreibenden Gläubiger immer der Zusatz im Teilaufhebungsbeschluß: „... falls Zubehör" oder „... soweit rechtswirksam".

3.10 Wenn der Vollstreckungsschuldner **unberechtigt Zubehör** vom Grundstück **entfernt,** obwohl es nach Abs 1 oder 2 der Versteigerung unterliegt, wird doch der Ersteher Eigentümer und hat einen Herausgabeanspruch gegen den Schuldner und jeden bösgläubigen Dritten, im übrigen Schadensersatzansprüche, für die er den auf den Schuldner treffenden Erlösanteil zurückbehalten oder gegen eine auf diesen übertragene Forderung (§ 118) aufrechnen kann. Zubehör, das der Ersteher nicht zu Eigentum erworben hat, muß er eine angemessene Zeit auf dem Grundstück belassen, auf jeden Fall bis zur Rechtskraft des Zuschlags, natürlich gegen eine angemessene Entschädigung.

3.11 Zubehör unter Eigentumsvorbehalt: Die Versteigerung erstreckt sich auch auf Zubehör, das der Vollstreckungsschuldner unter Eigentumsvorbehalt des Verkäufers erworben und in Besitz hat (Abs 2). Der Schuldner hat nur die Anwartschaft auf den Eigentumserwerb (Rdn 3.12). Zubehör kann auch Baumaterial vor dem Einbau sein (§ 20 Rdn 3.4); dem steht nicht entgegen, daß es dazu bestimmt ist, mit dem Einbau wesentlicher Bestandteil des Grundstücks zu werden. Zunächst findet dann Zubehörrecht und später Bestandteilsrecht Anwendung. Häufig ist dies beim Bau von Wohn- und Geschäftshäusern, in die von den Lieferanten oder Bauhandwerkern unter Eigentumsvorbehalt (weil noch nicht bezahlt) Einrichtungen für Bad, Heizung, Aufzug, Elektroanlage usw eingefügt sind. Diese Sachen sollen nicht unter BGB § 93 fallen, weil sie wieder vom Grundstück getrennt werden könnten, ohne dieses in seinem Bestand zu verändern[23]. Diese Sachen gehören nach Einfügung aber nach BGB § 94 Abs 2 zu den Bestandteilen. Bei Vorbehaltsverkäufen ist der Einbau vor vollständiger Bezahlung nicht zu einem vorübergehenden Zweck erfolgt, so daß sie Bestandteile werden[24]. Der Vorbehaltsverkäufer wird gelegentlich wie ein Pfandgläubiger behandelt, der gemäß ZPO § 805 ein Recht auf bevorzugte Befriedigung hat, daher nach § 37 Nr 4 vorgehen muß[25] (und andere Belegstellen, wie sie § 20 Rdn 3 ausgeführt). Dabei wird der Gegenstand der Hypothekenhaftung unterstellt und nach § 20 Abs 2 von der Beschlagnahme erfaßt. Gegen diesen Standpunkt wird im wesentlichen vorgetragen[26]: Der Grundstücksgläubiger dürfe sich nur aus dem Vermögen des Schuldners befriedigen und dazu gehöre eben nicht der Gegenstand, sondern nur die Anwartschaft darauf; die Befugnis zur Befriedigung des Gläubigers aus dem Gegenstand sei ausgeschaltet, bis aus der Anwartschaft ein Vollrecht geworden sei; richtig habe der Vorbehaltsverkäufer die Drittwiderspruchsklage nach ZPO § 771 und es seien § 37 Nr 5, § 55 Abs 2, § 90 Abs 2 anzuwenden, nicht aber § 37 Nr 4, § 20 Abs 2, § 55 Abs 1, BGB § 1120; die gegenteiligen Folgerungen beruhten auf einem Mißverständnis. Es mag dahingestellt bleiben, worauf sich theoretisch die Hypothekenhaftung erstreckt. Auf jeden Fall hat das ZVG in Abs 2 allgemein bestimmt, daß mitversteigert wird, was scheinbar Eigentum des Schuldners ist, Gegenstände, die Zubehör sind, die auch im Besitz des Schuldners sind. Dies geschieht im Interesse der Sicherheit aller Bieter[27]. Die Interessen des wahren Ei-

---

[22] RG 55, 414.
[23] Moog NJW 1962, 381.
[24] BGH 58, 309 = JZ 1972, 658 mit krit Anm Kuchinke = MDR 1972, 685 = NJW 1972, 1187 = Rpfleger 1972, 248; OLG Frankfurt DNotZ 1968, 656 = WM 1968, 1231.
[25] BGH 35, 85 = DNotZ 1961, 480 = MDR 1961, 680 mit zust Anm Reinicke = NJW 1961, 1349.
[26] Möschel BB 1970, 237 (3, 4).
[27] BGH NJW 1969, 2135 = aaO (Fußn 10).

gentümers werden hierbei zurückgesetzt, wenn er nicht rechtzeitig die Freigabe erwirkt. Dabei ist kein Unterschied zu machen, ob er den Gegenstand an den Schuldner vermietet, verliehen, zur Aufbewahrung übergeben (Wagenpferd des Richters) oder unter Eigentumsvorbehalt verkauft hat. Es handelt sich also gar nicht um eine Sonderbehandlung der Anwartschaft. Bei gleichzeitigem Zwangsversteigerungs- und Insolvenzverfahren gehört der Erlös aus dem Gegenstand nicht zur Insolvenzmasse, sondern zum Versteigerungserlös[28] (anders[29]: gehöre zu Insolvenzmasse; anders auch[30]: Ersteher erwerbe nicht Eigentum, dieses bleibe dem Vorbehaltsverkäufer).

3.12 Auf die **Anwartschaft** des Eigentümers des Grundstücks an Zubehörstücken, die von der Beschlagnahme erfaßt ist (§ 20 Rdn 3), erstreckt sich nach Abs 1 die Versteigerung auch, wenn der noch dem Vorbehaltseigentümer gehörende Gegenstand nach § 37 Nr 5 von der Versteigerung ausgenommen ist und daher nicht nach Abs 2 mitversteigert wird (§ 20 Rdn 3). Der Ersteher erwirbt mit dem Zuschlag das Anwartschaftsrecht (§ 90 Abs 2) und daher mit Bedingungseintritt das Eigentum am Zubehörgegenstand. Die Versteigerung auch des Anwartschaftsrechts erfaßt damit wirtschaftlich den Wert, der in der Chance des Erwerbs des Zubehöreigentums liegt (§ 20 Rdn 3). Der Vorbehaltseigentümer kann nach § 37 Nr 5, § 55 Abs 2 sein der Versteigerung entgegenstehendes Recht nur für das Eigentum am Zubehörgegenstand, nicht aber auch am beschlagnahmten und nach Abs 1 mit zu versteigernden Anwartschaftsrecht geltend machen[31]. Ein Urteil ist in diesem Sinne auszulegen[31]. Wenn Zubehör von der Versteigerung ausgeschlossen ist, sollte in den Versteigerungsbedingungen darauf hingewiesen werden, daß an der Versteigerung des Anwartschaftsrechts am Zubehör nichts ändert[31]. Wenn der Schuldner sein Anwartschaftsrecht auf einen Dritten übertragen hat und der Gegenstand nach Intervention seines Eigentümers nach Abs 2 nicht versteigert wird, dürfte sich die Versteigerung nicht nach Abs 2 auf das Anwartschaftsrecht am Zubehör erstrecken (anders[31]); denn das Anwartschaftsrecht auf Zubehöreigentum ist kein Gegenstand im Schuldnerbesitz.

3.13 Zum Zubehör im ZVG-Handbuch Rdn 282 und 282a, b.

4 Brennrecht, Milchkontingent, Betriebslieferrecht

4.1 Das „**Brennrecht**" nach dem Gesetz über das Branntweinmonopol vom 8. 4. 1922 (RGBl I 405) ist monopolrechtliche Vergünstigung öffentlich-rechtlicher Art des Inhabers des Brennereibetriebs, nicht aber Vermögensgegenstand, damit nicht Bestandteil oder Zubehör eines Grundstücks[32] (hierzu Allgemeine Verfügung vom 16. 1. 1940, Textanhang T 14). Als Steuerbegünstigung ist das Brennrecht wertsteigernder Faktor des mit ihm ausgestatteten Branntweinbrennereibetriebs[32], der meist mit einem landwirtschaftlichen Betrieb verbunden ist (Nebenbetrieb, § 10 Rdn 4.2). Von der Zwangsversteigerung des Grundstücks wird das Brennrecht nicht unmittelbar erfaßt; es geht aber **auf den Ersteher** als neuen Betriebsinhaber **über.** Bei der Festsetzung des Verkehrswerts nach § 74a Abs 5 ist es daher als wertsteigernd zu berücksichtigen (§ 74a Rdn 7.6). Auskunft über das Bestehen erteilt dem Gericht das zuständige Hauptzollamt. Mit den Brennrechten befassen sich **landesrechtliche Vorschriften,** die inhaltlich mit dem der alten Verfügung (Textanhang T 14) übereinstimmen. Hierzu auch Einl Rdn 13.4, § 66 Rdn 6.8, § 74a Rdn 7.6.

---

[28] Mohrbutter KTS 1965, 185 (190).
[29] OLG Bamberg JZ 1964, 518 mit Anm Grunsky = MDR 1964, 146.
[30] Mümmler JurBüro 1971, 805 (3.1 und 3.2.2).
[31] Graba und Teufel Rpfleger 1979, 451.
[32] BGH (5. 6. 1953, V ZR 105/52) LM BGB § 96 Nr 1.

Gegenstand der Versteigerung, Zubehör 4.3 § 55

4.2 Das sogen **Milchkontingent** eines Milcherzeugers (Anlieferungs-Referenzmenge; Recht zur abgabefreien Milchanlieferung) ist personenbezogenes (einer bestimmten Person zugeteiltes) Recht[33]. Zu den mit dem Eigentum am Grundstück verbundenen Rechten (BGB § 96) gehört es nicht[34]; es ist auch nicht Zubehör. Die Beschlagnahme[35] (§ 20 Abs 2) und die Versteigerung (§ 55) erstrecken sich auf es somit nicht. Flächengebunden kann die Anlieferungs-Referenzmenge[36] (ab 1. 4. 2000) nicht übergeben oder übertragen werden (§ 7 Abs 1 Milchabgabenverordnung idF vom 9. Aug 2004 (BGBl I 2143; zuvor ZusatzabgabenVO vom 12. 1. 2000, BGBl I 27; Ausnahme für Beendigung eines vor dem 1. 4. 2000 geschlossenen Pachtvertrags § 12 Abs 2 Satz 1 MilchabgabenVO). Möglich ist Übertragung grundsätzlich nur mehr flächen**un**gebunden innerhalb eines (räumlichen) Übertragungsbereichs (Bundesland oder Regierungsbezirk) durch sogen Verkaufstellen („Börsenpflicht") zu bestimmten Terminen und festgesetzten Preisen (sogen Gleichgewichtspreis, § 7 Abs 1 Satz 2, §§ 8–11 MilchabgabenVO). Börsenpflicht (Übertragung durch Verkaufstellen) besteht für flächenungebundene Übertragung nicht, wenn ein gesamter Betrieb, der als selbständige Produktionseinheit weiter für die Milcherzeugung bewirtschaftet wird, auf Grund eines Kauf- oder Pachtvertrags oder eines vergleichbaren Rechtsgeschäfts übergeben, überlassen oder zurückgewährt wird (§ 7 Abs 1 Satz 2 MilchabgabenVO; zu Sonderfällen sonst § 7 Abs 2 a–5 MilchabgabenVO). Dann können die Vertragsparteien den unmittelbaren Übergang der dem Abgebenden zustehenden Anlieferungs-Referenzmenge auf den Käufer usw schriftlich vereinbaren (§ 12 Abs 2 Satz 1 MilchabgabenVO). Das kann bei Zwangsversteigerung keine Bedeutung erlangen. Sie bewirkt rechtsgeschäftlichen Betriebsübergang nicht. Zwangsweise Grundstücksveräußerung mit Zuschlag (§ 90) kann schriftliche Vereinbarung für flächen**un**gebundene Übertragung der nicht beschlagnahmten Referenzmenge nicht ersetzen. Betriebsakzessorität besteht nach Aufhebung der Flächenbindung nicht (mehr; überholt daher[37]). Als (flächen**un**gebundene) übertragbare Abgabenbegünstigung des Milcherzeugers ist die Anlieferungs-Referenzmenge selbständig Gegenstand des Rechtsverkehrs; Versteigerung und Zuschlagswirkungen können ihren Übergang auf den Ersteher daher selbst dann nicht bewirken, wenn Verfahrensgegenstand ein gesamter Betrieb als selbständige Produktionseinheit sein sollte. Bei Versteigerung nur der Betriebsstätte oder einzelner zum Betrieb gehörender Grundstücke (Einzelausgebote) stellt sich die Frage ohnedies nicht, ob § 7 Abs 2 Satz 1 MilchabgabenVO Bedeutung erlangen kann.

4.3 Ein **schuldrechtliches Lieferrecht** (Betriebslieferrecht für Zuckerrüben) ist kein mit dem Eigentum am Grundstück verbundenes Recht[38] und auch nicht Zubehör[38]. Die Beschlagnahme (§ 20 Abs 2) und die Versteigerung erstrecken sich auf das Lieferrecht daher nicht. Flächenbindung besteht nicht[38]. Ein Grundstückskaufvertrag erfaßt es nur dann, wenn das vereinbart ist[38] (Übertragung wird dann aber Zustimmung der Zucker-Betriebsgesellschaft erfordern). Betriebsbezogenheit (steht nicht sicher fest, siehe[38]) allein könnte Übergang auf den Ersteher nicht bewirken. Das Rdn 4.2 Gesagte sollte daher entsprechend gelten. Bedeutung dürfte das Lieferrecht nicht erlangen, wenn es (wie im Falle[38] angenommen) jährlich neu vereinbart werden muß.

---

[33] BGH 114, 277 = MDR 1991, 1167 = NJW 1991, 3280 = Rpfleger 1991, 429; auch BGH 118, 351 (353).
[34] BGH 114, 277 = aaO; VerwG Stade WM 1987, 1312; Uhlig MittBayNot 1987, 227 (IV 1).
[35] BGH 114, 277 = aaO; VerwG Stade WM 1987, 1312.
[36] Zur Neuregelung für Milchquoten siehe Hertel DNotZ 2000, 325.
[37] BGH 114, 277 = aaO (Fußn 33); auch BGH 118, 351 (353).
[38] BGH 111, 110 = MDR 1980, 908 = NJW 1990, 1723.

§ 55 5.1 Geringstes Gebot. Versteigerungsbedingungen

5 Kommunmauer in der Versteigerung

5.1 Kommunmauer oder Giebelmauer oder Brandmauer ist eine **auf der Grenze** von zwei nebeneinander liegenden Grundstücken stehende Mauer, die zwei auf diesen Nachbargrundstücken stehende Gebäude verbindet oder, wenn zunächst nur eines von ihnen errichtet wird, mindestens dafür vorgesehen ist, eine gemeinsame Mauer. Nicht hierunter fällt eine Mauer, die allein auf einem Grundstück steht und an die der Nachbar nur anbauen darf (gemeinsame Trennwand)[39].

5.2 Vor dem Anbau des Nachbargebäudes an die Kommunmauer ist der über die Grenze gebaute Teil der Mauer wesentlicher Bestandteil nicht des überbauten Grundstücks, sondern nach BGB § 94 Abs 1 Satz 1 des überbauenden Grundstücks und steht im Alleineigentum des Überbauenden[40].

5.3 Nach dem Anbau des Nachbargrundstücks sagen die einen, die Mauer werde mit der Vollendung des Neubaues zugleich wesentlicher Bestandteil des Neubaues und so entstehe an ihr ein ungeteiltes Miteigentum der beiden Grundstückseigentümer je zu $1/2$, auch dann, wenn die Grenze nicht genau durch die Mitte gehe[41], sei also im ganzen wesentlicher Bestandteil beider Grundstücke, Miteigentum zu je $1/2$ oder wenigstens Miteigentum. Andere sagen, jeder der beiden Grundstückseigentümer werde Einzeleigentümer des auf seinem Grundstück stehenden Teiles, jeder Teil sei wesentlicher Bestandteil des betreffenden Grundstücks und hierbei sei die Mauer senkrecht nach oben durch die Grenzlinie geteilt[42], bei teilweiser Zerstörung bleiben beide Miteigentümer[43].

5.4 Wenn ein Neubau **neben der Mauer** steht, ist diese nicht sein wesentlicher Bestandteil[44]. Wenn an eine halbscheidige Mauer (sie steht auf der Grenze, Rdn 5.1) nur so angebaut wird, daß der Neubau nur einen Teil der Mauer bedeckt (neuer Bau hat zB weniger Stockwerke), dann soll nicht Miteigentum zu je $1/2$ entstehen, sondern nur zu jenem Bruchteil, der dem Verhältnis der angebauten Fläche zur Gesamtfläche der Mauer entspreche[44].

5.5 Nach der **Zerstörung** (Abbruch) eines der beiden Gebäude an der Kommunmauer ändert sich nichts an dem bisherigen Miteigentum an der Mauer[45] (anders[46]: das Miteigentum gehe unter, der Eigentümer des erhalten gebliebenen Gebäudes werde Alleineigentümer der Mauer), wenn nach Zerstörung (Abbruch) des Gebäudes nur einer der Grundstückseigentümer wieder aufgebaut, erwirbt er Alleineigentum an der neuen Giebelwand[47].

5.6 An der Kommunmauer besteht gemeinsames **Benützungsrecht**[48]. Mit den Problemen der Kommunmauer befassen sich auch[49].

---

[39] Hausmann, Halbscheidige Giebelmauer (1969), Seite 4 Fußnote 3.
[40] BGH BB 1961, 229 = MDR 1961, 401 = NJW 1961, 780 Leitsatz; Hauck, Gebäude auf der Grenze, Giebelmauer (1970), Teil IV Nr 2.
[41] BGH 27, 197 = MDR 1958, 591 = NJW 1958, 1180; BGH 78, 397 = MDR 1981, 305 = NJW 1981, 868; Glaser MDR 1956, 449.
[42] Schmalzl MDR 1957, 341.
[43] LG Duisburg BlGrBW 1956, 205 = MDR 1956, 485.
[44] BGH 36, 46 = MDR 1962, 120 = NJW 1962, 149.
[45] BGH 43, 127 = MDR 1965, 472 = NJW 1965, 811; BGH 57, 245 = MDR 1972, 221 = NJW 1972, 195 und 900 Leits mit Anm Hodes; BGH 78, 397 = aaO (Fußn 41); OLG Karlsruhe NJW 1990, 458.
[46] OLG Köln JMBlNW 1962, 214 = MDR 1962, 818; Glaser MDR 1956, 449; Hauck aaO (Fußn 40).
[47] OLG Köln NJW-RR 1993, 87 = VersR 1993, 1241.
[48] BGH 42, 374 = MDR 1965, 283 = NJW 1965, 389 mit Anm Heiseke.
[49] BGH 27, 204 = MDR 1958, 592 = NJW 1958, 1182; BGH LM BGB § 93 Nr 11 = MDR 1963, 832 = NJW 1963, 1868; BGH 43, 127 = aaO (Fußn 45); LG München I ZMR 1964, 148 Leitsatz; Hodes NJW 1962, 773 und NJW 1970, 87; Scherer MDR 1963, 548; Glaser JR 1976, 495 und MDR 1956, 449.

Gegenstand der Versteigerung, Zubehör 6.4 § 55

Überbau in der Versteigerung

6.1 Beim rechtswidrigen, **nicht entschuldigten** Überbau wird das Eigentum am Gebäude auf der Grenzlinie real (vertikal) geteilt[50]. Jeder Grundstückseigentümer ist Eigentümer des auf seinem Grundstück stehenden Gebäudeteils. Die Versteigerung eines der Grundstücke mit dem darauf stehenden Gebäudeteil erstreckt sich daher nicht auf den Gebäudeteil, der auf dem Nachbargrundstück steht. Er wird mit dem Nachbargrundstück versteigert, dessen wesentlicher Bestandteil er ist.

6.2 Ein **rechtmäßiger** Überbau setzt voraus, daß ein einheitliches Gebäude über die Grundstücksgrenze gebaut ist[51]. Das richtet sich in erster Linie nach der körperlichen bautechnischen Beschaffenheit des Bauwerks[52]. Die Einheit des Gebäudes wird bejaht bei einheitlicher Konstruktion und Gestaltung sowie funktionaler Einheit, zB als Bürogebäude[52]. Eine vollständig auf einem Nachbargrundstück errichtete Doppelhaushälfte erfüllt diese Voraussetzung nicht[53]. Der Rechtseinheit zwischen den einzelnen Teilen des nach seiner bautechnischen Beschaffenheit einheitlichen Gebäudes kommt beim rechtmäßigen Überbau, der mit Zustimmung (Form nicht erforderlich) des Eigentümers des Nachbargrundstücks erfolgt ist, der Vorrang zu vor der Rechtseinheit zwischen Grundstück und darüber befindlichen Bauteilen (BGB § 94 Abs 1 Satz 1, § 93; sog Akzessionsprinzip[54]). Eigentümer des ganzen Gebäudes ist daher der Eigentümer des Stammgrundstücks, von dem aus auf das andere Grundstück übergebaut worden ist[55]. Gleiches gilt, wenn der Überbau in Ausübung einer Grunddienstbarkeit errichtet wurde (BGB § 95 Abs 1 Satz 2). Versteigert wird das Gesamtgebäude daher mit dem Einzelgrundstück, dem es als Stammgrundstück eigentumsmäßig zugeordnet ist. Weil das Gesamtgebäude wesentlicher Bestandteil des Hauptgrundstücks ist, erstreckt sich die Versteigerung des Grundstücks, auf das übergebaut worden ist, nicht auf den darauf stehenden Gebäudeteil.

6.3 Beim **Eigengrenzüberbau** (der Eigentümer zweier Grundstücke hat mit dem Bau auf einem dieser Grundstücke die Grenze zum anderen Grundstück überschritten) ist das Gebäude auf den Grundstücken desselben Eigentümers als einheitliches ganzes wesentlicher Bestandteil desjenigen Grundstücks, von dem aus übergebaut wurde; der hinübergebaute Gebäudeteil ist nicht Bestandteil des überbauten Grundstücks[56]. Versteigert wird das Gesamtgebäude daher mit dem Einzelgrundstück, dem es als Stammgrundstück eigentumsmäßig zugeordnet ist; die Versteigerung des Grundstücks, auf das übergebaut worden ist, erstreckt sich nicht auf den darauf stehenden Gebäudeteil[57]. Wenn ein Stammgrundstück nicht bestimmbar ist, kann auch ein Überbau von einem Grundstück auf ein anderes nicht angenommen werden; das Eigentum am Gebäude wird dann auf der Grenzlinie real (vertikal) geteilt[58].

6.4 Wenn ein **Grundstück** in der Weise **aufgeteilt** wird, daß ein – bereits früher darauf errichtetes – Gebäude von der Grenze der beiden neu gebildeten

---

[50] BGH 27, 204 = aaO (Fußn 49); BGH 57, 245 = aaO (Fußn 45); BGH 62, 141 = MDR 1974, 572 = NJW 1974, 794; BGH 64, 333 = DNotZ 1976, 224 = MDR 1975, 919 = NJW 1975, 1553; BGH DNotZ 1982, 43 = MDR 1981, 1002 = NJW 1982, 756; BGH MDR 1985, 226 = NJW 1985, 789 = RG 70, 200 (201); RG 130, 264 (266); RG 162, 209 (212).
[51] BGH NJW-RR 1988, 458; BGH MDR 1989, 1089 = NJW-RR 1989, 1039; BGH 110, 298 = DNotZ 1991, 395 = MDR 1990, 609 = NJW 1990, 1791.
[52] BGH NJW-RR 1988, 458 und 1989, 1039 = je aaO (Fußn 51).
[53] OLG Karlsruhe BWNotZ 1988, 91.
[54] BGH 57, 245 = aaO (Fußn 45).
[55] BGH 27, 197 = MDR 1958, 591 = NJW 1958, 1180.
[56] BGH LM BGB § 912 Nr 9; BGH 64, 333 = aaO (Fußn 50); BGH MDR 2004, 270 = NotBZ 2004, 27 = Rpfleger 2004, 155 (156) mit weit Nachw; RG 160, 166 (182).
[57] BGH NotBZ 2004, 27 = aaO.
[58] BGH MDR 1985, 226 = NJW 1985, 789.

Grundstücke durchschnitten wird und diese Grundstücke danach in das Eigentum verschiedener Personen gelangen, bleibt das Eigentum an dem Gebäude jedenfalls dann, wenn sich der nach Umfang, Lage und wirtschaftlicher Bedeutung eindeutig maßgebende Teil des Gebäudes auf einem der Grundstücke befindet, mit dem Eigentum an diesem Grundstück verbunden[59], wird sonach mit diesem versteigert[60]. Entstehen aus dem Gebäude bei Aufteilung des Grundstücks zwei selbständige Gebäude und ragt ein Teil eines Gebäudes in das Nachbargrundstück hinein, so bleibt dieser Teil (auch wenn er nur eines von mehreren Geschossen betrifft) mit dem Eigentum an dem Gebäude, dessen wesentlicher Bestandteil er ist, verbunden[61], wird sonach mit diesem versteigert.

6.5 Das mit rechtmäßigem Überbau entstandene Eigentumsrecht auf **Duldung des Überbaus** durch den Nachbarn (BGB § 912) wirkt gegen den jeweiligen Eigentümer des überbauten Grundstücks[62], somit auch gegen den Ersteher. Dieses Recht auf Duldung des Überbaus geht mit dem Eigentum an dem Hauptgrundstück (als wesentlicher Bestandteil) durch den Zuschlag auf den Ersteher über[63]. Wenn der Überbau nur befristet gestattet war (zB auf Grund eines Mietvertrags über die überbaute Fläche), kann er nach Zeitablauf auch von einem Rechtsnachfolger im Eigentum am Stammgrundstück nicht beibehalten werden[64], damit auch nicht vom Ersteher.

6.6 Erfolgt **Einzelausgebot** der Grundstücke, auf denen sich ein gemeinsames Gebäude befindet, so besteht Bietern gegenüber die Verpflichtung (Amtspflicht), darauf hinzuweisen, daß das Gesamtgebäude mit dem Grundstück versteigert wird, dem es nach (gefestigter höchstrichterlicher) Rechtsprechung als Stammgrundstück eigentumsmäßig zugeordnet ist[65] (für Eigengrenzüberbau). Die Eigentumsverhältnisse am Gebäude sind auf jeden Fall möglichst weitgehend zu klären und im Versteigerungstermin zu erörtern. Es sind (wenn die Eigentumsverhältnisse sicher nicht bestimmbar sind) die nach der Rechtsprechung wahrscheinlichen oder möglichen Rechtsverhältnisse am Gebäude darzustellen und Ungewißheiten oder Unklarheiten aufzuzeigen. Das gilt auch, wenn nur eines der Grundstücke versteigert wird, auf denen das gemeinsame Gebäude errichtet ist.

[Gefahrübergang, Nutzungen, Lasten, Mängelgewähr]

56 Die Gefahr des zufälligen Unterganges geht in Ansehung des Grundstücks mit dem Zuschlag, in Ansehung der übrigen Gegenstände mit dem Schlusse der Versteigerung auf den Ersteher über. Von dem Zuschlag an gebühren dem Ersteher die Nutzungen und trägt er die Lasten. Ein Anspruch auf Gewährleistung findet nicht statt.

1 **Allgemeines zu § 56**

1.1 Zweck der Vorschrift: Regelung des Gefahrenübergangs, des Anspruchs auf die Nutzungen und der Lastentragung sowie des Gewährleistungsausschlusses bei Versteigerung.

---

[59] BGH 64, 333 = aaO (Fußn 50); BGH 105, 202 = MDR 1989, 148 = NJW 1989, 221; BGH 110, 298 = aaO (Fußn 51); BGH DNotZ 2002, 290 = MDR 2002, 22 = NJW 2002, 54 = Rpfleger 2002, 71; BGH NotBZ 2004, 27 = aaO; auch OLG Hamm NJW-RR 1997, 1236.
[60] BGH NotBZ 2004, 27 = aaO.
[61] BGH 102, 311 = DNotZ 1988, 570 = MDR 1988, 394 = NJW 1988, 1078 = Rpfleger 1988, 245; BGH NJW 2002, 54 = aaO (Fußn 59).
[62] BGH LM BGB § 912 Nr. 9.
[63] RG 160, 166 (182).
[64] BGH 157, 301 = MDR 2004, 681 Leitsatz = NJW 2004, 1237.
[65] OLG Köln OLGRep 1995, 197 = Rpfleger 1996, 77 = VersR 1997, 970.

Gefahrübergang, Nutzungen, Lasten, Mängelgewähr   2.3 § 56

1.2 Anwendungsbereich: Die Vorschrift gilt für alle Versteigerungsverfahren.

Gefahrübergang bei Versteigerung (Satz 1)   2

2.1 Den Zeitpunkt des Gefahrübergangs bestimmt Satz 1 für die Zwangsversteigerung an Stelle von BGB § 445 (vordem § 446), der den Gefahrübergang beim Verkauf behandelt. Die Gefahr eines **zufälligen Untergangs des Grundstücks** geht mit dem Zuschlag (Verkündung nach § 87 Abs 1, bei Zuschlag in der Rechtsmittelentscheidung mit Zustellung nach § 104) auf den Ersteher über. Die Gefahr eines zufälligen Untergangs der **sonstigen Gegenstände** (Zubehör usw) (durch Brand, Hochwasser usw) geht mit dem Schluß der Versteigerung (Verkündung des Schlusses nach § 73 Abs 2) auf den Ersteher über. „Zufällig" ist der Untergang, wenn der Ersteher das schädigende Ereignis nicht zu vertreten hat.

2.2 Vollständiger (tatsächlicher) **Untergang** des Grundstücks ist erfolgt, wenn es von der Erdoberfläche verschwunden ist, wie mit Abreißen (Überschwemmung) eines am Wasser gelegenen Grundstücks. Rechtlicher Untergang mit Veränderung, die Eigentumsübertragung auf den Ersteher ausschließt (vornehmlich Enteignung) steht dem gleich. Teilweiser tatsächlicher Untergang des Grundstücks ist dem vollständigen Untergang gleich[1]. Für bloße **Verschlechterung** (Veränderung der Beschaffenheit) gilt das nicht; die Gefahr zufälliger Verschlechterung trifft den Ersteher (kein Anspruch auf Gewährleistung, Satz 3). (Teilweisen) Untergang bewirkt auch Zerstörung der (wirtschaftlich maßgeblichen[2]) Bestandteile des Grundstücks derart, daß das, was übrig bleibt, seiner Wesensart nach nicht mehr dem versteigerten Objekt gleich ist[3] (bezeichnet daher auch als wirtschaftlicher Untergang), wie Vernichtung des für den Wert des Grundstücks wesentlichen Gebäudes[4] (Mietwohnhaus, Fabrikanlage), uU auch Zerstörung ganzer Gebäudeteile (etwa einzelner Flügel oder Stockwerke[5]; anders[6]: nicht bei Teilen von Gebäuden) durch Feuer, Erdbeben oder Erdrutsch, nicht jedoch Abbrennen oder Einsturz eines nur einfachen (nicht werterheblichen) Gebäudes[6]. Bloße Verschlechterung liegt vor bei Brandschaden am Gebäude von nicht erheblichem Ausmaß[7] (zB Vernichtung des Dachstuhls[8]), Wasserschaden an einem Gebäude[9], Erkrankung des Baumbestandes eines Waldes[10]. Für die (schwierige) Abgrenzung zwischen teilweisem (wirtschaftlichem) Untergang und bloßer Verschlechterung des Grundstücks können nur jeweils die Umstände des Einzelfalls und die Verkehrsanschauung Ausschlag geben.

2.3 Wenn mitversteigerte **bewegliche Sachen** zwischen dem Schluß der Versteigerung und der Wirksamkeit des Zuschlags (§§ 87, 104) untergehen, rechtfertigt dies nicht die Versagung des Zuschlags, auch nicht eine Minderung des Meistgebots, da die Gefahr schon der Meistbietende trägt. Geht **vor** der Wirksamkeit des Zuschlags das **Grundstück** selbst unter, so ist der Zuschlag nach § 83 Nr 6 zu versagen, da die Gefahr noch nicht den Meistbietenden trifft; bei Verstoß kann der Zuschlag angefochten werden (§ 100 Abs 3), weil der versteigerte und der zugeschlagene Gegenstand nicht identisch sind; wird aber der Zu-

---

[1] Jaeckel/Güthe § 56 Rdn 2, 3; Reinhard/Müller § 56 Anm II 3.
[2] LG Frankfurt Rpfleger 1989, 296.
[3] Jaeckel/Güthe § 56 Rdn 2; Reinhard/Müller § 56 Anm II 3.
[4] Korintenberg/Wenz § 56 Anm 2.
[5] LG Frankfurt aaO (Fußn 2).
[6] Dassler/Gerhardt § 56 Rdn 2.
[7] LG Frankfurt aaO (Fußn 2).
[8] Reinhard/Müller § 56 Anm II 4.
[9] Korintenberg/Wenz § 56 Anm 2.
[10] LG Frankfurt aaO (Fußn 2).

§ 56 2.3   Geringstes Gebot. Versteigerungsbedingungen

schlag erteilt und wird er rechtskräftig, so ist das Meistgebot voll zu erfüllen. Bei Untergang des Grundstücks nach Zuschlag trägt der Ersteher den Schaden (die Gefahr).

3 Lasten und Nutzungen im Falle des Zuschlags (Satz 2)

3.1 Die Nutzungen und die Lasten des Grundstücks gehen mit der **Verkündung des Zuschlags** (§ 89) bzw mit der Zustellung einer den Zuschlag erteilenden Rechtsmittelentscheidung (§ 104) auf den Ersteher über (Satz 2), der mit diesem Zeitpunkt des Wirksamwerdens des Zuschlags Eigentümer des Grundstücks und der mitversteigerten Gegenstände wird (§ 90); BGB §§ 566, 566 c mit § 578 stehen nicht entgegen[11]. Auch die mitversteigerten Gegenstände gehen Nutzungen und Lasten mit dem Zuschlag (nicht bereits mit dem nur für den Gefahrenübergang nach Satz 1 maßgeblichen Schluß der Versteigerung) auf den Ersteher über (vorher kein Eigentumserwerb und daher kein Nutzungsrecht und keine Pflicht zur Lastentragung). Der Tag, an dem der Zuschlag wirksam wird, wird dabei voll gerechnet, also von Null Uhr dieses Tages an.

3.2 Nutzungen sind die Früchte (Begriff BGB § 99) des Grundstücks (auch eines grundstücksgleichen Rechts) sowie die Vorteile, welche der Gebrauch der Sache (des Rechts) gewährt (Gebrauchsvorteile; BGB § 100). **Lasten** sind die (öffentlichen und privatrechtlichen) Leistungen, die aus dem Grundstück zu entrichten sind und daher den Eigentümer treffen. § 56 bestimmt die **zeitliche Abgrenzung** für den Wechsel in der Berechtigung auf Nutzungen und in der Verpflichtung zur Lastentragung, somit die Verteilung der Nutzungen und Lasten zwischen Schuldner und Ersteher. Für die Lastentragung ist damit zugleich das Recht der Gläubiger auf Befriedigung aus dem Grundstück (§ 10 Abs 1) und der Anfangszeitpunkt für die Inanspruchnahme des Erstehers für Lasten des Grundstücks zeitlich abgegrenzt. Den Verteilungsmaßstab für Verteilung der Nutzungen und Lasten bestimmen BGB §§ 101–103. Für den Eintritt des Erstehers in Miet- und Pachtverhältnisse regeln §§ 57, 57b mit BGB §§ 566a, 566b Abs 1 sowie §§ 566c und 566d, beide mit § 578 die Wirksamkeit gegenüber Forderungsschuldnern (Mietern und Pächtern). Sonst schützt bis zur Versteigerung § 22 Abs 2 den Schuldner einer beschlagnahmten Forderung (§ 22 Rdn 3.2).

3.3 Die **Sachfrüchte** (Erzeugnisse und sonstige Ausbeute, die aus dem Grundstück seiner Bestimmung gemäß gewonnen werden, BGB § 99) und die als Rechtsfrüchte gewonnenen Bodenbestandteile gehören dem Ersteher, soweit sie ab Zuschlagswirksamkeit vom Grundstück getrennt werden (BGB § 101 Nr 1). Andere Früchte (sonstige Ausbeute, BGB § 99 Abs 1; Erträge, die ein Recht seiner Bestimmung gemäß gewährt, BGB § 99 Abs 2) darf er ziehen, soweit sie ab Zuschlagswirksamkeit fällig werden (BGB § 101 Nr 2). Soweit es sich dabei um die **Vergütung für eine Gebrauchsüberlassung** oder einen Fruchtgenuß, um Zinsen, Gebührenanteile und andere regelmäßig wiederkehrende Erträge handelt (zB Pachtzinsen), gehören sie dem Ersteher gemäß der Dauer seiner Berechtigung (BGB § 101 Nr 2), also ab Zuschlagswirksamkeit. Wenn der Schuldner Vorausleistungen erhalten hat, muß er sie ab diesem Zeitpunkt an den Ersteher herausgeben, kann aber Ersatz der auf die Gewinnung von Früchten verwendeten Kosten verlangen, soweit diese einer ordnungsmäßigen Wirtschaft entsprechen und den Wert der Früchte nicht übersteigen (BGB § 102).

3.4 Die regelmäßig **wiederkehrenden Lasten** sind zwischen Schuldner und Ersteher nach dem durch den Zeitpunkt der Zuschlagswirksamkeit bestimmten Verhältnis der Dauer der Verpflichtungen abzugrenzen (BGB § 103). Sie treffen somit den Vollstreckungsschuldner bis einschließlich des Tages vor der Wirksamkeit des Zuschlags (bis 24 Uhr dieses Tages), den Ersteher ab dem Tag des Wirksamwer-

---

[11] OLG Celle NdsRpfl 1978, 26 = Rpfleger 1979, 32.

Gefahrübergang, Nutzungen, Lasten, Mängelgewähr 3.6 § 56

dens (ab Null Uhr dieses Tages); dies gilt auch für Grundsteuer[12]. Der Ersteher muß daher Vorausleistungen des Schuldners ab diesem Zeitpunkt ersetzen.

3.5 Grundsteuer und andere laufende **öffentliche Grundstückslasten** (§ 10 Rdn 6) trägt der Ersteher vom Zuschlag an (Abgrenzung nach BGB § 103). **Hauptsachebeträge** (einmalige Leistungen) trägt der Ersteher, wenn sie ab Zuschlag fällig werden (für Erschließungskosten zB § 10 Rdn 6.4). Für den Anspruch auf Grundsteuer bis zum Zuschlag haftet das Grundstück selbst dann nicht dinglich (der Ersteher somit auch nicht persönlich), wenn der Anspruch zum Versteigerungstermin nicht angemeldet werden konnte, weil bis zu diesem Zeitpunkt ein höherer Grundsteuermeßbetrag vom Finanzamt noch nicht festgesetzt war[13]. Für einen mit Beitragsbescheid noch gegen den Schuldner festgestellten Erschließungskostenbeitrag (BauGB § 134) kann sich eine Haftung des Erstehers mit Fälligkeit nach dem Zuschlag (BauGB § 135 Abs 1; einen Monat nach Zustellung des Bescheids) ergeben (BGB § 103).

3.6 Vom Ersteher ab Zuschlag zu tragende **privatrechtliche Lasten** sind in erster Linie die laufenden wiederkehrenden Leistungen aus den bestehenbleibenden Grundpfandrechten (sie sind erst ab dem genannten Zeitpunkt vom Ersteher zu zahlen, nicht etwa ab ihrer Eintragung im Grundbuch; § 56 ist zwingend). Die wiederkehrenden Leistungen einer bestehen gebliebenen **Reallast** trägt der Ersteher vom Zuschlag an (Satz 2). Er haftet für die während der Dauer seines Eigentums fällig werdenden Leistungen darüber hinaus auch persönlich (BGB § 1108 Abs 1). Daher gilt § 53 für die Reallast nicht (§ 53 Rdn 3.3). Der Schuldner ist vom Zuschlag an nicht mehr Eigentümer, haftet somit nicht mehr persönlich nach BGB § 1108 Abs 1 für die vom Zuschlag an fällig werdenden Leistungen. Er bleibt aber dem Rentenberechtigten gegenüber (im Außenverhältnis) Schuldner der durch die Reallast (nach schuldrechtlicher Abrede) gesicherten Rentenleistungen (Sicherungsreallast; keine gesetzliche Schuldübernahme nach § 53 Abs 2). Im Verhältnis Schuldner – Ersteher (Innenverhältnis) hat der Ersteher die Belastung allein zu tragen[14]; der Schuldner hat nichts zu zahlen[15]. Es werden die persönliche Haftung des Erstehers (BGB § 1108 Abs 1) und des Schuldners aus dem Rentenversprechen als gesamtschuldnerische Haftung (BGB § 421) und § 56 Satz 2 als abweichende Bestimmung für die Haftung der Gesamtschuldner untereinander angesehen[15]. Danach hat der Ersteher vom Zuschlag an im Innenverhältnis die Reallastenrenten allein zu tragen[15]. Zahlt der Ersteher, so steht ihm danach an den Schuldner kein Anspruch zu; zahlt der Schuldner, so kann er vom Ersteher Ausgleichung verlangen. Anspruch auf hälftigen Ausgleich des nach BGB § 1108 Abs 1 persönlich haftenden Erstehers (der gezahlt hat) gegen den Schuldner des Rentenversprechens hat der BGH[16] für den Fall angenommen, daß Versteigerungsschuldner und Schuldner der ursprünglichen Rentenverpflichtung nicht identisch sind, weil Letzterer das Grundstück noch weiter veräußert hatte (Zwischenveräußerung), ohne daß die Übernahme der Rentenverpflichtung durch den Erwerber vom Rentenberechtigten genehmigt wurde (anders[17]).

---

[12] BVerwG NJW 1993, 871 = Rpfleger 1992, 443; ebenso Vorinstanz: OVG Lüneburg Rpfleger 1990, 377 mit Anm Hornung.
[13] BVerwG 70, 91 = NJW 1985, 756 = Rpfleger 1985, 35 mit Anm Meyer-Stolte; OVG Nordrhein-Westfalen KKZ 1983, 76; OVG Rheinland-Pfalz KTS 1982, 484; Elsner BB 1985, 452; Drischler Rpfleger 1984, 340 (6).
[14] BGH 123, 178 = MDR 1993, 1243 = NJW 1993, 2617 = Rpfleger 1993, 503; OLG Karlsruhe OLGRep 2001, 264; Dassler/Gerhardt § 53 Rdn 13; Steiner/Eickmann § 50 Rdn 53; MünchKomm/Joost, BGB, § 1108 Rdn 9.
[15] BGH 123, 178 = aaO (Fußn 14).
[16] BGH 58, 191 = MDR 1972, 501 = NJW 1972, 814 mit abl Anm Herr = Rpfleger 1972, 166; BGH MDR 1992, 260 = NJW 1991, 2899.
[17] MünchKomm/Joost, BGB, § 1108 Rdn 9; v. Olshausen KTS 1993, 511 (IV).

§ 56 3.7 Geringstes Gebot. Versteigerungsbedingungen

3.7 Flurbereinigung: Beiträge zum Flurbereinigungsverfahren (öffentliche Last, § 15 Rdn 17) schuldet der Ersteher ab Zuschlagswirksamkeit. Von da an treffen ihn auch alle anderen Verpflichtungen dieses Verfahrens.

3.8 Steuern und Abgaben: Der Ersteher ist als originärer Erwerber nicht Rechtsnachfolger des Schuldners. In die rückständigen steuerlichen Verpflichtungen des Vollstreckungsschuldners tritt er daher nicht ein; er haftet auch nicht für rückständige Abgaben und Kosten aus dem Bezug von Gas, Strom, Wasser, Fernwärme usw. Für alle Ausgaben dieser Art haftet er erst ab Zuschlagswirksamkeit. Für Betriebssteuerrückstände haftet er nicht (§ 15 Rdn 34.8).

3.9 Versicherungen: Den Übergang bestehender mit dem Grundstück zusammenhängender Versicherungen vom Schuldner auf den Ersteher regelt Versicherungsvertragsgesetz § 73. Dessen §§ 69–72 über den Übergang bei rechtsgeschäftlicher Veräußerung sind entsprechend anzuwenden (dazu § 90 Rdn 8.2). Für den Beitrag der bei Zuschlagswirksamkeit laufenden Versicherungsperiode haften gegenüber dem Versicherer (nicht im Innenverhältnis, hier Verteilung wie § 56 Rdn 3.4) beide als Gesamtschuldner (Gesetz § 69 Abs 2). Befindet sich auf dem versteigerten Grundstück ein Betrieb, so gehen Betriebsversicherungen nicht auf den Ersteher über, der Betrieb ist nicht mitversteigert (hierzu teils ja, teils nein[18]).

3.10 Für einen bereits vor Wirksamwerden des Zuschlags erstellten oder verstärkten (veränderten) Hausanschluß hat der Schuldner als Anschlußnehmer dem Elektrizitätsversorgungsunternehmen als privatrechtliches Entgelt Baukostenzuschuß und Anschlußkosten zu zahlen. Der (neue) Energieversorgungsvertrag des Erstehers, von dem als Erwerber der bereits erstellte Hausanschluß in Anspruch genommen wird, begründet für diese Kosten keine Zahlungsverpflichtung[19], und zwar auch dann, wenn der Ersteher die Versorgungsleistungen über den Anschluß erstmals in Anspruch genommen hat[20].

3.11 Über die Verteilung der Nutzungen und Lasten auch im ZVG-Handbuch Rdn 288. Abrechnung nach Aufhebung des Zuschlags: § 90 Rdn 6.3.

4 Mängelhaftung im Falle des Zuschlags (Satz 3)

4.1 Ein Anspruch auf **Gewährleistung** ist nach dem Zweck der Zwangsversteigerung **ausgeschlossen** (Satz 3). Die Vorschriften über die Mängelhaftung bei Kauf nach **BGB** sind daher in der Zwangsversteigerung (in allen Versteigerungsverfahren des ZVG) **unanwendbar.** Der Ersteher erwirbt auf eigenes Risiko, obwohl er keine Möglichkeit hat, sich über den rechtlichen und tatsächlichen Zustand des Objekts vor der Versteigerung volle Gewißheit zu verschaffen (dazu § 42 Rdn 1).

4.2 Ausgeschlossen sind Gewährleistungsansprüche des Erstehers **in tatsächlicher und in rechtlicher Beziehung** (schlechter Zustand, auch als Altlast Verunreinigung des Erdreichs und/oder des Grundwassers durch Chemikalien, behördliche Baubeschränkungen, Vorhandensein von außerhalb des geringsten Gebots bestehenden Lasten usw). Dies gilt aber für den Ersteher nur in dieser Eigenschaft. Seine Schadensersatzansprüche als Hypothekengläubiger oder in ähnlicher Art bleiben hiervon unberührt. Wurden die Rechte aus dem Meistgebot abgetreten (§ 81 Abs 2), so hat der Ersteher unter Umständen Ansprüche gegen den Meistbietenden. Wurde er von Beteiligten getäuscht, hat er gegen diese Schadensersatzansprüche allgemeiner Art, auch die Möglichkeit, das Gebot anzufechten (§ 71 Rdn 3).

---

[18] Bauer VersR 1969, 813.
[19] BGH 100, 299 = NJW 1987, 2094 = Rpfleger 1988, 274.
[20] BGH NJW 1990, 2130 = Rpfleger 1990, 309; BGH MDR 1990, 762 = NJW-RR 1991, 408 = Rpfleger 1991, 213.

Gefahrübergang, Nutzungen, Lasten, Mängelgewähr   5.2   § 56

4.3   Wenn der Vollstreckungsschuldner **vor dem Versteigerungstermin** Gebäude oder Grundstücke **beschädigt**, hat der Ersteher gegen ihn keine Schadensersatzansprüche aus BGB §§ 823, 826, weil der Schuldner zu dieser Zeit noch Eigentümer war und der spätere Ersteher zur selben Zeit noch keine Rechte am Grundstück hat. Es können aber die betreibenden Gläubiger vielleicht einschlägige Ansprüche an den Ersteher abtreten.

Wohnungseigentum: Verteilung der Lasten und Nutzungen   5

Literatur: Eckebrecht, Die Haftung des Wohnungseigentümers bei Veräußerung und Versteigerung des Wohnungseigentums, ZMR 1994, 93.

5.1   Dritten gegenüber haftet für die vor dem Zuschlag im Namen der Wohnungseigentümer begründeten Verwaltungsschulden weiterhin der Schuldner (bisheriger Wohnungseigentümer) als Gesamtschuldner[21] (mit den übrigen Wohnungseigentümern). Der Ersteher haftet Dritten als Gesamtschuldner für Verwaltungsschulden, die **vom Zuschlag an** begründet werden; für die davor entstandenen Verwaltungsschulden begründet der Zuschlag keine Haftung oder Mithaft des Erstehers den Gläubigern gegenüber.

5.2   Den **anderen Wohnungseigentümern gegenüber** (somit im Innenverhältnis) ist der Ersteher als Wohnungseigentümer **vom Zuschlag an** verpflichtet, die Lasten des gemeinschaftlichen Eigentums sowie die Kosten der Instandhaltung, Instandsetzung, sonstigen Verwaltung und eines gemeinschaftlichen Gebrauchs des gemeinschaftlichen Eigentums nach dem Verhältnis seines Anteils zu tragen (WEG § 16 Abs 2). Von da ab hat er auch **Wohngeld** (auch als Hausgeld bezeichnet) als Vorschuß nach Maßgabe des bereits beschlossenen Wirtschaftsplans zu den Lasten des gemeinschaftlichen Eigentums zu leisten (WEG § 28 Abs 2), desgleichen eine Sonderumlage[22] als ergänzende Leistung (in Nachtrag zum Wirtschaftsplan). Er haftet für die Beiträge, die nach Eigentumserwerb durch ihn mit Zuschlag fällig werden[23]. Für vor dem Zuschlag durch Beschluß der Wohnungseigentümer begründetes und fällig gewordenes, somit rückständiges Hausgeld haftet der frühere Wohnungseigentümer (Schuldner) weiter, und zwar auch noch, wenn die Wohnungseigentümer nach seinem Ausscheiden (nach dem Zuschlag) die Jahresabrechnung beschlossen haben[24] und der Ersteher sie nicht angefochten hat[25]. Der Ersteher haftet für das vor dem Zuschlag begründete und fällig gewordene Hausgeld nicht kraft Gesetzes[26], und zwar auch dann nicht, wenn die Jahresabrechnung nach dem Zuschlag beschlossen worden ist und die noch offenen Wohngeldansprüche

---

[21] BGH 78, 166 (175) = NJW 1981, 282; BGH 104, 197 = DNotZ 1989, 148 mit Anm Weitnauer S 156 = MDR 1988, 765 = NJW 1988, 1910 = Rpfleger 1988, 357.
[22] OLG Hamm MittRhNotK 1996, 266 = NJW-RR 1996, 911.
[23] OLG Hamm NJW-RR 1996, 911 = aaO (Fußn 22); Weitnauer JZ 1986, 193 (Anmerkung).
[24] BGH 142, 290 = DNotZ 2000, 198 = MDR 2000, 21 = NJW 1999, 3713 = Rpfleger 2000, 78; BGH 131, 228 = DNotZ 1996, 658 = MDR 1996, 897 = NJW 1996, 725 (für rechtsgeschäftliche Veräußerung).
[25] BGH 142, 290 = aaO (Fußn 24); aA (früher BayObLG Rpfleger 1995, 123; OLG Düsseldorf OLGRep 1995, 153; KG NJW-RR 1994, 85; OLG Köln NJW-RR 1997, 1102.
[26] BGH 95, 118 = JZ 1986, 191 mit Anm Weitnauer = MDR 1985, 1017 = NJW 1985, 2717 = Rpfleger 1985, 409; BGH 88, 302 = DNotZ 1984, 556 = MDR 1984, 222 = NJW 1984, 308 = Rpfleger 1984, 70 mit Anm Schiffhauer; BayObLG DNotZ 1980, 48 = MittBayNot 1979, 114 = MittRhNotK 1979, 213 = Rpfleger 1979, 335; BayObLG 1984, 198 = DNotZ 1985, 416 = MDR 1985, 1028 = Rpfleger 1984, 428; OLG Braunschweig MDR 1977, 230; OLG Hamm NJW-RR 1996, 911 = aaO (Fußn 22); OLG Köln MittRhNotK 1979, 212; Vollkommer NJW 1981, 335 (Buchbesprechung).

enthält[27]. Für die vor dem Zuschlag angefallenen Kosten und Lasten des gemeinschaftlichen Eigentums hat der Ersteher nicht aufzukommen. Für **Nachforderungen** über rückständige Beitragsforderungen (Wohngeld) hinaus[28] aus Abrechnungen für frühere (vor dem Zuschlag liegende) Jahre (Wirtschaftsjahre), somit auch für das laufende Jahr, in dem der Zuschlag erteilt wurde, und ebenso für eine Sonderumlage, die einen durch Wohngeldrückstand verursachten Fehlbetrag der Gemeinschaft ausgleichen soll (Ausfallbetrag)[29], werden die Wohnungseigentümer erst durch Beschluß der Eigentümergemeinschaft verpflichtet. Als Erwerber haftet der Ersteher für Verbindlichkeiten der Wohnungseigentümer untereinander, die in der anteilsmäßigen Verpflichtung zum Tragen der Lasten und Kosten (WEG § 16 Abs 2) wurzeln, daher auch dann, wenn es sich um Nachforderungen aus Abrechnungen für frühere Jahre über den Wohngeldrückstand des Schuldners hinaus oder eine Sonderumlage handelt, sofern nur der Beschluß der Eigentümergemeinschaft, durch den die Nachforderung begründet wurde (WEG § 28 Abs 5), erst nach dem Eigentumserwerb gefaßt worden ist[30]. Daß auch der Beitragsrückstand (das rückständige Wohngeld) des früheren Wohnungseigentümers (Schuldners) in der nach dem Zuschlag beschlossenen Abrechnung für Berechnung (Feststellung) des Endbetrags der noch geschuldeten Leistungen ausgewiesen ist, begründet keine Haftung (auch) des Erstehers für das nach dem Wirtschaftsplan vor dem Zuschlag fällig gewordene, damit vom früheren Wohnungseigentümer geschuldete Wohngeld[31]. Der Ersteher kann daher auch für einen Kostenanteil nicht haften, der in die Jahresabrechnung aufgenommen ist, über den erst nach Erteilung des Zuschlags Beschluß gefaßt wird, wenn (damit soweit) der Schuldner seiner durch einen Eigentümerbeschluß vor Zuschlag begründeten, noch fortbestehenden Verpflichtung zur Zahlung einer vorschußweisen Sonderumlage (für Reparaturkosten) nicht nachgekommen ist[32]. Er haftet mit seiner Kostenquote an den umgelegten Wohngeldrückständen, wenn der Ausfall fälliger Beitragsvorschüsse des (zahlungspflichtigen) Schuldners endgültig feststeht[33].

5.3 Für Kosten und Lasten (auch als Hausgeldschulden) des Schuldners aus der Zeit **vor Erteilung des Zuschlags** haftet der Ersteher (soweit nicht ungedeckte Nachforderungen erhoben werden, dazu Rdn 5.2) auch dann nicht, wenn für das Verhältnis der Wohnungseigentümer untereinander durch Vereinbarung (WEG § 10) oder in der Teilungserklärung (WEG § 8) für den Fall der Veräußerung bestimmt ist, „daß der Erwerber gesamtschuldnerisch für etwaige Rückstände haftet"[34] (anders nur[35]) oder daß Instandhaltungs- und Instandsetzungspflichten auf ihn übergehen[36]; damit ist nur der rechtsgeschäftliche Erwerber gemeint, nicht auch der Ersteher in der Zwangsversteigerung[37]. Eine Bestimmung der Teilungs-

---

[27] BGH 142, 290 = aaO (Fußn 24; für damaligen Konkursverwalter); BGH MDR 1994, 1113 = NJW 1994, 1866 = Rpfleger 1994, 378.

[28] BGH 142, 290 (298) = aaO (Fußn 24).

[29] BGH 104, 44 = DNotZ 1990, 373 = NJW 1989, 3018 = Rpfleger 1989, 472.

[30] BGH 104, 197 = aaO (Fußn 21); BGH 142, 290 = aaO (Fußn 24); BayObLG Rpfleger 1995, 123; OLG Karlsruhe NJW-RR 1987, 1354; KG NJW-RR 2003, 443; Eckebrecht ZMR 1994, 93 (3 b); Weitnauer JZ 1986, 193 (Anmerkung); auch OLG Düsseldorf NJW-RR 2002, 302 (Haftung für eine Sonderumlage bei rechtsgeschäftlichem Erwerb).

[31] BGH 142, 290 = aaO (Fußn 24).

[32] AA OLG Stuttgart MDR 1989, 359 = NJW-RR 1989, 654.

[33] KG NJW-RR 2003, 443.

[34] BGH 88, 302 = aaO (Fußn 26) und MittBayNot 1994, 219 = MittRhNotK 1994, 173; BayObLG Rpfleger 1979, 335 = aaO (Fußn 26).

[35] OLG Düsseldorf (Vorlagebeschluß) Rpfleger 1983, 387; OLG Köln MittRhNotK 1979, 212.

[36] KG NJW-RR 2002, 1524.

[37] BGH 88, 302 = aaO (Fußn 26); BayObLG Rpfleger 1979, 335 und BayObLGZ 1984, 198 = je aaO (Fußn 26).

erklärung (Gemeinschaftsordnung), daß bei Erwerb durch Zuschlag der Ersteher für Wohngeld- und Lastenrückstände des Schuldners haftet, verstößt gegen § 56 Satz 2 und ist daher nichtig[38] (von[39] offen gelassen; anders[40] und offenbar auch[41]). Durch Eigentümerbeschluß allein kann einem künftigen Ersteher eines Wohnungseigentums die Haftung für Verbindlichkeiten aus Wohngeldrückständen des früheren Eigentümers nicht auferlegt werden; ein Beschluß, der solche Haftung des Erstehers vorsieht, ist nichtig[42].

5.4 Die **Verteilung** der Lasten und Nutzungen **zwischen Schuldner und Ersteher** bestimmt sich nach dem Zuschlag (Satz 2). Aufteilung der regelmäßig wiederkehrenden Leistungen: Rdn 3.4. Für andere Lasten bestimmt sich die Verpflichtung des Schuldners oder Erstehers danach, ob sie während der Dauer ihrer jeweiligen Verpflichtung zu entrichten sind (BGB § 103 Satz 2). Die Verteilung der Nutzungen des gemeinschaftlichen Eigentums (WEG § 16 Abs 1) bestimmt sich nach BGB § 101 (die dem Schuldner gebührenden Erträge werden nicht versteigert, § 15 Rdn 45.4). Die vom Verwalter zu erstellende Abrechnung hat die infolge des Wechsels auf jeden dieser Wohnungseigentümer entfallenden Posten getrennt auszuweisen[43]. Ungeachtet dieser (zeitlich aufgespaltenen) Verpflichtung zur Lastentragung bleibt die **Berechtigung der anderen** Wohnungseigentümer (somit im Innenverhältnis), Lasten und Kosten anteilig aus den Vorschüssen zu decken, die vom Schuldner und sodann vom Ersteher als zeitlich aufeinanderfolgend (somit gemeinsam) für den versteigerten Miteigentumsanteil verpflichtete Wohnungseigentümer (WEG § 16 Abs 1 mit § 28 Abs 2) zu leisten waren. Vorschüsse sind vorweggenommener Aufwendungsersatz; sie werden den (anderen) Wohnungseigentümern als Beitragspflicht (WEG § 16 Abs 2) geschuldet[44], somit in Erfüllung dieser Verbindlichkeit, nicht aber rechtsgrundlos geleistet. Den Wohnungseigentümern stehen die Vorauszahlungen für Kostenersatz daher zur bestimmungsgemäßen Verwendung auch nach dem Ausscheiden des Schuldners aus der Wohnungseigentümergemeinschaft zur Verfügung. Deckung von Verwaltungsschulden, die den Ersteher treffen, aus den bis zum Zuschlag geleisteten Vorauszahlungen des Schuldners (und umgekehrt) wird jedoch einen Ausgleichsanspruch des Schuldners an den Ersteher begründen (ebenso umgekehrt). Ein zur Deckung laufender Verwaltungsschulden nicht erforderlicher Überschuß der Vorauszahlungen gebührt nach Beschlußfassung über die Jahresabrechnung ebenso wie die Nutzungen des gemeinschaftlichen Eigentums dem Schuldner und Ersteher anteilig. Abzugrenzen ist ein Überschuß aus Vorauszahlungen danach, was verbleibt, wenn die vom Schuldner geleisteten Vorschüsse mit den ihn treffenden Verwaltungslasten und die bereits vom Ersteher geleisteten Vorauszahlungen mit den von ihm zu tragenden Verpflichtungen verrechnet werden. Verteilung der Nutzungen hat (ggfs nach Bestreitung jeweils anteiliger Verwaltungslasten) gleichfalls nach der Zeitdauer der jeweiligen Berechtigung zu erfolgen. **Rücklagen,** die zur Bestreitung künftiger Kosten gebildet sind (WEG § 21 Abs 5 Nr 4, § 28 Abs 1 Nr 3) müssen in gleicher Weise behandelt werden. Die durch Erfüllung der Beitragspflicht des Schuldners nach dem Wirtschaftsplan gebildeten Rücklagen sind daher auch dann bestimmungsgemäß zu verwenden, wenn nach Beschluß der Wohnungseigentümer auf Rücklagen zur Tilgung von Instandhaltungs- und Instandset-

---

[38] BGH 99, 358 = DNotZ 1988, 27 = JR 1988, 203 mit kritischer Anm Pick = MDR 1987, 485 = NJW 1987, 1638 = Rpfleger 1987, 208; OLG Hamm NJW-RR 1996, 911 = aaO (Fußn 22); LG Berlin Rpfleger 1993, 415.
[39] BGH 88, 302 = aaO (Fußn 26).
[40] OLG Köln DNotZ 1981, 584.
[41] OLG Braunschweig MDR 1977, 230.
[42] BayObLG 1984, 198 = aaO (Fußn 26).
[43] BayObLG Rpfleger 1985, 111.
[44] BGH 104, 197 = aaO (Fußn 21).

zungskosten zurückzugreifen ist, die nach dem Zuschlag entstanden sind, somit den Ersteher treffen (Rdn 5.2). Anspruch auf anteilige Rückzahlung der mit Vorschußleistung gebildeten Rücklagen begründet daher für den Schuldner sein Ausscheiden aus der Gemeinschaft der Wohnungseigentümer nicht (Berechtigung offen gelassen von[45]). Werden jedoch Rücklagen durch Beschluß der Wohnungseigentümer aufgelöst, bleibt der Schuldner (wie mit seinen Nutzungen) für die von ihm geleisteten Vorauszahlungen anteilig berechtigt. Wenn Rücklagen des Schuldners für Instandhaltungs- oder Instandsetzungskosten in Anspruch genommen werden, die den Ersteher treffen, wird ein schuldrechtlicher Erstattungsanspruch (Ausgleichsanspruch) gegeben sein.

5.5 Kosten, die durch **Fertigstellungsarbeiten** als gemeinschaftliche Kosten entstehen, haben die Wohnungseigentümer anteilig zu tragen (WEG § 16 Abs 2); der Ersteher kann dafür anteilig nur für die ab Zuschlag angefallenen Kosten haften (dazu[46]). Zum Hausgeld auch[47].

5.6 Der **Bruchteilsmiteigentümer** einer Wohnungseigentumseinheit (§ 15 Rdn 45.1), damit der Ersteher als Erwerber nur des Miteigentumsbruchteils eines Wohnungseigentümers für die von ihm zu tragenden Lasten, haftet für die Lasten des gemeinschaftlichen Eigentums dem anderen Wohnungseigentums-Bruchteilsmiteigentümer gegenüber als Gesamtschuldner[48].

5.7 An den von den Wohnungseigentümern vor seinem Eintritt in die Eigentümergemeinschaft abgeschlossenen **Verwaltervertrag** ist der Ersteher gebunden[49]. Er haftet für das Verwalterhonorar ab Beginn des Monats seines Eintritts in die Eigentümergemeinschaft mit dem Zuschlag[50], nicht aber für die Verwaltervergütung, die vor dem Erwerb mit Wirksamwerden des Zuschlags fällig geworden ist (siehe[51]).

[Rechte und Pflichten aus einem Miet-(Pacht-)Vertrag]

57 Ist das Grundstück einem Mieter oder Pächter überlassen, so finden die Vorschriften der §§ 566, 566a, 566b Abs 1, §§ 566c und 566d des Bürgerlichen Gesetzbuchs nach Maßgabe der §§ 57a und 57b entsprechende Anwendung.

1 Allgemeine Übersicht zu §§ 57–57d

1.1 Die §§ 57–57d befassen sich mit den **besonderen Rechten** der Mieter und Pächter im Zwangsversteigerungsverfahren. § 57 erklärt Vorschriften des Mietrechts des BGB für anwendbar; § 57a gesteht dem Ersteher ein Recht zur außerordentlichen Kündigung mit gesetzlicher Frist zu; § 57b befaßt sich mit Vorausverfügungen und Rechtsgeschäften über Miet- und Pachtzinsen; § 57c schränkt das außerordentliches Kündigungsrecht des Erstehers ein; § 57d schreibt dem Gericht Ermittlungen und Bekanntmachungen vor.

1.2 Durch die Verweisung von § 57 auf das BGB wird der Ersteher hinsichtlich der Miet- und Pachtverträge wie ein Käufer behandelt. Der Grundsatz „Kauf bricht nicht Miete" gilt sinngemäß auch für ihn (Rdn 3); im übrigen ist er **nicht Rechtsnachfolger** des Schuldners.

---

[45] KG NJW-RR 1988, 844 = OLGZ 1988, 302.
[46] BayObLG MittBayNot 1983, 68.
[47] Ebeling Rpfleger 1986, 125.
[48] BayObLG 1979, 56 (60) = NJW 1979, 2214; KG Berlin OLGZ 1977, 1 (3); OLG Stuttgart NJW-RR 1986, 379 = OLGZ 1986, 32 (35) Bärmann/Pick/Merle, WEG, § 28 Rdn 128.
[49] BayObLG MittBayNot 1987, 199.
[50] KG NJW-RR 1984, 83 Leitsatz = OLGZ 1994, 266.
[51] BayObLG MittBayNot 1987, 199.

1.3 Die §§ 57–57 d sind nur anwendbar, wenn dem Mieter oder Pächter der Besitz **vor der Versteigerung überlassen** war, dann aber auch bei unfreiwilligem Besitzverlust. Wurde dagegen das Objekt vor der Besitzüberlassung versteigert, so unterliegt ein Mieter/Pächter nicht diesen Schutzvorschriften; nur wenn nach § 59 die Überlassung an die Mieter/Pächter durch den Ersteher in diesem Fall zur Bedingung gemacht wurde, ist BGB §§ 567 a, 578 anzuwenden und der Ersteher tritt dann in alle Rechte und Pflichten aus dem Vertrag ein (BGB § 566 Abs 1, § 578); es sind dann auch Rechtsgeschäfte und Vorausverfügungen wirksam (BGB § 567, 578) (dazu Rdn 3).

Allgemeines § 57

Literatur: Bull, Sicherung des Erstehers gegen (unredliche) Mietverträge, ZMR 1953, 234; Heitgreß, Zum Wegnahmerecht des Mieters nach Veräußerung oder Zwangsversteigerung des Mietgrundstücks, WuM 1982, 31; Klawikowski, Die Auswirkungen der Grundstücksversteigerung auf Miet- und Pachtverhältnisse, Rpfleger 1997, 418; Liebl-Wachsmuth, Rechtsverhältnisse über Miet- und Pachtvertragsurkunden nach einer Grundstücksversteigerung, ZMR 1984, 145; Weimar, Kann das Wegnahmerecht des Mieters auch gegenüber einem Grundstückserwerber ausgeübt werden?, ZMR 1965, 198.

2.1 Zweck der Vorschrift: Bestimmung entsprechender Anwendung von BGB-Vorschriften über Miete und Pacht.

2.2 Anwendungsbereich: § 57 gilt für die Vollstreckungsversteigerung (auch für die Wiederversteigerung nach § 133), die Insolvenzverwalter- und Nachlaßversteigerung, auch für die Versteigerung von Erbbaurechten. Für die Teilungsversteigerung gilt § 57 nach Maßgabe der Besonderheiten des § 183. Für mithaftende Gegenstände gilt § 57, soweit diese mitversteigert werden.

2.3 Das Mietrechtsreformgesetz (BGBl 2001 I 1149) hat die Vorschriften des Mietrechts neu aufgegliedert in allgemeine Vorschriften, Vorschriften, die für die Mietverhältnisse über Wohnraum gelten, und Vorschriften über Mietverhältnisse über andere Sachen. Damit hat sich eine abweichende Numerierung der Bestimmung dese Mietrechts ergeben. Der geänderte Text der § 57 und § 57b Abs 1 Satz 1 nennt die ab 1. Sept 2001 geltenden Vorschriften. Für Entscheidungen und Schrifttum, die auf frühere Bestimmungen verweisen, ergeben sich die ab 1. Sept 2001 geltenden entsprechenden Vorschriften aus folgender Gegenüberstellung:

BGB aF	Fassung ab 1. 9. 01	BGB aF	Fassung ab 1. 9. 01
§ 571	§§ 566, 578	§ 575	§§ 566 d, 578
§ 572	§§ 566 a, 578	§ 576	§§ 566 e, 578
§ 573	§§ 566 b, 578	§ 577	§§ 567, 578
§ 574	§§ 566 c, 578	§ 578	§§ 567 a, 578

Anzuwendende Mietvorschriften des BGB bei Zuschlag

3.1 Der Ersteher wird als Grundstückserwerber für das Rechtsverhältnis zu Mietern/Pächtern nach den entsprechenden Regeln des Kaufrechts (BGB §§ 566 ff) behandelt, auf die § 57 verweist. Auch hier scheint zu gelten: „Kauf bricht nicht Miete". Dieser Grundsatz hätte unverändert in die Immobiliarvollstreckung übernommen werden können. Weil aber der Versteigerungserlös dadurch beeinträchtigt würde, daß Mietverträge vielleicht noch viele Jahre weiterlaufen und dem Ersteher unter Umständen keinen angemessenen Ertrag gewährleisten, mußte ein billiger Ausgleich gefunden werden (Denkschrift S 48). Darum gilt hier: **Der Zuschlag bricht nicht Miete, berechtigt den Ersteher aber zur außerordentlichen Kündigung mit gesetzlicher Frist.** Der Ersteher tritt mit dem Zuschlag in alle Mietverträge ein, darf aber diese ausnahmsweise einmal nach § 57a kündigen.

§ 57 3.2   Geringstes Gebot. Versteigerungsbedingungen

3.2 Die in § 57 genannten **Vorschriften des BGB** sollen „nach Maßgabe der §§ 57a und 57b entsprechende Anwendung" finden. Es müßte dabei richtig heißen: nach Maßgabe der §§ 57a–57d; die §§ 57c–57d sind aus Versehen nicht erwähnt[1]. Über die entsprechend anzuwendenden Vorschriften von BGB §§ 566b–566d (§ 578) Näheres bei § 57b Rdn 2–4.

3.3 Für entsprechende Anwendung der Vorschriften BGB §§ 566, 566a, 566b Abs 1 und §§ 566c, 566d (§ 578) muß das Grundstück dem Mieter (Pächter) **überlassen** sein. **Überlassung** liegt vor, wenn der Vermieter seine Überlassungspflicht (BGB § 535 Abs 1) erfüllt hat[2], in der Regel also dem Mieter den Besitz verschafft hat, wobei der Mieter die Besitzerlangung nicht durch Beschilderung oder sonst kenntlich machen muß[3]. Das Grundstück muß ihm zur Verfügung gestellt sein, etwa durch Übergabe oder Bereitstellung der Schlüssel und so, daß der Mieter den Besitz oder Mitbesitz ausüben kann oder daß er die tatsächliche Herrschaft erlangt. Geschützt wird also nur der Mieter, der schon Besitz hat, weil er nicht sofort räumen kann, während der Mieter, der noch nicht Besitz hat, nicht räumen muß, aber auch nicht mehr einziehen darf. Wegen des nicht mehr möglichen Einzugs bekommt er keinen Schutz. Dabei ist nicht nötig, daß der Mieter alle Räume bezogen hat, es genügt, wenn es der Hauptteil ist. Wenn der vertragsgemäße Gebrauch keine Besitzübertragung erfordert, ist Übergabe des Grundstücks erfolgt, wenn dem Mieter die vertraglich vorgesehene Benutzung durch einmalige oder wiederholte Gewährung des ungestörten Zutritts zu ihr ermöglicht ist[4]. Die Überlassung muß vor der Versteigerung[5], spätestens damit bei Aufforderung zur Abgabe von Geboten (§ 66 Abs 2) erfolgt sein, kann jedoch, wie sich hieraus ergibt, durchaus nach der Beschlagnahmewirksamkeit erfolgt sein. War das Grundstück nur aus Gefälligkeit überlassen, beginnt aber die Mietzeit erst zu einem Zeitpunkt, der nach dem Zuschlag liegt, so ist § 57 nicht anwendbar[6] (s aber Rdn 3.4 für den Fall, daß der Mietvertrag geschlossen ist).

3.4 Nach § 57 mit **BGB § 566 Abs 1** (§ 578) tritt der Ersteher bei Versteigerung eines vermieteten Grundstücks (nach Überlassung an den Mieter) als Erwerber an Stelle des Schuldners (als bisheriger Vermieter) in die sich während der Dauer seines Eigentums aus dem Mietverhältnis ergebenden Rechte und Pflichten ein. Das Mietverhältnis bleibt mit der Maßgabe unverändert, daß der Ersteher als Vermieter an die Stelle des Schuldners tritt. Voraussetzung ist das **Bestehen eines Mietverhältnisses** (auch eines Dauernutzungsvertrags mit einer Baugenossenschaft), nicht aber (wie im Falle des § 9 Nr 2) dessen Anmeldung; das Mietverhältnis kann auch durch den Hausratsrichter an der früheren Ehewohnung (auch im gemeinsamen Einfamilienhaus[7]) begründet worden sein. Der Mietvertrag kann vom Schuldner auch noch während des Versteigerungsverfahrens (erst nach der Zwangsversteigerungsbeschlagnahme) geschlossen worden sein (§ 24 Rdn 2.4). Er kann auch mit dem Zwangsverwalter und auch mit einem Voreigentümer geschlossen sein, wenn der Schuldner als Erwerber des Grundstücks selbst nach BGB § 566 Abs 1 in dieses Mietverhältnis eingetreten ist. Wurde der Mietvertrag abgeschlossen und das Grundstück dem Mieter überlassen, dann findet BGB § 566 auch Anwendung, wenn der Mietzeitraum erst nach dem Grundstückserwerb (mit Zuschlag) beginnt[8]. Das Mietverhältnis muß rechtsbe-

---

[1] Jonas/Pohle, ZwVNotrecht, §§ 57–57d Anm 2.
[2] BGH 65, 137 = MDR 1976, 218 = NJW 1976, 105; BGH KTS 1984, 315 = WM 1983, 1364; BGH Rpfleger 2004, 368.
[3] BGH 65, 137 = MDR 1976, 218 = NJW 1976, 105.
[4] BGH NJW-RR 1989, 589.
[5] BGH Rpfleger 2004, 368.
[6] Sonntag, Rechtliche Wirkungen des Zuschlags (1932), S 40.
[7] BayObLG 1973, 241 = MDR 1974, 44 = NJW 1973, 2299.
[8] BGH 43, 333 = MDR 1964, 996 = NJW 1964, 1851.

ständig sein[9]; es darf nicht nichtig und nicht (wirksam) angefochten sein[9]. Bei einem anfechtbaren, aber noch nicht angefochtenen Mietverhältnis erfolgt zwar der Eintritt des Erstehers; er gilt bei späterer (wirksamer) Anfechtung jedoch als nicht erfolgt[9].

3.5 Anwendung findet BGB § 566 bei Vermietung von **Wohnräumen** oder anderen Räumen des versteigerten Grundstücks (BGB § 578). Auch dann kommt § 566 zur Anwendung, wenn Wandflächen zur Anbringung von Schaukästen[10] oder zu Reklamezwecken[11] vermietet worden sind (anders[12]). Auf andere Rechtsverhältnisse (zB Leihe[13]) findet BGB § 566 keine Anwendung.

3.6 In das Mietverhältnis tritt der Ersteher so ein, wie es im Augenblick des Zuschlags mit dem Schuldner besteht, also **mit allen** vertraglichen **Rechten und Pflichten,** die sich auf den Mietgegenstand, seine Überlassung und Rückgewähr, sowie auf die Gegenleistung beziehen; dazu gehören auch Vereinbarungen, die in einem unlösbaren Zusammenhang mit dem Mietvertrag stehen, nicht aber Rechte und Pflichten aus sonstigen Vereinbarungen, die nur aus Anlaß des Vertrags getroffen wurden oder in wirtschaftlichem Zusammenhang mit ihm stehen[14] (so für Pachtverträge[15]). Es geht zB ein für Behörden vereinbartes Belegungsrecht nicht als Last auf den Ersteher über, wenn es nicht im Grundbuch gesichert ist. Der Ersteher muß dem Mieter den Gebrauch gewähren, das Grundstück in vertragsmäßigen Zustand belassen und entsprechende Ausbesserungen vornehmen, er haftet für Mängel wie der frühere Vermieter. Die nach dem Zuschlag entstandenen und fällig gewordenen vertraglichen Ansprüche gegen den Mieter gebühren dem Ersteher; alle schon vorher entstandenen und fällig gewordenen Ansprüche bleiben beim Schuldner[16] (zum Anspruch auf Mietzahlung siehe aber Anm zu § 57b). Ist das Mietverhältnis bei Eintritt des Erstehers gekündigt, die Kündigungsfrist aber noch nicht abgelaufen, dann entsteht der Anspruch auf Nutzungsentschädigung und Ersatz weiteren Schadens (BGB § 546 a) in der Person des Erstehers. Der Mieter hat seinerseits gegenüber dem Ersteher als Vermieter alle Rechte und Pflichten wie bisher. Er kann auch gegenüber dem Ersteher bezüglich der Einrichtungen, mit denen er die Mietsache versehen hat, das vertragliche und das gesetzliche Wegnahmerecht nach BGB § 539 Abs. 2 ausüben[17], auch soweit eingebaute Sachen wesentliche Bestandteile der Mietsache und damit Eigentum des Vermieters geworden sind[17]. Dieses Wegnahmerecht ist kein der Versteigerung entgegenstehendes Recht[17], bedarf somit nicht der Anmeldung nach § 37 Nr 5. Ebenso hat der Ersteher in diesem Falle das Ablösungsrecht nach BGB § 552 Abs 1 wie der frühere Eigentümer. Hatte sich der frühere Vermieter (Schuldner) gegenüber dem Mieter verpflichtet, eine von diesem eingebaute Nachtstromspeicher-Heizungsanlage beim Auszug des Mieters zu übernehmen, so trifft diese Verpflichtung auch den Ersteher, weil es sich hierbei um typischen Inhalt des Mietvertrags handelt[18]. Das muß auch bei anderen Einrichtungen gelten. Daß aber ein mit dem Mietvertrag zusammenhängender Hausverwaltungsvertrag oder ähnlich auf den Ersteher übergehe, ist zu verneinen.

---

[9] Roquette NJW 1962, 1551.
[10] OLG München NJW 1972, 1995.
[11] OLG Hamm MDR 1976, 143; OLG München NJW 1972, 1995.
[12] LG Düsseldorf NJW 1965, 160.
[13] BGH MDR 1964, 309 = NJW 1964, 765.
[14] BGH 48, 244 = JZ 1968, 182 mit zust Anm Söllner = MDR 1967, 1002 = NJW 1967, 2258.
[15] BGH DNotZ 1966, 405 = MDR 1966, 45 = NJW 1965, 2198.
[16] BGH MDR 1989, 247 = NJW 1989, 451.
[17] AG Warendorf WuM 1980, 291.
[18] LG Hamburg WuM 1977, 141 = ZMR 1977, 210.

§ 57 3.7 Geringstes Gebot. Versteigerungsbedingungen

3.7 Der Eintritt des Erstehers in das Mietverhältnis steht, wie sein Eigentumserwerb (§ 90 Abs 1) **unter dem Vorbehalt,** daß der Zuschlag nicht im Beschwerdeweg aufgehoben wird. Ob der Mieter seine Zahlungspflicht (mit befreiender Wirkung) erfüllt hat, wenn er nach Wirksamwerden des Zuschlags (§§ 89, 104) an den Ersteher geleistet hat und dann der Zuschlag im Beschwerdeweg aufgehoben wird, ist streitig (dafür[19]; dagegen[20]). Das Vertrauen des Mieters (als Drittschuldner) auf die Rechtsbeständigkeit des Zuschlags (als staatlicher Hoheitsakt) ist auch in diesem Fall schutzwürdig, bis der Zuschlag aufgehoben wird und die Aufhebung zur Kenntnis des Mieters als Drittschuldner gelangt (ZPO § 836 Abs 2 entsprechend). Danach kann an den Ersteher schuldbefreiend auch dann nicht mehr geleistet werden, wenn der Aufhebungsbeschluß angefochten ist. Zu seiner Sicherheit kann der Mieter als Drittschuldner vor Rechtskraft des Zuschlags wegen Gläubigerungewißheit hinterlegen (BGB § 372 Abs 2; Schuldbefreiung dann bei Rücknahmeverzicht, BGB § 378).

3.8 Der **Schuldner** als bisheriger Vermieter **scheidet** mit Übergang des Eigentums auf den Ersteher aus dem Mietverhältnis **aus.** Seine Haftung für Ansprüche des Mieters aus der Zeit vor Zuschlag (in die der Ersteher nicht eingetreten ist), dauert fort. Erfüllt der Ersteher die ihm aus dem Mietvertrag obliegenden Verpflichtungen nicht, so **haftet** der **Schuldner** für den vom Ersteher zu ersetzenden Schaden wie ein selbstschuldnerischer Bürge (BGB § 566 Abs 2 Satz 1). Dies ist nicht durch § 57 ausgeschlossen[21]; die Ersatzpflicht geht auch nicht auf den Ersteher über[21], selbst wenn dies im Mietvertrag vereinbart werden sollte[21]. Erlangt der Mieter vom Eigentumsübergang durch Zuschlag infolge einer Mitteilung des Vollstreckungsschuldners Kenntnis, so wird der Schuldner von seiner Haftung frei, falls nicht der Mieter das Mietverhältnis für den ersten zulässigen Kündigungstermin kündigt (BGB § 566 Abs 2 Satz 2). Diese Mitteilung des Schuldners an den Mieter über den Zuschlag wird nicht durch eine anderweitige Kenntnis des Mieters vom Eigentumsübergang (etwa Mitteilung durch das Vollstreckungsgericht) ersetzt.

3.9 Wenn das Mietverhältnis bei Erteilung des Zuschlags (§§ 89, 104) **bereits beendet** ist, hat nur der Schuldner Rechte aus dem (bisherigen) Mietvertrag. Ein Schadensersatzanspruch gegen den nach Beendigung des Mietverhältnisses ausgezogenen Mieter wegen unterbliebener Endrenovierung und Wiederherstellung des früheren Zustandes der Mieträume steht daher dem Schuldner als Vermieter und nicht nach BGB § 566 dem Ersteher zu, wenn er bereits vor Eigentumswechsel mit Zuschlag entstanden und fällig geworden ist (so[22] für rechtsgeschäftlichen Erwerb). Der Ersteher hat Rechte nur aus seinem Eigentum (insbesondere Herausgabeanspruch an den bisherigen Mieter nach BGB § 985). Der Rückgabeanspruch nach BGB § 546 Abs 1 und Schadensersatz wegen Räumungsverzug des Mieters steht dem Ersteher aber auch dann zu, wenn der Mietvertrag schon vor dem Eigentumswechsel beendet worden ist (so für rechtsgeschäftlichen Erwerb[23]).

3.10 Alles was über Mietverträge gesagt wurde, gilt auch für **Pachtverträge,** weil diese gleichzubehandeln sind[24] (s BGB § 581 Abs 2). Insbesondere ist auch für sie die Frage, in welchem Umfang Rechte und Pflichten übernommen werden, zu entscheiden wie für die Mietverträge gesagt[25]. War ein Hof mit Inventar verpachtet, so ist auch das Inventar Gegenstand des Pachtvertrags[25]. Wurde das Inventar vom Pächter zum Schätzwert übernommen, mit der Verpflichtung, es bei Pacht-

---

[19] Jaeckel/Güthe §§ 57–57 b Rdn 8 a.
[20] Steiner/Teufel §§ 57–57 d Rdn 35.
[21] RG 159, 151 (153).
[22] BGH MDR 1989, 247 = NJW 1989, 451.
[23] BGH 72, 147 = MDR 1979, 134 = NJW 1978, 2148.
[24] Jonas/Pohle, ZwVNotrecht, §§ 57–57 d Anm 4 b.
[25] BGH NJW 1965, 2198 = aaO (Fußn 15).

Rechte und Pflichten aus einem Mietvertrag 3.13 § 57

ende zum Schätzwert zurückzunehmen, so war der Verpächter, jetzt der Ersteher, Eigentümer des Inventars[25]. Sollte das Inventar während der Pachtzeit Eigentum des Pächters sein, mit der Verpflichtung des Verpächters, es nach Pachtende zum Schätzwert zu übernehmen, so geht auch diese Verpflichtung auf den Ersteher über[25]. Den Ersteher berührt es aber nicht, wenn das Inventar während der Pachtzeit vom Pächter ohne Zusammenhang mit dem Pachtvertrag erworben wurde[25] (hier bleibt es nach der Versteigerung Eigentum des Pächters). Wird von verpachteten Besitz nur ein Teil versteigert, so liegt vom Zuschlag an eine Teilpacht vor[26] (Kündigung § 57a Rdn 2). Kein Pachtverhältnis im Sinne dieser Schutzvorschriften ist die Pacht eines Garderobebetriebes eines Sportplatzes[27] (oder ähnlich); der Garderobepächter ist nur Besitzdiener des früheren Eigentümers[27]; in diesen Vertrag tritt der Ersteher nicht ein[27].

3.11 In das mit nur einem **Miteigentümer** begründete Mietverhältnis tritt der Ersteher nicht ein, wenn das versteigerte Grundstück Miteigentümern gehört hat, der Mietvertrag aber nicht von allen (mit Wirkung für alle) geschlossen worden ist. Jedoch findet BGB § 566 (mit § 57) auch in diesem Fall Anwendung, wenn der nicht am Mietvertrag beteiligte Miteigentümer diesem zugestimmt hat[28]. Wenn bei einem zwei Miteigentümern gehörenden Mietgrundstück lediglich ein Miteigentümer den Mietvertrag geschlossen hat, greift BGB § 566 (mit § 57) (auch bei Teilungsversteigerung) daher nur ein, wenn der andere Miteigentümer zugestimmt hat[28]. Die Zustimmung kann auch durch schlüssiges Verhalten erklärt sein[28].

3.12 War der bisherige Mieter/Pächter vor der Versteigerung zugleich **Miteigentümer des Grundstücks** und hat er die Teilungsversteigerung betrieben, so genießt er nicht den Schutz aus BGB § 566 (mit § 57), daß nämlich sein Vertrag auf den Ersteher als Vermieter übergehe, weil er als Miteigentümer Besitz hatte und sein Mietvertrag/Pachtvertrag nur eine Benützungsregelung der Miteigentümer darstellte, wobei er durch sein eigenes Betreiben der Veräußerung ausdrücklich zugestimmt und damit auf den Schutz als Mieter/Pächter verzichtet hat[29]. Gegen ihn kann dann aus dem Zuschlag nach § 93 vollstreckt werden, weil er nicht das dort geregelte eine Vollstreckung verhindernde Recht zum Besitz hat[29] (dazu § 93 Rdn 3).

3.13 Ein (dingliches) **Wohnungsrecht** (ebenso eine beschränkte persönliche Dienstbarkeit allgemein) und ein (schuldrechtliches) Mietverhältnis sind verschiedene, voneinander unabhängige Rechtsinstitute[30]. Rechtsgrund für ein dingliches Wohnungsrecht ist der schuldrechtliche Vertrag, in dem Verpflichteter und Berechtigter die Bestellung vereinbart haben, nicht ein daneben abgeschlossener oder bestehender Mietvertrag über die von dem Wohnungsrecht erfaßte Wohnung[31]. Wenn das Wohnungsrecht in der Versteigerung erlischt, bleibt daher der Mietvertrag in Kraft; dann hat der Mieter noch die Besitzrechte aus dem Mietvertrag[32]; der Ersteher tritt also auch hier in den Mietvertrag ein[32]. Dafür kann nicht gefordert werden, daß das Wohnungsrecht erst nach Übergabe der Mieträume bestellt war, weil sonst die Mieträume nicht auf Grund Mietvertrags, sondern auf Grund des (jetzt erloschenen) Wohnrechts überlassen worden seien. Überlassen (§ 57) ist dem Mieter das Grundstück (sind die Räume) auch, wenn der auf Grund des Wohnungsrechts erlangte Besitz nach Vereinbarung des Mietverhältnisses andauert (Besitz ermöglicht vertragsgemäßen Gebrauch). Umgekehrt stellt sich die Frage

---

[26] RG 124, 195.
[27] RG 97, 166.
[28] OLG Karlsruhe NJW 1981, 1278 = OLGZ 1981, 207.
[29] LG Bayreuth NJW 1965, 2210.
[30] BGH BB 1968, 767 = LM BGB § 398 Nr 20 = MittBayNot 1968, 219 = MittRhNotK 1968, 767; Schöner/Stöber, Grundbuchrecht, Rdn 1274.
[31] BGH DNotZ 1999, 500 mit Anm Frank = NJW-RR 1999, 376 = Rpfleger 1999, 122.
[32] Roquette NJW 1957, 525; Weitnauer Betrieb 1954, 796 (II 6).

§ 57 3.13 Geringstes Gebot. Versteigerungsbedingungen

nach dem Fortbestand des (mit dem Zuschlag nicht erloschenen) Wohnungsrechts, wenn das Mietverhältnis nach außerordentlicher Kündigung durch den Ersteher endet. Der Bestand des Wohnungsrechts wird davon nicht berührt, wenn es unabhängig (losgelöst) vom Mietverhältnis bestellt war (kein Löschungsanspruch). Ein Löschungsanspruch kann aber auch nicht bestehen, wenn das Wohnungsrecht (nur) als Sicherheit für die Rechte des Mieters bestellt war (so auch[33]). Auch dann ist der Sicherungsfall (für Durchsetzung des Löschungsanspruchs) mit Beendigung des Mietverhältnisses nicht entfallen, weil das Wohnungsrecht als Sicherheit Benutzung des Gebäudes (der Räume) gerade für den Fall gewährleisten soll, daß das Gebrauchsrecht auf Grund des (schuldrechtlichen) Mieteranspruchs entfällt.

3.14 Nur für ein vermietetes (verpachtetes) Grundstück tritt der Ersteher mit Anwendung des BGB § 566 als Erwerber an die Stelle des Vermieters; für eine entsprechende ausdehnende Auslegung des BGB § 566 unter Billigkeitsgesichtspunkten ist daher kein Raum; die Vorschrift findet somit auf eine Vereinbarung keine Anwendung, durch die ein Ehemann seiner Ehefrau während des Getrenntlebens eine Wohnung in seinem Haus überläßt[34]. Bei **gemischten Verträgen** wird BGB § 566 nur unter der Voraussetzung für anwendbar erachtet, daß sie überwiegend Grundstücksmiete (-pacht) sind[35]. Liegt der Schwerpunkt eines gemischten Vertrags nicht im mietrechtlichen, sondern im dienstvertraglichen Teil (wie bei einem Altenheimvertrag[35]) oder in einem anderen nicht mietrechtlichen Bereich, dann tritt der Ersteher nicht kraft Gesetzes in die vertraglichen Rechte und Pflichten ein.

3.15 §§ 57–57d finden bei Versteigerung eines **Erbbaurechts**[36] (wie bei Grundstücken) Anwendung (ErbbauVO § 11). Sie sind auch anwendbar, wenn der Mietvertrag/Pachtvertrag auf Grund elterlicher Sorge geschlossen ist oder vom Vorerben oder Vormund oder von einem **Verwalter kraft Amtes** (Insolvenzverwalter, Zwangsverwalter, Nachlaßverwalter), wobei jeder der Genannten bis zum Zuschlag tätig werden konnte.

3.16 Zu Miet- und Pachtverhältnissen im ZVG-Handbuch Rdn 290 und 290 a.

4 BGB § 566 a: Sicherheitsleistung des Mieters (Pächters)

4.1 Nach § 57 mit **BGB § 566a** (§ 578) tritt der Ersteher (als Erwerber) auch in die durch Sicherheitsleistung des Mieters (Pächters) des Grundstücks für Erfüllung seiner Verpflichtungen (Mieterkaution) begründeten Rechte ein. Für den Anspruch des Mieters auf Rückgabe der Mietersicherheit ist der Ersteher als Erwerber damit (neuer) Vertragspartner des Mieters (der bisherige Satz 2 von BGB § 572 – Rückgewähr nur bei Aushändigung der Sicherheit oder selbständigem Rechtsgrund – ist entfallen). Das gilt auch für die vor dem 1. 9. 2001 abgeschlossenen Mietverträge (keine Übergangsregelung als Ausnahme).

4.2 Mieterkaution ist Sicherheit des Mieters für alle oder für bestimmte Ansprüche des Vermieters aus dem Mietverhältnis oder für Ansprüche des Vermieters allgemein. Es kann sich um Ansprüche des Vermieters am Ende der Mietzeit (Mietzinsrückstand, Schaden an den Räumen, Schönheitsreparaturen) oder um Ansprüche während der Mietzeit (Mietzinsrückstand) handeln. Sie ist für Wohnräume zulässig (im Gegensatz zur Vertragsstrafe, BGB § 555) und in BGB § 551 speziell geregelt. Für Wohnräume, die unter das Wohnungsbindungsgesetz (Text-

---

[33] Schöner/Stöber, Grundbuchrecht, Rdn 1276 und 1277; hierzu auch Frank DNotZ 1999, 500 (Anmerkung).
[34] BGH MDR 1964, 309 = NJW 1964, 765.
[35] BGH MDR 1982, 401 = NJW 1982, 221 = Rpfleger 1982, 32.
[36] Vgl (für Anwendung des § 566) BGH 138, 82 (84, 85) = DNotZ 1998, 744 = NJW 1998, 1220.

anhang T 44) fallen, ist Sicherheitsleistung in den Grenzen des § 9 Abs 5 WoBindG zulässig.

4.3 Die **Kaution kann sein:** a) Barkaution, und zwar diese zur freien Verfügung des Vermieters oder auf Sonderkonto, verzinslich oder unverzinslich; b) ein verpfändeter Gegenstand (zB Wertpapiere), der konkret aufzubewahren ist; c) eine Sicherungshypothek an einem Grundstück des Mieters, und zwar als Sicherungshöchstbetragshypothek; d) eine Grundschuld an einem Grundstück des Mieters; e) die Übergabe einer Bürgschaft; f) eine Sicherungsübereignung; g) eine Forderungsabtretung; h) die Übergabe eines Sparbuchs mit Sperrvermerk (zur gemeinsamen Verfügung von Mieter und Vermieter).

4.4 Eine **Barkaution,** die für ein Sonderkonto bestimmt war, darf der Vermieter nicht verwenden. Eine Barkaution zur freien Verwendung (nicht bei Mietverhältnis über Wohnraum, BGB § 551 Abs 3) darf er verwenden, muß sie aber bei Fälligkeit sofort zurückzahlen können; er muß sie in diesem Falle nicht so anlegen, daß er sie jederzeit zurückzahlen kann, sondern so, daß er sie am Ende des Mietverhältnisses zurückzahlen kann. Die Barkaution ist als uneigentliches Nutzungspfand (analog BGB § 1213 mit § 1204 Abs 2) anzusprechen[37]. Die Verzinsung einer Sicherheit für Wohnräume regelt BGB § 551 Abs 3.

4.5 Die **Kaution** ist bei Beendigung des Mietvertrags vom Verpflichteten **zurückzugewähren** (Herausgabe des Gegenstands, Löschungsbewilligung für Grundbuchrechte, Rückübertragung der Forderung, Rückübereignung, Rückgabe der Bürgschaftsurkunde, Rückzahlung des Geldes usw), natürlich erst, wenn die Gegenansprüche des Vermieters festgestellt und befriedigt sind. Für die Feststellung muß eine angemessene Frist gewährt werden.

4.6 Die Sicherheitsleistung des Mieters (Pächters) gehört zu den sich aus dem Mietvertrag ergebenden Rechten und Pflichten des **Erstehers.** Der Anspruch auf Leistung einer (vom Mieter oder Pächter) noch geschuldeten Sicherheit steht daher ab Zuschlag als Vermieterrecht dem Ersteher zu (Eintritt in das Mietverhältnis). Ist die Sicherheit bei Erteilung des Zuschlags bereits geleistet, dann tritt der Ersteher in dadurch begründete Rechte ein (§ 57 mit BGB § 566 a Satz 1). Rechte aus einer Bürgschaft gehen damit auf ihn über[38]; hinsichtlich der vom Vermieter auf Sonderkonto angelegten Mietkaution vollzieht sich ein gesetzlicher Kontoinhaberwechsel ([39]für rechtsgeschäftlichen Erwerb). Vom Schuldner (als Veräußerer) kann der Ersteher Herausgabe einer geleisteten Sicherheit oder (wenn als Sicherheit ein Geldbetrag gezahlt wurde) Auszahlung des zur Sicherheit überlassenen Geldbetrages verlangen[40]. Auch nach § 59 könnte die Verpflichtung zur Rückzahlung begründet sein. Jedenfalls muß aber der Mieter gegenüber dem Ersteher nicht erneut Sicherheit leisten.

4.7 Kann der Mieter vom Ersteher (als Erwerber) bei Beendigung des Mietverhältnisses die zurückzugewährende Mietersicherheit nicht erlangen, so ist der (Schuldner als) Vermieter weiterhin zur Rückgewähr verpflichtet (subsidiäre Forthaftung des früheren Vermieters, BGB § 566 a Satz 3.

Dauerwohnrecht im Falle des Zuschlags

Für §§ 57 a ff ist Voraussetzung, daß ein Mietrecht/Pachtrecht vorliegt (Rdn 3.4). Diese Vorschriften sind daher nicht anwendbar auf das Dauerwohnrecht nach WEG §§ 36–39[41]. Dieses stellt **kein Mietverhältnis** dar, sondern ist ein dingliches

---

[37] BayObLG 1981, 15 = MDR 1981, 498 = NJW 1981, 994.
[38] KG OLG 25, 20.
[39] OLG Düsseldorf MittRhNotK 1997, 261 = NJW-RR 1997, 1170.
[40] OLG Hamburg MDR 1970, 1015.
[41] LG Kassel DWW 1955, 221 = ZMR 1956, 55 Leitsatz; Mohrbutter, Handbuch des Vollstreckungsrechts, § 41 (I); Weitnauer/Mansel, WEG, vor § 31 Rdn 19–21; Steiner/Teufel §§ 57–57 a Rdn 10.

Wohnrecht, für das die besondere gesetzliche Regelung des WEG gilt. Auf das in der Versteigerung erlöschende Dauerwohnrecht sind die Kündigungsschutzvorschriften des § 57 c auch nicht analog anwendbar[42] (anders[43]: bei Erlöschen bestehe ein Mietverhältnis weiter, in das der Ersteher eintrete; anders auch[44]: wenn Grundgeschäft ein Mietvertrag ist, weil dann das Mietverhältnis mit Wegfall des Dauerwohnrechts an seine Stelle tritt).

6 Jagdrecht im Falle des Zuschlags

6.1 Wenn ein **Eigenjagdbezirk** (Bundesjagdgesetz § 7), also eine zusammenhängende land-, forst- oder fischereiwirtschaftlich nutzbare Fläche von 75 ha aufwärts (Abweichungen möglich) im Eigentum einer Person oder Personengemeinschaft, zwangsversteigert wird, ist § 57 anzuwenden (Gesetz § 14 Abs 1). Das Kündigungsrecht des Erstehers ist dabei ausgeschlossen, wenn nur ein Teil des Jagdbezirks versteigert wird und dieser Teil nicht mehr einen Eigenjagdbezirk bilden kann (Gesetz § 14 Abs 1).

6.2 Wird ein Grundstück versteigert, das zu einem **Gemeinschaftsjagdbezirk** gehört (alle Grundflächen einer Gemeinde oder abgesonderten Gemarkung, die nicht zu einem Eigenjagdbezirk gehören und mindestens 150 ha umfassen – Abweichung möglich – Gesetz § 8), so hat die Versteigerung auf den Jagdpachtvertrag keinen Einfluß; der Ersteher wird vom Zuschlag an für die Dauer des Jagdpachtvertrags Mitglied der Jagdgenossenschaft (Gesetz § 14 Abs 2).

7 Nießbrauch im Falle des Zuschlags

7.1 §§ 57–57 d sind **nicht anwendbar** gegenüber dem Nießbrauch, dessen Bestehenbleiben oder Erlöschen sich nach § 52 richtet.

7.2 Wenn der **Nießbraucher** das Grundstück über die Dauer des Nießbrauchs hinaus vermietet oder verpachtet hat und der Nießbrauch bestehen bleibt (§ 52 Abs 1), hat der Zuschlag auf den mit dem Nießbraucher abgeschlossenen Vertrag keinen Einfluß. Der Ersteher kann somit auch nicht kündigen. Endet der Nießbrauch dann später, tritt nach BGB § 1056 Abs 1 (mit § 566) der Ersteher als Eigentümer in die sich aus dem Vertragsverhältnis ergebenden Rechte und Verpflichtungen ein. Erlischt der Nießbrauch mit Erteilung des Zuschlags (§ 91 Abs 1), dann hat Beendigung des Nießbrauchs zur Folge, daß der Ersteher als Erwerber nach BGB § 1056 Abs 1 (Erwerb des Grundstücks ohne den Nießbrauch) in die sich aus dem Vertragsverhältnis ergebenden Rechte und Verpflichtungen eintritt[45] (anders[46]: § 57 findet Anwendung). War der Nießbrauch bereits vor Erteilung des Zuschlags erloschen, dann ist schon damit der Schuldner als Eigentümer in den Vertrag eingetreten (BGB § 1056 Abs 1) so daß nun § 57 Anwendung findet.

[Kündigungsrecht gegenüber dem Mieter (Pächter)]

57a Der Ersteher ist berechtigt, das Miet- oder Pachtverhältnis unter Einhaltung der gesetzlichen Frist zu kündigen. Die Kündigung ist ausgeschlossen, wenn sie nicht für den ersten Termin erfolgt, für den sie zulässig ist.

Literatur: Crezelius, Untermiete und Mieterschutz, JZ 1984, 70; Matthies, Mieterschutz und gewerbliche Zwischenvermietung, NJW 1988, 1631; Nasall, Kündigungsschutz zwischen

---

[42] OLG Frankfurt Rpfleger 1960, 409; LG Kassel aaO (Fußn 41).
[43] Weitnauer Betrieb 1954, 796 (II 6).
[44] Bärmann/Pick/Merle, WEG, vor § 31 Rdn 30.
[45] Jaeckel/Güthe §§ 57–57 b Rdn 2; BGB-RGRK/Rothe § 1056 Rdn 8; Erman/Michalski BGB § 1056 Rdn 3; Soergel/Stürner BGB § 1056 Rdn 6; Staudinger/Frank BGB § 1056 Rdn 25.
[46] Dassler/Gerhardt § 57 Rdn 2; Steiner/Teufel §§ 57–57 d Rdn 15.

Kündigungsrecht gegenüber dem Mieter 2.3 § 57a

Vermieter und Untermieter: MDR 1983, 9; Reinelt, Der Räumungsschutz des gutgläubigen Untermieters, NJW 1984, 2869; Siegelmann, Das Mietkündigungsrecht des Erstehers im Zwangsversteigerungsverfahren, DWW 1958, 78; Siegelmann, Die Wohnungskündigung im Zwangsversteigerungsverfahren, WuM 1965, 76; Witthinrich, Kündigungsschutz in der Zwangsversteigerung, Rpfleger 1987, 98.

Allgemeines zu § 57a 1

1.1 Zweck der Vorschrift: Außerordentliches Kündigungsrecht mit gesetzlicher Frist als Befugnis des Erstehers, das Miet-/Pachtverhältnis für den ersten Termin nach dem Zuschlag zu kündigen.

1.2 Anwendungsbereich: § 57a gilt (wie § 57) für die Vollstreckungsversteigerung, während für die Teilungsversteigerung das Kündigungsrecht durch § 183 ausgeschlossen ist. Für Insolvenzverwalter- und Nachlaßversteigerung (§§ 172, 175) muß das außerordentliche Kündigungsrecht gelten, weil es hier nicht ausgeschlossen ist[1]. Der Zwangsverwalter hat kein außerordentliches Kündigungsrecht[2]. Für Schiffe und Luftfahrzeuge gelten Besonderheiten (§ 162 Rdn 9.1, § 171a Rdn 3).

Kündigungsberechtigung des Erstehers 2

2.1 Weil der Ersteher in Miet/Pachtverträge eintritt (§ 57 Rdn 3), hat er alle Rechte zur **vertragsmäßigen** (damit auch zu gesetzlich möglicher) **Kündigung**; vertragliche und gesetzliche Kündigungsfristen hat er einzuhalten. Auch der Mieter hat gegenüber dem Ersteher die vertraglichen oder gesetzlichen Kündigungsrechte. Darüber hinaus hat der Ersteher ein **außerordentliches Kündigungsrecht:** er darf alle Miet/Pachtverträge einmal unter Einhaltung der gesetzlichen Kündigungsfrist (Rdn 4) für den ersten zulässigen Termin (Rdn 5) und unter Beachtung einer bestimmten Form (Rdn 3) kündigen. Bei Wohnräumen ist die Mieterschutzgesetzgebung (Rdn 6) zu beachten. Ausgeschlossen ist das außerordentliche Kündigungsrecht bei bestimmten Mietvorauszahlungen und Baukostenzuschüssen des Mieters (§ 57c Rdn 2–6). Auf die Beschränkungen des Kündigungsrechts nach dem ZVG selbst hat der Rechtspfleger im Termin hinzuweisen. Er sollte aber auch darauf hinweisen, daß die Mieterschutzgesetzgebung auch gegenüber diesem Kündigungsrecht des Erstehers gilt (dazu Rdn 6). Das außerordentliche Kündigungsrecht des § 57c ist eine gesetzliche Versteigerungsbedingung[3] von der über § 59 abgewichen werden kann (Rdn 8).

2.2 Die **Interessen der Mieter** werden bei der Versteigerung den Interessen des Realkredits **untergeordnet**[4], weil sich ohne das außerordentliche Kündigungsrecht bewohnte Grundstücke schlechter versteigern lassen und darum weniger gern beliehen werden. Der Grundsatz „Kauf bricht nicht Miete" hat hier eine Ausnahme erfahren (§ 57 Rdn 3.1), weil sonst die Erzielung eines angemessenen Versteigerungserlöses gefährdet wäre (Denkschrift S 48). Das Gesetz überläßt es dem Ermessen des Erstehers, ob er hiervon Gebrauch machen will.

2.3 § 57a ist **auch** anwendbar, **wenn** ein **vertragliches** oder anderes gesetzliches Kündigungsrecht **eher** zum Ziel führen würde, damit auch bei einem Mietverhältnis von bestimmter (zB 1jähriger) Dauer; beide Möglichkeiten bestehen nebeneinander[5]. Voraussetzung für § 57a ist, daß ein Miet/Pachtvertrag vorliegt, auf Grund dessen das Grundstück überlassen ist. § 57a gilt darum nicht für das Dauerwohnrecht (§ 57 Rdn 3, 5), nicht für den Nießbrauch (§ 57 Rdn 7) und nicht für das (dingliche) Wohnrecht (§ 57 Rdn 3.13). Die Vorschrift ist auch

---

[1] Mohrbutter KTS 1956, 107 (9) und ZMR 1954, 161.
[2] Mohrbutter KTS 1956, 107 (9).
[3] RG 124, 195; Weitnauer Betrieb 1954, 796 (II 2).
[4] Nußbaum, Zwangsversteigerung, § 21 (I).
[5] Weitnauer Betrieb 1954, 796 (II 2).

§ 57a 2.3 Geringstes Gebot. Versteigerungsbedingungen

bei Überlassung von **Grundstücksteilen** anwendbar, wenn diese Teile für den Mieter eine selbständige Bedeutung haben[6]. Wird von einem verpachteten Grundbesitz nur ein Teil versteigert, so kann der Ersteher hierfür den Vertrag kündigen, der eine Teilpacht darstellt[7]. Die Verbindung mit dem Pachtrecht an anderen Grundstücken ist kein Hindernis[7]; der Ersteher kann ohne Rücksicht auf die besondere schuldrechtliche Gestaltung die Freistellung seines Grundstücks von der Pacht erreichen[7]. § 57a gilt auch bei Grundstücken, die erst nach der Versteigerungsbeschlagnahme dem Mieter/Pächter überlassen worden sind (§ 24 Rdn 2.4), oder wenn der Vertrag auf Grund elterlicher Sorge, vom Vormund, Vorerben, Verwalter kraft Amtes (§ 57 Rdn 3.15) geschlossen ist.

2.4 § 57a ist nur anwendbar, wenn der Vertrag durch **Besitz**überlassung schon **vor der Versteigerung** erfüllt war (§ 57 Rdn 1.3), dann auch bei unfreiwilligem Besitzverlust des Mieters/Pächters (zB durch verbotene Eigenmacht des Vollstreckungsschuldners), andernfalls nur bei abweichenden Versteigerungsbedingungen nach § 59 (Rdn 8).

2.5 § 57a bezieht sich auch auf die **mithaftenden Gegenstände**, die nach § 55 mitversteigert worden sind, etwa auf zum Grundstück als Zubehör gehörende Lastfahrzeuge, die besonders vermietet waren.

2.6 Das außerordentliche Kündigungsrecht nach § 57a hat **nur der Ersteher**, nicht der Mieter/Pächter, auch nicht der für die Erfüllung des Meistgebots mithaftende Meistbietende (§ 81 Abs 2 und 3). Wenn der Schuldner sein eigenes Grundstück einsteigert, hat er kein Kündigungsrecht, weil er an die Verträge gebunden ist[8]. Veräußert der Ersteher das Objekt weiter, so geht das außerordentliche Kündigungsrecht, soweit Frist und Termin noch eingehalten werden können, auf den Erwerber über. Es ist ausgeschlossen, wenn nur ein (ideller) Bruchteil versteigert wurde, weil der Ersteher nicht über das ganze Grundstück verfügen kann[9]. Das gilt auch, wenn er schon Miteigentümer des anderen Bruchteils war, weil er insoweit an die Verträge gebunden bleibt. Das Kündigungsrecht besteht aber, wenn nur ein Flurstück aus mehreren vermieteten/verpachteten versteigert wurde, ebenso, wenn (ausnahmsweise) ein realer Teil eines vermieteten/verpachteten Grundstücks versteigert wurde (Einl Rdn 11).

2.7 In einem **besonderen Fall** hat das Kammergericht Berlin[10] das Kündigungsrecht versagt, als der Ersteher die Zwangsversteigerung dazu benützte, sich das Eigentum hierdurch statt durch Rechtsgeschäft zu verschaffen, um so rechtsmißbräuchlich das Kündigungsrecht zu bekommen, nach Ansicht des KG unter Verstoß gegen BGB § 242. Ähnlich der BGH[11].

2.8 Schwierigkeiten kann es geben, wenn neben der Zwangsversteigerung **auch eine Zwangsverwaltung** läuft. Diese wird nicht sofort nach Zuschlagserteilung aufgehoben, sondern erst nach Zuschlagsrechtskraft, wenn auch mit der Wirkung, daß die Verwaltung ab Zuschlagswirksamkeit für Rechnung des Erstehers geführt wurde, und der Zwangsverwalter noch der allein Verwaltungsberechtigte bis zur ausdrücklichen Aufhebung bleibt (§ 161 Rdn 3.11 u 6). Auch hier muß der Ersteher, um die gesetzliche Möglichkeit nicht zu versäumen, sofort nach der Wirksamkeit des Zuschlags das außerordentliche Kündigungsrecht ausüben (Rdn 5). Zu dieser Zeit wäre aber noch der Zwangsverwalter allein für Kündigung und Neuvermietung zuständig. Er hat aber nicht das Kündigungsrecht, er ist auch nicht (ge-

---

[6] Jaeckel/Güthe §§ 57–57b Rdn 3.
[7] RG 124, 195.
[8] Wolff, ZVG, § 57 Anm 10; Drischler RpflJahrbuch 1961, 292 (B II f) und 1971, 316 (VII 4); Siegelmann AIZ 1958, 33 = BlGrBW 1962, 39 = DWW 1958, 78 (3 d).
[9] Steiner/Teufel §§ 57–57d Rdn 50.
[10] KG Berlin OLGZ 1973, 1.
[11] BGH KTS 1979, 87 = MDR 1979, 51 = Rpfleger 1978, 304.

setzlicher) Vertreter des Erstehers (sein Bevollmächtigter ist er nur in Ausnahmefällen, wenn der Ersteher ihm sofort Vollmacht erteilt). Die Kündigung kann auch hier nur der Ersteher aussprechen. Wer klagt, wer vollstreckt bei Widerstand des Mieters/Pächters? Auch dies kann nur der Ersteher. Er ist in seiner Verfügungsgewalt über das Objekt nicht eingeschränkt, gegen ihn läuft keine Zwangsverwaltung. Die Zwangsverwaltung gegen den Vollstreckungsschuldner ist nur noch abzuwickeln. Wer schließt neue Mietverträge? Auch hierzu ist der Ersteher berechtigt. Jedoch dürfte es, solange die Zwangsverwaltung nicht ausdrücklich aufgehoben ist (der Zuschlag könnte ja im Rechtsmittelverfahren wieder aufgehoben werden), sicherer sein, neue Mietverträge auf der Vermieterseite auch durch den Zwangsverwalter mit abschließen zu lassen. Dies empfiehlt sich auch, wenn der Mieter/Pächter die außerordentliche Kündigung anerkennt und unter anderen Bedingungen einen neuen Vertrag abschließen will. Zur gerichtlichen Verwaltung nach § 94 = § 94 Rdn 3.

2.9 Die ordentliche und die außerordentliche Kündigung des Erstehers bleiben aus Gründen der Rechtssicherheit **auch** dann **wirksam,** wenn der **Zuschlag** im Rechtsmittelverfahren wieder **aufgehoben** wird[12]. Es ist unmöglich zu sagen, den Schaden müsse der Mieter tragen, falls der Zuschlag wieder aufgehoben werde, der Mieter müsse eben von sich aus die Aussichten der Zuschlagsanfechtung prüfen (das kann er in der Regel gar nicht). Der Mieter wäre völlig schutzlos, er müßte zwar vorsorglich fristgemäß räumen und neue Räume mieten und sollte dann bei Aufhebung des Zuschlags unter Mißachtung seiner neuen vertraglichen Bindung in die alten Räume zurückziehen. Man kann hier nicht einen Schwebezustand bestehen lassen. Der Ersteher ist nun einmal ab Zuschlagswirksamkeit vollberechtigter Eigentümer. Er muß sogar, um die Frist einzuhalten, unverzüglich kündigen. Was er in der Zeit seiner Berechtigung getan hat, hat er berechtigt und damit wirksam getan und es wird dies durch den Wegfall seiner Berechtigung nicht rückwirkend unwirksam. Weder er noch die Mieter/Pächter sind verpflichtet oder berechtigt, die Rechtskraft des Zuschlags abzuwarten. Was wirksam geschehen ist, bleibt wirksam, auch neu von ihm geschlossene Verträge, auch die Kündigung der Mieter/Pächter ihm gegenüber. Bei Wiederaufhebung eines konstituiven Staatsaktes, wie es der Zuschlag ist, bleiben berechtigt vorgenommene Rechtsgeschäfte usw wirksam und die Rechtsstellung dritter unberührt.

2.10 Zum Ausnahmekündigungsrecht im ZVG-Handbuch Rdn 290 a.

2.11 Die Kündigungsvorschriften von **SchuldRAnpG § 23** schränkt auch das Kündigungsrecht des Erstehers ein[13]. Dieses ermöglicht eine von vertraglich vorgesehenen Kündigungsfristen unabhängige Kündigung (Rdn 6.1). Es ändert gesetzliche Kündigungsvorschriften, damit auch SchuldRAnpG § 23, somit nicht.

Kündigungsform für den Ersteher 3

3.1 Die Kündigung (damit auch die außerordentliche) eines Mietverhältnisses über **Wohnraum** bedarf der **schriftlichen Form** (BGB § 568 Abs 1). Schriftliche Form ist außerdem vorgeschrieben für Kündigung eines Landpachtvertrags (BGB § 594f) und eines Kleingartenpachtvertrages (§ 7 Bundeskleingartengesetz vom 26. 2. 1983, BGBl I 210). Für die Kündigung der von BGB § 568 nicht erfaßten Mietverhältnisse (zB über ein unbebautes Grundstück, über Geschäftsräume) ist gesetzlich eine Form nicht vorgeschrieben; sie kann formfrei erfolgen.

3.2 Dazu ist auch vom Ersteher zu beachten, was allgemein bei der Kündigung, wenn sie wirksam sein soll, vom Vermieter zu beachten ist (dazu Rdn 4, 6).

---

[12] Dassler/Gerhardt § 57 a Rdn 8; Jaeckel/Güthe § 37 Rdn 10 und § 57 b Rdn 12; Steiner/Teufel §§ 57–57 d Rdn 47; Mohrbutter/Drischler Muster 63 Anm 2; Siegelmann aaO (4).
[13] AG Luckenwalde VIZ 1999, 742; hierzu Schnabel NJW 2000, 2387 (2390) mit Hinweis auf Gegenansicht.

3.3 Es ist sehr zu empfehlen, die Kündigung durch den Gerichtsvollzieher zustellen zu lassen. Ist etwa der Mieter in Urlaub oder aus anderen Gründen für Briefe nicht erreichbar, so kann Zustellung durch den Gerichtsvollzieher ersatzweise wirksam erfolgen. Die Kündigung ist empfangsbedürftige Willenserklärung; sie wird mit Zugang wirksam (BGB § 130 Abs 1). Dazu genügt nicht, daß etwa bei Einschreibesendungen eine Benachrichtigung hinterlassen wird, es möge die Sendung auf der Post abgeholt werden[14]. Nur die Zustellung durch den Gerichtsvollzieher läßt die Kündigung auch im Falle der Abwesenheit als zugegangen gelten (BGB § 132 Abs 1)[14]; diese Vorschrift ist auf andere Zustellungen nicht anwendbar[14]. Auf die Ausnahme[14], daß auch eine andere Kündigung unter ganz besonderen Umständen als zugegangen gelte, möge man sich lieber nicht verlassen.

4 Kündigungsfrist für den Ersteher

4.1 Das außerordentliche Kündigungsrecht nach § 57a ist „unter Einhaltung der **gesetzlichen Frist**" auszuüben: Satz 1.

4.2 Bestimmung über die gesetzliche Frist für außerordentliche Kündigung eines Mietverhältnisses treffen

- für Mietverhältnisse über **Wohnraum BGB § 573 d Abs 2** (beim Zeitmietvertrag BGB § 575 a Abs 3). Kündigungstermin und gesetzliche Frist danach: spätestens am dritten Werktag eines Kalendermonats zum Ablauf des übernächsten Monats, wobei im Kündigungsschreiben die Gründe für ein berechtigtes Interesse anzugeben sind (BGB § 573 Abs 3 mit § 573 d Abs 1). Eine Besonderheit gilt für möblierten Wohnraum (BGB § 549 Abs 2 Nr 2); sie ist hier unerheblich.
- für Mietverhältnisse über **andere Sachen: BGB § 580 a Abs 4.** Kündigungstermin und gesetzliche Frist danach,
  - bei einem Mietverhältnis über Grundstücke sowie über Räume, die keine Geschäftsräume sind, sowie über im Schiffsregister eingetragene Schiffe spätestens am dritten Werktag eines Kalendermonats zum Ablauf des übernächsten Monats, bei einem Mietverhältnis über gewerblich genutzte unbebaute Grundstücke oder im Schiffsregister eingetragene Schiffe jedoch nur zum Ablauf eines Kalendervierteljahres (BGB § 580 a Abs 1 Nr 3),
  - bei einem Mietverhältnis über Geschäftsräume spätestens am dritten Werktag eines Kalendervierteljahres zum Ablauf des nächsten Kalendervierteljahres (BGB § 580 a Abs 2),
  - bei einem Mietverhältnis über bewegliche Sachen spätestens am dritten Tag vor dem Tag, mit dessen Ablauf das Mietverhältnis enden soll (BGB § 580 a Abs 3 Nr 2)

4.3 Auch für Kündigung eines Pachtverhältnisses von bestimmter (zB 5jähriger) Dauer nach § 57a gilt die gesetzliche Kündigungsfrist des Pachtrechts[15]. Bei Pacht eines Grundstücks ist die Kündigung nur für den Schluß eines Pachtjahres zulässig (BGB § 584 Abs 2 mit Abs 1; auch zur Frist). Entsprechendes gilt für den Landpachtvertrag (BGB § 594 a Abs 2).

4.4 Angabe des Termins, zu dem geräumt werden soll, erfordert Kündigung nach Grundstückserwerb in der Zwangsversteigerung nicht[16]. Es gilt der nächstmögliche Termin (auch wenn ein um drei Monate vorher liegender Termin angegeben worden ist) jedenfalls dann, wenn den Umständen nach erkennbar ist, daß der Ersteher den Vertrag zu diesem Termin beenden will[16]. Kündigung als Erklärung, das Miet/Pachtverhältnis zu einem bestimmten Zeitpunkt zu beenden, erfordert jedoch Klarstellung mit Äußerung, ob ordentliche (insbesondere vertrags-

---

[14] BGH 67, 271 = MDR 1977, 388 = NJW 1977, 194 = Rpfleger 1977, 54.
[15] OLG Celle NJW-RR 1988, 80.
[16] BGH KTS 1996, 321 = NJW-RR 1996, 144.

Kündigungsrecht gegenüber dem Mieter 6.1 § 57a

mäßige) Kündigung (Rdn 2.1) oder außerordentliche Kündigung nach § 57a „unter Einhaltung der gesetzlichen Frist" erfolgt.

Kündigungstermin für den Ersteher 5

5.1 Die außerordentliche Kündigung ist nur **zum ersten** gesetzlich zulässigen **Termin** möglich, sonst gilt es nicht mehr: Satz 2.

5.2 Erster zulässiger **Termin ist** derjenige, für den die Kündigung vom Ersteher, wenn sie noch rechtzeitig sein soll, nicht mehr ohne Verschulden unterlassen werden kann[17], derjenige Termin, für den die Kündigung dem Ersteher ohne schuldhaftes Zögern möglich ist[18]. Dabei entscheidet nicht die rein rechnerische Zulässigkeit, sondern die tatsächliche Möglichkeit[19]. Der Begriff „erster zulässiger Termin" darf nicht zu überspannten Anforderungen führen. Es kann also auch noch für den späteren zulässigen Termin gekündigt werden, wenn auch bei Beobachtung der erforderlichen Sorgfalt die Kündigung zum früheren, theoretisch zulässigen Zeitpunkt nicht möglich war[20]. Kündigung für einen späteren Termin wird aber nicht schon deshalb ermöglicht, weil die (rechtzeitige) Kündigung durch einen Bevollmächtigten nach BGB § 174 unwirksam ist[21]. Es ist Sache des Erstehers, bei einer späteren Kündigung die Unmöglichkeit der rechtzeitigen Kündigung nachzuweisen[22]. Es muß dem Ersteher eine gewisse Zeit für die Prüfung der Sach- und Rechtslage zugestanden und ermöglicht werden, sich über die Umstände zu informieren, die für oder gegen ein Verbleiben des Mieters sprechen können, so wenn der Zuschlag unmittelbar vor dem Beginn oder bei Beginn der gesetzlich zulässigen Frist erfolgt[23].

5.3 Im übrigen berechnet sich der erste zulässige Termin **von** der **Wirksamkeit des Zuschlags an** (§§ 89, 104), nicht von dessen Rechtskraft an[24], außer erst bei späterer Kenntnis des Erstehers vom Bestehen des Mietvertrags[25] (der Ersteher muß sich aber in der gebotenen Weise erkundigen). In der Regel hat er Kenntnis schon durch Bekanntgabe des Gerichts im Versteigerungstermin.

5.4 Der Kündigungstermin ist auch einzuhalten, wenn dem Ersteher nach § 94 die **Verwaltung** des Grundstücks **entzogen** ist (hierzu § 94 Rdn 3) oder bei noch laufender **Zwangsverwaltung** (Rdn 2) und auch bei Versäumung eines inzwischen angefallenen vertraglichen Kündigungsrechts.

Mieterschutz für Miet-Wohnräume 6

6.1 Kündigungsschutz des Mieters von Wohnraum als Ausdruck des sozialen Mietrechts besteht auch bei außerordentlicher Kündigung mit gesetzlicher Frist durch den Ersteher. Er kann außerordentlich mit gesetzlicher Frist nur kündigen, wenn er ein **berechtigtes Interesse** an der Beendigung des Mietverhältnisses hat (BGB § 573 Abs 1 mit § 573d Abs 1 und § 575a Abs 1; Einschränkung für Beitrittsgebiet EGBGB Art 232 § 2 Abs 2; der Sonderfall von BGB § 573a dürfte für

---

[17] RG 98, 273; LG Stuttgart BWNotZ 1979, 174.
[18] OLG Düsseldorf OLGRep 2003, 329; OLG Oldenburg Rpfleger 2002, 325; LG Braunschweig MDR 1961, 417 = NdsRpfl 1961, 87; LG Stuttgart BWNotZ 1979, 174; Siegelmann AIZ 1958, 33 = BlGrBW 1962, 39 = DWW 1958, 78 (3a).
[19] LG Braunschweig aaO (Fußn 18); Steiner/Teufel §§ 57–57d Rdn 46.
[20] RG 98, 273 und 103, 271 (274); OLG Düsseldorf Rpfleger 1987, 513 und OLGRep 2003, 329; LG Braunschweig aaO; Dassler/Gerhardt § 57a Rdn 7.
[21] BGH Rpfleger 2002, 133.
[22] OLG Oldenburg Rpfleger 2002, 325; Siegelmann aaO (Fußn 18).
[23] OLG Düsseldorf Rpfleger 1987, 513; Mohrbutter, Handbuch des Vollstreckungsrechts, § 41 am Anfang.
[24] RG 151, 259.
[25] BGH Rpfleger 2002, 133.

§ 57a 6.1   Geringstes Gebot. Versteigerungsbedingungen

das Ersteherkündigungsrecht nicht erheblich sein). Die Gründe sind im Kündigungsschreiben anzugeben (BGB § 573 Abs 3 S 1). Auch das außerordentliche Kündigungsrecht steht damit unter dem Vorbehalt des Kündigungsschutzes des Mieters. Es ermöglicht dem Ersteher somit nur eine von vertraglichen Kündigungsfristen unabhängige Kündigung, beschränkt sich aber auf die Gewährung eines derartigen zeitlichen Vorteils[26]. Eigentumswechsel durch Zuschlag, der Kündigung ermöglicht, begründet allein nicht bereits ein berechtigtes Kündigungsinteresse[27] nach BGB § 573 Abs 1. Erwerb des Grundstücks durch den Gläubiger (auch ein Kreditinstitut) zur Weiterveräußerung kann ein Interesse jedoch nach BGB § 573 Abs 2 Nr 3 rechtfertigen[27]. Der Kündigungsschutz des Wohnraummieters kann nicht zum Nachteil des Mieters (BGB § 573 Abs 4), damit auch nicht durch abgeänderte Versteigerungsbedingung (Rdn 8), abbedungen werden. Ausnahme vom Kündigungsschutz des Mieters insbesondere für Wohnraum zu nur vorübergehendem Gebrauch und in einem Studenten- oder Jugendwohnheim, bestimmt BGB § 549.

6.2 Das Recht des Mieters zum **Widerspruch** gegen die Kündigung aus Härtegründen (BGB § 574; Sozialklausel) besteht auch bei außerordentlicher Kündigung mit gesetzlicher Frist durch den Ersteher. Für Kündigung eines noch laufenden Zeitmietvertrags gilt diese Sozialklausel eingeschränkt in zeitlicher Hinsicht (BGB § 575a Abs 2).

6.3 Das Versteigerungsgericht hat über Kündigungsschutz des Mieters gegenüber der außerordentlichen Kündigung des Erstehers (§ 57a) nicht zu entscheiden; es hat aber hierauf hinzuweisen (Rdn 2). Der Vollstreckungsschuldner selbst kann sich auf gesetzlichen Mieterschutz nicht berufen, weil er nicht die Stellung eines Mieters hat; er hat aber gewissen Schutz bei der Räumung aus dem Zuschlag (§ 93 Rdn 5).

6.4 Weitervermietung von Wohnraum als vertragsgemäßer Gebrauch der Mietsache ist gewerbliche Tätigkeit des Mieters. Kündigungsschutz für den Mieter kann nach Eintritt des Erstehers in die sich aus dem Mietverhältnis ergebenden Rechte und Verpflichtungen (§ 57; BGB § 566) daher nicht bestehen, wenn der Mieter nach dem Mietvertrag den gemieteten Wohnraum gewerblich einem Dritten zu Wohnzwecken weitervermieten soll. Der Ersteher kann demnach gegenüber dem Mieter (Zwischenvermieter) ohne Behinderung durch Kündigungsschutzbestimmungen über Wohnraum kündigen[28]. Endet dieses Mietverhältnis, dann verliert der Untermieter (Endmieter) von Wohnraum seinen Kündigungsschutz nicht. Es tritt der Ersteher als Vermieter in die Rechte und Pflichten aus dem Mietverhältnis mit dem Endmieter ein (BGB § 565 Abs 1; Bestandsschutz des Endmieters).

6.5 Vorrang gegenüber dem außerordentlichen Kündigungsrecht des Erstehers hat auch der 3- (uU bis zu 10-)jährige **Ausschluß** des Kündigungsrechts **wegen Eigenbedarfs** oder zur angemessenen wirtschaftlichen Verwertung des Erwerbers eines Wohnungseigentums, das nach der Überlassung an den Mieter begründet worden ist (BGB § 577a)[29]; auch der Zuschlag von Wohnungseigentum im Wege der Zwangsversteigerung gilt als Veräußerung im Sinne dieser Vorschrift[29]. Erster Kündigungstermin (Satz 2) bei berechtigtem Interesse ist damit der Termin, zu dem das Mietverhältnis erstmals nach dem Ende der Sperrfrist unter Beachtung der gesetzlichen Frist gekündigt werden kann[29].

---

[26] BGH 84, 90 = JR 1982, 453 mit kritischer Anm Haase = MDR 1982, 747 = NJW 1982, 1696 = Rpfleger 1982, 303.
[27] OLG Hamm NJW-RR 1994, 1496.
[28] BGH 84, 80 = aaO (Fn 26).
[29] BayObLG 1992, 187 = MDR 1992, 1149 = NJW-RR 1992, 1166 = Rpfleger 1992, 531.

Kündigungsrecht gegenüber dem Mieter 8.1 § 57a

6.6 Kündigungsschutz des **Kleingärtners** regeln §§ 7–11 Bundeskleingartengesetz (BKleingG, vom 28. 2. 1983, BGBl I 210). Die Fälle, in denen die Kündigung eines Kleingartenpachtvertrags durch den Verpächter zulässig ist, führen BKleingG §§ 8–10 abschließend auf[30]. Das außerordentliche Kündigungsrecht des Erstehers aus § 57 a ist damit jedoch nicht ausgeschlossen (so auch bereits[31]).

6.7 Gesetzliche Beschränkungen enthält auch das **Wohnungsbindungsgesetz:** Vermietung nur an bestimmte Personen, grundsätzlich keine Eigennutzung, Beschränkung von Kündigung und Mietpreis bei sogenannten Sozialwohnungen, solange deren öffentliche Förderung (Gewährung öffentlicher Mittel) besteht; Beschränkung gilt auch in der Zwangsversteigerung, zum Teil bis drei Jahre nach dem Jahr des Zuschlags, zum Teil länger, in Ausnahmefällen kürzer (Gesetz § 17); für einzelne Orte oder Gebiete sind Sondervorschriften möglich. Das Bestehen oder Nicht-Bestehen einer Wohnungsbindung kann nicht als Versteigerungsbedingung festgelegt werden[32], auch nicht als Abweichung nach § 59, daß entgegen dem Gesetz keine Wohnungsbindung besteht[32]. Die Beschränkung ist keine öffentliche Grundstückslast, auch nicht anmeldepflichtig[32], sie ist eine gesetzliche Einschränkung der Eigentümerrechte.

Untermiete/Unterpacht bei Kündigung 7

7.1 An eine **Erlaubnis zur Untervermietung** (BGB § 540) ist der Ersteher als in das Mietverhältnis eintretender Erwerber (§ 57 mit BGB § 566 Abs 1, § 578) gebunden.

7.2 Mit Beendigung des Hauptmietverhältnisses (Hauptpachtverhältnisses) verliert auch der Untermieter (Unterpächter) gegenüber dem Ersteher als Hauptvermieter (Verpächter) das Recht zum Besitz und zur Nutzung der Mietsache (Pachtsache), auch wenn das Untermietverhältnis nicht beendet ist[33] (zur gewerblichen Weitervermietung siehe aber Rdn 6.4). Als Vermieter kann der Ersteher das Grundstück (die Räume) daher auch vom Untermieter zurückfordern (BGB § 546 Abs 2).

7.3 Zur Durchsetzung des **Rückgabeanspruchs** kann der Ersteher aus dem Zuschlagsbeschluß die Zwangsvollstreckung gegen den Untermieter nicht betreiben, weil sein Recht nicht durch den Zuschlag erloschen ist (§ 93 Abs 1 Satz 2), sondern mit Beendigung des Hauptmietverhältnisses (BGB § 546 Abs 2) durch außerordentliche Kündigung. Der Ersteher muß, wenn der Untermieter auf die Kündigung hin nicht freiwillig räumt, gegen diesen noch einen Räumungstitel erwirken (ZPO § 885).

7.4 Hatte der Schuldner das Grundstück **selbst genutzt** und einzelne Teile (zB ein möbliertes Zimmer) „untervermietet", so liegt ein Mietverhältnis vor (keine Untermiete als Mietverhältnis mit dem Hauptmieter), in das der Ersteher nach § 57 mit BGB § 566 Abs 1 eingetreten ist, für das sonach dem Ersteher das Kündigungsrecht des § 57 a gegen den Mieter selbst zusteht.

Versteigerungsbedingungen, abweichende 8

8.1 Durch abweichende Versteigerungsbedingung nach § 59 kann das **außerordentliche Kündigungsrecht** des Erstehers **ausgeschlossen** werden[34] (Denkschrift S 36), und zwar auch auf Antrag des Mieters (Denkschrift aaO). Es erfolgt

---

[30] Landfermann NJW 1983, 2670 (III 4).
[31] Dassler/Gerhardt § 57 a Rdn 16.
[32] LG Siegen Rpfleger 1969, 173.
[33] BGH 79, 232 (235) = JR 1981, 285 mit Anm Haase = MDR 1981, 490 = NJW 1981, 865; BGH 84, 90 (95) = JR 1982, 453 mit krit Anm Haase = MDR 1982, 747 = NJW 1982, 1696 = Rpfleger 1982, 303.
[34] OLG Düsseldorf Rpfleger 1995, 373.

§ 57a 8.1   Geringstes Gebot. Versteigerungsbedingungen

Doppelausgebot, weil Nachteile nicht vorausberechenbar sind. Das Doppelausgebot erfolgt unter der gesetzlichen Bedingung, daß der Ersteher das außerordentliche Kündigungsrecht mit gesetzlicher Frist ausüben kann, und unter der abweichenden Bedingung, daß er bis zu einem bestimmten Zeitpunkt nicht kündigen kann. In der Regel wird nur auf das Ausgebot mit Kündigungsrecht geboten. Es genügt nicht, daß der Vollstreckungsschuldner in seinen Verträgen mit den Mietern das Kündigungsrecht des späteren Erstehers ausgeschlossen hatte[35]; dies ist gar nicht möglich, weil es sich bei dem Kündigungsrecht des Erstehers um eine gesetzliche Versteigerungsbedingung handelt (Rdn 2.1), die nur im Verfahren selbst nach § 59 geändert werden kann.

8.2 Der **Zuschlag** ist mit der abweichenden Bedingung (Kündigungsrecht ausgeschlossen) nur zulässig, wenn das Meistgebot hierbei nicht geringer ist als bei der gesetzlichen Versteigerungsbedingung.

8.3 Der **gesetzliche Mieterschutz**/Pächterschutz kann nicht über § 59 abbedungen werden (dazu Rdn 6.1).

8.4 Wenn der Teilnehmer eines **Flurbereinigungsverfahrens** seine landwirtschaftliche Nutzfläche an einen Landwirt langfristig verpachtet hat, genießt er dadurch Ermäßigungen bei Flurbereinigungskosten und erhält unter Umständen Prämien (dazu FlurbG § 19). Werden die Grundstücke versteigert und kündigt der Ersteher nach § 57a, so ist der Staat nicht Verfahrensbeteiligter und kann auch nicht einen Antrag auf abweichende Versteigerungsbedingungen zugunsten des Pächters stellen[35]; jedoch muß der Schuldner die Staatsmittel zurückzahlen, wobei unter Umständen der Ersteher die Schuld persönlich nach § 53 übernehmen muß[36] (§ 56 Rdn 2).

[Vorausverfügung, Rechtsgeschäft über Miete (Pacht)]

57b (1) Soweit nach den Vorschriften des § 566b Abs. 1 und der §§ 566c, 566d des Bürgerlichen Gesetzbuchs für die Wirkung von Verfügungen und Rechtsgeschäften über die Miete oder Pacht der Übergang des Eigentums in Betracht kommt, ist an dessen Stelle die Beschlagnahme des Grundstücks maßgebend. Ist dem Mieter oder Pächter der Beschluß, durch den die Zwangsversteigerung angeordnet wird, zugestellt, so gilt mit der Zustellung die Beschlagnahme als dem Mieter oder Pächter bekannt; die Zustellung erfolgt auf Antrag des Gläubigers an die von ihm bezeichneten Personen. Dem Beschlusse soll eine Belehrung über die Bedeutung der Beschlagnahme für den Mieter oder Pächter beigefügt werden. Das Gericht hat auf Antrag des Gläubigers zur Feststellung der Mieter und Pächter eines Grundstücks Ermittlungen zu veranlassen; es kann damit einen Gerichtsvollzieher oder einen sonstigen Beamten beauftragen, auch die zuständige örtliche Behörde um Mitteilung der ihr bekannten Mieter und Pächter ersuchen.

(2) Der Beschlagnahme zum Zwecke der Zwangsversteigerung steht die Beschlagnahme zum Zwecke der Zwangsverwaltung gleich, wenn sie bis zum Zuschlag fortgedauert hat. Ist dem Mieter oder Pächter der Beschluß, durch den ihm verboten wird, an den Schuldner zu zahlen, zugestellt, so gilt mit der Zustellung die Beschlagnahme als dem Mieter oder Pächter bekannt.

(3) **Auf Verfügungen und Rechtsgeschäfte des Zwangsverwalters** finden diese Vorschriften keine Anwendung.

---

[35] Wörbelauer NJW 1953, 1729 (II 11).
[36] Wehr RdL 1971, 197.

Vorausverfügung, Rechtsgeschäft über Miete (Pacht) 1.1 § 57b

Übersicht

Allgemeines zu § 57b 1
Berechtigung bei Vorausverfügung über Miete/Pacht (Abs 1 Satz 1) 2
Berechtigung nach Rechtsgeschäft mit Mieter/Pächter (Abs 1 Satz 1) 3
Berechtigung und Aufrechnung des Mieters/Pächters (Abs 1 Satz 1) 4
Beschlagnahmezeitpunkt (Absatz 1) 5
Mieter-Zustellung, -Ermittlung, -Belehrung (Abs 1 Sätze 2–4) 6
(Verlorener und nicht verlorener) Baukostenzuschuß 7
Zeitpunkt der Beschlagnahme bei Zwangsverwaltung (Absatz 2) 8
Zwangsverwalterverfügungen und -rechtsgeschäfte (Absatz 3) 9

Literatur (teilweise überholt, s. Rdn 7.5): Bachmann, Die rechtliche Behandlung der Baukostenzuschüsse unter besonderer Berücksichtigung der Rechtsprechung, ZMR 1961, 33; Bettermann, Der Baukostenzuschuß des Mieters, ZMR 1952, 29; Bruhn, Der Baukostenzuschuß des Mieters in der Zwangsverwaltung, Zwangsversteigerung und im Konkurs, Rpfleger 1952, 271; Bruhn, Der Baukostenzuschuß des Mieters in der Rechtsprechung des Bundesgerichtshofs, Rpfleger 1954, 345; Cranz, Baukostenzuschüsse, JR 1960, 124; Dettweiler, Verlorene Baukostenzuschüsse, NJW 1949, 772; Ehrenforth, Rückerstattung verlorener Baukostenzuschüsse, BB 1961, 1032; Haegele, Baukostenzuschuß mit Abwohnklausel, BlGrBW 1953, 297; Haegele, Baukostenzuschüsse in Geldumstellung, Konkurs und Zwangsvollstreckung, JurBüro 1953, 222; Korn, Die Behandlung von Baukostenzuschüssen der Mieter im Zwangsversteigerungsverfahren, MDR 1953, 587; Lewald, Nochmals: Rückerstattung des Baukostenzuschusses bei vorzeitiger Beendigung des Mietverhältnisses, MDR 1956, 328; Maetzel, Der nicht mehr verlorene Baukostenzuschuß, ZMR 1962, 33; Matthias, Der Rechtsschutz des Baukostenzuschusses, MDR 1954, 649; Mittelstein, Rückforderung des Baukostenzuschusses bei fristloser Kündigung, Mietaufhebung und Minderung, MDR 1955, 584; Mölders, Die Erstattung des vom Mieter geleisteten Baukostenzuschusses bei vorzeitiger Beendigung des Mietverhältnisses, NJW 1955, 777; Mohrbutter, Konkurs und Zwangsversteigerung, KTS 1958, 81 und 213; Mohrbutter, Baukostenzuschuß im Konkurs, KTS 1960, 129; Müller, Die Behandlung der verlorenen Baukostenzuschüsse bei vorzeitiger Beendigung des Mietverhältnisses, NJW 1958, 571; Nagel, Der Baukostenzuschuß des Mieters in der Zwangsverwaltung, Zwangsversteigerung und im Konkurs, Rpfleger 1952, 223; Otto, Finanzierungsbeiträge im Mietrecht, ZMR 1974, 225; Pauslen, Der Baukostenzuschuß des Mieters in der Rechtsprechung des Bundesgerichtshofes, WM 1955, 170; Pergande, Die „Baukostenzuschüsse", ihre preisrechtliche Zulässigkeit und die Sicherung der Mieter, NJW 1951, 737; Pergande, Neue Vorschriften über Baukostenzuschüsse, Betrieb 1961, 937; Pergande, Der Bundesgerichtshof zur Behandlung des Baukostenzuschusses des Mieters im Konkurs des Vermieters, BB 1952, 651; Pfeiffer, Die Behandlung nicht bestimmungsgemäß verwendeter Mietvorauszahlungen, BB 1959, 1048; Pfeiffer, Wirksamkeit von Mietvorauszahlungen, insbesondere von solchen, die nicht bestimmungsgemäß zum Aufbau eines Hausgrundstücks verwendet wurden, WuM 1960, 114; Pfeiffer, Rückzahlung eines Finanzierungsbeitrages (Baukostenzuschusses) bei vorzeitiger Auflösung des Mietverhältnisses, WuM 1961, 53, 67 und 83; Rahn, Baukostenzuschüsse der Mieter, BWNotZ 1955, 1; Roquette, Rückerstattung verlorener Baukostenzuschüsse, NJW 1962, 129; Scherer, Ein Beitrag zur Lehre von den Baukostenzuschüssen, WuM 1957, 129 und 1958, 145; Schopp, Der verlorene Baukostenzuschuß, ZMR 1954, 37; Schopp, Die Vorausverfügung über den Mietzins, ZMR 1954, 353; Schuster, Zum Thema „Mietvorauszahlungen", MDR 1960, 181; Siegelmann, Die Wohnungskündigung im Zwangsversteigerungsverfahren, WuM 1965, 76; Siegelmann, Konkurs und Mietrecht, KTS 1968, 213; Sturtz, Baukostenzuschüsse und Abstandszahlungen bei einverständlich aufgelösten Geschäftsraummiet- und Pachtverträgen, NJW 1968, 1955; Vahlbruch, Mieterbaukostenzuschüsse und Realkredit, BB 1953, 189; Weitnauer, Die §§ 57c, d des Zwangsversteigerungsgesetzes, WuM 1954, 1; Wunner, Baukostenzuschuß und Bereicherungsrecht, NJW 1966, 2285.

Allgemeines zu § 57b

1.1 Zweck der Vorschrift: Bestimmung des für Wirksamkeit von Vorausverfügungen und Rechtsgeschäften über die Miete oder Pacht bei Anwendung der

§ 57b 1.1 Geringstes Gebot. Versteigerungsbedingungen

Vorschriften von BGB § 566b Abs 1, §§ 566c, 566d (§ 57) maßgeblichen Zeitpunkts sowie der Feststellung und Belehrung der Mieter und Pächter. Die zeitliche Abgrenzung der Berechtigung des Erstehers zu der des Schuldners regelt § 56 Satz 2 nach dem Zeitpunkt des Zuschlags (§ 56 Rdn 3.3; dort auch zum Herausgabeanspruch an den Schuldner, wenn er eine Vorausleistung, somit auch eine wirksame Leistung des Mieters/Pächters, erhalten hat).

1.2 Anwendungsbereich: § 57b gilt (wie § 57a) für die Vollstreckungsversteigerung, ist aber für die Teilungsversteigerung durch § 183 ausgeschlossen, für den Zwangsverwalter durch § 57b Abs 3. In der Insolvenzverwalterversteigerung hat die Anordnung keine Beschlagnahmewirkung (§ 173), ebenso nicht in der Nachlaßversteigerung (§ 176); daher entfällt die Anwendung des § 57b. Die Wirksamkeit von Verfügungen und Rechtsgeschäften über die Miete oder Pacht bestimmt sich ohne Besonderheit nach den auch in diesen Verfahren anwendbaren Vorschriften von BGB § 566b Abs 1, §§ 566c, 566d. Besonderheiten gelten für Schiffe und Luftfahrzeuge (§ 162 Rdn 9.1, § 171a Rdn 3).

2 Berechtigung bei Vorausverfügung über Miete/Pacht (Absatz 1 Satz 1)

2.1 BGB § 566b Abs 1 besagt in der Abänderung durch § 57b: Hat der Vermieter vor Übergang des Eigentums (mit dem Zuschlag, § 90; dazu Rdn 5.2) über die Miete, die auf die Zeit der Berechtigung des Erstehers entfällt, verfügt, so ist die Verfügung insoweit wirksam, als sie sich auf die Miete für den zur Zeit der Beschlagnahme laufenden Kalendermonat bezieht, und dann, wenn dieser Zeitpunkt nach dem fünfzehnten des Monats liegt, auch insoweit wirksam, als sie sich auf die Miete für den folgenden Kalendermonat bezieht; unwirksam ist die Verfügung somit über die Miete für die folgende Zeit. Gleiches gilt für die Pacht (BGB § 581 Abs 2). Zu beachten ist für das Verständnis des unglücklich gefaßten Satzes 1 von Abs 1, daß der Zeitpunkt der Beschlagnahme des Grundstücks nur für die Wirkung einer Verfügung über die Miete oder Pacht Bedeutung erlangt, „der auf die **Zeit der Berechtigung des Erwerbers** entfällt" (BGB § 566b Abs 1). Diese bestimmt sich nach dem Zuschlag (§ 56 Satz 2). Miete und Pacht bis zum Zuschlag gebührt dem Ersteher nicht. Erteilung des Zuschlags im Monat der Beschlagnahme (oder im folgenden Monat) kommt nicht mehr vor (siehe § 43, auch § 30b Abs 4). Praktisch hat die Regelung des Abs 1, daß für die Anwendung von BGB § 566b Abs. 1 Satz 1 an die Stelle des Eigentumsübergangs der Zeitpunkt der Beschlagnahme des Grundstücks tritt, daher die Bedeutung, daß die durch Verfügung über die Miete oder Pacht begründete Berechtigung eines Dritten mit dem Eigentumsübergang endet, dem Ersteher die Miete oder Pacht somit auch bei Vorausverfügung des Schuldners (als Vermieter) stets sogleich vom Zuschlag an gebührt.

2.2 Vorausverfügung über die Miete oder Pacht zugunsten eines Dritten sind Abtretung, Verpfändung, auch Pfändung als Verfügung im Wege der Zwangsvollstreckung[1], sowie Aufrechnung des Vermieters. Dazu gehört auch die Verfügung, die von einer anderen Person auf Grund besonderer Rechtsstellung an Stelle des Schuldners als Vermieter getroffen wird (Insolvenzverwalter, Pfandgläubiger, Testamentsvollstrecker, Nießbraucher, dessen Recht durch den Zuschlag erlischt). Der Anwendungsbereich von BGB § 566b Abs 1 beschränkt sich auf **Verfügungen, die der Vermieter** (ein für ihn Berechtigter) **mit einem Dritten** über die Miete oder Pacht getroffen hat; für Rechtsgeschäfte zwischen dem Mieter oder Pächter und dem Vermieter oder Verpächter sowie für Aufrechnung des Mieters und Pächters treffen BGB §§ 566c, 566d Sondervorschriften (Rdn 3, 4), die der Regelung von BGB § 566b Abs 1 vorgehen. Die Zeit der Fälligkeit der Miete oder Pacht (im voraus, nachträglich, in der Mitte eines Quartals usw) erlangt für die

---

[1] RG 58, 181; Jaeckel/Güthe §§ 57–57b Rdn 7 ff.

Vorausverfügung, Rechtsgeschäft über Miete (Pacht) 3.3 § 57b

Wirksamkeit einer Verfügung keine Bedeutung; maßgebend ist allein der Kalendermonat, für den die Miete oder Pacht geschuldet wird. Ist die Miete/Pacht nach anderen Zeitabschnitten berechnet (Quartal, Jahr), dann muß er für die Abgrenzung nach BGB § 566 b Abs 1 auf Monate umgerechnet werden. Zur Miete/Pacht als einmalige Leistung Rdn 3.2. Der Ersteher muß eine Verfügung auch dann nur in den Grenzen von BGB § 566 b Abs 1 mit § 57 b gegen sich gelten lassen, wenn er diese gekannt hat (BGB § 566 b Abs 2 findet keine Anwendung, § 57).

Berechtigung nach Rechtsgeschäft mit Mieter/Pächter (Absatz 1 Satz 1)   3

3.1 BGB § 566 c besagt in der Abänderung durch § 57 b: Ein **Rechtsgeschäft,** das zwischen dem Mieter und dem Vermieter über die Mietforderung vorgenommen wurde, die **dem Ersteher gebührt** (§ 56 Satz 2), ist diesem gegenüber **wirksam,** soweit es sich nicht auf die Miete für eine spätere Zeit als den Kalendermonat bezieht, in dem der Mieter von der Beschlagnahme Kenntnis erhält, und dann, wenn er diese Kenntnis nach dem fünfzehnten Tag des Monats erlangt, auch noch wirksam, soweit es sich auf die Miete für den folgenden Kalendermonat bezieht. Gleiches gilt für die Pacht (BGB § 581 Abs 2). Ein Rechtsgeschäft, das **nach dem Übergang des Eigentums** (mit Zuschlag, § 90; dazu Rdn 5.2) vorgenommen wird, ist jedoch unwirksam, wenn der Mieter oder Pächter bei der Vornahme des Rechtsgeschäfts von der Beschlagnahme Kenntnis hat (BGB § 566 c Satz 3 mit § 57 b). BGB § 574 dient (nach dem Vorbild von BGB § 407) dem Schutz des Mieters und Pächters als Miet- und Pachtschuldner.

3.2 Die Zeit der **Fälligkeit** der Miete oder Pacht erlangt für die Wirksamkeit eines Rechtsgeschäfts mit dem Mieter oder Pächter keine Bedeutung (siehe Rdn 2), desgleichen nicht, ob die Miete oder Pacht jeweils nach Ablauf periodischer Zeitabschnitte oder in voller Höhe zu einem vor dem Zuschlag liegenden Zeitpunkt zu entrichten und gezahlt worden ist. Eine Vorauszahlung der nach periodischen Zeitabschnitten (insbesondere) Monaten bemessenen Miete oder Pacht ist dem Ersteher gegenüber auch dann nur im Rahmen von BGB § 566 c (mit § 57 b) wirksam, wenn der vorausbezahlte Miete oder Pacht schon im Miet- oder Pachtvertrag selbst vereinbart und fällig gestellt worden ist[2] (Ausnahme bei Baukostenzuschuß, Rdn 7). Nicht angewendet wird BGB § 566 c (auch § 566 b) jedoch, wenn nach dem Miet- oder Pachtvertrag die gesamte, nicht nach periodischen Zeitabschnitten bemessene Miete oder Pacht durch eine einmalige Leistung („Einmalbetrag") zu tilgen ist[3].

3.3 Rechtsgeschäfte, deren Wirksamkeit sich nach BGB § 566 c (mit § 57 b) bestimmt, sind insbesondere die Entrichtung der Miete oder Pacht (Erfüllung mit Zahlung, BGB § 362; dem muß schuldbefreiende Hinterlegung gleichgesetzt werden), der Erlaß (BGB § 397), die Annahme an Zahlungs Statt (BGB § 364), Stundung und die Vorauszahlung, nicht aber die Änderung und Aufhebung des Miet- oder Pachtvertrags sowie eine Kündigung des Miet- oder Pachtverhältnisses. Nach BGB § 566 c mit § 57 b bestimmt sich auch die Wirksamkeit eines Rechtsgeschäfts, das zwischen dem Mieter oder Pächter und dem Zessionar des Vermieters oder Verpächters, einem zur Einziehung berechtigten Pfandgläubiger oder einem sonst für den Schuldner verfügungsberechtigten Dritten vorgenommen wird. Maßgebend für die Wirksamkeit des Rechtsgeschäfts ist der Zeitpunkt, in dem der Mieter oder Pächter von der **Beschlagnahme Kenntnis erlangt** (anders als im Falle von BGB § 566 c Abs 1 somit nicht der Zeitpunkt der Beschlagnahmewirksamkeit). Ein Mieter oder Pächter kann vor Erteilung des Zuschlags mit befreiender Wirkung sonach die Miete oder Pacht für den Monat, in dem er von der Be-

---

[2] BGH 37, 346 = JR 1963, 60 mit Anm Cranz = MDR 1962, 982 = NJW 1962, 1860.
[3] BGH 137, 106 = DNotZ 1998, 802 = MDR 1998, 209 = NJW 1998, 595; MünchKomm/Voelskow, BGB, § 573 Rdn 5; Steiner/Teufel §§ 57–57 d Rdn 89.

§ 57b 3.3 Geringstes Gebot. Versteigerungsbedingungen

schlagnahme Kenntnis erlangt hat, an den Schuldner zahlen, desgleichen die Miete oder Pacht für den folgenden Kalendermonat, wenn der Mieter oder Pächter nach dem 15. des Monats Kenntnis davon erlangt. Gleichgültig ist, auf welchem Weg der Mieter oder Pächter Kenntnis von der Beschlagnahme erlangt. Fahrlässige Unkenntnis („Kennen-müssen") steht der Kenntnis jedoch nicht gleich. Vorsicht ist wegen möglicher Ersatzzustellung (Rdn 6) dennoch geboten. Für spätere Zeit bleibt zur Sicherung des Mieters oder Pächters die Hinterlegung. Jedoch liegt Gläubigerungewißheit im Sinne von BGB § 372 nicht vor, wenn Versteigerungstermin in der Zeit, für die Vorausentrichtung der Miete oder Pacht erfolgen soll, nicht bestimmt ist und auch nicht mehr bestimmt werden kann.

4 Berechtigung und Aufrechnung des Mieters/Pächters (Absatz 1 Satz 1)

Aufrechnen kann der Mieter oder Pächter auch gegen die Miet- oder Pachtforderung, die dem Ersteher gebührt, eine ihm gegen den Vermieter (Schuldner) zustehende Forderung, soweit die Entrichtung der Miete oder Pacht an den Vermieter (Schuldner) nach BGB § 566c dem Ersteher gegenüber wirksam ist: **BGB § 566d** Satz 1. Die Aufrechnung ist aber ausgeschlossen, wenn der Mieter oder Pächter seine Gegenforderung erst erworben hat, nachdem er von der Beschlagnahme Kenntnis erlangt hat oder wenn die Gegenforderung des Mieters oder Pächters erst nach Erlangung dieser Kenntnis und später als die Miete oder Pacht fällig geworden ist: BGB § 566d Satz 2 (mit § 57b Abs 1 Satz 1).

5 Beschlagnahmezeitpunkt (Absatz 1)

5.1 Die **Beschlagnahme** des Grundstücks ist im Falle von BGB § 566b Abs 1, die **Kenntnis** des Mieters oder Pächters von der Beschlagnahme des Grundstücks ist in den Fällen von BGB §§ 566c, 566d für entsprechende Anwendung dieser Vorschriften (§ 57) maßgebend. Es ist dies der Zeitpunkt der Beschlagnahmewirksamkeit (§ 22), die mit Zustellung des Anordnungsbeschlusses oder mit dem Zeitpunkt, in welchem das Eintragungsersuchen dem Grundbuchamt zugeht, bewirkt wird. Liegen mit Zulassung von Beitritten mehrere Beschlagnahmen vor, so ist für BGB § 566 Abs 1 die zuerst wirksam gewordene maßgebend. Für Rechtsgeschäfte zwischen Vermieter/Verpächter und Mieter/Pächter (BGB § 566c) ist gleichgültig, ob der Mieter oder Pächter Kenntnis von der durch Anordnung des Verfahrens (§ 20) oder von einer mit Zulassung des Beitritts bewirkten Beschlagnahme (§ 27 mit § 20) hat; es genügt, wenn er eine von mehreren Beschlagnahmen kennt. Der Kenntnis von der Beschlagnahme muß auch hier die Kenntnis vom Versteigerungsantrag (auch vom Beitrittsantrag) gleichstehen (§ 23 Abs 2 Satz 1). Frühere Beschlagnahme bei Zwangsverwaltung = Rdn 8.

5.2 § 57b Abs 1 bestimmt nicht, daß noch zwischen Verfügungen und Rechtsgeschäften **vor** und **nach** der Beschlagnahme unterschieden werden müsse (anders zB[4]). Nur soweit nach BGB § 566b Abs 1 und BGB §§ 566c, 566d für die Wirkung von Verfügungen und Rechtsgeschäften der Übergang des Eigentums in Betracht kommt, ist an dessen Stelle nach Abs 1 Satz 1 die Beschlagnahme des Grundstücks maßgebend. Das gilt somit für alle Verfügungen und Rechtsgeschäfte des Vermieters oder Verpächters sowie für jede Aufrechnung des Mieters oder Pächters. Miet- und Pachtforderungen umfaßt die Beschlagnahme nicht (§ 21 Abs 2). Die Einziehung solcher Ansprüche ist Angelegenheit der dem Schuldner verbleibenden Verwaltung (§ 21 Rdn 3). Daher findet sich kein Grund der es rechtfertigen könnte, für die Wirkung von Verfügungen und Rechtsgeschäften und damit auch für die Aufrechnungsbefugnis nach der Zeit der Beschlagnahme zu unterscheiden. Auch nach der Beschlagnahme des Grundstücks, die sich nicht auf die Miete und Pacht erstreckt, verfügt der Schuldner als Berechtigter. Nur eine

---

[4] Steiner/Teufel §§ 57–57d Rdn 94 und 100; Korintenberg/Wenz §§ 57–57b Anm 4a und b.

Vorausverfügung, Rechtsgeschäft über Miete (Pacht) 7.1 § 57b

Verfügung des Schuldners nach dem Übergang des Eigentums mit Zuschlag ist als Verfügung des Nichtberechtigten unwirksam, soweit nicht der Mieter oder Pächter unter den besonderen Voraussetzungen von BGB § 566 c geschützt ist. Mit seinem mißverständlichen Wortlaut bestimmt Abs 1 daher nur, daß die **Wirksamkeit** der Verfügungen und Rechtsgeschäften vor dem Übergang des Eigentums (mit der Besonderheit von BGB § 566 c Satz 3 für die Verfügung auch nach diesem Zeitpunkt) sich bei Anwendung der BGB-Vorschriften danach bestimmt, ob sie sich auf die Miete oder Pacht für den Beschlagnahmemonat und gegebenenfalls den folgenden Monat bezieht. Die Abgrenzung auch noch zwischen Verfügungen vor und nach der Beschlagnahme ist aber auch unerheblich, weil ihr praktische Auswirkung im Falle von BGB § 566 b Abs 1 ohnedies nicht zukommt (Rdn 2) und nach BGB § 566 c Satz 3 (damit auch für BGB § 566 d) auf die Kenntnis von der Beschlagnahme bei Verfügung abgestellt ist.

Mieter-Zustellung, -Ermittlung, -Belehrung (Absatz 1 Sätze 2–4)   6

6.1 Auf die **Kenntnis** des Mieters oder Pächters von der Beschlagnahme kommt es für die Wirksamkeit eines Rechtsgeschäfts zwischen dem Vermieter und dem Mieter oder Pächter (BGB § 566c; Rdn 3) und die Aufrechnung des Mieters oder Pächters (BGB § 566d; Rdn 4) an. Dafür gilt die Beschlagnahme stets als dem Mieter oder Pächter bekannt, wenn ihm der Beschluß, durch den die Zwangsversteigerung angeordnet wird, **zugestellt** ist (Abs 1 Satz 2); unwiderlegbare Vermutung. Gleiches gilt, wenn ein Beitrittsbeschluß zugestellt wird (§ 27). Die Zustellung muß auf Antrag des (betreibenden) Gläubigers erfolgen (Abs 1 Satz 2).

6.2 Die **Zustellung erfolgt** nach §§ 3–7, also: von Amts wegen (§ 3), auch möglich durch Aufgabe zur Post per Einschreiben (§ 4) oder an den Grundbuchbevollmächtigten des Zustellungsempfängers (§ 5), wobei ein Zustellungsvertreter unter den dafür geltenden Voraussetzungen bestellt werden kann (§§ 6, 7).

6.3 Dem an den Mieter/Pächter zugestellten Anordnungsbeschluß soll (nicht muß) eine **Belehrung** über die Bedeutung der Beschlagnahme für den Mieter/Pächter beigefügt werden (Abs 1 Satz 3). Für diese Belehrung ist landesrechtlich manchmal eine bestimmte Form vorgeschrieben.

6.4 Um den Mietern/Pächtern den Versteigerungsanordnungsbeschluß zustellen zu können, **muß** diese das Gericht **auf Antrag** des Gläubigers ermitteln (Abs 1 Satz 4), und zwar mit Hilfe des Gerichtsvollziehers oder eines sonstigen Beamten (zB des Urkundsbeamten) oder mit Hilfe der zuständigen Verwaltungsbehörde (Gemeinde, Meldebehörde), die um Auskunft gebeten wird. Bei gleichzeitiger Zwangsverwaltung kann die Anfrage auch an den Zwangsverwalter ergehen.

6.5 Gebühren und Auslagen des Gerichtsvollziehers hierfür Einl Rdn 88. Das Gericht hat diese als Barauslagen aus dem Erlös gemäß § 109 vorweg zu entnehmen. Hierzu auch[5] und ZVG-Handbuch Rdn 218.

(Verlorener und nicht verlorener) Baukostenzuschuß   7

7.1 BGB und ZVG sind grundsätzlich gegen Vorausgeschäfte und Vorausverfügungen und schränken sie ein in BGB §§ 566 b–d, 1123, 1124, ZVG §§ 57, 57 b ein. Von dieser gesetzlichen Grundhaltung hatten sich die tatsächlichen **Verhältnisse nach 1945** weit entfernt. Lange Zeit wurde kaum ein Wohnraum ohne Mieterleistung erstellt. Es gab viele Jahre hindurch nahezu kein Mietverhältnis über Wohnraum ohne erheblichen Baukostenzuschuß, Mietzinsvorauszahlung, Mieterdarlehen oder sonstige zusätzliche Leistung des Mieters. Im Interesse der sozial schwächeren Mieter, die gegenüber den Kreditgebern die mehr Schutzbedürftigen waren und denen man fast die Stellung dinglicher Gläubiger sichern wollte (Fortentwicklung des Mietrechts), haben Schrifttum und Rechtsprechung

---

[5] Drischler DGVZ 1962, 131 (A I 2).

§ 57b 7.1   Geringstes Gebot. Versteigerungsbedingungen

einen vermittelnden Weg gesucht und der Gesetzgeber hat durch Teilmaßnahmen eingegriffen. Die Einschränkung des Sonderkündigungsrechts des Erstehers bei Mieterleistungen bestimmt § 57 c.

7.2 Vereinbarungen über **Mieterleistungen** können bei Abschluß des Mietvertrags oder später, im Mietvertrag oder gesondert, getroffen sein; es kann sich um Leistungen in Geld, in Arbeit und Diensten oder um Sachleistungen handeln, um Leistungen des Mieters selbst oder eines Dritten zu seinen Gunsten. Die Leistungen können zur Schaffung oder zum Ausbau von Wohnraum oder Geschäftsräumen erfolgt sein, ausdrücklich für solche Zwecke bestimmt und verwendet, ausdrücklich so festgelegt oder nur nach den Umständen, vor oder nach der Schaffung oder dem Ausbau der Räume geleistet.

7.3 Als **Baukostenzuschuß** geleistete Vorauszahlungen des Mieters (auch für Pächter, BGB § 581 Abs 2) behandelt die Rechtsprechung dem Erwerber des Grundstücks, damit auch dem Ersteher gegenüber in Einschränkung von BGB §§ 566 b, c, ZVG § 57 b als wirksam. Der Ersteher – und der Zwangsverwalter – muß diese Mieterleistungen (auch außerhalb der Baukostenzuschußrückerstattungsvorschriften, Rdn 7.6 und 7.7) gegen sich gelten lassen[6], bei vorzeitiger Beendigung des Mietverhältnisses somit auch zurückerstatten. Mietern, die durch ihre Leistung einen Sachwert geschaffen haben, der dem Ersteher später in Form höherer Mieteinnahmen zugute kommt, ist damit eine Sonderstellung gegenüber Grundpfandgläubigern zugestanden[7]. Dieser Schutz des Mieters beruht letztlich auf dem Grundsatz von Treu und Glauben (§ 57 c Rdn 2.1). Alle anderen Vorauszahlungen sind streng nach BGB §§ 566 b, c zu behandeln.

7.4 Die **Rechtsnatur des Baukostenzuschußvertrages** (auch Aufbauvertrags) haben Rechtsprechung[8] und Schrifttum (zu diesem vor § 57 b) vielfach erörtert. Eine Regel, welche rechtliche Gestaltung im Einzelfall anzunehmen ist, besteht nicht. Unterschieden werden (in großen Zügen):

— **Vorausentrichtung** der Miete zur Schaffung oder Instandsetzung (nicht Instandhaltung oder Modernisierung, § 57 c Rdn 2.4) der Miträume (§ 57 c Abs 1 Nr 1; dort Rdn 3), sogen **Baukostenzuschuß**. Als Mietvorauszahlung gilt jede Mieterleistung, durch die Miete ganz oder teilweise für eine bestimmte Zeit voraus als erbracht gilt (dazu[9]).

— **Verrechnung der Miete** mit einem zur Schaffung oder Instandsetzung (nicht Instandhaltung oder Modernisierung, § 57 c Rdn 2.4) der Miträume geleisteten sonstigen Beitrag (§ 57 c Abs 1 Nr 1; dort Rdn 3), sogen **Baukostenzuschuß,**

— der **verlorene Baukostenschuß**, bei dem eine Vorausentrichtung der Miete oder Verrechnung des zur Schaffung oder Instandsetzung von Mieträumen geleisteten Beitrags mit der Miete nicht vereinbart ist (§ 57 c Abs 1 Nr 2), die Höhe der Miete sich damit nicht ändert.

Die Möglichkeiten können auch gemischt sein. Abzugrenzen ist der Baukostenzuschuß von

— Bau- und Mieterdarlehen (BGB §§ 488 ff), die eine selbständige Rückzahlungsforderung des Mieters begründen (keine Anrechnung auf die Mietforderung),

---

[6] BGH 6, 202 – MDR 1952, 544 = NJW 1952, 867 = Rpfleger 1952, 411 mit zust Anm Bruhn = ZMR 1952, 179 mit zust Anm Bull; BGH NJW MDR 1953, 473 = NJW 1953, 1182 Leitsatz = Rpfleger 1954, 373; BGH 15, 296 = MDR 1955, 152 = NJW 1955, 301 = Rpfleger 1955, 67 und 73 mit Anm Bruhn; BGH 16, 31 = NJW 1955, 302; BGH KTS 1959, 17 = MDR 1959, 207 sowie 387 Leitsatz mit zust Anm Thieme = NJW 1959, 380; OLG Düsseldorf DWW 1971, 414 = MDR 1972, 148 und 955 Leitsatz = OLGZ 1972, 279; OLG München BB 1952, 71 mit Anm Pergande = MDR 1952, 165 = NJW 1952, 307.
[7] BGH MDR 2002, 1214 = NJW-RR 2002, 1304 = Rpfleger 2002, 579.
[8] BGH seit BGH 6, 202 = aaO (Fußn 6) vielfach.
[9] BGH MDR 2000, 946 = NJW 2000, 2987 = WM 2000, 428.

Vorausverfügung, Rechtsgeschäft über Miete (Pacht)   7.8 § 57b

- der Mietvorauszahlung (BGB § 566 b Abs 1), die nicht zur Schaffung oder Instandsetzung des Mietobjekts erbracht ist, deren Verwendung dem Vermieter damit freigestellt ist,
- anderen Sonderleistungen, die nicht Entgelt für die Gebrauchsüberlassung sind,
- der Gesellschaft bürgerlichen Rechts (BGB §§ 705 ff) von Vermieter und Mieter zur gemeinsamen Schaffung oder Instandsetzung von Mietraum,
- der Schenkung (BGB § 516) wie zB bei unentgeltlicher Zuwendung der Eltern an ein Kind.

Im Rahmen der Vertragsfreiheit sind die Möglichkeiten so vielfältig wie nur denkbar. Auf die formelle Bezeichnung in der Vereinbarung kommt es nicht an; maßgebend sind der wirtschaftliche Zweck und die Umstände, damit das, was die Vertragsparteien gewollt haben[10] (BGB §§ 133, 157).

7.5 Ob Erfordernis des **Baukostenzuschusses** ist, daß die Mittel dazu gedient haben, **einen sachlichen Wert für das Grundstück zu schaffen** oder ob bereits genügt, daß die Zweckbestimmung vereinbart war und die Leistung bestimmungsgemäß erfolgt ist, war lange Zeit heftig umstritten. Für die Beschränkung des Kündigungsrechts des Erstehers (§ 57 c; dort Rdn 2.5) wird (nun) gefordert, daß der Mieter vor Durchführung der Instandsetzung tatsächlich Beiträge zur Schaffung oder Instandsetzung des Mietobjekts erbracht hat[11]. Für die Wirksamkeit der Mieterleistung als Baukostenzuschuß auch dem Ersteher gegenüber kann das nur ebenso gesehen werden. Ältere abweichende Rechtsprechung (zuletzt 17. Aufl 2002, § 57 b Rdn 7.9) und das vielfältige vormalige gegenteilige Schrifttum (zu diesem vor § 57 b) sind damit überholt.

7.6 Die für die Zeit nach Beendigung des Mietverhältnisses **voraus entrichtete Miete** hat der Vermieter mit Zinsen ab Empfang **zurückzuerstatten** (BGB § 547 Abs 1 Satz 1); es handelt sich um einen Abwicklungsanspruch aus dem Mietverhältnis. Bei einem Mietverhältnis über Wohnraum ist eine zum Nachteil des Mieters abweichende Vereinbarung unwirksam (BGB § 547 Abs 2). Der Ersteher haftet als Erwerber (BGB § 566 Abs 1 mit ZVG § 57) und damit Vermieter bei Beendigung des Mietverhältnisses für den Rückzahlungsanspruch (nur) dann, wenn die Vorauszahlung ihm gegenüber nach BGB §§ 566 b, c (mit ZVG § 57 b) wirksam ist[12]; das ist auch für den nicht abgewohnten Teil eines Baukostenzuschusses der Fall. Hat bei einer Nachfolgeklausel der neue Mieter dem früheren die noch nicht abgewohnte Vorauszahlung erstattet, so kann er vom Vermieter die Rückerstattung fordern[13]. Diese Vorschriften sind auch bei der außerordentlichen Kündigung des Erstehers nach § 57 a anzuwenden[14].

7.7 Ein **verlorener Baukostenzuschuß** ist bei Beendigung des Mietverhältnisses nach dem Gesetz vom 21. 7. 1961 (Schönfelder Nr 20 = BGB § 546 Fußnote, Art VI) für alle nach der Währungsreform 1948 bezugsfertig gewordenen Wohnungen **zurückzuerstatten**, soweit er nicht durch die Dauer des Mietverhältnisses als getilgt anzusehen ist (Gesetz Artikel VI § 1).

7.8 Wenn ein Mieter für Leistungen, die ihm nicht schon nach den besprochenen Grundsätzen Schutz gewähren, weiteren Schutz wünscht (Rückzahlung oder Kündigungsausschluß), so kann das über § 59 durch **abweichende Versteigerungsbedingungen** erfolgen. Hierfür ist ein Vortermin nach § 62 nicht unprak-

---

[10] BGH 15, 296 = aaO (Fußn 6); BGH MDR 1954, 283 = NJW 1954, 673; BGH 16, 31 = aaO (Fußn 6).
[11] BGH NJW-RR 2002, 1304 = aaO (Fußn 7).
[12] BGH 53, 35 (38) = NJW 1970, 93 = Rpfleger 1970, 17.
[13] BGH BGHWarn 1966, 340 = MDR 1966, 923 = NJW 1966, 1705.
[14] BGH 37, 346 = JR 1963, 60 mit Anm Cranz = MDR 1962, 982 = NJW 1962, 1860; BGH MDR 1970, 671 = NJW 1970, 1124 = Rpfleger 1970, 236; BGH 53, 35 = aaO (Fußn 12).

tisch. Nötig ist zur Abweichung die Zustimmung der betroffenen Gläubiger und des Schuldners, bei Zweifeln also Doppelausgebot.

7.9 Im Zuge der Schutzbestrebungen für die Mieter wurde es üblich, daß die **Mieter** bei Abschluß des Mietvertrages auf Verlangen der Finanzierungsinstitute für den Fall der Zwangsversteigerung und Zwangsverwaltung auf die Anrechnung oder Verrechnung ihrer zusätzlichen Leistungen **verzichten** mußten. Dies wurde als nicht sittenwidrig nach BGB § 138 und als nicht gesetzwidrig nach BGB § 134 bezeichnet[15], wogegen aber angesichts der sozialen Bedeutung der Wohnung erhebliche Bedenken bestanden, abhängig von der Lage des Einzelfalles, zu entscheiden von den Prozeßgerichten. Über den Verzicht der Mieter auf Kündigungsschutz § 57c Rdn 9.

8 Zeitpunkt der Beschlagnahme bei Zwangsverwaltung (Absatz 2)

Die **frühere Beschlagnahme** zum Zwecke der Zwangsverwaltung, damit auch die Kenntnis des Mieters oder Pächters davon, ist für Wirksamkeit von Vorausverfügungen und Rechtsgeschäften (BGB § 566b Abs 1, §§ 566c, 566d) maßgeblicher Zeitpunkt, wenn sie bis zum Zuschlag fortgedauert hat: Abs 2 Satz 1 (ähnlich § 13 Abs 4 Satz 2). Wirksamwerden dieser Beschlagnahme: § 151 Rdn 2. Als bekannt im Sinne von BGB §§ 566c, 566d gilt die Beschlagnahme dem Mieter oder Pächter auch, wenn ihm ein Zahlungsverbot (§ 22 Abs 2 Satz 1) zugestellt wird: Abs 2 Satz 2. Daß er dann auch noch Kenntnis von der Beschlagnahme mit Anordnung der Zwangsversteigerung erlangt, ist nicht erforderlich.

9 Zwangsverwalterverfügungen und -rechtsgeschäfte (Absatz 3)

Für die Wirkung von Verfügungen und Rechtsgeschäften des **Zwangsverwalters** erlangt der Zeitpunkt der **Beschlagnahme keine Bedeutung** (Abs 3). Sie bestimmt sich, da § 57b keine Anwendung findet, auf Grund des § 57 nach BGB § 566b Abs 1, §§ 566c, 566d; dafür ist stets der Zeitpunkt des **Eigentumsübergangs** mit Erteilung des Zuschlags (§ 90) maßgebend (es tritt nicht die Beschlagnahme an dessen Stelle). Zahlen kann der Mieter oder Pächter somit an den Zwangsverwalter (§ 152), bis er Kenntnis vom Zuschlag erlangt; die Wirksamkeit dieser Zahlungen dem Ersteher gegenüber richtet sich nach BGB § 566c. Der Zwangsverwalter muß mit dem Ersteher abrechnen (§ 161 Rdn 6). Grund dieser Regelung: Schutz des Mieters/Pächters, der bei (verkehrsüblicher) Miet/Pachtzahlung an den Zwangsverwalter nicht bereits vom Tag des Zuschlags an dem Risiko nochmaliger Zahlung des dem Ersteher gebührenden Mietzinses ausgesetzt werden sollte (der Ersteher kann mit dem Zwangsverwalter abrechnen), aber auch Sicherung der ordnungsgemäßen Abwicklung der Zwangsverwaltung, die nicht der Gefahr unterliegen soll, daß Mieter oder Pächter vor einem Versteigerungstermin fällige Zahlungen zurückhalten.

[Beschränkung des außerordentlichen Kündigungsrechts]

57c (1) **Der Ersteher eines Grundstücks kann von dem Kündigungsrecht nach § 57a keinen Gebrauch machen,**
1. **wenn und solange die Miete zur Schaffung oder Instandsetzung des Mietraums ganz oder teilweise vorausentrichtet oder mit einem sonstigen zur Schaffung oder Instandsetzung des Mietraums geleisteten Beitrag zu verrechnen ist, und zwar ohne Rücksicht darauf, ob die Verfügung gegenüber dem Ersteher wirksam oder unwirksam ist;**
2. **wenn der Mieter oder ein anderer zugunsten des Mieters zur Schaffung oder Instandsetzung des Mietraums einen Beitrag im Betrag von**

---

[15] LG Kassel WuM 1960, 125.

mehr als einer Jahresmiete geleistet oder erstattet hat und eine Vorausentrichtung der Miete oder eine Verrechnung mit der Miete nicht vereinbart ist (verlorener Baukostenzuschuß), solange der Zuschuß nicht als durch die Dauer des Vertrages getilgt anzusehen ist.

(2) Im Sinne des Absatzes 1 Nr 2 ist jeweils ein Zuschußbetrag in Höhe einer Jahresmiete als durch eine Mietdauer von vier Jahren getilgt anzusehen; ist die Miete im Hinblick auf den Beitrag erheblich niedriger bemessen worden, als dies ohne den Beitrag geschehen wäre, so tritt für die Berechnung des in Absatz 1 Nr 2 vorgesehenen Zeitraums an die Stelle der vereinbarten Jahresmiete die Jahresmiete, die ohne Berücksichtigung des Beitrags vereinbart worden wäre. In jedem Falle ist jedoch der Zuschuß nach Ablauf von zwölf Jahren seit der Überlassung der Mieträume oder, sofern die vereinbarte Mietzeit kürzer ist, nach deren Ablauf als getilgt anzusehen.

(3) Ist zur Schaffung oder Instandsetzung des Mietraums sowohl ein Beitrag im Sinne des Absatzes 1 Nr 1 als auch ein Beitrag im Sinne des Absatzes 1 Nr 2 geleistet worden, so sind die aus Absatz 1 Nr 1 und 2 sich ergebenden Zeiträume zusammenzurechnen.

(4) Die Absätze 1 bis 3 gelten für Pachtverhältnisse entsprechend.

Übersicht

Allgemeines zu § 57 c 1	Mietzuschüsse verschiedener Art als Kündigungsaufschub (Abs 3) 6
Aufschub der außerordentlichen Kündigung wegen Mieterleistungen 2	Pachtverhältnisse (Abs 4) 7
Kündigungsaufschub bei Mietvorauszahlung (Abs 1 Nr 1) 3	Versteigerungsbedingungen, abweichende 8
Kündigungsaufschub bei verlorenem Baukostenzuschuß (Abs 1 Nr 2) 4	Verzicht des Mieters/Pächters auf Kündigungsaufschub 9
Mieterdarlehen als Kündigungsaufschub .. 5	

Literatur: Mohrbutter, Zum Ruhen des außerordentlichen Kündigungsrechts des Erstehers, ZMR 1954, 161; Pfeiffer, Kündigung des Mietverhältnisses im Zusammenhang mit der Gewährung von Finanzierungsbeiträgen (Baukostenzuschüssen), WuM 1960, 161; Weitnauer, Die §§ 57 c, d des Zwangsversteigerungsgesetzes, WuM 1954, 1; Witthinrich, § 57 c – Mißbrauch einer Schutzvorschrift, Rpfleger 1986, 46; Wörbelauer, Das Kündigungsrecht des Erstehers in der Zwangsversteigerung, NJW 1953, 1729.

Allgemeines zu § 57 c 1

1.1 Zweck der Vorschrift: Einschränkung des außerordentlichen Kündigungsrechts des Erstehers (§ 57 a) zum Schutz von Mietern und Pächtern (§ 57 a) bei bestimmten Finanzierungsleistungen.

1.2 Anwendungsbereich: § 57 c gilt (wie §§ 57–57 a) für die Vollstreckungsversteigerung, Insolvenzverwalter- und Nachlaßversteigerung; bei der Teilungsversteigerung ist die Ausnahmekündigung durch § 183 ausgeschlossen. Auf eine Raumüberlassung durch den Zwangsverwalter nach § 149 an den Schuldner ist § 57 c nicht anwendbar[1], auch nicht auf das Dauerwohnrecht des WEG. Besonderheiten gelten für Schiffe und Luftfahrzeuge (§ 162 Rdn 9.1, § 171 a Rdn 3).

Aufschub der außerordentlichen Kündigung wegen Mieterleistungen 2

2.1 Die Kündigung des Erstehers nach Gesetz oder Vertrag wird durch § 57 c nicht berührt (§ 57 a Rdn 2.1). Das (weitgehende) außerordentliche Kündigungs-

---

[1] LG Düsseldorf ZMR 1957, 416.

§ 57c 2.1   Geringstes Gebot. Versteigerungsbedingungen

recht nach § 57a schränkt § 57c jedoch unter bestimmten Voraussetzungen ein. Von ihm kann der Ersteher keinen Gebrauch machen, wenn (und solange)
- die Miete zur Schaffung oder Instandsetzung des Mietraums voraus entrichtet oder mit einem sonstigen Beitrag dafür zu verrechnen ist (Abs 1 Nr 1; Rdn 3),
- ein verlorener Baukostenzuschuß zur Schaffung oder Instandsetzung des Mietraums geleistet ist (Abs 1 Nr 2; Rdn 4),
- beide Leistungen zusammen treffen (Abs 3; Rdn 6).

Dieser Schutz des Mieters beruht auf dem Grundsatz von Treu und Glauben[2]. Gerechtfertigt ist diese Sonderstellung des Mieters gegenüber Grundpfandgläubigern (siehe § 57a Rdn 2.2) dadurch, daß durch die Leistung des Mieters ein Sachwert geschaffen worden ist, der dem Ersteher später in Form höherer Mieteinnahmen zugute kommt und die Wertsteigerung des Grundstücks auf der Leistung des Mieters beruht, die an sich vom Eigentümer (Vollstreckungsschuldner) hätte erbracht werden müssen[3].

2.2   Vorausgesetzt ist in allen Fällen, daß der **Mieter die Räume besitzt;** sie müssen ihm also überlassen sein (§ 57 Rdn 1.3 und 3.2). Nicht besitzende Mieter werden nicht geschützt[4]. Ob die Räume vor oder nach der Beschlagnahme überlassen worden sind, ist gleich. Bei einer Überlassung erst nach dem Versteigerungstermin allerdings tritt der Ersteher nicht mehr in das Mietverhältnis ein (§ 57 Rdn 3.3). Die Räume müssen auf jeden Fall auch schon existieren[5] somit fertiggestellt sein[6], weil eine Verrechnung voraussetzt, daß überhaupt Miete zu zahlen ist. Sind die Voraussetzungen für eine Verrechnung des Mieterbeitrags zur Schaffung von Mieträumen nach dem zwischen den Parteien geschlossenen Vertrag noch nicht eingetreten, weil die Miete noch nicht geschuldet wird, so genießt der Mieter nicht den Kündigungsschutz[7] des Abs 1 Nr 1. Es genügt nicht, wenn der Mieter bei verzögerter Fertigstellung in nichtfertige Räume eingewiesen wird[8].

2.3   Als voraus entrichtet muß die Leistung des Mieters auf einer **Vereinbarung mit dem Vermieter** beruhen. Genügen sollte es auch, wenn die Vereinbarung der Leistung nicht im oder zugleich mit dem Mietvertrag erfolgt ist, sondern ihm nachfolgte[9]. Es genügt jedoch nicht, wenn der Mieter notwendige oder nützliche Verwendungen nur mit Wissen oder Duldung des Vermieters macht und auch nicht, wenn ein Mieter (von Werkstatträumen) auf Grund selbständiger Aufträge des Vermieters werterhöhende Werkleistungen an dem Grundstück ausgeführt hat[10]. Es kommt aber nicht darauf an, in welcher Form die Leistung im Vertrag erwähnt ist, wie man sie bezeichnet hat.

2.4   **Voraus entrichtet** ist die Leistung des Mieters, wenn sie erbracht ist bevor der Mietraum fertig oder die Instandsetzung durchgeführt ist[11]. Nicht beschränkt ist das Kündigungsrecht damit für Leistungen zur Instandhaltung, dh für die Nachholung der lange Zeit unterbliebenen Instandhaltungsmaßnahmen[12]. Leistungen, die für nachträgliche Ausstattung eines Mietraums mit Rolläden, einer Alarmanlage und anderen den individuellen Bedürfnissen des Mieters dienenden Einrich-

---

[2] BGH MDR 1989, 735 = NJW-RR 1989, 714 = Rpfleger 1989, 338; BGH MDR 2002, 1214 = NJW-RR 2002, 1304 = Rpfleger 2002, 579.
[3] BGH aaO (Fußn 2, beide Entscheidungen).
[4] OLG München NJW 1954, 961; Wörbelauer NJW 1953, 1729 (II 2).
[5] BGH KTS 1984, 315 = MDR 1984, 575 = Rpfleger 1984, 108; OLG München aaO; LG Frankfurt WuM 1957, 105.
[6] BGH Rpfleger 1984, 108 = aaO (Fußn 5).
[7] BGH Rpfleger 1994, 108 = aaO (Fußn 5).
[8] OLG München NJW 1954, 961.
[9] Wörbelauer NJW 1953, 1729 (II 3 und 4).
[10] OLG Frankfurt MDR 1983, 669.
[11] LG Braunschweig MDR 1961, 417 = NdsRpfl 1961, 87.
[12] Wörbelauer NJW 1953, 1729 (II 6).

tungen[13] sowie für Umgestaltung einer Wohnung für gewerbliche Zwecke und für Schönheitsreparaturen dienen[14], beschränken das Kündigungsrecht ebenso nicht. Wenn die Mietraume bereits (längst) fertiggestellt und benutzt worden sind, ist das Kündigungsrecht auch dann nicht beschränkt, wenn die Leistung dem Gesamtkomplex noch zugute gekommen ist[15]. Es kann daher auch nicht genügen, wenn der Mieter auf einem anderen Grundstück Wohnraum geschaffen hat (anders[16]).

2.5 Für **Schaffung oder Instandsetzung** des Mietraums muß die Mieterleistung dazu gedient haben, den Wert des Grundstücks zu erhöhen[17]. Sie muß damit zweckentsprechend verwendet worden sein[18], damit dem Grundstück tatsächlich zugute gekommen (tatsächlich zugeflossen[19]) sein, den Bau somit gefördert haben[20]. Das ist bei Verwendung der Leistung für die Treppenanlage oder die Zentralheizung (Erstellung oder Erneuerung[21]) der Fall. Auch mittelbare Verwendung, zB zur Ablösung von Vorfinanzierungsmitteln, müßte genügen. Zweckbindung allein ist aber nicht ausreichend; zweckwidrige Verwendung hindert daher den Kündigungsaufschub[22].

2.6 Das **außerordentliche Kündigungsrecht** des Erstehers ist nicht völlig ausgeschlossen, es **ruht nur** zeitweise. Es ruht auch dann, wenn die Formvorschriften des § 57 d nicht beachtet sind. Kündigen kann daher der Ersteher nach der Ausnahmebestimmung des § 57 a erst, wenn die Aufschubzeit abgelaufen ist; er darf nicht schon während dieser Zeit für den Ablaufzeitpunkt kündigen[23] (anders[24]: es sei vorsorgliche Kündigung für diesen Zeitpunkt möglich). Das Gesetz sagt im einleitenden Satz von Abs 1 ausdrücklich, daß der Ersteher während des Laufes der Frist von dem Kündigungsrecht keinen Gebrauch machen könne. Erst nach Ablauf dieser Frist darf er für den nunmehr ersten zulässigen Termin mit gesetzlicher Frist (§ 57 a Rdn 4) und in gesetzlicher Form (§ 57 a Rdn 3) kündigen. § 57 c schiebt nur die Kündigungsmöglichkeit um die Frist hinaus, läßt aber § 57 a unberührt. Es ist also so anzusehen, als ob der Zuschlag erst mit dem letzten Tag der Schutzfrist (falls Samstag, Sonntag, Feiertag am nächstfolgenden Werktag) vierundzwanzig Uhr wirksam wurde oder, anders ausgedrückt, mit dem Tag nach Ablauf der Frist (wie vorher berechnet) Null Uhr.

2.7 Ob das Erstehkündigungsrecht ruht, **entscheidet** nicht das Versteigerungsgericht, sondern bei Streit zwischen Ersteher und Mieter das **Prozeßgericht**. Dabei muß der Mieter die Voraussetzungen für seinen besonderen Kündigungsschutz darlegen und beweisen, der Ersteher dagegen deren Verwirkung. Den ausnahmsweisen Ausschluß dieser Verwirkung wiederum (nach § 57 d Abs 3 Satz 2) muß dagegen der Mieter beweisen. Ein Grundpfandrechtsgläubiger hat in einem anhängigen Zwangsversteigerungsverfahren kein Feststellungsinteresse für eine Klage gegen den Mieter auf Feststellung, daß er sich auf die Beschränkung des

---

[13] LG Lüneburg Rpfleger 1987, 513.
[14] OLG Düsseldorf Rpfleger 1987, 513.
[15] OLG Hamm MDR 1987, 1034 = ZMR 1987, 465.
[16] AG Siegburg NJW 1955, 1886 = ZMR 1957, 415.
[17] BGH NJW-RR 2002, 1304 = aaO (Fußn 2).
[18] BGH 15, 296 = MDR 1955, 152 = NJW 1955, 301 = Rpfleger 1955, 67 und 73 (nur Anm Bruhn) und MDR 1959, 207 sowie 387 Leitsatz mit zust Anm Thieme = NJW 1959, 380; Wörbelauer NJW 1953, 1729 (II 3).
[19] BGH MDR 1959, 207 und 387 Leitsatz mit zust Anm Thieme = NJW 1959, 380; OLG Bremen MDR 1954, 740 = Rpfleger 1955, 69 mit zust Anm Bruhn = ZMR 1955, 75; LG Hagen MDR 1959, 490 und 849 Leitsatz mit abl Anm Oschmann = ZMR 1959, 344.
[20] AG Siegburg aaO (Fußn 16).
[21] Wörbelauer NJW 1953, 1729 (II 7).
[22] Anders früher zB OLG Stuttgart MDR 1954; 621; LG Köln MDR 1961, 59 = WuM 1960, 168 = ZMR 1961, 86; LG Wiesbaden NJW 1967, 577; Wörbelauer NJW 1953, 1729 (II 1).
[23] Jonas/Phole, ZwVNotrecht, §§ 57–57 d Anm 2 e.
[24] Wörbelauer NJW 1953, 1729 (II 10).

§ 57c 2.7 Geringstes Gebot. Versteigerungsbedingungen

außerordentlichen Kündigungsrechts nicht berufen kann[25]. Es könnte aber Leistungsklage mit dem Ziel zulässig sein, daß der Mieter seine Anmeldung widerruft und es unterläßt, Mieterrechte nach §§ 57c, d erneut anzumelden[26].

2.8 Macht der Schuldner die Beschränkung des Kündigungsrechts gemäß § 57c geltend, um die Zwangsversteigerung aussichtslos zu gestalten, und legt er zum Nachweis des Vorhandenseins von Abwohnrechten nicht bestehende oder rückdatierte Mietverträge vor, so erhebt sich die Frage der Strafbarkeit wegen Vollstreckungsvereitelung (bejaht von[27]).

3 Kündigungsaufschub bei Mietvorauszahlung (Abs 1 Nr 1)

3.1 Mietvorauszahlungen, die bestimmte Voraussetzungen erfüllen, bewirken den Aufschub des außerordentlichen Kündigungsrechts (Rdn 2). Sie können auch als Mieterdarlehen bezeichnet sein (Rdn 5). Das Kündigungsrecht des § 57a ruht hier, „solange" die Miete zur Schaffung oder Instandsetzung (nicht Instandhaltung; Rdn 2.4) des Mietraums ganz oder zum Teil voraus entrichtet oder mit einem sonstigen zur Schaffung oder Instandsetzung geleisteten Betrag zu verrechnen ist, und zwar ohne Rücksicht darauf, ob die Verfügung selbst gegenüber dem Ersteher wirksam ist: Abs 1 Nr 1.

3.2 Die Zahlung muß hier so erfolgt sein, daß der Mieter damit die **Miete vorausentrichtet** oder eine **Gegenforderung** gegen den Ersteher **erwirbt,** die mit der Mietschuld verrechnet werden soll[28]. Entscheidend ist, ob und wie nach der Absicht der Mietvertragsparteien der Beitrag ausgeglichen werden soll[28]. Die Vorschrift wird auch sinngemäß angewendet, wenn die Miete so vorausentrichtet ist, daß der Vermieter damit eine eigene Wohnung ausbaut und dafür eine schon fertige andere dem Mieter überläßt[29], weil der Mieter auch zur Schaffung von Mietraum beigetragen hat.

3.3 Hat der Mieter **mehrere Vorauszahlungen** geleistet, so hängt die Dauer des Schutzes von der Vereinbarung ab, ob sie etwa hintereinander oder gleichzeitig abgewohnt werden sollen[30]. Eine Höchstdauer hinsichtlich des Kündigungsaufschubs ist hier, im Gegensatz zu den verlorenen Baukostenzuschüssen (Rdn 4) nicht vom Gesetz festgesetzt. Den **Begriff** „**solange**" erörtert das Gesetz nicht, es setzt keine Frist. „Solange" kann also auch ein längerer Zeitraum sein. Das „Abwohnen" kann auch in kleinen Raten erfolgen. Nur bei unlauterem Zusammenwirken von Mieter und Vermieter (Vollstreckungsschuldner) können BGB §§ 117, 138 eingreifen, zB wenn ein ganz geringfügiger Betrag in ungewöhnlich langer Zeit getilgt werden soll[29]. Dies würde vom ZVG nicht mehr gedeckt. Gewollt ist der Schutz des Mieters, der erhebliche Leistungen für das Objekt erbracht hat. Bei unerheblichen Gegenforderungen kann der Ersteher den Mieter befriedigen, so daß der Schutz entfällt. Abreden über Vorauszahlungen nach der Beschlagnahme sind unwirksam für die Frage des Kündigungsaufschubs.

3.4 Auch wenn die Mietvorauszahlung nicht als solche bezeichnet ist, bleibt § 57c anwendbar[31] (dazu Rdn 5). Hat ein Gläubiger des Grundstückseigentümers mit diesem vereinbart, daß dieser nicht ohne des Gläubigers Zustimmung Mietvorauszahlungen annehmen dürfe, so ist ein **Verstoß** gegen diese Vereinbarung für den Mieter nicht schädlich[32] die Vorauszahlung also trotzdem wirksam.

---

[25] OLG Celle OLGRep 2002, 317; OLG Dresden Rpfleger 2003, 311.
[26] Siehe BGH NJW-RR 2002, 1304; OLG Düsseldorf OLGRep 1997, 332; auch OLG Dresden Rpfleger 2003, 311 (312).
[27] AG Dillenburg Rpfleger 1995, 79 mit Anm Eickhoff.
[28] Jonas/Pohle, ZwVNotrecht, §§ 57–57d Anm 2d.
[29] AG Siegburg NJW 1955, 1886 = aaO (Fußn 16).
[30] Jonas/Pohle, ZwVNotrecht, §§ 57–57d Anm 4a.
[31] Schiffhauer BlGrBW 1968, 205 (XVIII 1).
[32] LG Kassel ZMR 1966, 177.

Kündigungsaufschub bei verlorenem Baukostenzuschuß (Abs 1 Nr 2)   4

4.1 Leistung eines verlorenen **Baukostenzuschusses** durch den Mieter oder einen Dritten zugunsten des Mieters bewirkt den Ausschluß des außerordentlichen Kündigungsrechts (Abs 1 Nr 2). Er kann auch als Mieterdarlehen bezeichnet sein (Rdn 5).

4.2 Der verlorene Baukostenzuschuß ist **Gegenleistung** für die Raumüberlassung[33], somit keine Schenkung. Vorausgesetzt ist eine gewisse Mindestdauer des Mietverhältnisses für die der Zuschuß geleistet ist[33]. Der Zuschuß muß vom Mieter selbst oder von einem Dritten zugunsten des Mieters geleistet sein: Abs 1 Nr 2, damit − bei wirtschaftlicher Betrachtungsweise − aus seinem Vermögen[34]. Der Mieter oder ein Dritter für den Mieter muß mit der Leistung aus eigenen Mitteln Geld (möglich aber auch Sach-, Dienst- oder Arbeitsleistung) zur Schaffung oder Instandsetzung der Mieträume beigetragen haben; Grund: Rdn 2.1. Das ist nicht der Fall, wenn der Eigentümer (Nießbraucher als Vermieter) Aufwendungen zur Werterhöhung des Grundstücks (auch in Form von Sachleistungen) gemacht und sie sodann dem Mieter als zinslosen Baukostenzuschuß zur Verfügung gestellt hat[34]. Der Zuschuß kann unmittelbar geleistet oder „erstattet" worden sein. Es ist also gleich, ob er an den Schuldner oder seinen Rechtsvorgänger geleistet oder vereinbarungsgemäß durch Zahlung von Schulden bei einem Dritten oder durch Bestellung und Vergütung von Arbeiten erstattet ist[35]. Der Zuschuß muß verloren sein, darf also keine Mietvorauszahlung darstellen und es darf auch keine Anrechnung auf die Miete vereinbart sein: Abs 1 Nr 2. Wird allerdings die Miete wegen des Zuschusses niedriger angesetzt, so macht das nichts aus[35].

4.3 Das Kündigungsrecht des Erstehers **ruht, solange** der Zuschuß **nicht** als durch die Dauer des Vertrages **getilgt** anzusehen ist: Abs 1 Nr 2. Dabei gilt jeweils ein Zuschuß in Höhe einer Jahresmiete als durch eine Mietdauer von vier Jahren getilgt (Abs 2 Satz 1). Daß die Miete mit Rücksicht auf den Zuschuß niedriger angesetzt wird macht nichts aus (Rdn 4.2). Wenn aber die Miete erheblich niedriger berechnet wird als ohne Zuschuß, so ist bei der Berechnung der Schutzfrist von der Miete auszugehen, die ohne den Zuschuß vereinbart worden wäre: Abs 2 Satz 1. Es soll also nicht der Mieter einerseits eine erheblich niedrigere Miete und andererseits eine besonders lange Schutzfrist (länger als bei normaler Miete) genießen. Umlagen und Zuschläge sind der Miete hinzuzurechnen, soweit sie mit dieser erhoben werden dürfen[36]. Die Höchstdauer des Schutzes ist bei verlorenen Baukostenzuschüssen auf jeden Fall zwölf Jahre seit der Überlassung der Mieträume (wenn eine kürzere Mietzeit vereinbart ist, diese Zeit): Abs 2 Satz 2; bei Zusammentreffen mit Mietvorauszahlungen = Rdn 6.

4.4 Es genügt nur ein verlorener Zuschuß, der **mindestens** eine **Jahresmiete** ausmacht. Wenn er diese nicht übersteigt, ist die Schutzfrist vier Jahre[37]. Hat der Mieter mehrere verlorene Zuschüsse für dasselbe Grundstück geleistet, so sind sie zusammenzurechnen. Zuschüsse von weniger als eine Jahresmiete können nur außerhalb der Versteigerung bedeutsam sein[38], werden im Versteigerungsverfahren aber nicht beachtet.

4.5 Für die Schutzfrist ist ohne Bedeutung, ob der Zuschuß nach den bei § 57b besprochenen Grundsätzen dem Ersteher gegenüber wirksam ist (also anzurechnen

---

[33] AG Augsburg WuM 1957, 120 mit krit Anm Scherer.
[34] BGH NJW-RR 1989, 714 = aaO (Fußn 2); BGH NJW-RR 2002, 1304 = aaO (Fußn 2).
[35] Jonas/Pohle, ZwVNotrecht, §§ 57–57d Anm 3c.
[36] Jonas/Pohle, ZwVNotrecht, §§ 57–57d Anm 3d.
[37] AG Düsseldorf MDR 1955, 484 Leitsatz.
[38] Haegele BlGrBW 1956, 263 (I); Matthias MDR 1954, 649.

§ 57c 4.5 — Geringstes Gebot. Versteigerungsbedingungen

bzw zurückzuzahlen). Die Vereinbarung kann für § 57c auch nach Abschluß des Mietvertrags erfolgt sein[39]. Soweit allerdings hierbei eine Schädigung des künftigen Erstehers beabsichtigt war, sind die Vorschriften von BGB §§ 117, 138 anzuwenden.

4.6 Nicht erfüllt werden die Voraussetzungen für verlorene Baukostenzuschüsse mit der Folge einer Schutzfrist durch **Abstandszahlungen** oder Abfindungsverträge, weil sie ohne Rücksicht auf die Schaffung oder Instandsetzung von Mietraum bewirkt werden.

5 Mieterdarlehen als Kündigungsaufschub

Mieterdarlehen können auch hier, unbeschadet ihrer vertraglichen Bezeichnung, einen verlorenen Baukostenzuschuß (Rdn 4) oder eine Mietvorauszahlung (Rdn 3) darstellen und so einen Kündigungsaufschub verschaffen. **Im Zweifel** wird man sie als **Vorauszahlung** behandeln, auch wenn Zinsen festgelegt sind. Ein echtes Mieterdarlehen aber berührt den Ersteher nicht und gewährt dem Mieter keinen Aufschub gegenüber dem Ausnahmekündigungsrecht des Erstehers. Aufschub oder Ausschluß der Kündigung zugunsten des Mieters ist dann nur über § 59 als abweichende Versteigerungsbedingung möglich (Rdn 8).

6 Mietzuschüsse verschiedener Art als Kündigungsaufschub (Abs 3)

6.1 Wenn das außerordentliche Kündigungsrecht des Erstehers **sowohl** wegen eines verlorenen Baukostenzuschusses (Rdn 4) **wie auch** wegen einer Mietvorauszahlung (Rdn 3) aufgeschoben ist, wenn also zwei verschiedene Arten von Schutzfristen zusammentreffen, so sind die aus beiden sich ergebenden Zeiträume **zusammenzurechnen**: Abs 3. Dabei ist für die Mietvorauszahlung der Zeitraum nicht beschränkt, für die verlorenen Zuschüsse aber auf zwölf Jahre (bzw die kürzere Vertragsdauer) beschränkt. Im Höchstfall sind damit die errechnete Abwohnzeit der Vorauszahlung und die zwölf Jahre Höchstfrist des Baukostenzuschusses zusammenzurechnen. Die zusammengerechnete Frist ist dann ihrerseits nicht auf zwölf Jahre oder Vertragsdauer beschränkt (anders[40]: Höchstdauer zusammen zwölf Jahre; widerspricht dem Gesetzeswortlaut).

6.2 Beispiele aus[41]: Grundstück für zehn Jahre gegen (damals) 3000 DM Jahresmietzins vermietet; Mieter hat 1500 DM gegen Verrechnung auf Mietzins der ersten fünf Jahre mit je 300 DM und verlorenen Zuschuß von 1500 DM bezahlt. Schutzfrist wegen der Vorauszahlung fünf Jahre; verlorener Zuschuß ohne Einfluß, weil ein Jahresmietbetrag nicht erreicht. Wenn aber verlorener Zuschuß 3000 DM beträgt, hierfür Schutzfrist von vier Jahren, für die Vorauszahlung weitere fünf Jahre, somit insgesamt neun Jahre.

7 Pachtverhältnisse (Abs 4)

Für Pachtverhältnisse gilt die Beschränkung des außerordentlichen Kündigungsrechts des Erstehers gleichermaßen (Abs 4). Darlehensgewährung mit der Abrede, daß Gefährdung des Rückzahlungsanspruchs zur Pachtung eines landwirtschaftlichen Anwesens und zur Verrechnung der Pacht mit dem Rückzahlungsanspruch berechtigen soll, schafft keinen Kündigungsaufschub[42].

8 Versteigerungsbedingungen, abweichende

8.1 § 57c ist **gesetzliche Versteigerungsbedingung** wie das außerordentliche Kündigungsrecht nach § 57a, auf das sie sich bezieht (§ 57a Rdn 2.1).

---

[39] BGH 15, 296 = MDR 1955, 152 = NJW 1955, 301 = Rpfleger 1955, 67 und 73 (nur Anm Bruhn); Wörbelauer NJW 1953, 1729 (II 3).
[40] Drischler Rpfleger 1953, 497 (5).
[41] Jonas/Pohle, ZwVNotrecht, §§ 57–57d Anm 4a.
[42] OLG Hamm MDR 1987, 1033 = ZMR 1987, 434.

8.2 Auch diese gesetzliche Versteigerungsbedingung **kann** nach § 59 **abgeändert** werden[43]. Ein Ausgebot unter Ausschluß des Kündigungsaufschubs nach § 57c ist nur mit Zustimmung des betroffenen Mieters möglich (§ 59 Abs 1 Satz 2)[44]. Diese Zustimmung muß im Termin zu Protokoll erklärt oder durch öffentlich beglaubigte Urkunde gemäß § 84 Abs 2 nachgewiesen werden[45], beides spätestens vor der Aufforderung zur Abgabe von Geboten, weil sonst anderslautende Versteigerungsbedingungen falsch wären. Wenn der Mieter im voraus verzichtet hatte (Rdn 9), so ist das auch eine im voraus erklärte Zustimmung zur Änderung der Versteigerungsbedingungen (vorausgesetzt, daß die nötige Form eingehalten ist)[45]. Hält der Mieter die Form nicht ein, so will ihn[45] in diesem Falle auf Abgabe der formgerechten Erklärung vom Schuldner und vom Grundpfandrechtsgläubiger verklagen lassen.

Verzicht des Mieters/Pächters auf Kündigungsaufschub

9.1 In den Jahren, in denen Mietverträge kaum ohne zusätzliche Mieterleistungen geschlossen wurden, forderten die **Kreditinstitute** häufig bei der Beleihung eines Bauvorhabens den Verzicht der Mieter auf den Aufschub des Erstehterkündigungsrechts nach § 57c, meist auch ihren Verzicht auf Verrechnung ihrer Sonderleistungen im Falle der Zwangsversteigerung und Zwangsverwaltung.

9.2 Soweit dabei eine **Notlage** des Mieters ausgenützt wurde, dürfte der Verzicht des Mieters nach BGB § 138 rechtsunwirksam oder nach BGB § 134 gesetzwidrig sein[46].

9.3 Der **Aufschub** des Ersteherkündigungsrechts ist eine **gesetzliche Versteigerungsbedingung,** die mit Zustimmung des Mieters nach § 59 **abgeändert werden kann** (Rdn 8). Es muß darum auch möglich sein, daß der Mieter schon im voraus auf den Schutz verzichtet[47]. § 57c hat keinen Mieterschutzcharakter und ist daher nicht wie gesetzlicher Mieterschutz unabdingbar[48]. § 57c gibt nämlich nicht dem Mieter ein Recht, sondern nimmt nur dem Ersteher vorübergehend das gesetzliche Kündigungsrecht[49]. Es ist dies eine Vorschrift des Vollstreckungsrechts, die den Mieter nicht gegen selbst übernommene Risiken schützt[49]. Die Vorschrift will das Vertrauen des Mieters auf die Unkündbarkeit für eine bestimmte Zeit mit Rücksicht auf seine zusätzlichen Leistungen schützen, läßt ihm selbst aber freie Hand[50] Der Verzicht ist auch nicht sittenwidrig[51] (anders[52]: zulässig sei nur ein aufschiebend bedingtes, zwischen Mieter und Vermieter vereinbartes Kündigungsrecht des Erstehers für den Fall der Versteigerung; selber Erfolg, aber unnötiger Umweg; anders auch[53]: die Abdingung von Mieterrechten sei immer sittenwidrig; kann man nicht so allgemein sagen, hängt ganz von der Lage des Falles ab, vor allem dann, wenn zahlreiche Neubauten leerstehen).

9.4 Wenn der Mieter **im voraus** in der durch § 84 Abs 2 geforderten Form **verzichtet** hat, ist das eine im voraus erklärte Zustimmung zur Änderung der

---

[43] Mohrbutter, Handbuch des Vollstreckungsrechts, § 41 (II); Pergande BB 1955, 211.
[44] Mohrbutter ZMR 1954, 161 (4); Weitnauer Betrieb 1954, 796 (II 2).
[45] Wörbelauer NJW 1953, 1729 (II 11).
[46] Hurst WuM 1959, 66 (2); Pergande BB 1955, 211.
[47] Dassler/Gerhardt § 57c Rdn 20; Steiner/Teufel §§ 57–57d Rdn 57; Mohrbutter, Handbuch des Vollstreckungsrechts, § 41 (II); Mohrbutter/Drischler Muster 64 Anm 6; Drischler Rpfl Jahrbuch 1971, 316 (VII 1); Mohrbutter ZMR 1954, 161 (4).
[48] Weitnauer Betrieb 1954, 796 (II 3); Pergande BB 1955, 211.
[49] Pergande BB 1955, 211.
[50] Weitnauer Betrieb 1954, 796 (II 3).
[51] Oschmann/Pergande, Baukostenzuschuß, S 62; Drischler Rpfl-Jahrbuch 1971, 316 (VII 9); Merkert AIZ 1955, 6.
[52] Bachmann ZMR 1961, 33.
[53] AG Wiesbaden MDR 1967, 768; Schiffhauer BlGrBW 1968, 205 (XVIII 5).

Versteigerungsbedingungen (Rdn 8)[54]. Hierzu meint[54] noch: wenn § 57 c nicht in den Versteigerungsbedingungen ausgeschlossen werde, genüge der Verzicht des Mieters nicht, weil der Ersteher nicht mehr Rechte haben könne, als ihm nach den Versteigerungsbedingungen zuständen. Darum ist es im Zweifel wohl besser, den Verzicht des Mieters auch in den Versteigerungsbedingungen festzulegen. Es sei auch hier daran erinnert, daß gesetzlicher Mieterschutz nicht berührt wird (§ 57 a Rdn 6).

[Ermittlung/Aufforderung der Mieter (Pächter), Anmeldung]

57d **(1) Das Vollstreckungsgericht hat, sofern nach den Umständen anzunehmen ist, daß die in § 57 c vorgesehene Beschränkung des Kündigungsrechts des Erstehers in Betracht kommt, unverzüglich nach Anordnung der Zwangsversteigerung die Mieter und Pächter des Grundstücks aufzufordern, bis zum Beginn des Versteigerungstermins eine Erklärung darüber abzugeben, ob und welche Beiträge im Sinne des § 57 c Abs 1 von ihnen geleistet und welche Bedingungen hierüber vereinbart worden sind.**

(2) Das Vollstreckungsgericht hat im Versteigerungstermin bekanntzugeben, ob und welche Erklärungen nach Absatz 1 abgegeben worden sind.

(3) Hat ein Mieter oder Pächter keine oder eine unvollständige oder eine unrichtige Erklärung abgegeben und ist die Bekanntgabe nach Absatz 2 erfolgt, so ist § 57 c ihm gegenüber nicht anzuwenden. Das gilt nicht, wenn der Ersteher die Höhe der Beiträge gekannt hat oder bei Kenntnis das gleiche Gebot abgegeben haben würde.

(4) Die Aufforderung nach Absatz 1 ist zuzustellen. Sie muß einen Hinweis auf die in Absatz 3 bestimmten Rechtsfolgen enthalten.

1 Allgemeines zu § 57 d

1.1 Zweck der Vorschrift: Verfahrensbestimmungen zur Ermittlung, Belehrung, Aufforderung und Anmeldung der Mieter/Pächter.

1.2 Anwendungsbereich: § 57 d gilt (wie die §§ 57, 57 c) für die Vollstreckungsversteigerung, die Insolvenzverwalter- und Nachlaßversteigerung. Für die Teilungsversteigerung ist das außerordentliche Kündigungsrecht des Erstehers (auf das sich § 57 d bezieht) durch § 183 ausgeschlossen. Besonderheiten gelten für Schiffe und Luftfahrzeuge (§ 162 Rdn 9.1, § 171 a Rdn 3).

2 Aufforderung und Belehrung der Mieter/Pächter

2.1 Wenn nach den Umständen anzunehmen ist, daß der Aufschub des Kündigungsrechtes nach § 57 c in Frage kommen kann, **muß** das Vollstreckungsgericht die Mieter/Pächter **auffordern,** ihre Rechte anzumelden (Rdn 3) und muß diese Anmeldungen im Versteigerungstermin bekanntgeben (Rdn 4).

2.2 Zunächst **muß** das Vollstreckungsgericht für diesen Zweck die Mieter/Pächter **ermitteln.** Dies ist möglich durch Anfrage beim Schuldner (meist erfolglos), bei gleichzeitiger Zwangsverwaltung durch Anfrage beim Zwangsverwalter (der alle Mieter nach dem neuesten Stand kennt), sonst wie bei § 57 b Abs 1 (auch wenn in § 57 d hierauf nicht Bezug genommen ist) durch Auftrag an den Gerichts-

---

[54] Wörbelauer NJW 1953, 1729 (II 11).

Ermittlung/Aufforderung der Mieter (Pächter) 3.1 § 57d

vollzieher (zulässig[1]) oder einen sonstigen Beamten oder durch Anfrage bei der zuständigen Behörde (Einwohnermeldeamt), aber auch dadurch, daß der mit der Schätzung beauftragte Sachverständige gebeten wird, die Mieter festzustellen (§ 74a Rdn 10). Die Gerichtsvollziehergebühren (Einl Rdn 88) sind nach § 109 vorweg aus der Masse zu entnehmen sind (§ 57b Rdn 6).

2.3 Die ermittelten Mieter/Pächter **muß** (zwingend) das Vollstreckungsgericht, wenn die Beschränkung des Ersteherkündigungsrechts nach den Umständen in Frage kommen kann, zur Abgabe einer Erklärung hierüber bis spätestens zum Beginn des Versteigerungstermins **auffordern:** Abs 1. Die Aufforderung muß (zwingend) einen Hinweis auf die Verwirkung ihrer Rechte, also eine Belehrung enthalten und muß zugestellt werden: Abs 4. Diese Aufforderung des Gerichts soll an sich „unverzüglich" nach der Anordnung der Zwangsversteigerung geschehen; es reicht aber aus und ist sogar zweckmäßiger (damit nicht die Mieter vorzeitig von einem dann vielleicht wieder wegfallenden Verfahren Kenntnis erhalten), wenn die Aufforderung erst bei oder nach der Terminsbestimmung erfolgt. Verspätet wäre auf jeden Fall eine Aufforderung erst kurz vor dem Termin oder gar im Termin selbst; sie könnte Haftungsgefahren entstehen lassen[2]. Eine Verspätung kann allerdings durch Genehmigung des Betroffenen zu Protokoll (§ 83 Nr 1, § 84) geheilt werden. Die Genehmigung ist unwiderruflich und unterliegt als Prozeßhandlung auch nicht der Anfechtung wegen Willensmängeln. Von der Aufforderung darf das Gericht auch dann nicht absehen, wenn nach seiner Ansicht gesetzlicher Mieterschutz besteht oder § 57c sonst nicht anwendbar ist, weil das Vollstreckungsgericht hierüber nicht zu entscheiden hat. Wo Zweifel bestehen, ob § 57c in Frage komme, muß aufgefordert werden[2]. Die Unterlassung ist ein Verstoß nach § 83 Nr 1, allerdings kein Grund zur Zuschlagsversagung, weil das Recht der Beteiligten nicht durch den Zuschlag beeinträchtigt ist[3], denn der Mieter, der nicht aufgefordert wurde oder der vom Gericht übersehen wurde, verwirkt seine Rechte nicht. Bei einem dem Gericht nach der Aufforderung bekanntwerdenden Wechsel der Mieter sind die neuen Mieter ebenfalls aufzufordern, auch wenn dies erst kurz vor dem Termin geschehen kann. Das Gericht muß alles tun, um rechtzeitige und richtige Mietererklärungen herbeizuführen.

2.4 Die Aufforderung **muß** (zwingend) eine **Belehrung enthalten,** nämlich einen Hinweis auf die Verwirkung der Rechte nach § 57d Abs 3: Abs 4 Satz 2. Es ist das ein Hinweis, daß der in § 57c vorgesehene Aufschub des Ersteherkündigungsrechts gegenüber einem Mieter/Pächter nicht in Frage komme, wenn dieser keine oder eine unvollständige oder unrichtige oder verspätete Erklärung abgegeben habe. Diese Belehrung hat mit der Belehrung nach § 57b Abs 1 (über die Folgen der Beschlagnahme) nichts zu tun, sie ist von ihr unabhängig. Die Belehrung nach § 57b Abs 1 erfolgt auf Antrag, die nach § 57d von Amts wegen. Theoretisch könnten beide verbunden werden, wenn dadurch keine Verzögerung im Verfahrensablauf eintritt, praktisch ist die Verbindung kaum möglich.

2.5 Muster für die Aufforderung ZVG-Handbuch Rdn 216, sonst hierzu im ZVG-Handbuch Rdn 218.

Mieteranmeldungen zum Versteigerungstermin 3

3.1 Die Pflicht der Mieter und Pächter zur Abgabe der Erklärung (Rdn 2) begründet erst die Aufforderung des Gerichts[4]. Der Mieter/Pächter kann diese Erklärung **schriftlich** oder **zu Protokoll** des Gerichts abgeben. Die Erklärung kann auch ohne vorherige Aufforderung durch das Gericht abgegeben wer-

---

[1] Drischler DGVZ 1955, 131 (A I 1).
[2] LG Berlin Rpfleger 1977, 69.
[3] OLG Düsseldorf Rpfleger 1995, 373; LG Berlin Rpfleger 1977, 69.
[4] LG Berlin Rpfleger 1977, 69; Jonas/Pohle, ZwVNotrecht, §§ 57–57d Anm 6a.

§ 57d 3.1 Geringstes Gebot. Versteigerungsbedingungen

den[5]. Nach dem Gesetz ist der **letzte Zeitpunkt** für die Abgabe der Erklärung der Beginn des Versteigerungstermins (Abs 1). Das Gericht hat aber auch Erklärungen, die im Versteigerungstermin (solange dort noch Anmeldungen überhaupt möglich sind) abgegeben werden oder dem Gericht zugehen, bekanntzugeben; sie müssen also wenigstens vor dem Hinweis auf die Ausschließung von Anmeldungen nach § 66 Abs 2 ihm vorliegen[6]. Es steht nichts im Wege, auch noch spätere Erklärungen im Termin bekanntzugeben (zB während der Bietzeit); ob sie noch wirksam sind, hat das Vollstreckungsgericht nicht zu entscheiden.

3.2 Ein Mieter oder Pächter genießt den **Aufschub** des außerordentlichen Kündigungsrechts nach § 57c **nicht, wenn** er trotz der Aufforderung des Gerichts bis zum Terminsbeginn keine oder eine unvollständige oder unrichtige (folgerichtig auch: eine verspätete) Erklärung abgegeben hat und wenn das Gericht hierzu im Termin seiner Bekanntgabepflicht (welche Erklärungen abgegeben sind oder daß keine abgegeben sind, Abs 2) nachgekommen ist: Abs 3 Satz 1. Das außerordentliche Kündigungsrecht ist dann unbeschränkt. Dieser Nachteil tritt nicht ein, wenn der Ersteher die Höhe der Beiträge gekannt hat oder bei ihrer Kenntnis das gleiche Gebot abgegeben hätte: Abs 3 Satz 2. Die Beweise in diesem letztgenannten Fall sind Sache des Mieters/Pächters. Eine nur in Nebenpunkten unrichtige Erklärung des Mieters/Pächters ist für diesen unschädlich.

3.3 Für den **Rechtsverlust** der Mieter/Pächter nach Abs 3 müssen also **fünf Voraussetzungen** erfüllt werden: a) Der Mieter/Pächter muß eine Aufforderung des Gerichts zur Abgabe einer Erklärung nach Abs 1 erhalten haben; b) der Mieter/Pächter muß keine oder nur eine unvollständige oder unrichtige Erklärung abgegeben haben; c) es muß im Versteigerungstermin über die Erklärungen eine Bekanntgabe des Gerichts erfolgt sein (mindestens, daß nichts erklärt worden sei); d) der Ersteher darf die Höhe der Mietbeiträge nicht gekannt haben (er darf nicht gewußt haben, daß ein Beitrag gegeben sei, daß es ein Beitrag nach § 57c und wie hoch dieser war; kennt er nur einen Teilbetrag, so ist sein Recht nur insoweit beschränkt); e) der Ersteher hätte bei Kenntnis kein Gebot oder wenigstens keines in dieser Höhe abgegeben.

3.4 Weil es nicht in der Hand des Mieters/Pächters liegt, ob das Gericht seinerseits die Formvorschriften des § 57d beachtet, muß der Aufschub der außerordentlichen Kündigung entgegen dem Gesetzeswortlaut auch dann bestehen, wenn die **Formvorschriften**, auf die der Mieter/Pächter keinen Einfluß hat, **nicht beachtet** sind[7]. Dann kann aber das Gericht haftpflichtig sein. Hat der Mieter/Pächter ohne gerichtliche Aufforderung von sich aus eine Erklärung abgegeben und ist diese bekanntgegeben worden, war sie aber unrichtig oder unvollständig, so können die in Abs 3 dargestellten Rechtsnachteile nicht eintreten, wenn der Mieter/Pächter vom Gericht über die Folgen einer unvollständigen Erklärung nicht belehrt wurde[8]; auch dann besteht Schutz des Mieters/Pächters nach § 57c.

3.5 Muster für die Anmeldung der Mieter/Pächter im ZVG-Handbuch Rdn 217, sonst zur Anmeldung dort Rdn 218.

4 Terminsbekanntgabe der Mieteranmeldungen

4.1 Das Vollstreckungsgericht muß im Versteigerungstermin vor der Aufforderung zur Abgabe von Geboten bekanntgeben, **ob und welche Erklärungen** die

---

[5] Jonas/Pohle, ZwVNotrecht, §§ 57–57d Anm 5c.
[6] Dassler/Gerhardt § 57d Rdn 3; Jonas/Pohle, ZwVNotrecht, §§ 57–57d Anm 5c; Mohrbutter, Handbuch des Vollstreckungsrechts, § 41 (II); Drischler Rpfleger 1953, 497 (501).
[7] LG Frankfurt WuM 1957, 105.
[8] OLG Düsseldorf Rpfleger 1995, 373; LG Berlin Rpfleger 1977, 69.

Mieter oder Pächter über Baukostenzuschüsse und Mietzinsvorauszahlungen abgegeben haben: Abs 2. Es muß auch bekanntgegeben werden, wenn keine Erklärungen erfolgt sind.

4.2 Unterbleibt durch Versehen des Gerichts die **Bekanntgabe,** so kann dies als Verletzung einer gesetzlichen Versteigerungsbedingung einen Zuschlagsversagungsgrund/Anfechtungsgrund bilden (§ 83 Nr 1, § 100), jedoch verwirken die Mieter und Pächter dann nicht ihre Rechte.

4.3 Das Vollstreckungsgericht gibt nur bekannt, **prüft** aber **nicht,** ob die Voraussetzungen des § 57 c vorliegen. Sie zu behaupten und zu beweisen ist Sache des Mieters/Pächters vor dem Prozeßgericht[9], das hierüber zu entscheiden hat (zB auf eine Räumungsklage des Erstehers).

[Zuschlagskosten]

58 Die Kosten des Beschlusses, durch welchen der Zuschlag erteilt wird, fallen dem Ersteher zur Last.

Allgemeines zu § 58

Zweck und **Anwendungsbereich:** Regelung der Kostenpflicht für den Zuschlag. Die Vorschrift gilt für alle Versteigerungsverfahren des ZVG, auch die Teilungsversteigerung.

Kosten des Zuschlagsbeschlusses

Für die **Kosten** des Zuschlagsbeschlusses (Berechnung der Zuschlagsgebühr, Höhe usw Einl Rdn 79) haftet der Ersteher: § 58 (dies entspricht der Regelung beim rechtsgeschäftlichen Erwerb in BGB § 447 Abs 2). Als Erwerbskosten gehören die Kosten für **Erteilung des Zuschlags** nicht zu den Verfahrenskosten nach § 109, sind also nicht aus der Masse zu entnehmen. Bei Abtretung der Rechte aus dem Meistgebot nach § 81 Abs 2 und bei Meistgebot kraft verdeckter Vollmacht nach § 81 Abs 3 haften (als Gesamtschuldner) der Ersteher und der Meistbietende (§ 81 Abs 4). Schuldner und Gläubiger haften nicht für die Zuschlagsgebühr. Die Kostenpflicht des Erstehers ist gesetzliche Versteigerungsbedingung.

Zustellungsauslagen

Der Zuschlagsbeschluß muß an den Ersteher und bestimmte Beteiligte zugestellt werden (§ 88). Die **Auslagen** für **Zustellungen** sind (bei mehr als 10 Zustellungen im Rechtszug) der Staatskasse zu ersetzen (Einl Rdn 84.5 mit Einzelheiten). Diese Auslagen gehören (im Gegensatz zur Zuschlagsgebühr) zusammen mit allen anderen Auslagen des Verfahrens zu den nach § 109 vorweg aus der Masse zu entnehmenden Verfahrenskosten[1]. Der Ersteher hat die Kosten des Zuschlags als Erwerbskosten zu tragen. Eigentumserwerb erfolgt bereits mit Verkündung des Zuschlags (§§ 89, 90). Zustellung erfordern Wirksamkeit des Zuschlags und Eigentumserwerb des Erstehers nicht. Die Zustellung des Zuschlagsbeschlusses hat Bedeutung nur für den Beginn der Rechtsmittelfristen (für Terminsteilnehmer ohne Zustellung mit der Verkündung beginnend, nur für Nichtteilnehmer und Ersteher mit der Zustellung, § 98), somit für den Verfahrensfortgang nach Zuschlag. Die Zustellung ist daher ein zum Verfahren als solchem gehörender Vorgang, der mit der Erteilung des Zuschlags und sonach mit den Kosten des Beschlusses, durch welchen der Zuschlag erteilt wird, nicht in Zusammenhang steht (die Zuschlagsgebühr wird vom verkündeten Zuschlag ausgelöst), auch im Aus-

---

[9] LG Berlin Rpfleger 1977, 69.
[1] AG Kellinghusen Rpfleger 1968, 61; Stöber Rpfleger 1969, 122 (Teil B); Dassler/Schiffhauer § 58 Rdn [3]

nahmefall nach § 104, wo der Zuschlag durch Zustellung der Beschwerdeentscheidung wirksam wird, lediglich als Nachholung der zu Unrecht unterlassenen Verkündung des Zuschlags durch das Erstgericht. Abzulehnen daher die Gegenansicht[2], die Zustellung gehöre zum Zuschlag, die Kosten müßten den Ersteher treffen, auch vor dem Beschwerdegericht. Der Ersteher hat nach § 58 nur Erwerbskosten zu tragen. Solche entstehen nur mit Erteilung des Zuschlags, nicht aber mit der dem Verfahrensfortgang dienenden Zustellung des Beschlusses. Daß auch Zustellungsauslagen zu den vom Ersteher zu tragenden Erwerbskosten gehören müßten, bringt weder § 58 noch (mit Regelung der Zahlungspflicht gegenüber der Staatskasse) GKG § 26 Abs 2 Satz 1 zum Ausdruck. GKG § 26 Abs 2 Satz 1 begründet eine Kostenhaftung des Erstehers gegenüber der Staatskasse „auch für die mit Erteilung des Zuschlags **verbundenen** Auslagen", ZVG § 58 bestimmt, daß der Ersteher die Kosten des Beschlusses für **Erteilung** des Zuschlags zu tragen hat (diese somit nicht nach § 109 dem Erlös zu entnehmen sind). Die 1975 geänderte Kostenbestimmung (GKG § 53 Abs 2 Satz 1, nun § 26 Abs. 2 Satz 1) bietet schon wegen dieser unterschiedlichen Regelung keinen Anhalt dafür, daß auch Zustellungsauslagen zu den vom Ersteher nach § 58 zu tragenden Erwerbskosten gehören würden (so aber[3]). Aber auch für die Kostenpflicht gegenüber der Staatskasse bestimmt nicht GKG § 26 Abs 2 Satz 1, sondern Abs 1 Satz 1 des GKG § 26 die Haftung für die zum Verfahren gehörenden Auslagen der Zustellung (auch) des Zuschlagsbeschlusses. Wären auch Zustellungskosten noch „als Kosten für Erteilung des Zuschlags" anzusehen, dann könnten sie nach Aufhebung des Zuschlagsbeschlusses (auf Erinnerung oder Beschwerde) überhaupt nicht erhoben werden; nach späterer Versteigerung könnten diese für den Verfahrensfortgang aufgewendeten Zustellungskosten auch nicht dem Erlös entnommen werden; nach Verfahrensaufhebung würde der Antragsteller nicht haften (GKG § 26 Abs 1 Satz 1), wäre sonach kein Kostenschuldner vorhanden. Aufhebung des Zuschlagsbeschlusses bewirkt jedoch nur, daß die Gebühr für Erteilung des Zuschlags entfällt (GKG-KostVerz Nr 2214); Zustellungsauslagen werden auch in diesem Fall erhoben. Dafür, daß die Kosten der dem Verfahrensfortgang dienenden Zustellung des Zuschlagsbeschlusses (§ 88) mit einer geschuldeten Gebühr vom Ersteher zu tragen wären, bei Wegfall der Gebühr aber weder aus einem späteren Erlös entnommen noch sonst erhoben werden können, findet sich weder eine sachliche Rechtfertigung noch ein Anhalt im Gesetz.

[Abweichung bei geringstem Gebot und Versteigerungsbedingungen]

59 **(1) Jeder Beteiligte kann spätestens im Versteigerungstermin vor der Aufforderung zur Abgabe von Geboten eine von den gesetzlichen Vorschriften abweichende Feststellung des geringsten Gebots und der Versteigerungsbedingungen verlangen. Der Antrag kann spätestens zu dem in Satz 1 genannten Zeitpunkt zurückgenommen werden. Wird durch die Abweichung das Recht eines anderen Beteiligten beeinträchtigt, so ist dessen Zustimmung erforderlich.**

(2) Sofern nicht feststeht, ob das Recht durch die Abweichung beeinträchtigt wird, ist das Grundstück mit der verlangten Abweichung und ohne sie auszubieten.

(3) Soll das Fortbestehen eines Rechtes bestimmt werden, das nach § 52 erlöschen würde, so bedarf es nicht der Zustimmung eines nachstehenden Beteiligten.

---

[2] LG Freiburg JurBüro 1991, 1211 = Rpfleger 1991, 382; Drischler Rpfleger 1969, 119 (Teil A, 4 a, c); Mohrbutter/Drischler Muster 111 Anm 9; Steiner/Storz § 58 Rdn 9.
[3] Steiner/Storz § 58 Rdn 9.

Abweichung bei Versteigerungsbedingungen 2.2 § 59

Übersicht

Allgemeines zu § 59	1	Einzelne Abweichungen	5
Abweichung von gesetzlichen Vorschriften	2	Zuschlag im Falle von Abweichungsanträgen	6
Antrag auf abweichende Feststellung (Absatz 1 Sätze 1 und 2)	3	Zustimmung Nachstehender zu Bestehenbleiben eines Rechts entbehrlich (Absatz 3)	7
Beeinträchtigung, Doppelausgebot (Absatz 1 Satz 3, Absatz 2)	4		

Literatur: Mayer, Ist § 59 Abs 3 ZVG wirklich verfassungswidrig?, Rpfleger 2003, 281; Muth, Das Fortbestehen von Grundpfandrechten als abweichende Versteigerungsbedingung nach § 59 Abs 3 ZVG, JurBüro 1985, 13; Muth, Änderung von Versteigerungsbedingungen, Rpfleger 1987, 397; Schiffhauer, § 59 ZVG – eine Crux ohne Ende?, Rpfleger 1986, 326; Stöber, Änderung der Versteigerungsbedingungen während der Bietstunde, ZIP 1981, 944; Stöber, Fortbestehen einer Reallast und eines Grundpfandrechts bei Zwangsversteigerung auf Antrag des Berechtigten, NotBZ 2004, 265; Storz, Nochmals, Änderung der Versteigerungsbedingungen während der Bietstunde, ZIP 1982, 416.

Allgemeines zu § 59 1

1.1 Zweck der Vorschrift: Zulassung abweichender Feststellung des geringsten Gebots und der Versteigerungsbedingungen auf Antrag von Beteiligten, die ihr Interesse durch die gesetzlichen Bestimmungen nicht gewahrt finden (Motive S 182; Denkschrift S 48).

1.2 Anwendungsbereich: § 59 gilt für alle Versteigerungsarten des ZVG, auch für die Insolvenzverwalterversteigerung (mit Besonderheit in § 174), die Nachlaß- und die Teilungsversteigerung.

Abweichung von gesetzlichen Vorschriften 2

2.1 Die Vorschriften des ZVG über die Feststellung des geringsten Gebots und der Versteigerungsbedingungen sind nicht zwingender Natur. Durch die Beteiligten können vielmehr Abweichungen herbeigeführt werden. Sie werden nur auf rechtzeitigen Antrag festgestellt (Abs 1 Satz 1), zum Teil allerdings nur mit Zustimmung eines Dritten (Abs 1 Satz 3 und Abs 3) (Rdn 4), sonst zur Behebung von Zweifeln über eine mögliche Beeinträchtigung unter Doppelausgebot (Abs 2).

2.2 Versteigerungsbedingungen (zu denen auch das geringste Gebot gehört), die nach § 59 abgeändert werden können, regeln die Vorschriften, die Bestimmung über die Bedingungen der Veräußerung des Grundstücks (und mithaftender Gegenstände) und deren Wirkung, somit über die (materiellen) Rechte und Pflichten des Erstehers und der Beteiligten treffen (§§ 44–58, 63–65; siehe § 66 Rdn 7.3) (so auch[1]; für weite Auslegung des Begriffs „Versteigerungsbedingungen" dagegen[2]). Die (besonderen) gesetzlichen und die abweichenden Versteigerungsbedingungen werden nach Anhörung der (anwesenden) Beteiligten im Versteigerungstermin festgestellt und verlesen (§ 66 Abs 1); im Zuschlag werden sie bezeichnet (§ 82). Davon zu unterscheiden sind die **Verfahrensvorschriften** der Zwangsversteigerung (zB § 43 über die Bekanntmachungs- und Zustellungsfristen, § 74 a Abs 5 über die Festsetzung des Grundstückswertes). Sie regeln Zwangsversteigerung als Staatstätigkeit. Als (formalisiertes) Verfahrensrecht sind Bestimmungen über Voraussetzungen des staatlichen Vollstreckungshandelns und das Vollstreckungsverfahren den Abmachungen der Parteien entzogen[3]. Vorschriften des ZVG, die Vollstreckungsverfahren regeln, können daher nicht auf Antrag Beteiligter als Versteigerungsbedingungen nach § 59 abgeändert werden. Interessen

---

[1] Schiffhauer Rpfleger 1986, 326 (VI 1); Dassler/Schiffhauer § 59 Rdn 20.
[2] Steiner/Storz § 59 RdNr 9; Muth Rpfleger 1987, 397 (III 2) und KTS 1998, 529 (537).
[3] RG 128, 81 (85); Zöller/Stöber, ZPO, vor § 704 Rdn 24.

Beteiligter finden lediglich in der Weise Berücksichtigung, daß Verfahrensverstöße heilen können, wenn kein Recht beeinträchtigt ist oder wenn beeinträchtigte Beteiligte das Verfahren genehmigen.

2.3 § 59 hat folgende **Grundregeln:** Die Abweichung kann nur auf rechtzeitigen **Antrag** festgesetzt werden. Sie darf Interessen eines anderen Beteiligten nicht verletzen. Dem Antrag muß daher immer stattgegeben werden, wenn hierdurch niemand beeinträchtigt wird. Wenn jemand beeinträchtigt wird, kann nur mit seiner Zustimmung abgewichen werden; bei verweigerter (fehlender) Zustimmung muß der Abweichungsantrag sofort abgelehnt werden. Wenn nicht feststeht, damit zweifelhaft ist, ob jemand beeinträchtigt wird, muß Doppelausgebot erfolgen; der Zuschlag richtet sich nach den verschiedenen Möglichkeiten (Rdn 6).

2.4 Die abweichende Versteigerungsbedingung **kann** zB ein erlöschendes Recht bestehen lassen, ein bestehenbleibendes Recht erlöschen lassen, eine höhere Verzinsung des Bargebots bestimmen, eine abweichende Rechtsstellung des Erstehers gegenüber dem Mieter festlegen, die Rechtslage bei einem Flurbereinigungsverfahren klären, Zubehör von der Versteigerung ausnehmen, auch einen verspäteten Beitrittsbeschluß entgegen § 44 Abs 2 dem geringsten Gebot zugrundelegen (§ 44 Rdn 7). Die verlangte Abweichung muß verständlich und unzweideutig sein.

2.5 Nicht geändert werden können und dürfen insbesondere die grundlegenden, zwingenden Verfahrensbestimmungen[4] (siehe bereits Rdn 2.2). Wesentliche Grundsätze des ZVG dürfen auch mit Zustimmung aller Beteiligten nicht außer Kraft gesetzt werden, zB über Bindung an Gebote und Erlöschen der Gebote nach § 72, über die Zuschlagerteilung an den Meistbietenden nach § 81, über den Eigentumsübergang durch Zuschlag nach § 90, über die Vollstreckbarkeit des Zuschlagsbeschlusses nach §§ 93, 132, über die Erleichterung für Einleitung der Wiedervollstreckung (§ 133), über die Rangfolge der aus dem Meistgebot zuBefriedigenden, über die notwendige Bestimmtheit des Meistgebots. Es kann auch nicht ein wesentlicher Bestandteil aus der Versteigerung ausgenommen werden[5] (§ 20 Rdn 3, § 55 Rdn 3). Es gelten überhaupt die Grenzen, die das Rechtssystem selbst dargestellt, zB BGB §§ 134, 138[6]. Unzulässig ist eine inhaltslose „Abweichung", zB daß der Zuschlag an den Meistbietenden erfolgen müsse.

3 Antrag auf abweichende Feststellung (Absatz 1 Sätze 1 und 2)

3.1 Nur auf rechtzeitigen **Antrag** eines Beteiligten (§ 9) kann abweichende Feststellung des geringsten Gebots und/oder der Versteigerungsbedingungen erfolgen (Abs 1 Satz 1). Das Gericht darf nicht von sich aus die gesetzlichen Vorschriften über geringstes Gebot und Versteigerungsbedingungen ändern, auch wenn es etwa die Beteiligten dazu hören wollte[7]. Es kann aber, wenn dies nach Sachlage geboten erscheint, abweichende oder zusätzliche Bedingungen anregen; erforderlichenfalls hat es über das Antragsrecht aufzuklären (Einl Rdn 33).

3.2 Jeder Beteiligte kann eine abweichende Feststellung verlangen (Abs 1 Satz 1). **Antragsberechtigt** sind auch Mieter[8] (Pächter) und ein Anfechtungsgläubiger nach AnfG[9], nicht aber ein (nicht beteiligter) Erwerbsinteressent.

3.3 Gestellt werden kann der Antrag im Versteigerungstermin (dann ist er durch das Protokoll festzustellen, § 78), aber auch bereits vor dem Versteigerungs-

---

[4] Stöber ZIP 1981, 944 (V 4.1); Mohrbutter/Drischler Muster 77 Anm 2; Nußbaum, Zwangsversteigerung, § 15 (II b); Steiner/Storz § 59 Rdn 6.
[5] OLG Düsseldorf Rpfleger 1995, 373.
[6] Riedel JurBüro 1961, 425 (1).
[7] OLG Celle Rpfleger 1951, 216 mit zust Anm Rötelmann; Jaeckel/Güthe § 59 Rdn 2.
[8] BGH KTS 1971, 204 = MDR 1971, 287 = Rpfleger 1971, 102.
[9] BGH 130, 314 (325) = NJW 1995, 2846 (2848).

Abweichung bei Versteigerungsbedingungen 3.7 § 59

termin schriftlich oder zu Protokoll der Geschäftsstelle[10] und auch schon in einem Vortermin (§ 62). Er muß nach Abs 1 Satz 1 **spätestens** im Versteigerungstermin vor der Aufforderung zur Abgabe von Geboten (§ 66 Abs 2) gestellt werden. Grund: Schaffung klarer Verhältnisse; die Beteiligten und Interessenten müssen auf die festgestellten und verlesenen Versteigerungsbedingungen vertrauen können, die Verfahrensgrundlage bilden, und auf die sich die Geboteaufforderung gründet. Besonderer Hinweis auf diesen Schlußzeitpunkt ist weder vorgesehen noch geboten. Ein Antrag, der erst nach der Aufforderung zur Abgabe von Geboten gestellt wird, berührt (auch wenn noch kein Gebot abgegeben ist) den Fortgang der Versteigerung nicht. Versteigerungsbedingungen können von der Geboteaufforderung an nicht mehr verändert werden. Die Versteigerung zu den bereits festgestellten Bedingungen wird unverändert fortgesetzt[11]. Der verspätete Antrag ist zu protokollieren, er wird aber nicht gesondert (ausdrücklich) zurückgewiesen. Abs 1 Sätze 1 (soweit geändert) und 2 sind am 1. Aug 1998 in Kraft getreten. Übergangsvorschriften bestehen nicht. Die Bestimmungen gelten daher von da an auch in Verfahren, die vor dem 1. Aug 1998 eingeleitet wurden. Zur früher anderen Rechtslage siehe 15. Aufl Rdn 3.3.

3.4 Im Versteigerungstermin anwesende **Beteiligte** sind zu dem Abweichungsantrag zu **hören** (§ 66 Abs 2: Feststellung erst nach Anhörung).

3.5 Als Prozeßhandlung kann der Antrag **zurückgenommen** werden. Die Rücknahme des Antrags kann im Versteigerungstermin (auch im Vortermin) erklärt werden (Feststellung dann zu Protokoll, § 78), aber auch (insbesondere vor Terminsbeginn) schriftlich. Möglich ist Zurücknahme des Abänderungsantrags jedoch **nur bis zur Aufforderung** zur Abgabe von Geboten im Versteigerungstermin (§ 66 Abs 2). Grund: wie Rdn 3.3. Wenn die Bietzeit begonnen hat, können die Versteigerungsbedingungen nicht mehr abgeändert werden. Die bereits begonnene Versteigerung wird somit unverändert fortgesetzt, wenn verspätet Zurücknahme des Antrags dennoch erfolgt (Feststellung durch das Protokoll, § 78), und zwar auch dann, wenn noch kein Gebot gegeben ist.

3.6 Wenn die (bereits begonnene) **Versteigerung abgebrochen** werden muß (§ 66 Rdn 7) kommt dem Eintritt in die Versteigerung mit der (vorausgehenden) Aufforderung zur Abgabe von Geboten für den Verfahrensfortgang keine Bedeutung mehr zu. Es müssen geringstes Gebot und Versteigerungsbedingungen neu festgestellt werden; dann muß wieder neu zur Abgabe von Geboten aufgefordert werden (§ 66 Abs 2). Für Fortführung der Versteigerung mit (neuer) Aufforderung zur Abgabe von Geboten behält ein bereits früher gestellter Antrag auf abweichende Feststellung des geringsten Gebots oder der Versteigerungsbedingungen seine Bedeutung (vgl Rdn 3.3). Es kann aber auch eine von den gesetzlichen Vorschriften abweichende Feststellung des geringsten Gebots und der Versteigerungsbedingungen neu bis zu der nochmaligen (letzten) Aufforderung zur Abgabe von Geboten verlangt und ebenso der Antrag bis dahin auch zurückgenommen werden.

3.7 Mehrere Abweichungsanträge sind nacheinander zu erledigen, wobei das Ermessen des Gerichts entscheidet[12]. Auf jeden Fall ist aber jeder Antrag unabhängig von den anderen zu entscheiden, übereinstimmende gleichzeitig. Jedem Antrag muß stattgegeben werden, wenn seine Voraussetzungen erfüllt sind. Wenn mehrere Abweichungsanträge niemand beeinträchtigen oder wenn den Abweichungen alle Beteiligten zugestimmt haben, so sind die Abweichungen im Ausgebot zusammenzufassen (ZVG-Handbuch Rdn 298). Wenn für mehrere Abweichungen eine Beeinträchtigung ungewiß ist, sind mehrfache Ausgebote nötig (Ausgebot mit

---

[10] Jaeckel/Güthe § 59 Rdn 4 und § 66 Rdn 7; Korintenberg/Wenz § 59 Anm 2.
[11] So früher bereits Stöber ZIP 1981, 944 (V); Schiffhauer Rpfleger 1986, 326 (V 6 c); Muth Rpfleger 1987, 397 (V 3); Storz ZIP 1982, 416 (II); Steiner/Storz § 59 Rdn 62.
[12] Steiner/Storz § 59 Rdn 56.

§ 59 3.7   Geringstes Gebot. Versteigerungsbedingungen

und ohne die einzelne Abweichung), die nebeneinander erfolgen können (ZVG-Handbuch Rdn 298). Auf Antrag sind die verschiedenen Abweichungen in einem Ausgebot zusammenzufassen (ZVG-Handbuch Rdn 298 und[12]).

3.8 Muster für den Antrag im ZVG-Handbuch Rdn 292, sonst zu Abweichungsanträgen dort Rdn 293–298.

4 Beeinträchtigung, Doppelausgebot (Absatz 1 Satz 3, Absatz 2)

4.1 Recht, das eine Beeinträchtigung erfahren kann, kann jedes materielle Recht sein, dessen Wahrung das geringste Gebot und die gesetzlichen Versteigerungsbedingungen (Rdn 2.2) sicherstellen, nicht somit das Interesse eines Forderungsgläubigers, daß sich mit einem höheren Gebot die Schulden des Eigentümers verringern und damit die Aussicht auf Befriedigung durch Zwangsvollstreckung in das sonstige Schuldnervermögen verbessert[13]. Anderer **„Beteiligter",** dessen Recht durch die Abweichung beeinträchtigt sein kann, ist daher der Inhaber dieses geschützten Rechts, sofern er nach § 9 Beteiligter ist. Beeinträchtigt kann durch die Abweichung somit sein ein Recht am Grundstück (§ 10 Abs 1 Nr 4) oder an einem das Grundstück belastenden Recht, der Anspruch des Gläubigers (§ 10 Abs 1 Nr 5), ein sonstiger Anspruch mit Recht auf Befriedigung aus dem Grundstück (§ 10 im übrigen) oder ein einen solchen Anspruch belastendes Recht (zB ein Pfandrecht), die Schuld des persönlich haftenden Schuldners (§ 53), das Recht eines Mieters oder Pächters (§§ 57–57d), die Rechte des Eigentümers (des Schuldners ebenso wie eines neu eingetretenen Eigentümers) und ein der Versteigerung entgegenstehendes Recht eines Dritten.

4.2 Beeinträchtigt wird durch die Abweichung das Recht eines anderen Beteiligten, wenn es durch sie nachteilig berührt wird. Das ist der Fall, wenn die Abweichung das Versteigerungsergebnis zum Nachteil des Rechts des anderen Beteiligten beeinflußt, bei Zuschlag auf das Meistgebot zu der abweichenden Versteigerungsbedingung somit ein durch die gesetzlichen Vorschriften geschütztes materielles Recht verletzen wird. Beeinträchtigung ist nicht notwendig eine wirtschaftliche Schädigung die eintritt, wenn das Recht in irgendeiner Weise verringert oder sonst geschmälert wird; die Rechtsverletzung kann auch nur die formelle Rechtsposition des Beteiligten betreffen. Beeinträchtigung liegt daher schon vor bei einer anderen Art der Befriedigung als der im Gesetz vorgesehenen und dann, wenn das Recht anders gestaltet wird als es dem Berechtigten gesetzlich gewährleistet ist. Beeinträchtigt ist stets, wer mit der Abweichung nicht in gleicher Weise zum Zuge kommt, wer weniger erhält, wer Barzahlung erhält, statt bestehenzubleiben oder umgekehrt (andere Deckungsform), wer als Schuldner einen geringeren Übererlös erhält, wenn weniger Schulden als gesetzlich getilgt werden[14] oder wenn das geringste Gebot so hoch wird, daß niemand bietet. Es ist dagegen keine Beeinträchtigung, wenn der Ersteher das Grundstück teurer einsteigern muß oder wenn er ungünstigere Bedingungen übernehmen muß; der Bieter hat ja keinen aus dem Grundstück zu befriedigenden Anspruch, keinen Anspruch auf ein Gebot in bestimmter Art und Höhe. Mieter (Pächter), sofern sie nach Anmeldung (§ 9 Nr 2) Beteiligte sind, sind nur beeinträchtigt, wenn ihre Rechtsstellung in dieser Eigenschaft nachteilig berührt wird (zB wenn die Kündigung über den ersten gesetzlich zulässigen Termin hinaus ermöglicht werden soll).

4.3 Beeinträchtigt die Abweichung das Recht eines anderen Beteiligten (einschließlich des Schuldners), so ist dessen **Zustimmung** zu der abweichenden Versteigerungsbedingung nötig: Abs 1 Satz 3. Wenn die Beeinträchtigung feststeht, kann nur mit Zustimmung des beeinträchtigten anderen Beteiligten (auch

---

[13] OLG Stuttgart Justiz 1988, 129 = Rpfleger 1988, 200.
[14] LG Rostock Rpfleger 2001, 509.

Abweichung bei Versteigerungsbedingungen 5.1 § 59

eines abwesenden) abweichend ausgeboten werden (ähnlich[15]). Beispiel: Abweichung, daß ein Recht erlöschen soll, das nach § 52 bestehenbleiben würde (zum umgekehrten Fall Abs 3). Stimmt der beeinträchtigte Beteiligte der Abweichung von gesetzlichen Vorschriften nicht zu, muß der Abweichungsantrag abgewiesen werden. Erforderlich ist nur die Zustimmung des oder der Beteiligten, dessen oder deren Recht beeinträchtigt ist, nicht auch die Zustimmung anderer (nicht beeinträchtigter) Beteiligter. Die Zustimmung ist in der Form des § 84 Abs 2 nachzuweisen, falls sie nicht im Termin (auch im Vortermin, § 62) zu Protokoll erklärt wird (anders[16]: Schriftform als die für Prozeßhandlungen gebotene Form genügt). Sie ist bis zur Aufforderung zur Abgabe von Geboten (§ 66 Abs 2) widerruflich, von da an ist Widerruf ausgeschlossen (so auch[17]). Bloßes Stillschweigen eines Anwesenden kann nicht als Zustimmung angesehen werden. Ein Vormund (Pfleger, Betreuer, auch Eltern) des Beeinträchtigten benötigt zur Zustimmung der vormundschafts- bzw familiengerichtliche Genehmigung, wenn die Abänderung bei Erteilung des Zuschlags die Rechtsfolgen eines Genehmigungstatbestands (BGB §§ 1812, 1821, 1822 mit § 1643) äußern wird (so bei Barauszahlung eines bestehenbleibenden Rechts; Bestehenbleiben eines erlöschenden Rechts)[18].

4.4 Nicht fest steht, ob das Recht anderer Beteiligten (einschließlich des Schuldners) durch die Abweichung beeinträchtigt wird, wenn eine Beeinträchtigung ungewiß (zweifelhaft) ist (Regelfall). Das ist der Fall, wenn sich erst mit dem Versteigerungsergebnis zeigt, ob durch die Abweichung das Recht eines Beteiligten eine Benachteiligung erfährt. Wenn dann der möglicherweise beeinträchtigte Beteiligte (auch ein abwesender) zustimmt, wenn es mehrere sind, müssen alle zustimmen), wird nur mit der verlangten Abweichung ausgeboten[19] (Abs 1 Satz 2; wie Rdn 4.3; unklar[20]). Wenn Zustimmung nicht erklärt ist, muß das Grundstück zur Behebung der Ungewißheit **doppelt ausgeboten** werden: einmal mit der verlangten Abweichung und auch ohne sie: Abs 2. Auf diesem Weg wird die Feststellung ermöglicht, ob das Recht eines Beteiligten durch die Abweichung berührt (beeinträchtigt) wird (Motive S 183). Dem Verfahrensziel, ein möglichst hohes Meistgebot zu erreichen, entspricht dann am besten die gleichzeitige Versteigerung mit einheitlicher Aufforderung zur Abgabe von Geboten für alle Gebotsarten (wie § 73 Abs 2.7). Die Mindestbietzeit von 30 Minuten (§ 73 Abs 1 Satz 1) beginnt dann mit dieser einheitlichen Gebotsaufforderung. Den Bietern sind alle Ausgebotsarten bis zum Schluß der Versteigerung offen zu halten. Das gebietet gemeinsamen Schluß der Versteigerung für alle Ausgebotsarten, schließt damit den vorzeitigen Schluß der Versteigerung für eine der Gebotsarten aus (wie § 73 Rdn 2.7). Jeder Bieter ist an sein Meistgebot gebunden, bis durch den Zuschlag festgestellt wird, welches Gebot maßgebend ist.

4.5 Nicht beeinträchtigt wird durch die Abweichung das Recht eines anderen, wenn nur das Recht des Antragstellers selbst eine Benachteiligung erfährt oder erfahren kann. Dann muß dem Antrag stattgegeben werden, es erfolgt dann das Ausgebot nur mit der Abweichung.

Einzelne Abweichungen 5

5.1 Altenteil: Schutz vor Beeinträchtigung durch Zwangsversteigerung regelt bereits EGZVG § 9; das Recht bleibt nach Maßgabe landesgesetzlicher Bestimmung auch bestehen, wenn es Rang nach dem (betreibenden) Gläubiger (oder Gleichrang

---

[15] Muth Rpfleger 1986, 397 (IV 4 b).
[16] Schiffhauer Rpfleger 1986, 326 (VII 2); Dassler/Schiffhauer § 59 Rdn 42.
[17] Dassler/Schiffhauer § 59 Rdn 43; Schiffhauer Rpfleger 1986, 326 (VII 2).
[18] Dassler/Schiffhauer § 59 Rdn 44; Schiffhauer aaO (Fußn 16); Eickmann Rpfleger 1983, 199 (II 2).
[19] Jaeckel/Güthe § 59 Rdn 5.
[20] Muth Rpfleger 1986, 397 (IV 4 c).

§ 59 5.1 Geringstes Gebot. Versteigerungsbedingungen

mit ihm) hat; Erlöschen wird auf Antrag nach Maßgabe von EGZVG § 9 Abs 2 bestimmt. § 59 ist durch diese Sonderregelung ersetzt. Im übrigen ist ein Abweichungsantrag nach § 59 möglich. Sofern das Recht dem bestrangig betreibenden Gläubiger nämlich vorgeht und so schon nach § 52 bestehenbleiben würden, kann abweichend das Erlöschen beantragt werden. Auch kann über § 59 die genannte Sonderregelung ausgeschaltet werden, wenn nämlich entgegen der gesetzlichen Möglichkeit eines Erlöschensantrags für ein nach EGZVG § 9 bestehenbleibendes Recht das Recht ganz oder zum Teil doch bestehenbleiben soll (zB für einen der beiden Ehegatten). Wenn abweichend Erlöschen beantragt ist, ist (immer) der Berechtigte beeinträchtigt (Rdn 4.3); dessen Zustimmung somit erforderlich. Im übrigen ist wegen möglicher Beeinträchtigung des Schuldners (Eigentümers) und nachrangiger Berechtigter Doppelausgebot nötig, weil das Meistgebot nicht bestimmbar und sich daher nicht beurteilen läßt, ob jemand beeinträchtigt wird[21]. Über die Möglichkeit des Antrags muß das Gericht belehren. Entsprechendes gilt für altrechtliche Grunddienstbarkeiten (EGZVG § 9; dort Rdn 2).

5.2 Beschränkung des Bieterkreises würde gegen zwingende Verfahrensbestimmungen verstoßen (auf Konkurrenz der Bieter ausgerichtete Verfahrensregeln, Einl Rdn 10; Zuschlag an Meistbietenden, § 81 Abs 1), ist somit als Abänderung nach § 59 ausgeschlossen. Damit nicht zu verwechseln (was aber geschieht) ist, daß bei Zwangsversteigerung zur Aufhebung einer Gemeinschaft Veräußerung des Grundstücks an einen Dritten unstatthaft sein kann (BGB § 753 Abs 1 Satz 2), das Grundstück somit nur unter den Teilhabern versteigert werden muß (§ 180 Rdn 7.11). Dann ist Beschränkung des Bieterkreises auf die Teilhaber der Gemeinschaft (somit der Ausschluß Dritter vom Bieten) im Einzelfall nach § 753 Abs 1 Satz 2 gesetzliche Versteigerungsbedingung und als solche im Versteigerungstermin festzustellen (§ 66 Abs 1), nicht aber Abweichung, die nach § 59 verlangt werden müßte und bestimmt werden könnte.

5.3 Dauerwohnrecht nach WEG: Falls es nicht nach § 44 gewahrt bleibt, hat der daraus Berechtigte ein Sonderrecht nach WEG § 39 (§ 44 Rdn 5.29). Er hat daneben aber auch die Möglichkeit, Antrag nach § 59 zu stellen[22]. Er könnte so die bekannten Unklarheiten aus WEG § 39, ob die Voraussetzungen erfüllt sind, beseitigen. Dann müßte Doppelausgebot erfolgen.

5.4 Dinglicher Titel: Ein betreibender Gläubiger kann durch Änderung der Versteigerungsbedingungen erreichen, daß der fehlende oder zweifelhafte dingliche Titel (zu ihm § 15 Rdn 9) für ihn ersetzt wird[23]. Es wird damit nicht gegen das (zwingende) Erfordernis verstoßen, daß Grundlage der Zwangsvollstreckung ein Vollstreckungstitel zu sein hat (ZPO § 704 mit § 794), sondern abweichende Feststellung des geringsten Gebots nach dem dinglichen Anspruch des (persönlich) betreibenden Gläubigers verlangt. Beeinträchtigte Zwischenberechtigte (auch der Schuldner) müssen daher zustimmen (siehe Rdn 4.3).

5.5 Erbbaurecht (dazu § 15 Rdn 13 und 14): Abweichung über § 59 ist denkbar für die (eine gesetzliche Versteigerungsbedingung darstellende) notwendige Zustimmung des Grundstückseigentümers zum Zuschlag, für das Erlöschen des Erbbaurechts bei Grundstücksversteigerung entgegen ErbbauVO § 25[24] (natürlich nur mit Zustimmung des Erbbauberechtigten und aller am Erbbaurecht dinglich Berechtigten) oder daß ein erlöschender Erbbauzins bestehenbleiben soll.

5.6 Erlöschen eines Rechts, das an sich nach § 52 bestehenbleiben würde, weil es dem bestrangig betreibenden Gläubiger vorgeht: Beeinträchtigt ist der Rechtsinhaber (Rdn 4.2 und 4.3; andere Deckungsform), wenn ein Grundpfand-

---

[21] Drischler RpflJahrbuch 1974, 355 (B I b und Fußnote 15).
[22] Steiner/Storz § 59 Rdn 11; Bärmann/Pick/Merle, WEG, § 39 Rdn 18; Drischler RpflJahrbuch 1974, 355 (B III); Hurst WuM 1959, 66 (3).
[23] Steiner/Storz § 59 Rdn 12; Dassler BlGrBW 1961, 353 (VII).
[24] v. Oefele/Winkler, Erbbaurecht, Rdn 5.191.

recht Teil-Eigentümergrundschuld ist damit auch der Eigentümer. Stimmt der Berechtigte zu, können die nicht im geringsten Gebot stehenden nachrangigen Berechtigten und der Schuldner (neue Eigentümer) beeinträchtigt, sein[25], weil sich die weitere Barzahlung auf die Höhe des Meistgebots auswirken kann. Weil diese Beeinträchtigung (die Verringerung des Meistgebots) nicht feststeht, hat Doppelausgebot zu erfolgen, wenn nicht die Zustimmungen aller aus dem Meistgebot zu Befriedigenden einschließlich des Schuldners vorliegt. Das Recht kommt bei Erlöschen als dem bestrangig betreibenden Gläubiger vorgehend nach gesetzlichen Versteigerungsbedingungen in vollem Umfang (mit Kosten, Zinsen und Nebenleistungen sowie Hauptsache) ins bare geringste Gebot. Wenn das Recht außerhalb des geringsten Gebots stehen, damit nachrangig zum Zuge kommen soll, besteht „mögliche" Beeinträchtigung (daher Zustimmung) auch wegen des bei unzureichendem Meistgebot möglichen Ausfalls. Bestehenbleiben eines Rechts: Rdn 7.

5.7 Flurbereinigung: Weil die Einlagegrundstücke versteigert werden, die Ersatzgrundstücke aber an ihre Stellung treten (§ 15 Rdn 17), kann die Rechtslage über § 59 geklärt werden, etwa dahin, daß eine auf Grund vorläufiger Besitzeinweisung vom Schuldner vorgenommene Bebauung des Abfindungsgrundstücks mit Zugrundlegung des Wertes berücksichtigt wird, den das Abfindungsgrundstück hat[26]. Es hängt dies vom Stand des Flurbereinigungsverfahrens ab. Jedenfalls können die gesetzlichen Folgen des Flurbereinigungsverfahrens nicht durch abweichende Versteigerungsbedingung ausgeschlossen werden[26].

5.8 Gewerbebetrieb: Von der Zwangsversteigerung wird grundsätzlich nicht ein auf dem Grundstück ausgeübter Gewerbebetrieb erfaßt. Abweichung über § 59 ist nicht zulässig[27], der Gewerbebetrieb ist nicht Gegenstand der Immobiliar-Vollstreckung (ZPO § 864), Beschlagnahme (§ 20) und Versteigerung (§ 55) erstrecken sich auf ihn nicht[27]. In der Teilungsversteigerung kann ein Miterbe Antrag nicht stellen, weil der Gewerbebetrieb nicht von der Auseinandersetzung und Versteigerung erfaßt wird[28].

5.9 Gläubigeransprüche, die nach § 10 kein Recht auf Befriedigung aus dem Grundstück gewähren (so persönliche Ansprüche eines nicht vollstreckenden Gläubigers), können nicht nach § 59 berücksichtigt werden (keine Aufnahme in das geringste Gebot und keine Zahlung aus dem Erlös auf Antrag nach § 59)[29].

5.10 Die **Grundstücksgrenze** umschließt das Grundstück als rechtliche Einheit (Einl Rdn 11) und damit als Gegenstand der Beschlagnahme (§ 20 Rdn 3.1), Versteigerung (§ 55 Rdn 2.2) und Veräußerung (§ 90 Rdn 1.3). Änderung nach § 59 ist daher ausgeschlossen. Damit verbietet sich zugleich auch Beseitigung eines Streites oder einer Unklarheit über die Grundstücksgrenze mit „abweichender" Feststellung nach § 59 (anders[30]).

5.11 Miete, Pacht: Das außerordentliche Kündigungsrecht mit gesetzlicher Frist des Erstehers kann über § 59 ausgeschlossen werden (§ 57a Rdn 8). Denkbar ist auch eine Abweichung, daß der Ersteher an Mietverträge/Pachtverträge auch außerhalb der Grenzen des § 57 gebunden sein solle. Zur Zustimmung Rdn 2.3. Beschränkung bei Baukostenzuschuß und Mietvorauszahlung: § 57c Rdn 8.

---

[25] LG Arnsberg Rpfleger 2005, 42; LG Rostock Rpfleger 2001, 509.
[26] OLG Hamm Rpfleger 1987, 258.
[27] Dassler/Schiffhauer § 59 Rdn 31; Schiffhauer Rpfleger 1986, 326 (IX 7); aA: zulässig, sogar zu welchem Wert der Betrieb zu übernehmen sei, Steiner/Storz § 59 Rdn 15; Riedel JurBüro 1961, 425 (1).
[28] Riedel JurBüro 1961, 425 (1).
[29] Dassler/Schiffhauer § 59 Rdn 27; Schiffhauer Rpfleger 1986, 326 (IX 4).
[30] Steiner/Storz § 59 Rdn 16.

5.11a Rangänderung eines Rechts: Sie kann über § 59 unter den allgemeinen Voraussetzungen (Antrag, Zustimmung, Doppelausgebot) erfolgen[31]; für unzulässig hält[32] die Änderung der Befriedigungsrangfolge.

5.12 Reallast: Daß sie bestehen bleiben soll, wenn ihr Berechtigter fällige Einzelleistungen vollstreckt, kann abweichend von den gesetzlichen Versteigerungsbedingungen nach § 59 verlangt werden (s § 44 Rdn 4.12).

5.13 Sicherheitsleistung: Die Verpflichtung zur Sicherheitsleistung des Bieters regeln §§ 67–70, 184 als Vorschriften über das Versteigerungsverfahren; Versteigerungsbedingungen (Rdn 2.2) stellen sie nicht dar. Abänderung nach § 59 ist daher nicht zulässig[33]; ein Bedürfnis für Abänderung besteht zudem nicht, weil der Antragsteller durch Einschränkung seines Verlangens die Verpflichtung des Bieters mindern und einschränken kann und ohne seine Zustimmung (Beeinträchtigung wäre stets gegeben) eine Abänderung ohnedies nicht möglich wäre.

5.14 „Übergebot nur zulässig, wenn es das vorgehende wirksame Höchstgebot um ... Euro übersteigt". Die Abänderung würde gegen die grundlegenden gesetzlichen Verfahrensbestimmungen verstoßen, daß mit jedem Übergebot das bisherige Gebot erlischt (§ 72 Abs 1) und daß dem Zuschlag dem Meistbietenden zu erteilen ist (§ 81 Abs 1). Abweichende Feststellung von Versteigerungsbedingungen (§§ 44–58) verlangt der Antrag nicht. Er ist daher unzulässig (so auch[34]; anders[35]: zulässig; dazu sehr kritisch[36]), weil zwingende Verfahrensbestimmungen nicht geändert werden können (Rdn 2.2) (in diesem Sinne nun auch[37]). Die Änderung könnte auch nur vorsorglich bewirken, daß ein Versteigerungstermin nicht durch zu geringfügige Gebote in die Länge gezogen oder gar blockiert wird. Damit wird die Bedeutung der Abänderung aber überschätzt; Übergebote, die nur noch in Kleinstbeträgen ausgedrückt werden, können als unzulässige Rechtsausübung gemäß § 226 BGB unwirksam und dann nach § 71 Abs 1 zurückzuweisen sein[38]. Hält man gleichwohl auch diese Abänderung für zulässig, so kann sie jedenfalls nur auf Antrag (nie von Amts wegen) und nur mit Zustimmung des Schuldners, der beeinträchtigt wird (anders[39]: nach Lebenserfahrung kann bei hohem Wertobjekt im Einzelfall Beeinträchtigung ausgeschlossen sein) sowie aller Beteiligten, deren Rechte nicht im geringsten Gebot stehen, festgestellt werden. Doppelausgebot kann nicht erfolgen[40] (anders[41]: Doppelausgebot).

5.15 Versicherungsforderung: Als abweichende Versteigerungsbedingung kann festgelegt werden, daß näher zu bezeichnende Rechte an einer (Brand-)Versicherungsforderung bestehen bleiben sollen[42]. Wegen des besseren Weges mit abgesonderter Verwertung siehe § 65 Rdn 2.

5.16 Wohnungsbindung: Die Beschränkungen nach Wohnungsbindungsgesetz (Textanhang T 45) können nicht durch § 59 ausgeschlossen werden. Das Bestehen oder Nichtbestehen der Wohnungsbindung kann nicht als Versteigerungsbedin-

---

[31] Steiner/Storz § 59 Rdn 19; Drischler RpflJahrbuch 1974, 355 (C).
[32] Schiffhauer Rpfleger 1986, 326 (IX 8).
[33] Dassler/Schiffhauer § 59 Rdn 34; Schiffhauer Rpfleger 1986, 326 (IX 10).
[34] Dassler/Schiffhauer § 59 Rdn 26.
[35] OLG Oldenburg Rpfleger 1981, 315 mit abl Anm Schiffhauer; LG Aurich Rpfleger 1981, 153; Steiner/Storz § 59 Rdn 8 und 23.
[36] Schiffhauer Rpfleger 1981, 154 (Anmerkung).
[37] Schiffhauer Rpfleger 1981, 315 (Anmerkung) und Rpfleger 1986, 326 (IX 3).
[38] Schiffhauer Rpfleger 1981, 154 (Anmerkung).
[39] LG Aurich Rpfleger 1981, 153.
[40] Schiffhauer Rpfleger 1981, 154 und 315 (Anmerkung).
[41] OLG Oldenburg aaO (Fußn 35).
[42] Mohrbutter in Festschrift für Herbert Schmidt (1981), Seite 111 (I 4).

gung festgesetzt werden, auch nicht als abweichende, daß eine Bindung entgegen dem Gesetz nicht bestehe[43].

5.17 Zahlung des Meistgebots im Verteilungstermin (§ 49 Abs 1): Abweichung wäre nach § 59 möglich. Eine andere Art der Bargebotszahlung (zB Hinterlegung einer Bankbürgschaft[44]; sonstige Leistung an Erfüllungs Statt; spätere Barzahlung) könnte als beeinträchtigende Abänderung jedoch nur mit Zustimmung aller aus dem Bargebot zu deckenden Beteiligten und des Schuldners erfolgen[44] (§ 59 Abs 1 Satz 2; kein Doppelausgebot).

5.18 Zahlungsfristen entsprechend der Regelung, die in den aufgehobenen §§ 60, 61 enthalten war, können nicht abweichend nach § 59 festgestellt werden[45] (anders[46]: mit Zustimmung aller Beteiligten weiterhin zulässig; nicht gesetzesgemäß).

5.19 Zinsen des Bargebots bis zum Verteilungstermin (sonst Rdn 5.20): § 59 ist auch für die Verzinsung des Bargebots nach § 49 Abs 2 anwendbar, indem der gesetzliche Zinssatz von 4% (BGB § 246) geändert wird[47]. Der Schuldner und jeder nicht im geringsten Gebot stehender Berechtigter mit Anspruch auf Befriedigung aus dem Erlös kann dadurch beeinträchtigt sein (also Zustimmung nötig), daß bei höheren Bargebotszinsen weniger geboten wird. Darum muß hier auf jeden Fall Doppelausgebot erfolgen. Der Ersteher kann zwar durch sofortige Hinterlegung des baren Meistgebots die Zinsen überhaupt vermeiden, doch ändert dies nichts an dem notwendigen Vorgehen. Jedoch ist bei Zuschlagsentscheidung für die Frage, ob Beeinträchtigung durch das abweichende Meistgebot gegeben ist (Rdn 6), ob mithin Ausfall durch die Abweichung höher als beim Meistgebot zu den gesetzlichen Versteigerungsbedingungen eintritt, davon auszugehen, daß am Tage des Zuschlags Bargebotshinterlegung erfolgt[48]. Weil es auf den Zeitpunkt des Zuschlags, nicht den der Erlösverteilung ankommt, können für den Vergleich der Gebote vom Ersteher eventuell bis zum Verteilungstermin zu zahlende Zinsen keinen Einfluß auf die Höhe der zu vergleichenden Gebote haben[49] (anders[50]). Bei gleich hohen Meistgeboten ist durch die abweichende Bedingung niemand beeinträchtigt, dem auf sie abgegebenen Gebot daher der Zuschlag zu erteilen[51].

5.20 Zinsen der Sicherungshypothek: Der Zinssatz der nach § 128 einzutragenden Sicherungshypothek gehört zu den gesetzlichen Versteigerungsbedingungen (Abs 2)[52]. Daher kann abweichende Versteigerungsbedingung beantragt werden, daß die Sicherungshypotheken aus § 128 (bei Nichtzahlung des Bargebots) höher als gesetzlich bestimmt verzinst werden sollen[53]. Ob solche Hypotheken einzutragen sind, wird nicht bis zum Zuschlag oder im Zuschlag entschieden, sondern im Verteilungstermin. Die Frage kann aber die Gebote im Versteigerungstermin wohl beeinflussen. Bei der Wiederversteigerung kann in diesem Fall eine Benachteiligung der nachrangigen von mehreren Sicherungshypotheken nicht

---

[43] LG Siegen Rpfleger 1969, 173; Dassler/Schiffhauer § 59 Rdn 28.
[44] Schiffhauer Rpfleger 1986, 326 (IX 12).
[45] Dassler/Schiffhauer § 59 Rdn 35; Schiffhauer Rpfleger 1986, 326 (IX 11).
[46] Steiner/Storz § 59 Rdn 28.
[47] LG Freiburg Rpfleger 1975, 105 mit zum Teil abl Anm Schiffhauer; LG Münster Rpfleger 1982, 77 mit zust Anm Schiffhauer; Rpfleger 1981, 154 (Anmerkung); Dassler/Schiffhauer § 59 Rdn 24; Steiner/Storz § 59 Rdn 25.
[48] LG Münster Rpfleger 1982, 77 mit zust Anm Schiffhauer; Schiffhauer Rpfleger 1975, 105 (Anmerkung) und Rpfleger 1986, 326 (IX 1).
[49] LG Münster Rpfleger 1982, 77 mit zust Anm Schiffhauer.
[50] LG Freiburg aaO (Fußn 47); Drischler KTS 1975, 291.
[51] Schiffhauer Rpfleger 1982, 326 (IX 1).
[52] Schiffhauer Rpfleger 1981, 154 (Anmerkung).
[53] LG Aurich Rpfleger 1981, 153; Dassler/Schiffhauer § 59 Rdn 25; Steiner/Storz § 59 Rdn 26; Schiffhauer Rpfleger 1981, 154 (Anmerkung).

§ 59 5.20   Geringstes Gebot. Versteigerungsbedingungen

ausgeschlossen werden (wenn die vorausgehenden höhere Zinsen erhalten, bleibt für die nachrangigen weniger). Wiederversteigerungsfragen müssen also in der vorausgehenden Versteigerung auch schon berücksichtigt werden. Der Abweichungsantrag ist unter den allgemeinen Voraussetzungen zu behandeln (Antrag, Zustimmung der sämtlichen Beteiligten mit Barauszahlungsanspruch[54], auch des Schuldners[55], Doppelausgebot, anders[55]: kein Doppelausgebot; aufgegeben[56]). Nach Doppelausgebot (Abs 2) darf auf das abweichende Meistgebot nur mit Zustimmung aller Beteiligten mit Barzahlungsanspruch und des Schuldners zugeschlagen werden, weil alle durch die Abweichung beeinträchtigt sein können[57] und[58] (unter Hinweis auf Besonderheiten bei Sicherheitsleistung, für den Gläubiger der erstrangigen Sicherungshypothek und zur möglichen Beeinträchtigung auch der Gläubiger bestehenbleibender Rechte) (dazu Rdn 6) (anders[59]).

6 Zuschlag im Falle von Abweichungsanträgen

6.1 Wurde nur unter den **gesetzlichen** Versteigerungsbedingungen geboten, dann wird auch so zugeschlagen. Wurde nur zu **abweichenden** Bedingungen ausgeboten und geboten, so kann ebenfalls nur so zugeschlagen werden (für diesen Fall anders[60]).

6.2 Bei **Doppelausgebot** mit gesetzlichen und abweichenden Versteigerungsbedingungen (Abs 2) hängt die Entscheidung, auf welches Ausgebot der Zuschlag zu erteilen ist, von folgenden Überlegungen ab: Das Meistgebot mit der beantragten Abweichung hat grundsätzlich den Vorrang[61]; stellt sich bei der Entscheidung über den Zuschlag heraus, daß durch das abweichende Meistgebot **niemand** in seinem Recht **beeinträchtigt** wird (auch der Schuldner nicht), dann kann und muß der Zuschlag mit der Abweichung erfolgen. Wenn aber jemand durch die Abweichung beeinträchtigt wird, hat der Zuschlag auf das Meistgebot mit den gesetzlichen Versteigerungsbedingungen zu erfolgen; dem Meistgebot für das Ausgebot mit der verlangten Abweichung ist der Zuschlag dann nur zu erteilen, wenn der Beeinträchtigte zustimmt (anders[62]: Zuschlag müsse bei höherem oder gleich hohem Gebot auf die Abweichung erfolgen). Die Zustimmung muß zu Niederschrift des Vollstreckungsgerichts oder in der Form des § 84 Abs 2 erklärt sein[63]. Bei mehreren Beeinträchtigten muß die Zustimmung aller vorliegen; fehlt sie auch nur von einem, dann kann nicht abweichend zugeschlagen werden. Es kommt also nicht darauf an, ob das eine oder das andere Meistgebot höher ist, sondern nur darauf, ob durch die Abweichung das Recht eines Beteiligten gegenüber dem Ausgebot zu den gesetzlichen Versteigerungsbedingungen beeinträchtigt wird. Wird jemand in seiner Rechtsstellung von dem Meistgebot auf die abweichenden Versteigerungsbedingungen nachteilig betroffen (beeinträchtigt), und stimmt er der Abweichung nicht zu, so darf er durch die Abweichung nicht schlechter gestellt werden als durch das gesetzliche Meistgebot[64], sein Ausfall darf also durch die Abweichung nicht höher sein als bei gesetzlichem Meistgebot. Der Zuschlag erfolgt mithin auf das Meistgebot, das die Rechte des nicht zustimmenden Beeinträchtigten am geringsten beeinträchtigt[64]. Wenn der Ausfall bei beiden Meistgebotsarten

---

[54] Steinerz/Storz § 59 Rdn 26; Schiffhauer Rpfleger 1981, 154 (Anmerkung).
[55] Schiffhauer Rpfleger 1981, 154 (Anmerkung).
[56] Dassler/Schiffhauer § 59 Rdn 25; Schiffhauer Rpfleger 1986, 326 (IX 2).
[57] Schiffhauer Rpfleger 1981, 154 (Anmerkung).
[58] Schiffhauer Rpfleger 1986, 326 (IX 2).
[59] LG Aurich Rpfleger 1981, 153.
[60] Dassler/Schiffhauer § 39 Rdn 58.
[61] Steiner/Storz § 59 Rdn 50; Drischler RpflJahrbuch 1974, 335 (B II).
[62] Muth Rpfleger 1987, 397 (VI 3).
[63] Schiffhauer Rpfleger 1986, 326 (VIII 2).
[64] Mohrbutter, Handbuch des Vollstreckungsrechts, § 39 (VI a).

Abweichung bei Versteigerungsbedingungen 7.1 § 59

gleich hoch ist, erfolgt Zuschlag mit der Abweichung[65]. Das gilt auch, wenn eines der beiden höher ist; hierauf kommt es ja nicht an.

6.3 Wurde bei Doppelausgebot **nur** auf das Ausgebot mit **gesetzlichen** Versteigerungsbedingungen geboten, dann hat der Zuschlag so zu erfolgen[66]. Wurde bei Doppelausgebot **nur** auf das **abweichende** Ausgebot geboten, so beeinträchtigt das abweichende Meistgebot gegenüber dem Ausgebot zu den gesetzlichen Versteigerungsbedingungen nicht (dazu Rdn 6.2). Der Zuschlag hat mithin auf das abweichende Meistgebot zu erfolgen[67]. Das ist heftig umstritten. Nach anderer Ansicht[68] soll es dabei bleiben, daß für die Abweichung die Zustimmung aller durch sie Beeinträchtigten nötig ist, nach wieder anderer Meinung[69] soll es keinen Zuschlag geben (ausgenommen wenn alle Beteiligten zustimmen), weil kein Vergleich erfolgen, keines der Gebote als höher festgestellt werden könne.

6.4 Eine Besonderheit gilt für Doppelausgebote bei Altenteilen und altrechtlichen Grunddienstbarkeiten (EGZVG § 9 Rdn 4.6).

6.5 Wo es in den besprochenen Fällen darauf ankommt, ob zwei Meistgebote mit unterschiedlichen Versteigerungsbedingungen gleich hoch sind (Rdn 6.2), entscheidet für die Höhe das Bargebot und der Wert aller bestehenbleibenden Belastungen. Der Wert eines bestehenbleibenden Rechts, das nicht auf Geldzahlung aus dem Grundstück gerichtet ist (Rechte der Abt II des Grundbuchs), wird hierfür durch den nach § 51 Abs 2 festgestellten Zuzahlungsbetrag bestimmt (so auch[70]). Er bemißt sich nach dem Betrag, um den der Wert des Grundstücks objektiv durch die Belastung gemindert ist (§ 51 Rdn 3.1). Der Zuzahlungsbetrag ist daher für den bei Veräußerung erzielten Gesamterlös des belasteten Grundstücks mit Übernahme des Rechts ohne eigenen Geldwert zu bewertender Teil des Erwerbspreises. Dem entspricht Berücksichtigung des nach § 51 Abs 2 festgestellten Zuzahlungsbetrags als Kapitalwert des Rechts in den Fällen der § 74a Abs 1 (§ 74a Rdn 3.2) und des § 85a (§ 85a Rdn 2.2). Mit dem Ersatzwert des § 92 als Wert des Rechts für den Berechtigten (§ 51 Rdn 3.1) hat der bei Versteigerung erzielte Erlös (die Höhe des Gebots) nichts zu tun; ihm kommt für die Bewertung des Grundstückserlöses daher keine Bedeutung zu. Nicht richtig ist daher auch die Annahme[71], es sei die Differenz aus dem Ersatzbetrag (§ 92) und dem Zuzahlungsbetrag (§ 51 Abs 2) anzusetzen, zumal nicht, wie angenommen wird, im Hinblick auf die Lastigkeit des Rechts der Wert niedriger festgesetzt wird (§ 74a Rdn 7.4).

6.6 Bei unterlassenem Doppelausgebot (wo es stattfinden mußte) ist jeder durch den Zuschlag benachteiligte Beteiligte, der nicht der Abweichung zugestimmt hatte, nach § 83 Nr 1 anfechtungsberechtigt.

Zustimmung Nachstehender zu Bestehenbleiben eines Rechts entbehr- 7
lich (Absatz 3)

7.1 Wenn das **Fortbestehen** eines dem betreibenden Gläubiger gleich- oder nachstehenden Rechts bestimmt werden soll, das gesetzlich (nach § 52 Abs 1) erlöschen würde, ist der Gläubiger dieses Rechts immer beeinträchtigt (andere Dek-

---

[65] Drischler RpflJahrbuch 1974, 335 (B VII 4); Mohrbutter aaO (Fußn 64).
[66] Steiner/Storz § 59 Rdn 54; Schiffhauer Rpfleger 1986, 326 (VIII 1); Drischler RpflJahrbuch 1974, 335 (B II).
[67] Drischler RpflJahrbuch 1974, 335 (B VII 4); Muth Rpfleger 1987, 397 (VI 2 b).
[68] LG Rostock Rpfleger 2001, 509. Schiffhauer Rpfleger 1975, 105 (Anmerkung) und Rpfleger 1986, 326 (VIII 3).
[69] LG Freiburg Justiz 1975, 348 Leitsatz = Rpfleger 1975, 105 mit Anm Schiffhauer; Drischler KTS 1975, 283 (7 g); Drischler RpflJahrbuch 1978, 260 (B 9) und RpflJahrbuch 1974, 335 (B VII 4).
[70] Schiffhauer Rpfleger 1986, 326 (VIII 2).
[71] Storz Rpfleger 1987, 397 (VI 3 a).

§ 59 7.1   Geringstes Gebot. Versteigerungsbedingungen

kungsform). Er muß daher (wenn nicht die Abweichung auf seinen Antrag erfolgen soll) zustimmen. Wenn er nicht zustimmt, ist der Abweichungsantrag abzuweisen. Für Beteiligte, die dem Recht, das nach dem Abweichungsantrag bestehenbleiben soll, **nachstehen** (nicht aber für Gleichrangige[72]), ist die Gefahr einer Beeinträchtigung gewöhnlich ausgeschlossen. „Der Vereinfachung halber" ist daher vorgeschrieben, daß es der Zustimmung dieser Beteiligten nicht bedarf[73] (Abs 3). Auch der Schuldner (und der neu eingetretene Eigentümer) muß daher der Abweichung nicht zustimmen[74] (anders[75]). Schließt das Recht, das bestehenbleiben soll, nicht unmittelbar an die gesetzlich bestehenbleibenden Rechte an, wird ein (jeder) nicht im geringsten Gebot stehender Zwischenberechtigter möglicherweise beeinträchtigt (Gefahr des Ausfalls besteht); er (auch ein Gleichrangiger) muß daher zustimmen (Abs 2).

7.2   Nur unter der mit dem Abweichungsantrag verlangten Bedingung, daß das Recht bestehenbleibt, wird ausgeboten, wenn keine zu berücksichtigende Beeinträchtigung erfolgt oder wenn Beeinträchtigte (Gläubiger des Rechts, Zwischenberechtigte und Gleichrangige) zugestimmt haben. Die Zustimmung auch eines nachstehenden Beteiligten (auch des Eigentümers) braucht nicht festgestellt zu sein (anders[76]: Beeinträchtigung kann nur durch Doppelausgebot festgestellt werden; dazu auch[77] sowie[78] [für nicht folgerichtige Differenzierung aber keine Gesetzesgrundlage]). **Doppelausgebot** muß erfolgen (Abs 2), wenn ein Zwischenberechtigter oder Gleichrangiger (als möglicherweise Beeinträchtigter) nicht zugestimmt hat (weil der Zwischenberechtigte durch die Abweichung einen Ausfall erleiden kann).

7.3   Wurde nur mit der Abweichung ausgeboten, daß das (gesetzlich erlöschende) Recht bestehenbleibt, und ein Meistgebot abgegeben, dann ist ihm der **Zuschlag** zu erteilen (Rdn 6.1). Der Zustimmung eines nachstehenden Beteiligten bedarf es nicht (Abs 3). Wenn doppelt ausgeboten wurde (Abs 2), kann Zuschlag auf das abweichende Meistgebot nur erteilt werden, wenn niemand auf den es ankommt in seinem Recht beeinträchtigt ist oder Beeinträchtigte zugestimmt haben. Auch hierzu bedarf es der Zustimmung eines nachstehenden Beteiligten nicht (Abs 3). Beeinträchtigt sein können daher nur der Berechtigte eines das bestehen bleibende Recht belastenden Rechts und ein (jeder) nicht im geringsten Gebot stehender **Zwischenberechtigter** oder Gleichrangiger (wie Rdn 7.1). Wird ein Zwischenberechtigter oder ein gleichrangig Berechtigter durch das Meistgebot zu der abweichenden Bedingung mit Bestehenbleiben des Rechts voll gedeckt, dann ist er nicht beeinträchtigt, der Zuschlag somit diesem Ausgebot zu erteilen (wie Rdn 6.2 und EG § 9 Rdn 4.7). Auf ein höheres Versteigerungsergebnis (Meistgebot) bei einem Ausgebot zu den gesetzlichen Versteigerungsbedingungen und auf nachstehende Beteiligte kommt es dann nicht an; Abs 3 schließt deren Zustimmung aus (anders[79]). Nachrangige dingliche Berechtigten schließt (materiellrechtlich) nicht die Befugnis ein, das Erlöschen des vorrangigen Rechts bei Zwangsversteigerung mit Doppelausgebot herbeizuführen[80]. Ebenso ist dem Eigentümer eine Beeinträchtigung der (dinglichen, damit absoluten) Berechtigten des Gläubigers eines Grundstücksrechts versagt; auch er kann daher als ebenfalls

---

[72] Dassler/Schiffhauer § 59 Rdn 47; Korintenberg/Wenz § 59 Anm 4b; Reinhard/Müller § 59 Anm 4b; Schiffhauer Rpfleger 1986, 326 (VII 4).
[73] Denkschrift zum ZVG S 48.
[74] Korintenberg/Wenz § 59 Anm 4b; Jaeckel/Güthe § 59 Rdn 7.
[75] Dassler/Schiffhauer § 59 Rdn 48; Schiffhauer Rpfleger 1986, 326 (VII 4).
[76] Schiffhauer Rpfleger 1986, 326 (VII 4).
[77] Muth JurBüro 1985, 13 und Rpfleger 1987, 397 (IV 5 und VI 4).
[78] Mayer Rpfleger 2003, 281.
[79] Muth JurBüro 1985, 13.
[80] Stöber NotBZ 2004, 265 (268; V 2a).

„nachstehender" Berechtigter Erlöschen eines Grundstücksrechts mit Doppelausgebot nicht verlangen[80]. Darauf gründet sich Abs 3, daß es deren Zustimmung nicht bedarf.

7.4 Zu Abs 3 werden abweichende Ansichten vertreten, die nicht zutreffend sind. Es soll für das Bestehenbleiben eines Rechts auf Antrag die Zustimmung nachstehender Beteiligter nur dann nicht erforderlich sein, wenn es sich um ein Recht der Abteilung II des Grundbuchs handelt, wie zB eine Reallast. Die weitergehende allgemeine Fassung, nach der auch abweichende Bestimmung, daß Bestehenbleiben einer Hypothek oder Grundschuld die Zustimmung Nachrangiger nicht erfordert, soll auf einem Redaktionsversehen des Gesetzgebers beruhen[81]. Das jedoch ist nicht der Fall; die Entstehungsgeschichte spricht gegen diese enge Auslegung (näher bei[82]). Es soll weitergehend Abs 3 entgegen seinem Wortlaut sowohl nach seiner Entstehungsgeschichte als auch aus systematischen und teleologischen Erwägungen als widerlegbare Vermutung einzuordnen sein. Daher soll ein Doppelausgebot zur Klärung einer möglichen Beeinträchtigung der nachstehenden Beteiligten erfolgen müssen[83]. Das ist aber nicht richtig (eingehend dazu[84]). Letztlich soll wörtliche Auslegung des Abs 3 verfassungswidrig sein[85]. Schon ein Blick auf die materielle Berechtigung des vorgehenden dinglichen Rechts, dessen Bestehenbleiben verlangt ist, zeigt aber, daß das überhaupt nicht der Fall ist (auch dazu[86]).

7.5 Der Antrag, das Fortbestehen eines Rechts zu bestimmen, bewirkt nur, daß das Recht als bestehenbleibend (§ 52) in das geringste Gebot aufgenommen wird. Laufende und rückständige **wiederkehrende Leistungen** sowie Rechtsverfolgungskosten dieses Rechts kommen daher nicht ins geringste Bargebot. Erhöhung auch des geringsten Bargebots (§ 49 Abs 1) um Kosten und wiederkehrende Leistungen sowie andere Nebenleistungen des dem betreibenden Gläubiger nachgehenden Rechts würde Antrag auf weitere Abweichung erfordern; dafür würde auch die Zustimmung nachstehender Beteiligter nach Abs 3 nicht entfallen.

60 und 61 [aufgehoben]

[Vorbereitende Erörterungen, Vortermin]

62 Das Gericht kann schon vor dem Versteigerungstermin Erörterungen der Beteiligten über das geringste Gebot und die Versteigerungsbedingungen veranlassen, zu diesem Zwecke auch einen besonderen Termin bestimmen.

Allgemeines zu § 62

1.1 Zweck der Vorschrift: Verfahrensgestaltung mit vorbereitenden Erörterungen und Abhaltung eines Vortermins zur Abwendung einer übermäßigen Belastung des Versteigerungstermins (Denkschrift S 49).

1.2 Anwendungsbereich: § 62 gilt für alle Versteigerungsverfahren des ZVG.

---

[81] Nußbaum, Zwangsversteigerung, § 15 II c (S 108); Dassler/Schiffhauer, § 59 Rdn 49.
[82] Stöber NotBZ 2004, 265 (267); V 1).
[83] Muth JurBüro 1985, 13 (22) und Rpfleger 1987, 397 (400 liSp); Schiffhauer Rpfleger 1986, 326 (336 reSp); Dassler/Schiffhauer § 59 Rdn 50.
[84] Stöber NotBZ 2004, 265 (268); V 2).
[85] Muth JurBüro 1985, 14 (19); Schiffhauer Rpfleger 1986, 326 (336).
[86] Stöber NotBZ 2004, 265 (268); V 3).

2 Vorbereitende Erörterungen

Vorbereitende Erörterungen über das geringste Gebot und die Versteigerungsbedingungen können den Versteigerungstermin selbst entlasten. Es liegt im **Ermessen** des Gerichts, solche Erörterungen mit schriftlichen Anfragen an die Beteiligten zu veranlassen. Sie sind aber für die Feststellung des geringsten Gebots im Versteigerungstermin nicht bindend, soweit nicht die Beteiligten miteinander bindende Vereinbarungen treffen oder Anträge stellen, die auch schon vor dem Termin gestellt werden können, zB Anträge auf Gesamtausgebot (§ 63 Abs 2), auf abweichende Versteigerungsbedingungen (§ 59) usw. Der Umfang der Erörterungen hängt allein von der jeweiligen Sachlage ab.

3 Vortermin zum Versteigerungstermin

3.1 Einen Vortermin abzuhalten liegt allein im **Ermessen** des Gerichts. Er dient dazu, schon vor dem Versteigerungstermin zu dessen Entlastung Erörterungen über geringstes Gebot und Versteigerungsbedingungen zu führen, auch Anträge anzuregen oder entgegenzunehmen. Ein Vortermin ist nur in Ausnahmefällen zu empfehlen, da doch grundsätzlich alle einschlägigen Verhandlungen im Versteigerungstermin zu erfolgen haben. Empfehlen kann sich ein Vortermin vielleicht dort, wo schwierige Fragen vorweg zu klären und zeitraubende Erörterungen zu führen sind, etwa über Geldwerte von Nebenleistungen nach § 46, über Zuzahlungswerte nach § 51, über Mieterleistungen nach § 57c, über abweichende Versteigerungsbedingungen nach § 59, über Einzel-, Gruppen- und Gesamtausgebot nach § 63, über Verteilung von Gesamthypotheken nach § 64, über den Stand einer gleichzeitigen Zwangsverwaltung oder eines gleichzeitigen Insolvenzverfahrens usw. Sehr viel darf man sich vom Vortermin nicht erwarten. Die Erörterungen in ihm sind für den Versteigerungstermin nicht bindend, außer wenn die Beteiligten bindende Abmachungen treffen (zB in der Teilungsversteigerung) oder Anträge stellen, die schon vor dem Versteigerungstermin gestellt werden können (Rdn 2).

3.2 Die **Allgemeine Verfügung** über die Aufgaben des Vollstreckungsgerichts (Textanhang T 7) empfiehlt einen Vortermin auch zur Aussprache über die wirtschaftlichen Verhältnisse des Grundstücks. Diese Verfügung ist nur noch eine unverbindliche Empfehlung (Einl Rdn 23). Wenn nach Eröffnung des Insolvenzverfahrens Einstellungsantrag gestellt wird (§ 30d) und Versteigerungstermin schon ansteht, können mündliche Verhandlung über den Antrag (§ 30b Abs 2) und Vortermin miteinander verbunden werden. Sonst kann mit einer mündlichen Verhandlung über einen Einstellungsantrag nach § 30b Abs 2 der Vortermin praktisch nicht verbunden werden, weil erst nach rechtskräftiger Entscheidung der Einstellungsanträge der Versteigerungstermin angesetzt werden soll (§ 30b Abs 4), ein Vortermin aber erst kurz vor dem Versteigerungstermin stattfindet.

3.3 Der Vortermin ist **nicht öffentlich,** also nur unter Teilnahme der Verfahrensbeteiligten, weil für Außenstehende kein rechtliches Interesse an der Teilnahme besteht und es sich bei ihm nicht um eine Verhandlung im Sinne von GVG § 169 handelt. Die Sitzungsleitung und die Gestaltung des Verfahrens (§ 66 Rdn 3) hat der Rechtspfleger (falls nicht auf seine Vorlage hin nach RPflG § 5 der Richter ihn durchführt). Besondere **Kosten** entstehen für ihn nicht, er wird durch die gerichtliche Versteigerungsverfahrensgebühr (Einl Rdn 77) abgegolten. Zum Vortermin kann das persönliche Erscheinen des Schuldners (ZPO § 141) nicht angeordnet werden (anders[1]); er kann dem Vortermin ebenso fernbleiben wie ihn keine Verpflichtung zur Teilnahme am Versteigerungstermin trifft. Das Ausbleiben des Schuldners oder eines anderen Beteiligten führt zu keinem Rechtsnachteil. Möglich ist auch ein Vergleichsabschluß. Zum Vortermin erfolgt keine offizielle **Ladung** mit Zustellung, nur eine einfache Benachrichtigung, formlos, mit kurzer

---

[1] Mohrbutter/Drischler Muster 31 Anm 1.

Einzel-, Gruppen- und Gesamtausgebot 1.2 § 63

Angabe des Gegenstands und des Grundstücks. Zuziehung des Rechnungsbeamten, wo noch zugelassen, ist möglich. Das **Protokoll** soll die Namen der Teilnehmer und alle Vorkommnisse enthalten, insbesondere Anträge, Entscheidungen, Vergleiche. Der Vortermin hat kaum besondere Bedeutung; erfahrungsgemäß spielt sich doch alles im Versteigerungstermin selbst ab.

3.4 Muster für die Terminsbestimmung im ZVG-Handbuch Rdn 227, für das Protokoll Rdn 228, sonst zum Vortermin dort Rdn 229.

[Einzel-, Gruppen- und Gesamtausgebot]

63 (1) **Mehrere in demselben Verfahren zu versteigernde Grundstücke sind einzeln auszubieten. Grundstücke, die mit einem einheitlichen Bauwerk überbaut sind, können auch gemeinsam ausgeboten werden.**

(2) **Jeder Beteiligte kann spätestens im Versteigerungstermin vor der Aufforderung zur Abgabe von Geboten verlangen, daß neben dem Einzelausgebot alle Grundstücke zusammen ausgeboten werden (Gesamtausgebot). Sofern einige Grundstücke mit einem und demselben Recht belastet sind, kann jeder Beteiligte auch verlangen, daß diese Grundstücke gemeinsam ausgeboten werden (Gruppenausgebot). Auf Antrag kann das Gericht auch in anderen Fällen das Gesamtausgebot einiger der Grundstücke anordnen (Gruppenausgebot).**

(3) **Wird bei dem Einzelausgebot auf eines der Grundstücke ein Meistgebot abgegeben, das mehr beträgt als das geringste Gebot für dieses Grundstück, so erhöht sich bei dem Gesamtausgebote das geringste Gebot um den Mehrbetrag. Der Zuschlag wird auf Grund des Gesamtausgebots nur erteilt, wenn das Meistgebot höher ist als das Gesamtergebnis der Einzelausgebote.**

(4) **Das Einzelausgebot unterbleibt, wenn die anwesenden Beteiligten, deren Rechte bei der Feststellung des geringsten Gebots nicht zu berücksichtigen sind, hierauf verzichtet haben. Dieser Verzicht ist bis spätestens vor der Aufforderung zur Abgabe von Geboten zu erklären.**

Übersicht

Allgemeines zu § 63 1	Gleichzeitige Ausgebote, geringstes Gebot 5
Einzelausgebot (Absatz 1 Satz 1 und Absatz 4) 2	Mehrbetrag; Erhöhung des geringsten Gebots (Absatz 3 Satz 1) 6
Einheitlich überbaute Grundstücke (Abs 1 Satz 2) 3	Zuschlag bei unterschiedlichen Ausgeboten (Absatz 3 Satz 2) 7
Gesamt- und Gruppenausgebot (Absatz 2) 4	

Literatur: Bachmann, Zuschlagserteilung bei Gesamtausgebot, Rpfleger 1992, 3; Heidrich und Bachmann, Nochmals: Zuschlagsentscheidung bei Gesamtausgebot, Rpfleger 1993, 11; Hornung, Änderungen des Zwangsversteigerungsrechts (Abschn V 3), NJW 1999, 460; Muth, Anzahl zulässiger Ausgebotsarten, Rpfleger 1990, 502.

Allgemeines zu § 63   1

1.1 Zweck der Vorschrift: Bestimmung, wie mehrere Grundstücke auszubieten sind, die in demselben Verfahren versteigert werden, mit Fragen des Zuschlags hierbei und Sicherung der Deckung, die ein Beteiligter durch das Einzelausgebot gefunden hat, auch für das Gesamtausgebot (Denkschrift S 49).

1.2 Anwendungsbereich: § 63 gilt für alle Versteigerungsverfahren des ZVG; Besonderheit für Teilungsversteigerung § 180 Rdn 7.11. Änderungen des § 63 sind am 1. Aug 1998 in Kraft getreten. Übergangsvorschriften bestehen nicht. Die

§ 63 1.2   Geringstes Gebot. Versteigerungsbedingungen

(neuen) Bestimmungen gelten daher von da an auch in Verfahren, die vor dem 1. Aug 1998 eingeleitet wurden.

1.3 Das ZVG geht davon aus, daß die **Verfahren** über mehrere Grundstücke jeweils **getrennt** durchzuführen sind und nur unter besonderen Voraussetzungen miteinander verbunden werden dürfen: § 18. Daher bestimmt es auch, daß die mehreren Objekte **grundsätzlich einzeln** auszubieten sind: Abs 1 Satz 1 (Rdn 2). Gemeinsames Ausgebot ermöglicht Abs 1 Satz 2 jedoch bei Grundstücken, die mit einem **einheitlichen Bauwerk** überbaut sind (Rdn 3). Ausnahmsweise kann auf Antrag Zusammenfassung zu einem Gesamtausgebot und auch zu Gruppenausgeboten erfolgen (Rdn 4). Grund: Mit gemeinsamer Versteigerung mehrerer Grundstücke kann ein besseres Versteigerungsergebnis erstrebt und versucht werden, die wirtschaftliche Einheit des Objekts zu erhalten. Besonderheiten ergeben sich daraus auch für den Zuschlag (Rdn 7).

1.4 a) Die Vorschrift gilt auch für Wohnungseigentum, für Gebäudeeigentum[1] und für grundstücksgleiche Rechte. Sie ist ebenso bei gleichzeitiger Versteigerung mehrerer **Grundstücksbruchteile** anzuwenden[2]. Auch hier sind Einzel-, Gruppen-, Gesamtausgebote möglich.

b) Sobald aber alle Bruchteile auf einen Eigentümer übergegangen sind, kann in der Vollstreckungsversteigerung nur noch das gesamte Objekt versteigert werden (normales Ausgebot). Nur die Berechtigten der früheren Anteile werden getrennt befriedigt, können getrennt betreiben; dann kann auch getrennt ausgeboten werden. Betreiben sie unabhängig voneinander je in getrennte Teile, so sind dies mehrere Verfahren mit eigenen Einzelausgeboten, ohne Verbindung nach § 18.

2 Einzelausgebot (Absatz 1 Satz 1 und Absatz 4)

2.1 Wenn mehrere Grundstücke (Grundstücksbruchteile; andere Objekte) im selben Verfahren versteigert werden (verbunden nach § 18) **muß** jedes von ihnen **einzeln ausgeboten** werden: Abs 1 Satz 1. Besonderheit bei einheitlichem Bauwerk Rdn 3. Das Einzelausgebot darf nur unterbleiben, wenn ein Gesamtausgebot oder soweit ein Gruppenausgebot erfolgt[3] und alle diejenigen **anwesenden Beteiligten** hierauf verzichtet haben (zustimmen), deren Rechte bei der Feststellung des geringsten Gebots für das Gesamtausgebot nicht berücksichtigt werden: Abs 4; also alle, die weder in das geringste Bargebot noch in die bestehenbleibenden Belastungen fallen, einschließlich des Schuldners[4] (bei Verstoß Zuschlagversagung nach § 83 Nr 2 bzw Anfechtung nach § 100 Abs 1). Daß nur Anwesende auf Einzelausgebote zu verzichten haben, ist zur Vereinfachung vorgesehen, weil unter dieser Voraussetzung davon ausgegangen werden kann, daß nur von dem Gesamtausgebot ein angemessenes Ergebnis zu erwarten ist. Die im geringsten Gebot Stehenden und die Mieter und Pächter müssen nicht verzichten. Auch Einzelausgebote von Grundstücksmiteigentumsanteilen dürfen nur bei Verzicht aller anwesenden, nicht bei der Feststellung des geringsten Gebots berücksichtigten Beteiligten unterbleiben[5], keineswegs aber aus Zweckmäßigkeitsgründen oder deshalb, weil neben einzelnen Gläubigern, die nur in einen Miteigentumsanteil vollstrecken, vorrangige Grundpfandgläubiger in das ganze Grundstück vollstrecken[6] (nicht richtig[7]). Stillschweigen ist kein Verzicht[8]; der Verzicht aller anwesenden Betei-

---

[1] OLG Jena Rpfleger 2000, 509.
[2] OLG Saarbrücken Rpfleger 1992, 123 mit Anm Hintzen; LG Aurich Rpfleger 1980, 306.
[3] OLG Celle NdsRpfl 1951, 62 = RdL 1951, 97 = Rpfleger 1951, 216 mit zust Anm Rötelmann.
[4] OLG Saarbrücken Rpfleger 1992, 123 mit Anm Hintzen.
[5] OLG Saarbrücken aaO (Fußn 4).
[6] Schiffhauer BlGrBW 1981, 88 (XVIII).
[7] LG Kiel SchlHA 1978, 218.
[8] OLG Saarbrücken aaO (Fußn 4).

2.5 § 63 Einzel-, Gruppen- und Gesamtausgebot

ligten muß ausdrücklich[9] erklärt werden (für schlüssige Erklärung, wenn kein Anwesender dem Antrag widerspricht, von Einzelausgeboten abzusehen[10], sehr bedenklich). Der Verzicht auf Einzelausgebot ist zugleich ein Antrag auf Gesamtausgebot.

2.2 Der **Verzicht** der anwesenden Beteiligten auf **Einzelausgebote** (Abs 4) ist zu Protokoll des Gerichts zu erklären. Weil die im Versteigerungstermin anwesenden Beteiligten verzichten müssen, genügt schriftliche Erklärung oder die im Vortermin abgegebene Erklärung nicht, sofern sie nicht vom Anwesenden im Versteigerungstermin bestätigt wird. Der Verzicht kann nach Abs 4 Satz 2 nur bis zur Aufforderung zur Abgabe von Geboten (§ 66 Abs 2), nicht mehr sonach auch noch in der Bietzeit, erklärt werden. Grund: Schaffung klarer Verhältnisse (wie § 59 Rdn 3.3). Neue Beteiligte, die erst während der Bietzeit erscheinen, müssen daher nicht (nachträglich) auch noch verzichten, damit auch nicht befragt werden, ob sie zustimmen, daß Einzelausgebote unterbleiben. Die bereits begonnene Versteigerung ohne Einzelausgebote wird unverändert fortgesetzt.

2.3 Der Verzicht anwesender Beteiligter auf Einzelausgebote (Abs 4) kann nach Aufforderung zur Abgabe von Geboten nicht mehr zurückgenommen werden[11]. Allgemein wurde früher die (damalige) Zustimmung als unwiderruflich angesehen (mit Einschränkung aber[12]). Einzuschränken ist jedoch, daß die Unwiderruflichkeit erst mit Aufforderung zur Abgabe von Geboten eintritt. Das folgt aus Wesen und Bedeutung der Erklärung. Einzelausgebote neben Gesamtausgebot erfolgen im Interesse der Beteiligten; sie unterbleiben, wenn anwesende als interessierte Beteiligte verzichten. Das ermöglicht den Beteiligten Wahrung ihrer Interessen. Sie bringen mit dem Verzicht zum Ausdruck, daß im Einzelfall nur das Gesamtausgebot ein angemessenes Verfahrensergebnis erwarten läßt. Eine mögliche Beeinträchtigung Beteiligter nur durch Gesamtausgebot schließt den Verzicht damit wie die spätere Genehmigung (§ 84 Abs 1) aus. Wie die Genehmigung (§ 84 Abs 1 mit § 83 Nr 2) bietet der Verzicht als Verfahrensgrundlage daher für einen Widerruf keinen Raum. Vor Versteigerungsbeginn kann der Verzicht jedoch noch keine Bedeutung erlangt haben. Wenn Einzelausgebote noch nicht unterblieben sind, kann eine Beeinträchtigung noch nicht möglich gewesen und daher auch nicht genehmigt sein. Verfahrensstand und Verfahrensfortführung bedingen daher auch Bindung an die Erklärung noch nicht. Jedem Beteiligten muß daher Wahrung seiner Interessen mit dem Begehren nach Einzelausgebot durch Widerruf seiner Erklärung bis zur Aufforderung zur Abgabe von Geboten möglich sein. Dann schließt auch Abs 4 Satz 2 seinem Zweck nach einen Widerruf aus.

2.4 Ein rechtlich **vereinigtes Grundstück** ist **ein** Grundstück. Hier gibt es keine Einzelausgebote für die früheren Teile, auch nicht über § 59 und nicht bei Zustimmung von Gläubigern und Schuldner.

2.5 Bei der Berechnung des **geringsten Gebots** für jedes **Einzelausgebot** werden in ihm alle Barbeträge und alle Belastungen eingesetzt, die das einzelne Grundstück betreffen; Gesamtbelastungen sind (wenn sie nicht nach § 64 verteilt sind) bei jedem Einzelausgebot voll einzusetzen (Denkschrift S 50). Verfahrenskosten (gemeinsame Gebühren und Auslagen) werden nach dem Verhältnis der Grundstückswerte in die geringsten Gebote der Einzelgrundstücke aufgenommen[13]. Bei Ansprüchen der Rangklasse 1–3 des § 10 Abs 1 ist auf getrennte Anmeldung hinzuwirken; bei nur gemeinsamer Anmeldung sind solche Ansprüche

---

[9] OLG Jena Rpfleger 2000, 509.
[10] LG Aurich Rpfleger 1980, 306.
[11] Stöber ZIP 1981, 944 (VI); Hornung NJW 1999, 460 (V 3 d); Dassler/Schiffhauer § 63 Rdn 3.
[12] Steiner/Storz § 63 Rdn 14 und 35.
[13] Korintenberg/Wenz §§ 63, 64 Anm II 1; Stöber, ZVG-Handbuch, Rdn 379.

(wenn sonstige Anhaltspunkte für die Einzelhaftung der Grundstücke fehlen) im Verhältnis der Grundstückswerte aufzuteilen[14]. Anhaltspunkte für Einzelhaftung bestehen für Ansprüche der Rangklassen 1 und 2, wenn (etwa aus Zwangsverwaltungsakten) festzustellen ist, daß sie nur bei einem Grundstück oder in welcher Höhe sie bei jedem der Grundstücke einzeln entstanden sind. Für jedes Einzelausgebot wie für die anderen Ausgebotsarten muß auch der Verkehrswert zwecks Berechnung der $^7/_{10}$-Grenze aus § 74a gesondert bekanntgemacht werden.

2.6 Angenommen worden ist, das Einzelausgebot könne auch ohne Zustimmung (Verzicht) anwesender Beteiligter unterbleiben, wenn die Versagung der Zustimmung rechtsmißbräuchlich ausschließlich zur Verhinderung einer ordnungsgemäßen Durchführung des Zwangsversteigerungsverfahrens geschehe[15]. Dem kann man nicht folgen. Das Einzelausgebot ist nach Abs 1 die Regel; einen Grund für die Weigerung, auf Einzelausgebot zu verzichten, braucht der anwesende Beteiligte nicht zu nennen. Gesamtausgebot hat auf Antrag auch zu erfolgen, wenn auf Einzelausgebot nicht verzichtet ist. Damit bleibt stets die Möglichkeit, die Versteigerung durchzuführen und durch das im Einzelfall sachdienliche Ausgebot ein möglichst günstiges Versteigerungsergebnis zu erzielen. Rechtsmißbrauch zur Verhinderung ordnungsgemäßer Durchführung des Versteigerungsverfahrens kann daher nicht allein darin liegen, daß auf Einzelausgebot zusätzlich bestanden wird. Hinweis auf einen Rechtsmißbrauch nur durch solche Rechtswahrung gibt auch[15] nicht (zumal auch der Gläubiger auf Einzelausgebot nicht verzichtet hatte).

3 Einheitlich überbaute Grundstücke (Abs 1 Satz 2)

3.1 Grundstücke, die mit einem **einheitlichen Bauwerk** überbaut sind, können **auch gemeinsam** ausgeboten werden: Abs 1 Satz 2. Das soll der Vereinfachung und Beschleunigung des Verfahrens dienen[16]. Wenn einige (von mehreren) Grundstücke mit einem einheitlichen Bauwerk überbaut sind, können nur sie (nicht auch die im Verfahren zu versteigernden weiteren Grundstücke) nach Abs 1 Satz 2 gemeinsam ausgeboten werden (Gruppenausgebot von Amts wegen). Unklar ist, ob die Grundstücke nur gemeinsam auszubieten sind, Einzelausgebote damit entfallen können, oder ob sie einzeln auszubieten sind und daneben auch gemeinsam ausgeboten werden können. Letzteres ist anzunehmen (so auch[17]). Dafür spricht, daß das Einzelausgebot nach Abs 1 Satz 1 die Regel ist (Rdn 1.3) und daneben für einheitlich bebaute Grundstücke Abs 1 Satz 2 auch das gemeinsame Ausgebot ermöglicht, außerdem, daß nach Abs 4 die Einzelausgebote (nur) unterbleiben, wenn die Beteiligten darauf verzichtet haben, nicht jedoch, wenn Grundstücke auch gemeinsam versteigert werden. Daß bei Versteigerung einheitlich bebauter Grundstücke schon im Interesse der Verfahrensvereinfachung und -beschleunigung davon abgesehen werden sollte, ein durchaus denkbares günstigeres Gebots bei Konkurrenz der Bieter in der Einzelversteigerung zu ermöglichen und daß Sicherung der Deckung, die ein Beteiligter durch ein Einzelausgebot gefunden hat (Abs 3), bei einheitlichen überbauten Grundstücken nach dem Ermessen des Gerichts entfallen könnte, ist nicht anzunehmen. Abs 1 Satz 2 ermöglicht damit gemeinsames Ausgebot bebauter Grundstücke **neben** Einzelausgeboten auch **ohne Antrag** nach dem Ermessen des Gerichts. Mit „können" ist das gemeinsame Ausgebot dem Gericht anheimgestellt, das sein Ermessen jedoch im Blick auf das Verfahrensziel und die Grundrechte auszuüben hat (Einl Rdn 7.2). Maß hat deshalb das Bestreben zu geben, ein besseres Versteigerungsergebnis bei Erhaltung der Einheit des Objekts zu erstreben.

---

[14] Mohrbutter/Drischler Muster 88 Vorbem 4.
[15] OLG Karlsruhe Rpfleger 1994, 376; offen gelassen von OLG Jena Rpfleger 2000, 509.
[16] Beschlußempfehlung und Bericht des Rechtsausschusses, BT-Drucks 13/9438, Seite 9.
[17] OLG Jena Rpfleger 2000, 509 und 2002, 637 Leitsatz mit Anm Fisch; Hornung NJW 1999, 460 (V 3).

Einzel-, Gruppen- und Gesamtausgebot 4.1 § 63

3.2 Mit einem **einheitlichen Bauwerk überbaut** sind Grundstücke, wenn jeder Grundstückseigentümer Eigentümer des auf seinem Grundstück stehenden Teils des einheitlichen Gebäudes ist (§ 55 Rdn 6.1). Eine nur wirtschaftliche Einheit mehrere Bauwerke je auf einem der Grundstücke bildet kein einheitliches „Bauwerk". Ist bei (rechtmäßigen) Überbau (§ 55 Rdn 6.2) sowie beim Eigenüberbau (§ 55 Rdn 6.3) das Gesamtgebäude einem Einzelgrundstück als Stammgrundstück eigentumsmäßig zugeordnet und damit dessen wesentlicher Bestandteil, sind die Grundstücke nicht mit einem einheitlichen Bauwerk überbaut, gemeinsame Versteigerung ermöglicht Abs 1 Satz 2 dann nicht. Gleiches kann sich ergeben, wenn ein Grundstück aufgeteilt wird (§ 55 Rdn 6.4).

3.3 Die gemeinsame Versteigerung überbauter Grundstücke (Abs 1 Satz 2) ist als **Versteigerungsbedingung** festzulegen. Sie ist daher vor Aufforderung zur Abgabe von Geboten (§ 66 Abs 2) festzustellen und kann nach Geboteaufforderung nicht mehr geändert werden. Letzteres entspricht überdies dem Grundgedanken von Abs 2 Satz 1, Abs 4 Satz 2 sowie § 59 Abs 1.

3.4 Einzelausgebote unterbleiben auch bei Grundstücken, die mit einem einheitlichen Bauwerk überbaut sind, wenn nach Abs 4 hierauf (rechtzeitig) verzichtet ist (so auch[18]). Wenn bei einheitlich bebauten Grundstücken Einzelausgebote nicht erwünscht sind, empfiehlt es sich, wegen der nicht eindeutigen Regelung in Abs 1 Satz 2 Verzicht der Anwesenden auf Einzelausgebot stets (ausdrücklich) festzustellen und in die Niederschrift (§ 78) aufzunehmen.

3.5 **Bruchteile eines Grundstücks** unterliegen nach ZPO § 864 Abs 2 der Zwangsvollstreckung in das unbewegliche Vermögen wie Grundstücke. Bei gleichzeitiger Versteigerung mehrerer Grundstücksbruchteile an nur einem Grundstück sind sie daher wie Grundstücke nach Abs 1 Satz 1 einzeln auszubieten (Rdn 1.4). Ebenso hat auch Abs 1 Satz 2 Anwendung zu finden, so daß auch Bruchteile (zB von Ehegatten zu je $^{1}/_{2}$) an einem Grundstück, auf dem ein Bauwerk errichtet ist, gemeinsam ausgeboten werden können (so auch[19]). Das muß auch gelten, wenn die zu versteigernden Grundstücksbruchteile nicht das Gesamteigentum am Grundstück darstellen, wie zB bei Versteigerung des $^{1}/_{4}$-Anteile von A, B und C, nicht aber des weiteren Anteils von D. Stets empfiehlt es sich auch bei Versteigerung von Bruchteilen wegen der nicht eindeutigen Regelung in Abs 1 Satz 2 Verzicht der Anwesenden auf Einzelausgebot und auch Antrag auf Gesamtausgebot (ausdrücklich) festzustellen und in die Niederschrift aufzunehmen.

3.6 Bruchteile eines **Gebäudeeigentums** sind gleichfalls (wie Bruchteile eines Grundstücks) einzeln auszubieten; von Amts wegen können sie nach Abs 1 Satz 2 auch gemeinsam ausgeboten werden.

Gesamt- und Gruppenausgebot (Absatz 2) 4

4.1 Gesamtausgebot aller im selben Verfahren zu versteigernden Grundstücke oder als **Gruppenausgebot** einiger dieser Grundstücke zusammen dürfen (sonst) **nur auf Antrag** erfolgen: Abs 2; also nicht von Amts wegen. Wenn mehrere Grundstücke (Grundstücksbruchteile, auch Wohnungseigentumsanteile) im selben Verfahren (verbunden nach § 18) versteigert werden, kann jeder Beteiligte verlangen, daß neben dem vorgeschriebenen Einzelausgebot ein Gesamtausgebot über alle stattfinde und über die mit demselben dinglichen Recht belasteten auch ein Gruppenausgebot: Abs 2 Sätze 1 und 2; dies muß geschehen, steht somit nicht im Ermessen des Gerichts. Die mit einem einheitlichen Bauwerk überbauten Grundstücke sind stets (müssen somit) auf Antrag zusammen auszubieten (Gesamt- oder Gruppenausgebot), sofern sie nicht bereits (nach dem Ermessen des Gerichts) nach Abs 1 Satz 2 gemeinsam ausgeboten werden. Auch für mehrere nicht mit

---

[18] Hornung NJW 1999, 460 (V 3).
[19] OLG Jena Rpfleger 2000, 509.

§ 63   4.1   Geringstes Gebot. Versteigerungsbedingungen

demselben dinglichen Recht belastete Grundstücke kann das Gericht (auf Antrag) ein Gruppenausgebot anordnen: Abs 2 Satz 3; dies steht im Ermessen des Gerichts. Bei Verstoß Zuschlagsversagung nach § 83 Nr 2 bzw Anfechtung nach § 100 Abs 1.

4.2 Antragsberechtigt für Gesamt- und Gruppenausgebot sind die Beteiligten (§ 9). Beteiligte sind auch Mieter und Pächter, die angemeldet haben, und der Vollstreckungsschuldner. Antragsberechtigte sind alle Beteiligte, nicht nur solche, die ein besonderes Interesse an dem Gesamt- oder Gruppenausgebot haben.

4.3 Gestellt werden kann der Antrag im Versteigerungstermin (dann ist er durch das Protokoll festzustellen, § 78), aber auch bereits vor dem Versteigerungstermin schriftlich oder zu Protokoll der Geschäftsstelle und auch schon in einem Vortermin (§ 62). Der Antrag auf Gesamtausgebot kann (weil er formlos zulässig ist) auch darin liegen, daß alle anwesenden Beteiligten auf Einzelausgebot verzichten (Rdn 2.1). In diesem Falle wäre es eine Förmelei, noch ausdrücklich einen Antrag auf Gesamtausgebot zu verlangen. Gestellt sein muß der Antrag nach Abs 2 Satz 1 (gilt auch für den Antrag nach Abs 2 Sätze 2 und 3) **spätestens** im Versteigerungstermin vor der Aufforderung zur Abgabe von Geboten (§ 66 Abs 2). Grund: Schaffung klarer Verhältnisse (wie § 59 Rdn 3.3). Besonderer Hinweis auf diesen Schlußzeitpunkt ist weder vorgesehen noch geboten. Ein Antrag, der erst nach der Aufforderung zur Abgabe von Geboten gestellt wird, ist durch das Protokoll festzustellen (§ 78); er berührt (auch wenn noch kein Gebot abgegeben ist) den Fortgang der Versteigerung nicht. Die begonnene Versteigerung wird unverändert fortgesetzt. Der verspätete Antrag erlangt keine Bedeutung mehr; die Grundstücke sind daher nicht auch noch zusammen auszubieten. Gesondert (ausdrücklich) zurückgewiesen wird der verspätete Antrag nicht.

4.4 Als Prozeßhandlung kann der Antrag **zurückgenommen** werden. Mit Antrag auf Gesamtausgebot ist den Beteiligten ermöglicht, auf Erzielung eines besseren Versteigerungsergebnisses hinzuwirken. Zwingende Verfahrensgrundsätze erfordern Gesamtversteigerung nicht; das Gesamtausgebot steht daher zur Disposition des Antragstellers, so daß er seinen Antrag zurücknehmen kann. Interessen anderer Verfahrensbeteiligter werden dadurch nicht beeinträchtigt, weil jeder von ihnen selbst Gesamtausgebot verlangen und der betreibende Gläubiger zudem einem erfolglosen Verlauf der Versteigerung dadurch entgegentreten kann, daß er auf Einzelausgeboten besteht. Die Rücknahme des Antrags kann im Versteigerungstermin (auch im Vortermin) erklärt werden (Feststellung dann zu Protokoll, § 78), aber auch (insbesondere vor Terminsbeginn) schriftlich. Möglich ist die Zurücknahme des Antrags jedoch nur bis zur Aufforderung zur Abgabe von Geboten im Versteigerungstermin (§ 66 Abs 2). Das ist zwar nicht (wie in § 59 Abs 1 Satz 2) ausdrücklich bestimmt, folgt zwingend jedoch aus Abs 2 Satz 1. Grund: wie § 59 Rdn 3.3. Nach Aufforderung zur Abgabe von Geboten können die Versteigerungsbedingungen nicht mehr abgeändert werden. Die bereits begonnene Versteigerung wird somit unverändert fortgesetzt, wenn verspätet Zurücknahme des Antrags dennoch erfolgt, und zwar auch dann, wenn noch kein Gebot abgegeben ist.

4.5 Wenn die (bereits begonnene) **Versteigerung abgebrochen** werden muß (§ 66 Rdn 7) kommt dem Eintritt in die Versteigerung mit der (vorausgehenden) Aufforderung zur Abgabe von Geboten für den Verfahrensfortgang keine Bedeutung mehr zu. Es müssen geringstes Gebot und Versteigerungsbedingungen neu festgestellt werden; dann muß wieder neu zur Abgabe von Geboten aufgefordert werden (§ 66 Abs 2). Auch für Fortführung der Versteigerung mit (neuer) Aufforderung zur Abgabe von Geboten behält ein bereits früher gestellter Antrag auf Gesamt- oder Gruppenausgebot seine Bedeutung (vgl Rdn 4.3). Es kann aber auch Gesamt- oder Gruppenausgebot neu bis zur nochmaligen (letzten) Aufforderung zur Abgabe von Geboten verlangt werden (Rdn 4.3). Ebenso kann bis zu dieser (letzten) Aufforderung auf Einzelausgebot verzichtet werden (Rdn 2.2), ein früherer Verzicht zurückgenommen (Rdn 2.3) und der Antrag auf Einzel- oder Gruppenausgebot zurückgenommen werden (Rdn 4.4).

Gleichzeitige Ausgebote; geringstes Gebot

5.1 Aufforderung zur Abgabe von Geboten (§ 66 Abs 2) erfolgt **für die mehreren** in demselben Verfahren zu versteigernden **Grundstücke**. Bestimmung, wie sie auszubieten sind, treffen die Versteigerungsbedingungen gemäß § 63 nach den bis dahin gestellten Anträgen (Abs 2) und erklärten Verzichten (Abs 4). Es sind alle **Ausgebote gleichzeitig** zu beginnen und die Versteigerung für alle Ausgebotsarten gleichzeitig zu schließen. Gebote sind somit für alle Arten solange entgegenzunehmen, als nicht die Versteigerung überhaupt geschlossen ist. Bieter haben damit während der ganzen Zeit die Wahl zwischen den verschiedenen Ausgeboten; das soll Erzielung bestmöglicher Gebote gewährleisten. Es steht somit die Reihenfolge der Ausgebote nicht im Ermessen des Gerichts. Es können insbesondere Gesamt- oder Gruppenausgebot nicht vor oder nach den Einzelausgeboten erfolgen; die abweichende Regelung im früheren Abs 3 ist (seit 1. 8. 1998) aufgehoben; die Vorschrift ist auch mit Bestimmung der zeitlichen Grenze für den Antrag (Abs 2) und Verzichtserklärung (Abs 4) hinfällig geworden.

5.2 Das **geringste Gebot** beim Gesamtausgebot ist nicht etwa die Summe der geringsten Gebote der Einzelgebote, es ist vielmehr für sich **gesondert zu berechnen.** Das geringste Gebot ist überhaupt für jede Ausgebotsart gesondert festzustellen. Ein Gesamtgrundpfandrecht wird im geringsten Gebot für die Gesamtversteigerung (als bestehenbleibend und mit den Barzahlungsbeträgen) nur einmal berücksichtigt (Denkschrift S 50). Bestehenbleibende Gesamtrechte müssen in jedem Einzel- oder Gruppenausgebot voll eingesetzt werden, obwohl sie im Gesamtausgebot nur einmal erscheinen dürfen. Wenn hierdurch die Einzel- oder Gruppenausgebote zu hoch werden, so gibt es Abhilfe durch **Verteilung** nach § 64; dann sind die Rechte nur mit den festgelegten Teilbeträgen zu berücksichtigen (Näheres § 64). Ein Gruppenausgebot muß im Verhältnis zum Gesamtausgebot als Einzelausgebot behandelt werden[20], im Verhältnis zum Einzelausgebot als Gesamtausgebot[21]. Bei Ansprüchen der Rangklassen 1–3 soll von vornherein auf getrennte Anmeldung der Grundsteuern, Grundstücksgebühren usw hingewirkt werden, da sonst diese Ansprüche im Verhältnis der Grundstückswerte auf die Einzelausgebote aufzuteilen sind. Zu den Kosten hierbei § 63 Rdn 2.5.

5.3 Gemeinsame Durchführung der Versteigerung für alle Ausgebote erfordert, daß das Gericht **ständig mitrechnet,** um auf die unvermeidlichen Fragen der Anwesenden jeweils sagen zu können, wer nach der Verfahrenslage gerade den Zuschlag bekommen könnte und wie sich durch die Einzelgebote das geringste Gebot des Gruppen- oder Gesamtausgebots jeweils erhöhen muß. Beachtung des (jeweiligen) geringsten Gebots (Abs 3 Satz 1) und Zurückweisung eines das geringste Gebot unterschreitenden Bargebots (§ 71 Rdn 2.4) gehört zur sicheren Verhandlungsführung ebenso wie zu selbstverständlicher Amtspflicht des Vollstreckungsgerichts. Bestmögliche Grundstücksverwertung gebietet Bekanntgabe der jeweiligen Höhe des geringsten Gebots (dazu Rdn 6.2) gleichermaßen wie in jeder Verfahrenslage (jedenfalls auf Anfrage) Erörterung des jeweiligen Versteigerungsergebnisses. Unverständlich ist daher der Widerspruch, noch mehr der ungeschickte Begründungsversuch, den[22] unter nur teilweiser Anführung der hier geforderten Verfahrensgestaltung (vgl auch Einl Rdn 6) bei gleichzeitigen Ausgeboten gibt.

---

[20] Drischler RpflJahrbuch 1960, 347 (A VIII) und 1974, 335 (B V 2b).
[21] OLG Koblenz Rpfleger 1963, 53.
[22] Dassler/Schiffhauer § 63 Rdn 25.

6 Mehrbetrag; Erhöhung des geringsten Gebots (Absatz 3 Satz 1)

6.1 Wenn Einzel-, Gruppen- und Gesamtgebot erfolgen und wenn dabei bei einem oder mehreren oder allen Einzelgeboten ein Meistgebot abgegeben wird, das mehr beträgt als das geringste Gebot des betroffenen einzelnen Grundstücks (oder Grundstücksbruchteils), dann muß sofort **das geringste Gebot** des einschlägigen Gruppenausgebots oder des Gesamtausgebots um diesen Mehrbetrag **erhöht** werden: Abs 3 Satz 1. Diese Erhöhung erfolgt nicht erst beim Meistgebot, sondern schon bei jedem über das geringste Gebot hinausgehenden Gebot[23]. Darum muß das Gericht fortlaufend mitrechnen (Rdn 5.3). Weil auch das Gruppenausgebot gegenüber dem Gesamtausgebot ein Einzelausgebot ist (Rdn 5.2) muß ebenso bei einem das geringste Gebot des Gruppenausgebots übersteigenden Gruppengebot beim Gesamtausgebot dessen geringstes Gebot erhöht werden. Das gilt so auch, wenn zur Gruppe etwa noch eine Obergruppe vorhanden ist (in der die Gruppe enthalten ist), ohne daß es sich hierbei um ein Gesamtausgebot handelt.

Beispiel: Grundstücke 1–6; Einzelausgebote 1, 2, 3, 4, 5, 6; Gruppenausgebote 1–2, 3–4, 5–6, Obergruppe etwa 1–4, Gesamtausgebot 1–6.

6.2 Die **Erhöhung** des geringsten Gebots bei dem Gesamtausgebot **tritt** mit Abgabe des Gebots bei dem (einem) Einzelausgebot **gesetzlich ein**. Diese gesetzliche Erhöhung verändert den zu zahlenden Teil des geringsten Gebots. Das bereits festgestellte geringste Bargebot und das vom Zeitpunkt der Erhöhung an **zulässige unterste Bargebot** stimmen nicht mehr überein. Es ist deswegen das geringste Gebot nicht insgesamt neu festzustellen; die Versteigerung wird vielmehr fortgesetzt, so daß auch Gebote, die vor Erhöhung bereits wirksam abgegeben und zugelassen worden sind, bestehen bleiben. Die Erhöhung des geringsten Gebots ist jedoch bekanntzumachen (gebietet die Sitzungsleitung und Aufklärungspflicht, ZPO § 139, ist aber nicht Wirksamkeitserfordernis für Erhöhung und Verfahrensfortgang). Diese Erhöhung gilt damit zunächst nur für die weiter abzugebenden Gebote und läßt die schon erfolgten unberührt. Sie wirkt sich also nur auf die späteren Gruppen- und Gesamtausgebote aus. Jedoch ist bei Erteilung des Zuschlags ohne Bindung an die vor Erhöhung bereits erfolgte Zulassung eines Gebots (§ 79) seine Wirksamkeit erneut zu prüfen (Rdn 7.4).

6.3 Die Summe der geringsten Gebote in den Einzelausgeboten kann übrigens von Anfang an wegen der überall voll einzusetzenden Gesamtansprüche höher sein als das geringste Gebot eines Gruppen- oder Gesamtausgebots.

Beispiele für die Erhöhung: Grundstück A hat geringstes Bargebot zu 1000 Euro, Grundstück B zu 2000 Euro, Gesamtausgebot hat geringstes Gebot zu 2500 Euro. a) Auf A geboten 2000 Euro, auf B 3000 Euro; geringstes Gebot des Gesamtgebots erhöht sich jetzt wegen A um 1000 Euro, wegen B um 1000 Euro, zusammen somit um 2000 Euro; es müssen dort jetzt mindestens 4500 Euro geboten werden statt 2500 Euro. b) Zunächst wird auf das Gesamtausgebot 3000 Euro geboten, dann auf A 2000 Euro und auf B 3000 Euro; nur für weitere Gesamtgebote erfolgt Erhöhung wie vorher; das schon vor der Erhöhung abgegebene Gebot auf das Gesamtausgebot bleibt wirksam bestehen (Zuschlag: Rdn 7.4), neue müssen mindestens 4500 Euro betragen.

7 Zuschlag bei unterschiedlichen Ausgeboten (Absatz 3 Satz 2)

7.1 Erteilt wird der **Zuschlag auf Grund des Gesamtausgebots,** wenn
– das **Meistgebot** höher (nicht bloß gleich hoch) ist als das Gesamtergebnis der Einzelausgebote (Abs 3 Satz 2),
– dieses Meistgebot das nach Abs 3 Satz 1 um den Mehrbetrag erhöhte **geringste Gebot** beim Gesamtausgebot übersteigt (nachf Rdn 7.4).

---

[23] LG Bielefeld Rpfleger 1988, 32 mit Anm Hagemann.

Für den Vergleich der Meistgebote sind nicht nur die Barbeträge zu rechnen (wie bei der gesetzlichen Erhöhung nach Abs 3 Satz 1), sondern auch die bei jedem Meistgebot bestehenbleibenden Rechte[24]. Das gilt auch dann, wenn Gesamtrechte darunter sind, die nicht nach § 64 verteilt, somit beim Einzelausgebot jedes belasteten Grundstücks voll und beim Gesamtausgebot nur einfach berücksichtigt sind[25]. Ein Gruppenausgebot gilt (jeweils) im Verhältnis zum Gesamtausgebot als Einzelausgebot, im Verhältnis zum Einzelausgebot als Gesamtausgebot (Rdn 5.2).

7.2 Auf die **Einzelmeistgebote** wird der Zuschlag erteilt, wenn beim Gesamtausgebot kein das Gesamtergebnis der Einzelausgebote und das nach Abs 3 Satz 1 erhöhte geringste Gebot übersteigendes Meistgebot erzielt worden ist, somit auch, wenn das Gesamtmeistgebot gleich hoch wie die Summe der Einzelmeistgebote ist. Das entspricht der Regel, daß die Verfahren über mehrere Grundstücke getrennt durchzuführen sind (Rdn 1.3). Einzelmeistgebote bei Versagung des Zuschlags nach § 74 a dort Rdn 3.4 (auch § 85 a Rdn 2.7).

7.3 Auf Grund des **Gesamtausgebots** wird der Zuschlag auch erteilt, wenn auf die zugleich einzeln ausgebotenen Grundstücke kein Gebot abgegeben wurde[26] (dann bei den Einzelausgeboten kein besseres Versteigerungsergebnis; vgl auch Rdn 7.5). Ebenso wird auf das Gesamtausgebot unter den Voraussetzungen von Rdn 7.1 der Zuschlag erteilt, wenn nur auf einzelne (nicht aber auf alle) der zugleich einzeln ausgebotenen Grundstücke ein Gebot abgegeben wurde[27].

7.4 Auch ein auf das Gesamtausgebot bereits zugelassenes **Meistgebot** muß für Erteilung des Zuschlags das danach gemäß Abs 3 Satz 1 um den Mehrbetrag **erhöhte geringste Gebot übersteigen.** Das kann nicht der Fall sein, auch wenn das Meistgebot beim Gesamtausgebot höher als das Gesamtergebnis der Einzelausgebote ist, so wenn Gebote nicht auf alle Einzelausgebote (Gruppenausgebote) abgegeben sind. **Beispiel** (Fall[28] abgewandelt; im Entscheidungsfall waren es zwei Gruppenausgebote):
Grundstück A und B. Geboten werden auf Grundstück A 20 000 Euro; damit Erhöhung des geringsten Gebots beim Gesamtausgebot auf 56 901 Euro. Gebot auf das Gesamtausgebot nun in Höhe von 57 000 Euro. Dann werden auf Grundstück A 22 000 Euro geboten, damit erhöht sich das geringste Gebot beim Gesamtausgebot auf 58 901 Euro. Kein Gebot auf Grundstück B.
Erteilung des Zuschlags auf das Meistgebot mit 57 000 Euro würde in diesem Fall Abs 3 Satz 2 ermöglichen. Dieses Meistgebot erweist sich nun aber, weil es mit dem geringsten Gebot die Mindestgrenze nicht erreicht, als unzulässig (§ 44 Abs 1, § 71 Abs 1) (so zutreffend[29], anders[30]). An die bereits erfolgte Zulassung des Gebots ist das Gericht bei Erteilung des Zuschlags nicht gebunden (§ 79). Der Zuschlag kann daher auf Grund des Gesamtausgebots nicht erteilt werden. Erteilt wird der Zuschlag daher auf das Einzelmeistgebot (A; Rdn 7.2)[31]. Für ein Grundstück, für das kein Einzelmeistgebot gilt (infolge des auch dieses Grundstück erfassenden Gesamtmeistgebots) der Zuschlag (nach § 83 Nr 6 mit § 71 Abs 1) zu versagen (so[31]; 83 Nr 1 gibt aber für diesen Fall keinen nach § 84 heilbaren Versagungsgrund). Dem widerspricht[32], weil ein bereits abgegebenes

---

[24] Drischler RpflJahrbuch 1960, 347 (A VII) und JurBüro 1964, 319 (A I 5 e).
[25] OLG Koblenz Rpfleger 1963, 53; Dassler/Schiffhauer § 63 Rdn 31; Jaeckel/Güthe § 63 Rdn 16–17; Steiner/Storz § 63 Rdn 49; Drischler JurBüro 1964, 319 (A I 5 e).
[26] Dassler/Schiffhauer § 63 Rdn 28.
[27] OLG Frankfurt Rpfleger 1995, 512; OLG Hamm JMBlNW 1958, 233 = Rpfleger 1959, 57.
[28] LG Bielefeld Rpfleger 1988, 32 mit Anm Hagemann.
[29] LG Bielefeld aaO (Fußn 28); Dassler/Schiffhauer § 63 Rdn 32.
[30] Hagemann Rpfleger 1988, 33 (Anmerkung).
[31] LG Bielefeld aaO (Fußn 28).
[32] Bachmann Rpfleger 1992, 3.

Gebot wirksam bleibt, wenn es unter dem später nach Abs 3 Satz 1 erhöhten geringsten Gebot liegt, und bei Zuschlagsentscheidung nur nach Abs 3 Satz 2 zu verfahren sei. Das jedoch ist nicht richtig. Erhöhung des geringsten Gebots gebietet neuerliche Prüfung (§ 79) der Wirksamkeit eines bereits abgegebenen Gebots bei Erteilung des Zuschlags (vorstehend und Rdn 6.2). Erweist sich dann, daß das abgegebene Gebot, das bei (= zur Zeit) des Zuschlags maßgebliche geringste Gebot nicht erreicht, ist der Zuschlag zu versagen (Verletzung des Deckungsgrundsatzes als Versagungsgrund nach § 83 Nr 6 mit § 71 Abs 1; Verfahrensfortsetzung mit Erteilung des Zuschlags ist nach Abs 3 Satz 1 unzulässig). Das bereits abgegebene Gebot kann für Erteilung des Zuschlags nicht anders behandelt werden als ein Gebot, das auf alle Grundstücke erst nach Erhöhung des geringsten Gebots bei dem Gesamtausgebot abgegeben wird.

Beispiel: In dem vorstehend besprochenen Beispiel wird nach dem Gebot auf das Grundstück A mit 22 000 Euro und damit Erhöhung des geringsten Gebots beim Gesamtausgebot auf 58 901 Euro neuerlich auf das Gesamtausgebot geboten, und zwar 58 500 DM. Das Gebot ist (auch nach Ansicht von[32]), als „künftiges Gebot" unter dem nach § 63 Abs 3 Satz 1 erhöhten geringsten Gebot (von 58 901 Euro) unwirksam. Weil es somit zurückzuweisen ist (§ 71 Abs 1), erlischt das frühere Gebot von 57 000 Euro nicht (§ 72 Abs 1). Diesem vor der Erhöhung bereits wirksam abgegebenen und daher (zunächst) bestehen gebliebenen Gebot müßte nach Ansicht von[32] nun der Zuschlag erteilt werden. Gesetzesgemäß, folgerichtig oder verständlich wäre dieses Ergebnis nicht; für die Richtigkeit eines solch widerspruchsvollen Ergebnisses zeigt auch[32] keinen Anhalt.

7.5 Wenn **nur ein Gesamtausgebot** erfolgt ist (Abs 4), wird dem Meistbietenden bei diesem Gesamtausgebot der Zuschlag erteilt (§ 81 Abs 1). Wenn **nur Einzelausgebote** erfolgt sind (Abs 1 Satz 1), ist der Zuschlag den einzelnen Meistbietenden zu erteilen.

7.6 Wenn Einzelausgebote zuschlagsfähig sind (auch weil sie beim Vergleich mit dem Gesamtausgebot das bessere Versteigerungsergebnis ausweisen) ist stets auch zu prüfen, inwieweit nach § 76 Abs 1 einzustellen ist.

7.7 Zu versagen ist nach § 85a Abs 1 der Zuschlag auf das nach diesen Grundsätzen zuschlagsfähige Meistgebot, wenn es die Hälfte des Grundstückswerts nicht erreicht (hierzu § 85a Rdn 2.7). Für Antrag auf Versagung des Zuschlags nach § 74a ist ebenso maßgeblich, ob das nach diesen Grundsätzen zuschlagsfähige Meistgebot unter $^7/_{10}$ des Grundstückswertes bleibt (§ 74a Rdn 3.4). Dafür, daß sämtliche Einzelgebote zunächst unter dem Gesichtspunkt des § 85a oder bei Antrag nach § 74a Abs 1 zu prüfen wären und dann jedes Grundstück mit einem Versagungsgrund bei dem anzustellenden Vergleich in die Berechnung mit dem Wert null einzustellen wäre, gibt das Gesetz keinen Anhalt (so aber[33] im Gegensatz zu[34]). § 85a und § 74a sollen Grundstücksverschleuderung bei Versteigerung verhindern, können jedoch nicht für günstigere Berechnung des (dann geminderten) höheren Meistgebots beim Gesamtausgebot das bei einem Einzelausgebot erzielte mindere Versteigerungsergebnis entfallen lassen. Für Versagung des Zuschlags wegen geringer Höhe des Meistgebots bieten § 85a und § 74a zudem keine Grundlage, wenn das Meistgebot für Erteilung des Zuschlags gar nicht maßgeblich ist.

7.8 Wenn der bestrangig betreibende **Gläubiger** nach dem Schluß der Versteigerung für ein oder mehrere Grundstücke die **Einstellung** bewilligt (oder seinen Antrag zurücknimmt) und wenn hierdurch die Grundlage des geringsten Gebots

---

[33] Dassler/Schiffhauer § 63 Rdn 33.
[34] Dassler/Gerhardt/Schiffhauer § 74a Rdn 10 und § 85a Rdn 13.

geändert wird (ein schlechterrangiger betreibender Gläubiger ist nun dem geringsten Gebot der restlichen Grundstücke zugrundezulegen), so darf kein Zuschlag auf ein Einzelmeistgebot für solche Grundstücke erfolgen, deren Verfahren noch terminsanhängig bleibt[35], weil kein dazugehöriges Gesamtmeistgebot mehr gegeben ist[36] (das sich jetzt auf die restlichen noch terminsanhängigen Grundstücke beziehen läßt, sich aber tatsächlich auch auf die nicht mehr terminsanhängigen Grundstücke bezieht) und weil so kein Vergleich mehr möglich ist[37] (anders[38]: kein Zuschlag mehr auf das Gesamtmeistgebot, wohl aber auf die restlichen Einzelmeistgebote; widerlegt von[39]; dagegen[40]: Zuschlag auf die Einzelausgebote jedenfalls dann, wenn die Summe aller Einzelmeistgebote höher lag als das Meistgebot im [infolge Einstellung vielleicht gar nicht zu Ende geführten?] Gesamtausgebot [nicht richtig]). Es ist hierzu, insbesondere gegenüber[41] zu sagen: Geringstes Gebot, Meistgebot, Zuschlagsentscheidung bilden eine Gesamtregelung; auf Antrag muß Gesamtausgebot erfolgen; durch eine Teileinstellung oder Teilaufhebung ist das rückwirkend entgegen Abs 2 nicht mehr geschehen; daher muß der Zuschlag nach § 83 Nr 2 versagt werden, wobei § 84 eine Ausnahme nur mit Genehmigung aller Beeinträchtigten (auch des Schuldners) zulassen würde; es kommt hier nicht auf die fehlende Vergleichsmöglichkeit an, sondern auf die Beachtung der zwingenden Vorschriften des § 63.

7.9 Beispiele: Grundstücke A, B, C, bestehenbleibende Gesamtbelastung 1000 Euro. a) Bare Einzelmeistgebote auf A 2000 Euro, auf B 2000 Euro, auf C 2000 Euro; bares Gesamtmeistgebot auf A–C 7000 Euro; somit Meistgebot (bar und Belastung) für A 3000 Euro, für B 3000 Euro, für C 3000 Euro, Summe 9000 Euro; Gesamtmeistgebot 8000 Euro, also geringer; Zuschlag auf Einzelmeistgebote, obwohl in den Barbeträgen geringer. b) Wie vorher, aber bares Gesamtmeistgebot 8000 Euro, mit Belastung also 9000 Euro; gleich hoch wie Summe der Einzelmeistgebote; Zuschlag wieder auf diese. c) Wie vorher, aber bares Gesamtmeistgebot 9000 Euro, mit Belastung also 10 000 Euro; höher als Summe der Einzelmeistgebote; Zuschlag auf Gesamtmeistgebot. d) Wie vorher, aber bare Einzelmeistgebote auf A 2000 Euro, auf B 2000 Euro, auf C 0 Euro, bares Gesamtmeistgebot auf A–C 7000 Euro; mit Belastungen somit Meistgebote bei A 3000 Euro, bei B 3000 Euro, bei C 0 Euro, zusammen 6000 Euro, Gesamtmeistgebot 8000 Euro; Zuschlag auf dieses.

7.10 Hierzu im ZVG-Handbuch Rdn 382.

[Verteilung eines vorgehenden Gesamtgrundpfandrechts]

64 (1) **Werden mehrere Grundstücke, die mit einer dem Anspruche des Gläubigers vorgehenden Gesamthypothek belastet sind, in demselben Verfahren versteigert, so ist auf Antrag die Gesamthypothek bei der Feststellung des geringsten Gebots für das einzelne Grundstück nur zu dem Teilbetrage zu berücksichtigen, der dem Verhältnisse des Wertes des Grundstücks zu dem Werte der sämtlichen Grundstücke entspricht;**

---

[35] OLG Hamm KTS 1973, 141 = OLGZ 1972, 312 = Rpfleger 1972, 149; OLG Stuttgart Rpfleger 2002, 165; Schiffhauer BlGrBW 1973, 89 (XIV); Stöber Rpfleger 1971, 326 (Anmerkung); Steiner/Storz § 63 Rdn 53.
[36] OLG Hamm aaO (Fußn 34).
[37] Stöber Rpfleger 1971, 326 (Anmerkung).
[38] OLG Köln OLGZ 1972, 62 = Rpfleger 1971, 326 mit teils ablehn, teils zust Anm Stöber.
[39] Stöber Rpfleger 1971, 326 (Anmerkung).
[40] OLG Celle Rpfleger 1989, 471.
[41] OLG Köln aaO (Fußn 38).

§ 64 Geringstes Gebot. Versteigerungsbedingungen

der Wert wird unter Abzug der Belastungen berechnet, die der Gesamthypothek im Range vorgehen und bestehen bleiben. Antragsberechtigt sind der Gläubiger, der Eigentümer und jeder dem Hypothekengläubiger gleich- oder nachstehende Beteiligte.

(2) Wird der im Absatz 1 bezeichnete Antrag gestellt, so kann der Hypothekengläubiger bis zum Schlusse der Verhandlung im Versteigerungstermine verlangen, daß bei der Feststellung des geringsten Gebots für die Grundstücke nur die seinem Anspruche vorgehenden Rechte berücksichtigt werden; in diesem Falle sind die Grundstücke auch mit der verlangten Abweichung auszubieten. Erklärt sich nach erfolgtem Ausgebote der Hypothekengläubiger der Aufforderung des Gerichts ungeachtet nicht darüber, welches Ausgebot für die Erteilung des Zuschlags maßgebend sein soll, so verbleibt es bei der auf Grund des Absatzes 1 erfolgten Feststellung des geringsten Gebots.

(3) Diese Vorschriften finden entsprechende Anwendung, wenn die Grundstücke mit einer und derselben Grundschuld oder Rentenschuld belastet sind.

Übersicht

Allgemeines zu § 64 1	Gesamtrecht: Mehrbetrag bei Einzelausgeboten 6
Anlaß für Verteilung eines Gesamtgrundpfandrechts 2	Gesamtrechtsgläubiger-Wahlrecht (Absatz 2 Satz 2) 7
Antrag auf Verteilung eines Gesamtgrundpfandrechts (Absatz 1) 3	Verteiltes Gesamtgrundpfandrecht nach Zuschlag 8
Verteilung nach § 64 ZVG (Absatz 1 Satz 1) 4	Verteilung von Gesamtgrundpfandrechten nach BGB (§ 1132 Abs 2) 9
Gegenantrag des Gesamtgrundpfandrechtsgläubigers (Absatz 2 Satz 1) 5	Zuschlagsbeschwerde als Rechtsbehelf .. 10

1 Allgemeines zu § 64

1.1 Zweck der Vorschrift: Verteilung von bestehenbleibenden Gesamtgrundpfandrechten für die Einzelversteigerung.

1.2 Anwendungsbereich: § 64 gilt für alle ZVG-Versteigerungsverfahren.

2 Anlaß für Verteilung eines Gesamtgrundpfandrechts

2.1 Bei Versteigerung **mehrerer Grundstücke,** die mit einer dem Anspruch des Gläubigers vorgehenden Gesamthypothek (BGB § 1132; Gesamtgrundschuld oder Gesamtrentenschuld) belastet sind, ist das Gesamtgrundpfandrecht im geringsten Gebot nur einmal zu berücksichtigen (§ 63 Rdn 5.2). Bei Einzelausgebot mehrerer Grundstücke (Grundstücksbruchteile) im selben Verfahren (verbunden nach § 18) sind **Gesamtbelastungen** in jedes Einzelausgebot **voll einzusetzen** (§ 63 Rdn 2.5). Hierdurch werden die Einzelmeistgebote gegenüber dem Gesamtmeistgebot (das diese Belastung nur einmal enthält) erheblich teurer und es kommt unter Umständen zu keinem Gebot hierauf. Auch in einem solchen Fall soll die Einzelversteigerung und nachrangigen Gläubigern sofortige Befriedigung aus dem anteiligen Betrag des das Gesamtrecht übersteigenden Einzelerlös ermöglicht werden. Demgemäß kann auf Antrag (Rdn 3) in bestimmten Fällen die Gesamtbelastung auf die Grundstücke (Grundstücksbruchteile) verteilt werden (Rdn 4), wobei der betroffene Gläubiger seinerseits einen Gegenantrag mit der Folge eines Doppelausgebots stellen kann (Rdn 5).

Verteilung eines vorgehenden Gesamtgrundpfandrechts 3.4 § 64

2.2 Die Vorschrift gilt für Hypotheken (Abs 1), Grundschulden (Abs 3), Rentenschulden (Abs 3), nicht aber für sonstige Gesamtrechte, zB (nach allgemeiner Ansicht als Folge von Abs 3) **nicht für Reallasten**[1].

2.3 Persönlich betreibende Gläubiger müssen nicht wie der Gläubiger einer durch Zwangshypothek zu sichernden Forderung (hier ZPO § 867 Abs 2) ihre Forderung auf die mehreren Grundstücke, in die sie vollstrecken wollen, verteilen, sondern sie können aus ihrer ganzen Forderung in jedes Grundstück in voller Höhe Anordnung oder Beitritt erwirken. Es entsteht so für diese Gläubiger ein Gesamtbefriedigungsrecht, das einer Gesamthypothek in der Wirkung gleichkommt. Wenn das Verfahren des persönlich betreibenden Gläubigers (bisher bestrangig) im Versteigerungstermin eingestellt ist und nun ein ihm nachgehender persönlicher betreibt, kommt der Anspruch des (eingestellten) vorgehenden ins geringste Bargebot (§ 49 Rdn 2.7) und belastet so alle einschlägigen Einzelausgebote. In diesem Fall kann der persönliche Gläubiger zwar nicht seine Ansprüche gemäß BGB § 1132 selbst verteilen (Rdn 4), doch muß man auf ihn sinngemäß § 64 anwenden[2]. Abweichende Versteigerungsbedingungen nach § 59 wären hierbei möglich, sind aber nur ein unnötiger Umweg.

2.4 Hierzu im ZVG-Handbuch Rdn 388.

Antrag auf Verteilung eines Gesamtgrundpfandrechts (Absatz 1)   3

3.1 Die Verteilung einer Gesamthypothek (Gesamtgrundschuld, Gesamtrentenschuld) erfolgt nur **auf Antrag** (Abs 1 Satz 1), nicht von Amts wegen, und nur, wenn Einzelausgebote erfolgen. Erfolgt nur ein Gesamtausgebot, so ist die Verteilung nicht möglich. Ohne Bedeutung ist, ob das Gesamtrecht noch auf weiteren, nicht im selben Verfahren zu versteigernden Grundstücken ruht[3], weil die Verteilung nur die Objekte desselben Verfahrens betrifft. Die Verteilung kann auch erfolgen, wenn ein Gesamtrecht nicht auf allen zu versteigernden Grundstücken besteht, sondern nur auf mehreren von ihnen. Das Gericht kann eine Verteilung anregen.

3.2 Mehrere Gesamtrechte können alle oder einzeln, je nach Antrag, verteilt werden. Die Berechnung der Verteilung beginnt dann beim rangbesten Recht. Die Anträge müssen für jedes Gesamtrecht gesondert gestellt werden[4].

3.3 Antragsberechtigt sind alle betreibenden Gläubiger (nicht nur der bestrangig betreibende), der Grundstückseigentümer (Vollstreckungsschuldner) und jeder einem Gesamtrechtsgläubiger ranglich gleichstehende oder im Rang nachgehende Beteiligte: Abs 1 Satz 2. Nicht antragsberechtigt sind der Gläubiger des Gesamtrechts selbst (falls er nicht ein weiteres Recht hat und damit zu den genannten anderen Gläubigern gehört; sonst hat er nur die Möglichkeit des Gegenantrags, Rdn 5), auch nicht die dem Gesamtrechtsgläubiger vorgehenden Rechte (sie bleiben ja bestehen und werden durch die Versteigerung nicht betroffen), auch nicht Mieter/Pächter[5] (diese sind zwar Beteiligte, stehen aber in keinem Rangverhältnis zum Gesamtrecht).

3.4 Gestellt werden kann der Antrag im Versteigerungstermin (dann ist er durch das Protokoll festzustellen, § 78), aber auch bereits vor dem Versteigerungstermin

---

[1] Drischler RpflJahrbuch 1960, 347 (A IX A); Jaeckel/Güthe §§ 63, 64 Rdn 7; Korintenberg/Wenz § 64 Anm II 5; Steiner/Storz § 64 Rdn 4.
[2] AG Gmünd Rpfleger 1957, 88 mit (unter Vorbehalt) zust Anm Drischler; Steiner/Storz § 64 Rdn 5.
[3] Dassler/Schiffhauer § 64 Rdn 9; Drischler RpflJahrbuch 1960, 347 (A IX A).
[4] Drischler RpflJahrbuch 1960, 347 (A IX A).
[5] Jaeckel/Güthe § 64 Rdn 9; Korintenberg/Wenz § 64 Anm II 3; Steiner/Storz § 64 Rdn 9.

§ 64 3.4   Geringstes Gebot. Versteigerungsbedingungen

schriftlich oder zu Protokoll der Geschäftsstelle und auch schon in einem Vortermin (§ 62). Er muß spätestens im Versteigerungstermin vor der Aufforderung zur Abgabe von Geboten (§ 66 Abs 2) gestellt werden[6] bis zum Schluß der Versteigerung; [8]aber auch: Gebote dürfen nicht zum Erlöschen gebracht werden). Ein Antrag, der erst nach Beginn der Versteigerung mit Geboteaufforderung gestellt wird, gibt keinen den Fortgang des Verfahrens gesetzlich hindernden Grund; er kann daher nicht bewirken, daß das Versteigerungsverfahren abgebrochen wird und damit bereits abgegebene Gebote erlöschen. Der verspätete Antrag erstrebt nicht ein weiteres Ausgebot; er begehrt für die Einzelausgebote, für die bereits in die Versteigerung eingetreten ist, rückwirkend Abänderung des festgestellten geringsten Gebots. Eine Versteigerung, für die bereits zur Abgabe von Geboten aufgefordert ist, kann der Antrag aber nicht mehr aufhalten. Weil der Verteilungsantrag nach Abs 1 sich nur auf das bereits laufende Ausgebot bezieht, setzt der Versteigerungsbeginn dem Antragsrecht Grenzen; später kann es nicht ausgeübt werden. Der Antrag kann auch wieder zurückgenommen werden[9] (anders[10]: unwiderruflich), jedoch gleichfalls nur bis zur Aufforderung zur Abgabe von Geboten (so auch[11]; anders: bis zum bis zum Schluß der Versteigerung[12]; teilweise anders auch[13]: widerrufbar, solange auf das Ausgebot mit Verteilung oder Gegenantrag noch keine Gebote abgegeben sind). Mit der Rücknahme des Antrags ist auch der davon abhängige Gegenantrag (Rdn 5) erledigt. Wenn der Antrag nach Aufforderung zur Abgabe von Geboten gestellt oder zurückgenommen wird, ist das für die fortzuführende Versteigerung mit dem festgestellten geringsten Gebot bedeutungslos (anders[14]: das geringste Gebot ändert sich und ist neu aufzustellen; auch eine neue Bietzeit ist einzuhalten; aber dann würden Gebote erlöschen und dafür gibt es keine Gesetzesgrundlage).

3.5 Ein Verteilungsantrag nach § 64 ist **nicht** mehr möglich, **wenn** eine **BGB-Verteilung** (Rdn 9) oder ein Teilverzicht auf das Gesamtrecht erfolgt ist.

3.6 Hierzu im ZVG-Handbuch Rdn 384, 386, 388.

4 Verteilung nach § 64 ZVG (Absatz 1 Satz 1)

4.1 Wenn die Versteigerung auf Grund eines Verteilungsantrags nach Abs 1 erfolgt, dann wird (ähnlich wie in BGB § 1132 Abs 2) bei jedem Einzelausgebot das Grundpfandrecht **nur zu dem Teilbetrag** eingesetzt, der dem Verhältnis des Wertes dieses Grundstücks zu dem Wert der gesamten Grundstücke entspricht: Abs 1 Satz 1. Der Wert des Grundstücks (dazu Rdn 4.8) wird unter Abzug der Belastungen berechnet, die dem Gesamtrecht im Rang vorgehen und bestehenbleiben: Abs 1 Satz 1.

4.2 Beispiel (hierzu im ZVG-Handbuch Rdn 385 und mit vielen Beispielen[15]): Drei Grundstücke, Gesamthypothek 3000 Euro; Grundstück 1 mit Wert (ohne

---

[6] LG Krefeld; Rpfleger 1987, 323; Dassler/Schiffhauer § 64 Rdn 8; Drischler RpflJahrbuch 1974, 335 (B V 1).

[7] Jaeckel/Güthe § 64 Rdn 10; Korintenberg/Wenz § 64 Rdn II 3; Steiner/Storz § 64 Rdn 11; Drischler RpflJahrbuch 1960, 347 (A IX A); Mohrbutter/Drischler Muster 88 Anm 3; Storz ZIP 1982, 416.

[8] Korintenberg/Wenz, Steiner/Storz und Storz je aaO (Fußn 7).

[9] Jaeckel/Güthe § 64 Rdn 1; Korintenberg/Wenz § 64 Anm II 3; Mohrbutter/Drischler Muster 88 Anm 3; Drischler Rpfleger 1967, 357 (363).

[10] Drischler RpflJahrbuch 1960, 347 (A IX A); vd Pfordten, ZVG, §§ 63, 64 Anm II 1.

[11] Dassler/Schiffhauer § 64 Rdn 8.

[12] Jaeckel/Güthe § 64 Rdn 11; Korintenberg/Wenz § 64 Anm II 3; Drischler Rpfleger 1967, 357 (363).

[13] Steiner/Storz § 64 Rdn 12; Storz ZIP 1982, 416 (V).

[14] Drischler Rpfleger 1967, 357 (363).

[15] Schmidt, Grundpfandrechte und geringstes Gebot (1953), Seite 38–45.

Abzug der Belastungen!) von 10 000 Euro, vorgehende Belastungen 5000 Euro, Restwert W 1 also 5000 Euro; Grundstück 2 mit Wert 5000 Euro, vorgehende Belastungen 1000 Euro, Restwert W 2 also 4000 Euro; Grundstück 3 mit Wert 20 000 Euro, vorgehende Belastungen 4000 Euro, Restwert W 3 also 16 000 Euro. Für Grundstück 1 ergibt sich folgende Berechnung des Gesamtrechtsanteils:

$$(W\ 1 + W\ 2 + W\ 3) : W\ 1 = \text{Gesamtrecht} : x$$

x ist der Betrag, der als Teil des Gesamtrechts auf Grundstück 1 entfällt. Das ergibt hier:

$$(5000 + 4000 + 16\,000) : 5000 = 3000 : x$$
$$x = 600.$$

Von dem Gesamtrecht zu 3000 Euro entfallen also auf das Grundstück 1 hier 600 Euro. Gleichartig ist die Berechnung für Grundstücke 2 und 3.

4.3 Verteilt wird beim Gesamtrecht nicht nur sein Kapitalbetrag, der in die bestehenbleibenden Belastungen aufgenommen werden soll, verteilt werden auch seine **Kosten** der Rechtsverfolgung und seine **wiederkehrenden Leistungen** sowie anderen Nebenleistungen, die in das geringste Bargebot aufzunehmen sind. Für diese gilt die Rdn 4.1 und 4.2 dargelegte Berechnung. Sie gilt aber nicht für die Verteilung der dem Gesamtrecht vorgehenden Verfahrenskosten (§ 109) und der ihm ebenfalls vorgehenden Ansprüche aus Rangklassen 1–3 auf die Einzelausgebote; hier entscheidet das Verhältnis der Grundstückswerte ohne Abzug (dazu § 63 Rdn 2.5).

4.4 Wenn **mehrere Gesamtrechte** vorhanden sind, kann Verteilungsantrag für jedes einzelne gestellt werden. Ist Verteilung aller Gesamtrechte beantragt, so ist mit dem rangbesten zu beginnen, dann jeweils das rangnächste unter Berücksichtigung der beim vorausgehenden schon für das einzelne Grundstück ermittelten Teilbeträge zu verteilen[16]. Bei der Berechnung des Restwertes des einzelnen Grundstücks sind also, wie vorher, dessen vorausgehende Belastungen abzuziehen, aber für ein vorausgehendes schon verteiltes Gesamtrecht nur der Anteil für dieses Grundstück, als ob es schon verteilt eingetragen wäre. Bei sehr unterschiedlicher Vorbelastung der einzelnen Grundstücke werden auch die Anteile am Gesamtrecht sehr unterschiedlich. Wenn bei einem einzelnen Grundstück seine Vorbelastung höher ist als sein Wert, so bleibt für das Grundstück kein Restwert und es kann sich auch kein Anteil am Gesamtrecht ergeben. Es müssen dann aber noch mindestens zwei Grundstücke vorhanden sein, für die sich ein Anteil am Gesamtrecht errechnen läßt. Bleibt nur noch eines oder gar keines infolge der Vorbelastungen, so ist die Verteilung des Gesamtrechts unmöglich und es sind dann der Antrag aus Abs 1 und der Gegenantrag aus Abs 2 als unzulässig zurückzuweisen[17].

4.5 Eine von Abs 1 abweichende Verteilung kann an sich jederzeit unter den dafür geltenden Voraussetzungen als **abweichende Versteigerungsbedingung** nach § 59 durchgesetzt werden, aber nicht mehr nach einer Antragstellung aus Abs 1[18] (diese geht vor).

4.6 Der **Grundstückswert,** von dem bei der Berechnung auszugehen ist (Verhältnis des Grundstückswerts der einzelnen Grundstücke zum Gesamtwert aller Grundstücke) wird für die Berechnung, wie schon dargelegt, unter Abzug der Belastungen berechnet, die dem Gesamtrecht an dem betreffenden Grundstück vorgehen und die bestehenbleiben: Abs 1 Satz 1.

---

[16] Jaeckel/Güthe § 64 Rdn 9; Korintenberg/Wenz §§ 63–64 Anm II 3; Drischler Rpfl-Jahrbuch 1960, 347 (A IX A).
[17] Dassler/Schiffhauer § 64 Rdn 30.
[18] Dassler/Schiffhauer § 64 Rdn 15; Jaeckel/Güthe § 64 Rdn 12; Korintenberg/Wenz §§ 63–64 Anm 3; Drischler Rpfl Jahrbuch 1960, 347 (B V 1).

Beispiel: Reiner Grundstückswert 10 000 Euro, vorgehende bestehenbleibende Belastung 3000 Euro, rechnerischer Grundstückswert 7000 Euro. Das Gesetz spricht von vorgehenden und bestehenbleibenden Belastungen. Ein zwar vorgehendes, aber durch abweichende Versteigerungsbedingungen nach § 59 erlöschendes Recht darf nicht abgezogen werden.

4.7 Als **abzurechnende Belastung** ist bei Versteigerung eines mit einem Erbbaurecht belasteten **Grundstücks** nicht der Kapitalisierungswert des Erbbauzinses anzusehen, weil dieser keine Belastung des Grundstücks (sondern eine solche des Erbbaurechts) darstellt. Zu den abzuziehenden Vorbelastungen gehören auch nicht reine Zinsen, sondern bei Hypotheken und Grundschulden nur das Kapital, bei Rentenschulden nur die Ablösungssumme, bei sonstigen der Zuzahlungswert nach § 51[19].

4.8 „**Wert des Grundstücks**" für Verteilung nach Abs 1 ist der nach § 74a Abs 5 festgesetzte Grundstückswert (so auch[20]). Nicht zugestimmt werden kann der (früheren) Ansicht, maßgebend sei gemäß EGZVG § 11 das Landesrecht[21] (dabei[22] mit dem Rat, doch vielleicht von § 74a auszugehen). Zum Teil bestehen landesrechtliche Vorschriften dieser Art gar nicht oder nicht mehr; zum Teil bestehen sie noch aus früherer Zeit, sind aber überholt. Die Festsetzung des Verkehrswertes regelt jetzt ausschließlich § 74a. Es kann nicht an den verschiedenen Stellen des ZVG ein verschiedener Verkehrswert zugrunde gelegt werden. Das ließe sich in der Praxis gar nicht durchführen und würde die Beteiligten verwirren. Die nur noch formale Unstimmigkeit beruht auf der geschichtlichen Entwicklung des Immobiliarvollstreckungsrechts von den unterschiedlichen Landesrechten über das schon mehr nach Einheit strebende Reichs-ZVG und die dann einheitliche Notgesetzgebung der beiden Weltkriege zum jetzigen ZVG mit dem eingebauten § 74a und immer weiter zurücktretendem Landesrecht (selbst Baden-Württemberg hat seine eigenständige Regelung aufgegeben). Noch vorhandene Landesvorschriften gehen von veralteten Berechnungen aus. Maßgebend kann allein der Wert des § 74a sein. Wenn er bei einer Entscheidung nach Abs 2 noch nicht festgesetzt sein sollte (jetzt nicht mehr möglich), muß ihn das Gericht für diesen Zweck nach den Grundsätzen des § 74a bestimmen (anders[23]: der Wert des § 74a sei hier nur über § 59 erreichbar).

5 Gegenantrag des Gesamtgrundpfandrechtsgläubigers (Absatz 2 Satz 1)

5.1 Wenn ein Antrag auf Verteilung eines bestehenbleibenden Gesamtrechts gestellt ist, **kann** der betroffene Gesamtrechtsgläubiger einen **Gegenantrag stellen:** Abs 2 Satz 1. Grund: Schutz des Gläubigers gegen Beeinträchtigung seiner Gesamtberechtigung (BGB § 1132 Abs 1) mit Aufteilung (siehe Rdn 8.1). Der Gläubiger des Gesamtrechts übernimmt gewissermaßen die Stellung des bestrangig betreibenden Gläubigers für die Berechnung des geringsten Gebots, indem er verlangt, daß bei der Feststellung des geringsten Gebots für die einzelnen Grundstücke (also für die Einzelausgebote) nur die seinem Anspruch jeweils vorgehenden Rechte berücksichtigt werden: Abs 2 Satz 1. Das geringste Gebot wird dann für das einzelne Ausgebot so aufgestellt, als ob der den Antrag stellende Gesamtrechtsgläubiger bestrangig betreibender Gläubiger wäre. Diese Regelung muß auch gelten, wenn ein persönlich betreibender Gläubiger sein Verfahren einstellt (oder

---

[19] Dassler/Schiffhauer § 64 Rdn 13.
[20] Dassler/Schiffhauer § 64 Rdn 12; Steiner/Storz § 64 Rdn 19.
[21] Mohrbutter/Drischler Muster 88 Vorbem B; Mohrbutter, Handbuch des Vollstreckungsrechts, § 40 (III Fußn 8); Drischler Rpfleger 1951, 175, RpflJahrbuch 1960, 347 (A IX A) und RpflJahrbuch 1974, 335 (B V 1).
[22] Mohrbutter aaO (Fußn 21).
[23] Mohrbutter/Drischler und Mohrbutter je aaO (Fußn 21).

Verteilung eines vorgehenden Gesamtgrundpfandrechts 6.1 § 64

dieses vom Prozeßgericht usw eingestellt wird) und dann durch das Betreiben eines nachrangigen Gläubigers ins geringste Bargebot kommt (Rdn 2.3).

5.2 Im Falle dieses Gegenantrags **muß Doppelausgebot** für die betreffenden Einzelgebote erfolgen, mit der beantragten Verteilung nach Abs 1 und mit der abweichenden Berechnung nach Abs 2: § 64 Abs 2 Satz 1. Vor der Zuschlagserteilung hat dann der Gesamtrechtsgläubiger ein Wahlrecht (Rdn 7); bei der Zuschlagserteilung muß das Gericht auch § 83 Nr 3 beachten.

5.3 Gestellt werden kann der Gegenantrag im Versteigerungstermin (dann ist er durch das Protokoll festzustellen, § 78), aber (ebenso wie der Antrag, Rdn 3.4) auch bereits vor dem Versteigerungstermin schriftlich oder zu Protokoll der Geschäftsstelle und auch schon in einem Vortermin (§ 62). Zulässig sein soll der Gegenantrag nach dem Wortlaut von Abs 2 Satz 1 bis zum Schluß der Verhandlung im Versteigerungstermin (§ 74). Das würde bedeuten, daß ein nach Schluß der Versteigerung gestellter Gegenantrag dazu zwingt, eine schon geschlossene Versteigerung wieder zu eröffnen, weil ja ein neues geringstes Gebot für jedes betroffene Einzelausgebot aufgestellt werden muß. Ein solcher Vorgang ist aber dem ZVG sonst fremd; dieses läßt eine Wiedereröffnung einer beendeten Versteigerung nicht zu. Es ist daher trotz des entgegenstehenden Gesetzeswortlauts diese Handhabung nicht möglich. Der Gegenantrag kann also nur bis zum Schluß der Versteigerung (Verkündung des Schlusses, § 73 Abs 2 Satz 1) gestellt werden[24] (anders[25]: doch bis zum Schluß der Verhandlung über den Zuschlag, unter Wiedereröffnung der Versteigerung; nicht überzeugend). Begrenzung des Antragsrechts bis zur Aufforderung zur Abgabe von Geboten ist (anders als in § 59 Abs 1 Satz 1 und § 63 Abs 2 Satz 1) nicht erfolgt und daher auch nicht der Fall. Auch der Gegenantrag ist wie der Hauptantrag widerruflich, und zwar bis zum Schluß der Versteigerung (so auch[26]; anders[27]: unwiderruflich; auch[28]: kann zurückgenommen werden, solange auf die seinetwegen zugelassenen Doppelausgebote noch keine Gebote abgegeben sind).

Gesamtrecht: Mehrbetrag bei Einzelausgeboten 6

6.1 Besonderheiten mit Verteilung eines Grundpfandrechts (Abs 1) sowie bei Gegenantrag des Gesamtgrundpfandrechtsgläubigers (Abs 2) regelt § 64 nur für die Bildung des geringsten Gebots für die einzelnen Grundstücke und das Wahlrecht des Gesamtrechtsgläubigers. Wie die mehreren Grundstücke in demselben Verfahren zu versteigern sind, bestimmt § 63. Unerheblich ist daher für Einzelgebote nach § 63 Abs 1 sowie Gesamt- und Gruppenausgebot nach § 63 Abs 2 und ebenso für Erhöhung des geringsten Gebots beim Gesamtausgebot nach § 63 Abs 3 Satz 1 sowie Erteilung des Zuschlags auf Grund des Gesamtausgebots nach § 63 Abs 3 Satz 2, ob bei der Bildung des geringsten Gebots im Gesamtrecht bei jedem Grundstück voll (§ 63 Rdn 2.5) oder nach § 64 Abs 1 verteilt oder nach § 64 Abs 2 überhaupt nicht berücksichtigt ist. Daher führt auch ein Gebot auf ein Einzelausgebot mit einem **nach § 64 Abs 1 (verteilt)** gebildeten geringsten Gebot (zu Abs 2 nachf Rdn 6.2) zur Erhöhung im Gesamtausgebot (so auch[29]); es findet sowohl Satz 1 als auch Satz 2 des § 63 Abs 3 Anwendung (zu Satz 2 auch Rdn 7.3).

---

[24] Dassler/Schiffhauer § 64 Rdn 21; Steiner/Storz § 64 Rdn 35; Muth KTS 1998, 529 (539).
[25] Jaeckel/Güthe §§ 63–64 Rdn 15; Korintenberg/Wenz §§ 63–64 Anm II 4 und § 66 Anm 5; Drischler Rpfljahrbuch 1967, 357 (12 a) sowie RpflJahrbuch 1974, 335 (B V 2 b).
[26] Dassler/Schiffhauer § 64 Rdn 22.
[27] Drischler RpflJahrbuch 1960, 347 (A IX B).
[28] Steiner/Storz § 64 Rdn 35.
[29] Bachmann Rpfleger 1992, 3 (II 4 und III) und Rpfleger 1992, 12 (1).

6.2 Beim abweichenden **Einzelausgebot** mit dem **auf Gegenantrag** des Gesamtgrundpfandrechtsgläubiger nach **Abs 2 Satz 1** gebildeten geringsten Gebot deckt der Mehrbetrag des Gebots zunächst die nach der abweichenden Feststellung nicht mehr im geringsten Gebot stehenden Ansprüche (die dem betreibenden Gläubiger vorgehenden Ansprüche, die bei Verteilung nach Abs 1 noch im geringsten Gebot berücksichtigt sind). Diese Ansprüche enthält aber (bestehenbleibend oder bar zu zahlend) das geringste Gebot für das Gesamtausgebot. Bis zur Höhe dieser Ansprüche bringt ein höheres Gebot auf das abweichende Einzelausgebot daher keinen Mehrbetrag, der Deckung eines nicht im geringsten Gebot stehenden weiteren Beteiligten bewirken würde und zu dessen Sicherung nach § 63 Abs 3 Satz 1 mit Erhöhung des geringsten Gebots beim Gesamtausgebot zu wahren wäre. Erhöhung des geringsten Gebots beim Gesamtausgebot nach § 63 Abs 3 Satz 1 erfolgt daher bei abweichendem Ausgebot auf Gegenantrag (Abs 2 Satz 1) erst, wenn bei einem Einzelausgebot auf eines der Grundstücke ein Gebot abgegeben wird, das mehr beträgt als das nach Abs 1 für dieses Grundstück festgestellte geringste Gebot (so auch[30]); als Differenztheorie: mehr als die Summe des geringsten Gebots für dieses Grundstück **und** die Differenz zu dem nach Abs 1 für dieses Grundstück festgestellten geringsten Gebot (anders[31]: trifft diesen Fall nicht). Auch dann findet Satz 2 des § 63 Abs 4 Anwendung (Rdn 7.3); der Versagungsgrund des § 83 Nr 3 ist daneben zu prüfen.

6.3 Bei **Doppelausgebot** (Abs 2 Satz 1 Halbsatz 2) steht der bei einem Einzelausgebot (Rdn 6.1 und Rdn 6.2) erzielte Mehrbetrag unter dem Vorbehalt der Gesamtgläubiger-Wahl (Abs 2 Satz 2). Die Erhöhung des geringsten Gebots beim Gesamtausgebot kann sich nur nach dem für den Zuschlag maßgeblichen Gebot bestimmen; das mit der Gläubigerwahl erlöschende Gebot auf das abweichende Ausgebot nach dem Gegenantrag (Rdn 7.2) oder auf das Ausgebot nach Abs 1 mit verteilten Gesamtrecht (Rdn 7.3) muß unberücksichtigt bleiben. Bis mit der Gläubigerwahl das für den Zuschlag erhebliche Einzelmeistgebot und damit der Mehrbetrag für Erhöhung des geringsten Gebots beim Gesamtausgebot feststeht, sind auf dieses daher Gebote unter Zugrundelegung des bei Beginn der Versteigerung festgestellten geringsten Gebots (§ 66 Abs 1) zuzulassen. Neuerliche Prüfung des Meistgebots beim Gesamtausgebot bei Erteilung des Zuschlags (§ 79) gebietet dann die Erhöhung des geringsten Gebots nach § 63 Abs 3 Satz 1 um den danach mit Ausübung des Gläubigerwahlrechts bestimmbaren Mehrbetrag.

7 Gesamtrechtsgläubiger-Wahlrecht (Absatz 2 Satz 2)

7.1 Der Gesamtrechtsgläubiger, der auf einen Verteilungsantrag hin einen Gegenantrag gestellt hat, hat **nach Schluß der Versteigerung** ein Wahlrecht: Abs 2 Satz 2; er muß sich auf die Aufforderung des Gerichts hin darüber erklären, ob für die Erteilung des Zuschlags das Ausgebot mit Aufteilung des Gesamtrechts oder das abweichende Ausgebot gemäß seinem Gegenantrag zugrunde gelegt werden solle. Mehrere ranggleiche Gläubiger müssen das Wahlrecht gemeinsam ausüben[32]; ein Mehrheitsbeschluß der Gläubiger hierzu genügt nicht; wenn sie sich nicht einigen, dann gilt Abs 1, also die beantragte Verteilung, nicht der Gegenantrag.

7.2 Gibt der vom Gericht zur Erklärung aufgeforderte Gesamtrechtsgläubiger **keine Erklärung** ab oder wählt er die Lösung aus Abs 1, so erlöschen die Gebote, die auf das abweichende Ausgebot nach seinem Gegenantrag erfolgt sind. Es ist dann gemäß § 63 Abs 3 Satz 2 zu prüfen, ob der Zuschlag auf die Einzelmeistgebote nach Abs 1 oder auf das Gesamtmeistgebot zu erteilen ist. Der Zuschlag richtet sich also hier nicht nach dem besseren Ergebnis, sondern zunächst nach der

---

[30] Jaeckel/Güthe, §§ 63, 64 Rdn 16; Reinhard/Müller § 63 Anm III 2c und d; Heidrich Rpfleger 1993, 11 (2).
[31] Bachmann Rpfleger 1992, 3 (II 4 und III) und Rpfleger 1992, 12 (1).
[32] Drischler JurBüro 1964, 319 (A I 5 d) und RpflJahrbuch 1974, 335 (B V 2b).

Verteilung eines vorgehenden Gesamtgrundpfandrechts   8.1 § 64

Wahl der Gesamtrechtsgläubigers, der den Gegenantrag gestellt hat[33]. Hat er den Versteigerungstermin zu diesem Zeitpunkt schon verlassen, so ist das, wie wenn er keine Erklärung abgegeben hätte[34] (anders[35]: der nicht mehr anwesende Gläubiger muß schriftlich unter kurzer Frist aufgefordert werden; nicht sachgerecht; Aufforderung hat im Versteigerungstermin mündlich zu erfolgen).

7.3 Wählt der Gesamtrechtsgläubiger, der den Gegenantrag gestellt hat, das Ausgebot **gemäß seinem Gegenantrag**, so erlöschen die nach Abs 1 erfolgten Gebote und es ist auch hier gemäß § 63 Abs 3 Satz 2 zu prüfen, ob der Zuschlag auf die Einzelmeistgebote nach Abs 2 oder auf das Gesamtmeistgebot zu erteilen ist. Wenn der Gesamtbetrag bei den Einzelmeistgeboten höher ist oder ein Gesamtgebot nicht erfolgt ist, so kann auf die Einzelmeistgebote der Zuschlag nur nach § 83 Nr 3 erteilt werden: nämlich das Gesamtrecht selbst und jedes ihm gleich- oder nachstehende Recht, das dem bestrangig betreibenden Gläubiger noch vorgeht, müssen durch das Ergebnis der Einzelmeistgebote gedeckt sein, weil Zwischenrechte (zwischen Gesamtrecht und bestrangig betreibendem Gläubiger) nicht benachteiligt werden dürfen[36] (Barzahlung statt Bestehenbleiben ist hierbei keine Benachteiligung). Andernfalls muß der Zuschlag versagt werden; die Versteigerung ist dann ergebnislos (Folgen § 86) und die Verteilung des Gesamtrechts hat seine Wirksamkeit verloren. Der Zuschlag darf hier nicht nach Abs 1 erfolgen; die übrigen Antragsberechtigten könnten dann Antrag aus Abs 2 nur stellen, neues Ausgebot erzwingen und das Wahlrecht ausüben[37], wenn man den Gegenantrag bis zum Schluß der Verhandlung über den Zuschlag als zulässig ansieht (wie[37] meint, wie aber hier in Rdn 5.3 abgelehnt wird). Reicht der Erlös aus einem oder einigen oder allen Einzelgrundstücken zur Deckung der vorerwähnten Zwischenrechte nicht aus, so kann der Zuschlag bei dem betroffenen Grundstück oder bei allen nach Abs 2 nicht erteilt werden[37]. Der Zuschlag ist aber auch nicht nach Abs 1 möglich, weil der Gesamtrechtsgläubiger sich nicht hierfür entschieden hat[37], weil außerdem mit der Ausübung seines Wahlrechts die Gebote nach Abs 1 erloschen sind[37]. Der Gesamtrechtsgläubiger kann also den Zuschlag verhindern, indem er das Wahlrecht so ausübt, daß der Zuschlag versagt werden muß[37]. Er kann auch, aber nur solange Antrag nach Abs 1 nicht gestellt ist, über § 59 eine Abweichung von § 64 Abs 1 beantragen[37]. Stehen mehrere Gesamtrechte im geringsten Gebot und wird für alle die Verteilung nach Abs 1 beantragt, so darf bei dem rangschlechteren nur der sich ergebende Teilbetrag des rangbesseren als Vorbelastung berücksichtigt werden[37].

7.4 Die Entscheidung, aber auch die Nicht-Entscheidung des Gesamtrechtsgläubigers über sein Wahlrecht muß sich aus dem **Protokoll** des Versteigerungstermins ergeben[38].

Verteiltes Gesamtgrundpfandrecht nach Zuschlag   8

8.1 Wird auf Grund der Verteilung nach Abs 1 auf Einzelausgebote zugeschlagen, so **erlischt** das **Gesamtrecht** auf jedem versteigerten Grundstück in der Höhe, in der es nicht ausdrücklich berücksichtigt worden ist: § 91 Abs 1. Zwischen den Teilbeträgen untereinander besteht keine Gesamthaftungsverbindung mehr. Auf nicht im selben Verfahren versteigerten mithaftenden Grundstücken aber bleibt das Gesamtrecht voll bestehen, bleibt die samtverbindliche Haftung dieser Grundstücke für die sämtlichen Teilbeträge.

---

[33] Mohrbutter, Handbuch des Vollstreckungsrechts, § 40 (IV); Drischler RpflJahrbuch 1974, 335 (B V 2 b).
[34] Dassler/Schiffhauer § 64 Rdn 26; Mohrbutter und Drischler je aaO (Fußn 33).
[35] Steiner/Storz § 64 Rdn 39.
[36] Drischler RpflJahrbuch 1960, 347 (A IX B) und 1974, 335 (B V 2 b).
[37] Drischler RpflJahrbuch 1960, 347 (A IX B).
[38] Jaeckel/Güthe § 64 Rdn 18; Drischler aaO (Fußn 37).

§ 64 8.2   Geringstes Gebot. Versteigerungsbedingungen

8.2 Wurde nach der Verteilung gemäß Abs 1 nur auf Einzelausgebote geboten, so wird auf diese jeweils dem einzelnen Meistgebot zugeschlagen, wie § 81 Abs 1 verlangt. Wurde gleichzeitig auf Gruppen- oder Gesamtausgebot geboten, so ist nach § 63 Abs 3 zu prüfen, ob das **höhere Ergebnis** durch die Summe der Einzelmeistgebote oder das Gesamtmeistgebot erzielt ist (§ 63 Rdn 7). Wurde gemäß Abs 2 auf den Gegenantrag hin ausgeboten, so wird grundsätzlich auch hier bei Einzelgeboten jeweils dem Meistgebot zugeschlagen und, wenn auch Gruppen- oder Gesamtgebote erfolgt sind, nach § 63 Abs 3 entschieden, wo das höhere Ergebnis liegt; doch ist hier in erster Linie das Wahlrecht des Gesamtrechtsgläubigers (mit Gegenantrag) maßgebend, dessen Entscheidung oder Nicht-Entscheidung sich aus dem Protokoll ergeben muß (Rdn 7); je nach seiner Entscheidung richtet sich dann die Zuschlagsentscheidung (Rdn 7), nicht nach dem besseren Ergebnis.

8.3 Bei der Zuschlagsentscheidung hat das Gericht auch § 83 Nr 3 zu beachten (Rdn 7). Im übrigen sind auch sonst die Ausführungen zu Rdn 7 zu beachten.

9 Verteilung von Gesamtgrundpfandrechten nach BGB (§ 1132 Absatz 2)

9.1 Außerhalb des Zwangsversteigerungsverfahrens ist eine Verteilung von Gesamtrechten nach BGB möglich. Der Gläubiger einer **Gesamthypothek** kann seine Forderung, für die kraft der Hypothek jedes mit ihr belastete Grundstück (oder jeder Grundstücksbruchteil) voll haftet, auf die einzelnen Grundstücke (Grundstücksbruchteile) in der Weise **verteilen**, daß jedes Grundstück (jeder Grundstücksbruchteil) nur für den zugeteilten Betrag haftet: BGB § 1132 Abs 2 Satz 1 mit §§ 875, 876. Die Verteilung kann dabei nach seinem Belieben erfolgen. Mit der Gesamthypothek werden auch deren Nebenleistungen aufgeteilt. Die Zustimmung eines Dritten ist nicht nötig, außer wenn das Gesamtrecht mit dem Recht eines Dritten belastet war.

9.2 Das Vollstreckungsgericht ist in der Versteigerung immer an die **Grundbuchlage gebunden.** Daher muß der Gesamtrechtsgläubiger, wenn er die BGB-Verteilung im Rahmen des Versteigerungsverfahrens wirksam machen will, die Löschung der durch die BGB-Verteilung auf dem einzelnen Grundstück erloschenen Beträge im Grundbuch herbeiführen und diese Löschung dem Vollstreckungsgericht spätestens bis zur Aufforderung zur Abgabe von Geboten (§ 66 Abs 2) nachweisen. Es genügt also nicht, daß die Löschung der verteilten Beträge im Grundbuch nur möglich ist, sie muß rechtzeitig erfolgt und rechtzeitig nachgewiesen sein. Geschieht dies nach der Aufforderung zur Abgabe von Geboten, so wird das bisherige geringste Gebot davon nicht berührt; bei Erteilung des Zuschlags findet Ausgleich nach § 50 (Zuzahlung) statt.

9.3 Die nämlichen Wirkungen wie bei dieser BGB-Verteilung treten auch bei **Verzicht** des Gesamthypothekars auf sein Gesamtrecht hinsichtlich eines oder einiger der belasteten Grundstücke (Grundstücksbruchteile), also bei einem Teilverzicht ein: BGB §§ 1168, 1175 Abs 2.

9.4 Eine in der Versteigerung bestehengebliebene Gesamthypothek (nicht nach § 64 behandelt) kann der Gläubiger dieses Rechts, wenn er selbst die Grundstücke einsteigert, auch noch **nach dem Zuschlag** beliebig nach BGB § 1132 verteilen[39]. Die Verteilung wird erst mit ihrer Eintragung im Grundbuch wirksam und hat auf das abgelaufene Zwangsversteigerungsverfahren keinen Einfluß mehr.

10 Zuschlagsbeschwerde als Rechtsbehelf

Verteilung eines Gesamtrechts hat für Feststellung des geringsten Gebots zu erfolgen. Es kann daher nur der Zuschlag wegen angeblich unrichtiger Feststellung des geringsten Gebots angefochten werden (§ 44 Rdn 10), nicht aber selbständig die

---

[39] BGH Betrieb 1976, 866 = WM 1976, 585.

auf den Verteilungsantrag hin veranlaßte Verfahrenshandlung des Vollstreckungsgerichts. Erfolgt Zurückweisung des Antrags auf Verteilung eines Gesamtrechts (wäre nicht erforderlich; das geringste Gebot wird unter Bezeichnung der einzelnen Rechte festgestellt, § 66 Abs 1), so kann der Beschluß daher nicht selbständig angefochten werden[40] (§ 95). Wenn der Zuschlag (aus anderen Gründen) versagt wird, bleibt der Zurückweisungsbeschluß unanfechtbar[40]. Gleiches gilt für die Zurückweisung (sonstige Behandlung) des Gegenantrags des Gesamtrechtsgläubigers (Abs 2 Satz 1) und für die Berechnung der Verteilung sowie für Feststellung des geringsten Gebots, wenn Gegenantrag gestellt ist.

[Abgesonderte Versteigerung, anderweitige Verwertung]

65 (1) **Das Gericht kann auf Antrag anordnen, daß eine Forderung oder eine bewegliche Sache von der Versteigerung des Grundstücks ausgeschlossen und besonders versteigert werden soll. Auf Antrag kann auch eine andere Art der Verwertung angeordnet, insbesondere zur Einziehung einer Forderung ein Vertreter bestellt oder die Forderung einem Beteiligten mit dessen Zustimmung an Zahlungs Statt überwiesen werden. Die Vorschriften der §§ 817, *820* [817 a Abs 3], 835 der Zivilprozeßordnung finden entsprechende Anwendung. Der Erlös ist zu hinterlegen.**
(2) **Die besondere Versteigerung oder die anderweitige Verwertung ist nur zulässig, wenn das geringste Gebot erreicht ist.**

Allgemeines zu § 65

1.1 Zweck der Vorschrift: Ermöglichung besonderer Versteigerung oder anderweitiger Verwertung von Forderungen und beweglichen Sachen.

1.2 Anwendungsbereich: Die Vorschrift gilt für alle Versteigerungsverfahren des ZVG, auch die Teilungsversteigerung. Abweichende Versteigerungsbedingungen nach § 59 kommen hier wegen der Sonderregelung nicht in Frage[1].

Antrag

2.1 Die Anordnung der abgesonderten Verwertung kann grundsätzlich nur auf **Antrag** erfolgen (Abs 1), nicht von Amts wegen. **Antragsberechtigt** ist jeder Beteiligte, auch der Schuldner. Antragsberechtigt sind nicht nur solche Beteiligte, die außerhalb des geringsten Gebots stehen (anders[2]: Beteiligte im geringsten Gebot „in der Regel" nicht; das Gesetz enthält keine solche Beschränkung). Nicht antragsberechtigt sind Mieter/Pächter[2], weil diese an der Erlöshöhe kein Interesse haben.

2.2 Gestellt werden kann der Antrag im Versteigerungstermin (dann ist er durch das Protokoll festzustellen, § 78), aber auch bereits vor dem Versteigerungstermin schriftlich oder zu Protokoll der Geschäftsstelle und auch schon in einem Vortermin[3] (§ 62). Er kann im Versteigerungstermin nicht mehr nach Aufforderung zur Abgabe von Geboten gestellt werden (so auch[4]). Angenommen wird zwar auch, der Antrag sei bis zum Schluß der Versteigerung (Verkündung des Schlusses, § 73 Abs 2 Satz 1) zulässig[5] (einschränkend[6]: dies nur, wenn noch kein Gebot abge-

---
[40] LG Krefeld Rpfleger 1987, 323.
[1] Dassler/Schiffhauer § 65 Rdn 1; Steiner/Storz § 65 Rdn 2.
[2] Dassler/Schiffhauer § 65 Rdn 3; Steiner/Storz § 65 Rdn 14.
[3] Mohrbutter in Festschrift für Herbert Schmidt (1981), S 111 (I 4).
[4] Dassler/Schiffhauer § 65 Rdn 4.
[5] Jaeckel/Güthe § 65 Rdn 4.
[6] Steiner/Storz § 65 Rdn 15; Mohrbutter/Drischler Muster 85 Anm 1; Storz ZIP 1982, 416 (II).

geben ist). Wenn er erst nach der Aufforderung zur Abgabe von Geboten gestellt und ihm stattgegeben wird, sollen sich die Versteigerungsbedingungen ändern und nach Änderung eine neue Versteigerung zu beginnen sein. Diese Ansicht findet jedoch im Gesetz keine Grundlage. Die Versteigerung zu den bereits festgestellten Bedingungen hält ein nach Aufforderung zur Abgabe von Geboten gestellter Antrag nicht mehr auf, und zwar auch dann nicht, wenn noch kein Gebot abgegeben ist. Die Versteigerung ist mithin unverändert fortzusetzen, der Antrag damit in diesem Verfahrensabschnitt nicht mehr zulässig.

2.3 Der Antrag, der auf „eine andere Art der Verwertung" gerichtet ist, muß angeben, welche Verwertung verlangt wird, weil das Gericht in diesem Fall, wenn es die andere Art der Verwertung anordnet (es kann auf diesen Antrag hin auch die besondere Versteigerung anordnen) an die beantragte Verwertungsart gebunden ist.

2.4 Hypothekengläubiger, deren Rechte bestehenbleiben, können **widersprechen**, wenn eine die Sicherheit der Hypothek beeinträchtigende Verschlechterung zu erwarten ist (BGB §§ 1134, 1135; Denkschrift S 51; anders[7]: ist von Amts wegen zu beachten).

3 Grundsätze abgesonderter Versteigerung/anderweitiger Verwertung

3.1 Von der Versteigerung zusammen mit dem Grundstück können auf Antrag **bewegliche Sachen** oder **Forderungen**, die an sich nach § 55 mitversteigert würden (nicht aber wesentliche Grundstücksbestandteile) zur besonderen Verwertung ausgenommen werden: Abs 1 Satz 1. Möglich ist Sonderverwertung durch besondere Versteigerung (Abs 1 Satz 1) oder durch eine andere Art der Verwertung (Abs 1 Satz 2). Abgesonderte Verwertung kann insbesondere geboten sein, wenn der Gegenstand von einem Dritten in Anspruch genommen wird (Denkschrift S 51) oder auch, wenn dadurch ein besserer Versteigerungserlös zu erwarten ist (Denkschrift S 51). Zu beachten ist aber, daß manche Gegenstände durch ihre Herausnahme aus dem Grundstück (zB Maschinen) an Wert verlieren, so daß der Gesamterlös dann beeinträchtigt wird.

3.2 Die Anordnung „kann" erfolgen. Hierbei entscheidet das Gericht nach pflichtgemäßem **Ermessen.** Die Anordnung ist zweckmäßig, wenn Ansprüche aus ZPO § 805 geltend gemacht werden. Das Gericht muß aber prüfen, ob nicht der Gesamterlös dadurch geschmälert wird[8] (das Grundstück mit Zubehör kann wertvoller sein als beide getrennt). Das Gericht muß auch die Interessen der Hypothekengläubiger berücksichtigen[9] (anders[10]: diese sind auf Widerspruchsklage angewiesen).

3.3 Die **Anordnung** ist so lange möglich wie der Antrag. Sie ist aber **bedingt:** ihre Ausführung ist nämlich nur zulässig, wenn das geringste Gebot durch die bisherige Versteigerung erreicht ist: Abs 2. Das geringste Gebot ist erreicht, sobald das erste wirksame Gebot abgegeben ist (unter dem geringsten Gebot darf ja nicht geboten werden). Die Anordnung ist schon vorher möglich, darf aber nicht vor dem genannten Zeitpunkt ausgeführt werden. Die Anordnung ist wie der Antrag sogar schon vor dem Versteigerungstermin zulässig.

3.4 Wenn eine **bestimmte Art** der „anderen Verwertung" beantragt ist, kann die Anordnung diese oder auch die besondere Versteigerung vorschreiben: Abs 1 Satz 1. Die „andere Verwertung" kann das Gericht aber nur auf einen besonders

---

[7] Dassler/Schiffhauer § 65 Rdn 11.
[8] RG 125, 299 (308).
[9] Dassler/Schiffhauer § 65 Rdn 6 und 11.
[10] Jaeckel/Güthe § 65 Rdn 10.

Abgesonderte Versteigerung, anderweitige Verwertung   3.9   § 65

hierauf gerichteten Antrag anordnen: Abs 1 Satz 2. Der Anordnungsbeschluß gilt nach Rechtskraft als Legitimation gegenüber der Hinterlegungsstelle gemäß HinterlO § 13 Abs 2 Nr 2[11].

3.5 Die angeordnete **„andere Verwertung"** erfolgt genau, wie verfügt. Die **„besondere Versteigerung"** erfolgt durch das Gericht selbst oder durch den von ihm beauftragten Gerichtsvollzieher. Beides ist erst zulässig, wie schon dargelegt, wenn das geringste Gebot erreicht ist (Abs 2), weil eben die Ausführung der Anordnung hierdurch bedingt ist[12]. Dann aber bedarf es keines neuen Antrags mehr. Das Verfahren des Gerichtsvollziehers richtet sich nach ZPO §§ 817, 817a.

3.6 Eine andere Art der Verwertung ist etwa **freihändiger Verkauf** durch den Gerichtsvollzieher oder **Überweisung** einer Forderung an Zahlungs Statt: ZPO §§ 825, 835. Bei der besonderen Versteigerung geht, abweichend von § 90, das Eigentum erst mit der Übergabe an den Ersteher über. Eine zur Verfügung des Vollstreckungsgerichts hinterlegte (Brand-)Versicherungssumme kann durch Anordnung nach § 65 von der Versteigerung ausgeschlossen und für das Verteilungsverfahren (§§ 105 ff) zur Teilungsmasse genommen werden.

3.7 Die **Anordnung entfällt nicht von selbst,** wenn die betreibenden Gläubiger bereits aus der Versteigerung des Grundstücks befriedigt werden (anders[13]) oder wenn sie nach § 114a als befriedigt gelten. Aber dann ist die besondere Verwertung der Gegenstände nach ZPO § 775 Nr 5 (Protokoll über Verteilungstermin als öffentliche Urkunde) einstweilen einzustellen. Die Anordnung, durch das Erreichen des geringsten Gebotes bedingt, entfällt dann, wenn das geringste Gebot nicht erreicht ist, wenn also kein wirksames Gebot abgegeben ist.

3.8 Die Verteilung des besonderen Versteigerungs- oder Verwertungserlöses für den Gegenstand darf nur zusammen mit dem Grundstückserlös erfolgen (§ 107 Rdn 2). Vorher ist der Erlös zu hinterlegen (Abs 1 Satz 4).

3.9 Wurde **Zubehör** nicht mitversteigert, weil das Verfahren wegen eines entgegenstehenden Rechts einstweilen eingestellt war (§ 37 Nr. 5), dann kann es nach Wegfall des Einstellungsgrundes bei Verfahrensfortsetzung auf (rechtzeitigen, § 31) Antrag des bei Erlösverteilung nicht befriedigten Gläubigers nach § 65 abgesondert verwertet werden[14] (§ 37 Rdn 6.4). Wurde das Verfahren bezüglich einzelner oder mehrerer Zubehörstücke nach Teilrücknahme des Versteigerungsantrags (§ 29 Rdn 4.2) durch den Beschlagnahmegläubiger (Anordnungs- und Beitrittsgläubiger; zur Beitrittsbeschlagnahme sonst § 27 Rdn 9.2) aufgehoben, dann erstreckt sich die Beschlagnahme nicht mehr auf diese Gegenstände. Bis zum Zuschlag kann das beschlagnahmefreie Zubehör im Schuldnereigentum dann nur wieder durch neue Anordnung in das Verfahren einbezogen (§ 29 Rdn 4.2) und gesonderter Verwertung zugeführt werden. Nach Erteilung des Zuschlags kann abgesonderte Verwertung des nach Freigabe nicht mit versteigerten Zubehörs auch bei fortbestehender Haftung für das Grundpfandrecht eines bei der Erlösverteilung ausgefallenen Gläubigers (§ 55 Rdn 3.9) nicht mehr erfolgen[15]. Der Gläubiger eines Grundpfandrechts (auch der Beschlagnahmegläubiger selbst[15]), dem der Gegenstand weiter haftet, kann Befriedigung dann nur mit Zwangsvollstreckung in das ihm noch haftende Zubehör erlangen[16]. Diese ermöglicht ein Duldungstitel

---

[11] Mohrbutter in Festschrift für Herbert Schmidt (1981), Seite 111 (I 4).
[12] RG 125, 299 (308).
[13] RG 125, 299 (308); Dassler/Schiffhauer § 65 Rdn 12.
[14] OLG Hamm Rpfleger 1994, 176; Jaeckel/Güthe § 65 Rdn 1; Korintenberg/Wenz § 65 Anm 1; Reinhart/Müller § 65 Anm IV 1.
[15] OLG Hamm Rpfleger 1994, 176.
[16] OLG Hamm aaO; Jaeckel/Güthe § 65 Rdn 1; Korintenberg/Wenz § 65 Anm 1; Reinhard/Müller § 65 Anm IV 2; Steiner/Storz § 65 Rdn 7.

§ 65 3.9 Versteigerung

und erfolgt mit Pfändung durch den Gerichtsvollzieher (keine Immobiliarvollstreckung allein in den haftenden Gegenstand).

3.10 Bei der Zwangsversteigerung eines **Erbbaurechts** ist nicht die abgesonderte Verwertung der Bauwerke möglich, weil diese wesentliche Bestandteile des Erbbaurechts sind (ErbbauVO § 12).

4 Kosten der besonderen Versteigerung/Verwertung

4.1 Besondere **Gerichtsgebühren** erwachsen für abgesonderte Versteigerung oder anderweitige Verwertung nicht. Die Tätigkeit des Gerichts wird durch die Versteigerungsverfahrensgebühr (Einl Rdn 77) und die Versteigerungsterminsgebühr (Einl Rdn 78) abgegolten. Die Verteilungsverfahrensgebühr (Einl Rdn 80) richtet sich nach dem Meistgebot unter Hinzurechnung des Erlöses der besonderen Verwertung.

4.2 Die Gebühren und Auslagen des mitwirkenden **Gerichtsvollziehers** richten sich nach GVKG mit KostVerz (insbes Nr 300).

5 Rechtsbehelfe gegen besondere Versteigerung/Verwertung

Gegen die Anordnung aus § 65 ist Vollstreckungserinnerung nach ZPO § 766 möglich und Zuschlagsanfechtung nach § 83 Nr 1, § 100 Abs 1[17] (die Erinnerung ist nicht durch § 95 ausgeschlossen; keine unselbständige Vorentscheidung zum Zuschlag). Erinnerung kann insbesondere der Gläubiger des bestehenbleibenden Rechts einlegen, wenn durch die Maßnahmen aus § 65 die Sicherheit seines Rechts beeinträchtigt wird, für das ja die Zubehörstücke mithaften (BGB § 1120). Durch Versteigerung mit dem Grundstück würde nämlich diese Haftung fortbestehen, durch die besondere Versteigerung/Verwertung an einen anderen Ersteher aber fortfallen. Erinnerung gibt es nicht, wenn die Zubehörstücke nicht im Eigentum des Vollstreckungsschuldners stehen und damit nicht für die dinglichen Rechte haften (nur nach § 55 mitversteigert werden). Erinnerung auch nicht für den angeblichen Eigentümer der Gegenstände[18]. Gegen die Entscheidung über die Erinnerung findet Beschwerde nicht statt (§ 95); Beschwerde ist auch ausgeschlossen, wenn eine Anordnung nach § 65 abgelehnt wird[19].

V. Versteigerung

[Versteigerungstermin bis zur Gebotaufforderung]

66 (1) **In dem Versteigerungstermine werden nach dem Aufrufe der Sache die das Grundstück betreffenden Nachweisungen, die das Verfahren betreibenden Gläubiger, deren Ansprüche, die Zeit der Beschlagnahme, der vom Gericht festgesetzte Wert des Grundstücks und die erfolgten Anmeldungen bekannt gemacht, hierauf das geringste Gebot und die Versteigerungsbedingungen nach Anhörung der anwesenden Beteiligten, nötigenfalls mit Hilfe eines Rechnungsverständigen, unter Bezeichnung der einzelnen Rechte festgestellt und die erfolgten Feststellungen verlesen.**

---

[17] Dassler/Schiffhauer § 65 Rdn 7; Jaeckel/Güthe § 65 Rdn 10; Steiner/Storz § 65 Rdn 45; LG Frankenthal Rpfleger 1986, 146.
[18] LG Berlin DGVZ 1978, 112 = Rpfleger 1978, 268.
[19] Jaeckel/Güthe § 65 Rdn 10.

Versteigerungstermin bis zur Geboteaufforderung   3.1   § 66

(2) **Nachdem dies geschehen, hat das Gericht auf die bevorstehende Ausschließung weiterer Anmeldungen hinzuweisen und sodann zur Abgabe von Geboten aufzufordern.**

Übersicht

Allgemeines Übersicht zu §§ 66–78 1	Hinweis auf Anmeldungsausschluß und Aufforderung zu Geboten (Absatz 2) 8
Allgemeines zu § 66 2	Muster für die Durchführung eines Versteigerungstermins 9
Allgemeines zum Versteigerungstermin . 3	Termin für mehrere Verfahren 10
Aufruf des Versteigerungstermins 4	Unterbrechung des Versteigerungstermins 11
Bekanntmachungen, Hinweise, Anmeldungen (Absatz 1) 5	Verlesen von Feststellungen im Versteigerungstermin 12
Einzelne Bekanntmachungen im Versteigerungstermin 6	
Geringstes Gebot und Versteigerungsbedingungen (Absatz 1) 7	

Allgemeine Übersicht zu §§ 66–78   1

Die Versteigerung selbst regelt das ZVG in den §§ 66–78 im Anschluß an den vierten Abschnitt über geringstes Gebot und Versteigerungsbedingungen (§§ 44–65; Übersicht § 44 Rdn 1). Dieser fünfte Abschnitt im zweiten Titel des ZVG (§§ 15–145) behandelt den grundsätzlichen Ablauf des Versteigerungstermins (§§ 66, 73); die besonderen Fragen der Sicherheitsleistung (§§ 67–70); die Wirksamkeit der Gebote (§ 71) und das Erlöschen der Gebote (§ 72); die Verhandlung über den Zuschlag (§ 74) mit den Besonderheiten der Nichterreichung des Mindestgebots (§§ 74 a, b), der Einstellung wegen Zahlung im Termin (§ 75), der Teileinstellung wegen Deckung des Gläubigers aus einem von mehreren Grundstücken (§ 76) und der Einstellung wegen Nichtabgabe von Geboten (§ 77); dazu eine allgemeine Vorschrift über das Protokoll (§ 78).

Allgemeines zu § 66   2

2.1 Zweck der Vorschrift: § 66 regelt den Gang der Verhandlung im Versteigerungstermin bis zur Geboteaufforderung, der sich aus der Aufgabe ergibt, welche hierbei zu erledigen ist (Denkschrift S 51).

2.2 Anwendungsbereich: Die Vorschrift gilt für alle Versteigerungsverfahren des ZVG mit Besonderheiten für Schiffe und Luftfahrzeuge (§ 162 Rdn 9.1, § 171 a Rdn 3).

Allgemeines zum Versteigerungstermin   3

3.1 Der Versteigerungstermin ist **öffentlich** (GVG § 169); es muß somit jedermann zugelassen werden. Daß öffentlich versteigert wird muß sich aus dem Protokoll ergeben (ZPO § 160 Abs 1 Nr 5). Den Termin leitet der für das Verfahren zuständige Rechtspfleger. Er hat alle Aufgaben der **Sitzungsleitung** und der Aufrechterhaltung der Ordnung wie der Richter im Zivilprozeß (GVG §§ 175–183), darf aber keine Ordnungshaft verhängen und keine Beeidigung (etwa eines Dolmetschers) vornehmen (RPflG § 4 Abs 2). Wegen Ungebühr vor Gericht kann er Ordnungsgeld bis 1000 Euro verhängen, kann Personen den Zutritt verwehren und Personen entfernen lassen (GVG §§ 175, 177, 178) (wo Ordnungshaft nötig sein sollte, ruft er den Richter an). Gegen seine sitzungsleitenden Anordnungen ist sofortige Beschwerde, befristet auf eine Woche (GVG § 181 Abs 1, RPflG § 11 Abs 1) zulässig. Auch bei Verhängung von Ordnungsgeld ist rechtliches Gehör zu gewähren (Einl Rdn 46). Ton- und Fernseh-Rundfunkaufnahmen sowie Filmaufnahmen sind nach GVG § 169 Satz 2 unzulässig.

3.2 Der **Ort der Versteigerung** muß mit der Terminbestimmung übereinstimmen. Dies sollte (nicht aber muß) sich aus dem Protokoll ergeben. Muß der Termin in einen anderen Raum oder gar in ein anderes Gebäude verlegt werden, so muß das im Protokoll vermerkt werden[1]. Es müssen vom Gericht auch Vorkehrungen getroffen werden, um die an dem bezeichneten Ort sich Einfindenden zum richtigen Ort zu bringen[1], und es muß sich das aus dem Protokoll ergeben[1] (§§ 78, 80; Nachweis aber nicht auf Protokollinhalt beschränkt[2]; anders[3]), da sonst der Zuschlag versagt werden müßte (§ 83 Nr 6) oder angefochten werden könnte (§ 100 Abs 1)[4]. Welche Maßnahmen erforderlich sind, richtet sich nach den Umständen des Einzelfalls. Sie müssen gewährleisten, daß die Verfahrensbeteiligten und jeder – auch der unerfahrene – Bietinteressent den geänderten Versteigerungsort rechtzeitig finden kann[5]. Sicherzustellen ist insbesondere auch, daß Beteiligte und Interessenten, die erst nach Terminsbeginn erscheinen, noch zuverlässig über die Terminsverlegung unterrichtet werden. Angenommen wurde, dazu reiche es (noch) nicht aus, daß ein deutlicher, von einem Terminszettel zu unterscheidender Hinweis an der Türe des früher bestimmten Raums (oder an einer sonstigen Stelle vor diesem Terminsort) angebracht sowie die Wachtmeisterei von der Verlegung des Terminsorts unterrichtet werde. Es solle vielmehr weiter erforderlich sein, die ursprüngliche Terminsstelle während der gesamten Dauer des Versteigerungstermins von einem Justizwachtmeister (oder einer anderen geeigneten Person) beobachten zu lassen, um eine zuverlässige Unterrichtung aller Beteiligten und Interessenten zu gewährleisten[6]. Diese überspannte formale Anforderung ging jedoch entschieden zu weit[7] und hat sich daher auch nicht durchgesetzt (so jetzt auch[8] unter Aufgabe von[9]: Aushang vor beiden Räumen genügt regelmäßig). Den Ort der Versteigerung müssen Beteiligte und Bietinteressenten zweifelsfrei und zuverlässig auffinden können (§ 37 Rdn 3.1). Wie das sicherzustellen ist, wenn der Versteigerungstermin in einem anderen als dem in der Terminsbestimmung bezeichneten Raum abgehalten wird, läßt sich nicht allgemein sagen; das bestimmt sich nach den besonderen örtlichen Verhältnissen. In kleineren und auch mittleren Gerichtsgebäuden bereitet die Terminswahrnehmung in einem anderen Versteigerungsraum nach der Lebenserfahrung überhaupt keine Schwierigkeit. Wer einen Versteigerungstermin wahrzunehmen hat oder auch nur verfolgen will und wer ein Grundstück ersteigern möchte, findet erfahrungsgemäß auch in großen Gerichtsgebäuden den Terminsort mühelos (auch unerfahrene Personen haben mit dem Weg zur Zeugengebühren-Auszahlungsstelle keine Schwierigkeit). Nicht selten bereitet ortsfremden Personen das Aufsuchen eines Zimmers nach seiner Nummer größere Erschwernisse als die Orientierung in dem Verhandlungsraum einer bestimmten Rechtssache. Übertriebene Anforderungen an die bei Verlegung des Terminsorts aufzuwendende Sorgfalt sind daher fehl am Platze. Sie schaden mit der Gefahr einer Terminsabsetzung und Zuschlagversagung berechtigten Interessen der Verfahrensbeteiligten. Allgemein muß (wenn auch weitergehende Vorsorge nicht schaden kann) jedenfalls ein deutlicher Hinweis auf den Versteigerungsraum

---

[1] OLG Hamm MDR 1979, 151 = NJW 1979, 1720 Leitsatz = OLGZ 1979, 376 = Rpfleger 1979, 29; LG Oldenburg Rpfleger 1985, 311 mit (zum Teil krit) Anm Schiffhauer; LG Oldenburg Rpfleger 1990, 471.

[2] Schiffhauer Rpfleger 1985, 312 (Anmerkung).

[3] LG Oldenburg Rpfleger 1985, 311 mit (zum Teil krit) Anm Schiffhauer.

[4] OLG Frankfurt DGVZ 1954, 39 = JR 1954, 183 mit zust Anm Riedel und abl Anm Werner.

[5] OLG Hamm NJW 1979, 1720 – aaO (Fußn 1); LG Oldenburg Rpfleger 1985, 311; Schiffhauer Rpfleger 1985, 312 (Anmerkung).

[6] OLG Hamm NJW 1979, 1720 = aaO; Drischler RpflJahrbuch 1972, 297 (298).

[7] Schiffhauer Rpfleger 1985, 312 (Anmerkung).

[8] LG Oldenburg Rpfleger 1990, 471.

[9] LG Oldenburg Rpfleger 1985, 311 mit (zum Teil krit) Anm Schiffhauer.

im Gerichtsgebäude als Terminsort des zu bezeichnenden Vollstreckungsverfahrens genügen (Terminaushang am ursprünglichen Sitzungszimmer; sehr geeignet auch Wegweiser gleich am Gerichtsgebäude; sonstiger Hinweis an gut sichtbarer Stelle in der Nähe der Eingangstüre, zB am Behördenwegweiser; immer muß auch Verständigung des Pförtners selbstverständlich sein). Weitere (insbesondere strengere) Anforderungen können nur im Einzelfall aus besonderen Gründen geboten sein. So kann Sorgfalt in besonderem Maße notwendig sein, wenn in dem in der Terminsbestimmung bezeichneten Versteigerungsraum zur gleichen Zeit eine andere Verhandlung (zB eine Strafverhandlung) stattfindet oder wenn der Termin in einem Raum eines benachbarten Gerichtsgebäudes abgehalten wird.

3.3 Die **Zeit der Versteigerung,** dh der Beginn des Termins, muß mit der Terminsbestimmung übereinstimmen. Eine Vorverlegung auf eine frühere Stunde ist unmöglich, weil sonst die Terminsbestimmung nicht beachtet ist und der Zuschlag zu versagen (§ 83 Rdn 4.1 zu m) oder anfechtbar ist. Kurzzeitige, jedenfalls aber angemessene Verschiebung des Aufrufs des Sache kann aus zwingenden Gründen (zB Störung der Verkehrsmittel; denkbar auch geringe Verspätung bei ungünstiger Zugverbindung) auch Rücksichtnahme auf besondere Interessen einzelner Beteiligter, insbesondere des Schuldners oder seines Bevollmächtigten, das Gebot der fairen Verfahrensdurchführung (Einl Rdn 24.6) gebieten. Dann aber müssen auch gewichtige Gründe für Wahrnehmung des zeitlich ohnedies länger andauernden Termins durch den verhinderten Beteiligten von Anfang an sprechen; es dürfen nach allen Umständen des Einzelfalls dem Einzelinteresse auch gewichtige Belange der rechtzeitig erschienenen Beteiligten und Erwerbsinteressenten an zeitgerechter Verfahrensdurchführung nicht entgegenstehen. Pünktlicher Beginn des Termins, auch wenn der Schuldner oder sein Vertreter verspätetes Erscheinen bereits angekündigt hat, ist stets dann sachgerecht, wenn ein (nachvollziehbarer) Grund für die Verspätung nicht (glaubhaft) genannt ist[10]. Wird der Terminsbeginn hinausgeschoben, müssen vom Gericht erforderlichenfalls (ist Einzelfallfrage, nötig zB dann, wenn zur Terminsstunde im Sitzungssaal noch niemand erschienen ist) Vorkehrungen zur Unterrichtung der rechtzeitig Erschienenen und noch vor Terminsbeginn Erscheinenden getroffen werden. Ausreichend ist Anwesenheit des Urkundsbeamten, sonst Anbringung eines Hinweises am Terminaushang oder Anschlag an der Tür des Terminsorts; nur in außergewöhnlichen Einzelfällen kann es auch erforderlich sein, an der Terminsstelle einen Gerichtswachtmeister bereitzustellen, der Erscheinenden die Verzögerung bekanntzugeben hat. Verschiebung auf einen anderen Tag wäre Verlegung des Termins (dazu § 43 Rdn 8.2).

3.4 Das Gericht hat sich rechtzeitig und gewissenhaft auf den **Versteigerungstermin vorzubereiten** (§ 35 Rdn 3), wenn es Haftungsgefahren (Einl Rdn 37) vermeiden will. Aber auch alle am Verfahren Beteiligten müssen sich gewissenhaft und umfassend vorbereiten (Aufzählung im ZVG-Handbuch Rdn 301), insbesondere als betreibender Gläubiger, müssen überlegen, ob sie bestimmte Anträge stellen müssen oder wollen, ob sie bestimmte Anmeldungen machen müssen oder wollen, ob sie einen vorgehenden Gläubiger ablösen wollen, ob sie bieten wollen und bis zu welcher Höhe, bei welchem Gebot sie etwa zum Zuge kommen würden und wie überhaupt das ganze Verfahren allgemein laufen werde (nur beschränkte Aufklärungspflicht des Gerichts hierzu, Einl Rdn 24). Wer bieten will, muß seinen Personalausweis mitbringen, bei Auftreten für ein Handelsunternehmen den Handelsregisterauszug, als Vormund, Pfleger oder Betreuer die Bestallung, und muß, wenn er einer Genehmigung oder Zustimmung durch Aufsichtsbehörde, Familien- oder Vormundschaftsgericht bedarf, diese rechtzeitig besorgen und mitbringen. Wer für einen anderen als Bevollmächtigter auftritt, muß dessen Vollmacht vorweisen können, im Falle des Bieters sogar eine öffentlich beglaubigte.

---

[10] OLG Hamm Rpfleger 1994, 428.

§ 66 3.5 Versteigerung

3.5 Für den ganzen Termin ist ein **Protokoll** über alle Vorgänge mit größter Genauigkeit zu führen (§ 78), nach den Vorschriften der ZPO (§ 78 Rdn 2). Bestimmte Teile aus ihm sind zu verlesen (Rdn 12). Muster Rdn 9.

3.6 Der Versteigerungstermin besteht aus drei großen Abschnitten:

a) **Im ersten Abschnitt** des Termins (§ 66) wird zunächst die Sache aufgerufen und werden die erschienenen Beteiligten festgestellt (Rdn 4). Dann erfolgen eine Reihe von Bekanntmachungen und Hinweisen (Rdn 5, 6) über Grundstücksnachweisungen, betreibende Gläubiger und ihre Ansprüche, Beschlagnahmezeit, Grundstückswert, Anmeldungen, Erklärungen der Mieter/Pächter. Hierauf wird das geringste Gebot mit den sonstigen Versteigerungsbedingungen aufgestellt und verlesen (Rdn 7). Dann muß das Gericht Anträge und Anmeldungen entgegennehmen und entscheiden (Rdn 5) und schließlich auf die bevorstehende Ausschließung von Anmeldungen hinweisen und zur Abgabe von Geboten auffordern (Rdn 8).

b) **Im zweiten Abschnitt** des Versteigerungstermins, der unmittelbar nach der vorerwähnten Aufforderung zur Abgabe von Geboten beginnt, werden mindestens 30 Minuten lang (Bietzeit, § 73) Gebote entgegengenommen (einleitende Aufforderung und beendende Schlußverkündung nicht eingerechnet). Sie erfolgen als Bargebote (bestehenbleibende Belastungen nicht enthaltend, aber kraft Gesetzes zusätzlich zu übernehmen) und werden vom Gericht sofort auf ihre Zulässigkeit geprüft, unzulässige zurückgewiesen (§§ 71, 72), während gültige erst durch wirksames Übergebot erlöschen (§ 72). Unter bestimmten Voraussetzungen kann Sicherheitsleistung des Bieters verlangt werden und ist sofort zu entscheiden und sofort zu leisten (§§ 67–70). Die „Versteigerung" (= Bietzeit) dauert an, bis nach mindestens 30 Minuten trotz Aufforderung des Gerichts keine weiteren Gebote mehr abgegeben werden (§ 73 Abs 1). Dann muß das letzte Gebot und der Schluß der Versteigerung verkündet werden (§ 73 Abs 2).

c) **Im dritten Abschnitt** des Versteigerungstermins wird über den Zuschlag verhandelt (§ 74), falls wirksame Gebote vorliegen, andernfalls mangels Geboten das Verfahren eingestellt (§ 77). Bei Bezahlung der Schuld wird eingestellt (§ 75). Bei Deckung der betreibenden Forderungen aus einem Teil der Gründstücke wird in die anderen eingestellt (§ 76). Wegen Nichterreichung der $^7/_{10}$-Grenze kann im ersten Termin Zuschlagsversagung beantragt (§ 74a) werden, wegen Beeinträchtigung von Rechten ein neuer Termin (§ 85). Bei Nichterreichung der $^5/_{10}$-Grenze muß im ersten Termin der Zuschlag von Amts wegen versagt werden (§ 85a). Sonst wird die Zuschlagsentscheidung sofort verkündet oder hierfür ein Verkündungstermin angesetzt (§ 87).

4 Aufruf des Versteigerungstermins

4.1 Der Versteigerungstermin beginnt, wie jeder Gerichtstermin, mit dem **Aufruf der Sache.** Der Aufruf muß aus dem **Protokoll** ersichtlich sein. Dazu gehört auch die protokollarische **Feststellung der** erschienenen **Beteiligten,** nicht aber der reinen Bietinteressenten und der sonstigen Zuschauer. Für Bevollmächtigte (ausgenommen Rechtsanwälte sowie Rechtsbeistände bei Kammerzugehörigkeit, Einl Rdn 50) sind schon hier die **Vollmachten** zu prüfen (und zu übergeben), für gesetzliche Vertreter deren Vertretungsmacht und Vertretungsverhältnis, auch eine **Bestallung,** für im Handelsregister eingetragene Firmen der **Handelsregisterauszug.** Auch Form und Umfang der Vollmachten sind zu beachten, insbesondere, ob sie zu Geboten ermächtigen (nur wenn öffentlich beglaubigt). Alles Festgestellte ist im Protokoll zu vermerken. Wer geschäftsmäßig fremde Rechtsangelegenheiten besorgt, ohne die dazu erforderliche Erlaubnis zu besitzen, kann als Verfahrensbevollmächtigter im Versteigerungstermin (und für das Verfahren insgesamt) ausgeschlossen werden[11]. Auch dieser Vorgang ist im Protokoll festzustellen.

---

[11] LG Koblenz Rpfleger 1986, 396.

Versteigerungstermin bis zur Geboteaufforderung　　　　5.2　§ 66

4.2 Wer als Beteiligter oder Vertreter **später** zum Termin **erscheint** und sich beim Gericht meldet oder aus Anlaß einer Frage oder eines Antrags vom Gericht erkannt wird, wird nachträglich als anwesend im Protokoll vermerkt, wobei der Zeitpunkt seines Erscheinens nicht aufgenommen werden muß, aber möglichst aufgenommen werden sollte. Auf jeden Fall wird angegeben, daß der Betreffende nachträglich erschienen ist. Wer **vor dem Ende** des Termins **sich** zeitweise oder für dauernd **entfernt,** wird nicht gesondert im Protokoll vermerkt (es wird also nicht eine fortlaufende Anwesenheitsliste geführt), auch nicht der Zeitpunkt dieses Ereignisses[12]. Es ist Sache der Beteiligten, die einmal als anwesend festgestellt sind, sich um den weiteren Ablauf des Termins selbst zu kümmern und Nachteile, die durch ihre Abwesenheit entstehen können, zu vermeiden. Wo die Stellungnahme eines bestimmten Beteiligten (zB des Vollstreckungsschuldners) zu einem bestimmten Vorgang bedeutsam ist (zB Anträge zum Zuschlag), ist festzustellen, daß er mangels Anwesenheit nicht mehr befragt werden konnte.

4.3 Zu diesen Vorgängen im ZVG-Handbuch Rdn 305–306.

4.4 Wer den **Versteigerungstermin** trotz ordnungsgemäßer Bekanntmachung und Zustellung **versäumt** (gleich, ob verschuldet oder unverschuldet), hat hiergegen keinen Einspruch, keinen Rechtsbehelf, keine Wiedereinsetzungsmöglichkeit[13]. Die eingetretene Verfahrenslage kann nicht rückgängig gemacht werden[13].

4.5 Die **Anwesenheit des Vollstreckungsschuldners** im Versteigerungstermin ist nicht erzwingbar, jedoch wünschenswert und für ihn nicht nur sehr zweckmäßig, sondern zur Wahrung seiner Rechte stets empfehlenswert. Das persönliche Erscheinen kann nicht angeordnet werden. Nachteile durch Abwesenheit hat der Schuldner selbst zu verantworten. Er muß darauf nicht besonders hingewiesen werden. Im Rahmen der gerichtlichen Aufklärungspflicht werden ausnahmsweise schriftliche Hinweise auf besondere Nachteile für nötig erachtet (Einl Rdn 33). Ob ein in gerichtlicher Haft befindlicher Beteiligter, insbesondere der Vollstreckungsschuldner, zum Termin vorgeführt werden könne, ist umstritten. **Vorführung** von Amts wegen ist keinesfalls zulässig. Die Vorführung ist überhaupt nicht Sache des Vollstreckungsgerichts[14]. Der Betreffende muß nach Empfang einer Ladung, wenn er am Termin teilnehmen will, das dazu Nötige bei seiner zuständigen Aufsichtsbehörde selbst veranlassen. Wenn dem Terminsvorsitzenden ein solches Gesuch zugeht, hat er sich mit den zuständigen Stellen in Verbindung zu setzen, um die Teilnahme zu ermöglichen.

Bekanntmachungen, Hinweise, Anmeldungen (Absatz 1)　　　　5

5.1 Durch die **Bekanntmachungen** des Abs 1 werden die Anwesenden nach dem Aufruf und der Feststellung der Erschienenen in allen Versteigerungsverfahren über die für die Versteigerung in Betracht kommenden Verhältnisse unterrichtet. Alle Mitteilungen usw müssen sorgfältig erfolgen und so, daß die Erschienenen sie verstehen und beurteilen können. Eine rein mechanische, formularmäßige Wiedergabe genügt nicht den Erfordernissen einer sachbezogenen Verfahrensgestaltung (Einl Rdn 6 ff) und einer die menschlichen Grundrechte achtenden Verhandlungsführung.

5.2 Bekanntmachungen sind, zweckmäßig in der angegebenen Reihenfolge (dazu im ZVG-Handbuch Rdn 307):

a) „Die das **Grundstück betreffenden Nachweise**". Es handelt sich um den wesentlichen Inhalt des Grundbuchs sowie die Brandversicherungsurkunde, wobei wörtliche Wiedergabe nicht nötig ist, aber lieber mehr als weniger mitgeteilt werden soll und alle einschlägigen Fragen zu beantworten sind, etwa über Reihenfolge

---

[12] Dassler/Gerhardt § 66 Rdn 3.
[13] Nußbaum, Zwangsversteigerung, § 16 (VI).
[14] LG Braunschweig MDR 1969, 933.

§ 66 5.2 Versteigerung

und Bedingungen der Belastungen, Unstimmigkeiten im Grundbuch, je nach Sachlage und je nach Interesse der Beteiligten. Auf Wunsch ist dabei Akteneinsicht zu gewähren (§ 42); erkennbare Irrtümer der Anwesenden (etwa über Pfändungen) sind aufzuklären. Eine Mitteilung des Finanzamts über die Höhe des **Einheitswertes**, die zur Gebührenberechnung eingefordert wurde (GKG § 54 Abs 1 Satz 4), gehört als Grundlage für den Kostenansatz (GKG § 19) nicht zu den Nachweisen des Grundstücks; ihr Inhalt darf nicht bekannt gemacht werden. Die Höhe des Einheitswertes unterliegt dem Steuergeheimnis (Abgabenordnung § 30); eine Auskunft des Finanzamts erlaubt GKG § 54 Abs 1 Satz 4 (ausdrücklich, Abgabenordnung § 30 Abs 4 Nr 2) nur für die Wertermittlung. Weitergehende Verwendung der Mitteilung über den Einheitswert wäre unbefugte Offenbarung dieses in der Steuersache des Eigentümers festgestellten Wertes. Zulässig ist Einsicht in die Mitteilung über den Grundstückseinheitswert nur, wenn der Eigentümer zustimmt (Abgabenordnung § 30 Abs 4 Nr 3). Das ist insbesondere auch dann der Fall, wenn der Bescheid über die Feststellung des Einheitswertes vom Schuldner zur Verwendung im Zwangsversteigerungsverfahren (nicht nur zur Kostenberechnung) eingereicht ist. Ein „zwingendes öffentliches Interesse", das Offenbarung rechtfertigen könnte (Abgabenordnung § 30 Abs 5) begründet die Grundstücksversteigerung nicht.

b) „Die das Verfahren **betreibenden Gläubiger** und deren Ansprüche"; am besten geschieht dies an Hand der Mitteilung nach § 41 Abs 2, aber nicht einfach durch Bezugnahme auf diese, sondern mindestens durch auszugsweises Verlesen und Angabe der nachträglichen Veränderungen, zB durch Einstellung;

c) „Die **Zeit der Beschlagnahme**", also den ersten Beschlagnahmezeitpunkt gemäß § 13 Abs 1 und 4, von dem an für alle Beteiligten die laufenden wiederkehrenden Leistungen gerechnet werden; nur bei besonderem Anlaß auch die besonderen Beschlagnahmezeitpunkte der einzelnen Beschlagnahmebeschlüsse (wichtig etwa für Zwischenrechte oder bei Eigentumswechsel);

d) Der „vom Gericht festgesetzte **Wert des Grundstücks**", für jedes Grundstück (Grundstücksbruchteil) gesondert, bei voraussichtlichem Gesamtausgebot auch für die Grundstücke insgesamt;

e) „Die erfolgten **Anmeldungen**" der Beteiligten, auch wenn sie zu Protokoll erklärt sind, ohne Unterschied, ob diese berechtigt sind oder nicht, ob schon glaubhaft gemacht oder nicht, ob im geringsten Gebot zu berücksichtigen oder nicht, also alle Anmeldungen nach § 9 Nr 2, § 37 Nr 4, § 45 Abs 1, §§ 53, 54; ZPO § 325 Abs 3. Bekanntzumachen ist auch die im Versteigerungsantrag enthaltene Anmeldung des Gläubigers (§ 114 Abs 2 Satz 2), soweit sie seinen Anspruch (vorstehend b) übersteigt. Hinweis nur auf den Akteninhalt ersetzt die Bekanntmachung der Anmeldungen nicht[15].

5.3 Alle Bekanntmachungen usw sind **in das Protokoll aufzunehmen** (§ 78). Mündliche Erklärungen des Gerichts, die nicht aus dem Protokoll ersichtlich sind, bleiben in der Regel wirkungslos, können jedenfalls bei der Zuschlagsentscheidung und -anfechtung nicht berücksichtigt werden (§ 80). Auch das **rechtliche Gehör** ist nach Maßgabe der Entscheidungen der Verfassungsgerichte zu GrundG Art 103 gewissenhaft zu prüfen. Die gerichtliche **Aufklärungspflicht** ist ebenso zu beachten. Aufklärung und Hinweise müssen unbedingt in das Protokoll, da sonst nicht nachgewiesen werden kann, ob die Aufklärungspflicht erfüllt ist[16]. Rein formularmäßige Hinweise genügen keinesfalls. Es darf nicht über irgendeinen Punkt entschieden werden, ohne daß der Betroffene, soweit er im Termin anwesend ist, vorher gehört ist. Manchmal sind sogar Nichtanwesende schriftlich zu befragen.

---

[15] OLG Hamburg OLG 46, 39 (40).
[16] Stöber und Vollkommer Rpfleger 1976, 392 (Anmerkungen).

5.4 Anmeldungen, Anträge und Erklärungen zur Sache sind im Versteigerungstermin entgegenzunehmen und durch Aufnahme in das Protokoll festzustellen (ZPO § 160 Abs 3; siehe auch § 80).

5.5 Mit Hinweis auf mögliche Verfahrenserledigung und Terminsaufhebung ist größte Zurückhaltung geboten („... möglicherweise kann der Termin noch platzen"). Bekanntgabe, daß der Schuldner noch mit Gläubigern verhandelt oder der bestbetreibende Gläubiger seine grundsätzliche Bereitschaft zur Bewilligung der Verfahrenseinstellung bekundet hat, gehören nicht zu den für die (durchzuführende) Versteigerung in Betracht kommenden Verhältnissen, über die Anwesende zu unterrichten sind. Gegen solche konkrete Einzelfallhinweise bestehen daher auch dann Bedenken, wenn sie auf „sicher bekannten" Tatsachen beruhen ([17]sieht Hinweis gar als Fürsorgepflicht gegenüber Bietern und Interessenten an; sehr bedenklich). Keinesfalls darf durch solchen Hinweis das Erwerbsinteresse Anwesender geschmälert werden; es dürfen Interessenten und Bieter nicht abgeschreckt und Zweifel an der Ernsthaftigkeit der (durchzuführenden) Versteigerung nicht genährt werden. Das Verfahren ist so lange durchzuführen, bis ein hemmender Gläubigerantrag (-erklärung) gestellt (abgegeben) oder sonst ein Einstellungsgrund gegeben ist (Amtsbetrieb, Einl Rdn 9.2). Damit ist über allgemeine Aufklärung über den Verfahrensfortgang und mögliche Hinderungsgründe hinaus weitergehende einzelfallbezogene Erwägung über ein mögliches Verfahrensende oder Terminsergebnis auf Grund (mehr oder weniger) bekannter Tatsachen nicht zu vereinbaren (anders[17]).

Einzelne Bekanntmachungen im Versteigerungstermin 6

6.1 Altenteil und altrechtliche Grunddienstbarkeiten (EGZVG § 9 Rdn 2 und 3): Das Gericht muß auf das Antragsrecht mit der Möglichkeit ausnahmsweisen Erlöschens hinweisen (EGZVG § 9 Rdn 4.3).

6.2 a) **Altlasten** und **schädliche Bodenveränderungen** können dem Grundstückseigentümer, damit auch dem Ersteher, mit Minderung des Grundstückswerts, Kosten bei Erfüllung der Pflicht zur Gefahrenabwehr und Nutzungsbeschränkungen erhebliche Nachteile bringen. Altlastenverdächtige Flächen begründen überdies bei Veräußerung, damit auch bei Versteigerung, oft erhebliche Unsicherheiten. Ungewißheiten, denen Erwerbsinteressenten ausgesetzt sind, stellen zumeist eine große Gefahrenquelle für Erzielung eines angemessenen Erlöses belasteter oder verdächtiger Grundstücke dar; sie können Interessenten von Geboten abhalten und auch damit Schädigung des Gläubigers oder Schuldners (und anderer Beteiligter) bewirken. Es sind
– **Altlasten** stillgelegte Abfallbeseitigungsanlagen sowie sonstige Grundstücke, auf denen Abfälle behandelt, gelagert oder abgelagert worden sind (Altablagerungen), außerdem Grundstücke stillgelegter Anlagen und sonstige Grundstücke, auf denen mit umweltgefährdenden Stoffen umgegangen worden ist (ausgenommen Anlagen, deren Stillegung einer Genehmigung nach dem Atomgesetz bedarf) (Altstandorte), je durch die schädliche Bodenveränderungen oder sonstige Gefahren für den einzelnen oder die Allgemeinheit hervorgerufen werden (Gesetz zum Schutz des Bodens vom 17. 3. 1998, BGBl I 502, § 2 Abs 5);
– **Altlastenverdächtige Flächen** Altablagerungen und Altstandorte, bei denen der Verdacht schädlicher Bodenveränderungen oder sonstiger Gefahren für den einzelnen oder die Allgemeinheit besteht (Gesetz zum Schutz des Bodens § 2 Abs 6);
– **Schädliche Bodenveränderungen** Beeinträchtigungen der Bodenfunktionen, die geeignet sind, Gefahren, erhebliche Nachteile oder erhebliche Belästigungen

---

[17] LG Heilbronn Rpfleger 1996 79.

§ 66 6.2 Versteigerung

für den einzelnen oder die Allgemeinheit herbeizuführen (Gesetz zum Schutz des Bodens § 2 Abs 3);
- **Verdachtsflächen** Grundstücke, bei denen der Verdacht schädlicher Bodenveränderungen besteht (Gesetz zum Schutz des Bodens § 2 Abs 4).

Dem Grundstückseigentümer, damit auch dem Ersteher, obliegen (neben dem Verursacher und weiteren Verpflichteten) boden- und altlastenbezogene Pflichten (Gesetz zum Schutz des Bodens § 4 Abs 1–3), namentlich die Sanierungspflicht. Einsatz öffentlicher Mittel bei Maßnahmen zur Erfüllung der Pflichten zur Gefahrenabwehr kann für den öffentlichen Kostenträger Anspruch auf Wertausgleich begründen (Gesetz zum Schutz des Bodens § 25 Abs 1). Der Ausgleichsbetrag ruht als **öffentliche Last** auf dem Grundstück (Gesetz zum Schutz des Bodens § 25 Abs 6 Satz 1). Deren Vorhandensein kann grundbuchersichtlich sein (Bodenschutzlastvermerk, Gesetz § 25 Abs 6 Satz 2; GBV § 93b); sie ist für Berücksichtigung im Verfahren betragsmäßig stets (rechtzeitig) anzumelden (wie § 10 Rdn 6.3 mit 6.4).

b) **Mitteilungen** der (landesrechtlich) zuständigen Behörde darüber, daß eine schädliche Bodenveränderung oder Altlast oder Anhaltspunkte dafür vorliegen, sowie Nachrichten der zuständigen Behörde über Anordnung und getroffene Maßnahmen (Erkundungs- und Sanierungsmaßnahmen, Gesetz zum Schutz des Bodens §§ 9, 10), Sanierungsuntersuchungen und Sanierungsplanung (Gesetz § 13), sind als das Grundstück betreffende Nachweise im Versteigerungstermin bekanntzumachen.

c) Wenn dem **Vollstreckungsgericht bekannt** ist, daß Altlasten oder schädliche Bodenveränderungen vorhanden sind oder sein müssen, hat es erforderliche **Sachverhaltsaufklärung** vorzunehmen. Dem kann vielfach durch Einholung einer Stellungnahme der (landesrechtlich) zuständigen Behörde über Art und Umfang (Ausmaß) der schädlichen Bodenveränderung Rechnung getragen werden. Das Vollstreckungsgericht hat ebenso für Sachverhaltsaufklärung besorgt zu sein, wenn es Kenntnis davon oder Anhalt dafür hat, daß eine altlastenverdächtige Fläche oder Verdachtsfläche Beschlagnahmegrundstück ist. Es darf erforderliche Feststellungen nicht allein dem mit der Wertfeststellung beauftragten Sachverständigen (§ 74a Abs 5) überlassen. Feststellung der Tatsachengrundlage ist im zivilgerichtlichen Verfahren Aufgabe des Gerichts selbst[18]. Dem entspricht bei Zwangsversteigerung Feststellung des tatsächlichen Zustandes des zu versteigernden Grundstücks. Rechtsstaatliche Verfahrensgestaltung und Wahrung der Eigentumsrechte (Einl Rdn 7) gebieten es überdies, das Verfahren zur Zwangsveräußerung von Schuldnervermögen so zu gestalten, daß bei freiem Wettbewerb der am Erwerb Interessierten ein möglichst wertträchtiger Erlös erzielt wird (Einl Rdn 10) und schutzwürdige Belange auch der Erwerbsinteressenten nicht geschmälert werden. Das erfordert, wenn Anhalt für wertbestimmende Besonderheiten bekannt sind (bei Wahrung der im Einzelfall gebotenen Sorgfalt bekannt sein können), Sachverhaltsermittlung zur Interessenwahrung mit Feststellung und Offenlegung des tatsächlichen Zustandes des zu versteigernden Grundstücks. § 56 Satz 3 (auch in tatsächlicher Beziehung keine Gewährleistung) bringt Gegenteiliges nicht zum Ausdruck. Die Vorschrift regelt als Versteigerungsbedingung den Gewährleistungsausschluß der Beteiligten bei Zuschlag, trifft aber keine Bestimmung für Abgrenzung der Sorgfaltspflichten und Minderung der Offenbarungspflicht des Vollstreckungsgerichts; sie rechtfertigt es somit nicht, unter Verletzung der dem Vollstreckungsgericht obliegenden Sorgfaltspflicht über Sachmängel, die bekannt sind oder bekannt sein müssen, ohne Sachverhaltsermittlung hinwegzusehen. Feststellungen, die das Vollstreckungsgericht demnach getroffen hat, gehören zu den Nachweisen, die im Versteigerungstermin nach § 66 Abs 1 bekannt zu machen sind.

---

[18] Zöller/Greger, ZPO, § 402 Rdn 5.

6.3 Anmeldungen müssen schon im Rahmen der allgemeinen Bekanntmachungen mitgeteilt werden (Abs 1 Satz 1). Bei nicht rechtzeitiger Anmeldung entstehen Nachteile nach § 37 Nr 4, § 45, § 110 (Rdn 8). Anmeldungen während des Termins sind ins Protokoll aufzunehmen, auch wenn sie verspätet sind, weil sie noch für die Verteilung (§ 114 Abs 1) wirken und bei Verfahrensfortgang nach erfolgloser Durchführung des Versteigerungstermins Bedeutung erlangen können. Über die Anmeldungen der Mieter Rdn 6.17 gesondert.

6.4 Ausländische Währung, wertbeständige Rechte: Zu (neuen) Rechten in einer nach § 28 Satz 2 GBO zugelassenen (ausländischen) Währung siehe § 145 a. Für Schiffshypotheken gilt § 168 c. Bei einer (alten) Hypothek in ausländischer Währung sowie bei wertbeständigen Rechten ist das geringste Gebot in Euro aufzustellen. Im Termin ist vor der Aufforderung zur Abgabe von Geboten bekanntzumachen, welchen Wert das Recht nach dem letzten Kurs in Euro hat (Verordnung über Hypotheken in ausländischer Währung vom 13. 2. 1920, 9. Aufl, Text 220, §§ 6–8, und weitere dort abgedruckte Texte; außerdem GBBerG §§ 1–3, Einl Rdn 51). Spätere Wertänderungen sind ohne Bedeutung. Gebote werden in deutscher Währung, damit in Euro, abgegeben.

6.5 Baulast
Literatur: Drischler, Baulasten und Zwangsversteigerung, NVwZ 1985, 736; Drischler, Baulasten in der Zwangsversteigerung, Rpfleger 1986, 289; Harst, Probleme der Baulast in der notariellen Praxis, MittRhNotK 1984, 229; Masloh, Zivilrechtliche Aspekte der öffentlich-rechtlichen Baulast, NJW 1995, 1993; Mümmler, Die Baulast im Zwangsversteigerungsverfahren, JurBüro 1982, 1456; Sachse, Das Spannungsverhältnis zwischen Baulastenverzeichnis und Grundbuch, NJW 1979, 195, Weismann, Anspruch des Grundstückseigentümers auf Löschung von Baulasten, NJW 1997, 2857.

a) Die Baulast sichert eine öffentlichrechtliche Verpflichtung des Grundstückseigentümers zu einem das Grundstück betreffenden Tun, Dulden oder Unterlassen. Baulasten werden in verschiedenen Bundesländern in ein bei der Bauaufsichtsbehörde geführtes Baulastenverzeichnis eingetragen. Eine Baulast gehört nicht zu den Rechten am Grundstück, die bei Feststellung des geringsten Gebots zu berücksichtigen sind[19]. Sie ist auf das Grundstück bezogene dingliche verwaltungsrechtliche Verpflichtung, die (nach landesrechtlicher Bestimmung) auch gegenüber dem „Rechtsnachfolger" (im weiteren Sinne; bezeichnet damit auch den Ersteher) wirkt.

b) Bestellung einer Baulast erfolgt durch (öffentlich-rechtliche) Erklärung des Baulastübernehmers. Die Übernahme einer Baulast ist **Verfügung** über das Grundstück. Als solche bedarf sie der Genehmigung des Familien- oder Vormundschaftsgerichts nach BGB § 1821 Abs 1 Nr 1 (mit BGB § 1643 usw)[20], ist eine nach Eintragung einer Auflassungsvormerkung übernommene Baulast dem Grundstückserwerber gegenüber nach BGB § 883 Abs 2 Satz 1 unwirksam[21] und ist die vom Vorerben übernommene Baulast mit Eintritt der Nacherbfolge dem Nacherben gegenüber nach Maßgabe von BGB § 2113 Abs 1 unwirksam[22]. Die nach Eintragung des Zwangsversteigerungsvermerks im Grundbuch ohne Zustimmung des vollstreckenden Gläubigers (sonst § 23 Rdn 2.1) übernommene Baulast ist als Verfügung über das Grundstück auch dem Ersteher gegenüber unwirksam[23] (§§ 20, 23 entspr). Als Verfügung über das Grundstück bewirkt die Baulast eine Einschränkung des Eigentums; Rechtswirkungen zum Nachteil eines

---

[19] Drischler NVwZ 1985, 726; Lauer MDR 1988, 915 (Abschn 4); Sachse NJW 1979, 195.
[20] OVG Münster NJW 1996, 275.
[21] VGH Mannheim MittRhNotK 1992, 311 = NJW 1993, 678. Für Zustimmung des Auflassungsvormerkungsberechtigten zur Übernahme der Baulast auch OVG Lüneburg NJW 1998, 1168 (1169).
[22] VGH Mannheim NJW 1990, 268.
[23] OVG Münster NJW 1996, 1362; dazu Weisemann NJW 1997, 2857 (2859).

Rechts (insbesondere einer Hypothek, Grundschuld oder Rentenschuld), mit dem das Grundstück bereits belastet ist, kann die Baulast nicht erlangen; ein bereits am Grundstück lastendes Recht kann die Baulast als Verfügung über das Grundstück nicht beeinträchtigen. Daher kann sie auch gegen den Ersteher dingliche Rechtswirkungen nur äußern (nur behalten), wenn sie mit Zustimmung der Gläubiger bereits am Grundstück lastender Rechte[24] (die mit dem Zuschlag erlöschen; sonst keine Beeinträchtigung) bestellt wurde oder die Versteigerung auf Antrag des Gläubigers eines nach ihr am Grundstück erlangten Rechts erfolgt ist. Sonst bleibt die Baulast gegenüber dem Ersteher als „Rechtsnachfolger" nicht wirksam (ähnlich[25]); anders[26]: erlischt vorbehaltlich anderer landesrechtlicher Regelung nicht mit dem Zuschlag (aber ohne Stellungnahme dazu, daß der Eigentümer des bereits belasteten Grundstücks mit Bestellung der Baulast Rechte des am Grundstück schon berechtigten Grundpfandrechtsgläubigers nicht schmälern kann); anders auch[27].

c) Ein dem Vollstreckungsgericht zugegangener **Auszug aus dem Baulastenverzeichnis** ist als eine das Grundstück betreffende Nachweisung im Versteigerungstermin bekanntzumachen. Wenn dem Vollstreckungsgericht bekannt ist, daß eine Baulast bestellt ist, ebenso aber, wenn es Anhalt dafür hat, daß eine Baulast übernommen sein könnte, hat es erforderliche Sachverhaltsaufklärung vorzunehmen (wie Rdn 6.2 zu c; es gilt Gleiches für die Baulast als Rechtsmangel). Nur wenn nichts für das Vorhandensein einer Baulast spricht, trifft das Vollstreckungsgericht keine Pflicht zur Ermittlung (auf Verdacht), ob das Baulastenverzeichnis eine Eintragung enthält; eine (allgemeine) Ermittlungspflicht ist weder vorgeschrieben noch der allgemeinen Fürsorgepflicht des Vollstreckungsgerichts zu entnehmen[28]; anders[29]: Vollstreckungsgericht muß als Grundstücknachweisung beglaubigte Abschrift aus dem Baulastenverzeichnis von Amts wegen beiziehen; weitergehend außerdem[30]: Einforderung eines Auszugs aus dem Baulastenverzeichnis und Bekanntgabe im Termin empfiehlt sich. Zu den ungeklärten Fragen auch[31]. Erwerbsinteressenten ist jedenfalls stets Einsichtnahme in das Baulastenverzeichnis (soweit in Ländern ein solches geführt wird) zu empfehlen.

d) Sachverhaltsaufklärung des Vollstreckungsgerichts gebietet auch Feststellung, ob die Baulast dingliche Rechtswirkungen gegenüber dem Ersteher äußern kann, durch wen und nach welchen Vorbelastungen sie somit übernommen wurde. Ob sei demnach dem Ersteher gegenüber wirksam bleiben (Wirkungen äußern) kann, ist zu erörtern (gebietet ZPO § 139). Auf die abweichende (bisherige) Rechtsprechung von Verwaltungsgerichten (Fußn 26, 27) ist mit dem Hinweis auf die dagegen bestehenden Bedenken sowie darauf, daß Klärung und Entscheidung durch das Vollstreckungsgericht nicht erfolgen kann, aufmerksam zu machen.

6.6 Betriebssteuerrückstände erlangen in der Zwangsversteigerung keine Bedeutung (§ 15 Rdn 34.8, § 41 Rdn 4.3), auch nicht in der Erbenversteigerung (§ 176 Rdn 3.19) und in der Teilungsversteigerung (§ 180 Rdn 7.25).

---

[24] Alff Rpfleger 1993, 361 (Anmerkung); Steinkamp MittRhNotK 1998, 117 (120).
[25] Verwaltungsgericht Schleswig-Holstein DNotZ 1986, 95; Drischler aaO.
[26] BVerwG MDR 1993, 539 = NJW 1993, 480 = Rpfleger 1993, 208 und 361 Leitsatz mit Anm Alff.
[27] OVG Berlin MDR 1994, 481 = NJW 1994, 2971; OVG Hamburg MDR 1993, 762 = NJW 1993, 1877 Leitsatz = Rpfleger 1993, 209 und 361 Leitsatz mit Anm Alff; OVG Lüneburg MDR 1996, 360 = NJW 1996, 1363; OVG Münster NJW 1994, 3370 Leistsatz und NJW 1996, 275 (276); Harst MittRhNotK 1984, 229 (IV 1 b); Masloh NJW 1995, 1993 (VI); Mümmler JurBüro 1982, 1456 (5.); Lohre NJW 1987 (II); Lauer und Sachse je aaO.
[28] Drischler NVwZ 1985, 726.
[29] Sachse NJW 1979, 195.
[30] Alff Rpfleger 1993, 361 (Anmerkung).
[31] Drischler Rpfleger 1986, 289.

Versteigerungstermin bis zur Gebotaufforderung 6.19 § 66

6.7 Brandversicherungsurkunde: Sie wird zur Vorbereitung des Versteigerungstermins und als Arbeitsunterlage des nach § 74 a beauftragten Sachverständigen vom Gericht nach der Verfahrensanordnung angefordert. Ihr wesentlicher Inhalt ist mit den das Grundstück betreffenden Nachweisungen nach § 66 Abs 1 bekanntzumachen.

6.8 Brennrecht: Dieses wertsteigernde steuerliche Vorzugsrecht (§ 55 Rdn 4) kann für Bieter von Bedeutung sein. Ob ein Brennrecht vorhanden ist und welchen Wert es hat (hierzu auch Textanhang T 14) ist daher im Termin bekanntzugeben.

6.9 Dauerwohnrecht nach WEG § 39: Es muß in bestimmten Fällen bestehenbleiben (§ 44 Rdn 5.29). Die Voraussetzungen des Bestehenbleibens sind daher zu prüfen; die gesetzlichen Vorschriften sind mit den Beteiligten zu besprechen.

6.10 Ist nicht belegt.

6.11 Flurbereinigung: Daß Einlagegrundstücke versteigert, die Ersatzgrundstücke jedoch erworben werden (§ 15 Rdn 17), ist zu erörtern.

6.12 Grundbuchblatt (§ 19 Abs 2, spätere Mitteilungen § 19 Abs 3): Es ist Verfahrensgrundlage und wird im Rahmen der allgemeinen Bekanntmachungen in seinem wesentlichen Inhalt mitgeteilt. Das ZVG geht zwar immer vom Grundbuchstand der Zeit der Eintragung des Vollstreckungsvermerks aus (§ 9 Nr 2, § 37 Nr 4, § 43 Abs 2, § 45 Abs 1, § 114 Abs 1) und verlangt für spätere Änderungen eine Anmeldung durch die Beteiligten; doch sollte das Gericht unbedingt auch die ihm bekanntgewordenen Änderungen mitteilen, um im Rahmen der gerichtlichen Aufklärungspflicht Unstimmigkeiten und Irrtümer zu klären und die Beteiligten vor Schaden zu bewahren.

6.13 Grunderwerbsteuer: Es ist darauf hinzuweisen, daß der Ersteher erst nach Vorlage der Unbedenklichkeitsbescheinigung des Finanzamts als neuer Eigentümer in das Grundbuch eingetragen werden darf. Dazu ist auch klarzustellen, daß die Urkunde dem Vollstreckungsgericht zugehen muß, weil erst dann dessen Grundbuchersuchen (§ 130) ergehen kann (bei Vorlage an das Grundbuchamt erfährt unter Umständen das Vollstreckungsgericht erst verspätet davon).

6.14 Grundstückswert (§ 74a Abs 5): Bei seiner Bekanntgabe sollte im ersten Termin auch auf die $7/10$-Grenze des § 74a (relatives Mindestgebot) und die von Amts wegen zu beachtende $5/10$-Grenze des § 85a (absolutes Mindestgebot) hingewiesen werden. Auch sollte auf das bei den Akten befindliche Gutachten verwiesen und seine Einsicht ermöglicht werden. Ist eine Unrichtigkeit des Wertgutachtens (zB Ausweisung der Bruttomiete irrig als Nettomiete) bekannt, so ist auf diesen Fehler hinzuweisen[32].

6.15 Ein **Haus-Nr-Bescheid** der Gemeinde ist im Termin bekanntzugeben.

6.16 Landwirtschaft: Es wird ohne Beschränkung versteigert (§ 15 Rdn 24, § 71 Rdn 7.16). Zum Wiederbepflanzungsrecht bei Versteigerung einer Rebfläche siehe[33].

6.17 Mietererklärungen: § 57 Abs 2 (dazu § 57d Rdn 4). Das Gericht wird kurz erörtern, welche Bedeutung die Erklärung hat und daß darüber das Prozeßgericht zu entscheiden hat, wird auch auf bestehenden gesetzlichen Mieterschutz hinweisen. In der Teilungsversteigerung wird es dafür auf § 183 verweisen.

6.18 Preisrecht: Es bestehen keine Höchstpreisvorschriften.

6.19 Rechtshängigkeit/Rechtskraft: Für Ansprüche aus eingetragenen Grundpfandrechten und Reallasten sind Anmeldungen (ZPO § 325 Abs 3; dazu § 54 Rdn 4) im Versteigerungstermin bekanntzumachen (§ 66 Abs 1).

---

[32] OLG Oldenburg JurBüro 1989, 1176 = Rpfleger 1989, 381.
[33] Kirsch Rpfleger 1998, 192.

§ 66 6.20 Versteigerung

6.20 Teilungsversteigerung: Zweckmäßig ist zu erörtern, weil darüber häufig unrichtige Ansichten bestehen, daß der Meistbietende immer den vollen Betrag des Bargebots zu zahlen hat, auch wenn er schon bisher Miteigentümer ist, falls nicht die anderen Miteigentümer mit einer Zahlung nur der auf sie treffenden Teile und der vorgehenden Verfahrenskosten und Ansprüche einverstanden sind, auch daß das Vollstreckungsgericht den Erlösüberschuß der Miteigentümer nicht von sich aus aufteilen darf, daß sich die Miteigentümer hierüber einigen müssen und daß andernfalls hinterlegt werden muß.

6.21 Vorkaufsrechte: § 81 Rdn 10.

6.22 Wahlrecht des Gesamtrechtsgläubigers nach § 64 Abs 2: Bei der Verhandlung über den Zuschlag ist der Gläubiger zur Erklärung nach § 64 Abs 2 Satz 2 aufzufordern.

6.23 Wohnungseigentum: Einschlägige Fragen (§ 15 Rdn 45) sind bei Bedarf zu erörtern.

7 Geringstes Gebot und Versteigerungsbedingungen (Absatz 1)

7.1 Nach den einleitenden Bekanntmachungen und Anmeldungen mit Entgegennahme und Verbescheidung von Anträgen, zB zu § 63, werden vom Gericht **geringstes Gebot** und **Versteigerungsbedingungen** nach Anhörung der anwesenden Beteiligten **festgestellt** und **verlesen:** Abs 1. Dies geschieht auch nach vorbereitenden Erörterungen oder nach einem Vortermin (§ 62) verbindlich erst im Versteigerungstermin selbst. Die Feststellungen müssen klar und verständlich erfolgen und **verlesen** werden.

7.2 Festgestellt wird der bar zu zahlende Teil des geringsten Gebots in **Euro** (§ 145 a Nr 3). Bestehen bleibende Rechte, die nach GBO § 28 Satz 2 in Fremdwährung eingetragen sind, werden mit ihrer eingetragenen Währung bezeichnet; ihr Kurswert in Deutscher Mark wird im Versteigerungstermin nach § 145 a Nr 2 festgestellt und bekannt gemacht. **Muster** für geringstes Gebot und Versteigerungsbedingungen = § 44 Rdn 9 und im ZVG-Handbuch Rdn 241, 271, 272, 308.

7.3 Geringstes Gebot und Versteigerungsbedingungen bilden die **maßgeblichen Grundlagen** für die Versteigerung und für die Gebote der Erwerbsinteressenten. Nach Verlesung stehen geringstes Gebot und Versteigerungsbedingungen bei Eintritt in das Versteigerungsgeschäft **sicher fest:** unter den festgestellten und verlesenen Bedingungen wird zur Abgabe von Geboten aufgefordert[34]. Der Abschluß der Feststellungen (erster Terminabschnitt, Rdn 3.6) und der Eintritt in das Versteigerungsgeschäft (zweiter Terminabschnitt, Rdn 3.6) wird mit Aufforderung zur Abgabe von Geboten (Abs 2) besonders herausgestellt. Neue Anträge zum geringsten Gebot und zu den Versteigerungsbedingungen können für die Versteigerung, in die damit eingetreten ist, dann keine Berücksichtigung mehr finden (siehe zB § 59 Abs 1 Sätze 1 und 2, § 63 Abs 2 Satz 1 und Abs 4 Satz 2); sie bewirken nicht, daß die bereits laufende Versteigerung abzubrechen ist[34] und geringstes Gebot und Versteigerungsbedingungen neu aufzustellen sind. Nach Aufforderung zur Abgabe von Geboten kann der Fortgang des Verfahrens (Amtsbetrieb, Einl Rdn 9.2) durch den Antrag eines Beteiligten nur aufgehalten und damit auch die Versteigerungsgrundlage nur geändert werden, wenn eine Gesetzesgrundlage die Verfahrensunterbrechung gebietet[34]. Abschließend bestimmt sind alle den Verfahrensfortgang hemmenden Gründe mit Aufzählung der Zuschlagversagungsgründe in § 83[34].

7.4 Der vollstreckende Gläubiger kann mit **Rücknahme seines Antrags** (§ 29) oder **Einstellungsbewilligung** (§ 30) (gleichermaßen mit Teilantragsrücknahme, Teileinstellung, auch in Form der Zubehörfreigabe) die Verfahrensunterbrechung auch nach Aufforderung zur Abgabe von Geboten noch herbeiführen. Wenn An-

---

[34] Stöber ZIP 1981, 944 (III).

tragsrücknahme oder Einstellungsbewilligung durch nur einen von mehreren Gläubigern erklärt wird, nimmt das von weiteren Gläubigern betriebene Verfahren seinen Fortgang[35]. Durch den Wegfall eines nachrangig betreibenden Gläubigers werden geringstes Gebot und Versteigerungsbedingungen und damit die laufende Versteigerung nicht berührt. Wenn der **bestrangig betreibende Gläubiger** seinen Antrag zurücknimmt oder die Einstellung bewilligt, wird jedoch dem bereits festgestellten geringsten Gebot die Grundlage entzogen (§ 44 Abs 2)[35]: es wird damit nachträglich unrichtig. Verfahrensfortgang auf seiner Grundlage würde daher Versagung des Zuschlags erfordern (§ 83 Nr 1). Weil das für weiter vollstreckende Gläubiger fortzuführende Verfahren gesetzesmäßig verlaufen muß, sind daher für den Verfahrensfortgang geringstes Gebot und Versteigerungsbedingungen zu ändern. Es muß daher die laufende Versteigerung (Bietzeit) abgebrochen werden[35], Gebote erlöschen damit wie bei Verfahrenseinstellung nach § 72 Abs 3; Sicherheitsleistungen werden damit gegenstandslos. Für den erforderlichen Verfahrensfortgang müssen geringstes Gebot nebst Versteigerungsbedingungen **neu festgestellt** und neu verlesen werden[35]. Dann muß wieder auf die bevorstehende Ausschließung weiterer Anmeldungen hingewiesen und neu zur Abgabe von Geboten aufgefordert werden (Abs 2) sowie von jetzt an wieder eine Bietzeit von mindestens 30 Minuten (§ 73) eingehalten werden. Nur rechtsmißbräuchliche Antragsrücknahme oder Einstellungsbewilligung verbieten Verfahrensfortführung und Zuschlagserteilung[35] (dazu auch § 30 Rdn 2.15).

7.5 Keine verfahrenshemmende Wirkung, die es gebieten und ermöglichen würde, das Versteigerungsgeschäft abzubrechen, haben ein erst nach Aufforderung zur Abgabe von Geboten gestellter Antrag auf Änderung der Versteigerungsbedingungen (§ 59 Abs 1 Satz 1), für die Einzelausgebote ein erst in diesem Verfahrensstand gestellter Antrag auf Gesamtausgebot oder auf Gruppenausgebot (§ 63 Abs 2 Satz 1), ein verspäteter Antrag auf Verteilung eines Gesamtrechts (§ 64 Rdn 3.3) und ein nachträglicher Antrag auf eine andere Art der Verwertung (§ 65 Rdn 2.2).

7.6 Das geringste Gebot ändert sich auch nicht, wenn ein Beteiligter nach Aufforderung zur Abgabe von Geboten (Abs 2) eine Anmeldung zurücknimmt oder einschränkt, die Grundlage für die Aufnahme eines Anspruchs in das geringste Gebot (insbesondere in seinen baren Teil, § 45) war, oder wenn ein Gläubiger erst zu dieser Zeit mit Minderanmeldung (beschränkter Anmeldung, § 45 Rdn 7) weniger geltend macht, als für ihn nach dem Inhalt des Grundbuchs von Amts wegen berücksichtigt wurde[36]. Selbst wenn bei Zurücknahme oder Einschränkung der Anmeldung vor Beginn der Versteigerung noch niemand geboten hat, bleibt das festgestellte geringste Gebot als Versteigerungsgrundlage unverändert; auch dann kann nicht mit neuer Bietzeit nach Feststellung eines niedrigeren geringsten Gebots nochmals zur Abgabe von Geboten aufgefordert werden[36].

7.7 Fehlerhafte Feststellung des geringsten Gebots und/oder der Versteigerungsbedingungen hindert den Verfahrensfortgang nach Aufforderung zur Abgabe von Geboten (Rdn 7.3 aE), es sei denn, daß dadurch das Recht eines Beteiligten nicht beeinträchtigt wird oder der beeinträchtigte Beteiligte das Verfahren genehmigt (§ 83 Nr 1, § 84; sorgfältige Prüfung wegen Haftungsgefahr). Verfahrensfortgang auf der Grundlage eines unrichtigen geringsten Gebots und/oder unrichtiger Versteigerungsbedingungen würde (sofern nicht eine Beeinträchtigung ausgeschlossen oder Genehmigung erfolgt ist, § 84) Versagung des Zuschlags gebieten (§ 83 Nr 1). Für neue gesetzesgemäße Feststellung des geringsten Gebots und der Versteigerungsbedingungen muß daher die laufende Versteigerung abgebrochen werden. Gebote erlöschen damit (wie Rdn 7.4). Geringstes Gebot **und** Versteigerungsbedingungen müssen nach neuer Feststellung (erfordert auch Protokollie-

---

[35] Stöber ZIP 1981, 944 (IV).
[36] Stöber ZIP 1981, 944 (VII).

rung) neu verlesen werden[37]. Dann muß wieder auf die bevorstehende Ausschließung weiterer Anmeldungen hingewiesen und neu zur Abgabe von Geboten aufgefordert (Abs 2) sowie von jetzt an wieder eine volle Bietzeit von mindestens 30 Minuten (§ 73) eingehalten werden.

7.8 Die Feststellung des geringsten Gebots und der Versteigerungsbedingungen erfolgt „nötigenfalls mit Hilfe eines **Rechnungsverständigen**": Abs 1. Besonders bestellte Rechnungsbeamte (mit oder ohne besondere Rechnungsgebühren) sind landesrechtlich unterschiedlich zugelassen (Einl Rdn 84.6). Wo zugelassen, darf sie der Rechtspfleger ohne weiteres zuziehen[38] (so in Bayern). Der Rechtspfleger kann natürlich nicht sich selbst zuziehen, er kann nicht in doppelter Funktion im selben Verfahren tätig sein[38].

7.9 Rechtsbehelfe gegen die Feststellung des geringsten Gebots und der Versteigerungsbedingungen und gegen die sonstigen Feststellungen, Mitteilungen, Bekanntmachungen im Versteigerungstermin sind grundsätzlich nicht selbständig zugelassen (§ 95), nur im Rahmen der Zuschlagsanfechtung (§§ 83, 84, 100). Eine Ausnahme gilt für die Wertfestsetzung des § 74a (§ 74a Rdn 9).

8 Hinweis auf Anmeldungsausschluß und Aufforderung zu Geboten (Absatz 2)

8.1 Nach der Feststellung des geringsten Gebots und der Versteigerungsbedingungen hat das Gericht (zwingend) „auf die bevorstehende **Ausschließung weiterer Anmeldungen hinzuweisen**": Abs 2. Der Hinweis ist im Protokoll festzustellen. Damit treten alle Folgen ein, die einer verspäteten Anmeldung gesetzlich angedroht sind, so in § 37 Nr 4, § 45 Abs 1, § 110: die verspätet angemeldeten Ansprüche werden im geringsten Gebot nicht berücksichtigt und bei der Verteilung allen übrigen Ansprüchen hintangesetzt, erleiden also einen Rangverlust. **Verspätete Anmeldungen** sind nicht ganz wirkungslos; sie können wenigstens noch im Teilungsplan aufgenommen werden (wenn auch an letzter Stelle): § 114 Abs 1; bei Verfahrensfortgang nach erfolgloser Durchführung des Versteigerungstermins bleiben sie (als dann rechtzeitig) wirksam. Es wird empfohlen, verspätete Anmeldungen dem Anwesenden zu erläutern, um insbesondere eine Verwechslung mit § 37 Nr 5 zu vermeiden (entgegenstehende Rechte können hiernach ja bis zur Zuschlagsentscheidung vorgetragen werden). Verspätet ist, was im jeweils maßgebenden Zeitpunkt nicht dem Vorsitzenden vorliegt.

8.2 Unterbleibt der Hinweis auf die bevorstehende Ausschließung von Anmeldungen und werden dann weitere Anmeldungen zurückgewiesen, so ist das ein Zuschlagsversagungsgrund nach § 83 Nr 4, Anfechtungsgrund nach § 100 Abs 1 (dazu Haftungsgefahr für das Gericht). Erfolgt der Hinweis und kommt es jetzt (also noch rechtzeitig) zu weiteren Anmeldungen, so ist nach deren Entgegennahme nicht nochmals ein Hinweis auf den Ausschluß weiterer Anmeldungen nötig (aber recht zweckmäßig); der **Hinweis muß nur einmal** vor der Aufforderung zur Abgabe von Geboten laut Protokoll erfolgt sein. Zum Ausschluß im ZVG-Handbuch Rdn 310.

8.3 Am Ende des ersten Abschnitts des Versteigerungstermins muß nach dem Hinweis auf den Ausschluß das Gericht ausdrücklich zur **Abgabe von Geboten auffordern**: Abs 2. Die unmittelbar nach dieser Aufforderung beginnende **Bietzeit** von mindestens 30 Minuten bildet den zweiten Abschnitt des Versteigerungstermins; darüber und über die Fortsetzung des Termins bei § 73. Der Zeitpunkt der Aufforderung muß sich mit genauer Uhrzeit nach Stunde und Minuten der amtlichen Zeitrechnung aus dem Protokoll ergeben. Hierzu im ZVG-Handbuch Rdn 311.

---

[37] LG Köln Rpfleger 1989, 297.
[38] Hornung Rpfleger 1957, 403 (II).

Versteigerungstermin bis zur Geboteaufforderung 9.3 **§ 66**

Muster für die Durchführung eines Versteigerungstermins 9

9.1 Viele Versteigerungstermine bringen **Besonderheiten und Abweichungen,** die sich nicht in ein allgemeingültiges Muster einfügen lassen. Selbst amtliche Muster wie überhaupt Vordrucke können nicht alle Möglichkeiten erfassen. In der Regel bereitet das Ausfüllen und Anpassen eines Vordrucks mit vielen Streichungen und Einfügungen erheblich mehr Arbeit als Vordruck-Fanatiker zugeben wollen. Bei allem Rationalisierungsstreben ist es immer noch am besten, weil sachbezogen, das ganze **Protokoll** ohne Vordruck (nur auf einem Kopfbogen) fortlaufend im Termin mit der Schreibmaschine mitzuschreiben. Bei einem gewandten Protokollführer ist das möglich und es gibt dann keine Zweifel über undeutliche Stellen einer Kurzschriftfassung. Das Protokoll kann so in seinen einschlägigen Teilen wirklich im Original verlesen werden und ist am Schluß der Sitzung schon fertig. Es gibt keinen Streit über den Wortlaut eines Vorgangs. Dieses Protokoll zwingt Vorsitzenden und Protokollführer zu ständiger Aufmerksamkeit und ist wirklich ein Protokoll. Ein Versteigerungstermin mit seinen vielen schwierigen Einzelheiten muß ohnehin so gründlich durchgeführt werden, daß die Verwendung von Kurzschrift oder Tonaufnahmegerät (ZPO § 160a) keine Erleichterung bietet. Von der Verwendung eines Vordrucks mit vielerlei Feststellungen zum Ankreuzen den im Einzelfall zu beurkundenden Terminsvorgänge ist überhaupt abzuraten. Zu beurkunden ist der Gang der einzelnen Versteigerungsverhandlung. Daher haben allgemein zulässige und mögliche Vorgänge einer Verhandlung, die nicht als Vorgang des Einzelverfahrens im Protokoll festzustellen sind, überhaupt nichts in der Verhandlungsniederschrift zu suchen. Weil sie das Protokoll nicht zu enthalten hat, gehören sie im Wortlaut des Vordrucks unmißverständlich gestrichen. Daß sie nur nicht angekreuzt werden und daher trotz Formblattfeststellung im Protokoll als nicht zum Gang der Verhandlung gehörig zu überlesen sind, entspricht nicht sorgsamer Aufnahme einer Niederschrift in einem Verfahren mit weittragender Bedeutung für die Beteiligten.

9.2 Es kann hier und im ZVG-Handbuch nur versucht werden, **Anregungen** für ein Terminsgerüst zu bieten, um nichts Wesentliches zu übersehen. Das ZVG-Handbuch bietet unter Rdn 302 das Muster einer Niederschrift und unter Rdn 300 eine Zusammenstellung von Stichworten für den Terminsablauf. Jeder muß seinen „Fall" selbst gestalten. Alles Wichtige ist aufzunehmen: § 78; was nicht im Protokoll steht, darf in der Zuschlagsentscheidung nicht berücksichtigt werden: § 80. Weitere Vorschriften enthalten ZPO §§ 160 ff.

9.3 Im Kopf des Protokolls mit den vorgeschriebenen Angaben über Gericht, Ort und Tag, mitwirkenden Rechtspfleger, Urkundsbeamten (wenn zugezogen), Rechnungsbeamten, Tatsache der öffentlichen Verhandlung (ZPO § 160) sollten die zu versteigernden Grundstücke genau bezeichnet werden (Einl Rdn 42). Dann kommt, was im Termin geschieht: Nach **Aufruf** durch den Rechtspfleger erschienen zu dem nach Zeit und Ort gemäß der Terminsbestimmung abgehaltenen Versteigerungstermin folgende Beteiligte: ...
Der Rechtspfleger **verlas** hierauf folgende **Schriftstücke** in ihrem wesentlichen Inhalt:

1. Beglaubigte Abschrift (amtlichen Ausdruck) des **Grundbuchblattes** vom ... (Blatt ... der Akten) mit Ergänzung vom ... (Blatt ... der Akten).

2. **Anordnungsbeschluß** vom ... (Blatt ... der Akten) und Beitrittsbeschluß vom ... (Blatt ... der Akten).

3. **Eintragungsmitteilung** des Grundbuchamts vom ... (Blatt ... der Akten) mit dem Hinweis, daß die erste Beschlagnahme am ... wirksam geworden ist.

4. Beschluß des Vollstreckungsgerichts vom ... über die Festsetzung des **Grundstückswertes** (Blatt ... der Akten).

§ 66 9.3   Versteigerung

5. Brandversicherungsurkunde vom (Blatt ... der Akten).

6. Erklärungen der **Mieter** und Pächter (Blatt ... der Akten) (oder: Der Rechtspfleger stellte fest, daß Erklärungen von Mietern und Pächtern gemäß ZVG § 57 c nicht vorliegen)

7. **Anmeldungen,** soweit noch gültig (Blatt ... der Akten).

Der Rechtspfleger machte sodann bekannt:

1. Der Ersteher darf als Eigentümer erst dann in das Grundbuch eingetragen werden, wenn die Unbedenklichkeitsbescheinigung des Finanzamts hinsichtlich der Grunderwerbsteuer vorliegt und wenn der Verteilungstermin durchgeführt ist (§ 130 Abs 1).

2. Versteigert werden die an der angegebenen Grundbuchstelle eingetragenen Grundstücke in ihrem tatsächlichen Bestand, auch wenn dieser von der Grundbuchbeschreibung abweicht. Das Vollstreckungsgericht haftet nicht für die Richtigkeit der Grundbucheintragung und nicht für den Zustand der Grundstücke. Die Versteigerung erstreckt sich auch auf Bestandteile, Zubehörstücke (auch wenn sie einem Dritten gehören, sich aber im Besitz des Schuldners befinden) und sonstige Gegenstände, die kraft Gesetzes der Beschlagnahme in diesem Verfahren unterliegen oder sonst kraft Gesetzes mitversteigert werden, soweit sie nicht ausdrücklich wirksam aus der Versteigerung ausgenommen sind. Das Gericht haftet nicht für die Richtigkeit und Vollständigkeit von Anmeldungen.

Der Rechtspfleger hörte hierauf die anwesenden Beteiligten zu den vorliegenden Anträgen und entschied wie folgt: ... Der Rechtspfleger **verlas** dann anliegenden **Entwurf** des geringsten Gebots und der Versteigerungsbedingungen. Die anwesenden Beteiligten wurden hierzu gehört und erklärten: ... Hierauf **erließ** und verkündete der Rechtspfleger folgenden

Beschluß: Geringstes Gebot und Versteigerungsbedingungen werden gemäß dem verlesenen Entwurf festgestellt; sie sind dem Protokoll als Anlage beigefügt.

Der Rechtspfleger wies dann auf die bevorstehende **Ausschließung** weiterer Anmeldungen hin. Anmeldungen erfolgten nicht mehr.

Um ... Uhr ... Minuten forderte der Rechtspfleger zur **Abgabe von Geboten** auf.

Herr ..., ausgewiesen durch ..., bot ...

Frau ..., ausgewiesen durch ..., bot ...

Trotz Aufforderung des Rechtspflegers wurde kein Gebot mehr abgegeben. Das **letzte Gebot** wurde durch dreimaligen Aufruf verkündet.

Weil der Aufforderung des Gerichts ungeachtet ein Gebot nicht mehr abgegeben wurde, verkündete der Rechtspfleger um ... Uhr ... Minuten den **Schluß der Versteigerung.**

Die anwesenden Beteiligten wurden zum Zuschlag **gehört.**

Der ... erklärte: ...

Um ... Uhr ... Minuten verkündete der Rechtspfleger anliegenden **Zuschlagsbeschluß.**
(Unterschriften)

10 Termin für mehrere Verfahren

Literatur: Büchmann, Vielfachversteigerung von Wohnungseigentum bei Konkurs des Eigentümers, ZIP 1988, 825; Drischler, Zur Frage der Durchführung mehrerer voneinander unabhängiger Zwangsversteigerungsverfahren in einem Termin, KTS 1985, 31; Hagemann, Gleichzeitige Abhaltung mehrerer Versteigerungstermine durch denselben Rechtspfleger, Rpfleger 1984, 256.

10.1 Durchführung **mehrerer Versteigerungen** in voneinander unabhängigen Einzelverfahren **zur selben Zeit** und am selben Ort (Vielfachversteigerung zur selben Zeit) ist unzulässig[39] (auch[40], das erhebliche Bedenken äußert); anders[41] (für Ausnahmefälle auch[42]); gegen Verzahnung der Verfahren, aber für Zulässigkeit gleichzeitig beginnender Bietstunden[43], für überlappende Terminierung[44] (dh Terminsbeginn in kurzem zeitlichem Abstand von etwa 15, 30 oder auch 45 Minuten, wobei die Bietzeit in der vorhergehenden Sache dazu benutzt wird, das nächste Verfahren aufzurufen und bis zur Verlesung der Feststellungen nach Abs 1 mit Geboteaufforderung zu erledigen, von[45] auch als „Vielfachterminierung" befürwortet; hierzu auch[46]); alles als gesetzwidrig ebenso abzulehnen wie Durchführung verschiedener Versteigerungstermine durch mehrere Rechtspfleger in einem Sitzungssaal zur gleichen Zeit (Hinweis auf den Fall bei[47]). Wenn dennoch verfahrenswidrig mehrere voneinander unabhängige Versteigerungstermine gleichzeitig abgehalten werden, führt die Verfahrensgestaltung im Beschwerdeverfahren zur Aufhebung des Zuschlagsbeschlusses[48].

10.2 Der Versteigerungstermin wird vom Vorsitzenden nach dem Aufruf der Sache (ZPO § 220 Abs 1) eröffnet und geleitet (ZPO § 136 Abs 1); er wird **ohne Unterbrechung** zu Ende geführt (ZPO § 136 Abs 3) und vom Vorsitzenden geschlossen (ZPO § 136 Abs 4). Der Schluß des Versteigerungstermins hat nach dem Zeitpunkt zu liegen, in welchem die Versteigerung geschlossen wird (§ 73 Abs 1 Satz 1 mit § 74). Fortgesetzt und durchgeführt wird der anberaumte Versteigerungstermin **bis zu seinem Schluß.** Daß die Möglichkeit bestehe, jederzeit „die Unterbrechung der Bietzeit zu beantragen" (gemeint ist wohl mit der Folge, daß das Gericht dem auch nachzukommen habe) „und diese um die Unterbrechungszeit verlängern zu lassen" (so[49]), ist rundweg falsch. Nicht ausgeschlossen ist selbstverständlich, daß nach dem Ermessen des Vorsitzenden, dem die Verhandlungsleitung obliegt (auch auf Anregung von Beteiligten) der Versteigerungstermin durch kurze Pausen unterbrochen wird (Rdn 11). Unterbrechung mit Einlegung einer Verhandlungspause kann auch durch Vorwegnahme einer anderen Sache erfolgen[50]. Vorwegnahme, somit **Aufruf einer anderen Sache bewirkt Unterbrechung** der Verhandlung mit Einlegung einer Verhandlungspause[50] (auch[51]: Schluß der Verhandlung mit Übergang zu einer anderen Sache). Jede Unterbrechung der Bietzeit ist sie nicht mit einzurechnen (§ 73 Rdn 2.6). In der Verhandlungsniederschrift ist die Unterbrechung, die mit Einlegung einer Pause (schon) eingetreten ist, zu vermerken (§ 73 Rdn 2.6). Es ist nicht etwa umgekehrt (so offenbar aber[52]) die Unterbrechung davon abhängig, daß Beteiligte oder sonst Anwesende sie beantragen oder Anlaß sehen, sie im Protokoll vermerken zu las-

---

[39] OLG Köln MDR 1987, 507 = NJW-RR 1987, 636 = OLGZ 1987, 341 = Rpfleger 1987, 167 mit Anm Meyer-Stolte; OLG Oldenburg NJW-RR 1988, 1468; Hagemann Rpfleger 1984, 257; Schiffhauer Rpfleger 1986, 311 (Anmerkung).
[40] LG Osnabrück Rpfleger 1987, 471 = WM 1987, 1144.
[41] LG Hildesheim Rpfleger 1986, 311 mit abl Anm Schiffhauer; Drischler RpflJahrbuch 1961, 292 (A II) und KTS 1985, 31; Jaeckel/Güthe § 73 Rdn 1; Reinhard/Müller § 73 Anm III.
[42] Dassler/Gerhardt § 66 Rdn 6 und § 73 Rdn 3.
[43] Mohrbutter/Drischler Muster 99 Anm 4.
[44] OLG Düsseldorf MDR 1989, 746 = NJW-RR 1989, 1023 = OLGZ 1990, 222 = Rpfleger 1989, 419 (Terminsablauf: AG Düsseldorf Rpfleger 1989, 420); LG Bremen Rpfleger 1988, 373 mit zust Anm Bischoff; Büchmann ZIP 1988, 825.
[45] Büchmann ZIP 1988, 825.
[46] Meyer-Stolte Rpfleger 1987, 169 (Anmerkung).
[47] Schiffhauer Rpfleger 1986, 311 (Anmerkung).
[48] OLG Köln NJW-RR 1987, 636 = aaO (Fußn 39).
[49] LG Bremen aaO (Fußn 44).
[50] Wieczorek, ZPO, § 136 Rdn B I.
[51] Stein/Jonas/Leipold, ZPO, § 136 Rdn 12.
[52] LG Bremen aaO (Fußn 44).

sen. Daß überlappende Terminsabhaltung einen großen Kreis von Bietinteressenten ansprechen und damit ein höherer Versteigerungserlös erzielt werden könne (so[52]), rechtfertigt als weder belegbare noch verständliche Verallgemeinerung den Gesetzesverstoß nicht. Es können ebenso Anwesende bei Erledigung mehrerer Zwangsversteigerungen in der gleichen Terminszeit die verschiedenen Bekanntgaben und Gebote leicht verwechseln. Sie können sich durch Bekanntmachungen und Feststellungen in der folgenden Sache an der Abgabe von Geboten gehindert sehen. Solche Verfahrensgestaltung verletzt daher § 73 Abs 1 (Mindestbietzeit). Jeder Verstoß gegen § 73 Abs 1 ist absoluter Zuschlagversagungsgrund (§ 83 Rdn 2.1); der Mangel ist nicht im Einzelfall irgendwie heilbar, weil sich der Umfang drohender möglicher Beeinträchtigung Beteiligter nicht übersehen läßt (§ 83 Rdn 4.2). Bestimmung über die Zusammenfassung der Verfahren über mehrere Grundstücke trifft das ZVG in § 18; diese Verfahrensverbindung soll auch Erzielung eines günstigen Erlöses mit gemeinsamem Ausgebot gewährleisten (§ 18 Rdn 1). Wenn entweder die Voraussetzungen einer Verfahrensverbindung überhaupt nicht erfüllt sind oder im Einzelfall von einer Verfahrensverbindung als nicht zweckmäßig und/oder sachdienlich (§ 18 Rdn 3) abgesehen wurde, können Versteigerungsverfahren nicht ohne Gesetzesgrundlage zur zeitlich gemeinsamen Durchführung in einem Termin zusammengefaßt werden. Zusammenfassung (nicht verbundener) Zwangsversteigerungsverfahren über mehrere Bruchteile desselben Grundstücks oder sonst (irgendwie) zusammengehöriger Objekte verbietet sich nach der gesetzgeberischen Wertung, die § 18 kennzeichnet; sie ist selbst dann ausgeschlossen, wenn nur bei zeitgleicher Terminsdurchführung mit der Abgabe von Geboten gerechnet werden könnte, was ohnedies nicht voraussehbar und nicht belegbar ist (hier für Ausnahme[53], als gesetzwidrig abzulehnen). Dem wirtschaftlichen, räumlichen oder einem sonst denkbaren Zusammenhang nicht verbundener Verfahren kann im Rahmen des gerichtlichen Ermessens (§ 36 Rdn 3.8) mit Bestimmung eines gleichen Terminstags und aufeinanderfolgender (nicht ineinandergreifender) Terminszeiten hinreichend Rechnung getragen werden. Durch den Geschäftsanfall bedingte (zumeist auch nur subjektiv empfundene) zeitliche Bedrängnis des verfahrensleitenden Rechtspflegers (dazu zB[54] mit nicht überzeugenden und auch nicht allseits sachgerechten Erwägungen; wer bestimmt zudem schon bei Terminsanberaumung sicher den Arbeitsanfall am Terminstag nach mehr als 6 Wochen, § 43) kann die Verpflichtung zu gesetzesmäßiger Verfahrensgestaltung und Verfahrensleitung nicht schmälern. Erforderliche Bewältigung eines größeren Arbeitsanfalls darf nicht zu Lasten der Einzelverfahren und berechtigter Interessen der Verfahrensbeteiligten auf faire Gestaltung ihrer Vollstreckungssache erfolgen. Gleichzeitige Behandlung mehrerer (nicht verbundener) Zwangsversteigerungsverfahren in einem Termin ist deshalb auch mit Grundsätzen rechtsstaatlicher Verfahrensgestaltung (Einl Rdn 7) unvereinbar.

11 Unterbrechung des Versteigerungstermins

11.1 Unterbrechung des mit Aufruf der Sache begonnenen Versteigerungstermins ist zulässig[55]. Unterbrechung ist Einlegen einer Pause als zeitlicher Zwischenraum zwischen einzelnen Teilen eines zusammenhängenden Versteigerungstermins. Geboten sein kann sie zB bei längerer Terminsdauer, damit die Beteiligten und Bietinteressenten Ruhe und Erholung finden können, damit Beteiligte den Verfahrensstand erörtern und erforderliche Maßnahmen sorgsam erwägen können, aber auch zur sachgerechten Durchführung eines Großtermins[55] oder des durch

---

[53] LG Osnabrück Rpfleger 1987, 471 = WM 1987, 1144; Bischoff Rpfleger 1988, 374 (Anmerkung); Hagemann Rpfleger 1984, 257; Schiffhauer Rpfleger 1986, 311 (Anmerkung).
[54] Bischoff Rpfleger 1988, 374 (Anmerkung).
[55] OLG Köln OLG 1984, 245 = Rpfleger 1984, 280 mit zust Anm Weber.

Versteigerungstermin bis zur Geboteaufforderung 12 § 66

einen Beteiligten verzögerten Termins[55]. Ob eine verhandlungsfreie Zeit als Terminsunterbrechung einzulegen ist, entscheidet der Rechtspfleger nach pflichtgemäßem Ermessen unter Würdigung sachlicher Anregungen der erschienenen Beteiligten; Antrag ist nicht erforderlich. Die Maßnahme ist unter Bekanntgabe der Zeit der Terminsfortsetzung zu verkünden. Zulässig ist Terminsunterbrechung bei Fortführung des Versteigerungstermins am selben Tag (Einlegung einer Pause)[55]. Bei fortgeschrittener Zeit kann Unterbrechung auch zur Fortsetzung des Versteigerungstermins am folgenden Tag notwendig werden[56] (von Freitag auf Montag für zulässig erachtet von[57]). Bei Verhandlungszusammenhang und erinnerungsmäßiger Überschaubarkeit des Verfahrensablaufs hat[57] Terminsunterbrechung für mehrere Kalendertage für zulässig erachtet (bedenklich im Hinblick auf mögliche Erwerbsinteressenten; Vorsicht ist auf jeden Fall geboten).

11.2 Für **einzuhaltende Fristen** (§§ 43, 44 Abs 2) bleibt auch nach Terminsunterbrechung die Zeit des Terminsbeginns maßgeblich; die Zeit der Terminsfortsetzung an einem späteren Tag erlangt dafür keine Bedeutung. **Weitergeführt** wird ein unterbrochener Versteigerungstermin im Anschluß an die Verfahrenshandlung, die vor Beginn der verhandlungsfreien Zeit noch vorgenommen worden ist. Die vor der Unterbrechung liegenden Verfahrensteile brauchen nicht wiederholt werden (das Verfahren im Gesamttermin bildet eine Einheit). Ein bereits festgestelltes und bekanntgemachtes geringstes Gebot wird daher bei Fortsetzung am nächsten (an einem folgenden) Tag nicht neu festgestellt (keine Neuberechnung mit späterem Ablauf der Zwei-Wochenfrist des § 47)[58]. Wenn jedoch das geringste Gebot erst nach Terminsfortsetzung am folgenden Tag festgestellt wird, ist die Zwei-Wochenfrist des § 47 für Berücksichtigung wiederkehrender Leistungen nach diesem (späteren) Terminstag zu bemessen. Die vor Terminsunterbrechung erfolgte Ausschließung weiterer Anmeldungen (Abs 2) bleibt bestehen; bereits abgegebene Gebote erlöschen mit Terminsunterbrechung nicht[58], der Bieter bleibt daran gebunden.

11.3 Unterbrechung und Fortsetzung des Versteigerungstermins sind in der **Sitzungsniederschrift** festzustellen; wenn der Versteigerungstermin nach Aufforderung zur Abgabe von Geboten unterbrochen wird, sind Beginn der Pause und Terminsfortsetzung nach Stunde und Minute zu beurkunden (erfordert § 73 Abs 1). Die während der verhandlungsfreien Zeit erscheinenden Beteiligten und Bietinteressenten müssen zuverlässig und zweifelsfrei Kenntnis von Zeit (und gegebenenfalls Ort) des Terminsfortgangs erlangen. Erforderlichenfalls (so bei Einlegung einer Mittagspause, wenn sich Rechtspfleger und Urkundsbeamter von der Terminsstelle entfernen) ist daher in gleicher Weise wie bei Verlegung des Sitzungszimmers für Verständigung zwischenzeitlich Erscheinender Sorge zu tragen (Rdn 3.2).

11.4 Zu unterscheiden ist die Unterbrechung des Versteigerungstermins (Einlegung einer Pause) von der Vertagung; bei ihr wird der begonnene Versteigerungstermin vor dem Schluß unter gleichzeitiger Bestimmung eines neuen Termins beendet (§ 43 Rdn 8.4).

Verlesen von Feststellungen im Versteigerungstermin 12

Verlesen werden müssen aus dem Protokoll gemäß § 66 Abs 1 das geringste Gebot und die Versteigerungsbedingungen und gemäß ZPO § 162 Anerkenntnisse, Verzichte, Vergleiche oder zu Protokoll erklärte Anträge (für den Inhalt laut ZPO mit Abweichungen gemäß § 162). Die Beteiligten müssen nichts unterschreiben.

---

[56] OLG Köln aaO (Fußn 55); Dassler/Schiffhauer § 85 Rdn 16; Korintenberg/Wenz § 72 Anm 4.
[57] OLG Köln aaO (Fußn 55).
[58] Dassler/Schiffhauer § 85 Rdn 17.

§ 67 Versteigerung

[Verlangen nach Sicherheitsleistung]

67 (1) **Ein Beteiligter, dessen Recht durch Nichterfüllung des Gebots beeinträchtigt werden würde, kann Sicherheitsleistung verlangen, jedoch nur sofort nach Abgabe des Gebots. Das Verlangen gilt auch für weitere Gebote desselben Bieters.**

(2) **Steht dem Bieter eine durch das Gebot ganz oder teilweise gedeckte Hypothek, Grundschuld oder Rentenschuld zu, so braucht er Sicherheit nur auf Verlangen des Gläubigers zu leisten. Auf Gebote des Schuldners oder eines neu eingetretenen Eigentümers findet diese Vorschrift keine Anwendung.**

(3) **Für ein Gebot des Bundes, der Deutschen Bundesbank, der Deutschen Genossenschaftsbank, der Deutschen Girozentrale (Deutsche Kommunalbank) oder eines Landes kann Sicherheitsleistung nicht verlangt werden.**

Literatur: Drischler, Die Sicherheitsleistung im Zwangsversteigerungstermin, JurBüro 1965, 329; Hornung, Sicherheitsverlangen des Schuldners im Zwangsversteigerungstermin, Rpfleger 2000, 529; Klawikowski, Die Sicherheitsleistung im Zwangsversteigerungsverfahren, Rpfleger 1996, 265; Mayer, Gläubiger-Mehrheit im Zwangsversteigerungsverfahren, Rpfleger 1983, 265; Pöschl, Sicherheitsleistung in der Zwangsversteigerung, BB 1963, 957; Ripfel, Zur Sicherheitsleistung in der Zwangsversteigerung, BWNotZ 1968, 49.

1 Allgemeines zu § 67

1.1 Zweck der Vorschrift: Verpflichtung zur Sicherheitsleistung des Bieters für die Erfüllung seines Gebots auf Antrag zum Schutz von Beteiligten gegen ungesicherte Gebote (Denkschrift S 51).

1.2 Anwendungsbereich: § 67 gilt für alle Versteigerungsverfahren des ZVG; Besonderheit bei Teilungsversteigerung: § 184.

1.3 Es gelten für die Sicherheitsleistung **drei Grundsätze:** Sie ist sofort nach Abgabe eines Gebots zu verlangen (Rdn 2); es muß darüber vom Gericht sofort entschieden werden (§ 70 Rdn 2); sie muß sofort geleistet werden (§ 70 Rdn 3).

2 Antrag auf Sicherheitsleistung (Absatz 1)

2.1 Das Gericht verlangt im Versteigerungstermin keine Zahlung (siehe § 49 Abs 1) und von sich aus auch keine Sicherheitsleistung des Bieters. Schutz der Beteiligten vor Beeinträchtigung durch Nichterfüllung eines Gebotes soll auf deren Antrag mit Sicherheitsleistung gewährleistet werden. Beteiligte haben daher im Versteigerungstermin das Recht, von Bietern **Sicherheitsleistung zu verlangen.**

2.2 Antragsberechtigt ist jeder **Beteiligte** (§ 9), „dessen Recht durch Nichterfüllung des Gebots beeinträchtigt werden würde": Abs 1 Satz 1. Es genügt, wenn er nur mit einem Teil seines Anspruchs zum Zuge kommt, bei Nichterfüllung des Bargebots sonach damit beeinträchtigt würde. **Beeinträchtigt** durch Nichtzahlung des Bargebots (§ 118) kann werden
- der Berechtigte eines bestehen bleibenden Rechts mit dem, was ihm aus dem Bargebot zusteht (Kosten, Zinsen), aber auch dadurch, daß bei Nichterfüllung des Bargebots mit dem Anwachsen der Kosten und Zinsen vorgehender Berechtigter die Sicherheit seines Rechts geschmälert wird;

– der Berechtigte eines erlöschenden Rechts sowie aus dem Versteigerungserlös sonst bar zu befriedigender Ansprüche (§ 10), auch der in Rangklasse 5 vollstreckende Gläubiger.

Der **Schuldner** kann als Berechtigter eines Eigentümerrechts beeinträchtigt werden, wenn aus dem Bargebot Ansprüche zu befriedigen sind (§ 114 Rdn 6), damit wenn es erlischt; wenn es bestehen bleibt können bar zu zahlende Kosten (nicht aber Zinsen) und die Schmälerung der Sicherheit seines Rechts mit dem Anwachsen der Ansprüche vorgehender Rechte Beeinträchtigung begründen. Antragsberechtigt ist der Schuldner außerdem, wenn ihm ein Erlösüberschuß (§ 114 Rdn 10) gebühren würde. Nach ganz allgemeiner Ansicht[1] ist der Schuldner auch antragsberechtigt, wenn aus dem Bargebot ein Anspruch aus einem Recht am Grundstück zu befriedigen wäre, das eine Forderung sichert, für die er auch persönlich haftet (zB ein hypothekarischer Anspruch; der Anspruch aus einer Sicherungsgrundschuld). Allgemein antragsberechtigt (ohne Rechtsbeeinträchtigung) ist der Schuldner nicht (anders möglicherweise[2]). Allein seine Haftung für Verfahrenskosten (GKG § 29 Nr 4) kann kein Antragsrecht begründen (aA[3]). Diese Kosten werden aus dem Versteigerungserlös vorweg entnommen (§ 109 Abs 1) und an die Gerichtskasse abgeführt; sie werden von Amts wegen (ohne Anmeldung) berücksichtigt (§ 45 Rdn 5.2). Zu den Ansprüchen, die nach § 10 ein Recht auf Befriedigung aus dem Grundstück gewähren, gehören sie nicht. Ein beeinträchtigtes Recht (Erfordernis nach Abs 1) begründet der Kostenanspruch der Staatskasse und damit auch die (durchweg zudem nur theoretische „Zweitschuldnerhaftung" des Vollstreckungsschuldners) daher nicht. Gleiches gilt für die Verpflichtung zur Tragung der Vollstreckungskosten (ZPO § 788 Abs 1). Sie ist persönliche Zahlungspflicht; ein Recht auf Befriedigung aus dem Grundstück gewährt sie nicht, auch nicht in Rangklasse 5 des § 10 Abs 1 (keine Beschlagnahme für einen Kostenanspruch des Schuldners). Auch die persönliche Haftung des Schuldners für eine öffentliche Last (§ 10 Abs 1 Nr 3) kann ein Antragsrecht nicht begründen. Die dingliche Haftung des Grundstücks für die Abgabeverpflichtung besteht hier neben der persönlichen Zahlungsverpflichtung des Steuer- oder Abgabenschuldners. Der Sicherung der Zahlungsverpflichtung des Schuldners dient die öffentliche Last nicht.

Mieter und Pächter sind **nicht** antragsberechtigt (Anspruch auf Befriedigung aus dem Grundstück haben sie nicht).

2.3 Ob ein Antragsberechtigter tatsächlich **beeinträchtigt** wird, ist unter Berücksichtigung aller Anmeldungen samt Kosten und Zinsen (für erloschene Rechte bis zum voraussichtlichen Verteilungstermin), also in Form eines vorläufigen Teilungsplanes annähernd festzustellen (summarische Berechnung). Hierbei ist der gebotene Betrag als Erlös zugrundezulegen; bedingte Rechte, durch Vormerkung oder Widerspruch gesicherte sowie Höchstbetragshypotheken sind mit dem vollen Betrag einzusetzen.

2.4 Zweckmäßig ist Feststellung einer **Rangfolge** aller in Frage kommenden Ansprüche (wie im späteren Verteilungsverfahren), schon bei der Vorbereitung des geringsten Gebots durch den Rechtspfleger oder Rechnungsbeamten. Im Termin kann dann bei jedem Gebot rasch festgestellt werden, „durch welche Ansprüche das betreffende Bargebot hindurchgeht", welche Ansprüche des künftigen Teilungsplanes also voraussichtlich hieraus zu befriedigen sind, falls dieses Gebot Meistgebot ist.

2.5 Sicherheitsleistung muß nicht gleich beim ersten Gebot eines Bieters verlangt werden, es ist das auch noch bei späteren Geboten möglich. Der Antrag muß

---

[1] Jaeckel/Güthe § 67 Rdn 2; Korintenberg/Wenz § 67 Anm 1; Steiner/Storz § 67 Rdn 13; Mohrbutter/Drischler Muster 99 Anm II 2.
[2] OLG Düsseldorf Rpfleger 1989, 36 mit insoweit abl Anm Meyer-Stolte.
[3] Hornung Rpfleger 2000, 529.

§ 67 2.5 Versteigerung

nur **sofort** (= unmittelbar, § 70 Rdn 1.2) **nach Abgabe eines Gebotes** gestellt werden: Abs 1 Satz 1. Er ist nicht vor Abgabe eines Gebotes möglich, insbesondere nicht vorsorglich schriftlich oder im Rahmen der allgemeinen Terminsbekanntmachungen. Der ordnungsgemäße Antrag gilt aber auch für spätere Gebote desselben Bieters: Abs 1 Satz 2; der Antrag muß also nicht immer wiederholt, er kann aber zurückgenommen werden (Rdn 2.7). Der Antrag gilt auch bei einer Änderung der Versteigerungsbedingungen mit darauf abgegebenen neuen Geboten desselben Bieters, aber nur im laufenden Versteigerungstermin, nicht natürlich für spätere Versteigerungstermine. Aufnahme des Antrag auf Sicherheitsleistung ins Protokoll § 78 Rdn 2.8.

2.6 Der Antrag auf Sicherheitsleistung bezieht sich jeweils auf ein bestimmtes Versteigerungsobjekt und auf eine bestimmte Ausgebotsform: jedes einzelne Einzelausgebot, Gruppenausgebot, Gesamtausgebot, je nachdem wie der Interessent bietet. Bietet er auf mehrere Objekte und/oder Ausgebotsformen (das geschieht zwangsläufig nacheinander), so muß der Antrag für jedes Objekt und für jede Ausgebotsform gesondert gestellt werden (anders[4]: das einmal gestellte Verlangen auf Sicherheitsleistung gilt für sämtliche Gebote desselben Bieters, gleichviel auf welche Ausgebotsform er bietet). Bietet der Interessent unmittelbar hintereinander auf mehrere Möglichkeiten, so muß auch der Antrag genügen, daß für alle diese Arten oder bestimmte von ihnen (zB nur für Einzelausgebote, nur für Gruppengebote oder nur für das Gesamtgebot) Sicherheit zu leisten sei. Innerhalb eines Gruppen- oder Gesamtgebots des Interessenten kann natürlich der Antrag nicht wieder auf einzelne dazu gehörende Grundstücke beschränkt werden. Wird Sicherheit zu einer Gebotsmöglichkeit beantragt und geleistet, der Bieter hierbei wirksam überboten (sein Gebot erlischt dann, § 72 Abs 1 Satz 1) und bietet er später auf eine andere Möglichkeit, so kann die für das unwirksame Gebot nicht mehr benötigte Sicherheit für die andere Möglichkeit (wenn dort Sicherheitsantrag gestellt wird) einbehalten werden. Auf solche Weise erübrigt sich Rückzahlung und Neueinzahlung. Wenn Sicherheit für Gebote auf mehrere Ausgebotsformen zu leisten ist, bei denen nur ein Meistgebot den Zuschlag erhalten kann (Doppelausgebot nach § 59 Abs 2; Einzelausgebot aller Grundstücke und Gesamtausgebot nach § 63), ist Sicherheit nur einmal zu leisten[5], und zwar mit dem Betrag, der sich nach dem abgegebenen höchsten Bargebot bemißt. Wenn Sicherheit für Gebote zu leisten ist, die (als Meistgebote) alle den Zuschlag erhalten können (Einzelausgebote mehrerer Grundstücke; Einzelausgebote der Grundstücke 1, 2 und 3 neben Gruppenausgebot der Grundstücke 4–6), ist für jedes Gebot (auf Antrag) Sicherheit zu leisten. Dann kann auch eine geleistete Sicherheit, wenn das Gebot noch nicht erloschen ist, nicht zugleich als Sicherheit für ein neues (weiteres) Gebot desselben Bieters verwendet werden.

2.7 Zurückgenommen werden kann der Antrag auf Sicherheitsleistung bis zur Leistung (§ 70 Abs 2 Satz 1). Er gilt als zurückgenommen, wenn das Gebot ohne Sicherheitsleistung zugelassen und Widerspruch nicht sofort erhoben wird (§ 70 Abs 3). Ist der Antrag zurückgenommen oder gilt er als zurückgenommen, wirkt das Verlangen auch für weitere Gebote desselben Bieters nicht nach Abs 1 Satz 2 fort. Sicherheit kann bei einem späteren Gebot desselben Bieters dann aber wieder neu verlangt werden. Dieses Verlangen gilt wiederum dann für weitere Gebote desselben Bieters nach Abs 1 Satz 2. Sobald die Sicherheit geleistet ist, kann das Verlangen nach Sicherheit **nicht** mehr **zurückgenommen** werden[6] ([7]meint: nur noch mit Zustimmung des die Sicherheit Leistenden, des Fiskus und der bestbe-

---

[4] Schiffhauer Rpfleger 1986, 326 (V 8).
[5] OLG Düsseldorf aaO (Fußn 2).
[6] Dassler/Gerhardt § 69 Rdn 8; Steiner/Storz § 67 Rdn 25.
[7] Schiffhauer Rpfleger 1974, 32 (Anmerkung).

rechtigten Gläubiger; viel zu umständlich, der Fiskus hat doch überhaupt kein Recht an der Sicherheit, er hat sie nur zu verwahren).

2.8 Bei der Versteigerung eines **Erbbaurechts** kann der Grundstückseigentümer wegen seiner vertraglichen und sonstigen Ansprüche, soweit sie aus dem Bargebot zu befriedigen sind, Sicherheit verlangen und kann auch mitbieten, ist dann aber nicht nach Abs 2 hinsichtlich seines Erbbauzinsanspruches von der Sicherheitsleistung ausgenommen (anders[8]). Bei der Aufstellung des vorläufigen Teilungsplanes sind die Rechte des Grundstückseigentümers (Erbbauzins, Vorkaufsrecht) unabhängig von §§ 51, 74a so einzusetzen, wie später in der Verteilung; wenn also nichts eingetragen und nichts angemeldet ist, nach den Grundsätzen, wie bei § 51 entwickelt[8]. Dazu § 51 Rdn 2.

2.9 Bei der **Teilungsversteigerung** gilt für bietende Miteigentümer die Erleichterung aus § 184 (Näheres dort).

2.10 Zum Antrag auf Sicherheitsleistung im ZVG-Handbuch Rdn 325.

Grundpfandgläubiger als Bieter (Absatz 2) 3

3.1 Für den Bieter, der Gläubiger einer durch das Gebot ganz oder teilweise (wenn auch nur wegen der Zinsen oder Kosten) gedeckten **Hypothek,** Grundschuld oder Rentenschuld an dem zu versteigernden Grundstück ist, ist die Verpflichtung zur Sicherheitsleistung eingeschränkt: er braucht für sein Gebot Sicherheit **nur auf Antrag des Gläubigers** zu leisten: Abs 2 Satz 1. Diese Begünstigung soll es dem Beteiligten erleichtern, stehende Gebote auf das Grundstück bis zu einem für seinen Anspruch genügenden Betrag zu steigern (Denkschrift S 52). Es muß genügen, wenn er in sein Recht auch nur in Höhe von 1 Cent hineingeboten hat, obwohl ein solcher Grenzwert kaum feststellbar ist. Die Begünstigung besteht fort, wenn das Gebot über die Hypothek, Grundschuld oder Rentenschuld des Bieters hinausgeht[9]. Die Erleichterung gilt nicht bei Geboten des Vollstreckungsschuldners oder eines nach Beschlagnahme neu eingetretenen Eigentümers: Abs 2 Satz 2; diese Personen müssen auf Verlangen jedes Berechtigten Sicherheit leisten.

3.2 Ob die Ausnahme des Abs 2 vorliegt, ist auf Grund der Grundbucheintragungen oder der vorzulegenden Hypotheken-/Grundschuld-Briefe samt Abtretungserklärungen oder Überweisungsbeschlüssen gemäß BGB § 1155 festzustellen. Das Recht kann auch außerhalb des Grundbuchs durch Abtretung, Erbschaft usw zustehen. Dabei ist es kein Hindernis, wenn für ein eingetragenes Recht schon eine Löschungsbewilligung vorliegt, weil das Gericht für Grundstücksrechte von der Grundbucheintragung auszugehen hat, soweit nicht Abtretung, Erbschaft usw in Frage kommen. Eine Ausnahme muß wohl gelten, wenn die Löschungsbewilligung dem Versteigerungsgericht selbst vorgelegt wird. Auf die Höhe des durch das Gebot gedeckten Grundpfandrechts kommt es nicht an. Es genügt auch ein Recht an einem Grundstücksbruchteil.

3.3 Um die Sicherheitsleistung, wie Rdn 3.1 dargelegt, einzuschränken, genügt auch eine **Sicherungshypothek**. Es genügt auch gerichtliche Überweisung einer Hypothekenforderung. Nicht dagegen genügt ein **Pfandrecht** oder ein Nießbrauch an der Forderung; berechtigt ist hierbei trotz Pfandrechts oder Nießbrauchs der Hypothekengläubiger. Die Ausnahme für den Bieter gilt nicht, wenn seine Hypothek usw voll bestehenbleibt und wenn dabei auch nicht Kosten oder Zinsen aus dem Bargebot zu decken sind. Sie gilt aber auch für den Bieter, der Berechtigter einer Vormerkung (eines Widerspruchs) auf Eintragung einer Hypothek (Grund- oder Rentenschuld) ist[10] und auch für den Bieter, der Gläubiger eines erst

---

[8] Pöschl BWNotZ 1956, 41 (2).
[9] Jaeckel/Günthe §§ 67–70 Rdn 7; Reinhard/Müller § 67 Anm IV 1.
[10] Korintenberg/Wenz § 67 Anm 3; Reinhard/Müller § 67 Anm IV 1; Steiner/Storz § 67 Rdn 32.

§ 67 3.3   Versteigerung

nach dem Versteigerungsvermerk erworbenen (eingetragenen) Grundpfandrechts ist[11].

3.4 In der Regel wird gesagt, durch das Gebot gedeckt sei ein Recht nur, **wenn es aus dem Bargebot befriedigt** werde, nicht also, wenn es bestehenbleibe. Das ZVG spricht in Abs 2 Satz 1 nur von Gebot, nicht von Bargebot. Durch das Gebot gedeckt ist ja an sich auch ein bestehenbleibendes Recht. Es soll aber die Sicherheitsleistung, weil die bestehenbleibenden Rechte vom Bieter auf jeden Fall übernommen werden, gegen die Nichtzahlung des Bargebots sichern; nur insoweit hat die Sicherheitsleistung überhaupt einen Sinn. Es muß darum hier, auch wenn das nicht ausdrücklich im Gesetz steht, das Vorzugsrecht aus dem Bargebot (als nicht bestehen bleibend) zu decken sein (so[12]; anders[13]: allein von dem Gesetzeswortlaut „Gebot" in Abs 2 ausgehend; sachlich nicht überzeugend).

3.5 Gläubiger, der Sicherheitsleistung auch von einem Bieter verlangen kann, dem ein gedecktes Grundpfandrecht zusteht (Abs 2), ist jeder (Anordnungs- und Beitritts-)Gläubiger, auf dessen Antrag die Versteigerung auf Grund eines dem Schuldner rechtzeitig zugestellten Beschlusses (§ 43 Abs 2) durchgeführt wird, somit nicht nur der (bestbetreibende) Gläubiger, dessen Anspruch der Berechnung des geringsten Gebots zugrunde gelegt ist, sondern auch ein nachrangiger Gläubiger[14]. Ein Gläubiger (Anordnungs- oder Beitrittsgläubiger), dessen Verfahren eingestellt ist (gleich aus welchem Grund) kann Sicherheitsleistung im Sonderfall des Abs 2 nicht verlangen[15], desgleichen nicht ein Gläubiger, für den allein die Versteigerung wegen Nichteinhaltung der Vierwochenfrist des § 43 Abs 2 nicht stattfinden dürfte[15]; sie sind für den Versteigerungstermin nicht (betreibende) Gläubiger.

4 Keine Sicherheitsleistungspflicht für Bund usw (Absatz 3)

4.1 Bestimmte Bieter sind immer von der Verpflichtung zur Sicherheitsleistung befreit. Von ihnen **kann niemand** Sicherheitsleistung **verlangen,** auch nicht ein betreibender Gläubiger.

4.2 Befreit sind nach Abs 3: a) Die Bundesrepublik Deutschland; b) alle Länder der Bundesrepublik Deutschland; c) die Bundesbank; d) die Deutsche Genossenschaftsbank, nach Umwandlung ab 1. Jan 1998 „DG BANK Deutsche Genossenschaftsbank Aktiengesellschaft" (Gesetz vom 13. Aug 1998, BGBl I 2102); e) die Deutsche Girozentrale, Sitz Frankfurt und Berlin.

4.3 Befreit sind auf Grund von EGZVG § 10 Nr 1 die landesrechtlich durch Gesetz bestimmten kommunalen Körperschaften, Kreditanstalten und Sparkassen. Von Land zu Land sind die Vorschriften unterschiedlich; dazu in den ZVG-Ausführungsgesetzen (Textanhang T 48–67).

4.4 Befreit war auch die Deutsche Siedlungs- und Landesrentenbank (Heuerlingswohnungen DurchfVO, Textanhang [16. Aufl] T 27, § 1 Abs 1 Satz 2). Das Gesetz über die Deutsche Siedlungs- und Landesrentenbank ist am 31. Dez 1999 außer Kraft getreten (DSL Bank-Umwandlungsgesetz, BGBl 1999 I 2441, § 15 Abs 2); die Heuerlingswohnungen DurchfVO ist nach Wohnungsbauänderungsgesetz 1980 (BGBl I 159) Art 4 Abs 1 Nr 3 außer Kraft getreten. Diese Befreiung ist damit entfallen. Für die mit Umwandlung unter der Firma „DSL Bank Aktiengesellschaft" fortbestehende Aktiengesellschaft (DSL Bank-Umwandlungsgesetz § 1) ist keine Befreiung bestimmt.

---

[11] Jaeckel/Güthe §§ 67–70 Rdn 7.
[12] Jaeckel/Güthe §§ 67–70 Rdn 7.
[13] Korintenberg/Wenz § 67 Anm 3; Reinhard/Müller § 67 Anm IV 1.
[14] Korintenberg/Wenz § 67 Anm 3; Mayer Rpfleger 1983, 265 (III 1).
[15] Mayer Rpfleger 1983, 265 (III 1).

[Höhe der Sicherheitsleistung]

68 (1) Die Sicherheit ist für ein Zehntel des in der Terminsbestimmung genannten, anderenfalls des festgesetzten Verkehrswerts zu leisten. Wenn der Betrag der aus dem Versteigerungserlös zu entnehmenden Kosten höher ist, ist Sicherheit für diesen Betrag zu leisten. Übersteigt die Sicherheit nach Satz 1 das Bargebot, ist der überschießende Betrag freizugeben oder zurückzuzahlen.

(2) Ein Beteiligter, dessen Recht nach § 52 bestehenbleibt, kann darüber hinausgehende Sicherheitsleistung bis zur Höhe des Betrags verlangen, welcher zur Deckung der seinem Rechte vorgehenden Ansprüche durch Zahlung zu berichtigen ist.

(3) Bietet der Schuldner oder ein neu eingetretener Eigentümer des Grundstücks, so kann der Gläubiger darüber hinausgehende Sicherheitsleistung bis zur Höhe des Betrags verlangen, welcher zur Deckung seines Anspruchs durch Zahlung zu berichtigen ist.

Literatur: Hornung, Änderungen des Zwangsversteigerungsrechts (Abschn. III), NJW 1999, 460.

Allgemeines zu § 68

Zweck und **Anwendungsbereich:** Bestimmung der Höhe der Sicherheitsleistung. Die Vorschrift gilt für alle Versteigerungsverfahren, auch die Teilungsversteigerung, mit der Besonderheit in § 184.

Höhe der Sicherheitsleistung (Absatz 1)

2.1 Grundsätzlich ist die Sicherheit, wenn sie berechtigt verlangt ist, „für **ein Zehntel** des in der Terminsbestimmung genannten... Verkehrswerts" (§ 38 Satz 1) zu leisten (Abs 1 Satz 1); maßgeblich ist der nach § 74a Abs 5 festgesetzte Verkehrswert, wenn in der Terminsbestimmung ein Wert nicht bezeichnet ist (kaum denkbar). Bezugsgröße ist der in der Terminsbestimmung genannte Verkehrswert auch dann, wenn der Wert danach (insbesondere noch im Versteigerungstermin) abgeändert (erhöht oder ermäßigt, § 74a Rdn 7.20) wurde (anders[1]); es soll jeder Bieter zur Bereitstellung ausreichender Sicherheit schon vor dem Versteigerungstermin wissen, wie hoch die Sicherheit sein wird. Nach dem in der Terminsbestimmung genannten Verkehrswert bemißt sich die Sicherheit daher auch dann, wenn er irrig abweichend von der Wertfestsetzung, insbesondere versehentlich zu niedrig, angegeben ist. Fortlaufende Nachschußpflicht der Bieter, von denen Sicherheitsleistung verlangt ist, für spätere Gebote erübrigt sich bei der sogleich nach dem Verkehrswert zu leistenden Sicherheit. Verhindert sind damit Unterbrechungen bei Abgabe von Geboten zur fortlaufenden Erhöhung der Sicherheit. Abs 1 ist mit Wirkung ab 1. Aug 1998 neu gefaßt (BGBl I 866); bis dahin war „für ein Zehntel des Bargebots" Sicherheit zu leisten.

2.2 Falls der Betrag der aus dem Versteigerungserlös zu entnehmenden **Verfahrenskosten** (§ 109) höher ist als $1/10$ der nach dem Verkehrswert bemessenen Sicherheit, so ist die Sicherheit in Höhe dieser Verfahrenskosten zu leisten (Abs 1 Satz 2).

2.3 Bestimmung über Sicherheitsleistung mit einem **geringeren** als dem nach Abs 1 festgelegten **Betrag** (zB nur für ein Zehntel des halben Verkehrswerts, in Höhe von 40% des gesetzlichen Betrags, in Höhe eines zahlenmäßig bestimmten geringeren Betrags) kann der Berechtigte treffen, der sie verlangt. Sicherheitsleistung dient dem Schutz der Beteiligten (§ 67 Rdn 1); zu leisten ist sie nur auf An-

---

[1] Hornung NJW 1999, 460 (III 1).

trag. Der Beteiligte kann daher auch durch Einschränkung seines Antrags die Höhe der Sicherheitsleistung begrenzen. Wenn mehrere Beteiligte berechtigt Sicherheitsleistung verlangen, müssen alle damit einverstanden sein, daß Sicherheit mit einem geringeren Betrag geleistet wird. Verlangen sie Sicherheitsleistung in unterschiedlicher Höhe, kann sie sich nur auf den Betrag ermäßigen, der dem gesetzlichen Betrag der Sicherheit (Abs 1) am nächsten kommt. Beispiel: A verlangt 50%, B 75% der gesetzlichen Sicherheit. Zu leisten ist Sicherheit in Höhe von 75% des in Abs 1 bestimmten gesetzlichen Betrags. Weitergehende (höhere) Sicherheit kann nur in den Fällen von Abs 2 und 3 verlangt werden.

2.4 Für Bemessung der Sicherheit nach dem Verkehrswert als Bezugsgröße (Abs 1 Satz 1) erlangen Bargebot (§ 49 Abs 1) und bestehenbleibende Rechte keine Bedeutung. Sicherheit in der nach dem Verkehrswert bemessenen Höhe ist daher auch für ein Bargebot zu leisten, das höher als dieser Wert ist (kritisch dazu[2], weil damit dem Zweck der Sicherheit [§ 67 Rdn 1] immer weniger Rechnung getragen ist, wenn Gebot und damit das mit einer Nichtzahlung verbundene Risiko höher werden) und ebenso, wenn das Bargebot geringer als der Verkehrswert (oder ein Zehntel des Verkehrswerts) ist. Freizugeben oder zurückzuzahlen ist jedoch, wenn die **Sicherheit** des Meistbietenden in Höhe von einem Zehntel des Verkehrswertes (Abs 1 Satz 1) das **Bargebot übersteigt**, der das (gesamte) Bargebot überschießende Betrag (Abs 1 Satz 3). Das kann der Fall sein, wenn Rechte von hohem Wert bestehen bleiben (§ 52 Satz 1) und daher nur noch ein geringes Bargebot abgegeben ist. Die Sicherheit soll nur Erfüllung des Bargebots gewährleisten. Die den Bargebotsbetrag übersteigende Sicherheit ist daher freizugeben oder zurückzuzahlen. Abs 1 Satz 3 ist als Grundlage für die Freigabe oder Rückzahlung der erbrachten Sicherheit ausgestaltet. Es kann sich daher die Höhe der Sicherheit nicht sogleich nach dem geringeren Bargebot bemessen. Sicherheit ist vielmehr im Interesse der Überschaubarkeit der Bieterpflicht und eines reibungslosen Terminsablaufs stets in Höhe von einem Zehntel des Verkehrswerts zu leisten.

2.5 Zurückzuzahlen ist die durch Übergabe oder Hinterlegung von Geld geleistete Sicherheit (§ 69 Abs 3). **Freizugeben** ist die durch Bürgschaft erbrachte Sicherheit (§ 69 Abs 2). Bestätigte Bundesbankschecks und Verrechnungsschecks (§ 69 Abs 1) sind zurückzugeben (freizugeben), soweit einzelne von mehreren übergebenen Schecks den Betrag der zu leistenden Sicherheit übersteigen, diese demnach durch die einzubehaltenden weiteren Schecks voll gedeckt ist. Sonst ist der überschießende Betrag nach Einlösung des Schecks oder der mehreren zur Deckung des Betrags der Sicherheit einbehaltenen Schecks zurückzuzahlen. Sonstige Werte als Sicherheit (§ 69 Rdn 5) sind entsprechend ihrer Art abzuwickeln. Zurückzuzahlen oder freizugeben ist der **überschießende Betrag** vom Vollstreckungsgericht in gleicher Weise wie die Sicherheit eines Bieters, der von seiner Verpflichtung aus dem Gebot freigeworden ist (§ 70 Rdn 5). Das Vollstreckungsgericht erteilt daher auch Anweisung auf Rückzahlung eines hinterlegten überschießenden Betrags.

2.6 Bargebotszinsen (§ 49 Abs 2) erlangen nach dem Wortlaut von Abs 1 Satz 3 für Zurückzahlung oder Freigabe des überschießenden Betrags keine Bedeutung. Es soll jedoch die Sicherheit die Erfüllung des Bargebots gewährleisten (Rdn 2.3), damit auch die Zahlung der Bargebotszinsen (§ 49 Abs 2). Auch deren (ggfs voraussichtlicher) Betrag ist daher nicht freizugeben oder zurückzuzahlen. Abrechnung ist sogleich möglich, wenn ein Geldbetrag als „Sicherheit in Anrechnung auf das Bargebot unter Rücknahmeverzicht hinterlegt wird" (§ 49 Rdn 5.3). Sonst kann sogleich nach dem Versteigerungstermin nur Rückzahlung oder Freigabe eines voraussichtlich überschießenden Betrags erfolgen; Abrechnung ist dann erst bei Ausführung des Teilungsplans möglich.

---

[2] Muth KTS 1999, 529 (544).

Höhe der Sicherheitsleistung 3.4 § 68

Höhere Sicherheitsleistung auf Sonderantrag (Absatz 2) 3

3.1 Höhere Sicherheitsleistung kann nach Abs 2 ein Beteiligter verlangen, „dessen Recht nach § 52 bestehenbleibt". Er kann weitergehend Sicherheitsleistung bis zur Höhe des Betrags verlangen, „welcher zur Deckung der seinem Recht vorgehenden Ansprüche durch Zahlung zu berichtigen ist". Grund: Deckungsprinzip (Denkschrift S 52); Wahrung des bestehenbleibenden Rechts soll davor besonders schützen, daß die Sicherheit, die das Grundstück gewährt, durch das Anwachsen vorgehender Ansprüche an Kosten, Zinsen und anderen wiederkehrenden Leistungen geschmälert wird; die Sicherheitsleistung für ein Gebot soll daher zumindest diese Ansprüche decken[3]. Das Recht des Antragstellers darf nur nach § 52 Abs 1 als dem bestrangig betreibenden Gläubiger (das kann auch der Antragsteller wegen eines Anspruchs aus einem nachrangigen weiteren Recht oder einer Forderung in Rangklasse 5 des § 10 Abs 1 sein) vorgehend oder nach § 52 Abs 2 Satz 2 mit ErbbauVO § 9 Abs 3 Nr 1 als Erbbauzins auf Grund des vereinbarten Inhalts der Reallast bestehenbleiben. Hierunter fallen somit nicht Rechte, die gesetzlich sonst bestehenbleiben (§ 52 Rdn 7; zB nachgehende Altenteile gemäß EGZVG § 9) oder deren Bestehenbleiben auf einer abweichenden Versteigerungsbedingung nach § 59 beruht oder deren Liegenbelassung nach § 91 Abs 2 (schon im voraus) vereinbart ist oder die nach der Ausnahmevorschrift des § 128 Abs 4 (obwohl dem in der Wiederversteigerung betreibenden Gläubiger vorgehend) erlöschen und ins geringste Bargebot aufgenommen werden müssen. § 68 ist eine Ausnahmevorschrift, nicht der Auslegung fähig, streng nach ihrem Wortlaut anzuwenden (so auch[4]).

3.2 Die erhöhte Sicherheit nach Abs 2 kann **bis zur Höhe des Betrags** verlangt werden, der zur Deckung aller dem bestehenbleibenden Recht des Antragstellers vorgehenden Ansprüche nötig ist: Abs 2. Über die Berechnung dieses Betrages § 67 Rdn 2. Es ist möglich, daß der so errechnete „höhere Betrag" rechnerisch geringer ist als der normale Sicherheitsbetrag des Abs 1; dann bleibt es bei diesem, weil der Antragsteller nicht eine Ermäßigung, sondern eine Erhöhung erreichen wollte. Dem Gläubiger einer versteigerungsfesten Erbbauzinsreallast, die nach § 52 Abs 2 Satz 2 bestehen bleibt, vorgehende Ansprüche können im Hinblick auf ErbbauVO § 9 Abs 3 Nr 1 nur solche sein die „vor" dem bestehenbleibenden Stammrecht durch Zahlung zu befriedigen sind. Das sind die Ansprüche mit Rang noch vor dem Recht des betreibenden Gläubigers, das der Erbbauzinsreallast im Rang vorgeht oder gleichsteht. Bereits fällige und aus dem Versteigerungserlös zu zahlende Erbbauzinsleistungen (samt Kosten) behalten ihren (Nach-) Rang (§ 52 Rdn 6.6); sie fallen nicht in das geringste Gebot, sind somit nicht Ansprüche, die nach Abs 2 als dem (bestehenbleibenden Recht vorgehend) durch Zahlung zu berichtigen sind. Desgleichen können die Ansprüche des betreibenden Gläubigers und Ansprüche anderer Berechtigter im Rang nach dem Recht des betreibenden Gläubigers, aber noch vor der Erbbauzinsreallast (damit zwischen diesen beiden) nicht als Ansprüche angesehen werden, die durch Zahlung im Rang vor der bestehenbleibenden Reallast zu berichtigen sind.

3.3 Die erhöhte Sicherheit muß als solche **ausdrücklich** verlangt werden. Wenn von einem dazu Berechtigten nur Sicherheitsleistung verlangt, nicht aber auch Antrag auf erhöhte Sicherheit gestellt wird, genügt normale Sicherheit nach Abs 1.

3.4 Stehen dem Beteiligten **mehrere Rechte** zu, die nach § 52 bestehenbleiben, dann kann er als Gläubiger eines jeden dieser Rechte erhöhte Sicherheitslei-

---

[3] Motive zum ZVG S 202.
[4] Dassler/Gerhardt § 68 Rdn 2; Jaeckel/Güthe §§ 67–70 Rdn 10; Korintenberg/Wenz § 68 Anm 2; Mohrbutter/Drischler Muster 99, Anh II 5; Reinhard/Müller § 68 Anm II 1; Steiner/Storz § 68 Rdn 12.

stung nach Abs 2 verlangen. Er hat daher, wenn er Antrag auf erhöhte Sicherheitsleistung stellt, das Recht zu bezeichnen, als dessen Gläubiger er die weitergehende Sicherheitsleistung verlangt. Stellt er als Berechtigter des letztrangigen seiner bestehenbleibenden Rechte Antrag, dann gehören zu den seinem Recht vorgehenden Ansprüchen auch die durch Zahlung zu berichtigenden Beträge aus seinen eigenen besserrangigen Rechten. Wenn der Gläubiger mehrerer bestehenbleibender Rechte erhöhte Sicherheitsleistung verlangt, ein Recht jedoch nicht bezeichnet, ist davon auszugehen, daß die Sicherheitsleistung alle durch Zahlung zu berichtigenden vorgehenden Ansprüche decken soll, sonach Antrag wegen seines letztrangigen Rechts gestellt ist.

4 Sicherheitsleistung durch Schuldner (neuen Eigentümer) (Absatz 3)

4.1 Wenn der **Vollstreckungsschuldner** oder ein nach der Beschlagnahmewirksamkeit neu eingetretener Grundstückseigentümer selbst bietet, dann kann der betreibende Gläubiger weitergehende Sicherheitsleistung bis zur Höhe des Betrages verlangen, der noch zur Deckung seiner Ansprüche (aller, wenn es mehrere Rechte von unterschiedlichem Rang, § 11, oder in verschiedenen Rangklassen des § 10 sind) in bar nötig ist. Diesen Antrag kann nur ein betreibender Gläubiger (wie § 67 Rdn 3.5) stellen (jeder) und er muß es ausdrücklich tun, da sonst die normale Sicherheitsleistung genügt. Die Erhöhung kommt nicht in Frage, wenn die Ehefrau des Schuldners bietet oder der Schuldner als gesetzlicher Vertreter seiner Kinder oder als Bevollmächtigter eines Dritten. Anzuwenden ist die Vorschrift aber, wenn der Insolvenzverwalter des Schuldners bietet[5], weil er als Partei kraft Amtes an der Stelle des Schuldners steht (gilt aber nicht im Verfahren nach § 172[5]). Auch hier über die Berechnung der Höhe § 67 Rdn 2.

4.2 Das Verlangen nach erhöhter Sicherheitsleistung gemäß Abs 3, also bei Geboten des Schuldners usw, gilt nicht in der **Teilungsversteigerung.** Dort gilt dafür § 184. Dagegen muß der Gemeinschuldner in der **Insolvenzverwalterversteigerung** nach § 172 auch auf Verlangen des Insolvenzverwalters erhöhte Sicherheitsleistung nach Abs 3 leisten[6] (auf Verlangen des betreibenden Gläubigers muß er das schon nach § 68 Abs 3), und zwar hier, weil Abs 3 in diesen Fällen keine Regeln für die Höhe bieten kann (der Insolvenzverwalter hat ja keine Ansprüche), in voller Höhe des Bargebots[6].

4.3 Beispiel aus der Praxis zu erhöhter Sicherheitsleistung: A ist als Alleineigentümer Vollstreckungsschuldner; er bietet einmal zusammen mit seiner Frau mit je 1/2 Beteiligung, zum anderen zusammen mit seinem Sohn als BGB-Gesellschaft. Ein nach Abs 3 berechtigter Gläubiger, durch beide Gebote nur teilweise gedeckt, verlangt erhöhte Sicherheit. Diese muß für beide Gebote getrennt je bis zur vollen Deckung des Gläubigers geleistet werden. Daß die Ehefrau und der Sohn mitbieten, ist ohne Einfluß, weil Abs 3 kein alleiniges Bieten des Schuldners verlangt. Frau und Sohn haften jeweils voll für das Gebot.

[Art der Sicherheitsleistung]

69 (1) **Bestätigte Bundesbankschecks sowie Verrechnungsschecks sind zur Sicherheitsleistung in Höhe der Schecksumme geeignet, wenn die Vorlegungsfrist nicht vor dem vierten Tag nach dem Versteigerungstermin abläuft. Dies gilt für Verrechnungsschecks nur, wenn sie von einem im Geltungsbereich dieses Gesetzes zum Betreiben von**

---

[5] Dassler/Gerhardt § 68 Rdn 3; Mohrbutter, Handbuch des Vollstreckungsrechts, § 42 (II b).
[6] Mohrbutter KTS 1958, 81.

Art der Sicherheitsleistung 2.4 § 69

Bankgeschäften berechtigten Kreditinstitut ausgestellt und im Inland zahlbar sind. Als berechtigt im Sinne dieser Vorschrift gelten Kreditinstitute, die in der Liste der zugelassenen Kreditinstitute gemäß Artikel 3 Abs. 7 und Artikel 10 Abs. 2 der Richtlinie 77/780/EWG des Rates vom 12. Dezember 1977 zur Koordinierung der Rechts- und Verwaltungsvorschriften über die Aufnahme und Ausübung der Tätigkeit der Kreditinstitute (ABl. EG Nr. L 322 S. 30) aufgeführt sind.

(2) Als Sicherheitsleistung ist eine unbefristete, unbedingte und selbstschuldnerische Bürgschaft eines Kreditinstituts im Sinne des Absatzes 1 zuzulassen, wenn die Verpflichtung aus der Bürgschaft im Inland zu erfüllen ist. Dies gilt nicht für Gebote des Schuldners oder eines neu eingetretenen Eigentümers.

(3) **Die Sicherheitsleistung kann auch durch Hinterlegung von Geld bewirkt werden. Die Übergabe an das Gericht hat die Wirkung der Hinterlegung.**

Literatur: Hornung, wie bei § 68; Klawikowski, Die Sicherheitsleistung im Zwangsversteigerungsverfahren, Rpfleger 1996, 265 (durch Gesetzesänderung teilweise überholt); Klawikowski, Die besondere Sicherheitsleistung im Zwangsversteigerungsverfahren, Rpfleger 1997, 1202.

Allgemeines zu § 69   1

1.1 Zweck der Vorschrift: Festlegung der zur Sicherheitsleistung geeigneten Mittel.

1.2 Anwendungsbereich: § 69 gilt für alle ZVG-Versteigerungsverfahren.

Bundesbank- und Verrechnungsschecks (Absatz 1)   2

2.1 Bundesbank- und Verrechnungsschecks als **unbare Zahlungsmittel** stellt Abs 1 als Regel dar. Diese Art der Sicherheitsleistung wird als praktikabel angesehen, weil sie ohne Schwierigkeiten erbracht werden kann[1]. Regelung der Barzahlung im letzten Absatz des § 69 soll sie als rechtliche Ausnahme darstellen[2].

2.2 Die **Deutsche Bundesbank** (mit ihren Hauptverwaltungen, Bundesbankgesetz § 8) darf einen **Scheck,** der auf sie gezogen ist, **bestätigen** (Bundesbankgesetz § 23 Abs 1 Satz 1; Textanhang T 16). Aus dem Bestätigungsvermerk wird sie dem Inhaber zur Einlösung verpflichtet; für die Einlösung haftet sie auch dem Aussteller und dem Indossanten (Bundesbankgesetz § 23 Abs 1 Satz 2; Zahlungsanspruch gegen die Deutsche Bundesbank[3]). Ein solcher bestätigter Bundesbankscheck bietet dem Inhaber bei rechtzeitiger Vorlegung dieselbe Sicherheit wie Banknoten; er ist somit barem Geld gleichzusetzen.[4]

2.3 Die bestätigten Bundesbankschecks sind zur Sicherheitsleistung in Höhe des Nennbetrags geeignet, wenn ihre **Vorlegungsfrist** nicht vor dem vierten Tag nach dem Versteigerungstermin abläuft: Abs 1 Satz 1. Es müssen zwischen dem Versteigerungstermin und dem letzten Tag der Vorlegungsfrist (Rdn 2.4) mindestens drei volle Tage liegen, die nicht unbedingt Werktage sein müssen[5].

2.4 Wenn der Scheck nicht binnen acht Tagen (nicht sieben) nach der Ausstellung bei der Bundesbank **vorgelegt** wird, erlischt nach Bundesbankgesetz § 23 Abs 3 die Verpflichtung der Bank aus der Bestätigung. Der **Bestätigungsver-**

---

[1] Begründung BT-Drucks 13/7383, Seite 8.
[2] Begründung aaO Seite 9.
[3] BGH 96, 9 (11) = NJW 1986, 249.
[4] BGH 21, 155 (160) = NJW 1956, 1597.
[5] Dassler/Gerhardt § 69 Rdn 3; Steiner/Storz § 69 Rdn 11.

merk (auf der Rückseite des Schecks) lautet: „Wir verpflichten uns, diesen Scheck über Euro ... bis zum ... während der Geschäftsstunden einzulösen. Von anderen Bankanstalten kann der Scheck in Zahlung genommen werden. Eine Barzahlung erfolgt bei ihnen nicht". Dazu muß der Scheck Datum, Siegel, Unterschrift tragen.

2.5 Das Vollstreckungsgericht hat dafür zu sorgen, daß der Scheck (über die zuständige Gerichts- oder Amtskasse) fristgemäß, also **unverzüglich eingelöst** wird, damit er nicht verfällt. Die Frist ist sehr kurz. Da der Scheck Geldwert hat, ist er sehr sorgfältig zu behandeln.

2.6 Verrechnungsschecks sind zur Sicherheitsleistung zugelassen, wenn sie von einem im Inland zum Betreiben von Bankgeschäften berechtigten **Kreditinstitut** ausgestellt und im Inland zahlbar sind (Abs 1 Sätze 1 und 2). Zahlungsort: ScheckG Art 8. Die Möglichkeit der Sicherheitsleistung ist damit auf Schecks solcher Kreditinstitute beschränkt. Schecks anderer Aussteller sind als Mittel der Sicherheitsleistung nicht zugelassen. Als Arbeitsmittel für das Vollstreckungsgericht dient die Abs 1 Satz 3 genannte Liste der zugelassenen Kreditinstitute. Die in dieser Liste aufgeführten Kreditinstitute gelten stets als berechtigt. Diese Liste wird jährlich aktualisiert. Sie ist gleichwohl nicht vollständig. Es gibt auch Kreditinstitute, die im Inland zum betreiben von Bankgeschäften berechtigt (Abs 1 Satz 2), in der Liste jedoch nicht aufgeführt sind. Der Verrechnungsscheck eines solchen Kreditinstituts ist nach Abs 1 Satz 2 ebenfalls zugelassen; dann aber ist zu prüfen, ob das Kreditinstitut berechtigt ist, im Inland Bankgeschäfte zu betreiben. Weil das dem Vollstreckungsgericht im Versteigerungstermin nicht bekannt sein kann, Entscheidung aber sofort zu treffen ist (§ 70 Abs 1), muß der Bieter dafür Nachweis bringen.

2.7 Verrechnungsschecks eines Kreditinstituts sind zur Sicherheitsleistung in Höhe des Nennbetrags geeignet, wenn ihre **Vorlegungsfrist** (ScheckG § 29) nicht vor dem vierten Tag nach dem Versteigerungstermin abläuft (Abs 1 Satz 1); hierzu siehe Rdn 2.3; zur rechtzeitigen Einlösung siehe Rdn 2.

3 Bankbürgschaft als Sicherheit (Absatz 2)

3.1 Abs 2 bestimmt (statt der mit § 10 EGZVG außer Kraft getretenen landesrechtlichen Vorschriften), daß ein Kreditinstitut auch als Bürge zuzulassen ist, allerdings nicht für Gebote des Schuldners oder eines neu eingetretenen Eigentümers. Mit der Behandlung des Bürgen im Verfahren befassen sich jetzt §§ 82, 85, 88, 103, 105, 116, 118, 132, 144.

3.2 Möglich ist Sicherheitsleistung nur durch Bürgschaft (BGB § 765) eines im Inland zum betreiben von Bankgeschäften berechtigten **Kreditinstituts** (Abs 2 Satz 1). Der Versteigerungstermin ist damit von der zuverlässig kaum möglichen Prüfung der Tauglichkeit eines privaten Bürgen freigehalten. Als berechtigt gelten Kreditinstitute, die in der Abs 1 Satz 3 genannten Liste aufgeführt sind (Abs 2 Satz 1; dazu Rdn 2.6). Ebenfalls zugelassen ist die Bürgschaft eines nach Abs 1 Satz 2 zum Betrieb von Bankgeschäften im Inland berechtigten, in der (unvollständigen, Rdn 2.6) Liste jedoch nicht aufgeführten Kreditinstituts. Dessen Berechtigung ist jedoch im Versteigerungstermin zu prüfen; Nachweis hierfür ist vom Bieter zu erbringen (wie Rdn 2.6).

3.3 Die **Verpflichtung des Bürgen** muß sein
- **unbefristet** (Bürgschaft auf Zeit, BGB § 777, ist damit ausgeschlossen),
- **unbedingt** (damit keine aufschiebende oder auflösende Bedingung, BGB § 158),
- und **selbstschuldnerisch** (BGB § 773 Abs 1 Nr 1).

Die Verpflichtung aus der Bürgschaft muß **im Inland** zu erfüllen sein (Abs 2 Satz 1). Das ist der Fall, wenn der Leistungsort und damit der Gerichtsstand (ZPO § 29) im Inland liegt. Der Leistungsort kann durch Parteivereinbarung, damit Ver-

Art der Sicherheitsleistung 4.4 **§ 69**

einbarung im Bürgschaftsvertrag, bestimmt sein; sonst bestimmt er sich nach BGB §§ 269, 270.
Diese Voraussetzungen muß das Gericht im Versteigerungstermin prüfen.

3.4 Die Bürgschaft kann **schriftlich** übergeben werden (BGB § 766 Satz 1). Die Übergabe muß sofort im Protokoll vermerkt werden (§§ 78, 80). Ersetzt wird die notwendige Schriftform durch notarielle Beurkundung (BGB § 126 Abs 3). Bei einem Kreditinstitut als Kaufmann kann die Bürgschaftserklärung der (legitimierten; ist zu prüfen) Vertreter auch in das Terminprotokoll aufgenommen werden (für Handelsgeschäft keine Anwendung der Formvorschrift von BGB § 766 Satz 1 nach HGB § 350).

3.5 Sicherheitsleistung durch Bürgschaft eines Kreditinstituts ist zuzulassen, wenn die Erfordernisse des Abs 2 erfüllt sind; die **Zulassung** steht dann nicht im freien Ermessen des Gerichts[6]. Über die **Zulassung der Bürgschaft** entscheidet das Gericht sofort (§ 70 Abs 1), indem es, wenn nach seiner Ansicht die Voraussetzungen nicht erfüllt sind, das darauf gestützte Gebot zurückweist (§ 70 Abs 2). Dagegen ist sofortiger Widerspruch nach § 72 Abs 2 möglich. Eine positive Zulassung muß es nicht ausdrücklich durch Beschluß aussprechen, es läßt einfach das Gebot zu, indem es dieses nicht zurückweist und weitere Gebote nur als Übergebote zuläßt.

3.6 Die Urschrift der übergebenen Bürgschaftserklärung (BGB § 766 Satz 1) wird dem die Sicherheit Verlangenden nicht ausgehändigt (wie sonst der Bürgschaftsvertrag nach BGB § 766 zustandekommt), sondern bleibt **bei den Gerichtsakten.**

3.7 Wenn der Versteigerungserlös nicht gezahlt wird, wird die Forderung gegen den mithaftenden Bürgen auf die Berechtigten mit übertragen (§ 118 Abs 1). Sie ist nach Planausführung auch gegen den Bürgen vollstreckbar (§ 132 Abs 1 Satz 2). Eine Verwertung der Bürgschaft durch das Gericht erfolgt daher nicht[7]. Das Vollstreckungsgericht wird jedoch Zahlung des verbürgten Betrags durch den Bürgen im Verteilungstermin vermitteln. Zahlt er, so geht auf ihn die Forderung gegen den Ersteher mit der Folge über (BGB § 774), daß Übertragung auf den Bürgen an Stelle des aus der Zahlung befriedigten Berechtigten zu erfolgen hat (§ 118; Sicherungshypothek § 128)[7].

3.8 Die Bürgschaft genügt auch im **Teilungsversteigerungsverfahren.**

Bargeld und Hinterlegung (Absatz 3) 4

4.1 Auch durch **Hinterlegung** und **Übergabe von Geld** kann Sicherheit geleistet werden (Abs 3). Das soll die Ausnahme darstellen (Rdn 2.1).

4.2 **Hinterlegung** hat nach der Hinterlegungsordnung zu erfolgen. Die Annahme zur Hinterlegung bedarf einer Verfügung der Hinterlegungsstelle (HinterlO § 6 Abs 1 Satz 1), deren Aufgabe dem Amtsgericht übertragen ist (HinterlO § 1 Abs 2). Angenommen wird das Geld von der Hinterlegungskasse, das ist eine Kasse der Justizverwaltung (HinterlO § 1 Abs 3). Nachweis der Hinterlegung: § 70 Rdn 3. Für etwaige Rückgabe hat das Versteigerungsgericht die Herausgabeverfügung zu erlassen.

4.3 Bestimmung über die **örtliche Zuständigkeit** der Hinterlegungsstelle des Amtsgerichts trifft weder Abs 3 noch die Hinterlegungsordnung. Hinterlegung bei der für das Versteigerungsgericht zuständigen Hinterlegungsstelle ist somit nicht erfordert. Der Bieter kann die Sicherheit daher bei einer Hinterlegungsstelle seiner Wahl hinterlegen (wie § 49 Rdn 5.1 b).

4.4 **Geld für Übergabe** (Abs 3 Satz 2) sind nur **gültige Zahlungsmittel** in Banknoten und Münzen der gültigen Währung der Bundesrepublik Deutschland.

---

[6] Hornung Rpfleger 1979, 321 (D V 3).
[7] Hornung Rpfleger 1979, 321 (D V 3).

§ 69 4.4 Versteigerung

Ausländische Zahlungsmittel sind als Sicherheit nicht geeignet und daher nicht zulässig[8], sofern sie nicht als sonstige Werte (Rdn 5) zugelassen werden.

4.5 Alle vereinnahmten Geldbeträge sind zweckmäßig getrennt nach den Sicherheit Leistenden (am besten in besonderen Umschlägen mit Namensangabe) **sicher zu verwahren** und am Ende des Termins, soweit sie nicht zurückerstattet werden müssen (§ 70 Rdn 5), nach den einschlägigen Kassen- und Sicherungsvorschriften zu behandeln. Überhaupt ist auf Sicherung (auch auf die anwesenden Sitzungsteilnehmer zu erstrecken) größter Wert zu legen (Alarmanlage, Polizeischutz, Gerichtswachtmeister, Tresor).

4.6 Hinterlegung von Wertpapieren ist als Sicherheit (seit 1. 8. 1998) nicht mehr zugelassen.

5 Sonstige Werte als Sicherheit

5.1 Für die Art der Sicherheitsleistung sind gesetzlich andere Werte als Bundesbank- und Verrechnungsschecks, Bürgschaften von Kreditinstituten und Geld **nicht vorgesehen**.

5.2 **Sparkassenbücher,** Hypotheken- und Grundschuldbriefe, Wertpapiere, Waren irgendwelcher Art (Gold, Schmuck, Briefmarken, Kaurimuscheln, Sammelmünzen), ausländische Zahlungsmittel, abzutretende Forderungen, insbesondere Staatsschuldbuchforderungen usw sind als Sicherheit **nicht** vorgesehen. Mit (ausdrücklicher) Zustimmung des die Sicherheit Verlangenden (ihm ist Sicherheit zu leisten und er kann entscheiden, was ihm Sicherheit bietet) kann Sicherheit aber auch auf jede andere Weise geleistet werden (Denkschrift S 52). Wenn der Beteiligte, der Antrag auf Sicherheitsleistung gestellt hat, sich mit einer angebotenen anderen Sicherheit einverstanden erklärt, muß sie vom Gericht entgegengenommen werden; andernfalls ist Sicherheitsleistung auf sonstige Weise unzulässig[9], auch bei der Teilungsversteigerung[10]. Eine Sicherheit, die dem § 69 nicht genügt, ist als unzulässig zurückzuweisen.

5.3 Art und Höhe und das Einverständnis des Antragstellers müssen im **Protokoll** festgehalten werden, auch eine Vereinbarung des Antragstellers mit dem Bieter darüber, wie diese Werte in solchen vom Gesetz nicht vorgesehenen Fällen verwertet werden sollen, damit das Gericht die Sicherheit verwerten kann, wenn Zahlung im Verteilungstermin nicht erfolgt. Bei Sparkassenbüchern ist nötig: Übergabe an das Gericht, Ermächtigung des Gerichts, zum Verteilungstermin den entsprechenden Betrag abzuheben[11] oder eine Verpfändung nach BGB §§ 1280 ff mit schriftlicher Anzeige des Kontoinhabers an die Sparkasse, die sofort im Termin auch an das Gericht zu übergeben ist[12].

5.4 **Euroschecks** werden (ab 2002) nicht mehr ausgegeben. Durch bargeldlose Zahlung im sogen Maestro-System kann Sicherheitsleistung nicht erbracht werden.

[Entscheidung über die Sicherheitsleistung]

70 (1) **Das Gericht hat über die Sicherheitsleistung sofort zu entscheiden.**

---

[8] Dassler/Gerhardt § 69 Rdn 1; Jaeckel/Güthe §§ 67–70 Rdn 12; Korintenberg/Wenz § 69 Anm 1; Steiner/Storz § 69 Rdn 2; Mohrbutter/Drischler Muster 99 Anhang II Anm 6.
[9] OLG Hamm JMBlNW 1961, 202; Dassler/Gerhardt § 69 Rdn 5; Jaeckel/Güthe § 69 Rdn 15; Mohrbutter, Handbuch des Vollstreckungsrechts, § 42 (II b).
[10] OLG Hamm JMBlNW 1961, 202.
[11] Dassler/Gerhardt § 69 Rdn 5; Jaeckel/Güthe § 69 Rdn 15.
[12] Jaeckel/Güthe § 69 Rdn 15; Steiner/Storz § 69 Rdn 27; Mohrbutter, Handbuch des Vollstreckungsrechts, § 42 (II b); Drischler RpflJahrbuch 1972, 297 (317).

Entscheidung über die Sicherheitsleistung 2.2 § 70

(2) Erklärt das Gericht die Sicherheit für erforderlich, so ist sie sofort zu leisten. Die Sicherheitsleistung durch Hinterlegung kann bereits vor dem Versteigerungstermin erfolgen. Unterbleibt die Leistung, so ist das Gebot zurückzuweisen.

(3) Wird das Gebot ohne Sicherheitsleistung zugelassen und von dem Beteiligten, welcher die Sicherheit verlangt hat, nicht sofort Widerspruch erhoben, so gilt das Verlangen als zurückgenommen.

Literatur: Holthöfer, Zur Frage der sofortigen Sicherheitsleistung in der Zwangsversteigerung (§ 70 Abs 2 ZVG), JR 1958, 337.

Allgemeines zu § 70

1

1.1 Zweck und **Anwendungsbereich:** Die Vorschrift befaßt sich mit der Entscheidung über die Sicherheitsleistung. Sie gilt für alle Versteigerungsverfahren des ZVG.

1.2 Für die Sicherheitsleistung eines Bieters im Versteigerungstermin ist **sofortiger Antrag** (unmittelbar nach Abgabe eines Gebotes) nötig (§ 67 Abs 1 Satz 1), dann **sofortige Entscheidung** des Gerichts (Abs 1) und **sofortige Leistung** der Sicherheit (Abs 2), aber auch ein **sofortiger Widerspruch** gegen die Zulassung oder Zurückweisung des Gebots (Abs 3, § 72 Abs 1, 2).

1.3 Aus Abs 2, § 72 Abs 1, 2 ergibt sich als Regel, daß ein vom Vollstreckungsgericht **ohne Widerspruch** eines Widerspruchsberechtigten zugelassenes Gebot **wirksam** ist und ein vorausgegangenes geringeres Gebot endgültig zum Erlöschen bringt und daß ein ohne Widerspruch zurückgewiesenes Gebot keinen Einfluß auf das Verfahren hat.

Entscheidung über die Sicherheitsleistung (Absatz 1)

2

2.1 Wenn Antrag auf Sicherheitsleistung gestellt ist, muß das Gericht **„sofort" entscheiden** (Abs 1). „Sofort" bedeutet hier: im unmittelbaren Anschluß an die Niederschrift des Antrags. Die Entscheidung beruht auf einem Ermessen des Gerichts. Wenn die Voraussetzungen gegeben sind, muß die Sicherheit angeordnet werden. Das Gericht darf nicht bei ordnungsgemäß gestelltem Antrag ein Gebot ohne Sicherheitsleistung zulassen, wenn es etwa den Bieter für zahlungsfähig hält[1]. Das Gericht hat über die Notwendigkeit der Sicherheit zu entscheiden, wenn sie verlangt wird, und es hat darüber, ob die Sicherheitsleistung sachlich und betragsmäßig ausreicht, zu entscheiden, sobald diese geleistet ist.

2.2 Erlischt das Gebot sofort durch Zulassung eines Übergebots, so muß an sich über den zum vorigen Gebot gestellten Sicherheitsantrag nicht mehr entschieden werden; er bleibt aber für weitere Gebote desselben Bieters wirksam (dazu im ZVG-Handbuch Rdn 329). Wenn es aber die Verfahrensverhältnisse einigermaßen gestatten, sollte doch über **jeden Antrag auch gesondert entschieden** werden. Durch eine Zurückweisung des Gebots mangels notwendiger Sicherheit können sich die Verfahrensverhältnisse anders gestalten. Außerdem könnte ja das Übergebot seinerseits durch wirksame Anfechtung (§ 71 Rdn 3) oder dadurch, daß es mangels Sicherheitsleistung dann zurückgewiesen werden muß, wieder wegfallen und so das vorausgehende wieder aktuell werden. Wenn das Gericht in angemessener Weise auf die Bedeutung dieser Verfahrensvorschriften hinweist, werden sich Bieter gedulden, da die Einhaltung der Regeln auch in ihrem Interesse liegt. Wenn bei Verfahren über mehrere Objekte auch noch Gruppen- und Gesamtgebote erfolgen, ist es unbedingt nötig, streng in der gesetzlichen Reihenfolge zu verfahren, erst einmal die vorliegenden Anträge mit allen Einzelheiten zu

---

[1] OLG Düsseldorf Rpfleger 1989, 36 mit Anm Meyer-Stolte.

entscheiden, dann erst weitere Gebote entgegenzunehmen. Andernfalls lassen sich Irrtümer der Anwesenden und Versehen des Gerichts kaum vermeiden. Das Gericht ist nicht gezwungen, den Abschnitt des Bietens in 30 Minuten abzuwickeln, da dies nur eine Mindestfrist ist (§ 73 Rdn 2). Bei den schwierigen und folgenreichen Vorgängen des Versteigerungsverfahrens ist Übereilung immer schlecht. Es ist gut, wenn der Vorsitzende schon vor der Bietzeit hierauf hinweist.

3 Leistung der Sicherheit (Absatz 2)

3.1 Wenn die Sicherheitsleistung beantragt ist und das Gericht sie für nötig hält, dann ist die Sicherheit „**sofort**" zu **leisten**: Abs 2 Satz 1; sonst muß das Gebot zurückgewiesen werden: Abs 2 Satz 3. Dann erlischt es, wenn der Zurückweisung nicht sofort widersprochen wird (§ 72 Abs 2). Die Sicherheitsleistung kann auch schon durch Hinterlegung von Geld vor dem Versteigerungstermin erfolgt sein: Abs 2 Satz 2. Für diese Hinterlegung nach der Hinterlegungsordnung[2] gibt Abs 2 Satz 2 den Hinterlegungsgrund (so auch[3]). Einzahlung als Verwahrgeld bei der Gerichtskasse genügt nicht (nicht richtig[4]). Die Hinterlegung muß als Sicherheit in der konkret zu bezeichnenden Zwangsversteigerungssache zur alleinigen Verfügung durch das Vollstreckungsgericht erfolgen. Weil keine Verbindlichkeit erfüllt wird, braucht Rücknahmeverzicht (BGB § 378) nicht erklärt zu sein[5] (anders[6]). Dem Vollstreckungsgericht ist Sicherheitsleistung durch Hinterlegung durch Vorlage der Annahmeverfügung der Hinterlegungsstelle und der Hinterlegungsquittung der Hinterlegungskasse sofort (Abs 2 Sätze 1 und 2) nachzuweisen; Offenkundigkeit erübrigt weiteren Nachweis. Rückgabe der Sicherheit erfolgt immer nur auf Ersuchen des Vollstreckungsgerichts (HinterlO § 15).

3.2 Sofortige Leistung bedeutet hier nicht, daß der Verpflichtete schon mit dem Geld in der Hand „auf dem Sprung" sein müsse, daß die Leistung binnen Sekunden zu geschehen habe. Auch hier heißt es in aller Interesse: Eile mit Weile! Es muß als sofortige Leistung angesehen werden, wenn die Sicherheit **ohne Verzögerung beigebracht** wird, so daß der Verfahrensfortgang nicht (oder nur unmerklich) aufgehalten wird[7], wenn also die Leistung innerhalb einer kurzen Frist erfolgt[8] (enger[9]: unmittelbar nach Entscheidung des Gerichts, wenn keine angemessene Verzögerung oder gar kurze Unterbrechung der Bietzeit zugelassen wird; dem ist nicht zu folgen). Ein Bieter führt etwa (zu seiner Sicherheit) den Geldbetrag nicht im Gerichtssaal bei sich, sondern läßt ihn von einem Beauftragten außerhalb des Saales verwahren. Es muß auch ermöglicht werden, den Betrag etwa von einer im Hause oder in der Nähe befindlichen Bankzweigstelle zu holen. Ebenso muß kurze Gelegenheit zur Abgabe einer ordnungsgemäßen Bürgschaftserklärung[10] oder Besorgung des benötigten Bargeldes geboten werden[11], [12]will

---

[2] Arnold MDR 1979, 358 (III 7).

[3] Hornung Rpfleger 1979, 321 (D V 4).

[4] Steiner/Storz § 70 Rdn 9.

[5] Dassler/Gerhadt § 69 Rdn 7.

[6] Jaeckel/Güthe §§ 67–70 Rdn 15.

[7] BGH NJW 2000, 2810 (2811); OLG Hamm NJW-RR 1987, 1016 = OLGZ 1988, 64 = Rpfleger 1987, 469; LG Münster MDR 1958, 173 mit abl Anm Flies und zust Anm Holthöfer = NJW 1958, 149 und 388 Leitsatz mit krit Anm Mohrbutter.

[8] BGH NJW 2000, 2810 (2811); OLG Hamm aaO (Fußn 7); OLG Zweibrücken Rpfleger 1978, 107 mit Anm Vollkommer; Dassler/Gerhard § 70 Rdn. 3.

[9] Steiner/Storz § 70 Rdn 7.

[10] OLG Hamm NJW-RR 1987, 1016 = aaO (Fußn 7); OLG Zweibrücken JurBüro 1981, 112 mit zust Anm Mümmler.

[11] OLG Stuttgart Justiz 1984, 18 = MDR 1984, 152 = Rpfleger 1983, 493; OLG Zweibrücken Rpfleger 1978, 107 mit Anm Vollkommer.

[12] Schiffhauer BlGrBW 1981, 88 (XX).

Entscheidung über die Sicherheitsleistung 3.3 § 70

nicht eine kurze Frist zur Beibringung der Sicherheit gewähren, sondern das Gebot zurückweisen und dem Interessenten durch angemessene Verlängerung der Bietzeit die Beschaffung der Sicherheit und Abgabe eines neuen Gebots ermöglichen. Zuviel verlangt ist es aber, wenn der Verpflichtete erst in einen anderen Ort fahren muß, um das Geld zu holen, und dabei vielleicht auch noch in die Mittagspause der Banken gerät[13]. Auf jeden Fall muß die Sicherheit vor Schluß der Versteigerung herbeigebracht sein, weil nur in der Bietzeit über die Wirksamkeit des Gebots entschieden werden kann und weitere Gebote möglich sind[14]. Dabei darf natürlich die Bietzeit verlängert werden[15], und zwar angemessen. Es wurde ausdrücklich zugelassen, die Sicherheit in angemessener Zeit herbeizuholen[16] (anders[17]: lehnt jede Fristgewährung ab; zu formalistisch). Die Sicherheit muß so erbracht werden, daß hierdurch die Durchführung des Versteigerungstermins nicht verzögert wird[18]. Daher hat ein auf Sicherheitsleistung nicht vorbereiteter Bieter nicht Anspruch darauf, daß ihm noch Gelegenheit (in einer Frist von etwa einer Stunde) zur Besorgung der Sicherheit gewährt wird[19]. Erstmals im Beschwerdeverfahren kann die Sicherheit auch dann nicht geleistet werden, wenn der Zurückweisung des Gebots widersprochen worden ist, das Gebot somit nicht erloschen ist[20]. [21]will Sicherheitsleistung und Übergebote noch bei Zurückverweisung durch das Landgericht auf Zuschlagsanfechtung hin zulassen; dies hat[22] mit Recht als unzulässig bezeichnet; Sicherheit und Gebote sind nur im Versteigerungstermin auf Grund der dort aufgestellten geringsten Gebots zulässig; wurde mangels Sicherheit das Gebot zurückgewiesen, so kann auch das Rechtsmittelgericht nicht den Zuschlag erteilen, weil ja die Sicherheit fehlt; nur wenn das Rechtsmittelgericht meint, es sei keine Sicherheit nötig, kann es auf Anfechtung hin, aber nur, wenn rechtzeitig Widerspruch des Zurückgewiesenen erfolgt war (§ 72 Abs 2), den zu Unrecht erteilten Zuschlag auf das niedrigere Gebot aufheben und dem zu Unrecht zurückgewiesenen höher Bietenden den Zuschlag erteilen. Weil Sicherheitsentscheidungen nur in der Bietzeit erfolgen können, ist das von[23] vorgeschlagene Verfahren nicht zulässig. Abzulehnen ist auch, was[24] meint: wenn Meistgebot irrtümlich ohne Sicherheitsleistung zugelassen sei, das Gericht vor dem Zuschlag seinen Irrtum erkenne und der Meistbietende dann noch freiwillig Sicherheit leiste, erhalte er den Zuschlag; das Gebot sei hier mangels eines Widerspruchs ohne Sicherheitsleistung wirksam. [24]meint auch, das Gericht könne sogar nachträglich über § 79 verspätete Sicherheit berücksichtigen; dazu § 79 Rdn 2.

3.3 Wenn die Leistung der Sicherheit **unterbleibt** und das Gebot dennoch nicht zurückgewiesen wird, bleibt es (bindend) bestehen (siehe § 72 Abs 2). Es kann dann durch Zulassung eines Übergebots erlöschen (§ 72 Abs 1). Weil dann – wenn Widerspruch nicht erhoben ist – das Verlangen nach Sicherheitsleistung als zurückgenommen gilt (Abs 3), besteht es auch für ein später weiteres Gebot des gleichen Bieters nicht nach § 67 Abs 1 Satz 2 fort. Wenn kein Übergebot erfolgt und das Sicherheitsverlangen mit Widerspruch gegen die Zulassung des Gebots nicht zurückgenommen ist (Abs 3), ist bei Entscheidung über den Zuschlag (§ 79) über das Gebot endgültig zu entscheiden. Es ist nach Abs 2 Satz 3 zurückzuweisen,

---

[13] LG Mannheim Justiz 1973, 23.
[14] OLG Hamm aaO (Fußn 7); Mohrbutter NJW 1958, 388 (Anmerkung).
[15] Mohrbutter NJW 1958, 388 (Anmerkung).
[16] Holthöfer JR 1958, 337; Pöschl BB 1963, 957 (1).
[17] Flies MDR 1958, 173 (Anmerkung).
[18] OLG Karlsruhe ZMR 1973, 89.
[19] OLG Düsseldorf Rpfleger 1989, 167.
[20] OLG Hamm aaO (Fußn 7).
[21] Holthöfer JR 1958, 337.
[22] OLG Zweibrücken Rpfleger 1978, 107 mit Anm Vollkommer.
[23] Holthöfer JR 1958, 337.
[24] LG Lübeck SchlHA 1973, 129.

§ 70 3.3   Versteigerung

wenn die Sicherheit bis zu dieser Entscheidung noch nicht geleistet ist. Das vorgehende Gebot besteht dann aber für Erteilung des Zuschlags wirksam nur noch fort, wenn der Zulassung des Übergebots (für das Sicherheit zu leisten gewesen wäre) von einem Beteiligten widersprochen wurde (§ 72 Abs 1 Satz 1). In diesem Sonderfall kann, weil das Gebot noch nicht zurückgewiesen wurde und daher noch wirksam ist, die Sicherheit auch noch nach dem Schluß der Bietstunde und nach dem Versteigerungstermin geleistet werden (anders wohl[25]). Ist Sicherheitsleistung bis zur Entscheidung über den Zuschlag erfolgt, dann besteht ein Grund für Zurückweisung des Gebots nicht mehr; als Meistgebot ist ihm daher der Zuschlag zu erteilen.

3.4 Hierzu im ZVG-Handbuch Rdn 329.

4 Rechtsbehelfe; Gebote ohne Sicherheitsleistung (Absatz 3)

4.1 Gegen die Entscheidung über die Sicherheitsleistung gibt es nicht Erinnerung oder Beschwerde, weil eine nicht selbständig anfechtbare Vorentscheidung zum Zuschlag vorliegt (§ 95). Auch die Generalklausel in RPflG § 11 Abs 2 läßt hier keine besondere Anfechtung des Rechtspflegers zu, weil hier ein besonders gestalteter Rechtsbehelf vom Gesetz vorgesehen ist, der **Widerspruch**: Abs 3, § 72 Abs 1, 2. Im übrigen kann gegebenenfalls der Zuschlag angefochten werden.

4.2 Ein trotz nötiger Sicherheitsleistung ohne solche zugelassenes Gebot bleibt wirksam, wenn nicht sofort Widerspruch (des die Sicherheit Verlangenden) erfolgt, weil das Verlangen nach Sicherheit dann als zurückgenommen gilt: Abs 3. Wenn der gleiche Bieter später erneut bietet, muß Sicherheit daher wieder neu verlangt werden. Der Widerspruch muß **sofort** erhoben werden, also unverzüglich, im unmittelbaren Anschluß an die Zulassung des Gebots durch das Gericht, ohne besondere Überlegungsfrist. Nur bei rechtzeitigem Widerspruch kann das Gericht bei der Zuschlagsentscheidung, gemäß § 79 ungehindert durch vorausgehende Entscheidungen, nochmals überprüfen, welches von mehreren Geboten nun das wirksame Meistgebot sei[26]. Andererseits, wenn ein Gebot mangels Sicherheitsleistung zurückgewiesen wird, erlischt es, falls nicht der Bieter oder ein Beteiligter der Zurückweisung sofort widerspricht: § 72 Abs 2 (dazu § 72 Rdn 3). Wenn der Zurückweisung des Meistgebots widersprochen ist, bleibt bei Beschlußfassung über den Zuschlag (§ 79) und dann im Beschwerdeverfahren nochmals zu überprüfen, ob die Zurückweisung rechtmäßig erfolgt ist[27] (§ 72 Rdn 5.4). Eine nicht geleistete Sicherheit kann dann aber (nach Schluß der Versteigerung) nicht mehr erbracht werden[27]. Daher kann auch der Nachweis der Sicherheitsleistung zwischen Schluß der Versteigerung und Entscheidung über den Zuschlag bei dieser Entscheidung nicht mehr berücksichtigt werden[27].

4.3 Über versehentliche Rückgabe einer Sicherheit und Widerspruch hierbei Rdn 5.

5 Rückgabe der Sicherheit

5.1 Wird der Bieter, der die Sicherheit geleistet hat, von seiner Verpflichtung aus dem Gebot frei, sei es durch Zulassung eines gültigen Übergebots, sei es durch rechtskräftige Versagung des Zuschlags auf sein Gebot, so muß ihm die Sicherheit zurückgegeben werden. Im Falle des Übergebots empfiehlt es sich, den **Schluß der Versteigerung** abzuwarten, weil vielleicht derselbe Bieter neu bieten will und dann erneut Sicherheit leisten müßte. Bei Zuschlagsversagung erfolgt die Rückgabe der Sicherheit erst nach der **Rechtskraft** der Entscheidung.

---

[25] OLG Hamm NJW-RR 1987, 1016 = aaO (Fußn 7).
[26] LG Lübeck SchlHA 1973, 129.
[27] OLG Hamm NJW-RR 1987, 1016 = aaO (Fußn 7).

5.2 In das **Protokoll** aufgenommen werden muß die Übergabe der Sicherheit – auch ihre Rückgabe, falls sie im Termin geschieht – mit allen Einzelheiten (Art der Sicherheit, Höhe, Empfänger) (§§ 78, 80).

5.3 Wird eine Sicherheit nach dem Schluß der Versteigerung dem Bieter, der sie geleistet hat, in Anwesenheit des die Sicherheit Verlangenden **aus Versehen** zu Unrecht **zurückgezahlt** und erhebt der die Sicherheit Verlangende nicht sofort Widerspruch, so gilt sein Sicherheitsverlangen als zurückgenommen (entsprechend dem § 70 Abs 3)[28]. An der Wirksamkeit des Gebots ändert die Rückgabe nichts mehr[29]. Das Problem ist dann aber, was im Verteilungstermin zu geschehen hat, ob der Sicherheitsbetrag zu verteilen ist, obwohl er nicht vorhanden ist (§ 107 Rdn 4).

5.4 Hierzu im ZVG-Handbuch Rdn 331.

Sicherheit als Bargebotszahlung 6

Das bare Meistgebot muß vom Zuschlag an **verzinst** werden: § 49 Abs 2. Das gilt auch, wenn für ein Gebot Sicherheit geleistet wird, weil die Sicherheit erst im Verteilungstermin als gezahlt gilt: § 107 Abs 3. Der Ersteher kann aber Zinsen einsparen, wenn er schon vor dem Zuschlag vorsorglich für den Fall des Zuschlags oder unmittelbar nach Zuschlagsverkündung eine Erklärung zu Protokoll gibt, daß seine in Geld geleistete Sicherheit als **Teilzahlung auf das bare Meistgebot** gelten solle (§ 49 Rdn 5.3). Es ist Anstandspflicht des Gerichts, auf diese Möglichkeit hinzuweisen.

[Behandlung unwirksamer Gebote]

71 (1) **Ein unwirksames Gebot ist zurückzuweisen.**

(2) **Ist die Wirksamkeit eines Gebots von der Vertretungsmacht desjenigen, welcher das Gebot für den Bieter abgegeben hat, oder von der Zustimmung eines anderen oder einer Behörde abhängig, so erfolgt die Zurückweisung, sofern nicht die Vertretungsmacht oder die Zustimmung bei dem Gericht offenkundig ist oder durch eine öffentlich beglaubigte Urkunde sofort nachgewiesen wird.**

Übersicht

Allgemeines zu § 71 1	Vertretungsmacht: Zustimmung zu Geboten (Absatz 2) 6
Gebote: Abgabe, Wirksamkeit, Zurückweisung unwirksamer (Abs 1) 2	Vertretung und Zustimmung (Einzelfälle) sowie Besonderheiten 7
Gebot: Anfechtung 3	Ausbietungsgarantie, Bietabkommen 8
Mehrere Bieter (Bietergemeinschaft) 4	
Rechtspfleger, Protokollführer, Schuldner als Bieter 5	

Literatur: Drischler, Neue Fragen zur Ausbietungsgarantie in der Zwangsversteigerung, KTS 1976, 285; Droste Die Ausbietungsgarantie in der notariellen Praxis, MittRhNotK 1995, 37; Eickmann, Vormundschaftsgerichtliche Genehmigung im Zwangsversteigerungsverfahren, Rpfleger 1983, 199; Flik, Vorausgenehmigung ... zum Grundstückserwerb im Zwangsversteigerungsverfahren, BWNotZ 1995, 44; Heiderhoff Bietungsabkommen im Zwangsversteigerungsverfahren, MittRhNotK 1966, 45; Horn, § 313 BGB und die selbständige Ausbietungsgarantie, WM 1974, 1038; Kalter, Die Bietungsabkommen, KTS 1964, 193; Kracht, Verstoßen Bietungsabkommen gegen das GWB?, NJW 1958, 490; Otto, Ist ein strafrechtli-

---

[28] OLG Koblenz Rpfleger 1963, 53; LG Verden Rpfleger 1974, 31 mit teils zust teils abl Anm Schiffhauer

[29] OLG Koblenz Rpfleger 1963, 53; Schiffhauer BlGrBW 1966, 72 (XV).

cher Schutz öffentlicher Versteigerungen, insbesondere der Zwangsversteigerung, gegen das Abhalten vom Bieten erforderlich?, Rpfleger 1979, 41; Papke, Der Strohmann in der Zwangsversteigerung, KTS 1964, 21; Riggers, Zur Anfechtung von Geboten im Zwangsversteigerungsverfahren, JurBüro 1970, 359; Schiffhauer, Zur Anfechtung eines Gebots wegen Irrtums, Rpfleger 1972, 341; Stadlhofer-Wissinger, Das Gebot in der Zwangsversteigerung – eine nicht anfechtbare Prozeßhandlung, 1993; Zimmer, Die Ausbietungsgarantie in der notariellen Praxis, NotBZ 2002, 55.

1 Allgemeines zu § 71

Zweck und **Anwendungsbereich:** Schaffung klarer Verhältnisse im Versteigerungstermin mit Zurückweisung unwirksamer Gebote. § 71 gilt für alle Versteigerungsverfahren des ZVG.

2 Gebote: Abgabe, Wirksamkeit, Zurückweisung unwirksamer (Absatz 1)

2.1 Gebot ist auf Grundstückserwerb durch staatlichen Hoheitsakt (Zuschlag) an das Vollstreckungsgericht gerichtete Willensäußerung. Ihre Wirksamkeit bestimmt sich nach den bürgerlichrechtlichen Vorschriften über Willenserklärungen. Rechtsnatur und Wesen des Gebots werden vielfältig dargestellt: als „Prozeßhandlung"[1] (für sie bestimmen sich Geschäftsfähigkeit und gesetzliche Vertretung nach bürgerlichem Recht, ZPO § 51), als „Privatwillenserklärung"[2], als privatrechtliche Willenserklärung[3] „mit verfahrensrechtlichen Wirkungen"[4] sowie als von „öffentlichrechtlichem Charakter" deshalb, weil es zusammen mit dem Zuschlag zu einem kaufähnlichen öffentlichenrechtlichen Vertrag führe[5]; Vertragsantrag für Zustandekommen eines Ewerbsvertrags mit Zuschlag nach BGB § 156 ist es nicht. Die Begriffsbestimmung erlangt für die auf Konkurrenz der Bieter ausgerichteten Verfahrensregeln der Zwangsversteigerung keine weitere Bedeutung; die wesentlichen Rechtsfolgen eines wirksamen Gebots regelt das ZVG selbst, insbesondere in § 81 Abs 1 mit dem Recht auf Zuschlag (wenn nicht ein Versagungsgrund, § 83, vorliegt), § 81 Abs 4 für Mithaft bei Zuschlag an einen Dritten, in § 71 Abs 2 für den Vertretungsnachweis und in § 72 damit, daß ein Übergebot das frühere Gebot zum Erlöschen bringt.

2.2 Gebote sind ihrer Natur nach **im Versteigerungstermin** abzugeben, also **mündlich** im Termin[6], nicht schriftlich vorher[7], auch nicht schriftlich im Termin[8]. Abgegeben wird ein Gebot gegenüber dem Vollstreckungsgericht durch **Nennung des bar zu zahlenden Betrags** (Bargebot, § 49 Abs 1). Der gebotene Betrag ist in Euro anzugeben, auch dort, wo Grundpfandrechte in ausländischer Währung eingetragen sind (s § 145 a Nr 3 Satz 2) oder wenn ein Ausländer bietet. Ein Sprachbehinderter kann sein Gebot natürlich im Termin schriftlich übergeben oder in Gebärdensprache nennen (Behindertengleichstellungsgesetz, BGBl 2002 I 1468, § 6), wobei das Gericht es dann bekanntgibt, falls nicht ohnehin für Beteiligte ein Gebärdensprachdolmetscher zugezogen ist (GVG § 186); ein Bietinteressent hat diesen selbst mitzubringen, wie er auch als nicht der deutschen Sprache mächtig, falls er bieten will, selbst einen Dolmetscher oder wenigstens Sprachen-

---

[1] BGH (14. 4. 2005, V ZB 9/05) BGHRep 2005, 1219; Stein/Jonas/Münzberg, ZPO, § 817 Rdn 8; Zöller/Stöber, ZPO, § 817 Rdn 5; Musielak/Becker, ZPO, § 817 Rdn 3; Stadlhofer-Wissinger, Das Gebot in der Zwangsversteigerung, 1993, S 118–124 und S 157.
[2] Reinhard/Müller § 72 Anm II 1; Mohrbutter/Drischler Muster 108 Anm 1; Nußbaum, Zwangsversteigerung, § 16 (III a).
[3] OLG Hamm KTS 1972, 56 mit teils zust, teils abl Anm Mohrbutter = MDR 1972, 59 = OLGZ 1972, 250 = Rpfleger 1972, 378; Dassler/Gerhardt § 71 Rdn 1.
[4] Steiner/Storz § 71 Rdn 3.
[5] Baur/Stürner, Zwangsvollstreckungsrecht, Rdn 616.
[6] LG Braunschweig DNotZ 1957, 322 mit abl Anm Riedel = NdsRpfl 1957, 147.
[7] Dassler/Gerhardt § 71 Rdn 10; Steiner/Storz § 71 Rdn 14.
[8] Mohrbutter, Handbuch des Vollstreckungsrechts, § 42 (II a).

Behandlung unwirksamer Gebote 2.7 § 71

kundigen mitzubringen hat, da es nicht Aufgabe des Gerichts ist, insoweit auch für die Interessenten alle nur denkbaren Möglichkeiten vorzubereiten.

2.3 Die **Angaben zur Person** des Bieters sind bei der Entgegennahme des Gebots nach Personalausweis, Vollmachtsurkunde usw genau festzustellen, bei natürlichen Personen auch die Berufsbezeichnung sowie das Geburtsdatum, das ja in das Grundbuch einzutragen ist, soweit es sich aus den Unterlagen ergibt, bei juristischen Personen, Handels- (OHG und KG) sowie Partnerschaftsgesellschaften der Name oder die Firma und der Sitz (zweckmäßig, aber nicht notwendig ist Vorlage des Handelsregisterauszugs; Vertretungsnachweis Rdn 6.4). Für einen Einzelkaufmann ist der bürgerliche Name festzustellen, weil seine Firma nicht im Grundbuch eingetragen werden kann.

2.4 Ein an das Vollstreckungsgericht im Versteigerungstermin abgegebenes Gebot ist bis zu seinem Erlöschen (§ 72) **bindend.** Es kann nicht zurückgenommen werden[9], auch nicht, wenn die Beteiligten zustimmen (anders[10]). Es ist auch nicht bis zur Zulassung durch das Gericht frei widerruflich (anders[11]). Abgabe des Gebots und damit Bindung des Bieters sowie Zulassung (über die gesonderte Entscheidung nicht ergeht, Rdn 2.5), sind nicht identisch. Daher erlischt ein Gebot erst mit Zurückweisung und selbst ein nicht zugelassenes (zurückgewiesenes, Abs 1) Gebot bei Widerspruch noch nicht (§ 72 Abs 2); es kann als bindend abgegeben aber gleichwohl nicht (frei) widerrufen werden.

2.5 Zugelassen werden darf nur ein **wirksames Gebot.** Wirksam ist ein Gebot nur, wenn es im Termin selbst (Rdn 2.2) zu den aufgestellten Versteigerungsbedingungen abgegeben ist und wenn es als erstes mindestens die Höhe des geringsten Gebots hat (unter diesem ist es unwirksam, § 44 Abs 1), später wenn es ein schon wirksam abgegebenes Gebot auf dasselbe Objekt überschreitet. Gebote unter den vorausgehenden sind unzulässig (§ 72 Abs 2), natürlich auch Gebote, die gleichhoch sind wie das vorausgehende. Für das „Überschreiten" genügt theoretisch die kleinste Währungseinheit (ein Cent). Zweckmäßig wird aber das Gericht darauf hinweisen, daß möglichst runde Beträge geboten werden sollen. Beschränkungen der Gebote nach oben gibt es nicht. Zum Übergebot auch § 72 Rdn 2. Zugelassen ist ein Gebot, wenn es vom Gericht nicht zurückgewiesen ist (Abs 1 und § 72 Abs 1 Satz 2); ausdrückliche (gesonderte) Entscheidung über die Zulassung eines Gebots ergeht nicht. Mit dem Grundsatz, daß nur ein Gebot zugelassen werden kann, auf welches der Zuschlag erteilt werden darf, wenn es das letzte bleibt, soll der Erfolg der Versteigerung von vornherein gewährleistet werden (Denkschrift S 53).

2.6 Die **Unwirksamkeit** eines Gebots kann auf verschiedenen Ursachen beruhen (zB Rdn 5). Unwirksam sind Gebote von Geschäftsunfähigen (BGB § 105 Abs 1) und von beschränkt Geschäftsfähigen ohne Einwilligung des gesetzlichen Vertreters und Genehmigung des Familien- oder Vormundschaftsgerichts (Rdn 7.2). Unwirksam ist ein bedingtes Gebot[12], ebenso ein befristetes. Unwirksam ist ein Gebot, bei dem eine Vollmacht, Vertretungsmacht, Genehmigung fehlt (Abs 2). Auch eine nicht ernstliche Erklärung nach BGB § 118 ist unwirksam, wenn etwa erkennbar ein völlig unsinniges Gebot zum Spaß abgegeben wurde.

2.7 Ein unwirksames (Abs 1) oder sonst für den Zuschlag nicht geeignetes Gebot (§ 70 Abs 2 Satz 2, § 71 Abs 2) ist **zurückzuweisen.** Die Zurückweisung muß ausdrücklich erfolgen[13]. Damit erlischt das Gebot aber nicht, wenn sofort wider-

---

[9] OLG Breslau OLG 27, 209; Korintenberg/Wenz § 72 Anm 1; Reinhard/Müller § 71 Anm 1; Steiner/Storz § 71 Rdn 96.
[10] Jaeckel/Güthe §§ 71, 72 Rdn 16.
[11] Stadtlhofer-Wissinger aaO (Fußn 1) S 136–141 und S 157.
[12] Steiner/Storz § 71 Rdn 89.
[13] OLG Düsseldorf NJW 1953, 1757.

sprochen wird (Abs 2 des § 72). Solange das bisher höchste Gebot nicht zurückgewiesen ist, darf ein niedrigeres als dieses nicht zugelassen werden[14]. Eine Zurückweisung erfolgt nicht mehr, wenn das unwirksame oder sonst unzulässige Gebot noch vor der Entscheidung schon wieder durch ein Übergebot, dem nicht widersprochen ist, erloschen ist (§ 72 Abs 1). Dann kann die Aufklärungspflicht des Gerichts (ZPO § 139) aber Hinweis auf die Unwirksamkeit oder Unzulässigkeit des erloschenen Untergebots gebieten.

2.8 Jedes **Gebot** ist **sofort** auf Zulässigkeit und Wirksamkeit zu **prüfen** (ZVG-Handbuch Rdn 321). Über ein unwirksames oder sonst unzulässiges Gebot hat das Gericht sofort zu entscheiden. Über alle Tatsachen, aus denen die Unwirksamkeit eines Gebots sich ergeben kann, muß das Gericht sofort nach ihrem Bekanntwerden im Termin entscheiden[15], es darf keine alternativen Bietreihen zulassen[15]. Durch (unrichtige) Zulassung wird ein unwirksames Gebot nicht wirksam; ihm ist der Zuschlag zu versagen[16]. Wenn ein Gebot des betreibenden Gläubigers (aber auch das eines anderen Interessenten) zurückgewiesen wird, kann Aufklärung (zumindest Hinweis) darüber geboten sein, wie Zuschlag auf ein anderes (das nächstniedrige Gebot, das dann Meistgebot bleibt) verhindert werden kann (Einstellungsbewilligung nach § 30; Antrag nach § 74a Abs 1; Bieten durch Vertreter im eigenen Namen und spätere Abtretung der Rechte aus dem Meistgebot). Bei Aussetzung der Entscheidung über den Zuschlag (§ 87) liegt jedoch kein Verfahrensfehler vor, wenn ein Realkreditinstitut mit Rechtsabteilung darüber nicht belehrt worden ist.[16]

2.9 Das Vorschieben eines **Strohmannes** bei der Abgabe von Geboten ist nicht sittenwidrig[17] und macht die Gebote nicht unwirksam. Die Beteiligten haben keinen Anspruch darauf, daß die wirkliche Interessenlage offenbar werde[17]. Das ZVG ermöglicht dies sogar in § 81 Abs 2 und 3. Wird nicht rechtzeitig die verdeckte Vollmacht vorgelegt (§ 81 Abs 3) oder das Recht aus dem Meistgebot abgetreten (§ 81 Abs 2), so erhält der Strohmann den Zuschlag. Die Voraussetzungen des Bietens richten sich nach ihm. Zu Bietmanipulation bei Auftreten eines Strohmanns (Strohmann-Vermietungsmethode, Strohmanngebote bei verteilten Grundpfandrechten) siehe[18].

2.10 Als **rechtsmißbräuchlich** (sittenwidrig) unwirksam ist ein Gebot, das in der Absicht abgegeben wird, als Meistbietender hierauf keine Zahlung leisten zu können und zu wollen[19]. Mißbräuchliches Verhalten, das keine Anerkennung finden kann (zu Rechtsmißbrauch allgemein Einl Rdn 8.5 und 10) ist jedoch die Besonderheit (Ausnahmefall). Es ist daher Vorsicht geboten. Für (sofortige, Rdn 2.7) Zurückweisung des Gebots muß Rechtsmißbrauch durch offenkundige Tatsachen eindeutig ausgewiesen sein (anschauliche Beispiele[19]); der Bieter muß Gelegenheit gehabt haben, dazu Stellung zu nehmen (rechtliches Gehör, Einl Rdn 46). Es ist nicht schon das Gebot des Eigentümers rechtsmißbräuchlich, weil er Schuldner des Verfahrens ist. Schutz gegen Nichterfüllung des Schuldnergebots gewährt erhöhte Sicherheitsleistung (§ 68 Abs 3). Es ist auch nicht schon das Gebot eines Dritten allein deshalb unwirksam, weil er in Vermögensverfall geraten ist und die eidesstattliche Offenbarungsversicherung abgegeben hat; er kann als Strohmann auftreten (die Interessenlage ist dann nicht offenzulegen, Rdn 2.9), dem ein interessierter

---

[14] OLG Hamm Rpfleger 1972, 378 = aaO (Fußn 3); Mohrbutter KTS 1972, 59 (Anmerkung).
[15] OLG Hamm Rpfleger 1972, 378 = aaO (Fußn 3).
[16] OLG Koblenz NJW-RR 1988, 690.
[17] BGH DGVZ 1955, 25 = Rpfleger 1955, 157; OLG Koblenz Rpfleger 1999, 407.
[18] Büchmann ZIP 1986, 1357.
[19] LG Essen und OLG Hamm Rpfleger 1995, 34; OLG Naumburg Rpfleger 2002, 324; OLG Nürnberg Rpfleger 1999, 87; AG Dortmund Rpfleger 1994, 119 mit Anm Stumpe; LG Mainz JurBüro 2001, 214.

Dritter die Erfüllung des Meistgebots gewährleistet; Rechtsmißbrauch muß daher im Einzelfall durch konkrete weitere Tatsachen eindeutig zutage treten.

2.11 Fall aus der Praxis: Der Schuldner gründete in Luxemburg mehrere Scheinfirmen, nach dortigem Recht ordnungsgemäß, als juristische Personen, auch hier anzuerkennen. Bei der von einer Bank gegen den Schuldner betriebenen Vollstreckungsversteigerung ließ er durch eine der Firmen einsteigern. Diese leistete die notwendige Mindestsicherheit, zahlte das Meistgebot nicht. Für die Forderung der Bank wurde nach § 118 die Forderung übertragen und nach § 128 Sicherungshypothek angeordnet. Die Bank betrieb die Wiederversteigerung. Auch hier war eine der Firmen Ersteher und dasselbe Spiel wie vorher begann. Das Vollstreckungsgericht konnte dies und ähnliche weitere Absichten nicht verhindern. Die Bank konnte nicht erhöhte Sicherheit verlangen. Nur erhöht sich wegen § 128 Abs 4, weil die Bank aus einem Recht hinter der § 128-Hypothek betreibt, das Bargebot um die § 128-Ansprüche der Bank. Sie versuchte jeweils mit eigenen Geboten die Scheinfirmen möglichst hoch hinaufzutreiben.

Gebot: Anfechtung 3

3.1 Ein Gebot kann wegen eines Willensmangels **angefochten** werden[20], mindestens sind die Anfechtungsvorschriften analog anwendbar[21] (anders[22]: keine analoge Anwendung der bürgerlichrechtlichen Irrtumsvorschriften). Anfechtbar ist es wegen Irrtums (BGB § 119; in der Erklärungshandlung = Versprechen oder über den Inhalt der Erklärung), wenn der Bieter etwa gemeint hat, die bestehenbleibenden Rechte seien im Bargebot eingeschlossen[23], oder wenn der Bieter auf das Nichtbestehen von nicht verkündeten Vorkaufsrechten vertraut hat, aber nachträglich davon erfährt, weil das Bestehen oder Nichtbestehen von Vorkaufsrechten eine wesentliche Eigenschaft ist[24]. Auch sonst ist ein Gebot wegen Irrtums über wesentliche Eigenschaften (BGB § 119 Abs 2) anfechtbar, aber nicht wegen Grundstücksmängeln (§ 56 Satz 3)[25], auch nicht, wenn der Bieter sich verrechnet (Irrtum im Motiv)[26]. Irrtum ist bewußte Unkenntnis vom wirklichen Sachverhalt; nicht im Irrtum ist, wer sich bewußt ist, den Inhalt einer Erklärung nicht zu kennen oder ihre wirtschaftliche oder rechtliche Tragweite nicht zu kennen. Wer verspätet erscheint und ein Gebot abgibt, ohne sich über die Versteigerungsbedingungen zu unterrichten, mithin bewußt ein Gebot abgibt, dessen wirtschaftliche und rechtliche Tragweite er nicht kennt und nicht zu übersehen vermag, kann mithin sein Gebot nicht wegen Irrtums anfechten[27]. Eine Anfechtung wegen arglistiger Täuschung oder Drohung (BGB § 123) scheidet nach Sachlage aus.

3.2 Die Anfechtung des Gebots muß gegenüber dem Versteigerungsgericht erfolgen[28]. Bei **wirksamer Anfechtung** des Gebots ist vom Terminsvorsitzenden,

---

[20] RG 54, 308; OLG Frankfurt Rpfleger 1980, 441; OLG Hamm KTS 1972, 56 mit teils zust, teils abl Anm Mohrbutter = MDR 1972, 59 = OLGZ 1972, 250 = Rpfleger 1972, 378 und Rpfleger 1998, 438; OLG Frankfurt Rpfleger 1980, 441; OLG Stuttgart Justiz 1979, 332; LG Krefeld Rpfleger 1988, 166; Dassler/Gerhardt §§ 71–72 Rdn 14; Korintenberg/Wenz § 71 Anm 2; Reinhard/Müller § 71 Anm II 2; Steiner/Storz § 71 Rdn 97; Mohrbutter/Drischler Muster 108 Anm 1.
[21] Baur/Stürner, Zwangsvollstreckungsrecht, Rdn 616.
[22] Stadlhofer-Wissinger, Das Gebot in der Zwangsversteigerung, 1993, S 133–148 und S 157.
[23] OLG Stuttgart Justiz 1979, 332; LG Krefeld Rpfleger 1988, 166; Schiffhauer Rpfleger 1972, 341.
[24] Lorenz MDR 1961, 896.
[25] LG Bielefeld MDR 1978, 678; LG Neuruppin Rpfleger 2002, 40 (Irrtum über eine verkehrswesentliche Eigenschaft).
[26] Nußbaum, Zwangsversteigerung, § 16 (III a).
[27] OLG Frankfurt Rpfleger 1980, 441.
[28] OLG Krefeld Rpfleger 1988, 166; Dassler/Gerhardt § 71 Rdn 4.

der über die Anfechtung sofort zu entscheiden hat, das Gebot zurückzuweisen, bei späterer Anfechtung der Zuschlag zu versagen[29] oder, wenn der Zulassung des (angefochtenen) Übergebots widersprochen und das zweithöchste Gebot daher nicht erloschen ist (§ 72 Abs 1), diesem der Zuschlag zu erteilen[30]. Die Anfechtung muß unverzüglich nach Aufklärung des Irrtums erfolgen, in der Regel also noch vor der Erteilung des Zuschlags. Möglich ist sie auch noch durch Zuschlagsanfechtung[31]. Jedoch beurteilt sich dann die Rechtzeitigkeit der Anfechtung nicht nach Verfahrensrecht, sondern nach materiellem Recht (BGB § 121)[32], so daß bei früher Kenntnis des Anfechtungsgrundes die Anfechtung erst mit Zuschlagsbeschwerde verspätet sein kann. Anfechtung erst im Verkündungstermin 9 Tage nach Kenntnis des Anfechtungsgrunds ist verspätet[33]. Nach Rechtskraft des Zuschlags ist Anfechtung auf jeden Fall ausgeschlossen[34]. Zu Unrecht meint[35], wegen Drohung (wann ist die möglich?) sei Anfechtung auch nach Rechtskraft möglich, verbunden mit dem Antrag auf Wiedereinsetzung gegen die Versäumung der Zuschlagsbeschwerdefrist. Wird ein zugelassenes Gebot in der Bietzeit wirksam angefochten, so muß weitergeboten werden, weil durch die Zulassung die schon vorher abgegebenen Gebote erloschen waren (§ 72 Abs 1) (anders[36]: dies gelte nur bei späterer Anfechtung, nicht aber bei Anfechtung sofort nach der Zulassung des Gebots; durch § 72 nicht gedeckt).

3.3 Der Meistbietende, der nach Erteilung des Zuschlags sein Gebot wegen Irrtums (BGB § 119) anficht, hat, wenn auf seine Beschwerde der Zuschlag versagt wird, anderen Beteiligten nach BGB § 122 Abs 1 **Schadensersatz** zu leisten[37]. Der zu ersetzende Schaden umfaßt alle Vermögensnachteile (auch Vertrauensschaden)[37].

4 Mehrere Bieter (Bietergemeinschaft)

4.1 Eigentum an einem Grundstück können **mehrere Personen gemeinschaftlich** auch in der Zwangsversteigerung erwerben. Ein Gebot mehrerer Personen zu gemeinschaftlichem Grundstückserwerb ist daher zulässig; es hat das die **Beteiligungsverhältnis** der Bieter in Bruchteilen (zB 1/2) oder das zwischen ihnen bestehende **Gesamthandverhältnis** (zB eheliche Gütergemeinschaft) anzugeben. BGB-Gesellschaft: Rdn 7.14 g. Die Angaben müssen vor oder bei dem ersten Gebot der Bietergemeinschaft erfolgen (Aufnahme ins Protokoll = § 78 Rdn 2). Ein Gesamthandsverhältnis der Bieter ist aber nur in den gesetzlich vorgesehenen Fällen zulässig; meistens besteht ein Gesellschaftsverhältnis oder eheliche Gütergemeinschaft. Gesamtberechtigung nach BGB § 428 ist bei Eigentum ausgeschlossen. Die Bieter haften (unabhängig von ihrer Beteiligung) für das Gebot samtverbindlich.

4.2 Bei der Bietergemeinschaft genügt die Abgabe des **Gebots durch einen der Teilnehmer** mit formloser Zustimmung (zB Kopfnicken) der anwesenden

---

[29] OLG Frankfurt Rpfleger 1980, 441; Lorenz MDR 1961, 896.
[30] BGH MDR 1984, 1015 = NJW 1984, 1950 = Rpfleger 1984, 243.
[31] OLG Frankfurt Rpfleger 1980, 441; OLG Stuttgart Justiz 1979, 332; Dassler/Gerhardt § 71 Rdn 4; Schiffhauer Rpfleger 1972, 341; Lorenz MDR 1961, 896.
[32] OLG Frankfurt Rpfleger 1980, 441.
[33] LG Krefeld Rpfleger 1988, 166.
[34] OLG Hamm JurBüro 1966, 889; Bierbach, Anfechtung des Meistgebots (1914), S 55–56; König, Wesen des Zuschlags (1935), S 108; Ruhl, Hauskauf in der Zwangsversteigerung (1931), § 20 (B); Stülpnagel, Rechtliche Natur des Versteigerungsgebotes (1918), S 28; Zapfe, Natur der Zwangsversteigerung (Anfechtbarkeit), 1921, S 53–55.
[35] Riggers JurBüro 1970, 359 (3 d).
[36] Henle, ZVG, § 71 Anm 2.
[37] BGH NJW 1984, 1950 = aaO (Fußn 30).

Behandlung unwirksamer Gebote 6.3 § 71

anderen Teilnehmer. Für die nicht anwesenden Teilnehmer der Bietergemeinschaft ist aber notarielle Bietungsvollmacht vorzulegen.

4.3 Bei der Bietergemeinschaft handelt es sich nicht um ein gleichzeitiges Abhalten der anderen Gemeinschaftsteilnehmer von eigenen Geboten, also **nicht** um ein **unzulässiges Bietabkommen**[38].

4.4 Die Verträge über gemeinsames Bieten müssen **nicht** nach BGB § 311 b Abs 1 **notariell** beurkundet sein, falls sie nicht eine Erwerbsverpflichtung enthalten. Sie sollen dann nur für den Fall des Gebots die Art der Gemeinschaft und die Größe der Anteile bestimmen.

4.5 Zur Bietergemeinschaft mit Beispiel im ZVG-Handbuch Rdn 315.

Rechtspfleger, Protokollführer, Schuldner als Bieter 5

5.1 Rechtspfleger, Richter, Protokollführer, die mit der Durchführung des Termins befaßt sind, dürfen weder für sich selbst (auch nicht durch einen Bevollmächtigten) noch als Vertreter eines anderen bieten: BGB § 450 Abs 1. Gebote sind hier, wenn sie dennoch erfolgen sollten, als unwirksam zurückzuweisen.

5.2 Der **Schuldner,** ebenso der Antragsgegner im Teilungsversteigerungsverfahren, darf unbeschränkt bieten, ebenso ein nach der Beschlagnahme neu eingetretener Eigentümer (unter Umständen aber mit erhöhter Sicherheitsleistung).

Vertretungsmacht; Zustimmung zu Geboten (Absatz 2) 6

6.1 Stellvertretung ist bei Abgabe eines Gebots zulässig (BGB § 164 Abs 1). Erforderlich ist, daß der erklärende Stellvertreter **im Namen des Vertretenen** handelt und **Vertretungsmacht** hat (zur verdeckten Vertretung § 81 Rdn 5). Die Vertretungsmacht kann gesetzlich (zB für Eltern, Vormund, Pfleger oder Betreuer), rechtsgeschäftlich (zur Bietvollmacht Rdn 6.3) oder organschaftlich (zB für Vorstand der Aktiengesellschaft, der eingetragenen Genossenschaft oder des Vereins, für Geschäftsführer der Gesellschaft mbH usw) begründet sein. Wirksamkeitserfordernis eines Gebots[39] ist darüber hinaus, daß die Vertretungsmacht bei Gericht **offenkundig** ist oder durch eine **öffentlich beglaubigte Urkunde** sofort **nachgewiesen** wird (Abs 2). Gleiches gilt, wenn die Wirksamkeit eines Gebots von der **Zustimmung eines anderen** oder einer **Behörde** abhängig ist (Einzelfälle Rdn 7); diese Zustimmung muß für Zulassung des Gebots gleichfalls offenkundig oder durch eine öffentlich beglaubigte Urkunde sofort nachgewiesen werden. Grund: Schaffung klarer Verhältnisse mit größtmöglicher Sicherheit über die Wirksamkeit eines Gebots. Das Gebot wird nur zugelassen, wenn ihm, sofern es das letzte bleibt, der Zuschlag erteilt werden kann.

6.2 Offenkundigkeit: § 17 Rdn 4.4. Die **öffentlich beglaubigte Urkunde** muß schriftlich abgefaßt und mit der von einem Notar beglaubigten Unterschrift des Erklärenden versehen (BGB § 129 Abs 1) oder von der zustimmenden Behörde formgerecht ausgestellt sein. Die weitergehende notarielle Beurkundung einer Erklärung ersetzt deren öffentliche Beglaubigung (BGB § 129 Abs 2).

6.3 a) Die **Bietvollmacht** (Form: Rdn 6.1) muß ausdrücklich die Ermächtigung zum „Erwerb des Grundstücks", „Abgeben von Geboten" oder ähnlich enthalten oder es muß sich um eine (öffentlich beglaubigte oder beurkundete) Generalvollmacht handeln[40]. Bei der Generalvollmacht kann es sich auch um eine auf „Zwangsvollstreckung" oder „Zwangsversteigerung" oder ähnlich beschränkte handeln, eine sogenannte Gattungs-Generalvollmacht. Zulässig ist etwa: „... zur

---

[38] Kalter KTS 1964, 193 (207).
[39] OLG Hamm NJW 1988, 73 = OLGZ 1988, 452.
[40] Dassler/Gerhardt § 71 Rdn 19; Jaeckel/Güthe §§ 71–72 Rdn 14; Korintenberg/Wenz § 71 Anm 3 a; Steiner/Storz § 71 Rdn 23.

§ 71 6.3 Versteigerung

Abgabe und Annahme aller, gleichwie gearteter Erklärungen in ..., soweit dies gesetzlich zulässig ist ...". Es genügt auch eine Sondervollmacht „zum Erwerb des Grundstücks"[41]. Dagegen genügt nicht eine Einzelvollmacht, „rechtsgeschäftliche Erklärungen abzugeben", „das Grundstück zu veräußern" (insbesondere bei der Teilungsversteigerung so vorkommend) oder ähnliche allgemeine Erklärungen, bei denen nicht sicher ist, ob der Vollmachtgeber wirklich Gebote abgeben lassen wollte. Einfache (privatschriftliche) Prozeßvollmacht (ZPO § 80), die zur Vertretung eines (beliebigen) Verfahrensbeteiligten zu den Zwangsversteigerungsakten übergeben ist (oder wird), genügt zur Abgabe von Geboten nicht. Auch die in öffentlich beglaubigter Form ausgestellte Prozeßvollmacht ermächtigt nur zu Verfahrenshandlungen (ZPO § 85), weist aber eine Vertretungsmacht für Abgabe von Geboten zum Grundstückserwerb nicht aus. Angesichts der Tragweite der Gebote muß völlige Klarheit über den Umfang der Bietvollmacht herrschen, diese somit zur Vertretung bei Abgabe von Geboten ermächtigen.

b) Enthält die Vollmacht **Beschränkungen**, etwa nach der Höhe des Gebots, so sind diese vom Gericht zu beachten. Über die in der Vollmacht genannte Höchstgrenze hinaus kann der Bevollmächtigte keine wirksamen Gebote abgeben; trotzdem erfolgende sind zurückzuweisen (Abs 2), weil ja dafür keine Vertretungsmacht mehr vorliegt. Bietet der Bevollmächtigte dann selbst und tritt er die Rechte aus dem Meistgebot ab (§ 81 Abs 2), so ist es wegen der Grunderwerbsteuer ratsam, zu Protokoll zu erklären, daß er nur mangels der nötigen Vollmacht selbst geboten habe (über die Wirksamkeit in steuerrechtlicher Hinsicht entscheidet das Finanzamt); für die Frage des Gebots ist es ohne Bedeutung, der Bietende als Meistbietender zu behandeln.

c) Ist **mehreren Personen Vollmacht** erteilt, dann muß sie zum Ausdruck bringen, ob jeder Bevollmächtigte für sich allein (Einzelvertretung; ist bei Bevollmächtigung einer Anwaltssozietät anzunehmen) oder ob sie nur zusammen (Gesamtvertretung) vertretungsberechtigt sein sollen. Fehlt die Angabe, so kann es Auslegungsfrage sein, welche Vertretungsart gewollt ist. Wird eine zur Gesamtvertretung erteilte Bietvollmacht von einem der Bevollmächtigten handschriftlich so ergänzt, daß „... jeder für sich allein vertreten kann", dann weist die Urkunde Einzelvertretung nicht in der Form des Abs 2 aus; Gebote des Einzelvertreters sind daher zurückzuweisen[42], soweit die Vertretungsart nicht offenkundig ist (zB Bestätigung des Vollmachtgebers zu Protokoll) (im Fall[42] wäre aber bei Auslegung Einzelvertretung anzunehmen gewesen; für Bindung der Vertretungsmacht des Rechtsanwalts an die Mitwirkung des Bürovorstehers, damit auch umgekehrt, weist die Urkunde nichts aus).

d) Ist der Bieter **von mehreren Personen** zum Bieten bevollmächtigt, so bestimmt er bei Abgabe des Gebots das Beteiligungsverhältnis seiner Vollmachtgeber, falls dieses nicht in der Vollmachtsurkunde genannt ist. Gegenüber dem Gericht entscheidet dann seine Erklärung, aber im Innenverhältnis haftet er den Vollmachtgebern für die richtige Erfüllung des Auftrags.

e) Die Urkunde muß in **Urschrift** oder **Ausfertigung** (ersetzt die Urschrift im Rechtsverkehr) vorgelegt werden (vgl BGB §§ 172, 175); die Vorlage einer beglaubigten Abschrift genügt für den Nachweis des Besitzes der Vollmachtsurkunde und damit des Fortbestands der Vollmacht nicht. Wird die vorgelegte Vollmachtsurkunde zurückgegeben, ist Vorlage der Urschrift oder Ausfertigung im Protokoll festzustellen (§ 78) und eine (beglaubigte) Abschrift zu den Akten zu nehmen.

f) **Offenkundig** könnte eine Bietvollmacht bei Gericht etwa sein, wenn in einer beim Grundbuchamt eingereichten Urkunde (die mit den Grundakten beim Versteigerungstermin dem Vollstreckungsgericht vorliegt) eine Bietvollmacht enthal-

---

[41] Korintenberg/Wenz § 71 Rdn 3 a.
[42] LG Lüneburg Rpfleger 1988, 112.

ten ist. Offenkundig ist nur, was dem Terminsvorsitzenden einwandfrei bekannt ist; es genügt nicht, daß der Bevollmächtigte in anderen Zwangsversteigerungsverfahren über eine formgültige Bietvollmacht verfügt hat. Bei größeren Banken oder anderen größeren Unternehmen ist es auch üblich, daß diese beim Gerichtsvorstand eine allgemeine Vollmacht für alle ihre Zwecke hinterlegen (Einl Rdn 50). Schon bei der normalen Prozeßvollmacht entstehen hierbei erhebliche Schwierigkeiten der Überwachung, erst recht bei der Bietvollmacht, die nun einmal im Versteigerungstermin einwandfrei nachgewiesen sein muß. Unklarheiten gehen immer zu Lasten des Nachweispflichtigen.

g) Bedarf der Vollmachtgeber einer behördlichen Genehmigung (Zustimmung, zB Eltern oder ein Vormund der Genehmigung des Familien- oder Vormundschaftsgerichts) oder der Zustimmung eines anderen, so hat diese auch der bietende Bevollmächtigte nachzuweisen (Abs 2).

h) Eine im **Ausland** ausgestellte Vollmacht ist formwirksam, wenn sie den Formerfordernissen des Ortsform (des Rechts des Sitzes der ausländischen Urkundsperson) entspricht[43] (EGBGB Art 11 Abs 1).

6.4 Der Nachweis der Befugnis zur Vertretung einer Aktien- oder Aktienkommanditgesellschaft, GmbH, OHG oder KG sowie Partnerschaft oder Europ wirtschaftlichen Interessenvereinigung ist durch sofortige (Abs 2) Vorlage eines **Zeugnisses des Registergerichts** über die Eintragung (beglaubigte Registerabschrift, HGB § 9 Abs 2 und 3) zu führen, desgleichen der Nachweis der Befugnis zur Vertretung einer Genossenschaft (GenG § 156 Abs 1 mit HGB § 9) sowie eines eingetragenen Vereins (BGB § 69). Offenkundig wird die Vertretungsmacht nur sein, wenn in einem anderen Verfahren oder Versteigerungstermin desselben Vorsitzenden der Auszug schon vorlag (aber mit Vorsicht anzuwenden, weil sich die Verhältnisse geändert haben können) oder wenn etwa eine ortsansässige Bank laufend in solchen Verfahren auftritt. Wenn der Nachweis der (nicht offenkundigen) Vertretungsmacht nicht sofort erfolgt, muß das Gebot als unwirksam zurückgewiesen werden (Abs 2). Der Registerauszug muß neueren Datums sein[44]. Eine Zeitgrenze besteht nicht[44]; es entscheidet das pflichtgemäße Ermessen des Rechtspflegers[44]. Ein noch keine 15 Tage alter Auszug genügt im Hinblick auf HGB § 15 Abs 2 Satz 2 auf jeden Fall, sofern keine Änderung bekannt ist oder sein muß. Bezugnahme auf das Handelsregister (auch desselben Gerichts) genügt nicht (der Inhalt des bei einer anderen Abteilung des Gerichts geführten Registers begründet keine Offenkundigkeit). Durch Rückfrage beim Registergericht des gleichen oder eines anderen Amtsgerichts (fernmündlich, mit Fernschreiben oder Telefax) hat der Rechtspfleger einen fehlenden (oder unzureichenden) Vertretungsnachweis nicht selbst beizubringen (anders „unter besonderen Umständen"[44], dagegen[45]; auch ZVG-Handbuch Rdn 318). Rückfrage beim Registergericht begründet Offenkundigkeit nicht, erbringt Nachweis durch öffentliche Urkunde nicht und bewirkt auch nicht sofortigen Vertretungsnachweis für Prüfung und Entscheidung über die Wirksamkeit des Gebots (Rdn 2.7). Rechtsstaatliche Verfahrensgestaltung (Einl Rdn 7) schließt nicht die Verpflichtung ein, einem Bietinteressenten (abweichend von der Regelung, die der Gesetzgeber mit Abs 2 getroffen hat) den Grundstückserwerb durch Beischaffung der fehlenden Erwerbsunterlagen zu ermöglichen. Wer als Vertreter bei Abgabe des Gebots seine Vertretungsmacht nicht sofort nachweisen kann, kann selbst bieten und erklären, daß er für das vertretene Handelsunternehmen (den Verein usw) geboten hat (verdeckte Vertretung, § 81 Abs 3) oder die Rechte aus dem Meistgebot dann nach § 81 Abs 2 abtreten

---

[43] OLG Stuttgart DNotZ 1981, 746 = OLGZ 1981, 164 = Rpfleger 1981, 145; OLG Stuttgart OLGZ 1982, 257 = Rpfleger 1982, 137.
[44] OLG Hamm MDR 1990, 163 = OLGZ 1990, 106 = Rpfleger 1990, 85 und 218 Leitsatz mit abl Anm Hintzen; LG Mainz JurBüro 2000, 493 = Rpfleger 2000, 287.
[45] Hintzen Rpfleger 1990, 218 (Anmerkung); auch LG Mainz JurBüro 2000, 493 = aaO.

(doppelte Grunderwerbsteuer möglich). Bei verdeckter Stellvertretung kann zum Nachweis der Vertretungsmacht Verkündungstermin bestimmt werden (§ 78); Hinweis auf diese Erwerbsmöglichkeit gebietet die gerichtliche Aufklärungspflicht (Einl Rdn 33). Erzielung eines möglichst günstigen Erlöses als Verfahrensziel wird daher (entgegen[46]) nicht schon mit Zurückweisung des Gebots eines durch Registerauszug nicht legitimierten Vertreters verfehlt. Zudem dient Verfahrensgestaltung mit Wahrung des Abs 2 für Vertretungsnachweis sowie für Prüfung und Entscheidung über die Wirksamkeit eines Gebots (Rdn 2.7) der Klarheit und Sicherheit des Bietvorgangs (Verzögerung könnte Bietinteressenten vergrämen, Unklarheit über Wirksamkeit und Zulassung eines Gebots sie abschrecken); sie entspricht daher nicht nur den Anforderungen, sondern auch den Geboten rechtsstaatlicher Verfahrensgestaltung. Gleichbehandlung der Bietinteressenten gebietet darüber hinaus strikte Einhaltung des Abs 2. Man stelle sich vor, daß bei Konkurrenz zweier Erwerbsinteressenten die Rückfrage bei dem Registergericht des einen Unternehmens den erwünschten Aufschluß bringt, die Anfrage bei dem Registergericht des anderen Unternehmens in vertretbarer Zeit (dazu[46]) aus nicht aufklärbaren Gründen jedoch scheitert. Solche einem rechtsstaatlichen Verfahren mit Bieterkonkurrenz abträgliche Zufälligkeiten und Unwägbarkeiten auszuschalten und mit Klarheit über die Wirksamkeit eines Gebots der Versteigerung eine sichere Grundlage zu geben, ist Zweck des Abs 2. Schutz des Schuldners gewährleistet ZPO § 765a, wenn im Einzelfall fehlender Vertretungsnachweis Verschlechterung des Verfahrensergebnisses bewirkt (Fall von[46]) und mit Aufklärung des Bieters über verdeckte Vertretung oder eigenes Meistgebot mit Abtretung (beides von[46] nicht erwogen) Abhilfe nicht geschaffen werden kann.

6.5 **Zurückweisung** des Gebots erfolgt, wenn die Vertretungsmacht desjenigen, welcher das Gebot als Vertreter für einen anderen abgegeben hat, oder eine erforderliche Zustimmung eines anderen oder einer Behörde, nicht in der erforderlichen Form **sofort** nachgewiesen wird und auch nicht offenkundig ist. Mit der Zurückweisung erlischt das Gebot (§ 72 Abs 2). Es bleibt aber wirksam, wenn der Bieter oder ein Beteiligter der Zurückweisung sofort widerspricht (§ 72 Abs 2). Erfordernis des Nachweises der Vertretungsmacht oder der Zustimmung kann dann bei Entscheidung über den Zuschlag erneut geprüft werden (§ 79). Auch dann kann aber der Nachweis nicht nachgebracht werden[47] (Rdn 6.6).

6.6 Offenkundig müssen Vertretungsmacht oder Zustimmung **sogleich** bei Abgabe des Gebots sein. Sonst sind sie „**sofort**" **nachzuweisen.** Sofort bedeutet auch hier, daß der Nachweis ohne Verzögerung nach Abgabe des Gebots beigebracht (vorgelegt) werden muß, so daß der Verfahrensfortgang mit Abgabe weiterer Gebote nicht aufgehalten wird (siehe bereits § 70 Rdn 3). Als Wirksamkeitserfordernis für das Gebot können Nachweise (auch nur eine Vollmachtsergänzung[48]) nicht nachgebracht werden, weder im Versteigerungsverfahren nach Schluß der Bietstunde (§ 73 Abs 2) bis zum Verkündigungstermin[49] (§ 87) noch im Rechtsmittelverfahren, auch nicht in der Bietzeit nach Zurückweisung des Gebots (dann ist neuerliches Gebot unter Vorlage der Nachweise möglich). Die Zurückweisung erfolgt nur, solange das Gebot bindend besteht, nicht mehr somit, wenn es durch widerspruchslose Zulassung eines Übergebots schon wieder erloschen ist (§ 72 Abs 1). Dann kann die Aufklärungspflicht des Gerichts aber Hinweis auf den zum erloschenen Untergebot fehlenden Nachweis gebieten.

6.7 Wenn ein Gebot ohne den nach Abs 2 erforderlichen Nachweis der Vertretungsmacht oder Zustimmung zugelassen worden ist, ist ihm nach § 83 Nr 6 der

---

[46] OLG Hamm aaO (Fußn 44).
[47] LG Lüneburg Rpfleger 1988, 112; Hintzen Rpfleger 1990, 218 (Anmerkung).
[48] LG Lüneburg Rpfleger 1988, 112.
[49] OLG Koblenz NJW-RR 1988, 690 = Rpfleger 1988, 75; LG Mainz JurBüro 2000, 493 = aaO.

Zuschlag zu versagen. Wenn der Zuschlag auf dieses Gebot erteilt ist, begründet der Mangel einen Anfechtungsgrund; den Versagungsgrund hat das Beschwerdegericht nach § 100 Abs 3 von Amts wegen zu berücksichtigen[50] (anders[51]).

6.8 Der **Auftrag**, der eine **Verpflichtung** des Beauftragten und/oder Auftraggebers begründet, ein Grundstück in der Zwangsversteigerung zu erwerben, bedarf der notariellen Beurkundung[52] (BGB § 311 b Abs 1). Daher ist ein Auftrag, gerichtet auf den Erwerb eines Grundstücks im eigenen Namen, aber für Rechnung des Auftraggebers, beurkundungspflichtig. Aber auch ein Auftrag, für den Auftraggeber in offener Stellvertretung ein Grundstück zu erwerben, ist beurkundungspflichtig, wenn damit der Auftrag/Vollmachtgeber bereits eine bindende Entscheidung für den Erwerb treffen wollte oder getroffen hat. Einzelheiten und Nachweise bei[52]. Wenn der Beauftragte das Grundstück vereinbarungsgemäß ersteigert hat und jedenfalls als Ersteher in das Grundbuch eingetragen ist, ist der Formmangel wegen einer Erwerbspflicht des Auftragnehmers entsprechend BGB § 311 b Abs 1 Satz 2 geheilt[53]. Die Berufung des Auftragnehmers auf den Formmangel wegen einer Erwerbspflicht des Auftraggebers kann gegen Treu und Glauben verstoßen[53].

Vertretung und Zustimmung (Einzelfälle) sowie Besonderheiten 7

7.1 Ausländer: a) Ausländische **natürliche Personen** (auch Staatenlose[54]) und ausländische **juristische Personen** unterliegen bei Grundstückserwerb keinen Beschränkungen. Für Staatsangehörige der Mitgliedsstaaten der Europäischen Gemeinschaft wurden bereits durch das (nun aufgehobene) Bundesgesetz vom 2. 4. 1964 (BGBl 1964 I 248) § 1 alle Beschränkungen beseitigt. Jetzt bestimmt EGBGB Art 86 (idF des Gesetztes vom 23. 7. 1998, BGBl I 1886), daß Vorschriften, die den Erwerb von Rechten durch Ausländer oder durch juristische Personen, die ihren satzungsmäßigen Sitz, ihre Hauptverwaltung oder ihre Hauptniederlassung nicht im Bundesgebiet haben (ausländische juristische Personen), beschränken oder von einer Genehmigung abhängig machen, keine Anwendung mehr finden. Eine Rechtsverordnung der Bundesregierung über die Beschränkung des Erwerbs von Rechten durch Ausländer oder ausländische juristische Personen (Grundlage: EGBGB Art 86 Satz 2) ist nicht erlassen. Wenn eine Genehmigungspflicht eingeführt werden sollte, muß die Genehmigung bei Abgabe des Gebots vorliegen; Gebote ohne Genehmigung sind dann unwirksam und zurückzuweisen: Abs 2. Güterstand: Einl Rdn 25.3.

b) Bei Geboten **verheirateter ausländischer Staatsangehöriger** können für Erwerbsberechtigung und Erwerbsverhältnisse güterrechtliche Besonderheiten Bedeutung erlangen und zu berücksichtigen sein. Zu den ehegüterrechtlichen Kollisionsvorschriften[55]. Es wird auch vom Vollstreckungsgericht EGBGB Art 12 zu berücksichtigen sein. Ein Gebot kann daher nur zurückgewiesen werden, wenn dem Vollstreckungsgericht konkrete Tatsachen für eine aus fremdem Recht abgeleitete Rechts-, Geschäfts- oder Handlungsunfähigkeit bekannt sind oder wenn es sicher weiß, daß Bieter im bezeichneten Erwerbsverhältnis (GBO § 47) nicht erwerben können. Die Prüfungspflicht des Vollstreckungsgerichts ist der des Grundbuchamts (auch des Notars) bei ausländischen Erwerbern vergleichbar; zu Einzel-

---

[50] OLG Hamm NJW 1988, 73 = OLGZ 1988, 452; Steiner/Storz § 71 Rdn 28.
[51] Jaeckel/Güthe § 100 Rdn 5.
[52] BGH 85, 245 = DNotZ 1984, 241 = MDR 1983, 215 = NJW 1983, 566 = Rpfleger 1983, 81; BGH DNotZ 1998, 941 = MDR 1996, 895 = MittBayNot 1996, 295 = NJW 1996, 1960 = Rpfleger 1996, 471; Schöner/Stöber, Grundbuchrecht, Rdn 3109.
[53] BGH 85, 245 und NJW 1996, 1960 = je aaO (Fußn 52).
[54] RG 120, 193 (198).
[55] Schöner/Stöber, Grundbuchrecht, Rdn 3410 ff.

heiten siehe daher[56]. Bietern ist zu raten, im Zweifel eine förmliche Rechtswahl (EGBGB Art 15 Abs 2) oder Rechtswahlbestätigung (EGBGB Art 220 Abs 3 Satz 1 Nr 2) rechtzeitig zu treffen (muß notariell beurkundet werden, EGBGB Art 14 Abs 4) und dem Vollstreckungsgericht bei Abgabe des Gebots nachzuweisen (nicht später; § 71 Abs 2, entsprechende Anwendung).

7.2 a) **Beschränkte Geschäftsfähigkeit:** Das Gebote eines beschränkt Geschäftsfähigen (BGB §§ 106, 114) ist ohne Einwilligung des gesetzlichen Vertreters (BGB § 107) unwirksam (BGB § 111). Der gesetzliche Vertreter benötigt für diese Einwilligung (ebenso wie für eigene Gebote im Namen des Minderjährigen, Rdn 7.4), die Genehmigung des Familien- oder Vormundschaftsgerichts. Zurückzuweisen ist das Gebot eines Minderjährigen, wenn die Einwilligung des gesetzlichen Vertreters oder die Genehmigung des Familien- oder Vormundschaftsgerichts nicht nachgewiesen (oder offenkundig) ist (Abs 2). Hierzu im ZVG-Handbuch Rdn 317.

b) **Betreuer, Betreute:** Der Betreuer vertritt in seinem Aufgabenkreis den Betreuten (BGB § 1902). Gebote sind für den Betreuten nur mit Genehmigung des Vormundschaftsgerichts möglich (wie beim Vormund, Rdn 7.24): BGB § 1908 i Abs 1 Satz 1 mit § 1821 Abs 1 Nr 5. Ohne Genehmigung sind sie zurückzuweisen: Abs 2. Bei Betreuung mit Einwilligungsvorbehalt (BGB § 1903) sind Gebote des Betreuten ohne Einwilligung des gesetzlichen Vertreters (und Genehmigung des Vormundschaftsgerichts) unwirksam (BGB § 1903 Abs 1 Satz 2 mit §§ 107, 111; wie vorst a). Sonst hat die Bestellung eines Betreuers (BGB § 1896) keine Auswirkung auf die Geschäftsfähigkeit des Betreuten (diese beurteilt sich nach BGB § 104 Nr 2; hierzu im Einl Rdn 44.4); in diesem Fall (zB bei körperlichen Gebrechen) bleibt der Betreute daher auch selbst zur Abgabe von Geboten befugt.

7.3 Ehegatten: Jeder kann grundsätzlich allein (ohne Zustimmung des anderen) bieten. Beim gesetzlichen Güterstand der Zugewinngemeinschaft benötigt ein Ehegatte für Gebote keine Zustimmung des anderen, auch wenn die Voraussetzungen nach BGB § 1365 vorliegen würden (das zu zahlende Gebot stellt das gesamte Vermögen des Bieters dar), weil es sich nur um eine schuldrechtliche Verpflichtung zur Zahlung des Bargebots handelt, nicht um eine Verpflichtung zur Übertragung aller vorhandenen Vermögenswerte[57]. Bei Gütergemeinschaft kann der das Gesamtgut verwaltende Teil oder können beide gemeinsam mit Wirkung für das Gesamtgut bieten; hat ein in Gütergemeinschaft lebender Ehegatte geboten und dabei dem Gericht angegeben, er lebe in gesetzlichem Güterstand, so ist der Zuschlag dennoch wirksam; der andere Ehegatte kann aber die Berichtigung des Grundbuchs verlangen[58].

7.4 Elterliche Vermögensverwaltung: a) Vater und Mutter vertreten das Kind gemeinschaftlich (BGB § 1629 Abs 1 Satz 2). Wenn nur ein Elternteil sorgeberechtigt ist (BGB §§ 1671, 1672, 1678, 1680, 1681 usw) oder wenn ihm das Entscheidungsrecht nach BGB § 1628 übertragen ist, hat er auch die Alleinvertretung (BGB § 1629 Abs 1 Satz 3). Als gemeinsam vertretende Sorgeberechtigte müssen Vater und Mutter gemeinsam bieten; das kann auch in der Weise geschehen, daß ein Elternteil das Gebot mit formloser Einwilligung (zB durch Kopfnicken, Handzeichen) des anwesenden anderen Elternteils abgibt. Wenn nur ein Elternteil anwesend ist und bietet, muß die Zustimmung des anderen Elternteils offenkundig sein oder durch öffentliche oder öffentlich beglaubigte Urkunden sofort nachgewiesen werden (so auch ZVG-Handbuch Rdn 318 und[59]). Daß Bevollmächtigung eines allein anwesenden Elternteils durch den anderen stillschwei-

---

[56] Schöner/Stöber, Grundbuchrecht, Rdn 3420–3422.
[57] LG Freiburg FamRZ 1973, 602 Leitsatz = Rpfleger 1973, 302 mit zust Anm Schiffhauer; Haegele Rpfleger 1976, 274 (II 1 b); Dassler/Gerhardt § 71 Rdn 25.
[58] Steiner/Storz § 71 Rdn 41.
[59] Steiner/Storz § 71 Rdn 19.

gend erfolgt sein kann oder daß glaubhaft gemacht ist, daß zwischen den Eltern Einvernehmen (keine Meinungsverschiedenheit; BGB §§ 1627, 1628) besteht, genügt für die Zulassung des Gebots nicht, weil Abs 2 Offenkundigkeit oder urkundlichen Nachweis der Zustimmung verlangt.

b) Als Vermögensverwalter des Kindes (BGB §§ 1626, 1629) bedürfen Eltern zum Erwerb eines Grundstücks für das Kind der Genehmigung des Familiengerichts (BGB § 1643 Abs 1 mit § 1821 Nr 5). Die frühere Genehmigungsfreiheit für den Grundstückserwerb (10. Auflage; dort auch Nachweise) ist mit Änderung des BGB § 1643 Abs 1 ab 1. Jan 1980 durch das Gesetz zur Neuregelung des Rechts der elterlichen Sorge vom 18. 7. 1979 (BGBl I 1061) entfallen. Ein Unterschied zwischen Grundstückserwerb bei Vertretung durch Eltern sowie Vormund (Rdn 7.24) und Pfleger besteht jetzt nicht mehr.

7.5 Diese Randnummer ist entfallen.

7.6 Erbbaurecht: Die Abgabe von Geboten ist ohne Beschränkung zulässig. Zustimmung uU für Erteilung des Zuschlags: § 15 Rdn 13.

7.7 Gemeinden: Die Vertretung richtet sich nach der jeweiligen Landesgemeindeordnung. Bestimmt sie Gesamtvertretung (ist vom Gericht zu prüfen), dann müssen die dafür erforderlichen Personen (Organe oder Beamte; Prüfung hat zu erfolgen, etwa durch Einsicht der Dienstausweise) zusammen bieten. Vertretung der zur Ausübung der gemeindlichen Gesamtvertretung erforderlichen Personen oder (wenn nur eine selbst bei der Gesamtvertretung mitwirkt) der erforderlichen weiteren Person, durch einen Bevollmächtigten ist möglich. Als Vertretungsregelungen der Gemeindeordnungen sind die kommunalverfassungsrechtliche Bindung an Beschlüsse des Gemeinderats (eines anderen Organs) oder eine Ermächtigung (je nach Landesrecht) zu Geschäften, die, (wie Grundstückserwerb) nicht der laufenden Verwaltung zuzurechnen sind, und die kommunalrechtlichen Formvorschriften zu unterscheiden. Die **kommunalrechtliche Bindung** an Beschlüsse des Gemeinderats (eines anderen Organs) sieht der BGH[60] als eine nur interne Zuständigkeitsregelung an, die auf die Vertretung der Gemeinde nach außen (auf die Wirksamkeit von Vertretungshandlungen) ohne Einfluß ist. Die Zustimmung ist daher nicht Wirksamkeitserfordernis, muß zur Abgabe eines Gebots somit nicht nach Abs 2 nachgewiesen werden. Für **Bayern** nimmt das BayObLG[61] noch an, daß die dem Ersten Bürgermeister nach GO § 38 Abs 1 eingeräumte Vertretungsmacht davon abhängig ist, daß ein entsprechender Gemeinderatsbeschluß vorliegt (Ausnahme für laufende Angelegenheiten). Kommunalrechtliche **Förmlichkeitsvorschriften** (zB Schriftform mit Unterzeichnung und Beifügung des Gemeindesiegels) hingegen legt der BGH[62] als Vertretungsregeln aus, die die Vertretungsmacht der handelnden Organe einschränken. Wenn das auch für Abgabe eines Gebots in der Zwangsversteigerung gelten würde, wäre auch dafür Einhaltung der kommunalrechtlich vorgeschriebenen Form zu wahren. Doch entspricht schriftliche „Übergabe" eines mündlich im Termin abzugebenden Gebots (Rdn 2.2) nicht dem Wesen und praktischen Ablauf einer Versteigerung. Man stelle sich einmal praktisch vor, wie ein Bürgermeister bei jedem Gebot einen gemeindlichen Briefbogen heraush olt, mit dem Gebot beschriftet, unterschreibt und siegelt. Die Gemeinde nimmt doch hier wie jeder andere am allgemeinen Rechtsverkehr teil und handelt in dem gerichtlichen Vollstreckungsverfahren. Die bundesrechtlichen ZVG-Verfahrensvorschriften aber lassen für landesrechtlich abweichende Rege-

---

[60] BGH 92, 164 (169, 174); BGH 97, 224 (226); BGH DNotZ 1994, 474 = NJW 1994, 1528.
[61] BayObLG 1997, 37 = MittBayNot 1997, 120 mit Anm Grziwotz = NJW-RR 1998, 161; BayObLG 1997, 223 (230) = MittBayNot 1997, 383; BayObLG 1986, 112 = NJW-RR 1986, 1080; so auch (für Gebote des 1. Bürgermeisters) AG Bayreuth Rpfleger 1969, 397 mit zust Anm Riedel.
[62] BGH 97, 224 (226) und DNotZ 1994, 474 = aaO (Fußn 60) sowie DtZ 1997, 222.

lung einer anderen Form für Abgabe eines Gebots keinen Raum (auch EGZVG § 2 bietet für landesrechtliche Regelung keine Grundlage[63]). Daher kann schon nicht angenommen werden, daß landesrechtliche Förmlichkeitsvorschriften für verpflichtende Erklärungen des für eine Gemeinde handelnden Vertretungsorgans auch Vertretungsregeln für Abgabe eines Gebots treffen. Zweck dieser Förmlichkeitsvorschriften ist zudem Sicherung der Gemeinde; dem ist bei Abgabe eines Gebots als Willensäußerung im Vollstreckungsverfahren bereits damit Rechnung getragen, daß es seiner Natur nach im Versteigerungstermin gegenüber dem Vollstreckungsgericht abgegeben werden muß. Kommunalrechtliche Förmlichkeitsvorschriften treffen nach ihrem Wesen daher Vertretungsregeln nur für den rechtsgeschäftlichen Verkehr, schließen nach Sinn und Zweck aber eine Regelung für Wahrung einer Form bei Abgabe eines Gebots nicht ein. Wenn man dennoch auch ein Gebot den für verpflichtende Erklärungen geltenden kommunalrechtlichen Förmlichkeitsvorschriften unterstellt, muß Bedeutung erlangen, daß im rechtsgeschäftlichen Verkehr die Form der schriftlichen Erklärung gemeindlicher Organe durch notarielle Beurkundung ersetzt wird (BGB § 126 Abs 3). Dem entsprechen für die in gerichtlichen Verfahren abzugebenden Erklärungen die besonderen Formvorschriften des Prozeßrechts. Das ist bei Abgabe von Geboten die mündliche Nennung des zu zahlenden Betrages gegenüber dem Versteigerungsrechtspfleger und, wenn das Gebot für Erteilung des Zuschlags Bedeutung erlangt, die gerichtliche Protokollierung (unbeeinflußt durch das Beurkundungsgesetz). Daher wäre auch eine sonst kommunalrechtlich vorgeschriebene Form durch mündliche[64] und Feststellung des Gebots in der Niederschrift über den Versteigerungstermin gewahrt ([65]für damalige Nieders Gemeindeordnung; auch[66]). Es ist also nicht nötig, daß das Gebot einer Gemeinde schriftlich und unter Beifügung des Dienstsiegels oder mit der Unterschrift des Bürgermeisters abgegeben wird. Eine sachliche Ermächtigung (Gemeinderatsbeschluß) hat auch ein Bieter nicht nachzuweisen, der für die der Gemeinde als bevollmächtigter Vertreter handelt (erfordert jedoch Vollmachtsnachweis, Rdn 6).

7.8 Geschäftsunfähige: Ihre Gebote sind nichtig: BGB §§ 104, 105. Es genügt auch nicht, wie bei Geschäftsbeschränkten, die Einwilligung des gesetzlichen Vertreters. Hier kann nur der gesetzliche Vertreter (mit familien- oder vormundschaftsgerichtlicher Genehmigung, siehe Rdn 7.4 und 7.24) Gebote abgeben. Vertretungsmacht und Genehmigung müssen bei Abgabe des Gebots vorliegen, sonst ist das Gebot zurückzuweisen: Abs 2. Nichtig sind auch die Gebote während einer vorübergehenden Störung der Geistestätigkeit, zB wenn der Bieter vor oder in der Sitzung Psychopharmaka oder andere die freie Willensbestimmung hemmende oder völlig aufhebende Mittel eingenommen hat. Über den Einfluß und die Wirkung der Mittel ist ein Sachverständiger (zB Gerichtsarzt) gutachtlich zu hören, über die Tatsache des Einnehmens Beweis durch Zeugenvernehmung des Bieters zu erheben. Im Versteigerungstermin wird das Gericht kaum von solchen Umständen Kenntnis erhalten, die Vorgänge werden erst im Rahmen der Zuschlagsanfechtung auftauchen, wie das in München geschah. Hierzu auch im ZVG-Handbuch Rdn 317.

7.9 Handelsschiffe: Genehmigung erforderte früher Handelsschiffdarlehensgesetz § 8 Abs 2 und 4. Das Gesetz ist aufgehoben.

7.10 Handwerkskammer: Sie wird nach näherer Regelung der Satzung durch den Präsidenten und den Hauptgeschäftsführer vertreten (Handwerksordnung

---

[63] Fr Riedel DNotZ 1957, 326 (Anmerkung).
[64] LG Braunschweig DNotZ 1957, 322 mit abl Anm Riedel = NdsRpfl 1957, 147; Steiner/Storz § 71 Rdn 26; Mohrbutter/Drischler Muster 4 Anm 6.
[65] LG Braunschweig aaO (Fußn 64).
[66] Dassler/Gerhardt § 71 Rdn 20.

Behandlung unwirksamer Gebote 7.14 **§ 71**

§ 109). Zur Vertretung gehört auch der Vollzug der Beschlüsse der Vollversammlung, die somit nicht nachzuweisen sind. Einer Genehmigung bedarf der der Beschlußfassung der Vollversammlung vorbehaltene Grundstückserwerb nicht (Handwerksordnung § 106 Abs 1 Nr 7 mit § 106 Abs 2). Gebote sind sonach ohne Beschlußnachweis und ohne Genehmigung wirksam.

7.11 Hypothekenbanken dürfen nur zur Verhinderung des Verlustes an Hypotheken oder zur Beschaffung von Geschäftsräumen sowie von Wohnräumen für Betriebsangehörige Grundstücke erwerben, sonst benötigen sie die Genehmigung der Aufsichtsbehörde: Hypothekenbankgesetz § 5. Gebote ohne diese Genehmigung sind zurückzuweisen: Abs 2 (anders[67]: Gebote seien wirksam, nur intern von der Aufsichtsbehörde zu prüfen).

7.12 Innungen: Gebote von Handwerksinnungen sind nur mit Genehmigung der Handwerkskammer zulässig: Handwerksordnung § 61 Abs 3; dies gilt auch für die Kreishandwerkerschaften: Gesetz § 89 Abs 1. Es gilt aber nicht für die Landesinnungsverbände (Gesetz § 83 Abs 1) und den Bundesinnungsverband (Gesetz § 85 Abs 2). Soweit die Genehmigung nötig ist, muß sie bei Abgabe des Gebots vorliegen, sonst ist dieses als unwirksam zurückzuweisen: Abs 2.

7.13 Der **Insolvenzverwalter** hat das zur Insolvenzmasse gehörende Schuldnervermögen zu verwalten und über es zu verfügen (InsO § 80 Abs 1). Er handelt innerhalb seines Wirkungskreises mit Wirkung für und gegen die Insolvenzmasse. Gebote kann er daher mit Wirkung für und gegen die Insolvenzmasse abgeben. Zur Wirksamkeit eines Gebots bedarf er keiner Zustimmung des Gläubigerausschusses. Einzuholen hat der zwar im Innenverhältnis die Zustimmung des Gläubigerausschusses, weil Abgabe des Gebots für den Erwerb eines Grundstücks durch Zwangsversteigerung als Rechtshandlung anzusehen ist, die für das Insolvenzverfahren von besonderer Bedeutung ist (InsO § 160 Abs 1). Die Wirksamkeit des Gebots des Insolvenzverwalters ist jedoch von der Zustimmung des Gläubigerausschusses nicht abhängig (InsO § 164; keine Zustimmung im Außenverhältnis erforderlich). Die Zustimmung ist daher auch dem Vollstreckungsgericht nicht nachzuweisen und von ihm nicht zu prüfen.

7.14 Kaufmann, Handelsgesellschaften, Gründungsgesellschaft, Partnerschaft, EWiV, Vereine, BGB-Gesellschaften:

a) **Kaufmann:** Da beim Einzelkaufmann im Grundbuch nur der bürgerliche Name eingetragen werden darf, nicht die Handelsfirma, kann dieser zwar unter seiner Firma bieten, muß aber dann mit dem bürgerlichen Namen festgestellt und so im Zuschlag genannt und auch im Grundbuch eingetragen werden.

b) **Handelsgesellschaften:** Sie müssen existieren, rechtsfähig sein und in gesetzlicher Form vertreten, wenn sie bieten wollen. OHG und KG können zwar auch außerhalb des Handelsregisters entstehen; Nachweis, daß eine Grundhandels-OHG (KG) mit Vorliegen eines vollkaufmännischen Geschäftsbetriebs (HGB §§ 4, 105 Abs 2, § 161 Abs 2) auch ohne Handelsregistereintragung bereits besteht und Nachweis der Vertretungsbefugnis der bietenden Gesellschafter wird aber kaum einmal in der Form des Abs 2 erbracht werden können. Eine GmbH erlangt Rechtsfähigkeit erst mit der Eintragung in das Handelsregister (GmbHG § 11 Abs 1); sie kann aber bereits als Gründerorganisation (sogenannte Vorgesellschaft, auch Vor-GmbH) Grundstückseigentum erwerben (§ 15 Rdn 19.4) und damit durch ihren Geschäftsführer bieten[68]. Die Vertretungsmacht des Geschäftsführers einer Vor-GmbH ist gesetzlich jedoch durch den Zweck begrenzt, Entstehung der juristischen Person zu fördern und bis dahin eingebrachtes Vermögen zu verwal-

---

[67] Dassler/Gerhardt § 71 Rdn 17; Steiner/Storz § 71 Rdn 55; Brand/Schnitzler, Grundbuchsachen, § 153.
[68] LG München II NJW-RR 1987, 1519.

ten[69]. Sie können ein Gebot für die Vor-GmbH daher nur dann abgeben, wenn die (= alle) Gründer ihre Vertretungsmacht durch übereinstimmende Erklärung erweitert haben[69]. Prüfung des Gebots für eine Vor-GmbH erfordert daher Prüfung des Vertrags über die Gründung der GmbH, der Geschäftsführerbestellung (wenn nicht im Gesellschaftsvertrag enthalten), der Ermächtigung zum Grundstückserwerb in der Zwangsversteigerung durch sämtliche Gründungsgesellschafter sowie außerdem, daß Eintragung der GmbH in das Handelsregister noch betrieben wird (wenn die Eintragung aufgegeben ist, besteht keine Vor-GmbH, sondern eine OHG oder BGB-Gesellschaft). Hierfür müssen Nachweise in der Form des Abs 2 vorliegen. Wenn bis zur Erteilung des Zuschlags (so im Beschwerdeverfahren) die GmbH mit Eintragung in das Handelsregister Rechtsfähigkeit erlangt hat, ist ihr, nicht mehr der früheren Gründungs-GmbH, auf deren wirksames Meistgebot der Zuschlag zu erteilen[70].

c) Die **Partnerschaft** kann Rechte unter ihrem Namen erwerben (PartGG § 7 Abs 2 mit HGB § 124 Abs 1). Sie muß mit ihrer Eintragung in das Partnerschaftsregister wirksam (PartGG § 7 Abs 1) und in gesetzlicher Form vertreten sein (PartGG § 7 Abs 3 mit HGB § 125 Abs 1, 2; dazu § 15 Rdn 19.6). Nachweis kann durch (beglaubigte) Abschrift aus dem Partnerschaftsregister oder Zeugnis des Gerichts über die Eintragung geführt werden.

d) Die **Europ wirtschaftliche Interessenvereinigung** (EWIV; § 15 Rdn 19.7) ist als Handelsgesellschaft (EWIV-AusfG § 1) der OHG weitgehend gleichgestellt; eigene Rechtsfähigkeit hat sie nicht. Bieten kann sie unter ihrer Firma (EWIV-AusfG § 1 mit HGB § 124 Abs 1). Vertretung: § 15 Rdn 19.7. Nachweis: durch (beglaubigte) Abschrift aus dem Handelsregister oder Zeugnis des Gerichts über die Eintragung.

e) **Zweigniederlassung:** Auch unter der Firma einer Zweigniederlassung kann eine Handelsgesellschaft (auch juristische Person des Handelsrechts), ebenso die Partnerschaft oder Europ wirtschaftliche Interessenvereinigung, am Rechtsverkehr selbständig teilnehmen, somit auch Eigentum und Rechte, an Grundstücken erwerben (dazu näher[71]) und in das Grundbuch eingetragen werden[71]. Auch Gebote können daher unter der Firma der Zweigniederlassung und mit Bezeichnung des Orts der Zweigniederlassung abgegeben werden.

f) Ein **Verein** kann nur als rechtsfähiger bieten. Den Verein vertritt der Vorstand (BGB § 26 Abs 2 Satz 1). Nachweis kann durch Registerauszug oder Zeugnis des Amtsgerichts über die Eintragung (BGB § 69) geführt werden. Durch Satzung (Registereintragung, BGB § 64) kann die Vertretungsmacht des Vorstands beschränkt sein (BGB § 26 Abs 2 Satz 2). Beschränkung besteht vielfach in der Weise, daß zum Grundstückserwerb (damit auch zur Abgabe eines Gebots) die Zustimmung der Mitgliederversammlung oder eines anderen Beschlußorgans (Gesamtvorstand, Ältestenrat usw) erforderlich ist. In öffentlich beglaubigter Form kann diese Zustimmung durch Vorlage einer öffentlich beglaubigten Niederschrift über den Versammlungsbeschluß geführt werden; öffentlich beglaubigt sein müssen die Unterschriften der die Niederschrift „beurkundenden" Personen (BGB § 58 Nr 4)[72]. Die Zustimmung der Mitgliederversammlung zur Versteigerung eines Grundstücks benötigt, muß auch ein vom Vorstand bevollmächtigter Vertreter bei Abgabe von Geboten neben der Bietungsvollmacht in öffentlich beglaubigter Form nachweisen[73].

---

[69] BGH 80, 129 = MDR 1981, 649 = NJW 1981, 1373.
[70] LG München II NJW-RR 1987, 1519.
[71] Schöner/Stöber, Grundbuchrecht, Rdn 243.
[72] BayObLG 1961, 392 = DNotZ 1962, 312 = MDR 1962, 307 = NJW 1962, 494 = Rpfleger 1962, 107; Stöber, Vereinsrecht, Rdn 116.
[73] OLG Hamm NJW 1988, 73 = OLGZ 1987, 452.

g) Die (Außen-)**Gesellschaft bürgerlichen Rechts** (BGB §§ 705 ff) kann als Teilnehmer am Rechtsverkehr eigene Rechten und Pflichten begründen[74]. Sie kann als solche somit auch bieten. Wenn das Gebot nicht von allen Gesellschaftern gemeinsam, sondern nur von einem vertretenden Gesellschafter (oder mehreren) abgegeben wird, ist dessen (nicht offenkundige) Vertretungsmacht (BGB § 714) durch öffentliche Urkunde sofort nachzuweisen (Abs 2). Selbständigkeit für Grundbucheintragung hat die BGB-Gesellschaft aber nicht; in das Grundbuch kann sie unter einem für sie verselbständigten Namen nicht eingetragen werden[75] (keine „Grundbuchfähigkeit" der BGB-Gesellschaft). Eingetragen werden können nur die (= alle) Gesellschafter mit ihren Nahmen (GBV § 15) und dem für die Gemeinschaft maßgebenden Rechtsverhältnis (GBO § 47). Zur Bezeichnung im Zuschlag und zur Eintragung in das Grundbuch sind daher auch bei Abgabe von Geboten für die BGB-Gesellschaft die ihr angehörenden Gesellschafter mit Vor- und Familiennamen, Geburtsdatum (oder Beruf), Wohnort (und Anschrift) sowie mit dem gemeinschaftlichen Rechtsverhältnis zu benennen und zu bezeichnen.

7.15 Kirchenbehörden: Bei der katholischen und evangelischen Kirche bedürfen sie zum Grundstückserwerb der Genehmigung der Aufsichtsbehörde. Gebote ohne diese Genehmigung sind unwirksam[76] und zurückzuweisen.

7.16 Landwirtschaftliche, forstwirtschaftliche und gärtnerisch genutzte **Grundstücke:** § 15 Rdn 24. Die Grundstücke sind frei erstehbar. Das gilt auch in den Verfahren nach §§ 172, 175, 180.

7.17 Der **Prokurist** kann Grundstücke für den Kaufmann, die Handels- oder Kapitalgesellschaft erwerben[77]. Er kann daher auch Gebote im Namen des Vertretenen abgeben[78]. Nachweis der Prokura durch Zeugnis des Registergerichts wie Rdn 6.4.

7.18 Schiffsbanken: Schiffspfandbriefbanken dürfen nur zur Beschaffung von Geschäftsräumen oder von Wohnräumen für ihre Betriebsangehörigen oder zur Vermeidung des Verlustes an Hypotheken Grundstücke erwerben: Schiffsbankgesetz § 5 Abs 4. Sonst sind Gebote unwirksam und zurückzuweisen: Abs 2.

7.19 Sozialversicherungsträger der gesetzlichen Kranken-, Unfall- und Rentenversicherung einschließlich der Altershilfe für Landwirte: Sie können als rechtsfähige Körperschaften des öffentlichen Rechts (SGB IV § 29 Abs 1) durch ihren vertretenden Vorstand (SGB IV § 35 Abs 1) Gebote abgeben. Genehmigung der Aufsichtsbehörde ist erforderlich (SGB IV § 85 Abs 1) als Wirksamkeitserfordernis[79]). Bis zu einem gesetzlich festgelegten Hundertsatz des Haushaltsvolumens des Versicherungsträgers (mit Mindest- und Höchstsätzen) besteht Genehmigungsfreiheit (SGB IV § 85 Abs 2, 3). Gebote ohne erforderliche Genehmigung sind unwirksam und zurückzuweisen: Abs 2.

7.20 Testamentsvollstrecker: Er kann im Rahmen einer ordnungsgemäßen Verwaltung (BGB § 2216 Abs 1) und im Rahmen seiner Zuständigkeit Gebote mit Wirkung für den Nachlaß abgeben[80], auch wenn der Erbe noch unbekannt ist.

---

[74] BGH 146, 341 = DNotZ 2001, 234 mit Anm Schemann = MDR 2001, 459 mit Anm Müther = MittBayNot 2001, 192 mit Anm Ann = NJW 2001, 1056 = Rpfleger 2001, 246; BGH MDR 2001, 1248 (1249) = NJW 2001, 3121 (3122).
[75] BayObLG 2002, 43 = DNotZ 2003, 52 = NJW 2003, 70 = Rpfleger 2003, 78 mit Anm Dümig; Schöner/Stöber, Grundbuchrecht, Rdn 241a; Demharter Rpfleger 2001, 329 sowie 2002, 538; Münch DNotZ 2001, 535; Stöber MDR 2001, 544.
[76] RG 152, 369; hierzu auch Knott MittRhNotK 1963, 748.
[77] Schöner/Stöber, Grundbuchrecht, Rdn 3592.
[78] Gutachten DNotI-Report 2004, 119 (120).
[79] BGH 157, 133 = DNotZ 2004, 461 = NJW 2004, 1662.
[80] BayObLG Rpfleger 1998, 246.

§ 71 7.21   Versteigerung

7.21 Ein **Treuhänder**, der die Verträge für Grundstückserwerb abgeschlossen und die Finanzierung durch Übernahme der Mithaft sichergestellt hat, ist nicht gehindert, später das Grundstück im Zwangsversteigerungsverfahren gegen den Treugeber zu einem dem Verkehrswert wesentlich unterschreitenden Preis zu ersteigern[81].

7.22 Einer **Unternehmensbeteiligungsgesellschaft** (Rechtsform: Aktiengesellschaft) ist der Erwerb von Grundstücken nur zur Beschaffung von Geschäftsräumen gestattet (Gesetz über Unternehmensbeteiligungsgesellschaften – UBGG; BGBl 1998 I 2765, § 3 Abs 5). Ein Verstoß berührt die Wirksamkeit des Gebots jedoch nicht (UBGG § 6). Prüfung durch das Vollstreckungsgericht erfolgt daher nicht.

7.23 Versicherungsgesellschaften, Bausparkassen:

a) **Versicherungen** in der Form von Aktiengesellschaften und Versicherungsvereinen auf Gegenseitigkeit unterstehen der Aufsicht nach dem Versicherungsaufsichtsgesetz vom 17. 12. 1992 (BGBl 1993 I 2), mit Änderungen, benötigen aber nach Neufassung von VAG § 54 zum Erwerb von Grundstücken jetzt keine Genehmigung der Aufsichtsbehörde mehr (Änderungsgesetz vom 20. 12. 1974, BGBl 1974 I 3693). Auch ihre Gebote sind jetzt unbeschränkt wirksam.

b) **Bausparkassen:** Sie unterliegen dem Bausparkassengesetz vom 15. 2. 1991 (BGBl I 455) mit Änderungen; nach dessen § 4 Abs 4 ist für sie der Erwerb von Grundstücken nur zur Verhütung von Ausfällen ihrer Forderung und zur Beschaffung von Geschäftsräumen sowie von Wohnräumen für ihre Betriebsangehörigen gestattet.

7.24 Vormund, Pfleger: a) Der Vormund sowie der Pfleger bedarf (ebenso wie jetzt auch Eltern, BGB § 1643; hier Familiengericht) der Genehmigung des Vormundschaftsgerichts zur Abgabe eines Gebots für sein Mündel[82]: BGB § 1821 Abs 1 Nr 5, § 1915. Hierzu auch ZVG-Handbuch Rdn 318. Durch das Genehmigungserfordernis ist die Vertretungsmacht des Vormunds oder des Pflegers (und der Eltern) gesetzlich beschränkt. Grundstückserwerb mit Zuschlag erfolgt zwar nicht durch Vertrag; der entgeltliche Erwerb durch Zuschlag ist aber nach dem Schutzzweck des BGB § 1821 Abs 1 Nr 5 (mit § 1915) dem nach dieser Bestimmung genehmigungspflichtigen rechtsgeschäftlichen Erwerb gleich, so daß jedenfalls entsprechende Anwendung dieses Genehmigungstatbestandes die Genehmigung erfordert. Diese muß bereits bei Abgabe des Gebots vorliegen, sonst ist dieses zurückzuweisen (Abs 2).

b) Wird das Grundstück eines Mündels versteigert und bietet der Vormund im eigenen Namen, so ist sein Gebot zulässig. Das Gericht muß aber den Zuschlagsbeschluß hier an das Vormundschaftsgericht zustellen (§ 6 Abs 3, § 88, BGB § 181); das Mündel als Schuldner benötigt hier einen Pfleger zur Wahrnehmung seiner Rechte im weiteren Verfahren.

7.25 Wohnungseigentum (Teileigentum): Die Abgabe von Geboten ist ohne Beschränkung zulässig. Erst die Erteilung des Zuschlags kann von einer Zustimmung abhängen (§ 15 Rdn 45).

7.26 Zwangsverwalter: Es ist nicht Aufgabe des Zwangsverwalters, für die von ihm zu verwaltende Vermögensmasse in der Zwangsversteigerung Gebote abzugeben. Er hat nicht Grundstücke zu erwerben, sondern die Nutzungen des verwalteten Vermögens zu ziehen und gemäß dem Teilungsplan zu verwerten. Gebote im eigenen Namen kann er jederzeit abgeben, sie haben mit seiner Eigenschaft nichts zu tun. Andernfalls ist sein Gebot als unzulässig zurückzuweisen.

---

[81] BGH NJW-RR 1990, 141 = Rpfleger 1990, 84.
[82] Brüggemann FamRZ 1990, 5 (9); Eickmann Rpfleger 1983, 199 (II 3); Haegele BlGrBW 1955, 323 (I b); Meyer-Stolte RpflJahrbuch 1970, 325 (II Nr 46 b).

Behandlung unwirksamer Gebote   8.5 **§ 71**

Ausbietungsgarantie, Bietabkommen   8

8.1 Die **Ausbietungsgarantie** soll vor Verlust mit Ausfall in der Zwangsversteigerung schützen oder auch nur Erzielung eines möglichst hohen Erlöses gewährleisten, im Gegensatz zum Bietabkommen (Rdn 8.8) aber nicht Interessenten vom Bieten abhalten, nicht den Kreis der Bieter beschränken, nicht den Versteigerungserlös beschneiden. Manchmal werden aber auch solche Verträge als Bietabkommen bezeichnet[83], von dem die Ausbietungsgarantie zu unterscheiden ist.

8.2 Die Ausbietungsgarantie wird als ein **Vertrag eigener Art** mit ungeklärter Rechtsnatur bezeichnet[84], teils in der Art einer Bürgschaft[84], teils als Garantievertrag[85] oder einem Garantievertrag angenähert[86]. Auf jeden Fall sind solche Verträge grundsätzlich zulässig[87]. Falls das Meistgebot gegen die Garantie verstößt, ist es und der Zuschlag trotzdem wirksam[88].

8.3 Der Garantievertrag kann wegen besonderer Umstände nach BGB § 138 **nichtig** sein[89]. Er kann auch **Schadensersatzansprüche** nach BGB § 826 auslösen[89]. Er fällt aber nicht unter BGB §§ 493, 459 (kaufähnliche Verträge)[90]. Durch ihn kann nicht die Grunderwerbsteuerpflicht umgangen werden.

8.4 Die Ausbietungsgarantie kann **unterschiedliche Ursachen** haben. a) Die Ausbietungsgarantie kann **unselbständig** sein, also Teil einer anderen Verpflichtung[91]: ein Hypothekengläubiger, der Forderung und Hypothek, oder ein Grundschuldgläubiger, der diese auf einen Dritten überträgt, übernimmt sie gegenüber dem Zessionar, falls die Hypothek (Grundschuld) in einer Versteigerung ganz oder zum Teil ausfallen sollte[92]; ein Grundstückskäufer übernimmt sie hinsichtlich der Restkaufgeldhypothek (oder -Grundschuld) gegenüber dem Grundstücksverkäufer[92]; ein Grundstückskäufer übernimmt sie gegenüber dem Geldgeber des Baudarlehens für eine Baugeldhypothek; ein Grundstücksverkäufer übernimmt sie gegenüber dem Geldgeber des Baudarlehens für eine Baugeldhypothek des Käufers.[92] b) Die Ausbietungsgarantie kann aber auch **selbständig** sein[93]: jemand übernimmt sie aus Gefälligkeit für den Schuldner gegenüber dem Hypothekar[94]; jemand will das Grundstück ersteigern und übernimmt sie gegenüber einem Hypothekengläubiger, damit dieser seine Hypothek stehenläßt oder stundet[94].

8.5 Die Ausbietungsgarantie kann auch von **unterschiedlicher Wirkung** sein: a) Die Ausbietungsgarantie kann von **schwächerer Wirkung** sein (schlichte Ausbietungsgarantie oder Ausfallverhütungsgarantie[95], von[96] Ausfallgarantie bezeichnet), nämlich nur mit einer Ausfallverhütungspflicht. Der Verpflichtete muß gegenüber dem Grundpfandrechtsgläubiger dafür einstehen, daß der Gläubiger ganz oder zum

---

[83] Heiderhoff MittRhNotK 1966, 45 (A); Kalter KTS 1964, 193.
[84] Heiderhoff MittRhNotK 1966, 45 (B I 3).
[85] OLG Celle DNotZ 1992, 302 = NJW-RR 1991, 866.
[86] Heiderhoff MittRhNotK 1966, 45 (B I 3).
[87] Heiderhoff MittRhNotK 1966, 45 (B II).
[88] Steiner/Storz § 66 Rdn 26; Heiderhoff MittRhNotK 1966, 45 (B II).
[89] Riedel JurBüro 1961, 425.
[90] RG 157, 175.
[91] Eubel, Natur der Ausbietungsgarantie (1933) (I 2 II); Droste MittRhNotK 1995, 37 (B II 1); Kuth, Ausbietungsgarantie (1936), S 10.
[92] Droste MittRhNotK 1995, 37 (B II 1 a); Nebe, Ausbietungsgarantie (1936), S 9–10.
[93] Eubel und Kuth je aaO (Fußn 91); Droste MittRhNotK 1995, 37 (B II 1 b).
[94] Nebe aaO (Fußn 92).
[95] BGH MDR 1999, 430 = NJW 1999, 711; Steiner/Storz § 66 Rdn 25; Zimmer NotBZ 2002, 55.
[96] Droste MittRhNotK 1995, 37 (B II 3 a).

§ 71 8.5 Versteigerung

Teil ohne Verlust aus einer Zwangsversteigerung des belasteten Grundstücks hervorgeht; daß er durch die Zwangsversteigerung befriedigt wird, ist dem Gläubiger damit nicht garantiert[97]. Gebote muß der Verpflichtete damit nicht selbst abgeben[98]. Der Verpflichtete verspricht hier nur, daß der Gläubiger keine Verluste erleidet; er kann dafür persönlich sorgen oder einen Dritten heranziehen. Im letzten Fall muß er dafür sorgen, daß ein Dritter ausbietet[99]. Er kann aber auch einen Verfahrensausgang nach § 77 herbeiführen, indem er erreicht, daß kein Gebot abgegeben wird (steht einem Ausfall in der Zwangsversteigerung nicht gleich[100], oder er kann den betreibenden Gläubiger zur Antragsrücknahme veranlassen und so die Versteigerung verhindern[101]. Erfüllt der Verpflichtete die Pflichten nicht, so muß er in Höhe des Ausfalls an den geschädigten Gläubiger zahlen. b) Die Ausbietungsgarantie kann aber auch von **stärkerer Wirkung** sein (strenge Ausbietungsgarantie). Der Verpflichtete muß selbst mitbieten (Ausbietungspflicht oder Ausgebotsgarantie)[102].

8.6 Früher waren alle Ausbietungsgarantien formlos gültig. Durch die Neufassung von BGB § 313 [§ 311b Abs 1 nF] hat sich das geändert, da jetzt auch die Verpflichtung zum Erwerb eines Grundstücks der notariellen Beurkundung bedarf. **Formbedürftig** sind alle Verträge, die zum Erwerb verpflichten. Verpflichtet sich jemand zur Abgabe von Geboten in einer Versteigerung, so ist das eine bedingte Erwerbsverpflichtung, nämlich für den Fall, daß es zur Versteigerung kommt, und diese ist formbedürftig[103]. Auch die Verpflichtung zur Abgabe einer Ausbietungsgarantie enthält somit eine bedingte Erwerbsverpflichtung, ist somit (als Kausalgeschäft) formbedürftig[104]. Erst recht formbedürftig ist die unbedingte Verpflichtung, in einer anstehenden Versteigerung zu bieten. Nicht formbedürftig ist die Ausbietungsgarantie mit der Verpflichtung, den Gläubiger von einem Ausfall seines Grundpfandrechts zu bewahren, ohne selbst Mitbieten zu müssen[105]. Enthält die Garantievereinbarung neben der (formbedürftigen) Verpflichtung, das Grundstück zu erwerben (Ausbietungspflicht), die alternativ (wahlweise, BGB § 262) übernommene Verpflichtung zur Schadloshaltung nach Eintritt der Rechtskraft des Zuschlags (Ausfallverhütungsgarantie), so unterliegt letztere weder für sich genommen noch in Verbindung mit der (formnichtigen) Ausbietungsgarantie dem Formzwang von BGB § 311b Abs 1 Satz 1, sofern davon auszugehen ist, daß sie auch ohne die (formnichtige) Ausbietungsgarantie vereinbart worden wäre (BGB § 139 Halbsatz 2)[106]; kritisch und mit der Empfehlung, bei solcher Mischform Beurkundung vorzuziehen[107]. Hat sich jemand nur verpflichtet, für die Ausbietungsgarantie zu sorgen, ohne sich selbst zu Geboten zu verpflichten, so ist das **nicht formbedürftig,** auch dann nicht, wenn er sich verpflichtet, einen

---

[97] BGH NJW 1999, 711 = aaO.
[98] Steiner/Storz § 66 Rdn 25; Drischler KTS 1976, 285 (286); Horn WM 1994, 1038; Droste MittRhNotK 1995, 37 (B II 3a); Eubel aaO (Fußn 91); Kuth aaO (Fußn 91) S 11–12; Zimmer NotBZ 2002, 55.
[99] Heiderhoff MittRhNotK 1966, 45 (B III [1–2]); Kalter KTS 1964, 193 (196).
[100] BGH NJW 1999, 711 = aaO; Drischler KTS 1976 285 (286).
[101] BGH NJW 1999, 711 = aaO.
[102] Droste MittRhNotK 1995, 37 (B II 3b); Eubel aaO (Fußn 91); Heiderhoff MittRhNotK 1966, 45 (B III [1–2]); Kalter KTS 1964, 193 (194); Kuth aaO (Fußn 91); Nebe aaO (Fußn 92); Zimmer NotBZ 2002, 55.
[103] BGH NJW-RR 1993, 14; OLG Celle MittBayNot 1977, 59 = NJW 1977, 52 und DNotZ 1992, 302 = NJW-RR 1991, 866; OLG Hamburg MittBayNot 2003, 293 (Annahme des Angebots einer Ausbietungsgarantie); Steiner/Storz § 66 Rdn 32; Droste MittRhNotK 1995, 37 (C I); Zimmer NotBZ 2002, 55 (56).
[104] BGH 110, 319 (321) = MittBayNot 1990, 237 = NJW 1960, 1662; Droste MittRhNotK 1995, 37 (C I).
[105] Droste MittRhNotK 1995, 37 (C II).
[106] BGH NJW-RR 1993, 14; ebenso als Vorinstanz OLG Köln Vers 1993, 321.
[107] Droste MittRhNotK 1995, 37 (C III).

Behandlung unwirksamer Gebote   8.8   § 71

Dritten zu veranlassen, daß er mitbiete[108] (solange er nur selbst nicht bieten muß); die Verpflichtung des Dritten ist aber ihrerseits formbedürftig[109] (anders[110]: die Ausbietungsgarantie sei immer formbedürftig; in dieser Erweiterung vom Gesetz nicht gedeckt). Für die Verpflichtung ist ohne Bedeutung, daß noch völlig offen ist, ob es zum Zuschlag kommt, weil etwa auf Grund eines Vollstreckungsmangels oder auf Grund eines Antrags aus § 74a der Zuschlag versagt werden muß.

8.7 Als **Ausbietungsvertrag** wird eine Vereinbarung zwischen Grundpfandrechtsgläubiger und Erwerbsinteressent über Vergünstigungen und Vorteile für den Fall der Ersteigerung angesehen, ohne daß eine bindende Verpflichtung zum Grundstückserwerb als Bietpflicht übernommen wird[111]. Der Vertrag kann vorsehen Zahlung eines das Recht des Gläubigers deckenden Betrags (samt Rechtsverfolgungskosten) schon vor dem Termin an den Gläubiger vorbehaltlich der Erteilung des Zuschlags (mit Regelung der Rückzahlungspflicht, wenn dem Vertragspartner der Zuschlag nicht erteilt wird) gegen die Zusicherung, keine Bietersicherheit zu verlangen und bei Erteilung des Zuschlags eine Befriedigungserklärung abzugeben sowie mit Dritten keine deren Erwerb begünstigende Verträge abzuschließen. Der Vertrag begründet keine Erwerbsverpflichtung; er ist daher nicht formbedürftig[111].

8.8 Ein **Bietabkommen** soll einen Bietinteressenten vom Bieten abhalten und damit einem bestimmten Bewerber einen möglichst günstigen Erwerb ermöglichen, die Gebote also klein halten, den Kreis der Bieter beschränken, die Konkurrenz unter den Bietern schwächen oder ausschalten[112] oder durch Scheingebote über Strohmänner verfälschen[113]: pactum de non licitando. Diese Vereinbarung ist nicht schlechthin sittenwidrig und so nach BGB § 138 nichtig. Es kommt vielmehr auf die Umstände des Falles an[114]. Die **Sittenwidrigkeit** kann sich aus Inhalt, Beweggrund, Zweck ergeben[115]. Sittenwidrig handelt, wer sich als einziger in Betracht kommender Mitbieter durch ein negatives Bietabkommen sein Bietrecht abkaufen läßt und damit einen erheblichen Teil der zu erbringenden Zahlungen dem Versteigerungsverfahren entzieht[116]. Der Vertrag braucht nicht die Ausschaltung aller in Betracht kommenden Personen zu bezwecken[117]; es genügt, wenn die Konkurrenz der Bieter geschmälert werden soll[117], wenn insbesondere ein Bieter ausgeschaltet werden soll, der bereit und in der Lage wäre, mehr als andere zu bieten[118], wenn die Absprache Beteiligte schutzlos macht, die auf Redlichkeit besonders angewiesen sind[119], wenn Rechte nicht eingeweihter vorrangiger Grund-

---

[108] Droste MittRhNotK 1995, 37 (C II).
[109] Drischler und Horn je aaO (Fußn 98).
[110] LG Göttingen NJW 1976, 571 und 972 Leitsatz mit krit Anm Hustedt.
[111] Droste MittRhNotK 1993, 37 (E I).
[112] LG Saarbrücken Rpfleger 2000, 80.
[113] BGH KTS 1979, 190 = MDR 1979, 217 = NJW 1979, 162 = VersR 1979, 132.
[114] OLG Frankfurt Betrieb 1989, 1127 Leitsatz = ZIP 1989, 399; OLG Karlsruhe OLGZ 1994, 107 = Rpfleger 1993, 413; OLG Koblenz NJW-RR 2002, 1504 = Rpfleger 2002, 637; LG Saarbrücken aaO (Fußn 112); Steiner/Storz § 66 Rdn 25; Droste MittRhNotK 1993, 37 (E II); Heiderhoff MittRhNotK 1966, 45 (C II); Kalter KTS 1964, 193 (196).
[115] BGH NJW 1979, 162 = aaO (Fußn 113); OLG Celle BB 1969, 735 = NJW 1969, 1764 und 1970, 662 Leits mit im Ergebnis zust Anm Franzen = OLGZ 1970, 1; OLG Frankfurt ZIP 1989, 399 = aaO (Fußn 114); OLG Köln NJW 1978, 47; Drischler KTS 1978, 147 (5); Heiderhoff MittRhNotK 1966, 45 (C II); Mohrbutter Rpfleger 1960, 203 (3).
[116] OLG Frankfurt Betrieb 1989, 1127 Leitsatz = ZIP 1989, 399.
[117] BGH BWNotZ 1966, 199 Leitsatz; LG Saarbrücken aaO (Fußn 112).
[118] BGH DNotZ 1961, 399 = MDR 1961, 492 = NJW 1961, 1012 und WM 1965, 203; LG Saarbrücken aaO (Fußn 112); Heiderhoff MittRhNotK 1966, 45 (C II); Riedel JurBüro 1961, 425.
[119] BGH NJW 1979, 162 = aaO (Fußn 113).

pfandrechtsgläubiger verkürzt oder geschmälert werden[120]. Sittenwidrig kann es auch sein, wenn dem Bewerber ein Entgelt für seinen Verzicht gewährt wird und ein Dritter auf Grund der Vereinbarung einen Schaden erleidet, der dem durch den Verzicht Begünstigten einen Vorteil bereitet[121]. Sittenwidrig kann es sein, wenn Zahlungen auf den Wert des Grundstücks geleistet werden, die nicht dem Grundstückseigentümer zugute kommen[122]. Vereinbarungen über Sonderzuwendungen zwischen Bieter und späterem Ersteher außerhalb des Versteigerungsverfahrens können ein Gebot unwirksam machen[123]. Ein Bietabkommen ist wegen Schädigung des Finanzfiskus sittenwidrig, wenn diese Schädigung der Zweck ist, nicht nur möglich ist[124], im übrigen dann, wenn besondere Umstände vorliegen, die dem Abkommen ein sittenwidriges Gepräge geben[120], weil durch solche Abkommen nicht der marktgerechte Preis für das Grundstück erzielt wird. Die Vertragsparteien eines solchen Bietabkommens sind auch nach BGB § 826 den geschädigten Gläubigern und dem Grundstückseigentümer **schadensersatzpflichtig**[125]. Diese Ersatzpflicht ist aber außerhalb des Versteigerungsverfahrens geltend zu machen[126]. Einen Zuschlagversagungsgrund bietet ein sittenwidriges Bietabkommen nicht[127]. Erlangt der Rechtspfleger jedoch vor Erteilung des Zuschlags zuverlässig Kenntnis von einer Bietabsprache (so etwa, wenn ein Erwerbsinteressent oder für ihn ein Dritter Beteiligte am Versteigerungsort durch Hingabe von Geld vom Mitbieten abgehalten hat), kann er verpflichtet sein, von einer sofortigen Erteilung des Zuschlags abzusehen (§ 87 Abs 1) und den Schuldner (oder betroffene Miteigentümer) auf die Möglichkeit des Rechtsschutzes nach ZPO § 765 a hinzuweisen[128]. Bietabkommen verstoßen unter Umständen gegen das **Kartellgesetz** § 1, wenn an dem Abkommen „Unternehmen" beteiligt sind und wenn an die Stelle der freien Entscheidung von Unternehmen ein gemeinsamer Plan tritt und die Marktverhältnisse für den Verkehr mit Waren durch diese Beschränkung des Wettbewerbs beeinflußt werden können[129]. Strafrechtlicher Schutz gegen das Abhalten von Bieten ist nicht geboten[130].

8.9 Bietabkommen können auch eine **Teilungsversteigerung** beeinträchtigen. Verpflichtet sich ein Miteigentümer gegenüber einem Dritten, einen Antrag auf Teilungsversteigerung zu stellen und im Termin dann selbst nicht mitzubieten, um damit dem Dritten das Eigentum an dem Grundstück zu verschaffen, so bedarf dieser Vertrag der notariellen Beurkundung[131].

8.10 Ein den Versteigerungsvorgang selbst **störendes tatsächliches Verhalten** kann einen Zuschlagversagungsgrund nach § 83 Nr 7 bilden (§ 83 Rdn 4.2).

---

[120] OLG Koblenz NJW-RR 2002, 1504 = aaO (Fußn 113).
[121] OLG Karlsruhe OLGZ 1994, 107 = Rpfleger 1993, 413; LG Bielefeld NJW 1960, 534; Heiderhoff MittRhNotK 1966, 45 (C II).
[122] OLG Köln BB 1963, 1280 = MittBayNot 1964, 139 = MittRhNotK 1964, 119; Heiderhoff MittRhNotK 1966, 45 (C II).
[123] LG Verden Rpfleger 1953 243; Jaeckel/Güthe §§ 71–72 Rdn 13.
[124] OLG Celle NJW 1969, 1764 = aaO (Fußn 115).
[125] RG 58, 393; BGH BWNotZ 1966, 199 Leitsatz; OLG Frankfurt Betrieb 1989, 1127 Leitsatz = ZIP 1989, 399; LG Saarbrücken aaO (Fußn 112); Heiderhoff MittRhNotK 1966, 45 (C IV 2); Kalter KTS 1964, 193 (207); Kracht NJW 1958, 490; Nußbaum, Zwangsversteigerung, § 16 (VIII).
[126] OLG Karlsruhe OLGZ 1994, 107 = Rpfleger 1993, 413; LG Saarbrücken aaO (Fußn 112); Mohrbutter Rpfleger 1960, 203 (3).
[127] LG Saarbrücken aaO (Fußn 112).
[128] OLG Karlsruhe OLGZ 1994, 107 = Rpfleger 1993, 413; LG Saarbrücken aaO (Fußn 112).
[129] OLG Frankfurt Betrieb 1989, 1127 Leitsatz = ZIP 1989, 399; Kalter KTS 1964, 193 (216).
[130] Otto Rpfleger 1979, 41.
[131] OLG Hamm DNotZ 1974, 507 = MDR 1974, 311 = Rpfleger 1974, 276.

[Erlöschen der Gebote, Übergebot]

72 (1) Ein Gebot erlischt, wenn ein Übergebot zugelassen wird und ein Beteiligter der Zulassung nicht sofort widerspricht. Das Übergebot gilt als zugelassen, wenn es nicht sofort zurückgewiesen wird.

(2) Ein Gebot erlischt auch dann, wenn es zurückgewiesen wird und der Bieter oder ein Beteiligter der Zurückweisung nicht sofort widerspricht.

(3) Das gleiche gilt, wenn das Verfahren einstweilen eingestellt oder der Termin aufgehoben wird.

Allgemeines zu § 72

1

1.1 Zweck der Vorschrift: Rücksicht auf Interessen des Bieters, der an sein Gebot nicht länger gebunden wird, als es der Zweck des Verfahrens notwendig mit sich bringt (Denkschrift S 53).

1.2 Anwendungsbereich: § 72 gilt für alle ZVG-Versteigerungsverfahren.

1.3 Gebote erlöschen (damit endet die Bindung des Bieters an sein Gebot) durch Zulassung eines Übergebots ohne Widerspruch (Abs 1; Rdn 2), durch Zurückweisung eines Gebots ohne Widerspruch (Abs 2; Rdn 3, 5), durch einstweilige Einstellung des Verfahrens oder Terminsaufhebung (Abs 3; Rdn 4), durch Verfahrensaufhebung (Rdn 4), durch Änderung der Versteigerungsbedingungen nach Rücknahme des Antrags oder Einstellungsbewilligung durch den bestbetreibenden Gläubiger während der Bietzeit (§ 66 Rdn 7.4) oder durch rechtskräftige Versagung des Zuschlags (§ 86; § 86 Rdn 2). Hierzu auch § 66 Rdn 7.4 und ZVG-Handbuch Rdn 323.

Erlöschen durch Übergebot (Absatz 1)

2

2.1 Ein **Gebot erlischt** mit Zulassung (nicht schon mit Abgabe) eines **Übergebots**, falls diesem nicht widersprochen wird: Abs 1 Satz 1. Das gilt auch, wenn ein Bieter sich selbst überbietet (selbst ein wirksames höheres Gebot abgibt). Das Übergebot gilt als zugelassen, wenn es nicht sofort zurückgewiesen wird: Abs 1 Satz 2. Mit Zulassung des Übergebots erlischt ein vorausgehendes Gebot nicht nur dann, wenn es wirksam (bindend) war, sondern auch dann, wenn es unwirksam (§ 71 Abs 1) oder sonst unzulässig (§ 71 Abs 2; auch § 70 Abs 2 Satz 3), aber bei Zulassung des Übergebots noch nicht zurückgewiesen war. Auch ein sich später als unwirksam erweisendes Übergebot bringt durch seine Zulassung das vorausgehende Gebot zum Erlöschen[1]. Wenn für das Übergebot Sicherheit zu leisten ist, erlischt das vorhergehende Gebot erst, wenn die Sicherheit geleistet oder das Übergebot ohne Sicherheitsleistung zugelassen ist (§ 70 Abs 3). Wird das Höchstgebot wirksam angefochten und erfolgen darauf Gebote, die unter ihm liegen, so sind dies (unzulässige) Untergebote, solange der Rechtspfleger das angefochtene (und damit nichtige) Höchstgebot nicht zurückgewiesen hat[2]; er muß also, wenn er die Anfechtung für begründet hält, das angefochtene Gebot als unwirksam zurückweisen und darf erst dann Gebote unter diesem (aber über dem letzten wirksamen) zulassen[2]. Ein Gebot, das nicht höher als das vorausgehende letztwirksame ist, ist ja unwirksam, weil es kein Übergebot ist, sondern ein Untergebot (§ 71 Rdn 2).

2.2 Ein wirksames **Gebot** kann **nicht zurückgenommen** werden (§ 71 Rdn 2.4). Es können sich auch nicht die Beteiligten dahin einigen, daß eine Zurücknahme möglich sei[3] und das ihm vorausgehende erneuert werde[4].

---

[1] OLG Düsseldorf OLG 19,190; Dassler/Gerhardt § 72 Rdn 2.
[2] OLG Hamm KTS 1972, 56 mit teils zust, teils abl Anm Mohrbutter = MDR 1972, 59 = OLGZ 1972, 250 = Rpfleger 1972, 378.
[3] Dassler/Gerhardt § 72 Rdn 1.
[4] König, Wesen des Zuschlags (1935), Seite 101.

§ 72 2.3 Versteigerung

2.3 Gleichzeitige **Meistgebote in gleicher Höhe** sollen nach einer verbreiteten Meinung einen Losentscheid zwischen den Bietern erfordern[5]. Ergänzend meinen dazu[6], Losentscheid erfolge erst, nachdem die Bieter vergebens vom Gericht zu einem höheren Gebot aufgefordert seien. [7]meint dazu, es sei nach Billigkeit zu entscheiden, maßgebend sei, welcher Bieter ein größeres „Anrecht" habe. Derartige Verfahren, in der weit zurückliegenden Zeit der Höchstpreisbindung als Ausweg gewählt, sind dem ZVG völlig fremd. Es ist reine Theorie, daß zwei oder mehr Bieter mit gleichen Worten im selben Zeitpunkt bieten könnten. Ein Abstand gar von mehreren Minuten hintereinander, wie ihn noch[8] als gleichzeitig beurteilt, ist dies keinesfalls. In mehr als zwanzig Jahren kam es in München nicht vor, daß gleichzeitige Gebote erfolgt wären. Der Standpunkt des Gesetzes ist sehr einfach: wenn ein gültiges Gebot vorliegt, kann es nur durch ein Übergebot erlöschen: Abs 1 Satz 1. Das zweite Gebot muß also höher sein. Ist es gleichhoch wie das vorausgehende, so ist es kein Übergebot und damit unwirksam. Für eine Losentscheidung oder Billigkeitserwägungen läßt das ZVG keinen Raum. Alle gegenteiligen Ausführungen sind nicht überzeugend.

3 Erlöschen durch Zurückweisung (Absatz 2)

3.1 Durch **Zurückweisung** ohne sofortigen Widerspruch des Bieters oder eines Beteiligten (§ 9) **erlischt** ein Gebot: Abs 2. Wenn ein Übergebot nicht sofort zurückgewiesen wird, gilt es als zugelassen: Abs 1 Satz 2.

3.2 Zurückweisung **muß erfolgen**, wenn das Gebot unwirksam ist (§ 71 Abs 1), wenn eine erforderliche Vertretungsmacht, Zustimmung eines anderen oder einer Behörde nicht sofort nachgewiesen wird und nicht offenkundig ist (§ 71 Abs 2), oder nach § 70 Abs 2 (bei fehlender Sicherheitsleistung), oder bei sonst unzulässigen Geboten (geringstes Gebot nicht erreicht, § 44 Abs 1; vorausgehendes Gebot nicht überboten, Abs 1); nicht aber im Falle von § 85 a.

3.3 Sofort ist die **Zurückweisung** eines Übergebots auch noch, wenn Sicherheit verlangt, darüber verhandelt und entschieden und wegen Ausbleibens der Sicherheit hierauf das Gebot zurückgewiesen wird (so auch[9]); das vorhergehende Gebot bleibt hier wirksam (anders[10]: durch Abgabe des Gebots ohne sofortigen Widerspruch sei dieses schon zugelassen und das vorhergehende unwirksam, dieses lebe auch durch die Zurückweisung mangels Sicherheit nicht mehr auf; ist zu formalistisch).

4 Gebote bei Verfahrenseinstellung und Terminsaufhebung (Absatz 3)

4.1 Gebote erlöschen, wenn das Verfahren **eingestellt** oder der **Termin aufgehoben** wird: Abs 3. Der einstweiligen Einstellung steht hier die Verfahrensaufhebung gleich. Gebote erlöschen, wenn Einstellung oder Aufhebung gegenüber allen im Termin betreibenden Gläubigern erfolgen. Sie erlöschen auch, wenn während der Bietzeit gegenüber dem bestrangig betreibenden Gläubiger, der bei der Berechnung des geringsten Gebots zugrunde gelegt ist, eingestellt oder aufgehoben wird (es ist dann neues geringstes Gebot aufzustellen, neu zur Abgabe von Geboten aufzufordern; § 66 Rdn 7); wird hier gegenüber einem betreibenden

---

[5] OLG Bamberg MDR 1951, 685; Jaeckel/Güthe, § 74 Rdn 5; Korintenberg/Wenz § 71 Anm 4 e; Steiner/Storz, § 81 Rdn 16; Bruhn Rpfleger 1954, 559 und 1956, 117 (118); Schiffhauer RdL 1959, 288 (V 5).
[6] Steiner/Storz und Bruhn je aaO (Fußn 5); Knop und Rafalski Rpfleger 1954, 401 (402–403).
[7] OLG Hamm JMBlNW 1955, 91 = RdL 1955, 41.
[8] OLG Bamberg MDR 1951, 586.
[9] Steiner/Storz § 72 Rdn 13).
[10] Drischler JurBüro 1967, 966 (1).

Erlöschen der Gebote, Übergebot   5.3 § 72

Gläubiger eingestellt oder aufgehoben, der dem geringsten Gebot nicht zugrunde liegt, so geht die Versteigerung unberührt weiter (§ 66 Rdn 7).

4.2 Sind nebeneinander **Einzel-, Gruppen-, Gesamtausgebot** erfolgt, so ist zu beachten: Wenn der bestrangig betreibende Gläubiger durch Einstellung oder Aufhebung nach der Bietzeit hinsichtlich einiger Einzelgrundstücke wegfällt, kann nicht Zuschlag auf Einzelmeistgebote erfolgen, hinsichtlich deren keine Einstellung oder Aufhebung erfolgt ist; es wäre sonst den Beteiligten die Möglichkeit genommen, ein (neues) Gesamtausgebot der nicht eingestellten bzw aufgehobenen Einzelverfahren zu beantragen[11]; hier auch kein Zuschlag auf das bisherige Gesamtausgebot möglich, weil dieses auch Grundstücke umfaßt, deren Verfahren eingestellt oder aufgehoben ist[12]. Dazu meint[12], der Zuschlag könne dann auf die nicht von Einstellung oder Aufhebung betroffenen Einzelgrundstücke erfolgen; das hält mit Recht[13] auch § 83 Nr 2 für unzulässig, weil jetzt entgegen der zwingenden Vorschrift in § 63 Abs 2 trotz eines Antrags auf Gesamtausgebot kein solches mehr vorliegt und so auch kein Vergleich mehr möglich ist. Bei Einstellung oder Aufhebung vor Schluß der Versteigerung wird einfach für die im Verfahren verbleibenden Grundstücke neues geringstes Gebot (Einzelausgebote, Gesamtausgebot) aufgestellt und neu zur Abgabe von Geboten aufgefordert.

4.3 Bei den Einstellungen bzw Aufhebungen hier kann es sich um solche aus §§ 28, 29, 30, 30a, 30c, 30d, 31, 75, 76 handeln. Nach Schluß der Versteigerung muß der **Zuschlag versagt** werden (§ 33), wenn der bisher bestrangig betreibende Gläubiger betroffen ist (oder alle betreibenden). Die Gebote erlöschen mit der Rechtskraft des Versagungsbeschlusses (§ 86). Ergeht zu Unrecht nach dem Schluß der Versteigerung entgegen § 33 ein Einstellungs- oder Aufhebungsbeschluß[14] oder erfolgen Einstellung oder Aufhebung vor dem Ende der Bietzeit, so erlöschen die Gebote mit der Verkündung des Beschlusses. Verfahrensunterbrechung (§ 66 Rdn 11) oder Bestimmung eines Verkündungstermins (§ 87) berühren wirksame (bindende) Gebote nicht.

Widerspruch für und gegen Gebote   5

5.1 Wird ein Übergebot zugelassen, so erlischt das vorausgehende Gebot, falls nicht ein Beteiligter sofort der **Zulassung widerspricht:** Abs 1 Satz 1. Der Bieter des erlöschenden Gebots ist als solcher nicht zum Widerspruch berechtigt. Ein Gebot erlischt durch Zurückweisung, wenn der Bieter (in diesem Fall ist er widerspruchsberechtigt) oder ein Beteiligter nicht sofort der **Zurückweisung widerspricht:** Abs 2.

5.2 Ein **Bieter,** dessen Gebot zurückgewiesen wird oder durch Zulassung eines Übergebots überschritten wird, **bleibt** bei sofortigem Widerspruch eines dazu Berechtigten aus dem Gebot **verpflichtet.** Der Widerspruch sichert auch sein Anfechtungsrecht gegen den Zuschlag: § 97 Abs 1. Der Widerspruch erfolgt in der Regel ausdrücklich. Der Widerspruch eines zurückgewiesenen Bieters aber kann auch in der Abgabe eines neuen Gebots von gleicher Höhe liegen[15].

5.3 Wenn ein Gebot nicht erloschen ist, weil der Zurückweisung widersprochen wurde (Abs 2), bleibt es natürlich nur bis zur Zulassung eines Übergebots bindend. Wenn ein Übergebot ohne Widerspruch zugelassen wird, erlischt das trotz Zurückweisung bestehen gebliebene Gebot dann nach Abs 1. Gleiches gilt, wenn ein

---

[11] OLG Hamm KTS 1973, 141 = OLGZ 1972, 312 = Rpfleger 1972, 149; OLG Stuttgart Rpfleger 2002, 165.
[12] OLG Köln OLGZ 1972, 62 = Rpfleger 1971, 326 mit teils zust, teils abl Anm Stöber.
[13] Stöber Rpfleger 1971, 326 (Anmerkung).
[14] OLG Hamm NJW 1965, 2410 = OLGZ 1965, 311; OLG Saarbrücken OLGZ 1966, 182.
[15] LG Münster MDR 1958, 173 mit abl Anm Flies und zust Anm Holthöfer und 1958, 149 mit Anm Schriftleit und 1958, 388 Leitsatz mit krit Anm Mohrbutter.

§ 72 5.3 Versteigerung

Gebot nicht erloschen ist, weil dem zugelassenen Übergebot sofort widersprochen wurde (Abs 1) und dann ein weiteres (höheres) Übergebot ohne Widerspruch zugelassen wird.

5.4 Wenn das Übergebot zugelassen und wegen des Widerspruchs dennoch das vorhergehende Gebot nicht erloschen ist (Abs 1) und ebenso wenn ein zurückgewiesenes Gebot wegen des Widerspruchs nicht erloschen ist (Abs 2), hat das Vollstreckungsgericht bei Erteilung des Zuschlags (frei von der Bindung an die Vorentscheidung über die Zulassung oder Zurückweisung des Gebots, § 79) über die **Wirksamkeit** der Gebote zu **entscheiden**[16]. Zu erteilen ist der Zuschlag dem Meistgebot (§ 81 Abs 1), wenn es sich als wirksam erweist, sonst dem nicht erloschenen zweithöchsten Gebot[17]. Wenn Beschwerde gegen diesen Zuschlag eingelegt wird, kann das Beschwerdegericht, das dem Rechtsmittel stattgibt (§ 101 Abs 1), den Zuschlag dem noch nicht erloschenen anderen Gebot erteilen[18].

5.5 Wird ein Gebot zurückgewiesen, ohne daß hiergegen Widerspruch erhoben wird, so gilt es als nicht abgegeben. **Das** nun **folgende Gebot** desselben oder eines anderen Bieters muß dann nur im Verhältnis zum letzten wirksamen Gebot **ein Übergebot** sein und kann dabei höher oder niedriger als das zurückgewiesene oder auch diesem gleich sein. Erhebt aber der Bieter oder ein Beteiligter sofort Widerspruch gegen die Zurückweisung, so erlischt es nicht und der Bieter bleibt daraus verpflichtet (Rdn 5.2). Wie muß man nun weiterbieten? Ein neues Gebot ist immer nur wirksam, wenn es ein Übergebot zum letzten wirksamen ist (Rdn 2); wirksam für das Gericht ist nur eines, auf das der Zuschlag erteilt werden könnte; das ist hier nicht das zurückgewiesene (trotz des Widerspruchs), sondern das diesem wirksam vorausgehende. Ein neues Gebot muß also nur dieses vorausgehende überbieten, nicht das zurückgewiesene. Der neue Bieter nimmt dabei in Kauf, daß infolge des Widerspruchs in der Zuschlagsentscheidung (§ 79 befreit insoweit von Bindungen) oder im Rechtsmittelverfahren das zurückgewiesene Gebot doch noch als wirksam behandelt wird; ist dieses dann höher als das neue, erhält es den Zuschlag; ist es geringer als das neue, erhält dieses den Zuschlag (falls es nicht nochmals überboten ist). Der neue Bieter muß also nicht das zurückgewiesene Gebot überbieten. Es könnte sonst etwa der Schuldner auf sein eigenes Objekt ein ganz unsinniges Gebot abgeben, das weit über dem Wert liegt, um so nach Zurückweisung und Widerspruch Dritte von möglichen Geboten auszuschließen. Will ein Beteiligter verhindern, daß ein vorausgehendes Gebot unwirksam wird, so muß er gegen das neu zugelassene (das nur einen früheren Bieter, nicht den zurückgewiesenen überbietet) seinerseits Widerspruch einlegen (Abs 1 Satz 1) (der frühere Bieter kann dies nicht). Im Zuschlag (§ 79) oder im Rechtsmittelverfahren ist über die Wirksamkeit der verschiedenen Gebote zu entscheiden. Es könnte ja auch sein, daß das neue Gebot sich aus irgendwelchen Gründen später als unwirksam erweist. Dann ist durch den Widerspruch wenigstens das vorausgehende letztwirksame nicht erloschen (Abs 1 Satz 1).

Beispiel: A bietet 100 000; B bietet 110 000, Gebot zurückgewiesen, Gebot des A nicht erloschen. Wird nun gegen die Zurückweisung des B von einem Berechtigten (Bieter oder ein Beteiligter) Widerspruch erhoben, so erlischt auch dieses nicht. Nun bietet C 102 000, als Übergebot gegenüber A, als Untergebote gegenüber B (falls dessen Gebot wirksam wäre). Im Zuschlag oder Rechtsmittelverfahren ist zu entscheiden, wer den Zuschlag erhält. Wurde B mit Recht zurückgewiesen, so war Gebot A letztes wirksames und wurde wirksam von C überboten, der (wenn sein Gebot nicht noch als unwirksam festgestellt wird) den Zuschlag erhält. Wurde B zu Unrecht zurückgewiesen, so ist durch den Widerspruch sein

---

[16] OLG Koblenz ZIP 1987, 1531.
[17] BGH MDR 1984, 1015 = NJW 1984, 1950 = Rpfleger 1984, 243; OLG Koblenz ZIP 1987, 1531.
[18] BGH NJW 1984, 1950 = aaO (Fußn 17).

Gebot wirksam geblieben, hat das Gebot des A erlöschen lassen und wurde auch nicht von C überboten, Zuschlag erhält B.

5.6 Der Widerspruch eines Beteiligten oder (im Falle des Abs 2 des) des Bieters kann **nicht zurückgenommen** werden (anders[19]). Widerruflich wäre der Widerspruch als Prozeßhandlung nur, wenn das gesetzlich vorgesehen wäre. Aber auch sachlich ist Zurücknahme des Widerspruchs nicht geboten. Der Widerspruch bewirkt, daß das Gebot fortbesteht (Abs 1 und 2), damit über seine Wirksamkeit bei Erteilung des Zuschlags entschieden werden kann. Damit sind für den Versteigerungsfortgang unter Wahrung der Belange der Beteiligten und des Bieters klare Verhältnisse geschaffen. Die Möglichkeit, die Bindung an das Gebot später (selbst nach Schluß der Versteigerung) mit Zurücknahme des Widerspruchs zum Erlöschen zu bringen, wird für den widersprechenden Beteiligten oder Bieter damit nicht eröffnet. In der auf Erzielung eines möglichst hohen Versteigerungserlöses durch Bieterkonkurrenz angelegten Versteigerung gibt es keine schützenswerte Rechtsstellung eines Beteiligten oder Bieters, die es erfordern könnte, eine bestehengebliebene Bindung an ein Gebot vor Entscheidung über den Zuschlag mit Zurücknahme des Widerspruchs zu lösen.

5.7 Zum Widerspruch (mit Beispiel) im ZVG-Handbuch Rdn 321.

[Bietzeit; Schluß der Versteigerung]

73 (1) **Zwischen der Aufforderung zur Abgabe von Geboten und dem Zeitpunkt, in welchem bezüglich sämtlicher zu versteigernder Grundstücke die Versteigerung geschlossen wird, müssen mindestens* 30 Minuten liegen. Die Versteigerung muß so lange fortgesetzt werden, bis der Aufforderung des Gerichts ungeachtet ein Gebot nicht mehr abgegeben wird.**

(2) **Das Gericht hat das letzte Gebot und den Schluß der Versteigerung zu verkünden. Die Verkündung des letzten Gebots soll mittels dreimaligen Aufrufs erfolgen.**

Literatur: Hornung, Empfiehlt sich die Abschaffung der Bietungsstunde (§ 73 ZVG)?, KTS 1973, 239; Schneider, Die Bieterstunde, JurBüro 1974, 1094.

Allgemeines zu § 73

1.1 Zweck der Vorschrift: Verhinderung übereilter Erledigung des Verfahrens (Denkschrift S 53) mit Regelung von Dauer und Abschluß des Zeitraums, in dem Gebote abgegeben werden können. Er muß mindestens dreißig Minuten umfassen (Rdn 2), bevor das letzte Gebot und der Schluß der Versteigerung verkündet werden (Rdn 3).

1.2 Anwendungsbereich: § 73 gilt für alle ZVG-Versteigerungsverfahren.

1.3 Der Zeitraum (bis 1. 8. 1998 war es mindestens „eine Stunde") wurde früher überwiegend als **„Bietungsstunde"** bezeichnet, wie auch von „Bietungsvollmacht", „Bietungssicherheit" gesprochen wird. Hauptwortbildungen auf -ung sind aber in der deutschen Sprache zunehmend verpönt. Man spricht daher besser von „Bietervollmacht" (Vollmacht für einen Bieter), von „Bietersicherheit" (Sicherheitsleistung eines Bieters), vom „Bietabkommen" (Abkommen zum Zweck und aus Anlaß des Bietens) und sprach folgerichtig von der „Bieterstunde" oder **„Bietstunde"**. Nach Verkürzung auf 30 Minuten kann der Zeitraum besser als **„Min-**

---

[19] Steiner/Storz § 72 Rdn 10 und 16.

* Das Wort „mindestens" nennt das Änderungsgesetz (BGBl 1998 I 866 [867]) nicht. Nach diesem Änderungsgesetz ersetzt werden die Wörter „muß eine Stunde" durch die Wörter „müssen 30 Minuten". Das zum Gesetzeswortlaut gehörende Wort „mindestens" ist daher hier beibehalten. Eine inhaltliche Änderung bewirkt die Unstimmigkeit nicht.

destbietzeit" bezeichnet werden. Abweichend wird man nur von „Ausbietungsgarantie" (Garantie, ein bestimmtes Recht auszubieten) sprechen, da alle Zusammensetzungen mit „Bietens-" zu schwerfällig sind und der Vorgang, der unter „Ausbietungsgarantie" fällt, nur durch diesen Ausdruck wirklich treffend bezeichnet werden kann.

2 30 Minuten Mindestbietzeit (Anfang, Dauer, Unterbrechung) (Absatz 1)

2.1 Die Versteigerung dauert **„mindestens 30 Minuten"**: Abs 1 Satz 1. Es ist das die Zeitspanne „zwischen der Aufforderung zur Abgabe von Geboten (§ 66 Abs 2) und dem Zeitpunkt, in welchem bezüglich sämtlicher zu versteigernder Grundstücke die Versteigerung geschlossen wird": Die Mindestbietzeit dient dazu, Fragen zu stellen, Probleme zu klären und vor allem den Beteiligten wie den Interessenten eine **Überlegungsfrist** zu gewähren[1]. Sie dient dagegen nicht dazu, dem Schuldner weiteren Schutz zu gewähren; er kann nur bei der Verhandlung über den Zuschlag entsprechende Anträge stellen[2]. In der Praxis wird die Mindestbietzeit oft nicht ausgenützt, indem aus einem alten Vorurteil heraus, „sich nicht in die Karten sehen zu lassen", Gebote erstmals gegen Ende des Zeitraums abgeben werden. Dennoch schützt sie vor übereilter Erledigung des Verfahrens und bietet Erschienenen, insbesondere den Erwerbsinteressenten, Gelegenheit, nach Bekanntgabe der Grundstücksnachweise und Feststellung des geringsten Gebots sowie der Versteigerungsbedingungen (§ 66 Abs 1) die tatsächlichen und rechtlichen Verhältnisse des Grundstücks und die Bedingungen seiner Veräußerung zu erwägen und für Abgabe von Geboten den Grundstückswert abschließend zu würdigen. Wegen dieser Bedeutung der Bietzeit ist ihre Verkürzung (ab 1. 8. 1998) auf nur noch 30 Minuten nicht gut zu heißen (Rdn 2.13).

2.2 Die **Mindestbietzeit beginnt** erst mit dem Ende der Aufforderung, Gebote abzugeben (§ 66 Abs 2); sie muß von da an mindestens volle dreißig Minuten betragen. Sie **endet** mit dem Beginn der gerichtlichen Erklärung, daß Schluß der Versteigerung sei (Abs 2 Satz 1). Anfangs- und Schlußerklärung (die für Verkündung des Schlusses der Versteigerung erforderliche Zeit) werden also in die Zeit von 30 Minuten nicht eingerechnet[3], weil 30 Minuten „zwischen..." liegen müssen (Abs 1 Satz 1). Das Gericht darf also nicht zB um 10.31 Uhr mit der Aufforderung zur Abgabe von Geboten beginnen und um 11.01 Uhr den Schluß der Versteigerung verkünden. In solchem Falle wurde ein Zuschlagsbeschluß vom Beschwerdegericht in München (Zeit damals noch eine Stunde) aufgehoben; das Gericht durfte frühestens um 11.02 Uhr den Schluß verkünden. Vorsichtige Vorsitzende warten immer ein paar Minuten länger, um Rechtsmittel wegen Nichteinhaltung der Mindestbietzeit zu vermeiden.

2.3 Anfangs- und Endzeitpunkt sind genau nach Stunde und Minute (nicht auch Sekunden) ins Protokoll aufzunehmen, weil die Einhaltung der Mindestbietzeit nur durch das Protokoll bewiesen werden kann (§§ 78, 80)[4]. Ein umsichtiger Vorsitzender wird vor dem Termin seine **Uhr** an Hand der Zeitansage in Rundfunk oder Fernsprechnetz **überprüfen** (Feststellung an Hand einer „geeichten" Uhr ist jedoch nicht vorgesehen[5]), den Anwesenden die Uhrzeit zur Kontrolle bekanntgeben und auf eine etwa unrichtige Gerichtssaal-Uhr, sofern diese nicht noch reguliert werden kann, ausdrücklich hinweisen. Die Beachtung solcher Umstände lohnt sich in irgendeinem Grenzfall immer. Vor der Verkündung des Schlusses der Versteigerung muß der Vorsitzende nochmals ausdrücklich zu Geboten auffordern:

---

[1] Hornung KTS 1973, 239 (II, V 1, V c).
[2] Hornung KTS 1973, 239 (IV b).
[3] Jaeckel/Güthe § 73 Rdn 1; Steiner/Storz § 73 Rdn 17.
[4] OLG Celle NdsRpfl 1951, 62 = Rpfleger 1951, 216 mit zust Anm Rötelmann; Dassler/Gerhardt § 73 Rdn 2.
[5] LG Bielefeld und OLG Hamm Rpfleger 1989, 379 (380).

Bietzeit; Schluß der Versteigerung 2.7 § 73

Abs 1 Satz 2 (Rdn 3). Ergibt sich dies nicht aus dem Protokoll, muß der Zuschlag versagt werden[6].

2.4 Die Mindestbietzeit ist auch dann genau einzuhalten, wenn bei ihrem Beginn **keine** Bietinteressenten oder keine Beteiligten **anwesend** sind. Die Leute wissen ja, daß sie eine gewisse Zeit ausnützen können, sie können auch durch Straßenverkehr aufgehalten sein und durchaus noch rechtzeitig erscheinen.

2.5 Die Bietzeit muß mindestens 30 Minuten dauern, kann aber **darüber hinaus beliebig lange** dauern. Es muß also nicht (wie das Publikum häufig meint) nach Ablauf der 30 Minuten die Versteigerung geschlossen werden. Sie muß vielmehr so lange fortgesetzt werden, bis trotz Aufforderung des Gerichts keine Gebote mehr abgegeben werden: Abs 1 Satz 2. Es wird deshalb verlangt, daß nach dem dritten Aufruf des letzten Gebots (Abs 2 Satz 2) vor Verkündung des Versteigerungsausschlusses nochmals zur Abgabe von Geboten aufgefordert wird[7].

2.6 Die Mindestbietzeit kann **unterbrochen** werden[8]. Jede Unterbrechung, gleich aus welchem Grund, ist genau nach Stunde und Minuten ins Protokoll aufzunehmen und in die Bietzeit nicht mit einzurechnen[9]. Eine Unterbrechung ist es, wenn sich der Vorsitzende aus dem Sitzungssaal entfernt[10]. Unschädlich ist es, wenn sich der Protokollführer oder der Rechnungsbeamte entfernt. Der Vorsitzende ist für den Versteigerungstermin unentbehrlich. Aufruf einer anderen Sache ist Unterbrechung (§ 66 Rdn 10). Unterbrochen wird der Termin auch, wenn der Vorsitzende etwa von der Geschäftsstelle mit eiligen Angelegenheiten anderer Art befaßt wird und so seine Aufmerksamkeit von den Anwesenden abwenden muß. Dagegen wird die Bietzeit durch **Belehrungen und Hinweise** des Vorsitzenden nicht unterbrochen[10]. Sie sind im Gegenteil der Grundstücksveräußerung gegen ein möglichst hohes Gebot dienlich und zudem durch die Aufklärungspflicht (ZPO § 139) des Gerichts veranlaßt. Solche Vorgänge schaden nicht, wenn sie keiner der Anwesenden als Unterbrechung rügt[11]. Dadurch, daß der Rechtspfleger zu Geboten aufgefordert hat, macht er deutlich, daß nun hierzu Gelegenheit besteht[11]. Es ist aber doch recht zweckmäßig, um spätere Anfechtungen zu vermeiden, wenn, insbesondere vor längeren Belehrungen, im Protokoll vermerkt wird: „Die Anwesenden wurden darauf hingewiesen, daß trotz der nun folgenden Belehrungen Gebote abgegeben und entgegengenommen werden können." Man kann diesen Vermerk routinemäßig auch vor der Bietzeit abgeben und ins Protokoll aufnehmen.

2.7 Für **Versteigerung mehrerer Grundstücke** (Bruchteile oder andere Objekte) in demselben Verfahren (§ 18) schreibt das ZVG nicht vor, in welcher Reihenfolge sie aufzurufen sind.

a) Wenn nur **Einzelausgebote** erfolgen (§ 63 Abs 1 Satz 1) können die Grundstücke zeitlich nacheinander (Reihenfolge nach dem Ermessen des Gerichts) mit Aufforderung zur Abgabe von Geboten (§ 66 Abs 2) versteigert werden. Es muß dann für die Versteigerung jedes Grundstücks die Mindestbietzeit von 30 Minuten eingehalten werden. Es genügt aber auch, wenn für die Versteigerung überhaupt ein Zeitraum von 30 Minuten verstrichen ist; damit bringt die Denkschrift (S 53) zum Ausdruck, daß für die Einzelversteigerung der Grundstücke zugleich (gemeinsam) zur Abgabe von Geboten aufgefordert werden kann (§ 66 Abs 2) und dann nicht für die Versteigerung jedes einzelnen Grundstücks, sondern für diese gleichzeitige

---

[6] LG Traunstein MDR 1955, 48 Leitsatz (berichtigt MDR 1955, 117).
[7] OLG Karlsruhe MDR 1998, 60 = Rpfleger 1998, 79.
[8] BGH VersR 1961, 897.
[9] RG 142, 383 und 154, 397; OLG Celle aaO (Fußn 4); OLG München JurBüro 1977, 1464 = Rpfleger 1977, 69; Dassler/Gerhardt § 73 Rdn 2.
[10] OLG München aaO (Fußn 9); Dassler/Gerhardt § 73 Rdn 2.
[11] OLG München aaO (Fußn 9).

Versteigerung die Mindestbietzeit von 30 Minuten gewahrt sein muß. Wenn nur Einzelausgebote erfolgen, wird die Versteigerung der mehreren Grundstücke getrennt durchgeführt. Sie kann für die einzelnen Grundstücke daher auch unabhängig voneinander geschlossen werden; ein einheitlicher Schluß dieser Einzelversteigerungen ist nicht geboten (kann aber gleichwohl sachgerecht sein).

b) Wenn neben den Einzelausgeboten auch **alle Grundstücke zusammen** ausgeboten werden (Gesamtausgebot) oder Gruppenausgebot erfolgt, wird dem Verfahrensziel, ein möglichst hohes Meistgebot zu erreichen, am besten die gleichzeitige Versteigerung mit einheitlicher Aufforderung zur Abgabe von Geboten für alle Gebotsarten entsprechen. Die Mindestbietzeit von 30 Minuten beginnt dann mit dieser einheitlichen Gebotsaufforderung. Zulässig, praktisch aber doch nicht zweckmäßig wäre es auch, die Gebotsarten zeitlich nacheinander (Reihenfolge nach dem Ermessen des Gerichts) aufzurufen. Stets (mithin sowohl bei gemeinsamem Versteigerungsbeginn und ebenso bei zeitlich versetztem Aufruf) sind den Bietern alle Ausgebotsarten bis zum Schluß der Versteigerung offen zu halten[12] (§ 73 Abs 1 Satz 2). Das gebietet gemeinsamen Schluß der Versteigerung für alle Ausgebotsarten[13], schließt damit den vorzeitigen Schluß der Versteigerung für eine der Gebotsarten oder einzelne von ihnen vor diesem gemeinsamen Schluß der Versteigerung aus[14] (wäre Verfahrensfehler nach § 83 Nr 7). Zu verkünden ist somit dieser einheitliche Schluß der Versteigerung nach Verkündung des letzten Gebots in jeder Versteigerungsart (mittels dreimaligen Aufrufs) und Aufforderung zur Abgabe weiterer Gebote. Bis zu diesem gemeinsamen Schluß der Versteigerung bleibt Bietinteressenten die Möglichkeit, höhere Gebote in allen Gebotarten abzugeben[14].

2.8 Für die **Reihenfolge, in der Gebote** entgegenzunehmen sind, wenn es sich um mehrere Objekte, um Einzel- oder Gesamtausgebote handelt, besteht keine Vorschrift. Unnötige Schwierigkeiten vermeidet, wer genau die tatsächliche Reihenfolge der Geschehnisse einhält. Bei Einzel- und Gesamtausgeboten kann durchaus ein Nachteil entstehen, wenn erst ein späteres Einzelgebot registriert wird statt des tatsächlich früheren Gesamtgebots, weil unter Umständen durch das Einzelgebot sich das nachfolgende Gesamtgebot erhöhen muß (§ 63 Rdn 6), während umgekehrt ein vorher liegendes Gesamtgebot durch das nachfolgende Einzelgebot (zunächst) nicht berührt wird (§ 63 Rdn 4.2). Man sollte sich einfach an den immer bewährten alten Rechtsgrundsatz halten: „Wer zuerst kommt, mahlt zuerst".

2.9 Ändern sich geringstes Gebot und/oder **Versteigerungsbedingungen** während der Versteigerung (§ 66 Rdn 7), so muß nach verhandelter und beschlossener Änderung der Bedingungen eine neue Mindestbietzeit beginnen und wieder voll eingehalten werden (es ist erneut auf die bevorstehende Ausschließung von Anmeldungen hinzuweisen und zur Abgabe von Geboten aufzufordern). Alle Vorgänge sind (mit Uhrzeit) ins Protokoll aufzunehmen.

2.10 Beendet wird die Versteigerung nicht durch den dritten Aufruf des letzten Gebots (Rdn 3), sondern erst dadurch, daß der einheitliche Schluß der Versteigerung verkündet wird (Rdn 3). Erst hiernach sind weitere Gebote endgültig ausgeschlossen, während sie nach dem zweiten oder dritten Aufruf des letzten Gebotes durchaus noch erfolgen könnten.

2.11 An den Nachweis dafür, daß die Mindestbietzeit eingehalten ist, sind **strenge Anforderungen** zu stellen[15]. Ergibt das Protokoll nicht, daß sie einge-

---

[12] BGH MDR 2003, 1074 = NJW 2003, 2753 Leitsatz = NJW-RR 2003, 1077 = Rpfleger 2003, 452.
[13] LG Berlin Rpfleger 1995, 80; Steiner/Storz § 73 Rdn 22.
[14] BGH NJW-RR 2003, 1077 = aaO.
[15] LG Berlin WM 1958, 1513.

Bietzeit; Schluß der Versteigerung 3.1 § 73

halten ist, so ist eine Berichtigung des Protokolls (ZPO § 164) nicht ausgeschlossen, daß etwa die Zeit eingehalten, aber nur der Vermerk hierüber verschrieben sei[15]. Die Berichtigung kann nur im Rahmen der Zuschlagsanfechtung angegriffen werden.

2.12 Wird gegen die Vorschriften über die **Mindestbietzeit verstoßen,** so muß der Zuschlag versagt werden bzw kann er angefochten werden (§ 83 Nr 7, § 84 Abs 1, § 100 Abs 1). [16]nimmt Heilung des Verfahrensfehlers an, wenn die Versteigerung etwas zu früh geschlossen, dieses Versehen aber sofort korrigiert wurde und mit Sicherheit festgestanden hat, daß dieser Ablauf keine Auswirkungen auf das Verfahrensergebnis gehabt hat, weil niemand den Versteigerungsraum verlassen hatte; dem ist mit[17] zuzustimmen.

2.13 Die von vordem einer Stunde auf 30 Minuten verkürzte Mindestbietzeit trägt grundlegenden Interessen des Schuldners und der am Verfahren beteiligten Berechtigten zuweilen nur noch schwerlich Rechnung. Die doch überhastet vorgenommene und unausgewogene Gesetzesänderung (nicht einmal um geordnete Darstellung aller Zuschlagversagungsgründe war man bemüht, § 83 Rdn 3.2) hat mit Recht nachhaltige und harte Kritik erfahren[18]. Berechtigte und Bietinteressenten benötigen ausreichend Zeit für Überlegungen, Besprechungen über die Beschaffenheit, Eigenschaften und Lage des Objekts sowie die Zuverlässigkeit des Wertgutachtens, für Verhandlungen über die Höhe der Gebote und immer wieder auch über Finanzierung des Meistgebots. Bei freihändiger Verwertung käme kein Veräußerer und Makler auf den Gedanken, Kaufinteressenten ohne Rücksicht auf nicht seltene Verkehrsbehinderungen und fehlende Parkplätze zu bestimmter Zeit in ein vom Grundstück oft weit entferntes (zentrales) Gebäude (Amtsgericht) zu bestellen (zur Kritik an der Zentralisierung bereits § 1 Rdn 3.2) und Erwerbsinteressenten, die das selbst dem „Veräußerer" (Vorsitzenden) mitunter nur aus dem Sachverständigengutachten näher bekannte Objekt (§ 37 Rdn 2.2) nicht einmal besichtigen konnten (§ 42 Rdn 3), innerhalb von 30 Minuten zum Erwerb zu bewegen. Das kann im Einzelfall dringend gebieten, jedenfalls mit Fortführung der Versteigerung über die Mindestbietzeit hinaus übereiltem Verfahrensabschluß zu begegnen, wenn Bietinteressenten anwesend oder auch nur noch zu erwarten sind, und zwar auch dann, wenn bei und nach Ablauf der 30 Minuten Gebote nicht sogleich fortwährend abgegeben werden.

2.14 Zur (bisherigen) Bietstunde im ZVG-Handbuch Rdn 312.

Letztes Gebot und Schluß der Versteigerung (Absatz 2) 3

3.1 Nach Ablauf einer Bietzeit von mindestens 30 Minuten und, wenn trotz Aufforderung des Gerichts keine Gebote mehr abgegeben werden, muß das **„letzte Gebot"** vom Gericht vor dem Schluß der Versteigerung ausdrücklich **verkündet** werden: Abs 2 Satz 1. Gemeint ist hier das noch wirksame höchste Gebot bei jeder Ausgebotsart[19], also das jeweilige Meistgebot. Bei mehreren Ausgebotsarten muß diese Verkündung für jede gesondert erfolgen. Die Anwesenden sollen hierdurch nochmals darauf hingewiesen werden, welches Gebot nun im einzelnen bei jeder Ausgebotsart für den Zuschlag in Frage kommen könne. Das erfordert Verkündung des Betrags, der als letzter bar geboten worden ist, und des Namens des Bieters (so auch[20]; anders[21]; unklar[22]). Die Verkündung „soll mittels

---

[16] LG Bonn JurBüro 1979, 1235.
[17] Schiffhauer BlGrBW 1981, 88 (XXI); Niederée DRpflZ 1979, 41.
[18] Muth KTS 1998, 529 (546). Dieser inhaltlich auch zu nachfolgendem.
[19] Storz Rpfleger 1984, 474 (Anmerkung).
[20] Motive zum Entwurf eines ZVG, Amtliche Ausgabe S 212; Jaeckel/Güthe § 73 Rdn 2; Korintenberg/Wenz § 73 Anm 2.
[21] Dassler/Gerhardt § 73 Rdn 6; Reinhard/Müller § 73 Anm VI 1.
[22] Steiner/Storz § 73 Rdn 29.

§ 73   3.1   Versteigerung

dreimaligen Aufrufs" erfolgen: Abs 2 Satz 2. Dies muß nicht geschehen (Abs 2 ist Ordnungsvorschrift[23]), doch ist es unzweckmäßig, von der Regel abzuweichen, da die Öffentlichkeit ganz allgemein bei Versteigerungen an dreimaligen Aufruf gewöhnt ist. Wenn überhaupt kein Gebot oder soweit bei Versteigerung mehrerer Grundstücke oder bei mehreren Ausgebotsarten auf eines oder einzelne von ihnen kein Gebot abgegeben worden ist, entfällt Verkündung des „letzten" Gebots. Dann aber ist (zweckmäßig unter Hinweis darauf, daß Gebote bisher nicht abgegeben sind; Hinweis ist nicht vorgeschrieben nach[24]) nach Absatz 1 Satz 2 vor Schluß der Versteigerung zur Abgabe von Geboten aufzufordern.

3.2   Wird nach dreimaliger Verkündung des letzten Gebots vor Schluß der Versteigerung ein **weiteres Gebot abgegeben**, so ist auch dieses wiederum nach Abs 2 vor Schluß der Versteigerung mittels dreimaligen Aufrufs zu verkünden. Wenn das neue Gebot zurückgewiesen wird (§ 71), ist das davor liegende, nicht erloschene, das letzte Gebot, somit nach Zurückweisung des Übergebots vor Schluß der Versteigerung neuerlich dreimal zu verkünden. Bleiben zwei Gebote wirksam (weil dem höheren Gebot oder seiner Zurückweisung widersprochen ist, § 72 Abs 1 und 2), so sind sie beide als „letzte Gebote" (jedes kann für den Zuschlag in Frage kommen), mithin mittels dreimaligen Aufrufs zu verkünden. Das geschieht zweckmäßig unter Bekanntgabe des Grundes (Abs 1 oder Abs 2 des § 72), der weitere Bindung beider Bieter an das jeweilige Gebot ergibt.

3.3   Nach der Verkündung des letzten Gebots und, wenn die vorgeschriebene Mindestzeit abgelaufen ist und trotz Aufforderung des Gerichts kein Gebot mehr abgegeben wird, muß der „**Schluß der Versteigerung**" vom Gericht **verkündet** werden: Abs 2 Satz 1. Dieser Schluß der Versteigerung ist nicht der Schluß des Termins, wie häufig Sitzungsteilnehmer meinen, die dann sofort den Sitzungssaal verlassen wollen und so in die letzten noch sehr wichtigen Amtshandlungen erhebliche Unruhe hineinbringen. Man kann in geeigneter Weise rechtzeitig darauf hinweisen, daß noch wichtige Teile des Versteigerungstermins durchzuführen sind. Schluß der Versteigerung ist Schluß der Bietzeit[25]. Nach diesem verkündeten Schluß sind keine weiteren Gebote mehr zulässig, auch nicht durch Wiedereintritt in die Versteigerung (ZVG-Handbuch Rdn 313). Es ist nur noch über den Zuschlag zu verhandeln und zu entscheiden (§§ 74, 87).

3.4   Wird durch Versehen des Gerichts der **Schluß nicht verkündet,** aber über den Zuschlag verhandelt, so kann hierdurch die Bietzeit als geschlossen gelten.

[Verhandlung über den Zuschlag]

74 Nach dem Schlusse der Versteigerung sind die anwesenden Beteiligten über den Zuschlag zu hören.

1   Allgemeines zu § 74

Zweck und **Anwendungsbereich:** Anwesende Beteiligte erhalten nach dem verkündeten Schluß der Versteigerung (§ 73) Gelegenheit zur Äußerung und Antragstellung. § 74 gilt für alle ZVG-Versteigerungsverfahren.

2   Anhörung und Anträge zur Zuschlagsentscheidung

2.1   Nach dem vom Gericht verkündeten „Schluß der Versteigerung" (§ 73 Abs 2 Satz 1) „sind die anwesenden Beteiligten über den Zuschlag zu hören":

---

[23] OLG Hamm NJW-RR 1987, 1016 = Rpfleger 1987, 469; Dassler/Gerhardt § 73 Rdn 6; Jaeckel/Güthe § 73 Rdn 2; Steiner/Storz § 73 Rdn 31; Storz Rpfleger 1984, 474 (Anmerkung).
[24] LG Kassel Rpfleger 1984, 474 mit Anm Storz.
[25] BGH 44, 138 = MDR 1965, 899 = NJW 1965, 2107 = Rpfleger 1965, 302.

Wertfestsetzung, Mindestgebot **74a**

§ 74. Ein Verstoß gegen diese Vorschrift wird von § 83 nicht als Grund für die Zuschlagsversagung bezeichnet. § 74 wird daher nur als **Ordnungsvorschrift** angesehen[1]. Allerdings könnte der Grundsatz des rechtlichen Gehörs (Einl Rdn 46) verletzt werden. Aufklärung (Einl Rdn 8.1, auch Rdn 33) und Hinweis auf Anträge zur Rechtswahrung kann bei Anhörung geboten sein[2]. Verletzung dieser Hinweispflicht verbietet bei Verfassungsverletzung Erteilung des Zuschlags (§ 83 Rdn 4.1).

2.2 Das Gericht soll die Anwesenden, soweit sie Beteiligte sind, und den Meistbietenden ausdrücklich zu Erklärungen auffordern. Es ist aber **niemand verpflichtet,** eine Erklärung abzugeben. Auch ein Antrag, den Zuschlag zu erteilen, ist nicht nötig. Gestellt werden muß jedoch ein etwaiger Versagungsantrag. Der Meistbietende ist zwar nicht Beteiligter, gleichwohl aber anzuhören[3]. Er muß bei dieser Gelegenheit unbedingt auf die nach seiner Verfahrenskenntnis noch unerledigten Anträge (zB auf Werterhöhung, auf Einstellung nach ZPO § 765 a) hinweisen, weil durch eine vom Gericht unterlassene Entscheidung unter Umständen der an ihn erteilte Zuschlag auf Beschwerde wieder aufgehoben oder der ihm versagte Zuschlag vom Beschwerdegericht bestätigt werden kann.

2.3 Erklärt sich ein Beteiligter damit einverstanden, daß der Zuschlag erteilt wird, so **genehmigt** er damit gleichzeitig alle ihm bekannten **Verfahrensmängel.** Schweigen allein kann nicht als Genehmigung von Mängeln gewertet werden, weil Beteiligte sich bei Anhörung nach § 74 nicht äußern müssen und eine Genehmigung ausdrücklich erfolgen muß (§ 84 Rdn 3). Im übrigen hat das Gericht hier von Amts wegen nochmals alle Verfahrensvoraussetzungen zu überprüfen (§ 79).

2.4 Bei dieser Anhörung können bestimmte **Anträge** gestellt werden (§§ 74 a, 75, 76, 77, 85, auch ZPO § 765 a). Auch sonst müssen manche Anträge spätestens in diesem Zeitpunkt gestellt werden. Nicht nachgebracht werden können hier aber Übergebote, Sicherheitsleistungsanträge, Sicherheitsleistung, Widerspruch gegen Gebote oder ihre Zurückweisung, Vollmachten, Zustimmung oder Genehmigung zu Geboten[4]. Wenn der Zuschlag eines Erbbaurechts nur mit Zustimmung des Grundstückseigentümers möglich ist (§ 15 Rdn 13), so muß diese spätestens jetzt vorgelegt werden. Auch der Fall des § 85 a ist zu erörtern; Anträge dazu sind nicht nötig.

2.5 Die gerichtliche Aufklärungspflicht kann es im Einzelfall erfordern, daß auch ein im Versteigerungstermin nicht anwesender Beteiligter (insbesondere der Schuldner/Eigentümer) nach dem Schluß der Versteigerung noch Gelegenheit zur Äußerung und Antragstellung erhalten muß. Dazu Einl Rdn 7, 8 und Rdn 33.

2.6 Zur Anhörung im ZVG-Handbuch Rdn 337.

[Wertfestsetzung, Mindestgebot]

74a (1) Bleibt das abgegebene Meistgebot einschließlich des Kapitalwertes der nach den Versteigerungsbedingungen bestehenbleibenden Rechte unter sieben Zehnteilen des Grundstückswertes, so kann ein Berechtigter, dessen Anspruch ganz oder teilweise durch das Meistgebot nicht gedeckt ist, aber bei einem Gebot in der genannten Höhe voraussichtlich gedeckt sein würde, die Versagung des Zuschlags beantragen. Der Antrag ist abzulehnen, wenn der betreibende Gläubiger wi-

---

[1] LG Lübeck SchlHA 1973, 129.
[2] BVerfG (Kammerbeschluß) NJW 1993, 1699 = Rpfleger 1993, 32 mit Anm Hintzen.
[3] Dassler/Gerhardt § 74 Rdn 1.
[4] Dassler/Gerhardt § 74 Rdn 5.

§ 74a

derspricht und glaubhaft macht, daß ihm durch die Versagung des Zuschlags ein unverhältnismäßiger Nachteil erwachsen würden.

(2) Der Antrag auf Versagung des Zuschlags kann nur bis zum Schluß der Verhandlung über den Zuschlag gestellt werden; das gleiche gilt von der Erklärung des Widerspruchs.

(3) Wird der Zuschlag gemäß Absatz 1 versagt, so ist von Amts wegen ein neuer Versteigerungstermin zu bestimmen. Der Zeitraum zwischen den beiden Terminen soll, sofern nicht nach den besonderen Verhältnissen des Einzelfalles etwas anderes geboten ist, mindestens drei Monate betragen, darf aber sechs Monate nicht übersteigen.

(4) In dem neuen Versteigerungstermin darf der Zuschlag weder aus den Gründen des Absatzes 1 noch aus denen des § 85a Abs 1 versagt werden.

(5) Der Grundstückswert (Verkehrswert) wird vom Vollstreckungsgericht, nötigenfalls nach Anhörung von Sachverständigen, festgesetzt. Der Wert der beweglichen Gegenstände, auf die sich die Versteigerung erstreckt, ist unter Würdigung aller Verhältnisse frei zu schätzen. Der Beschluß über die Festsetzung des Grundstückswertes ist mit der sofortigen Beschwerde anfechtbar. Der Zuschlag oder die Versagung des Zuschlags können mit der Begründung, daß der Grundstückswert unrichtig festgesetzt sei, nicht angefochten werden.

Übersicht

Allgemeines zu § 74a 1	Muster zur Wertermittlung und Wertfestsetzung 8
Andere ZVG-Verfahren und Wertbestimmungen 2	Rechtsbehelfe bei Wertfestsetzung und Zuschlagsentscheidung (Absatz 5 Sätze 3 und 4) 9
$7/_{10}$-Antrag (Mindestgebot) (Absatz 1 Satz 1) 3	Sachverständige zur Wertermittlung (Absatz 5 Satz 1) 10
Antragstellung (Absatz 2) 4	
Betreibender Gläubiger: Ablehnung bei Widerspruch (Absatz 1 Satz 2) 5	Verhältnis des § 74a bzw § 85a zu anderen Vorschriften 11
Entscheidung über den Antrag; neuer Termin (Abs 1 mit 3 und 4) 6	Versteigerungsbedingungen, abweichende 12
Grundstückswert in der Versteigerung (Absatz 5) 7	Vertagung des Versteigerungstermins 13

Literatur: Alff, Alternative Verkehrswertfestsetzung (mit und ohne Belastung) im Versteigerungsverfahren, Rpfleger 2003, 113; Barsties, Sachverständige bei der Wertfestsetzung gem. § 74a ZVG, SchlHA 1972, 129; Barsties, Zur Frage der Anhörung von Sachverständigen bei der Wertfestsetzung gem. § 74a ZVG, SchlHA 1985, 49; Budde, Anfechtbarkeit der Verkehrswertfestsetzung, Rpfleger 1991, 189; Drischler, Zuschlagsteilung u. Zuschlagsversagung unter Berücksichtigung der §§ 74a u. 85a ZVG, JurBüro 1982, 1121; Drischler, Zur Festsetzung des Verkehrswertes in der Zwangsversteigerung, Rpfleger 1983, 99; Grohmann, Beeinflussen Grundstücksbelastungen, insbesondere Altenteilsrechte, den Wert nach § 74a Abs 5 ZVG?, JurBüro 1970, 559; Herwig, Besteht Duldungspflicht des Realschuldners zur Augenscheinseinnahme durch einen Sachverständigen bei bebauten Grundstücken vor der Zwangsversteigerung?, NotBZ 2002, 407; Leyerseder, Zur Grundstückswertfestsetzung im Zwangsversteigerungsverfahren, NJW 1955, 1427; Lorenz Die Problematik des Zeitpunktes der Wertfestsetzung gemäß § 74a Abs 5 ZVG, MDR 1961, 371; Mayer, Gläubiger-Mehrheit im Zwangsversteigerungsverfahren, Rpfleger 1983, 265; Mohrbutter, Zur Festsetzung des Grundstückswerts, BB 1953, 875; Mohrbutter, Rechtsfragen zum Grundstückswert in der Zwangsversteigerung, MDR 1955, 711; Riggers, Fragen zur Festsetzung und Auswirkung des Grundstückswertes im Zwangsversteigerungsverfahren, JurBüro 1968, 777; Schiffhauer, Muß in jedem Fall der Verkehrswert gemäß § 74a Abs 5 festgesetzt werden?, MDR 1963, 901; Schiffhauer, Kann ein Verfahrensbeteiligter die Herabsetzung des Verkehrswertes (§ 74a Abs 5 ZVG) im Beschwerdeverfahren verlangen?, Rpfleger 1973, 81; Schmidt, Der Zeitpunkt der Festsetzung des Grundstückswerts im Zwangsversteigerungsverfahren, Rpfleger

Wertfestsetzung, Mindestgebot 2.3 § 74a

1960, 41; Schulz, Verkehrswert bei Zwangsversteigerungen, Rpfleger 1987, 441; Spies, Die Festsetzung des Grundstückswerts im Zwangsversteigerungsverfahren, NJW 1955, 813; Stöber, Festsetzung des Grundstückswertes (§ 74a Abs 5 ZVG) und Entscheidung über den Zuschlag, Rpfleger 1969, 221.

Allgemeines zu § 74a 1

1.1 Zweck der Vorschrift: Schutz der am Grundstück in der $7/10$-Grenze Berechtigten vor Verlust durch Grundstücksverschleuderung.

1.2 Anwendungsgebiet: § 74a ist auf die Vollstreckungsversteigerung von Grundstücken abgestellt. Er ist auch bei Grundstücksbruchteilen, Wohnungseigentum, Gebäudeeigentum und grundstücksgleichen Rechten anzuwenden, ebenso bei der Wiederversteigerung nach § 133. Sonderverfahren: Rdn 2; Seeschiffe § 169a.

1.3 § 74a trifft Bestimmung über das relative **Mindestgebot.** In bestimmten Fällen muß das Meistgebot mindestens $7/10$ des Grundstückswertes erreichen: Abs 1; andernfalls ist auf Antrag der Zuschlag zu versagen. Die Vorschriften über das geringste Gebot berührt dies nicht. Liegt schon das geringste Gebot über dem Mindestgebot, so ist die Mindestgebots-Regelung des § 74a ohne Bedeutung.

1.4 § 74a dient dem **Schutz der nachrangigen Gläubiger,** nicht dem des Schuldners. Auch dies gilt nur für den ersten Versteigerungstermin (Rdn 6). In Zusammenhang mit § 74a steht § 74b, der bei Meistgeboten eines dinglichen Gläubigers § 74a einschränkt.

1.5 Um den Mindestwert bestimmen zu können, muß der **Grundstückswert** ermittelt und **festgesetzt** sein (Abs 5), wobei ein Sachverständiger gehört wird (Rdn 10) und ein besonderes Rechtsmittelverfahren besteht (Rdn 9). Auch das Verhältnis des § 74a zu anderen Vorschriften ist bedeutsam (Rdn 11).

Andere ZVG-Verfahren und Wertbestimmungen 2

2.1 In der **Insolvenzverwalterversteigerung** nach § 172 ist § 74a anwendbar, wenn auch kaum bedeutsam, weil alle Belastungen bestehen bleiben, ein dingliches Recht also nicht ausfallen kann. Ausnahmsweise kommt § 74a in Frage, wenn ein Gläubiger mit Recht auf Befriedigung aus dem Grundstück Antrag gemäß § 174 oder der Insolvenzverwalter Antrag gemäß § 174a stellt, daß nur die vorgehenden Rechte berücksichtigt werden sollen, wobei dann Doppelausgebot erfolgt und Zuschlag nach Antrag zu erteilen ist. Wenn hierbei $7/10$ nicht erreicht werden, können die nachgehenden dinglichen Berechtigten Antrag nach § 74a stellen[1] (anders[2]: § 74a sei dort nicht anwendbar). Der Grundstückswert muß für den ersten Termin wegen § 85a immer festgesetzt werden.

2.2 In der **Nachlaßversteigerung** nach § 175 kommt § 74a bei einem Verfahren ohne den Antrag nach § 174 nicht in Frage, weil dann alle Belastungen bestehenbleiben. Bei Doppelausgebot kann der Grundstückswert jedoch Bedeutung erlangen, so daß er festgesetzt sein muß; für den ersten Termin muß er zudem wegen § 85a immer festgesetzt werden. An Stelle des Schuldners ist der Erbe zu hören und kann Rechtsmittel einlegen.

2.3 a) In der **Teilungsversteigerung** ist § 74a mit den Vorschriften des „Ersten Abschnitts" des ZVG entsprechend anzuwenden: § 180 Abs 1 (§ 180 Rdn 7). Wegen § 85a muß der Grundstückswert für den ersten Termin immer festgesetzt werden.

b) Antrag, den Zuschlag aus § 74a zu versagen, können die **Antragsgegner** der Teilungsversteigerung nicht stellen, weil sie keinen aus dem Meistgebot zu befrie-

---

[1] Jonas/Pohle § 74a Anm 4e.
[2] LG Göttingen NdsRpfl 1957, 135 = NJW 1956, 428.

digenden Anspruch haben[3]. Das gilt auch für einen Gläubiger, der den Anteil des Antragsgegners gepfändet hat[4]. Auch die **Antragsteller** können den Antrag aus § 74a nicht stellen[5], weil sie ebenfalls keinen aus dem Meistgebot zu befriedigenden Anspruch haben; sie können ja die Einstellung bewilligen oder den Antrag zurücknehmen. Betreibt ein Gläubiger, der den Anspruch eines Miteigentümers gepfändet und zur Einziehung überwiesen erhalten hat, so ist seine Forderung keine Belastung und kein Recht am Grundstück, nur eine Verfügungsbeschränkung; durch die Versteigerung verwandelt sich das Grundstück in das Surrogat, den Erlös, der an den Pfändungsgläubiger bis zur Höhe seiner Forderung fließt; Antrag aus § 74a kann er nicht stellen, er kann die Einstellung bewilligen.

c) **Antragsberechtigt** sind in der Teilungsversteigerung die dinglichen Berechtigten, die einen aus dem Meistgebot zu befriedigenden Anspruch haben[6], also bei Bruchteilsgemeinschaft und hier bei ungleichmäßiger Belastung die Berechtigten aus den erlöschenden dinglichen Rechten[7].

2.4 § 74a ist auch anzuwenden auf **Luftfahrzeuge** (§ 171a Rdn 3), **Schiffsbauwerke und Schwimmdocks** (§ 162 Rdn 10.12). Bei **Seeschiffen** gilt § 74a nicht mehr (§ 169a). Für **Binnenschiffe** gelten die Sondervorschriften im Binnenschiffahrtsvollstreckungsschutzgesetz §§ 13–15. Das Gericht setzt bei ihnen den Wert nach Anhörung eines Sachverständigen fest und gibt ihn im Termin bekannt (Gesetz § 15). Auch bei Binnenschiffen kann der Zuschlag bei Geboten unter $^7/_{10}$ des Wertes versagt werden, wobei der betreibende Gläubiger widersprechen kann (Gesetz § 13); sonstige Einzelheiten sind wie bei § 74a, aber der Zeitraum zwischen dem ersten und dem zweiten Versteigerungstermin beträgt mindestens zwei, höchstens drei Monate (Gesetz § 13 Abs 3); auch hier gilt der Ersteher bei einem geringeren Gebot hinsichtlich seiner weiteren Ansprüche als befriedigt (Gesetz § 14). Zu Seeschiffen meint[8], es sei für sie dennoch wegen §§ 66, 114a der Wert festzusetzen (entgegen § 169a), da sonst der Zuschlag nach § 83 Nr 1 zu versagen sei; das widerspricht aber dem Gesetzeswortlaut; § 66 verlangt nicht, den Wert festzusetzen, sondern nur bekanntzugeben, wenn er festgelegt ist, und § 114a ergänzt das ZVG materiellrechtlich.

2.5 Wo das ZVG von **Grundstückswert** spricht, meint es generell denjenigen des § 74a Abs 5[9]: in § 30a (§ 30a Rdn 6.3), § 64 Abs 1 (§ 64 Rdn 4.8), § 85 Abs 1 (§ 85 Rdn 2), § 85 Abs 2, § 112 Abs 2 (§ 112 Rdn 4.5), § 114a (§ 114a Rdn 3), auch bei manchen Gebühren (Einl Rdn 77 ff) (anders[10] nicht immer, wenn das ZVG von Wert spreche, sei § 74a gemeint). Bevor § 74a geschaffen wurde, waren unterschiedliche Werte gemeint.

2.6 Die **landesrechtlichen Vorschriften** über die Wertfestsetzung sind durch § 74a überholt (Rdn 7.2). **Preisrechtliche** Beschränkungen gibt es längst nicht mehr, auch nicht für landwirtschaftliche Grundstücke, für die der Wert normal festzusetzen ist[11].

3 $^7/_{10}$-Antrag (Mindestgebot) (Absatz 1 Satz 1)

3.1 Wird das $^7/_{10}$-Mindestgebot vom Meistgebot nicht erreicht, so kann **beantragt** werden, den **Zuschlag zu versagen:** Abs 1 Satz 1.

---

[3] LG Koblenz Rpfleger 1970, 102.
[4] Jonas/Pohle § 74a Anm 4 f.
[5] Schiffhauer MDR 1963, 901.
[6] Jonas/Pohle § 74a Anm 4 b.
[7] LG Frankfurt Rpfleger 1972, 234.
[8] Mohrbutter KTS 1969, 77 (II 2).
[9] BGH 117, 8 = MDR 1992, 369 = NJW 1992, 1702 (1705) = Rpfleger 1992, 264 (266).
[10] Schiffhauer KTS 1968, 218 (V).
[11] BGH MDR 1954, 31 mit abl Anm Rötelmann = NJW 1954, 35 = Rpfleger 1954, 439.

Wertfestsetzung, Mindestgebot 3.3 § 74a

3.2 Auf Antrag **muß** der Zuschlag **versagt werden** wenn (erste Voraussetzung) das (wirksame) Meistgebot (zu diesem § 81 Rdn 3.2 und § 85a Rdn 2.3; zu Besonderheiten im Hinblick auf §§ 85a, 114a siehe § 85a Rdn 2.10) einschließlich des Kapitalwertes der nach den Versteigerungsbedingungen bestehenbleibenden Rechte **unter** $7/_{10}$ des Grundstückswertes bleibt: Abs 1 Satz 1. Mit einem im ersten Versteigerungstermin gebotenen Betrag in so geringer Höhe erreicht das Meistgebot für den Schutz nachrangiger Berechtigter nicht den durch die Verfahrensregeln des Zwangsversteigerungsrechts mit der Konkurrenz der Bieter erstrebten Versteigerungserlös (Einl Rdn 10). Unter $7/_{10}$ des Grundstückswerts bleibt das Verfahrensergebnis, wenn die Summe des baren Meistgebots (ohne Zinsen nach § 49 Abs 2; so auch[12] anders[13], durch Gesetzeswortlaut und -zweck nicht gedeckt) und der nach den Versteigerungsbedingungen bestehenbleibenden Rechte diesen Betrag nicht erreicht. Dem baren Meistgebot sind daher Rechte mit ihrem Kapitalwert hinzuzurechnen. Das ist bei einer Hypothek oder Grundschuld der Nennbetrag (zu Fremdwährungen § 145a Nr 2), bei einer Rentenschuld die Ablösungssumme, bei einem anderen Grundstücksrecht der Wert, mit dem es das Grundstück belastet. Dieser ist für den Fall, daß die Belastung im geringsten Gebot nicht besteht, als Zuzahlungsbetrag nach § 51 Abs 2 festgesetzt (für Erbbauzinsreallast[14]; nicht richtig[15]: als Kapitalwert einer Dienstbarkeit sei nicht der Ersatzbetrag nach § 51 Abs 2 anzunehmen, wenn er nicht als Ablösungssumme festgestellt oder im Grundbuch eingetragen ist). Nicht berücksichtigt werden hier Rechte, die erst durch Liegenbelassungsvereinbarung nach § 91 Abs 2 bestehen bleiben. Zu den kraft Versteigerungsbedingungen bestehenbleibenden Rechten gehören auch die vereinbarungsgemäß bestehenbleibende Erbbauzinsreallast[16] (ErbbauVO § 9 Abs 3 Nr 1; § 52 Abs 2 Satz 2) und das zwar außerhalb des geringsten Gebots, aber gemäß den Versteigerungsbedingungen bestehenbleibende Altenteil[17], sowie alle anderen in solcher Weise bestehenbleibenden Rechte. Für den Kapitalwert von Renten sind dabei (wenn Festsetzung nach § 51 Abs 2 nicht erfolgt) weder die §§ 92, 121 entsprechend anzuwenden[18] noch gelten die Grundsätze von § 92 (so aber[19]). Es entscheidet über die Höhe des Zuzahlungsbetrags dann das Prozeßgericht (§ 51 Rdn 5.2 und § 125 Rdn 2.7). Das Vollstreckungsgericht hat diesen Betrag bei Entscheidung nach Abs 1 nach den Grundsätzen der Bewertung im Falle von § 51 Abs 2 nach freier Überzeugung zu würden (die Bestimmung ist zu begründen).

3.3 Der Zuschlag **muß** aus § 74a **versagt werden** wenn (zweite Voraussetzung) der Anspruch des Antragstellers ganz oder teilweise durch das Meistgebot **nicht gedeckt** ist, aber bei einem Gebot in Höhe des $7/_{10}$ Wertes voraussichtlich (wenigstens teilweise) gedeckt sein würde: Abs 1 Satz 1. Er muß also bei dem gebotenen Betrag mindestens zum Teil ausfallen, von diesem Ausfall aber bei einem $7/_{10}$-Gebot mindestens ein Teil zum Zuge kommen[20]. Berechnet wird nach dem voraussichtlichen Verteilungstermin[21], nicht etwa nach § 47; es sind die wiederkehrenden Leistungen bis zum voraussichtlichen Verteilungstermin und die Kosten zu berücksichtigen. Eine Grundschuld ist für Feststellung der zu befriedigenden rangbesseren und gleichrangigen Ansprüche, damit Berechnung des Ausfalls des

---

[12] Dassler/Gerhardt § 74a Rdn 9.
[13] Steiner/Storz § 74a Rdn 34.
[14] LG Hamburg Rpfleger 2003, 142.
[15] LG Verden Rpfleger 1982, 33.
[16] LG Hamburg Rpfleger 2003, 142.
[17] Steiner/Storz § 74a Rdn 36; Drischler RpflJahrbuch 1960, 347 (A VI b).
[18] Jonas/Pohle, ZwVNotrecht, § 74a Anm 3.
[19] Pöschl BWNotZ 1956, 41 (2).
[20] Jonas/Pohle, ZwVNotrecht, § 74a Anm 4a.
[21] Dassler/Gerhardt § 74a Rdn 9; Steiner/Storz § 74a Rdn 37; Jonas/Pohle, ZwVNotrecht, § 74a Anm. 4a.

Anspruchs des Antragstellers bei dem abgegebenen Gebot und seiner möglichen Befriedigung bei einem Gebot in Höhe des $7/10$-Wertes mit ihrem Nennbetrag (Hauptsumme und wiederkehrende Leistungen, andere Nebenleistungen sowie Kosten, dazu § 114a Rdn 3.6) zu berücksichtigen[22] (wie § 85a Rdn 4.3). Bei Ansprüchen, die nur berücksichtigt werden, wenn sie angemeldet sind (§ 114), sind nur die zu berücksichtigen, die schon angemeldet sind, nicht diejenigen, die später noch angemeldet werden können.

3.4 a) Wenn **mehrere Grundstücke im selben Verfahren** versteigert (§ 63) und **nur Einzel**ausgebote abgegeben wurden, ist auf den Versagungsantrag hin bei jedem Einzelmeistgebot zu prüfen, ob hierbei die $7/10$-Grenze für dieses einzelne Objekt erreicht ist und ob der Antragsteller hier mindestens teilweise gegenüber einem $7/10$-Gebot ausfallen würde. Ist **nur** ein **Gesamt**ausgebot erfolgt oder wird nur auf das Gesamtausgebot geboten, dann ist das Gesamtmeistgebot in dieser Weise zu prüfen, ob es hinter $7/10$ des Gesamtwertes zurückbleibt und ob der Antragsteller mindestens teilweise gegenüber einem Gesamtmeistgebot in Höhe von $7/10$ ausfällt. Wird Erlösverteilung nach § 112 erforderlich, dann ist zu prüfen, ob ein in solcher Weise verteilter Erlös in Höhe von $7/10$ des Grundstückswertes (mit Kapitalwert der bestehen bleibenden Rechte) volle oder teilweise Deckung des Antragstellers bringen würde.

b) Sind bei Versteigerung mehrerer Grundstücke im selben Verfahren (§ 63) **Einzel**meistgebote und Gebote auf das Gesamtausgebot abgegeben, dann ist vorweg festzustellen, welchem Gebot nach § 63 Abs 3 Satz 2 der Zuschlag zu erteilen ist. Ist der Zuschlag Einzelmeistgeboten zu erteilen, dann ist auf Versagungsantrag hin bei jedem Einzelmeistgebot zu prüfen, ob die $7/10$ Grenze erreicht ist und ob der Antragsteller mindestens teilweise ausfallen würde (wie bei a). Ist der Zuschlag auf Grund des **Gesamtmeistgebots** zu erteilen, dann ist dieses zu prüfen, ob es (einschließlich Kapitalwert der bestehen bleibenden Rechte) unter $7/10$ der Summe der Grundstückswerte zurückbleibt und ob der Antragsteller mindestens teilweise gegenüber einem Gesamtmeistgebot in Höhe von $7/10$ des Gesamtbetrags der Grundstückswerte ausfällt. Wird Erlösverteilung nach § 112 erforderlich, dann ist zu prüfen, ob ein in solcher Weise verteilter Erlös in Höhe von $7/10$ des Grundstückswertes (mit Kapitalwert der bestehen bleibenden Rechte) volle oder teilweise Deckung des Antragstellers bringen würde. Hierbei ist denkbar, daß das Einzelmeistgebot den innerhalb der $7/10$-Grenze (dieses Einzelobjekts) stehenden Berechtigten deckt, aber das Gesamtmeistgebot (das gemäß § 63 Abs 3 die Summe der Einzelmeistgebote übersteigen muß) bei der Erlösverteilung nach § 112 dazu führt, daß der Antragsteller einen Ausfall erleidet. Das Interesse der Gesamtheit der Beteiligten an dem Zuschlag auf das im Gesamtergebnis günstigere Gesamtmeistgebot muß dann dem Interesse des einzelnen Berechtigten vorgehen[23]. Dieser kann also hier Versagung nur beantragen, wenn das Gesamtmeistgebot selbst (einschließlich des Kapitalwerts der bestehenbleibenden Rechte) hinter $7/10$ der Summe der Grundstückswerte zurückbleibt[24]. Ist auf das Gesamtmeistgebot nach Abs 1 (mit Abs 3) der Zuschlag zu versagen, dann ist auf die Einzelmeistgebote zurückzugreifen[25] (anders[26]), sonach zu prüfen, ob auf den Versagungsantrag nach Abs 1 (mit 3) der Zuschlag auf Einzelmeistgebote zu versagen oder zu erteilen ist (Einzelmeistgebote sind nicht erloschen; Grundsatz des Einzelausgebots [§ 63 Abs 1] wird für den Antragsteller durch ein in der Gesamt-

---

[22] BGH 158, 159 = MDR 2004, 771 = NJW 2004, 1803 = Rpfleger 2004, 432.
[23] Dassler/Gerhardt § 74a Rdn 10; Steiner/Storz § 74a Rdn 39; Mohrbutter/Drischler Muster 106 Anm 3; Jonas/Pohle, ZwVNotrecht, § 74a Anm 3.
[24] Dassler/Gerhardt § 74a Rdn 10; Jaeckel/Güthe § 82 Rdn 13d; Jonas/Pohle, ZwVNotrecht, § 74a Anm 3.
[25] OLG Frankfurt Rpfleger 1995, 512.
[26] OLG Hamm JMBlNW 1958, 233 = Rpfleger 1959, 57.

Wertfestsetzung, Mindestgebot 3.6 § 74a

heit günstigeres, für den Zuschlag aber unzulängliches Ergebnis beim Gesamtausgebot nicht verdrängt).

3.5 Versagung des Zuschlags nach Abs 1 erfolgt nur auf **Antrag** (dritte Voraussetzung). **Antragsberechtigt** ist ein „Berechtigter, dessen Anspruch ganz oder teilweise durch das Meistgebot nicht gedeckt ist, aber bei einem Gebot in der genannten Höhe voraussichtlich gedeckt sein würde": Abs 1 Satz 1. Das ist **jeder Berechtigte**, dem nach § 10 ein Recht auf Befriedigung aus dem Grundstück zusteht[27], falls er durch das Meistgebot nicht oder nur zum Teil gedeckt ist, aber durch ein Gebot in Höhe von $^7/_{10}$ des Verkehrswertes mehr erhalten würde. Gleich ist, ob der Antragsteller dingliche Ansprüche (Rangklasse 4) oder persönliche (Rangklasse 5) hat oder öffentlich-rechtliche (Rangklasse 3) oder sonst bevorrechtigte (Rangklasse 1, 1a und 2). Es genügt sogar Rangklasse 6, wenn also das den Antrag stellende Recht gegenüber dem Gläubiger infolge der Beschlagnahme unwirksam ist[28]. Ebenso genügen Ansprüche der Rangklasse 7–8[29]. Falls das Recht mit einem Pfandrecht belastet ist, ist antragsberechtigt sowohl der Pfandgläubiger wie auch der Berechtigte[30]. Falls ein Dritter nach BGB §§ 268, 1150 einen Hypothekengläubiger befriedigt, erwirbt er die Hypothek nach BGB § 401 und ist antragsberechtigt[31]. Berechtigter muß der Antragsteller im Zeitpunkt der Antragstellung (bei Verhandlung über den Zuschlag[32]) sein; spätere Veränderungen sind unbeachtlich[32].

3.6 Antragsberechtigt ist auch der **Vollstreckungsschuldner** als Berechtigter eines Eigentümergrundpfandrechts[33]. Antragsberechtigt ist er jedenfalls nach Anmeldung seines Rechts[34], aber auch dann, wenn dem Vollstreckungsgericht sicher bekannt ist (§ 45 Rdn 3), daß das für einen Dritten eingetragene Grundpfandrecht Eigentümergrundschuld geworden ist. Dann ist der bekannte Wechsel des Rechtsinhabers zu berücksichtigen (Nichtanmeldung führt zu keinem materiellen Rechtsverlust) (anders[35]). Auch der Schuldner, dessen Eigentümerrecht gepfändet, aber dem Gläubiger nicht zur Einziehung überwiesen ist, kann die Versagung hier beantragen[36]; dies kann auch der Pfandgläubiger[36]. Der Schuldner kann unter Umständen Zuschlagsversagung auch über § 765 a anstreben (Rdn 11); ohne Eigentümerrecht aber kann er nicht Versagungsantrag aus § 74 a stellen[37], selbst wenn er bei einem $^7/_{10}$-Gebot einen Übererlös erhalten würde, weil er ja darauf, daß ein Überschuß bleibt, keinen Anspruch hat. Die vereinzelte Gegenmeinung[38], § 74 a sei für den Schuldner immer analog anzuwenden, wenn das Gebot zu gering sei, ist durch das Gesetz nicht gedeckt und widerspricht dem Zweck des § 74 a, nachrangige Gläubiger zu schützen.

---

[27] BGH MDR 1988, 578 = NJW-RR 1988, 1206.
[28] Dassler/Gerhardt § 74 a Rdn 12; Jonas/Pohle, ZwVNotrecht, § 74 a Anm 4 a; Riggers JurBüro 1968, 777 (3 A).
[29] Dassler/Gerhardt § 74 a Rdn 12; Jonas/Pohle, ZwVNotrecht, § 74 a Anm 4 a.
[30] Dassler/Gerhardt § 74 a Rdn 12; Steiner/Storz § 74 a Rdn 22; Jonas/Pohle, ZwVNotrecht, § 74 a Anm 4 a.
[31] Dassler/Gerhardt § 74 a Rdn 12; Steiner/Storz § 74 a Rdn 21; Jonas/Pohle, ZwVNotrecht, § 74 a Anm 4 a; Riggers JurBüro 1968, 777 (3 A).
[32] LG Frankenthal Rpfleger 1981, 201.
[33] BGH NJW-RR 1988, 1206 = aaO (Fußn 27); OLG Hamburg MDR 1957, 238 Leisatz; Dassler/Gerhardt § 74 a Rdn 12; Steiner/Storz § 74 a Rdn 24; Mohrbutter/Drischler Muster 106 Anm 2; Drischler Rpfleger 1951, 175; Mohrbutter JurBüro 1954, 385 (1 b) und KTS 1958, 81; Riggers JurBüro 1968, 777 (3 A); Schiffhauer MDR 1963, 901 (2); Spiess MDR 1955, 813 (C 2).
[34] LG Berlin GrundE 1959, 503 Leitsatz; Spiess NJW 1955, 813 (C 2).
[35] LG Berlin GrundE 1959, 503 Leitsatz.
[36] Dassler/Gerhardt § 74 a Rdn 14; Jonas/Pohle, ZwVNotrecht, § 74 a Anm 4 b.
[37] BGH NJW-RR 1988, 1206 = aaO (Fußn 27); Dassler/Gerhardt § 74 a Rdn 14; Steiner/Storz § 74 a Rdn 27; Drischler JurBüro 1964, 241 (A I 3 a).
[38] Pöschl BWNotZ 1967, 129 (1).

§ 74a 3.7   Versteigerung

3.7 Antragsberechtigt ist auch der **betreibende Gläubiger**[39] (für Hinweispflicht auf dieses Antragsrecht[40]), dem § 74a weder ausdrücklich noch dem Sinne nach das Antragsrecht vorenthält und der durchaus nicht den sehr fragwürdigen „Ausweg" einer Einstellungsbewilligung nach § 30 wählen muß. Dieser Weg steht ihm, wenn er aus Entgegenkommen für den Schuldner die Einstellung schon zweimal bewilligt hatte, gar nicht mehr zur Verfügung; man würde ihn dann zwingen, entweder ein unzureichendes Gebot hinzunehmen, bei dem er ganz oder zum Teil ausfällt, oder sein Verfahren nach § 30 Abs 1 Satz 3 aufheben zu lassen, mit Kostennachteil und unter Wegfall der Beschlagnahmewirkung. Es ist völlig unrichtig, daß der Gläubiger, weil er doch die Versteigerung wolle, nicht einen Versagungsantrag stellen dürfe. Er hemmt das Verfahren ja auch durch seine Einstellungsbewilligung, ohne daß jemand auf den Gedanken kommt, dies widerspreche seinem Versteigerungswillen. Der Gläubiger will doch nicht Versteigerung um jeden Preis, er will selbstverständlich eine erfolgreiche Versteigerung. Hätte das ZVG, das sonst selbst kleine Einzelheiten regelt, hier den Gläubiger ausschließen wollen, so hätte es nicht bestimmt, daß „ein Berechtigter, der ..." den Antrag stellen könne, also jeder Berechtigte, der die Voraussetzungen erfüllt, jeder ohne Ausnahme. Es ist auch falsch, daß man den Versagungsantrag des Gläubigers als Einstellungsbewilligung behandeln müsse (wie die bewilligte Terminsaufhebung nach § 30 Abs 2)[41], oder daß er den Versagungsantrag nur stellen dürfe, wenn sein Verfahren eingestellt sei[41]. Man braucht auch nicht auf die „Ausnahme" zu verfallen, er dürfe Versagung nur beantragen, wenn seine Einstellungsbewilligung nicht ausreiche, den Zuschlag zu verhindern, weil das vom bestrangigen Gläubiger betriebene Verfahren durch seine Einstellung nicht berührt werde[42]. Jeder Gläubiger ist wie die anderen Beteiligten, bei denen die Voraussetzungen des § 74a erfüllt sind, unbeschränkt berechtigt, Versagungsantrag nach § 74a zu stellen. Man kann hier nicht etwas in das ZVG hineinlesen, was wirklich nicht darin enthalten ist. Man darf dem Antragsteller auch nicht etwas unterstellen, was er gar nicht will. Abzulehnen ist daher die Gegenmeinung, der Gläubiger könne nur einstellen oder den Verfahrensantrag zurücknehmen (so meinen[43]) oder er könne nur Versagungsantrag stellen, wenn sich dieser Antrag gegen einen anderen betreibenden Gläubiger richte (so[44]) oder wenn er nicht allein betreibe und dann sein Vorgehen nicht den Fortgang der anderen Verfahren beeinträchtige (so[45]), ferner daß gar entgegen dem Wortlaut von § 30 Abs 1 eine dritte Einstellungsbewilligung zugestanden werde (so[46]). Bevor man zwingende andere Vorschriften des ZVG willkürlich übertritt, sollte man doch einfach § 74a so lesen, wie er lautet, nämlich ohne jede Einschränkung für den Gläubiger.

3.8 Antragsberechtigt nach § 74a ist auch der Gläubiger eines nur **vorgemerkten Rechts**[47] (anders[48]), aber nicht der Berechtigte einer Löschungsvormerkung

---

[39] BVerfG (Kammerbeschluß) NJW 1993, 1699 = Rfleger 1993, 32 mit Anm Hintzen; OLG Koblenz Rpfleger 1999, 407; LG Oldenburg Rpfleger 1974, 324; Dassler/Gerhardt § 74a Rdn 13; Steiner/Storz § 74a Rdn 20; Mayer Rpfleger 1983, 265 (III 3).
[40] BVerfG (Kammerbeschluß) NJW 1993, 1699 = aaO (Fußn 39).
[41] Jonas/Pohle, ZwVNotrecht, § 74a Anm 4 c.
[42] BGH 46, 107 = DNotZ 1967, 512 Leitsatz = MDR 1967, 34 = NJW 1966, 2403 = Rpfleger 1967, 109; OLG Hamburg MDR 1957, 238 Leitsatz.
[43] Jonas/Pohle, ZwVNotrecht, § 74a Anm 4 c; Mohrbutter/Drischler Muster 106 Anm 2; Drischler Rpfleger 1951, 175 und JurBüro 1964, 214 (A I 3a); Mümmler JurBüro 1973, 689 (I B); Riggers JurBüro 1968, 777 (3 B und C); Schiffhauer MDR 1963, 901 (2).
[44] Mohrbutter/Drischler Muster 106 Anm 2.
[45] Blomeyer, Vollstreckungsverfahren, § 79 (III 1 a).
[46] Mümmler JurBüro 1973, 689 (2) (I B Fußn 3).
[47] Dassler/Gerhardt § 74a Rdn 12; Steiner/Storz § 74a Rdn 5; Fischer BWNotZ 1963, 37.
[48] Riggers Jurbüro 1968, 777 (3 B).

Wertfestsetzung, Mindestgebot   3.15 § 74a

(diese hat erst Bedeutung im Verteilungstermin), und auch der Gläubiger eines durch **Widerspruch** gesicherten Rechts, sofern sie sich auf ein innerhalb der $^7/_{10}$-Grenze liegendes Grundpfandrecht beziehen.

3.9 Nicht antragsberechtigt ist der **Meistbietende** selbst, auch wenn er etwa gleichzeitig als dinglicher Berechtigter einen Antrag stellen könnte, weil sein eigener Versagungsantrag (ganz anders als beim betreibenden Gläubiger) seinem eigenen Meistgebot völlig entgegenstehen würde[49]. Durch sein Meistgebot verlangt er den Zuschlag für sich. Ihn kann er nicht unter Bezugnahme auf sein eigenes zu geringes Gebot verhindern. Es steht ihm ja frei, höher zu bieten (oder von vornherein gar nicht). Der Gläubiger kann dagegen von sich aus nicht den Meistbietenden zu einem höheren Gebot zwingen, außer eben durch die Drohung mit dem Versagungsantrag. Die unterschiedliche Behandlung der beiden Personengruppen ist also sachlich gerechtfertigt.

3.10 Nicht antragsberechtigt aus § 74a ist ein nicht betreibender **persönlicher Gläubiger** des Vollstreckungsschuldners. Er ist nicht Verfahrensbeteiligter; Antrag kann er auch nicht stellen, wenn er den etwaigen Anspruch des Eigentümers auf Übererlös gepfändet hat.

3.11 Nicht antragsberechtigt ist bei der Vollstreckungsversteigerung über einen Grundstücksbruchteil der **Eigentümer des anderen Bruchteils,** weil sein Anteil nicht von der Versteigerung betroffen wird.

3.12 Nicht antragsberechtigt ist der **Insolvenzverwalter** des Vollstreckungsschuldners, der mit Rücksicht auf die Insolvenzgläubiger den Antrag stellen möchte (diese sind nicht als solche am Versteigerungsverfahren beteiligt)[50], ausgenommen, wenn er den Antrag aus einem Eigentümerrecht des Schuldners stellt[51].

3.13 Nicht antragsberechtigt sind **Mieter/Pächter;** sie haben keinen aus dem Meistgebot zu deckenden Anspruch[52].

3.14 Nicht antragsberechtigt sind die bezüglich des Grundstücks oder der Zubehörstücke nach ZPO § 771 **Interventionsberechtigten** (sie sind auf § 37 Nr 5 angewiesen, werden andernfalls auf den Versteigerungserlös verwiesen)[53].

3.15 Nicht antragsberechtigt sind **Pfändungsgläubiger** oder **Zessionare eines Rückübertragungsanspruchs** (§ 114 Rdn 7), wenn der Grundschuldgläubiger auch die seine persönliche Forderung übersteigenden dinglichen Ansprüche aus einer Sicherungsgrundschuld geltend macht und hierdurch die $^7/_{10}$ ausgeschöpft sind (Nichtanmeldung ist kein Verzicht)[54] (und hierzu zustimmend[55]), solange also der Rückübertragungsanspruch nicht zum Tragen kommen kann, weil dem Grundschuldgläubiger noch Ansprüche aus der Grundschuld zustehen, zB weil infolge der allgemeinen Bankbedingungen die Zahlungen auf die persönliche Schuld, nicht auf die Grundschuld verrechnet werden.

---

[49] Dassler/Gerhardt § 74a Rdn 15; Steiner/Storz § 74a Rdn 29; Jonas/Pohle, ZwVNotrecht, § 74a Anm 4 d; Riggers JurBüro 1968, 777 (3 A).

[50] LG Göttingen NdsRpfl 1957, 135 = NJW 1956, 428; Steiner/Storz § 74a Rdn 25; Mohrbutter/Drischler Muster 106 Anm 2; Riggers JurBüro 1968, 777 (3 B); Wolff ZIP 1980, 418 (II 3.4).

[51] Dassler/Gerhardt § 74a Rdn 27; Mohrbutter/Drischler Muster 106 Anm 2; Riggers JurBüro 1968, 777 (3 A); Wolff ZIP 1989, 417 (II 3.4).

[52] Dassler/Gerhardt § 74a Rdn 16; Jaeckel/Güthe § 82 Rdn 13d; Steiner/Storz § 74a Rdn 30; Jonas/Pohle, ZwVNotrecht, § 74a Anm 4d; Riggers JurBüro 1968, 777 (3 B); Drischler JurBüro 1964, 241 (A I 3a).

[53] Dassler/Gerhardt § 74a Rdn 16; Steiner/Storz § 74a Rdn 30.

[54] LG Düsseldorf Rpfleger 1974, 124 mit zust Anm Schiffhauer.

[55] LG Frankenthal Rpfleger 1981, 201; Steiner/Storz § 74a Rdn 22; Drischler KTS 1975, 283 (7 b).

3.16 Nicht antragsberechtigt sind die **künftigen Eventualberechtigten** (bei Hilfszuteilungen), zB nicht diejenigen, die etwas erhalten würden, wenn aus einem durch Tod des Berechtigten später wegfallenden Alteintrag etwas an einen Dritten fallen würde, weil der Dritte aus dem $^7/_{10}$-Gebot jetzt noch nicht zum Zuge kommt. Für die Voraussetzungen des § 74 a ist die Lage nach dem Schluß der Versteigerung maßgebend, künftige Veränderungen können nicht berücksichtigt werden[56].

4 Antragstellung (Absatz 2)

4.1 Der **Antrag** aus § 74 a kann **nur im Versteigerungstermin** gestellt werden und nur von den in diesem Termin Anwesenden, nicht schon schriftlich vor dem Termin[57]. Der Antrag kann im Termin nicht erst nach Abgabe des Meistgebots gestellt werden, aber frühestens nach Abgabe eines Gebots und spätestens bis zum Schluß der Verhandlung über den Zuschlag (Abs 2). Nach Verkündung des Zuschlags ist er nicht mehr zulässig, auch nicht mehr im besonderen Verkündungstermin[58], ja schon nicht mehr, sobald dieser Verkündungstermin verkündet wurde und erst recht nicht nachträglich schriftlich.

4.2 Eine Form ist für den Antrag nicht vorgeschrieben; er kann also mündlich erklärt oder auch schriftlich übergeben werden. Der schriftlich übergebene ist vom Gericht zu verlesen. Der im Termin mündlich gestellte Antrag muß ins Protokoll aufgenommen (§§ 78, 80), vorgelesen und genehmigt werden (ZPO § 160 Abs 3 Nr 2, § 162 Abs 1 Satz 1). Entschieden werden muß er auch, wenn er durch Versehen des Gerichts nicht vorgelesen und genehmigt ist[59]. Das Antragsrecht ist dem Gericht nachzuweisen. Glaubhaftmachen genügt nicht. Wo also zum Nachweis ein Hypothekenbrief nötig ist, muß das Gericht seine Entscheidung aussetzen und ein Frist zur Vorlage setzen[60]. Die Voraussetzungen sind auf Grund der Sachlage bei Schluß der Versteigerung (Bietzeit) zu prüfen; nachträgliche Änderungen sind unbeachtlich. Auch eine Zusage des Meistbietenden, die Berechtigten über den Betrag des Meistgebots hinaus bis zum vollen $^7/_{10}$-Wert befriedigen zu wollen, kann den Antrag aus § 74 a **nicht abwenden**[61].

4.3 Für den Antrag gilt der **Grundsatz der Einmaligkeit** (Rdn 6.3), nicht aber der Grundsatz der Erstmaligkeit[62]; er kann nicht nur im ersten Versteigerungstermin des Verfahrens gestellt werden, sondern auch noch, wenn ein vorausgehender Termin mangels Geboten ergebnislos (§ 77 Abs 1) war[63]. Wird nachträglich der Grundstückswert ermäßigt, so ändert sich die im Termin durchgeführte Berechnung gemäß § 74 a nicht mehr; es ist dann vielleicht zu Unrecht der Zuschlag versagt worden, das kann aber nicht mehr geändert werden; der nächste Termin ist dennoch der zweite im Sinne von Abs 4 (Versteigerung ohne Wertgrenze). Wird nachträglich der Grundstückswert erhöht, so hat sich die Berechnungsgrundlage geändert, es können jetzt neue Antragsberechtigte in Frage kommen; es muß darum wieder ein erster Termin (auf der neuen Berechnungsgrundlage) durchgeführt werden, um den neuen Berechtigten nicht das Antragsrecht zu nehmen. Das gilt nicht für nur unbedeutende Erhöhungen und nicht, wenn die Antragsberechtigten oder soweit sie unverändert dieselben sind. War bei der § 74 a-Entscheidung der

---

[56] OLG Hamburg MDR 1957, 238 Leitsatz; Steiner/Storz § 74 a Rdn 31.
[57] Dassler/Gerhardt § 74 a Rdn 19; Steiner/Storz § 74 a Rdn 40; Mohrbutter/Drischler Muster 106 Anm 4; Jonas/Pohle, ZwVNotrecht, § 74 a Anm 5.
[58] Dassler/Gerhardt, Steiner/Storz und Jonas/Pohle je aaO (Fußn 57); Drischler Rpfleger 1953, 497 (II).
[59] OLG Hamm JMBlNW 1958, 233 = Rpfleger 1959, 57.
[60] Dassler/Gerhardt § 74 a Rdn 19.
[61] OLG Hamburg MDR 1957, 238 Leitsatz.
[62] Steiner/Storz § 74 a Rdn 44; Drischler JurBüro 1964 241 (A I 3 a).
[63] Jonas/Pohle, ZwVNotrecht, § 74 a Anm 5; Drischler JurBüro 1964, 241 (A I 3 a).

Grundstückswert noch nicht rechtskräftig festgesetzt, so werden zweckmäßig die außerhalb der bisherigen $^7/_{10}$-Grenze Stehenden Versagung für den Fall beantragen, daß bei Wertänderung auch sie antragsberechtigt sein sollten. Das Gericht muß dann seinen Termin zur Entscheidungsverkündung so hinaussetzen, daß die Wertfestsetzung rechtskräftig werden kann, muß aber den Termin sofort bestimmen (§ 87 Abs 1), nicht erst nach Rechtskraft (anders[64]), wenn es auch im jeweils festgesetzten Termin weiter vertagen kann.

4.4 Der Versagungsantrag betrifft nur das **Gebot, gegen das er sich** unmittelbar **wendet,** nicht auch ein später zulässig abgegebenes Übergebot[65] (also nur möglich, wenn der Antrag schon vor dem Schluß der Versteigerung gestellt war). Der Antragsberechtigte soll darum, wenn er sicher gehen will, erst den Schluß der Versteigerung abwarten und erst dann seinen §-74a-Antrag zum Meistgebot stellen[66]. Gebräuchlich und zu empfehlen ist aber, daß der Antrag vorher schon, solange die Bietzeit noch läuft, **angekündigt** wird. Die Bieter verlassen sich sonst darauf, der Antrag werde nicht kommen, und sie können nach der Bietzeit nicht mehr höher bieten. Wenn sie aber rechtzeitig davon wissen, können sie noch entsprechend höher bieten und so einen Termin ohne Zuschlag vermeiden.

4.5 Der Antrag aus § 74a kann bis zur Entscheidung über den Zuschlag (auch noch im Verkündungstermin) wieder **zurückgenommen** werden[66], weil es sich dabei um eine Schutzvorschrift für den Gläubiger handelt ([67]sagt: weil der Antrag als Prozeßhandlung keinen Verfahrensvorgang endgültig feststellen soll). Der Berechtigte kann ja auch vorher schon auf sein Antragsrecht verzichten; dies muß nach den allgemeinen Grundsätzen über den Verzicht auf Rechtsbehelfe in den aus BGB § 138 sich ergebenden Grenzen zulässig sein. Bei Verzicht muß ein später dennoch gestellter Antrag zurückgewiesen werden. Im Zweifel gilt der Verzicht auch für einen späteren Versteigerungstermin.

4.6 Unterschieden werden muß der Versagungsantrag des § 74a vom **Widerspruch** gegen die Zulassung eines Gebots nach § 72. Dieser Widerspruch hat den Zweck, den betroffenen Beteiligten und Bietern das Anfechtungsrecht gegen die Zuschlagsentscheidung zu erhalten. Bei Zweifeln muß der Vorsitzende sofort klären, ob ein Widerspruch oder ein Versagungsantrag gemeint ist.

Betreibender Gläubiger: Ablehnung bei Widerspruch (Absatz 1 Satz 2)

5.1 Dem Interesse des Gläubigers an baldiger Befriedigung seiner Vollstreckungsforderung trägt Abs 1 Satz 2 mit dem auf **Widerspruch** zu würdigenden **Ablehnungsgrund** Rechnung. Abgelehnt werden muß danach ein zulässiger und begründeter Versagungsantrag nach § 74a, wenn ihm ein betreibender Gläubiger **widerspricht** und „glaubhaft macht, daß ihm durch die Versagung des Zuschlags ein unverhältnismäßiger Nachteil erwachsen würde". Dieses Widerspruchsrecht hat nur ein betreibender Gläubiger, nicht der Meistbietende als solcher, auch nicht ein sonstiger Verfahrensbeteiligter. Von mehreren betreibenden Gläubigern kann jeder selbständig widersprechen, auch derjenige, der gleichzeitig Meistbietender ist. Ein Beschlagnahmegläubiger, dessen Verfahren einstweilen eingestellt ist (gleich aus welchem Grund) oder dessen Beschluß dem Schuldner nicht rechtzeitig zugestellt ist (§ 43 Abs 2), ist im Versteigerungstermin nicht Gläubiger, kann somit nicht widersprechen[68]. Der Widerspruch kann nur bis zum Schluß der Verhandlung über den Zuschlag erklärt werden (Abs 2; dazu Rdn 4).

---

[64] OLG Hamm JMBlNW 1958, 233 = Rpfleger 1959, 57.
[65] Steiner/Storz § 74a Rdn 41; Jonas/Pohle, ZwVNotrecht, § 74a Anm 5.
[66] LG Oldenburg KTS 1971, 60; Dassler/Gerhardt § 74a Rdn 19; Steiner/Storz § 74a Rdn 47.
[67] LG Oldenburg KTS 1971, 60.
[68] Mayer Rpfleger 1983, 265 (III 3 b); Steiner/Storz, § 74a Rdn 53.

§ 74a 5.2   Versteigerung

5.2 Auf einen rechtzeitigen und auch sonst zulässigen Widerspruch hin muß das Gericht die **Interessen** des betreibenden (widersprechenden; nicht der übrigen vollstreckenden) **Gläubigers** an Abwendung eines unverhältnismäßigen Nachteils und des Berechtigten, der Antrag auf Versagung des Zuschlags gestellt hat, abwägen. Wenn kein Gläubiger dem Antrag widerspricht gibt es keine Interessenabwägung, keine Zweckmäßigkeitserwägung, ob in einem späteren Termin ein höherer Erlös zu erzielen wäre. Zu prüfen hat das Gericht dann nur, ob das Gebot hinter $7/10$ zurückbleibt und ob der Antragsteller nach seiner Rangstelle im künftigen Teilungsplan ganz oder zum Teil hierbei ausfällt, bei einem Gebot in Höhe von $7/10$ des Wertes aber ganz oder mindestens höher zum Zuge kommen würde. Bei Interessenabwägung nach Widerspruch bleiben Interessen des Meistbietenden unberücksichtigt. Es sind auch nicht die Belange erststelliger Hypothekengläubiger zu berücksichtigen (wie es[69] entgegen dem Gesetz verlangt). Es sind ausschließlich die Interessen des Widersprechenden und des Antragstellers abzuwägen; alle anderen Beteiligten werden im Rahmen dieser Vorschrift nicht berücksichtigt. Wer durch den Zuschlag benachteiligt würde, muß eben, wenn er darf, selbst Versagung beantragen; wer als Gläubiger durch die Versagung benachteiligt würde, muß selbst widersprechen. Daß Versagung beantragt werden kann, bedeutet ja nicht, daß dies von mehreren Berechtigten nur einer könnte; beantragen dürfen es alle, aber die Anträge dürfen für jedes Objekt im selben Verfahren nur in einem Termin gestellt werden. Es können nicht die einen Berechtigten den Antrag jetzt stellen, die anderen in einem späteren Termin. Wenn er gestellt wird, nimmt er allen Beteiligten das Antragsrecht; sie können sich nur im selben Termin dem Antrag anschließen.

5.3 Damit der Widerspruch gegen die Zuschlagsversagung Aussicht hat, muß dem widersprechenden Gläubiger glaubhaft ein **unverhältnismäßiger Nachteil** erwachsen. Es bedarf also bei ihm eines sehr erheblichen Interesses. Der Begriff „unverhältnismäßig" ist streng auszulegen und nur ausnahmsweise zu bejahen, wenn es sich um unmittelbar drohende Nachteile handelt. Das ist nach der Lage des Falles zu beurteilen. Der Widerspruch ist etwa begründet, wenn wegen der Beschaffenheit des Grundstücks mit einer den Gläubiger gefährdenden Wertminderung ernstlich zu rechnen ist, zB bei einer unbenützten und ohne Aufsicht und Pflege dem Verfall ausgesetzten Fabrikanlage, oder wenn bei weiterem Zuwarten die Rückstände der öffentlichen Lasten oder die sonstigen wiederkehrenden Leistungen sich so stark erhöhen, daß der Gläubiger in seinen Ansprüchen gefährdet wird, aber auch wenn der Gläubiger selbst von Vollstreckung bedroht ist und seine Mittel sofort benötigt, um außergewöhnliche Schäden zu vermeiden. Maßgebend sind nur die Gläubigerinteressen des betreibenden Gläubigers, nicht sein Erwerbsinteresse als Bieter.

5.4 Die tatsächlichen Darlegungen sind **glaubhaft zu machen**. Dazu nötig und genügend sind eidesstattliche Versicherung und sofort verfügbare Beweismittel (ZPO § 294). Der Widerspruch ist im selben Verfahrensabschnitt möglich wie der Versagungsantrag, natürlich erst, nachdem dieser gestellt ist, und wie dieser nur bis zum Schluß der Verhandlung über den Zuschlag (Abs 2).

5.5 Auch der Widerspruch kann bis zur Entscheidung **zurückgenommen** werden[70].

6 Entscheidung über den Antrag; neuer Termin (Absatz 1 mit 3 und 4)

6.1 Entschieden wird über Versagungsantrag und Widerspruch durch Erteilung oder Versagung des Zuschlags. Wird der Zuschlag erteilt, so ist damit der Versagungsantrag abgelehnt. Weil das Gericht unter den genannten Voraussetzungen

---

[69] Böhle-Stamschräder NJW 1953, 1494 (III 5).
[70] OLG Hamburg MDR 1957, 238 Leitsatz; Dassler/Gerhardt § 74a Rdn 20.

versagen muß, nicht nach Ermessen entscheiden darf, kann der Antrag nur abgelehnt werden, wenn er unzulässig oder unbegründet ist oder wenn der betreibende Gläubiger mit Erfolg widerspricht. Die Entscheidung ist zu begründen (Einl Rdn 28).

6.2 Wird der Zuschlag nach § 74a (auch nach § 85a) versagt, so ist von Amts wegen **neuer Versteigerungstermin** zu bestimmen: Abs 3 Satz 1 (§ 85a Abs 2 Satz 1). Es spricht nichts dafür, daß der neue Termin erst nach Rechtskraft des Versagungsbeschlusses anzusetzen sei; vielmehr ist er sofort anzusetzen, wenn die Versagung verkündet wird. Versagt das Beschwerdegericht den Zuschlag, so kann es nicht für das Amtsgericht Termin ansetzen, sondern dieses nur anweisen, sofort Versteigerungstermin zu bestimmen (dazu § 101 Rdn 2). Anzusetzen ist der neue Versteigerungstermin mit Terminsbestimmung, die alle Angaben nach § 37 (Muß-Inhalt) und § 38 (Soll-Inhalt; dabei Hinweis auf erfolgte Versagung des Zuschlags) zu enthalten hat; diese ist nach den gleichen Vorschriften wie die erste Terminsbestimmung bekanntzumachen (§§ 39, 40), zuzustellen (§ 41) sowie mitzuteilen ist. Der neue Termin soll auf mindestens drei Monate hinaus angesetzt werden, „sofern nicht nach den besonderen Verhältnissen des Einzelfalles etwas anderes geboten ist", er darf aber nicht weiter als sechs Monate hinausgesetzt werden: Abs 3 Satz 2. Den Zeitraum zwischen den beiden Terminen regelt Abs 3 Satz 2 als Ordnungsvorschrift; das gilt auch für die Höchstfrist von 6 Monaten trotz des nicht eindeutigen Wortlauts[71] (bei Versagung des Zuschlags [erst] durch das Beschwerde- oder Rechtsbeschwerdegericht kann die Frist zumeist ohnedies nicht gewahrt werden); demgegenüber aber[72]: Termin *muß* innerhalb von 6 Monaten abgehalten werden). Verstoß schmälert die Rechtmäßigkeit des Verfahrens nicht; die Wirksamkeit des Verfahrens (und der Entscheidungen nach Fristablauf[72]) berührt auch Verstoß gegen die Höchstfristenregelung nicht. Jedoch haben die Beteiligten (mit Rechtsbehelf verfolgbaren, § 36 Rdn 2.7) Anspruch auf Einhaltung auch der „Soll"vorschriften, damit Wahrung der Höchstfrist von Abs 3 Satz 2. Diese Regelung ersetzt die sonst geltenden Anberaumungsfristen zu § 36 Abs 2 Satz 1. Die Bekanntmachungsfrist kann hier nicht wie in § 43 Abs 1 Satz 2 von sechs auf zwei Wochen abgekürzt werden. Einzuhalten sind die Bekanntmachungsfrist aus § 43 Abs 1 Satz 1 und die Ladungsfrist aus § 43 Abs 2.

6.3 Im neuen Versteigerungstermin, dem zweiten im Sinne des § 74a (auch § 85a), darf der Zuschlag **nicht mehr** aus § 74a, § 85a **versagt** werden: Abs 4 (§ 85a Abs 2 Satz 2). Dieser **Grundsatz der Einmaligkeit**[73] bezieht sich auf das einzelne Versteigerungsobjekt im selben Verfahren, nicht auf den jeweiligen Antragsteller. Versagungsantrag darf für jedes im selben Verfahren zu versteigernde Grundstück (ebenso Grundstücksbruchteil) nur in einem Versteigerungstermin gestellt werden[74]. Im zweiten Versteigerungstermin muß nur das geringste Gebot erreicht sein. Um einen zweiten Termin handelt es sich auch dann, wenn darin zu anderen Bedingungen versteigert wird, zB infolge Beitritts eines rangbesseren Gläubigers. Es genügt auch, wenn der „neue" Termin nicht unmittelbar auf den ersten folgt, sondern wenn dazwischen das Verfahren auf Bewilligung der betreibenden Gläubiger eingestellt war und dann erst wieder fortgesetzt wurde. Im „zweiten" Termin kann auch auf Antrag eines anderen Antragstellers nicht mehr aus § 74a versagt werden, gleich wie sich seitdem das Verfahren verändert hat.

6.4 Die **Versteigerungsterminsgebühr** wird nicht erhoben, wenn der Zuschlag nach § 74a (§ 85a) versagt wird (Einl Rdn 78).

---

[71] Dassler/Schiffhauer § 74a Rdn 41; Steiner/Storz § 74a Rdn 59; Drischler MDR 1955, 400; auch Korintenberg/Wenz § 36 Anm 2 b.
[72] AG Neuruppin Rpfleger 2005, 273.
[73] BGH MDR 2004, 294 = NJW-RR 2004, 302 (303) = Rpfleger 2004, 172.
[74] LG Mainz Rpfleger 1974, 125 mit zust Anm Schiffhauer.

7 Grundstückswert in der Versteigerung (Absatz 5)

7.1 Für die Berechnung der $^7/_{10}$-Grenze (und der $^5/_{10}$-Grenze des § 85a) ist der Grundstückswert maßgebend: Abs 1 Satz 1 (§ 85a Abs 1). Grundstückswert ist der **Verkehrswert**: Abs 5 Satz 1 (§ 85a Abs 2 Satz 1). Er wird vom Vollstreckungsgericht festgesetzt: Abs 5 Satz 1.

7.2 Der (festgesetzte) Grundstückswert ist Grundlage für Feststellung der $^7/_{10}$-**Grenze** bei Versagungsanträgen nach Abs 1 (und § 85 Abs 1) und für die $^5/_{10}$-Grenze nach § 85a Abs 1; er ist auch **für die Gebühren** maßgebend (Einl Rdn 77 ff). Er gilt darüber hinaus im Verfahren allgemein, wenn dem Grundstückswert Bedeutung zukommt (Rdn 2.5), so für Entscheidungen nach § 30a Abs 3 Satz 2, § 64, § 112 Abs 2, § 114a. Die Ermächtigung der Länder in EGZVG § 11, Vorschriften für das Schätzen und Feststellen des Wertes zu erlassen, und die landesrechtlichen Vorschriften dazu sind überholt[75] (gegenstandslos[76]). Abweichende (in Einzelfragen differenzierende) Ansichten[77], die nach Einfügung des § 74a in das ZVG (ab 1. 10. 1953) zunächst noch vertreten wurden, sind (als nicht zutreffend) überholt. Die Beteiligten und Interessenten kennen nur einen Wert und gehen als selbstverständlich davon aus, daß der einmal festgesetzte Wert allen Berechnungen zugrunde gelegt wird. Zu beachten ist aber, daß der Wert der §§ 74a, 85a nichts mit den „Werten" nach §§ 46, 50–51, 92 zu tun hat (Näheres dort).

7.3 Als Grundstückswert ist der **Verkehrswert** festzusetzen: Abs 5 Satz 1. Der Verkehrswert (Marktwert; auch gemeine Wert) wird nach der Bestimmung in BauGB § 194 „durch den Preis bestimmt, der in dem Zeitpunkt, auf den sich die Ermittlung bezieht, im gewöhnlichen Geschäftsverkehr nach den rechtlichen Gegebenheiten und tatsächlichen Eigenschaften, der sonstigen Beschaffenheit und der Lage des Grundstücks oder des sonstigen Gegenstands der Wertermittlung ohne Rücksicht auf ungewöhnliche oder persönliche Verhältnisse zu erzielen wäre". Verkehrswert ist mithin der Wert, der im gewöhnlichen Geschäftsverkehr erzielt werden kann[78], also der normale voraussichtliche Verkaufswert eines freihändigen Verkaufs[79], der Marktwert[80], der Handelswert[80], nicht der steuerliche Einheitswert, nicht der Erstellungswert im Zeitpunkt des Baues oder der Wertfestsetzung[81], nicht ein Liebhaberwert[82], nicht ein gemeiner Wert mit Billigkeitserwägungen ([83]setzen Verkehrswert und gemeinen Wert gleich), sondern ein Wert nach objektiven Gesichtspunkten[84], der die Beschaffenheit berücksichtigt[85], wobei jedoch persönliche Verhältnisse, Erwartungen und Vorstellungen nicht einzurechnen sind[86].

---

[75] LG Karlsruhe Justiz 1989, 61.
[76] Dassler/Gerhardt/Schiffhauer EGZVG § 11 Anm.
[77] Lorenz MDR 1961, 371; Nikoleit BWNotZ 1965, 48 (II und III 1); Schiffhauer MDR 1963, 901 (1); Spies NJW 1955, 813 (B).
[78] OLG Stuttgart NJW 1955, 1887; LG Braunschweig NdsRpfl 1987, 32 und Rpfleger 1997, 448; Steiner/Storz § 74a Rdn 67; Grohmann JurBüro 1970, 599 (17); Just/Brückner NJW 1958, 1756.
[79] LG Darmstadt MDR 1959, 224 Leitsatz; LG München I BB 1955, 368 = WM 1955, 275; Jonas/Pohle, ZwVNotrecht, § 74a Anm 6a; Grohmann JurBüro 1970, 559 (17).
[80] Grohmann JurBüro 1970, 559 (17).
[81] LG Darmstadt MDR 1959, 224 Leitsatz.
[82] Grohmann JurBüro 1970, 559 (17).
[83] Just und Brückner NJW 1958, 1756.
[84] OLG Düsseldorf RdL 1956, 282.
[85] Johnas/Pohle, ZwVNotrecht, § 74a Anm 6a.
[86] OLG Düsseldorf RdL 1956, 282; LG Coburg Rpfleger 1999, 553 (554); Just und Brückner NJW 1958, 1756.

Wertfestsetzung, Mindestgebot 7.4 § 74a

7.4 a) Bei der Ermittlung von Grundstückswerten nach dem Baugesetzbuch wird nach den Vorschriften der Verordnung über Grundsätze für die Ermittlung der Verkehrswerte von Grundstücken (**Wertermittlungsverordnung** – WertV) idF vom 6. 12. 1988, BGBl I 2209 (Änderung Art 3 Gesetz vom 18. 8. 1997, BGBl I 2081 [2110]), verfahren. Ergänzende Hinweise für Wertermittlung nach einheitlichen und marktgerechten Grundsätzen und Verfahren geben die Richtlinien für die Ermittlung der Verkehrswerte von Grundstücken (**Wertermittlungs-Richtlinien** 1991 – WertR 1991) idF vom 11. 6. 1991 (BAnz Nr 182a). Zur Wertermittlung werden danach das **Vergleichswertverfahren** (WertV §§ 13, 14), das **Ertragswertverfahren** (WertV §§ 15–20) oder das **Sachwertverfahren** (WertV §§ 21–25) herangezogen. Bei Ermittlung des Verkehrswerts durch Preisvergleich werden Kaufpreise geeigneter Vergleichsgrundstücke in ausreichender Zahl, für den Bodenwert auch geeignete Richtwerte, herangezogen (WertV § 13).

b) Bei **bebauten Grundstücken** kann unterstützend auf Ertragswert und Sachwert zurückzugreifen sein. Ermittlung des Verkehrswertes nach dem Ertragswertverfahren erfordert Ermittlung des Wertes der Gebäude und der sonstigen baulichen Anlagen getrennt vom Bodenwert auf der Grundlage des Gebäudeertrages unter Berücksichtigung der Lage auf dem Grundstücksmarkt (WertV § 15); der Bodenwert wird in der Regel durch Preisvergleich festgestellt (WertV § 15 Abs 2). Als Sachwert wird der Bodenwert durch Preisvergleich und der Bauwert (Herstellungswert der Gebäude, Außenanlagen und der besonderen Betriebseinrichtungen) unter Berücksichtigung der Lage auf dem Grundstücksmarkt ermittelt (WertV § 21).

c) Auszuwählen ist das Wertermittlungsverfahren nach der Lage des Einzelfalls unter Berücksichtigung der im gewöhnlichen Geschäftsverkehr bestehenden Gepflogenheiten (WertV § 7 Abs 2); jedoch ist der Bodenwert in der Regel durch Preisvergleich zu ermitteln. Das ZVG schreibt eine bestimmte Berechnungsmethode nicht vor. Auch hier führt jedoch Wertermittlung nach den Vorschriften der Wertermittlungsverordnung zu zuverlässigen Grundstückswerten. Die Anwendbarkeit der WertV ist nicht auf die Wertermittlung durch Gutachterausschüsse nach dem BauGB beschränkt. Sie enthält vielmehr allgemein anerkannte Grundsätze für die Ermittlung des Verkehrswerts von Grundstücken[87]. Die frühere Unterscheidung (siehe 10. Auflage) zwischen Sachwert (Boden- und Gebäudewert), Ertragswert (kapitalisierter nachhaltiger Reinertrag mit Rücksicht auf die Restnutzungsdauer[88]) und Mittelwert (Mittel zwischen Sach- und Ertragswert), hat damit an Bedeutung verloren. Das Sachwertverfahren bietet sich an zur Wertermittlung von eigengenutzten bebauten Grundstücken[89] (Einfamilienhäuser[90], auch mit Schwimmhalle[91]), auch bei Industriegrundstücken, Krankenhäusern, Hotels[92], Kirchen, Theatern, Kinos[93] (denkbar hier auch der Ertragswert, mindestens aber der Sachwert, wenn der Ertragswert nicht zu klären ist). Das Ertragswertverfahren ist demgegenüber angebracht bei Bewertung von bebauten Grundstücken, die auf laufende Erträge ausgerichtet sind[94], damit bei Mietshäusern[95], bei gewerblich ge-

---

[87] BGH NJW-RR 2001, 732 (733) = Rpfleger 2001, 311.
[88] Grohmann JurBüro 1970, 559 (2).
[89] BGH NJW-RR 2001, 732 = aaO.
[90] OLG Celle NJW 1993, 739; OLG Köln MDR 1963, 411; Just und Brückner NJW 1958, 1756.
[91] BFH BB 1986, 791.
[92] BayObLG 1979, 69 = Rpfleger 1979, 395; BFH BB 1981, 1020; LG Mönchengladbach Rpfleger 2003, 379; auch BGH FamRZ 2005, 823; anders (Ertragswert) LG Kempten Rpfleger 1998, 359.
[93] Just und Brückner NJW 1958, 1756.
[94] BGH NJW-RR 2001, 732 = aaO.

nutzten Grundstücken[96], auch bei einem eigengenutzten oder teilvermieteten Bürogebäude[97]. Der Mittelwert (Sach- und Ertragswert zusammengerechnet und durch zwei geteilt = Berliner Methode) kann sich bei Grundstücken mit sozialen Mietverhältnissen (anders[98]: Ertragswert) oder dann empfehlen, wenn Sachwert und Ertragswert in einem Mißverhältnis stehen (schlechter Zustand, aber hohe Mietzinsen; hohe Baukosten, aber geringe Mieteinnahmen). Er wurde auch sonst empfohlen[99] oder abgelehnt[100]. Die Lage auf dem Grundstücksmarkt ist zu berücksichtigen[101]. Ungewöhnliche Umstände sind hingegen nicht zu beachten, etwa die Tatsache, daß heute jedes Mietobjekt in Eigentumswohnungen aufgeteilt werden kann, um so einen höheren Wert zu erzielen. Für unbebaute Grundstücke gilt Wertermittlung durch unmittelbare Ableitung aus (einer ausreichenden Zahl und geeigneten) Kaufpreisen für vergleichbare Grundstücke als vorteilhaft[102], für eine (zur Vermietung bestimmte) Eigentumswohnung wird (bei verläßlichen Vergleichspreisen) die Vergleichswertmethode als die einfachste und zuverlässigste Methode der Wertermittlung angesehen[102a].

d) **Schadstoffbelastungen** (Altlasten und schädliche Bodenveränderungen, § 66 Rdn 6.2) mindern den Grundstückswert, sind somit durch Abzug zu berücksichtigen. Die Wertermittlung erfolgt in einem solchen Fall regelmäßig in der Weise, daß vom fiktiven (ohne Schadstoffbelastung ermittelten) Wert die Kosten der Erfassung, Gefährdungsabschätzung, Sanierung und Überwachung in Abzug gebracht werden[103]. Sonst wertbeeinflussenden Umständen ist ebenso Rechnung zu tragen. Eine den Verkehrswert des Grundstücks mindernde Baulast (§ 66 Rdn 6.5) ist zu berücksichtigen; sie kann im Einzelfall ganz erheblich sein[104], so wenn sie weitgehend die Unbebaubarkeit des Grundstücks zur Folge hat.

e) **Grundstücksbelastungen** mindern den Verkehrswert des Grundstücks nicht, sind somit nicht abzusetzen. Wertmindernd ist auch eine Dienstbarkeit oder sonstige Belastung in Abteilung II nicht[105]. WertV § 5 Abs 2 kann keine Anwendung finden. Zu bewerten ist das Grundstück als Gegenstand der Versteigerung (§§ 55, 20). Dessen (objektiver) Verkehrswert wird durch die auf ihm lastenden Rechte nicht geschmälert. Ob Rechte bestehen bleiben, vom Ersteher daher zu übernehmen sind, regeln die Versteigerungsbedingungen mit Berücksichtigung bei Feststellung des geringsten Gebots (§ 52 Abs 1). Geboten wird nur der zu zahlende Betrag (Bargebot, § 49 Abs 1; s dort Rdn 2.2 und § 71 Rdn 2.2). Erwerbspreis ist er zusammen mit den zu übernehmenden Belastungen (§ 49 Rdn 2.2). Für den Schutz Berechtigter vor Grundstücksverschleuderung muß die Summe des (baren) Meistgebots und der bestehen bleibenden Rechte als Erwerbspreis mindestens $7/10$ des Grundstücksverkehrswertes betragen (Abs 1 Satz 1); dieser

---

[95] BayObLG 1979, 69 = Rpfleger 1979, 395; OLG Frankfurt FamRZ 1980, 576; OLG Köln MDR 1963, 411; LG Braunschweig Rpfleger 1997, 448; Just/Brückner NJW 1958, 1756.

[96] Just und Brückner NJW 1958, 1756.

[97] OLG Celle NJW 1993, 739.

[98] OLG Düsseldorf FamRZ 1989, 280 = NJW-RR 1989, 1417.

[99] LG Darmstadt MDR 1959, 224 Leitsatz.

[100] Dorn Rpfleger 1988, 298; Just und Brückner NJW 1958, 1756.

[101] BGH NJW-RR 2001, 732 = aaO.

[102] BFH NJW 1981, 2080 Leitsatz.

[102a] BGH NJW 2004, 2671 (2672) = Rpfleger 2005, 40.

[103] OLG Karlsruhe OLGRep 2004, 369 mit weit Nachw; dazu näher auch Dorn Rpfleger 1988, 298.

[104] OVG Münster NJW 1996, 1363.

[105] Hintzen Rpfleger 2004, 57 und 513 (Anmerkungen); Alff Rpfleger 2003, 113; OLG Köln MDR 1959, 223; Grohmann JurBüro 1970, 559 (4 und 5); unrichtig LG Heilbronn Rpfleger 2004, 56 und 511.

kann daher nicht um den Wert einer Belastung gemindert sein, die im Erwerbspreis eingeschlossen ist. Das schließt auch eine alternative Wertfestsetzung (wie für das mit einem Wohnrecht belastete Grundstück und für den Fall des Fortfalls des Wohnrechts) aus[106]. Ebenso sind Mietvorauszahlungen und Baukostenzuschüsse infolge der Sonderregelung des Zwangsversteigerungsverfahrens hierüber nicht abzusetzen[107].

7.5 Das Gericht entscheidet **nach freier Überzeugung** schon hinsichtlich des **Grundstücks**[108]; erst recht tut es dies „unter Würdigung aller Verhältnisse" bezüglich der **beweglichen Gegenstände,** die mitversteigert sind: Abs 5 Satz 2. Die Gegenstände sind mitzubewerten, Zubehör und Bestandteile, soweit sie versteigert werden. Über die Frage, ob ein mitzuversteigernder Gegenstand Zubehör oder wesentlicher Bestandteil ist, wird im Wertfestsetzungsverfahren nicht entschieden[109]; für Wertänderung bei Freigabe des Zubehörgegenstands (Rdn 7.20) kann aber selbständige Wertermittlung geboten sein. Bereits freigegebenes Zubehör wird nicht bewertet. Wenn wesentliche Bestandteile von den betreibenden Gläubigern freigegeben sind, sind sie auch nicht zu bewerten; das Eigentum geht auf den Ersteher über, aber er ist zur Herausgabe verpflichtet[110] (dazu § 55 Rdn 3). Als „bewegliche Gegenstände" sind auch Versicherungs- und Schadensersatzforderungen, auf die sich die Versteigerung erstreckt (§ 22 Rdn 3 und § 55 Rdn 2.2) mit zu bewerten. Das Gericht muß **alle tatsächlichen Umstände ermitteln** und berücksichtigen, die für den Wert bedeutsam sein können[111], und es muß das Ermittelte **den Beteiligten mitteilen**[112]. Exakt läßt sich der Verkehrswert in der Regel nicht ermitteln[113]. Wichtig ist, daß das Gutachten von richtig bewerteten Grundlagen ausgeht, sachkundig und frei von Widersprüchen ist und keine Verstöße gegen allgemeingültige Regeln erkennen läßt[114]. Zu berücksichtigen sind Lage, Bodenbeschaffenheit, Verkehrslage, Anschluß an Gas, Wasser, Strom, Fernwärme, Kanalisation, ferner Bebauung, Ertrag, Bauhindernisse, mögliche Verwertung. Für alle diese tatsächlichen Feststellungen gelten die Grundsätze des freien Beweises[115].

7.6 Ist ein **Brennrecht** mit einem Objekt verbunden, so ist das eine steuerliche Bevorzugung, die dem jeweiligen Betriebsinhaber zusteht, den Grundstückswert steigernd (§ 55 Rdn 4). Für ein Milchkontingent (§ 55 Rdn 4.2) kann Gleiches nach Aufhebung der Flächenbindung nicht mehr gelten.

7.7 Der Wert eines **Erbbaurechts** (mit dem Bauwerk als wesentlicher Bestandteil, ErbbauVO § 12 Abs 1) bestimmt sich nach dem vollen Sachwert des Gebäudes samt Außenanlagen (mit Abzug für Alter und Schäden) und (= zuzüglich) dem Wert des Nutzungsrechts am Grundstück (anders[116]: Sachwert, vermindert um Restlaufzeit sowie Entschädigungsregelung beim Heimfall). Der Gebäudewert ist nach der Wertermittlungsverordnung (Rdn 7.4) zu bestimmen. Dazu kommt der Wert des Rechts am Grundstück, das der Berechtigte für die Laufzeit des Erbbaurechts nahezu unbeschränkt nutzen kann (das Erbbaurecht kommt damit dem

---

[106] Alff Rpfleger 2003, 113.
[107] LG München I BB 1955, 368; LG Darmstadt MDR 1959, 224 Leitsatz.
[108] LG Braunschweig NdsRpfl 1987, 32 und Rpfleger 1997, 448; Spies NJW 1955, 813 (E 1).
[109] LG Leipzig Rpfleger 2001, 610.
[110] Spies NJW 1955, 813 (A I).
[111] LG Augsburg Rpfleger 2000, 559 (560).
[112] OLG Köln AnwBl 1957, 265 = BB 1956, 1012.
[113] BGH DNotZ 1963, 492 = MDR 1963, 396; LG Braunschweig NdsRpfl 1987, 32 und Rpfleger 1997, 448.
[114] LG Braunschweig NdsRpfl 1987, 32 und Rpfleger 1997, 448.
[115] Jonas/Pohle, ZwVNotrecht, § 74 a Anm 6 a; Grohmann JurBüro 1970, 559 (17).
[116] Steiner/Storz § 74 a Rdn 73.

§ 74a 7.7 Versteigerung

Eigentum wirtschaftlich nahe). Bestimmt wird der Wert des Nutzungsrechts am Grundstück auch durch die restliche Dauer des Erbbaurechts; für die Grundstücksnutzung wird daher am besten der Bodenwert des (unbelasteten) Grundstücks bestimmt und in Höhe der restlichen Laufzeit des Rechts bemessen, also etwa 60% des Grundstückswerts für 60 Jahre Laufzeit. Belastungen des Erbbaurechts werden nicht abgezogen (WertV § 5 Abs 2 findet keine Anwendung, Rdn 7.4). Unerheblich ist daher auch die Belastung mit dem Erbbauzins. Er beeinflußt nicht den Verkehrswert des Erbbaurechts[117], sondern je nach Bestehenbleiben oder Erlöschen nach den Versteigerungsbedingungen den bar zu zahlenden Betrag des Erwerbspreises (bei Versteigerung das Meistgebot). Teil II (Nr 5) WertR 91, wonach Wertermittlung unter Berücksichtigung insbesondere der Höhe des Erbbauzinses zu erfolgen hat, kann daher keine Anwendung finden. Zur Bestimmung des Werts des Rechts am Grundstück kann dessen Bodenwert nach dem Vergleichswertverfahren festgestellt werden; beim Preisvergleich mit Kaufpreisen geeigneter Vergleichserbbaurechte ist darauf zu achten, daß die Vergleichspreise nicht um die für Wertermittlung unerhebliche Belastung mit dem Erbbauzins verkürzt sind. Anhalt bietet auch Bemessung des Bodenwerts des Erbbaugrundstücks auf der Grundlage des erzielbaren Erbbauzinses (nicht aber der Differenz zwischen vertraglich vereinbartem und erzielbarem Zins) auf die Restlaufzeit des Erbbaurechtsvertrags (vgl WertR Teil II Nr. 5.2.2.3.1 mit Vervielfältiger, zugleich Rentenbarwertfaktor, in Anlage 4). Jedoch können auch hier Belastungen keine Bedeutung erlangen, mithin eine Wertminderung infolge der Beeinträchtigungen durch Belastung des Grundstücks mit dem Erbbaurecht keine Berücksichtigung finden. Die Beleihungsgrenze von ErbbauVO § 19 (sie schließt einen Grundstückswert nicht ein) bietet für Verkehrswertbestimmung keine Grundlage.

7.8 Den Wert setzt das **Vollstreckungsgericht** fest: Abs 5 Satz 1. „Nötigenfalls" hat das Gericht einen Sachverständigen anzuhören: Abs 5 Satz 1; dazu Rdn 10). Es ist an das Sachverständigengutachten allerdings nicht gebunden (ZPO § 286; s bereits Rdn 7.5). Als Wertunterlagen kommen auch in Frage: private Gutachten, Richtwerte nach BauGB § 196, Äußerungen der Beteiligten, frühere Verkaufspreise, bekannte Vergleichswerte, Steuerwert, Brandversicherungswert, Zwangsverwaltungsunterlagen. Hierzu im ZVG-Handbuch Rdn 211.

7.9 Ermittlung und **Festsetzung** des Grundstückswerts durch das Vollstreckungsgericht erfolgen **von Amts wegen** in jedem Versteigerungsverfahren (Rdn 1.2 und 2.1–2.4), auch bei unbelasteten Grundstück. Das ZVG sieht die Wertfestsetzung als selbstverständlich an: § 38 Satz 1, § 66 Abs 1, § 68 Abs 1, § 85a Abs 2. Beteiligte (auch die nach § 74a Antragsberechtigten) können auf Wertfestsetzung zum ersten Termin nicht verzichten (folgt schon aus § 85a). Für den **zweiten Termin** aus Abs 4, § 85a Abs 2 gibt es allerdings **keine** Wertfestsetzung mehr[118] (damit auch keine Änderung des Grundstückswerts Rdn 7.20 e; anders[119]: Verfahrensfürsorge nötigt dazu, den Wert wegen veränderter Verhältnisse auch dann zu ändern, wenn in einem weiteren Versteigerungstermin eine Versagung des Zuschlags nach §§ 74a, 85a ausgeschlossen ist; anders auch[120]: Wertanpassung bei erstmaliger Einbeziehung eines bislang noch nicht bewerteten „Rechts" wie eines dem Wohnungseigentümer erst nach Beschlagnahme zugewiesenen Sondernutzungsrechts, auf das sich die Versteigerung erstreckt [§ 15 Rdn 45.3]; dazu auch Rdn 7.20 zu b). Wo der Wert nicht festgesetzt wurde, darf dies nicht allein wegen der Gebühren geschehen, da für diese dann der Einheitswert entscheidet.

---

[117] LG Hamburg Rpfleger 2003, 142.
[118] BGH NJW-RR 2004, 302 aaO (Fußn 73); BGH (14. 4. 2005, V ZB 9/05); Dassler/Gerhardt § 74a Rdn 30; Schiffhauer MDR 1963, 901; Spies NJW 1955, 813 (D 3).
[119] Hornung Rpfleger 1979, 365 (D VI 1).
[120] OLG Düsseldorf Rpfleger 2000, 559.

Wertfestsetzung, Mindestgebot 7.12 § 74a

7.10 Für jedes von einem verbundenen Verfahren erfaßte **Grundstück** wird der Wert **gesondert** festgesetzt; die Einzelwerte erlangen bei Einzelausgeboten Bedeutung (§ 63 Abs 1), die Verfahren können zudem jederzeit wieder getrennt werden. Für Bruchteile eines Grundstücks von gleichem Wert (Miteigentum je zur Hälfte von Eheleuten) bestimmt der Miteigentumsanteil zugleich den Wertanteil, so daß der Wert nur für das Einzelgrundstück festgesetzt, nicht mehr aber für die Grundstücksbruchteile einzeln unterteilt zu werden braucht. Dazu im ZVG-Handbuch Rdn 378.

7.11 Festzusetzen ist der Grundstückswert **vor dem** Versteigerungs**termin**[121]. Zu erfolgen haben Wertermittlung und Wertfestsetzung so **rechtzeitig**, daß Bezeichnung in der Terminsbestimmung möglich ist (§ 38 Satz 1) und Beteiligte noch eine Entscheidung des Beschwerdegerichts herbeiführen können. Abweichende frühere (nicht zutreffend gewesene) Ansichten[122] sind überholt. Weitergehend wird auch Rechtskraft des Festsetzungsbeschlusses vor dem Termin[123] verlangt (auch[124]: ohne Rechtskraft des Wertes sei der Termin unzulässig, sonst Zuschlag zu versagen oder anfechtbar). Doch gibt es hier keine absolute Rechtskraft, nur eine relative, nämlich in bezug auf die schon vorhandenen Beteiligten[125]. Rechtskraft des Wertes kann daher nicht nötig sein[126] (wenngleich sie für wünschenswert gehalten wird[127]). Für erforderlich erachtet wird auch Rechtskraft der Wertfestsetzung wenigstens vor der Zuschlagsentscheidung[128]; selbst für den erst im Termin notwendig gewordenen Änderungsbeschluß verlangt[129] Rechtskraft vor Zuschlag (abzulehnen; wie hier[130]). An eine Ausnahme (Zuschlag vor Rechtskraft) im zweiten Versteigerungstermin denkt[131], weil dort der Wert ohne Bedeutung sei.

7.12 Der ganze Streit ist sehr theoretisch, ohne Rücksicht auf praktische Durchführbarkeit (insbesondere bei[132]). Es gibt **keine absolute Rechtskraft** des Wertes, sie ist **relativ**, kann für jeden Beteiligten anders sein. Wer die Rechtskraft für alle schon vor dem Versteigerungstermin oder vor dem Zuschlag verlangt, muß dann, wenn sich im Termin ein neuer Beteiligter meldet oder wenn ein neuer im Termin beitritt, zum Schaden aller anderen Beteiligten den Termin absetzen, auch

---

[121] Jonas/Pohle, ZwVNotrecht. § 74 a Anm 6 a und d: Leyerseder NJW 1955, 1427.
[122] Dassler/Gerhardt § 74 a Rdn 31; Spies NJW 1955, 813 (D 2 und E III 1).
[123] OLG Düsseldorf NJW 1981, 235 Leitsatz = Rpfleger 1981, 69; OLG Frankfurt BB 1954, 1043; OLG Hamm Rpfleger 2000, 120; OLG Schleswig JurBüro 1959, 250 = SchlHA 1959, 148; LG Aachen Rpfleger 1959, 321; LG München I Rpfleger 1969, 251; Lorenz MDR 1952, 211 und MDR 1961, 371; Mohrbutter BB 1953, 875 (1); Jonas/Pohle, ZwVNotrecht, § 74 Anm 6 a.
[124] OLG Schleswig JurBüro 1959, 250 = SchlHA 1959, 148; OLG Hamm Rpfleger 2000, 120.
[125] OLG Koblenz JurBüro 1986, 1587 = MDR 1986, 682; Lorenz MDR 1961, 371.
[126] Dassler/Gerhardt § 74 a Rdn 37 mit § 83 Rdn 5; Lorenz MDR 1961, 371; Mohrbutter MDR 1955, 711 (1) und Festschrift H. Schmidt (1981) S 111 (I 1); Nikoleit BWNotZ 1965, 48 (III 5); Papke KTS 1965, 140 (III 5).
[127] Mohrbutter/Drischler Muster 23 Anm 2; Mohrbutter Rpfleger 1960, 203 (2).
[128] OLG Braunschweig NdsRpfl 1984, 259; OLG Frankfurt BB 1954, 1043; OLG München NJW 1968, 2249 = Rpfleger 1969, 250; OLG Schleswig JurBüro 1959, 250 = SchlHA 1959, 148; LG Coburg Rpfleger 1999, 553 (554); LG Osnabrück bestätigt durch OLG Oldenburg beide Rpfleger 1992, 209 mit abl Anm Hornung; Drischler Rpfleger 1983, 99; Leyerseder NJW 1955, 1427; Lorenz MDR 1952, 211; Jonas/Pohle, ZwVNotrecht, § 74a Anm 6 b.
[129] OLG Braunschweig sowie LG Osnabrück und OLG Oldenburg je aaO (Fußn 128); ähnlich LG Coburg aaO.
[130] LG Kassel Rpfleger 1984, 474 mit Anm Storz; Hornung Rpfleger 1992, 210 (Anmerkung); auch OLG Hamm Rpfleger 1993, 210.
[131] OLG Köln JurBüro 1970, 100 = OLGZ 1970, 187.
[132] OLG München NJW 1968, 2249 = Rpfleger 1969, 250.

§ 74a 7.12   Versteigerung

wenn der neue Beteiligte an aussichtsloser Stelle steht[133]. Er müßte auch hinnehmen, daß der Schuldner im Rahmen des Wertfestsetzungsverfahrens alle denkbaren Möglichkeiten bis hinauf zum Bundesverfassungsgericht ausschöpft[134], nur um Zeit zu gewinnen, seien auch seine Einwände noch so abwegig. Alle Beteiligte müssen den Beschluß zugestellt erhalten und können ihn anfechten. Auch wer erst kurz vor dem oder im Versteigerungstermin beitritt oder anmeldet, erhält den Beschluß zugestellt und kann ihn noch anfechten (Rdn 7.15 und § 27 Rdn 9.2). Die Wertfestsetzung muß sich einfach je nach Sachlage richten und im pflichtgemäßen Ermessen des Gerichts stehen[135]. Der Wert muß nur für alle bis dahin schon Beteiligten so rechtzeitig vor dem Versteigerungstermin festgesetzt werden, daß zwischen der Festsetzung und dem Termin noch ein Rechtsmittel dieser Beteiligten entschieden werden kann[136]. Dazu im ZVG-Handbuch Rdn 210.

7.13 Der Wert ist **für die Versteigerung** des Grundstücks[137] in dem Verfahren, nicht jedoch für einen bestimmten Versteigerungstermin festzusetzen[138]. Zu weitgehend ist daher[139] (abgelehnt von[140]), wenn nach einer Verfahrenseinstellung fortgesetzt werde, müsse schon der Wert neu festgesetzt werden; zu weitgehend auch[141]: für jeden einzelnen Versteigerungstermin sei grundsätzlich der Wert neu festzusetzen (abgelehnt mit Recht von[142]; nun aufgegeben von[143]). Richtig ist, daß sich die Wertfestsetzung auf den nächsten Versteigerungstermin bezieht, mit dem das Gericht in naher Zukunft rechnet, wobei es die Umstände im Augenblick der Prüfung und Festsetzung berücksichtigt. Wenn dann im Versteigerungstermin oder, falls durch dessen Wegfall oder Nichterfolg ein weiterer oder weitere stattfinden, im weiteren Termin Umstände für eine Wertänderung, wie dargelegt, auftreten, wird der richtig festgesetzte entsprechend geändert (hierzu Rdn 7.20); wenn keine solchen Umstände auftreten, bleibt es beim festgesetzten Wert.

7.14 Am besten ist es, **vor Terminsbestimmung** (dann erfahren alle Beteiligte von dem Verfahren, das vorher nur Schuldner und Gläubiger kannten) den Sachverständigen auf Grund der schon vorher besorgten Unterlagen (Grundbuchblatt, Brandversicherungsurkunde, Hausnummernbescheid) zu beauftragen, unter Hinweis auf den schon erforderlichen Termin (dadurch muß das Gutachten rascher erstellt werden), gleichzeitig den Schätzungsbeschluß an Schuldner und Gläubiger zu senden (damit sie vorbereitet sind). Es können dann noch vor dem Termin alle Beteiligte zum Gutachten gehört werden und es kann noch vor dem Termin Wertbeschluß ergehen. So wird der neueste Stand gewährleistet und ein Wertstreit im Termin vermieden.

7.15 Das Gericht muß alle am Wertfestsetzungsverfahren Beteiligten nach dem Grundsatz des **rechtlichen Gehörs** (Einl Rdn 46; ZVG-Handbuch Rdn 212) vor der Entscheidung anhören[144] (Muster für die Anhörung im ZVG-Handbuch Rdn

---

[133] Stöber Rpfleger 1969, 221 (IX b).
[134] Papke KTS 1965, 740 (III 5).
[135] Stöber Rpfleger 1969, 221 (IV c).
[136] Stöber Rpfleger 1969, 221 (IV a); Hornung Rpfleger 1979, 365 (D VI 1).
[137] OLG Schleswig JurBüro 1981, 115 = NJW 1981, 235 Leitsatz = Rpfleger 1981, 27.
[138] OLG Köln Rpfleger 1993, 258; OLG Schleswig aaO (Fußn 137); Steiner/Storz § 74a Rdn 80.
[139] OLG Schleswig JurBüro 1959, 250 = SchlHA 1959, 148; LG München I Rpfleger 1969, 251.
[140] Schiffhauer BlGrBW 1971, 63 (XVIII 3).
[141] OLG Schleswig aaO (Fußn 139).
[142] Stöber Rpfleger 1969, 221 (X); Drischler Rpfleger 1967, 357 (11).
[143] OLG Schleswig NJW 1981, 235 = aaO (Fußn 137).
[144] BVerfG MDR 1957, 84 = NJW 1957, 17 und 1957, 947 Leitsatz mit abl Anm Schätzler = Rpfleger 1957, 11 mit Anm Oldorf und 1964, 40 Leitsatz; BVerfG BB 1963, 920 = MDR 1963, 738 = Rpfleger 1964, 41 Leitsatz; LG Aachen Rpfleger 1959, 321; Mohrbutter/

208). Zum rechtlichen Gehör ist nötig, daß den Beteiligten ermöglicht wird, zu prüfen und sich zu äußern, daß ihnen die Unterlagen zugänglich gemacht werden[145]. Es genügt hierzu nicht, einfach das Gutachten zu übersenden[146]. Es muß Gelegenheit zur Äußerung in angemessener Frist gewährt werden. Stellungnahme des Gerichts, in welcher Höhe es den Wert festzusetzen beabsichtigt, ist nicht erforderlich. Ausführungen eines Beteiligten muß das Gericht zur Kenntnis nehmen und bei Wertfestsetzung in Erwägung ziehen (Einl Rdn 46.3). Wenn es zur Aufklärung oder Erläuterung der Wertfeststellungen geboten ist, ist der Sachverständige zu Einwendungen einer Beteiligten zu hören. Anzuhören sein sollen auch die erst nach Wertfestsetzung kurz vor dem Termin oder gar erst am Terminstag Beitretenden[147] (sofern sie nicht als bisher Beteiligte schon gehört wurden). Das aber ist nicht verfahrens- und sachgerecht. Der Beitritt erfolgt zu einem laufenden Verfahren zur Versteigerung des Grundstücks, für das Wertfestsetzung stattgefunden hat. Rechte als betreibender Gläubiger hat der Beitretende erst von der Wirksamkeit seines Beitritts an (§ 27 Abs 2). Er tritt in das Verfahren in dem Stand ein, in dem es sich bei Wirksamwerden seines Beitritts befindet. Für ihn wird kein neuer Grundstückswert festgesetzt. Auf den für das Verfahren insgesamt bereits festgesetzten Wert kann er nachträglich keinen Einfluß mehr nehmen. Einwendungen des Beitretenden gegen den bereits festgesetzten (möglicherweise vom Beschwerdegericht neu festgestellten oder bestätigten) Grundstückswert würden eine nur ihm gegenüber wirkende Änderung nicht ermöglichen, können daher auch keine nochmalige Überprüfung der Wertunterlagen erfordern. Der vor dem Beitritt ergangene Wertfestsetzungsbeschluß beruht auf keiner Verletzung des rechtlichen Gehörs (Einl Rdn 46) gegenüber dem bei Erlaß der Entscheidung am Verfahren überhaupt noch nicht Beteiligten. Rechtliches Gehör, das nicht zu gewähren war, kann auch nicht nachzuholen sein. Wenn der Grundstückswert nach Verfahrenslage prozessual ordnungsgemäß festgesetzt wurde, muß auch der erst später Beitretende das Verfahren gegen sich gelten lassen (Wirksamkeit der Wertfestsetzung wäre zudem selbst bei Verletzung des rechtlichen Gehörs gegeben). Ein nach Wertfestsetzung Beitretender ist daher nicht nachträglich noch mit rechtlichem Gehör am abgeschlossenen Wertfestsetzungsverfahren zu beteiligen. Die schon vor dem Beitritt erfolgte Wertfestsetzung ist ihm zuzustellen, weil sie ihm gegenüber noch nicht rechtskräftig ist. Er hat die normalen Rechtsmittel dagegen (§ 27 Rdn 9.2). Bei Eintritt neuer Tatsachen kann er außerdem Wertänderung beantragen (Rdn 7.20). Nicht nötig ist, daß Beitretende auf ihr Anfechtungsrecht verzichten, um den Termin durchführen zu können; Rechtskraft ist ja nicht nötig.

7.16 Am Wertfestsetzungsverfahren nehmen **grundsätzlich alle Beteiligte** (§ 9) teil[148], Anmeldungsbeteiligte damit erst nach Anmeldung. Auch die Anfechtungsfrist läuft für den, der erst durch Anmeldung Beteiligter wird, ab Zustellung nach seiner Anmeldung, nicht schon ab einer vorsorglichen früheren Zustellung, weil eine Zustellung an noch nicht Beteiligte wirkungslos ist. Beteiligt an der Wertfestsetzung sind nicht nur diejenigen, die einen Verfahrensantrag stellen dürfen[149]. Beteiligt sind auch die (betreibenden) Gläubiger und der Schuldner[150] oder sein Insolvenzverwalter. Beteiligt sind auch die dinglichen Berechtigten, deren Rechte bestehenbleiben (anders[151]). Nicht Beteiligter (§ 81 Rdn 3.8), aber zu hören, wenn dann noch zur Wertfrage zu verhandeln ist, ist nach Abgabe eines

---

Drischler Muster 23 Anm 3; Dorn Rpfleger 1988, 298; Lorenz NJW 1961, 371; Spies NJW 1955, 813 (E 1).
[145] BVerfG NJW 1957, 17 = aaO (Fußn 144).
[146] OLG Köln AnwBl 1957, 265 = BB 1956, 1012.
[147] LG Aachen Rpfleger 1959, 321; Lorenz MDR 1961, 371.
[148] Spies NJW 1955, 813 (C 2).
[149] Spies NJW 1955, 813 (C 1).
[150] Leyreseder NJW 1955, 1427.
[151] Spies NJW 1955, 813 (C 1).

Meistgebots auch der Meistbietende; er hat vielleicht zu unrichtigen Behauptungen des Schuldners über Werterhöhungen aus eigener Kenntnis Wichtiges zu sagen und damit die Möglichkeit, die ihm durch (nicht gerechtfertigte) Werterhöhung drohende Zuschlagsversagung abzuwenden.

7.17 Der Wertbeschluß muß den Gegenstand der Versteigerung bezeichnen und den **Zeitpunkt der Festsetzung** erkennen lassen[152], nicht aber die Beteiligten und nicht den Zeitpunkt der Versteigerung (anders[152]). Der Wertbeschluß muß **begründet** werden[153] und im ZVG-Handbuch Rdn 212. Das Gericht muß dabei nicht zu allen einzelnen Punkten Stellung nehmen; es genügt, wenn es sich dem Gutachten, indem es die wesentlichen Angaben hervorhebt, anschließt[154]. Die Beteiligten müssen prüfen können, welche Gesichtspunkte für das Gericht bei seiner Entscheidung maßgebend waren[155], sie müssen sich an Hand der rechtlichen und tatsächlichen Erwägungen ein Bild machen können, ob es geboten und aussichtsreich sei, anzufechten[155]. Nötig ist eingehende Begründung auf jeden Fall, wenn schon vor der Entscheidung Einwendungen erhoben wurden. Wenn vom Gutachten des Sachverständigen abgewichen wird, sind die maßgeblichen Erwägungen nachvollziehbar darzustellen. Man sollte überhaupt nicht von einer Begründung absehen, auch dann nicht, wenn bei völlig übereinstimmenden Angaben der bisher Beteiligten nicht zu erwarten ist, daß angefochten werde (hier will[155] von Begründung absehen), weil sich das nicht voraussehen läßt, insbesondere neue Beteiligte auftauchen können, die anderer Ansicht sind. Im übrigen gehört einfach zu einer gerichtlichen Entscheidung eine Begründung (Einl Rdn 28).

7.18 a) Der Wertbeschluß ist allen Beteiligten (§ 9) zuzustellen (ZPO § 329 Abs 3)[156], auch noch gesondert an die erst nach der allgemeinen Zustellung beitretenden oder anmeldenden Beteiligten[157], einem Beitrittsgläubiger am besten mit dem Beitrittsbeschluß[158]. Für Gläubiger der Rangklassen 1, 1a, 2 und 3, die sich erst nach der Wertfestsetzung meldeten, muß Bekanntgabe im Termin genügen, weil sie nicht beeinträchtigt werden[159]. An einen sonst Beteiligten, der erst durch Anmeldung Beteiligter wird (zB den Gläubiger eines nacheingetragenen Rechts, eines zu Unrecht gelöschten Rechts), kann erst nach der Anmeldung wirksam zugestellt werden, an einen, der erst durch Anmeldung im Termin Beteiligter wird, erst im Termin, weil Zustellungen an noch nicht Beteiligte wirkungslos sind. Wer erst mit Anmeldung nach Wertfestsetzung Beteiligter wird und den Wertfestsetzungsbeschluß noch zugestellt erhalten muß, braucht zur Wertfestsetzung nicht nachträglich auch noch besonders angehört zu werden (das Rdn 7.15 für den Beitrittsgläubiger Gesagte gilt entsprechend). Die bloße Aufnahme in die Terminsbestimmung genügt nicht als Zustellung; es müßte schon mit ihr ausdrücklich ein Festsetzungsbeschluß verbunden werden[160]. Den Mietern/Pächtern ist der Beschluß nicht zuzustellen, weil diese kein Anfechtungsrecht haben. Unabhängig hiervon muß der Wert außerdem, wie andere Vorgänge auch, im Versteigerungstermin nach § 66 Abs 1 bekanntgemacht werden. Hierzu auch im ZVG-Handbuch Rdn 213.

---

[152] Spies NJW 1955, 813 (E III 2).
[153] BGH 39, 198 = MDR 1963, 661 = NJW 1963, 1492; LG Stade KTS 1972, 203; Drischler Rpfleger 1953, 497 (7).
[154] BGH 39, 198 = MDR 1963, 661 = NJW 1963, 1492.
[155] LG Stade KTS 1972, 203.
[156] Drischler JVBl 1965, 225 (h); Spies NJW 1955, 813 (E III 3).
[157] Stöber Rpfleger 1969, 221 (IV d); Spies NJW 1955, 813 (E III 2); Drischler Rpfleger 1953, 497 (7) und JVBl 1965, 225 (h).
[158] Stöber Rpfleger 1969, 221 (IV d).
[159] Stöber Rpfleger 1966, 221 (IV e).
[160] Spies NJW 1955, 813 (E III 3).

7.20 § 74a

b) Wird der Wert erst im Versteigerungstermin festgesetzt, so wird der Beschluß verkündet (ZPO § 329 Abs 1)[161] (also nicht nur nach § 66 bekanntgemacht). Zwar setzt ZPO § 319 mündliche Verhandlung voraus, doch liegt diese wohl in der Anhörung der Beteiligten und in der Entgegennahme von Anträgen. Weil aber hier nicht wie in § 98 für verkündete Zuschlagsentscheidungen eine Ausnahme von der Grundregel in ZPO § 569 Abs 1 Satz 2 (Beginn der Beschwerdefrist mit der Zustellung) gemacht ist, muß außerdem zugestellt werden[162], notfalls sogar noch nach dem Termin. Ist Zustellung unterblieben, beginnt die Beschwerdefrist fünf Monate nach Verkündung (ZPO § 569 Abs 1 Satz 2); nach Erteilung oder Versagung des Zuschlags kann aber nur noch diese Entscheidung angefochten werden (Rdn 9.9).

7.19 Hat das **Eigentum** am Grundstück nach der Wertfestsetzung **gewechselt**, so wird der neue Eigentümer nicht mehr zum Wert gehört; er muß das Verfahren gegen sich gelten lassen, wie es ist, auch wenn der frühere Eigentümer nichts unternommen hatte. Auch sonst müssen die **Rechtsnachfolger** der bisherigen Beteiligten das Verfahren gegen sich gelten lassen[163].

7.20 a) **Ändern** muß das Gericht den festgesetzten **Wert,** auch wenn er allen Beteiligten gegenüber rechtskräftig ist, bei **Eintritt neuer Tatsachen** (Schäden durch Feuer, Wasser, Hagel, Sturm, Erdbeben, Aufruhr, erhebliche Ausbesserungen an Gebäuden, Ausführung wertsteigernder Handwerkerarbeiten an einem Rohbau, aber auch Änderung der wirtschaftlichen Verhältnisse oder der Verkehrsverhältnisse oder der Bauleitplanung, durch Antwort auf eine Bauvoranfrage ausgewiesene Wertsteigerung des Bodens[164], Herausgabe von Zubehör, Zuweisung eines Sondernutzungsrechts zur Wohnungseigentumseinheit des Schuldners erst nach Beschlagnahme[165] [§ 15 Rdn 45.3] usw), soweit die Änderung für das Verfahren (nicht etwa nur für die Kosten) bedeutsam ist[166] (anders[167]: zu ändern nur bei Eintritt neuer Tatsachen, die nicht mehr mit Rechtsmittel geltend gemacht werden können). Die Änderung hat von Amts wegen (unabhängig von einem entsprechenden Antrag Beteiligter) zu erfolgen, wenn dem Vollstreckungsgericht solche Tatsachen (wie allgemeine wesentliche Wertsteigerung auf dem örtlichen Grundstücksmarkt; als wesentlich angesehen werden etwa 10 vH) bekannt werden[168]. Substantiierter Vortrag eines Beteiligten kann für Überprüfung und Änderung des Wertes nötig sein, wenn die Wertabweichung durch konkrete Veränderungen des Verfahrensgegenstands bedingt ist[168]. Darüber hinaus will[169] eine „neue Wertfestsetzung" immer fordern, wenn die frühere länger (in[169] rund 4 1/2 Jahre) zurückliegt. Zu den neuen Tatsachen, die Wertänderung erfordern, gehört die allgemeine Entwicklung, die sich auf die Bewertung von Grundbesitz auswirkt, zweifellos. Kleinliche Korrekturen verbieten sich jedoch. Auch in schnellebiger Zeit ist Grundbesitz noch immer eine gewisse stabile Vermögensgrundlage. Es ist

---

[161] Spies NJW 1955, 813 (E III 3); Lorenz MDR 1961, 371.
[162] OLG Braunschweig NdsRpfl 1984, 259; OLG Hamm Rpfleger 1991, 73.
[163] LG Mainz Rpfleger 1974, 125 mit zust Anm Schiffhauer.
[164] OLG Köln KTS 1984, 160 = MDR 1983, 851 = OLGZ 1983, 474 = Rpfleger 1983, 362.
[165] OLG Düsseldorf Rpfleger 2000, 559.
[166] BGH NJW-RR 2004, 302 = aaO (Fußn 73); OLG Braunschweig NJW 1960, 205; OLG Hamm OLGZ 1971, 190 und KTS 1978, 46 = MDR 1977, 1028 = OLGZ 1978, 230 = Rpfleger 1977, 452; OLG Koblenz Rpfleger 1985, 410; OLG Köln = OLGZ 1983, 474 = aaO (Fußn 164) und Rpfleger 1993, 258; LG Mönchengladbach JurBüro 2003, 383 = Rpfleger 2003, 524 (als Vorinstanz zu BGH aaO); Lorenz MDR 1961, 371; Mohrbutter BB 1953, 875 (3) und aaO (Fußn 126 und 127).
[167] OLG Köln OLGZ 1993, 258; Drischler Rpfleger 1967, 357 (11); ähnlich BGH aaO (Fußn 166).
[168] OLG Köln Rpfleger 1993, 258.
[169] OLG Hamm Rpfleger 1977, 452 = aaO (Fußn 166).

§ 74a 7.20 Versteigerung

daher auf alle Umstände des Einzelfalls abzustellen und im Hinblick auf die Bedeutung des Wertes im Verfahren sowie Unsicherheiten bei Schätzung von Grundstücken nur eine erhebliche Änderung der Bewertungsverhältnisse mit der allgemeinen Entwicklung als neue Tatsache anzusehen, die Wertänderung ermöglicht und erfordert ([170]hat eine Wertsteigerung um 10 vH als wesentlich angesehen). Späteres Vorbringen des Schuldners, der Verkehrswert sei falsch (bereits bei Beschlußfassung unrichtig) festgesetzt, verpflichtet nicht zur Überprüfung des rechtskräftigen Wertbeschlusses[171]; die Bindung an die Wertfestsetzung steht in diesem Fall einer Wertänderung entgegen[172].

b) Die Beschlüsse haben nur formelle Rechtskraft[173], nicht materielle, auch die formelle nur gegenüber den einzelnen Verfahrensbeteiligten. Wird allerdings der Wert auf Einwand eines Beteiligten geändert, so wirkt das für und gegen alle. Notwendig ist auf jeden Fall, den Wert bei neuen Umständen, die für die Erhöhung oder Minderung (der Wert muß auch ermäßigt werden) sprechen, zu überprüfen[174]. Wer die Änderung wünscht, muß allerdings die neuen Tatsachen so nachweisen, daß sie als feststehend anzusehen sind[175]. Lehnt das Gericht eine angeregte oder beantragte Änderung ab, obwohl die neuen Tatsachen glaubhaft sind, so liegt darin kein Verstoß nach § 83 Nr 1 (Rdn 9, 12). Die Ablehnung ist nicht nach § 74a Abs 5 Satz 3 anfechtbar[176] (nicht richtig[177]). Gerade dies, daß bei neuen Tatsachen eine Änderung nötig ist, zeigt am besten, daß bei der Wertfestsetzung keine absolute Rechtskraft möglich ist, mindestens nicht hinsichtlich der Änderungen[178]. Im zweiten Termin ist der Wert nicht mehr zu ändern, hier fehlt das Rechtsschutzbedürfnis[179] (dazu auch Rdn 7.9).

c) Die Änderung bedeutet (entgegen der Ausdrucksweise von[180]) nicht, daß nun eine völlig neue Wertfestsetzung erfolge. Der Wert ist vorschriftsmäßig und meist auch rechtskräftig vom Gericht bereits festgesetzt. Das Gericht darf diesen rechtskräftigen Beschluß nicht mehr aufheben (das konnte nur vor Rechtskraft bei Anfechtung hin durch das Beschwerdegericht erfolgen). Es wird nur infolge der besonderen Eigenheiten des Zwangsversteigerungsverfahrens und auf Grund veränderter Umstände für den kommenden Versteigerungstermin (einen ersten im Sinne von § 74a) die im Wertfestsetzungsbeschluß errechnete Wertzahl geändert. Dies geschieht nicht rückwirkend und es läßt den sonstigen Inhalt des Wertbeschlusses (zB über mitzuversteigernde Gegenstände) unberührt. Hebt auf Anfechtung des Änderungsbeschlusses (er ist anfechtbar wie die Wertfestsetzung ursprünglich) das Beschwerdegericht den Änderungsbeschluß auf, ohne selbst sofort eine Änderung zu beschließen, so bleibt es bei dem alten Beschluß auch hinsichtlich des Wertbetrags (den alten rechtskräftigen Wertbeschluß kann ja jetzt auch das Beschwerdegericht nicht mehr beseitigen, auch es kann nur über die Änderung entscheiden).

d) Werden die Umstände für die Werterhöhung (mit möglichem Einfluß auf die Zuschlagserteilung) erst vor dem Beschwerdegericht offenbar und sind sie vom Amtsgericht zu Unrecht nicht entschieden, so muß das Beschwerdegericht sie

---

[170] OLG Köln Rpfleger 1993, 258.
[171] BGHRep 2003, 463; OLG Koblenz KTS 1982, 690.
[172] BGHRep 2003, 463.
[173] OLG Köln Rpfleger 1993, 258.
[174] OLG Hamm Rpfleger 1977, 452 = aaO (Fußn 166); Stöber Rpfleger 1969, 221 (XI).
[175] LG Oldenburg KTS 1970, 63 mit zust Anm Schiffhauer.
[176] LG Braunschweig Rpfleger 2001, 611.
[177] OLG Hamm OLGZ 1993, 354; LG Coburg Rpfleger 1999, 553; LG Kassel Rpfleger 1984, 474 mit Anm Storz; Hornung Rpfleger 1992, 210 (Anmerkung).
[178] Stöber Rpfleger 1969, 221 (IX c).
[179] LG Mainz aaO (Fußn 163).
[180] OLG Hamm Rpfleger 1977, 452 = aaO (Fußn 166).

Wertfestsetzung, Mindestgebot 9.2 § 74a

überprüfen und dann über den Zuschlag entscheiden; es darf nicht zurückverwiesen werden (§ 101 Abs 1).

e) Anpassung des Grundstückswerts an veränderte Umstände erfolgt nicht mehr, wenn im ersten Versteigerungstermin der Zuschlag auf ein Meistgebot unter $^{7}/_{10}$ des festgesetzten Wertes nach Abs 1 Satz 1 oder auf ein Meistgebot unter $^{5}/_{10}$ des Wertes nach § 85a Abs 1 versagt worden ist[181] (wie Rdn 7.9).

Muster zur Wertermittlung und Wertfestsetzung 8

8.1 Beschluß im ... : Der Verkehrswert des Grundstücks ... ist durch den öffentlich bestellten und vereidigten Sachverständigen ... zu schätzen (ZVG § 74a Abs 5).
Verfügung: Mitteilung des Beschlusses an ..., Ausfertigung des Beschlusses mit Begleitschreiben und Anlagen an Sachverständigen. WV am ...

8.2 Auftragsschreiben an den Sachverständigen: Ihr Gutachten wird bis ... erbeten, und zwar unter Rückgabe der Unterlagen, gesondert für jedes Grundstück, mit zwei Abschriften, mit Lichtbildern der Gebäude und der Örtlichkeit, mit einfachen Lage- und Gebäudeplänen, sowie mit folgenden Angaben: welche Mieter oder Pächter vorhanden sind, ob ein Gewerbebetrieb vorhanden ist (Art und Inhaber), ob Maschinen oder Betriebseinrichtungen vorhanden sind, die von Ihnen nicht mitgeschätzt sind (Art und Umfang), ob Verdacht auf Hausschwamm besteht, ob baubehördliche Beschränkungen oder Beanstandungen bestehen. Der Besichtigungstermin ist mit dem Eigentümer und seinem Vertreter zu vereinbaren. Dem Gläubiger ist Gelegenheit zu geben, bei der Besichtigung anwesend zu sein. Einwendungen gegen die Schätzung sind nicht zu beachten. Bei Hindernissen wird gebeten, das Gutachten nach dem äußeren Eindruck zu erstellen. Anschriften: ...

8.3 Mitteilung an die Beteiligten: Der Sachverständige ... hat den Verkehrswert des Grundstücks ... geschätzt. Sie können binnen ... bei der Geschäftsstelle des Vollstreckungsgerichts das Gutachten einsehen und dazu Stellung nehmen. Nach Fristablauf wird das Gericht den Wert festsetzen.

8.4 Beschluß im ...: Der Verkehrswert für das Grundstück ... wird gem § 74a Abs 5 (mit § 85a Abs 2 Satz 1) ZVG auf ... DM festgesetzt. Gründe: ... Verfügung: Zustellung des Beschlusses an alle Beteiligten bzw ihre Bevollmächtigten. WV am ...

Rechtsbehelfe bei Wertfestsetzung und Zuschlagsentscheidung (Absatz 5 9 Sätze 3 und 4)

9.1 Der **Wertfestsetzungsbeschluß** ist mit der sofortigen Beschwerde anfechtbar: ZVG § 74a Abs 5 Satz 3 (Ausnahme zu § 95). Vollstreckungserinnerung ist hier unzulässig. Wertfestsetzungsbeschluß, daher mit sofortiger Beschwerde anfechtbar, ist auch der infolge neuer Tatsachen ändernde Beschluß, nicht aber die Ablehnung einer angeregten oder beantragten Änderung (Rdn 7.20 zu b). Als sofortige Beschwerde ist jede Erklärung eines Beteiligten (auch des Schuldners) zu werten, mit der er zu erkennen gibt, daß er eine sachliche Überprüfung des (insbesondere für zu niedrig gehaltenen) Wertfestsetzung anstrebt[182].

9.2 Anfechten können den Wertfestsetzungsbeschluß nur **Beteiligte** des § 9. Anfechtungsberechtigt sind somit insbesondere der (betreibende, auch jeder beigetretene) **Gläubiger** (auch in Rangklasse 5 des § 10 Abs 1) und der **Vollstrek-**

---

[181] BGH NJW-RR 2004, 302 = aaO (Fußn 73); BGH NJW-RR 2004, 666 = Rpfleger 2004, 433 (434); BGH (14. 4. 2005, V ZB 9/05); LG Mönchengladbach JurBüro 2003, 383 = aaO (Fußn 166; als Vorinstanz).
[182] OLG Hamm Rpfleger 2000, 120.

§ 74a 9.2 Versteigerung

kungsschuldner[183] (ebenso sein Insolvenzverwalter[184]). Anfechtungsberechtigt sind außerdem die mit einem Recht am Grundstück (oder an einem das Grundstück belastenden Recht) **Berechtigten** (§ 9); ihr Beschwerderecht setzt nicht voraus, daß sie mit der erstrebten Wertänderung nach Abs 1 Satz 1 antragsberechtigt werden (anders[185]: nicht zutreffend). Ein Rechtsschutzbedürfnis ist, wie für jede an einen Antrag gebundene gerichtliche Entscheidung[186], auch in der Zwangsvollstreckung und damit auch für Anfechtung des Wertfestsetzungsbeschlusses vorausgesetzt. Weil es fehlt sind **nicht** anfechtungsberechtigt: **Mieter** oder **Pächter**[187] (sie haben kein Recht auf Befriedigung aus dem Erlös), selbst dann nicht, wenn sie ein (persönliches) Vorkaufsrecht haben[187], der Erbbauberechtigte bei Versteigerung des Grundstücks (das Erbbaurecht bleibt infolge seiner ersten Rangstelle, ErbbauVO § 10 Abs 1, oder nach ErbbauVO § 25, immer bestehen), regelmäßig aber auch Berechtigte in Rangklassen 1–3 des § 10 Abs 1 (bei sicherer Deckung). Für den Schuldner besteht ein Rechtsschutzbedürfnis an Überprüfung und Änderung (auch Herabsetzung[188]) des festgesetzten Wertes schon wegen dessen umfassender Bedeutung im Verfahren immer (für den ersten Termin schon wegen § 85a; immer kann der Wert nach § 114a oder für eine Entscheidung nach ZPO § 765a Bedeutung erlangen). Kein Rechtsschutzbedürfnis mehr ist für eine Beschwerde des Schuldners gegen die Wertfestsetzung gegeben, wenn bereits ein wirksames Meistgebot über $^7/_{10}$ des angestrebten geänderten Verkehrswerts vorliegt[189]. Für einen Beteiligten (§ 9) mit Anspruch auf Befriedigung aus dem Grundstück wird das Rechtsschutzbedürfnis nur fehlen, wenn er ausnahmsweise aus besonderen Gründen kein schutzwürdiges Interesse an einer Beschwerdeentscheidung über den Grundstückswert hat. Dafür kann nicht nur auf die gegenwärtige Verfahrenslage abgestellt werden, weil der Wert für die gesamte Dauer des Zwangsversteigerungsverfahrens festgesetzt wird und die Verhältnisse sich ändern können, die den Anspruch des Beschwerdeführers auf Befriedigung aus dem Grundstück bestimmen. Daher fehlt das Rechtsschutzbedürfnis auch dann nicht, wenn der Beteiligte (gegenwärtig) mit seinem dem betreibenden Gläubiger vorgehenden Anspruch in das geringste Gebot aufzunehmen ist (durch den Beitritt weiterer Gläubiger, auch mit Abänderung der Versteigerungsbedingungen, können sich die Verhältnisse ändern) oder wenn er auch durch die erstrebte Wertänderung (gegenwärtig) kein Antragsrecht auf Versagung des Zuschlags nach Abs 1 Satz 1 (oder § 85 Abs 1) erlangen würde (vorrangige Beteiligte können wegfallen; Durchsetzung eines Löschungs- oder Übertragungs/Rückgewähranspruchs kann die Befriedigungsaussichten grundlegend ändern). Das Rechtsschutzbedürfnis eines Beteiligten muß daher auch nicht mit Darlegung eines besonderen Interesses an der Wertänderung gesondert ausgewiesen werden; vielmehr müßte im Einzelfall zweifelsfrei feststehen, daß für einen Beschwerdeführer eine Wertänderung ohne jeden rechtlichen Wert (zwecklos) ist, wenn seine Beschwerdeberechtigung mit fehlendem Rechtsschutzbedürfnis verneint werden soll.

---

[183] BGHRep 2004, 1060 = MDR 2004, 1023 = NZM 2004, 479; OLG Frankfurt BB 1954, 1043; LG Braunschweig NJW 1956, 1644; LG Frankfurt Rpfleger 1980, 30; LG Hildesheim NdsRpfl 1965, 275; LG Osnabrück; MDR 1956, 239; LG Traunstein MDR 1956, 751; Dassler/Gerhardt § 74a Rdn 35; Steiner/Storz § 74a Rdn 115; Jonas/Pohle, ZwVNotrecht, § 74a Anm 6a; Leyeseder NJW 1955, 1427; Mohrbutter MDR 1955, 711 (4).
[184] LG Lübeck SchlHA 1973, 129.
[185] LG Lübeck SchlHA 1970, 231; LG Lüneburg Rpfleger 1985, 371 mit abl Anm Meyer-Stolte.
[186] BVerfG 61, 126 (135) = MDR 1983, 188 = NJW 1983, 559 = Rpfleger 1983, 80; Zöller/Stöber, ZPO, vor § 704 Rdn 17.
[187] OLG Hamm JMBlNW 1954, 130 = RdL 1955, 203 = RpflJahrbuch 1959, 251 Leitsatz.
[188] BGH MDR 2004, 1023 = aaO (Fußn 183).
[189] LG Frankfurt Rpfleger 1980. 20.

Wertfestsetzung, Mindestgebot 9.7 § 74a

9.3 Wer nur den Wert des **mitbewerteten Zubehörs** anfechten will, muß die ganze Wertfestsetzung angreifen.

9.4 In der Regel wird der Wertbeschluß angefochten, weil der **Wert zu gering** festgesetzt sei. Möglich ist dies aber auch, wenn er **zu hoch** bestimmt ist[190] (im ZVG-Handbuch Rdn 214). Ein zu hoher Wert wäre für die Anwendung von § 114a nachteilig und würde die Gefahr eines Versagungsantrags vergrößern, auch einige Gebühren erhöhen und Bietinteressenten abschrecken.

9.5 Kostenentscheidung im Beschwerdeverfahren: Einl Rdn 39.10. Einen Kostenerstattungsanspruch (ZPO § 91) begründet die Kostenentscheidung nur für einen am Beschwerdeverfahren als obsiegende Partei beteiligten Beschwerdegegner. Das kann nach den Grundsätzen beurteilt werden, die zu § 99 entwickelt worden sind (§ 99 Rdn 2.5). Die bloße Beteiligung am Beschwerdeverfahren genügt dazu nicht[191]. Nicht als Parteien (nicht als Beschwerdeführer und Beschwerdegegner) stehen sich im Wertfestsetzungs-Beschwerdeverfahren Gläubiger und andere Beteiligte gegenüber. Ein Beteiligter (§ 9) wird nicht bereits dadurch zum Beschwerdegegner, daß er im Verfahren über die Beschwerde eines Gläubigers oder eines anderen Verfahrensbeteiligten vom Beschwerdegericht angehört wird oder (von sich aus) eine Stellungnahme zum Verkehrswert abgibt. Für ihn begründet daher die Kostenentscheidung keinen Erstattungsanspruch[191]. Kosten, die notwendig durch Wahrnehmung des rechtlichen Gehörs im Beschwerdeverfahren entstehen, sind jedoch als Zwangsvollstreckungskosten vom Schuldner zu tragen (ZPO § 788); als Rechtsverfolgungskosten gewähren sie nach § 10 Abs 2 Anspruch auf Befriedigung aus dem Grundstück (Einl Rdn 39.11).

9.6 Rechtsbeschwerde ist gegen den Beschluß des Beschwerdegerichts nur statthaft, wenn sie zugelassen ist (ZPO § 574 Abs 1 Nr 2).

9.7 Der Beschluß, durch den der **Zuschlag** erteilt oder versagt wird, „**kann** mit der Begründung, daß der Grundstückswert unrichtig festgesetzt sei, **nicht angefochten** werden": Abs 5 Satz 4. Das Wertfestsetzungsverfahren ist als **besonderes Verfahren** mit eigenem Rechtsmittelzug ausgestaltet[192]. Mängel dieses Verfahrens müssen im Rahmen der selbständigen Anfechtung des Festsetzungsbeschlusses geltend gemacht werden[193]. Bei der Beschlußfassung über den Zuschlag bleibt das Vollstreckungsgericht an den Wertfestsetzungsbeschluß gebunden (Ausnahme von § 79). Nach Wertfestsetzung ist dem weiteren Versteigerungsverfahren und der Entscheidung über den Zuschlag damit eine sichere Grundlage gegeben; Richtigkeit und Verbindlichkeit des Grundstückswertes sind vorab geklärt. Die selbständige Wertfestsetzung schließt für Entscheidungen im Versteigerungsverfahren Ungewißheit und Streit über die Höhe des Wertes aus. Die Bindung des Vollstreckungsgerichts an die Wertfestsetzung hindert nicht nur erneute Prüfung des Wertes bei der Entscheidung über den Zuschlag[194] (zur Änderung des Verhältnisse jedoch Rdn 7.20), sondern auch Überprüfung und Änderung eines fehlerhaft festgesetzten Wertes. Bindende Grundlage der Entscheidung über den Zuschlag ist daher auch eine sachlich unrichtige Wertfestsetzung (ein zu niedrig[195] oder zu hoch festgesetzter Wert) und ebenso ein unter Verletzung von Verfahrensvorschriften festgesetzter Wert (Mängel des Festsetzungsverfahrens müssen im Rahmen der selbstän-

---

[190] BGH MDR 2004, 1023 = aaO (Fußn 183); LG Augsburg Rpfleger 2000, 559; Steiner/Storz § 74a Rdn 116; Schiffhauer Rpfleger 1973, 81 (2–3).
[191] LG München II Rpfleger 1984, 108.
[192] BVerfG 6, 12 = MDR 1957, 84 = NJW 1957, 17 und 947 Leitsatz mit abl Anm Schätzler = Rpfleger 1957, 11 mit Anm Oldorf.
[193] BVerfG aaO (Fußn 192); LG Aachen Rpfleger 1959, 321; LG Lüneburg Rpfleger 1998, 169.
[194] BGHRep 2003, 463.
[195] LG Kempten Rpfleger 1998, 358.

digen Anfechtung des Festsetzungsbeschlusses geltend gemacht werden). Auch die zum Wert nicht gehörten Beteiligten (auch der Schuldner[196]) können daher den Zuschlag nicht mit der Begründung anfechten, der Wert sei unrichtig festgesetzt, wenn der Festsetzungsbeschluß auch ihnen gegenüber ergangen (mit Zustellung wirksam und rechtskräftig geworden) ist.

9.8 Bindung an die Wertfestsetzung als Entscheidung einer Vorfrage bedingt nach prozessualen Grundsätzen **Rechtskraft** der Vorentscheidung. Bindungswirkung ohne Rechtskraft begründet die selbständige Wertfestsetzung ihrem Zweck und auch ihrem Wesen nach als Vorentscheidung in einem eigenen Verfahren mit selbständigem Rechtsmittelzug nicht. Daher schließt nur ein schon **rechtskräftiger Wertbeschluß** die Zuschlagsanfechtung aus[197] (anders[198]). Das Vollstreckungsgericht kann über den Zuschlag aber auch entscheiden, wenn der Beschluß über die Wertfestsetzung noch nicht rechtskräftig ist (so auch[199]; s auch Rdn 7.11) oder soweit er einzelnen Beteiligten gegenüber Rechtskraft nicht erlangt hat; insbesondere gebietet dann § 83 Nr 1 (Verletzung einer Versteigerungsbedingung) Versagung des Zuschlags nicht (dazu Rdn 9.10). Die Entscheidung über den Zuschlag kann, muß aber nicht bis zur rechtskräftigen Wertfestsetzung **ausgesetzt** werden (vergleichbar der Zuschlagsentscheidung vor Entscheidung über eine Beschwerde gegen die Ablehnung eines Antrags aus ZPO § 765a). Empfohlen wird meist, die Zuschlagsverkündung nach § 87 hinauszuschieben, damit vorher noch über das Rechtsmittel zum Wert entschieden werden kann[200], und zwar entgegen § 87 auch über eine Woche hinaus. Das jedoch ist nur dann geboten, wenn eine Rechtsbeeinträchtigung eines Beteiligten gegeben sein kann, ist aber nicht verfahrensgerecht, wenn zB der Beteiligte, dem gegenüber die Wertfestsetzung Rechtskraft noch nicht erlangt hat, bereits durch das bare Meistgebot gedeckt ist oder an so schlechter Rangstelle steht, daß auch Wertänderung keine Rechtsbeeinträchtigung begründen könnte. Das Vollstreckungsgericht kann bei Entscheidung über den Zuschlag von dem bereits festgesetzten, aber noch nicht rechtskräftigen Wert nicht abweichen (anders nur bei Änderung der Verhältnisse, Rdn 7.20). Wenn Wertfestsetzung (ausnahmsweise) noch überhaupt nicht ergangen ist, muß das Vollstreckungsgericht bei Entscheidung über den Zuschlag für den Versagungstatbestand des § 85a und, wenn Versagungsantrag nach Abs 1 Satz 1 (oder nach § 85 Abs 1) gestellt ist, über den Wert mitentscheiden. Der Ersteher (auch der zahlungspflichtige Dritte) und der Bieter (dessen Gebot nicht erloschen ist), ist (in dieser Eigenschaft) am Wertfestsetzungsverfahren nicht beteiligt. Für ihn bleibt daher Anfechtung der Erteilung oder Versagung des Zuschlags (Zulässigkeit: § 97 Abs 1) mit der Begründung, daß der Grundstückswert unrichtig festgesetzt sei, immer ausgeschlossen, somit auch dann, wenn Wertfestsetzung (auch notwendige Änderung) überhaupt nicht erfolgt ist.

9.9 Nach Erteilung oder Versagung des **Zuschlags** kann nur noch diese Entscheidung mit sofortiger Beschwerde angefochten werden. Von Beteiligten, denen gegenüber der Wertfestsetzungsbeschluß noch nicht rechtskräftig ist (nicht aber

---

[196] LG Lüneburg Rpfleger 1998, 169.
[197] OLG Frankfurt BB 1954, 1043; Leyerseder NJW 1955, 1427; Lorenz MDR 1961, 471; Mohrbutter BB 1953, 875, NJW 1955, 124 (2a), MDR 1955, 711 und Rpfleger 1960, 203; Riggers JurBüro 1968, 777; Stöber Rpfleger 1969, 221 (VII).
[198] Hammelbeck DWW 1959, 131 (II 6c); Pöschl NJW 1954, 136 (137). Auch OLG Hamm Rpfleger 2000, 120: Sachliche Überprüfung der Wertfestsetzung kann im Zuschlagsbeschwerdeverfahren nicht nachgeholt werden.
[199] Steiner/Storz § 74a Rdn 130. Anders (Zuschlagsversagung) OLG Hamm Rpfleger 2000, 120.
[200] OLG Düsseldorf NJW 1981, 235 Leitsatz = Rpfleger 1981, 69; Budde Rpfleger 1991, 189 (V); Hamelbeck DWW 1959, 131 (II 6c); Hornung Rpfleger 1979, 365 (D VI 1); Lorenz MDR 1961, 371; Nikoleit BWNotZ 1965, 48 (III 5).

Wertfestsetzung, Mindestgebot　　　　　　　　　　9.11　§ 74a

vom Ersteher, zahlungspflichtigen Dritten und Bieter), kann die Erteilung oder Versagung des Zuschlags auch mit der Begründung angefochten werden, daß der Grundstückswert unrichtig festgesetzt sei[201] (siehe Rdn 9.8). Neben dem Zuschlagsrechtsmittelverfahren gibt es dann kein besonderes Beschwerdeverfahren über die Wertfestsetzung[201] oder Weränderung[202] (Rdn 7.20). Als Vorentscheidung kann die Wertfestsetzung nur Grundlage für die Entscheidung über den Zuschlag geben, nach Entscheidung über den Zuschlag aber weitere (selbständige) Bedeutung nicht mehr erlangen. Eine Beschwerde gegen die Wertfestsetzung oder gegen die Ablehnung eines Antrags auf Wertänderung wird mit der Erteilung des Zuschlags daher infolge prozessualer Überholung unzulässig[203].

9.10 Beschwerdegrund (§ 100 Abs 1) für Anfechtung der Entscheidung über den Zuschlag mit dem Vorbringen, daß der noch nicht rechtskräftige Wertfestsetzungsbeschluß unrichtig (oder Wertfestsetzung überhaupt noch nicht erfolgt) sei, ein Grundstückswert daher nicht bindend sei, ist **nicht** Verletzung des § 83 Nr 1. Diese Bestimmung verlangt Verletzung einer „der Vorschriften über die Feststellung ... der Versteigerungsbedingungen". Zu diesen Vorschriften gehören Abs 5 über die Wertfestsetzung und Abs 1 über Versagung des Zuschlags bei einem Meistgebot unter 7/10 des Grundstückswertes (desgleichen § 85 a) nicht; dem folgt[204]; anders[205]: die Vorschriften über das Mindestgebot in § 74 a sind gesetzliche Versteigerungsbedingungen; nicht richtig. Versteigerungsbedingungen regeln die Rechte (damit für den Umfang des Eigentumserwerbs auch den Gegenstand der Versteigerung, §§ 55, 65) und Pflichten des Erstehers und der Beteiligten (§§ 44–65); sie werden im Versteigerungstermin nach Anhörung der Anwesenden Beteiligten festgestellt und verlesen (§ 66 Abs 1). Mit Vorschriften über Wertfestsetzung und Zuschlagversagung treffen § 74 a und § 85 a solche Regelungen nicht. Als Versteigerungsbedingung wäre zudem der festgesetzte Wert im Versteigerungstermin nicht nur bekanntzugeben (§ 66 Abs 1), sondern noch dazu im Zuschlagsbeschluß zu bezeichnen (§ 82); in § 100 Abs 1 müßten überdies § 85 und § 85 a als Versagungsgrund nicht neben § 81 gesondert genannt sein. § 74 a und § 85 a regeln vielmehr als Verfahrensbestimmungen Zulässigkeit und Voraussetzung der Grundstücksveräußerung mit Zuschlag.

9.11 Versagung des Zuschlags bei Verstoß gegen Verfahrensrecht hat nach **Nr 5** oder Nr 6 des § 83 zu erfolgen (Beschwerde: § 100 Abs 1). Damit unterscheidet § 83 zwischen Gesetzesverstößen, durch die lediglich bestimmte Rechte betroffen werden (Nummer 5) und solchen, bei denen es ungewiß ist, wie weit sich ihre Wirkung erstreckt (Nummer 6; Denkschrift S 54). Für Anfechtung des Zuschlags erlangt diese Unterscheidung Bedeutung, weil der Versagungsgrund der Nr 5 des § 83 (entgegenstehendes Recht eines Beteiligten) nach § 84 ausgeschlossen (geheilt) sein kann und nur der Versagungsgrund der Nr 6 des § 83 (Zwangsversteigerung aus sonstigem Grund unzulässig) von Amts wegen zu berücksichtigen ist (§ 100 Abs 3). Unrichtige Wertfestsetzung gehört zu den Gesetzesverletzungen, durch die lediglich bestimmte Rechte betroffen werden, begründet somit einen Versagungs- und Anfechtungsgrund nach § 83 Nr 5 (mit § 100 Abs 1). Be-

---

[201] BGH NJW-RR 2004, 302 = aaO (Fußn 73).
[202] LG Rostock Rpfleger 2003, 205.
[203] BGH NJW-RR 2004, 302 = aaO (Fußn 73).
[204] Budde Rpfleger 1991, 189 (IV 3).
[205] OLG Braunschweig NJW 1960, 205 und NdsRpfl 1984, 259; OLG Hamburg MDR 1962, 998; OLG Hamm KTS 1978, 46 = MDR 1977, 1028 = Rpfleger 1977, 452; OLG Koblenz Rpfleger 1985, 410 und JurBüro 1986, 1587 = MDR 1986, 682; OLG Köln KTS 1984, 160 = MDR 1983, 851 = OLGZ 1983, 474 = Rpfleger 1983, 362 und Rpfleger 1993, 258; OLG Schleswig JurBüro 1959, 250 = SchlHA 1959, 148; LG Aachen Rpfleger 1959, 321; Dassler/Gerhardt § 74 a Rdn 36; Steiner/Storz § 74 a Rdn 112 und 120; Spies NJW 1955, 813 (F 2 b); Storz Rpfleger 1984, 474 (Anmerkung).

§ 74a 9.11 Versteigerung

troffen sein kann (bei zu niedriger Wertfestsetzung) ein Beteiligter mit seinem Recht, Versagung des Zuschlags nach Abs 1 zu verlangen, das Recht des Eigentümers auf Schutz vor Grundstücksverschleuderung nach § 85a oder ZPO § 765a, und das Antragsrecht eines Beteiligten nach § 85 Abs 1, (bei zu hoher Wertfestsetzung) das Recht des betreibenden Gläubigers darauf, daß die Vollstreckung nicht durch einen Zuschlagversagungsantrag infolge unrichtiger Festsetzung der $7/10$-Wertgrenze geschmälert wird (eine solche Beeinträchtigung besteht nicht, wenn Antrag nach Abs 1 Satz 1 nicht gestellt ist), außerdem wegen § 114a der Eigentümer oder der als Ersteher erweitert befriedigte Berechtigte. (Verteilung eines Gesamtrechts nach § 64 verletzt bei unrichtigem Wert die Feststellung des geringsten Gebots, begründet somit einen Versagungsgrund nach Nr 1 des § 83, nicht aber nach Nr 5). Daß mit unrichtiger Wertfestsetzung der Umfang einer Beeinträchtigung von Beteiligten nicht überschaubar, somit ein allgemeiner Versagungsgrund nach Nr 6 des § 83 gegeben sei, kann nicht deshalb angenommen werden, weil Beteiligte und Interessenten den einmal festgesetzten Wert erfahrungsgemäß oft ihren Überlegungen und Berechnungen zugrunde legen (Rdn 7.2). Denn gesetzlich kommt der Wertfestsetzung nicht die Aufgabe zu, Grundlage für die Höhe des Gebots und damit den Versteigerungserlös zu geben; praktisch spielt der Wert für die Überlegungen, die einen Bieter zur Abgabe eines Gebots veranlassen, regelmäßig keine wesentliche Rolle[206]. Die Wertfestsetzung gehört vielmehr zu den Nachweisen, die den Beteiligten zur Information und Auswertung zur Verfügung stehen (§ 66 Abs 1).

9.12 Nach § 100 Abs 1 mit § 83 Nr 5 kann eine (zulässige) Beschwerde eines Beteiligten gegen die Erteilung des Zuschlags, die darauf gestützt wird, daß der (dem Beschwerdeführer gegenüber nicht rechtskräftig festgesetzte) Grundstückswert unrichtig sei, **nur begründet** sein, wenn **ein Recht** des Beschwerdeführers durch den Zuschlag **beeinträchtigt** wird und der das Verfahren nicht genehmigt hat (nicht richtig[207]: ein Mangel ist nach § 84 Abs 1 [erst] geheilt, wenn die übrigen Beteiligten in ihren Rechten nicht beeinträchtigt sind wie dann, wenn sich der andere Wert nicht auf die Schuldentilgung auswirkt). Auf Beeinträchtigung des Rechts eines anderen Beteiligten kann die Beschwerde nicht gestützt werden (§ 100 Abs 2). Nicht beeinträchtigt wird ein Recht des Beteiligten, wenn es durch das Meistgebot gedeckt ist, aber auch dann, wenn das Meistgebot höher als $7/10$ (für Schuldner $5/10$ wegen § 85a) des mit dem Beschwerdeantrag angestrebten Verkehrswerts ist[208]. Der Zuschlag kann somit nicht ohne weiteres von jedem Beteiligten angefochten werden, für den der Wertfestsetzungsbeschluß noch anfechtbar war. Anfechtbar ist der Zuschlag nur zur Abwendung der Beeinträchtigung eines Rechts des Beschwerdeführers (§ 84 Abs 1 mit § 100), nicht aber zur allgemeinen Nachprüfung, ob der Wert ordnungsgemäß festgesetzt wurde.

9.13 Wenn eine erforderliche **Überprüfung und Änderung des** rechtskräftig festgesetzten **Wertes** (Rdn 7.20) nicht vorgenommen oder abgelehnt wurde, liegt darin gleichfalls kein Verstoß nach § 83 Nr 1 (anders allgemeine Ansicht, Rdn 7.20; nicht richtig). Der Grundstückswert ist nicht Versteigerungsbedingung, seine Festsetzung somit nicht Feststellung einer Versteigerungsbedingung (Rdn 9.10); ebenso hat erforderliche Überprüfung und Änderung des Wertes keine Feststellung einer Versteigerungsbedingung zum Gegenstand. Anfechtung des Zuschlags bei nicht erfolgter Wertänderung kann daher nicht schon deswegen nach § 100 Abs 1 mit § 83 Nr 1 allgemein erfolgen. Vielmehr kann auch in diesem Fall die Beschwerde nach § 100 Abs 1 mit § 83 Nr 5 (Rdn 9.10)[209] nur darauf

---

[206] BGH NJW-RR 2004, 302 (303) = aaO (Fußn 73).
[207] OLG Koblenz JurBüro 1986, 1587 = MDR 1986, 682.
[208] LG Frankfurt Rpfleger 1980, 30; Schiffhauer BlGrBW 1981, 88 (XXII 2).
[209] LG Braunschweig Rpfleger 2001, 611.

gestützt werden, daß der Beschwerdeführer in einem Recht auf Versagung des Zuschlags verletzt sei.

9.14 Wird der **Zuschlag** aus Abs 1 **versagt,** so können dies alle betreibenden Gläubiger anfechten, auch der Meistbietende bzw sein Zessionar bzw der verdeckte Vollmachtgeber (§ 81 Abs 2, 3), und zwar mit der Begründung, daß die Voraussetzungen des § 74a nicht vorgelegen haben. Hatte ein Gläubiger gegen den Versagungsantrag Widerspruch erhoben (Abs 1 Satz 2) und wurde sein „Nachteil" dadurch verneint, daß Zuschlag erteilt wurde, so kann hierwegen nur dieser den Zuschlag anfechten (§ 100 Abs 2), aber nicht mit der Begründung, daß der Wert unrichtig festgesetzt sei (Abs 5 Satz 4).

9.15 Der Zuschlag kann nach § 74a nur versagt werden, wenn ein wirksames Meistgebot vorliegt. Wird er nach § 74a versagt, obwohl ein **anderer Versagungsgrund** gegeben ist, so ist der Antragsteller des § 74a-Antrags anfechtungsberechtigt, weil ihm dieses Antragsrecht nun für einen späteren Versteigerungstermin genommen ist. Daß der Vollstreckungsschuldner in diesem Falle trotz § 97 Abs 1 und § 100 Abs 2 auch anfechtungsberechtigt sei, ist wohl zu verneinen, weil dieser nur ein wirtschaftliches, kein rechtliches Interesse daran hat, daß dem Antragsteller das Antragsrecht aus § 74a erhalten bleibe.

Sachverständige zur Wertermittlung (Absatz 5 Satz 1)

10.1 Festgesetzt wird der Grundstückswert „nötigenfalls nach Anhörung von Sachverständigen": Abs 5 Satz 1. Bei wertvollen Grundstücken ist Anhörung eines Sachverständigen unumgänglich. Weil durch ein Gutachten meist hohe Kosten entstehen wurde empfohlen, das Gericht solle sich zurückhaltend verhalten (so[210]). Das Gericht wurde aber in der Regel nicht selbst in der Lage sein, die Grundstücksverhältnisse so zu beurteilen, daß es den Wert ohne Gutachten festsetzen könnte. Es könnte das nur, wenn es die Grundstücksverhältnisse laufend beobachten würde. Man kann darum nicht zustimmen, wenn gefordert wird, der Sachverständige solle die Ausnahme sein oder jedenfalls nicht die Regel[211]. Bei einem geringwertigen Objekt wäre es natürlich verfehlt, für das Gutachten vielleicht mehr auszugeben, als das Objekt wert ist. Sonst aber ist es bedenklich, etwa wegen der Kosten auf ein Gutachten zu verzichten. Keinesfalls darf man die Frage aber von der Höhe der Forderung abhängig machen, weil auch bei kleinen betreibenden Forderungen die in Abs 1 Genannten geschädigt werden können oder ein Meistgebot unter dem halben Grundstückswert erzielt werden kann (§ 85a). Es wird **die Regel** sein, einen **Sachverständigen** zu beauftragen. Zweckmäßig ist es aber, bei kleineren betreibenden Forderungen vor dem Auftrag an den Sachverständigen den Schuldner nochmals auf die in Kürze entstehenden erheblichen Unkosten hierfür und für die Ausschreibung hinzuweisen. Abgesehen werden kann von der Zuziehung eines Sachverständigen, wenn sich der Wert aus Unterlagen, die Beteiligte eingereicht haben (zB Gutachten, die der Insolvenzverwalter bereits eingeholt hat[212]) und die mit Bewertungen der Grundpfandgläubiger übereinstimmen oder zB aus einem zeitnahen Wertgutachten, das in einem aufgehobenen früheren Verfahren über das Grundstück eingeholt wurde, sicher ergibt.

10.2 Als Sachverständige kommen in der Regel **die amtlich zugelassenen** und allgemein vereidigten, in Listen zusammengestellten Schätzer für Grundstücke in Frage. Sie üben keine hoheitliche Gewalt aus; es kann darum nicht der Staat hieraus aus Schadensersatz wegen zu niedriger Schätzung belangt werden[213]. Der Sachverständige wird, auch wenn § 74a dies nicht ausdrücklich erwähnt, entspre-

---

[210] Lorenz MDR 1961, 371.
[211] Barsties SchlHA 1972, 129 und SchlHA 1985, 49.
[212] LG Hildesheim Rpfleger 2004, 236; Wolff ZIP 1980, 417 (II 3.1).
[213] OLG Schleswig Rpfleger 1975, 88.

§ 74a 10.2 Versteigerung

chend den Beweiserhebungsvorschriften der ZPO, §§ 402 ff, herangezogen[214] (er wird vom Vollstreckungsgericht ausgewählt, kann wegen Befangenheit abgelehnt werden, der Beweis ist frei zu würdigen, es besteht Parteiöffentlichkeit bei der Beweisaufnahme usw). Gläubiger und Schuldner (nicht aber die sonstigen Beteiligten, § 9) sind wegen des Ablehnungsrechts (ZPO § 406) von der Zuziehung und Auswahl des Sachverständigen zu verständigen. Vor dem ersten Auftrag sollte man jeden Sachverständigen auf die **Besonderheiten** des Versteigerungsverfahrens **hinweisen** (zB daß Belastungen und Mieterleistungen nicht abzuziehen sind). Man sollte ihn um Lichtbilder des Objekts, kurze Pläne und gewisse zusätzliche Auskünfte ersuchen (Rdn 8), um so die amtlichen Ermittlungen zu ergänzen und den Interessenten ein umfassendes Bild zu verschaffen und damit zugunsten des Schuldners den höchstmöglichen Erlös zu erzielen. § 74a will an sich nur die Entscheidung über die $^5/_{10}$- und $^7/_{10}$-Grenze vorbereiten; die Nebenfragen sind aber in der Praxis meist wichtiger. Muster für Auftrag und Mitteilungen Rdn 8.

10.3 Hinsichtlich der mitversteigerten **beweglichen Gegenstände** sieht Abs 5 Satz 2 vor, daß sie frei zu schätzen seien. Dennoch ist es zulässig, auch insoweit Sachverständige zuzuziehen.

10.4 Als Grundstückssachverständige kommen auch die **Gutachterausschüsse** nach BauGB § 192 in Frage[215] und ZVG-Handbuch Rdn 211. Da dieses Verfahren aber umständlicher ist, wird man es wohl nur dort anwenden, wo andere Sachverständige nicht greifbar sind. Eingeholt werden kann auch eine amtliche Schätzung des zuständigen Ortsgerichts (so[216] für Hessen).

10.5 Der Sachverständige hat das **Objekt zu besichtigen.** Dabei dürfen Gläubiger und Schuldner anwesend sein. Ihnen muß der Sachverständige vom Besichtigungstermin Kenntnis und damit Gelegenheit geben, an der Besichtigung teilzunehmen (enger[217]: Parteien haben bei dem vorbereitenden Ortstermin nur dort einen Rechtsanspruch auf Benachrichtigung und Anwesenheit, wo es „sinnvoll erscheint"). Die sonstigen Beteiligten (§ 9) brauchen zur Besichtigung nicht zugezogen zu werden. In besonderen Fällen sollte auch der zuständige Rechtspfleger teilnehmen, wenn dies auch bei Gerichten mit zahlreichen Verfahren nicht die Regel sein kann. Das Gericht beurteilt leichter, was es selbst gesehen hat. Den **Zutritt** zum Objekt kann das Gericht weder für sich noch für den Sachverständiger **erzwingen**[218], schon gar nicht für Bietinteressenten (dazu auch § 42 Rdn 3). Es ist allein Sache des Vollstreckungsschuldners, wem er Zutritt gewährt[218]. Weigert er sich, müssen Gericht und Sachverständiger nach dem äußeren Anschein und amtlichen Unterlagen urteilen[219]. Dann hat der Schuldner aber auch das damit verbundene Risiko zu tragen; er kann nicht mit Beschwerde die Unrichtigkeit der Wertfestsetzung geltend machen, die auf dem nicht feststellbar und nicht überprüfbar gewesenen Zustand des Objekts beruhen soll[220]. In der Regel läßt sich der Schuldner vom Gericht überzeugen, daß es für ihn günstiger sei, wenn der Sachverständige eingelassen wird. Der Gerichtsvollzieher kann hier nicht herangezogen werden, jeder Zwang ist unzulässig. Bei gleichzeitiger Zwangsverwaltung kann der Zutritt über den verfügungsberechtigten Zwangsverwalter ermöglicht, auch dann bei Besitz des Schuldners aber nicht erzwungen werden. Der Gutachterausschuß (Rdn 10.4) kann Zutritt verlangen (BauGB § 197 Abs 1) und dabei die Rechts-

---

[214] BGH MDR 2003, 1180 (1181) = NJW-RR 2003, 2825 (2826) = Rpfleger 2003, 520.
[215] BGH 62, 93 = MDR 1974, 477 = NJW 1974, 701 = Rpfleger 1974, 185 mit zust Anm Stöber.
[216] BGH 113, 71 (74, 75) = MDR 1991, 415 = NJW 1991, 3271 = Rpfleger 1991, 119.
[217] OLG München OLGZ 1983, 355 = Rpfleger 1983, 319.
[218] BGH NJW-RR 2003, 2825 (2827) = aaO (Fußn 214); Herwig NotBZ 2002, 407 (dieser aber für Besichtigungsrecht der Realgläubiger bei Schuldnereigennutzung).
[219] LG Dortmund Rpfleger 2000, 466.
[220] LG Göttingen Rpfleger 1998, 213; LG Dortmund Rpfleger 2000, 466.

Wertfestsetzung, Mindestgebot   10.9 § 74a

und Amtshilfe der Behörden beanspruchen (BauGB § 197 Abs 2). Diese Vorschriften müßten auch für Gutachten zum Versteigerungsverfahren anwendbar sein. Wohnungen dürfen auch vom Gutachterausschuß nur mit Zustimmung des Wohnungsinhabers betreten werden (BauGB § 197 Abs 1 Satz 4). Zur Besichtigung im ZVG-Handbuch Rdn 211.

10.6 Der Sachverständige hat in dem Gutachten die **tatsächlichen Grundlagen** seiner Wertfeststellung erkennbar zu machen. Er hat somit insbesondere aufzuzeigen, welche (von dem Verfahrensstand abweichende) Feststellungen (bei Ortsbesichtigung, durch Einholung amtlicher Auskünfte usw) er verwertet hat, damit Gericht und Beteiligte die Grundlagen des Gutachtens überprüfen können[221]. Der Sachverständige muß sich auf Tatsachen (nicht auf Mutmaßungen oder Unterstellungen) stützen[222]. Beim Ertragswertverfahren sind für Vergleichsmieten (Rohertrag), auf die abgestellt ist, Vergleichsobjekte und Vergleichspreise zu nennen (sonst kein rechtliches Gehör möglich, Einl Rdn 46, und Verwertung des Gutachtens auch dann ausgeschlossen, wenn der Gutachter sich für schweigepflichtig hält)[223]. Für Berechnung des Ertragswerts ist zu ermitteln, ob sich in dem Haus frei finanzierte Wohnungen oder solche des sozialen Wohnungsbaus befinden[224]. Bleiben Ermittlungen zur Feststellung von Umständen, die für die Bewertung maßgeblich sind, erfolglos, dann darf das Gutachten auf Unterstellungen aufgebaut werden; diese muß der Sachverständige dann aber in dem Gutachten kenntlich machen[224]. In dem Gutachten darf dann nicht der Eindruck erweckt werden, die für die Beurteilung der Räumlichkeiten maßgebenden Umstände seien durch Ortsbesichtigung ermittelt worden, obwohl der Sachverständige das Gebäude nur von außen besichtigt hat, weil ihm der Zutritt verwehrt war (kann Schadensersatzanspruch des Erstehers begründen, der auf die Richtigkeit des Gutachtens vertraut hat[225]).

10.7 Das Gutachten hat den Verkehrswert für das Verfahren (Rdn 7.19) zu bestimmen, damit für die **Zeit** seiner Erstellung unter Berücksichtigung etwaiger anstehender Wertänderungen festzustellen. Der Wertfestsetzung kann daher nur ein Gutachten zugrunde gelegt werden, das zeitnah erstellt ist[226]; das ist bei einem zeitlichen Abstand von 20 Monaten nicht mehr der Fall[226]. Ein älteres Gutachten kann nur dann noch verwendet werden, wenn zwischenzeitliche wertändernde Umstände nach der Sachkunde des Gerichts oder Ermittlungen berücksichtigt werden[226]; das hat die Begründung des Wertbeschlusses (Rdn 7.17) darzustellen.

10.8 Der Sachverständige hat das von ihm unterschriebene Gutachten auf der Geschäftsstelle niederzulegen; das Gericht kann hierzu eine Frist bestimmen (ZPO § 411 Abs 1).

10.9 Auswahl und Beauftragung des Sachverständigen, damit auch Einholung eines weiteren Wertgutachtens, sind weder mit Erinnerung (ZPO § 766) noch mit sofortiger Beschwerde (ZPO § 793) anfechtbar[227]. Als verfahrensleitende Maßnahmen zur Vorbereitung der (anfechtbaren) Wertfestsetzung sind sie auch nicht mit befristeter Rechtspflegererinnerung (RPflG § 11 Abs 2) anfechtbar[227] (Rechtsschutz bietet Ablehnung, Rdn 10.10).

---

[221] OLG München aaO (Fußn 217).
[222] BGH MDR 1984, 296 = NJW 1984, 355.
[223] BGH MDR 1994, 941 = NJW 1994, 2899 = Rpfleger 1995, 80.
[224] BGH MDR 1984, 296 = NJW 1984, 355; BGH NJW-RR 2003, 2825 (2827) = aaO (Fußn 214); auch BGH 127, 378 (387) = NJW 1995, 392.
[225] OLG Köln VersR 1994, 611.
[226] LG Rostock Rpfleger 2001, 40.
[227] OLG Stuttgart Rpfleger 2000, 227.

§ 74a 10.10 Versteigerung

10.10 Der **Sachverständige** kann aus denselben Gründen wie ein Rechtspfleger/Richter **abgelehnt** werden (anders[228] für Mitglieder des Gutachterausschusses). Besorgnis der Befangenheit könnte zB bestehen, wenn der Sachverständige Gläubiger oder Schuldner (auch einen Beteiligten) einseitig von der Ortsbesichtigung ausgeschlossen hat[229]. Das Ablehnungsgesuch ist dem Gericht schriftlich oder zu Protokoll der Geschäftsstelle vor der Erstattung des Gutachtens einzureichen; der Grund ist glaubhaft zu machen. Zu entscheiden ist von dem Gericht, das den Sachverständigen zuzog, also vom Rechtspfleger (ZPO § 406 Abs 1–5). Wird die Ablehnung für begründet erklärt, ist dies nicht anfechtbar (ZPO § 406 Abs 5); eine Entscheidung des Rechtspflegers ist hier allerdings auf Grund der Generalklausel in RPflG § 11 Abs 2 trotzdem mit befristeter Rechtspflegererinnerung anfechtbar. Wird die Ablehnung für unbegründet erklärt, so ist dies mit sofortiger Beschwerde anfechtbar (ZPO § 406 Abs 5).

10.11 **Schadensersatzpflichtig** ist der Sachverständige den Verfahrensbeteiligten (§ 9), wenn er vorsätzlich oder grob fahrlässig ein unrichtiges Gutachten erstattet, nach BGB § 839 a. Diese Ersatzpflicht tritt nicht ein, wenn es der Geschädigte schuldhaft unterlassen hat, den Schaden durch den Gebrauch eines Rechtsmittels abzuwenden[230] (BGB § 839 a Abs 2, § 839 Abs 3). Der Ersteher wird nicht in den Schutzbereich von BGB § 839 a einbezogen[231]. Ihm kann der Sachverständige unter ganz besonderen Umständen jedoch nach BGB § 826 haften[232]. Eine Haftung des Gutachterausschusses (auch gegenüber dem Ersteher) kann BGB § 839 begründen[233].

11 Verhältnis des § 74 a bzw § 85 a zu anderen Vorschriften

11.1 Verhältnis zu § 77: § 77 ist anzuwenden, wenn kein Gebot abgegeben wird oder wenn alle Gebote wieder erloschen sind; § 74 a, § 85 a sind anzuwenden, wenn mindestens ein wirksames Gebot vorliegt[234]. Beide Vorgänge können hinsichtlich desselben Objekts nicht in einem Versteigerungstermin zusammentreffen. Wird im ersten Termin gemäß § 74 a, § 85 a versagt und im zweiten Termin nicht geboten, so wird in diesem das Verfahren nach § 77 Abs 1 eingestellt und erst in einem dritten Termin (wenn wieder nicht geboten wurde) nach § 77 Abs 2 aufgehoben, weil der Termin, in dem nach § 74 a, § 85 a versagt wurde, nicht ergebnislos im Sinne von § 77 Abs 1 war[234]. § 77 Abs 1 und 2 wird also nicht dadurch ausgeschlossen, daß vorher schon einmal für dasselbe Objekt der Zuschlag versagt wurde[234]. Wenn umgekehrt erst einmal nach § 77 Abs 1 eingestellt wurde, kann doch im nächsten Termin nach § 74 a, § 85 a Zuschlag versagt werden[234]. Die beiden Vorschriften überschneiden sich nicht, sie unterscheiden sich nach Voraussetzungen und Folgen[235]. Nochmals sei betont, es handelt sich bisher immer um dasselbe Versteigerungsobjekt (Einzelgrundstück oder mehrere nur mit Gesamtausgebot). Wenn aber etwa die Verfahren über drei Grundstücke (auch zB drei Eigentumswohnungen) verbunden sind und Einzelausgebote (auch neben Gesamt- oder Gruppenausgeboten) erfolgen, für das erste Objekt zB nicht geboten wird, für die anderen beiden Zuschlag nach § 74 a, § 85 a versagt wird, was dann? Die Verfahren müssen hier noch im Termin getrennt werden und dann

---

[228] OLG Hamm NJW-RR 1990, 1471; OLG Oldenburg FamRZ 1992, 451; OLG Stuttgart NJW-RR 1987, 190.
[229] OLG München aaO (Fußn 217); OLG Jena MDR 2000, 169.
[230] Wagner NJW 2002, 2049 (2061).
[231] MünchKomm/Wagner, BGB, Rdn 28 zu § 839 a; näher Wagner und Thole VersR 2004, 275.
[232] BGH NJW 2003, 2825 = aaO (Fußn 214); KGRep 2003, 189 (als Vorinstanz).
[233] BGH MDR 2003, 628 = NZM 2003, 411 = Rpfleger 2003, 310 = VersR 2003, 1535.
[234] Jonas/Pohle, ZwVNotrecht, § 74 a Anm 8 b.
[235] Drischler JurBüro 1964, 241 (A I 3 b); Jonas/Pohle aaO (Fußn 234).

Wertfestsetzung, Mindestgebot   **11.4 § 74a**

kann das erste nach § 77, die beiden anderen nach § 74a, § 85a behandelt werden: bei § 77 Termin auf Antrag, im zweiten Termin ohne Gebot aufheben, bei zu geringem Gebot § 74a, § 85a möglich; bei § 74a, § 85a Termin von Amts wegen, im zweiten Termin nicht mehr § 74a, § 85a anwendbar, wohl aber § 77 zum ersten Mal.

11.2 Verhältnis zu § 85: Nach § 85 kann ein Beteiligter, dessen Recht durch den Zuschlag beeinträchtigt würde, der aber nicht zu den Antragsberechtigten nach § 74a Abs 1 gehört, beantragen, den Zuschlag zu versagen und neuen Termin durchzuführen. Auch hier gilt der Grundsatz der Einmaligkeit: im weiteren Verfahren kann ein Antrag aus § 85 nicht mehr gestellt werden (§ 85 Abs 4). § 74a und § 85 können nicht in derselben Person zusammentreffen, weil der nach § 74a Berechtigte nicht nach § 85 berechtigt ist. Wohl aber kann im selben Verfahren ein Gläubiger nach § 74a, ein anderer nach § 85 Antrag stellen[236]. Es kann auch hierbei auf Antrag eines Gläubigers im ersten Termin Zuschlag nach § 74a versagt werden, in einem späteren auf Antrag eines anderen nach § 85 verfahren werden oder umgekehrt[237]. Wird nach § 74a versagt, so hat dies nicht zur Folge, daß das in einem früheren Termin mit Versagung nach § 85 gemäß § 85 Abs 3 fingierte Meistgebot des Antragstellers nach § 72 Abs 3 erlischt, weil das fingierte Meistgebot des § 85 nicht nur für den tatsächlich nächstfolgenden Termin, sondern für die ganze weitere Versteigerung gilt, also auch nicht durch eine zwischenzeitliche Einstellung irgendwelcher Art beseitigt wird[238]; § 85 geht als Sonderregel der allgemeinen Vorschrift des § 72 vor[239]. § 74a ist kein Sonderfall des § 85, sondern ein selbständiges Antragsrecht[239]. Die beiden Vorschriften sind voneinander unabhängig und schließen sich nicht gegenseitig aus. Wenn aber im selben Versteigerungstermin ein Gläubiger Antrag nach § 74a stellt, ein anderer nach § 85, so kann wegen der unterschiedlichen Rechtsfolgen nur einem Antrag stattgegeben werden. In der Regel wird in solchen Fällen der Antrag aus § 74a zurückgenommen (das Gericht kann dies anregen) oder nur hilfsweise für den Fall gestellt, daß dem Antrag aus § 85 nicht stattgegeben werde; dann bleibt der Antrag aus § 74a immer noch für einen weiteren Termin erhalten und es tritt die Garantie des Antragstellers aus § 85 ein[239]. Wenn aber beide Anträge nebeneinander bestehen, wird man § 74a vorziehen müssen, weil er von dem besser Berechtigten, nämlich einem in der $^7/_{10}$-Grenze stehenden Beteiligten ausgeht[240] (der Berechtigte nach § 85 steht außerhalb dieser Grenze). § 85a geht dem § 85 vor (anders[241]: es ist nach § 85 zu versagen).

11.3 Verhältnis zu § 85a = § 85a Rdn 2.10.

11.4 Verhältnis zu ZPO § 765a: a) Einen Einstellungsantrag wegen sittenwidriger Härte (verbunden mit Versagung des Zuschlags) kann der **Schuldner** bei der Verhandlung über den Zuschlag (§ 74) stellen, spätestens noch im Verkündungstermin vor der Entscheidung (Einl Rdn 57). Ein **Gläubiger** kann keinen Versagungsantrag aus ZPO § 765a stellen. § 765a ist eine Schutzvorschrift für den Schuldner.

b) Werden im Versteigerungstermin Anträge **aus § 74a und aus ZPO § 765a** gestellt, so wird über beide zugleich in der Zuschlagsentscheidung entschieden. Greift einer von ihnen durch, so wird der Zuschlag versagt; werden beide abgelehnt, so wird der Zuschlag erteilt. Wird der Zuschlag aus § 74a versagt, so kann

---

[236] Drischler JurBüro 1964, 241 (A I 3c); Jonas/Pohle aaO (Fußn 234).
[237] Johnas/Pohle aaO (Fußn 234).
[238] Jaeckel/Güthe § 85 Rdn 10; Johans/Pohle aaO (Fußn 234).
[239] Jonas/Pohle aaO (Fußn 234).
[240] Korintenberg/Wenz § 85 Anm 8; Drischler JurBüro 1964, 241 (A I 3c); Jonas/Pohle aaO (Fußn 234).
[241] Steiner/Storz § 74a Rdn 63.

§ 74a 11.4 Versteigerung

immer noch der weitergehende, weil auf Verfahrenseinstellung abzielende Antrag aus § 765 a weiterbehandelt werden, um etwa noch Beteiligte anzuhören oder Umstände zu klären. Umgekehrt ist es nicht mehr möglich, wenn der Zuschlag aus § 765 a versagt wurde, den Antrag aus § 74 a weiterzubehandeln, weil es ja nicht mehr möglich wäre, den Zuschlag zu erteilen (was § 74 a voraussetzt). Wenn § 765 a angewendet wird, dann nach den Regeln von §§ 33, 86, in der Form der Zuschlagsversagung, wirksam mit Rechtskraft des Beschlusses, Fortsetzung (falls noch möglich) auf Antrag. Entscheidung aus § 85 geht auch hier im ersten Termin vor.

12 Versteigerungsbedingungen, abweichende

§ 74 a regelt als **Verfahrensbestimmung** Zulässigkeit und Voraussetzung der Grundstücksveräußerung mit Zuschlag, ist somit nicht Versteigerungsbedingung (Rdn 9.10). Abweichung nach § 59 ist daher nicht möglich. Die Vorschriften, was Grundstückswert ist, daß er vom Gericht festgesetzt wird, daß bei zu geringem Meistgebot Zuschlagsversagung beantragt werden kann, daß hiergegen die Beeinträchtigten Widerspruch erheben können, daß neuer Termin zu bestimmen ist, daß in diesem § 74 a nicht mehr anwendbar ist, sind als zwingend nicht abänderbar. Auch sonst ist eine Abänderung praktisch nicht denkbar.

13 Vertagung des Versteigerungstermin

Im Zusammenhang mit § 74 a wird häufig auch davon gesprochen, der Versteigerungstermin könne auf Antrag oder sogar von Amts wegen nach ZPO § 227 vertagt (Begriff: § 43 Rdn 8.4) werden[242], nämlich bei zu niedrigen Geboten und im Interesse eines nach § 74 a Antragsberechtigten oder eines sonst durch Ausfall Bedrohten oder gar in einem zweiten Versteigerungstermin (nach Abs 4). Es können jedoch nur **erhebliche Gründe** rechtfertigen, daß vertagt wird (§ 43 Rdn 8.4). Nicht genügen kann dagegen, wenn ein nach § 74 a Antragsberechtigter, der aber nicht zum Versteigerungstermin erscheint, in Rechtsunkenntnis seinen Versagungsantrag dem Gericht schriftlich zugeleitet hat (wie hier[243]; anders[244]). Diesen Antrag kann man ja erst nach Abgabe eines Gebots und nur im Versteigerungstermin selbst stellen (Rdn 4.1). Es ist nicht zulässig, einen ersten Termin im Interesse eines nach § 74 a Antragsberechtigen oder einen zweiten Termin zu vertagen, weil ZPO § 227 keine Generalklausel ist und nicht dazu dienen darf, die Vorschriften über das Mindestgebot auszuweiten[244]. Dazu im ZVG-Handbuch Rdn 344.

[Ausnahmen von § 74 a]

74b Ist das Meistgebot von einem zur Befriedigung aus dem Grundstück Berechtigten abgegeben worden, so findet § 74 a keine Anwendung, wenn das Gebot einschließlich des Kapitalwertes der nach den Versteigerungsbedingungen bestehenbleibenden Rechte zusammen mit dem Betrage, mit dem der Meistbietende bei der Verteilung des Erlöses ausfallen würde, sieben Zehnteile des Grundstückswertes erreicht und dieser Betrag im Range unmittelbar hinter dem letzten Betrage steht, der durch das Gebot noch gedeckt ist.

1 Allgemeines zu § 74 b

1.1 Zweck und **Anwendungsbereich:** Einschränkung des § 74 a mit Auswirkung nur bei Gleichrangrecht. Die Vorschrift gilt für alle Versteigerungsverfahren

---

[242] Jonas/Pohle, ZwVNotrecht, § 74 a Anm 9 a; Drischler Rpfleger 1951, 175.
[243] Steiner/Storz § 74 a Rdn 66.
[244] Jonas/Pohle, ZwVNotrecht, § 74 a Anm 9 a.

Ausnahmen von § 74a **2.2 § 74b**

des ZVG, bei denen § 74a anzuwenden ist (§ 74a Rdn 1 und 2). Zu Seeschiffen § 169a.

1.2 § 74b ist nicht von großer Bedeutung. Würde er fehlen, wäre die **Rechtslage nicht anders**[1]; denn dann, wenn die $^7/_{10}$-Grenze durch das Recht des Meistbietenden geht, ist kein anderer nach § 74a Antragsberechtigter vorhanden. Die Vorschrift ist nur bedeutsam, wenn das Objekt mit gleichrangigen Rechten belastet ist[2] und wenn einer der Gläubiger dieser Rechte das Meistgebot abgibt. Für diesen Fall bestimmt § 74b, daß der Ausfall des Meistbietenden hinzuzurechnen ist (was sich bei einer angemessenen Auslegung des § 74a von selbst ergibt), aber nicht, daß auch der Ausfall der nicht betreibenden, dem Meistbietenden nur gleichrangigen dinglichen Berechtigten hinzuzurechnen sei, weil § 74b nichts von diesen Gleichrangigen sagt[3].

Einzelheiten für die Ausnahme von § 74a

2.1 Ein Befriedigungsberechtigter (dingliche Gläubiger, betreibend oder nicht betreibend; persönliche Gläubiger nur wenn betreibend; Gläubiger der Rangklassen 1–3) muß, um das Grundstück zu erstehen oder um zu erreichen, daß seine Ansprüche befriedigt werden, nur **bis an die untere Grenze seines Rechts heranbieten.** Er kann ja einen ihn Überbietenden ohne zusätzliche Aufwendungen durch eigene weitere Gebote bis zur oberen Grenze seines Rechts treiben; überbieten kann ihn also praktisch nur ein Übergebot, das höher liegt[4], durch das dann die ganzen Ansprüche des Befriedigungsberechtigten gedeckt werden. Erreicht das Gebot des Befriedigungsberechtigten (der, aus welchen Gründen auch immer, den für ihn gerade noch ausreichenden, an die untere Grenze seines Rechtes heranreichenden Betrag bietet) nicht die $^7/_{10}$-Grenze, so wird der Zuschlag dennoch nicht nach § 74a versagt, wenn durch das Meistgebot des Befriedigungsberechtigten (bares Meistgebot und Kapitalwert der nach den Versteigerungsbedingungen bestehenbleibenden Rechte) zuzüglich des Betrags, mit dem der Befriedigungsberechtigte bei der Erlösverteilung ausfallen würde, $^7/_{10}$ erreicht werden und wenn der sonst ausfallende Betrag unmittelbar hinter dem letzten noch gedeckten Anspruch steht: § 74b (dazu[5]). Die geforderte unmittelbare Rangfolge ist nicht unterbrochen, wenn ein Dritter von seinem Ablösungsrecht Gebrauch macht[6].

2.2 Beispiele aus[7], etwas vereinfacht, bei einem Grundstückswert von 100000 Euro, also einem $^7/_{10}$-Wert von 70000 Euro:

a) Erstes Beispiel (Normalfall): Kosten und öffentliche Abgaben 5000, Hypothek I, II, III je 30000 Kapital und je 5000 Rückstände; betreibt II und bleibt Meistbietender mit 10000 (= Verfahrenskosten + Abgaben + Rückstände I), dann keine Versagung, weil sein Gebot (10000 bar + 30000 bestehenbleibend) zuzüglich seiner ausfallenden 30000 + 5000 die $^7/_{10}$ überschreiten; betreibt I und bietet III 40000 bar, dann Versagung auf Antrag des II, die ausfallenden 30000 + 5000 des III nicht hinzuzurechnen, weil sie dem noch gedeckten I nicht unmittelbar folgen, das Meistgebot hinter $^7/_{10}$ zurückbleibt und II ausfällt.

b) Zweites Beispiel: Hypothek I 50000, II 30000, II zu $^1/_2$ dem A und B zustehend; I betreibt; Kosten, Abgaben, Rückstände aus I 5000; A bietet in Höhe der vorgehenden 50000 + 5000, erhält den Zuschlag, weil er zuzüglich seiner ausfallenden 15000 (Hälfte von II) gerade $^7/_{10}$ erreicht; B kann nicht Versagung beantragen.

---

[1] BGH 46, 107 = MDR 1967, 34 = NJW 1966, 2403 = Rpfleger 1967, 109.
[2] Jonas/Pohle, ZwVNotrecht, § 74b Anm 1.
[3] BGH 46, 107 = aaO; Hornung Rpfleger 1979, 365 (D VI 2a).
[4] Jonas/Pohle, ZwVNotrecht, § 74b Anm 1.
[5] Jonas/Pohle, ZwVNotrecht § 74b Anm 2a.
[6] Dassler/Gerhardt § 74b Rdn 4.
[7] Jonas/Pohle, ZwVNotrecht, § 74b Anm 2a–3b.

§ 74b 2.2   Versteigerung

c) Drittes Beispiel (Ablösung): A hat Hypothek I zu 40 000 und Hypothek II zu 30 000, B hat Hypothek III zu 10 000; B hat, um abzulösen, die Rückstände aus I zu 2000 bezahlt und sich so zwischen Kapital I und II geschoben; A betreibt und bietet in Höhe der seinem I vorgehenden Kosten und Abgaben; erhält den Zuschlag, weil Gebot und Ausfall aus I und II $7/10$ ergeben; B kann nicht aus seinen abgelösten 2000 Versagung verlangen, weil das für A ein durch BGB § 268 Abs 3 verbotener Nachteil wäre.

d) Viertes Beispiel (Pfandrecht): Hypothek I 50 000, Eigentümerhypothek II 20 000, belastet mit Pfandrecht des P; I betreibt, P bietet 50 000; wenn seine durch Pfandrecht gesicherte Forderung schon fällig ist oder das Eigentümerrecht dem P zur Einziehung überwiesen ist, zu behandeln, wie wenn er Inhaber der Hypothek wäre, Schuldner kann nicht Versagung beantragen (andernfalls Schuldner als Rechtsinhaber antragsberechtigt).

e) Fünftes Beispiel (Fälle aus § 81 Abs II, III): Meistbietender ist ein Dritter; Zessionar oder verdeckter Vollmachtgeber ist ein dinglich Berechtigter, für den die Voraussetzungen des § 74b vorliegen; Zuschlag wird erteilt und die Differenz zwischen Meistgebot und $7/10$ nach § 114a auf die persönliche Forderung des Erstehers verrechnet. Sonderfall hierbei, daß der Zedent oder der verdeckt Bevollmächtigte ein unmittelbar vorgehender Hypotheker ist: Kosten und Abgaben 2000, Hypothek I 10 000, II 10 000, III 60 000, IV 10 000; betreibt I; II bietet 12 000 und tritt Rechte aus dem Meistgebot an III ab; § 74b ohne Bedeutung, weil II einziger Antragsberechtigter aus § 74a, aber wegen Abtretung nicht mehr beantragen kann; IV darf nicht, weil er auch bei $7/10$ nicht zum Zuge käme.

f) Sechstes Beispiel (Fälle aus § 81 Abs II, III): Meistbietender ist ein dinglich Berechtigter, bei dem die Voraussetzungen von § 74b erfüllt sind; tritt die Rechte an einem Dritten ab; Hypothek I 40 000; II 30 000, III 10 000; hat II den betreibenden I überboten, so hat III keine Aussicht, Antrag aus § 74a zu stellen, weil § 74b vorliegt. Tritt II seine Rechte an D ab, dann Zuschlag an D, unter Anrechnung der Differenz, weil er nach § 81 Abs 4 als Gesamtschuldner mit dem Meistbietenden haftet; es ist aus den Grundgedanken von §§ 74a, 74b so anzusehen, wie wenn von dem Meistbietenden und dem Ersteher (Zessionar oder verdeckter Vollmachtgeber) ein gemeinsames Gebot abgegeben wäre; Differenz zwischen Meistgebot und $7/10$ ist auf die dem einen oder dem anderen zustehenden persönlichen Forderungen so zu verrechnen, wie sie bei einem Meistgebot von $7/10$ zum Zuge gekommen wäre; Zuschlag an D mit der Wirkung, daß die persönliche Forderung des II nach § 114a bis zur $7/10$-Grenze hinauf erlischt.

[Einstweilige Einstellung wegen Zahlung im Termin]

75 Zahlt nach dem Beginne der Versteigerung der Schuldner oder ein Dritter, der berechtigt ist, den Gläubiger zu befriedigen, den zur Befriedigung und zur Deckung der Kosten erforderlichen Betrag an das Gericht, so wird das Verfahren einstweilen eingestellt.

1 Allgemeines zu § 75

Zweck und **Anwendungsbereich:** Wahrung des Zahlungsrechts des Schuldners und Dritter auch noch nach Beginn der Versteigerung zur Abwendung eines Rechtsverlustes. Die Vorschrift gilt für die Vollstreckungsversteigerung, nicht für die Verfahren nach §§ 172, 175, 180.

2 Grundsätze der Zahlung oder Ablösung

2.1 Vor dem Beginn des **Versteigerungstermins** können Schuldner und ablösungsberechtigte Dritte an den betreibenden Gläubiger zahlen; das Verfahren dieses Gläubigers ist dann bei Vorlage der Quittung oder des Einzahlungs- oder

Überweisungsnachweises einer Bank oder Sparkasse nach ZPO § 775 Nr 4, 5 einzustellen (Einl Rdn 31). **Nach dem Beginn des Versteigerungstermins (Aufruf der Sache, § 66 Abs 1)** können Schuldner und Ablösungsberechtigte auch **an das Gericht** zahlen. Dem Schuldner und einem Ablösungsberechtigten bleibt damit bis zum letzten Augenblick die Möglichkeit gewahrt, die Versteigerung abzuwenden. Dem Gericht ist die Pflicht auferlegt, das Geld in Empfang zu nehmen (selbst wenn der Gläubiger anwesend ist) und an den Berechtigten abzuliefern. Zahlung an den im Versteigerungstermin anwesenden Gläubiger und Verfahrenseinstellung nach ZPO § 775 schließt § 75 nicht aus.

2.2 Nach Aufruf des Versteigerungstermins haben Zahlung oder Ablösung im Termin die Folge des § 75. Sie können auch noch zwischen Versteigerungs- und Verkündungstermin erfolgen[1], sogar noch im Verkündungstermin bis zur Zuschlagsentscheidung[2], keinesfalls mehr aber nach dieser, weil es dann nicht mehr möglich ist, das Grundstück als Haftungsgegenstand zu erhalten.

2.3 Zahlen darf der Schuldner oder ein ablösungsberechtigter Dritter. Ablösungsrecht: § 15 Rdn 20. Wenn mehrere zahlungsberechtigt sind, ist die Zahlung vom Bestberechtigten entgegenzunehmen, in erster Linie also vom Schuldner[3]. Zahlungen von nicht Berechtigten sind zurückzuweisen.

2.4 a) **Teilzahlung** ist nicht zulässig[4]. Die Zahlung muß alle aus dem wegzufertigenden Anordnungs- oder Beitrittsbeschluß ersichtlichen Beträge an Hauptsache, Zinsen, Kosten umfassen, dazu die zwischenzeitlich angefallenen Zinsen und die Kosten der dinglichen Rechtsverfolgung des Gläubigers (zu dem abzulösenden Beschluß nur), sowie die (vom Gericht vorläufig zu berechnenden) Gerichtskosten des Verfahrens (§ 109 Abs 1). Geringere Zahlungen sind zurückzuweisen, mithin auch eine Zahlung, die nicht zugleich zur Deckung der Kosten (§ 109 Abs 1) ausreicht. Ein verhältnismäßig geringfügiger Fehlbetrag (insbesondere an Zinsen oder Kosten) kann aber nach Treu und Glauben unschädlich sein[5]. Als Hauptsache des Gläubigers einer (vorrangigen) Grundschuld hat ein Ablösungsberechtigter den (vollstreckten) dinglichen Anspruch (den vollstreckten Nennbetrag der Grundschuld) in voller Höhe abzulösen, auch wenn die gesicherte Forderung (dazu § 114 Rdn 7.6) nicht besteht oder geringer ist[6]. Der die (schuldrechtliche) Forderung übersteigende Verwertungserlös, den der Gläubiger der Grundschuld nicht behalten darf, ist dem Sicherungsgeber (dem sonstigen Berechtigten des Rückgewähranspruchs, § 114 Rdn 7.7) auszukehren[6]. Zwischen dem vollstreckenden Grundschuldgläubiger und dem Ablösungsberechtigten findet kein bereicherungsrechtlicher Ausgleich statt[6]. Den vollstreckten (vollen) Nennbetrag der Grundschuld hat auch der Schuldner abzulösen; Ausnahme: wenn (soweit) die Zwangsvollstreckung eingestellt ist (Einl Rdn 31.6, auch § 114 Rdn 7.11).

b) Keine unzulässige Teilleistung ist aber Zahlung des gesamten Vollstreckungsanspruchs des Gläubigers in Rangklasse 4 des § 10 Abs 1, wenn der Gläubiger aus seinem Recht auch noch wegen nicht gezahlter älterer Zinsen in Rangklasse 8 (dann als vollstreckender Anspruch Rangklasse 5) vollstreckt. Die Ansprüche aus dem einen Recht in verschiedenen Rangklassen des § 10 Abs 1 sind nach ihrem Vollstreckungsrang und damit auch für Zahlung und Ablösung ebenso selbständig zu behandeln wie Ansprüche mehrerer betreibender Gläubiger oder Ansprüche eines Gläubigers aus verschiedenen Beschlagnahmebeschlüssen. Dazu im ZVG-Handbuch Rdn 332.

---

[1] Dassler/Gerhardt § 75 Rdn 5; Steiner/Storz § 75 Rdn 79; Drischler JurBüro 1964, 319 (6).
[2] BGH WM 1961, 1330; Dassler/Gerhardt, Steiner/Storz und Drischler je aaO (Fußn 1).
[3] Dassler/Gerhardt § 75 Rdn 3; Steiner/Storz § 75 Rdn 76.
[4] Dassler/Gerhardt § 75 Rdn 1.
[5] OLG Hamburg OLG 35, 195.
[6] BGH NJW 2005, 2398 = NotBZ 2005, 255.

§ 75 2.4 Versteigerung

c) Anordnungs- und Beitrittsverfahren oder mehrere Beitrittsverfahren desselben Gläubigers sind voneinander unabhängige Vollstreckungsverfahren (§ 27 Rdn 8.2). Mit dem Gesamt-Anspruch aus jedem einzelnen Beschlagnahmebeschluß betreibt der Gläubiger selbständig die Zwangsvollstreckung in das Grundstück. „Zur Befriedigung erforderlicher Betrag" (§ 75) ist daher jeweils der Gesamtanspruch aus einem Beschlagnahmebeschluß. Zahlung nur dieses Anspruchs samt Kosten, nicht jedoch auch der Ansprüche aus anderen Beschlagnahmebeschlüssen, ist daher keine unzulässige Teilleistung, somit nach § 75 für Einstellung des Verfahrens zulässig.

d) Betreibt ein Gläubiger mit Verfahrensanordnung oder Zulassung des Beitritts die Befriedigung aus dem Grundstück wegen seiner dinglichen Ansprüche aus mehreren Rechten (Hypothek Nr 1, Grundschuld Nr 5 und Zwangshypothek Nr 8), dann ist für Zahlung und Ablösung der Anspruch aus jedem Recht (auch bei Gleichrang der Rechte) selbständig zu behandeln (bestimmt BGB § 1151). „Zur Befriedigung erforderlicher Betrag" (§ 75) ist daher jeweils der vollstreckte Gesamtanspruch aus jedem einzelnen der Rechte. Zahlung nur dieses Anspruchs samt Kosten, nicht jedoch auch der vollstreckten Ansprüche aus den anderen Rechten, ist daher keine unzulässige Teilleistung, somit nach § 75 für Einstellung des Verfahrens zulässig und möglich.

2.5 Bei **mehreren betreibenden** Gläubigern können Zahlung oder Ablösung gegenüber jedem von ihnen erfolgen (Bestimmungsrecht des Zahlenden), auch gegenüber dem Gläubiger mit nachrangigem Anspruch, der der Feststellung des geringsten Gebots nicht zugrunde gelegt wird. Wenn vor Schluß der Versteigerung gezahlt wird, wird nur das Verfahren des davon betroffenen Gläubigers eingestellt[7]; wenn alle bezahlt werden, werden alle Verfahren eingestellt. Werden die Verfahren eingestellt oder wird das Verfahren des bestrangig betreibenden Gläubigers eingestellt, dessen Anspruch der Bildung des geringsten Gebots zugrunde gelegt wurde, dann erlöschen bereits abgegebene Gebote (§ 72 Abs 3). Läuft das Verfahren auf Betreiben eines nicht bezahlten Gläubigers weiter, so sind die Ansprüche der Gläubiger, deren Verfahren eingestellt ist, falls sie dem bestrangig betreibenden Gläubiger vorgehen, ins geringste Gebot aufzunehmen. Ändert sich so vor dem Ende der Versteigerung das geringste Gebot (bei Einstellung gegenüber dem bisher bestrangig betreibenden Gläubiger muß ein schlechterrangiger zugrunde gelegt werden), so ist es neu aufzustellen, neue Mindestbietzeit einzuhalten. Bei Einstellung nur gegenüber einem nachrangigen Gläubiger bleibt das geringste Gebot unverändert; Gebote bleiben bindend. Für Gläubiger, deren Verfahren eingestellt ist (insbesondere nach § 30, aber auch aus jedem sonstigen Grund), findet der Versteigerungstermin nicht statt; die Zahlung der Forderung eines solchen Gläubigers hat das Gericht daher nicht anzunehmen. Ein Gläubiger, für den allein der Versteigerungstermin nicht stattfinden dürfte, weil für sein Verfahren die Frist des § 43 Abs 2 nicht gewahrt ist, bleibt dennoch im Termin Vollstreckungsgläubiger; die Zahlung seiner Forderung hat das Gericht daher anzunehmen (anders[8]; aber Terminsaufhebung ist gerade nicht erfolgt und § 75 erleichtert Zahlung nach Beginn der Versteigerung zu deren Gesamterledigung).

2.6 Im Termin ist nur **Barzahlung** zulässig[9]. Den Betrag muß ja das Gericht an den betreibenden Gläubiger auszahlen. Allerdings wird dem heutigen bargeldlosen Zahlungsverkehr nicht gerecht. Werden **Schecks** übergeben, die zur Einziehung an die Gerichtskasse/Amtskasse weitergeleitet werden, so wird eben ein Entscheidungstermin angesetzt, vor dem dann die Schecks eingelöst sein müssen. Bürgschaft oder hypothekarische Sicherheit genügen hier nicht, auch nicht Aufrechnung oder Hinterlegung. Man kann äußerstens in diesem Falle, falls die be-

---

[7] Dassler/Gerhardt § 75 Rdn 1.
[8] Mayer Rpfleger 1983, 265 (III 5).
[9] Drischler Rpfleger 1956, 91 und JurBüro 1964, 319 (6).

sonderen Voraussetzungen erfüllt werden, auf Antrag den Ausweg über ZPO § 765a wählen[10].

2.7 Eingestellt wird durch verkündeten Beschluß, der nach § 32 zuzustellen ist und eine Belehrung nach § 31 enthalten muß.

2.8 Wird erst **nach dem Schluß der Versteigerung** gezahlt (aber vor der Entscheidungsverkündung), so kann kein neues geringstes Gebot mehr aufgestellt werden. Bezieht sich die Zahlung auf den bisher bestrangig betreibenden Gläubiger, so muß der Zuschlag versagt werden (§ 33). Betrifft die Zahlung aber einen anderen betreibenden Gläubiger, so berührt das nicht die Zuschlagsentscheidung (§ 33 Rdn 3). Der Terminsvorsitzende muß vor der Zuschlagsentscheidung den Beteiligten, auch dem Meistbietenden, die erfolgte Zahlung oder Ablösung mitteilen und ihnen Gelegenheit geben, Stellung zu nehmen (§ 87 Abs 3).

2.9 Wird **nach der Verkündung des Zuschlags** bezahlt oder abgelöst, so beeinflußt dies, selbst wenn der betreibende Gläubiger voll befriedigt wird, das Verfahren nicht mehr, selbst dann nicht mehr, wenn der Ersteher auf seine Rechte aus dem Zuschlag verzichten will. Es kann auch nicht hieraus der Zuschlag angefochten werden. Wird jedoch der Zuschlag aus anderem Grund (§ 100) angefochten und aufgehoben, dann hat das Beschwerdegericht einzustellen (§ 101 Abs 1).

2.10 Das **Gericht hat** den gezahlten Betrag **an den Empfangsberechtigten abzuliefern.** Rückgabe an den Zahlenden (Rückgängigmachung der Zahlung) ist nicht möglich; die verfahrenshemmende Zahlungswirkung tritt bereits mit Leistung an das Gericht ein. Verfahrenskosten (§ 109 Abs 1), die der Gläubiger noch nicht bezahlt hat, sind an die Gerichtskasse abzuführen. Wenn es sich um ein Grundpfandrecht handelt, erfolgt Zahlung an den Berechtigten gegen Aushändigung des Briefes und der zur Berichtigung des Grundbuchs oder Löschung des Rechts erforderlichen Urkunden (BGB § 1144); im übrigen wird die Quittung des Gläubigers (BGB § 368) durch den Zahlungsvermerk im Protokoll ersetzt. Grundbuchberichtigung oder Löschung veranlaßt das Vollstreckungsgericht nicht. Wenn Auszahlung nicht erfolgen kann, wird der Betrag für den Berechtigten hinterlegt. Befriedigung des Gläubigers tritt nicht bereits mit Zahlung an das Gericht ein, sondern erst mit Auszahlung des Geldes an den Gläubiger (BGB § 362 Abs 1) oder Hinterlegung unter Rücknahmeverzicht (BGB § 378).

2.11 Das eingestellte Verfahren wird auch hier nur **auf Antrag fortgesetzt** (§ 31 Abs 1). Darüber ist der betroffene betreibende Gläubiger zu belehren (§ 31 Abs 3). Den Antrag kann er ohne Rücksicht auf die erhaltene Zahlung sofort stellen. Das Gericht muß diesem Antrag stattgeben, wie ja auch bei der Einstellung nach ZPO § 775 (Einl Rdn 31). Gegen die Fortsetzung kann sich der Vollstreckungsschuldner dann nur mit Vollstreckungsabwehrklage (ZPO § 767) wenden. Weil Zahlung Einstellung nach § 75 zur Folge hat, kann aber der Termin (für den zahlenden Gläubiger) nicht mehr durchgeführt werden, wenn Fortsetzungsantrag sofort gestellt wird (§ 43 Abs 2, § 44 Abs 2). Wird die Fortsetzung nicht fristgemäß beantragt (binnen sechs Monaten ab Zustellung der Belehrung, § 31 Abs 3), so ist das Verfahren dieses Gläubigers aufzuheben (§ 31 Abs 1 Satz 2); sonst ist es aufzuheben, wenn der Gläubiger seinen Antrag zurücknimmt (§ 29) oder Nachweis für Aufhebung (ZPO § 776) beigebracht ist.

2.12 Weigert sich das Gericht, eine Zahlung anzunehmen, so können dies Vollstreckungsschuldner und zahlungsberechtigter Dritter mit Vollstreckungserinnerung nach ZPO § 766 **anfechten;** Einstellung bzw Zuschlagsversagung kann der betreibende Gläubiger, der davon betroffen ist, mit sofortiger Beschwerde anfechten, ebenso der Vollstreckungsschuldner oder ein zahlungsberechtigter Dritter die Zuschlagserteilung oder eine Entscheidung über die Verweigerung der Zahlungsannahme.

---

[10] Drischler Rpfleger 1956, 91; Riedel NJW 1955, 1705 (I 4).

§ 76 Versteigerung

[Einstweilige Einstellung nach Deckung aus Einzelgebot]

76 (1) Wird bei der Versteigerung mehrerer Grundstücke auf eines oder einige so viel geboten, daß der Anspruch des Gläubigers gedeckt ist, so wird das Verfahren in Ansehung der übrigen Grundstücke einstweilen eingestellt; die Einstellung unterbleibt, wenn sie dem berechtigten Interesse des Gläubigers widerspricht.

(2) Ist die einstweilige Einstellung erfolgt, so kann der Gläubiger die Fortsetzung des Verfahrens verlangen, wenn er ein berechtigtes Interesse daran hat, insbesondere wenn er im Verteilungstermine nicht befriedigt worden ist. Beantragt der Gläubiger die Fortsetzung nicht vor dem Ablaufe von drei Monaten nach dem Verteilungstermine, so gilt der Versteigerungsantrag als zurückgenommen.

Literatur: Muth, Versteigerung mehrerer Grundstücke, Rpfleger 1993, 268.

1 Allgemeines zu § 76

Zweck und **Anwendungsbereich:** Schutzbestimmung zugunsten des Schuldners zur Erhaltung seiner weiteren Grundstücke, wenn der Gläubiger bereits durch die Versteigerung einzelner aus mehreren Grundstücken gedeckt wird. Die Vorschrift gilt für alle Vollstreckungsversteigerungen, nicht für die Verfahren aus §§ 172, 175, 180.

2 Deckung des betreibenden Gläubigers aus einem Grundstück (Absatz 1)

2.1 Werden mehrere Grundstücke oder Grundstücksbruchteile im selben Verfahren versteigert (verbunden nach § 18), sei es im Wege des **Einzelausgebots** aller Grundstücke (§ 63 Abs 1), sei es im Wege des Einzel- und **Gruppen- oder Gesamtausgebots** (§ 63 Abs 2), so soll grundsätzlich nicht mehr versteigert werden, als nötig ist, den betreibenden Gläubiger zu decken. Das gilt auch, wenn das Gruppen- oder Gesamtmeistgebot höher ist als die Einzelmeistgebote, aber nicht, wenn nur ein Gesamtausgebot erfolgt. Werden die betreibenden Ansprüche schon aus einem oder einigen Objekten gedeckt, so sind die Verfahren über die anderen einzustellen: Abs 1.

2.2 Einzustellen ist **von Amts wegen;** es ist kein Antrag des Vollstreckungsschuldners nötig. Der Schuldner kann der Einstellung nicht widersprechen (anders[1]; nicht richtig; Verfahren ist über Gläubigerbefriedigung hinaus nicht weiterzuführen). Diese muß aber unterbleiben, wenn sie „dem **berechtigten Interesse** des Gläubigers **widerspricht**": Abs 1. Das ist etwa der Fall, wenn zu erwarten ist, daß gegen den Zuschlagsbeschluß für das versteigerte Grundstück Beschwerde erhoben und dann die Befriedigung des Gläubigers aus diesem Grundstück fraglich oder erheblich verzögert wird (Denkschrift S 53).

2.3 Nötig ist, daß die **Ansprüche** des Gläubigers „**gedeckt**" sind. Es müssen aus dem Meistgebot für ein Grundstück (ohne Meistgebotszinsen[2]; da sie bei Hinterlegung nicht verfügbar sein können, § 49 Abs 2; anders[3]) oder für einzelne oder für eine Gruppe die aus den Anordnungs- und Beitrittsbeschlüssen ersichtlichen Beträge an Hauptsache, Zinsen, Kosten und alle zwischenzeitlich fällig gewordenen Zinsen des Gläubigers bis zum voraussichtlichen Verteilungstermin, sowie die Kosten der dinglichen Rechtsverfolgung der Gläubiger und die Gerichtskosten bezahlt werden können, aber auch alle dem bestrangig betreibenden Gläubiger vorgehenden Ansprüche (Rangklassen 1–3, Rangklassen 4–5 nur, soweit vorge-

---

[1] Muth Rpfleger 1993, 268 (V 4 b).
[2] Muth Rpfleger 1993, 268 (II 3).
[3] Steiner/Storz § 76 Rdn 4.

Einstweilige Einstellung nach Deckung aus Einzelgebot 2.6 § 76

hend), die bar bezahlt werden müssen[4]. Die bestehenbleibenden Rechte sind ja auf jeden Fall durch das Meistgebot „gedeckt". Werden die genannten Ansprüche aus den Meistgeboten **mehrerer Grundstücke** nebeneinander gedeckt, so hat das Gericht nach pflichtgemäßem Ermessen zu entscheiden, aus welchem sie befriedigt werden sollen. Wahrung der Interessen des Schuldners erfordert Einstellung des Verfahrens in Ansehung der für ihn wertvollsten Grundstücke[4].

2.4 Die Einstellung nach § 76 ist zulässig, sobald ein **deckendes Gebot abgegeben** ist[4] (anders[5]: erst nach Schluß der Versteigerung). Man muß also nicht, sollte aber zweckmäßig bis zum Schluß der Versteigerung warten. Die Versteigerung über das Grundstück, aus denen die Ansprüche zu decken sind, ist ja ohnehin noch zu Ende zu führen. Erst dann sollte man in der Form des § 33 durch Zuschlagsversagung hinsichtlich der nicht mehr benötigten Grundstücke entscheiden[6]. Abschluß der Bietzeit sollte daher für Prüfung abgewartet werden, hinsichtlich welcher der mehreren Grundstücke Einstellung zu erfolgen hat[7]. Bei Doppelausgebot nach § 64 Abs 2 darf die Entscheidung über die Einstellung nicht erfolgen, bevor der Gläubiger erklärt hat, welches Ausgebot maßgebend sein soll (§ 64 Rdn 7).

2.5 Wenn **mehrere Gläubiger betreiben** (oder ein Gläubiger aus mehreren Rechten), müssen die Ansprüche aller betreibenden Gläubiger gedeckt sein, nicht nur die des bestrangigen[8] (anders[9]: es ist nur auf das jeweils einzelne Verfahren abzustellen, das mit Beschlagnahme wegen einer Gläubigerforderung eingeleitet wurde; Gläubiger im Rang nach Zwischenrechten bleiben unberücksichtigt). Vertreten wurde: wenn nur schlechterrangige Gläubiger ohne jede Aussicht auf Befriedigung in die anderen Grundstücke weiterbetreiben, könne man einstellen, hierbei ist wohl mit größter Vorsicht vorzugehen, wie es immer schlecht ist, Ergebnisse einer Versteigerung vorwegzunehmen. Beschlagnahmegläubiger, deren Verfahren eingestellt ist (gleich aus welchem Grund), sind für den Termin nicht vollstreckende Gläubiger, desgleichen nicht Gläubiger, für die Versteigerung im Termin nicht stattfinden dürfte (weil die Frist des § 43 Abs 2 nicht gewahrt ist); Deckung ihrer (nachrangigen) Ansprüche ist daher nicht Einstellungsfordernis[10] (vorrangige Ansprüche sind durch Aufnahme in das geringste Gebot ohnedies gedeckt).

2.6 Zu **hören** sind die Anwesenden Beteiligten (§ 74), auch der Schuldner[11], zur Frage, ob einzustellen ist oder nicht (Rdn 2.2), damit auch zur Deckung der Gläubigeransprüche (Rdn 2.3), sowie dazu, für welche Grundstücke dem oder den Meistbietenden der Zuschlag zu erteilen ist (§ 81 Abs 1) und in Ansehung welcher Grundstücke das Verfahren einstweilen eingestellt (der Zuschlag versagt, § 33) werden soll (Rdn 2.3). Zur Äußerung und Prüfung kann auch Verkündungstermin bestimmt werden (§ 87); vorgesehen oder sonst notwendig ist das nicht (anders[12]: Verkündungstermin zur Anhörung des abwesenden Schuldners; nicht richtig; widerspricht § 74 und ist weder für Gewährung weitergehenden rechtlichen Gehörs noch zur fairen Verfahrensführung [Einl Rdn 7.1] geboten).

---

[4] OLG München OLGZ 1993, 321 Leitsatz = Rpfleger 1993, 121.
[5] Muth Rpfleger 1993, 268 (V 1).
[6] Jaeckel/Güthe § 76 Rdn 6.
[7] OLG München aaO (Fußn 4).
[8] Dassler/Gerhardt § 76 Rdn 6; Jaeckel/Güthe § 76 Rdn 3; Korintenberg/Wenz § 76 Anm 1; Steiner/Storz § 76 Rdn 7; Mayer Rpfleger 1985, 265 (III 6).
[9] Muth Rpfleger 1993, 268 (IV und VI 2).
[10] Steiner/Storz § 76 Rdn 7; Mayer Rpfleger 1985, 265 (III 6).
[11] OLG München aaO (Fußn 4).
[12] OLG München aaO (Fußn 4); Muth Rpfleger 1963, 268 (V 2).

§ 76 2.7 — Versteigerung

2.7 Der Einstellungsbeschluß ist, auch wenn er verkündet wurde, **zuzustellen** (§ 32), ausgenommen der Zuschlagsversagungsbeschluß, der immer nur verkündet wird (§ 87 Abs 1). Der Gläubiger wird bei Einstellung nicht nach § 31 Abs 3 über die **Fortsetzung** belehrt, weil diese Frage hier anders geregelt ist: Abs 2.

2.8 Wird eine dem Schuldner zustehende nicht zweckgebundene **Brandversicherungssumme** zur Verfügung des Vollstreckungsgerichts bezahlt und übersteigt sie den Betrag, der zur Befriedigung aller zu deckenden Ansprüche nötig ist, so ist das Verfahren hinsichtlich der Versicherungssumme fortzusetzen, hinsichtlich der Grundstücke aber entsprechend § 76 einzustellen[13]. Ist das zerstörte Gebäude wiederhergestellt oder Ersatz dafür beschafft, so ist die Versicherungssumme von der Haftung frei und die Versteigerung läuft über das Grundstück weiter.

3 Fortsetzungsantrag (Absatz 2), Rechtsbehelf

3.1 Die Fortsetzung kann der betreibende Gläubiger verlangen, „wenn er ein berechtigtes Interesse daran hat" (Abs 2 Satz 1), zB wenn er seine ganzen Ansprüche befriedigt haben möchte, obwohl er nur wegen eines Teiles (zB wegen der Zinsen einer Hypothek) betrieben hatte, oder wenn er den Ausfall einer nachrangigen Hypothek bei anderweitiger Deckung einer vorgehenden Gesamthypothek vermeiden will, insbesondere aber, wenn er „im Verteilungstermine nicht befriedigt worden ist" (Abs 2 Satz 1).

3.2 Der Fortsetzungsantrag muß vor dem Ablauf von **drei Monaten ab** dem **Verteilungstermin** beantragt werden; sonst gilt der Versteigerungsantrag als zurückgenommen (Abs 2 Satz 2) mit der Folge, daß das Verfahren aufgehoben werden muß (§ 29). Eine **Belehrung** über diese Rechtsfolgen ist nicht vorgesehen. Die **Antragsfrist** von drei Monaten in Abs 2 Satz 2 **beginnt** gesetzlich mit dem Verteilungstermin, ohne gerichtliche Belehrung des Gläubigers über den Fortsetzungsantrag, und endet mit dem Ablauf von drei Monaten nach dem Termin (der Tag des Termins wird nicht mitgerechnet: BGB § 187 Abs 1; zu beachten auch BGB § 188 Abs 2 und 3, § 193).

3.3 Gegen die Fortsetzung kann sich der Schuldner nur mit Vollstreckungsabwehrklage (ZPO § 767) wehren (anders[14]: sofortige Beschwerde). Den Einstellungsbeschluß kann der betroffene betreibende Gläubiger mit sofortiger Beschwerde **anfechten** (nicht aber der Meistbietende), die Zuschlagsversagung ebenso (hier auch der Meistbietende). Gegen unterlassene Einstellung = Zuschlagsbeschluß haben Schuldner und neu eingetretener Eigentümer sofortige Beschwerde gemäß § 83 Nr 5, § 100.

[Ergebnisloser Termin, Fortsetzung als Zwangsverwaltung]

77 (1) **Ist ein Gebot nicht abgegeben oder sind sämtliche Gebote erloschen, so wird das Verfahren einstweilen eingestellt.**

(2) **Bleibt die Versteigerung in einem zweiten Termine gleichfalls ergebnislos, so wird das Verfahren aufgehoben. Liegen die Voraussetzungen für die Anordnung der Zwangsverwaltung vor, so kann auf Antrag des Gläubigers das Gericht anordnen, daß das Verfahren als Zwangsverwaltung fortgesetzt wird. In einem solchen Falle bleiben die Wirkungen der für die Zwangsversteigerung erfolgten Beschlagnahme bestehen; die Vorschrift des § 155 Abs 1 findet jedoch auf die Kosten der Zwangsversteigerung keine Anwendung.**

---

[13] BGH 46, 221 = MDR 1967, 293 = NJW 1967, 568 = Rpfleger 1967, 109.
[14] Dassler/Gerhardt § 76 Rdn 12; Steiner/Storz § 76 Rdn 13.

Ergebnisloser Termin, Fortsetzung als Zwangsverwaltung 2.4 **§ 77**

Allgemeines zu § 77 1

Zweck und **Anwendungsbereich:** Regelung der Verfahrensfolge eines ergebnislosen Termins. Die Vorschrift gilt für alle Versteigerungsverfahren des ZVG, auch Insolvenzverwalter-, Nachlaß-, Teilungsversteigerung (für Nachlaß- und Teilungsversteigerung nur Abs 1 und Abs 2 Satz 1). Über das Verhältnis von § 77 zu § 74a = § 74a Rdn 11.

Kein Ergebnis im Versteigerungstermin (Absatz 1, Absatz 2 Satz 1) 2

2.1 Wird im **ersten** Versteigerungstermin überhaupt kein Gebot abgegeben oder sind sämtliche Gebote wieder erloschen (§ 72 Abs 2), so müssen die **Verfahren** aller in diesem Versteigerungstermin betreibenden Gläubiger **eingestellt** werden: Abs 1. Ist aber ein zugelassenes Gebot oder ein unter Widerspruch zurückgewiesenes vorhanden, das nur den Zuschlag nicht erteilt werden kann, dann wird nicht nach Abs 1 eingestellt, sondern der Zuschlag versagt. Bewilligen die Gläubiger vor der Verkündung des Einstellungsbeschlusses aus Abs 1 ihrerseits die einstweilige Einstellung, dann ist nach § 30 einzustellen (bzw nach § 30 Abs 1 Satz 3 zu entscheiden), nicht nach § 77. Wurde ein abgegebenes Gebot wirksam angefochten (§ 71 Rdn 3), dann wird der Zuschlag versagt und nicht nach § 77 eingestellt[1]. § 77 will[2] statt des § 86 (Versagung des Zuschlags) auch dann anwenden, wenn der Zuschlag aus § 765a versagt wird; dies ist aber nicht berechtigt (so auch[3]).

2.2 Der Einstellungsbeschluß aus § 77 ist im Termin zu **verkünden** und außerdem nach § 32 **zuzustellen**[4]. Dabei ist der betroffene Gläubiger nach § 31 Abs 3 über die Fortsetzung zu **belehren**[5]. Die Einstellung wirkt gegenüber allen am Schluß dieses Versteigerungstermin betreibenden Gläubiger, bei denen nicht § 43 Abs 2 entgegensteht (Beschlußzustellung keine vier Wochen vor dem Termin). Für die anderen betreibenden Gläubiger wird das Verfahren ohne Rücksicht auf diese Einstellung des § 77 weitergeführt und für sie ein (erster) Versteigerungstermin fristgemäß angesetzt. Hierzu gehören Gläubiger, deren Verfahren vor dem Schluß der Versteigerung aus anderen Gründen (zB auf Grund der ZPO) eingestellt war oder die im Sinne von § 43 verspätet dazugekommen waren (durch Beitritt, Fortsetzung)[6], soweit jetzt für sie die Voraussetzungen der Terminansetzung erfüllt sind.

2.3 Fortgesetzt wird das eingestellte Verfahren nur auf Antrag (§ 31 Abs 1 Satz 1), nicht von Amts wegen. Erst nach dieser Fortsetzung darf der **zweite Termin** durchgeführt werden. Der Fortsetzungsantrag kann nur binnen sechs Monaten ab Zustellung der Belehrung gestellt werden. Er ist von jedem Gläubiger für sein Einzelverfahren zu stellen, wenn die Einstellung gegenüber mehreren betreibenden Gläubigern wirkt (Rdn 2.2). Aufgehoben wird das Verfahren der Gläubiger, die Fortsetzungsantrag rechtzeitig nicht gestellt haben (§ 31 Abs 1 Satz 2).

2.4 Bleibt auch der **zweite** Versteigerungstermin **ergebnislos**, weil wieder kein Gebot abgegeben ist oder alle abgegebenen erloschen sind, so ist das Verfahren aufzuheben: Abs 2 Satz 1. Für eine einstweilige Einstellung auf (erst nach dem Schluß der Versteigerung erklärte) Bewilligung des Gläubigers ist dann kein Raum mehr[7].

---

[1] Steiner/Storz § 77 Rdn 3; Mohrbutter/Drischler Muster 109 Anm 2.
[2] Pöschl BWNotZ 1967, 129 (4).
[3] Dassler/Gerhardt § 77 Rdn 2.
[4] Mohrbutter/Drischler Muster 109 Anm 2; Drischler JurBüro 1964, 241 (A I 4a) und 1967, 966 (2).
[5] Dassler/Gerhardt § 77 Rdn 3; Mohrbutter/Drischler Muster 109 Anm 2; Drischler JurBüro 1967, 966 (2).
[6] Steiner/Storz § 77 Rdn 3; Mayer Rpfleger 1983, 265 (III 2b).
[7] AG Mainz und LG Mainz Rpfleger 1988, 376; Dassler/Gerhardt § 77 Rdn 4.

§ 77 2.4 Versteigerung

a) Das gilt nicht, wenn im zweiten Termin der Zuschlag nach § 74a, § 85a oder ZPO § 765a versagt wird, wenn also die „Ergebnislosigkeit" des zweiten Termins **auf anderen Umständen** beruht. Es müssen die Umstände der Ergebnislosigkeit dieselben sein (keine Gebote oder alle erloschen).

b) Es müssen aber auch die **betreibenden Gläubiger** im zweiten Termin **dieselben** sein wie im ersten. Dabei kommen nur rechtzeitig betreibende Gläubiger des ersten Termins in Frage. Nur deren Verfahren sind aufzuheben, nur die Verfahren der betreibenden Gläubiger, die dies in beiden Verfahren gemäß § 43 waren.

c) Die beiden Termine müssen sich auch auf **dieselben Grundstücke** (oder Grundstücksbruchteile) beziehen, für die zweimal ein Versteigerungstermin ergebnislos war[8]. Das ist nicht der Fall, wenn der erste Termin etwa über einen Hälfteanteil ging, der zweite aber über das ganze Grundstück; hier ist das Versteigerungsobjekt anders; es wird nicht wegen des Hälfteanteils aus dem ersten Termin das Verfahren aufgehoben, sondern nochmals für das ganze Objekt neuer Termin (erst dieser ist der zweite nach § 77) angesetzt.

d) **Beispiele:** I. A, B, C betreiben im ersten Termin in die Grundstücke X, Y; kein Gebot, neuer Termin; im zweiten Termin betreiben nur A und B in X, weil C überhaupt einstellen ließ und A, B in das Grundstück Y einstellen ließen; Verfahren kann hier nur für A, B und nur bezüglich Grundstück X nach § 77 aufgehoben werden.
II. Im ersten Termin betreiben A, B, C in Grundstück X, bestehend aus zwei Hälfteanteilen; kein Gebot, neuer Termin; im zweiten Termin betreiben A, B, C nur mehr in eine Grundstückshälfte, haben sonst einstellen lassen; kein Gebot; ist kein zweiter Termin, sondern ein erster.
III. Im ersten Termin betreiben A, B, C in Grundstück X, Y; kein Gebot, neuer Termin; es tritt nun D bei; im neuen Termin betreiben A, B, C, D in Grundstück X, Y; kein Gebot; zweiter Termin war es hier nur für A, B, C, deren Verfahren aufgehoben wird; für D erster Termin, muß auf Antrag zweiten erhalten.

e) Bei diesen Untersuchungen **spielt es keine Rolle,** wenn etwa im ersten Termin das geringste Gebot durch einen Fehler anders berechnet war als im zweiten. Es bleibt doch dieselbe Ursache der Ergebnislosigkeit (kein Gebot oder alle erloschen), auch dieselben betreibenden Gläubiger, auch dieselben Objekte. Es war Sache der Beteiligten, im ersten Termin gegen das falsche geringste Gebot oder andere Fehler anzugehen (§ 44 Rdn 10). Das ZVG läßt bei gleichen Versteigerungsverhältnissen nur zwei Versteigerungstermine ohne Ergebnis zu und berücksichtigt nicht, warum keine Gebote abgegeben wurden.

2.5 Bei Zwangsversteigerung **mehrerer Grundstücke** in demselben Verfahren (§ 18) ist Ergebnislosigkeit bei gleicher Ausgebotsart (§ 63) in beiden Terminen nicht verlangt; darauf, in welcher Ausgebotsart die Versteigerung derselben Grundstücke in jedem der Termine ergebnislos geblieben ist, kommt es somit nicht an. Es ist die Wiederholung der Versteigerung nur einmal zulässig, das Verfahren beispielsweise dann aufzuheben (oder in eine Zwangsverwaltung überzuleiten), wenn im ersten Termin nur ein Gesamtausgebot aller Grundstücke erfolgt und im zweiten Termin die Grundstücke dann auch (oder nur) einzeln ausgeboten wurden[8] (oder umgekehrt).

2.6 Wird das Verfahren **aufgehoben,** so empfiehlt sich auch hier, den Beschluß erst ab Rechtskraft wirksam werden zu lassen (§ 15 Rdn 5.5), weil sonst die Beschlagnahme sofort entfällt und dann, wenn auf Rechtsmittel hin der Aufhebungsbeschluß aufgehoben wird, nicht wieder aufleben kann.

---

[8] LG Chemnitz Rpfleger 2003, 205.

Ergebnisloser Termin, Fortsetzung als Zwangsverwaltung 3.4 **§ 77**

Mögliche Überleitung in Zwangsverwaltung (Absatz 2 Sätze 2 und 3) 3

3.1 Wenn im **zweiten Versteigerungstermin** wieder keine Gebote abgegeben oder die abgegebenen alle wieder erloschen sind, dann kann, statt das Verfahren aufzuheben (Abs 2 Satz 1), auf Antrag angeordnet werden, „daß das Verfahren als Zwangsverwaltung fortgesetzt wird": Abs 2 Satz 2. Dies ist aber nur möglich, wenn die „Voraussetzungen für die Anordnung der Zwangsverwaltung" vorliegen (Abs 2 Satz 2).

3.2 Der **Überleitungsantrag** kann nur gestellt werden, solange der Beschluß, das Verfahren aufzuheben, noch nicht verkündet ist[9] (anders[10]: nur bis Schluß der Versteigerung; auch[11]: dies sei noch möglich, solange der Beschluß nicht zugestellt sei). Der Beschluß auf Überleitung muß **verkündet** und nach § 32 **zugestellt** werden (auch an den Zwangsverwalter). Es ist nicht möglich, den Antrag auf Überleitung bei der Anfechtung des Aufhebungsbeschlusses nachzuholen[12]. Dagegen kann er schriftlich schon vor dem Versteigerungstermin für den Fall, daß seine Voraussetzungen eintreten, gestellt werden[13]. Liegen die Voraussetzungen vor und wird der Antrag gestellt, so muß das Gericht überleiten, es kann hierüber nicht nach Ermessen entscheiden[14].

3.3 Überleitung **beantragen können** nur die betreibenden Gläubiger, deren Verfahren aufgehoben werden müßte, weil zwei Versteigerungstermine ergebnislos waren. Die anderen betreibenden Gläubiger (mit nur einem ergebnislosen Termin) können sich dann dem Antrag anschließen[15], aber auch ihr Zwangsversteigerungsverfahren weiterbetreiben (anders[16]: diese könnten die Zwangsverwaltung nur nach § 146 beantragen). Stellt **einer von mehreren** Antragsberechtigten den Überleitungsantrag, so wird nur für ihn übergeleitet, für die anderen aber das Versteigerungsverfahren aufgehoben. Für die nicht Antragsberechtigten, die sich dem Antrag anschließen, wird ebenfalls übergeleitet; für die anderen (nicht antragsberechtigten der betreibenden Gläubiger) gilt die Überleitung dann als Verfahrenseinstellung (des Zwangsversteigerungsverfahrens), soweit diese im Termin als betreibend nach § 43 zu behandeln waren. Für die restlichen betreibenden Gläubiger (Beitritt oder Fortsetzungsbeschluß später als vier Wochen vor dem Termin zugestellt) wird das Zwangsversteigerungsverfahren ganz regelmäßig fortgesetzt und hierfür, sobald die Voraussetzungen erfüllt sind, ein (erster) Versteigerungstermin angesetzt.

3.4 Die **Voraussetzungen für die Überleitung** sind gleich denen für die Anordnung der Zwangsverwaltung (Abs 2 Satz 2). Sie werden in der Regel vorliegen (Titel, Zustellung, Grundbucheintragung des Schuldners usw). Ob sie vorliegen, muß das Gericht aber ausdrücklich prüfen; sie sind nicht selbstverständlich. Unter Umständen ist jetzt, für die Zwangsverwaltung im Gegensatz zur Zwangsversteigerung, ein Titel gegen einen Nießbraucher nötig[17] (§ 146 Rdn 10) oder es ist bei Nießbrauch oder Altenteil nur eine beschränkte Zwangsverwaltung möglich. Für ein Recht des Nießbrauchers ist keine Ausnahme bestimmt und dieser kann nicht anders behandelt werden, wie wenn sofort die Zwangsverwaltung angeordnet worden wäre; es können nicht seine Rechte durch eine vorausgehende Verstei-

---

[9] Mohrbutter/Drischler Muster 109 Anm 4 b.
[10] Dassler/Gerhardt § 77 Rdn 8.
[11] LG Oldenburg KTS 1970, 234 mit zust Anm Schiffhauer; Drischler RpflJahrbuch 1971, 316 (IV B c 2).
[12] LG Krefeld Rpfleger 1986, 233.
[13] Mohrbutter/Drischler Muster 109 Anm 4 b; Drischler RpflJahrbuch 1971, 316 (IV B c 2).
[14] Jaeckel/Güthe § 77 Rdn 4; Mohrbutter/Drischler aaO.
[15] Dassler/Gerhardt § 77 Rdn 8; Steiner/Storz § 77 Rdn 14.
[16] Drischler JurBüro 1967, 966 (7).
[17] Dassler/Gerhardt § 77 Rdn 7.

§ 77 3.4   Versteigerung

gerung umgangen werden. Hat dagegen gegenüber dem Zeitpunkt, in dem die Zwangsversteigerung angeordnet worden ist, der Eigentümer gewechselt, so ist das unbeachtlich, weil die Wirkungen der Versteigerungs-Beschlagnahme bestehenbleiben: Abs 2 Satz 3. Hat (neben der Zwangsversteigerung) schon eine Zwangsverwaltung bestanden, so wirkt der Überleitungsbeschluß als Beitritt des Antragstellers zur bestehenden Zwangsverwaltung.

3.5 Die Wirkungen der für die Zwangsversteigerung erfolgten **Beschlagnahme** bleiben für die übergeleitete Zwangsverwaltung bestehen (Abs 2 Satz 3). Verfügungen des Schuldners über das Grundstück (auch mithaftende Gegenstände) bleiben damit weiterhin als Verstoß gegen das Veräußerungsverbot (§ 23 Abs 1) dem Gläubiger gegenüber (jedem von mehreren nach der Zeit seiner Beschlagnahme) unwirksam. (Mit Aufhebung der Zwangsversteigerung würden Verfügungen des Schuldners mit Wegfall der Beschlagnahmewirkungen voll wirksam und blieben es auch nach anschließender Anordnung der Zwangsverwaltung.) Der **Tag der ersten Beschlagnahme** in der Versteigerung (§ 13) bleibt auch in der Zwangsverwaltung; er bleibt der Tag der „ersten" Beschlagnahme auch für eine später wieder neu eingeleitete Zwangsversteigerung (§ 13 Abs 4). Für die erweiterten Zwangsverwaltungsbeschlagnahmewirkungen (§ 148), sonach insbesondere gegenüber Mietern und Pächtern, kann die Verwaltungs-Beschlagnahme allerdings erst jetzt nach § 22 wirksam werden.

3.6 Werden mehrere Verfahren übergeleitet, gilt die erste Überleitung als Anordnungsbeschluß, die weiteren als Beitrittsbeschlüsse. Maßgebend ist die Reihenfolge der Überleitung, nicht die Reihenfolge der vorausgehenden Versteigerungsbeschlüsse. Der Zwangsversteigerungsvermerk wird in einen Zwangsverwaltungsvermerk umgeschrieben[18], auf Grundbucherssuchen des Vollstreckungsgerichts, in der Veränderungsspalte von Abteilung II des Grundbuchs, etwa: „Das Verfahren wurde mit Beschluß des Vollstreckungsgerichts … vom … in die Zwangsverwaltung übergeleitet" („… zum Teil übergeleitet, wobei sonst das Zwangsversteigerungsverfahren fortdauert"; „… auch für den Rest übergeleitet, das Zwangsversteigerungsverfahren besteht nicht mehr"). Wenn die Zwangsverwaltung schon gegen den Eigenbesitzer (§ 147) angeordnet war, ist die Überleitung nur möglich, wenn ein Titel gegen den Eigenbesitzer vorliegt. Wenn sich durch die Überleitung bei schon bisher laufender Zwangsverwaltung ein anderer erster Beschlagnahmezeitpunkt ergibt (die übergeleitete Verwaltung übernimmt ja den der Zwangsversteigerung, die schon laufende Verwaltung kann einen ganz anderen, späteren Beschlagnahmezeitpunkt haben), dann muß der schon aufgestellte Teilungsplan entsprechend geändert werden.

3.7 Bei Zwangsversteigerung **mehrerer Grundstücke** in demselben Verfahren (§§ 18, 63) kann Fortsetzung als Zwangsverwaltung auch nur für eines oder einzelne der Grundstücke erfolgen. Aufgehoben wird das Verfahren dann für die nicht in die Zwangsverwaltung übergeleiteten weiteren Grundstücke.

3.8 Für die Überleitung wird keine **Zwangsverwaltungsanordnungsgebühr** erhoben (Einl Rdn 86.1). Die Kosten des Zwangsversteigerungsverfahrens zur Überleitung kann der betreibende Gläubiger nur an der Rangstelle seines Rechts verlangen (§ 10 Abs 2), also nicht gemäß § 155 Abs 1 aus den Nutzungen vorweg: Abs 2 Satz 3.

3.9 Das als Zwangsverwaltung fortgesetzte Verfahren kann **nicht wieder** in ein Zwangsversteigerungsverfahren **zurückverwandelt** werden. Fortgesetzt werden kann die zweimal ergebnislos gebliebene Zwangsversteigerung nur noch als Zwangsverwaltung, damit auch später nicht nochmals als Zwangsversteigerung. Zwangsversteigerung kann daher nur auf Antrag wieder neue angeordnet werden (§ 15). Der Anordnungsbeschluß bewirkt zugunsten des Gläubigers Beschlagnah-

---

[18] Dassler/Gerhardt § 77 Rdn 9.

me neu (§ 20). Nur für Abgrenzung laufender Beträge wiederkehrender Leistungen von den Rückständen ist bei fortdauernder Zwangsverwaltung die für diese bewirkte Beschlagnahme (§ 13 Abs 4 Satz 2), damit die bereits für die übergeleitete Zwangsversteigerung erfolgte Beschlagnahme (Rdn 3.5) maßgebend.

Muster für Einstellung und Überleitung 4

4.1 Beschluß: Das Zwangsversteigerungsverfahren aus dem Anordnungs/Beitrittsbeschluß vom ... (Gläubiger ...) wird einstweilen eingestellt, weil im Versteigerungstermin keine Gebote abgegeben wurden. Das eingestellte Verfahren wird nur auf Antrag des Gläubigers fortgesetzt und muß aufgehoben werden, wenn dieser Antrag nicht binnen sechs Monaten ab Zustellung dieser Belehrung bei Gericht eingeht. Gründe: ...

4.2 Beschluß: Auf den Antrag des Gläubigers ... wird die am ... angeordnete Zwangsversteigerung (Beschluß wirksam geworden am ...) hinsichtlich des genannten Gläubigers in ein Zwangsverwaltungsverfahren übergeleitet, und zwar wegen der im Beschlagnahmebeschluß vom ... genannten Forderungen und Kosten aus den genannten Vollstreckungstiteln, sowie wegen der Kosten des weiteren Verfahrens, weil auch im zweiten Versteigerungstermin die Versteigerung für den genannten Gläubiger ergebnislos geblieben ist. Das Verfahren wird nun als Zwangsverwaltung fortgeführt. Das Grundstück gilt zugunsten des genannten Gläubigers als durch Beschluß vom ... beschlagnahmt. Dem Schuldner wird ab jetzt die Verwaltung und Benutzung des Grundstücks entzogen. Als Zwangsverwalter wird ... eingesetzt. Dieser wird ermächtigt, sich den Besitz des Grundstücks zu verschaffen.

4.3 Muster auch im ZVG-Handbuch Rdn 335.

Rechtsbehelfe gegen Einstellung oder Überleitung 5

5.1 Gegen Verfahrenseinstellung, Aufhebung oder Überleitung in die Zwangsverwaltung gibt es sofortige Beschwerde, weil es sich hier um eine **selbständige Zwischenentscheidung** nach § 95 handelt.

5.2 Die Vorgänge können auch im Rahmen der **Zuschlagsanfechtung**, weil das geringste Gebot falsch berechnet sei, angefochten werden[19].

[Feststellungen im Protokoll]

78 Vorgänge in dem Termine, die für die Entscheidung über den Zuschlag oder für das Recht eines Beteiligten in Betracht kommen, sind durch das Protokoll festzustellen; bleibt streitig, ob oder für welches Gebot der Zuschlag zu erteilen ist, so ist das Sachverhältnis mit den gestellten Anträgen in das Protokoll aufzunehmen.

Allgemeines zu § 78 1

Zweck und **Anwendungsbereich:** Regelung von Besonderheiten für das Protokoll über den Versteigerungstermin, ergänzend zu den einschlägigen Vorschriften der ZPO und zu § 80. Die Vorschrift gilt für alle Versteigerungsverfahren des ZVG.

Inhalt des Versteigerungsterminsprotokolls 2

2.1 Das Protokoll über den Versteigerungstermin muß **alle Verfahrensvorgänge** ersehen lassen, „die für die Entscheidung über den Zuschlag oder für das Recht eines Beteiligten in Betracht kommen": § 78. Hierzu bereits § 66 Rdn 9.

---

[19] LG Frankfurt NJW 1959, 1442 mit teils zust, teils krit Anm Hoche; Jaeckel/Güthe § 77 Rdn 1.

§ 78   2.2   Versteigerung

2.2 Zunächst muß das Protokoll die **allgemeinen Verfahrensvorgänge** enthalten, die schon in ZPO §§ 159 ff als Protokollinhalt vorgesehen sind, zusätzlich die vom ZVG verlangten (dazu Anmerkungen zu § 66): Ort und Tag der Verhandlung; Vorkehrungen zur Unterrichtung der Beteiligten und Interessenten bei Verlegung des Terminsorts; wenn veranlaßt, genauer Zeitpunkt des Termins; Namen des Rechtspflegers und des Protokollführers, auch des Rechnungsbeamten, wo noch zulässig; Bezeichnung des Verfahrens (§ 37 Rdn 4); Angabe, daß öffentlich verhandelt wurde; Aufruf des Termins; Namen der erschienenen Beteiligten und ihrer Bevollmächtigten und gesetzlichen Vertreter; Bekanntmachungen, Hinweise, Anmeldungen; Anerkenntnisse, Verzichte, Vergleiche, Anträge und Erklärungen, deren Feststellung vorgeschrieben ist; Entscheidungen des Gerichts und ihre Verkündung; Verlesung bestimmter Vorgänge; Feststellung des geringsten Gebots und der Versteigerungsbedingungen; Hinweis auf den bevorstehenden Ausschluß weiterer Anmeldungen und Aufforderung zur Abgabe von Geboten; genaue Uhrzeit des Beginns und des Endes der Versteigerung (§ 73 Rdn 2.3); Gebote und ihre Formalien (§ 71 Rdn 2-7); Anträge und Entscheidungen zur Sicherheitsleistung (§ 67 Rdn 2, § 70 Rdn 2), auch deren Übergabe (§ 70 Rdn 3); Verkündung des letzten Gebotes und des Schlusses der Versteigerung (§ 73 Rdn 3); Verhandlung über den Zuschlag (§ 74 Rdn 2); Verkündung der Zuschlagsentscheidung oder Ansetzung eines Verkündungstermins (§ 87 Rdn 2); Unterschrift des Vorsitzenden und des Urkundsbeamten.

2.3 Zu den aufzunehmenden **Anträgen** und **Erklärungen** gehören alle nur denkbaren, etwa über: abweichende Versteigerungsbedingungen (§ 59); Einzel-, Gruppen-, Gesamtausgebot (§ 63); Verteilung einer Gesamthypothek (§ 64); abgesonderte Verwertung (§ 65); Mindestgebot (§ 74a); Zahlungen im Termin (§ 75); teilweise Deckung (§ 76); Überleitung in Zwangsverwaltung (§ 77); Abtretung der Rechte aus dem Meistgebot (§ 81 Abs 2); Klarstellung der verdeckten Vollmacht (§ 81 Abs 3); neuer Termin mit besonderen Verpflichtungen (§ 85); Liegenbelassungsvereinbarung (§ 91 Abs 2) usw.

2.4 Zu den aufzunehmenden **Anmeldungen** gehören auch verspätete sowie die Mieter/Pächtererklärungen.

2.5 Aufzunehmen ist jede **Genehmigung** von Verfahrensmängeln (Art der Mängel, Person des Genehmigenden).

2.6 Unbedingt aufzunehmen sind gerichtliche **Hinweise** und **Belehrungen**[1] (Einl Rdn 33, § 66 Rdn 5).

2.7 Nicht in das Versteigerungsterminsprotokoll gehören **Erinnerung** und **Beschwerde,** die schriftlich oder zu Protokoll der Geschäftsstelle einzulegen sind (ZPO § 569 Abs 3, RPflG § 11)[2]. Sie sind aber wirksam, wenn sie doch in das Protokoll aufgenommen sind (Zuständigkeit des Rechtspflegers nach RPflG § 24 Abs 2; § 96 Rdn 2).

2.8 Als **Gebote** sind mit Namen und Anschrift des Bieters und dem gebotenen Betrag nur das **Meistgebot** (für jede Ausgebotsart gesondert, somit für jedes Einzel-, Gruppen-, Gesamt- und Doppelausgebot) und ihm vorgehende andere Gebote aufzunehmen, wenn streitig ist, ob sie für die Erteilung des Zuschlags noch Bedeutung erlangen können[3]. Festzustellen ist im Protokoll daher auch ein Gebot, das nicht erloschen ist, weil dem folgenden Meistgebot sofort widersprochen worden ist (§ 72 Abs 1), ebenso ein zurückgewiesenes Meistgebot und das ihm vorhergehende Gebot, wenn der Zurückweisung sofort widersprochen worden ist

---

[1] Stöber Rpfleger 1976, 392 (III, Anmerkung); Vollkommer Rpfleger 1976, 393 (III, Anmerkung).
[2] OLG München Rpfleger 1966, 11.
[3] Korintenberg/Wenz § 78 Anm 2 g.

Feststellungen im Protokoll 2.8 § 78

(§ 72 Abs 2). Andere Gebote, die jeweils durch ein Übergebot, dem nicht widersprochen ist, sofort erloschen sind (§ 72 Abs 1), brauchen nicht festgehalten werden[4] (anders offenbar nur[5]). Wenn Gebote rasch aufeinander abgegeben werden, braucht nach ihrer mündlichen Entgegennahme daher nur das höchste protokolliert zu werden. Bei einer Unklarheit „ist das Sachverhältnis mit den gestellten Anträgen in das Protokoll aufzunehmen" (§ 78); dann kann auch die Aufnahme aller Gebote zweckmäßig sein, um Zweifel über Personen, Beträge und Reihenfolge auszuschließen. Das Verlangen nach Sicherheitsleistung (§ 67 Abs 1), die Entscheidung des Gerichts über die Sicherheitsleistung (§ 70 Abs 1) und die Leistung der Sicherheit (§ 70 Abs 2) werden nicht aufgenommen, wenn das Gebot, auf das sich diese Vorgänge beziehen, mit widerspruchsloser Zulassung eines Übergebots zweifelsfrei erloschen ist (§ 72 Abs 1) (ähnlich[6]). Die Vorgänge kommen dann für die Entscheidung über den Zuschlag oder für das Recht eines Beteiligten nicht in Betracht; ihre Feststellung im Protokoll sieht § 78 erster Halbsatz daher nicht vor. Das auch für das spätere Meistgebot desselben Bieters gestellte Sicherheitsverlangen (§ 67 Abs 1 Satz 2) hat sich nicht nur auf ein gegenstandslos gewordenes Gebot bezogen, ist somit in das Protokoll aufzunehmen. Die Zurückweisung eines Gebots (§ 71) braucht nicht in das Protokoll aufgenommen werden, wenn nicht widersprochen und das Gebot damit zweifelsfrei erloschen ist (§ 72 Abs 2; dann kein „erheblicher Vorgang" im Sinne von § 78). Das gilt auch für die Zurückweisung eines Gebots, wenn Sicherheitsleistung (oder erhöhte Sicherheitsleistung § 70 Abs 2 Satz 3) unterblieben ist. Üblich ist es, ein zurückgewiesenes Gebot und den Zurückweisungsbeschluß dann in der Niederschrift festzustellen, wenn es das einzige oder das höchste Gebot war, ein Übergebot somit nicht mehr erfolgt ist (erforderlich nach[7]). Weitergehende Feststellungen der Gebote mit den sich auf sie beziehenden Anträgen, Entscheidungen und Sicherheitsleistungen gebietet auch ZPO § 160 Abs 3 nicht. Der Versteigerungstermin ist nicht mündliche Verhandlung im Sinne der ZPO; wegen der besonderen Natur des Versteigerungsverfahrens bestimmt § 78 Abweichungen von den allgemeinen Vorschriften (Denkschrift S 54) über die Feststellung aller Anträge und verkündeten Entscheidungen (ZPO § 160 Abs 3). Diese abweichende Bestimmung beruht auf der Erwägung, daß „das protokollarisch festgestellte Sachverhältnis die Grundlage für die Entscheidung über den Zuschlag bildet"[8]. Die Niederschrift hat somit Vorgänge im Versteigerungstermin auszuweisen, die bei der Entscheidung über den Zuschlag und im anschließenden Rechtsmittelverfahren zu berücksichtigen sind (§ 80), mithin Bedeutung erlangen können. Die Sitzungsniederschrift hat aber nicht die Aufgabe, den zeitlichen Ablauf des Versteigerungsgeschäfts differenziert darzustellen und sogleich gegenstandslos gewordene Vorgänge für Erinnerung festzuhalten. Gekennzeichnet ist die Versteigerung durch augenblicks- und situationsbedingte Entschlüsse der Bieter und sich nach und nach in Stufen steigernde Gebote[9]; oft werden Gebote in rascher Folge abgegeben. Die bei Versteigerung daher erforderliche Klarheit und Eindeutigkeit[9] gewährleisten die Regelungen über Wirksamkeit und Erlöschen der Gebote. Sie stellen sicher, daß jedes Gebot bei widerspruchsloser Zulassung eines Übergebots oder widerspruchsloser Zurückweisung erlischt und damit für die Entscheidung über den Zuschlag oder ein Recht eines Beteiligten nicht mehr in Betracht kommt. Dem folgt § 78 mit der Regelung, daß Terminsvorgänge, die sich auf erloschene Gebote beziehen, auch

---

[4] OLG Hamm JMBlNW 1958, 233 = Rpfleger 1959, 47; Dassler/Schiffhauer § 78 Rdn 5; Jaeckel/Güthe § 78 Rdn 3i; Reinhard/Müller § 78 Anm 2; Stöber, ZVG-Handbuch, Rdn 322.

[5] Steiner/Storz § 78 Rdn 15.

[6] Korintenberg/Wenz § 78 Anm 2 g; Reinhard/Müller § 78 Anm 2.

[7] Korintenberg/Wenz § 78 Anm 2 g.

[8] Motive zum ZVG-Entwurf, Amtliche Ausgabe, S 218.

[9] BGH NJW 1983, 1186 mit Anm Kelwig und Joch.

durch das Protokoll nicht festzustellen sind. Die im Protokoll aufgeführten Gebote müssen nicht verlesen und nicht genehmigt werden[10].

3 Protokollberichtigung (ZPO § 164)

3.1 Die **Berichtigung** von Protokollen richtet sich nach ZPO § 164. „Unrichtigkeiten" können jederzeit berichtigt werden (ZPO § 164 Abs 1). Vor der Berichtigung sind Gläubiger und Schuldner zu hören (ZPO § 164 Abs 2). Die Berichtigung wird auf dem Protokoll vermerkt (ZPO § 164 Abs 3 Satz 1) und von dem Vorsitzenden und dem Protokollführer, die das Protokoll unterschrieben haben, unterschrieben (ZPO § 164 Abs 3 Satz 2). Wenn Rechtspfleger und Urkundsbeamter nicht mehr zur Ausübung der Funktionen als Urkundspersonen berechtigt sind, ist die Berichtigung des Protokolls nicht mehr zulässig (so wenn der Rechtspfleger inzwischen zum Amtsanwalt ernannt oder der Urkundsbeamte aus dem Justizdienst ausgeschieden ist)[11]. Das Protokoll kann auch noch berichtigt werden, wenn schon über den Zuschlag entschieden ist, sogar wenn dieser schon angefochten ist[12] und auch noch, wenn das Beschwerdegericht bereits entschieden hat, diese Entscheidung aber noch nicht rechtskräftig ist[13]. Eine Frist ist vom Gesetz nicht vorgesehen. Ein offenbar unrichtiges Protokoll soll in den unrichtigen Punkten keine Beweiskraft haben, wenn die Unrichtigkeit für jedermann erkennbar sei[14]. Andererseits ist aber die Rechtsmittelinstanz an das Protokoll gebunden, bis es berichtigt wird. Über eine Zuschlagsbeschwerde kann daher erst entschieden werden, wenn vorher über den Antrag des Beschwerdeführers auf Berichtigung des Protokolls über den Versteigerungstermin entschieden wurde[15] Ist die Zuschlagsanfechtung auf die unrichtige Fassung des Protokolls gestützt, so entzieht die Berichtigung dem Rechtsmittel die Grundlage[16]. Das Protokoll kann nach Terminende dort aber nicht „berichtigt" werden, wo es sich um Erklärungen von Beteiligten handelt, die vorgelesen und genehmigt worden sind[17]. Überhaupt sollte man strenge Anforderungen bei der Berichtigung stellen, zB hinsichtlich des Nachweises der Bietstunde[18]. Das ordnungsgemäß berichtigte Protokoll hat wieder volle Beweiskraft[19].

3.2 Über den Umfang einer möglichen Berichtigung sagt ZPO § 164 nichts. Es muß daher im pflichtgemäßen Ermessen von Vorsitzenden und Protokollführern liegen, zu entscheiden. Nach dem Wortlaut von ZPO § 164 kann nur berichtigt werden, wenn die beiden übereinstimmen. Berichtigt werden kann jede Unrichtigkeit, mithin nicht nur eine offenbare Unrichtigkeit, sondern auch eine solche, die nicht sogleich ohne weiteres erkennbar ist[19]. Als unrichtig kann ein Protokoll nicht nur berichtigt werden, wenn sein Inhalt mit dem wirklichen Terminablauf nicht übereinstimmt, sondern auch, wenn es unvollständig ist[19]. Ob die Berichtigung zulässig war, ist in dem Verfahren zu prüfen, für dessen Entscheidung es auf den Protokollinhalt ankommt.

---

[10] OLG Hamm aaO (Fußn 4); Stöber, ZVG-Handbuch, Rdn 322.
[11] OLG München OLGZ 1980, 465 = Rpfleger 1981, 67.
[12] OLG Hamm MDR 1979, 151 = OLGZ 1979, 376 = NJW 1979, 1720 = Rpfleger 1979, 29; Dassler/Schiffhauer § 78 Rdn 11; Hagemeister SchlHA 1960, 103.
[13] OLG Hamm NJW 1979, 1720 = aaO (Fußn 12); OLG Karlsruhe Rpfleger 1994, 311.
[14] BGH 20, 188 = NJW 1956, 830; Hagmeister SchlHA 1960, 103.
[15] OLG Karlsruhe Rpfleger 1994, 311.
[16] OLG Hamm NJW 1979, 1720 = aaO (Fußn 12); Hagemeister SchlHA 1960, 103.
[17] OLG Hamm MDR 1983, 410 = OLGZ 1983, 89; OLG Schleswig SchlHA 1960, 109.
[18] LG Berlin WM 1958, 1513.
[19] OLG Hamm NJW 1979, 1720 = aaO (Fußn 12).

3.3 Eine **Beschwerde** ist gegen die Protokollberichtigung und im Grundsatz auch gegen deren Ablehnung nicht zulässig[20] (einschränkend[21]: zulässig gegen Berichtigung eines protokollierten Prozeßvergleichs, soweit es um die Zulässigkeit der Berichtigung geht; [22]zulässig, wenn allein der Vorsitzende entschieden oder ein Unbefugter das Protokoll berichtigt[23] hat, und[24]: zulässig, wenn es nur um das Berichtigungsverfahren geht). Folgerichtig muß hier auch der Rechtspfleger insoweit (entgegen RPflG § 11 Abs 2) unanfechtbar sein, weil nur die beiden Personen berichtigen können, die in der Verhandlung selbst tätig waren. Die Beteiligten können nun mit Anregungen und Gegenvorstellungen an das Gericht herantreten oder nachweisen, daß das Protokoll bewußt gefälscht sei (ZPO § 165 Satz 2). Der Beschluß, durch den ein Antrag auf Protokollberichtigung zurückgewiesen wird, ist aber dann ausnahmsweise anfechtbar, wenn der Antrag als unzulässig[25] (nach[26] auch als unbegründet) zurückgewiesen worden ist oder wenn eine hierzu nicht berufene Person entschieden hat[27].

VI. Entscheidung über den Zuschlag

[Keine Bindung an Vorentscheidungen]

79 (1) **Bei der Beschlußfassung über den Zuschlag ist das Gericht an eine Entscheidung, die es vorher getroffen hat, nicht gebunden.**

Allgemeine Übersicht zu §§ 79–94

Die Entscheidung über den Zuschlag regelt das ZVG in den §§ 79–94 im Anschluß an den fünften Abschnitt über die Versteigerung (§§ 66–78; Übersicht § 66 Rdn 1). Dieser sechste Abschnitt im zweiten Titel des ZVG (§§ 15–145) behandelt: Unabhängigkeit von Vorentscheidungen (§ 79); Wichtigkeit des Protokolls (§ 80); grundsätzliche Erteilung des Zuschlags (Meistbietender, Zessionar, verdeckter Vollmachtgeber) (§ 81); Inhalt des Zuschlagsbeschlusses (§ 82); Verfahrensmängel als Hindernis für den Zuschlag (§ 83); deren teilweise Heilung (§ 84); Verlangen nach neuem Termin in besonderen Fällen (§ 85); Zuschlagsversagung bei Meistgebot unter 5/10 (§ 85a); Wirkung der Zuschlagsversagung (§ 86); Verkündung der Zuschlagsentscheidung (§ 87); Zustellung des Zuschlagsbeschlusses (§ 88); Wirksamwerden des Zuschlags (§ 89); Eigentumsübergang (§ 90); Erlöschen von Rechten samt Liegenbelassungsvereinbarung (§ 91); Vorzugsrecht auf Befriedigung aus dem Erlös (§ 92); Zuschlag als Vollstreckungstitel (§ 93); gerichtliche Verwaltung auf Rechnung des Erstehers (§ 94).

Allgemeines zu § 79

2.1 Zweck der Vorschrift: § 79 gebietet für Erteilung oder Versagung des Zuschlags Prüfung der Rechtmäßigkeit des Verfahrens ohne Bindung an Zwi-

---

[20] BGH MDR 2005, 46 = NJW-RR 2005, 214; OLG Hamm NJW 1979, 1720 = aaO (Fußn 12); OLG Hamm Rpfleger 1984, 193 und NJW 1989, 1680; OLG Karlsruhe Rpfleger 1994, 311; OLG München OLGZ 1980, 465 = Rpfleger 1981, 67; OLG Stuttgart MDR 2004, 410.
[21] OLG Hamm MDR 1983, 410 = OLGZ 1983, 89.
[22] LArbG Düsseldorf JurBüro 1986, 614.
[23] LArbG Hamm MDR 1988, 172.
[24] LG Frankfurt JurBüro 1993, 744.
[25] OLG Düsseldorf MDR 2002, 230 = NJW-RR 2002, 863; OLG München OLGZ 1980, 465 = aaO (Fußn 20).
[26] OLG Koblenz MDR 1986, 593.
[27] OLG Frankfurt Rpfleger 1978, 454.

§ 79　2.1　　　　　　　　　　　　　　　　　　　　　　　　Entscheidung über den Zuschlag

schenentscheidungen, die lediglich der Verfahrensdurchführung und Vorbereitung der Entscheidung über den Zuschlag dienen.

2.2 Anwendungsbereich: Die Vorschrift gilt für alle Versteigerungsverfahren des ZVG.

3　Bedeutung des Zuschlags

Mit **Erteilung des Zuschlags** erfolgt nach Schluß der Versteigerung (§ 73 Abs 2) Grundstücksveräußerung im Wege der Zwangsvollstreckung, wenn ein (wirksames) Gebot (Begriff § 71 Rdn 2) abgegeben ist (sonst § 77) und kein Versagungsgrund besteht (§ 81 Rdn 2.1). Die Entscheidung darüber, ob der Zuschlag zu erteilen oder zu versagen ist, trifft das Vollstreckungsgericht durch Beschluß (ZPO § 764 Abs 3). Durch den Zuschlag erwirbt der Ersteher das Grundstück (§ 90). Als Vollstreckungsakt ist der Zuschlag konstitutiv wirkender Staatshoheitsakt[1]. Er hat als einem rechtsgestaltenden Urteil vergleichbare Entscheidung[2] die Bedeutung eines Richterspruchs[3]. Bestimmt ist er für die Rechtsstellung des Erstehers und für die Änderungen, die an den Rechten am Grundstück mit Eigentumserwerb des Erstehers (§ 90) unter Freistellung von allen nicht nach den Versteigerungsbedingungen bestehen bleiben Rechten (§ 91 Abs 1) eintreten[4]. Als prozessuale Entscheidung mit privatrechtsgestaltender Wirkung ist der Zuschlag weder Rechtsgeschäft[5] noch Vertrag[6], auch nicht Annahme des Antrags auf Abschluß eines öffentlich-rechtlichen Vertrages, der damit zustandekommt (so aber[7] im Gegensatz zum Wesen des hoheitlichen Handelns durch Organe des Staates, der Inhaber des Zwangsmonopols ist); der längst überholten Ansicht[8], der Zuschlag sei die Annahme einer im Gebot liegenden Offerte zum Abschluß eines Kaufvertrags, kommt keine Bedeutung mehr zu. Wirkung der Zuschlagsversagung: § 86.

4　Vorentscheidungen bei Zuschlagsentscheidung

4.1 Die Rechtmäßigkeit der Zwangsversteigerung muß bei Beschlußfassung über den Zuschlag, damit bei Eingriff in das verfassungsrechtlich geschützte Eigentum des Schuldners mit Erteilung des Zuschlags, gewährleistet sein. Das Vollstreckungsgericht hat daher bei der Entscheidung über den Zuschlag als **Schlußentscheidung** des Verfahrens zur Grundstücksveräußerung mit Versteigerung nochmals sein ganzes Verfahren zu überprüfen, ob es ordnungsgemäß war[9]. Es ist dabei an Entscheidungen, die es **selbst erlassen** hat, **nicht gebunden.** Damit ist zugleich ausgedrückt, daß Bindung an sachliche Entscheidungen im Rechtsmittelverfahren (Rechtspfleger gegenüber Beschwerdegericht) und an die im Rechtsmittelverfahren sachlich bestätigten Entscheidungen des Vollstreckungsgerichts[10] (die ja damit Entscheidungen der Rechtsmittelinstanz sind) bestehen bleibt. Die

---

[1] BGH BB 1960, 65 = WM 1960, 25 (26); BGH DNotZ 1987, 90 = FamRZ 1986, 978 = MDR 1986, 1022 = NJW-RR 1986, 1115 = Rpfleger 1986, 396; Brox/Walker, Zwangsvollstreckungsrecht, Rdn 927.
[2] BGH NJW-RR 1986, 1115 = aaO (Fußn 1).
[3] RG und BGH nachf Fußn 4; Brox/Walker, Zwangsvollstreckungsrecht, Rdn 927.
[4] RG 138, 126 (127); BGH 53, 42 = MDR 1970, 222 = NJW 1970, 565 = Rpfleger 1970, 60.
[5] Berns, Wesen und Wirkung des Zuschlags (1911), S 13.
[6] König, Wesen des Zuschlags (1935), S 99.
[7] Bauer/Stürner, Zwangsvollstreckungsrecht, Rdn 36.15.
[8] Friese MDR 1951, 592 (II).
[9] OLG Hamm Rpfleger 1960, 410; OLG Koblenz NJW 1955, 148 und 427 Leitsatz mit Anm Jansen.
[10] KG Berlin OLGZ 1966, 566 = Rpfleger 1966, 310; Jaeckel/Güthe § 79 Rdn 9; Rötelmann NJW 1951, 628 (3 b).

Rechtsmittelinstanz wieder (Beschwerdegericht) ist bei ihrer Zuschlagsentscheidung (im Rechtsmittelverfahren über den Zuschlag) wieder nicht an die eigenen (nur die eigenen) früheren gebunden.

4.2 Nur bei der Entscheidung über den **Zuschlag** (Erteilung wie Versagung) kann das Gericht von früheren eigenen Entscheidungen **abweichen.** Aufgehoben ist durch § 79 damit auch die Bindung an Entscheidungen, die mit sofortiger Beschwerde anfechtbar gewesen wären (§ 95), durch Ablauf der Rechtsmittelfrist jedoch rechtskräftig geworden sind (nicht richtig[11]; fehlerhafte Beurteilung der Verfahrensanordnung oder eines Einstellungs/Fortsetzungsgrundes als mit sofortiger Beschwerde anfechtbare, ZPO § 793, Entscheidung über eine Erinnerung soll gerade nach § 79 nicht binden).

4.3 § 79 **gilt aber nicht** für Entscheidungen, die nach Einzelbestimmungen des ZVG in einem **mit eigenem Rechtsmittelzug** ausgestalteten besonderen Verfahren ergangen sind (§§ 30a–f, 74a Abs 5, § 180 Abs 2 und 3)[12]. Die Bindung des Gerichts (Rechtspfleger, Richter, Beschwerdegericht) an Entscheidungen in den mit eigenem Rechtsmittelzug ausgestatteten Verfahrensabschnitten des ZVG hebt § 79 nicht auf.

4.4 Die Ablehnung einer Einstellung nach ZPO § 765a hindert aber nicht, daß auf Grund **neuer Umstände** nachträglich doch eine **Einstellung** für zulässig erachtet wird (ZPO § 765a Abs 4). Allerdings ist ZPO § 765a nur mit großer Zurückhaltung anwendbar (Einl Rdn 54).

4.5 Für das nach rechtskräftiger Versagung des Zuschlags **fortgesetzte** Verfahren (§ 86) begründet diese Entscheidung über den Zuschlag Bindung. Wenn in dem fortgesetzten Verfahren später wieder über den Zuschlag zu entscheiden ist, besteht an den früheren Versagungsbeschluß und die danach ergangenen Entscheidungen Bindung nach Maßgabe von § 79 nicht.

4.6 Die einmal eingetretenen **gesetzlichen Wirkungen** können auch über § 79 **nicht mehr beseitigt** werden. So ist zB ein widerspruchslos zurückgewiesenes Gebot unwirksam (§ 72 Abs 1) und kann nicht wieder wirksam werden. Das Gericht kann aber ein zunächst nicht zugelassenes, noch wirksames Gebot (das nicht ausdrücklich ohne Widerspruch zurückgewiesen ist) nachträglich zulassen, ein zugelassenes nachträglich zurückweisen[13]. Es kann ein zurückgewiesenes, das infolge Widerspruchs nicht erloschen ist (§ 72 Abs 1) nachträglich zulassen. Nicht zu billigen ist aber, daß auch verspätete Gebote (nach Schluß der Versteigerung) nachträglich zugelassen werden könnten; sie waren nie wirksam.

[Nicht protokollierte Terminvorgänge]

80 Vorgänge in dem Versteigerungstermine, die nicht aus dem Protokoll ersichtlich sind, werden bei der Entscheidung über den Zuschlag nicht berücksichtigt.

Allgemeines zu § 80

Zweck und **Anwendungsbereich:** Klarstellende Bestimmung, daß nur „das protokollarisch festgestellte Sachverhältnis die Grundlage für die Entscheidung

---

[11] Steiner/Storz § 79 Rdn 8.
[12] LG Berlin GrundE 1959, 503 Leitsatz; Jonas/Pohle, ZwVNotrecht, § 74a Anm 6d; Mohrbutter Rpfleger 1967, 102 (3).
[13] LG Lübeck SchlHA 1973, 129.

über den Zuschlag bildet" (siehe bereits § 78 Rdn 2.8). Die Vorschrift gilt für alle Versteigerungsverfahren des ZVG.

2 Folgen und Umstände unterlassener Protokollierung

2.1 „Vorgänge in dem Versteigerungstermine, die nicht aus dem Protokoll ersichtlich sind, werden bei der Entscheidung über den Zuschlag nicht berücksichtigt": § 80. Insoweit ist ZPO § 571 Abs 2 Satz 1 eingeschränkt. Es fallen hierunter **alle rechtserheblichen Handlungen:** Erklärungen, Anträge, Meistgebot und nicht erloschene andere Gebote, Widersprüche, Vorlage des Nachweises zur Wirksamkeit eines Gebots (§ 71 Abs 2), Anbieten von Zahlung oder Sicherheitsleistung usw. Umgekehrt: Jeder Vorgang, der für die Zuschlagsentscheidung bedeutsam sein kann, muß in das Protokoll aufgenommen werden. Mißverständliche oder unklare Äußerungen im Termin muß das Gericht sofort klären, um sie in inhaltlich richtiger Form, wenn auch nicht unbedingt mit ihrem genauen Wortlaut, aufzunehmen, etwa wenn jemand „Beschwerde" erhebt, aber einen „Widerspruch" meint. Auch die zur Kennzeichnung eines geänderten Versteigerungsraums getroffenen Maßnahmen sollen durch das Protokoll ausgewiesen werden müssen[1]. Jedoch handelt es sich dabei nicht um Vorgänge „in dem Versteigerungstermine", so daß § 80 nicht anwendbar sein kann (so zutreffend[2]). Die Verletzung des Anspruchs auf Gewährung rechtlichen Gehörs wird als Zuschlagsversagungsgrund auch berücksichtigt, wenn nach dem tatsächlichen Verfahrenshergang der Verfahrensmangel feststeht, sich aus dem Protokoll aber nicht ergibt[3]. Für Hinweise nach ZPO § 139 (gerichtliche Aufklärungspflicht) schränkt dessen Abs 4 Satz 2 den Nachweis auf den „Inhalt der Akten" ein; Hinweise, die im Versteigerungstermin gegeben werden, haben sich daher aus dem Protokoll zu ergeben.

2.2 Die **Bindung** an das Protokoll besteht nicht nur für die Zuschlagsentscheidung. Auch wenn der Zuschlag angefochten wird, können nur Vorgänge verwendet werden, die sich aus dem Protokoll ergeben; nicht beurkundete Geschehnisse werden nicht beachtet[4].

2.3 Das Protokoll erbringt für die Zuschlagsentscheidung den **vollen Beweis,** daß ein nicht beurkundeter Vorgang nicht stattgefunden habe. Das gilt aber nicht für einen späteren Prozeß, zB einen Schadensersatzprozeß, bei dem der Vorgang streitig ist; dort ist nach ZPO § 286 frei zu würdigen[5]. Es gilt auch nicht für nach der Zuschlagsentscheidung liegende Vorgänge im Versteigerungsverfahren selbst, zB nicht für den Nachweis einer rechtzeitigen Anmeldung zum Verteilungsverfahren oder den Nachweis der Anwesenheit im Versteigerungstermin zwecks Berechnung der Anfechtungsfrist.

2.4 Das Protokoll ist **auslegungsfähig.** Ein Vorgang kann sich, auch wenn er nicht ausdrücklich vermerkt ist, aus dem Sinn und Zusammenhang ergeben. Wird zB eine Sicherheit als zurückgegeben vermerkt, dann muß sie vorher geleistet worden sein; ist sie geleistet, muß sie vorher verlangt worden sein[6]. Berichtigung des Protokolls: § 78 Rdn 3.

---

[1] OLG Hamm MDR 1979, 151 = NJW 1979, 1720 Leitsatz = OLGZ 1979, 376 = Rpfleger 1979, 29; LG Oldenburg Rpfleger 1985, 311 mit (teils krit) Anm Schiffhauer.
[2] Schiffhauer Rpfleger 1985, 312 (Anmerkung).
[3] OLG Hamm MDR 1990, 163 = OLGZ 1990, 106 = Rpfleger 1990, 85 und 218 Leitsatz mit Anm Hintzen; OLG Köln KTS 1983, 651 = MDR 1983, 761 = OLGZ 1983, 471 = Rpfleger 1983, 411.
[4] LG Lübeck SchlHA 1973, 130.
[5] BGH MDR 1963, 481 = NJW 1963, 1060.
[6] LG Verden Rpfleger 1974, 31 mit Anm Schiffhauer.

[Zuschlagsberechtigte: Meistbietender, Zessionar, Vollmachtgeber]

81 (1) **Der Zuschlag ist dem Meistbietenden zu erteilen.**

(2) **Hat der Meistbietende das Recht aus dem Meistgebot an einen anderen abgetreten und dieser die Verpflichtung aus dem Meistgebot übernommen, so ist, wenn die Erklärungen im Versteigerungstermin abgegeben oder nachträglich durch öffentlich beglaubigte Urkunden nachgewiesen werden, der Zuschlag nicht dem Meistbietenden, sondern dem anderen zu erteilen.**

(3) **Erklärt der Meistbietende im Termin oder nachträglich in einer öffentlich beglaubigten Urkunde, daß er für einen anderen geboten habe, so ist diesem der Zuschlag zu erteilen, wenn die Vertretungsmacht des Meistbietenden oder die Zustimmung des anderen entweder bei dem Gericht offenkundig ist oder durch eine öffentlich beglaubigte Urkunde nachgewiesen wird.**

(4) **Wird der Zuschlag erteilt, so haften der Meistbietende und der Ersteher als Gesamtschuldner.**

Übersicht

Allgemeines zu § 81	1	Gesamtschuldnerische Haftung (Absatz 4)	6
Erfordernisse der Zuschlagserteilung	2	Grunderwerbsteuer beim Zuschlag, Umsatzsteuer	7
Erteilung des Zuschlags an Meistbietenden (Absatz 1)	3	Kosten des Zuschlags	8
Erteilung des Zuschlags: Abtretung des Meistgebots (Absatz 2)	4	Rechtskraft des Zuschlags	9
Erteilung des Zuschlags: Verdeckte Vertretung (Absatz 3)	5	Vorkaufsrecht und Zuschlag	10
		Zubehör im Zuschlag	11

Literatur: Hagemann, Meistbietender und Zessionar in der Zwangsversteigerung und ihre Beziehungen untereinander, ZBlFG 12, 591; Helwich, Die Mithaft des Meistbietenden in der Zwangsversteigerung, Rpfleger 1988, 467 und (nochmals) Rpfleger 1989, 316; Kramer und Riedel, Pfändung des Anspruchs aus dem Meistgebot, Rpfleger 1989, 144; Strauch, Nochmals: Die Mithaft des Meistbietenden in der Zwangsversteigerung, Rpfleger 1989, 314.

Allgemeines zu § 81   1

1.1 Zweck der Vorschrift: Feststellung des Rechts des Meistbietenden auf Erteilung des Zuschlags mit Ausnahme von der Regelung des § 78 für Berücksichtigung einer nachträglichen Abtretung der Rechte aus dem Meistgebot sowie des nachträglichen Nachweises eines zwischen dem Meistbietenden und einem Dritten bestehenden Vertretungsverhältnisses (Denkschrift S 55).

1.2 Anwendungsbereich: Die Vorschrift gilt für alle Versteigerungsverfahren des ZVG.

Erfordernisse der Zuschlagserteilung   2

2.1 Zu erteilen ist der Zuschlag, wenn ein **wirksames Meistgebot** vorliegt, keine der Vorschriften verletzt wurde, die den Schutz der Beteiligten bezwecken (Denkschrift S 54), und sonst kein Versagungsgrund (zu Gründen insgesamt § 83 sowie §§ 85, 85 a) besteht. Die für Erteilung des Zuschlags maßgeblichen Vorgänge im Versteigerungstermin müssen im Protokoll niedergelegt sein (§§ 78, 80), von früheren Entscheidungen kann das Gericht abweichen (§ 79), Versagungsgründe sind beschränkt (§§ 85, 85 a, 83, 84). Wenn kein Versagungsgrund vorliegt, muß zugeschlagen werden (§ 81), und zwar in der gesetzlich vorgeschriebenen Form (§ 82). Der Zuschlag muß im ersten Rechtszug verkündet (§ 87), an einige Personen außerdem zugestellt werden (§ 88). Er wird mit der Verkündung wirksam (§ 89), Ausnahme im Rechtsmittelverfahren (§ 104). Seine Wirkungen sind im Gesetz eingehend geregelt (§§ 90–94, 52, 53, 55–57, 58), ebenso die Wirkung seiner Versagung (§ 86).

2.2 a) Beim **Erbbaurecht** darf, wenn die Zustimmung des Grundstückseigentümers zum Zuschlag (ErbbauVO § 5 Abs 1) nötig ist, erst nach Vorlage der Genehmigung zugeschlagen werden. Sie kann auf Antrag gerichtlich ersetzt werden. Hierzu § 15 Rdn 13 und ZVG-Handbuch Rdn 391; zum Heimfallanspruch § 15 Rdn 13.17.

b) Bei **Flurbereinigung** ist der Zuschlag über die Einlagegrundstücke bis zu dem in der Ausführungsanordnung bestimmten Zeitpunkt möglich (§ 15 Rdn 17), später nur noch über die Ersatzgrundstücke. Es ist zweckmäßig, im Zuschlag anzugeben, daß der Ersteher in das Flurbereinigungsverfahren eintritt, wie es ist und mit dem entsprechenden Vorgang statt der Einlagegrundstücke die Ersatzgrundstücke erwirbt. Die neuen Grundstücke werden im Grundbuch von den alten repräsentiert. Hierzu ZVG-Handbuch Rdn 401.

c) Eine bei **Wohnungseigentum** notwendige Zustimmung anderer Wohnungseigentümer, des Verwalters oder sonst eines Dritten zum Zuschlag (WEG § 12 Abs 1) muß vorliegen oder ersetzt sein. Hierzu § 15 Rdn 45.

3 Erteilung des Zuschlags an Meistbietenden (Absatz 1)

3.1 Der Zuschlag **muß** dem Meistbietenden erteilt werden, wenn nicht eine der beiden Ausnahmen des § 81 (Abtretung der Rechte nach Abs 2, Bieten für verdeckten Vollmachtgeber nach Abs 3) vorliegt und kein Versagungsgrund (§§ 83, 85, 85 a) besteht. **Meistbietender** ist, wer das höchste wirksame Gebot abgegeben hat[1]. Bei Versagungsgrund entfällt der Anspruch des Meistbietenden auf den Zuschlag[2].

3.2 „**Meistgebot**" ist das im Versteigerungstermin mit Nennung des bar zu zahlenden Betrags (§ 71 Rdn 2.2) abgegebene höchste wirksame Gebot. Wenn ein zur Befriedigung aus dem Grundstück Berechtigter geboten hat, wird zu seinem betragsmäßigen Gebot (§ 71 Rdn 2.2) **nicht** auch noch der Betrag gerechnet, mit dem bei Erteilung des Zuschlags nach § 114a erweiterte Befriedigung eintreten würde (wie hier[3]; anders[4]). Erweiterte Befriedigung nach § 114a ist materielle Folge des Zuschlags (§ 114a Rdn 2.1). Diese materielle Zuschlagsfolge und im Hinblick darauf auch der durch § 85a Abs 3 bestimmte Ausschluß des Versagungsgrunds bei Meistgebot (mit bestehenbleibenden Rechten) nur bis zur Hälfte des Grundstückswerts (§ 85a Abs 1) ändern den Betrag des für die Entscheidung über den Zuschlag maßgeblichen zahlenmäßigen Meistgebots nicht. Meistgebot ist daher gegenüber dem bar gebotenen höheren Betrag eines Dritten nicht deshalb ein geringeres bares Gebot eines zur Befriedigung aus dem Grundstück Berechtigten, weil die Befriedigungsfiktion des § 114a zu erweiterter Gläubigerbefriedigung führen würde (so aber[4]; dagegen zutreffend[5]). Das gilt für Meistgebote unter der Hälfte des Grundstückswertes (§ 85a Abs 1) ebenso wie für bare Gebote mit einem Betrag zwischen der Hälfte und sieben Zehnteilen des Grundstückswertes.

3.3 Der Meistbietende hat einen **öffentlich-rechtlichen Anspruch** auf den Zuschlag[6], falls das Verfahren ordnungsgemäß durchgeführt ist und kein gesetzli-

---

[1] OLG Düsseldorf NJW 1953, 1757; OLG Koblenz ZIP 1987, 1531 (1533).
[2] Motive zum ZVG (1889) § 113.
[3] Dassler/Schiffhauer § 81 Rdn 4; Ebeling Rpfleger 1986, 314 (Anmerkung).
[4] LG Darmstadt Rpfleger 1986, 314 mit abl Anm Ebeling.
[5] Ebeling Rpfleger 1986, 314 (Anmerkung).
[6] BGH 111, 14 (16) = DNotZ 1991, 377 = MDR 1990, 989 = NJW 1990, 3141 = Rpfleger 1990, 471.

cher Versagungsgrund nach §§ 83, 85, 85 a vorliegt. Er ist an sein Gebot gebunden. Entgegenstehende Vereinbarungen der Beteiligten sind unwirksam. Die Beteiligten können sich also nicht darüber einigen, daß der Zuschlag auf ein bestimmtes Gebot erteilt werden solle.

3.4 Tod oder Eintritt der **Geschäftsunfähigkeit** des Meistbietenden oder **Eröffnung** des Insolvenzverfahrens über sein Vermögen vor der Zuschlagsentscheidung (aber nach Schluß der Versteigerung) berühren den Zuschlagsanspruch nicht[7]. Bei Tod des Meistbietenden ist der Zuschlag den Erben zu erteilen[8] (sie sind mit Erbfolge die aus dem Meistgebot Berechtigten, BGB § 1922 Abs 1), nicht dem verstorbenen Meistbietenden (anders[9]: Meistbietenden oder Erben, auch wenn sie unbekannt sind). Ein dem Meistbietenden in Unkenntnis seines Todes erteilter Zuschlag wirkt für und gegen seine Erben[10]. Erteilung des Zuschlags, wenn die Erben unbekannt sind: § 82 Rdn 2.4. Bei Eröffnung des Insolvenzverfahrens ist der Zuschlag nicht dem Insolvenzverwalter zu erteilen, sondern dem Meistbietenden[11], wobei das Grundstück in die Insolvenzmasse fällt, der Insolvenzvermerk aber nicht im Zuschlag genannt, jedoch in das Grundbuch eingetragen werden muß und ohne Behinderung durch InsO § 80 Abs 1 eine Sicherungshypothek nach § 128 (wo nötig) eingetragen werden kann. Der Zuschlag ist an den Insolvenzverwalter zuzustellen, nicht an den Meistbietenden[11]. Der Anspruch auf Bezahlung des Meistgebots ist eine Insolvenzforderung (keine Masseschuld) mit dem Recht auf Vorwegbefriedigung aus der Insolvenzmasse[12], entstanden mit der Abgabe des Meistgebots. Meistgebot des Gemeinschuldners nach Konkurseröffnung begründete (früher) konkursfreien Neuerwerb (KO § 1); jetzt fällt Erwerb während des Insolvenzverfahrens in die Insolvenzmasse (InsO § 35). Wird der Meistbietende nach Abgabe seines Meistgebots geschäftsunfähig, so erhält er dennoch den Zuschlag. Dieser ist an den gesetzlichen Vertreter zuzustellen[13]. War er schon vorher geschäftsunfähig, so war schon das Gebot unwirksam, Zuschlag kann nicht erteilt werden. Auch an eine im Handelsregister noch nicht eingetragene GmbH kann der Zuschlag erteilt werden, weil sie bereits als Gründerorganisation (sogenannte Vorgesellschaft, auch Vor-GmbH) Grundstückseigentum erwerben kann (§ 15 Rdn 19.4; anders früher[14]; zur Vertretungsmacht der bietenden Geschäftsführer siehe jedoch § 71 Rdn 7.14).

3.5 Der Zuschlag ist dem Meistbietenden auch dann zu erteilen, wenn dieser **entgegen seinem Auftrag** nicht für einen anderen geboten hat, sondern für sich selbst. War der Bieter in **offener** (und formell richtiger) **Vollmacht** für andere tätig, so erhält der Vollmachtgeber als Meistbietender den Zuschlag (§ 71 Rdn 6).

3.6 Haben **mehrere Personen gemeinschaftlich** unter Bezeichnung ihres Miteigentumsverhältnisses (bestimmtes Bruchteilsverhältnis oder Gesamthandsgemeinschaft wie zB Gütergemeinschaft) ein Meistgebot abgegeben (§ 71 Rdn 4), dann muß ihnen der Zuschlag in diesem Verhältnis erteilt werden.

3.7 Der **Anspruch** des Meistbietenden (auch des Zessionars nach Abtretung und des vertretenen Dritten, Abs 2 und 3) auf den Zuschlag kann **gepfändet oder**

---

[7] Jaeckel/Güthe § 81 Rdn 2; Steiner/Storz § 81 Rdn 12.
[8] Dassler/Schiffhauer § 81 Rdn 7.
[9] Steiner/Storz § 81 Rdn 13.
[10] Jaeckel/Güthe § 81 Rdn 2.
[11] Dassler/Schiffhauer § 81 Rdn 9; Grasse, Konkurs des Meistbietenden (1939), S 4, 11, 17, 31, 39.
[12] Grasse aaO (Fußn 11).
[13] Dassler/Schiffhauer § 81 Rdn 8.
[14] OLG Schleswig SchlHA 1956, 294.

verpfändet werden[15]. Pfändung ist jedoch nur bis zum Wirksamwerden des Zuschlags (mit Verkündung, § 89, oder nach § 104) zulässig (damit auch nach Versagung des Zuschlags, wenn Beschwerde eingelegt ist[16]), später auch nicht mehr, wenn gegen den Zuschlagsbeschluß Beschwerde eingelegt ist[17]. Die Pfändung erfolgt nach ZPO § 857 Abs 1 und 2; das Vollstreckungsgericht ist nicht Drittschuldner. Pfändung oder Verpfändung begründen ein Rechtspfandrecht (ZPO § 804 Abs 1; BGB § 1273 Abs 1) an dem (öffentlich-rechtlichen) Anspruch (Rdn 3.3) auf den Zuschlag. Befriedigung kann der Gläubiger erst nach Erteilung des Zuschlags mit Zwangsvollstreckung in das Grundstück erlangen. Bewirken kann das Pfandrecht (wie auch beim Anwartschaftsrecht aus Auflassung) daher nur, daß der Gläubiger mit Zuschlag an den Meistbietenden (Abs 1) oder anderen (Abs 2 und 3) kraft Gesetzes eine Sicherungshypothek an dem Grundstück im Rang nach den Sicherungshypotheken für übertragene Forderungen (§ 128) erlangt[18] (ZPO § 848 Abs 2 oder BGB § 1287 Satz 2, entsprechende Anwendung). Eintragung erfolgt auf Ersuchen des Vollstreckungsgerichts (§ 130 Abs 1)[19] (anders[20]: ist von den Beteiligten zu veranlassen).

3.8 Der Meistbietende ist **nicht Beteiligter** nach § 9. Das Gericht hat aber ihm gegenüber auch eine Amtspflicht zur richtigen Durchführung des Verfahrens[21].

3.9 Über den Zuschlag an den Meistbietenden auch im ZVG-Handbuch Rdn 348, 349.

4 Erteilung des Zuschlags: Abtretung des Meistgebots (Absatz 2)

4.1 Den Zuschlag erhält (an Stelle des Meistbietenden) derjenige, dem (von diesem) die Rechte aus dem Meistgebot abgetreten worden sind: Abs 2. Neben der **Abtretung** durch den Meistbietenden ist dabei nötig, daß der Zessionar die **Verpflichtungen** aus dem Meistgebot **übernimmt**: Abs 2. Die Übernahme ist unerläßlich; Annahme der Abtretung allein wird nicht als genügend angesehen[22] (Auslegung sollte aber denkbar sein). Bedingungen oder Einschränkungen sind unbeachtlich und machen die Erklärung unwirksam. Abtretung zu Bruchteilen (nur hinsichtlich eines Grundstücksmiteigentumsanteils) ist zulässig[23], ebenso bezüglich eines oder einzelner von mehreren gleichzeitig versteigerten Grundstücken[23] (dies erlangt keine Bedeutung und ist nicht möglich, wenn der Zuschlag auf ein Gesamtmeistgebot erfolgen muß).

4.2 Die Abtretungserklärung und die Übernahmeerklärung müssen **im Termin** zu Protokoll **oder nachträglich** in einer öffentlich beglaubigten Urkunde (§ 71 Rdn 6.2) erfolgen: Abs 2. Termin ist auch hier der Versteigerungstermin und der (seine Fortsetzung bildende) Verkündungstermin[24] (anders[25]: nur im Versteige-

---

[15] BGH 111, 14 (16) = aaO (Fußn 6); Dassler/Schiffhauer § 81 Rdn 3; Steiner/Storz § 81 Rdn 8; Mohrbutter und Leyersieder NJW 1958, 370 (3); Krammer und Riedel Rpfleger 1989, 144 (145 zu 3); Stöber, Forderungspfändung, Rdn 1794.
[16] Stöber, Forderungspfändung, Rdn 1794.
[17] LG Köln NJW-RR 1986, 1058.
[18] Stöber aaO (Fußn 16); Krammer und Riedel aaO (Fußn 15).
[19] Stöber aaO (Fußn 16).
[20] Dassler/Schiffhauer § 81 Rdn 4; Krammer und Riedel aaO (Fußn 15).
[21] RG 129, 23 und RG 154, 397; BGH BGHRep 2001, 910 mit Anm Hecker = NJW-RR 2002, 307 = Rpfleger 2002, 38 = VersR 2002, 97.
[22] LG Heilbronn Rpfleger 1996, 78.
[23] LG Braunschweig Rpfleger 1999, 555; Dassler/Schiffhauer § 81 Rdn 15; Jaeckel/Güthe § 81 Rdn 3; Korintenberg/Wenz § 81 Anm 4.
[24] LG Braunschweig Rpfleger 1999, 555; Hornung Rpfleger 1972, 203 (209); Dassler/Schiffhauer § 81 Rdn 12; Jaeckel/Güthe § 81 Rdn 3; Korintenberg/Wenz § 81 Anm 2; Reinhard/Müller § 81 Anm II 2; Steiner/Storz, § 81 Rdn 48.
[25] Ebeling Rpfleger 1988, 400; Mohrbutter, Handbuch des Vollstreckungsrechts, § 43 (I); Nußbaum, Zwangsversteigerung, § 17 (II).

Zuschlagsberechtigte: Meistbietender, Zessionar　　　　4.9　§ 81

rungstermin, später, also auch im Verkündungstermin, nur in Form der Urkunde; dies ist nicht richtig, der Verkündungstermin setzt ja nur den Versteigerungstermin fort). Die Erklärung zu Protokoll ist totz der Neufassung von BGB § 129 Abs 2 weiter möglich, weil das ZVG auch nach Inkrafttreten des BeurkG noch Sondervorschriften über die gerichtliche Beurkundung enthält, die durch BeurkG §§ 55–57 nicht aufgehoben sind. Es kann nicht wegen des Beurkundungsgesetzes verlangt werden, daß wichtige Teile des Versteigerungsverfahrens jetzt vom Notar erledigt werden. BeurkG § 56 Abs 4 ist insoweit unrichtig.

4.3 **Abtretung und Übernahme** müssen nicht gleichzeitig erfolgen, sie müssen nur beide vor der Zuschlagsentscheidung liegen. Möglich sind also: Abtretung im Versteigerungstermin, Übernahme ebenso; Abtretung im Versteigerungstermin, Übernahme im Verkündungstermin; Abtretung im Versteigerungstermin, Übernahme notariell; Abtretung im Verkündungstermin, Übernahme ebenso; Abtretung notariell, Übernahme im Verkündungstermin; Abtretung notariell, Übernahme ebenso. Nach der Zuschlagsentscheidung ist nichts mehr möglich, das Eigentum kann dann nur noch notariell übertragen werden.

4.4 Auch für den Zessionar müssen alle Genehmigungen und **sonstigen Voraussetzungen** wie für den Meistbietenden vorliegen.

4.5 **Rücknahme oder Widerruf** der Abtretung oder der Übernahme sind unzulässig. Es ist bis zur Erteilung des Zuschlags nur weitere Abtretung (und Übernahme) an den Meistbietenden (einen Dritten), danach nur eine notarielle Rückübertragung des Eigentums möglich, wobei aber die eingetretene samtverbindliche Haftung bestehenbleibt[26] (anders[27]: alle Erklärungen könnten bis zur Zuschlagsentscheidung zu Protokoll oder in notariell beglaubigter Form wieder zurückgenommen werden; nicht zu billigen, weil die Abtretung ein dingliches Geschäft ist und unmittelbar die Rechtsänderung bewirkt).

4.6 Der Zuschlag ist wirksam, auch wenn die Abtretung der Rechte nur **zum Schein** erfolgt ist[28]. Die Abtretung als dingliches Rechtsgeschäft ist sittlich indifferent und kann daher nicht nach BGB § 138 nichtig sein. Sie kann (ebenso wie ein Gebot, § 71 Rdn 2.10) in einem besonderen Ausnahmefall jedoch als rechtsmißbräuchlich unwirksam sein[29].

4.7 Muster für die Abtretung im ZVG-Handbuch Rdn 360, sonst dort Rdn 361, 362.

4.8 Die Abtretung des Rechts aus dem Meistgebot (Abs 2) als **Verfügungsgeschäft** ist unabhängig von schuldrechtlichen Beziehungen des Meistbietenden und des Zessionars zueinander. Für Wirksamkeit der Abtretung des Meistgebots, somit auch für das Recht des „anderen" (Zessionars) auf Erteilung des Zuschlags, erlangt daher ein obligatorischer Vertrag keine Bedeutung, der die Schuld des Meistbietenden zur Abtretung und die des anderen (Zessionars) zur Übernahme der Verpflichtung aus dem Meistgebot begründet. Dem Vollstreckungsgericht ist nur die Abtretung (mit Übernahme) nach Abs 2 nachzuweisen, nicht aber ein ihr zugrundeliegender Vertrag.

4.9 Durch **schuldrechtlichen Vertrag** (BGB § 311 Abs 1, § 241 Abs 1) zwischen dem Meistbietenden und dem anderen (Zessionar) kann die **Verpflichtung** des Meistbietenden, das Recht aus dem Meistgebot zu übertragen, und die Schuld des anderen (Zessionars), die Pflichten aus dem Meistgebot zu übernehmen (oder auch nur eine dieser Pflichten) **begründet** werden. Der Schuldvertrag kann als

---

[26] Jaeckel/Güthe § 81 Rdn 5.
[27] Drischler, ZVG, § 81 Anm 3.
[28] OLG Karlsruhe MDR 1954, 112.
[29] AG Bremen Rpfleger 1999, 88.

Kaufvertrag (Rechtskauf), Tausch-, Schenkungs- oder Gesellschaftsvertrag (oder mit sonst zulässigem Inhalt) vereinbart werden; er hat auszuweisen, ob der andere (Zessionar) eine Gegenleistung für Übernahme der Verpflichtung aus dem Meistgebot schuldet. Klären sollte er, wer im Innenverhältnis die Verpflichtung aus dem Meistgebot trägt; soll sie den Zessionar treffen, so kann vereinbart werden, daß er dem mithaftenden Meistbietenden die rechtzeitige Erfüllung der Meistgebotsverpflichtung schuldet, ihn somit von Inanspruchnahme durch Berechtigte (§ 81 Abs 4, §§ 82, 132) freizustellen hat[30]. Umgekehrt kann vereinbart werden, daß der Meistbietende im Innenverhältnis haftbar bleiben soll, den anderen (Zessionar) somit wieder von der ihn als Ersteher treffenden Zahlungspflicht befreien soll[31]. Für das Schuldverhältnis der Vertragsparteien (Innenverhältnis; nicht aber für [Wirksamkeit der] Abtretung[32]) ist auch Bestimmung über den Ersatz einer vom Bieter geleisteten Sicherheit (§§ 67–70) zu treffen[33].

4.10 Der **Schuldvertrag** bedarf als Rechtskauf nicht der **Form** von BGB § 311b Abs 1, kann demnach frei geschlossen werden[34] (so nur mit Einschränkung[35]). Entsprechendes hat für andere schuldrechtliche Vertragsformen zu gelten; für ein Schenkungsversprechen ist notarielle Beurkundung erforderlich (BGB § 518). Will der Meistbietende sich zur Verschaffung des ihm noch nicht zustehenden Eigentums an dem zu versteigernden Grundstück verpflichten (Verkauf einer noch fremden Sache für eigene Rechnung; ungewöhnlich), dann begründet BGB § 311b Abs 1 Beurkundungspflicht[36]. Begründung der Erwerbspflicht des „anderen" (Zessionars) kann Beurkundungspflicht nach BGB § 311b Abs 1 gleichfalls nicht gebieten, wenn Gegenstand des Kaufvertrags das Recht aus dem Meistgebot, nicht aber das Eigentum an dem versteigerten Grundstück ist. Ob dieser Ansicht festzuhalten ist (wie mir scheint), ist allerdings nicht geklärt. Beurkundung nach BGB § 311b Abs 1 wäre zu fordern, wenn das Recht aus dem Meistgebot bereits gleich dem Anwartschaftsrecht des Grundstückserwerbers als ein dem Volleigentum wesensgleiches Recht anzusehen wäre (zum Formerfordernis für Begründung der Verpflichtung zur Übertragung des Anwartschaftsrechts[37]). Das Meistgebot verschafft jedoch noch keine dem Grundstückseigentum wesensgleiche Rechtsposition; die Rechtsposition des Meistbietenden kann vielmehr einseitig noch durch den Schuldner (mit Wegfertigung der Gläubigerforderung) und außerdem durch den (bestrangig) betreibenden Gläubiger (mit Bewilligung der Verfahrenseinstellung oder -aufhebung) zerstört werden. Demnach muß (gleich der Verpflichtung zur Übertragung des Auflassungsanspruchs; dazu[38]) auch die Verpflichtung zur Übertragung des Meistgebots und ebenso die zum Erwerb des Meistgebotsanspruchs formfrei begründet werden können.

4.11 Zur Niederschrift des Vollstreckungsgerichts können nur die auf Übertragung des Rechts aus dem Meistgebot (mit Übernahme der Verpflichtung) gerichteten Erklärungen des Abs 2 abgegeben werden; schuldrechtliche Vereinbarungen der Beteiligten können nicht zu Protokoll des Vollstreckungsgerichts erklärt werden (keine Beurkundungszuständigkeit des Gerichts; ähnlich[39]).

---

[30] Hagemann ZBlFG 12, 591 (594, 595).
[31] RG 150, 397 (403, 404).
[32] LG Braunschweig Rpfleger 1999, 555.
[33] Hagemann aaO (Fußn 30).
[34] RG 150, 397 (403, 404); Hagemann aaO (Fußn 30); Hornung Rpfleger 1972, 203 (II 1 c).
[35] BGB-RGRK/Ballhaus § 313 Rdn 63.
[36] RG aaO (Fußn 34).
[37] BGH 83, 395 (399, 400) = DNotZ 1982, 619 = Rpfleger 1982, 271.
[38] BGH 89, 41 = DNotZ 1984, 319 = NJW 1984, 973 = Rpfleger 1984, 143.
[39] Hornung Rpfleger 1972, 203 (II 1 c).

Zuschlagsberechtigte: Meistbietender, Zessionar   5.4 § 81

4.12 Wegen eines dem Grundstück anhaftenden Sachmangels können, wenn Gegenstand des Kaufvertrags das Recht aus dem Meistgebot war, Gewährleistungsansprüche aus BGB § 437 nicht erhoben werden[40].

Erteilung des Zuschlags: Verdeckte Vertretung (Absatz 3)

5.1 Auch in verdeckter (oder stiller) Vollmacht kann für den Meistbietenden geboten werden: Abs 3. Dieses Vorschieben eines **Strohmannes** ist nicht sittenwidrig, weil die Beteiligten keinen Anspruch darauf haben, daß die wirkliche Interessenlage offenbar werde. Der Dritte kann gute Gründe haben, seinen Namen zunächst nicht zu nennen und einen anderen vorzuschieben[41], insbesondere wenn etwa öffentliche Stellen befürchten müssen, daß das Gebot bei ihnen weit über den Wert hinaus getrieben würde. Die verdeckte Vollmacht wurde früher als Commandererklärung bezeichnet. Zur offenen Vollmacht § 71 Rdn 6. Der Bieter kann auch für sich und einen verdeckten Vollmachtgeber bieten, was auch unter Abs 3 fällt[42].

5.2 Den Zuschlag erhält der Vollmachtgeber, wenn der Meistbietende im Versteigerungstermin oder nachträglich in einer öffentlich beglaubigten Urkunde (§ 71 Rdn 6.2) erklärt, daß er für einen anderen geboten habe: Abs 3. Dabei muß aber die Vertretungsmacht des Meistbietenden oder die Zustimmung des Vollmachtgebers entweder bei Gericht offenkundig oder durch eine öffentlich beglaubigte Urkunde nachgewiesen sein: Abs 3. Die **Erklärung des Meistbietenden** kann also im Versteigerungstermin erfolgen, spätestens im Verkündungstermin vor der Zuschlagsentscheidung; sie kann zu Protokoll eines der beiden Termine erfolgen oder in einer öffentlich beglaubigten Urkunde. Die **Vollmacht oder die Zustimmung des Vertretenen** muß entweder offenkundig sein (hierzu § 17 Rdn 4.4) oder nachträglich werden[42] oder ebenfalls in einer den genannten Anforderungen genügenden Urkunde enthalten sein; auch hier müßte die Erklärung zu Protokoll genügen, weil sie damit ja offenkundig ist. Bestimmung eines gesonderten Verkündungstermins (§ 87) für Nachweis der Vertretungsmacht oder Zustimmung des anderen kann im Einzelfall geboten sein (siehe Einl Rdn 7 und 8.2). Sobald beide Erklärungen abgegeben sind, können sie nicht mehr widerrufen (so auch[43]), sondern nur durch Abtretung der Rechte seitens des Vollmachtgebers in der Form des § 81 Abs 2 geändert werden (wegen mehrfacher Grunderwerbsteuer s Rdn 7).

5.3 Fehlt entweder die notwendige Erklärung des Meistbietenden oder die Erklärung bzw Vollmacht des Vollmachtgebers, dann muß der Zuschlag dem Meistbietenden selbst erteilt werden, ohne Rücksicht auf das angebliche Vollmachtsverhältnis. **Nur beide Vorgänge zusammen** haben die Wirkung des Abs 3. Die Zuschlagsvoraussetzungen richten sich zunächst nach der Person des Bieters, nach Abgabe beider Erklärungen nach der des Vollmachtgebers (zB die Frage der Geschäftsfähigkeit).

5.4 War der Meistbietende von **mehreren Personen** verdeckt bevollmächtigt, so bestimmt er in seiner Erklärung Art und Umfang des Beteiligungsverhältnisses, falls die Vollmachtgeber dies nicht ihrerseits in ihrer Erklärung oder Vollmacht angeben. Äußern die Vollmachtgeber sich nicht, so entscheidet für das Gericht die Erklärung des Meistbietenden, auch wenn sie vom Auftrag abweicht; im Innenverhältnis haftet der Meistbietende seinen Auftraggebern für die richtige Erfüllung des Auftrags. Weichen die ausdrücklichen Erklärungen aber voneinander ab und ist dies nicht mehr vor der Zuschlagsentscheidung in gesetzlicher Form zu klären,

---

[40] RG aaO (Fußn 34).
[41] Motive zum ZVG § 123.
[42] LG Bonn JMBlNW 1978, 236.
[43] Steiner/Storz § 81 Rdn 55.

§ 81 5.4   Entscheidung über den Zuschlag

dann liegt eben die notwendige zweite Erklärung nicht vor und der Zuschlag wird an den Meistbietenden erteilt.

5.5   Über die verdeckte Vollmacht im ZVG-Handbuch Rdn 361, 362.

6 Gesamtschuldnerische Haftung (Absatz 4)

Als Gesamtschuldner (BGB § 421) haften der **Meistbietende** und der **Ersteher** für die Erfüllung der Verpflichtung aus dem Meistgebot (Abs 4), wenn der Zuschlag nach Abtretung des Rechts aus dem Meistgebot dem Zessionar (Abs 2) oder an einen verdeckten Vollmachtgeber (Abs 3) erteilt worden ist. Sie haften samtverbindlich für die Verpflichtungen aus dem baren Meistgebot und für die Kosten des Zuschlags. Dagegen haften sie nicht samtverbindlich im Sinne von § 53, weil nur der Ersteher die dort geregelte Hypothekenhaftung übernimmt[44], auch nicht samtverbindlich für Zuzahlungen nach §§ 50, 51, weil diese nur den Ersteher treffen. Bei mehrfacher Abtretung der Rechte aus dem Meistgebot haften alle Zedenten samtverbindlich mit (anders[45]: die Zwischenleute würden nicht haften).

7 Grunderwerbsteuer beim Zuschlag, Umsatzsteuer

7.1 Die **Grunderwerbsteuer** ist bundeseinheitlich durch das Grunderwerbsteuergesetz (GrEStG) vom 26. 2. 1997 (BGBl I 419) geregelt.

7.2 Die Grunderwerbsteuer beträgt **3,5 vom Hundert** (GrEStG § 11 Abs 1).

7.3 Das **Meistgebot** im Zwangsversteigerungsverfahren unterliegt der Grunderwerbsteuer (GrEStG § 1 Abs 1 Nr 4). Grunderwerbsteuerrechtlich wird damit der besteuerungswürdige Übergang des Eigentums im Zwangsversteigerungsverfahren bereits beim Meistgebot erfaßt[46]. Der Übergang des Eigentums mit dem Zuschlag selbst unterliegt daher nicht mehr der Grunderwerbsteuer (GrEStG § 1 Abs 1 Nr 3 Satz 2 Buchst c). Der weitere Verlauf des Zwangsversteigerungsverfahrens hat folglich keinen Einfluß mehr auf den einmal verwirklichten Steuertatbestand[46] (zur Korrektur nach GrEStG § 16 siehe aber Rdn 7.8). Die Besteuerung des Meistgebots wird auch nicht dadurch ausgeschlossen, daß der Meistbietende zur Vermeidung wirtschaftlicher Nachteile (Ausfall seines Rechts) zum Grundstückserwerb im Versteigerungsverfahren gezwungen ist[46]. Der Grunderwerbsteuer unterliegt außerdem ein Rechtsgeschäft, das den Anspruch auf **Abtretung ... der Rechte** aus dem Meistgebot begründet (GrEStG § 1 Abs 1 Nr 5) sowie deren Abtretung, wenn kein anspruchsbegründendes Geschäft vorausgegangen ist (GrEStG § 1 Abs 1 Nr 7). Grunderwerbsteuerpflichtig ist somit (bereits) die Begründung eines Anspruchs auf Übereignung, nicht erst der Zuschlag[47]. Die Grunderwerbsteuerpflicht des Meistgebots nach GrEStG § 1 Abs 1 Nr 4 wird nicht dadurch ausgeschlossen, daß mit Abtretung der Rechte aus dem Meistgebot ein weiterer grunderwerbsteuerrechtlicher Tatbestand erfüllt ist. Bei Abtretung der Rechte aus dem Meistgebot liegen somit grunderwerbsteuerrechtlich zwei Erwerbsvorgänge vor; die Grunderwerbsteuer fällt damit doppelt an. Bei Abgabe des Meistgebots durch einen Vertreter (in offener Vertretung, § 71 Abs 2) ist der Vertretene Bieter; es unterliegt daher nur das Meistgebot (einmal) der Grunderwerbsteuer. Steuerpflichtiger Vorgang ist außerdem der Erwerb des Anspruchs auf Erteilung des Zuschlags durch **Erklärung** des Meistbietenden, daß er **für einen anderen geboten** habe (Abs 3). Aus dem Handeln in verdeckter Stellvertretung ergibt sich die Verpflichtung, dem Vertretenen die Rechte aus dem Meistgebot zu verschaffen; der Rechtsvorgang unterliegt der Grunderwerbsteuer nach GrEStG

---

[44] RG 125, 100 (104).
[45] Dassler/Schiffhauer § 81 Rdn 18.
[46] BFH BStBl 1994 II 525 = BB 1994, 2194.
[47] BFH BStBl 1975 I, 92.

§ 1 Abs 2[48]. Auch in diesem Fall fällt die Grunderwerbsteuer damit doppelt an. Wenn der Bevollmächtigte mangels formgerechter Vollmacht (§ 71 Abs 2) für sich selbst bietet und erst später (vor dem Zuschlag) die Vollmacht vorlegt, wird (unter den weiteren Voraussetzungen des Abs 3) dem Vertretenen der Zuschlag erteilt; die Steuer fällt damit doppelt an. Im Einzelfall kann es sachlich unbillig sein, die Steuer zu erheben, wenn der Meistbietende das Meistgebot für sich wirtschaftlich und rechtlich überhaupt nicht gewollt hat wie dann, wenn er für den im Versteigerungstermin anwesenden Auftraggeber handeln wollte, dies aber erst nach Schluß der Versteigerung deutlich gemacht hat[48], oder wie dann, wenn er das Grundstück alsbald demjenigen weitergegeben hat, in dessen Namen er von Anfang an handeln wollte[49]. Dann kann es billig sein, dem Meistbietenden die Grunderwerbsteuer zu erlassen[50]. Über die Billigkeitsfrage hat das Finanzamt zu entscheiden. Zwei grunderwerbsteuerpflichtige Erwerbsvorgänge sieht die Finanzverwaltung auch in der Ersteigerung eines Grundstücks zur Rettung eines ausfallgefährdeten Grundpfandrechts durch eine Tochtergesellschaft oder ein Beteiligungsunternehmen (Grundstücksverwaltungsgesellschaft), bei der diese nicht verpflichtet ist, das erworbene Grundstück an das Kreditinstitut herauszugeben und auch den bei einer Verwertung des Grundstücks erzielten (Mehr-)Erlös nicht abführen muß: Nach GrEStG § 1 Abs 1 Nr 1 oder 4 für Abgabe des Meistgebots und nach GrEStG § 1 Abs 2 für Erwerb der Verwertungsmöglichkeit durch den Auftraggeber[51] (unter Hinweis auf ein damals anhängiges Musterverfahren).

7.4 Steuerpflichtig sind diese Rechtsvorgänge für **Grundstücke, Gebäudeeigentum, Erbbaurecht** (GrEStG § 2 Abs 2) und **Wohnungseigentum.**

7.5 Die Steuer zu 3,5 vom Hundert bemißt sich nach dem Wert der Gegenleistung (GrEStG § 8 Abs 1). Als Gegenleistung gilt (GrEStG § 9 Abs 1 Nr 4 und Nr 5) beim Meistgebot dieses einschließlich der Rechte, die nach den Versteigerungsbedingungen bestehen bleiben, bei der Abtretung der Rechte aus dem Meistgebot die Übernahme der Verpflichtung aus dem Meistgebot. Im letztgenannten Fall werden zusätzliche Leistungen, zu denen sich der Erwerber gegenüber dem Meistbietenden verpflichtet, hinzugerechnet und Leistungen, die der Meistbietende dem Erwerber gegenüber übernimmt, abgesetzt. Nach doppeltem Ausgebot (§ 59 Abs 2) bestimmt sich die Gegenleistung nach dem Meistgebot, dem der Zuschlag erteilt ist[52]. Eine bestehenbleibende Grundschuld gehört mit ihrem Nennwert auch dann zur Gegenleistung, wenn sie der Meistbietende kurz vor der Versteigerung unter dem Nennwert erworben hat[52]. Bei Erwerb durch einen zur Befriedigung aus dem Grundstück Berechtigten wird für die Bemessung der Steuer zur Gegenleistung (Meistgebot und bestehenbleibende Rechte) auch der Betrag gerechnet, in dessen Höhe der Ersteher auf Grund der Fiktion des § 114a (bis zu 7/10 des Grundstückswert) als befriedigt gilt[53]; das verstößt nicht gegen das GrundG[54]. Zur Bemessungsgrundlage für Grundstückserwerbe unter Berücksichtigung der Befriedigungsfiktion des § 114a ZVG siehe koord. Ländererlaß v 24. 6. 1987, Steuererlasse 600 § 9/13. Zur Gegenleistung kann auch der vom Ersteher einer anderen Person dafür gewährte Betrag gehören, daß sie auf den

---

[48] BFH Betrieb 1980, 1970 = ZIP 1980, 691.
[49] BFH 94, 85 = BStBl 1969 II 41.
[50] BFH Betrieb 1980, 1970 = ZIP 1980, 691.
[51] FinMin Baden-Württemberg, Erlaß vom 12. 1. 1995, S 4500/42; BB 1995, 295 = KTS 1995, 425 sowie Nds. FinMin. Erlaß vom 18. 8. 1995, S 4501–31–32 2; BB 1995, 2064.
[52] BFH BStBl 1985 II 339 = DNotZ 1986, 212.
[53] BFH 145, 95 = BB 1986, 724 Leitsatz = Betrieb 1986, 309 mit abl Anm Muth = BStBl 1986 II 148 = Rpfleger 1986, 189 = ZIP 1986, 495; BFH 159, 241 = BB 1990, 1261 = Betrieb 1990, 720 Leitsatz = BStBl 1990 II 228; BFH 171, 191 = BB 1994, 2194 = BStBl 1994 II 525.
[54] BVerfG (Kammerbeschluß) BWNotZ 1990, 123 = KTS 1990, 673 = NJW 1990, 2375.

§ 81 7.5 Entscheidung über den Zuschlag

Grundstückserwerb verzichtet hat, damit auch eine außerhalb des Zwangsversteigerungsverfahrens einem Grundpfandgläubiger geleistete Zahlung (GrEStG § 9 Abs 2 Nr 3).

7.6 Steuerschuldner ist der Meistbietende (GrEStG § 13 Nr 4), auch wenn er seine Rechte abgetreten oder als verdeckter Vertreter geboten hat. Die Steuer für Abtretung der Rechte aus dem Meistgebot sowie für Verschaffung der Rechte aus verdeckter Stellvertretung schulden der Meistbietende und der Ersteher (als Vertragsteile nach GrEStG § 13 Nr 1).

7.7 Steuerbefreiung besteht nur noch in wenigen GrEStG-Sonderfällen. Diese Ausnahmen von der Besteuerung regeln § 3 und § 4 ua für den Erwerb unter 2500 Euro, den Erwerb durch Miterben (ihre Ehegatten) bei Nachlaßteilung (auch durch Ehegatten bei Teilung gütergemeinschaftlichen Vermögens), den Erwerb durch den Ehegatten und verwandte Personen sowie den Erwerb durch den früheren Ehegatten nach Scheidung. Nach Landesrecht war bis 31. 12. 1982 auch der Erwerb zur Rettung eines Grundpfandrechts unter bestimmten Voraussetzungen grunderwerbsteuerfrei; diese Steuerbefreiung ist entfallen.

7.8 Die Steuerpflicht **entfällt** (nach Maßgabe des GrEStG § 16), wenn der Zuschlag nicht erteilt wird (wegen Antragsrücknahme, Verfahrenseinstellung oder eines sonstigen Versagungsgrundes), oder wenn der Erwerb mit Wiederversteigerung rückgängig gemacht ist[55]. Zu Einzelheiten[56].

7.9 Vom Zuschlagsbeschluß ist **dem Finanzamt,** das für die Steuer zuständig ist, Anzeige zu erstatten, und zwar (nun) nach amtlich vorgeschriebenem Vordruck (bundeseinheitlicher Vordrucksatz, der zur Verfügung gestellt wird; GrEStG § 18). Die Anzeige hat binnen zwei Wochen nach der Entscheidungsverkündung zu erfolgen, auch dann, wenn die Rechtsmittelfrist noch nicht abgelaufen ist oder das Gericht annimmt, daß der Erwerbsvorgang von der Besteuerung ausgeschlossen ist. Die Absendung der Mitteilung ist auf der Urschrift des Zuschlagsbeschlusses zu vermerken (GrEStG § 18 Abs 4 und MiZi XI 2 Abs 2). Sind (bei verbundenen Verfahren) mehrere Finanzämter zuständig, so erhält das Finanzamt die Anzeige, in dessen Bezirk das wertvollste Grundstück liegt (näher MiZi XI Abs 3 Nr 2). Erst nach Absendung dieser Anzeige darf das Gericht den Verfahrensbeteiligten Ausfertigungen oder beglaubigte Abschriften des Beschlusses (zB für Vollstreckungszwecke) erteilen (GrEStG § 21). Erst wenn das Finanzamt eine **Unbedenklichkeitsbescheinigung** erteilt hat und diese dem Vollstreckungsgericht vorgelegt wird, darf das Vollstreckungsgericht im Rahmen des Grundbuchersuchens aus § 130 den Ersteher in das Grundbuch eintragen lassen (GrEStG 22).

7.10 Umsatzsteuerrechtlich führt die Zwangsversteigerung des Grundstücks eines **Unternehmers** (Begriff: UStG § 2) (nur) bei Umsatz im Rahmen seines Unternehmens (damit eines für das Unternehmen verwendeten Grundstücks, nicht somit die Versteigerung eines Privatgrundstücks des Unternehmers) zu einer Lieferung des Vollstreckungsschuldners als Grundstückseigentümer (nicht des Bundeslandes, in dem das Vollstreckungsgericht sich befindet) unmittelbar an den Ersteher[57]. Der Umsatz würde daher der Umsatzsteuer nach UStG § 1 Abs 1 Nr 1 unterliegen. Das gilt aber nach UStG § 1 Abs 1a nicht, wenn eine Geschäftsveräußerung vorliegt[58]. Auch wenn keine Geschäftsveräußerung vorliegt, ist aber der Umsatz, der unter das Grunderwerbsteuergesetz fällt (zu Maschinen usw im Betriebsvermögen Rdn 7.13) steuerfrei (UStG § 4 Nr 9a). Auf diese Steuerfreiheit kann der Vollstreckungsschuldner als Unternehmer nach UStG § 9 Abs 1 verzichten. Zulässig ist

---

[55] BFH 155, 157 = BStBl 1989 II 138 = BB 1989, 767.
[56] Oberfinanzdirektion Hannover, Verfügung 27. 9. 1988, KTS 1989, 626.
[57] BFH 146, 484 und 171, 7 = je aaO (Fußn 58); BFH 165, 113 = BStBl 1991 II 817 = BB 1991, 1622; BFHE 198, 230 = NZI 2003, 458.
[58] BFHE 198, 230 = aaO (Fußn 57).

der Verzicht aber nur bis zur Aufforderung zur Abgabe von Geboten (UStG § 9 Abs 3). Er ist nur möglich, wenn auch der Ersteher Unternehmer ist und der Umsatz an ihn für sein Unternehmen ausgeführt ist (nicht damit sonst, somit nicht, wenn der Ersteher nicht Unternehmer ist oder die Lieferung nicht für dessen Unternehmen ausgeführt wird). Bei Verzicht auf die Steuerbefreiung unterliegt die unternehmerische Lieferung durch Zwangsversteigerung der Umsatzsteuer (UStG § 1 Abs 1 Nr 1). Folge ist, daß der Ersteher als (umsatzsteuerpflichtiger) Unternehmer die Umsatzsteuer als Vorsteuerbetrag abziehen kann[59] (UStG § 15), wenn sie rechnungsmäßig gesondert ausgewiesen ist; das kann auch mit Abrechnung durch Gutschrift erfolgt sein[60].

7.11 Die Umsatzsteuer schuldet der Ersteher als Leistungsempfänger, wenn er ein Unternehmer oder eine juristische Person des öffentlichen Rechts ist (UStG § 13 b Abs 2 Satz 1).

7.12 Das vom Ersteher im Verteilungstermin zu berichtigende **Bargebot** (§ 49 Abs 1, § 107 Abs 2) ist ein **Nettobetrag**[61]. Umsatzsteuer ist in ihm nicht enthalten. Aus ihm ist Umsatzsteuer nicht zu entrichten. Auswirkungen auf die Verpflichtung des Erstehers zur Berichtigung des (vollen) baren Meistgebots durch Zahlung an das Vollstreckungsgericht (§ 49 Abs 1, § 107) und ebenso auf die Verteilung dieses (gesamten) Versteigerungserlöses an die zur Befriedigung aus dem Grundstück Berechtigten (§§ 10, 109 mit § 114) hat die Option des Schuldners zur Umsatzsteuerpflicht somit nicht. Das gilt für das Meistgebot insgesamt auch, wenn sich die Versteigerung auf Zubehör erstreckt hat[61].

7.13 Zu den Grundstücken im Sinne des GrEStG werden Maschinen und sonstige Vorrichtungen aller Art, die zu einem Betriebsvermögen gehören, nicht gerechnet (GrEStG § 2 Abs 1 Satz 2 Buchst a). Grunderwerbsteuer fällt für sie nicht an. Ihre Ersteigerung ist daher nicht nach UStG § 4 Nr 9 Buchst a steuerbefreit[62]; für sie kommt es auf eine Option nach UStG § 9 Abs 1 daher nicht an.

Kosten des Zuschlags 8

Die Kosten des Zuschlags fallen dem Ersteher zur Last (§ 58). Zu diesen Kosten im einzelnen Einl Rdn 79 (Gerichtsgebühr), Einl Rdn 84 (Gerichtsauslagen) und Einl Rdn 89 (Rechtsanwaltsgebühren und -auslagen).

Rechtskraft des Zuschlags 9

9.1 Der Zuschlag ist der **materiellen Rechtskraft** fähig[63]. Sein rechtskraftfähiger Inhalt (§ 82) **bestimmt Rechte** und **Pflichten** des Erstehers und das Bestehenbleiben oder Erlöschen der Grundstücksrechte, soweit nicht eine Liegenbelassungsvereinbarung nach § 91 Abs 2 eingreift. Der Ersteher kann auf seine Rechte nicht verzichten; er kann nur notariell das Eigentum rückübertragen oder erloschene Rechte neu bestellen. Wenn der Gegenstand des Zuschlags nicht existiert, ist das ein Schaden des Erstehers, der vielleicht Vollstreckungsgericht oder Grundbuchamt auf Schadensersatz belangen kann. Der privatrechtliche Begriff von der Unmöglichkeit der Leistung gilt für Staatshoheitsakte nicht. Selbst wenn ein nicht dem Vollstreckungsschuldner, sondern einem Dritten gehörendes Grundstück auf

---

[59] BFH 146, 484 = BStBl 1986 II 500 = BB 1986, 1349 = Betrieb 1986, 1756 = ZIP 1086, 991, BGH 171, 7 = BB 1993, 1647 = NJW 1994, 1176.
[60] BFH 171, 7 = aaO (Fußn 59).
[61] BGH 154, 327 = MDR 2003, 953 = NJW 2003, 2238 = NZI 2003, 565 = Rpfleger 2003, 450.
[62] BGH 154, 327 (330) = aaO.
[63] BGH DNotZ 1987, 90 = FamRZ 1986, 978 = NJW-RR 1986, 1115 = Rpfleger 1986, 396.

§ 81 9.1 Entscheidung über den Zuschlag

Grund etwa eines falschen Grundbuchbeschriebs zugeschlagen wird, bleibt es dabei, der Dritte hat Schadensersatzansprüche.

9.2 Alle **Einwendungen** gegen die Zulässigkeit des Zuschlags sind mit Eintritt seiner Rechtskraft **abgeschnitten** (ausgeschlossen), gleich ob sie sich darauf stützen, daß die sachlich-rechtlichen Voraussetzungen für die Versteigerung nicht gegeben seien (hätte im Wege der Vollstreckungsabwehrklage vor dem Zuschlag geltend gemacht werden müssen) oder ob sie verfahrensrechtlicher Art sind (sie hätten spätestens durch Zuschlagsanfechtung geltend gemacht werden müssen)[64]. Verfahrensfehler sind nicht mehr zu beseitigen. Die Rechtskraft des Zuschlags heilt alle Mängel, weil der Zuschlag als öffentlich-rechtlicher Akt von seinen Voraussetzungen unabhängig ist. Er gilt also **auch, wenn** er **fehlerhaft** ist. Er kann nicht nach Ausschöpfung des ZVG-Rechtsmittelweges durch Klage geändert oder beseitigt werden[65]. Nach Rechtskraft kann sich auch niemand mehr auf Zuschlagsversagungsgründe (sogar die zwingenden des § 83) berufen. Das Meistgebot kann nach Rechtskraft nicht mehr angefochten werden (§ 71 Rdn 3), wie auch zu dieser Zeit eine fehlerhafte Wertfestsetzung nicht mehr bedeutsam ist[66]. Die Folgen des Zuschlags können selbst im Wege eines Prozesses nicht mehr beseitigt werden[67]. Es kann auch bei einem landwirtschaftlichen Grundstück die landwirtschaftliche Genehmigungsbehörde keinen Widerspruch nach dem Grundstücksverkehrsgesetz eintragen lassen[68] (solche Grundstücke werden ohnehin jetzt behandelt wie andere, § 15 Rdn 24).

9.3 Der rechtskräftige **Zuschlag kann nicht mehr geändert** oder ergänzt werden. Berichtigung nach ZPO § 319 ist zulässig (§ 82 Rdn 4). Die Beteiligten müssen sich auf der durch den Zuschlag geschaffenen Rechtslage auseinandersetzen[69].

9.4 Gegen den rechtskräftigen Zuschlag ist auch kein Wiederaufnahme- oder Nichtigkeitsverfahren nach ZPO §§ 578 ff möglich. Anfechtung mit der an besondere Voraussetzungen gebundenen außerordentlichen Beschwerde wird jedoch für zulässig erachtet (hierzu § 96 Rdn 3).

9.5 Wenn einer **Verfassungsbeschwerde** gegen den (rechtskräftigen) Zuschlagsbeschluß (Gesetz über das BVerfG, Sartorius Nr 40, § 90) wegen einer Grundrechtsverletzung stattgegeben wird, hebt das Bundesverfassungsgericht den Zuschlag auf (Gesetz § 95 Abs 2). Es verweist die Sache zur neuen Entscheidung an ein zuständiges Gericht zurück (Gesetz § 95 Abs 2).

9.6 Gegenüber dem **Einwand der unzulässigen Rechtsausübung** (BGB § 826) ist die Berufung auf die Rechtskraft des Zuschlagsbeschlusses ohne Erfolg, wenn eine Rechtsverfolgung mit den Regeln von Treu und Glauben nicht zu vereinbaren ist[70]. Jedoch ist ein gegen Treu und Glauben verstoßendes Verhalten nur dann gegeben, wenn zu der Ausnutzung der Rechtskraft des Zuschlagsbeschlusses und zur Kenntnis von seiner Unrichtigkeit[71] noch besondere Umstände hinzutreten, welche die Ausnutzung als unzulässige Rechtsausübung erscheinen lassen[72]. Das gilt auch dann, wenn der Zuschlag zwar nicht selbst unrichtig ist, aber auf der feh-

---

[64] BGH BB 1960, 65 = WM 1960, 25.
[65] RG 67, 380.
[66] BGH MDR 1971, 567 = NJW 1971, 1751 = Rpfleger 1971, 212.
[67] RG 67, 380.
[68] BGH BB 1960, 65 = WM 1960, 25.
[69] RG 138, 125 und 171, 120 (121).
[70] BGH 53, 47 = MDR 1970, 222 = NJW 1970, 565 = Rpfleger 1970, 60 Leitsatz; BGH NJW 1971, 1751 = aaO (Fußn 66).
[71] BGH NJW 1971, 1751 = aaO (Fußn 66).
[72] BGH 53, 47 = aaO (Fußn 70).

Zuschlagsberechtigte: Meistbietender, Zessionar 10.1 § 81

lerhaften Festsetzung des Grundstückswerts beruht[73]. Als sittenwidriger Vollstreckungszugriff kann beim Hinzutreten besonderer (außergewöhnlicher) Umstände aus BGB § 826 hergeleitet werden, daß der Zuschlag gegenüber einem oder allen Gläubigern des Schuldners als nicht erfolgt gilt[74]. Unter den Voraussetzungen von BGB § 826 muß auch Schaden ersetzt werden, wenn der Zuschlag durch ein unlauteres Verhalten bei der Versteigerung erschlichen worden ist[75]. Der Staat, der als Träger des Verfahrens dieses mißbraucht, um zum Nachteil eines Beteiligten im Zusammenspiel mit einem anderen Beteiligten das Grundstück vorteilhaft zu erwerben, und hierfür zB außerhalb der Versteigerung Beträge an Beteiligte zahlt, die sonst als Teil des Meistgebots anderen zufließen müßten, und so den Schuldner schädigt, kann sich gegenüber dem Geschädigten nicht auf die Rechtskraft des Zuschlags berufen. In solchen Fällen kann es sich aber immer nur darum handeln, daß ein durch den Zuschlag Berechtigter gehindert ist, seine Rechte zu gebrauchen (auch daraus nach § 93 zu vollstrecken) oder daß Schadensersatz zu leisten ist; für den Ersteher kann das äußerstenfalls eine Rückübertragungspflicht einschließen. Den rechtskräftigen Zuschlag als solchen mit seinen Rechtsfolgen (Eigentumserwerb des Erstehers, Erlöschen von Rechten, §§ 90, 91) berühren solche schuldrechtliche Einzelpflichten nicht. Hierüber hat daher auch nicht das Vollstreckungsgericht zu entscheiden, sondern auf Klage eines Geschädigten das Prozeßgericht.

9.7 Die besonderen rechtsgestaltenden **Wirkungen** des Zuschlags gehen über den Bereich der normalen Rechtskraftwirkung hinaus[76]. Sie **erstrecken sich** auch **auf Dritte** (Bieter, Ersteher, dingliche Berechtigte)[76]. Sie gehen auch einem unzulässigen Bietabkommen (§ 71 Rdn 8) vor (Ausnahme Rdn 9.6). Über Schadensersatzansprüche der Beteiligten hat das Versteigerungsgericht nicht zu entscheiden.

9.8 Ein auf das **Anfechtungsgesetz** gestützter Zugriff eines Gläubigers des Schuldners des Zwangsversteigerungsverfahrens ist mit dem Zuschlag als rechtsgestaltender Hoheitsakt in der Regel nicht vereinbar[77]. Wenn die Übertragung eines dem Schuldner gehörenden Grundstücks an einen Dritten einen Anspruch des Gläubigers auf Duldung der Zwangsvollstreckung nach dem Anfechtungsgesetz begründet, bleibt dieser Anspruch jedoch auch dann bestehen, wenn dem Dritten später das Grundstück in der Zwangsversteigerung zugeschlagen worden ist[77a].

9.9 Der Zuschlagsbeschluß ist ein **Vollstreckungstitel.** Gegen ihn gibt es die Abwehrklage nach ZPO § 767. Hierzu § 93 Rdn 2, 3.

9.10 Zur Tragweite und zu den Wirkungen des Zuschlags im ZVG-Handbuch Rdn 357.

Vorkaufsrecht und Zuschlag 10

Literatur: Gayring, Das Vorkaufsrecht in der Teilungsversteigerung, Rpfleger 1985, 392; Stöber, Die Vorkaufsrechte nach dem Bundesbaugesetz in der Zwangsversteigerung, Rpfleger 1961, 275; Stöber, Vorkaufsrechte in der Zwangsversteigerung, NJW 1988, 3121.

10.1 a) Das **schuldrechtliche Vorkaufsrecht** (BGB §§ 463–473) findet im Versteigerungsverfahren wegen seines nur obligatorischen Charakters keine Berücksichtigung. Überhaupt ausgeschlossen ist es bei Vollstreckungsversteigerung und Versteigerung auf Insolvenzverwalterantrag (§ 172) (BGB § 471). Ausgeübt werden kann es bei Zwangsversteigerung zur Aufhebung einer Gemeinschaft

---

[73] BGH NJW 1971, 1751 = aaO (Fußn 66).
[74] BGH NJW-RR 1986, 1115 = aaO (Fußn 63).
[75] BGH MDR 1979, 217 = NJW 1979, 162.
[76] OLG Köln Rpfleger 1975, 406 mit abl Anm Kirberger.
[77] BGH NJW-RR 1986, 1115 = aaO (Fußn 63).
[77a] BGH 159, 397 = MDR 2004, 1379 = NJW 2004, 2900 = Rpfleger 2004, 644.

§ 81   10.1   Entscheidung über den Zuschlag

(§ 180)[78] und auf Erbenantrag (§ 175)[79], vorausgesetzt, daß Veräußerung an einen Dritten (BGB § 463), nicht an einen Teilhaber der Gemeinschaft erfolgt (dazu § 180 Rdn 7.29). Jedoch hat die **Ausübung außerhalb des Versteigerungsverfahrens** zu erfolgen, und zwar durch Erklärung gegenüber dem Verpflichteten (BGB § 464 Abs 1). Die Ausübung begründet nur schuldrechtliche Verpflichtungen (BGB § 464 Abs 2). Auf den Fortgang der Zwangsversteigerung bleibt sie ohne Einfluß; der Zuschlag wird dem Meistbietenden erteilt[80]; gegen ihn hat der Vorkaufsberechtigte keinen Anspruch[80]. Diesen verpflichtet auch die Kenntnis des (obligatorischen) Vorkaufsrechts nicht zur Herausgabe des Grundstücks und nicht zum Schadensersatz[80]. Die Folgen der Nichterfüllung des mit Ausübung entstandenen Erwerbsanspruchs (BGB § 464 Abs 2) gegen den Verpflichteten bestimmen sich nach allgemeinen Grundsätzen des Schuldrechts.

b) Eine zur Sicherung des Auflassungsanspruchs des Vorkaufsberechtigten bestellte **Vormerkung** (BGB § 883) bewirkt, wenn sie bestehen bleibt (§ 52), daß der Eigentumserwerb des Erstehers (§ 90) nach BGB § 883 Abs 2 gegenüber dem Vormerkungsberechtigten unwirksam ist[81]. Der Vormerkungsberechtigte kann somit von dem Verpflichteten des schuldrechtlichen Vorkaufsrechts Auflassung und von dem Ersteher Zustimmung (BGB § 888) verlangen. Das Vollstreckungsgericht ist damit nicht befaßt.

10.2 a) Das **dingliche Vorkaufsrecht** (BGB §§ 1094–1104) ist in der Vollstreckungsversteigerung und in der Insolvenzverwalterversteigerung[82] (mit Hinweis auf Entstehungsgeschichte) ausgeschlossen (BGB § 1098 Abs 1 Satz 1 mit § 471). Wenn es nur **auf einen Verkaufsfall** bestellt war (BGB § 1097; nicht der Fall bei Bestellung für den ersten Vorkaufsfall), wird es mit Erteilung des Zuschlags hinfällig. Es wird dennoch, wenn es dem Anspruch des Gläubigers vorgeht (§ 44), in das geringste Gebot aufgenommen (§ 44 Rdn 5.27).

b) Ausgeübt werden kann es bei Zwangsversteigerung zur **Aufhebung einer Gemeinschaft** und bei Zwangsversteigerung auf **Erbenantrag** (BGB § 1098 Abs 1 Satz 1 mit § 471), vorausgesetzt, daß es mit Berücksichtigung bei Aufstellung des geringsten Gebots bei Versteigerung gewahrt bleibt[83]. Die Ausübung hat „außerhalb des Zwangsversteigerungsverfahrens" zu erfolgen durch Erklärung gegenüber dem Verpflichteten (Eigentümer; BGB § 1098 Abs 1 mit § 464 Abs 1). Das Vollstreckungsgericht ist damit nicht befaßt[83] (so auch[84] für früheres Vorkaufsrecht nach dem Reichssiedlungsgesetz). Es kann das Meistgebot (oder die Erteilung des Zuschlags) nicht nach BGB § 469 Abs 1 mitteilen; Ausübung durch Erklärung an das Vollstreckungsgericht würde weder Vertragsschluß bewirken (BGB § 464 Abs 2) noch die Ausübungsfrist wahren (BGB § 469 Abs 2). Der Zuschlag ist immer dem Meistbietenden zu erteilen[85]. Das bestehenbleibende Vorkaufsrecht hat ihm gegenüber jedoch die Wirkung einer Vormerkung zur Sicherung des durch die Ausübung entstandenen Anspruchs auf Übertragung des Eigentums (§ 1098 Abs 2). Dieser Schutz wirkt schon mit der Entstehung (nicht erst mit der Ausübung) des Vorkaufsrechts[86]. Der Zuschlag ist bei Vorkaufsrechtausübung daher vormerkungswidrige Verfügung, somit gegenüber dem Vorkaufsberechtigten unwirksamer Eigentumserwerb (BGB § 883 Abs 2). Dieser kann vom

---

[78] Protokolle zum BGB, Band II (1898), S 350; BGH 13, 133 = DNotZ 1954, 385 = NJW 1954, 1035; BGH 48, 1 = DNotZ 1968, 25 = MDR 1967, 662 = NJW 1967, 1607.
[79] Stöber Rpfleger 1961, 275 (IV b) und NJW 1988, 3121 (I 3).
[80] Stöber NJW 1988, 3121 (I 2 b).
[81] Stöber NJW 1988, 3121 (I 2 c).
[82] Stöber NJW 1988, 3121 (II 1).
[83] Stöber NJW 1988, 3121 (II 2)
[84] LG Bückeburg Rpfleger 1959, 224 mit Anm Drischler.
[85] Stöber NJW 1988, 3121 (II 2).
[86] BGH 60, 275 = DNotZ 1967, 603 = MDR 1973, 659 = NJW 1973, 1278.

Ersteher Zustimmung zu der von dem Vorkaufsverpflichteten geschuldeten Auflassung verlangen (BGB § 888).

c) Das für **mehrere oder alle** Verkaufsfälle bestellte Vorkaufsrecht (BGB § 1097) bleibt bei Feststellung im geringsten Gebot bestehen (§ 52). Den Ersteher verpflichtet es als Belastung des Grundstücks; es kann bei späterem Verkaufsfall wieder ausgeübt werden. Ein Vorkaufsrecht, das nicht in das geringste Gebot aufgenommen ist, erlischt mit Erteilung des Zuschlags (§ 91 Abs 1). Seine Wirkung endet damit; zur Ausübung besteht es nicht mehr.

10.3 Erbbaurecht: Bei seiner Versteigerung gibt es kein gesetzliches Vorkaufsrecht für den Grundstückseigentümer, unter Umständen aber einen Heimfallanspruch (§ 15 Rdn 13).

10.4 Reichssiedlungsgesetz: Das frühere **Vorkaufsrecht** nach diesem Gesetz besteht seit 1. 1. 1962 (Neufassung von § 4 des Gesetzes und Aufhebung dessen § 11 über das Vorkaufsrecht bei Zwangsversteigerung) nicht mehr[87]. Manche meinen noch, es sei in der einem Freiverkauf gleichzustellenden Teilungsversteigerung anzuwenden (so[88]); dies ist nicht richtig, weil das Reichssiedlungsgesetz in § 4 nur vom Kaufvertrag spricht, § 11 RSG über das Vorkaufsrecht bei Zwangsversteigerung aufgehoben ist, das Vorkaufsrecht mit Umgestaltung ab 1. 1. 1962 auf Kaufverträge beschränkt ist, das RSG damit selbst den Vorkaufsfall bestimmt, somit auch nicht auf BGB § 512 (= § 471 nF) verweist, der das Vorkaufsrecht bei der Teilungsversteigerung unberührt läßt. Das **Wiederkaufsrecht** nach dem Reichssiedlungsgesetz (dort § 20) ist kein Vorkaufsrecht, sondern ein schuldrechtlicher Anspruch, der erst mit Grundbucheintragung ausnahmsweise verdinglicht wird[89] und dann wie eine Auflassungsvormerkung an der Rangstelle der Eintragung zu behandeln ist[90] und nur außerhalb des Versteigerungsverfahrens ausgeübt werden kann[91]. Diese beeinflußt die Versteigerung nur, wenn sie dem bestrangig betreibenden Gläubiger vorgeht und das Siedlungsunternehmen noch vor der Zuschlagsentscheidung seine Eintragung erwirkt (§§ 28, 83 Nr 5)[92]. Bleibt sie in der Versteigerung bestehen, kann sie auch mit Wirkung gegen den Ersteher ausgeübt werden[92]. Nachgehend erlischt sie wie andere Rechte[93]. Während bei der Heimstätte das Heimstättenverhältnis nicht unterbrochen wurde, wird das Siedlungsverhältnis durch die Versteigerung unterbrochen.

10.5 a) Das Vorkaufsrecht der **Gemeinde nach Baugesetzbuch** ist seit „Entdinglichung" (durch das ÄndG vom 18. 8. 1976, BGBl I 2221) **in allen Fällen** der Zwangsversteigerung ausgeschlossen[94] (für Ausschluß ohne abschließende Stellungnahme auch[95]; anders[96]). Ein Zwangsversteigerungsverfahren berührt dieses Vorkaufsrecht damit nicht. Das Vollstreckungsgericht hat weder das Meistgebot noch die Erteilung des Zuschlags als (vermeintlichen) Vorkaufsfall der Gemeinde mitzuteilen[97]. Es kann die Erteilung des Zuschlags an den Meistbietenden nicht von der Vorlage eines Zeugnisses der Gemeinde abhängig machen, das die Nicht-

---

[87] Stöber NJW 1988, 3121 (III 2); Steiner/Storz, § 81 Rdn 29; Mohrbutter/Drischler Muster 44 Anm 5; Ehrenforth, Reichssiedlungsgesetz, § 4 Anm 4 ff; Schulte RdL 1961, 277 (279).
[88] Drischler RfplJahrbuch 1961, 292 (C III); Lorenz MDR 1961, 896.
[89] LG Flensburg RdL 1966, 318; Pannwitz RdL 1965, 193.
[90] BGH 57, 356 = DNotZ 1972, 349 = MDR 1972, 313 = NJW 1972, 537 = Rpfleger 1972, 216; Pannwitz RdL 1965, 193 und 1970, 256.
[91] Steiner/Storz § 81 Rdn 29; Mohrbutter/Drischler Muster 44 Anm 6.
[92] Mohrbutter/Drischler Muster 44 Anm 6.
[93] BGH 57, 356 = aaO.
[94] Stöber NJW 1988, 3121 (IV).
[95] LG Frankenthal Rpfleger 1984, 183.
[96] OLG Koblenz Rpfleger 1982, 155; Gayring Rpfleger 1985, 392; Schiffhauer ZIP 1982, 660 (XVI).
[97] Stöber NJW 1988, 3121 (IV 6).

§ 81 10.5 Entscheidung über den Zuschlag

ausübung oder das Nichtbestehen eines Vorkaufsrechts bescheinigt[97]. Der Zuschlag ist immer dem Meistbietenden zu erteilen. Nachweis eines Verwaltungsaktes über eine Ausübung des (vermeintlichen) Vorkaufsrechts ermöglicht nicht Erteilung des Zuschlags an die Gemeinde[97]. Erwerbsinteressen der Gemeinde für städtebauliche Bedürfnisse sind in allen Fällen der Zwangsversteigerung nicht durch das Vorkaufsrecht, sondern mit der Möglichkeit gewährleistet, den Versteigerungstermin wahrzunehmen und mitzubieten[97].

b) Diese von[97] eingehend begründete Rechtslage wurde im Zwangsversteigerungsschrifttum vordem nicht vertreten. Berücksichtigt wird dabei jedoch schon nicht, daß eine andere Ansicht nicht mehr auf das Schrifttum aus der Zeit vor dem 1. 1. 1977 (dazu 12. Auflage § 81 Rdn 11) gestützt werden kann. Bis dahin war (mit Verweisung in Bundesbaugesetz § 24 Abs 4 Satz 2) BGB § 1098 Abs 2 anzuwenden. Dritten gegenüber hatte das gemeindliche Vorkaufsrecht somit die Wirkung einer Vormerkung zur Sicherung des durch die Ausübung des Rechtes entstehenden Anspruchs auf Eigentumsübertragung. Mit „Entdinglichung" des Vorkaufsrechts (verwiesen ist in [jetzt] BauGB § 28 Abs 2 Satz 2 nur noch auf BGB §§ 463, 464 Abs 2, §§ 465–468 und § 471 [= §§ 504, 505 Abs 2, 506–509 und § 512 aF) hat sich die Rechtslage grundlegend geändert.

c) Einvernehmen besteht darüber, daß das Vorkaufsrecht der Gemeinde nach dem BauGB in der Vollstreckungsversteigerung und in der Versteigerung auf Antrag des Insolvenzverwalters (§ 172) ausgeschlossen ist (für Insolvenzverwalterversteigerung unzutreffend anders nur[98]; dazu aber[99], auch[100]. Das folgt aus der Verweisung auf BGB § 471 in BauGB § 28 Abs 2 Satz 2.

d) Für **Teilungsversteigerung**[101] (§ 180) und Erbenversteigerung (§ 175) wird das Vorkaufsrecht der Gemeinde nicht zutreffend noch vielfach angenommen. Mit dem Erfordernis, daß ein „Dritter" (BGB § 463) Erwerber sein muß (§ 180 Rdn 7.29), ist es jedoch auch nach dieser Ansicht bereits wesentlich eingeschränkt. Bei Kauf (somit auch bei Versteigerung) von Wohnungseigentum oder eines Erbbaurechts steht der Gemeinde zudem jetzt nach BauGB § 24 Abs 2 kein Vorkaufsrecht zu. Im übrigen bestehen über Berücksichtigung eines (vermeintlichen) Vorkaufsrechts der Gemeinde bei Teilungs- und Erbenversteigerung unterschiedliche Meinungen (zu ihnen[102]). Sie erweisen sich als unzutreffend. Es kann nicht schon die Abgabe des Meistgebots als Vorkaufsfall angesehen werden (dazu näher[102]). Rechte aus dem Meistgebot gehen nicht auf die (vermeintlich) vorkaufsberechtigte Gemeinde über (keine analoge Anwendung von § 81 Abs 2)[102]. Das Vollstreckungsgericht wäre für Ausübung eines gemeindlichen Vorkaufsrechts nach Baugesetzbuch zudem in keinem Fall Erklärungsempfänger[103] (siehe Rdn 10.2). Erteilung des Zuschlags an die Gemeinde ist daher stets ausgeschlossen (anders[104]); Zuschlag ist dem Meistbietenden zu erteilen[105] (siehe auch[106]: wenn die Gemeinde das Vorkaufsrecht ausgeübt hat und dieser Verwaltungsakt mit Widerspruch angefochten ist, ist der Zuschlag dem Meistbietenden gleichfalls zu erteilen, weil dem Widerspruch aufschiebende Wirkung zukommt). Dafür ist somit Erteilung eines Zeugnisses nach BauGB § 28 Abs 1 Satz 3 darüber, daß ein Vorkaufsrecht nicht besteht oder

---

[98] Steiner/Storz § 81 Rdn 28.
[99] Stöber NJW 1988, 3121 (IV 1 mit Fußn 15).
[100] Steiner/Eickmann § 172 Rdn 2.
[101] OLG Koblenz Rpfleger 1982, 155; Steiner/Storz/Teufel § 81 Rdn 28 und § 180 Rdn 177; Mohrbutter/Drischler Muster 34 Anm 1 b „Vorkaufsrecht"; Gayring Rpfleger 1985, 392; Schiffhauer ZIP 1992, 660 (XVI).
[102] Stöber NJW 1988, 3121 (IV 6).
[103] OLG Koblenz Rpfleger 1982, 155.
[104] Steiner/Teufel § 180 Rdn 177, Mohrbutter/Drischler aaO (Fußn 101).
[105] Stöber NJW 1988, 3121 (IV 6).
[106] LG Hamburg Rpfleger 1986, 443.

nicht ausgeübt wird, nicht erforderlich[107]. Übersehen wird von der Gegenmeinung[108], die dieses Zeugnis verlangt, bereits, daß dann, wenn die Gemeinde ein (vermeintliches) Vorkaufsrecht ausüben und deshalb das Zeugnis nicht ausstellen würde, weder ihr der Zuschlag erteilt noch der Zuschlag auf das Meistgebot versagt werden könnte (dazu[109]). Daher ist auch der Verkündungstermin nicht bis zur Erteilung des Zeugnisses hinauszuschieben (§ 87; anders[110]). Entsprechende Anwendung von BauGB § 28 Abs 1 Satz 2 über die Grundbuchsperre bei Kauf verbietet sich (hierzu[111]). Daher kann auch das Grundbuchamt die Eintragung des Erstehers auf Ersuchen des Vollstreckungsgerichts (§ 130) nicht von der Vorlage eines Negativattestes der Gemeinde nach BauGB § 28 Abs 1 Satz 2 abhängig machen[112]. Nach Abgabe des Meistgebots (kein Vorkaufsfall) oder Erteilung des Zuschlags an den Meistbietenden kann die Gemeinde das Vorkaufsrecht auch nicht außerhalb des Zwangsversteigerungsverfahrens ausüben[113]. Ausübung eines Vorkaufsrechts könnte weder obligatorische noch dingliche Wirkung gegen den Dritten (Erstkäufer, somit Meistbietenden und Ersteher) schaffen, somit auch keine Verpflichtung des Erstehers begründen, sein mit dem Zuschlag erworbenes Grundeigentum der Gemeinde zu übertragen[113]. Berücksichtigung eines gemeindlichen Vorkaufsrechts bleibt nach seiner gesetzlichen Ausgestaltung daher in allen Versteigerungsverfahren, auch in Verfahren nach § 175 und §§ 180–185, ausgeschlossen[113].

10.6 Wohnungseigentum: Der Verkauf vermieteter Wohnräume, nach oder im Hinblick auf die Begründung von Wohnungseigentum berechtigt den Mieter zum Vorkauf (BGB § 577). Für dieses schuldrechtliche Vorkaufsrecht stellt der Eigentumserwerb mit Zuschlag bei Vollstreckungs- und Insolvenzverwalterversteigerung (Rdn 10.1) keinen Vorkaufsfall dar (BGB § 471; allgemeiner[114]). Ausgeübt werden kann es bei Zwangsversteigerung zur Aufhebung einer Gemeinschaft (§ 180) und auf Erbenantrag (§ 175) (dazu Rdn 10.1). Die Ausübung begründet dann nur schuldrechtliche Verpflichtungen; auf den Fortgang der Zwangsversteigerung bleibt sie ohne Einfluß (Rdn 10.1). Das Vorkaufsrecht steht dem Mieter nur für den ersten Verkaufsfall zu. Nach Veräußerung der Eigentumswohnung im Wege der Zwangsvollstreckung kann es daher nicht mehr ausgeübt werden[115].

10.7 Ein (schuldrechtliches) Vorkaufsrecht des **Nutzers** (Begriff: SchuldRAnpG [BGBl 1994 I 2538 (2547)] § 4) eines Grundstücks im **Beitrittsgebiet** nach SchuldRAnpG § 57 begründet bei Vollstreckungs- und Insolvenzverwaltersteigerung (Rdn 10.1) keinen Vorkaufsfall (BGB § 471; zur Anwendung SchuldRAnpG § 57 Abs 6 Satz 3). Ausgeübt werden kann es bei Zwangsversteigerung zur Aufhebung einer Gemeinschaft (§ 180) und auf Erbenantrag (§ 175) (dazu Rdn 10.1). Die Ausübung begründet dann nur schuldrechtliche Verpflichtungen; auf den Fortgang der Zwangsversteigerung bleibt sie ohne Einfluß (Rdn 10.1).

10.8 Landesrechtliche gesetzliche **Vorkaufsrechte** (insbesondere nach Denkmalschutzgesetzen, nach Naturschutz- und Forstrecht) sind teils als nicht eingetragene dingliche Vorkaufsrechte ausgestaltet, vorwiegend aber entdinglicht. Letztere

---

[107] Stöber NJW 1988, 3121 (IV 6).
[108] Steiner/Storz/Teufel § 81 Rdn 28 und § 180 Rdn 177; Mohrbutter/Drischler, Muster 34 Anm 1 b „Vorkaufsrecht".
[109] Stöber NJW 1988, 3121 (IV 6).
[110] Schiffhauer ZIP 1982, 660 (XVI).
[111] Stöber NJW 1988, 3121 (IV 6).
[112] LG Frankenthal Rpfleger 1984, 183.
[113] Stöber NJW 1988, 3121 (IV 6).
[114] AG Frankfurt MDR 1995, 145 = NJW 1995, 1034 = Rpfleger 1995, 350 mit Anm Langhein.
[115] BGH 141, 194 = MDR 1999, 986 = NJW 1999, 2044 = Rpfleger 1999, 405; Schöner/Stöber. Grundbuchrecht, Rdn 4185.

§ 81 10.8   Entscheidung über den Zuschlag

erlangen gleich dem Vorkaufsrecht nach Baugesetzbuch in der Zwangsversteigerung keine Bedeutung. Für dingliche Rechte gewährleistet BGB § 1098 Abs 2 Vormerkungsschutz bei Ausübung, die außerhalb des Versteigerungsverfahrens zu erfolgen hat. Nicht im Grundbuch eingetragene gesetzliche Vorkaufsrechte können Berechtigte anmelden; sie werden dadurch Beteiligte (§ 9). Wenn das Gericht bei den Bekanntmachungen nach § 66 solche Rechte mitteilt, haftet es nicht für Richtigkeit und Vollständigkeit.

10.9 Ankaufsrecht: Es behindert die Versteigerung nicht, weil es nur einen bedingten Kaufvertrag oder ein befristetes Verkaufsangebot darstellt.

11 Zubehör im Zuschlag

11.1 Wenn Zubehörstücke nach dem Schluß der Versteigerung (§ 73 Abs 2) von der Versteigerung ausgenommen werden, ist der **Zuschlag** für das gesamte Versteigerungsobjekt zu **versagen**, ausgenommen wenn der Meistbietende ausdrücklich darauf verzichtet, daß sich der Zuschlag auch auf diese Gegenstände erstrecke, auf die sich sein Zuschlagsanspruch erstreckt, wenn er sich also trotz bevorstehender teilweiser Zuschlagsversagung noch an sein Gebot gebunden hält[116].

11.2 Wenn Zubehör nicht in das Eigentum des Erstehers übergeht, sich aber auf dem Grundstück befindet, kann der Ersteher vom Zuschlag an von dem Eigentümer des Zubehörs **Lagerkosten** verlangen und ihn auffordern, es binnen angemessener Frist zu entfernen.

11.3 Zum Zubehör im übrigen § 33 Rdn 5, § 55 Rdn 3, § 82 Rdn 2.6.

[Wesentlicher Inhalt des Zuschlagsbeschlusses]

82 In dem Beschlusse, durch welchen der Zuschlag erteilt wird, sind das Grundstück, der Ersteher, das Gebot und die Versteigerungsbedingungen zu bezeichnen; auch sind im Falle des § 69 Abs 2 der Bürge unter Angabe der Höhe seiner Schuld und im Falle des § 81 Abs 4 der Meistbietende für mithaftend zu erklären.

1 Allgemeines zu § 82

Zweck und **Anwendungsbereich:** Festlegung des Hauptinhalts des Zuschlagsbeschlusses. Die Vorschrift gilt für alle Versteigerungsverfahren des ZVG.

2 Ausdrücklicher Inhalt des Zuschlags

2.1 Die Entscheidung über den Zuschlag erfolgt durch **Beschluß.** Als **wesentlichen Inhalt,** der nicht fehlen darf, bezeichnet das Gesetz: die Zuschlagserteilung, das Grundstück, den Ersteher, das Gebot und die Versteigerungsbedingungen sowie die Mithaft des Bürgen im Falle des § 69 Abs 4 und die des Meistbietenden nach § 81 Abs 4 (bei Abtretung der Rechte unter verdeckter Vollmacht).

2.2 Das versteigerte **Grundstück** ist im Zuschlag genau zu bezeichnen. Dem entspricht Bezeichnung übereinstimmend mit dem Grundbuch nach Gemarkung und Flurstücknummer sowie Wirtschaftsart und Größe nach dem amtlichen Verzeichnis angeführt. Eine davon abweichende Beschaffenheit (insbesondere Wirtschaftsart) wird zweckmäßig angeben (zB bebautes Grundstück statt Bauplatz). Dazu im ZVG-Handbuch Rdn 352.

2.3 Der Zuschlagsbeschluß muß die Tatsache des Zuschlags nennen, auch wenn Ersteher der bisherige Eigentümer (Vollstreckungsschuldner) ist. Dabei muß der

---

[116] OLG Hamm JMBlNW 1967, 272 = JurBüro 1967, 1025 = MDR 1967, 773 Leitsatz = OLGZ 1967, 445.

Wesentlicher Inhalt des Zuschlagsbeschlusses   2.6   § 82

Ersteher genau bezeichnet werden. Als Ersteher zu bezeichnen ist der Meistbietende nach § 81 Abs 1 oder der Zessionar nach § 81 Abs 2 oder der verdeckte Vollmachtgeber nach § 81 Abs 3. In den beiden letztgenannten Fällen sind auch die Mithaftenden (§ 81 Abs 4) zu nennen. Bei mehreren Erstehern ist deren Bruchteilsverhältnis oder das für sie bestehende Gesamthandsverhältnis (zB Gütergemeinschaft) anzugeben.

2.4 Der Ersteher ist mit **Familiennamen,** Vornamen, Beruf, Wohnort und Wohnung anzugeben; das Geburtsdatum (vom Gericht rechtzeitig zu ermitteln) ist zu bezeichnen wo es bekannt ist (ist in das Grundbuch einzutragen; GBV § 15 Abs 1 Buchst b). Bei Körperschaften und Handelsunternehmen ist die genaue gesetzliche Bezeichnung anzugeben, unter Angabe der gesetzlichen Vertreter oder der zuständigen Behörde. Wurde für einen unter Testamentsvollstreckung oder Nachlaßverwaltung stehenden Nachlaß erworben, so sind die Erben mit einem Vermerk über Testamentsvollstreckung oder Nachlaßverwaltung anzugeben. Sind die Erben unbekannt, so sind Ersteher „die unbekannten Erben des am ... verstorbenen ..., gesetzlich vertreten durch ..."

2.5 Der Zuschlag muß das **Gebot** enthalten, also das bare Meistgebot bezeichnen, sowie die **Versteigerungsbedingungen.** Anzuführen sind die im Versteigerungstermin festgestellten und verlesenen (besonderen) gesetzlichen und abweichenden Versteigerungsbedingungen. Weitere allgemeine gesetzliche Versteigerungsbedingungen (das Gericht darf nicht von den im Termin aufgestellten abweichen) müssen nicht zusätzlich aufgenommen werden (dazu auch ZVG-Handbuch Rdn 352), weil sie gelten, soweit im Zuschlag nichts Abweichendes festgelegt ist. Klarstellend empfiehlt sich aber der allgemeine Schlußsatz: „Im übrigen gelten die gesetzlichen Versteigerungsbedingungen". Sind im Zuschlagsbeschluß die im Termin aufgestellten und der Versteigerung zugrunde gelegten Bedingungen nicht angegeben, so kann nicht das Terminsprotokoll zur Ergänzung des Zuschlagsbeschlusses herangezogen werden[1]; es gelten vielmehr dann die gesetzlichen Versteigerungsbedingungen (zB die, daß das Bargebot mit 4% zu verzinsen sei), weil der Zuschlag als staatlicher Hoheitsakt so gilt, wie er ausdrücklich lautet[2]. Es sind immer alle **Besonderheiten** in den Beschluß aufzunehmen, so etwa das Erlöschen eines Altenteils, weil dieses sonst kraft Gesetzes bestehenbleibt (EGZVG § 9), oder die höhere Verzinsung des Bargebots (sonst nur 4%), etwa noch vorhandene Grundstücksrechte in Reichsmark mit Angabe des Euro-Betrages. Die Angabe der **bestehenbleibenden Rechte** und Lasten ist an sich nicht ausdrücklich gesetzlich vorgeschrieben[3], aber § 82 sagt, daß die Versteigerungsbedingungen zu nennen seien und zu diesen gehören eben die genannten Rechte und Lasten; die Angabe ist auf jeden Fall nötig, um Mißverständnisse auszuschließen (anders[4]: nicht nötig, nur zu empfehlen). Man sollte wirklich nicht ein paar Sätze sparen, sondern den Beteiligten und auch dem Ersteher durch die genaue Aufzählung völlige Klarheit verschaffen.

2.6 Wenn Zubehör von der Versteigerung ausgeschlossen ist, muß das nicht im Zuschlagsbeschluß erwähnt werden (§ 55 Rdn 3). Bezeichnung aller von der Versteigerung ausgenommenen **Zubehörstücke** empfiehlt sich dennoch (zweckmäßig[5]), um keine Zweifel aufkommen zu lassen; bei Stücken, die vielleicht wesentliche Bestandteile sind, geschieht das zweckmäßig mit dem Zusatz „soweit rechtswirksam" (§ 55 Rdn 3.9).

---

[1] Dassler/Schiffhauer § 82 Rdn 17; Steiner/Storz § 82 Rdn 14.
[2] Motive zum ZVG, S 243, 260; RG 60, 48; Jaeckel/Güthe § 82 Rdn 5; Reinhard/Müller § 82 Anm III 4.
[3] Schiffhauer Rpfleger 1975, 187 Fußnote 37.
[4] Mohrbutter/Drischler Muster 111 Anm 2; Schiffhauer Rpfleger 1975, 187 (V 2 und 4).
[5] RG 70, 399 und 127, 272.

§ 82 2.7   Entscheidung über den Zuschlag

2.7 Neben der **Mithaftung** aus § 81 Abs 4 ist im Falle einer Sicherheitsleistung durch Bürgschaft die Mithaft des Bürgen anzugeben, unter Angabe der Höhe seiner Schuld (§ 82 zweiter Halbsatz).

2.8 Wenn durch den Zuschlag ein **Einstellungsantrag** abgelehnt wird, ist das zweckmäßig mit anzugeben (§ 30 b Rdn 5.5, § 82 Rdn 5).

2.9 Ein Ausspruch über die **Kosten** ist üblich, aber nicht nötig, weil als gesetzliche Versteigerungsbedingung die Zuschlagskosten den Ersteher treffen (§ 58). Wenn ein Einstellungsantrag aus ZPO § 765 a zurückgewiesen wird, fallen die Kosten des Verfahrens über diesen Antrag dem Schuldner zur Last (Einl Rdn 60.1). Wenn sie dem Gläubiger ganz oder teilweise auferlegt werden (ZPO § 788 Abs 4), hat Kostenausspruch zu ergehen.

2.10 Soweit der Zuschlag trotz nachträglicher **Eröffnung des Insolvenzverfahrens** über das Vermögen des Schuldners an diesen erteilt werden muß (§ 81 Rdn 3.4), wird über die Zugehörigkeit zur Insolvenzmasse nichts erwähnt; darüber hat nicht das Versteigerungsgericht zu entscheiden. Es ist aber nicht unzweckmäßig, zu erwähnen, daß über das Vermögen des Erstehers am ... vom ... das Insolvenzverfahren eröffnet sei. Der Insolvenzverwalter gehört nicht in den Zuschlag (ihm ist aber zuzustellen).

2.11 Wird ein Grundstück versteigert, dem eine **Grunddienstbarkeit** an einem fremden Grundstück zusteht (Vermerk hierüber bei der Terminsbestimmung, § 37 Rdn 2), so muß dies nicht unbedingt im Zuschlag erwähnt werden, weil ja alle wesentlichen Bestandteile (hierzu gehört die Grunddienstbarkeit) mit übergehen[6], man sollte es aber tun, da es immerhin etwas Besonderes ist.

2.12 Der Zuschlag muß **Datum und Unterschrift** dessen, der ihn erlassen hat, enthalten. Zum Inhalt im ZVG-Handbuch Rdn 352; Muster dort Rdn 347 und hier Rdn 5.

2.13 Die Tatsache der **Zuschlagsverkündung** muß im Protokoll enthalten sein. Auch die Uhrzeit der Verkündung wird man mit Rücksicht auf § 89 im Protokoll vermerken.

3 Begründung des Zuschlags

3.1 Eine Begründung ist für den Zuschlag im ZVG **nicht vorgeschrieben**. Beim Entwurf des ZVG ist man allerdings davon ausgegangen, daß das Gericht auch ohne Vorschrift hierüber seine Entscheidung in geeigneten Fällen mit Gründen versehen werde[7]. Die fehlende Begründung wird vielfach nicht als Verfahrensmangel angesehen[8], Begründung wird aber **doch empfohlen**[9] ([10]: sie ist unerläßlich), wenigstens dort, wo im Rechtsmittelweg die Entscheidung nachgeprüft werden muß oder wenn es streitig ist, ob und auf welches von mehreren Geboten der Zuschlag zu erteilen ist (zB wegen §§ 63, 64) oder wenn ein Antrag aus § 74 a zurückgewiesen wird.

3.2 Nach den allgemeinen Grundsätzen über die Begründung gerichtlicher Entscheidungen (Einl Rdn 28) kann auch hier nicht von einer Begründung abgesehen werden. Sie kann in einfachen, unstreitigen (zweifelsfreien) Fällen kurz gehalten werden und in einen Hinweis auf gesetzliche Grundlagen und Folgen gekleidet, im übrigen erforderlichenfalls **auf besondere Punkte beschränkt** werden. Immer aber können die Beteiligten erwarten, daß das Gericht sich die Mühe macht

---

[6] Schiffhauer Rpfleger 1975, 187 (V 2 und 4).
[7] Motive zum ZVG (1889) S 124.
[8] OLG Koblenz NJW 1955, 148 und 427 Leitsatz mit Anm Jansen; Jonas/Pohle, ZwVNotrecht, § 30 b Anm 5; Mohrbutter/Drischler Muster 111 Anm 2.
[9] OLG Koblenz aaO (Fußn 8).
[10] Dassler/Schiffhauer § 82 Rdn 9.

zu sagen, warum in einer bestimmten Weise entschieden ist. Es ist der Öffentlichkeit unverständlich, welche Mühe manchmal darauf verwendet wird, festzustellen, daß eine Begründung nicht nötig sei, statt mit viel geringerem Aufwand eine knappe Begründung zu geben. Siehe hierzu Einl Rdn 28 und im ZVG-Handbuch Rdn 353.

Berichtigung und Auslegung des Zuschlags 4

4.1 Ein Zuschlagsbeschluß ist wie jede gerichtliche Entscheidung wegen offenbarer Unrichtigkeiten nach ZPO § 319 **berichtigungsfähig**[11]. Dazu Einl Rdn 29.

4.2 Es muß sich um eine **echte Berichtigung** handeln. Der Zuschlag darf nicht sachlich ergänzt werden[12]. Es darf nicht im Wege der Auslegung aus dem Protokoll etwas in ihn hineingetragen werden, was sich nicht aus ihm ergibt[13]. Ein solcher ergänzender Beschluß wäre, auch wenn er durch Rechtsmittel bestätigt würde, wirkungslos.

4.3 Der Zuschlagsbeschluß soll **aus sich verständlich** sein, er muß auch vollständig sein. Es erscheint bedenklich, ihn aus dem Protokoll zu erläutern. Eine im Versteigerungstermin festgesetzte, im Zuschlagsbeschluß aber nicht enthaltene Versteigerungsbedingung darf nicht aus dem Protokoll verwertet werden[14] (dazu § 82 Rdn 2). Auch ein unrichtiger Zuschlagsbeschluß schafft Recht[15], kann aber nicht ein bisher nicht bestehendes dingliches Recht begründen und macht unter Umständen schadensersatzpflichtig.

4.4 Zur Berichtigung im ZVG-Handbuch Rdn 354.

4.5 Der Zuschlagsbeschluß ist als hoheitlicher Gerichtsakt der **Auslegung** fähig, wenn seine Fassung zu Zweifeln Anlaß gibt (wird selten vorkommen). Für Auslegung ist Heranziehung der Begründung statthaft und geboten. Soweit Bezugnahme auf das Grundbuch und damit das Liegenschaftskataster (Liegenschaftsbuch) erfolgt ist, unterliegt auch der in Bezug genommene Inhalt des Grundbuchs und des Liegenschaftskatasters der Auslegung[16]. Sonst darf jedoch – wie bei Auslegung eines Urteils[17] – auf andere tatsächliche oder rechtliche Umstände als gesetzliche Vorschriften nicht zurückgegriffen werden.

Muster für Zuschlagsbeschluß 5

5.1 **Zuschlagsbeschluß** im Zwangsversteigerungsverfahren über das im Grundbuch des Amtsgerichts ... für ..., [Band ...] Blatt ..., auf ... als Eigentümer eingetragenen Grundstücks der Gemarkung ..., Flurstücknummer ...:
Das Grundstück, im Grundbuch beschrieben als ..., wird zugeschlagen
an ... in ..., ..., geb am ..., Beruf ...,
für den bar zu zahlenden Betrag von ... EUR (mit Worten: ... Euro) und unter folgenden Bedingungen:
Als Teil des geringsten Gebots bleiben folgende Belastungen bestehen: ...Weitere Rechte und Belastungen, insbesondere das in Abteilung II des Grundbuchs unter Nr ... eingetragene Altenteil für ... bleiben nicht bestehen.

---

[11] RG 129, 155; OLG Hamm NJW 1976, 1754 = OLGZ 1976, 489 = Rpfleger 1976, 146; Dassler/Schiffhauer § 82 Rdn 19.
[12] RG 129, 155.
[13] RG 153, 252.
[14] RG 153, 252; Dassler/Schiffhauer § 82 Rdn 17.
[15] RG 153, 252.
[16] BGH DtZ 1996, 212 = MDR 1996, 1234 Leitsatz = Rpfleger 1996, 417 (Umfang des Zuschlags unvermessener Gebäudegrundstücke).
[17] Dazu Zöller/Stöber, ZPO, § 704 Rdn 5 mit weit Nachw.

§ 82 5.1 Entscheidung über den Zuschlag

Vom Zuschlag sind folgende Gegenstände ausgenommen: ...
Mit dieser Zuschlagserteilung wird gleichzeitig der vom Schuldner am ... aus ZPO § 765a gestellte Antrag auf Einstellung des Verfahrens aus dem Anordnungsbeschluß vom ... (Gläubiger ...) und aus dem Beitrittsbeschluß vom ... (Gläubiger ...) abgelehnt. Die Kosten des Verfahrens über diesen Antrag fallen dem Schuldner zur Last.
Die Kosten des Zuschlags trägt der Ersteher.
Im übrigen gelten die gesetzlichen Versteigerungsbedingungen.
Gründe: Im Versteigerungstermin vom ... ist der in der Beschlußformel Genannte Meistbietender geblieben. Alle Verfahrensvorschriften sind beachtet. Das Altenteil muß hier ausnahmsweise erlöschen, weil ... Außerhalb des geringsten Gebots muß ... bestehenbleiben, weil ... Der Einstellungsantrag des Schuldner konnte nicht dazu führen, den Zuschlag zu versagen, weil ... Zuschlagskosten treffen den Ersteher (ZVG § 58).
(Begründung so zu fassen, daß alle wichtigen Punkte auf Rechtsmittel zu überprüfen sind. Erklärungen, daß Eigentum übergeht, Mietverträge fortbestehen, Bargebote zu verzinsen ist, sind nicht nötig.)
5.2 Muster auch im ZVG-Handbuch Rdn 347.

[Zuschlagversagungsgründe]

83 Der Zuschlag ist zu versagen:

1. **wenn die Vorschrift des § 43 Abs 2 oder eine der Vorschriften über die Feststellung des geringsten Gebots oder der Versteigerungsbedingungen verletzt ist;**
2. **wenn bei der Versteigerung mehrerer Grundstücke das Einzelausgebot oder das Gesamtausgebot den Vorschriften des § 63 Abs 1, Abs 2 Satz 1, Abs 4 zuwider unterblieben ist;**
3. **wenn in den Fällen des § 64 Abs 2 Satz 1, Abs 3 die Hypothek, Grundschuld oder Rentenschuld oder das Recht eines gleich- oder nachstehenden Beteiligten, der dem Gläubiger vorgeht, durch das Gesamtergebnis der Einzelausgebote nicht gedeckt werden;**
4. **wenn die nach der Aufforderung zur Abgabe von Geboten erfolgte Anmeldung oder Glaubhaftmachung eines Rechtes ohne Beachtung der Vorschrift des § 66 Abs 2 zurückgewiesen ist;**
5. **wenn der Zwangsversteigerung oder der Fortsetzung des Verfahrens das Recht eines Beteiligten entgegensteht;**
6. **wenn der Zwangsversteigerung oder der Fortsetzung des Verfahrens aus einem sonstigen Grunde unzulässig ist;**
7. **wenn eine der Vorschriften des § 43 Abs 1 oder des § 73 Abs 1 verletzt ist.**

1 Allgemeines zu § 83

1.1 Zweck der Vorschrift: Zusammenstellung der dem Schutz der Beteiligten dienenden Vorschriften, deren Verletzung die Erteilung des Zuschlags ausschließt.

1.2 Anwendungsbereich: § 83 gilt für alle Versteigerungsverfahren des ZVG, soweit die einschlägigen Vorschriften dort jeweils zu beachten sind.

2 Gründe für Zuschlagsversagung

2.1 a) Der Zuschlag **muß** versagt werden, wenn eine derjenigen Vorschriften verletzt worden ist, die den Schutz der Beteiligten bezwecken. Die Verfahrens-

Zuschlagversagungsgründe 2.1 § 83

mängel, die Versagung des Zuschlags gebieten, stellt § 83 fest; die Vorschrift schließt ein Ermessen des Gerichts aus (Denkschrift S 54). Als Verfahrensmängel, bei denen der Zuschlag zu versagen ist, nennt § 83
- in **Nrn 1–5 heilbare** Mängel, die unter den Voraussetzungen von § 84 der Zuschlagserteilung nicht im Wege stehen (**relative** Versagungsgründe), und
- in **Nrn 6–7 unheilbare** Mängel, die auch in der Rechtsmittelinstanz von Amts wegen zu berücksichtigen sind (**absolute** Versagungsgründe).

Versagung des Zuschlags hat aus einem der Gründe des § 83 zu erfolgen, wenn der Mangel im Zeitpunkt der Entscheidung über den Zuschlag vorliegt. Nicht mehr möglich ist daher Genehmigung eines heilbaren Mangels nach Wirksamwerden der Zuschlagsentscheidung (§ 84 Rdn 3.2) und nachträgliche Heilung eines (unheilbaren) Versagungsgrundes nach Nr 6 und 7 mit Behebung eines Vollstreckungsmangels (zB Zustellung des Vollstreckungstitels) erst in der Rechtsmittelinstanz[1].

b) Der BGH[2] folgt der Auffassung nicht, daß **Nr 6 einen nicht heilbaren** Versagungsgrund darstellt. Er will die Frage, ob ein Verfahrensmangel nach „Nr 6 zur Versagung des Zuschlags führt, unter Betrachtung des jeweiligen Versagungsgrundes anhand der Interessenabwägung im Einzelfall beurteilen" und nimmt an, ein Verfahrensfehler (wenn der Titel im Versteigerungstermin nicht vorliegt) könne nicht zur Versagung des Zuschlags führen, wenn sich „der Umfang der Beeinträchtigung der Verfahrensrechte der Beteiligten genau übersehen lasse" und (spätestens in der Beschwerdeinstanz) festgestellt werden könne, „daß trotz des Verfahrensfehlers die Rechte des Schuldners nicht verkürzt wurden." Das ist nicht richtig. Übersehen hat der BGH schon, daß den Versagungsgrund der Nr 6 auch das Beschwerdegericht von Amts wegen zu berücksichtigen hat (§ 100 Nr 3), es somit stets Versagung des Zuschlags gebietet, wenn Fortsetzung und Durchführung des Verfahrens nach den allgemeinen Vorschriften der ZPO nicht zulässig sind[3]. Für Feststellung, daß trotz eines solchen Verfahrensmangels Rechte eines Beteiligten nicht verkürzt werden, findet sich dann keine Grundlage. Zwangsvollstreckung ohne Vollstreckungstitel kann der Schuldner nicht erlauben[4], er kann das Verfahren nicht genehmigen; es wird auch mit einer Feststellung, daß Rechte des Schuldners (und eines sonst Beteiligten, § 9) nicht beeinträchtigt sind, nicht rechtmäßig. Wenn Rechte eines einzelnen Beteiligten der Zwangsversteigerung oder Fortsetzung des Verfahrens entgegenstehen würden, sich damit der Umfang seiner Beeinträchtigung genau übersehen läßt und Feststellung, daß trotz des Verfahrensmangels seine Rechte nicht verkürzt werden, Zuschlag ermöglichen soll, trifft Nr 5 Bestimmung über den (dann heilbaren) Versagungsgrund. Für diesen Fall geht der BGH daher unzutreffend von dem absoluten Versagungsgrund der Nr 6 aus. Zu rechtfertigen ist diese Ansicht aber auch damit nicht. Denn ein sonstiger Grund für Unzulässigkeit der Zwangsversteigerung oder Fortsetzung des Verfahrens kann sich nur in allgemeinen Vorschriften des Verfahrensrechts finden. Danach ist Erfordernis der Zwangsvollstreckung, daß der Gläubigeranspruch urkundlich durch einen Vollstreckungstitel ausgewiesen ist[5] (ZPO §§ 704, 795), der vollstreckbar ausgefertigt sein muß (ZPO § 724; davon Ausnahmen). Daß der Schuldtitel dem Vollstreckungsgericht für Anordnung (§ 16 Abs 2) und Durch-

---

[1] OLG Hamm Rpfleger 2000, 171; Stöber in NJW-Sonderheft BayObLG (2005) S 62 (IV und VI).
[2] BGH MDR 2004, 774 = NJW-RR 2004, 1366 = Rpfleger 2004, 368. Dieser (nicht zutreffenden) Meinung des BGH widersprochen hat bereits Stöber aaO (Fußn 1). Teilweise anders BGH FamRZ 2005, 200: § 83 Nr 6 ist absoluter Versagungsgrund, der aber (widersprüchlich) nicht zur Aufhebung des Zuschlagsbeschlusses und Versagung des Zuschlags führen muß, wenn sich sicher feststellen läßt, daß Rechte des Schuldners nicht verkürzt werden.
[3] Jaeckel/Güthe § 83 Rdn 9 und § 100 Rdn 7.
[4] Zöller/Stöber, ZPO, vor § 704 Rdn 26.
[5] Zöller/Stöber, ZPO, vor § 704 Rdn 14.

§ 83   2.1   Entscheidung über den Zuschlag

führung der Zwangsversteigerung, damit auch im Versteigerungstermin vorzuliegen hat, erfordert der Vollstreckungsanspruch des Gläubigers[6] nicht. Vorlage des Vollstreckungstitels ist für das Vollstreckungsgericht formelle Verfahrensvoraussetzung[7] zur Prüfung, ob die beantragte Zwangsvollstreckung rechtmäßig verlangt wird und zulässig zu erfolgen hat. Fortsetzung der Zwangsversteigerung mit Rückgabe des Vollstreckungstitels aus den Akten ist daher verfahrensfehlerhaft, weil dann Prüfung und Feststellung, daß das Vollstreckungsverfahren und damit auch Erteilung des Zuschlags zulässig sind, nicht mehr möglich ist. Nichtig ist die Vollstreckungshandlung, damit der dennoch erteilte Zuschlag, deswegen jedenfalls dann nicht, wenn ihr ein vollstreckbar ausgefertigter (wirksamer) Schuldtitel zugrunde liegt. Daß dieser dem Vollstreckungsgericht bei Erteilung des Zuschlags nicht (nachprüfbar) vorgelegen hat, kann richtigerweise nur Anfechtbarkeit des Zuschlags begründen und Berücksichtigung durch das Beschwerdegericht von Amts wegen gebieten (§ 100 Abs 3). Weil für die Entscheidung dann die Verhältnisse bei Erlaß der Beschwerdeentscheidung maßgebend sind (ZPO § 571 Abs 2 Satz 1), kann der Zuschlag daher nicht aufgehoben (oder versagt) werden, wenn die vollstreckbare Ausfertigung des Schuldtitels spätestens im Verfahren über die Zuschlagsbeschwerde vorgelegt und festgestellt ist, daß der Titel bei Erteilung des Zuschlags vollstreckbar bestanden hat, ein Vollstreckungsmangel nach Nr 6 damit bei Erteilung des Zuschlags nicht vorgelegen hat. Interessenabwägung im Einzelfall schließt das aus. Der BGH hat daher zutreffend zwar erkannt, daß der Zuschlag nicht aufgehoben werden konnte; seiner Auffassung, der systematischen, durch § 84 bekräftigten und schon in den Gesetzesmaterialien (zB Denkschrift S 54) vorgegebenen Gliederung der Versagungsgründe des § 83 in heilbare (Nr 1–5) und absolute (Nr 6 und 7) Mängel[8] könne nicht gefolgt werden, ist jedoch nachdrücklich zu widersprechen. Das ZVG bietet für diese abweichende, nicht nachvollziehbare Anschauung keine Grundlage.

2.2   Die **Aufzählung** in § 83 ist **nicht vollständig.** Zu den Versagungsgründen des § 83 kommen die Versagung bei Antrag auf erneute Versteigerung (§ 85) und die Versagung bei einem Meistgebot unter dem halben Grundstückswert (§ 85a). Wenn sich das zugelassene Meistgebot bei Beschlußfassung über den Zuschlag (siehe § 79) als nicht wirksam erweist (§ 71), ist der Zuschlag zu versagen, weil es an dem erforderlichen Meistgebot (§ 81) fehlt. Diesen Versagungsgründen entsprechen die in § 100 Abs 1 dargestellten Gründe für die Beschwerde. Der Antrag auf Versagung des Zuschlags auf ein Gebot unter $7/10$ des Grundstückswerts (§ 74a Abs 1) ist Versagungsgrund nach Nr 5 (dazu Rdn 3.5).

2.3   Wird ein gesetzlicher Versagungsgrund durch **Täuschung des Gerichts** absichtlich von einem Beteiligten geschaffen, so ist der Zuschlag aus diesem Grund nicht zu versagen, falls nur die Interessen des Täuschenden berührt werden und sich nicht um einen absoluten Versagungsgrund handelt. Wenn das Gericht zwischen mehreren wirksamen Geboten zu entscheiden hat (zB Einzel-, Gruppen-, Gesamtmeistgebot), bringt die Zuschlagsformel nur den Zuschlag auf das vom Gericht für berechtigt angesehene Meistgebot; darin liegt gleichzeitig die Versagung für alle anderen; in den Gründen ist dies natürlich zu rechtfertigen.

2.4   Eine **Versagung** ist immer zu **begründen** (§ 82 Rdn 3).

2.5   Zur Zuschlagsversagung im ZVG-Handbuch Rdn 349.

---

[6] Zu diesem Zöller/Stöber, ZPO, vor § 704 Rdn 2.

[7] Stein/Jonas/Münzberg, ZPO, vor § 704 Rdn 56 und § 724 Rdn 1; Zöller/Stöber, ZPO, § 724 Rdn 1.

[8] Für diese Gliederung und damit Unheilbarkeit der Verstöße nach Nr 6 und 7: Brox/Walker, Zwangsvollstreckungsrecht, Rdn 916 und 917; Dassler/Schiffhauer § 83 Rdn 1; Jaeckel/Güthe aaO; Korintenberg/Wenz Anm 1 und 4 zu § 84; Reinhard/Müller § 83 Anm I 3; Steiner/Storz § 83 Rdn 5 und 19 sowie § 84 Rdn 1 mit 15.

Zuschlagversagungsgründe 3.2 § 83

Heilbare Verfahrensmängel

3.1 a) Unter **Nr 1** fällt die ganz unterlassene oder nicht rechtzeitige oder nicht formrichtige (hier aber Heilung nach ZPO § 189 möglich) **Zustellung der Terminsbestimmung** an die Beteiligten (§ 43 Abs 2) oder eines Anordnungs-, Beitritts-, Fortsetzungs- oder Einstellungs-Aufhebungsbeschlusses, auf Grund dessen die Versteigerung durchgeführt wird, an den Schuldner (§ 43 Abs 2). Zustellung an nicht prozeßfähigen Schuldner = Versagungsgrund nach Nr 6. Daß ein Beteiligter nicht nachgeladen wurde, der erst nach Terminsanberaumung durch Anmeldung diese Stellung erlangt hat oder bekannt wurde, begründet keinen Versagungsgrund[9] nach Nr 1 (s auch § 41 Rdn 2.2 und § 43 Rdn 5.3).

b) Unter Nr 1 fällt die Verletzung von Vorschriften über die **Feststellung des geringsten Gebots** oder der **Versteigerungsbedingungen,** also der §§ 44–65. Verstöße dieser Art sind es: wenn das Meistgebot auf ein gesetzlich unzulässiges geringstes Gebot hin erfolgt; wenn das zunächst richtig festgestellte geringste Gebot nachträglich (noch vor der Entscheidung über den Zuschlag) unrichtig geworden ist (§ 33 Rdn 3.4); wenn wegen falscher Ansicht über den Rang ein dem betreibende Gläubiger vorgehender Anspruch nicht ins geringste Gebot aufgenommen ist oder ein nachgehender aufgenommen ist; wenn ein Zuzahlungsbetrag nach § 51 nicht oder unrichtig festgesetzt ist[10] (§ 51 Rdn 5.3); wenn vorgehende bedingte Ansprüche nicht entsprechend berücksichtigt sind; wenn wiederkehrende Nebenleistungen nach § 47 nicht richtig in Geld berechnet sind (anders[11]: § 47 sei nur eine Ordnungsvorschrift, deren Verletzung keinen Versagungsgrund nach Nr 1 darstellt; allerdings war in dem hier entschiedenen besonderen Fall das bare Meistgebot auf jeden Fall höher als es bei richtiger Berechnung nötig gewesen wäre; nur unter dieser Einschränkung kann man zustimmen[12]; dazu § 47 Rdn 2.5). § 74 a, damit „ordnungsgemäße" Wertfestsetzung, gehört als Verfahrensbestimmung nicht zu den Versteigerungsbedingungen (§ 74 a Rdn 9.10).

3.2 Nr. 2 bestimmt es als Versagungsgrund, wenn bei Versteigerung mehrerer Grundstücke (Bruchteile, anderer Objekte)
– **Einzelausgebote nicht** erfolgt sind (§ 63 Abs 1 **Satz 1**), ausgenommen, wenn Beteiligte hierauf verzichtet haben, weil ein Gesamt- oder Gruppenausgebot stattzufinden hatte (§ 63 Abs 4),
– das **Gesamtausgebot** (§ 63 Abs 2 Satz 1), damit ebenso ein Gruppenausgebot (§ 63 Abs 2 **Satz 2**) **unterblieben** ist, das auf Verlangen eines Beteiligten zu erfolgen hatte.

Der Wortlaut der Nr 2 ist **noch immer ungenau.** § 63 wurde mit Wirkung ab 1. Aug 1998 wesentlich geändert (dazu 17. Aufl Rdn 3.2); die Anpassung der Bezugnahmen in § 83 Nr 2 wurde damals versäumt. Ersetzt wurde inzwischen (Art 10 Nr 2 des 1. Justizmodernisierungsgesetzes, BGBl 2004 I 2198 [2206]) die Angabe (§ 63) „Abs 5" (der weggefallen ist) durch die Angabe (des nunmehrigen) „Abs 4". Unverändert geblieben ist die Bezugnahme auf § 63 **Abs 2 Satz 1.** Diese Vorschrift hat vormals Bestimmung über das Gesamt- und Gruppenausgebot auf Antrag eines Beteiligten getroffen. Nach (hier nicht erheblichen) Ergänzungen wurde Abs 2 des § 63 übersichtlicher gegliedert; dessen Satz 1 wurde **Sätze 1 und 2,** letzterer regelt nun das Gruppenausgebot; der vormalige Satz 2 des § 63 Abs 2 wurde (neu) dessen Satz 3. Eine inhaltliche Änderung war mit dieser sprachlich verbesserten Regelung nicht verbunden. Gesamtausgebot, dessen Unterlassung Versagung des Zuschlags gebietet, ist daher auch weiterhin das auf Antrag notwendige Gruppenausgebot nach § 63 Abs 2 (nun) Satz 2. Unverändert ge-

---

[9] OLG Düsseldorf Rpfleger 1995, 373.
[10] Schiffhauer Rpfleger 1975, 187 (II 5).
[11] LG Lübeck SchlHA 1973, 129.
[12] LG Frankfurt NJW-RR 1988, 1276 = Rpfleger 1988, 494.

§ 83   3.2   Entscheidung über den Zuschlag

blieben ist auch die Bezugnahme auf **§ 63 Abs 1**. Dieser vormals einzige Satz des § 63 Abs 1 wurde dessen Satz 1. Neu angefügt wurde § 63 Abs 1 **Satz 2**; auch damit war eine inhaltliche Änderung der Versagungsgründe nicht verbunden. Unterlassung eines gemeinsamen Ausgebots der mit einem einheitlichen Bauwerk überbauten Grundstücke gebietet und rechtfertigt somit nicht Versagung des Zuschlags. Versagungsgrund bestimmt Nr 2 des § 83 nur für den Fall, daß Gesamt- oder Gruppenausgebot auf Antrag eines Beteiligten erfolgen mußte, nicht aber für „andere Fälle", in denen es dem Ermessen des Vollstreckungsgerichts überlassen bleibt, ob Grundstücke auf Antrag auch zusammen ausgeboten werden können[13] (§ 63 Abs 2 Satz 3 [früher Satz 2]). Keine Versagung begründet es daher, wenn das ohne Antrag rechtlich mögliche gemeinsame Ausgebot der mit einem einheitlichen Bauwerk überbauten Grundstücke nach dem Ermessen des Gerichts (§ 63 Rdn 3.1) nicht erfolgt ist.

3.3   Unter **Nr 3** fällt nur, daß bei **§ 64 Abs 2 Satz 1** und Abs 3 die **Deckungsvorschrift** nicht gewahrt ist: wenn nämlich der Gesamtgrundpfandrechtsgläubiger gemäß seinem Wahlrecht in § 64 Abs 2 das Ausgebot nach dieser Möglichkeit wählt (bei der Festsetzung des geringsten Gebots sind nur die ihm im Anspruch vorgehenden Rechte berücksichtigt), so erlöschen die Gebote nach § 64 Abs 1 (Gesamtgrundpfandrecht verteilt auf die einzelnen Grundstücke nach dem Verhältnis der Grundstückswerte) und es ist zu prüfen, ob der Erlös beim Gesamtmeistgebot oder bei den Einzelmeistgeboten höher ist; ist er bei den Einzelmeistgeboten höher oder ist ein Gesamtmeistgebot nicht erfolgt, so muß der Zuschlag auf die Einzelmeistgebote versagt werden, wenn das Gesamtgrundpfandrecht **oder** das Recht eines gleich- oder nachstehenden, aber dem bestrangig betreibenden Gläubiger vorgehenden Beteiligten durch das Gesamtergebnis der Einzelmeistgebote nicht gedeckt wird; zu versagen ist dabei schon dann, wenn auch nur auf einem Grundstück ein zwischen dem verteilten Gesamtrecht und dem betreibenden Gläubiger stehendes Recht auch nur teilweise nicht gedeckt wird, falls dieses Recht nicht nach § 84 einwilligt. Ob so der Zuschlag nach Nr 3 zu versagen ist, kann regelmäßig erst auf Grund eines Doppelausgebots ersehen werden. Die Ausübung des Wahlrechts nach § 64 Abs 2 enthält noch nicht die Genehmigung des § 84.

3.4   Unter **Nr 4** fällt nur, wenn der **Hinweis auf** die bevorstehende **Ausschließung** weiterer Anmeldungen nach § 66 Abs 2 unterblieben ist (§ 66 Rdn 8), trotzdem aber die weitere Anmeldung oder das Glaubhaftmachen eines Rechts zurückgewiesen worden ist.

3.5   **Nr. 5:** a) Nach der grundsätzlichen Abgrenzung der Versagungsgründe (Rdn 2.1) erfaßt Nr 5 alle Gesetzesverletzungen, durch die „lediglich" **bestimmte Rechte betroffen** werden, bei denen somit der durch die Gesetzesverletzung Beeinträchtigte und der mögliche Umfang seiner Beeinträchtigung **feststehen**. Wenn durch einen Verfahrensverstoß lediglich Rechte eines (mehrerer, aber bestimmter) Beteiligten (§ 9) betroffen werden, steht dessen (deren) Recht der Zwangsversteigerung oder der Fortsetzung des Verfahrens entgegen. Das ist der Fall, wenn Aufhebung oder Einstellung des Verfahrens (ganz oder teilweise) nach § 28 deshalb erfolgen muß, weil wegen des entgegenstehenden Rechts eines Beteiligten (§ 9; erforderlichenfalls ist somit Anmeldung nach § 9 Nr 2 nötig) die Aufhebung oder einstweilige Einstellung des Verfahrens rechtzeitig herbeigeführt worden ist (§ 37 Nr 5). Hierunter fällt etwa, daß ein Einstellungs- oder Aufhebungsbeschluß über ein Zubehörstück nach Versteigerungsschluß vorgelegt wird; dann kann der Zuschlag nur erteilt werden, wie in § 33 Rdn 2, 5, § 55 Rdn 3 ausgeführt. Wenn Einstellung oder Verfahrensaufhebung entgegen § 37 Nr 5 nicht

---

[13] Kommissionsbericht zu § 83 mit § 63, abgedruckt bei Hahn/Mugdan, 5. Band (1897), Seite 125 mit 119; Jaeckel/Güthe § 83 Rdn 5; Reinhard/Müller § 83 Anm II 2.

Zuschlagversagungsgründe 4.1 § 83

vor der Zuschlagsentscheidung erwirkt sind, kann der Zuschlag nicht nach Nr 5 angefochten werden.

b) Ein unter Nr 5 fallender Verfahrensverstoß ist auch die **unrichtige Wertfestsetzung** (§ 74a Rdn 9.11) (soweit nicht mit Rechtskraft Berufung auf die Unrichtigkeit ausgeschlossen ist, § 74a Abs 5 Satz 4), auch dann, wenn das Gericht eine notwendige Wertfestsetzung überhaupt unterlassen oder die notwendige Überprüfung des rechtskräftigen Wertes nicht vorgenommen hat (§ 74a Rdn 7.20).

c) Versagungsgrund nach Nr 5 ist schließlich der begründete Antrag eines dazu Berechtigten auf Versagung des Zuschlags auf ein **Meistgebot unter** $7/10$ des Grundstückswertes (§ 74a Abs 1); der Fortsetzung des Verfahrens steht nur das Recht dieses Antragstellers entgegen.

Nicht heilbare Versagungsgründe 4

4.1 Nr. 6: a) Nach der grundsätzlichen Abgrenzung der Versagungsgründe (Rdn 2.1) erfaßt Nr 6 alle Gesetzesverletzungen, bei denen es **ungewiß** ist, wie weit sich ihre Wirkung erstreckt (Denkschrift S 54). Weil sich bei ihnen der „Umfang der Beeinträchtigung, welche ... den Rechten Beteiligter droht, nicht mit Sicherheit übersehen läßt, so muß ... stets die Versagung des Zuschlags erfolgen" (Denkschrift S 54). Dazu gehören Verstöße gegen die Voraussetzungen der Zwangsvollstreckung als Erfordernisse der Verfahrensanordnung und -durchführung und alle Hinderungsgründe, die den Fortgang der Zwangsvollstreckung aufhalten, somit die Schuldnerinteressen wahrenden gesetzlichen Einstellungs- und Aufhebungsgründe. Nr 6 erfaßt damit alle Fälle, in denen das Verfahren bei richtiger Behandlung gar nicht angeordnet werden durfte (kein Anordnungsbeschluß, kein Beitrittsbeschluß) oder nicht fortgesetzt werden durfte oder ausdrücklich eingestellt oder aufgehoben werden mußte.

b) Hierunter fällt es, wenn das Gericht **unzuständig** ist (§ 1).

c) Hierunter fällt es, wenn **Vollstreckungsvoraussetzungen** fehlen (Titel [hierzu bereits Rdn 2.1 zu b], Zustellung usw) (Anm zu § 15) wie zB dann, wenn nach Freigabe des Grundstücks aus der Insolvenzmasse mit dem gegen den Insolvenzverwalter lautenden Vollstreckungstitel Anordnungs/Beitrittsbeschluß gegen den Schuldner ergangen ist[14].

d) Hierunter fällt die **Antragsrücknahme** nach § 29 (Anm zu § 29).

e) Hierunter fällt **Einstellung** oder Versagung nach §§ 30, 31, 75, 76 (jeweils dort und § 33 Rdn 2, 3, 5) oder nach der ZPO (Einl Rdn 31; zu ZPO § 765a Einl Rdn 59.8).

f) Hierunter fallen Verstöße gegen das **Bahnunternehmensgesetz** (§ 15 Rdn 12) (fehlende Genehmigung der Aufsichtsbehörde), gegen das Binnenschiffahrtsvollstreckungsschutzgesetz (§ 74a Rdn 2.4) (Mindestgebot nicht erreicht) und Verstöße gegen **Erbbaurechtsvorschriften** (§ 15 Rdn 13) (fehlende Zustimmung des Grundstückseigentümers).

g) Hierunter fällt es, wenn der Schuldner **prozeß-**[14a] **oder parteiunfähig** ist, dabei Titel und Beschlüsse nicht richtig zugestellt sind (Einl Rdn 44, § 15 Rdn 39, 40).

h) Hierunter fällt die Enteignung oder der Untergang des Grundstücks (§ 56 Rdn 2.2 und 2.3). Untergegangen ist das Grundstück auch, wenn vor dem Versteigerungstermin noch im Grundbuch die Aufteilung in Wohnungseigentumseinheiten eingetragen wurde (mit Zustimmung der betreibenden Gläubiger, ohne diese unwirksam) und so jetzt ein anderes Objekt, nicht das Grundstück, zu versteigern ist, mit anderen Werten, anderer Ausschreibung.

---

[14] OLG Hamm OLGZ 1985, 218 = Rpfleger 1985, 310.
[14a] BGH FamRZ 2005, 200.

§ 83 4.1   Entscheidung über den Zuschlag

i) Hierunter fällt es, wenn die **Befriedigung** des betreibenden Gläubigers vor der Zuschlagsentscheidung nachgewiesen ist.

k) Hierunter fällt unter Umständen eine falsch gehende **Gerichtssaaluhr**, wenn ein Beteiligter nach dieser Uhr, nicht aber nach der richtigen Uhrzeit, verspätet erscheint und noch einen einschlägigen Antrag zu der schon zu Unrecht erfolgten Zuschlagsverkündung abgeben will[15].

l) Hierunter fallen vor allem auch mögliche Maßnahmen nach **ZPO § 765 a**, wenn nämlich ein einschlägiger Antrag des Schuldners wegen drohender Verschleuderung in der Zuschlagsentscheidung zu entscheiden war, aber nicht beachtet oder unbegründet abgelehnt wird (Einl Rdn 58)[16].

m) Hierunter fällt **Verfassungsverletzung** mit Verfahrensgestaltung, die (unter Berücksichtigung der besonderen Umstände des Einzelfalls[17]) Garantiefunktionen des Grundgesetzes (Einl Rdn 7) außer acht läßt, wie Verstoß gegen die Hinweis- und Belehrungspflicht des Vollstreckungsgerichts[18] (auch[19] für den Fall, daß ein nachrangig betreibender Gläubiger unzutreffend, § 33 Rdn 3.4 zu b, davon ausging, daß er durch Ablösung des in Rangklasse 3 vollstreckenden Gläubigers nach Einstellung dieses Einzelverfahrens den Zuschlag vereitle), auch gegenüber schutzbedürftigen Bietinteressenten (unterlassener Hinweis auf bekannte Unrichtigkeit des Wertgutachtens[20]), Verletzung des effektiven Rechtsschutzes oder des Anspruchs auf faire Verfahrensdurchführung[21] und andere Grundrechtsverstöße[22], auch Durchführung der Versteigerung und Verkündung des Versteigerungsschlusses vor der in der veröffentlichten Terminsbestimmung (unrichtig) bezeichneten Zeit des Versteigerungsbeginns[23]. Wenn von einem Verfassungsverstoß mit Verfahrensgestaltung nur ein einzelner Beteiligter (§ 9; zB nur der vollstreckende Gläubiger) betroffen ist, ist der Verfahrensmangel (heilbarer) Versagungsgrund nach Nr 5.

n) Ein Versagungsgrund nach Nr 6 ist **nicht** gegeben, wenn (hinsichtlich des nach § 44 bestbetreibenden Gläubigers) ein Hinweis an den Schuldner auf sein Recht zur Stellung des Einstellungsantrags (§ 30 b) (etwa nur versehentlich) unterblieben ist (anders[24]). Verstoß gegen die Vorschrift des § 30 b Abs 4 berührt die Wirksamkeit der Terminsbestimmung (§ 30 b Rdn 11) und ebenso die des weiteren Versteigerungsverfahrens nicht. Einstellungsantrag kann dann bis zur Erteilung des Zuschlags gestellt und mit Zuschlagsbeschwerde weiter verfolgt werden. Die Zustellung der hinweisenden Verfügung nach § 30 b soll das Antragsrecht befristen und bewirken, daß das Einstellungsverfahren sogleich nach Beschlagnahme beantragt und durchgeführt wird; damit sollen Verfahrensverzögerungen vermieden werden (§ 30 b Rdn 10.3). Als „Verfahrensverstoß", der das Antragsrecht des Schuldners zeitlich nicht beschränkt und damit bis zur Erteilung des Zuschlags nicht beeinträchtigt, kann Unterlassung der Zustellung des Hinweises nicht als

---

[15] OLG Frankfurt JurBüro 1976, 533 mit zust Anm Mümmler.
[16] OLG Hamm Rpfleger 1960, 410; OLG Karlsruhe BWNotZ 1967, 318 Leitsatz; OLG München BayJMBl 1954, 273 = NJW 1955, 149 Leitsatz; OLG Nürnberg NJW 1954, 722; Anheier NJW 1956, 1668; Mohrbutter Rpfleger 1967, 102 (4).
[17] BGH MDR 2004, 774 = NJW-RR 2004, 1074 = Rpfleger 2004, 434.
[18] BVerfG (Kammerbeschluß) Rpfleger 1993, 32 mit Anm Hintzen; OLG Koblenz ZIP 1987, 1531 (1534); OLG Zweibrücken Rpfleger 1978, 108 mit zust Anm Vollkommer; OLG Celle Rpfleger 1979, 470; SchlHA 1979, 215.
[19] LG Waldshut-Tiengen Rpfleger 1986, 102.
[20] OLG Oldenburg JurBüro 1989, 1176 = Rpfleger 1989, 381.
[21] OLG Celle KTS 1979, 320 = NdsRpfl 1979, 34 = Rpfleger 1979, 116; OLG Düsseldorf OLGZ 1994, 508 = Rpfleger 1994, 429; LG Heilbronn Rpfleger 1996, 79.
[22] LG Kaiserslautern Rpfleger 1964, 120 mit zust Anm Stöber.
[23] OLG Oldenburg OLGRep 2001, 45.
[24] Schiffhauer Rpfleger 1983, 256 (Anmerkung).

Verfahrensverletzung angesehen werden, die Garantiefunktionen des Grundgesetzes außer acht läßt. Der Schuldner findet im Versteigerungsverfahren zeitlich und mit Zustellung der Verfahrensmaßnahmen (insbesondere der Terminsbestimmung) sachlich vielfach Gelegenheit zur Antragstellung. Schutz von Amts wegen[25] und ebenso Belehrung über das Antragserfordernis gehören nicht zum Wesen des Vollstreckungsschutzes; verfassungskonforme Verfahrensgestaltung gebietet Antragsbelehrung nicht. Das zeigt schon der umfassendere Schuldnerschutz, den ZPO § 765a gewährleistet, für dessen Wahrung eine Antragsbelehrung jedoch weder vorgesehen noch (zutreffend) aus rechtsstaatlichen Erwägungen (irgendwie) gefordert wird. Weder die verfahrensrechtliche vorgesehene Hinweispflicht des § 30b noch die einfachrechtliche Aufklärungspflicht des Gerichts können so weit reichen, daß Verletzung sogleich als Verfassungsverstoß den Verfahrensfortgang nach Nr 6 als unzulässig hindern würde. Wollte man dennoch in dem unterlassenen Hinweis ein Verfahrenshindernis erblicken, so wäre nur der Schuldner als Beteiligter (§ 9) einzeln betroffen; für alle anderen Beteiligten besteht kein Recht, daß der Schuldner Abwendung der Grundstücksversteigerung mit Vollstreckungsschutz beantragt und ihm dafür eine Antragsfrist gestellt wird. Dann wäre der Verfahrensmangel somit nur (heilbarer) Verfahrensverstoß nach Nr 5. Daher wäre dann vom Beschwerdegericht der Versagungsgrund nicht nach § 100 Abs 3 von Amts wegen zu berücksichtigen (das übersieht[26]).

4.2 Nr. 7: a) Hierunter fällt die nicht rechtzeitige oder nicht richtige oder nur unvollständige **Terminsveröffentlichung** im Amtsblatt oder gerichtlichen Informations- und Kommunikationssystem entgegen § 39 Abs 1, § 43 Abs 1, nicht aber eine unvollständige oder fehlerhafte sonstige Veröffentlichung[27] nach § 40 Abs 2. Als Verstoß genügt es schon, wenn die in § 37 vorgeschriebenen Angaben unvollständig oder unrichtig[28] oder irreführend[29] sind (s auch § 37 Rdn 2.8) oder ein unrichtiger Hinweis auf eine Bietgenehmigung gebracht wurde[30]. Nach[31] ist es auch ein Verstoß, wenn ein als unbebaut ausgeschriebenes Grundstück tatsächlich bebaut ist (nach Lage des Falles zu entscheiden).

b) Hierunter fällt die Nichteinhaltung der **Mindestbietzeit** von 30 Minuten entgegen § 73 Abs 1 oder daß die Versteigerung nicht so lange durchgeführt wurde, bis trotz der Aufforderung des Gerichts nicht mehr geboten wurde, wobei die einschlägigen Vorgänge sich aus dem Protokoll ergeben müssen (§§ 78, 80), insbesondere die nochmalige Aufforderung vor dem Versteigerungsschluß[32]. Die Vorschrift sichert eine Mindestfrist, verhindert ihre Unterschreitung, aber nicht ihre Überschreitung[33]. Die nicht eingehaltene Mindestbietzeit kann auch darauf beruhen, daß etwa der Schuldner – oder ein Dritter – mit Drohungen oder Waffengewalt oder mit Beschimpfungen die Anwesenden vom Bieten abhielt oder die Saaltüre versperrte oder eine Rauferei anzettelte, wenn auf diese Weise das Bieten zeitweise unmöglich war, die Bietzeit aber nicht um die Zeit der Störung verlängert wurde[34]; Versagungsgrund ist hier nicht die Störung, sondern die nicht eingehaltene Mindestbietzeit. Eine Verletzung des § 73 Abs 1 liegt aber nicht vor, wenn der Schuldner – oder für ihn ein Dritter – Interessenten durch Geldzuwendungen dazu bringt,

---

[25] BVerfG 61, 126 (137) = MDR 1983, 188 = NJW 1983, 559 = Rpfleger 1983, 80.
[26] Schiffhauer Rpfleger 1983, 256 (Anmerkung).
[27] LG Ellwangen Rpfleger 1996, 361; LG Göttingen Rpfleger 1998, 211.
[28] LG Kaiserslautern aaO (Fußn 22).
[29] OLG Düsseldorf Rpfleger 1997, 225.
[30] OLG Düsseldorf MDR 1956, 113; OLG Koblenz Rpfleger 1957, 253.
[31] LG Kaiserslautern aaO (Fußn 22).
[32] OLG Karlsruhe Rpfleger 1998, 60 = Rpfleger 1998, 79; LG Traunstein MDR 1955, 48 Leitsatz mit Anm Schriftleit (berichtigt MDR 1955, 117).
[33] LG Lübeck SchlHA 1955, 99.
[34] OLG Karlsruhe OLGZ 1994, 107 (108) = Rpfleger 1993, 413.

§ 83 4.2 Entscheidung über den Zuschlag

der Versteigerung fernzubleiben oder nicht mitzubieten[34] (dazu § 71 Rdn 8.8). Keine Unterbrechung erfolgt durch Belehrungen (Näheres § 73 Rdn 2).

[Heilung von Verfahrensmängeln des § 83]

84 (1) **Die im § 83 Nr 1 bis 5 bezeichneten Versagungsgründe stehen der Erteilung des Zuschlags nicht entgegen, wenn das Recht des Beteiligten durch den Zuschlag nicht beeinträchtigt wird oder wenn der Beteiligte das Verfahren genehmigt.**

(2) **Die Genehmigung ist durch eine öffentlich beglaubigte Urkunde nachzuweisen.**

1 Allgemeines zu § 84

1.1 Zweck der Vorschrift: Beschränkung der Versagungsgründe der Nummern 1–5 des § 83. Sie bleiben im Interesse der anderen Beteiligten bei der Erteilung des Zuschlags außer Betracht, wenn entweder das betroffene Recht durch das Meistgebot gedeckt, der Berechtigte also nicht beeinträchtigt ist (Rdn 2) oder wenn der Beeinträchtigte Beteiligte das Verfahren genehmigt (Rdn 3).

1.2 Anwendungsbereich: § 84 gilt für alle Versteigerungsverfahren des ZVG, soweit die einschlägigen Vorschriften bei ihnen zu beachten sind.

2 Versagung des Zuschlags nur bei Beeinträchtigung

2.1 Die in § 83 Nr 1–5 genannten Verfahrensverstöße, auf die hin an sich der Zuschlag zu versagen wäre, **können heilen** und gestatten einen Zuschlag trotz des Verstoßes, „wenn das Recht des Beteiligten durch den Zuschlag **nicht beeinträchtigt** wird": Abs 1. Daß das betroffene Recht nicht beeinträchtigt wird, muß sicher feststehen.

2.2 Für den Ausschluß der Heilung genügt schon die **Möglichkeit** einer Beeinträchtigung[1]. Eine Beeinträchtigung liegt immer vor: wenn das Recht (der Anspruch) durch das Meistgebot nicht voll gedeckt ist, der Beteiligte somit ganz oder teilweise ausfallen würde; oder wenn ein Beteiligter, dessen Recht bei richtiger Behandlung bestehenbleiben würde, sich Barzahlung gefallen lassen muß[2] (vgl auch § 33 Rdn 3.4 zu d) oder wenn ein Beteiligter, der Barzahlung beanspruchen kann, das Bestehenbleiben des Rechts in Kauf nehmen müßte; oder wenn ein Vorrecht nach § 37 Nr 5 trotz rechtzeitiger Vorlage eines Einstellungsbeschlusses nicht beachtet und damit auf den Versteigerungserlös statt auf den Gegenstand selbst verwiesen wird; oder wenn das betreibende Recht bestehenbleibt statt zu erlöschen. Dabei genügt es auch, daß die Unrichtigkeit des geringsten Gebots erst nachträglich durch Einstellungsbewilligung oder Antragsrücknahme des bisher bestrangig betreibenden Gläubigers eingetreten ist.

2.3 Eine Beeinträchtigung **liegt nicht vor:** wenn der Anspruch des betroffenen Beteiligten trotz fehlerhafter Nichtberücksichtigung im geringsten Gebot durch das Meistgebot (in der richtigen Form, Rdn 2.2) gedeckt ist (siehe § 33 Rdn 3.4); oder wenn ein Beteiligter durch den Verfahrensmangel nicht in seinem dinglichen Recht betroffen wird, sondern in anderen Rechtsbeziehungen, zB als Bürge eines anderen Rechts; oder wenn bei Abänderung der Versteigerungsbedingungen unter Verstoß gegen § 59 der (nachrangige) Beteiligte auch sonst (bei Versteigerung zu den gesetzlichen Bedingungen) (sicher) keinerlei Anspruch auf Befriedigung er-

---

[1] OLG Celle NdsRpfl 1956, 33 = WM 1955, 1682; OLG Hamm Rpfleger 2000, 120 (121).
[2] AG Bamberg Rpfleger 1968, 98.

Heilung von Verfahrensmängeln des § 83   2.4   § 84

langt hätte[3] (der Ausfall des Beteiligten somit sicher nicht durch den Verfahrensmangel verursacht ist); oder wenn der Rechtsnachteil eines Beteiligten sonst nicht durch den Verfahrensmangel verursacht ist; oder wenn ein Beteiligter nach § 43 Abs 2 die Terminsbestimmung nicht rechtzeitig zugestellt erhielt, aber doch vier Wochen vor dem Termin zuverlässige Kenntnis von ihr erhalten hat, oder beim Ersteher durch die unrichtige Berechnung des geringsten Gebots. Ist der Gläubiger der ersten Hypothek Bürge bei der zweiten und droht dieser durch einen Verfahrensmangel ein Ausfall, genehmigt aber der zweite Gläubiger, so ist der Rechtsnachteil des ersten (als Bürge) keine Beeinträchtigung im Sinne des Abs 1.

2.4 a) Der **Schuldner** wird immer beeinträchtigt: wenn ihm bei richtiger Aufstellung des geringsten Gebots das Grundstück erhalten geblieben wäre[4]; oder wenn in diesem Fall mit einem höheren Gebot ein günstigeres Versteigerungsergebnis erzielt worden wäre[5]; oder wenn ein ihm weniger lästiger Gläubiger befriedigt wird, aber ein lästigerer nicht. Daß der Schuldner durch den Zuschlag das Eigentum an dem Grundstück verliert, begründet allein eine Beeinträchtigung nicht[6].

b) Mit Ausnahme von § 83 Nr 4 und von verspäteter Zustellung an einen anderen Beteiligten ist der Schuldner stets beeinträchtigt: bei Nr 1 und 2 des § 83, weil bei richtigem Verfahren entweder ein höheres Gebot oder kein wirksames abgegeben worden wäre; bei Nr 3 des § 83 durch die Fortdauer der persönlichen Haftung für das nicht gedeckte Recht; bei Nr 5 des § 83, weil es bei richtigem Verfahren nicht zur Versteigerung gekommen wäre.

c) Auch hier muß das Gericht immer **positiv feststellen**, daß eine Beeinträchtigung nicht vorliegt, zB bei Nr 5, wenn das entgegenstehende Recht sich auf ein Zubehörstück bezieht und dieses vom Zuschlag ausgenommen wird, bei Nr 3, wenn der Schuldner für das nicht gedeckte Recht nicht persönlich haftet, bei Nr 2, wenn nach den Umständen mit Sicherheit anzunehmen ist, daß auf das unterlassene Einzel- oder Gesamtausgebot ein höheres Meistgebot als das erzielte nicht abgegeben worden wäre, bei Nr 1, wenn der Schuldner trotz fehlerhafter Zustellung rechtzeitig Kenntnis vom Inhalt des Beschlusses oder der Beschlüsse hatte oder wenn der nicht zum Termin geladene Beteiligte offensichtlich das Ergebnis nicht beeinflußt hätte oder wenn die fehlerhafte Feststellung der Versteigerungsbedingungen seine persönliche Haftung nicht berührt. Wenn Zustellung der Terminsbestimmung an den Schuldner (§ 41 Abs 1) nicht erfolgt ist, ist eine Beeinträchtigung nicht schon deshalb ausgeschlossen, weil es zum Zuschlag gekommen wäre (wer will das schon wissen) und ein besseres Ergebnis nicht erzielt worden wäre, wenn den Schuldner die Terminsbestimmung erreicht hätte (so nicht zutreffend jedoch[7]). Überdies begründet das als Verfassungsverstoß (Rechtswahrung damit ausgeschlossen; Verstoß daher insbesondere gegen GG Art 103 Abs 1) nicht heilbaren Versagungsgrund nach § 83 Nr 6 (dort Rdn 4.1 zu m).

d) Bei **nachträglicher Unrichtigkeit** des geringsten Gebots durch Einstellungsbewilligung oder Antragsrücknahme des bestrangig betreibenden Gläubigers (§ 83 Rdn 3.1) ist der Schuldner ausnahmsweise als nicht beeinträchtigt anzusehen, wenn nach Sachlage, insbesondere bei einer im Verhältnis zum Meistgebot geringfügigen Verschiebung des geringsten Gebots, mit einer an Sicherheit grenzenden Wahrscheinlichkeit anzunehmen ist, daß die Versteigerung bei richtiger Feststellung zum gleichen Ergebnis geführt hätte und wenn der Schuldner auch nicht behaupten kann, daß ihm die Befriedigung des noch betreibenden Gläubigers nach

---

[3] OLG Stuttgart Justiz 1988, 129 = Rpfleger 1988, 200.
[4] OLG Celle aaO (Fußn 1); Dassler/Schiffhauer § 84 Rdn 3; Jaeckel/Güthe § 84 Rdn 5.
[5] LG Kassel Rpfleger 2000, 408.
[6] OLG Köln Rpfleger 1990, 176; LG Kassel Rpfleger 2000, 408.
[7] LG Berlin Rpfleger 1997, 123.

§ 84 2.4   Entscheidung über den Zuschlag

dem Wegfall des besserrangigen gemäß § 75 möglich gewesen wäre[8]. Sonst führt die nachträgliche Unrichtigkeit des geringsten Gebots in der Regel zur Zuschlagsversagung, wenn das Recht eines Gläubigers beeinträchtigt ist oder die Änderung des geringsten Gebots ein anderes Versteigerungsergebnis als nicht ausgeschlossen erscheinen läßt; dazu im übrigen § 33 Rdn 3.

3 Zuschlagserteilung bei Genehmigung des Beeinträchtigten

3.1 Die Verfahrensmängel nach § 83 Nr 1–5 sind auch heilbar, wenn der von dem Mangel betroffene Beteiligte das Verfahren genehmigt: Abs 1. Diese **Genehmigung** ist durch eine öffentlich beglaubigte Urkunde **nachzuweisen:** Abs 2. Dazu genügt auch eine Erklärung zu Protokoll des Gerichts, nicht aber zu Niederschrift des Urkundsbeamten der Geschäftsstelle. Genehmigen kann auch der Prozeßbevollmächtigte des Beeinträchtigten, ohne daß dieser hierzu eine öffentlich beglaubigte Vollmacht benötigen würde. Der gesetzliche Vertreter bedarf dazu nicht der Genehmigung des Familien- oder Vormundschaftsgerichts.

3.2 Die Genehmigung ist **nicht widerruflich**[9]. Sie kann nur bis unmittelbar vor der Verkündung der Zuschlagsentscheidung gegeben werden[10] und sie kann auch im Rechtsmittelverfahren nicht nachgeholt werden[11]. Sie muß ausdrücklich erfolgen, stillschweigend ist sie angesichts der zwingenden Formvorschriften nicht möglich[12]. Man kann aber auf die Genehmigung schließen, wenn sie aus anderen (formgerechten) Erklärungen abgeleitet werden kann[13], wie aus einem Antrag auf Erteilung des Zuschlags (§ 74 Rdn 2.3). Ein unterlassener Widerspruch ist keine Genehmigung.

[Antrag auf Zuschlagsversagung mit neuer Versteigerung]

85 (1) **Der Zuschlag ist zu versagen, wenn vor dem Schlusse der Verhandlung ein Beteiligter, dessen Recht durch den Zuschlag beeinträchtigt werden würde und der nicht zu den Berechtigten des § 74a Abs 1 gehört, die Bestimmung eines neuen Versteigerungstermins beantragt und sich zugleich zum Ersatze des durch die Versagung des Zuschlages entstehenden Schadens verpflichtet, auch auf Verlangen eines anderen Beteiligten Sicherheit leistet. Die Vorschriften des § 67 Abs 3 und des § 69 sind entsprechend anzuwenden. Die Sicherheit ist in Höhe des im Verteilungstermin durch Zahlung zu berichtigenden Teils des bisherigen Meistgebots zu leisten.**

(2) **Die neue Terminsbestimmung ist auch dem Meistbietenden zuzustellen.**

(3) **Für die weitere Versteigerung gilt das bisherige Meistgebot mit Zinsen von dem durch Zahlung berichtigenden Teile des Meistgebots unter Hinzurechnung derjenigen Mehrkosten, welche aus dem Versteigerungserlöse zu entnehmen sind, als ein von dem Beteiligten abgegebenes Gebot.**

---

[8] LG Kassel Rpfleger 2000, 408.
[9] Dassler/Schiffhauer § 84 Rdn 7; Mohrbutter/Drischler Muster 38 Anm 2; Steiner/Storz § 84 Rdn 16.
[10] OLG Hamm Rpfleger 2000, 171 (172); Jaeckel/Güthe § 84 Rdn 5; Mohrbutter/Drischler Muster 113 Anm 10.
[11] OLG Hamm aaO; Steiner/Storz § 84 Rdn 16; Mohrbutter/Drischler Muster 113 Anm 10.
[12] Steiner/Storz § 84 Rdn 16.
[13] Jaeckel/Güthe § 84 Rdn 4; Mohrbutter/Drischler Muster 38 Anm 2.

Antrag auf Zuschlagsversagung mit neuer Versteigerung   2.3   § 85

(4) **In dem fortgesetzten Verfahren findet die Vorschrift des Absatzes 1 keine Anwendung.**

Allgemeines zu § 85   1

1.1 Zweck der Vorschrift: Gewährung eines Antragsrechts für Beteiligte, die nicht zu den nach § 74a Abs 1 Berechtigten gehören, durch den Zuschlag aber beeinträchtigt würden. Sie können unter bestimmten Voraussetzungen verlangen, daß der Zuschlag versagt und mit wiederholter Versteigerung des Grundstücks in einem neuen Termin Erzielung eines höheren Erlöses versucht wird.

1.2 Anwendungsbereich: Die Vorschrift gilt für alle Versteigerungsverfahren. Sie ist auch in der Teilungsversteigerung anwendbar. Über ihr Verhältnis zu § 74a siehe § 74a Rdn 11.

Antrag auf Zuschlagsversagung außerhalb des § 74a (Absatz 1)   2

2.1 Antragsberechtigt nach § 85 ist nur ein Beteiligter, dessen Recht durch den Zuschlag beeinträchtigt werden würde, der aber nicht zu den Antragsberechtigten aus § 74a Abs 1 gehört: Abs 1. Die beiden Möglichkeiten nach § 74a und § 85 können also auch in derselben Person zusammentreffen, wohl aber im selben Verfahren. Die Vorschriften sind voneinander unabhängig und schließen sich gegenseitig nicht aus (nur für dieselbe Person); dazu § 74a Rdn 11. Darüber, wie die Beeinträchtigung berechnet wird, § 67 Rdn 2. Antragsberechtigt ist wegen Abs 3 nur, wer ein wirksames Gebot abgeben kann. Dazu gehört (anders als bei § 74a) auch der Vollstreckungsschuldner, weil sein Recht beeinträchtigt wird, wenn der wahre Grundstückswert nicht erreicht wird. Antragsberechtigt ist auch der Mieter, der bessere Rechte anstrebt. Für die Berechnung ist der nach § 74a festgesetzte Grundstückswert zugrunde zu legen.

2.2 Der Antrag aus § 85 kann erst **nach Schluß der Versteigerung** gestellt werden, weil erst dann feststeht, ob der Antragsteller durch den Zuschlag auf das Meistgebot beeinträchtigt würde, aber nur bis zum Schluß der Verhandlung über den Zuschlag (Abs 1 Satz 1), nicht mehr also im Verkündungstermin. Wird er durch einen Bevollmächtigten gestellt, so benötigt dieser, weil der Antrag einem abgegebenen Gebot gleichsteht (Abs 3), sofort bei seinem Antrag eine öffentlich beglaubigte **Bietvollmacht** (Prozeßvollmacht genügt hier nicht[1]), falls diese nicht bei Gericht offenkundig ist (§ 71 Abs 2). Nach dem Antrag, zB im Rechtsmittelverfahren, kann sie nicht nachgebracht werden. Ein Vormund (Pfleger oder Betreuer) und jetzt auch Eltern brauchen außerdem infolge der damit verbundenen Übernahme einer Schadensersatzverpflichtung die vormundschafts- bzw familiengerichtliche **Genehmigung**[2]. Der Antrag kann **nicht zurückgenommen** werden[3] (weil er ja als Gebot gilt, das auch nicht zurückgenommen werden kann).

2.3 Aus § 85 darf der Zuschlag nur versagt und neuer Termin nur angesetzt werden, wenn drei Voraussetzungen erfüllt sind:

a) Ein dazu **Berechtigter**, dessen Recht durch den Zuschlag auf das Meistgebot beeinträchtigt würde, muß rechtzeitig dies **beantragt** haben (Rdn 2.1, 2.2).

b) Der Antragsteller muß sich zum **Ersatz des** durch die Versagung des Zuschlags entstehenden **Schadens** verpflichten: Abs 1 Satz 1. Dies ist schriftlich oder zu Protokoll des Gerichts (im Termin) möglich. Öffentlich beglaubigte Urkunde ist hierfür nicht vorgeschrieben (anders[4]; erforderlich jedoch nur für die Vollmacht dazu). Der Schadensersatz besteht darin, daß das bisherige Meistgebot samt Zinsen

---

[1] Dassler/Schiffhauer § 85 Rdn 7; Jaeckel/Güthe § 85 Rdn 8–9; Steiner/Storz § 85 Rdn 9.
[2] Dassler/Schiffhauer § 85 Rdn 7; Steiner/Storz § 85 Rdn 9.
[3] Dassler/Schiffhauer § 85 Rdn 6; Steiner/Storz § 85 Rdn 9.
[4] Dassler/Schiffhauer § 85 Rdn 7.

§ 85 2.3

des Bargebots (§ 49 Abs 2) und samt den Mehrkosten (neue Ausschreibung, neue Zustellungen) im neuen Termin als vom Antragsteller abgegebenes Gebot gilt (Abs 3) und von ihm erfüllt werden muß, wenn im neuen Versteigerungstermin kein anderer überbietet.

c) Außerdem muß der Antragsteller auf Antrag eines anderen Beteiligten (jedes Beteiligten nach § 9) **Sicherheit leisten:** Abs 1 Satz 1. Der Antrag auf Sicherheitsleistung muß nicht sofort, kann aber, wie der Versagungsantrag, nur bis zum Schluß der Verhandlung über den Zuschlag gestellt werden. Antragsberechtigt sind alle anderen Beteiligten, auch der Schuldner, Beteiligte aber nicht, wenn sie bei dem fingierten Meistgebot des Antragstellers (Rdn 4.2) voll ausfallen würden[5] (anders[6]: Beteiligte auch bei Ausfall). Die Sicherheit ist bis zur Verkündung der Entscheidung über den Zuschlag zu leisten, kann somit auch noch im Verkündungstermin geleistet werden (§ 70 Abs 2 ist nicht für anwendbar erklärt). Von Sicherheit befreit sind auch hier die in § 67 Abs 3 oder landesrechtlich Befreiten: Abs 1 Satz 2. Sicherheit ist auch hier zu leisten in bestätigten Bundesbankschecks sowie Verrechnungsschecks eines (berechtigten) Kreditinstituts, selbstschuldnerischer Bürgschaft eines (berechtigten) Kreditinstituts oder durch Hinterlegung (ebenso Übergabe) von Geld gemäß § 69: Abs 1 Satz 2. Der Höhe nach muß die Sicherheit aber hier den vollen im Verteilungstermin zu zahlenden bisherigen baren Meistgebotsbetrag (ohne Zinsen aus § 49 Abs 2) ausmachen: Abs 1 Satz 3. Wenn Sicherheit nicht geleistet wird, wird der Zuschlag erteilt.

2.4 Der Antrag darf bei Teilungsversteigerung nicht **in** einen **Einstellungsantrag** aus § 180 Abs 2 **umgedeutet** werden (so auch[7]), wie das[8] getan hat. Es handelt sich um völlig verschiedene Anträge. § 85 will das Verfahren fortsetzen und sofort einen neuen Termin mit besserem Ergebnis erreichen; § 180 Abs 2 will das Verfahren mindestens für sechs Monate zum Stillstand bringen, um eine außergerichtliche Einigung zu ermöglichen. Mit Recht wird daher[8] von[9] kritisiert, daß die Umdeutung unverständlich sei, zumal die Antragsfrist des § 180 Abs 2 längst abgelaufen war.

2.5 Durch den Antrag erlischt das bisherige Meistgebot noch nicht. Der Bieter bleibt daran bis zur Rechtskraft des Beschlusses, mit dem der Zuschlag nach Abs 1 versagt wird, gebunden.

2.6 Bei Versteigerung von **Binnenschiffen** ist in entsprechender Anwendung (§ 162) das Antragsrecht aus § 85 denjenigen Beteiligten versagt, die einen (dem § 74a entsprechenden) Versagungsantrag nach Binnenschiffahrtsvollstreckungsschutzgesetz (Textanhang T 12) § 13 Abs 1 stellen können[10].

2.7 Zur Versagung aus § 85 im ZVG-Handbuch Rdn 346: Muster für den Antrag dort Rdn 345.

3 Entscheidung über den Antrag, Terminsbestimmung (Absätze 1, 2)

3.1 Ein **nicht zulässiger** und nicht begründeter Antrag wird nicht (gesondert) zurückgewiesen. Über ihn wird durch Erteilung des Zuschlags entschieden. Die Entscheidung ist zu begründen.

3.2 § 85 ist Schutzvorschrift gegen Grundstücksverwertung bei gesetzesmäßig verlaufenem Verfahren. Versagung des Zuschlag auf Beteiligtenantrag nach Abs 1 erfordert daher, daß im Versteigerungstermin ein **wirksames Meistgebot** abge-

---

[5] Korintenberg/Wenz § 85 nm 4; Steiner/Storz § 85 Rdn 15.
[6] Jaeckel/Güthe § 85 Rdn 6.
[7] Steiner/Storz § 85 Rdn 3.
[8] OLG Oldenburg KTS 1974, 240 mit krit Anm Mohrbutter.
[9] Mohrbutter KTS 1974, 240 (Anmerkung).
[10] Jonas/Pohle, ZwVNotrecht, Vorbem 1 vor § 165 und § 85 Anm 1.

Antrag auf Zuschlagsversagung mit neuer Versteigerung   4.3 § 85

geben ist, dem der Zuschlag erteilt werden müßte. Daher kann nicht nach Abs 1 entschieden werden, wenn sich das Meistgebot bei der Entscheidung über den Zuschlag als nicht wirksam erweist (nach § 79 zu berücksichtigender Versagungsgrund, § 81 Abs 1), oder wenn **sonst ein Versagungsgrund** (§ 83, auch § 85a) vorliegt.

3.3 Versagung des Zuschlags auf Antrag nach Abs 1 erfolgt durch **Beschluß** (§ 33), der zu begründen ist. Mit Rechtskraft des Versagungsbeschlusses erlischt die Bindung des Bieters an sein Meistgebot (§ 86 mit § 72 Abs 3; dafür Gebot des Antragstellers, Rdn 4.2). Bestimmung eines neuen Versteigerungstermins erfolgt nach Rechtskraft des Versagungsbeschlusses von Amts wegen.

3.4 Der neue Versteigerungstermin wird mit **Terminsbestimmung** angesetzt, die alle Angaben nach § 37 (Muß-Inhalt) und § 38 (Soll-Inhalt) zu enthalten hat. Einzuhalten sind die schon für den ersten Termin vorgeschriebenen **Fristen**, Bekanntmachungen, Zustellungen, Mitteilungen. Die Terminsbestimmung ist hier außerdem an den Antragsteller = Meistbietenden zuzustellen: Abs 2. Der Grund liegt darin, daß das bisherige Meistgebot als sein Gebot gilt. Bestimmt wird der Termin schon im Versagungsbeschluß. Daher ist hier auf die Fristen zu achten.

Neuer Versteigerungstermin (Absätze 3, 4) 4

4.1 In dem neuen Versteigerungstermin ist die Versteigerung wieder **von Anfang an** durchzuführen; er ist nicht Fortsetzung des früheren Termins, sondern selbständiger Versteigerungstermin. Anmeldungen, die bereits nach § 66 Abs 2 ausgeschlossen waren, sind wieder (als rechtzeitig ohne Rangverlust nach § 110) zulässig[11].

4.2 Im neuen Versteigerungstermin gilt das **bisherige Meistgebot** zuzüglich der Zinsen des Bargebots (§ 49 Abs 2, BGB § 246) vom alten bis zum neuen Versteigerungstermin (alter Terminstag eingeschlossen, neuer Terminstag ausgeschlossen) und zuzüglich derjenigen Mehrkosten, die aus dem Versteigerungserlös zu entnehmen sind (§ 109) in ein vom Antragsteller abgegebenes Gebot: Abs 3. Der Antragsteller tritt in dieser Höhe für die weitere Versteigerung kraft Gesetzes in das bisherige Meistgebot ein. Dieses **fingierte Meistgebot** (es gilt auch, wenn der Antragsteller nicht zum neuen Termin erscheint[12]) gilt nicht nur für den unmittelbar nächstfolgenden Termin, sondern für das weitere Versteigerungsverfahren, wird also nicht durch eine zwischenzeitlich etwa erfolgte Verfahrenseinstellung beseitigt[13], weil § 85 als Sonderregel der allgemeinen Vorschrift des § 72 Abs 2 vorgeht[14]. Wer einen Antrag nach § 85 stellt, muß sich bewußt sein, daß er vielleicht längere Zeit als nur bis zum nächstfolgenden Termin an das Gebot gebunden bleibt, auf das nur nach seinem Antrag der Zuschlag nicht erteilt worden ist[14].

4.3 Im neuen Versteigerungstermin wird, ungeachtet des fingierten Meistgebots des Antragstellers, das **geringste Gebot** nach den normalen Vorschriften aufgestellt, es wird aber durch den Zeitablauf seit dem ersten Termin (Zinsen, Kosten) in der Regel etwas höher sein als das frühere geringste Gebot; die alten Anmeldungen bleiben wirksam, neue sind zulässig (Rdn 4.1). Das geringste Gebot kann aber auch, wenn jetzt der bestrangig betreibende Gläubiger ein anderer ist, ganz anders lauten, niedriger oder höher oder mit anderen Versteigerungsbedingungen. Das geringste Gebot ist ja nicht gleich dem fingierten Meistgebot. Unabhängig von seiner Aufstellung sind aber im neuen Termin natürlich nur solche Gebote zulässig, die das fingierte Meistgebot übersteigen, weil dieses als ein im neuen

---

[11] Dassler/Schiffhauer § 85 Rdn 6.
[12] Dassler/Schiffhauer § 85 Rdn 11.
[13] Jaeckel/Güthe § 85 Rdn 10; Jonas/Pohle, ZwVNotrecht, § 74a Anm 8b.
[14] Jonas/Pohle, ZwVNotrecht, § 74a Anm 8b.

§ 85   4.3   Entscheidung über den Zuschlag

Termin abgegebenes gilt (Abs 3) und andere Gebote nach ihm, wie immer, nur zulässig sind, wenn sie es überbieten (§ 72 Abs 1).

4.4 Unter gleichen Bedingungen und mit demselben bestrangig betreibenden Gläubiger wie im ersten Termin wird das **geringste Gebot** des neuen Termins geringer sein als das **fingierte Meistgebot**. Wird das fingierte Meistgebot überboten (von einem Dritten oder vom Antragsteller des ersten Termins), so erhält das neue Meistgebot den **Zuschlag**. Wird es nicht überboten, so erhält das fingierte Meistgebot den Zuschlag. Ist aber wegen anderer Berechnung des geringsten Gebots (Rdn 4.3) das fingierte Meistgebot niedriger als das geringste Gebot, so versagt Abs 3[15] (der an den Regeln über die Aufstellung des geringsten Gebots nichts ändert). Wird das fingierte Meistgebot durch ein auch das neue geringste Gebot deckendes überboten, so erhält ganz normal dieses den Zuschlag. Wird das geringste Gebot (und damit das niedrigere fingierte Meistgebot) nicht überboten, so kann kein Zuschlag erfolgen, weil ja das geringste Gebot nicht erreicht ist, es muß der Zuschlag versagt werden. Wird das Verfahren auf Antrag des betreibenden Gläubigers fortgesetzt, so dauert die Verpflichtung des Antragstellers mit seinem fingierten Meistgebot aus dem ersten Termin fort, bis das Verfahren aufgehoben oder bis ein zuschlagsfähiges Meistgebot erzielt ist; § 77 Abs 2 Satz 1 ist hier nicht anwendbar.

4.5 Wird auf solche Weise oder auch im Falle eines wirksamen Meistgebots mit Zuschlag irgendeiner der Beteiligten des ersten Termins geschädigt, so hat der Geschädigte gegen den Antragsteller des ersten Termins Anspruch auf **Ersatz des** durch Zuschlagsversagung im ersten Termin entstandenen **Schadens**: Abs 1 Satz 1. Ihm ist, im Klagewege außerhalb des Versteigerungsverfahrens, zu ersetzen, was er bei Zuschlag im ersten Termin aus dem damaligen Meistgebot erhalten hätte (BGB § 249) oder mehr als jetzt erhalten hätte. Wenn es zu keinem Zuschlag mehr kommt, ist der Schaden nur den betreibenden Gläubigern zu ersetzen, weil die nicht betreibenden Beteiligten keinen Anspruch darauf haben, daß versteigert wird (ihnen wird also nur Schaden ersetzt, wenn es zum Zuschlag kommt, aber dieser weniger für sie ergibt als der Zuschlag des ersten Termins ihnen erbracht hätte).

4.6 Hierzu auch im ZVG-Handbuch Rdn 346.

5 Neuer Termin ohne weiteren Antrag (Absatz 4)

Im neuen Versteigerungstermin gibt es **keinen weiteren Antrag** aus Abs 1, auch nicht für einen anderen Beteiligten: Abs 4. Es besteht auch hier der Grundsatz der Einmaligkeit wie bei § 74a (dort Rdn 6.3).

[Zuschlagsversagung bei Meistgebot unter 50%]

85a (1) **Der Zuschlag ist ferner zu versagen, wenn das abgegebene Meistgebot einschließlich des Kapitalwertes der nach den Versteigerungsbedingungen bestehenbleibenden Rechte die Hälfte des Grundstückswertes nicht erreicht.**

(2) **§ 74a Abs 3, 5 ist entsprechend anzuwenden. In dem neuen Versteigerungstermin darf der Zuschlag weder aus den Gründen des Absatzes 1 noch aus denen des § 74a Abs 1 versagt werden.**

(3) **Ist das Meistgebot von einem zur Befriedigung aus dem Grundstück Berechtigten abgegeben worden, so ist Absatz 1 nicht anzuwenden, wenn das Gebot einschließlich des Kapitalwertes der nach den Versteigerungsbedingungen bestehenbleibenden Rechte zusammen mit dem**

---

[15] Dassler/Schiffhauer § 85 Rdn 11.

Zuschlagsversagung bei Meistgebot unter 50% 1.4 § 85a

Betrage, mit dem der Meistbietende bei der Verteilung des Erlöses ausfallen würde, die Hälfte des Grundstückswertes erreicht.

Übersicht

Allgemeines zu § 85 a 1	Rechte des Meistbietenden am Grundstück (Absatz 3) 4
Meistgebot unter $^5/_{10}$ des Grundstückswertes (Absatz 1, Absatz 2 Satz 1) 2	Sonderfälle: Abtretung (§ 81 Absatz 2); Vertretung (§ 81 Absatz 3) 5
Neuer Versteigerungstermin (Absatz 3) ... 3	Zuzahlung bei Geboten unter $^5/_{10}$? 6

Literatur: Drischler, Zuschlagserteilung u. Zuschlagsversagung unter Berücksichtigung der §§ 74 a u. 85 a ZVG, JurBüro 1982, 1121; Ebeling, Abtretung der Rechte aus dem Meistgebot und § 85 a Abs 3 ZVG, Rpfleger 1988, 400; Hornnung, Die Zwangsvollstreckungsnovelle 1979 (III), Rpfleger 1979, 365; Hornung, Kein Ausschluß der Schutzgrenzen nach ergebnisloser Zwangsversteigerung, Rpfleger 2000, 363; Kirsch, Ergebnislose Zwangsversteigerung, Rpfleger 2000, 147; Muth, Zur Zuschlagserteilung nach § 85 a Abs 3 ZVG, Rpfleger 1985, 45; Muth, Hinweis- und Belehrungspflicht bei Zuschlagserteilung nach § 85 a Abs 3 ZVG? Rpfleger 1986, 417; Scherer, Die Anrechnung der Sicherungsgrundschuld bei § 85 a ZVG, Rpfleger 1984, 259; Scherer, Nochmals: Zur Zuschlagserteilung nach § 85 a Abs 3 ZVG, Rpfleger 1985, 181.

Allgemeines zu § 85 a   1

1.1 Zweck der Vorschrift: Sie soll die **Verschleuderung** von Grundstücken bei Versteigerung **verhindern** und ein wirtschaftlich vertretbares Ergebnis der Versteigerung gewährleisten[1].

1.2 Anwendungsbereich: § 85 a gilt für alle Versteigerungsverfahren des ZVG, auch für die Insolvenzverwalter-, die Nachlaß- und die Teilungsversteigerung[2], nicht aber für die Zwangsversteigerung eines Seeschiffs (§ 169 a) und eines ausländischen Schiffes (§ 171 Abs 5 Satz 1).

1.3 Durch das Meistgebot muß **mindestens die Hälfte** des Grundstückswertes erreicht werden. Diese $^5/_{10}$-Grenze wird als **absolutes Mindestgebot** bezeichnet (im Gegensatz zur relativen $^7/_{10}$-Grenze des § 74 a).

1.4 Das ZVG kannte früher (abgesehen von Zuschlagsversagung nach einem Verfahrensfehler oder wegen nachträglicher Einstellungs- oder Aufhebungsgründe) nur eine Zuschlagsversagung zugunsten und auf Antrag bestimmter Berechtigter wegen Nichterreichung der sogenannten $^7/_{10}$-Grenze (§ 74a), des relativen Mindestgebots. Einen Schuldnerschutz wegen eines zu geringen Meistgebots kannte das ZVG selbst nicht; es wurde nur über ZPO § 765a versucht, dem Schuldner zu helfen. Dieser Ausweg war umstritten und wurde insbesondere bei den ZVG-Verfahren nach § 172 (damalige Konkursverwalterversteigerung), § 175 (Nachlaßversteigerung) und § 180 (Teilungsversteigerung) vielfach abgelehnt. Das führte zu unbilligen Versteigerungsergebnissen, zu Verschleuderung zu Lasten des Schuldners bzw Antragsgegners. Nunmehr sind durch § 85 a klare Verhältnisse geschaffen, indem ähnlich der Mobiliarvollstreckung (ZPO § 817 a Abs 1) jetzt auch für die folgenreiche Immobilienversteigerung eine absolute Mindestgrenze des Versteigerungsergebnisses eingeführt ist. Streitfragen über die Anwendung von ZPO § 765 a und über das gerade noch erträgliche Maß eines geringen Meistgebots sind damit allerdings nur für den jeweils ersten Termin ausgeräumt (§ 85 a Abs 2 Satz 2) (Grundsatz der Einmaligkeit, § 74 a Rdn 6.3). Für den zweiten Termin bleibt dann weiterhin nur der Ausweg von ZPO § 765 a (§ 74 a Rdn 6.3).

---

[1] Arnold MDR 1979, 358 (III 7).
[2] OLG Düsseldorf NJW 1981, 235 Leitsatz = Rpfleger 1981, 69.

§ 85a 2 — Entscheidung über den Zuschlag

2 Meistgebot unter $5/10$ des Grundstückswertes (Absatz 1, Absatz 2 Satz 1)

2.1 Zu **versagen** ist der Zuschlag, wenn das abgegebene Meistgebot **nicht** mindestens **die Hälfte** des Grundstückswertes erreicht: Abs 1. Dieser Zuschlagsversagungsgrund ist **von Amts wegen** (ohne Antrag) zu beachten. Im Gegensatz zu § 74a gibt es hierbei kein Widerspruchsrecht eines betreibenden Gläubigers gegen die Versagung des Zuschlags. Diese muß ausnahmslos erfolgen.

2.2 Das **Meistgebot**, das am festgesetzten Grundstückswert gemessen wird, ist auch hier das bare Meistgebot zuzüglich des Kapitalwertes der nach den Versteigerungsbedingungen bestehenbleibenden Rechte (§ 74a Rdn 3.2). Die nach § 91 Abs 2 liegenbelassenen Rechte werden nicht berücksichtigt, nur die nach § 52 bestehen bleibenden und die außerhalb des geringsten Gebots bestehen bleibenden (zB Altenteil). Die Behandlung erfolgt hier wie bei § 74a (§ 74a Rdn 3.2).

2.3 Ein **Gebot** unter der nach § 85a jetzt bindenden Grenze des absoluten Mindestgebots von $5/10$ des Grundstückswertes ist wirksam[3]; es wird daher nicht nach § 71 Abs 1 zurückgewiesen. Wirksam (und nicht als Scheingebot zu behandeln) ist es auch, wenn es nur abgegeben wurde, um einen zweiten Versteigerungstermin nach Abs 2 Satz 2 und § 74a Abs 4 zu erreichen, in dem Wertgrenzen nicht anzuwenden sind[4]. Auch ein Gläubiger handelt nicht schon dann rechtsmißbräuchlich, wenn er selbst (oder durch einen Dritten) mit einem Gebot unter der $7/10$-Grenze des § 74a oder unter der $5/10$-Grenze zunächst eine Zuschlagsversagung herbeiführt, um sodann den Zuschlag auf ein Gebot unter dem halben Grundstückswert zu erhalten[5] oder zu ermöglichen. Gebote sind, wenn sie das geringste Gebot erreichen oder überschreiten, immer zulässig. Sicherheit hat auf Verlangen eines Beteiligten ein Bieter daher auch bei einem Gebot unter $5/10$ des Grundstückswertes zu leisten (§§ 67, 70). Als Meistgebot im ersten Versteigerungstermin erhält aber ein Gebot bei weniger als $5/10$ des Wertes nicht den Zuschlag (§ 85a). Es ist zweckmäßig, wenn das Gericht im ersten Termin während der Bietzeit hierauf hinweist, um nicht durch die Entscheidung nach § 85a die Bieter zu überraschen.

2.4 Grundstückswert, dessen Hälfte durch das bare Meistgebot erreicht sein muß, wenn Versagung des Zuschlags nach Abs 1 ausgeschlossen sein soll, ist der nach § 74a Abs 5 vom Vollstreckungsgericht festgesetzte Grundstückswert (Abs 2 Satz 1 mit § 74a Abs 5). Dessen Festsetzung muß daher jetzt in allen Versteigerungsverfahren des ZVG ausnahmslos erfolgen (§ 74a Rdn 1.2 und 2.1–2.4).

2.5 Zu versagen ist der Zuschlag nach Abs 1 (Schutzvorschrift gegen Grundstücksverwertung bei gesetzesmäßig verlaufenem Verfahren) nur, wenn im Versteigerungstermin ein **wirksames Meistgebot** abgegeben ist, dieses aber **unter der Hälfte** des Grundstückswerts liegt. Daher kann nicht nach Abs 1 verfahren werden, wenn sich das Meistgebot bei der Entscheidung über den Zuschlag als nicht wirksam erweist (nach § 79 zu berücksichtigender Versagungsgrund, § 81 Abs 1), oder wenn sonst ein Versagungsgrund (§ 83) vorliegt. Dem Versagungsantrag nach § 85 Abs 1 geht der Versagungsgrund des Abs 1 vor (§ 85 Rdn 3.2).

2.6 Versagung des Zuschlags auf ein Gebot unter dem halben Grundstückswert erfolgt **durch Beschluß** (ZPO § 764 Abs 3), der zu begründen ist. Mit Rechtskraft des Versagungsbeschlusses erlischt die Bindung des Bieters an sein Meistgebot (§ 86 mit § 72 Abs 3).

2.7 Wenn mehrere Grundstücke in einem Verfahren versteigert werden und nur Einzelgebote erfolgen, ist jedes Einzelmeistgebot im genannten Sinne zu prü-

---

[3] OLG Koblenz Rpfleger 1999, 407; Hornung Rpfleger 1979, 365 (D VI 1).
[4] OLG Kobenz Rpfleger 1999, 407; LG Kassel Rpfleger 1986, 397.
[5] OLG Koblenz Rpfleger 2000, 407; kritisch aber Hornung Rpfleger 2000, 363 (365); anders LG Neubrandenburg Rpfleger 2005, 42 mit (zutreffend) abl Anm Alff.

Zuschlagsversagung bei Meistgebot unter 50% 2.10 § 85a

fen. Erfolgt nur ein Gesamtmeistgebot oder kommt bei Doppelausgebot das Gesamtmeistgebot in Frage, so ist dieses zu prüfen. Ist dann auf das Gesamtmeistgebot der Zuschlag zu versagen, dann ist auf die Einzelmeistgebote zurückzugreifen[6]. Auch insoweit gelten die Grundsätze wie bei § 74a. Einzelheiten (auch zu abweichender Ansicht) § 74a Rdn 3.4.

2.8 Verzicht der Beteiligten auf die Anwendung von § 85a ist keinesfalls zulässig; die Vorschrift ist als zwingend[7] von Amts wegen zu beachten. Auf den Versagungsgrund des § 85a kann auch nicht durch abweichende Versteigerungsbedingung nach § 59 verzichtet werden. Trotzdem wird das Gericht die Beteiligten vor Entscheidung anhören (so auch[7]) (rechtliches Gehör gebietet schon § 74). Es könnte ja sein, daß das Gericht von einer falschen Berechnung ausgeht. Interessen der Beteiligten aber werden hier im Gegensatz zu § 74a nicht berücksichtigt. § 85a kann nicht etwa im Wege abgeänderter Versteigerungsbedingungen nach § 59 auch im zweiten Termin zugrunde gelegt werden (anders[7]).

2.9 Im ersten Termin geht § 85a immer vor; ZPO § 765a ist dann nicht anwendbar.

2.10 a) Mit dem Versagungsgrund des Abs 1 (Mindestgebot unter halbem Grundstückswert) kann für dasselbe Objekt im ersten Versteigerungstermin ein Versagungsantrag nach § 74a Abs 1 (Gebot unter $^7/_{10}$ des Grundstückswerts) zusammentreffen. Wenn dann der Zuschlag nach Abs 1 zu versagen ist, weil das Gebot die absolute Mindestgrenze zum Schutz vor Grundstücksverschleuderung nicht erreicht, kann der Antrag aus § 74a Abs 1 nicht mehr weiterbehandelt werden. Dieser Antrag bleibt aber bis zur Rechtskraft der Entscheidung wirksam; er ist daher vom Beschwerdegericht zu prüfen, wenn es den Versagungsgrund des § 85a (infolge anderer Beurteilung des nicht rechtskräftigen Grundstückswertes, wegen anderer Bewertung nach Freigabe von Zubehör usw) verneint.

b) Auch **Meistgebot** eines zur Befriedigung aus dem Grundstück Berechtigten (dem der Zuschlag nach Abs 3 zu erteilen ist) ist für den Vergleich mit $^7/_{10}$ des Grundstückswertes nach § 74a Abs 1 nur der bar zu zahlende Betrag zuzüglich bestehenbleibende Rechte; der Betrag, mit dem bei Erteilung des Zuschlags nach § 114a erweiterte Befriedigung des Bieters eintreten würde, wird nicht dazu gerechnet (§ 81 Rdn 3.2). Für die Frage jedoch, ob der nicht gedeckte Anspruch eines Antragstellers bei einem $^7/_{10}$-Gebot voraussichtlich (ganz oder teilweise) gedeckt sein würde (§ 74a Abs 1 Satz 1), muß der im Rang vorgehende Anspruch des Meistbietenden voll berücksichtigt werden (Rechtsverfolgungskosten, wiederkehrende Leistungen und andere Nebenleistungen, Hauptanspruch, dieser bei der Grundschuld mit dem Nennbetrag). Auf Antrag eines nachrangigen Berechtigten kann der Zuschlag nach § 74a Abs 1 daher nicht versagt werden, wenn der Anspruch des Meistbietenden den $^7/_{10}$-Grundstückswert ausschöpft. Mit der erweiterten Befriedigung des Meistbietenden (§ 114a) bis zur $^7/_{10}$-Grundstückswertgrenze bewirkt die Zwangsversteigerung dann keine Grundstücksverschleuderung, die Schutz des nachrangigen Berechtigten (dazu § 74a Rdn 1.1) gebieten würde. Wenn dem Anspruch des am Grundstück berechtigten Meistbietenden geringer als der Differenzbetrag zur $^7/_{10}$-Wertgrenze ist und daher nach voller Befriedigung seines Anspruchs (§ 114a; dazu § 114a Rdn 3.3) ein Rest des Differenzbetrags zu einem Gebot in Höhe des $^7/_{10}$-Wertes verbleibt, kann der damit voraussichtlich (wenigstens teilweise) gedeckte nachfolgende Berechtigte nach § 74a Abs 1 Versagung des Zuschlags verlangen.

Beispiele: I. Grundstückswert 100 000 Euro; $^7/_{10}$ Wertgrenze 70 000 Euro; (bares) Meistgebot 20 000 Euro; bestehenbleibendes Recht 10 000 Euro; Verfahrenskosten, öffentliche Grundstückslasten und bar zu befriedigende Ansprüche des beste-

---

[6] OLG Frankfurt Rpfleger 1995, 512.
[7] Hornung Rpfleger 1979, 365 (D VI 1).

§ 85a 2.10

henbleibenden Rechts 20 000 Euro; Anspruch des Meistbietenden 40 000 Euro (oder höher). Antragsteller nach § 74a Abs 1 im Rang danach.
Meistgebot 20 000 Euro + bestehenbleibendes Recht 10 000 Euro = 30 000 Euro, somit unter ⁵/₁₀ (§ 85a Abs 1) und unter ⁷/₁₀ (§ 74a Abs 1) des Grundstückswertes; der Zuschlag ist jedoch nach § 85a Abs 3 zu erteilen. Auch bei einem Meistgebot (mit bestehenbleibendem Recht) in Höhe von 70 000 Euro findet der Anspruch des Antragstellers keine Deckung, weil er erst nach dem vorweg weiter zu befriedigenden Anspruch des Meistbietenden mit 40 000 Euro (oder höher) und damit nicht in der ⁷/₁₀-Grenze steht.
II. Fall wie I, jedoch Anspruch des Meistbietenden nur 25 000 Euro. Dem Antragsteller vorgehende Ansprüche 20 000 Euro und 25 000 Euro = 45 000 Euro. Meistgebot und bestehenbleibendes Recht 30 000 Euro = unter ⁷/₁₀ des Grundstückswertes; bei einem Meistgebot (mit bestehenbleibendem Recht) in Höhe von 70 000 Euro voraussichtliche Befriedigung des Antragstellers mit 15 000 Euro. Antrag auf Versagung des Zuschlags nach § 74a Abs 1 daher begründet.
Stellt der Gläubiger eines dem Meistbietenden vorgehenden ausfallenden Rechts oder eines Gleichrangrechts (sie bleiben nach § 114a Satz 2 unberücksichtigt) Versagungsantrag nach § 74a Abs 1, so kann nicht wegen § 85a Abs 3 der Zuschlag erteilt werden (§ 114a Satz 2 würde Rechtsverlust des Antragstellers bewirken); es muß vielmehr dem (begründeten) Versagungsantrag nach § 74a Abs 1 entsprochen werden (dazu[8]).
Beispiel (III): Grundstückswert (100 000 Euro), Meistgebot (20 000 Euro), bestehenbleibendes Recht (10 000 Euro) und Verfahrenskosten, öffentliche Lasten sowie bar zu begleichender Anspruch des bestehenbleibenden Rechts (20 000 Euro) wie im Fall I. Dann jedoch im Rang nachfolgend Anspruch des Antragstellers mit 25 000 Euro und erst danach Anspruch des Meistbietenden. Antrag auf Versagung des Zuschlags nach § 74a Abs 1 ist begründet; keine Erteilung des Zuschlags nach § 85a Abs 3 (der Versagungsgrund des § 85a Abs 1 ausschließen würde).

2.11 Auch bei **Binnenschiffen** muß der Zuschlag bei einem Mindestgebot von weniger als der Hälfte des Schiffswertes versagt werden: Binnenschiffahrtsvollstreckungsschutzgesetz § 13a. Auch hier ist nun zwischen dem relativen Mindestgebot des § 13 und dem absoluten des § 13a zu unterscheiden. Im zweiten Termin darf der Zuschlag weder aus § 13 noch aus § 13a versagt werden = Einmaligkeit des Versagungsgrundes (Gesetz § 13 Abs 3, § 13a Abs 3). Auf **Seeschiffe** ist § 85a ebenso wie § 74a nicht anwendbar (§ 169a). Dasselbe gilt für ausländische Schiffe (§ 171 Abs 5 Satz 1). Bei Binnenschiffen ist jetzt an Stelle des „Wertes" auch wie bei Grundstücken der „Verkehrswert" getreten (Binnenschiffahrtsvollstreckungsschutzgesetz § 15).

3 Neuer Versteigerungstermin (Absatz 2)

3.1 Wird der Zuschlag versagt, so wird ohne Antrag, von Amts wegen, **neuer Termin** bestimmt; Abs 2 Satz 1 und § 74a Abs 3 Satz 1. Anzusetzen ist der neue Versteigerungstermin mit Terminsbestimmung, die alle Angaben nach § 37 (Muß-Inhalt) und § 38 (Soll-Inhalt; dabei Hinweis auf erfolgte Versagung des Zuschlags) zu enthalten hat und nach den gleichen Vorschriften wie die erste Terminsbestimmung bekanntzumachen (§§ 39, 40), zuzustellen (§ 41) sowie mitzuteilen ist. Der Zeitraum zwischen beiden Terminen soll mindestens drei Monate betragen, darf aber sechs Monate nicht übersteigen[9] (Abweichung nach den besonderen Verhältnissen des Einzelfalls möglich) (§ 74a Abs 3 mit § 85a Abs 2 Satz 1).

3.2 In dem neuen Versteigerungstermin ist die Versteigerung wieder **von Anfang an** durchzuführen; er ist selbständiger Versteigerungstermin, nicht Fortsetzung des früheren Termins. Das geringste Gebot wird neu aufgestellt. Die früheren

---

[8] Hornung Rpfleger 1979, 365 (D VI 2).
[9] Hornung Rpfleger 1979, 365 (D VI 1).

Anmeldungen bleiben wirksam; Anmeldungen, die bereits nach § 66 Abs 2 ausgeschlossen waren, sind wieder als rechtzeitig (ohne Rangverlust nach § 110) zulässig.

3.3 In dem neuen Termin darf der Zuschlag weder auf Antrag nach § 74a wegen Nichterreichung der $^7/_{10}$-Grenze noch von Amts wegen nach § 85a bei einem Gebot unter 50% des Grundstückswertes versagt werden (Abs 2 Satz 2): Grundsatz der **Einmaligkeit**. Es gilt aber auch hier nicht der Grundsatz der Erstmaligkeit; Versagung nach § 85a ist also auch möglich, wenn ein vorausgehender Termin wegen Ausbleibens von Geboten ergebnislos gewesen war (§ 77 Abs 1). Die vorausgehende Einstellung nach ergebnisloser Versteigerung (§ 77 Abs 1) schließt die Versagung des Zuschlags auf ein Meistgebot unter der Hälfte des Grundstückswertes nicht aus[10] (anders nur[11]). ZPO § 765a ist allerdings immer anwendbar[12], soweit seine Voraussetzungen tatsächlich erfüllt werden und ein Antrag gestellt wird (Einl Rdn 53.2).

Recht des Meistbietenden am Grundstück (Absatz 3)   4

4.1 Wenn das Meistgebot von einem zur Befriedigung aus dem Grundstück Berechtigten (Rdn 4.2) abgegeben worden ist und **Gebot** einschließlich der nach den Versteigerungsbedingungen bestehenbleibenden Rechte (Rdn 2.2) **zusammen** mit dem Betrag (Hauptanspruch und[13] wiederkehrende Leistungen, andere Nebenleistungen sowie Kosten, dazu § 114a Rdn 3.5), mit dem der Meistbietende **bei der Verteilung** des Erlöses **ausfallen** würde, die Hälfte des Grundstückswertes erreicht, ist der Zuschlag zu erteilen. Abs 1 (Versagung des Zuschlags auf ein Gebot unter dem halben Grundstückswert) ist dann nicht anzuwenden (Abs 3), weil in diesem Fall die Befriedigungswirkung nach § 114a eintritt (dazu Begründung des Änderungsgesetzes)[14]. Infolge der erweiterten Befriedigung des Erstehers nach § 114a ist der Verwertungserlös höher als die Hälfte des Grundstückswertes, eine Verschleuderung des Grundstücks somit ausgeschlossen (Beispiel im ZVG-Handbuch Rdn 344h). Ein unbilliges Versteigerungsergebnis, das Grundstücksverschleuderung zu Lasten des Schuldners bewirken würde, ist damit nicht gegeben.

4.2 Ein zur **Befriedigung** aus dem Grundstück **Berechtigter,** dessen Ausfall mit dem Gebot einschließlich bestehenbleibenden Rechten nach Abs 3 zusammenzurechnen ist, kann jeder Berechtigte eines nach § 10 aus dem Grundstück zu befriedigenden Anspruchs sein. Das sind insbesondere die Gläubiger der Ansprüche aus einem Recht an dem Grundstück. Hypothek und Grundschuld werden als Gläubigerrecht mit ihrem Nennbetrag (also ohne Teil-Eigentümergrundschuld), Rentenschuld mit der Ablösungssumme, andere Rechte mit dem nach § 92 zu bestimmenden Anspruch auf Wertersatz berücksichtigt. Es kann das auch ein nur persönlich betreibender Gläubiger sein[15] (§ 10 Abs 1 Nr 5). Zu Einzelheiten § 114a Rdn 2.4.

4.3 Eine **Grundschuld** des Meistbietenden ist seinem Gebot nach Abs 3 für Ausschluß des Versagungsgrundes des § 85a Abs 1 mit dem dinglichen Gläubigeranspruch (BGB § 1191), sonach mit ihrem **Nennbetrag**[16] (Hauptanspruch und wiederkehrende Leistungen, andere Nebenleistungen sowie Kosten, dazu § 114a Rdn 3.6) hinzuzurechnen. Das gilt nicht nur, wenn der Meistbietende Gläubiger einer (sogenannten) isolierten Grundschuld ist (§ 114a Rdn 3.6), sondern glei-

---

[10] Hornung Rpfleger 2000, 363; Dassler/Schiffhauer § 85a Rdn 35.
[11] Kirsch Rpfleger 2000, 147.
[12] Hornung Rpfleger 1979, 365 (D VI 3).
[13] LG Rostock Rpfleger 2001, 509 (510).
[14] Bundestags-Drucksache 8/693 vom 28. 6. 1977, S 52.
[15] Hornung Rpfleger 1979, 365 (D VI 2); Muth Rpfleger 1985, 45 (II 3).
[16] BGH 158, 159 = MDR 2004, 771 = NJW 2004, 1803 = Rpfleger 2004, 432.

§ 85a   4.3

chermaßen, wenn die Grundschuld (nach schuldrechtlicher Sicherungsabrede, § 114 Rdn 7.6) der Sicherung einer Forderung dient[16]. Der Forderung, die nach schuldrechtlicher Sicherungsabrede durch die Grundschuld gesichert ist, kommt für den nach Abs 3 zu berücksichtigenden Betrag, mit dem der Meistbietende ausfallen würde, keine Bedeutung zu (§ 114a Rdn 3.6; die Grundschuld ist als Grundpfandrecht nicht akzessorischer Natur). Mit ihrem Nennbetrag ist somit die Grundschuld des Meistbietenden seinem Gebot auch dann hinzuzurechnen, wenn sie nach der (schuldrechtlichen) Sicherungsabrede eine **Forderung** (mehrere Forderungen) **sichert** und die gesicherte Forderung geringer als der dingliche Anspruch des Grundschuldgläubigers ist[17] (Gegenansicht[18] durch BGH überholt [sie hat den Unterschied zwischen abstrakter Grundschuld und akzessorischer Hypothek verwischt, somit das Wesen der Grundschuld verkannt]). „Zur Befriedigung aus dem Grundstück" Berechtigter nach § 10 Abs 1 Nr 4 und damit auch im Sinne von Abs 3 ist der Gläubiger der Grundschuld nur mit diesem dinglichen (forderungslosen) Grundschuldanspruch. Betrag, mit dem er bei der Verteilung des Erlöses ausfallen würde, ist daher allein dieser Betrag. Nur dieser (dingliche) Anspruch des Gläubigers der Grundschuld, nicht aber eine nach schuldrechtlicher Abrede durch die Grundschuld gesicherte Forderung, erlangt für die erweiterte Befriedigungswirkung Bedeutung (dazu § 114a Rdn 3.6), mit der Verschleuderung des Grundstücks ausgeschlossen ist (Rdn 4.1). Auf **schuldrechtliche Beziehungen** zwischen Sicherungsgeber und Sicherungsnehmer kann hier so wenig zurückgegriffen werden wie bei Zuteilung eines baren Versteigerungserlöses auf den Anspruch des zur Befriedigung aus dem Grundstück berechtigten Grundschuldgläubigers (§ 114 Rdn 7).

4.4 Schutz des Eigentümers gegen ein solches Verwertungsergebnis kann (im Einzelfall bei geringem Betrag der gesicherten Forderung) ZPO § 765a (erfordert Schuldnerantrag)[19], unter Umständen auch der verfassungsrechtliche Verhältnismäßigkeitsgrundsatz (zu ihm Einl Rdn 7) bieten. Es kann mit den guten Sitten unvereinbar (im Sinne des ZPO § 765a) oder ein unverhältnismäßiger Vollstreckungszugriff im Sinne des Verfassungsgrundsatzes sein, wenn der Gläubiger einer Grundschuld mit dieser nach § 114a Befriedigung aus dem Grundstück (durch Grundstücksverwertung) zur Deckung einer geringen Forderung mit der Folge erlangt, daß der Mehrerlös auf Grund schuldrechtlicher Verpflichtung herauszugeben ist.

4.5 Die bei dem abgegebenen Meistgebot unter 50% des Grundstückswertes ausfallenden **Zwischenrechte,** das sind die dem Anspruch des Meistbietenden vorgehenden oder gleichstehenden Rechte, die erlöschen, werden für Feststellung des Betrags, mit dem der Meistbietende ausfallen würde und der mit dem Meistgebot samt Kapitalwert der bestehenbleibenden Rechte zusammenzurechnen ist (Abs 3), nicht berücksichtigt (so auch[20]). Auf den Rang des Betrags, mit dem der Meistbietende bei der Versteigerung ausfallen würde, kommt es sonach nicht an[21].

---

[17] BGH 158, 159 = aaO; LG Frankfurt Rpfleger 1988, 35; LG Hanau Rpfleger 1988, 77; LG Landau Rpfleger 2001, 366 (367); LG Lüneburg Rpfleger 1986, 188 und 234 Leitsatz mit krit Anm Hennings; LG München mitgeteilt in Anm Schriftleit Rpfleger 1985, 373; Dassler/Schiffhauer § 85a Rdn 23–25; Muth Rpfleger 1985, 45 (III 4).

[18] LG Flensburg JurBüro 1986, 255 mit Anm Muth = Rpfleger 1985, 372 = SchlHA 1985, 178; bestätigt durch OLG Schleswig, mitgeteilt in Anm Schriftleit Rpfleger 1985, 373; OLG Koblenz JurBüro 1991, 1413 = Rpfleger 1991, 468 mit abl Anm Hintzen; LG Trier Rpfleger 1985, 451 mit zust Anm Scherer und Rpfleger 1986, 59 Leitsatz mit abl Anm Bauch und Brendle; Scherer Rpfleger 1985, 181; Ebeling Rpfleger 1985, 279 (II 1, 2); Scherer Rpfleger 1984, 259.

[19] LG Frankfurt Rpfleger 1988, 35.

[20] Ebeling Rpfleger 1985, 279 (II 1, 2); Muth Rpfleger 1985, 45 (II 2).

[21] Hornung Rpfleger 1979, 365 (D VI 2).

Das ist in Abs 3 nicht ausdrücklich bestimmt, folgt aber bereits aus der entsprechenden Regelung in § 114a Satz 2. Weil Zwischenrechte für die erweiterte Befriedigung des Erstehers nicht zu berücksichtigen sind, ist mit dem Zuschlag die Verschleuderung des Grundstücks ausgeschlossen. Es ist daher auch für Einschränkung des Versagungsgrundes des Abs 1 durch Abs 3 auf das angemessene Versteigerungsergebnis abzustellen, das mit erweiterter Befriedigung des Erstehers nach Maßgabe des § 114a Satz 2 erzielt wird.

4.6 Weil ein **Zwischenrecht** für Erteilung des Zuschlags auf ein Gebot auch unter 50% des Grundstückswertes im Falle des Abs 3 unberücksichtigt bleibt, muß dessen **Gläubiger selbst für Schutz** vor Verlust bei Versteigerung (mit Antrag nach § 74a; als betreibender Gläubiger mit Einstellungsbewilligung; sonst auch möglich mit Ablösung usw) Sorge tragen. Ein Gläubiger, der den Versteigerungstermin nicht wahrnimmt, riskiert damit, auch mit einem erstrangigen Anspruch dann vollständig oder doch teilweise auszufallen, wenn dem Meistgebot unter der Hälfte des Grundstückswertes eines zur Befriedigung aus dem Grundstück Berechtigten der Zuschlag erteilt wird (Haftungsgefahr für Gläubigervertreter; siehe dazu auch[22]). Ist der Zwischenberechtigte bestbetreibender Gläubiger (Beispiel: Verkehrswert 100 000 Euro; Versteigerung auf Antrag des A, Recht 50 000 Euro; „geringes" Meistgebot des nachrangigen B, Recht 75 000 Euro), dann verpflichtet rechtsstaatliche Verfahrensgestaltung das Vollstreckungsgericht, den Gläubiger über die Tragweite des Zuschlags bei unzulänglichem Meistgebot und die Möglichkeit aufzuklären (Einl Rdn 8.1), Verlust durch Einstellungsbewilligung (§ 30) oder Antragsrücknahme (§ 29) zu verhindern, und gegebenenfalls die Entscheidung über den Zuschlag nicht sofort, sondern in einem späteren Verkündungstermin zu treffen (§ 87) (zur Aufklärungspflicht Einl Rdn 33); gegen Hinweispflicht des Vollstreckungsgerichts, wenn es sich bei dem betreibenden Gläubiger um ein geschäftserfahrenes Realkreditinstitut[23] oder um eine (ständig mit Vollstreckungsverfahren befaßte) Gemeinde[24] handelt und (allgemein)[25]; dem ist nicht zu folgen; zumindest das Terminsergebnis muß dem abwesenden Gläubiger vor Erteilung des Zuschlags zur Kenntnis gebracht werden; für Aufklärungspflicht, wenn der anwesende Beteiligte (auch der Vertreter einer Bank[26]) die ihm nachteilige Rechtslage offenbar nicht erkennt oder ihre Auswirkungen unrichtig einschätzt[27], dagegen[28]. Rechtliches Gehör ist dem im Versteigerungstermin nicht anwesenden (nicht vertretenen) bestbetreibenden Gläubiger zu gewähren, wenn nachträglich eine verdeckte Vollmacht offengelegt wird und daher (Rdn 5.6) der Zuschlag abweichend von einem vorher fernmündlich gegebenen Aufschluß, daß nach Sachlage Zuschlagsversagung wegen Abs 1 des § 85a zu erfolgen habe, erteilt werden soll[29].

4.7 Der Versagungsgrund des § 85a Abs 1 ist **von Amts wegen** (ohne Antrag) zu beachten ist (Rdn 2.1), seine Voraussetzungen sind daher von Amts wegen zu ermitteln, wenn sie bei Beschlußfassung über den Zuschlag nicht sicher feststehen. Erforderlich ist daher Feststellung, ob der als befriedigt zu berücksichtigende Anspruch des Meistbietenden besteht (schließt Versagung des Zuschlags aus, Abs 3), bei einer Hypothek oder Grundschuld somit, ob sie Gläubigerrecht ist und dem Meistbietenden zusteht. Das erfordert bei Briefrechten Legitimation des Meistbietenden durch Briefvorlage und gegebenenfalls Vorlage der Urkunden des BGB

---

[22] Dassler/Schiffhauer § 85a Rdn 28; Steiner/Storz Rdn 24; Muth Rpfleger 1985, 45 (II 2).
[23] OLG Schleswig JurBüro 1984, 1264.
[24] OLG Oldenburg JurBüro 1988, 788 = Rpfleger 1988, 277.
[25] LG Kiel Rpfleger 1988, 277 mit zust Anm Harm.
[26] OLG Hamm JurBüro 1986, 1889 = Rpfleger 1986, 441.
[27] OLG Hamm aaO (Fußn 26); LG Krefeld Rpfleger 1988, 34.
[28] Muth Rpfleger 1986, 417
[29] LG Bonn Rpfleger 1989, 211.

§ 85a   4.7   Entscheidung über den Zuschlag

§ 1155. Dafür, daß die gesicherte Forderung besteht und damit die Hypothek Gläubigerrecht ist, hat bei der Verkehrshypothek die Vermutung des § 891 (mit § 1138) Anwendung zu finden (anders bei der Sicherungshypothek, BGB § 1185 Abs 2). Zu Einzelheiten § 117 Rdn 2.5. Bleibt umgekehrt bei Entscheidung über den Zuschlag ein Gläubigerrecht zur Befriedigung aus dem Grundstück des Meistbietenden unbekannt (weil die Abtretung eines eingetragenen Briefrechts weder bekannt noch durch Brief- und Urkundenvorlage offengelegt ist), so erfolgt Versagung des Zuschlags nach Abs 1 des § 85 a. Ein Gebot unter der Hälfte des Grundstückswertes ist wirksam (Rdn 2.3). Die Feststellung und damit der Nachweis der Berechtigung des Meistbietenden zur Befriedigung aus dem Grundstück unterliegt daher nicht dem zeitlichen Wirksamkeitserfordernis, das § 71 Abs 2 bestimmt (dazu § 71 Rdn 6.6); maßgeblich ist vielmehr, ob der Versagungsgrund des Abs 1 **bei Entscheidung über den Zuschlag** ausgeschlossen oder gegeben war. Bis dahin kann für Feststellung oder Ausschluß der Voraussetzungen von Abs 3 die Berechtigung des Meistbietenden somit noch nachgewiesen und festgestellt werden. Erwerb des ausfallenden Rechts eines Dritten in der $^5/_{10}$-Wertgrenze durch den Meistbietenden (zur Schaffung des Zuschlagsgrundes nach Abs 3) erst nach Schluß der Versteigerung schließt bei Entscheidung über den Zuschlag nach Abs 3 Versagung aus (vgl § 114 a Rdn 2.5). Abtretung des zur Befriedigung aus dem Grundstück berechtigenden Anspruchs des Meistbietenden, mit dem er ausfallen würde, an einen Dritten (für Zuschlagsversagung nach Abs 1 mit Wegfall des Zuschlagsgrundes nach Abs 3): Rdn 5.7.

4.8 Auch die in **Rangklasse 8** des § 10 Abs 1 fallenden älteren rückständigen Ansprüche können erweitert befriedigt sein (§ 114 a Rdn 2.4 und 3.3), gehören somit, weil Zwischenrechte unberücksichtigt bleiben, zu dem mit dem Meistgebot zusammenzurechnenden Ausfallbetrag (so auch[30]; anders[31]). Fraglich ist jedoch, unter welcher Voraussetzung ältere Rückstände in Rangklasse 8 als Gläubigeranspruch bei Entscheidung über den Zuschlag zu berücksichtigen sind. Für Aufnahme in den Teilungsplan würde Anmeldung genügen (§ 114 Abs 1); Grund: dem kann widersprochen werden (§ 115 Abs 1). Diese allein kann aber nicht ausreichend sein, weil der Bieter sonst nur durch Anmeldung hoher Beträge älterer Rückstände die Voraussetzung für Erteilung des Zuschlags bewirken könnte (Zahlenbeispiel bei[32]), auch wenn der Anspruch sich später als nicht begründet erweist. Zum geringsten Gebot müßten rückständige grundbuchersichtliche wiederkehrende Leistungen zwar angemeldet, aber nicht glaubhaft gemacht werden (§ 45 Abs 2). Damit gilt im Grunde gleiches; Vorschriften über die Bildung des geringsten Gebots erlangen aber zudem für Ansprüche in Rangklasse 8 keine Bedeutung, so daß auch deshalb nicht auf § 45 Abs 2 zurückgegriffen werden kann. Über die Befriedigungswirkung des § 114 a als materiellrechtliche Folge des Zuschlags hat das Prozeßgericht zu entscheiden (§ 114 a Rdn 3.10); dem kann bei Entscheidung über den Zuschlag nicht Rechnung getragen werden. Aus dem Protokoll ersichtlich (§ 80) kann der Bestand rückständiger Ansprüche nicht sein (gehört nicht zu den Vorgängen im Versteigerungstermin). Es kann daher allein darauf ankommen, daß das Recht des Meistbietenden auf Erteilung des Zuschlags (§ 81 Abs 1) unter den besonderen Voraussetzungen des Abs 3 sicher feststehen muß. Das erfordert berücksichtigungsfähige Anmeldung rückständiger wiederkehrender Leistungen in Rangklasse 8 des § 10 Abs 1; es muß aber auch der Anspruch auf nachrangige Befriedigung nicht nur seinem Grunde, sondern auch seinem Betrage nach sicher feststehen, somit bewiesen sein (freie Beweiswürdigung nach ZPO § 286). Die Beweisvermutung von BGB § 891 Abs 1 kann keine Anwendung finden, weil das Grundbuch über das Vorhandensein und die Höhe der Rückstände (in Rangklas-

---

[30] Hintzen Rpfleger 1994, 34 (Anmerkung).
[31] LG Verden Rpfleger 1994, 34.
[32] Hintzen Rpfleger 1994, 34 (Anmerkung).

Zuschlagsversagung bei Meistgebot unter 50%   5.4 § 85a

se 8) keinen Aufschluß gibt. Die Beweislast für den entscheidungserheblichen Bestand und für die Höhe der Rückstände in Rangklasse 8 des § 10 Abs 1 kann daher nur den Meistbietenden treffen, der mit Anmeldung das nur nachrangig berücksichtigungsfähige Recht auf Befriedigung aus dem Grundstück in Anspruch nimmt. Nicht ausreichender Beweis (Unaufklärbarkeit) kann daher nur zu seinen Lasten gehen. Das gebietet zugleich, daß dem Schuldner zu Bestand und Höhe der in Rangklasse 8 geltend gemachten rückständigen wiederkehrenden Leistungen rechtliches Gehör gewährt wird.

Sonderfälle: Abtretung (§ 81 Absatz 2); Vertretung (§ 81 Absatz 3)   5

5.1 Bei **Abtretung des Rechts aus dem Meistgebot** (§ 81 Abs 2) ist darauf abzustellen, ob im Einzelfall die Befriedigungsfiktion des § 114a Anwendung findet. Zu unterscheiden ist (hierzu auch ZVG-Handbuch Rdn 344k):

5.2 Meistbietender ist ein zur **Befriedigung aus dem Grundstück Berechtigter,** der bei seinem Gebot als Ersteher nach § 114a mit einem Betrag gedeckt sein würde, der zusammen mit dem baren Meistgebot und dem Kapitalwert der bestehen bleibenden Rechte die Hälfte des Grundstückswerts ergibt. Er hat das Recht aus dem Meistgebot auf einen Dritten übertragen. Die Befriedigungsfiktion des § 114a findet auch bei Erteilung des Zuschlag an diesen Dritten Anwendung (§ 114a Rdn 2.7 zu b). Der Zuschlag ist dem Zessionar des Rechts aus dem Meistgebot (§ 81 Abs 2) daher zu erteilen (so auch ZVG-Handbuch Rdn 344k Fall a; ebenso[33]); er ist mithin nicht nach Abs 1 zu versagen. Unerheblich ist, ob der Dritte, dem das Recht aus dem Meistgebot übertragen ist, gleichfalls ein zur Befriedigung aus dem Grundstück Berechtigter ist und mit seinem Recht in der $^5/_{10}$- oder $^7/_{10}$-Grundstückswertgrenze steht (für ihn keine Befriedigungsfiktion nach § 114a; dort Rdn 2.7 zu b) oder ob er selbst kein Recht auf Befriedigung aus dem Grundstück hat.

5.3 Der **Meistbietende** hat selbst **kein Recht auf Befriedigung aus dem Grundstück** oder nur ein Recht außerhalb des nach § 114a erheblichen Grundstückswertes. Er tritt das Recht aus dem Meistgebot ab an einen zur Befriedigung aus dem Grundstück Berechtigten, der, wenn er selbst geboten hätte, als Ersteher nach § 114a mit mindestens einem Betrag befriedigt sein würde, der zusammen mit dem baren Meistgebot und dem Kapitalwert der bestehen bleibenden Rechte die Hälfte des Grundstückswerts erreicht. Gegenüber dem Zessionar des Rechts aus dem Meistgebot kann die Befriedigungsfiktion des § 114a nicht gelten (siehe bereits § 114a Rdn 2.7 zu b; dort auch zu abweichender Ansicht). Der Zuschlag ist daher nach Abs 1 zu versagen (so auch ZVG-Handbuch Rdn 344k Fall b und[34]). Das Meistgebot ist nicht „von einem zur Befriedigung aus dem Grundstück Berechtigten abgegeben worden". Der Ausnahmefall des Abs 3 ist daher nicht gegeben.

5.4 Der **Meistbietende** ist Gläubiger eines Rechts am Grundstück **in der $^7/_{10}$-** Wertgrenze; er tritt das Recht aus dem Meistgebot ab an einen **gleichfalls** am Grundstück **in der $^7/_{10}$-**Wertgrenze dinglich **Berechtigten.** Es kann in einem solchen Fall das (nachrangige) Recht des Meistbietenden bei der Verteilung des Erlöses ausfallen. Wenn er dann bei seinem Gebot als Ersteher nach § 114a mit einem Betrag gedeckt sein würde, der zusammen mit dem baren Meistgebot und dem Kapitalwert des bestehen bleibenden Rechts die Hälfte des Grundstückswerts ergibt, ist dem Zessionar der Zuschlag nach Abs 3 zu erteilen; die Befriedigungsfiktion des § 114a findet Anwendung (Rdn 5.2). Zahlenbeispiel hierzu ZVG-Handbuch Rdn 344k zu c. Es kann aber in einem solchen Fall auch bei Verteilung

---

[33] Dassler/Schiffhauer § 85a Rdn 29.
[34] OLG Koblenz MDR 1986, 682 = Rpfleger 1986, 233 und 397 Leitsatz mit abl Anm Rosenberger; Dassler/Schiffhauer § 85a Rdn 29; Ebeling Rpfleger 1988, 400 (401, Fall 1).

des Erlöses der (vorrangige) Meistbietende (wenigstens noch teilweise) gedeckt sein und der nachrangige Dritte, dem das Recht aus dem Meistgebot abgetreten ist, innerhalb der $^5/_{10}$-Grundstückswertgrenze ausfallen. Dann ist der Zuschlag nach Abs 1 zu versagen; der Ausnahmefall des Abs 3 ist nicht gegeben (wie Rdn 5.3): Zahlenbeispiel hierzu ZVG-Handbuch Rdn 344 k zu c.

5.5 Auch wenn das Recht aus dem Meistgebot nach Übertragung auf einen Dritten **erneut** (auch wiederholt) **abgetreten** worden ist, ist nach Abs 3 der Zuschlag nur zu erteilen, wenn der Meistbietende ein zur Befriedigung aus dem Grundstück Berechtigter ist und bei seinem Gebot nach Maßgabe des § 114a mit einem Betrag erweitert befriedigt wird, der zusammen mit dem baren Meistgebot und dem Kapitalwert der bestehen bleibenden Rechte die Hälfte des Grundstückswertes ergibt (wie Rdn 5.2). Gegenüber den (mehreren) Zessionaren des Rechts aus dem Meistgebot gilt die Befriedigungsfiktion des § 114a nicht. Erteilung des Zuschlags rechtfertigt Abs 3 daher nicht, wenn der Ausfall des „anderen", der nach Abtretung zunächst Berechtigter war, oder der Ausfall des Zessionars, dem nach § 81 Abs 2 der Zuschlag zu erteilen wäre, oder deren Gesamtausfall, zusammen mit dem baren Meistgebot und dem Kapitalwert der bestehen bleibenden Rechte die Hälfte des Grundstückswerts ergibt (siehe auch § 114a Rdn 2.7 zu c).

5.6 Zuschlag an den **verdeckten** (oder stillen) **Vollmachtgeber,** für den der Meistbietende geboten hat, ermöglicht § 81 Abs 3 mit Anerkennung des nachträglichen Nachweises (Ausnahme von § 71 Abs 2) des zwischen dem Meistbietenden und dem Dritten bestehenden Vertretungsverhältnisses (§ 81 Rdn 1.1). Abgegeben ist das Meistgebot für Erteilung des Zuschlags daher von dem Dritten, für den (verdeckt) geboten worden ist. Der mit dem Gebot nach Abs 3 zusammenzurechnende Betrag mit dem der Meistbietende bei der Verteilung des Erlöses ausfallen würde, kann daher nur Betrag eines aus dem Grundstück zu befriedigenden Anspruchs des Vertretenen sein, dem der Zuschlag zu erteilen ist (ebenso[35]).

5.7 Die Berechtigung zur Befriedigung aus dem Grundstück (Abs 3) muß **bei Entscheidung über den Zuschlag** (§ 87) bestehen (so auch[36]), nicht auch bereits bei Abgabe des Gebots (§ 114a Rdn 2.5). Jedoch kann die Beschwerde gegen den Versagungsbeschluß nicht darauf gestützt werden, daß ein Recht erst danach erworben wird (§ 100 Abs 1; dann keine Verletzung des § 85a). Tritt der Meistbietende sein Recht am Grundstück in der $^5/_{10}$-Wertgrenze vor Entscheidung über den Zuschlag an einen Dritten ab, so muß demzufolge der Zuschlag versagt werden (so auch ZVG-Handbuch Rdn 344 k).

5.8 Von einem zur Befriedigung aus dem Grundstück Berechtigten ist das Gebot nicht abgegeben, wenn der Gläubiger eines Grundpfandrechts in Vollmacht für eine Handelsgesellschaft (auch BGB-Gesellschaft), an der er selbst weitgehend beteiligt ist, geboten hat. Abs 3 ermöglicht Erteilung des Zuschlags dann auch nicht deshalb, weil der Grundpfandrechtsgläubiger, der als Vertreter geboten hat, sich nach § 114a (dort Rdn 2.8) so behandeln lassen müßte, als hätte er das Gebot selbst abgegeben[37].

6 Zuzahlung bei Gebot unter $^5/_{10}$?

Erteilung des Zuschlags auf ein Meistgebot (einschließlich bestehenbleibende Rechte), das die Hälfte des Grundstückswerts nicht erreicht und nicht von einem zur Befriedigung aus dem Grundstück Berechtigten abgegeben worden ist (somit unzulässig unter Annahme der Voraussetzungen von Abs 3) ist wirksam, führt aber bei Anfechtung zur Aufhebung des Zuschlags (§ 100 Abs 1). Wird der (unzulässig

---

[35] Ebeling Rpfleger 1985, 279 (II 1, 2).
[36] Dassler/Schiffhauer § 85 a Rdn 19.
[37] LG Landau Rpfleger 2001, 366.

erteilte) Zuschlag rechtskräftig, dann erhebt sich die Frage, ob der Ersteher den Betrag, der für Erteilung des Zuschlags nach Abs 3 bis zur Hälfte des Grundstückswerts als Ausfallbetrag seinem baren Meistgebot samt dem Kapitalwert der bestehenbleibenden Rechte zugerechnet wurde, zu zahlen hat. Dieser Fall ist gesetzlich nicht geregelt. Eine Zahlungspflicht des Erstehers wird wohl nicht verneint werden können (auch Anwendung des Grundgedankens von §§ 50, 51, somit analoge Anwendung dieser Bestimmungen, wäre denkbar).

[Wirkung der Zuschlagsversagung]

86 Die rechtskräftige Versagung des Zuschlags wirkt, wenn die Fortsetzung des Verfahrens zulässig ist, wie eine einstweilige Einstellung, anderenfalls wie die Aufhebung des Verfahrens.

Allgemeines zu § 86   1

Zweck und **Anwendungsbereich:** Die Vorschrift befaßt sich mit der Wirkung der Zuschlagsversagung. Sie gilt für alle Versteigerungsverfahren des ZVG.

Wirkung der Zuschlagsversagung   2

2.1 Die **rechtskräftige Versagung** des Zuschlags wirkt, wenn die Fortsetzung des Verfahrens zulässig ist, **wie** die einstweilige **Einstellung,** wenn die Fortsetzung unzulässig ist, **wie** die **Aufhebung** des Verfahrens: § 86. Diese Wirkung der rechtskräftigen Zuschlagsversagung ist in der Beschlußformel anzugeben und in den Gründen des Versagungsbeschlusses zu begründen.

2.2 Fortsetzung ist **unzulässig** bei zur Aufhebung des Verfahrens zwingenden Mängeln nach § 28, bei Antragsrücknahme nach § 29, bei mehr als zwei Einstellungsbewilligungen nach § 30 und nach Sachlage auch bei Mängeln nach § 83 Nr 5–6. **Fortsetzung** ist **zulässig** in anderen Fällen, so bei Mängeln nach § 83 Nr 1–4 (unter den Voraussetzungen des § 84), bei Einstellungsbewilligung nach § 30 (wenn noch zulässig), bei noch zulässigen Einstellungsanträgen nach §§ 30 c, 30 d, sowie nach ZPO §§ 765 a, 769 Abs 2, § 775, bei Herbeiführung der Vollstreckungsvoraussetzungen (Zustellung des Titels, Erteilung und ggfs Zustellung der Vollstreckungsklausel) erst nach dem Zeitpunkt der Entscheidung über den Zuschlag[1], bei Versagung des Zuschlags aus einem der Gründe des § 83 Nr 7[2], bei Zahlung durch den Schuldner oder einen Dritten gemäß § 75, bei Einstellung in einen Teil der Grundstücke wegen Deckung aus einem oder mehreren gemäß § 76. Waren Titel und Beschlagnahmebeschlüsse an einen Prozeßunfähigen zugestellt, die Beschlagnahme also unwirksam und das Verfahren gesetzwidrig, so ist die Fortsetzung unzulässig[3].

2.3 Wurde **gesetzwidrig** statt der Versagung **eingestellt** oder aufgehoben (§ 33 Rdn 2.1), so sind damit bereits alle Gebote erloschen (§ 72). Unter Umständen kann man aber eine zu Unrecht erfolgte Einstellung auch nur als „Hinweis" auf die Wirkung des § 86 ansehen[4].

2.4 Die **Wirkung** als Einstellung oder Aufhebung durch die Rechtskraft der Versagung tritt nur **gegenüber** den (von den Einstellungs- oder Aufhebungsgründen betroffenen) **betreibenden Gläubigern** ein (dazu auch[5]), also anders als bei

---

[1] OLG Hamm Rpfleger 2000, 171.
[2] LG Augsburg Rpfleger 1999, 232.
[3] OLG Hamm JMBlNJW 1962, 126.
[4] OLG Hamm NJW 1965, 2410 mit Anm Schriftleit = OLGZ 1965, 311.
[5] Mayer Rpfleger 1983, 265 (III 4).

§ 77 Abs 1 (Einstellung mangels Gebots gegenüber allen im Termin betreibenden Gläubigern, § 77 Rdn 2), auch anders als in § 74a Abs 3 (Versagung wegen zu geringen Gebots gegenüber allen im Termin betreibenden Gläubigern, § 74a Rdn 5). Von der Versagungswirkung werden also in § 86 nicht betroffen diejenigen betreibenden Gläubiger, auf die sich die Einstellungs- und Aufhebungsgründe nicht beziehen oder deren Ansprüche wegen verspäteter Zustellung (§ 43 Abs 2) nicht berücksichtigt werden konnten. Für diese alle ist dann, wenn ihre Voraussetzungen erfüllt sind, von Amts wegen und unter Wahrung der gesetzlichen Fristen Versteigerungstermin zu bestimmen. Liegen bei verspätet zugestellten auch Aufhebungs- oder Einstellungsgründe vor (ZPO §§ 765a, 775; ZVG §§ 28, 29 usw), so wird ihnen gegenüber, unabhängig von der Zuschlagsversagung und unabhängig von den anderen betreibenden Gläubigern (keine Einheit des Verfahrens), über Aufhebung oder Einstellung entschieden und, falls es dazu kommt, kein neuer Termin für sie angesetzt. Nur für die dann verbleibenden betreibenden Gläubiger wird neuer Termin angesetzt, und zwar ohne Rücksicht darauf, daß etwa im Rechtsmittelverfahren der §-86-Versagungsbeschluß aufgehoben werden und Zuschlag auf Grund des vergangenen Termins noch erteilt werden kann. Geschieht dies, so wird der neue Termin natürlich wieder abgesetzt, weil ja die Versteigerung dann für und gegen alle Verfahrensbeteiligten wirkt. Wenn die Versagung mit Rechtskraft als Aufhebung für alle betreibenden Gläubiger wirkt, so ist das Grundbuchamt um Löschung des Versteigerungsvermerks zu ersuchen (§ 34). Die als Einstellung wirkende Versagung ist keine Einstellung im Sinne von § 30c Abs 1, läßt also später noch neue Einstellungen zu (anders[6], mit Recht abgelehnt in der Anmerkung).

2.5 Wenn die Fortsetzung zulässig ist, muß der von der Einstellungswirkung betroffene betreibende Gläubiger einen **Fortsetzungsantrag** stellen (§ 31 Abs 1). Es wird nicht von Amts wegen fortgesetzt, auch nicht, wenn der Zuschlag im Rechtsmittelverfahren versagt wird. Wenn die Versagung des Zuschlags nach § 30d Einstellung wegen eines Insolvenzverfahrens bewirkt (§ 30d Rdn 5.1) hat für Fortsetzung des Verfahrens der einstweiligen Einstellung nach § 30f (dort Rdn 3.4) zu erfolgen. Ausnahmsweise ist kein Antrag nötig, wenn es sich um Hindernisse aus § 28 handelt (grundbuchmäßige Hindernisse, die von Amts wegen zu beachten sind oder Fälle von Abs 2) und bei Einstellung nach ZPO § 769 Abs 2 (befristete Einstellung des Vollstreckungsgerichts an Stelle des Prozeßgerichts). Unter Umständen ist ein Fortsetzungsantrag auch dann nicht nötig, wenn der Versagung bestimmte Maßnahmen nach ZPO § 765a zugrunde liegen; hier kann nämlich, weil beliebige Eingriffe nach § 765a möglich sind (Einl Rdn 56), auch von Amts wegen nach Rechtskraft der Versagung neuer Termin bestimmt werden, ohne eine Einstellungsfrist oder einen Fortsetzungsantrag abzuwarten (§ 30b Rdn 5).

2.6 Wenn Fortsetzungsantrag nötig ist, kann der **Fristbeginn** dafür erst nach Rechtskraft des Versagungsbeschlusses liegen[7]; er richtet sich dann nach § 31 Abs 2–3, § 67 Abs 2 und nach den Angaben im Beschluß (bei Einstellung auf bestimmte Zeit Ende der Einstellungszeit; bei Einstellung durch das Prozeßgericht Wegfall dieser Einstellung; bei Einstellung wegen eines Insolvenzverfahrens Ende dieses Verfahrens). Versagt das Vollstreckungsgericht den Zuschlag, so treten die Wirkungen der Versagung mit der Rechtskraft des Versagungsbeschlusses ein, also (wenn er nicht angefochten wird) mit Ablauf von zwei Wochen nach der Verkündung des Versagungsbeschlusses (§ 87 Abs 1, § 98).

2.7 Wo ein Fortsetzungsantrag nötig ist, muß der von der Einstellungswirkung betroffene betreibende Gläubiger darüber **belehrt** werden: § 31 Abs 3. Eine Aus-

---

[6] OLG Bamberg NJW 1956, 429 mit abl Anm Riedel und Anm Schriftleit.
[7] Dassler/Schiffhauer § 86 Rdn 5; Steiner/Storz § 86 Rdn 8.

Verkündung der Zuschlagsentscheidung 2.1 **§ 87**

nahme gilt bei Versagung wegen einer Einstellung aus § 76 (§ 76 Rdn 3.2). Ein rechtzeitiger Fortsetzungsantrag wird behandelt wie sonst nach § 31 und § 76 Abs 2. Bei verspätetem Fortsetzungsantrag wird das Verfahren von Amts wegen nach § 31 Abs 1 Satz 2, § 76 Abs 2 Satz 2 aufgehoben. Die Antragsfrist ist bei § 76 Abs 2 ausnahmsweise drei Monate[8] (anders:[9] sechs), bei § 31 sechs Monate.

2.8 Wo eine **Belehrung** des Gläubigers über die Fortsetzung nötig ist, sollte diese nicht (wie sonst bei Einstellung) mit dem Versagungsbeschluß verbunden, sondern **gesondert** zugestellt werden, damit nicht irrtümlich der Zustellungsempfänger die ab Verkündung laufende Frist für die Anfechtung erst ab Zustellung dieses Beschlusses rechnet (die Zustellung ist für die Fortsetzungsfrist maßgebend) und auch nicht die Fortsetzungsfrist mit der Anfechtungsfrist verwechselt (dazu § 87 Rdn 2).

2.9 Die Vorschrift des § 86 über die **Einstellungswirkung** der Zuschlagsversagung **gilt nicht** für die Versagung nach § 74a und § 85a (hier muß von Amts wegen neuer Termin angesetzt werden muß), nicht für die Versagung nach § 85 (hier ist schon vor der Versagung neuer Termin beantragt, der mit der Versagung schon zu bestimmen ist). In allen anderen Fällen ist § 86 anzuwenden.

[Verkündung der Zuschlagsentscheidung]

87 (1) **Der Beschluß, durch welchen der Zuschlag erteilt oder versagt wird, ist in dem Versteigerungstermin oder in einem sofort zu bestimmenden Termine zu verkünden.**

(2) **Der Verkündungstermin soll nicht über eine Woche hinaus bestimmt werden. Die Bestimmung des Termins ist zu verkünden und durch Anheftung an die Gerichtstafel bekanntzumachen.**

(3) **Sind nachträglich Tatsachen oder Beweismittel vorgebracht, so sollen in dem Verkündungstermine die anwesenden Beteiligten hierüber gehört werden.**

Allgemeines zu § 87 1

Zweck und **Anwendungsbereich:** Die Vorschrift befaßt sich mit der Verkündung der Zuschlagsentscheidung. Sie gilt für alle Versteigerungsverfahren des ZVG.

Entscheidungsverkündung im Versteigerungstermin (Absatz 1) 2

2.1 Grundsätzlich **muß** die Zuschlagsentscheidung des Vollstreckungsgerichts, positiv oder negativ, **verkündet** werden: Abs 1. Diese Verkündung ist wesentlich, Zustellung an ihrer Stelle genügt nicht. Folgen eines Verstoßes: Rdn 2.5 und § 89 Rdn 2. Zuschlagsentscheidungen des Beschwerdegerichts, positive oder negative, werden nur zugestellt: § 103. Verkündet wird im Versteigerungstermin oder in einem besonderen Verkündungstermin: Abs 1. Es ist Sache des Vollstreckungsgerichts, welche Möglichkeit der Verkündung es wählt. Eine Bestimmung hierüber in den Versteigerungsbedingungen ist unzulässig. Grundsätzlich entscheidet das Vollstreckungsgericht nach seinem pflichtgemäßen Ermessen[1] (uU aber Pflicht zur kurzzeitigen Unterbrechung des Termins, Einl Rdn 8.3), ob es einen besonderen Verkündungstermin ansetzen will. Unter besonderen Umständen kann dies aber auch seine Pflicht sein[2], wenn zB einem abwesenden Vollstreckungsschuldner, der

---

[8] Steiner/Storz § 86 Rdn 7.
[9] Jaeckel/Güthe § 86 Rdn 2.
[1] BGH MDR 2004, 774 = NJW-RR 2004, 1074 (1075) = Rpfleger 2004, 434 (435).
[2] BVerfG 46, 325 = MDR 1978, 380 = NJW 1978, 368 = Rpfleger 1978, 206; BGH NJW-RR 2004, 1074 (1075) = aaO; BGH MDR 2005, 353 = NZI 2005, 181 = Rpfleger 2005, 151.

§ 87 2.1   Entscheidung über den Zuschlag

offenbar verfahrensunkundig oder ungewandt ist, nach einem Meistgebot, das erheblich hinter dem Wert des Objekts zurückbleibt, Gelegenheit gegeben werden soll, ja sogar muß, noch einen Vollstreckungsschutzantrag anzubringen (nach ZPO § 765 a)[2], oder wenn zB der betreibende Gläubiger selbst mit dem Zuschlag auf ein Gebot unter der Hälfte des Grundstückswertes (§ 85a Abs 3) ausfallen würde (dazu § 85a Rdn 4.6). Wenn das Gericht dies nicht beachtet, einseitig zB nur auf die Gläubigerinteressen bedacht ist, ohne dem Vollstreckungsschuldner ein gerechtes Verfahren zu gewährleisten, dann verstößt es gegen den in GrundG Art 19 verbrieften Anspruch auf Eigentumsgarantie[2], was zur Aufhebung des Zuschlags durch das BVerfG führt[2] (kritische Untersuchung hierzu[3]; dazu außerdem Einl Rdn 7). Bei einschlägigen Bedenken sollte das Gericht immer einen besonderen Verkündungstermin ansetzen, um vielleicht noch seiner Aufklärungspflicht (Einl Rdn 33) nachzukommen. Das Interesse des Gläubigers oder des Meistbietenden an rascher Erledigung muß dabei ebenso zurückstehen wie einem Antrag des Gläubigers auf Bestimmung eines Verkündungstermins ohne ersichtlichen Grund keine Bedeutung zukommt. Abwesenheit des Schuldners im Versteigerungstermin ist allein kein zwingender Anlaß, einen besonderen Termin zur Verkündung des Zuschlags anzusetzen[4].

2.2 Verkündet wird die Entscheidung **durch Verlesen** im vollen Wortlaut oder Verlesen der Beschlußformel und mündliche Bekanntgabe der wesentlichen Gründe. Um Zweifel und Irrtümer auszuschalten, empfiehlt sich immer, sie zu verlesen. [5]meint hierzu sogar, es genüge nur die Verlesung, nicht die auszugsweise Bekanntgabe, auch hinsichtlich der Begründung, und verweist hierzu auf ZPO § 329 Abs 1 nicht auf ZPO § 311 Abs 3 verweise. Wenn Verfahrensbeteiligte und der Meistbietende (auch ein anderer Bieter, dessen Gebot nicht erloschen ist) nicht mehr anwesend sind (und auch sonst niemand erschienen ist) kann die Vorlesung durch eine Bezugnahme auf den Beschluß ersetzt werden (ZPO § 311 Abs 2 Satz 2; die Anforderungen an die Verkündung des Beschlusses können nicht strenger sein als an die Verkündung eines Urteils; bisher so schon[6]). Die Verkündung muß im Protokoll festgestellt werden (ZPO § 160 Abs 3 Nr 7).

2.3 Der Beschluß über die **Zuschlagsversagung** wird neben der Verkündung **nicht zugestellt.** Der Beschluß über die **Zuschlagserteilung** wird neben der Verkündung an bestimmte Personen **zugestellt** (§ 88). Die Entscheidung des Beschwerdegerichts wird nicht verkündet, nur zugestellt (§ 103).

2.4 a) Die mit der Einstellungswirkung bei Zuschlagsversagung (§ 86) notwendige **Fortsetzungsbelehrung** (§ 31) des von ihr betroffenen betreibenden Gläubigers muß **zugestellt** werden[7] (§ 86 Rdn 2), weil erst mit der Zustellung die Frist zu laufen beginnt (§ 31). Erst nach Rechtskraft des Versagungsbeschlusses (die Rechtskraft wirkt ja erst als Einstellung, § 86) hat diese Belehrung gesondert zu erfolgen. Es wird davon abgeraten, Versagungsbeschluß und Belehrung gemeinsam zuzustellen, da sonst Verwechslungen möglich sind (§ 86 Rdn 2). Die Wiedervorlage zur Zustellung ist vorzumerken.

b) Man wird etwa sagen: Dem Meistbietenden ... wird auf sein im Versteigerungstermin vom ... abgegebenes Meistgebot von ... Euro in bar bei bestehenbleibenden Rechten von ... der Zuschlag versagt. Diese Versagung wirkt mit Eintritt der Rechtskraft dieses Beschlusses als einstweilige Einstellung des Zwangsversteigerungsverfahrens aus dem Anordnungs-/Beitrittsbeschluß vom ... (Gläubiger ...). Die hierzu nötige Belehrung über die Fortsetzung des Verfahrens nach ZVG § 31 wird nach der Rechtskraft dieser Entscheidung gesondert erfolgen.

---

[3] Quack Rpfleger 1978, 197.
[4] BGH NJW-RR 2004, 1074 (1075) = aaO; OLG Frankfurt Rpfleger 1991, 470.
[5] Niemeyer NJW 1968, 285.
[6] Dassler/Schiffhauer § 87 Rdn 11.
[7] Drischler JVBl 1965, 225 (b).

Verkündung der Zuschlagsentscheidung 3.3 § 87

2.5 Wird der Beschluß über die **Erteilung** des Zuschlags nicht verkündet, sondern **nur zugestellt,** so ist das wegen § 89 (Zuschlag wird mit der Verkündung wirksam) stets ein **Anfechtungsgrund** (weitere Folgen § 89 Rdn 2). Hält hier das Beschwerdegericht die Zuschlagserteilung für sachlich berechtigt, so muß es doch entsprechend § 101 Abs 2 unter Aufhebung des nicht verkündeten (und damit nicht wirksam gewordenen) Zuschlagsbeschlusses den Zuschlag erteilen, wobei hier die Wirksamkeit nach § 104 mit der Zustellung eintritt. Wegen der zwingenden Vorschrift des § 87 und wegen des § 89 sind alle Gegenmeinungen abzulehnen, zB[8] (Zustellung statt Verkündung sei wirksam) und[9] (sie sei nur anfechtbar). Weitere Folgen § 89 Rdn 2.

2.6 Wird der Beschluß über die **Versagung** des Zuschlags **nicht verkündet,** so liegt hierin (§ 89 steht ja dabei nicht im Wege) kein Anfechtungsgrund[10]. Die Anfechtungsfrist des § 98 beginnt dann einfach mit der Zustellung.

2.7 Über die Verkündung der Zuschlagsentscheidung im ZVG-Handbuch Rdn 355.

Verkündungstermin für Zuschlagsentscheidung (Absätze 2 und 3) 3

3.1 Falls das Gericht es nicht für **zweckmäßig** oder zulässig hält, die Zuschlagsentscheidung im unmittelbaren Anschluß an die Verhandlung nach § 74 zu verkünden (Rdn 2), muß es besonderen **Verkündungstermin** ansetzen. Dabei ist zu bedenken, daß bis zur Verkündung eine gewisse Unsicherheit besteht, auch hinsichtlich der geleisteten Sicherheit, und daß das Verfahren hierdurch verzögert wird. Sie muß aber in diesem Fall in Kauf genommen werden.

3.2 Der Verkündungstermin ist im Versteigerungstermin **„sofort" zu bestimmen:** Abs 1. Muster hierfür im ZVG-Handbuch Rdn 337. Der Terminsbeschluß muß verkündet werden: Abs 2 Satz 2. Unzulässig ist ein Beschluß, der Verkündungstermin erst später von Amts wegen ansetzt. Ein Verstoß beeinträchtigt allerdings nicht die Wirkung des Zuschlagsbeschlusses. Ist der Verkündungstermin entgegen dem Gesetz nicht im Versteigerungstermin verkündet worden, so müssen alle in diesem Termin erschienenen Beteiligten und der Meistbietende von der nachträglichen Terminsbestimmung benachrichtigt werden (wegen § 98). Am besten ist es natürlich, den Verkündungstermin den genannten Personen zuzustellen[11]. Der Beschluß über die Ansetzung eines Verkündungstermins, gleich ob vorschriftsmäßig verkündet oder nicht, ist an der Gerichtstafel anzuheften: Abs 2 Satz 2. Daß (alternativ) Veröffentlichung in einem für das Gericht bestimmten elektronischen Informations- und Kommunikationssystem erfolgen könne und dann Anheftung an die Gerichtstafel unterbleibe, ist nicht (wie nach § 40 Abs 1 Satz 3) bestimmt; ergänzende hinweisende Bekanntmachung im Internet ist gleichwohl (stets) möglich. Anheftung an die Gerichtstafel ist keine Wirksamkeitsvoraussetzung der Verkündung[12]; die Entscheidungsverkündung ist auch wirksam, wenn der Termin nicht an der Gerichtstafel angeheftet war[13]. Wurde der Termin vorschriftsmäßig verkündet, so wird er an Beteiligte und Meistbietenden nicht zugestellt.

3.3 Der Verkündungstermin „soll" nicht über **eine Woche** hinaus angesetzt werden: Abs 2 Satz 1. Dies ist nur eine Ordnungsvorschrift. Der Termin kann

---

[8] OLG München BayJMBl 1954, 161 = MDR 1954, 424; LG Braunschweig MDR 1968, 675; Jaeckel/Güthe § 89 Rdn 1.
[9] OLG Schleswig SchlHA 1957, 158; Steiner/Storz § 87 Rdn 7.
[10] OLG Hamm NJW 1965, 2410 mit Anm Schriftleit = OLGZ 1965, 311.
[11] Drischler RpflJahrbuch 1972, 297 (327).
[12] OLG Köln Rpfleger 1980, 354 und Rpfleger 1997, 34.
[13] OLG Karlsruhe BWNotZ 1967, 216 Leitsatz.

notfalls auch weiter hinaus angesetzt werden[14], das muß in manchen Fällen sogar geschehen. Gründe zum weiteren Hinausschieben: wenn die Zustimmung des Grundstückseigentümers zum Zuschlag eines Erbbaurechts beizubringen oder gar gerichtlich zu ersetzen ist (§ 15 Rdn 13, § 81 Rdn 2); wenn bei Bruchteilsmiteigentum in der Vollstreckungs- oder Teilungsversteigerung ein Miteigentümer einen Auflassungsanspruch für den (allein oder mit dem anderen Anteil) zu versteigernden Anteil hat und darüber ein Prozeß schwebt, aus dem er eine Entscheidung beibringen soll. In diesen und ähnlichen Fällen kann der Verkündungstermin (auch wiederholt) verlegt[15] (ZPO § 227 Abs 1; dazu § 43 Rdn 8.2; erfordert Zustellung des Beschlusses an alle Beteiligte[15]) oder durch verkündeten Beschluß[16] in dem vorher verkündeten Verkündungstermin vertagt[17] (dazu § 43 Rdn 8.4) werden; dann ist auch die neue Terminsbestimmung nach Abs 2 Satz 2 durch Anheftung an die Gerichtstafel bekanntzumachen[17] (ist jedoch nicht Wirksamkeitserfordernis); Zustellung ist darüber hinaus nicht vorgesehen[18]. Gegen eine zu weite Verschiebung, insbesondere gegen eine mehrmalige, bestehen natürlich Bedenken, weil der Meistbietende die ganze Zeit über an sein Gebot gebunden bleibt, aber doch im unklaren ist, ob er den Zuschlag erhalten werde.

3.4 Läuft noch ein **Rechtsmittelverfahren** wegen eines abgelehnten Einstellungsantrags aus ZPO § 765a (oder auch gegen einen Einstellungsbeschluß nach § 75; dazu[19]), so muß die Verkündung durchaus nicht hinausgeschoben werden; das Vollstreckungsgericht kann vor der genannten Entscheidung ohne weiteres den Zuschlag erteilen[20].

3.5 Ist eine noch nicht rechtskräftige **Wertfestsetzung** von einem dazu Berechtigten angefochten, so wird das Vollstreckungsgericht den Verkündungstermin genügend weit hinaussetzen, bis die Rechtsmittelentscheidung über den Wert vorliegt. Es kann hier auch die Rechtsmittelinstanz durch eine einstweilige Anordnung die Verkündung absetzen und die Zuschlagsverkündung aussetzen. Auch dann muß allerdings der Verkündungstermin nach dem Datum feststehen und jeweils bei Bedarf neu verschoben werden, bis über das Rechtsmittel entschieden ist. Solche Anordnungen sind auch mehrmals möglich. Bedenken bestehen auch hier wegen der fortdauernden Bindung des Meistbietenden. Auf keinen Fall darf das Rechtsmittelgericht die Zuschlagsentscheidung deshalb verzögern, weil der Schuldner dort vorträgt, er könne jetzt doch den betreibenden Gläubiger befriedigen (das ist ja kein Grund, den Zuschlag zu versagen). Dabei sei nochmals betont: Rechtskraft des Wertbeschlusses ist bei Zuschlagsentscheidung nicht nötig (§ 74a Rdn 9.8); doch kann es ratsam sein, sie abzuwarten, falls dies nicht nach den Umständen des Falles untragbar erscheint. Wenn ein geänderter Wert den Zuschlag nicht beeinflussen kann (auch bei dem höheren Wert würde etwa das Meistgebot schon die $7/10$-Grenze überschreiten), dann ist es sinnlos, zu warten.

3.6 Der Verkündungstermin ist, wie der Versteigerungstermin, **öffentlich,** er setzt diesen nur fort[21].

---

[14] BGH 33, 76 = DNotZ 1961, 31 = MDR 1960, 833 = NJW 1960, 2093 = Rpfleger 1961, 192; AG Hamburg-Wandsbek Rpfleger 1967, 15 mit zust Anm Stöber; Jaeckel/Güthe §§ 87–88 Rdn 1; Steiner/Storz § 87 Rdn 13.
[15] OLG Hamm Rpfleger 1995, 176; OLG Köln Rpfleger 1997, 34.
[16] OLG Köln Rpfleger 1997, 34.
[17] OLG Hamm Rpfleger 1995, 176.
[18] OLG Köln Rpfleger 1997, 34.
[19] OLG Köln Rpfleger 1989, 298 = WM 1989, 2754.
[20] BGH 44, 138 = MDR 1965, 899 = NJW 1965, 2107 = Rpfleger 1965, 302; LG Itzehoe SchlHA 1969, 232.
[21] Jaeckel/Güthe § 81 Rdn 3 und 6; Korintenberg/Wenz § 81 Anm 2 und 3; Steiner/Storz § 87 Rdn 8, 9 und 17.

Zustellung des Zuschlagsbeschlusses 1.1 § 88

3.7 Weil der Verkündungstermin den Versteigerungstermin fortsetzt, können auch noch in ihm **Tatsachen und Beweismittel** vorgebracht werden (schriftlich oder im Termin). Über diese sollen im Verkündungstermin die anwesenden **Beteiligten gehört** werden: Abs 3. Solch nachträgliches Vorbringen ist nur dort zulässig, wo vom Gesetz nicht ausdrücklich ein früherer Zeitpunkt vorgeschrieben ist (so in § 67 Abs 1 Satz 1, § 70 Abs 3, § 72 Abs 1 und 2, § 74 a Abs 2) und wo nicht § 80 entgegensteht (wenn Vorgänge im Protokoll des Versteigerungstermins stehen müssen, damit man sie berücksichtigen kann). Nachträglich zulässig sind: Erklärung nach § 81 Abs 2 und 3 (Abtretung der Rechte aus dem Meistgebot oder Erklärung über verdeckten Vollmachtgeber); Einstellungsbewilligung des betreibenden Gläubigers nach § 30; Einstellungsanordnung nach § 37 Nr 5; Vortrag über Versagungsgründe nach § 83 Nr 6; Genehmigung von Verfahrensmängeln nach § 84 Abs 2; Vorlage einer nötigen behördlichen Genehmigung (soweit sie nicht zum Gebot schon nötig war) oder der Eigentümer-Zustimmung beim Erbbaurecht; Einstellungsantrag aus ZPO § 765 a. Zu den Anzuhörenden gehört, obwohl kein Beteiligter, auch der Meistbietende, dessen Gebot noch wirksam ist.

3.8 Über Abs 3 hinaus müssen, wie bei allen gerichtlichen Entscheidungen, damit das rechtliche Gehör gewährt ist, die bis zur Verkündung (im Rechtsmittelverfahren bis zur Zustellung) der Zuschlagsentscheidung noch **eingehenden Schriftsätze** der Beteiligten, soweit sie zu beachtende Punkte enthalten, erkennbar verwertet sein[22].

3.9 Über den Verkündungstermin wird nach den allgemeinen Vorschriften ein **Protokoll** aufgenommen, mit Angabe der mitwirkenden Gerichtspersonen, der erschienenen Beteiligten, auch des Meistbietenden, wenn er erscheint, der Zeit und des Orts des Vorgangs und all dessen, was geschehen ist (Erklärungen, Anträge, Entscheidungen, Zuschlagsentscheidung).

3.10 Weil die Zuschlagsentscheidung nicht auf Grund mündlicher Verhandlung ergeht, sondern auf Grund des Versteigerungsterminsprotokolls (§ 80) und der zulässigen nachträglichen Ergänzungen (Rdn 3.7), kann sie auch ein Rechtspfleger/Richter verkünden, den den Versteigerungstermin nicht durchgeführt hat[23]. **Wechsel des Vorsitzenden** zwischen Versteigerungs- und Verkündungstermin ist also zulässig. Es kann auch, wenn auf Grund einer Vorlage des Rechtspflegers der Richter die Entscheidung erläßt, der Rechtspfleger den vom Richter erlassenen Beschluß verkünden. **Unterschreiben** muß ihn derjenige, der ihn erlassen hat.

3.11 Zur Verkündung im besonderen Termin im ZVG-Handbuch Rdn 337.

[Zustellung des Zuschlagsbeschlusses]

88 Der Beschluß, durch welchen der Zuschlag erteilt wird, ist den Beteiligten, soweit sie weder im Versteigerungstermine noch im Verkündungstermin erschienen sind, und dem Ersteher sowie im Falle des § 69 Abs 2 dem für mithaftend erklärten Bürgen und im Falle des § 81 Abs 4 dem Meistbietenden zuzustellen. Als Beteiligte gelten auch diejenigen, welche das angemeldete Recht noch glaubhaft zu machen haben.

Allgemeines zu § 88

1.1 Zweck der Vorschrift: § 88 befaßt sich mit der Zustellung des Zuschlagsbeschlusses. Während der Beschluß über die Versagung des Zuschlags nur verkün-

---

[22] OLG Hamm Rpfleger 1960, 410.
[23] LG Aachen Rpfleger 1986, 59; Steiner/Storz § 87 Rdn 4.

det, nicht zugestellt wird (§ 87 Abs 1), wird der Beschluß über die Erteilung des Zuschlags grundsätzlich verkündet (§ 87 Abs 1) und außerdem bestimmten Personen zugestellt (Satz 1). Damit laufen für die Anfechtung des Zuschlagsbeschlusses unterschiedliche Rechtsmittelfristen (§ 98, dort Rdn 2).

1.2 Anwendungsbereich: Die Vorschrift gilt für alle Versteigerungsverfahren des ZVG.

2 Zustellung und Mitteilung des Zuschlagsbeschlusses

2.1 Der Beschluß über die Erteilung des Zuschlags muß verkündet (§ 87 Abs 1) **und** bestimmten Personen zugestellt werden: Satz 1:

a) Er ist dem **Ersteher** zuzustellen, dem er auch als Ausweis über sein neues Eigentum dient. Wurde über den Meistbietenden nach Abgabe des Meistgebots das Insolvenzverfahren eröffnet (Zuschlag ist an den Meistbietenden zu erteilen, § 81 Rdn 3.4), so erfolgt die Zustellung an den Insolvenzverwalter. Für einen Bieter, dessen Gebot nicht erloschen ist (§ 72 Abs 1, 2), wirkt Erteilung des Zuschlags an einen anderen Meistbietenden als Zuschlagsversagung; ihm ist der Zuschlagsbeschluß nicht zuzustellen[1] (anders[2]).

b) Im Falle des § 69 Abs 2 ist er dem Bürgen zuzustellen: Satz 1.

c) Im Falle des § 81 Abs 4, also bei Abtretung der Rechte aus dem Meistgebot (§ 81 Abs 2) und bei Erklärung, für einen verdeckten Vollmachtgeber geboten zu haben (§ 81 Abs 3), wird der Beschluß auch dem **Meistbietenden** zugestellt, weil dieser für die Verpflichtungen aus dem Meistgebot mithaftet.

d) Allen **Verfahrensbeteiligten** (§ 9), die weder im Versteigerungstermin noch im Verkündungstermin erschienen sind, ist der Beschluß zuzustellen. In diesem Fall sind als Beteiligte auch diejenigen zu behandeln, die ihr Recht zwar angemeldet, aber noch nicht glaubhaft gemacht haben (Satz 2). Für die Anwesenheit im Termin (die eine Zustellung unnötig macht) genügt es, wenn der betreffende Beteiligte entweder im Versteigerungstermin irgendeinmal als Anwesender festgestellt wurde oder auch im ersten angesetzten Verkündungstermin[3]. Nicht nötig ist, daß er auch in einem vertagten endgültigen Verkündungstermin anwesend war[4]. Kein Hindernis ist es auch, wenn er aus dem Termin sich vor dessen Ende entfernt hat[5]; es genügt, daß er, wenn auch nur kurze Zeit, anwesend war und als anwesend festgestellt wurde[6]. Es genügt natürlich auch, wenn statt des Beteiligten selbst dessen Bevollmächtigter in der genannten Weise anwesend war. Befindet sich der Zustellungsadressat im Insolvenzverfahren, so ist an seinen Insolvenzverwalter zuzustellen.

2.2 Die **Zustellung** ist wegen der Bedeutung des Zuschlagsbeschlusses **gewissenhaft und beschleunigt** durchzuführen. Für Beteiligte, die einen Prozeßbevollmächtigten haben, kann die Zustellung wirksam nur an diesen geschehen (ZPO § 172 Abs 1). Zuzustellen ist der Zuschlagsbeschluß in vollständiger Form, also mit einer Begründung. In den einschlägigen Fällen erfolgt die Zustellung an Testamentsvollstrecker, Nachlaßverwalter usw, für Geschäftsunfähige an den gesetzlichen Vertreter. Die Zustellung darf gleichzeitig mit der Absendung der Anzeige an das für die Grunderwerbsteuer zuständige Finanzamt erfolgen. GrEStG § 21 steht dem nicht entgegen, er schreibt nur vor, daß vor der Anzeige an das

---

[1] Dassler/Schiffhauer § 88 Rdn 6; Steiner/Storz § 88 Rdn 1.
[2] Jaeckel/Güthe § 88 Rdn 6.
[3] OLG Köln ZIP 1981, 476.
[4] OLG München Rpfleger 1956, 103.
[5] OLG Köln JMBlNW 1966, 103.
[6] Jaeckel/Güthe § 88 Rdn 6; Steiner/Storz § 88 Rdn 5.

Finanzamt keine Ausfertigungen oder beglaubigten Abschriften des Beschlusses an die Beteiligten erteilt werden dürfen, behindert aber nicht die gesetzlich vorgeschriebene Zustellung.

2.3 Die Zustellung an den Ersteher (auch an den Bürgen und Meistbietenden) kann bei Anwesenheit im Versteigerungs- oder (insbesondere) Verkündungstermin durch Aushändigung an der Gerichtsstelle (ZPO § 173) vereinfacht und beschleunigt werden.

2.4 Es wird manchmal vertreten, daß auf die Zustellung des verkündeten Zuschlagsbeschlusses **verzichtet** werden könne[7], wobei dann die Rechtsmittelfrist mit der Verkündung beginne[8]. Man sollte sich nicht auf vielleicht gerade noch mögliche Ausnahmen einlassen, sondern an die gesetzliche Regel halten. Es ist durchaus möglich, daß das Beschwerdegericht den Standpunkt nicht teilt und einen Verstoß feststellt. Auf Zustellung der Rechtsmittelentscheidung nach § 104 kann ohnehin nicht verzichtet werden.

2.5 Außer den durch § 88 vorgeschriebenen Zustellungen empfiehlt sich **formlose Mitteilung** des Zuschlagsbeschlusses an die Gemeinde, den Bezirksschornsteinfegermeister, das Finanzamt, gegebenenfalls auch andere örtliche Stellen, für die eine Kenntnis des Eigentumswechsels bedeutsam ist, um so dem Gericht zeitraubende Einzelantworten zu ersparen. Landesrechtlich sind solche Mitteilungen vielfach vorgeschrieben. Bundesrechtlich vorgeschrieben ist (BauGB § 195 Abs 1), daß der Zuschlagsbeschluß dem Gutachterausschuß übersandt werden muß. Zu empfehlen ist es auch, den Zuschlag dem vom Gericht zugezogenen Sachverständigen zu übersenden, damit er daraus für künftige Schätzungen Rückschlüsse auf die Grundstückswerte ziehen kann. Zur Zustellung und Mitteilung im ZVG-Handbuch Rdn 356.

2.6 Dem für die Grunderwerbsteuer zuständigen **Finanzamt** ist eine „**Anzeige**" über den Zuschlag zu erstatten (§ 81 Rdn 7.9).

[Wirksamwerden des Zuschlags]

89 Der Zuschlag wird mit der Verkündung wirksam.

Allgemeines zu § 89

Zweck und **Anwendungsbereich:** Die Vorschrift legt fest, wann der Zuschlag wirksam wird. Sie gilt für alle ZVG-Versteigerungsverfahren.

Wirksamwerden des Zuschlags

2.1 Der Zuschlagsbeschluß des **Vollstreckungsgerichts** wird **sofort** mit der Verkündung **wirksam:** § 89, während die Versagung des Zuschlags erst mit der Rechtskraft des Beschlusses wirksam wird (§ 86). Das gilt auch, wenn bei der Verkündung kein Beteiligter anwesend ist und selbst der Meistbietende nicht teilnimmt. Das gilt auch gegenüber dem Ersteher und den anderen Personen, denen der Zuschlag noch zugestellt werden muß (§ 88 Rdn 2). Die Zustellung hat nur Bedeutung für den Lauf der Rechtsmittelfrist hinsichtlich der Personen, denen der Beschluß zugestellt werden muß. Wird durch einen Fehler des Vollstreckungsgerichts der Zuschlagsbeschluß nicht verkündet (§ 87 Rdn 2), aber zugestellt, so

---

[7] Dassler/Schiffhauer § 88 Rdn 3; Steiner/Storz § 88 Rdn 10; Mohrbutter/Drischler Muster 112 Anm 2.
[8] Dassler/Schiffhauer § 88 Rdn 3; Mohrbutter/Drischler Muster 112 Anm 2.

§ 89 2.1   Entscheidung über den Zuschlag

soll er mit der Zustellung[1] an den Ersteher wirksam geworden sein[2]. Dazu § 87 Rdn 2.

2.2 Der vom **Beschwerdegericht** nach vorheriger Versagung durch das Vollstreckungsgericht erteilte Zuschlag wird erst mit der **Zustellung** an den Ersteher **wirksam**: § 104.

2.3 Wirksamwerden nach § 89 setzt voraus, daß der Zuschlag **nicht rechtskräftig wieder aufgehoben** wird (§ 90 Abs 1). Dies ist aber weder eine aufschiebende Bedingung (Wirksamkeit tritt sofort ein, nicht erst nach Rechtskraft) noch eine auflösende (mit der rechtskräftigen Aufhebung des Zuschlags entfallen die Wirkungen des Zuschlags rückwirkend, als ob er niemals ergangen wäre) (anders[3]: Zuschlag sei auflösend bedingt). „Aufschiebend" würde ja bedeuten, daß der Ersteher erst später Eigentümer wird, „auflösend" würde bedeuten, daß er bis zur Aufhebung Eigentümer ist; beides ist nicht der Fall. Wird ein Rechtsmittel gegen den Zuschlag eingelegt und dieser durch das Beschwerdegericht aufgehoben, so bleibt der Zuschlag zunächst wirksam, bis er rechtskräftig aufgehoben ist. Einen Schutz gegen zwischenzeitliche Verfügungen des Erstehers für die Beteiligten gibt es nach § 94. Mit der rechtskräftigen Aufhebung gelten alle Wirkungen als niemals eingetreten. Ein gutgläubiger Erwerb des Erstehers ist nicht möglich[4]. Wenn im Rechtsmittelverfahren die Bedingungen des Zuschlags geändert werden, sind die Wirkungen, hinsichtlich deren nichts geändert wurde, also die Tatsache des Zuschlags, mit der Verkündung eingetreten (§ 89), nur die Änderung der Bedingungen mit der Zustellung (§ 104)[5]. Wird der Zuschlag des Vollstreckungsgerichts vom Beschwerdegericht nach § 101 Abs 1 aufgehoben, aber auf Rechtsbeschwerde nach § 101 Abs 2 wieder erteilt, so ist er nach § 89 vom Zeitpunkt der ursprünglichen Verkündung an wirksam[6].

[Eigentumserwerb durch Zuschlag]

90 (1) **Durch den Zuschlag wird der Ersteher Eigentümer des Grundstücks, sofern nicht im Beschwerdewege der Beschluß rechtskräftig aufgehoben wird.**

(2) **Mit dem Grundstück erwirbt er zugleich die Gegenstände, auf welche sich die Versteigerung erstreckt hat.**

Literatur: Sickinger, Die Finanzierung des Grundstückserwerbs aus der Zwangsversteigerung, MittRhNotK 1996, 241.

1 Allgemeines zu § 90

1.1 Zweck und **Anwendungsbereich:** Festlegung des Eigentumserwerbs durch den Ersteher mit Zuschlag. Die Vorschrift gilt für alle Versteigerungsverfahren des ZVG.

1.2 Gesetz und **Inhalt des Zuschlagsbeschlusses** sind bestimmend für die Rechtsstellung des Erstehers und für die Änderungen, die an den Rechten der Beteiligten eintreten. Für die Zuschlagswirkungen ist gleichgültig, ob der Inhalt des (schriftlichen) Zuschlags mit dem Gesetz in Einklang steht oder von ihm ab-

---

[1] OLG Köln MDR 1982, 330 = OLGZ 1982, 226 = Rpfleger 1982, 113.
[2] LG Braunschweig MDR 1968, 675; Dassler/Schiffhauer § 89 Rdn 2; Jaeckel/Güthe § 89 Rdn 1; Steiner/Storz § 87 Rdn 7 und § 89 Rdn 3.
[3] Lent NJW 1957, 1240 (Anmerkung).
[4] Jaeckel/Güthe § 89 Rdn 1.
[5] Steiner/Storz § 87 Rdn 5.
[6] Mohrbutter/Drischler Muster 113 Anm 16 b.

Eigentumserwerb durch Zuschlag 2.1 § 90

weicht[1]. Mündliche Zusatzerklärungen sind ohne Wirkung[2]. Staats- und völkerrechtlichen Beschränkungen des Eigentums bleibt auch der Ersteher unterworfen.

1.3 Der Ersteher erwirbt das **Eigentum** am Grundstück, sofern der Zuschlag nicht rechtskräftig wieder aufgehoben wird (Abs 1). Er erwirbt das Eigentum auch an den Gegenständen, auf die sich die Versteigerung erstreckt (§ 55), auch an Zubehörstücken, die sich nur im Besitz des Schuldners oder eines neu eingetragenen Eigentümers befanden (Abs 2). Er übernimmt die dinglichen **Belastungen** nach Maßgabe der Versteigerungsbedingungen (§ 52) und wirksamer Vereinbarung (§ 91 Abs 2); er übernimmt die persönliche **Schuld** bei einer Hypothek oder Grundschuld (§ 53). Er trägt die Gefahr des zufälligen **Untergangs** (§ 56). Er übernimmt **Nutzungen** und Lasten (§ 56). Er übernimmt bestehende **Miet-** und Pacht**rechte** (§ 57). Er trägt die **Kosten** des Zuschlags (§ 58). In Flurbereinigungsverfahren und gewisse andere Verpflichtungen **tritt er ein** (Rdn 4, 7), auch in Versicherungsverträge (Rdn 8). Es **erlöschen** die nicht bestehenbleibenden Rechte (§ 91 Abs 1). An die Stelle bestimmter erlöschender Rechte tritt der Anspruch auf **Wertersatz** (§ 92 Abs 1). Aus dem Zuschlag kann **vollstreckt** werden (§ 93). Das Grundstück kann auf Antrag in gerichtliche **Verwaltung** genommen werden (§ 94). Eine gleichzeitig laufende **Zwangsverwaltung** ist aufzuheben (§ 161 Rdn 3.11).

1.4 Über die Bedeutung des Zuschlags im ZVG-Handbuch Rdn 357, 358.

Eigentumserwerb durch Zuschlag (Absatz 1)   2

2.1 Durch den Zuschlag (§ 79 Rdn 3) wird der **Ersteher Eigentümer** des Grundstücks: Abs 1. Als hoheitlicher Vollstreckungsakt (§ 79 Rdn 3) ist der Zuschlag öffentlich-rechtlicher Eigentumsübertragungsakt[3]. Eigentum erwirbt der Ersteher mit dem Zuschlag **originär,** nicht als Rechtsnachfolger des Schuldners[4]. Das bisherige Eigentum des Schuldners geht mit dem Eigentumserwerb des Erstehers unter. Das Eigentum, das der Zuschlag als rechtsgestaltender Staatshoheitsakt in der Person des Erstehers schafft, ist nicht vom Schuldner abgeleitet[5]. Für diesen Eigentumserwerb durch hoheitlichen Vollstreckungsakt unter Freistellung von allen nicht nach den Versteigerungsbedingungen bestehen bleibenden Rechten (§ 91 Abs 1) ist es gleichgültig, ob der Zuschlagsbeschluß mit dem Gesetz in Einklang steht oder nicht (Rdn 1.2; Verfahrensmängel sind mit Rechtsbehelf geltend zu machen), ob der Ersteher dann das Meistgebot zahlt und ob er in das Grundbuch eingetragen wird (die Eintragung nach § 130 ist nur Berichtigung). Eigentum verschafft der Zuschlag ohne Rücksicht auf den guten oder bösen Glauben des Erstehers[6], ohne Rücksicht auf Willensmängel beim Gebot, ohne Rücksicht darauf, wer Eigentümer des Grundstücks war[7], ohne Rücksicht auf den Willen des Schuldners, ohne Rücksicht auf den Erwerbswillen des Erstehers, unabhängig auch von entgegenstehenden Rechten Dritter. Auch der Schuldner selbst, wenn er das

---

[1] RG 60, 48 (54), 74, 201 (205), 129, 155 (159) und 138, 125 (127).
[2] OLG Oldenburg Rpfleger 1976, 243.
[3] BGH 112, 59 = MDR 1990, 990 = NJW 1990, 2744 = Rpfleger 1990, 523; BGH NJW 2004, 2900; BGH MDR 2004, 1379 (1380) = NJW 2004, 2900 = Rpfleger 2004, 644.
[4] BGH DNotZ 1987, 90 = FamRZ 1986, 978 = MDR 1986, 1022 = NJW-RR 1986, 1115 = Rpfleger 1986, 396; BGH NJW 2004, 2900 = aaO; BFH 169, 328 = BStBl 1993 II 152 = NJW 1993, 1416; RG 89, 77; LG Karlsruhe MDR 1954, 112; LG Verden Rpfleger 1953, 243.
[5] BGH NJW-RR 1986, 1115 = aaO (Fußn 4).
[6] RG 129, 155 (159); RG 60, 48 (54); RG 72, 269 (271); RG 90, 335; Steiner/Eickmann § 90 Rdn 14; Nußbaum, Zwangsversteigerung, § 18 (II).
[7] RG 60, 48 (54 und 90, 335; Steiner/Eickmann § 90 Rdn 14; Mohrbutter und Riedel NJW 1957, 1500 (1 d).

Grundstück einsteigert, erwirbt das Eigentum völlig neu[8], gleich ob er vorher Eigentümer des ganzen Grundstücks oder eines Grundstücksbruchteils oder eines mitversteigerten Gegenstands oder ob er nicht eingetragener Eigentümer war.

2.2 Für den Eigentumserwerb des Erstehers und das Bestehenbleiben der nach den Versteigerungsbedingungen nicht erlöschenden Rechte ist der Zuschlagsbeschluß rechtlicher Grund[9]. Bereicherungsansprüche gegen den Ersteher oder den Gläubiger eines bestehenbleibenden Rechts gibt es daher nicht[10], selbst wenn dieser die Versteigerung ausnützte, um das Grundstück entgegen voraufgehenden Vereinbarungen billig zu erwerben (möglich nur Schadensersatzansprüche)[11]. Eventuelle Zuzahlungspflicht des Erstehers: §§ 50, 51.

2.3 Die Bindung des Eigentumsübergangs in Abs 1 an den Bestand des Zuschlags („sofern nicht im Beschwerdewege der Beschluß rechtskräftig aufgehoben wird") ist Gesetzesbindung, eine Tatsache, von der kraft Gesetzes die Rechtswirkung abhängig ist, somit weder aufschiebende noch auflösende Bedingung nach BGB § 158 Abs 2 (§ 89 Rdn 2.3). Auch der privatrechtliche Begriff von der Unmöglichkeit der Leistung gilt hier nicht. Wird der Zuschlag wieder aufgehoben, so fällt das Eigentum des Erstehers ex tunc weg[12], die Wirkungen gelten als nicht eingetreten. Allerdings sind die inzwischen vom Ersteher vorgenommenen Verfügungen und Verwaltungshandlungen nicht unwirksam, sondern bleiben wirksam, weil § 90 davon nichts sagt, weil es sich eben hier nicht um eine auflösende Bedingung des BGB handelt, sondern um eine Rechtsbedingung, auf die BGB § 161 Abs 2 nicht anwendbar ist (anders[13]: Gutglaubensvorschriften greifen ein). Wirksam bleiben auch die Mietkündigungen der Zwischenzeit (§ 57a Rdn 2.9), ebenso die neu geschlossenen Mietverträge (§ 57a Rdn 2). Schutz gegen vorzeitige rechtliche Verfügung des Erstehers sieht § 130 vor; zum Schutz gegen tatsächliche Verfügungen des Erstehers dient § 94.

2.4 Als versteigert und zugeschlagen gilt das auf Grund der Angaben im Grundbuch und Liegenschaftskataster im Zuschlagsbeschluß bezeichnete **Stück der Erdoberfläche**, so wie im Zuschlag genannt. Der Eigentumswechsel tritt auch ein, wenn das Grundbuch unrichtig war, nicht aber, wenn das Grundstück im Zuschlag nicht genannt ist, jedoch auch dann, wenn es nicht dem Schuldner gehörte (wobei das fremde Eigentum durch den Zuschlag untergeht)[14]; nicht aber, wenn die Fläche irrtümlich auf dem Grundbuchblatt des Schuldners und gleichzeitig auf dem Blatt des wahren Eigentümers verzeichnet ist, wobei der wahre Eigentümer aus der Terminsbestimmung nicht ersehen konnte, daß es sein Grundstück sei, weshalb er nicht nach § 37 Nr 5 seine Rechte geltend machen konnte[15] (dazu § 37 Rdn 6). Wenn der zugeschlagene Gegenstand aber nicht existiert, kann auch kein Eigentum an ihm erworben werden; der Ersteher kann sich vielleicht an Grundbuchamt oder Vollstreckungsgericht halten.

2.5 Wesentliche Bestandteile können vom Eigentümerübergang nicht ausgeschlossen werden. Geschieht dies doch, so muß der Ersteher schuldrechtlich die Wegnahme des Gegenstandes dulden, weil er sich durch sein Gebot dem Ausschluß von der Versteigerung unterworfen hat[16]. Dazu § 55 Rdn 3, § 90 Rdn 5. Wegnahmerecht des Mieters § 57 Rdn 3.6.

---

[8] Steiner/Eickmann § 90 Rdn 5.
[9] RG 138, 125 (127).
[10] RG 69, 277 (279) und 138, 125 (127); Jaeckel/Güthe § 90 Rdn 2.
[11] RG 69, 227 (279).
[12] RG 171, 120 (121); Steiner/Eickmann § 90 Rdn 23.
[13] Steiner/Eickmann § 90 Rdn 25–27.
[14] Nußbaum, Zwangsversteigerung, § 18 (II).
[15] RG 85, 316; ebenso RG 57, 200; OLG Koblenz JurBüro 1988, 1723.
[16] RG 74, 201 und 150, 22.

Eigentumserwerb durch Zuschlag 5 § 90

2.6 Einem **Makler** steht kein Provisionsanspruch (BGB § 652) zu, wenn sein Kunde das benannte Grundstück im Wege der Zwangsversteigerung erwirbt[17]. Durch Individualvereinbarung[17] (Erfordernis:[18]), nicht aber in Allgemeinen Geschäftsbedingungen[19], kann der Makler den Erwerb in der Zwangsversteigerung dem Abschluß eines Grundstückskaufvertrags gleichstellen.

Erbbaurecht bei Zuschlag 3

3.1 Der Ersteher eines Erbbaurechts (neuer Art, Einl Rdn 13.2) erwirbt **das Recht** mit seinem gesetzlichen (ErbbauVO § 1) und vertragsgemäßen (ErbbauVO §§ 2–8) Inhalt (§ 52 Rdn 2.9). Er wird durch den Zuschlag Erbbauberechtigter; damit erwirbt er auch das Bauwerk als wesentlichen Bestandteil des Rechts, ferner die sonstigen Bestandteile, Erzeugnisse, Zubehör, Versicherungsforderungen usw.
3.2 Zur Bezahlung des **Erbbauzinses** ist der Ersteher nur verpflichtet, wenn dieser bestehenbleibt (§ 52 Rdn 5 und 6). Rein vertragliche, schuldrechtliche Verpflichtungen gehen nicht auf ihn über. Der Ersteher ist nicht Rechtsnachfolger des bisherigen Erbbauberechtigten. Hierzu § 15 Rdn 13. Wertersatz für den erlöschenden Erbbauzins: § 92 (§ 92 Rdn 6.4).

Flurbereinigung, Wohnungseigentum usw und Zuschlag 4

4.1 Flurbereinigung: Der Ersteher erwirbt alle Eigentümerrechte. Das bisherige Flurbereinigungsverfahren, damit auch die von der Bekanntgabe des Flurbereinigungsplans an geltenden Einschränkungen des Eigentums (FlurbG §§ 34–36), muß er jedoch gegen sich gelten lassen (FlurbG § 15), ohne daß es auf sein Wissen hierüber ankommt. Mit dem in der Ausführungsanordnung der Flurbereinigungsbehörde bestimmten Zeitpunkt treten an die Stelle der alten Grundstücke (Einlagegrundstücke) die neuen (Ersatzgrundstücke, FlurbG § 61 Satz 2). Hierzu § 15 Rdn 17.
4.2 Baugesetzbuch-Verfahren: § 15 Rdn 6.
4.3 Bei Zwangsversteigerung von **Wohnungseigentum** (Teileigentum) tritt der Ersteher als Sondernachfolger des Schuldners in die Eigentümergemeinschaft ein (WEG § 10). Verdinglichte Vereinbarungen der Wohnungs-/Teileigentümer über ihr Verhältnis untereinander wirken daher für und gegen ihn (WEG § 10 Abs 2). Damit „erwirbt" der Ersteher auch ein für den Schuldner als Wohnungs-/Teileigentümer begründetes (bestehendes) **Sondernutzungsrecht** wie zB einen Kfz-Stellplatz im Freien, einen Kellerraum, einen Haus- oder Vorgarten usw), auch wenn das Sondernutzungsrecht (ohne seine räumliche Abgrenzung) im Zuschlagsbeschluß nicht gesondert aufgeführt (bezeichnet oder ausgewiesen) ist[20] (s bereits § 15 Rdn 45.3 und § 20 Rdn 3.1) und selbst dann, wenn die das Sondernutzungsrecht begründende Gebrauchsregelung im Grundbuch lediglich durch Bezugnahme auf die Eintragungsbewilligung eingetragen ist (WEG § 7 Abs 3; WGV § 3 Abs 2).

Mitversteigerte Gegenstände im Zuschlag (Absatz 2) 5

Der Ersteher erwirbt mit dem Zuschlag auch die Gegenstände, auf die sich die **Versteigerung erstreckt:** Abs 2. Dazu gehören wesentliche Bestandteile, Zubehör nach Maßgabe des § 55, subjektiv-dingliche Rechte nach BGB §§ 96, 1110,

---

[17] BGH 112, 59 = aaO (Fußn 3).
[18] BGH MDR 1993, 315 = NJW-RR 1993, 504.
[19] BGH 119, 32 = NJW 1992, 2568 = Rpfleger 1993, 34; BGH NJW-RR 1993, 504 = aaO (Fußn 18).
[20] OLG Stuttgart Justiz 2002, 407 = OLGRep 2002, 290 sowie BWNotZ 2002, 186 = Rpfleger 2002, 576 (reSp).

§ 90 5   Entscheidung über den Zuschlag

von der Beschlagnahme ergriffene Versicherungsforderungen und Entschädigungsansprüche (§ 55 Rdn 2, 3). Alle diese Gegenstände erwirbt der Ersteher kraft Staatsakts, ohne daß dies verhindert werden könnte. Es bedarf dazu keines besonderen Ausspruchs. Auch müssen die beweglichen Gegenstände dem Ersteher nicht übergeben werden, um sein Eigentum zu begründen (also anders als in BGB § 929). Auch fremdes Zubehör wird unter bestimmten Umständen mitversteigert und zugeschlagen (§ 55 Rdn 3). Über die Einbeziehung von Zubehöranwartschaft § 55 Rdn 3. Persönliche (schuldrechtliche) Ansprüche des Vollstreckungsschuldners an Dritte erwirbt der Ersteher nicht. Sie erlöschen mit Zwangsversteigerung auch regelmäßig nicht. Ein Anspruch auf Mängelbeseitigung in Form der Eigennachbesserung nach BGB § 634 Nr 2, § 637 entfällt mit Zwangsversteigerung des Gebäudes des Schuldners. Jedoch kann in einem solchen Fall ein Schadensersatzanspruch des Schuldners nach BGB § 634 Nr 3 begründet sein, der mit der Zwangsversteigerung nicht ohne weiteres hinfällig wird[21].

6 Nutzungen, Lasten, Gefahrübergang bei Zuschlag

6.1 Gefahrübergang bei Zuschlag: § 56 Rdn 2.

6.2 Mit Wirksamkeit des Zuschlags gebühren dem Ersteher die **Nutzungen** und trägt er von da an die **Lasten** (§ 56). Dazu § 56 Rdn 3. Zu Pflichten des Erstehers im Hinblick auf vorhandene „Altlasten"[22] (auch § 66 Rdn 6.2).

6.3 Wird der **Zuschlag** rechtskräftig **wieder aufgehoben,** so ist es, als ob er nicht erteilt wäre: Abs 1. Lasten und Nutzungen sind dann zwischen dem vermeintlichen Ersteher und dem Grundstückseigentümer abzurechnen. Zwischenzeitlich gezogene Nutzungen sind herauszugeben[23] nach den Grundsätzen in BGB §§ 988, 101, wobei Verwendungen gemäß BGB § 994 Abs 1 Satz 1, § 995 Satz 1, §§ 996, 102 zu ersetzen sind[23]. Berechtigt ist, wenn der Zuschlag endgültig versagt wird, als Grundstückseigentümer der Vollstreckungsschuldner, und wenn der Zuschlag einem anderen Ersteher erteilt wird, bis zur Wirksamkeit des zweiten Zuschlags der Vollstreckungsschuldner, von da an der endgültige Ersteher[24]. Die Auseinandersetzung erfolgt außerhalb des Versteigerungsverfahrens und, wenn keine Einigung möglich ist, im Prozeßweg.

7 Rechtsnachfolge, Rechtshängigkeit bei Zuschlag

7.1 Rechtsnachfolger des Vollstreckungsschuldners ist der Ersteher nicht (Rdn 2). Rechte und Pflichten des Schuldners gehen dennoch vielfach auf den Ersteher über, zB nach §§ 52, 53, 57 (dazu auch Rdn 4, 6, 8). Der Ersteher steht weder zum Vollstreckungsgericht noch zum Schuldner oder den anderen am Versteigerungsverfahren Beteiligten in einem Rechtsverhältnis. Die Forderungen der Beteiligten gegen den Ersteher beruhen auf dem Zuschlagsbeschluß, weil sich der Ersteher durch sein Gebot den Versteigerungsbedingungen unterworfen hat. Rückständige Verpflichtungen aus Straßenreinigungs-, Müllabfuhr-, Hausreinigungsverträgen gehen nicht auf den Ersteher über. Er ist auch nicht Rechtsnachfolger des Schuldners als Gläubiger eines obligatorischen Anspruchs auf Löschung einer nach den Versteigerungsbedingungen bestehen gebliebenen (Sicherungs-)Dienstbarkeit[25]. Eintritt in den Verwaltervertrag einer Wohnungseigentümergemeinschaft: § 56 Rdn 5.6. Betriebssteuerrückstände: § 15 Rdn 34.8.

7.2 Rechtshängigkeit und Rechtskraft: § 54 Rdn 4.

---

[21] OLG Bremen NJW-RR 1990, 218.
[22] Dorn Rpfleger 1988, 298.
[23] Mohrbutter, Handbuch des Vollstreckungsrechts, § 43 (I b).
[24] RG 171, 120 (121).
[25] BGH NJW-RR 1989, 519.

Erlöschen von Rechten, Liegenbelassungsvereinbarung **§ 91**

Versicherungen bei Zuschlag 8

8.1 Mit dem Zuschlag erwirbt der Ersteher auch die in die Versteigerung einbezogenen (dazu § 20 Rdn 3.6) Ansprüche des Schuldners auf **Versicherungsentschädigung** aus Versicherungsverträgen, die sich auf das Grundstück und die mitversteigerten Gegenstände beziehen. Der Zuschlag ist auch Ausweis gegenüber Hinterlegungsstelle, wenn die Entschädigung hinterlegt ist[26]. Eine Versicherungsforderung, die der Hypothekenhaftung unterlag, geht frei von Rechten auf den Ersteher über; wurde sie nicht mitversteigert (zB § 21 Abs 1), so haftet sie dem ausfallenden Hypothekengläubiger weiter.

8.2 Auf den Ersteher gehen auch gewisse **Versicherungsverträge** über, nämlich Schadensversicherungsverträge, die sich auf das Grundstück und die mitversteigerten Gegenstände beziehen: Versicherungsvertragsgesetz § 73. An Stelle des Vollstreckungsschuldners tritt der Ersteher in Rechte und Pflichten ein (Gesetz § 69 Abs 1; gilt auch bei Teilungsversteigerung[27]). Der Versicherer kann binnen einem Monat, nachdem er von dem Eigentumswechsel Kenntnis erhalten hat, den Vertrag gegenüber dem Ersteher mit Frist von einem Monat kündigen (Gesetz § 70 Abs 1); der Ersteher kann auch kündigen, entweder sofort oder für den Schluß der laufenden Versicherungsperiode, spätestens aber binnen einem Monat nach Zuschlagswirksamkeit und, falls er die Versicherung nicht kannte, binnen einem Monat nach Kenntnis (Gesetz § 70 Abs 1, 2). Der Eigentumswechsel ist vom Ersteher als Erwerber und/oder Vollstreckungsschuldner als Veräußerer dem Versicherer unverzüglich anzuzeigen, da er sonst von der Leistungsverpflichtung frei wird (dazu aber[27]), wenn ein Versicherungsfall später als einen Monat nach dem Eigentumswechsel eintritt (Gesetz § 71 Abs 1, 2). Die Anzeigepflicht entsteht mit dem Zuschlag (auch wenn Beschwerde eingelegt ist[27]). Die genannten Vorschriften sind grundsätzlich unabdingbar (Gesetz § 72). Falls der Zuschlag wieder aufgehoben wird, ist auch das anzuzeigen und es tritt der frühere Zustand wieder ein; ein Kündigungsrecht besteht daher nicht. Eine bereits ausgesprochene Kündigung wird mit Aufhebung des Zuschlags wirkungslos.

8.3 Bei der Versteigerung eines **Seeschiffs,** das gegen Gefahren der Seeschiffahrt versichert ist (HGB § 779), tritt der Ersteher an Stelle des Vollstreckungsschuldners in die Rechte und Pflichten aus dem Vertrag ein, wobei beide für die Beiträge samtverbindlich haften (HGB § 899 Abs 1 und 5). Der Ersteher darf ohne Einhaltung einer Kündigungsfrist kündigen, spätestens binnen einem Monat nach Erwerb oder nach Kenntnis vom Versicherungsverhältnis (HGB § 899 Abs 4 und 5).

[Erlöschen von Rechten, Liegenbelassungsvereinbarung]

91 **(1) Durch den Zuschlag erlöschen unter der im § 90 Abs 1 bestimmten Voraussetzung die Rechte, welche nicht nach den Versteigerungsbedingungen bestehen bleiben sollen.**

(2) Ein Recht an dem Grundstücke bleibt jedoch bestehen, wenn dies zwischen dem Berechtigten und dem Ersteher vereinbart ist und die Erklärungen entweder im Verteilungstermin abgegeben oder, bevor das Grundbuchamt um Berichtigung des Grundbuchs ersucht ist, durch eine öffentlich beglaubigte Urkunde nachgewiesen werden.

(3) Im Falle des Absatzes 2 vermindert sich der durch Zahlung zu berichtigende Teil des Meistgebots um den Betrag, welcher sonst dem Be-

---

[26] OLG Frankfurt Rpfleger 1978, 325; Mohrbutter in Festschrift für Herbert Schmidt (1981), S 111 (I 3).
[27] OLG Hamm NJW-RR 1992, 1121.

rechtigten gebühren würde. Im übrigen wirkt die Vereinbarung wie die Befriedigung des Berechtigten aus dem Grundstücke.

(4) Das Erlöschen eines Rechts, dessen Inhaber zu Zeit des Erlöschens nach § 1179a des Bürgerlichen Gesetzbuchs die Löschung einer bestehenbleibenden Hypothek, Grundschuld oder Rentenschuld verlangen kann, hat nicht das Erlöschen dieses Anspruchs zu Folge. Der Anspruch erlischt, wenn der Berechtigte aus dem Grundstück befriedigt wird.

Übersicht

Allgemeines zu § 91 1	Liegenbelassungsvereinbarung: Minderung (Absatz 3 Satz 1) 4
Bestehenbleiben und Erlöschen von Rechten (Absatz 1) 2	Liegenbelassung: Wirkung als Befriedigung (Absatz 3 Satz 2) 5
Liegenbelassungsvereinbarung für erlöschende Rechte (Absatz 2) 3	Löschungsanspruch (Absatz 4) 6
	Schiffshypotheken-Liegenbelassung 7

Literatur: Drischler, Einzel- und Zweifelsfragen des Immobiliarvollstreckungsrechts, Rpfleger 1967, 357; Eickmann, Vormundschaftsgerichtliche Genehmigungen im Zwangsversteigerungsverfahren, Rpfleger 1983, 199; Haegele, Zur Frage des Genehmigungserfordernisses des Vormundschaftsgerichts bei Vereinbarung des Liegenbelassens eines Rechts nach § 91 Abs 2 ZVG, Rpfleger 1970, 232; Hornung, Der Einfluß des Beurkundungsgesetzes auf die gerichtlichen Beurkundungsbefugnisse im Zwangsversteigerungsverfahren, Rpfleger 1972, 203; Mayer, Die Behandlung einer Vereinbarung über das Bestehenbleiben von Rechten (§ 91 ZVG) im Verteilungstermin, Rpfleger 1969, 3; Muth, Zum Befriedigungsumfang bei einer Liegenbelassung, Rpfleger 1990, 2; Schiffhauer, Die Grunddienstbarkeit in der Zwangsversteigerung, Rpfleger 1975, 187.

1 Allgemeines zu § 91

1.1 Zweck der Vorschrift: Regelung der Zuschlagswirkung für die Belastungen des Grundstücks. Während § 52 die Tatsache des Erlöschens behandelt, **befaßt sich** § 91 in Abs 1 mit dem Zeitpunkt des Erlöschens, in Abs 2–3 mit der Liegenbelassungsvereinbarung und in Abs 4 mit einer Ausnahme für gesetzliche Löschungsansprüche.

1.2 Anwendungsbereich: Die Vorschrift gilt für alle Versteigerungsverfahren des ZVG.

2 Bestehenbleiben und Erlöschen von Rechten (Absatz 1)

2.1 Durch den Zuschlag **erlöschen** alle Rechte, die nicht nach den Versteigerungsbedingungen bestehenbleiben sollen: Abs 1 (über Rechte, die nach gesonderter gesetzlicher Regelung bestehenbleiben und somit trotz Abs 1 auch nicht erlöschen: § 52 Rdn 7). Maßgebender Zeitpunkt für das Erlöschen ist das Wirksamwerden des Zuschlags[1] nach §§ 89, 104. Auch diese Wirkung des Zuschlags ist von seinem Bestand abhängig („sofern nicht ... aufgehoben wird"; dazu § 90 Rdn 2.3). Wird der Zuschlag wieder aufgehoben, so gelten die Rechte (rückwirkend) als nicht erloschen[2]. Das Erlöschen ist also in seiner Rechtswirkung kraft Gesetzes davon abhängig, daß der Beschluß Bestand hat (keine Bedingung, § 90 Rdn 2.3). Über das Erlöschen oder Bestehenbleiben entscheidet (neben einigen gesetzlichen Sondervorschriften) grundsätzlich der Inhalt des Zuschlagsbeschlusses (§ 90 Rdn 1.2). Ein Recht erlischt auch, wenn es in den im Zuschlagsbeschluß bezeichneten Versteigerungsbedingungen (§ 82) nur versehentlich nicht als bestehenbleibend genannt ist. Eine im Versteigerungstermin festgesetzte, im Termins-

---

[1] KG Berlin DNotZ 1975, 105 = MDR 1975, 151 = Rpfleger 1975, 68.
[2] RG 171, 120 (121).

Erlöschen von Rechten, Liegenbelassungsvereinbarung 2.4 § 91

protokoll festgehaltene, aber im Zuschlagsbeschluß nicht erwähnte Versteigerungsbedingung darf nicht ergänzend zum Zuschlag verwertet werden[3]. Wenn ein nach den Versteigerungsbedingungen erloschenes Recht bereits früher gelöscht wurde, kann gegen diese Löschung kein Widerspruch (kein Amtswiderspruch nach GBO § 53 Abs 1 Satz 1) mehr eingetragen werden, weil die Grundbuchunrichtigkeit seit Erlöschen des Rechts mit dem Zuschlag jedenfalls nicht mehr besteht[4]. Rechte, die nicht erlöschen, bleiben bestehen. Das Bestehenbleiben ist in den Versteigerungsbedingungen als Teil des geringsten Gebots (§ 52) oder abweichend (§ 59) festgelegt. Im übrigen kann das Liegenbelassen vereinbart werden (Rdn 3). Über die persönliche Forderung bei bestehenbleibenden Grundpfandrechten § 53.

2.2 Das Versteigerungsrecht ist, soweit nicht der Deckungsgrundsatz Rechtswahrung gebietet (§ 44 Rdn 4.1), vom Grundsatz des **lastenfreien Erwerbs** durch den Ersteher beherrscht. Das Erlöschen hat zur Folge, daß wegen der erloschenen Rechte eine Befriedigung aus dem Grundstück nicht mehr verlangt werden kann, sofern nicht die Ansprüche wegen nicht bezahlten Bargebots nach §§ 118, 128 wieder verdinglicht werden. Das Erlöschen braucht grundsätzlich nicht in den Versteigerungsbedingungen festgelegt werden, weil umgekehrt Rechte, die dort nicht als bestehenbleibend bezeichnet sind, regelmäßig erlöschen (Abs 1).

2.3 Mit den Rechten am Grundstück erlöschen auch die Rechte **an den mitversteigerten Gegenständen.** Unter Umständen tritt an deren Stelle ein Bereicherungsanspruch gegen den letzten aus dem Meistgebot Befriedigungsberechtigten nach § 37 Nr 5 (§ 92 Rdn 8.5). Mit dem dinglichen Recht erlischt auch der dabei bestehende Rangvorbehalt ersatzlos. Die einem erlöschenden Recht anhaftende **Löschungsvormerkung** erlischt mit der Maßgabe, daß an dem Versteigerungserlös die durch sie begründeten Rechtsbeziehungen fortdauern[5]; über den gesetzlichen Löschungsanspruch Rdn 6. **Tilgungsrechte** erlöschen in Höhe der im geringsten Bargebot berücksichtigten Tilgungsbeträge (§ 44 Rdn 5.25 und § 49 Rdn 6).

2.4 a) Bei Versteigerung eines Grundstücks**bruchteils** muß eine Grunddienstbarkeit oder beschränkte persönliche **Dienstbarkeit,** die an dem versteigerten Bruchteil nach Abs 1 durch den Zuschlag erlischt, auch an den nicht versteigerten Bruchteilen erlöschen[6], weil ein Grundstücksbruchteil nicht mit einer Grunddienstbarkeit belastet werden kann und das Recht nicht auf einen Bruchteil beschränkt ausgeübt werden kann, wobei sich allerdings das Versteigerungsgericht nur mit dem versteigerten Teil befaßt[7] (anders[8]: das Recht könne dann überhaupt nicht erlöschen, selbst wenn es dem betreibenden Gläubiger nachgehe; dies widerspricht den zwingenden Versteigerungsvorschriften, mit denen allein sich das Versteigerungsgericht zu befassen hat[9]; anders auch[10]: Ausweg nur über § 59; dies kann nicht verlangt werden).

---

[3] RG 153, 252; Steiner/Eickmann § 91 Rdn 5.
[4] BayObLG Rpfleger 1981, 397.
[5] BGH MDR 1958, 24 mit Anm Thieme = Rpfleger 1958, 51 mit zust Anm Bruhn = WM 1957, 79; BGH 108, 237 = DNotZ 1990, 581 = MDR 1990, 147 = NJW 1989, 2536 = Rpfleger 1990, 32; Jaeckel/Güthe §§ 130–131 Rdn 11.
[6] KG Berlin Rpfleger 1975, 68 = aaO (Fußn 1); OLG Frankfurt JurBüro 1979, 1232 = MittRhNotK 1979, 175 = Rpfleger 1979, 149; Drischler KTS 1976, 42 (13); Tamm BWNotZ 1965, 20; Schiffhauer Rpfleger 1975, 187 (III 5); auch BayObLG DNotZ 1997, 475 (477).
[7] KG Berlin Rpfleger 1975, 68 = aaO (Fußn 1).
[8] LG Heidelberg Auszug bei Tamm BWNotZ 1965, 20; AG Mannheim BWNotZ 1958, 41 mit Anm Pöschl.
[9] KG Berlin Rpfleger 1975, 68 = aaO (Fußn 1).
[10] Pöschl BWNotZ 1958, 41 (Anmerkung).

b) Bei **Wohnungseigentum** ist zu unterscheiden zwischen der Dienstbarkeit, die
- einzeln eine Wohnungs- oder Teileigentumseinheit belastet. Solche Einzelbelastung kann erfolgt sein, wenn die Dienstbarkeit nur die aus dem Sondereigentum fließenden Befugnisse beschränkt[11]. Beispiele: Wohnungsrecht, Wohnungsbesetzungsrecht, Verpflichtung, ein Fenster im Sondereigentum geschlossen zu halten, Fremdenverkehrsdienstbarkeit;
- das Grundstück als Ganzes belastet, weil das Recht seinem Inhalt nach nur auf dem Grundstück insgesamt, damit dem gemeinschaftlichen Eigentum, ausgeübt werden kann. Beispiele: Wegerecht, Bebauungsverbot, Zaunrecht. Belastet ist das Grundstück als Ganzes auch, wenn die Dienstbarkeit durch Einigung und Eintragung nach Begründung des Wohnungseigentums als Belastung des Gesamtgrundstücks begründet wurde.

Eine Dienstbarkeit als Belastung des **einzelnen** Wohnungs- oder Teileigentums erlischt nur bei dessen Versteigerung, wenn sie nicht nach den Versteigerungsbedingungen bestehen bleiben soll (Abs 1). Sie wird von der Versteigerung der Wohnungs- oder Teileigentumsanteile der Miteigentümer nicht berührt[12]. Die auf dem in Wohnungs- oder Teileigentum aufgeteilten Grundstücke **als Ganzes** lastende Dienstbarkeit wird mit dem Erlöschen an dem versteigerten Grundstücksmiteigentumsanteil eines Wohnungseigentümers durch den Zuschlag an den nicht versteigerten Miteigentumsanteilen der anderen Wohnungseigentümer inhaltlich unzulässig[13]. Sie erlischt mithin auch dort. Für eine bei Begründung von Wohnungs- oder Teileigentum an dem Grundstück bereits lastende Dienstbarkeit ist erheblich, inwieweit sie fortbesteht. Die Dienstbarkeit, die als Belastung des Gesamt-Grundstücks im gemeinschaftlichen Eigentum fortbesteht, weil sie – wie ein Wegerecht – nur auf dem Grundstück insgesamt ausgeübt werden kann, wird mit dem Erlöschen an einem versteigerten Grundstücksmiteigentumsanteil eines Wohnungseigentümers durch den Zuschlag an den nicht versteigerten Miteigentumsanteilen der anderen Wohnungseigentümer inhaltlich unzulässig; sie erlischt mithin auch dort. Die Dienstbarkeit, die nach Begründung von Wohnungs- oder Teileigentum nur aus dem Sondereigentum fließende Befugnisse beschränkt, besteht nur an dem Wohnungs- oder Teileigentumsrecht fort, auf dessen Raumeinheit sie sich erstreckt; die übrigen Wohnungs- und Teileigentumseinheiten sind von dieser Belastung frei geworden[14] (BGB § 1026, entspr Anwendung). Als Belastung nur des einzelnen Wohnungs- oder Teileigentums erlischt diese Dienstbarkeit nur bei dessen Versteigerung, wenn sie nicht nach den Versteigerungsbedingungen bestehen bleiben soll (Abs 1). Sie wird von der Versteigerung der Wohnungs- oder Teileigentumsanteile der anderen Miteigentümer nicht berührt.

2.5 Die durch den Zuschlag erlöschenden Rechte gehen nicht ersatzlos unter. Nach dem **Surrogationsgrundsatz** (Grundstück verwandelt sich für die Befriedigungsberechtigten in den Erlös) setzen sie sich vielmehr am Erlös fort, und zwar als Rechte auf Befriedigung aus dem Versteigerungserlös[15]. Dagegen meint[16]: die

---

[11] BGH 107, 289 (294) = DNotZ 1990, 493 mit Anm Amann = NJW 1989, 2391 = Rpfleger 1989, 452.
[12] LG Göttingen NJW-RR 1997, 1105 für Fremdenverkehrsdienstbarkeit (bei nicht ganz eindeutiger Darstellung des Belastungsgegenstandes).
[13] OLG Frankfurt Rpfleger 1979, 149 = aaO (Fußn 6); LG Freiburg BWNotZ 1980, 61.
[14] BayObLG 1957, 102 und OLG Frankfurt NJW 1959, 1977 je für Dauerwohn- und -nutzungsrecht; OLG Oldenburg NJW-RR 1989, 273 (für Wohnungseigentum).
[15] BGH 25, 27 = NJW 1957, 1553; BGH Rpfleger 1958, 51 mit zust Anm Bruhn = aaO (Fußn 5); BGH 60, 226 = DNotZ 1973, 410 = MDR 1973, 572 = NJW 1973, 846 und 1195 Leitsatz mit krit Anm Mittenzwei = Rpfleger 1973, 208; BGH 68, 276 = MDR 1977, 742 = NJW 1977, 1287 = Rpfleger 1977, 246; BGH MDR 1985, 405 = NJW 1985, 388 Leitsatz = Rpfleger 1985, 74; BGH 108, 237 = aaO (Fußn 5); BGH NJW-RR 1992, 612; RG 79, 392.
[16] Wörbelauer DNotZ 1963, 718 (9).

Erlöschen von Rechten, Liegenbelassungsvereinbarung   3.2 § 91

Rechte setzten sich nicht am Erlös fort, sondern verwandelten sich in ihren Wertersatz, es erfolge nicht Surrogation, sondern Mutation und erst für das umgewandelte Recht surrogiere der Erlös; dies kommt zum selben Ergebnis, wenn auch auf einem Umweg. An dem Surrogat (dem Erlös nämlich) dauern die früheren Rechtsbeziehungen fort, soweit dies nicht durch die Veränderung des Gegenstands ausgeschlossen ist, weil nicht mehr ein Grundstück, sondern der Erlös den Gegenstand der Haftung bildet[17]. Für den Eigentümer tritt der Anspruch auf den Versteigerungserlös mit den sich aus dem ZVG ergebenden Verfügungsbeschränkungen an die Stelle seines Eigentums[18]. Surrogat bedeutet, daß innerhalb eines bestehenden Rechtsverhältnisses der Gegenstand, der den Inhalt des Rechtsverhältnisses maßgebend bestimmt, kraft Gesetzes durch einen anderen ersetzt wird, der in einer Art Rechtsnachfolge in die bestehenden rechtlichen Beziehungen eintritt[19]. Das Grundstück wird dabei von den Rechten frei[20]. Die Grundpfandrechte erlöschen materiell gemäß BGB § 1181 Abs 1 erst mit der tatsächlichen Befriedigung aus dem Grundstück, also mit der Empfangnahme des Erlöses; der Zuschlag ist noch keine Befriedigung[21]. Bis zur Erfüllung bleibt das Recht unverändert, nur tritt an die Stelle des Grundstücks (das vom Recht frei wird) der Erlös[22]. Die erlöschenden Rechte erlöschen auch, soweit der Erlös für sie nicht ausreicht. Wenn sich die Rechte am Erlös fortsetzen, gilt dies auch für die daran bestehenden Pfandrechte, Nießbrauch, Einreden usw.

2.6 Die **persönlichen Ansprüche** gegen den Schuldner werden vom Zuschlag in der Regel nicht berührt. Sie erlöschen: bei Rechten nach § 10 Nr 1–3 und Nr 5 mit der Befriedigung des Gläubigers (unter Beachtung von § 114a); bei den nicht bestehenbleibenden Rechten in § 10 Nr 4 sowie den Kosten und den bis Zuschlag fälligen Zinsen hieraus mit der Befriedigung des Gläubigers (unter Beachtung von § 114a); bei den gesetzlich oder nach den Versteigerungsbedingungen bestehenbleibenden Grundpfandrechten bezüglich des Hauptanspruchs und der nach dem Zuschlag fälligen Zinsen gemäß § 53; bei den gemäß Vereinbarung bestehenbleibenden Rechten (Liegenbelassungsvereinbarung) bezüglich des Hauptanspruchs und der nach dem Zuschlag fälligen Zinsen mit der Wirksamkeit des Zuschlags (Abs 3 Satz 2). Dagegen erlöschen die persönlichen Ansprüche nicht bei anderen gesetzlich oder nach den Versteigerungsbedingungen bestehenbleibenden Rechten (die keine Grundpfandrechte sind), und zwar hier bezüglich der nach dem Zuschlag fälligen Leistungen, weil § 53 hier nicht anwendbar ist. Nicht aus dem Erlös zu befriedigende schuldrechtliche Ansprüche gegen den früheren Erbbauberechtigten erlöschen nicht[23].

Liegenbelassungsvereinbarung für erlöschende Rechte (Absatz 2)   3

3.1 Bestehen bleibt ein an sich nach den Versteigerungsbedingungen erlöschendes Recht am Grundstück, wenn dieses „Liegenbelassen" zwischen dem Berechtigten des Rechts und dem Ersteher **vereinbart** wird: Abs 2.

3.2 Die Vereinbarung kann sich auf **alle Rechte** nach § 10 Abs 1 Nr 4 und 6 beziehen, also alle Rechte aus Abteilung II und III des Grundbuchs, die nicht in

---

[17] RG 125, 362; BGH aaO (Fußn 15).
[18] BGH NJW 1985, 388 = aaO (Fußn 15).
[19] Wecker, Grundpfandrechte und Surrogation, 1937, S 4.
[20] Reinhard/Müller § 91 Anm I 1; Wecker, Grundpfandrechte und Surrogation, 1937, S 13.
[21] Korintenberg/Wenz § 130 Anm 5 c; Wecker, Grundpfandrechte und Surrogation, 1937, S 28.
[22] Korintenberg/Wenz § 92 Anm 6; Wecker, Grundpfandrechte und Surrogation, S 30 und Fußn 64.
[23] BGH 109, 230 (232) = DNotZ 1991, 391 = MDR 1990, 326 = NJW 1990, 832.

das geringste Gebot (als bestehenbleibend, § 52 Abs 1) aufgenommen sind. Die Vereinbarung hat rückwirkende Kraft; die Übernahme des Rechts gilt rückwirkend vom Zuschlag an als erfolgt[24]. Die Vereinbarung bewirkt somit, daß das Recht rückwirkend auf den Zeitpunkt des Zuschlags wieder auflebt[25]. Das Recht wird dann grundsätzlich so behandelt, als wäre das Erlöschen als Wirkung des Zuschlags nicht eingetreten[26], als ob es somit schon durch den Zuschlag bestehenbleiben würde. Liegen belassen werden kann das Recht nur mit unverändertem Inhalt; eine Änderung des Inhalts des Rechts (seiner Zinsen, Zahlungsbestimmungen usw) kann bei Liegenbelassungsvereinbarung nicht festgelegt werden, sondern nur außerhalb des Versteigerungsverfahrens (notariell) vereinbart und zur Eintragung gebracht werden.

3.3 Liegenbelassen kann man die **Hauptsache** des dinglichen Rechts im vollen eingetragenen Umfang. Dies ist auch möglich, soweit das Recht in der Versteigerung ganz oder zum Teil ausfallen würde[27], weil die Vereinbarung nur (formales) Erlöschen des Rechts erfordert, ohne Rücksicht auf die Frage, ob etwas auf das Recht entfällt. Liegenbelassen kann man ein (teilbares) Recht, ohne daß dies eine unzulässige Änderung wäre, auch zu einem **Teil** (der erloschene Rest wird dann nach Plan behandelt). Liegenbelassen kann man nur die Hauptsache des dinglichen Rechts oder das Recht ohne bestimmte Nebenleistungen[28]. Die Kosten, Zinsen und (oder) laufenden Nebenleistungen für die Zeit vor der Zuschlagswirksamkeit werden nach Plan behandelt, für die Zinsen ab Zuschlagswirksamkeit siehe Rdn 4. Das liegenbelassene Recht behält seinen Grundbuchrang. Es behält auch seinen Vorrang vor der im Versteigerungsverfahren infolge nicht bezahlten Bargebots einzutragenden Sicherungshypothek[29] des § 128 (soweit diese nicht für dem Recht vorgehende Ansprüche, zB aus Rangklasse 3, eingetragen wird). Die Vereinbarung betrifft nur das Verhältnis des Erstehers zum Gläubiger des Rechts[30].

3.4 Liegenbelassen kann man **Rechte, die** auf Zahlung eines Geldbetrages gerichtet sind (Hypothek, Grundschuld, Rentenschuld, auch Eigentümerrechte), aber auch Rechte, die nicht auf Kapitalzahlung gerichtet sind[31]. Wird eine Reallast liegenbelassen, so wird sie als bedingter Anspruch nach §§ 119, 120 behandelt. Auch eine Grunddienstbarkeit kann liegenbelassen werden[32]. Die einmalige **Nebenleistung einer Grundschuld** (die fällige und die nicht fällige) kann nicht mit dem Hauptanspruch als Belastung des Grundstücks bestehen bleiben (§ 49 Rdn 2.5); sie kann daher auch nicht liegenbelassen werden. Die befristet und die dauernd wiederkehrenden (zumeist gleichzeitig mit den Zinsen zu erbringenden) Nebenleistungen der Grundschuld hat der Ersteher vom Zuschlag an zu tragen (§ 56 Satz 2; hierzu § 49 Rdn 2.5). Dafür müssen sie (wie Zinsen) nicht gesondert liegen belassen werden. Nicht liegenbelassen werden kann ebenso die sogenannte **Vorfälligkeitsentschädigung** (§ 12 Rdn 3.3); sie soll nach einer Ansicht bei Liegenbelassung überhaupt nicht anfallen, weil die Liegenbelassung zurückwirkt, das Recht als nicht erloschen behandelt wird, die Vorfälligkeitsentschädigung aber ge-

---

[24] BGH 53, 327 = DNotZ 1970, 413 = KTS 1970, 219 mit zust Anm Drischler = MDR 1970, 497 = NJW 1970, 1188 mit zust Anm Drischler = Rpfleger 1970, 166; BGH MDR 1976, 131 = NJW 1976, 805 = Rpfleger 1976, 10.
[25] BGH NJW 1985, 388 = aaO (Fußn 15); OLG Hamburg OLG 46, 93 (95).
[26] OLG Hamburg OLG 46, 93 (95).
[27] RG 156, 271; Dassler/Schiffhauer § 91 Rdn 9; Steiner/Eickmann § 91 Rdn 27; Nußbaum, Zwangsversteigerung, § 19 (IV).
[28] OLG Köln Rpfleger 1983, 168.
[29] BGH NJW 1976, 805 = aaO (Fußn 24).
[30] BGH MDR 1974, 394 = Rpfleger 1974, 148; BGH NJW 1985, 388 = aaO (Fußn 15).
[31] Jaeckel/Güthe § 91 Rdn 4.
[32] Schiffhauer Rpfleger 1975, 187 (IV 2).

Erlöschen von Rechten, Liegenbelassungsvereinbarung 3.6 § 91

rade für den Fall der vorzeitigen Fälligkeit entschädigen soll[33], laut[34] geht aber der Anspruch auf die einmal entstandene Vorfälligkeitsentschädigung durch die Liegenbelassung nicht mehr unter, sie gebühre dem Berechtigten und die Vereinbarung wirke zwar zurück, aber nur hinsichtlich des dinglichen Bestands des Rechts (Näheres hierzu ab Rdn 4). Liegenbelassen kann man auch den Erbbauzins, sogar wenn der Grundstückseigentümer das Erbbaurecht einsteigert; nachträgliche Vereinigung von Recht und Verpflichtung ist nicht hinderlich, weil es sich hierbei nicht um eine Neubestellung, sondern um die Beseitigung einer gesetzlichen Folge handelt, nämlich um rückwirkende Änderung der Versteigerungsbedingungen; dies muß auch möglich sein, wenn nur ein Anteil am Erbbaurecht versteigert wird und der Erbbauzins an dem anderen Anteil gesetzlich bestehenbleibt.

3.5 Das Liegenbelassen **vereinbart** der Ersteher (nicht der Meistbietende aus § 81 Abs 2, 3 oder sonstige mithaftende Dritte) mit dem über das Recht Verfügungsberechtigten. Verfügungsberechtigt ist der eingetragene oder (bei einem Briefrecht) durch Grundpfandrechtsbrief (ggfs auch mit Abtretungsurkunden) ausgewiesene Gläubiger. Ein Pfandgläubiger des Rechts kann Liegenbelassen vereinbaren, wenn ihm das Recht an Zahlungs Statt überwiesen ist, nicht Zahlungs halber[35]. Berechtigt ist auch der Zessionar eines Ersatzanspruchs (dem also das erloschene Grundpfandrecht nach dem Zuschlag abgetreten wurde). Bei einem Teileigentümerrecht muß die Vereinbarung mit dem wirklichen Berechtigten erfolgen[36]. Bei einem Altenteil muß auch der künftige Eventualberechtigte mitwirken[37]. Man kann die Liegenbelassung auch mit sich selbst vereinbaren, wenn also dem Ersteher ein Recht am Grundstück zusteht[38] (auch hier geht das liegenbelassene Recht gemäß seinem Grundbuchrang den neu einzutragenden Sicherungshypotheken des § 128 vor = Kontinuität des alten Rechts[39]). Liegenbelassung einer Grundschuld des Erstehers bewirkt, daß die als Eigentümergrundschuld bestehen bleibt. Sofern der Ersteher durch sein Meistgebot nur zum Teil gedeckt würde, muß er gemäß § 114a auch weiter als befriedigt gelten; dies berührt aber (weil nur außerhalb des Versteigerungsverfahrens zu berücksichtigen, § 114a Rdn 1) nicht die Liegenbelassungsvereinbarung und nicht die Abquittierung; für beide gilt nur Abs 3.

3.6 Die Liegenbelassungsvereinbarung muß mit den **Erklärungen beider Vertragspartner** (bei einem Recht des Erstehers als Erklärung des Erstehers allein[40]) entweder im Verteilungstermin abgegeben (ins Protokoll aufzunehmen, § 78) oder vor dem Eingang des gerichtlichen Eintragungsersuchens aus § 130 beim Grundbuchamt durch eine öffentlich beglaubigte Urkunde nachgewiesen werden: Abs 2. Die Vereinbarung zu Protokoll muß nicht unterschrieben werden. Hypotheken- und Grundschuldbriefe sind die im BGB § 1115 genannten Urkunden sind vorzulegen. Für Erklärung zu Protokoll ist das Beurkundungsgesetz kein Hindernis. Die Vereinbarung ist auch schon vor dem Zuschlag zwischen dem Berechtigten des Rechts und dem künftigen Ersteher möglich[41]; sie kann zu Protokoll des Versteigerungs- oder Verkündungstermins erfolgen[42] (anders[43]: dies sei durch den Geset-

---

[33] OLG Düsseldorf KTS 1968, 251; Schiffhauer BlGrBW 1971, 63 (XXIII 1).
[34] BGH MDR 1974, 394 = Rpfleger 1974, 148; Drischler RpflJahrbuch 1978, 360 (B 8).
[35] Steiner/Eickmann § 91 Rdn 31.
[36] Jaeckel/Güthe § 91 Rdn 8.
[37] Drischler KTS 1971, 145 (X).
[38] BGH NJW 1976, 805 = aaO (Fußn 24); BGH KTS 1981, 413 = MDR 1981, 568; Jaeckel/Güthe § 91 Rdn 8.
[39] BGH NJW 1976, 805 = aaO (Fußn 24).
[40] BGH NJW 1976, 805 = aaO (Fußn 24); BGH KTS 1981, 413 = MDR 1981, 586; BGH MDR 1981, 482 = NJW 1981, 1026 = Rpfleger 1981, 140.
[41] Jaeckel/Güthe § 91 Rdn 3; Steiner/Eickmann § 91 Rdn 41.
[42] Dassler/Schiffhauer § 91 Rdn 17; Steiner/Eickmann § 91 Rdn 40.
[43] Hornung Rpfleger 1972, 203 (1) (I A und I B 2).

zeswortlaut des Abs 2 ausgeschlossen). Immer wenn die Vereinbarung nicht zu Protokoll des genannten Termins geschieht muß sie (zwingend) in öffentlich beglaubigter Urkunde „nachgewiesen" sein (Abs 2). Letzter Zeitpunkt für den Nachweis durch solche Urkunde ist der Eingang des § 130-Ersuchens beim Grundbuchamt, da dieses hierdurch „ersucht" ist (Abs 2). Das Vollstreckungsgericht muß sein (vorher geschriebenes) Ersuchen noch berichtigen, wenn die Urkunde über die Liegenbelassung ihm noch vor oder mindestens gleichzeitig mit dem Eingang des vollstreckungsgerichtlichen Ersuchens beim Grundbuchamt zugeht[44]. Dagegen darf das Vollstreckungsgericht bei späterem Eingang keinesfalls mehr sein Ersuchen berichtigen. Die Liegenbelassungsvereinbarung wird nicht durch die vorherige Ausführung des Teilungsplans verhindert[45] (s auch Rdn 5.3 zu c), auch nicht durch die im Verteilungstermin erfolgte Forderungsübertragung, die wie eine Befriedigung aus dem Grundstück wirkt[46]; durch die Vereinbarung gilt dann diese Wirkung als nicht eingetreten[46] und es entfällt auch die Eintragung der schon angeordneten Sicherungshypothek des § 128[46]. **Bevollmächtigte** des einen oder anderen Vertragsteils müssen bei der Vereinbarung ihre Vollmacht vorlegen. Für die Erklärung zu Protokoll genügt die gewöhnliche Prozeßvollmacht[47]. Zur notariellen Vereinbarung ist auch die Vollmacht in öffentlich beglaubigter Form nötig[47]. Gleichzeitige Anwesenheit der Vertragsteile im Termin ist nicht nötig; es kann einer zu Protokoll sich erklären, der andere notariell[48]. Die Verpflichtung zu einer künftigen Liegenbelassungsvereinbarung kann schon vor der Versteigerung zwischen einem Gläubiger und einem Bietinteressenten privatschriftlich erfolgen; weigert sich später der Ersteher, so ist Klage gegen ihn nötig. Da ein Urteil nicht bis zum Verteilungstermin erzielt werden kann, sollte auch diese Vereinbarung notariell erfolgen. Statt der Erklärung zu Protokoll im Verteilungstermin kann dort auch die notarielle Vereinbarung übergeben werden. Die Vereinbarung ist ein Vertrag zwischen dem Ersteher und dem Berechtigten des Rechts, keine Erklärung gegenüber dem Gericht. Das Gericht wirkt nicht aktiv mit, es nimmt nur zur Kenntnis.

3.7 Eltern benötigen, wenn das **Kind Gläubiger** des Rechts ist, keine Genehmigung des Familiengerichts. **Vormund, Pfleger** und **Betreuer** benötigen die Genehmigung des Gegenvormunds (Gegenbetreuers) oder Vormundschaftsgerichts nach BGB § 1812 (mit § 1908i Abs 1; keine Anwendung findet BGB § 1813 über Einziehung ohne Genehmigung[49]), und zwar auch dann, wenn ein Recht in Abteilung II des Grundbuchs liegen bleiben soll (Gegenstand der Verfügung ist der Erlösanspruch als Forderung, nicht ein Recht am Grundstück; nicht richtig daher[49]). Wenn das **Kind** (Mündel, Pflegling oder der Betreute) **Ersteher** ist, ist die Liegenbelassungsvereinbarung Verfügung über das Grundstück; familien- oder vormundschaftsgerichtliche Genehmigung ist daher nach BGB § 1821 Nr 1 erforderlich[50]. Die Liegenbelassungsvereinbarung ist nicht (genehmigungsfreie) Erwerbsmodalität (so aber[51] für den Fall, daß das Recht volle Deckung erfahren hätte, nicht richtig). Eigentumserwerb ist mit Zuschlag erfolgt; Liegenbelassung ist daher Verfügung über das dem Kind (Mündel, Pflegling oder Betreuten) bereits gehörende Grundstück, nicht mehr somit Belastung im Zusammenhang mit dem

---

[44] Jaeckel/Güthe § 91 Rdn 3; Steiner/Eickmann § 91 Rdn 38.
[45] Steiner/Eickmann § 91 Rdn 38; Jaeckel/Güthe § 91 Rdn 3 (verlangt Aufhebung der Wirkung der Zahlung).
[46] LG Frankfurt Rpfleger 1980, 30.
[47] Dassler/Schiffhauer § 91 Rdn 17; Steiner/Eickmann § 91 Rdn 32; Hornung Rpfleger 1972, 203 (I A 1).
[48] Hornung Rpfleger 1972, 203 (I A 1).
[49] Steiner/Eickmann § 91 Rdn 33.
[50] Haegele Rpfleger 1970, 232.
[51] Steiner/Eickmann § 91 Rdn 34; Brüggemann FamRZ 1990, 124 (IV 3).

Erlöschen von Rechten, Liegenbelassungsvereinbarung 3.10 § 91

nach BGB § 1821 Nr 5 genehmigungspflichtigen entgeltlichen Grundstückserwerbs.

3.8 Liegenbelassung einer Hypothek, Grundschuld, Rentenschuld oder Reallast nach Versteigerung eines **Erbbaurechts** bedarf bei entsprechender Inhaltsbestimmung nach ErbbauVO § 5 Abs 2 der Zustimmung des Grundstückseigentümers. Nach WEG § 12 kann eine Belastungsbeschränkung nicht als Inhalt des Sondereigentums eines Wohnungs/Teileigentümers vereinbart sein. Eingeschränkt sein kann nach WEG § 12 jedoch die Bestellung eines Dauerwohnrechts (WEG § 31) oder eines Wohnrechts nach BGB § 1093[52]. Liegenbelassung eines solchen Rechts bedarf dann gleichfalls der Zustimmung. Die nach ErbbauVO § 5 Abs 2 (ebenso eine nach WEG § 12) nötige Zustimmung erübrigt sich nicht, weil der Zustand erhalten bleibt, der vor der Versteigerung bestanden hat (so aber[53] mit der Erwägung, der Geschützte habe das hinzunehmen), oder weil das Recht mit rückwirkender Kraft wieder auflebt (so[54]). Der Ersteher verfügt mit Liegenbelassungsvereinbarung über das ihm „lastenfrei" zugeschlagene Grundstück. Wenn (wie geltend gemacht) von Bedeutung sein könnte, daß das Recht bereits bestanden hat oder daß es mit rückwirkender Kraft wieder auflebt, könnte für Liegenbelassungsvereinbarung auch eine familien- oder vormundschaftsgerichtliche Genehmigung nicht verlangt werden. Dafür aber räumt auch[55] ein, daß der Ersteher mit Zuschlag Eigentümer des Grundstücks geworden und deshalb eine Vereinbarung (genehmigungspflichtige) Verfügung über das Grundstück ist; gleichermaßen behandelt auch[56] die Vereinbarung als Verfügung über das erstandene Grundstück. Daß dem Grundstückseigentümer nicht gleich sein kann, mit welchem Recht und in welcher Höhe das Erbbaurecht belastet ist, erlangt für die Vereinbarung erneut und unabhängig von der früheren Belastung des Erbbaurechts mit dem erloschenen Recht Bedeutung. Ob die Neubelastung mit Liegenbelassungsvereinbarung mit den Regeln einer ordnungsgemäßen Wirtschaft vereinbar und der mit der Bestellung des Erbbaurechts verfolgte Zweck nicht beeinträchtigt oder gefährdet ist (ErbbauVO § 7 Abs 2) bestimmt sich nach den Verhältnissen zur Zeit der Vereinbarung, nicht nach der Wertung bei früherer Bestellung des erloschenen Rechts. Versteigerungsverfahren und Erlöschen des Rechts mit dem Zuschlag sprechen hierbei nicht unbedingt für die Wirtschaftlichkeit der Belastung und nicht rundweg dafür, daß die Interessen des Geschützten ohne weiteres gewahrt seien. Bedeutung kann zudem erlangen, daß auch ein in der Zwangsversteigerung ausfallendes, durch den Wert des Erbbaurechts somit nicht gedeckt gewesenes Recht liegen belassen werden kann. Zustimmung ist somit nach Wortlaut und gleichermaßen nach Sinn und Zweck von ErbbauVO § 5 Abs 2 (WEG § 12) erforderlich.

3.9 Eine **Gemeinde** benötigt zur Liegenlassensvereinbarung keine Ermächtigung (Ausnahmegenehmigung) der Rechtsaufsichtsbehörde. Die kommunalrechtliche Bindung der Gemeinde für Bestellung von Sicherheiten (Belastung eines Grundstücks) an eine Ermächtigung (Ausnahmegenehmigung) der Aufsichtsbehörde in landesrechtlichen Gemeindeordnungen ist als nur interne Zuständigkeitsregelung anzusehen, die auf die Vertretung der Gemeinde nach außen ohne Einfluß ist (§ 71 Rdn 7.7).

3.10 Muster für eine Vereinbarung im ZVG-Handbuch Rdn 539; dort allgemein zur Vereinbarung Rdn 540, zu Form und Zeitpunkt Rdn 541, zur Vollmacht Rdn 542, zur Genehmigung Rdn 543.

---

[52] BGH 37, 206 = DNotZ 1963, 180 = NJW 1962, 1613 = Rpfleger 1962, 373; BGH 49, 250 = NJW 1968, 499 = Rpfleger 1968, 114.
[53] LG Detmold Rpfleger 2001, 312; Steiner/Eickann § 91 Rdn 35.
[54] Dassler/Schiffhauer § 91 Rdn 16.
[55] Dassler/Schiffhauer § 91 Rdn 14.
[56] Steiner/Eickmann § 91 Rdn 34.

3.11 Der **Rang** des liegenbelassenen Rechts richtet sich nach seinem bisherigen Grundbuchrang. Diesen behält es bei. Wenn alle laut Teilungsplan vor ihm zu berücksichtigenden Rechte befriedigt werden, bleibt es an vorderer Stelle, grundbuchmäßig also nach dem schon gemäß den Versteigerungsbedingungen (als ihm vorgehend) bestehenbleibenden Rechten. Werden aber Ansprüche, die vor dem liegenbelassenen Recht zu berücksichtigen wären, nicht befriedigt, sondern für sie Sicherungshypothek angeordnet (und eingetragen), so erhalten diese (nur diese Sicherungshypotheken) Rang vor dem liegenbelassenen Recht (wie laut Teilungsplan geltend). Dies muß wegen BGB § 879 Abs 3 ins Grundbuch eingetragen werden. Eine die liegenbelassene Recht belastende Löschungsvormerkung nach BGB § 1179 bleibt bestehen[57], auch ein gesetzlicher Löschungsanspruch ihm gegenüber nach BGB § 1179a besteht nach Maßgabe des Abs 4 weiter. Die Vereinbarung kann nicht durch einen Widerspruch aus § 115 verhindert werden.

3.12 Die Liegenbelassungsvereinbarung bezieht sich nur auf das dingliche Recht[58]. Ob auch die dem liegenbelassenen Recht zugrunde liegende **persönliche Schuld** übernommen wird, richtet sich nach dem Inhalt der Vereinbarung. Wenn die Liegenbelassungsvereinbarung vor Gericht erfolgt, ist auch eine etwaige schuldrechtliche Vereinbarung in das Protokoll mit aufzunehmen. § 53 ist hierbei nicht anwendbar[59]. Bei Hypotheken ist die Übernahme der schuldrechtlichen Verpflichtung in der Regel anzunehmen[60], sie ist auch sonst regelmäßig gewollt; in diesem Sinne[61]. Der Ersteher übernimmt im letztgenannten Fall durch die Vereinbarung eine persönliche Schuld, und zwar nicht als Schuldübernahme, sondern als Leistung an Erfüllungs Statt durch Begründen einer neuen Verbindlichkeit. Der ursprüngliche persönliche Schuldner wird nach BGB § 414 befreit[62].

4 Liegenbelassungsvereinbarung: Minderung (Absatz 3 Satz 1)

4.1 Durch die Liegenbelassungsvereinbarung „**vermindert sich** der durch Zahlung zu berichtigende Teil des **Meistgebots** um den Betrag, welcher sonst dem Berechtigten gebühren würde": Abs 3 Satz 1. Diese Vorschrift hatte viel Streit ausgelöst. Nach (nun) gefestigter Ansicht ist das bare Meistgebot um das **zu kürzen**, was der Gläubiger an **Kapital, Zinsen** (vom Zuschlag bis zur Verteilung) und anderen Nebenleistungen (laufende vom Zuschlag bis zur Verteilung) zu erhalten hat, wobei sich aber an der §-49-**Verzinsung** (aus dem ungekürzten Bargebot) **nichts ändert**[63]; Bargebot im Sinne des § 49 ist das, was tatsächlich geboten wurde, nicht der nach Abs 3 gekürzte Betrag. Das ist zutreffend, weil der Ersteher durch die Liegenbelassung nichts gewinnen und nichts einbüßen darf; es dürfen nachrangige Gläubiger weder Vorteile noch Nachteile haben. Die Liegenbelassung wirkt nur hinsichtlich des dinglichen Bestands des Rechts zurück[64], hinsichtlich der Kontinuität des Rechts[65]. Liegenbelassung ist keine Auf-

---

[57] Jaeckel/Güthe § 91 Rdn 8.
[58] RG 70, 411.
[59] Jaeckel/Güthe § 91 Rdn 8; Korintenberg/Wenz § 91 Anm 9; Steiner/Eickmann § 91 Rdn 57.
[60] BGH NJW 1981, 1601 = aaO (Fußn 40).
[61] Jaeckel/Güthe § 91 Rdn 8; Korintenberg/Wenz § 91 Anm 9.
[62] BGH NJW 1981, 1601 = aaO (Fußn 40).
[63] BGH 53, 327 = DNotZ 1970, 413 = KTS 1970, 219 mit zust Anm Drischler = MDR 1970, 497 = NJW 1970, 1188 mit zust Anm Drischler = Rpfleger 1970, 166; BGH BGHWarn 1972, 432 = GrundE 1972, 625 = WM 1972, 1932; Dassler/Schiffhauer § 91 Rdn 23; Mohrbutter/Drischler Muster 127 Anm 2; Steiner/Eickmann § 91 Rdn 50 und 52; Drischler NJW 1966, 766, Rpfleger 1967, 357 (359) und RpflJahrbuch 1973, 328 (6 A); Mayer Rpfleger 1969, 3 (4–5).
[64] BGH MDR 1974, 394 = Rpfleger 1974, 148; Mayer aaO (Fußn 63).
[65] BGH 53, 327 = aaO (Fußn 63).

Erlöschen von Rechten, Liegenbelassungsvereinbarung 4.3 § 91

rechnung. Der Teilungsplan wird ohne Rücksicht auf sie aufgestellt und bleibt auch nach ihr unverändert. Bei Vereinbarung nach dem Termin wäre eine Änderung ohnehin nicht mehr möglich[66]. **Zu kürzen** ist nur der vom Ersteher zu zahlende bare Meistgebotsbetrag, in dem bereits die Bargebotszinsen des § 49 Abs 2 vorschriftsmäßig enthalten sind, um das, was der Gläubiger auf das liegenbelassene Recht aus dem Erlös ohne die Liegenbelassung mehr als bei Liegenbelassung erhalten hätte, also um das Kapital und die Zinsen hieraus vom Zuschlag bis zum Verteilungstermin. An der vorher schon berechneten § 49-Verzinsung ändert sich nichts mehr. Die Liegenbelassung betrifft nur das Verhältnis von Ersteher und Gläubiger des Rechts, läßt alle anderen Vorgänge aber unberührt[66]. Ältere Zinsen auf das Recht (für die Zeit bis zum Tag vor dem Zuschlag) und die Kosten der Rechtsverfolgung (sie können nicht liegenbelassen werden) erhält auch der liegenbelassende Gläubiger aus dem Barerlös gemäß Teilungsplan ausbezahlt; daher sind diese Beträge nicht bei dem von ihm zu zahlenden baren Meistgebotsbetrag zu kürzen. Wie die älteren Zinsen und die Kosten muß auch die Vorfälligkeitsentschädigung, für die der Ersteher nicht haftet und die dem Gläubiger nur im Verhältnis zum Vollstreckungsschuldner zusteht, aus der baren Teilungsmasse bezahlt werden und kann nicht liegenbelassen werden; es ist insoweit auch nicht das bare Meistgebot zu kürzen (anders[66]: auch um sie sei bei Liegenbelassung zu kürzen; anders auch[67]: es könne auch die Vorfälligkeitsentschädigung liegenbelassen werden und sei daher um sie zu kürzen). Dieser Lösungsweg ist in Beispielen mit den Vor- und Nachteilen der anderen Meinungen von[68] durchgerechnet und überzeugend dargestellt.

4.2 Nach **früher anderer** Meinung sollte das Bargebot um das gekürzt werden, was der Gläubiger des liegenbelassenen Rechts an Kapital und Zinsen (vom Zuschlag bis zum Verteilungstermin) ohne Liegenbelassung zu erhalten hätte; nach § 49 sollte dann nur das auf diese Weise verkürzte Bargebot verzinst werden. Dieser Weg wird von[69] als unlogisch bezeichnet, weil dann, wenn die Liegenbelassung zurückwirkt, die Zinsen vom Zuschlag an den Ersteher treffen müssen. Nach wieder anderer Ansicht sollte das bare Meistgebot nur um das Kapital gekürzt und nach § 49 dann der so gekürzte Betrag verzinst werden[70]. Dieser Weg wird von[71] als logisch bezeichnet, aber mit dem Nachteil, daß nach der Liegenbelassung ein neuer Plan aufgestellt werden muß.

4.3 Vordem weit verbreitet (auch 6./7. Auflage dieses Kommentars, § 91 Anm 5) war: Weil die Vereinbarung rückwirkende Kraft (auf den Tag des Zuschlags) hat, das Recht darum als nicht erloschen gilt und an alter Rangstelle mit dinglicher Wirkung gegenüber jedermann weiter besteht (Rdn 3.2), sei es zu behandeln, wie wenn es kraft Gesetzes bestehengeblieben wäre[72] (sei es nach §§ 44, 52 oder nach § 59). Es sei das Bargebot um die Hauptsache und die Zinsen vom Zuschlag bis zur Verteilung zu kürzen[73] oder vielleicht wegen der Rückwirkung nur um das Kapital, während die Zinsen außerhalb des Verfahrens vom Ersteher zu zahlen seien[74]. Dadurch erhöhe sich zwar zugunsten der übrigen Beteiligten die

---

[66] BGH MDR 1974, 394 = Rpfleger 1974, 148.
[67] Drischler KTS 1975, 283 (292) und RpflJahrbuch 1978, 360 (B 8).
[68] Drischler Rpfleger 1967, 357 (359), KTS 1970, 219 und NJW 1970, 1188; Mayer aaO (Fußn 63).
[69] Mayer Rpfleger 1969, 3 (4–5).
[70] BGH 68, 276 = MDR 1977, 742 = NJW 1977, 1287 = Rpfleger 1977, 246; OLG Köln OLGZ 1966, 190; Korintenberg/Wenz § 91 Anm 4; Pöschl BWNotZ 1958, 54; Stoll SchlHA 1953, 234 (2).
[71] Mayer Rpfleger 1969, 3 (4–5).
[72] OLG Köln OLGZ 1966, 190; LG Bonn NJW 1965, 2113.
[73] Drischler RpflJahrbuch 1973, 328 (6 A); Drischler NJW 1966, 766.
[74] OLG Köln OLGZ 1966, 190; LG Bonn NJW 1965, 2213; Pöschl BWNotZ 1958, 54.

Masse, ein voller Ausgleich sei aber nie möglich. Bei Liegenbelassen im Termin sei dann ein neuer Teilungsplan aufzustellen, bei späterer Vereinbarung bleibe der Plan, Ausgleich erfolge dann außergerichtlich. Die Bargebotszinsen des § 49 Abs 2 seien nur vom verringerten Bargebot zu zahlen[74], kleine Vor- oder Nachteile müßten in Kauf genommen werden. Gegen diese Ansicht sind in steigendem Maße (begründete) **Bedenken** aufgetaucht, vor allem gegen eine nochmalige Änderung des Teilungsplanes. Die Praxis ist dieser Ansicht schon alsbald nicht mehr gefolgt; sie wird nicht mehr vertreten.

4.4 Die einmalige **Nebenleistung einer Grundschuld** (die fällige und die nicht fällige) hat der Ersteher überhaupt nicht zu tragen (Rdn 3.4). Zu befriedigen ist sie bei Bestehenbleiben der Grundschuld ebenso wie bei Erlöschen des Rechts wie alle Grundstücksbelastungen mit Barzahlungsanspruch (dazu § 49 Rdn 2.5) aus dem Versteigerungserlös. Mit Liegenbelassungsvereinbarung ändert sich das Recht des Gläubigers auf Zahlung des Betrags der einmaligen Nebenleistung aus dem baren Versteigerungserlös nicht. Betrag, der infolge Liegenbelassungsvereinbarung als Belastung des Grundstücks fortbesteht und nun „sonst (= bei Erlöschen des Rechts) dem Berechtigten gebühren würde", ist die einmalige Nebenleistung der Grundschuld somit nicht. Minderung der Zahlungspflicht um die einmalige Nebenleistung erfolgt daher nicht (anders[75]; das aber würde gebieten, daß die Nebenleistung das Grundstück im Eigentum des Erstehers belastet, der Ersteher somit vom Zuschlag an diese Last zu tragen hat; bei einer bestehenbleibenden Grundschuld trifft das jedoch nicht zu; dazu § 49 Rdn 2.5). Die befristet und die dauernd wiederkehrenden (zumeist gleichzeitig mit den Zinsen zu erbringenden) Nebenleistungen der Grundschuld hat der Ersteher vom Zuschlag an zu tragen (§ 56 Satz 2; hierzu § 49 Rdn 2.5). Endzeitpunkt für Berücksichtigung im Teilungsplan ist daher (wenn die Grundschuld bestehen bleibt) der Tag vor dem Zuschlag (§ 49 Rdn 2.5). Liegenbelassung bewirkt damit Minderung nach Abs 3 um die wiederkehrenden Nebenleistungen vom Zuschlag bis zum Verteilungstermin, weil diese der Gläubiger auf das liegenbelassene Recht aus dem Erlös ohne die Liegenbelassung mehr als bei Liegenbelassung erhalten würde.

4.5 Stellt sich später heraus, daß ein liegenbelassenes Recht mindestens zum Teil nicht mehr dem Eingetragenen zustand, mit dem die Vereinbarung erfolgte, sondern **Eigentümerrecht** war (zB bei Tilgungshypotheken hinsichtlich der vor dem Verfahren getilgten Beträge; die im Verfahren aus dem Erlös getilgten erlöschen, für sie unter Umständen Zuzahlung nach § 50), so hat der Ersteher die einschlägigen Teile an Kapital und Zinsen nicht an den Partner der Liegenbelassungsvereinbarung, sondern an den früheren Grundstückseigentümer zu zahlen. An der gemäß Grundbuchlage vereinbarten Liegenbelassung kann sich nachträglich nichts mehr ändern, der Teilungsplan und seine Ausführung müssen klare Verhältnisse schaffen. Der Ersteher wäre hier zu Lasten des früheren Grundstückseigentümers sonst ungerechtfertigt bereichert. Das muß auch gelten, wenn bei einem mit höherem Zinssatz eingetragen gewesene, jetzt liegenbelassenem Recht der Gläubiger vor Gericht erklärt, daß er nur einen geringeren Zinssatz fordern werde; auch hier vermindert sich um den eingetragenen Satz in seiner vollen liegenbelassenen Höhe. Es handelt sich nicht etwa um einen (vom Gericht zu beachtenden) Verzicht des Gläubigers auf einen zuzuteilenden Betrag oder um die (vom Gericht zu beachtende) geringere Anmeldung bei von Amts wegen zuzuteilenden Beträgen, weil ja infolge Liegenbelassung gerade nichts aus dem Barerlös zugeteilt wird (die Regeln gelten nur für die Barerlöszuteilung). Es ist aber auch, obwohl das liegenbelassene Recht wie ein bestehenbleibendes behandelt wird, keine Zuzahlung nach § 50 wegen teilweisen Nichtbestehens zu leisten, weil die „Minderung" erst nach dem Zuschlag eingetreten sein würde (§ 50 Rdn 2). Bei der Liegenbelassung handelt es sich um eine protokollarische oder notarielle Vereinbarung des Erstehers

---

[75] OLG Hamm Rpfleger 1985, 247.

mit dem Gläubiger des liegenbelassenen Rechts, einen Vertrag, der nicht durch einseitige Erklärung dieses Gläubigers geändert werden kann. Gibt er die Erklärung in der vorgenannten Art ab, so ist sie unbeachtlich. Bei der Liegenbelassung kann ja an den eingetragenen Zinssätzen nichts geändert werden (Rdn 3.2). Was über die Zinsen der Gläubiger nachträglich mit dem Ersteher verabredet, ist für das Gericht ohne Bedeutung (§ 50 geht grundsätzlich vom Zeitpunkt des Zuschlags aus).

4.6 Die **Schwierigkeiten** sind noch nicht zu Ende. Kann eine Liegenbelassung auch so erfolgen, daß die Zinsen aus dem liegenbelassenen Recht nicht schon ab Zuschlag, sondern erst ab Verteilungstag vom Ersteher an den Gläubiger zu zahlen sind? Wie ist es, wenn der Gläubiger für die Zeit vor der Verteilung keine Zinsen anmeldet? Ist trotzdem um diese Zinsen das Bargebot zu mindern? Zu verringern ist das Bargebot auf jeden Fall um das, was laut Plan anfällt, aber durch die Liegenbelassung nicht mehr ausbezahlt werden muß. Wie weit gilt der Gläubiger als befriedigt? Kann der Gläubiger ZVG § 12 abändern lassen (dort Reihenfolge Kosten, Zinsen, Hauptsache)? Muß unbedingt bei der Befriedigungswirkung durch Liegenbelassung diese Reihenfolge eingehalten werden? Wichtig ist diese Frage insbesondere, wenn noch eine Zwangsverwaltung läuft, über die nicht abgerechnet ist. Bei ihr gibt es nur Zinsen, keine Hauptsache. Wird zuerst in der Versteigerung normal abgerechnet, so würde der Gläubiger hier Kosten und Zinsen, aber bei nicht ausreichender Masse keine Hauptsache oder nur einen Teil davon erhalten. Den Rest der Hauptsache oder das ganze kann er nicht in der Zwangsverwaltung bekommen, während er dort Zinsen und Kosten erhalten würde, um bei umgekehrter Abrechnungsfolge dann seine Hauptsache ganz oder doch zum größeren Teil aus der Versteigerung erhalten zu können. § 12 ist keine zwingende Vorschrift[76]; es ist durchaus möglich, die Liegenbelassen (mit Befriedigungswirkung) in der Versteigerung nur auf die Hauptsache zu beziehen, Kosten und Zinsen aber in der Zwangsverwaltung befriedigen zu lassen. Der Gläubiger muß die Wahl haben, ob er die Zinsen aus der Verwaltung oder der Versteigerung erhalten will[77]. Natürlich darf er alles nur einmal erhalten und muß, was er erhält, im jeweils anderen Verfahren anrechnen lassen[77]. Bei der Liegenbelassung kann also die Bindung an die Reihenfolge des § 12 nicht gelten, ähnlich wie bei einer Abtretung; man kann rückständige Hypothekenzinsen unter Vorbehalt des Vorrangs für Stammrecht und laufende Zinsen vor den rückständigen abtreten. Beispiele hierzu in[77]. Ein weiteres Problem: Der Vollstreckungsschuldner wird durch die Liegenbelassungsvereinbarung von der Schuld frei. Wenn aber der Gläubiger, weil ihm nicht voll zugeteilt werden könnte, seine Zinsen für die Zeit vor dem Zuschlag nicht anmeldet, gilt insoweit die Befriedigungswirkung nicht, sondern es bleibt dafür die persönliche Haftung des Vollstreckungsschuldners bestehen und der Gläubiger kann dafür eine Mobiliarvollstreckung durchführen. Andernfalls wäre ihm diese Möglichkeit verloren, die sich bei hohen Zinssätzen und hohem Kapital erheblich auswirken kann. Er muß in diesem Fall nicht verzichten, darf das gar nicht, sondern macht die Beträge nur nicht geltend, um sich so seine persönlichen Ansprüche zu bewahren.

Liegenbelassung: Wirkung als Befriedigung (Absatz 3 Satz 2) 5

5.1 Jede Liegenbelassungsvereinbarung wirkt in der vereinbarten Höhe gegenüber dem Vollstreckungsschuldner **wie** die **Befriedigung** des Gläubigers aus dem Grundstück: Abs 3 Satz 2. Der Gläubiger eines Grundpfandrechts erbringt damit in Höhe des Anteils am Versteigerungserlös, der nach dem Teilungsplan auf das Recht entfallen wäre, eine Leistung für den Ersteher[78]. Dagegen erlischt entgegen

---
[76] Reinhard/Müller § 12 Anm V.
[77] Reinhard/Müller § 161 Anm V 1.
[78] BGH NJW 1985, 388 = aaO (Fußn 15).

§ 91 5.1 Entscheidung über den Zuschlag

BGB § 1181 Abs 1 hier nicht das Grundpfandrecht[79], das ja gerade bestehenbleiben soll. Die Wirkung als Befriedigung gilt auch dort, wo der Gläubiger des Rechts aus dem Erlös nichts erhalten hätte[80] (§ 91 sieht ja dafür keine Einschränkung vor[81]; anders[82]). Ob der Eigentümer von einer in der Grundschuldbestellungsurkunde übernommenen persönlichen Haftung befreit wird, hängt von der Auslegung der Haftungsübernahmeerklärung ab[83]. Der Gläubiger erhält dinglich wie persönlich „Ersatz" beim Ersteher. Wenn Hypothekengläubiger und Ersteher identisch sind und mit Liegenbelassungserklärung das Recht am eigenen Grundstück erlangt, kommt eine Schuldübernahme nicht in Betracht[84]. Daher könnte die (persönliche) Forderung jedenfalls insoweit aufrecht erhalten bleiben, als sie nicht durch die Erlösverteilung auf das dingliche Recht gedeckt ist[85] (offen gelassen von[86]). Jedenfalls aber hat der Ersteher als Gläubiger einer (valutierten) Hypothek, die infolge der Liegenbelassungserklärung bestehenbleibt, in dem Umfang, in dem das Recht bei der Erlösverteilung ausfällt, gegen den Schuldner der Hypothekenforderung einen Bereicherungsanspruch auf Wertersatz (BGB § 812 Abs 1 Satz 1, § 818 Abs 2)[86].

5.2 Der Gläubiger einer **Grundschuld,** die der Sicherung einer Forderung dient (Sicherungsgrundschuld), verwertet mit Liegenbelassungsvereinbarung die Grundschuld als Sicherheit, weil die Vereinbarung wie die Befriedigung aus dem Grundstück wirkt (Abs 3 Satz 2)[87]. Dadurch endet der Sicherungsvertrag mit dem Sicherungsgeber[87]. Die verwertete Sicherheit braucht der Gläubiger nicht zurückzugewähren[88]. Im Verhältnis zum Berechtigten eines Rückgewähranspruchs muß sich der Grundschuldgläubiger aber so behandeln lassen, als hätte er den Betrag der liegenbelassenen Grundschuld aus dem Versteigerungserlös erhalten[89]. Soweit dieser Betrag die gesicherte Forderung übersteigt, verwandelt sich der Rückgewähranspruch in einen Rückzahlungsanspruch in Höhe des Überschusses[89]. Diesen schuldrechtlichen Anspruch seines Berechtigten gegen den Grundschuldgläubiger, den die gesicherte Forderung übersteigenden Mehrerlös zurückzugewähren, läßt die Liegenbelassungsvereinbarung unberührt[89]. Das muß auch gelten, wenn die Grundschuld voll (oder soweit sie teilweise) ausgefallen wäre, weil die Liegenbelassungsvereinbarung Befriedigungswirkung nach Abs 3 Satz 2 auch dann hat, wenn der Gläubiger des Rechts aus dem Erlös nichts erhalten hätte (Rdn 5.1). Auch dann besteht aber kein Anspruch mehr auf Rückübertragung der Grundschuld selbst[90].

5.3 Fall aus der Praxis: a) Hypothek ist durch Zuschlag erloschen; Bargebot wird vom Ersteher nicht bezahlt; Forderung gegen den Ersteher wird übertragen (§ 118 Abs 1 Satz 1), was wie die Befriedigung des Berechtigten aus dem Grundstück wirkt (§ 118 Abs 2 Satz 1); Titel des betreibenden Hypothekengläubigers wurde im Termin so abquittiert. Erst nachträglich (nach dem Verteilungstermin, aber vor Absendung des Grundbuchersuchens) erfolgt Liegenbelassungsvereinbarung für

---

[79] BGH KTS 1981, 412 = MDR 1981, 482 = NJW 1981, 1601 = Rpfleger 1981, 140; Steiner/Eickmann § 91 Rdn 43.
[80] BGH KTS 1981, 413 = MDR 1981, 568; RG 156, 271 (276); LG Bonn NJW 1965, 2113.
[81] BGH MDR 1981, 568 = aaO (Fußn 80).
[82] Dassler/Schiffhauer § 91 Rdn 28; Muth Rpfleger 1990, 2.
[83] BGH MDR 1981, 568 = aaO (Fußn 80).
[84] BGH NJW 1981, 1601 = aaO (Fußn 79).
[85] BGH 133, 51 (56) = DNotZ 1997, 175 = MDR 1996, 1178 = NJW 1996, 2310 = Rpfleger 1996, 520; Steiner/Eickmann § 91 Rdn 62.
[86] BGH NJW 1981, 1601 = aaO (Fußn 79); BGH 133, 51 (56) = aaO.
[87] BGH NJW 1985, 388 = aaO (Fußn 15).
[88] BGH NJW 1985, 388 = aaO (Fußn 15); OLG Düsseldorf OLGZ 1978, 325.
[89] BGH NJW 1985, 388 = aaO (Fußn 15).
[90] OLG Düsseldorf OLGZ 1978, 325.

Erlöschen von Rechten, Liegenbelassungsvereinbarung   6.3 § 91

die Hypothek; Sicherungshypothek wird nicht eingetragen. Notar erteilt auf die frühere Hypothekenbestellungsurkunde für den Gläubiger des liegenbelassenen Rechts neue Vollstreckungsklausel. Gläubiger will hieraus gegen den Ersteher vollstrecken.

b) **Überlegungen:** Die Hypothek ist nach Abs 1 zunächst erloschen, mußte durch Liegenbelassen nach Abs 2 wieder aufleben. Bevor dies aber eintritt, könnte sie, weil das Recht als befriedigt gilt, schon gemäß BGB § 1181 Abs 1 (zwangsweise Befriedigung aus dem Grundstück) erloschen sein (Bedenken hiergegen[91]), und so eine Liegenbelassung nicht mehr ermöglichen. Dann wäre alter Titel nicht mehr wirksam.

c) **Ergebnis:** Dem ist nicht so. Die Befriedigungswirkung durch Übertragung der Forderung nach § 118 Abs 2 Satz 1 tritt dann nicht ein, wenn der aus der Übertragung berechtigte binnen drei Monaten dem Gericht gegenüber auf die Rechte aus der Übertragung verzichtet (§ 118 Abs 2 Satz 2). Ein solcher Verzicht ist auch darin zu sehen, daß dem Gericht eine Liegenbelassungsvereinbarung dieses Gläubigers mit dem Ersteher vorgelegt wurde. Das Recht ist dann nicht nach BGB § 1181 Abs 1 erloschen. Es konnte die Liegenbelassung vereinbart werden und es wirkt diese dann im Sinne des Abs 3 wie die Befriedigung des Berechtigten aus dem Grundstück, in der Weise, daß eine Forderung gegen den Vollstreckungsschuldner nicht mehr besteht, wohl aber aus dem alten Recht gegen den Ersteher unbeschränkt vorgegangen werden kann. Der Notar konnte die Vollstreckungsklausel gegen den Ersteher aus der alten Urkunde erteilen, es kann vollstreckt werden. Das ZVG nimmt durch die von ihm vorgesehene Möglichkeit der Liegenbelassungsvereinbarung in Kauf, daß das liegenbelassene Recht sogar schon ausbezahlt ist (dann hat der Ersteher einen Rückzahlungsanspruch insoweit gegen den Gläubiger des Rechts[92]) oder daß schon eine Forderungsübertragung erfolgt ist (dann darf diese im Eintragungsersuchen nach § 130 nicht zur Löschung beantragt oder bei späterem Eingang der Liegenbelassungsvereinbarung trotz des darauf gerichteten Ersuchens, falls dieses nicht mehr berichtigt werden kann, nicht gelöscht werden); das Recht muß trotzdem bestehenbleiben[92].

5.4 Zur Liegenbelassungsvereinbarung im ZVG-Handbuch Rdn 539–549 (Muster für Liegenbelassungsvereinbarung Rdn 539).

Löschungsanspruch (Absatz 4)   6

6.1 Abs 4 (**neu** eingefügt ab 1. 1. 1978) bezieht sich nur auf die (von da an) neu entstandenen gesetzlichen Löschungsansprüche nach BGB § 1179a gegenüber Hypotheken, Grundschulden, Rentenschulden, die Eigentümerrechte werden oder geworden sind. Ein Löschungsanspruch nach BGB § 1179a besteht nicht für Rechte, die schon vor dem 1. 1. 1978 im Grundbuch eingetragen waren (Artikel 8 des Gesetzes zur Änderung sachenrechtlicher, grundbuchrechtlicher und anderer Vorschriften vom 22. 6. 1977, BGBl I 1977, 998).

6.2 Die **gesetzlichen Löschungsansprüche** aus BGB § 1179a für Hypotheken, Grundschulden, Rentenschulden gegenüber Eigentümerrechten erlöschen nicht mit dem begünstigten Recht, sondern erst dann, wenn der aus ihnen Berechtigte aus dem Grundstück (voll) befriedigt wird (Abs 4). Dazu[93]. Weitere Sicherung des Löschungsanspruchs durch Vormerkung: § 130a Abs 2.

6.3 Geltendmachung und Behandlung des fortbestehenden Löschungsanspruchs bei Erlösverteilung: § 114 Rdn 9.8–9.19.

---

[91] LG Frankfurt Rpfleger 1980, 30.
[92] Wolff, ZVG, § 91 Anm 10.
[93] Stöber Rpfleger 1977, 399 und 425; Mohrbutter KTS 1978, 17; Schön BWNotZ 1978, 50.

§ 91   7

7 Schiffshypotheken-Liegenbelassung

Hat eine Schiffspfandbriefbank ein Schiff oder Schiffsbauwerk zur Verhütung von Verlusten an einer Schiffshypothek eingesteigert, so kann sie, falls das Recht an sich erlöschen würde, durch Erklärung gegenüber dem Vollstreckungsgericht, und zwar entweder zu Protokoll des Gerichts (im Versteigerungs- oder Verteilungstermin) oder in öffentlich beglaubigter Urkunde, spätestens bevor das Registergericht um die Berichtigung des Schiffsregisters ersucht wird (also vor dem Eingang des vollstreckungsgerichtlichen Ersuchens aus § 130 dort), bestimmen, daß ihre Schiffshypothek bestehenbleiben soll, worauf die Hypothek als nicht erloschen gilt und wobei diese Erklärung im Schiffsregister eingetragen werden muß: Schiffsbankgesetz § 6. Die Bank kann dann aus diesem Recht nicht die Vollstreckung betreiben und erhält keine Zinsen aus ihm: Schiffsrechtegesetz § 64 Abs 2 Satz 2, anzuwenden hier gemäß Schiffsbankgesetz § 6.

[Wertersatz für erlöschende Rechte]

92 (1) **Erlischt durch den Zuschlag ein Recht, das nicht auf Zahlung eines Kapitals gerichtet ist, so tritt an die Stelle des Rechtes der Anspruch auf Ersatz des Wertes aus dem Versteigerungserlöse.**

(2) **Der Ersatz für einen Nießbrauch, für eine beschränkte persönliche Dienstbarkeit sowie für eine Reallast von unbestimmter Dauer ist durch Zahlung einer Geldrente zu leisten, die dem Jahreswerte des Rechtes gleichkommt. Der Betrag ist für drei Monate vorauszuzahlen. Der Anspruch auf eine fällig gewordene Zahlung verbleibt dem Berechtigten auch dann, wenn das Recht auf die Rente vor dem Ablaufe der drei Monate erlischt.**

(3) **Bei ablösbaren Rechten bestimmt sich der Betrag der Ersatzleistung durch die Ablösungssumme.**

Übersicht

Allgemeines zu § 92 1	Rechte mit Ablösungssumme (Absatz 3) 5
Behandlung der durch Zuschlag erloschenen Rechte 2	Wertersatzanspruch für einzelne erlöschende Rechte 6
Einmaliger Wertersatz (Absatz 1) 3	Wertersatz für Eigentumsvormerkung 7
Dienstbarkeit, Nießbrauch, Reallast (Absatz 2) 4	Rechte Dritter am Versteigerungserlös (§ 37 Nr 5) 8

Literatur: Haegele, Wohnungsrecht, Leibgeding und ähnliche Rechte in Zwangsvollstreckung, Konkurs und Vergleich, DNotZ 1976, 5; Rahn, Eigentümerdienstbarkeit und Wertersatz, BWNotZ 1965, 45; Schiffhauer, Die Grunddienstbarkeit in der Zwangsversteigerung, Rpfleger 1975, 187; Schiffhauer, Soziale Aspekte in der Zwangsversteigerung, Rpfleger 1978, 397; Staudenmaier, Eigentümerdienstbarkeit und Wertersatz, BWNotZ 1964, 308; Streuer, Bewertung des Erbbauzinses und des „reinen" Erbbaurechts in der Zwangsversteigerung des Erbbaurechts, Rpfleger 1997, 141; Teufel, Gedanken zu § 14 ZVG, Rpfleger 1977, 193.

1 Allgemeines zu § 92

1.1 Zweck der Vorschrift: Bestimmung des Wertersatzes für erlöschende Rechte als Zuschlagsfolge.

1.2 Anwendungsbereich: Die Vorschrift gilt für alle Versteigerungsverfahren des ZVG.

2 Behandlung der durch Zuschlag erloschenen Rechte

2.1 Rechte am Grundstück, die nach § 91 Abs 1 durch den Zuschlag „erlöschen", setzen sich nach dem **Surrogationsgrundsatz** (§ 91 Rdn 2.5) am Versteigerungserlös fort (es wandelt sich also nur der Haftungsgegenstand um), soweit dieser ausreicht, und zwar als „Anspruch auf Ersatz des Wertes aus dem Versteigerungserlös": Abs 1. Der Erlös bleibt zugunsten des Berechtigten von der Beschlagnahme erfaßt, er bildet für die Rechte einen Ersatz für das versteigerte Grundstück[1], tritt an dessen Stelle und gehört folgerichtig dem Schuldner ebenso zu Eigentum wie vorher das Grundstück[2].

2.2 Rechte, die **an dem** „erloschenen" **Recht** bestanden haben, bleiben am Erlösanspruch bestehen, zB Nießbrauch, Pfandrecht, desgleichen alle Einreden und Beschränkungen. Auch der bisherige Rang ist weiter zu wahren[3]. Überhaupt sind die für den materiellrechtlichen Inhalt der „erloschenen" Rechte zur Zeit ihres Bestehens gültig gewesenen Vorschriften auf die nunmehr am Versteigerungserlös haftenden Ansprüche anzuwenden, so etwa die Vorschriften über das Pfandrecht an Forderungen[4], soweit nicht eine Abweichung dadurch bedingt ist, daß eben an Stelle des Grundstücks der Erlös getreten ist oder daß die ZVG-Verteilungsvorschriften der §§ 105ff etwas anderes vorschreiben. So gelten bei Abtretung des persönlichen Anspruchs BGB § 401[5], bei Erlöschen einer bisher hypothekarisch gesicherten Forderung BGB § 1163[6], bei Verzicht des Gläubigers auf das aus einer Hypothek oder Grundschuld hervorgegangene Befriedigungsrecht BGB § 1168, ferner BGB §§ 1164, 1173, 1174, 1179, 1179a, 1181–1183. Belastungen des Befriedigungsrechts am Grundstück bleiben Belastungen des Befriedigungsrechts am Erlös, auch mit deren Rang. Dagegen gilt für die Abtretung des Befriedigungsrechts am Erlös BGB § 398 (keine Form vorgeschrieben), für die Verpfändung BGB § 1280 (Schuldner ist der frühere Grundstückseigentümer). Diese erleichterten Formen gelten aber erst nach der Wirksamkeit des Zuschlags (§§ 89, 104). Vor diesem Zeitpunkt kann über die künftigen Befriedigungsrechte am Erlös nur nach sachenrechtlichen Vorschriften (über die Abtretung oder Pfändung einer Hypothek usw) verfügt werden.

2.3 § 92 befaßt sich nur **mit** einem **Teil** der „erloschenen" Rechte am Grundstück und spricht für diese den Surrogationsgrundsatz aus. Es gibt nämlich erloschene Rechte, die auf Zahlung eines Kapitals gerichtet sind (Hypotheken, Grundschulden, Rentenschulden), und Rechte, die nicht auf Kapitalzahlung gerichtet sind. Die auf Kapitalzahlung gerichteten machen keine Schwierigkeiten; der Anspruch an den Versteigerungserlös geht auf Zahlung des Kapitals (BGB § 1147). Abs 1 handelt nur von den nicht auf Kapitalzahlung gerichteten.

2.4 Für alle Rechte auf Befriedigung aus dem Erlös gilt, daß ihnen der **ganze Verwertungserlös** (in der gesetzlichen Rangfolge) haftet, wenn das durch den Zuschlag erloschene Recht auf dem ganzen versteigerten Grundstück lastete, daß ihnen aber nur ein verhältnismäßiger Teil des Versteigerungserlöses haftet, wenn das erloschene Recht nur etwa auf einem Grundstücksbruchteil lastete. Wenn ein Grundstücksbruchteil versteigert wurde, kann ein Dienstbarkeitsberechtigter vollen Wertersatz hier verlangen, weil die Dienstbarkeit am nicht versteigerten Bruchteil nicht bestehenbleiben kann (§ 91 Rdn 2). Nießbraucher, Reallastberechtigte, Gläubiger des Erbbauzinses (wie Reallast zu behandeln, Rdn 3) als Gläubiger jeweils am ganzen Grundstück können beim Grundstücksbruchteil nur einen dem Bruchteil entsprechenden Anteil fordern, da ihre Rechte auf dem nicht versteigerten Bruchteil bestehenbleiben.

---

[1] BGH DNotZ 1958, 313 Leitsatz = MDR 1958, 24 mit Anm Thieme = Rpfleger 1958, 51 mit zust Anm Brühn.
[2] Jaeckel/Güthe § 92 Rdn 1; Korintenberg/Wenz § 92 Anm 1; Stöber Rpfleger 1958, 73.
[3] BGH 25, 27 = NJW 1957, 1553.
[4] BGH 25, 27 = aaO; BGH Rpfleger 1958, 51 = aaO (Fußn 1); RG 88, 300 (304); Jaeckel/Güthe § 92 Rdn 1.
[5] RG 65, 414 (418).
[6] RG 88, 300 (304).

§ 92 2.5   Entscheidung über den Zuschlag

2.5 Der mit dem Zuschlag entstandene Anspruch auf einmaligen Wertersatz (Abs 1) und ebenso der Ersatzanspruch auf Zahlung einer Geldrente (Abs 2) ist als Geldforderung ohne weiteres **übertragbar** (damit auch verpfändbar) und **pfändbar**[7]. Übertragungs- und Pfändungsbeschränkungen, die für das Recht selbst bestanden haben, bestehen für den Ersatzanspruch nicht fort[7]. Zessionar und Pfändungsgläubiger (nach Überweisung) können den Erlösanspruch nur in dem Umfang geltend machen, in dem er dem Berechtigten selbst gebührt, erhalten somit im Falle des Abs 2 nur die jeweils für drei Monate auszahlbare Geldrente und müssen (wie sonst der Berechtigte selbst) jeweils den Lebensnachweis gegenüber der Hinterlegungsstelle führen[8].

2.6 Zum Wertersatz für erlöschende Rechte nach § 92 (mit § 121) im ZVG-Handbuch Rdn 451–459 (mit Mustern).

3 Einmaliger Wertersatz (Absatz 1)

3.1 Bei den **nicht auf Kapitalzahlung** gerichteten „erloschenen" Rechten sind zu unterscheiden:
– Rechte mit Anspruch auf **einmaligen Wertersatz** (Abs 1) und
– Rechte mit Anspruch auf Wertersatz durch Zahlung einer **Geldrente** (Abs 2).
Anspruch auf **einmaligen Wertersatz** nach Abs 1 haben erloschene Rechte, die **nicht** auf **wiederkehrende Leistungen gerichtet** sind: Grunddienstbarkeit, altes Erbbaurecht (aus der Zeit vor 22. 1. 1919), dingliches Vorkaufsrecht, das für mehr als einen Vorkaufsfall bestellt ist und nicht ersatzlos erlischt (§ 81 Rdn 10), landesrechtliche Nutzungs- und Wiederkaufsrechte, Dauerwohnrecht (Dauernutzungsrecht) nach WEG §§ 31 ff (so[9] und ZVG-Handbuch Rdn 458; anders[10]: ist Abs 2 zuzuordnen; gegen Gleichstellung mit der Dienstbarkeit, insbesondere dem Wohnungsrecht, spricht aber die Veräußerlichkeit und Vererblichkeit, mithin die grundsätzliche Beständigkeit des Rechts). Anspruch auf einmaligen Wertersatz nach Abs 1 haben außerdem erloschene Rechte auf wiederkehrende Leistungen, die **in § 92 Abs 2 nicht genannt** sind: Erbbauzins und Reallast von bestimmter Dauer. Zur Auflassungsvormerkung Rdn 7.

3.2 Der **Betrag** des einmaligen Wertersatzes wird durch den Wert bestimmt, den das (erloschene) Recht für seinen Berechtigten besitzt (§ 51 Rdn 3.1). Er richtet sich nach den Verhältnissen im Zeitpunkt des Zuschlags[11] (nicht des Verteilungstermins; so aber[12]); auch aus der späteren Entwicklung können sich aber Anhaltspunkte für die Bewertung in dem maßgeblichen Zeitpunkt ergeben[13]. Bei **bestimmtem** Anspruch (Reallast in Geld von bestimmter Dauer, Erbbauzins) stehen die zu bewertenden Geldleistungen fest (dazu Rdn 3.3). Bei **ablösbaren** Rechten ist die Ablösungssumme maßgeblich (Abs 3). **Sonst** gibt das Gesetz wegen der Verschiedenartigkeit der in Betracht kommenden Rechte keine Berechnungsgrundlagen oder Anhaltspunkte. Bestimmt wird dann der Betrag des Ersatzanspruchs durch den Wert, den das Grundstücksrecht für den Berechtigten hatte; er ergibt sich aus dem Vorteil, den das Recht seinem Berechtigten gewährt hat und dem wirtschaftlichen Nachteil, den er mit dem Erlöschen des Rechts hat (§ 51 Rdn 3.1). Es ist dies nicht der Zuzahlungswert nach § 51 Abs 2. Die beiden Werte haben völlig verschiedene Funktionen zu erfüllen. Während die Feststellung nach § 51 Abs 2 dem Interessenausgleich der Beteiligten gegenüber dem Er-

---

[7] BGH 130, 314 (323) = NJW 1995, 2846 (2848); OLG Schleswig Rpfleger 1997, 256; LG Frankfurt Rpfleger 1974, 122 mit zust Anm Hoebelt.
[8] Hoebelt Rpfleger 1974, 122 (Anmerkung).
[9] Dassler/Schiffhauer § 92 Rdn 11; Bärmann/Pick/Merle, WEG, § 39 Rdn 5, 11.
[10] Steiner/Eickmann § 92 Rdn 39.
[11] Steiner/Eickmann § 92 Rdn 27; Schiffhauer Rpfleger 1975, 187 (III 2).
[12] BGH MDR 1974, 573 = NJW 1974, 702 = Rpfleger 1974, 187.
[13] BGH NJW 1974, 702 = aaO (Fußn 12); Schiffhauer aaO (Fußn 11).

Wertersatz für erlöschende Rechte 3.4 § 92

steher dient, die ja davor geschützt werden sollen, daß der Ersteher zu ihren Lasten bereichert wird (§ 51 Rdn 3), soll die Zahlung nach Abs 1 einen realen Ausgleich für ein erlöschendes Recht bieten, den sicher eintretenden Verlust ausgleichen.

3.3 In den **Teilungsplan** (§ 114) **aufgenommen** wird als Anspruch auf einmaligen Wertersatz aus dem Versteigerungserlös (Abs 1)
- als **bestimmter Anspruch** (siehe § 14 Rdn 2.1) ohne Anmeldung nach dem Inhalt des Grundbuchs (§ 114 Abs 1) der Ersatzbetrag für eine **Reallast** von bestimmter Dauer, wenn die aus dem Grundstück zu entrichtenden wiederkehrenden Leistungen **in Geld** bestehen (wie insbesondere bei Rentenzahlungen; auch bei Wertsicherungsklausel, § 14 Rdn 2.3; zur Reallast mit automatischer Anpassung § 44 Rdn 5.20), und für den **Erbbauzins** (ErbbauVO § 9; nach Höhe und Dauer bestimmt). Kapitalisierung siehe Rdn 6.4.
- als **unbestimmter Anspruch** (§ 14 Rdn 2.1) ohne Anmeldung der im Grundbuch eingetragene (selten) Höchstbetrag des Wertersatzes (BGB § 882) (anders[14]: Höchstbetrag bestimmt bereits grundsätzlich den Ersatzbetrag; Einwendungen dagegen mit Widerspruch; nicht richtig, da Höchstbetrag nur die Obergrenze festlegt, nicht aber bereits einen bestimmten Anspruch).
- als **unbestimmter Anspruch** (§ 14 Rdn 2.1) in allen anderen Fällen der Geldbetrag des Wertersatzes nur dann, wenn er (oder die für rechnerische Bestimmung des Geldwertes maßgeblichen Umstände) angemeldet ist (da nicht grundbuchersichtlich, § 114 Abs 1). Diese Anmeldung der für Umwandlung des Rechts in einen Geldersatzbetrag maßgeblichen Umstände fällt nicht unter die Rangverlustdrohung des § 110.

3.4 Die für Berücksichtigung eines unbestimmten Anspruchs erforderliche **Anmeldung** (Rdn 3.3) muß spätestens im Verteilungstermin (§ 114 Abs 1) erfolgt sein. Ohne Anmeldung kann der Betrag des einmaligen Wertersatzes nicht berücksichtigt werden[15] (Rdn 4.10; dort auch zur Hinweispflicht des Gerichts); Ermittlung durch das Gericht und Berücksichtigung von Amts wegen erfolgen nicht (§ 114 Abs 1: ein Betrag des Anspruchs ist nicht grundbuchersichtlich). Anmeldepflichtig sind auch einschlägige Umstände, die anderweitig gerichtsbekannt geworden sind (etwa aus einem gleichzeitigen Zwangsverwaltungsverfahren); Anmeldungen in der Zwangsverwaltung ersetzen nicht die in der Zwangsversteigerung. Wenn das Recht selbst als Grundstücksbelastung zur Zeit der Eintragung des Versteigerungsvermerks aus dem Grundbuch ersichtlich war (siehe § 37 Nr 4), muß die Anmeldung des Betrages des einmaligen Wertersatzes nicht schon spätestens im Versteigerungstermin erfolgt sein (bei späterer Anmeldung daher kein Rangverlust nach § 110)[16]. Rechtzeitig angemeldet werden muß § 37 Nr 4 (sonst Rangverlust nach § 110) muß nur ein bei Eintragung des Versteigerungsvermerks nicht grundbuchersichtliches Recht mit Anspruch auf Wertersatz aus dem Versteigerungserlös, nicht aber der Betrag des zu ersetzenden Wertes. Das ist durch den Gesetzeswortlaut eindeutig klargestellt: § 37 Nr 4 verlangt rechtzeitige Anmeldung der aus dem Grundbuch (überhaupt) nicht ersichtlichen Rechte (Unterlassung bewirkt Rangverlust, § 110), § 114 fordert demgegenüber, daß der Betrag oder Höchstbetrag des Anspruchs grundbuchersichtlich war. Interessen nachrangiger Berechtigter gebieten nicht, daß abweichend von diesem Gesetzeswortlaut Anmeldung auch des Wertersatzbetrages (ebenso des Jahreswertes der Geldrente im Falle des Abs 2) bereits im Versteigerungstermin vor Gebotaufforderung erfolgt sein muß. Wer ein Grundstück nachrangig beleiht oder sonst mit einem Recht nachrangig an einem

---

[14] Steiner/Eickmann § 92 Rdn 7 und 19.
[15] Dassler/Schiffhauer § 92 Rdn 32; Jaeckel/Güthe § 92 Rdn 7; Korintenberg/Wenz § 92 Anm 5; Reinhard/Müller § 92 Anm VII 1; Steiner/Eickmann § 92 Rdn 19; Schiffhauer Rpfleger 1975, 187 (III 1); Wörbelauer DNotZ 1963, 718 (8).
[16] OLG Koblenz Rpfleger 1984, 242; Steiner/Eickmann § 92 Rdn 25; Mohrbutter/Drischler Muster 129 Anm 5; Schiffhauer Rpfleger 1975, 187 (III 1).

§ 92 3.4 — Entscheidung über den Zuschlag

Grundstück berechtigt wird, muß schon für die Bewertung seiner Rangstelle (BGB § 879) das ihm vorgehende Recht mit betragsmäßig unbekanntem Ersatzanspruch nach § 92 in seine Erwägungen einbeziehen. Die Rechtsstellung eines nachrangigen Berechtigten wird somit weder verändert noch beeinträchtigt, wenn ihm auch die für Wahrnehmung seiner Rechte und Interessen im Versteigerungstermin kein Wert des Rechts bekannt oder bezeichnet wird. Das Gesetz sieht für den Versteigerungstermin weder Bewertung dieses Rechts noch Anmeldung eines Wertes durch den Rechtsinhaber vor. Von diesem kann Festlegung auf einen bestimmten Ersatzbetrag mit (dann verbindlicher) Anmeldung eines Wertes des Rechts schon zum Versteigerungstermin daher nicht verlangt werden. In der Erlösverteilung bleiben die Rechte nachrangiger Berechtigter gegen eine zu hohe Berücksichtigung des nach § 92 zu befriedigenden Rechts mit der Möglichkeit gewahrt, Widerspruch gegen den Teilungsplan zu erheben und mit Widerspruchsklage zu verfolgen.

3.5 Die **Anmeldung** des Geldbetrags ist für das Gericht **nicht** ohne weiteres **bindend**[17]. Sie unterliegt der **Prüfung** daraufhin, ob der angemeldete Wertersatzbetrag der Höhe nach bestehen kann, (erforderliche) Feststellung somit möglich erscheint. Auch ein angemeldeter Betrag wird in den Teilungsplan nicht aufgenommen, wenn er (objektiv) kein Recht auf Befriedigung aus dem Grundstück gewährt (ZVG-Handbuch Rdn 454 a), insbesondere wenn er willkürlich bestimmt ist. Betragsmäßig kann der angemeldete Anspruch daher beanstandet werden, wenn seine Feststellung ausgeschlossen erscheint und damit unter Würdigung aller Umstände ein Rechtsschutzinteresse für Berücksichtigung nicht mehr gegeben ist. Aufzunehmen in den Teilungsplan ist dann der nach dem Ermessen des Gerichts zutreffende Betrag (die Anmeldung gilt dann als Widerspruch, § 115 Abs 2). Es wäre untragbar, wollte man eine überhöhte Anmeldung ungeprüft hinnehmen (und den Anspruch auszahlen) und den, der hiergegen Bedenken hat, seinerseits auf den Widerspruch verweisen. Das wäre eine Umkehrung der Beweislast. Der Anmelder hat ja seine Ansprüche durchzusetzen.

3.6 Ein unbestimmter Anspruch ist durch die **Feststellung** des Betrags **aufschiebend bedingt** (§ 14). Wenn Feststellung des angemeldeten Betrags nicht erfolgt ist, muß daher durch den Teilungsplan ein Ersatzberechtigter festgestellt (§ 119) und der Betrag des bedingten Anspruchs hinterlegt werden (§ 120). Beträge dürfen auf keinen Fall auf Grund der bloßen Anmeldung an den Berechtigten ausbezahlt werden[18]. Die Anmeldung ist nur die Verlautbarung des Willens, daß ein Anspruch berücksichtigt werde[19], ersetzt aber nicht die Feststellung[20]. Zur Feststellung Rdn 4.13 und 4.14.

3.7. **Rechtsbehelf** gegen Berücksichtigung eines grundbuchersichtlichen bestimmten Ersatzanspruchs und eines angemeldeten unbestimmten Ersatzbetrags im Teilungsplan: Widerspruch, § 115. Auch wer den eingetragenen Höchstbetrag nicht billigt, kann trotz der Eintragung Widerspruch erheben, mit dem Ziel einer Herabsetzung des Höchstbetrags[21].

4 Dienstbarkeit, Nießbrauch, Reallast (Absatz 2)

4.1 Für einen **Nießbrauch**, für eine **beschränkte persönliche Dienstbarkeit** (auch als Wohnungsrecht, BGB § 1093) sowie für eine **Reallast von unbestimmter Dauer** erfolgt die Ersatzwertzahlung in Form einer **Geldrente** (Abs 2)

---

[17] Dassler/Schiffhauer § 92 Rdn 33; Steiner/Eickmann § 92 Rdn 28; Mohrbutter/Drischler Muster 129 Anm 5.
[18] Teufel Rpfleger 1977, 193 (III).
[19] BGH 21, 20 = KTS 1956, 120.
[20] Teufel Rpfleger 1977, 193 (III).
[21] Jaeckel/Güthe § 92 Rdn 7; Schiffhauer Rpfleger 1975, 187 (III1).

aus einem Deckungskapital (§ 121 Abs 1). Die Ersatzwertleistung für einen Nießbrauch (erlischt mit Tod des Nießbrauchers, BGB § 1061) und für eine beschränkte persönliche Dienstbarkeit (erlischt mit Tod des Berechtigten, BGB § 1090 Abs 2 mit § 1061) ist aufschiebend bedingt dadurch, daß der Berechtigte den Anfang der jeweiligen Drei-Monats-Periode erlebt (als juristische Person zu diesem Zeitpunkt noch besteht) und auflösend bedingt durch den Verbrauch des Deckungskapitals. Gleiches gilt für die auf Lebenszeit des Berechtigten beschränkte (auflösend bedingte, § 158 Abs 2 BGB) Reallast. Eine durch einen Endtermin (BGB § 163) zeitlich befristete und in dieser Zeit durch Beschränkung auf die Lebenszeit des Berechtigten auflösend bedingte Reallast ist bis zum Endtermin von unbestimmter Dauer (Abs 2). Eine nicht auf Lebenszeit des Berechtigten beschränkte Reallast ist vererblich. Sie ist dann von unbestimmter Dauer, wenn das Recht in anderer Weise auflösend bedingt ist (zB Geldleistungen für die Dauer des Betriebs eines Gewerbes, Lieferung von Strom bis zum Anschluß an das Verteilungsnetz des Elektrizitätsversorgungsunternehmens) oder wenn es weder zeitlich noch zeitlich durch einen festen Endtermin begrenzt (sonst Reallast von bestimmter Dauer mit Wertersatz nach Abs 1) ist. Auch die Ersatzleistung für eine Reallast von unbestimmter Dauer ist nach Abs 2 bedingt, dh davon abhängig, daß die Berechtigung desjenigen, zu dessen Gunsten das Recht bestellt wurde, oder seines Rechtsnachfolgers am Anfang der jeweiligen Drei-Monats-Periode besteht, mithin noch nicht mit Eintritt der auflösenden Bedingung (§ 158 Abs 2 BGB), rechtsgeschäftlicher Aufhebung (§ 875 BGB) oder aus sonstigem Grund erloschen ist.

4.2 Der **Betrag der Geldrente,** die dem Jahreswert des Rechts gleichkommt, **steht** bei einer Reallast in Geld von unbestimmter Dauer **fest** (zur Wertsicherungsklausel § 14 Rdn 2.3; zur automatischen Anpassung § 44 Rdn 5.20). Sonst wird der Jahreswert des Rechts bestimmt bei der Reallast durch den Geldwert der Leistungen (BGB § 1105), beim Nießbrauch und bei der beschränkten persönlichen Dienstbarkeit durch den in Geld auszudrückenden Wert, den das Grundstücksrecht für den Berechtigten hatte; er ergibt sich aus dem Vorteil, den das Recht seinem Berechtigten gewährt hat und dem wirtschaftlichen Nachteil, den er mit dem Erlöschen des Rechts hat (§ 51 Rdn 3.2).

4.3 Für den Ersatzanspruch eines Nießbrauchs, einer beschränkten persönlichen Dienstbarkeit sowie einer Reallast von unbestimmter Dauer wird in den Teilungsplan ein **Deckungskapital** aufgenommen (§ 121 Abs 1). Es besteht aus der Summe aller künftigen (also nach dem Tag des Verteilungstermins fällig werdenden) Leistungen (ohne Abzug eines Zwischenzinses; auch die künftigen Zinsen, die das Deckungskapital abwerfen kann, bleiben bei Bestimmung seiner Höhe unberücksichtigt), höchstens aber für 25 Jahre (§ 121 Abs 1).

4.4 Bei einem an die **Lebenszeit des Berechtigten** gebundenen Recht (Rdn 4.1) bestimmt sich die Summe aller künftigen Leistungen für Bildung des Deckungskapitals (§ 121 Abs 1) nach der (noch unbestimmten) Dauer der Lebenserwartung[22], begrenzt durch die Höchstdauer von 25 Jahren (§ 121 Abs 1). Die Lebenserwartung wird allgemein nach der durchschnittlichen = statistischen Lebenserwartung gemäß der Tabelle (Tabellenanhang Tab 2) bemessen, weil sich die tatsächliche Lebenserwartung eines bestimmten Menschen nicht errechnen läßt, schon gar nicht vom Vollstreckungsgericht (anders[23]). Es wäre abwegig, wollte man im Versteigerungstermin eine Ärztekommission zuziehen oder ein hausärztliches Zeugnis vorlegen (wie[24] meint) (welcher Hausarzt wird nicht seinem Patienten lange Lebensdauer bescheinigen wollen). Ist der Berechtigte zwischen Zu-

---

[22] Jaeckel/Güthe § 121 Rdn 2; Steiner/Eickmann § 92 Rdn 13.
[23] OLG Hamburg MDR 1961, 696; OLG Oldenburg JurBüro 1964, 55 mit Anm Drischler = Rpfleger 1965, 80; Schiffhauer BlGrBW 1966, 93 (XXI 2).
[24] Schiffhauer BlGrBW 1966, 93 (XIX 3).

§ 92 4.4 Entscheidung über den Zuschlag

schlag und Verteilungstermin gestorben, so ist für die Berechnung des Ersatzwertes natürlich nur die Zeitspanne zwischen Zuschlagswirksamkeit und Ende des Todesvierteljahres maßgebend[25].

4.5 Aus den Zinsen (die sich aus der Kapitalanlage ergeben) und aus dem Deckungskapital selbst erhält der Berechtigte eine **fortlaufende Geldrente,** die dem Jahreswert des Rechtes gleichkommt: Abs 2 Satz 1. Diese Geldrente steht dem Berechtigten für die gesamte Dauer des Rechts zu, wenn es mit dem Tod des Berechtigten erlischt, bis dahin (Nießbrauch und beschränkte persönliche Dienstbarkeit erlöschen mit dem Tod des Berechtigten, BGB §§ 1061, 1090 Abs 2; die Reallast nur, wenn sie in dieser Weise auflösend bedingt ist), sonst bis zum Eintritt einer dem Recht anhaftenden auflösenden Bedingung oder bis zu dem sonstigen Erlöschen des Rechts. Der Anspruch auf die Geldrente ist nicht auf höchstens fünfundzwanzig Jahre begrenzt. Der fünfundzwanzigfache Betrag einer Jahresleistung bildet nach § 121 Abs 1 nur die Obergrenze für die Bildung des Deckungskapitals, also für die Aufnahme des Betrags in den Teilungsplan, der Zahlung der fortlaufenden Leistungen bei Fälligkeit gewährleistet. Dessen Begrenzung auf den fünfundzwanzigfachen Betrag einer Jahresleistung beruht auf der Erwägung, daß „ein so hoher Betrag unter allen Umständen zur Deckung der einzelnen Leistungen ausreicht"[26]. Weil aber aus den Zinsen und dem Deckungskapital selbst die einzelnen Leistungen bei Fälligkeit zu entnehmen sind (§ 121 Abs 1) und § 92 für die als Ersatz zu zahlende Geldrente keine zeitliche Beschränkung vorsieht, kann diese nicht nur für höchstens fünfundzwanzig Jahre zu leisten sein. Auf sie besteht daher bei langer Dauer des Rechts (praktisch selten) für die gesamte Zeit der Berechtigung Anspruch, bis das Deckungskapital aufgebraucht ist. Auch für die nicht befristete und nicht auf Lebenszeit des Berechtigten begrenzte oder sonst auflösend bedingte Reallast, die bis zur rechtsgeschäftlichen Aufhebung (§ 875 BGB) oder einem sonstigen gesetzlichen Erlöschensgrund (mithin dauernd) besteht, gilt nichts anderes. Daß auch für sie Wertersatz mit wiederkehrenden Leistungen nach Abs 2 gewährt wird, ergibt sich aus der Entstehungsgeschichte. Danach soll Wertersatz durch Zahlung einer Geldrente in einem solchen Fall im Hinblick auf Schwierigkeit und Unsicherheit der Schätzung der Belastung dem Interesse des Berechtigten, noch mehr aber den Interessen nachstehender Gläubiger Rechnung tragen, die nicht hinzunehmen haben, daß mit sofortiger Abfindung durch Schätzung eines Kapitalbetrags dem Erlös ein für sie zu hoher Betrag entzogen wird[27]. Das in den Teilungsplan aufzunehmende Deckungskapital (§ 121 Abs 1) ist daher auch in einem solchen Fall nach § 121 zu behandeln; es kann nicht insgesamt (das wäre Kapitalabfindung) sogleich an den Inhaber des Rechts ausgezahlt werden.

4.6 Ausbezahlt wird dann die Geldrente in Zwölfteln des Jahreswertes, und zwar dies für jeweils **drei Monate** im voraus: Abs 2 Satz 2. Die einzelne Drei-Monats-Rate wird voll bezahlt, auch wenn sich dadurch das Deckungskapital vorzeitig erschöpft, weil etwa nicht ausreichender Versteigerungserlös zur Verfügung stand, die letzte Drei-Monats-Rate, auf die noch etwas aus dem Deckungskapital entfällt, die aber nicht mehr voll gedeckt wird, wird hierbei nur mit dem noch verfügbaren Rest bezahlt. Der einzelne Drei-Monats-Betrag, einmal fällig geworden, verbleibt dem Berechtigten, auch wenn das Recht auf die Rente vor Ablauf der drei Monate erlischt: Abs 2 Satz 3 (auch bei Erlöschen mit Tod des Berechtigten vor Ablauf der drei Monate also keine Teilrückzahlung).

4.7 Ausgangspunkt für die Berechnung ist, weil das Recht mit dem **Tag der Zuschlagswirksamkeit** (§§ 89, 104) erlischt, dieser Tag, nicht etwa der Beginn eines Kalendervierteljahres, nicht der Tag des Versteigerungstermins, nicht der Tag des Verteilungstermins. Die erste Rate wird daher im Verteilungstermin

---

[25] BGH BGHWarn 1972, 432 = WM 1972, 1032.
[26] Motive zum ZVG S 297.
[27] Motive zum ZVG S 265.

Wertersatz für erlöschende Rechte 4.10 § 92

selbst bezahlt. Mit der Erschöpfung des Deckungskapitals (samt Zinsen) endet die Auszahlung. Zu Deckungskapital und Geldrente im ZVG-Handbuch Rdn 453–456.

4.8 In den **Teilungsplan** (§ 114 Abs 1) aufgenommen werden die auszuzahlenden Dreimonatsbeträge der Geldrente (Abs 2)
– für eine **Reallast** von unbestimmter Dauer, wenn die aus dem Grundstück zu entrichtenden wiederkehrenden Leistungen in Geld bestehen (Rdn 4.2) (auch bei Wertsicherungsklausel der Fall, § 14 Rdn 2.3; zur automatischen Anpassung § 44 Rdn 5.20) ohne Anmeldung nach dem Inhalt des Grundbuchs (§ 114 Abs 1) als der Höhe nach **bestimmter Anspruch** (Rückstände sind anzumelden, § 114 Abs 2);
– als **unbestimmter Anspruch** ohne Anmeldung mit dem Betrag, der sich anteilig aus einem im Grundbuch eingetragenen Höchstbetrag des Ersatzes (BGB § 882; selten) ergibt, für einen Nießbrauch, eine beschränkte persönliche Dienstbarkeit und eine Reallast von unbestimmter Dauer (ohne grundbuchersichtliche Geldleistungen);
– als **unbestimmter Anspruch** in allen anderen Fällen der Geldbetrag des Wertersatzes (Dreimonatsrente) nur dann, wenn er (oder die für rechnerische Bestimmung der Geldrente maßgeblichen Umstände) angemeldet ist (da nicht grundbuchersichtlich, § 114 Abs 1). Dazu Rdn 3.3 und 3.4.

4.9 Bestimmung des **Deckungskapitals** (§ 121) erfordert neben Anmeldung des Geldbetrages der Dreimonatsrente (soweit erforderlich; vorstehend Rdn 4.8) nicht auch noch Anmeldung der voraussichtlichen Dauer des Rechts. Diese ist vom Vollstreckungsgericht nach den Umständen des Einzelfalls zu bestimmen, die sich aus der auflösenden Bedingung ergeben (für Lebenserwartung siehe bereits Rdn 4.4). Nach anderer Ansicht soll auch die Laufzeit angemeldet werden müssen[28] (nicht richtig, § 114 Abs 1: der grundbuchersichtliche Betrag des Anspruchs muß angemeldet werden), oder die mutmaßliche Lebensdauer anzumelden sein[29] (ohne jeden sachlichen Wert) oder nur der 25fache Betrag der Jahresleistung zu berücksichtigen sein[30]. Dem ist nicht zu folgen. Das Deckungskapital dient der Sicherung des Anspruchs des Berechtigten auf Befriedigung aus dem Versteigerungserlös[31]. Anzumelden zur Aufnahme in den Teilungsplan ist betragsmäßig der Gläubigeranspruch (§ 114 Abs 1). Er geht auf wiederkehrende Leistung des Geldbetrages, welcher dem Jahreswert des Rechtes gleichkommt[32] (Abs 2). Dessen Behandlung im Verfahren und die Deckung der einzelnen Leistungen bei Fälligkeit muß der Berechtigte mit Anmeldung nicht geltend machen. Anmeldung ist Verlautbarung des Willens, daß ein Anspruch berücksichtigt werde (Rdn 3.6), nicht jedoch Geltendmachung einer Verfahrensmaßnahme des Vollstreckungsgerichts zur Sicherstellung der Befriedigung des Anspruchs bei Fälligkeit.

4.10 Die für Berücksichtigung eines unbestimmten Anspruchs erforderliche **Anmeldung** (Rdn 4.8) muß **spätestens im Verteilungstermin** (§ 114 Abs 1) erfolgt sein. Ohne Anmeldung können die Dreimonatsbeträge der Geldrente nicht berücksichtigt werden (Rdn 3.4) und dann auch ein Deckungskapital nicht gebildet und in den Teilungsplan aufgenommen werden (Ausnahme bei eingetragenem Höchstbetrag des Wertersatzes; dazu Rdn 4.8). Ermittlung durch das Gericht und Berücksichtigung von Amts wegen erfolgen nicht (§ 114 Abs 1: ein Betrag des Anspruchs ist nicht grundbuchersichtlich). Das Gericht muß rechtzeitig vor dem

---

[28] Steiner/Eickmann § 92 Rdn 26.
[29] Reinhard/Müller § 121 Anm II 2.
[30] Korintenberg/Wenz § 131 Anm 3.
[31] Motive zum ZVG S 296.
[32] Motive zum ZVG S 265.

§ 92 4.10 Entscheidung über den Zuschlag

Versteigerungs- bzw Verteilungstermin die in Frage kommenden Beteiligten darauf **hinweisen,** welcher Punkt anzumelden ist und daß er nur auf Anmeldung berücksichtigt werden könne[33]. Dies folgt aus der gerichtlichen Aufklärungspflicht (Einl Rdn 33), die dem Gericht verbietet, ungünstige Umstände (das sind ja auch nichtberücksichtigte Einzelpunkte) bei Entscheidungen (dazu gehört auch die Aufstellung des Teilungsplans) zu verwerten, ohne daß ordnungsgemäß aufgeklärt ist, zum Teil auch aus dem Anspruch auf rechtliches Gehör (Einl Rdn 46). Wenn das Recht selbst als Grundstücksbelastung zur Zeit der Eintragung des Versteigerungsvermerks aus dem Grundbuch ersichtlich war (siehe § 37 Nr 4), muß die Anmeldung des Betrags der Geldrente nicht schon spätestens im Versteigerungstermin erfolgt sein (bei späterer Anmeldung daher kein Rangverlust nach § 110). Rechtzeitig angemeldet sein nach § 37 Nr 4 (sonst Rangverlust nach § 110) muß nur ein bei Eintragung des Versteigerungsvermerks nicht grundbuchersichtliches Recht mit Anspruch auf Ersatz durch Zahlung einer Geldrente aus dem Versteigerungserlös, nicht aber der Dreimonatsbetrag (oder Jahresbetrag) der Geldrente. Dazu auch Rdn 3.4.

4.11 Die Anmeldung ist für das Gericht nicht ohne weiteres bindend. Sie unterliegt der **Prüfung** daraufhin, ob der angemeldete Dreimonatsbetrag der Geldrente der Höhe nach bestehen kann, Feststellung somit möglich erscheint (dazu Rdn 3.5).

4.12 Ein unbestimmter Anspruch ist durch die **Feststellung** des Betrags **aufschiebend bedingt** (§ 14). Wenn Feststellung des angemeldeten Betrags nicht erfolgt, muß daher durch den Teilungsplan ein Ersatzberechtigter bestimmt (§ 119) und der Betrag des bedingten Anspruchs hinterlegt werden (§ 120).

4.13 Die **Feststellung** hat gegenüber dem **Vollstreckungsschuldner** (als Grundstückseigentümer) zu erfolgen[34]. Er ist Feststellungsgegner, weil ihm der Versteigerungserlös wie vorher das Grundstück zu Eigentum gehört[34], aus seinem Vermögen somit Befriedigung des festgestellten Gläubigeranspruchs erfolgen wird. Nachfolgend am Grundstück Berechtigte sind nicht Feststellungsgegner; auch ausfallende Berechtigte sind bei der Feststellung nicht beteiligt. Daß dem Schuldner möglich ist, zu Lasten Dritter im Zusammenspiel mit dem Berechtigten durch Anerkenntnis einen zu hohen Betrag festzustellen, begründet kein Recht der nachrangigen Berechtigten zur Mitwirkung bei der Feststellung (der Schuldner kann auch einen Vollstreckungstitel auf solche Weise gegen sich ergehen lassen). Ein durch die Feststellung beeinträchtigter nachrangiger Berechtigter kann sich gegen eine zu hohe Berücksichtigung des Ersatzwertes mit Widerspruch gegen den Plan wenden (§ 115 Abs 1).

4.14 Die **Feststellung erfolgt** durch einen gegen den Vollstreckungsschuldner gerichteten Vollstreckungstitel, durch einseitige **Erklärung** (Anerkenntnis)[35] des Schuldners (Grundstückseigentümers) zu Protokoll des Gerichts im Termin, zu Protokoll der Geschäftsstelle vor dem Termin oder in einer öffentlichen oder öffentlich beglaubigten Urkunde, oder durch gerichtliches Feststellungsurteil (ZPO 256). Das Vollstreckungsgericht kann von sich aus die Ansprüche nicht feststellen und eine Feststellung auch nicht überprüfen (somit auch nicht beanstanden). Nach Hinterlegung erfolgt Feststellung durch Vorlage der Nachweise, die Erlaß der Herausgabeanordnung ermöglichen (HinterlO § 13 Abs 2), insbesondere somit einer rechtskräftigen Entscheidung über die Berechtigung des Empfängers (sie muß wegen § 121 Abs 2 auch gegen den Hilfsberechtigten vorliegen oder wirken).

---

[33] Schiffhauer BlGrBW 1975, 221 (XXIII 1).
[34] Teufel Rpfleger 1977, 193 (IV).
[35] Teufel Rpfleger 1977, 193 (V).

4.15 Die unbekannte **Dauer des Rechts** und damit der Betrag des Deckungskapitals (§ 121 Abs 1) können nicht Gegenstand einer Feststellung sein (so auch[36]). Unbekannte Dauer eines Rechts ist nicht „Anspruch von unbestimmtem Betrag" im Sinne des § 14. Feststellung des Anspruchs ist betragsmäßige Bestimmung zur Befriedigung aus dem Grundstück, Feststellung der Dauer eines Rechts wäre zahlenmäßige Bestimmung aller künftigen Leistungen, Feststellung des Deckungskapitals somit Berechnung der Summe der Leistungen. Diese kann nicht erfolgen, weil der Anspruch auf die dreimonatigen Geldleistungen aufschiebend bedingt (Rdn 4.1), somit von einem zukünftigen **ungewissen** Ereignis (Bestehen der Berechtigung jeweils bei Fälligkeit) abhängig ist. Feststellung der Dauer des Rechts ist auch nicht geboten, weil Feststellungsgegner der Vollstreckungsschuldner (als Grundstückseigentümer) wäre (Rdn 4.13), aus dessen Vermögen der Anspruch immer erst bei Fälligkeit einer Dreimonatsrate befriedigt wird. Nachstehende Berechtigte, deren Interessen mit Bestimmung eines (zu hohen) Deckungskapitals beeinträchtigt sein könnten, würden bei Feststellung nicht mitwirken. Für sie ist der Widerspruch gegen den Teilungsplan (§ 115) Rechtsbehelf, wenn das Deckungskapital zu hoch bemessen ist. Die Sicherung der künftigen Dreimonatsleistungen mit Feststellung des Deckungskapitals (Rdn 4.9) unterliegt damit der Kontrolle der Rechtsmittelgerichte, nicht aber der Bestimmung des Schuldners.

4.16 Rechtsbehelf gegen Aufnahme des Betrags der Dreimonatsgeldrente und des Deckungskapitals in den Teilungsplan: Widerspruch, § 115, auch wenn Einwendungen gegen den eingetragenen Höchstbetrag erhoben werden (Rdn 3.7).

4.17 Hat ein nach Abs 2 zu behandelndes Recht **Gleichrang** mit einem anderen Grundstücksrecht, zB ein Nießbrauch mit einer Hypothek, so wird für beide aus ihrem Anteil am Versteigerungserlös eine gemeinsame Masse gebildet[37], umfassend für die Hypothek den auszuzahlenden Betrag, für das §-92-Recht das Deckungskapital. Ein Ausfall (Erlös reicht für beide nicht voll aus) muß dann beide verhältnismäßig treffen, also im Verhältnis des Gesamtbetrags der einen (zB Hypothekenkapital samt Zinsen und Kosten) und des Deckungskapitals des anderen. Beispiel: Hypothek 10 000, Zinsen 2000; Deckungskapital eines Nießbrauchs berechnet mit 12 000; Erlösanteil für beide zusammen 12 000; beide je zur Hälfte zu berücksichtigen. Das eine Recht erhält dann den ihm zufallenden Erlösanteil normal ausbezahlt, für das andere wird sein Anteil als Deckungskapital bestimmungsgemäß angelegt und zur Rentenzahlung verwendet. Wo sich das Deckungskapital gegenüber der gesetzlichen Berechnung verringert (im Beispiel auf die Hälfte), muß trotzdem die einzelne Rentenrate in jeweils voller Höhe ausbezahlt werden, bis das Deckungskapital erschöpft ist, weil hierfür keine Ausnahme festgelegt ist. Es wird also nicht die einzelne Rate verhältnismäßig gekürzt.

4.18 Ist vor einem nach Abs 2 zu behandelnden, also in Raten auszuzahlenden Recht einem anderen Recht der Vorrang eingeräumt, so wird jenes, weil es gegenüber Zwischenrechten nicht besser wegkommen darf wie das den Vorrang einräumende Recht, nicht anders ausbezahlt wie dieses. Beispiel: Reallast räumt einer Hypothek den Vorrang ein, es sind Zwischenrechte vorhanden. Was hier auf die Hypothek entfällt, darf nur in Drei-Monats-Raten ausbezahlt werden, wie es bei Reallast der Fall gewesen wäre.

Rechte mit Ablösungssumme (Absatz 3)   5

Für die **ablösbaren Rechte** erschien es angemessen, ihren „Wert nach den für den Fall der Ablösung geltenden Vorschriften der Landesgesetze zu bestimmen"[38].

---

[36] Teufel Rpfleger 1977, 193 (VII).
[37] Drischler KTS 1971, 45 (IX).
[38] Motive zum ZVG S 266.

Die Rentenschuld fällt jedoch nicht unter Abs 3 (anders[39]). Auf ihre Ablösungssumme (BGB § 1199 Abs 2) finden die für das Grundschuldkapital geltenden Vorschriften entsprechende Anwendung (BGB § 1200 Abs 1). Sie ist somit, wie Grundschuld und Hypothek, als erlöschendes Recht auf Kapitalzahlung gerichtet (fällt daher nicht unter § 92 nach dessen Absatz 1), setzt sich somit nach dem Surrogationsgrundsatz (§ 91 Rdn 2.5) mit Recht auf Befriedigung der Ablösungssumme aus dem Versteigerungserlös fort. Erlöschende Rechte, die **nicht** auf Kapitalzahlung gerichtet sind und für die der Ersatzbetrag mit der Ablösungssumme zu bewerten ist, können daher nur **Dienstbarkeiten und Reallasten** auf Grund landesrechtlicher Bestimmung auf der Grundlage von EGBGB Art 113 sein. Solche Bestimmung treffen zB für eine Reallast die BGB-Ausführungsgesetze Bayern (BayRS 400-1-J) Art 63; Hessen (HessGVBl 1984, 344) Art 25 Abs 3; Rhld-Pfalz (GVBl 1976, 259) § 22 Abs 3. Weiteres Landesrecht in der Zusammenstellung bei[40].

6 Wertersatzanspruch für einzelne erlöschende Rechte

6.1 Altenteil (Leibgedinge, Leibzucht, Austrag usw): Es kann aus einer beschränkten persönlichen Dienstbarkeit und einer Reallast sowie einem Nießbrauch bestehen. Der Wertersatz für die beschränkte persönliche Dienstbarkeit, für den Nießbrauch und für die Reallast von unbestimmter Dauer (auf Lebenszeit), der an die Stelle des erlöschenden Rechtes tritt (Abs 2; Rdn 4.1), ist durch Zahlung einer Geldrente aus einem Deckungskapital (§ 121 Rdn 2) zu leisten. Geldleistungen werden als laufende ohne Anmeldung, als rückständige (§ 13) auf Anmeldung hin aus dem Erlös bezahlt. Nicht in Geld bestehende (Naturalleistungen) werden als laufende, wenn sich die Umrechnung aus der im Grundbuch in Bezug genommenen Urkunde ergibt, ohne Anmeldung, sonst (wegen Unbestimmtheit) auf Anmeldung, auch bestimmte rückständige auf Anmeldung hin (§ 114) bezahlt. Im übrigen bei Reallast. Eine (ergänzende) einmalige Verpflichtung als Inhalt der Leibgeding-Reallast (Pflicht, die Beerdigungskosten zu tragen oder bei Veräußerung des Anwesens einen Erlösteil an den Übergeber oder Geschwister zu leisten; zur Zulässigkeit[41]) begründet Anspruch auf einen einmaligen Wertersatz; auf wiederkehrende Leistungen ist sie nicht gerichtet (siehe Rdn 3.1); sie ist damit nicht nach dem Jahreswert dieser Berechtigung nach Abs 2 zu verrenten. Ist (wie bei Beerdigungskosten) die Fälligkeit ungewiß, muß der Anspruch als aufschiebend bedingt angesehen (§ 111), somit nach § 119, 120 verfahren werden. Für Aufnahme in den Teilungsplan bedarf der (nicht grundbuchersichtliche) Geldbetrag des (bedingten) Wertersatzes als unbestimmter Anspruch der Anmeldung (Rdn 3.3). Der fällige Anspruch (Gutabstandsgeld infolge Veräußerung mit Zuschlag) ist als Barzahlungsbetrag in den Teilungsplan aufzunehmen. Anmeldung (betragsmäßig) ist auf jeden Fall geboten; ob sie notwendig ist, ist nicht geklärt (Geldbetrag ist nicht grundbuchersichtlich, steht mit einem Anteil an dem der Rangstelle des Rechts verbleibenden Verwertungserlös aber fest).

6.2 Beschränkte persönliche Dienstbarkeit (BGB § 1090) jeder Art, auch als Wohnungsrecht (BGB § 1093): Ersatz wird nach Abs 2 durch Zahlung einer Geldrente aus einem Deckungskapital geleistet (Rdn 4.1). Der Anspruch ist von unbestimmtem Betrag nach § 14. Bestimmt wird der Jahreswert des Rechts durch dessen Wert für seinen Berechtigten (Rdn 4.2), begrenzt durch einen nach BGB § 882 eingetragenen Höchstbetrag. Bei einem Wohnungsrecht bemißt sich das Interesse des Berechtigten nach dem ortsüblichen Mietzins der Räume. Hierzu

---

[39] Dassler/Schiffhauer § 92 Rdn 16; Steiner/Eickmann § 92 Rdn 21.
[40] Steiner/Eickmann § 92 Rdn 22.
[41] BayObLG 1970, 100 = DNotZ 1970, 415 = Rpfleger 1970, 202; Schöner/Stöber, Grundbuchrecht, Rdn 1329.

Wertersatz für erlöschende Rechte 6.4 § 92

auch[42]. Für die Bewertung eines Wohnungsrechts kommen nur damit belastete Gebäudeteile in Betracht, nicht jedoch die lediglich mit schuldrechtlicher Wirkung (unter aufschiebender Bedingung, zB Heirat) noch anderweit vorgesehenen[43]. Wenn das Recht (zB als Tankstellendienstbarkeit, Wohnungsrecht) nur für eine bestimmte Zeit bestellt war, hat es gleichfalls Ersatzanspruch nur nach Abs 2. Der Anspruch erlischt auch dann vor Zeitablauf mit dem Tod des Berechtigten oder mit der berechtigten juristischen Person (BGB § 1090 Abs 2 mit § 1061). Muster (Wohnrecht) im ZVG-Handbuch Rdn 452.

6.3 Dauerwohnrecht bzw Dauernutzungsrecht nach WEG (§ 31): Der Anspruch geht nach Abs 1 auf einmaligen Wertersatz (dazu Rdn 3.1). Er ist von unbestimmtem Betrag nach § 14. Anhalt für Bewertung des Ersatzanspruchs (zur Bewertung Rdn 3.2) kann der örtliche Mietzins geben (begrenzt durch einen Höchstbetrag nach BGB § 882). Hierzu im ZVG-Handbuch Rdn 458, auch Rdn 3.1.

6.4 Erbbaurecht; Erbbauzins-Reallast:

a) **Altes Erbbaurecht** vor 22. 1. 1919 richtet sich nach BGB §§ 1012–1017 alt (§ 15 Rdn 13). Der Wert muß sich nach den restlichen Nutzungsdauer und dem Umfang der Nutzungen richten, wo vergleichbar, nach der ortsüblichen Miete ([44]meint, wer nicht einverstanden sei, solle Widerspruch erheben).

b) **Neues Erbbaurecht** ab 22. 1. 1919 kann bei der Versteigerung des Grundstückes nicht erlöschen (ErbbauVO § 25).

c) Erlöschen kann die **Erbbauzins-Reallast** (ErbbauVO § 9 Abs 1 Satz 1; § 15 Rdn 13). Eine Ablösungssumme (Abs 3) ist für sie nicht vorgesehen. Die Erbbauzins-Reallast von bestimmter Dauer (durchweg der Fall) erhält einmaligen Wertersatz nach Abs 1 (Rdn 3.1); unter Abs 2 fällt sie nicht. Die Einzelleistungen (ab Zuschlag, somit für die Restdauer) sind nach finanzmathematischen Grundsätzen zu kapitalisieren[45] (Tabellenanhang Tab 3); nach andere Ansicht[46] (hier noch bis 15. Aufl) sollen sie unter Berücksichtigung der Restnutzungsdauer und unter Abzug von Zwischenzinsen (ohne Zinseszinsen), damit nach § 111 Satz 2, zu kapitalisieren sein. Auf eine Höchstdauer von 25 Jahren (§ 121 Abs 1) sind sie nicht beschränkt[47]. Bei der **wertgesicherten** Erbbauzins-Reallast (§ 52 Rdn 5.6) sind die Einzelleistungen bei Erteilung des Zuschlags (Erlöschen des Rechts), damit unter Berücksichtigung der bis dahin erfolgten Erhöhungen (oder Minderungen) nach finanzmathematischen Grundsätzen zu kapitalisieren; künftig mögliche Veränderungen (Erhöhungen oder Minderungen) bleiben außer Betracht[48]. Gleiches gilt für die Erbbauzins-Reallast mit **automatischer Anpassung** (§ 44 Rdn 5.20 und § 52 Rdn 5.4); nicht grundbuchersichtliche Anpassungen bis zum Zuschlag sind bei ihr anzumerken. Bei der erloschenen **Vormerkung** zur Sicherung des Anspruchs auf Erhöhung des Erbbauzinses (ErbbauVO § 9 a Abs 3) durch Eintragung einer Reallast des Inhalts, daß von einem bestimmten Zeitpunkt an die neu fest-

---

[42] Rahn BWNotZ 1965, 45; Staudenmaier Rpfleger 1968, 14 (III).

[43] BayObLG Rpfleger 1983, 81.

[44] Pöschl BWNotZ 1956, 41.

[45] Mohrbutter, Die Eigentümerrechte und der Inhalt des Erbbaurechts bei dessen Zwangsversteigerung (1995), IV. Kap 1 b aa (Seiten 148–151); Streuer Rpfleger 1997, 141 (I 2 und 3) mit Zahlenbeispielen.

[46] Jaeckel/Güthe § 92 Rdn 7 aE (für Reallast); Korintenberg/Wenz § 92 Anm 2 d („... die einzelnen Leistungen gemäß § 111 zu kürzen und dann zusammen zu rechnen"); Münch-Komm-BGB/v.Oefele, ErbbauVO § 9 Rdn 19; v. Oefele/Winkler, Handbuch des Erbbaurechts, Rdn 6242; Kalter KTS 1966, 137 (142–143); Schalhorn JurBüro 1970, 1047; Schiffhauer BlGrBW 1981, 88 (XIV).

[47] Schiffhauer BlGrBW 1973, 89 (XVI) und 1981, 88 (XIV).

[48] Dassler/Schiffhauer § 92 Rdn 22; Steiner/Eickmann § 92 Rdn 47; Mohrbutter aaO (Fußn 45) IV. Kap 2 b (1) Seite 155); Streuer aaO (Fußn 45).

gesetzte Erbbauzins zu zahlen ist (§ 52 Rdn 5.5), kann Wertersatz nur künftig mögliche Veränderungen (Erhöhungen) abgelten. Wenn Erbbauzins-Reallast und Vormerkung erloschen sind, erfolgt Kapitalabfindung der Reallast nach Abs 1, besteht somit kein Anspruch mehr auf zukünftige Erhöhung dieser (vormaligen) Erbbauzins-Reallast[49]. Einen wertmäßigen Ersatzanspruch nach Abs 1 begründet die Vormerkung in diesem Fall daher nicht[50]. Bleibt hingegen die Erbbauzins-Reallast bestehen und ist nur die Vormerkung erloschen, ist die Sicherung künftiger Erhöhungen des Erbbauzinses entfallen; sie sind dem Ersteher gegenüber nicht mehr (nach BGB § 888) durchsetzbar. Die erloschene Vormerkung hat daher Wertersatz nach Abs 1 zu erhalten[51] (mit Einzelheiten). Dieser Kapitalersatz ist aufschiebend bedingter Anspruch nach §§ 119, 120[52].

6.5 Grunddienstbarkeit (BGB § 1018): Dieses Recht fällt unter Abs 1 (Rdn 3.1). Der (einmalige) Ersatzanspruch bemißt sich nach dem Wert, den das Recht für das herrschende Grundstück hatte[53], ein eingetragener Höchstbetrag (BGB § 882) darf nicht überschritten werden. Der Anspruch ist von unbestimmtem Betrag (§ 14). Über die Besonderheit bei einem seltener vorkommenden Erlöschen einer dem Eigentümer des versteigerten Grundstücks selbst zustehenden Grunddienstbarkeit und bei gleichzeitiger Versteigerung des dienenden und des herrschenden Grundstücks[54]. Laut[55] steht Wertersatz dem zu, der bei der Erlösverteilung Eigentümer des herrschenden Grundstücks war, laut[56] dem, der es im Zeitpunkt des Zuschlags war, ohne Einfluß durch späteren Wechsel (dies dürfte richtig sein); laut[57] ist dies falsch, weil sich die Rechte am Surrogat fortsetzen und das Surrogat wie das Recht als wesentlicher Bestandteil den Gläubigern des herrschenden Grundstücks haftet.

6.6 Miteigentümervereinbarung (BGB § 1010 Abs 1): Wenn die eingetragene Miteigentümervereinbarung bei Versteigerung eines Miteigentumsanteils an diesem erlischt, haben die übrigen (berechtigten) Miteigentümer Anspruch auf Wertersatz nach Abs 1[58]. Die Höhe des Wertersatzes bestimmt sich nach dem Nutzen, den die Belastung für die übrigen Miteigentümer hatte[58]. Er ist von unbestimmtem Betrag (§ 14). Mit Zuschlag in der Versteigerung des Grundstücks insgesamt endet an diesem die Miteigentümergemeinschaft. Ein Anspruch auf Wertersatz für die damit gegenstandslos gewordene Miteigentümervereinbarung besteht nicht[59].

6.7 Nießbrauch (BGB § 1030): Ersatz wird nach Abs 2 durch Zahlung einer Geldrente aus dem Deckungskapital geleistet (Rdn 4.1). Der Anspruch ist von unbestimmtem Betrag nach § 14. Bestimmt wird der Jahreswert des Rechts durch dessen Wert für seinen Berechtigten (Rdn 4.2), begrenzt durch einen nach BGB § 882 eingetragenen Höchstbetrag. Den Wert der Jahresleistungen für das erloschene Recht auf die Nutzungen des Grundstücks (anderen Objekts) kann man nur nach Lage des Einzelfalles schätzen, bei reinen Wohngrundstücken etwa nach

---

[49] Mohrbutter aaO (Fußn 45) IV. Kap 2 b aa (1) Seite 155).
[50] Mohrbutter aaO (Fußn 45) IV. Kap 2 b aa (1) Seite 155, 156); Steiner/Eickmann § 92 Rdn 52.
[51] Mohrbutter aaO (Fußn 45) IV. Kap 2 b aa (2) (Seiten 156–160); Streuer Rpfleger 1997, 141 (I b aE, Seite 144 li. Sp. unten).
[52] Götze DNotZ 1980, 3 (VI b).
[53] Schiffhauer Rpfleger 1975, 187 (III 1).
[54] LG Ellwangen BWNotZ 1965, 41 mit Anm Staudenmaier; Staudenmaier BWNotZ 1964, 308.
[55] Schiffhauer Rpfleger 1975, 187 (III 3).
[56] LG Ellwangen aaO (Fußn 54).
[57] Schiffhauer Rpfleger 1975, 187 (III 3).
[58] Döbler MittRhNotK 1983, 181 (G 1).
[59] Döbler MittRhNotK 1983, 181 (G II 3).

Wertersatz für erlöschende Rechte 6.11 § 92

der ortsüblichen Miete, bei landwirtschaftlichen Grundstücken nach dem ortsüblichen Pachtzins.

6.8 Rangvorbehalt: Mit einem erlöschenden Recht erlischt auch der bei ihm bestehende Rangvorbehalt, und zwar ohne Wertersatz, weil von dem Vorbehalt nicht mehr Gebrauch gemacht werden kann.

6.9 Reallast (BGB § 1105): Das (erloschene) Recht auf wiederkehrende Leistungen aus dem Grundstück kann sein (zur Abgrenzung Rdn 4.1)
– von **bestimmter** Dauer. Dann geht der Anspruch nach Abs 1 auf einmaligen Wertersatz. Kapitalisierung und Einzelheiten sonst wie bei Erbbauzins-Reallast (Rdn 6.4).
– von **unbestimmter** Dauer. Ersatz wird nach Abs 2 dann durch Zahlung einer Geldrente aus einem Deckungskapital geleistet (Rdn 4.1).

Der Betrag des Anspruchs ist bestimmt bei der Reallast in Geld (Rdn 3.2 und 4.2); die zu bewertenden Geldleistungen stehen bei ihr fest. Sonst ist der Anspruch von unbestimmtem Betrag nach § 14. Er bemißt sich dann nach dem Wert, den das Grundstücksrecht mit seinen zu entrichtenden wiederkehrenden Leistungen für den Berechtigten hatte, begrenzt durch einen nach BGB § 882 eingetragenen Höchstbetrag. Der Wert der Jahresleistungen kann sich nun nach Lage des Einzelfalles nach dem Interesse des Berechtigten richten. Naturalleistungen kann man nach den ortsüblichen Preisen umrechnen. Ist die Leistungszeit an eine Lebensdauer gebunden, wird das Deckungskapital (§ 121 Abs 1) nach der statistischen Lebenserwartung bemessen (Rdn 4.4). Für Eheleute ist getrennt zu rechnen[60] (Berechnungsbeispiele[60]). Bei zwei Berechtigten entscheidet dort, wo das Recht mit dem Tod des Erstversterbenden erlischt, die Lebenserwartung des Älteren, wo sie aber mit dem Tod des Letztversterbenden erlischt, die des Jüngeren.

6.10 Vorkaufsrecht (BGB § 1094): Anspruch auf Wertersatz begründet als Grundstücksbelastung (§ 10 Abs 1 Nr 4) nur das **dingliche** Vorkaufsrecht; ein persönliches Vorkaufsrecht (BGB § 463) gewährt kein Recht auf Befriedigung aus dem Grundstück. Das für nur einen Verkaufsfall bestellte dingliche Vorkaufsrecht erlischt oder wird gegenstandslos (§ 81 Rdn 10); Wertersatz kommt nicht in Frage. Hat das Vorkaufsrecht jedoch schon den durch die Ausübung entstandenen Anspruch auf Übertragung des Eigentums gesichert (BGB § 1098 Abs 2), dann bestimmt sich der Wertersatz nach den für eine Eigentumsvormerkung geltenden Grundsätzen (Rdn 7). Das dingliche Vorkaufsrecht für alle oder mehrere Verkaufsfälle erhält bei Erlöschen nach Abs 1 einmaligen Wertersatz. Der Anspruch ist von unbestimmtem Betrag nach § 14. Der Wert ist nur schwer zu bestimmen, weil es an objektiven Gesichtspunkten fehlt[61]. Der Wertersatz soll jedenfalls den Berechtigten für sein Interesse entschädigen[62], also den Schaden ausgleichen, den der Berechtigte dadurch erleidet, daß er das Recht nicht mehr ausüben kann[63]. Bewertet wird es, wenn keine Besonderheit vorliegt (Berechtigter hätte etwa seinen Grundbesitz damit abrunden und einheitlich bebauen können), mit 2% des Verkehrswerts des Grundstücks[64] (auch[65]: 2–3%). Erhält der Vorkaufsberechtigte selbst den Zuschlag, so ist sein Recht gegenstandslos, ohne Wert.

6.11 Vormerkung: a) Die Vormerkung zur Sicherung des Anspruchs auf **Einräumung eines Rechts** (BGB § 883) begründet **aufschiebend bedingt** (§ 119)

---

[60] Drischler KTS 1971, 145.
[61] Glaser BlGrBW 1953, 326; Stoll BB 1953, 49.
[62] LG Hildesheim Rpfleger 1990, 87 = ZIP 1990, 200; Pöschl BWNotZ 1956, 41.
[63] Sichtermann BB 1953, 543.
[64] LG Hildesheim aaO (Fußn 62).
[65] Steiner/Eickmann § 92 Rdn 49.

Anspruch auf Befriedigung aus dem Grundstück (§ 119 Rdn 2.2). Sichert sie ein Recht mit Anspruch auf einmaligen Wertersatz (Abs 1; zB eine Grunddienstbarkeit), dann findet dieses (zu ihm Rdn 3) aufschiebend bedingt Berücksichtigung. Die Vormerkung für einen Nießbrauch, für eine beschränkte persönliche Dienstbarkeit für eine Reallast von unbestimmter Dauer gewährt aufschiebend bedingt Ersatzanspruch nach Abs 2. Wenn das vorgemerkte Recht Anspruch von unbestimmtem Betrag gibt, ist auch der für die Vormerkung aufschiebend bedingt (§ 119) bestehende Erlösanspruch selbst nach § 14 noch durch Feststellung des Betrags aufschiebend bedingt (siehe Rdn 7).

b) Auflassungsvormerkung: Rdn 7; Löschungsvormerkung: § 114 Rdn 9.

6.12 Wiederkaufsrecht: a) BGB § 456: Es hat nur schuldrechtlichen Charakter (§ 15 Rdn 42.3). Zu den Rechten, die Anspruch auf Befriedigung aus dem Grundstück gewähren (§ 10 Abs 1) gehört es somit nicht. Zu unterscheiden vom Wiederkaufsrecht ist die Vormerkung (BGB § 883) zur Sicherung des bei Wiederkauf geschuldeten (durch Ausübung des Wiederkaufs „bedingten" künftigen) (Rück-)Auflassungsanspruchs. Behandlung dieser Auflassungsvormerkung Rdn 7.6. Nach früherer Ansicht wurde bei der Wertberechnung berücksichtigt, daß der Wiederverkäufer nach BGB § 499 aF zur Beseitigung der Rechte Dritter verpflichtet ist[66].

b) Das Wiederkaufsrecht nach dem Reichssiedlungsgesetz ist eingetragene Grundstücksbelastung. Dritten gegenüber wirkt es wie eine Auflassungsvormerkung nach BGB § 883. Wenn das Wiederkaufsrecht, das zur Zeit des Zuschlags noch nicht ausgeübt war, erlischt, erhält es nach Abs 1 Wertersatz[67]; als Auflassungsvormerkung (Rdn 7) wird es damit nicht behandelt. Der Wertersatz soll den Berechtigten für sein Interesse an dem erloschenen Recht entschädigen; bestimmt wird der wirtschaftliche Wert für den Berechtigten durch Schätzung[67]. Steht fest, daß das Wiederkaufsrecht bei Erteilung des Zuschlags (wirksam) bereits ausgeübt war, dann hat es Vormerkungswirkung; behandelt wird es dann wie die Auflassungsvormerkung (dazu Rdn 7).

7 Wertersatz für Eigentumsvormerkung

7.1 Die Eigentumsvormerkung (BGB § 883) (zumeist Auflassungsvormerkung genannt) ist **Sicherungsmittel** des Sachenrechts (§ 28 Rdn 5.1). **Gesichertes Recht** ist das Eigentum am Grundstück (so[68] für § 48), nicht aber ein Recht am Grundstück, das nach § 10 Anspruch auf Befriedigung gewährt. Bedingtes Recht am Grundstück (§ 48) mit Anspruch auf Befriedigung (§ 10) ist die Auflassungsvormerkung daher nicht. Sie begründet daher auch nicht[69] Anspruch auf Wertersatz nach Abs 1 und gibt auch nicht Befriedigungsanspruch von unbestimmtem Betrag, der nach § 14 zu behandeln wäre. Dem Eigentümer, nach Eigentumswechsel dem neuen Eigentümer, gebührt der **Übererlös**, der nach Wegfertigung der Verfahrenskosten und Auszahlung aller nach § 10 zu befriedigenden Ansprüche noch verbleibt (§ 114 Rdn 10; auch § 128 Abs 2 und dort Rdn 4). Mit dem

---

[66] OLG Bamberg JurBüro 1973, 665; OLG Düsseldorf OLGZ 1992, 352 = Rpfleger 1991, 471.

[67] BGH 57, 356 (357) = DNotZ 1972, 349 = MDR 1972, 313 = NJW 1972, 537 = Rpfleger 1972, 216; BGH 59, 94 = MDR 1973, 40 = NJW 1972, 1758 = Rpfleger 1972, 398.

[68] BGH 46, 124 = DNotZ 1967, 490 = MDR 1967, 34 = NJW 1967, 566 = Rpfleger 1967, 9.

[69] Anders aber (im Anschluß an das angeführte damalige Schrifttum) BGH MDR 1987, 842 = NJW-RR 1987, 890 (891) = Rpfleger 1987, 426; BGH DNotZ 1995, 204 mit Anm Siegmann = MDR 1995, 791 = NJW 1994, 3299 = Rpfleger 1995, 173; BGH 57, 356 und 59, 94 (95) = ja aaO (Fußn 67), die beiden letzten für die Vormerkungswirkung des Wiederkaufsrechts nach § 20 RSG); OLG Düsseldorf OLGRep 2001, 107.

Anspruch auf Übertragung des Eigentums sichert die Vormerkung, wenn sie mit dem Zuschlag erlischt (§ 91 Abs 1); diesen Anspruch des (neuen) Eigentümers auf den Übererlös. Es ist mit dem Erlöschen der Vormerkung durch den Zuschlag der Versteigerungserlös an die Stelle des Grundstücks als Haftungsgegenstand getreten[70] (Surrogationsgrundsatz; § 91 Rdn 2.5). Daher setzt sich auch an dem nach Befriedigung der vorgehenden Rechte verbleibenden restigen Erlös (sogen Übererlös) die erloschene Vormerkung mit ihrem „alten Rechtsgehalt" fort[70]. Der Übererlös gebührt daher dem Vorgemerkten. Weil nur sein Erwerbsanspruch gesichert, er nun „Eigentümer" aber nicht wird (der Anspruch noch nicht erfüllt ist), besteht jedoch sein Erlösanspruch nur **aufschiebend bedingt** (Rdn 7.3). Verfügungen nach Eintragung der Vormerkung (auch solche im Wege der Zwangsvollstreckung, der Arrestvollziehung oder durch den Insolvenzverwalter) sind dem **Vorgemerkten gegenüber unwirksam** (BGB § 883 Abs 2); seinen Anspruch auf den Übererlös können sie daher weder vereiteln oder beeinträchtigen. Ein Recht auf Befriedigung aus dem Grundstück (§ 10) mit Wirkung auch gegenüber dem Berechtigten der Vormerkung begründet eine unwirksame nachträgliche Verfügung daher nicht. Der durch die Vormerkung Geschützte kann vielmehr von dem durch unwirksame nachträgliche Verfügung berechtigten Zustimmung zur Verwirklichung seines gesicherten Anspruchs, damit auch zur Überlassung des Übererlöses verlangen (BGB § 888).

7.2 Wenn bei Erteilung des Zuschlags der vorgemerkte **Eigentumserwerb** als gesicherte Rechtsänderung **bereits erfolgt** (Auflassung damit in das Grundbuch eingetragen) ist, gebührt der nach Deckung des vorgehenden Ansprüche verbleibende Erlös (Übererlös) dem Berechtigten (er ist neuer Eigentümer, § 128 Abs 2) „an der Rangstelle der Vormerkung" (BGB § 883 Abs 3). Eintragung des Vormerkungsgesicherten als Eigentümer allein weist aber nicht aus, daß ihm gegenüber ein durch Verfügung über das Grundstück noch erlangtes (nicht gelöschtes) Recht mit Anspruch auf Befriedigung (§ 10) unwirksam ist (BGB § 883 Abs 2). Verwirklichung des durch die Vormerkung gesicherten Anspruchs mit Beseitigung des durch vormerkungswidrige Verfügung erlangten Rechts am Grundstück erfordert verfahrensrechtlich vielmehr **Zustimmung** des Rechtsinhabers (BGB § 888). Ebenso ist daher für Auszahlung des Übererlöses, der dem vormerkungsgesichert gewesenen (neuen) Eigentümer gebührt, Zustimmung dieses Rechtsinhabers erforderlich. Dem bei Erteilung des Zuschlags **bereits als** (neuer) **Eigentümer eingetragenen Berechtigten** der Vormerkung gebührt der Erlösanspruch (siehe § 128 Abs 2) daher
– **unbedingt**, wenn nach Eintragung der Vormerkung eine Verfügung über das Grundstück nicht mehr erfolgt ist;
– **bedingt** durch Zustimmung des Erwerbers eines nach Eintragung der Vormerkung erlangten Rechts. Die noch erforderliche Zustimmung ist aufschiebende Bedingung. Hilfsverteilung und Planausführung haben daher nach §§ 119, 120 zu erfolgen.
In den **Teilungsplan** wird das nachträglich durch vormerkungswidrige Verfügung erlangte Recht nur aufgenommen, wenn es zur Zeit der Eintragung des Versteigerungsvermerks mit seinem Betrag (Höchstbetrag) aus dem Grundbuch ersichtlich war oder spätestens im Verteilungstermin angemeldet wurde (§ 114 Abs 1 Satz 1). Andernfalls bleibt es bei Erlösverteilung unberücksichtigt; dann erfordert auch Erlöszahlung an den vorgemerkt gewesenen (neuen) Eigentümer Zustimmung des Rechtsinhabers nicht.

7.3 Die Behandlung der Auflassungsvormerkung, die mit dem Zuschlag **vor Eigentumserwerb** (-eintragung) des Vorgemerkten **erloschen** ist (§ 91 Abs 1), ist nicht sicher geklärt. Nach der

---

[70] BGH 57, 356 (357) = aaO (Fußn 67).

§ 92 7.3   Entscheidung über den Zuschlag

- **Surrogationstheorie** soll der Berechtigte der erloschenen Auflassungsvormerkung als Wertersatz nach Abs 1 den Erlös erhalten, der nach Befriedigung der ihr vorgehenden Rechte verbleibt (restiger Erlös)[71];
- **Differenztheorie**[72] soll der Berechtigte nach Befriedigung vorgehender Rechte dasjenige erhalten, was der Anspruch auf das Grundstück für ihn wert war. Dieser Wert soll sich aus der Differenz zwischen dem Erlös, der nach Befriedigung der vorgehenden Rechte der Auflassungsvormerkung verbleibt, und der von dem Berechtigten noch zu erbringenden Gegenleistung für die Übertragung des Eigentums ergeben.

Zustimmung können beide Anschauungen nicht finden. Beide berücksichtigen nicht, daß die (erloschene) Auflassungsvormerkung nicht Anspruch auf Kapitalersatz nach Abs 1 begründet (Rdn 7.1), sondern dem Vormerkungsberechtigten der Übererlös aufschiebend bedingt gebührt. In den **Teilungsplan** (§ 114) aufzunehmen ist daher
- der **Übererlös,** der **bedingt** dem durch die Vormerkung gesicherten Berechtigten des (schuldrechtlichen) Anspruchs gebührt;
- die **anderweitige Verteilung** dieses Betrags (§ 119) auf die durch Verfügung nach Eintragung der Vormerkung nach BGB § 883 Abs 2 unwirksam begründeten Rechte am Grundstück (§ 10) und letztlich als Übererlös auf den Schuldner als Grundstückseigentümer.

Aufschiebende Bedingung, von deren Eintritt die Berechtigung des durch die Vormerkung Gesicherten abhängig ist, ist Feststellung, daß der gesicherte (schuldrechtliche) **Anspruch** durchsetzbar **besteht.** Die Feststellung und Bestimmung, daß diese aufschiebende Bedingung eingetreten oder (endgültig) ausgefallen ist, obliegt dem Vollstreckungsgericht nicht. Sie erfordert Erklärung der hilfsweise Berechtigten. Der Schuldner als Grundstückseigentümer muß der unbedingten Erlösüberlassung und -auszahlung an den Vormerkungsgesicherten zustimmen, weil er den Anspruch erfüllen muß; die Zustimmung nachrangiger berechtigter gebietet BGB § 888. Das Vollstreckungsgericht hat den Teilungsplan nach dem Inhalt des Grundbuchs aufzustellen (§ 114); über eine nicht grundbuchersichtliche (nur vorgemerkte) materielle (schuldrechtliche) Berechtigung hat es nicht zu entscheiden. Es hat vielmehr den bedingt berücksichtigten Betrag für die Berechtigten, den durch die Vormerkung gesicherten bedingten Erstberechtigten und die nach der hilfsweisen Verteilung anderweitig Berechtigten, zu hinterlegen (§ 120) oder nach Forderungsübertragung (§ 120 Abs 1 Satz 2) für die Forderung gegen den Ersteher eine Sicherungshypothek eintragen zu lassen.

7.4 Wenn mit dem Zuschlag **vor Eigentumserwerb** (-eintragung) die Auflassungsvormerkung **erloschen** ist und bei Erlösverteilung die Zustimmungen der hilfsweise Berechtigten (Rdn 7.3 aE) bereits erklärt (dem Vollstreckungsgericht nachgewiesen) sind, wird an den Vorgemerkten (Erstberechtigten) sogleich ohne Bedingung zugeteilt oder, wenn die Zustimmungen nach Aufstellung des Teilungsplans bis zur Ausführung (§§ 117, 118) beigebracht werden, ohne Bedingung ausbezahlt (die Forderung an den Ersteher übertragen). Ebenso wird sofort an die hilfsweise Berechtigten zugeteilt und ausbezahlt, wenn durch Erklärung des Vor-

---

[71] BGH NJW-RR 1987, 890 (891) = aaO (Fußn 69); Dassler/Schiffhauer § 92 Rdn 26; Mohrbutter/Drischler Muster 44 Anm 3; Steiner/Eickmann § 92 Rdn 36; Staudinger/Gursky, BGB, § 883 Rdn 191; Joeris, Auflassungsvormerkung in der Zwangsversteigerung (1933), S 19; Oppler, Auflassungsvormerkung in der Zwangsversteigerung (1911), S 29; Weyrich, Auflassungsvormerkung in der Zwangsversteigerung (1937), S 37; Fischer BWNotZ 1963, 37 (B II 1 b); Haegele BWNotZ 1971, 1; Knott MittRheinNot 1967, 586 (595); offen gelassen von BGH NJW 1994, 3299 (3301) = aaO (Fußn 69) und OLG Düsseldorf OLGRep 2001, 107.

[72] Blomeyer DNotZ 1979, 515 (B I 2); Keuk NJW 1968, 476; Siegmann DNotZ 1995, 209 (Anmerkung); Wörbelauer DNotZ 1963, 718; MünchKomm/Wacke, BGB, § 883 Rdn 52; offen gelassen von BGH und OLG Düsseldorf wie Fußn 71 aE; ablehnend Amann MittBayNot 2000, 197 (201).

Wertersatz für erlöschende Rechte 7.5 § 92

gemerkten der Ausfall der aufschiebenden Bedingung nachgewiesen ist und damit sicher feststeht, daß der an die Stelle der Auflassungsvormerkung getretene bedingte Anspruch auf den Übererlös endgültig nicht mehr entstehen kann. Wenn **Planausführung mit Hinterlegung** des Überschusses oder Eintragung der Sicherungshypothek (§ 128 Abs 2) erfolgt ist, ist es ebenso Sache der Beteiligten, damit des Vormerkungsberechtigten als bedingter Erstberechtigter und der Hilfsberechtigten, die Berechtigung auf den Übererlös, damit den Eintritt oder Ausfall der Bedingung, zu klären. Das Verteilungsverfahren des Vollstreckungsgerichts ist mit der Hinterlegung oder Eintragung der Sicherungshypothek abgeschlossen (§ 120 Rdn 2.2). Herausgabeverfügung über den hinterlegten Betrag erläßt die Hinterlegungsstelle (wie § 120 Rdn 2.2).

7.5 Die **Berechtigung** der Beteiligten auf den bedingt verteilten Übererlös bestimmt sich nach dem gesicherten schuldrechtlichen Anspruch (Akzessiorietät der Vormerkung). **a)** Wenn der gesicherte schuldrechtliche **Anspruch nicht wirksam** besteht, ist auch die Vormerkung ohne Wirkung. Sie gibt dann auch nach Erlöschen mit dem Zuschlag keinen Anspruch auf den Übererlös. Der Erlösüberschuß gebührt dann vielmehr dem oder den Hilfsberechtigten. Dieser kann (diese können) vom Vormerkungsberechtigten Zustimmung zur Auszahlung des Erlösüberschusses verlangen (ist im Prozeßweg zu verfolgen).

b) Wenn der gesicherte schuldrechtliche **Anspruch durchsetzbar besteht**, insbesondere der Eigentumsverschaffungsanspruch (zB nach BGB § 433 Abs 1) zu erfüllen ist, weil der Kaufpreis vollständig bezahlt ist[73] (der Auflassungsanspruch damit schon vor dem Zuschlag unabhängig von Gegenleistungen war), oder weil ein Vermächtnis- oder ein Rückauflassungsanspruch einredefrei zu erfüllen ist, gebührt dem Vormerkungsberechtigten nach Erlöschen der Vormerkung mit dem Zuschlag für den nach Zwangsversteigerung nicht mehr möglichen Erwerb des Grundstückseigentums der Übererlös[74]. Der Berechtigte der erloschenen Vormerkung kann dann von dem (von allen) Hilfsberechtigten Zustimmung zur Auszahlung des Übererlöses verlangen (ist im Prozeßweg zu verfolgen).

c) Wenn der gesicherte schuldrechtliche **Anspruch besteht,** eine **Einrede** dem Grundstückseigentümer als Schuldner aber Leistungsverweigerung ermöglicht, wie die Einrede des nicht erfüllten (gegenseitigen) Vertrags (Kaufpreiszahlung ist nicht erfolgt; der Auflassungsanspruch ist sonst von einer Gegenleistung abhängig), berechtigt die Einrede auch zur Verweigerung der Zustimmung. Den gesicherten Anspruch läßt die Einrede bestehen (daher wird der Übererlös für den Vorgemerkten im Teilungsplan bedingt ausgewiesen, ist die Differenztheorie mithin nicht zutreffend); es kann nur der Anspruch auf Zustimmung zur Erlösauszahlung nicht durchgesetzt werden. Im einzelnen treffen die Vorschriften des materiellen Rechts über die Rechtsfolgen der Leistungsstörung Bestimmung über die Rechte und Pflichten nach Umgestaltung des Schuldverhältnisses, wenn somit nach Zwangsversteigerung Erfüllung des gesicherten Anspruchs auf Übertragung des Grundstückseigentums nicht mehr möglich ist und nur noch ein Übererlös verbleibt. Die vielfältigen Fallgestaltungen sind im Rahmen eines ZVG-Kommentars nicht zu erörtern. Zustimmungspflichtige nacheingetragene (dingliche) Berechtigte sollen dem vorgehenden Berechtigten jedoch nur solche Einwendungen des Grundstückseigentümers entgegenhalten können, die sich gegen die Rechtsbeständigkeit des vorgemerkten Anspruchs oder der (erloschenen) Vormerkung richten; die Einrede des nicht erfüllten gegenseitigen Vertrags soll nicht dazu gehören[75]. Daher kann ein nachrangig Berechtigter auch seine Auszahlungs-

---

[73] Fall BGH NJW-RR 1987, 890 = aaO (Fußn 69).
[74] BGH NJW-RR 1987, 890 = aaO (Fußn 69).
[75] BGH NJW 1994, 3299 (3301) = aaO (Fußn 69); RG 144, 281 (283); Gegenansicht im Schrifttum, zB Staudinger/Gursky, BGB, § 888 Rdn 37; MünchKomm/Wacke, BGB § 888 Rdn 4, je mit weit Nachw.

zustimmung wegen noch ausstehender Kaufpreiszahlung nicht mit Erfolg versagen.

7.6 Daß es sich um eine erloschene Vormerkung zu Sicherung eines **bedingten** oder **künftigen Auflassungsanspruchs** (BGB § 883 Abs 1 Satz 2) handelt, ändert nichts an der Berücksichtigung des Übererlöses bedingt für den Vorgemerkten und der anderweitigen Verteilung (Rdn 7.3). Auch die Sicherungswirkung der Auflassungsvormerkung für einen bedingten oder künftigen Anspruch beginnt bereits mit Entstehen der Vormerkung[76]. Die Aufstellung des Teilungsplans hat daher nach dem Inhalt des Grundbuchs zu erfolgen; schuldrechtliche Rechtsbeziehungen hat das Vollstreckungsgericht nicht zu entscheiden (Rdn 7.3). Für die (materielle) Berechtigung der Beteiligten auf den bedingt verteilten Erlös (Rdn 7.5; ist im Prozeßweg zu verfolgen) erlangt jedoch Bedeutung, daß die (relative) Unwirksamkeit einer vormerkungswidrigen Verfügung erst nach Bedingungseintritt oder Entstehen des Anspruchs (dann mit rückwirkender Kraft) geltend gemacht werden kann[77]. Bis Bedingungseintritt oder Entstehen des künftigen Anspruchs wird der Erlös daher den Berechtigten der nach der Vormerkung eingetragenen Rechte und sodann als Übererlös dem Eigentümer bei Zuschlag (§ 128 Abs. 2) zu überlassen sein. Wenn der Bedingungseintritt oder das Entstehen des künftigen Anspruchs dem Vollstreckungsgericht sicher bekannt, also nachgewiesen oder offenkundig ist oder vom hilfsweise Berechtigten zugestanden (anerkannt) wird, ist der Vorgemerkte sogleich bei Planaufstellung (und -ausführung) als unbedingt (endgültig) Berechtigter zu behandeln. So ist auch zu verfahren, wenn ein bedingter Anspruch nur noch davon abhängt, daß der berechtigte ihn geltend macht; er ist dann für diesen vollwertig[78]. Für die Berechtigung des Vorgemerkten auf den Übererlöses ist daher dann unerheblich, daß Geltendmachung bei Zuschlag noch nicht erfolgt war[78].

7.7 Der restige Erlös (Übererlös) ist nicht Anspruch (Rdn 7.1), der für Aufnahme in den Teilungsplan grundbuchersichtlich sein oder angemeldet werden müßte (§ 114 Abs 1). Er verbleibt unverteilt (§ 114 Rdn 10.1) dem (bedingt) Berechtigten der Vormerkung. Anmeldung für Aufnahme in den Teilungsplan ist daher nicht notwendig. Die Auflassungsvormerkung selbst ist natürlich anzumelden, wenn sie bei Eintragung des Versteigerungsvermerks nicht grundbuchersichtlich war (§ 114 Abs 1).

7.8 Ein der Auflassungsvormerkung im „Rang" (BGB § 883 Abs 3) nachfolgender Berechtigter muß seine bessere Berechtigung mit Widerspruch gegen die Berücksichtigung des Vorgemerkten als Berechtigter des Übererlöses verfolgen, wenn er **Wirksamkeit mit** dessen **Genehmigung** (§ 48 Rdn 3.3) geltend macht. Eintragung eines Wirksamkeitsvermerks (§ 48 Rdn 3.3) macht die Wirksamkeit eines nachrangig eingetragenen Rechts auch dem Berechtigten der zuvor eingetragenen Auflassungsvormerkung gegenüber grundbuchersichtlich. Diese Wirksamkeit des nach Eintragung der Vormerkung erlangten Rechts ist bei Planaufstellung daher zu berücksichtigen, wenn das Vollstreckungsgericht von der Eintragung des Wirksamkeitsvermerks Kenntnis erlangt.

7.9 War nur der Anspruch auf Übertragung einer **Teilfläche** des Grundstücks vorgemerkt, dann ist Wertersatz der auf diese Grundstücksfläche treffende anteilige Resterlös. Aufteilung erfolgt nach dem Verhältnis der Verkehrswerte der Teilflächen[79]. Wenn die Vormerkung für **mehrere Berechtigte** gemeinschaftlich eingetragen war, besteht ihr Gemeinschaftsverhältnis (Bruchteilsgemeinschaft oder gemeinschaftliches Rechtsverhältnis) am Wertersatzanspruch fort[79]; dessen Ausein-

---

[76] BGH DNotZ 1981, 179 (180) = NJW 1981, 446 (447) = Rpfleger 1981, 55.
[77] BGH NJW 1981, 446 (447) = aaO; Staudinger/Gursky, BGB, § 883 Rdn 153.
[78] BGH NJW 1994, 3299 = aaO (Fußn 69).
[79] BGH MDR 1987, 842 = NJW-RR 1987, 891 = Rpfleger 1987, 426.

andersetzung ist nicht Gegenstand des gerichtlichen Verteilungsverfahrens (vgl § 180 Rdn 17).

7.10 Wenn der **Ersteher selbst** vormerkungsberechtigt ist, so muß er keinen Ersatzbetrag für die erloschene Vormerkung zahlen; falls der Anspruch berechtigt war deshalb nicht, weil die Vormerkung durch Erfüllung ihres Zweckes gegenstandslos ist; falls der Anspruch nicht berechtigt war deshalb nicht, weil der Ersteher keinen grundlosen Vorteil hat (anders[80]: der Zuschlag sei nicht Eintritt der aufschiebenden Bedingung, Eigentum werde nicht auf Grund Rechtsgeschäfts erworben, Ersatzbetrag bedingt verteilen).

Rechte Dritter am Versteigerungserlös (§ 37 Nr 5)

8.1 An die Stelle eines versteigerten Gegenstandes tritt mit dem Zuschlag der Versteigerungserlös für ein der Versteigerung entgegenstehendes **Recht eines Dritten**, wenn Aufhebung oder Einstellung des Verfahrens nicht herbeigeführt worden ist (§ 37 Nr 5; dazu § 37 Rdn 6). Das der Versteigerung entgegenstehende Recht besteht dann am Versteigerungserlös ebenso fort wie es bis zum Zuschlag am versteigerten Gegenstand bestanden hat (daher keine Zurücksetzung nach § 110 bei verspäteter Geltendmachung). **Grundstückseigentum eines Dritten** wird Recht des Dritten am Erlös. Der Dritte ist damit alleiniger Eigentümer des Erlöses, wenn das Grundstück nicht dem Schuldner gehörte. Auch dieser Erlös unterliegt wie das Grundstück der Beschlagnahme (§ 20). Daher muß der Dritte Befriedigung gutgläubig erworbener dinglicher Rechte am Grundstück dulden (nicht aber Befriedigung persönlicher Beschlagnahmeansprüche, § 10 Abs 1 Nr 5, weil gutgläubiger Erwerb durch Zwangsvollstreckung nicht möglich ist). Alle übrigen Gläubiger sind jedoch zur Freistellung des dem Dritten gehörenden Erlöses von der Beschlagnahme und von Ansprüchen auf Befriedigung aus dem Grundstück (§ 10) verpflichtet.

8.2 Ist mit dem Grundstück des Schuldners (und mithaftenden Gegenständen in seinem Eigentum) ein **Gegenstand im Eigentum eines Dritten** (insbesondere Zubehör) versteigert worden (§ 55), dann tritt der Gesamterlös als Gegenwert an die Stelle des Grundstücks (und mitversteigerter Gegenstände) im Schuldnereigentum und des mitversteigerten fremden Gegenstandes[81]. Der **Gesamterlös** gehört dann dem Schuldner und dem Dritten nach dem Verhältnis der Werte, in welchem bei Versteigerung (Verkündung, nicht Rechtskraft des Zuschlags) der Verkehrswert des Grundstücks (unter Einschluß mitversteigerter Gegenstände im Schuldnereigentum) zu dem Verkehrswert des dem Dritten gehörenden Gegenstandes stand[81]. Hierfür ist auf den höheren Wert abzustellen, den ein mitversteigerter Gegenstand infolge Verbindung mit dem Grundstück hat, nicht dagegen auf einen geringeren Wert, den er bei Herausgabe vor dem Zuschlag für den Dritteigentümer gehabt hätte[82]. Für den Dritten ergibt sich als Wertersatz, wenn nicht besondere Umstände andere Feststellungen ermöglichen (Rdn 8.3), damit der Betrag, der zum Gesamterlös in demselben Verhältnis steht wie der Verkehrswert des mitversteigerten Gegenstands zum Verkehrswert aller Gegenstände der Versteigerung (Grundstück und Gegenstand im Eigentum des Dritten zusammen)[83]. Als Verkehrswerte von Grundstücken und Gegenstand im Dritteigentum werden auch hierfür die durch die Wertfestsetzung (§ 74a Abs 5) festgelegten Werte (für das Prozeßgericht verbindlich[84]) angesehen. Der Berechtigte erhält also nicht einfach ohne Rücksicht auf das Ergebnis der Versteigerung den Verkehrswert des Gegen-

---

[80] LG Augsburg Rpfleger 1966, 370.
[81] RG 76, 212 und 88, 351; OLG Schleswig SchlHA 1994, 286.
[82] RG 88, 351.
[83] RG 76, 212 und 88, 351.
[84] OLG Celle Rpfleger 1993, 363.

standes[85]; sein Ersatzwert bestimmt sich vielmehr nach dem Erlös[86] und kann daher geringer, aber auch höher als der Verkehrswert des Gegenstandes sein. Denn Anspruch besteht nicht auf Ersatz des Wertes, den der mitversteigerte fremde Gegenstand für seinen Eigentümer hatte, sondern auf den Erlös, der durch Versteigerung des fremden Gegenstandes tatsächlich erzielt wurde[87]. Dieser Erlösanteil des Dritten für den mitversteigerten Gegenstand wird in Anlehnung an den vormaligen BGB § 471 berechnet[87] (dazu auch[88]). Es gibt dabei zwei **Berechnungsmöglichkeiten:**

M = Meistgebot (bar und bestehenbleibend) (Beispiel: 40 000)
G = Gegenstandswert (Zubehör; Verkehrswert) (Beispiel: 2000)
Gr = Grundstückswert ohne Zubehör (Verkehrswert) (Beispiel: 50 000)
X = Erlösanteil des Gegenstands:

1. Möglichkeit: $\dfrac{M \cdot G}{Gr + G} = x$ \qquad $x = 1538{,}46$ Euro

2. Möglichkeit: $\dfrac{Gr + G}{G} = \dfrac{M}{x}$ \qquad $x = 1538{,}46$ Euro

8.3 Wenn für Grundstück des Schuldners und für die fremde Sache gesonderte Gebote abgegeben wurden (so im Fall des § 65), dann ist das vom Ersteher auf die fremde Sache abgegebene Meistgebot auch dessen Versteigerungserlös, an dem das Recht des Dritten fortdauert. Hat der Ersteher sonst einen bestimmten Teil des einheitlichen Meistgebots nur deswegen abgegeben, weil der Gegenstand mit versteigert worden ist, dann ist dieser Teil Erlös für den Gegenstand[89]. Dieser Erlösanteil kann dann höher oder geringer sein als der Erlösbetrag, der sich rechnerisch nach dem Rdn 8.2 Gesagten ergeben würde. Wenn aber nicht besondere Umstände im einzelnen Fall Anlaß zu einer anderen Verteilung des gemeinsamen Erlöses geben, ist das Gebot nach dem Verhältnis der Werte zu verteilen. Denn dann ist ein nach dem Wertverhältnis höheres Gebot mutmaßlich deshalb erzielt worden, weil das Grundstück in Verbindung mit dem Gegenstand versteigert wurde[90]. Von der Feststellung, ob und was der Ersteher gerade für den mitversteigerten Gegenstand (Zubehör) im Dritteigentum geboten hätte, läßt sich der Erlösanspruch des Dritten dann nicht abhängig machen[91]. Vielmehr haben Schuldner und Dritter an dem Erlös gleichartige Rechte[91]. Auf die Meinung des Erstehers über den Wert, den einzelne Teile des Versteigerungsobjekts insgesamt für ihn haben, kommt es für den Ersatzanspruch des Dritten daher nicht an, zumal oft auch andere Verhältnisse als der Wert einzelner Gegenstände die Höhe des Gebots bestimmen[91]. Dann ist auch nicht von Bedeutung, ob der Ersteher vom Vorhandensein des mitversteigerten fremden Gegenstandes überhaupt wußte[92]. Der Dritte braucht für seinen Wertersatz daher nicht zu behaupten und zu beweisen, daß durch den mitversteigerten fremden Gegenstand ein höherer Erlös erzielt worden sei[93]. Ihm kann auch nicht entgegengehalten werden, der Ersteher hätte nicht weniger geboten, wenn der fremde Gegenstand nicht mitversteigert worden sei[93], also auch nicht, der Ersteher habe wegen des Gegenstands kein höheres Gebot ab-

---

[85] RG 76, 212.
[86] RG 88, 351.
[87] RG 76, 212 und 88, 351.
[88] OLG Celle OLGZ 1980, 13; Jaeckel/Güthe § 92 Rdn 1 a; Mohrbutter/Drischler Muster 126 Anm 3.
[89] RG 76, 212 und 88, 351.
[90] RG 88, 351.
[91] RG 76, 212.
[92] OLG Celle OLGZ 1980, 13.
[93] RG 76, 212.

Wertersatz für erlöschende Rechte 8.6 § 92

gegeben. Die Beweislast dafür, daß Mitversteigerung des fremden Gegenstandes sich auf das Meistgebot nicht wesentlich ausgewirkt hat, weil der Ersteher nur deswegen einen bestimmten geringeren Teil des einheitlichen Meistgebots abgegeben hat, trifft daher den Gläubiger, der den anteiligen rechnerischen Erlösanteil des Gegenstandes zur Befriedigung seines Rechts am Grundstück (§ 10) in Anspruch nimmt[94].

8.4 Das am Versteigerungserlös fortbestehende Recht eines Dritten gibt nicht nach § 10 Abs 1 Anspruch auf Befriedigung aus dem Grundstück. Für den Dritten wird ein Erlösanspruch daher nicht nach § 114 in den Teilungsplan aufgenommen. Das der Versteigerung entgegenstehende Recht am Erlös schließt vielmehr Befriedigung der am Grundstück bestehenden Rechte aus. **Der Dritte kann verlangen,** daß der Erlösanteil als nicht zum Vermögen des Grundstückseigentümers gehörig nicht an dessen Gläubiger verteilt, sondern aus der Teilungsmasse ausgeschieden und als ihm (dem Dritten) gehörend herausgegeben wird[95]. Weil auch der dem Dritten gehörende anteilige Erlös der Beschlagnahme unterliegt (§ 92 Rdn 8.1), unterbleibt Verfahrensfortgang mit Erlösverteilung (§§ 105 ff) jedoch nur, wenn (ebenso wie dies hinsichtlich des Gegenstandes selbst zum Zuschlag erforderlich gewesen wäre; dazu § 37 Rdn 6) das am Erlös fortbestehende entgegenstehende Recht gegen die damit noch zum Zuge kommenden Berechtigten (nicht mehr gegen den betreibenden Gläubiger) mit Aufhebung der Beschlagnahmewirkungen oder einstweiliger Einstellung des Verfahrens geltend gemacht ist. Im Verteilungstermin kann der Dritte als Beteiligter (§ 9) sein Recht am Erlös mit **Widerspruch** gegen den Teilungsplan geltend machen[96]. Mit diesem Widerspruch wird beanstandet, daß der Plan auf Grund des besseren Rechts am (anteiligen) Erlös sachlich unrichtig sei (§ 115 Rdn 3.2). Der Widerspruch muß den Umfang der verlangten Planänderung (§ 115 Rdn 3.6) erkennbar machen, also darlegen, welchen Erlösteil der widersprechende Dritte betragsmäßig in Anspruch nimmt. Die Anmeldung des Erlösanspruches gilt als Widerspruch (§ 115 Abs 2). Dieser Widerspruch richtet sich gegen den oder die nach dem Teilungsplan an letzter Stelle zu befriedigenden Gläubiger, denen oder denen aus dem Versteigerungserlös ein Betrag zugeteilt wurde[97], der oder die nicht zur Hebung kommen können, wenn der vom Dritten beanspruchte Erlösbetrag nicht zur Verteilung gebracht wird[98]; er richtet sich somit nicht gegen den nach § 114a erweitert befriedigten Ersteher[99]. Verhandlung über diesen Widerspruch und seine Erledigung erfolgen nach § 115 Abs 1 mit ZPO §§ 876–882. Der Widerspruch erfordert Hilfsverteilung nach § 124 Abs 1 an den Widersprechenden. Hinterlegung des streitigen Betrags für die Berechtigten erfolgt nach § 124 Abs 2, § 120. Wenn eine Einigung nicht erzielt wird, entscheidet über Bestehen und Höhe des Erlösanspruchs des Dritten das Prozeßgericht (ZPO §§ 878, 882).

8.5 Nach Erlösverteilung kann der Dritte Anspruch auf den ihm an Stelle eines versteigerten Gegenstandes gebührenden Erlös noch als **Bereicherungsanspruch** (BGB §§ 812, 816 Abs 2) gegen damit an letzter Stelle zum Zuge gekommenen Gläubiger geltend machen.

8.6 Zu Wertersatz für fremdes Eigentum (insbesondere Zubehör) im ZVG-Handbuch Rdn 535–538.

---

[94] OLG Celle OLGZ 1980, 13.
[95] RG 88, 351.
[96] Steiner/Teufel § 37 Rdn 99 und § 55 Rdn 29.
[97] OLG Celle Rpfleger 1993, 363.
[98] RG 88, 351.
[99] OLG Celle Rpfleger 1993, 363.

§ 93

[Zuschlagsbeschluß als Vollstreckungstitel]

93 (1) **Aus dem Beschlusse, durch welchen der Zuschlag erteilt wird, findet gegen den Besitzer des Grundstücks oder einer mitversteigerten Sache die Zwangsvollstreckung auf Räumung und Herausgabe statt. Die Zwangsvollstreckung soll nicht erfolgen, wenn der Besitzer auf Grund eines Rechtes besitzt, das durch den Zuschlag nicht erloschen ist. Erfolgt gleichwohl die Zwangsvollstreckung, so kann der Besitzer nach Maßgabe des § 771 der Zivilprozeßordnung Widerspruch erheben.**

(2) **Zum Ersatze von Verwendungen, die vor dem Zuschlage gemacht sind, ist der Ersteher nicht verpflichtet.**

Literatur: Bauer, Die Zwangsvollstreckung aus dem Zuschlagsbeschluß (§ 93 ZVG), JurBüro 1998, 400; Drischler, Der Gerichtsvollzieher in der Immobiliarvollstreckung, DGVZ 1955, 131; Eickmann, Probleme der Vollstreckung von Zuschlagsbeschlüssen über Miteigentumsanteile, DGVZ 1979, 177; Heinz, Tätigkeit des GV im Zusammenhang mit der Immobiliarbeschlagnahme, DGVZ 1955, 17; Mümmler, Durchsuchungsanordnung bei Zwangsräumung aufgrund Zuschlagsbeschluß, JurBüro 1988, 30; Noack, Räumungsvollstreckung aus Konkurseröffnungs- und Zuschlagsbeschlüssen und die Möglichkeit der Gewährung von Vollstreckungsschutz, WuM 1967, 1; Noack, Die Räumung auf Grund des Zuschlagsbeschlusses, ZMR 1970, 97; Rabl, Die Zwangsräumung der Ehewohnung, DGVZ 1987, 38; Rimmelspacher, Binden Mietverträge mit dem Zwangsverwalter den Ersteher des zwangsversteigerten Grundstücks?, WM 2004, 1945; Schmidt-Futterer, Die Räumungsfrist bei der Zwangsvollstreckung aus Zuschlags- und Konkurseröffnungsbeschlüssen, NJW 1968, 143; Schumacher, Zur Vollstreckung aus dem Zuschlagsbeschluß, DGVZ 1956, 52.

1 Allgemeines zu § 93

1.1 Zweck der Vorschrift: Wahrung der Belange des Erstehers; er soll sein Recht auf Besitzergreifung gegen denjenigen, welcher ihm den Besitz vorenthält, nicht erst gesondert im ordentlichen Rechtsweg geltend machen müssen. Abs 1 legt dem Zuschlagsbeschluß daher die Bedeutung eines vollstreckbaren Titels bei (Denkschrift S 55). Abs 2 schließt Verwendungsersatz bis Zuschlag aus.

1.2 Anwendungsbereich: Die Vorschrift gilt für alle Versteigerungsverfahren des ZVG.

2 Räumungs-/Herausgabevollstreckung aus Zuschlag (Absatz 1 Satz 1)

2.1 Der Zuschlagsbeschluß ist für den Ersteher **Vollstreckungstitel** auf Räumung und Herausgabe des Grundstücks oder einer mitversteigerten Sache gegen den (= jeden) Besitzer: Abs 1 Satz 1. Besitz auf Grund eines durch den Zuschlag nicht erloschenen Rechts hindert jedoch die Räumungs- und Herausgabevollstreckung (Abs 1 Satz 2; Rdn 3). Vollstreckung ermöglicht der Zuschlagsbeschluß ab seiner Wirksamkeit (§§ 89, 104), also schon vor seiner Rechtskraft und ohne Rücksicht darauf, ob das bare Meistgebot bezahlt ist. Bei Anfechtung des Zuschlags können Vollstreckungs- und Beschwerdegericht durch einstweilige Anordnung den Vollzug des Zuschlags (seine Vollstreckung, nicht die Wirksamkeit) aussetzen (ZPO § 570 Abs 2, 3). Für Beginn der Zwangsvollstreckung muß der räumungs- sowie herausgabepflichtige Besitzer als Schuldner in der dem Zuschlagsbeschluß beigefügten Vollstreckungsklausel (nicht auch im Zuschlagsbeschluß selbst) bezeichnet sein (ZPO § 750 Abs 1 Satz 1; Rdn 2.3); Erteilung der Vollstreckungsklausel zu dem Zuschlagsbeschluß gegen diesen Besitzer setzt Abs 1 Satz 1 mit ZPO § 750 Abs 1 Satz 1 damit voraus. Gegen den räumungspflichtigen Besitzer kann auch ein Rechtsnachfolger des Erstehers aus dem Zuschlagsbeschluß vollstrecken[1]. Namentliche Bezeichnung des Gläubigers für Beginn der Herausga-

---

[1] LG Göttingen Rpfleger 1996, 300.

2.2 § 93

bevollstreckung (ZPO § 750 Abs 1) erfordert Erteilung (Umschreibung) der Vollstreckungsklausel; erlangen kann der Rechtsnachfolger diese Vollstreckungsklausel nach ZPO § 727 (Zustellung dann nach ZPO § 750 Abs 2).

2.2 Räumungsschuldner ist als **Besitzer** der bisherige Grundstückseigentümer = Vollstreckungsschuldner. Sein **Ehegatte** übt (bei ungestörter Ehe) die Herrschaftsgewalt über Räume der Ehewohnung (damit auch über eine zur Ehewohnung gehörende Grundstücksfläche) gemeinsam mit ihm aus, ist sonach als Mitbesitzer[2] (BGB § 866) gleichfalls Räumungsschuldner. In der Vollstreckungsklausel (ZPO § 750 Abs 1 Satz 1) muß als Räumungsschuldner daher auch der Ehegatte des bisherigen Grundstückseigentümers bezeichnet sein (so auch[3]; anders[4]: Vollstreckungsklausel gegen Ehegatten nicht erforderlich; nicht zutreffend). Besondere Umstände können eine andere Beurteilung gebieten, uU auch nur Mitbenutzung des Ehegatten unter Anerkennung des alleinigen Besitzes des anderen, der dann allein Räumungsschuldner ist. Güterrechtliche Verhältnisse und Eigentum bis zur Erteilung des Zuschlags sind jedoch unerheblich. Besitz des Ehegatten (auch sonst eines Dritten) macht Vollstreckungsklausel gegen ihn auch nicht deshalb entbehrlich, weil er „sein Recht zum Besitz vom Schuldner ableitet" (anders[5]) oder „allein auf Grund der ehelichen Lebensgemeinschaft Mitbesitzer" des (versteigerten) Grundstücks im bisherigen Alleineigentum des anderen Ehegatten ist (anders[6]). Denn die Räumungsvollstreckung aus dem Zuschlag findet gegen den und damit jeden Besitzer des Grundstücks statt, nicht (nur) gegen den Schuldner des Versteigerungsverfahrens. Worauf das Besitzrecht sich gründet ist nicht für die Parteistellung des Besitzers als Räumungsschuldner im Vollstreckungsverfahren und namentliche Bezeichnung in der Vollstreckungsklausel für den Beginn der Zwangsvollstreckung (ZPO § 750 Abs 1 Satz 1) erheblich, sondern erlangt nur Bedeutung dafür, daß bei nicht erloschenem Besitzrecht nach Abs 1 Satz 2 eine Räumungsvollstreckung aus dem Zuschlag nicht erfolgen kann (dazu Rdn 3). Ein minderjähriges **Kind** (unter elterlicher Sorge) nutzt Räume der elterlichen Wohnung (zumeist) unselbständig, ist somit (auch wenn ihm ein eigenes Zimmer zur Verfügung steht) weder Besitzer noch Mitbesitzer. Räumung erfordert daher nur Vollstreckungstitel gegen die Eltern (den Elternteil) als alleinigen Besitzer[7]. Entsprechendes gilt für ein erwachsenes Kind (nach Verkehrsauffassung fortdauernde Mitbenutzung ohne eigenen Besitzwillen[8]). In der Vollstreckungsklausel hat daher auch das von einer Räumungsvollstreckung gegen den nach Abs 1 Satz 1 räumungspflichtigen Besitzer mitbetroffene volljährige Kind nicht gesondert bezeichnet zu sein. Sieht man dennoch auch dieses Kind als Besitzer an (Teilbesitz nach BGB § 865 und Mitbesitz an Gemeinschaftsräumen nach BGB § 866), dann ist der Zuschlagsbeschluß Vollstreckungstitel nach Abs 1 Satz 1 auch gegen dieses Kind als Besitzer und daher mit der Vollstreckungsklausel auch gegen diesen Räumungsschuldner zu versehen. Ein nur vorübergehend in Wohnräumen weilender Angehöriger oder **Gast** ist nicht Besitzer (kein eigener Besitzwille), braucht daher bei Räumungsvollstreckung gegen den nach Abs 1 Satz 1 räumungspflichtigen Besitzer in der Vollstreckungsklausel nicht gesondert bezeichnet zu sein. Dauernde Aufnahme eines **Angehörigen** in Wohnräume begründet Teil-

---

[2] BGH 12, 380 (398–400) = NJW 1954, 918; Zöller/Stöber, ZPO, § 885 Rdn 6.
[3] Zöller/Stöber, ZPO, § 885 Rdn 5 mit 6 mit weit Nachw; LG Lübeck DGVZ 1990, 91; LG Mainz MDR 1978, 765; LG Wiesbaden DGVZ 2000, 24; AG Limburg DGVZ 2004, 127.
[4] Dassler/Schiffhauer § 93 Rdn 7.
[5] LG Baden-Baden FamRZ 1993, 227 Leitsatz = WuM 1992, 493; Dassler/Schiffhauer § 93 Rdn 7.
[6] LG Oldenburg DGVZ 1991, 26 = Rpfleger 1991, 29 mit zust Anm Meyer-Stolte.
[7] Zöller/Stöber, ZPO, § 885 Rdn 7; Stein/Jonas/Brehm, ZPO, § 885 Rdn 9.
[8] OLG Hamburg MDR 1991, 453 = NJW-RR 1991, 909; AG Fürth DGVZ 2003, 29 = FamRZ 2003, 1946.

besitz (BGB § 865) oder Mitbesitz (BGB § 866)[9]; auch gegen diesen Besitzer findet dann (mit Vollstreckungsklausel gegen ihn[10], ZPO § 750 Abs 1 Satz 1) aus dem Zuschlagsbeschluß Räumungsvollstreckung nach Abs 1 Satz 1 statt. Ein nichtehelicher **Lebensgefährte** wird (durchweg) Mitbesitzer des zu räumenden Grundstücks (herauszugebender Räume) sein[11]. Für Räumung muß die Vollstreckungsklausel daher gegen beide besitzende Räumungsschuldner lauten[11]. Räumungsvollstreckung und Erteilung der Vollstreckungsklausel gegen beide Partner der Lebensgemeinschaft als Besitzer ermöglicht Abs 1 Satz 1 ohne Rücksicht darauf, wer Vollstreckungsschuldner des Versteigerungsverfahrens war. Nur selten wird bloße Mitbenutzung des Grundstücks (der Räume) durch einen der Lebensgefährten unter Anerkennung des alleinigen fremden Besitzes des Lebenspartners gegeben sein; dann genügt für Räumungsvollstreckung Vollstreckungsklausel allein gegen den besitzenden Partner der Lebensgemeinschaft. Nur vorübergehende „Aufnahme" eines Dritten (erst kurzzeitige tatsächliche oder behauptete gemeinsame Lebensführung) begründet nach der Lebenserfahrung noch keine gemeinsame Sachherrschaft an Räumen, erfordert daher nicht auch noch einen Räumungstitel (Vollstreckungsklausel) gegen den (nur vorübergehend oder erst kurzzeitig) in den Räumen Anwesenden[11]. Für zusammenlebende **Verwandte** und ähnliche **häusliche Gemeinschaften** gilt entsprechendes[12]. Im Haushalt oder Erwerbsgeschäft des besitzenden Räumungsschuldners tätige Dritte (**Besitzdiener** wie Hausangestellte, Gewerbegehilfen, Arbeitnehmer, Lehrlinge) sind nicht selbst Besitzer (BGB § 855). Räumung gegen den Besitzer als Schuldner erfordert Vollstreckungsklausel gegen diese mitbetroffenen Besitzdiener daher nicht. Einem **Untermieter** (Unterpächter), dem das Grundstück (gemietete oder gepachtete Räume) überlassen ist, ist Besitzer (BGB § 854); Räumung erfordert daher gegen ihn lautenden Vollstreckungstitel[13] (§ 750 Abs 1 Satz 1).

2.3 In der **Vollstreckungsklausel** für Räumungsvollstreckung (ZPO § 725; Rdn 2.1) müssen der Ersteher als Gläubiger und als Schuldner die Person, gegen die vollstreckt werden soll, namentlich bezeichnet sein. Als (früherer) Eigentümer ist der Schuldner dem Ersteher gegenüber nicht zum Besitz berechtigt (vgl BGB § 986 Abs 1). Erteilung der Vollstreckungsklausel zur Räumungsvollstreckung gegen ihn erfordert daher keine Nachweise. Gleiches gilt bei Eigentumswechsel nach Beschlagnahme für den neuen Eigentümer. Besitz eines Dritten (auch eines Familienangehörigen) muß nach ZPO § 726 Abs 1 (jedenfalls entsprechende Anwendung; keine Rechtsnachfolge nach ZPO § 727) bei Gericht offenkundig sein (wird bei Familienangehörigen und Lebensgefährten vielfach der Fall sein) oder durch öffentliche oder öffentlich beglaubigte Urkunden nachgewiesen werden oder im Klauselverfahren zugestanden sein (ZPO § 288). Prüfung der Nachweise hat im Klauselverfahren zu erfolgen. Zuständig für Erteilung der Vollstreckungsklausel gegen den Schuldner ist der Urkundsbeamte der Geschäftsstelle (ZPO § 724 Abs 2; allgemeine Meinung[14]), die Klausel gegen einen besitzenden Dritten hat der Rechtspfleger zu erteilen (RPflG § 20 Nr 12)[15]. Der Dritte kann vor Erteilung der vollstreckbaren Ausfertigung gehört werden (ZPO § 730). Der Zuschlagsbeschluß als Vollstreckungstitel ist vor Beginn der Zwangsvollstreckung

---

[9] Zöller/Stöber, ZPO, § 885 Rdn 8.
[10] AG Bad Neuenahr-Ahrweiler DGVZ 1987, 142.
[11] Zöller/Stöber, ZPO, § 885 Rdn 10 mit weit Nachw.
[12] Zöller/Stöber, ZPO, § 885 Rdn 11.
[13] BGH MDR 2004, 53 = NJW-RR 2003, 1450; Zöller/Stöber, ZPO, § 885 Rdn 12 mit weit Nachw.
[14] Dassler/Schiffhauer § 93 Rdn 10; Steiner/Eickmann § 93 Rdn 37.
[15] OLG Hamm Rpfleger 1989, 165 und JurBüro 1990, 1351 = NJW-RR 1990, 1277 = OLGZ 1990, 362 = Rpfleger 1990, 286; LG Darmstadt DGVZ 1996, 72; Dassler/Schiffhauer § 93 Rdn 11; Steiner/Eickmann § 93 Rdn 37; aA AG Westerburg DGVZ 2005, 46 mit abl Anm Seip.

Zuschlagsbeschluß als Vollstreckungstitel 2.7 § 93

oder gleichzeitig zuzustellen (ZPO § 750 Abs 1 Satz 1); Zustellung von Amts wegen (soweit sie erfolgt, §§ 88, 103) genügt[16]. Desgleichen müssen die Vollstreckungsklausel und bei Dritten auch etwa ihr zugrunde liegende Urkunden vor Beginn der Räumungsvollstreckung oder gleichzeitig zugestellt werden (ZPO § 750 Abs 2; anders[17]: Klausel gegen den Schuldner nicht; Räumungsverpflichtung gegen den Besitzer weist der Zuschlag allein aber nicht aus). Kann Besitz Dritter für Erteilung der Vollstreckungsklausel nicht nachgewiesen werden, muß der Ersteher nach ZPO § 731 (mit § 795) Klage auf Erteilung der Vollstreckungsklausel erheben. Für Herausgabeklage nach BGB § 985 beseitigt die Möglichkeit dieser Klauselklage das Rechtsschutzinteresse jedoch nicht (hierzu[18]).

2.4 Die **Räumungsvollstreckung** erfolgt nach ZPO § 885 ohne Einhaltung einer Frist[19]. Vollstrecken muß der Ersteher, nicht das Gericht. Rechtzeitige Benachrichtigung des Räumungs-Schuldners von der Zeit der Vollstreckung gebietet ZPO § 765a Abs 3. Der Gerichtsvollzieher hat den zu Räumenden aus dem Besitz zu setzen und den Ersteher in den Besitz einzuweisen (ZPO § 885 Abs 1). Für Vollstreckung auf Räumung und Herausgabe der Wohnung des Grundstücksbesitzers ist (auch wenn der Rechtspfleger den Zuschlag erteilt hat) gesonderte richterliche Anordnung nicht erforderlich (ZPO § 758a Abs 2).

2.5 Auf **Herausgabe mitversteigerter Sachen** wird nach ZPO § 883 vollstreckt. Der Gerichtsvollzieher nimmt diese Sachen weg und übergibt sie dem Ersteher (ZPO § 883 Abs 1). Wegnahmevollstreckung in der Wohnung erfordert Einwilligung des Schuldners oder richterliche Durchsuchungsanordnung (ZPO § 758a Abs 1). Wenn die Sache nicht gefunden wird, kann der Ersteher vom Herausgabepflichtigen die Offenbarungsversicherung über deren Verbleib verlangen (ZPO § 883 Abs 2). Sind diese in der Vollstreckungsklausel nicht besonders aufgeführt, kann der Gerichtsvollzieher als mitversteigert nur das gesetzliche Zubehör wegnehmen. Mitversteigert sind auch Beweisurkunden über rechtliche Verhältnisse des Grundstücks (früher BGB § 444), nämlich Kauf-, Miet- und Pachtverträge, Versicherungsurkunden, Einheitswertbescheid, Grundsteuerbescheid. Alle Urkunden können weggenommen werden[20]. Sie werden nicht gesondert in der Vollstreckungsklausel aufgeführt; der Gerichtsvollzieher hat hier selbständig zu entscheiden[21]. Will der Ersteher weitere mitversteigerte Sachen wegnehmen lassen oder bestehen bei den bisher genannten Zweifel, so sind sie auf Antrag des Erstehers in der Vollstreckungsklausel aufzuführen, soweit die Eigentumsverhältnisse geklärt werden können. Andernfalls muß der Ersteher nach BGB § 985 auf Herausgabe klagen. Rechtsbehelf des Schuldners bei Wegnahme nicht mitversteigerter Sachen durch den Gerichtsvollzieher: ZPO § 766. Behauptet der Schuldner, es seien ihm Sachen weggenommen worden, die nicht mitversteigert seien, so muß er Herausgabeklage nach BGB § 985 erheben.

2.6 Soweit **Forderungen** mitversteigert sind, kann in sie aus dem Zuschlag nicht vollstreckt werden. Der Ersteher ist aber durch den Zuschlag berechtigt, sie unmittelbar geltend zu machen, zB bei der Brandversicherungsanstalt einzuziehen, oder aus ihnen einen Vollstreckungstitel gegen den zahlungspflichtigen Dritten zu erwirken.

2.7 Grundstücksbruchteile: Der Ersteher eines Miteigentumsbruchteils kann aus dem Zuschlagsbeschluß den Besitzer des Grundstücksbruchteils zwangsräu-

---

[16] Zöller/Stöber, ZPO, § 750 Rdn 16.
[17] Dassler/Schiffhauer § 93 Rdn 13; Steiner/Eickmann § 93 Rdn 41.
[18] Zöller/Stöber, ZPO, § 731 Rdn 7.
[19] LG Berlin DGVZ 1953, 90; Heinz DGVZ 1955, 17 (III).
[20] Drischler DGVZ 1962, 131 (A I 2).
[21] Drischler aaO (Fußn 20); Heinz DGVZ 1955, 17 (III).

men[22]. Hiergegen hat[23] Bedenken, stimmt aber aus praktischen Gründen doch zu. Für nicht zulässig hält dies[24] (es müsse über ZPO § 887 vollstreckt werden). Bei einem versteigerten Grundstücksbruchteil wird vollstreckt, indem der Ersteher in den Mitbesitz eingewiesen wird, wie er vom früheren Miteigentümer neben den anderen Miteigentümern ausgeübt wurde[25]. Differenziert zur Räumungsvollstreckung des Erstehers eines Miteigentumsanteils[26].

2.8 Während einer **gerichtlichen Verwaltung** des versteigerten Grundstücks für Rechnung des Erstehers (§ 94) darf dem Ersteher keine vollstreckbare Ausfertigung des Zuschlagsbeschlusses erteilt werden und er kann aus einer ihm schon vorher erteilten nicht ohne Zustimmung des Verwalters vollstrecken, weil dem Verwalter allein wie einem Zwangsverwalter die Verwaltung zusteht (§ 94 Abs 2). Die Ausfertigung ist hier auf Antrag dem Verwalter zu erteilen. Wenn in der Teilungsversteigerung ein Miteigentümer den Zuschlag erhält und gegen den anderen Miteigentümer vollstrecken will, kann dieser, solange das Bargebot nicht bezahlt ist, durch ein Verfahren nach § 94 die Vollstreckung des Erstehers gegen sich verhindern, wenn er einen nach § 94 Antragsberechtigten veranlaßt, ein solches Verfahren zu beantragen.

2.9 Zum Zuschlag als Vollstreckungstitel mit Muster der Vollstreckungsklausel im ZVG-Handbuch Rdn 358, zur Abwehr der Vollstreckung im Einzelfall Rdn 359.

2.10 Für die Tätigkeit des **Gerichtsvollziehers** bei der Räumung und sonstigen Vollstreckung entstehen **Kosten** nach dem GVKG. Die Vollstreckungskosten des § 93 sind keine Verfahrenskosten des Versteigerungsverfahrens. Sie werden nach ZPO § 788 von dem Vollstreckungsgegner (Besitzer des Grundstücks oder der Sachen) bei der Vollstreckung mit beigetrieben, sie können aber auch festgesetzt werden (ZPO § 788 Abs 2).

3 Recht zum Besitz (Absatz 1 Satz 2)

3.1 Vollstreckt werden „soll" nicht, „wenn der Besitzer **auf Grund eines Rechtes besitzt,** das durch den Zuschlag nicht erloschen ist": Abs 1 Satz 2. Geschieht dies trotzdem, so kann der Betroffene Widerspruchsklage nach ZPO § 771 erheben: Abs 1 Satz 3. „Soll" heißt hier: darf nicht. Die Vollstreckung ist zwar nicht unwirksam, nur, wie erwähnt, über ZPO § 771 angreifbar, aber sie darf nicht erfolgen; die Klausel darf nicht erteilt werden, weil sonst das Gericht schadensersatzpflichtig ist. Die Klausel muß abgelehnt werden, falls solche Umstände erkennbar sind[27], so dann, wenn ein Rechtsstreit über das Bestehen eines Mietverhältnisses anhängig ist[28]. Dies gilt auch, wenn der Ersteher ein außerordentliches Kündigungsrecht hat oder ausgeübt hat, der Ersteher kann hier nur auf Räumung klagen.

3.2 Auf Grund eines durch den Zuschlag **nicht erloschenen Rechtes besitzen:** Mieter (bei Besitzrecht nach § 57 mit BGB §§ 566, 578), Pächter, Nießbraucher (Recht fortbestehend), Altenteiler[29] (Recht fortbestehend; Ausnahme EGZVG § 9 Abs 2), Besitzer auf Grund staats- oder völkerrechtlicher Vorgänge. Ob ein derartiger Umstand vorliegt, ist, wenn er geltend gemacht oder auf Grund bekannter Tatsachen möglich ist, bei Klauselerteilung zu prüfen. Es genügen dabei ernsthafte Anhaltspunkte, die ein nicht erloschenes Besitzrecht zumindest nahe le-

---

[22] OLG München DGVZ 1955, 90 = NJW 1955, 637.
[23] Schumacher DGVZ 1956, 52 und BlGrBW 1956, 225.
[24] LG München II NJW 1955, 189.
[25] OLG München DGVZ 1955, 90 = NJW 1955, 637.
[26] Eickmann DGVZ 1978, 177; Steiner/Eickmann § 93 Rdn 17–25.
[27] OLG Hamm Rpfleger 1989, 165 (166); LG Darmstadt DGVZ 1996, 72 (73).
[28] OLG Hamm aaO (Fußn 27).
[29] Drischler KTS 1971, 145 (XV).

gen[30], zB der Vortrag des Erstehers selbst oder Kenntnis von Urkunden aus dem Verfahren, Vorlage des Mietvertrags[31], auch die Anmeldungen der Berechtigten im Verfahren (dazu[32]). Vollen Beweis für sein nicht erloschenes Besitzrecht muß der Besitzer nicht erbringen[33]. Kein Recht zum Besitz ist im Klauselverfahren aber berücksichtigungsfähig dargetan, wenn ein Mietvertrag zwar vorgelegt, er aber offenkundig Scheinvereinbarung ist[34], wenn ein behauptetes Mietverhältnis (mit einem Angehörigen) mit großer Wahrscheinlichkeit wegen mangelnder Ernsthaftigkeit nicht wirksam ist[35], wenn der vorgelegte (kurz vor dem Zuschlag datierte) Vertrag ein Mietverhältnis nicht hinreichend ausweist[36] oder wenn der vorgelegte Mietvertrag nach Erteilung des Zuschlags abgeschlossen wurde und den Beginn des Mietverhältnisses auf einen vor dem Zuschlag liegenden Zeitpunkt festlegt[37]. In solchen Fällen ist das behauptete Besitzrecht mit Widerspruchsklage nach ZPO § 771 geltend zu machen. Jedoch muß ein Mietverhältnis zwischen Familienangehörigen nicht schon dann wegen Sittenwidrigkeit nichtig sein, wenn es sein alleiniger Zweck ist, die Rechtsfolge des § 93 auszuschalten und die sich zugunsten des Erstehers ergebenden Rechte zu vereiteln[38]. Jedenfalls dann kann auch in einem solchen Fall kein Scheingeschäft vorliegen, wenn der Mietvertrag vor Bezug der Wohnung abgeschlossen wurde, der vereinbarte Mietzins nicht aus dem Rahmen des Ortsüblichen fällt und auch tatsächlich gezahlt wird[38]. Besitz auf Grund eines vor dem Zuschlag beendeten Mietverhältnisses (gleiches gilt für ein Pachtverhältnis) gründet sich auf das Gebrauchsrecht während der Mietzeit. Die Verpflichtung zur Rückgabe der Mietsache (BGB § 546 Abs 1) ist Verpflichtung aus dem Rückgewährschuldverhältnis, in das sich der Mietvertrag umwandelt hat. Durch den Zuschlag erloschen ist das auf dem beendeten Mietverhältnis beruhende Gebrauchsrecht nicht. Räumungsvollstreckung gegen den zur Rückgabe der Mietsache verpflichteten vormaligen Mieter ermöglicht der Zuschlagsbeschluß daher nicht[39]. Der Ersteher muß seinen Anspruch gegen den vormaligen Mieter auf Herausgabe der Mieträume (Mietsache, BGB § 985) vielmehr im ordentlichen Rechtsstreit geltend machen. Wenn das Mietverhältnis vor dem Zuschlag gekündigt war, die Kündigungsfrist aber erst nach dem Zuschlag abgelaufen ist, ist der Ersteher in die sich aus dem Mietverhältnis ergebenden Reche und Pflichten eingetreten (§ 57 mit BGB §§ 566, 578). Das schließt Räumungsvollstreckung nach § 93 ebenso aus[39]. Steht einem Altenteiler (Recht fortbestehend) ein Wohnrecht an bestimmten Räumen zu, bewohnt er aber tatsächlich andere, so kann ihn der Ersteher aus den zu Unrecht tatsächlich bewohnten verdrängen, aber nur dann, wenn er ihm Gelegenheit gibt, die ihm zustehenden zu beziehen[40]. Nach Erlöschen des Altenteils oder der anderen genannten Rechte durch den Zuschlag kann natürlich gegen den Berechtigten vollstreckt werden[40]. Besitz auf Grund ehelicher (BGB § 1353 Abs 1) oder familienrechtlicher Lebensgemeinschaft (Besitz des Ehegatten, der Kinder an dem versteigerten Grundstück, das einem von ihnen als Alleineigentum gehörte), beruht nicht auf einem Recht, das bei Zuschlag gewahrt bleibt und Räumungsvollstreckung (nach Abs 1 Satz 2) ausschließt[41].

---

[30] BGH Rpfleger 2004, 368.
[31] LG Detmold Rpfleger 1987, 323; LG Köln Rpfleger 1996, 121.
[32] LG Krefeld Rpfleger 1987, 259 mit krit Anm Meyer-Stolte.
[33] BGH aaO (Fußn 30).
[34] LG Freiburg Rpfleger 1990, 266; LG Köln Rpfleger 1996, 121.
[35] OLG Frankfurt Rpfleger 1989, 209.
[36] LG Wuppertal Rpfleger 1993, 81.
[37] BGH aaO (Fußn 30).
[38] OLG Düsseldorf NJW-RR 1996, 720.
[39] Anders Bauer JurBüro 1998, 400 (401).
[40] OLG Hamm MDR 1954, 50 Leits = RdL 1954, 75.
[41] LG Krefeld DGVZ 1977, 24.

§ 93 3.3   Entscheidung über den Zuschlag

3.3 Auf Grund eines nicht erloschenen Rechtes besitzen kann auch der **bisherige Miteigentümer**, der etwa im Rahmen einer Erbengemeinschaft mit den Miterben einen Mietvertrag geschlossen hat. Vollstreckt der Ersteher einer Teilungsversteigerung aus dem Zuschlag gegen einen Miterben, so kann dieser nach ZPO § 771 Widerspruchsklage erheben, wenn er sich auf Grund eines Mietverhältnisses im Grundstück befindet[42]. Das gilt aber nicht, wenn er selbst die Teilungsversteigerung betrieben hat; hierdurch hat er nämlich der Veräußerung ausdrücklich zugestimmt und damit auf seinen Schutz als Mieter/Pächter verzichtet[43] (dagegen[44]); sein Vertrag war nur eine Art Benutzungsregelung der Miteigentümer, weil er ja schon als Miteigentümer Besitz hatte[45].

3.4 Besitz des mangels Grundsteuerzahlung **noch nicht** als Eigentümer in das Grundbuch **eingetragenen Erwerbers** nach Veräußerung eines Grundstücks, das aufgelassen und übergeben ist, begründet bei Zwangsvollstreckung gegen den Veräußerer (noch eingetragenen Eigentümer) kein den Zuschlag überdauerndes Recht. Der Räumung mit dem Zuschlagsbeschluß durch den Ersteher kann der als Eigentümer noch nicht im Grundbuch eingetragene „Erwerber" des Grundstücks daher nicht widersprechen[45].

3.5 Der unterhaltspflichtige **Ehemann** hat die in Miteigentum stehende Ehewohnung nach der Scheidung der Ehefrau überlassen, dann aber die Teilungsversteigerung betrieben. Da die Nutzungsvereinbarung (bzw jetzt die familiengerichtliche Entscheidung hierüber) einem Mietvertrag gleichgestellt werden muß, kann er als Ersteher nicht aus dem Zuschlag die Frau räumen lassen[46].

3.6 **Besitz des Schuldners** kann kein die Räumungsvollstreckung hinderndes Recht begründen, wenn er sich auf eine Vereinbarung mit dem Zwangsverwalter über die fortwährende (oder neu begründete) Nutzung des Grundstücks gegen Entschädigung (Entgelt, § 149 Rdn 2.6 zu b) gründet. Wenn jedoch der Zwangsverwalter das Grundstück (Räume oder Flächen) dem Schuldner vermietet oder verpachtet hat (dazu § 149 Rdn 2.6 zu a und Rdn 2.9) tritt der Ersteher auch in dieses Miet- oder Pachtverhältnis ein (§ 57 mit BGB § 566 Abs 1, auch § 578) (anders[47]). Besitz des Schuldners auf Grund des durch den Zuschlag nicht erloschenen Miet- oder Pachtrechts (BGB § 535 Abs 1) hindert dann nach Abs 1 Satz 2 und 3 die Räumungsvollstreckung (anders[47]).

3.7 Aus dem Zuschlagsbeschluß kann hinsichtlich des vom Insolvenzschuldner früher bewohnten Massegrundstücks nicht wegen der Räumungskosten gegen den **Insolvenzverwalter** vollstreckt werden[48].

4 Rechtsbehelfe bei Räumungs-/Herausgabevollstreckung

4.1 Gegen die Vollstreckung aus dem Zuschlagsbeschluß gibt es **Vollstreckungserinnerung** nach ZPO § 766 oder **Einwendungen** gegen die Zulässigkeit der Vollstreckungsklausel nach ZPO § 732. Über beide entscheidet das Vollstreckungsgericht im Rahmen seiner Möglichkeiten, indem es etwa das Vorliegen eines Mietvertrags feststellt und daher die Klausel wieder aufhebt. Es kann (auch bei den genannten Einwendungen) ohne mündliche Verhandlung entscheiden. Es kann bis zur Entscheidung die Vollstreckung durch einstweilige Anordnung einstellen oder von einer Sicherheitsleistung abhängig machen (ZPO § 732 Abs 2, § 766 Abs 1 Satz 2).

---

[42] AG Bremen WuM 1955, 92.
[43] LG Bayreuth NJW 1965, 2210.
[44] Steiner/Eickmann § 93 Rdn 16.
[45] LG Bayreuth NJW 1965, 2210.
[46] AG Mannheim NJW 1975, 1037.
[47] Rimmelspacher WM 2004, 1945.
[48] LG Köln KTS 1963, 118.

Zuschlagsbeschluß als Vollstreckungstitel 6 § 93

4.2 Im übrigen sind der Vollstreckungsschuldner auf **Vollstreckungsabwehrklage** nach ZPO § 767, Dritte auf **Widerspruchsklage** nach ZPO § 771 (bisherige Miteigentümer nach der Teilungsversteigerung ebenso) angewiesen, soweit nicht die Anfechtung des Zuschlags zum Ziel führt. Während dieser Prozesse kann das Prozeßgericht die Vollstreckung aus dem Zuschlag einstweilen einstellen (ZPO § 769). Da der Zuschlag ein Vollstreckungstitel ist, sind Abwehrklage und Widerspruchsklage grundsätzlich zulässig, allerdings mit erheblichen Einschränkungen.

4.3 Eine Klage mit dem Ziel, den Zuschlag wieder zu beseitigen, alle seine Folgen aufzuheben, dem Ersteher alle Rechte zu nehmen, ist nicht zulässig. Dies wäre keine Vollstreckungsabwehr, sondern **Wiederaufhebung des Zuschlags**. Ein rechtskräftiger Zuschlag kann aber nicht mehr beseitigt werden (§ 81 Rdn 9.2).

4.4 Gegen einen Zuschlagsbeschluß kann (wie gegen andere Titel in einzelnen Punkten) eine **Vollstreckungsabwehrklage**[49], eine Drittwiderspruchs- oder Herausgabeklage erhoben werden. Die Abwehrklage ist wie immer nach ZPO § 767 Abs 2 daran gebunden, daß die Gründe nach dem letztmöglichen Zeitpunkt des Verfahrens, hier also nach der Verkündung der Zuschlagsentscheidung (bzw Zustellung der Beschwerdeentscheidung) entstanden sind. Es kann sich hier nur darum handeln, daß durch nachträglich eingetretene **Umstände im Einzelfall** ausnahmsweise ein Berechtigter gehindert ist, seine Rechte zu gebrauchen, wobei aber der Zuschlag als solcher unberührt bleiben muß. Möglich ist etwa, daß Vollstreckungsschuldner und Ersteher einen Mietvertrag geschlossen haben oder daß der Ersteher dem Schuldner eine Räumungsfrist zugesichert hat; hier kann der Ersteher nicht gemäß § 93 aus dem Zuschlag auf Räumung vollstrecken. Möglich ist, daß nach dem Zuschlag ein Dritter einen Gegenstand beansprucht, von dem der Ersteher zu Unrecht annimmt, er sei als Zubehör oder Bestandteil sein Eigentum geworden; wenn der Ersteher diesen Gegenstand dem Vollstreckungsschuldner wegnehmen will, kann der Dritte Widerspruchsklage erheben oder, wenn der Ersteher den Gegenstand schon hat, auf Herausgabe klagen. Möglich ist in ganz besonderen Ausnahmefällen der Einwand der unzulässigen Rechtsausübung (§ 81 Rdn 9.6). Nicht möglich ist es, wegen angeblich zu hoher betreibender Forderung oder wegen angeblich nachträglicher Tilgung der Vollstreckungsforderung gegen den Zuschlag noch etwas zu unternehmen (höchstens Schadensersatzansprüche denkbar).

Schutz des Schuldners 5

Räumungsvollstreckungs**schutz nach ZPO § 765a** kann dem Schuldner auch bei Vollstreckung aus dem Zuschlagsbeschluß auf Antrag gewährt werden[50]. Der Antrag ist spätestens zwei Wochen vor dem festgesetzten Räumungstermin zu stellen (ZPO § 765a Abs 3 mit Einzelheiten). Einstellung der Zwangsvollstreckung schließt auch Räumungsvollstreckung gegen Angehörige (ohne selbständiges Besitzrecht, Rdn 2.2) aus. Räumungsfrist nach ZPO § 721 kann beim Zuschlag als Vollstreckungstitel nicht gewährt werden[51] (anders[52]).

Verwendungsersatz (Absatz 2) 6

Der Ersteher trägt ab Zuschlagswirksamkeit (§§ 89, 104) die Lasten des Grundstücks (§ 56 Satz 2). Verwendungen, die der **Besitzer** nach dem Zuschlag auf die

---

[49] OLG Schleswig ZIP 1982, 160.
[50] LG Aschaffenburg DGVZ 2002, 169; LG Kiel NJW 1992, 1174.
[51] OLG München OLGZ 1969, 43; LG Hamburg MDR 1971, 671; LG Kiel NJW 1992, 1174; Stein/Jonas/Münzberg, ZPO, § 721 Rdn 1; Zöller/Stöber, ZPO, § 721 Rdn 1; Steiner/Eickmann § 93 Rdn 47; Burkhardt NJW 1968, 687; Noack WuM 1967, 1 und ZMR 1970, 97 (98).
[52] LG Mannheim MDR 1967, 1018 = WuM 1967, 155 = ZMR 1968, 55 und 56 Leitsatz; LG Münster MDR 1965, 312; Schmidt-Futterer NJW 1968, 143.

versteigerten Sachen (Grundstück oder mitversteigerte Gegenstände) gemacht hat, sind ihm nach bürgerlich-rechtlichen Grundsätzen zu ersetzen: BGB §§ 994–1003; Verwendungen, die er vor dem Zuschlag gemacht hat (und die keine Mieteraufwendungen nach § 57 c mit Sonderregelung sind), muß der Ersteher nicht ersetzen: Abs 2; insoweit besteht daher auch nicht das sonst gegebene Zurückbehaltungsrecht des Besitzers aus BGB §§ 1000, 1003.

[Gerichtliche Verwaltung für Rechnung des Erstehers]

94 (1) **Auf Antrag eines Beteiligten, der Befriedigung aus dem Bargebote zu erwarten hat, ist das Grundstück für Rechnung des Erstehers in gerichtliche Verwaltung zu nehmen, solange nicht die Zahlung oder Hinterlegung erfolgt ist. Der Antrag kann schon im Versteigerungstermine gestellt werden.**

(2) **Auf die Bestellung des Verwalters sowie auf dessen Rechte und Pflichten finden die Vorschriften über die Zwangsverwaltung entsprechende Anwendung.**

1 Allgemeines zu § 94

1.1 Zweck der Vorschrift: Schutz gegen tatsächliche Verfügungen des Erstehers bis zur Zahlung oder Hinterlegung des Meistgebots.

1.2 Anwendungsbereich: Die Vorschrift gilt für fast alle Versteigerungsverfahren, auch für die Teilungsversteigerung (auch bei ihr ist es möglich, daß der Ersteher zwar die Nutzungen zieht, aber das bare Meistgebot nicht bezahlt), nicht für Schiffe und Luftfahrzeuge (§ 162 Rdn 9.1, § 171 a Rdn 3).

Antrag auf gerichtliche Verwaltung (Absatz 1)

2.1 Die gerichtliche Verwaltung für Rechnung des Erstehers soll als Sicherungsverwaltung **die Beteiligten** zunächst davor **schützen,** daß der Ersteher vor Bezahlung oder Hinterlegung des baren Meistgebots schon über das Grundstück und mitversteigerte Gegenstände verfügt und die Nutzungen daraus zieht. Sie kann auch gleichzeitig vor Vollstreckungsmaßnahmen anderer Gläubiger gegen den Ersteher schützen, zB vor Mietzinspfändungen.

2.2 Beantragen kann die § 94-Verwaltung jeder **Beteiligte,** der eine Befriedigung aus dem baren Meistgebot zu erwarten hat (Abs 1 Satz 1), der also im Verteilungstermin des Zwangsversteigerungsverfahrens voraussichtlich durch Barzahlung berücksichtigt werden wird. Über die Berechnung dieser künftigen Aussichten § 67 Rdn 2. Nicht antragsberechtigt ist, wer durch eine Bietersicherheit bereits gedeckt ist[1]. Nicht antragsberechtigt sind Beteiligte, die voraussichtlich nichts aus dem baren Meistgebot zu erwarten haben, für deren Ansprüche somit die Verteilungsmasse voraussichtlich nicht mehr ausreicht oder die zB für unverzinsliche bestehenbleibende Rechte nichts in bar bekommen. Dabei spielt es keine Rolle, ob sie gegen die Zuteilung an Vorausgehende Widerspruch einlegen wollen. Nicht antragsberechtigt sind Pfandgläubiger der Ansprüche eines dinglichen Berechtigten. Nicht antragsberechtigt ist der Schuldner, falls er nicht Beträge aus einem Eigentümerrecht oder einen Erlösüberschuß zu erwarten hat[2]. Der Ersteher ist nicht antragsberechtigt; er ist nicht Beteiligter (§ 9 Rdn 3.8) und hat zudem Befriedigung aus dem Meistgebot nicht zu erwarten. Er kann auch als Gläubiger eines Rechts am Grundstück nicht antragsberechtigt sein (kein Schutz gegen den

---

[1] Steiner/Eickmann § 94 Rdn 3; Mohrbutter/Drischler Muster 114 Anm 2.
[2] Mohrbutter/Drischler Muster 114 Anm 2.

Gerichtliche Verwaltung für Rechnung des Erstehers 2.7 **§ 94**

Ersteher auf eigenen Antrag). Schutz des Erstehers gegen (tatsächliche) Einwirkungen des Schuldners (Entfernung mitversteigerten Inventars) ist mit einstweiliger Verfügung zu wahren.

2.3 Der **Antrag** kann schriftlich oder zu Protokoll der Geschäftsstelle oder zu Protokoll des Versteigerungstermins (auch des Verkündungstermins) gestellt werden, frühestens im Versteigerungstermin nach Abgabe eines Gebots, aus dem der Antragsteller voraussichtlich etwas zu bekommen hat (wenn also die Person des künftigen Erstehers noch gar nicht feststeht; es ist das keine Vertrauensfrage), spätestens bis zur Zahlung oder Hinterlegung des baren Meistgebots (Abs 1 Satz 1) oder, wenn diese unterbleiben, spätestens bei Nichtbefriedigung des Antragstellers (§ 117).

2.4 Beantragt und angeordnet werden kann die gerichtliche Verwaltung, solange der Ersteher das Bargebot (§ 49 Abs 1) noch **nicht** in Höhe eines den Anspruch des Antragstellers und der Ansprüche der im vorgehenden Berechtigten deckenden Betrages **gezahlt** (§ 107 Abs 2) oder nach § 49 Abs 4 befreiend hinterlegt hat. Wenn mit Forderungsübertragung Befriedigung aus dem Grundstück erlangt ist (§ 118 Abs 2 Satz 1), kann Antrag nicht mehr gestellt werden. Mit Verzicht auf die Rechte aus der Übertragung vor dem Ablauf von 3 Monaten gibt der Berechtigte die mit Forderungsübertragung erlangte Rechtsstellung auf; Befriedigung aus dem Bargebot hat er damit nicht mehr zu erwarten; Antrag auf gerichtliche Verwaltung ermöglicht Wegfall der Befriedigungswirkung mit Verzicht daher nicht. Wenn Antrag auf Zwangsversteigerung (nicht auch Zwangsverwaltung) vor dem Ablauf von 3 Monaten gestellt ist, ist die Befriedigungswirkung nicht eingetreten (§ 118 Abs 2 Satz 2). Dann hat der Beteiligte weiterhin „Befriedigung aus dem Bargebot zu erwarten", kann mithin Antrag bis zur Zuschlagswirksamkeit in einer Wiederversteigerung stellen.

2.5 Beantragt und angeordnet werden kann die Verwaltung des **versteigerten Grundstücks,** dessen Eigentümer der Ersteher durch den Zuschlag wurde, wenn mehrere versteigert wurden auch nur eines oder einzelner von ihnen. Besitz des Erstehers ist keine Zulässigkeitsvoraussetzung der gerichtlichen Verwaltung[3]; diese kann auch bei Schuldnerbesitz oder Besitz eines Dritten angeordnet werden.

2.6 Über den **Antrag entscheidet** das Vollstreckungsgericht (Rechtspfleger) durch Beschluß (ZPO § 764 Abs 3). Dieser kann erst nach Zuschlagserteilung ergehen[4]. Der Beschluß kann unmittelbar nach dem Zuschlagsbeschluß im Termin verkündet werden. Er ist dem Ersteher zuzustellen (ZPO § 329 Abs 3). Wenn er nicht verkündet wurde, ist er dem Ersteher zuzustellen und Antragsteller formlos mitzuteilen (ZPO § 329 Abs 2) (anders[5]: allen anderen Beteiligten nach § 146 Abs 2 zuzustellen; unnötig). Mitteilung (Zustellung) an den Vollstreckungsschuldner (Eigentümer bis Zuschlag) erfolgt nicht (er ist nicht mehr Eigentümer und daher nicht Verfahrensbeteiligter; anders[6]). In das Grundbuch wird die Anordnung der Verwaltung nicht eingetragen. Die Beteiligten erhalten keine Mitteilung nach § 146 Abs 2. Im Beschluß wird der Verwalter vom Gericht bestellt. Wenn noch eine Zwangsverwaltung läuft, ist es zweckmäßig, den Zwangsverwalter zu bestellen, weil er die Verhältnisse des Grundstücks kennt und so ein Gegeneinanderarbeiten der beiden Verwalter vermieden wird.

2.7 Beschlußbeispiel für Anordnung der gerichtlichen Verwaltung im ZVG-Handbuch Rdn 357 a.

---

[3] LG Dortmund Rpfleger 1994, 121 mit Anm Stumpe.
[4] Dassler/Schiffhauer § 94 Rdn 6; Jaeckel/Güthe § 94 Rdn 6.
[5] Jaeckel/Güthe § 94 Rdn 6.
[6] Dassler/Schiffhauer § 94 Rdn 6.

3 Durchführung der gerichtlichen Verwaltung (Absatz 2)

3.1 Auf die Verwaltung des § 94 sind die **Zwangsverwaltungsvorschriften** zum Teil **anwendbar**, nämlich die Vorschriften über die Bestellung des Verwalters und dessen Rechte und Pflichten: Abs 2. Entsprechend anwendbar sind somit §§ 150, 151 Abs 3, § 152 (Ansprüche und Nutzungen sind vom Zuschlag an vom Verwalter geltend zu machen und einzuziehen, § 56 Satz 2), § 153 (Beaufsichtigung der Geschäftsführung durch das Vollstreckungsgericht und Erteilung von Weisungen); § 154 (Verantwortlichkeit und Rechnungslegung); §§ 155, 156 Abs 1, § 161 (auch § 161 Abs 3 über die Vorschußpflicht). Die Verwaltung des § 94 wird also nach den Zwangsverwaltungsvorschriften geführt, soweit diese mit dem Sicherungszweck vereinbar sind[7].

3.2 Der Schuldner, weil nicht mehr Eigentümer, hat im Gegensatz zu § 149 **kein Wohnrecht**. Wohnt der Ersteher schon auf dem Grundstück, so kann er sich auf § 149 berufen, soweit hierdurch nicht womöglich der Zweck der Verwaltung gefährdet wird[8].

3.3 Aus den **Nutzungen** des verwalteten Grundstücks sind die Ausgaben der gerichtlichen Verwaltung (§ 155 Rdn 4; Litlohnzahlungen ab Zuschlag) vorweg zu bestreiten (Abs 2 mit § 155 Abs 1); als Verwaltungsausgabe ist auch ein Vorschuß des Antragstellers für Aufwendungen der Verwaltung zu erstatten (§ 155 Rdn 4.3 zu a). Der Überschuß wird nicht an den Ersteher ausbezahlt und auch nicht für ihn hinterlegt. Er ist auf die Ansprüche zu verteilen, die der Ersteher zu tragen hat (§ 56 Satz 3) und in einer Zwangsverwaltung zum Zuge kommen können (Abs 2 mit § 155). Ansprüche in Rangklasse 1 des § 10 aus einer neben der Zwangsversteigerung anhängig gewesenen Zwangsverwaltung treffen den Ersteher nicht, werden somit aus den Verwaltungserträgnissen nicht weggefertigt; zum Zuge kommen (als wiederkehrende Leistungen) jedoch Zinsen der etwa für einen Gläubigervorschuß übertragenen Forderung. In Rangklasse 3 finden nur wiederkehrende Leistungen öffentlicher Lasten vom Zuschlag an Berücksichtigung, in Rangklasse 4 werden nur die wiederkehrenden Leistungen der bestehen gebliebenen Rechte weggefertigt (Abs 2 mit § 155 Abs 2). Ferner sind Zinsen übertragener Forderungen vom Versteigerungstermin an (§ 118 Rdn 3.3) wiederkehrende Leistungen, die der Ersteher zu tragen hat; sie finden somit an der jeweiligen Rangstelle des Anspruchs bzw der im Rang des Anspruchs eingetragenen Sicherungshypothek (§ 128 Abs 1 Satz 1) Berücksichtigung. Keine Zahlung erhalten die Gläubiger der durch die Versteigerung erloschenen Rechte; diese sind aus dem Versteigerungserlös zu befriedigen, nicht aber vom Ersteher zu tragen. Eine Kapitalzahlung nach § 158 kommt hier nicht in Frage. Ein Teilungsplan zur Verteilung der Überschüsse ist in entsprechender Anwendung (Abs 2) von § 156 aufzustellen (Grundbuchmitteilung entfällt jedoch). Ein nach Wegfertigung der zu berücksichtigenden Ansprüche verbleibender Erlösüberschuß ist dem Ersteher (bei Aufhebung des Zuschlags dem Schuldner) zu überlassen (so auch[9]). Zum Versteigerungserlös ist er nicht zu nehmen. Sicherungsverwaltung nach § 94 dient dem Schutz gegen tatsächliche Verfügung des Erstehers (und damit Verschleuderung des Grundstücks), nicht jedoch der Befriedigung der aus dem Bargebot zu deckenden Berechtigten.

3.4 Im ähnlich gelagerten Fall der Zwangsverwaltung, die neben einer Zwangsversteigerung läuft, muß der Ersteher selbst das außerordentliche **Kündigungsrecht** bei Mietverträgen (§ 57a) ausüben, er muß die gesetzliche Frist einhalten, er muß den gesetzlichen Termin beachten, er muß klagen und vollstrecken, er muß neue Mietverträge unter Mitwirkung des Zwangsverwalters abschließen. Gegen

---

[7] RG 86, 187.
[8] Jaeckel/Güthe § 94 Rdn 7; Steiner/Eickmann § 94 Rdn 12.
[9] Dassler/Muth § 161 Rdn 13.

den Ersteher läuft dort ja keine Zwangsverwaltung, sie besteht nur gegen den Vollstreckungsschuldner, der Ersteher ist nicht in seinen Verfügungen beschränkt. Bei § 94 besteht aber gerade die Verfügungsbeschränkung. Ihr Zweck ist es, zu verhindern, daß die aus dem Verfahren Hebungsberechtigten durch Verfügungen des Erstehers geschädigt werden. Da hier ausdrücklich die Rechte und Pflichten des Zwangsverwalters anzuwenden sind, kann nur der Verwalter kündigen und neue Mietverträge abschließen (Zweifel erhebt[10], ob der befristete Verwalterauftrag nach § 94 die Befugnis umfaßt, den Ersteher durch Abschluß langfristiger Miet- oder Pachtverträge zu binden). Regelmäßig hat der Verwalter den Vorstellungen des Erstehers Rechnung zu tragen; einer Kündigung, noch mehr dem Abschluß eines den Ersteher bindenden Mietvertrags, hat daher eine Abstimmung mit dem Ersteher vorauszugehen[10]. Solange der Ersteher dem Verwalter seine von dem bestehenden Zustand abweichende Vorstellung über eine künftige Nutzung des Grundstücks (anderen Objekts) nicht geäußert hat, kann (jedenfalls bei kurzfristiger Verwaltertätigkeit) in einer unterbliebenen Kündigung eines (auch zahlungssäumigen) Mieters keine zum Schadensersatz verpflichtende Verletzung von Verwalterpflichten gesehen werden[10]. Selbständiger wird jedoch der Verwalter Maßnahmen zur ordnungsgemäßen Benutzung des Grundstücks (unter Wahrung berechtigter Interessen auch des Erstehers) bei länger dauernder Verwaltung und augenscheinlicher Zahlungsunfähigkeit des Erstehers zu treffen haben. Würde man dem Ersteher (wie in der Zwangsverwaltung) das Kündigungsrecht zugestehen, so könnte dieser alle Mieter hinaussetzen und durch diese Wertminderung im Falle einer Wiederversteigerung seine Gläubiger schädigen, ebenso wie durch den Entzug der laufenden Einnahmen. Aus demselben Gesichtspunkt kann auch einen Versicherungsvertrag, der binnen bestimmter Frist ab Zuschlagswirksamkeit zu kündigen ist (§ 90 Rdn 8), nur der Verwalter kündigen[11]. Der Verwalter ist nicht Vertreter des Erstehers, ist aber für dessen Rechnung kraft des ihm übertragenen Amtes im eigenen Namen tätig (Partei kraft Amtes) und in dem ihm übertragenen Pflichtenkreis berufen, alle Rechte und Interessen des Erstehers wahrzunehmen, damit auch Kündigungen[11]. Der Verwalter hat die gesetzlichen Kündigungsfristen und -Termine und die sonstigen Bedingungen einzuhalten.

3.5 Eine etwa noch gegen den Vollstreckungsschuldner laufende **Zwangsverwaltung** und die gerichtliche Sicherungsverwaltung nach § 94 müssen voneinander getrennt durchgeführt werden, auch wenn etwa der Zwangsverwalter gleichzeitig als Verwalter nach § 94 bestellt ist. Die (fortlaufende) Zwangsverwaltung (§ 161 Rdn 6) geht in ihrer Wirkung der Sicherungsverwaltung nach § 94 für Rechnung des Erstehers vor. Beide Verwaltungsmassen sind voneinander getrennt zu halten und getrennt abzurechnen.

3.6 Beitritt eines Zwangsverwaltungsgläubigers zur Sicherungsverwaltung nach § 94 ist nicht möglich.

3.7 Die **Zwangsverwaltung gegen den Ersteher** auf Antrag des Gläubigers eines bestehen gebliebenen Rechts oder eines anderen gegen ihn vollstreckenden Gläubigers (erfordert Grundbucheintragung oder Eigenbesitz) oder im Wege der Wiedervollstreckung (§ 133) und die gerichtliche Verwaltung des § 94 müssen gleichfalls voneinander getrennt durchgeführt werden. Nach dem Schutzzweck des § 94 muß dieser Sicherungsverwaltung, soweit ihre Wirkungen reichen (dazu Rdn 3.1 mit 3.3), Vorrang vor der Zwangsverwaltung gebühren (Rechte des Erstehers und damit auch des [neuen] Zwangsverwalters bestehen nicht, soweit die „an seine Stelle" tretende Sicherungsverwaltung nach § 94 wirkt). Einnahmen, die in der Sicherungsverwaltung nicht zu verteilen sind (Rdn 3.3), sind als Nutzungen des Grundstücks vom Zwangsverwalter nach den weitergehenden Regeln des Zwangsverwaltungsverfahrens auszuschütten (§§ 155–158).

---

[10] OLG Düsseldorf NJW-RR 1997, 1100.
[11] RG 86, 187.

3.8 Der Verwalter hat Anspruch auf eine angemessene **Vergütung** (Gebühren und Auslagen). Die Festsetzung erfolgt durch das Vollstreckungsgericht (Abs 2 mit § 153 Abs 1).

3.9 Aufgehoben wird die Verwaltung durch Beschluß des Vollstreckungsgerichts, wenn eine ihrer Anordnungsvoraussetzungen wegfällt, also bei Antragsrücknahme, bei Zahlung oder Hinterlegung eines ausreichenden Teils des baren Meistgebots (wenn mehrere Beteiligte Antrag gestellt haben muß auch der ranglefzte Antragsteller voll gedeckt sein), bei Befriedigung des Antragstellers nach § 117, mit Befriedigung des Antragstellers durch Planausführung mit Forderungsübertragung (§ 118 Abs 2; auch wenn er darauf verzichtet, nicht aber, wenn er Antrag auf Wiederversteigerung stellt; dazu Rdn 2.3), bei unterlassener Vorschußleistung nach § 161 Abs 3 und bei rechtskräftiger Aufhebung des Zuschlags oder Erteilung des Zuschlags auf Beschwerde an einen anderen Ersteher.

3.10 Gegen Anordnung findet Erinnerung nach ZPO § 766 statt, wenn der Ersteher nicht gehört worden ist[12], sonst gibt es (auch gegen Aufhebung) sofortige **Beschwerde.** Verfahrensmängel können auch mit Vollstreckungserinnerung nach ZPO § 766 gerügt werden.

3.11 Die Entscheidung und die Verwaltung sind frei von **Gerichtsgebühren;** sie werden durch die Versteigerungsverfahrensgebühr mit abgegolten. Die sonstigen Kosten (Verfahrensauslagen) trägt der Ersteher. Antragsteller ist vorschußpflichtig. Der Antragsteller hat nicht wie bei der Zwangsverwaltung ein Vorzugsrecht auf Rückerstattung aus der Masse, er erhält die Kosten an seiner Rangstelle als Kosten der Rechtsverfolgung.

3.12 Zur § 94-Verwaltung im ZVG-Handbuch Rdn 357 a.

VII. Beschwerde

[Zulässigkeit der Beschwerde vor Zuschlagsentscheidung]

95 Gegen eine Entscheidung, die vor der Beschlußfassung über den Zuschlag erfolgt, kann die sofortige Beschwerde nur eingelegt werden, soweit die Entscheidung die Anordnung, Aufhebung, einstweilige Einstellung oder Fortsetzung des Verfahrens betrifft.

Übersicht

Allgemeine Übersicht zu §§ 95–104 1	Materielle Einwendungen (ZPO §§ 767–774) 3
Sofortige Beschwerde (ZPO § 793), Erinnerung (ZPO § 766), Rechtspflegererinnerung (RPflG § 11 Abs 2) 2	Regelung des § 95 4
	Sofortige Beschwerde (ZPO § 793) 5
	Rechtsbeschwerde (ZPO §§ 574–577)..... 6

Literatur: Hannemann, Auswirkungen der Neuregelung der Beschwerde im ZPO-RG auf das Zwangsversteigerungsverfahren, Rpfleger 2002, 12.

1 Allgemeine Übersicht zu §§ 95–104

Die **Rechtsbehelfe** in ZVG-Verfahren bestimmen sich nach den allgemeinen Vorschriften des 8. Buchs der ZPO (Zwangsvollstreckung), deren Bestandteil das ZVG ist (ZPO § 869; Einl Rdn 19). **Sondervorschriften des ZVG** regeln lediglich die durch Besonderheiten des Versteigerungsverfahrens bedingten Abweichungen. Solche Sondervorschriften enthält das ZVG in den §§ 95–104 im Anschluß an den sechsten Abschnitt über den Zuschlag (§§ 79–94; Übersicht § 79 Rdn 1). Dieser siebente Abschnitt im zweiten Titel des ZVG (§§ 15–145) regelt:

---

[12] LG Köln JurBüro 1985, 939.

Zulässigkeit der Beschwerde vor Zuschlagsentscheidung 2.3 § 95

Beschränkung der Beschwerde gegen die vor Zuschlag ergehenden Entscheidungen: § 95; Besonderheiten für die Zuschlagsanfechtung: §§ 96–104.

Sofortige Beschwerde (ZPO § 793), **Erinnerung** (ZPO § 766), **Rechtspflegererinnerung** (RPflG § 11 Abs 2) 2

2.1 Rechtsbehelfe **regelt die ZPO** insbesondere in

ZPO § 766: Erinnerung gegen Art und Weise der Zwangsvollstreckung – (1) Über Anträge, Einwendungen und Erinnerungen, welche die Art und Weise der Zwangsvollstreckung oder das vom Gerichtsvollzieher bei ihr zu beobachtende Verfahren betreffen, entscheidet das Vollstreckungsgericht. Es ist befugt, die im § 732 Abs. 2 bezeichneten Anordnungen zu erlassen.

(2) Dem Vollstreckungsgericht steht auch die Entscheidung zu, wenn ein Gerichtsvollzieher sich weigert, einen Vollstreckungsauftrag zu übernehmen oder eine Vollstreckungshandlung dem Auftrag gemäß auszuführen, oder wenn wegen der von dem Gerichtsvollzieher in Ansatz gebrachten Kosten Erinnerungen erhoben werden.

ZPO § 793: Sofortige Beschwerde – Gegen Entscheidungen, die im Zwangsvollstreckungsverfahren ohne mündliche Verhandlung ergehen können, findet sofortige Beschwerde statt.

Erinnerung nach ZPO § 766 findet gegen Zwangsvollstreckungs**maßnahmen** des Rechtspflegers (und des Richters) des Vollstreckungsgerichts statt. Es sind dies Vollstreckungsakte (Maßnahmen und Handlungen) zur Durchsetzung des Anspruchs des Gläubigers. Sie beruhen auf dem Antrag und Vorbringen des Gläubigers und werden als Maßnahmen des Vollstreckungsorgans ohne Anhörung des Schuldners vorgenommen[1]. Daher soll zunächst das Vollstreckungsgericht selbst nach Anhörung der Beteiligten die Zulässigkeit seines Vollstreckungshandelns und (oder) seines Verfahrens prüfen und über deren Rechtmäßigkeit entscheiden[2]. Die Vollstreckungserinnerung ist auch gegen das Nicht-Tätig-Werden oder gegen eine Verzögerung zulässig. Über die Erinnerung entscheidet der Richter des Vollstreckungsgerichts (RPflG § 20 Nr 17). Der Rechtspfleger kann einer Vollstreckungserinnerung, die von ihm vorgenommene Vollstreckungsmaßnahme (nicht gegen eine Maßnahme des Richters) abhelfen. Vor Abhilfe muß der Gegner des Erinnerungsführers gehört werden. Gegen die Entscheidung des Richters über die Vollstreckungserinnerung findet sofortige Beschwerde statt (ZPO § 793).

2.2 Wird ein **Einstellungsantrag** nach §§ 30a–f, 180 Abs 2, 3, aber auch nach ZPO § 765a, mit einer Vollstreckungserinnerung verbunden (häufig bei einem Anordnungs- oder Beitrittsbeschluß üblich), so entscheidet der Rechtspfleger über den Einstellungsantrag, der Richter über die Erinnerung, wenn sie untrennbar sind über beide (RPflG § 5 Abs 1 Nr 2). Wird die Vollstreckungserinnerung im Termin erhoben, so wirkt sie nicht aufschiebend; der Versteigerungstermin wird durchgeführt, über die Erinnerung dann aus Anlaß der Zuschlagsentscheidung (dann durch den Richter) entschieden.

2.3 Gegen **Entscheidungen** des Rechtspflegers und des Richters des Vollstreckungsgerichts findet **sofortige Beschwerde** statt (ZPO § 793). Entscheidungen sind Beschlüsse des Vollstreckungsgerichts, die als Richterspruch nach Anhörung der Beteiligten ergehen; sie beruhen auf tatsächlicher und rechtlicher Würdigung des beiderseitigen Vorbringens. Sofortige Beschwerde als das nach allgemeiner verfahrensrechtlicher Vorschrift zulässige Rechtsmittel findet auch gegen die Entscheidung des Rechtspflegers statt (RPflG § 11 Abs 1). Beschwerdefrist: 2 Wochen (Notfrist; ZPO § 569 Abs 1 Satz 1).

---

[1] Zöller/Stöber, ZPO, § 766 Rdn 2.
[2] Stöber, Forderungspfändung, Rdn 715.

2.4 Befristete Rechtspflegererinnerung findet nach RPflG § 11 Abs 2 Satz 1 statt, wenn gegen die Entscheidung des Rechtspflegers nach den allgemeinen verfahrensrechtlichen Vorschriften ein Rechtsmittel nicht gegeben ist, wie nach § 95 (Rdn 4.6), nach ZPO § 567 Abs 2 gegen „Kosten"entscheidungen bei nur geringem Beschwerdewert und bei einstweiliger Einstellung (zB nach ZPO § 766 Abs 1 Satz 2). Frist: 2 Wochen (Notfrist; ZPO § 569 Abs 1 Satz 1). Dieser Erinnerung kann der Rechtspfleger abhelfen (RPflG § 11 Abs 2 Satz 2). Hilft er nicht ab, entscheidet der Richter endgültig (RPflG § 11 Abs 2 Sätze 3 und 4).

2.5 Zur Beschwerde (ZPO § 793) und Erinnerung (ZPO § 766), auch zur Abgrenzung, Einzelheiten in den ZPO-Kommentaren. Zu den Rechtsbehelfen in ZVG-Verfahren Näheres an den einschlägigen Stellen dieses Kommentars.

2.6 Ein **Verstoß** gegen den Anspruch auf **rechtliches Gehör** (GrundG Art 103 Abs 1) ist mit dem zur Überprüfung der Entscheidung gegebenen Rechtsmittel geltend zu machen. Wenn der Beschluß als Endentscheidung nicht mehr anfechtbar ist, kann der Verstoß, wenn er entscheidungserheblich ist, mit **Anhörungsrüge** nach ZPO § 321a beanstandet werden. Diese findet damit insbesondere gegen den das Beschwerdeverfahren abschließenden Beschluß statt, wenn Rechtsbeschwerde nicht zugelassen ist (ZPO § 574 Abs 1). Näher zu diesem Rechtsbehelf siehe die ZPO-Kommentare. Den Eintritt der Rechtskraft hindert eine Gehörrüge nicht (ZPO § 705). Sie ist rechtskraftdurchbrechender Rechtsbehelf, ähnlich der Wiederaufnahme und der Wiedereinsetzung.

2.7 Gegenvorstellung wird als gesetzlich nicht geregelter Rechtsbehelf zur Überprüfung eines nicht mehr mit Beschwerde anfechtbaren Beschlusses für zulässig erachtet. Mit ihr soll das Gericht veranlaßt werden, seinen Beschluß bei offenkundig schweren Verfahrensverstößen (nicht mehr aber bei Verstoß gegen den Anspruch auf rechtliches Gehör; zu diesem Rdn 2.6) zu überprüfen und zu ändern. Eine (zulässige) Gegenvorstellung, mit der grobes prozessuales Unrecht geltend gemacht wird, ist sachlich zu bescheiden; im Falle begründeter Einwendungen ist der Verfahrensrüge abzuhelfen[3]. Änderung eines auf sofortige Beschwerde erlassenen, somit rechtskräftigen Beschlusses auf Gegenvorstellung ist jedoch ausgeschlossen. In Verfahren der Zwangsversteigerung und Zwangsverwaltung erlangt die Gegenvorstellung daher kaum Bedeutung.

3 Materielle Einwendungen (ZPO §§ 767–774)

3.1 Zu unterscheiden von den Rechtsbehelfen gegen Maßnahmen (ZPO § 766) und Entscheidungen (ZPO § 793) des Vollstreckungsgerichts sind in Vollstreckungsverfahren die **materiellen Einwendungen** des Schuldners und Dritter. Es gilt der Grundsatz, daß materielle Einwendungen im Erkenntnisverfahren zu verfolgen und vom Prozeßgericht zu entscheiden sind; sie können im Vollstreckungsverfahren vor dem Vollstreckungsgericht nicht geltend gemacht werden. Das Vollstreckungsgericht hat die Zwangsvollstreckung nur einzustellen, zu beschränken oder aufzuheben, wenn ihm die Ausfertigung einer Entscheidung des Prozeßgerichts über solche Einwendungen vorliegt (ZPO §§ 775, 776; dazu Einl Rdn 31); nur ausnahmsweise kann das Vollstreckungsgericht in einem dringenden Fall eine einstweilige Anordnung treffen (ZPO § 769 Abs 2 mit § 771 Abs 3). Einwendungen des Schuldners gegen die Zulässigkeit der Vollstreckungsklausel sind mit Erinnerung nach ZPO § 732 oder mit Klage nach ZPO § 768 zu verfolgen. Zu diesen Rechtsbehelfen und zur Abgrenzung im einzelnen siehe die ZPO-Kommentare.

3.2 a) Mit **Vollstreckungsabwehrklage** nach ZPO § 767 sind Einwendungen des **Schuldners** (gegen den sich das Verfahren richtet, nicht des Antragsgegners

---

[3] BVerfG 73, 322 = NJW 1987, 1319.

der Teilungsversteigerung) gegen den durch das Urteil (den sonstigen Vollstrekkungstitel) festgestellten vollstreckbaren (Leistungs- oder Duldungs-)Anspruch zu verfolgen. Solche Einwendungen können rechtsvernichtend (Erfüllung, Aufrechnung usw) oder rechtshemmend (Stundung) sein oder eine Beschränkung der Haftung verfolgen. Im einzelnen siehe die ZPO-Kommentare.

b) Auch **Vollstreckungsverträgen** kommt mit zeitlicher, gegenständlicher oder umfänglich vollstreckungsbeschränkender Vereinbarung materiellrechtliche Bedeutung zu. Vielfach kommen sie als Ratenzahlungsvergleiche vor. Im Vordergrund solcher Vereinbarungen steht ihr verfahrensrechtlicher, die Art und Weise der Zwangsvollstreckung betreffender Charakter. Daher sind vollstreckungsbeschränkende Vereinbarungen jedenfalls auch in Zwangsvollstreckungsverfahren zu berücksichtigen; sie können sonach mit Erinnerung (ZPO § 766) und dann mit sofortiger Beschwerde (ZPO § 793) geltend gemacht werden[4]. Im einzelnen siehe die ZPO-Kommentare.

3.3 Aufrechnungsmöglichkeiten des Schuldners gegenüber dem (betreibenden) Gläubiger sind beschränkt. Vor dem Zuschlag kann er Aufrechnung nur durch Vollstreckungsabwehrklage (mit Einstellungsbeschluß dazu) durchsetzen. Gegenüber sonstigen Beteiligten erlangt die Aufrechnung (soweit sie möglich ist) vor dem Zuschlag keine Bedeutung. Im Verteilungsverfahren hat der Schuldner nach Aufrechnung gegen den (betreibenden) Gläubiger wieder nur die Abwehrklage, gegen sonstige Beteiligte Widerspruch (mit Widerspruchsklage). Wurde der Erlös ausbezahlt, so sind die Forderungen der Beteiligten insoweit erloschen; es ist Aufrechnung nicht mehr möglich. Wurde der Erlös bedingt hinterlegt (§§ 119, 120), so haben die Beteiligten, für die hinterlegt ist, nur noch einen Auszahlungsanspruch gegen die Hinterlegungsstelle; der Schuldner hat hierzu keine aufrechenbare Gegenforderung, bis bei Wegfall der Bedingung wird an den vorgesehenen Beteiligten ausgezahlt. In einem öffentlichrechtlichen Verhältnis (zB Gemeinde betreibt wegen Erschließungslasten, will aber Vorauszahlungen nicht verrechnen) kann der Schuldner nicht aufrechnen; er hat hier nur den Verwaltungsrechtsweg.

3.4 Materiellrechtliche **Einwendungen Dritter** (die weder Schuldner noch Gläubiger des Verfahrens sind) auf Grund eines am Gegenstand der Zwangsvollstreckung bestehenden, die **Veräußerung hindernden Rechts** (ZPO § 771), auf Grund eines Veräußerungsverbots (ZPO § 772) oder einer sonstigen materiellen Berechtigung (ZPO §§ 773, 774) sind mit **Drittwiderspruchsklage** (auch Widerspruchsklage oder Interventionsklage) nach ZPO § 771 zu verfolgen. Bei Teilungsversteigerung sind Einwendungen des Antragsgegners ebenfalls mit Widerspruchsklage geltend zu machen (§ 180 Rdn 9). Zu den die Veräußerung hindernden Rechten auch § 28 Rdn 3, 4; im einzelnen hierzu siehe die ZPO-Kommentare.

Regelung des § 95

4.1 Zweck der Vorschrift: Einschränkung der Anfechtbarkeit der Entscheidungen des Vollstreckungsgerichts, die der Beschlußfassung über den Zuschlag vorausgehen. Der sofortigen Beschwerde (ZPO § 793) als Rechtsmittel gegen Entscheidungen des Vollstreckungsgerichts sollen Beschlüsse, welche der Entscheidung über den Zuschlag vorangehen, nur insoweit unterworfen sein, als sie die Anordnung (damit auch den Beitritt) oder Aufhebung, die einstweilige Einstellung oder die Fortsetzung des Verfahrens betreffen. Die sonstigen Beschlüsse dienen zur Vorbereitung des Beschlusses, durch welchen der Zuschlag zu erteilen oder zu versagen ist, und ermangeln derjenigen Selbständigkeit, welche die Voraussetzung

---

[4] OLG Frankfurt OLGZ 1981, 112; OLG Hamm MDR 1977, 675 = Rpfleger 1977, 178; OLG Karlsruhe MDR 1975, 234 = NJW 1974, 2242.

eines Rechtsmittels bildet. Ihr Inhalt ist daher lediglich insoweit Gegenstand der Anfechtung, als darauf das Rechtsmittel gegen den Beschluß über die Erteilung des Zuschlags gestützt werden kann (dies aus Denkschrift S 56).

4.2 Anwendungsbereich: § 95 gilt für alle Versteigerungsverfahren des ZVG. Die Vorschrift beschränkt aber nicht Rechtsbehelfe in Zwangsverwaltungsverfahren[5]. Die Beschwerde richtet sich dort nach ZPO § 793[6].

4.3 Die sofortige Beschwerde in den mit **eigenem Rechtsmittelzug** ausgestalteten Zwischenverfahren schließt § 95 nicht aus. Die Vorschrift läßt daher unberührt: die sofortige Beschwerde gegen die Entscheidung über einen Einstellungsantrag des Schuldners (Antragsgegners) nach § 30b Abs 3 Satz 1 (mit § 180 Abs 2 und 3) und die sofortige Beschwerde im Wertfestsetzungsverfahren nach § 74a Abs 5 Satz 3.

4.4 Vollstreckungserinnerung (ZPO § 766) als Rechtsbehelf für Schuldner, Gläubiger und alle sonst Beteiligte gegen Vollstreckungsmaßnahmen des Vollstreckungsgerichts schränkt § 95 nicht ein. Sie findet auch gegen Verfahrensmaßnahmen (Vollstreckungshandlungen) statt, die vor der Beschlußfassung über den Zuschlag erfolgen, mit ihm somit in unmittelbarem Zusammenhang stehen.

4.5 Die Anfechtung der Entscheidungen des Vollstreckungsgerichts, die **mit dem Zuschlag nicht** in unmittelbarem Zusammenhang stehen, ist durch § 95 nicht eingeschränkt. Daher beschränkt § 95 nicht die Beschwerde gegen Ablehnung der Bestimmung des zuständigen Gerichts (§ 2 Rdn 4.9), Festsetzung der Vergütung des Zustellungsvertreters (§ 7 Rdn 3.6), Sicherungsmaßregeln (§ 25 Rdn 6) und befristete Einstellungsbeschluß nach ZPO § 769 Abs 2 (Anfechtbarkeit ist hier aber umstritten). Zur Verbindung/Trennung von Verfahren: § 18 Rdn 3.10. Dazu gibt es die form- und fristlose Gegenvorstellung (Rdn 2.7).

4.6 § 95 beschränkt grundsätzlich auch nicht die Anfechtung von **Rechtspflegerentscheidungen;** befristete Erinnerung gegen sie findet nach RPflG § 11 Abs 2 auch dann statt, wenn gegen die richterliche Entscheidung kein Rechtsmittel gegeben ist (Rdn 2.4 und an anderen Stellen).

4.7 § 95 beschränkt nicht die Anfechtung der Entscheidungen in **selbständigen Nebenverfahren** aus Anlaß der Zwangsversteigerung. Nicht berührt sind durch die Rechtsmittelbeschränkung des § 95 daher die Rechtsbehelfe gegen die Entscheidung über ein Ablehnungsgesuch (Einl Rdn 26.4), gegen einen Ordnungsgeldbeschluß und eine sitzungsleitende Anordnung (§ 66 Rdn 3.1), die Beschwerde gegen den Kostenansatz (GKG § 66), gegen Kostenfestsetzungsbeschlüsse (ZPO § 104 Abs 3) und gegen die Festsetzung der Sachverständigenentschädigung (JVEG § 4).

5 Sofortige Beschwerde (ZPO § 793)

5.1 Mit **sofortiger Beschwerde** (ZPO § 793) **selbständig** anfechtbare Entscheidungen des Vollstreckungsgerichts (nicht somit Vollstreckungsmaßnahmen; dazu Rdn 2.1) sind im Zwangsversteigerungsverfahren:

a) **vor der Zuschlagsentscheidung** die Entscheidungen über die Anordnung des Verfahrens (§ 15 Rdn 5) (auch Zwischenverfügungen zur Beseitigung von Hindernissen), über die Zulassung des Beitritts (§ 27; dort Rdn 4.4), über die Aufhebung oder einstweilige Einstellung (auch § 30b Abs 3 Satz 1) oder Fortsetzung des Verfahrens (bei Einstellung oder Fortsetzung nicht mehr, wenn inzwischen Verfahren aufgehoben oder Bietzeit beendet, dies wegen § 33, selbst wenn Rechtsmittel vorher eingelegt, aber noch nicht entschieden); bei der Fortsetzung auch dann, wenn sie nicht als besonderer Festsetzungsbeschluß, sondern in Form der Terminbestimmung erging, und über Wertfestsetzung § 74a Abs 5 Satz 3);

---

[5] LG Berlin NJW 1958, 1544.
[6] OLG Koblenz MDR 1957, 172.

Zulässigkeit der Beschwerde vor Zuschlagsentscheidung   5.8   § 95

b) die **Zuschlagsentscheidung** (dazu §§ 96–104);

c) die **nach der Zuschlagsentscheidung** ergehenden Entscheidungen, soweit nicht Widerspruch vorgesehen ist oder wegen Verfahrensbeendigung eine Anfechtung nicht mehr möglich ist.

5.2 Eine **Belehrung über Beschwerderecht** und Beschwerdefrist ist im ZVG nicht vorgesehen; das ist verfassungsrechtlich unbedenklich[7]. Belehrung über Rechtsbehelfe erfolgt nach dem ZVG nur in ganz wenigen Fällen (§§ 30b, 31, 57d), sonst aber nicht. Wo falsch belehrt wurde, kann gegen die Versäumung einer Notfrist Wiedereinsetzung beantragt werden.

5.3 Die **Beschwerde** des ZVG ist die **sofortige** (ZPO § 793), mit den Besonderheiten nach §§ 95–104, die auch für die Verfahren nach §§ 172, 175, 180 gelten. Beschwerde kann nur erheben, wer beschwert ist (ZPO § 567 Abs 1; ZVG § 100 Abs 2), und zwar nicht nur im Kostenpunkt[8]; für Anfechtung des Zuschlags sind die Beschwerdegründe in § 100 erschöpfend bestimmt. Die Beschwer muß keine materiellrechtliche sein, vielmehr genügt auch eine formelle. Versagungsgründe nach § 83 Nr 6, 7 erfordern bei Zuschlagsbeschwerde keine Beschwer des Beschwerdeführers; diese Gründe sind von Amts wegen zu beachten (§ 100 Abs 3). Eine Beschwerde wird nicht dadurch verhindert, daß die anzufechtende Entscheidung aus Versehen des Gerichts verkündet statt zugestellt oder zugestellt statt verkündet wurde, weil die Entscheidung jedenfalls entstanden ist und von der Rechtsmittelinstanz sachlich nachgeprüft werden kann.

5.4 Form: Anfechtung kann schriftlich oder zu Protokoll der Geschäftsstelle, erfolgen (ZPO § 569 Abs 2, 3; zur telegrafisch, unter Umständen auch fernmündlich möglichen Beschwerde siehe die ZPO-Kommentare). Beschwerde kann nur unbedingt erfolgen, niemals bedingt.

5.5 Die Beschwerde soll (ZPO § 571 Abs 1), muß nach dem Gesetz aber nicht **begründet** werden. Die Begründung ist zur sachgemäßen Erledigung stets jedoch unerläßlich. Hat sich der Beschwerdeführer bei Einlegung der Beschwerde die Begründung vorbehalten, so muß das Beschwerdegericht ihm eine Frist setzen oder mindestens eine angemessene Zeit zuwarten, sonst ist das rechtliche Gehör versagt (dazu Einl Rdn 46).

5.6 Die Beschwerde hat **keine aufschiebende Wirkung.** Jedoch kann das Vollstreckungsgericht oder das Beschwerdegericht durch eine einstweilige Anordnung den Vollzug der angefochtenen Entscheidung aussetzen (ZPO § 570 Abs 2, 3), allerdings nicht die Wirksamkeit eines Zuschlags als solche (§§ 89, 104), nur die Vollstreckung daraus (§ 93).

5.7 Wenn die Beschwerde des Schuldners gegen einen Anordnungs- oder Beitrittsbeschluß teilweise begründet ist, darf das Beschwerdegericht nicht den Beschlagnahmebeschluß aufheben und an das Vollstreckungsgericht zurückverweisen (ZPO § 572 Abs 3), weil damit die Beschlagnahmewirkung endgültig entfallen würde (Rdn 5.8). Das Beschwerdegericht muß dann bei teilweiser sachlicher Unbegründetheit der Beschwerde diese insoweit zurückweisen[9]. Zu weiterem Problem bei Aufhebung und Zurückverweisung[10].

5.8 Wird durch eine Rechtsmittelentscheidung eine **Aufhebungsmaßnahme aufgehoben** (Amtsgericht hat Beschlagnahmebeschluß aufgehoben, Landgericht diesen Aufhebungsbeschluß), so kann dies nicht zurückwirken; eine aufgehobene Maßnahme kann nicht wieder aufleben, die Beschlagnahme ist beseitigt, die Maß-

---

[7] BVerfG FamRZ 1995, 1559 = NJW 1995, 3173; LG Heilbronn DGVZ 1992, 12 = JurBüro 1991, 1549 = MDR 1991, 1194 = Rpfleger 1992, 118.
[8] KG MDR 1954, 690.
[9] OLG Köln ZIP 1980, 578.
[10] Schneider MDR 1978, 525.

§ 95 5.8   Beschwerde

nahme (Anordnung, Beitritt) kann nur neu angeordnet werden und wirkt dann nicht zurück[11]. Das gilt auch, wenn die Aufhebung zu Unrecht erfolgt war[11]. Daher empfiehlt sich ja, Aufhebungsmaßnahmen erst ab Eintritt der Rechtskraft wirksam werden zu lassen (§ 15 Rdn 5.5). Wenn durch die Aufhebung oder auf andere Weise die Beschlagnahme beendet ist, wäre an sich (weil Verfahren beendet) eine Anfechtung gar nicht mehr zulässig. Es wird jedoch eine **„Restwirkung"** der ursprünglichen Beschlagnahme angenommen und Beschwerde zugelassen (anders[11]: bei aufgehobener Vollstreckungsmaßnahme Beschwerde unzulässig; anders auch[12]: nach Versteigerungsende kein Rechtsmittel mehr, selbst wenn der Zuschlag gesetzwidrig sei). Wenn das Vollstreckungsgericht die Vollstreckungsmaßnahme aufhebt, ist mit Bekanntmachung seiner Entscheidung die Beschlagnahme unwiderruflich vernichtet und kann nicht mehr aufleben, das Bedürfnis nach einer Beschwerde ist nur noch zu bejahen, wenn die Erneuerung der Maßnahme angestrebt wird[13].

5.9 Mehrere Beschwerden liegen vor, wenn sich mehrere Beschwerdeführer gegen eine oder mehrere Entscheidungen wenden oder wenn ein Beschwerdeführer gegen mehrere Entscheidungen gleichzeitig angeht[14].

5.10 Zu Rechtsmittelfragen im ZVG-Handbuch: allgemein Rdn 363, vor dem Zuschlag Rdn 364, gegen den Zuschlag Rdn 365.

6 Rechtsbeschwerde (ZPO §§ 574–577)

Die Beschwerdeentscheidung des Landgerichts ist nur mit Rechtsbeschwerde anfechtbar. Diese ist **nur statthaft,** wenn das Landgericht als Beschwerdegericht sie in dem Beschluß zugelassen hat (ZPO § 574 Abs 1 Nr 2). Die Nichtzulassung ist nicht anfechtbar. Einzulegen ist die Rechtsbeschwerde binnen einer Notfrist von **einem Monat** nach Zustellung des landgerichtlichen Beschwerdebeschlusses (ZPO § 575 Abs 1 Satz 1). Sie ist durch Einreichen einer Beschwerdeschrift bei dem Rechtsbeschwerdegericht (Bundesgerichtshof, GVG § 133) einzulegen (ZPO § 575 Abs 1 Satz 1). Notwendig ist damit Vertretung durch einen beim Bundesgerichtshof zugelassenen Rechtsanwalt[15] (ZPO § 78 Abs 1). Durch Erklärung zu Protokoll der Geschäftsstelle kann die Rechtsbeschwerde nicht eingelegt werden (ZPO § 569 Abs 3 Nr 1 gilt nicht). Aufschiebende Wirkung hat die Rechtsbeschwerde nicht. Der Bundesgerichtshof (nicht aber das Landgericht als Beschwerdegericht und nicht das Vollstreckungsgericht) kann jedoch eine einstweilige Anordnung erlassen; er kann insbesondere die Vollziehung der angefochtenen Entscheidung aussetzen (ZPO § 575 Abs 5 mit § 570 Abs 3), allerdings nicht die Wirksamkeit eines Zuschlags als solche (§§ 89, 104; siehe Rdn 5.6). Zur Rechtsbeschwerde im einzelnen siehe die ZPO-Kommentare.

[Anzuwendende Vorschriften für Beschwerde gegen Zuschlag]

96 **Auf die Beschwerde gegen die Entscheidung über den Zuschlag finden die Vorschriften der Zivilprozeßordnung über die Beschwerde nur insoweit Anwendung, als nicht in den §§ 97 bis 104 ein anderes vorgeschrieben ist.**

Literatur: Braun, Zuschlagsbeschluß und Wiederaufnahme, NJW 1976, 1923 und 1977, 27; Drischler, Zur Zuschlagsbeschwerde im Zwangsversteigerungsverfahren, KTS 1971, 258;

---

[11] OLG Stuttgart Rpfleger 1961, 21.
[12] LG Verden NdsRpfl 1967, 60.
[13] OLG Nürnberg MDR 1960, 931 Leitsatz = Rpfleger 1961, 52 mit Anm Berner.
[14] KG Berlin Rpfleger 1970, 36.
[15] BGH MDR 2002, 962 = NJW 2002, 2181 = Rpfleger 2002, 368; BGH MDR 2002, 962 (963) = NJW 2002, 1958 und NJW-RR 2002, 1721.

Kirberger, Die Zulässigkeit der Nichtigkeitsbeschwerde nach der Erlösverteilung im Zwangsversteigerungsverfahren, Rpfleger 1975, 43; Mohrbutter und Leyerseder, Zuschlagsbeschwerde und neue Tatsachen, NJW 1958, 370; Schmahl, Nochmals: Zuschlagsbeschluß und Wiederaufnahme, NJW 1977, 27.

Allgemeines zu § 96

1.1 Zweck der Vorschrift: Bestimmung, daß die Entscheidung über den Zuschlag den ZPO-Vorschriften über die Beschwerde nur mit gewissen, durch die Eigentümlichkeit des Versteigerungsverfahrens bedingten Abweichungen unterliegt (Denkschrift S 56).

1.2 Anwendungsbereich: Die Vorschrift gilt für alle Versteigerungsverfahren des ZVG. Besonderheit für Beschwerdefrist bei ausländischem Luftfahrzeuge: § 171 m.

Allgemeine Grundsätze für regelmäßige Zuschlagsanfechtung

2.1 Die Zuschlagentscheidung ist mit **sofortiger Beschwerde** anfechtbar: ZPO § 793; RPflG § 11 Abs 1. Soweit nicht in den §§ 97–104 etwas anderes vorgeschrieben ist, sind die Vorschriften der ZPO über die Beschwerde anzuwenden: § 96.

2.2 a) **ZPO § 568:** Originäre Einzelrichterzuständigkeit und Übertragung auf den Gesamtspruchkörper.

b) **ZPO § 569 Abs 1 Satz 1 und 2:** Die Beschwerde ist binnen einer Notfrist von **zwei Wochen** einzulegen, beginnend mit der Zustellung der Entscheidung (spätestens mit dem Ablauf von fünf Monaten nach der Verkündung des Beschlusses). Beginn der Beschwerdefrist von zwei Wochen bei Zuschlagsentscheidung in den Fällen des § 98 jedoch stets mit der Verkündung.

c) **ZPO § 569 Abs 1 Satz 1:** Die Beschwerde ist bei dem erkennenden Gericht einzulegen oder bei dem Beschwerdegericht.

d) **ZPO § 569 Abs 2 und 3:** Einzulegen ist sie durch Einreichung einer Beschwerdeschrift (eigenhändig unterschrieben) oder zu Protokoll der Geschäftsstelle. Sie gehört nicht in das Versteigerungs- oder Verkündungsterminsprotokoll (§ 78 Rdn 2.7); wenn sie doch in das Protokoll aufgenommen wird, ist sie aber wirksam[1] (anders[2]: nicht möglich zu Protokoll des Termins, außer wenn der Beschwerdeführer dann das Protokoll unterschreibt und so zu seinem Schriftsatz macht).

e) **ZPO § 570 Abs 2 und 3:** Vollstreckungsgericht oder Beschwerdegericht können den Vollzug der Zuschlagsentscheidung aussetzen, nicht aber die Wirksamkeit des Zuschlags (§§ 89, 104).

f) **ZPO § 571 Abs 1:** Die Beschwerde soll begründet werden.

g) **ZPO § 571 Abs 2 und 3:** Die Beschwerde kann auf **neue Angriffs-** und **Verteidigungsmittel** gestützt werden; hierfür kann Frist gesetzt werden. Für die Anfechtung des Beschlusses, durch welchen der Zuschlag erteilt ist, ist dies aber auf jeden Fall dann ausgeschlossen, wenn das ZVG ein früheres Vorbringen ausdrücklich vorschreibt (§ 37 Nr 4, 5, §§ 45, 59, 63–65, 67 Abs 1 Satz 1, § 70 Abs 2 und 3, § 71 Abs 2, § 72 Abs 1 und 2, § 74a Abs 2, § 87 Abs 1, § 174 oder EGZVG § 9 Abs 2) oder wenn dies nach Sachlage notwendig ist, so bei Anträgen

---

[1] BayObLG 1989, 175 = Rpfleger 1989, 360 mit zust Anm Meyer-Stolte; OLG Hamm MDR 1976, 763; Schneider JurBüro 1974, 705.
[2] LG Berlin JurBüro 1975, 672 mit zust Anm Mümmler = Rpfleger 1974, 407.

nach ZPO § 765a, die nicht erstmals in der Beschwerde zulässig sind (Einl Rdn 57.2 und 59). Zu beachten ist also: neue Tatsachen und Beweismittel sind nur zulässig, wenn es sich um solche handelt, die nicht früher vorgebracht sein müssen und um solche, die von Amts wegen zu beachten sind (§ 83 Nr 6, 7 laut § 100 Abs 3). Für derartige einschränkende Einwendungen sprechen sich aus[3] (anders[4]: es seien neue Gründe uneingeschränkt zulässig, nur dann ausgeschlossen, wenn ausdrücklich früheres Vorbringen vorgeschrieben sei). Das bedeutet somit: von den bezeichneten Ausnahmen abgesehen kann eine Anfechtung des Zuschlagsbeschlusses nicht auf neue Tatsachen gestützt werden, auch nicht auf solche, die dem Vollstreckungsgericht bei der Zuschlagserteilung nicht bekannt waren. Möglich ist es, den früheren Vortrag zu ergänzen (zB durch nachträgliche Vorlage zusätzlicher Beweise). Sonst ist aber Neues unbeachtlich. So kann zB nicht der Zuschlag angefochten werden, weil inzwischen der betreibende Gläubiger befriedigt sei[5] oder weil alle Beteiligten des Verfahrens sich über die Aufhebung des Zuschlags geeinigt hätten[5] oder weil der Ersteher auf den Zuschlag verzichtet (das kann er nicht, § 81 Rdn 9). Durch § 100 ist ZPO § 571 Abs 2 weitgehend ausgeschaltet. Die Wiederaufhebung eines (mit der Verkündung bereits wirksamen) Zuschlags ist ein so einschneidender Eingriff in die durch den Zuschlag mit sofortiger Wirksamkeit geschaffene Rechtslage, daß sie nur zugelassen werden kann, wenn der Zuschlag nicht ordnungsgemäß zustandegekommen ist. Zu diesem Fragenbereich auch § 100 Rdn 2.3. Gelegenheit zur Äußerung ist im Verfahren über die Zuschlagsbeschwerde daher auch nicht zu gewähren, soweit neue Tatsachen und Beweise ausgeschlossen sind[6]. Die Anfechtung des Beschlusses, durch welchen der Zuschlag versagt wird, kann dagegen auf neue Tatsachen gestützt werden, zB auf die Zurücknahme des Versteigerungsantrags (damit auch die Bewilligung der Einstellung, § 30) des bestrangig betreibenden Gläubigers (§ 29 Rdn 2.7) oder auf einen Schutzantrag nach ZPO § 765a.

h) **ZPO § 571 Abs 4:** Im Beschwerdeverfahren können sich die Beteiligten von jedem bei einem Amts- oder Landgericht zugelassenen Rechtsanwalt vertreten lassen. Eine schriftliche Erklärung kann auch zu Protokoll der Geschäftsstelle abgegeben werden. Damit folgt aus ZPO § 78 Abs 5, daß die Erklärung auch von der Partei selbst schriftlich abgegeben werden kann.

i) **ZPO § 572 Abs 1:** Das Vollstreckungsgericht (der zuständige Rechtspfleger, RPflG § 4 Abs 1) kann einer Beschwerde, die er für begründet erachtet, abzuhelfen. Es hat daher die Beschwerde daraufhin zu überprüfen, ob die angefochtene Entscheidung zu ändern ist. Vor Abhilfe ist dem Beschwerdegegner rechtliches Gehör zu gewähren (GrundG Art 103 Abs 1). Wenn der Beschwerde nicht abzuhelfen ist, ist sie unverzüglich dem Beschwerdegericht vorzulegen. Zum Verfahren siehe die ZPO-Kommentare zu § 572. Bei Beschwerde gegen die Zuschlagsentscheidung bedingt die Prüfung Berücksichtigung der in §§ 97–100 bestimmten Abweichungen (§ 96). Abhilfe kann daher nur erfolgen, wenn die zulässige Beschwerde auf einen in § 100 bestimmten Beschwerdegrund gestützt und begründet oder ein von Amts wegen zu berücksichtigender Versagungsgrund (§ 100 Abs 3) gegeben ist.

---

[3] BGH LM ZVG § 71 Nr 1 = RdL 1952, 327; BGH 44, 138 = MDR 1965, 899 = NJW 1965, 2107 = Rpfleger 1965, 302; OLG Hamm NJW 1955, 149 und NJW 1976, 1754 = OLGZ 1976, 489 = Rpfleger 1976, 146; OLG Koblenz MDR 1959, 749; LG Osnabrück NJW 1959, 682 mit Anm Mohrbutter; Dassler/Muth § 100 Rdn 11; Jaeckel/Güthe § 100 Rdn 1; Korintenberg/Wenz § 100 Anm 1; Steiner/Storz § 95 Rdn 10; Mohrbutter Rpfleger 1967, 102 (4); Mohrbutter und Leyerseder NJW 1958, 370.
[4] KG Berlin NJW 1957, 1240 mit zust Anm Lent.
[5] Drischler KTS 1971, 258 (261).
[6] OLG Köln Rpfleger 1992, 491.

Anzuwendende Vorschriften für Beschwerde gegen Zuschlag 3.1 § 96

k) **ZPO § 572 Abs 2:** Das Beschwerdegericht hat die Zulässigkeit der Beschwerde, ihre gesetzliche Form und Frist von Amts wegen zu prüfen, sie sonst zu verwerfen.

l) **ZPO § 572 Abs 3:** Eine Zurückverweisung des Verfahrens an das Erstgericht ist durch § 101 für die Zuschlagsentscheidung ausgeschlossen. Hat aber das Beschwerdegericht trotzdem zurückverwiesen, so wird die Entscheidung, falls sie nicht angefochten wird, rechtskräftig, ist also nicht wirkungslos[7].

m) **ZPO § 572 Abs 4:** Die Entscheidung über die Beschwerde ergeht durch Beschluß.

2.3 Zahlreiche **Besonderheiten** finden sich bei §§ 97, 99, 102–104.

2.4 Wenn ein dazu Berechtigter den Zuschlag anficht, so kann dieser **für alle** Beteiligte **nicht rechtskräftig** werden, auch für diejenigen, die ihn nicht angefochten haben. Ein **Verzicht** auf die Anfechtung ist zulässig (nicht aber im voraus) und stellt keine Verfügung dar, bedarf daher nicht der Genehmigung des Familien- oder Vormundschaftsgerichts.

2.5 Gegen eine Entscheidung, durch die eine Zuschlagsbeschwerde zurückgewiesen wurde, ist keine **Gegenvorstellung** zum Beschwerdegericht möglich[8] (auch § 95 Rdn 2.7).

2.6 Es kann **nicht** auf Nichtigkeit des Zuschlags **geklagt** werden[9]. In Ausnahmefällen gibt es die außerordentliche Beschwerde (Rdn 3).

2.7 Auch das Rechtsmittelverfahren kann, wie alle ZVG-Verfahren, nicht **ausgesetzt** werden (Einl Rdn 27).

2.8 Ein gerichtlicher **Vergleich** ist auch in der Zwangsvollstreckung möglich (Einl Rdn 49), aber mit Rücksicht auf §§ 89, 90 (ein bisher Außenstehender, der Meistbietende, wird durch die Verkündung Eigentümer und kann seine Rechte nicht durch eine Übereinkunft von Gläubigern und Schuldner wieder verlieren) nicht mehr nach der Verkündung des Zuschlags. Angesichts der bewußten Beschränkung der Beschwerdegründe durch § 100 Abs 1 ist es auch unzulässig, daß vor dem Beschwerdegericht ein solcher Vergleich erfolge und daß das Beschwerdegericht dann den Zuschlag wieder aufhebe. Von der Wirksamkeit des Zuschlags an (§ 89) ist die Verfügungsgewalt der Beteiligten beschränkt, ein Vergleich nicht mehr möglich.

2.9 Schwierigkeiten entstehen, wenn auf Anfechtung hin der Zuschlag aufgehoben wird, nachdem der **Erlös schon verteilt** ist. Der Verteilungstermin kann ja schon vor der Rechtskraft des Zuschlags durchgeführt werden (§ 105 Rdn 4). Zweckmäßig ist es allerdings, ihn erst nach Rechtskraft anzusetzen. Auf Antrag soll mindestens die Ausführung des Teilungsplans bis zur Rechtskraft des Zuschlags ausgesetzt werden (§ 116). Bei Aufhebung des Zuschlags ist der frühere Zustand wieder herzustellen. Diejenigen, denen der Erlös zugeteilt war, haben (bei Zulassung) Rechtsbeschwerde (§ 102). Hierzu auch Rdn 3.

2.10 Zur Zuschlagsanfechtung im ZVG-Handbuch Rdn 365.

Außerordentliche Anfechtung der Zuschlagsentscheidung 3

3.1 Ein noch nicht rechtskräftiger Zuschlag ist mit sofortiger Beschwerde anfechtbar. Ein rechtskräftiger Zuschlag kann grundsätzlich nicht mehr beseitigt werden (§ 81 Rdn 9). Es gibt gegen ihn keine Nichtigkeitsklage, keine Restitutions-

---

[7] OLG Celle Rpfleger 1971, 213.
[8] OLG Braunschweig OLGZ 1965, 313.
[9] RG 127, 272.

klage nach ZPO §§ 578 ff, auch nicht analog[10] (anders[11]: die Vorschriften über Nichtigkeit oder Restitution seien analog anzuwenden).

3.2 Liegen allerdings die Voraussetzungen für eine Nichtigkeits- oder Restitutionsklage vor, so kann ausnahmsweise noch eine **außerordentliche Beschwerde** erhoben werden: ZPO § 569 Abs 1 Satz 3. Diese Möglichkeit ist von ZPO § 569 Abs 1 Satz 3 an die Stelle der Wiederaufnahmeklage gesetzt[12]. Sie wird häufig als Nichtigkeitsbeschwerde bezeichnet[13]. Besser ist die Bezeichnung „außerordentliche Beschwerde"[14], die den besonderen Charakter dieses Rechtsmittels im Rahmen des ZVG betont, aber auch manche Mißverständnisse vermeiden hilft.

3.3 Die außerordentliche Beschwerde ersetzt nicht den Beschwerdegrund[14], sie bedeutet nicht, daß das Wiederaufnahmeverfahren auf den Zuschlag anzuwenden sei[15]. Sie **befreit nur von der Frist** in ZPO § 569 Abs 1 Satz 1, hat also nur die Bedeutung, daß die für die (ordentliche) sofortige Beschwerde geltende Frist von zwei Wochen (ZPO § 569 Abs 1 Satz 1) auf einen Monat (ZPO § 586 Abs 1) verlängert wird[16]. Aus der Fassung von ZPO § 569 Abs 1 ergibt sich, daß hier nicht zwei ganz verschiedene Rechtsmittel geschaffen sind, sondern daß nur die normale Frist unter besonderen Umständen verlängert ist.

3.4 Durch den Zuschlag geht sofort das Eigentum über, erlöschen sofort Rechte. Es wäre mit der Rechtssicherheit nicht vereinbar, wenn man diese Wirkungen noch längere Zeit in Frage stellen wollte[17]. Das ZVG als Sondergesetz hat nun einmal die Anfechtung des Zuschlags besonders ausgestaltet, läßt selbst die Beschwerderegeln der ZPO nur unter seinen eigenen Voraussetzungen (§§ 96, 100) zu und geht den allgemeinen Regeln der ZPO vor[18]. Zweck der Sondervorschriften ist es, die mit dem Zuschlag entstehenden Wirkungen rasch auf eine unanfechtbare Grundlage zu stellen[19]. Es kann darum auch die außerordentliche Beschwerde nur darauf gestützt werden, daß einer der **Zuschlagsanfechtungsgründe des § 100** vorliegt[19]. Ist über diese im normalen Beschwerdeverfahren rechtskräftig entschieden, gibt es keinen weiteren Rechtsbehelf[20], auch nicht die außerordentliche Beschwerde. § 100 enthält als Sondervorschrift (ohne Möglichkeit einer Änderung oder Ausdehnung) die Grenzen dessen, was einen Zuschlag selbst bei vorgekommenen Fehlern gerade noch beseitigen kann. Darüber kann auch die außerordentliche Beschwerde nicht hinausgehen.

3.5 Die außerordentliche Beschwerde kann nur erhoben werden, wenn auch für sie eine bestimmte **Frist** eingehalten wird (§ 98 Rdn 2), wenn ein **Beschwerdegrund** vorliegt, wie ihn § 100 bestimmt (Rdn 3.4) und wenn außerdem als **Anlaß**

---

[10] RG 73, 194 (196); OLG Bremen JurBüro 1980, 452; OLG Hamm JMBlNW 1952, 229; OLG Köln Rpfleger 1975, 406 mit abl Anm Kirberger; OLG Stuttgart NJW 1976, 1324 = OLGZ 1975, 370; Drischler KTS 1971, 145 (III).

[11] OLG Hamm KTS 1978, 109 mit abl Anm Mohrbutter = OLGZ 1978, 236 = Rpfleger 1978, 422 mit zust Anm Kirberger; Kirberger Rpfleger 1975, 43 (IV 2); Kirberger Rpfleger 1975, 407 (Anmerkung); Braun NJW 1976, 1923 (I, IV).

[12] OLG Stuttgart NJW 1976, 1324 = OLGZ 1975, 370.

[13] OLG Oldenburg NJW-RR 1991, 61 = Rpfleger 1990, 179; OLG Stuttgart NJW 1976, 1324 = OLGZ 1975, 370; Jaeckel/Güthe § 98 Rdn 3 und 6; Korintenberg/Wenz § 93 Anm 3 (V–VI) und 5; Kirberger Rpfleger 1975, 43 (IV 2).

[14] BGH FamRZ 2005, 200; OLG Koblenz JurBüro 1988, 1773; Steiner/Storz § 96 Rdn 19.

[15] KG Berlin OLGZ 1976, 364 = Rpfleger 1976, 368.

[16] OLG Hamm aaO (Fußn 11); KG Berlin aaO (Fußn 16); Braun NJW 1976, 1923 (I, IV); Mohrbutter, Handbuch des Vollstreckungsrechts, § 44 (VI).

[17] OLG Köln und OLG Stuttgart je aaO (Fußn 10).

[18] KG Berlin aaO (Fußn 15).

[19] BGH FamRZ 2005, 200; OLG Stuttgart aaO (Fußn 10).

[20] OLG Hamm aaO (Fußn 11); OLG Stuttgart je aaO (Fußn 10); Braun NJW 1977, 27.

Anzuwendende Vorschriften für Beschwerde gegen Zuschlag 3.7 § 96

für die Fristverlängerung die Voraussetzungen der Nichtigkeits- oder Restitutionsklage vorliegen (ZPO § 569 Abs 1 Satz 3). Ein **Anlaß** ist gegeben, **wenn** das entscheidende Gericht nicht vorschriftsmäßig besetzt war (§ 579 Abs 1 Nr 1), wenn ein kraft Gesetzes ausgeschlossener Vorsitzender mitgewirkt hat (§ 579 Abs 1 Nr 2), wenn ein wegen Besorgnis der Befangenheit wirksam Abgelehnter mitgewirkt hat (§ 579 Abs 1 Nr 3), wenn ein Beteiligter nicht gesetzmäßig vertreten war (§ 579 Abs 1 Nr 4) (zB prozeßunfähig war und dabei ohne gesetzlichen Vertreter), wobei aber die Gründe Nr 1 und 3 nur ausreichen, wenn sie nicht mehr im ordentlichen Rechtsstreit geltend gemacht werden konnten (§ 579 Abs 2); Anlaß ist es weiter, wenn eine Urkunde auf der die Zuschlagsentscheidung beruht, also etwa der Vollstreckungstitel des bestrangig betreibenden Gläubigers, gefälscht oder verfälscht war (§ 580 Nr 2), worüber aber ein Strafverfahren stattgefunden haben muß (§ 581 Abs 1), oder wenn ein Beteiligter eine Urkunde auffindet oder benützen kann, die eine für ihn günstigere Entscheidung herbeigeführt hätte (§ 580 Nr 7b), vorausgesetzt, daß die beiden letztgenannten Anlässe mit normalem Rechtsmittel nicht mehr geltend gemacht werden konnten (§ 582). Alle anderen Gründe aus dem Bereich der Nichtigkeits- oder Restitutionsklage scheiden nach Sachlage für unser Verfahren aus. Auch mangelndes rechtliches Gehör genügt nicht[21].

3.6 Während Nichtigkeits- und Restitutionsklage immer bei dem Gericht der angegriffenen Entscheidung selbst zu erheben und zu entscheiden sind (ZPO § 584), ist für die außerordentliche Beschwerde dies nicht bestimmt, nur deren Voraussetzungen als Anlaß sind für anwendbar erklärt, wie Rdn 3.5 dargelegt. Die außerordentliche Beschwerde (als reine Fristverlängerung) muß sich daher ganz normal **an das Beschwerdegericht** wenden (so auch[22]) und auch nicht die sonstigen Bedingungen der beiden Klagen erfüllen. Ob die Entscheidung darüber mit Rechtsbeschwerde angreifbar ist, richtet sich nach § 574 Abs 1 Nr 2.

3.7 Erhebliche Schwierigkeiten können dadurch entstehen, daß auf eine erfolgreiche außerordentliche Beschwerde hin der **Zuschlag wieder aufgehoben** wird. Es kann der Erlös schon verteilt sein, es kann das Grundbuch schon nach § 130 berichtigt sein, es kann das Grundstück schon weiter veräußert oder weiter belastet sein. Es ist der **frühere Zustand wiederherzustellen** (unbeschadet rechtsgeschäftlich gutgläubig erworbener Rechte Dritter[23]): die Forderungsübertragung des § 118 wird rückgängig gemacht, Sicherungshypotheken nach § 128 werden gelöscht, der Versteigerungsvermerk und alle auf Grund des Zuschlags gelöschten Rechte werden wieder eingetragen, das Grundstück ist vom Ersteher an den Vollstreckungsschuldner herauszugeben, über Nutzungen und Lasten ist zwischen beiden abzurechnen (nach den Grundsätzen ungerechtfertigter Bereicherung in BGB § 812); wer etwas aus dem Erlös erhalten hat, muß es an den Ersteher zurückzahlen, der notfalls mit Bereicherungsklage gegen ihn vorgehen muß[24]; abquittierte Titel sind zu berichtigen, unbrauchbar gemachte Grundpfandrechtsbriefe wieder herzustellen. Auch hier hat das Beschwerdegericht nach § 101 ohne Zurückverweisung an das Vollstreckungsgericht selbst sachlich zu entscheiden, zB einem anderen den Zuschlag zu erteilen oder unter Zuschlagsversagung das Verfahren einzustellen oder aufzuheben, alles unter dem Gesichtspunkt von § 100. Je nach letzter Entscheidung kann also das Zwangsversteigerungsverfahren weiterlaufen, um zur gegebenen Zeit und unter den notwendigen Voraussetzungen neuen Versteigerungstermin anzusetzen. Diejenigen, denen der Erlös zugeteilt war, haben auch hier analog § 102 Rechtsbeschwerde bei Aufhebung des Zuschlags. Die aus dem früheren Erlös befriedigten Gläubiger können nicht einwen-

---

[21] OLG Braunschweig OLGZ 1974, 51.
[22] Steiner/Storz § 96 Rdn 22.
[23] Jaeckel/Güthe § 98 Rdn 6.
[24] Kirberger Rpfleger 1975, 43 (IV 1).

den, daß sie ordnungsgemäß aus dem Vermögen des Schuldners befriedigt seien oder nur erhalten hätten, was sie zu fordern gehabt hätten.

[Beschwerdeberechtigte bei Zuschlagsentscheidung]

97 (1) **Die Beschwerde steht im Falle der Erteilung des Zuschlags jedem Beteiligten sowie dem Ersteher und dem für zahlungspflichtig erklärten Dritten, im Falle der Versagung dem Gläubiger zu, in beiden Fällen auch dem Bieter, dessen Gebot nicht erloschen ist, sowie demjenigen, welcher nach § 81 an die Stelle des Bieters treten soll.**
(2) **Im Falle des § 9 Nr 2 genügt es, wenn die Anmeldung und Glaubhaftmachung des Rechtes bei dem Beschwerdegericht erfolgt.**

Literatur: Hintzen, Beschwerdeberechtigung des Schuldners bei Zuschlagsversagung, Rpfleger 1997, 150.

1 Allgemeines zu § 97

Zweck und **Anwendungsbereich:** Erschöpfende Aufzählung der Anfechtungsberechtigten (Ausnahme in § 102). Die Vorschrift gilt für alle Versteigerungsverfahren des ZVG.

2 Beschwerdeberechtigte bei Erteilung und Versagung des Zuschlags

2.1 Gegen die **Erteilung des Zuschlags** (positive Entscheidung) anfechtungsberechtigt sind nur die in § 97 Genannten, die ein berechtigtes Interesse an der Abänderung der Entscheidung haben können. Auch wer zu diesen Berechtigten gehört, kann aber den Zuschlag nur anfechten, wenn einer der in § 100 Abs 1 zugelassenen Gründe vorliegt und wenn der Grund das Recht des Beschwerdeführers selbst betrifft (§ 100 Abs 2), mit einer Ausnahme für die in § 86 Nr 6, 7 genannten Versagungsgründe (§ 100 Abs 3). Nicht mehr zulässig ist Beschwerde gegen den Zuschlag, wenn der Ersteher nach Grundbucheintragung (§ 130 Abs 1) das Grundstück veräußert und der Erwerber gutgläubig (damit unanfechtbar) Eigentum erworben hat[1].

2.2 Anfechtungsberechtigt ist **jeder Beteiligte** gemäß § 9: Abs 1, ein Beitrittsgläubiger jedoch nicht bei nur bedingter Zulassung des Beitritts nach Erteilung des Zuschlags[2] (§ 27 Rdn 2.4). Derjenige Beteiligte, der sein Recht nach § 9 Nr 2 noch anmelden und glaubhaft machen muß, kann dies, um sein Anfechtungsrecht durchzusetzen, auch noch beim Beschwerdegericht erledigen: Abs 2. Mangels Anmeldung und Glaubhaftmachung war er bisher noch nicht am Verfahren beteiligt. Er darf allerdings nicht erst einen Anfechtungsgrund nachträglich durch seine nachgeholte Anmeldung und Glaubhaftmachung schaffen, etwa daß er, der nicht Beteiligter war, bisher zum Versteigerungstermin nicht geladen war. Erfolgt Anmeldung und Glaubhaftmachung auch beim Beschwerdegericht nicht (Beispiel[3]), ist Beschwerdeberechtigung nicht gegeben.

2.3 Nicht anfechtungsberechtigt ist der Zessionar eines Rückübertragungsanspruchs bei einer Grundschuld[4] solange deren Gläubiger noch die vollen Ansprüche daraus geltend macht, solange also nicht der den Rückübertragungsanspruch auslösende Tatbestand eingetreten ist (wie bei § 74a Rdn 3.15) und der Rückübertragungsanspruch nicht zum Tragen kommt, weil zB infolge der allgemeinen

---

[1] OLG Frankfurt Rpfleger 1991, 380.
[2] OLG Hamm MDR 1989, 829 = NJW-RR 1989, 1151 = OLGZ 1989, 492 = Rpfleger 1989, 421.
[3] OLG Koblenz Rpfleger 1989, 517.
[4] OLG Köln Rpfleger 1988, 324; Steiner/Storz § 97 Rdn 8.

Bankbedingungen die Zahlungen des Schuldners auf die persönliche Schuld, nicht auf die Grundschuld verrechnet werden (anders[5]: wenn streitig, ob jemand beschwerdeberechtigt sei, sei das Beschwerderecht zu bejahen, hier bei einer abgetretenen Briefgrundschuld ohne Aushändigung des Briefes).

2.4 Zu den anfechtungsberechtigten Beteiligten gehört auch der **Vollstreckungsschuldner**. Ist dieser im Insolvenzverfahren, so ist an seiner Stelle der Insolvenzverwalter (§ 9 Rdn 3) Beteiligter und damit Anfechtungsberechtigter.

2.5 Bei Gesamthandsgemeinschaften (Erbengemeinschaft, Gütergemeinschaft) ist jeder daran Beteiligte berechtigt (die Anfechtung ist keine Verfügung, die der Zustimmung der anderen bedürfte). Berechtigt sind auch Miterben oder sonstige Teilnehmer der Gesamthandsgemeinschaft, deren Anteil gepfändet und zur Einziehung überwiesen ist, und zwar ohne Zustimmung des Pfandgläubigers; auch der Pfandgläubiger, weil er Maßnahmen zur Sicherung seines Pfandrechts wahrnehmen kann (anders[6]: weil dieser nicht über den Anteil verfügen kann, sondern nur die nicht höchstpersönlichen Rechte des Miteigentümers neben diesem ausüben darf). Berechtigt sind auch **Ehegatten** ohne gegenseitige Zustimmung.

2.6 **Nicht** beteiligt und nicht berechtigt sind Personen, die nur in einem gleichzeitigen Zwangsverwaltungsverfahren Beteiligte sind, etwa ein dort persönlich Betreibender (§ 9 Rdn 3).

2.7 Anfechtungsberechtigt ist der **Ersteher** und der für zahlungspflichtig erklärte Dritte aus § 82: Abs 1. Als Begründung kommt etwa in Frage, daß die Versteigerungsbedingungen nicht eingehalten seien, daß zu anderen Bedingungen zugeschlagen sei, als festgelegt war, auch daß des Erstehers durch den Zuschlag berücksichtigtes Gebot nicht sein wirksames Meistgebot gewesen sei (er hat zB unwirksam höher geboten, sein wirksames Meistgebot war geringer, im Zuschlag aber wurde das höhere zu Unrecht berücksichtigt). Der Ersteher, der nicht Beteiligter ist (falls er nicht gleichzeitig als Gläubiger usw am Verfahren teilnimmt), muß also in irgendeiner Weise in seinen Rechten beschwert sein (genau wie die anderen Beschwerdeberechtigten, § 100 Abs 2) und es muß ein gesetzlicher Beschwerdegrund vorliegen (§ 100 Abs 1). Er kann aber nicht die Zuschlagserteilung an sich anfechten, wenn der Zuschlag ihm genau zu den Bedingungen seines Meistgebots erteilt wurde. Er kann sich dabei nicht darauf berufen, daß das geringste Gebot, auf das hin er geboten hat, falsch berechnet gewesen sei[7], daß darin etwa zu Unrecht zusätzlich Ansprüche aufgenommen worden seien. Das ist zwar ein Beschwerdegrund (§ 100 Abs 1), aber kein von Amts wegen zu berücksichtigender (§ 100 Abs 3); der Ersteher kann ihn nicht vorbringen, weil er durch ihn nicht beschwert ist; er hat ja bekommen, was er wollte. Für jede Beschwerde ist eine Beschwer des Beschwerdeführers nötig, wie sich aus § 100 Abs 2 ergibt, ohne daß es auf § 84 ankommt, der tatsächlich nur auf Beteiligte anzuwenden ist (§ 84 Abs 1); eine nur wirtschaftliche Beeinträchtigung genügt nicht.

2.8 Anfechtungsberechtigt ist der **Bieter**, dessen Gebot nicht erloschen ist (§ 72), oder sein Zessionar (§ 81 Abs 2) oder verdeckter Vollmachtgeber (§ 81 Abs 3): § 97 Abs 1. Der Bieter, dessen Gebot nicht erloschen ist, kann sich somit auch dagegen wenden, daß ein anderer und nicht er als Meistbietender den Zuschlag erhalten hat[8].

2.9 Anfechtungsberechtigt ist der für mithaftend erklärte **Bürge**[9]: Abs 1.

---

[5] LG Osnabrück KTS 1976, 312.
[6] LG Osnabrück Rpfleger 1956, 102 mit zust Anm Mohrbutter.
[7] Steiner/Storz § 97 Rdn 9.
[8] OLG Koblenz ZIP 1987, 1531; Vorinstanz: LG Koblenz Rpfleger 1987, 425 mit abl Anm Storz.
[9] Hornung Rpfleger 1979, 321 (D V 3).

§ 97 2.10   Beschwerde

2.10 Ist das vom Vertreter einer Offenen Handelsgesellschaft abgegebene Meistgebot zurückgewiesen worden, weil die **OHG** noch nicht im Handelsregister eingetragen ist (sie kann auch ohne Eintragung entstanden sein) und wird dem Vertreter selbst zugeschlagen, so kann die OHG den Zuschlag anfechten, mit dem Ziel, daß sie den Zuschlag erhalten müsse[10].

2.11 Gegen die **Versagung des Zuschlags** (negative Entscheidung) und ebenso gegen die Aufhebung des Zuschlags durch das Beschwerdegericht nach § 101 (nur bei Zulassung, ZPO § 574 Abs 1 Nr 2) sind, vorausgesetzt, daß ein Beschwerdegrund nach § 100 Abs 1 vorliegt und das Recht des Beschwerdeführers betrifft (§ 100 Abs 2, mit Ausnahme nach § 100 Abs 3), anfechtungsberechtigt

a) jeder **betreibende Gläubiger** (Anordnungs- und Beitrittsgläubiger): Abs 1. Ein Beitritt muß dabei mindestens vor der Verkündung der Zuschlagsentscheidung wirksam geworden sein[11] (anders[12]: Beitritt sei noch bis zur Rechtskraft möglich). Nicht anfechtungsberechtigt ist aber hier derjenige betreibende Gläubiger, dessen Verfahren im Versteigerungstermin eingestellt ist (gleich aus welchem Grunde)[13], im Zustand der Einstellung betreibt er nicht und kann darum auch nicht Erteilung des Zuschlags anstreben.

b) der **Bieter**, dessen Gebot nicht erloschen ist (§ 72), oder sein Zessionar (§ 81 Abs 2) oder verdeckter Vollmachtgeber (§ 81 Abs 3): § 97 Abs 1. Das gilt auch, wenn Versagung nach § 76 erfolgt.
Nicht anfechtungsberechtigt sind hier der **Vollstreckungsschuldner**[14] (Eigentümer), nicht andere Beteiligte (§ 9; außer dem Gläubiger, Abs a) und auch nicht der zahlungspflichtige Dritte[15]. Ein „tatsächliches" Interesse des Schuldners rechtfertigt keine Anfechtung des Beschlusses, durch den der Zuschlag versagt ist[16]. Versagung des Zuschlags verletzt den Schuldner in seinen Rechten nicht, begründet damit auch kein rechtliches Interesse, das eine Anfechtung des Versagungsbeschlusses rechtfertigen könnte. Der Gläubiger ist anfechtungsberechtigt, weil Zwangsversteigerung Gläubigerinteressen (Befriedigung aus dem Grundstück) dient und daher nur auf Gläubigerantrag durchgeführt wird (§ 15); ein Bieter oder der nach § 81 an seine Stelle tretende Dritte ist anfechtungsberechtigt, weil er bei höchstem wirksamem Gebot ein Recht auf Erteilung des Zuschlags hat, wenn kein Versagungsgrund vorliegt (§ 81 Rdn 1.1 und 3.1). Dem Schuldner obliegt Wahrung der Interessen des Gläubigers oder eines Bieters nicht. Ein nur wirtschaftliches Interesse an möglichst günstiger Veräußerung des Grundstücks gibt dem Schuldner kein Recht, die Zwangsversteigerung des Grundstücks zu betreiben; ein Interesse, Verfahrensfortsetzung mit Erteilung des Zuschlags zu einem möglichst hohen oder auch nur erwünschten Gebot durchzusetzen, kann der Schuldner daher auch nicht im Rechtsbehelfsverfahren verfolgen. Dem entspricht, daß auch für den Gläubiger eines Rechts am Grundstück, insbesondere für einen Grundpfandgläubiger (§ 10 Abs 1 Nr 4), der das Verfahren nicht selbst betreibt, ein noch so günstiges Meistgebot kein Beschwerderecht begründet, auch wenn er bei dem Gebot noch

---

[10] KG Berlin Rpfleger 1977, 146.
[11] Steiner/Storz § 97 Rdn 14.
[12] Jaeckel/Güthe § 97 Rdn 3.
[13] OLG Nürnberg MDR 1976, 234 = NJW 1976, 902 Leitsatz = OLGZ 1976, 126.
[14] OLG Köln Rpfleger 1997, 176; LG Mainz JurBüro 2001, 214; Dassler/Muth § 97 Rdn 7; Jaeckel/Güthe § 97 Rdn 5; aA Hintzen Rpfleger 1997, 150.
[15] OLG Hamm KTS 1975, 317 = OLGZ 1975, 493 = Rpfleger 1975, 264.
[16] So schon Motive zum ZVG-Entwurf, Amtliche Ausgabe, 1889, Seite 248 (zu § 128 Abs 1 des Entwurfs). Siehe überdies OLG Breslau OLG 16, 336, das unter Hinweis auf die Protokolle noch herausstellt, daß bei Bestimmung des Beschwerdeberechtigten **ausdrücklich** erwogen wurde, daß auch „der Schuldner durch Versagung des Zuschlags in seinen Rechten nicht verletzt werde, auch ... wenn er ... ein Interesse daran habe, daß ... die Versteigerung durch den Zuschlag beendet werde".

zum Zuge gekommen[17] oder der durch ein hohes Gebot erlöste Mehrwert allein ihm zuzuteilen gewesen wäre (siehe auch die Besonderheit, die § 102 regelt). Die verfassungsmäßige Eigentumsgarantie gewährleistet überdies Grundstücksveräußerung auf Eigentümerantrag im Wege der Zwangsversteigerung zur Erzielung eines bestmöglichen Erlöses nicht. Daher begründet (vermeintliche) Grundrechtsverletzung auch kein Beschwerderecht im Falle der Versagung des Zuschlags für Eigentümer und dingliche Berechtigte, die das Verfahren nicht selbst betrieben haben (anders[18] unzutreffend). Zutreffend wird daher ein Beschwerderecht des Schuldners gegen den Versagungsbeschluß in Übereinstimmung mit dem Gesetzeswortlaut und der schon in den ZVG-Motiven herausgestellten Erwägung des Gesetzgebers allgemein ausgeschlossen.

[Beginn der Beschwerdefrist bei Zuschlagsentscheidung]

98 Die Frist für die Beschwerde gegen einen Beschluß des Vollstreckungsgerichts, durch welchen der Zuschlag versagt wird, beginnt mit der Verkündung des Beschlusses. Das gleiche gilt im Falle der Erteilung des Zuschlags für die Beteiligten, welche im Versteigerungstermin oder im Verkündungstermin erschienen waren.

Allgemeines zu § 98

1.1 Zweck der Vorschrift: Festlegung des Beginns der Anfechtungsfrist, abweichend von der allgemeinen Regel in ZPO § 569 Abs 1 Satz 2 mit Rücksicht auf die große Zahl der Beteiligten zur Vereinfachung des Verfahrens.

1.2 Anwendungsbereich: Die Vorschrift gilt für alle Versteigerungsverfahren des ZVG. Eine besondere Frist gilt bei Luftfahrzeugen: § 171 m.

Frist für Anfechtung der Zuschlagsentscheidung

2.1 Das ZVG bringt eine Sonderregelung.

a) Bei **Erteilung des Zuschlags** beginnt für die sofortige Beschwerde die Notfrist von zwei Wochen (ZPO § 569 Abs 1 Satz 1) **für alle** entweder im Versteigerungstermin oder[1] im Verkündungstermin **erschienene** bzw vertretene **Beteiligte**[2] nach Satz 2 einheitlich **mit der Verkündung** der Entscheidung (§ 98 hat hierfür einen klaren Wortlaut und verstößt nicht gegen GrundG Art 3 Abs 1[2] oder Art 103 Abs 1[3]), auch wenn der Verkündungstermin (nach[4] einmalig kurzfristig; nicht gerechtfertigt) ordnungsgemäß verlegt[5] oder vertagt wurde, auch wenn sie nur in einem dann vertagten, aber nicht im endgültigen Verkündungstermin erschienen oder vertreten waren[6], auch wenn sie sich vor dem Ende des Termins wieder entfernt haben: Jedoch gilt das nicht, wenn der erschienene Beteiligte prozeßunfähig war[7]. Es genügt die Anwesenheit eines von mehreren Bevollmächtigten[8]; es genügt die Anwesenheit des bisherigen Bevollmächtigten, auch wenn kurz vor dem Verkündungstermin noch ein weiterer bestellt wurde[8]. Dabei ist natürlich immer vorausgesetzt, daß ein Verkündungstermin gesetzmäßig bekanntgemacht

---

[17] KG Berlin OLG 9, 143.
[18] Hintzen Rpfleger 1997, 150.
[1] OLG Hamm Rpfleger 1995, 176; OLG Köln Rpfleger 1980, 354 = ZIP 1980, 476.
[2] OLG Stuttgart JurBüro 1976, 972 und 990 Leitsatz.
[3] OLG Celle Rpfleger 1986, 489.
[4] OLG Hamm JurBüro 1989, 708 mit zust Anm Schroeder.
[5] OLG Hamm Rpfleger 1995, 176.
[6] OLG Koblenz Rpfleger 1957, 311; OLG Köln JMBlNW 1966, 103; Jaeckel/Güthe § 98 Rdn 2; Steiner/Storz § 98 Rdn 6.
[7] OLG Hamm OLGZ 1991, 459 = Rpfleger 1991, 262.7
[8] OLG Frankfurt JurBüro 1978, 107 = Rpfleger 1977, 417.

§ 98   2.1   Beschwerde

wurde[9] (§ 87 Abs 1 und 2), dann bei Vertagung des Verkündungstermins aber auch, wenn eine „tatsächliche Voraussetzung" für Erteilung des Zuschlags (Zustimmungserklärung nach ErbbauVO §§ 5, 8) im Versteigerungstermin noch nicht vorlag (anders[10], rechtliches Gehör wird jedoch im Verkündungstermin gewährt [§ 87 Abs 1] und Abgrenzung danach, ob sich Beteiligte ausnahmsweise auf rechtzeitige Beibringung der Unterlage einstellen müssen oder nicht bietet überhaupt keinen brauchbaren Anhalt für Beginn der Beschwerdefrist). Das gilt auch, wenn den erschienen gewesenen Personen (fälschlich oder irrtümlich) der Zuschlag auch noch zugestellt wurde[11], sogar mit der falschen Belehrung zugestellt, daß die Anfechtung erst ab Zustellung möglich sei[12]. Eine Belehrung ist ja hier nicht vorgesehen, eine falsche ist unschädlich; Belehrung soll unterbleiben, um Fehler zu vermeiden. Wird durch die falsche Belehrung die Frist versäumt, so ist Wiedereinsetzung gegen die Versäumung der Notfrist möglich; sie ist aber nicht möglich, wenn der Verfahrensbevollmächtigte eines Beteiligten vom Rechtspfleger mündlich unrichtig über die Beschwerdefrist informiert wurde (Verpflichtung zur Prüfung und Wahrung der Frist)[13].

b) **Für alle übrige** Beteiligte, also für alle, die im Versteigerungs- oder Verkündungstermin nicht erschienen und auch nicht ordnungsgemäß vertreten waren, **beginnt** die Frist erst **mit der Zustellung** (§ 88 Satz 1, ZPO § 569 Abs 1 Satz 2).

c) **Für den Ersteher,** für den mithaftenden Bürgen aus § 69 Abs 2 und für den mithaftenden Meistbietenden (bei Abtretung der Rechte nach § 81 Abs 2 oder bei verdeckter Vollmacht nach § 81 Abs 3) **beginnt** die Frist, auch soweit diese Personen in einem der Termine erschienen waren, immer **mit der Zustellung** (§ 88 Satz 1, ZPO § 569 Abs 1 Satz 2). Falls eine dieser Personen gleichzeitig Verfahrensbeteiligter ist, laufen für sie zwei Fristen. Hat sie diejenige als Beteiligter versäumt, kann sie immer noch die Frist etwa als Ersteher einhalten, dann aber nur mit den Anfechtungsgründen, die den Ersteher als solchen beschweren.

2.2 Die Notfrist von zwei Wochen für die sofortige Beschwerde bei **Versagung des Zuschlags beginnt für alle Beteiligte** und die anderen Genannten, auch den Meistbietenden, einheitlich **mit der Verkündung:** Satz 1; dieser Beschluß wird ja nicht zugestellt (§ 87 Abs 1). Dabei ist vorausgesetzt, daß der Verkündungstermin ordnungsgemäß bekanntgemacht ist (§ 87 Abs 1 und 2).

2.3 Die Frist für die sofortige Beschwerde beginnt bei Erteilung des Zuschlags für den im Versteigerungs- oder Verkündungstermin erschienenen oder vertretenen Schuldner und ebenso bei Versagung des Zuschlags für den Gläubiger auch dann mit dem in § 98 bestimmten Zeitpunkt, wenn zugleich über einen Schuldnerantrag auf Vollstreckungsschutz nach § 765a ZPO entschieden wurde[14]. Gesonderte Anfechtung der in dem Zuschlagbeschluß enthaltenen Entscheidung über den Vollstreckungsschutzantrag ist ausgeschlossen[14] (siehe auch Einl Rdn 59.1 zu b).

2.4 Bei **Rechtsbeschwerde** (soweit sie in Frage kommt, § 95 Rdn 6) **beginnt** die Notfrist von einem Monat (ZPO § 575 Abs 1) für alle Beteiligte und die anderen Genannten mit der Zustellung der Beschwerdeentscheidung (ZPO aaO, ZVG § 103). Soweit sie ausnahmsweise den in § 102 Genannten zusteht, beginnt sie für diese ebenfalls mit der Zustellung der Beschwerdeentscheidung.

2.5 Für die **außerordentliche Beschwerde** nach ZPO § 569 Abs 1 Satz 3 (dazu § 96 Rdn 3) läuft eine **Notfrist von einem Monat** (ZPO § 586 Abs 1) statt von

---

[9] OLG Hamm und OLG Köln je aaO (Fußn 1).
[10] OLG Hamm JurBüro 1989, 708 mit zust Anm Schroeder.
[11] OLG Celle Rpfleger 1986, 489; OLG Hamm Rpfleger 1995, 176.
[12] OLG Koblenz und OLG Köln je aaO (Fußn 6); LG Göttingen Rpfleger 2000, 510.
[13] LG Hannover NJW 1984, 2836.
[14] OLG Köln Rpfleger 1997, 34.

zwei Wochen. Sie beginnt, gegen die Erteilung des Zuschlags gerichtet, nicht mit der Zustellung oder sonstigen Wirksamkeit des Zuschlags, auch nicht mit dessen Rechtskraft. Sie **beginnt nicht vor** der **Rechtskraft** des Zuschlags[15], dann aber mit dem Tag, an dem der Beschwerdeführer von dem Anfechtungsgrund (also den Voraussetzungen, wie in § 96 Rdn 3 als „Anlaß" behandelt) **Kenntnis** erhalten hat: ZPO § 586 Abs 2 Satz 1 (anders[16]: die Monatsfrist beginne immer mit der Zustellung des Zuschlagsbeschlusses und bei unterbliebener Zustellung analog (nun) §§ 517, 548 mit Ablauf von fünf Monaten nach der Verkündung; dürfte angesichts der vorerwähnten ZPO-Vorschrift abzulehnen sein). War im Zwangsversteigerungsverfahren der Beschwerdeführer nicht gesetzlich vertreten (zB prozeßunfähig), so beginnt die Frist erst mit dem Tag, an dem entweder der wieder selbst zustellungsfähigen Partei oder sonst ihrem gesetzlichen Vertreter die entsprechende Entscheidung (Zuschlagsbeschluß) zugestellt wurde[17]: ZPO § 586 Abs 3. Nach ZPO § 586 Abs 2 Satz 2 (nicht anwendbar auf den eben erwähnten Fall der mangelnden Vertretung, nur auf die anderen Fälle) kann die außerordentliche Beschwerde ohne Rücksicht auf die Kenntnis von den Anfechtungsgründen nach Ablauf einer **Ausschlußfrist von fünf Jahren** seit der Rechtskraft der Entscheidung keinesfalls mehr erhoben werden (dies ist keine Notfrist, weil sie im Gesetz nicht als solche bezeichnet ist; anders[18]: auch dies sei eine Notfrist). Wenn dabei von Rechtskraft die Rede ist, so ist gemeint: die relative Rechtskraft gegenüber dem Beschwerdeführer der außerordentlichen Beschwerde, nicht die Rechtskraft gegenüber allen Beteiligten[19], die zu ganz verschiedenen Einzelzeitpunkten eintreten kann. Die genannte Ausschlußfrist von fünf Jahren gilt (von der erwähnten Ausnahme abgesehen) auch für ZVG-Verfahren[20] (anders[21]: die Ausschlußfrist gelte hier nicht). Zulässig ist in der Frist außerordentliche Beschwerde auch noch nach Erlösverteilung als Beendigung des Zwangsversteigerungsverfahrens[22] (anders[23]), somit auch nach Grundbuchberichtigung (in Rechte Dritter soll aber nicht eingegriffen werden dürfen). Stets aber empfiehlt es sich mit[24], während des Verfahrens so sorgfältig zu verfahren und alle Umstände, auch hinsichtlich Mängeln in der Geschäftsfähigkeit, so rechtzeitig zu überprüfen, daß ein Bedürfnis für die außerordentliche Beschwerde gar nicht mehr entstehen kann.

2.6 Ein Rechtsmittel kann (mit Ausnahme der außerordentlichen Beschwerde) schon **vor Beginn** seiner **Frist eingelegt** werden. Begründet werden kann es auch nach Fristablauf. Eine **Begründung** ist nicht vorgeschrieben, soll aber erfolgen (ZPO § 571 Abs 1); sie ist für sachgemäße Behandlung unerläßlich.

2.7 Unterbleibt bei Personen, denen der Zuschlag zugestellt werden muß, die Zustellung, so **beginnt** für sie die normale Rechtsmittelfrist spätestens mit dem Ablauf von fünf Monaten nach der Verkündung (ZPO § 569 Abs 1 Satz 2). Das muß auch gelten, wenn bei notwendiger Verkündung der Verkündungstermin nicht gesetzmäßig bekanntgemacht war, für alle, denen zu verkünden war.

2.8 Der Fristbeginn kann für einen Beteiligten früher, für einen anderen später liegen, je nachdem, wie Zustellung oder Verkündung für den einzelnen Beteiligten wirksam erfolgt sind. Die einen können noch anfechten, die anderen nicht

---

[15] Jaeckel/Güthe § 98 Rdn 6; Korintenberg/Wenz § 98 Anm 5.
[16] Braun NJW 1977, 27.
[17] BGH FamRZ 2005, 200.
[18] Schmahl NJW 1977, 27.
[19] KG Berlin OLGZ 1976, 364 = Rpfleger 1976, 368.
[20] Jaeckel/Güthe § 98 Rdn 6; Korintenberg/Wenz § 98 Anm 5.
[21] Braun NJW 1976, 1923 (Fußnote 1).
[22] BGH FamRZ 2005, 200; OLG Oldenburg NJW-RR 1991, 61 = Rpfleger 1990, 179; LG Hannover abgedruckt im Rahmen der Abhandlung Kirberger Rpfleger 1975, 43; Kirberger Rpfleger 1975, 43 (VI 3) (IV 1)und (IV 2).
[23] LG Verden NdsRpfl 1967, 60.
[24] Kirberger Rpfleger 1975, 43 (V).

mehr. Die **Rechtskraft** ist nur **relativ;** die sachliche Wirkung der Entscheidung bleibt in der Schwebe, bis die Rechtskraft auch gegenüber dem bei Zustellung oder Verkündung zeitlich am letzten Liegenden eingetreten ist.

[Beschwerdegegner, mehrere Beschwerden gegen Zuschlag]

99 (1) **Erachtet das Beschwerdegericht eine Gegenerklärung für erforderlich, so hat es zu bestimmen, wer als Gegner des Beschwerdeführers zuzuziehen ist.**

(2) **Mehrere Beschwerden sind miteinander zu verbinden.**

1 Allgemeines zu § 99

Zweck und **Anwendungsbereich:** Klarstellung, wer bei Zuschlagsanfechtung als Beschwerdegegner zuzuziehen ist und Bestimmung, daß mehrere Rechtsmittel miteinander zu verbinden sind. Die Vorschrift gilt für alle Versteigerungsverfahren des ZVG.

2 Beschwerdegegner wird zugezogen (Absatz 1)

2.1 Das Beschwerdegericht muß bei Beschwerde gegen die Zuschlagsentscheidung nicht einen Beschwerdegegner zuziehen. Es kann also von sich aus entscheiden, wenn die Beschwerde ohne weiteres als unzulässig oder unbegründet erkennbar ist oder wenn sie sich auf Vorgänge im Versteigerungstermin stützt, die nach § 80 aus dem Protokoll ersichtlich sein müssen. Es steht im **Ermessen des Gerichts**[1], ob es einen **Gegner zuziehen** will. Allerdings muß das Gericht das rechtliche Gehör wahren, darf keine einem anderen ungünstige Tatsache verwerten, bevor dieser nicht dazu Gelegenheit zur Stellungnahme hatte. Das rechtliche Gehör ist gewährt, wenn Gelegenheit geboten war, sich über alle für die Entscheidung wesentlich erscheinenden Tatsachen und Rechtsfragen zu äußern (Einl Rdn 46).

2.2 Wenn das Beschwerdegericht eine Gegenerklärung für erforderlich hält, **bestimmt** es, **wer** als Beschwerdegegner **zuzuziehen** sei: Abs 1. Als Gegner kommen solche Beteiligte in Frage, deren Rechte bei erfolgreicher Beschwerde betroffen würden. Es können auch mehrere Gegner bestimmt werden. Zugezogen wird mit gerichtlicher Verfügung, die dem Gegner bekannt zu machen ist[2], wenn er befristet zu einer Erklärung aufgefordert oder zu einer mündlichen Verhandlung vorgeladen wird. Gegenerklärungen sind durch § 100 Abs 2 auf solche Punkte beschränkt, die das Recht des Zugezogenen betreffen.

2.3 Der als Gegner Zugezogene ist **keine echte Partei;** seine Hinzuziehung dient in erster Linie der Gewährung rechtlichen Gehörs[3]. Das Gericht kann niemandem eine Parteirolle aufzwingen[4]. Der Zugezogene ist **berechtigt,** sich zu äußern, aber **nicht verpflichtet**[5]. Er kann keine Anträge stellen[6]. Das Gericht ist auch an seine Erklärung nicht gebunden. Es macht keinen Unterschied, ob sich jemand als Zugezogener oder als sonstiger Beteiligter äußert. Alle Erklärungen

---

[1] BVerfG NJW-RR 2005, 936 (937).
[2] OLG Oldenburg JurBüro 1989, 1176.
[3] BVerfG NJW-RR 2005, 936 (937); OLG Hamburg MDR 1957, 753; OLG Hamm JMBlNW 1962, 126; OLG Schleswig SchlHA 1956, 294; LG Nürnberg-Fürth Rpfleger 1963, 205 mit zust. Anm Drischler.
[4] OLG Hamburg MDR 1957, 753.
[5] BVerfG NJW-RR 2005, 936 (937); LG Nürnberg-Fürth aaO (Fußn 3).
[6] BVerfG NJW-RR 2005, 936 (937).

werden nach Ermessen des Gerichts berücksichtigt, unter Beachtung der Grundsätze des rechtlichen Gehörs, damit nicht der Bestand des Verfahrens in Frage gestellt wird[7].

2.4 Den **Beschwerdeführer** muß das Gericht nicht zu den Erklärungen des Zugezogenen anhören, auch nicht unter dem Gesichtspunkt des rechtlichen Gehörs, vorausgesetzt allerdings, daß es die Erklärungen des Gegners nicht seiner Entscheidung zugrunde legt (weil sie entweder unbeachtlich sind oder weil das Gericht die Beschwerdegründe schon von Amts wegen beachten muß, zB § 83 Nr 6, 7).

2.5 Da der als Gegner Zugezogene nicht Partei ist, gibt es auch gegenseitig **keine Kostenerstattungsansprüche**. Es kann keine Kostenentscheidung zugunsten des Zugezogenen ergehen[8]. Der Zugezogene kann auch vom Beschwerdeführer (selbst wenn diesem Kosten auferlegt werden sollten) nicht außergerichtliche Kosten erstattet verlangen[9]. Es kann auch nicht zu Ungunsten des Zugezogenen eine Kostenentscheidung ergehen, selbst wenn die Beschwerde des Beschwerdeführers erfolgreich ist[10]. Allerdings wird auch angenommen, der Hinzugezogene sei als Beteiligter anzusehen, wenn er Anträge gestellt oder sich sonst (aktiv) am Beschwerdeverfahren beteiligt hat; bei Unterliegen (dem Ersteher bei Aufhebung des Zuschlags) sollen ihm daher Kosten auferlegt werden können[11]. Wenn das Beschwerdegericht dieser Meinung folgen will, ist es aber jedenfalls (verfassungsrechtlich) gehalten, den Hinzugezogenen ausdrücklich auf das Kostenrisiko hinzuweisen[12]. Bloße Übersendung der Beschwerdeschrift mit Gelegenheit zur Stellungnahme enthält keine Bestimmung über Zuziehung als Beschwerdegegner, ermöglicht Kostenentscheidung zu Lasten des Angehörten somit nicht[13].

2.6 Was für die Zuschlagsbeschwerde Rdn 2.1–2.5 gesagt ist, gilt auch für die **Rechtsbeschwerde** gegen die Zuschlagsentscheidung, positive wie negative.

Mehrere Beschwerden werden verbunden (Absatz 2) 3

Mehrere Zuschlagsbeschwerden (positive wie negative) müssen miteinander verbunden werden: Abs 2. Es ist dies allerdings nur eine **Ordnungsvorschrift**. Das Gericht muß auch nicht abwarten, ob noch weitere Beschwerden eingehen, bevor es eine ihm vorliegende bearbeitet.

[Zulässige Beschwerdegründe gegen Zuschlagsentscheidung]

100 (1) **Die Beschwerde kann nur darauf gestützt werden, daß eine der Vorschriften der §§ 81, 83 bis 85 a verletzt oder daß der Zuschlag unter anderen als den der Versteigerung zugrunde gelegten Bedingungen erteilt ist.**

(2) **Auf einen Grund, der nur das Recht eines anderen betrifft, kann weder die Beschwerde noch ein Antrag auf deren Zurückweisung gestützt werden.**

---

[7] LG Nürnberg-Fürth aaO (Fußn 3).
[8] OLG Hamburg MDR 1957, 753; OLG Hamm NJW 1976, 1754 = OLGZ 1976, 489 = Rpfleger 1976, 146.
[9] LG Nürnberg-Fürth aaO (Fußn 3).
[10] OLG Bremen MDR 1985, 590 = Rpfleger 1985, 160; OLG Hamm NJW 1976, 1754 = aaO (Fußn 8); OLG Hamburg MDR 1957, 753; OLG Schleswig SchlHA 1956, 294 und 1958, 10; Mohrbutter, Handbuch des Vollstreckungsrechts, § 44 (III c); Drischler RpflJahrbuch 1961, 292 (B III).
[11] OLG Bremen MDR 1985, 590 = Rpfleger 1985, 160; OLG Hamm JMBlNW 1962, 126 und Rpfleger 1966, 24 sowie JurBüro 1966, 894 = OLGZ 1967, 57 und NJW 1976, 1754 = aaO (Fußn 8).
[12] BVerfG NJW-RR 2005, 936 (937).
[13] OLG Oldenburg JurBüro 1989, 1176.

§ 100 — Beschwerde

(3) Die im § 83 Nr 6, 7 bezeichneten Versagungsgründe hat das Beschwerdegericht von Amts wegen zu berücksichtigen.

1 Allgemeines zu § 100

1.1 Zweck der Vorschrift: Erschöpfende Bezeichnung der Beschwerdegründe für die Zuschlagsanfechtung.

1.2 Anwendungsbereich: Die Vorschrift gilt für alle Versteigerungsverfahren des ZVG.

2 Beschränkung der Beschwerdegründe gegenüber Zuschlag (Absatz 1)

2.1 Abgesehen von den allgemeinen Beschränkungen bei der Anfechtung der Zuschlagsentscheidung (§ 96 Rdn 2) und neben der Beschränkung der Beschwerdeberechtigten (§ 97 Rdn 2) bringt § 100 eine **Beschränkung der Beschwerdegründe**, indem er die möglichen **erschöpfend** aufzählt.

2.2 Die Anfechtungsgründe müssen immer genau angegeben werden. Eine **Begründung** soll (ZPO § 571 Abs 1), muß aber nicht erfolgen; tatsächlich ist sie unerläßlich. Wenn die Beschwerde auf andere als zulässige Gründe gestützt wird, ist sie als unbegründet zurückzuweisen, nicht als unzulässig zu verwerfen[1].

2.3 Es gibt **nur folgende** Beschwerdegründe, auf die eine Zuschlagsbeschwerde gestützt werden kann:

a) **Verstoß gegen ZVG § 81:** Das Gebot, auf das der Zuschlag erteilt wurde, ist nicht das Meistgebot oder kein gültiges Meistgebot, weil zB der Bieter geschäftsunfähig ist, oder weil die notwendige Zustimmung einer Behörde fehlt (§ 71 Abs 2), oder weil das Gebot wirksam angefochten ist. Verstoß gegen § 81 ist außerdem gegeben, wenn der Ersteher, dem der Zuschlag erteilt wurde, weder durch (wirksame) Abtretung des Meistgebots (§ 81 Abs 2) noch als verdeckt Vertretener (§ 81 Abs 3) Zuschlagsberechtigt war. Die urkundlichen Nachweise zu § 71 Abs 2, § 81 Abs 2, 3 können im Beschwerdeverfahren zur Begründung nachgebracht werden (sonst § 71 Rdn 6, § 81 Rdn 3). Nichtbeachtung von § 81 Abs 2 oder 3 ist kein Verstoß gegen § 83 Nr 6, daher nicht nach Abs 3 von Amts wegen zu beachten[2].

b) **Verstoß gegen ZVG § 83:** Es ist ein Versagungsgrund, somit auch ein von Amts wegen zu beachtender nach § 83 Nr 6, 7 unbeachtet geblieben oder zu Unrecht angenommen worden.

Zu § 83 **Nr 1:** Der Schuldner hat bei Verletzung von § 43 Abs 2 gegenüber einem anderen Beteiligten nur dann ein Anfechtungsrecht, wenn dieser andere Beteiligte nicht das Verfahren nach § 84 genehmigt und wenn dieser andere gemäß § 84 Abs 1 beeinträchtigt ist (dann ist auch der Schuldner beeinträchtigt und hat damit ein rechtliches Interesse an der Beschwerde). Hierher gehört auch unterlassene oder unrichtige Festsetzung von Zuzahlungsbeträgen[3] nach § 51 oder die Zuschlagserteilung unter anderen als den in der Versteigerung zugrunde gelegten Bedingungen, zB mit Bestehenlassen weiterer Rechte im Zuschlag, als vorher festgelegt, oder unter Herausnahme von nachträglich freigegebenen Zubehörstücken, obwohl in den Versteigerungsbedingungen des Termins nicht ausgenommen und vom Meistbietenden nicht verzichtet (§ 81 Rdn 11).

Zu § 83 **Nr 6:** Ein von Amts wegen zu beachtender Verfahrensverstoß, der die Durchführung oder Fortsetzung des Verfahrens unzulässig macht, kann in der Nichtbeachtung oder unsachgemäßen Ablehnung eines vor der Zuschlagserteilung

---

[1] OLG Hamm JMBlNW 1959, 183; Korintenberg/Wenz § 100 Anm 1; Steiner/Storz § 100 Rdn 2; Drischler KTS 1971, 258 (260).
[2] LG Heilbronn Rpfleger 1986, 78.
[3] Schiffhauer Rpfleger 1975, 187 (II 5).

Zulässige Beschwerdegründe gegen Zuschlagsentscheidung 2.8 § 100

gestellten Einstellungsantrags aus ZPO § 765 a liegen[4] (Einl Rdn 59, § 83 Rdn 4.1) oder in der Nichtbeachtung der Aufhebungs- oder Einstellungstatbestände aus ZPO §§ 775–776. Der Zuschlag kann aber nicht damit angefochten werden, daß nach Versäumung der Notfrist für den Einstellungsantrag aus §§ 30a, c jetzt die Voraussetzungen für eine Wiedereinsetzung gegeben seien[5].

c) **Verstoß gegen ZVG § 84:** Hierunter fällt zB eine nicht formgerechte Genehmigung des Verfahrens (§ 84 Abs 2) durch den beeinträchtigten Beteiligten (sonst § 84 Rdn 2, 3).

d) **Verstoß gegen ZVG § 85:** Dazu gehört es zB, wenn der Antrag eines Bevollmächtigten entgegengenommen wird, obwohl die Vollmacht nicht öffentlich beglaubigt ist (sonst § 85 Rdn 2).

e) **Verstoß gegen ZVG § 85 a:** Hierunter fällt es, wenn das Gericht etwa im ersten Versteigerungstermin die Vorschrift übersieht oder das Meistgebot samt Kapitalwert der bestehenbleibenden Rechte (§ 85 a Abs 1) falsch berechnet oder aber im zweiten Termin entgegen § 85 a Abs 2, § 74 a Abs 4 erneut den Zuschlag versagt.

2.4 Eine als Anfechtungsgrund zugelassene **Gesetzesverletzung** liegt nur vor, wenn der Versagungsgrund **bei Verkündung** des Zuschlags gegeben war, wenn das Vollstreckungsgericht also auf den ihm unterbreiteten Sachverhalt die gesetzlichen Vorschriften nicht oder nicht richtig angewendet hat. Durch § 100 ist die Möglichkeit aus ZPO § 571 Abs 2, die Anfechtung auf neue Tatsachen und Beweismittel zu stützen, ausgeschaltet (dazu § 96 Rdn 2; auch für Abweichung bei Versagung des Zuschlags). Auch neue Tatsachen zu einem früheren Antrag können nicht vorgebracht werden (§ 96 Rdn 2.2). **Ohne Einfluß** ist es auch, wenn **nach der Zuschlagsverkündung** der betreibende Gläubiger befriedigt ist oder der Ersteher auf den Zuschlag wieder verzichten will oder die Beteiligten sich über die Aufhebung des Zuschlags einigen wollen. Alle diese Umstände berechtigen das Beschwerdegericht nicht, ohne einen der in § 100 aufgezählten Gründe den Zuschlag aufzuheben. Es können nach Erteilung des Zuschlags nicht nachträglich Versagungsgründe geschaffen werden.

2.5 Für alle Vorgänge im Versteigerungstermin entscheidet bei der Zuschlagsentscheidung allein der **Inhalt des Protokolls**: § 80. Die Berichtigung des Protokolls kann angeregt werden, jedoch kann die Zuschlagsanfechtung nicht auf angeblich unterlassene Vorgänge, die im Protokoll aber verzeichnet sind, oder auf angeblich falsch durchgeführte, entgegen der Fassung des Protokolls, gestützt werden.

2.6 Die in Ausnahmefällen mögliche **außerordentliche Beschwerde** (§ 96 Rdn 3) schafft auch keine zusätzlichen Beschwerdegründe, sie verlängert nur die Notfrist, macht aber die Begründung aus § 100 nicht entbehrlich (dazu § 96 Rdn 3).

2.7 Wenn der **Grundstückswert festgesetzt** ist, kann der Zuschlag oder dessen Versagung nicht mit der Begründung angefochten werden, der Wert sei unrichtig festgesetzt: § 74 a Abs 5 Satz 4. Dies wird mit Recht dahin begrenzt, daß nur eine rechtskräftige Festsetzung des Wertes diese Anfechtung verhindert, daß aber bei noch nicht rechtskräftiger Festsetzung sehr wohl der Wertbeschluß und gleichzeitig die Zuschlagsentscheidung angefochten werden kann (§ 74 a Rdn 9.8).

2.8 **Gesetzesänderungen** nach der Zuschlagsverkündung bleiben grundsätzlich außer Betracht[6], weil der Zuschlag sofort mit der Verkündung wirksam ist[7]. Sie

---

[4] OLG Nürnberg NJW 1954, 722.
[5] Böhle-Stamschräder NJW 1953, 1494 (III 3 b).
[6] OLG Nürnberg BayJMBl 1954, 68 und 69.
[7] Schiffhauer KTS 1970, 225 (Anmerkung).

§ 100   2.8   Beschwerde

können nur beachtet werden, wenn sie auf den Zeitpunkt des Zuschlags oder früher zurückwirken. So verhält es sich auch mit dem Kreis der Beteiligten; das Rechtsmittelgericht darf nur diejenigen Beteiligten berücksichtigen, die auch für das Vollstreckungsgericht maßgebend waren[8]. Bei Zuschlagsversagung sind dagegen Gesetzesänderungen, die nach der Entscheidung, aber bis zur Beschwerdeentscheidung erfolgen, zu beachten[9], ebenso hier auch **Änderungen in den Beteiligten.**

2.9 Wie Gesetzesänderungen sind auch **andere Vorgänge** nach Erteilung des Zuschlags **unbeachtlich;** so eine erst dem Beschwerdegericht eingereichte Einstellungsbewilligung des betreibenden Gläubigers (spätestens vor der Erteilung des Zuschlags, § 30 Rdn 2); ebenso Einstellungsanträge des Schuldners oder Insolvenzverwalters nach §§ 30a, c, d (sofern Frist nicht schon früher abgelaufen, spätestens vor Erteilung des Zuschlags); auch Einstellungsantrag aus ZPO § 765 a (Einl Rdn 57), meistens verbunden mit der Erklärung des Schuldners, er könne jetzt umschulden lassen, er könne den betreibenden Gläubiger jetzt wegfertigen, oder gar mit einer Zahlung an den betreibenden Gläubiger (auch Zahlungen spätestens vor Erteilung des Zuschlags, § 75 Rdn 2) (neue Anträge aus § 765a nie in der Zuschlagsbeschwerde möglich, Schuldner muß sich vor dem Zuschlag hierauf berufen haben[10]); nach Erteilung des Zuschlags auch unbeachtlich prozeßgerichtliche Einstellung, die sich nur noch auf die Verteilung des Erlöses auswirken kann. Alle diese Fälle können in der Rechtsmittelinstanz nur behandelt werden, wenn die Ereignisse (Erklärung, Antrag[11], Zahlung usw) vor der Erteilung des Zuschlags geschahen und nur zu Unrecht nicht oder nicht richtig in der Zuschlagsentscheidung vorbeschieden wurden, weil dies ein Verstoß gegen § 83 sein kann.

3   Nur Recht eines anderen betroffen (Absatz 2)

3.1 Auch wenn ein Beschwerdegrund vorliegt, muß der Beschwerdeführer ein **rechtliches Interesse** haben, er muß selbst von dem Beschwerdegrund in seinem Recht betroffen sein, er kann sich nicht auf Gründe berufen, die nur das Recht eines anderen betreffen (Abs 2), soweit es sich nicht um von Amts wegen zu beachtende Umstände (§ 83 Nr 6, 7) handelt[11]. Mangels einer Beschwer kann daher der Ersteher den Zuschlag nicht mit der Begründung anfechten, das geringste Gebot sei zu hoch berechnet, wenn der Zuschlag genau nach den aufgestellten Versteigerungsbedingungen erteilt ist (hierzu § 97 Rdn 2). Von mehreren Beteiligten (zB Miterben) kann hier jeder selbständig handeln.

3.2 Beschwer ist auch nötig, wenn Erteilung oder Versagung des Zuschlags mit der Begründung angefochten wird, die nicht rechtskräftige Wertfestsetzung sei unrichtig oder Überprüfung des rechtskräftigen Wertes sei fehlerhaft nicht erfolgt (Beschwerdegrund nach § 83 Nr 5; dazu § 83 Rdn 3.5)[12] (anders[13]). Es fehlt die Beschwer, wenn der Wert richtig festgesetzt ist oder der richtige höhere Wert durch das Meistgebot überschritten ist oder wenn der Anfechtende auch beim höheren Wert nicht gedeckt wird[14].

4   Von Amts wegen zu berücksichtigende Versagungsgründe (Absatz 3)

4.1 Von Amts wegen zu berücksichtigen hat das Beschwerdegericht die Verletzung des § 83 Nr 6, 7. Diese Mängel sind nicht nach § 84 heilbar, für das Verfah-

---

[8] OLG Nürnberg BayJMBl 1954, 68.
[9] OLG Oldenburg KTS 1970, 224 mit zum Teil abl Anm Schiffhauer.
[10] Mohrbutter Rpfleger 1967, 102 (4).
[11] OLG Koblenz NJW 1959, 1833.
[12] Stöber Rpfleger 1969, 221 (VIII a–b).
[13] OLG München NJW 1968, 2249 = Rpfleger 1969, 250.
[14] Stöber Rpfleger 1969, 221 (VIII c).

ren damit so wesentlich, daß bei ihrer Verletzung der Zuschlag keinen Bestand haben kann.

4.2 Auch zu einer Prüfung von Amts wegen kann es nur kommen, wenn das Verfahren durch eine rechtzeitige und von einem Beschwerdeberechtigten (§ 97) ausgehende statthafte Anfechtung an die Rechtsmittelinstanz gelangt, gleich aus welchem Grund und ob die vorgetragenen Gründe berechtigt sind und der Rechtsmittelführer beschwert ist[15]. Die Rechtsmittelinstanz kann **nicht von Amts wegen** Verfahren an sich ziehen, auch wenn es von Mängeln erfährt. Sowie aber das Verfahren durch ein Rechtsmittel zu ihr gelangt, muß sie ohne Rücksicht auf die vorgetragenen Gründe, die gestellten Anträge und die Beschwer des Anfechtenden dann von Amts wegen Verstöße nach § 83 Nr 6–7 prüfen und beurteilen. Bei mangelnder Beschwer besteht ja sonst kein Anfechtungsrecht; so nicht für den Schuldner bei Nichtbeachtung von Vorkaufsrechten Dritter[16]; nicht für den betreibenden Gläubiger, wenn das Gericht den Zuschlag nicht dem Meistbietenden, sondern einem gesetzlich Vorkaufsberechtigten (zB Gemeinde) auf Grund des geltenden Vorkaufsrechts erteilt, selbst wenn der Meistbietende außerhalb des Versteigerungsverfahrens dem betreibenden Gläubiger einen zusätzlichen Geldbetrag versprochen hat[17]; nicht auch mit der Begründung, daß der Ersteher ein Bietabkommen geschlossen habe (vielleicht Schadensersatzansprüche, aber kein Einfluß auf das Verfahren)[18].

[Zuschlagsentscheidung auf Beschwerde]

101 (1) **Wird die Beschwerde für begründet erachtet, so hat das Beschwerdegericht unter Aufhebung des angefochtenen Beschlusses in der Sache selbst zu entscheiden.**

(2) **Wird ein Beschluß, durch welchen der Zuschlag erteilt ist, aufgehoben, auf Rechtsbeschwerde aber für begründet erachtet, so ist unter Aufhebung des Beschlusses des Beschwerdegerichts die gegen die Erteilung des Zuschlags erhobene Beschwerde zurückzuweisen.**

Allgemeines zu § 101

Zweck und **Anwendungsbereich:** Sofortige Entscheidung des Beschwerdegerichts bei begründeter Beschwerde gegen die Zuschlagsentscheidung, damit das Verfahren nicht verzögert wird. Die Vorschrift gilt für alle Versteigerungsverfahren des ZVG.

Beschwerdegericht entscheidet (Absatz 1)

2.1 Ist die Beschwerde gegen eine Zuschlagsentscheidung unzulässig (zB verspätet), so wird sie vom Beschwerdegericht **verworfen** (ZPO § 572 Abs 2 Satz 2). Ist sie unbegründet (der gerügte Mangel greift nicht durch und ein von Amts wegen zu berücksichtigender Versagungsgrund besteht nicht), so wird sie vom Beschwerdegericht **zurückgewiesen.**

2.2 Ist die Beschwerde begründet, so darf entgegen ZPO § 572 Abs 3 das Beschwerdegericht **nicht** das Verfahren an das Erstgericht **zurückverweisen,** sondern muß unter Aufhebung des angefochtenen Beschlusses in der Sache selbst entscheiden: Abs 1. Damit stimmen überein[1] (dagegen unrichtig, weil gegen das

---

[15] OLG Köln Rpfleger 1989, 298 = WM 1989, 2754.
[16] LG Lübeck SchlHA 1961, 249.
[17] LG Lübeck SchlHA 1955, 364.
[18] LG Itzehoe SchlHA 1969, 232.
[1] OLG Koblenz NJW 1955, 148 und 427 Leitsatz mit Anm Jansen; OLG Köln KTS 1989, 464 = Rpfleger 1989, 210; OLG München Rpfleger 1983, 324; Jaeckel/Güthe § 101 Rdn 1; Mohrbutter zu LG Münster NJW 1958, 388 (Anmerkung).

Gesetz verstoßend²). Diese Regelung trägt der gebotenen Beschleunigung des Verfahrens und der Tatsache Rechnung, daß dem Beschwerdegericht bereits das Sachverhältnis vollständig zur Entscheidung vorliegt³.

2.3 Entschieden wird durch **Beschluß** (§ 96 mit ZPO § 572 Abs 4). Es wird entweder die Zuschlagsversagung aufgehoben und Zuschlag erteilt oder der Zuschlag aufgehoben und Zuschlag versagt oder der Zuschlag aufgehoben und Zuschlag an einen anderen oder unter anderen Bedingungen erteilt.

2.4 Diese Regeln gelten auch, wenn im Rahmen der Zuschlagsentscheidung ein Antrag aus **ZPO § 765a** zu verbescheiden ist. Auch insoweit darf nicht zurückverwiesen werden, damit etwa das Vollstreckungsgericht über diesen Antrag entscheiden könne⁴. Es darf auch nicht ein §-765a-Verfahren neben dem Zuschlagsverfahren stattfinden⁵. Wenn das Beschwerdegericht trotzdem gesetzwidrig zurückverweist, ist hiergegen Vollstreckungserinnerung (zum Beschwerdegericht selbst) möglich⁵.

2.5 Auch das Beschwerdegericht darf den Zuschlag nur zu den **Bedingungen des Versteigerungstermins** erteilen, es muß sonst (wenn diese Bedingungen nicht einhaltbar sind) den Zuschlag versagen⁶. Es müssen also geringstes Gebot und Versteigerungsbedingungen unverändert der Entscheidung zugrunde gelegt werden können. Das Beschwerdegericht darf nicht mit Erlöschen von Rechten, die nach dem geringsten Gebot bestehenbleiben, den Zuschlag erteilen, auch nicht unter Wegfall einer Versteigerungsbedingung⁷.

2.6 Wenn das Beschwerdegericht den Zuschlag nach § 74a, § 85a versagt, kann es nicht den notwendigen neuen Versteigerungstermin (§ 74a Abs 3 Satz 1, § 85a Abs 2 Satz 1) für das Amtsgericht ansetzen, sondern in seiner Entscheidung dieses nur anweisen, sofort Versteigerungstermin anzusetzen.

2.7 Wird der Zuschlag vom Beschwerdegericht erteilt, so wird die **Vollstreckungsklausel** dazu doch im ersten Rechtszug erteilt: ZPO § 724 Abs 2 (die Akten gehen ja in die Vorinstanz zurück).

2.8 Gegen einen in der Beschwerde ergangenen Zuschlagsbeschluß sind keine **Gegenvorstellungen** zulässig, weil der Zuschlag nicht vom Beschwerdegericht widerrufen werden kann⁸.

3 Rechtsbeschwerdegericht entscheidet (Absatz 2)

3.1 Das Gebot der **eigenen Sachentscheidung** (Abs 1) gilt grundsätzlich auch für das Rechtsbeschwerdegericht. Bei schwerwiegendem Verfahrensverstoß (gravierendem Verfahrensmangel), so wenn das Landgericht in der Sache abschließend gar nicht entschieden hat⁹ – oder wenn wegen Verletzung des rechtlichen Gehörs das gesamte Vorbringen in der Beschwerdeinstanz unberücksichtigt geblieben ist¹⁰ – ist Zurückverweisung durch das Beschwerdegericht an das Landgericht (nicht aber an das Amtsgericht) jedoch möglich.

---

² LG Münster MDR 1958, 173 mit abl Anm Flies und zust Anm Holthöfer = NJW 1958, 149 und 388 Leitsatz mit krit Anm Mohrbutter.
³ OLG Frankfurt Rpfleger 1980, 31.
⁴ OLG Hamm KTS 1970, 228 mit zust Anm Mohrbutter = OLGZ 1970, 189; Anheier NJW 1956, 1668; Leyerseder MDR 1956, 644.
⁵ OLG Hamm aaO (Fußn 4).
⁶ Drischler KTS 1971, 258 (261).
⁷ OLG Hamm MDR 1969, 56 = NJW 1969, 516 = OLGZ 1969, 63 = Rpfleger 1968, 403.
⁸ OLG Braunschweig OLGZ 1965, 313.
⁹ OLG München Rpfleger 1983, 324; OLG Karlsruhe Rpfleger 1995, 471; OLG Koblenz ZIP 1987, 1531 (1534).
¹⁰ OLG Köln MDR 1990, 556 = Rpfleger 1990, 434.

Zusätzliche Rechtsbeschwerde nach Erlösverteilung 2.3 § **102**

3.2 Wird der **Zuschlag** des Vollstreckungsgerichts vom Beschwerdegericht aufgehoben, aber **auf Rechtsbeschwerde** hin der Zuschlag des Vollstreckungsgerichts wieder für **richtig befunden,** so muß der Beschwerdebeschluß aufgehoben und die Beschwerde gegen den Zuschlag des Vollstreckungsgerichts zurückgewiesen werden: Abs 2. Die Wirksamkeit des Zuschlags tritt dann so ein, als ob der Zuschlag nie aufgehoben worden wäre, nämlich mit der ersten Verkündung nach § 89. Das muß sogar dann gelten, wenn in der Rechtsbeschwerde entgegen dieser Vorschrift der Zuschlag ausdrücklich neu erteilt wird.

[Zusätzliche Rechtsbeschwerde nach Erlösverteilung]

102 Hat das **Beschwerdegericht den Beschluß, durch welchen der Zuschlag** erteilt war, nach der Verteilung des Versteigerungserlöses aufgehoben, so steht die Rechtsbeschwerde, wenn das Beschwerdegericht sie zugelassen hat, auch demjenigen zu, welchem der Erlös zugeteilt ist.

Allgemeines zu § 102 1

Zweck und **Anwendungsbereich:** Besondere Berechtigung für die (zugelassene) Rechtsbeschwerde, wenn der Zuschlag nach Erlösverteilung aufgehoben wurde. Die Vorschrift gilt für alle Versteigerungsverfahren des ZVG.

Rechtsbeschwerde gegen Zuschlagsaufhebung nach Verteilung 2

2.1 Der Verteilungstermin kann unabhängig von der Rechtskraft des Zuschlags angesetzt und durchgeführt werden, nämlich sofort „nach der Erteilung des Zuschlags": § 105 Abs 1. Es ist daher möglich, daß nach der Erlösverteilung der Zuschlag vom Beschwerdegericht aufgehoben wird. In diesem Fall gibt § 102 ein zusätzliches Recht auf Rechtsbeschwerde (Zulassung vorausgesetzt) gegen die Zuschlagsentscheidung. Der **Kreis der** normal nach § 97 **Beschwerdeberechtigten** wird für einen Ausnahmefall **erweitert,** nämlich um die Personen, denen der Erlös zugeteilt ist. Bei ihnen wird das für eine Beschwerde erforderliche rechtliche Interesse (§ 100 Abs 1) gesetzlich angenommen.

2.2 Das Vollstreckungsgericht muß also den Zuschlag erteilt, das Beschwerdegericht ihn wieder aufgehoben haben, und der Erlös muß zu diesem Zeitpunkt bereits verteilt sein. § 102 ist aber nicht anwendbar, wenn zwar der Teilungsplan aufgestellt, sein Vollzug aber nach § 116 ausgesetzt ist[1] (anders[2]). Der Beschwerdeführer der (zugelassenen) Rechtsbeschwerde muß bei der Erlösverteilung ganz oder zum Teil zum Zug gekommen sein. **Nicht berechtigt** ist darum, wer bei der Erlösverteilung ausgefallen ist oder der, dessen Recht bestehengeblieben ist, sofern er nicht wenigstens Zinsen oder Kosten aus dem Erlös bekommen hat.

2.3 Wenn der Zuschlag wieder aufgehoben wird, hat das Vollstreckungsgericht alles zu tun, was ihm noch möglich ist, um die **Folgen** des Zuschlags **rückgängig zu machen** (§ 96 Rdn 3), insbesondere die Folgen der Erlösverteilung: die noch nicht ausbezahlten Beträge sind sofort zurückzuhalten, hinterlegte Beträge sind an den Hinterleger zurückzuzahlen usw. Weil für das Berichtigungsersuchen an das Grundbuchamt nach § 130 immer Rechtskraft nötig ist, kann hier wenigstens kein Nachteil eintreten (sofern nicht ausnahmsweise auf eine außerordentliche Be-

---

[1] Dassler/Muth § 102 Rdn 5.
[2] Jaeckel/Güthe § 102 Rdn 1.

§ 102 2.3   Beschwerde

schwerde hin, § 96 Rdn 3, aufgehoben wird). Soweit sich die Beteiligten nicht einigen können, bleibt nur der Prozeßweg. Das Versteigerungsverfahren selbst muß das Vollstreckungsgericht, je nachdem, ob es fortgesetzt werden darf oder nicht, als eingestellt oder aufgehoben behandeln (§ 86).

[Zustellung der Beschwerdeentscheidung]

103 Der Beschluß des Beschwerdegerichts ist, wenn der angefochtene Beschluß aufgehoben oder abgeändert wird, allen Beteiligten und demjenigen Bieter, welchem der Zuschlag verweigert oder erteilt wird, sowie im Falle des § 69 Abs 2 dem für mithaftend erklärten Bürgen und in den Fällen des § 81 Abs 2, 3 dem Meistbietenden zuzustellen. Wird die Beschwerde zurückgewiesen, so erfolgt die Zustellung des Beschlusses nur an den Beschwerdeführer und den zugezogenen Gegner.

1 Allgemeines zu § 103

Zweck und **Anwendungsbereich:** Die Vorschrift bestimmt, wie die Entscheidung über die Beschwerde gegen eine Zuschlagsentscheidung den Beteiligten bekanntzumachen ist. Sie gilt für alle Versteigerungsverfahren des ZVG, und zwar bei der Zuschlagsanfechtung.

2 Zustellung der Zuschlagsbeschwerdeentscheidung

2.1 Die den Zuschlag versagende Entscheidung des Vollstreckungsgerichts wird nur verkündet (§ 87 Abs 1), die den Zuschlag erteilende wird verkündet (§ 87 Abs 1) und außerdem bestimmten Personen zugestellt (§ 88). Alle **Entscheidungen des Beschwerdegerichts** und des Rechtsbeschwerdegerichts (positive wie negative) werden grundsätzlich **zugestellt** (§ 103), auch wenn mündliche Verhandlung stattgefunden hat (selten) und Verkündung der Beschwerdeentscheidung erfolgt ist. Für den Kreis der Zustellungsempfänger bringt dabei § 103 eine Besonderheit, die von ZPO § 329 abweicht.

2.2 Wird eine Beschwerde oder Rechtsbeschwerde (als unzulässig oder unbegründet) **zurückgewiesen**, also der vorausgehende Beschluß (gleich, ob er Zuschlag erteilt oder versagt) bestätigt, so wird diese Beschwerdeentscheidung nur an den Beschwerdeführer und an den zugezogenen Gegner (§ 99 Abs 1) zugestellt: Satz 2.

2.3 Wird auf Beschwerde oder Rechtsbeschwerde die angefochtene Zuschlagsentscheidung (gleich, ob sie den Zuschlag erteilt oder versagt hatte) **aufgehoben** oder geändert (es genügt auch eine Änderung in Nebenpunkten[1]), so muß die Beschwerdeentscheidung allen Beteiligten (wie in § 9) zugestellt werden, außerdem dem Bieter, dem der Zuschlag jetzt verweigert oder erteilt wird (falls er nicht ohnehin schon Beteiligter ist) und auch dem für mithaftend erklärten Bürgen aus § 69 Abs 2 und dem Meistbietenden im Falle von § 81 Abs 2 (Abtretung der Rechte aus dem Meistgebot) und § 81 Abs 3 (verdeckte Vollmacht): Satz 1.

2.4 Die Zustellung erfolgt auch hier **von Amts wegen** nach § 3 und mit den Möglichkeiten einer Ersatzzustellung nach §§ 4–6. Durchgeführt wird sie vom Gericht der Beschwerde oder Rechtsbeschwerde.

2.5 Auf die Zustellung kann man ausdrücklich **verzichten**. Der Ersteher kann allerdings nicht verzichten, wenn ihm durch das Beschwerdegericht erst der Zuschlag erteilt wird, weil dieser Beschluß nach § 104 nur mit der Zustellung wirksam wird.

---

[1] Drischler JVBl 1965, 225 (f).

Bestimmung und Bekanntmachung des Verteilungstermins **§ 105**

[Wirksamwerden der Zuschlagserteilung in der Beschwerde]

104 Der Beschluß, durch welchen das Beschwerdegericht den Zuschlag erteilt, wird erst mit der Zustellung an den Ersteher wirksam.

Allgemeines zu § 104 1

Zweck und **Anwendungsbereich:** Die Vorschrift legt fest, wann der Beschluß des Beschwerdegerichts, mit dem der Zuschlag erteilt wird, wirksam wird. Sie gilt für alle Versteigerungsverfahren des ZVG.

Wirksamwerden des vom Beschwerdegericht erteilten Zuschlags 2

2.1 Wenn das Vollstreckungsgericht den Zuschlag erteilt, wird der Beschluß mit der Verkündung wirksam: § 89. Wenn aber das Beschwerdegericht oder (erstmals) das Gericht der Rechtsbeschwerde den Zuschlag erteilt, der vorher vom Vollstreckungsgericht versagt worden war, so wird dieser erst **mit** der **Zustellung** an den Ersteher **wirksam:** § 104. Beim Beschwerdegericht kann zwar auch eine mündliche Verhandlung erfolgen und in dieser kann auch die Entscheidung verkündet werden; trotzdem kann der Zuschlag entgegen § 89 nur mit der Zustellung wirksam werden. Erteilt das Beschwerdegericht den Zuschlag mehreren Personen in Bietergemeinschaft (§ 71 Rdn 4), dann tritt die Wirksamkeit ein, wenn allen Erstehern zugestellt ist, sonach mit der letzten Zustellung.

2.2 Ändert das Beschwerdegericht zu dem vom Vollstreckungsgericht erteilten Zuschlag die Bedingungen, so bleibt der Zuschlag, **soweit** er **nicht geändert** ist (insbesondere für Eigentumserwerb des Erstehers, § 90), wirksam ab der **Verkündung** nach § 89, im übrigen aber wird er erst wirksam mit der Zustellung der Beschwerdeentscheidung[1]. Erlischt nach dem Beschluß des Beschwerdegerichts ein Recht, das nach dem Zuschlag des Vollstreckungsgerichts bestehen bleiben sollte, so tritt diese Wirkung nach § 91 Abs 1 mit der Zustellung des Beschlusses des Beschwerdegerichts an den Ersteher ein. War Zuschlag vom Vollstreckungsgericht erteilt, wird er aber vom Beschwerdegericht einem anderen Bieter erteilt, so wird er als neu erteilt erst mit der Zustellung an den endgültigen Ersteher wirksam.

2.3 Wird der Zuschlag des Vollstreckungsgerichts vom Beschwerdegericht aufgehoben, aber vom Rechtsbeschwerdegericht wieder hergestellt (Verfahren richtet sich nach § 101 Abs 2), so bleibt er ab **Verkündung** wirksam, als ob er nicht aufgehoben gewesen wäre (§ 101 Rdn 3).

2.4 Wird in der Beschwerde der Zuschlag aufgehoben, so fallen erst mit Rechtskraft der Beschwerdeentscheidung (§ 86) die Wirkungen des Zuschlags rückwirkend weg[2]; bis dahin besteht ein **Schwebezustand.**

VIII. Verteilung des Erlöses

[Bestimmung und Bekanntmachung des Verteilungstermins]

105 (1) Nach der Erteilung des Zuschlags hat das Gericht einen Termin zur Verteilung des Versteigerungserlöses zu bestimmen.

(2) **Die Terminsbestimmung ist den Beteiligten und dem Ersteher sowie im Falle des § 69 Abs 2 dem für mithaftend erklärten Bürgen und in den Fällen des § 81 Abs 2, 3 dem Meistbietenden zuzustellen. Als Beteiligte gelten auch diejenigen, welche das angemeldete Recht noch glaubhaft zu machen haben.**

(3) **Die Terminsbestimmung soll an die Gerichtstafel angeheftet werden.**

---

[1] Jaeckel/Güthe § 104 Rdn 1; Korintenberg/Wenz § 90 Anm 2
[2] Korintenberg/Wenz § 90 Anm 4.

§ 105 — Verteilung des Erlöses

(4) Ist die Terminsbestimmung dem Ersteher und im Falle des § 69 Abs 4* auch dem für mithaftend erklärten Bürgen sowie in den Fällen des § 81 Abs 2, 3 auch dem Meistbietenden nicht zwei Wochen vor dem Termine zugestellt, so ist der Termin aufzuheben und von neuem zu bestimmen, sofern nicht das Verfahren genehmigt wird.

Literatur: Wieser, Das Verteilungsverfahren als Zwangsvollstreckung, ZZP 103 (1990) 171.

1 Allgemeine Übersicht zu §§ 105–145

1.1 Die **Erlösverteilung** regelt das ZVG in den §§ 105–145 im Anschluß an den siebenten Abschnitt über Beschwerde (§§ 95–104; Übersicht § 95 Rdn 1). In diesem achten Abschnitt des zweiten Titels des ZVG (§§ 15–145) sind sehr unterschiedliche Verfahrensvorgänge zusammengefaßt, die nach dem Versteigerungstermin stattfinden.

1.2 Das Verteilungsverfahren gliedert sich nach erfolgter Terminsbestimmung (§ 105) in den **regelmäßigen Verlauf** (§§ 106, 107, 109, 113–115, 117, 127, 130, 131) und in die **Sonderfälle** (§§ 110–112, 116, 118–126, 128, 129, 130a, 132–145).

1.3 Im **regelmäßigen Verlauf** wird nach Anmeldung der Ansprüche der Beteiligten (§ 106) die Teilungsmasse festgestellt (§ 107); aus ihr sind die Kosten des Verfahrens vorweg zu entnehmen (§ 109); dann wird der Teilungsplan aufgestellt und mit den erschienenen Beteiligten besprochen (§§ 113–115); an Hand des Teilungsplanes wird der bar bezahlte Teil des Meistgebots ausbezahlt (§ 117); es wird auf Schuldtitel und Hypothekenbriefe ein Vermerk gesetzt (§ 127); zuletzt wird (nach Eingang der Unbedenklichkeitsbescheinigung hinsichtlich der Grunderwerbsteuer) das Grundbuchamt um entsprechende Eintragungen ersucht (§§ 130–131).

1.4 Nicht selten gibt es **Besonderheiten**. Die Berechtigten erhalten, soweit Barmittel nicht vorhanden sind, einen Anteil an der Forderung gegen den Ersteher übertragen (§ 118); dieser wird durch eine Sicherungshypothek gesichert (§§ 128, 129) und ist vollstreckbar (§§ 132, 133). Verspätet angemeldete (§ 110), noch nicht fällige (§ 111), bedingte (§§ 119, 120) und Ersatzansprüche (§§ 121, 125) sind zu behandeln. Ein Gesamterlös ist auf mehrere Grundstücke zu verteilen (§§ 112, 122, 123). Zu rechnen ist mit Widerspruch gegen den Teilungsplan (§§ 115, 124), mit künftigen Zuzahlungen (§ 125). Der Berechtigte kann unbekannt sein (§§ 126, 135–142). Auch ist außergerichtliche Verteilung möglich (§§ 143–145). Der Ersteher kann, um sich vor Schaden zu bewahren, zwar nicht die Aufstellung des Planes verschieben, wohl aber dessen Ausführung bis nach Rechtskraft des Zuschlags aussetzen lassen (§ 116).

1.5 Die genannten Vorschriften sind in erster Linie für die Versteigerungsverfahren des ZVG bestimmt, sowohl für die Vollstreckungsversteigerung wie für die Insolvenzverwalter- (§ 172), Nachlaß- (§ 175) und Teilungsversteigerung (§ 180) je mit Besonderheiten. Über die Anwendung in der Zwangsverwaltung § 146 Rdn 4, § 156 Rdn 3. Die **Vorschriften** über die Verteilung des Erlöses sind aber auch (mit Abweichungen) **entsprechend anzuwenden** auf die Verteilung der Enteignungsentschädigung nach BauGB § 119 (dazu § 15 Rdn 6), ferner auf die Verteilung bestimmter Entschädigungen im Flurbereinigungsverfahren nach FlurbG §§ 74, 75 (dazu § 15 Rdn 17) und nach dem Landbeschaffungsgesetz.

---

* Es muß **Abs 2** heißen. § 69 ist neu gefaßt. Sicherheitsleistung durch Bürgschaft regelt nun § 69 Abs 2. Folgeänderung mit Ersetzung der Angabe „§ 69 Abs 4" durch die Angabe „§ 69 Abs 2" ist jedoch nur in § 105 Abs 2 Satz 1, nicht aber auch in § 105 Abs 4 erfolgt (ZVG-ÄndG BGBl 1998 I 866).

Bestimmung und Bekanntmachung des Verteilungstermins   3   **§ 105**

Allgemeines zu § 105   2

2.1 „Nach der Erteilung des Zuschlags hat das Gericht einen Termin zur Verteilung des Versteigerungserlöses zu bestimmen": Abs 1; das ist der Verteilungstermin. Einzelheiten hierzu: Rdn 4.

2.2 Zweck des Verteilungstermins ist es, den Teilungsplan aufzustellen, den Erlös entgegenzunehmen und diesen Erlös zu verteilen oder bei Nichtzahlung die Forderung gegen den Ersteher zu übertragen, sowie die vorgelegten Urkunden zu behandeln (§§ 107, 109, 113, 115, 117, 118, 127, 128). Der Ersteher, der den zu verteilenden Erlös zu zahlen hat, steht weder zum Vollstreckungsgericht noch zu den Beteiligten in einem Vertragsverhältnis. Das ZVG sagt nichts über den Ursprung der Forderung gegen den Ersteher. Rechtsgrund dieser Forderung ist der Zuschlagsbeschluß, weil sich der Ersteher durch sein Gebot den Versteigerungsbedingungen unterworfen hat.

2.3 Das Verteilungsverfahren wird auch durchgeführt, wenn der Beschlagnahmebeschluß **fehlerhaft** war[1] oder der Zuschlagsbeschluß Mängel aufweist. Der Zuschlag muß nicht rechtskräftig sein (Rdn 4).

2.4 Beteiligte des Verteilungsverfahrens sind alle am bisherigen Versteigerungsverfahren Beteiligten (auch der Vollstreckungsschuldner) gemäß § 9, sowie alle, die nachträglich Beteiligte wurden oder noch werden (zB durch verspätete Anmeldung erst zum oder im Verteilungstermin), nicht aber der Ersteher.

2.5 Der **Verteilungstermin** ist (im Gegensatz zum Versteigerungstermin) **nicht öffentlich.** Teilnehmen dürfen nur die Verfahrensbeteiligten, der Ersteher und die für mithaftend oder zahlungspflichtig erklärten Dritten nach § 69 Abs 2, § 81. Für Außenstehende besteht kein rechtliches Interesse an der Teilnahme. Ihnen muß jedoch Gelegenheit zur Anmeldung auch noch im Termin (§ 114 Abs 1) und damit auch zur Erlangung der Beteiligtenstellung gegeben werden. Der Termin ist keine Verhandlung im Sinne von GVG § 169. Hierzu im ZVG-Handbuch Rdn 409.

2.6 Über den Verteilungstermin wird ein **Protokoll** aufgenommen. Darin werden die mitwirkenden Gerichtspersonen verzeichnet, die erschienen Beteiligten usw festgestellt, Urkunden und Erklärungen notiert sowie alle Zahlungen beurkundet. Festzustellen sind im Protokoll weiter insbesondere die Aufstellung des Plans (§ 113) und die Verhandlung über ihn, die Erhebung von Widersprüchen (§ 115), die Planausführung (§§ 117, 118, 128 usw) und der Wortlaut der Titelvermerke (§ 127 Abs 3). Zum Protokoll im Handbuch Rdn 412, Muster dort Rdn 408.

2.7 Im Verteilungstermin hat der Vorsitzende die **sitzungsleitenden Befugnisse** wie im Versteigerungstermin (dazu § 66 Rdn 3).

2.8 Kosten des Verteilungsverfahrens für das Gericht Einl Rdn 80, Auslagen Einl Rdn 84; für Rechtsanwälte Einl Rdn 93.

Begriffsbestimmungen im Verteilungsverfahren   3

Im Verfahrensabschnitt der Versteigerung gibt es geringstes Gebot, Meistgebot, Mindestgebot usw (§ 44 Rdn 3). Im Verfahrensabschnitt der Verteilung kommen außerdem hinzu: Teilungsplan (§ 113 Rdn 3); Teilungsmasse = Versteigerungserlös (§ 107 Rdn 2); Zuzahlung (§ 50 Rdn 2) (die im Versteigerungsabschnitt behandelt wird, aber sachlich zur Verteilung gehört); Befriedigungserklärung (§ 117 Rdn 5); Liegenbelassungsvereinbarung (§ 114 Rdn 8); Forderungsübertragung (§ 118 Rdn 2); außergerichtliche Verteilung (§ 143 Rdn 2); außergerichtliche Befriedigung (§ 144 Rdn 2) usw.

---

[1] BGH 53, 110 = MDR 1970, 313 = NJW 1970, 473 = Rpfleger 1970, 87.

§ 105 4.1 — Verteilung des Erlöses

4 Bestimmung des Verteilungstermins (Absatz 1)

4.1 Der Verteilungstermin ist vom Vollstreckungsgericht zu bestimmen, sobald der Zuschlag erteilt ist, also nach dessen Wirksamwerden (§§ 89, 104): Abs 1. **Rechtskraft des Zuschlags** ist dazu **nicht nötig**. Es wird auch nicht empfohlen, grundsätzlich die Rechtskraft des Zuschlags abzuwarten, weil hierdurch Zeit verlorengeht und unter Umständen durch stark anwachsende Zinsen der vorausgehenden Beteiligten die nachrangigen benachteiligt werden. Daß der Plan nach Rechtskraft ausgeführt werden solle, gilt nur auf Antrag des Erstehers (§ 116). In der Regel wird der Zuschlag ohnehin bis zum Verteilungstermin rechtskräftig. Natürlich kann der Verteilungstermin wieder abgesetzt werden, sobald der Zuschlag angefochten wird (Denkschrift S 57).

4.2 Die Frist für die Terminsansetzung ist nach oben an sich nicht begrenzt, sie steht im pflichtgemäßen Ermessen des Gerichts. Nach unten ist sie dadurch begrenzt, daß gegenüber dem Ersteher und Mithaftenden eine **Ladungsfrist von zwei Wochen** einzuhalten ist: Abs 4. Die Genannten können auf Fristeinhaltung verzichten. Sonst am Verteilungsabschnitt Beteiligte können nur eine angemessene (= kürzere) Frist verlangen (Rdn 5).

4.3 Terminsort: Gerichtsstelle (ZPO § 219) oder nach dem Ermessen des Gerichts ein anderer Ort im Gerichtsbezirk (§ 36 Abs 3, entsprechende Anwendung), der bei gemeinsamem Vollstreckungsgericht (§ 1 Abs 2) auch die Bezirke der zugeordneten Amtsgerichte umfaßt (§ 36 Rdn 4.1).

4.4 Inhalt der Terminsbestimmung: Das Gesetz trifft darüber keine Bestimmung. Erforderlich sind nach dem Zweck der Terminsbestimmung Bezeichnung des Gerichts und des Verfahrens (am besten sachbezogen, Einl Rdn 42), Terminsbezeichnung zur „Verteilung des Versteigerungserlöses" sowie die Angabe von Terminszeit (Tag und Stunde) und Terminsort. Eine ausdrückliche Vorladung (im sonst bei Gericht üblichen Sinne) erfolgt zum Verteilungstermin nicht. Zweckmäßig erfolgt ein Hinweis, daß eine Vertretung im Termin zulässig ist, daß aber der Vertreter eine besondere zum Geldempfang ermächtigende Vollmacht vorzulegen habe, wenn dies in Frage kommt, auch ein Hinweis auf § 114 (Anmeldungen), auf § 117 (Empfangnahme des Erlöses), auf § 126 (Vorlage der Hypotheken- und Grundschuldbriefe), auf Vorlage sonstiger Urkunden (Pfändungsbeschlüsse, Erbschein, Vollstreckungstitel für Höchstbetragshypotheken usw). Besonderheiten gelten im Falle des § 106 (Näheres dort). Muster hierzu im ZVG-Handbuch Rdn 403, Merkblatt für die Einzahlung des Barerlöses Rdn 404, sonstige Ausführungen Rdn 405.

4.5 Gegen eine Verzögerung des Verteilungstermins durch das Gericht, gibt es die **Vollstreckungserinnerung** nach ZPO § 766 oder **Dienstaufsichtsbeschwerde**, keine Sachbeschwerde. Wird der Termin ohne Einhaltung der Frist gegenüber den besonderen Personen (Abs 4) durchgeführt, so haben diese sofortige Beschwerde. Das Beschwerdegericht kann dann unter Aufhebung der schon erfolgten Verteilung den Rechtspfleger zu neuer fristgerechter Terminsansetzung und Verteilung anweisen.

4.6 Der Verteilungstermin kann aus erheblichen Gründen **verlegt** (ZPO § 227 Abs 1) werden. Er kann vertagt und unterbrochen werden (zu diesen Begriffen § 43 Rdn 8). Erhebliche Gründe für Verlegung des Verteilungstermins müssen mit Rücksicht auch das Interesse der Verfahrensbeteiligten an Befriedigung ihrer Ansprüche mit Erlösauszahlung besonders zwingender Natur sein (§ 43 Rdn 8.1). Anspruch auf Verlegung des in der Zeit vom 1. Juli bis 31. August anberaumten Verteilungstermins ohne Begründung nach ZPO § 227 Abs 3 besteht nach dessen Nummer 7 nicht. Wird vertagt, so ist im neuen Termin der Plan aufzustellen, insbesondere mit neuer Berechnung der laufenden Leistungen.

Bestimmung und Bekanntmachung des Verteilungstermins 7.3 **§ 105**

Beteiligten und Ersteher wird zugestellt (Absatz 2) 5

Zuzustellen ist die Terminsbestimmung allen **Beteiligten** (§ 9), dem **Ersteher**, im Falle des § 69 Abs 2 außerdem dem für mithaftend erklärten Bürgen, nach Abtretung des Rechts aus dem Meistgebot oder wenn verdeckt für einen anderen geboten wurde (Fälle von § 81 Abs 2 und 3) auch dem Meistbietenden: Abs 2 Satz 1. Als Beteiligte, denen die Terminsbestimmung zuzustellen ist, gelten auch diejenigen, die das angemeldete Recht noch glaubhaft zu machen haben: Abs 2 Satz 2. Die Zustellung erfolgt von Amts wegen (§ 3); es gelten auch §§ 4–6; es genügt also insbesondere unter den dortigen Voraussetzungen Aufgabe zur Post nach § 4. Eine Zustellungsfrist (mit Ausnahme der Rdn 7 genannten) ist nicht vorgesehen. Doch muß die Zustellung so rechtzeitig erfolgen, daß den Beteiligten die Vorbereitung auf den Termin und die Teilnahme am Termin ermöglicht wird (Erfordernis rechtsstaatlicher Verfahrensgestaltung, Einl Rdn 7); Zustellung an die bei Terminsanberaumung bereits bekannten Beteiligten erst am Tag vor dem Termin wäre daher unzureichend (Genehmigung aber möglich).

Gerichtstafel: Anheftung (Absatz 3) 6

6.1 Die Terminsbestimmung soll an die **Gerichtstafel angeheftet** werden: Abs 3. Verstoß hiergegen wäre unschädlich, da es sich nur um eine Ordnungsvorschrift handelt. Anzuheften ist an die Gerichtstafel die vollständige Terminsbestimmung; üblich ist Anheftung einer Ausfertigung. Die Anheftung wird durch die Geschäftsstelle besorgt. Eine Frist ist nicht vorgesehen. Auf dem Schriftstück ist der Tag der Anheftung und der Abnahme zu vermerken. Es wird nach dem Terminstag als Nachweis zu den Versteigerungsakten genommen.

6.2 Aushang zusätzlich auch an der Gerichtstafel des Amtsgerichts, in dessen Bezirk das Grundstück belegen ist (Fälle von § 1 Abs 2 und § 2) ist nicht vorgesehen, aber zu empfehlen.

6.3 Bekanntmachung im Amtsblatt ist nicht vorgesehen, auch nicht nötig, ja als nur unnütze Kosten verursachend zu unterlassen. Die zum Erscheinen Berechtigten werden ja gesondert verständigt und andere Personen haben keinen Zutritt.

6.4 Daß (alternativ) Veröffentlichung in einem gerichtlichen Informations- und Kommunikationssystem erfolgen und dann die Anheftung an die Gerichtstafel unterbleiben kann (so im Falle von § 39 Abs 1, § 40 Abs 1) ist nicht bestimmt.

Zustellungsfristen (Absatz 4) 7

7.1 Die Zustellung an den **Ersteher,** im Falle des § 69 Abs 2 auch an den für mithaftend erklärten Bürgen, in den Fällen des § 81 Abs 2 und 3 auch an den Meistbietenden, muß **zwei Wochen** vor dem Termin erfolgt sein: Abs 4. Grund: Vorbereitung der im Termin zu leistenden Zahlung (§ 107 Abs 2) soll ermöglicht werden.

7.2 Bei nicht eingehaltener Frist kann das Verfahren von dem hiervon Betroffenen (formlos) **genehmigt** werden, auch durch schlüssige Handlung, etwa durch widerspruchslose Teilnahme am Termin, durch Zahlung des Meistgebots. Der Verzicht auf Einhaltung der Frist kann auch schon im voraus, etwa durch Erklärung zu Protokoll des Versteigerungstermins, erklärt werden (um das Verfahren zu beschleunigen).

7.3 Der Verteilungstermin darf nicht durchgeführt werden, wenn die Terminsbestimmung den in Abs 3 Bezeichneten nicht rechtzeitig zugestellt wurde und diese auch das Verfahren nicht genehmigen. Er ist dann **aufzuheben** und (unter Fristwahrung) neu zu bestimmen. Gleiches gilt, wenn die Terminsbestimmung einem Beteiligten (§ 9) entweder überhaupt nicht oder doch nur unzumutbar spät (Rdn 5) zugestellt wurde.

§ 106

[Vorbereitende Anmeldungen, vorläufiger Teilungsplan]

106 Zur Vorbereitung des Verteilungsverfahrens kann das Gericht in der Terminsbestimmung die Beteiligten auffordern, binnen zwei Wochen eine Berechnung ihrer Ansprüche einzureichen. In diesem Falle hat das Gericht nach dem Ablaufe der Frist den Teilungsplan anzufertigen und ihn spätestens drei Tage vor dem Termin auf der Geschäftsstelle zur Einsicht der Beteiligten niederzulegen.

1 Allgemeines zu § 106

1.1 Zweck der Vorschrift: Verfahrensgestaltung mit vorbereitender Einforderung der Anmeldungen und Aufstellung eines vorläufigen Teilungsplanes zur Abwendung einer übermäßigen Belastung des Verteilungstermins.

1.2 Anwendungsbereich: Die Vorschrift gilt für alle Versteigerungsverfahren des ZVG. Anwendung in der Zwangsverwaltung: § 146 Rdn 4.

2 Aufforderung zur Anmeldung und vorläufiger Teilungsplan

2.1 Das Vollstreckungsgericht **kann** (muß aber nicht) zur Vorbereitung des Verteilungstermins einen **vorläufigen Teilungsplan aufstellen.** Es liegt das in seinem Ermessen. Der vorläufige Teilungsplan hat nur die Bedeutung eines Entwurfs. Maßgebend für das Verfahren ist erst der im Termin selbst aufgestellte Plan.

2.2 Das Gericht **muß** aber einen solchen **vorläufigen Teilungsplan anfertigen** und spätestens drei Tage vor dem Termin in der Geschäftsstelle zur Einsichtnahme aller Beteiligten niederlegen (Satz 2), wenn es in der Terminsbestimmung (§ 105) die Beteiligten auffordert, binnen zwei Wochen eine Berechnung ihrer Ansprüche einzureichen (Satz 1). Die Beteiligten sind hierdurch zu nichts verpflichtet. Dagegen ist das Gericht in diesem Fall verpflichtet, den Plan aufzustellen und auszulegen. Es ist nicht zweckmäßig, wenn sich das Gericht auf diese Weise eine zusätzliche Verpflichtung auferlegt, zumal der Entwurf dann im Termin doch behandelt und in den endgültigen Plan umgearbeitet werden muß. Besser ist es daher, wenn das Gericht in der Terminsbestimmung nur unverbindlich empfiehlt, die Ansprüche rechtzeitig anzumelden; dann ist es zu nichts verpflichtet.

[Feststellung der Teilungsmasse]

107 (1) **In dem Verteilungstermin ist festzustellen, wieviel die zu verteilende Masse beträgt. Zu der Masse gehört auch der Erlös aus denjenigen Gegenständen, welche im Falle des § 65 besonders versteigert oder anderweit verwertet sind.**

(2) **Die von dem Ersteher im Termine zu leistende Zahlung erfolgt an das Gericht. § 49 Abs 3 gilt entsprechend.**

(3) **Ein Geldbetrag, der zur Sicherheit für das Gebot des Erstehers hinterlegt ist, gilt als gezahlt.**

1 Allgemeines zu § 107

Zweck und **Anwendungsbereich:** Feststellung des Gegenstands der Verteilung und Regelung der Zahlungspflicht des Erstehers (§ 49 Abs 1). Die Vorschrift gilt für alle Versteigerungsverfahren des ZVG.

2 Feststellung der Teilungsmasse im Verteilungstermin (Absatz 1)

2.1 Im Verteilungstermin muß das Gericht feststellen, wie hoch die zu verteilende Masse ist: Abs 1 Satz 1. Dazu im ZVG-Handbuch Rdn 415.

Feststellung der Teilungsmasse　　　　2.3　§ **107**

2.2 a) Zur Teilungsmasse des Zwangsversteigerungsverfahrens gehört zunächst der im Zuschlagsbeschluß genannte bar zu zahlende Betrag des Meistgebots = **bares Meistgebot.** Der Betrag umfaßt das geringste Bargebot und den das geringste Bargebot übersteigenden Betrag des baren Meistgebots (§ 49 Abs 1). Schuldner dieses Betrags ist der Ersteher. Schuldner, wenn der Zuschlag nach Eröffnung eines Insolvenzverfahrens erteilt wurde: § 81 Rdn 3.4.

b) Zur Teilungsmasse gehören weiter die **Zinsen des Bargebots** nach § 49 Abs 2. Es sind das die Zinsen vom Zuschlag bis einschließlich des Tages vor dem Verteilungstermin oder im Falle der Hinterlegung (unter Verzicht auf Rücknahme, § 49 Abs 4) bis zum Tag vor deren Wirksamkeit (§ 49 Rdn 3.1). Zinsen bei Verwendung der Sicherheit für den Hinterlegungsfall des § 49 Abs 4 dort Rdn 5.3. **Zinssatz:** § 49 Rdn 3.1. Zur Masse gehören auch die Zinsen, die für die Hinterlegung des Bargebots nach der HinterlO anfallen, sofern auf die Rücknahme des Hinterlegten verzichtet ist; wurde auf Rücknahme nicht verzichtet, gehören die Zinsen dem Hinterleger. Zinsen bei Liegenbelassung und Befriedigungserklärung § 49 Rdn 3. Nicht zur Teilungsmasse gehören die Zinsen, die wegen Nichtzahlung des Bargebots vom Verteilungstermin an den einzelnen Gläubigern übertragener Forderungen als Verzugszinsen zustehen (§ 118 Rdn 2). Zu Zinsen auch im ZVG-Handbuch Rdn 417, 418.

c) Zur Teilungsmasse gehört weiter der **Erlös aus einer besonderen Versteigerung** oder anderweitigen Verwertung nach § 65: Abs 1 Satz 2. Es muß daher, bevor der Verteilungstermin stattfinden kann, neben der Zuschlagserteilung über das Objekt auch die besondere Versteigerung oder anderweitige Verwertung der Gegenstände erfolgt sein[1] (anders[2]). Das muß auch gelten, wenn die Gläubiger hinsichtlich solcher Gegenstände das Verfahren eingestellt haben oder wenn das Gericht nach ZPO § 769 Abs 2 befristet (bis zur Entscheidung des Prozeßgerichts) eingestellt hat. Das Vollstreckungsgericht muß hier das Fristende (notfalls die Entscheidung des Prozeßgerichts) abwarten, um die besondere Versteigerung oder anderweitige Verwertung vor dem Verteilungstermin durchführen zu können. Das kann im Einzelfall zu Schwierigkeiten führen. Bei besonderen Umständen, wenn etwa die Entscheidung des Prozeßgerichts zu lange auf sich warten läßt, mag man, wie[3] anregt, über den Sondererlös ausnahmsweise später eine Nachtragsverteilung durchführen, um Ersteher und Beteiligte durch rasche Verteilung des Haupterlöses vor Schaden zu bewahren (so[4]). Keinesfalls zu empfehlen ist (was[5] vorschlägt), den künftigen Erlös schon mitzuverteilen; man kennt doch die Höhe des Sondererlöses noch gar nicht. Die Regel muß bleiben: Gesamterlös auf einmal zu verteilen, also einschließlich des Sondererlöses.

d) Zur Teilungsmasse gehören, falls im Verteilungstermin schon feststellbar, die **Zuzahlungen** nach §§ 50, 51. Sonst sind diese außergerichtlich von den Beteiligten auf die ihnen laut Plan zustehenden, bisher aber ausgefallenen Beträge geltend zu machen (§ 50 Rdn 4, § 125 Rdn 2).

e) Zur Teilungsmasse gehören auch **Versicherungsgelder,** die durch besondere Versteigerungsbedingung (§ 59) zur Masse gelangen, aber nicht mitversteigert (also nicht in das Eigentum des Erstehers gelangt) sind[6]. Dazu § 90 Rdn 8.

2.3 Die **Teilungsmasse verringert sich** um Kapitalbeträge und Zinsen der liegenbelassenen Rechte nach § 91 Abs 2, 3 (§ 91 Rdn 4). Bei Befriedigungser-

---

[1] Dassler/Schiffhauer § 107 Rdn 6.
[2] Jaeckel/Güthe § 107 Rdn 2; Korintenberg/Wenz § 107 Anm 1 b; Reinhard/Müller § 107 Anm 3; Steiner/Teufel § 107 Rdn 17.
[3] Jaeckel/Güthe § 107 Rdn 2.
[4] Dassler/Schiffhauer § 107 Rdn 7.
[5] Korintenberg/Wenz § 107 Anm 1 b.
[6] Jaeckel/Güthe § 107 Rdn 3.

§ 107 2.3

klärung des Erstehers werden Beträge, die ihm selbst zufließen würden, nicht an das Gericht gezahlt (§ 117 Rdn 5). In diesem Fall erfolgt bei Widerspruch nach § 115 eine Hilfszuteilung nach § 124.

2.4 **Nicht** zur Teilungsmasse des Zwangsversteigerungsverfahrens gehören die Überschüsse aus einer gleichzeitig laufenden **Zwangsverwaltung**. Die beiden Massen sind getrennt zu halten, jede ist nach ihren Regeln zu verwerten. Zahlungen im einen Verfahren sind im anderen anzurechnen, damit der Gläubiger nichts doppelt erhält. Ist dann, wenn der Teilungsplan des Versteigerungsverfahrens aufgestellt wird, aus der Zwangsverwaltung noch eine Zahlung zu erwarten, so kann ein aus der Versteigerung hebungsberechtigter Gläubiger in Höhe der Verwaltungsausschüttung davon absehen, seine Zinsen in der Versteigerung geltend zu machen; er vermeidet dadurch, daß seine Zinsen in der Versteigerung bezahlt werden und in der Zwangsverwaltung Zinsen an den Nächstberechtigten, während er in der Versteigerung mit der Hauptsache (die in der Verwaltung nicht berücksichtigt werden darf) ganz oder zum Teil ausfällt (dazu § 12 Rdn 4). Es ist aber möglich darauf hinzuwirken, daß vor dem Verteilungstermin der Versteigerung die Zwangsverwaltungsmasse abgewickelt wird.

2.5 Gegen die Feststellung der Teilungsmasse gibt es sofortige Beschwerde[7] (nicht den Widerspruch aus § 115), auch für den Ersteher dahin, daß seine Verzinsungspflicht aus § 49 Abs 2 erloschen oder daß der Zinsbetrag unrichtig berechnet sei[8] und im ZVG-Handbuch Rdn 419. Dazu § 115 Rdn 3.

3 Leistung des Bargebots an das Gericht (Absatz 2)

3.1 Bar zu berichtigen hat der Ersteher das Meistgebot im Verteilungstermin (§ 49 Abs 1, 2) durch **Zahlung an das Gericht:** Abs 2 Satz 1 (dazu § 49 Rdn 4). Das Vollstreckungsgericht nimmt den Erlös in amtlicher Eigenschaft entgegen[9]; es ist nicht Gläubiger des Erlösanspruchs an den Ersteher und für Zahlung an die Berechtigten nicht Schuldner, damit auch nicht Drittschuldner[10]. Gläubiger des Betrags ist der Vollstreckungsschuldner, in dessen Vermögen die Zahlung fällt (§ 114 Rdn 1). **Teilzahlungen** des Erstehers dürfen nicht zurückgewiesen werden.

3.2 Entrichtet werden kann das Bargebot ebenso durch **Überweisung** oder **Einzahlung** auf ein Konto der **Gerichtskasse** (gleich steht die zuständige Gerichtszahlstelle): Abs 2 Satz 2 mit § 49 Abs 3 (dazu dort Rdn 4). Berichtigt ist das Bargebot dann (rechtzeitig), wenn der Betrag der Gerichtskasse (-zahlstelle) vor dem Verteilungstermin gutgeschrieben ist und ein Nachweis hierüber im Verteilungstermin vorliegt. Hierzu näher § 49 Rdn 4. Schecks (auch Bundesbankschecks), die der Gerichtskasse (-zahlstelle) für Einzahlung auf eines ihrer Konten übergeben werden, müssen demnach (rechtzeitig) vor dem Verteilungstermin eingelöst und gutgeschrieben sein.

3.3 Nur die **Übergabe von Geld** im Termin an das Gericht ist Barzahlung; dem steht die Übergabe von Schecks, auch von Bundesbankschecks, an das Gericht, die alle erst über die Gerichtskasse/Amtskasse eingelöst werden müssen, nicht gleich. Werden im Verteilungstermin ausnahmsweise doch Schecks übergeben, so müssen diese erst über die Gerichts-/Amtskasse eingelöst werden und stehen als Erlös erst nach dem Termin zur Verfügung (Bargebot ist dann nicht bezahlt, Forderung muß übertragen werden, § 118), falls nicht aus besonderen Gründen die Einlösung noch während des Termins gelingt (Versteigerungsgericht mit Amtskasse und zugehöriger Bankverbindung etwa im gleichen Hause).

---

[7] BGH 68, 276 = MDR 1977, 742 = NJW 1977, 1287 = Rpfleger 1977, 246.
[8] OLG Schleswig SchlHA 1961, 16; LG Verden Rpfleger 1974, 31 mit teils zust, teils abl Anm Schiffhauer; Hagemeister SchlHA 1961, 7.
[9] BGH 68, 276 = aaO (Fußn 7).
[10] Stöber, Forderungspfändung, Rdn 1983.

Verfahrenskosten; Verteilung des Überschusses 2.2 § 109

Sicherheit als Zahlung (Absatz 3) 4

Der als Sicherheit des Bieters hinterlegte Geldbetrag gilt als im Verteilungstermin bezahlt (Abs 3). Soweit diese Sicherheit als Bundesbankscheck geleistet wurde, ist dieser inzwischen längst eingelöst, da er sonst verfallen wäre. Hat das Vollstreckungsgericht die **Bietersicherheit** des Versteigerungstermins zu Unrecht **zurückgegeben,** was dann? Geschah dies in Anwesenheit des die Sicherheit Verlangenden im Versteigerungstermin und widersprach dieser nicht, so ist sein Verlangen nach Sicherheit als zurückgenommen anzusehen[11] (Bedenken hiergegen hat[12]). Andernfalls soll der Betrag laut[13] als bezahlt gelten (Abs 3), daher zur Teilungsmasse gehören und vom Gericht zu verteilen sein. Hiergegen hat mit Recht[14] Bedenken: was nicht vorhanden sei, könne nicht verteilt werden[15], es gebe nur Schadensersatzansprüche der Beteiligten. Hierzu auch § 70 Rdn 5.

108 [aufgehoben]

[Verfahrenskosten; Verteilung des Überschusses]

109 (1) **Aus dem Versteigerungserlöse sind die Kosten des Verfahrens vorweg zu entnehmen, mit Ausnahme der durch die Anordnung des Verfahrens oder den Beitritt eines Gläubigers, durch den Zuschlag oder durch nachträgliche Verteilungsverhandlungen entstehenden Kosten.**
(2) **Der Überschuß wird auf die Rechte, welche durch Zahlung zu decken sind, verteilt.**

Allgemeines zu § 109 1

1.1 Zweck der Vorschrift: Bestimmung, daß und in welchem Umfang die Kosten des Verfahrens aus dem Versteigerungserlös vorweg zu entnehmen sind, und daß der Überschuß zur Befriedigung der Ansprüche (§ 10) zu verwenden ist.

1.2 Anwendungsbereich: Die Vorschrift gilt für alle Versteigerungsverfahren des ZVG.

Entnahme der Kosten des Verfahrens aus der Masse (Absatz 1) 2

2.1 Das ZVG spricht an mehreren Stellen von Verfahrenskosten, die vorweg aus dem Versteigerungserlös zu entnehmen sind: §§ 44, 109 (für die Zwangsverwaltung § 155 Abs 1).

2.2 Verfahrenskosten im Sinne von § 109 (und anderen Vorschriften des ZVG) sind folgende Gerichtskosten: die Zwangsversteigerungsverfahrensgebühr (Einl Rdn 77), die Versteigerungsterminsgebühr (Einl Rdn 78), die Verteilungsverfahrensgebühr (Einl Rdn 80), dazu die gerichtlichen Auslagen, die in Rechnung gesetzt werden dürfen und müssen (Einl Rdn 84).

---

[11] LG Verden Rpfleger 1974, 31 mit teils zust, teils abl Anm Schiffhauer.
[12] Schiffhauer Rpfleger 1974, 32 (Anmerkung) sowie BlGrBW 1975, 221 (XXIII 5) und BlGrBW 1978, 67 (XXXIII 2).
[13] LG Verden aaO (Fußn 11).
[14] Schiffhauer aaO (Fußn 12).
[15] Dassler/Schiffhauer § 107 Rdn 21.

2.3 Keine Verfahrenskosten im Sinne von § 109 und nicht vorweg aus der Masse zu entnehmen sind gemäß Abs 1 Satz 1:

a) Kosten, die durch Anordnung oder Beitritt entstehen (Versteigerungsanordnungs- bzw Beitrittsgebühr, Einl Rdn 76, und Auslagen für Zustellung des Anordnungs-/Beitrittsbeschlusses), die zunächst der Gläubiger zu tragen hat und dann als Kosten der Rechtsverfolgung (§ 10 Abs 2) samt allen Anwaltsgebühren und -Auslagen für die Vertretung an der Rangstelle seines Rechts ersetzt verlangen kann (soweit der Erlös dort ausreicht).

b) Die Zuschlagsgebühr (Einl Rdn 79), die der Ersteher zu zahlen hat (§ 58); Auslagen für Zustellung des Zuschlags gehören jedoch zu den Verfahrenskosten (§ 58 Rdn 3).

c) Kosten nachträglicher Verteilungshandlungen, soweit solche überhaupt zulässig sind; diese sind aus der nachträglich verteilten Masse vorweg zu entnehmen[1] (dazu § 113 Rdn 2).

d) Auslagen eines (erfolglosen) Beschwerdeverfahrens, die nach der Kostenentscheidung der Beschwerdeführer zu tragen hat (Einl Rdn 39.10; zur Kostenhaftung nach GKG dort § 26 Abs 3). Somit sind auch Sachverständigenkosten, die in einem (erfolglosen) Verfahren über die Beschwerde gegen den Grundstückswert (§ 74a Abs 5 Satz 3) entstanden sind und der Beschwerdeführer schuldet, nicht nach § 109 aus dem Versteigerungserlös zu entnehmen[2], ebenso nicht Sachverständigenkosten, die durch eine für begründet befundene Beschwerde entstanden sind und nicht erhoben werden oder dem Gegner des Beschwerdeführers auferlegt sind (GKG-KostVerz Vorbem 9 [1]; s Einl Rdn 83.9). Die vom Entscheidungsschuldner zu tragende Gebühr für eine Beschwerde, die verworfen oder zurückgewiesen wurde (Einl Rdn 83.2), kann gleichermaßen nicht dem Versteigerungserlös entnommen werden.

e) Schreibauslagen für die auf Antrag erteilten Abschriften, die der Antragsteller bezahlen muß.

2.4 Die Verfahrenskosten, die vorweg aus der Masse zu entnehmen sind, müssen **an die Gerichtskasse**/Amtskasse gehen. Bei schon hinterlegten Beträgen wird die Kasse angewiesen, diese Beträge zu entnehmen und entsprechend zu verwenden. Hat der betreibende Gläubiger für solche Verfahrenskosten nach § 109 **Vorschüsse** geleistet, so ist der Vorschußbetrag an der Rangstelle der Gerichtskasse/Amtskasse zurückzuerstatten, natürlich erst nach Befriedigung der noch ausstehenden Restforderung[3]. Mehrere betreibende Gläubiger haben dabei untereinander gleichen Rang[3]. Wo es nicht zum Zuschlag kam wurde der nicht verbrauchte Teil des Vorschusses zurückerstattet; wegen des verbrauchten hat der betreibende Gläubiger, der vorausbezahlt hat, gegen den Vollstreckungsschuldner Anspruch aus ZPO § 788, mehrere Gläubiger untereinander nach BGB § 426.

2.5 Für Verfahrenskosten, die vorweg aus der Masse zu entnehmen sind, ist der **Ersteher nicht Kostenschuldner.** Er kann daher auch die Kostenberechnung im Teilungsplan nicht anfechten[4].

2.6 Wenn bestimmte Kosten von der Vorwegentnahme nach § 109 ausgeschlossen sind (Rdn 2.3), so gilt das zunächst, solange diese Kosten einem Beteiligten zustehen, der sie nur nach § 10 Abs 2 an der Rangstelle seines Rechts als Kosten der Rechtsverfolgung zurückerhält (wenn der Erlös dort ausreicht). Dies gilt aber auch, wenn solche nicht bevorzugte Kosten noch der Gerichtskasse/

---

[1] Korintenberg/Wenz § 109 Anm 1 c; Stöber JVBl 1961, 248 (A I).
[2] OLG Koblenz JurBüro 2005, 215 = MDR 2005, 599 = Rpfleger 2005, 383.
[3] Stöber JVBl 1961, 248; Drischler RpflJahrbuch 1962, 322 (B III 3).
[4] LG Krefeld JVBl 1960, 94.

Amtskasse zustehen[5] (anders[6]: auch diese nach § 109 bevorzugt; gesetzwidrig). Wichtig wird das, wenn der betreibende Gläubiger Prozeßkostenhilfe oder persönliche Gebührenfreiheit hat; dann steht die Kostenforderung der Gerichtskasse/Amtskasse zu, die sie **im Rang des Rechts**, zu dem sie entstanden sind, **anmeldet**[7]. An dieser Stelle aber werden sie nach § 12 Nr 1 vor Zinsen und Hauptansprüchen des Gläubigers befriedigt[8]. Sie werden aber nicht nach § 109 vorweg entnommen; es darf nicht, weil der Zahlungspflichtige Prozeßkostenhilfe oder Kostenfreiheit genießt, die grundsätzliche Befriedigungsrangfolge des ZVG geändert werden[9] (anders zu Unrecht[10]), weil dies zu Lasten des Letztrangigen im Verfahren ginge.

2.7 Zu den Kosten im Teilungsplan auch ZVG-Handbuch Rdn 424–426.

Verteilung der Masse im Verteilungstermin (Absatz 2) 3

3.1 Was nach der Vorwegentnahme der unter § 109 fallenden Verfahrenskosten von der Teilungsmasse verbleibt, ist **„Überschuß"** und wird auf Rechte verteilt, „welche durch Zahlung zu decken sind": Abs 2. Zum Begriff „Überschuß" sonst § 112 Rdn 4, § 155 Rdn 2.

3.2 Verteilt wird der Überschuß **nach der Rangfolge** des § 10 (§ 114). Ausbezahlt werden nicht nur diejenigen Ansprüche, die im geringsten Bargebot enthalten sind (diese müssen auf jeden Fall zum Zuge kommen, weil ja das geringste Bargebot ausgeboten oder überboten werden mußte), sondern alle Ansprüche, die laut Teilungsplan zum Zuge kommen müssen, soweit der Erlös für sie ausreicht.

[Zurücksetzung nicht rechtzeitig angemeldeter Rechte]

110 Rechte, die ungeachtet der im § 37 Nr 4 bestimmten Aufforderung nicht rechtzeitig angemeldet oder glaubhaft gemacht worden sind, stehen bei der Verteilung den übrigen Rechten nach.

Allgemeines zu § 110 1

Zweck und **Anwendungsbereich:** Rangverlust für die in § 37 Nr 4 bestimmten Ansprüche. Die Vorschrift gilt für alle Versteigerungsverfahren des ZVG.

Rangverlust, Rangverschiebung bestimmter Ansprüche 2

2.1 § 110 hat **Ausnahmecharakter,** bezieht sich nur auf die in § 37 Nr 4 genannten Ansprüche, nicht auch auf Ansprüche nach § 37 Nr 5 (§ 92 Rdn 8).

2.2 Für die in § 37 Nr 4 genannten, bei Eintragung des Versteigerungsvermerks aus dem Grundbuch nicht ersichtlichen Rechte, die angemeldet werden müssen (die damals nicht eingetragenen Rechte, auch ein Früchtepfandrecht, ferner rückständige Zinsen sowie Kosten aus eingetragenen oder nichteingetragenen Rechten, nicht aber die Höhe des Wertersatzes für eingetragene durch Zuschlag erlöschende Rechte nach § 92, auch nicht Rechte, von denen das Grundbuch nur nicht sagt,

---

[5] Stöber JVBl 1961, 248 (A III).
[6] Nieken SchlHA 1960, 213.
[7] Stöber JVBl 1961, 248 (A I und IV); Drischler RpflJahrbuch 1962, 322 (B III 4).
[8] Stöber JVBl 1961, 248 (B II); Nieken SchlHA 1960, 213.
[9] Stöber JVBl 1961, 248 (A III).
[10] Nieken SchlHA 1960, 213.

§ 110 2.2

wem sie zustehen, zB Eigentümerrechte[1]), wird schon in der Terminsbestimmung aufgefordert, sie **spätestens im Versteigerungstermin** vor der Aufforderung zur Abgabe von Geboten anzumelden und bei Widerspruch eines betreibenden Gläubigers glaubhaft zu machen (§ 37 Rdn 5). Unterbleibt die Aufforderung, so ist § 37 Nr 4 und § 110 nicht anwendbar. Rechtzeitig ist die Anmeldung nur, wenn sie im Termin dem Vorsitzenden vorliegt.

2.3 Bei ordnungsgemäßer Aufforderung in der Terminsbestimmung erleiden die erwähnten Rechte, soweit sie nicht oder nicht rechtzeitig angemeldet oder trotz Widerspruchs eines betreibenden Gläubigers nicht glaubhaft gemacht werden, einen **erheblichen Nachteil**: sie werden bei der Verteilung des Erlöses allen übrigen Rechten hintangesetzt (§ 37 Nr 4, § 110). Die Anmeldung ist also bei ihnen immer unerläßlich, die Glaubhaftmachung nur dann, wenn ein betreibender Gläubiger der Anmeldung widerspricht. Wenn die Rechte nicht wenigstens noch im Verteilungstermin angemeldet werden, werden sie auch im Teilungsplan überhaupt nicht berücksichtigt: § 114 Abs 1 Satz 1. Wenn sie zwar nach § 37 Nr 4 verspätet, aber wenigstens noch zum Verteilungstermin angemeldet werden, so werden sie in den Teilungsplan aufgenommen, allerdings an letzter Stelle, also hinter allen anderen Ansprüchen: § 110.

2.4 Ohne Bedeutung für den Verteilungstermin ist es, ob das Recht im Versteigerungstermin berücksichtigt wurde; es kommt für § 110 nur auf seine Anmeldung an. Wurde das Recht im Versteigerungstermin übersehen, insbesondere nicht in das geringste Gebot aufgenommen, obwohl es rechtzeitig angemeldet war und, wenn nötig, auch glaubhaft gemacht, so ist es wenigstens im Teilungsplan an der ihm zukommenden Rangstelle zu berücksichtigen, also nicht zurückgesetzt.

2.5 Mehrere verspätet angemeldete oder glaubhaft gemachte Rechte der genannten Art haben **an der letzten Stelle unter sich** wieder den ihnen ursprünglich gegenseitig nach § 10 zukommenden **Rang**, Klasse 3 vor Klasse 4, in Klasse 4 gemäß dem damaligen Grundbuchrang. Die Zeitfolge der verspäteten Anmeldung ist dabei ohne Bedeutung, sie kann an der ursprünglichen Rangfolge nichts ändern.

2.6 Nachträgliche Anmeldung oder Glaubhaftmachung im Anfechtungsverfahren genügt nicht, um die besprochenen Folgen zu beseitigen. Die einmal eingetretene Rangverschlechterung ist **irreparabel.**

2.7 Wenn der Gläubiger **weniger** laufende wiederkehrende Leistungen **angemeldet** hat, als für ihn von Amts wegen nach dem Inhalt des Grundbuchs zu berücksichtigen gewesen wären (sogenannte Minderanmeldung, auch beschränkte Anmeldung), hat er damit für verfahrensrechtliche Rechtswahrung seinen zu berücksichtigenden Anspruch betragsmäßig begrenzt. Minderanmeldung vor Aufforderung zur Abgabe von Geboten bewirkt daher, wenn der weitergehende Anspruch im Verteilungstermin wieder geltend gemacht wird, ebenso Rangverlust wie die verspätete Anmeldung eines nicht grundbuchersichtlichen Anspruchs (§ 45 Rdn 7).

2.8 Unter die Anmeldepflicht fallen, wie erwähnt, auch die **Kosten der Rechtsverfolgung** für (eingetragene oder nicht eingetragene) Rechte. Soweit die Höhe der Beträge schon feststand oder bereits feststellbar war, mußten die genauen Beträge angemeldet werden (§ 10 Rdn 15.9), soweit sie sich nicht aus Anordnungs- oder Beitrittsanträgen der betreibenden Gläubiger ergeben, weil diese immer als angemeldet gelten (§ 114 Abs 1 Satz 2). Anmeldung eines Pauschbetrags für die nach der Anmeldung erst entstehenden, noch ungewissen Kosten: § 10 Rdn 15.9; es muß wenigstens genau angemeldet sein, worauf sich der Pauschbetrag bezieht (Reisespesen, Eintragungskosten, Vertretungskosten), weil ohne diese Spezifizierung die Beträge bei der Aufstellung des geringsten Gebots wie im Teilungsplan nicht berück-

---

[1] RG 77, 296.

sichtigt werden dürfen. Bei nur beschränkter Anmeldung gilt der Rangverlust nur für den nicht angemeldeten Teil[2]. Nachträgliche Erhöhung gegenüber der rechtzeitigen Anmeldung mit dem Rang der angemeldeten Ansprüche ist nicht möglich; insoweit treten auch mangels Anmeldung die Folgen aus § 37 Nr 4, § 110 ein[2].

2.9 Im Verteilungstermin gibt es also **verschiedene Arten von Ansprüchen:** a) nicht anmeldebedürftige und anmeldebedürftige; b) bei den anmeldebedürftigen wieder: I. rechtzeitig angemeldete (und glaubhaft gemachte) (nach § 37 Nr 4, § 110; werden an ihrer Rangstelle berücksichtigt); II. verspätet angemeldete (nach der Aufforderung zur Abgabe von Geboten), aber doch wenigstens zum Verteilungstermin angemeldete (oder glaubhaft gemachte) (kommen in den Verteilungsplan, aber an letzter Stelle); III. überhaupt nicht oder erst nach dem Verteilungstermin angemeldete (oder glaubhaft gemachte) (kommen nicht in den Teilungsplan).

2.10 Rangverschiebung und Rangverlust durch verspätete oder unterlassene Anmeldung haben zunächst eine **verfahrensrechtliche Bedeutung** wegen ihrer Behandlung im geringsten Gebot und im Teilungsplan. Sie haben aber auch eine **materiellrechtliche Bedeutung**, bringen materiellen Rangverlust und Rechtsverlust. Dieser Verlust ist endgültig[3]. Der Grund für den Rangverlust ist, daß in der Versteigerung Klarheit bestehen muß, damit die nachrangigen Gläubiger unter Umständen durch Mitbieten den Ausfall ihrer Rechte verhindern können[4]. Daher ist der Verlust irreparabel.

2.11 Der Verlust kann **nicht im Prozeßweg beseitigt** werden. Der zurückgesetzte oder nicht berücksichtigte Berechtigte hat keinen Bereicherungsanspruch gegen diejenigen, die vor ihm befriedigt wurden (auch nicht über BGB § 242)[5], dazu im ZVG-Handbuch Rdn 236. Die verspätete Anmeldung kann auch nicht als Widerspruch nach § 115 behandelt werden. Aus einem nicht angemeldeten Anspruch kann auch kein Versagungsantrag aus § 74a gestellt werden.

[Betagte Ansprüche; Abzug von Zwischenzins]

111 Ein betagter Anspruch gilt als fällig. Ist der Anspruch unverzinslich, so gebührt dem Berechtigten nur die Summe, welche mit Hinzurechnung der gesetzlichen Zinsen für die Zeit von der Zahlung bis zur Fälligkeit dem Betrage des Anspruchs gleichkommt; solange die Zeit der Fälligkeit ungewiß ist, gilt der Anspruch als aufschiebend bedingt.

Allgemeines zu § 111

Zweck und **Anwendungsbereich:** Behandlung betagter Ansprüche bei Erlösverteilung. Die Vorschrift gilt für alle Versteigerungsverfahren des ZVG, und zwar für die Verteilung.

Betagte Ansprüche im Verteilungstermin

2.1 § 111 befaßt sich mit **betagten** (befristeten) Ansprüchen, sie sind von bedingten zu unterscheiden. Bestimmung trifft § 111 nur für die auf Kapitalzahlung

---

[2] Riedel JurBüro 1974, 689.
[3] BGH 21, 30 = KTS 1956, 120; RG 76, 379; KG Berlin JR 1956, 424.
[4] RG 76, 379; Jaeckel/Güthe §§ 37–38 Rdn 5.
[5] BGH, RG und KG Berlin je aaO (Fußn 3).

§ 111 2.1 — Verteilung des Erlöses

gerichteten erlöschenden Ansprüche[1], damit für die aus dem Bargebot zu befriedigenden Hypotheken, Grundschulden und die Ablösungssumme einer Rentenschuld[2], nicht demnach für Ansprüche der Rangklassen 1, 1a, 2, und 3 des § 10 Abs 1 (sie sind bei Erlösverteilung ohne weiteres fällig). Es sind somit auch die nicht fälligen Grundpfandrechte wie fällige zu behandeln. Grund: Die Verteilung soll nach dem Zweck des Verfahrens endgültig erledigt werden[3]. Fällig ist der (dingliche) Anspruch, wenn der Gläubiger die Leistung fordern kann (BGB § 271). Der Anspruch auf Wertersatz aus dem Versteigerungserlös (§ 92 Abs 1) ist seiner Natur nach ohne weiteres fällig[3]; Satz 2 findet daher auf ihn keine Anwendung (den fortlaufenden künftigen Fälligkeiten einer Reallast/Erbbauzins-Reallast von bestimmter Dauer ist bei Ermittlung des nach § 92 Abs 1 wegzufertigenden Kapitalwerts des Rechts Rechnung zu tragen; dazu § 92 Rdn 6.4 zu c). Die Zahlung der einzelnen Leistungen einer Geldrente als Ersatz für einen Nießbrauch, eine beschränkte persönliche Dienstbarkeit sowie eine Reallast von unbestimmter Dauer (Ansprüche nach § 92 Abs 2) regelt § 121 Abs 1.

2.2 Betagt ist ein Anspruch, wenn die Fälligkeit von einem **künftigen gewissen Ereignis** abhängt. Es steht der künftige Eintritt der Fälligkeit schon fest (dies certus an); Beispiel: ein Anspruch soll am 30. 12. 2005 oder am Todestag einer jetzt lebenden Person fällig werden. Dabei kann auch der genaue Termin der Fälligkeit schon feststehen (dies certus an, certus quando); Beispiel: der Anspruch soll am 30. 12. 2005 fällig werden. Es kann aber auch der genaue Termin noch nicht feststehen (dies certus an, incertus quando), Beispiel: der Anspruch soll am Todestag einer jetzt lebenden Person fällig werden.

2.3 Bedingt ist ein Anspruch, wenn seine Fälligkeit von einem **künftigen ungewissen Ereignis** abhängt. Der künftige Eintritt des Ereignisses steht noch nicht fest (dies incertus an). Der Anspruch kann aufschiebend bedingt sein, wenn er mit dem Eintritt eines Ereignisses fällig wird; Beispiel: Zahlung am Hochzeitstag der (lebenden oder noch nicht geborenen) Tochter fällig. Der Anspruch kann aber auch auflösend bedingt sein, wenn der Bestand des Anspruchs mit dem Eintritt eines Ereignisses endet; Beispiel: Nutzungen laufen bis zum Hochzeitstag der Tochter.

2.4 Bei nur **kündbaren Ansprüchen** ist der Fälligkeitstermin bestimmt, nämlich durch den Ablauf der künftigen Frist. Gelten für Gläubiger und Schuldner unterschiedliche Kündigungsfristen, so ist im ZVG die Frist für den Gläubiger maßgebend.

2.5 Bedingte Ansprüche werden **nach ZVG §§ 119, 120 behandelt.** Ebenso behandelt werden solche unverzinsliche betagte Ansprüche, bei denen der Eintritt der Fälligkeit, aber noch nicht dessen Zeitpunkt feststeht (dies certus an, incertus quando); sie gelten, solange die Zeit der Fälligkeit noch ungewiß ist, als aufschiebend bedingt: Satz 2. Auch unbestimmte Ansprüche (§ 14 Rdn 2) gelten als aufschiebend bedingt: § 14.

2.6 Alle übrigen **betagten Ansprüche** (Eintritt und Zeitpunkt feststehend, dies certus an, certus quando) und alle verzinslichen Ansprüche, bei denen der Eintritt der Fälligkeit, nicht aber der Termin feststeht (dies certus an, incertus quando), **gelten** im Versteigerungsverfahren **als fällig**: Satz 1. Diese Regel, daß betagte Ansprüche als fällig gelten, gilt aber nur für die Ansprüche auf Auszahlung des Erlösanteils im Versteigerungsverfahren, nicht für die zugrunde liegende persönliche Forderung gegen den Vollstreckungsschuldner, auch nicht für etwaige Ausgleichsansprüche gegenüber einem Mitverpflichteten.

---

[1] Jaeckel/Güthe § 111 Rdn 1.
[2] Jaeckel/Güthe § 111 Rdn 1; Reinhard/Müller § 111 Anm I 2; für die Ablösungssumme der Rentenschuld anders Korintenberg/Wenz § 111 Anm 1.
[3] Motive zum ZVG-Entwurf, Amtliche Ausgabe 1889, Seite 285 (zu § 154 des Entwurfs).

Betagte Ansprüche; Abzug von Zwischenzins 2.11 § 111

2.7 § 111 mit seiner Fälligkeitsregel gilt nicht, wenn zwischen den Beteiligten ausdrücklich eine **anderweitige vertragliche Vereinbarung** besteht. Beispiel: Ein Mieter darf seine Hypothek laut Vertrag so lange nicht kündigen, solange er die Räume innehat. Wird hier bei Erlöschen der Hypothek in der Versteigerung das Bargebot nicht bezahlt, Forderung übertragen und Sicherungshypothek eingetragen, so darf der Mieter nicht daraus vollstrecken, solange die Vereinbarung noch wirksam ist[4]. Diese Vereinbarung ist ein Teil der Gegenleistung im Mietvertrag und ist auf den Ersteher übergegangen, in unlöslichem Zusammenhang mit dem Mietvertrag. § 111 wird hier durch BGB § 566 Abs 1 ausgeschlossen[4].

2.8 Betagte Ansprüche, die unter § 111 fallen (Rdn 2.1 und 2.6) und die **unverzinslich** sind, dürfen, weil sie vorzeitig bezahlt werden, aus dem Versteigerungserlös nur **unter Abzug eines Zwischenzinses** bezahlt werden: Satz 2. Grund: Der Gläubiger darf aus der vorzeitigen Zahlung „keinen ungerechtfertigten Gewinn ziehen"[5]. Abzuziehen sind nur einfache Zinsen, keine Zinseszinsen. Der Zinssatz dabei ist normal 4% (BGB § 246) und kann nur über abweichende Versteigerungsbedingung nach § 59 (unter den dafür geltenden Voraussetzungen) anders bestimmt sein (schon im Versteigerungstermin). Die mit weniger als 4% verzinslichen betagten Ansprüche unterliegen keinem Zwischenzinsabzug. Der Abzug eines Zwischenzinses ist (ausdrücklich) auf den Fall der Unverzinslichkeit beschränkt.

2.9 Abzuziehen sind die **Zinsen für die Zeit von** der Zahlung im Verteilungstermin **bis** zur ursprünglichen Fälligkeit des Anspruchs. Nur der nach Abzug dieser Zinsen verbleibende Betrag darf ausbezahlt werden. Der Abzug ist eine Entschädigung dafür, daß ein Kapital infolge der Versteigerung des Grundstücks früher, als vertraglich vorgesehen war, bezahlt wird. Diese Abzinsung kommt aber nicht in Frage, wenn nach der zugrunde liegenden Schuldurkunde vorgesehen ist, daß das Recht zwar unverzinslich und erst zu einem späteren Zeitpunkt fällig sei, aber im Falle der Zwangsversteigerung des Grundstücks sofort fällig werde; hier erfolgt die Rückzahlung nicht vorzeitig im Sinne von § 111, sondern vertragsgemäß mit vorverlegtem Fälligkeitstermin.

2.10 Der Ersteher hat **nicht** etwa um den Betrag der abgezogenen Zwischenzinsen **weniger Bargebot** zu zahlen. Der Zwischenzins wird nur dem vorzeitig ausbezahlten Gläubiger abgezogen, bleibt aber Teil der Teilungsmasse und kommt dann dem als nächsten ausfallenden Berechtigten zugute. Das gilt auch, wenn das betagte Recht über § 91 Abs 2 liegenbelassen wird; die Verringerung des dabei zu zahlenden Bargebots nach § 91 Abs 3 erfolgt ja nur um das, was der Gläubiger „sonst" erhalten hätte, also um den bereits um die Zwischenzinsen gekürzten Betrag, wie ihn ohne Liegenbelassung der Gläubiger allein erhalten hätte.

2.11 Für die **Berechnung** der Zwischenzinsen gibt es verschiedene **mathematische Methoden.**

a) Benedikt Carpzow, geboren am 27. 5. 1595 in Wittenberg, gestorben am 30. 8. 1666 in Leipzig, Richter und Rechtslehrer, Begründer der deutschen Strafrechtswissenschaft, zog die Zinsen vom Nennbetrag des Kapitals ab.

b) Gottfried Wilhelm Freiherr von Leibnitz, geboren am 1. 7. 1646 in Leipzig, gestorben am 14. 11. 1716 in Hannover, Philosoph, Mathematiker, Theologe, Jurist, errechnete den Betrag, der mit Zinsen und Zwischenzinsen den Nennbetrag des Kapitals am ursprünglichen Fälligkeitstag ergeben würde.

c) G. A. Hoffmann, der 1731 das Buch „Klugheit Haus zu halten" herausgab, ließ Zinseszinsen außer Betracht und errechnete die Summe, die mit Hinzurechnung der Zinsen während des Zeitraums vom vorzeitigen Fälligkeitstermin bis zum ursprünglich vorgesehenen den Nennbetrag des Kapitals ergibt: Hoffmannsche Methode.

---

[4] RG 71, 404.
[5] Motive aaO.

§ 111 2.12   Verteilung des Erlöses

2.12 § 111 beruht auf der **Hoffmannschen Methode**. Auch bei ihr gibt es verschiedene Formeln, für 360 Tage (Bankzinstage) oder für 365 Tage (Kalendertage), meistens für den gesetzlichen Zinssatz von 4% vorbereitet. Die Tabelle im Tabellenanhang (Tab 3) bringt die Formel, wie sie am leichtesten zu benützen ist. Hierzu im ZVG-Handbuch Rdn 500.

[Verteilung des Erlöses beim Gesamtausgebot]

112 (1) **Ist bei der Versteigerung mehrerer Grundstücke der Zuschlag auf Grund eines Gesamtausgebots erteilt und wird eine Verteilung des Erlöses auf die einzelnen Grundstücke notwendig, so wird aus dem Erlöse zunächst der Betrag entnommen, welcher zur Deckung der Kosten sowie zur Befriedigung derjenigen bei der Feststellung des geringsten Gebots berücksichtigen und durch Zahlung zu deckenden Rechte erforderlich ist, für welche die Grundstücke ungeteilt haften.**

(2) **Der Überschuß wird auf die einzelnen Grundstücke nach dem Verhältnisse des Wertes der Grundstücke verteilt. Dem Überschusse wird der Betrag der Rechte, welche nach § 91 nicht erlöschen, hinzugerechnet. Auf den einem Grundstücke zufallenden Anteil am Erlöse wird der Betrag der Rechte, welche an diesem Grundstücke bestehen bleiben, angerechnet. Besteht ein solches Recht an mehreren der versteigerten Grundstücke, so ist bei jedem von ihnen nur im Verhältnisse des Wertes der Grundstücke entsprechender Teilbetrag in Anrechnung zu bringen.**

(3) **Reicht der nach Absatz 2 auf das einzelne Grundstück entfallende Anteil am Erlöse nicht zur Befriedigung derjenigen Ansprüche aus, welche nach Maßgabe des geringsten Gebots durch Zahlung zu berichtigen sind oder welche durch das bei dem Einzelausgebote für das Grundstück erzielte Meistgebot gedeckt werden, so erhöht sich der Anteil um den Fehlbetrag.**

1 Allgemeines zu § 112

1.1 Zweck der Vorschrift: Regelung der Erlösverteilung nach Versteigerung mehrerer, verschieden belasteter Grundstücke für ein einheitliches Meistgebot.

1.2 Anwendungsbereich: Die Vorschrift gilt für alle Versteigerungsverfahren des ZVG.

2 Anlaß und Grundsätze für Verteilung des Gesamterlöses

2.1 § 112 behandelt die **rechnerische Verteilung** des bei Versteigerung mehrerer Grundstücke durch Gesamtausgebot erzielten **Gesamterlöses** auf die einzelnen Grundstücke. § 113 regelt die Verteilung der Einzelmasse eines versteigerten Grundstücks auf die Berechtigten dieses Grundstücks. § 122 trifft Bestimmung über die Verteilung des Gesamterlöses aus der Versteigerung mehrerer Grundstücke auf Grund Einzel- oder Gesamtausgebots auf ein erlöschendes Gesamtrecht an diesen mehreren Grundstücken, also wie dieses Gesamtrecht auf die bei Gesamtausgebot nach § 112 ermittelten oder bei Einzelausgebot sich von selbst ergebenden Einzelerlöse zu verteilen ist.

2.2 § 112 gilt auch für **Grundstücksbruchteile.** Er wurde auch angewendet, wenn einzelne Grundstücksteile (eine zur Straße weggemessene und aus der Pfandhaft freigegebene Parzelle zB) unterschiedlich belastet sind[1]. Fraglich ist, ob die Bestimmung auch anwendbar ist, wenn ein nach Vereinigung oder Bestandteilszuschreibung einheitliches Grundstück versteigert ist, dessen Flächenteile unter-

---

[1] RG 101, 117.

Verteilung des Erlöses beim Gesamtausgebot   3.2   § 112

schiedlich belaset sind. Dagegen bestehen Bedenken[2] (Werte der Grundstücksteile sind nicht festgestellt; Aufteilung nach Flächengrößen ist nicht möglich). Was im folgenden für Grundstücke gesagt wird, gilt auch für Grundstücksbruchteile.

2.3 Die Verteilung betrifft nur die aus dem Erlös auszuzahlenden, also nicht bestehenbleibenden Rechte. Sie läßt auch die Rangfolge des § 10 unberührt.

2.4 Voraussetzung der Verteilung: Es **müssen** mehrere Grundstücke im selben Verfahren versteigert worden sein (verbunden nach § 18). Die mehreren Objekte müssen auf Grund eines Gesamtausgebots (auch bei gemeinsamem Ausgebot nach § 63 Abs 1 Satz 2) zugeschlagen sein. Die Verteilung des Erlöses auf die einzelnen Grundstücke muß **notwendig** sein. Das ist der Fall, wenn die Grundstücke unterschiedlich belastet sind (bei Gesamtbelastung keine Verteilung nach § 112 nötig). Der Erlös darf nicht für alle Beteiligten ausreichen (sonst Verteilung nach § 112 unnötig). Notwendig wird die Erlösverteilung außerdem, wenn die Grundstücke nicht demselben Eigentümer gehörten oder wenn für ein Grundstück Eigentumsanspruch durch einen Dritten erhoben wird (§ 37 Nr 5). Nicht nötig ist die Verteilung, wenn nur ein Meistgebot in Höhe des geringsten Gebots abgegeben wurde (vgl Abs 3) oder wenn der Gesamterlös nur dem Gläubiger eines erloschenen Gesamtrechts gehört.

2.5 Eine Verteilung nach § 112 ist auch **nicht** nötig, **wenn alle** Beteiligte, einschließlich des Vollstreckungsschuldners, **sich** über einen anderen Verteilungsmaßstab **einigen.** § 112 behandelt nur erloschene Rechte und ist also nicht anzuwenden, wenn der Gesamthypothekar bestehenbleibender Rechte (auch wenn er selbst den Zuschlag erhalten hat) diese gemäß BGB § 1132 verteilt[3].

2.6 Die erforderliche Verteilung gliedert sich in **drei Abschnitte:** Vorwegnahme für gemeinsame Belastungen (Abs 1); Verteilung des dann verbleibenden Überschusses auf die einzelnen Grundstücke (Abs 2); Ausgleich zwischen den mehreren Grundstücken bei nicht ausreichendem Einzelerlös eines Grundstücks (Abs 3).

2.7 Zur **Berechnung** mit Beispielen auch im ZVG-Handbuch Rdn 550–551 und bei[4].

2.8 Über **Rechtsbehelfe,** wenn jemand mit der Art der Verteilung nicht einverstanden ist und beeinträchtigt ist, bei § 115 Rdn 2.

Entnahme für gemeinsame Belastungen (Absatz 1)   3

3.1 Aus dem ungeteilten Gesamterlös werden unter Beachtung der Rangfolge der §§ 10, 109 entnommen: zunächst die **Verfahrenskosten** nach § 109; sodann alle im geringsten Bargebot enthaltenen, die mehreren Grundstücke **samtverbindlich** treffenden **Verpflichtungen,** nämlich: Ansprüche der Rangklassen 1–3, wenn sie die Grundstücke ungeteilt treffen (meist lassen sich diese Lasten aufteilen) und die Kosten und Zinsen der bestehenbleibenden Gesamtrechte aus § 10 Rangklasse 4.

3.2 Dabei ist zu beachten: Wenn den Kosten und Zinsen der Gesamtgrundpfandrechte **Einzelbelastungen** mit ihren Kosten und Zinsen vorgehen, dürfen diese vorgehenden Ansprüche durch die Vorwegnahme für die Gesamtrechte nicht geschmälert werden; sie müssen bei der Verteilung gemäß Abs 2 noch (voll) zum Zuge kommen und dürfen auch nicht etwa statt Barzahlung nur noch eine Forderungsübertragung erhalten (weil das Bargebot nur zum Teil bezahlt ist). Die Kosten und Zinsen der Gesamtrechte dürfen also nur in der Höhe vorweg entnommen werden, in der sie nach der richtigen Rangfolge des § 10 (an der § 112

---

[2] Stöber MittBayNot 2001, 281 (283); anders Planck, BGB, 4. Aufl 1920, Anm 4a zu BGB § 1131 mit Nachw (entsprechende Anwendung); für Anwendung des § 112 auf Raumteile eines Grundstücks nach RG 101, 117.
[3] BGH Betrieb 1976, 866 = WM 1976, 585.
[4] Dassler/Schiffhauer § 112 Rdn 13; Jaeckel/Güthe § 112 Rdn 10; Steiner/Teufel § 112 Rdn 26, 27.

§ 112 3.2 — Verteilung des Erlöses

nichts ändert) zum Zuge kommen würden. In der Praxis ist es viel besser, entgegen dem Wortlaut des Gesetzes (das ja die volle Befriedigung der bestehenbleibenden Gesamtrechte hinsichtlich ihrer Kosten und Zinsen als möglich voraussetzt), aber nach dem Sinn dieser Vorschrift, wie folgt vorzugehen, wenn der Versteigerungserlös offenbar nicht für alle ausreicht (kritisch dazu äußert sich[5]). Man entnimmt vorweg nur die Verfahrenskosten nach § 109 und die alle Grundstücke gemeinsam treffenden Ansprüche der Rangklassen 1–3 (wenn zB aus Klasse 4 betrieben wird); ist nun ein Teil der in Klasse 4 stehenden und bestehenbleibenden Rechte Einzelrechte, so muß immer an ihrer Rangstelle der Erlös erst gemäß Abs 2 auf die einzelnen Grundstücke aufgeteilt werden, um die Einzel-Kosten und -Zinsen zu entnehmen, dann wird wieder alles vereinigt, um die nun etwa folgenden Gesamt-Kosten und -Zinsen des nächsten Rechts zu entnehmen usw.

3.3 Beispiele:

	Fall 1			Fall 2		
Grundstücke	1	2	3	1	2	3
Hypothek	a	–	–	a	a	a
Hypothek	b	b	b	–	b	–

Fall 1: Erst aufteilen, für a aus 1 entnehmen, wieder zusammenwerfen, für Gesamtrecht b entnehmen.

Fall 2: Erst ungeteilt für Gesamtrecht a entnehmen, dann aufteilen, für b aus 2 entnehmen (diesen Fall legt die gesetzliche Regelung des § 112 Abs 1 zugrunde).

3.4 Das kann so mehrmals hin- und herwechseln. Man braucht dies nicht beachten, wenn der Erlös ohnehin für alle ausreicht; Vorsicht bei der Berechnung ist geboten. Nicht dabei zu vergessen: Gesamtrechte sind auch solche, die mehrere Grundstücksbruchteile belasten, Vorwegnahme nur jeweils für Kosten und Zinsen bestehenbleibender Gesamtrechte.

3.5 Grundbeispiel zum Gesetz: Gesamtbarerlös 100 000, Grundstücke 1–3, Wert 1 = 30 000, 2 = 30 000, 3 = 40 000; bestehenbleibende Rechte: Gesamtrecht a = 10 000, b an 1 = 3000, c an 2 = 3000, d an 3 = 4000; Kosten 1000, öffentliche Lasten 4000, Zinsen und Kosten aus a = 5000

Vorwegnahme:	Kosten	1 000	Barerlös	100 000
	öffentl Lasten	4 000		
	Zinsen aus a	5 000		
	zusammen	10 000		10 000
	Überschuß des Barerlös			90 000

4 Erlös-Überschuß für einzelne Grundstücke (Absatz 2)

4.1 Verteilung des Überschusses aus dem Barerlös auf die einzelnen Grundstücke hat sodann nach Abs 2 zu erfolgen.

4.2 Nach der Vorwegnahme der Verfahrenskosten und der geschilderten Leistungen für bestehenbleibende Gesamtgrundpfandrechte muß dem nun verbleibenden Teil der Teilungsmasse der Betrag aller nach § 91 **bestehenbleibenden Rechte hinzugerechnet** werden, und zwar nur der nach § 91 Abs 1 kraft Gesetzes (als dem bestrangig betreibenden Gläubiger vorgehend oder sonst nach den Versteigerungsbedingungen bestehenbleibend, zB Altenteil, aber nicht außerhalb des geringsten Gebots nach Sondervorschriften bestehenbleibend) bestehenbleibenden: Abs 2 Satz 2. **Grundbeispiel** fortgeführt:

Überschuß des Barerlöses		90 000
bestehenbleibend	10 000 + 3 000 + 3 000 + 4 000 =	20 000
berichtigte Teilungsmasse Grundstücke 1–3		110 000

---

[5] Steiner/Teufel § 112 Rdn 15 Fußn 12.

4.3 Bestehenbleibende Gesamtbelastungen brauchen, entgegen dem Wortlaut des Gesetzes, an sich nicht hinzugerechnet werden, weil sie nur die Rechenarbeit vergrößern, ohne am Ergebnis etwas zu ändern, indem sie mit aufgeteilt und wieder mit abgesetzt werden müssen[6]. **Liegenbelassene** Rechte soll man hier keinesfalls hinzurechnen; es ist das im Gesetz nicht vorgesehen und es könnte ja auch sein, daß sie nicht voll zum Zuge kommen. Man legt also bei dieser Rechnung hier noch den vollen Barerlös (nicht um die Liegenbelassung verringert) und die nach § 91 Abs 1 bestehenbleibenden Rechte zugrunde und berücksichtigt die Liegenbelassung erst später, nämlich bei der Auszahlung der errechneten Anteile[7].

4.4 Hinzugerechnet für bestehenbleibende Rechte wird bei Hypotheken und Grundschulden deren **Kapitalbetrag,** bei Rentenschulden deren **Ablösungsbetrag,** bei anderen Rechten der nach § 51 Abs 2 festgesetzte **Zuzahlungswert**[8] (hier also nicht die Werte aus § 92). Gesamtbelastungen werden mit ihrem **einfachen Betrag** hinzugerechnet, also wie Einzelbelastungen. Man könnte sie auch hier schon nach dem Verhältnis der Grundstückswerte aufteilen, was sonst später geschehen muß, nämlich bei dem Abzug der bestehenbleibenden Rechte vom Erlösanteil des Einzelgrundstücks[9], um dann nur die einzelnen Teile hinzuzurechnen (dies ergäbe dieselbe berichtigte Teilungsmasse).

4.5 Die durch Hinzurechnung der bestehenbleibenden Belastungen **berichtigte Teilungsmasse** wird nunmehr im Verhältnis der Grundstückswerte **aufgeteilt:** Abs 2 Satz 1. Für den **Grundstückswert** in diesem Fall hat EGZVG § 11 eine landesrechtliche Regelung vorgesehen, weil es damals § 74a nicht gab. Diese Vorschriften sind also überholt; maßgebend ist nur noch der Wert nach § 74[10]. War noch kein Wert festgesetzt (wird jetzt nicht mehr vorkommen), so hat das Gericht ihn hier zu berechnen (anders[11]: der landesrechtlich zu errechnende Wert entscheide). Dazu § 74a Rdn 7.2.

4.6 Die berichtigte Teilungsmasse wird auf die einzelnen Grundstücke nach der Formel **verteilt:**
Berichtigte Teilungsmasse : Summe der Grundstückswerte × Wert des Einzelgrundstücks = Anteil dieses Grundstücks an der berichtigten Teilungsmasse. **Grundbeispiel** fortgeführt:

Grundstück 1, 110 000 : 100 000 × 30 000 = X, X = 33 000,
Grundstück 2, ebenso,
Grundstück 3, 110 000 : 100 000 × 40 000 = X, X = 44 000

4.7 Von dem Anteil an der berichtigten Teilungsmasse, der nach dieser Rechnung auf das einzelne Grundstück trifft, sind nun wieder die **bestehenbleibenden Rechte** dieses Grundstücks **abzuziehen:** Abs 2 Satz 3. Soweit dies Gesamtbelastungen sind, ist natürlich bei jedem Grundstück nur ein Teilbetrag im Verhältnis der Grundstückswerte abzuziehen: Abs 2 Satz 4. Der Anteil des einzelnen Grundstücks an der Gesamtbelastung errechnet sich hierbei nach der **Formel:**
Gesamtbelastung : Summe der Grundstückswerte × Wert des Einzelgrundstücks = gesuchter Anteil des Einzelgrundstücks an der Gesamtbelastung.

---

[6] Dassler/Schiffhauer § 112 Rdn 5; Drischler RpflJahrbuch 1962, 322 (C b).
[7] Dassler/Schiffhauer § 112 Rdn 5; Jaeckel/Güthe § 112 Rdn 7; Steiner/Teufel § 112 Rdn 18; Mohrbutter/Drischler Muster 131 Anm 6; Drischler RpflJahrbuch 1962, 322 (C b).
[8] Dassler/Schiffhauer § 112 Rdn 5; Jaeckel/Güthe § 112 Rdn 7.
[9] Jaeckel/Güthe § 112 Rdn 8.
[10] Dassler/Schiffhauer § 112 Rdn 7; Steiner/Teufel § 112 Rdn 21; Nikoleit BWNotZ 1965, 48 (II e).
[11] Jaeckel/Güthe § 112 Rdn 12.

§ 112   4.8   Verteilung des Erlöses

4.8 Grundbeispiel fortgeführt:
Grundstück 1, 10 000 : 100 000 × 30 000 = X, X = 3000,
Grundstück 2, ebenso,
Grundstück 3, 10 000 : 100 000 × 40 000 = X, X = 4000
Also jetzt zu rechnen:

Grundstück	1	2	3
berichtigter Masseanteil	33 000	33 000	44 000
ab Gesamtbelastungsanteil a	3 000	3 000	4 000
ab Einzelbelastung b, c, d	3 000	3 000	4 000
Erlösanteil in bar	27 000	27 000	36 000

4.9 Ist nun das **Liegenbelassen** eines Rechts (das aus dem Erlös Zahlung zu erhalten hat) vereinbart, so wird jetzt vom Erlösanteil des betroffenen Grundstücks noch der liegenbelassene Betrag (Kapital und Zinsen) abgezogen, um den sich die Zahlungspflicht des Erstehers mindert (§ 91 Abs 3; wie sonst bei einer Liegenbelassung), bei liegenbelassenen Gesamtrechten dabei wieder im Verhältnis der Grundstückswerte errechnet.

4.10 Aus dem dann verbleibenden Erlösanteil des einzelnen Grundstücks werden alle aus diesem Grundstück **zu deckenden Ansprüche** in der Reihenfolge des Planes **bezahlt**, soweit der Erlös ausreicht. Ein etwaiger **Überschuß** gehört dann dem früheren Grundstückseigentümer (Vollstreckungsschuldner). Jedoch setzt sich an dem auf nur einen Grundstücks„bruchteil" fallenden Erlösbetrag die bisherige Gemeinschaft fort (wie § 180 Rdn 17.5). Er darf daher nur an alle (mit Einvernehmen aller) bisherigen Miteigentümer ausbezahlt werden (wie § 180 Rdn 17.7). Als gemeinschaftliche Berechtigung ist der Erlösüberschuß von den (bisherigen) Miteigentümer aufzuteilen[12]. Diese Auseinandersetzung der (bisherigen) Teilhaber hat „außerhalb" des Verfahrens zu erfolgen (wie § 180 Rdn 17.8).

5 Fehlbetrag (Absatz 3)

5.1 Ausgleichung zwischen den mehreren Grundstücken bei nicht ausreichendem Einzelerlös eines Grundstücks erfolgt nach Abs 3.

5.2 Sind die bestehenbleibenden Rechte auf einem Grundstück so hoch, daß an diesem Grundstück kein oder ein nur unzulänglicher Erlös in bar verbleibt, so wird ein Ausgleich geschaffen: Abs 3. Es müssen nämlich auf jeden Fall bei jedem Einzelgrundstück **alle** die **Ansprüche** ausbezahlt werden können, die **im geringsten Bargebot** enthalten waren, also bar gezahlt werden müssen, **oder** die bei gleichzeitigem Einzelausgebot der Grundstücke durch das Meistgebot für dieses Grundstück **gedeckt gewesen** wären. Damit wird gewährleistet, daß kein Berechtigter in seiner durch das Einzelausgebot erworbenen Aussicht auf Befriedigung deshalb beeinträchtigt wird, weil der Zuschlag auf Grund des Gesamtausgebots zu erteilen war[13]. Diese Deckung muß mit Verteilung nach Abs 3 auch gewährleistet bleiben, wenn neben dem Gesamtausgebot, auf das der Zuschlag erteilt ist, ein Gruppenausgebot mit einem für den Gläubiger günstigeren Ergebnis stattgefunden hat[13].

5.3 Die Ausgleichung erfolgt dadurch, daß die **anderen Grundstücke** in ihren restlichen Erlösanteilen entsprechend **gekürzt** werden und daß der durch die Kürzung sich ergebende Betrag dem notleidenden Grundstück zugeteilt wird. Dieser Ausgleich mag von Gläubigern, die ohne ihn auf „ihrem" Grundstück voll zum Zuge kommen würden, als ungerecht empfunden werden. Sie können einwenden, daß sie, deren Ansprüche durch ein Einzelmeistgebot gedeckt sind, nicht dadurch schlechter gestellt werden dürften, daß das für sie belastete Grundstück mit ande-

---

[12] BGH Rpfleger 1992, 76.
[13] RG 66, 391.

Aufstellung des Teilungsplans 2.1 § 113

ren zusammen versteigert und zugeschlagen wird. Diese Bedenken können nicht durchgreifen, weil das ZVG die Ausgleichung zwingend vorschreibt. Eine andere Regelung kann nur über § 59 unter Zustimmung aller durch die Abweichung Beeinträchtigten und unter den sonstigen Voraussetzungen des § 59 erfolgen (ist also nur theoretisch möglich, praktisch aber ausgeschlossen).

5.4 Es gibt für den Ausgleich **verschiedene Arten der Berechnung.** Die einen meinen, das notleidende Grundstück dürfe schon bei der Aufteilung der berichtigten Teilungsmasse nicht mehr eingesetzt werden (so dieses Buch in 5. Aufl, § 112 Anm 3); andere meinen, der Ausgleich des Fehlbetrags durch die anderen erfolge unter Anwendung von § 122 im Verhältnis ihrer restlichen Erlösanteile[14]. Die richtige Ansicht (weil am gerechtesten erscheinend) dürfte aber sein: der **Fehlbetrag wird** auf die anderen Grundstücke im Verhältnis von deren Grundstückswerten **aufgeteilt**[15], weil die vorausgehende Aufteilung auch schon in diesem Verhältnis erfolgte und weil hier ähnliche Beweggründe wie in BGB §§ 2055, 2056 maßgebend sind[16].

5.5 Grundbeispiel abgewandelt: Würde sich bei Grundstück 1 ein Fehlbetrag ergeben, etwa 7000 mit Rücksicht auf sehr hohe nach § 91 Abs 1 bestehenbleibende Rechte, so wäre dieser auf die Grundstücke 2 und 3 im Verhältnis 30 000 : 40 000 aufzuteilen, Grundstück 2 müßte also mit 3000, Grundstück 3 mit 4000 ausgleichen, beide würden in ihren restlichen Erlösanteilen insoweit gekürzt, der Betrag würde auf Grundstück 1 zugeteilt.

5.6 Unter Umständen haben die Befriedigungsberechtigten der ausgleichenden Grundstücke, die hierdurch ihrerseits einen Ausfall erleiden, gegen die Berechtigten des notleidenden Grundstücks, denen der Ausgleichsbetrag zufloß, einen **Bereicherungsanspruch** aus BGB § 812 (nicht im Versteigerungsverfahren zu prüfen und zu entscheiden). Auch hier gibt es in der Praxis Bedenken, daß eine Bereicherung nicht vorliegen könne, ja nicht ohne rechtlichen Grund ein Vermögensvorteil zugeflossen sei, sondern auf Grund zwingender gesetzlicher Vorschriften (wie erwähnt, eine Frage für den Prozeß).

[Aufstellung des Teilungsplans]

113 (1) In dem Verteilungstermine wird nach Anhörung der anwesenden Beteiligten von dem Gerichte, nötigenfalls mit Hilfe eines Rechnungsverständigen, der Teilungsplan aufgestellt.

(2) **In dem Plane sind auch die nach § 91 nicht erlöschenden Rechte anzugeben.**

Allgemeines zu § 113

1.1 Zweck der Vorschrift: Feststellung des Teilungsplans als Grundlage der Erlösverteilung.

1.2 Anwendungsbereich: Die Vorschrift gilt für alle Versteigerungsverfahren des ZVG. Über die Anwendung in der Zwangsverwaltung § 146 Rdn 4, § 156 Rdn 3.

Allgemeine Grundsätze zum Teilungsplan

2.1 § 113 befaßt sich mit der **grundsätzlichen Regel,** daß der Plan im Verteilungstermin aufzustellen ist (Abs 1), ohne an dieser Stelle aber Vorschriften

---

[14] Jaeckel/Güthe § 112 Rdn 13; Mohrbutter, Handbuch des Vollstreckungsrechts, § 46 (V); Drischler RpflJahrbuch 1962, 322 (Cd).
[15] Dassler/Schiffhauer § 112 Rdn 12; Korintenberg/Wenz § 112 Anm 4 und Fußnote; Steiner/Teufel § 112 Rdn 25; Mohrbutter/Drischler Muster 131 Anm 5.
[16] Dassler/Schiffhauer § 112 Rdn 12.

§ 113 2.1   Verteilung des Erlöses

im einzelnen zu geben. Es finden sich dafür zahlreiche Einzelvorschriften in § 107 Abs 1, § 109 Abs 1 und 2, §§ 110–112, § 113 Abs 2, §§ 114, 118 usw.

2.2 Der Teilungsplan ist als Vollstreckungsmaßregel **Grundlage der Erlösverteilung** (ZVG-Handbuch Rdn 410). Er wird zur Entscheidung des Gerichts, wenn er nach Anhörung der Beteiligten **im Termin bekanntgegeben** wird, nicht erst nach dem Ende des Verteilungstermins und auch nicht mit der Anordnung seiner Ausführung. Der Plan hat nicht wie der Zuschlag die Kraft eines Richterspruchs. Er kann gleichwohl nicht beliebig (zB auf Gegenvorstellung) geändert werden, bis der Erlös verteilt ist (unklar[1]). Änderung kann nur noch erfolgen, wenn Widerspruch erhoben oder sofortige Beschwerde eingelegt wird. Wenn Widerspruch nicht erhoben ist und der Verfahrensfortgang auch nicht durch ein Rechtsmittelverfahren aufgehalten wird, ist der Teilungsplan zur Ausführung zu bringen (§ 115 Abs 1; ZPO § 876 Satz 1); Änderung schließt das aus. Nur wenn sich der Berechtigte bis zur Planausführung noch ändert, ist das zu berücksichtigen (§ 117 Rdn 2).

2.3 Der Teilungsplan ist **nur für das Verteilungsverfahren** des Zwangsversteigerungsverfahrens von Bedeutung, nicht für die materiellen Rechte. Sachlichrechtliche Wirkungen hat der Plan im Verhältnis der Gläubiger zueinander nur hinsichtlich der Ausschlußwirkung nach § 110 bei nicht rechtzeitiger Anmeldung oder auch, wenn eine Widerspruchsklage rechtskräftig entschieden ist. Über die Bereicherungsklage der nicht Berücksichtigten gegen die Berücksichtigten § 115 Rdn 5.

2.4 Wo noch zulässig, kann zum Verteilungstermin ein **Rechnungsbeamter** zugezogen werden: Abs 1 (§ 66 Rdn 7).

2.5 Auch im Verteilungstermin kann ein **Vergleich** geschlossen werden. Dies geschieht zu Protokoll des Rechtspflegers[2] (schriftlicher Vergleich: ZPO § 278 Abs 6). Der Vergleich kann nicht nur über den Erlös geschlossen werden (so meint[3]), sondern auch über verfahrensfremde Gegenstände. Hierzu im ZVG-Handbuch Rdn 411.

2.6 Es wird **nur ein Verteilungstermin** abgehalten und darin der Teilungsplan aufgestellt. Ein weiterer Verteilungstermin, sogenannte Nachtragsverteilung, findet nicht statt. Es wird dies zwar für zulässig gehalten, um zusätzlich eingegangenen Erlös, etwa zurückgezahlte öffentliche Lasten, zusätzlich zu verteilen oder Zuzahlungen nach §§ 50, 51 (so[4]). Dem kann aber nicht zugestimmt werden. Mit Feststellung und Vollzug des Teilungsplans ist das Verfahren (abgesehen vom Grundbuchersuchen des § 130 und von Kostenfragen) beendet. Wenn § 109 Abs 1 von den besonderen Kosten nachträglicher Verteilungshandlungen spricht, so sind damit nicht nachträgliche Verteilungstermine gemeint, sondern das nachträgliche Ausführung des normal aufgestellten Teilungsplans, wie dies bei § 116 nötig ist oder in § 137 Abs 1, § 139 Abs 1, § 141 Abs 1 vorgesehen ist (dazu auch § 109 Rdn 2); eine Ausnahme kann nach § 107 Rdn 2 bestehen (siehe dort).

3 Aufstellung des Teilungsplans im Verteilungstermin (Absatz 1)

3.1 Der Teilungsplan wird im **Verteilungstermin aufgestellt,** und zwar nach Anhörung der Beteiligten: Abs 1. Das geschieht auch dann, wenn ein Vortermin (§ 62) oder vorbereitende Erörterungen (§ 62 Rdn 2) stattgefunden haben, auch dann, wenn wegen der Aufforderung an die Beteiligten (§ 106) ein vorläufiger

---

[1] OLG Köln MDR 1969, 401.
[2] OLG Nürnberg Rpfleger 1972, 305.
[3] Hornung Rpfleger 1972, 203 (211).
[4] OLG Hamm JMBlNW 1961, 134 Leitsatz; Pöschl NJW 1953, 573.

Aufstellung des Teilungsplans 3.6 § 113

Plan vor dem Termin in der Geschäftsstelle aufgelegt werden mußte (§ 106 Rdn 2). Zustellung an Beteiligte erfolgt nicht (anders[5]; siehe auch Rdn 6.3).

3.2 Der **Inhalt des Planes** ergibt sich aus einer Reihe von Einzelvorschriften (Rdn 2). Er enthält grundsätzlich:
  I. Feststellung der Teilungsmasse;
  II. Feststellung der bestehenbleibenden Rechte (Rdn 4);
  III. Feststellung der Schuldenmasse;
  IV. Zuteilung der Masse auf die Ansprüche;
  V. Hilfsverteilung.

Überflüssig sind langatmige Vorbemerkungen (empfohlen von[6], jedoch weder vorgesehen noch erforderlich) bis hin zur Angabe des Verkehrswertes des Grundstücks, der nach dem Versteigerungsvermerk eingetragenen Rechte und Auflistung der Anmeldungen sowie sonstigen Erklärungen. Im Einverständnis mit allen davon betroffenen Beteiligten (§ 59) kann der Teilungsplan abweichend aufgestellt werden; dies muß nicht schon im Versteigerungstermin beantragt werden.

3.3 Die **Teilungsmasse** wird nach § 107 Abs 1 festgestellt. Einzelheiten hierzu in § 107 Rdn 2.

3.4 Die **Schuldenmasse** wird nach § 114 festgestellt. Es handelt sich um die durch Barzahlung zu befriedigenden Ansprüche, auch soweit Rechte ausfallen. Dabei ist auch der Überschuß festzustellen (§ 109 Abs 2). Näheres bei § 114 Rdn 2–5.

3.5 Die **Zuteilung der Masse** auf die Ansprüche stellt dar, in welcher Höhe der Versteigerungserlös (die Teilungsmasse) auf die Ansprüche entfällt, die nach der Schuldenmasse ein Recht auf Befriedigung aus dem Grundstück gewähren (ZVG-Handbuch Rdn 460). Die Zuteilung hat in der Reihenfolge (nach dem Rang) der Ansprüche zu erfolgen und Bedingungen (zB § 119) sowie Beschränkungen (so bei Berechtigung auf Grund Sicherungsvollstreckung, ZPO § 720a) der Berechtigten auszuweisen. Sie erfolgt für den im Verteilungstermin durch Zahlung zu berichtigenden Betrag (§§ 49, 107 Abs 2) und für Zuzahlungsbeträge (§ 125) gesondert, hat mithin die Verteilung der nach §§ 50, 51 weiter zu zahlenden Beträge als solche auszuweisen. Angaben über den Ausfall der nicht zum Zuge kommenden Ansprüche gehören nicht zur Zuteilung. Die Tatsache des Ausfalls und die ausfallenden Berechtigten ergeben sich aus der Nichtberücksichtigung von Ansprüchen der Schuldenmasse bei der Zuteilung (ZVG-Handbuch Rdn 460). Die Art der Planausführung (Barzahlung, Forderungsübertragung, Befriedigungserklärung, Hinterlegung, Aussetzung nach § 116) ist bei der Zuteilung nicht zu nennen[7] (anders[8]). Mit Planausführung nimmt das Verfahren nach Feststellung des Teilungsplans seinen Fortgang, so daß die Darstellung der Planausführung nicht bereits Gegenstand des im Verfahren aufzustellenden Teilungsplanes (Abs 1) sein kann. Der Teilungsplan hat daher nur ersichtlich zu machen, welche Beträge den einzelnen Berechtigten auf ihre durch Zahlung zu deckenden Ansprüche zugeteilt werden; erst wenn der Teilungsplan so aufgestellt und die Verhandlung über ihn abgeschlossen ist, kann bei Verfahrensfortgang festgestellt werden, wie die Ausführung des Planes möglich ist. Zum Erlösüberschuß § 114 Rdn 10.

3.6 Hilfsverteilung nach §§ 119, 120, 121 Abs 2, §§ 123, 124, 125 Abs 2, § 126: Näheres bei den genannten Vorschriften.

---

[5] Perger Rpfleger 1991, 45 (II u IV).
[6] Steiner/Teufel § 113 Rdn 4.
[7] Dassler/Schiffhauer § 113 Rdn 5; Korintenberg/Wenz § 113 Fußn 3; Reinhard/Müller § 113 Anm II 3.
[8] Jaeckel/Güthe § 113 Rdn 9.

4 Bestehenbleibende Rechte im Teilungsplan (Absatz 2)

Die **bestehenbleibenden Rechte** werden festgestellt. Im Plan ausdrücklich angegeben werden müssen alle nach § 91 nicht erlöschenden Rechte (Abs 2), mithin Hypotheken, Grund- und Rentenschulden sowie in Abteilung II des Grundbuchs eingetragene Grundstücksrechte. Es handelt sich um Rechte, die nach § 52 (normal, dem bestrangig betreibenden Gläubiger vorgehend, ein Erbbauzins auch nach § 52 Abs 2 Satz 2) oder auf Grund abweichender Versteigerungsbedingung (§ 59) bestehen bleiben. Bezeichnung der bestehenbleibenden Rechte kann nicht (so zB wenn es sehr viele sind) durch Angabe der erlöschenden Rechte ersetzt werden. Soweit Liegenbelassung vereinbart ist (§ 91 Abs 2), muß auch dieses Recht mit aufgeführt werden[9] (anders[10]). Die Aufnahme der bestehenbleibenden Rechte hat an sich keine rechtliche Wirkung; die Wirkung bestimmt sich nach dem Zuschlag sowie der Liegenbelassungsvereinbarung. Die Rechte werden aber aufgenommen (darum fordert dies Abs 2), weil sie bestritten werden können und bei Wegfall eine in die Verteilung einzubeziehende Zuzahlung auslösen (§ 125), um sonach eine Zuzahlungspflicht nach §§ 50, 51 prüfen zu können. Dazu im ZVG-Handbuch Rdn 420. Angegeben werden sollte, auf welcher Rechtsgrundlage die Rechte bestehenbleiben (kraft Gesetzes im geringsten Gebot oder durch Liegenbelassung). Angabe der außerhalb des geringsten Gebots bestehenbleibenden Rechte (§ 52 Rdn 7) verlangt Abs 2 nicht. Sie lösen bei Wegfall keine Zuzahlungspflicht aus, erlangen mithin bei Erlösverteilung keine Bedeutung. Daher sind sie im Teilungsplan nicht zu bezeichnen.

5 Protokoll-Muster für den Verteilungstermin

5.1 Über den Verteilungstermin ist ein Protokoll **nach den allgemeinen Vorschriften** zu führen (§ 105 Rdn 2.6). Falls der Verteilungstermin ausnahmsweise vertagt wird, muß im neuen Termin alles wiederholt werden. Es darf nicht etwa in einem Termin der Plan aufgestellt, im vertagten Termin nur der Plan ausgeführt werden (Ausnahme § 116 Rdn 2, aber auch mit einigen zu wiederholenden Arbeiten). Hierzu im ZVG-Handbuch Rdn 412.

5.2 Alle denkbaren Einzelheiten können in einem Muster nicht untergebracht werden. Jeder Fall hat seine Besonderheiten. Es können nur einige grundlegende Punkte gebracht werden.

5.3 Das Protokoll des Verteilungstermins könnte **etwa folgenden Inhalt** haben:
„... Der Rechtspfleger gab auszugsweise bekannt: Zuschlagsbeschluß, Grundbuchblatt und folgende Anmeldungen: ... Er verlas dann den anliegenden Entwurf des Teilungsplanes. Mit den anwesenden Beteiligten wurde hierüber verhandelt. Widerspruch wurde nicht erhoben, schriftliche Widersprüche lagen nicht vor (... erhob gegen Nr ... des Planes Widerspruch mit folgender Begründung: ... Die anwesenden Beteiligten wurden hierzu gehört und erklärten: ... Einigung kam nicht zustande.)
Der Rechtspfleger erließ und verkündete folgenden Beschluß:
1. Der Teilungsplan wird gemäß dem verlesenen Entwurf festgestellt und zum Bestandteil dieses Protokolls erklärt, jedoch mit folgenden Abweichungen: ...
2. Der Teilungsplan wird wie folgt ausgeführt:
a) Auszuzahlen sind von der Gerichtskasse ... aus dem dort unter ... verwahrten Betrag von ... an ... Euro ... aus Nr ... des Planes ... und an ... Euro ... aus Nr ... des Planes ...

---

[9] Dassler/Schiffhauer § 113 Rdn 12; Jaeckel/Güthe § 113 Rdn 1; Steiner/Teufel § 113 Rdn 6.
[10] Korintenberg/Wenz § 113 Anm 2a.

Aufstellung des Teilungsplans 6.1 § 113

b) Anweisung auf den bei der Hinterlegungsstelle des AG ... unter HL ... hinterlegten Betrag wird dem Berechtigten ... in Höhe von ... Euro für seinen Anspruch aus Nr ... des Planes erteilt.
c) Bei der Hinterlegungsstelle des AG ... ist aus dem bisher unter ... hinterlegten Betrag von ... für ... der Betrag von ... zu hinterlegen, mit der Maßgabe, daß ...
d) Für den Betrag aus Nr ... des Planes ist der Berechtigte wegen ... unbekannt. Dieser Betrag ist bei der Hinterlegungsstelle des AG ... zur weiteren Verfügung des Vollstreckungsgerichts zu hinterlegen. Zur Ermittlung des unbekannten Berechtigten wird ... bestellt. Wird der Unbekannte nicht ermittelt, so wird der ihm zugedachte Betrag dem Nächstberechtigten aus dem Plan zugeteilt, nämlich ... in Höhe von ... auf Nr ... des Planes und ...
e) Weil das Bargebot in Höhe von ... nicht in bar bezahlt ist, wird den nachgenannten Gläubigern in Höhe der angegebenen Beträge und in der angegebenen Rangfolge, und zwar mit jeweils 4% Zinsen ab dem Tag des Verteilungstermins, die Forderung gegen den Ersteher ... übertragen und insoweit die Eintragung von Sicherungshypotheken an der angegebenen Rangstelle der Abt III des Grundbuchs beim AG ... für ... Band ... Blatt ... angeordnet: ...
f) Infolge Befriedigungserklärung des Erstehers ... (Liegenbelassungsvereinbarung des Erstehers und des Gläubigers ... vom ...) unterbleibt eine Auszahlung auf Nr ... des Planes und der Plan ändert sich hierdurch wie folgt: ...
g) Da gegen Nr ... des Planes von ... Widerspruch erhoben ist, ist der hieraus zugeteilte Betrag von ... zur Verfügung des Vollstreckungsgerichts zu hinterlegen. Falls der Widersprechende ... nicht binnen eines Monats ab heute dem Vollstreckungsgericht die Erhebung der Widerspruchsklage nachweist, wird dieser Betrag an den im Plan Vorgesehenen ... ausbezahlt werden, andernfalls wird der Betrag für diesen und den Widersprechenden ... hinterlegt, und zwar gemäß der Bestimmung des ... bei ... und mit der Maßgabe, daß er dem Erstberechtigten ... zufällt, wenn der Widerspruch nicht für begründet erklärt werden wird, aber dem Widersprechenden ... zufällt, wenn der Widerspruch für begründet erklärt werden wird.
3. Auf den vorgelegten Briefen und Vollstreckungstiteln sind folgende Vermerke anzubringen, wobei die Briefe ... unbrauchbar zu machen sind:
a) auf der vollstreckbaren Ausfertigung der Grundschuldbestellungsurkunde des Notars ... vom ... UR-Nr ...: ‚Im Zwangsversteigerungsverfahren ... des AG ... ist der Gläubiger ... im Verteilungstermin von ... wie folgt zum Zuge gekommen: Grundschuldkapital ..., Kosten ..., Zinsen ... Der Betrag wurde im Termin durch Zahlungsanweisung auf den hinterlegten Erlös bar bezahlt (wurde durch Befriedigungserklärung des Gläubigers gedeckt). Die Grundschuld ist erloschen, der Brief ist unbrauchbar gemacht. ..., den ..., AG ..., ... Rechtspfleger.'
b) ..." (Unterschrift des Rechtspflegers) (Unterschrift des Protokollführers)

5.4 Es empfiehlt sich, das Protokoll so ausführlich wie möglich zu halten und **alle** wichtig erscheinenden **Einzelheiten** gewissenhaft aufzuführen. Zum Inhalt auch § 105 Rdn 2.6 sowie Muster im ZVG-Handbuch Rdn 408, 413–414.

Rechtsbehelfe gegen den Teilungsplan 6

6.1 Für **sachliche Einwendungen** gegen den Plan, um sachliche Unrichtigkeit aus Gründen materiellen Rechts zu rügen (Höhe, Rang, Empfänger eines zugeteilten Betrags), ist der **Widerspruch** des § 115 bestimmt. Er dient der Klärung der Frage, wie weit ein Gläubiger ein Recht auf Befriedigung hat, bezieht sich auf Schuldenmasse und Zuteilung und findet statt, wenn der Plan formell in Ordnung ist, aber eine bestimmte Zuteilung materiell unrichtig erfolgt sein soll, wenn also die sachlich-rechtliche Berechtigung des formell ordnungsgemäß Berücksichtigten bestritten wird. Über den Widerspruch Näheres § 115 Rdn 3. Bei unterlas-

§ 113 6.1 Verteilung des Erlöses

senem Widerspruch ist noch eine Bereicherungsklage aus ZPO § 878 Abs 2 möglich.

6.2 Werden in dem Plan Schreib- oder Rechenfehler oder ähnliche offenbare **Unrichtigkeiten** entdeckt, so sind diese vom Gericht von Amts wegen zu **berichtigen**: ZPO § 319 Abs 1 (der auch für Beschlüsse usw gilt); dazu Einl Rdn 29. Hierzu gehört es etwa, wenn Zinsbeträge falsch ausgerechnet sind[11]. Dagegen ist diese Berichtigung nicht möglich, wenn die Verzinsungsdauer, der Zinssatz oder ähnliche Angaben nicht aus einem Schreib- oder Rechenfehler, sondern aus sachlichen Gründen (weil das Gericht sie so für richtig hielt) falsch angenommen wurden[12].

6.3 Mit **sofortiger Beschwerde** ist dagegen vorzugehen, wenn gerügt werden soll, daß der Teilungsplan nicht nach den gesetzlichen Formvorschriften aufgestellt sei, sondern unter Verstoß gegen **Verfahrensvorschriften**[13]. Dazu gehören die unrichtige Feststellung der Teilungsmasse[14] (zB Barzahlung statt Bestehenbleiben), auch etwa, daß die Verzinsungspflicht aus § 49 Abs 2 erloschen oder daß der Zinsbetrag unrichtig berechnet sei[15], die fehlerhafte Zurückweisung eines Widerspruches (§ 115 Rdn 3.11) oder sonst unterlassene Hilfsverteilung bei Widerspruch[16] (§ 124), die nicht erfolgte Zuteilung eines Zuzahlungsbetrags (§ 125), Fehlen der Beträge und des Ranges bei Pfändungen usw. Das Rechtsmittel hat keine aufschiebende Wirkung; Aussetzung oder einstweilige Einstellung nach ZPO § 570 ist aber möglich. Die Anfechtungsfrist beginnt mit der Aufstellung (Verkündung[17]) des Plans, weil der Plan nicht zugestellt wird[18] (anders[19]: mit Zustellung); für den Fristbeginn kommt es nicht darauf an, wann den Beteiligten der Inhalt des Planes tatsächlich bekannt geworden ist[19]. Rechtsbehelfe werden durch Auszahlung der Beträge gegenstandslos, nicht aber durch die Forderungsübertragung. Anfechtungsberechtigt ist jeder Beteiligte (auch der Vollstreckungsschuldner), der durch den formell unrichtigen Plan beschwert ist. Das Beschwerdegericht kann hier sachlich entscheiden oder (anders als bei der Zuschlagsanfechtung) auch das Verfahren zurückverweisen (ZPO § 572 Abs 3).

6.4 Anfechtung und Muster dazu ZVG-Handbuch Rdn 462.

[Aufnahme in Teilungsplan nach Grundbuch oder Anmeldung]

114 (1) **In den Teilungsplan sind Ansprüche, soweit ihr Betrag oder ihr Höchstbetrag zur Zeit der Eintragung des Versteigerungsvermerkes aus dem Grundbuch ersichtlich war, nach dem Inhalte des Buches, im übrigen nur dann aufzunehmen, wenn sie spätestens in dem Termin angemeldet sind. Die Ansprüche des Gläubigers gelten als angemeldet, soweit sie sich aus dem Versteigerungsantrag ergeben.**

---

[11] Drischler RpflJahrbuch 1973, 328 (4 b); Hagemeister SchlHA 1961, 7.
[12] Hagemeister SchlHA 1961, 7.
[13] RG 51, 318 (320–321); OLG Düsseldorf Rpfleger 1995, 265; OLG Koblenz OLGRep 1997, 278; OLG Köln OLGZ 1966, 190 und MDR 1969, 401; OLG Stuttgart Rpfleger 2000, 226; LG Bonn NJW 1965, 2113; Drischler RpflJahrbuch 1962, 322 (B I); Hagemeister aaO (Fußn 12).
[14] RG 51, 318 (320–321); LG Verden Rpfleger 1974, 31 mit teils zust, teils abl Anm Schiffhauer.
[15] OLG Schleswig SchlHA 1961, 16; Hagemeister aaO (Fußn 12).
[16] OLG Karlsruhe Rpfleger 1995, 427.
[17] OLG Karlsruhe Rpfleger 1995, 427; OLG Koblenz OLGRep 1997, 278; OLG Schleswig SchlHA 1983, 194; OLG Stuttgart Rpfleger 2000, 226.
[18] LG Bonn NJW 1965, 2113.
[19] OLG Hamm Rpfleger 1985, 453.

Aufnahme in Teilungsplan nach Grundbuch oder Anmeldung   1.4   § 114

(2) **Laufende Beträge wiederkehrender Leistungen, die nach dem Inhalte des Grundbuchs zu entrichten sind, brauchen nicht angemeldet zu werden.**

Übersicht

Allgemeines zu § 114 1	Eigentümergrundschuld (-hypothek) ... 6
Anmeldung oder Grundbucheintragung (Allgemein) 2	Grundschuld im Teilungsplan 7
Ansprüche, Berechtigte 3	Liegenbelassungsvereinbarung 8
Anzumeldende/nicht anzumeldende Ansprüche 4	Löschungsanspruch, Löschungsvormerkung 9
Anmeldung oder Grundbucheintragung: Einzelheiten 5	Übererlös im Teilungsplan 10
	Verzicht bei Erlöszuteilung 11

Literatur: Drischler, Die Verteilung des Versteigerungserlöses, RpflJahrbuch 1962, 322; Drischler, Das Verfahren der Immobiliarvollstreckung, RpflJahrbuch 1973, 328.

Allgemeines zu § 114   1

1.1 Zweck der Vorschrift: Festlegung der Verfahrensvoraussetzungen für die Aufnahme der aus dem Erlös zu befriedigenden Ansprüche (§ 10) in den Teilungsplan.

1.2 Anwendungsbereich: Die Vorschrift gilt für alle Versteigerungsverfahren, aber für die Teilungsversteigerung nur Abs 1 Satz 1 und Abs 2. Zwangsverwaltung § 146 Rdn 4, § 156 Rdn 4.

1.3 Bei **Einzelausgeboten** ist die Verteilung für jedes versteigerte Grundstück (Grundstücksbruchteile sind wie Grundstücke zu behandeln) **gesondert** zu berechnen, auch wenn die Berechnungen dann in einem vereinigten Plan zusammengefaßt werden, um die allgemeinen Feststellungen gemeinsam treffen zu können.

1.4 Die **Teilungsmasse** ist als Versteigerungserlös **Surrogat** für das versteigerte Objekt (§ 91 Rdn 2.5). Als solches steht sie dem bisherigen Grundstückseigentümer (in der Regel also dem Vollstreckungsschuldner) zu[1], belastet mit den Rechten und Befriedigungsansprüchen wie das Grundstück bzw den nach § 92 an ihre Stelle getretenen Wertersatzansprüchen. Der Schuldner erwirbt an Stelle des verlorenen Eigentums die Forderung gegen den Ersteher auf Zahlung des Bargebots nebst Bargebotszinsen und gegebenenfalls auf Zuzahlungen nach §§ 50, 51. Diese Forderung unterliegt der Beschlagnahme; **verfügen** darüber kann nur **das Vollstreckungsgericht**. Gläubiger können diese Forderung nicht pfänden. Die Forderung geht auch nicht kraft Gesetzes auf die Gläubiger über. Was nicht ausdrücklich auf die Gläubiger übertragen wird, bleibt dem Schuldner (bei Barzahlung unverteilt, ohne daß eine Übertragung nötig wäre). Die Masse besteht also bis zur Zahlung aus der Forderung gegen den Ersteher[1], wobei dem Schuldner die Verfügung entzogen ist. Nur soweit ihm der Überschuß freigegeben wird, erlangt er die Verfügung darüber. Der Erlösanspruch des Schuldners, das Vollstreckungsgericht nimmt die Zahlung nur **in amtlicher Eigenschaft** entgegen und leitet sie weiter[1]. Die Gläubiger werden aus dem Vermögen des Schuldners befriedigt, nicht aus dem des Erstehers, zu dem sie nicht in Rechtsbeziehungen treten[1]. Hat der Ersteher überzahlt, so hat er schuldrechtliche Ansprüche gegen den Vollstreckungsschuldner auf Rückzahlung, nicht gegen den letztrangig befriedigenden Gläubiger[2]; er hat den Schaden nicht selbst zu tragen, weil er sich auf die Richtigkeit des Planes verlassen kann[2].

---

[1] BGH 68, 276 = MDR 1977, 742 = NJW 1977, 1287 = Rpfleger 1977, 246.
[2] BGH 68, 276 = aaO (Fußn 1); Drischler KTS 1978, 147 (7).

§ 114 2.1   Verteilung des Erlöses

2 Anmeldung oder Grundbucheintragung (Allgemein)

2.1 In den Teilungsplan (Abschnitt Schuldenmasse) werden die Ansprüche an den Erlös nur nach **Grundbucheintragung** oder nach **Anmeldung** aufgenommen (§ 114). Bei den anmeldebedürftigen Ansprüchen gibt es rechtzeitig angemeldete (§ 37 Nr 4), verspätet angemeldete (§ 110) und nicht angemeldete. Die Zeitfolge rechtzeitiger Anmeldungen untereinander ist ohne Bedeutung. Für Ansprüche aus einem und demselben aus dem Grundbuch ersichtlichen oder rechtzeitig angemeldeten Recht untereinander bestimmt sich die Rangfolge nach § 12; Ansprüche aus verschiedenen Rechten haben Rang nach §§ 10, 11; verspätet angemeldete Ansprüche stehen den übrigen im Rang nach (§ 110). Trotz Anmeldepflicht überhaupt nicht angemeldete Ansprüche werden in den Teilungsplan nicht aufgenommen.

2.2 Daß bei der Verteilung des Versteigerungserlöses zu berücksichtigende Ansprüche in den Teilungsplan ohne Anmeldung aufzunehmen sind, wenn sie bei Eintragung des Versteigerungsvermerks (§ 19 Abs 1) **grundbuchersichtlich** waren, alle anderen Ansprüche hingegen der Anmeldung bedürfen, beruht auf dem das materielle Sachenrecht beherrschenden Grundbuchsystem. Seine Auswirkungen für das Verteilungsverfahren regelt § 114 mit dem Grundsatz, daß die Ansprüche aus eingetragenen oder vorgemerkten Rechten von Amts wegen Berücksichtigung finden, soweit sie ohne weitere Unterlagen berechnet werden können[3], während im übrigen die Berücksichtigung eines Anspruchs nur stattfindet, wenn er bei dem Vollstreckungsgericht angemeldet worden ist[3].

2.3 Es sind **alle Ansprüche** in den Teilungsplan aufzunehmen, auch dort, wo die Schuldenmasse die Teilungsmasse offenbar erheblich übersteigt. § 114 unterscheidet nicht, ob ein Anspruch zum Zuge kommen wird oder nicht. Es können ja durch den Wegfall vorrangiger Ansprüche oder durch Zuzahlungen noch weitere Ansprüche zum Zuge kommen, als bei Aufstellung des Teilungsplanes angenommen war; es können auch später in Bereicherungsprozessen Ansprüche erfolgreich sein. Es gibt jedoch kein verfahrensrechtliches oder sonst sachliches Erfordernis, das es gebieten würde, auch bei erheblicher Überschuldung und sicherem Ausfall die nicht gedeckten Ansprüche bis in die letzten Feinheiten auszurechnen (das wäre unnütze Zeitverschwendung mit Kosten etwa für den Rechnungsbeamten). Es muß daher genügen, wenn sicher ausfallende Ansprüche als Schuldenmasse nur mit ihrem grundsätzlichen Bestand an ihrer Rangstelle unter allgemeiner Bezeichnung nach § 12 mit Kostengrundlage, Zinsen und Nebenleistungen sowie Hauptsache aufgeführt werden; Kosten, Zinsen und Nebenleistungen brauchen dann nicht im einzelnen ausgerechnet werden, dies kann aus den Angaben leicht nachgeholt werden. Dazu im ZVG-Handbuch Rdn 422.

2.4 Ein vor dem Versteigerungsvermerk (§ 19) **eingetragenes Recht** wird – wie bei Aufstellung des geringsten Gebots – auch von Amts wegen **nicht** berücksichtigt (Ansprüche finden mithin keine Aufnahme in den Teilungsplan), wenn Klarheit darüber besteht, daß das eingetragene Recht **nichtig** ist, das Recht einwandfrei **erloschen** ist (das Erlöschen muß objektiv feststehen; ein Löschungs- oder Berichtigungsantrag braucht nicht gestellt zu sein) oder wenn bei den Versteigerungsakten sämtliche zur Löschung erforderliche Urkunden vorliegen. Einzelheiten § 45 Rdn 6.

2.5 „**Anmeldung**" ist Verlautbarung (Bekanntmachung) des Willens, daß ein bei Eintragung des Versteigerungsvermerks aus dem Grundbuch nicht ersichtlicher Anspruch bei der Erlösverteilung berücksichtigt werden soll[4]. Näher dazu § 37 Rdn 5. Die Anmeldung eines Anspruchs auf Befriedigung aus dem Erlös im Ver-

---

[3] Motive zum ZVG, S 287 und 288.
[4] BGH 21, 30 = KTS 1956, 120 = WM 1956, 1023.

Aufnahme in Teilungsplan nach Grundbuch oder Anmeldung 3.2 § 114

teilungsverfahren ersetzt die Anmeldung nach § 9 Nr 2 und macht den Anmeldenden zum Beteiligten (wenn er es nicht schon ist).

2.6 Wo eine Anmeldung nötig ist, muß sie auch dann erfolgen, wenn das Gericht oder Beteiligte schon von den Ansprüchen Kenntnis haben[4], zB durch eine Grundbuchmitteilung nach § 19 Abs 3. Die Anmeldung ist in diesem Fall nicht nach Treu und Glauben entbehrlich, weil ZVG-Verfahren im Interesse aller Beteiligten formstreng sind[4].

2.7 Zur Berücksichtigung bei Anmeldung eines Betrags, der hinter dem eingetragenen Anspruch zurückbleibt, der von Amts wegen in den Teilungsplan aufzunehmen wäre (sogen **Minderanmeldung**) siehe § 45 Rdn 7.

2.8 **Nicht aufgenommen** werden trotz Anmeldung Ansprüche, die kein Recht auf Befriedigung aus dem Grundstück (§ 10) und keinen Anspruch auf Wertersatz (§ 37 Nr 5) gewähren. Unzulässige Anmeldungen dieser Art werden nicht beachtet (sie werden übergangen). Nicht erforderlich, aber zulässig und ratsam ist klarstellender Beschluß über die Nichtaufnahme (nicht aber Zurückweisung) der Anmeldung (anders[5]: müssen zurückgewiesen werden, auch[6]: dem Anmeldenden muß zumindest mitgeteilt werden, daß und weshalb die Anmeldung nicht zur Aufnahme in den Plan führt; dabei wird jedoch übersehen, daß der Plan im Termin aufgestellt, § 113 Abs 1, somit schriftlich über Anmeldungen gerade nicht entschieden wird).

Ansprüche, Berechtigte 3

3.1 Von dem **betragsmäßigen Anspruch,** der nach § 10 ein Recht auf Befriedigung aus dem Grundstück gewährt, ist die Feststellung des **Berechtigten** dieses Anspruchs zu unterscheiden. Dem Berechtigten gebührt der in den Teilungsplan nach Grundbucheintragung oder auf Anmeldung aufzunehmende Anspruch bei Ausführung des Plans. An den Berechtigten hat Planausführung mit Zahlung (§ 117 Abs 1) oder Übertragung der Forderung gegen den Ersteher (§ 118 Abs 1) zu erfolgen. In den Teilungsplan nach näherer Bestimmung des § 114 von Amts wegen nach Grundbucheintragung oder (nur) auf Anmeldung hin aufzunehmen sind die nach § 10 aus dem Grundstück zu befriedigenden Ansprüche. § 114 betrifft damit lediglich die objektive Existenz eines Anspruchs[7]. Mit der subjektiven Berechtigung befassen sich §§ 117, 118 und 126[7]. Daß nach näherer Regelung des § 114 nur rechtzeitig grundbuchersichtliche oder angemeldete Ansprüche in den Teilungsplan aufzunehmen sind, ist daher lediglich für die objektive Berechtigung der Ansprüche, somit deren Existenz, Umfang und Rang bestimmt, nicht aber für die subjektive Berechtigung zur Empfangnahme der Zahlung bei Planausführung oder für die Forderungsübertragung. Die Legitimation des Berechtigten bestimmt sich stets nach dem Zeitpunkt der Planausführung (§§ 117, 118). Von einer Beteiligung im Sinne des § 9, der namentlichen Berücksichtigung im geringsten Gebot oder von der Aufnahme in den Teilungsplan ist die Berechtigung, den Versteigerungserlös ausgezahlt oder übertragen zu erhalten, nicht abhängig[7]. Daher sind zur Feststellung des Berechtigten auch alle Grundbucheintragungen, die nach dem Versteigerungsvermerk erfolgen, und alle bekannt werdenden außergrundbuchlichen Änderungen zu berücksichtigen. Einzelheiten § 117 Rdn 2.

3.2 Der Berechtigte jedes Anspruchs bei Planaufstellung ist **im Teilungsplan zu nennen.** Das ergibt sich daraus, daß der Widerspruch gegen den Teilungsplan (§ 124) auch auf einem Legitimationsstreit beruhen[7], sich mithin auch gegen die Berücksichtigung der Person des Berechtigten richten kann (§ 115 Rdn 3). Das folgt weiter daraus, daß bei Widerspruch gegen einen Anspruch der Berechtigte

---

[5] Drischler RpflJahrbuch 1962, 322 (B III 9).
[6] Steiner/Teufel § 114 Rdn 44.
[7] RG 73, 298.

§ 114 3.2   Verteilung des Erlöses

sich als beteiligter Gläubiger zu erklären hat (§ 115 Abs 1; ZPO § 876 Satz 2) und gegen ihn die Widerspruchsklage zu erheben ist (§ 115 Abs 1; ZPO § 878 Abs 1 Satz 1). Grundlage für Bezeichnung des Berechtigten im Teilungsplan ist § 113 Abs 1. Mit Beschränkung der Regelung darauf, unter welchen Voraussetzungen Ansprüche objektiv zu berücksichtigen sind (Rdn 3.1), bestimmt § 114 nicht, daß der Berechtigte im Teilungsplan nicht wiederzugeben wäre. Damit, daß § 114 sich nur auf die objektive Existenz des Anspruchs bezieht, ist lediglich ausgedrückt, daß der Berechtigte nicht nach den Grundsätzen des § 114 festgestellt wird. In Verbindung mit § 117 Abs 1, § 118 Abs 1 ist damit zugleich festgelegt, daß die Berechtigung bei Planausführung andauern, die Legitimation des Empfängers sonach auch zu dieser Zeit festgestellt werden muß. Für einen **bedingten** Anspruch sind die unter der jeweils entgegengesetzten Bedingung Berechtigten zu nennen. Wenn die Person des Berechtigten **unbekannt** ist (§ 126 Abs 1), ist diese Tatsache darzustellen. Zum Berechtigten und zu den Verfahrensgrundlagen für seine Feststellung siehe § 117 Rdn 2.

4 Anzumeldende/nicht anzumeldende Ansprüche

4.1 Ohne Anmeldung werden in den Teilungsplan, Abschnitt Schuldenmasse, die in § 114 näher bezeichneten grundbuchersichtlichen Ansprüche aufgenommen. Diese Ansprüche finden von Amts wegen Berücksichtigung.

a) Ohne Anmeldung aufgenommen werden alle Ansprüche, bei denen sich das **Recht** mit seinem Betrag oder Höchstbetrag (oder Ablösungsbetrag) im Zeitpunkt der Eintragung des Zwangsversteigerungsvermerks **aus dem Grundbuch** ergibt: Abs 1 Satz 1. Das sind alle bis zu diesem Zeitpunkt eingetragenen Rechte mit den eingetragenen Beträgen (Rentenschuld mit Ablösungssumme), soweit nicht der Gläubiger durch die Anmeldung seine Ansprüche beschränkt (§ 45 Rdn 7). Aufzunehmen sind ohne Anmeldung auch Eigentümergrundpfandrechte (zu ihnen Rdn 6). Aufzunehmen sind Erbbaurecht, Grunddienstbarkeiten, Nießbrauchsrechte, beschränkte persönliche Dienstbarkeiten, Reallasten mit eingetragenem Höchstbetrag oder eingetragener Ablösungssumme, sonst mit ihrem (angemeldeten) Ersatzwert (zum Ersatzwert § 92 Rdn 2–4).

b) Ohne Anmeldung aufzunehmen sind auch grundbuchersichtliche **bedingte Rechte**, weil aufschiebend bedingte Rechte mit Bedingungseintritt (BGB § 158 Abs 1) und auflösend bedingte Rechte bis Bedingungseintritt (BGB § 158 Abs 2) Anspruch auf Befriedigung aus dem Grundstück gewähren. Zur weiteren Behandlung §§ 119, 120.

c) Ohne Anmeldung aufzunehmen sind auch nur **vorgemerkte** Rechte (mit Anspruch auf Befriedigung aus dem Grundstück; § 10 Abs 1 Abs 4 [auch Nr 6 oder 8]) oder Rechte, gegen deren Löschung ein **Widerspruch** eingetragen ist, weil sie als Sicherungsmittel **bedingt** Anspruch an den Erlös an Stelle des gesicherten Rechts haben.

d) Ohne Anmeldung aufzunehmen sind unter den besonderen Voraussetzungen die **unbestimmten Ansprüche:** § 14 Rdn 2, § 92 Rdn 2–4.

e) Ohne Anmeldung aufzunehmen sind die aus dem Grundbuch sich ergebenden **laufenden wiederkehrenden Leistungen** zu den eingetragenen Rechten: Abs 2. Dazu, was laufend ist, § 13 Rdn 2. Wenn Zinsen mit einem **Zinszuschlag wegen Verzugs** eingetragen sind (zB „12%, bei Verzug 13%", oder „bei Verzug 0,5% Zinserhöhung") sind auch nicht angemeldete laufende Beträge (§ 13) der Verzugszinsen nach Maßgabe von Abs 2 in den Teilungsplan aufzunehmen. Berücksichtigung des Zinszuschlags wegen Verzugs von Amts wegen setzt damit voraus, daß er „nach dem Inhalte des Grundbuchs zu entrichten" ist. Das erfordert zweierlei: Die Zinserhöhung mit der Verzugsfolge muß nach der in Bezug genommenen Eintragungsbewilligung (BGB § 1115 Abs 1) eingetreten sein können;

Aufnahme in Teilungsplan nach Grundbuch oder Anmeldung 4.1 **§ 114**

eine Zinserhöhung wird daher nicht berücksichtigt für Stückzinsen von der letzten Fälligkeit bis zum Verteilungstermin, wenn Bedingung dafür Zahlungsrückstand mit dieser später (zB vierteljährlich nachträglich) erst fälligen Zinsrate ist. Außerdem muß der Bedingungseintritt für Zinserhöhung mit Verzug grundbuchersichtlich bestehen; daß der Höchstbetrag der Zinsen (als höchstmögliche Belastung des Grundstücks) eingetragen ist (Abs 1) genügt allein somit nicht. Grundbuchersichtlich ist eine Zinserhöhung infolge Verzugs mit Zinszahlung auch dann, wenn sich der Zahlungsrückstand mit Berücksichtigung der fälligen Zinsrate nach dem Inhalt des Grundbuchs (Abs 2) ergibt. Sonst ist das der Fall, wenn die für Zinserhöhung maßgebliche Tatsache grundbuchersichtlich ist (enger[8]: Verzug bedarf immer der Anmeldung; dem kann nicht gefolgt werden). Aus dem Grundbuch (mit den zulässig in Bezug genommenen Urkunden) ersichtlich ist die Zinserhöhung zum Beispiel, wenn Bedingung Zahlungsrückstand nach Kapitalfälligkeit mit Einleitung der Zwangsversteigerung oder Zwangsverwaltung oder Eröffnung des Insolvenzverfahrens ist und der Zwangsvollstreckungs- oder Insolvenzvermerk (rechtzeitig) eingetragen ist (vgl § 54 Rdn 3.2). Einwendungen gegen diese Berücksichtigung auch des Zinszuschlags (der Mehrzinsen) mit grundbuchersichtlichem Bedingungseintritt haben der Schuldner und andere Beteiligte mit Widerspruch geltend zu machen und mit Widerspruchsklage zu verfolgen (für Schuldner bei vollstreckbarem Zinsanspruch aber § 115 Abs 3). Wenn (was seltener der Fall ist) der Eintritt der Voraussetzung des Verzugs (sonst der Zinserhöhung) nicht grundbuchersichtlich ist (zB Zinszuschlag bei Zahlungsverzug nach Kapitalfälligkeit infolge Kündigung), der Bedingungseintritt damit nicht (berücksichtigungsfähig) feststeht, ist der Anspruch auf weitere (erhöhte) Zinsen zwar aufschiebend bedingt, von Amts wegen nach Abs 2 jedoch nicht in den Teilungsplan aufzunehmen. Anmeldung der Zinsen, die Verzug nicht geltend macht und Verzugszinsen nicht berechnet (nicht verlangt), ist für die Berücksichtigung des Anspruchs maßgebliche Minderanmeldung (§ 45 Rdn 7).

f) Durch einen **gleitenden** (oder veränderlichen) **Zinssatz** kann der Zinsanspruch nach dem das Grundbuch beherrschenden Bestimmtheitsgrundsatz nur eingetragen sein, wenn der Umfang der Belastung des Grundstücks erkennbar ist. Für die Höhe der hiernach jeweils tatsächlich gegebenen Belastung des Grundstücks müssen dafür in der in Bezug genommenen Eintragungsbewilligung die Voraussetzungen für die Berechnung der (jeweils) geschuldeten Zinses angegeben sein. Damit ist die Höhe des geschuldeten (aus dem Grundstück zu zahlenden) Zinses sicher bestimmbar[9]. Es ist daher ohne Anmeldung (nach Abs 2) nicht der eingetragene Höchstzinssatz (er begrenzt nur den Umfang der Grundstücksbelastung), sondern der auf Grund der festzustellenden Umstände bestimmbare tatsächliche Zinsanspruch im Einzelfall in den Teilungsplan aufzunehmen. Sind die Zinsen an den **Basiszinssatz** oder **SRF-Zinssatz** (vormals Diskont- oder Lombardsatz) gebunden, so kann der jeweilige Zinssatz an Hand der Tabelle (Tabellenanhang Tab 1) festgestellt werden (eingetragene Höchst- und Mindestbeträge sind zu beachten). Sonst ist der Umfang des Zinses auf Grund der in der Eintragungsbewilligung enthaltenen Voraussetzungen zu bestimmen. Anmeldung eines geringeren Zinsbetrags ist auch hier maßgebliche Minderanmeldung (§ 45 Rdn 7). Ist der Zins in der Weise eingetragen, daß der Gläubiger berechtigt ist, den ursprünglichen Zinssatz (bei Änderung objektiver Umstände) durch Erklärung gegenüber dem Schuldner im Rahmen eines Höchst- und Mindestzinssatzes zu ändern, dann ist die Willensäußerung des Gläubigers Bedingung für den Eintritt der Zinsänderung. Die Erklärung des Gläubigers über die Erhöhung oder Senkung der Zinsen als Bedingung für die Zinsänderung ist dann jedoch nicht grundbuchersichtlich. Es ist daher nach Abs 2 von

---

[8] Steiner/Teufel §§ 37–38 Rdn 53, § 110 Rdn 13 und § 114 Rdn 17.
[9] BGH 35, 22 = DNotZ 1961, 404 = NJW 1961, 1257 = Rpfleger 1961, 231 mit zust Anm Haegele.

§ 114 4.1 Verteilung des Erlöses

Amts wegen nur der vereinbarte Zins in den Teilungsplan aufzunehmen. Eine Zinsänderung mit Erklärung der Gläubigerin bedarf der Anmeldung. Rechtsbehelf für Schuldner und andere Beteiligte: Widerspruch (wie vorstehend e).

g) Ohne Anmeldung zu berücksichtigen sind alle **Ansprüche der Gläubiger** (Anordnungs- und Beitrittsgläubiger), auch soweit ihr Verfahren gerade eingestellt ist, und zwar soweit sich die Ansprüche aus dem Anordnungs- oder Beitrittsantrag (nicht aus dem zugehörigen Beschluß) ergeben, weil sie damit als angemeldet gelten: Abs 1 Satz 2. Wenn sich die Ansprüche der Gläubiger während des Verfahrens verringern oder verschlechtern, muß dies vom Gericht auch ohne Anmeldung beachtet werden, ebenso wie ein Rangtausch auch bei dem Tauschpartner, weil der betreibende Gläubiger nur das und nur an der Rangstelle erhalten darf, was ihm zusteht und wo es ihm zusteht. Das Gericht sollte allerdings lieber nicht ohne Verhandlung mit dem Betroffenen tätig werden um Mißverständnisse zu vermeiden. Eine Verbesserung des Ranges dagegen muß angemeldet werden; durch den Beschlagnahmebeschluß ist „weniger" wohl gedeckt, nicht aber „mehr"; Erweiterung der Ansprüche ist nur durch Beitritt möglich. Daß die Ansprüche als angemeldet gelten, wenn sie sich aus dem Beschlagnahmeantrag ergeben, gilt bei einem Beitritt auch, wenn der Anordnungsbeschluß inzwischen wieder aufgehoben worden ist. Die Anmeldungs-Wirkung gilt auch für die aus den Beschlagnahmeanträgen ersichtlichen Kosten der Rechtsverfolgung, die in den Anträgen ziffernmäßig bestimmt sind (anders[10]: müßten immer angemeldet werden). Die Angabe von Pauschalbeträgen muß für den Teilungsplan genügen, wenn sich die Beträge nach Grund und Höhe aus den Akten ersehen lassen. Pauschalbeträge müssen im übrigen angeben, wofür sie entstanden sind, zB Reisekosten, Vertretungskosten usw; sonst dürfen sie nicht in den Verteilungsplan aufgenommen werden[11] (§ 10 Rdn 15). Nachträgliche Erhöhung der angemeldeten oder im Beschlagnahmeantrag genannten Beträge ist nur unter Rangverlust nach § 37 Nr 4, § 110 möglich[12]. Sonst sind alle Kosten der Rechtsverfolgung anzumelden. Bei Prozeßkostenhilfe (Armenrecht) oder Gebühren- bzw Kostenbefreiung hat die Gerichtskasse/Amtskasse an der Rangstelle des Rechts anzumelden (Einl Rdn 41).

4.2 Mit Anmeldung nur sind in den Abschnitt Schuldenmasse des Teilungsplanes einige Ansprüche aufzunehmen, und zwar grundsätzlich alle, die bei Eintragung des Versteigerungsvermerks nicht aus dem Grundbuch ersichtlich waren oder nicht mit ihrem Betrag oder Höchstbetrag ersichtlich waren, soweit sie sich nicht aus dem Anordnungs- oder Beitrittsantrag ergeben (weil sie dann als angemeldet gelten, Abs 1 Satz 2).

a) Nur mit Anmeldung werden aufgenommen die **nach der Eintragung des Versteigerungsvermerks** eingetragenen dinglichen Rechte aller Art (§ 37 Nr 4, § 110), einschließlich ihrer laufenden oder rückständigen wiederkehrenden Leistungen und ihrer Kosten, alle Eintragungen sonst und eingetragene Veränderungen aus dieser Zeit (wie Ranganderungen, Zinserhöhungen).

b) Mit Anmeldungen nur werden aufgenommen die Ansprüche der **Rangklassen 1–3** des § 10, weil sie sich nicht aus dem Grundbuch ergeben.

c) Mit Anmeldung nur werden aufgenommen für die vor der Eintragung des Versteigerungsvermerks eingetragenen dinglichen Rechte deren **rückständige wiederkehrende Leistungen** (nicht die laufenden, Abs 2) (was Rückstand ist, dazu § 13 Rdn 2), sowie alle **Kosten der Rechtsverfolgung** zu diesen Rechten, soweit sich diese Ansprüche nicht aus dem Anordnungs- oder Beitrittsantrag ergeben (Abs 1 Satz 2). Zu den Kosten im ZVG-Handbuch Rdn 424–426.

---

[10] Drischler RpflJahrbuch 1962, 322 (B III 8 d).
[11] Jaeckel/Güthe § 45 Rdn 11.
[12] Riedel JurBüro 1974, 689 (III).

Aufnahme in Teilungsplan nach Grundbuch oder Anmeldung 5.1 § 114

d) Mit Anmeldung nur ist für erlöschende Rechte der **Wertersatz** aufzunehmen (§ 92 Rdn 3, 4), soweit er nicht aus dem Grundbuch ersichtlich ist. Mit Anmeldung nur werden daher aufgenommen Erbbaurecht, Grunddienstbarkeiten, beschränkte persönliche Dienstbarkeiten, Nießbrauchsrechte, Reallasten (alle, wenn erlöschend), bei denen kein Höchstbetrag (soweit zulässig) oder Ablösungsbetrag (wo zulässig) eingetragen ist und kein Wertersatzbetrag feststeht, mit ihren Haupt- und Nebenansprüchen, insbesondere auch mit den nicht in Geld bestehenden Leistungen. Für die **unbestimmten Ansprüche** hierbei (§ 14 Rdn 2, § 92 Rdn 3, 4) gelten die besonderen Voraussetzungen.

e) Mit Anmeldung nur werden aufgenommen Ansprüche, die ohne Aufnahme ins geringste Gebot oder **außerhalb des Grundbuchs** bestehen bleiben (Notwegrente, Überbaurente, Altenteil usw) hinsichtlich ihrer aus der Teilungsmasse zu befriedigenden Teile (laufende und rückständige wiederkehrende Leistungen, Kosten), auch die Sicherungshypothek des Pfandgläubigers aus BGB § 1287 oder ZPO § 848 und die Entschädigungsforderung des Erbbauberechtigten aus ErbbauVO § 28 (über die notwendige Anmeldung dieser Rechte in ihren bestehenbleibenden Hauptsacheansprüchen bei § 45 Rdn 2, 3).

4.3 **Öffentliche Lasten** (anmeldepflichtig) gelten als glaubhaft gemacht, wenn die Anmeldung einer Behörde eine spezifizierte Aufstellung enthält.

4.4 Anmeldepflichtige Ansprüche müssen für die Aufnahme in den Teilungsplan **spätestens im Verteilungstermin** angemeldet sein (Abs 1 Satz 1). Wenn sie jedoch nicht schon **spätestens im Versteigerungstermin** vor der Aufforderung zur Abgabe von Geboten angemeldet worden sind (§ 37 Nr 4, auch § 66 Abs 2), stehen sie den übrigen Rechten nach (§ 110, auch zur Glaubhaftmachung). Was schon für das geringste Gebot angemeldet war, muß für die Verteilung nicht erneut angemeldet werden (außer es war die damalige Anmeldung unwirksam). Die frühere Anmeldung kann ergänzt werden, allerdings unter Beachtung eines etwaigen Rangverlustes aus § 110 für die verspäteten Teile. Besonderheit für Anmeldung des Wertersatz**betrags** § 92 dort Rdn 3, 4.

Anmeldung oder Grundbucheintragung: Einzelheiten 5

5.1 Abtretung von Grundpfandrechten: a) Grundlage BGB § 398 (§ 401), §§ 873, 1153–1155, 1192 Abs 1, § 1200. Übertragung eines Grundpfandrechts (Hypothek, Grundschuld, siehe Rdn 7, Rentenschuld) erfordert Vertrag (Einigung) und

aa) bei **Buchrechten:** Eintragung der Rechtsänderung in das Grundbuch (BGB §§ 873, 1154 Abs 3);

bb) bei **Briefrechten:** Schriftform der Abtretungserklärung (oder Grundbucheintragung) und Briefübergabe (BGB §§ 398, 401, 873, 1153, 1154 Abs 1, 2). Die Briefübergabe kann nach BGB § 929 Satz 2, §§ 930, 931 ersetzt werden (BGB § 1154 Abs 1 Satz 1 Halbsatz 2).

b) **Rückständige** (das sind im Zeitpunkt der Übertragung bereits fällige, nicht aber später fällig werdende) **Zinsen** und andere Nebenleistungen sowie die aus dem Grundstück zu zahlenden Kosten der Kündigung und dinglichen Rechtsverfolgung (BGB § 1118) werden wie Forderungen durch Abtretungsvertrag übertragen (BGB § 1159 Abs 1, § 398).

c) **Nach dem Zuschlag** kann ein erloschenes Grundpfandrecht als solches nicht mehr abgetreten werden, sondern nur noch der Anspruch auf den als Surrogat an seine Stelle getretenen Erlös (Rdn 1). Verfügungen über diesen Erlösanspruch können nicht mehr durch Grundbucheintragung oder Briefübergabe bewirkt und kundbar gemacht werden. Der Erlösanspruch als Surrogat eines Grundpfandrechts ist vielmehr nur mehr durch Einigung (sonach wie eine gewöhnliche Forderung durch Vertrag, BGB § 398) abzutreten[13]. Eingehend dazu[14] und Rdn 7. Vor dem Zuschlag kann nur die Hypothek, Grundschuld oder Rentenschuld als solche (in dinglicher Form) abgetreten werden, nicht aber an ihrer Stelle, auch nicht bedingt, der ihr später zuzuteilende Anteil am Versteigerungserlös[15]. Eine während des Bestehens des Grundpfandrechts (vor dem Zuschlag) vorgenommene Abtretung des Anspruchs auf den Versteigerungserlös bleibt auch nach dem Erlöschen des Rechts mit dem Zuschlag unwirksam.

d) **Nachweis der Abtretung** im Verfahren: aa) Für **Brief**rechte § 126 Rdn 2. bb) Für **Buch**rechte: Grundbucheintragung bis Zuschlag; für rückständige Zinsen, Nebenleistungen und Kosten genügt Abtretungsvertrag (BGB § 398). Abtretung nach Zuschlag ist mit vertraglicher Abtretung (BGB § 398) des Erlösanspruchs nachzuweisen.

e) Bei Abtretung eines Briefrechts vor dem Zuschlag, wenn die Briefübergabe noch nicht erfolgt ist, verwandelt sich der Anspruch auf Briefübergabe mit dem Erlöschen des Rechts in einen Anspruch darauf, daß der Zedent dem Zessionar den auf das abgetretene Recht oder auf den abgetretenen Teil des Rechts entfallenden Betrag des Erlöses übereignet oder daß er duldet, daß der Zessionar statt seiner den Betrag erhebt[16]. Der dieser Abtretung zugrunde liegende schuldrechtliche Anspruch auf Übertragung (Abtretung) des Briefrechts berechtigt den Zessionar (als Beteiligten nach § 9) zum Widerspruch nach § 115 (dort Rdn 3.4 zu b; aA[16]).

5.2 Abtretung sonstiger Grundstücksrechte: a) Eine beschränkte persönliche Dienstbarkeit (BGB § 1090; Wohnungsrecht BGB § 1093) ist nicht übertragbar (BGB § 1092 Abs 1). Eine Besonderheit gilt für die Dienstbarkeit einer juristischen Person (BGB § 1092 Abs 2 mit § 1059a) und für bestimmte Dienstbarkeiten einer rechtsfähigen Personengesellschaft (BGB § 1092 Abs 3).

b) Der Erbbauzins (ErbbauVO § 9) ist als Recht mit dem Eigentum am Grundstück verbunden. Das Recht auf nicht fällige Leistungen kann daher nicht abgetreten werden (ErbbauVO § 9 Abs 2 Satz 2). Rückständige (fällige) Leistungen sind durch Vertrag (formlos) übertragbar (ErbbauVO § 9 Abs 1; BGB §§ 1107, 1159).

c) Die Grunddienstbarkeit (BGB § 1018) kann als Bestandteil vom herrschenden Grundstück nicht getrennt, mithin nicht abgetreten werden[17].

d) Der Nießbrauch (BGB § 1030) ist nicht übertragbar (BGB § 1059 Satz 1). Besonderheit jedoch für den Nießbrauch einer juristischen Person, sowie einer rechtsfähigen Personengesellschaft, BGB § 1059a).

e) Die Reallast (BGB § 1105) kann übertragen werden. Erforderlich sind Einigung und Grundbucheintragung (BGB § 873). Einschränkung: BGB § 1111 Abs 2. Fällige Leistungen werden wie rückständige Zinsen einer Hypothek durch Abtretungsvertrag übertragen (BGB §§ 1107, 1159 Abs 1, § 398).

f) Das subjektiv-persönliche Vorkaufsrecht (BGB § 1094 Abs 1) ist nicht übertragbar (BGB §§ 473, 1098 Abs 1). Das subjektiv-dingliche Vorkaufsrecht (BGB § 1094 Abs 2) kann als Bestandteil des berechtigten Grundstücks nicht selbständig übertragen werden.

g) Der **Erlösanspruch,** der mit Zuschlag an die Stelle des Rechts getreten ist, ist auch bei den unter a), d) und f) bezeichneten Rechten (nicht jedoch beim subjek-

---

[13] BGH DNotZ 1964, 613 = MDR 1964, 308 = NJW 1964, 813 = Rpfleger 1964, 142 mit Anm Stöber.
[14] Stöber ZIP 1980, 833.
[15] BGH NJW 1964, 813 = aaO (Fußn 13); RG JW 1933, 2764 mit zust Anm Legart.
[16] BGH BB 1962, 1222 = WM 1962, 1138.
[17] OLG Hamm DNotZ 1981, 264 = OLGZ 1980, 270 = Rpfleger 1980, 225.

Aufnahme in Teilungsplan nach Grundbuch oder Anmeldung   5.10   § **114**

tiv-dinglichen Vorkaufsrecht) abtretbar (so für Wohnungsrecht[18]). Unübertragbarkeit besteht nur für das dingliche Recht am Grundstück; sie setzt sich am Erlösanspruch nicht fort. Abtretung des Erlösanspruchs erfolgt als Forderungsrecht durch formlosen Vertrag (BGB § 398).

5.3 Arresthypothek: Sie ist Sicherungshöchstbetragshypothek (ZPO § 932 Abs 1; BGB § 1190). Anspruch auf Befriedigung aus dem Erlös (§ 10 Abs 1 Nr 4) besteht in Höhe der vollen eingetragenen Geldsumme; Forderungszinsen sind schon im Höchstbetrag enthalten (BGB § 1190 Abs 2), Kosten (§ 10 Abs 2) können (Anmeldepflicht) darüber hinaus verlangt werden. Die Arresthypothek ist durch Feststellung der Forderung auflösend bedingte Eigentümergrundschuld (Einl Rdn 74). Berechtigte sind daher der Gläubiger für den Fall, daß (und soweit) die gesicherte Forderung festgestellt wird, und für den entgegengesetzten Fall der Grundstückseigentümer bei Entstehen der Arresthypothek als Gläubiger der dann endgültigen Eigentümergrundschuld. Bedingungseintritt erfolgt mit Feststellung der Forderung (wie bei der Höchstbetragshypothek; Rdn 5.13) nach Zuschlag, außerdem bei Vorlage eines vollstreckbaren Leistungsurteils, das Umwandlung in eine Zwangshypothek ermöglichen würde, wenn mit dem Zuschlag das Recht nicht erloschen wäre (Einl Rdn 74). Wenn (soweit) bei Erteilung des Zuschlags Umschreibung in eine Zwangshypothek bereits erfolgt ist, wird das Recht bei Erlösverteilung als solche behandelt.

5.4 Ausländische Währung: Wenn Rechte in ihr eingetragen sind, muß der Teilungsplan in deutscher Währung (Euro) erstellt werden; die dem Gläubiger des Rechts zustehenden Beträge müssen mit dem letzten amtlichen Kurs errechnet werden. Hierzu 9. Auflage und Einl Rdn 51 sowie § 145a.

5.5 Einstellung der Vollstreckung durch Prozeß- oder Vollstreckungsgericht gegenüber einem betreibenden Gläubiger oder gegenüber einem anderen Berechtigten: Gleich, ob sie vor oder nach der Zuschlagswirksamkeit erfolgt, gleich ob das Recht durch den Zuschlag erlischt oder nicht, werden alle dem betroffenen Gläubiger anfallenden Leistungen aus dem Erlös hinterlegt, weil auch die Entgegennahme eine Vollstreckung wäre. Bewilligte Einstellung: § 31 Rdn 5.11.

5.6 Entschuldungsverfahren: § 44 Rdn 5.6.

5.7 Erbschaft: Erklärt der Ersteher im Verteilungstermin, daß der Beitrittsgläubiger vor dem Wirksamwerden des Beitritts gestorben und daß sein Erbe der Schuldner sei, wird wie folgt verfahren: Ist die Verteilung schon beendet, und nichts geändert, erfolgt keine Nachtragsverteilung. Läuft sie noch, dann ist anzumelden (nicht nötig durch den Gläubiger bzw seine Erben), nachzuweisen durch Urkunden, hierauf Zuteilung an die jetzt Berechtigten; das Schuldverhältnis erlischt durch Vereinigung von Schuld und Forderung; Forderung kann abgetreten, gepfändet, verpfändet sein, daher auf jeden Fall hinterlegen und hilfsweise verteilen.

5.8 Früchtepfandrecht nach dem Gesetz zur Sicherung der Düngemittelversorgung: Der Gläubiger des Rechts ist Beteiligter, muß aber seine Ansprüche anmelden (§ 10 Rdn 7, § 45 Rdn 3). Er hat ein allen vorgehendes Recht auf Befriedigung aus dem Erlös, bei verspäteter Anmeldung gilt § 110.

5.9 Gebäudeentschuldungssteuerabgeltung: Nach Erlöschen des Anspruchs durch Rückzahlung ist nichts mehr in den Teilungsplan aufzunehmen (kein Eigentümerrecht; § 10 Rdn 6.2).

5.10 Gelöschte oder löschungsfähige Rechte: Die nach Eintragung des Versteigerungsvermerks gelöschten Rechte oder solche, für die alle löschungsfähige Urkunden vorliegen, werden nicht mehr aufgenommen (Rdn 2).

---

[18] LG Frankfurt Rpfleger 1974, 122 mit zust Anm Hoebelt.

5.11 Gleichrangige Rechte: Ist eines von ihnen verzinslich, ein anderes nicht, so richtet sich ihr Rangverhältnis untereinander nach dem jeweils insgesamt auszuzahlenden Betrag (§ 10 Rdn 1, § 11 Rdn 3).

5.12 Höchstbetrag: Ist er nach BGB § 882 eingetragen, so ist er als solcher im Teilungsplan einzusetzen. Er bildet die Grenze nach oben, er kann auf Widerspruch herabgesetzt werden. Anzuwenden sind diese Vorschriften für Dienstbarkeiten, Reallasten, Vorkaufsrechte für mehrere Fälle, Dauerwohnrecht und Dauernutzungsrecht nach dem WEG, alte Erbbaurechte (dazu § 92 Rdn 3 und 4).

5.13 Höchstbetragshypothek: a) Sie ist **unbedingte Belastung** in Höhe des Höchstbetrags (nicht bedingt im Sinne von § 119), vorbehaltlich der Feststellung, wem sie zusteht, ob dem Eigentümer oder einem Gläubiger. Bis zu dem Zeitpunkt, in dem eine Forderung des Gläubigers festgestellt ist, ist sie eine vorläufige, auflösend bedingte Eigentümergrundschuld (dazu § 14 Rdn 2). Der Erlösanteil, der auf sie entfällt, nimmt dieselbe Rechtslage ein, wie das erloschene Recht sie hatte. Der nicht für einen Gläubiger nachgewiesene und festgestellte Teil ist Eigentümerrecht[19]. In den Teilungsplan wird der Höchstbetrag aufgenommen (Eigentümerrecht und für den Gläubiger), bis die Forderung des Gläubigers nachgewiesen[20]. Feststellung der Forderung ist auch nach Erlösverteilung noch möglich. Zuteilung hat, wenn die Forderung des Gläubigers noch nicht festgestellt ist, zu erfolgen an den (bestellenden) Eigentümer unter der Bedingung, daß das Bestehen der Forderung nicht festgestellt wird, und an den eingetragenen Gläubiger als Berechtigten unter der Bedingung, daß das Bestehen seiner Forderung noch festgestellt wird.

b) Zuteilung und Zahlung oder Forderungsübertragung allein an den eingetragenen Gläubiger sind nur zulässig, wenn dieser durch ein Urteil oder durch das Anerkenntnis des Schuldners das **Bestehen** seiner **Forderung** (gemäß BGB § 1190 Abs 1 Voraussetzung der Verwirklichung) **nachweist**[21]. Der Gläubiger des Rechts muß also den Valutierungsbeweis führen.

c) Sonst ist der Nennbetrag für den Eingetragten und den Besteller des Rechts (bisheriger Grundstückseigentümer) zu **hinterlegen**[21] oder die Forderung beiden zu übertragen, weil ja Valutierungsbeweis immer noch möglich ist. Hinterlegt oder übertragen wird dabei unter der entgegengesetzten Bedingung, der Betrag oder die Forderung stehe dem Gläubiger des Rechts zu, wenn er das Bestehen seiner Forderung nachweise, sonst dem Besteller (Grundstückseigentümer)[21]. Nachrangige rücken nicht auf. Die Hinterlegung erfolgt mit Planausführung (§ 117 Abs 1) auf Ersuchen des Vollstreckungsgerichts gemäß HinterlO § 6. Mit der Hinterlegung ist das Verfahren des Vollstreckungsgerichts abgeschlossen. Herausgabeverfügung erläßt die Hinterlegungsstelle auf Antrag der Beteiligten im Verfahren nach HinterlO §§ 12 ff.

d) Wegen eines ziffernmäßig bestimmten **Teils innerhalb des Höchstbetrags,** für den eine gesicherte Forderung nach Betrag und Rechtsgrund schon (bestimmt und unwandelbar) feststeht, kann sich der Eigentümer bereits bei Bestellung des Rechts der Zwangsvollstreckung unterwerfen; die Unterwerfungsklausel (ZPO § 800) wegen des Teilbetrags kann auch in das Grundbuch eingetragen sein[22]. Mit der Unterwerfungserklärung ist der Forderungsteil urkundlich festbestimmt, das Bestehen der Forderung in diesem Umfang damit nachgewiesen. In Höhe dieses Betrags hat daher Zuteilung und Zahlung oder Forderungsübertragung allein an den eingetragenen Gläubiger zu erfolgen.

---

[19] RG 55, 217 (223) und 62, 168 (170).
[20] Fischer NJW 1955, 573, berichtigt 1955, 860 (II 1).
[21] Jaeckel/Güthe § 114 Rdn 6; Reinhard/Müller § 114 Anm V 5 e.
[22] BGH 88, 62 (65) = DNotZ 1983, 679 = NJW 1983, 2262; Hornung NJW 1991, 1649; Schöner/Stöber, Grundbuchrecht, Rdn 2126.

Aufnahme in Teilungsplan nach Grundbuch oder Anmeldung 5.15 § **114**

e) Zur Höchstbetragshypothek nach **ZGB-DDR** § **434 a** siehe § 48 Rdn 2.4.

f) Die Forderung der als Zwangshypothek bei Vollstreckung eines Schuldtitels in **ausländischer Währung** eingetragenen Höchstbetragshypothek (Einl Rdn 67.5) ist in Höhe der in der Fremdwährung ausgedrückten Geldforderung festgestellt[23] (Fremdwährungs- oder Valutaschuld). Umrechnung für Darstellung im Teilungsplan[23]: wie Rdn 5.4.

g) Forderungs**zinsen** sind im Höchstbetrag mit enthalten: BGB § 1190 Abs 2. Sie können nicht gesondert verlangt werden. Kosten sind eigens anzusetzen, soweit sie unter § 10 Abs 2 fallen.

h) **Muster** hierzu im ZVG-Handbuch Rdn 437, Ausführungen ebenda Rdn 438–439, Beispiel für die Anhörung von Schuldner und Gläubiger über die Höhe Rdn 439.

5.14 Hypothek: a) Eine Hypothek wird im Teilungsplan für ihren Gläubiger berücksichtigt
– als bestehen bleibendes Recht (§ 52) mit Rechtsverfolgungskosten (§ 10 Abs 2) sowie mit Zinsen und anderen Nebenleistungen bis zum Tag vor dem Zuschlag (diesen eingeschlossen, wegen § 56 Satz 2);
– wenn sie durch den Zuschlag erloschen ist (§ 91 Abs 1) mit Rechtsverfolgungskosten (§ 10 Abs 2) sowie mit Zinsen und anderen Nebenleistungen bis zum Tag vor dem Verteilungstermin (Rdn 5.30) und mit der aus dem Grundstück zu zahlenden Hauptsache (BGB § 1113 Abs 1).
Laufende Beträge wiederkehrender Leistungen der bei Eintragung des Versteigerungsvermerks eingetragenen Hypothek und deren Hauptsache brauchen nicht angemeldet zu werden (§ 114); Kosten und rückständige wiederkehrende Leistungen für alle Hypotheken, für die nach dem Versteigerungsvermerk eingetragene Hypothek auch Hauptsache sowie laufende wiederkehrende Leistungen müssen (zur Rangwahrung rechtzeitig, § 110) angemeldet werden (§ 114).

b) Bleibt eine Hypothek, die als dem bestrangig betreibenden Gläubiger vorgehend hätte bestehenbleiben müssen, **aus Versehen unberücksichtigt** und ficht ihr Gläubiger den unrichtigen Zuschlag nicht an, so erhält er aus dem Erlös nach Wegfertigen der ihm vorgehenden Ansprüche bis zur Höhe seines Anspruchs Zahlung zu Lasten der nachgehenden Rechte[24]. Es darf nicht als Ausgleich ein ihm nachgehendes, aber richtig bestehenbleibendes Recht auf ihn übertragen werden[24], wie offenbar einmal versucht worden ist. Der Nachteil, daß er nicht voll zum Zuge kommt, bleibt bei dem Geschädigten, wenn er es versäumt hat, den Zuschlag anzufechten; die Frage ist in dieser Weise nur aktuell, wenn nur das geringste Gebot (in dem der Hypothekengläubiger versehentlich nicht enthalten ist) gerade noch ausgeboten oder kaum überboten wurde, so daß der Erlös nicht einmal für ihn, noch weniger für die ihm Nachgehenden ausreicht.

c) Zum Entstehen einer Eigentümergrundschuld (-hypothek) siehe Rdn 6.

d) **Muster** für die Berechnung bei einer Hypothek und Ausführungen dazu im ZVG-Handbuch Rdn 427.

e) Bei der **Tilgungshypothek** (Amortisationshypothek) (zu ihr näher § 49 Rdn 6) sind Tilgungsbeträge „den wiederkehrenden Leistungen" gleichgestellt. In Höhe der mit baren Tilgungsraten bei wiederkehrenden Leistungen berücksichtigten Hauptsacheteile erlischt das Recht bei Erlöszahlung. Da Hauptsacheteile nicht doppelt gedeckt werden können, kann als Hauptsachebetrag (Kapital) des Rechts nur der Betrag in den Teilungsplan aufgenommen werden, der sich nach Abzug der bei den wiederkehrenden Leistungen gedeckten Tilgungsteile ergibt.

5.15 Hypothek im Beitrittsgebiet: § 44 Rdn 5.14.

---

[23] LG Traunstein Rpfleger 1988, 499 mit abl (aber nicht zutreffender) Anm Sievers.
[24] RG 59, 266.

§ 114 5.16 Verteilung des Erlöses

5.16 Insolvenzverfahren: a) Bei Insolvenzverfahren über das Vermögen des Gläubigers eines zur Insolvenzmasse gehörenden Rechts ist im Teilungsplan anzugeben, daß das Verwaltungs- und Verfügungsrecht durch den Insolvenzverwalter ausgeübt wird (InsO § 80 Abs 1).

b) Erlösanteil von Eigentümerrechten: § 15 Rdn 11.

c) Ein Übererlös, der dem im Insolvenzverfahren befindlichen Vollstreckungsschuldner (Insolvenzschuldner) zufließen müßte, gehört zur Insolvenzmasse, außer wenn das Grundstück aus der Masse vom Insolvenzverwalter freigegeben war.

5.17 Naturalleistungen sind in Geldleistungen umzurechnen. Hierfür gilt im Verteilungstermin nicht § 46, der nur für das geringste Gebot bestimmt ist (§ 46 Rdn 2). Die Ansprüche sind vielmehr unbestimmt und so zu behandeln (§ 14 Rdn 2, § 92 Rdn 2), also nach §§ 119, 120.

5.18 Nießbrauch: § 92 Abs 2 (dazu § 92 Rdn 4).

5.19 Öffentliche Lasten sind in der Verteilung bis zum Tag vor Erteilung des Zuschlags (wegen § 56 Satz 2) einzusetzen. § 47 findet keine Anwendung (gilt nur für das geringste Gebot). Wenn der Zuschlag später als vierzehn Tage nach dem Versteigerungstermin erfolgt, sind trotz § 110 auch die bis zum Zuschlag laufenden Leistungen als richtig angemeldet anzusehen. Dazu § 10 Rdn 6.

5.20 Pfändung im Zusammenhang mit dem Verteilungsverfahren:

a) Bei Pfändung ist immer vorauszusetzen, daß sie **rechtswirksam erfolgt** ist (Einl Rdn 43). Die einschlägigen Fragen können nur in einem Spezialwerk[25] behandelt werden. Im Verteilungstermin sind Pfändungen zu berücksichtigen, wenn sie zur Kenntnis des Vollstreckungsgerichts gelangt sind (§ 117 Rdn 3). Sicher, aber auch genügend ist es, sie durch Vorlage des zugestellten Pfändungs- und Überweisungsbeschlusses anzumelden. Die Vorlage allein ist schon als Anmeldung anzusehen. Die Frage, ob der Pfändungsbeschluß wirksam ist und welchen Einfluß er auf das Verteilungsverfahren hat, muß das Vollstreckungsgericht im Rahmen des Verteilungsverfahrens klären. Es kann nicht der Entscheidung durch Hinterlegung der Beträge aus dem Wege gehen, weil die Feststellung des Berechtigten Aufgabe des Vollstreckungsgerichts ist (Rdn 3; § 117 Rdn 2); durch unbegründete Hinterlegung könnten zudem unnütze Prozeßkosten und andere Nachteile entstehen. Das Gericht muß von sich aus alles tun, um den Berechtigten festzustellen, weil es seine Aufgabe ist. Es muß auch prüfen, ob der Pfändungsbeschluß ordnungsgemäß an die richtigen Empfänger zugestellt ist. Kann es infolge eines Mangels nicht zuteilen, so ist die Anmeldung bzw die Vorlage des Beschlusses nicht als Widerspruch gegen den Teilungsplan zu behandeln als eine Anmeldung entgegen der Planfeststellung (§ 115 Abs 2), der streitige Betrag somit nicht nach § 124 Abs 1 und 2, § 120 zu hinterlegen. Widerspruch erheben kann nur, wer Beteiligter ist oder seine Beteiligung anmeldet und glaubhaft macht (§ 9 Nr 2); glaubhaft machen kann auf keinen Fall, wer einen unwirksamen Pfändungsbeschluß vorlegt. Nach der Verteilung können auch die Erfordernisse nicht mehr nachgeholt werden. Das Vollstreckungsgericht darf seinen Teilungsplan nicht mehr ändern, es kann keine Nachtragsverteilung durchführen. Etwaige Antragsteller sind auf den Prozeßweg zu verweisen oder, falls hinterlegt ist, an die Hinterlegungsstelle. Diese verfährt nur nach den Hinterlegungsbedingungen und der Hinterlegungsordnung. Das Vollstreckungsgericht kann nur noch ergänzend mitteilen, daß etwa eine Widerspruchsklage nicht fristgemäß nachgewiesen sei (und daß damit eine Hinterlegungsbedingung weggefallen sei). Nachweis einer Pfändung nach Aufstellung, jedoch vor Ausführung des Teilungsplans muß das Vollstreckungsgericht als Änderung (der Verfügungsbeschränkung) des Berechtigten immer berücksichtigen (§ 117 Rdn 2).

---

[25] Stöber, Forderungspfändung, 14. Aufl 2005.

b) Bei **mehreren Pfändungen** richtet sich der Rang nach der Reihenfolge der Zustellung der Pfändungsbeschlüsse an Drittschuldner (ZPO § 804 Abs 3, § 829 Abs 3, § 857), bei drittschuldnerlosen Ansprüchen nach der Reihenfolge der Zustellungen an den Schuldner (ZPO § 857 Abs 2), bei dinglichen Rechten nach sonstigem Wirksamwerden der Pfändungen (ZPO §§ 830, 857 Abs 6).

c) Bei durch den Zuschlag erloschenem Eigentümerrecht kann nicht mehr dieses, sondern nur sein **Erlösanteil** nach ZPO § 857 gepfändet werden. Auch sonst sind bei erloschener Hypothek, Grundschuld usw deren Erlösanteile als Surrogat des erloschenen Rechts an dessen Stelle getreten und wie gewöhnliche Forderungen nach ZPO § 857 Abs 1, 2, § 829 zu pfänden[26], dabei ist eine falsche Bezeichnung (zB noch als Hypothek) unschädlich[27]. Vor dem Zuschlag wurde die Pfändung von Hypotheken usw erst mit der Eintragung (Buchrechte) oder der Briefwegnahme (Briefrechte) wirksam. Ist der Beschluß vor der Zuschlagswirksamkeit ergangen, aber nicht mehr eingetragen oder Briefwegnahme wirksam geworden und wird er nach dem Zuschlag zugestellt, so ist er damit hinsichtlich des Erlösanteils wirksam[28].

d) Die Möglichkeit, den **künftigen Erlösanspruch** eines Rechts vor dem Zuschlag zu pfänden, wird weithin abgelehnt, weil Vollstreckung in Schuldnervermögen nur in der Form erfolgen kann, die vom Gesetz für die Zwangsvollstreckung in derartige Vermögensstücke nach ihrer Gestaltung zur Zeit der Vornahme der Vollstreckung vorgeschrieben ist, mithin nur die Vorschriften über die Pfändung des Rechtes selbst umgangen würden[29], anders[30]. Vor dem Zuschlag kann auch der **künftige** Übererlös- oder **Mehrerlös-Anspruch** des Vollstreckungsschuldners nicht gepfändet werden, weil die Vollstreckung in das Grundstück zu erfolgen hat[31]; anders[32]. Es handelt sich dabei nicht um das, was der Schuldner aus Eigentümerrechten erhalten soll (er wird insoweit wie ein Gläubiger behandelt), sondern um den Überschuß der Masse, der nach Wegfertigung der Verfahrenskosten und nach Befriedigung aller nicht bestehenbleibenden, durch Barzahlung zu deckenden Ansprüche bleibt. Dabei sind Ungenauigkeiten oder Fehler in der Bezeichnung des Anspruchs unschädlich, wenn nur die Forderung in allgemeinen Umrissen eindeutig gekennzeichnet ist und das Gemeinte allen Beteiligten klar erkennbar ist[33].

e) Bei Pfändung des **Übererlöses des Vollstreckungsschuldners,** aber auch bei Pfändung des Erlösanteils für eine erloschene Hypothek, Grundschuld oder Eigentümergrundschuld, wird als **Drittschuldner** zu Unrecht mitunter auch das Vollstreckungsgericht oder die Hinterlegungsstelle oder das Grundbuchamt bezeichnet. Es ist jedoch bei Pfändung des Übererlöses kein Drittschuldner vorhanden. Zustellung genügt da allein nach ZPO § 857 Abs 2 an den Pfändungsschuldner[34]. Auch der Ersteher ist nicht Drittschuldner, wenn er noch nicht gezahlt hat. Drittschuldner ist das Vollstreckungsgericht weder vor noch nach der Zahlung des Bargebots[35]. Die Befugnisse eines Staatsorgans, mit einer nicht aus Staatsmitteln stammenden Geldsumme in bestimmter Weise zu verfahren, hat öffentlich-rechtlichen

---

[26] Stöber, Forderungspfändung, Rdn 1977–1996; Stöber RpflJahrbuch 1962, 303 (XII).
[27] Stöber Rpfleger 1958, 251.
[28] Stöber RpflJahrbuch 1962, 303 (XII).
[29] RG 70, 278; OLG Hamburg MDR 1959, 496; Stöber, Forderungspfändung, Rdn 1989; Stöber Rpfleger 1958, 251 und RpflJahrbuch 1962, 303 (XII).
[30] Busse MDR 1958, 825.
[31] Stöber, Forderungspfändung, Rdn 129.
[32] Jokeit JurBüro 1952, 387 (18).
[33] RG 108, 318 (319).
[34] Stöber, Forderungspfändung, Rdn 129; Drischler RpflJahrbuch 1962, 322 (B 1 2 c und B I 2 a).
[35] Stöber, Forderungspfändung, Rdn 1983.

§ 114 5.20   Verteilung des Erlöses

Charakter und stellt keine Geldforderung gegen den Staat dar[36]. Erst nach Hinterlegung ist Drittschuldner die Hinterlegungsstelle.

f) Wenn der Gelderlös in Ausführung des Teilungsplans hinterlegt ist, ist die Hinterlegungsstelle (nach Maßgabe landesrechtlicher Bestimmungen) Drittschuldnerin[37]. Das gilt auch, wenn der auf einen aufschiebend bedingten Erlösanspruch zugeteilte Betrag (§ 120) hinterlegt ist[38] und wenn hinterlegt wurde, weil Widerspruch gegen den Teilungsplan erhoben ist[39], nicht aber bei Hinterlegung vor Durchführung und Abschluß des gerichtlichen Verteilungsverfahrens (dazu[40]).

5.21 Rang: Ein aus dem Grundbuch nicht ersichtlicher Vorrang ist anzumelden. Hat sich der Rang gegenüber dem Versteigerungstermin im Grundbuch geändert und das Vollstreckungsgericht davon Kenntnis erlangt, so sollte es die betroffenen Beteiligten zur Anmeldung veranlassen. Im Rahmen eines Kurzkommentars können die dabei denkbaren zahlreichen Zweifelsfragen (Zeitpunkt der Änderung, Verbesserung, Verschlechterung, Zwischenrechte) nicht behandelt werden. Für die Verteilung sind auf jeden Fall §§ 110, 114 Abs 1 zu beachten.

5.22 Rangvorbehalt: a) Durch einen Rangvorbehalt kann es bei der Verteilung zu erheblichen Schwierigkeiten kommen. Sonderabhandlungen mit Beispielen hierzu[41]. Für sich allein ist Rangvorbehalt weder übertragbar noch pfändbar[42].

b) Das zwischen dem vorbehaltsbelasteten Recht und dem vorbehaltenen Recht eingetragene **Zwischenrecht** darf vom Vorbehalt weder Vorteil noch Nachteil haben, es muß sich nur den Betrag des belasteten Rechts vorgehen lassen; das belastete wieder darf nicht über den Vorbehalt hinaus beeinträchtigt werden, muß sich aber den vorbehaltenen Betrag vorgehen lassen, der Vorbehalt verliert seine Wirkung, soweit das belastete infolge des Zwischenrechts über den Vorbehalt hinaus beeinträchtigt würde: BGB § 881 Abs 4 (§ 44 Rdn 6).

c) Es braucht also das belastete Recht sich nur das vorbehaltene vorgehen lassen, andererseits darf das Zwischenrecht nicht beeinträchtigt werden. Es entsteht so eine **relative Rangfolge,** das unter Ausnützung des Vorbehalts später eingetragene Recht erhält einen schlechteren Rang als das Zwischenrecht, soll aber einen besseren als das vorbehaltene haben.

d) In der Verteilung ist darum von dem belasteten Recht und seinem Erlösanteil auszugehen: sein nach Abzug des vorbehaltenen Rechts verbleibender restlicher Anteil am Erlös ist auf jeden Fall ihm zuzuteilen; das Zwischenrecht erhält auf jeden Fall den Teil, der nach Abzug des ihm vorgehenden belasteten Rechts vom Erlös bleibt; den weiteren Rest erhält das unter Ausnutzung des Vorbehalts eingetragene Recht.

e) **Beispiel** nach[43]: belastetes Recht A = 20 000 EUR mit Vorbehalt für 8000 EUR, Zwischenrecht B = 12 000 EUR, mit Ausnützung des Vorbehalts eingetragenes Recht C = 8000 EUR, Erlösanteil 24 000 EUR. Es erhalten: A 24 000 EUR (Erlös) abzüglich 8000 EUR (Vorbehalt) = 16 000 EUR; B 24 000 EUR (Erlös) abzüglich 20 000 EUR (Recht A) = 4000 EUR, C 24 000 EUR (Erlös) abzüglich 20 000 EUR (Anteile für A und B zusammen) = 4000 EUR Rest.

---

[36] AG Essen DGVZ 1959, 76 = Rpfleger 1959, 67 mit Anm Berner.
[37] Stöber, Forderungspfändung, Rdn 1991.
[38] Stöber, Forderungspfändung, Rdn 1992.
[39] BGH 58, 298 = MDR 1972, 601 = NJW 1972, 1135 = Rpfleger 1972, 218 = ZZP 86 (1973) 70 mit zust Anm Peters; Stöber, Forderungspfändung, Rdn 1993.
[40] Stöber, Forderungspfändung, Rdn 1995.
[41] Haegele BlGrBW 1960, 23 (V); Schiffhauer BlGrBW 1962, 17.
[42] BGH 12, 238 = DNotZ 1954, 378 = NJW 1954, 954.
[43] Haegele aaO (Fußn 41).

Aufnahme in Teilungsplan nach Grundbuch oder Anmeldung 5.30 § 114

5.23 Rentenschuld: Sie wird mit der Ablösungssumme nach BGB § 1199 Abs 2 eingesetzt.

5.24 Sicherungshypothek: Diese, auch als Sicherungszwangshypothek, ist in voller Höhe und mit den eingetragenen Zinsen aufzunehmen, also zu behandeln wie eine gewöhnliche Hypothek[44]. Der Gläubiger muß das Bestehen der Forderung zur Teilnahme am Erlös nicht nachweisen, vielmehr muß der Schuldner, wenn er die Forderung bestreitet, gegen die Berücksichtigung der Sicherungshypothek vorgehen. Ist diese gemäß ZPO §§ 866, 867 eingetragen, so kann er nur nach § 115 Abs 3 vorgehen (Vollstreckungsabwehrklage). Einwendungen des Schuldners (auch des Dritten, der das Eigentum an dem Grundstück erst nach Eintragung der Zwangshypothek erworben hat[45]) gegen die durch rechtskräftigen Schuldtitel zuerkannte gesicherte Forderung (und daher die Sicherungshypothek) sind damit nur zulässig soweit sie nach ZPO § 767 Abs 2 (§ 769 Abs 2, § 797 Abs 4) mit Vollstreckungsgegenklage vorgebracht werden können. Sonst hat der Schuldner gewöhnlichen Widerspruch nach § 115, dann muß der Widerspruchsbeklagte das Bestehen der Forderung beweisen (BGB § 1184), weil sich das Recht des Gläubigers aus der Hypothek nach der Forderung richtet; er muß also erst im Prozeß den Valutierungsbeweis führen (anders als bei der Höchstbetragshypothek, Rdn 5.13). Bei der Zwangssicherungshypothek gibt es bezüglich der wiederkehrenden Leistungen keinen Fälligkeitstermin gemäß § 13; die laufenden Beträge beginnen daher mit dem Tag der Beschlagnahme (§ 13 Rdn 2), Muster für die Berechnung im ZVG-Handbuch Rdn 436.

5.25 Sonstige Rechte: Reallast, Grunddienstbarkeit, Erbbauzins, Veräußerungsverbot = § 92 Rdn 6 und ZVG-Handbuch Rdn 458. Vorkaufsrecht: § 92 Rdn. 6.10.

5.26 Vormerkung: Der durch sie gesicherte Anspruch ist ein bedingter; dazu § 119 Rdn 2.

5.27 Wertsicherungsklausel, wertbeständiges Recht: Bei noch etwa eingetragenen wertbeständigen Rechten sind die Beträge nach dem letzten amtlichen Kurs umzurechnen. Wertsicherungsklauseln: § 14 Rdn 2.3.

5.28 Widerspruch: Ansprüche durch einen Widerspruch gesichert sind bedingte, wie bei der Vormerkung gesagt. Dazu § 119 Rdn 2. Vorkaufsrecht: § 92 Rdn 6.10.

5.29 Wirksamkeitsvermerk: Die durch ihn grundbuchersichtlich dargestellte Wirksamkeit eines durch Verfügung nach Eintragung der Auflassungsvormerkung (des sonst vorgemerkten Rechts), sonach mit „Rang" nach der Vormerkung erlangten Rechts (zumeist Hypothek oder Grundschuld) gegenüber dem Vormerkungsberechtigten (§ 48 Rdn 3.3), findet ohne Anmeldung auch bei Erlösverteilung Berücksichtigung. Der (bedingte) Übererlösanspruch des Berechtigten einer (erloschenen) Auflassungsvormerkung auf Wertersatz kann Aufnahme in den Teilungsplan daher erst nach dem Recht finden, das mit seiner Zustimmung ihm gegenüber Wirksamkeit erlangt hat (dazu § 92 Rdn 7.8).

5.30 a) Zinsen der aus dem Versteigerungserlös zu befriedigenden Ansprüche werden im Teilungsplan (im Gegensatz zum geringsten Gebot mit seiner Frist nach § 47) eingesetzt
— aus **bestehenbleibenden Rechten** bis zum Tag vor dem Zuschlag einschließlich (ab Zuschlag trägt der Ersteher die Lasten, § 56);
— aus **erlöschenden Rechten** bis zum Tag vor dem Verteilungstermin einschließlich (sie werden nicht vom Ersteher übernommen, normal im Verteilungstermin ausbezahlt).

---

[44] Dassler/Schiffhauer § 114 Rdn 9; Korintenberg/Wenz § 114 Anm 3a; Steiner/Teufel § 114 Rdn 62.
[45] BGH MDR 1988, 314 = NJW 1988, 828.

§ 114 5.30 Verteilung des Erlöses

Wenn kein **Verzinsungsbeginn** im Grundbuch eingetragen ist, laufen die Zinsen dinglicher Rechte frühestens ab Eintragung des Kapitalbetrags im Grundbuch[46]. Wo Zinsen fällig sind (oft in Grundschuldbestellungsurkunden festgelegt), sind sie als täglich fällig zu behandeln. Gleiches gilt wenn die Eintragungsbewilligung keine Angabe über die Zinsfälligkeit enthält (§ 13 Rdn 2.5). Es bestehen keine Bedenken, bei den Zinsen, wie bei den Banken üblich, auch im Verteilungsverfahren das Jahr zu 360 Tagen, den Monat zu 30 Tagen zu rechnen. Gerechnet werden erst die vollen Jahre, dann die überschießenden Monate, zuletzt die überschießenden Tage. Über die Zinsen bei Befriedigungserklärung § 117 Rdn 5, bei Liegenbelassungsvereinbarung § 114 Rdn 8.

b) Für gesetzliche Zinsen der Forderung, insbesondere für gesetzliche **Verzugszinsen** (BGB § 288 Abs 1) und **Prozeßzinsen** (BGB § 291) der Hypothekenforderung, haftet das Grundstück gesetzlich (BGB § 1118; gilt auch für die Grundschuld, BGB § 1192). Als nicht eingetragene wiederkehrende Leistungen werden solche Zinsen nur bei Anmeldung berücksichtigt (Abs 1; siehe auch § 45 Rdn 3.2). Die Anmeldung hat nicht nur den Zinsanspruch zu bezeichnen und die Zinsberechnung zu enthalten, sondern auch die Tatsache (schlüssig) darzustellen, die mit dem Anspruch auf gesetzliche Zinsen das Recht auf Befriedigung aus dem Grundstück nach BGB § 1118 mit ZVG § 10 Abs 1 Nr 4 begründet. Für persönlich vollstreckende Gläubiger (Rangklasse 5 des § 10 Abs 1) besteht ein Anspruch auf Verzugs- und Prozeßzinsen nur, wenn diese als Gläubigeranspruch in das Grundstück vollstreckt werden (erfordert Bezeichnung im Anordnungs- oder Beitrittsbeschluß).

5.31 Zwangshypothek: Sie ist Sicherungshypothek (ZPO § 866 Abs 1); siehe daher Rdn 5.24. Besonderheiten bestehen bei der im Wege der **Sicherungsvollstreckung** (ZPO § 720a) eingetragenen Zwangshypothek. Ihr Gläubiger kann sich aus dem belasteten Grundstück nur nach Leistung der Sicherheit (ZPO § 751 Abs 2; dazu § 15 Rdn 32) befriedigen (ZPO § 720a Abs 1 Satz 2), außerdem dann, wenn das Urteil unbedingt vollstreckbar geworden und damit für ihn die Veranlassung zur Sicherheitsleistung weggefallen ist. Das ist von Amts wegen zu beachten und gegebenenfalls an Hand der Eintragungsunterlagen und der Grundakten zu prüfen, weil die Zwangshypothek im Grundbuch nur als solche bezeichnet, die Sicherungsvollstreckung als Grund der Eintragung jedoch nicht vermerkt sein muß. Wenn die Befriedigungsberechtigung des Gläubigers nicht festgestellt ist, kann die im Wege der Sicherungsvollstreckung erlangte Zwangshypothek nicht unter der aufschiebenden Bedingung berücksichtigt werden. Es ist eine Hilfsverteilung für den Fall festzustellen, daß der Gläubiger das Recht, sich aus dem Grundstück zu befriedigen, nicht erlangt (§ 119; dieses Recht ist aufschiebende Bedingung für die Erlösberechtigung des Gläubigers). Hilfsberechtigter für den auf den Hauptsacheanspruch (§ 12 Nr 3) fallenden Erlös ist der Eigentümer (ZPO § 868; auch § 720a Abs 3). Für Rückstände von Zinsen und anderen Nebenleistungen sowie für Kosten (§ 12 Nr 1 und Nr 2) kann eine Berechtigung dieses Eigentümers nicht eintreten (BGB § 1178); Hilfsberechtigter des damit freiwerdenden Betrags ist daher der erstausfallende Gläubiger (mehrere in der Rangfolge ihrer Ansprüche). Zuzuteilen ist den danach Berechtigten unter der jeweiligen Bedingung. Bei Nichtzahlung ist die Forderung auf die Berechtigten unter den entsprechenden Bedingungen zu übertragen (§ 118). In Geld vorhandener Versteigerungserlös ist für den Gläubiger der Sicherungshypothek und den/die Hilfsberechtigten unter den entsprechenden Bedingungen zu hinterlegen (§ 120; auch ZPO § 720a Abs 1 Satz 2 iVm Abs 2 und § 930 Abs 2 analog). Mit dieser Hinterlegung ist der Teilungsplan ausgeführt. Das Vollstreckungsgericht wirkt bei der Auszahlung des Hinterlegungsgeldes nicht mit. Herausgabeantrag hat der Berechtigte bei der Hinterlegungsstelle zu stellen (HinterlO §§ 12ff). Wenn ein nachrangiger Berechtigter eine

---

[46] RG 136, 232 (235).

Aufnahme in Teilungsplan nach Grundbuch oder Anmeldung 6.4 § 114

Löschungsvormerkung (BGB § 1179) oder einen gesetzlichen Löschungsanspruch (BGB § 1179a) geltend macht, ist der hilfsweise dem Eigentümer zugeteilte Erlösbetrag zugleich weiter als auflösend bedingter Anspruch zu behandeln (Rdn 9). Eine bis zum Verteilungstermin mit Leistung der Sicherheit durch den Schuldner zur Abwendung der Zwangsvollstreckung (ZPO § 720a) oder durch Übergang des Rechts auf den Eigentümer (ZPO § 868) bereits eingetretene Änderung der Berechtigung des eingetragenen Gläubigers der Zwangshypothek ist schon bei Aufstellung des Teilungsplans zu berücksichtigen, wenn sie dem Vollstreckungsgericht zur Kenntnis gelangt ist (Rdn 6, § 117 Rdn 2).

Eigentümergrundschuld (-hypothek) 6

6.1 Die Eigentümergrundschuld (Eigentümerhypothek) gibt dem Eigentümer des Grundstücks (Schuldner) selbst das Recht auf Zahlung der Geldsumme aus dem Grundstück (BGB § 1191 Abs 1) an der Rangstelle des Rechts (§ 10 Abs 1 Nr 4, § 11 Abs 1). Sie ist als Grundstücksbelastung ein vom Grundstückseigentum verschiedenes Vermögensrecht.

6.2 Die **für den Eigentümer** bestellte (BGB § 1196 Abs 1) oder aus einem Fremdrecht hervorgegangene und mit Grundbuchberichtigung eingetragene Eigentümergrundschuld (sogen offene Eigentümergrundschuld) und ebenso die eingetragene Eigentümerhypothek (§ 1177 Abs 2) wird an ihrer Rangstelle für den Eigentümer (Schuldner) in den Teilungsplan aufgenommen. Anmeldung muß rechtzeitig (§ 37 Nr 4, § 110) nur erfolgen (§ 114), wenn das Recht als Grundstücksbelastung zur Zeit der Eintragung des Versteigerungsvermerks nicht im Grundbuch eingetragen war. Eine zu dieser Zeit für einen anderen eingetragene Hypothek oder Grundschuld, die erst danach Eigentümergrundschuld geworden ist, wird als Grundstücksbelastung (wegen des Berechtigten Rdn 6.16) von Amts wegen in den Teilungsplan aufgenommen.

6.3 Eine **Eigentümergrundschuld** kann aus einem für einen anderen Gläubiger (BGB § 1115 Abs 1) im Grundbuch eingetragenen Grundpfandrecht entstanden sein (sogen verschleierte, auch verdeckte oder versteckte Eigentümergrundschuld). Das eingetragene Fremdrecht kann ganz oder auch nur teilweise (Rang: BGB § 1176) Eigentümergrundschuld geworden sein.

6.4 Entstehungstatbestände für die Eigentümergrundschuld durch Vereinigung einer **Hypothek** mit dem Eigentum in einer Person (BGB § 1177 Abs 1) sind insbesondere:

a) **BGB § 1163 Abs 1 Satz 1:** Die Forderung, für welche die Hypothek bestellt ist, ist nicht zur Entstehung gelangt. Berechtigter ist der (wahre) Grundstückseigentümer zur Zeit der Einigung und Eintragung der Hypothek.

b) **BGB § 1163 Abs 1 Satz 2:** Die Forderung, für welche die Hypothek bestellt ist, ist erloschen. Berechtigter ist der (wahre) Grundstückseigentümer bei Erlöschen der Forderung.

c) **BGB § 1163 Abs 2:** Der Hypothekenbrief ist dem Gläubiger vom Eigentümer nicht übergeben worden (BGB § 1117 Abs 1, 2). Berechtigter ist der Eigentümer zur Zeit der Eintragung des Rechts.

d) **BGB § 1168 Abs 1:** Der Gläubiger hat auf die Hypothek verzichtet (Grundbucheintragung des Verzichts ist erfolgt). Berechtigter ist der Eigentümer bei Vorliegen aller Voraussetzungen des Verzichts (Verzichtserklärung und Grundbucheintragung).

e) **BGB § 1170 Abs 2:** Der unbekannte Gläubiger ist im Aufgebotsverfahren ausgeschlossen worden. Berechtigter ist der (wahre) Eigentümer bei Verkündung des Ausschlußurteils.

§ 114 6.4 Verteilung des Erlöses

f) (BGB § 889): Eigentum am Grundstück und Gläubigerrecht an der Hypothek haben sich **in einer Person vereinigt**, so zB, wenn der Eigentümer den Hypothekengläubiger beerbt hat (auch umgekehrt), wenn die Hypothekenforderung dem Eigentümer abgetreten ist oder wenn der Hypothekengläubiger das Eigentum am Grundstück rechtsgeschäftlich (BGB §§ 873, 925) erworben hat.

g) **ZPO § 868:** Der einer Zwangshypothek zugrunde liegende Vollstreckungstitel oder seine Vollstreckbarkeit wird aufgehoben usw. Entsprechendes gilt bei der Arresthypothek (ZPO § 932 Abs 2).

h) **BGB §§ 1172–1175** regeln Besonderheiten für die Gesamthypothek.

6.5 Entstehungstatbestände für **Eigentümerhypothek** (BGB § 1177 Abs 2) sind insbesondere:

a) **BGB § 1143:** Der Eigentümer, der nicht persönlicher Schuldner ist, hat den Gläubiger der gesicherten Forderung befriedigt.

b) (BGB § 889): Der Grundstückseigentümer hat die Hypothek und die von einem Dritten geschuldete Forderung oder der Gläubiger der für die Schuld eines Dritten bestellten Hypothek hat das Grundstück erworben.

c) **BGB § 1173 Abs 2:** Erwerb der Gesamthypothek mit Ersatzanspruch.

6.6 Entstehungstatbestände für Eigentümergrundschuld aus der für einen (fremden) Gläubiger (BGB § 1115 Abs 1, § 1192 Abs 1) eingetragenen **Grundschuld** oder Rentenschuld sind insbesondere:

a) BGB § 1192 Abs 1, § 1143 entsprechend: Der Eigentümer (oder für seine Rechnung und mit seiner Zustimmung ein Dritter) hat den **Gläubiger der Grundschuld befriedigt.** Die Befugnis, den Grundschuldgläubiger zu befriedigen, steht dem Eigentümer nach BGB § 1142 zu (zur Abwendung der Zwangsvollstreckung in das Grundstück, BGB § 1147). Bei Befriedigung durch den Eigentümer des Grundstücks nach BGB § 1142 wird die Grundschuld als solche (das dingliche Recht) ihrem Gläubiger bezahlt, nicht hingegen eine durch die Grundschuld nach der Sicherungsvereinbarung gesicherte Forderung geleistet (BGB § 362 Abs 1; hierzu Rdn 7). Zahlungen auf die Forderung haben auf den Bestand der Grundschuld keinen Einfluß. Ob der Gläubiger der Grundschuld vom Eigentümer befriedigt (BGB § 1142 Abs 1) oder die gesicherte Forderung vom Schuldner (auch wenn dieser zugleich Grundstückseigentümer ist) an ihren Gläubiger bewirkt ist (Erfüllung nach BGB § 362 Abs 1), bestimmt sich nach dem bei Zahlung erklärten Willen des Zahlenden[47]. Die Tilgungsbestimmung des Grundstückseigentümers ist auch dann maßgebend, wenn für ihn ein Dritter Zahlung geleistet hat wie der Grundstückskäufer zur Ablösung der Grundschuld[48]. Der nicht ausdrücklich erklärte Wille kann sich aus den besonderen Umständen, insbesondere der Interessenlage der Beteiligten stillschweigend ergeben[49]. Bei der Sicherungsgrundschuld einer Bank im Rahmen einer Geschäftsverbindung spricht die Lebenserfahrung dafür, daß der Parteiwille auf Zahlung auf die persönliche Forderung, nicht auf Grundschuldablösung gerichtet war[50]. Erfüllung der Forde-

---

[47] BGH DNotZ 1964, 767 Leitsatz = WM 1964, 677; BGH DNotZ 1970, 106 = MDR 1970, 34 = NJW 1969, 2237 = Rpfleger 1969, 423; BGH LM BGB § 1192 Nr. 7 = WM 1970, 1516; BGH NJW 1976, 2132 = WM 1976, 845; BGH DNotZ 1987, 502 = MDR 1987, 484 = NJW 1987, 838; BGH NJW-RR 1987, 1350 = WM 1987, 1213; BGH MDR 1990, 40 = NJW-RR 1989, 1036; BGH MDR 1997, 723 = NJW 1997, 2046.

[48] BGH NJW 1997, 2046 = aaO (Fußn 47).

[49] BGH MDR 1984, 483 = MittBayNot 1984, 24 = NJW 1983, 2502; BGH NJW-RR 1987, 1350 = WM 1987, 1213; BGH MDR 1996, 59 = NJW-RR 1995, 1257.

[50] BGH Betrieb 1960, 1125 = WM 1960, 1092; BGH WM 1969, 208; BGH NJW 1969, 2237 = aaO (Fußn 47).

rung ist auch anzunehmen, wenn ausdrücklich alle Zahlungen auf der Forderung vereinbart oder der Gläubiger für berechtigt erklärt ist, alle Zahlungen auf die Forderung zu verrechnen (Verrechnungsvereinbarung, -abrede). Wenn jedoch abredewidrig auf die Grundschuld gezahlt wird, hat der Zahlungswille des Eigentümers Befriedigung der Grundschuld (BGB § 1142) zur Folge. Das gilt auch, wenn der Gläubiger Zahlung auf die Grundschuld verlangt hat. Eine Verrechnungsvereinbarung, die es dem Gläubiger ermöglichen soll, alle Zahlungen auf die Forderung zu verwenden, kann daher nicht zur Geltung kommen, wenn die Zwangsvollstreckung aus der Grundschuld betrieben wurde (oder angedroht war[51]) und der Eigentümer zur Abwendung der Zwangsversteigerung Zahlung auf den titulierten Duldungsanspruch geleistet hat[52]. Zahlungen des Konkurs/Insolvenzverwalters des Grundstückseigentümers, der auch Forderungsschuldner ist, werden, wenn eine Tilgungsbestimmung fehlt (ungeachtet anderslautender Anrechnungsvereinbarung im Sicherungsvertrag) auf die Grundschuld geleistet[53]. Auch nach Zahlung auf die Forderung kann noch vereinbart werden, daß die Zahlung zugleich auf die Grundschuld geleistet gelten soll[54]. Wenn der Eigentümer des mit der sichernden Grundschuld belasteten Grundstücks zugleich Forderungsschuldner ist, wird nach Sinn und Zweck der Sicherungsabrede davon ausgegangen, daß mit Leistung auf die dingliche Schuld auch die persönliche Schuld im Umfang der Leistung erlischt[55]. Wenn Eigentümer und persönlicher Schuldner nicht identisch sind, berührt die Ablösung der Grundschuld (Zahlung auf diese) durch den Eigentümer, sofern Gegenteiliges nicht vereinbart ist, nicht den Bestand der Forderung[56]; sie geht nicht kraft Gesetzes auf den zahlenden Eigentümer über[57].

b) **BGB § 1192 Abs 1, § 1163 Abs 2:** Der Grundschuldbrief ist dem Gläubiger der Grundschuld vom Eigentümer nicht übergeben worden (BGB § 1117 Abs 1, 2). Berechtigter ist der Eigentümer zur Zeit der Eintragung des Rechts.

c) BGB § 1192 Abs 1, **§ 1168:** Der Grundschuldgläubiger hat auf die Grundschuld verzichtet (Grundbucheintragung des Verzichts ist erfolgt). Berechtigter ist der Eigentümer bei Vorliegen aller Voraussetzungen des Verzichts (Verzichtserklärung, Grundbucheintragung). Dazu Rdn 7.

d) BGB 1192 Abs 1, **§ 1170 Abs 2:** Der unbekannte Gläubiger ist im Aufgebotsverfahren ausgeschlossen worden. Berechtigter ist der (wahre) Eigentümer bei Verkündung des Ausschlußurteils.

e) (BGB § 889): Eigentum am Grundstück und Gläubigerrecht an der Grundschuld haben sich **in einer Person vereinigt,** so zB, wenn der Eigentümer den Grundschuldgläubiger beerbt hat (auch umgekehrt), weil die Grundschuld dem Eigentümer abgetreten worden ist oder weil der Grundschuldgläubiger das Eigentum am Grundstück rechtsgeschäftlich (BGB §§ 873, 925) erworben hat.

f) **BGB §§ 1172–1175** (iVm § 1192 Abs 1) regeln einige Besonderheiten für die Gesamtgrundschuld.

---

[51] BGH NJW 1987, 838 = aaO (Fußn 47).
[52] BGH NJW 1976, 3132 = WM 1976, 845; BGH MDR 1986, 930 = NJW 1986, 2108 = Rpfleger 1986, 297 Leitsatz; BGH NJW-RR 1987, 1350 = WM 1987, 1213, LG Arnsberg ZIP 1980, 1085.
[53] BGH DNotZ 1995, 294 = MDR 1994, 1002 = NJW 1994, 2696 = Rpfleger 1995, 14.
[54] BGH NJW 1969, 2237 = aaO (Fußn 47).
[55] BGH DNotZ 1981, 389 = MDR 1981, 38 = NJW 1980, 2198 = Rpfleger 1980, 337; BGH NJW 1987, 838 = aaO (Fußn 47); BGH 105, 154 = DNotZ 1989, 358 = MDR 1988, 1044 = NJW 1988, 2730 = Rpfleger 1988, 524.
[56] BGH 80, 228 = NJW 1981, 1554; BGH NJW 1987, 838 = aaO (Fußn 51); BGH 105, 154 = aaO (Fußn 55).
[57] BGH 105, 154 = aaO (Fußn 55).

6.7 Eine Besonderheit gilt (weiterhin, § 15 Rdn 31) für die eine (vormalige) **Heimstätte** belastende Hypothek oder Grundschuld nach RHeimstG § 17 Abs 2 Satz 2: mit dem Erlöschen der Forderung erlischt auch die Hypothek oder Grundschuld. Aus einer **ZGB-Hypothek** im **Beitrittsgebiet** gelangt eine Eigentümergrundschuld gleichfalls nicht zur Entstehung; dazu § 44 Rdn 5.14.

6.8 Für **Rückstände von Zinsen** und anderen Nebenleistungen sowie für Kosten erlöschen Hypothek (BGB § 1178 Abs 1) und Grundschuld (BGB § 1178 Abs 1 iVm § 1192 Abs 1), wenn sie sich mit dem Eigentum in einer Person vereinigen. Besonderheit, solange einem Dritten ein Recht an dem Anspruch auf eine solche Leistung zusteht: BGB § 1178 Abs 1 Satz 2.

6.9 **Zinsen** gebühren dem Eigentümer ab Bestellung der Eigentümergrundschuld (BGB § 1196 Abs 1) oder Erwerb eines Grundpfandrechts als Eigentümergrundschuld in der **Zwangsversteigerung nicht**; nur wenn das Grundstück auf Antrag eines anderen zum Zwecke der Zwangsverwaltung in Beschlag genommen ist, erhält der Eigentümer Zinsen, und auch diese nur in der Zwangsverwaltung und nur für deren Dauer: BGB § 1197 Abs 2. Die Unverzinslichkeit in der Zwangsversteigerung ist Inhalt des Eigentümerrechts[58]. Die Verzinsung in der Zwangsverwaltung (erst ab dem Tag der Verwaltungs-Beschlagnahme natürlich) ist ein Ausgleich dafür, daß dort dem Eigentümer die Einkünfte aus dem Grundstück entzogen sind (§ 148 Abs 1), aus denen normal die Zinsen zu zahlen sind[59]. Die Zinsen werden auch aus der Zwangsverwaltungsmasse nur geleistet, falls die Masse dort ausreicht[59] (keinesfalls aus dem Versteigerungserlös; beide Massen sind selbständig und werden nicht vereinigt[59] es können auch nicht auf die Versteigerungsmasse die in der Verwaltung nicht zum Zuge gekommenen Ansprüche übertragen werden[59]).

6.10 **Zinsen** einer Eigentümergrundschuld können auch **Pfand- und Pfändungsgläubiger** nach BGB § 1197 Abs 2 an Stelle des Eigentümers nur dann erhalten, wenn dem Eigentümer selbst Zinsen gebühren, mithin nur in einer Zwangsverwaltung und für deren Dauer (oder ab Zuschlag, wenn das Eigentümerrecht bestehen geblieben ist). Denn Verpfändung und Pfändung bewirken keinen Forderungsübergang, sondern ermächtigen nach Pfandreife oder Überweisung zur Einziehung den Gläubiger nur, das Eigentümerrecht des Schuldners geltend zu machen. Die Unverzinslichkeit als Inhalt des Eigentümerrechts kommt dem Pfand- und Pfändungsgläubiger gegenüber daher nicht in Wegfall[60]. Mit Pfandreife oder Überweisung zur Einziehung erlangen Pfand- oder Pfändungsgläubiger nur das Einziehungsrecht, nicht aber weitergehende Rechte aus der Eigentümergrundschuld, als der Eigentümer selbst hat. Ihnen können daher auch nicht mehr Rechte als dem Berechtigten vor Pfandreife oder nur bei Pfändung (wie bei Sicherungsvollstreckung oder Arrestvollziehung) zustehen. Hier kann der Gläubiger aber nur gemeinsam mit dem Eigentümer einziehen (BGB § 1281) und deshalb weder mit noch für diesen (wenn Pfandreife nicht eintritt oder Überweisung nicht nachfolgt) Zinsen des Eigentümerrechts beanspruchen. BGB § 1197 Abs 2 beruht auf der Erwägung, daß Zinsen aus den Einkünften des Grundstücks zu zahlen sind, die nur in der Zwangsverwaltung (§ 148 Abs 1), nicht aber in der Zwangsversteigerung (§ 21 Abs 2) dem Eigentümer entzogen sind (Rdn 6.9). Solange nicht Beschlagnahme durch Zwangsverwaltung erfolgt, können daher insbesondere Miete und Pacht als solche verpfändet (BGB §§ 1273ff, 1124 Abs 1) oder gepfändet (ZPO § 865 Abs 2 Satz 2) werden, sonach aber als dem Eigentümer verbleibende Einkünfte des Grundstücks nicht die Verzinsung einer Eigentümer-

---

[58] BayObLG 1976, 44 = DNotZ 1976, 494 = Rpfleger 1976, 181 und 290.
[59] RG 60, 359 (362–363).
[60] OLG Düsseldorf NJW 1960, 1723 mit abl Anm Westermann; Jaeckel/Güthe § 10 Rdn 15; Korintenberg/Wenz Einleitung Kapitel 19 (IV b); Stöber, Forderungspfändung, Rdn 1958; Mümmler JurBüro 1969, 789 (D 2 d); **anders** Bayer AcP 189 (1989) 470 (IV 2).

grundschuld zugunsten eines daran Berechtigten auslösen. Mit Überweisung an Zahlungs Statt ist das Eigentümerrecht auf den Pfändungsgläubiger übergegangen (ZPO § 835 Abs 2, § 857 Abs 6); ab Wirksamwerden dieser Überweisung erhält der (neue) Gläubiger daher (wie bei Abtretung) Zinsen.

6.11 Die **Unverzinslichkeit** des Eigentümerrechts kommt mit Eröffnung des Insolvenzverfahrens nicht in Wegfall[61]. Zinsen eines Eigentümerrechts kann der Insolvenzverwalter daher nur in der Zwangsverwaltung oder ab Zuschlag, wenn das Eigentümerrecht bestehen geblieben ist, erhalten. Wenn Grundstück und Eigentümerrecht zur Insolvenzmasse gehören, folgt das aus BGB § 1197 Abs 2, der Eigentümerzinsen für den Fall ausschließt, daß dem Eigentümer auch die Einkünfte des Grundstücks zufließen; das gilt auch, wenn Eigentümerrechte der Insolvenzverwalter insgesamt ausübt. Aber auch wenn das Grundstück massefreies Vermögen ist, die Eigentümergrundschuld jedoch in die Insolvenzmasse fällt (oder umgekehrt), kann die Insolvenzbeschlagnahme (wie die Verpfändung und Pfändung) Grundschuldzinsen nicht entstehen lassen; die Freigabe des Grundstücks aus der Masse bewirkt vielmehr keine Trennung des Grundpfandrechts vom Eigentum, die zur Entstehung von Zinsen führen könnte.

6.12 a) Mit **Abtretung** wird eine Eigentümergrundschuld (Eigentümerhypothek) **Fremdrecht.** Damit endet die Unverzinslichkeit des Eigentümerrechts nach BGB § 1197 Abs 2; der neue Gläubiger erhält daher Zinsen wie eingetragen[62]. Die Unverzinslichkeit des Eigentümerrechts nach BGB § 1197 Abs 2 ist auch beendet, wenn das Grundstück veräußert, das Eigentümerrecht aber nicht auf den Erwerber übergegangen ist; Zinsen gebühren dem (bisherigen Eigentümer als) Gläubiger des Rechts dann ab Eigentumsübergang auf den Erwerber (Berechnung im Hinblick auf BGB § 891 ab Eintragung der Auflassung; für Einwendungen Widerspruch).

b) Eingetragene **Zinsen** einer Eigentümergrundschuld (Eigentümerhypothek) können vom Zessionar auch für die **vor** Wirksamwerden der **Abtretung liegenden Zeit** erworben werden. Weil dem Eigentümer selbst für diese Zeit Zinsen nicht gebühren (BGB § 1197 Abs 2), war lange streitig, ob die Unverzinslichkeit als Inhalt des dinglichen Rechts mit Abtretung rückwirkend entfallen kann (für Abtretung mit Zinsen nur für die Zukunft[63]). Daß eine Eigentümergrundschuld (damit auch eine Eigentümerhypothek) auch mit rückwirkendem Zins „beginn" abgetreten werden kann, wird nun seit[64] (mit Aufgabe früherer Rechtsprechung) allgemein angenommen[65] (so schon bisher[66]; anders[67]). Durch BGB § 1197 Abs 2 ist eine rückwirkende Zinsabtretung auch nicht ausgeschlossen, wenn der Eigentümer für eine bisher unverzinsliche Eigentümergrundschuld die Eintragung von Zinsen mit rückwirkendem Beginn und gleichzeitig die Eintragung der Abtretung des Grundpfandrechts mit diesen Zinsen herbeigeführt hat[68]. Diesem Fall ist die Bestellung

---

[61] RG 60, 359 (362–363); Bayer AcP 189 (1989) 470 (IV 3); Worm KTS 1961, 119 (124).

[62] RG 60, 359 (362–363).

[63] BayObLG 1976, 44 = DNotZ 1976, 494 = Rpfleger 1976, 181 und 290; BayObLG DNotZ 1979, 221 mit abl Anm Lichtenberger = Rpfleger 1979, 100; LG Bonn Rpfleger 1985, 145; Zawar NJW 1976, 1823 (1825); Bayer AcP 189 (1989) 470 (IV 1).

[64] BayObLG 1987, 241 = DNotZ 1988, 116 = NJW-RR 1987, 1418 = Rpfleger 1987, 364 und 1988, 139 Leitsatz mit krit Anm Bayer.

[65] OLG Celle NJW-RR 1989, 1244 = Rpfleger 1989, 323 und 363 Leitsatz mit Anm Hennings; OLG Düsseldorf DNotZ 1990, 747 = MDR 1989, 1102 = OLGZ 1989, 395 = NJW-RR 1990, 22 = Rpfleger 1989, 498.

[66] OLG Düsseldorf Rpfleger 1986, 468; OLG Köln JMBlNW 1985, 34 = WM 1984, 1475 = Rpfleger 1985, 9 (mitgeteilt); AG Bonn MittRhNotK 1987, 49; Lichtenberger MittBayNot 1976, 109 und DNotZ 1979, 223 (Anmerkung); Willke WM 1980, 858.

[67] Bayer Rpfleger 1988, 139 (Anmerkung).

[68] BGH DNotZ 1986, 227 = MDR 1986, 217 = NJW 1986, 314 = Rpfleger 1986, 9.

§ 114   6.12   Verteilung des Erlöses

einer Fremdgrundschuld mit Zinsen für die Vergangenheit (Zinsbeginn vor Eintragung) gleich[68]. Weil die mitabgetretenen rückwirkenden Zinsen hier als dingliche Belastung erst mit der Abtretung, also erst in der Person des Abtretungsempfängers, entstanden sind, können jedoch Zinsen über 5% hinaus (BGB § 1119) Rang nur nach inzwischen eingetragenen anderen Rechten am Grundstück haben.

c) Die Möglichkeit, eine Eigentümergrundschuld (Eigentümerhypothek) mit rückwirkenden Zinsen abzutreten, findet ihre **zeitliche Grenze** mit Erteilung des Zuschlags. Danach kann die Abtretung eines **bestehengebliebenen Eigentümerrechts** nicht mehr bewirken, daß der Zessionar rückwirkend für die Zeit bis zum Zuschlag Anspruch auf Zinsen erwirbt, die aus dem Versteigerungserlös zu befriedigen wären. Mit dem Zuschlag ist für den Anspruch auf (eingetragene) Grundschuldzinsen bis dahin an die Stelle des haftenden Grundstücks der Versteigerungserlös getreten (Surrogationsgrundsatz, § 91 Rdn 2.5). Dieser haftet jedoch nicht für Zinsen, die für diese Zeit dem Eigentümer als Gläubiger des Grundpfandrechts nicht gebühren (BGB § 1197 Abs 2). Eine Haftung des Erlöses kann daher auch nicht mit Gläubigerwechsel nachträglich begründet werden. Mit Abtretung nach Zuschlag kann ein Erlösanspruch auf Zinsen somit nicht erworben werden, wenn das Grundpfandrecht bei Erteilung des Zuschlags nach BGB § 1197 Abs 2 unverzinslich war. Entsprechendes gilt für Zinsen einer mit dem Zuschlag **erloschenen Eigentümergrundschuld** (Eigentümerhypothek).

d) Abtretung **nur der Zinsen** einer Eigentümergrundschuld (Eigentümerhypothek) (wäre Teilabtretung) ist zwar zulässig, begründet aber eine Berechtigung des Zessionars nur für eine Zwangsverwaltung und nur für deren Dauer (BGB § 1197 Abs 2). Sonst gebühren dem Eigentümer Zinsen nicht, solange das Grundpfandrecht (Stammrecht) Eigentümerrecht ist, so daß auch mit Abtretung ein Zessionar einen Zinsanspruch in der Zwangsversteigerung als Gläubiger nicht erlangen kann. Umgekehrt gebühren auch dem Eigentümer Zinsen in der Zwangsversteigerung nicht, wenn er die Eigentümergrundschuld (Eigentümerhypothek) ohne Zinsen abgetreten hat (ist Teilabtretung). Das Grundpfandrecht wird mit Abtretung zwar Fremdrecht; dem Eigentümer gebühren als Gläubiger der Zinsen solche in der Zwangsversteigerung jedoch nach BGB § 1197 Abs 2 nicht.

6.13 **Bleibt** das Eigentümerrecht nach dem Zuschlag **bestehen,** so verwandelt es sich (falls nicht der Schuldner selbst sein Grundstück eingesteigert hat) ab Zuschlagswirksamkeit (§ 89, also ab Zuschlagsverkündung; in der Beschwerde mit Zustellung, § 104) in ein Fremdrecht, für das BGB § 1197 nicht mehr gilt[69]. Daher ist es vom Ersteher, der ab Zuschlag alle Lasten zu tragen hat (§ 56), nach Grundbucheintragung zu verzinsen[69]. Für die Zeit bis zum Zuschlag werden in den Teilungsplan keine Zinsen aufgenommen, weil hier noch die Hemmung gilt. Auch wenn eine Tilgungshypothek bestehenbleibt, hat der Ersteher die im Umfang der Tilgung entstandene Eigentümergrundschuld vom Zuschlag an zu verzinsen[69].

6.14 **Erlischt** das Eigentümerrecht durch den Zuschlag, so verwandelt es sich in sein Surrogat, den darauf entfallenden Erlösanteil, der allen bisherigen Rechten und Beschränkungen unterliegt, auch denen des Eigentümerrechts, es kann sich nicht mehr in ein Fremdrecht verwandeln. Das Surrogat bleibt hier unverzinslich[70] (siehe auch[71]; anders[72]).

---

[69] BGH 67, 291 = MDR 1977, 214 = NJW 1977, 100 = Rpfleger 1977, 16.
[70] Jaeckel/Güthe § 10 Rdn 15; Drischler RpflJahrbuch 1973, 328 (6 G Fußnote 91a); Riggers JurBüro 1969, 23 (4c); Stöber Rpfleger 1958, 339 (V VIII) und Forderungspfändung Rdn 1958.
[71] BGH 67, 291 = aaO (Fußn 69).
[72] Korintenberg/Wenz Einleitung Kapitel 19 (IV b); Bayer AcP 189 (1989) 470 (IV 5); Fischer NJW 1955, 573 (I 2); Ripfel JurBüro 1970, 121 (I 1 b).

Aufnahme in Teilungsplan nach Grundbuch oder Anmeldung 6.17 § **114**

6.15 In den **Teilungsplan** werden die Ansprüche eines durch den Zuschlag erloschenen eingetragenen Rechts (§ 10 Abs 1 Nr 4) entweder als Ansprüche des Gläubigers der Hypothek, Grundschuld oder Rentenschuld oder als Recht des Eigentümers aufgenommen, wenn das Grundpfandrecht als Grundstücksbelastung zur Zeit der Eintragung des Versteigerungsvermerks aus dem Grundbuch ersichtlich war nach dem Inhalte des Buches, im übrigen nur nach Anmeldung (Abs 1). Rechtzeitig (§ 110) anzumelden (§ 114) ist erforderlichenfalls nur das eingetragene Grundpfandrecht (mit rückständigen Leistungen und Kosten), nicht aber sein Übergang auf den Eigentümer (das Entstehen der Eigentümergrundschuld)[73]. Notwendige Anmeldung der nach dem Versteigerungsvermerk eingetragenen Hypothek oder Grundschuld (auch Rentenschuld) kann daher auch durch ihren Gläubiger vor Umwandlung in ein Eigentümerrecht erfolgt sein.

6.16 Wenn demnach in den Teilungsplan Ansprüche des erloschenen Grundpfandrechts aufzunehmen sind, stellt sich die Frage, wer **als Berechtigter festzustellen** ist, ob sonach das Grundpfandrecht als Fremdrecht oder als Eigentümerrecht zu berücksichtigen ist. Wenn das Recht für den Eigentümer in den Teilungsplan aufzunehmen ist, können für ihn Zinsen nicht berücksichtigt werden (Rdn 6.14). Ob ein im Grundbuch eingetragenes (oder rechtzeitig angemeldetes) Grundpfandrecht als Hypothek oder Grundschuld (Rentenschuld) ihres eingetragenen (legitimierten) Gläubigers oder als Eigentümergrundschuld zu berücksichtigen ist, bestimmt sich nach den für die Feststellung des Berechtigten im Teilungsplan allgemein geltenden Grundsätzen. Danach ist als Berechtigter grundsätzlich der nach materiellem Recht legitimierte Rechtsinhaber festzustellen (§ 117 Rdn 2). Verfahrensgrundlage für seine Feststellung ist der Inhalt des Grundbuchs bei Erteilung des Zuschlags (§ 117 Rdn 2). Wenn (soweit) das zu berücksichtigende Recht bis dahin als Eigentümergrundschuld im Grundbuch umgeschrieben worden ist, ist es als solche (zinslos) zu berücksichtigen. Wenn der Übergang des Rechts auf den Eigentümer bis dahin noch nicht eingetragen worden ist, wäre das Grundpfandrecht für den eingetragenen Gläubiger als brieflose Hypothek (Grundschuld oder Rentenschuld) oder für den legitimierten Gläubiger als Briefhypothek (Briefgrundschuld, Briefrentenschuld) in den Teilungsplan aufzunehmen. Dann müssen aber alle dem Vollstreckungsgericht bekannten außergrundbuchlichen Rechtsänderungen berücksichtigt werden (§ 117 Rdn 2). Solche Änderungen sind zwar nicht zu ermitteln; daher ist nicht von Amts wegen zu forschen (zu prüfen), ob eine Eigentümergrundschuld (Eigentümerhypothek) entstanden ist (es besteht bei unzureichender, unvollständiger oder unklarer Anmeldung oder Erklärung oder bei sonstigem Anlaß aber Aufklärungspflicht nach ZPO § 139). Jedoch sind als bekannt gewordene außergrundbuchliche Rechtsänderungen alle Nachweise zu berücksichtigen (mithin zu prüfen), aus denen das Entstehen der Eigentümergrundschuld oder Eigentümerhypothek folgt[73] (bzw folgen kann). Solche Nachweise können in der für eine Grundbucheintragung erforderlichen Form (GBO § 29 Abs 1) geführt oder eingereicht sein. Jedoch bedarf es dieser Form zur Berücksichtigung im Vollstreckungsverfahren für Verteilung des Erlösanspruchs nicht (weil dieser Grundbucheintragungen und damit dem Grundbuchverfahrensrecht nicht mehr unterliegt). Ausreichend ist daher Wahrung der für prozessuale Erklärungen im Vollstreckungsverfahren genügenden Form, also Schriftform oder Erklärung zu Niederschrift.

6.17 Berücksichtigung des Grundpfandrechts **als Erlösanspruch des Grundstückseigentümers** (als Eigentümergrundpfandrecht) hat somit zu erfolgen, wenn sich die außergrundbuchliche Rechtsänderung ergibt aus

a) einem **Unrichtigkeitsnachweis,** also mit unmittelbarem Beweis (nicht nur Glaubhaftmachung) der Tatsachen, aus denen folgt, daß ein Tatbestand verwirklicht ist, der Erwerb des eingetragenen Fremdrechtes (Hypothek, Grundschuld,

---

[73] LG Bonn JurBüro 1975, 1244.

§ 114   6.17 — Verteilung des Erlöses

Rentenschuld) durch den Grundstückseigentümer (das Entstehen der Eigentümergrundschuld) zur Folge hat.

b) einem **Anerkenntnis** des nach dem Grundbuch (bei Briefrechten nach Maßgabe der BGB §§ 1155, 1160 legitimierten) Berechtigten, daß das Grundbuch bei Zuschlag unrichtig (BGB § 894), das eingetragene Grundpfandrecht mithin nicht Hypothek, Grundschuld oder Rentenschuld des Gläubigers, sondern bereits kraft Gesetzes Eigentümergrundschuld (Eigentümerhypothek) war. Das Anerkenntnis tritt ab Erlöschen des Rechts mit dem Zuschlag an die Stelle der für eine Grundbuchberichtigung benötigten Berichtigungsbewilligung (GBO §§ 19, 22). Wenn eine darauf gerichtete Bewilligung des betroffenen Rechtsinhabers Grundbuchberichtigung ermöglicht, muß sein Anerkenntnis gleichermaßen Berücksichtigung der geänderten Rechtslage (BGB § 894) bei Erlösverteilung zur Folge haben. Das Anerkenntnis erfüllt damit die gleiche Aufgabe wie eine Berichtigungsbewilligung. Es hat daher auch inhaltlich den Anforderungen zu entsprechen, die an eine Berichtigungsbewilligung gestellt werden. Deshalb hat es die Unrichtigkeit (die tatbestandsmäßigen Voraussetzungen für das Entstehen des Eigentümerrechts) schlüssig darzutun. Eine abstrakte Löschungsbewilligung des nach dem Grundbuch (oder nach BGB §§ 1155, 1160) legitimierten Rechtsinhabers allein genügt daher nicht.

c) einer (nachgewiesenen) **Verfügung** des Berechtigten über den Erlösanspruch, in den sich das dingliche Recht mit dem Zuschlag aufgelöst hat, zugunsten des Eigentümers (zB durch Vorlage des nach dem Zuschlag mit dem Eigentümer geschlossenen Abtretungsvertrags, BGB § 398).

6.18 **Zinsen** einer vormaligen Eigentümergrundschuld (Eigentümerhypothek), die mit Änderung des Rechtsinhabers oder des Eigentümers des Grundstücks zu zahlen sind (Rdn 6.12), werden nach den § 45 Rdn 3.3 dargestellten Verfahrensgrundsätzen berücksichtigt. Auch **ohne Anmeldung** sind nach Abs 2 daher in den Teilungsplan **laufende Zinsen** (Abgrenzung § 13) eines zur Zeit der Eintragung des Versteigerungsvermerks (verzinslich) eingetragenen Grundpfandrechts aufzunehmen, die mit Änderung des Rechtsinhabers (Wegfall der Unverzinslichkeit nach BGB § 1197 Abs 2) aus dem Erlös zu zahlen sind, wenn nur die Rechtsänderung (Eigentumsübergang ohne Grundschulderwerb oder Abtretung des Eigentümergrundpfandrechts) dem Vollstreckungsgericht bekannt geworden ist. Für Berücksichtigung an der Rangstelle der Eigentümergrundschuld (Eigentümerhypothek) muß es jedoch infolge der (als grundbuchersichtlich zu berücksichtigenden) Unverzinslichkeit des Grundpfandrechts sein Bewenden dabei haben, daß die Rechtsänderung (Abtretung der Eigentümergrundschuld oder Veräußerung des belasteten Grundstücks) spätestens im Zeitpunkt der Aufforderung zur Abgabe von Geboten im Versteigerungstermin angemeldet oder dem Vollstreckungsgericht sicher bekannt gewesen sein muß. Andernfalls kann der Zinsanspruch nur noch mit Nachrang nach § 110 (entsprechende Anwendung) berücksichtigt werden (materieller Rangverlust, § 110 Rdn 2.10). Dem steht nicht entgegen, daß nur eine Änderung des Rechtsinhabers Anmeldepflicht mit Rangverlust beim Säumnis nicht begründet (§ 37 Nr 4, § 110). Denn Änderung des Rechtsinhabers bewirkt mit Beendigung der Unverzinslichkeit des Eigentümerrechts weitergehend, daß mit Wegfall der Unverzinslichkeit nach BGB § 1197 Abs 2 für Zinsen Anspruch auf Befriedigung aus dem Versteigerungserlös grundbuchlich nicht ersichtlich begründet worden ist, diese Zinsen somit als nicht grundbuchersichtlich gewesenes Recht auf Befriedigung aus dem Grundstück zu berücksichtigen sind. Wenn § 110 (mit § 37 Nr 4) auch mit dieser Abgrenzung keine Anwendung finden könnte, müßten die nachrangig am Grundstück Berechtigten Rechtsverlust erleiden, der gerade durch diese Verfahrensbestimmung ausgeschlossen bleiben soll. Deckt beispielsweise die Teilungsmasse nur die im geringsten Gebot bar berücksichtigten Ansprüche, dann müßten bei Erlösverteilung zu einem bestehengebliebenen Eigentümergrundpfandrecht für einen erst nach Versteigerungsbeginn (oder Zuschlag) festgestellten (angemeldeten) Rechtsinhaber (dessen Zinsanspruch BGB § 1197 Abs 2 nicht beschränkt) noch Zinsen mit der Folge berücksichtigt werden, daß im geringsten Gebot nachrangig bar berücksichtigte Ansprüche ausfallen würden. Für nicht im geringsten Gebot berücksichtigte Rechte könnte sich mit nachträglicher Deckung von Zinsen eines vorgehenden (bestehenbleibenden oder erlöschenden) Eigentümerrechts ebenso ein Ausfall neu ergeben, der nach dem Zweck von § 37 Nr 4 (mit § 110), klare Verhältnisse der Anspruchsbeträge nach dem Zeitpunkt der Versteigerung zu schaffen, ausgeschlossen zu bleiben hat. Berücksichtigung der Verzinslichkeit hätte dann gleichermaßen zu erfolgen, wenn dem Vollstreckungsgericht die Änderung des Rechtsinhabers erst in der Zeit zwischen Feststellung und Ausführung des Teilungsplans (dazu § 117 Rdn 2) zur Kenntnis gelangt. Das würde bewirken, daß bereits zugeteilte Beträge anderweit verteilt werden müßten (die Zinsen wären der Zuteilung des letztrangig zum Zuge gekommenen Berechtigten zu entnehmen). Das alles würde Verfahrensgrundsätzen des Immobiliarvollstreckungsrechts so grundsätzlich widersprechen, daß auf die bei Aufforderung zur Abgabe von Geboten grundbuchersichtliche oder mit Rechtsänderung bekannt gewordene Berechtigung auf Zinsen abzustellen ist.

6.19 Entstehen von Eigentümerrechten durch Verfügung über den Erlösanspruch siehe auch Rdn 7. Zu Löschungsanspruch und Löschungsvormerkung Rdn 9. Zu Eigentümergrundschuld und -hypothek im Teilungsplan auch ZVG-Handbuch Rdn 428–435.

Grundschuld im Teilungsplan 7

Literatur: Stöber, Zuteilung des Versteigerungserlöses an den Gläubiger einer Grundschuld, ZIP 1980, 833; Storz; Die nicht voll valutierte Sicherungsgrundschuld in der Zwangsversteigerung, ZIP 1980, 506.

7.1 Eine Grundschuld wird im Teilungsplan für ihren Gläubiger berücksichtigt
– als **bestehen bleibendes Recht** (§ 52) mit Rechtsverfolgungskosten (§ 10 Abs 2) sowie mit Zinsen und anderen fortlaufenden Nebenleistungen (BGB § 1191 Abs 2) bis zum Tag vor dem Zuschlag (diesen Tag eingeschlossen, wegen § 56 Satz 2); zu den einmaligen Nebenleistungen siehe § 49 Rdn 2.5;
– wenn sie durch den Zuschlag **erloschen** ist (§ 91 Abs 1) mit Rechtsverfolgungskosten (§ 10 Abs 2) sowie mit Zinsen und anderen fortlaufenden Nebenleistungen (BGB § 1191 Abs 2) bis zum Tag vor dem Verteilungstermin (§ 114 Rdn 5.30), mit einer einmaligen Nebenleistung und mit der aus dem Grundstück zu zahlenden Grundschuldsumme (Hauptsache, BGB § 1191 Abs 1).
Laufende Beträge wiederkehrender Leistungen der bei Eintragung des Versteigerungsvermerks eingetragenen Grundschuld und deren Hauptsache brauchen nicht angemeldet zu werden (§ 114); Kosten und rückständige wiederkehrende Leistungen für alle Grundschulden, für die nach dem Versteigerungsvermerk eingetragene Grundschuld auch Hauptsache sowie laufende wiederkehrende Leistungen müssen (zur Rangwahrung rechtzeitig, § 110) angemeldet werden (§ 114).

7.2 Die Grundschuld ist als **Grundstücksbelastung** in ihrem dinglichen Bestand **forderungslos** (abstrakt, BGB § 1191). Sachenrechtlich kann sie mit einer Forderung nicht verbunden werden. Daß sie eine Forderung sichern soll (sogenannte Sicherungsgrundschuld), kann nur durch **schuldrechtliche Abrede** bestimmt werden (Sicherungsvertrag, fiduziarische Zweckbestimmung). Diese Sicherungsvereinbarung berührt die sachenrechtliche Selbständigkeit der Grundschuld jedoch nicht. Daher findet BGB § 1163 Abs 1 keine Anwendung[74]. Auch wenn die Forderung überhaupt nicht entstanden oder wieder erloschen ist, steht die

---

[74] BGH DNotZ 1957, 602 = MDR 1958, 24 mit Anm Thieme = Rpfleger 1958, 51 mit Anm Bruhn.

Grundschuld daher ihrem Gläubiger zu[75] (Ausnahme RHeimstG § 17 Abs 2 Satz 2; dazu § 15 Rdn 31). Eine Eigentümergrundschuld gelangt in diesem Fall nicht kraft Gesetzes zur Entstehung. In den Teilungsplan ist die Grundschuld daher (stets) mit ihrem Nominalbetrag aufzunehmen[76]; dies gilt auch für den (abstrakten) Anspruch auf Grundschuldzinsen[76] (Ausnahme, wenn diese durch Minderanmeldung ermäßigt sind, § 45 Rdn 7).

7.3 Der Gläubiger der **Grundschuld** kann diese bis zum Erlöschen mit Erteilung des Zuschlags auf einen anderen **übertragen** oder willentlich aufgeben[77]. Solche Rechtsänderung erfordert rechtsgeschäftliche **Verfügungen** (zum folgenden eingehend[77]) durch

a) **Abtretung** der Grundschuld (BGB § 1192 Abs 1, §§ 873, 1154, 1155) (zu ihr Rdn 5). Folge: Der Zessionar (bei Abtretung an den Grundstückseigentümer dieser) tritt mit wirksamer Abtretung als neuer Gläubiger der Grundschuld an die Stelle des bisherigen Grundschuldgläubigers (Zinsen und Kosten erlöschen bei Vereinigung mit dem Eigentum in einer Person, BGB § 1178 Abs 1).

b) **Verzicht** auf die Grundschuld (BGB §§ 1168, 1192 Abs 1). Folge des wirksamen Verzichts: Die Grundschuld erwirbt der Eigentümer; sie ist damit Eigentümergrundschuld (dazu Rdn 6), jedoch ohne Rückstände von Zinsen und anderen Nebenleistungen sowie Kosten (insoweit erlischt die Grundschuld, BGB § 1178 Abs 1).

c) **Aufhebung** der Grundschuld mit Aufgabeerklärung, Eigentümerzustimmung und Löschung im Grundbuch (BGB § 875 Abs 1, § 1183 Satz 1, § 1192 Abs 1). Folge: Das Grundstück ist mit dem Recht nicht mehr belastet.

d) Im Verteilungsverfahren müssen dingliche **Rechtsänderungen** durch solche Verfügung über die Grundschuld bei Grundbucheintragung bis zur Erteilung des Zuschlags (für bestehen bleibende Grundschulden auch bei Eintragung bis zur Erlösverteilung) und bei nachgewiesener wirksamer Abtretung des Briefrechts **berücksichtigt** werden (§ 117 Rdn 2).

e) Wegen der Verfügung über **Kosten,** rückständige **Zinsen** sowie andere **Nebenleistungen** in vereinfachter Form Rdn 5 und BGB § 1178 Abs 2 Satz 1.

7.4 a) Auch den **Erlösanspruch**, der als Surrogat an die Stelle einer mit dem Zuschlag erloschenen Grundschuld (§ 91 Abs 1) getreten ist, kann der Gläubiger auf einen anderen **übertragen** oder willentlich **aufgeben.** Das erfordert gleichermaßen dingliches **Verfügungsgeschäft** (zum folgenden eingehend[78]), dessen tatbestandsmäßige Voraussetzungen und Wirkungen sich wie die Verfügung über die Grundschuld selbst nach dem Sachenrecht bestimmen. Ausgeschlossen sind jedoch Grundbucheintragungen und damit Bestimmungen, die zur Wirksamkeit der Verfügung Eintragung in das Grundbuch (oder an deren Stelle Briefübergabe) vorsehen[79]. Über den an die Stelle der erloschenen Grundschuld getretenen Erlös kann durch deren Gläubiger über verfügt werden (zum folgenden insbesondere[80], auch ZVG-Handbuch Rdn 446 d) durch

b) **Abtretung,** die Einigung zwischen Zedent und Zessionar erfordert (bei Briefrecht mit Abtretungserklärung in Schriftform, BGB § 1154 Abs 1), nicht mehr aber Kundbarmachung durch Briefübergabe oder Grundbucheintragung. Folge: Der Zessionar tritt als neuer Gläubiger des Erlösanspruchs an die Stelle des bisheri-

---

[75] BGH DNotZ 1957, 602 = aaO (Fußn 74) und MDR 1981, 742 = NJW 1981, 1505 = Rpfleger 1981, 292.
[76] BGH 158, 159 (164) = MDR 2004, 771 = NJW 2004, 1803 (1804 reSp unten) = Rpfleger 2004, 432.
[77] Stöber ZIP 1980, 833 (II).
[78] Stöber ZIP 1980, 833 (IV).
[79] BGH DNotZ 1957, 602 = aaO (Fußn 74); Stöber ZIP 1980, 833 (III und IV).
[80] Stöber ZIP 1980, 833 (IV).

gen Berechtigten (zur Abtretung in vereinfachter Form siehe bereits § 114 Rdn 5). Wegen der zur Legitimation notwendigen Briefvorlage § 126 Rdn 2.

c) **Verzicht** auf den Grundschulderlös. Er erfolgt mit Verzichtserklärung (BGB §§ 1168, 1192 Abs 1), erfordert aber keine Grundbucheintragung mehr. Folge: Der Eigentümer bei Zuschlag erwirbt den Erlösanspruch als Eigentümerberechtigung[81] (jedoch ohne Rückstände von Zinsen und anderen Nebenleistungen sowie Kosten, BGB § 1178 Abs 1).

d) **Aufhebung** des Anspruchs auf den Grundschulderlös. Sie erfordert Aufgabeerklärung des (bisherigen) Grundschuldgläubigers (als Erlösberechtigter) und Zustimmung des Eigentümers bei Zuschlag (BGB §§ 875, 1183 Satz 1, § 1192 Abs 1), nicht mehr aber Löschung im Grundbuch. Folge ist der Untergang (Wegfall) des Erlösanspruchs; er nimmt an der Erlösverteilung nicht mehr teil; Nachrangige rücken auf.

e) Die **Erklärung** des Grundschuldgläubigers muß die als Verfügung gewollte Rechtsänderung eindeutig bezeichnen. Durch Auslegung (BGB § 133) kann seine Willenserklärung bei unklarer Ausdrucksweise die erstrebte Rechtswirkung herbeiführen[82].

f) Rechtsgeschäftliche Verfügung über den Erlösanspruch durch Abtretung, Verzicht oder Aufhebung ist zu **unterscheiden** von der sogen **Minderanmeldung.** Diese begrenzt als Prozeßhandlung den im Verfahren zu berücksichtigenden Anspruch auf wiederkehrende Leistungen, die nach Abs 2 als grundbuchersichtlich von Amts wegen zu berücksichtigen wären, betragsmäßig (§ 45 Rdn 7), ändert jedoch die materielle Berechtigung des Gläubigers nicht. Der Gläubiger kann trotz Minderanmeldung seine fortbestehenden Ansprüche daher in einem anderen Verfahren weiter geltend machen, insbesondere somit Zinsen bei Verteilung der Erträgnisse einer noch abzuwickelnden Zwangsverwaltung in Anspruch nehmen.

7.5 a) Als **Berechtigter** des auf die Grundschuld entfallenden **Erlösanspruchs** in den Teilungsplan aufzunehmen ist der eingetragene oder der durch Briefbesitz (-vorlage) und gegebenenfalls Abtretungsurkunde (nach BGB §§ 1160, 1155) legitimierte Gläubiger der Grundschuld[83] oder sein durch eine nachgewiesene wirksame Verfügung über die Grundschuld vor Zuschlag (Rdn 7.3) oder auch durch eine nachgewiesene wirksame Verfügung über den Erlösanspruch nach Zuschlag (Rdn 7.4) ausgewiesener Rechtsnachfolger. Wenn über die Grundschuld oder den Erlös nicht wirksam verfügt ist, bleibt der Gläubiger der Grundschuld Berechtigter[84]. Daß er die Berechtigung nicht mehr wünscht und dies im Verfahren erkennbar macht, ändert an der dinglichen Rechtslage, mithin seine Berechtigung nicht[84]. Eine die dingliche Rechtslage ändernde Verfügung ist daher nicht darin zu erblicken, daß der Grundschuldgläubiger nur einen Teil des auf die Grundschuld entfallenden Erlösanspruchs in Anspruch nimmt (zum Verteilungstermin anmeldet) und erklärt, wegen des Restes die Valuta nicht gewährt oder nicht mehr zu haben[85] oder auch, „weitere Ansprüche nicht geltend zu machen" (für wiederkehrende Leistungen kann die Erklärung als Minderanmeldung anzusehen sein, § 45 Rdn 7). Bei solcher Erklärung muß gleichwohl die gesamte Grundschuld ihrem Gläubiger zugeteilt werden. Ebenso stellt es keinen Verzicht (oder eine andere rechtsgeschäftliche Erklärung) dar, wenn der Grundschuldgläubiger im Verteilungstermin erklärt, er erhebe keinen Anspruch auf den Erlös, weil die Grund-

---

[81] BGH 39, 242 = MDR 1963, 580 = NJW 1963, 1497 = Rpfleger 1963, 234 mit Anm Stöber; BGH DNotZ 1978, 729 = MDR 1979, 44 = Rpfleger 1978, 363.
[82] Stöber ZIP 1980, 833 (IV); OLG Frankfurt auszugsweise mitgeteilt von Stöber ZIP 1980, 833 (835 unter IV 3).
[83] Stöber ZIP 1980, 833 (II).
[84] Stöber ZIP 1980, 833 (V).
[85] BGH DNotZ 1957, 602 = aaO (Fußn 74).

schuld nicht valutiert sei[86]. Nichtanmeldung ist kein Verzicht[87]. Der nicht erfüllte schuldrechtliche Rückgewähranspruch (Rdn 7.7) führt keine dingliche Rechtsänderung herbei[88]. Sie kann auch nicht mit „Hebungsverzicht" (Erklärung des Gläubigers an das Vollstreckungsgericht, keinen Anspruch auf die Grundschuld zu erheben; zu ihm näher[89], aber auch[90]) bewirkt werden (ebenso[91]). Ein Hebungsverzicht ermöglicht es dem Vollstreckungsgericht nicht, den Erlösanteil, den der Grundschuldgläubiger „nicht haben will", in das Verteilungsverfahren einzubeziehen und einem zu ermittelnden Berechtigten des Rückgewähranspruchs auszubezahlen[92] (nicht richtig[93]).

b) Wenn der Gläubiger der Grundschuld als Berechtigter den auf die Grundschuld zugeteilten Erlös **bei Auszahlung nicht annimmt** (weil das Recht nicht oder nicht mehr voll „valutiert" ist), kann dieser Erlösanteil nicht ausgezahlt werden. Er ist dann für den Grundschuldgläubiger als den allein Berechtigten zu **hinterlegen** (§ 117 Abs 2 Satz 3) (dazu ZVG-Handbuch Rdn 444b sowie[94]).

7.6 a) Durch den **Sicherungsvertrag** (Rdn 7.2) wird nur die sachenrechtliche (dingliche) Selbständigkeit der Grundschuld nicht berührt und damit die volle dingliche Rechtsstellung des Gläubigers der Grundschuld nicht geschmälert (siehe auch BGB § 137). **Schuldrechtlich** dem Sicherungsgeber gegenüber **beschränkt** der Sicherungsvertrag die Rechte des Gläubigers der Grundschuld jedoch auf den Sicherungszweck. Mithin hat der Gläubiger der Grundschuld die volle dingliche Rechtsstellung (BGB §§ 1191–1194) und daher ungeschmälert Anspruch auf Befriedigung aus dem Grundstück (§ 10 Abs 1 Nr 4); jedoch ist er schuldrechtlich dem Sicherungsgeber gegenüber in der Geltendmachung seiner dinglichen Rechtsstellung beschränkt. Demnach darf er die Grundschuld nur insoweit in Anspruch nehmen, als sie durch die zu sichernde Forderung gedeckt ist. Er darf die Grundschuld (oder den auf sie entfallenden Versteigerungserlös) nicht behalten, wenn (und soweit) mit endgültigem Nichtentstehen oder Erlöschen der Forderung der Sicherungszweck entfallen ist (zum Rückgewähranspruch des Sicherungsgebers § 114 Rdn 7.7).

b) **Für welche Forderung** der Grundschuldgläubiger die Grundschuld (den Versteigerungserlös) in Anspruch nehmen (geltend machen) darf, bestimmt sich nach dem Sicherungsvertrag oder einer ihn abändernden erweiternden Sicherungsabrede. Für eine Forderung, die danach nicht gesichert ist, darf der Gläubiger die Grundschuld nicht in Anspruch nehmen. Im Rahmen eines Kreditverhältnisses zu einer Bank kann die Grundschuld auch als Sicherheit für alle zukünftigen Ansprüche bestellt sein[95]; die formularmäßige Zweckausdehnung der am eigenen Grundstück bestellten Grundschuld auf künftige Forderungen gegen den Sicherungsgeber ist weder unbillig noch überraschend[96] (anders aber[97]). Nicht gesichert sind dann

---

[86] Dempewolf, Rückübertragungsanspruch (1958), (XI 1 a).
[87] Dempewolf NJW 1957, 1257 (II 4).
[88] Stöber ZIP 1980, 833 (V).
[89] Storz ZIP 1980, 506 (IV).
[90] Stöber ZIP 1980, 833 (I).
[91] Dassler/Schiffhauer § 114 Rdn 18.
[92] Stöber ZIP 1990, 833 (VI und VII); Dassler/Schiffhauer § 114 Rdn 23.
[93] BGH Rpfleger 1986, 312 und 443 Leitsatz mit abl Anm Mayer.
[94] Jaeckel/Güthe § 92 Rdn 8; Steiner/Riedel, 8. Aufl 1973/1976, § 114 Rdn 5 (5 e); Dempewolf aaO (Fußn 86 und 87).
[95] BGH JR 1981, 290 mit Anm Rehbein = MDR 1981; 666 = NJW 1981, 756.
[96] BGH 107, 19 = DNotZ 1989, 609 mit Anm Schmitz-Valckenberg = MittBayNot 1989, 83 und 207 mit Anm Schelter = MDR 1989, 434 = NJW 1989, 831; BGH DNotZ 2001, 119 mit abl Anm Tiedtke = MDR 2000, 1143 = NJW 2000, 2675.
[97] BGH DNotZ 1992, 562 = MDR 1992, 575 = NJW 1992, 1822 = Rpfleger 1992, 288.

aber deliktische oder bereicherungsrechtliche Ansprüche, die nicht mit dem Kreditverhältnis in Zusammenhang stehen[98], desgleichen bei Sicherung der Forderung aus der Geschäftsverbindung mit dem Sicherungsgeber auch bei Erstreckung der Abrede auf Forderungen aus „Sicherungsverträgen" nicht ein Anspruch gegen den Sicherungsgeber aus dessen persönlicher Haftungsübernahme für die Zahlung des Betrags einer zur Sicherung fremder Verbindlichkeiten bestellten Grundschuld[99]. Bei limitiertem Kredit in laufender Rechnung kann der Sicherungsvertrag (wirksam) auch vorsehen, daß die Grundschuld als Sicherheit für alle zukünftigen Ansprüche gegen den mit dem Grundstückseigentümer nicht identischen Kreditschuldner dienen soll[100]. Regelmäßig wird davon auszugehen sein, daß sich die Grundschuld als Sicherheit nur auf Forderungen der Bank aus der bankmäßigen Geschäftsverbindung bezieht, auch wenn der Wortlaut der Sicherungsabrede (Zweckbestimmungserklärung) eine solche Beschränkung nicht enthält ([101]mit Nachweisen). Der richterlichen Inhaltskontrolle Allgemeiner Geschäftsbedingungen stand hält auch die formularmäßige Erstreckung der Grundschuld als Sicherheit auf künftig erst entstehende Forderungen, die im Rahmen einer bankmäßigen Geschäftsverbindung von einem Dritten erworben werden[102]. Für eine abgetretene Forderung kann die Grundschuld als Sicherheit aber dann nicht in Anspruch genommen werden, wenn die Forderung ohne eigenes wirtschaftliches Interesse der Bank nur deshalb eingezogen werden soll, um dem Zedenden Deckung aus der nicht voll benötigten Sicherheit zu verschaffen[103]. Rechtsmißbräuchlich handelt eine Bank gegenüber ihrem Kunden, wenn sie in Kenntnis seiner schlechten wirtschaftlichen Lage von einem Dritten auf nicht banküblicher Weise eine Forderung erwirbt, um dem Dritten Deckung aus dem nicht benötigten Teil der Sicherungsgrundschuld zu verschaffen[104]. Der zur Deckung einer solchen Forderung für die Grundschuld empfangene Versteigerungserlös ist daher dem Sicherungsgeber herauszugeben[104]. Wer zur Sicherung eines fremden (und zudem zweckgebundenen zinsvergünstigten) Darlehens eine Grundschuld zugunsten eines Dritten bestellt hat, braucht billigerweise nicht damit zu rechnen, daß ohne besondere und mit ihm ausgehandelte Vereinbarung die Grundschuld als Sicherheit für alle zukünftigen Forderungen aus laufender Geschäftsverbindung zwischen dem Darlehensschuldner und dem Darlehensgläubiger dient. Der BGH[105] hat deshalb solcher Ausdehnung des Sicherungszwecks auf alle zukünftigen Ansprüche (bei Wirksamkeitskontrolle nach BGB § 242) die Anerkennung versagt (so auch[106]). Überraschend (§ 305c BGB) und damit unwirksam kann bei Absicherung einer bestimmten Forderung des Sicherungsnehmers gegen den Sicherungsgeber durch Grundschuld (ohne individuellen Hinweis bei den Verhandlungen; zu diesen[107]) die Erweiterung der dinglichen Haftung für alle bestehenden und künftigen Schulden eines Dritten (auch des Ehegatten) sein[108] (mit Einzelheiten und Nachweisen); überraschend ist bei Bestellung einer Grundschuld zur Absicherung von Schulden eines Dritten die Ausdehnung des Haftungsumfangs durch formularmäßige Siche-

---

[98] OLG Köln DNotZ 1984, 622 Leitsatz = WM 1984, 46 = ZIP 1983, 926.
[99] BGH 98, 256 = DNotZ 1987, 210 = MDR 1987, 130 = NJW 1987, 319.
[100] BGH DNotZ 1987, 485 = MDR 1987, 484 = NJW 1987, 946.
[101] BGH JR 1981, 290 mit Anm Rehbein = MDR 1981, 666 = NJW 1981, 756.
[102] BGH NJW 1981, 756 = aaO (Fußn 101) und MDR 1981, 742 = NJW 1981, 1600.
[103] BGH MDR 1983, 910 = NJW 1983, 1735.
[104] BGH MDR 1981, 7432 = NJW 1981, 1600.
[105] BGH 83, 56 = DNotZ 1982, 314 mit Anm Reithmann = JR 1982, 451 mit Anm Rehbein = MDR 1982, 474 = NJW 1982, 1035.
[106] LG München ZIP 1985, 27.
[107] BGH 131, 55; BGB DNotZ 1998, 578 = MDR 1997, 960 = NJW 1997, 2677.
[108] BGH DNotZ 1992, 562 = MDR 1992, 575 = NJW 1992, 1822 = Rpfleger 1992, 288; BGH DNotZ 2001, 119 = aaO (Fußn 96); BGH DNotZ 2002, 853 = NJW 2002, 2710; BGH NJW-RR 2003, 45.

rungsabrede auf „alle bestehenden und zukünftigen Verbindlichkeiten" des Dritten insoweit, als sie über den Anlaß des Sicherungsvertrags (im Fall: Prolongation bestimmter Wechselverbindlichkeiten) hinausgeht[109]. Ebenso kann die formularmäßige Sicherungsabrede von Ehegatten, die am gemeinschaftlichen Grundstück aus Anlaß der Sicherung einer bestimmten gemeinschaftlichen Verbindlichkeit eine Grundschuld bestellen, daß die Grundschuld am eigenen Anteil auch alle künftigen Verbindlichkeiten des anderen Ehegatten sichern soll, dem Verbot überraschender Klauseln widersprechen (Unwirksamkeit für Einbeziehung künftiger Verbindlichkeiten des anderen Ehegatten)[110]. Auch die Wirksamkeit einer formularmäßigen Sicherungsvereinbarung, derzufolge die von einer BGB-Gesellschaft bestellte Grundschuld über den aus Anlaß ihrer Bestellung gewährten Kredit hinaus noch sonstige Darlehen an einzelne Gesellschafter (persönlich) sichern soll, wird verneint[111]. Die formularmäßige Erstreckung des Sicherungszwecks auf alle künftige Forderungen (einer kreditgebenden Bank) gegen den mit dem Sicherungsgeber nicht identischen Kreditschuldner wird aber mit AGB-Bestimmungen vereinbar angesehen, wenn der Sicherungsgeber ein mit Kreditgeschäften vertrautes Unternehmen (so eine Gesellschaft mbH) ist[112] (siehe zu Einzelfällen auch[113]). Die formularmäßige Einbeziehung künftiger Forderungen in den Sicherungszweck einer Grundschuld, die der Eigentümer aus Anlaß eines ihm gewährten Bauspardarlehens zugunsten einer Bausparkasse bestellt hat, erfaßt deren spätere Forderung gegen den Eigentümer aus einem von ihm als Gesamtschuldner mit einem (anderen) Bausparer geschlossenen Darlehensvertrag[114]. Jedoch bezieht sich die Formularklausel, daß die Bausparkasse berechtigt ist, die für ihre Bauspardarlehen geleisteten Sicherheiten für alle Forderungen gegen den „Bausparer" in Anspruch zu nehmen, nicht auf eine Darlehensforderung, die der Bausparkasse gegen den Sicherungsgeber aus einem von diesem nicht als Bausparer, sondern als Gesamtschuldner zusammen mit einem (anderen) Bausparer geschlossenen Kreditvertrag zusteht[114].

c) **Erweitert** werden auf andere Forderungen kann der Sicherungsvertrag durch (auch bei der vollstreckbaren Grundschuld formfrei wirksame[115]) Abrede (Vereinbarung) zwischen Sicherungsgeber und -nehmer. Wenn jedoch der Rückgewähranspruch abgetreten, ge- oder verpfändet ist, beeinträchtigt die Erweiterung die Berechtigung des Zessionars dieses Anspruchs bzw des Pfandgläubigers; dieser muß daher zustimmen (so auch für Sicherung weiterer Forderungen durch Vorbehaltskäufer nach Übertragung des Anwartschaftsrechts auf den Erwerb des Volleigentums an einen Dritten[116]).

d) **Zinsen** der Grundschuld können (wenn nichts anderes vereinbart ist) nicht nur zur Deckung geringerer Zinsen der Forderung, sondern auch zur Deckung der Forderungshauptsache in Anspruch genommen werden[117] (siehe auch unten Abs g).

---

[109] BGH 109, 197 = DNotZ 1990, 554 = JR 1990, 241 mit Anm Eckert = MDR 1990, 324 = NJW 1990, 576.
[110] BGH 107, 19 = aaO (Fußn 96).
[111] BGH 102, 152 = DNotZ 1988, 484 = MDR 1988, 304 = NJW 1988, 558 = Rpfleger 1988, 100.
[112] BGH 100, 82 = DNotZ 1987, 493 = MDR 1987, 655 = NJW 1987, 1885 = Rpfleger 1987, 298.
[113] OLG Düsseldorf NJW-RR 1986, 1312; OLG Karlsruhe ZIP 1986, 299.
[114] BGH 101, 29 = DNotZ 1987, 495 = MDR 1987, 922 = NJW 1987, 2228 = Rpfleger 1987, 407 (anders als Vorinstanz OLG Karlsruhe NJW 1986, 1500).
[115] BGH DNotZ 1998, 575 = MDR 1997, 863 = NJW 1997, 2320.
[116] BGH 75, 221 = MDR 1980, 224 = NJW 1980, 175 und 774 Leitsatz mit Anm Forkel = ZIP 1980, 36 mit Anm Kübler.
[117] BGH MDR 1981, 742 = NJW 1981, 1505 = Rpfleger 1981, 292.

e) **Zinsen** (rückständige und laufende) kann der Gläubiger der Grundschuld auch dann geltend machen, wenn ihm auf die gesicherte Forderung vom Schuldner Zinsen bezahlt worden sind, weil durch Zahlung auf die Forderung nicht die Grundschuld (hier also auch nicht deren Zinsen) nach BGB § 1192 Abs 2, § 1178 erlischt[118]. Der Gläubiger der Grundschuld darf Zinsen zum Verteilungsverfahren auch dann anmelden, geltend machen und in Empfang nehmen, wenn er sie zur Abdeckung seiner nach der schuldrechtlichen Abrede (Sicherungsabrede) gesicherten (persönlichen) Forderung nicht benötigt[119] (nicht richtig[120], auch[121]). Denn auch der Anspruch auf Grundschuldzinsen ist abstrakt[122]; vom Schicksal der gesicherten Forderung, somit von Forderungszinsen oder der Hauptsacheforderung, hängt er nicht ab[123]. Die der Grundschuld nachgehenden Gläubiger haben aus eigenem Recht nicht Anspruch darauf, daß der Gläubiger der Grundschuld zu ihren Gunsten (damit sie nachrücken) die Geltendmachung der Grundschuldzinsen unterläßt[124]. Den auf Grundschuldzinsen zugeteilten Erlösanteil, der zur Abdeckung einer Forderung nicht benötigt wird, muß der Grundschuldgläubiger jedoch dem Sicherungsgeber (Grundstückseigentümer oder sonstigen Berechtigten des Rückgewähranspruchs) auf Grund der Sicherungsabrede (oder der gesetzlichen Schuldverpflichtung nach BGB § 812; Rdn 7.7) in Erfüllung des Rückgewähranspruchs auszuzahlen[125].

f) Ob ein Grundschuldgläubiger dem Sicherungsgeber (insbesondere dem Eigentümer, der mit der Grundschuld Sicherheit geleistet hat) oder dem Zessionar des Rückgewähranspruchs gegenüber **verpflichtet** ist, im Verteilungsverfahren die zur Abdeckung seiner persönlichen Forderung (alle Haupt- und Nebenforderungen[126]) nicht benötigten **Grundschuldzinsen anzumelden** und (zur Auskehrung in Erfüllung des Rückgewähranspruchs an diesen Berechtigten) einzuziehen, ist streitig (bejaht von[127], verneint von[128], offen gelassen von[129]). Diese Verpflichtung könnte sich aus dem Sicherungsvertrag ergeben[130] und dort abbedungen sein, der das zwischen Grundschuldgläubiger und Sicherungsgeber begründet fiduziarische Rechtsverhältnis nach dem Grundsatz von Treu und Glauben regelt. Enthält er keine einschlägige Abrede, dann könnte die Verpflichtung zur Geltendmachung der Grundschuldzinsen aus der dem fiduziarischen Rechtsverhältnis entsprechenden Pflicht des Gläubigers der Grundschuld als Sicherungsnehmer zur Berücksichtigung und Wahrung der Interessen des Sicherungsgebers bei Durchsetzung der dinglichen Berechtigung folgen[131] (zu dieser Interessenwahrungspflicht allgemein

---

[118] BGH DNotZ 1966, 98 = WM 1965, 1197.
[119] BGH NJW 1981, 1505 = aaO (Fußn 117); Räfle ZIP 1981, 821 (II 2); Stöber ZIP 1980, 976 (Anmerkung); Storz ZIP 1980, 506 (III).
[120] OLG München ZIP 1980, 974 mit abl Anm Stöber.
[121] Vollkommer NJW 1980, 1052 (Anmerkung).
[122] BGH NJW 1996, 253 (256).
[123] BGH NJW 1981, 1505 = aaO (Fußn 117); Stöber ZIP 1980, 976 (Anmerkung).
[124] BGH NJW 1981, 1505 = aaO (Fußn 117); Räfle ZIP 1981, 821 (II 2); Stöber aaO (Fußn 123).
[125] BGH NJW 1981, 1505 = aaO (Fußn 117).
[126] BGH NJW 1996, 253 (256).
[127] Kolbenschlag WM 1958, 1434; Stockmeyer, Die Grundschuld als Kreditsicherungsmittel, 2. Aufl 1958, Seite 57; Eckelt WM 1980, 454; Blumenthal NJW 1971, 2032 (Anmerkung); Räbel NJW 1953, 1248.
[128] OLG München NJW 1980, 1051 mit zust Anm Vollkommer; Dassler/Schiffhauer § 114 Rdn 16; Storz ZIP 1980, 506 (IV).
[129] BGH NJW 1981, 1505 = aaO (Fußn 117).
[130] Räfle ZIP 1981, 821 (II 2); Vollkommer NJW 1980, 1052 (Anmerkung).
[131] Blumenthal NJW 1971, 2032 (Anmerkung); Kolbenschlag WM 1958, 1434; Räbel NJW 1953, 1248.

auch[132]). Eine solche Interessenwahrungspflicht könnte jedoch nur bestehen, wenn der Rückgewähranspruch auf Übertragung der Grundschuld und damit des auf sie zugeteilten und ausgezahlten Erlöses geht. Wenn die Rückgewährverpflichtung im Versteigerungsverfahren durch Verzicht auf die Grundschuld (ihren Erlös) oder durch Aufhebung zu erfüllen ist (Rdn 7.7) oder erfüllt werden kann, erlischt mit solcher Verfügung vor Erlöszahlung der Zinsanspruch (BGB §§ 1178, 1192 Abs 2). Im Erlösverteilungsverfahren kann die Rückgewährverpflichtung hinsichtlich der Zinsen daher auch dadurch erfüllt werden, daß der Gläubiger Grundschuldzinsen nicht in Anspruch nimmt, rückständige Zinsen mithin nicht anmeldet und laufende mit Minderanmeldung (§ 45 Rdn 7) aufgibt. Wenn der Rückgewähranspruch auf Übertragung der Grundschuld, mithin auch des auf sie entfallenden Versteigerungserlöses geht, dürfte für Zinsen dem Grundstückseigentümer als Sicherungsgeber gegenüber fiduziarisch keine Interessenwahrungspflicht bestehen (vgl auch[133]). Zu wahrende Interessen des Grundstückseigentümers als Treugeber (und Gläubiger des Rückgewähranspruchs) können nur bestehen, wenn dieser bei Erfüllung des Rückgewähranspruchs vor Erteilung des Zuschlags selbst als Gläubiger der Grundschuld Anspruch auf Zinsen hätte. Das aber schließen BGB § 1178 Abs 1, § 1197 Abs 2 aus. Soweit dem Grundstückseigentümer als Grundschuldgläubiger Zinsen nicht gebühren würden, kann auch der Sicherungsnehmer als Gläubiger der Grundschuld nicht verpflichtet sein, für ihn „interessenwahrend" Grundschuldzinsen geltend zu machen und in Empfang zu nehmen. Wenn eine Interessenwahrungspflicht zur Geltendmachung von Zinsen vertraglich dem fiduziarischen Rechtsverhältnis nicht innewohnt, kann sie auch nicht mit Übertragung des Rückgewähranspruchs (Rdn 7.8) für den dann Anspruchsberechtigten zur Entstehung gelangen. Der Grundstückseigentümer kann als Sicherungsgeber mit dem Rückgewähranspruch nur die ihm zustehenden Rechte übertragen, für den fiduziarisch verpflichteten Grundschuldgläubiger weitere Rechtspflichten aber nicht begründen. Auch dem Erwerber vom Grundstückseigentümer als Sicherungsgeber abgetretenen Rückgewähranspruchs kann der Gläubiger der Grundschuld als Sicherungsnehmer daher nicht verpflichtet sein, interessenwahrend Grundschuldzinsen geltend zu machen. Die dem fiduziarischen Rechtsverhältnis entspringende Pflicht zur Wahrung der Interessen des Sicherungsgebers könnte den Grundschuldgläubiger daher nur dann zur Geltendmachung der für die persönliche Forderung nicht benötigten Zinsen verpflichten, wenn der Sicherungsgeber mit einer für ihn verzinslich an dem Grundstück eines anderen lastenden Grundschuld Sicherheit geleistet hat. Für diesen Fall dürfte der Gläubiger der Grundschuld fiduziarisch verpflichtet sein, die Rechte des Sicherungsgebers umfassend zu wahren, mithin die rückständigen Zinsen zur Auskehrung an den Sicherungsgeber in vollem Umfang geltend zu machen.

g) Ob der Grundschuldgläubiger **Zinsen der Grundschuld** in **Höhe** seiner Forderungszinsen in Anspruch zu nehmen hat oder ob er seine (geringere) Gesamtforderung (an Hauptsache, Zinsen und Nebenleistungen sowie Kosten) aus dem Kapital der sichernden Grundschuld decken und von Anmeldung (Geltendmachung) der Grundschuldzinsen (wenn zulässig; dazu oben Abs f) absehen kann (Berechnungsbeispiel im ZVG-Handbuch, Rdn 447), ist nicht geklärt. Zu erwägen ist, daß es sich nach dem Sicherungsvertrag bestimmt, für welche Forderung die Grundschuld von ihrem Gläubiger in Anspruch genommen werden kann (oben Abs b). Wenn, wie zumeist, eine nähere Vereinbarung fehlt, deckt das Grundschuldkapital alle gesicherten Haupt- und Nebenforderungen ab (damit auch vertragliche und gesetzliche Forderungszinsen); ebenso deckt aber dann auch der (abstrakte) Anspruch auf Grundschuldzinsen (selbst bei Rang in Klasse 8 des § 10

---

[132] BGH Betrieb 1967, 723 = BB 1967, 476; BGH MDR 1980, 224 = NJW 1980, 226 = ZIP 1980, 40 mit Anm Kübler; Vollkommer NJW 1980, 1052 (Anmerkung).
[133] Räfle ZIP 1981, 821 (II 2).

Abs 1) alle gesicherten Haupt- und Nebenforderungen (nicht etwa nur schuldrechliche Zinsansprüche) ab[134]. Wenn dann der Sicherungsvertrag keine gegenteilige Anhaltspunkte bietet, wird dann davon auszugehen sein, daß dem Gläubiger der Grundschuld mit der fiduziarischen Interessenwahrungspflicht (oben Abs f) nicht die Aufgabe zufällt, Grundschuldzinsen über sein eigenes Interesse hinaus geltend zu machen. Er ist daher dann für berechtigt zu halten, seine Gesamtforderung allein aus der dafür ausreichenden Grundschuldhauptsache zu verlangen und nur diese geltend zu machen.

h) **Kosten** der Rechtsverfolgung aus der Grundschuld (dingliche Rechtsverfolgungskosten bei Zwangsversteigerung des Grundstücks, auch für Wahrung der Rechte als beteiligter Grundpfandgläubiger an einer von anderen Gläubigern betriebenen Zwangsversteigerung), die notwendig entstehen, können zu dem Recht auf Befriedigung aus dem Grundstück selbständig, also zusätzlich zur Grundschuldhauptsache und zu den Grundschuldzinsen in Anspruch genommen werden (§ 10 Abs 2). Kosten, die bei einer Rechtsverfolgung wegen der gesicherten Forderung entstanden sind (Kosten eines Rechtsstreits, des Mahnverfahrens, des Gerichtsvollziehers für Vollstreckungsmaßnahmen gegen den Forderungsschuldner, ein Offenbarungsverfahren usw) können (wie die gesicherte Forderung selbst) nur nach Maßgabe der Sicherungsabrede aus der Grundschuld gedeckt werden.

7.7 a) Nach **Erledigung des Sicherungszwecks** (Nichtentstehen oder Erlöschen der nach der Sicherungsabrede gesicherten Forderung) darf der Gläubiger der Grundschuld diese als Recht am Grundstück nicht behalten. Er ist **schuldrechtlich** nach Maßgabe des der Grundschuldbestellung zugrunde liegenden Rechtsverhältnisses (Sicherungsvertrag, BGB § 241 Abs 1, § 311 Abs 1, sonst gesetzlich nach BGB § 812, **zur Herausgabe der Grundschuld** mit Verfügungsgeschäft (zu ihm Rdn 7.3, 7.4) verpflichtet (sogen Rückgewähranspruch[135]). Gläubiger des schuldrechtlichen **Rückgewähranspruchs** auf die konditionsreife Grundschuld ist der Grundschuldbesteller (Sicherungsgeber) oder sein Rechtsnachfolger. Der Anspruch geht ab Zuschlag auf Rückgewähr des an die Stelle der Grundschuld getretenen Erlösanspruchs[136] (zu diesem Anspruch bei Liegenbelassung einer ausgefallenen Grundschuld § 91 Rdn 5.2), dann auf Heraugabe des empfangenen Mehrerlöses[137]. Eine dingliche Rechtsänderung bewirkt der nicht erfüllte (nur schuldrechtliche) Anspruch nicht (Rdn 7.5). Diese tritt erst mit **Verfügung** über die Grundschuld (ihren Erlös) durch Abtretung, Verzicht oder Aufhebung ein (Rdn 7.4). Allein durch Herausgabe (Übersendung) des Grundschuldbriefes kann der Rückgewähranspruch nicht erfüllt werden[138]. Weil sonach nur ein dingliches Verfügungsgeschäft, nicht jedoch schon der nach dem Sicherungsvertrag (oder gesetzlich) geschuldete, nicht erfüllte Rückgewähranspruch die dingliche Rechtslage ändert, ist bis zur Wirksamkeit einer rechtsgeschäftlichen Verfügung der Gläubiger der Grundschuld immer auch Berechtigter des Erlösanspruchs (Rdn 7.5). Zur Verjährung des Rückgewähranspruchs § 15 Rdn 37.5.

b) Ob der Grundschuldgläubiger den schuldrechtlichen Rückgewähranspruch mit **Verfügung** über die Grundschuld oder nach deren Erlöschen mit dem Zuschlag mit Verfügung über den Grundschulderlös durch **Abtretung** (Übertragung), **Verzicht** oder **Aufhebung** zu erfüllen hat, soll sich nach BGB § 262 bestimmen. Die drei

---

[134] BGH NJW 1982, 2768; BGH NJW-RR 1992, 1176; BGH NJW 1996, 253 (256); Huber, Sicherungsgrundschuld (1965), § 11 d (S 103).
[135] BGH MDR 1959, 571 und 1959, 755 Leitsatz mit zust Anm Thieme = Rpfleger 1959, 273 mit Anm Stöber; BGH WM 1966, 653; BGH BB 1967, 1144 = WM 1967, 566; Dempewolf, Rückübertragungsanspruch (1958), (I 4 und III), Huber, Sicherungsgrundschuld 1965, § 17 (Seite 165); Schiffhauer Rpfleger 1974, 124 (2–3) (Anmerkung).
[136] BGH MDR 1991, 1201 = NJW-RR 1991, 1197 = Rpfleger 1991, 381.
[137] BGH DNotZ 1993, 112 = MDR 1992, 470 = NJW 1992, 1620.
[138] BGH DNotZ 1987, 509 = MDR 1987, 569 = NJW-RR 1987, 590.

Leistungen sollen wahlweise geschuldet sein. Das Wahlrecht soll jedoch nicht dem zur Leistung verpflichteten Grundschuldgläubiger, sondern dem berechtigten Sicherungsgeber (oder seinem Sonderrechtsnachfolger) zustehen[139]. Die Wahl soll durch Erklärung gegenüber „dem anderen Teil" zu erfolgen haben (BGB § 263 Abs 1). Sie soll auch bereits im Sicherungsvertrag bestimmt oder durch Vereinbarung dem Sicherungsnehmer überlassen werden können. Die gewählte oder vereinbarte Leistung soll als die von Anfang an allein geschuldete gelten (BGB § 263 Abs 2; Konkretisierung des Anspruchs). Das indes erscheint nicht ganz unbedenklich. Die frühe Konkretisierung des zu erfüllenden Anspruchs oder Wahl durch den Grundschuldgläubiger kann den Interessen des Sicherungsgebers zuwiderlaufen. Der Rückgewähranspruch dürfte daher richtiger eine aus der Gläubigerstellung des Sicherungsgebers fließende Weisungsbefugnis darstellen mit der Maßgabe, daß der Sicherungsnehmer solche Weisungen im Rahmen von Treu und Glauben und der Verkehrssitte respektieren muß und der Sicherungsgeber seine Aufforderung zu einer bestimmten Leistung jederzeit widerrufen kann (so mit eingehender Begründung[140]).

c) Bei (nachträglicher) **Übersicherung** besteht ein (ermessensunabhängiger) Anspruch auf Freigabe der Sicherheit[141]. Eine sicherungshalber bestelle Grundschuld hat ihr Gläubiger als Sicherungsnehmer damit zurückzugeben, wenn und soweit sie (endgültig) nicht mehr benötigt wird. Anspruch auf Rückgewähr nur eines Teils der Grundschuld besteht damit bei endgültig nur teilweiser Erledigung des Sicherungszwecks[142]. Zum Anspruch auf Freigabe eines Teils mehrerer Grundschulden (zusammen [damals] 1,9 Mio DM), wenn nur noch eine geringe Forderung (ca 545 000 DM) gesichert ist, siehe[143]. Dafür, welche von mehreren Grundschulden er bei Übersicherung freigebe und welche er zur Befriedigung seiner Forderung verwenden möchte, hat der Sicherungsnehmer ein (durch Treu und Glauben eingeschränktes) Wahlrecht[144] (BGB § 262). Er kann daher auch eine nachrangige Sicherheit freigeben und seine Forderung über die erste Grundschuld abdecken.

7.8 a) Der Rückgewähranspruch kann durch (formlosen) Vertrag (BGB § 398) als Forderungsrecht **abgetreten** werden, und zwar bereits vor Tilgung der gesicherten Forderung[145]. Der Erwerber des Grundstücks ist nicht zugleich Gläubiger des Rückgewähranspruchs. Auf ihn ist der Anspruch nur bei (ausdrücklicher oder stillschweigender) Abtretung übergegangen[146]. Bei Ablösung eines Grundpfandrechts (Hypothek, Grundschuld) geht mit diesem (dazu § 15 Rdn 20) der Anspruch seines Gläubigers auf Rückgewähr einer vorrangigen Grundschuld nicht (nach BGB § 401 Abs 1, § 412) auf den Ablösenden über[147] (der Rückgewähranspruch ist kein Nebenrecht des abgelösten Grundpfandrechts); er muß als selbstän-

---

[139] BGH 108, 237 = DNotZ 1990, 581 = MDR 1989, 147 = NJW 1989, 2536 = Rpfleger 1990, 32 und NJW-RR 1994, 847; Dempewolf, Rückübertragungsanspruch (1958), (I 4); Drischler KTS 1975, 283 (7 b); Kolbenschlag DNotZ 1965, 205 (I 2); Schiffhauer BlGrBW 1975, 221 (XIX 6).
[140] Huber, Sicherungsgrundschuld (1965), § 17 b (S 172).
[141] BGH (GSZ) 137, 212 = MDR 1998, 550 = NJW 1998, 671.
[142] BGH DNotZ 1990, 592 = MDR 1990, 706 = NJW-RR 1990, 455.
[143] BGH DNotZ 1981, 378 = MDR 1981, 209 = NJW 1981, 571.
[144] BGH DNotZ 2003, 429 = NJW-RR 2003, 45.
[145] BGH LM BGB § 1169 Nr 1 = Rpfleger 1952, 487; BGH DNotZ 1958, 383 mit Anm Hoche = Rpfleger 1958, 53 mit Anm Bruhn; BGH BB 1967, 1144 = WM 1967, 566; BGH DNotZ 1977, 542 = MDR 1977, 301 = NJW 1977, 247 = Rpfleger 1977, 56; Riedel Jur-Büro 1972, 945 (6).
[146] BGH LM BGB § 1169 Nr. 1 = Rpfleger 1952, 487; BGH MDR 1984, 483 = NJW 1983, 2502; BGH DNotZ 1992, 35 = MDR 1991, 753 = NJW 1991, 1821.
[147] BGH 104, 26 = DNotZ 1988, 778 = MDR 1988, 670 = NJW 1988, 1665 = Rpfleger 1988, 306.

diges Recht übertragen werden, sonst bleibt er in der Hand seines bisherigen Gläubigers[147]. Wenn der Rückgewähranspruch durch den Sicherungsgeber (als erster Anspruchsberechtigter) mehrfach abgetreten wird (zB an mehrere nachrangige Grundpfandgläubiger), ist nur die erste Abtretung wirksam. Weil sie bereits den Übergang der vollen Gläubigerstellung bewirkt, verfügt der Sicherungsgeber bei den folgenden Abtretungen als Nichtberechtigter unwirksam. Der zweite und folgende Zessionar erwirbt den Anspruch daher nicht. Ein Abtretungsverbot (BGB § 399) oder eine Abtretungsbeschränkung (Zustimmungsvorbehalt des Grundschuldgläubigers als Anspruchsschuldner) kann (auch in Allgemeinen Geschäftsbedingungen; dazu[148]) wirksam vereinbart sein. Die Abtretung des Rückgewähranspruchs (der künftigen Forderung gegen den Gläubiger der Sicherungsgrundschuld auf Auszahlung des im Falle der Verwertung etwa erzielten Übererlöses) begründet für den Abtretungsempfänger gegen den Grundschuldgläubiger einen allgemeinen Auskunftsanspruch über die von ihm beanspruchte Forderung jedenfalls dann nicht, wenn er sich durch die Auskunft erst Kenntnis verschaffen will, ob sein Anspruch dem Grunde nach besteht[149]. Dem Gläubiger der (nicht voll valutierten) Grundschuld bringt die Abtretung des Rückgewährsanspruchs nicht die Verpflichtung, Grundschuldzinsen interessenwahrend für den neuen Berechtigten des Rückgewähranspruchs geltend zu machen (oben Abs f). Ist dem Zessionar des Rückgewähranspruchs später auch die Grundschuld übertragen worden, dann gebühren ihm jedoch auch die Grundschuldzinsen, die der Eigentümer als Sicherungsgeber und Zedent des Rückgewähranspruchs mit Erwerb der Grundschuld wegen BGB § 1178 Abs 1 Satz 1, § 1197 Abs 2 selbst nicht hätte beanspruchen können[150]. Zinsen, die mit Übertragung einer Eigentümergrundschuld zur Sicherheitsleistung der Sicherungsnehmer als Grundschuldgläubiger nicht erworben hat (BGB § 1197 Abs 2; § 114 Rdn 6.12), gelangen damit (nachträglich) nicht zur Entstehung. Ist anstelle des Darlehensschuldners und Bestellers der Sicherungsgrundschuld ein Dritter nach Erwerb des belasteten Grundstücks mit Zustimmung des Gläubigers in das Kreditverhältnis eingetreten, so ist er nicht nur alleiniger persönlicher Schuldner geworden, sondern hat auch den (aufschiebend bedingten) Anspruch auf Rückgewähr der Grundschuld erworben[151]. Für welche Forderung oder in welchem Umfang sonst der Zessionar den Rückgewähranspruch in Anspruch nehmen darf, bestimmt sich nach der Sicherungsabrede oder dem sonst der Abtretung zugrunde liegenden Schuldverhältnis[152]. Die Abtretung an den Gläubiger einer nachrangigen Grundschuld kann nach der Sicherungsabrede entweder zur Verstärkung dieser Sicherheit oder zur Erhöhung des Sicherungsumfangs im Interesse der Ausweitung des Kreditrahmens dienen[152]. Die bei Bestellung einer Grundschuld und gleichzeitiger Abtretung der Ansprüche auf Rückgewähr bei vorrangiger Grundschulden vereinbarte formularmäßige Zweckerklärung, die vorrangigen Rechte sollten als weitere Sicherheit dienen, wird dahin ausgelegt, daß der Gläubiger nur den Vorrang ausnutzen darf, nicht aber über die Höhe seiner nachrangigen Grundschuld hinaus Befriedigung erlangen kann[152].

b) Der Rückgewähranspruch kann **gepfändet**[153] (ZPO §§ 829, 857 Abs 1) oder verpfändet[154] (BGB § 1273) werden. Wirksame Pfändung erfordert hinreichend

---

[148] BGH 110, 241 = DNotZ 1990, 561 = MDR 1990, 608 = NJW 1990, 1601; Reithmann WM 1991, 1985.
[149] BGH DNotZ 1988, 155 = MDR 1988, 47 = NJW-RR 1987, 1296; allgemeiner zum Auskunftsanspruch des Pfändungsgläubigers OLG Karlsruhe NJW-RR 1998, 990.
[150] Eckelt WM 1980, 454, Storz ZIP 1980, 506 (IV).
[151] BGH MDR 1986, 930 = NJW 1986, 2108 = Rpfleger 1986, 297 Leitsatz.
[152] BGH 110, 108 = DNotZ 1990, 559 = MDR 1990, 528 = NJW 1990, 1177 (Vorinstanz: OLG Koblenz ZIP 1988, 1109).
[153] BGH MDR 1975, 567 = NJW 1975, 980 = Rpfleger 1975, 219; BGH 108, 237 = aaO (Fußn 139); BGH NJW-RR 1991, 1197 = aaO (Fußn 136); Stöber, Forderungspfändung, Rdn 1888; Riedel JurBüro 1972, 945 (6); Stöber Rpfleger 1959, 84.

bestimmte Bezeichnung des Anspruchs im Pfändungsbeschluß[155] (das bedingt auch Bezeichnung des belasteten Grundstücks[156]) und Beschlußzustellung an den zur Rückgewähr verpflichteten Grundschuldgläubiger als Drittschuldner[157]. Zu Pfändung des Rückgewähranspruchs, Pfändungswirkungen und Verwertung des an der Grundschuld erlangten Pfandrechts näher[157]. Zu den Wirkungen der Pfändung im Zwangsversteigerungsverfahren näher[157]. Die Pfändung des Rückgewähranspruchs bleibt wirkungslos, wenn keine Rückgewährverpflichtung zu erfüllen, sondern die Grundschuld kraft Gesetzes Eigentümergrundschuld geworden ist oder wird (dazu Rdn 6; siehe den Fall[158]). Das am Rückgewähranspruch erlangte Pfandrecht besteht an dem Anspruch auf Auskehrung des von dem Grundschuldgläubiger eingezogenen Mehrerlös fort[159]. Beteiligter im Zwangsversteigerungsverfahren ist der Pfändungs- oder Vertragspfandgläubiger, wenn sein Pfandrecht im Grundbuch (rechtzeitig) eingetragen worden ist, sonst mit Anmeldung (§ 9). Das Pfandrecht am Rückgewähranspruch berechtigt, ebenso wie dieser selbst (§ 115 Rdn 3.4) zum Widerspruch gegen die Zuteilung an den Gläubiger der Grundschuld. Setzt es sich mit Erfüllung des Übertragungsanspruchs kraft Gesetzes analog BGB § 1287 an dem auf die Grundschuld des Pfandschuldners fallenden Erlös fort (dazu näher[160]), dann ist ein dem Vollstreckungsgericht zur Kenntnis gelangtes Pfandrecht von Amts wegen zu beachten. Wenn der Grundschuldgläubiger auf die Grundschuld verzichtet, erwirbt der Pfändungsgläubiger kein Ersatzpfandrecht an der Eigentümergrundschuld[161].

c) Der Rückgewähranspruch kann durch **Vormerkung** nach BGB § 883 gesichert sein[162], siehe auch[163]. Behandlung der Grundschuld dann nach §§ 119, 120. Es wird für Grundschuldgläubiger und Vormerkungsberechtigten hinterlegt. Abzulehnen ist die Ansicht von[164], auch eine Löschungsvormerkung (BGB § 1179) wirke automatisch wie eine Rückübertragungsvormerkung, weil sie den Anspruch des Grundschuldgläubigers auf Rückgewähr über BGB § 162 umfasse oder wenigstens über BGB § 888 durchzusetzen sei; in Wirklichkeit haben beide Vormerkungen (bzw Ansprüche) unterschiedliche Zwecke.

7.9 Der **Ersteher,** der die persönliche Schuld nicht nach § 53 Abs 2 übernommen hat (zu diesem Fall § 53 Rdn 3.2) ist (als Erwerber des Grundstücks) nicht Gläubiger des Anspruchs auf Rückgewähr der Grundschuld. Wenn er aus einer bestehen gebliebenen Grundschuld (dinglich) in Anspruch genommen wird, kann er dem Grundschuldgläubiger daher keine Einreden aus dem Sicherungsvertrag entgegensetzen[165].

7.10 Die **auflösend** oder **aufschiebend bedingte Grundschuld** (BGB § 158) ist bedingtes Recht (§§ 119, 120). Auflösende Bedingung kann auch das Erlöschen einer bestimmten zu sichernden Forderung sein. Mit Bedingungseintritt ist die

---

[154] Schiffhauer Rpfleger 1974, 124 (2–3) (Anmerkung); Riedel JurBüro 1972, 945 (6).
[155] BGH NJW-RR 1991, 1197 = aaO (Fußn 136).
[156] BGH NJW 1975, 980 = aaO (Fußn 153).
[157] Stöber, Forderungspfändung, Rdn 1889, Rdn 1886–1904 und Rdn 1908–1911.
[158] BGH MDR 1961, 120 = NJW 1961, 601.
[159] BGH NJW 1975, 980 = aaO (Fußn 153); Stöber Rpfleger 1959, 274.
[160] Stöber, Forderungspfändung, Rdn 1895.
[161] BGH 108, 237 = aaO (Fußn 139).
[162] OLG Hamm JMBlNW 1957, 184 = Rpfleger 1957, 379 mit Anm Bruhn; OLG Hamm DNotZ 1990, 601 = NJW-RR 1990, 272 = OLGZ 1990, 3 = Rpfleger 1990, 157; KG Berlin OLGZ 1976, 44 = Rpfleger 1976, 128.
[163] BayObLG 1969, 316 = DNotZ 1970, 155 = MDR 1970, 233 = Rpfleger 1970, 24.
[164] Wörbelauer NJW 1957, 898 und 1958, 1513 und 1958, 1705.
[165] BGH 155, 63 = DNotZ 2003, 707 = MDR 2003, 943 = NJW 2003, 2673 = NotBZ 2003, 60 mit Anm Krause = Rpfleger 2003, 522.

Grundschuld dann als Grundstücksbelastung erloschen. Ein übertragbarer oder pfändbarer Rückgewähranspruch besteht dann nicht.

7.11 Die sachenrechtliche Selbständigkeit der Grundschuld (Rdn 7.2) berechtigt den Gläubiger einer nur teilweise valutierten Sicherungsgrundschuld nicht, die **Zwangsversteigerung** in Höhe der vollen Grundschuldsumme **zu betreiben**. Wegen des nicht valutierten Teils ist auf Einwendungen des Eigentümers (ZPO § 767) die Zwangsvollstreckung für unzulässig zu erklären[166].

7.12 Ist eine nicht voll „valutierte" Grundschuld im Zwangsversteigerungsverfahren bestehengeblieben und hat der Gläubiger des Rechts ihre Löschung gegen Zahlung ihres „valutierten" Teils durch den Ersteher bewilligt, so steht dem früheren Grundstückseigentümer **gegen den Ersteher** kein Bereicherungsanspruch hinsichtlich des Ausfalls zu, den er deshalb erlitten hat, weil er nach Löschung der Grundschuld seinen Anspruch gegen den Grundschuldgläubiger auf Rückgewähr des nicht „valutierten" Teiles der Grundschuld nicht mehr verwirklichen kann[167] (anders[168]). Der mit Veräußerung des Grundstücks zu Verwertungszwecken erloschene Rückgewähranspruch lebt auch dann nicht wieder auf, wenn der Sicherungsnehmer die Grundschuld zurückerwirbt[169].

7.13 Die **Darlegungs-** und **Beweislast** für die aus einer Sicherungsabrede abzuleitenden Einwendungen[170] (mit weiteren Nachweisen) und damit auch für das Vorhandensein einer Sicherungsabrede[171] sowie auch dafür, daß keine andere (behauptete) Sicherungsabrede als eine festgestellte wirksame getroffen ist[172], und jedenfalls bei abstraktem Schuldversprechen auch für Einwendungen gegen die Forderung[173], trifft den Berechtigten des Rückgewähranspruchs. Wenn jedoch die Forderung bei Bestellung der Grundschuld noch nicht feststand (insbesondere bei Sicherung einer Kontokorrentschuld oder auch aller künftigen Forderungen aus Geschäftsverbindung) muß jedoch der Grundschuldgläubiger als Sicherungsnehmer Umfang und Höhe der gesicherten Forderung darlegen und beweisen[174].

7.14 Muster für die Berechnung einer erloschen Grundschuld im ZVG-Handbuch Rdn 440; für die Übertragung des Erlösanspruchs dort Rdn 441; für Verzicht Rdn 442; für die Aufhebung Rdn 443; sonst zur Grundschuld Rdn 444–449.

Liegenbelassungsvereinbarung 8

8.1 Wenn die Liegenbelassungsvereinbarung schon vor dem Verteilungstermin vorlag oder mindestens im Verteilungstermin noch **vor der Aufstellung des Teilungsplanes** durch das Gericht erfolgt, dann wird das liegenbelassene Recht im Plan unter den bestehenbleibenden Rechten aufgeführt (§ 113 Rdn 4), gleich ob auf das Recht vom Versteigerungserlös etwas entfallen würde oder nicht. Das Gericht hat dann weiter zu prüfen, ob etwas darauf entfallen wäre; es muß also zuerst den Plan normal (ohne Rücksicht auf die Liegenbelassung) aufstellen. Ent-

---

[166] BGH NJW-RR 2003, 45 (46) mit Nachw; OLG Köln ZIP 1980, 112; Kolbenschlag WM 1958, 1434.
[167] BGH MDR 1975, 45 = NJW 1974, 2279 = Rpfleger 1974, 427; BGH DNotZ 1994, 47 = MDR 1993, 755 = NJW 1993, 1919 = Rpfleger 1993, 415.
[168] OLG Koblenz NJW-RR 2000, 579 (unter Bezugnahme auf BGH 1989, 1349 (1350; insoweit BGH 106, 376 nicht abgedr): Anspruch nach BGB § 816 Abs 2 als dem Berechtigten gegenüber wirksame Leistung an einen Nichtberechtigten). Zur Besonderheit dieser in Bezug genommenen BGH-Entscheidung siehe aber BGH NJW 1993, 1919 (1920).
[169] BGH DNotZ 1979, 497 = NJW 1979, 717 = MDR 1979, 481 = Rpfleger 1979, 128.
[170] BGH 109, 197 = aaO (Fußn 109).
[171] BGH MDR 1991, 861 = NJW-RR 1991, 769.
[172] BGH MDR 1990, 234 = NJW 1990, 392.
[173] BGH MDR 1987, 124 = NJW-RR 1986, 1495.
[174] BGH NJW 1992, 1620 = aaO (Fußn 137).

§ 114 8.1   Verteilung des Erlöses

fällt vom Erlös nichts auf das liegenbelassene Recht, so bleiben der Plan in Teilungsmasse und Schuldenmasse sowie die Auszahlungsanweisung unverändert. Wäre dagegen ohne die Liegenbelassung aus dem Erlös das Recht ganz oder zum Teil zum Zuge gekommen, so ist der Plan durch die Liegenbelassung etwas zu ändern: es verringert sich nach § 91 Abs 3 das zu zahlende bare Meistgebot um den Betrag, der daraus ohne die Liegenbelassung dem betroffenen Gläubiger zugeflossen wäre, also um Kapital und Zinsen (ab Zuschlag) des liegenbelassenen Rechts (§ 91 Rdn 4); es entfällt dann eine Zuteilung dieser Beträge auf den Gläubiger; dieser erhält aus dem Erlös nur noch seine Kosten und die Zinsen seines Rechts bis zum Zuschlag, soweit diese zum Zuge kommen.

8.2 Wenn eine Liegenbelassungsvereinbarung **nach Aufstellung des Teilungsplanes** erfolgt (möglich ist diese bis zum Eingang des Eintragungsersuchens aus § 130 beim Grundbuchamt; § 91 Abs 2), dann bleibt der Plan hiervon unberührt, er wird nicht mehr verändert. Die betroffenen Beteiligten müssen sich außerhalb des Zwangsversteigerungsverfahrens über eine Rückzahlung usw einigen.

8.3 Die im Teilungsplan eingesetzten **Verfahrenskosten** ändern sich durch Liegenbelassung nicht, das Meistgebot bleibt ja unverändert.

9 Löschungsanspruch, Löschungsvormerkung

Literatur: Stöber, Der Streit um die Löschungsvormerkung nach § 1179 BGB in der Zwangsversteigerung, Rpfleger 1957, 205.

9.1 Anspruch auf Löschung einer Hypothek, Grundschuld oder Rentenschuld, die sich mit dem Eigentum in einer Person vereinigt hat, kann bestehen

a) als vertraglicher (schuldrechtlicher) Anspruch (Grundlage zumeist BGB § 241 Abs 1, § 311 Abs 1), für ein Dauerwohnrecht auch als gesetzlicher (schuldrechtlicher) Anspruch (WEG § 41 Abs 2);

b) als gesetzlicher Anspruch des Gläubigers einer seit 1. 1. 1978 in das Grundbuch eingetragenen gleich- oder nachrangigen Hypothek, Grundschuld oder Rentenschuld nach BGB § 1179a (auch auf Löschung des aus dem eigenen Grundpfandrecht entstandenen Eigentümerrechts, BGB § 1179b). Dieser Löschungsanspruch besteht auch gegenüber Grundpfandrechten, die vor dem 1. 1. 1978 bereits im Grundbuch eingetragen waren[175]. Er besteht nicht für sogenannte Übergangsrechte, das sind Grundpfandrechte, die auf Grund eines vor dem 1. 1. 1978 gestellten (beim Grundbuchamt eingegangenen) Antrags oder Ersuchens nach diesem Zeitpunkt in das Grundbuch eingetragen worden sind (Gesetz zur Änderung sachenrechtlicher, grundbuchrechtlicher und anderer Vorschriften vom 22. 6. 1977, BGBl I 998, Art 8 § 1 Abs 2).

9.2 Der **Löschungsanspruch kann gesichert** sein:

a) Durch **Vormerkung nach BGB § 1179** in der bis 31. 12. 1977 geltenden Fassung und in der ab 1. 1. 1978 geltenden neuen Fassung (Gesetz Art 1 Nrn 1 und 2 mit Art 8 § 4 Abs 1). Sicherung durch Vormerkung nach BGB § 1179 in bisheriger Fassung kann auch nach dem 1. 1. 1978 für Gläubiger der Altrechte (vor dem 1. 1. 1978 eingetragene Grundpfandrechte) und der Übergangsrechte (nach dem 1. 1. 1978 auf Grund eines vor diesem Zeitpunkt gestellten Antrags oder Ersuchens eingetragene Grundpfandrechte) erfolgt sein (Gesetz Art 8 § 1 Abs 3).

b) **Gesetzlich nach BGB § 1179a** als Löschungsanspruch des Gläubigers einer gleich- oder nachrangigen Hypothek (Grundschuld oder Rentenschuld) in gleicher Weise, als wenn zu seiner Sicherung gleichzeitig mit dem begünstigten Grundpfandrecht eine Vormerkung in das Grundbuch eingetragen worden wäre.

---

[175] BGH 99, 363 = DNotZ 1987, 510 mit Anm Schelter = MDR 1987, 493 = NJW 1987, 2078 = Rpfleger 1987, 238.

Aufnahme in Teilungsplan nach Grundbuch oder Anmeldung 9.4 § **114**

Entsprechendes gilt für den Anspruch auf Löschung des aus dem eigenen Recht entstandenen Eigentümerrechts (BGB § 1179 b).

9.3 Ein **gesetzlicher Löschungsanspruch mit Vormerkungswirkungen** für Gläubiger gleich- und nachrangiger Grundpfandrechte (BGB § 1179 a) sowie gegenüber dem aus dem eigenen Grundpfandrecht entstandenen Eigentümerrecht (BGB § 1179 b) besteht

a) **auch für** den Gläubiger einer Zwangshypothek (ZPO §§ 866, 867),

b) **auch für** den Gläubiger einer Sicherungshypothek für die Forderung aus einer Schuldverschreibung auf den Inhaber, aus einem Wechsel oder aus einem anderen Papiere, das durch Indossament übertragen werden kann (BGB § 1187),

c) **auch für** den Gläubiger einer Inhabergrundschuld (BGB § 1195),

d) **auch für** den Gläubiger der für eine übertragene Forderung gegen den Ersteher eingetragenen Sicherungshypothek (§ 128),

e) **auch für** den Gläubiger der an einem Grundstück des Vormunds (Pflegers, Beistands) nach FGG § 54 zur Sicherheitsleistung eingetragenen Sicherungshypothek,

f) **nicht** aber **gegenüber** der ursprünglichen offenen Eigentümergrundschuld, die noch nicht Fremdrecht war (BGB § 1196 Abs 3),

g) **nicht gegenüber** der Eigentümergrundschuld aus einem Briefrecht vor Briefübergabe (BGB § 1163 Abs 2),

h) **nicht gegenüber** einer Sicherungshypothek für die Forderung aus einer Schuldverschreibung auf den Inhaber, aus einem Wechsel oder aus einem anderen Papiere, das durch Indossament übertragen werden kann (BGB § 1187 Satz 4),

i) **nicht gegenüber** einer Inhabergrundschuld (BGB § 1195),

k) **nicht für** den Gläubiger einer Arresthypothek (ZPO § 932 Abs 1 Satz 2); dazu aber[176],

l) **nicht für und gegenüber** Schiffshypotheken[177].

Rangrücktritt begründet mit dem Zeitpunkt der Eintragung der Rangänderung den gesetzlichen Löschungsanspruch mit Vormerkungswirkungen (BGB § 1179 a Abs 4). Das gilt jedoch nicht für Grundpfandrechte, die am 1. 1. 1978 bereits im Grundbuch eingetragen waren, wenn sie nach diesem Zeitpunkt im Rang zurücktreten[178] (offen gelassen[179]). Wenn nach dem 1. 1. 1978 ein Grundstück einer schon vor diesem Zeitpunkt auf einem anderen Grundstück ruhenden Hypothek (Grundschuld oder Rentenschuld) unterstellt wird, steht dem Gläubiger hinsichtlich des auf das nachverpfändeten Grundstücks ruhenden Rechts der gesetzliche Löschungsanspruch des BGB § 1179 a zu[180].

9.4 Der gesetzliche Löschungsanspruch mit Vormerkungswirkungen gleich- und nachrangiger Grundpfandrechtsgläubiger kann rechtsgeschäftlich ganz oder teilweise **ausgeschlossen** sein (BGB § 1179 a Abs 5; Grundbucheintragung erforderlich). Auch kann Geltendmachung des vertraglichen oder gesetzlichen Löschungsanspruchs durch „**Verzicht**" des Berechtigten dauernd oder zeitweilig behindert sein; zur **Einrede** gegen den Löschungsanspruch nach Verzicht insbesondere[181].

---

[176] Stöber Rpfleger 1977, 399 und 425 (V 4 d).
[177] Stöber Rpfleger 1977, 399 und 425 (III).
[178] BayObLG 1979, 126 = DNotZ 1979, 505 = Rpfleger 1979, 261; OLG Celle DNotZ 1978, 628 = Rpfleger 1978, 308; OLG Düsseldorf MittRhNotK 1979, 17 Leitsatz mit Anm Schriftleit; OLG Frankfurt JurBüro 1979, 105 = MittRhNotK 1978, 186 = Rpfleger 1979, 19; OLG Köln MittRhNotK 1979, 38 mit Anm Schriftleit; Stöber Rpfleger 1978, 165.
[179] OLG Oldenburg DNotZ 1979, 35 = Rpfleger 1979, 307.
[180] BGH 80, 119 = DNotZ 1981, 385 = MDR 1981, 573 = MittRhNotK 1981, 164 Leitsatz mit Anm Grauel = NJW 1981, 1503 = Rpfleger 1981, 228.
[181] Stöber Rpfleger 1977, 399 und 425 (VII).

9.5 Schrifttum zu gesetzlichem Löschungsanspruch mit Vormerkungswirkungen außer den BGB-Kommentaren zu BGB §§ 1179, 1179a, 1179b und § 1196[182].

9.6 Das **Entstehen eines Eigentümerrechts** (Eigentümergrundschuld, Eigentümerhypothek) mit Übergang einer Fremdhypothek, -grundschuld oder -rentenschuld auf den Eigentümer (Fälle insbesondere Rdn 6) hindern der (vertragliche oder gesetzliche) Löschungsanspruch und seine Sicherung durch Löschungsvormerkung (BGB § 1179 alter und neuer Fassung) oder durch die gesetzlichen Vormerkungswirkungen der BGB §§ 1179a, b, nicht[183]. Der Gläubiger des Anspruchs auf Löschung des Eigentümerrechts kann von dem verpflichteten Eigentümer jedoch Erfüllung (BGB § 241 Abs 1) durch Aufhebung des Eigentümerrechts verlangen; sie erfordert Aufhebungserklärung und Löschung im Grundbuch (BGB § 875 Abs 1). Die Aufgabeerklärung kann auf Klage durch rechtskräftiges Urteil ersetzt werden (ZPO § 894). Der Löschungsanspruch kann von seinem Gläubiger auch gegen Dritte durchgesetzt werden, die durch vormerkungswidrige Verfügungen (rechtsgeschäftlich oder in einem Vollstreckungsverfahren) Rechte am Eigentümerrecht erlangt haben (BGB § 888 Abs 1).

9.7 Wird die Eigentümergrundschuld (Eigentümerhypothek) **vor der Zuschlagswirksamkeit** (§§ 89, 104) gelöscht, so rücken alle im Rang nachfolgenden Rechte, also auch die bisherigen Zwischenrechte zwischen dem Eigentümerrecht und dem Recht des Vormerkungsberechtigten oder gesetzlich Löschungsanspruchsberechtigten auf. Der Vormerkungsberechtigte rückt nicht etwa in die Rangstelle des gelöschten Eigentümerrechts ein. Schwierigkeiten für das Verteilungsverfahren bestehen hier nicht. Der Löschungsanspruch hat hier auf das Verfahren keinen Einfluß mehr[184].

9.8 War das **Eigentümerrecht** aber bei Wirksamwerden des Zuschlags **noch nicht gelöscht,** dann sind für Verwirklichung des durch Löschungsvormerkung (BGB § 1179) oder mit Vormerkungswirkungen gesetzlich (BGB § 1179a) gesicherten Löschungsanspruchs folgende Fälle zu unterscheiden:

a) **Bestehen geblieben** sind das in Erfüllung des Löschungsanspruchs zu löschende Grundpfandrecht (als betroffenes Recht) **und** das durch Löschungsvormerkung (BGB § 1179) oder mit Vormerkungswirkungen (BGB § 1179a) gesicherte Recht des Gläubigers des Löschungsanspruchs (als begünstigtes Recht). Der dann wie die Grundpfandrechte selbst durch den Zuschlag nicht berührte, somit fortbestehende Löschungsanspruch bleibt am Grundstück unverändert wie bisher gesichert. Löschungsanspruch und Löschungsvormerkung oder gesetzliche Vormerkungswirkungen bestehen wegen der Vereinigungen des Grundpfandrechts mit dem Eigentum in einer Person, die bis zum Zuschlag bereits eingetreten sind, weiter, aber auch wegen solcher Vereinigungen, die nach dem Zuschlag für den Ersteher als Eigentümer eintreten. Im Verteilungsverfahren erlangen Löschungsanspruch und Löschungsvormerkung oder Vormerkungswirkungen des BGB § 1179a in diesem Fall keine Bedeutung.

b) **Bestehen geblieben ist nur** das in Erfüllung des Löschungsanspruchs zu löschende Grundpfandrecht (als **betroffenes** Recht), während das durch die Löschungsvormerkung (BGB § 1179) oder mit Vormerkungswirkungen (BGB

---

[182] Stöber Rpfleger 1977, 399 und 425 (ganze Abhandlung) und Rpfleger 1978, 165; Brych und Meinhard WM 1978, 342 und MittBayNot 1978, 138; Gaberdiel Sparkasse 1977, 281; Hadding und Welter JR 1980, 89; Haupt in Festschrift für Westermann (1978), Seite 395; Jerschke DNotZ 1977, 708 mit Nachtrag DNotZ 1978, 65; Kissel NJW 1977, 1760; Mohrbutter KTS 1978, 17; Rambold Rpfleger 1995, 284; Riggers JurBüro 1977, 1491 und JurBüro 1978, 813; Schön BWNotZ 1978, 50; Wegner Sparkasse 1979, 260; Willke WM 1978, 1; Zagst BWNotZ 1979, 1.

[183] RG JW 1932, 1550 (1551); Schöner/Stöber, Grundbuchrecht, Rdn 2617; Stöber Rpfleger 1957, 205 (II).

[184] Zagst, Löschungsvormerkung (1973), § 9 (I 2).

§ 1179 a) gesicherte Recht des Gläubigers des Löschungsanspruchs (als begünstigtes Recht) durch den Zuschlag nach § 91 Abs 1 erloschen ist. Dann hat das Erlöschen des begünstigten Rechts nicht auch das Erlöschen des vertraglichen, durch Löschungsvormerkung nach BGB § 1179 gesicherten Löschungsanspruchs oder des gesetzlichen Löschungsanspruchs mit Vormerkungswirkungen (BGB §§ 1179 a, b) zur Folge (für Letzteren § 91 Abs 4 Satz 1). Der Löschungsanspruch und die ihn sichernde Vormerkung nach BGB § 1179 und ebenso der gesetzliche Löschungsanspruch mit den Vormerkungswirkungen der BGB §§ 1179 a, b bestehen wegen jeder zur Löschung verpflichtenden Vereinigung des betroffenen Rechts mit dem Eigentum in einer Person, die **vor dem Zuschlag** eingetreten ist, fort. Nicht mehr zur Löschung verpflichten jedoch Vereinigungen des Grundpfandrechts mit dem Eigentum in einer Person, die nach dem Zuschlag für den Ersteher als Eigentümer eintreten. Der fortbestehende gesetzliche Löschungsanspruch der BGB §§ 1179 a, b erlischt, wenn der Berechtigte aus dem Grundstück (voll) befriedigt wird (§ 91 Abs 4 Satz 2). Entsprechendes gilt für einen vertraglichen, durch Löschungsvormerkung nach BGB § 1179 gesicherten Löschungsanspruch. Er kann nur insoweit geltend gemacht werden, als der Berechtigte an der Löschung ein rechtliches Interesse hat; dieses erschöpft sich in und mit der Befriedigung seines gesicherten Rechts[185]. Wird ein fortbestehender Löschungsanspruch durchgesetzt, das bestehen gebliebene Grundpfandrecht mithin als Eigentümergrundschuld in Erfüllung des Anspruchs gelöscht, dann hat der Ersteher Zuzahlung zu leisten (§ 50 Abs 2 Nr 1). Der Zuzahlungsbetrag ist im Verteilungsverfahren nach § 125 zu behandeln; Einzelheiten § 125 Rdn 3. Für einen nicht mit dem begünstigten Recht durch Zuschlag erloschenen gesetzlichen Löschungsanspruch (BGB § 1179 a) ist auf einen spätestens im Verteilungstermin zu stellenden Antrag des Anspruchsberechtigten um Eintragung einer Vormerkung bei dem bestehen gebliebenen betroffenen Recht zu ersuchen. Diese Vormerkung sichert den Löschungsanspruch weiter (§ 130 a Abs 2; dazu § 130 a Rdn 3). Unterbleibt die Eintragung der Vormerkung, dann fallen die Vormerkungswirkungen des BGB § 1179 a mit Ausführung des Löschungsersuchens (§ 130) weg (§ 130 a Abs 1; dazu § 130 a Rdn 2).

c) **Erloschen sind mit dem Zuschlag beide Rechte** (§ 91 Abs 1). In Rechte auf Befriedigung aus dem Versteigerungserlös umgewandelt haben sich dann sowohl das in Erfüllung des Löschungsanspruchs zu löschende Eigentümerrecht (als betroffenes Recht) als auch das durch Löschungsvormerkung (BGB § 1179) oder mit Vormerkungswirkungen (BGB § 1179 a) gesicherte Recht des Gläubigers des Löschungsanspruchs (als begünstigtes Recht). Auch das Erlöschen beider Rechte hat nicht das Erlöschen des vertraglichen, durch Löschungsvormerkung nach BGB § 1179 gesicherten Löschungsanspruchs[186] oder des gesetzlichen Löschungsanspruchs mit Vormerkungswirkungen[186] nach BGB § 1179 a zur Folge (für Letzteren § 91 Abs 4 Satz 1). Die erloschenen Rechte und damit die bisherigen Rechtsbeziehungen dauern vielmehr am Versteigerungserlös fort, der Surrogat des Grundstücks ist (insbesondere[187]). Der Löschungsanspruch besteht daher weiter[188] mit der Maßgabe, daß er vom verpflichteten bisherigen Eigentümer nur durch Aufhebung des an die Stelle des Eigentümerrechts getretenen Anspruchs auf den Versteigerungserlös zu erfüllen ist (auch § 91 Rdn 2.3). Fort besteht der Löschungsanspruch auch (§ 91 Abs 4 Satz 1), wenn der Schuldner (Eigentümer bei Zuschlag) den an die Stelle einer (als betroffenes Recht) zu löschenden Hypothek oder Grundschuld ge-

---

[185] RG 63, 152; Stöber Rpfleger 1977, 399 und 425 (VI).
[186] BGH 108, 237 = DNotZ 1990, 581 = MDR 1989, 147 = NJW 1989, 2536 = Rpfleger 1990, 32.
[187] BGH 25, 382 = DNotZ 1958, 144 mit zust Anm Hoche = MDR 1958, 91 mit Anm Thieme = NJW 1958, 21 = Rpfleger 1958, 49 mit Anm Bruhn; BGH 39, 242 = MDR 1963, 580 = NJW 1963, 1497 = Rpfleger 1963, 234 mit krit Anm Stöber.
[188] BGH 25, 382 = aaO (Fußn 187).

§ 114 9.8   Verteilung des Erlöses

tretenen Erlösanspruch als Eigentümerberechtigung erst nach dem Zuschlag durch Verzicht des Gläubigers (BGB § 1168; zur Gegenansicht des BGH nachf) oder infolge eines sonstigen Erwerbstatbestands erlangt hat[189] (zur Verzichtswirkung bei Grundschuld Rdn 7.4 zu c) Auch in diesem Fall bestehen die Vormerkungswirkungen nach BGB § 1179 oder § 1179a weiter (Anwendung sachenrechtlicher Vorschriften auf den Erlösanspruch, s § 92 Rdn 2.1). Der Löschungsanspruch geht in diesen Fällen nicht mehr auf Zustimmung des Eigentümers (und eines nach BGB § 888 verpflichteten Dritten) zur Löschung, sondern dahin, daß der zur Löschung Verpflichtete den auf die Eigentümergrundschuld entfallenden und damit ihm zustehenden Erlösanteil dem Vormerkungsberechtigten insoweit überläßt, als er diesem zustehen würde, wenn die Löschung der Eigentümergrundschuld schon vor dem Zuschlag erfolgt wäre[190] (ähnlich[191]: Der Eigentümer ist jetzt verpflichtet, seinen Anteil am Erlös insoweit nicht geltend zu machen, als damit das durch die Vormerkung geschützte Recht beeinträchtigt würde).

Für den Verzicht auf den Erlös einer Grundschuld erst nach dem Zuschlag ist der BGH[191a] **anderer Ansicht; diese ist verfehlt.** Sie verkennt, daß für den Erlösanspruch die früheren Rechtsbeziehungen fortdauern (§ 91 Rdn 2.5), die Verzichtswirkungen sich somit unverändert nach Sachenrecht bestimmen (s Rdn 7.4), weshalb der Erlösanspruch der Eigentümer (bei Zuschlag) erwirbt (BGB § 1168 Abs 1), der nach wie vor zur Erfüllung des (schuldrechtlichen) Löschungsanspruchs Nachrangiger verpflichtet ist[191b] (BGB § 1179a). Zudem ist auch noch übersehen, daß § 91 Abs 4 (was schon der Gesetzeswortlaut sagt und zudem die vom BGH unzutreffend gewürdigte Begründung BT-Drucks 8/89 S 18 herausstellt) nur Wirkung und Wegfall des Löschungsanspruchs gegenüber bestehen bleibenden Rechten regelt, wenn das begünstigte Nachrangrecht durch den Zuschlag erlischt und allein für diesen (damit einen ganz anderen als den vom BGH entschiedenen) Fall das Fortbestehen des Löschungsanspruchs bei Vereinigung des bestehen gebliebenen Rechts erst nach dem Zuschlag (dazu Rdn 9.8 zu b) als nicht angemessen ansieht (weil dann damit der Ersteher das Eigentümerrecht erwirbt).

9.9 Folgt dem durch Zuschlag (ganz oder teilweise) gedeckten **erloschenen Eigentümerrecht unmittelbar das Recht** des Gläubigers des nach BGB § 1179 gesicherten Löschungsanspruchs oder das Grundpfandrecht, dessen Gläubiger nach BGB § 1179a einen gesetzlichen Löschungsanspruch mit Vormerkungswirkungen hat, dann hat Verteilung wie bei Löschung des Eigentümerrechts vor dem Zuschlag zur Folge, daß der auf das Eigentümerrecht treffende Erlös dem Gläubiger des durch den Löschungsanspruch gesicherten Rechts am Grundstück in Höhe seines Erlösanspruchs gebührt. Gleiches gilt bei Gleichrang des Rechts des Gläubigers des Löschungsanspruchs mit dem zu löschenden Eigentümerrecht, wenn beide Rechte teilweise ausfallen. Der Gläubiger eines (nachrangigen oder gleichrangigen) dinglichen Rechts kann damit nicht schlechthin verlangen, daß der Eigentümer seinen Erlösanspruch freigibt, sondern nur insoweit, als sein rechtliches Interesse in seiner Eigenschaft als Gläubiger des geschützten Rechts reicht. Dieses erschöpft sich in und mit der Befriedigung des gleich- oder nachrangigen Rechts[192]. Daher kann der Löschungsanspruch nicht zugunsten eines hinter dem begünstigten Recht stehenden (eigenen oder fremden) Rechts geltend gemacht werden[193] (mit Beispielen).

---

[189] OLG Köln OLGRep 1998, 433.
[190] RG 84, 78 (83); BGH 25, 382 = aaO (Fußn 187); BGH 99, 363 = aaO (Fußn 175); BGH 108, 237 = aaO (Fußn 186); OLG Köln OLGRep 1998, 433.
[191] RG 127, 282 (285).
[191a] BGH MDR 2004, 176 = NJW-RR 2004, 1458 = Rpfleger 2004, 717.
[191b] So zutreffend BGH Ppfleger 1958, 51 (52 liSp) = WM 1957, 979.
[192] RG 63, 152 und 84, 78 (83); Stöber Rpfleger 1957, 205 (VI).
[193] Stöber Rpfleger 1957, 205 (VI und VII).

Aufnahme in Teilungsplan nach Grundbuch oder Anmeldung 9.10 § 114

9.10 a) Wenn ein **Zwischenrecht mit Ausfall** vorhanden ist (oder wenn mehrere ausfallende Zwischenrechte bestehen), geht der Löschungsanspruch dahin, daß der zur Löschung Verpflichtete den auf das Eigentümerrecht treffenden Erlösanteil dem Vormerkungsberechtigten insoweit überläßt, als er diesem zustehen würde, wenn Löschung des Eigentümerrechts schon vor dem Zuschlag erfolgt wäre[194]. Zwischenrecht mit Ausfall ist ein Recht mit Anspruch auf den Versteigerungserlös im Rang nach (oder gleich mit) dem durch Zuteilung (ganz oder teilweise) gedeckten Eigentümerrecht, jedoch im Rang vor (oder gleich) mit dem vormerkungsgesicherten Grundstücksrecht, wenn es Zuteilung (oder unbedingte Zuteilung) nicht oder nicht voll erhalten kann. Ein Recht an der bezeichneten Rangstelle, das durch Zuteilung aus dem Versteigerungserlös voll befriedigt ist, hat keine Auswirkung mehr auf die Erlösverteilung nach Geltendmachung des Löschungsanspruchs.

Beispiel: Erloschen und durch Zuteilung voll gedeckte Rechte sind mit 1. Rangstelle eine Eigentümergrundschuld zu 50 000 Euro, mit 2. Rangstelle eine Hypothek für A zu 60 000 Euro und mit 3. Rangstelle eine Grundschuld für B zu 70 000 Euro. Sodann folgt zu 4. Rangstelle der Gläubiger einer Grundschuld in Höhe von 80 000 Euro, dessen Recht (ganz oder teilweise) ausfällt. Geltendmachung seines Löschungsanspruchs gibt dem Gläubiger der Grundschuld an 4. Rangstelle Anspruch auf den auf die Eigentümergrundschuld fallenden Versteigerungserlös als Berechtigter, der dem Eigentümerrecht, auf dessen Löschung Anspruch besteht, sogleich nachfolgt. Zwischenrechte können nach voller Befriedigung nicht mehr im Rang aufrücken und mit Aufhebung des Eigentümerrechts freiwerdenden Erlös nicht mehr erhalten. Anspruch auf den Versteigerungserlös besteht bei Geltendmachung des Löschungsanspruchs somit nach dem Rdn 9.9 Gesagten. Zwischenrecht wäre jedoch die Grundschuld für B zu 70 000 Euro an 3. Rangstelle, wenn sie ganz oder teilweise ausfallen würde. Für die Erlösverteilung bei Vorhandensein eines ausfallenden Zwischenrechts ist es gleichgültig, ob der Gläubiger dieses Rechts keinen durch Löschungsvormerkung gesicherten oder keinen gesetzlichen Löschungsanspruch mit Vormerkungswirkungen hat oder ob er auch selbst anspruchsberechtigt wäre, seinen Löschungsanspruch aber nicht geltend macht.

b) Über die Erlösverteilung bei Vorhandensein eines ausfallenden Zwischenrechts (entsprechendes gilt, wenn mehrere ausfallende Zwischenrechte vorhanden sind) bestanden zunächst unterschiedliche Ansichten.

I. Nach jetzt **herrschender Meinung,** die ausnahmslos der Rechtsprechung des Bundesgerichtshofs[195] folgt, kommt dem Gläubiger des Zwischenrechts die Geltendmachung des Löschungsanspruchs nicht zugute, wie das die Löschung des Eigentümerrechts vor dem Zuschlag getan hätte. Ein Zwischenrecht darf aus fremdem Löschungsanspruch keine Vorteile ziehen; der Vollstreckungsschuldner muß zwar so gestellt werden, wie wenn er dem Anspruch nachgekommen wäre[196]; die Zwischenrechte dürfen hiervon aber auch keinen Nachteil haben, sie müssen unberührt bleiben, der Löschungsberechtigte darf nicht mehr erhalten als er bei rechtzeitiger Löschung erhalten hätte, es gibt kein allgemeines Aufrücken der Nachrangigen[197]. Wird der Anspruch geltend gemacht, so kommt dies nicht wie

---

[194] BGH 25, 382 = aaO (Fußn 187); BGH 39, 242 = aaO (Fußn 187); OLG Düsseldorf NJW-RR 1989, 599 = Rpfleger 1989, 422.
[195] BGH 25, 382 und 39, 242 = je aaO (Fußn 187).
[196] BGH 25, 382 und 39, 242 = je aaO (Fußn 187); OLG Düsseldorf NJW-RR 1989, 599 = Rpfleger 1989, 422; Dassler/Schiffhauer, § 114 Rdn 61; Steiner/Teufel § 114 Rdn 88; Mohrbutter/Drischler Muster 124 Anm 7 c; Fischer NJW 1955, 573, berichtigt 1955, 860 (II 1); Hoche NJW 1955, 1141 und 1956, 1826.
[197] BGH 25, 382 = aaO (Fußn 187); OLG Düsseldorf NJW-RR 1989, 599 = Rpfleger 1989, 422; Dassler/Schiffhauer § 114 Rdn 61; Mohrbutter/Drischler Muster 124 Anm 7 c; Steiner/Teufel § 114 Rdn 88; Mohrbutter Handbuch des Vollstreckungsrechts, § 46 (III);

§ 114 9.10 Verteilung des Erlöses

die wirkliche Löschung allen Nachrangigen zugute, der Löschungsberechtigte hat Anspruch auf Zuteilung des Erlösanteils aus dem belasteten Recht aber nur soweit, als er diesen mit Rücksicht auf die Zwischenrechte auch bei einer vor dem Zuschlag erfolgten Löschung zu beanspruchen gehabt hätte[198]. Es müssen ihm gegenüber also alle Zwischenrechte, die selbst nicht aus dem belasteten Recht zum Zuge kommen dürfen, rechnerisch berücksichtigt werden. Diese Regel muß auch gelten, wenn ein Pfändungsgläubiger (der das Eigentümerrecht gepfändet hat) den auf das Eigentümerrecht entfallenden Erlös beansprucht, weil die Ansprüche der Löschungsberechtigten primär zu berücksichtigen sind[199]; es gibt keine Vorschrift, daß hier zuerst die Pfändung zu berücksichtigen sei und der Löschungsberechtigte auf die Hilfsverteilung nach § 124 verwiesen werden müsse[199]; vielmehr ist erst der Löschungsberechtigte zu berücksichtigen.

Beispiele (auch bei[200]) hierzu: Eigentümerrecht 20 000 Euro, Zwischenrecht 5000 Euro, löschungsberechtigtes Recht 10 000 Euro.

a) Auf das Eigentümerrecht entfallen 8000 Euro, bei rechtzeitiger Löschung hätten hiervon 5000 Euro dem Zwischenrecht gehört, davon darf der Löschungsberechtigte auch jetzt nichts bekommen; das Zwischenrecht erhält aber nichts, weil ihm die Löschungsberechtigung eines Dritten keinen Vorteil bieten darf; der Betrag kann daher nur an den bisherigen Eigentümer fallen; nur der Rest von 3000 Euro wäre bei rechtzeitiger Löschung dem Löschungsberechtigten zugefallen und fällt ihm auch jetzt zu.

b) Auf das Eigentümerrecht fallen nur 5000 Euro; sie wären bei rechtzeitiger Löschung voll an das Zwischenrecht gefallen, nicht an den Löschungsberechtigten, gehören also dem bisherigen Eigentümer, während Zwischenrecht und Löschungsberechtigter hier nichts erhalten.

c) Auf das Eigentümerrecht fallen sogar 20 000 Euro; hiervon erhält der Löschungsberechtigte volle 10 000 Euro, die er auch bei rechtzeitiger Löschung nach Vorgang des Zwischenrechts erhalten hätte; das Zwischenrecht erhält hier nichts, weil es aus der Löschungsberechtigung des Dritten keinen Vorteil haben darf; die restlichen 10 000 Euro fallen an den bisherigen Eigentümer.

II. **Nach früher** auch vertretener anderer Ansicht sollte der Wegfall des Eigentümerrechts auch Zwischenrechten zugute kommen, weil alle Nachrangigen aufrücken würden[201] ([202]meint dazu, dies sei eine Folge des Surrogationsgrundsatzes); man müsse es also so ansehen, als sei rechtzeitig vor dem Zuschlag gelöscht worden[203]. Auch nach dieser Ansicht kann der Berechtigte seinen Löschungsanspruch nicht mit Erfolg geltend machen, wenn auf sein Recht mit Rücksicht auf hohe Zwischenrechte nichts entfällt[204].

III. **Wieder andere Ansicht** war früher: Nach dem Zuschlag gebe es kein Aufrücken der nach dem Eigentümerrecht stehenden Rechte, weil nur noch schuldrechtliche Ansprüche des Löschungsberechtigten gegen den früheren Eigentümer

---

Hoche NJW 1955, 1141 und DNotZ 1958, 144 (Anmerkung); Ripfel DNotZ 1957, 518 und JurBüro 1970, 121 (II); Thieme MDR 1958, 91 (Anmerkung).

[198] BGH 25, 382 und 39, 242 = je aaO (Fußn 187); OLG Düsseldorf NJW-RR 1989, 599 = Rpfleger 1989, 422; Dassler/Schiffhauer § 114 Rdn 61; Mohrbutter/Drischler, Muster 124 Anm 7 c; Hoche NJW 1955, 1141; Riedel JurBüro 1973, 379 (6).

[199] OLG München Entscheidungsanhang E 138.

[200] Stöber Rpfleger 1957, 205 (VII).

[201] Stöber Rpfleger 1957, 205 (IV); Blomeyer, Vollstreckungsverfahren (1975), § 82 (IV 2).

[202] Blomeyer aaO.

[203] Kolbenschlag WM 1958, 1434 (IV).

[204] Stöber Rpfleger 1957, 205 (VI).

bestünden, dahin nämlich, daß dieser seinen Anspruch auf Erlösanteil nicht zum Nachteil des Berechtigten geltend machen dürfe[205], ihm diesen ohne Rücksicht auf Zwischenrecht unmittelbar überlassen müsse.

9.11 **Mehrere Löschungsvormerkungen** haben untereinander keinen Rang. Bei Geltendmachung der Ansprüche aus mehreren Löschungsvormerkungen gebührt der mit Wegfall des Eigentümerrechts freiwerdende Erlös daher den Gläubigern in der Rangfolge ihrer begünstigten Rechte.

9.12 Eine Löschungsvormerkung zugunsten der zurücktretenden bei der vortretenden Post, „wenn und soweit sie auf den Eigentümer übergeht (BGB §§ 1179, 1163)" erstreckt sich in der Regel nicht auf die Eigentümergrundschuld, die bis zur Valutierung einer zu Baukreditzwecken bestellten Hypothek besteht und vom Eigentümer an einen Zwischenfinanzierer abgetreten ist[206]. Jedoch erstreckt sich eine Löschungsvormerkung zugunsten eines rangschlechteren Grundpfandrechts bei Hypotheken, „wenn und soweit sie sich mit dem Eigentum in einer Person vereinigt haben oder vereinigen werden oder soweit eine Forderung nicht zur Entstehung gelangt", in der Regel auch auf die Eigentümergrundschulden, die bis zur Valutierung durch die Hypothekengläubiger bestehen und vom Eigentümer an einen Zwischenfinanzierer abgetreten sind[207].

9.13 Der durch Löschungsvormerkung nach BGB § 1179 alter Fassung gesicherte Löschungsanspruch kann in Einzelfällen auch einem **Dritten**, am Grundstück dinglich nicht Berechtigten[208] oder zwar dem Gläubiger eines eingetragenen Rechts, aber ohne Beschränkung auf die Sicherung dieses Rechts zustehen[209]. Für die Frage, ob in solchen Fällen überhaupt ein Interesse an der Ausübung des Rechts aus der Löschungsvormerkung vorliegt, sind die Verhältnisse zur Zeit des Verteilungsverfahrens, nicht zur Zeit des Zuschlags maßgebend[210]. Mit einer Löschungsvormerkung (BGB § 1179 alter Fassung) am eigenen Recht will sich der Gläubiger nicht Rangvorteile verschaffen, sondern in der Regel den Schwierigkeiten entgehen, die auftreten können, wenn von ihm die Berichtigungsbewilligung zur Umschreibung in eine Grundschuld verlangt wird[211]. Für Geltendmachung des Löschungsanspruchs nach Löschen des Rechts mit Erteilung des Zuschlags dürfte damit zumeist kein Interesse mehr bestehen.

9.14 In den **Teilungsplan** wird eine durch den Zuschlag erloschene Eigentümergrundschuld (Eigentümerhypothek) als Erlösanspruch des Grundstückseigentümers oder des Rechtsnachfolgers, der durch eine nachgewiesene wirksame Verfügung über das Eigentumsrecht oder (nach Zuschlag) den Erlösanspruch des Eigentümers ausgewiesen ist (Zessionar, Pfandgläubiger), auch dann aufgenommen, wenn der durch Löschungsvormerkung oder gesetzlich mit Vormerkungswirkungen gesicherte Löschungsanspruch geltend gemacht ist. Bei Eigentumswechsel ist das Grundpfandrecht für den Eigentümer in den Teilungsplan aufzunehmen, der nach für die Feststellung des Berechtigten im Teilungsplan allgemein geltenden Grundsätzen im Verfahren als Rechtsinhaber des Erlösanspruchs zu berücksichtigen ist (Rdn 6). Geltendmachung des (vertraglichen oder gesetzlichen) Löschungsanspruchs ändert die Berechtigung des Eigentümers (oder seines Rechtsnachfolgers) auf den Erlösanspruch und damit Berücksichtigung des Eigentümer-

---

[205] RG 127, 282; Räbel NJW 1956, 1825.
[206] BGH 60, 226 = DNotZ 1973, 410 = MDR 1973, 572 = NJW 1973, 846 und 1195 Leitsatz mit krit Anm Mittenzwei = Rpfleger 1973, 208.
[207] BGH JZ 1973, 372 = MDR 1973, 573 = NJW 1973, 895 und 1195 Leitsatz mit Anm Mittenzwei = Rpfleger 1973, 209.
[208] RG JW 1932, 1550 (1551).
[209] RG 63, 152.
[210] RG JW 1932, 1550 (1551).
[211] BGH MDR 1980, 216 = NJW 1980, 228 = Rpfleger 1980, 56.

§ 114   9.14   Verteilung des Erlöses

rechts im Teilungsplan nicht. Der Löschungsanspruch ist schuldrechtlicher Anspruch. Löschungsvormerkung (BGB § 1179) und gesetzlicher Vormerkungsschutz des BGB § 1179a sind sachenrechtliche Sicherungsmittel. Entstehen der Eigentümergrundschuld und (dingliche) Berechtigung des Eigentümers als Grundpfandgläubiger ändern sie nicht. Die dingliche Berechtigung des Eigentümers erlischt, auch wenn der Erlösanspruch als Surrogat an die Stelle des Grundstücks als Haftungsobjekt für das mit Zuschlag erloschene Eigentümerrecht getreten ist, erst mit Aufhebung (BGB § 875 Abs 1). Aufhebung des Anspruchs auf den Grundschulderlös erfordert als dingliches Verfügungsgeschäft Aufgabeerklärung des Eigentümers als Rechtsinhaber (Erlösberechtigter, BGB § 875 Abs 1), nicht mehr jedoch Löschung im Grundbuch (vgl Rdn 7). Erst diese Aufhebungserklärung des Eigentümers (als Erlösberechtigter) hat als rechtsgeschäftliche Verfügung den Untergang (den Wegfall) des Erlösanspruchs zur Folge. Er nimmt damit an der Erlösverteilung nicht mehr teil mit der Folge, daß damit der (gleich- oder nachrangige) Berechtigte des Löschungsanspruchs den freiwerdenden Erlösbetrag erhält. Erklärt wird die Aufhebung des Eigentümeranspruchs auf den Erlös als rechtsgeschäftliche dingliche Verfügung oft auch in der Weise, daß „der geltend gemachte Löschungsanspruch anerkannt" wird.

9.15 Im **Verteilungsverfahren** wird der durch Löschungsvormerkung nach BGB § 1179 und ebenso der gesetzliche, mit Vormerkungswirkungen nach BGB § 1179a gesicherte **Löschungsanspruch** nur berücksichtigt, **wenn er geltend gemacht ist.** Geltendmachung des Anspruchs muß spätestens im Verteilungstermin erfolgen. Geltendmachung ist (wie Anmeldung, Rdn 2.5) Verlautbarung (Bekundung) des Willens, daß der durch Löschungsvormerkung oder gesetzlich gesicherte Löschungsanspruch bei der Erlösverteilung berücksichtigt werden soll. Geltend gemacht wird der vorgemerkte Anspruch in dieser Weise durch einfache schriftliche (dafür auch elektronisches Dokument, ZPO § 130a) oder im Termin zu Protokoll zunehmende Erklärung.

9.16 a) **Geltendmachung** des Löschungsanspruchs **bewirkt,** daß der Erlösanspruch aus dem **Eigentümerrecht** auf Befriedigung aus dem Grundstück (§ 10 Abs 1 Nr 4) durch Bestehen und Verwirklichung des gesicherten Anspruchs **auflösend bedingt** ist[212]. Der Erlösanspruch des Eigentümers (oder seines Rechtsnachfolgers) fällt weg, wenn sich der Löschungsanspruch als begründet erweist (BGB § 158 Abs 2). Steht das schon im Verteilungstermin fest, weil der Eigentümer als Rechtsinhaber mit Aufhebungserklärung den Löschungsanspruch erfüllt hat (und erforderliche Zustimmungen Dritter nach BGB § 888 vorliegen) oder weil die Löschungsunterlagen vollständig eingereicht sind oder weil ein rechtskräftiges Prozeßurteil erforderliche Erklärungen ersetzt (ZPO § 894), dann wird ohne Bedingung sofort an den Löschungsberechtigten zugeteilt (§ 119 Rdn 2.5) und ausbezahlt. Andernfalls ist der auf das Eigentümerrecht zugeteilte Erlösanspruch bei Geltendmachung des Löschungsanspruchs als auflösend bedingter Anspruch zu behandeln. Es bleibt daher bei der Zuteilung an den Eigentümer (seinen Rechtsnachfolger, dessen Erwerb dem Vormerkungsberechtigten oder Vormerkungsgeschützten gegenüber unwirksam ist, BGB § 883 Abs 2 mit §§ 1179, 1179a). Als anderweitige Verteilung für den Fall, daß der Anspruch wegfällt (§ 119), ist jedoch der Gläubiger des durch Vormerkung oder gesetzlich gesicherten Löschungsanspruchs in Höhe des ihm gebührenden Betrags (bis zur Höhe des ausfallenden Erlösanspruchs seines geschützten Rechts) festzustellen. Dieser kann sich mit Widerspruch (§ 115 Abs 1; ZPO § 876) gegen die Planausführung an den Eigentümer (seinen Rechtsnachfolger) wehren (siehe § 120) und Hinterlegung erwirken. Diesen Widerspruch enthält bereits die Geltendmachung des Löschungsanspruchs. Über den Widerspruch ist daher mit dem Eigentümer (und seinen Rechtsnachfol-

---

[212] Stöber Rpfleger 1957, 205 (X); Dassler/Schiffhauer § 114 Rdn 58; Reinhard/Müller § 119 Anm II 4.

ger) zu verhandeln. Auszahlung an den Gläubiger des Löschungsanspruchs erfordert, daß der Löschungsanspruch durch den nach dem Plan erlösberechtigten Eigentümer (auch seinen zustimmungspflichtigen Rechtsnachfolger BGB § 888 Abs 1) anerkannt oder Urteil über die Berechtigung des Gläubigers des Löschungsanspruchs (ZPO § 894) vorgelegt wird.

b) Nach **anderer Ansicht**[213] ist der Löschungsanspruch bei fehlender Zustimmung des Eigentümers (und seines nach BGB § 888 Abs 1 zustimmungspflichtigen Rechtsnachfolgers) mit **Widerspruch** gegen den Teilungsplan (§ 115) geltend zu machen, Hilfszuteilung an den Widersprechenden mithin nach § 124 Abs 1 vorzunehmen. Diese Meinung unterscheidet sich in ihren Auswirkungen nicht von der vorstehend unter a) vertretenen Ansicht, bei der Grundlage der Hilfsverteilung § 119 ist und Planausführung mit Widerspruch aufgehalten wird.

c) Vertreten wurde früher auch, daß bereits die einseitige Erklärung des durch Löschungsvormerkung oder (jetzt) auch gesetzlich mit Vormerkungswirkung gesicherten Gläubigers des Löschungsanspruchs, seinen Anspruch auszuüben, bewirkt, daß der Löschungsanspruch als festgestellt zu behandeln ist[214]. Dem Vormerkungsberechtigten soll demzufolge sogleich der auf sein Recht treffende Teil des Eigentümerrechts zugeteilt werden. Diese Auffassung ist abzulehnen, weil allein Geltendmachung eines schuldrechtlichen Anspruchs keine dingliche Rechtsänderung bewirken, sonach nicht (wie eine Löschung) Wegfall des Eigentümerrechts zur Folge haben kann (hierzu bereits Rdn 9.14).

9.17 Wenn das zu löschende betroffene Grundpfandrecht im Teilungsplan **nicht als Eigentümerrecht berücksichtigt,** sondern als Fremdrecht aufgenommen ist, der darauf fallende Erlösanspruch sonach dem eingetragenen oder sonst legitimierten Grundpfandrechtsgläubiger zugeteilt ist, muß ein durch Löschungsvormerkung oder gesetzlich mit Vormerkungswirkung gesicherter Löschungsanspruch ebenfalls spätestens im Verteilungstermin geltend gemacht werden. Mit Geltendmachung des Löschungsanspruchs wird dann zugleich Widerspruch gegen die Zuteilung an den Gläubiger des Grundpfandrechts erhoben, der Unrichtigkeit des Plans aus materiellrechtlichen Gründen hinsichtlich der Person des Berechtigten beanstandet (§ 115 Rdn 3.2). Dem widersprechenden Gläubiger des Löschungsanspruchs gebührt der dann streitige Betrag, wenn sich sein Widerspruch als begründet erweist. Das ist der Fall, wenn das berücksichtigte Grundpfandrecht tatsächlich Eigentümerrecht ist und der Erlösanspruch von dem zur Löschung Verpflichteten in Erfüllung des Löschungsanspruchs dem Widersprechenden überlassen werden muß. An diesem Widerspruch sind sonach der im Teilungsplan berücksichtigte Grundpfandgläubiger und der zur Löschung verpflichtete Eigentümer (und auch ein nach BGB § 888 Abs 1 zustimmungspflichtiger Dritter) beteiligt (§ 115 Abs 1; ZPO § 876).

9.18 Die bei einer **Grundschuld** eingetragene Löschungsvormerkung (BGB § 1179) und ebenso der gegen sie gerichtete gesetzliche Löschungsanspruch mit Vormerkungswirkungen (BGB § 1179a) hat praktisch nur mindere Bedeutung. Denn eine Grundschuld wird nur seltener kraft Gesetzes Eigentümergrundschuld (dazu Rdn 6), die in Erfüllung des gesicherten Löschungsanspruchs gelöscht werden muß. Insbesondere wird eine Grundschuld nicht nach BGB § 1163 Abs 1 Eigentümergrundschuld; auch wenn die durch Grundschuld nach schuldrechtlicher Abrede gesicherte Forderung nicht entstanden oder wieder erloschen ist, steht die Grundschuld und damit auch der auf die erloschene Grundschuld fallende Versteigerungserlös unverändert ihrem Gläubiger zu (Rdn 7). Der Grundstückseigentümer (sonstige Sicherungsgeber) hat nur Anspruch auf Rückgewähr der Grund-

---

[213] RG 125, 133 (136, 138); Höfer JW 1931, 2125 und DNotZ 1932, 442.
[214] Korintenberg/Wenz Einleitung Kapitel 23, 4 (S 139 oben) sowie Musterbeispiel 11 Anm I (Seiten 838, 839); Fischer NJW 1955, 573, berichtigt 1955, 860 (II 1).

schuld (Rdn 7.7). Er kann diesen mit Abtretung oder Verpfändung an einen (kreditgebenden) Dritten und damit die Grundschuld selbst (diese auch durch Sicherung einer anderen Forderung mit Erweiterung der Sicherungsabrede, Rdn 7.6 zu c) als Sicherungsmittel für Kredite weiter nutzen[215]. Einer solchen Nutzung kann der Gläubiger des nachrangigen Grundpfandrechts nicht widersprechen[216]. Er hat insbesondere keinen Anspruch gegen den Eigentümer, sich so zu verhalten, daß ein Rückgewähranspruch überhaupt entsteht oder daß nach seiner Entstehung die Grundschuld auf den Eigentümer übergeht und so der Löschungsanspruch nach BGB § 1179a (oder § 1179) ausgelöst wird[216]. Diese Vorschrift verhindert nicht und soll nicht verhindern, daß einer ganz oder teilweise nicht valutierten Fremdgrundschuld andere Forderungen unterlegt werden, der Eigentümer also den durch den Rang der Grundschuld mitbestimmten Sicherungsrahmen voll ausschöpft[217]. Besteht Streit oder Ungewißheit darüber, ob eine Eigentümergrundschuld entstanden ist, so ist der Anspruch aus der Löschungsvormerkung nach dem Rdn 9.17 Gesagten geltend gemacht werden. Zur Rückgewährvormerkung nach BGB § 883 siehe Rdn 7.8c.

9.19 Zu Löschungsvormerkung und Löschungsanspruch mit Vormerkungswirkungen auch im ZVG-Handbuch Rdn 434 und 520–532 mit Mustern und Beispielen.

10 Übererlös im Teilungsplan

10.1 **Übererlös ist** das, was nach Wegfertigung der Verfahrenskosten und aller befriedigungsberechtigten Ansprüche noch verbleibt. Übererlös ist nicht, was dem Schuldner aus Eigentümerrechten zufließt; insoweit ist er dinglich Berechtigter (§ 10 Abs 1 Nr 4) wie die anderen.

10.2 Der Übererlös **wird** vom Gericht **nicht „verteilt"**, wie es für die Befriedigung Berechtigter vorgeschrieben ist (§ 109 Abs 2). Er bleibt einfach unverteilt dem Vollstreckungsschuldner[218]. Das gilt auch, wenn mehrere bisherige Eigentümer vorhanden sind, die sich selbst über die Aufteilung des Überschusses unter sich einigen müssen[219], also wie bei der Teilungsversteigerung (§ 180 Rdn 17). Wenn ein Nachlaßgrundstück zwangsversteigert wurde, fällt der Übererlös als Surrogat in den Nachlaß[220]. Er ist Ersatz für Entziehung des Grundstücks als Erbschaftsgegenstand[220] (BGB § 2111 Abs 1 Satz 1). Weil damit nicht mehr das Grundstück Nachlaßgegenstand ist, besteht auch die Verfügungsbeschränkung von BGB § 2113 nicht mehr fort. Der Erlösüberschuß ist daher dem Vorerben auszukehren (anders[221]: nur dem befreiten Vorerben; sonst ist der Übererlös dem Vorerben und dem Nacherben nur gemeinsam zu überlassen oder für beide zu hinterlegen, BGB § 2114 entspr). Der nicht befreite Vorerbe hat den Erlösüberschuß nach BGB § 2119 anzulegen[222].

10.3 Bei **herrenlosen Grundstücken** (§ 15 Rdn 22) folgt aus dem Aneignungsrecht des Fiskus am Grundstück, daß dieses auch am Erlösüberschuß besteht[223]. Der nach ZPO § 787 bestellte Vertreter muß den Überschuß nach Entnahme seiner Gebühren und Auslagen für den (noch unbekannten) Berechtigten hinterle-

---

[215] BGH 108, 237 = aaO (Fußn 186); BGH MDR 1991, 1201 = NJW-RR 1991, 1197 = Rpfleger 1991, 381.
[216] BGH 108, 237 = aaO (Fußn 186).
[217] BGH 108, 237 = aaO (Fußn 186); BGH NJW-RR 1991, 1197 = aaO (Fußn 215).
[218] OLG Karlsruhe BWNotZ 1965, 42 Leitsatz; Stöber Rpfleger 1958, 73 (II).
[219] Stöber Rpfleger 1958, 73 (II).
[220] BGH MittRhNotK 1993, 257 = NJW 1993, 3198 = Rpfleger 1993, 493.
[221] Klawikowski Rpfleger 1998, 100 (102).
[222] BGH NJW 1993, 3198 = aaO (Fußn 220)
[223] Dassler/Schiffhauer § 109 Rdn 20; Jaeckel/Güthe § 109 Rdn 6; Mohrbutter/Drischler Muster 12 Anm 3.

gen, als herrenlos, bis der Fiskus ihn sich aneignet (oder derjenige, der vom Fiskus das Aneignungsrecht erworben hat).

10.4 Übererlös in der **Teilungsversteigerung:** § 180 Rdn 17.

10.5 Zum Übererlös der Vollstreckungsversteigerung im ZVG-Handbuch Rdn 461 (mit Muster) und zur Teilungsversteigerung Rdn 749–752.

Verzicht bei Erlöszuteilung 11

11.1 Kapitalbeträge aus erlöschenden **Hypotheken:** Ein Verzicht ist hier, im Gegensatz zum formbedürftigen Verzicht auf ein bestehendes Recht, nach dessen Erlöschen durch Zuschlag formlos möglich[224], also durch einfache Erklärung gegenüber dem Vollstreckungsgericht, zB im Verteilungstermin. Der Verzicht beeinflußt die Verteilung nur, solange die Beträge nicht ausbezahlt sind. Er bezieht sich auf das Surrogat des erloschenen Rechts. Die Erklärung des Gläubigers ist sorgfältig zu prüfen, ob wirklich ein Verzicht auf das Kapital gemeint ist[225]. Die Erklärung, daß das Recht nicht valutiert sei, ist kein Verzicht[226]. Auch Nichtanmeldung ist kein Verzicht. Wenn der Gläubiger nur einen geringeren Betrag als eingetragen geltend macht, ist das kein Verzicht auf das Recht[227]. Wird auf das Kapital einer Hypothek verzichtet, so steht der Erlösanteil hierfür dem bisherigen Grundstückseigentümer zu (BGB § 1168), nicht nachstehenden Berechtigten[228] (anders[229]: hier entstünden keine Eigentümeransprüche, weil ja keine Hypothek mehr bestehe; überholt); bei mehreren früheren Eigentümern steht der Erlösanteil diesen ungeteilt zu[230].

11.2 Kapitalbetrag einer erloschenen **Grundschuld:** Auch hier ist nach dem Zuschlag formloser Verzicht auf das Surrogat möglich, durch einfache Erklärung gegenüber dem Vollstreckungsgericht[231]. Nach dem Verzicht steht das Surrogat dem bisherigen Eigentümer zu[231]. Einzelheiten: Rdn 7.

11.3 Laufende und rückständige **wiederkehrende Leistungen aus Hypotheken und Grundschulden:** Die Nichtanmeldung ist kein Verzicht. Bevor das Gericht hier nach Abs 1 zuteilt, muß es durch Rückfrage beim Gläubiger klären, ob dieser nur aus Versehen oder im Vertrauen auf die gesetzliche Zuteilungspflicht des Gerichts gegenüber bestimmten Ansprüchen nicht angemeldet hat oder etwa deshalb, weil er nichts mehr zu fordern hat oder deshalb, weil er Ansprüche im Verfahren nicht geltend machen will (Minderanmeldung). Meldet ein Gläubiger weniger an, als ihm zustehen würde, so ist in unklaren Fällen sein Wille durch Rückfrage zu klären. Angesichts der vom ZVG aber vorgesehenen Zuteilung laufender Beträge von Amts wegen (Abs 2) ist Vorsicht geboten, solange nicht der Wille des Gläubigers eindeutig feststeht; bei der klaren Gesetzesfassung haftet sonst das Gericht. Wegfallende Beträge kommen hier dem nächstberechtigten Gläubiger laut Plan zugute, nicht dem bisherigen Grundstückseigentümer, der ja für die Zeit vor dem Zuschlag aus einem Eigentümerrecht keine Zinsen erhalten darf[232]; nach Wegfertigung aller Berechtigten fließen diese Beträge als Überschuß dem Vollstreckungsschuldner zu.

---

[224] Jaeckel/Güthe § 92 Rdn 8; Reinhard/Müller § 92 Anm III 2.
[225] Jaeckel/Güthe § 92 Rdn 8.
[226] Jaeckel/Güthe und Reinhard/Müller je aaO (Fußn 224).
[227] Reinhard/Müller § 92 Anm III 2 und § 114 Anm V 1 f; Korintenberg/Wenz § 92 Anm 6.
[228] Jaeckel/Güthe § 92 Rdn 8; Reinhard/Müller § 92 Anm III 2; Wecker, Grundpfandrechte und Surrogation, 1937 (Nachdruck 1970); S 44, 45; Pikart WM 1965, 1230 (III 1) (IV 2); Riggers JurBüro 1969, 195; (4).
[229] RG 55, 260 (264–265).
[230] Pikart WM 1965, 1230 (IV 2).
[231] LG München I KTS 1976, 247.
[232] Reinhard/Müller § 114 Anm II 6.

§ 114 11.4 Verteilung des Erlöses

11.4 Persönlich betreibende Ansprüche: Verzichtet ein persönlich betreibender Gläubiger vor oder im Verteilungstermin auf Zuteilung, so ist das zu behandeln, als ob er seinen Antrag entsprechend zurückgenommen hätte. Er fällt dann weg, soweit sein Verzicht geht, der freiwerdende Betrag kommt den Nächstberechtigten zugute, nicht dem Vollstreckungsschuldner (außer als Übererlös), da hier ja Eigentümerrechte nicht entstehen können. Verzichtet der persönlich betreibende Gläubiger ausdrücklich zugunsten des Schuldners, so wird man dies als Abtretung behandeln müssen (Rückfrage zweckmäßig) und an den Vollstreckungsschuldner zuteilen.

11.5 Sonstige Ansprüche, die nicht unter Rdn 11.1–11.4 fallen, also Ansprüche der Rangklassen 1–3 des § 10. Sie kommen nur zum Zuge, wenn sie angemeldet werden. Wird auf angemeldete Beträge später verzichtet, so kommen sie den Nachberechtigten zugute, nicht dem Vollstreckungsschuldner. Wird in der Verteilung weniger als früher angemeldet, so entscheidet diese neuere Anmeldung und der Rest kommt den Nachberechtigten zugute. Auch hier darf einem Berechtigten nicht mehr zugeteilt werden, als er begehrt.

11.6 Ein **Verzicht** gleich welcher Art erst **nach Aufstellung des Teilungsplanes** hat auf die Verteilung keinen Einfluß mehr, kann aber noch die Auszahlung berühren. Erfolgt er erst nach der Auszahlung, so müssen sich die Beteiligten außergerichtlich auseinandersetzen.

[Erweiterte Befriedigung des Erstehers]

114a Ist der Zuschlag einem zur Befriedigung aus dem Grundstück Berechtigten zu einem Gebot erteilt, das einschließlich des Kapitalwertes der nach den Versteigerungsbedingungen bestehen bleibenden Rechte hinter sieben Zehnteilen des Grundstückswertes zurückbleibt, so gilt der Ersteher auch insoweit als aus dem Grundstück befriedigt, als sein Anspruch durch das abgegebene Meistgebot nicht gedeckt ist, aber bei einem Gebot zum Betrage der Sieben-Zehnteile-Grenze gedeckt sein würde. Hierbei sind dem Anspruch des Erstehers vorgehende oder gleichstehende Rechte, die erlöschen, nicht zu berücksichtigen.

Literatur: Bauch, Zur Befriedigungsfiktion nach § 114a ZVG, Rpfleger 1986, 457; Ebeling, Befriedigungsfiktion des § 114a ZVG in der Vollstreckungspraxis, Rpfleger 1985, 279; Häusele, Zur Verfassungswidrigkeit der Befriedigungsfiktion des § 114a ZVG, KTS 1991, 47; Kahler, Die fiktive Befriedigungswirkung gemäß § 114a ZVG, MDR 1983, 903; Mohrbutter, Zum Verzicht auf die fiktive Befriedigung aus § 114a ZVG, KTS 1977, 89; Muth, Probleme bei der Abgabe eines Gebots in der Zwangsversteigerung aus Gläubigersicht, ZIP 1986, 350; Muth, Alte und neue Fragen zur Befriedigungsfiktion des § 114a, Rpfleger 1987, 89; Schiffhauer, Was ist Grundstückswert im Sinne des § 114a ZVG, KTS 1968, 218 und KTS 1969, 165; Schiffhauer, Die Befriedigungsfiktion des § 114a beim Vorhandensein von Zwischenrechten, Rpfleger 1970, 316.

1 Allgemeines zu § 114a

1.1 Zweck der Vorschrift: Wahrung des Interesses des Schuldners an wertrichtiger Veräußerung des Grundstücks mit erweiterter Befriedigung des Erstehers durch Anrechnung des Grundstückswertes (bis zur $^7/_{10}$-Wertgrenze) auf sein ausfallendes Recht.

1.2 Anwendungsbereich: § 114a gilt für alle Versteigerungsverfahren des ZVG, auch für die Teilungsversteigerung, aber für Schiffe zum Teil nicht (Rdn 4).

2 Erweiterte Anspruchsbefriedigung des Erstehers

2.1 Mit **erweiterter Befriedigung** des Erstehers regelt § 114a eine **materiellrechtliche Folge** des Zuschlags. Diese Befriedigungsfiktion entspricht Grundsät-

Erweiterte Befriedigung des Erstehers 2.2 § 114a

zen der wirtschaftlichen Gerechtigkeit[1]. Durch Deckung des Rechts des Erstehers bis zur $^7/_{10}$-Wertgrenze gewährleistet § 114a Schutz des Schuldners (Eigentümers), weil dem Berechtigten, der bei seinem geringen eigenen Gebot bei Erlösverteilung nicht zum Zuge kommen kann, als Ersteher mit dem Grundstück ein Gegenwert zugute kommt. Mit dem Grundgesetz ist § 114a vereinbar[2] (nicht richtig[3]).

2.2 Wenn ein zur Befriedigung aus dem Grundstück **Berechtigter** nur an die untere Grenze seines Rechts heranbietet, kann wertrichtige Veräußerung des Grundstücks durch Zwangsversteigerung daran scheitern, daß kein anderer Erwerbsinteressent mehr zu bieten wagt oder an keinem Gebot mehr interessiert ist. Für Erzielung eines Meistgebots müßten andere Interessenten den zur „Rettung seines Rechts" bietenden Berechtigten erfahrungsgemäß ausbieten (überbieten). Wenn demnach die Konkurrenz der Bieter (dazu Einl Rdn 10) praktisch ausgeschaltet bleibt und der Berechtigte mit Erteilung des Zuschlags zu einem geringen Gebot das Grundstück billig erwerben kann, bei Erlösverteilung aber gleichwohl ganz oder zum Teil ausfällt, würden der Schuldner (Eigentümer) und unter Umständen noch andere Beteiligte (Berechtigte) zu Schaden kommen. Der Ersteher hätte das Grundstück auf Grund seiner Gläubigerstellung günstig erworben. Er könnte aber gleichwohl eine persönliche Forderung, die wegen des unzulänglichen Erlöses im Verteilungsverfahren (ganz oder teilweise) keine Zuteilung erhalten, somit ungedeckt bleiben (ausfallen) würde, gegen den Schuldner, gegen einen Bürgen, aus anderen Pfandrechten oder aus sonst mithaftenden Sicherheiten usw weiter geltend machen. Er könnte weiter mithaftende Grundstücke (BGB § 1132, bei Grundschuld mit BGB § 1192 Abs 2) und weitere Sicherungsrechte verfolgen, die Zahlung eines Grundschuldbetrags gewährleisten (Anspruch aus [vielfach üblichem] abstraktem Schuldversprechen, aus Garantieversprechen usw).

Beispiel: Geringstes Bargebot 50 000 Euro, erlöschendes Recht A zu 50 000 Euro, betreibender und bietender Gläubiger B mit Recht zu 100 000 Euro, weitere Rechte. B bietet 100 000 Euro (= geringstes Bargebot + Recht A), kann bis 200 000 Euro bieten und bleibt dabei innerhalb seines Rechts, kann nur mit mehr als 200 000 Euro überboten werden, bietet darum nur an sein Recht heran, nämlich wie hier 100 000 Euro; fällt mit den ganzen 100 000 Euro aus und behält die persönliche Forderung und andere Sicherungsrechte gegen den Schuldner sowie Dritte.

Solche unbillige Auswirkung der Zwangsversteigerung auf die Rechtsbeziehung des Schuldners (Eigentümers) zu dem am Grundstück Berechtigten soll § 114a verhindern[4]. Begrenzung der Befriedigung auf $^7/_{10}$ des Grundstückswertes dient dem Gläubigerinteresse[5]; der mit dem Grundstück erlangte Gegenwert soll bei fehlender Bieterkonkurrenz nicht einseitig zu seinen Lasten Bedeutung erlangen.

Beispiel wie vorher: Festgesetzter Grundstückswert 200 000 Euro, $^7/_{10}$-Grenze also 140 000 Euro; B gilt in Höhe von 40 000 Euro als befriedigt, weil er bei einem $^7/_{10}$-Gebot von 140 000 Euro mit diesem Teilbetrag zum Zuge gekommen wäre.

---

[1] Schiffhauer Rpfleger 1970, 316; Jonas/Pohle, ZwVNotrecht, § 114a Anm 1.
[2] BGH 117, 8 = DNotZ 1993, 107 = MDR 1992, 369 = NJW 1992, 1702 = Rpfleger 1992, 264; Stöber, ZVG-Handbuch, Rdn 571a.
[3] Häusele KTS 1991, 47.
[4] BGH 108, 248 = MDR 1989, 1097 = NJW 1989, 2396 = Rpfleger 1989, 421; BGH 113, 169 (178); BGH 117, 8 = aaO (Fußn 2); BGH NJW-RR 2004, 666 (667) = Rpfleger 2004, 433.
[5] BGH 117, 8 = aaO (Fußn 2).

§ 114a 2.3

2.3 Grundgedanke der Vorschrift: Ein Befriedigungsberechtigter, der das Grundstück einsteigert, ist nicht gezwungen, seine Forderung (sein Recht) auszubieten; er wird sich bemühen, möglichst billig zu erwerben. Er gilt dann aber mit seinem niedrigen Gebot insoweit als befriedigt, als seine Ansprüche bei einem Gebot in Höhe von $7/10$ des Grundstückswertes gedeckt sein würden. Der zur Befriedigung aus dem Grundstück berechtigte Ersteher und der Schuldner (Eigentümer) werden damit rechtlich so gestellt, als ob der Berechtigte ein Gebot abgegeben hätte, das $7/10$ des Grundstückswertes erreicht[6]; soweit durch ein solches Gebot sein Anspruch gedeckt, ihm also der Erlös im Verteilungsverfahren zuzuteilen gewesen wäre, gilt er mit dem Zuschlag als befriedigt[6]. Damit wird zugleich baldige Gläubigerbefriedigung mit Grundstücksverwertung durch Zwangsversteigerung gewährleistet. Bei einem Gebot unter der Hälfte des Grundstückswertes müßte der Zuschlag von Amts wegen versagt werden und nochmalige Versteigerung in einem neuen Termin durchgeführt werden (§ 85a Abs 1, 2). Weil aber mit erweiterter Befriedigung des Erstehers nach § 114a ein unbilliges Versteigerungsergebnis zu Lasten des Schuldners nicht erzielt und Grundstücksverschleuderung damit ausgeschlossen ist (§ 85a Rdn 4.1), wird auch bei solchem Versteigerungsergebnis der Zuschlag erteilt (§ 85a Abs 3).

2.4 Zur **Befriedigung aus dem Grundstück** berechtigt für erweiterte Befriedigung ist Ersteher als jeder nach § 10 Anspruchsberechtigte. Das ist insbesondere der Gläubiger eines Rechts an dem Grundstück (Hypothek und Grundschuld), und zwar auch mit dem Anspruch in Rangklasse 6 sowie 8 des § 10 Abs 1 (zu diesem[7]; anders[8]), und auch mit dem Anspruch aus einem nach § 110 zurückgefallenen Recht. Das ist auch der Berechtigte eines anderen dinglichen Rechts mit Anspruch auf Wertersatz nach § 92 (§ 85a Rdn 4.2). Befriedigungsberechtigter kann auch ein nur **persönlich betreibender** Gläubiger sein[9] (Rangklasse 5 des § 10 Abs 1). Es kann auch ein **Pfandgläubiger** einer Hypothek sein, der zur Einziehung der Forderung berechtigt ist[10]. „Anspruch", mit dem der Ersteher als befriedigt gilt, ist jedoch nur der Anspruch, mit dem er als Gläubiger nach § 10 Befriedigung aus dem Grundstück verlangen kann[11]. Auf eine Forderung des Erstehers gegen den Schuldner, für die er nach § 10 keine Befriedigung aus dem Grundstück verlangen kann, wirkt sich die Befriedigungsfiktion des § 114a nicht aus[11]. Wenn der Ersteher Gläubiger einer Sicherungshypothek für eine Darlehensforderung ist, gilt er daher bei Erwerb des Grundstücks seines Arbeitgebers zu einem Gebot unter $7/10$ des Grundstückswerts nicht nach § 114a auch für seine ungesicherte rückständige Lohn/Gehaltsforderung als befriedigt[11].

2.5 Für erweiterte Befriedigung nach § 114a muß die **Berechtigung** zur Befriedigung aus dem Grundstück **bei Wirksamwerden des Zuschlags** (§§ 89, 104) bestehen, nicht auch bereits bei Abgabe des Gebots. Die Befriedigungsfiktion des § 114a tritt daher auch dann ein, wenn der Meistbietende bei Abgabe des Gebots ein Recht an dem Grundstück noch nicht (oder doch nur ein in der Sieben-Zehntel-Grenze des § 114a nicht gedecktes Recht) hatte, er jedoch noch vor Entscheidung über den Zuschlag Gläubiger eines solchen Rechts geworden ist (weil es ihm abgetreten wurde, weil er Erbe des Gläubigers des Rechts geworden ist usw; vgl auch § 85a Rdn 4.7).

2.6 § 114a ist auch anzuwenden, wenn andere Grundstücke zusammen mit dem versteigerten mit **Gesamthypotheken** belastet sind. Der Gesamthypothekar gilt

---

[6] BGH 99, 110 = DNotZ 1987, 504 = MDR 1987, 317 = NJW 1987, 503 = Rpfleger 1987, 120 mit Anm Ebeling.
[7] Hintzen Rpfleger 1994, 34 (Anmerkung).
[8] LG Verden Rpfleger 1994, 34.
[9] BGH 99, 110 = aaO (Fußn 6).
[10] Jonas/Pohle, ZwVNotrecht, § 114a Anm 2.
[11] BArbG ZIP 1981, 1373.

als aus dem versteigerten Grundstück befriedigt[12]. Besonderheiten ergeben sich, wenn mehrere gesamtbelastete Grundstücke in einem Verfahren versteigert werden; hierzu sei auf[13] mit Berechnungsbeispielen verwiesen.

2.7 a) **Ersteher** für erweiterte Befriedigung nach § 114a ist der Meistbietende, dem der **Zuschlag erteilt** wird (§ 81 Abs 1).

b) Der **Meistbietende** gilt nach § 114a auch als (erweitert) befriedigt, wenn er das **Recht aus dem Meistgebot** auf einen Dritten **übertragen hat** und diesem der Zuschlag erteilt wird; auch dann findet die Befriedigungsfiktion des § 114a Anwendung[14]. Grund (dazu[15]): Für Veräußerung seines Rechts aus dem Meistgebot kann der Meistbietende eine dem Wert des Grundstücks entsprechende Gegenleistung verlangen (darauf, ob er sie auch erzielt, sein Recht somit gewinnbringend veräußert, kommt es nicht an). Insofern steht er wirtschaftlich nicht anders da, als wenn er selbst den Zuschlag erhielte. Der Gesetzeszweck erfordert daher auch entsprechende Anwendung des § 114a auf diesen Fall. Dann jedoch kann **nicht** auch **der „andere"**, dem das Recht aus dem Meistgebot abgetreten ist, als Ersteher mit einem zur Befriedigung aus dem Grundstück berechtigenden eigenen Anspruch nach § 114a erweitert befriedigt sein. Er ist als Zessionar dem Meistbietenden wirtschaftlich (und auch rechtlich) verpflichtet (dazu und zum folgenden[16]). Ob er dem Meistbietenden eine Gegenleistung für Abtretung des Rechts zu leisten hat und wie hoch diese ist, bestimmt sich nach dem schuldrechtlichen Vertrag zwischen beiden (zu diesem § 81 Rdn 4.9). Zwar ist die Abtretung des Rechts aus dem Meistgebot als Verfügungsgeschäft und damit die Verpflichtung des Zessionars als Ersteher zur Zahlung des Meistgebots im Verteilungstermin (§ 49 mit § 107 Abs 2) von den schuldrechtlichen Beziehungen unabhängig. Als Schutzvorschrift soll § 114a den Schuldner (Eigentümer) jedoch so stellen, als hätte das Meistgebot sieben Zehntel des Grundstückswerts erreicht. Daher wird der wirtschaftliche Wert des Grundstücks für den Meistbietenden als erheblich gewertet; die für den Erwerb dieses Grundstückswertes maßgebliche schuldrechtliche Verpflichtung kann bei Abtretung des Meistgebotsrechts daher nicht bedeutungslos bleiben. Es kann deshalb nicht davon ausgegangen werden, daß der **Zessionar** mit dem Zuschlag als Ersteher das Grundstück zu dem niedrigen Betrag des Meistgebots erworben hat. Wirtschaftlich steht der Zessionar als Ersteher nicht so da wie der Meistbietende, der selbst den Zuschlag erhält. Der Gesetzeszweck gebietet es daher nicht, seinen Grundstückserwerb für eine wirtschaftlich mit dem Meistgebot nicht identische Erwerbsleistung zugunsten des Schuldners so zu behandeln, als habe er selbst das niedrige Meistgebot abgegeben und unmittelbar dafür den wirtschaftlichen Wert des Grundstücks erworben. Somit kann die Befriedigungsfiktion des § 114a ZVG auch gegenüber dem Zessionar nicht gelten, dem das Recht aus dem Meistgebot abgetreten ist. Das gilt auch dann, wenn der Meistbietende keinen Anspruch auf Befriedigung aus dem Grundstück oder nur Anspruch außerhalb des nach § 114a erheblichen Grundstückswerts hat, jedoch der Zessionar des Rechts aus dem Meistgebot zur Befriedigung aus dem Grundstück berechtigt ist (Folge daher: Versagung des Zuschlag, § 85a Rdn 5.3). Früher anderer Ansicht (so[17]),

---

[12] Jonas/Pohle, ZwVNotrecht, § 114a Anm 3; Dassler/Schiffhauer § 114a Rdn 11.
[13] Jonas/Pohle, ZwVNotrecht, § 114a Anm. 3.
[14] BGH 108, 248 = aaO (Fußn 4); OLG Celle NJW-RR 1989, 639; OLG Düsseldorf JurBüro 1988, 673; Dassler/Schiffhauer § 114a Rdn 16; Steiner/Eickmann § 114a Rdn 11; Stöber, ZVG-Handbuch, Rdn 575a; Ebeling Rpfleger 1987, 279 (II 2) und 1988, 400 (402); Kahler MDR 1983, 902.
[15] BGH 108, 248 = aaO (Fußn 4).
[16] Stöber, ZVG-Handbuch, Rdn 575a.
[17] Dassler/Schiffhauer § 114a Rdn 17; Mohrbutter/Drischler Muster 110 Anm 8; Jonas/Pohle, ZwVNotrecht, § 114a Anm 2; Ebeling Rpfleger 1985, 279 (II 2); Kahler MDR 1983, 902.

§ 114a 2.7 — Verteilung des Erlöses

nach der Befriedigungswirkung zugleich gegenüber dem Ersteher und den Meistbietenden gelten soll, so daß die Ausgleichsrechnungen jeweils beide umfassen müssen, kann nicht gefolgt werden (dazu § 85 a Rdn 5.3).

c) Wenn das Recht aus dem Meistgebot nach Übertragung auf einen Dritten **erneut** (auch wiederholt) **abgetreten** worden ist, findet die Befriedigungsfiktion des § 114 a in gleicher Weise Anwendung. Es gilt auch dann nur der Meistbietende als (erweitert) befriedigt, nicht jedoch der „andere", der nach Abtretung zunächst Berechtigter war und auch nicht der letzte Zessionar, dem nach § 81 Abs 2 Zuschlag zu erteilen wäre (anders[18]).

d) Bei Erteilung des Zuschlags an den **verdeckten** (stillen) **Vollmachtgeber** (§ 81 Abs 3) ist dieser (nicht der vertretende Bieter) Ersteher für erweiterte Befriedigung nach § 114 a.

2.8 Wenn der zur Befriedigung aus dem Grundstück Berechtigte nicht selbst geboten hat, sondern durch einen **Strohmann** (kann auch der Ehegatte sein), einen uneigennützigen Treuhänder oder eine von ihm abhängige Gesellschaft (zu dieser auch[19]) das Grundstück zu einem Betrag unter der $7/10$-Grenze ersteigern ließ, um sich dessen Wert zuzuführen, muß er sich nach § 114a so behandeln lassen, als hätte er das Gebot selbst abgegeben[20]. Unwirksam und deshalb nach § 71 Abs 1 zurückzuweisen ist das Gebot des Dritten, durch den der dingliche Gläubiger den Grundbesitz ersteigern läßt, nicht[21]. Auch dann findet § 114 a Anwendung, wenn ein den vollstreckenden Gläubiger beherrschendes Unternehmen – selbst oder über einen von ihm abhängigen Dritten – das Grundstück ersteigert hat und der Gläubiger im Versteigerungstermin nicht als Bietkonkurrent des herrschenden Unternehmens auftreten konnte; im aktienrechtlichen und im qualifizierten faktischen GmbH-Konzern wird das vermutet, wenn das Herrschende Unternehmen das Grundstück selbst oder mittelbar ersteigert hat[20].

2.9 § 114a gilt für **alle Termine** des Versteigerungsverfahrens, auch wenn dies ein späterer Termin ist, in dem § 74a selbst nicht mehr gilt[22].

3 Erweiterte Befriedigung des Erstehers: Wirkungen

3.1 Erweitert befriedigt gilt der Ersteher nach § 114a **in Höhe** seines Anspruchs bis zu dem Betrag, mit dem er bei einem Gebot in Höhe von **sieben Zehnteilen** des Grundstückswertes gedeckt sein würde. **Grundstückswert** ist der nach § 74a Abs 5 festgesetzte Wert[23] (§ 74 a Rdn 2.5); dazu gehört auch der Wert des mitversteigerten Zubehörs[24] (vgl § 74 a Abs 5). Diesen Wert berücksichtigen die Beteiligten und Bieter im Versteigerungstermin und im Verfahren über den Zuschlag[25]; ihn stellen Beteiligte, wenn sie als Bieter auftreten, in Rechnung, insbesondere wenn sie durch § 114a betroffen werden können; das Vollstreckungsgericht legt ihn bei Erteilung des Zuschlags im Falle des § 85 a Abs 3 zugrunde. Er ist daher auch im Erkenntnisverfahren über die (materielle) Wirkung des Zuschlags nach § 114 a maßgeblich[26] (kritisch dazu[27]; für Anwendung des Wertes nach § 74 a

---

[18] Dassler/Schiffhauer § 114 a Rdn 18.
[19] OLG Celle Rpfleger 1989, 118 mit insoweit zust Anm Muth.
[20] BGH 117, 8 = aaO (Fußn 2); BGH (14. 4. 2005, V ZB 9/05) MDR 2005, 1072.
[21] BGH (14. 4. 2005, V ZB 9/05) MDR 2005, 1072.
[22] Dassler/Schiffhauer § 114 a Rdn 1; Jonas/Pohle, ZwVNotrecht, § 114 a Anm 1 a; Schiffhauer Rpfleger 1970, 316 (5); Riggers JurBüro 1969, 195 (8).
[23] BGH 99, 110 = aaO (Fußn 6); BGH 117, 8 = aaO (Fußn 2); BGH NJW-RR 2004, 666 (667) = aaO (Fußn 4).
[24] BGH 117, 8 (= aaO Fußn 2).
[25] BGH 99, 110 = aaO (Fußn 6).
[26] BGH 99, 110 = aaO (Fußn 6); BGH 117, 8 = aaO (Fußn 2).
[27] Muth Rpfleger 1987, 89 (IV und VI 2); Weber und Beckers WM 1988, 1 (II 1).

Erweiterte Befriedigung des Erstehers   3.2   **§ 114a**

Abs 5 auch[28], gegen sie[29]). Neue Tatsachen würden schon im Versteigerungsverfahren Überprüfung und Änderung (Neufestsetzung) des Wertes erfordern (§ 74a Rdn 7.20; zur Versteigerung vor Wertänderung[30]); kleinliche Korrekturen verbieten sich jedoch. Wenn Wertänderung nicht veranlaßt war und nicht erfolgt ist, darf auch das Prozeßgericht nicht von einem anderen Wert ausgehen als dem, der Grundlage der Gebote war. Eine Ausnahme erscheint aber gerechtfertigt, wenn zwischen Versteigerung und Zuschlag Umstände eingetreten sind, etwa Brand-, Sturm- oder Erdbebenschäden, die den Wert des Grundstücks tatsächlich verändert haben, und der Zuschlag auf der Grundlage der alten Wertfestsetzung erfolgt ist[31]. Nicht bindend für das Prozeßgericht bei Anwendung des § 114a ist eine (überholte) Wertfestsetzung, wenn nach Wegfall der (zuschlagsfähigen) Mindestbietgrenze für einen zweiten Versteigerungstermin (§ 74a Abs 4, § 85a Abs 2 Satz 2) sich eine Wertänderung ergeben hat, Überprüfung und Änderung (Neufestsetzung) des Wertes aber nicht erfolgt ist[32] (dazu § 74a Rdn 7.9 und 7.20).

3.2   Für erweiterte Befriedigung des Erstehers bis zur Höhe seines Anspruchs bestimmt ist der **Differenzbetrag,** der sich bei dem baren Meistgebot **des Erstehers** (ohne Meistgebotszinsen nach § 49 Abs 2) zuzüglich bestehenbleibende Rechte (Rechte in Abteilung II mit dem Ersatzwert nach § 51 Abs 2) und sieben Zehnteilen des Grundstückswertes ergibt. Kapitalwert der bestehenbleibenden Rechte und bares Meistgebot sind als Verwertungserlös Gegenwert, den der Ersteher für Erwerb des Grundstücks leistet. Der Differenzbetrag bis zur $7/10$-Wertgrenze wird für erweiterte Befriedigung herangezogen, weil der Ersteher für den Grundstückserwerb bei geringem Gebot für diesen weiteren Grundstückswert keine Gegenleistung aufzubringen hat.

Beispiel (aus ZVG-Handbuch Rdn 570): Grundstückswert 100 000 Euro; Zuschlag an Gläubiger einer erstrangigen Hypothek zu 80 000 Euro für ein Meistgebot von 55 000 Euro; keine bestehenbleibenden Rechte. Erlösverteilung: Kosten (§ 109) und öffentliche Lasten, angenommen mit 3000 Euro; Kosten des erstrangigen Hypothekengläubigers (§ 10 Abs 2), angenommen mit 750 Euro; Zinsen, angenommen mit 9600 Euro; Hauptsache-Teilbetrag 41 650 Euro. Gesamtzuteilung 55 000 Euro. Bei einem Gebot im Betrag der $7/10$-Grenze wären weiter gedeckt (70 000 Euro − 55 000 Euro =) 15 000 Euro. Auch in Höhe dieses weiteren Betrags von 15 000 Euro gilt der Hauptsacheanspruch des Erstehers gemäß § 114a als aus dem Grundstück befriedigt. Wäre in diesem Fall eine erstrangige zinslose Grundschuld mit 10 000 Euro bestehengeblieben, dann wäre dem baren Meistgebot von 55 000 Euro dieser Kapitalwert des Rechts zuzurechnen. Gesamtbetrag damit 65 000 Euro. Bei einem Gebot im Betrag der $7/10$-Grenze wären damit weiter gedeckt nur (70 000−65 000 Euro =) 5000 Euro. Der Hauptsacheanspruch des Erstehers wäre dann in Höhe dieses weiteren Betrags von 5000 Euro gemäß § 114a aus dem Grundstück befriedigt.

---

[28] KG Berlin JurBüro 1969, 260 = Rpfleger 1968, 403; OLG Frankfurt JurBüro 1976, 533 mit zust Anm. Mümmler; Steiner/Eickmann/Storz § 74a Rdn 77, 78 und § 114a Rdn 14; Jonas/Pohle, ZwVNotrecht, § 114a Anm 2; Drischler RpflJahrbuch 1978, 360 (B 10a); Grohmann JurBüro 1970, 559; Jansen in Besprechung zu Wilhelmi/Vogel, ZVG, NJW 1956, 1061; Leyeseder NJW 1955, 1427; Lorenz MDR 1961, 371; Mohrbutter MDR 1955, 711 (2), KTS 1958, 81 (Fußn 27) sowie KTS 1977, 89 Fußn 1; Riggers JurBüro 1968, 777 (1 c); Schiffhauer MDR 1963, 901 (1); Vogel MDR 1953, 523; Worm KTS 1961, 119.

[29] Dassler/Schiffhauer § 114a Rdn 3; Schiffhauer KTS 1968, 218 (IV, V) und KTS 1969, 165 (II, VII) sowie Rpfleger 1970, 316 (5); Nikoleit BWNotZ 1965, 48 (II d und III 1); Spies NJW 1955, 813; Mohrbutter/Drischler Muster 101 Anm 3.

[30] OLG Koblenz MDR 1988, 682.

[31] BGH 99, 110 = aaO (Fußn 6).

[32] BGH NJW-RR 2004, 666 = aaO (Fußn 4).

§ 114a 3.3 — Verteilung des Erlöses

3.3 Als aus dem Grundstück befriedigt gilt der Ersteher bis zur Höhe des Differenzbetrags zur $^7/_{10}$-Wertgrenze (Rdn 3.2) **in Höhe seines Anspruchs**. Ist dieser geringer als der Differenzbetrag zur $^7/_{10}$-Wertgrenze, dann ist der Anspruch des Erstehers voll befriedigt. Wirkung auch in Höhe des verbleibenden (damit nicht verbrauchten) Differenzbetrags äußert der Zuschlag nicht. Ist der Anspruch des Erstehers größer als der für erweiterte Befriedigung bestimmte Differenzbetrag, dann werden bei der erweiterten Befriedigungsrechnung nach § 12 (anders[33]: nach BGB § 376) zuerst **Kosten**, dann wiederkehrende Leistungen **(Zinsen)** und andere Nebenleistungen und zuletzt der **Hauptsacheanspruch** gedeckt. In Höhe des nicht durch den Differenzbetrag gedeckten (nach § 114a befriedigten) Anspruchs des Erstehers bleibt es dann beim Ausfall des Erstehers. Haben Ansprüche aus einem Recht des Erstehers mehrere Rangklassen (insbesondere Rangklasse 4 und 8 des § 10 Abs 1), dann bestimmt sich die Befriedigung nach der Rangordnung der Ansprüche (§ 10 Rdn 1.4). Auch mehrere Ansprüche des Erstehers aus verschiedenen Rechten am Grundstück oder Anspruch aus einem Grundstücksrecht und einer Beschlagnahmeforderung werden nach ihrer Rangordnung befriedigt (§ 10 Rdn 1.4), bei gleichem Rang nach dem Verhältnis der Beträge. Auch in solchen Fällen bleibt es in Höhe des nicht durch den geringeren Differenzbetrag gedeckten (nach § 114a befriedigten) Anspruch des Erstehers beim Ausfall.

3.4 Die erweiterte Befriedigungswirkung für den Ersteher tritt mit der **Zuschlagswirksamkeit** (§§ 89, 104) ein[34] (anders[35]: maßgeblich ist Erlösverteilungstermin; nicht richtig). Daher ist Verzicht auf eine Grundschuld (deren Erlösanspruch) nach Zuschlagswirksamkeit nicht mehr möglich (anders[36]; nicht richtig). Die (fiktive) Befriedigung nach § 114a hat die gleiche Wirkung wie die Zahlung aus dem in Geld vorhandenen baren Versteigerungserlös. Die Befriedigungswirkung hat mithin fiktive Erfüllung der im Verteilungsverfahren nach § 10 zu berücksichtigenden Ansprüche des Erstehers auf Befriedigung aus dem zwangsversteigerten Grundstück zur Folge. Damit gilt der Gläubigeranspruch des Erstehers auf Befriedigung aus dem Grundstück (§ 10) als vom Eigentümer berichtigt. Ein Bürge oder Mithaftender wird frei[37], andere (abstrakte) Sicherungsrechte „haften" der Forderung nicht mehr. Auswirkung auf Mithaft anderer Grundstücke: BGB §§ 1181, 1182. Einem Ausbietungsgaranten gegenüber kann sich der von diesem erstattungspflichtig in Anspruch genommene Schuldner (Eigentümer) auf die Befriedigungsfiktion des § 114a berufen[38]. Im Insolvenzverfahren des Vollstreckungsschuldners kann der Ausfall nicht mehr geltend gemacht werden.

3.5 Der Anspruch eines Berechtigten in Rangklassen 1–3 (auch 7) des § 10 Abs 1 und die Forderung des persönlich betreibenden Gläubigers (Rangklasse 5) **erlöschen mit Befriedigung** nach § 114a Satz 1 aus dem Grundstück. Als Gläubiger einer **Hypothek** ist an den Ersteher mit (fiktiver) Befriedigung Zahlung der Geldsumme (mit ihren wiederkehrenden Leistungen und anderen Nebenleistungen, auch soweit sie in Rangklasse 8 fallen, Rdn 2.4, sowie Kosten) zur Befriedigung (seines dinglichen Anspruchs) aus dem Grundstück im Wege der Zwangsvollstreckung erfolgt (BGB § 1113 mit § 1147). Die Fiktion der Befriedigung des (bereits mit dem Zuschlag nach § 91 Abs 1 erloschenen, somit kein Fall von BGB § 1181 Abs 1, nicht richtig daher[39]) dinglichen Rechts bewirkt damit, daß die gesicherte (persönliche) Forderung ebenfalls erlischt. Diese erweiterte Befriedigung

---

[33] Jonas/Pohle, ZwVNotrecht, § 114a Anm 2.
[34] BGH Betrieb 1979, 2418 = KTS 1980, 50 = MDR 1979, 1018; Jonas/Pohle, ZwVNotrecht, § 114a Anm 5.
[35] Muth Rpfleger 1987, 89 (III 3 und VI 2).
[36] Muth Rpfleger 1987, 89 (III 3).
[37] Jonas/Pohle ZwVNotrecht, § 114a Anm 2; Schiffhauer Rpfleger 1970, 316 (3).
[38] OLG Celle Rpfleger 1989, 118 mit insoweit abl Anm Muth.
[39] BGH 99, 110 = aaO (Fußn 6).

nach § 114a tritt auch ein, wenn der Schuldner (als Grundstückseigentümer) nur dinglich gehaftet hat, somit nicht persönlicher Schuldner der durch die Hypothek an seinem Grundstück gesicherten Forderung war.

3.6 a) Der Gläubiger einer **Grundschuld** hat Anspruch auf Befriedigung aus dem Grundstück (§ 10 Abs 1 Nr 4) mit der aus diesem zu zahlenden bestimmten Geldsumme (BGB § 1192 Abs 1) samt etwaigen Zinsen und anderen Nebenleistungen (BGB § 1191 Abs 2) sowie den Rechtsverfolgungskosten (§ 10 Abs 2). Als Gläubiger einer Grundschuld ist an den Ersteher mit (fiktiver) Befriedigung **Zahlung dieser Geldsumme** zur Befriedigung (seines dinglichen Anspruchs) **aus dem Grundstück** im Wege der Zwangsvollstreckung **erfolgt** (BGB § 1191 mit § 1147 und § 1192 Abs 1). Die (fiktive) Befriedigung dieses dinglichen Gläubigeranspruchs ist (wie auch die Grundschuld selbst in ihrem dinglichen Bestand, § 114 Rdn 7) von einer Forderung nicht abhängig (nicht akzessorische Natur der Grundschuld). Einer Forderung, die nach **schuldrechtlicher Sicherungsabrede** durch die Grundschuld gesichert ist (§ 114 Rdn 7.6) kommt für Wirksamkeit und Umfang der fiktiven Befriedigung (ebenso wie für Erwerb der Grundschuld durch ihren Gläubiger und deren Fortbestand als Grundstücksbelastung) daher keine Bedeutung zu. Der Ersteher ist daher auch als Gläubiger einer (sogenannten) isolierten Grundschuld (fiktiv) nach § 114a aus dem Grundstück befriedigt. Für diese Zuschlagswirkung ist bedeutungslos, ob die Grundschuld keine Forderung sichert, weil ein Sicherungsvertrag als schuldrechtliche Abrede über die Verwendung der Grundschuld als Sicherungsrecht nicht (oder nicht wirksam) vereinbart ist oder weil mit vertragsgemäßer Verwertung der Grundschuld die fiduziarische Zweckbindung zwischen Grundschuld und gesicherter Forderung aufgehoben ist[40] oder weil mit gutgläubigem Erwerb Einreden aus dem Sicherungsvertrag ausgeschlossen sind. Gleichermaßen ist nur der (dingliche) Anspruch des Erstehers als Gläubiger der Grundschuld, dieser aber (bis zur Sieben-Zehntel-Wertgrenze) in dem vollem Umfang, in dem die Grundschuld ein Recht auf Zahlung aus dem Grundstück gewährt (§ 10 Abs 1 mit BGB § 1191) auch dann befriedigt, wenn die Grundschuld (nach schuldrechtlicher Sicherungsabrede, § 114 Rdn 7) der Sicherung einer Forderung gedient hat (so auch[41]). Das gilt auch, wenn eine durch Grundschuld gesicherte Forderung nicht vom Eigentümer, sondern von einem Dritten geschuldet ist; darauf, wer Forderungsschuldner ist, kommt es bei der Grundschuld so wenig an wie bei der Hypothek.

b) Verwendung der **Grundschuld als Sicherungsrecht** für Forderungen beruht auf einem (schuldrechtlichen) Sicherungsvertrag (BGB § 241 Abs 1, § 311 Abs 1). Er berührt die (sachenrechtliche) Selbständigkeit der Grundschuld und damit den (dinglichen) Anspruch ihres Gläubigers auf Zahlung aus dem Grundstück (BGB § 1191, auch ZVG § 10 Abs 1 Nr 4) nicht. Begründet werden durch den Sicherungsvertrag nur **schuldrechtliche Rechtsbeziehungen.** Sie beschränken mit nur schuldrechtlicher Wirkung die Befriedigung des Gläubigers der Grundschuld auf den Sicherungszweck (BGB § 137 Satz 2). Mit der weitergehenden dinglichen Rechtsmacht des Gläubigers der Grundschuld begründen sie für den Eigentümer auf Grund des zwischen beiden bestehenden Rechtsverhältnisses eine Einrede gegen die Grundschuld, die auch einem neuen Gläubiger der Grundschuld entgegengesetzt werden kann (BGB § 1157 mit § 1192 Abs 1 mit Ausnahme bei Gutglaubensschutz). Nach dem Sicherungsvertrag bestimmt sich, für welche Forderung der Gläubiger die Grundschuld in Anspruch nehmen (geltend machen) darf (§ 114 Rdn 7.6). Nur aus dem Sicherungsvertrag kann daher auch bestimmt werden, welche **Wirkung die Befriedigung** des (dinglichen) Anspruchs aus der Grundschuld **für die** nach schuldrechtlicher Abrede gesicherte **Forderung** hat[42].

---

[40] BGH DNotZ 1979, 497 = NJW 1979, 717 = Rpfleger 1979, 128.
[41] Bauch Rpfleger 1987, 457.
[42] BGH 99, 110 = aaO (Fußn 6).

§ 114a 3.6 Verteilung des Erlöses

Wenn der Eigentümer des Grundstücks den Gläubiger der Grundschuld (BGB § 1142 mit § 1192) befriedigt, muß dabei nach dem unterschiedlichen Inhalt der Rechtsbeziehungen differenziert werden. Ist der Eigentümer, der auf die Grundschuld zahlt, als Sicherungsgeber zugleich (persönlicher) Schuldner der Forderung, dann wird (auch ohne ausdrückliche Tilgungsbestimmung) in der Regel angenommen, daß damit zugleich die (zahlbare, BGB § 271 Abs 2) gesicherte Forderung erfüllt wird[43]. Wenn der Eigentümer nicht zugleich auch Forderungsschuldner ist (dinglicher Schuldner und Forderungsschuldner somit nicht identisch sind), berührt eine Ablösung der Grundschuld durch den Eigentümer den Bestand der persönlichen Forderung nicht (sofern aus Vereinbarungen im Einzelfall nichts Gegenteiliges herzuleiten ist)[44] (auch zu den Rechtsbeziehungen im übrigen). Gleichermaßen bestimmt sich nur nach den schuldrechtlichen Beziehungen des Grundschuldgläubigers zum Eigentümer und Vollstreckungsschuldner, somit nur aus dem Sicherungsvertrag, ob und inwieweit die tatsächliche oder auch die nach § 114a fingierte Befriedigung des Anspruchs aus der Grundschuld die (gesicherte) persönliche Forderung erlöschen läßt[45].

3.7 a) Anspruch auf **Rückgewähr der Grundschuld** hat der Sicherungsgeber (sein Rechtsnachfolger) gegen den Gläubiger der Grundschuld, wenn dieser nach Erledigung des Sicherungszwecks (Nichtentstehen oder Erlöschen der nach der Sicherungsabrede gesicherten Forderung, aber auch nach deren Deckung aus einem Verwertungserlös) die mit Grundschuldbestellung erlangte Sicherheit freizugeben hat (§ 114 Rdn 7.7). Der Anspruch besteht mit dem Erlöschen der Grundschuld fort als Anspruch auf Rückgewähr des an ihre Stelle getretenen Versteigerungserlöses und mit Ausführung des Teilungsplans (§§ 117, 118) als Anspruch auf Herausgabe des empfangenen Versteigerungserlöses (Anspruch auf Auskehrung des Mehrerlöses; dazu[46]). Auszukehrender **Mehrerlös** ist der mit Verwertung der Grundschuld als Sicherungsrecht bei Befriedigung aus dem Grundstück erlangte Erlös, den der Gläubiger nicht vereinbarungsgemäß für die nach Bestimmung des Sicherungsvertrags zu deckende Forderung in Anspruch nehmen und behalten darf. Für den schuldrechtlichen Anspruch auf Rückgewähr und damit auch auf Auskehrung des Mehrerlöses begründet es keinen Unterschied, ob der Gläubiger der Grundschuld mit Planausführung (§§ 117, 118) tatsächliche oder nach § 114a fingierte Befriedigung des Anspruchs aus der Grundschuld erlangt hat. Auch mit Befriedigung aus dem Grundstück nach § 114a als materiellrechtliche Zuschlagsfolge erlangt der Anspruch des am Grundstück dinglich Berechtigten (BGB §§ 1191 mit ZVG § 10 Abs 1 Nr 4), bei der Grundschuld somit der dingliche Anspruch ihres Gläubigers, Befriedigung. Auch in diesem Fall ist daher der über seine Forderung hinaus aus dem Grundstück befriedigte Gläubiger zur Rückgewähr (Auskehr) des aus dem Grundstück erlangten Mehrerlöses verpflichtet.

b) Nach anderer Ansicht[47] (auch[48] in Widerspruch zu § 85a Abs 3) soll bei der Sicherungsgrundschuld Befriedigungswirkung nach § 114a nur in Höhe der gesicherten Forderung (nur für den „valutierten" Teil des Grundpfandrechts) eintreten. Befriedigung des Erstehers nach § 114a soll für den Zuschlag für den Teil der Grundschuld in der $^7/_{10}$-Wertgrenze nicht bewirken, der keine Forderung sichert (weil dann eine persönliche Forderung, deren Befriedigung fingiert werden könnte, nicht besteht). Dieser Ansicht ist nicht zu folgen. Sie verkennt die sachenrecht-

---

[43] BGH DNotZ 1981, 389 = MDR 1981, 38 = NJW 1980, 2198 = Rpfleger 1980, 337.
[44] BGH 80, 228 = MDR 1981, 660 = NJW 1981, 1554; BGH NJW 1987, 838; BGH ZIP 1988, 1096.
[45] BGH 99, 110 = aaO (Fußn 6).
[46] BGH JurBüro 1975, 751 = MDR 1975, 567 = NJW 1975, 980.
[47] OLG München BayJMBl 1953, 246; Huber, Sicherungsgrundschuld (1965), § 22a Fußnote 3; Jonas/Pohle, ZwVNotrecht, § 114a Anm 2.
[48] LG Hanau Rpfleger 1988, 77 (78).

liche Selbständigkeit der Grundschuld und die Bedeutung der mit Abschluß des Sicherungsvertrags begründeten (nur) schuldrechtlichen Beziehungen zwischen den Beteiligten. Wenn die persönliche Forderung hinter dem Betrag zurückbleibt, für den der Ersteher nach § 114a als befriedigt gilt, soll er nach abweichender Ansicht[49] auch nur „die Differenz zwischen diesen Beträgen nicht an den persönlichen Schuldner und Eigentümer auszufolgen haben, auch wenn er das bei einem Gebot des zu $7/10$ des Grundstückswerts" zu tun hätte. Bestand und Umfang sowie auch Zahlbarkeit (BGB § 271 Abs 2) einer durch die Grundschuld gesicherten Forderung können schon angesichts der Unsicherheiten, die den mit Sicherungsvertrag begründeten Rechtsbeziehungen innewohnen, das Ausmaß der Befriedigung des dinglichen Anspruchs des Gläubigers der Grundschuld jedoch nicht bestimmen. Das gebietet die Bedeutung, die der Befriedigungswirkung des § 114a für die Entscheidung über den Zuschlag nach § 85a Abs 3 zukommt. Für Schutz des Schuldners erfordern Grundsätze der Rechtsklarheit und Praktikabilität zur Erteilung des Zuschlags an einen Berechtigten nach der Sonderbestimmung des § 85a Abs 3 sichere und zuverlässige Feststellung des Versteigerungsergebnisses. Diese gewährleistet jedoch nur der dingliche Anspruch des Gläubigers einer Grundschuld. Wenn der Zuschlag ihm daher erteilt wird, weil mit weitergehender Befriedigung des (nach § 10 Abs 1 Nr 4 am Grundstück allein mit seinem dinglichen Anspruch berechtigten) Gläubigers der Grundschuld Verschleuderung des Grundstücks ausgeschlossen ist (§ 85a Rdn 4.1), bestimmt dieses Versteigerungsergebnis auch die Abwicklung der schuldrechtlichen Rechtsbeziehungen der Beteiligten. Das gilt nicht nur für die Frage, ob auch eine gesicherte Forderung mit Erfüllung erlischt (dazu Rdn 3.6 zu b), sondern ebenso für den (schuldrechtlichen) Anspruch auf Rückgewähr der Sicherheit nach Erledigung des Sicherungszwecks. Inhalt und Zweck des § 114a erschöpfen sich zudem nicht darin, zu verhindern, daß der Ersteher das Grundstück günstig erwirbt und gleichwohl eine ausgefallene Forderung weiter geltend machen kann (Rdn 2.2). Die Bestimmung gewährleistet auch grundsätzlichen Schutz des Schuldners mit Anrechnung des Gegenwertes, der dem Ersteher zugute kommt, weil wertrichtige Veräußerung des Grundstücks mit Ausschaltung der Konkurrenz der Bieter (dazu Einl Rdn 10) im Einzelfall nicht gegeben ist und für Wahrung der Interessen des Berechtigten ein Gebot an der unteren Wertgrenze seines Rechts ausreicht (dazu Rdn 2.1 und 2.2).

c) Befriedigungswirkung nach § 114a in Höhe des dinglichen Anspruchs des Gläubigers der Grundschuld (des Nennbetrags der Grundschuld) mit der Folge, daß der damit über eine (gesicherte) Forderung hinaus aus dem Grundstück gedeckte Grundschuldgläubiger zur Rückgewähr (Auskehr) des aus dem Grundstück erlangten Mehrerlöses verpflichtet ist, gebietet ebenso die Berücksichtigung der Grundschuld für Ausschluß des Antragsrechts eines nachrangigen Berechtigten auf Versagung des Zuschlags nach § 74a Abs 1. Dafür, ob ein Berechtigter bei einem Gebot in Höhe von sieben Zehnteilen des Grundstückswertes voraussichtlich gedeckt sein würde und daher nach § 74a Abs 1 antragsberechtigt ist, wird eine ihm im Rang vorgehende Grundschuld des Meistbietenden (ebenso wie die eines Dritten) mit ihrem (vollen) Nennbetrag (ohne Rücksicht auf schuldrechtliche Beziehungen der Beteiligten) berücksichtigt (§ 74a Rdn 3.3; auch § 85a Rdn 4.3). Wenn demnach Schutz eines Antragstellers nach § 74a Abs 1 ausgeschlossen ist (und versagt wird), weil eine mit ihrem Nennbetrag berücksichtigte Grundschuld des Meistbietenden „Grundstücksverschleuderung" (§ 74a Rdn 1.1) unter $7/10$ des Grundstückswertes ausschließt, kann nach Erteilung des Zuschlags dieser Betrag mit Berücksichtigung schuldrechtlicher Beziehungen nicht plötzlich auf eine gesicherte Forderung zurückgeführt werden. Vielfach ist der mit seinem Antragsrecht nach § 74a Abs 1 nur wegen Berücksichtigung der Grundschuld mit ihrem Nenn-

---

[49] BGH 99, 110 = aaO (Fußn 6); beiläufig auch BGH 113, 169 (178) = MDR 1991, 529 = NJW 1991, 1063 = Rpfleger 1992, 32; Jonas/Pohle, ZwVNotrecht, § 114a Anm 5.

§ 114a 3.7

betrag ausgeschlossene Berechtigte zudem nachrangiger Grundpfandgläubiger, der wegen seiner rangschlechten Berechtigung am Grundstück mit Abtretung des Rückgewähranspruchs gegen den Gläubiger der Grundschuld zusätzlich gesichert ist. Ihm kann nicht Schutz nach § 74 a Abs 1 vor Grundstücksverschleuderung wegen (hoher) Berücksichtigung der Grundschuld mit Meistbietenden mit ihrem Nennbetrag versagt und dann der Rückgewähranspruch dadurch entzogen werden, daß nach Erteilung des Zuschlags die Befriedigung des Gläubigers dieser Grundschuld mit Berücksichtigung schuldrechtlicher Beziehungen auf eine gesicherte Forderung gemindert wird.

d) Diesem Ergebnis stehen auch Interessen des Erstehers nicht entgegen. Schützenswerte Belange des Gläubigers der Grundschuld als Ersteher sind nicht mit Begrenzung des Betrages seiner (dinglichen) Befriedigung aus dem Grundstück auf ein wirtschaftliches Interesse (sein Interesse an der Deckung einer Forderung aus der dafür als Sicherheit haftenden größeren Grundschuld) gewahrt, sondern mit Beschränkung der Anrechnung auf $7/10$ des Grundstückswertes (Rdn 2.2).

3.8 Erweitert befriedigt sein kann auch ein auflösend oder aufschiebend **bedingter Anspruch** (§ 111 Rdn 2.3) des Erstehers bis zu dem Betrag, mit dem er bei einem Gebot in Höhe von sieben Zehnteilen des Grundstückswerts gedeckt sein würde, wie zB der Erlösanspruch für eine Vormerkung (§ 92 Rdn 6.11), auch für eine Auflassungsvormerkung (§ 92 Rdn 7). Im Teilungsplan wird auch diese Befriedigungsfolge nicht festgestellt (Rdn 3.1). Hilfsverteilung (§ 119) erfolgt daher nicht.

3.9 Stellt sich **nachträglich** heraus, daß der als befriedigt angenommene Anspruch des Erstehers nicht besteht (als Grundstücksbelastung oder anderer Anspruch mit Recht auf Befriedigung aus dem Grundstück tatsächlich nicht bestanden hat), so ist keine Befriedigungswirkung eingetreten. Der Schuldner hat dann aber auch keinen Bereicherungsanspruch insoweit, nur nichts geleistet wurde, nur unrichtig das Erlöschen eines nicht oder nicht mehr bestehenden persönlichen Anspruchs angenommen wurde[50] (zur Erteilung des Zuschlags nach § 85 a Abs 3 siehe aber § 85 a Rdn 6). Für fehlende Befriedigungsaussicht als Voraussetzung einer Anfechtung (Anfechtungsgesetz § 2) kann ein Meistbietender, der ohne Grund die Versagung des Zuschlags herbeigeführt hat, auch das Meistgebot gegen sich gelten lassen müssen[51].

3.10 Kann der erstehende Gläubiger den **§ 114 a** dadurch **ausschalten**, daß er sich verpflichtet, den aus der Weiterveräußerung des Objekts zu erwartenden Gewinn auf seine nicht bis zur $7/10$-Höhe ausgebotene Forderung zu verrechnen? Die erweiterte Befriedigungswirkung tritt mit der Zuschlagswirkung ein (Rdn 3.4) und damit erlischt der Anspruch des erstehenden Gläubigers; nach diesem Zeitpunkt kann der Schuldner auf die gesetzliche Anrechnung nicht mehr verzichten, weil die Forderung des Gläubigers schon erloschen ist; der Schuldner kann höchstens auf die Einrede des Erlöschens verzichten; dies berührt aber nicht die Wirkung der erweiterten Befriedigung gegenüber Dritten (Mitschuldner, Bürgen). Würde eine solche Vereinbarung schon vor dem Zuschlag erfolgen, so unterläge sie dem Formzwang für ein Schenkungsversprechen nach BGB § 518 Abs 1.

3.11 Die materiellrechtliche Zuschlagsfolge des § 114 a wird im Verteilungsverfahren **nicht festgestellt.** Die Aufgaben des Vollstreckungsgerichts im Verteilungsabschnitt des Zwangsversteigerungsverfahrens werden durch § 114 a nicht berührt, insbesondere nicht erweitert. Das Gericht hat nur die Teilungsmasse zu verteilen (§ 107), nicht den Betrag, den sich der Ersteher auf seinen Anspruch über den Betrag des Meistgebots hinaus anrechnen lassen muß. Auf Schuldtitel und Grundpfandrechtsbrief wird die erweiterte Befriedigung nicht vermerkt. Bei Streit

---

[50] Jonas/Pohle, ZwVNotrecht, § 114 a Anm 5.
[51] BGH MDR 1979, 1018 = aaO (Fußn 34).

zwischen Beteiligten über die materielle Befriedigungswirkung hat das Prozeßgericht zu entscheiden[52]; das Vollstreckungsgericht hat über § 114a nicht zu entscheiden. Eine Entscheidung des Prozeßgerichts kann herbeigeführt werden bei der Inanspruchnahme des persönlichen Schuldners oder eines Bürgen oder eines mithaftenden Grundstückseigentümers, auch bei negativen Feststellungsklagen, wenn der Gläubiger sich des Fortbestehens eines Anspruchs berühmt und für die Befriedigungsaussichten eines Anfechtungsklägers (Anfechtungsgesetz § 2)[53], oder bei Schadensersatzprozessen wegen Amtspflichtverletzung des Versteigerungsrechtspflegers[54], aber auch bei Geltendmachung des Rückgewähranspruchs.

3.12 Bereits „gedeckt" ist der Anspruch des Erstehers durch das abgegebene Meistgebot auch, soweit er als Hilfsberechtigter eines bedingt zugeteilten Betrags (§ 119) oder als Berechtigter eines bedingt zugeteilten Zuzahlungsbetrags (§ 125 Abs 2) Befriedigung erlangt. Erweiterte Anspruchsbefriedigung nach § 114a Satz 1 ist dann (weil kein Anspruch des Erstehers ausgefallen ist) als Zuschlagsfolge nicht eingetreten. Keine Auswirkung auf den Betrag, mit dem der Ersteher erweiterte Befriedigung in der Höhe erlangt, in der er bei einem Gebot von sieben Zehnteilen des Grundstückswertes gedeckt sein würde, hat jedoch ein rangbesserer bedingter Anspruch eines anderen Berechtigten, wenn (und soweit) auch bei seinem Wegfall der Ersteher in der $^7/_{10}$-Wertgrenze Deckung nicht erlangt. Wenn auf den rangbesseren bedingten Anspruch Zuteilung aus dem (baren) Meistgebot erfolgt ist, er aber wegfällt und der Betrag dem Ersteher als Hilfsberechtigtem gebührt (§ 119), erhält dieser damit zwar weitere (damit höhere) Zahlung aus dem Versteigerungserlös; sein Ausfall bis zum Betrag der Sieben-Zehntel-Grenze ändert sich damit aber nicht. **Beispiel:**

Grundstückswert		100 000 Euro
Zuschlag für ein Meistgebot von	55 000 Euro	
an den Gläubiger einer Hypothek (keine Kosten und Zinsen) von	80 000 Euro	
im Rang nach einer Vormerkung zur Sicherung des Anspruchs eines Dritten auf Eintragung einer zinslosen Grundschuld zu	10 000 Euro	
Keine bestehenden bleibenden Rechte.		

Erlösverteilung:

Kosten (§ 109) und öffentliche Lasten, angenommen mit		3000 Euro
Bedingte Zuteilung an den Gläubiger der Vormerkung mit Hilfsverteilung nach § 119.		10 000 Euro
Zuteilung auf den Hauptsacheteilbetrag der Hypothek des Erstehers		42 000 Euro
Gesamtzuteilung		55 000 Euro
Bei einem Gebot in Höhe von $^7/_{10}$ des Grundstückswertes wären weiter gedeckt (70 000 −55 000 =)		15 000 Euro

In Höhe dieses weiteren Betrags von 15 000 Euro gilt der Hauptsacheanspruch des Erstehers gemäß § 114a Satz 1 als aus dem Grundstück befriedigt.
Wenn der bedingte Anspruch aus der Vormerkung wegfällt, erlangt der Ersteher infolge

---

[52] BGH NJW-RR 2004, 666 (667) = aaO (Fußn 4).
[53] BGH MDR 1979, 1018 = aaO (Fußn 34).
[54] Kahler MDR 1983, 903 (C); RG 146, 113.

§ 114a 3.12   Verteilung des Erlöses

der Hilfsverteilung (§ 119) aus dem baren Versteigerungserlös weitere (zusammen dann somit 42 000 und 10 000 = 52 000 Euro).   10 000 Euro

Bei einem Gebot in Höhe von $7/10$ des Grundstückswertes wären dann aber wiederum weiter gedeckt (70 000 − 55 000 Euro =)   15 000 Euro

Der Hauptsacheanspruch des Erstehers gilt damit auch in diesem Fall in Höhe dieses weiteren Betrags von 15 000 Euro gemäß § 114a Satz 1 als aus dem Grundstück befriedigt.

Entsprechendes gilt, wenn der Ersteher aus einer bedingten Zuteilung eines nach §§ 50, 51 weiter zu zahlenden Betrags (§ 125 Abs 2) Deckung erlangt.

3.13   Zu einschlägigen Fragen im ZVG-Handbuch Rdn 570–575a.

4   Schiffe (Ausnahmevorschrift bei § 114 a)

4.1   § 114a gilt nicht für **Binnenschiffe**. Für sie gilt dafür Binnenschiffahrts-Vollstreckungsschutzgesetz § 14 als Sondervorschrift ähnlichen Inhalts.

4.2   Für **Seeschiffe** hat § 169a (und ebenso für ausländische Schiffe § 171 Abs 5 Satz 1) nur die Vorschriften der §§ 74a, 74b für nicht anwendbar erklärt. § 114a ist damit entsprechend anwendbar (§ 162 Rdn 9.1).

5   Zwischenrechte (Satz 2)

§ 114a ist auch anwendbar, wenn zwischen dem Anspruch des Erstehers und dem letzten durch sein tatsächliches Gebot noch gedeckten Anspruch ein **Zwischenrecht** steht, das bei dem tatsächlichen Gebot auch ausfällt, oder wenn Rechte ausfallen, die dem Recht der Erstehers gleichrangig sind. Beide Gruppen dürfen bei der Berechnung der erweiterten Befriedigungswirkung nicht berücksichtigt werden, weil im Gegensatz zu § 74b in § 114a nicht verlangt ist, daß der Anspruch des Erstehers im Rang unmittelbar nach dem letzten durch sein tatsächliches Gebot noch gedeckten Recht stehen müsse[55]. Dieser allgemein vertretenen Ansicht widersprach[56] und sagte, auch die ausgefallenen Zwischenrechte müßten berücksichtigt werden, weil allein diese Auslegung dem Wortlaut des § 114a entspreche. Dieser Ansicht konnte mit[57] nicht zugestimmt werden; zwar stimmte diese Auslegung äußerlich mit dem Wortlaut des § 114a überein, doch war § 114a eben nicht streng nach dem Wortlaut auszulegen, sondern nach seinem rechtspolitischen Zweck. Der aber ist es allein, den Vollstreckungsschuldner von ungerechten Verlusten zugunsten des wirtschaftlich stärkeren Gläubigers zu bewahren, also zu verhindern, daß der Gläubiger das Grundstück billig ersteht und dennoch eine hohe Restforderung gegen den Schuldner behält. Nun ist der Streit, ob Zwischenrechte zu berücksichtigen seien, gesetzlich im Sinne dieser Ausführungen geregelt. Die dem Anspruch des Erstehers vorgehenden oder gleichstehenden Rechte, die durch den Zuschlag erlöschen, sind bei der Berechnung nach § 114a nicht zu berücksichtigen (Satz 2 des § 114a); der Ausfall von innerhalb der Sieben-Zehntel-Grenze liegenden Zwischenrechten kann damit nicht dem Ersteher zugute kommen. Es wird vielmehr die Verbindlichkeit des Schuldners gegenüber dem Ersteher entsprechend der Höhe des Ausfalls vermindert.

---

[55] Jonas/Pohle, ZwVNotrecht, § 114a Anm 2; Schiffhauer BlGrBW 1971, 63 (XXVI).
[56] BGH 50, 52 = DNotZ 1968, 684 Leitsatz = MDR 1968, 571 = NJW 1968, 1676 = Rpfleger 1968, 219.
[57] Schiffhauer Rpfleger 1970, 316, BlGrBW 1968, 205 (XXIV) und 1971, 63 (XXVI).

Verhandlung über den Teilungsplan; Widerspruch 2.4 § 115

[Verhandlung über den Teilungsplan; Widerspruch]

115 (1) Über den Teilungsplan wird sofort verhandelt. Auf die Verhandlung sowie auf die Erledigung erhobener Widersprüche und die Ausführung des Planes finden die §§ 876 bis 882 der Zivilprozeßordnung entsprechende Anwendung.

(2) Ist ein vor dem Termin angemeldeter Anspruch nicht nach dem Antrag in den Plan aufgenommen, so gilt die Anmeldung als Widerspruch gegen den Plan.

(3) Der Widerspruch des Schuldners gegen einen vollstreckbaren Anspruch wird nach den §§ 767, 769, 770 der Zivilprozeßordnung erledigt.

(4) Soweit der Schuldner durch Sicherheitsleistung oder Hinterlegung die Befriedigung eines solchen Anspruchs abwenden darf, unterbleibt die Ausführung des Planes, wenn die Sicherheit geleistet oder die Hinterlegung erfolgt ist.

Literatur: Zwingel, Widerspruch des Schuldners gegen nicht valutierten Teil einer Grundschuld, Rpfleger 2000, 437.

Allgemeines zu § 115

1.1 Zweck der Vorschrift: § 115 regelt die Verhandlung über den Teilungsplan mit den anzuwendenden Vorschriften und den Rechtsbehelfen.

1.2 Anwendungsbereich: Die Vorschrift gilt für alle Versteigerungsverfahren des ZVG. In der Teilungsversteigerung ist allerdings ZPO §§ 878 ff über die Widerspruchsklage hinsichtlich des Erlösüberschusses nicht anwendbar (hierzu § 180 Rdn 17). Über die Anwendung in der Zwangsverwaltung § 146 Rdn 4, § 156 Rdn 3.

1.3 Zu einschlägigen Fragen des § 115 insbesondere zum Widerspruch, im ZVG-Handbuch Rdn 479–488.

Verhandlung: Verfahren allgemein (Absatz 1)

2.1 Über den Teilungsplan muß sofort im Termin verhandelt werden: Abs 1 Satz 1. Auf diese **Verhandlung** sind die Vorschriften in ZPO §§ 876–882 entsprechend anzuwenden: Abs 1 Satz 2. Muster für die Verhandlung im ZVG-Handbuch Rdn 408. Ausführungen zum Teilungsplan dort Rdn 413–556.

2.2 Verhandelt wird über den nach Anhörung der Beteiligten aufgestellten Teilungsplan (§ 113 Abs 1). Er wird zur Entscheidung des Vollstreckungsgerichts durch seine **Bekanntgabe** im Termin. Die dann noch anschließende Verhandlung hat den Zweck, den Beteiligten Einwendungen mit Widerspruch gegen den aufgestellten Teilungsplan zu ermöglichen, diese durch Verhandlung beizulegen und den Plan zur Ausführung festzustellen, soweit ihm nicht widersprochen ist oder ein Widerspruch sich erledigt hat.

2.3 Falls es zu **Widersprüchen** kommt oder ein solcher bereits vorliegt (Abs 2), ist nach ZPO §§ 876–882 zu verfahren: Abs 1 Satz 2. Wenn kein Widerspruch erhoben wird, wird der Plan sofort ausgeführt: ZPO § 876 Satz 1. Schweigen zum Plan gilt als Einverständnis, allerdings nur nach seiner formellen Seite, nicht als Anerkennung der materiellen Richtigkeit. Zwischenberechtigte, die Widerspruch nicht erhoben haben oder von einem Widerspruch nicht betroffen sind, dürfen durch die Behandlung des Planes (zB Eventualzuteilung) weder begünstigt noch benachteiligt werden.

2.4 Erfolgt ein Widerspruch, so muß sich jeder daran Beteiligte (der widersprochen hat oder dem widersprochen wurde) **sofort erklären:** ZPO § 876 Satz 2.

§ 115   2.4   Verteilung des Erlöses

Wird der Widerspruch von den daran Beteiligten als berechtigt anerkannt oder kommt eine andere Einigung zustande, so muß der **Plan geändert** werden: ZPO § 876 Satz 3. Dies gilt auch, wenn das Gericht selbst anderer Ansicht wäre, weil der Wille der Beteiligten entscheidet, die in der Verfügung über den zu verteilenden Erlös frei sind. Wenn aber der Widerspruch hierbei nicht bereinigt werden kann, wird der **Plan ausgeführt**, soweit er nicht vom Widerspruch betroffen ist: ZPO § 876 Satz 4. Im übrigen wird der Plan nach § 124 ergänzt (Hilfsverteilung) und durch Hinterlegung ausgeführt: § 124 Abs 2, § 120.

2.5   Von Beteiligten, die **nicht** zum Verteilungstermin **erschienen** sind, auch nicht schriftlich Widerspruch eingelegt haben, wird angenommen, daß sie mit der Ausführung des Teilungsplanes einverstanden sind: ZPO § 877 Abs 1. Wenn einem nicht erschienenen Beteiligten widersprochen wurde, so wird angenommen, daß er den Widerspruch nicht als berechtigt anerkenne: ZPO § 877 Abs 2.

2.6   Nach Widerspruch ist **Klage nötig** (Rdn 5): ZPO § 878 Abs 1. Sie ist, wenn der Vollstreckungsschuldner dem Teilungsplan widersprochen hat, weil einem bereits außergerichtlich für befriedigt erklärten Grundpfandrechtsgläubiger (§ 117 Rdn 5) das Recht nicht zustehe, nach[1], ebenso wie nach rechtzeitiger Erinnerung gegen Verteilung mit außergerichtlicher Befriedigung der Berechtigten (§ 144 Rdn 2), gegen den Ersteher zu richten. Gegen diesen ist ebenso die Klage des Schuldners gegen einen vom Ersteher außergerichtlich befriedigten vollstreckbaren Anspruch (Abs 3) zu richten[1]. Sobald das Urteil im Widerspruchsprozeß erlassen und rechtskräftig ist, muß die Auszahlung oder anderweitige Verteilung nach den Hinterlegungsbedingungen erfolgen: ZPO § 882.

2.7   **Ausgeführt wird** der Teilungsplan: wenn kein Widerspruch erfolgt, sofort (ZPO § 876 Satz 1); wenn ein Widerspruch erfolgt und von allen anerkannt wird oder wenn eine Einigung erfolgt, sofort nach der Planänderung (ZPO § 876 Satz 3); soweit der Teilungsplan nicht vom Widerspruch betroffen wird, sofort (ZPO § 876 Satz 4); wenn Widerspruch erhoben, aber Klage nicht fristgemäß nachgewiesen wird, nach Ablauf der Klagenachweisfrist; wenn Widerspruchsklage fristgemäß erhoben und dann durchgeführt ist, nach rechtskräftigem Widerspruchsurteil (bzw nach einem Vergleich in diesem Prozeß) mit den vom Prozeßgericht etwa angeordneten Änderungen (ZPO § 882).

2.8   Sofortige Beschwerde hat keine aufschiebende Wirkung (§ 113 Rdn 6.3). Die Planausführung (ZPO § 876) kann daher nicht zurückgestellt und insbesondere nicht bis zur Rechtskraft ausgesetzt werden (so auch[2]; anders[3]); gesetzwidrige Verzögerung nach Verhandlung im Termin (Abs 1 Satz 1), die Rechtswahrung ermöglichen und Gewährung rechtlichen Gehörs gewährleisten soll, würde Schadensersatzansprüche begründen. Nur bei Anfechtung des Plans kann Aussetzung der Planausführung durch den Rechtspfleger des Vollstreckungsgerichts oder das Beschwerdegericht angeordnet werden (ZPO § 570 Abs 2 und 3); bei Anfechtung des Zuschlags kann Planausführung auch nach § 116 ausgesetzt werden.

2.9   Sobald der Plan ausgeführt ist, kann er **nicht mehr geändert** werden; Widerspruchsklage kann nicht mehr erhoben werden. Beschwerde ist nicht mehr zulässig; ein anhängiges Rechtsmittel wird gegenstandslos[4].

2.10   War gegen ein nach § 91 Abs 2 liegenbelassenes Recht Widerspruch erhoben und nach § 124 Hilfsverteilung erfolgt, so kann der Ersteher, sobald der Widerspruch für begründet erklärt ist, insoweit seine **Liegenbelassungserklärung** wegen Irrtums anfechten und vom Erklärungsgegner mit der Bereicherungsklage die Löschung des entsprechenden Teils des bestehengebliebenen Rechts fordern. Vor-

---

[1] BGH 77, 107 = MDR 1980, 836 = NJW 1980, 2586 = Rpfleger 1980, 339.
[2] OLG Köln Rpfleger 1991, 519; Drischler Rpfleger 1989, 359; Perger Rpfleger 1991, 45.
[3] Sievers Rpfleger 1989, 53.
[4] OLG Düsseldorf Rpfleger 1995, 265.

Verhandlung über den Teilungsplan; Widerspruch 3.3 § 115

sorglich ist das Eintragungsersuchen nach § 130 kenntlich zu machen: „... Dieses Recht ist infolge Liegenbelassungsvereinbarung bestehengeblieben; gegen die Berücksichtigung des Rechts im Teilungsplan hat aber ... Widerspruch erhoben."

2.11 Wenn sich der nach dem Teilungsplan hebungsberechtigte Ersteher hinsichtlich seiner Ansprüche ganz oder zum Teil für **befriedigt erklärt** (§ 117 Rdn 5), so ist der Plan insoweit bereits durch Erlösverteilung ausgeführt. Wird er aber aufgehoben und wird die Durchführung eines neuen Verteilungsverfahrens vom Widerspruchsgericht angeordnet, so ist der Erlös, soweit er von dieser Befriedigungserklärung betroffen war, nicht mehr zu verteilen[5]. In diesem Falle ist auch das Bargebot, soweit es dem Ersteher zusteht, bei einer Änderung des Planes über den ersten Verteilungstermin hinaus nicht weiter zu verzinsen[5].

2.12 Falls das Vollstreckungsgericht mit der Begründung, die Verteilung sei schon abgeschlossen, eine Maßnahme aus § 115 ablehnt, hat der Betroffene hiergegen Beschwerde.

2.13 Solange ein Widerspruch nicht durch Prozeß geklärt ist (oder die Widerspruchsfrist noch nicht fruchtlos abgelaufen ist), darf **keine vollstreckbare Ausfertigung** des Zuschlagsbeschlusses über eine übertragene Forderung, gegen die sich der Widerspruch richtet, erteilt werden[6].

2.14 Bei Widerspruch mit nachfolgendem Widerspruchsprozeß bleibt das Vollstreckungsgericht an die **Rechtslage im Zeitpunkt des Widerspruchs** gebunden; es darf nachträgliche Änderungen im Grundbuch nicht berücksichtigen (auch andere nicht), darf und muß vielmehr nur noch das Ergebnis des Widerspruchsprozesses beachten[6].

Widerspruch (Absatz 1) und andere Rechtsbehelfe 3

3.1 Bei **formeller Beanstandung,** daß bei der Aufstellung des Teilungsplanes verfahrensrechtliche Vorschriften verletzt seien und nicht der Plan auf Grund besseren materiellen Rechts sachlich unrichtig sei, ist sofortige Beschwerde gegeben (§ 113 Rdn 6.3).

3.2 Bei **materiellrechtlichen Beanstandungen,** daß der Teilungsplan auf Grund eines besseren Rechts sachlich unrichtig sei, ist Widerspruch gegeben: Abs 1, ZPO § 876[7]. Der Widerspruch ist der ausschließliche Rechtsbehelf. Durch Widerspruch wird die Zuteilung gerügt, die Unrichtigkeit des Verfahrens aus materiellrechtlichen Gründen, hinsichtlich Betrag, Rang oder Person des Berechtigten; er richtet sich gegen die Zuteilung an einem anderen zu Lasten des Widersprechenden oder gegen die ganze oder teilweise Nichtberücksichtigung des Widersprechenden, auch gegen die Nichtberücksichtigung erfolgter Abtretungen, Pfändungen oder eines gesetzlichen Übergangs (dazu im ZVG-Handbuch Rdn 481). Er kann sich nicht gegen einen Nachrangigen wenden, da hier das rechtliche Interesse fehlen würde (der Widersprechende erhält hiervon nichts). Der Widersprechende muß die eigene Rechtslage verbessern wollen. Auch ein Widerspruch zugunsten eines Vormannes ist nicht möglich, weil er dem Widersprechenden keine Verbesserung bringt. Der Widerspruch verlangt eine Planänderung. Er dient der Frage, wie weit der Gläubiger ein Recht auf Befriedigung hat, wie zu verteilen ist, nicht was zu verteilen ist. Der Widerspruch bestreitet das sachliche Zuteilungsrecht eines formell berücksichtigten Beteiligten. Zulässig ist der Widerspruch auch dann, wenn der Widersprechende nur nach §§ 119, 120 berücksichtigt würde (Eventualzuteilung).

3.3 Wenn **nebeneinander formelle** Unrichtigkeit als Folge eines Verfahrensverstoßes und **sachliche Unrichtigkeit** behauptet werden, hat der Betroffene

---

[5] OLG Schleswig SchlHA 1961, 16.
[6] AG Düsseldorf MDR 1961, 697.
[7] RG 101, 117.

nebeneinander sofortige Beschwerde und Widerspruch[8]. Es besteht für beide Möglichkeiten nebeneinander ein Rechtsschutzbedürfnis.

3.4 Widerspruchsberechtigt sind nach § 115, ZPO § 876 verschiedene Personen:

a) Zum Widerspruch berechtigt sind **alle Beteiligte** aus § 9, die ein Recht auf Befriedigung aus dem Versteigerungserlös haben, aber nach dem Teilungsplan durch einen anderen ganz oder zum Teil verdrängt werden[9]. Sie können alle, wenn sie ganz oder zum Teil ausgefallen sind, der Zuteilung an einen Vorberechtigten widersprechen, mit dem Antrag auf Zuteilung an sich, mit der Behauptung, der Vorberechtigte habe keinen Anspruch an der berücksichtigten Stelle in der zugeteilten Höhe. Sie können alle Widerspruch erheben gegen Bestand, Rang, Höhe des fraglichen Anspruchs und gegen Nichtberücksichtigung des eigenen Anspruchs. Der Widersprechende muß eine Verbesserung seiner Rangstelle erstreben und ein eigenes Interesse an der Planänderung haben. Der Anspruch des Widersprechenden auf vorrangige Befriedigung kann auch darauf beruhen, daß der Vorberechtigte sein Recht anfechtbar erworben hat und deshalb als Anfechtungsgegner erst nach dem widersprechenden Beteiligten zu berücksichtigen ist[10]. Für den Widerspruch ist also ein rechtliches Interesse an der erstrebten Änderung des Teilungsplanes nötig[11], und zwar ein eigenes Interesse, wenn auch nur ein mittelbares[12]. Dabei richten sich die Voraussetzungen nach dem Zeitpunkt des Widerspruchs[13]. Widerspruch kann also erheben, wer mit der Art der Verteilung nicht einverstanden ist und durch sie beeinträchtigt wird, wer bei der von ihm für richtig gehaltenen Verteilung etwas statt nichts oder wenigstens mehr als vorgesehen, erhalten würde. Der Widerspruch richtet sich somit gegen die Zuteilung auf das Recht, das an Stelle des Beeinträchtigten zum Zuge kommen soll und das ausfallen würde, wenn an den Widersprechenden zugeteilt würde. Die hier Genannten haben auch den Widerspruch, wenn sie voll berücksichtigt sind, gegen die Zuteilung an einen Vorberechtigten mit dem Ziel einer Ergänzung des Planes dahin, daß jene Zuteilung nicht zu ihrem Nachteil geltend gemacht werden könne, soweit sie hieran (zB wegen ausbleibender Barzahlung des Erstehers) ein Interesse haben.

b) Zum Widerspruch berechtigt auch ein **schuldrechtlicher Anspruch** eines Beteiligten (§ 9 Rdn 2.8), wenn er einen zur Befriedigung aus dem Grundstück Berechtigten verpflichtet, den auf sein Recht (§ 10), insbesondere damit auf ein dingliches Recht am Grundstück (§ 10 Abs 1 Nr 4) entfallenden Erlösanteil dem Widersprechenden zu überlassen[14]. Geltend gemacht wird in einem solchen Fall die Unrichtigkeit des Plans aus materiellen Gründen infolge Zuteilung an den festgestellten Berechtigten zu Lasten des Widersprechenden. Dieser Prätendentenstreit ist im Prozeßweg auszutragen; Rechtsbehelf gegen den Teilungsplan zur Wahrung des Klagerechts (ZPO § 878) ist demzufolge der Widerspruch. Ein Widerspruchsrecht begründet somit insbesondere der Anspruch auf **Rückgewähr** einer nicht valutierten (oder des nicht valutierten Teils einer) **Grundschuld**[15]. Mit

---

[8] OLG Köln MDR 1969, 401.
[9] BGH BGHWarn 1972, 432 = WM 1972, 1032.
[10] BGH 130, 314 (325) = NJW 1995, 2846.
[11] OLG Hamburg MDR 1955, 492.
[12] BGH BB 1962, 1222 = WM 1962, 1138.
[13] OLG Hamburg MDR 1955, 492.
[14] BGH MDR 2002, 603 = NJW 2002, 1578 = NotBZ 2002, 146 = NZI 2002, 276 = Rpfleger 2002, 273; Jaeckel/Güthe § 115 Rdn 5.
[15] BGH 2002, 1578 (1579) = aaO; BGH 158, 159 (164) = MDR 2004, 771 = NJW 2004, 1803 (1804, 1805) = Rpfleger 2004, 432; nicht eindeutig noch BGH 108, 237 (247 f) = DNotZ 1990, 581 = MDR 1989, 147 = NJW 1989, 2536 = Rpfleger 1990, 32, Klarstellung nun jedoch BGH 2002, 1578 (1579 reSp).

Widerspruch kann damit auch der Gläubiger, dem der (schuldrechtliche) Rückgewähranspruch abgetreten oder für den er gepfändet (und dem er überwiesen) ist, den Rückgewähranspruch geltend machen[16]. Die Einmal- oder Nichtmehr-Valutierungsabrede verpflichtet als schuldrechtlicher Vertrag den Gläubiger einer vorrangigen Grundschuld gegenüber einem nachrangigen Berechtigten, dem der Rückgewähranspruch abgetreten ist, die Grundschuld nur für einen bestimmten Sicherungszweck und der Höhe nach bestimmten Forderungsbetrag geltend zu machen, den weitergehenden Teil des Grundpfandrechts somit an den anspruchsberechtigten nachrangig Befriedigungsberechtigten auszukehren. Der Übererlös tritt mit Erlöschen der Grundschuld im Wege der Surrogation an die Stelle des Anspruchs auf Rückgewähr der (ganz oder teilweise) nicht valutierten Grundschuld; der Widerspruch gegen den Teilungsplan kann somit auch in einem solchen Fall auf den Rückgewähranspruch gestützt werden[17]. Zum Widerspruch berechtigt ebenso die (schuldrechtliche) Vereinbarung, wonach ein Beteiligter bei der Inanspruchnahme des Erlöses hinter den Widersprechenden zurückzutreten hat[18]. Genügen muß weiter der schuldrechtliche Anspruch gegen einen Zedenten auf Überlassung des Versteigerungserlöses, der an die Stelle des Anspruchs auf Übertragung eines (bereits vor Zuschlagswirksamkeit) ohne Briefübergabe (ganz oder zum Teil) abgetretenen Brief-Grundpfandrechts getreten ist (dazu auch § 114 Rdn 5.1 zu e). Nicht zum Widerspruch berechtigt der (nur) schuldrechtliche (nicht durch Vormerkung gesicherte) Anspruch gegen den Eigentümer auf Bestellung eines Rechts am Grundstück (§ 9 Rdn 2.8). Er begründet kein Recht, das nach § 10 Anspruch auf Befriedigung aus dem Grundstück gewährt, gibt für Aufnahme des Betrags eines weitergehenden (neuen) Anspruchs somit keine mit Widerspruch verfolgbare Berechtigung.

c) Widerspruchsberechtigt ist auch der **Vollstreckungsschuldner** (bei mehreren jeder für sich), falls nicht Abs 3 vorliegt. Er ist es also gegenüber dem Bestand anderer als vollstreckbarer Ansprüche, zB mit der Behauptung, daß eine Sicherungshypothek nichtig sei; er ist es gegenüber dem dinglichen Recht, wenn aus dem persönlichen Anspruch betrieben wird. Er ist es auch gegen den Rang der vollstreckbaren und der nicht vollstreckbaren Ansprüche (hier ist Abs 3 kein Hindernis). Der Schuldner kann dabei sowohl Zuteilung an sich beantragen wie auch an eine Gesamtheit mehrerer Vollstreckungsschuldner oder gar an einen anderen Berechtigten, wenn er hieran ein unmittelbares eigenes Interesse behauptet und auf Verlangen glaubhaft macht; darunter fällt zB, wenn der Erlös (durch den Widerspruch) einem Beteiligten zufallen soll, dem der Schuldner nicht nur dinglich, sondern auch persönlich haftet. Der Schuldner kann auch daran interessiert sein, den Erlös nur an wirklich Berechtigte und in der gehörenden Ordnung zahlen zu lassen[19]. Ist über das Vermögen des Schuldners das Insolvenzverfahren eröffnet, so kann an seiner Stelle der Insolvenzverwalter Widerspruch erheben, falls die Insolvenzmasse eine Auszahlung beanspruchen könnte.

d) Bei Eigentumswechsel nach der Beschlagnahme ist der **neue Grundstückseigentümer** nach Anmeldung (und notfalls Glaubhaftmachung) widerspruchsberechtigt, ausgenommen, wenn Abs 3 vorliegt (Bestand einer vollstreckbaren Forderung wird angegriffen) und der betreibende Gläubiger gegen den neuen Eigentümer eine umgeschriebene vollstreckbare Ausfertigung des Schuldtitels vorlegt[20] (bei Nichtvorlage dieses Titels auch gegenüber vollstreckbaren Ansprüchen).

---

[16] BGH MDR 1991, 1201 = NJW-RR 1991, 1197 (1198) = Rpfleger 1991, 381 (382); LG Koblenz JurBüro 2003, 551.
[17] BGH NJW 2002, 1578 (1579, 1580) = aaO (Fußn 14).
[18] BGH NJW 2002, 1578 (1579) = aaO (Fußn 14); Jaeckel/Güthe § 115 Rdn 5; Steiner/Teufel § 115 Rdn 53.
[19] RG 166, 113.
[20] Jaeckel/Güthe § 115 Rdn 4.

e) Widerspruchsberechtigt ist auch ein **Pfandgläubiger** eines dinglichen Rechts oder des Erlösüberschusses (bei diesem aber nur unter den Voraussetzungen wie vorher zu c). Hält das Gericht das Bestehen des Pfandrechts für nachgewiesen und den Pfandgläubiger für einziehungsbefugt, so teilt es den auf diese Rangstelle entfallenden Erlösanteil dem Pfandgläubiger zu, andernfalls dem Pfandschuldner. Der nicht Berücksichtigte hat hier sowohl sofortige Beschwerde wie auch Widerspruch (formelle und materielle Beanstandung). Behauptet der Pfandschuldner, der Anspruch sei getilgt, so hat er auch außerhalb des Versteigerungsverfahrens gegen den berücksichtigten Pfandgläubiger eine Möglichkeit, nämlich eine Bereicherungsklage. Bei mehreren streitigen Ansprüchen an derselben Rangstelle darf das Gericht nicht einfach den Erlösanteil für die Streitenden unter Verzicht auf Rücknahme hinterlegen (wie dies[21] vorschlägt), sondern muß an den nach Ansicht des Gerichts besser Berechtigten zuteilen und die anderen auf den Widerspruch verweisen. Der Plan muß genau erkennen lassen, wem zugeteilt ist und wer Widerspruch erheben muß.

f) Widerspruchsberechtigt ist auch, wer gegen die Verfügung über ein dingliches Recht mit **Anfechtungsklage** vorgeht, mit dem Antrag auf Zuteilung an sich[22].

g) Widerspruchsberechtigt ist auch ein Dritter, der ein Recht nach **§ 37 Nr 5** in Anspruch nimmt und auf Verlangen glaubhaft macht.

h) Widerspruchsberechtigt ist auch ein **Bruchteilseigentümer,** wenn die mehreren Eigentümer eine Eigentümergrundschuld bestellt hatten (teils Eigentümerrecht, teils Fremdrecht für den Widersprechenden), bei der Versteigerung des jeweils anderen Bruchteils, wenn die sonstigen Voraussetzungen dafür vorliegen[23].

i) Sonderfall: Einem **Schiffshypothekengläubiger** (§ 162 Rdn 5) wird durch einen rechtskräftigen, auf Duldung der Zwangsvollstreckung in das Schiff lautenden Vollstreckungstitel, den ein anderer Gläubiger wegen eines behaupteten Schiffsgläubigerrechtes gegen den Reeder erwirkt hatte, nicht das Recht genommen, das Vorrecht dieses anderen Gläubigers durch Widerspruch und Widerspruchsklage mit der Behauptung zu bestreiten, das Schiffsgläubigerrecht dieses anderen sei schon erloschen gewesen, bevor dieser andere einen Rechtsstreit begonnen habe[24].

3.5 Nicht widerspruchsberechtigt sind eine ganze Reihe von Personen.

a) Nicht widerspruchsberechtigt ist der **Ersteher** oder mithaftende Dritte, außer wenn sie gleichzeitig befriedigungsberechtigte Gläubiger sind[25].

b) Nicht widerspruchsberechtigt ist der **Vollstreckungsschuldner** gegen eine Liegenbelassung.

c) Nicht widerspruchsberechtigt ist, wer nur einen **schuldrechtlichen Anspruch** hat, aus dem nicht betrieben wird, zB auf Schadensersatz[26] oder auf Aufwendungsersatz[26].

d) Nicht widerspruchsberechtigt sind **Mieter/Pächter,** selbst wenn sie Baukostenzuschüsse geleistet haben[27].

e) Nicht widerspruchsberechtigt ist ein bei Eintragung des Versteigerungsvermerks im Grundbuch eingetragener dinglicher Berechtigter, dessen **Recht später ge-**

---

[21] Jaeckel/Güthe § 115 Rdn 5.
[22] BGH NJW 2001, 2477 (2478) = Rpfleger 2001, 443 (445).
[23] BGH DNotZ 1975, 487 = MDR 1975, 307 = NJW 1975, 445 = Rpfleger 1975, 84.
[24] BGH 63, 61 = MDR 1975, 39 = NJW 1974, 2284 = Rpfleger 1975, 17.
[25] BGH BGHWarn 1972, 432 = WM 1972, 1032.
[26] BGH 108, 237 (248) = aaO (Fußn 15).
[27] BGH BGHWarn 1971, 17 = KTS 1971, 204 = MDR 1971, 287 = Rpfleger 1971, 102.

Verhandlung über den Teilungsplan; Widerspruch 3.11 § 115

löscht wurde, weil sich die Voraussetzungen des Widerspruchs nach dessen Zeitpunkt richten.

f) Nicht widerspruchsberechtigt ist der **Vollstreckungsschuldner** (bei mehreren ist jeder selbständig zu beurteilen) gegenüber vollstreckbaren Ansprüchen, falls der Gläubiger dazu einen vollstreckbaren Titel hat[28] (Rdn 6).

3.6 Form des Widerspruchs: a) Eine Form ist im ZVG **nicht vorgeschrieben.** Der Widerspruch ist schriftlich (dafür auch elektronisches Dokument, ZPO § 130a) oder zu Protokoll möglich.

b) Eine **Begründung** des Widerspruchs ist nicht nötig. Er muß aber genau dargelegt werden, damit über ihn verhandelt werden kann (ZPO § 878). Er muß verständlich sein und erkennen lassen, ob er sich gegen den Bestand oder den Rang eines Rechtes richtet, also in welchem Umfang und gegen welche Zuteilung Widerspruch erhoben wird. Sonst kann er nicht berücksichtigt werden.

c) Glaubhaft gemacht werden müssen die Tatsachen nur dort, wo dies besonders gesagt ist.

3.7 Zeitpunkt: Der Widerspruch kann vor dem Verteilungstermin und in diesem (nicht mehr aber nach Schluß des Termins[29], ZPO § 136 Abs 4) erfolgen, spätestens aber **vor Ausführung** des Teilungsplanes. Er ist ausgeführt mit Zahlung an die Berechtigten[29] (§ 117 Abs 1), sonst wenn im Termin Anordnung der Auszahlung (§ 117 Abs 2; anders[29]: noch keine Ausführung) oder Erteilung der Anweisung auf den hinterlegten Erlös (§ 117 Abs 3) verfügt wird, bei Nichtzahlung mit Anordnung der Forderungsübertragung (§ 118). Bei sich widersprechenden Erklärungen desselben Beteiligten gilt jeweils seine zuletzt abgegebene Erklärung. Wenn ein vor dem Verteilungstermin angemeldeter Anspruch nicht nach dem Antrag in den Teilungsplan aufgenommen wird, gilt die **Anmeldung als Widerspruch:** Abs 2. Ein nach Schluß des Verteilungstermins (Planausführung im Termin) erhobener Widerspruch berührt den Teilungsplan nicht mehr (Abs 1 Satz 2 mit ZPO § 877).

3.8 Wirkung des Widerspruchs: Der Widerspruch wirkt nur für die Berechtigten, die ihn einlegen, außer wenn der Vollstreckungsschuldner aus eigenem Interesse ausnahmsweise zugunsten eines anderen Widerspruch einlegen darf (Rdn 3.4). Der Widerspruch wirkt nur, wenn er anerkannt wird oder von dem durch ihn Betroffenen (dann wird der Teilungsplan geändert, ZPO § 876 Satz 2, 3) oder wenn der Widersprechende mit seiner Widerspruchsklage durchdringt.

3.9 Mehrere Widersprüche sind je für sich zu behandeln. Betreffen sie denselben Gegenstand, dann sind sie allerdings gemeinsam zu behandeln und zu entscheiden (zwei widersprechen demselben Recht). Hierzu im ZVG-Handbuch Rdn 486.

3.10 Wird ein **Gläubiger mehrerer Ansprüche** aus dem besser berechtigten gegenüber seinem eigenen nachrangigen nicht gemäß Anmeldung berücksichtigt, so kann er gegen sich selbst nicht Widerspruch einlegen, er hat sofortige Beschwerde.

3.11 Prüfung des Widerspruchs:

a) Das Vollstreckungsgericht muß prüfen, **ob** der Widerspruch **zulässig** ist[30]. Es prüft, ob der Widersprechende Beteiligter ist[31]. Es prüft, ob der Widersprechende bei Erfolg etwas aus dem Erlös erhalten würde. Es prüft, ob der Widersprechende ein eigenes, wenn auch nur mittelbares Interesse an anderweitiger Verteilung hat.

---

[28] Jaeckel/Güthe § 115 Rdn 1.
[29] OLG Köln Rpfleger 1991, 519 mit teilw krit Anm Meyer-Stolte.
[30] LG Münster MDR 1966, 1011; Stöber Rpfleger 1969, 203 (Anmerkung).
[31] LG Münster aaO (Fußn 30).

§ 115 3.11   Verteilung des Erlöses

b) Einen **unzulässigen** Widerspruch muß das Vollstreckungsgericht durch Beschluß **zurückweisen**[32] (Anfechtung durch sofortige Beschwerde)[33]. Läßt es einen Widerspruch zu, gibt es hiergegen kein Rechtsmittel[34].

c) Das Vollstreckungsgericht entscheidet nicht, **ob** der zulässige Widerspruch **begründet** ist. Es darf einen zulässigen Widerspruch nicht zurückweisen. Über die Frage, ob er begründet ist, entscheidet (auf Widerspruchsklage) das Prozeßgericht[35], falls sich nicht die Beteiligten einigen (ZPO § 876 Satz 3). Wenn das Vollstreckungsgericht aber gesetzwidrig selbst entscheidet, kann der Widersprechende dies mit sofortiger Beschwerde anfechten, um den Widerspruch wieder zur Geltung zu bringen[36].

4 Widerspruch bei abweichender Anmeldung (Absatz 2)

Der Widerspruch zwischen Plan und Anmeldung liegt klar zutage, wenn ein Beteiligter seinen Anspruch vor dem Verteilungstermin schriftlich angemeldet hat, der Anspruch jedoch nicht dem Antrag gemäß in den Teilungsplan aufgenommen worden ist. Dem Beteiligten wird in einem solchen Fall nicht zugemutet, dem aufgestellten Teilungsplan im Verteilungstermin noch besonders zu widersprechen[37]. Es gilt (auch bei Abwesenheit des Beteiligten) die abweichende Anmeldung als Widerspruch gegen den Teilungsplan: Abs 2. Das gilt auch, wenn Ansprüche, die in dem Versteigerungsantrag enthalten sind, als angemeldet gelten (§ 114 Abs 1 Satz 2). Es gilt auch, wenn angemeldete Kosten nicht in voller Höhe in den Plan aufgenommen sind. Weil nur ein Beteiligter Widerspruch erheben kann, kann auch ein nicht in den Plan aufgenommener Anspruch nur dann als Widerspruch gelten, wenn die Anmeldung einen Anspruch verfolgt, der (nach § 10) ein Recht auf Befriedigung aus dem Grundstück gewährt; anders[38]: sonst fiktiver Widerspruch, der als unzulässig zurückgewiesen werden muß (als widerspruchsvoll abzulehnen, die Anmeldung kann nicht als Widerspruch gelten, der unzulässig ist). Die Anmeldung eines Anspruchs, der im Zwangsversteigerungsverfahren demnach überhaupt nicht geltend gemacht werden kann (zB eines weiteren persönlichen Anspruchs an den Schuldner; Kosten für Zwangsvollstreckungen gegen den Schuldner persönlich, ZPO § 788, die nicht in das Grundstück vollstreckt werden, § 10 Abs 1 Nr 5), enthält daher nicht schon zugleich einen Widerspruch (dazu ZVG-Handbuch Rdn 480). Die gesetzlich vorgeschriebene Nichtberücksichtigung verspätet angemeldeter Ansprüche nach § 37 Nr 4, § 110 an der ihnen bei rechtzeitiger Anmeldung zukommenden Rangstelle (also ihr Zurücksetzung hinter alle nach § 110) ist nicht als Widerspruch zu behandeln (hier muß Vorrang ausdrücklich in Anspruch genommen oder Widerspruch gesondert eingelegt werden). Wird ein angemeldeter Anspruch zwar in den Teilungsplan aufgenommen, aber ganz oder zum Teil an einer für den Berechtigten ungünstigeren Rangstelle (zB Rangklasse 7 oder 8 statt 3 oder 4), so gilt die abweichende Anmeldung nur dann als Widerspruch, wenn der Berechtigte ausdrücklich die bessere Rangstelle angemeldet hat.

5 Widerspruch: Klage, Bereicherungsklage, Schadensersatz

5.1 Widerspruchsklage: Wird im Verteilungstermin über einen zulässigen Widerspruch keine sachliche Einigung erzielt (ZPO § 876; Rdn 2), so **muß** der Wi-

---

[32] Dassler/Schiffhauer § 115 Rdn 10; Stöber Rpfleger 1969, 203 (Anmerkung).
[33] OLG Köln Rpfleger 1991, 519 mit teilw krit Anm Meyer-Stolte; LG Münster MDR 1966, 1011; Steiner/Teufel § 115 Rdn 61; Stöber Rpfleger 1969, 203 (Anmerkung).
[34] LG Münster Rpfleger 1966, 1011.
[35] LG Mannheim MDR 1960, 319; LG Münster MDR 1966, 1011.
[36] OLG Hamm JMBlNW 1962, 97.
[37] Motive zum ZVG S 289.
[38] Steiner/Teufel § 115 Rdn 59.

Verhandlung über den Teilungsplan; Widerspruch   5.4 § 115

dersprechende gegen denjenigen, gegen den sich sein Widerspruch richtet, Widerspruchsklage **erheben:** ZPO § 878 Abs 1 Satz 1. Das gilt auch bei Widerspruch gegen **öffentlich-rechtliche Ansprüche**, verbunden mit gleichzeitigen Verwaltungsbehelfen, wobei es zur Widerspruchsklage einen Zwischenstreit vor der Verwaltungsbehörde über das Bestehen des Anspruchs gibt, für dessen Dauer die Widerspruchsklage ausgesetzt wird (ZPO § 148)[39]; über Art und Umfang der öffentlich-rechtlichen Ansprüche darf nicht das Gericht der Widerspruchsklage entscheiden. Besteht hier aber nur Streit über den Verfahrensrang des Gläubigers, dann bleibt es auch hier bei Widerspruch und gerichtlicher Widerspruchsklage. Der Gläubiger von Verwaltungszwangsverfahrenansprüchen kann wie jeder andere Gläubiger gegen den Teilungsplan Widerspruch einlegen und die Widerspruchsklage betreiben.

5.2 Die Widerspruchsklage muß **bei dem Amtsgericht** des Verteilungsverfahrens erhoben werden und dann, wenn die Zuständigkeit des Amtsgerichts überschritten wird, **bei dem Landgericht** dieses Bezirks: ZPO § 879 Abs 1. Wenn bei mehreren Widerspruchsklagen für eine von ihnen das Landgericht zuständig ist, ist dieses auch für alle anderen aus demselben Versteigerungsverfahren sich ergebenden Widerspruchsklagen zuständig, sofern nicht alle Beteiligte die Zuständigkeit des Amtsgerichts vereinbaren: ZPO § 879 Abs 2. Es handelt sich um einen ausschließlichen Gerichtsstand (ZPO § 802).

5.3 Der Widersprechende muß die Klageerhebung binnen eines Monats **nachweisen:** ZPO § 878 Abs 1 Satz 1. Nach fruchtlosem Ablauf der Frist wird sonst der Teilungsplan ohne Rücksicht auf den Widerspruch ausgeführt: ZPO § 878 Abs 1 Satz 2. Die Klage ist nach Fristablauf trotzdem noch zulässig, solange der Plan nicht tatsächlich ausgeführt ist[40]. Die **verspätete Klage** kann aber das Verteilungsverfahren nicht mehr aufhalten. Das Vollstreckungsgericht muß natürlich auch ein Urteil aus einer verspäteten Klage noch berücksichtigen, wo es dies kann[41]. Auf jeden Fall muß es aber sofort nach fruchtlosem Fristablauf seine Verteilung durchführen[42]. Es darf nicht auf den Nachweis der verspäteten Klageerhebung hin seine Verteilung unterlassen oder unterbrechen[43] (anders[44]). Nach beendeter Verteilung wird die verspätete Klage sogar unzulässig[45]. Das Vollstreckungsgericht darf dann auch nicht seine Entscheidung bis zur Entscheidung der Widerspruchsklage aussetzen. Der Widersprechende kann nur noch außerhalb des Verteilungsverfahrens sein besseres Recht durch **Bereicherungsklage** geltend machen (ZPO § 878 Abs 2, BGB § 812). Die noch anhängige Widerspruchsklage ist in diesem Fall in eine Bereicherungsklage überzuleiten[46]. Wurde die Widerspruchsklage vor einem unzuständigen Gericht erhoben, so muß auch die **Verweisung** an das zuständige Gericht (ZPO § 281) noch in der genannten Frist (für den Nachweis der Klageerhebung) erfolgen, um rechtzeitig zu sein (ZPO § 802: ausschließliche Zuständigkeit).

5.4 Die **Frist** ist ein Monat: § 878 Abs 1 Satz 1. Die Frist beginnt ohne vorherige Aufforderung, ohne Belehrung, ohne Zustellung oder Verkündung irgendeines Beschlusses. Die Frist beginnt mit dem Tag des Verteilungstermins: ZPO § 878 Abs 1 Satz 1. Der Tag des Verteilungstermins wird also mitgerechnet entgegen

---

[39] Jaeckel/Güthe § 115 Rdn 14b; Steiner/Teufel § 115 Rdn 69; Mohrbutter/Drischler Muster 128 Anm 10.
[40] BGH 21, 30 = LM ZVG § 37 Nr 1 Leitsatz mit Anm Rothe; RG 99, 202; Zöller/Stöber, ZPO, § 878 Rdn 17.
[41] OLG Frankfurt NJW 1961, 787.
[42] RG 99, 202; OLG Frankfurt NJW 1961, 787; Schuler NJW 1961, 1601 (III).
[43] Dassler/Schiffhauer § 115 Rdn 36; Schuler NJW 1961, 1601 (III).
[44] Jaeckel/Güthe § 115 Rdn 13; Pikart WM 1956, 1250.
[45] BGH 21, 30 = aaO (Fußn 40); OLG Frankfurt NJW 1961, 787; Schuler NJW 1961, 1601 (III).
[46] RG 99, 202; Zöller/Stöber, ZPO, § 878 Rdn 17.

§ 115 5.4

BGB § 187 Abs 1 (wo der Tag nach dem Ereignis, bei Zustellungen zB, für den Beginn der Frist entscheidet): BGB § 187 Abs 2[47] (im ZVG-Handbuch Rdn 485); anders[48]: Der Terminstag werde trotz des gesetzlichen Wortlauts in ZPO § 878 Abs 1 Satz 1 nicht mit eingerechnet, es sei BGB § 187 Abs 1 anzuwenden. Die abweichende Meinung ist angesichts des klaren Wortlauts der ZPO („die mit dem Terminstag beginnt") nicht vertretbar, die Frist beginnt noch am Tag des Verteilungstermins selbst zu laufen. Muß wegen Unbekanntseins des Berechtigten erst durch ein Aufgebotsverfahren der Berechtigte ermittelt werden, dem widersprochen worden ist, so beginnt die Frist erst mit der Zustellung, durch die der Widersprechende von der Ermittlung des Unbekannten durch das Gericht benachrichtigt wird (§ 137 Abs 2). Wird hier aber nach der Ermittlung ein neuer Verteilungstermin durchgeführt, so beginnt die Frist mit diesem Termin: § 139 Abs 2 Satz 2. Sie beginnt auch dann in der angegebenen Weise, wenn der Widersprechende nicht im Verteilungstermin anwesend oder vertreten war, sondern Widerspruch schon vor dem Termin schriftlich erhoben worden ist[49] (siehe hierzu ZVG-Handbuch Rdn 485).

5.5 Die Frist ist gesetzlich nicht als **Notfrist** bezeichnet und ist daher auch keine (ZPO § 224 Abs 1 Satz 2). Gegen die Versäumung der Frist, gibt es keine **Wiedereinsetzung** (ZPO § 233)[50]. Die Frist ist keine Ausschlußfrist. Wenn die Frist an einem Samstag (Sonnabend), Sonntag oder gesetzlichen Feiertag enden würde, verlängert sie sich bis einschließlich des nächsten Werktages (ZPO § 222 Abs 2); dazu Einl Rdn 32. Die Frist kann nicht **verlängert** werden, kann aber durch Parteivereinbarung **abgekürzt** werden (ZPO § 224 Abs 1, 2)[51].

5.6 Der Lauf der Frist muß von Amts wegen beachtet werden[52]. Er wird nicht durch die **Einstellung der Zwangsvollstreckung** gehemmt[52]. Es ist unzulässig, bei Versäumung der Frist dem Widerspruchsgegner durch eine **Einstweilige Verfügung** die Entgegennahme des streitigen Betrags bis zur rechtskräftigen Entscheidung über die verspätete Klage zu verbieten[53] (anders[54], dies könne bei unverschuldeter Fristversäumung geschehen; anders auch[55]: es sei dies bei öffentlicher Zustellung der Klage möglich, weil deren Dauer nicht in der Macht des Klägers liege; erweiternd hierzu noch[56]: bei öffentlicher Zustellung sei die Frist nicht zu beachten, weil dies wegen ZPO § 206 Abs 1 [§ 188 nF] gar nicht möglich sei).

5.7 Die Widerspruchsklage ist eine prozessuale **Gestaltungsklage**[57].

5.8 Die Beteiligten können auch vereinbaren, daß ein **schon anhängiger Prozeß** über den Streitgegenstand (ZPO § 264 Nr 3; Geltendmachung des Anspruchs auf den Erlös für Abtretung der Grundschuld) als Widerspruchsprozeß gelten soll. Die (örtliche und sachliche) Zuständigkeit des Prozeßgerichts, bei dem der Rechtsstreit anhängig ist, wird nicht dadurch berührt, daß es nicht das nunmehr nach ZPO § 879 ausschließlich zuständige Gericht ist[58] (ZPO § 261 Abs 3 Nr 2).

---

[47] Steiner/Teufel § 115 Rdn 73; vd Pfordten, ZVG, § 115 Anm III 1; Wieczorek/Schütze/Storz, ZPO, § 878 Rdn 7; Drischler RpflJahrbuch 1973, 328 (4 c).
[48] Jaeckel/Güthe § 115 Rdn 3b; Brand/Baur, Zwangsversteigerungssachen, § 93 (IV); Badstübner, Zwangsvollstreckung in unbewegliches Vermögen, § 145.
[49] Schuler NJW 1961, 1601 (I).
[50] OLG Frankfurt NJW 1961, 787; Zöller/Stöber, ZPO, § 878 Rdn 6.
[51] OLG Frankfurt NJW 1961, 787.
[52] Schuler NJW 1961, 1601 (I).
[53] OLG Frankfurt NJW 1961, 787.
[54] Schuler NJW 1961, 1601 (IV).
[55] Dassler/Schiffhauer § 15 Rdn 37; Jaeckel/Güthe § 115 Rdn 13 c.
[56] Schuler NJW 1961 1601 (I).
[57] BGH NJW 2001, 2477 (2478) = Rpfleger 2001, 443 (444); Zöller/Stöber, ZPO, § 878 Rdn 3; Schuler NJW 1961, 1601 (I).
[58] BGH MDR 2001, 1190 = NJW 2001, 2477 = Rpfleger 2001, 443.

Verhandlung über den Teilungsplan; Widerspruch   5.12   § 115

5.9 Die **Klageerhebung** muß dem Vollstreckungsgericht in der Frist **nachgewiesen** werden: ZPO § 878 Abs 1 Satz 1.

a) **Erhoben** ist die Klage mit Zustellung der Klageschrift: ZPO § 253 Abs 1. Um diese Frist zu wahren, genügt es, die **Klage** bei dem zuständigen Prozeßgericht in der Frist **einzureichen**, weil die Wirkung der Fristwahrung, falls die Zustellung der Klage „demnächst" erfolgt, mit der Einreichung der Klage eintritt: ZPO § 167; Klagen werden jetzt von Amts wegen zugestellt: ZPO § 270 Abs 1; sie sind unverzüglich zuzustellen: ZPO § 271 Abs 1. Durch die Neufassung dieser Vorschriften dürfte der langjährige Streit hinfällig sein, ob auch für diesen Prozeß die Zustellung auf den Zeitpunkt der Klageeinreichung zurückwirke (hierzu 9. Auflage § 115 Anm 6). Zur Fristwahrung ist somit innerhalb der Monatsfrist Nachweis erforderlich, daß die Klage eingereicht ist[59] ([59]verlangt weiter Nachweis „unverzüglich" nach Ablauf der Frist, daß die Klage „demnächst" zugestellt worden ist). Da eine Klage erst nach **Zahlung der Verfahrensgebühr** zugestellt werden soll (GKG § 12 Abs 1 Satz 1), muß in der Frist die genannte Gebühr vorschußweise bezahlt sein oder es muß dafür ein Gesuch um Prozeßkostenhilfe eingereicht sein oder ein Gesuch um **Stundung der Gebühr** (Stundung, wenn glaubhaft gemacht wird, daß dem Kläger die alsbaldige Zahlung mit Rücksicht auf seine Vermögenslage oder sonstige Gründe Schwierigkeit bereiten würde oder eine Verzögerung dem Kläger einen nicht oder schwer zu ersetzenden Schaden bringen würde, GKG § 14 Nr 3), sofern nicht gesetzliche Kostenbefreiung besteht (in diesem Sinne auch[60]).

b) **Nachzuweisen** ist die Klageerhebung mit Beweismitteln der ZPO (Beweiswürdigung: ZPO § 286), die der Widersprechende vorzulegen hat, vornehmlich somit durch Urkundenbeweis (Nachweis, daß die Klage eingereicht ist, durch Bestätigung der Geschäftsstelle des Prozeßgerichts, auch mit Eingangsbestätigung auf einer Klagedurchschrift). Amtliche Auskunft des Prozeßgerichts (ZPO § 273 Abs 2 Nr 2) muß ebenso genügen wie Bezugnahme auf die Prozeßakten des gleichen Amtsgerichts; ausreichend sollte auch Bezugnahme auf die Prozeßakten des übergeordneten Landgerichts sein (ZPO § 432 Abs 1 entsprechend). Glaubhaftmachung (ZPO § 294) ist nicht vorgesehen, genügt somit nicht; anwaltliche eidesstattliche Versicherung über die Klageerhebung (-einreichung) ist daher kein ausreichender Nachweis (anders[61]: als Beweismittel zu würdigen).

5.10 Nach den allgemeinen Prozeßgrundsätzen muß auch diese Klage dem **Prozeßbevollmächtigten** des Widerspruchsgegners, der für diesen im Versteigerungsverfahren bestellt war, **zugestellt** werden[62] (anders[63]: wahlweise an Bevollmächtigten oder Beklagten).

5.11 Das Vollstreckungsgericht hat auf den Nachweis der Klageerhebung hin zu **prüfen, ob** die Widerspruchsklage **fristgemäß** erhoben ist. Es prüft nicht, ob diese Klage schlüssig oder begründet ist. Es prüft nicht, ob das angegangene Gericht zuständig ist, seine Zuständigkeit kann nur das angegangene Gericht selbst prüfen (anders[64]). Es prüft nicht, ob die Klage an den richtigen Empfänger zugestellt ist[65]; das kann das Vollstreckungsgericht schon deshalb nicht, weil es die Prozeßakten (in denen sich jetzt immer der Zustellungsnachweis befindet) nicht hat.

5.12 Widerspruchsklage ist nur möglich **zwischen den am Widerspruch Beteiligten** wegen ihres Rechts, nicht wegen der Rechte Dritter[66], mit Ausnahme

---

[59] OLG Bremen MDR 1982, 762.
[60] OLG Hamm MDR 1965, 305 = NJW 1965, 825; Mohrbutter/Drischler Muster 128 Anm 8 c; Zöller/Stöber, ZPO, § 868 Rdn 6.
[61] AG Hannover Rpfleger 1993, 296.
[62] Dassler/Schiffhauer § 115 Rdn 24; Schuler NJW 1961, 1601 (IV).
[63] Baumbach/Lauterbach/Albers/Hartmann, ZPO, § 878 Rdn 8.
[64] Jaeckel/Güthe § 115 Rdn 14 a.
[65] Schuler NJW 1961, 1601 (IV).
[66] OLG Celle FamRZ 1996, 1228.

§ 115   5.12   Verteilung des Erlöses

bestimmter Klagen des Vollstreckungsschuldners (Rdn 2). Nötig ist die Klage in Richtung gegen alle vom Widerspruch Betroffenen, die den Widerspruch nicht anerkannt haben[66]. Klage ist auch nötig, wo für den Anspruch selbst der Rechtsweg verschlossen ist oder ein Sondergericht wie das Arbeitsgericht für ihn zuständig ist.

5.13 Das **Urteil im Widerspruchsprozeß** muß entweder den Widerspruch für unbegründet erklären (und die Klage darum abweisen) oder den Widerspruch für begründet erklären und dabei bestimmen, an welche Gläubiger und in welchen Beträgen der streitige Betrag in Abänderung des bisherigen Teilungsplanes auszuzahlen sei (ZPO § 880 Satz 1); falls die letztgenannte Art der Entscheidung nicht für angemessen erachtet wird, muß es die Anfertigung eines neuen Planes und ein anderweitiges Verteilungsverfahren anordnen (ZPO § 880 Satz 2). Enthält das Urteil nicht alle auf Grund der Abweichung vom alten Teilungsplan notwendigen Anweisungen über seine Abänderung oder Ergänzung, so muß das Versteigerungsgericht einen **neuen Teilungsplan** aufstellen, wobei es an das Urteil gebunden ist, soweit dieses reicht[67]. Ist in dem Prozeß der Kläger säumig, so ergeht das Urteil dahin, daß der Widerspruch als zurückgenommen anzusehen sei: ZPO § 881. Für die Entscheidung kommt es auf die Sach- und Rechtslage im Zeitpunkt des Verteilungstermins an[68]. Durch spätere Ereignisse wird das Recht auf Auszahlung nicht mehr beeinträchtigt[69]. Nachträglich eingetretene Tatsachen und Ereignisse dürfen also nicht berücksichtigt werden[70]; dies gilt auch bei Zuteilung auf Ersatzansprüche nach §§ 92, 121[70]. Endet der Prozeß mit einem **Vergleich** (was einer Entscheidung nach ZPO §§ 880, 882 gleichsteht), und zwar dahin, daß gemäß dem alten Teilungstermin zu verfahren sei, so ist der Widerspruch gemäß ZPO § 876 Satz 3–4 erledigt[71].

5.14 Einer Widerspruchsklage kann entgegengehalten werden, daß das Geltendmachen eines der Versteigerung entgegenstehenden Rechts **arglistig** sei[72].

5.15 Durch die Widerspruchsklage kann eine **Fristversäumung** im Sinne von § 110 **nicht beseitigt** werden.

5.16 Wird das Verteilungsverfahren durchgeführt, obwohl die Klage rechtzeitig nachgewiesen ist, dann gibt es hierzu sofortige Beschwerde.

5.17 **Muster** für einen Antrag in der Widerspruchsklage und für die Auszahlungsanordnung nach dem Prozeß im ZVG-Handbuch Rdn 485.

5.18 Wurden die im Teilungsplan Berücksichtigten **außergerichtlich befriedigt** (§ 144), gibt es Widerspruchsklage nur gegen den Ersteher[73].

5.19 **Bereicherungsklage** aus BGB § 812: Eine Bereicherungsklage des durch die Verteilung Benachteiligten aus seinem besseren Recht gegen den angeblich zu seinen Lasten Bevorzugten ist (ohne Einhaltung der zwangsvollstreckungsrechtlichen Förmlichkeiten[74]) **möglich:**
I. **wenn** der Widerspruch überhaupt unterlassen oder versäumt wurde, weil der Berechtigte im Termin zB nicht erschienen ist oder dort nichts vorgebracht

---

[67] LG Berlin WM 1958, 267.
[68] BGH MDR 1974, 573 = NJW 1974, 702 = Rpfleger 1974, 187; BGH 113, 169 = MDR 1991, 529 = NJW 1991, 1063 = Rpfleger 1992, 32; RG 65, 66 und 84, 8 (10); OLG Düsseldorf NJW-RR 1989, 599 = Rpfleger 1989, 422; LG Mannheim MDR 1960, 319.
[69] BGH 113, 169 = aaO (Fußn 68).
[70] BGH NJW 1974, 702 = aaO (Fußn 68).
[71] LG Mannheim MDR 1960, 319; Dassler/Schiffhauer § 115 Rdn 32; Steiner/Teufel § 115 Rdn 85; Mohrbutter Rpfleger 1960, 203 (4).
[72] RG 70, 193.
[73] RG 99, 202.
[74] BGH NJW 2001, 2477 (2478) = aaO (Fußn 57).

Verhandlung über den Teilungsplan; Widerspruch 6.1 § 115

hat[75] (ZVG-Handbuch Rdn 488) oder wenn der Widerspruch ohne Erfolg erhoben wurde[76];

II. wenn die Frist für die Widerspruchsklage versäumt wurde[77] (ZVG-Handbuch Rdn 488);

III. wenn das bessere Recht nur auf Tatsachen gestützt werden kann, die erst nach dem Verteilungstermin eingetreten sind (ZVG-Handbuch Rdn 488); zB wurde im Verteilungstermin ein abgetretenes Eigentümerrecht angemeldet, konnte aber nicht glaubhaft gemacht werden und wurde zurückgewiesen, Verteilung wurde ohne Rücksicht hierauf angeordnet.

Wenn der Versteigerungserlös vom Vollstreckungsgericht hinterlegt worden ist, ist ein Bereicherungsausgleich nach der materiellen Rechtslage durch entsprechende Zustimmungserklärungen der Hinterlegungsbeteiligten nach HinterlO § 13 Abs 2 Nr 1 zu bewirken[78]. Besteht zwischen den Beteiligten Streit, dann muß der Nachweis der Berechtigung am hinterlegten Erlös durch rechtskräftiges Urteil erbracht werden (HinterlO § 13 Abs 1 und 2 Nr 2)[78]. Gegenüber dem Anspruch auf Zustimmung zur Auskehrung des hinterlegten Erlöses besteht kein Zurückbehaltungsrecht, wenn nur Ansprüche geltend gemacht werden, die keine Zuteilung aus dem Versteigerungserlös rechtfertigen[78].

Die Bereicherungsklage ist auch möglich **bei außergerichtlicher Verteilung** (§ 144) wo eine Widerspruchsklage nicht mehr möglich war[79] (Rdn 5.18). Eine Bereicherungsklage **kommt nicht in Frage** für einen Beteiligten, der dem Teilungsplan ausdrücklich zugestimmt hat oder dessen Widerspruchsklage rechtskräftig entschieden wurde (ZVG-Handbuch Rdn 488).

5.20 Schadensersatzansprüche: Trotz unterlassenen Widerspruchs kann ein Geschädigter aus unrichtiger Aufstellung des Teilungsplanes gegen den Terminsvorsitzenden Schadensersatzansprüche geltend machen[80]. Dabei kann aber bedeutsam sein, wie weit ihm ein Mitverschulden zur Last fällt.

Widerspruch gegen vollstreckbaren Anspruch (Absatz 3)   6

6.1 Einem **nicht** vollstreckbaren Anspruch kann der Schuldner wie jeder andere Beteiligte widersprechen (Rdn 3.4). Der Widerspruch des Schuldners gegen einen **vollstreckbaren Anspruch** ist dagegen **nach ZPO-Vorschriften** zu erledigen: Abs 3. Für den Anspruch des Gläubigers einer persönlichen Vollstreckungsforderung (der Rangklasse 5 des § 10 Abs 1) gilt dies, wenn der Gläubiger wegen seines Anspruchs die Beschlagnahme des Grundstücks durch Verfahrensanordnung oder Zulassung des Beitritts erwirkt hat (sonst findet der Anspruch bei Erlösverteilung überhaupt keine Berücksichtigung). Für die sonst nach § 10 Abs 1 aus dem Grundstück zu befriedigenden Ansprüche (damit auch für den nicht „valutierten" Teil einer vollstreckbaren Grundschuld) ist ohne Bedeutung, ob aus dem Titel in das Grundstück vollstreckt wird oder nicht, es muß nur ein vollstreckbarer Titel vorhanden sein. Das ist der Fall, wenn der Anspruch, gegen den sich Einwendungen des Schuldners richten, durch ein Urteil oder einen sonstigen Schuldtitel (ZPO § 794 usw) vollstreckbar festgestellt ist. Daß die Zwangsvollstreckung begonnen hat, beginnen könnte oder vorbereitet wird, der Vollstreckungstitel mithin vollstreckbar ausgefertigt und zugestellt ist und sonstige Vollstreckungsvoraussetzungen erfüllt sind, ist nicht gefordert. Ausgeschlossen ist der Widerspruch des Schuldners daher, wenn ein Vollstreckungstitel vorliegt, dessen Vollstreckbarkeit

---

[75] RG 58, 156 und 166, 113; BGH DNotZ 1995, 204 mit Anm Siegmann = MDR 1995, 791 = NJW 1994, 3299 = Rpfleger 1995, 173 (Abschn III der Gründe).
[76] BGH MDR 1987, 842 = NJW-RR 1987, 890 = Rpfleger 1987, 426.
[77] RG 166, 113; BGH NJW 1994, 3299 = aaO (Fußn 75).
[78] BGH NJW-RR 1987, 890 = aaO (Fußn 76).
[79] RG 101, 117.
[80] RG 166, 249.

§ 115 6.1

mit Vollstreckungsabwehrklage nach ZPO § 767 beseitigt werden muß. Das muß dem Vollstreckungsgericht dargetan sein. Hat das Vollstreckungsgericht keine Kenntnis davon, daß der vom Widerspruch betroffene Anspruch durch einen vollstreckbaren Schuldtitel festgestellt ist, dann hat es davon auszugehen, daß der Widerspruch des Schuldners zulässig und nach ZPO §§ 876–882 zu erledigen ist. Widerspruchsklage gegen den Teilungsplan hat der Schuldner dann in der Frist nach ZPO § 767 zu erheben. Kosten, auch Zwangsvollstreckungskosten (§ 10 Abs 2; ZPO § 788) sind als vollstreckbarer Anspruch ausgewiesen, wenn über sie ein Kostenfestsetzungsbeschluß vorliegt (ZPO § 794 Abs 1 Nr 2); der Hauptsachetitel weist solche Kosten nicht vollstreckbar aus.

6.2 Der Schuldner hat gegen einen vollstreckbaren Anspruch statt des Widerspruchs die Vollstreckungsabwehrklage aus ZPO § 767 (Abs 3). Durch diese Klage wird das Verteilungsverfahren nicht gehemmt, falls nicht Prozeßgericht oder (befristet) Vollstreckungsgericht nach ZPO § 769 einstellen. Einstellung durch das Vollstreckungsgericht braucht der Schuldner nicht noch ausdrücklich zu verlangen[81]. Prüfung und Entscheidung gebietet bereits der Widerspruch des Schuldners[81]. Die Dringlichkeit (ZPO § 769 Abs 2) ergibt sich mit der anstehenden Planausführung (Einschaltung des Prozeßgerichts würde zu spät kommen). Der Schuldner hat jedoch die tatsächlichen Behauptungen sofort glaubhaft zu machen (ZPO § 294), die sachliche Erfolgsaussichten seiner Einwendungen ausweisen; an die Darlegung sind wegen der Vollstreckbarkeit des Anspruchs strenge Anforderungen zu stellen. Ist Glaubhaftmachung nicht erfolgt, ist der mit dem Widerspruch des Schuldners verbundene Einstellungsantrag zurückzuweisen. Die Entscheidung ist in dem Protokoll über den Verteilungstermin (§ 105 Rdn 2.6) festzustellen. Nach Ablauf der befristeten Einstellung des Vollstreckungsgerichts (ohne Verlängerung durch das Prozeßgericht) ist der Teilungsplan auszuführen, wie vorgesehen. Gegen den Bestand nicht vollstreckbarer Ansprüche (Gläubiger hat keinen vollstreckbaren Titel) und gegen den Rang aller Ansprüche (vollstreckbarer und nicht vollstreckbarer) kann auch der Vollstreckungsschuldner Widerspruch erheben.

7 ZwV-Abwendung durch Sicherheitsleistung/Hinterlegung (Absatz 4)

Kann der Schuldner wegen eines nicht rechtskräftigen (vollstreckbaren) Gläubigeranspruchs die Zwangsvollstreckung durch **Sicherheitsleistung** oder Hinterlegung **abwenden**, dann unterbleibt die Planausführung, wenn Sicherheit geleistet oder Hinterlegung erfolgt und dem Vollstreckungsgericht nachgewiesen ist: Abs 4. Das entspricht ZPO § 775 Nr 3, wonach in einem solchen Fall die Zwangsvollstreckung einzustellen ist. Gleichgültig ist, ob dem Schuldner nach ZPO §§ 707, 719, oder auf Grund einer anderen Vorschrift der ZPO (zB §§ 711, 712, 720a Abs 3) Sicherheitsleistung oder Hinterlegung möglich ist. Es hat **Hilfsverteilung** nach § 124 Abs 3 und Anlegung des betroffenen Erlöses nach § 124 Abs 2 mit § 120 oder Forderungsübertragung an Haupt- und Hilfsberechtigten zu erfolgen. Zum Hilfsberechtigten § 124 Rdn 4. Der Schuldner hat seine Einwendungen nicht mit Widerspruchsklage (nach Abs 3) geltend zu machen, sondern mit Fortsetzung des anhängigen Rechtsstreits, in dem bereits Einstellung der Zwangsvollstreckung erfolgt ist. Wenn der Anspruch des Gläubigers rechtskräftig abgewiesen wird, sind der angelegte Erlösanteil für den Hilfsberechtigten und die Sicherheit frei; deren Abwicklung erfolgt nach ZPO § 109. Wenn der Anspruch des Gläubigers rechtskräftig zuerkannt ist, steht ihm nach seiner Wahl der Erlösanteil oder die Sicherheit zur Befriedigung zur Verfügung. Wenn der Gläubiger aus der vom Schuldner geleisteten Sicherheit befriedigt wird, erlischt sein Erlösanspruch; er wird für den Schuldner, der Sicherheit geleistet hatte, frei.[82]

---

[81] Zwingel Rpfleger 2000, 437.
[82] Dassler/Schiffhauer § 115 Rdn 15.

2.6 § 116

[Aussetzung des Teilungsplans bis zur Rechtskraft des Zuschlags]

116 Die Ausführung des Teilungsplans soll bis zur Rechtskraft des Zuschlags ausgesetzt werden, wenn der Ersteher oder im Falle des § 69 Abs 2 der für mithaftend erklärte Bürge sowie in den Fällen des § 81 Abs 2, 3 der Meistbietende die Aussetzung beantragt.

Allgemeines zu § 116   1

1.1 Zweck der Vorschrift: Wahrung der Interessen des Erstehers und zahlungspflichtiger Dritter bei Erlösverteilung vor Rechtskraft des Zuschlags.

1.2 Anwendungsbereich: Die Vorschrift gilt für alle Versteigerungsverfahren des ZVG.

Aussetzung der Ausführung des Teilungsplanes   2

2.1 Grundsätzlich ist **nicht die Rechtskraft** des Zuschlags gegenüber allen Beteiligten **abzuwarten**, bevor der Verteilungstermin abgehalten wird. Es besteht dann allerdings die Gefahr, daß der Zuschlag wieder aufgehoben wird, der Erlös aber schon ausbezahlt ist und alles wieder rückgängig gemacht werden muß (§ 105 Rdn 4).

2.2 Die Ausführung des Teilungsplanes kann ausnahmsweise bis zur Rechtskraft des Zuschlags ausgesetzt werden. Dies soll geschehen, wenn der Ersteher oder der für mithaftend erklärte Bürge aus § 69 Abs 2 oder der Meistbietende bei Abtretung seiner Rechte nach § 81 Abs 2 bzw bei verdeckter Vollmacht nach § 81 Abs 3 es **beantragen**: § 116. Auch die Erben der Genannten können dies beantragen. Alle anderen Beteiligten können die Aussetzung nicht beantragen (anders[1]: es ginge, wenn alle Beteiligten zustimmen würden). Auch von Amts wegen erfolgt die Aussetzung nicht. Sobald aber der Zuschlag angefochten ist, können Vollstreckungsgericht und Rechtsmittelinstanz durch einstweilige Anordnung von Amts wegen die Aussetzung verfügen[1] (ZPO § 570 Abs 2, 3).

2.3 Der Antrag nach § 116 kann **formlos** vor dem Verteilungstermin oder in diesem gestellt werden, auch durch einen Bevollmächtigten mit einfacher Verfahrensvollmacht. Dabei muß die Anfechtung des Zuschlags mindestens noch zulässig sein, sie braucht aber noch nicht erfolgt sein[1]. Sind mehrere Grundstücke versteigert worden, so kann die Aussetzung nur für diejenigen Grundstücke beantragt werden, für die der Zuschlag noch nicht rechtskräftig ist[1].

2.4 Trotz des Antrags und seiner Genehmigung wird der **Teilungsplan aufgestellt** (Teilungsmasse, Schuldenmasse), wird über ihn sowie über Widersprüche verhandelt; Zahlungen des Erstehers werden entgegengenommen. Für die Widersprechenden beginnt die Klagefrist mit diesem Termin[2]. Nur die Ausführung des Planes wird ausgesetzt. Es unterbleiben also die Auszahlungsanordnung (§ 117 Rdn 3) und eine etwaige Forderungsübertragung (§ 118 Rdn 3).

2.5 § 116 ist nur eine **Ordnungsvorschrift** (soll). Das Gericht muß sie nicht befolgen[2]. Wird die Aussetzung angeordnet oder abgelehnt, so gibt es sofortige Beschwerde. Hierzu im ZVG-Handbuch Rdn 463.

2.6 War die Ausführung des Planes ausgesetzt, so muß nach Rechtskraft des Zuschlags von Amts wegen **neuer Verteilungstermin** angesetzt werden. In diesem neuen Termin wird nicht ein ganz neuer Plan aufgestellt (der Plan ist schon aufgestellt), es wird nur nachgeholt, was unterblieben ist, also die Auszahlungsanordnung und die Forderungsübertragung. Es sind aber in diesem Termin auch neue Anmeldungen möglich. Hiervon bleibt § 110 unberührt, eine danach versäumte

---

[1] Jaeckel/Güthe § 116 Rdn 1.
[2] Jaeckel/Güthe § 116 Rdn 3.

§ 116 2.6 Verteilung des Erlöses

Frist kann nicht mehr geheilt werden. Zulässig sind neue Widersprüche gegen den Teilungsplan, über die dann verhandelt werden muß und für die Klagefrist ab diesem Termin läuft. Wiederkehrende Leistungen der durch den Zuschlag erloschenen Rechte sind bis zum neuen Termin weiterzurechnen. Wenn hierdurch die Teilungsmasse geschmälert wird, geht das zu Lasten der Letztberechtigten, für die weniger bleibt. Das Bargebot ist nach § 49 bis zum neuen Termin zu verzinsen, falls es nicht bezahlt oder hinterlegt ist. Hierzu ZVG-Handbuch Rdn. 463.

[Ausführung des Teilungsplans bei Bargebotszahlung]

117 (1) **Soweit der Versteigerungserlös in Geld vorhanden ist, wird der Teilungsplan durch Zahlung an die Berechtigten ausgeführt. Die Zahlung soll unbar geleistet werden.**

(2) **Die Auszahlung an einen im Termine nicht erschienenen Berechtigten ist von Amts wegen anzuordnen. Die Art der Auszahlung bestimmt sich nach den Landesgesetzen. Kann die Auszahlung nicht erfolgen, so ist der Betrag für den Berechtigten zu hinterlegen.**

(3) **Im Falle der Hinterlegung des Erlöses kann statt der Zahlung eine Anweisung auf den hinterlegten Betrag erteilt werden.**

1 Allgemeines zu § 117

1.1 Zweck der Vorschrift: Regelung der Ausführung des Teilungsplanes bei Zahlung oder Hinterlegung des Bargebots.

1.2 Anwendungsbereich: Die Vorschrift gilt für alle Versteigerungsverfahren des ZVG. Über ihre Anwendung im Zwangsverwaltungsverfahren § 146 Rdn 4, § 158 Rdn 2.

1.3 Soweit infolge Barzahlung oder Hinterlegung des Bargebots oder aus einer im Verteilungstermin schon als Barwert zur Verfügung stehenden Sicherheit der Versteigerungserlös in bar verteilt werden kann, ist er nach § 117 **auszuzahlen** (Rdn 3) oder unter gewissen Voraussetzungen zu hinterlegen (Rdn 6). Bei Nichtzahlung des Bargebots ist die **Forderung** gegen den Ersteher auf den Berechtigten zu **übertragen** (§ 118 Rdn 2). Der Teilungsplan kann durch eine Auszahlung oder Hinterlegung erst ausgeführt werden, wenn die Verhandlung über den Plan beendet und kein Widerspruch unerledigt, aber auch kein Aussetzungsantrag nach § 116 gestellt ist. Soweit ein Widerspruch im Termin nicht erledigt wird, wird der Plan nur bezüglich der davon nicht betroffenen Berechtigten ausgeführt, im übrigen wird der Erlös hinterlegt (Rdn 6, § 115 Rdn 2).

1.4 Die Ablieferung des Erlöses an die Berechtigten ist ein **staatlicher Akt,** eine aus der Versteigerung folgende Zwangsverfügung der Staatsgewalt über den Erlös, mit dem dann die Zwangsversteigerung als solche endet[1].

2 Berechtigter bei Planaufstellung und Auszahlung

2.1 **Zahlungen** erfolgen an die einzelnen **Berechtigten:** Abs 1. Ihnen wird bei Nichtzahlung des Bargebots die Forderung gegen den Ersteher übertragen: § 118 Abs 1. Berechtigte sind der Gläubiger des Anspruchs, der nach § 10 ein Recht auf Befriedigung aus dem Grundstück gewährt[2], für den Erlösüberschuß der Eigentümer des Grundstücks bei Zuschlag (§ 114 Rdn 10) sowie ein Dritter, dem Erlös für sein fortbestehendes Recht herauszugeben ist (§ 92 Rdn 8.4). Beschränkungen in der Verfügungsbefugnis über sein Recht (zB durch Eröffnung des Insolvenz-

---

[1] Stein/Jonas/Münzberg, ZPO, § 819 Rdn 9; Zöller/Stöber, ZPO, § 819 Rdn 4; Sebode DGVZ 1961, 161.
[2] Stöber ZIP 1980, 833 (II).

verfahrens, InsO § 80 Abs 1), Nacherbenanordnung, BGB § 2114 [für Erlösüberschuß des Eigentümers aber § 114 Rdn 10.2]; Testamentsvollstreckung, BGB § 2205 mit § 2211; Veräußerungsverbot, BGB §§ 135, 136; Pfändung, ZPO §§ 829, 857; Verpfändung, BGB §§ 1273–1291; aber auch bei Sicherungsvollstreckung, ZPO § 720 a) müssen vom Vollstreckungsgericht bei Zahlung ebenso beachtet werden wie die Einziehungsbefugnis eines Dritten (zB des Pfandgläubigers nach Pfandreife, BGB §§ 1282, oder nach Überweisung zur Einziehung, ZPO § 835).

2.2 Der **Berechtigte** ist bereits bei Aufstellung des **Teilungsplanes festzustellen** und im Teilungsplan unter Bezeichnung einer etwaigen Verfügungsbeschränkung oder der Einziehungsbefugnis eines Dritten anzugeben (§ 114 Rdn 3). Festzustellen als Berechtigter ist der nach materiellem Recht tatsächlich berechtigte Gläubiger des Anspruchs auf Befriedigung aus dem Grundstück. Für Feststellung des Berechtigten erlangen Grundbuchstand bei Eintragung des Versteigerungsvermerks und Anmeldung nicht die in § 114 festgelegte Bedeutung; diese Bestimmung findet keine Anwendung (§ 114 Rdn 3). Festzustellen als Berechtigter ist immer der bei Aufstellung und Ausführung des Teilungsplanes nach materiellem Recht als Rechtsinhaber Legitimierte. Nur dieser hat Anspruch auf Zahlung durch das Vollstreckungsgericht, mit der aus dem Versteigerungserlös die Recht auf Befriedigung aus dem Grundstück (§ 10) zwangsweise erfüllt wird. Rechtsänderungen, die durch Grundbucheintragungen nach dem Versteigerungsvermerk ausgewiesen oder durch außergrundbuchliche Verfügungen (auch im Wege der Zwangsvollstreckung) vor oder nach Eintragung des Versteigerungsvermerks herbeigeführt worden sind, müssen daher bei Planausführung berücksichtigt werden[3]. Nur außergrundbuchliche Rechtsänderungen, die das Vollstreckungsgericht nicht kennt, stehen einer wirksamen Zahlung an den noch festgestellten bisherigen Rechtsinhaber nicht entgegen; sie bleiben unberücksichtigt.

2.3 Verfahrensgrundlage für die Feststellung des Berechtigten ist der **Inhalt des Grundbuchs**. Die Vermutung des BGB § 891 Abs 1, daß dem Eingetragenen das Recht zusteht, die Zuteilung und Zahlung aus dem Erlös erhält, gilt auch für das Verfahren des Vollstreckungsgerichts. Es hat daher als Berechtigten den eingetragenen Gläubiger eines Rechts oder seinen legitimierten Rechtsnachfolger festzustellen. Zahlung auf das Kapital einer Briefhypothek (Briefgrundschuld, Briefrentenschuld) erfordert weiter Vorlage des Briefes durch den eingetragenen Gläubiger oder durch den als Rechtsnachfolger des eingetragenen Gläubigers Legitimierten (§ 126; auch BGB § 1160 Abs 1; dazu näher § 126 Rdn 2). Ausgeschlossen ist die Feststellung des Berechtigten nach dem Grundbuchinhalt, wenn und soweit die Beweisvermutung des BGB § 891 Abs 1 widerlegt ist. Das ist der Fall, wenn die Unrichtigkeit des Grundbuchs zur Überzeugung des Vollstreckungsgerichts feststeht. Für die zur Widerlegung der Vermutung des BGB § 891 Abs 1 notwendige Überzeugung des Gerichts von der Unrichtigkeit der Eintragung können Tatsachen sich aus vorgelegten Urkunden, aus Grundakten oder aus Erklärungen der Beteiligten zu Niederschrift des Vollstreckungsgerichts ergeben, ihm aber auch außerhalb des Vollstreckungsverfahrens zur Kenntnis gelangt sein (zB aus Prozeßakten). Bloße Zweifel an der Richtigkeit des Grundbuchs oder Glaubhaftmachung der Grundbuchunrichtigkeit widerlegen die Vermutung des BGB § 891 Abs 1 nicht, verpflichten aber auch das Vollstreckungsgericht nicht zu Ermittlungen (aber unter Umständen Aufklärungspflicht, Einl Rdn 33). In solchen Fällen können die Beteiligten Zahlung an einen im Teilungsplan festgestellten Berechtigten nur mit Widerspruch (§ 115 Rdn 2) aufhalten.

2.4 a) Es wird angenommen, daß Verfahrensgrundlage für die Feststellung des Berechtigten der Inhalt des Grundbuchs zur Zeit der Eintragung des Versteigerungsvermerks mit der Maßgabe sei, daß alle späteren Grundbucheintragungen nur

---

[3] RG 73, 298.

§ 117 2.4   Verteilung des Erlöses

zu berücksichtigen sind, wenn sie dem Vollstreckungsgericht bekannt geworden sind (zB durch Eintragungsmitteilung nach § 19 Abs 3, durch Anzeige der Beteiligten). Nach dieser Ansicht sollen daher auch alle nach dem Versteigerungsvermerk erfolgten Grundbucheintragungen ebenso wie alle außergrundbuchlichen Änderungen nur zu berücksichtigen sein, wenn sie zur Kenntnis des Vollstreckungsgerichts gelangt sind. Zur Ermittlung späterer Grundbucheintragungen soll das Vollstreckungsgericht nicht verpflichtet sein; es soll daher insbesondere Grundbucheinsicht zur Überprüfung, ob weitere Eintragungen erfolgt sind, nicht vorzunehmen haben (so[4]). Dem ist jedoch nicht zu folgen.

b) **Geprüft werden muß bei Auszahlung** (und ebenso bei Forderungsübertragung) die gegenwärtige Berechtigung, somit die jetzige Legitimation[5]. Für diese Berechtigung kommt es nicht auf eine Beteiligung im Sinne des § 9 und auch nicht darauf an, ob Ansprüche jemals angemeldet worden sind[6]. Die Prüfung kann daher nicht formell an den Grundbuchstand bei Verfahrensbeginn (hier: Eintragung des Versteigerungsvermerks, § 19 Abs 1) anknüpfen (so auch[7]). Dem Grundbuchstand zu dieser Zeit fällt nach Einzelbestimmungen des ZVG nur die Aufgabe zu, den Kreis der von Amts wegen zuzuziehenden Beteiligten (§ 9 Nr 1) abzugrenzen und zur Feststellung des geringsten Gebots (§ 45) sowie Aufstellung des Teilungsplans (§ 114) Grundlage für betragsmäßige Berücksichtigung grundbuchersichtlicher Ansprüche zu geben. Eine Verpflichtung zur Anmeldung bei Eintragung des Versteigerungsvermerks nicht eingetragener Ansprüche besteht daher nur für ihre betragsmäßige Berücksichtigung im geringsten Gebot und Teilungsplan. Deshalb bezieht sich § 114 nur auf die objektive Existenz des Anspruchs (§ 114 Rdn 3.1). Damit ist zugleich bereits ausgedrückt, daß der (subjektiv) Berechtigte nicht nach den Grundsätzen des § 114, somit den Grundbuchstand zur Zeit der Eintragung des Versteigerungsvermerks festgestellt werden kann (siehe bereits § 114 Rdn 3). In den immer längere Zeit, oft Jahre andauernden Verfahren könnte dieser Grundbuchstand sicheren Aufschluß über den Berechtigten bei Erlöszahlung (oder Forderungsübertragung) und eine zuverlässige Verfahrensgrundlage für seine Feststellung zu dieser Zeit auch nicht bieten. Es gibt zudem keine gesetzliche Vorschrift, die für die Empfangsberechtigung bei Erlöszahlung zur Anmeldung eines erst nach dem Versteigerungsvermerk in das Grundbuch eingetragenen Gläubigerrechts (einer sonstigen Berechtigung) verpflichten würde. Daher kann es nur Aufgabe des Vollstreckungsgerichts sein, das den Erlös zahlt oder die Forderung an den Ersteher den Berechtigten überträgt, den gegenwärtigen Berechtigten sicher festzustellen. Das verpflichtet auch zur Feststellung der nach dem Versteigerungsvermerk erfolgten einschlägigen Grundbucheintragungen. Damit in Übereinstimmung steht die Verpflichtung des Vollstreckungsgerichts zu rechtsstaatlicher Verfahrensgestaltung, die ein „faires" Verfahren als Ausfluß verfassungsrechtlicher Gewährleistung des Eigentums (GrundG Art 14 Abs 1; Einl Rdn 7) auch gegenüber dem materiell Berechtigten eines aus dem Grundstück zu befriedigenden Anspruchs gebietet. Dem trägt bei Zahlung oder Forderungsübertragung der oft erheblichen Beträge nur die sichere Prüfung des gegenwärtigen Berechtigten, nicht aber die nur formale Abwicklung auf der Grundlage einer veralteten Grundbuchblattabschrift Rechnung.

c) Daß dem Vollstreckungsgericht eine Verpflichtung zur Ermittlung **außergrundbuchlicher Verfügungen** über den Erlös nach Erteilung des Zuschlags nicht obliegt, steht damit nicht in Widerspruch. Denn das Vollstreckungsgericht zahlt den Versteigerungserlös aus dem Schuldnervermögen (§ 114 Rdn 1) an den Berechtigten. Es kann daher den Anspruch auf Befriedigung aus dem Grundstück

---

[4] Jaeckel/Güthe § 117 Rdn 2; Korintenberg/Wenz § 117 Anm 2.
[5] RG 73, 298; Steiner/Teufel § 117 Rdn 4.
[6] RG 73, 298.
[7] Steiner/Teufel § 117 Rdn 9.

unter denselben privatrechtlichen Voraussetzungen erfüllen, unter denen der Eigentümer (Schuldner) zur Leistung verpflichtet und berechtigt ist[8], auch[9]. Weil das Vollstreckungsgericht hoheitlich handelt, gilt BGB § 893 zwar nicht unmittelbar. Da BGB § 893 mit Leistung an den eingetragenen Berechtigten den redlichen Verkehr schützt, kann aber auch für die dem Vollstreckungsgericht obliegende Zahlung die Verpflichtung zur Feststellung des Berechtigten nur an dieser Vorschrift zu messen sein. Denn die Sorgfaltspflicht des Vollstreckungsgerichts kann bei Zahlung an den Berechtigten nicht anders verstanden werden als die des leistenden Eigentümers. Wenn dem Vollstreckungsgericht eine Grundbuchunrichtigkeit nicht bekannt ist, weist daher auch für seine Verfügung über das Schuldnervermögen (§ 114 Rdn 1), die unter denselben privatrechtlichen Voraussetzungen erfolgt, unter denen der Eigentümer (Schuldner) schuldbefreiend erfüllen kann, das Grundbuch den Eingetragenen als den Berechtigten aus. Das entspricht dem Schutzgedanken des Gesetzes (BGB § 893; auch § 407). Er gilt auch im Vollstreckungsverfahrensrecht, das weder den Eingetragenen eines zu berücksichtigenden Rechts zur Anmeldung verpflichtet noch Grundlage für eine Überprüfung grundbuchersichtlicher Berechtigungen gibt. Grundlage für Feststellung des Berechtigten bietet damit nur der Grundbuchstand bei Zuschlag (Rdn 2.6), nicht aber der Inhalt des Grundbuchs bei Eintragung des Versteigerungsvermerks.

2.5 Als **Berechtigter,** an den Erlös zu zahlen (Abs 1) oder die Forderung an den Ersteher zu übertragen ist (§ 118 Abs 1) ist sonach festzustellen
- der Gläubiger einer **Hypothek** (Grundschuld oder Rentenschuld) **ohne Brief** (BGB § 1116 Abs 2), der bei Erteilung des Zuschlags (dazu auch Rdn 2.6) im Grundbuch eingetragen war (BGB § 1115 Abs 1);
- der Gläubiger einer **Hypothek** (Grundschuld oder Rentenschuld), über die ein **Brief erteilt** ist (BGB § 1116 Abs 1), wenn er diesen Brief vorlegt (§ 126; BGB § 1160 Abs 1) und bei Erteilung des Zuschlags im Grundbuch eingetragen war. Zur Briefvorlage näher § 126 Rdn 2;
- der Berechtigte eines durch den Zuschlag erloschenen **Rechts** mit Anspruch auf **Wertersatz** (§ 92), der bei Erteilung des Zuschlags im Grundbuch eingetragen war;
- der Grundstückseigentümer für Eigentümergrundpfandrechte (dazu näher § 114 Rdn 6) und den Erlösüberschuß;
- der **Rechtsnachfolger** des Gläubigers einer Hypothek, Grundschuld oder Rentenschuld oder des Berechtigten eines Rechts mit Anspruch auf Wertersatz, wenn der Rechtsübergang festgestellt (nachgewiesen) ist, insbesondere für einen
  a) Erben durch Erbschein (oder anderen Erbausweis);
  b) Ablösenden durch die den Rechtsübergang belegenden Urkunden;
  c) zahlenden Bürgen durch die den Forderungsübergang mit Gläubigerbefriedigung ausweisenden Unterlagen (BGB § 774);
  d) Zessionar durch Vorlage der die Abtretung an ihn ausweisenden Urkunden, ggfs auch des Hypotheken- oder Grundschuldbriefes (näher dazu § 126 Rdn 2, 3).

Verfügungsbeschränkungen und Einziehungsbefugnisse Dritter sind in allen Fällen zu beachten (Rdn 2.1).

2.6 Maßgeblich ist der **Grundbuchstand** bei Erteilung des **Zuschlags** (nicht, wie in[9] beiläufig vermerkt, zur Zeit der Auszahlung), weil sich in diesem Zeitpunkt die Belastung des Grundstücks in den Anspruch auf Befriedigung aus dem Versteigerungserlös umwandelt. Dieser Erlösanspruch ist kein dingliches Recht, sondern Forderungsrecht, an dem die durch den Zuschlag erloschenen Grundstücksrechte und vom Ersteher nicht zu tragende wiederkehrende Leistungen bis zum Zuschlag (§ 56 Satz 2) der öffentlichen Lasten des Grundstücks sowie aus be-

---

[8] Fischer/Schäfer, ZVG, S 433, 434.
[9] RG 73, 298.

stehenbleibenden Rechten fortbestehen. Mit den ihm anhaftenden Befriedigungsrecht wird der Erlösanspruch als Forderungsrecht nicht mehr durch Grundbucheintragung ausgewiesen. Rechtsgeschäftliche Verfügungen und Verfügungen im Wege der Zwangsvollstreckung können daher nicht mehr durch Grundbucheintragung bewirkt werden. Sie erfolgen nach den für gewöhnliche Forderungsrechte geltenden Vorschriften. Daher könnten Grundbucheintragungen nach Erteilung des Zuschlags für den Erlösanspruch keine Rechtswirkungen äußern, mithin für die Feststellung des Berechtigten auch keine Bedeutung erlangen.

2.7 Wenn sich die **Berechtigung** nach Feststellung des Teilungsplans noch **ändert,** kann Zahlung (Abs 1) oder Forderungsübertragung (§ 118 Abs 1) an einen im Teilungsplan bezeichneten Berechtigten (Rdn 2.2) nicht mehr erfolgen. Weil der Versteigerungserlös an den gegenwärtigen Berechtigten zu zahlen (oder zu übertragen) ist, hat das Vollstreckungsgericht auch jeden Gläubigerwechsel (insbesondere eine Zession, die erst nach dem Verteilungstermin unmittelbar vor der Auszahlung erfolgt[9]) sowie Verfügungsbeschränkungen des Berechtigten und die Einziehungsbefugnis Dritter **zu berücksichtigen,** die nach Aufstellung des Teilungsplanes bis zur Planausführung Wirksamkeit erlangen. Das gilt ebenso für einen schon vor Planaufstellung eingetretenen Gläubigerwechsel und für Verfügungsbeschränkungen sowie die Einziehungsbefugnis eines Dritten, die vor Planaufstellung Wirksamkeit erlangt haben (zB für eine Zession oder Pfändung, die sogleich nach dem Zuschlag, mithin vor dem Verteilungstermin bewirkt worden ist), wenn sie dem Vollstreckungsgericht erst nach Aufstellung des Teilungsplans, aber noch vor Planausführung bekannt werden. Dann muß das Gericht aber vor Zahlung dem im Teilungsplan angeführten Berechtigten von der Änderung Kenntnis (vgl ZPO § 139; dazu Einl Rdn 33) und Gelegenheit geben, seine Interessen in einer zu bestimmenden Frist mit Erinnerung (ZPO § 766) zu wahren. Das erfordern die Grundsätze rechtsstaatlicher Verfahrensgestaltung (Einl Rdn 7) und der Anspruch des im Plan genannten Zahlungsempfängers auf rechtliches Gehör (Einl Rdn 46). Davon wird nur abgesehen werden können, wenn die Änderung des Berechtigten nach Aufstellung des Teilungsplans eingetreten und sicher belegt ist (zB bei einer von dem im Plan festgestellten Berechtigten selbst angezeigten Abtretung oder der Pfändung seines Anspruchs je nach Aufstellung des Plans).

2.8 Zum Berechtigten auch ZVG-Handbuch Rdn 464; zu seiner Feststellung ZVG-Handbuch Rdn 465–465 d.

3 Berechtigung des Zahlungsempfängers; Auszahlung (Absatz 1)

3.1 Soweit der Versteigerungserlös in Geld vorhanden oder durch Überweisung oder Einzahlung auf ein Konto der Gerichtskasse (Gerichtszahlstelle) entrichtet ist, wird der Teilungsplan durch bare oder bargeldlose Zahlung an die Berechtigten (Rdn 2) ausgeführt: Abs 1. Das Gericht **zahlt** selbst **aus** (§ 117 Abs 1 Satz 1) oder veranlaßt die **unbare Zahlung** an den (anwesenden oder abwesenden) Berechtigten. Die Auszahlung an einen nicht erschienenen Berechtigten ordnet das Vollstreckungsgericht an; sie wird von der Gerichtskasse (Gerichtszahlstelle) ausgeführt. Bestimmung darüber, ob an einen im Termin anwesenden Berechtigten Barauszahlung erfolgt oder Zahlung unbar geleistet wird, trifft das Gericht nach seinem Ermessen. Interessen, damit Wünschen des Berechtigten, sollte nach Möglichkeit Rechnung getragen werden. Jedoch kann der Berechtigte nicht verlangen, damit nicht (verbindlich) Bestimmung treffen, daß Barauszahlung im Termin erfolgen muß. Ausführung des Teilungsplans durch unbare Zahlung ist stets möglich und ordnungsgemäß. Falls der Erlös hinterlegt ist, **erteilt** das Gericht eine **Anweisung** auf den hinterlegten Betrag (Abs 3). Die Befriedigungswirkung tritt mit der Auszahlung an den Berechtigten, mit Anordnung der Auszahlung an Berechtigte oder mit Erteilung der Anweisung auf den hinterlegten Betrag ein, nicht erst mit der Ausführung der Anordnung oder Anweisung durch Absendung des Geldes durch die Kasse und auch nicht erst mit der Gutschrift des Geldes auf dem Empfängerkonto (anders[10]). Denn Gläubigerbefriedigung aus dem Grundstück erfolgt mit Erlösverteilung durch das Vollstreckungsgericht in der in Abs 1 bestimmten Weise, nicht aber erst mit Ausführung einer Zahlungsanordnung oder -anweisung oder Zahlungseingang beim Gläubiger.

3.2 Zahlung erfolgt an die **Berechtigten.**

a) Das Vollstreckungsgericht muß vor der Auszahlung sorgfältig **prüfen, wer Berechtigter ist**[11], an wen, in welcher Höhe und in welcher Weise auszuzahlen ist und welche Voraussetzungen im einzelnen dafür erfüllt sein müssen. Einzelheiten: Rdn 2. Es ist die sachliche und persönliche Berechtigung des vorgesehenen Empfängers zu prüfen.

b) Die **sachliche Berechtigung** (Rdn 2) besagt, auf welchen Anspruch auszuzahlen ist. Das bestimmt sich zunächst nach dem Teilungsplan und seine Reihenfolge. Weil sich aber an dem an die Stelle des versteigerten Grundstücks getretenen Surrogat, dem Erlös, alle Rechte wie am Grundstück fortsetzen (§ 92 Rdn 2), dingliche Rechte, Pfandrechte usw, sind auch nachträgliche Zessionen, Erbfälle, Pfändungen, Verfügungsbeschränkungen zu beachten (ZVG-Handbuch Rdn 465c). Das Gericht muß Vorlage der einschlägigen Hypotheken- und Grundschuldbriefe verlangen (ohne die nicht ausbezahlt werden darf)[12]. An Zessionare (auch Rdn 3.5) muß bezahlt werden, auch wenn sie selbst nicht angemeldet hatten und auch wenn die Zession erst nach dem Verhandlungstermin erfolgt ist[13]. Das Vollstreckungsgericht darf nur unter denselben privatrechtlichen Voraussetzungen zahlen, unter denen der Schuldner selbst zu zahlen verpflichtet ist[13].

c) Auch die **persönliche Berechtigung** ist zu prüfen, Personalausweis, Bestallung eines gesetzlichen Vertreters, Handelsregisterauszug, Vormundschaftsgerichts-Genehmigung, Geldempfangsvollmacht (ZVG-Handbuch Rdn 466). Wenn ein (persönlich nicht bekannter) Erschienener sich nicht ausweist und daher Zweifel an seiner Identität bestehen, ist er für die Auszahlung als nicht erschienener Berechtigter nach Abs 2 zu behandeln. Zum Geldempfang reicht Verfahrensvollmacht nicht aus (ebenso[14]). Die Prozeßvollmacht ermächtigt nur zur Empfangnahme zu erstattender Kosten (ZPO § 81 aE); weitergehende Ermächtigung zum Geldempfang muß ausdrücklich erteilt sein. Die Bevollmächtigung zum Geldempfang ist (materiellrechtlich) formfrei (BGB § 167 Abs 2). Nachzuweisen ist sie aber durch Vorlage der (Urschrift der) Vollmachtsurkunde (BGB § 172 Abs 1). Ablichtung oder Übermittlung lediglich als Faxkopie genügt daher nicht (siehe auch[15]). Bei Ehegatten ist auch das eheliche Güterrecht zu beachten.

d) Das Gericht hat auch die Voraussetzungen des **§ 126** zu beachten.

e) Wenn **mehrere Personen** empfangsberechtigt sind und sich nicht einigen können, muß hinterlegt werden: Abs 2 Satz 3.

3.3 Rechte in **ausländischer Währung** werden in deutscher Währung ausbezahlt. Der nicht befriedigte Teil der Forderung ist unter Umständen in ausländischer Währung festzustellen (s nun auch § 145a).

3.4 Bei **Liegenbelassen** von Rechten entfällt eine Barauszahlung für den liegenbelassenen Teil (§ 91 Abs 3; § 114 Rdn 8).

3.5 Pfändungen, Verpfändungen, Zessionen: Sie müssen eindeutig nachgewiesen sein. Bei einem Pfandrecht sind vor der Pfandreife Gläubiger und Pfandgläubiger, nach der Pfandreife Pfandgläubiger allein empfangsberechtigt (BGB

---

[10] Steiner/Teufel § 117 Rdn 33.
[11] RG 73, 298.
[12] RG 73, 298; Drischler RpflJahrbuch 1962, 322 (B IV 2 und E I 1).
[13] RG 73, 298; Sebode DGVZ 1961, 161.
[14] Steiner/Teufel § 117 Rdn 31.
[15] LG Aachen DGVZ 1991, 173; LG Bielefeld DGVZ 1993, 28; LG Bremen DGVZ 2002, 168; AG Frankfurt DGVZ 1995, 46.

§§ 1281, 1282). Wird eine Pfändung nachgewiesen, so sind Gläubiger und Pfändungspfandgläubiger gemeinsam empfangsberechtigt; falls aber zur Einziehung oder an Zahlungs Statt überwiesen ist, ist der Pfandgläubiger allein empfangsberechtigt.

3.6 Voraussetzungen der Hinterlegung: Wenn sie vorliegen (Rdn 6), erfolgt keine Barauszahlung.

4 Empfangsberechtigter ist nicht anwesend (Absatz 2 Sätze 1 und 2)

Bleibt der Empfangsberechtigte im Termin aus, dann ist das Vollstreckungsgericht verpflichtet, **von Amts wegen** für die Auszahlung des Geldes zu sorgen: Abs 2 Satz 1. Die **Art** der Auszahlung blieb der Regelung durch Landesgesetzgebung überlassen (Abs 2 Satz 2). Sie ist durchweg in **landesrechtlichen Haushaltsvorschriften** geregelt, teilweise gilt als Landesrecht auch noch das Gesetz über Auszahlungen aus öffentlichen Kassen (Textanhang T 46) fort.

5 Erlösabwicklung durch Befriedigungserklärung

5.1 Wenn der **Ersteher** selbst etwas aus dem Erlös zu bekommen hat, braucht er den auf ihn entfallenden Erlösanteil nicht erst einzuzahlen, um ihn anschließend sofort wieder ausbezahlt zu erhalten; er kann sich wegen seiner Ansprüche im Verteilungstermin gegenüber dem Gericht für befriedigt erklären.

5.2 Die Befriedigungserklärung kann **im Verteilungstermin** abgegeben werden; sie ist im Protokoll festzustellen, die Feststellung ist zu verlesen und zu genehmigen (ZPO § 160 Abs 3 Nr 1, entsprechende Anwendung, mit § 162 Abs 1). Sonst ist die Erklärung durch öffentliche oder öffentlich beglaubigte Urkunde nachzuweisen (anders[16]: Schriftform ist ausreichend; steht im Widerspruch zu den vergleichbaren §§ 143, 144; zumindest kann bei dem auf ein Grundpfandrecht entfallenden Erlös öffentlich beglaubigte Erklärung verlangt werden, BGB § 1144 entsprechend; anders auch[17]: kann nur im Verteilungstermin abgegeben werden). Die Erklärung kann auch durch einen Bevollmächtigten mit Geldempfangsvollmacht oder Sondervollmacht abgegeben werden; Verfahrensvollmacht reicht nicht aus. Vorlage der Vollmacht in Schriftform wird als genügend erachtet (vgl Rdn 3.2; so auch[18]).

5.3 a) Die **Befriedigungserklärung** des Erstehers ist nach (nunmehr allgemein vertretener und) richtiger Ansicht **vereinfachte Form der Erlöszahlung** (keine Aufrechnungs des Erstehers[19]). Sie hat zur Folge, daß das Bargebot gemäß § 49 Abs 2 vom Verteilungstermin an nicht mehr zu verzinsen ist, nicht schon rückwirkend ab Zuschlag[20]. Es liegt keine dann zum Zuschlag rückwirkende Aufrechnung nach BGB §§ 387, 389 vor, weil die Ansprüche des Erstehers auf Befriedigung aus dem Erlös und seine Zahlungspflicht gegenüber dem Gericht sich nicht aufrechenbar gegenüberstehen[21]. Es ist so anzusehen, als habe der Ersteher im Verteilungstermin bezahlt und zugleich seinen Erlösanteil wieder ausgezahlt erhalten[22]. Die Erklärung bewirkt damit Befriedigung des Anspruchs des Berechtigten aus dem Versteige-

---

[16] Dassler/Schiffhauer § 117 Rdn 10; Steiner/Teufel § 117 Rdn 40; Schiffhauer Rpfleger 1988, 498 (Anmerkung).
[17] Hagemeister SchlHA 1961, 7.
[18] Schiffhauer Rpfleger 1988, 498 (Anmerkung).
[19] BGH MDR 1988, 860 = NJW-RR 1988, 1146 = Rpfleger 1988, 495 mit Anm Schiffhauer; OLG Schleswig SchlHA 1961, 16; Dassler/Schiffhauer § 107 Rdn 16; Jaeckel/Güthe § 118 Rdn 4; Korintenberg/Wenz § 107 Anm 2; Hagemeister SchlHA 1961, 7.
[20] OLG Schleswig SchlHA 1961, 16; Dassler/Schiffhauer § 107 Rdn 5; Hagemeister SchlHA 1961, 7.
[21] Hagemeister SchlHA 1961, 7.
[22] Korintenberg/Wenz § 107 Anm 2; Hagemeister SchlHA 1961, 7.

rungserlös[23]. Der Teilungsplan bleibt unverändert, an der Verzinsung des Bargebots nach § 49 ändert sich nichts.

b) Die frühere Ansicht, daß die Befriedigungserklärung eine Aufrechnung sei (dazu 7. Auflage dieses Buches, § 49 Anm 14, § 114 Anm 6, § 117 Anm 4), war nicht richtig; sie wird heute nicht mehr vertreten.

5.4 Neben der echten Befriedigungserklärung des Erstehers gibt es eine **unechte** eines **Gläubigers,** der nicht Ersteher ist[24]. Auch sie ist keine Aufrechnung, sondern nur Auszahlungsanweisung, eine Erklärung, daß der Gläubiger das, was ihm laut Teilungsplan zusteht, bereits erhalten habe. Was auf ihn laut Plan entfällt, ist nicht mehr einzuzahlen; an den Berechtigten wird bei der Erlösverteilung (bei Ausführung des Plans nach § 117) daher nichts mehr ausgezahlt[24]. Der Teilungsplan bleibt auch hier unverändert.

5.5 Die **Verzinsung** des Bargebots (§ 49 Abs 2) und des Erlösanspruchs des Berechtigten (bei erlöschendem Recht bis zum Verteilungstermin, § 114 Rdn 5.30) ändern sich mit Befriedigungserklärung des Erstehers[25] und mit (unechter) Befriedigungserklärung eines anspruchsberechtigten Dritten[26] (Rdn 5.4) auch dann nicht, wenn sie bereits vor dem Verteilungstermin (schriftlich; Form Rdn 5.2) vorgelegt wird (anders[27]: Bargebotsteil [[28]auch Befriedigungsanspruch des Erstehers] ist mit Eingang der Befriedigungserklärung des Erstehers nicht mehr zu verzinsen). Wirksamkeit erlangt die Befriedigungserklärung als vereinfachte Form der Erlöszahlung und Erlösauszahlung erst für die Ausführung des Teilungsplans. Davor besteht eine erfüllbare Zahlungspflicht des Erstehers nicht (§ 107 Abs 2; Hinterlegungswirkung nach § 49 Abs 4 äußert die Erklärung nicht). Bis dahin gebührt die Teilungsmasse, belastet mit den Ansprüchen der Berechtigten, als Versteigerungserlös dem Schuldner; sie unterliegt der Beschlagnahme und damit der Verfügung nur durch das Vollstreckungsgericht (§ 114 Rdn 1.4). Außergerichtliche Zahlung des Erstehers an einen hebungsberechtigten Gläubiger vor dem Verteilungstermin ist daher nicht Erfüllung, mit der die Meistgebotsverzinsungspflicht enden könnte (§ 49 Rdn 3.1). Gleichermaßen kann vor dem Verteilungstermin und Zuteilung des Versteigerungserlöses auf seinen Anspruch der bis dahin weder zahlungs- noch empfangsberechtigte Ersteher den Versteigerungserlös außergerichtlich mit Erfüllungswirkung nicht abwickeln. Durch die Befriedigungserklärung als vereinfachte Form der Erlöszahlung im Verteilungstermin (§ 107 Abs 2) dürfen (ebenso wie durch Liegenbelassungsvereinbarung, § 91 Abs 3 Satz 1; dazu § 91 Rdn 4.1) der Ersteher sowie der Berechtigte weder etwas gewinnen noch etwas einbüßen und nachrangige Gläubiger weder Vorteile noch Nachteile haben. Daher bewirkt die Befriedigungserklärung (in beiden Formen) keine Änderung des Teilungsplans. Das Bargebot bleibt nach § 49 Abs 2 bis zum Verteilungstermin zu verzinsen.

5.6 Wenn das Recht des Erstehers mit einem Recht eines Dritten belastet ist, dann ist keine Befriedigungserklärung des Erstehers möglich, sondern es muß, weil insoweit nicht bezahlt wird, Forderungsübertragung unter Berücksichtigung der Belastung erfolgen.

5.7 Eine durch außergerichtliche Befriedigung etwa bewirkte Überzahlung durch den Ersteher wird an diesen zurückerstattet[29]. Hat der Ersteher außerge-

---

[23] BGH NJW-RR 1988, 1146 = aaO (Fußn 19).
[24] BGH NJW-RR 1988, 1146 = aaO (Fußn 19); Dassler/Schiffhauer § 117 Rdn 11.
[25] OLG Schleswig SchlHA 1961, 16; Hagemeister SchlHA 1961, 7.
[26] LG Berlin Rpfleger 1978, 33; Dassler/Schiffhauer § 117 Rdn 11.
[27] Steiner/Teufel § 117 Rdn 37; Schiffhauer Rpfleger 1988, 498 (Anmerkung).
[28] Steiner/Teufel § 117 Rdn 37.
[29] BGH 77, 107 = MDR 1980, 836 = NJW 1980, 2586 = Rpfleger 1980, 339.

richtlich auf einen nicht bestehenden Anspruch geleistet, so muß er sich nach den allgemeinen Vorschriften (BGB §§ 812 ff) an den Leistungsempfänger halten[29].

5.8 Zur Befriedigungserklärung im ZVG-Handbuch Rdn 468.

5.9 Aufrechnung: a) Gegen Ansprüche an den Erlös ist Aufrechnung mit Geldansprüchen nicht möglich, weil die Leistungen nicht gleichwertig sind (BGB § 387)[30].

b) Der Vollstreckungsschuldner kann nur Überlassung eines Erlösanteils wie jeder andere Beteiligte beanspruchen, falls ihm etwas zufließt. Es fehlt ihm aber die freie Verfügungsgewalt über seine Forderung gegen den Ersteher[31].

c) Der Ersteher hat zu Händen des Gerichts zu zahlen[32]. Er kann daher gegen den Anspruch des Schuldners nicht mit einer Forderung gegen den Schuldner aufrechnen, ausgenommen nach Forderungsübertragung aus § 118[33]. Vorher fehlt es an schuldrechtlichen Beziehungen von Gläubiger und Ersteher.

6 Hinterlegung der Teilungsmasse (Absatz 2 Satz 3)

6.1 Wenn nicht ausbezahlt werden kann, muß für die Berechtigten **hinterlegt** werden: Abs 2 Satz 3. Auszahlung kann zB nicht erfolgen, wenn mehrere Personen empfangsberechtigt sind und sich nicht einigen können (Rdn 3), wenn der Gläubiger einer Grundschuld die Annahme eines ihm zugeteilten Betrags ablehnt (§ 114 Rdn 7) oder wenn der Vormund (Pfleger, Betreuer) zur Auszahlung noch keine Genehmigung des Gegenvormunds (Gegenbetreuers) oder Vormundschaftsgerichts (BGB §§ 1812, 1813, 1908 i Abs 1 Satz 1) beigebracht hat. Wenn ein Vertreter eine Geldempfangsvollmacht nicht vorgelegt hat, ist an den Berechtigten selbst auszuzahlen, nicht aber für ihn (oder den Vertreter) zu hinterlegen. Die Hinterlegung erfolgt für den Berechtigten. Hinterlegungsgrund ist Abs 2 Satz 3; Verzicht auf das Rücknahmerecht braucht nicht erklärt zu werden. Mit der Hinterlegung ist das Verfahren für das Vollstreckungsgericht abgeschlossen. Herausgabeantrag hat der Berechtigte selbst bei der Hinterlegungsstelle zu stellen (HinterlO § 13 Abs 1). Den Nachweis seiner Berechtigung (HinterlO § 13 Abs 1, 2) enthält der ihn als den Berechtigten bezeichnende Hinterlegungsantrag des Vollstreckungsgerichts. Dem Berechtigten gebühren auch die Hinterlegungszinsen.

6.2 Hinterlegt werden muß außerdem unter verschiedenen anderen Voraussetzungen (Näheres bei den angegebenen Vorschriften).

a) Hinterlegt werden muß bei **Widerspruch** gegen eine Zuteilung aus § 115 (mit Hilfsverteilung aus § 124): § 120 Abs 1 Satz 1, 3 und Abs 2.

b) Hinterlegt werden muß bei aufschiebend **bedingten** und damit auch bei unbestimmten **Ansprüchen:** § 120 Abs 1 Satz 1, 3 und Abs 2.

c) Hinterlegt werden muß wegen **materiellrechtlichen Unbekanntseins** des Berechtigten: BGB § 372. Die Voraussetzungen sind streng zu beachten. Die Vorschrift darf nicht dazu benützt werden, sich genaue Feststellungen zu ersparen. BGB § 372 setzt voraus, daß es sich um eine ganz bestimmte Verbindlichkeit handelt und daß es zweifelhaft ist, wer Gläubiger dieser Verbindlichkeit ist[34]. Es müßten dabei verständige Zweifel über die Person des Berechtigten bestehen. Zunächst

---

[30] BGH BB 1966, 602 = WM 1966, 575.
[31] BGH 39, 242 = MDR 1963, 580 = NJW 1963, 1497 = Rpfleger 1963, 234 mit krit Anm Stöber.
[32] BGH 39, 242 = aaO (Fußn 31); RG 64, 308.
[33] BGH 39, 242 = aaO (Fußn 31).
[34] BGH BB 1955, 111 = JR 1955, 138 = NJW 1955, 338 Leitsatz = WM 1955, 227.

aber sind Ermittlungen zu führen[35]. Nach dieser Vorschrift kann nicht hinterlegt werden, wenn mehrere Pfändungen des Anspruchs vorliegen[36].

d) Hinterlegt werden muß wegen **verfahrensrechtlichen Unbekanntseins** des Berechtigten: § 126 Abs 2. Der Berechtigte ist zB in diesem Sinne unbekannt, wenn der Hypotheken- oder Grundschuldbrief nicht vorgelegt wird (§ 126 Abs 1).

e) Hinterlegt werden muß, wenn eine **prozeßgerichtliche Einstellung** der Zwangsvollstreckung gegenüber einem betreibenden Gläubiger erfolgt. Der auf diesen Gläubiger entfallende Betrag wird im Teilungsplan errechnet, aber nicht ausbezahlt (das wäre ja auch eine Fortsetzung der Vollstreckung), sondern unter der Bedingung, daß die Einstellung wegfalle, hinterlegt (mit Hilfszuteilung nach §§ 119, 120 unter der gegenteiligen Bedingung). Auch eine Einstellung, die nach Aufstellung, aber noch vor Ausführung des Teilungsplans erfolgt oder dem Vollstreckungsgericht zur Kenntnis gelangt, muß durch Hinterlegung berücksichtigt werden.

f) Hinterlegt werden muß der auf eine im Wege der **Sicherungsvollstreckung** (ZPO § 720a) eingetragene Zwangshypothek zugeteilte Erlös (§ 114 Rdn 5.31).

6.3 Die Hinterlegung erfolgt nach BGB §§ 372, 374, 378, HinterlO §§ 6, 8, 11-13, 15, 20 bzw den einschlägigen Stellen des ZVG. Die Hinterlegungsstelle hat nur die formalen Voraussetzungen zu prüfen, nicht die materiellen[37] (anders[38]: auch die materiellen). Diejenigen, für die hinterlegt ist, müssen sich über die Auszahlung einigen oder eine Prozeßentscheidung herbeiführen (zB in der Form eines Widerspruchsprozesses) und gemäß den Vorschriften der Hinterlegungsordnung die Berechtigung nachweisen. Zur Hinterlegung auch ZVG-Handbuch Rdn 469.

Hinterlegungsanweisung (Absatz 3)

7

Wenn (und soweit) der Versteigerungserlös nicht an das Gericht gezahlt (§ 107 Abs 2), sondern **hinterlegt** ist (§ 49 Abs 4, auch zur Sicherheitsleistung, § 107 Abs 3), braucht das Vollstreckungsgericht den Hinterlegungsbetrag nicht von der Hinterlegungsstelle abzuholen und dann selbst an den Berechtigten bar auszahlen (zulässig ist das natürlich). Es kann Berechtigten eine Anweisung auf den hinterlegten Betrag erteilen: Abs 3. Das Verfahren dient der Vereinfachung. Die Anweisung ist als behördliches Herausgabeersuchen (HinterlO § 15) Grundlage der Hausausgabeverfügung der Hinterlegungsstelle (HinterlO § 12). Die Erlösabwicklung mit Erteilung einer Anweisung auf den hinterlegten Betrag steht im Ermessen des Vollstreckungsgerichts. Anspruch darauf, daß das Geld vom Vollstreckungsgericht zur baren Auszahlung im Verteilungstermin bereitgestellt wird, besteht nicht (für den der Kasse als Verwahrgeld eingezahlten Versteigerungserlös Rdn 3.1).

[Ausführung des Teilungsplans bei Nichtzahlung]

118 (1) **Soweit das Bargebot nicht berichtigt wird, ist der Teilungsplan dadurch auszuführen, daß die Forderung gegen den Ersteher auf die Berechtigten übertragen und im Falle des § 69 Abs 2 gegen den für mithaftend erklärten Bürgen auf die Berechtigten mitübertragen wird; Übertragung und Mitübertragung erfolgen durch Anordnung des Gerichts.**

---

[35] BGH 7, 302 = JZ 1953, 178 mit Anm Bruns = MDR 1953, 27 = NJW 1953, 19 mit Anm Rötelmann.
[36] OLG Schleswig SchlHA 1953, 97.
[37] Drischler Rpfleger 1955, 222 (I).
[38] Just Rpfleger 1955, 222 (II); Henrichs Rpfleger 1955, 224 (III).

§ 118

(2) Die Übertragung wirkt wie die Befriedigung aus dem Grundstücke. Diese Wirkung tritt jedoch im Falle des Absatzes 1 nicht ein, wenn vor dem Ablaufe von drei Monaten der Berechtigte dem Gerichte gegenüber den Verzicht auf die Rechte aus der Übertragung erklärt oder die Zwangsversteigerung beantragt. Wird der Antrag auf Zwangsversteigerung zurückgenommen oder das Verfahren nach § 31 Abs 2 aufgehoben, so gilt er als nicht gestellt. Im Falle des Verzichts soll das Gericht die Erklärung dem Ersteher sowie demjenigen mitteilen auf welchen die Forderung infolge des Verzichts übergeht.

Literatur: Fischer, Forderungsübertragung und Sicherungshypothek im Zwangsversteigerungsverfahren, NJW 1956, 1095; Streuer, Verzinsung der gemäß § 118 Abs 1 ZVG übertragenen Forderung und Neuregelung des Schuldnerverzugs im Fall einer Geldforderung, Rpfleger 2001, 401.

1 Allgemeines zu § 118

1.1 Zweck der Vorschrift: Regelung der Ausführung des Teilungsplanes mit Forderungsübertragung, wenn der Ersteher seine Zahlungspflicht im Verteilungstermin nicht erfüllt.

1.2 Anwendungsbereich: Die Vorschrift gilt für alle Versteigerungsverfahren des ZVG.

2 Anlaß und Grund der Forderungsübertragung

2.1 § 118 beruht auf folgender Erwägung (dazu Denkschrift S 58): Wenn der Ersteher die geschuldete **Zahlung** (§ 49) im Verteilungstermin (§ 107 Abs 2) **nicht leistet,** haben die Beteiligten, deren Ansprüche durch das Bargebot gedeckt sind, ihre Befriedigung aus der gegen den Ersteher (auch gegen den mithaftenden Bürgen) verbleibenden Forderung zu suchen. Das Vollstreckungsgericht hat die Erfüllung der Zahlungspflicht durch den Ersteher (mithaftenden Bürgen) nicht zu erzwingen. Die Forderung an den Ersteher auf Zahlung des Bargebots bildet den Gegenwert für den Eigentumserwerb mit Zuschlag (§ 90). Zunächst steht sie daher dem bisherigen Eigentümer des Grundstücks zu (§ 92 Rdn 2). Ein Beteiligter kann sie nur geltend machen, wenn (und soweit) sie auf ihn übertragen ist. Diese Übertragung erfolgt in Ausführung des Teilungsplans durch eine Anordnung des Vollstreckungsgerichts.

2.2 Es sind **zwei Fälle möglich:**

a) Es wird bedingungswidrig nicht bezahlt, weil der Ersteher trotz seiner Zahlungsverpflichtung (§ 49 Abs 2) nicht im Verteilungstermin spätestens das Bargebot entrichtet.

b) Es wird gemäß den Versteigerungsbedingungen nicht bezahlt, weil Zuzahlungen nach §§ 50, 51 erst später fällig werden (§ 125 Abs 1 Satz 2) oder weil nach abweichend festgestellter Versteigerungsbedingung (§ 59) Versteigerung mit Zahlungsfristen erfolgt ist (das ist zulässig, wenn auch praktisch kaum denkbar)[1].

2.3 Forderungsübertragung (Abs 1) ist **keine Vollstreckung gegen den Ersteher** (daher auch während eines Insolvenzverfahrens über das Vermögen des Schuldners trotz InsO § 89 Abs 1 zulässig), sondern Erlösverteilung. Als solche ist die Forderungsübertragung Maßnahme der Zwangsvollstreckung[2], eine Überweisung an den Gläubiger im Sinne der ZPO[3], wobei aber die materiell-rechtlichen Voraussetzungen im ZVG selbständig geregelt sind[4].

---

[1] Hornung Rpfleger 1979, 321.
[2] Fischer NJW 1956, 1095.
[3] Mohrbutter, Handbuch des Vollstreckungsrechts, § 47 (III).
[4] Jaeckel/Güthe § 118 Rdn 1; Fischer NJW 1956, 1095.

2.4 Über die Sicherungshypothek § 128, über Vollstreckbarkeit der übertragenen Forderung § 132, über Wiederversteigerung §§ 132, 133.

Forderungsübertragung bei Nichtzahlung des Bargebots (Absatz 1)   3
3.1 Übertragen wird die Forderung des Schuldners gegen den Ersteher (mitübertragen die Forderung gegen einen mithaftenden Bürgen) auf die Berechtigten: Abs 1. Die Übertragung (und Mitübertragung) erfolgen durch **Anordnung** des Gerichts in Ausführung des Teilungsplans. Diese ermöglicht (ohne besondere Anordnung bei Übertragung) auch Geltendmachung der Forderung gegen den nach § 81 Abs 4 mithaftenden Dritten (§ 132 Abs 1). Die Gegenansicht[5], die auch Mitübertragung der Forderung gegen den mithaftenden Meistbietenden verlangt (jedoch nicht offenlegt, wem „diese" Forderung gebühren soll, wenn Mitübertragung unterbleibt), beruht auf der irrigen Erwägung, erst und nur diese Mitübertragung schaffe (konstitutiv) Rechtsbeziehungen zwischen Berechtigtem und Meistbietendem. Denn Ersteher und Meistbietender schulden mit dem baren Meistgebot **eine** Leistung samtverbindlich (§ 81 Abs 4; BGB § 421). Forderungsgläubiger ist der Eigentümer (Rdn 2.1 und § 92 Rdn 2). Übertragung **dieser Forderung** ermächtigt den Berechtigten zur Geltendmachung auch gegen jeden Forderungsschuldner, damit auch gegen den samtverbindlich mithaftenden Meistbietenden. Die Vollstreckbarkeit dieser Forderung regelt § 132 daher gegen den Ersteher und den mithaftenden Meistbietenden gleichermaßen. Diese gesetzlichen Rechtsfolgen erfordern keine (ausdrückliche) Anordnung des Vollstreckungsgerichts durch „Mitübertragung" des Anspruchs auch gegen den mithaftenden Meistbietenden. Die andere Regelung für den Bürgen in Abs 1 beruht auf dessen rechtlich anderer Verpflichtung: er schuldet die verbürgte Forderung nicht, sondern hat als eigene Verpflichtung für die Erfüllung der Verbindlichkeit des Erstehers (als Dritter) einzustehen (BGB § 765 Abs 1). Mitübertragung berechtigt daher auch zur Geltendmachung dieser Bürgenverpflichtung (sonst könnte Berechtigung aus BGB § 401 in Frage kommen, die jedoch zweifelhaft wäre).
3.2 Berechtigt, etwas aus der Masse (der zu übertragenden Forderung) zu erhalten, sind alle, die einen Anspruch an den Erlös haben (§ 117 Rdn 2). Dazu gehört **auch der Vollstreckungsschuldner** bezüglich des Erlösüberschusses; bei ihm erfolgt allerdings keine echte Forderungsübertragung, weil ihm ja die Forderung schon vorher zugestanden hat, sondern nur eine „Zuweisung"[6] als Freigabe der an der Stelle des Barerlöses stehenden Forderung ihm gegenüber; erfolgt hier versehentlich eine „Übertragung", so ist das eine Zuweisung[7]. Forderungsübertrag hat auch zu erfolgen, wenn der **Ersteher** selbst hebungsberechtigt ist und sich wegen seines Anspruchs nicht für befriedigt erklärt hat (§ 117 Rdn 5; wäre vereinfachte Form der Erlöszahlung, § 117 Rdn 5.3); durch diese Übertragung vereinigen sich Forderung und Schuld und die Forderung gegen den Ersteher erlischt[8], seine Zahlungspflicht insoweit ebenfalls, er gilt als befriedigt (keine Sicherungshypothek, § 128 Rdn 2). Wenn der Ersteher, der die Erlöszahlung schuldet, zugleich **Gesamtberechtigter** (Gesamtgläubiger nach BGB § 428) des Anspruchs (Rechts) auf Zahlung aus dem Versteigerungserlöses ist, hat Forderungsübertragung auf die Gesamtgläubiger zur Folge, daß mit Vereinigung von Forderung und Schuld in einer Person (Konfusion, BGB § 429 Abs 2) die Zahlungspflicht erlischt (so wenn der Ersteher Gesamtberechtigter des versteigerten Erbbaurechts war)[9]. Hat der zu

---

[5] Dassler/Schiffhauer § 118 Rdn 11; Steiner/Teufel § 118 Rdn 14; Helwich Rpfleger 1988, 467 und 1989, 316; Strauch Rpfleger 1989, 314 (IV 1).
[6] Schiffhauer Rpfleger 1985, 248 (3 a) (Anmerkung).
[7] Drischler RpflJahrbuch 1973, 328 (5 a).
[8] BGH MDR 1988, 860 = NJW-RR 1988, 1146 = Rpfleger 1988, 495 mit Anm Schiffhauer.
[9] LG Bielefeld Rpfleger 1985, 248 mit im Ergebnis zust Anm Schiffhauer; bestätigt durch OLG Hamm, mitgeteilt Rpfleger 1985, 248.

§ 118 3.2 Verteilung des Erlöses

befriedigende Anspruch einer Gemeinschaft zugestanden, dann setzt sich diese Gemeinschaft auch an der übertragenen Forderung fort[10]. Das gilt auch für den Anspruch einer Bruchteilsgemeinschaft (BGB § 741). Die übertragene Forderung steht den Berechtigten der Bruchteilsgemeinschaft gemeinsam zu, ist somit im Rechtssinne unteilbar; der Ersteher als Schuldner kann daher (bis zur Aufhebung der Bruchteilsgemeinschaft mit Teilung) nur an die Gemeinschafter zusammen mit befreiender Wirkung leisten (dazu[11]). Berechtigter, auf den die Forderung gegen den Ersteher zu übertragen ist, kann auch der **mithaftende Meistbietende** sein (§ 81 Abs 4). Die Zahlungspflicht des Erstehers erlischt damit jedoch nicht (keine Erfüllungswirkung auch für den anderen, BGB § 422, auch § 425), der Mithaftende gilt als Berechtigter durch den Ersteher daher nicht als befriedigt (so auch[12]; anders[13]; für ihn daher auch Sicherungshypothek nach § 128; anders[14], nicht richtig). Daß der Ersteher vom Mithaftenden nur auf den Teil der übertragenen Forderung in Anspruch genommen werden darf, der den diesen im Innenverhältnis treffenden Betrag (BGB § 426) übersteigt (der Mithaftende sich den Innenausgleich somit anrechnen lassen muß), begründet eine Einrede (dazu[15]), hat somit nicht das Erlöschen der Zahlungspflicht des Erstehers zur Folge und ist daher auch nicht vom Vollstreckungsgericht zu prüfen, sondern im Rechtsweg vor dem Prozeßgericht geltend zu machen.

3.3 Übertragen wird jedem Berechtigten ein der Höhe nach **bestimmter Betrag** nebst **4 vH** gesetzliche (oder die nach abweichender Versteigerungsbedingung anderen) **Zinsen** (siehe Rdn 5.1) aus dem baren Meistgebot (Rdn 3.8) vom Tag des Verteilungstermins an. Die Bargebotszinsen vom Zuschlag bis zum Verteilungstermin (§ 49 Abs 2) gehören zur Teilungsmasse (§ 107 Rdn 2.2); sie werden als Forderung gegen den Ersteher zinslos (Rdn 3.8) mit übertragen.

3.4 Die Übertragung findet auch wegen der **Verfahrenskosten** aus § 109 statt. Sie erfolgt hier auf das Bundesland und/oder den Gläubiger, der einen Vorschuß auf diese Kosten bezahlt hat und Rückersatz bekommen muß (in gleichem Rang). Vertreten wird das Land als Forderungsgläubiger nach landesrechtlichen Vertretungsvorschriften zumeist durch die Gerichtskasse/Amtskasse. Über die Vertretung des Landes und die Geltendmachung der übertragenen Verfahrenskosten treffen mehrfach auch landesrechtliche Verwaltungsvorschriften Bestimmung.

3.5 Übertragen wird die Forderung gegen den Ersteher (mithaftenden Bürgen), **soweit** das Bargebot **nicht berichtigt** wird. Wenn das Bargebot nur **teilweise berichtigt** oder sonst Erlös durch Verwertung der Bietersicherheit (§ 108) erzielt ist, erfolgt nach Vorwegnahme der Kosten Ausführung des Teilungsplans daher durch Zahlung an die nach dem Plan Bestberechtigten in der Reihenfolge ihres Ranges. Im übrigen wird statt der mangels Bargebotszahlung nicht möglichen weiteren Verteilung des Barerlöses in der Rangfolge des Plans die Forderung gegen den Ersteher übertragen und im Falle des § 69 Abs 2 die Forderung gegen den für mithaftend erklärten Bürgen mitübertragen (die Rangfolge ist für die Sicherungshypothek des § 128 wichtig).

3.6 Die Übertragung der Forderung entspricht der **Überweisung** in ZPO § 835, aber **mit Besonderheiten.** Sie muß ausdrücklich erfolgen. Die Forderung geht nicht von selbst auf die Berechtigten über; Gläubiger können nicht die zu übertragende Forderung pfänden. Übertragen wird durch **Anordnung des Gerichts:** Abs 1. Es ist dafür eine in das Protokoll aufzunehmende Erklärung des Ge-

---

[10] OLG Neustadt JR 1952, 212.
[11] BGH MDR 1983, 650 = NJW 1982, 2020.
[12] Strauch Rpfleger 1989, 314.
[13] Helwich Rpfleger 1988, 467 und 1989, 316.
[14] AG Dortmund sowie LG Dortmund, beide Rpfleger 1991, 168.
[15] BGH NJW 1983, 749.

Ausführung des Teilungsplans bei Nichtzahlung 3.8 § **118**

richts nötig, am besten in der Form eines Beschlusses[16]. Dieser wird mit der Verkündung (oder mit der Verlesung des Protokollvermerks hierüber) wirksam, also ohne eine Zustellung und ohne Anerkennung des betreffenden Gläubigers, auch dann, wenn der Gläubiger im Verteilungstermin nicht anwesend ist. Es ist nicht angängig, nachträglich außerhalb des Termins zu übertragen und an Ersteher und Berechtigte zuzustellen ([17]hält das für zulässig). Eine zusätzliche Zustellung des verkündeten Beschlusses an Ersteher und Berechtigte ist zwar nicht verboten, aber überflüssig und darum zu unterlassen, zumal sie nur verwirrt.

3.7 Bei der Übertragung der Forderung sind **Nießbrauchs- und Pfandrechte** zu beachten. War das Recht gepfändet und zur Einziehung überwiesen oder mit einem Nießbrauch belastet, so wird die Forderung auf den (in der Verfügung beschränkten) Gläubiger des Rechts (Anspruchs) übertragen, auch Sicherungshypothek für ihn verfügt, aber mit einem entsprechenden Pfändungs- oder Nießbrauchsvermerk. War das Recht gepfändet und an Zahlungs Statt überwiesen, so wird die Forderung gleich auf den Pfandgläubiger übertragen, auch Sicherungshypothek für ihn eingetragen. Berechtigt aus der Übertragung wird auf jeden Fall der im Übertragungsbeschluß Genannte, auch wenn das nicht mit der Rechtslage übereinstimmt[18].

3.8 Die übertragene Forderung ist **nicht mehr die frühere Forderung** des Berechtigten gegen den Schuldner[19]; diese erlischt mit Befriedigung nach Abs 2 Satz 1; sie besteht fort, wenn auf die Rechte aus der Übertragung verzichtet (Rdn 4.2) oder (rechtzeitig) Zwangsversteigerung beantragt wird (Rdn 4.4). Die übertragene Forderung ist Forderung aus dem Bargebot des Erstehers[19], die vom Zuschlag an dem bisherigen Eigentümer des Grundstücks zusteht (Rdn 2.1). Die Übertragung begründet für diese Forderung Rechtsbeziehungen zwischen dem Berechtigten und dem Ersteher[19], verändert aber die Forderung nicht. Als Teilungsmasse (§ 107 Abs 1) setzt sich die zu übertragende Forderung aus dem Gebot des Erstehers zusammen aus
– dem baren Meistgebot (§ 49 Abs 1) und
– den Zinsen vom Zuschlag an bis zum (Tag vor dem) Verteilungstermin (Rdn 2.2).

Wird das **Bargebot** nicht berichtigt, dann ist es nach § 49 Abs 2 **weiter zu verzinsen.** Mit Übertragung der Forderung erlangen die Berechtigten (anteilig) auch den Anspruch auf diese Zinsen vom Verteilungstermin an (Rdn 3.3). Dafür ist unerheblich, ob und in welcher Höhe der im Teilungsplan berücksichtigte und mit Zuteilung (§ 113 Rdn 3.5) gedeckte Anspruch des Berechtigten (sein Recht auf Befriedigung aus dem Grundstück, § 10) verzinslich war. Bargebots**zinsen** (§ 49 Abs 2) vom Zuschlag bis zum Verteilungstermin, die zur Teilungsmasse gehören und als Forderung gegen den Ersteher mit übertragen werden, sind vom Verteilungstermin an nicht nochmals zu verzinsen[20]. Das ZVG bestimmt ihre Verzinsung nicht; eine Gesetzesgrundlage für Fälligkeitszinsen (zu den Zinsen, die im Verteilungstermin zahlbar waren, § 49 Abs 1 mit § 107 Abs 2) besteht nicht; Verzugszinsen sind nicht zu leisten (es begründet keinen Verzug, daß der Ersteher das Bargebot im Verteilungstermin nicht berücksichtigt, Rdn 5.1). Daher können die über das Bargebot hinaus mit zu übertragenden Zinsen vom Zuschlag an (§ 49 Abs 2) bis zum Verteilungstermin dem Berechtigten nur zinslos übertragen werden.

---

[16] Fischer NJW 1956, 1095 (1).
[17] Steiner/Teufel § 118 Rdn 35.
[18] RG 133, 201 (204).
[19] RG 127, 350 (356).
[20] So auch LG Oldenburg Rpfleger 1986, 103 mit Anm Schiffhauer (BGB § 289 erlangt hierfür aber keine Bedeutung).

3.9 Für die **Berechtigung** auf die weiter **verzinsliche Forderung** aus dem baren Meistgebot und Abgrenzung zur unverzinslichen Forderung auf die Bargebotszinsen gibt die Rangordnung der Berechtigten Grundlage; einen Ausfall hat der ranglezte Berechtigte zu tragen, auf ihn trifft daher der unverzinslich zu übertragende Forderungsrest. Zu übertragen ist die durch das bare Meistgebot des Erstehers begründete Forderung (§ 49 Abs 1) mit den ab Verteilungstermin fortlaufenden Forderungszinsen (Rdn 3.8) daher auf die rangbesseren Berechtigten. Die auch vom Verteilungstermin an nicht zu verzinsende Forderung auf Zahlung der Bargebotszinsen wird dem letzten zur Hebung kommenden Berechtigten zugeteilt[21]. Ist im Verteilungstermin ein Teil des Bargebots berichtigt und erfolgt daher Forderungsübertragung nur an die nachrangig Berechtigten (Rdn 3.5), dann gilt das ebenso; die Forderung gegen den Ersteher, die aus den Zinsen vom Zuschlag an bis zum Verteilungstermin herrührt, verbleibt auch in diesem Fall unverzinslich dem letzten zur Hebung kommenden Beteiligten[21]. Der vom Ersteher auf die Teilungsmasse entrichtete Teilbetrag kann ebenso wie ein für das Gebot als Sicherheit hinterlegter Geldbetrag (§ 107 Abs 3) nicht zuerst auf Bargebotszinsen[22] mit der Folge angerechnet werden, daß die restige nicht berichtigte Teilungsmasse durch das weiter verzinsliche bare Meistgebot begründet sei. BGB § 367 Abs 1 bietet als Vorschrift des bürgerlichen Rechts (hierwegen Rdn 5.1) für eine solche Verrechnung im Vollstreckungsverfahren keine Grundlage; ein Tilgungsbestimmungsrecht nach BGB § 366 Abs 1 steht dem Ersteher (wie dem Schuldner[23]) in der Zwangsvollstreckung nicht zu. Schuldbefreiende Hinterlegung (auch der Bietersicherheit, § 49 Rdn 5.3) eines Teils des Meistgebots befreit den Ersteher von seiner im Verteilungstermin zu erfüllenden Verbindlichkeit, ist somit nicht sogleich auf bereits entstandene Zinsen des Bargebots zu verrechnen.

3.10 Soweit Rechte noch **„wertbeständig"** eingetragen sein sollten, ist die Forderungsübertragung auch „wertbeständig" vorzunehmen (9. Aufl § 118 Anm 4); hierzu auch § 145 a.

3.11 Die übertragenen **Forderungsteile** der verschiedenen Berechtigten haben unter sich **keinen Rang,** weil sie aus der einheitlichen Forderung an den Ersteher auf Zahlung des baren Meistgebots stammen[24]. Sie können daher ohne Rücksicht auf den früheren Rang der ursprünglichen Gläubigeransprüche in der Mobiliarvollstreckung durchgesetzt werden. Nur die Sicherungshypotheken, die für sie eingetragen werden, erhalten zueinander den Rang des jeweiligen Anspruchs (§ 128 Abs 1).

4 Übertragungswirkung: Befriedigung aus dem Grundstück (Absatz 2)

4.1 Die Übertragung wirkt wie die **Befriedigung** aus dem Grundstück: Abs 2 Satz 1. Die Vorschrift fingiert mithin einen Erlöschenstatbestand[25]. Dies gilt aber nicht bei Übertragung von Zuzahlungsansprüchen aus §§ 50, 51, wobei § 125 Abs 3 eingreift.

4.2 Die **Befriedigungswirkung** tritt bei (bedingungswidrig) nicht bezahltem Bargebot dann **nicht** ein, wenn vor Ablauf von drei (vollen) Monaten der berechtigte Gläubiger gegenüber dem Gericht auf die Rechte aus der Übertragung **verzichtet** oder die Versteigerung des Objekts beantragt: Abs 2 Satz 2. Der Gläubiger

---

[21] Dassler/Schiffhauer § 118 Rdn 5; Jaeckel/Güthe § 118 Bem III; Korintenberg/Wenz § 118 Anm 3; Reinhard/Müller § 118 Anm I 5; Steiner/Teufel § 118 Rdn 16.
[22] So aber Dassler/Schiffhauer § 118 Rdn 5; Korintenberg/Wenz § 118 Anm 3; Schiffhauer Rpfleger 1986, 103 (104; dieser nicht für Sicherheitsleistung).
[23] BGH DNotZ 1999, 636 = MDR 1999, 701 = NJW 1999, 1704 = Rpfleger 1999, 286.
[24] Dassler/Schiffhauer § 118 Rdn 7; Steiner/Teufel § 118 Rdn 39.
[25] BGH 99, 292 = MDR 1987, 404 = NJW 1987, 1026 = Rpfleger 1987, 323.

Ausführung des Teilungsplans bei Nichtzahlung 4.6 § 118

hat somit eine Wahlbefugnis: er kann sich entscheiden, ob er es beim Erwerb der übertragenen Forderung gegen den Ersteher bewenden läßt und dafür mit Befriedigung aus dem Grundstück (Abs 2 Satz 1) den Verlust seiner Forderung gegen den persönlichen Schuldner und der Ansprüche gegen Mithaftende (auch das Freiwerden weiterer Sicherheiten) in Kauf nimmt oder ob er diese Forderung mit Aufgabe der Forderung gegen den Ersteher (Verzicht auf sie; damit entfällt auch das Gläubigerrecht aus der Sicherungshypothek) behalten will[26]. Diese Interessenlage schließt entsprechende Anwendung von BGB § 1165 aus; Verzicht auf die Rechte aus der Übertragung läßt vielmehr die Forderung an den persönlichen Schuldner unberührt[26]. In Verbindung mit weiteren Umständen (kann Bedeutung erlangen, wenn der persönliche Schuldner im Innenverhältnis einen Ausgleichsanspruch gegen Schuldner-Eigentümer des versteigerten Grundstücks hat) kann Verzicht mit Ausnutzung der formalen Rechtsstellung aus § 118 jedoch treuwidrig sein und damit den Einwand der Arglist begründen[26].

4.3 Der **Verzicht** auf die Rechte aus der Übertragung kann gegenüber dem Gericht **formlos** erfolgen, also mündlich zu Protokoll der Geschäftsstelle oder schriftlich (dafür auch elektronisches Dokument, ZPO § 130a); er kann ganz oder zum Teil erfolgen.

4.4 Ebenso wie der Verzicht **wirkt der neue Versteigerungsantrag** (Abs 2 Satz 2); damit gibt der Berechtigte jedoch die mit Forderungsübertragung erlangte Rechtsstellung nicht auf, er bleibt Gläubiger der übertragenen Forderung und sichert zugleich das Fortbestehen seiner alten Forderung.

4.5 Die **Frist** von drei Monaten beginnt mit der Verkündung der Forderungsübertragung (wo diese gesetzwidrig unterbleibt, mit der Zustellung); sie berechnet sich nach BGB § 187 Abs 1, § 188 Abs 2, 3; ZPO § 222. Der Tag der Übertragungsverkündung wird nicht mitgerechnet. Verzicht und Antrag müssen in der Frist bei Gericht eingehen. **Verspäteter Verzicht** und verspäteter Versteigerungsantrag sind wirkungslos. Der Verzicht wird mit dem Eingang wirksam. Nochmalige Versteigerung muß in der Frist beantragt, nicht aber auch angeordnet sein. Die Frist wahrt daher auch ein mangelhafter Antrag, wenn das Verfahrenshindernis erst nach Fristablauf behoben wird; auch dann bekundet bereits der Antrag den Willen des Berechtigten, es nicht bei der Befriedigungswirkung bewenden zu lassen. Fristwahrung kann der Antrag jedoch nicht bewirken, wenn er rechtskräftig (damit endgültig) zurückgewiesen wird. Geht die Forderung infolge des Verzichts des ersten Übertragungsgläubigers auf einen anderen über, so beginnt die Frist für diesen mit dem Empfang der Nachricht über den Verzicht des ersten. Bei bedingter Übertragung beginnt die Frist mit dem Zeitpunkt, in dem der Berechtigte von dem Eintritt oder Ausfall der Bedingung Kenntnis erhält. Bei einer Haupt- und Hilfsübertragung (infolge Widerspruchs auch § 115, anzuwenden § 124) beginnt die Frist mit dem Zeitpunkt, in dem der endgültig Berechtigte Nachricht von der Erledigung des Widerspruchs und der endgültigen Zuteilung erhält.

4.6 Folge des Verzichts: Die Berechtigung des Verzichtenden als Gläubiger der übertragenen Forderung (samt den übertragenen Forderungszinsen, Rdn 3.3) entfällt mit Wirksamwerden des Verzichts (Eingang der Erklärung bei Gericht, Rdn 4.5). Der damit freigewordene Teil der Forderung gegen den Ersteher (auch gegen den nach § 81 Abs 4 mithaftenden Meistbietenden und gegen den zahlungspflichtigen Bürgen) samt den mit übertragenen Forderungszinsen (Rdn 3.3) geht kraft Gesetzes auf den nach dem Plan **Nächstberechtigten** (ohne besondere Übertragung oder gerichtliche Anordnung) **über**. Das ist bei Verzicht des Gläubigers einer Hypothek, Grundschuld oder Rentenschuld auf die Rechte aus der Übertragung zur Deckung des Hauptsacheanspruchs (§ 12 Nr 3) der Grundstücks-

---

[26] BGH MDR 1983, 568 = NJW 1983, 1423 = Rpfleger 1983, 289.

eigentümer bei Erteilung des Zuschlags[27] (Erlöschen des Hauptsacheanspruchs aus dem Grundpfandrecht hat Gläubigerverzicht nicht zur Folge, BGB § 1168 entsprechend; Besonderheit jedoch bei Gesamtgrundpfandrecht nach BGB § 1175 Abs 1 Satz 2). In allen anderen Fällen, auch bei Verzicht des Gläubigers eines Grundpfandrechts auf den zur Deckung von Kosten, Zinsen und anderen Nebenleistungen (§ 12 Nrn 1 und 2) zugeteilten Forderungsteil (hierwegen BGB § 1178 Abs 1) geht die Forderung auf den nach dem Plan nächsten bisher ausgefallenen Berechtigten über. Das Gericht soll dies an den Ersteher und auch an denjenigen mitteilen, auf den die Forderung übergeht: Abs 2 Satz 4 (Muster ZVG-Handbuch Rdn 478). Zustellung dieser Mitteilung ist nicht bestimmt, wegen des neuen Fristenlaufs aber zu empfehlen. Die gerichtliche Mitteilung an den neuen Berechtigten gibt Kenntnis von diesen eingetretenen Rechtswirkungen. Für den **neuen Berechtigten** läuft die Frist von drei Monaten ab dieser Kenntnis (Rdn 4.5). Der neue Gläubiger bekommt nicht den Rang des verzichtenden Gläubigers, sondern hinter den bisher zum Zuge gekommenen Gläubigern, die Zwischenrechte rücken also auf. Die Aufrückenden müssen jedoch keine Mitteilung erhalten; sie kommen ja ohnehin zum Zuge. Mehrere bisher Ausgefallene kommen in der Reihenfolge der geltenden Rangordnung zum Zuge. Der Übergang infolge des Verzichts erfolgt in der Weise, daß zunächst die Zwischenrechte aufrücken und dann dem nächstausgefallenen Gläubiger der letzte Betrag der Forderung gegen den Ersteher zufällt; praktisch bedeutsam ist das, weil die aus Zinsen nach § 49 Abs 2 entstandene Forderung gegen den Ersteher als unverzinslich anzusehen ist und dem letzten zur Hebung kommenden Beteiligten verbleibt (Rdn 3.9).

4.7 Im Falle eines **Versteigerungsantrags** bleibt die Übertragungswirkung, aber die Befriedigungswirkung ist nicht eingetreten. **Nimmt** der Übertragungsgläubiger seinen **Versteigerungsantrag** wieder **zurück** (den Verzicht kann er nicht zurücknehmen) oder wird das Verfahren **aufgehoben,** weil Fortsetzungsantrag binnen 6 Monaten nicht gestellt wurde (zur ungenauen Bezeichnung des Aufhebungstatbestands im Gesetzeswortlaut seit dem Änderungsgesetz 1953 siehe § 129 Rdn 2.4), so gilt der Versteigerungsantrag als nicht gestellt: Abs 2 Satz 3. Läuft bei dieser Antragsrücknahme die alte Frist von drei Monaten noch, so ist in der weiterlaufenden Frist neuer Versteigerungsantrag möglich; auch kann in diesem Fall jetzt innerhalb der Frist auch verzichtet werden. Wird die beantragte Versteigerung aus anderen Gründen (als § 31 Abs 2, richtig nun § 31 Abs 1 Satz 2) aufgehoben (zB nach § 77 oder als nicht rechtmäßig, siehe § 129 Rdn 2.4), so bleibt es dabei, daß die Befriedigungswirkung aus dem Grundstück nicht eintritt (Abs 2 Satz 2). Wird die beantragte Versteigerung aber gemäß § 31 Abs 1 Satz 2 (nicht mehr Abs 2) aufgehoben, so gilt der Versteigerungsantrag als nicht gestellt und es bleibt dabei, daß die Übertragung der Forderung wie die Befriedigung aus dem Grundstück wirkt: Abs 2 Satz 1 und 3; wenn diese Aufhebung nach Ablauf der Frist erfolgt, tritt die Befriedigung an ihrer ursprünglichen Form wieder ein. Vollstreckungstitel für den Versteigerungsantrag aus Abs 2 Satz 2 ist der Zuschlagsbeschluß.

4.8 Bis zum Ablauf der Drei-Monats-Frist besteht ein ungeklärter Zustand. Bis dahin gilt das **ursprüngliche Schuldverhältnis** weiter. Die Befriedigungswirkung ist also **aufschiebend bedingt**[28]. Zusätzlich hat der Berechtigte in dieser Zeit die übertragene Forderung Zahlungshalber[28] (erfüllungshalber[29]). Erst nach Fristablauf ohne rechtzeitigen Verzicht und ohne rechtzeitigen Versteigerungsantrag hat er nur noch die übertragene Forderung, jetzt an Zahlungs Statt. Dann

---

[27] Dassler/Schiffhauer § 118 Rdn 24; Jaeckel/Güthe § 118 Rdn 8 und § 125 Rdn 7; Korintenberg/Wenz § 118 Anm 8; Mohrbutter/Drischler Muster 130 Anm 3 und 9; Reinhard/Müller § 118 Anm III 1; Steiner/Teufel § 118 Rdn 56.
[28] Fischer NJW 1956, 1095 (1); Oertmann, ZVG, § 118 (S 198).
[29] BGH 99, 292 = aaO (Fußn 25).

wird der Vollstreckungsschuldner frei, auch die persönliche Forderung gegen ihn mit allen Nebenrechten aus Pfand, Bürgschaft, Mitschuld, Gesamthypothek fällt für den Gläubiger weg[30]. Bis zum Eintritt der Befriedungswirkung (mit Fristablauf, Zurücknahme des Versteigerungsantrags oder Verfahrensaufhebung) bestimmt sich das rechtliche Schicksal der Gläubigerforderung nach den allgemeinen Vorschriften[31]. Sie kann deshalb insbesondere durch Zahlung des Schuldners, eines Dritten (vgl BGB § 267) oder anderweit durch Verrechnung (vgl BGB § 366) getilgt werden[31]. Wenn eine (persönliche) Forderung auf solche Weise im Zeitpunkt des Eintritts der Befriedigungswirkung erloschen ist, ist der Berechtigte ohne rechtfertigenden Grund um die übertragene Forderung bereichert (BGB § 812)[31]. Bei Befriedigung einer Grundschuld aus dem Grundstück ist dann das Erlangte an den Inhaber des Rückgewährungsanspruchs, der sich an dem Erlös fortsetzt, zu leisten (soweit nicht noch ein Zurückbehaltungsrecht besteht)[31]. Es ist gemäß BGB § 812 der übertragene Anspruch abzutreten; bei Herausgabe des Erlangten möglich ist, kommt ein Zahlungsanspruch gemäß BGB § 818 Abs 2 nicht in Betracht[31].

4.9 Der Ersteher kann gegen die übertragenen Forderungen keine **Einwendungen aus dem alten Schuldverhältnis** des Vollstreckungsschuldners erheben[32]. Aus einer übertragenen Forderung darf aber der Gläubiger nicht vollstrecken, wenn dies etwa im Rahmen eines Mietvertrages vereinbart war; wenn der Mieter seine Hypothek nicht kündigen durfte, solange er die Räume innehat, ist diese Vereinbarung ein Teil der Gegenleistung für die Überlassung der Mieträume und daher in unlöslichem Zusammenhang mit dem Mietvertrag auf den Ersteher übergegangen[33]; denn hier gelten für das Surrogat die früheren Einwendungen weiter[33]. Auch können **neue Einwendungen** dadurch entstehen, daß der Ersteher mit dem Gläubiger der übertragenen Forderung entsprechend vereinbart, etwa eine Stundung oder die Umwandlung der übertragenen Forderung samt Sicherungshypothek in ein normales Grundpfandrecht mit entsprechenden Fälligkeitsbestimmungen verabredet.

4.10 Aufrechnung: Nach der Forderungsübertragung kann der Ersteher gegen die übertragene Forderung aufrechnen[34]. Erst durch die Übertragung wurde ja ein Rechtsverhältnis zwischen dem Ersteher und den betreffenden Beteiligten geschaffen, während sonst der Ersteher weder zum Vollstreckungsgericht noch zu den Beteiligten (einschließlich des Vollstreckungsschuldners) in einem Vertragsverhältnis steht. Aufrechnen kann der Ersteher auch mit einer Forderung gegen den früheren dinglichen Berechtigten (jetzigen Übertragungsgläubiger), dessen Ansprüche für ihn gepfändet und ihm überwiesen sind und daher auf ihn als Pfandgläubiger übergegangen sind[35]. Ob eine Aufrechnung wirksam ist, hat aber nicht das Vollstreckungsgericht zu entscheiden, sondern das Prozeßgericht auf negative Feststellungsklage des Erstehers oder auf Löschungsklage des Erstehers bezüglich der nach § 128 eingetragenen Sicherungshypothek oder auf Vollstreckungsabwehrklage des Erstehers.

4.11 Ist nach § 112 Abs 2 eine Forderung aus einer **Gesamthypothek** gegen den Ersteher mehrerer Grundstücke übertragen, so erlischt mit dem ungenutzten Ablauf der Drei-Monats-Frist der Anspruch bezüglich weiterer gesamtbelasteter, aber nicht versteigerter Grundstücke.

4.12 Die Forderungsübertragung kann der Ersteher, eine falsche Übertragung jeder dadurch Beeinträchtigte mit sofortiger Beschwerde anfechten. Die Frist hier-

---

[30] Fischer NJW 1956, 1095 (1).
[31] BGH 99, 292 = aaO (Fußn 25).
[32] OLG Schleswig ZIP 1982, 160.
[33] RG 71, 404.
[34] BGH MDR 1987, 842 = NJW-RR 1987, 950 = Rpfleger 1987, 381; RG 72, 344 und 136, 322 (324).
[35] BGH 4, 84 = NJW 1952, 263 = Rpfleger 1952, 415.

§ 118 4.12   Verteilung des Erlöses

für beginnt mit der Verkündung der Übertragung (wenn gesetzwidrig nicht verkündet, mit der Zustellung). Dazu im ZVG-Handbuch Rdn 477.

5 Zahlungsverzug und Zinsen

5.1 Die **zu übertragenden Zinsen** der Forderung vom Tag des Verteilungstermins an (Rdn 3.3) betragen unverändert **4 vH**[36]. Daß der Ersteher das Bargebot im Verteilungstermin nicht berichtet hat, begründet keinen Verzug[36] (BGB § 286), der den Verzinsungssatz von 5 Prozentpunkte über dem Basiszinssatz (BGB § 288 Abs 1) ergeben könnte. Gegenteiliges wird zwar angenommen[37]; es wird die (gesetzliche) Versteigerungsbedingung, daß das Bargebot im Verteilungstermin zu entrichten ist (§ 49 Abs 2 mit § 107 Abs 2), als Bestimmung der Zeit der Leistung nach dem Kalender angesehen, die Verzinsung nach BGB § 286 Abs 2 Nr 1 begründen soll. Dabei wird aber nicht berücksichtigt, daß das in prozessualen Vorschriften geregelte Verwertungsverfahren bei Zwangsvollstreckung öffentlich-rechtlicher Natur ist[38]. Vorschriften des bürgerlichen Rechts finden auf die Zahlungspflicht des Erstehers daher keine Anwendung[39]. Die privatrechtlichen Vorschriften über Inhalt des Schuldverhältnisses und Leistungspflicht (BGB §§ 241 ff) können Erstehern-pflichten daher weder begründen noch regeln. Die allein maßgeblichen Verfahrensvorschriften des ZVG treffen Bestimmung über Verzugsvoraussetzungen und Verzugsfolgen sowie über ein am Basiszinssatz ausgerichtetes Zinsniveau nicht. Das Verfahren, das stattzufinden hat, wenn der Ersteher Zahlung im Verteilungstermin nicht leistet, regelt das ZVG in der Weise, daß die Forderung gegen den Ersteher zum Gegenstand der Verteilung gemacht wird. Es wird diese Forderung, die dem Schuldner oder letzten Eigentümer zusteht (§ 92 Rdn 2.1), dem Berechtigten (mit den gesetzlichen Zinsen, BGB § 246), übertragen (§ 118 Abs 1). Änderung des Zinssatzes mit Bestimmung variabler Zinsen bedingt und ermöglicht das nicht. Die (durch das Bargebot gedeckten) Beteiligten haben demgemäß ihre Befriedigung aus der gesetzlich mit 4 vH verzinslichen Forderung gegen den Ersteher zu suchen (Rdn 2.1). Die Berechtigung der Beteiligten, die fällige und vollstreckbare (§ 132 Abs 1) Forderung gegen den Ersteher geltend zu machen, begründet erst die Überweisung als Akt der Zwangsvollstreckung. Damit erst können die Beteiligten als Gläubiger Leistung fordern; das gibt auch die Befugnis, durch Mahnung den nach Verfahrensrecht nicht eingetretenen Verzug zu begründen (BGB § 286 Abs 1). Die prozessuale Verpflichtung, das Bargebot im Verteilungstermin zu berichtigen, kann zudem nicht als gesetzliche Leistungsbestimmung nach dem Kalender (BGB § 286 Abs 2 Nr 1) angesehen werden. Durch Gesetz ist der Verteilungstermin nach dem Kalender nicht bestimmt; er wird nach dem Zuschlag durch das Vollstreckungsgericht festgelegt (§ 105 Abs 1). Terminsbestimmung durch kalendermäßig unbestimmte Terminsverfügung ist aber nicht gesetzliche Leistungsbestimmung nach dem Kalender. Das ändert sich auch nicht durch die neue Regelung, die BGB § 286 Abs 2 Nr 2 trifft[40], weil die Bestimmung des Verteilungstermins (§ 105 Abs 1) nicht vertragliche Fristbestimmung ist und als Ereignis nicht eine von da an kalendermäßig berechenbare Zeit für die Leistung (Frist) in Gang setzt.

5.2 Bei **Verzug** des Erstehers, den Mahnung nach Forderungsübertragung begründet (BGB § 286 Abs 1; siehe Rdn 5.1), beträgt der Verzugszins für das Jahr **fünf Prozentpunkte über dem Basiszinssatz** (BGB § 288 Abs 1). Verzugs-

---

[36] Ebenso Streuer Rpfleger 2001, 401; Wilhelm Rpfleger 2001, 166 (169).

[37] LGe Berlin und Kempten Rpfleger 2001, 192; LG Augsburg Rpfleger 2002, 374; LG Cottbus Rpfleger 2003, 256; LG Hannover Rpfleger 2005, 324.

[38] RG 153, 252 (261); 156, 395 (398); BGH 55, 20 (25); Stein/Jonas/Münzberg, ZPO § 817 Rdn 4; Zöller/Stöber, ZPO, § 817 Rdn 2.

[39] Stein/Jonas/Münzberg, ZPO, § 817 Rdn 4.

[40] AA LG Augsburg Rpfleger 2002, 374; LG Hannover Rpfleger 2005, 324.

Ausführung des Teilungsplans bei Nichtzahlung   6.3   § 118

zinsen sind jedoch zu der für die Bargebotszinsen vom Zuschlag an bis zum Verteilungstermin begründete, dem rangletzten Berechtigten überwiesene Forderung (Rdn 3.9) nicht zu entrichten (BGB § 289 Satz 1). Nicht ausgeschlossen ist neben Verzugszinsen (BGB § 288 Abs 4) und für den unverzinslichen rangletzten Forderungsteil (BGB § 289 Satz 2) das Recht des Gläubigers, (weiteren) durch den Verzug entstehenden Schaden geltend zu machen. Verzugszinsen und weitergehender Schaden können im Verteilungsverfahren und damit auch bei Forderungsübertragung jedoch keine Berücksichtigung finden[41]. Es können gesetzliche Versteigerungsbedingungen nach Erteilung des Zuschlags nicht abgeändert werden; auch kann ein (erweiterter) Gläubigeranspruch, der sich erst nach Ausführung des Teilungsplans mit Forderungsübertragung ergibt, nicht schon in die Erlösverteilung aufgenommen werden.

5.3 Verzugszinsen (Rdn 5.2) sind gesetzliche Zinsen der (übertragenen) Forderung. Für sie **haftet** kraft der Sicherungshypothek (§ 128) das **Grundstück gesetzlich** nach BGB § 1118. Das Vollstreckungsgericht kann mit seinem Grundbuchersuchen (§ 130) um ihre Eintragung nicht ersuchen[42]. Wenn ein Eintragung einer Sicherungshypothek mit „gesetzlichen" Zinsen (nicht richtig, Rdn 5.1) von 5% über dem jeweiligen Basiszinssatz (nicht richtig, Rdn 5.1) dennoch ersucht ist, ist das Grundbuchamt aber an dieses Ersuchen gebunden (§ 130 Rdn 2.15 a). Es soll dann die Sicherungshypothek mit diesem variablen Zinssatz ohne Angabe eines Höchstbetrages einzutragen sein[43]. BGB § 1119 (Drittzustimmung für Zinserhöhung über 5% im Rang der Sicherungshypothek) regelt die Haftungserweiterung mit rechtsgeschäftlicher Inhaltsänderung, gilt somit nicht für die gesetzliche Haftung des Grundstücks für Verzugszinsen im Rang des Hauptsacheanspruchs. Eine Haftung des Grundstücks auch für Ersatz des weitergehenden Schadens bei Verzug (Rdn 5.2) begründet BGB § 1118 nicht[44].

Zusätzliches   6

6.1 Wurde einem **Insolvenzschuldner** der Zuschlag erteilt auf sein vor Eröffnung des Insolvenzverfahrens abgegebenes Meistgebot (§ 81 Rdn 3), so ist die Forderung auf Bezahlung des baren Meistgebots eine Insolvenzforderung, keine Masseschuld, aber mit Absonderungsrecht nach InsO § 49[45]. Bei Nichtzahlung ist trotz InsO § 89 Abs 1 die Forderung zu übertragen und Sicherungshypothek einzutragen (Rdn 2.3).

6.2 Wurde **Liegenbelassung** nach der Forderungsübertragung und Anordnung der Sicherungshypothek noch wirksam vereinbart (§ 91 Abs 2), so gelten die Wirkungen der Forderungsübertragung und Hypothekenanordnung als nicht eingetreten, die Hypothek ist nicht mehr einzutragen, das Eintragungsersuchen des Vollstreckungsgerichts zu berichtigen oder der Vollzug rückgängig zu machen, falls nicht Rechte Dritter beeinträchtigt werden.

6.3 Zu den einschlägigen Fragen der Forderungsübertragung im ZVG-Handbuch mit Mustern Rdn 470–478; insbesondere **Muster** für die Forderungsübertragung Rdn 473, bei Belastung der Forderung Rdn 474, Freigabe für den Vollstreckungsschuldner selbst Rdn 474, Verzicht auf die Forderungsübertragung Rdn 478, Mitteilung hierüber an andere Rdn 478.

---

[41] LG Landstuhl Rpfleger 1985, 314; LG Wiesbaden Rpfleger 1975, 375.
[42] Streuer Rpfleger 2001, 401 (402); Wilhelm Rpfleger 2001, 166 (169).
[43] LG Kassel NJW-RR 2001, 1239.
[44] BGB-RGRK/Mattern, § 1118 Rdn 4; Staudinger/Wolfsteiner, BGB, § 1118 Rdn 4.
[45] Grasse, Konkurs des Meistbietenden (1939), S 31, 32.

§ 119

Verteilung des Erlöses

[Hilfsverteilung bei bedingten Ansprüchen]

119 Wird auf einen bedingten Anspruch ein Betrag zugeteilt, so ist durch den Teilungsplan festzustellen, wie der Betrag anderweit verteilt werden soll, wenn der Anspruch wegfällt.

1 Allgemeines zu § 119

1.1 Zweck der Vorschrift: Vorsorge mit Feststellung der Verteilung bei Aufstellung des Teilungsplans auch für den Fall, daß ein berücksichtigter bedingter Anspruch wegfällt.

1.2 Anwendungsbereich: Die Vorschrift gilt für alle Versteigerungsverfahren des ZVG.

2 Hilfszuteilung für bedingte Ansprüche

2.1 § 119 erfaßt **bedingte Ansprüche**, nicht betagte, und zwar aufschiebend und auflösend bedingte (über Begriff und Unterschied § 111 Rdn 2), während § 120 sich nur mit aufschiebend bedingten befaßt. Aufschiebend oder auflösend bedingt ist ein Recht (Hypothek, Grundschuld, Dienstbarkeit usw), wenn sein Bestehen als Grundstücksbelastung von einer durch Grundbucheintragung[1] kenntlich gemachten Bedingung abhängig ist. Die für eine bedingte Forderung bestellte unbedingte Hypothek (BGB § 1113 Abs 2) gehört nicht hierher; sie ist bis zur Entstehung der (aufschiebend) bedingten Forderung oder ab Wegfall der (auflösend) bedingten Forderung Eigentümergrundschuld (BGB § 1163 Abs 1, § 1177).

2.2 Als **aufschiebend bedingte Ansprüche** (Begriff § 111 Rdn 2), die unter § 119 fallen, gelten ausnahmsweise auch solche betagte, bei denen die Zeit der Fälligkeit ungewiß ist (§ 111 Satz 2). Zu den aufschiebend bedingten Ansprüchen gehören auch die unbestimmten Ansprüche (§ 14) und die durch Vormerkung oder Widerspruch gesicherten (§ 48 Rdn 3, 4), soweit die Vormerkung zur Sicherung der Eintragung oder Übertragung eines Rechts, der Widerspruch gegen die Löschung eines Rechts oder gegen die Person des Berechtigten eingetragen ist. Zu den **auflösend bedingten** gehören auch durch Vormerkung oder Widerspruch gesicherte (§ 48 Rdn 3, 4), soweit die Vormerkung zur Sicherung der Löschung oder der Rangänderung oder der Widerspruch gegen die Eintragung oder den Rang eingetragen ist.

2.3 Eine **Vormerkung** zur Sicherung des Anspruchs auf Eintragung einer verzinslichen Hypothek (Grundschuld) sichert auch die **Zinsen** des Grundpfandrechts (bedingt) vom vorgemerkten Anfangstag der Verzinsung an, weil der Vormerkungsberechtigte mit Eintritt der Bedingung Anspruch auf Befriedigung aus dem Grundstück auch wegen dieser Zinsen hat. Diese Zinsen sind daher gleichfalls als aufschiebend bedingter Anspruch in den Teilungsplan aufzunehmen. Der auf sie zugeteilte Betrag ist ebenfalls nach § 119 hilfsweise zu verteilen. Der bedingte Zinsanspruch wird bei einer bestehen gebliebenen Vormerkung bis zum Tag vor dem Zuschlag (weiterlaufende Zinsen treffen den Ersteher, § 56 Satz 2), bei einer erloschenen Vormerkung bis zum Tag vor dem Verteilungstermin berücksichtigt. Hierzu im ZVG-Handbuch Rdn 490a.

2.4 Auch ein bedingter Anspruch kann nur **nach § 114,** also nur bei Grundbucheintragung oder Anmeldung, in den Teilungsplan aufgenommen werden (§ 114 Rdn 2).

2.5 Wenn der Eintritt einer **auflösenden Bedingung** schon im Verteilungstermin **feststeht** (der Anspruch also mit Sicherheit weggefallen ist) **oder** der **Ausfall der aufschiebenden Bedingung** (der Anspruch also nicht mehr entstehen kann;

---

[1] Schöner/Stöber, Grundbuchrecht, Rdn 266.

Hilfsverteilung bei bedingten Ansprüchen 3.1 § 119

hierzu[2]), dann wird ohne Bedingung sofort an den Hilfsberechtigten zugeteilt. Andernfalls (wenn im Verteilungstermin diese Umstände noch nicht feststehen) erfolgt bei aufschiebender Bedingung die Zuteilung unter der Bedingung an den Berechtigten, unter der gegenteiligen Bedingung an den Hilfsberechtigten (§ 120 Rdn 2); bei auflösender Bedingung erfolgt die Zuteilung an den bedingt Berechtigten und für den Fall des Bedingungseintritts an den Hilfsberechtigten. Bei Aufstellung des Teilungsplans hat somit für den Fall des Nichteintritts der aufschiebenden Bedingung und für den Fall des Eintritts der auflösenden Bedingung eine Hilfszuteilung zu erfolgen. Grund: Eine nochmalige Verteilung bei Eintritt oder Ausfall der Bedingung soll nicht erfolgen. **Hilfsverteilung** bedeutet, daß schon im Verteilungstermin, weil eine Nachtragsverteilung nicht stattfinden darf, bestimmt werden muß, wem der Erlösanteil zustehen soll, falls der zunächst Berechtigte aus einem bestimmten Grund nicht oder nicht mehr in Frage kommt. Wenn auch das Recht des Hilfsberechtigten wieder bedingt ist, ist doppelte oder gar mehrfache Hilfszuteilung nötig. Der Teilungsplan darf für keinen Fall, der bei seiner Aufstellung voraussehbar ist, eine Unklarheit lassen.

2.6 Die **Hilfszuteilung** aus § 119 kann mit der aus § 124 (wegen Widerspruchs aus § 115) **vereinigt** werden; dies ist im Interesse der Sache sogar geboten[3]. Die Hilfszuteilung gilt sowohl im Falle des § 117 (Barzahlung) wie des § 118 (Forderungsübertragung).

2.7 Hilfsberechtigte (Eventualberechtigte) bei Wegfall eines bedingten Anspruchs **sind** grundsätzlich die im Rang nachrückenden ausfallenden Berechtigten in der Reihenfolge ihrer Ansprüche. Die Hilfsberechtigten sind dabei soweit aufzuführen, als die Masse der Hilfszuteilung voraussichtlich reicht; wenn keine Hebungsberechtigten mehr vorhanden sind, ist als letztem dem bisherigen Grundstückseigentümer (Vollstreckungsschuldner) hilfsweise zuzuweisen. Diese Regeln gelten für alle Arten von Hilfszuteilung, also für Zuteilung von Ersatzansprüchen nach § 92 hinsichtlich der Beträge, die nicht mehr für den Hauptberechtigten benötigt werden gemäß § 121 (Näheres dort), für die Hilfsverteilung bei Gesamthypotheken nach § 123 (Näheres dort), für die Zuteilung von Zuzahlungen nach §§ 50, 51 gemäß § 125 (Näheres dort) und in Fällen des Unbekanntseins des Berechtigten nach § 126; jedoch nicht für die Hilfszuteilung wegen Widerspruchs aus § 115 nach § 124, wo als Hilfsberechtigter nur der Widersprechende in Frage kommt (Näheres in § 124).

2.8 Die **Höchstbetragshypothek** ist (unbedingte) Belastung des Grundstücks mit dem eingetragenen Höchstbetrag (BGB § 1190 Abs 1); sie gehört somit nicht zu den bedingten Ansprüchen des § 119. Ändern kann sich bei ihr nur die Person des Berechtigten. Zu ihr § 114 Rdn 5.13.

2.9 Zum Teilungsplan mit bedingten Ansprüchen im ZVG-Handbuch Rdn 489–499, Muster dort Rdn 492–495.

Planausführung bei auflösend bedingtem Anspruch 3

3.1 Bei Ausführung des Teilungsplans ist zwischen einem auflösend und einem aufschiebend bedingten Anspruch zu unterscheiden. Zum aufschiebend bedingten Anspruch § 120. Der Berechtigte des **auflösend bedingten Anspruchs** hat zunächst vollgültigen, wirksamen Anspruch, der erst bei Eintritt der Bedingung wieder wegfällt (BGB § 158 Abs 2). Er wird daher vor Bedingungseintritt bei Planausführung wie der Inhaber eines unbedingten Anspruchs behandelt; an ihn wird ungeachtet der Bedingung und ohne Rücksicht auf den Hilfsberechtigten aus dem Erlös geleistet. Wenn der Eintritt der auflösenden Bedingung im Verteilungstermin noch nicht feststeht, ist daher ein in Geld vorhandener Versteigerungserlös an den

---

[2] BGH DNotZ 1995, 204 mit Anm Siegmann = MDR 1995, 791 = NJW 1994, 3299 = Rpfleger 1995, 173.
[3] LG Berlin WM 1958, 267.

§ 119 3.1

zunächst Berechtigten zu zahlen (§ 117). Auf Hilfsberechtigte wird hier nicht geachtet[4]. Nur wenn der zunächst Berechtigte zu einer Sicherheitsleistung verpflichtet ist und diese nicht erfolgt ist, ist zu hinterlegen. Andernfalls bleibt es dem Hilfsberechtigten überlassen, seine Rechte wahrzunehmen und Widerspruch einzulegen, um so eine Eventualverteilung und Hinterlegung nach §§ 124, 120 zu erreichen. Bei Hinterlegung gehören Zinsen dem Erstberechtigten.

3.2 Wird bei auflösend bedingtem Anspruch eine **Forderungsübertragung** nach § 118 nötig, so erfolgt sie unter den Rdn 3.1 genannten Voraussetzungen an den zunächst Berechtigten (ohne Bedingung); ebenso erfolgt Eintragung der Sicherungshypothek. Auch hier kann der Hilfsberechtigte durch Widerspruch eine Behandlung nach §§ 124, 120 erreichen. Zinsen gehören dem zunächst Berechtigten.

3.3 Hinterlegung und Forderungsübertragung **gelten als Befriedigung** aus dem Grundstück. Für das Vollstreckungsgericht ist damit das Verfahren beendet. Die **Auseinandersetzung** darüber, ob die Bedingung eingetreten oder ausgefallen sei, ist Sache der beiden Berechtigten, nicht des Vollstreckungsgerichts. Die Verpflichtung zur Rückgewähr bei Eintritt der Bedingung wird durch bare Erlösauszahlung oder Forderungsübertragung nicht berührt; sie ist aber im Rechtsweg mit Klage, nicht nachträglich beim Vollstreckungsgericht geltend zu machen. Das Vollstreckungsgericht kann auch entsprechende Berichtigungsanträge an das Grundbuchamt nicht stellen, wenn der endgültig Berechtigte nachträglich festgestellt wird.

3.4 Die geschilderte **Handhabung ist umstritten.** Zum Teil wird die dargelegte unbedingte Zuteilung vertreten[5]. Wegen der vorkommenden Besonderheiten werden aber auch hiergegen Bedenken geäußert[6], insbesondere bei der Forderungsübertragung, die nur bedingt erfolgen dürfe. Die Bedenken sind unbeachtlich, wenn sich das Gericht genau an die dargelegten Voraussetzungen hält.

[Ausführung des Teilungsplans bei bedingten Ansprüchen]

120 (1) **Ist der Anspruch aufschiebend bedingt, so ist der Betrag für die Berechtigten zu hinterlegen. Soweit der Betrag nicht gezahlt ist, wird die Forderung gegen den Ersteher auf die Berechtigten übertragen. Die Hinterlegung sowie die Übertragung erfolgt für jeden unter der entsprechenden Bedingung.**

(2) **Während der Schwebezeit gelten für die Anlegung des hinterlegten Geldes, für die Kündigung und Einziehung der übertragenen Forderung sowie für die Anlegung des eingezogenen Geldes die Vorschriften der §§ 1077 bis 1079 des Bürgerlichen Gesetzbuchs; die Art der Anlegung bestimmt derjenige, welchem der Betrag gebührt, wenn die Bedingung ausfällt.**

1 Allgemeines zu § 120

1.1 Zweck der Vorschrift: Sicherung des einem aufschiebend bedingten Anspruch zugeteilten Betrags für den bedingt Berechtigten ebenso wie für den bei Ausfall der Bedingung Berechtigten mit Hinterlegung oder bedingter Forderungsübertragung auf beide Berechtigte.

1.2 Anwendungsbereich: Die Vorschrift gilt für alle Versteigerungsverfahren des ZVG.

---

[4] Dassler/Schiffhauer § 120 Rdn 6.
[5] Dassler/Schiffhauer § 120 Rdn 6; Korintenberg/Wenz §§ 119–120 Anm 4; Steiner/Teufel §§ 119, 120 Rdn 27.
[6] Jaeckel/Güthe §§ 119–120 Rdn 6.

Ausführung des Teilungsplans bei bedingten Ansprüchen 3.1 § 120

Planausführung bei aufschiebend bedingtem Anspruch (Absatz 1) 2

2.1 § 120 regelt **nur** die Behandlung der **aufschiebend bedingten** Ansprüche bei Planausführung. Mit auflösend bedingten Ansprüchen befaßt sich die Vorschrift dagegen nicht; zu ihnen § 119 Rdn 3. Dem aufschiebend bedingt Berechtigten steht der Anspruch vor Eintritt der Bedingung nicht zu (BGB § 158 Abs 1). Vor Ausfall der Bedingung (solange nicht feststeht, daß sie nicht mehr eintreten kann), kann der zugeteilte Betrag auch von dem Hilfsberechtigten nicht in Anspruch genommen werden. Daher hat nach § 120 Abs 1 zur Sicherung sowohl des bedingt Berechtigten als auch des beim Ausfall der Bedingung Berechtigten Hinterlegung oder Übertragung der Forderung auf die Berechtigten zu erfolgen.

2.2 Zu **hinterlegen** ist bei Ausführung des Teilungsplans durch Auszahlung des in Geld vorhandenen Versteigerungserlöses (§ 117) der auf einen aufschiebend bedingten Anspruch zugeteilte Betrag, wenn **Eintritt** oder **Ausfall** der Bedingung **im Verteilungstermin noch nicht feststeht** (§ 119 Rdn 2) für den Erstberechtigten und den Hilfsberechtigten: Abs 1 Satz 1. Die Hinterlegung erfolgt auf Ersuchen des Vollstreckungsgerichts gemäß HinterlO § 6 für den Erstberechtigten unter der Bedingung, daß diese eintritt (Art der Bedingung ist anzugeben), für den Hilfsberechtigten unter der entgegengesetzten Bedingung, daß nämlich die Bedingung nicht eintritt und nicht mehr eintreten kann. Mit der Hinterlegung ist das Verfahren des Vollstreckungsgerichts abgeschlossen. Herausgabeverfügung über den hinterlegten Betrag erläßt die Hinterlegungsstelle auf Antrag der Beteiligten im Verfahren nach HinterlO §§ 12 ff. Nur wenn das Vollstreckungsgericht bei Hinterlegung sich die Auszahlungsanordnung (unrichtig) vorbehalten hat, hat es nach Eintritt der Bedingung die Hinterlegungsstelle um Auszahlung zu ersuchen (HinterlO § 15). Die Hinterlegung erfolgt nicht, wenn sich Erst- und Hilfsberechtigter über Person und Auszahlungsart einigen. Die Erklärungen sind im Verteilungstermin abzugeben oder schriftlich einzureichen (vor dem Termin oder im Termin).

2.3 Zinsen, die durch Hinterlegung in der Schwebezeit bis zum Eintritt der Bedingung entstehen, gebühren dem Hilfsberechtigten. Das aufschiebend bedingte Recht wird erst mit Bedingungseintritt wirksam (BGB § 158 Abs 1); der bedingt Berechtigte ist daher bis dahin nicht zinsberechtigt. Im Einzelfall kann etwas anderes bestimmt sein. Wenn deshalb nach dem Inhalt des Rechtsgeschäfts die an den Eintritt der Bedingung geknüpften Folgen auf einen früheren Zeitpunkt zurückzubeziehen sind, besteht Erstattungspflicht nach BGB § 159. Daher gebühren Zinsen in einem solchen Fall bei Bedingungseintritt dem bedingt Berechtigten. Die Berechtigung auf Hinterlegungszinsen ist im Hinterlegungsantrag anzugeben und hierfür im Teilungsplan festzustellen. Fehlt die Angabe, gehören die Zinsen demjenigen, dem das Kapital zusteht. Ist der bedingte Anspruch wegen unzureichender Masse noch nicht voll zugeteilt, so sind Zinsen zunächst dem Kapital bis zu seiner Auffüllung zuzuführen.

2.4 Planausführung mit **Forderungsübertragung** (§ 118) erfolgt bei aufschiebend bedingtem Anspruch durch Übertragung der Forderung gegen den Ersteher (auch mithaftenden Bürgen) auf die beiden Berechtigten: Abs 1 Satz 2. Diese Übertragung wird unter Beifügung der jeweils entsprechenden Bedingung angeordnet: Abs 1 Satz 3. Ebenso erfolgt Eintragung der Sicherungshypothek nach § 128. Zinsen gehören auch hier dem Hilfsberechtigten (siehe Rdn 2.3); dies muß aber gesagt werden.

2.5 Zur Ausführung des Teilungsplans bei bedingten Ansprüchen auch ZVG-Handbuch Rdn 497–499.

Schwebezustand (Absatz 2) 3

3.1 Für die **Anlegung des** hinterlegten **Geldes** während der Schwebezeit gelten die Vorschriften der BGB §§ 1077 bis 1079 über Zahlung, Einziehung und Anlegung einer Forderung, die Gegenstand eines Nießbrauchs ist: Abs 2. Diese

§ 120 3.1

Regelung betrifft die Rechtsbeziehungen zwischen bedingt Berechtigtem und Hilfsberechtigtem, nicht aber das Verfahren des Vollstreckungsgerichts. Für das Gericht ist das Verteilungsverfahren mit Hinterlegung beendet. Die Anlegung nach den für Mündelgeld geltenden Vorschriften obliegt sonach nicht dem Vollstreckungsgericht. Abs 2 begründet auch kein Recht des Hilfsberechtigten zur Verfügung über das hinterlegte Geld, um es nach Mündelgeldvorschriften anlegen zu können. Diese Verfügung über das Hinterlegungsgeld erfordert Herausgabeverfügung der Hinterlegungsstelle, die Nachweis der Empfangsberechtigung, mithin Einvernehmen des bedingt Berechtigten und des Hilfsberechtigten oder rechtskräftige Entscheidung voraussetzt (HinterlO § 13). Denn auch die Hinterlegungsstelle kann nur an beide gemeinsam zahlen (Abs 2 mit BGB § 1077 Abs 1). Durch § 120 Abs 2 mit BGB §§ 1077–1079 werden bedingt Berechtigter und Hilfsberechtigter einander **verpflichtet**, zur Einziehung und dazu mitzuwirken, daß das eingezogene Kapital nach den für die Anlegung von Mündelgeld geltenden Vorschriften verzinslich angelegt wird. Die Anlegung nach Mündelgeldvorschriften regeln BGB §§ 1806 ff. Die sonach von den Berechtigten im Einzelfall vorzunehmende Art der Anlegung bestimmt derjenige, welchem der Betrag bei Ausfall der Bedingung gebührt, mithin der Hilfsberechtigte (Abs 2). Diese Anlegung erfolgt nicht unter Bestellung eines Nießbrauchs (BGB § 1079), sondern wieder für den Erstberechtigten unter der Bedingung, daß diese eintritt und für den Hilfsberechtigten unter der entgegengesetzten Bedingung, daß nämlich die Bedingung nicht eintritt und nicht mehr eintreten kann. Anspruch auf Zinsen während der Schwebezeit: Rdn 2.3. Erst- und Hilfsberechtigter können auch nicht gemeinsam vom Vollstreckungsgericht Anlegung nach Mündelgeldvorschriften verlangen. Sie müssen die Voraussetzungen dieser Anlegung selbst schaffen; das Gericht kann nur nach ihrer Einigung über die Anlegungsart an die für die Anlegung zuständige Stelle auszahlen.

3.2 Auch nach Übertragung der Forderung gegen den Ersteher auf beide Berechtigte bestimmen sich Einziehung der Forderung und die Anlegung des eingezogenen Geldes nach Nießbrauchsvorschriften aus BGB §§ 1077–1079: Abs 2. Die Art der Anlegung bestimmt auch hier der Hilfsberechtigte: Abs 2.

3.3 Die **Bedingung fällt aus**, wenn sie nicht eintritt und nicht mehr eintreten kann. Die **Auseinandersetzung** über Eintritt oder Ausfall der Bedingung ist Sache des Haupt- und Hilfsberechtigten, nicht des Gerichts. Es kann auch eine entsprechende Grundbuchberichtigung nicht veranlassen (§ 119 Rdn 3.3).

[Zuteilung auf Ersatzansprüche nach § 92 Abs 2]

121 (1) In den Fällen des § 92 Abs 2 ist für den Ersatzanspruch in den Teilungsplan ein Betrag aufzunehmen, welcher der Summe aller künftigen Leistungen gleichkommt, den fünfundzwanzigfachen Betrag einer Jahresleistung jedoch nicht übersteigt; zugleich ist zu bestimmen, daß aus den Zinsen und dem Betrage selbst die einzelnen Leistungen zur Zeit der Fälligkeit zu entnehmen sind.

(2) **Die Vorschriften der §§ 119, 120 finden entsprechende Anwendung; die Art der Anlegung des Geldes bestimmt der zunächst Berechtigte.**

1 **Allgemeines zu § 121**

1.1 Zweck der Vorschrift: Sicherung des Anspruchs auf Wertersatz für einen Nießbrauch, für eine beschränkte persönliche Dienstbarkeit sowie für eine Reallast von unbestimmter Dauer (§ 92 Abs 2) mit Einstellung eines Deckungskapitals in den Teilungsplan, weil wegen der unbekannten Dauer der Berechtigung die Höhe der auszuzahlenden Summe unbestimmt ist (Denkschrift S 58), und Regelung der Planausführung.

Zuteilung auf Ersatzansprüche nach § 92 Abs 2   2.5   § 121

1.2 Anwendungsbereich: Die Vorschrift gilt für alle Versteigerungsverfahren des ZVG.

Ersatzansprüche aus § 92 Abs 2 im Teilungsplan (Absatz 1)   2

2.1 Für fortlaufende Zahlung der Geldrente als Ersatz für einen **Nießbrauch**, für eine **beschränkte persönliche Dienstbarkeit** sowie für eine **Reallast von unbestimmter Dauer** (§ 92 Abs 2) muß ein **Deckungskapital** gebildet und für Zuteilung des Versteigerungserlöses in den Teilungsplan aufgenommen werden: Abs 1.

2.2 Als Deckungskapital aufzunehmen in den Teilungsplan ist die **Summe aller künftigen Leistungen** (ohne Abzug von Zwischenzinsen): Abs 1 (siehe § 92 Rdn 4.3 und Tabellenanhang Tab 3 b). Ist die Dauer des Rechts an eine Lebenszeit gebunden, so wird die Zahl der Jahresbeträge nach der Lebenserwartung gerechnet (§ 92 Rdn 4 und Tabellenanhang Tab 2). Die Summe der Jahresbeträge ist doppelt begrenzt: sie darf **fünfundzwanzig Jahresbeträge nicht übersteigen** (Abs 1) und sie darf einen etwa eingetragenen Höchstbetrag (BGB § 882) oder Ablösungsbetrag nicht überschreiten. Der fünfundzwanzigfache Jahresbetrag berechnet sich ab Zuschlagswirksamkeit. In dem für den Ersatzanspruch in den Teilungsplan aufzunehmenden Betrag des Deckungskapitals sind daher auch die Beträge der Drei-Monats-Leistungen enthalten, die am Tage des Verteilungstermins bereits fällig und dem (festgestellten) Berechtigten auszuzahlen oder allein (unbedingt) zu übertragen sind (Rdn 3.4).

2.3 Zur Frage, ob Aufnahme des Anspruchs und damit des Deckungskapitals **Anmeldung** des Betrags der Jahresleistungen erfordert, siehe § 92 Rdn 4.8 und 4.9.

2.4 Anspruch auf den als Deckungskapital gebildeten Betrag hat der Inhaber des erloschenen Rechts mit Zahlung einer **Geldrente** nach dem Jahreswert des Rechts **in Drei-Monatsbeträgen.** Bei Aufstellung des Teilungsplanes ist für die unter § 92 Abs 2 fallenden Rechte – nur für diese – zur Ermittlung der auf sie treffenden Geldersatzleistung somit zunächst die **Jahreswert zu ermitteln** (§ 92 Rdn 4). Von diesem bilden dann jeweils ³/₁₂ die für drei Monate vorauszahlbare Geldrente als Einzelleistung. Im **Teilungsplan** (Abschnitt Zuteilung) ist die Bestimmung zu treffen, daß aus den Zinsen des (hinterlegten oder angelegten) Deckungskapitals und dem in den Teilungsplan aufgenommenen Gesamtbetrag selbst die einzelnen **dreimonatigen Leistungen** (§ 92 Abs 2) zur Zeit der Fälligkeit **zu entnehmen** sind: Abs 1. Diese Einzelleistung bleibt immer unverändert, auch wenn sich hierdurch die Gesamtsumme vorzeitig erschöpft (die letzte Rate besteht dann eben aus dem geringeren Rest). Mit Erschöpfung des Betrags oder mit dem Ende der bestimmten Zeit endet die Entnahme und Auszahlung der Raten (§ 92 Rdn 4).

2.5 Die **Berechtigung zum Empfang der Geldrente** aus Hinterlegungsgeld (HinterlO § 13 Abs 1) begründet für den Inhaber des mit Anspruch auf Wertersatz nach § 92 Abs 2 erloschenen Rechts aufschiebend bedingt die Bestimmung im Teilungsplan, daß aus den Zinsen und dem (hinterlegten) Betrag selbst die Drei-Monats-Leistungen zur Zeit der Fälligkeit zu entnehmen sind (Abs 1). Herausgabeanordnung der Hinterlegungsstelle (HinterlO § 12) ergeht daher bei Fälligkeit der einzelnen Drei-Monats-Raten jeweils auf Antrag des Ersatzberechtigten (Erstberechtigten). Zustimmung des Hilfsberechtigten ist dazu nicht erforderlich. Als Bedingungseintritt hat der Berechtigte bei Wertersatz für einen Nießbrauch, eine beschränkte persönliche Dienstbarkeit sowie für eine auf Lebenszeit begrenzten Reallast der Hinterlegungsstelle nachzuweisen, daß er den Vierteljahresbeginn erlebt hat (eine juristische Person, daß sie noch besteht)[1]; weitere Nachweise sind nicht erforderlich.

---

[1] LG Berlin WM 1958, 267.

§ 121   3.1   Verteilung des Erlöses

3 Hilfsverteilung, Kapitalanlegung (Absatz 2)

3.1 Der Anspruch des Berechtigten auf die einzelnen Leistungen entspricht einem aufschiebend bedingten Anspruch; **Hilfsverteilung** und **Planausführung** bestimmen sich daher nach den für solche Ansprüche geltenden §§ 119, 120; nur hinsichtlich der Anlegung des Geldes ist zum Schutz des Berechtigten des Ersatzanspruchs eine besondere Bestimmung getroffen[2]: Abs 2.

3.2 Weil der Anspruch des nach § 92 Abs 2 Ersatzberechtigten vorzeitig enden kann (zB durch Tod des Berechtigten), ist eine **Hilfsverteilung** nötig; durch den Teilungsplan ist nach § 119 (mit Abs 2) festzustellen, wem der bei Wegfall des Anspruchs des Erstberechtigten noch vorhandene Betrag des Deckungskapitals (und etwaiger Zinsen) zustehen soll: Abs 2. Dem **Erstberechtigten** steht der Anspruch für die gesamte Dauer seines Rechts zu, bei Nießbrauch und beschränkter persönlicher Dienstbarkeit solange er lebt (eine juristische Person entsprechend besteht) und die Fälligkeit der einzelnen Drei-Monats-Rate erlebt oder solange der Anspruch sonst läuft. Dem **Hilfsberechtigten** steht der Restbetrag zu, wenn der Erstberechtigte gestorben (die juristische Person erloschen) ist (bei Nießbrauch und Dienstbarkeit) oder das Recht sonst vorzeitig endet.

3.3 Die **Hilfsberechtigten** sind auch hier in der Rangfolge ihrer Ansprüche nach dem Teilungsplan einzusetzen. Reicht der zu erwartende Rest für voraussichtlich mehrere, so sind alle aufzuführen, für die der Rest ausreichen könnte. Auch können die Ansprüche der Hilfsberechtigten ihrerseits wieder bedingt sein (§ 119 Rdn 2.5).

3.4 Keine Hilfsverteilung erfolgt für die bei Planausführung mit Beginn eines Drei-Monats-Zeitraums **bereits fällige** Geldrente (§ 92 Abs 2), wenn die Berechtigung des Inhabers des erloschenen Rechts feststeht, für Feststellung eines Bedingungseintritts dem Vollstreckungsgericht somit nachgewiesen (oder bekannt) ist (Rdn 2.5). Ausführung des Teilungsplans für die bereits fällig gewordene Zahlung des Drei-Monats-Betrags der Geldrente erfolgt dann durch Zahlung (§ 117) oder Übertragung der Forderung gegen den Ersteher (§ 118) an den Wertersatzberechtigten.

3.5 Der Gesamtbetrag des für künftig erst fällig werdende Geldrenten verbleibenden Deckungskapitals ist im Falle des § 117 (Bargebot **bezahlt** und kann auf die Ansprüche verteilt werden) zu hinterlegen (Abs 2 mit § 120 Abs 1 Satz 1), mit der Maßgabe, daß der Erstberechtigte auf die bestimmte Zeit oder auf Lebenszeit (Anspruch dann nicht auf höchstens fünfundzwanzig Jahre begrenzt, § 92 Rdn 4.5) die Einzelleistungen für je drei Monate im voraus ohne besondere Zustimmung des Hilfsberechtigten erhält und daß der Rest nach dem Wegfall des Erstberechtigten, insbesondere durch Tod (Erlöschen) oder Zeitablauf dem Hilfsberechtigten zusteht. Die Hinterlegung erfolgt somit fast nie unter entgegengesetzten Bedingungen. Sie erfolgt auf Ersuchen des Vollstreckungsgerichts gemäß HinterlO § 6. Im Hinterlegungsantrag sind Berechtigter, Hilfsberechtigter, Zeitpunkt und Höhe der Einzelleistung und die dafür notwendigen Nachweise (zB Lebensbescheinigung des Erstberechtigten) festzulegen. Hinterlegungsgrund ist Abs 2 mit § 120 Abs 1 Satz 1; Verzicht auf das Rücknahmerecht braucht daher nicht erklärt zu werden. Mit der Hinterlegung ist das Verfahren für das Vollstreckungsgericht abgeschlossen. Herausgabeverfügung über den hinterlegten Betrag erläßt die Hinterlegungsstelle auf Antrag des Berechtigten im Verfahren nach HinterlO §§ 12 ff. Die für Auszahlung des Hinterlegungsgeldes nötige Berechtigung (HinterlO § 13) auf die einzelnen Drei-Monats-Raten ist durch die Bestimmung nachgewiesen, daß sie bei Fälligkeit aus den Zinsen und dem Deckungskapital zu entnehmen sind.

---

[2] Motive zum ZVG S 297.

Zuteilung auf Ersatzansprüche nach § 92 Abs 2   3.11   **§ 121**

3.6 Im Falle des § 118 (mangels Zahlung des Bargebots muß die **Forderung übertragen** werden) ist in Höhe des für künftig erst fällig werdende Geldrenten verbleibenden Deckungskapitals die Forderung gegen den Ersteher beiden Berechtigten je unter den genannten Bedingungen zu übertragen. Die Einzelleistung einziehen darf dann der Erstberechtigte ohne jeweilige Zustimmung des Hilfsberechtigten nach den festgelegten Bedingungen und nach Wegfall seines Anspruchs ebenso der Hilfsberechtigte.

3.7 Während der **Schwebezeit** (in der also der Erstberechtigte zum Zuge kommen kann) sind bei Barzahlung Erstberechtigter und Hilfsberechtigter einander verpflichtet, den hinterlegten Betrag anzulegen nach den Nießbrauchsvorschriften des BGB (§§ 1077–1079): § 120 Abs 2. Hierzu § 120 Rdn 3. Die Art der Anlegung (Bank, Sparkasse usw) bestimmt der Erstberechtigte: Abs 2 (Abweichung von § 120 Abs 2 zum Schutz des Berechtigten des Ersatzanspruchs). Bei Übertragung der Forderung gelten für deren Kündigung und Einziehung und die Anlegung des eingezogenen Geldes ebenfalls die genannten Nießbrauchsvorschriften: § 120 Abs 2. Die Art der Anlegung eingezogenen Geldes bestimmt ebenfalls der Erstberechtigte: Abs 2.

3.8 Reicht die hinterlegte **Masse** zur vollen Deckung des errechneten Deckungskapitals **nicht aus** (weil nicht genügend Erlösanteil darauf entfiel), so kann der Erstberechtigte die Einzelleistung trotzdem in voller Höhe entnehmen, auch wenn sich so das Deckungskapital vorzeitig erschöpft[3]. Wenn es mit Ansprüchen **anderer Gläubiger gleichrangig** ist, muß der Erlösanteil auf Deckungskapital und andere Ansprüche im entsprechenden Verhältnis verteilt werden (§ 92 Rdn 4), aber auch hier bleibt das Recht auf die Einzelleistung voll erhalten (anders[4]: zunächst verhältnismäßige Verkürzung der Jahresrente vorbehaltlich späteren Ausgleichs).

3.9 Nach der Hinterlegung durch das Versteigerungsgericht kann dieses nicht mehr weiter **über die Anlegungsart verfügen**. Das kann nur die Hinterlegungsstelle auf Antrag der Antragsberechtigten. Wenn aber die Hinterlegung mit der nach § 124 (im Falle des **Widerspruchs**) verbunden wird, was zweckmäßig ist[4], so enthält die Anweisung des Vollstreckungsgerichts, daß auf Grund der Widerspruchsentscheidung auszuzahlen sei, auch den Vorbehalt, daß das Gericht weiterhin befugt bleibt, nach ZPO § 882 die Hinterlegungsstelle um Auszahlung an das Vollstreckungsgericht oder an eine von ihm zu bestimmende Person oder Stelle zu ersuchen[5]. Bei dieser Doppelhinterlegung muß sogar das Vollstreckungsgericht auf Grund der Entscheidung im Widerspruchsprozeß von Amts wegen über die weitere Ausführung des Teilungsplanes entscheiden[5].

3.10 Wird im Widerspruchsprozeß der Jahresbetrag herabgesetzt, so hat die Bestimmung, daß aus den Zinsen und dem Betrag selbst die einzelnen Leistungen zur Zeit der Fälligkeit zu entnehmen sind, nur noch für den geminderten Jahresbetrag des Ersatzwertes Wirksamkeit. Das nach dem geminderten Jahresbetrag verbleibende Deckungskapital bleibt für Auszahlung an den Wertersatzberechtigten (nach Wegfall seines Anspruchs an den Hilfsberechtigten) angelegt oder hinterlegt.

3.11 Es kann weder in der Widerspruchsentscheidung des Prozeßgerichts noch nach ZPO § 882 vom Vollstreckungsgericht verfügt werden, daß der Rentenbetrag (der ursprüngliche oder der herabgesetzte) in voller Höhe **für die ganze Zeit sofort auszuzahlen** sei; vielmehr bleibt es immer bei den vierteljährlich vorauszahlbaren Renten für den vorgesehenen Zeitraum und bis zum Verbrauch des Deckungskapitals[5] oder bis zum Ablauf der vorgesehenen Zeit. Die Auszahlungsart der Rente kann auch sonst nicht mehr geändert werden; auch Zustim-

---

[3] Jaeckel/Güthe § 121 Rdn 6.
[4] Dassler/Schiffhauer § 121 Rdn 6.
[5] LG Berlin WM 1958, 267.

§ 121 3.11

mung des Vollstreckungsschuldners (er ist ja nicht mehr verfügungsberechtigt) begründet keinen Anspruch auf Kapitalisierung der Rente und Vorauszahlung an den Erstberechtigten für einige Jahre. Das gilt auch dann, wenn etwa der Berechtigte von den vorschriftsmäßig bezahlten Renten nicht leben kann. Das Gesetz läßt hier keine Ausnahme zu. Die (gemeinsame) Berechtigung des mit den Drei-Monatsbeträgen aufschiebend bedingt Ersatzberechtigten und des oder der bei Wegfall seines Anspruchs Hilfsberechtigten und die für beide unter der entgegengesetzten Bedingung erfolgte Hinterlegung ermöglichen es diesen Beteiligten jedoch, zusammen über das Hinterlegungsgeld (das angelegte Geld) zu verfügen. Dazu ist auch die Zustimmung des Schuldners (so kann Feststellung noch nicht erfolgt ist) und sonst Beteiligter (zB eines Widersprechenden auch bei Hilfsverteilung nach § 124) erforderlich, wenn Zuteilung und Hinterlegung auch für solche Beteiligte erfolgt sind. Die Hinterlegungsstelle verfügt eine beantragte Herausgabe, wenn die Beteiligten die Herausgabe bewilligen (HinterlO § 13 Abs 2). Erlangt der (bei Auszahlung nur bedingt) Erstberechtigte auf solche Weise Zahlung eines Betrages, der ihm mit (späterem) Wegfall seines Anspruchs (bei Ausfall der Bedingung, zB Tod) nicht mehr gebührt, dann geht die vorzeitige gemeinsame Verfügung zu Lasten des oder der zustimmenden Hilfsberechtigten (sie verkürzt deren dann ab Bedingungseintritt bestehenden Hilfsanspruch); bei Hilfsberechtigung wird durch vorzeitiger Verfügung über nur einen Teil des Deckungskapitals bleibt somit der Anspruch nachrangiger weiterer Hilfsberechtigter auf den noch vorhandenen (ihnen gebührenden) Betrag unberührt. Ob vorzeitiger Wegfall des Rechts einen Ausgleichsanspruch unter den Beteiligten begründet, die gemeinsam vorzeitig über den ihnen zusammen gebührenden Betrag verfügt haben, bestimmt sich nach dem Rechtsverhältnis (zB Vergleich), das die Verfügung veranlaßt hat.

3.12 Wird im Widerspruchsprozeß der Jahresbetrag und damit der Drei-Monats-Betrag herabgesetzt, so ist der **Unterschied** gegenüber dem hinterlegten Betrag **gemäß dem Teilungsplan zu verteilen,** also nach der für den Fall getroffenen Hilfsverteilung, daß der Widerspruch begründet ist (§ 124 Abs 1). Enthält hierbei das Urteil das Teilurteil (im Vergleich) entgegen ZPO § 880 nicht alle auf Grund der Abweichung nötigen Anweisungen, so muß das Versteigerungsgericht ausnahmsweise einen neuen Teilungsplan aufstellen, wobei es an die Entscheidung (oder den Vergleich) gebunden ist[6]. Das gilt insbesondere, wenn durch einen Vergleich zwar die Höhe des Ersatzbetrags für das Recht herabgesetzt ist, nicht aber die des Jahresbetrags (die nach § 92 Abs 2 maßgebend ist) und damit auch nicht der Drei-Monats-Betrag der Rente[7].

3.13 Fall aus der Praxis: Gläubiger betreibt die Versteigerung wegen der rückständigen Raten seiner Reallast; sonst waren dingliche Rechte nicht vorhanden. Er ist Ersteher. Er muß das ganze Bargebot bezahlen, das nach § 121 hinterlegt werden muß und ihm nur in Raten wieder ausbezahlt werden darf. Er kann auch nicht etwa wegen der erst künftig fällig werdenden Beträge sich für befriedigt erklären. Zahlt er nicht, wird die Forderung übertragen. Anders wäre es nur, wenn die notarielle Urkunde über das Recht eine Verfallsklausel enthielte, daß bei Rückstand mit ... Raten der ganze kapitalisierte Ersatzbetrag fällig sei.

[Verteilung des Erlöses auf Gesamtrecht]

122 (1) **Sind mehrere für den Anspruch eines Beteiligten haftende Grundstücke in demselben Verfahren versteigert worden, so ist, unbeschadet der Vorschrift des § 1132 Abs 1 Satz 2 des Bürgerlichen Gesetzbuchs, bei jedem einzelnen Grundstücke nur ein nach dem Verhältnisse der Erlöse zu bestimmender Betrag in den Teilungsplan aufzu-**

---

[6] Dassler/Schiffhauer § 121 Rdn 6.
[7] LG Berlin WM 1958, 267.

Verteilung des Erlöses auf Gesamtrecht 2.4 **§ 122**

nehmen. Der Erlös wird unter Abzug des Betrags der Ansprüche berechnet, welche dem Ansprüche des Beteiligten vorgehen.

(2) Unterbleibt die Zahlung eines auf den Anspruch des Beteiligten zugeteilten Betrags, so ist der Anspruch bei jedem Grundstück in Höhe dieses Betrags in den Plan aufzunehmen.

Allgemeines zu § 122

1.1 Zweck der Vorschrift: Regelung der Befriedigung eines Gesamtrechts aus den Erlösen der einzelnen Grundstücke, die in demselben Verfahren versteigert worden sind.

1.2 Anwendungsbereich: Die Vorschrift gilt **für alle Versteigerungsverfahren** des ZVG.

Anlaß und Grundsätze für Verteilung des Gesamtrechts

2.1 § 122 behandelt die tatsächliche Verteilung des bar vorhandenen Gesamterlöses aus der Versteigerung mehrerer Grundstücke auf Grund Einzel- oder Gesamtausgebot auf ein **erlöschendes Gesamtrecht** an diesen mehreren Grundstücken, also die **verhältnismäßige Heranziehung** der Erlöse der **einzelnen Grundstücke** (die sich bei Einzelausgeboten von selbst ergeben haben oder bei Gesamtausgebot nach § 112 ermittelt worden sind) zur Befriedigung des Gesamtrechts. **§ 112** behandelt demgegenüber die rechnerische Verteilung des bei gemeinsamer Versteigerung mehrerer Grundstücke auf Grund Gesamtausgebots erzielten Gesamterlöses auf die einzelnen Grundstücke.

2.2 § 122 regelt die Verteilung und Befriedigung des **Anspruchs** eines Beteiligten, **für den mehrere Grundstücke haften.** Das ist der Fall bei einer Gesamthypothek (BGB § 1132), Gesamtgrundschuld und Gesamtrentenschuld (BGB §§ 1191, 1192 Abs 1, § 1199), ebenso beim Anspruch des betreibenden Gläubigers in Rangklasse 5 des § 10 Abs 1, wenn Beschlagnahme mehrerer Grundstücke erfolgt ist. § 122 gilt aber auch für alle anderen Ansprüche des § 10; für sie besteht samtverbindliche Haftung mehrerer Grundstücke durchweg jedoch nicht. Haftung mehrerer Grundstücke für den Anspruch eines Beteiligten besteht nur, wenn die gemeinsame Haftung für dieselbe ganze Leistung durch besondere gesetzliche Anordnung in der Weise begründet ist, daß der Gläubiger die Leistung nur einmal erhalten, nach seinem Belieben Befriedigung jedoch aus jedem Grundstück ganz oder zu einem Teil suchen kann. Nur betragsmäßige Zusammenfassung von Einzelansprüchen, für die mehrere Grundstücke selbständig haften, zu einem Gesamtbetragsanspruch (insbesondere zur gemeinsamen Geltendmachung gegen den verpflichteten Grundstückseigentümer) begründet Haftung der mehreren Grundstücke für den Anspruch nicht. Keine Haftung der mehreren Grundstücke im Sinne von § 122 besteht daher für Kosten des Verfahrens (§ 109), Zwangsverwaltungsvorschüsse (§ 10 Abs 1 Nr 1), Feststellungskosten zur Insolvenzmasse (§ 10 Abs 1 Nr 1a) und Litlohnansprüche (§ 10 Abs 1 Nr 2), weil eine gesetzliche Grundlage für gemeinsame Haftung fehlt, ebenso nicht für gemeinsam veranlagte Grundsteuer (Grundsteuergesetz § 21). Solche nur betragsmäßig zusammengefaßte Ansprüche werden für Feststellung der Einzelbeträge, für die Grundstücke selbständig haften, auf mehrere Grundstücke aufgeteilt (Kosten und Grundsteuer: § 63 Rdn 2.5).

2.3 § 122 gilt auch, wenn mehrere für ein Grundpfandrecht haftende **Grundstücksbruchteile** in demselben Verfahren versteigert worden sind, weil ein Grundpfandrecht, das mehrere Bruchteile belastet (BGB § 1114) Gesamtrecht ist.

2.4 Voraussetzung der Gesamtrechtsverteilung ist, daß **Einzelerlöse** vorliegen, weil mehrere in demselben Verfahren versteigerte Grundstücke (oder Grundstücksbruchteile) einzeln zugeschlagen sind, oder weil ein Gesamterlös bereits aufzuteilen war (§ 112).

§ 122   2.5

Verteilung des Erlöses

2.5 § 122 beruht auf der **Erwägung,** daß gesamtbelastete Grundstücke verhältnismäßig nach ihren Kräften zur Befriedigung des Gesamtrechtsanspruchs beizutragen haben. Die verhältnismäßige Heranziehung bestimmt sich nach den erzielten einzelnen Erlösen, und zwar nach Abzug des zur Befriedigung vorgehender Ansprüche erforderlichen Betrags. Maßstab, nach welchem der zur Befriedigung eines Gesamtgläubigers aus jedem Grundstückserlös zu entnehmende Betrag zu bemessen ist, bildet somit das Verhältnis, in welchem der jeweilige Einzelerlös (nach Abzug der Vorbelastungen) zu der Summe aller Erlöse steht. Nachbelastungen der einzelnen Grundstücke erlangen keine Bedeutung[1].

2.6 Die Aufteilung eines Gesamtanspruchs ist **nur zulässig,** wenn das bare Meistgebot **gezahlt** ist, also nach § 117 verteilt werden kann: Abs 2.

2.7 Das Recht des **Gläubigers** eines Gesamtgrundpfandrechts, nach seinem **Belieben** aus jedem Grundstück ganz oder zu einem Teil Befriedigung zu suchen (BGB § 1132 Abs 1), schmälert § 122 nicht. Die Vorschrift bestimmt für Aufstellung des Teilungsplans eine verhältnismäßige Heranziehung des Erlöses der einzelnen Grundstücke zur Befriedigung des Gesamtgrundpfandrechts daher nur für den Fall, daß der Gläubiger von seinem Wahlrecht keinen Gebrauch macht; er kann das noch im Verteilungstermin bis zur Ausführung des Teilungsplans; seine Erklärung ist unwiderruflich[2].

2.8 Wenn **nur eines** der mit einem Gesamtrecht belasteten Grundstücke versteigert und **zugeschlagen** worden ist, findet § 122 keine Anwendung. Das Gesamtrecht wird zur Befriedigung aus dem Einzelerlös ganz in den Teilungsplan aufgenommen. Folge der Befriedigung aus dem einzelnen gesamtbelasteten Grundstück: BGB § 1181 Abs 2, § 1182.

3 Gesamtanspruchsverteilung im Teilungsplan (Absatz 1)

3.1 Nach Versteigerung mehrerer mit einem Gesamtrecht belasteten Grundstücke (oder Grundstücksbruchteile) im selben Verfahren (also verbunden nach § 18) ist (unter den Rdn 2 dargestellten Voraussetzungen) bei jedem einzelnen versteigerten Grundstück (oder Grundstücksbruchteil) als Erlösanspruch des Gesamtrechts **nur ein Teilbetrag** in den Teilungsplan aufzunehmen: Abs 1 Satz 1. Der Erlösanteil dieses Gesamtrechts ist also nur in Teilen aus jedem versteigerten Objekt zu entnehmen, nicht in voller Höhe aus einem von ihnen. Aufzuteilen zur Aufnahme in den Teilungsplan als Ansprüche an die Einzelerlöse mit den festzustellenden Teilbeträgen ist der **Gesamtanspruch** des Berechtigten, mithin sein aus der **Summe** von Kosten, wiederkehrenden Leistungen und Hauptsache (§ 12) bestehender Anspruch auf Befriedigung aus dem Grundstück.

3.2 Sobald für jedes versteigerte Objekt ein Einzelerlös feststeht (Rdn 2.4) wird der aus dem baren Meistgebot zu zahlende **Erlösanteil eines erlöschenden Gesamtrechts** gemäß § 122 **verteilt,** wenn der Gläubiger des Gesamtrechts nicht sein Wahlrecht (BGB § 1132 Abs 1) ausübt. Die Wahl bedarf keiner besonderen Form, ist schriftlich (dafür auch elektronisches Dokument, ZPO § 130a) oder zu Protokoll möglich. Sie muß spätestens im Verteilungstermin erfolgen (Rdn 2.7) und führt unter Umständen zu einer Änderung des Planes. Ebenso wird der aus den Einzelerlösen zu zahlende jeweilige Teilbetrag des Anspruchs an Kosten und wiederkehrenden Leistungen eines bestehenbleibenden Gesamtrechts festgestellt; die Hauptsache des bestehenbleibenden Rechts wird nicht verteilt; bei Feststellung des geringsten Gebots kann sie nach § 64 Abs 1 aber bereits mit Teilbeträgen berücksichtigt worden sein.

---

[1] Motive zum ZVG S 300.
[2] Dassler/Schiffhauer § 122 Rdn 4; Steiner/Teufel § 122 Rdn 17.

Verteilung des Erlöses auf Gesamtrecht 4.2 **§ 122**

3.3 Hat der Gläubiger eines Gesamtrechts selbst eingesteigert, und zwar unter der $^7/_{10}$-Grenze des § 74a, so ist auch **§ 114a zu beachten,** allerdings nicht im Versteigerungsverfahren (§ 114a Rdn 3).

3.4 Vor Aufteilung des Gesamtrechts nach dem Verhältnis der Einzelerlöse der versteigerten Objekte (Abs 1 Satz 1) müssen **von den Einzelerlösen** jedes Objektes erst die **Ansprüche abgezogen** werden, **die** dem Gesamtrecht **vorgehen:** Abs 1 Satz 2. Die Einzelerlöse müssen so als Nettoerlöse bleiben; bei jedem Objekt sind von seinem Einzelerlös die Verfahrenskosten dieses Objekts (Verfahrenskosten aus § 109, aufgeteilt gemäß den Grundstückswerten; Rdn 2.2) und die anderen aus diesem Einzelobjekt zu befriedigenden Ansprüche abziehen, die dem Gesamtrecht vorgehen.

Beispiele: a) Gesamtrecht ist Hypothek Nr 1; von den Einzelerlösen abzuziehen sind bei jedem Objekt seine Verfahrenskosten und seine Ansprüche aus den Rangklassen 1–3. b) Gesamtrecht ist Hypothek Nr 4 hinter Einzelhypotheken Nr 1–3; vom Einzelerlös jedes Einzelobjekts sind abzuziehen dessen Verfahrenskosten und dessen Ansprüche aus den Rangklassen 1–3 und dazu die Erlösanteile der nur auf ihm lastenden erlöschenden Einzelhypotheken. c) Gesamtrecht ist ein Anspruch der Rangklasse 1; vom Einzelerlös jedes Objekts sind nur seine Verfahrenskosten abzuziehen.

3.5 Erst die restlichen Einzelerlöse, die **Netto-Einzelerlöse, werden** dann **verteilt.** Die Verteilung erfolgt nach folgender **Formel:**

Nettoerlös des einzelnen Objekts × Gesamtrechtsansprüche (bestehend aus Hauptsache, Zinsen und Kosten des Gesamtrechts) : Summe aller Nettoerlöse = gesuchter Anteil des Einzelobjekts an den Gesamtrechtsansprüchen.

Beispiel: Grundstücke A, B, C; Nettoeinzelerlöse (geboten oder nach § 112 errechnet) 10 000 Euro, 20 000 Euro, 30 000 Euro; Ansprüche des Gesamtrechts 30 000 Euro. Es wird gerechnet
für Objekt A: 10 000 × 30 000 : 60 000 = X; X = 5000 Euro;
für Objekt B: 20 000 × 30 000 : 60 000 = X; X = 10 000 Euro;
für Objekt C: 30 000 × 30 000 : 60 000 = X; X = 15 000 Euro.
Auf die Gesamtrechtsansprüche entfallen somit hier aus dem baren Meistgebot bei Objekt A 5000 Euro, bei Objekt B 10 000 Euro, bei Objekt C 15 000 Euro, zusammen seine 30 000 Euro; der Rest der drei Nettoerlöse verbleibt für die folgenden Zuteilungsberechtigten jedes Einzelobjekts.

3.6 Hierzu im ZVG-Handbuch Muster Rdn 552, 553.

Gesamtrecht bei Forderungsübertragung (Absatz 2) 4

4.1 Ein Gesamtrecht setzt sich nach dem Surrogationsgrundsatz (§ 92 Rdn 2) am Versteigerungserlös fort. An diesem als Haftungsgegenstand besteht die Gesamtberechtigung daher mit dem Wahlrecht des Gläubigers (BGB § 1132 Abs 1) weiter (Rdn 2.7). Sie bleibt (so lange nicht Verteilung des Gesamtanspruchs nach BGB § 1132 Abs 1 Satz 2 erfolgt ist) auch gewahrt, wenn bare Befriedigung des Gläubigers aus dem Versteigerungserlös (§ 117) nicht erfolgen kann.

4.2 Wenn das bare Meistgebot **nicht bezahlt,** also Forderungsübertragung nach § 118 nötig ist, muß somit der Gesamtanspruch des Gesamtrechts bei jedem Objekt in voller Höhe zur Forderungsübertragung führen: Abs 2. In diesem Fall ist in den Teilungsplan für jedes Objekt, das für den Gesamtanspruch haftet, dieser voll aufzunehmen und eine Hilfsverteilung nach § 123 vorzunehmen. Soweit also aus einem Einzelerlös eine Zuteilung auf den Gesamtanspruch entfällt, ist bei jedem Objekt die Forderung gegen den Ersteher dem Berechtigten des Gesamtanspruchs bis zur vollen Höhe seines Anspruchs zu übertragen (er hat damit weiter die Wahl, aus welchem Objekt er sich dann befriedigen will), mit der Maßgabe, daß er aus

§ 122 4.2

den mehreren ihm übertragenen Forderungen insgesamt nur einmal die Höhe seines Anspruchs befriedigt werden darf³. Die für die übertragenen Forderungen einzutragenden Sicherungshypotheken des § 128 sind hier keine Gesamthypotheken, solchen nur äußerlich ähnlich⁴. Dies ist im Eintragungsersuchen aus § 130 ersichtlich zu machen⁵, zB: „Sicherungshypothek des ... für eine im Zwangsversteigerungsverfahren ... übertragene Forderung von ... gegen den Ersteher ... aus einer im Grundbuch für ... (Band ...) Blatt ... und (Band ...) Blatt ... mitlastenden früheren Gesamthypothek von ... EUR". Die Sicherungshypotheken erlöschen an allen Einzelobjekten, soweit der Gläubiger aus einer von ihnen befriedigt wird⁵.

4.3 Wird das bare Meistgebot **zum Teil bezahlt,** so sind die hieraus noch auf das Gesamtrecht entfallenden Bargebotsanteile nach Abs 1 zu berechnen, während für die nicht bezahlten Teile nach Abs 2 je in voller Höhe des Restanspruchs die Forderung zu übertragen ist.

[Hilfsverteilung bei Forderungsübertragung auf Gesamtrecht]

123 (1) Soweit auf einen Anspruch, für den auch ein anderes Grundstück haftet, der zugeteilte Betrag nicht gezahlt wird, ist durch den Teilungsplan festzustellen, wie der Betrag anderweit verteilt werden soll, wenn das Recht auf Befriedigung aus dem zugeteilten Betrage nach Maßgabe der besonderen Vorschriften über die Gesamthypothek erlischt.

(2) Die Zuteilung ist dadurch auszuführen, daß die Forderung gegen den Ersteher unter der entsprechenden Bedingung übertragen wird.

1 Allgemeines zu § 123

1.1 Zweck der Vorschrift: Hilfsweise Feststellung des Berechtigten und Planausführung für den besonderen Fall, daß die Zahlung des auf einen Gesamtrechtsanspruch zugeteilten Betrags unterblieben ist (§ 122 Abs 2 und weitere Fälle). § 123 regelt die Hilfszuteilung für den möglichen Wegfall des mit dem Zuschlag erloschenen Gesamtrechts nach Aufstellung des Teilungsplans und Forderungsübertragung (§ 118). § 125 regelt demgegenüber die Hilfszuteilung bei Erlöschen eines bestehengebliebenen Gesamtrechts, dessen Erlöschen den Ersteher zur Zahlung eines weiteren Betrages (Zuzahlung nach § 50 Abs 2 Nr 2) verpflichtet.

1.2 Anwendungsbereich: Die Vorschrift gilt für alle Versteigerungsverfahren des ZVG.

2 Hilfsverteilung bei Gesamtrechten (Absatz 1)

2.1 § 123 ergänzt und erweitert den § 122. § 122 geht davon aus, daß mehrere gesamtbelastete Objekte im selben Verfahren versteigert werden; § 123 gilt auch, wenn nur eines der gesamtbelasteten Objekte versteigert wird. § 122 regelt, wie das Meistbargebot (bezahlt oder nicht) verteilt wird; § 123 sieht eine Hilfsverteilung nur für den Fall der Forderungsübertragung aus § 122 vor, aber auch für den Fall, daß bei Versteigerung nur eines gesamtbelasteten Objekts Zahlung auf den Gesamtrechtsanspruch unterbleibt, findet also immer Anwendung, wenn der Ersteher den einem Gesamtrecht zugeteilten Betrag nicht bezahlt hat.

2.2 § 123 erfordert, daß die Zuteilung des Versteigerungserlöses auf einen Gesamtrechtsanspruch (Kosten und wiederkehrende Leistungen eines bestehenbleibenden Gesamtrechts oder Gesamterlösanspruch eines erlöschenden Gesamtrechts)

---

³ Fischer NJW 1956, 1095 (2).
⁴ Jaeckel/Güthe § 122 Rdn 7; Steiner/Teufel § 122 Rdn 30; Fischer NJW 1956, 1095 (2).
⁵ Fischer NJW 1956, 1095 (2).

Hilfsverteilung bei Forderungsübertragung auf Gesamtrecht   2.5   § **123**

nicht durch Zahlung an den Berechtigten ausgeführt werden kann, weil hierfür ein Versteigerungserlös in Geld nicht vorhanden ist. Weil der dem Gesamtrechtsanspruch aus dem Versteigerungserlös zugeteilte Betrag vor Einziehung der übertragenen Forderung (§ 118) oder Eintritt der Befriedigungswirkung nach § 118 Abs 2 Satz 1 mit Erlöschen des Gesamtanspruchs nach den besonderen Vorschriften über die Gesamthypothek freiwerden kann, ist er nach § 123 weiter zu verteilen.

2.3 § 123 hat **drei Anwendungsmöglichkeiten:**

a) § 123 ist anzuwenden, wenn mehrere mit einem Gesamtrecht belastete Objekte im selben Verfahren einzeln versteigert wurden und dabei infolge Nichtzahlung des baren Meistgebots (§ 118) die Forderungen gegen die Ersteher nach § 122 Abs 2 an jedem Objekt in voller Höhe übertragen wird, wobei die Vorschriften über Gesamthypotheken (BGB § 1143 Abs 2, §§ 1173, 1174, 1181) nicht unmittelbar, nur entsprechend anwendbar sind[1] (§ 122 Rdn 4).

b) § 123 ist anzuwenden, wenn mehrere mit einem Gesamtrecht belastete Objekte auf Grund eines Gesamtmeistgebots zugeschlagen worden sind und eine Verteilung des Barerlöses nach § 112 Abs 1 nicht nötig ist, wobei dann infolge Nichtzahlung des baren Meistgebots (§ 118) die Forderung gegen den Ersteher nach § 122 Abs 2 an jedem Objekt in voller Höhe übertragen wird und die Vorschriften über die Gesamthypotheken (wie vorher) unmittelbar anzuwenden sind.

c) § 123 ist anzuwenden, wenn nur eines von mehreren gesamtbelasteten Objekten versteigert ist und dabei auf die Gesamthypothek ein Betrag entfällt, wobei infolge Nichtzahlung des baren Meistgebots (§ 118) die Forderung gegen den Ersteher nach § 122 Abs 2 an diesem Einzelobjekt in voller Höhe übertragen wird und die Vorschriften über die Gesamthypotheken (wie vorher) wieder nur entsprechend anzuwenden sind[1].

2.4 Ob die Barzahlung im Termin hätte erfolgen müssen **(bedingungswidrige Nichtzahlung)** oder ob es sich um eine Zuzahlung nach §§ 50, 51 handelt **(noch nicht fällig)** ist für Anwendung des § 123 gleich. Wenn für den Gesamtanspruch (für den auch ein anderes Objekt haftet) der zugeteilte (im Teilungsplan ausgeworfene) Betrag vom Ersteher gezahlt ist, also Forderungsübertragung erfolgt, ist es in all diesen Fällen möglich, daß der Gläubiger nur aus einem von mehreren gesamtbelasteten Objekten oder nur aus einem nicht versteigerten Objekt befriedigt wird und daß nach den Gesamthaftungsbestimmungen ein Erlösanteil frei wird[2]. Für diesen Fall muß der aus dem versteigerten Objekt anfallende, aber für das Gesamtrecht nicht in Anspruch genommene Erlösanteil **hilfsweise** anderweitig **verteilt** werden. Im Plan ist daher festzustellen, wie dieser Betrag anderweitig verteilt werden soll, falls das Recht auf Befriedigung aus ihm wegen der Gesamthypothekenvorschriften erlischt: Abs 1. Die Hilfszuteilung erfolgt an den erstausfallenden Berechtigten, aber mit dessen (schlechterem) Rang. Die Bedingung muß genau dem Wortlaut des Gesetzes entsprechen: Zuteilung also unter der Bedingung, daß der Gesamtrechtsgläubiger nach BGB §§ 1173, 1174, 1175, 1181 anderweitig befriedigt wird oder auf sein Recht verzichtet oder mit seinem Recht ausgeschlossen wird.

2.5 Den Gesamtgläubiger beeinträchtigt die Hilfsverteilung nicht in seiner Berechtigung, die mit Übertragung gegen den Ersteher erlangte Forderung geltend zu machen und (allein) einzuziehen. Verfügungen, die nicht der Befriedigung des Gesamtanspruchs dienen (Abtretung, Verpfändung, Erlaß, Verzicht auf die Sicherungshypothek) sind dem (nicht zustimmenden) Hilfsberechtigten gegenüber bei

---

[1] Jaeckel/Güthe § 123 Rdn 1.
[2] Dassler/Gerhardt § 123 Rdn 1.

§ 123   2.5   Verteilung des Erlöses

Bedingungseintritt jedoch unwirksam; Löschung der Sicherungshypothek erfordert daher seine Zustimmung.

2.6 Die dem hilfsweise Berechtigten unter der Bedingung, daß der Gesamtrechtsanspruch erlischt, übertragene Forderungen entfällt, wenn der Gesamtrechtsanspruch aus dem Erlös des haftenden versteigerten Grundstücks Befriedigung erlangt. Das ist mit Einziehung der übertragenen Forderung (§ 118) der Fall, ebenso aber, wenn die Forderungsübertragung nach Fristablauf ohne rechtzeitigen Verzicht oder Versteigerungsantrag Befriedigungswirkung erlangt (§ 118 Abs 2).

3 Planausführung mit Forderungsübertragung (Absatz 2)

Die Zuteilung des hilfsweise für den Fall, daß ein nicht gezahlter Gesamtrechtsanspruch erlischt, weiter verteilten Betrags kann nur durch **Übertragung der Forderung** gegen den Ersteher (§ 118) unter der entsprechenden **Bedingung** ausgeführt werden: Abs 2. Unter der entsprechenden Bedingung ist für die Forderung auch die Sicherungshypothek einzutragen (§ 128 Abs 1). Nach Haupt- und Hilfsübertragung sowie Eintragung der entsprechenden Sicherungshypothek ist es Sache der beiden Berechtigten selbst, sich über Eintritt oder Ausfall der Bedingung auseinanderzusetzen und das Grundbuch entsprechend berichtigen zu lassen; das Versteigerungsgericht veranlaßt Grundbuchberichtigung nicht[3].

[Hilfsverteilung bei Widerspruch und im Falle des § 115 Abs 4]

124 (1) **Im Falle eines Widerspruchs gegen den Teilungsplan ist durch den Plan festzustellen, wie der streitige Betrag verteilt werden soll, wenn der Widerspruch für begründet erklärt wird.**

(2) **Die Vorschriften des § 120 finden entsprechende Anwendung; die Art der Anlegung bestimmt derjenige, welcher den Anspruch geltend macht.**

(3) **Das gleiche gilt, soweit nach § 115 Abs 4 die Ausführung des Planes unterbleibt.**

1 Allgemeines zu § 124

1.1 Zweck der Vorschrift: Vorsorge mit Feststellung der Verteilung bei Aufstellung des Teilungsplans auch für den Fall, daß ein nicht erledigter Widerspruch für begründet erklärt wird oder die Planausführung wegen Sicherheitsleistung des Schuldners unterbleibt.

1.2 Anwendungsbereich: Die Vorschrift gilt für alle Versteigerungsverfahren des ZVG. Über die Anwendung in der Zwangsverwaltung § 146 Rdn 4, § 156 Rdn 5.

2 Hilfsverteilung bei Widerspruch (Absatz 1)

2.1 Bei einem Widerspruch gegen den Teilungsplan (§ 115 Abs 1) **muß** eine Hilfsverteilung erfolgen: Abs 1. Diese bestimmt, wie der fragliche Betrag verteilt werden soll, wenn der Widerspruch (in dem Widerspruchsprozeß) für begründet erklärt wird.

2.2 Hilfsverteilung nach Abs 1 ist festzustellen, wenn der **Widerspruch zulässig** ist (vom Vollstreckungsgericht zu prüfen, § 115 Rdn 3.11) und bei Verhandlung über den Teilungsplan (§ 115 Abs 1, ZPO § 876) sich nicht erledigt hat. Ist

---

[3] Jaeckel/Güthe § 123 Rdn 3; Reinhard/Müller § 123 Anm IV 2; Steiner/Teufel § 123 Rdn 15.

Hilfsverteilung bei Widerspruch und im Falle des § 115 Abs 4   3.1   § 124

der Widerspruch unzulässig, so muß ihn das Vollstreckungsgericht zurückweisen und den Teilungsplan wie vorgesehen ausführen[1] (§ 115 Rdn 3.11).

2.3 Die durch den Widerspruch ausgelöste **Hilfszuteilung** erfolgt allein **an den Widersprechenden,** nicht wie bei §§ 119, 123 an den erstausfallenden Berechtigten. Sind es mehrere Widersprechende, erfolgt die Hilfszuteilung an diese in ihrer Reihenfolge laut Teilungsplan. Zwischenberechtigte, die selbst nicht widersprochen haben, bleiben unberücksichtigt. Wo der Vollstreckungsschuldner, soweit zulässig, Widerspruch mit dem Ziel einer Zuteilung nicht an sich, sondern an einen anderen Berechtigten erhebt (§ 115 Rdn 3.4), erfolgt Hilfszuteilung nicht an den widersprechenden Schuldner, sondern **an denjenigen, zu dessen Gunsten widersprochen ist.**

2.4 Wenn **Zwischenberechtigte vorhanden** sind ist für die Hilfsverteilung an den Widersprechenden selbst nicht zu prüfen, ob er nach materiellem Recht Anspruch auf den streitigen Betrag hat. Das Vollstreckungsgericht kann nur prüfen, ob der Widerspruch zulässig, nicht aber auch, ob er begründet ist (§ 115 Rdn 3.11). Die Hilfsverteilung sagt somit nichts darüber aus, ob der streitige Betrag dem Widersprechenden gebührt, wenn der Erlösanspruch des Erstausfallenden unbegründet ist; sie regelt nur die Erlösverteilung für den Fall, daß der geltend gemachte **Anspruch** des Widersprechenden auf den streitigen Betrag **tatsächlich besteht.** Ob das der Fall ist, ist eine vom Prozeßgericht zu entscheidende Frage der materiellen Berechtigung. Gebührt ein streitiger Betrag materiell einem ausfallenden Zwischenberechtigten, dann kann sich ein Widerspruch nicht als begründet erweisen, die Widerspruchsklage mithin keinen Erfolg haben. Hierzu[2] mit Beispiel.

2.5 Gegen die Hilfszuteilung kann ebenfalls selbständig **Widerspruch** erhoben werden. Die Klagefrist dafür beginnt dann nach ZPO § 878 mit dem Verteilungstermin. Der Berechtigte, der schon der Hauptverteilung widersprochen hat, muß nicht auch nochmals der Hilfsverteilung widersprechen, falls er diese auch für unrichtig hält, kann dies aber.

2.6 Eine vom Vollstreckungsgericht zu Unrecht unterlassene Hilfszuteilung kann das **Prozeßgericht** im Widerspruchsprozeß nachholen, und zwar über ZPO § 880 (Anweisung zur Auszahlung an das Vollstreckungsgericht). Wenn durch den Teilungsplan Hilfsverteilung für den Fall festgestellt ist, daß der Widerspruch begründet ist (Abs 1), kann aber das Prozeßgericht davon abweichend anderweitig zuteilen oder das Vollstreckungsgericht zu anderweitiger Verteilung anweisen (ZPO § 880 Satz 2 kommt infolge der speziellen Regelung von Abs 1 nicht zum Zuge)[3].

2.7 Der **Widerspruch** kann im Widerspruchsprozeß durch Urteil oder einen Prozeßvergleich **für begründet** erklärt werden, durch abweisendes Urteil oder einen Vergleich für unbegründet. Klagerücknahme steht ihrer Abweisung gleich. Wird Klageerhebung nicht fristgemäß nachgewiesen (§ 115 Rdn 5) so wird der Betrag an den laut Teilungsplan Erstberechtigten ausbezahlt. Wird der Widerspruch für begründet erklärt oder der Vollstreckungsabwehrklage stattgegeben, so wird nach Anweisung des Prozeßgerichts ausbezahlt (ZPO § 880), in der Regel also an den Hilfsberechtigten. Wird der Widerspruch **für unbegründet** erklärt oder die Vollstreckungsabwehrklage abgewiesen, so wird an den laut Teilungsplan Erstberechtigten ausbezahlt.

Planausführung bei Widerspruch (Absatz 2)

3

3.1 Ist das **Meistgebot bezahlt,** so wird der durch den Widerspruch betroffene Betrag (es kann dies auch ein Teilbetrag sein), **unter den entsprechenden Be-**

---

[1] Stöber Rpfleger 1969, 203 (Anmerkung).
[2] Stöber, ZVG-Handbuch, Rdn 483 a.
[3] BGH 96, 332 (336) = NJW 1987, 131 (132); Dassler/Gerhardt § 124 Rdn 3.

§ 124 3.1   Verteilung des Erlöses

dingungen hinterlegt, also für den Erstberechtigten unter der Bedingung, daß der Widerspruch nicht für begründet erklärt wird, für den Hilfsberechtigten unter der entgegengesetzten Bedingung: Abs 2 mit § 120 Abs 1 Satz 3. Es findet nach Abs 2 auch § 120 Abs 2 Anwendung, so daß der nach dem Plan Erstberechtigte und der nach der Hilfszuteilung bedingt Berechtigte einander verpflichtet sind, zur Einziehung und dazu mitzuwirken, daß das eingezogene Kapital (der streitige Betrag) nach den für die Anlegung von Mündelgeld geltenden Vorschriften verzinslich angelegt wird (§ 120 Rdn 3). Die Art der Anlegung bestimmt hier der Erstberechtigte: Abs 2 (anders als in § 120 Abs 2). Dem Vollstreckungsgericht obliegt die Anlegung nach Mündelgeldvorschriften nicht (§ 120 Rdn 3).

3.2 Wird das **Meistgebot nicht bezahlt,** so erfolgt die **Forderungsübertragung** nach § 118 auf den Erstberechtigten **unter der Bedingung,** daß der Widerspruch nicht für begründet erklärt wird, an den Hilfsberechtigten unter der entgegengesetzten Bedingung: Abs 2 mit § 120 Abs 1 Satz 2, 3. Die Sicherungshypothek des § 128 ist unter diesen Bedingungen einzutragen. Rechtsbeziehung der Berechtigten während der Schwebezeit: Abs 2, § 120 Abs 2 mit BGB §§ 1077–1079 (§ 120 Rdn 3). Die Art der Anlegung des Eingezogenen bestimmt der Erstberechtigte: Abs 2.

3.3 Soweit **Geld** zu hinterlegen ist, richtet sich dies nach den Vorschriften der **HinterlO** §§ 6, 8, 11–13, 15, 20. Hinterlegungsgrund ist Abs 2 mit § 120 Abs 1 Satz 1. Verzicht auf das Rücknahmerecht wird daher nicht erklärt. Die Auszahlung wird vom Vollstreckungsgericht nach Rechtskraft des Urteils im Widerspruchsprozeß oder nach dessen sonstiger Erledigung angeordnet (§ 115 Abs 1 mit ZPO § 882). Die Herausgabeverfügung der Hinterlegungsstelle kann nur auf Grund dieser Anordnung des Vollstreckungsgerichts ergehen (HinterlO §§ 12, 15). Die Hinterlegung nach § 124 kann mit einer nach §§ 119, 121 verbunden werden; dies ist sogar zweckmäßig[4]. Die Anweisung des Vollstreckungsgerichts, daß auf Grund der zu erwartenden Entscheidung über die Widerspruchsklage oder die Vollstreckungsabwehrklage auszuzahlen sei, enthält einen (zulässigen) Vorbehalt des Vollstreckungsgerichts, daß es nach ZPO § 882 berechtigt bleibe, die Hinterlegungsstelle um Auszahlung des hinterlegten Betrags an sich oder an eine von ihm zu benennende Person oder Stelle zu ersuchen. Das Vollstreckungsgericht muß sogar, wenn die Doppelhinterlegung vorliegt, auf Grund der Entscheidung im Prozeß von Amts wegen über die weitere Durchführung des Teilungsplanes entscheiden (§ 115 Abs 1 Satz 1; ZPO § 882).

3.4 Nach Eintragung einer **Sicherungshypothek** für die Berechtigten der übertragenen Forderung gegen den Ersteher muß das Vollstreckungsgericht (im Gegensatz zu den Vorgängen aus §§ 120, 121, 123), wenn die Klageerhebung nicht rechtzeitig nachgewiesen ist oder die Widerspruchsklage rechtskräftig abgewiesen oder zurückgenommen oder durch Vergleich beendet ist, das **Grundbuchamt** um Löschung der nicht mehr begründeten Forderung und der weggefallenen Bedingungen bei der endgültig begründeten Forderung **ersuchen.**

4 Sicherheitsleistung des Schuldners (Absatz 3)

4.1 Wenn der Vollstreckungsschuldner durch Sicherheitsleistung oder Hinterlegung die Befriedigung eines vollstreckbaren Anspruchs **abwenden** darf und Ausführung des Planes nach § 115 Abs 4 unterleibt, weil die Sicherheit geleistet oder die Hinterlegung erfolgt ist, hat gleichfalls Hilfsverteilung und Anlegung des betroffenen Erlöses oder Forderungsübertragung an Haupt- und Hilfsberechtigten zu erfolgen: Abs 3. Das gleiche gilt, wenn bei Widerspruch des Schuldners gegen einen vollstreckbaren Anspruch (§ 115 Abs 3) vom Prozeß- oder Vollstreckungsge-

---

[4] LG Berlin WM 1958, 267.

Zuteilung der Zuzahlungen nach §§ 50, 51 2.2 **§ 125**

richt die Einstellung der Zwangsvollstreckung angeordnet (ZPO §§ 769, 770)[5] und dem Vollstreckungsgericht bis zur Planausführung zur Kenntnis gelangt ist. Diese Hilfsverteilung bestimmt, wie der fragliche Betrag zu verteilen ist, wenn der Anspruch des Gläubigers rechtskräftig abgewiesen (§ 115 Abs 4) oder der vollstreckbare Gläubigeranspruch (§ 115 Abs 3 und 4) beseitigt wird.

4.2 Hilfsverteilung erfolgt hier stets an den Schuldner, der den Wegfall des Gläubigeranspruchs betreibt[6].

[Zuteilung der Zuzahlungen nach §§ 50, 51]

125 (1) **Hat der Ersteher außer dem durch Zahlung zu berichtigenden Teile des Meistgebots einen weiteren Betrag nach den §§ 50, 51 zu zahlen, so ist durch den Teilungsplan festzustellen, wem dieser Betrag zugeteilt werden soll. Die Zuteilung ist dadurch auszuführen, daß die Forderung gegen den Ersteher übertragen wird.**

(2) **Ist ungewiß oder streitig, ob der weitere Betrag zu zahlen ist, so erfolgt die Zuteilung und Übertragung unter der entsprechenden Bedingung. Die §§ 878 bis 882 der Zivilprozeßordnung finden keine Anwendung.**

(3) **Die Übertragung hat nicht die Wirkung der Befriedigung aus dem Grundstücke.**

Allgemeines zu § 125   1

1.1 Zweck der Vorschrift: Regelung der Verteilung für den Fall, daß der Ersteher den Wegfall einer Belastung durch Barzahlung auszugleichen hat. Während sich die §§ 117–124 mit den sofort zu zahlenden Beträgen befassen, behandelt § 125 Rechte und Belastungen, die an sich bestehenbleiben, für die aber eine **Zuzahlungspflicht** nach den §§ 50, 51 in Frage kommen kann. Auch diese ist im Teilungsplan zu berücksichtigen, soweit dies schon möglich ist.

1.2 Anwendungsbereich: Die Vorschrift gilt für alle Versteigerungsverfahren des ZVG.

Behandlung der feststehenden Zuzahlung aus §§ 50, 51 (Absatz 1)   2

2.1 Zuzahlungsbeträge **nach §§ 50, 51 sind zu zahlen,** wenn ein als bestehenbleibend ins geringste Gebot aufgenommenes dingliches Recht (Hypothek, Grundschuld, Rentenschuld nach § 50; andere dingliche Rechte nach § 51) in Wirklichkeit im Zeitpunkt des Zuschlags nicht besteht, wobei sich für Hypotheken, Grundschulden, Rentenschulden, Zinssatz, Zahlungszeit und Kündigung nach den für dieses Recht bestehenden Bestimmungen richten (§ 50 Abs 1), bei den anderen Rechten aber die Zahlung drei Monate nach Kündigung zu erfolgen hat (§ 51 Abs 1). Die Grundsätze gelten auch, wenn bei einem bedingten Recht die aufschiebende Bedingung wegfällt oder die auflösende eintritt (§ 50 Abs 2 Nr 1) oder wenn ein Recht an dem versteigerten Grundstück auf Grund der Gesamthypothekenvorschriften erlischt (§ 50 Abs 2 Nr 2; Tatbestände, die Erlöschen einer Gesamthypothek bewirken = § 50 Rdn 2).

2.2 Leistet der Ersteher im Verteilungstermin sogleich **Zahlung an das Gericht,** weil die Zuzahlungspflicht nach § 50 oder § 51 feststeht, so wird der Betrag zusammen mit dem sonst vorhandenen Versteigerungserlös verteilt (Denkschrift S 59). Dies wird nur selten vorkommen, weil auch bei feststehender Zuzahlungsverpflichtung der Betrag nach § 50 Abs 1, § 51 Abs 1 am Tage des Verteilungstermins noch nicht fällig sein wird und für den Ersteher gesetzlich keine Ver-

---

[5] Jaeckel/Güthe § 124 Rdn 2.
[6] Jaeckel/Güthe § 124 Rdn 3.

§ 125 2.2

pflichtung zur Zahlung des nach §§ 50, 51 weiter zu leistenden Betrags an das Gericht im Verteilungstermin besteht.

2.3 Die **Forderung gegen den Ersteher** auf Zahlung eines weiteren Betrages nach §§ 50, 51 ist im Verteilungsverfahren mit Rücksicht auf Zahlungszeit und Zahlungsort (§ 50 Abs 1 Satz 2, § 51 Abs 1 Satz 2) wie ein rückständiger Betrag des Bargeldes zu verteilen und zu übertragen (Denkschrift S 59): Abs 1. Diese Übertragung hat jedoch nicht die Wirkung der Befriedigung aus dem Grundstück: Abs 3 (Rdn 4). Einbezogen wird die Forderung gegen den Ersteher auf Zahlung eines weiteren Betrages nach §§ 50, 51 in das **Verteilungsverfahren** nur, wenn die sie begründenden Tatsachen dem Vollstreckungsgericht bereits bekannt sind oder (Abs 2) „in dem Verteilungstermin zur Sprache gebracht werden" (Denkschrift S 60; Rdn 3). **Von Amts wegen** hat eine Zuteilung der Zuzahlung nach § 125 daher nur zu erfolgen, wenn spätestens **im Verteilungstermin** entweder objektiv feststeht, daß das im geringsten Gebot berücksichtigte Recht nicht besteht oder die Bedingtheit des bestehenbleibenden Rechts sich aus dem Grundbuch **ergibt** (das Recht als bedingtes eingetragen oder nur durch Vormerkung oder Widerspruch gesichert ist oder die Gesamthaftung aus dem Grundbuch ersichtlich ist).

2.4 Objektiv **fest steht die Zuzahlungspflicht** des Erstehers, wenn dem Vollstreckungsgericht sicher bekannt ist (§ 45 Rdn 6), daß das bei der Feststellung des geringsten Gebots berücksichtigte Recht nicht besteht, infolge Bedingungsausfall oder Bedingungseintritt weggefallen oder nach den besonderen Vorschriften über die Gesamthypothek am versteigerten Grundstück bereits erloschen ist. Einvernehmen der Beteiligten weist Tatsachen für Feststellung des Zuzahlungsfalls nicht aus (anders[1]; ist daher nach Abs 2 zu behandeln); Vorlage der Löschungsurkunden steht vor Grundbucheintragung der Aufhebung des Rechts (BGB § 875) nicht gleich, ist daher gleichfalls nach Abs 2 zu behandeln (anders bei Grundbuchunrichtigkeit, wenn Berichtigungsunterlagen in grundbuchmäßiger Form vorliegen, GBO § 22, und anders auch bei Feststellung des geringsten Gebots, § 45 Rdn 6, weil ein nicht berücksichtigtes löschungsreifes Recht mit dem Zuschlag erlischt, § 91 Abs 1). Verteilung des Zuzahlungsbetrags, gleich ob er schon fällig ist oder nicht, und Ausführung der Zuteilung durch Übertragung der Forderung gegen den Ersteher (§ 118) erfolgen bei feststehender Zuzahlungspflicht ohne Bedingung (Abs 1).

2.5 Zuzuteilen ist der Zuzahlungsbetrag (mit den nach §§ 50, 51 zu zahlenden Zinsen) an die **nächstausfallenden Gläubiger** (Berechtigten) in ihrer Reihenfolge laut Teilungsplan. Ihnen wird die Forderung gegen den Ersteher nicht im Rang des wegfallenden Rechts, sondern an (nach den anderen Zuteilungen) nächstfolgender Stelle übertragen. Zuzuteilen und zu übertragen ist jedem Berechtigten der Ersatzzahlungs**betrag samt Zinsen** mit dem Zinssatz des weggefallenen Rechts (im Falle des § 51 mit 4 vH Zinsen) in Höhe seines ausgefallenen Anspruchs auf Befriedigung aus dem Grundstück. Weil ein verzinslicher Anspruch des Berechtigten hier nicht bereits mit Forderungsübertragung erlischt (damit auch andere wiederkehrende Leistungen nicht enden) (Abs 3), hat die Übertragung der Forderung gegen den Ersteher auch für den Anspruch des Berechtigten auf die im Teilungsplan nicht mehr betragsmäßig festgestellten Zinsen und etwaigen sonstigen Nebenleistungen zu erfolgen, die vom Verteilungstermin an weiterlaufen. Der Berechtigte kann dann die Forderung gegen den Ersteher mit (übertragenen) Zinsen nach dem Zinssatz des weggefallen Rechts (mit 4 vH im Falle des § 51) bis zur Höhe seines bei Befriedigung am späteren Zahltag bestehenden Gesamtanspruchs (an Kosten, Zinsen und sonstigen wiederkehrenden Leistungen sowie anderen Nebenleistungen und Hauptsache) auf Befriedigung aus dem Grundstück geltend machen. Die mit Übertragung erlangte Einziehungsbefugnis eines Berechtigten ist damit durch den Gesamtbetrag seines Anspruchs auf Befriedigung aus dem Grund-

---

[1] Dassler/Gerhardt § 125 Rdn 5; Steiner/Teufel § 125 Rdn 11.

Zuteilung der Zuzahlungen nach §§ 50, 51   3.2   § 125

stück (§ 10) im Zeitpunkt der Erfüllung begrenzt, wenn dieser geringer als der vom Ersteher zu zahlende Betrag mit Zinsen dazu ist.

2.6 Für die übertragene Forderung ist eine **Sicherungshypothek** an dem versteigerten Grundstück einzutragen: § 128. Die Tätigkeit des Vollstreckungsgerichts ist damit beendet; die Erfüllung der Zahlungspflicht durch den Ersteher hat es nicht herbeizuführen. Das Grundbuchersuchen ist auf die Löschung des Rechtes zu richten, dessen Nichtbestehen (objektiv) feststeht: § 130 Abs 2.

2.7 Wurde im Falle des § 51 der **Zuzahlungswert** entgegen dem Gesetz im Versteigerungstermin nicht vom Gericht **festgesetzt** (§ 51 Rdn 5), so muß das Vollstreckungsgericht im Verteilungstermin versuchen, eine Einigung der Beteiligten zu erreichen; sie ist ins Protokoll aufzunehmen. Andernfalls muß das Gericht jetzt den Betrag festsetzen; dies bindet aber die Beteiligten nicht. Die aus der Zuzahlung Berechtigten können Widerspruch erheben, um einen höheren Betrag zu erreichen (falsch nach[2], die hier nur Beschwerde für zulässig halten; anders auch[3]: die Beteiligten können sich außerhalb des Verfahrens gegen die Höhe wenden). Die Forderung gegen den Ersteher muß bei solchem Widerspruch in Höhe des die gerichtliche Festsetzung übersteigenden Mehrbetrags unter der **doppelten Bedingung übertragen** werden, daß das zuzahlungspflichtige Recht nicht bestehe und daß der Widerspruch gegen die Festsetzung der Zuzahlungshöhe für begründet erklärt werde. Widerspruchsbeklagter hinsichtlich des Mehrbetrags ist hier der Ersteher (der ja mehr als vom Gericht festgesetzt, für ein Recht nach § 51 zuzahlen soll); die Klagefrist hierbei beginnt nach ZPO § 878 mit dem Verteilungstermin (für diesen Sonderfall steht Abs 2 Satz 2 nicht entgegen, Klage also möglich). Statt des Widerspruchs (mit Widerspruchsklage) kann der aus dem Mehrbetrag zum Zuge Kommende auch gegen den Ersteher in Höhe des Mehrbetrags (Unterschied zwischen dem nachträglich gerichtlich festgesetzten und dem nach Ansicht des Klägers angemessenen Zuzahlungswert) Bereicherungsklage erheben[4] (anders[5]).

2.8 Gegen die Zuteilung aus § 125 als solche kann auch **Widerspruch** erhoben werden, der nach §§ 115, 124 zu erledigen ist (Besonderheiten Rdn 2.7).

Behandlung einer ungewissen oder streitigen Zuzahlung (Absatz 2)   3

3.1 Wenn ungewiß oder streitig ist, ob der Ersteher einen weiteren Betrag nach den §§ 50, 51 zu zahlen hat, erfolgt die Zuteilung unter der entsprechenden Bedingung: Abs 2 Satz 1. **Ungewiß** ist die Zuzahlungspflicht, wenn sie von dem Ausfall einer aufschiebenden Bedingung oder von dem Eintritt einer auflösenden Bedingung (§ 50 Abs 2 Nr 1, auch § 51 Abs 1) oder davon abhängig ist, daß das noch an einem anderen Grundstück lastende Recht an dem versteigerten Grundstück nach den besonderen Vorschriften über die Gesamthypothek erlischt (§ 50 Abs 2 Nr 2). Diese mögliche aber ungewisse Zahlungspflicht ist grundbuchersichtlich; sie muß somit **stets von Amts wegen** in das Verteilungsverfahren einbezogen werden (Rdn 2.3). Das gilt auch, wenn ein durch Vormerkung oder Widerspruch gesichertes Recht als bestehen bleibend wie ein eingetragenes Recht berücksichtigt worden ist.

3.2 **Streitig** ist die Zuzahlungspflicht des Erstehers, wenn sie weder bekannt (objektiv festgestellt, Rdn 2.4) noch grundbuchersichtlich möglich ist (Rdn 3.1), von einem Beteiligten aber geltend gemacht (behauptet) ist. „Ist also beispielsweise die Ersatzzahlung aus dem Grunde zu leisten, weil ein Recht, dessen Bestehen angenommen war, in Wirklichkeit nicht oder nicht mehr besteht, so ist für das Gericht ein Anlaß, im Teilungsplan eine Zuteilung der Forderung vorzunehmen, nur dann

---

[2] Dassler/Gerhardt § 125 Rdn 9; Schiffhauer Rpfleger 1975, 187 (II 5).
[3] Steiner/Teufel § 125 Rdn 3.
[4] Dassler/Gerhardt § 125 Rdn 3.
[5] Jaeckel/Güthe §§ 50–51 Rdn 17.

§ 125 3.2 Verteilung des Erlöses

gegeben, wenn auf Grund des behaupteten Sachverhalts gegen den Plan, soweit er das Recht als bestehend aufführt, Widerspruch erhoben wird" (Denkschrift S 60). Dieser **Widerspruch** soll nur bewirken, daß das Verteilungsverfahren auf den Zuzahlungsbetrag ausgedehnt wird[6]. §§ 115, 124 finden somit keine Anwendung; die Bestimmungen in ZPO §§ 878–882 finden gleichfalls keine Anwendung: Abs 2 Satz 2 (also keine Widerspruchsklage).

3.3 **Zugeteilt** wird der ungewisse oder streitige Zuzahlungsbetrag (mit den nach §§ 50, 51 zu zahlenden Zinsen) **unter der entsprechenden Bedingung** (Abs 2 Satz 1) an die **nächstausfallenden Gläubiger** in deren planmäßiger Reihenfolge. Zu dem durch Zuteilung zu deckenden Gläubigeranspruch gehören auch hier Zinsen und sonstige wiederkehrende Leistungen für die Zeit nach dem Verteilungstermin bis zur Befriedigung (Rdn 2.5).

3.4 Eintragung der **Sicherungshypothek** (§ 128) für die übertragene Forderung gegen den Ersteher erfolgt gleichfalls unter der entsprechenden Bedingung. Die Tätigkeit des Vollstreckungsgerichts ist damit beendet. Den Bedingungseintritt für Feststellung der Zahlungspflicht des Erstehers ermittelt es nicht. Solange Streit oder Ungewißheit besteht, darf sich das Löschungsersuchen nach § 130 nicht auf das Recht erstrecken.

4 Forderungsübertragung: Geltendmachung und Wirkung (Absatz 3)

4.1 Die Übertragung der Forderung gegen den Ersteher auf feststehende, ungewisse oder streitige Zahlung eines weiteren Betrages nach den §§ 50, 51 hat **nicht** die Wirkung der **Befriedigung aus dem Grundstück**: Abs 3. Grund: Die Forderung ist nicht ohne weiteres vollstreckbar; ihre Fälligkeit kann Kündigung und Ablauf der Kündigungsfrist voraussetzen. Mit Verweisung auf die Forderung erlangt ein Berechtigter daher keinen Gegenwert, der Befriedigungswirkung wie Barzahlung äußern könnte. Die Bedeutung der Übertragung besteht vielmehr nur darin, „den Beteiligten, die mit ihren Ansprüchen auf die Forderung angewiesen sind, die Legitimation zu verschaffen, deren sie bedürfen, um die Forderung nach dem Eintritt der Fälligkeit gegen den Ersteher geltend machen zu können" (Denkschrift S 59). Die Befriedigung erfolgt erst durch die spätere tatsächliche Zahlung.

4.2 Ist die übertragene Forderung gegen den Ersteher schon fällig (weil die Fälligkeit des erloschenen Rechts grundbuchersichtlich oder gemäß § 54 rechtzeitig angemeldet war), so kann der Gläubiger der übertragenen Forderung **klagen** (im Prozeß wird dann auch über den streitigen oder ungewissen Anspruch entschieden), falls der Ersteher nicht freiwillig leistet. Andernfalls muß er erst **kündigen**, sei es nach § 50 Abs 1 oder § 51 Abs 1. Bedingt Berechtigte können auch bei nicht gelöschten Rechten durch Klage gegen den Gläubiger dieses Rechts die Grundbuchberichtigung erwirken und sich so dem Ersteher gegenüber als empfangsberechtigt ausweisen. Der Berechtigte kann sich auch über BGB § 899 (Eintragung eines Widerspruchs auf Grund einer einstweiligen Verfügung oder einer Bewilligung) **sichern.** Alle diese Vorgänge spielen sich außerhalb des Versteigerungsverfahrens ab. Es ist Sache des unbedingt Berechtigten oder des bedingt Berechtigten, welchen Weg er wählt und wie er zu seinem Geld kommt.

4.3 Wenn die bedingte oder unbedingte Forderungsübertragung aus einem Zuzahlungsbetrag (bedingt Rdn 3, unbedingt Rdn 2) durch Versehen des Gerichts nicht erfolgt ist, kann sie **nicht** von Amts wegen **nachgeholt** werden. Die hiervon betroffenen Berichtigten, die den Zuzahlungsbetrag beanspruchen, können Bereicherungsklage gegen den Ersteher erheben.

4.4 Wird erst nach dem Verteilungstermin geltend gemacht, daß ein bestehenbleibendes Recht nicht bestehe, daß also eine Zuzahlung in Frage komme, so ist es

---

[6] Korintenberg/Wenz § 125 Anm 3.

Sache der laut Teilungsplan Berechtigten, die noch etwas zu bekommen hätten, gegen den Ersteher mit **Klage** vorzugehen; eine Nachtragsverteilung darf nicht stattfinden[7] (anders[8]: Nachtragsverteilung zulässig). Als Klagegrund wird der Anspruch aus ungerechtfertigter Bereicherung angenommen[9], aber auch ein unmittelbarer Anspruch aus §§ 50, 51[10]. Auf Grund einer überzeugenden Entscheidung des Bundesgerichtshofs[11] ist der zweite Standpunkt vorzuziehen. Durch die Feststellung des Zuzahlungsbetrags aus § 51 im Versteigerungstermin ist diese zur Versteigerungsbedingung geworden[11]; wird sie nicht mit dem Zuschlag angefochten, so hat sie die Bedeutung eines Richterspruchs, der Ersteher erhält das Eigentum unter dieser Bedingung und ist an den Zuzahlungsbetrag gebunden[11]; wird der Wegfall des Rechts vor dem Ende der Verteilung bekannt, muß das Gericht diesen Zuzahlungsbetrag nach Abs 1 mit zuteilen; bei späterem Wegfall kann nicht anders verfahren werden[11], dann allerdings nicht vom Vollstreckungsgericht, dessen Verfahren beendet ist, sondern von dem mit der Sache befaßten Prozeßgericht.

Löschungsanspruch, Löschungsvormerkung 5

5.1 Zuzahlung hat der Ersteher nach § 50 Abs 2 Nr 1 zu leisten, wenn eine **bestehen gebliebene** Hypothek (Grundschuld, Rentenschuld) als **Eigentümerrecht** nach Erteilung des Zuschlags in Erfüllung eines (vertraglichen oder gesetzlichen) durch Vormerkung nach BGB § 1179 oder nach BGB § 1179a gesicherten Löschungsanspruchs **gelöscht** wird (aufgehoben wird nach BGB § 875 Abs 1)[12]. Das bestehen gebliebene Eigentümerrecht, das einem (gesicherten) Löschungsanspruch weiterhin ausgesetzt ist (dazu § 114 Rdn 9 und § 130a Rdn 2, 3), ist durch Geltendmachung und Verwirklichung des Anspruchs (Erfüllung mit Aufhebung des Rechts) auflösend bedingt[13].

5.2 Der **Zuzahlungsbetrag gebührt** dem Gläubiger des nach BGB §§ 1179, 1179a gesicherten, durchgesetzten Löschungsanspruchs, wenn sein nach § 10 aus dem Grundstück zu befriedigender (dann meist nur teilweise ausgefallener) Anspruch unmittelbar den Rechten folgt, die bereits durch Zuteilung der Teilungsmasse voll gedeckt sind. Weil sich das Löschungsinteresse dieses Gläubigers mit der Befriedigung seines geschützten Rechts erschöpft (§ 114 Rdn 9.9), ist ein bestehen gebliebenes größeres Eigentümerrecht nur in Höhe des dafür erforderlichen Betrags durch Geltendmachung und Verwirklichung (Erfüllung) des gesicherten Löschungsanspruchs auflösend bedingt. Wegen des Mehrbetrags ist das bestehen gebliebene Eigentümerrecht einem Löschungsanspruch nicht ausgesetzt. Streitige Beträge sind nach Abs 2 zu behandeln. Wenn **Zwischenrechte** vorhanden sind (ausfallende Rechte mit Rang vor dem Grundpfandrecht oder sonstigem Recht des Gläubigers des Löschungsanspruchs) dürfen sie aus dem fremden Löschungsanspruch keinen Vorteil ziehen. Dann darf aber auch der Löschungsberechtigte nicht mehr erhalten, als er bei rechtzeitiger Löschung erhalten hätte (§ 114 Rdn 9.10). Der Gläubiger eines Zwischenrechts erhält daher keinen Zuzahlungsbetrag; vielmehr muß der auf ein Zwischenrecht (rechnerisch) entfallende Betrag dem Eigentümer verbleiben. In Höhe des infolge des Zwischenrechts dem Eigen-

---

[7] BGH MDR 1966, 46 = NJW 1966, 154 = Rpfleger 1966, 206; OLG Celle BB 1958, 934 = NJW 1958, 1543; OLG Düsseldorf Rpfleger 1996, 299; Dassler/Gerhardt § 125 Rdn 12; Jaeckel/Güthe §§ 50–51 Rdn 17.
[8] OLG Hamm JMBlNW 1961, 134 Leitsatz = RpflJahrbuch 1962, 253 Leitsatz; Bruhn Rpfleger 1957, 198 (5); Vogel BB 1953, 223.
[9] OLG Celle BB 1958, 934 = NJW 1958, 1543; Jaeckel/Güthe § 125 Rdn 9.
[10] BGH NJW 1966, 154 = aaO (Fußn 7); Dassler/Gerhardt § 125 Rdn 12; Korintenberg/Wenz § 125 Anm 4 Fußn 2.
[11] BGH NJW 1966, 154 = aaO (Fußn 7).
[12] RG 57, 209 (212); Jaeckel/Güthe §§ 50, 51 Rdn 3.
[13] RG 57, 209 (212).

tümer verbleibenden Betrags ist sonach ein bestehen gebliebenes Eigentümerrecht dem (gesicherten) Löschungsanspruch nicht ausgesetzt. Verwirklichung (Erfüllung) des Löschungsanspruchs kann somit nur eine Zuzahlungspflicht in Höhe des rechnerisch um das Zwischenrecht gekürzten Betrags bis zur Höhe des geschützten Anspruchs des Löschungsberechtigten auslösen.

Beispiel: I. Bestehen geblieben ist eine Eigentümergrundschuld in Höhe von 50 000 Euro. Nach Befriedigung anderer Ansprüche sind ausgefallen die erloschene Grundschuld des G in Höhe von 30 000 Euro und (mit Rang danach) das Wohnungsrecht des W mit einem Ersatzanspruch (§ 121) in Höhe von 50 000 Euro. Für die Grundschuld des G besteht nach BGB § 1179a der gesetzliche, vormerkungsgesicherte Löschungsanspruch; W ist nicht Gläubiger eines durch Löschungsvormerkung (BGB § 1179) gesicherten Löschungsanspruchs. Infolge des gesetzlichen Löschungsanspruchs des G ist das bestehen gebliebene Eigentümerrecht in Höhe des ausfallenden Erlösanspruchs des G (30 000 Euro; dazu Kosten und Zinsen) auflösend bedingt. Der nach Löschung des Rechts in dieser Höhe vom Ersteher zuzuzahlende Betrag (§ 50 Abs 2 Nr 1) gebührt dem Grundschuldgläubiger G. W erhält keine Zuteilung. II. Bestehen geblieben ist eine Eigentümergrundschuld in Höhe von 100 000 Euro. Nach Befriedigung anderer Ansprüche sind ausgefallen eine erloschene Hypothek des H in Höhe von 70 000 Euro und (mit Rang danach) eine Grundschuld des G in Höhe von 50 000 Euro. Nur für die Grundschuld des G besteht nach BGB § 1179a der gesetzliche, vormerkungsgesicherte Löschungsanspruch. H (Altrecht) ist nicht Gläubiger eines durch Löschungsvormerkung (BGB § 1179) gesicherten Löschungsanspruchs. Infolge des gesetzlichen Löschungsanspruchs des G ist das bestehen gebliebene Eigentümerrecht nur in Höhe des rechnerisch um das Zwischenrecht gekürzten Betrags auflösend bedingt (100 000–70 000 Euro = 30 000 Euro; zu berücksichtigen sind noch Zwischenrechtszinsen, die für dieses Beispiel außer Betracht geblieben sind). Der nach Löschung des Rechts in dieser Höhe vom Ersteher zuzuzahlende Betrag (30 000 Euro; § 50 Abs 2 Nr 1) gebührt dem Grundschuldgläubiger G. Hypothekengläubiger H (als Zwischenberechtigter) erhält nichts.

5.3 Durch den **Teilungsplan** festzustellen ist, wem der vom Ersteher zuzuzahlende **weitere Betrag zugeteilt** werden soll, wenn die Zuzahlungspflicht mit Aufhebung (Löschung) des Eigentümerrechts bis zum Verteilungstermin bereits feststeht (Abs 1), zB deshalb, weil das Eigentümerrecht nach dem Zuschlag in Erfüllung des Löschungsanspruchs bereits gelöscht wurde oder weil die Löschungsunterlagen vorliegen.

5.4 Wenn ein Grundpfandrecht als **Eigentümerrecht bestehen geblieben** ist (sein Übergang auf den Eigentümer bis Zuschlag somit feststeht) und der durch Löschungsvormerkung nach BGB § 1179 oder der gesetzliche, mit Vormerkungswirkungen nach BGB § 1179a gesicherte **Löschungsanspruch** spätestens im Verteilungstermin **geltend gemacht,** aber noch nicht mit Aufhebung (Löschung) des Eigentümerrechts erfüllt ist, ist die Zuzahlung ungewiß. Sie ist streitig, wenn das Entstehen eines Eigentümerrechts nicht feststeht, aber behauptet wird und der Löschungsanspruch geltend gemacht ist. Zuteilung und Übertragung des weiteren Betrags, über dessen Zuzahlung Ungewißheit oder Streit besteht, hat dann nach Abs 2 unter der entsprechenden Bedingung zu erfolgen[13].

5.5 a) Ob eine Zuzahlungspflicht auch dann als möglich aber ungewiß nach Abs 2 unter der entsprechenden Bedingung zu verteilen ist, wenn ein gesicherter **Löschungsanspruch** grundbuchersichtlich, vom Berechtigten bis zum Verteilungstermin aber **nicht geltend gemacht** ist, ist nicht geklärt; zB[14]: Eventualverteilung der Zuzahlung bei Löschungsvormerkung zu einer im geringsten Gebot bestehen gebliebenen Hypothek nur, wenn der Vormerkungsgläubiger seinen

---

[14] Reinhard Müller § 125 Anm II 2.

Zuteilung der Zuzahlungen nach §§ 50, 51   5.6 § 125

Anspruch geltend macht; auch[15]: Bestehen eines grundbuchersichtlichen (vorgemerkten oder gesetzlichen) Löschungsanspruchs ist (bei bestehendem Eigentümerrecht) möglich und daher ohne besonderen Hinweis nach Abs 2 zu behandeln.

b) Bedingte Zuteilung und Übertragung nach Abs 2 kann dann jedenfalls **nicht** erfolgen, wenn das bestehen gebliebene Grundpfandrecht als **Fremdrecht eingetragen** ist und nicht feststeht, daß es bis zum Zuschlag (ganz oder teilweise) Eigentümergrundschuld geworden ist. Nach der Beweisvermutung des BGB § 891 für die Richtigkeit der Grundbucheintragung ist dann davon auszugehen, daß das bestehen gebliebene Grundpfandrecht dem eingetragenen Berechtigten zusteht, sonach nicht Eigentümerrecht und nicht als solches einer (gesicherten) Löschungsverpflichtung ausgesetzt ist. Eine mögliche Löschungsverpflichtung ist dann nicht grundbuchersichtlich, sonach auch nicht als ungewiß nach Abs 2 in das Verteilungsverfahren einzubeziehen. Die (mögliche) Zuzahlungsverpflichtung muß daher geltend gemacht werden (so auch[16]).

c) Wenn feststeht, daß das bestehen gebliebene Grundpfandrecht **Eigentümerrecht** ist, kann ein nicht spätestens im Verteilungstermin geltend gemachter gesetzlicher Löschungsanspruch mit Vormerkungswirkungen (BGB § 1179 a) Ungewißheit über mögliche Zuzahlung nicht bewirken, sonach bedingte Zuteilung nach Abs 2 nicht erfordern (so auch[17]). Denn in diesem Fall werden die Vormerkungswirkungen mit Ausführung des Grundbuchersuchens nach § 130 wegfallen (§ 130 a Abs 1), wenn nicht spätestens im Verteilungstermin Antrag auf Eintragung einer Vormerkung nach § 130 a Abs 2 gestellt ist. Ein dann fortbestehender ungesicherter schuldrechtlicher Anspruch (§ 130 a Rdn 2) rechtfertigt Zuteilung eines Zuzahlungsbetrags nach Abs 2 nicht. Wenn aber Antrag gestellt wird, eine Löschungsvormerkung nach § 130 a Abs 2 zur weiteren Sicherung des Anspruchs einzutragen (§ 130 a Rdn 5), ist damit auch bereits der Löschungsanspruch geltend gemacht, der Zuzahlungsfall sonach als ungewiß oder streitig zu behandeln (so auch[18]).

d) Wenn feststeht, daß das bestehen gebliebene Grundpfandrecht **Eigentümerrecht** ist und nach dem Grundbuchstand bei Eintragung des Versteigerungsvermerks eine durch Vormerkung nach BGB § 1179 gesicherte Löschungsverpflichtung grundbuchersichtlich ist, ist auch die auflösende Bedingung und damit der mögliche Wegfall des bestehen gebliebenen Eigentümerrechts grundbuchersichtlich. Der mögliche Zuzahlungsfall ist damit ungewiß und als grundbuchersichtlich unter der entsprechenden Bedingung bei Erlösverteilung von Amts wegen nach Abs 2 zu behandeln (so auch[19]). Daß der Löschungsanspruch dann auch noch spätestens im Verteilungstermin ausdrücklich geltend gemacht sein müßte, kann nicht verlangt werden. Die Löschungsvormerkung nach BGB § 1179 ist als Nebenrecht der bestehen gebliebenen Eigentümergrundschuld zur künftigen Durchsetzung des Löschungsanspruchs nicht erloschen; sie darf nicht gelöscht werden. Desgleichen kann Sicherstellung des Zuzahlungsbetrags durch bedingte Zuteilung und Übertragung nicht unterbleiben.

5.6 Ein **schuldrechtlicher Anspruch** auf Löschung, der nicht durch Vormerkung nach BGB § 1179 oder mit den Vormerkungswirkungen des BGB § 1179 a gesichert ist, kann Berücksichtigung eines möglichen Zuzahlungsfalls im Verteilungsverfahren nach Abs 2 weder erfordern noch ermöglichen. Ein nur schuldrechtlicher Löschungsanspruch bewirkt nicht, daß das Eigentümerrecht als auflösend bedingtes Grundpfandrecht bestehen geblieben ist, kann sonach nicht zu Ungewißheit über einen möglichen Zuzahlungsfall führen. Er kann daher auch dann keine Zuteilung eines

---

[15] Dassler/Gerhardt § 125 Rdn 7; Steiner/Teufel § 125 Rdn 8.
[16] Steiner/Teufel § 125 Rdn 8.
[17] Dassler/Gerhardt § 125 Rdn 8.
[18] Steiner/Teufel § 125 Rdn 21.
[19] Dassler/Gerhardt § 125 Rdn 7; Steiner/Teufel § 125 Rdn 8.

§ 125 5.6   Verteilung des Erlöses

möglichen Zuzahlungsbetrags unter entsprechender Bedingung nach Abs 2 rechtfertigen, wenn er spätestens im Verteilungstermin (ausdrücklich) geltend gemacht ist.

[Unbekannter Berechtigter: Hilfsverteilung, Hinterlegung]

126 (1) Ist für einen zugeteilten Betrag die Person des Berechtigten unbekannt, insbesondere bei einer Hypothek, Grundschuld oder Rentenschuld der Brief nicht vorgelegt, so ist durch den Teilungsplan festzustellen, wie der Betrag verteilt werden soll, wenn der Berechtigte nicht ermittelt wird.

(2) Der Betrag ist für den unbekannten Berechtigten zu hinterlegen. Soweit der Betrag nicht gezahlt wird, ist die Forderung gegen den Ersteher auf den Berechtigten zu übertragen.

1 Allgemeines zu § 126

1.1 Zweck der Vorschrift: Planaufstellung für endgültige Erlösverteilung zum Abschluß des Verfahrens für den Fall, daß ein Berechtigter unbekannt ist. Die Ermittlung des Unbekannten regeln §§ 135–142.

1.2 Anwendungsbereich: Die Vorschrift gilt für **alle Versteigerungsverfahren** des ZVG. Über die Anwendung in der Zwangsverwaltung § 146 Rdn 4, § 156 Rdn 4.

2 Grund des Unbekanntseins eines Zuteilungsberechtigten

2.1 Das Vollstreckungsgericht hat bei der Verteilung des Erlöses die **gegenwärtige Legitimation** des jeweiligen Anspruchsberechtigten **zu beachten**[1] (§ 117 Rdn 2) und genau zu prüfen, wer berechtigt ist. **Unbekannt** sein kann im Verteilungstermin die Person eines Zuteilungsberechtigten, weil ein Hypotheken-, Grundschuld-, Rentenschuld**brief nicht vorgelegt** wurde (Abs 1). Diese Briefe müssen vorgelegt werden, wenn Zahlungen auf das Kapital erfolgen sollen (BGB § 1160 Abs 1), auch bei Zahlung von Tilgungsbeträgen, aber nicht, wenn nur Kosten, Zinsen und andere Nebenleistungen aus einem Recht zu zahlen sind (BGB §§ 1159, 1160 Abs 3)[2] (anders[3]). Wird bei Vorlagepflicht der Brief nicht vorgelegt, so wird für die gesamte Zuteilung der Berechtigte als unbekannt behandelt, nicht nur für die Zuteilung auf das Kapital. Sind Kosten, Zinsen sowie Nebenleistungen und das Kapital eines erloschenen Rechts auszuzahlen, dann hat die Nichtvorlage des Briefes also zur Folge, daß der Berechtigte für den Gesamtanspruch (nicht nur für das Kapital) unbekannt ist. Die Briefe sind auch vorzulegen, wenn das Bestehenbleiben des Rechts vereinbart werden soll. Der nicht eingetragene Briefrechtsgläubiger muß außer dem Brief auch die Urkunden nach BGB § 1155 vorlegen (BGB § 1160 Abs 1) (so auch[4]). Erst deren Vorlage begründet die Vermutung (BGB § 891 Abs 1), daß dem Briefbesitzer das Recht zusteht (BGB § 1155) und ermöglicht sonach dem Vollstreckungsgericht für die Leistung (BGB § 893, 1155) die Feststellung des Berechtigten (§ 117 Rdn 2). An den Briefrechtsgläubiger darf also nicht bezahlt werden, wenn der Brief oder wenn beglaubigte Abtretungserklärungen nicht vorliegen, auch wenn der Gläubiger Beteiligter ist[5]. An den legitimierten Zessionar eines solchen Rechts, der den Brief vorlegt, muß bezahlt werden, auch wenn er seine Ansprüche im Verfahren nicht angemeldet hat

---

[1] RG 73, 298.
[2] Jaeckel/Güthe § 126 Rdn 2; Korintenberg/Wenz § 126 Anm 1.
[3] Dassler/Gerhardt § 126 Rdn 4; Steiner/Teufel § 126 Rdn 12; Mohrbutter/Drischler Muster 137 Anm 1.
[4] Dassler/Gerhardt § 126 Rdn 2.
[5] RG 73, 298.

(das Recht als solches, weil eingetragen, mußte ja nicht angemeldet werden)[5] und auch wenn die Zession erst nach der Verteilung, aber vor der Auszahlung erfolgt ist[5] (hier ist dann abweichend vom Plan auszuzahlen). Das Gericht darf nur unter denselben privatrechtlichen Voraussetzungen zahlen, unter denen der Schuldner selbst zur Zahlung verpflichtet ist[5]. Die Folge ist bei Buchrechten, daß an den bei Erteilung des Zuschlags (entgegen also §§ 114, 45) Eingetragenen zu zahlen ist (also nicht an den bei Eintragung des Versteigerungsvermerks Eingetragenen), auch wenn er seine Ansprüche nicht angemeldet hat (§ 117 Rdn 2). Nach Erlöschen eines Brief- oder Buchrechts mit Erteilung des Zuschlags erfolgt Abtretung des an seine Stelle getretenen Erlösanspruchs nur noch durch Willensäußerung (Einigung zwischen Zedent und Zessionar), nicht mehr aber mit Kundbarmachung durch Briefübergabe oder Grundbucheintragung[6] (auch § 114 Rdn 5). Das durch Abtretung des Erlösanspruchs nach Wirksamkeit des Zuschlags erlangte Gläubigerrecht kann daher nicht mehr durch Grundbucheintragung nachgewiesen werden (Beweisvermutung des BGB § 891 Abs 1 deckt die Verfügung über den Erlösanspruch nicht). Der Berechtigte braucht ebenso nicht durch öffentlich beglaubigte Abtretungserklärungen nachgewiesen zu sein. Die nach dem Zuschlag mit Abtretung des Erlösanspruchs eingetretene Rechtsnachfolge ist daher vom Vollstreckungsgericht zu berücksichtigen, wenn sie ihm zur Kenntnis gelangt ist (§ 117 Rdn 2; so auch[7]). Das erfordert beim Briefrecht, daß die nachgewiesene Zession des Erlösanspruchs nach dem Zuschlag auf einen Berechtigten zurückgeht, der nach § 126 legitimiert ist (so auch[7]), als Gläubiger bei Erteilung des Zuschlags mithin im Grundbuch eingetragen war oder durch öffentlich beglaubigte Abtretungserklärungen (BGB § 1155) als Rechtsnachfolger des Eingetragenen ausgewiesen wird und durch Briefvorlage (die für ihn auch durch den Zessionar des Erlösanspruchs erfolgen kann) die Vermutung für den Erwerb des Rechts mit Briefübergabe darlegt (BGB § 1117 Abs 3, § 1154 Abs 1).

2.2 Ein Zuteilungsberechtigter kann auch **aus anderen Gründen unbekannt** sein, wenn zB der bisherige Berechtigte verstorben ist und seine Erben noch unbekannt sind[8]. Nicht unbekannt im Sinne von § 126 ist der Berechtigte aber, wenn nur fraglich ist, wer von mehreren Bekannten der Berechtigte ist (zB bei der Höchstbetragshypothek, § 114 Rdn 5.13, nach möglicherweise unwirksamer Abtretung) oder wenn der Berechtigte sich nicht gehörig ausweisen kann (§ 117 Rdn 3) oder wenn der Aufenthaltsort des feststehenden Berechtigten unbekannt ist[9] oder wenn der gesetzliche Vertreter des Berechtigten unbekannt ist[9]. § 126 kommt auch nicht in Frage, wenn eine Pflegschaft nach BGB § 1913 besteht, wohl aber bei einer Pflegschaft nach BGB § 1912. Bei unbekanntem Aufenthalt oder unbekanntem gesetzlichen Vertreter ist nach § 117 Abs 2 zu verfahren, also für den zu benennenden Berechtigten zu hinterlegen.

2.3 Hierzu im ZVG-Handbuch Rdn 502–508, Muster für Hinterlegungsantrag Rdn 504.

Hilfsverteilung bei Unbekanntsein des Berechtigten (Absatz 1)

3.1 Wenn der Berechtigte einer Zuteilung im Sinne des § 126 unbekannt ist (Rdn 2), dann **muß** das Vollstreckungsgericht im Teilungsplan eine **Hilfsverteilung** vornehmen: Abs 1. Grund: Klarstellung des Aufgebotsrechts (§ 138 Abs 1) und Verteilung des mit Erlaß eines Ausschlußurteils freiwerdenden Betrags (§ 141). **Eventualberechtigte** sind die Berechtigten in der Rangfolge ihrer Ansprüche, die durch Zuteilung noch nicht gedeckt sind, mithin bislang ausfallen, schließlich der Eigentümer für den Erlösüberschuß.

---

[6] Stöber ZIP 1980, 833 (IV).
[7] Dassler/Gerhardt § 126 Rdn 3.
[8] Dassler/Gerhardt § 126 Rdn 1; Mohrbutter/Drischler Muster 137 Anm. 2.
[9] Mohrbutter/Drischler Muster 136 Anm 2.

§ 126 3.2   Verteilung des Erlöses

3.2 Ergibt sich erst **nach dem Verteilungstermin**, daß ein Berechtigter **unbekannt** ist, weil ein überwiesener Betrag zB zurückkommt, und kann dieser Umstand nicht sofort geklärt werden, indem zB die Erben umgehend ermittelt werden, so ist ein neuer Verteilungstermin anzusetzen und in diesem nach § 126 zu verfahren, wobei zu dem Termin der Vollstreckungsschuldner und die ausgefallenen Gläubiger zu laden sind, der Ersteher (ebenso mithaftende Dritte), falls er nicht voll bezahlt hat[10] (hierzu auch im ZVG-Handbuch Rdn 506). Nicht zu laden sind zum Termin die schon befriedigten Berechtigten und der Ersteher, der schon das Bargebot voll bezahlt hat[11]. Es ist dies keine unzulässige Nachtragsverteilung, sondern eine Änderung der Ausführung des Teilungsplanes. Bei nachträglicher Feststellung des wirklichen Berechtigten kann hier wie bei § 124 (im Gegensatz zu §§ 120, 121, 123) das Vollstreckungsgericht den endgültig Berechtigten auch im Grundbuch eintragen lassen.

4 Planausführung bei Unbekanntsein des Berechtigten (Absatz 2)

4.1 Die im Teilungsplan vorgesehene Hilfsverteilung (§ 126 Abs 1) wird nicht unmittelbar ausgeführt (Abs 2), sondern nur dadurch vorbereitet, daß der Betrag für den Unbekannten **hinterlegt** wird: Abs 2 Satz 1. Die Hinterlegung erfolgt auf Antrag des Vollstreckungsgerichts nach HinterlO §§ 6, 8, 11–13, 15, 20. Hinterlegungsgrund ist Abs 2 Satz 1; Rücknahmeverzicht wird daher im Hinterlegungsantrag nicht erklärt. Die Hinterlegung kann nach den Vorschriften der HinterlO nicht für einen Unbekannten geschehen, es muß immer ein bestimmter Berechtigter benannt werden, der dann als Beteiligter des Hinterlegungsverfahrens (zB HinterlO § 13 Abs 2) in Frage kommt; somit kann nur zur weiteren Verfügung des Vollstreckungsgerichts (HinterlO § 15) hinterlegt werden und erst, wenn der Unbekannte ermittelt ist, Auszahlungsanweisung nach §§ 137, 139, 141 ergehen. Der sich nachträglich ausweisende Berechtigte kann auch nicht zusammen mit dem Eventualberechtigten über das Hinterlegungsgeld verfügen. Das weitere Verfahren läuft nach §§ 135–142.

4.2 Ist das Bargebot nicht bezahlt, so muß die **Forderung** auf den unbekannten Berechtigten **übertragen** werden: Abs 2 Satz 2. In diesem Sinn wird auch die Sicherungshypothek aus § 128 für ihn eingetragen („zugunsten des unbekannten Berechtigten aus dem Recht ..."); hier darf der „Unbekannte" eingetragen werden. Auch hier läuft das weitere Verfahren nach §§ 135–142. Dabei ist zu beachten, daß die Forderungsübertragung nur auf den unbekannten Berechtigten erfolgt, ohne Eventualübertragung, die in § 126 nicht vorgesehen ist.

4.3 Hierzu Muster im ZVG-Handbuch Rdn 501, 504, 505.

[Grundpfandrechtsbriefe und Vollstreckungstitel]

127 (1) **Wird der Brief über eine infolge der Versteigerung erloschene Hypothek, Grundschuld oder Rentenschuld vorgelegt, so hat das Gericht ihn unbrauchbar zu machen. Ist das Recht nur zum Teil erloschen, so ist dies auf dem Briefe zu vermerken. Wird der Brief nicht vorgelegt, so kann das Gericht ihn von dem Berechtigten einfordern.**

(2) **Im Falle der Vorlegung eines vollstreckbaren Titels über einen Anspruch, auf welchen ein Betrag zugeteilt wird, hat das Gericht auf dem Titel zu vermerken, in welchem Umfange der Betrag durch Zahlung, Hinterlegung oder Übertragung gedeckt worden ist.**

(3) **Der Wortlaut der Vermerke ist durch das Protokoll festzustellen.**

---

[10] Dassler/Gerhardt § 126 Rdn 7; Steiner/Teufel § 126 Rdn 17.
[11] Dassler/Gerhardt § 126 Rdn 7.

Grundpfandrechtsbriefe und Vollstreckungstitel 2.4 § 127

Allgemeines zu § 127 1

Zweck und **Anwendungsbereich:** Behandlung der vorgelegten Grundpfandrechtsbriefe und der Vollstreckungstitel. Die Vorschrift gilt für alle Versteigerungsverfahren des ZVG. Über die Anwendung in der Zwangsverwaltung § 146 Rdn 4.

Behandlung der Grundpfandrechtsbriefe (Absatz 1) 2

2.1 Wenn der Hypotheken-, Grundschuld- oder Rentenschuldbrief für ein durch den Zuschlag **erloschenes** Grundpfandrecht vorgelegt wird, muß ihn das Gericht **unbrauchbar machen:** Abs 1 Satz 1. Erlischt nur ein **Teil** des Rechts, so erhält der Brief einen entsprechenden **Vermerk** hierüber: Abs 1 Satz 2. Den nicht vorgelegten Brief für ein durch den Zuschlag erloschenes Grundpfandrecht kann das Vollstreckungsgericht vor oder nach dem Verteilungstermin vom Berechtigten anfordern: Abs 1 Satz 3. Die Vorlage kann es aber nicht erzwingen[1]. Wo der Berechtigte allerdings Kapitalbeträge, auch Tilgungsbeträge, aus dem Recht erhalten will, ist er durch § 126 zur Vorlage gezwungen, weil er sonst als unbekannt gilt. Nicht vorgelegte Briefe können nicht unbrauchbar gemacht und nicht mit dem Vermerk versehen werden. Im Protokoll ist dann zu vermerken, daß wegen Nichtvorlage der Brief nicht unbrauchbar gemacht werden kann.

2.2 Um einen Brief unbrauchbar zu machen, ist GBO § 69 zu beachten: die mit dem Brief verbundene **Schuldurkunde** ist **abzutrennen.** Weiter ist nach GBV § 53 zu verfahren: Der **Brief** ist **mit Einschnitten** zu versehen und seine Eingangsformel **durchzustreichen.** Zweckmäßig wird außerdem noch ein **Vermerk** über das Erlöschen des Rechts in der Versteigerung angebracht. Dieser Vermerk enthält das Gericht, das Datum, die Unterschrift des Rechtspflegers und das Dienstsiegel[2]. Die Schuldurkunde wird nicht unbrauchbar gemacht[3] (dazu auch Rdn 3). Wenn ein Recht nur teilweise erlischt, also teilweise bestehenbleibt (es kommt nicht darauf an, ob es etwa teilweise aus dem Meistgebot befriedigt wird; es kann ja auch ohne Befriedigung erlöschen), wird auf dem Brief vermerkt (nicht auf der Schuldurkunde), in welchem Umfang das Recht durch den Zuschlag erloschen ist, mit Ort, Datum, Gerichtsbezeichnung, Unterschrift, Siegel[4]. Weitere Berichtigungen sind Sache des Grundbuchamts.

2.3 Der unbrauchbar gemachte Brief wird mit dem Eintragungsersuchen (§ 130) an das **Grundbuchamt abgegeben** (anders[5]: ist zu den Versteigerungsakten zu nehmen; auch[6]: entweder zu den Versteigerungsakten oder Abgabe an das Grundbuchamt); dort erfolgt Behandlung nach GBV § 53 Abs 2. Unterlassenes Unbrauchbarmachen holt das Grundbuchamt nach.

2.4 Ist ein **gemeinschaftlicher Brief** über mehrere Rechte nach GBO § 66 erteilt und sind nicht alle erloschen oder haftet noch ein nicht versteigertes Grundstück mit, so wird auf dem Brief vermerkt, daß das eine Recht oder daß das Recht auf dem einen Objekt erloschen ist[7]. Ob das Recht auf dem mithaftenden Objekt nach BGB § 1181 erlischt oder nach BGB § 1182 für einen Ersatzberechtigten bestehenbleibt, ist für das Vollstreckungsgericht unerheblich, von ihm auch nicht auf den Briefen zu vermerken. Erstreckt sich das (spätere) Grundbuchersuchen aus § 130 auch auf Rechte, die nicht durch den Zuschlag erloschen sind,

---

[1] RG 83, 290; Steiner/Eickmann § 127 Rdn 6.
[2] Jaeckel/Güthe § 127 Rdn 3; Steiner/Eickmann § 127 Rdn 8.
[3] Mohrbutter/Drischler Muster 133 Anm 3.
[4] Jaeckel/Güthe § 127 Rdn 3.
[5] Dassler/Schiffhauer § 127 Rdn 7.
[6] Mohrbutter/Drischler Muster 133 Anm 3.
[7] RG 157, 287.

§ 127 2.4 Verteilung des Erlöses

sondern im geringsten Gebot bestehenblieben, aber anderweitig nicht entstanden oder erloschen sind (§ 130 Abs 2), so werden die Briefe dem Ersuchen nur beigefügt, sind aber vom Grundbuchamt zu behandeln[8].

2.5 Ist das **Liegenbelassen** eines Rechts vereinbart (§ 91 Abs 2), so wird der Brief über das Recht nicht unbrauchbar gemacht. Ist er schon unbrauchbar gemacht, weil das Liegenbelassen erst nach dem Verteilungstermin nachgewiesen wird, so muß das Grundbuchamt neuen Brief erteilen[9]. Wird das Liegenbelassen eines Gesamtrechts bezüglich einzelner Objekte vereinbart, so ist wegen § 91 Abs 3 Satz 2 mit BGB §§ 1181, 1182 ein entsprechender Vermerk vom Vollstreckungsgericht auf den Brief zu setzen. Der Brief über ein liegenbelassenes Recht, der noch nicht unbrauchbar gemacht wurde, wird dem Gläubiger des Rechts ausgehändigt, kann aber auch mit dem Grundbuchersuchen an das Grundbuchamt geleitet werden; einen Vermerk erhält er nicht (anders[10]), ausgenommen bei Mithaftung[11].

2.6 Wird ein **Brief** nicht mit dem Grundbuchersuchen an das Grundbuchamt geleitet, so **erhält** ihn, wer ihn eingereicht hat[12]. Beansprucht ihn der Schuldner (weil Recht befriedigt oder aus sonstigen Grunde), so hat hierüber nicht das Vollstreckungsgericht zu entscheiden. Die abgetrennte Schuldurkunde erhält auch, wer sie eingereicht hat, falls es sich um eine vollstreckbare Urkunde handelt, nicht nur um eine Abschrift.

2.7 Zur Behandlung der Briefe mit Beispiel im ZVG-Handbuch Rdn 554.

3 Behandlung der Vollstreckungstitel im Verteilungstermin (Absatz 2)

3.1 Wenn der vollstreckbare Titel über einen Anspruch vorgelegt wird, dem aus dem Erlös etwas zugeteilt ist (auch Kosten und Zinsen auf ein bestehenbleibendes Recht), so muß das Vollstreckungsgericht auf ihm **vermerken**, in welchem Umfang der Betrag des Titels (getrennt nach Kosten, Zinsen, Hauptsache) durch Zahlung, Hinterlegung oder Forderungsübertragung **zum Zuge gekommen** ist: Abs 2. Der Vermerk wird datiert und unterschrieben; Dienstsiegel ist nicht nötig (anders beim Brief), aber üblich. Auch das Liegenbelassen ist hier zu vermerken (anders beim Brief) (anders[13]), nicht aber die Folgen aus § 114a.

3.2 Abzuquittieren sind **alle** Vollstreckungstitel, **die an das Vollstreckungsgericht** in diesem Versteigerungsverfahren **gelangt sind** (natürlich nicht Titel, die zu einem anderen Verfahren, etwa dem Offenbarungsversicherungsverfahren eingereicht sind), auch solche, aus denen das Verfahren nicht betrieben wurde, die etwa als Anlage einer Anmeldung eingereicht sind. Ist ein Titel mit einem Brief verbunden, so werden beide gesondert, je nach ihren Vorschriften behandelt.

3.3 Der abquittierte Vollstreckungstitel ist (ebenso wie alle, auf die nichts entfallen ist und auf denen daher nichts zu vermerken ist) an denjenigen **zurückzugeben**, der ihn eingereicht hat[14]. Er kann zB auch von einem Gerichtsvollzieher aus seinen Akten übersandt oder auf Wunsch eines Gläubigers aus anderen Akten übernommen worden sein und muß dann an eben diese Stelle zurück, falls nicht inzwischen der Verfügungsberechtigte anders bestimmt hat. Der Vollstreckungstitel ist keinesfalls an den Vollstreckungsschuldner auszuhändigen, auch nicht bei anscheinend vollständiger Befriedigung des Gläubigers (wo dies der Gerichtsvollzieher nach ZPO § 757 tun muß), weil das Vollstreckungsgericht nicht darüber zu

---

[8] Mohrbutter/Drischler Muster 133 Anm 3.
[9] Steiner/Eickmann § 127 Rdn 13; Mohrbutter/Drischler Muster 133 Anm 3.
[10] Stoll SchlHA 1953, 234.
[11] Jaeckel/Güthe § 91 Rdn 6; Steiner/Eickmann § 127 Rdn 14.
[12] Mohrbutter/Drischler Muster 133 Anm 2.
[13] Dassler/Schiffhauer § 127 Rdn 15; Steiner/Teufel § 127 Rdn 18.
[14] Mohrbutter/Drischler Muster 133 Anm 2.

Sicherungshypothek für Forderungen und Übererlös   2.1 § 128

entschieden hat, wem er zusteht[15]. Bei einer Liegenbelassungsvereinbarung würde die Herausgabe an den Schuldner dem Gläubiger zu Unrecht seinen Titel entziehen, weil ja das Schuldverhältnis je nach Vereinbarung fortbestehen kann, nur der Ersteher in dieses nach BGB § 414 eintreten kann[16]. In den Versteigerungsakten muß vermerkt werden, an wen der Titel übersandt oder ausgehändigt wurde.

3.4 Hierzu im ZVG-Handbuch mit Muster Rdn 555.

Protokollvermerke (Absatz 3)   4

Der **Wortlaut** der auf den Briefen (Abs 1 Satz 2) und auf dem vollstreckbaren Titeln (Abs 2) anzubringenden Vermerke ist **im Protokoll** über den Verteilungstermin **festzustellen:** Abs 3. Üblich ist Vermerk mit Datum und Unterschrift. Der Aufnahme in das Protokoll steht die Aufnahme in eine Schrift gleich, die dem Protokoll als Anlage beigefügt und in ihm als solche bezeichnet ist (ZPO § 160 Abs 5); das ermöglicht es, den Vermerk im Durchschreibeverfahren (auch als Ablichtung) herzustellen und dem Protokoll beizufügen. Werden Briefe erst nach dem Verteilungstermin vorgelegt, so kann der Vermerk nicht mehr ins Terminsprotokoll aufgenommen werden; dann ist er in den Versteigerungsakten festzustellen.

[Sicherungshypothek für Forderungen und Übererlös]

128 (1) Soweit für einen Anspruch die Forderung gegen den Ersteher übertragen wird, ist für die Forderung eine Sicherungshypothek an dem Grundstücke mit dem Range des Anspruchs einzutragen. War das Recht, aus welchem der Anspruch herrührt, nach dem Inhalte des Grundbuchs mit dem Rechte eines Dritten belastet, so wird dieses Recht als Recht an der Forderung miteingetragen.

(2) Soweit die Forderung gegen den Ersteher unverteilt bleibt, wird eine Sicherungshypothek für denjenigen eingetragen, welcher zur Zeit des Zuschlags Eigentümer des Grundstücks war.

(3) **Mit der Eintragung entsteht die Hypothek.** Vereinigt sich die Hypothek mit dem Eigentum in einer Person, so kann sie nicht zum Nachteil eines Rechtes, das bestehen geblieben ist, oder einer nach Absätzen 1, 2 eingetragenen Sicherungshypothek geltend gemacht werden.

(4) **Wird das Grundstück von neuem versteigert, so ist der zur Deckung der Hypothek erforderliche Betrag bar zu berichten.**

Allgemeines zu § 128   1

1.1 Zweck der Vorschrift: Sicherung der Gläubiger der bei Ausführung des Teilungsplans übertragenen Forderungen gegen den Ersteher (§ 118) und des letzten Eigentümers in Ansehung des Überschusses am versteigerten Grundstück.

1.2 Anwendungsbereich: Die Vorschrift gilt für alle Versteigerungsverfahren des ZVG (Besonderheiten bei der Teilungsversteigerung Rdn 2.21). Bei Schiffs- und Schiffsbauwerkversteigerung heißt dieses einzutragende Recht Schiffshypothek, bei Luftfahrzeugen Registerpfandrecht; zur Vereinfachung wird in den folgenden Ausführungen immer von der Sicherungshypothek gesprochen.

Eintragung von Sicherungshypotheken (Absatz 1 Satz 1, Absatz 3 Satz 1)   2

2.1 Wenn eine Forderung gegen den Ersteher auf Berechtigte übertragen worden ist, weil das bare Meistgebot nicht bezahlt wurde (§ 118), **muß** für jede über-

---

[15] Steiner/Teufel § 127 Rdn 18; Mohrbutter/Drischler Muster 133 Anm 2.
[16] Stoll SchlHA 1953, 234.

§ 128 2.1

tragene Forderung auch eine **Sicherungshypothek** eingetragen werden: Abs 1 Satz 1.

2.2 Die Eintragung der Sicherungshypothek ist **Zwangsmaßregel** gegen den Ersteher[1]. Sie ist aber keine Vollstreckungsmaßnahme gegen den Ersteher[2]. Daher ist sie auch nach Eröffnung des Insolvenzverfahrens über sein Vermögen (trotz InsO § 89 Abs 1) zulässig[3] (§ 81 Rdn 3 und § 118 Rdn 5.2), auch wenn das Verfahren nach Abgabe des Meistgebot aber vor Erteilung des Zuschlags eröffnet wurde. Auch ein öffentlich-rechtliches Vollstreckungsverbot hindert die Eintragung nicht. Die Sicherungshypothek ist auch einzutragen, wenn der Staat das Grundstück erstanden hat.

2.3 Eine Sicherungshypothek muß **für jede** einem Berechtigten auf einen aus dem Grundstück zu befriedigenden Anspruch **übertragene Forderung** gegen den Ersteher samt deren Zinsen (normal 4% [§ 118 Rdn 5.1]oder anderer Zinssatz nach § 59) eingetragen werden (Abs 1 Satz 1). Angenommen wurde auch, daß für alle aus einer Versteigerung übertragene Forderungen eine einheitliche Sicherungshypothek eingetragen werden könne, unter Bezeichnung ihrer Teilbeträge[4] nach Gläubiger, Forderungshöhe, Zinsen und Rang. Dem kann nicht zugestimmt werden (wie hier:[5]); schon nach dem Wortlaut des Abs 1 ist eine Sicherungshypothek einzutragen für die einem (damit jedem) Anspruch übertragene Forderung gegen den Ersteher (auch § 130 Abs 1: zu ersuchen ist um Eintragung der Sicherungshypotheken). Eine einheitliche Sicherungshypothek wäre zudem gemeinschaftliches Recht aller; gemeinschaftliche Berechtigung (Angabe nach GBO § 47 wäre erforderlich) besteht jedoch nicht. Auf alle Fälle aber ist es unbedingt vorzuziehen (schon um Unwirksamkeit und auch Verwechslungen zu vermeiden), für jeden einzelnen übertragenen Anspruch eine besondere Sicherungshypothek einzutragen. Auch wenn ein Gläubiger aus mehreren Ansprüchen etwas zugeteilt erhalten hat und somit mehrere Forderungsübertragungen erfolgt sind, sind selbständige (voneinander getrennte) Sicherungshypotheken einzutragen.

2.4 Die Sicherungshypothek ist auch für eine Forderung von **750 Euro und weniger** einzutragen. Ihre Eintragung ist Zwangsmaßregel, nicht aber Vollstreckungsmaßnahme gegen den Ersteher (Rdn 2.2); das Gebot von ZPO § 866 Abs 3, daß die Sicherungshypothek 750 Euro übersteigen müsse, gilt für sie daher nicht. Die Sicherungshypothek kann auch als Gesamthypothek eingetragen werden, weil auch das Verbot von ZPO § 867 Abs 2 keine Anwendung findet[6].

2.5 Einzutragen ist eine Sicherungshypothek **nur an dem versteigerten Grundstück** oder Grundstücksbruchteil, auch wenn dieser nicht mehr besteht wie dann, wenn bei Bruchteilsversteigerung der andere Miteigentümer eingesteigert hat und nun Alleineigentümer des ganzen Grundstücks ist, und daher an sich gemäß BGB § 1114 an dem versteigerten Teil keine Hypothek eingetragen werden könnte.

2.6 Die Hypothek darf auch nur an dem Grundstück oder dem Bruchteil entstehen, die dem betreffenden Gläubiger schon vor der Versteigerung gehaftet haben[7], aus dessen Versteigerung also die Forderung entstanden ist, sei es aus dinglichen Ansprüchen, sei es auf Grund einer Beschlagnahme für persönliche Ansprüche oder für Verfahrenskosten oder für Ansprüche der Rangklasse 1–3. War die For-

---

[1] Finger MDR 1969, 617 (II 3 b); Fischer NJW 1956, 1095 (2).
[2] Steiner/Teufel § 128 Rdn 9; Finger je aaO (Fußn 1).
[3] OLG Düsseldorf KTS 1989, 717 = MDR 1989, 747 = Rpfleger 1989, 339.
[4] Drischler RpflJahrbuch 1962, 322 (E III f 2).
[5] Dassler/Schiffhauer § 128 Rdn 20; Jaeckel/Güthe §§ 128, 129 Rdn 6; Reinhard/Müller § 128 Anm III.
[6] OLG Düsseldorf aaO (Fußn 3).
[7] Fischer NJW 1956, 1095 (2).

derung aus einem Bruchteil entstanden, so darf die Sicherungshypothek nur auf diesem früheren Bruchteil eingetragen werden, auch wenn kein Bruchteil mehr vorhanden ist, weil der Ersteher Alleineigentümer des Objekts geworden ist[8].

2.7 Hat ein Gläubiger bei **Versteigerung mehrerer Objekte** nur aus einem oder einzelnen etwas zu bekommen, so wird die Sicherungshypothek für seine Forderung nur hierauf eingetragen. Hat er aus mehreren in einem Gesamtausgebot zugeschlagenen Objekten etwas zu bekommen, so wird die Sicherungshypothek, wenn eine Verteilung nach § 112 nicht erfolgt ist, als Gesamthypothek eingetragen[9], sonst mit einem Vermerk, wie in § 122 Rdn 2 ausgeführt ist.

2.8 Um Eintragung der Sicherungshypotheken hat das Vollstreckungsgericht zu **ersuchen:** § 130 Abs 1. Die Sicherung der Ansprüche der Berechtigten übertragener Forderungen durch Eintragung der Sicherungshypotheken ist gesetzliche Folge der Forderungsübertragung nach Nichtberichtigung des Bargebots. Eine gesonderte Anordnung im Verteilungstermin als Grundlage des Ersuchens braucht daher nicht getroffen zu sein (sie ist weitgehend aber üblich). Zum Eintragungsersuchen § 130 Rdn 2.14.

2.9 Einzutragen ist die Sicherungshypothek **für denjenigen, dem** bei der Ausführung des Teilungsplans eine **Forderung** gegen den Ersteher **übertragen** worden ist (Abs 1), auch wenn er mithaftender Meistbietender ist (§ 118 Rdn 3.2). Er ist im Eintragungsersuchen und bei Grundbucheintragung als Gläubiger zu bezeichnen, und zwar nach Maßgabe von GBV § 15. Als **Gläubiger** ist **auch** ein inzwischen **verstorbener** Berechtigter einzutragen[10]. Auch ein **unbekannter** Berechtigter nach § 126 ist einzutragen und bei späterer Ermittlung auf Ersuchen des Vollstreckungsgerichts zu berichtigen[10]; die Tatsache, daß später berichtigt werde, ist nicht einzutragen.

2.10 Waren **Gläubiger** aus einem Recht **gemeinsam berechtigt,** zB in Bruchteilsgemeinschaft, so setzt sich die Gemeinschaft an der unverteilt übertragenen Forderung und der dafür eingetragenen Sicherungshypothek fort[11] (§ 118 Rdn 3.2). Die Sicherungshypothek für die übertragene Forderung ist für die unverändert gemeinschaftlich Berechtigten daher mit ihren Anteilen in Bruchteilen (Bruchteilsgemeinschaft wie bisher) oder mit dem für die Gemeinschaft bestehenden Rechtsverhältnis einzutragen (so auch[11]). Die damit gesicherte Forderung einer Bruchteilsgemeinschaft bleibt dieser bis zur Auseinandersetzung der Gemeinschaft gebunden, sie ist, obwohl auf Geld lautend, eine Forderung auf eine unteilbare Leistung[11]; jeder der Teilhaber kann Zahlung nur an alle fordern; jeder kann über seinen Anteil bei der Bruchteilsgemeinschaft verfügen[11]. Bezeichnung und Eintragung des Gemeinschaftsverhältnisses für die (bisherigen) Bruchteilsgemeinschafter als „Mitberechtigte" nach § 432 BGB (so[12]) gebietet und rechtfertigt das nicht (die Forderung besteht unverändert fort).

2.11 Ist die übertragene Forderung abgetreten und wird die Abtretungserklärung mit Umschreibungsbewilligung in grundbuchmäßiger Form dem Vollstreckungsgericht vorgelegt, so fügt dieses sie seinem Grundbuchersuchen aus § 130 bei, darf aber nicht selbst die Abtretung berücksichtigen (so auch[13]), weil es ausschließlich von der erfolgten Forderungsübertragung ausgehen muß. Wurde entgegen der Forderungsübertragung die Sicherungshypothek zu Unrecht auf einen anderen

---

[8] RG 94, 154; BayObLG 1968, 104 = DNotZ 1968, 626 = MDR 1968, 842 = NJW 1968, 1431 = Rpfleger 1968, 221; Dassler/Schiffhauer § 128 Rdn 3; Steiner/Teufel § 128 Rdn 12; Fischer NJW 1956, 1095 (2); Haegele Rpfleger 1971, 283 (III 2).
[9] Fischer NJW 1956, 1095 (2).
[10] Kuntze/Ertl/Herrmann/Eickmann, Grundbuchrecht, § 38 Rdn 56 und Rdn 62.
[11] OLG Zweibrücken Rpfleger 1972, 168.
[12] Steiner/Teufel § 128 Rdn 16.
[13] Dassler/Schiffhauer § 128 Rdn 9; aA Alff Rpfleger 2001, 385 (394; nicht richtig).

§ 128 2.11   Verteilung des Erlöses

eingetragen, dem die Forderung nicht übertragen ist, so ist Gläubiger der Sicherungshypothek der wahre Berechtigte aus der Forderungsübertragung und das Grundbuch ist insoweit unrichtig[14].

2.12 Die **Sicherungshypothek muß im Grundbuch** als solche bezeichnet werden (BGB § 1184 Abs 2). Bei Eintragung müssen der Gläubiger (mehrere mit ihrem Berechtigungsverhältnis nach GBO § 47), der Geldbetrag der Forderung und der Zinssatz im Grundbuch angegeben werden. Erteilung eines Hypothekenbriefes ist gesetzlich ausgeschlossen (§ 1185 Abs 1); dies ist daher nicht einzutragen. Ersichtlich zu machen ist bei Eintragung im Grundbuch, daß sie „**auf Grund eines Zwangsversteigerungsverfahrens erfolgt** ist" (§ 130 Abs 1 Satz 2). Damit wird erkennbar gemacht, daß für die Sicherungshypothek nach ZVG Besonderheiten (gegenüber der Sicherungshypothek nach BGB § 1184 und ZPO § 867) gelten (Denkschrift S 60) (aus Abs 3 Satz 2, Abs 4; nur beschränkte Geltendmachung nach § 129; Vollstreckbarkeit nach § 132 Abs 1 Satz 1). Mit Rücksicht auf die Bedeutung, die dem Vermerk nach § 130 Abs 1 Satz 2 nach Bestimmung des Gesetzgebers (Denkschrift S 60) zukommt, ist nochmalige Eintragung dieser Besonderheiten mit ausdrücklicher Rangeintragung (für dieses aber[15]), desgleichen mit Eintragung des nach § 129 nur vorläufigen Vorrangs bestimmter Sicherungshypotheken (auch dafür[16]) nicht erforderlich (siehe auch Rdn 2.15).

2.13 Die Sicherungshypothek **entsteht** mit der Eintragung: Abs 3 Satz 1; das ist mit Unterzeichnung (GBO § 44 Abs 1), bei maschineller Grundbuchführung mit Speicherung (GBO § 129 Abs 1).

2.14 a) Eingetragen wird die Sicherungshypothek mit dem **Rang des Anspruchs**, für den die zu sichernde Forderung übertragen ist: Abs 1 Satz 1. Für Gläubigeransprüche **nach** bestehenbleibenden Rechten werden die Sicherungshypotheken daher (mit Rang unter sich wieder nach dem Rang der Ansprüche; auch bei Rangverlust nach § 110) an nächst offener Stelle (mithin mit Rang nach den bestehenbleibenden Rechten) eingetragen. Rang vor bestehenbleibenden Rechten erhält eine Sicherungshypothek, wenn der Anspruch, für den die zu sichernde Forderung übertragen ist, Vorrang hatte (auch als vorweg zu entnehmender Kostenanspruch nach § 109; als Anspruch in Rangklasse 1–3 des § 10 Abs 1; als bar zu zahlender Anspruch eines vorrangigen Grundpfandrechts). Für bare Nebenansprüche (Kosten, Zinsen und andere Nebenleistungen) aus einem bestehengebliebenen Recht wird die Sicherungshypothek mit Rang vor dem Hauptanspruch dieses Rechts eingetragen (§ 12)[17]. Ein nach § 91 Abs 2 durch Liegenbelassung bestehengebliebenes Recht behält seinen Vorrang vor der Sicherungshypothek für einen nachrangigen Anspruch, wobei Abs 3 Satz 2 nicht anzuwenden ist[18]. Die Liegenbelassung geht der Sicherungshypothek vor = Kontinuität des Rechts[18] (§ 91 Rdn 3).

b) Das Rangverhältnis ist **vom Vollstreckungsgericht** festzustellen und im Eintragungsersuchen zu bezeichnen[19]. Die Eintragung in das Grundbuch bestimmt sich nach BGB § 879. Dargestellt wird das Rangverhältnis somit durch die Reihenfolge der Eintragungen (BGB § 879 Abs 1) oder durch einen Rangvermerk (BGB § 879 Abs 3); dieser wird bei allen beteiligten Rechten eingetragen (GBV § 18). Der Rang der Sicherungshypotheken ist auch gegenüber den bestehenbleibenden (auch liegenbelassenen) Rechten im Eintragungsersuchen zu bezeichnen und einzutragen.

---

[14] RG 136, 91.
[15] Steiner/Teufel § 128 Rdn 39 und § 130 Rdn 34.
[16] Steiner/Teufel § 129 Rdn 9 und § 130 Rdn 35.
[17] Drischler RpflJahrbuch 1962, 322 (E III f 3); Fischer NJW 1956, 1095 (3).
[18] BGH MDR 1976, 131 = NJW 1976, 805 = Rpfleger 1976, 10.
[19] Jaeckel/Güthe §§ 128, 129 Rdn 4; Reinhard/Müller § 128 Anm IV.

Sicherungshypothek für Forderungen und Übererlös 2.21 § 128

2.15 Die Sicherungshypothek muß **wegen** § 129 erkennen lassen, ob der Anspruch, für den die zu sichernde Forderung übertragen ist, ein Anspruch aus Rangklasse 1–3 des § 10 Abs 1, sonst ein Kosten-, Zins- oder Hauptanspruch war[20] (enger[21]: Beschränkung bringt bereits Eintragung auf Grund eines Zwangsversteigerungsverfahrens, § 130 Abs 1 Satz 1, zum Ausdruck). Sie sichert zwar die Forderung gegen den Ersteher (Abs 1 Satz 1), nicht die durch Zuschlag erloschene frühere Forderung gegen den Vollstreckungsschuldner (deren Befriedigung die Übertragung bewirkt, § 118 Abs 2 Satz 1). Der Anspruch, für den die Forderung übertragen ist, erlangt nach § 129 aber für die beschränkte Geltendmachung der Sicherungshypothek Bedeutung. Diese Beschränkung ist gesetzlicher Inhalt der Sicherungshypothek; Rangeintragung in das Grundbuch erfordert sie daher nicht (Rdn 2.12). Die für Darstellung der Beschränkung nach § 129 erforderliche Bezeichnung des Anspruchs, für den die Forderung übertragen ist, kann daher auch durch Bezugnahme auf das Eintragungsersuchen in das Grundbuch eingetragen werden. Das Eintragungsersuchen hat auszuweisen, ob der Anspruch, für den die zu sichernde Forderung übertragen ist, Anspruch aus Rangklasse 1–3 des § 10 Abs 1 oder Kosten-, Zins- oder Hauptanspruch war.

2.16 Eintragung der Sicherungshypothek mit dem Rang des Anspruchs gebietet auch Eintragung vor Rechten, die nach der Verkündung des Zuschlags eingetragen wurden (aber nicht zu löschen sind, § 130 Rdn 2). Das gilt auch, wenn der Zuschlag dem Schuldner-Eigentümer erteilt ist (so mit anderer Begründung auch[22]).

2.17 Beispiel für die Eintragung einer Sicherungshypothek bei § 129 Rdn 2.9. Zur Sicherungshypothek im ZVG-Handbuch Rdn 558–563.

2.18 Gegen die Eintragung der § 128-Sicherungshypothek gibt es keine Möglichkeit eines „Vollstreckungsschutzes", weil es sich ja nicht um eine Zwangsvollstreckung handelt (Rdn 2.2).

2.19 Die § 128-Sicherungshypothek hat seit 1. 1. 1978 den **gesetzlichen Löschungsanspruch** aus BGB § 1179a, da für sie im Gesetz keine Ausnahme vorgesehen ist (wie zB für die Arresthypothek)[23]. Über diesen Löschungsanspruch § 114 Rdn 9.

2.20 Soweit der **Ersteher** selbst etwas **aus dem Erlös zu erhalten** hat, muß auch ohne seine ausdrückliche Befriedigungserklärung sein Anspruch als durch Vereinigung von Forderung und Schuld erloschen behandelt werden; er gilt als befriedigt und es wird mangels einer Forderung **keine Sicherungshypothek** eingetragen[24], ausgenommen dann, wenn gegen diesen Anspruch des Erstehers nach § 115 Widerspruch erhoben ist[24] oder wenn das Recht des Erstehers mit dem Recht eines Dritten belastet war[24]; dann ist dieses Recht mit einzutragen: jedoch ist ein Pfändungspfandrecht an einem durch Zuschlag erloschenen Grundpfandrecht, wenn es noch nicht eingetragen war, nicht mit einzutragen[25] (den Nachteil hat der betreffende Pfändungsgläubiger als Folge der unterlassenen Grundbucheintragung zu tragen[25]).

2.21 Wird bei **Teilungsversteigerung** das Grundstück einer Erbengemeinschaft einem Miterben zugeschlagen und die Forderung gegen den Ersteher unter Bestellung einer Sicherungshypothek auf die Erbengemeinschaft übertragen, so steht diese allen zur gesamten Hand zu[26]. Zur Entscheidung[26] sagt ein unrichtiger Leitsatz: „Ha-

---

[20] Reinhard/Müller § 128 Anm IV.
[21] Jaeckel/Güthe §§ 128, 129 Rdn 10.
[22] Meyer-Stolte Rpfleger 1983, 240.
[23] Mohrbutter KTS 1978, 17 (Fußnote 14); Stöber Rpfleger 1977, 425 (V 4b).
[24] Fischer NJW 1956, 1095 (3).
[25] RG 60, 221 (223).
[26] BayObLG 1954, 101 = BayJMBl 1954, 125 Leitsatz.

ben aber die Miterben schon vorher vereinbart, daß jedem von ihnen ein bestimmter Bruchteil an zu übertragender Forderung und Sicherungshypothek zustehen solle, so beruht der Anspruch der übrigen gegen den Ersteher auf der Auseinandersetzung der Miterben; die Hypothek ist in Höhe des Anteils des Erstehers Eigentümerhypothek geworden; in Höhe der Anteile der anderen steht dem Ersteher bis zur Eintragung einer Forderungsauswechslung im Grundbuch (BGB § 1180) gegen die Geltendmachung der Sicherungshypothek durch die Erbengemeinschaft eine Einrede zu". Entgegen diesem Leitsatz lag aber der Fall so, daß die Miterben sich geeinigt hatten, aus der um der amtlichen Wertermittlung wegen formell durchgeführten Versteigerung solle die Sicherungshypothek des § 128 zwar formell den Anspruch auf Bargebotszahlung sichern, materiell aber in festgelegter Höhe die Erbansprüche der Kinder sichern und in der Resthöhe der Erstehrin (Mutter) zustehen; erst hierdurch ist eine Forderungsauswechslung erfolgt; durch die bloße Einigung, nach der Versteigerung gemäß BGB §§ 2042, 752 teilen zu wollen, wäre dies nicht geschehen. Nur mit dieser Einschränkung ist der Leitsatz anwendbar.

2.22 Die Sicherungshypothek des § 128 kann ohne Zustimmung der nachrangigen Beteiligten in eine **Briefhypothek umgewandelt** werden: BGB § 1186. Auch diese Hypothek behält aber die der Sicherungshypothek anhaftenden Beschränkungen aus Abs 3 Satz 2 und § 129. Ein gutgläubiger Erwerb ohne diese Beschränkungen ist ausgeschlossen, weil die Sicherungshypothek besonders gekennzeichnet wird (§ 130 Abs 1 Satz 2).

2.23 Zur Eintragung der Sicherungshypothek auf einem versteigerten **Erbbaurecht** ist die Zustimmung des Grundstückseigentümers nicht nötig. Das Belastungsverbot aus ErbbauVO § 5 hindert die Eintragung nicht, weil sie eine gesetzliche Folge des zulässigen Versteigerungsverfahrens und des unter den entsprechenden Voraussetzungen erfolgten Zuschlags ist[27]. Auch kann aus der eingetragenen Sicherungshypothek, wenn sonst zur Vollstreckung die Zustimmung nötig wäre, ohne diese Zustimmung vollstreckt werden.

2.24 Die Sicherungshypothek ist auch auf einem **landwirtschaftlichen** Grundstück unbeschränkt zulässig. Für früheres **Heuerlingseigentum** besteht ein besonderer Schutz nicht mehr (§ 15 Rdn 24).

3 Grundbucheingetragenes Recht eines Dritten (Absatz 1 Satz 2)

3.1 War das **Recht eines Gläubigers** (der nicht Ersteher ist) auf Befriedigung aus dem Grundstück (an dessen Stelle jetzt die übertragene Forderung mit Sicherungshypothek getreten ist) **mit dem Recht eines Dritten belastet** (Pfandrecht, Nießbrauch) und ist die Belastung aus dem Grundbuch ersichtlich (Abs 1 Satz 2) oder dem Vollstreckungsgericht nachgewiesen[28], so wird die Belastung mit der Sicherungshypothek eingetragen. Das Recht des Dritten setzt sich (nach dem Surrogationsgrundsatz) an der übertragenen Forderung fort. Die Miteintragung eines grundbuchersichtlichen Rechts zu dessen Wahrung ist Aufgabe des Vollstreckungsgerichts. Das Grundbuchersuchen aus § 130 muß sich daher hierauf erstrecken, muß auch etwaige mehrere Pfändungen desselben Anspruchs im dafür bestehenden Rangverhältnis eintragen lassen[29], ausgenommen, wenn eine anderweitige Vereinbarung der betreffenden Beteiligten oder eine gerichtliche Entscheidung hierüber vorliegt[29].

3.2 Belastung eines Rechts des Erstehers mit dem Recht eines Dritten siehe Rdn 2.20.

---

[27] Drischler RpflJahrbuch 1962, 322 (E III f 1) und 1973, 328, (5 i); Pöschl BWNotZ 1956, 41 (2).

[28] Dassler/Schiffhauer § 128 Rdn 16; Steiner/Eickmann § 128 Rdn 23; Fischer NJW 1956, 1095 (3).

[29] Fischer NJW 1956, 1095 (3).

Sicherungshypothek für Forderungen und Übererlös 5 § 128

3.3 Mit einzutragen sind auch ein **Nacherbenvermerk** für die Sicherungshypothek, die aus einer Hypothekenforderung, Grundschuld, Rentenschuld oder Schiffshypothekenforderung, herrührt (siehe BGB § 2114), sowie ein **Testamentsvollstreckervermerk** (GBO § 52). Die Vermerke sind zwar nicht (dingliches) Recht eines Dritten, sondern Schutzvermerke zur Sicherung des durch die Verfügungsbeschränkung Begünstigten; die Miteintragung des Vermerks gebietet daher auch nicht Abs 1 Satz 2. Die Verfügungsbeschränkung des Vorerben im Falle von BGB § 2114 (für Erlösüberschuß Rdn 4.2) und die Verfügungsbeschränkung des Erben bei Testamentsvollstreckung sind jedoch bei Planausführung zu beachten (§ 117 Rdn 2.1). Eintragung des Nacherben- sowie des Testamentsvollstreckervermerks hat daher auch an der Sicherungshypothek für die Forderung des Erstehers zu erfolgen.

Grundstückseigentümer: Sicherungshypothek für Überschuß (Abs 2) 4

4.1 Die Sicherungshypothek wird für den **Eigentümer** des Grundstücks zur Zeit des Zuschlags eingetragen, soweit die Forderung gegen den Ersteher **unverteilt geblieben** ist: Abs 2. Dem bisherigen Eigentümer steht die Forderung auf Zahlung des Bargebots als Gegenwert für den Eigentumserwerb des Erstehers mit Zuschlag zu (§ 118 Rdn 2.1). Sie verbleibt ihm insoweit, als sie nicht nach §§ 118 ff auf einen Berechtigten übertragen wird. Forderungsübertragung erfolgt an den Vollstreckungsschuldner für den Erlösüberschuß nicht (§ 118 Rdn 3.2). In Ansehung des Überschusses hat daher Sicherung des letzten Eigentümers mit Eintragung einer Sicherungshypothek zu erfolgen. **Mehreren** Eigentümern zur Zeit des Zuschlags steht der unverteilte Erlösüberschuß gemeinschaftlich in ihrem bisherigen Rechtsverhältnis zu. Die Sicherungshypothek ist für sie daher mit den Anteilen dieser Berechtigten in Bruchteilen (zu dieser im Rechtssinn ungeteilten Forderung § 118 Rdn 3.2) oder mit dem für ihre Gemeinschaft maßgebenden Rechtsverhältnis einzutragen (GBO § 47).

4.2 Ein **Nacherbenvermerk,** der im Grundbuch als Verfügungsbeschränkung des Vorerben eingetragen war, dürfte nicht mit einzutragen sein. Der Erlösüberschuß wird dem Vorerben ausgekehrt (§ 114 Rdn 10.3). Miteintragung des Vermerks sieht Abs 2 nicht vor; entsprechende Anwendung von Abs 1 Satz 2 kann nicht erfolgen, weil das Vollstreckungsgericht bei Anlegung nach Mündelgeldvorschriften (BGB § 2119) nicht mitwirkt. Die Verfügungsbeschränkung des Erben bei **Testamentsvollstreckung** (BGB § 2205 mit § 2211) ist bei Planausführung zu beachten (§ 117 Rdn 2.1). Eintragung des Testamentsvollstreckervermerks hat daher auch an der Sicherungshypothek des Eigentümers für die unverteilte Forderung gegen den Ersteher zu erfolgen.

Keine Benachteiligung durch Eigentümerrecht (Absatz 3 Satz 2) 5

Befriedigt der Ersteher den Gläubiger einer Sicherungshypothek oder erlischt die Forderung aus einem anderen Grund, so geht die Sicherungshypothek auf den **Ersteher** als Eigentümer über: BGB § 1163 Abs 1. Die Sicherungshypothek kann dann aber (ebenso auch in jedem anderen Fall der Vereinigung mit dem Eigentum in einer Person) **nicht zum Nachteil** eines bestehengebliebenen Rechts oder einer anderen Sicherungshypothek dieses Verfahrens geltend gemacht werden: Abs 3 Satz 2. Grund (Denkschrift S 60): Zur Begründung der Sicherungshypothek wäre es gar nicht gekommen, wenn der Ersteher seine Zahlungsverpflichtung rechtzeitig erfüllt hätte; aus der verspäteten Erfüllung sollen ihm daher keine Rechte zum Nachteil der Gläubiger erwachsen, die ihrerseits Anspruch auf Barzahlung im Verteilungstermin hatten oder für die Rechte bestehen geblieben sind. In dieser Weise beschränkt in der Geltendmachung der Sicherungshypothek, die Eigentümergrundschuld geworden ist, ist auch jeder Rechtsnachfolger des Eigentümers (Zessionar, Pfändungsgläubiger).

6 Sicherungshypothek bei bedingter Forderungsübertragung

6.1 Bei **bedingter Übertragung** der Forderung gegen den Ersteher ist zu **unterscheiden,** ob das Bargebot vom Ersteher (unbedingt) geschuldet wird und die (bestehende) Forderung gegen ihn auf mehrere Berechtigte jeweils unter entgegengesetzter Bedingung übertragen wird (so in den Fällen der § 119 mit § 120 Abs 1 Satz 2 bei aufschiebend bedingtem Anspruch, § 121 Abs 2 für Deckungskapital, § 123 Abs 2 für Wegfall der Erstberechtigung nach Gesamtrechtsvorschriften und § 124 Abs 2 für den bei Widerspruch streitigen Betrag; diese Vorschriften befassen sich mit den sofort zu zahlenden Beträgen, § 125 Rdn 1.1), oder ob eine (dann weitergehende) Zahlungspflicht des Erstehers ungewiß oder streitig ist (Fall des § 125 Abs 2) und daher Übertragung nur unter der entsprechenden Bedingung erfolgt.

6.2 Wenn Übertragung nur unter der **Bedingung** erfolgt ist, **daß** vom Ersteher **ein (weiterer) Betrag zu zahlen** ist, kann auch die Sicherungshypothek nur unter der entsprechenden Bedingung eingetragen werden. Die bedingte Übertragung hat dann nur eine **bedingte Berechtigung** für die Forderung gegen den Ersteher begründet. Grundstücksbelastung sieht § 128 für deren Sicherstellung vor; diese kann daher nur mit Eintragung einer der Berechtigung entsprechenden Sicherungshypothek erfolgen. Für den durch bedingte Zuteilung eines **Zuzahlungsbetrags** (§ 125 Abs 2) Berechtigten wird daher eine **bedingte Sicherungshypothek** eingetragen. In das Grundbuch selbst muß dabei die Tatsache, daß die Sicherungshypothek bedingt ist, eingetragen werden; auf das Eintragungsersuchen kann wegen der Voraussetzung der Bedingung Bezug genommen werden[30]. Diese Sicherungshypothek ist, wie die Zuteilung, von dem (ungewissen oder streitigen) Wegfall des bestehen gebliebenen Rechts abhängig[31]. Das Grundstück ist damit auch in der Schwebezeit nicht doppelt belastet; an ihm lastet nur entweder das bei Feststellung des geringsten Gebots berücksichtigte Recht oder (wenn dieses nicht besteht oder nicht fortbesteht, §§ 50, 51) die Sicherungshypothek für den dann vom Ersteher zu leistenden Zuzahlungsbetrag.

6.3 In anderen Fällen der bedingten Übertragung ist das vom Ersteher zu zahlende Bargebot übertragen, für bestehende Forderung gegen den Ersteher somit eine (unbedingte) Sicherungshypothek einzutragen. **Bedingt** ist in diesen Fällen nicht die Sicherungshypothek (als Grundstücksbelastung), sondern mit den Ansprüchen, für die die Forderung gegen den Ersteher übertragen worden ist, das **jeweilige Gläubigerrecht** der unter jeweils entgegengesetzter Bedingung Berechtigten. Es ist die (eine) Forderung gegen den Ersteher auf die (mehreren) Berechtigten unter der (jeweils entgegengesetzten) Bedingung übertragen (siehe den Wortlaut des § 120 Abs 1), für diese Forderung somit **eine** (unbedingte) Sicherungshypothek für jeden Berechtigten „unter der entsprechenden Bedingung" einzutragen (so auch[32]) (nicht also für die Berechtigten selbständig eine jeweils entsprechend bedingte Sicherungshypothek). Diese Sicherungshypothek steht bis Eintritt einer aufschiebend bedingten Berechtigung des Hauptberechtigten (zB § 119 mit § 120 Abs 1 Satz 2, § 121 Abs 2) dem Hilfsberechtigten zu, desgleichen ab Wegfall einer auflösend bedingten Berechtigung des zunächst Hauptberechtigten (zB § 123 Abs 2, § 124) mit der Maßgabe, daß während der Schwebezeit nach § 120 Abs 2 nur gemeinschaftliche Empfangsberechtigung gegeben ist (§ 120 Rdn 3). Eintragungsersuchen und Grundbucheintragung müssen die bedingten Berechtigungen genau erkennen lassen. Ein Hinweis darauf, daß später der endgültig Berechtigte eingetragen werde, ist nicht einzutragen. Sicherzustellen ist in Eintra-

---

[30] Schöner/Stöber, Grundbuchrecht, Rdn 266.
[31] Motive zum ZVG S 303.
[32] Jaeckel/Güthe §§ 128, 129 Rdn 3; Korintenberg/Wenz § 120 Anm 3, §§ 122, 123 Anm 2, § 124 Anm 1, 2 und § 128 Anm 2.

gungsersuchen und bei Grundbucheintragung jedoch, daß Eintragung „jeweils mit dem **Rang** des Anspruchs" erfolgt, für den durch „anderweite" Zuteilung zum Zuge kommenden (sonst ausfallenden) Gläubiger somit mit dem Rang seines Anspruchs[33]. Fassung zB: „Für den Fall, daß die Bedingung ausfällt, ist die Forderung dem C übertragen. Die Hypothek hat in diesem Fall den Rang nach der Post ..."

6.4 Ein **Altenteiler,** dem für seine Drei-Monats-Raten-Ansprüche die Forderung übertragen ist (§ 118 Rdn 2) – bedingte Forderungsübertragung –, kann den jeweils unbedingt fällig gewordenen Betrag auf Grund formlosen Antrags und unter Beifügung einer Lebensbescheinigung als unbedingtes Recht für sich eintragen lassen[34].

6.5 Grundbuchersuchen zur Berichtigung der für einen bedingt Berechtigten nach Widerspruch gegen den Teilungsplan eingetragene Sicherungshypothek nach dessen Erledigung: § 124 Rdn 3.4.

Wiederversteigerung (Absatz 4)   7

7.1 Die Eintragung der Sicherungshypothek dient der nur vorübergehenden Sicherstellung der Forderung gegen den Ersteher. Bei erneuter Versteigerung des Grundstücks soll die Sicherungshypothek, wenn sie dem Gläubigeranspruch vorgeht und damit in das geringste Gebot aufzunehmen ist (§ 44), daher nicht bestehen bleiben. Bei **jeder** neuen **Versteigerung** desselben Objekts (Grundstück, Grundstücksbruchteil), aus dem die Forderungsübertragung erfolgt ist, also sowohl bei der Wiederversteigerung nach § 133 wie bei einer normalen Versteigerung[35] ist der zur Deckung der Sicherungshypothek erforderliche Betrag deshalb **in bar** zu entrichten: Abs 4 (als Erweiterung von § 49). Das bedeutet, er muß in das geringste Bargebot der neuen Versteigerung aufgenommen werden; die Sicherungshypothek erlischt mit dem Zuschlag (§ 91 Abs 1). Dabei ist gleichgültig, ob das Grundstück bei neuer Versteigerung noch dem Ersteher oder einem Rechtsnachfolger als Eigentümer gehört.

7.2 Es gilt hier also eine **Abweichung von** § 49 über die Aufnahme von Ansprüchen in das geringste Bargebot, wenn eine § 128-Sicherungshypothek in das geringste Gebot fällt (weil sie dem bestrangig betreibenden Gläubiger vorgeht) und somit nach § 52 bestehenbleiben müßte[36]. Diese Ausnahme gilt auch, wenn die Sicherungshypothek nachträglich in eine gewöhnliche Sicherungshypothek nach BGB § 1186 umgewandelt worden ist[37]. Die Vorschrift des Abs 4 schließt also die des § 52 aus.

7.3 Fällt in der neuen Versteigerung die § 128-Sicherungshypothek **nicht in das geringste Gebot,** weil sie dem bestrangig betreibenden Gläubiger nachgeht oder gleichsteht oder weil aus ihr betrieben wird, dann trifft Abs 4 nicht zu weil hier das Recht (falls es natürlich zum Zuge kommt) ohnehin aus dem Bargebot zu befriedigen ist.

7.4 Abs 4 **will verhindern,** daß die § 128-Sicherungshypothek, deren Betrag schon in der ersten Versteigerung bar hätte bezahlt werden müssen, im neuen geringsten Gebot wieder **bestehenbleibt;** er will erreichen, daß sie dann ins geringste Bargebot kommt; er will aber nicht bewirken, daß alle § 128-Sicherungshypotheken, also auch die in der neuen Versteigerung ganz normal erlöschenden (Rdn 7.3) durch Barzahlung zu sichern seien.

---

[33] Dassler/Schiffhauer § 130 Rdn 30; Korintenberg/Wenz § 120 Anm 3.
[34] Drischler KTS 1971, 145 (XII).
[35] Fischer NJW 1956, 1095 (3).
[36] Fischer NJW 1956, 1095 (3); Drischler RpflJahrbuch 1974, 335 (B IX).
[37] RG 162, 24.

§ 129

Verteilung des Erlöses

[Beschränkte Geltendmachung der Sicherungshypotheken]

129 Die Sicherungshypothek für die im § 10 Nr 1 bis 3 bezeichneten Ansprüche, für die im § 10 Nr 4 bezeichneten Ansprüche auf wiederkehrende Leistungen und für die im § 10 Abs 2 bezeichneten Kosten kann nicht zum Nachteile der Rechte, welche bestehen geblieben sind, und der übrigen nach § 128 Abs 1, 2 eingetragenen Sicherungshypotheken geltend gemacht werden, es sei denn, daß vor dem Ablaufe von sechs Monaten nach der Eintragung derjenige, welchem die Hypothek zusteht, die Zwangsversteigerung des Grundstücks beantragt. Wird der Antrag auf Zwangsversteigerung zurückgenommen oder das Verfahren nach § 31 Abs 2 aufgehoben, so gilt er als nicht gestellt.

1 Allgemeines zu § 129

1.1 Zweck der Vorschrift: Vorsorge für bestehenbleibende Rechte und Hauptsacheansprüchen aus den übrigen Sicherungshypotheken vor dauerndem Nachteil durch den zur Deckung von Kosten, Zinsen und anderen Nebenleistungen bestimmten Teil einer Sicherungshypothek und vor Sicherungshypotheken für die in § 10 Abs 1 Nr 1–3 bezeichneten Ansprüche. Belastungen, die als nur vorübergehende bei ordentlicher Wirtschaft bald weggefertigt werden, sollen zügig beigetrieben werden, der Säumnis daher den Wert der Kapitalbelastungen nicht dauernd schmälern[1]. Was hier von Sicherungshypotheken gesagt ist, gilt bei Schiffs- und Schiffsbauwerkversteigerungen für die dort (§ 162 Rdn 9.1) einzutragenden Schiffshypotheken und bei Versteigerung von Luftfahrzeugen für die dort einzutragenden Registerpfandrechte.

1.2 Anwendungsbereich: Die Vorschrift gilt für alle Versteigerungsverfahren des ZVG.

2 „Rang" der Sicherungshypothek für bestimmte Ansprüche

2.1 Bestimmte Sicherungshypotheken für übertragene Forderungen **verlieren nach einiger Zeit ihren Rang:** Satz 1. Sie dürfen dann nicht mehr zum Nachteil bestimmter anderer Rechte geltend gemacht werden, sondern treten hinter diese sogenannten „Dauerrechte" zurück. Betroffen werden vom Rangverlust solche Sicherungshypotheken, die aus Ansprüchen der Rangklassen 1–3 oder aus Ansprüchen auf wiederkehrende Leistungen der Rangklasse 4 oder aus Kostenerstattungsansprüchen des § 10 Abs 2 entstanden sind: Satz 1. **Nicht** betroffen vom Rangverlust werden aber die Sicherungshypotheken für die vorweg aus der Masse zu entnehmenden Verfahrenskosten des § 109 (für die Gerichtskasse/Amtskasse oder den Gläubiger, der einen Vorschuß geleistet hatte)[2]. Nicht betroffen werden Sicherungshypotheken, die aus Ansprüchen der Rangklassen 7–8 entstanden sind[2]; man kann hier nicht entgegen dem Gesetz sagen, für sie sei eine Besserstellung nicht beabsichtigt und sie würden trotzdem vom Rangverlust betroffen[3] (anders[4]: das müsse man sogar annehmen); man darf nicht von dem klaren Gesetzeswortlaut hier abweichen. Nicht betroffen sind daher vom Rangverlust auch Sicherungshypotheken für übertragene Forderungen aus früheren Ansprüchen der Rangklasse 6, die das Gesetz nicht nennt. Die Ausdrucksweise des ZVG ist nur insoweit nicht ganz richtig, als § 129 von „Sicherungshypotheken für die im § 10 ... bezeichneten Ansprüche" spricht statt genau von „Sicherungshypotheken für übertragene Forderungen, entstanden für frühere Ansprüche der Rang-

---

[1] Jaeckel/Güthe §§ 128, 129 Rdn 10.
[2] Drischler RpflJahrbuch 1962, 322 (E III f 5).
[3] Jaeckel/Güthe § 129 Rdn 10.
[4] Dassler/Schiffhauer § 129 Rdn 1; Korintenberg/Wenz § 129 Anm 1 d; Steiner/Teufel § 129 Rdn 3.

klasse ..."⁴; ein Mißverständnis ist aber durch diese abgekürzte Ausdrucksweise nicht möglich.

2.2 Um den Rangverlust der betroffenen Ansprüche beachten zu können, ist es nötig, daß Eintragung „auf Grund eines Zwangsversteigerungsverfahrens erfolgt" (§ 130 Abs 1 Satz 2; hierzu § 128 Rdn 2.12) und die Voraussetzungen der Beschränkung der Sicherungshypothek **aus der** Grundbucheintragung **ersichtlich** sind; hierfür ist Bezugnahme auf das Eintragungsersuchen ausreichend (§ 128 Rdn 2.15).

2.3 Die **Frist,** binnen deren zur Wahrung des Ranges etwas geschehen muß, ist sechs Monate ab Eintragung der Sicherungshypothek: Satz 1. Die Frist läuft für jeden Gläubiger gesondert (es ist etwa möglich, daß für einen Gläubiger erst im Wege nachträglicher Berichtigung des Eintragungsersuchens die Sicherungshypothek eingetragen wurde).

2.4 Vor Ablauf der genannten Frist **muß,** wenn der Rangverlust vermieden werden soll, der Berechtigte die Zwangsversteigerung des Grundstücks **beantragen:** Satz 1. Die Frist wahrt auch ein mangelhafter Antrag (wie § 118 Rdn 4.5), nicht aber ein Antrag, der rechtskräftig (damit endgültig) zurückgewiesen ist[5]. Wird der Versteigerungsantrag wieder zurückgenommen oder wird das neue Versteigerungsverfahren aufgehoben, weil Fortsetzungsantrag binnen 6 Monaten nicht gestellt wurde, so gilt der Versteigerungsantrag als nicht gestellt: Satz 2. Dieser Aufhebungstatbestand war früher in § 31 Abs 2 geregelt; die Bestimmung betrifft seit dem Änderungsgesetz 1953 § 31 Abs 1 Satz 2; Anpassung des Wortlauts von Satz 2 (damit auch eine Rechtsänderung) ist jedoch nicht erfolgt (vgl auch § 118 Rdn 4.7). Als nicht gestellt gelten soll der Antrag damit, wenn er sich nach dem Willen des Berechtigten erledigt. Damit nicht vergleichbar ist die Aufhebung des Verfahrens aus anderem Grund, zB nach § 77 oder als rechtswidrig[6] (nach § 28); sie beendet die rangwahrende Wirkung des rechtzeitigen Antrags nicht[7]. Daß in einem solchen Fall mit Rechtskraft des Aufhebungsbeschlusses eine neue Frist für die Beantragung der Wiederversteigerung zu laufen beginnen würde (BGB § 212; früher § 211 Abs 2, § 212 Abs 1, je entspr Anwendung), wird nicht angenommen werden können (von[8] nicht entschieden). Rangwahrend wirkt der Antrag nur für denjenigen, der ihn gestellt hat, auch für ihn nur zu der Sicherungshypothek, aus der er gestellt ist. Sobald ein solcher Antrag gestellt ist, können die übrigen Antragsberechtigten, um ihre Frist zu wahren, dem Verfahren beitreten. Wer von den Antragsberechtigten weder anordnen läßt noch beitritt, kommt nach Ablauf seiner Frist durch den **Rangverlust** (irreparabel) hinter die sogenannten „Dauerrechte", die nicht von diesem Rangverlust betroffen werden. Die wegen Rangverlust zurücktretenden Sicherungshypotheken bleiben, wenn es mehrere sind, dabei unter sich im bisherigen Rangverhältnis. Unzulässig wäre der Versteigerungs- oder Beitrittsantrag mit der Erklärung, es solle nur die Frist gewahrt, über den Antrag aber nicht entschieden werden; es muß also wirklich ein Versteigerungsverfahren gewollt sein. Wird der Versteigerungsantrag zurückgenommen, kann er nur, wenn die ursprüngliche Frist noch nicht abgelaufen ist, in dieser Frist neu gestellt werden. Bei Rücknahme des Anordnungsantrags werden natürlich die fristgerechten Beitritte nicht berührt, sie wahren ihre Frist weiterhin.

2.5 Da der Rang der durch Rangverlust bedrohten Rechte durch Versteigerungsantrag noch kurz vor Ablauf der Frist gewahrt werden kann (aber auch nur den Versteigerungsantrag), muß dann, wenn vor Fristablauf die **Zwangsverwal-**

---

[5] Jaeckel/Güthe § 129 Rdn 10; Steiner/Eickmann § 129 Rdn 11.
[6] BGH WM 1996, 933.
[7] Dassler/Schiffhauer § 129 Rdn 6; Jaeckel/Güthe § 129 Rdn 10; Korintenberg/Wenz § 129 Anm 4; Steiner/Eickmann § 129 Rdn 11.
[8] BGH WM 1996, 933.

§ 129 2.5 — Verteilung des Erlöses

tung angeordnet wird, in dieser der auf solche Rechte entfallende Zinsbetrag **hinterlegt** werden, bis feststeht, ob durch rechtzeitigen Versteigerungsantrag der Rang gewahrt oder durch versäumten der Rang verloren ist. Nach Fristablauf ohne Versteigerungsantrag ist dann der **Teilungsplan** der Zwangsverwaltung **zu ändern;** die ihres Ranges verlustigen Gläubiger müssen jetzt hinter die anderen zurücktreten und die aus dem früheren Rang hinterlegten Zinsen müssen an die jetzt nächstfolgenden Berechtigten ausbezahlt werden. Wurde der Versteigerungsantrag rangwahrend gestellt, so werden die hinterlegten Zinsen an den Berechtigten ausbezahlt. Er ist dann „an seiner Rangstelle" befriedigt und daher nicht zur Herausgabe nach Bereicherungsrecht verpflichtet, wenn der Zwangsversteigerungsantrag wieder zurückgenommen wird (die Zwangsversteigerung kann nach Befriedigung des Gläubigers ja nicht fortgeführt werden).

2.6 Vorsorglich ist dabei vom Gläubiger einer Sicherungshypothek mit drohendem Rangverlust aber **auch die Frist des § 118** Abs 2 zu beachten. Er darf nicht zu früh die Versteigerung beantragen. Tut er dies nämlich schon binnen drei Monaten ab der Forderungsübertragung im Verteilungstermin, so wirkt für ihn diese Forderungsübertragung nicht mehr wie die Befriedigung aus dem Grundstück (§ 118 Abs 2 Satz 2) mit all den Folgen dieses Verlustes (§ 118 Rdn 4). Die Gefahr ist nicht groß, weil in der Regel vom Verteilungstermin bis zur Eintragung der Sicherungshypothek ohnehin mehr als drei Monate verstreichen.

2.7 Der Rangverlust **verschlechtert** für die davon Betroffenen ihren Rang **gegenüber** den **Gläubigern** bestehenbleibender und liegenbelassener Rechte und gegenüber den Gläubigern aller aus demselben Versteigerungsverfahren eingetragenen §-128-Sicherungshypothek (Satz 1). Gegenüber der Letztgenannten gilt das nur, wenn diese ihrerseits ihre Frist gewahrt haben. Kein Rangverlust tritt aber ein gegenüber Ansprüchen auf §-128-Sicherungshypotheken aus einer nachfolgenden Versteigerung, bei der die bedrohte Sicherungshypothek durch die besondere Regel des § 128 Abs 4 ins geringste Gebot aufgenommen werden muß (natürlich an letzter Stelle hinter allen ihr ranglich vorgehenden Rechten).

2.8 Der geschilderte Rangverlust ist **nicht nur formell,** verfahrensrechtlich, er ist **auch materiellrechtlich** endgültig und kann nicht durch eine Bereicherungsklage ausgeglichen werden. Das unrichtig gewordene Grundbuch kann nach GBO § 22 berichtigt werden. Der dem vom Rangverlust bedrohten Recht zunächst gewährte **Rang** seiner Sicherungshypothek ist nur ein vorläufiger, **auflösend bedingt** durch den fruchtlosen Fristablauf.

2.9 Beispiel:

a) Eingetragen waren Hypotheken Nr 1–4; betrieben hat Nr 4; Nr 4 ist erloschen, Nr 1–3 bleiben bestehen. Auf das Bargebot wurde vom Ersteher nichts bezahlt; Sicherheitsleistung war nicht verlangt und nicht erfolgt.

b) Es sind nun Sicherungshypotheken für übertragene Forderungen wegen früherer Ansprüche in nachstehender Reihenfolge einzutragen und zwar als:
Nr 5 SichHyp für Verfahrenskosten der Gerichtskasse (oder des Gläubigers, der dafür Vorschuß geleistet hat, bei Teilvorschüssen erst für die Gerichtskasse, dahinter für den Gläubiger) mit Rang vor Nr 1–3, vor Nr 6 ff.
Nr 6 SichHyp für öffentliche Lasten (bei verschiedenen Ansprüchen wieder entsprechend mehrere, diese unter sich im gleichen Rang nach § 10 Abs 1 Nr 3) mit Rang vor Nr 1–3, nach Nr 5, vor Nr 7 ff.
Nr 7 SichHyp für wiederkehrende Leistungen aus Nr 1, mit Rang vor Nr 1–3, nach Nr 5–6, vor Nr 8 ff.
Nr 8 SichHyp für wiederkehrende Leistungen aus Nr 2, mit Rang vor Nr 2–3, nach Nr 1, 5–7, vor Nr 9 ff.
Nr 9 SichHyp für wiederkehrende Leistungen aus Nr 3, mit Rang vor Nr 3, nach Nr 1, 2, 5–8, vor Nr 10 ff.
Nr 10 SichHyp für Kosten aus Nr 4, mit Rang nach Nr 1–3, 5–9, vor Nr 11 ff.

Eintragungs- und Löschungsersuchen 1.1 **§ 130**

Nr 11 SichHyp für wiederkehrende Leistungen aus Nr 4, mit Rang nach Nr 1–3, 5–10, vor Nr 12 ff.

Nr 12 SichHyp für Hauptsache aus Nr 4, mit Rang nach Nr 1–3, 5–11, vor Nr 13 ff.

c) In allen Fällen muß natürlich der Eintrag lauten: SichHyp für die im Zwangsversteigerungsverfahren K ... des AG ... übertragene Forderung des ... gegen den Ersteher, entstanden aus ... Unter Bezugnahme auf das Eintragungsersuchens des Amtsgerichts ... vom ... eingetragen am ... (dazu § 128 Rdn 2); es ist hier nur die abgekürzte Form gebraucht, um die Übersicht zu erleichtern.

d) Die Reihenfolge der eingetragenen Rechte ist dann in den ersten sechs Monaten ab Eintragung der neuen Sicherungshypotheken: 5, 6, 7, 1, 8, 2, 9, 3, 10, 11, 12. Wird binnen sechs Monaten kein Versteigerungsantrag gestellt, so verlieren Nr 6–11 (nicht Nr 5, nicht Nr 12!) ihren Rang und rücken hinter die anderen und die Reihenfolge ist damit: 5, 1, 2, 3, 12, 6, 7, 8, 9, 10, 11. Stellt nur Nr 8 den Versteigerungsantrag, ist die Reihenfolge: 5, 1, 8, 2, 3, 12, 6, 7, 9, 10, 11 (hiervon kommt ins geringste Bargebot gemäß §§ 44, 128 Abs 4 die Nr 5, bestehenbleibt gemäß §§ 44, 52 die Nr 1). Stellt Nr 10 den Antrag, so ist die Reihenfolge: 5, 1, 2, 3, 10, 12, 6, 7, 8, 9, 11 (im geringsten Bargebot Nr 5, bestehenbleibend Nr 1–3). Stellen Nr 8 und 10 den Antrag, so ist die Reihenfolge: 5, 1, 8, 2, 3, 10, 12, 6, 7, 9, 11 (geringstes Bargebot Nr 5, bestehenbleibend Nr 1). Stellt Nr 11 den Antrag, Reihenfolge: 5, 1, 2, 3, 11, 12, 6, 7, 8, 9, 10 (geringstes Bargebot Nr 5, bestehenbleibend Nr 1–3).

[Eintragungs- und Löschungsersuchen]

130 (1) **Ist der Teilungsplan ausgeführt und der Zuschlag rechtskräftig, so ist das Grundbuchamt zu ersuchen, den Ersteher als Eigentümer einzutragen, den Versteigerungsvermerk sowie die durch den Zuschlag erloschenen Rechte zu löschen und die Eintragung der Sicherungshypotheken für die Forderung gegen den Ersteher zu bewirken. Bei der Eintragung der Hypotheken soll im Grundbuch ersichtlich gemacht werden, daß sie auf Grund eines Zwangsversteigerungsverfahrens erfolgt ist.**

(2) **Ergibt sich, daß ein bei der Feststellung des geringsten Gebots berücksichtigtes Recht nicht zur Entstehung gelangt oder daß es erloschen ist, so ist das Ersuchen auch auf die Löschung dieses Rechtes zu richten.**

(3) **Hat der Ersteher, bevor er als Eigentümer eingetragen worden ist, die Eintragung eines Rechtes an dem versteigerten Grundstück bewilligt, so darf die Eintragung nicht vor der Erledigung des im Abs 1 bezeichneten Ersuchens erfolgen.**

Literatur: Deichsel, Der Weiterverkauf von Grundstücken nach Zuschlag in der Zwangsversteigerung, wenn nur ein Teil des Meistgebots gezahlt wurde, NotBZ 1999, 246; Helsper, Keine Grundbuchberichtigung ohne Unbedenklichkeitsbescheinigung, NJW 1973, 1485; Herzig, Wer hat im Zwangsversteigerungsverfahren die Unbedenklichkeitsbescheinigung zu beschaffen, wenn der Ersteher sich um sie nicht bemüht? JurBüro 1968, 868; Hornung, Löschung der nach Zuschlagserteilung „unwirksam" eingetragenen Rechte, Rpfleger 1980, 249; Meyer-Stolte, Eintragungen zwischen Zuschlag und Eigentumsberichtigung, Rpfleger 1983, 240; Weber, Grundbuchberichtigung ohne Unbedenklichkeitsbescheinigung, NJW 1973, 2015.

Allgemeines zu § 130 1

1.1 Zweck der Vorschrift: Klarstellende Regelung, daß das Vollstreckungsgericht nach Beendigung der Verteilung von Amts wegen zu veranlassen hat, daß die Veränderungen, die der Zuschlag in den Rechtsverhältnissen am Grundstück herbeigeführt hat, zur Eintragung in das Grundbuch (bei Schiffen, Schiffsbauwerken und Luftfahrzeugen in deren Register) gelangen, und daß bei Übertragung der Forderung gegen den Ersteher für die zu ihrer Geltendmachung Berechtigten eine Sicherungshypothek eingetragen wird (Denkschrift S 60).

§ 130 1.2   Verteilung des Erlöses

1.2 Anwendungsbereich: Die Vorschrift gilt für alle Versteigerungen des ZVG.

2 Grundbuchersuchen zum Verfahrensabschluß (Absatz 1)

2.1 Wenn der **Zuschlagsbeschluß rechtskräftig** und der **Teilungsplan ausgeführt** ist, muß ein Eintragungsersuchen des Vollstreckungsgerichts an das Grundbuchamt ergehen: Abs 1 Satz 1. Die Rechtskraft des Zuschlags hat das Gericht von Amts wegen festzustellen (Einholung eines Notfristzeugnisses beim Beschwerdegericht). Der Teilungsplan ist erst ausgeführt, wenn Zahlung (§ 117) oder Forderungsübertragung (§ 118) an die Berechtigten erfolgt ist; eine abgesonderte Verwertung nach § 65 muß durchgeführt sein. Die Ungewißheit einer Hilfsverteilung steht nicht entgegen. Die **Unbedenklichkeitsbescheinigung** des Finanzamts hinsichtlich der Grunderwerbsteuer muß vorliegen (GrEStG § 22). Nach Abtretung des Rechts aus dem Meistgebot (§ 81 Abs 2) hat die Eintragung zu erfolgen, wenn die Unbedenklichkeitsbescheinigung für den Übergang des Eigentums auf den Ersteher vorliegt; dessen Eintragung darf nicht davon abhängig gemacht werden, daß auch für die Abgabe des Meistgebots eine Unbedenklichkeitsbescheinigung vorgelegt wird[1].

2.2 Die mit dem Zuschlag eingetretenen Rechtsänderungen werden **nur** auf Ersuchen des Vollstreckungsgerichts in das Grundbuch eingetragen (GBO § 38). Das Ersuchen ist daher **immer nötig.** Die Eintragungen und Löschungen können nicht etwa auf Antrag und Bewilligung der Beteiligten erfolgen. Für das Grundbuchamt ist allein das Ersuchen des Vollstreckungsgerichts Grundlage der Grundbucheintragung, nicht der Zuschlagsbeschluß oder das Protokoll über den Verteilungstermin. Das Ersuchen ersetzt als Eintragungsgrundlage[2] den sonst (GBO § 13 Abs 1) erforderlichen Eintragungsantrag, eine Eintragungsbewilligung (GBO § 19), Zustimmungen oder Erklärungen Dritter und einen Unrichtigkeitsnachweis nach GBO § 22. Das Ersuchen nach § 130 muß auch dann ausdrücklich gestellt und dem Grundbuchamt zugeleitet werden, wenn an beiden Stellen derselbe Rechtspfleger tätig ist.

2.3 Das Ersuchen hat die Grundbuchstelle zu bezeichnen (GBO § 28 Satz 1). Es muß, wie jedes behördliche Ersuchen nach GBO § 38, in der **Form** von GBO § 29 Abs 3 gestellt werden, somit schriftlich abgefaßt und **unterschrieben** (nicht ausgefertigt) und mit **Siegel** oder Stempel versehen sein[3]. Verwendung eines Vordrucks mit bereits aufgedrucktem Dienstsiegel genügt nicht[3]. Es darf nicht unter einem Vorbehalt gestellt werden (GBO § 16). Zuschlagsbeschluß oder Abschrift des Versteigerungs- oder Verteilungsprotokolls müssen nicht beigefügt werden[4]; unzulässig ist dies aber nicht. Beifügung des Zuschlagsbeschlusses ist zudem zweckmäßig, weil das Grundbuchamt Fehler erkennen könnte, die dem Gericht entgangen sind und auf die es das Grundbuchamt hinweisen muß. Über Briefe § 131 Rdn 2.

2.4 Die **Unbedenklichkeitsbescheinigung** des Finanzamts wegen der Grunderwerbsteuer (Rdn 2.1) muß dem Grundbuchersuchen beigefügt werden, falls sie nicht schon dem Grundbuchamt unmittelbar zugegangen ist (sie sollte unbedingt immer dem Vollstreckungsgericht zugehen, damit dieses überprüfen kann, ob sie mit seinem Zuschlag übereinstimmt, und damit das Grundbuchersuchen nicht verzögert wird). Das Eintragungsersuchen darf auf jeden Fall erst ergehen, wenn diese Bescheinigung erteilt ist und vorliegt. Für den Fall der **Wiederversteigerung** gibt es dabei Erleichterungen (§ 133 Rdn 2). Das Eintragungsersuchen darf nicht etwa „vorbehaltlich der nachzureichenden Unbedenklichkeitsbescheinigung" so-

---

[1] LG Lüneburg Rpfleger 1987, 105.
[2] Schöner/Stöber, Grundbuchrecht, Rdn 199.
[3] Schöner/Stöber, Grundbuchrecht, Rdn 201.
[4] Schöner/Stöber, Grundbuchrecht, Rdn 997.

Eintragungs- und Löschungsersuchen 2.10 § 130

fort nach dem Verteilungstermin abgesandt werden. Man muß in Kauf nehmen, daß ein abgeschlossenes Versteigerungsverfahren noch Jahre unerledigt bei Gericht ist. Jeweils nach einigen Monaten sollte man aber den **Ersteher** daran **erinnern**, daß er noch nicht eingetragen werden konnte. Um ein schwieriges Verfahren nicht aus dem Gedächtnis zu verlieren und um nicht insbesondere die Umstände komplizierter Forderungsübertragungen erneut durcharbeiten zu müssen, kann man das Eintragungsersuchen nach dem Verteilungstermin als **Entwurf zu den Akten** bringen, natürlich ohne Unterschrift und als Entwurf gekennzeichnet, damit es nicht aus Versehen abgesandt wird. Bei der endgültigen Fassung muß es dann nochmals überprüft werden. In der Regel haben ja die Ersteher ein Interesse an baldiger Eintragung, da sie sonst keinen Kredit auf das Objekt aufnehmen können. Notfalls muß eben ein Gläubiger des Erstehers die Wiederversteigerung betreiben.

2.5 Ein **Negativzeugnis** der Gemeinde nach BauGB § 28 Abs 1 ist dem Ersuchen **nicht** beizufügen[5] (§ 81 Rdn 10.5).

2.6 Zweckmäßig wird eine **Abschrift** des Ersuchens dem Ersteher (formlos) **zugeleitet**, bei besonderen Schwierigkeiten auch sonst Betroffenen, zB den Gläubigern der Sicherungshypotheken, um ihnen Hinweise auf Unrichtigkeiten zu ermöglichen. Der Geschädigte, der dann nichts unternimmt, muß sich bei Fehlern Mitverschulden entgegenhalten lassen.

2.7 Das Ersuchen dient der **formellen Abwicklung** des Zwangsversteigerungsverfahrens[6]. Es ist **keine Entscheidung** des Vollstreckungsgerichts (anders[6]), sondern **Verwaltungsmaßnahme**[7] (ähnlich[8]); es ist ein Ersuchen von Behörde zu Behörde, das zwar Rechte der Parteien berührt, aber keine ihnen gegenüber ergangene Entscheidung darstellt. Das Ersuchen ist nur für die formelle Abwicklung des Verfahrens, nicht für den materiellen Fortbestand des Rechts bedeutsam, auch nicht für Entscheidungen des Prozeßgerichts hierüber[9].

2.8 Zu **ersuchen** hat das Vollstreckungsgericht das Grundbuchamt
– den Ersteher als Eigentümer einzutragen,
– den Versteigerungsvermerk zu löschen,
– die durch den Zuschlag erloschenen Rechte zu löschen (ausgenommen die nach § 91 Abs 2 liegenbelassenen), und
– die Eintragung der Sicherungshypotheken für die Forderung gegen den Ersteher zu bewirken.
Falls ein im geringsten Gebot bestehengebliebenes Recht nicht besteht oder erloschen ist, ersucht das Gericht auch, dieses Recht zu löschen (Rdn 3).

2.9 Das Ersuchen geht auf **Berichtigung** des Grundbuchs. Ersucht werden darf daher nur um Eintragung der Änderungen, die auf der Versteigerung beruhen[10]. Das Ersuchen muß genau wiedergeben, was der Zuschlagsbeschluß enthält[11]. Es darf nicht nachträgliche Änderungen berücksichtigen, ausgenommen solche nach § 91 Abs 2, § 118 Abs 1, § 130 Abs 2 und § 130 a Abs 2. Andere Rechte als die § 128-Sicherungshypothek darf das Vollsteckungsgericht **nicht neu eintragen** lassen, auch wenn das als Versteigerungsbedingung festgelegt sein sollte. Auch **neue Nebenbestimmungen** liegenbelassener Rechte kann es **nicht** eintragen lassen.

2.10 Die vorzunehmenden Grundbucheintragungen sind in dem Ersuchen **genau zu bezeichnen**. Das Ersuchen darf nicht unter Bezugnahme auf Zuschlagsbeschluß und Teilungsplan die Feststellung, welche Eintragungen im einzelnen zu

---

[5] Schöner/Stöber, Grundbuchrecht, Rdn 998.
[6] OLG Hamm JMBlNW 1961, 136.
[7] OLG Hamm JMBlNW 1961, 136; Jaeckel/Güthe § 130 Rdn 1 und 6.
[8] Dassler/Schiffhauer § 130 Rdn 13.
[9] RG 152, 104.
[10] OLG Hamm Rpfleger 1959, 130 mit zust Anm Stöber.
[11] OLG Hamm JMBlNW 1961, 136.

§ 130 2.10   Verteilung des Erlöses

erfolgen haben, dem Grundbuchamt überlassen. Auch wenn (was nicht erforderlich ist) dem Ersuchen der Zuschlagsbeschluß und andere Unterlagen beigefügt sind, muß das Ersuchen in sich geschlossen sein; auf Anlagen kann es nur ergänzend Bezug nehmen. Allerdings kann nicht einfach auf die ganzen Versteigerungsakten verwiesen werden.

2.11 a) Der **Ersteher** ist in dem Ersuchen genau nach dem Zuschlagsbeschluß (dessen Datum anzugeben ist) zu bezeichnen, ohne Abweichung hiervon[11], und im Grundbuch mit der Angabe „auf Grund Zuschlags vom ..." einzutragen.

b) Natürliche **Personen** sind mit Familien- und Vornamen, Stand und Wohnort und weiteren Unterscheidungsmerkmalen zu kennzeichnen. Nicht zweckmäßig ist die Angabe „sen" oder „jun", da nach zehn Jahren etwa der jun schon sen ist. Dafür sollte das **Geburtsdatum** angegeben werden, das jetzt in das Grundbuch, wenn es bekannt ist, einzutragen ist (GBV § 15 Abs 1 a); das Vollstreckungsgericht soll es vor dem Zuschlag unbedingt ermitteln (Ausweise werden ihm ohnehin vorgelegt). **Juristische Personen** und Handelsgesellschaften sind mit ihrer genauen gesetzlichen Bezeichnung zu benennen. Bei **Einzelkaufleuten** muß der bürgerliche Name angegeben werden.

c) Der Ersteher ist in dem Ersuchen auch dann zu bezeichnen und einzutragen, wenn er nach Abgabe seines Meistgebots verstorben ist[12] (anders[13]: Grundbuchamt hat nach GBO § 82 zu verfahren und sogleich den Rechtsnachfolger einzutragen; verzögert Erledigung). Das Vollstreckungsgericht hat nicht von sich aus die Erben zu ermitteln. Anträge der Erben hierzu sind weiterzuleiten. Falls das Vollstreckungsgericht dennoch um Eintragung des Rechtsnachfolgers ersucht, muß das Grundbuchamt diese Rechtsnachfolge von sich aus überprüfen.

d) Der Ersteher ist **auch** dann neu einzutragen, **wenn** er schon vorher als **Eigentümer** oder Miteigentümer eingetragen war[14], wenn also der Vollstreckungsschuldner oder der Antragsteller bzw Antragsgegner der Teilungsversteigerung eingesteigert hat.

e) Bei **mehreren Erstehern** ist das genaue Anteilsverhältnis in Bruchteilen oder das für die Gemeinschaft maßgebende Rechtsverhältnis (zB Gütergemeinschaft) anzugeben.

f) Das **Datum** des Zuschlags ist wegen § 90 Abs 1 wichtig; es muß in dem Ersuchen bezeichnet werden; zur Bezeichnung des Zuschlagsbeschlusses als Eintragungsgrundlage (GBV § 9 Buchst d) wird es in Spalte 4 der Abteilung I eingetragen.

2.12 Um **Löschung des Versteigerungsvermerks** ist zu ersuchen, weil er seinen Zweck erfüllt hat. Zweckmäßig ist Hinweis auf das Eintragungsersuchen (notwendig ist das nicht); Beispiel: „... den nach dem Ersuchen vom ... eingetragenen Versteigerungsvermerk Abteilung II Nr 1 zu löschen". Wenn nur ein Grundstücksbruchteil versteigert worden ist, ist nur um Löschung des an ihm eingetragenen Vermerks zu ersuchen und erforderlichenfalls klarzustellen, daß der Versteigerungsvermerk am weiteren Miteigentum eingetragen bleibt.

2.13 a) Zu ersuchen ist um **Löschung** aller (nach § 91 Abs 1) **erloschenen Rechte**, ausgenommen diejenigen, für die rechtzeitig eine Vereinbarung über das Liegenbelassen (§ 91 Abs 2) vorliegt. Wenn vereinbart ist, daß ein durch den Zuschlag erloschenes Recht nur teilweise bestehen bleiben soll (auch ohne Nebenleistungen), dann ist um Löschung des nicht liegenbelassenen Teils zu ersuchen (ist als Verminderung des Rechts nicht Inhaltsänderung)[15]. Die zu löschenden Rechte

---

[12] KG Berlin Rpfleger 1975, 133; Dassler/Schiffhauer § 130 Rdn 19; Schöner/Stöber, Grundbuchrecht, Rdn 999; Kuntze/Ertl/Herrmann/Eickmann, Grundbuchrecht, § 38 Rdn 56; Haegele Rpfleger 1976, 305 (J 4).
[13] Mohrbutter/Drischler Muster 144 Anm 7.
[14] Dassler/Schiffhauer § 130 Rdn 19; Mohrbutter/Drischler Muster 144 Anm 7.
[15] OLG Köln Rpfleger 1983, 168.

Eintragungs- und Löschungsersuchen 2.13 § 130

müssen einzeln angegeben und genau bezeichnet werden, so genau, daß keine Zweifel möglich sind (so auch[16]). Es darf nicht einfach ersucht werden, alle Rechte zu löschen, die nicht nach dem Zuschlag bestehen bleiben sollen; es darf auch nicht einfach auf das Verteilungsprotokoll verwiesen werden. Für zulässig gehalten wird es mitunter, im Eintragungsersuchen statt der zu löschenden Rechte die bestehenbleibenden aufzuzählen; das ist nicht richtig; wegen möglicher Irrtümer ist zudem hiervon abzuraten.

b) Das Löschungsersuchen muß **auch** die **nach Eintragung des Versteigerungsvermerks**, aber vor Zuschlagserteilung **eingetragenen Rechte** erfassen[17]. Auch sie sind einzeln aufzuführen und es ist nicht dem Grundbuchamt zu überlassen, „alle nach Eintragung des Versteigerungsvermerks bis zur Zuschlagserteilung in Abteilung II und III des Grundbuchs eingetragenen Rechte zu löschen" (anders[18], auch[19]), weil das zu Irrtümern führen kann. Wo das Vollstreckungsgericht solche Eintragungen oder Änderungen nicht vollständig kennt, empfiehlt sich der Zusatz: „Falls weitere Rechte in Abteilung II oder III nach dem Versteigerungsvermerk eingetragen sind, die hier nicht genannt sind, wird um sofortige Mitteilung gebeten". Das Ersuchen kann dann gegebenenfalls nachträglich ergänzt werden.

c) Das Löschungsersuchen darf sich **nicht** auf die **nach der Verkündung des Zuschlags eingetragenen** Rechte erstrecken[20]. Diese sind wegen § 90 nicht entstanden und der Ersteher kann nach GBO § 22 die Grundbuchberichtigung herbeiführen[21]. Anders[22]: sie seien zu löschen, wenn sie auf Bewilligung des Vollstreckungsschuldners oder aus einem Titel gegen ihn eingetragen seien. Anders insbesondere auch[23], weil um Eintragung des Erstehers in der Weise zu ersuchen sei, daß der Buchinhalt mit dem durch den Zuschlag geschaffenen Rechtszustand übereinstimmt. Notwendigkeit für Löschung der nach dem Zuschlag eingetragenen Rechte soll daher aus dem Gesamtzusammenhang der Vorschriften zur Übernahme des Versteigerungsergebnisses in das Grundbuch, wegen Möglichkeit und Gefahr gutgläubigen Erwerbs durch Dritte, aber auch aus dem Vollstreckungsgericht obliegenden Verfahrensfürsorge folgen. Das Vollstreckungsgericht hat jedoch nur die Eintragung der Veränderungen zu veranlassen, die der Zuschlag in den Rechtsverhältnissen am Grundstück herbeigeführt hat (Denkschrift S 60). Ein nach dem Zuschlag auf Bewilligung eingetragenes Recht kann mit Einwilligung des Erstehers erfolgt oder von ihm genehmigt, sonach wirksam geworden sein (BGB § 185); das Vollstreckungsgericht kann es daher nicht löschen lassen (zumal der Ersteher die Eintragung zur Finanzierung seines Meistgebots veranlaßt haben kann). Eine Zwangshypothek kann als fehlerhafte Vollstreckungsmaßnahme (weil der Titel gegen den früheren Eigentümer, nicht aber gegen den Ersteher als Eigentümer seit Zuschlag lautet) schon deshalb nicht von Amts wegen gelöscht werden (auch Ordnungswidrigkeit für Maßnahmen nach GBO § 53 ist nicht gegeben), weil selbst Beschwerde als Rechtsbehelf gegen die fehlerhafte Vollstreckungsmaßnahme nicht mit dem Ziel der Löschung zulässig ist (GBO § 71 Abs 2). Den Interessen des Erstehers trägt die Möglichkeit der Grundbuchberichtigung (mit Unrichtigkeitsnachweis nach GBO § 22) auch ausreichend Rechnung, je-

---

[16] Dassler/Schiffhauer § 130 Rdn 23.
[17] Kuntze/Ertl/Herrmann/Eickmann, Grundbuchrecht, § 38 Rdn 49; Mohrbutter/Drischler Muster 144 Anm 8; Mohrbutter, Handbuch des Vollstreckungsrechts, § 48 (I).
[18] Kuntze/Ertl/Herrmann/Eickmann, Grundbuchrecht, § 38 Rdn 49.
[19] Mohrbutter/Drischler Muster 144 Anm 8.
[20] Dassler/Schiffhauer § 130 Rdn 26; Mohrbutter/Drischler Muster 144 Anm 8; Brand/Schnitzler, Grundbuchsachen, § 167 Abschnitt 3; Schiffhauer Rpfleger 1979, 352 (Anmerkung).
[21] LG Darmstadt MittRhNotK 1979, 139; Mohrbutter/Drischler Muster 144 Anm 8.
[22] Bauer/v. Oefele, GBO, § 38 Rdn 52; Kuntze/Ertl/Herrmann/Eickmann, Grundbuchrecht, § 38 Rdn 50; Steiner/Eickmann, § 130 Rdn 39; Meyer-Stolte Rpfleger 1983, 240 (1).
[23] Hornung Rpfleger 1980, 249.

§ 130 2.13   Verteilung des Erlöses

denfalls dann, wenn man das Grundbuchamt für verpflichtet hält, ihm vor Vollzug des Eintragungsersuchens des Vollstreckungsgerichts (Löschung des Versteigerungsvermerks) Nachricht und Gelegenheit zu geben, Berichtigungsantrag zu stellen oder Eintragung eines Widerspruchs zu veranlassen.

d) Das Gericht kann den **Inhalt** bestehenbleibender (auch liegenlassener) Rechte **nicht** ändern lassen[24], es hat mit deren Grundbuchinhalt nichts zu tun[25]. Es darf also auch bei den liegenbelassenen nichts ändern, außer daß diese nur zum Teil liegenbelassen und dann hinsichtlich des Restes gelöscht werden. Etwaige weitere **Anträge** und Wünsche kann es nur dem **Grundbuchamt zuleiten.** Wird eine Änderung doch eingetragen, so bleibt sie gültig und es ist Sache der Beteiligten, das Richtige herbeizuführen. Das Gericht kann auch nicht eine bedingte Umwandlung von Grundschulden in Sicherungshypotheken (bedingt für den Fall, daß der Widerspruch für begründet erachtet wird) eintragen lassen[26]. Es kann nicht, wenn ein Gläubiger auf eine nicht valutierte Grundschuld verzichtet und diese Eigentümergrundschuld wird, diese eintragen lassen.

e) Das Löschungsersuchen kann sich nur auf Objekte beziehen, die versteigert sind. Wenn also **Gesamtbelastungen** an Grundstücken erlöschen (BGB §§ 1181, 1182), so hat an jenen Objekten das Vollstreckungsgericht nichts berichtigen zu lassen, sondern es ist das Sache des Grundbuchamts von Amts wegen (GBO § 48) oder Sache der Beteiligten[27]. Etwaige Erklärungen der Beteiligten hierzu hat das Gericht dem Grundbuchamt zuzuleiten. Eine Ausnahme besteht bei § 64, wenn nach § 64 Abs 1 zugeschlagen wird; hier erlischt die Gesamthypothek auf jedem versteigerten Objekt in der Höhe, in der sie nicht mit einem Teilbetrag berücksichtigt worden ist (§ 64 Rdn 8).

f) Bei einer Bruchteilsversteigerung erlöschen **Grunddienstbarkeiten** und beschränkte persönliche Dienstbarkeiten auch am nicht versteigerten Teil, weil die Dienstbarkeit an einem Bruchteil nicht bestehen kann (§ 91 Rdn 2). Das Vollstreckungsgericht kann aber nur am versteigerten Teil löschen lassen[28]; das Grundbuchamt hat dann nach GBO § 53 von Amts wegen vorzugehen (dazu § 91 Rdn 2).

g) Wird das Grundstück dem daran **Vormerkungsberechtigten zugeschlagen,** so dürfen eine Auflassungsvormerkung und eine Löschungsvormerkung nicht gelöscht werden, wenn ihr Erlöschen nicht auf dem Zuschlag beruht[29] (anders[30]: werde eine Löschungsvormerkung gegenstandslos, weil sie für den Gläubiger eines nachrangigen Rechts eingetragen und dieser im Verteilungstermin voll befriedigt sei, dann könne sich das Löschungsersuchen auch auf sie erstrecken).

h) **Verfügungsbeschränkungen** des öffentlichen Rechts dürfen nicht gelöscht werden. Desgleichen darf ein **Zwangsverwaltungsvermerk** jetzt nicht schon gelöscht werden (dieser erst, wenn das Zwangsverwaltungsverfahren tatsächlich aufgehoben wird, § 161 Rdn 3). Der Nacherbenvermerk ist zu löschen, wenn Rechte nach den Versteigerungsbedingungen nicht bestehen geblieben sind oder wenn keines der bestehen gebliebenen Rechte durch Verfügung des Vorerben erlangt ist, die im Falle des Eintritts der Nacherbfolge dem Nacherben gegenüber unwirksam sein wird (BGB §§ 2113, 2115). Löschung des Nacherbenvermerks darf hingegen nicht erfolgen, wenn ein bestehen gebliebenes Recht im Falle des

---

[24] OLG Hamm MDR 1958, 44.
[25] Mohrbutter NJW 1955, 124 (4).
[26] OLG Hamm MDR 1958, 44.
[27] Mohrbutter/Drischler Muster 144 Anm 8; Kuntze/Ertl/Herrmann/Eickmann, Grundbuchrecht, § 38 Rdn 51.
[28] OLG Frankfurt JurBüro 1979, 1232 = MittRhNotK 1979, 175 = Rpfleger 1979, 149.
[29] OLG Hamm aaO (Fußn 10).
[30] Stöber Rpfleger 1959, 131 (Anmerkung).

Eintrags- und Löschungsersuchen 2.15 § 130

Eintritts der Nacherbfolge dem Nacherben gegenüber unwirksam sein wird[31] (BGB §§ 2113, 2115). Zu löschen ist der **Insolvenzvermerk.**

i) **Schiffshypotheken** dürfen dann nicht gelöscht werden, wenn die Schiffsbank selbst das Schiff eingesteigert hat und das Nicht-Erlöschen verlangt (§ 91 Rdn 7).

2.14 Die einzutragenden **Sicherungshypotheken** für die Forderung gegen den Ersteher sind in dem Ersuchen einzeln zu bezeichnen jeweils mit Gläubiger (mehrere mit ihrem Gemeinschaftsverhältnis, GBO § 47), Geldbetrag der Forderung und Zinssatz (siehe BGB § 1115 Abs 1), sowie mit dem Rang des Anspruchs. Einzelheiten: § 128 Rdn 2. Das Vollstreckungsgericht hat nach Fertigung des Grundbuchersuchens des § 130 und der § 124 Rdn 3.4 bezeichneten Berichtigung **grundsätzlich nichts mehr** mit den Sicherungshypotheken **zu tun.** Eine Sicherungshypothek wird nicht eingetragen, wenn bis zur Absendung des Ersuchens aus § 130 an das Grundbuchamt entweder eine öffentlich beglaubigte Erklärung des Gläubigers vorgelegt wird, daß er befriedigt sei oder daß er auf die Sicherungshypothek verzichte, oder wenn bis dahin wirksam und unter Rücknahmeverzicht der darauf treffende Betrag hinterlegt wird[32]. Wenn das Erlöschen der übertragenen Forderung vor Eintragung der Sicherungshypothek dem Vollstreckungsgericht nicht in öffentlich beglaubigter Form zur Kenntnis gebracht worden ist, hat es später nicht mehr um Löschung der eingetragenen Sicherungshypothek zu ersuchen.

2.15 a) Das Grundbuchamt hat zu dem Ersuchen nur ein **formelles,** kein sachliches **Prüfungsrecht**[33]. **Für** Rechtsmäßigkeit und Inhalt des Eintragungsersuchens ist allein das **Vollstreckungsgericht verantwortlich**[34]. Für das Grundbuchamt ist der Inhalt des Ersuchens bindend. Das Vollstreckungsgericht entscheidet auch, ob Rechte wirklich erloschen sind, ob die Forderung mit Recht übertragen ist, ob eine bedingte Sicherungshypothek nach § 125 zu Recht beantragt wird[35], welche Änderungen eingetragener Rechte und welche neuen Eintragungen zu erfolgen haben. Bindend ist das Ersuchen für das Grundbuchamt auch, wenn (nicht zutreffend, § 118 Rdn 5.3) um Eintragung von Zinsen mit 5 Prozentpunkten über dem Basiszinssatz (BGB § 288 Abs 1) vom Verteilungstermin an wegen Zahlungsverzugs des Erstehers (BGB § 286 Abs 2) ersucht ist (zum Problem § 118 Rdn 5.1; zur Eintragung der Zinsen dort Rdn 5.3). Die inhaltliche Richtigkeit des Ersuchens kann das Grundbuchamt nicht überprüfen; es darf die Eintragung der Zinsen auch nicht (als überflüssig) deshalb ablehnen, weil es sich um gesetzliche Zinsen handelt, für die das Grundstück bereits nach BGB § 1118 haftet[36].

b) **Das Grundbuchamt hat zu prüfen,** ob die ersuchende Behörde zuständig ist, ob sich das Ersuchen im Rahmen der gesetzlichen Vorschrift nach §§ 130, 130a, 131 hält, ob die verlangten Eintragungen den möglichen Inhalt dieses Ersuchens bilden können, in sich klar und eindeutig und ihrem Inhalt nach zulässig sind und ob sich nicht aus dem Inhalt des Grundbuchs Bedenken dagegen ergeben, ob die sonstigen Eintragungsvoraussetzungen vorliegen (Eintragungsfähigkeit nach BGB § 1114), ob das Ersuchen sich auf das versteigerte Grundstück bezieht, ob das Ersuchen Siegel und Unterschrift trägt, auch ob die Unbedenklichkeitsbescheinigung vorliegt.

---

[31] Klawikowski Rpfleger 1998, 100 (III 2 b).
[32] OLG Oldenburg NdsRpfl 1956, 131; Steiner/Eickmann, § 128 Rdn 7.
[33] OLG Hamm Rpfleger 1955, 46 mit zust Anm Bruhn und MDR 1958, 44; Schöner/Stöber, Grundbuchrecht, Rdn 219; Kuntze/Ertl/Herrmann/Eickmann, Grundbuchrecht, § 38 Rdn 81; Jaeckel/Güthe §§ 130, 131 Rdn 8; Mohrbutter/Drischler Muster 144 Anm 4.
[34] OLG Hamm MDR 1958, 44; Schöner/Stöber, Grundbuchrecht, Rdn 219.
[35] OLG Hamm MDR 1958, 44.
[36] KG Berlin KGRep 2003, 92 = Rpfleger 2003, 204.

§ 130   2.15   Verteilung des Erlöses

c) **Das Grundbuchamt hat nicht zu prüfen,** ob das Ersuchen materiell richtig ist[37], ob ein Recht tatsächlich erloschen ist, ob der Zuschlag rechtskräftig ist, ob ein Recht nach § 91 Abs 2 bestehenbleibt, ob eine Eintragung nach § 128 zulässig ist, ob eine Gebotegenehmigung vorliegt, ob für Erteilung des Zuschlags die Veräußerungszustimmung nach ErbbauVO § 5 oder WEG § 12 vorgelegen hat[38], ob sonst nötige Genehmigungen vorliegen. Dazu meint[39], ein offenbar unrichtiges Ersuchen, das den Inhalt des Grundbuchs unrichtig machen würde, könne nicht vom Grundbuchamt berücksichtigt werden (hier einfach kurze Rückfrage).

d) Zu den Amtspflichten des **Grundbuchamts** gehört es, das Vollstreckungsgericht **auf** erkennbare **Unrichtigkeiten,** zB offensichtliche Schreibfehler oder Widersprüche, **aufmerksam zu machen**[40]. Auch wird es bei Bedenken und Unklarheiten rückfragen[41].

e) Das Grundbuchamt **muß dem Ersuchen auch dann stattgeben,** wenn die Berechtigten einer vorgesehenen Sicherungshypothek nach dem Eingang des Ersuchens beim Grundbuchamt hierauf verzichtet haben[42] (es kann nur vorher verzichtet werden, § 128 Rdn 2) oder wenn der Ersteher sich im Insolvenzverfahren befindet oder wenn der Gläubiger eines zu löschenden Rechtes der Löschung widerspricht (seine Beschwerde gegen die Löschung ist formell zulässig, aber sachlich erfolglos).

f) Das **Ersuchen** kann **nur einheitlich** ergehen und nur einheitlich erledigt oder beanstandet werden, kann also nicht zum Teil abgelehnt werden[42]. Das Vollstreckungsgericht darf darum kein Teilersuchen hinausgeben (etwa nur auf Löschung des Versteigerungsvermerks, weil die Unbedenklichkeitsbescheinigung für die Neueintragungen noch nicht vorliegt). Wenn das Vollstreckungsgericht etwas versäumt hat, muß es eben ergänzen.

2.16 a) Das Grundbucherschen kann, solange es nicht vollzogen ist, vom Vollstreckungsgericht von Amts wegen oder auf Antrag **geändert** (berichtigt oder ergänzt) werden[43]. Eine Berichtigung ist nötig, wo aus Versehen vom Zuschlagsbeschluß abgewichen war[44].

b) Das Ersuchen kann aber auch berichtigt werden, wenn es schon vollzogen ist[45]. Wenn bestehenbleibende Rechte aus Versehen gelöscht sind, kann das Vollstreckungsgericht daher um Wiedereintragung ersuchen aber nur an nächstoffener Rangstelle und ohne Eingriff in Rechte Dritter (das Ersuchen ersetzt nicht die Eintragungsbewilligung eines Zwischenberechtigten). Nachtragsersuchen sind auch möglich, um erloschene Rechte zu löschen. Wenn allerdings nach Lage des Grundbuchs Rechte Dritter, die im Vertrauen auf das Grundbuch erworben haben, beeinträchtigt werden können, muß dabei das Grundbuchamt einen Widerspruch eintragen.

c) Wurde ein nach den Versteigerungsbedingungen nicht bestehen gebliebenes Recht auf Grund eines falschen Ersuchens nicht gelöscht, so kann das Vollstrek-

---

[37] KG Berlin DNotZ 1975, 105 = MDR 1975, 151 = Rpfleger 1975, 68; Schöner/Stöber, Grundbuchrecht, Rdn 219.
[38] Schöner/Stöber, Grundbuchrecht, Rdn 998.
[39] KG Berlin Rpfleger 1975, 68 = aaO (Fußn 37).
[40] OLG Hamm Rpfleger 1955, 46 mit zust Anm Bruhn.
[41] Jaeckel/Güthe §§ 130, 131 Rdn 8.
[42] OLG Oldenburg NdsRpfl 1956, 131.
[43] OLG Hamm JMBlNW 1961, 136; Jaeckel/Güthe § 130 Rdn 1 und 6; Schöner/Stöber, Grundbuchrecht, Rdn 203; Kuntze/Ertl/Herrmann/Eickmann, Grundbuchrecht, § 38 Rdn 79.
[44] OLG Hamm JMBlNW 1961, 136.
[45] OLG Hamm JMBlNW 1961, 136; Dassler/Schiffhauer § 130 Rdn 10; Jaeckel/Güthe § 130 Rdn 1 und 6.

kungsgericht sein Ersuchen insoweit ergänzen, wobei eine Bewilligung des Betroffenen nicht nötig ist; denn das Vollstreckungsgericht hat von Amts wegen für den richtigen Vollzug des Zuschlags zu sorgen.

d) Wurde ein richtiges Ersuchen des Vollstreckungsgerichts vom Grundbuchamt unrichtig vollzogen, so kann die Berichtigung sowohl auf Ersuchen des Vollstreckungsgerichts als auch auf Antrag und Bewilligung der Beteiligten erfolgen; immer aber nur dann, wenn Rechte Dritter hierdurch nicht beeinträchtigt werden.

2.17 Zum Grundbuchersuchen im ZVG-Handbuch Rdn 557–563 b. Besonderheiten beim gesetzlichen Löschungsanspruch: § 130 a.

2.18 Die vom Grundbuchamt dem Vollstreckungsgericht übersandte **Vollzugsmitteilung** hat das Gericht sofort zu prüfen.

2.19 Im Falle eines **Flurbereinigungsverfahrens,** in das die versteigerten Objekte einbezogen sind, darf das Ersuchen erst erfolgen, wenn zuvor die Ersatzgrundstücke an Stelle der alten Einlagegrundstücke im Grundbuch eingetragen sind[46]. Wurde während des Versteigerungsverfahrens ein **Grundstück zugemessen,** so ist zu beachten, was Einl Rdn 11, § 15 Rdn 21 ausgeführt ist.

2.20 Für die Eintragung des Erstehers und der Sicherungshypotheken fallen **Gebühren** nach der KostO an, die der Ersteher zu tragen hat. Die damit verbundenen Löschungen sind gebührenfrei. Ein Vorschuß ist nicht zu zahlen, weil es sich nicht um ein auf Antrag des Betroffenen vorzunehmendes Geschäft handelt, sondern um ein behördliches Ersuchen. Hierzu KostO § 2 Nr 2, § 8 Abs 1 Satz 1, §§ 60, 62, 63, 69 Abs 2.

Löschung eines nichtigen und erloschenen Rechts (Absatz 2) 3

3.1 Ausnahmsweise ist das Ersuchen auch auf die Löschung eines bei Feststellung des geringsten Gebots berücksichtigten Rechts zu richten, wenn es **nicht zur Entstehung gelangt** oder bereits **wieder erloschen** ist: Abs 2. Daß das Vollstreckungsgericht auch die Löschung dieser Rechte herbeiführt, dient der Rücksicht auf den Ersteher. Es muß die Nichtigkeit des Rechts (daß es nicht entstanden ist) oder das Erlöschen des Rechts (außerhalb von § 91 Abs 1) feststehen. Das kann nur der Fall sein, wenn die Zuzahlungspflicht des Erstehers für Einbeziehung in das Verteilungsverfahren (§ 125 Abs 1) dem Vollstreckungsgericht sicher bekannt war (§ 125 Rdn 2.4) oder wenn bis zur Absendung des Grundbuchersuchens die Nichtigkeit oder der Wegfall des Rechts (wie eines höchstpersönlichen Rechts eines Verstorbenen) urkundlich ausgewiesen ist. Wenn Ungewißheit oder Streit über das Bestehen eines Rechts aufkommt, ist Ausdehnung des Ersuchens auf die Löschung des bei Feststellung des geringsten Gebots berücksichtigten Rechts ausgeschlossen.

3.2 Bei bestehenbleibenden **Tilgungsrechten** müssen die getilgten Hauptsacheteilbeträge gelöscht werden, weil diese Rechte auch schon im geringsten Gebot als bestehenbleibend um die aus dem Bargebot getilgten Tilgungsbeträge gekürzt und insoweit erloschen sind (BGB § 1181 Abs 1) (anders[47]).

Muster für Grundbuchersuchen 4

Es ist nicht möglich, alle vorkommenden Fälle auf einmal zu berücksichtigen. Auch die Vorschrift des § 130 a ist hier ausgespart. Es sei angenommen, daß aus dem Recht in Abteilung III Nr 3 des Grundbuchs betrieben wurde, daß also die Rechte Nr 3 und Nr 4 erloschen und die Rechte Nr 1 und Nr 2 bestehengeblieben sind. Dann könnte man etwa folgendes Grundbuchersuchen bekommen:

---

[46] OLG Oldenburg KTS 1975, 239.
[47] OLG Hamm JMBlNW 1960, 200 = Rpfleger 1960, 92.

§ 130 4 — Verteilung des Erlöses

„... Unter Vorlage der Unbedenklichkeitsbescheinigung des Finanzamts ... vom ... und der Ausfertigung des rechtskräftigen Zuschlagsbeschlusses vom ...[48] wird nach Erlösverteilung gemäß ZVG § 130 **ersucht**, im Grundbuch für ..., (Band ...) Blatt ..., an Gemarkung ..., Flurstück Nr ..., bisher eingetragen auf ...,
zu löschen:
In Abt II den Zwangsversteigerungsvermerk Nr ... und ...,
in Abt III die Hypothek Nr 3 in Höhe von ... Euro der ... Bank AG und die Grundschuld Nr 4 in Höhe von .. Euro des ..., je mit Nebeneintragungen;
einzutragen:
in Abt I: Maier Josef, geb. am ..., Maurer in ..., auf Grund Zuschlagsbeschlusses des Amtsgerichts ... vom ..., K ...;
in Abt III in folgender Reihenfolge:
Nr 5: Sicherungshypothek für dreihundert Euro im Zwangsversteigerungsverfahren K ... des Amtsgerichts ... übertragene Forderung gegen den Ersteher mit vier vom Hundert Zinsen[49] seit ... für den Freistaat Bayern (Landesjustizkasse Bamberg) im Rang vor Nr 1 und 2[50]; soweit sich diese Sicherungshypothek mit dem Eigentum in einer Person vereinigt, kann sie nicht zum Nachteil der Rechte Nr 1–2, 6–17 geltend gemacht werden[51].
Nr 6: Sicherungshypothek für einhundert Euro im Zwangsversteigerungsverfahren K ... des Amtsgerichts ... übertragene Forderung gegen den Ersteher mit vier vom Hundert Zinsen seit ... für Müller Franz, Schneider in ..., im Rang vor Nr 1 und 2[52]; soweit sich diese Sicherungshypothek mit dem Eigentum in einer Person vereinigt, kann sie nicht zum Nachteil der Rechte Nr 1–2, 5, 7–17 geltend gemacht werden.
Nr 7: Sicherungshypothek für ... Euro im Zwangsversteigerungsverfahren K ... des Amtsgerichts ... übertragene Forderung gegen den Ersteher mit vier vom Hundert Zinsen seit ... für Huber Anna, Hausfrau in ..., im Rang vor Nr 1 und 2[53]; diese Sicherungshypothek kann nicht zum Nachteil der Rechte Nr 1–2, 5–6, 8–17 geltend gemacht werden, es sei denn, daß vor dem Ablauf von sechs Monaten nach dieser Eintragung derjenige, dem diese Hypothek zusteht, die Zwangsversteigerung des Grundstücks beantragt[54]; soweit sich diese Hypothek mit dem Eigentum in einer Person vereinigt, kann sie auch nach Ablauf der genannten Frist nicht zum Nachteil der Rechte Nr 1–2, 5–6, 8–17 geltend gemacht werden.

---

[48] Vorlage ist nicht nötig, aber ratsam; dazu: § 130 Rdn 2.
[49] BGB § 246. Siehe § 118 Rdn 3.3 und 5.1.
[50] § 109 Abs 1: Verfahrenskostenanspruch der Gerichtskasse, im Rang vor allen bestehen gebliebenen Rechten und vor allen anderen Ansprüchen.
[51] § 128 Abs 3 Satz 2: Die Herkunft der übertragenen Forderung aus Verfahrenskosten, Ansprüchen der Rangklassen 1–3, aus Kosten-, Zinsen-, Hauptsacheansprüchen von erlöschenden dinglichen oder von betreibenden persönlichen Rechten braucht nicht besonders gekennzeichnet zu werden, wenn wie hier die daran geknüpfte gesetzliche Beschränkung und der genaue Rang aus der Eintragung ersichtlich ist.
[52] § 109 Abs 1: Verfahrenskosten des betreibenden Gläubigers, der einen Vorschuß geleistet hat, an der Rangstelle der Gerichtskasse, aber hinter dieser.
[53] §§ 10, 12: Ansprüche der Gläubiger der bestehenbleibenden Rechte in der bisherigen Rangfolge, zuerst aus Kosten, dann aus wiederkehrenden Leistungen, je für sich getrennt und im Rang vor dem bestehenbleibenden Hauptsachebetrag selbst (Grundreihenfolge aus § 12: Kosten, Zinsen, Hauptsache); die Herkunft braucht hier nicht besonders gekennzeichnet zu werden, wenn Beschränkung und Rangfolge aus der Eintragung ersichtlich; hier also zunächst die angemeldeten Kosten aus dem Recht Nr 1.
[54] § 129 Satz 1; es ist zu empfehlen, auch diese nur vorübergehende Beschränkung wegen ihrer Bedeutung für den Rangverlust nach sechs Monaten zu kennzeichnen.

Eintragungs- und Löschungsersuchen 4 § 130

Nr 8: ...[55]
Nr 9: Sicherungshypothek für ... Euro im Zwangsversteigerungsverfahren K ... des Amtsgerichts ... übertragene Forderung gegen den Ersteher mit vier vom Hundert Zinsen seit ... für Bauer Xaver, Landwirt in ..., im Rang vor Nr 2[56]; diese Sicherungshypothek kann nicht zum Nachteil der Rechte Nr 1–2, 5–8, 10–17 geltend gemacht werden, es sei denn, daß vor dem Ablauf von sechs Monaten nach dieser Eintragung derjenige, dem diese Hypothek zusteht, die Zwangsversteigerung des Grundstücks beantragt; soweit sich diese Hypothek mit dem Eigentum in einer Person vereinigt, kann sie auch nach Ablauf der genannten Frist nicht zum Nachteil der Rechte Nr 1–2, 5–8, 10–17 geltend gemacht werden.
Nr 10: ...[57]
Nr 11: Sicherungshypothek für ... Euro im Zwangsversteigerungsverfahren K ... des Amtsgerichts ... übertragene Forderung gegen den Ersteher mit vier vom Hundert Zinsen seit ... für Stark Georg, Förster in ...[58]; diese Sicherungshypothek kann nicht zum Nachteil der Rechte Nr 1–2, 5–10, 12–17 geltend gemacht werden, es sei denn, daß vor dem Ablauf von sechs Monaten nach dieser Eintragung derjenige, dem diese Hypothek zusteht, die Zwangsversteigerung des Grundstücks beantragt; soweit sich diese Hypothek mit dem Eigentum in einer Person vereinigt, kann sie auch nach Ablauf der genannten Frist nicht zum Nachteil der Rechte Nr 1–2, 5–10, 12–17 geltend gemacht werden.
Nr 12: ...[59]
Nr 13: Sicherungshypothek für ... Euro im Zwangsversteigerungsverfahren K ... des Amtsgerichts ... übertragene Forderung gegen den Ersteher mit vier vom Hundert Zinsen seit ... für Stark Georg, Förster in ...[60]; soweit sich diese Sicherungshypothek mit dem Eigentum in einer Person vereinigt, kann sie nicht zum Nachteil der Rechte Nr 1– 2, 5–12, 14–17 geltend gemacht werden.
Nr 14: Sicherungshypothek für ... Euro im Zwangsversteigerungsverfahren K ... des Amtsgerichts ... übertragene Forderung gegen den Ersteher mit vier vom Hundert Zinsen seit ... für Hauser Rosa, Hausfrau in ...[61]; diese Sicherungshypothek kann nicht zum Nachteil der Rechte Nr 1–2, 5–13, 15–17 geltend gemacht werden, es sei denn, daß vor dem Ablauf von sechs Monaten nach dieser Eintragung derjenige, dem diese Hypothek zusteht, die Zwangsversteigerung des Grundstücks beantragt; soweit sich diese Hypothek mit dem Eigentum in einer Person vereinigt, kann sie auch nach Ablauf der genannten Frist nicht zum Nachteil der Rechte Nr 1–2, 5–13, 15–17 geltend gemacht werden.
Nr 15: ...[62]
Nr 16: Sicherungshypothek für ... Euro im Zwangsversteigerungsverfahren K ... des Amtsgerichts ... übertragene Forderung gegen den Ersteher mit vier vom

---

[55] Zinsenansprüche des Rechtes Nr 1, sonst wie Fußnoten 53–54; Rang vor dem Hauptanspruch, aber hinter den Kosten; Wortlaut wie bei SichHyp Nr 7, aber keine Nachteile für Rechte Nr 1–2, 5–7, 9–17.

[56] Kostenansprüche des Rechtes Nr 2, im Rang vor dessen Hauptsache, aber hinter dem Recht 1, sonst wie Fußn 53.

[57] Zinsenansprüche aus Recht Nr 2, Rang vor dessen Hauptanspruch, aber hinter den Kosten und hinter dem Recht Nr 1; sonst wie Fußnote 53; Wortlaut wie bei SichHyp Nr 9, aber keine Nachteile für Rechte Nr 1–2, 5–9, 11–17.

[58] Es folgen die Ansprüche der erloschenen Rechte, in der bisherigen Rangfolge, je in der Reihenfolge Kosten, Zinsen, Hauptanspruch; zunächst hier für die Kosten aus Recht Nr 3.

[59] Wiederkehrende Leistungen aus dem Recht Nr 3, hinter dessen Kosten, sonst wie Fußnote 58.

[60] Hauptsache des erloschenen Rechts Nr 3, hinter dessen Kosten und Zinsen, sonst wie Fußn 58; für Hauptsachehypotheken andere Beschränkung nach § 129 Satz 1.

[61] Kosten aus dem Recht Nr 4, wie Fußn 58.

[62] Zinsen aus dem Recht Nr 4, wie Fußn 58; Wortlaut wie bei SichHyp Nr 14, aber keine Nachteile für Rechte Nr 1–2, 5–14, 16–17.

Hundert Zinsen seit ... für Hauser Rosa, Hausfrau in ...[63]; soweit sich diese Sicherungshypothek mit dem Eigentum in einer Person vereinigt, kann sie nicht zum Nachteil der Rechte Nr 1– 2, 5–15, 17 geltend gemacht werden.
Nr 17: Sicherungshypothek für ... Euro im Zwangsversteigerungsverfahren K ... des Amtsgerichts ... übertragene Forderung gegen den Ersteher mit vier vom Hundert Zinsen aus ...[64] seit ... für die bisherigen je zu einem Viertel beteiligt gewesenen Grundstückseigentümer[65] Werner Karl, Landwirt in ..., Strang Ludwig ...; soweit sich diese Hypothek mit dem Eigentum in einer Person vereinigt, kann sie nicht zum Nachteil der Rechte Nr 1– 2, 5–16 geltend gemacht werden."

5 Rechtsbehelfe

5.1 Das Grundbuchersuchen nach § 130 ist als Verwaltungsmaßnahme (Rdn 2.7) mit **Vollstreckungserinnerung** nach ZPO § 766 anzugreifen[66]. Der frühere Eigentümer des Objekts kann nicht gegen die Eintragung des Erstehers aus einer Teilungsversteigerung einen Amtswiderspruch nach GBO § 53 eintragen lassen, weil die Eintragung des Erstehers unter Ausschluß der Beteiligten allein auf Ersuchen des Vollstreckungsgerichts erfolgt[67].

5.2 Verweigert das Grundbuchamt den **Vollzug** des vollstreckungsgerichtlichen Ersuchens oder stellt es Bedingungen, ist das Vollstreckungsgericht gegen den Zurückweisungsbeschluß und die Zwischenverfügung (GBO § 18 Abs 1) beschwerdeberechtigt[68] nach GBO § 71; weitere Beschwerde nach GBO § 78[69]). Beschwerde kann der Rechtspfleger des Vollstreckungsgerichts erheben[70]. Auch Ersteher und Betroffene können in dieser Weise vorgehen. Verzögert das Grundbuchamt den Grundbuchvollzug, dann steht dem Vollstreckungsgericht ebenso wie Beteiligten die Dienstaufsichtsbeschwerde zu.

6 Zwischenzeitlich bewilligte Eintragung (Absatz 3)

6.1 Hat der **Ersteher,** bevor er als Eigentümer eingetragen ist, schon die **Eintragung** oder Änderung eines Rechts **bewilligt,** so darf diese vom Grundbuchamt nicht vor Erledigung des Grundbuchersuchens eingetragen werden: Abs. 3. Das gilt auch, wenn das Grundstück dem (als Eigentümer eingetragenen) Schuldner zugeschlagen wurde. Soweit solche Anträge beim Grundbuchamt vorzeitig eingehen, dürfen sie dort nicht nach GBO § 18 als unvollziehbar zurückgewiesen werden, sondern müssen mit dem Eingangsstempel versehen und **aufbewahrt** werden, bis das Eintragungsersuchen des Vollstreckungsgerichts eintrifft, um sie dann im unmittelbaren Anschluß an dieses zu vollziehen[71]. Auf den Grund, warum das Ersuchen des Vollstreckungsgerichts noch aussteht, kommt es dabei nicht an[72]. Zurückweisung hat daher auch zu unterbleiben, wenn der Ersteher die Unbe-

---

[63] Hauptsache aus dem erloschenen Recht Nr 4, wie Fußn 60.
[64] Aus den restigen baren Meistgebot, nicht aus Bargebotszinsen, siehe § 118 Rdn 3.8.
[65] Es folgt nun der Übererlös, § 128 Abs 2; er geht unverteilt auf alle bisherigen Miteigentümer über; ihnen steht er zur gesamten Hand zu, nicht im alten Miteigentumsverhältnis, das aber zweckmäßig angegeben wird, um die außergerichtliche Auseinandersetzung zu erleichtern (anders: OLG Zweibrücken Rpfleger 1972, 168: im alten Anteilsverhältnis).
[66] Dassler/Schiffhauer § 130 Rdn 14; Mohrbutter/Drischler Muster 144 Anm 13.
[67] BayObLG JurBüro 1972, 815.
[68] OLG Hamm Rpfleger 1955, 46 mit zust Anm Bruhn; Jaeckel/Güthe §§ 130–131 Rdn 8; Korintenberg/Wenz § 130 Anm 4; Steiner/Eickmann § 130 Rdn 16.
[69] OLG Hamm Rpfleger 1960, 92; Mohrbutter Rpfleger 1960, 203.
[70] BayObLG mitgeteilt Rpfleger 1981, 12.
[71] RG 62, 140 (144); LG Darmstadt MDR 1987, 332 = WM 1987, 636; LG Gera Mitt-BayNot 2003, 130 mit Anm Stöber = NotBZ 2002, 422 = RNotZ 2002, 511; Dassler/Schiffhauer § 130 Rdn 32; Steiner/Eickmann § 130 Rdn 49.
[72] LG Heilbronn MittBayNot 1982, 134.

denklichkeitsbescheinigung des Finanzamts hinsichtlich der Grunderwerbsteuer noch nicht beigebracht hat[73], desgleichen, wenn das Eintragungsersuchen des Vollstreckungsgerichts zurückgewiesen worden ist[73] (das entspricht der Lage vor Eingang des Eintragungsersuchens). Es darf auch dem Ersteher (oder sonstigen Antragsteller) nicht mit Zwischenverfügung aufgegeben werden, die Voraussetzungen für den Vollzug des Eintragungsersuchens beizubringen[73]. Gleiches gilt für den **Antrag** eines Gläubigers des Erstehers auf Eintragung einer **Zwangs-** oder Arrest**hypothek**. Er darf nicht mit der Begründung zurückgewiesen werden, das Ersuchen des Vollstreckungsgerichts auf Berichtigung des Grundbuchs liege noch nicht vor[74]. Das Grundbuchamt hat einen solchen Antrag entgegenzunehmen, bei den Grundakten zu verwahren und im Anschluß an die Erledigung des Eintragungsersuchens des Vollstreckungsgerichts zu vollziehen[75]. Wenn der Ersteher inzwischen verstorben ist, hat das Grundbuchamt auf den Berichtigungsantrag der Erben auch diese einzutragen, nachdem zunächst, wie vom Vollstreckungsgericht ersucht, der Ersteher eingetragen ist.

6.2 Die Eintragung eines vom Ersteher bewilligten Rechts unter **Verstoß gegen Abs 3** ist wirksam[76]. Die Sicherungshypotheken für übertragene Forderungen gegen den Ersteher haben dann aber (weil der Versteigerungsvermerk noch eingetragen ist) den ihnen gebührenden Rang vor dem unzulässig verfrüht eingetragenen Recht[77]. Dieses kann gutgläubig nicht mit Rang vor den Sicherungshypotheken aus der Zwangsversteigerung erworben werden, solange der Zwangsversteigerungsvermerk noch eingetragen ist, auch nicht mit Abtretung[78].

6.3 Erklärungen und Anträge der Beteiligten über Löschungen oder Änderungen von Rechten (zB bei den liegenbelassenen Rechten) darf das Vollstreckungsgericht **entgegennehmen** und an das Grundbuchamt weiterleiten; es ist allerdings hierzu nicht verpflichtet. Eingegangen beim Grundbuchamt (GBO § 13) sind Eintragungsanträge mit Zugang an das Vollstreckungsgericht nicht. Für Erledigung von Eintragungen beim Grundbuchamt bestimmt sich die Reihenfolge (GBO § 17) nicht nach dem Zeitpunkt des Antragseingangs beim Vollstreckungsgericht. Für Beurkundung einer Eintragungsbewilligung oder einer sonstigen zur Eintragung erforderlichen Erklärung (GBO § 29) ist das Vollstreckungsgericht nur im Rahmen eines Prozeßvergleichs zuständig (BGB § 127a; § 113 Rdn 2.5). Es kann nicht als Gericht der freiwilligen Gerichtsbarkeit eine Eintragungsbewilligung oder andere zur Eintragung erforderliche Erklärung beurkunden (BGB § 128) und Unterschriften nicht öffentlich beglauben (BGB § 129). Aufnahme von Erklärungen in einen Prozeßvergleich unterliegen aber einer Haftungsgefahr; die Beteiligten sollten insoweit an den Notar verwiesen werden. Urkunden, die sich mit Änderungen befassen und das Vollstreckungsgericht gelangen, hat dieses nicht erst mit seinem Ersuchen **an das Grundbuchamt zu leiten**, sondern sofort nach Erhalt gesondert[79]. Es hat auch, wenn der Ersteher stirbt, ihm zugehende Berichtigungsanträge der Erben dem Grundbuchamt zuzuleiten. Sein Ersuchen hat aber das Vollstreckungsgericht auf keinen Fall auf solche Vorgänge zu erstrecken[80]. Wird trotzdem auf das Ersuchen hin eingetragen, so können die Beteiligten und das Vollstreckungsgericht irrige Löschungen berichtigen lassen. Eine Liegenbelas-

---

[73] LG Darmstadt MDR 1987, 332 = WM 1987, 636.
[74] LG Lahn-Gießen Rpfleger 1979, 352 mit zust Anm Schiffhauer; Dassler/Schiffhauer § 130 Rdn 32.
[75] LG Lahn-Gießen aaO (Fußn 74).
[76] Stöber MittBayNot 2003, 131 (Anmerkung).
[77] Jaeckel/Güthe §§ 130, 131 Rdn 5; Korintenberg/Wenz § 130 Anm 6; LG Gera MittBayNot 2003, 130 = aaO; Stöber MittBayNot 2003, 131.
[78] Stöber MittBayNot 2003, 131; aA LG Gera aaO (nicht zutreffend).
[79] Brand/Schnitzler, Grundbuchsachen, § 167 Abschnitt 3.
[80] BayObLG mitgeteilte Rpfleger 1981, 12.

§ 130 6.3

sungsvereinbarung ermöglicht das Bestehenbleiben eines Rechts nur mit seinem bisherigen Inhalt (§ 91 Rdn 3); die Vereinbarung des Gläubigers und Erstehers, daß für das weiterbestehende Recht teilweise andere Bedingungen gelten sollen, kann daher nicht Inhalt des Eintragungsersuchens sein[80].

[Löschungsanspruch im Eintragungsersuchen]

130a (1) Soweit für den Gläubiger eines erloschenen Rechts gegenüber einer **bestehenbleibenden Hypothek, Grundschuld oder Rentenschuld** nach § 1179a des Bürgerlichen Gesetzbuchs die **Wirkungen einer Vormerkung bestanden, fallen diese Wirkungen mit der Ausführung des Ersuchens nach § 130 weg.**

(2) Ist bei einem solchen Recht der Löschungsanspruch nach § 1179a des Bürgerlichen Gesetzbuchs gegenüber einem bestehenbleibenden Recht nicht nach § 91 Abs 4 Satz 2 erloschen, so ist das Ersuchen nach § 130 auf einen spätestens im Verteilungstermin zu stellenden Antrag des Anspruchsberechtigten jedoch auch darauf zu richten, daß für ihn bei dem bestehenbleibenden Recht eine Vormerkung zur Sicherung des sich aus der erloschenen Hypothek, Grundschuld oder Rentenschuld ergebenden Anspruchs auf Löschung einzutragen ist. Die Vormerkung sichert den Löschungsanspruch vom gleichen Zeitpunkt an, von dem ab die Wirkungen des § 1179a Abs 1 Satz 3 des Bürgerlichen Gesetzbuchs bestanden. Wer durch die Eintragung der Vormerkung beeinträchtigt wird, kann von dem Berechtigten die Zustimmung zu deren Löschung verlangen, wenn diesem zur Zeit des Erlöschens seines Rechts ein Anspruch auf Löschung des bestehenbleibenden Rechts nicht zustand oder er auch bei Verwirklichung dieses Anspruchs eine weitere Befriedigung nicht erlangen würde; die Kosten der Löschung der Vormerkung und der dazu erforderlichen Erklärungen hat derjenige zu tragen, für den die Vormerkung eingetragen war.

1 Löschungsanspruch im Eintragungsersuchen

1.1 Zweck der Vorschrift: Regelung der Wirkungen des gesetzlichen Löschungsanspruchs (BGB § 1179a) des Gläubigers eines durch den Zuschlag erloschenen Rechts gegenüber einem bestehengebliebenen Grundpfandrecht nach Ausführung des Eintragungsersuchens des Vollstreckungsgerichts.

1.2 Anwendungsbereich: Die Vorschrift gilt für alle Versteigerungsverfahren des ZVG, nicht jedoch für die Zwangsversteigerung von Schiffen und Schiffsbauwerken, weil in das Gesetz über Rechte an eingetragenen Schiffen und Schiffsbauwerken (vom 14. 11. 1940, BGBl I 1499) eine Vorschrift über den gesetzlichen Löschungsanspruch mit Vormerkungswirkungen nicht aufgenommen wurde, und ebenso nicht für die Zwangsversteigerung eines Luftfahrzeugs. Über entsprechende Anwendung der Vorschrift bei außergerichtlicher Einigung und Befriedigung: § 145.

2 Erlöschen der Vormerkungswirkung des Löschungsanspruchs (Abs 1)

2.1 (1) Der gesetzliche Löschungsanspruch nach BGB § 1179a gegenüber einer gleich- oder vorrangigen Hypothek, Grundschuld oder Rentenschuld (künftig: Grundpfandrecht) ist **Inhalt** der begünstigten gleich- oder **nachrangigen** Hypothek, Grundschuld oder Rentenschuld (= Grundpfandrecht). Mit Eintragung des begünstigten Grundpfandrechts ist dieser Löschungsanspruch in gleicher Weise gesichert, als wenn zu seiner **Sicherung** eine **Vormerkung** (BGB § 883) in das Grundbuch eingetragen worden wäre (BGB § 1179a Abs 1 Satz 3). Dieser **Löschungsanspruch erlischt nicht,** wenn mit dem Zuschlag das begünstigte

Grundpfandrecht selbst erlischt und aus dem Grundstück nicht (oder nur teilweise, sonach nicht in voller Höhe) befriedigt wird (§ 91 Abs 4). Wegen jeder zur Löschung verpflichtenden Vereinigung des betroffenen Grundpfandrechts mit dem Eigentum in einer Person, die **vor** dem Zuschlag eingetreten ist, besteht der gesetzliche Löschungsanspruch fort. Eine Vereinigung des bestehengebliebenen Grundpfandrechts mit dem Eigentum in einer Person, die nach dem Zuschlag eintritt, gibt dem Gläubiger des mit dem Zuschlag bereits erloschenen begünstigten Rechts dagegen keinen Löschungsanspruch; der Ersteher ist als Eigentümer des Grundstücks dem Löschungsanspruch des mit dem Zuschlag erloschenen Grundpfandrechts nicht ausgesetzt. Bei vor dem Zuschlag bereits eingetretener Vereinigung von Eigentum und betroffenem Grundpfandrecht in einer Person kann der Löschungsberechtigte einen fortbestehenden Löschungsanspruch auch nach dem Zuschlag noch durchsetzen; die Löschung (Aufhebung) eines bestehenbleibenden Grundpfandrechts löst dann die Zuzahlungsverpflichtung nach § 50 Abs 2 Nr 1 aus.

2.2 Schutz vor Vereitelung eines solchen Anspruchs mit vormerkungswidriger Verfügung gewährleisten nach dem Erlöschen mit dem Zuschlag zunächst noch die Vormerkungswirkungen des eingetragenen begünstigten Grundpfandrechts (BGB § 1179a Abs 1 Satz 3, §§ 883, 888). Wenn dieses Grundpfandrecht jedoch auf Grund des Ersuchens des Gerichts nach § 130 im Grundbuch gelöscht wird, ergeben sich Vormerkungswirkungen aus diesem nicht mehr. Die den Löschungsanspruch sichernden Wirkungen einer Vormerkung fallen daher weg, wenn das begünstigte Grundpfandrecht in Ausführung des Ersuchens des Vollstreckungsgerichts gelöscht wird: Abs 1. Für das Ende der Vormerkungswirkungen zugunsten des gesetzlichen Löschungsanspruchs sind damit klare Rechtsverhältnisse geschaffen.

2.3 Diese Regelung berührt das Fortbestehen des gesetzlichen Löschungsanspruchs selbst jedoch nicht. Als schuldrechtlicher Anspruch kann er auch weiterhin gegen den bisher verpflichteten Berechtigten des bestehengebliebenen Eigentümerrechts geltend gemacht werden. Mit Löschung tritt dann jedoch keine dem bestehengebliebenen Eigentümerrecht anhaftende auflösende Bedingung ein (ein nur schuldrechtlicher Anspruch ist nicht auflösende Bedingung des bestehengebliebenen Eigentümerrechts), so daß auch § 50 Abs 2 Nr 1 nicht mehr Grundlage für eine Zuzahlungspflicht des Erstehers sein kann. Die mit Löschung des bestehengebliebenen Eigentümerrechts eingetretene Entlastung des Erstehers von einer Erwerbspflicht kann daher nur nach Bereicherungsrecht ausgeglichen werden. Weil die Sicherungswirkungen einer Vormerkung (BGB § 1179a Abs 1 Satz 3) nicht mehr bestehen, sind die nach Wegfall der Vormerkungswirkungen vorgenommenen Verfügungen über das Eigentümerrecht auch gegenüber dem Anspruchsberechtigten wirksam (BGB § 883 Abs 2), so daß er von einem Erwerber Zustimmung zu der für Verwirklichung des Anspruchs nötigen Grundbucheintragung nicht mehr verlangen kann (BGB § 888 Abs 1). Auch frühere vormerkungswidrige Verfügungen werden mit dem Erlöschen der Vormerkungswirkungen zugunsten des Löschungsanspruchs wirksam.

Ersuchen um Eintragung einer Vormerkung (Absatz 2)   3

3.1 Mit Eintragung einer **Vormerkung** zur Sicherung des sich aus der erloschenen begünstigten Hypothek, Grundschuld oder Rentenschuld ergebenden **Anspruchs auf Löschung** eines bestehengebliebenen Grundpfandrechts (Abs 2 Satz 1) ist die weitere Wahrung der Rechte des Löschungsberechtigten ermöglicht. Die Vormerkung sichert den Anspruch auf Löschung des bestehengebliebenen Grundpfandrechts weiter; die Vormerkung setzt die mit Eintragung des begünstigten Grundpfandrechts eingetretene Vormerkungssicherung des Löschungsanspruchs (BGB § 1179a Abs 1 Satz 3) fort; an Stelle des gelöschten bisherigen Grundpfandrechts sichert die Vormerkung den gesetzlichen Löschungsanspruch

§ 130a 3.1 Verteilung des Erlöses

vom gleichen Zeitpunkt an, von dem ab mit Eintragung des begünstigten Grundpfandrechts Vormerkungswirkungen bestanden (Abs 2 Satz 2; BGB § 1179a Abs 1 Satz 3). Dem Berechtigten des Löschungsanspruchs gegenüber bleiben damit vormerkungswidrige Verfügungen unwirksam, die vor Erlöschen des begünstigten Grundpfandrechts mit dem Zuschlag oder von da an bis zur Eintragung der Vormerkung vorgenommen wurden; ebenso sind vormerkungswidrige Verfügungen unwirksam, die nach Eintragung der Vormerkung erfolgen.

3.2 Einzutragen ist die Vormerkung zur weiteren Sicherung des Löschungsanspruchs auf **Ersuchen** des Vollstreckungsgerichts: Abs 2 Satz 1. Mit dem Ersuchen um Eintragung der Vormerkung ist der Inhalt des Eintragungsersuchens des § 130 erweitert, so daß es nur einheitlich mit diesem ergehen kann und mit diesem vollzogen werden muß. Auszudehnen auf die Eintragung der Vormerkung ist das Ersuchen des Vollstreckungsgerichts nur auf **Antrag** des Berechtigten des gesetzlichen Löschungsanspruchs. Zu richten ist auf seinen Antrag das Ersuchen darauf, daß für ihn bei dem bestehenbleibenden Grundpfandrecht eine Vormerkung (BGB § 883) zur Sicherung des sich aus der erloschenen Hypothek, Grundschuld oder Rentenschuld ergebenden Anspruchs auf Löschung (BGB § 1179a) einzutragen ist. Antragsbefugter Berechtigter des Löschungsanspruchs ist der Gläubiger (Berechtigte, § 117 Rdn 2) des gleich- oder nachrangigen Grundpfandrechts. Der Antrag ist beim Vollstreckungsgericht und **spätestens im Verteilungstermin** (vor dessen Abschluß) zu stellen. Auf einen später noch vor Absendung des Ersuchens gestellten Antrag kann das Vollstreckungsgericht um Eintragung der Vormerkung nicht mehr ersuchen (so auch[1]). Der Antrag kann im Verteilungstermin zu Protokoll des Gerichts oder vor dem Termin schriftlich oder zu Niederschrift der Geschäftsstelle gestellt werden. Rechtzeitig ist der Antrag auch dann gestellt, wenn der Antragsteller seine Legitimation als Anspruchsberechtigter (zB durch Vorlage des Briefes für das begünstigte Recht, von Abtretungserklärungen usw) erst nach dem Termin führt (so auch[2]). Für Wirksamkeit des rechtzeitig gestellten Antrags ist Bekanntgabe im Termin nicht vorgesehen; er wird mit Ersuchen um Eintragung der Vormerkung zur Sicherung des Löschungsanspruchs erledigt. Daß das Ersuchen auf Eintragung der Vormerkung auszudehnen ist, braucht im Verteilungstermin nicht angeordnet zu werden; klarstellende Feststellung sollte aber erfolgen. Ebenso braucht ein Antrag, dem nicht stattgegeben werden kann, nicht ausdrücklich zurückgewiesen zu werden (so auch[3]). Dem Antragsteller sollte jedoch vor Absendung des Eintragungsersuchens, das seinen Antrag nicht berücksichtigt, rechtliches Gehör gewährt werden. Rechtsbehelfe: Wie § 130 Rdn 5.

3.3 Auf das Antragsrecht hat das Gericht **hinzuweisen,** auch wenn dies im Gesetz nicht vorgesehen ist (Aufklärungspflicht: Einl Rdn 33)[4].

3.4 Voraussetzung für Erweiterung des Grundbuchersuchens durch Ersuchen um Eintragung einer Vormerkung für den gesetzlichen Löschungsanspruch ist neben dem Antrag des dazu Berechtigten, daß für den Antragsteller als Gläubiger des erloschenen Grundpfandrechts gegenüber dem bestehengebliebenen Grundpfandrecht nach BGB § 1179a ein gesetzlicher Löschungsanspruch bestanden hat und daß der Anspruch nicht nach § 91 Abs 4 Satz 2 mit Befriedigung des Berechtigten aus dem Versteigerungserlös erloschen ist. Ob das der Fall ist, hat das Vollstreckungsgericht zu **prüfen.** Es hat nicht weitergehend auch noch zu prüfen, ob der Löschungsanspruch im Einzelfall durchsetzbar bestand und der Anspruchsberechtigte bei einer Löschung weitere Befriedigung erlangt hätte (anders[5]). Daß das bestehengebliebene Grundpfandrecht bei Erteilung des Zuschlags tatsächlich ganz

---

[1] Dassler/Schiffhauer § 130a Rdn 7; Steiner/Eickmann § 130a Rdn 10.
[2] Dassler/Schiffhauer § 130a Rdn 6.
[3] Dassler/Schiffhauer § 130a Rdn 13; Steiner/Eickmann § 130a Rdn 18.
[4] Mohrbutter KTS 1978, 17 (II 2).
[5] Dassler/Schiffhauer § 130a Rdn 11.

oder zum Teil Eigentümergrundschuld war, muß daher weder nachgewiesen noch glaubhaft gemacht sein. Wenn der Löschungsanspruch selbst gesetzlich (zB gegenüber einer ursprünglichen offenen Eigentümergrundschuld nach BGB § 1196 Abs 3; beim Briefrecht nie feststellbar, weshalb dem Antrag zu entsprechen ist; gegenüber einer Sicherungshypothek für Inhaber- und Orderpapiere, BGB § 1187 Satz 4; für Altrechte) oder rechtsgeschäftlich mit Grundbucheintragung (BGB § 1179a Abs 5) ausgeschlossen ist, kann einem Antrag nicht stattgegeben werden. Wenn jedoch der Löschungsanspruch gesetzlich besteht und nur streitig ist, ob er im Einzelfall gegeben ist und durchgesetzt werden kann, weil zB über das Entstehen einer Eigentümergrundschuld vor Erteilung des Zuschlags Ungewißheit besteht, weil Abtretung des Eigentümerrechts vor Entstehen des Löschungsanspruchs behauptet wird, weil der Geltendmachung des Anspruchs als Gegenrecht der Verzicht des Berechtigten entgegengehalten wird oder auch deshalb, weil nicht feststeht, ob der Anspruchsberechtigte mit Löschung weitere Befriedigung erlangen wird (das ist nicht der Fall, wenn ein bei Löschung zuzuzahlender Betrag voll auf Zwischenrechte entfallen würde, § 114 Rdn 9), hat das Vollstreckungsgericht auf Antrag um Eintragung der Vormerkung zu ersuchen. Für das Ersuchen um Eintragung der Vormerkung ist über die Voraussetzungen des Abs 2 hinaus nicht bestimmt, daß die Durchsetzbarkeit des gesetzlichen Löschungsanspruchs im Einzelfall geprüft werden muß. Vielmehr ist für einen solchen Fall lediglich ein Anspruch auf Löschung der Vormerkung vorgesehen (Rdn 3.9). Klärung des zwischen den Beteiligten über den Anspruch bestehenden Streits hat daher im Rechtsweg zu erfolgen. Das Vollstreckungsgericht hat hierüber nicht zu entscheiden.

3.5 Um Eintragung einer Vormerkung zur Sicherung des sich aus dem erloschenen begünstigten Grundpfandrecht ergebenden gesetzlichen Anspruchs auf Löschung ist auf Antrag auch zu ersuchen, wenn betroffenes Grundpfandrecht eine Hypothek ist, die **noch dem Eigentümer zusteht,** weil die Forderung nicht zur Entstehung gelangt ist (BGB § 1163 Abs 1 Satz 1). Der Löschungsanspruch besteht auch gegenüber einer solchen vor dem Zuschlag eingetretenen Vereinigung. Seiner Sicherung durch Vormerkung steht nicht entgegen, daß der Löschungsanspruch erst geltend gemacht werden kann, wenn sich ergibt, daß die zu sichernde Forderung nicht mehr entstehen wird (BGB § 1179a Abs 2).

3.6 Wenn das nach dem Zuschlag bestehen gebliebene, vom Löschungsanspruch betroffene vor- oder gleichrangige Grundpfandrecht nicht zur Entstehung gelangt oder erloschen ist und deshalb nach § 130 Abs 2 mit gelöscht wird, scheidet die Eintragung einer Vormerkung zur Sicherung eines Löschungsanspruchs nach Abs 2 aus.

3.7 Zu **ersuchen** ist um **Eintragung einer Vormerkung** für den Anspruchsberechtigten zur Sicherung des sich aus dem erloschenen Grundpfandrecht ergebenden gesetzlichen Anspruchs (BGB § 1179a) auf Löschung des bestehen gebliebenen Grundpfandrechts. Im Ersuchen sind daher zu bezeichnen: der Berechtigte des Anspruchs, das betroffene bestehenbleibende Grundpfandrecht, bei dem die Vormerkung einzutragen ist, und der zu sichernde gesetzliche Löschungsanspruch mit Angabe des erloschenen Grundpfandrechts, das ihn als begünstigtes Grundpfandrecht begründet hat. Die **Grundbucheintragung** hat den Gläubiger des gesicherten Löschungsanspruchs (den Vormerkungsberechtigten) namentlich (GBV § 15) anzugeben[6] sowie den Leistungsgegenstand mit Bezeichnung der Vormerkung zur Sicherung des Anspruchs auf Löschung eines bestimmten Grundpfandrechts zu nennen. Wenn die Vormerkung für mehrere Berechtigte gemeinschaftlich einzutragen ist, ist Angabe des Gemeinschaftsverhältnisses nach GBO § 47 nötig. Der Löschungsanspruch selbst, seine Anspruchsgrundlage und sein Umfang

---

[6] Stöber Rpfleger 1977, 399 (IV 4).

§ 130a 3.7 Verteilung des Erlöses

können durch Bezugnahme auf das Eintragungsersuchen (BGB § 874) bezeichnet werden, wenn in ihr das Grundpfandrecht angegeben ist, das nach BGB § 1179a seinem Gläubiger den Anspruch gesetzlich begründet hat.

3.8 Vorlegung des über die betroffene Hypothek, Grundschuld oder Rentenschuld erteilten **Briefes** ist zur Eintragung der Vormerkung zur Sicherung des Löschungsanspruchs nicht erforderlich: § 131 Satz 2. Ebenso muß der Brief für die begünstigte Post nicht vorliegen. Auch Voreintragung des Löschungsverpflichteten (GBO § 39 Abs 1) ist, ebenso wie im Falle des BGB § 1179, nicht erforderlich.

3.9 Durch die Eintragung der Löschungsvormerkung wird der davon betroffene Eigentümer mit seiner Verfügungsberechtigung über das Eigentümerrecht **beeinträchtigt,** wenn der Anspruch auf Löschung überhaupt nicht besteht oder wenn im Einzelfall dem Vormerkungsberechtigten zur Zeit des Erlöschens seines Rechts ein Anspruch auf Löschung des bestehen gebliebenen Grundpfandrechts nicht zustand oder wenn vom Vormerkungsberechtigten der Löschungsanspruch nicht mehr geltend gemacht werden kann, weil er auch bei Löschung keine weitere Befriedigung erlangen kann. In gleicher Weise können Dritte beeinträchtigt sein, die vor oder nach dem Zuschlag von dem nach der Vormerkung zur Löschung verpflichteten Eigentümer durch Verfügung (Abtretung, Verpfändung, Pfändung) Rechte an dem bestehenbleibenden Grundpfandrecht erworben haben. Ein demnach durch die Vormerkung Beeinträchtigter kann von dem Vormerkungsberechtigten **Zustimmung zur Löschung** der Vormerkung verlangen (Abs 2 Satz 3). Die durch solche Löschung notwendig entstehenden Kosten, auch Kosten für dazu erforderliche Erklärungen (Notarkosten für Unterschriftsbeglaubigungen) hat der Vormerkungsberechtigte zu tragen. Der Anspruch auf Zustimmung zur Löschung ist im Rechtsweg zu verfolgen; das Vollstreckungsgericht entscheidet über ihn nicht. Der Gläubiger des bestehenbleibenden Grundpfandrechts selbst kann von dem Berechtigten der Vormerkung Zustimmung zu deren Löschung nicht verlangen; er ist durch die Eintragung der Vormerkung nicht beeinträchtigt. Die Vormerkung schützt vor Verfügungen, die den Löschungsanspruch beeinträchtigen würden, der gegen den (letzten oder einen früheren) Eigentümer besteht, betrifft also (nur) das Eigentümerrecht, richtet sich somit nicht gegen den (Fremd)Gläubiger des Grundpfandrechts und seinen Rechtsnachfolger. Dieser ist durch Eintragung der Vormerkung in der Verfügung über sein Grundpfandrecht nicht beeinträchtigt, von der Eintragung der Vormerkung sonach nicht betroffen und daher durch sie auch nicht beeinträchtigt.

3.10 Bestehen bleibt ein nach den Versteigerungsbedingungen an sich erlöschendes Grundpfandrecht, wenn das **Liegenbelassen** zwischen dem Berechtigten des Rechts und dem Ersteher vereinbart wird: § 91 Abs 2. Die Liegenbelassungsvereinbarung bewirkt, daß das Recht durch den Zuschlag überhaupt nicht erloschen ist; es wird grundsätzlich so behandelt, als ob es schon durch den Zuschlag bestehenbleiben würde (§ 91 Rdn 3). Damit bleibt auch der gesetzliche Lösungsanspruch als Inhalt eines solchen Rechts gegenüber anderen bestehenbleibenden Grundpfandrechten erhalten und nach BGB § 1179a Abs 1 Satz 3 unverändert mit Vormerkungswirkungen gesichert. Nach Abs 2 kann eine Vormerkung zur Sicherung des Löschungsanspruchs des Gläubigers des infolge Liegenbelassungsvereinbarung bestehengebliebenen Grundpfandrechts daher nicht eingetragen werden. Ein bereits gestellter Antrag auf Eintragung einer solchen Vormerkung wird gegenstandslos, wenn die Liegenbelassungsvereinbarung erst nach dem Verteilungstermin, aber noch vor dem Grundbuchersuchen des § 130 nachgewiesen wird (§ 91 Abs 2). Wenn jedoch nur ein Teil des mit dem Zuschlag erloschenen Rechts infolge der Liegenbelassungsvereinbarung bestehen bleibt, kann Antrag auf Eintragung einer Vormerkung nach Abs 2 zur Sicherung des Löschungsanspruchs für den erloschenen weiteren Teil des Grundpfandrechts verlangt werden. Dazu auch ZVG-Handbuch Rdn 534 m.

Löschungsanspruch im Eintragungsersuchen   5 § 130a

3.11 Bleibt das vom Löschungsanspruch **betroffene** gleich- oder vorrangige **Grundpfandrecht**, das nach den Versteigerungsbedingungen erlöschen sollte, infolge **Liegenbelassungsvereinbarung** (§ 91 Abs 2) bestehen, dann ist auf Antrag das Ersuchen auch darauf zu richten, daß bei diesem Grundpfandrecht zur Sicherung eines Löschungsanspruchs eine Vormerkung einzutragen ist. Als rechtzeitiger Antrag (Abs 2 Satz 1) ist bereits die Geltendmachung des Löschungsanspruchs im Verteilungstermin gegen die Zuteilung auf das (zunächst) erloschene Recht zu werten, insbesondere für den Fall, daß die Erklärungen erst zwischen Verteilungstermin und Grundbuchersuchen nachgewiesen werden.

3.12 § 130a regelt Besonderheiten, die aus dem gesetzlichen, mit Eintragung des begünstigten Grundpfandrechts vormerkungsgesicherten Löschungsanspruch nach BGB § 1179a folgen. Für die Löschungsvormerkung des BGB § 1179 in der Fassung bis 31. 12. 1977 und in der Fassung ab 1. 1. 1978 ist entsprechende Anwendung nicht möglich.

3.13 Unterbleibt die Eintragung einer **Vormerkung** nach Abs 2, weil der Anspruchsberechtigte Antrag nicht oder nicht rechtzeitig gestellt hat, dann bestimmt sich die Sicherung des fortbestehenden (Rdn 1) Löschungsanspruchs nur noch nach den allgemeinen Vorschriften (BGB § 883 Abs 1, § 885). Die Eintragung erfordert dann auch Voreintragung des Betroffenen (GBO § 39) und Briefvorlage (GBO §§ 41, 42). Die vom Betroffenen bewilligte oder auf Grund einer einstweiligen Verfügung einzutragende Vormerkung kann sogleich vollzogen werden; sie gehört nicht zu den vom Ersteher bewilligten Eintragungen, die nach § 130 Abs 3 erst nach Vollzug des Eintragungsersuchens des Gerichts möglich sind. Rückwirkend auf den Zeitpunkt, von dem ab die Wirkungen des BGB § 1179a Abs 1 Satz 3 bestanden (Abs 2 Satz 2) hat die bewilligte oder auf Grund einstweiliger Verfügung einzutragende Vormerkung des BGB § 883 nicht.

3.14 Zur Sicherung des Löschungsanspruchs nach BGB § 1179a durch Eintragung einer Vormerkung mit Antrag des Berechtigten auch ZVG-Handbuch Rdn 534f–m; Muster für Antrag dort Rdn 534h.

Muster für Antrag und Eintragungsersuchen 4

4.1 Antrag: „... Als Gläubiger der mit dem Zuschlag erloschenen Hypothek im Betrage von ... Euro Abteilung III Nr ... des Grundbuchs, die bei Erlösverteilung aus dem Grundstück nicht befriedigt worden ist, stelle ich *Antrag*, das Eintragungsersuchen des ZVG § 130 auch darauf zu richten, daß für mich bei der bestehenbleibenden Hypothek im Betrag von ... Euro Abteilung III Nr... des Grundbuchs, eingetragen auf den Namen von ... gemäß § 130a Abs 2 eine Vormerkung zur Sicherung des sich aus der erloschenen Hypothek ergebenden Anspruchs auf Löschung (BGB § 1179a) einzutragen ist."

4.2 Ersuchen: „... Es wird gemäß §§ 130, 130a Abs 2 weiter ersucht, für ... (Bezeichnung des Berechtigten) bei der bestehenbleibenden Hypothek im Betrage von... Euro Abteilung III Nr ... des Grundbuchs, eingetragen auf den Namen von ... eine Vormerkung zur Sicherung des sich aus der erloschenen Hypothek zu ... Euro, Abteilung III Nr ... des Grundbuchs ergebenden Anspruchs auf Löschung (BGB § 1179a) einzutragen."

Zuzahlung und Sicherungshypothek 5

Die beantragte und auf Ersuchen des Vollstreckungsgerichts zur Sicherung des Löschungsanspruchs nach Abs 2 einzutragende Vormerkung sichert nur den weiterbestehenden Löschungsanspruch gegen vormerkungswidrige Verfügungen über das zu löschende Eigentümerrecht. Die Sicherungswirkungen ergeben sich aus BGB §§ 883, 888. Wenn der Anspruch mit Löschung des Eigentümerrechts erfüllt wird, fallen auch die Wirkungen der einzutragenden Vormerkung weg. Den **Zuzahlungsanspruch** an den Ersteher (§ 50 Abs 2 Nr 1) sichert die Löschungsvormerkung nicht. Der Zuzahlungsbetrag, den der Ersteher nach Aufhebung

(Löschung) des infolge des Löschungsanspruchs auflösend bedingten bestehengebliebenen Grundpfandrechts nach § 50 Abs 2 Nr 1 noch zu leisten hat, ist nach § 125 Abs 1 durch Feststellung im Teilungsplan hilfsweise zu verteilen. Weil ungewiß oder wenn überhaupt streitig ist, ob Löschung des bestehengebliebenen Grundpfandrechts erfolgt oder erfolgen wird und daher ein weiterer Betrag zu zahlen ist, haben Zuteilung und Übertragung unter der entsprechenden Bedingung zu erfolgen (§ 125 Abs 2). Geltendmachung des Löschungsanspruchs, der die Ungewißheit begründet und Verteilung des Zuzahlungsbetrags unter der Bedingung, daß er zu leisten ist, erfordert (§ 125 Abs 2), kann ausdrücklich erfolgen. Geltendmachung des Löschungsanspruchs liegt aber auch bereits in dem Antrag, eine Löschungsvormerkung zur Sicherung des Anspruchs einzutragen (ebenso[7]). Der Antrag auf Eintragung der Vormerkung erfordert daher immer auch **Zuteilung** des noch ungewissen **Zuzahlungsbetrags** und Ausführung mit Übertragung der Forderung gegen den Ersteher (§ 125 Abs 1 und 2) und Eintragung einer Sicherungshypothek für die Forderung mit dem Rang des Anspruchs (§ 128). Der Gläubiger der Sicherungshypothek hat gegen den Ersteher als Eigentümer gegenüber vor- oder gleichrangigen Grundpfandrechten den gesetzlichen Löschungsanspruch des BGB § 1179a mit Vormerkungswirkung ab Grundbucheintragung[8].

[Vorlegung der Grundpfandrechtsbriefe nicht nötig]

131 In den Fällen des § 130 Abs 1 ist **zur Löschung einer Hypothek, einer Grundschuld oder einer Rentenschuld, im Falle des § 128 zur Eintragung des Vorranges einer Sicherungshypothek die Vorlegung des über das Recht erteilten Briefes nicht erforderlich. Das gleiche gilt für die Eintragung der Vormerkung nach § 130a Abs 2 Satz 1.**

1 Allgemeines zu § 131

Zweck und **Anwendungsbereich**: Ausnahme von der Verpflichtung, zu Eintragungen und Löschungen die Hypotheken-, Grundschuld-, Rentenschuldbriefe vorzulegen (GBO §§ 41, 62–70). Die Vorschrift gilt für alle Versteigerungsverfahren des ZVG.

2 Briefvorlage zum Grundbuchersuchen bei Verfahrensende

2.1 Die Grundpfandrechtsbriefe braucht das Vollstreckungsgericht **nicht** vorzulegen, **wenn** es nach § 130 Abs 1 um Löschung einer durch den Zuschlag erloschenen Hypothek, Grundschuld, Rentenschuld ersucht oder wenn es um die Eintragung einer Sicherungshypothek aus § 128 ersucht, die Vorrang vor einem Briefrecht haben soll (hierzu sonst GBO § 62) oder wenn es um Eintragung einer Löschungsvormerkung nach § 130a ersucht.

2.2 Auch das Vollstreckungsgericht ist **nicht** von der Vorlagepflicht **befreit** für die nach § 130 Abs 2 zu löschenden Rechte[1], also für Rechte, die im geringsten Gebot bestehenbleiben, aber nicht mehr bestehen.

2.3 Das Vollstreckungsgericht kann **um Vorlage** der auf das versteigerte Grundstück bezüglichen Briefe **ersuchen** (§ 127 Abs 1 Satz 3), kann diese aber **nicht erzwingen** (§ 127 Rdn 2). Auch das Grundbuchamt kann nach Versteigerung die Besitzer der Briefe entgegen GBO § 62 Abs 2 Satz 1 nicht zur Vorlage anhalten[2].

2.4 Behandlung der Briefe beim Vollstreckungsgericht § 127 Rdn 2.

---

[7] Dassler/Schiffhauer § 130a Rdn 8; Steiner/Eickmann § 130a Rdn 19.
[8] Stöber/Rpfleger 1977, 425 (V 4b).
[1] Dassler/Schiffhauer § 131 Rdn 3; Steiner/Eickmann § 131 Rdn 6.
[2] OLG München JFG 23, 87; Schöner/Stöber, Grundbuchrecht, Rdn 1000; Demharter, GBO, § 62 Rdn 6.

[Vollstreckbarkeit der übertragenen Forderung]

132 (1) Nach der Ausführung des Teilungsplans ist die Forderung gegen den Ersteher, im Falle des § 69 Abs 2 auch gegen den für mithaftend erklärten Bürgen und im Falle des § 81 Abs 4 auch gegen den für mithaftend erklärten Meistbietenden, der Anspruch aus der Sicherungshypothek gegen den Ersteher und jeden späteren Eigentümer vollstreckbar. Diese Vorschrift findet keine Anwendung, soweit der Ersteher einen weiteren Betrag nach den §§ 50, 51 zu zahlen hat.

(2) Die Zwangsvollstreckung erfolgt auf Grund einer vollstreckbaren Ausfertigung des Beschlusses, durch welchen der Zuschlag erteilt ist. In der Vollstreckungsklausel ist der Berechtigte sowie der Betrag der Forderung anzugeben; der Zustellung einer Urkunde über die Übertragung der Forderung bedarf es nicht.

Allgemeines zu § 132

Zweck und **Anwendungsbereich:** Vollstreckbarkeit der übertragenen Forderung aus dem Bargebot. § 132 regelt die schuldrechtliche und dingliche Wiedervollstreckung, während § 133 sich mit Erleichterungen für Einleitung der Wiedervollstreckung gegen den Ersteher befaßt. Die Vorschrift gilt für alle Versteigerungsverfahren des ZVG.

Vollstreckbarkeit übertragener Forderungen (Absatz 1)

2.1 Die **übertragene Forderung** (§ 118) ist gegen den Ersteher und bei Abtretung der Rechte aus dem Meistgebot nach § 81 Abs 2 oder bei verdeckter Vollmacht nach § 81 Abs 3 auch gegen den nach § 81 Abs 4 für mithaftend erklärten Meistbietenden sowie gegen einen für mithaftend erklärten Bürgen aus § 69 Abs 2 **vollstreckbar:** Abs 1 Satz 1. Vollstreckbare Forderung gegen den Ersteher ist auch eine dem mithaftenden Meistbietenden als Berechtigten übertragene Forderung (§ 118 Rdn 3.2) und der dem Schuldner mit Zuweisung freigegebene Erlösüberschuß (§ 118 Rdn 3.2). **Ausgeschlossen** ist die Wiedervollstreckung einer **Zuzahlung** nach §§ 50, 51: Abs 1 Satz 2; dieser übertragene Anspruch ist einzuklagen. Der Anspruch aus der für die übertragene Forderung eingetragenen **Sicherungshypothek** (§ 128) ist gegen den Ersteher und gegen jeden späteren Eigentümer des Grundstücks **vollstreckbar:** Abs 1 Satz 1; auch hier gilt dies **nicht** für **eine Zuzahlung** aus §§ 50, 51: Abs 1 Satz 2 (wie vorher). Die Vollstreckbarkeit der Sicherungshypothek wird nicht durch einen Eigentumswechsel berührt.

2.2 **In das bewegliche Vermögen** der Zahlungspflichtigen kann aus der übertragenen Forderung nach den allgemeinen Vorschriften (ZPO §§ 724–863) vollstreckt werden, also durch Mobiliarpfändung, Forderungspfändung, Offenbarungsversicherungsverfahren. In das **nicht aus der Zwangsversteigerung stammende** unbewegliche Vermögen der Zahlungspflichtigen kann ebenfalls aus der übertragenen Forderung nach den allgemeinen Vorschriften (ZPO §§ 864–871) vollstreckt werden, also durch Zwangsversteigerung, Zwangsverwaltung, Zwangshypothek. **In das ersteigerte Grundstück** des Zahlungspflichtigen (Erstehers) kann aus der übertragenen Forderung und der dafür eingetragenen Sicherungshypothek unter erleichterten Voraussetzungen durch Wiederversteigerung oder Zwangsverwaltung (§ 133) vollstreckt werden.

2.3 Wird die **Sicherungshypothek** des § 128 in eine gewöhnliche Hypothek oder eine Grundschuld **umgewandelt,** so entfällt damit auch die Vollstreckbarkeit des Anspruchs aus der Sicherungshypothek (anders[1]). Für den (dinglichen) An-

---

[1] Dassler/Gerhardt § 132 Rdn 3.

spruch aus der Verkehrshypothek oder Grundschuld ist ein neuer Vollstreckungstitel zu erwirken. Die (persönliche) Vollstreckbarkeit der übertragenen Forderung wird davon nicht berührt.

2.4 Zur Vollstreckung im ZVG-Handbuch Rdn 565.

2.5 Einwendungen gegen den Anspruch selbst sind mit Vollstreckungsabwehrklage nach ZPO § 767 möglich. Die Vollstreckungsabwehrklage ist gegen einen rechtskräftigen und nicht mehr anfechtbaren Zuschlagsbeschluß mit dem Ziel, den Zuschlag wieder aufzuheben, nicht möglich; sie ist nur in einzelnen Beziehungen zulässig, indem der Gläubiger einer übertragenen Forderung von seinen Rechten aus dem Zuschlag ausnahmsweise wegen gewährter Stundung oder ähnlicher schuldrechtlicher Verpflichtungen nicht Gebrauch machen darf. Zuständig (örtlich und sachlich) für die Vollstreckungsabwehrklage ist unabhängig vom Streitwert als Prozeßgericht des ersten Rechtszuges das Amtsgericht des Versteigerungsverfahrens, in dem der Vollstreckungstitel geschaffen wurde[2].

3 Vollstreckungstitel und -klausel (Absatz 2)

3.1 Vollstreckungstitel für Vollstreckung der Forderung und des Anspruchs aus der Sicherungshypothek ist der Zuschlagsbeschluß, nicht die Übertragung als solche. Er ist besonderer Vollstreckungstitel, der aber nicht der materiellen Rechtskraft fähig ist. Trotz der unmittelbaren Vollstreckungsmöglichkeiten aus der übertragenen Forderung oder der Sicherungshypothek hierfür kann der Berechtigte ein Rechtsschutzinteresse daran haben, seine Forderung durch **Leistungsklage** geltend zu machen, wenn etwa mit Sicherheit zu erwarten ist, daß sich der Ersteher der Zwangsvollstreckung aus der übertragenen Forderung oder Sicherungshypothek durch eine Vollstreckungsabwehrklage widersetzen werde[3].

3.2 Vollstreckt wird die übertragene Forderung oder der Anspruch aus der dafür bestellten Sicherungshypothek auf Grund einer **vollstreckbaren Ausfertigung des Zuschlagsbeschlusses**: Abs 2 Satz 1. Diese wird nach den allgemeinen Vorschriften erteilt (ZPO §§ 724–734). Sie kann wegen des Anspruchs aus der Sicherungshypothek gegen den Ersteher auch schon vor deren Eintragung (§ 128) erteilt werden[4]. In der **Vollstreckungsklausel sind** der Berechtigte und der Betrag der Forderung (beide ergeben sich nicht aus dem Wortlaut des Zuschlagsbeschlusses selbst) **anzugeben**: Abs 2 Satz 2. Anzugeben ist in der Klausel auch der Vollstreckungsschuldner (Ersteher, mithaftender Dritter), auch der spätere Eigentümer des Grundstücks, wenn aus der Sicherungshypothek gegen ihn vollstreckt werden soll[4]. Angabe, daß es sich um einen dinglichen Anspruch handelt und Bezeichnung der Sicherungshypothek mit Grundbuchstelle ihrer Eintragung brauchte die Vollstreckungsklausel nach Abs 2 Satz 2 nicht zu enthalten[5]. Die Urkunde über die erfolgte Übertragung muß für Erteilung der Klausel **nicht zugestellt** werden: Abs 2 Satz 2.

3.3 Solange ein Widerspruch gegen eine Zuteilung **nicht geklärt** ist, kann eine **vollstreckbare Ausfertigung** des Zuschlagsbeschlusses für die übertragene Forderung **nicht erteilt** werden[6], weil die Höhe der Forderung nicht feststeht; es gibt hier keinen vorläufig vollstreckbaren Titel. Mit der Frist in § 118 Abs 2 Satz 2 hat dies nichts zu tun. Es muß also entweder die Frist für den Nachweis der erhobenen Widerspruchsklage fruchtlos abgelaufen oder die erhobene Klage zurückgenommen oder durch Urteil oder Vergleich entschieden sein.

---

[2] LG Ulm NJW-RR 1987, 511.
[3] BGH MDR 1961, 486 = NJW 1961, 1116; Riedel JurBüro 1961, 425 (4).
[4] Hornung Rpfleger 1994, 9 (III 2).
[5] Schiffhauer Rpfleger 1994, 403 (V und VI 2).
[6] AG Düsseldorf MDR 1961, 697; Dassler/Gerhardt § 132 Rdn 6.

Wiedervollstreckung 2.1 § 133

3.4 Wenn eine **Haupt- und Hilfszuteilung** erfolgt ist (§§ 119, 123, 124), ist die Vollstreckungsklausel mit der Maßgabe zu erteilen, daß der beizutreibende Betrag zu hinterlegen ist.

3.5 Über die **Erteilung der Vollstreckungsklausel** entscheidet wie sonst der Urkundsbeamte[6]: ZPO § 724. Bei Erteilung für oder gegen den Rechtsnachfolger (ZPO §§ 727 ff) oder anderen Besonderheiten oder über die Erteilung einer weiteren vollstreckbaren Ausfertigung (ZPO § 733) entscheidet der Rechtspfleger: RPflG § 20 Nr 12, 13.

3.6 Bei **Ablehnung** der Klausel durch den **Urkundsbeamten** kann der Gläubiger binnen einer Notfrist von zwei Wochen das Gericht anrufen (ZPO § 573 Abs 1). Bei Ablehnung der Klausel durch den **Rechtspfleger** hat der Gläubiger (sofortige) Beschwerde (ZPO § 567 Abs 1 mit RPflG § 11 Abs 1), außerdem Klauselklage nach ZPO § 731. Rechtsbehelf des **Schuldner** bei Erteilung der Klausel durch den Urkundsbeamten oder Rechtspfleger: ZPO § 732 (auch § 768). **Gegen die Entscheidung des Richters** gibt es die sofortige Beschwerde (ZPO § 567, 793).

3.7 Zur Vollstreckungsklausel im ZVG-Handbuch Rdn 564.

3.8 Bei der Vollstreckung aus der vollstreckbaren Ausfertigung des Zuschlagsbeschlusses muß, wie bei jeder Vollstreckung, vorher oder gleichzeitig der **Vollstreckungstitel zugestellt** werden (ZPO § 750 Abs 1). Bei Rechtsnachfolge und anderen Besonderheiten müssen auch die weiteren Urkunden zugestellt werden (ZPO § 750 Abs 2), nicht allerdings hier eine Urkunde über die Übertragung der Forderung (Rdn 3.2).

[Wiedervollstreckung]

133 Die Zwangsvollstreckung in das Grundstück ist gegen den Ersteher ohne Zustellung des vollstreckbaren Titels oder der nach § 132 erteilten Vollstreckungsklausel zulässig; sie kann erfolgen, auch wenn der Ersteher noch nicht als Eigentümer eingetragen ist. Der Vorlegung des im § 17 Abs 2 bezeichneten Zeugnisses bedarf es nicht, solange das Grundbuchamt noch nicht um die Eintragung ersucht ist.

Literatur: Hornung, Wiederversteigerung aus der Sicherungshypothek, Rpfleger 1994, 9; Schiffhauer, Wiederversteigerung ohne vorherige Berichtigung des Grundbuches?, Rpfleger 1975, 12; Schiffhauer und Hornung, Nochmals: Wiederversteigerung aus der Sicherungshypothek, Rpfleger 1994, 402.

Allgemeines zu § 133

1

Zweck und **Anwendungsbereich:** Erleichterung für Einleitung der Wiedervollstreckung aus übertragenen Forderungen und Sicherungshypotheken gegen den „Ersteher". Die Vorschrift gilt für alle Versteigerungsverfahren des ZVG.

Grundsätze der Wiedervollstreckung

2

2.1 Das Verfahren nach § 133 wird in der Regel als „Wiederversteigerung" bezeichnet. Diesen Begriff kennt das ZVG an sich nicht[1]. Es handelt sich hier um ein **völlig neues** selbständiges (Denkschrift S 59) **Verfahren,** das sich gegen den Ersteher als den nunmehrigen Eigentümer des Grundstücks[2] richtet, nicht gegen den früheren Vollstreckungsschuldner. Es wird nicht das alte Verfahren fortgesetzt. Eine Frist ist für den Wiederversteigerungsantrag nicht vorgesehen.

---

[1] Motive zum ZVG S 179; OLG Karlsruhe Rpfleger 1995, 513; Schiffhauer Rpfleger 1975, 12 (1).
[2] OLG Karlsruhe und Schiffhauer je aaO (Fußn 1).

2.2 Die Wiedervollstreckung kann nicht nur als Wiederversteigerung erfolgen, sie ist **auch als Zwangsverwaltung** unter den Voraussetzungen und Erleichterungen des § 133 möglich.

2.3 Die Regeln aus § 133 gelten nur für die **echte Wiedervollstreckung,** nämlich die Vollstreckung aus der übertragenen (auch der dem Schuldner als Erlösüberschuß freigegebenen) Forderung oder der Sicherungshypothek dafür; sie gelten nicht für die **unechte Wiedervollstreckung,** nämlich eine neue Versteigerung eines versteigerten Grundstücks auf Grund eines bestehengebliebenen Rechts. Die Erleichterungen des § 133 gelten aber **nur** für die Wiedervollstreckung **gegen den Ersteher** (auch seinen Erben als Gesamtrechtsnachfolger, BGB § 1922), **nicht** auch für die Vollstreckung **gegen** dessen (Sonder-)**Rechtsnachfolger** (anders[3]: auch gegenüber Rechtsnachfolger) oder einen späteren Eigentümer (Ausfertigung des Zuschlagsbeschlusses und Vollstreckungsklausel sind ihm zuzustellen[4]).

2.4 Die echte Wiedervollstreckung (Rdn 2.3) kann ohne vorherige Zustellung des Vollstreckungstitels und der gemäß § 132 erteilten **Vollstreckungsklausel** angeordnet werden: Satz 1. Anordnung der Wiedervollstreckung ist sowohl wegen der (persönlichen) Forderung gegen den Ersteher als auch wegen des Anspruchs aus der Sicherungshypothek schon möglich, wenn der Ersteher noch nicht als Eigentümer eingetragen ist[5] (anders[6]; auch hier bis 14. Aufl): Satz 1. Dem steht nicht entgegen, daß die Sicherungshypothek erst mit der Eintragung entsteht (§ 128 Abs 3 Satz 1). Das sieht § 133 mit § 132 vor, folgt aber auch aus dem Zweck des § 133, die Einleitung der Wiederversteigerung zu erleichtern und Verzögerungen auszuschließen. § 132 Abs 1 ordnet an, daß nach Ausführung des Teilungsplans die (übertragene) Forderung gegen den Ersteher und gleichermaßen der Anspruch aus der Sicherungshypothek vollstreckbar sind. § 132 Abs 2 bestimmt als Grundlage dieser Zwangsvollstreckung eine vollstreckbare Ausfertigung des Zuschlagsbeschlusses, in der der Berechtigte sowie der Betrag der Forderung, nicht jedoch die Sicherungshypothek, anzugeben ist (§ 132 Rdn 3.2). Erfolgen kann diese Zwangsvollstreckung nach § 133 auch bereits dann, wenn der Ersteher noch nicht als Eigentümer eingetragen ist. Es kann dann auch die gegen ihn nach § 132 vollstreckbare Sicherungshypothek noch nicht eingetragen (§ 130) und daher auch noch nicht nach § 128 Abs 3 Satz 1 entstanden sein. Daß gleichwohl die Zwangsvollstreckung gegen den Ersteher bereits erfolgen kann, soll dem Gläubiger diese Rechtsverfolgung erleichtern und Verzögerungen sowie Weiterungen abschneiden[7]. Der zahlungsunwillige (oder zahlungsunfähige) Ersteher soll somit keinen zeitlichen Vorteil erlangen, die Befriedigung des Gläubigers der Wiedervollstreckung nicht neuerlich und weiter verzögert werden. Der Verfahrensbeschleunigung dient die bereits vorweg im Hinblick auf die bevorstehende Eintragung des Erstehers und der Sicherungshypothek (§ 130 Abs 1) zulässige Zwangsvollstreckung in das Grundstück gegen den Ersteher. Verzögerung wird mit Anordnung (§ 15; bewirkt sogleich Beschlagnahme, § 20) und mit Entscheidung über einen Schuldnerschutzantrag (§§ 30 a–f) sowie Wertfestsetzung (§ 74 a Abs 5) abgewendet, so daß bei Entstehen des dinglichen Anspruchs mit Eintragung der Sicherungshypothek das Verfahren sogleich mit Terminsbestimmung ausgeführt werden kann (§§ 35 ff). Solch erleichterte Einleitung für Verfahrensbeschleunigung rechtfertigen Interessen des Gläubigers der vor dem Versteigerungstermin noch einzutragenden Sicherungshypothek ebenso wie Interessen des Gläubigers der übertragenen (persönlichen) Forderung. Urkundliche Grundlage der Zwangsvollstreckung auch wegen

---

[3] Fischer NJW 1956, 1095 (4).
[4] Hornung Rpfleger 1994, 9 (III 2).
[5] Hornung Rpfleger 1994, 9 und 1994, 405.
[6] Schiffhauer Rpfleger 1994, 402.
[7] Motive zum ZVG, S 314 (zu § 179).

Wiedervollstreckung 2.9 § 133

eines dinglichen Anspruchs ist im übrigen der Vollstreckungstitel (ZPO §§ 704, 794), nicht jedoch der Grundbuchstand; die materielle Berechtigung des Titelgläubigers hat das Vollstreckungsgericht nicht nachzuprüfen (§ 15 Rdn 40.4). Auch für Verfahrensanordnung wegen des Anspruchs aus der Sicherungshypothek ist Vollstreckungsgrundlage allein die vollstreckbare Ausfertigung des Zuschlags (§ 132). Daß die Ausführung der Versteigerung mit Terminsbestimmung vor Eintragung des Erstehers und der Sicherungshypothek behindert ist (Rdn 2.10), gründet sich darauf, daß der Grundbuchinhalt für ordnungsmäßige Verfahrensdurchführung feststehen muß (§ 36 Rdn 2.3), schmälert aber die Vollstreckbarkeit des Zuschlags als (auch dinglicher) Titel nicht.

2.5 Die Erleichterungen für die Wiedervollstreckung ersetzten **nicht alle Voraussetzungen** des Vollstreckungsverfahrens. Als Erleichterung läßt das ZVG zu, daß die Vollstreckung gegen den Ersteher **ohne Zustellung des Vollstreckungstitels** erfolge (Satz 1; Ausnahme von ZPO § 750) und auch **vor Eintragung** des Erstehers **im Grundbuch** (Satz 1; Ausnahme von § 17 Abs 1), sowie daß vor dem Eingang des Grundbuchersuchens als § 130 beim Grundbuchamt nicht das Eigentumszeugnis des § 17 Abs 2 vorgelegt werden muß (Satz 2; Ausnahme von § 17 Abs 2). Auch wenn das Grundbuchamt nach § 130 bereits um Eintragung ersucht ist, kann die Wiederversteigerung ohne Eigentumszeugnis nach § 17 Abs 2 angeordnet werden, wenn festgestellt ist, daß die Eintragung des Erstehers noch nicht erfolgt ist. Vorgelegt werden muß aber mit dem Wiedervollstreckungsantrag die vollstreckbare Ausfertigung des Zuschlagsbeschlusses (§ 16 Abs 2).

2.6 Da die Wiedervollstreckung ein neues selbständiges Verfahren ist (Rdn 2.1), nicht die Fortsetzung des vorausgegangenen, ist ein **neuer Vollstreckungsvermerk** im Grundbuch einzutragen (§ 19), selbst wenn der frühere Versteigerungsvermerk noch nicht gelöscht ist; es tritt eine **neue Beschlagnahme** ein[8] (Beschlagnahmewirksamkeit neu nach § 22); es muß Bestellung des zuständigen Gerichts (§ 2) und eines Zustellungsvertreters (§ 6) neu erfolgen.

2.7 Für Zwangsvollstreckung in das Grundstück des Erstehers durch den Gläubiger eines bestehen gebliebenen Rechts oder einer persönlichen (durch normalen Vollstreckungstitel ausgewiesenen) Forderung gegen den Ersteher müssen alle Vorschriften für Voraussetzungen des Vollstreckungsbeginns (§ 17) **beachtet** sein, auch ZPO § 750 über die Zustellung des Titels, auch § 17 Abs 2 über die Eintragung im Grundbuch. Wo ein dinglicher Titel etwa nötig ist, ist er es auch hier; er kann aber erst ausgefertigt bzw erwirkt werden, wenn der Ersteher als Eigentümer eingetragen ist.

2.8 Wenn nach Anordnung der Wiederversteigerung ein weiterer Antrag auf Versteigerung des Grundstücks gestellt wird, erfolgt **Zulassung des Beitritts** (§ 27). Dem Verfahren können nicht bloß diejenigen beitreten, die selbst Wiederversteigerungsantrag stellen können, sondern auch Gläubiger bestehen gebliebener Rechte und persönliche Gläubiger des neuen Vollstreckungsschuldners. Ein Wiederversteigerungsantrag ist umgekehrt als Beitrittsantrag zu erledigen, wenn die Zwangsversteigerung des Grundstücks gegen den (im Grundbuch schon eingetragenen) Ersteher als Schuldner bereits auf Antrag eines anderen (dinglichen oder persönlichen) Gläubigers angeordnet ist.

2.9 **Vollstreckungsschutz** aus §§ 30 a–f oder ZPO § 765 a ist auch zur Wiederversteigerung zulässig, in der Regel aber sachlich nicht begründet. Mit jedem Anordnungs- oder Beitrittsbeschluß ist der Ersteher als jetziger Vollstreckungsschuldner daher (außer bei Vollstreckung gegen den Insolvenzverwalter im Falle von § 30 d Abs 3) über sein Antragsrecht zu belehren (§ 30 b).

---

[8] Fischer NJW 1956, 1095 (4).

2.10 Zulässig sind vor Eintragung des Erstehers als Eigentümer **nur die Anordnung** des Verfahrens und damit auch das Einstellungsverfahren nach §§ 30 a–f (auch die Entscheidung über einen Antrag nach ZPO § 765 a) sowie die Festsetzung des Grundstückswerts (§ 74 a Abs 5). **Nicht zulässig** ist aber die **Fortsetzung des Verfahrens** mit Bestimmung des Versteigerungstermins und die weitere Durchführung des Verfahrens (so auch[9], anders[10]). Das gebietet Wahrung der Rechte der aus der Übertragung der Forderung gegen den Ersteher (§ 118) Berechtigten. Deren für die übertragene Forderung gegen den Ersteher einzutragende Sicherungshypotheken müssen für Berücksichtigung im neuen Verfahren (dazu auch § 128 Abs 4) mit Eintragung entstanden sein (§ 128 Abs 3 Satz 1). Die Bestimmung des Versteigerungstermins ist zudem nach ausdrücklicher Regelung (§ 36 Abs 1), von der hier keine Ausnahme vorgesehen ist, erst nach Eingang der Grundbuchmitteilung mit einer beglaubigten Abschrift des Grundbuchblatts (§ 19 Abs 2) möglich, das die durch frühere Verfahren bewirkten Rechtsänderungen (§§ 90, 91, 128) ausweist[11]. Es würde auch § 91 Abs 2 hinderlich sein, weil eine Liegenbelassungsvereinbarung auch jetzt noch möglich ist[12].

2.11 Als Eigentümer eingetragen werden darf der Ersteher aber erst, wenn die Unbedenklichkeitsbescheinigung des Finanzamts hinsichtlich der **Grunderwerbsteuer** vorliegt (§ 130 Rdn 2.1). Sie zu beschaffen ist Sache des Erstehers. Tut er nichts hierfür, so wird er als Eigentümer nicht eingetragen. Bei drohender Wiedervollstreckung mag er ja auch gar kein Interesse, das Verfahren gegen sich zu beschleunigen oder überhaupt zu ermöglichen. Den Schwierigkeiten, die damit entstehen können, haben die Landesfinanzverwaltungen nach Inkrafttreten des Grunderwerbsteuergesetzes 1983 (zu früheren landesrechtlichen Erleichterungen 11. Auflage § 133 Rdn 2.5) bundeseinheitlich Rechnung getragen. Durch **Erlaß des Nieders. Ministers der Finanzen** (jetzt) vom 30. 8. 1989 (S 4540–43–32 3) (veröffentlicht BB 1989, 1967; Betrieb 1989, 1899; KTS 1990, 43; NdsRpfl 1989, 224), der im Einvernehmen mit den obersten Finanzbehörden der anderen Bundesländer ergangen ist (Erlaß des FM Bayern, abgedr in Textausgabe Steuererlasse Nr 600 § 22/1), ist bestimmt:

„... Es kann deshalb, falls die Zwangsversteigerung eines Grundstücks betrieben werden soll

a) aus Forderungen gegen den Ersteher, die wegen Nichtberichtigung des Bargebots aus der vorangegangenen Versteigerung auf die Berechtigten übertragen worden sind (§§ 118, 132 Abs 2 ZVG),

b) wegen eines Anspruchs auf Barauszahlung infolge Nichtbestehens eines bei Feststellung des geringsten Gebots in dem vorangegangenen Versteigerungsverfahren berücksichtigten Rechts (§§ 50, 51, ZVG), oder

c) aufgrund eines Rechts an dem Grundstück, das gemäß § 91 ZVG bei der vorangegangenen Versteigerung bestehengeblieben ist,

wie folgt verfahren werden:
Bei dem neuen Versteigerungsverfahren erteilt das Finanzamt auf Antrag des Vollstreckungsgerichts dem Grundbuchamt die Unbedenklichkeitsbescheinigung für die Eintragung des Erstehers aus dem vorangegangenen Versteigerungsverfahren. Handelt es sich um eine Wiederversteigerung (vorstehender Buchstabe a) so wird der Erwerb aus dem vorangegangenen Versteigerungsverfahren rückgängig gemacht, sobald die Wiederversteigerung abgeschlossen ist (BFH-Urteil vom 14. 9. 1988, BStBl II

---

[9] Dassler/Gerhardt § 133 Rdn 7; Jaeckel/Güthe §§ 132, 133 Rdn 16; Steiner/Eickmann § 133 Rdn 11; Drischler KTS 1976, 42 (10); Schiffhauer Rpfleger 1975, 12 (4).
[10] LG Frankenthal Rpfleger 1975, 35; Korintenberg/Wenz §§ 132, 133 Anm 5; Reinhard/Müller § 133 Anm II 8; Reinhard JW 1930, 788.
[11] Schiffhauer Rpfleger 1975, 12 (5 a).
[12] Schiffhauer Rpfleger 1975, 12 (5 b).

Wiedervollstreckung 2.15 § 133

1989, 150). Von der Einziehung der Steuer für diesen Erwerb kann deshalb abgesehen und eine bereits erfolgte Steuerfestsetzung nach Abschluß der Wiederversteigerung gemäß § 16 Abs 2 Nr 3 GrEStG von Amts wegen aufgehoben werden. Bei einer erneuten Versteigerung (vorstehend Buchstabe b und c) ist § 16 GrEStG nicht anwendbar. In solchen Fällen beschleunigt das Finanzamt die Einziehung der Steuer; ggf. beantragt es die Eintragung einer Sicherungshypothek an bereitester Stelle und beteiligt sich an dem neuen Versteigerungsverfahren."

2.12 Wird die Wiedervollstreckung vor der Eintragung des Erstehers angeordnet, so ist auch das Grundbuchamt um Eintragung dieser Anordnung zu ersuchen (§ 19 Abs 1; ist von der Eintragung des Schuldners nicht abhängig). Dann aber wird das Grundbuchamt zweckmäßig auch veranlaßt, die nötigen Abschriften und Mitteilungen (ausgenommen die Mitteilung über die Eintragung des Vollstreckungsvermerks selbst) bis nach der Grundbuchberichtigung aus § 130 zurückzustellen. Werden dann die Sicherungshypotheken für die übertragenen Forderungen erst nach dem Vollstreckungsvermerk eingetragen und die alten Rechte auch erst dann gelöscht, so ist es doch überall, wo das neue Verfahren an den **Zeitpunkt der Eintragung** des Vollstreckungsvermerks anknüpft (§ 9 Nr 1, § 10 Nr 4–6, § 37 Nr 4, § 45 Abs 1, § 114 Abs 1), so anzusehen, als ob die Grundbucheintragungen (auch Löschungen) schon vor der Eintragung des Vollstreckungsvermerks erfolgt wäre. Der Gläubiger einer neu eingetragenen Sicherungshypothek braucht etwa sein Recht nicht anzumelden.

2.13 Die **Beteiligten** in dem selbständigen (Rdn 2.1) Verfahren zur Wiederversteigerung bestimmten sich neu[13] nach § 9. Nicht mehr beteiligt sind die im früheren Verfahren befriedigten oder ausgefallenen Berechtigten. Berechtigte, denen die Forderung gegen den Ersteher übertragen worden ist (§ 118), sind auch vor Eintragung der Sicherungshypothek nach § 9 Nr 1 (ohne Anmeldung) Beteiligte. Für Erlangung der Beteiligtenstellung nach § 9 Nr 2 ist neue Anmeldung erforderlich. Der frühere Eigentümer ist nicht Beteiligter[14] (er hat das Eigentum mit Zuschlag verloren, § 90 Abs 1).

2.14 Ob ein **Bevollmächtigter** seine Bevollmächtigung im Wiederversteigerungsverfahren neu nachzuweisen hat (bei Vertretung durch einen Rechtsanwalt, (auch Rechtsbeistand, der in die RA-Kammer aufgenommen ist, EGZPO § 25, nur auf Rüge hin, ZPO § 88 Abs 2) oder ob die in dem ersten Verfahren mit schriftlicher Vollmacht nachgewiesene Bevollmächtigung (ZPO § 80 Abs 1) auch zur Vertretung im Wiederversteigerungsverfahren ermächtigt, ist nicht geklärt. Nach[15] soll die frühere Vollmacht nicht für die Wiederversteigerung gelten. Es wird aber auch angenommen[16], daß die vom betreibenden oder beigetretenen Gläubiger des ersten Verfahrens erteilte Vollmacht auch für das neue Verfahren gilt. Daß den Bevollmächtigten des Berechtigten, dem die Forderung gegen den Ersteher übertragen ist, die frühere Vollmacht auch zum Antrag auf Wiederversteigerung und zur Vertretung in dem Wiederversteigerungsverfahren ermächtigt, folgt aus ZPO § 81. Beteiligte (§ 9) werden zu dem selbständigen Wiederversteigerungsverfahren neu zugezogen; eine von ihnen für das erste Vollstreckungsverfahren erteilte Vollmacht umfaßt daher nicht die Wiederversteigerung.

2.15 **Anmeldungen** zur Aufnahme in das geringste Gebot (§ 45) und in den Teilungsplan (§ 114) müssen für das Wiederversteigerungsverfahren neu und wieder rechtzeitig (§ 37 Nr 4, § 110) erfolgen (dazu auch Rdn 2.12). Anmeldungen zu dem früheren Verfahren äußern für das selbständige Wiederversteigerungsverfahren keine Wirkungen.

---

[13] OLG Karlsruhe Rpfleger 1995, 513.
[14] LG Karlsruhe Rpfleger 1994, 312.
[15] Jaeckel/Güthe §§ 132, 133 Rdn 16.
[16] Dassler/Gerhardt § 133 Rdn 6; Reinhard/Müller § 133 Anm II 5.

§ 133   2.16

2.16 Die **Terminsfrist** (§ 36 Abs 2) und die **Beschlußzustellungsfrist** vor dem Versteigerungstermin (§§ 43, 44 Abs 2) sind auch im Wiederversteigerungsverfahren zu wahren. Eine Verkürzung der Fristen ist nicht vorgesehen.

2.17 Wiederversteigerung befreit den Ersteher als Schuldner der in dem früheren Verfahren übertragenen Forderungen nicht von seinen Verbindlichkeiten, solange und soweit Gläubiger bei der Wiedervollstreckung Befriedigung nicht erlangt haben. Als Eigentümer (zur Zeit des Zuschlags muß er es noch sein) gebührt ihm aber auch ein in dem neuen Verfahren erzielter Überschuß (Rdn 3.5).

2.18 Die Wiedervollstreckung nach § 133 ist nicht nur nach einer Vollstreckungsversteigerung zulässig, sondern **auch nach einer Teilungsversteigerung**[17]. Dabei können mehrere Miterben oder andere Gesamthänder, denen die Forderung gemeinsam übertragen war, je für sich allein die Wiedervollstreckung durchsetzen[18], weil es sich hierbei nicht um eine nur gemeinsam zulässige Verfügung wie in BGB § 2040 handelt, sondern um eine Verwaltungshandlung nach BGB § 2039 (anders[19]). Ist der Anteil eines Miterben durch einen anderen Miterben gepfändet, so kann den Anspruch auf Grund der Pfändung und Überweisung der Pfändungsgläubiger geltend machen, jedoch als Träger des gepfändeten Rechts auch weiterhin der Pfändungsschuldner, der aber Leistung nicht an sich, sondern an den Pfändungsgläubiger verlangen muß[20] (dies gilt auch, wenn der Pfändungsgläubiger gleichzeitig Foderungsschuldner ist[20]).

2.19 Wird der **Zuschlag** des ersten Verfahrens **aufgehoben,** dann muß natürlich das hierauf beruhende Wiedervollstreckungsverfahren ebenfalls aufgehoben werden[21]. Praktisch ist dieser Fall kaum denkbar, weil doch bis zur Ausführung des Teilungsplanes im ersten Verfahren (mit Forderungsübertragung und Anordnung der Sicherungshypotheken) in der Regel der Zuschlag rechtskräftig ist.

2.20 Für die Wiedervollstreckung gelten die normalen **Kosten** wie für das frühere Verfahren. Sie sind also nach den allgemeinen Grundsätzen zu berechnen (Einl Rdn 76 ff).

2.21 **Fall aus der Praxis:** Der Meistbietende hat seine Rechte aus dem Meistgebot an X abgetreten. Zuschlag wird an X erteilt. Dabei wird der Meistbietende für mithaftend erklärt. Das Bargebot wird nicht bezahlt. Die Forderung wird einem Gläubiger gegen den Ersteher X und gegen den Meistbietenden übertragen. Der Gläubiger erhält eine vollstreckbare Ausfertigung des Zuschlags, dinglich und persönlich gegen X, persönlich gegen den Meistbietenden. Der Meistbietende bezahlt dann an den Gläubiger. Meistbietender und Ersteher waren Gesamtschuldner (BGB § 421); durch die Erfüllung des Meistbietenden ging die Forderung auf diesen über (BGB § 426 Abs 2), samt allen Nebenrechten (BGB §§ 412, 401), also auch mit der Sicherungshypothek des § 128. Der Meistbietende kann jetzt die Vollstreckungsklausel nach ZPO § 727 umschreiben lassen und die Wiedervollstreckung betreiben.

2.22 Zur Wiedervollstreckung im ZVG-Handbuch Rdn 565.

3 Muster und praktische Hinweise zur Wiedervollstreckung:

3.1 Unbedenklichkeitsbescheinigung: Das Finanzamt kann vom Vollstreckungsgericht nach Eingang eines Antrags auf Wiedervollstreckung etwa wie folgt ersucht werden:

---

[17] LG Saarbrücken RpflJahrbuch 1959, 268 Leitsatz = SRZ 1950, 30.
[18] OLG Frankfurt NJW 1953, 1877; Dassler/Gerhardt § 133 Rdn 3.
[19] Jaeckel/Güthe § 180 Rdn 9.
[20] BGH BB 1968, 1015 = MDR 1968, 913 = NJW 1968, 2059 = Rpfleger 1968, 318.
[21] Jaeckel/Güthe §§ 132, 133 Rdn 16.

§ 134

Das Grundstück der Gemarkung ... Flurstücknummer ... zu ..., ...-straße Nr ..., ist durch Zuschlagsbeschluß vom ... an ... aus ... zugeschlagen worden. Dieser Ersteher hat bisher das Bargebot nicht bezahlt. Es wurden daher im Verteilungstermin vom ... Forderungen gegen ihn auf die Gläubiger übertragen, darunter auf ... aus ... wegen einer Forderung von ... Dieser Gläubiger hat am ... die Wiederversteigerung (die Wiedervollstreckung in Form der Zwangsverwaltung) beantragt. Alle Voraussetzungen für die Anordnung des Verfahrens sind erfüllt, die Wiederversteigerung (die Zwangsverwaltung) ist mit Beschluß vom ... angeordnet. Das weitere Verfahren darf aber erst durchgeführt werden, wenn zuvor der Ersteher als Eigentümer des Objekts im Grundbuch eingetragen ist. Hierzu ist die Unbedenklichkeitsbescheinigung nötig. Es wird gebeten, die Unbedenklichkeitsbescheinigung raschestmöglich zu erteilen und dem Grundbuchamt ... zu übersenden.

3.2 Anordnung des Verfahrens: Es wird, ohne erst die Unbedenklichkeitsbescheinigung abzuwarten, sofort Anordnungsbeschluß in der sonst üblichen Form erlassen, für die Zwangsversteigerung nach dem Muster in § 15 Rdn 4.2. Als Schuldner ist der Ersteher zu bezeichnen. Zweckmäßig wird man bis zur Grundbucheintragung des Erstehers auch bei der Benennung des Eigentümers sagen: „im Grundbuch noch eingetragen auf ..., durch Zuschlag Eigentümer aber ...". Auch wird man einleitend sagen, es werde die „erneute Zwangsversteigerung" oder die „Wiederversteigerung" angeordnet. Bei der Bezeichnung der Forderung wird man angeben: „wegen ... nicht bezahlten Bargebots in der Zwangsversteigerung K ... übertragene Forderung von ...". Der Anspruch gegen den Ersteher aus der Sicherungshypothek kann, wenn Ersteher und Sicherungshypothek noch nicht eingetragen sind (Rdn 2.4), bezeichnet werden als „dinglicher Anspruch des Gläubigers (Rangklasse 4 des § 10 Abs 1 ZVG) aus der für die übertragene Forderung gegen den Ersteher einzutragenden Sicherungshypothek". Für die Zwangsverwaltung ist entsprechend das Muster in § 146 Rdn 8 mit Abwandlung zu verwenden.

3.3 Beitritt: Dazu Rdn 2.8. Es ist hier zu beachten: Gläubiger, die eine übertragene Forderung haben oder sonst unter den Erleichterungen der §§ 132, 133 das Verfahren beantragen dürften, können auch schon vor der Eintragung des Erstehers im Grundbuch dem von einem anderen Gläubiger beantragten und daraufhin angeordneten Verfahren beitreten. Andere Gläubiger dagegen dürfen nach den normalen Bestimmungen des § 17 erst beitreten, wenn der Ersteher als Eigentümer eingetragen ist.

3.4 Geringstes Gebot: Unter Beachtung von § 129 (beschränkte Geltendmachung bestimmter Sicherungshypotheken) wird das geringste Gebot nach dem betreibenden Gläubiger normal nach §§ 44, 49, 52 aufgestellt, mit der Besonderheit aus § 128 Abs 4: Sicherungshypotheken nach § 128, die dem bestrangig betreibenden Gläubiger vorgehen, normal also nach § 52 bestehenbleiben müßten, dürfen dies nicht, sondern sind ausnahmsweise ins geringste Bargebot aufzunehmen; dagegen sind alle anderen normal zu behandeln, erlöschen, wenn aus ihnen betrieben wird oder wenn sie dem betreibenden Gläubiger gleichstehen oder nachgehen, kommen nicht ins geringste Gebot und werden nur bei ausreichendem Erlös befriedigt.

3.5 Verteilung: Sie erfolgt nach den normalen Vorschriften unter Beachtung von § 129. Ein Erlösüberschuß (§ 128 Abs 2) steht dem jetzt als Schuldner zu behandelnden Ersteher aus dem ersten Verfahren zu[22] (Rdn 2.17), nicht dem früheren Eigentümer.

134 [aufgehoben]

---

[22] OLG Karlsruhe Rpfleger 1995, 513; LG Karlsruhe Rpfleger 1994, 312.

§ 135

[Vertreter zur Ermittlung des unbekannten Berechtigten]

135 Ist für einen zugeteilten Betrag die Person des Berechtigten unbekannt, so hat das Vollstreckungsgericht zur Ermittlung des Berechtigten einen Vertreter zu bestellen. Die Vorschriften des § 7 Abs 2 finden entsprechende Anwendung. Die Auslagen und Gebühren des Vertreters sind aus dem zugeteilten Betrage vorweg zu entnehmen.

1 Allgemeines zu § 135

Zweck und **Anwendungsbereich**: Vertreterbestellung zur Ermittlung des unbekannten Berechtigten als Erfordernis für Ermächtigung des Hilfsberechtigten zur Einleitung des Aufgebotsverfahrens zur Ausschließung des Unbekannten. Die Vorschrift gilt für alle Versteigerungsverfahren des ZVG. Über ihre Anwendung in der Zwangsverwaltung § 146 Rdn 4, § 157 Rdn 4.

2 Ermittlungsvertreter für unbekannte Zuteilungsberechtigte

2.1 Der für einen **zugeteilten Betrag** der Person nach **unbekannt** gebliebene Berechtigte (§ 126), muß ermittelt werden. Dies gilt nicht für die unbekannten Berechtigten eines bestehenbleibenden Rechts; hier ist es Sache des Erstehers, der das Recht kündigen und auszahlen will, den Unbekannten zu ermitteln, notfalls ein Aufgebotsverfahren durchführen zu lassen. **Nur für den unbekannten Barzuteilungsberechtigten** muß das Vollstreckungsgericht von Amts wegen einen Ermittlungsvertreter bestellen: Satz 1. Muster für die Bestellung im ZVG-Handbuch Rdn 507.

2.2 Der Ermittlungsvertreter wird ähnlich **behandelt wie ein Zustellungsvertreter** nach § 6. Er ist wie jener nicht verpflichtet, das Amt zu übernehmen, ist aber, wenn er es übernimmt, zur Ermittlung verpflichtet: Satz 2, § 7 Abs 2 Satz 1. Das Vollstreckungsgericht kann seine Tätigkeit nicht überprüfen, kann keine Berichte von ihm fordern, kann kein Zwangsgeld gegen ihn verhängen, wohl aber überwachen, ob er überhaupt tätig wird; es kann ihn entlassen und einen anderen bestellen, wenn er nichts tut oder durch Tod oder Krankheit verhindert ist. Der Bestellte kann wegen unterlassener oder unrichtiger Ermittlungen unter Umständen schadensersatzpflichtig sein, ebenso das Gericht, wenn es in den genannten Fällen nicht eingreift. Vor allen Maßnahmen ist der Vertreter erst anzuhören.

2.3 Sobald der Ermittlungsvertreter den Unbekannten **ermittelt** hat, muß er das **dem Gericht mitteilen**. Mit dieser Mitteilung oder mit dem Ausschlußurteil nach § 138 endet die Verpflichtung des Ermittlungsvertreters. Ermittelt er den Unbekannten, so wird der **Teilungsplan** vom Gericht **weiter ausgeführt** (§ 137 Abs 1). Ermittelt er den Unbekannten erst nach der Ermächtigung des Antragstellers zum Aufgebotsverfahren (§ 138 Abs 1), so erlischt die Aufgebotsermächtigung und der Teilungsplan wird vom Gericht weiter ausgeführt (§ 138 Abs 2, § 137 Abs 1). **Ermittelt er** den Unbekannten **nicht binnen drei Monaten** ab dem Verteilungstermin, so kann die Hilfszuteilungsberechtigte sich zum Aufgebotsverfahren ermächtigen lassen (§ 138 Abs 1), das mit einem Ausschlußurteil gegen den Unbekannten endet (§ 140), woraufhin über den früheren Zuteilungsbetrag vom Gericht verfügt wird (§ 141).

2.4 Kosten: a) Die Vergütung des Ermittlungsvertreters richtet sich nach den Vorschriften über den Zustellungsvertreter in § 7 Abs 2 (Satz 2). Der Ermittlungsvertreter kann also vom Ermittelten eine Vergütung und Ersatz seiner Auslagen fordern. Diese sind vorweg aus dem zugeteilten Betrag zu entnehmen (Satz 3); dies gilt auch dann, wenn der Vertreter den Unbekannten nicht ermittelt und wenn der Unbekannte gar ausgeschlossen wird, so daß der Betrag an den Hilfsberechtigten zugeteilt wird[1] (also im Gegensatz zum Zustellungsvertreter, der seine Vergü-

---

[1] Dassler/Gerhardt § 7 Rdn 5.

Kraftloserklärung von Grundpfandrechtsbriefen   2.3 § 136

tung nur vom Ermittelten selbst, nur die Auslagen notfalls vom betreibenden Gläubiger erhält; § 7 Abs 3).
b) Über Vergütung und Auslagen entscheidet das Vollstreckungsgericht (Satz 2, § 7 Abs 2 Satz 3), und zwar nach billigem Ermessen.
c) Falls der zugeteilte Betrag nicht bar bezahlt ist, muß dem Vertreter ein entsprechender Teil der Forderung gegen den Ersteher mit Vorrang vor dem Rest übertragen werden, der nach §§ 132, 133 vollstreckbar ist.
d) Gegen den Kostenbeschluß gibt es sofortige Beschwerde. Muster für die Vergütung § 137 Rdn 3.
e) Einschlägig im ZVG-Handbuch Rdn 507.

[Kraftloserklärung von Grundpfandrechtsbriefen]

136 **Ist der Nachweis des Berechtigten von der Beibringung des Briefes über eine Hypothek, Grundschuld oder Rentenschuld abhängig, so kann der Brief im Wege des Aufgebotsverfahrens auch dann für kraftlos erklärt werden, wenn das Recht bereits gelöscht ist.**

Allgemeines zu § 136   1

Zweck und **Anwendungsbereich:** Sonderbestimmung für das Aufgebotsverfahren zur Kraftloserklärung eines Grundpfandrechtsbriefes, weil das Grundpfandrecht bei Antragstellung bereits gelöscht sein kann. Die Vorschrift gilt für alle Versteigerungsverfahren des ZVG. Über ihre Anwendung in der Zwangsverwaltung § 146 Rdn 4, § 157 Rdn 4.

Kraftloserklärung von Grundpfandrechtsbriefen   2

2.1 Das Aufgebotsverfahren, um Hypotheken-, Grundschuld- oder Rentenschuldbriefe für kraftlos erklären zu lassen, **richtet sich nach ZPO** §§ 946–959, 1003, 1009, 1014–1022. Antragsberechtigt ist nur der Gläubiger des Rechts (ZPO § 1004). Ein Vertreter zur Einleitung des Aufgebotsverfahrens wird ihm nicht bestellt. Weil das Grundpfandrecht bei Einleitung des Aufgebotsverfahrens bereits gelöscht sein kann (die Löschung erfolgt ohne Vorlage des Briefes, § 131), regelt **§ 136 eine Besonderheit:** soweit der aus dem Recht Berechtigte den Brief zum Nachweis seiner Berechtigung vorzulegen hat (bei Nichtvorlage gilt der Berechtigte eines in bar zugeteilten Betrages als unbekannt, § 126 Abs 1), kann der Brief auch dann durch Aufgebotsverfahren für kraftlos erklärt werden, wenn das Recht schon gelöscht ist.

2.2 Trotz dieser Möglichkeit des § 136 kann (und muß) bei Unbekanntsein des Berechtigten nach § 126 ein **Ermittlungsvertreter bestellt** werden (§ 135). Das Verfahren aus § 136 kann sich daher **mit dem Aufgebotsverfahren** aus §§ 138, 140 **überschneiden.** Sobald der aus dem Recht Berechtigte ein Ausschlußurteil nach § 136, BGB § 1162 vorlegt, ist er als Berechtigter nachgewiesen, der Berechtigte also nicht mehr unbekannt. Dabei entfällt ja, wie erwähnt, die Voraussetzung in BGB § 1162, daß das Recht noch besteht, bei § 136. Auf das Ausschlußurteil hin wird nach § 137 oder § 138 verfahren, je nachdem wie das Aufgebotsverfahren aus §§ 138, 140 gediehen ist. In einem Aufgebotsverfahren aus §§ 138, 140 muß der Briefgläubiger seine Rechte anmelden, damit er nicht mit ihnen ausgeschlossen wird[1].

2.3 Wenn ein Aufgebotsverfahren nach § 136 beantragt ist und so lange es betrieben wird, hat das Vollstreckungsgericht eine Ermächtigung zu einem Verfahren nach § 138 nicht zu erteilen.

---

[1] Dassler/Gerhardt § 136 Rdn 3.

§ 136 2.4   Verteilung des Erlöses

2.4 Landesrechtlich können Aufgebotsverfahren des ZVG hinsichtlich der Art der Bekanntmachung und der Aufgebotsfrist abweichend von ZPO §§ 948, 950 geregelt werden: EGZVG § 12. Dazu § 140 Rdn 2.

[Nachträgliche Ermittlung des Berechtigten]

137 (1) **Wird der Berechtigte nachträglich ermittelt, so ist der Teilungsplan weiter auszuführen.**

(2) **Liegt ein Widerspruch gegen den Anspruch vor, so ist derjenige, welcher den Widerspruch erhoben hat, von der Ermittlung des Berechtigten zu benachrichtigen. Die im § 878 der Zivilprozeßordnung bestimmte Frist zur Erhebung der Klage beginnt mit der Zustellung der Benachrichtigung.**

1 Allgemeines zu § 137

Zweck und **Anwendungsbereich:** Abschluß des Verteilungsverfahrens bei nachträglicher Ermittlung des unbekannten Berechtigten. Die Vorschrift gilt für alle Versteigerungsverfahren des ZVG. Über die Anwendung im Zwangsverwaltungsverfahren § 146 Rdn 4, § 157 Rdn 4.

2 Ermittlung unbekannter Berechtiger

2.1 Wenn der bisher unbekannte Berechtigte nachträglich ermittelt wird (gemäß § 135 oder weil er sich selbst meldet) oder wenn der Brief eines Briefrechts nach § 136 für kraftlos erklärt wird, dann ist der **Teilungsplan weiter auszuführen:** Abs 1. Dazu kann ein Teilungstermin bestimmt werden; doch ist das nicht nötig, weil ja im Teilungsplan schon für diesen Fall vorgesorgt und über den einschlägigen Erlösanteil mit Haupt- und Hilfszuteilung verfügt ist. In Ausführung dieses Planes ist dann entweder der hinterlegte Betrag auszuzahlen oder eine bisher bedingte Übertragung in eine unbedingte umzuwandeln.

2.2 Darüber, ob der Berechtigte ermittelt ist und was nun zu geschehen hat, **entscheidet das Vollstreckungsgericht.** Die Erklärung der Beteiligten dazu sind für das Gericht nicht bindend. Zuzuziehen hat es (schriftlich oder zu dem Teilungstermin, Rdn 2.1) den angeblichen Berechtigten, den Ermittlungsvertreter aus § 135, den Hilfsberechtigten und den letzten Grundstückseigentümer (= Vollstreckungsschuldner in der Vollstreckungsversteigerung), nicht den Ersteher. Liegt ein Widerspruch vor, ist auch der Widersprechende von der Ermittlung zu verständigen (Abs 2 Satz 1). Dessen **Klagefrist** aus ZPO § 878 beginnt dann mit der Zustellung seiner Benachrichtigung. Dabei wird dann zweckmäßig die Ausführung des Planes bis zum Ablauf dieser Klagefrist zurückgestellt. Auf jeden Fall sollte die Ermittlungsentscheidung erst nach ihrer Rechtskraft ausgeführt werden. Zuzustellen ist sie an alle an der Ermittlung Beteiligten. Ausgeführt wird sie durch Auszahlungsanweisung des Vollstreckungsgerichts an die Hinterlegungsstelle.

2.3 Die Entscheidung ergeht als Anordnung der weiteren Ausführung des Teilungsplanes, zweckmäßig in **Form eines Beschlusses**1 (ähnlich[1]).

2.4 Kosten: Die noch entstandenen Gerichtskosten und die Ermittlungsvertreterkosten sind vorweg aus dem fraglichen Betrag zu entnehmen, bei Forderungsübertragung zu berücksichtigen.

2.5 Rechtsbehelfe: Für alle (vorher angehörten) durch die Entscheidung Beschwerten sofortige Beschwerde (Beschwerde nur, wenn Beschwerdesumme erreicht), für den Vertreter und den Vertretenen auch hinsichtlich der Vergütung.

---

[1] Dassler/Gerhardt § 137 Rdn 4; Steiner/Teufel § 137 Rdn 4, 5.

Ermächtigung zum Aufgebot des unbekannten Berechtigten 2.3 **§ 138**

Muster für Behandlung nachträglich Ermittelter 3

„Beschluß ... 1. Als Berechtigter für die auf Abschnitt ... des Teilungsplanes vom ... entfallenden Erlösanteile wird ... festgestellt. 2. Die Gebühren und Auslagen des zur Ermittlung des unbekannten Berechtigten bestellten Vertreters ... werden auf ... festgesetzt. Sie sind aus der Masse vorweg zu entnehmen. 3. In weiterer Ausführung des Teilungsplanes vom ... wird über die bisher bei der Hinterlegungsstelle des AG ... unter HL ... wegen Unbekanntseins hinterlegten Beträge von ... nach Rechtskraft dieses Beschlusses wie folgt verfügt werden: Auszuzahlen sind an den Ermittlungsvertreter ... als Gebühren- und Auslagen ..., an ... der Rest von ... (der Rest ist wegen Unbekanntseins des Berechtigten nach BGB § 372 neuerdings zu hinterlegen für ... und für ...). Gründe: Der genannte Betrag war zur Verfügung des Vollstreckungsgerichts gemäß ZVG § 126 hinterlegt. Als Berechtigter wurde nunmehr ... vom Vertreter ermittelt und auf Grund ... vom Gericht nach Anhörung von ... anerkannt. Ihm steht der Betrag zu (ZVG § 137). Vorweg sind aber die Kosten der Ermittlung zu entnehmen (ZVG §§ 135, 7). ... Die Verteilung des Versteigerungserlöses ist damit für das Vollstreckungsgericht abgeschlossen."

[Ermächtigung zum Aufgebot des unbekannten Berechtigten]

138 (1) **Wird der Berechtigte nicht vor dem Ablaufe von drei Monaten seit dem Verteilungstermin ermittelt, so hat auf Antrag das Gericht den Beteiligten, welchem der Betrag anderweit zugeteilt ist, zu ermächtigen, das Aufgebotsverfahren zum Zwecke der Ausschließung des unbekannten Berechtigten von der Befriedigung aus dem zugeteilten Betrage zu beantragen.**

(2) **Wird nach der Erteilung der Ermächtigung der Berechtigte ermittelt, so hat das Gericht den Ermächtigten hiervon zu benachrichtigen. Mit der Benachrichtigung erlischt die Ermächtigung.**

Allgemeines zu § 138 1

Zweck und **Anwendungsbereich:** Aufgebotsermächtigung für den Fall, daß die Ermittlung eines unbekannten Berechtigten zu keinem Ergebnis führt. Die Vorschrift gilt für alle Versteigerungsverfahren des ZVG. Anwendung in der Zwangsverwaltung § 146 Rdn 4, § 157 Rdn 4.

Aufgebotsermächtigung zur Ausschließung Unbekannter 2

2.1 Wenn der Berechtigte einer Barzuteilung nicht gefunden werden kann, **darf** ein **Aufgebotsverfahren stattfinden.** Der zugeteilte Betrag ist inzwischen hinterlegt (§ 126), für den Unbekannten ein Ermittlungsvertreter bestellt (§ 135).

2.2 Wenn der Berechtigte **nicht binnen drei Monaten** ab dem Verteilungstermin **ermittelt** ist, muß auf Antrag das Gericht denjenigen Beteiligten, dem der Betrag hilfsweise zugeteilt ist (§ 126 Abs 1), ermächtigen, daß er ein Aufgebotsverfahren beantragt: Abs 1. Dies ist keine Ermessensentscheidung, das Gericht muß auf Antrag ermächtigen. Es kann höchstens wegen unmittelbar bevorstehender Ermittlung die Ermächtigung etwas zurückstellen (§ 137 Rdn 2).

2.3 Die **Frist läuft ab** dem Verteilungstermin. Ob in dieser Zeit der Ermittlungsvertreter tätig war, ist ohne Bedeutung. Antragsberechtigt ist der Hilfsberechtigte, nicht der Ermittlungsvertreter[1]. Von mehreren Hilfsberechtigten ist jeder allein antragsberechtigt[2]. Die Wirkung der Ermächtigung und des Ausschlußurteils

---

[1] Jaeckel/Güthe § 138 Rdn 2; Mohrbutter/Drischler Muster 139 Anm 1.
[2] Dassler/Gerhardt § 138 Rdn 3.

§ 138 2.3 — Verteilung des Erlöses

tritt nur für denjenigen Hilfsberechtigten ein, dem die Ermächtigung erteilt ist und der das Urteil erwirkt hat, nicht für weitere Hilfsberechtigte[3]. Den Antrag kann auch ein Nießbraucher oder Pfandgläubiger stellen, dessen Anspruch das Recht des Hilfsberechtigten belastet[4].

2.4 Wird der **Unbekannte** vor der Ermächtigung des Gerichts **ermittelt**, so wird die Ermächtigung hinfällig. Der Teilungsplan wird dann ohne Aufgebotsverfahren ausgeführt (§ 137 Abs 1). Wird er nach der Ermächtigung ermittelt, so wird der Teilungsplan gleichfalls ausgeführt, aber auch der Ermächtigte benachrichtigt; seine Ermächtigung erlischt dann (Abs 2), das Aufgebotsverfahren ist einzustellen, außer wenn schon Urteil ergangen ist[5]. Die Wirkungen des Ausschlußurteils treten mit Verkündung ein (kein Rechtsmittel, ZPO § 957 Abs 1), damit scheidet der unbekannt Gewesene als Berechtigter aus.

2.5 Muster für die Ermächtigung zum Aufgebot im ZVG-Handbuch Rdn 509.

2.6 Kosten: Für die gerichtliche Ermächtigung fällt keine besondere Gebühr an, sie wird durch die Versteigerungsverfahrensgebühr (Einl Rdn 80) abgegolten. Im Falle von Abs 2 sind gerichtliche und außergerichtliche Kosten des Ermächtigten aus dem zugeteilten Betrag vorweg zu erstatten.

2.7 Rechtsbehelfe: Gegen die Ermächtigung wie gegen die Zurückweisung des Antrags gibt es sofortige Beschwerde.

[Termin bei nachträglicher Ermittlung des Berechtigten]

139 (1) **Das Gericht kann im Falle der nachträglichen Ermittlung des Berechtigten zur weiteren Ausführung des Teilungsplans einen Termin bestimmen. Die Terminsbestimmung ist dem Berechtigten und dessen Vertreter, dem Beteiligten, welchem der Betrag anderweit zugeteilt ist, und demjenigen zuzustellen, welcher zur Zeit des Zuschlags Eigentümer des Grundstücks war.**

(2) **Liegt ein Widerspruch gegen den Anspruch vor, so erfolgt die Zustellung der Terminsbestimmung auch an diejenige, welcher den Widerspruch erhoben hat. Die im § 878 der Zivilprozeßordnung bestimmte Frist zur Erhebung der Klage beginnt mit dem Termine.**

1 Allgemeines zu § 139

Zweck der Vorschrift: Mögliche Terminsbestimmung zur Verhandlung über die Berechtigung des nach Ermächtigung zum Aufgebotsantrag Ermittelten. Die Vorschrift gilt für alle Versteigerungsverfahren des ZVG. Anwendung in der Zwangsverwaltung § 146 Rdn 4, § 157 Rdn 4.

2 Verteilungstermin bei Ermittlung des Berechtigten

2.1 Die Ermächtigung zur Einleitung des Aufgebotsverfahrens erledigt sich mit der Ermittlung des unbekannt gewesenen Berechtigten (§ 138 Rdn 2.4). Der Ermächtigte ist davon zu benachrichtigen. Es wird der Teilungsplan dann weiter ausgeführt (§ 137 Abs 1).

2.2 Das Vollstreckungsgericht **kann,** wenn bei nachträglicher Ermittlung des unbekannten Berechtigten die Ermächtigung aus § 138 schon erteilt war, aber auch zur weiteren Ausführung des Teilungsplanes einen **Termin bestimmen:** Abs 1 Satz 1. Der Termin dient der Verhandlung über die Berechtigung des Er-

---

[3] Jaeckel/Güthe § 138 Rdn 4; Mohrbutter/Drischler Muster 139 Anm 1.
[4] Jaeckel/Güthe § 138 Rdn 2; Mohrbutter/Drischler Muster 139 Anm 1.
[5] Jaeckel/Güthe § 138 Rdn 5; Steiner/Teufel § 138 Rdn 19; Mohrbutter/Drischler Muster 139 Anm 4.

Aufgebotsverfahren zur Ausschließung des Berechtigten   2.3   **§ 140**

mittelten. In dem Termin kann daher auch dem Anspruch des Berechtigten noch durch diejenigen widersprochen werden, die zu dem Termin zuzuziehen sind (für einen Widerspruch des Schuldners gilt aber auch hier § 115 Abs 3).

2.3 Die Terminsbestimmung muß an den ermittelten Berechtigten, an den Ermittlungsvertreter, an den Hilfsberechtigten (zweckmäßig zugleich mit der Nachricht über die Ermittlung des Berechtigten) und an den letzten Grundstückseigentümer (= Vollstreckungsschuldner in der Vollstreckungsversteigerung) **zugestellt** werden: Abs 1 Satz 2.

2.4 Vom Termin wird das Gericht nur **absehen,** wenn an der Person des Ermittelten kein Zweifel besteht. Dann muß das Gericht aber den Genannten mitteilen, wen es als Berechtigten behandelt.

2.5 Wenn ein **Widerspruch** gegen den Teilungsplan vorliegt, **muß** Termin angesetzt werden und die Terminsbestimmung muß dann auch an den Widersprechenden zugestellt werden: Abs 2 Satz 1. Seine Frist zur Widerspruchsklage aus ZPO § 878 beginnt dann erst mit dem neuen Termin: Abs 2 Satz 2. Der Widerspruch kann schon im ersten Termin erhoben worden sein, kann aber auch noch in dem neuen Termin erhoben werden.

[Aufgebotsverfahren zur Ausschließung des Berechtigten]

140 (1) **Für das Aufgebotsverfahren ist das Vollstreckungsgericht zuständig.**

(2) **Der Antragsteller hat zur Begründung des Antrags die ihm bekannten Rechtsnachfolger desjenigen anzugeben, welcher als letzter Berechtigter ermittelt ist.**

(3) **In dem Aufgebot ist der unbekannte Berechtigte aufzufordern, sein Recht spätestens im Aufgebotstermin anzumelden, widrigenfalls seine Ausschließung von der Befriedigung aus dem zugeteilten Betrag erfolgen werde.**

(4) **Das Aufgebot ist demjenigen, welcher als letzter Berechtigter ermittelt ist, den angezeigten Rechtsnachfolgern sowie dem Vertreter des unbekannten Berechtigten zuzustellen.**

(5) **Eine im Vollstreckungsverfahren erfolgte Anmeldung gilt auch für das Aufgebotsverfahren.**

(6) **Der Antragsteller kann die Erstattung der Kosten des Verfahrens aus dem zugeteilten Betrage verlangen.**

Allgemeines zu § 140   1

Zweck und **Anwendungsbereich:** Besondere Bestimmungen für das Aufgebotsverfahren zur Ausschließung unbekannter Berechtigter. Die Vorschrift gilt für alle Versteigerungsverfahren des ZVG. Über die Anwendung im Zwangsverwaltungsverfahren § 146 Rdn 4, § 157 Rdn 4.

Aufgebotsverfahren zur Ausschließung unbekannter Berechtigter   2

2.1 Berechtigt, das Aufgebotsverfahren zum Ausschluß eines unbekannten Zuteilungsberechtigten zu betreiben, ist derjenige, dem der Betrag gemäß § 126 anderweitig zugeteilt ist, nach vorausgehender Ermächtigung gemäß § 138.

2.2 Das Aufgebotsverfahren richtet sich **nach ZPO** §§ 946–959, soweit nicht § 140 Abweichendes bestimmt.

2.3 Für das Verfahren ist das **Vollstreckungsgericht zuständig** (Abs 1), nicht etwa das Prozeßgericht. Daß es zulässig ist, wird durch Vorlage der Ermächtigung aus § 138 nachgewiesen. Der Antrag ist schriftlich oder zu Protokoll der Ge-

§ 140 2.3

schäftsstelle zu stellen (ZPO § 947). Dabei hat der Antragsteller die ihm bekannten Rechtsnachfolger desjenigen anzugeben, der als letzter Berechtigter ermittelt war (Abs 2).

2.4 Der **Inhalt des Aufgebots** richtet sich nach ZPO § 947 mit ZVG § 140 Abs 3: Es ist das Grundbuchrecht anzugeben, dessen Berechtigter aufgeboten wird, und der darauf entfallende Betrag, und es ist der Unbekannte aufzufordern, seine Rechte spätestens im Versteigerungstermin anzumelden, da er sonst von der Befriedigung aus dem Recht ausgeschlossen werde.

2.5 Die **Aufgebotsfrist** beträgt nach ZPO § 950 sechs Wochen, ist aber manchmal landesrechtlich auf drei Monate erweitert (Textanhang T 48 ff).

2.6 Das **Aufgebot** ist an denjenigen **zuzustellen,** der als letzter Berechtigter ermittelt war, auch an seine vom Antragsteller des Verfahrens gemeldeten Rechtsnachfolger und an den Ermittlungsvertreter (Abs 4). Es wird außerdem öffentlich **bekanntgemacht,** wie dies landesrechtlich geregelt ist. Das Landesrecht kann auch auf die Vorschriften für den Versteigerungstermin (§§ 39, 40) insoweit verweisen, dass dann Aushang an der Gerichtstafel und Bekanntmachung im Amtsblatt mit der Möglichkeit aus § 39 Abs 2, von Amtsblattveröffentlichung abzusehen, wenn der zugeteilte Betrag nur gering ist (nicht hier, wenn der Grundstückswert gering ist).

2.7 Das mit der Verkündung rechtskräftige **Ausschlußurteil** (kein Rechtsmittel nach ZPO § 957 Abs 1) ergeht nur auf Antrag (ZPO § 952), und zwar dahin, daß der unbekannte Berechtigte von der Befriedigung aus dem zugeteilten Betrag ausgeschlossen wird. Wenn eine Anmeldung vorliegt (eine im Vollstreckungsverfahren schon erfolgte gilt auch für das Aufgebotsverfahren, Abs 5) und das Vollstreckungsgericht den Anmelder nicht als den ermittelten Berechtigten ansieht (andernfalls würde nach § 138 Abs 2, § 139 verfahren), dann werden dem Anmelder seine Rechte im Ausschlußurteil vorbehalten. Näheres in ZPO §§ 951-956.

2.8 Obwohl die Aufgebotsvorschriften sich innerhalb der Vorschriften für das dem Rechtspfleger übertragenen Verteilungsverfahren befinden, führt das Aufgebotsverfahren **nur zum Teil der Rechtspfleger** durch. Nach RPflG § 20 Nr 2 ist er zuständig, ausgenommen für die Wahrnehmung des Aufgebotstermins und der darin ergehenden Entscheidungen. Den Termin samt Urteil hat somit der Richter durchzuführen[1] (anders[2]: für das ganze Aufgebotsverfahren, auch das Urteil, sei der Rechtspfleger zuständig).

2.9 Kosten: Das Aufgebotsverfahren wird nicht durch die Gebühren des Zwangsversteigerungsverfahrens mit abgegolten. Die Kosten werden hier besonders berechnet (GKG-KostVerz Nr 1630). Der Antragsteller, der sie zunächst tragen muß, kann sie aus dem zugeteilten Betrag erstattet verlangen (Abs 6), auch die außergerichtlichen Kosten, auch dann, wenn sich das Aufgebotsverfahren infolge nachträglicher Ermittlung des Berechtigten erledigt, nicht aber, wenn der Antrag aus anderen Gründen zurückgewiesen wird.

[Termin nach Erlaß des Ausschlußurteils]

141 Nach der Erlassung des Ausschlußurteils hat das Gericht einen Termin zur weiteren Ausführung des Teilungsplans zu bestimmen. Die Terminsbestimmung ist dem Antragsteller und den Personen, welchen Rechte in dem Urteile vorbehalten sind, dem Vertreter des unbekannten Berechtigten sowie demjenigen zuzustellen, welcher zur Zeit des Zuschlags Eigentümer des Grundstücks war.

---

[1] Dassler/Gerhardt § 140 Rdn 2.
[2] Schiffhauer BlGrBW 1964, 84 (III 8 f).

Erlöschen der Rechte auf den hinterlegten Betrag § 142

Allgemeines zu § 141 1

Zweck und **Anwendungsbereich:** Regelung des Verfahrens zur Planausführung nach Erlaß eines Ausschlußurteils im Aufgebotsverfahren gegen den unbekannten Berechtigten. Die Vorschrift gilt für alle Versteigerungsverfahren des ZVG. Über die Anwendung in der Zwangsverwaltung § 146 Rdn 4, § 157 Rdn 4.

Verteilungstermin nach Ausschlußurteil im Aufgebotsverfahren 2

2.1 Nach dem Ausschlußurteil gegen den unbekannten Berechtigten kann das Vollstreckungsgericht die **weitere Verteilung** nur **in einem besonderen Verteilungstermin** durchführen: Satz 1. Diesen Termin muß das Gericht von Amts wegen, nicht erst auf Antrag, bestimmen, und zwar sofort nach Erlaß des Urteils, aber nicht im Rahmen des Aufgebotsverfahrens, sondern des Versteigerungsverfahrens und zu den Versteigerungsakten.

2.2 **Zuzustellen** ist diese **Terminsbestimmung** an bestimmte Personen (nur an diese): an den Antragsteller des Aufgebotsverfahrens aus § 140; an alle Personen, denen im Ausschlußurteil Rechte vorbehalten sind (§ 140 Rdn 2); an den Ermittlungsvertreter des unbekannten Berechtigten; an den Grundstückseigentümer vom Zeitpunkt des Zuschlags (= Vollstreckungsschuldner in der Vollstreckungsversteigerung): Satz 2. Im Amtsblatt wird nichts bekanntgemacht, auch ein Aushang an der Gerichtstafel erfolgt nicht, weil ja außer den durch Zustellung Benachrichtigten niemand teilnehmen darf.

2.3 Das Ausschlußurteil **ermächtigt** denjenigen, der es erwirkt hat, **zur formellen Empfangnahme** des auf das Recht entfallenden Erlösanteils, gibt ihm aber gegenüber dem ausgeschlossenen wahren Berechtigten kein besseres Recht als er es vorher hatte.

2.4 Zugeteilt wird der durch das Ausschlußurteil freigewordene Betrag, der nach der Hilfsverteilung des § 126 Abs 1 dem Eventualberechtigten zusteht, der das Ausschlußurteil erwirkt hat, in folgender **Reihenfolge**: Gerichtskosten der nachträglichen Verteilung; Gebühren und Auslagen des Ermittlungsvertreters; gerichtliche und außergerichtliche Kosten des Aufgebotsverfahrens; Ansprüche der Zuteilungsberechtigten.

2.5 **Unbedingt zuteilungsberechtigt** aus dem im Verteilungsplan einem Unbekannten zugedachten Betrag sind nur die Hilfsberechtigten, die das Ausschlußurteil erwirkt haben. Weiter ausgeführt wird der Teilungsplan nur hinsichtlich des ihnen nach § 126 Abs 1 hilfsweise zugeteilten Betrags. Für einen weiteren Eventualberechtigten zugeteilten Betrag ist der Unbekannte mit seinem Recht nicht ausgeschlossen. Der für Eventualberechtigte, die kein Aufgebotsverfahren betrieben haben, noch zur Verfügung stehende Erlös bleibt daher unverteilt; er ist durch Aufgebot und Ausschlußurteil nicht freigeworden. Daher kann auch nachträgliche Ermittlung des unbekannten Berechtigten insoweit noch erfolgen, bis ein weiterer Eventualberechtigter hierwegen Ausschlußurteil erwirkt.

2.6 Diejenigen, deren Ansprüche im Ausschlußurteil vorbehalten sind, gelten als **Widersprechende** nach § 115. Sie müssen auf Verlangen ihre Ansprüche glaubhaft machen; tun sie dies nicht, werden sie nicht berücksichtigt. Der Widerspruch wird wie bei § 115 behandelt; die Klagefrist aus ZPO § 878 beginnt mit diesem Termin; an die Hilfsberechtigten wird in diesem Fall bedingt zugeteilt, nämlich dadurch bedingt, daß der Widerspruch für unbegründet erklärt wird.

[Erlöschen der Rechte auf den hinterlegten Betrag]

142 In den Fällen des § 117 Abs 2 und der §§ 120, 121, 124, 126 erlöschen die Rechte auf den hinterlegten Betrag mit dem Ablaufe von dreißig Jahren, wenn nicht der Empfangsberechtigte sich vorher bei

§ 142 Verteilung des Erlöses

der Hinterlegungsstelle meldet; derjenige, welcher zur Zeit des Zuschlags Eigentümer des Grundstücks war, ist zur Erhebung berechtigt. Die dreißigjährige Frist beginnt mit der Hinterlegung, in den Fällen der §§ 120, 121 mit dem Eintritt der Bedingung, unter welcher die Hinterlegung erfolgt ist.

1 Allgemeines zu § 142

Zweck und **Anwendungsbereich:** Erlöschen der Rechte auf hinterlegte Beträge zugunsten des Eigentümers bei Zuschlag. Die Vorschrift gilt für alle Versteigerungsverfahren des ZVG. Über die Anwendung in der Zwangsverwaltung § 146 Rdn 4, § 157 Rdn 4.

2 Erlöschensfrist für Rechte auf hinterlegte Beträge

2.1 Die bei Ausführung des Teilungsplans nach den § 117 Abs 2, §§ 120, 121, 124, 126 hinterlegten Beträge können **nicht unbeschränkt hinterlegt** bleiben. Die Rechte des Empfangsberechtigten auf den hinterlegten Betrag erlöschen mit Ablauf von **dreißig Jahren**, falls sich nicht der Empfangsberechtigte vorher bei der Hinterlegungsstelle meldet: Satz 1.

2.2 **Die Frist beginnt** mit der Hinterlegung, bei bedingter Hinterlegung aus §§ 120, 121 mit dem Eintritt der Bedingung, unter der hinterlegt ist: Satz 2. Bei Versäumung der Frist gibt es keine Wiedereinsetzung in den vorigen Stand (Frist ist keine Notfrist); es gibt auch keine Bereicherungsklage gegen den Grundstückseigentümer vom Zeitpunkt des Zuschlags, dem der Betrag zufließt.

2.3 Der genannte **Grundstückseigentümer** (= Vollstreckungsschuldner in der Vollstreckungsversteigerung) kann nach Ablauf der dreißig Jahre, aber nur bis zum Ablauf von **einunddreißig Jahren** (also nur im Laufe des einunddreißigsten Jahres) den hinterlegten Betrag erheben. Auch diese Frist beginnt mit der Hinterlegung, bei der genannten bedingten Hinterlegung mit dem Eintritt der Bedingung; falls der Eintritt der Bedingung nicht ermittelt werden kann, beginnt die Frist von einunddreißig Jahren bei der bedingten Hinterlegung mit dem Ablauf von zehn Jahren seit der Hinterlegung oder, wenn die Bedingung erst später eingetreten sein kann, mit dem Ablauf von zehn Jahren ab diesem späteren Zeitpunkt: HinterlO § 20.

2.4 Verstreicht auch die Frist von einunddreißig Jahren ungenützt, so **verfällt** der hinterlegte Betrag **dem Staat:** HinterlO § 23. Ist die Herausgabe vor dem Ablauf von 31 Jahren (vor dem Zeitpunkt, in dem der Herausgabeanspruch erlischt) bei der Hinterlegungsstelle beantragt worden, so wird über diesen Antrag auch noch nach Ablauf der Frist entschieden (HinterlO § 20 Satz 1). Wenn dieser Antrag begründet ist, wird auch nach Ablauf der Frist die Herausgabe angeordnet und diese Anordnung ausgeführt.

[Außergerichtliche Einigung über die Erlösverteilung]

143 Die Verteilung des Versteigerungserlöses durch das Gericht findet nicht statt, wenn dem Gerichte durch öffentliche oder öffentlich beglaubigte Urkunden nachgewiesen wird, daß sich die Beteiligten über die Verteilung des Erlöses geeinigt haben.

Literatur: Fritz, Die außergerichtliche Verteilung des Versteigerungserlöses, SchlHA 1972, 130.

1 Allgemeines zu § 143

1.1 Zweck der Vorschrift: Zulassung außergerichtlicher Erlösverteilung, die sich nach früherem Landesrecht praktisch bewährt hat und den Beteiligten eine

Außergerichtliche Einigung über die Erlösverteilung 2.3 § 143

einfachere, billigere und schnellere Erlösverteilung ermöglichen soll (Denkschrift S 61).

1.2 Anwendungsbereich: Die Vorschrift gilt für alle Versteigerungsverfahren des ZVG. Über die Anwendung in der Zwangsverwaltung § 146 Rdn 4, § 157 Rdn 2, § 160 Rdn 1.

1.3 In der Regel wird der Versteigerungserlös **vom Vollstreckungsgericht verteilt:** §§ 105–142. Es können aber die Beteiligten **auch zwei außergerichtliche Wege** wählen: die außergerichtliche Einigung über die Erlösverteilung nach § 143 oder die außergerichtliche Befriedigung aller Berechtigten nach § 144. Es gibt nur das eine oder das andere Verfahren, kein gemischtes Verfahren. In beiden Fällen sind bestimmte Verfahrensvorschriften des gerichtlichen Verteilungsverfahrens entsprechend anzuwenden (§ 145). Das Verfahren nach § 144 hat umfangreichere Voraussetzungen und eine geringere Tätigkeit des Gerichts.

Außergerichtliche Einigung über die Erlösverteilung 2

2.1 Auf die außergerichtliche Einigung über die Erlösverteilung (ebenso wie auf die zweite Möglichkeit nach § 144) sind aus den normalen Verteilungsvorschriften gemäß § 145 **entsprechend anzuwenden:** § 105 Abs 2 Satz 2, §§ 127, 130–133; nicht anzuwenden sind insbesondere: §§ 107, 118, 128.

2.2 Die normale gerichtliche Verteilung nach §§ 105–142 **unterbleibt,** ein Verteilungstermin wird somit nicht abgehalten, **wenn** dem Vollstreckungsgericht durch öffentliche oder öffentlich beglaubigte Urkunden **nachgewiesen wird,** daß sich die Beteiligten über die Verteilung des Erlöses geeinigt haben. Dazu im ZVG-Handbuch Rdn 567 und Muster 566.

2.3 Für wirksame außergerichtliche Einigung über die Erlösverteilung nach § 143 müssen die folgenden **Voraussetzungen** erfüllt werden:
a) Es müssen die **formgültigen Einigungserklärungen aller Beteiligten** (§ 9) vorgelegt werden; auch die Erklärungen der ausgefallenen Beteiligten, des Vollstreckungsschuldners (der Vollstreckungsversteigerung)[1] bzw aller bisherigen Miteigentümer (der Teilungsversteigerung), eines während des Verfahrens neu eingetretenen Grundstückseigentümers sowie aller derjenigen Berechtigten, die ihre Ansprüche nicht glaubhaft gemacht haben (§ 105 Abs 2 Satz 2 mit § 145), auch eines (mit Anmeldung, § 9 Nr 2) Beteiligten, der Anspruch auf Erlös für ein früher entgegenstehendes Recht (§ 37 Nr 5) erhebt, auch der Gerichtskasse (Amtskasse) wegen der Kostenansprüche (diese nicht nach[2], weil Kosten vorweg zu entnehmen sind, § 109 Abs 1; nicht richtig, nur Termin zur Verteilung des gesamten Versteigerungserlöses, damit auch des für Kosten vorweg zu entnehmenden Erlöstels, zu bestimmen, § 105, und in diesem nach § 109 zu verfahren ist und Termin zur Erlöszahlung auch für Kosten oder dafür Forderungsübertragung, § 118, und Eintragung einer Sicherungshypothek, § 128, nicht ohne Einvernehmen der Berechtigten unterbleiben kann). Statt der Feststellung und Entscheidung des Vollstreckungsgerichts müssen also übereinstimmende Erklärungen aller für die Teilnahme an der Verteilung in Frage Kommenden vorliegen. Nicht beteiligt sind hier (Erklärungen also von ihnen nicht nötig): Gläubiger von bestehenbleibenden Rechten, die aus dem Bargebot weder Kosten noch Zinsen und andere Nebenleistungen beanspruchen können; Mieter und Pächter, die aus dem Erlös nichts erhalten; der Ersteher, falls er aus dem Erlös nichts bekommt; der mithaftende Meistbietende aus § 81 Abs 2 und 3 und der mithaftende Bürge aus § 69 Abs 2.
b) Unbedingt nötig ist die **Angabe, in welcher Form** der Gesamterlös **verteilt** worden ist, nämlich das bare Meistgebot zuzüglich der 4% Zinsen aus § 49 Abs 2

---
[1] Fritz SchlHA 1972, 130.
[2] Steiner/Teufel § 143 Rdn 6.

§ 143 2.3 Verteilung des Erlöses

(oder andere Zinsen nach § 59) und auch der Sondererlös nach § 65[3]. Bloße Mitteilung, daß (irgend) eine (also nicht „welche") Einigung erzielt worden ist, genügt nicht[4]. Wenn die Einigung nur einen Teil des Versteigerungserlöses betrifft, findet gerichtliche Verteilung des gesamten Erlöses statt (nicht vorgesehen ist Verteilung teils durch Einigung, teils durch gerichtliches Verfahren).

c) Es muß auch die **Berechtigung** der eine Einigungserklärung abgebenden Personen **nachgewiesen** werden, also durch Vorlage der zugehörigen Hypotheken-, Grundschuld- oder Rentenschuldbriefe[5], der Abtretungsurkunden nach BGB § 1155, ferner der etwaigen Vollmachten in öffentlich beglaubigter Form[5] und der etwa notwendigen Zustimmungen oder Genehmigungen, auch eines einschlägigen Erbscheins.

d) Die Einigung kann dem Vollstreckungsgericht nur **bis zum Beginn der Ausführung** des Teilungsplanes (im Verteilungstermin, also noch nach der Aufstellung des Planes) nachgewiesen werden[6] (anders[7]: sogar bis zum Schluß des Verteilungstermins; dies muß aber daran scheitern, daß hier das Gericht dann schon über die Masse verfügt hat).

2.4 Zeigen sich bei der außergerichtlichen Einigung **Mängel,** die behoben werden können (zB fehlender Brief, fehlende Vollmacht), so können diese durch eine **Zwischenverfügung** des Gerichts abgestellt werden. Können die Mängel nicht behoben werden und sind die genannten Voraussetzungen nicht erfüllt, dann muß das Gericht sein normales Verteilungsverfahren durchführen.

2.5 Sind die **Voraussetzungen** des § 143 nach Ansicht des Gerichts auf Grund gründlicher Prüfung aller Umstände als **erfüllt** anzusehen, so setzt das Gericht keinen Verteilungstermin an, hebt einen etwa angesetzten auf oder unterbricht den schon begonnenen. Entscheidung durch Beschluß ist nicht vorgesehen und erfolgt auch nicht[8]; abweichender Ansicht[9] ist nicht zu folgen. Terminsbestimmung zur Verfahrensfortführung (§ 105) wird nicht durch Beschluß vorbereitet, Terminsablehnung nicht durch Beschluß festgestellt. Bei Ausführung der Verteilung soll zudem gerade das Gericht nicht mitwirken; über diese hat es daher auch nicht Beschluß zu fassen (die vorgesehene oder bereits erfolgte Verteilung hat es nicht durch Beschluß „zu erlauben oder zu versagen"). Unterbleibt unzulässig Terminsbestimmung oder wird trotz Einigung das Verteilungsverfahren durchgeführt, dann steht den Beteiligten gegen die Untätigkeit oder das Vollstreckungshandeln Erinnerung als Rechtsbehelf zur Verfügung (§ 105 Rdn 4.5; § 143 Rdn 2.8). Durch Beschluß ist daher (nur) zu entscheiden, wenn ein Beteiligter Einwendungen (damit Erinnerung nach ZPO § 766) gegen die Verfahrensbehandlung nach Vorlage der Nachweise erhebt. Sonst ist den Beteiligten, desgleichen dem Ersteher und den zahlungspflichtigen Dritten, nur als Eingangsbestätigung Nachricht zu geben, daß die Nachweise vorliegen und nach § 143 Erlösverteilung unterbleibt. Eine hinterlegte Bietersicherheit ist mit Zustimmung des die Sicherheit Leistenden gemäß der Einigung zu verwerten. Sonst kümmert sich das Gericht nicht weiter um die Auszahlung. Hypothekenbriefe werden vom Gericht nach § 127 behandelt[10], Titel vom Gericht abquittiert[10]. Nach Rechtskraft des Zuschlags ersucht das Gericht das Grundbuchamt gemäß § 130 um Eintragung des Erstehers und Löschung der erloschenen Rechte, falls diese nicht auf Grund der Einigung liegenbelassen

---

[3] Jaeckel/Güthe §§ 143–145 Rdn 3; Fritz SchlHA 1972, 130.
[4] Jaeckel/Güthe §§ 143–145 Rdn 3.
[5] Fritz SchlHA 1972, 130.
[6] Dassler/Gerhardt § 143 Rdn 8.
[7] Jaeckel/Güthe §§ 143–145 Rdn 5.
[8] Dassler/Gerhardt § 143 Rdn 10; Jaeckel/Güthe §§ 143–145 Rdn 6; Korintenberg/Wenz § 143 Anm 4.
[9] Steiner/Teufel § 143 Rdn 9.
[10] Fritz SchlHA 1972, 130.

Außergerichtliche Befriedigung der Berechtigten　1.3　§ 144

werden sollen (§ 91 Abs 2). Sicherungshypotheken nach § 128 können hier nicht eingetragen werden.

2.6 Die außergerichtliche Einigung des § 143 wirkt wie eine **Befriedigung aus dem Grundstück**. Sie hat die **Wirkung,** daß die Forderung gegen den Ersteher den Beteiligten in der durch die Einigung festgelegten Höhe entgültig zusteht und daß die Beteiligung insoweit als aus dem Grundstück befriedigt gelten. Eine Übertragung der gegen den Ersteher damit begründeten Forderung durch das Gericht (und Sicherstellung durch Sicherungshypotheken) findet nicht statt (§§ 118, 128 finden keine Anwendung; die Befriedigungswirkung kann nicht nach § 118 Abs 2 Satz 2 rückgängig gemacht werden). Hypothekarische Sicherstellung ist nur auf Bewilligung des Erstehers oder zwangsweise nach ZPO § 866 (aus dem vollstreckbaren Zuschlagsbeschluß) möglich, nicht aber im Ersuchen des Vollstreckungsgerichts aus § 130. Soweit sich nicht aus der Einigung eine Stundung der den Beteiligten gegen den Ersteher oder den Dritten zustehenden Forderung ergibt, ist die Forderung nach §§ 132, 133 vollstreckbar.

2.7 Kosten: Einl Rdn 80.

2.8 Rechtsbehelfe: Nimmt das Gericht an, die Voraussetzungen lägen vor, oder verneint es dies (unter Fortführung seines Verteilungsverfahrens), so gibt es ohne vorherige Anhörung Vollstreckungserinnerung nach ZPO § 766 mit anschließender sofortiger Beschwerde, nach vorheriger Anhörung sofortige Beschwerde.

[Außergerichtliche Befriedigung der Berechtigten]

144 (1) **Weist der Ersteher oder im Falle des § 69 Abs 2 der für mithaftend erklärte Bürge dem Gerichte durch öffentliche oder öffentlich beglaubigte Urkunden nach, daß er diejenigen Berechtigten, deren Ansprüche durch das Gebot gedeckt sind, befriedigt hat oder daß er von ihnen als alleiniger Schuldner angenommen ist, so sind auf Anordnung des Gerichts die Urkunden nebst der Erklärung des Erstehers oder des Bürgen zur Einsicht der Beteiligten auf der Geschäftsstelle niederzulegen. Die Beteiligten sind von der Niederlegung zu benachrichtigen und aufzufordern, Erinnerungen binnen zwei Wochen geltend zu machen.**

(2) **Werden Erinnerungen nicht innerhalb der zweiwöchigen Frist erhoben, so beschränkt sich das Verteilungsverfahren auf die Verteilung des Erlöses aus denjenigen Gegenständen, welche im Falle des § 65 besonders versteigert oder anderweit verwertet worden sind.**

Allgemeines zu § 144　　　　　　　　　　　　　　　　　　　　　　　　　　1

1.1 Zweck der Vorschrift: Anerkennung auch der außergerichtlichen Befriedigung der Berechtigten als einfachere, billigere und schnellere Erlösverteilung.

1.2 Anwendungsbereich: Die Vorschrift gilt für alle Versteigerungsverfahren des ZVG. Über die Anwendung in der Zwangsverwaltung § 146 Rdn 4, § 160 Rdn 1.

1.3 Die **außergerichtliche Befriedigung** des § 144 ist von der außergerichtlichen Einigung des § 143 völlig **verschieden**. Während bei § 143 alle Beteiligten und die sonst bei der Verteilungsverfahren in Frage Kommenden teilzunehmen haben, sind bei § 144 nur Erklärungen derjenigen Beteiligten nötig, die etwas zu bekommen haben. Auch in diesem Fall wird kein gerichtliches Verteilungsverfahren durchgeführt; es ist hier aber eine umfangreiche Überwachung nötig. Auch hier sind bestimmte Vorschriften aus dem gerichtlichen Verteilungsverfahren entsprechend anzuwenden (§ 145).

§ 144 2.1

2 Durchführung außergerichtlicher Befriedigung aus dem Erlös

2.1 Das ZVG kennt **nur** die außergerichtliche **Befriedigung aller** durch das Gebot gedeckten **Berechtigten**. Diejenige nur eines Berechtigten ist nicht vorgesehen. Erklärt sich ein Gläubiger für befriedigt, so ist das beim Ersteher eine Befriedigungserklärung, bei den anderen Gläubigern hat das dieselbe Wirkung wie die Zahlung aus dem Versteigerungserlös[1].

2.2 Mit der Wirkung des § 144 kann der **Ersteher,** der mithaftende Bürge (§ 69 Abs 2), aber auch der für **mithaftend erklärte Meistbietende** aus § 81 Abs 2, 3 die Beteiligten befriedigen.

2.3 Im Falle von § 144 muß der Ersteher (mithaftende Meistbietende) oder der für mithaftend erklärte Bürge aus § 69 Abs 2 dem Vollstreckungsgericht **durch öffentliche** oder **öffentlich beglaubigte Urkunden** nachweisen, daß er **alle** Berechtigten, deren Ansprüche durch das bare Meistgebot gedeckt sind, befriedigt hat oder daß er von ihnen als alleiniger Schuldner (an Stelle des Vollstreckungsschuldners in der Vollstreckungsversteigerung) angenommen worden ist: Abs 1 Satz 1. Nur Erklärung über die Befriedigung (§ 117 Rdn 5), nicht aber Nachweis in der Form des § 144 ist erforderlich für den Betrag, den der Ersteher selbst aus dem Erlös zu bekommen hat[2]. Auf Anordnung des Gerichts sind dann diese Urkunden samt der Erklärung des Erstehers oder des Dritten auf der Geschäftsstelle des Vollstreckungsgerichts zur Einsichtnahme durch die Beteiligten niederzulegen und die Beteiligten sind hiervon zu benachrichtigen und dabei aufzufordern, etwaige Erinnerungen hiergegen binnen zwei Wochen geltend zu machen: Abs 1 Satz 1 und 2.

2.4 Im Gegensatz zu § 143 sind hier also **formgerechte Erklärungen nur von denjenigen Beteiligten** vorzulegen, die aus dem Meistgebot etwas zu erhalten haben, hierbei aber von **allen,** auch von dem Vollstreckungsschuldner (der Vollstreckungsversteigerung), wenn er etwas zu erhalten hat[3]. § 144 ist nämlich nur anwendbar, wenn alle Berechtigten befriedigt sind, auch diejenigen, die ein Recht nach § 37 Nr 5 angemeldet haben, auch die Gerichtskasse/Amtskasse wegen der Verfahrenskosten.

2.5 a) Ob formgerechte Erklärungen über Befriedigung oder Annahme des Erstehers als alleiniger Schuldner von allen Beteiligten vorliegen, deren Ansprüche durch das Gebot gedeckt sind, muß das Gericht prüfen. Es wird daher hierfür (nicht aber bereits vorweg als Zahlungsgrundlage; Feststellung der Berechtigten und ihrer Ansprüche für Befriedigung oder Beschaffung der Erklärungen über Annahme als Schuldner hat der Ersteher, Bürge oder Meistbietende zu treffen) einen **Kontrollteilungsplan** aufstellen. Das geschieht zweckmäßig auch in anscheinend einfacheren Verfahren, nicht nur in schwierigeren; auch einfacher aussehende können im Laufe der Behandlung schwieriger werden. An Hand dieses Planes wird dann geprüft, ob die Befriedigungserklärungen mit den zuzuteilenden Beträgen übereinstimmen.

b) Der Kontrollteilungsplan richtet sich **nach den normalen Regeln** eines Teilungsplanes, umfaßt also Teilungsmasse und Schuldenmasse, enthält Bargebot und Bargebotszinsen (§ 49 Abs 2) sowie (feststehende, ungewisse oder mögliche) Zuzahlungsbeträge (§ 125 Abs 1 und 2).

c) Der Kontrollteilungsplan wird **für einen bestimmten Tag** aufgestellt (wie der normale für den Tag des Verteilungstermins). Die tatsächliche Befriedigung des Berechtigten kann aber schon vorher erfolgt sein oder erst nachher erfolgen (in der Regel vorher). Wie sollen dann die **Bargebotszinsen** berechnet werden? Man

---

[1] OLG Köln OLGZ 1983, 315 = Rpfleger 1983, 121.
[2] Steiner/Teufel § 144 Rdn 11.
[3] Fritz SchlHA 1972, 130.

Außergerichtliche Befriedigung der Berechtigten 2.9 **§ 144**

könnte sie weglassen, weil die außergerichtliche Befriedigung auf den Zuschlagszeitpunkt zurückwirkt; der Ersteher hätte dann das Bargebot entgegen § 49 Abs 2 nicht zu verzinsen, obwohl er es nicht bei Zuschlag bezahlt hat; die Berechtigten würden ihre Zinsen bis zum Zeitpunkt der Zahlung an sie verzinst bekommen (zu Lasten der Teilungsmasse) und dies ginge zu Lasten der Nachrangigen. Man könnte die Zinsen für einen fingierten Zeitpunkt berechnen, etwa den Zeitpunkt des Ablaufs der Erinnerungsfrist nach § 144 Abs 2, der Ersteher müßte dann etwas verzinsen, was er schon vorher bezahlt hat; zu seinen Lasten gingen die Zeit, die für die Berechnung und Abwicklung benötigt wird, auch die Zeit der Erinnerungen und der Zustellungen nach Abs 2. Man könnte aber auch die Bargebotszinsen bis zu dem Tag berechnen, den die einzelne Befriedigungserklärung aufweist; wenn die Befriedigung in Teilen erfolgt, dann zu den verschiedenen Tagen der Teilbefriedigung (so auch[4]); der Ersteher wird so gestellt, als ob er in Teilen das Bargebot aus Gericht bezahlt bzw hinterlegt hätte. Diese dritte Möglichkeit allein entspricht genau dem Gesetz, wobei das Gericht die Tage der Befriedigung (wenn sie sich nicht aus den Urkunden ergeben) zu erfragen hat. Bei den beiden anderen Möglichkeiten gibt es komplizierte Ausgleichungen von Zinsbeträgen.

2.6 Gleich ist, **in welcher Weise die Befriedigung** erfolgt (Zahlung, Aufrechnung, Hinterlegung mit Rücknahmeverzicht usw). Sie muß nur von den Berechtigten formgerecht bestätigt und darf nicht durch Anfechtung dieser Erklärung streitig sein. Wenn das Gericht aus den Erklärungen nicht klar erkennen kann, welche Bedeutung diese, insbesondere die „Annahme als alleiniger Schuldner" hat, muß es rückfragen. Es kann sich dabei etwa um die Vereinbarung des Liegenbelassens[5] handeln. Kumulative Schuldübernahme ist hier nicht möglich.

2.7 Sieht das Gericht die **Voraussetzungen** des § 144 **nicht** als **erfüllt** an und können die **Mängel** beseitigt werden, so veranlaßt es dies durch **Zwischenverfügung**. Können die Mängel aber nicht beseitigt werden, so muß das Gericht sein normales Verteilungsverfahren durchführen, Termin ansetzen usw. Verfahrensfortgang erfolgt mit Terminsbestimmung (§ 105); ausdrücklicher **Beschluß** darüber ergeht nicht (§ 143 Rdn 2.5; anders[6]). Rechtsbehelfe wie bei § 143 Rdn 2 ausgeführt.

2.8 Sieht das Gericht die **Voraussetzungen** des § 144 als **erfüllt** an, so setzt es keinen Verteilungstermin an, hebt den schon angesetzten wieder auf oder unterbricht einen schon begonnenen. Es muß dann die Beteiligten (auch die Gerichtskasse/Amtskasse wegen der Kostenansprüche aus § 109; anders[7]; dazu § 143 Rdn 2.3) benachrichtigen (Abs 1 Satz 2), und zwar durch Zustellung von Amts wegen (§§ 3–7 finden Anwendung)[8]. Nach Fristablauf ohne Erinnerungen werden die Urkunden zurückgegeben. Das Gericht hat in diesem Fall, weil sich die außergerichtliche Befriedigung nur auf bares Meistgebot samt Bargebotszinsen bezieht, den etwaigen Erlös einer abgesonderten Verwertung nach § 65 von sich aus zu verteilen: Abs 2. Ist ein solches (wie regelmäßig) nicht vorhanden, dann findet überhaupt kein Verteilungsverfahren statt. Briefe und Titel werden nach § 127 behandelt; sobald der Zuschlag rechtskräftig ist (und die Unbedenklichkeitsbescheinigung vorliegt) wird nach § 130 das Grundbuchamt ersucht[9].

2.9 a) Durch rechtzeitige **Erinnerung eines Beteiligten** gegen die Urkunden oder Erklärungen wird das Verfahren aus § 144 vereitelt. Sobald ein Beteiligter

---

[4] Steiner/Teufel § 144 Rdn 7.
[5] Lupprian, ZVG, § 144 Anm 2.
[6] Steiner/Teufel § 144 Rdn 14.
[7] Steiner/Teufel § 144 Rdn 8 und 15.
[8] Drischler JVBl 1965, 225 (g 2).
[9] Fritz SchlHA 1972, 130.

§ 144 2.9   Verteilung des Erlöses

Erinnerung einlegt, auch wenn das völlig grundlos geschieht[10], muß gerichtliche Verteilung erfolgen (auch wenn verfrüht um Grundbuchberichtigung schon ersucht und das Grundstück an einen Dritten weiter veräußert ist[11]). Zweckmäßig wird vorher das Gericht demjenigen, der außergerichtlich befriedigt hat, Gelegenheit zur Stellungnahme geben (er kann etwa den Erinnerungsführer veranlassen, eine unbegründete Erinnerung zurückzunehmen). Auch eine unbegründete Erinnerung darf vom Gericht nicht zurückgewiesen werden[12], wohl aber eine verspätete[12]. Verfahrensfortgang bei rechtzeitiger Einigung erfolgt mit Terminsbestimmung (§ 105); Beschluß über Zulassung der Erinnerung ergeht nicht.

b) Kommt es infolge einer Erinnerung zu einer gerichtlichen Verteilung, so kann ohne Rücksicht auf eine schon erfolgte Befriedigung **Widerspruch** gegen eine Zuteilung erhoben werden[12]; Gegner der Widerspruchsklage ist dann der Ersteher[13] und zwar auch dann, wenn der Schuldner einem vollstreckbaren Anspruch (§ 115 Abs 3) widerspricht[14].

c) Die Erinnerungen können hier nur **binnen zwei Wochen** ab Zustellung der gerichtlichen Benachrichtigung erhoben werden: Abs 1 Satz 2, Abs 2. Die Frist kann nicht verlängert werden; gegen ihre Versäumung gibt es keine Wiedereinsetzung in den vorigen Stand, denn die Frist ist keine Notfrist, sondern eine Ausschlußfrist. Eine Fristverkürzung, die bei Einverständnis aller für zulässig gehalten wird, sollte besser unterbleiben.

d) Jede **Erinnerung,** auch die unbegründete, **führt zum** normalen Verteilungsverfahren mit **Verteilungstermin**[15] (auch Rdn 2.9 zu a).

e) Wenn das Gericht trotz Erinnerung kein Verteilungsverfahren durchführt, ist **Vollstreckungserinnerung** nach ZPO § 766 (anschließend sofortige Beschwerde) zulässig.

2.10 Auch hier ist die **Bietersicherheit** im Einverständnis mit dem die Sicherheit Leistenden zu verwerten. Wenn die Urkunden ergeben, daß die durch das Gebot gedeckten Berechtigten ohne Inanspruchnahme der Bietersicherheit befriedigt worden sind, ist die Bietersicherheit dem, der sie geleistet hat, zurückzugeben. Auch hier wird, wie bei § 143, keine Sicherungshypothek aus § 128 eingetragen.

2.11 Anzuwendende Vorschriften wie bei § 143 Rdn 2. Ein Bereicherungsanspruch wird durch den Verfahrensabschluß nach § 144 nicht ausgeschlossen[16].

2.12 Zu einschlägigen Fragen im ZVG-Handbuch Rdn 569; Muster für eine Gläubigererklärung dort Rdn 568.

2.13 Kosten: Einl Rdn 80.2.

[Anzuwendende Vorschriften im Falle der §§ 143, 144]

145 **Die Vorschriften des § 105 Abs 2 Satz 2 und der §§ 127, 130 bis 133 finden in den Fällen der §§ 143, 144 entsprechende Anwendung.**

---

[10] OLG Hamm OLGZ 1970, 491 = Rpfleger 1970, 215; LG Lübeck Rpfleger 1986, 235; RG 101, 117 (121).
[11] LG Lübeck Rpfleger 1986, 235.
[12] OLG Hamm OLGZ 1970, 491 = aaO.
[13] BGH 77, 107 = MDR 1980, 836 = NJW 1980, 2586 = Rpfleger 1980, 339; RG 101, 117 (121).
[14] BGH 77, 107 = aaO (Fußn 13).
[15] LG Lübeck Rpfleger 1986, 235.
[16] OLG Köln OLGZ 1983, 315 = Rpfleger 1983, 121.

§ 145a

Allgemeines zu § 145

Zweck und **Anwendungsbereich**: Bestimmung der bei §§ 143, 144 anzuwendenden Vorschriften. § 145 gilt für alle Versteigerungsverfahren des ZVG. Über die Anwendung in der Zwangsverwaltung § 146 Rdn 4 und § 160 Rdn 1.

Anzuwendende Vorschriften bei Einigung und Befriedigung

Bei der außergerichtlichen Einigung über die Erlösverteilung nach § 143 und bei der außergerichtlichen Befriedigung der Berechtigten nach § 144 sind **bestimmte Vorschriften** des normalen gerichtlichen Verteilungsverfahrens **anzuwenden:**
§ 105 Abs 2 Satz 2: Am Verfahren beteiligt sind auch diejenigen, die ihr angemeldetes Recht erst noch glaubhaft zu machen haben.
§ 127: Vorgelegte Hypotheken-, Grundschuld-, Rentenschuldbriefe über erloschene Rechte sind unbrauchbar zu machen, bei zum Teil erloschenen ist ein Vermerk auf den Brief zu setzen; vorgelegte Vollstreckungstitel sind abzuquittieren, wobei der Wortlaut bei §-144-Verfahren im Kontrollteilungsplan festzulegen ist.
§ 130: Grundbuchersuchen ergeht normal. Forderungsübertrag (§ 118) ist jedoch nicht erfolgt; um Eintragung von Sicherungshypotheken für die Forderung gegen den Ersteher wird daher nicht ersucht.
§ 130 a: Um Eintragung einer Vormerkung für Löschungsanspruch ist auf Antrag zu ersuchen (anders[17]: § 130 a hier nicht anwendbar).
§ 131: Zur Löschung eines erloschenen Rechts muß dem Grundbuchersuchen der Brief nicht beigefügt werden.
§ 132: Vollstreckung der Forderung gegen den Ersteher, der bei außergerichtlicher Erlösverteilung (Fall des § 143) seine Meistgebotsverpflichtung nicht erfüllt hat, erfolgt aus dem Zuschlagsbeschluß. Zwangsvollstreckung aus einer Sicherungshypothek (§ 128) kommt jedoch nicht in Betracht. Wenn der Ersteher im Falle des § 144 von einem Berechtigten als alleiniger Schuldner angenommen ist, kann nach der Vereinbarung die Forderung fällig und vollstreckbar sein. Dem Berechtigten kann dann eine vollstreckbare Ausfertigung in entsprechender Anwendung von § 132 Abs 2 erteilt werden. Rechtsbehelf des Erstehers, der die Vollstreckbarkeit bestreitet: ZPO § 767. Wenn die eingereichten Urkunden ergeben, daß die Forderung nicht vollstreckbar sein soll, darf die Vollstreckungsklausel nicht erteilt werden[18].
§ 133: Wiedervollstreckung ist unter Erleichterungen möglich.

IX. Grundpfandrechte in ausländischer Währung

[Ausländische Währung bei Zwangsversteigerung]

145a Für die Zwangsversteigerung eines Grundstücks, das mit einer Hypothek, Grundschuld oder Rentenschuld in einer nach § 28 Satz 2 der Grundbuchordnung zugelassenen Währung belastet ist, gelten folgende Sonderbestimmungen:
1. Die Terminbestimmung muß die Angabe, daß das Grundstück mit einer Hypothek, Grundschuld oder Rentenschuld in einer nach § 28 Satz 2 der Grundbuchordnung zugelassenen Währung belastet ist, und die Bezeichnung dieser Währung enthalten.
2. In dem Zwangsversteigerungstermin wird vor der Aufforderung zur Abgabe von Geboten festgestellt und bekannt gemacht, welchen Wert die in der nach § 28 Satz 2 der Grundbuchordnung zugelassenen

---

[17] Dassler/Gerhardt/Schiffhauer § 130 a Rdn 15 und § 145 Rdn 1.
[18] Jaeckel/Güthe §§ 143–145 Rdn 22.

§ 145a 1.1 Grundpfandrechte in ausländischer Währung

Fremdwährung eingetragene Hypothek, Grundschuld oder Rentenschuld nach dem amtlich ermittelten letzten Kurs in Euro hat. Dieser Kurswert bleibt für das weitere Verfahren maßgebend.

3. **Die Höhe des Bargebots wird in Euro festgestellt. Die Gebote sind in Euro abzugeben.**

4. **Der Teilungsplan wird in Euro aufgestellt.**

5. **Wird ein Gläubiger einer in nach § 28 Satz 2 der Grundbuchordnung zulässigen Fremdwährung eingetragenen Hypothek, Grundschuld oder Rentenschuld nicht vollständig befriedigt, so ist der verbleibende Teil seiner Forderung in der Fremdwährung festzustellen. Die Feststellung ist für die Haftung mitbelasteter Gegenstände, für die Verbindlichkeit des persönlichen Schuldners und für die Geltendmachung des Ausfalls im Insolvenzverfahren maßgebend.**

1 Allgemeines zu § 145a

1.1 Zweck und **Anwendungsbereich**: Vollstreckungsrechtliche Ergänzung der mit GBO § 28 Satz 2 ermöglichten Grundbucheintragung ausländischer Währungen. Die Vorschrift gilt für alle ZVG-Verfahren zur Zwangsversteigerung von Grundstücken, Grundstücksbruchteilen, Wohnungseigentum, Gebäudeeigentum und grundstücksgleichen Rechten (Erbbaurecht), nicht für Schiffe und Schiffsbauwerke (hier § 168c, § 170a Abs 2) und nicht für Luftfahrzeuge (hier § 171e). Sie findet in der Zwangsverwaltung keine Anwendung (Regelung hier § 158a).

1.2 Grundbucheintragung in ausländischer Währung zugelassen hat die Verordnung über Grundpfandrechte in ausländischer Währung und in Euro vom 30. Okt 1997 BGBl I 2683). Eingetragen werden können demnach Geldbeträge von Hypotheken, Grundschulden und Rentenschulden in der Währung
– Euro (ab 1. Jan 1999),
– eines der Mitgliedstaaten der Europ Union (nicht mehr vom 1. Jan 2002 an, wenn in dem Mitgliedstaat der Euro an die Stelle der nationalen Währungseinheiten getreten ist),
– der Schweizerischen Eidgenossenschaft,
– der Vereinigten Staaten von Amerika.
Für Reallasten gilt Entsprechendes.

2 Besonderheiten bei ausländischer Währung

2.1 Schon **in der Terminsbestimmung** muß, ergänzend zu den zwingenden Angaben aus § 37, **angegeben** sein, daß das Grundstück mit einer Hypothek, Grundschuld oder Rentenschuld in ausländischer Währung belastet ist: Nr 1. Die Interessenten sollen sich hierdurch rechtzeitig vorbereiten können.

2.2 Im Versteigerungstermin muß dann vor der Aufforderung zur Abgabe von Geboten der letzte amtliche **Kurswert festgestellt** werden: Nr 2 Satz 1. Diese Umrechnung in Euro bleibt für das ganze Verfahren maßgebend, auch wenn sich der Kurswert tatsächlich ändert: Nr 2 Satz 2. Den amtlichen Kurswert einer ausländischen Währung in Euro entnimmt das Gericht dem letzten Kurszettel der zuständigen Devisenbörse. Für ein Grundpfandrecht in der (früheren) Währung eines Mitgliedstaates der Europ Union, in dem der Euro an die Stelle der nationalen Währungseinheit getreten ist, bestimmt der (ab 1. Jan 1999 unwiderruflich) festgelegte Umrechnungskurs zwischen der Währung des Mitgliedstaates und dem Euro den nach Nr 2 festzustellenden und bekannt zu machenden Wert.

2.3 Der bar zu zahlende Teil des **geringsten Gebots** wird normal in Euro festgestellt: Nr 3 Satz 1. Es kann daneben zur Unterrichtung der Beteiligten und Interessenten auch der ausländische Wert angegeben werden, doch darf hierdurch keine Verwirrung erfolgen.

Anzuwendende Vorschriften; Mitteilung an die Beteiligten 2.1 § 146

2.4 Gebote dürfen nur in Euro erfolgen: Nr 3 Satz 2. Gebote, die trotzdem in ausländischer Währung erfolgen, sind nicht als unwirksam nach § 71 Abs 1 zurückzuweisen, sondern vom Gericht (das hierzu nach ZPO § 139 verpflichtet ist) sofort richtigzustellen, also in Euro umzurechnen. Es ist zweckmäßig, die umgerechnete Zahl vom Bieter ausdrücklich bestätigen zu lassen, um späteren Streit hierüber auszuschließen.

2.5 Der **Teilungsplan** wird in Euro aufgestellt: Nr 4: Dabei können die Beträge der ausländischen Währung zusätzlich angegeben werden. Es muß aber völlige Klarheit über die Euro-Beträge bestehen.

2.6 Erst der **nicht** aus der Teilungsmasse **zum Zuge gekommene Teil** der Forderung ist in ausländische Währung zurückzurechnen: Nr 5 Satz 1. Es wird dabei derselbe amtliche Kurs, wie Rdn 2.2, verwendet. Die Feststellung der Restschuld bindet für bestimmte Vorgänge Vollstreckungs-, Insolvenz- und Prozeßgericht: Nr 5 Satz 2.

Frühere DDR-Währung 3

Altrechte, die auf Mark der (ehem) DDR lauten, wurden im Verhältnis 1 : 2 auf Deutsche Mark umgestellt (Einl Rdn 51.3) und dann zum Umrechnungskurs in Euro festgestellt. Um Rechte in ausländischer Währung, für die § 145a Näheres regelt, handelt es sich somit nicht.

Dritter Titel. Zwangsverwaltung

[Anzuwendende Vorschriften; Mitteilung an die Beteiligten]

146 (1) **Auf die Anordnung der Zwangsverwaltung finden die Vorschriften über die Anordnung der Zwangsversteigerung entsprechende Anwendung, soweit sich nicht aus den §§ 147 bis 151 ein anderes ergibt.**

(2) **Von der Anordnung sind nach dem Eingange der im § 19 Abs 2 bezeichneten Mitteilungen des Grundbuchamts die Beteiligten zu benachrichtigen.**

Übersicht

Allgemeine Übersicht zu §§ 146–161 .. 1	Einstellung in der Zwangsverwaltung .. 6
Allgemeines zu § 146 und zur Zwangsverwaltung 2	Landschaftliche Kreditanstalten 7
	Mitteilung über Anordnung (Absatz 2) 8
Anordnung und Gegenstand der Zwangsverwaltung 3	Muster für Anordnung und Beitritt 9
	Schuldnerbesitz; Besitz eines Dritten ... 10
Anzuwendende Vorschriften (Absatz 1) 4	Zwangsverwaltung bei Nießbrauch und Altenteil 11
Beschlagnahme in der Zwangsverwaltung 5	

Allgemeine Übersicht zu §§ 146–161 1

Die Zwangsverwaltung behandelt das ZVG nach den allgemeinen Vorschriften, die für alle Verfahren gemeinsam gelten (§§ 1–14) und nach der Zwangsversteigerung (§§ 15–145) im dritten Titel (§§ 146–161), und zwar: in §§ 146–151 die Einleitung der Zwangsverwaltung, in §§ 152–154 die Tätigkeit des Zwangsverwalters, in §§ 155–160 die Verwendung der Zwangsverwaltungsmasse und in § 161 die Aufhebung.

Allgemeines zu § 146 und zur Zwangsverwaltung 2

2.1 Zweck der Vorschrift: § 146 regelt das Zwangsverwaltungsverfahren zum Teil durch Verweisung auf Vorschriften des zweiten Titels über die Anordnung

§ 146 2.1 Zwangsverwaltung

des Verfahrens, die sich zur unveränderten Anwendung eignen (Denkschrift S 61), und sieht ergänzend eine Benachrichtigung der Beteiligten vor.

2.2 Die Zwangsverwaltung ist neben der Zwangsversteigerung und der Zwangshypothek die **dritte selbständige** und den anderen gleichberechtigte **Art der Immobiliarvollstreckung.** Sie kann allein für sich oder neben der anderen Arten der Vollstreckung gewählt werden (ZPO § 866). Den Gläubiger soll sie **aus den Erträgnissen** des Grundstücks (anderen Objekts) befriedigen; darum wird sie als Vollstreckung „minderen" (besser ist „milderen") Grades angesehen. Andererseits soll sie den Gläubiger vor Wertminderung des Objekts und sonstigen Beeinträchtigungen schützen. Sie ist angebracht, wenn das Grundstück durch Unfähigkeit oder schlechten Willen des Schuldners schlecht bewirtschaftet wurde. Ihr **Zweck** ist es, durch einen Zwangsverwalter an Stelle des unfähigen oder unwilligen Schuldners aus laufenden Einnahmen laufende Lasten und sodann die Vollstreckungsforderung des Gläubigers zu decken. Durch die Zwangsverwaltung soll das Grundstück nach Möglichkeit in einen guten Zustand gebracht oder darin erhalten werden. Sie soll nachlässige Bewirtschaftung und unnötiges Anwachsen der im Rang vorgehenden Steuern, Abgaben, Zinsen vermeiden, die Wirtschaftlichkeit verbessern und damit auch mittelbar den Erlös einer Zwangsversteigerung günstig beeinflussen. Zwangsverwaltung zwecks Aufhebung einer Gemeinschaft gibt es nicht.

2.3 Eine Zwangsverwaltung muß **nicht nach starren Regeln,** nicht nach bürokratischen Grundsätzen durchgeführt werden; sie ist vielmehr nach vernünftigen wirtschaftlichen Gesichtspunkten zu gestalten. Gericht und Zwangsverwalter müssen gesetzmäßig verfahren, zugleich aber mit Blick auf das Verfahrensziel wirtschaftlich sinnvoll handeln; sie dürfen sich nicht an Vorschriften klammern, nicht für jeden Vorgang eine gesetzliche Regel oder eine Anweisung suchen. Der Zwangsverwalter und das ihn überwachende Gericht müssen wie ein verantwortungsbewußter Eigentümer handeln. Es wäre verfehlt, den Zwangsverwalter zu sehr einzuschränken.

2.4 Von der **Zwangsverwaltung zu unterscheiden sind:** die gerichtliche Verwaltung auf Rechnung des Erstehers nach § 94, die Sicherung der ordnungsgemäßen Bewirtschaftung nach § 25 und die Bewachung und Verwahrung von Schiffen nach § 165 sowie von Luftfahrzeugen nach § 171 c Abs 3.

3 Anordnung und Gegenstand der Zwangsverwaltung

3.1 Die Zwangsverwaltung beginnt normal mit einem **Anordnungsbeschluß** des Vollstreckungsgerichts. Die Vorschriften über die Anordnung der Zwangsversteigerung sind dabei entsprechend anzuwenden (Abs 1; dazu Rdn 5.1).

3.2 a) Die Zwangsverwaltung kann auch **durch Überleitung** aus einer ergebnislosen Zwangsversteigerung entstehen (§ 77 Abs 2).

b) Die Zwangsverwaltung kann weiter eine **Einstweilige Verfügung** eines Prozeßgerichts angeordnet werden (zB im Falle von BGB § 1134 Abs 2). Dabei ist zu unterscheiden zwischen der echten Zwangsverwaltung und der Sequestration nach ZPO § 938 Abs 2. Die Sequestration hat nur Sicherungszweck; weil das Gericht hier die Art der Verwahrung und Verwaltung nach freiem Ermessen bestimmt, kann es dieses Verfahren weitgehend der Zwangsverwaltung annähern, auch anordnen, daß die Vorschriften über die Zwangsverwaltung insoweit sinngemäß anzuwenden seien, als es der Sicherungszweck fordert. Der Sequester hat in diesem Fall keinen Vergütungsanspruch gegen den Fiskus, kann die Vergütung nicht nach § 153 festsetzen lassen, hat aber einen Anspruch gegen den Gläubiger nach BGB § 675. Das Gericht kann auch die echte Zwangsverwaltung anordnen; für sie gelten §§ 146–161 unmittelbar, nicht aber § 158, weil der Gläubiger nur gesichert, nicht befriedigt werden soll; zu zahlen sind hier nur laufende Beträge einschließlich der Ausgaben der Verwaltung und der Kosten nach § 155. Es ge-

Anzuwendende Vorschriften; Mitteilung an die Beteiligten   3.6   § 146

nügt, wenn die Einstweilige Verfügung schlechthin Zwangsverwaltung anordnet (dazu Rdn 5.1).

3.3 a) **Grundstücke** unterliegen uneingeschränkt der Zwangsverwaltung (ZPO § 864 Abs 1 mit § 866 Abs 1).

b) **Grundstücksbruchteile** (auch das Wohnungseigentum) unterliegen der Zwangsverwaltung (ZPO § 864 Abs 2 mit § 866 Abs 1). Ist im Grundbuch eingetragen, daß der Ausschluß der Auseinandersetzung vereinbart ist (BGB § 1010), so hindert das die Zwangsverwaltung nicht. An die nach dieser Vorschrift von den Eigentümern getroffenen Verwaltungs- und Benutzungsregelungen ist der Zwangsverwalter gebunden. Unzulässig ist darum eine Bruchteilszwangsverwaltung, wenn derjenige, dessen Anteil zwangsverwaltet werden soll, keinen Anteil am Fruchtgenuß hat[1]. Die Bruchteilszwangsverwaltung ist im übrigen immer darauf beschränkt, die Rechte des Schuldners als Bruchteilseigentümer zusammen mit den anderen Miteigentümern auszuüben. Sie bereitet darum meist erhebliche Schwierigkeiten (dazu § 152 Rdn 10).

c) **Grundstücksgleiche Rechte** unterliegen der Zwangsverwaltung (ZPO § 864 Abs 1 mit § 866 Abs 1), also auch das Erbbaurecht. Ein Belastungs- oder Veräußerungsverbot nach ErbbauVO § 5 ist kein Verfahrenshindernis (§ 15 Rdn 13.7). Bruchteile grundstücksgleicher Rechte (ZPO § 864 Abs 2) unterliegen wie Grundstücksbruchteile der Zwangsverwaltung.

d) **Gebäudeeigentum** (Einl Rdn 14.1) unterliegt der Immobiliarvollstreckung und damit der Zwangsverwaltung.

e) **Luftfahrzeuge:** Zwangsverwaltung ist bei ihnen nicht zulässig. Dafür gibt es hier die besondere Bewachung und Verwahrung (§ 171 c Abs 2).

f) **Schiffe, Schiffsbauwerke:** Zwangsverwaltung gibt es bei ihnen nicht (ZPO § 870a Abs 1), dafür die besondere Bewachung und Verwahrung (§ 165 Abs. 1).

3.4 Zuständig für die Zwangsverwaltung ist **das Vollstreckungsgericht** (§ 1). Landesrechtliche Sondervorschriften sind aufgehoben. Besonderheit in Rdn 7.

3.5 Zwangsverwaltung und Zwangsversteigerung sind als **selbständige Vollstreckungsverfahren** bei gleichzeitigem Antrag nicht in einem Beschluß anzuordnen. Die Verbindung der Verfahren zur Zwangsversteigerung und Zwangsverwaltung eines (des gleichen) Objekts ist nicht zulässig. Es sind getrennte Akten zu führen, getrennte Termine durchzuführen. Beide Verfahren haben ein unterschiedliches Schicksal, häufig auch unterschiedliche Beteiligte.

3.6 a) Treffen Zwangsverwaltung und Zwangsversteigerung zusammen, so sind **beide Verfahren** grundsätzlich **voneinander unabhängig.** Allerdings gibt es zwangsläufig **einige Berührungspunkte:** der die Zwangsverwaltung betreibende Gläubiger hat wegen seiner Kostenvorschüsse in der Zwangsversteigerung ein Befriedigungsvorrecht nach § 10 Rangklasse 1; die Zwangsverwaltungsbeschlagnahme entscheidet auch den Zinslauf in der Zwangsversteigerung gemäß § 13 Abs 4; bei Überleitung der Zwangsversteigerung in die Zwangsverwaltung nach § 77 Abs 2 Satz 2 bleiben die Wirkungen der Versteigerungsbeschlagnahme für die Zwangsverwaltung bestehen (§ 77 Abs 2 Satz 3); die Zwangsverwaltung muß mit dem Zuschlag der Zwangsversteigerung enden (§ 161 Rdn 3.11).

b) Die **Zwangsversteigerung** kann nur gegen den **Grundstückseigentümer** betrieben werden, die **Zwangsverwaltung** auch gegen den **Eigenbesitzer** (§ 147). Die Zwangsversteigerung beläßt dem Schuldner **Verwaltung und Benutzung** des Grundstücks, die Zwangsverwaltung entzieht ihm diese (§ 148 Abs 2). Die Zwangsversteigerung kennt neun **Rangklassen,** die Zwangsverwaltung nur fünf (§ 155 Abs 2). In der Zwangsversteigerung werden **Kapital und Zinsen** bezahlt,

---

[1] Jaeckel/Güthe § 146 Rdn 2.

§ 146 3.6   Zwangsverwaltung

in der Zwangsverwaltung erhalten die nicht vollstreckenden Berechtigten grundsätzlich nur Zinsen (§§ 155, 158). In der Zwangsversteigerung werden **laufende und rückständige wiederkehrende Leistungen** bezahlt, in der Zwangsverwaltung nur laufende (§ 155 Abs 2).

c) Der **Erlös** aus beiden Verfahren darf **niemals gemeinsam** verteilt werden. Der in beiden Verfahren Beteiligte darf nicht doppelt befriedigt werden, Zahlung im einen Verfahren ist im anderen zu berücksichtigen. Der Überschuß aus der Zwangsverwaltung gehört nur in bestimmten Fällen dem Vollstreckungsschuldner (§ 161 Rdn 5, 6), in der Zwangsversteigerung immer.

4 Anzuwendende Vorschriften (Absatz 1)

4.1 Die **allgemeinen** Vorschriften **des ersten Titels des ZVG** (§§ 1–14) gelten für die Zwangsverwaltung ebenso wie für die Zwangsversteigerung, also: zuständiges Gericht (§§ 1–2), Zustellungen (§§ 3–8), Beteiligte (§ 9), Rangfolge (§§ 10–12 mit Ausnahmen in § 155 Abs 2), Berechnung wiederkehrender Leistungen (§ 13) und unbestimmte Ansprüche (§ 14).

4.2 Die Vorschriften **des ZVG** über die Anordnung der Versteigerung (§§ 15–27) sind entsprechend anzuwenden, soweit sich nicht aus den §§ 147–151 etwas anderes ergibt: Abs 1. Unterschiedlich geregelt sind Zwangsversteigerung und Zwangsverwaltung im übrigen nur insoweit, als es der verschiedenartige Zweck erfordert[2], nämlich Zwangsversteigerung = Umsetzung des Objekts in Geld, Zwangsverwaltung = Erhebung der Einkünfte zur Befriedigung der Gläubiger. Auch der natürliche Unterschied zwischen Zwangsversteigerung und Zwangsverwaltung bedingt Unterschiede. Dazu im einzelnen unter den verschiedenen Stichworten des § 146 und bei §§ 147–151, 156–158, 160–161. Gegenüber **Anordnung** und **Beitritt** bei der Zwangsversteigerung (§§ 15, 27) sind einige Besonderheiten zu beachten. Eine Belehrung über die Einstellungsmöglichkeit erfolgt hier nicht (Rdn 6). Vielfach sind Umstände, die eine Zwangsversteigerung behindern, kein Hindernis für die Zwangsverwaltung (bei den einzelnen Stichworten).

4.3 a) Als (gemeinsame) allgemeine Vorschriften finden §§ 1–14 Anwendung; entsprechend, mit oder ohne Besonderheiten oder Abweichungen sind **anzuwenden:** §§ 1–23, 25–27, dann nach § 161 Abs 4 die §§ 28, 29, 32 und 34, nach § 156 Abs 2 Satz 4 die § 105 Abs 2 Satz 2, § 113 Abs 1, §§ 114, 115, 124 und 126 sowie nach § 157 Abs 2 die §§ 135–141.

b) **§ 46** über die Umwandlung von Naturalleistungen in Geld ist nicht anzuwenden, weil das ZVG für die Zwangsverwaltung eine Umrechnung nicht vorgesehen hat (anders[3]). Altenteilsansprüche in Naturalien, Litlohn und andere Naturalverpflichtungen sind vom Zwangsverwalter also in Natur zu leisten, soweit die ihm zur Verfügung stehenden Mittel nicht für vorrangige Ansprüche benötigt werden (er ist an die Rangfolge gebunden) und soweit er dazu in der Lage ist (weil er solche Naturalleistungen überhaupt verfügbar hat).

4.4 Besonderheiten für die Zwangsverwaltung

a) **Aufgaben** des Gerichts: Die (vormalige) allgemeine Verfügung hierüber (Textanhang T 7), soweit sie nicht landesrechtlich schon aufgehoben ist, ist nicht mehr von Bedeutung. Sie war für das Gericht schon früher nicht bindend, nur als Empfehlung zu behandeln (Einl Rdn 23). Die darin behandelten Grundsätze ergeben sich aus einer vernünftigen Anwendung des Gesetzes aber von selbst, soweit sie nicht durch Rechtsänderungen überholt sind.

b) **Beteiligte:** Auch in der Zwangsverwaltung gilt § 9. Beteiligte sind auch hier also diejenigen, die zB mit einem dinglichen Recht vor der Eintragung des

---

[2] Motive zum ZVG S 322.
[3] Haegele DNotZ 1976, 5 (III 2).

Zwangsverwaltungsvermerkes eingetragen sind oder ein später eingetragenes (vorausgesetzt, daß dieses überhaupt berücksichtigt werden darf) oder ein Miet- oder Pachtrecht[4] anmelden.

c) **Bundesversorgungsgesetz:** Bietet kein Hindernis, § 15 Rdn 7.

d) **Dauerwohnrecht** (WEG § 31): Die Zwangsverwaltung für ein diesem Recht vorgehendes Grundpfandrecht erstreckt sich auch auf das Entgelt für das Dauerwohnrecht (WEG § 40 Abs 1 Satz 1). Dagegen erstreckt sie sich für andere Gläubiger nicht darauf; dies macht Schwierigkeiten, weil der Zwangsverwalter einheitlich das ganze Objekt verwaltet, gleich welche Gläubiger betreiben; er muß dann das genannte Entgelt in die Verwaltung einbeziehen, sobald dingliche Gläubiger der genannten Art das Verfahren betreiben. Verfügungen über das Entgelt sind wirksam wie bei Miete: WEG § 40 Abs 1 Satz 1, BGB §§ 1123, 1124; dazu die Ausführungen über die Miete, § 57b Rdn 2–4; dabei geht WEG § 40 Abs 2 auf Grund besonderer Vereinbarung noch weiter (siehe im Gesetz § 40 Abs 2).

e) **Eigentümergrundpfandrechte:** Das Vollstreckungsverbot für den Eigentümer (BGB § 1197 Abs 1) besteht auch hier. Zinsen: BGB § 1197 Abs 2 (§ 155 Rdn 6.7).

f) **Eigentumswechsel**, der gegen das mit Beschlagnahme bewirkte Veräußerungsverbot verstößt, dem vollstreckenden Gläubiger gegenüber somit unwirksam ist (§ 23 mit Anmerkungen), hat auf den Fortgang des Verfahrens keinen Einfluß[5]. Der neue Grundstückseigentümer wird mit Anmeldung Beteiligter (§ 9 Nr 2; bei Eintragung noch vor dem Vollstreckungsvermerk § 9 Nr 1); die Stellung des (bisherigen) Schuldners erlangt er nicht (§ 9 Rdn 3.5) (anders[5]). Für den Verfahrensfortgang zugunsten des Gläubigers eines eingetragenen Rechts gilt auch § 26; Berücksichtigung grundbuchersichtlich entgegenstehenden Eigentums erfolgt nach § 28 Abs 1.

g) **Erbbaurecht:** Der Grundstückseigentümer gilt bei Zwangsverwaltung des Erbbaurechts als Beteiligter (ErbbauVO § 24).

h) **Gläubigerwechsel:** Ein betreibender Gläubiger muß den Vollstreckungstitel umschreiben (ZPO § 727) und neu zustellen lassen (ZPO § 750 Abs 2; § 15 Rdn 29.7); andere Gläubiger müssen ihre Grundbucheintragung ändern lassen oder bei Briefrechten ihren Brief mit der Abtretung vorlegen; alle aber müssen sich beim Vollstreckungsgericht als neue Gläubiger anmelden. Aufzuheben ist das Verfahren, wenn der (durch Titel und Klausel) noch legitimierte Gläubiger den Verwaltungsantrag zurücknimmt (§ 15 Rdn 29.5). Im übrigen zur Berücksichtigung des Gläubigerwechsels im Verfahren § 15 Rdn 29; für Planausführung § 157 Rdn 3.

i) **Insolvenzverfahren:** Eine bei Eröffnung des Insolvenzverfahrens mit Anordnung der Zwangsverwaltung schon erfolgte Beschlagnahme bleibt wirksam (InsO § 80 Abs 2 Satz 2); jedoch Rückschlagsperre wie § 15 Rdn 23.5. Für den Verfahrensfortgang tritt der Insolvenzverwalter an die Stelle des Schuldners; er nimmt dessen Rechte in eigenem Namen wahr (§ 15 Rdn 23). Nach Eröffnung des Insolvenzverfahrens kann ein gewöhnlicher Gläubiger das Zwangsverwaltungsverfahren nicht anordnen lassen und ihm nicht beitreten, wohl aber ein dinglicher Gläubiger (§ 15 Rdn 23). Dessen Verfahren richtet sich gegen den Insolvenzverwalter (Titel gegen ihn § 15 Rdn 23.9); mit Zustellung an ihn als Schuldner des Verfahrens wird die Beschlagnahme (nach § 22 Abs 1 Satz 1) bewirkt; ihm wird die Verwaltung und Benutzung des Grundstücks (auf Grund seines Verwaltungsrechts nach InsO § 80 Abs 1) entzogen (§ 148 Abs 2) und gegen ihn hat die Beschlagnahme die Wirkung eines Veräußerungsverbots (§§ 20, 23), das sein Verfügungsrecht schmälert (dazu[6]). Übergabe oder Besitzverschaffung an Zwangs-

---

[4] OLG Düsseldorf Rpfleger 1999, 287.
[5] OLG Hamburg NJW-RR 1986, 1186.
[6] OLG Köln NJW-RR 1987, 751,

§ 146 4.4   Zwangsverwaltung

verwalter erfolgt nach § 150 Abs 2 auch bei Besitz des Insolvenzverwalters (InsO § 148 Abs 1). Fortführung eines Gewerbebetriebs des Schuldners durch den Zwangsverwalter scheidet (jedenfalls bei Insolvenzverfahren[7]) aus (§ 152 Rdn 9). Der Insolvenzverwalter kann in dem besonderen Verfahren nach § 172 auch die Zwangsverwaltung betreiben. Verfahrenseinstellung auf Antrag des Insolvenzverwalters: § 153 b. Ob ein Zwangsverwaltungsverfahren auch auf Antrag des vorläufigen Insolvenzverwalters (InsO § 21 Abs 2 Nr 1) eingestellt werden kann, ist nicht geklärt (näher[8]). Einstellung im Eröffnungsverfahren durch das Insolvenzgericht schließt InsO § 21 Abs 2 Nr 3 aus. Keine einhellige Meinung besteht darüber, ob über § 146 die Bestimmung von § 30 d Abs 4 entsprechend angewendet werden kann (dafür[8]). Näherliegend ist, wenn Schutz bereits im Eröffnungsverfahren tatsächlich einmal geboten ist, Einstellung oder doch nur Anordnung, daß bestimmte Einzelmaßnahmen durch den Zwangsverwalter vorläufig zu unterbleiben haben, nach ZPO § 765 a (Einl Rdn 52.3).

k) **Kosten:** Zwangsverwaltung und Zwangsversteigerung sind auch hinsichtlich der Kosten voneinander unabhängig. Laufen beide Verfahren nebeneinander, so fallen Gebühren für Gericht und Rechtsanwälte jeweils gesondert an, auch wenn beide Verfahren (unzulässig) in einem Beschluß angeordnet sind. Kosten der Zwangsverwaltung für das Gericht Einl Rdn 76 und 86, für die Anwälte Einl Rdn 96. Prozeßkostenhilfe und Kostenbefreiung (Einl Rdn 41, 45) kommen auch in der Zwangsverwaltung vor.

l) **Landesrecht:** Ergänzende (frühere) landesrechtliche Vorschriften über Buchführung, Rechnungslegung usw sind bundeseinheitlich durch die Zwangsverwalterverordnung ersetzt.

m) **Mehrere Grundstücke:** Grundsätzlich ist die Zwangsverwaltung für jedes Grundstück getrennt durchzuführen. Über die Möglichkeit der Verfahrensverbindung unten Abs s.

n) **Nacherbschaft:** Daß Nacherbfolge angeordnet ist, hindert Anordnung und Durchführung der Zwangsverwaltung gegen den Vorerben nicht (§ 15 Rn 30.11). Zulässig ist sie als Zwangsvollstreckung in die dem Vorerben zustehenden Nutzungen des Grundstücks (BGB § 2111) mit Vollstreckungstitel gegen ihn als Schuldner (ZPO § 750 Abs 1), daher auch für Eigengläubiger des Vorerben. Mit Eintritt des Nacherbfalls fällt die Erbschaft dem Nacherben an; er wird Erbe des Erblassers, der Vorerbe hört auf, Erbe (und damit Grundstückseigentümer) zu sein (BGB § 2139). Auch der Nacherbe hat jedoch Befriedigung eines Nachlaßgläubigers oder des Gläubigers eines ihm gegenüber wirksamen Rechts am Grundstück (BGB § 2115 Satz 2), somit auch eines Rechts, das der Vorerbe mit Einwilligung des Nacherben bestellt hat, zu dulden. Auf den Fortgang der Zwangsverwaltung, die von einem Nachlaßgläubiger oder dem Gläubiger eines solchen Rechts betrieben wird, hat der Eintritt des Nacherbfalls daher keinen Einfluß. Der für den Verfahrensfortgang erforderliche Vollstreckungstitel gegen den Nacherben (ZPO § 750 Abs 1) kann mit Klausel nach ZPO § 728 mit § 727 erlangt werden. Entgegen steht das Grundstückseigentum des Nacherben mit Eintritt des Nacherbfalls jedoch der Fortsetzung der Zwangsverwaltung, die von einem Eigengläubiger des Vorerben oder dem Gläubiger eines vom Vorerben bestellten, dem Nacherben gegenüber aber nicht wirksamen Rechts am Grundstück betrieben wird. Der Hinderungsgrund ist, wenn das Eigentum des Nacherben dem Vollstreckungsgericht als grundbuchersichtlich bekannt wird, nach § 28 Abs 1 mit § 146 Abs 1 zu berücksichtigen, sonst mit Widerspruchsklage nach ZPO § 771 geltend zu machen (so auch ZVG-Handbuch Rdn 584).

---

[7] Eickmann ZIP 1986, 1517.
[8] Jungmann NZI 1999, 325 mit weit Nachw.

Anzuwendende Vorschriften; Mitteilung an die Beteiligten   4.4   § 146

o) **Rechtsbehelfe:** Gegen den Anordnungs- oder Beitrittsbeschluß ohne vorherige Anhörung des Vollstreckungsschuldners (ist die Regel) hat dieser die Vollstreckungserinnerung nach ZPO § 766 (§ 15 Rdn 5), anschließend die sofortige Beschwerde nach ZPO § 793. In der Zwangsverwaltung ist die Beschwerde nicht wie in der Zwangsversteigerung beschränkt, selbst wenn sie sich gegen die Fortsetzung der Zwangsverwaltung nach einem Zuschlag richtet[9].

p) **Rentenbankrecht:** Wegen der Ansprüche aus einer Reallast (früher Rentenbankgrundschuld) kann die Rentenbank ohne Vollstreckungstitel vollstrecken; Zwangsverwaltung darf von der Bank nicht eingeleitet werden, solange eine gerichtliche Zwangsverwaltung läuft; eine von ihr eingeleitete endet mit der gerichtlichen Anordnung auf Betreiben eines anderen Gläubigers. Dazu 9. Auflage § 146 Anm 43 und die dort im Anhang abgedruckten Texte.

q) **Sicherung der Bewirtschaftung:** Entsprechend anzuwenden[10] nach § 146 Abs 1 (Rdn 4.3) ist auch § 25 über die Sicherung der ordnungsmäßigen Bewirtschaftung des Vollstreckungsgrundstücks bei gefährdendem Verhalten des Vollstreckungsschuldners auf Antrag des betreibenden Gläubigers durch die zur Abwendung der Gefährdung erforderlichen Maßregeln. Anlaß, Art und Umfang, Voraussetzungen und Anfechtung § 25 Rdn 2–6.

r) **Veräußerungsverbot** nach ZPO § 772, BGB §§ 135, 136, 2115 usw verhindert nur die Zwangsversteigerung, nicht die Zwangsverwaltung (dazu § 15 Rdn 36).

s) **Verbindung** von Verfahren: Auch Zwangs**verwaltungs**verfahren über mehrere Grundstücke (oben Abs m) oder Grundstücksbruchteile können verbunden werden, wenn sie wegen derselben Forderung gegen denselben Schuldner oder wegen eines an jedem der Grundstücke bestehenden dinglichen Rechts oder wegen einer Forderung, für welche die Eigentümer gesamtschuldnerisch haften betrieben werden: § 18 (dazu § 18 Rdn 2). Bei Schwierigkeiten sollte man nie verbinden, so wenn die Objekte unterschiedlich genutzt sind, zB ein Fabrikgrundstück und ein unbebautes. Die Erträgnisse sind stets getrennt zu vereinnahmen und zu verwenden[11]; Abrechnungen sind immer getrennt durchzuführen. Es haftet jedes Objekt nur für seine Belastungen; diese dürfen nur aus seinen Erträgnissen befriedigt werden. Erlöse müssen daher stets getrennt gehalten werden. Zur Verbindung im ZVG-Handbuch Rdn 582.

t) **Versicherungen:** § 152 Rdn 16.

u) **Wohnungseigentum** kann der Zwangsverwaltung unterliegen (Rdn 3.3 zu b). Diese kann aber durch § 149 stark behindert sein (§ 149 Rdn 2). Sie hat, wenn dem Vollstreckungsschuldner die Räume zu Wohnzwecken zu überlassen sind, wenig Aussicht auf Erfolg. Dennoch ist die Zwangsverwaltung selbstgenutzten Wohnungseigentums nicht schon allein deshalb unzulässig, weil in absehbarer Zeit keine Einnahmen zu erzielen sein werden[12] (siehe auch § 161 Rdn 3.5). Die Zwangsverwaltung mehrerer Eigentumswohnungen muß getrennt erfolgen, Einnahmen und Ausgaben je getrennt für jede[13]; der Zwangsverwalter darf aus den Einnahmen nicht auch für nicht von ihm genutzte Wohnungen an den Hausverwalter zahlen[13]. Die Zwangsverwaltung erfaßt nicht den Anteil der zwangsverwalteten Wohnung am gemeinsamen Reinertrag des Objekts.

v) **Wohnungsrecht:** Ein Wohnungsrecht an dem zwangsverwalteten Objekt hindert die Zwangsverwaltung nicht, beschränkt aber den Verwalter auf die Rechte, die dem Vollstreckungsschuldner als Grundstückseigentümer gegen den Wohnbe-

---

[9] LG Berlin NJW 1958, 1544.
[10] OLG Koblenz MDR 1957, 172; Jaeckel/Güthe § 146 Rdn 7; Steiner/Hagemann § 14 Rdn 4.
[11] OLG Hamm Rpfleger 2004, 369 (370).
[12] LG Frankfurt NZM 1998, 635; Wolicki NZM 2000, 321.
[13] OLG Stuttgart JurBüro 1976, 1396 = OLGZ 1977, 126; OLG Hamm aaO.

§ 146 4.4 Zwangsverwaltung

rechtigten und gegen Dritte zustehen[14] (s Rdn 11.13). Geht der die Zwangsverwaltung betreibende Gläubiger dem Wohnungsrecht im Rang vor, so stehen Besitz und Verwaltung dem Zwangsverwalter zu, wenn ein Titel gegen den Wohnungsberechtigten auf Duldung der Zwangsverwaltung vorliegt (Rdn 11.13).

4.5 Nicht anzuwenden ist EGZVG § 9a über Erstreckung der Beschlagnahme des Grundstücks im Beitrittsgebiet (ab 1. Jan 2001) auch auf Gebäudeeigentum. Zwar spricht EGZVG § 9a Abs 1 Satz 1 nur allgemein von der Beschlagnahme des Grundstücks. Doch fordert die Vorschrift in Abs 3 Satz 1 nur Zustellung des Beschlusses, durch den die Zwangsversteigerung angeordnet wird, und in Abs 3 Satz 3 Eintragung eines Zwangsversteigerungsvermerks auch in das Gebäudegrundbuch. Auch die übrigen Bestimmungen regeln nur Besonderheiten bei Zwangsversteigerung. Die auslaufenden Sondervorschriften in EGBGB Art 233 § 4 Abs 4 und § 5 Abs 2 Satz 3 regeln ebenso nur Besonderheiten bei Zwangsversteigerung. Anschließende Bestimmungen dafür enthält nun EGZVG § 9a. Die Vorschrift erfüllt die Aufgabe, die Zwangsversteigerungsfähigkeit von bebauten Grundstücken im Beitrittsgebiet wieder herzustellen (EGZVG § 9 Rdn 1.1). Bieter sollen wissen, ob das Gebäude auf dem zu versteigernden Grundstück mit versteigert wird oder nicht (EGZVG § 9a Rdn 2.4). Dieser Zweck ermöglicht die nicht vorgesehene Ausdehung (entsprechende Anwendung) der Vorschrift auf die Zwangsverwaltung nicht. Ob sich die Beschlagnahme mit Anordnung der Zwangsverwaltung des Grundstücks auch auf das Gebäude auf dem Grundstück erstreckt, kann der Zwangsverwalter klären. Er kann das Recht des Gebäudeeigentümers berücksichtigen, wenn es aus dem Grundbuch ersichtlich ist. Erforderlichenfalls kann er, können aber auch Gläubiger oder Schuldner, Weisung des Vollstreckungsgerichts nach § 153 Abs 1 erwirken. Der Gebäudeeigentümer kann darüber hinaus mit Vollstreckungsgegenklage Freigabe seines Gebäudeeigentums erzielen und einstweilige Verfahrenseinstellung erwirken, wenn der Zwangsverwalter das Verfahren dennoch auf (dann wohl nicht grundbuchersichtliches) Gebäudeeigentum ausdehnt. Bei dieser völlig anderen Interessenlage war Anordnung entsprechender Anwendung von EGZVG § 9a auch auf die Zwangsverwaltung nicht geboten; sie ist daher ausgeschlossen. Das schließt natürlich nicht aus, daß das Vollstreckungsgericht bereits bei Anordnung der Zwangsverwaltung das Grundstück als Verfahrensgegenstand in der Weise bezeichnet, daß fremde Gebäudeeigentum auf dem Grundstück (ersichtlich aus der Grundbucheintragung) nicht dazu gehört (von der Beschlagnahme ausgeschlossen ist). Haben sich Grundstücks- und Gebäudeeigentum in einer Person vereinigt (§ 28 Rdn 11), wird – sofern nicht wegen eines dinglichen Anspruchs in den haftenden Einzelgegenstand vollstreckt wird – nur noch die Zwangsverwaltung des Grundstücks und Gebäudeeigentums zusammen (Verbindung nach § 18) angeordnet werden können.

5 Beschlagnahme in der Zwangsverwaltung

5.1 Anordnung: a) Die Vorschriften über die Anordnung der Zwangsversteigerung sind **entsprechend anzuwenden:** Abs 1 (dazu auch Rdn 4). Die Anordnung erfolgt nur auf Antrag (§ 15); auch hier ist ein Vollstreckungstitel mit Zustellungsnachweis nötig und sind die sonstigen Vollstreckungsvoraussetzungen zu erfüllen, wie Sicherheitsleistung, Urkundenvorlage usw (§ 16 Abs 2). Angeordnet werden kann die Zwangsverwaltung nur wegen schon fälliger Ansprüche des Gläubigers (§ 15 Rdn 15); auch Zinsansprüche, die ohne die zugrundeliegende Hauptforderung vollstreckt werden, müssen fällig sein[15]. Der Schuldner muß als Eigentümer eingetragen sein oder Erbe des Eingetragenen sein (§ 17 Abs 1), ausgenommen bei der Zwangsverwaltung gegen den Eigenbesitzer nach § 147. Auch hier ist ein Zeugnis des Grundbuchamts vorzulegen (§ 17 Abs 2). Besitz des Schuldners (auch

---

[14] Haegele DNotZ 1976, 5 (I 2).
[15] LG Berlin Rpfleger 1981, 364.

Anzuwendende Vorschriften; Mitteilung an die Beteiligten   6.1   § **146**

Eigenbesitz) wird für Anordnung der Zwangsverwaltung nicht geprüft[16]; zum Eigenbesitz eines Dritten Rdn 10.6. Gewisse Hindernisse können auch hier bestehen (§§ 15, 28).

b) **Muster** für den Antrag im ZVG-Handbuch Rdn 576, für den Beschluß Rdn 578. In den Anordnungsbeschluß ist (wegen ZwVwV § 9 Abs 3; dazu § 152 Rdn 16.1) auch die Aufforderung an den Schuldner und Gläubiger, einen für das Grundstück (und Gebäude) bestehenden Versicherungsschutz innerhalb von 14 Tagen nachzuweisen, mit dem Hinweis aufzunehmen[17], daß der Verwalter verpflichtet ist, das Zwangsverwaltungsobjekt im Rahmen einer ordnungsgemäßen Verwaltung zu versichern, wenn der Nachweis nicht rechtzeitig erbracht wird. Der Beschluß, der damit eine Frist in Lauf setzt, ist dem Gläubiger auch dann zuzustellen, wenn seinem Antrag voll stattgegeben wird (ZPO § 329 Abs 2).

c) Auch eine durch **Einstweilige Verfügung** veranlaßte Zwangsverwaltung (ZPO § 938) hat das Vollstreckungsgericht in deren Vollzug durch Beschluß anzuordnen[18]. Zur **Überleitung aus der Zwangsversteigerung** Rdn 3.2 und § 77 Rdn 3.

5.2 Beitritt: Weitere Gläubiger können einem Zwangsverwaltungsverfahren beitreten (§ 27 mit § 146 Abs 1). Es muß nur die Zwangsverwaltung schon und noch anhängig sein (angeordnet, nicht aufgehoben) und es müssen für den Beitrittsgläubiger alle Vollstreckungsvoraussetzungen wie für den Anordnungsgläubiger erfüllt sein. Auch hier gibt es für die mehreren Gläubiger **keine Einheit des Verfahrens** (§ 15 Rdn 4.14, § 27 Rdn 6.2). Nach jedem Beitritt muß der Teilungsplan, wenn schon aufgestellt, entsprechend ergänzt werden (§ 157 Abs 1 Satz 1).

5.3 Beschlagnahme selbst

a) Anordnungs- und Beitrittsbeschluß gelten als Beschlagnahme **zugunsten des betreibenden Gläubigers** (§ 20 Abs 1, § 27 Abs 2 mit § 146 Abs 1). Sie wirken **als relatives Veräußerungsverbot** (§ 23). Der Vollstreckungsschuldner darf aber in der Zwangsverwaltung (im Gegensatz zur Zwangsversteigerung) nicht innerhalb der Grenzen einer ordnungsmäßigen Wirtschaft über beschlagnahmte bewegliche Sachen verfügen (§ 23 Abs 1 Satz 2); ihm ist die Verwaltung ganz entzogen (§ 148 Abs 1 Satz 2, Abs 2).

b) Die Beschlagnahme umfaßt nicht nur das Grundstück mit Zubehör und Bestandteilen und mithaftenden Gegenständen wie bei der Zwangsversteigerung (§ 20), sondern **auch Miet- und Pachtforderungen und die Ansprüche** aus einem mit dem Eigentum am Grundstück **verbundenen Recht** auf wiederkehrende Leistungen (§ 148 Abs 1), sowie **land- und forstwirtschaftliche** Erzeugnisse und die Forderungen aus deren **Versicherung** (§ 148 Abs 1).

c) Beschlagnahme**wirksamkeit**: § 151 Rdn 2.

5.4 Grundbuchersuchen: Das Vollstreckungsgericht hat nach der Anordnung der Zwangsverwaltung das Grundbuchamt um Eintragung des Zwangs**verwaltungs**vermerks zu ersuchen (§ 19 mit § 146 Abs 1). Das gilt auch, wenn schon ein Zwangsversteigerungsvermerk eingetragen ist. Muster für das Grundbuchersuchen im ZVG-Handbuch Rdn 579, für die Grundbucheintragung Rdn 580.

5.5 Grundbuchmitteilungen nach § 19 Abs 2 müssen auch hier erfolgen. Sie müssen auch die seit einer etwa vorausgehenden Eintragung des Zwangsversteigerungsvermerks erfolgten neuen Eintragungen und sonstigen Änderungen enthalten.

Einstellung in der Zwangsverwaltung   6

6.1 Ein Zwangsverwaltungsverfahren kann nur in Sonderfällen eingestellt werden[19]. Sonst soll und hat es nach seiner ganzen Art ein fortdauerndes sein. Die

---

[16] BGH Rpfleger 2004, 510 = aaO (unten Fußn 32).
[17] Davon geht die Begründung zu ZwVwV § 9 Abs 3 aus; siehe BR-Drucks 842/03 S 12.
[18] RG 92, 18.
[19] Nußbaum, Zwangsversteigerung, § 9 (I); Pöschl NJW 1956, 372 (Einleitung und 1).

§ 146   6.1   Zwangsverwaltung

einstweilige Einstellung widerspräche dem Sinn dieses Verfahrens. Vorgesehen ist eine Einstellung auf Antrag des Insolvenzverwalters (§ 153 b).

6.2 Auf eine **Vollstreckungsabwehr-** oder **Widerspruchsklage** hin kann wie sonst die Vollstreckung auch insoweit vom Prozeßgericht, in dringenden Fällen vom Vollstreckungsgericht, nach **ZPO §§ 769, 771** eingestellt werden[20]. Unter den besonderen Voraussetzungen von **ZPO §§ 775, 776** kann das Verfahren vom Vollstreckungsgericht (unter Fortdauer der Beschlagnahme) eingestellt werden[21] (soweit es nicht nach ZPO § 776 aufgehoben werden muß).

6.3 Unter den besonderen ZVG-Voraussetzungen **nach § 28** (Verfahrenshindernisse) kann und muß auch ein Zwangsverwaltungsverfahren eingestellt werden.

6.4 In besonderen Ausnahmefällen wird auch eine Zwangsverwaltung nach **ZPO § 765 a** eingestellt. Diese Vorschrift als Generalklausel muß auch hierfür anwendbar sein[22]. Es kann das Verfahren sogar aufgehoben oder vor Beginn untersagt werden. Wenn der Vollstreckungsschuldner aus der Einstellung keinen Vorteil hat (Verwaltungskosten und Beschlagnahme laufen auf jeden Fall weiter), ist kein Raum für § 765 a[23]. Über § 765 a kann dem Schuldner Unterhalt gewährt werden (§ 149 Rdn 4).

6.5 Für zulässig gehalten wird es auch, daß der die Zwangsverwaltung betreibende Gläubiger **nach § 30** die Einstellung seines Verfahrens bewillige (dafür sind[24]), sogar ohne Beschränkung nach der Zahl der Einstellungen (gemäß § 30 Abs 1 Satz 2) und ohne Fortsetzungsfrist (so[25]) und ohne daß eine Belehrung zur Fortsetzung nötig sei (so[26]). Dem kann nicht zugestimmt werden. Das Zwangsverwaltungsverfahren ist im Gegensatz zum Zwangsversteigerungsverfahren seinem ganzen Aufbau nach einstellungsfeindlich (Rdn 6.1). Man kann nicht als Gläubiger die Verwaltungsbeschlagnahme erwirken und einen Zwangsverwalter aufstellen lassen, um dann dessen Befugnisse durch Verfahrenseinstellung wieder zu beschränken oder außer Kraft zu setzen. Wenn ein Gläubiger eine Zwangsverwaltung nicht mehr wünscht, mag er seinen Antrag zurücknehmen. Er darf nicht ein Verfahren, aus dem nach seiner Zweckbestimmung laufende Forderungen und der betreibende Gläubiger so rasch als möglich weggefertigt werden sollen, beliebig lange hinausziehen. Entweder gibt das Verhalten des Schuldners Anlaß zur Zwangsverwaltung, so daß es nötig ist, die laufenden Erträgnisse durch den Verwalter zweckgebunden verwenden zu lassen, oder dieser Anlaß besteht nicht. Andernfalls würde die Zwangsverwaltung, ähnlich wie häufig das Offenbarungsversicherungsverfahren, leicht dazu mißbraucht, den Schuldner dauernd unter einem gewissen Druck zu halten, um den Wünschen des Gläubigers mehr Nachdruck zu verleihen; dies ist nicht Sinn des Zwangsverwaltungsverfahrens.

6.6 Wird in Ausnahmefällen eingestellt, dann kann **nicht** die nur für Zwangsversteigerungsverfahren vom Gesetz vorgesehene **Fortsetzungsfrist** des § 31 gelten, auch nicht die damit zusammenhängende **Belehrungsfrist** nach § 31. Das Vollstreckungsgericht muß vielmehr hier über alle einschlägigen Umstände selbst

---

[20] LG Frankenthal Rpfleger 1995, 307; Brand/Baur, Zwangsversteigerungssachen, § 121 (I–II).

[21] LG Frankenthal und Brand/Baur je aaO (Fußn 20); Pöschl aaO (Fußn 19).

[22] Mohrbutter/Drischler Muster 162 Anm 1; Drischler Rpfleger 1956, 91; Pöschl aaO (Fußn 19).

[23] OLG Hamm MDR 1969, 851 = OLGZ 1969, 473.

[24] Mohrbutter, Handbuch des Vollstreckungsrechts, § 57 (III); Brand/Baur, Zwangsversteigerungssachen, § 121 (I–II); vd Pfordten, ZVG, § 161 (III 1 c); Drischler JurBüro 1964, 471 (A III 7).

[25] Mohrbutter/Drischler Muster 162 Anm 2; Drischler JurBüro 1964, 471 (A III 7); Brand/Baur aaO (Fußn 20).

[26] Drischler JurBüro 1964, 471 (A III 7).

bestimmen, wie es auch die Art der Fortführung zu regeln hat. Das Verfahren wird ja nicht aufgehoben, der Zwangsverwalter bleibt im Amt, er erhält seine Vergütung, er vereinnahmt die Nutzungen des Objekts, darf sie nur nicht gemäß dem Teilungsplan an die von der Einstellung betroffenen betreibenden Gläubiger ausschütten, sondern muß sie, soweit sie auf solche treffen würden, für sie hinterlegen[27]. Ist also gegenüber einem oder einzelnen betreibenden Gläubigern eingestellt (die Einstellung kann immer nur betreibende Gläubiger betreffen), so erhalten nur diese nichts ausbezahlt (sondern hinterlegt), während alle anderen laut Plan zum Zuge kommen. Nur wenn gegenüber allen betreibenden Gläubigern eingestellt ist (was wohl kaum in Frage kommt), erhalten diese alle nichts (sondern hinterlegt). In beiden Fällen muß aber der Zwangsverwalter die übrigen Auslagen planmäßig oder gesetzlich an ihrer Rangstelle erfüllen wie der Eigentümer selbst (dem nach wie vor die Verfügungsgewalt entzogen ist) dies ohne Zwangsverwaltung tun müßte (er würde durch unterlassene Zahlungen geschädigt). Auch die Kosten der Verwaltung einschließlich der Verwaltungsvergütung sind zu erfüllen; der Verwalter ist wirksam bestellt und hat weiterhin alle Rechte und Pflichten. Hierwegen müßte sich der Vollstreckungsschuldner, falls das Verfahren sich später als unberechtigt erweisen sollte und aufgehoben wird, an denjenigen halten, der das Verfahren zu Unrecht betrieben hat; es kann sich dabei nur um fehlende materielle Berechtigung handeln, weil die formellen Voraussetzungen (Titel, Antrag usw) zum Verfahren auf jeden Fall vorliegen müssen. Grundsätzlich gibt es keine Zwangsverwaltung ohne Zwangsverwalter[28] (anders zu Unrecht[29]: bei Einstellung nach § 765a sei der Verwalter abzuberufen oder anzuweisen, nichts zu tun; dies ist nicht zulässig, solange das Verfahren formell noch läuft).

Landschaftliche Kreditanstalten 7

7.1 In einigen Gebieten des früheren preußischen Rechts haben nach dem Gesetz vom 3. 8. 1897 (Textanhang T 60) öffentliche landschaftliche (früher auch ritterschaftliche) Kreditanstalten noch ein **eigenes** beschränktes **Vollstreckungsrecht** (dazu § 15 Rdn 38.12). Sie können ein beliehenes Grundstück auch selbst in Zwangsverwaltung nehmen (Gesetz § 3 Abs 2).

7.2 Das Zwangsverwaltungsverfahren ist durch Satzung zu regeln (Gesetz § 5 Abs 2). Diese **Zwangsverwaltung durch die Anstalt** kann dann nicht eingeleitet werden, wenn und solange eine gerichtliche Zwangsverwaltung läuft (Gesetz § 6 Abs 1) und sie endet mit der Anordnung der gerichtlichen Zwangsverwaltung (Gesetz § 6 Abs 2). Der Kreditanstalt können vom Gericht die sonst dem Gericht in §§ 150, 153, 154 zustehenden Befugnisse übertragen werden (Gesetz § 6 Abs 4). Die Zwangsverwaltung kann hier auch im Wege des Arrestes angeordnet werden (Gesetz § 7 Abs 1).

7.3 Die vollstreckbaren Ansprüche der landschaftlichen Kreditanstalten brauchen bei gerichtlicher Zwangsverwaltung und in der Zwangsversteigerung **nicht angemeldet** zu werden, auch soweit sie nicht aus dem Grundbuch ersichtlich sind (Gesetz § 8 Abs 1).

Mitteilung über Anordnung (Absatz 2) 8

8.1 Alle Beteiligte (§ 9 Nr 1) sind nach dem Eingang der Grundbuchmitteilungen aus § 19 Abs 2 davon **zu benachrichtigen,** daß ein Zwangsverwaltungsverfahren angeordnet worden ist: Abs 2. Der Anordnungsgläubiger selbst und der Schuldner erhalten diese Mitteilung nicht mehr, da sie ja schon den Anordnungs-

---

[27] OLG Hamm MDR 1969, 851 = OLGZ 1969, 473; Nußbaum, Zwangsversteigerung, § 9 (I); Brand/Baur aaO (Fußn 20); Pöschl aaO (Fußn 19).
[28] vd Pforden, ZVG, § 161 (III 1 c).
[29] Pöschl NJW 1956, 372 (Einleitung und 1).

§ 146   8.1   Zwangsverwaltung

beschluß erhalten haben. Der Zwangsverwalter, der nicht Beteiligter ist, erhält sie ebenfalls nicht, weil er ja den Anordnungsbeschluß erhalten muß. Alle, die erst kraft Anmeldung Beteiligte werden (§ 9 Nr 2), aber mangels Anmeldung noch nicht sind, erhalten die Mitteilung nicht. Kaminkehrer, Finanzamt, Brandversicherung, Gemeinde muß der Zwangsverwalter im Rahmen seiner Verwaltungspflichten von sich aus verständigen, um die laufenden Verpflichtungen erfüllen zu können, ebenso Mieter und Pächter, von denen er Einnahmen zu ziehen hat.

8.2 Die Mitteilung ergeht bei der Zwangsverwaltung eines Erbbaurechts auch an den Grundstückseigentümer.

8.3 Die Mitteilungen brauchen **nicht zugestellt** zu werden.

8.4 Der **Inhalt der Mitteilung** ist nicht vorgeschrieben. Es genügt etwa: „Mitteilung im Zwangsverwaltungsverfahren über das Grundstück ...: Die Zwangsverwaltung des genannten Grundstücks ist am ... auf Antrag des Gläubigers ... angeordnet worden. Als Zwangsverwalter ist ... bestellt." Muster hierzu im ZVG-Handbuch Rdn 585.

8.5 Nach Zulassung eines Beitritts erfolgt eine neuerliche Mitteilung an Beteiligte nicht.

9 Muster für Anordnung und Beitritt

9.1 Die **Beschlüsse** lauten **ähnlich wie in der Zwangsversteigerung** (§ 15 Rdn 4, § 27 Rdn 4), wobei es natürlich statt „Zwangsversteigerung" hier „Zwangsverwaltung" heißt.

9.2 **Zusätzlich** ist hier nötig: „Durch die Beschlagnahme wird dem Schuldner die Verwaltung und Benutzung des Grundstücks einschließlich der Verfügung über Miet- und Pachtzinsforderungen entzogen. Als Zwangsverwalter wird ... bestellt, der ermächtigt wird, sich selbst den Besitz des Grundstücks zu verschaffen ..." **Weiter** aufzunehmen ist die Aufforderung, einen bestehenden Versicherungsschutz nachzuweisen (Rdn 5.1).

9.3 Eine **Belehrung** nach § 30b entfällt hier.

9.4 In der Urschrift des Beschlusses sind noch die entsprechenden **Verfügungen** nötig: Zustellung an Schuldner bzw Bevollmächtigten; Zustellung an Gläubiger, wenn der Antrag teilweise abgewiesen wird, außerdem, wenn eine Frist in Lauf gesetzt wird (dazu Rdn 5.1); sonst erfolgt an ihn formlose Mitteilung. Zustellung an den Zwangsverwalter (mit Pflichtenbelehrung wo nötig, und mit Bestallung sowie mit Aufforderung zu einem Übernahmebericht bis ... oder binnen ...); Eintragungsersuchen an Grundbuchamt; Kostenberechnung; Wiedervorlage am ...

10 Schuldnerbesitz; Besitz eines Dritten

10.1 Zwangsverwaltung soll den Gläubiger aus den Nutzungen und Einkünften befriedigen, die durch Bewirtschaftung des Grundstücks erzielt werden (Rdn 2.2). Dem Schuldner ist daher die Verwaltung und Benutzung des Grundstücks entzogen (§ 148 Abs 2). Diese Eigentümerbefugnisse hat der Zwangsverwalter auszuüben[30]. Ihm muß das Grundstück daher zur Nutzung und Bewirtschaftung übergeben werden (§ 150 Abs 2). Wenn das Grundstück bereits einem Mieter oder Pächter überlassen ist (§ 152 Abs 2), sind die Miet- oder Pachtforderungen als Nutzungen des Grundstücks der Beschlagnahme unterworfen. Durchführung der Zwangsverwaltung gegen den Eigentümer mit Geltendmachung und Einziehung der beschlagnahmten Miet- oder Pachtansprüche erfordert nicht, daß der Zwangsverwalter unmittelbaren Besitz des Grundstücks erlangt. Er ist daher nur in den mittelbaren Besitz des Schuldners einzuweisen (§ 150 Rdn 5.5).

---

[30] BGH 96, 61 (66) = MDR 1986, 140 = NJW 1986, 2438 = NJW-RR 1986, 858 = Rpfleger 1986, 26.

Anzuwendende Vorschriften; Mitteilung an die Beteiligten 10.6 **§ 146**

10.2 Übergabe des Grundstücks an den Zwangsverwalter und Übernahme mit (erlaubter) Verschaffung des (unmittelbaren oder mittelbaren) Besitzes durch diesen sind Vollstreckungshandlungen (§ 150 Rdn 5.2). Zulässig sind diese Maßnahmen der Zwangsvollstreckung daher nur, wenn der im Vollstreckungstitel (oder in der Vollstreckungsklausel) bezeichnete **Schuldner** (ZPO § 750) **Besitzer des Grundstücks** ist. Wenn ein Dritter den Besitz hat, kann ihn der Zwangsverwalter nur mit dessen Einverständnis erlangen (Grundsatz von ZPO § 809; entspr Anwendung). Zwangsweiser Eingriff in den Besitz eines nicht herausgabebereiten Dritten ist unzulässig[30] (s auch § 150 Rdn 5.1). Daher setzt Zwangsverwaltung unmittelbaren oder mittelbaren Eigenbesitz des Schuldners voraus[31]. Sie ist, auch wenn auf Grund eines dinglichen Titels vollstreckt wird[32], rechtlich undurchführbar, damit unzulässig, wenn (und soweit) dadurch in den Besitz eines nicht herausgabebereiten Dritten eingriffen wird[33].

10.3 Wenn ein Dritter nur Besitzer eines **Teils der Räume** oder sonst einzelner Teile des Grundstücks ist, sind Anordnung und Durchführung der Zwangsverwaltung ohne weiteres möglich, letztere unter Wahrung der Rechte des besitzenden Dritten. Dem Zwangsverwalter kann das Grundstück übergeben oder Ermächtigung zur Beschaffung des Besitzes erteilt werden, soweit nicht der Dritte Besitz hat.

10.4 Geprüft wird Besitz des Schuldners (auch Eigenbesitz) für Anordnung der Zwangsverwaltung nicht[34] (Rdn 5.1). Angeordnet wird die Zwangsverwaltung, wenn der Schuldner eingetragener Grundstückseigentümer oder dessen Erbe ist (§ 17 Abs 1 mit § 146 Abs 1). Wenn jedoch Übergabe des Grundstücks an den Verwalter oder Besitzverschaffung durch diesen (§ 150 Abs 2) nicht möglich ist, weil ein (nicht herausgabebereiter) Dritter den Besitz des Grundstücks hat (§ 150 Rdn 5.1), begründet das Hindernis einen Vollstreckungsmangel. Das Verfahren ist daher unter Bestimmung einer Frist zur Behebung des Hindernisses einzustellen und nach fruchtlosem Fristablauf aufzuheben (§ 28 Abs 2 mit Abs 1).

10.5 Wenn dem Vollstreckungsgericht bei Entscheidung über den Antrag auf Anordnung der Zwangsverwaltung der das Verfahren hindernde **Besitz eines Dritten** sicher **bekannt** ist, ist der Antrag mangels eines Rechtsschutzbedürfnisses abzulehnen[35]. Zumeist bildet Hinderungsgrund für Anordnung der Zwangsverwaltung der bereits vor Eigentumsübertragung auf den Käufer (einen sonstigen Erwerber) des Grundstücks übergegangene Besitz; diesem stehen die in der Zwangsverwaltung allein zu ziehenden Nutzungen zu. Das gilt auch bei Vermietung des Grundstücks durch den Eigenbesitzer für dessen mittelbaren Eigenbesitz, bei dem die Mieter das Besitzrecht dem Eigenbesitzer, nicht somit dem Grundstückseigentümer vermitteln[36]. Bei Vermietung des Grundstücks (noch) durch den Eigentümer endet dessen mittelbarer Besitz, der die Zwangsverwaltung ermöglicht (Rdn 10.1), mit Abtretung des Herausgabeanspruchs an den Dritten, der Eigenbesitzer wird (BGB § 870).

10.6 Wenn **Eigenbesitz** eines Dritten **behauptet wird,** der sich nicht aus den Grundakten (dem zu ihnen für Eintragung der Auflassungsvormerkung eingereichten Kaufvertrag) ergibt, ist er dem Vollstreckungsgericht nachzuweisen. Gelingt das nicht, ist die Zwangsverwaltung anzuordnen und fortzuführen[37]. Der Dritte muß seinen behaupteten Besitz dann im Prozeßweg mit Widerspruchsklage

---

[31] BGH 96, 61 = aaO.
[32] BGH BGHRep 2004, 1056 = MDR 2004, 1022 = Rpfleger 2004, 510.
[33] BGH 96, 61 = aaO.
[34] BGH Rpfleger 2004, 510 = aaO (Fußn 32).
[35] BGH 96, 61 (66) = aaO; BGH Rpfleger 2004, 510 = aaO.
[36] BGH 96, 61 (65) = aaO.
[37] BGH Rpfleger 2004, 510 = aaO (Fußn 32).

(ZPO § 771) geltend machen[38]. Die Klage ist gegen den (betreibenden) Gläubiger, nicht gegen den Zwangsverwalter zu richten.

10.7 Wenn Zwangsverwaltung rechtlich undurchführbar ist, weil der Grundstückseigentümer weder unmittelbarer noch mittelbarer Besitzer des Grundstücks und der besitzende Dritte nicht zur Herausgabe bereit ist, hat der **Gläubiger Abhilfe zu schaffen.** Der Zwangsverwalter hat kein Prozeßführungsrecht für eine Klage, die erst die Voraussetzungen für eine Zwangsverwaltung schaffen soll. Er kann den zur Herausgabe nicht bereiten Besitzer des Grundstücks nicht auf Herausgabe, Duldung der Zwangsvollstreckung oder Rückgewähr des Besitzes nach den Vorschriften des Anfechtungsgesetzes verklagen[39]. Er kann auch nicht an Stelle des Gläubigers auf Grund einer Abtretung oder Ermächtigung die rechtlichen Voraussetzungen der Zwangsverwaltung selbst schaffen[39]. Der Gläubiger eines Grundpfandrechts kann gegen den Dritten, der Eigenbesitzer ist, die Zwangsverwaltung nach § 147 betreiben (Voraussetzungen und Einzelheiten dort). Er kann zur Vollstreckung gegen den eingetragenen Eigentümer ebenso wie der Gläubiger eines persönlichen Anspruchs (auf Grund des Zahlungstitels) den Herausgabeanspruch des Eigentümers gegen den Besitzer pfänden (ZPO § 846) und sich zur Einziehung überweisen lassen und sodann einen Herausgabetitel (Räumungstitel) gegen den Besitzer erwirken. Nach Herausgabe des Grundstücks (an einen Sequester, ZPO § 848 Abs 1) kann dann die Zwangsverwaltung durchgeführt werden[40] (ZPO § 848 Abs 3). In dieser Weise kann der Gläubiger die Zwangsverwaltung auch ermöglichen, wenn der Eigentümer mittelbarer Besitzer des Grundstücks ist (BGB § 868), Erträgnisse, deren Beschlagnahme Gläubigerbefriedigung ermöglichen könnten, aber nicht vorhanden sind. Das kann der Fall sein bei Besitz eines Dritten auf Grund eines Auftragsverhältnisses, einer Leihe oder auf Grund eines ähnlichen Besitzmittlungsverhältnisses.

10.8 Eine **Gesellschaft mbH,** der das Grundstück in eigenkapitalersetzender Weise (GmbHG § 32 a) überlassen ist, und ihr Insolvenzverwalter, sind dem Zwangsverwalter gegenüber durch die im Gesellschaftsrecht entwickelten Regeln zum Eigenkapitalersatz nicht geschützt. Die Gesellschaft (ihr Insolvenzverwalter) kann das überlassene Grundstück daher nicht unentgeltlich nutzen. Mit Wirksamwerden der Beschlagnahme enden in entsprechender Anwendung von BGB §§ 1123, 1124 Abs 2 die Wirkungen der eigenkapitalersetzenden Gebrauchsüberlassung (bei einem mit einem Grundpfandrecht belasteten Grundstück)[41]. Beschlagnahmte Miet- und Pachtansprüche gebühren damit dem Zwangsverwalter (anders vordem[42]).

11 Zwangsverwaltung bei Nießbrauch und Altenteil

11.1 Die Zwangsverwaltung des mit einem **Nießbrauch** (BGB § 1030) belasteten Grundstücks weist mit dem Zugriffsrecht des Gläubigers bei gleichzeitiger Wahrung der Rechte des Nießbrauchers Besonderheiten auf. Der Nießbraucher hat die dingliche Berechtigung, die Nutzungen des Grundstücks zu ziehen (BGB

---

[38] BGH Rpfleger 2004, 510 = aaO (Fußn 32); RG 127, 8.
[39] BGH 96, 61 (68) = aaO; s auch LG Mainz NJW-RR 1988, 978.
[40] BGH 96, 61 (67) = aaO; LG Mainz aaO; Reinhard/Müller § 147 Anm I 1; Stöber, Forderungspfändung, Rdn 2041, 2042.
[41] BGH 140, 147 = DNotZ 1999, 748 = MDR 1999, 304 = NJW 1999, 577 = NZI 1999, 68 = Rpfleger 1999, 138; auch (als Vorinstanz) OLG München GmbHR 1997, 356 = Rpfleger 1997, 177 mit zust Anm Wenzel; BGH GmbHR 2000, 325 = NJW-RR 2000, 925 = NZI 2000, 211 = Rpfleger 2000, 285; BGH NZI 2005, 347 mit Anm Fischer = Rpfleger 2005, 372 und NZI 2005, 350 = Rpfleger 2005, 374.
[42] OLG Karlsruhe GmbHR 1997, 1068; OLG Köln GmbHR 1998, 831 = VersR 1998, 1561; LG München II ZIP 1996, 762 (aufgehoben durch OLG München aaO, Fußn 41).

Anzuwendende Vorschriften; Mitteilung an die Beteiligten   11.3 § 146

§ 1030 Abs 1) und das Grundstück zu besitzen (BGB § 1036 Abs 1). Gerade diese Rechte sollen aber bei der Zwangsverwaltung dem Zwangsverwalter zustehen.

11.2 Der Nießbraucher hat die Zwangsverwaltung auf Antrag des Gläubigers eines dem Nießbrauch **im Rang vorgehenden** Grundpfandrechts zu **dulden**[43]. Dem rangbesseren Grundpfandrecht **haftet** das mit einem Nießbrauch nachrangig belastete **Grundstück** mit seinen wesentlichen und nicht wesentlichen Bestandteilen und mit den nicht getrennten Erzeugnissen, vor allem aber mit den Miet- und Pachtforderungen (BGB § 1123)[44]. Die Haftung der Miet- und Pachtforderungen besteht nicht nur, wenn Vermietung oder Verpachtung durch den Eigentümer erfolgt ist, sondern auch dann, wenn ein anderer, somit auch der Nießbraucher, die Miet- oder Pachtverträge abgeschlossen hat[45]. Rangbessere Grundpfandgläubiger sind daher auch (wegen ihres dinglichen Anspruchs) gegenüber dem Nießbraucher zur Zwangsvollstreckung in das Grundstück und damit zur Beschlagnahme des Grundstücks (unterbindet das Fruchtziehungsrecht des rangschlechteren Nießbrauchers) und dessen Miet- sowie Pachtforderungen befugt. Die Grundstücksbeschlagnahme erstreckt sich jedoch nicht auf ein für Bestellung oder Ausübung des Nießbrauchs vereinbartes Entgelt; es unterliegt dem Zugriff im Wege der Forderungspfändung[46] (für das Nießbrauchsentgelt anders[47]).

11.3 Zwangsweiser Eingriff in den Besitz des Nießbrauchers (BGB § 1036 Abs 1; Rdn 11.1) und Beschlagnahme der dem Nießbraucher gebührenden Nutzungen des Grundstücks (BGB § 1030 Abs 1) ist jedoch ohne **Vollstreckungstitel** unzulässig (Rdn 10.2). Anordnung der Zwangsverwaltung (auch Zulassung des Beitritts) erfordert bei nachrangig eingetragenem Nießbrauch daher[48]
– Vollstreckungstitel für den dinglichen Anspruch (BGB § 1147) gegen den Eigentümer des Grundstücks (§ 17 Abs 1) als Vollstreckungsschuldner (ZPO § 750),
– Vollstreckungstitel für den (materiell-rechtlichen) Anspruch **gegen den Nießbraucher** auf **Duldung** der Zwangsvollstreckung in das Grundstück. Ein Duldungstitel wird nur dann nicht verlangt, wenn der Nießbraucher der Zwangsverwaltung zustimmt[49] (Rangrücktritt schließt Einverständnis nicht ein) oder sie selbst betreibt. Er ist nicht erforderlich, wenn ein Nießbrauch nur vertraglich vereinbart, aber durch Eintragung als Grundstücksbelastung noch nicht entstanden ist[50].
Ein Vollstreckungstitel gegen den Eigentümer allein genügt für Zulässigkeit von Zwangsvollstreckungsmaßnahmen gegen den (nicht herausgabebereiten) Nießbraucher nicht[51]. Duldungstitel gegen den Nießbraucher ist Verfahrenserfordernis für Durchsetzung des Anspruchs des Grundpfandgläubigers mit Auswirkung auf die dingliche Berechtigung des Nießbrauchers[51]. (Unbeschränkte) Anordnung der Zwangsverwaltung erfolgt damit auch gegen den Nießbraucher als Duldungsschuldner (erfordert somit Zustellung des Anordnungsbeschlusses auch an ihn). Für die **Übergabe des Grundbesitzes** an den Zwangsverwalter (§ 150 Abs 2) weist der Duldungstitel gegen den Nießbraucher aus, daß diese Maßnahme der Zwangs-

---

[43] BGH DNotZ 2003, 703 = MDR 2003, 773 = NJW 2003, 2164 = Rpfleger 2003, 378 und 523 Leitsatz mit Anm Alff.
[44] RG 93, 121 (124).
[45] RG 68, 10 (13) und 81, 146 (149); BGH Rpfleger 2005, 323 (324).
[46] OLG München Rpfleger 1991, 331.
[47] Puff Rpfleger 1991, 331 (Anmerkung).
[48] BGH NJW 2003, 2164 = aaO (Fußn 43).
[49] BGH NJW 2003, 2164 = aaO (Fußn 43); RG 56, 388 (389); Staudinger/Frank, BGB, vor §§ 1030 ff Rdn 85.
[50] LG Krefeld Rpfleger 1988, 325.
[51] BGH NJW 2003, 2164 = aaO (Fußn 43).

§ 146   11.3

vollstreckung durch dessen Recht nicht beeinträchtigt ist. Daher kann das Grundstück nach § 150 Abs 2 dem Zwangsverwalter auch bei Besitz des Nießbrauchers (BGB § 1036 Abs 1) übergeben werden. Grundstücksübergabe ist auch bei Besitz des (duldungspflichtigen) Nießbrauchers Vollstreckungshandlung, die dem Gericht obliegt (§ 150 Abs 2). Der Zwangsverwalter hat gegen den besitzenden Nießbraucher keinen Herausgabeanspruch, der mit Klage gerichtlich geltend gemacht werden könnte, ebenso nicht der Vollstreckungsgläubiger.

11.4 Wird das Grundstück vom **Nießbraucher** selbst **genutzt** und bestehen Ansprüche gegen Dritte nicht, auf welche sich die Beschlagnahme erstreckt, dann kann mit Zwangsverwaltung eine Nutzung nach den Regeln einer ordnungsmäßigen Wirtschaft nur in gleicher Weise wie bei Eigennutzung des Grundstücks durch den Schuldner herbeigeführt werden. Für ordnungsmäßige Nutzung ist das Grundstück dann nach Besitzübergabe durch den Verwalter zu vermieten oder zu verpachten. Nach Lage des Einzelfalls (insbesondere bei voraussichtlich nicht langer Dauer der Zwangsverwaltung) kann ordnungsmäßige Grundstücksnutzung zur Erzielung von Erträgnissen Abschluß eines Miet- oder Pachtvertrages auch mit dem (duldungspflichtigen) nachrangigen Nießbraucher nahelegen.

11.5 Dem im Rang vorgehenden Grundpfandrechtsgläubiger kann der **Duldungstitel** gegen den nachrangigen Nießbraucher nach ZPO § 727 erteilt werden; der Nießbraucher ist für den Duldungsanspruch Rechtsnachfolger. Das gilt auch, wenn der Grundpfandrechtsgläubiger den Vorrang durch Rangänderung (BGB § 880 Abs 2) erlangt hat (anders[52]). Für Rechtsnachfolge nach Rechtshängigkeit (bei ohne Erkenntnisverfahren erwirkten Titeln, damit insbesondere notariellen Urkunden, nach ihrer Errichtung) ist in diesem Fall nach ZPO §§ 727, 325 die Wirksamkeit der Rangänderung maßgeblich. Mit ihr hat der nun vorrangige Grundpfandrechtsgläubiger gegen den Berechtigten des nachrangig gewordenen Rechts Anspruch auf Duldung der Zwangsvollstreckung mit Besitz und Nutzung des Grundstücks durch den Zwangsverwalter erlangt; damit ist der Berechtigte des nachrangig gewordenen Rechts auch Rechtsnachfolger des Grundstückseigentümers für den (dinglichen) Vollstreckungsanspruch des Grundpfandrechtsgläubigers.

11.6 Wenn der im Rang vorgehende Grundpfandrechtsgläubiger **nur** einen dinglichen **Vollstreckungstitel gegen den Eigentümer,** nicht aber auch einen Duldungstitel gegen den Nießbraucher vorgelegt hat, ist er in der Geltendmachung seines Vollstreckungsrechts durch die Berechtigung des Nießbrauchers **beschränkt.** Die Zwangsverwaltung darf dann das Nutzungs- und Besitzrecht des Nießbrauchers nicht schmälern; sie ist somit nur eingeschränkt (Rdn 11.7) möglich[53]. Der Anordnungsbeschluß hat dann als hoheitlicher Gerichtsakt die Beschränkung der Zwangsverwaltung als Maßnahme der Zwangsvollstreckung zu enthalten. Das gebieten allgemeine Grundsätze des Vollstreckungsrechts; sie erfordern, daß eine Zwangsvollstreckungsmaßnahme Anordnung und Umfang des Vollstreckungszugriffs klar und bestimmt bezeichnet, somit auch Anordnung einer nur beschränkten Zwangsverwaltung nennt. Die Zwangsverwaltung darf nicht zunächst unbeschränkt angeordnet und erst dann als beschränkte Zwangsverwaltung fortgeführt werden, wenn der Nießbraucher die Besitzeinräumung verweigert und der Gläubiger keinen Duldungstitel vorlegt[54].

11.7 Die Gläubiger der dem Nießbrauch **im Rang nachgehenden Grundpfandrechte** und die Gläubiger gewöhnlicher Vollstreckungsforderungen (Rang-

---

[52] Alff Rpfleger 2003, 523 (Anmerkung).
[53] BGH NJW 2003, 2164 = aaO (Fußn 43); Staudinger/Frank, BGB, vor §§ 1030 ff Rdn 86.
[54] BGH NJW 2003, 2164 (2165) = aaO (Fußn 43); überholt damit LG Bielefeld Rpfleger 1991, 75 mit zust Anm Meyer-Stolte.

Anzuwendende Vorschriften; Mitteilung an die Beteiligten **11.10 § 146**

klasse 5 des § 10 Abs 1) sind den aus dem Vorhandensein des Nießbrauchs folgenden Beschränkungen unterworfen. Das Recht auf Miet- und Pachtforderungen ist mit Bestellung des Nießbrauchs aus dem Eigentum ohne weiteres ausgeschieden[55]. Der Nießbraucher hat einen unmittelbaren Anspruch auf die Miete, auch wenn nicht er, sondern der Eigentümer den Mietvertrag abgeschlossen hat[55]. Nachrangige Grundpfandrechtsgläubiger und persönliche Vollstreckungsgläubiger des Eigentümers sind daher vom Zugriff auf Miet- oder Pachtforderungen ausgeschlossen. Sie können sonach mit Zwangsverwaltung des Grundstücks das Fruchtziehungsrecht des rangbesseren Nießbrauchers nicht schmälern. Grundstücksbesitz des Nießbrauchers (BGB § 1036 Abs 1) kann eine von ihnen betriebene Zwangsverwaltung nicht beeinträchtigen. Damit ist das Grundstück als unbewegliches Schuldnervermögen der Zwangsvollstreckung durch Zwangsverwaltung (ZPO § 864 Abs 1, § 866 Abs 1) jedoch nicht entzogen. Durchführung der Zwangsverwaltung kann aber nur „ohne Beeinträchtigung der Rechte des Nießbrauchers" angeordnet werden und erfolgen[56] **(beschränkte Zwangsverwaltung).** Wenn der dem Nießbrauch im Rang nachgehende Vollstreckungsgläubiger einen nach Anfechtung nach dem Anfechtungsgesetz oder nach BGB § 1086 (Nießbrauch am Vermögen) erwirkten Duldungstitel vorlegt, ist auch für ihn Zwangsverwaltung unbeschränkt anzuordnen. Eigentümernießbrauch muß auch bei Vorrang dem Vollstreckungsanspruch des Gläubigers weichen[57].

11.8 Bei nur **beschränkter Zwangsverwaltung** (Rdn 11.6 und 11.7) wird nur dem Eigentümer als Schuldner des dinglichen Anspruchs die Verwaltung und Benutzung des Grundstücks entzogen (§ 148 Abs 2). Rechte des Nießbrauchers schmälert sie nicht. Den Zwangsverwalter kann das Vollstreckungsgericht daher nur in den mittelbaren Besitz (§ 150 Rdn 5.5) und in die Rechte einweisen, die dem Schuldner als Grundstückseigentümer gegenüber dem Nießbraucher zustehen[58]. Dem Zwangsverwalter obliegt bei nur beschränkter Verwaltung daher die Eigentümerbefugnis, die Rechtsausübung durch den Nießbraucher zu überwachen und alle Rechte auszuüben, die dem Eigentümer gegenüber dem Nießbraucher (BGB §§ 1051ff) und gegen Dritte zustehen, somit dafür zu sorgen, daß der Nießbraucher sein Recht innerhalb der gesetzlichen und vertragsmäßigen Schranken ausübt, auch daß öffentliche Lasten vorweg bezahlt werden. Der Nießbraucher unterliegt also hier der Kontrolle des Zwangsverwalters hinsichtlich gesetzlicher und vertraglicher Pflichten.

11.9 Behindert ein Nießbrauch die Zwangsverwaltung, hat das Vollstreckungsgericht das Verfahren aber gleichwohl unbeschränkt angeordnet, dann ist das ihr der Fortsetzung des Verfahrens entgegenstehende Recht des Nießbrauchers nach § 28 Abs 1 zu wahren. Legt der Gläubiger in der gesetzlichen Frist Nachweis für Zulässigkeit der unbeschränkten Zwangsverwaltung auch gegen den Nießbraucher (Rdn 11.3) nicht vor, dann wird die Beschränkung der Zwangsverwaltung angeordnet. Rechtsbehelf des Nießbrauchers, wenn sein grundbuchersichtliches entgegenstehendes Recht nicht berücksichtigt wird, ZPO § 766, dann ZPO § 793; sonst: ZPO § 771.

11.10 Das Grundbuchamt muß auf das Eintragungsersuchen hin den **Zwangsverwaltungsvermerk** ohne sachliche Nachprüfung (ohne Einschränkung) eintragen; es wird aber zweckmäßig das Vollstreckungsgericht schon bei seiner Eintragungsbestätigung auf den Nießbrauch hinweisen (den das Vollstreckungsgericht dann aus der ihm übersandten Grundbuchblattabschrift näher ersieht).

---

[55] Staudinger/Frank, BGB, § 1030 Rdn 52.
[56] OLG Köln NJW 1957, 1769 mit zust Anm Dempewolf; Steiner/Hagemann § 146 Rdn 83; Drischler RpflJahrbuch 1971, 316 (I C3).
[57] MünchKomm/Eickmann, BGB, § 1123 Rdn 11.
[58] RG 56, 388 (389); BGH NJW 2003, 2164 (2165) = aaO (Fußn 43); auch OLG Köln NJW 1957, 1769 (1770) mit Anm Dempewolf.

§ 146 11.11   Zwangsverwaltung

11.11 Ein **Nießbraucher** muß unter bestimmten Voraussetzungen dem Grundstückseigentümer **Sicherheit** leisten (BGB § 1051). Der Eigentümer kann, wieder unter bestimmten Voraussetzungen, die Ausübung des Nießbrauchs durch einen gerichtlichen Verwalter verlangen (BGB § 1052 Abs 1). Dieser Verwalter steht unter Aufsicht des Gerichts wie ein Zwangsverwalter (BGB § 1052 Abs 2), unterliegt damit den Vorschriften ZVG §§ 153, 154, ist aber nicht mit dem Zwangsverwalter identisch. Diesen besonderen Antrag zur Ausübung des Nießbrauchs kann wohl an Stelle des Grundstückseigentümers der Zwangsverwalter stellen, der die Rechte des Eigentümers auszuüben hat.

11.12 Zu Zwangsverwaltung und Nießbrauch im ZVG-Handbuch Rdn 584.

11.13 a) Ein (dingliches) **Wohnungsrecht** (BGB § 1093), auch als Bestandteil eines **Altenteils** (Leibgedings, GBO § 49), berechtigt gleichfalls nach BGB § 1036 Abs 1 (mit § 1093 Abs 1 Satz 2) zum Besitz des Grundstücks (der Räume). Ähnliche Beschränkungen des Eigentümers können sich mit dem Nutzungsrecht des Berechtigten einer **beschränkten persönlichen Dienstbarkeit** ergeben. Diese Rechte stehen als solche der Zwangsverwaltung nicht entgegen, gleich ob diese ein dem Recht im Range vor- oder nachgehender Gläubiger betreibt. Auch ist hier EGZVG § 9 kein Hindernis. Die Anordnung der Zwangsverwaltung unterliegt damit keiner Beschränkung. Grundstücksübergabe an den Zwangsverwalter (§ 150 Abs 2) als Vollstreckungshandlung kann jedoch ein Besitzrecht des rangbesseren Wohnungs-/Dienstbarkeitsberechtigten nicht schmälern (vgl auch[59]).

b) Sind die Rechte mit dem **Besitz von Räumen** verbunden und ist der daraus Berechtigte bei Anordnung der Zwangsverwaltung bereits im Besitz des Grundstücks, so kann dem Zwangsverwalter der Besitz nach § 150 Abs 2 nur übergeben werden, wenn für die Zwangsverwaltung auch ein Vollstreckungshandlung erlaubender Duldungstitel gegen den dinglichen Berechtigten vorliegt (sonst nur mit seiner Zustimmung, Rdn 10.2). Ein klagbarer Herausgabeanspruch des Zwangsverwalters gegen den besitzenden Rechtsinhaber besteht nicht (Rdn 10.7). Grundstücksnutzung durch den Zwangsverwalter nach Besitzübergabe zur Erlangung von Erträgnissen: Rdn 11.4. Wenn kein Duldungstitel gegen den (besitzenden) Berechtigten erwirkt ist, ist die Zwangsverwaltung nur unter voller Wahrung seiner Rechte möglich, der Zwangsverwalter somit auf die Ausübung der Rechte des Eigentümers gegen den genannten Berechtigten beschränkt. Dies gilt auch, wenn sich die Rechte und der Besitz nur auf Teile des Objekts beziehen, hinsichtlich dieser Teile (dazu Rdn 10.3), während für die anderen Teile und Räume die Zwangsverwaltung unbeschränkt ist (über die gemeinsame Verwaltung des Objekts muß sich der Zwangsverwalter wie der Eigentümer mit dem Berechtigten einigen).

c) Ist der Berechtigte bei Anordnung der Zwangsverwaltung **nicht im Besitz** des Objekts oder von Teilen davon, weil er etwa zur Zeit sein Recht nicht ausübt, so kann der Zwangsverwalter das ganze Objekt in Besitz nehmen und nutzen. Das Recht wird im Rahmen des Teilungsplanes berücksichtigt und an der ihm zukommenden Rangstelle. Verlangt also der dem beitreibende Gläubiger im Rang vorgehende Berechtigte vom Zwangsverwalter die Besitzüberlassung, so muß dieser wie sonst der Eigentümer dem Berechtigten den Besitz verschaffen, kann dann diese Räume oder Teile nicht mehr anderweitig nutzen. Der dem betreibenden Gläubiger nachgehende kann Besitzüberlassung nicht verlangen, eine etwaige Geldentschädigung nur im Rahmen und an der Rangstelle des Teilungsplanes.

11.14 Naturalleistungen eines Altenteilers hat auch der Zwangsverwalter in Natur zu erbringen, nicht nach § 46 in Geld umgerechnet (§ 46 ist in der Zwangs-

---

[59] BGH 130, 314 (319) = NJW 1995, 2846.

Zwangsverwaltung gegen den Eigenbesitzer 2.3 § **147**

verwaltung nicht anwendbar, Rdn 4.3), aber natürlich nur in ihrem Grundbuchrang und gemäß dem Teilungsplan und soweit an dieser Stelle welche zur Verfügung stehen (sie können ja schon zur Befriedigung vorrangiger Gläubiger in Geld umgesetzt sein); dazu auch § 155 Rdn 6.

[Zwangsverwaltung gegen den Eigenbesitzer]

147 (1) **Wegen des Anspruchs aus einem eingetragenen Rechte findet die Zwangsverwaltung auch dann statt, wenn die Voraussetzungen des § 17 Abs 1 nicht vorliegen, der Schuldner aber das Grundstück im Eigenbesitze hat.**

(2) **Der Besitz ist durch Urkunden glaubhaft zu machen, sofern er nicht bei dem Gericht offenkundig ist.**

Allgemeines zu § 147

1

Zweck der Vorschrift: Anordnungsvoraussetzung für den Gläubiger eines eingetragenen Rechts bei Zugriff auf die Grundstücksnutzungen des Eigenbesitzers.

Eigenbesitzer als Schuldner der Zwangsverwaltung (Absatz 1)

2

2.1 Die Zwangsverwaltung hat (wie die Zwangsversteigerung) **gegen den Grundstückseigentümer** gerichtet zu sein (dazu § 146 Rdn 5.1). Dieser muß als Eigentümer des Grundstücks eingetragen (oder Erbe des eingetragenen Eigentümers) sein (§ 17 Abs 1). Weil bei Zwangsverwaltung nur die Nutzungen des Grundstücks den Gegenstand der Zwangsvollstreckung bilden, richtet sich das Verfahren in erster Linie aber gegen den **Besitzer.** Deshalb bestimmt § 147, daß für den Gläubiger eines eingetragenen Rechts die Anordnung des Verfahrens nicht von den in § 17 Abs 1 bestimmten Voraussetzungen abhängig ist. Es genügt in diesem Fall, wenn der **Schuldner** das Grundstück in **Eigenbesitz** hat (Denkschrift S 61).

2.2 Bedeutung kommt der Zwangsverwaltung gegen den Eigenbesitzer zu, wenn ordnungsgemäße Benutzung des Grundstücks und Erzielung der Grundstücksnutzungen (insbesondere der Erzeugnisse und sonstigen Bestandteile) erfordert, daß der **Zwangsverwalter** unmittelbaren **Besitz** des Grundstücks **erlangt.** Denn Eigenbesitz eines Dritten schließt bei Zwangsvollstreckung gegen den Eigentümer Einweisung des Verwalters in den Besitz nach § 150 Abs 2 aus. Eigenbesitz eines Dritten bewirkt somit Erfolglosigkeit, damit Unzulässigkeit der Zwangsverwaltung, die gegen den Eigentümer betrieben wird (§ 146 Rdn 10). Gläubigerbefriedigung mittels Zwangsverwaltung auch in einem solchen Fall ermöglicht Verfahrensanordnung und -durchführung gegen den Eigenbesitzer. Wenn das Grundstück vermietet oder verpachtet ist und sich im Besitz des Mieters oder Pächters befindet, umfaßt die Beschlagnahme bei mittelbarem Besitz des Grundstückseigentümers die Miet- und Pachtforderungen (§ 148 Rdn 2.3). Durchführung der Zwangsverwaltung gegen den Eigentümer erfordert in diesem Fall unmittelbaren Besitz des Zwangsverwalters nicht. Zwangsverwaltung ist daher hier wegen eines gegen den Eigentümer (als mittelbaren Besitzer) gerichteten Titels ohne weiteres möglich.

2.3 Eigenbesitzer ist, wer das Grundstück (den Grundstücksbruchteil) als ihm gehörend besitzt (BGB § 872), ohne Eigentümer zu sein, zB nach Kauf und Übergabe, auch bei Erbschaftsbesitz, wenn das Erbrecht noch nicht glaubhaft gemacht werden kann. Eigenbesitzer ist dagegen nicht, wer nur auf Grund eines dinglichen oder persönlichen Nutzungsrechts besitzt, zB als Mieter, Pächter, Nießbraucher, er besitzt nicht als ihm gehörig, sondern nur abgeleitet vom Recht eines Dritten.

§ 147 2.4   Zwangsverwaltung

2.4 § 147 regelt (und ermöglicht) die Zwangsverwaltung gegen den **Eigenbesitzer**, setzt somit voraus, daß der Eigenbesitzer **Schuldner** ist. Die Zwangsvollstreckung gegen den Eigenbesitzer nach § 147 findet daher nur statt, wenn der Gläubiger wegen seines Anspruchs aus dem eingetragenen Recht einen gegen den Eigenbesitzer selbst gerichteten Vollstreckungstitel hat[1] (ZPO § 704) (somit einen Titel auf Duldung der Zwangsvollstreckung[1]). Der Schuldtitel muß gegen den Eigenbesitzer vollstreckbar ausgefertigt und ihm zugestellt sein, weil ZPO § 800 Abs 2 hier versagt (der Eigenbesitzer ist ja nicht, wie dort vorausgesetzt, Eigentümer). Aus einem gegen den Eigentümer gerichteten Vollstreckungstitel kann gegen den Eigenbesitzer die Zwangsverwaltung nicht betrieben werden[1], auch dann nicht, wenn der Eigenbesitzer mit der Zwangsverwaltung aus dem Titel gegen den Eigentümer einverstanden ist[2] (es muß ein Titel gegen den Schuldner vorliegen). Bei Zwangsverwaltung gegen den Eigentümer kann der Eigenbesitzer jedoch mit der Besitzübergabe einverstanden sein (§ 146 Rdn 10.2; § 150 Rdn 3.7).

2.5 Als **Anspruch aus einem eingetretenen Recht** kann nur der dingliche Anspruch aus einer Hypothek (auch Sicherungshypothek), Grundschuld oder Rentenschuld und aus einer Reallast gegen den Eigenbesitzer nach § 147 vollstreckt werden, nicht aber ein Anspruch aus einer Vormerkung auf Eintragung eines solchen Rechts. Für den Gläubiger, der lediglich einen persönlichen Anspruch hat (Rangklasse 5 des § 10), findet Zwangsvollstreckung gegen den Eigenbesitzer nicht statt, desgleichen nicht auf Antrag des Gläubigers einer öffentlichen Last (Rangklasse 3 des § 10)[3]. Einleitung des Verfahrens auf deren Antrag ist nur gegen den eingetragenen Eigentümer (seinen Erben, § 17 Abs 1) zulässig.

2.6 § 147 setzt das Vorliegen eines (dinglichen) Vollstreckungstitels gegen den Eigenbesitzer voraus, gibt somit nicht Anspruchsgrundlage für Beschaffung eines Titels gegen diesen. Der **Anspruch gegen den Eigenbesitzer** gründet sich auf den Grundsatz, daß ein dinglicher Berechtigter seinen Anspruch aus dem eingetragenen Recht gegen jedermann geltend machen kann, also auch gegen den Besitzer des Grundstücks, soweit dieser Besitz die Befriedigung bei Zwangsvollstreckung gegen den Eigentümer hindert[4]. Mit einem nur persönlichen Vollstreckungstitel gegen den Eigenbesitzer kann in das Grundstück nicht nach § 147 vollstreckt werden.

2.7 **Umschreibung** eines gegen den Eigentümer gerichteten dinglichen Vollstreckungstitels bei Rechtsnachfolge auf den Eigenbesitzer als Schuldner:[5] ZPO § 727. Erteilt wird die vollstreckbare Ausfertigung dem Gläubiger, dem der Vollstreckungstitel bereits wegen des dinglichen Anspruchs gegen den Eigentümer als Schuldner vollstreckbar ausgefertigt ist, als Erstklausel, nicht als weitere vollstreckbare Ausfertigung (ZPO § 733), weil die bereits erteilte Ausfertigung Vollstreckbarkeit des Anspruchs auch gegen den Eigenbesitzer nicht bescheinigt.

2.8 Ein Zwangsverwaltungsvermerk (§ 19 Abs 1) ist auch bei Vollstreckung gegen den Eigenbesitzer in das Grundbuch einzutragen (fehlende Eintragung des Schuldners ist wie sonst fehlende Eigentümereintragung unschädlich). Der (eingetragene) Eigentümer ist im Verfahren gesetzlich nach § 9 Nr 1 Beteiligter.

3 Glaubhaftmachung des Eigenbesitzes (Absatz 2)

Der Eigenbesitz muß bei Gericht **offenkundig** sein oder **durch Urkunden glaubhaft** gemacht werden: Abs 2. Die Urkunden müssen dem Anordnungsantrag beigefügt werden (§ 16 Abs 2), zB behördliche Bescheinigung, notarielle Ver-

---

[1] BGH 96, 61 = MDR 1986, 140 = NJW 1986, 2438 = NJW-RR 1986, 858 = Rpfleger 1986, 26.
[2] Steiner/Hagemann § 147 Rdn 7.
[3] Steiner/Hagemann § 147 Rdn 10.
[4] OLG Rostock OLG 35, 188; Jaeckel/Güthe § 147 Rdn 5; Reinhard/Müller § 147 Anm I 2.
[5] BGH 96, 61 = aaO (Fußn 1).

kaufsurkunde (Gläubiger erhält sie über ZPO § 792), in der schon der Besitzübergang als erfolgt festgestellt ist. Glaubhaft gemacht werden kann hier auch durch privatschriftliche Urkunden[6] (anders als bei der Titelumschreibung); öffentliche oder öffentlich beglaubigte Urkunden sind nicht vorgeschrieben. Glaubhaft gemacht werden kann jedoch nicht durch eidesstattliche Versicherung des Gläubigers[7], weil ausdrücklich vom Gesetz Urkunden verlangt sind. Das Gericht entscheidet nach freiem Ermessen.

Rechtsbehelfe 4

4.1 Wurde die Zwangsverwaltung, weil das Vollstreckungsgericht den Eigenbesitz eines Dritten nicht kannte, **gegen** den **Eigentümer** angeordnet, so kann der Eigenbesitzer Widerspruchsklage nach ZPO § 771 erheben (§ 146 Rdn 10.6). Ob für sie ein Rechtsschutzinteresse besteht, ist jedoch zweifelhaft, weil den Eigenbesitzer der Zwangsverwalter nicht aus dem Besitz verdrängen kann; der Verwalter kann hier nicht den Besitz erlangen und daher auch nicht die Nutzungen ziehen.

4.2 Hat das Vollstreckungsgericht Eigenbesitz des Schuldners als glaubhaft angesehen, ist aber in Wirklichkeit ein **anderer Eigenbesitzer**, so gilt das gleichfalls. Wenn der Käufer zB weiterverkauft und seinerseits den Besitz übertragen hat, kann die gegen den Käufer als Eigenbesitzer angeordnete Zwangsverwaltung nicht durchgeführt werden, weil der (richtige) Eigenbesitzer bei Verfahrensanordnung nicht verdrängt werden kann. Vollstreckungsgegenklage des nunmehrigen Eigenbesitzers dürfte daher auch hier am Rechtsschutzinteresse scheitern.

4.3 Rechte des **Eigentümers** werden durch die gegen den Besitzer angeordnete Zwangsverwaltung nicht berührt; denn er besitzt und nutzt das Grundstück nicht. Er ist daher, wenn er die Aufhebung des Verfahrens herbeiführen will (zB weil er das eingetragene Recht bestreitet) auf Klage nach ZPO § 771 verwiesen. Bestreitet der Eigentümer Eigenbesitz des Schuldners, dann hat er als Beteiligter (§ 9) Erinnerung (ZPO § 766), anschließend sofortige Beschwerde (ZPO § 793), wenn er geltend macht, daß Eigenbesitz nicht glaubhaft gemacht sei oder sonst eine Vollstreckungsvoraussetzung der Verfahrensanordnung fehle, sonst Klage nach ZPO § 771.

[Umfang der Beschlagnahme, Verwaltung und Benutzung]

148 (1) **Die Beschlagnahme des Grundstücks umfaßt auch die im § 21 Abs 1, 2 bezeichneten Gegenstände. Die Vorschrift des § 23 Abs 1 Satz 2 findet keine Anwendung.**

(2) **Durch die Beschlagnahme wird dem Schuldner die Verwaltung und Benutzung des Grundstücks entzogen.**

Allgemeines zu § 148 1

1.1 Zweck der Vorschrift: Erweiterte **Beschlagnahmewirkung** bei Zwangsverwaltung (gegenüber der Zwangsversteigerung) sowohl hinsichtlich des Umfangs als auch hinsichtlich der Verwaltung und Benutzung des Grundstücks durch den Schuldner.

1.2 Weitere Abweichungen bringen § 149 (Wohnrecht und Unterhalt des Schuldners) und § 152 (Rechte und Pflichten des Zwangsverwalters).

---

[6] Steiner/Hagemann § 147 Rdn 8; Drischler RpflJahrbuch 1969, 369 (I b 2).
[7] Dassler/Muth § 147 Rdn 9; Steiner/Hagemann § 147 Rdn 8; Mohrbutter/Drischler Muster 150 Anm 2.

§ 148 2.1 Zwangsverwaltung

2 Beschlagnahmeumfang in der Zwangsverwaltung (Absatz 1)

2.1 Die Anordnung der Zwangsverwaltung bewirkt (wie bei der Zwangsversteigerung) **zugunsten des Gläubigers** die **Beschlagnahme** des Grundstücks (§ 20 mit § 146 Abs 1). Auch diese Beschlagnahme hat die **Wirkung eines Veräußerungsverbots** (§ 23). Die mit Anordnung der Zwangsverwaltung verbundene Beschlagnahme ist nach dem Verfahrenszweck und -ziel (§ 146 Rdn 2.2) jedoch eine weitergehende als bei der Zwangsversteigerung. Sie erstreckt sich auf alle Gegenstände, die schon die Versteigerungsbeschlagnahme umfaßt (§§ 20, 21 mit § 146 Abs 1; dazu § 20 Rdn 3, § 21 Rdn 2), sowie auch auf folgende Gegenstände:

a) **Land- und forstwirtschaftliche Erzeugnisse** (und die Forderungen aus einer Versicherung solcher Erzeugnisse), die nicht mehr mit dem Boden verbunden oder nicht Zubehör des Grundstücks sind, die aber noch der Haftung unterliegen (§ 20 Abs 2, BGB §§ 1120–1122) (in der Zwangsversteigerung gilt nach § 21 Abs 1 die Beschränkung, daß sie noch verbunden oder noch Zubehör sein müssen);

b) **Miet- und Pachtforderungen** (nach § 21 Abs 2 in der Zwangsversteigerung nicht);

c) Ansprüche aus einem mit dem Eigentum am Grundstück verbundenen Recht auf **wiederkehrende Leistungen** nach BGB § 1126 (in der Zwangsversteigerung nach § 21 Abs 2 nicht).

Für den Eintritt der Beschlagnahmewirkung ist ohne Bedeutung, ob die Zwangsverwaltung aus dinglichen oder persönlichen Ansprüchen betrieben wird.

2.2 Auf **Zubehör** des Grundstücks erstreckt sich die Beschlagnahme, wenn es in das Eigentum des Eigentümers des Grundstücks gelangt ist (§ 20 Abs 2 mit § 146 Abs 1 und BGB § 1120), und zwar auch dann, wenn es bei Beschlagnahme im Eigentum eines Dritten steht, aber nur Veräußerung, nicht jedoch auch Enthaftung mit Entfernung oder Aufhebung der Zubehöreigenschaft erfolgt ist (BGB §§ 1121, 1122 Abs 2)[1]; (zum gleichen Beschlagnahmeumfang bei Zwangsversteigerung § 20 Rdn 4.4). Auf nicht beschlagnahmtes Zubehör im Besitz des Schuldners (eines neu eingetretenen Eigentümers), das im Eigentum eines Dritten steht (siehe auch BGB § 1120), erstreckt sich die Zwangsverwaltung nicht (§ 55 Abs 2 gilt für die Zwangsverwaltung nicht). Über die Einnahmen aus einem Gewerbebetrieb § 152 Rdn 9. Wo die Beschlagnahme **Versicherungsgelder** umfaßt, muß sie der Zwangsverwalter nach § 152 einziehen. Der **Fruchtgenuß** eines Pächters bleibt auch hier unberührt (§ 21 Abs 3 ist in § 148 nicht von der Anwendung ausgeschlossen). Ist bei landwirtschaftlichen Grundstücken der Schuldner selbst Zwangsverwalter (§ 150 b) und ist dann das Vieh nach der Verkehrssitte nicht Zubehör des Betriebes, so gilt die Besonderheit des § 153 a.

2.3 a) Auf **Miet- und Pachtforderungen** erstreckt sich die Beschlagnahme, weil das Benützungs- und Fruchtziehungsrecht der Mieter und Pächter gemäß § 152 Abs 2 unberührt bleibt. Mietnebenkosten (Betriebskosten, BGB § 556 Abs 1), die gesondert ausgewiesen und erhoben werden, unter Einschluß vereinbarter Vorauszahlungen, sind Teil des miet/pachtvertraglich vereinbarten Entgelts für Gebrauchsüberlassung, damit Miet- und Pachtforderungen im Sinne von § 21 Abs 2 mit § 148 Abs 1, auf die sich die Beschlagnahme erstreckt[2].

b) Sie erstreckt sich auf **laufende** Miet- und Pachtforderungen nach Maßgabe von BGB § 1124 Abs 2; rechtsgeschäftliche oder zwangsweise Vorausverfügungen (die schuldbefreiende Hinterlegung[3] ebenso wie nach BGB § 1124 Abs 1 die Einzie-

---

[1] BGH MDR 1985, 669 = NJW 1986, 59 = Rpfleger 1985, 161.
[2] BGH NJW 2003, 2320 (2321 reSp) = Rpfleger 2003, 456.
[3] BGH NJW-RR 1989, 200.

hung) gelten also gegenüber dem Zwangsverwalter (dazu[4]) nur für den laufenden Kalendermonat, bei Beschlagnahme nach dem fünfzehnten Tag des Monats noch für den folgenden Kalendermonat (ist die Beschlagnahme, §§ 22, 151, an einem Sonntag, dem 15., erfolgt, die Mitteilung an die Mieter aber erst am Montag, dem 16., ergangen, so gelten ihnen gegenüber die Vorausverfügungen, weil für die Mieter die Beschlagnahme erst am Montag wirksam, § 22 Abs 2 Satz 2, nicht nur für den laufenden Kalendermonat, sondern auch für den nächstfolgenden). Soweit demnach der Schuldner eine Miet- oder Pachtforderung selbst nicht mehr geltend machen kann ist auch eine Aufrechnung des Mieters oder Pächters gegenüber einer dem Schuldner als Vermieter oder Verpächter zustehenden Forderung unzulässig[5] (BGB § 1125). Keine Vorausverfügung ist die im Mietvertrag mit einer BGB-Gesellschaft getroffene Vereinbarung, daß die Haftung der Gesellschafter auf das Gesellschaftsvermögen beschränkt ist[6].

c) Auf **rückständige** Mietforderungen erstreckt sich die Beschlagnahme nach Maßgabe von BGB § 1123 Abs 2 Satz 1; fällige Forderungen bleiben mit dem Ablauf eines Jahres ab ihrer Fälligkeit beschlagnahmefrei. Betriebskosten können jedoch erst fällig sein, wenn eine ordnungsgemäße Abrechnung vorliegt[7]. Dann ist dieser Fälligkeitszeitpunkt auch für die Bemessung des Jahreszeitraums für das Freiwerden von der hypothekarischen Haftung (BGB § 1123 Abs 2) und damit Freistellung von der Beschlagnahme maßgeblich. Rückständige Grundmiete kann sonach als überjährig beschlagnahmefrei sein, auf die mit späterer Abrechnung fällig gewordenen (oder vom Zwangsverwalter erst noch abzurechnenden) Betriebskosten kann die Beschlagnahme hingegen sich noch erstrecken. Eine vor Beschlagnahme abgetretene Miet- oder Pachtforderung bleibt (bis zur Unwirksamkeit der Verfügung, § 1124 Abs 2) beschlagnahmefrei (BGB § 1124 Abs 1 Satz 2); die Beschlagnahme erstreckt sich auf sie auch nicht, wenn sie nach Beschlagnahme wieder an den Vermieter (Verpächter) zurück abgetreten wird[8].

d) Miet- und Pachtforderungen unterliegen dieser Beschlagnahme auch, wenn der betreibende Gläubiger nicht dinglich, sondern nur persönlich betreibt[9] oder wenn die Forderungen vor der Zwangsverwaltung von einem Gläubiger für länger als den laufenden Kalendermonat gepfändet waren[10] (auch wenn Pfändung von Miete und Pacht wegen öffentlicher Lasten nach dem Gesetz vom 9. 3. 1934, RGBl 1934 I 181, erfolgt war), oder wenn Zahlung nur vor der Beschlagnahme (in einer Summe[11]) zu erbringen war und an einen Zessionar geleistet wurde[12].

e) Auf Miet- und Pachtforderungen erstreckt sich die Beschlagnahme nicht nur, wenn Vermietung und Verpachtung durch den Eigentümer (oder seinen Insolvenzverwalter[13]) erfolgt ist, sondern auch dann, wenn ein **Nießbraucher** (§ 146 Rdn 11.2; zum rangbesseren Nießbrauch aber auch § 146 Rdn 11.3) oder ein **Eigenbesitzer**[14], auch der Käufer vor Eigentumsübergang[15], den Miet- oder Pachtvertrag abgeschlossen hat.

---

[4] BGH MDR 2003, 1408 = NJW-RR 2003, 1308 = NZI 2003, 562 = Rpfleger 2003, 600.
[5] LG Hagen DGVZ 1999, 341; auch OLG Naumburg OLGRep 2003, 255.
[6] BGH NJW-RR 2003, 1308 = aaO (Fußn 4).
[7] BGH 113, 188 = NJW 1991, 836.
[8] OLG Karlsruhe JurBüro 2002, 327 = MDR 2002, 783.
[9] OLG Celle JR 1955, 267 = NdsRpfl 1956, 16 = WM 1955, 851.
[10] OLG Celle aaO (Fußn 9); LG Braunschweig ZIP 1996, 193; Stöber, Forderungspfändung, Rdn 231.
[11] LG Hamburg Rpfleger 1995, 124.
[12] OLG Hamm WM 1989, 895.
[13] OLG Brandenburg ZIP 1999, 1533.
[14] RG 68, 10 (13); BGB-RGRK/Mattern § 1123 Rdn 4; Staudinger/Wolfsteiner, BGB, § 1123 Rdn 8.
[15] OLG Düsseldorf KTS 1988, 571 = MDR 1988, 592.

§ 148 2.3   Zwangsverwaltung

f) Auf Mietansprüche des Mieters gegen seinen **Untermieter** (BGB § 549; ebenso für Pächter/Unterpächter) erstreckt sich die Beschlagnahme nicht[16]. Untermietansprüche sind Forderungen des Untervermieters, nicht des Grundstückseigentümers. Der Untervermieter ist Dritter, nicht Schuldner; Anspruch auf Befriedigung aus diesem schuldnerfremden Vermögen haben Gläubiger des Grundstückseigentümers nicht[17]. Der Untermietvertrag ist auch dem Verwalter gegenüber nicht nach § 152 Abs 2 wirksam[18]. Auch dann erfaßt die Beschlagnahme gesetzlich Ansprüche des zur Weitervermietung berechtigten Hauptmieters an seinen (Unter-) Mieter nicht, wenn der Mieter nach Anordnung der Zwangsverwaltung zahlungsunfähig geworden ist[19]. Wenn jedoch der Hauptmiet- oder Hauptpachtvertrag wegen Vereitelung der Gläubigerrechte nach BGB § 138 Abs 1 (ausnahmsweise) nichtig ist, die Miet- oder Pachterträge wirtschaftlich damit dem Grundstückseigentümer zustehen, erstreckt sich auf sie auch die Zwangsverwaltungsbeschlagnahme[20].

g) Nach Beendigung des Mietverhältnisses tritt bis zur Rückgabe der Mietsache an den Zwangsverwalter (nicht an den Eigentümer) der Entschädigungsanspruch aus dem Rückgewährschuldverhältnis (BGB § 546 a) an die Stelle der Mietforderung; auch auf ihn erstreckt sich daher die Beschlagnahme[21]; gleiches gilt für den Entschädigungsanspruch nach Beendigung eines Pachtverhältnisses (BGB § 584 b). Bei Kündigung durch den Insolvenzverwalter eines Insolvenzverfahrens über das Vermögen des Mieters (oder Pächters) erstreckt sich die Beschlagnahme auch auf die Ersatzforderung des InsO § 109 Abs 1 Satz 2 (vormals KO § 19 Satz 3) für den Ausfall beschlagnahmter Miet- oder Pachtforderungen[22].

h) Falls der Vollstreckungsschuldner **zum Nachteil** eines pfändenden Gläubigers mit einem persönlich die Zwangsverwaltung betreibenden Gläubiger **zusammenwirkt** (er veranlaßt selbst die Zwangsverwaltungsbeschlagnahme, um die Pfändung gegenstandslos zu machen), bleiben dem Geschädigten nur Ansprüche aus BGB § 826 und nach dem Anfechtungsgesetz[23].

i) Die Zwangsverwaltungs-Beschlagnahme der Miet- und Pachtforderungen **endet** mit der Rücknahme des Verfahrensantrags (maßgebend ist der Zeitpunkt des Eingangs der Erklärung bei Gericht, wie bei der Zwangsversteigerung) oder mit dem Erlaß eines Aufhebungsbeschlusses aus anderem Anlaß oder im Falle der Versteigerung mit dem Wirksamwerden des Zuschlagsbeschlusses. Eine vorherige Pfändung war durch die Zwangsverwaltung nur gehemmt, nicht aufgehoben[24], läuft also bei Antragsrücknahme oder anderer Aufhebung (nicht im Falle des Zuschlags) weiter.

k) Über die Baukostenzuschüsse und Mietvorauszahlungen besonderer Art bei § 57 b Rdn 7.

2.4 Die betreibenden Gläubiger der Zwangsverwaltung können, auch mit Wirkung für alle nicht betreibenden Beteiligten des Verfahrens, auf einzelne Wirkungen der Beschlagnahme **verzichten** und so insbesondere dem Vollstreckungsschuldner einzelne Nutzungen zur freien Verfügung überlassen (§ 149 Rdn 4.6;

---

[16] BGH MDR 2005, 773 = Rpfleger 2005, 323; Dassler/Muth § 148 Rdn 11; Steiner/Hagemann § 148 Rdn 35.
[17] BGH Rpfleger 2005, 323 = aaO.
[18] BGH 96, 61 = MDR 1986, 140 = NJW-RR 1986, 858 = Rpfleger 1986 26.
[19] LG Bonn ZIP 1981, 730.
[20] BGH Rpfleger 2005, 323 = aaO.
[21] BGH NJW-RR 2003, 1308 = aaO (Fußn 4); OLG Rostock OLGRep 2000, 214.
[22] OLG Frankfurt NJW 1981, 235; LG Frankfurt NJW 1979, 934.
[23] OLG Celle NdsRpfl 1956, 16 = aaO (Fußn 9).
[24] RG 64, 415.

aA[25]). Sie können auch Ausgaben des Zwangsverwalters genehmigen, zu denen dieser sonst nicht befugt wäre. Sie können sich auch damit einverstanden erklären, daß ein ihnen nachgehender Gläubiger vor ihnen befriedigt werde. Nicht zulässig ist aber eine von vornherein auf einen Teil der Nutzungen beschränkte Anordnung der Zwangsverwaltung.

2.5 Zur Beschlagnahme im ZVG-Handbuch Rdn 588–590.

2.6 Die weitergehende Beschlagnahme bei Zwangsverwaltung schließt auch **Verfügungen des Schuldners** über **einzelne bewegliche Sachen** innerhalb der Grenzen einer ordnungsgemäßen Wirtschaft aus; § 23 Abs 1 Satz 2 findet keine Anwendung: Abs 1 Satz 2. Unberührt bleiben die Geschäfts- und Prozeßfähigkeit des Schuldners, auch seine Verfügungsgewalt über das sonstige Vermögen. Rechtsgeschäfte des Vollstreckungsschuldners, an die der Zwangsverwalter nicht gebunden ist oder die während der Zwangsverwaltung gegenüber dem Zwangsverwalter unwirksam sind, bleiben dem Vollstreckungsschuldner gegenüber wirksam, insbesondere für die Zeit nach Aufhebung der Zwangsverwaltung. Wird gegen einen Vollstreckungsschuldner das Offenbarungsversicherungsverfahren betrieben, so hat er die Versicherung abzugeben[26], nicht der Zwangsverwalter.

2.7 Auf das sogen **Milchkontingent** (Recht zur abgabefreien Milchanlieferung; zu diesem § 55 Rdn 4.2) erstreckt sich die Beschlagnahme nicht[27] (hierzu auch § 25 Rdn 2.1). Es ist personenbezogen; Betriebsakzessorietät (zu dieser[27]) sollte aber für die Nutzung der Anlieferungs-Referenzmenge auch nach Aufhebung der Flächenbindung (§ 55 Rdn 4.2) noch anzunehmen sein (Betriebsveräußerung ermöglicht nach § 7 Abs 2 Milchabgabenverordnung vom 9. 8. 2004, BGBl I 2144, Übertragung außerhalb der Börse). Wahrgenommen werden die Rechte des Schuldners, dem mit Beschlagnahme die Verwaltung und Benutzung der Grundstücke des Betriebs entzogen ist (§ 148 Abs 2), durch den Zwangsverwalter. Für Beibehaltung der Nutzungsart, damit Fortführung der Milcherzeugung auf dem beschlagnahmten landwirtschaftlichen Anwesen, muß diesem auch Wahrnehmung des Rechts des Schuldners als Milcherzeuger zu abgabefreien Milchanlieferung zugestanden werden. Für abgabefreie Milchanlieferung kann es keinen Unterschied machen, ob die Wirtschaftsführung dem zum Zwangsverwalter bestellten Schuldner (§ 150b) selbst oder einem Dritten als Zwangsverwalter obliegt. Daß der Schuldner in der Zeit der Zwangsverwaltung die Anlieferungs-Referenzmenge damit nicht flächenungebunden über eine Verkaufsstelle veräußern kann, ist Folge der Beschlagnahme der Hof-Grundstücke; daher ist unerheblich, daß die Beschlagnahme sich nicht auch noch auf die Anlieferungsreferenzmenge erstreckt. Verpachtet der Zwangsverwalter beschlagnahmte Grundstücke oder soll er bei Auslaufen eines Pachtvertrags die Anlieferungs-Referenzmenge des Pächters zurück erlangen, dann finden jedoch auf die Übertragung die Bestimmungen der Zusatzabgabenverordnung in gleicher Weise wie bei Verpachtung durch den Eigentümer selbst Anwendung.

2.8 Ein **Aufwendungszuschuß** in Form eines Härteausgleichs zur Mietpreisbegrenzung tritt an die Stelle des Teils der Mieteinkünfte, um den die Miete gesenkt ist. Als Mietersatz (Mietzuschuß zur Erhaltung der Ertragslage) wird er der Miete gleichgestellt. Auch darauf erstreckt sich daher die Beschlagnahme[28] (BGB § 1123 in analoger Anwendung). Wohnungsbauförderungsmittel hingegen dienen (zumeist als Kapitalkostenzuschuß) der Schaffung von Mietobjekten (Objektförde-

---

[25] AG Kerpen ZMR 2002, 202.
[26] LG Düsseldorf MDR 1958, 171.
[27] BGH 114, 277 = MDR 1991, 1167 = NJW 1991, 3280 = Rpfleger 1991, 429.
[28] VerwG Düsseldorf Rpfleger 1990, 309.

§ 148 2.8 Zwangsverwaltung

rung). Sie unterliegen so wenig der Beschlagnahme[28] wie das Wohngeld des Mieters.

2.9 Die Rechte eines Gläubigers aus einem **Früchtepfandrecht** nach dem Düngemittelgesetz (hierzu § 10 Rdn 7) werden durch die Beschlagnahme in der Zwangsverwaltung nicht berührt. Der Früchtepfandrechtsgläubiger kann vom Zwangsverwalter Befriedigung aus den ihm haftenden (aber von der Zwangsverwaltungs-Beschlagnahme erfaßten) Gegenständen verlangen, kann ihn sonst auf Duldung der Zwangsvollstreckung in diese Gegenstände verklagen, weil ja sein Pfandrecht allen übrigen Rechten vorangeht. Der Zwangsverwalter darf, wenn es für die Verwaltung besser ist, die bevorrechtigte Forderung entgegen den sonstigen Grundsätzen aus § 152 bezahlen, um die haftenden Gegenstände dann selbst verwerten zu können. Zum Früchtepfandrecht[29].

3 Verwaltungs- und Benutzungsrecht des Schuldners (Absatz 2)

3.1 Die Verwaltung und Benutzung des Grundstücks ist dem Vollstreckungsschuldner in der Zwangsverwaltung **entzogen:** Abs 2. Auch innerhalb der Grenzen einer ordnungsgemäßen Wirtschaft (§ 24) ist damit dem Schuldner die Verwaltung und Benutzung des Grundstücks versagt. Er kann also insbesondere nicht vermieten und verpachten, auch nicht Miete und Pacht einziehen, auch keine Klagen insoweit erheben. Die dem Schuldner untersagte tatsächliche oder rechtliche Verfügung über das Grundstück wird durch den Zwangsverwalter ausgeübt (§ 152). Der Zwangsverwalter kann den Schuldner allerdings ermächtigen, eine auf Eigenbedarf (BGB § 573 Abs 2 Nr 2) gestützte Räumungsklage im eigenen Namen zu erheben (so zum früheren Mieterschutzgesetz[30]).

3.2 Über das Wohnrecht des Vollstreckungsschuldners und über die Nutzung gewerblicher Räume durch ihn § 149 Rdn 2.

3.3 Hierzu im ZVG-Handbuch Rdn 587.

[Wohnrecht und Unterhalt des Schuldners]

149 (1) **Wohnt der Schuldner zur Zeit der Beschlagnahme auf dem Grundstücke, so sind ihm die für seinen Hausstand unentbehrlichen Räume zu belassen.**

(2) **Gefährdet der Schuldner oder ein Mitglied seines Hausstandes das Grundstück oder die Verwaltung, so hat auf Antrag das Gericht dem Schuldner die Räumung des Grundstücks aufzugeben.**

(3) **Bei der Zwangsverwaltung eines landwirtschaftlichen, forstwirtschaftlichen oder gärtnerischen Grundstücks hat der Zwangsverwalter aus den Erträgnissen des Grundstücks oder aus deren Erlös dem Schuldner die Mittel zur Verfügung zu stellen, die zur Befriedigung seiner und seiner Familie notwendigen Bedürfnisse erforderlich sind. Im Streitfall entscheidet das Vollstreckungsgericht nach Anhörung des Gläubigers, des Schuldners und des Zwangsverwalters. Der Beschluß unterliegt der sofortigen Beschwerde.**

Literatur: Schiffhauer, Der Unterhaltsanspruch des Schuldners im Zwangsverwaltungsverfahren, BlGrBW 1959, 145.

---

[29] Drischler Rpfleger 1948/1949, 499.
[30] LG Köln MDR 1954, 361 Leitsatz.

Allgemeines zu § 149

1.1 Zweck der Vorschrift: Wohnrecht und Unterhalt des Schuldners als Ausnahmen von dem grundsätzlichen Entzug aller Verwaltungs- und Benutzungsrechte (§ 148 Abs 2) aus Billigkeitsrücksichten[1].

1.2 In der **Zwangsversteigerung** befaßt sich das Gesetz nicht mit Wohnung und Unterhalt des Schuldners; es **beläßt** ihm den **Besitz** der benützten Räume, bis der Ersteher aus dem Zuschlagsbeschluß räumen läßt (§ 93); es **regelt nicht** seinen **Unterhalt**, sondern überläßt ihm bis zum Zuschlag alle Nutzungen aus dem Grundstück (§ 56 Satz 2) und nach dem Verteilungstermin den Übererlös der Versteigerung.

Besitz des Schuldners an Wohnräumen (Absatz 1)

2.1 Der Schuldner **darf,** obwohl ihm die Verwaltung und Benutzung des Grundstücks durch Zwangsverwaltungs-Beschlagnahme entzogen ist (§ 148 Abs 2), in beschränktem Umfang auf dem Grundstück **wohnen.** Wenn er im Zeitpunkt der (ersten) Beschlagnahme (auch wenn das Verfahren nur noch von einem Beitrittsgläubiger betrieben wird) schon dort wohnt, müssen ihm die für seinen Hausstand erforderlichen Räume belassen werden: Abs 1. „Wohnen" ist dabei ein nicht nur vorübergehendes Bewohnen; es genügt also nicht, wenn es sich um einen Sommersitz handelt[2]. Jedem von mehreren Schuldnern (Miteigentümern zu Bruchteilen, in Erbengemeinschaft) steht das Wohnrecht selbständig zu.

2.2 Auf Belassung der zum Hausstand erforderlichen Räume hat der Schuldner einen **Rechtsanspruch;** der Zwangsverwalter hat diesen von sich aus, ohne Antrag und ohne besondere Anweisung, zu erfüllen. Zu den **Wohnräumen** gehören auch die dazu nötigen Nebenräume (Keller, Speicher, Hof, Waschküche usw)[3]. Eine Garage sollte nicht dazu gehören; sie wird überdies in der Regel nicht unentbehrlich sein. Der Anspruch besteht nicht gerade auf die bisher innegehabte Wohnung, es können auch andere Räume des Grundstücks zugewiesen werden (weil sich zB dann die restlichen Räume besser durch den Zwangsverwalter nutzen lassen). Der Schuldner kann auf seinen Anspruch **verzichten,** hat dann aber keinen Entschädigungsanspruch hierfür. Er kann seinen Anspruch nicht **abtreten** und einem anderen nicht zur Ausübung überlassen, darf also nicht weitervermieten. Die zugewiesenen Räume darf er auch nicht **tauschen,** weil durch den Auszug sein Anspruch verlorengeht. **Veräußert** der Schuldner das Objekt während der Zwangsverwaltung (dies kann er), so geht das Wohnrecht nicht auf den Erwerber über[4], selbst dann nicht, wenn der Erwerber zur Zeit der Beschlagnahme schon als Mieter/Pächter auf dem Grundstück gewohnt hat; der bisherige Schuldner verliert damit sein Wohnrecht, weil er durch die Zwangsverwaltung nicht mehr Rechte haben kann, als er ohne sie hätte (so auch[4]). Er darf auch nicht während der Zwangsverwaltung in eine frei gewordene Wohnung **neu einziehen;** tut er es widerrechtlich, erwirbt er hieraus kein Wohnrecht nach Abs 1. Wenn der Schuldner bei der Beschlagnahme nicht auf dem Objekt gewohnt hat, kann er als Mieter oder bei entgeltlicher Nutzung (Rdn 2.6) eine Wohnung in dem Grundstück erhalten. Für seinen Wohnrechtsanspruch genügt es, wenn der Schuldner nicht selbst dort wohnte, sondern seine **Familie dort wohnhaft** war[5]. **Stirbt** der anspruchsberechtigte Schuldner während des Zwangsverwaltungsverfahrens, so können seine zu seinem Hausstand gehörenden Erben weiter im Grundstück wohnen bleiben[6].

---

[1] BGH 130, 314 (318) = NJW 1995, 2846 (2847).
[2] Dassler/Muth § 149 Rdn 3.
[3] Dassler/Muth § 149 Rdn 5.
[4] BGH 130, 314 (319) = aaO; Steiner/Hagemann § 149 Rdn 7.
[5] Jaeckel/Güthe § 149 Rdn 1.
[6] LG Heilbronn Rpfleger 2005, 154; Steiner/Hagemann § 149 Rdn 4; Brand/Baur, Zwangsversteigerungssachen, § 111 (I).

§ 149 2.3 Zwangsverwaltung

2.3 Für die nach Abs 1 überlassenen Wohnräume braucht der Schuldner **kein Entgelt** an den Zwangsverwalter zahlen[7]; ZwVwV § 5 Abs 2 Nr 2 (anders[8]). Diese Befreiung erstreckt sich aber nicht auf Ernährung, Feuerung, Beleuchtung und sonstige Betriebskosten. Für die **Heizung** muß also der Schuldner selbst sorgen. Bei zentralgeheizten Räumen muß er hierfür bezahlen[9]. Kann er das nicht und können auch nicht behelfsmäßige Öfen auf Kosten der Zwangsverwaltung aufgestellt werden, so muß man ihm die Wohnung mit der Heizung belassen, darf ihm also nicht die Heizung abstellen. Will aber der Schuldner für die Heizung nur nicht zahlen und gefährdet er dadurch die Zwangsverwaltung, so kann gegen ihn nach Abs 2 vorgegangen werden. Es kann ihm daher bei beharrlicher Weigerung, die Betriebs- und Verbrauchskosten zu zahlen, die Räumung der belassenen Eigentumswohnung aufgegeben werden[10]. Für Versorgung mit **Strom und Gas** muß der Schuldner selbst sorgen; es ist ein Zähler oder Zwischenzähler, je nach Lage des Falles, einzubauen. Das zur Ausstattung der Wohnräume unentbehrliche **Hausgerät** ist beschlagnahmefrei. Auch wenn es Zubehör des Grundstücks ist (und damit der Beschlagnahme unterliegt), muß es der Zwangsverwalter dem Schuldner herausgeben.

2.4 Über das Wohnrecht des Schuldners **entscheidet** zunächst der **Zwangsverwalter** aus eigenem Recht. Er hat dem Gericht darüber zu berichten, auch über den Umfang (ZwVwV § 3 Abs 1 Nr 6). Auf Antrag des Schuldners oder des betreibenden Gläubigers (oder soweit sonst erforderlich, § 153 Abs 1) entscheidet das **Gericht,** das die Beteiligten und den Zwangsverwalter vorher anhören muß. Diese Entscheidung ist anfechtbar (sofortige Beschwerde), allerdings nicht für den Zwangsverwalter, der insoweit den Weisungen des Gerichts untersteht. Klage ist ausgeschlossen. Entbehrliche Wohnräume hat der Verwalter durch Vermietung zu nutzen.

2.5 Fall aus der Praxis: Von den in Gütergemeinschaft lebenden Schuldner-Eheleuten lebt nur die Frau im Grundstück und hat einen Teil der Räume „untervermietet". Diese untervermieteten Räume sind nicht unentbehrlich im Sinne des Abs 1. Auf die Mietforderung erstreckt sich die Beschlagnahme (bei möbliert untervermieteten Räumen nur die Miete für leere Räume). Der Verwalter, der den mittelbaren Besitz an diesen Räumen nach § 150 Abs 2 erlangt, hat sie nach Beendigung des bestehenden Mietverhältnisses auf Grund seines Verwaltungsrechts (§ 152) selbst zu vermieten. Das kann (bei möbliert vermieteten Räumen) auch einvernehmliches Handeln mit dem Schuldner erfordern.

2.6 Räume, die der Schuldner nicht im Rahmen des Abs 1 zum Wohnen benötigt, dürfen ihm vom Zwangsverwalter nur **gegen Entgelt** überlassen werden[11]. Ihm wird der Zwangsverwalter Räume (oder auch Grundstücksflächen) (in der Regel, somit, wenn nicht besondere Gründe vorliegen) nur dann zur Nutzung zu belassen haben oder überlassen können, wenn von ihm derselbe Gegenwert (sicher, nicht somit nur wahrscheinlich oder vermutlich) erzielt werden kann, zu dem Vermietung oder Verpachtung an einen Dritten erfolgen könnte (zu diesem Gedanken[12]). Das ist stets Einzelfallfrage; vorausgesetzt ist damit aber jedenfalls, daß der Schuldner sich dem Zwangsverwalter gegenüber zur Zahlung eines Entgelts (einer Nutzungsentschädigung) bereit erklärt und zur Zahlung auch imstande ist[12].

---

[7] Pöschl NJW 1956, 372 (2).
[8] Dassler/Muth § 149 Rdn 6.
[9] Schmidt-Futterer DWW 1968, 453 (I 2 b).
[10] AG Heilbronn Rpfleger 2004, 236 mit Anm Schmidberger; LG Zwickau Rpfleger 2004, 646 Leitsatz.
[11] BGH MDR 1992, 1082 = NJW 1992, 2487 = Rpfleger 1992, 402; auch WM 1964, 789 (795) = VersR 1964, 865.
[12] BGH 12, 380 (395).

Vermietung oder Verpachtung wird sich ohnedies nur in Sonderfällen rechtfertigen, weil sie im Hinblick auf § 57 eine Versteigerung erschweren können.
Möglich sind

a) Abschluß eines **Miet-** (auch Pacht-)**Vertrags** mit dem Schuldner. Daß diesem als nicht mehr nutzungsberechtigtem Eigentümer (§ 148 Abs 2) Räume in einem Gebäude auf seinem Grundstück und ihm gehörende Grundstücksflächen von dem zu Besitz und Nutzung berechtigten Zwangsverwalter vermietet werden, ist rechtlich möglich[13]. Zustimmung des Gerichts erfordert Vermietung an den Schuldner nicht (s ZwVwV § 10). Einholung einer gerichtlichen Weisung (§ 153 Abs 1) kann gleichwohl im Einzelfall sachgerecht sein. Vielfach werden aber mietvertragliche Rechtsbeziehungen zwischen Zwangsverwalter und Schuldner mit der Verpflichtung zur Gebrauchsgewährung (BGB § 535) und den Besonderheiten für Mietverhältnisse über Wohnraum (BGB §§ 549 ff) sowie den besonderen Rechten des Mieters im Zwangsversteigerungsverfahren (§§ 57 ff) nicht erstrebt sein. Sie bereiten auch Erschwernis, wenn der Schuldner als Mieter nicht zahlt; der Zwangsverwalter kann gegen ihn dann nur wie gegen jeden anderen Mieter vorgehen, ihm somit nicht die Räume nach § 148 Abs 2 oder § 149 Abs 2 entziehen.

b) **Vereinbarung** des Zwangsverwalters mit dem Schuldner über die nach Beschlagnahme längstens für die Dauer des Verfahrens **fortwährende** (auch neu zu begründende) **Nutzung des Grundstücks** (von Räumen oder Gebäudeflächen) gegen eine dem angemessenen Mietzins entsprechende Entschädigung[14]. Anspruchsgrundlage für das Nutzungsentgelt ist dann BGB § 241 Abs 1, § 311 Abs 1. Begründung mietvertraglicher Rechtsbeziehungen ist mit dem Einvernehmen nicht erstrebt, daß der Zwangsverwalter dem Schuldner (unmittelbaren) Besitz und damit Nutzung des Grundstücks (von Räumen usw) zeitweise gegen Entgelt beläßt oder (neu) überläßt. Mietrecht kann auf die vertragliche Abmachung über solche Gebrauchsüberlassung daher nicht anwendbar sein. Deshalb ist der Zwangsverwalter auch berechtigt, die Räumung des Grundstücks zur anderweiten miet- oder pachtweisen Verwertung zu verlangen, wenn der Schuldner sich weigert oder außer Stande ist, die angemessene Nutzungsentschädigung zu zahlen oder wenn er sonst den Zweck der Verwaltung gefährdet (wie im Falle von[15]). Dem Zwangsverwalter gegenüber kann der Schuldner sich nicht auf ein Recht zum Besitz berufen oder den Einwand unzulässiger Rechtsausübung erheben (sofern nicht besondere Umstände vorliegen)[15]. Übergabe des Grundstücks an den Zwangsverwalter bei fortwährender Nutzung durch den Schuldner seit Beschlagnahme sollte § 150 Abs 2 (auch entsprechende Anwendung von § 149 Abs 2) ermöglichen; bei neu begründeter Nutzung mit Besitzerwerb vom Zwangsverwalter während des Verfahrens wird hingegen der Herausgabeanspruch des Zwangsverwalters nur noch im Prozeßweg verfolgt werden können. Weil die Nutzungsvereinbarung mietvertragliche Rechtsbeziehungen nicht begründet, kann sie auch entsprechende Anwendung mietrechtlicher Vorschriften in einem Zwangsversteigerungsverfahren, die §§ 57 ff regeln, nicht bewirken.

2.7 Das Wohnrecht des Schuldners **endet,** wenn Räume für seinen Hausstand nicht mehr benötigt werden (nicht mehr unentbehrlich sind). Das kann zB der Fall sein, wenn der Schuldner dauerhaft in einem Pflegeheim untergebracht ist[16], zu seinem Hausstand gehörende Personen in den Räumen nicht wohnen und Interessen des Schuldners an der Beibehaltung der Räume nicht mehr fortbestehen,

---

[13] RG 104, 308 (310); BGH WM 1964, 789 (795) = aaO (Fußn 11); Ermann/Jendrek, BGB, § 535 Rdn 26; MünchKomm-BGB/Schilling, § 535 Rdn 69; auch BGH 12, 380, (388, 394); Rimmelspacher WM 2004, 1945 (1947).
[14] BGH 12, 380 (388, 394).
[15] BGH 12, 380.
[16] AG Heilbronn Rpfleger 2004, 514.

ihm somit deren Aufgabe zugemutet werden kann. Die Räume sind ihm dann nicht mehr zu belassen. Sie sind dem Zwangsverwalter zu übergeben; dieser kann auch ermächtigt werden, sich selbst den Besitz zu verschaffen (§ 150 Abs 2).

2.8 Ist der Schuldner eine **juristische Person,** so dürfen keine Räume unentgeltlich überlassen werden[17]. Es handelt sich hier nicht um Wohnräume, sondern um gewerbliche. Dies gilt auch, wenn der Geschäftsführer einer Schuldner-GmbH dort wohnt; von ihm ist daher eine Nutzungsvergütung zu zahlen[18]. Das gilt analog auch, wenn es sich um den Gesellschafter einer OHG oder KG (keine juristische Person, aber eine selbständige Handelsgesellschaft) handelt; auch hier sind die Räume gewerbliche (zu diesen Rdn 2.9).

2.9 Gewerberäume: Für sie ist im ZVG keine Ausnahme von dem grundsätzlichen Benützungsverbot des § 148 Abs 2 vorgesehen. Solche Räume darf der Schuldner in der Zwangsverwaltung nicht unentgeltlich weiter benützen. Sie sind mit dem Grundstück dem Zwangsverwalter zu übergeben oder (bei Ermächtigung) von ihm selbst in Besitz zu nehmen (§ 150 Abs 2). Auch für den auf dem Grundstück wohnenden Schuldner gehören sie nicht zu den Räumen, die für den Hausstand genutzt werden. Sie sind dem Schuldner daher in keinem Fall zur Nutzung aus Billigkeitsrücksichten nach Abs 1 zu belassen. Der Zwangsverwalter hat sie daher der ordnungsgemäßen Grundstücksnutzung (§ 152 Abs 1) durch Vermietung oder Verpachtung zuzuführen. Möglich (nicht aber ratsam, Rdn 2.6 zu a) ist auch Abschluß eines Miet- oder Pachtvertrags mit dem Schuldner, ebenso wie (näherliegend und sachgerecht) Vereinbarung mit dem Schuldner über eine nach Beschlagnahme längstens für die Dauer des Verfahrens fortwährende (oder neu zu begründende) Nutzung gegen entsprechende Entschädigung (Rdn 2.6 zu b).

2.10 Über Wohnrecht aus einem Alteinteil § 146 Rdn 10. Zum Wohnrecht des Schuldners in der Zwangsverwaltung auch im ZVG-Handbuch Rdn 595–597.

3 Räumung des Grundstücks bei Gefährdung (Absatz 2)

3.1 Gefährdet bei Überlassung von Wohnraum der Schuldner oder ein Mitglied seines Hausstands das Grundstück oder die Zwangsverwaltung, dann muß das Gericht auf Antrag dem Schuldner die **Räume** des Objekts **aufgeben:** Abs 2.

3.2 Es muß eine **Gefährdung** erfolgen. Sie kann darin bestehen, daß der Schuldner die Wohnung vernachlässigt, dem Zwangsverwalter beharrlich Schwierigkeiten bereitet oder etwa widerrechtlich ihm nicht zustehende Räume bezieht. Es genügt nicht, wenn der Schuldner nur Unfrieden stiftet; es muß der Ertrag des Grundstücks durch sein Verhalten gefährdet werden[19]. Dazu kann auch eine wesentliche Erschwerung der Tätigkeit des Zwangsverwalters beitragen[20] oder eine mangelhafte Beaufsichtigung von Angehörigen des Schuldners[21] oder das Abschrecken von Miet- oder Pachtinteressenten[22], aber auch die beharrliche Weigerung, Betriebs- und Verbrauchskosten zu erstatten (Rdn 2.3).

3.3 Die Gefährdung muß durch den **Schuldner** selbst oder ein **Mitglied seines Hausstands erfolgen.** Für das Verhalten seiner Angehörigen hat somit der Schuldner einzustehen. Notwendig ist aber ein schuldhaftes Verhalten (anders[22]). Weil das Wohnrecht aus Billigkeitsgründen gewährt wird, kann der Schuldner im Falle unverschuldeter Gefährdung (zB bei ansteckenden Krankheiten in der Familie) gerade auf die Wohnung besonders angewiesen sein.

---

[17] BGH VersR 1964, 865 = WM 1964, 789.
[18] LG Mannheim DWW 1969, 81 = WuM 1969, 42 = ZMR 1969, 178.
[19] LG Bremen MDR 1956, 49.
[20] LG Bremen MDR 1956, 49; Jaeckel/Güthe § 149 Rdn 4.
[21] Mohrbutter/Drischler Muster 153 Anm 8.
[22] Jaeckel/Güthe § 149 Rdn 4.

Wohnrecht und Unterhalt des Schuldners 3.12 § 149

3.4 Die Räumung ist nur **auf Antrag** zu beschließen (Abs 2), nicht von Amts wegen. Antragsberechtigt ist der Zwangsverwalter[23], jeder betreibende Gläubiger[23], aber auch jeder sonstige Verfahrensbeteiligte, weil durch die Gefährdung des Grundstücks oder der Verwaltung auch seine Interessen berührt werden[24] (anders[25]).

3.5 Das Gericht kann die **sofortige Räumung** aufgeben, aber auch eine **Frist** dafür **bewilligen**[26]. Mieterschutz genießt der Schuldner dabei nicht; Räumungsschutz nach ZPO § 721 kann nicht verlangt werden. Die Anordnung kann alle überlassenen Räume erfassen oder auch nur einen Teil. Sie kann sich auch darauf beschränken, einer bestimmten Person die Räumung aufzugeben, wenn nur diese gefährdet, zB einem bestimmten Mitglied aus dem Hausstand des Schuldners. Nicht zulässig ist dies allerdings nur gegenüber einem **Ehegatten** (dies halten[27] für zulässig), weil Eheleute zur ehelichen Lebensgemeinschaft verpflichtet sind (BGB § 1353 Abs 1 Satz 2); das Vollstreckungsgericht kann nicht Eheleute trennen, es kann nur dem Schuldner samt Ehegatten die Räumung aufgeben.

3.6 Auch eine **Maßregel nach** § 25 (die in der Zwangsverwaltung zulässig ist) kann das Gericht statt der Räumungsanordnung wählen, um die Gefährdung zu beseitigen. Es ist immer das geringere Übel anzuwenden.

3.7 Die Entscheidung des Gerichts erfolgt nach pflichtgemäßem **Ermessen**.

3.8 Der Räumungsbeschluß ist **Vollstreckungstitel** nach ZPO § 794 Abs 1 Nr 3. Er benötigt keine Vollstreckungsklausel und ist sofort vollstreckbar. Zugestellt wurde er schon von Amts wegen durch das Gericht. Ratsam ist es allerdings, die Rechtskraft abzuwarten, außer bei erheblicher Gefährdung des Objekts oder der Verwaltung. Ausgeführt wird der Räumungsbeschluß durch einen vom Zwangsverwalter zu beauftragenden Gerichtsvollzieher. Richterliche Durchsuchungsanordnung (Vollstreckungsgenehmigung) erfordert die Räumung der Schuldnerwohnung nicht (ZPO § 758 a Abs 2).

3.9 Gegen den Räumungsbeschluß hat der Schuldner, gegen den ablehnenden Beschluß hat jeder Gläubiger oder sonst Antragsberechtigte die sofortige Beschwerde. Keinen Rechtsbehelf hat der Zwangsverwalter, der hier ebenfalls den Anweisungen des Gerichts unterliegt. Gegen Maßnahmen des Zwangsverwalters ist im übrigen **Vollstreckungserinnerung** nach ZPO § 766 möglich oder ein formloses Gesuch an den für die Aufsicht zuständigen Rechtspfleger.

3.10 Auch bei dieser Räumungsvollstreckung ist auf Antrag **ZPO § 765 a** zu beachten. Der Schuldner kann das Vollstreckungsgericht gegen die Vollstreckung aus dem Räumungsbeschluß anrufen; Antragsfrist: ZPO § 765 a Abs 3. Er konnte sich auch schon vor dessen Erlaß bei der gerichtlichen Anhörung hierauf berufen; dann mußte das Gericht schon damals hierüber entscheiden. Regelmäßig geht allerdings bei einer Gefährdung solcher Art das Schutzbedürfnis des Gläubigers einer Rücksichtnahme auf den Schuldner vor. Eine Anordnung aus ZPO § 765 a kommt daher nur in außergewöhnlichen Fällen in Frage, etwa bei einem Todesfall in der Familie.

3.11 Hierzu im ZVG-Handbuch über die Anordnung der Räumung Rdn 597, Muster für die Räumungsanordnung Rdn 598, Vollstreckungstitel Rdn 599, Rechtsbehelfe Rdn 599.

3.12 Wenn **Wohnungseigentum** einer Zwangsverwaltung unterzogen wird, ist das Verfahren vielfach dadurch behindert, daß die Eigentumswohnung vom

---

[23] Jonas/Pohle, ZwVNotrecht, § 149 Anm 1.
[24] Jaeckel/Güthe § 149 Rdn 4; Steiner/Hagemann § 149 Rdn 27; Jonas/Pohle, ZwVNotrecht, § 149 Anm 1.
[25] Korintenberg/Wenz § 149 Anm 2.
[26] Jonas/Pohle, ZwVNotrecht, § 149 Anm 1.
[27] Dassler/Muth § 149 Rdn 9; Jonas/Pohle, ZwVNotrecht, § 149 Anm 1.

Schuldner selbst genutzt wird, dem auch hier nach Abs 1 die unentbehrlichen Räume zu belassen sind (zur Garage s aber Rdn 2.2). Auch hier kann aber wegen Gefährdung die Räumung aufgegeben werden. Auch hier muß der Schuldner für Beheizung selbst sorgen; Wohngeld für die Raumüberlassung muß er nicht zahlen (dazu näher § 152 Rdn 19.3).

4 Unterhalt des Schuldners während der Zwangsverwaltung (Absatz 3)

4.1 Unterhalt wird dem Schuldner in der Zwangsverwaltung grundsätzlich nicht gewährt; es besteht kein Unterhaltsanspruch[28]. Der Schuldner kann nicht einmal ein Existenzminimum aus der Masse verlangen[28]. Er ist notfalls auf Sozialhilfe angewiesen. Der Gläubiger, der zu dem Schuldner in keiner engeren Rechtsbeziehung steht, ist für dessen Lebensunterhalt durchaus nicht vor dem Sozialhilfeträger verantwortlich, er ist dafür überhaupt nicht verantwortlich[28].

4.2 Der Schuldner in der Zwangsverwaltung stellt sich damit schlechter als der Insolvenzschuldner, dem nach InsO § 100 Unterhalt gewährt werden kann. Ist der Schuldner gleichzeitig einem Zwangsverwaltungsverfahren und einem **Insolvenzverfahren** unterworfen, so wird sein Unterhalt nicht nach Abs 3 geregelt, sondern ausschließlich nach InsO § 100. Durch eine zum Insolvenzverfahren hinzutretende Zwangsverwaltung darf er nicht besser gestellt werden, darf er nicht mehr bekommen, als im Insolvenzverfahren festgesetzt, darf er, wenn im Insolvenzverfahren ein Unterhalt abgelehnt ist, überhaupt nichts bekommen[29].

4.3 a) Den Unterhalt des Schuldners regelt das ZVG nur im Falle der Zwangsverwaltung von **land- und forstwirtschaftlich** oder **gärtnerisch** genutzten Grundstücken: Abs 3. Hier muß der Zwangsverwalter aus den Erträgnissen des Grundstücks oder aus deren Erlös dem Schuldner die Mittel zur Verfügung stellen, die zur Befriedigung seiner eigenen und seiner Familie notwendigen Bedürfnisse erforderlich sind. Es handelt sich dabei um einen Rechtsanspruch[30] (keine Ermessensleistung), über den das Gericht entscheidet; die Entscheidung ist anfechtbar: Abs 3 Satz 2–3. Diese Unterhaltsvorschrift gilt auch für die Zwangsverwaltung, die von einer landschaftlichen Kreditanstalt selbst durchgeführt wird (§ 146 Rdn 7).

b) Es muß sich um landwirtschaftliche Grundstücke usw handeln. Auf den engen **Begriff** des Landwirtschaftsrechts ist jedoch nicht abzustellen. Maßgebend ist auch nicht die Bezeichnung im Grundbuch und im Liegenschaftskataster (sie kann nur Anhalt bieten). Maßgebend ist auch nicht der Beruf des Eigentümers, sondern der Charakter des Grundstücks. Auch ein Objekt, das zur Zeit nicht landwirtschaftlich genutzt wird, aber nach Lage und Beschaffenheit dazu geeignet ist, kann ein landwirtschaftliches sein (anders[31]), ein noch als landwirtschaftliches eingetragenes Baugrundstück dagegen ist nicht mehr landwirtschaftlich[32]. Es fallen hierunter Grundstücke, auf denen Ackerbau, Forstwirtschaft, Weinbau, Obstbau, Fischzucht (nicht aber Hochsee- und Küstenfischerei) betrieben wird, aber auch Viehzucht, Geflügelzucht, Gärtnerei, soweit diese vom Boden abhängig betrieben werden (also nicht zB als Hühnerfarm[33], Tierpension[34] oder als Schweinemästerei, bei denen das Futter nicht selbst erzeugt wird), auch nicht als Handelsbetrieb für gärtnerische Erzeugnisse). Bei forstwirtschaftlichen Betrieben müssen es holzerzeugende sein, nicht rein verarbeitende, wie Sägewerke. Auch bei einer Baumschule kommt es auf den rechtlichen Charakter nach Art des Betriebes an[35]. Es fallen hierunter also

---

[28] LG Saarbrücken Rpfleger 1995, 265.
[29] Jaeckel/Güthe § 149 Rdn 1; Mohrbutter KTS 1956, 107 (5).
[30] Jonas/Pohle, ZwVNotrecht, § 149 Anm 1.
[31] Steiner/Hagemann § 149 Rdn 47.
[32] OLG Oldenburg DNotZ 1956, 489.
[33] Mohrbutter, Handbuch des Vollstreckungsrechts, § 57.
[34] LG Kiel SchlHA 1989, 67.
[35] BGH 24, 169 = NJW 1957, 1191.

Wohnrecht und Unterhalt des Schuldners 4.6 § 149

ohne Rücksicht auf die Größe des Betriebes alle, die unmittelbar oder mittelbar auf die Erzeugung von mit Grund und Boden zusammenhängenden Produkten gerichtet sind, dagegen nicht Kies- und Tongruben oder Ziegelwerke.

c) Gedeckt werden nur die Bedürfnisse des **Schuldners** und seiner **Familie** (Abs 3 Satz 1). „Familie" sind seine in Hausgemeinschaft mit ihm lebenden Angehörigen. Der Anspruch ist **nicht** auf den Fall **beschränkt,** daß der Schuldner auf dem Grundstück selbst wohnt[36], und wird auch nicht dadurch berührt, daß der Schuldner etwa das Grundstück nach Abs 2 räumen muß.

d) Der Unterhalt erfolgt durch **Hingabe von Erträgnissen** (Obst, Gemüse, Getreide usw) oder von Geld aus deren Erlös, auch beides gemischt. Wenn die Grundstückserträgnisse nicht ausreichen, besteht kein Anspruch hinsichtlich anderer Grundstückseinkünfte (zB Miete). Bei Ernteschäden wird die Versicherungssumme als Surrogat gewährt. Alle Natural- und Geldansprüche dieser Art sind gegen anderweitige Pfändung durch ZPO § 850b Abs 1 Nr 3 und § 851 geschützt[36].

e) Nur für die Befriedigung der **notwendigen Bedürfnisse** darf so vorgegangen werden (Abs 3 Satz 1). Was notwendig ist, richtet sich nach dem Einzelfall, ist niedriger als der angemessene Unterhalt nach BGB § 1610 (früher als der „standesgemäße" bezeichnet) und höher als der Billigkeitsunterhalt aus BGB § 1611 (früher als der „notdürftige" bezeichnet)[37]. Anhaltspunkte bietet ZPO § 850d, Unterhalt darf nicht höher sein als in ZPO § 850c.

f) Die **Höhe** des Unterhalts setzt hier zunächst der Zwangsverwalter fest (Rechtsbehelfe Rdn 4.8). Zu empfehlen ist, daß von vornherein ein bestimmter Betrag festgesetzt wird.

g) Zum Unterhalt im ZVG-Handbuch Rdn 600.

4.4 Für **Dienste,** die der Schuldner dem Zwangsverwalter im Rahmen der Zwangsverwaltung leistet, zB als Hausmeister oder Hausverwalter in einem zwangsverwalteten Häuserblock, kann er eine **Entschädigung** erhalten. Sie kann auch in der Weise gewährt werden, daß der Schuldner zur selbständigen Entnahme von Erträgnissen (Einbehaltung eines bestimmten Teiles der von ihm für den Zwangsverwalter eingehobenen Miete) ermächtigt wird.

4.5 Nicht der Zwangsverwaltung unterworfen sind die in ZPO § 811 Abs 1 Nr 2–3 genannten Gegenstände, also Ernährungs-, Feuerungs- und Beleuchtungsmittel für vier Wochen, Kleintiere sowie eine Milchkuh oder dafür zwei Schweine oder Ziegen oder Schafe samt den Futtermitteln für diese für vier Wochen[38]. Diese Frage ist nur von theoretischer Bedeutung, weil diese Gegenstände ohnehin meistens nicht der Zwangsverwaltungs-Beschlagnahme unterliegen[39], soweit es sich nicht um ein landwirtschaftliches Anwesen handelt, bei dem dann der Unterhalt nach Abs 3, § 150e gewährt wird.

4.6 In besonderen Fällen kann auf Antrag dem sonst mittellosen Schuldner ausnahmsweise über **ZPO § 765a** (wenn dessen Voraussetzungen vorliegen, Einl Rdn 54, 55) durch eine teilweise Einschränkung der Vollstreckung ein Teil der laufenden Erträgnisse des Objekts als Unterhalt überlassen werden[40]. Dies muß sich etwa auf einen Betrag in Höhe der Sozialhilfe beschränken, sowie auf die Zeit, in der dem Schuldner noch keine Sozialhilfe oder andere Rente zukommt[41]. Die das Zwangsverwaltungsverfahren betreibenden Gläubiger (nur auf die betreibenden Gläubiger kommt es an) können auch freiwillig dem Schuldner durch teilweisen

---

[36] Jonas/Pohle, ZwVNotrecht, § 149 Anm 3.
[37] Jonas/Pohle, ZwVNotrecht, § 149 Anm 3 und § 150e Anm 1b.
[38] Jaeckel/Güthe § 149 Rdn 2; Jonas/Pohle, ZwVNotrecht, § 149 Anm 1.
[39] Jonas/Pohle, ZwVNotrecht, § 149 Anm 5e.
[40] Pöschl NJW 1956, 372; Jonas/Pohle, ZwVNotrecht, § 149 Anm 1.
[41] Pöschl NJW 1956, 372.

§ 149 4.6 Zwangsverwaltung

Vollstreckungsverzicht (der sich dann auch auf die anderen Verfahrensbeteiligten auswirkt) Unterhalt zukommen lassen (dazu auch § 148 Rdn 2).

4.7 Vor jeder Entscheidung über Unterhalt muß das Gericht alle betreibenden Gläubiger, den Zwangsverwalter und den Schuldner **anhören**. In besonders eiligen Fällen, wenn der Schuldner alt, krank, arbeitsunfähig, arbeitslos oder ohne Angehörige ist und durch die Beschlagnahme kurz vor einem Mietzahlungstermin etwa ohne Mittel ist, kann das Gericht auch ohne vorherige Anhörung entscheiden, dann aber nur über eine einmalige Zahlung, bis nach der notwendigen Anhörung weiter entschieden werden kann.

4.8 a) Bei Streit über den landwirtschaftlichen Unterhalt (Rdn 4.3) kann der Schuldner, der Zwangsverwalter und jeder betreibende Gläubiger **das Gericht anrufen**, das dann nach Anhörung der Genannten entscheidet (Abs 3 Satz 2), diesen also Gelegenheit zur Äußerung geben muß.

b) Gegen die Entscheidung des Rechtspflegers gibt es sofortige Beschwerde. Anfechtungsberechtigt sind neben Schuldner, Zwangsverwalter und betreibenden Gläubigern auch alle durch die Kürzung der Überschüsse infolge Unterhaltsgewährung benachteiligten Beteiligten.

c) **Gegen Maßnahmen des Zwangsverwalters** gibt es im übrigen Vollstreckungserinnerung nach ZPO § 766 zum Gericht oder auch ein formloses Gesuch an den für die Aufsicht zuständigen Rechtspfleger, um eine Anweisung an den Zwangsverwalter zu erreichen (§ 152 Rdn 3).

d) In der von einer **landschaftlichen Kreditanstalt** selbständig durchgeführten Zwangsverwaltung (§ 146 Rdn 7), muß sich der Schuldner zunächst an diese als Vollstreckungsbehörde wenden, soweit nicht die Satzung sofortige Anrufung des Gerichts bestimmt.

[Bestellung des Zwangsverwalters; Übergabe des Grundstücks]

150 (1) **Der Verwalter wird von dem Gerichte bestellt.**
(2) **Das Gericht hat dem Verwalter durch einen Gerichtsvollzieher oder durch einen sonstigen Beamten das Grundstück zu übergeben oder ihm die Ermächtigung zu erteilen, sich selbst den Besitz zu verschaffen.**

1 Allgemeines zu § 150

Zweck der Vorschrift: Es gibt **keine** Zwangsverwaltung **ohne Zwangsverwalter**. Daher ist vom Gericht ein Zwangsverwalter zu bestellen, das ihn auch in den Besitz des Grundstücks setzt.

2 Bestellung des Zwangsverwalters (Absatz 1)

2.1 Der Zwangsverwalter wird vom **Gericht** bestellt: Abs 1.

2.2 Bestellt werden als Zwangsverwalter kann nur eine **natürliche Person** (ZwVwV § 1 Abs 2), die voll geschäftsfähig sein muß. Es kann immer nur ein Zwangsverwalter bestellt werden.

2.3 Bei der **Auswahl** des Zwangsverwalters ist das Vollstreckungsgericht, abgesehen von den Fällen des § 150a (Institutsverwalter) und § 150b (Schuldnerverwalter) frei. Es hat nach pflichtgemäßem Ermessen zu handeln[1]. ZwVwV § 1 Abs 2 regelt Anforderungen an den zu bestellenden Zwangsverwalter in allgemeiner Form. Das pflichtgemäße Ermessen des Gerichts schränkt die Vorschrift nicht ein; sie berührt auch nicht die (vorrangigen) gesetzlichen Bestimmungen über die Bestellung des Institutsverwalters (§ 150a) und des Schuldners als Ver-

---

[1] BGH (14. 4. 2005, V ZB 10/05) MDR 2005, 1011 (1012) = Rpfleger 2005, 457 (458).

walter (§ 150b). Selbstverständliches bringt ZwVwV § 1 Abs 2 damit zum Ausdruck, daß eine geschäftskundige Person zu bestellen ist, die auch über die erforderliche Büroausstattung verfügt.

2.4 Im Einzelfall bestimmen sich die **Anforderungen** nach dem Umfang und Schwierigkeitsgrad der anstehenden, damit konkreten Verwaltergeschäfte (so Begründung BR-Drucks 842/03 S 10). Wahrnehmung von Zwangsverwaltungen als überwiegende Berufstätigkeit bietet daher keinen allgemeinen Anhalt für bevorzugte Auswahl als Verwalter. Im Einzelfall kann ordnungsgemäße Führung der Verwaltergeschäfte genau so gewährleistet sein, wenn sie einer kundigen und erfahrenen ortsnah tätigen Person anvertraut werden, die sie nebenberuflich und weitgehend ohne Zuziehung von Hilfskräften besorgt. An Anträge oder Vorschläge der Beteiligten ist das Gericht nicht gebunden. Niemand hat einen Anspruch, als Zwangsverwalter bestellt zu werden.

2.5 Von den Verfahrensbeteiligten muß der zu Bestellende **unabhängig** sein. Die Bestellung eines Verwalters, der sich in einer rechtlichen oder tatsächlichen Beziehung zu einem Beteiligten des Zwangsverwaltungsverfahrens befindet, scheidet grundsätzlich aus[1] (Besonderheit: § 150a). Ein schon im Insolvenzverfahren über das Vermögen des Schuldners bestellter Insolvenzverwalter könnte auch zum Zwangsverwalter bestellt werden[2]; dem ist jedoch wegen drohender Interessenkollision zu widerraten[3]. Unzweckmäßig (allerdings nicht verboten) ist es auch, einen Gläubiger (Ausnahme in § 150a) oder den Schuldner selbst (Ausnahme in § 150b) oder einen anderen Beteiligten zu bestellen. Der Steuerberater des Schuldners kann wegen Interessenkollision keinesfalls bestellt werden[4]. Für den Nachlaßverwalter gilt, was über den Insolvenzverwalter gesagt ist, also nicht zu bestellen.

2.6 Als Zwangsverwalter ist nur eine Person zu bestellen, die **zur Übernahme** des Amtes **bereit** ist. Verpflichtet zur Übernahme ist niemand. Wer sich aber bestellen läßt, muß dann das Amt ordnungsgemäß ausüben und kann es nicht einfach durch einseitige Erklärung wieder aufgeben. Nur aus dringenden Gründen, und das nicht zur Unzeit, kann er vom Gericht auf Antrag entlassen werden (§ 153 Rdn 7.2), etwa bei längerer Krankheit. Die Rechte und Pflichten enden dann mit Bekanntgabe des Gerichtsbeschlusses.

Einzelheiten zur Bestellung

3.1 Bestellt wird der Zwangsverwalter – wenn möglich – schon im **Anordnungsbeschluß.** Das ist zwar nicht vorgeschrieben, aber geboten, damit Verwalterhandlungen umgehend aufgenommen werden können. Möglich ist es im Einzelfall auch, weil etwa erst eine geeignete Person ermittelt werden muß, den Verwalter **nachträglich** gesondert zu bestellen. Gesonderte Bestellung erfolgt später auch bei Verwalterwechsel, so wenn der (bisherige) Verwalter entlassen wird (§ 153 Abs 2) oder stirbt.

3.2 Eine besondere **Form** für die Bestellung ist nicht vorgeschrieben. Schriftliche Bestellung ist geboten und üblich; wirksam wäre aber auch mündliche Bestellung. Eine besondere Verpflichtung (wie beim Vormund) erfolgt nicht.

3.3 Bevor jemand zum ersten Mal als Zwangsverwalter bestellt wird, sollte er eingehend vom Gericht über sein Amt **belehrt** werden. Möglich ist es auch, eine schriftliche Zusammenfassung der Hauptpunkte vor der ersten Bestellung zu übermitteln, damit Fehler und unnötige Rückfragen vermieden werden und das Verfahren rationell gestaltet wird.

3.4 War die Zwangsverwaltung **zu Unrecht angeordnet,** so bleibt die Bestellung des Verwalters doch wirksam, bis das Verfahren ausdrücklich aufgehoben

---

[2] Mohrbutter KTS 1956, 107 (3); LG Augsburg Rpfleger 1997, 78 (79).
[3] LG Augsburg Rpfleger 1997, 78 (79).
[4] LG Bonn MDR 1964, 768; LG Augsburg Rpfleger 1997, 78 (79).

wird[5]. Alle Handlungen des Verwalters bleiben in diesem Falle wirksam, sogar nach Abschluß des Verfahrens.

3.5 Gegen die Bestellung des Zwangsverwalters als solche gibt es keinen **Rechtsbehelf**, weil sie die notwendige Folge der Verfahrensanordnung ist; nur diese kann angefochten werden. Gegen die **Auswahl** des Verwalters haben Gläubiger[6] und Schuldner[7] sowie jeder Beteiligte (§ 9) ohne vorherige Anhörung hierzu die Vollstreckungserinnerung nach ZPO § 766, nach vorheriger Anhörung die (sofortige) Beschwerde. Die Prüfung der Ermessensentscheidung bei Auswahl (Rdn 2.3) durch das Beschwerdegericht beschränkt sich auf die pflichtgemäße Ermessensausübung[7].

3.6 Zur Bestellung des Zwangsverwalters im ZVG-Handbuch Rdn 601, 603, Muster dazu Rdn 602.

4 Gerichtlicher Ausweis

Als Ausweis des Zwangsverwalters sieht ZwVwV § 2 eine **Bestallungsurkunde** vor. Sie ist gerichtliches Zeugnis über die Verwalterbestellung zum (nur formalen) Nachweis im Rechtsverkehr. Vorlage des Beschlusses über die Anordnung der Zwangsverwaltung mit Verwalterbestellung soll sie erübrigen. Rechnung getragen ist damit Anforderungen des Datenschutzes. Es sollen nicht unbeteiligte Dritte Kenntnis erhalten von den persönlichen Verhältnissen des Schuldners, seinen Bankbeziehungen und Objektbelastungen sowie über den vollstreckenden Gläubiger (Begründung BR-Drucks 842/03 S 11). Materiell-rechtliche Wirkungen hat die Bestallung nicht; BGB §§ 172, 174 finden daher keine Anwendung. Sie begründet auch keinen Rechtsschein für die Fortdauer des Verwalteramtes. Schutz eines Dritten, der auf die Verwalterbestellung vertraut, gibt die Bestallung daher nicht. Bei Beendigung des Verwalteramtes ist die Bestallungsurkunde zurückzugeben.

5 Besitzübergabe und Besitzverschaffung (Abs 2)

5.1 Der Zwangsverwalter hat das Grundstück zur Bewirtschaftung und Benutzung in Besitz zu nehmen (§ 146 Rdn 10.1). Damit kann auch die Beschlagnahme wirksam werden (§ 151 Abs 1). Dafür, daß der Zwangsverwalter den Besitz erhält, hat das Gericht Sorge zu tragen (Abs 2). Die Besitzeinweisung des Zwangsverwalters steht im Zusammenhang mit § 148 Abs 2; danach wird durch die Beschlagnahme dem Schuldner die Verwaltung und Benutzung des Grundstücks entzogen. Der Zwangsverwalter, der diese Befugnisse ausüben soll, muß dazu vom Schuldner den (unmittelbaren oder mittelbaren) Besitz erhalten. Wenn ein nicht herausgabebereiter Dritter Besitzer ist, kann Besitzübergabe an den Zwangsverwalter nicht erfolgen; er hindert ebenso den Zwangsverwalter daran, sich selbst den Besitz zu verschaffen (§ 146 Rdn 10.2). Als Dritter kann Besitzer (Mitbesitzer) auch sein der Ehegatte oder ein anderer Angehöriger des Schuldners[8], sein nichtehelicher Lebensgefährte oder ein Untermieter. Wenn der Schuldner selbst als Zwangsverwalter eingesetzt wird (§ 150b), ist er schon Besitzer, muß somit nicht mehr besonders eingewiesen werden; er bleibt (unmittelbarer oder mittelbarer) Besitzer.

5.2 Als einfachster und schnellster Weg ist zu empfehlen, die **Ermächtigung** des Zwangsverwalters, sich den Besitz zu verschaffen, in den Anordnungsbeschluß mit aufnehmen (§ 146 Rdn 9). Auch Besitzergreifung durch den Zwangsverwalter auf

---

[5] BGH 30, 173 = MDR 1959, 743 = NJW 1959, 1873.
[6] OLG Hamm OLGZ 1988, 76 = NJW-RR 1988, 60 = Rpfleger 1988, 36 und OLGZ 1994, 611 (612).
[7] LG Rostock Rpfleger 2001, 40.
[8] LG Heilbronn Rpfleger 2005, 154 (Sohn); siehe im übrigen die ZPO-Kommentare zu § 885.

Grund der Ermächtigung ist Vollstreckungshandlung. Der Zwangsverwalter kann daher auf Grund dieser gerichtlichen Ermächtigung den Widerstand des Schuldners mit Hilfe des Gerichtsvollziehers nach ZPO § 892 beseitigen[9]. Die Ermächtigung begründet für den Zwangsverwalter aber keinen bürgerlichrechtlichen Herausgabeanspruch, der von ihm mit Klage gegen den Schuldner oder einen Dritten (zur Klage gegen den Mieter oder Pächter Rdn 5.5) gerichtlich geltend gemacht werden könnte (§ 146 Rdn 10.7). Der Verwalter kann auch einem Insolvenzverwalter den Besitz entziehen[10]; Verfahrenseinstellung auf Antrag des Insolvenzverwalters: § 153 b.

5.3 Daß Schuldner und Gläubiger tunlichst zuzuziehen sind, wenn der dazu ermächtigte Verwalter sich selbst den Besitz verschafft, sieht die ZwVwV nicht (mehr) vor. Das soll (auch) der Verfahrensbeschleunigung dienen (Begründung BT-Drucks 842/03 S 11). Gleichwohl sollte Zuziehung (damit jedenfalls Benachrichtigung) des Schuldners, der aus dem Besitz zu setzen ist, ebenso eine Selbstverständlichkeit sein wie Zuziehung des Gläubigers, wenn er das wünscht. Zuziehung des Schuldners, der benachrichtigt werden und ohne Verzug erscheinen kann, sollte unumgänglich sein, wenn der Zwangsverwalter sich selbst den Besitz vor Zustellung des Anordnungsbeschlusses verschafft.

5.4 Das Gericht kann aber auch das Grundstück im Schuldnerbesitz durch den Rechtspfleger (auch Richter) dem Verwalter **übergeben.** Es kann dies auch mit Hilfe des Gerichtsvollziehers oder eines Beamten des Gerichts (Abs 2), aber auch mit Hilfe eines sonstigen Beamten, etwa eines Gemeindebeamten.

5.5 Wenn das Grundstück **vermietet** oder verpachtet ist oder der Schuldner sonst mittelbarer Besitzer ist (BGB § 868), zB deshalb, weil ein Dritter ohne Wissen des Schuldners eingezogen ist[11], kann auch der Zwangsverwalter nur in den **mittelbaren Besitz** des Schuldners (Besitzmittlungsverhältnis = BGB § 868) eingewiesen werden (§ 146 Rdn 10.1). Von einem Mieter oder Pächter als unmittelbarer Besitzer kann er dann nur nach Maßgabe des Miet- oder Pachtvertrags Räumung verlangen; an diesen ist der Zwangsverwalter gebunden, wenn das Grundstück vor der Beschlagnahme dem Mieter oder Pächter überlassen ist (§ 152 Abs 2). Der Zwangsverwalter kann somit den Räumungsanspruch nach Maßgabe des Miet- oder Pachtverhältnisses gegen den Mieter oder Pächter gerichtlich geltend machen und den erwirkten Räumungstitel vollstrecken.

5.6 Hat ein **Dritter** (bei Vollstreckung des dinglichen Grundschuldanspruchs ist das auch der Gläubiger der gesicherten Forderung[12]) den Besitz des Grundstücks inne und ist dieser **zur Herausgabe bereit,** dann kann Besitzübergabe als Vollstreckungshandlung gegen den Schuldner (nicht gegen den besitzenden Dritten) durch das Gericht oder Besitzverschaffung durch den ermächtigten Verwalter nach Abs 2 erfolgen. Zum **nicht herausgabebereiten Dritten** Rdn 5.1.

5.7 Wenn das Grundstück zur künftigen Aufteilung in **Wohnungseigentum** bereits an die Interessenten verkauft und ihnen zum Eigenbesitz überlassen ist, dann ist der Zwangsverwalter hieran gebunden und kann den Besitz nicht entziehen. Es fallen dann keine Nutzungen für den Schuldner an, die der Zwangsverwalter einheben könnte.

5.8 Ist die Zwangsverwaltung nur über einen **Grundstücksbruchteil** angeordnet, so kann der Verwalter nur in die Mitbesitzrechte des Vollstreckungsschuldners eingewiesen werden. Über Grundstücksbruchteile § 152 Rdn 10.

---

[9] AG Ottweiler Rpfleger 1998, 533; Drischler DGVZ 1955, 131 (B); Heinz DGVZ 1955, 17 (II); Mohrbutter KTS 1956, 107 (2).
[10] Mohrbutter KTS 1956, 107 (2).
[11] OLG München OLGZ 1991, 492.
[12] LG Mainz NJW-RR 1988, 978.

§ 150 5.9

5.9 Das **Zubehör** des Grundstücks (BGB §§ 97, 98) und **mithaftende Gegenstände**[13] umfaßt die Beschlagnahme (§ 20 Abs 2 mit § 146 Abs 1; § 146 Rdn 5.3). Übergabe an den Zwangsverwalter oder Besitzverschaffung durch ihn (Abs 2) erstrecken sich daher auch auf diese Gegenstände.

5.10 Zur Besitzverschaffung im ZVG-Handbuch Rdn 604.

5.11 Der **Gerichtsvollzieher** erhält für seine Mitwirkung Gebühren und Auslagen nach dem GVKG.

6 Besitzübergabe sowie Besitzverschaffung als Vollstreckungshandlungen

6.1 Übergabe des Grundstücks an den Zwangsverwalter und Übernahme mit (erlaubter) Verschaffung des Besitzes durch diesen selbst sind als Vollstreckungshandlungen **nur zulässig,** wenn der **Schuldner Besitzer** des Grundstücks ist. Wenn der Schuldner unmittelbarer Besitzer ist, erlangt der Zwangsverwalter mit Übergabe oder Übernahme des Grundstücks den unmittelbaren Besitz; der Schuldner ist dann mittelbarer Besitzer (BGB § 868).

6.2 Übergabe des Grundstücks oder Übernahme mit (erlaubter) Verschaffung des Besitzes bereiten keine Schwierigkeiten, wenn der besitzende Schuldner (oder ein besitzender Dritter, Rdn 5.6) das Objekt **freiwillig** herausgibt. Gibt der **Schuldner** selbst nicht freiwillig heraus, so hat der **Gerichtsvollzieher** ihn aus dem Besitz des Grundstücks (BGB § 854) zu setzen und den Zwangsverwalter in den Besitz einzuweisen (ZPO § 885 Abs 1). Das erfordert zugleich, daß mit dem Schuldner auch Personen seines Hausstandes oder Erwerbsgeschäfts und die in einem ähnlichen Verhältnis unselbständig besitzenden Personen (Besitzdiener, BGB § 855) aus dem Besitz gesetzt werden. Sie haben kein eigenes Besitzrecht, sondern über die tatsächliche Gewalt für den Schuldner aus, sind somit als Besitzdiener Vollstreckungshandlungen gegen den Schuldner, der nur Besitzer ist (BGB § 855) ausgesetzt. Die der Beschlagnahme unterliegenden beweglichen Sachen hat der Gerichtsvollzieher wegzunehmen und dem Zwangsverwalter zu übergeben (ZPO § 883 Abs 1). Vollstreckungstitel ist der Anordnungsbeschluß[14], der keiner Vollstreckungsklausel bedarf[15], zusammen mit der gerichtlichen Ermächtigung zur Besitzergreifung (falls nicht schon im Anordnungsbeschluß enthalten), beides vorzulegen, aber nicht zuzustellen (wurde schon von Amts wegen zugestellt).

6.3 An Sonn- und Feiertagen (nicht aber am Samstag/Sonnabend) oder zur Nachtzeit (von 21–6 Uhr) soll Besitzergreifung nur erfolgen, wenn das keine unbillige Härte darstellt oder nicht unverhältnismäßig ist. Einzelheiten: ZPO § 758a Abs 4 (entsprechende Anwendung). Bei Widerstand oder dann, wenn der Schuldner oder seine Angehörigen nicht anwesend sind, muß der Gerichtsvollzieher Zeugen zuziehen (ZPO § 759).

6.4 Wenn das Gericht (Rechtspfleger) das Grundstück dem Verwalter übergibt, ist über die Vollstreckungshandlung eine **Niederschrift** aufzunehmen. Das ZVG trifft Bestimmung hierüber zwar nicht unmittelbar; Aufnahme des Protokolls gebietet jedoch ZPO § 159 Abs 2 (auch ZPO § 762 Abs 1, entspr Anwendung).

7 Urkundenbesitz

7.1 Miet- und Pachtverträge sowie andere **Beweisurkunden** (Versicherungspolicen usw) sind Nebensache des Grundstücks für Ermittlung und Beweis beschlagnahmter Gegenstände und (schuldrechtlicher) Rechtsbeziehungen. Die

---

[13] BGH MDR 2005, 1012 = NJW-RR 2005, 1032 = Rpfleger 2005, 463 (464).
[14] Heinz DGVZ 1955, 17 (II).
[15] LG Hamburg Rpfleger 2004, 304.

Bestellung des Zwangsverwalters; Übergabe des Grundstücks 9 § 150

Aufgabe des Verwalters, für Erhaltung und ordnungsgemäße Nutzung des Grundstücks sowie Geltendmachung der beschlagnahmten Ansprüche zu sorgen (§ 152 Abs 1), bedingt Auslieferung solcher Beweisurkunden[16]. Für Miet- und Pachtverträge gründet sich das Recht des Zwangsverwalters zum Besitz auch auf die Wirksamkeit der Verträge ihm gegenüber. Übergabe des Grundbesitzes hat sich daher auch auf die Übergabe solcher Beweisurkunden zu erstrecken.

7.2 Zwangsweise kann **Wegnahme** für Übergabe durch das Gericht nur durch den Gerichtsvollzieher erfolgen (ZPO § 892). Der zur Besitzverschaffungs ermächtigte Verwalter ist befugt, sich mit dem Grundstück auch den Besitz der Urkunden im Schuldnerbesitz zu verschaffen[17]. Er kann bei Weigerung des Schuldners Herausgabe im Wege der Zwangsvollstreckung in entsprechender Anwendung von ZPO § 836 Abs 3 Satz 3 erwirken. Vollstreckungstitel ist der ermächtigende Anordnungsbeschluß[18]. Anspruch auf Herausgabe braucht (und kann) der Verwalter somit nicht im Wege der Klage gegen den Schuldner geltend machen. Es besteht auch kein im Zivilprozeß durchsetzbarer Anspruch des Zwangsverwalters gegen den Schuldner auf Auskunft über das beschlagnahmte Grundstück[19].

Verwalterbericht, Mitteilungspflichten 8

8.1 Über die Besitzerlangung hat der Zwangsverwalter nach ZwVwV § 3 (schriftlich) einen **Bericht** zu erstatten und bei Gericht einzureichen. Diese Berichtspflicht hat in der Aufgabe des Vollstreckungsgerichts ihre Grundlage, die Geschäftsführung des Verwalters zu beaufsichtigen (§ 153 Abs 2). Feststellungen, die der Bericht zu enthalten hat, zählt ZwVwV § 3 Abs 1 auf. Können die Verhältnisse nicht sogleich festgestellt werden, hat der Verwalter dies unverzüglich nachzuholen und dem Gericht anzuzeigen (ZwVwV § 3 Abs 2).

8.2 Den Mietern, Pächtern und sonstigen Drittschuldnern hat der Zwangsverwalter nach ZwVwV § 4 bekannt zu machen, daß mit Erlangung des Besitzes die Forderungen gegen sie beschlagnahmt sind (§ 151 Abs 1). Abwesenden teilt er dies nachweisbar mit, am besten durch Einwurf eines Rundschreibens in den Briefkasten (in Gegenwart eines Mitarbeiters als Zeuge) oder mit Einschreibebrief.

Vorauswahl als Zwangsverwalter 9

Bewerber für die Bestellung zum Zwangsverwalter müssen bei Vorauswahl durch das Vollstreckungsgericht eine faire Chance erhalten, bei grundsätzlicher Eignung in den Kreis derjenigen Personen (und damit in eine etwa geführte Bewerberliste[20]) aufgenommen zu werden, aus dem im Einzelfall derjenige potentielle Bewerber ausgewählt wird, der am ehesten den gesetzlichen Anforderungen entspricht (so[21] für Vorauswahl von Insolvenzverwalterkandidaten durch das Insolvenzgericht). Eine Mitteilung des Vollstreckungsgerichts im Vorauswahlverfahren unterliegt als Justizverwaltungsakt daher gerichtlicher Kontrolle (GrundG Art 19 Abs 4; EGGVG §§ 23 ff). Zu unterscheiden von diesem Vorauswahlverfahren ist aber stets die Verwalterbestellung im konkreten Vollstreckungsverfahren nach § 150 Abs 1; bei ihr ist das Vollstreckungsgericht an eine im Vorauswahlverfahren getroffene Entscheidung nicht gebunden[22]. Zu bestellen als Zwangsverwalter ist

---

[16] BGH Rpfleger 2005, 463 (464) mit Anm Schmidtberger = aaO (Fußn 13).
[17] BGH Rpfleger 2005, 463 mit Anm Schmidtberger = aaO (Fußn 13); OLG München Rpfleger 2002, 373 und (als Vorinstanz) LG München II Rpfleger 2002, 220; LG Berlin MDR 1993, 274 = Rpfleger 1993, 123; AG Stuttgart Rpfleger 1995, 375; aA AG Siegburg DGVZ 1998, 174 (jedenfalls nicht, wenn der Schuldner nicht auf dem Grundstück wohnt); siehe auch AG Stolzenau WuM 1999, 32 (Recht auf Einsicht).
[18] OLG München, LG Berlin und LG München II je aaO.
[19] LG Berlin und LG München II je aaO.
[20] Zu deren Führung ist das Vollstreckungsgericht nicht verpflichtet.
[21] BVerfG MDR 2004, 1446 = NJW 2004, 2725 = NZI 2004, 574.
[22] BVerfG NJW 2004, 2725 (2727) = aaO.

die nach dem (pflichtgemäßen) Auswahlermessen des Vollstreckungsgerichts für Wahrnehmung der Verwalteraufgaben im Einzelfall am besten geeignete Person, die am ehesten den gesetzlichen Anforderungen entspricht[23]. Aufnahme in den Kreis bestellbarer Personen kann daher nicht zu einem Anspruch führen, auch als Zwangsverwalter bestellt zu werden[23]. Von sachfremden Erwägungen darf die Verwalterauswahl im Einzelfall jedoch nicht bestimmt sein[24]. Allgemein gültigen objektiven Auswahlgrundsätzen und den zu wahrenden Interessen des Gläubigers, Schuldners sowie der übrigen Beteiligten entspricht Bestellung eines in gleichartigen Verfahren erfahrenen Zwangsverwalters, der sachkundige und zuverlässige Wahrnehmung der Verwalteraufgaben gewährleistet, stets am besten.

[Instituts-Zwangsverwalter]

150a (1) **Gehört bei der Zwangsverwaltung eines Grundstücks zu den Beteiligten eine öffentliche Körperschaft, ein unter staatlicher Aufsicht stehendes Institut, eine Hypothekenbank oder ein Siedlungsunternehmen im Sinne des Reichssiedlungsgesetzes, so kann dieser Beteiligte innerhalb einer ihm vom Vollstreckungsgericht zu bestimmenden Frist eine in seinen Diensten stehende Person als Verwalter vorschlagen.**

(2) **Das Gericht hat den Vorgeschlagenen zum Verwalter zu bestellen, wenn der Beteiligte die dem Verwalter nach § 154 Satz 1 obliegende Haftung übernimmt und gegen den Vorgeschlagenen mit Rücksicht auf seine Person oder die Art der Verwaltung Bedenken nicht bestehen. Der vorgeschlagene Verwalter erhält für seine Tätigkeit keine Vergütung.**

1 Allgemeines zu § 150a

Zweck der Vorschrift: Zulassung des sogenannten Institutsverwalters. Diese Einrichtung soll es ermöglichen, Verwaltungskosten zu verringern und den betreibenden Gläubiger an der wirtschaftlichen Gestaltung des Zwangsverwaltungsverfahrens unmittelbar zu interessieren[1].

2 Benennung eines Institutsverwalters (Absatz 1)

2.1 Wenn zu den Beteiligten des Verfahrens bestimmte **Institute** gehören, können diese eine in ihren Diensten stehende Person als Zwangsverwalter **vorschlagen**: Abs 1. Das Gericht muß den Vorgeschlagenen unter bestimmten Voraussetzungen zum Verwalter bestellen: Abs 2 Satz 1.

2.2 a) **Vorschlagsberechtigt** sind öffentliche Körperschaften, unter staatlicher Aufsicht stehende Institute, Hypothekenbanken und Siedlungsunternehmen nach dem Reichssiedlungsgesetz: Abs 1.

b) **Öffentliche Körperschaften** sind Körperschaften des öffentlichen Rechts, gleich ob nach Bundes- oder Landesrecht. Dazu gehören auch Gemeinden, Gemeindeverbände, Sozialversicherungsträger (Ortskrankenkassen, Berufsgenossenschaften, Knappschaften), im übrigen Bund, Länder, kirchliche Körperschaften (soweit öffentlichrechtlich) usw. Für eine Behörde (zB das Finanzamt) ist Beteiligte

---

[23] Graeber NJW 2004, 2715 (2717, für Insolvenzverwalter) und NZI 2004, 546. Zu den durch die Entscheidung des BVerfG angesprochenen Fragen (bei Insolvenzverwaltung) siehe Graeber aaO; Frind und Schmidt NZI 2004, 533; Hess und Ruppe NZI 2004, 641; Köster NZI 2004, 538; Laws MDR 2005, 541; Pannen NZI 2004, 548; Vallender NZI 2004 Heft 9 S VI (NZI aktuell) und NJW 2004, 3614.
[24] BVerfG NJW 2004, 2725 (2728) = aaO.
[1] BGH (14. 4. 2005, V ZB 10/05) MDR 2005, 1011 = Rpfleger 2005, 457 mit Anm Erler; Jonas/Pohle, ZwVNotrecht, § 150a Anm 1.

Instituts-Zwangsverwalter 2.4 § 150a

(und damit vorschlagsberechtigt) die Körperschaft, der sie angehört (zB Abgabenordnung § 252).

c) Zu den unter staatlicher Aufsicht stehenden **Instituten** gehören nach dem Bundesgesetz über das Kreditwesen alle Kreditinstitute, die Bankgeschäfte betreiben und die als Banken oder Sparkassen diesem Gesetz unterliegen (Gesetz §§ 1, 2), ferner nach dem Versicherungsaufsichtsgesetz vom 17. 12. 1992 (BGBl 1993 I 2, mit Änderungen) alle privaten Versicherungsunternehmungen, sowie nach dem Bausparkassengesetz vom 15. 2. 1991 (BGBl 1991 I 454) alle Bausparkassen.

d) **Nicht vorschlagsberechtigt** sind Institute, die selbst in dem Verfahren Vollstreckungsschuldner sind[2].

2.3 a) **Berechtigt** zum Vorschlag eines Institutsverwalters sind **alle Verfahrensbeteiligte** (§ 9), welche die genannten Voraussetzungen erfüllen, nicht nur der (betreibende) Gläubiger. Dieser kann seinen Vorschlag schon mit dem **Anordnungsantrag** machen. Er kann sogleich (ebenso wie die anderen Beteiligten) erklären, daß kein Verwalter in Vorschlag gebracht wird (auf das Vorschlagsrecht verzichtet wird oder ähnlich); das Vorschlagsrecht des Beteiligten ist mit dem Verzicht erloschen.

b) Das Recht des Beteiligten, einen Verwalter vorzuschlagen, ist nicht befristet[3]. Dem Gläubiger, der in seinem Anordnungsantrag keinen oder keinen geeigneten Verwalter vorgeschlagen und auf sein Vorschlagsrecht auch nicht verzichtet hat, kann das Vollstreckungsgericht jedoch (durch zuzustellende Verfügung, ZPO § 329 Abs 2 Satz 2) **Frist für Benennung eines geeigneten Verwalters** setzen (Abs 1). Muster im ZVG-Handbuch Rdn 625; Muster für den Vorschlag des Gläubigers dort Rdn 626. Das Vorschlagsrecht des Gläubigers wird mit der Fristbestimmung beschränkt; es erlischt mit Fristablauf, wenn kein oder kein geeigneter Bediensteter vorgeschlagen wurde[3], damit auch, wenn die Bestellung des Vorgeschlagenen abgelehnt wird. Hat das Vollstreckungsgericht dem Gläubiger keine Frist zum Vorschlag eines Verwalters gesetzt, so besteht dessen Vorschlagsrecht fort[3]. Er kann dann jederzeit einen geeigneten Verwalter vorschlagen und damit die Ablösung des zunächst vom Gericht bestellten Verwalters herbeiführen[3].

2.4 a) Nicht geklärt ist, ob die **Anordnung der Zwangsverwaltung** bis zum Eingang das Gläubigervorschlags oder Fristablauf zurückgestellt werden kann (so wohl[3]) oder ob wegen der Beschlagnahmewirkungen (§ 22 Abs 1, § 146 Abs 1) die Zwangsverwaltung sogleich anzuordnen ist und der Verwalter nach Eingang des Gläubigervorschlags oder Fristablauf gesondert bestellt werden soll oder ob sogleich auch ein vom Gericht ausgewählter Verwalter vorläufig zu bestellen ist[4]. Bei einem vermieteten oder/und verpachteten Grundstück sollte Letzteres zur Sicherstellung der Beschlagnahmewirkungen (§§ 151, 22 Abs 2) geboten sein, wenn nicht in kurzer Frist noch vor dem fünfzehnten Tag des Monats Klarheit herbeigeführt werden kann, ob der Gläubiger von seinem Vorschlagsrecht Gebrauch macht. Bringt der Gläubiger dann in der ihm gesetzten Frist einen geeigneten Verwalter in Vorschlag, erfordert das Ablösung des vom Gericht zunächst bestellten Verwalters und Verwalterbestellung des Vorgeschlagenen.

b) Ob das Gericht bei jeder Anordnung einer Zwangsverwaltung vorweg sogleich zu **prüfen** hat, **ob unter den** (= allen) **Verfahrensbeteiligten** (§ 9) **ein Vorschlagsberechtigter ist,** und auch diesem dann sogleich Frist setzen muß (so[5]), ist gleichfalls nicht geklärt. Das kann wegen der damit verbundenen Verzögerung

---

[2] Steiner/Hagemann § 150a Rdn 6; Mohrbutter/Drischler Muster 148 Anm 1; Jonas/Pohle, ZwVNotrecht, § 150a Anm 2.
[3] BGH MDR 2005, 1011 (1012) = Rpfleger 2005, 457 (458 reSp) mit Anm Erler.
[4] So Dassler/Muth § 150 a Rdn 6; Steiner/Hagemann § 150 a Rdn 19; Mohrbutter/Drischler Muster 148 Anm 4.
[5] Jonas/Pohle, ZwVNotrecht § 150 a Anm 4; Steiner/Hagemann § 150a Rdn 15, 16.

§ 150a 2.4 — Zwangsverwaltung

der Beschlagnahmewirkungen jedoch nicht angenommen werden, zumal dem Vollstreckungsgericht bei Verfahrensanordnung auch der Grundbuchinhalt noch unbekannt ist (siehe § 19 Abs 2). Praktisch machen zudem nur wenige Vorschlagsbsrechtigte und auch diese (jedem Gericht aus seinem Bezirk bekannt) nur in besonderen Fällen von dam Vorschlagsrecht Gebrauch. Das rechtfertigt es nicht, stets zunächst nur einen vorläufigen Zwangsverwalter zu bestellen (der dann eine Vergütung zu erhalten hat) und allen Beteiligten Frist zu setzen. Allerdings besteht dann auch das Vorschlagsrecht der Beteiligten fort. Der Zweck des Abs 1, rasch klare und richtige Verhältnisse zu gewährleisten, sollte es aber gebieten, nach Eingang der Grundbuchblattabschrift Verzichtserklärungen der (weiteren) Beteiligten einzuholen oder ihnen Frist zur Einreichung eines Vorschlags zu setzen. Wenn dann ein Vorschlag in der Frist eingebracht wird, erfordert es Ablösung des vom Gericht bereits bestellten Verwalters; diese ist auch zulässig, wenn die Bestellung nicht ausdrücklich als zunächst nur vorläufig bezeichnet wurde.

2.5 a) **Kein Vorschlagsrecht** begründet es, wenn nach Bestellung des Zwangsverwalters ein in Abs 1 bezeichnetes Institut usw, das nicht schon bisher Beteiligter war, dem Verfahren beitritt (anders[6]). Der Beitritt erfolgt zu dem laufenden Verfahren, in dem der Zwangsverwalter gesetzesgemäß bereits bestellt ist. In dieses Verfahren tritt der neue Gläubiger in dem Stand ein, in dem es sich bei Wirksamwerden seines Beschlagnahmebeschlusses befindet. Er kann daher nachträglich auf die Bestellung des Zwangsverwalters keinen Einfluß nehmen.

b) Ein Vorschlagsrecht erlangt auch der Gläubiger nicht, dessen dingliches Recht nach Verwalterbestellung **neu eingetragen** (und angemeldet, § 9 Nr 2) wird. Sein Recht in Rangklasse 6 des § 10 Abs 1 begründet keinen Anspruch auf Zahlung aus den Erträgnissen des Grundstücks (§ 155 Abs 2), damit auch nicht die Stellung eines Beteiligten in diesem Verfahren. Wenn das Recht einem späteren Beitrittsgläubiger gegenüber Rangklasse 4 hat und das Verfahren nur noch von diesem (späteren) Beitrittsgläubiger in Rangklasse 5 betrieben wird (§ 155 Rdn 6.8) erlangt der Gläubiger die Stellung eines Beteiligten in dem Verfahren, in dem der Zwangsverwalter gesetzesgemäß bestellt ist. Er kann daher nachträglich auf die Verwalterbestellung keinen Einfluß nehmen.

c) Ebenso erlangt ein Institut usw kein Vorschlagsrecht, wenn es erst nach Bestellung des Verwalters ein zu dieser Zeit am Grundstück bereits lastendes Recht durch Abtretung, Ablösung usw erwirbt und damit Beteiligter wird.

2.6 Wenn der Instituts- oder andere Zwangsverwalter, gleich aus welchem Grund, entlassen wird und ein **Verwalter neu zu bestellen** ist, kann jeder zu dieser Zeit vorschlagsberechtigte Beteiligte wiederum eine in seinen Diensten stehende Person vorschlagen (Abs 1). Frist für den Vorschlag ist daher nach Abs 1 in einem solchen Fall wiederum zu bestimmen.

2.7 Der Verwaltervorschlag nach Abs 1 kann bis zur Bestellung des Vorgeschlagenen zurückgenommen (auch abgeändert) werden[7]. Zurücknahme des Vorschlags ist als Verzicht auf das Vorschlagsrecht zu werten. Wenn der Vorschlag erst danach zurückgenommen wird, gebietet das Prüfung, ob der Institutsverwalter aus dringenden Gründen zu entlassen ist (§ 153 Rdn 8.2). Grundlos kann durch Zurücknahme des Vorschlags die Entlassung des Verwalters nicht verlangt und herbeigeführt werden.

3 Bestellung des Vorgeschlagenen zum Zwangsverwalter (Absatz 2)

3.1 Dem Vorschlag **muß**[8] das Gericht (und kann es nur) unter bestimmten Voraussetzungen **stattgeben:**

---

[6] Steiner/Hagemann § 150 a Rdn 17.
[7] Mohrbutter/Drischler Muster 148 Anm 4; Steiner/Hagemann § 150 a Rdn 20.
[8] BGH Rpfleger 2005, 457 mit Anm Erler = aaO; LG Bayreuth Rpfleger 1999, 459.

Instituts-Zwangsverwalter 3.1 **§ 150a**

a) Der Vorgeschlagene muß in den Diensten des (vorschlagenden) Instituts usw (nicht eines anderen Beteiligten) stehen. Das ist (nur) der Fall, wenn er sich in einem festen Dienst-, Arbeits- oder Beamtenverhältnis bei diesem befindet[9]. Ein Vertragsverhältnis zwischen dem Beteiligten und einem Rechtsanwalt, einem (freien) Hausverwalter oder einem gewerbsmäßigen Zwangsverwalter genügt nicht[9]. Bei dem Institut angestellt ist der Vorgeschlagene auch nicht, wenn er Bediensteter eines konzernmäßig mit dem Gläubigerinstitut verbundenen Tochterunternehmens ist (anders[10]).

b) Gegen den Vorgeschlagenen dürfen **keine Bedenken** mit Rücksicht auf seine Person (Zuverlässigkeit, fachliche Eignung) bestehen, aber auch nicht mit Rücksicht auf die Art der Verwaltung (Landwirtschaft, Gewerbegrundstück)[11] (Abs 2 Satz 1). Es genügt nicht schon, daß der Schuldner (nicht objektiv nachvollziehbare) Bedenken äußert und den Vorgeschlagenen allgemein ablehnt[12]. Gegenüber der vorrangigen gesetzlichen Regelung in Abs 2 erlangen die allgemeinen Anforderungen (§ 150 Rdn 2.3) der nachrangigen Rechtsverordnung (ZwVwV § 1 Abs 2) keine weitergehende Bedeutung. Daß der Vorgeschlagene geschäftskundig sein und nach Qualifikation die Gewähr für die ordnungsgemäße Führung der Verwaltergeschäfte bieten muß, ist überdies selbstverständlich (sonst würden Bedenken bestehen, die Bestellung nach Abs 2 hindern würden). Daß auch noch eine eigene Büroausstattung vorhanden ist, gebietet Abs 2 Satz 1 für den Vorgeschlagenen im Dienst des Instituts usw nicht.

c) Der Vorgeschlagene darf eine **Vergütung** weder aus der Masse unmittelbar noch vom Schuldner beanspruchen, er erhält keine Vergütung, nur bare Auslagen werden ihm ersetzt[13]. Besoldet wird er von seinem Institut. Ob dieses ihn für die Verwaltertätigkeit zusätzlich entschädigen will, ist Sache des Instituts, das aus der Masse hierfür nichts erhält. Die Kosten dürfen auch nicht bankintern dem Schuldner in Rechnung gestellt werden[14].

d) Es darf sich nicht um den **Fall des § 150 b** handeln, in dem der Schuldner als Verwalter bestellt werden muß (§ 150 b Abs 3).

e) Das vorschlagende Institut muß durch Erklärung gegenüber dem Vollstreckungsgericht im einzelnen Fall (eine generelle Erklärung für alle künftig etwa vorkommenden Fälle kann nicht genügen) die sonst dem Zwangsverwalter gemäß § 154 Abs 1 obliegende **Haftung übernehmen.** Dazu genügt eine einseitige Erklärung gegenüber dem Gericht; eine Vereinbarung zwischen Institut und Beteiligten oder Gericht ist nicht nötig[15]. Diese Erklärung muß unbedingt sein und sich auf alle gegenüber dem Verwalter etwa entstehenden Ansprüche erstrecken[16]. Es genügt nicht, wenn das Institut nur die Mithaftung übernehmen will[17] (anders zu Unrecht[18]). Das Gericht muß sonst den Vorschlag ablehnen. Die Haftungsübernahmeerklärung des Instituts kann nicht widerrufen werden, Ein gleichwohl erfolgter, damit unwirksamer Widerruf begründet keinen wichtigen Grund für Entlassung des Verwalters.

---

[9] BGH aaO (Fußn 1).
[10] LG Koblenz JurBüro 2004, 151 = Rpfleger 2004, 114.
[11] Jonas/Pohle, ZwVNotrecht, § 150 a Anm 3.
[12] LG Bayreuth aaO (Fußn 8).
[13] Dassler/Muth § 150 a Rdn 10; Steiner/Hagemann § 150 a Rdn 14; Jonas/Pohle, ZwVNotrecht, § 150 a Anm 5; Drischler RpflJahrbuch 1959, 273 (Fußnote 2).
[14] Jonas/Pohle, ZwVNotrecht, § 150 a Anm 3.
[15] Jonas/Pohle, ZwVNotrecht, § 150 a Anm 5.
[16] Dassler/Muth § 150 a, Rdn 9; Mohrbutter/Drischler Muster 148 Anm 2.
[17] Drischler RpflJahrbuch 1969, 369 (VI A 2); Mohrbutter, Haftung des Zwangsverwalters (Festschrift Verlag Heymann, 1965), S 171.
[18] Steiner/Hagemann § 150 a Rdn 12; Jonas/Pohle, ZwVNotrecht, § 150 a Anm 3 und 5.

§ 150a 3.2   Zwangsverwaltung

3.2 Die **Voraussetzungen** für Bestellung des Vorgeschlagenen zum Zwangsverwalter (Rdn 3.1 zu a und b) sind vom vorschlagenden Institut **nachprüfbar darzustellen;** erforderlichenfalls sind sie nachzuweisen (zu belegen; freie Beweiswürdigung entsprechend ZPO § 286). Die Haftungsübernahmeerklärung (Rdn 3.1 zu e) ist zu den Zwangsverwaltungsakten einzureichen. Daß der Vorgeschlagene keine Vergütung erhält (Abs 2 Satz 2) ist Folge seiner Bestellung; gesonderter Verzicht auf eine Vergütung ist daher nicht notwendig, vielfach aber ebenso üblich wie ausdrückliche Erklärung des Vorgeschlagenen, daß er bereit ist, das Amt zu übernehmen.

3.3 Falls von **mehreren Vorschlagsberechtigten** wirksame Vorschläge eingehen, entscheidet das Gericht nach pflichtgemäßem Ermessen, welchem es nachkommen will[19]. Seine Entscheidung ist nicht deshalb anfechtbar, weil einem der mehreren Vorschläge nicht entsprochen wurde; es kann ja nur ein Verwalter bestellt werden. Es ist auch nicht der Vorschlag des Gläubigers oder bei mehreren des besserrangigen daraus vorzuziehen, wenn es sich auch empfehlen wird, den des erststelligen Hypothekengläubigers gegenüber dem Vorschlag einer wegen Steuerrückständen betreibenden Gemeinde vorzuziehen.

3.4 Über die Durchführung des Verfahrens im ZVG-Handbuch Rdn 627.

4 Rechtsbehelf

Gegen die Auswahl des Institutsverwalters gibt es für denjenigen, der dazu nicht vorher gehört sein sollte, Erinnerung nach ZPO § 766, für alle anderen Verfahrensbeteiligten sofortige Beschwerde, auch für den Schuldner. Der **Rechtsbehelf** kann nur darauf gestützt werden, daß der Bestellte nach seiner Person oder nach der Art der Verwaltung ungeeignet sei oder daß das Institut nicht die Haftung übernommen habe[20]. Dieselben Rechtsbehelfe gibt es auch für betroffenes Institut, Schuldner und alle sonstigen Beteiligten, wenn der Vorschlag eines Vorschlagsberechtigten abgelehnt wird ([21]meint, auch dann, wenn ohne Aufforderung und Fristsetzung des Gerichts ein Verwalter bestellt sei; abzulehnen). Sie gibt es außerdem, wenn nach Eingang eines Vorschlags in der Frist Ablösung des vom Gericht zunächst bestellten Verwalters abgelehnt wird. Fristsetzung zum Vorschlag eines Institutsverwalters kann mit Beschwerde nicht verlangt werden[22]. Der Vorgeschlagene selbst hat bei Ablehnung keinen Rechtsbehelf.

5 Vollstreckungsgericht und Institutsverwalter

5.1 Die **Rechte** und **Pflichten** des Institutsverwalters bestimmt § 152 in gleicher Weise wie für jeden anderen Zwangsverwalter. Die Vorschriften der ZwVwV hat der Institutsverwalter ebenso zu beachten (s § 152 a Rdn 2.4). Das Vollstreckungsgericht hat auch seine Geschäftsführung zu **beaufsichtigen**[23] und ihm erforderlichenfalls **Weisung** zu erteilen (§ 153 Abs 1). **Rechnung** hat auch er nach § 154 zu legen. Im Anschluß an die Rechnungslegung sind gleichfalls die ihm zu erstattenden Auslagen nach ZwVwV § 22 festzusetzen.

5.2 Entlassen kann auch den Institutsverwalter das Vollstreckungsgericht nach § 152 Abs 2. Es entscheidet über seine Entlassung nach pflichtgemäßem Ermessen[23]. Sie ist wie beim „normalen" Zwangsverwalter nur aus wichtigem Grund möglich, zB bei Übernahme einer zu großen Zahl von Verwaltungen, so daß er sich dem einzelnen Fall nicht mehr widmen kann, oder auch bei unsachgemäßen Verwaltungsmaßnahmen.

---

[19] Steiner/Hagemann § 150 a Rdn 23; Drischler RpflJahrbuch 1969, 369 (VI B).
[20] Jonas/Pohle, ZwVNotrecht, § 150 a Anm 4; Drischler RpflJahrbuch 1969, 369 (VI C).
[21] Jonas/Pohle, ZwVNotrecht, § 150 a Anm 4.
[22] BGH aaO (Fußn 1).
[23] OLG Hamm OLGZ 1994, 611 (612) = Rpfleger 1994, 515.

5.3 Einen wichtigen Grund für Entlassung des Institutsverwalters begründet es, wenn er aus den Diensten des (vorschlagenden) Instituts ausscheidet. Das schließt nicht aus, daß der bisherige Institutsverwalter als nun vom Gericht ausgewählter Verwalter die Zwangsverwaltung fortführt, sofern nicht wieder einem Verwaltervorschlag nach Abs 2 zu entsprechen ist. Bestimmung sollte dann jedoch durch Ergänzung des Beschlusses über die Verwalterbestellung getroffen werden.

5.4 Entsprechendes gilt, wenn das Institut als Beteiligter aus dem Verfahren ausscheidet, zB deshalb, weil es sein dingliches Recht an einen Dritten abtritt, weil dieses Eigentümergrundschuld oder gelöscht wird, und auch, wenn das Institut seinen Zwangsverwaltungsantrag zurücknimmt oder befriedigt ist (§ 161 Abs 2).

[Schuldner als Zwangsverwalter]

150b (1) **Bei der Zwangsverwaltung eines landwirtschaftlichen, forstwirtschaftlichen oder gärtnerischen Grundstücks ist der Schuldner zum Verwalter zu bestellen. Von seiner Bestellung ist nur abzusehen, wenn er nicht dazu bereit ist oder wenn nach Lage der Verhältnisse eine ordnungsmäßige Führung der Verwaltung durch ihn nicht zu erwarten ist.**

(2) **Vor der Bestellung sollen der betreibende Gläubiger und etwaige Beteiligte der in § 150a bezeichneten Art sowie die untere Verwaltungsbehörde gehört werden.**

(3) **Ein gemäß § 150a gemachter Vorschlag ist nur für den Fall zu berücksichtigen, daß der Schuldner nicht zum Verwalter bestellt wird.**

Allgemeines zu § 150b

Zweck der Vorschrift: Nutzung der Erfahrung und Arbeitskraft des interessierten Schuldners für die mit Grundstücksverwaltung erforderliche Wirtschaftsführung. Würde bei landwirtschaftlichen Grundstücken als Zwangsverwalter ein Fremder bestellt, der die Verhältnisse nicht kennt, so wäre das mit **Nachteilen** verbunden. Der Fremde müßte auch eine **Vergütung** erhalten, während der Schuldner als Zwangsverwalter nur einen bescheidenen Unterhalt bekommt. Darum ist hier vorgesehen, daß der Schuldner selbst als Zwangsverwalter bestellt wird (§ 150b), allerdings unter gleichzeitiger Bestellung einer Aufsichtsperson (§ 150c), mit deren Zustimmung allein der Schuldner-Verwalter über Nutzungen und Erlös verfügen darf (§ 150d), wobei der Schuldner keine Vergütung erhält, nur Erträgnisse oder deren Erlös für sich verwenden darf (§ 150e).

Landwirtschaftliche Zwangsverwaltung (Absatz 1)

2.1 Bei der Zwangsverwaltung landwirtschaftlicher, forstwirtschaftlicher, gärtnerischer Grundstücke **muß** der **Schuldner** zum Zwangsverwalter **bestellt werden:** Abs 1 Satz 1. Das darf nur unterbleiben und muß unterbleiben, wenn der Schuldner nicht zur Übernahme des Amtes bereit ist oder wenn nach Lage der Verhältnisse eine ordnungsgemäße Führung der Zwangsverwaltung durch ihn nicht zu erwarten ist: Abs 1 Satz 2.

2.2 Die Vorschrift gilt nur für **landwirtschaftliche** usw **Grundstücke** (Begriff § 149 Rdn 4). Auf städtischen Grundbesitz ist sie nicht anwendbar, weil es bei ihm meist nicht auf besondere fachliche und örtliche Kenntnisse des Schuldners ankommt, dabei vielmehr in der Regel nur durchlaufende Gelder zu verwalten sind[1]. Es ist allerdings hier nicht verboten (aber unzweckmäßig, § 150 Rdn 2.5), den Schuldner zu bestellen.

---

[1] Jonas/Pohle, ZwVNotrecht, § 150b Anm 2.

§ 150b 2.3

2.3 Der Bestimmung liegt der **Gedanke zugrunde,** daß die Verwaltung nicht immer deshalb nötig ist, weil der Schuldner seine Verpflichtungen laufender Art aus mangelhafter Wirtschaftsführung heraus nicht erfüllt, so daß eine Besserung nur zu erzielen sei, wenn die Wirtschaftsführung einem anderen übertragen werde[2]. Die Zwangsverwaltung kann vielmehr durchaus auch als Sicherungsmittel gegen nachteilige Vollstreckungshandlungen Dritter und als Mittel zur Wahrung des Ranges bei der Erfüllung laufender Verbindlichkeiten dienen[3]; hierzu braucht aber die Wirtschaftsführung nicht auf einen Dritten übertragen zu werden[3].

2.4 Diese Vorschrift ist nicht anwendbar, wenn das Objekt **verpachtet** ist, weil dann in der Zwangsverwaltung nur der Pachtzins genutzt werden kann, der Betrieb aber nicht der Zwangsverwaltung untersteht (so auch[4]).

2.5 Der Schuldner muß **zur Übernahme bereit** sein. Er ist mit Fristsetzung hierzu vom Gericht zu befragen. Verpflichtet zur Übernahme ist er nicht[5].

2.6 Vom Schuldner muß eine **ordnungsgemäße Führung** der Verwaltung **zu erwarten** sein. Das Gericht hat also zu prüfen, ob nicht nur die allgemeine berufliche und moralische Eignung dafür spricht, sondern auch, ob der Schuldner den besonderen Anforderungen, die sich aus der Größe und der Eigenart dieses Betriebes ergeben, gewachsen ist[6]. Das Gesetz stellt hier einen negativen Tatbestand auf: es ist abzusehen, wenn nicht zu erwarten ist. Dies ist für die Beweislast und die Haftung des Gerichts bedeutsam[6]. Für die Ablehnung genügen begründete Zweifel gegen die Eignung[7].

2.7 Schuldner im Sinne des § 150b ist ebenso der **Grundstückseigentümer** (§ 17 Abs 1) wie der **Eigenbesitzer** (§ 147 Abs 1)[8], nicht aber ein rechtsgeschäftlicher Vertreter (Generalbevollmächtigter) des Schuldners[9]. Sogar der **Nießbraucher** kann in entsprechender Anwendung dieser Vorschriften als Verwalter bestellt werden. Wenn **mehrere Schuldner** vorhanden sind, muß das Gericht einen davon auswählen[10] und dabei prüfen, ob hieraus nicht Unzuträglichkeiten mit den anderen zu befürchten sind, weil das ein wichtiger Grund wäre, einen Dritten zu bestellen.

2.8 Für einen **nicht voll geschäftsfähigen Schuldner** kann der gesetzliche Vertreter als Zwangsverwalter bestellt werden[11]. Es ist zwar nicht mehr der Vater allein gesetzlicher Vertreter eines Minderjährigen, es können aber nicht beide Eltern bestellt werden, weil nur ein Zwangsverwalter zulässig ist. Ist der Minderjährige vom gesetzlichen Vertreter nach BGB § 112 mit Genehmigung des Vormundschaftsgerichts zur selbständigen Betriebsführung ermächtigt, so könnte er als Zwangsverwalter bestellt werden; praktisch kommt das nicht in Frage. Eine juristische Person als Eigentümer oder Eigenbesitzer kann nicht zum Verwalter bestellt werden, nur einer ihrer gesetzlichen Vertreter, ohne daß dieser aber einen An-

---

[2] Jonas/Pohle, ZwVNotrecht, § 150b Anm 1.
[3] Jonas/Pohle, ZwVNotrecht, § 150b Anm 2.
[4] LG Kiel SchlHA 1989, 67; Dassler/Muth § 150b Rdn 2; Steiner/Hagemann §§ 150b–e Rdn 12.
[5] Jonas/Pohle, ZwVNotrecht, § 150b Anm 4; Drischler RpflJahrbuch 1969, 369 (VII a).
[6] Jonas/Pohle, ZwVNotrecht, § 150b Anm 1.
[7] OLG Hamm OLGZ 1988, 76 = NJW-RR 1988, 60 = Rpfleger 1988, 36; Jonas/Pohle, ZwVNotrecht, § 150b Anm 1.
[8] Jonas/Pohle, ZwVNotrecht, § 150b Anm 3.
[9] LG Kiel SchlHA 1989, 67.
[10] Jaeckel/Güthe § 150 Rdn 2; Steiner/Hagemann §§ 150b–e Rdn 18; Jonas/Pohle, ZwVNotrecht, § 150b Anm 3.
[11] Steiner/Hagemann §§ 250b–e Rdn 19; Jonas/Pohle, ZwVNotrecht, § 150b Anm 3; Drischler RpflJahrbuch 1969, 369 (VII a).

spruch aus § 150a herleiten könnte (Anspruch soll bestehen nach[12], nicht überzeugend).

2.9 War der Schuldner zunächst nicht bereit oder geeignet, so kann er noch **nachträglich** in Ablösung eines Dritten **bestellt** werden[13]. Umgekehrt kann auch der Schuldner trotz Abs 1 Satz 1 („ist" zu bestellen) nach § 153 Abs 2 wieder entlassen werden[13]. Seine Abberufung ist nicht bloß aus schwerwiegenden Gründen und nicht erst nach erfolgloser Anwendung milderer Mittel (dazu § 153 Rdn 8.2), sondern schon dann gerechtfertigt, wenn die Voraussetzungen vorliegen, unter denen von der Verwalterbestellung nach Abs 1 Satz 2 von vornherein abzusehen ist[14] (dazu Rdn 2.6).

2.10 Wird der Schuldner nicht schon im Anordnungsbeschluß, sondern nachträglich bestellt, so ergeht darüber ein **besonderer Beschluß,** der wie der Anordnungsbeschluß und zusätzlich allen Angehörten zugestellt wird. Der Behörde wird er nur mitgeteilt, weil sie kein Anfechtungsrecht hat.

2.11 Zu den einschlägigen Fragen im ZVG-Handbuch Ausführungen in Rdn 629, Muster für den Bestellungsbeschluß Rdn 628.

2.12 Die **Landschaftliche Kreditanstalt** führt als Vollstreckungsbehörde selbst die Zwangsverwaltung durch (§ 146 Rdn 7). Verwalter kraft Dienstverhältnisses (nicht aber Zwangsverwalter im Sinne des ZVG) ist die von der Anstalt mit der Wirtschaftsführung betraute Person. Der Schuldner kann hier nicht als Verwalter bestellt werden, wenn auch § 149 Abs 3 anzuwenden ist.

Verfahren (Absatz 2), **Rechtsbehelf** 3

3.1 Vor der Bestellung des Vollstreckungsschuldners sollen alle betreibenden Gläubiger, die Institute und Körperschaften aus § 150a und die untere Verwaltungsbehörde **gehört** werden: Abs 2. Auch der Schuldner selbst ist zu hören; er kann ja nur bestellt werden, wenn er bereit ist. Der Gläubiger sollte sich, um Verfahrensverzögerungen zu vermeiden, schon in seinem Verfahrensantrag zu der Angelegenheit äußern. Untere Verwaltungsbehörde ist in der Regel das Landratsamt; doch können landesrechtlich auch andere Behörden bestimmt sein. Die Anhörung bedeutet keine Bindung an die Äußerung. Bei abweichender Entscheidung hat die Behörde kein Anfechtungsrecht. Das Gericht kann auch nach seinem Ermessen noch weitere Erkundigungen einziehen.

3.2 Kann nicht sofort angehört werden, so empfiehlt es sich, die Zwangsverwaltung **zunächst ohne Bestellung** eines Verwalters anzuordnen und den Anzuhörenden eine kurze Frist zu setzen; es kann aber auch einstweilen ein Dritter als vorläufiger Zwangsverwalter bestellt werden[15] (einer Anhörung des Schuldners bedarf es hierfür nicht[16]), auch der Schuldner selbst.

3.3 a) Wenn beim Zusammentreffen von § 150a und § 150b der Schuldner nach Abs 3 zum Zwangsverwalter bestellt wird, weil diese Vorschrift vorgeht (Abs 3), dann kann das Institut aus § 150a gegen die Bestellung des Schuldners Vollstreckungserinnerung (ohne vorherige Anhörung) bzw sofortige Beschwerde (nach vorheriger Anhörung) erheben, gestützt auf mangelnde Eignung des Schuldners, nicht aber darauf, daß für das Institut die Institutsverwaltung vorteilhafter wäre[17].

---

[12] Steiner/Hagemann §§ 150b–e Rdn 20.
[13] Jonas/Pohle, ZwVNotrecht, § 150b Anm 8.
[14] OLG Hamm aaO (Fußn 7).
[15] Drischler RpflJahrbuch 1969, 369 (VII a).
[16] LG Kiel SchlHA 1989, 67.
[17] Jonas/Pohle, ZwVNotrecht, § 150b Anm 7.

§ 150b 3.3   Zwangsverwaltung

b) Wird entgegen Abs 1 nicht der Schuldner als Zwangsverwalter bestellt, so haben Schuldner, betreibende Gläubiger und sonstige Beteiligte Vollstreckungserinnerung bzw sofortige Beschwerde, auch die weitere. Umgekehrt können ebenso betreibende Gläubiger und andere Beteiligte gegen die Bestellung des Schuldners angehen, mit der Begründung, daß die Voraussetzungen des § 150b nicht vorliegen würden. Wird in diesen Fällen die Vollstreckungserinnerung nicht alsbald erhoben, so kann diese dadurch erfolglos sein, daß ein Wechsel in der Verwaltung ein störender Eingriff wäre.

[Aufsichtsperson für den Schuldner-Zwangsverwalter]

150c (1) **Wird der Schuldner zum Zwangsverwalter bestellt, so hat das Gericht eine Aufsichtsperson zu bestellen. Aufsichtsperson kann auch eine Behörde oder juristische Person sein.**

(2) **Für die Aufsichtsperson gelten die Vorschriften des § 153 Abs 2 und des § 154 Satz 1 entsprechend. Gerichtliche Anordnungen, die dem Verwalter zugestellt werden, sind auch der Aufsichtsperson zuzustellen. Vor der Erteilung von Anweisungen im Sinne des § 153 ist auch die Aufsichtsperson zu hören.**

(3) **Die Aufsichtsperson hat dem Gericht unverzüglich Anzeige zu erstatten, wenn der Schuldner gegen seine Pflichten als Verwalter verstößt.**

(4) **Der Schuldner führt die Verwaltung unter Aufsicht der Aufsichtsperson. Er ist verpflichtet, der Aufsichtsperson jederzeit Auskunft über das Grundstück, den Betrieb und die mit der Bewirtschaftung zusammenhängenden Rechtsverhältnisse zu geben und Einsicht in vorhandene Aufzeichnungen zu gewähren. Er hat, soweit es sich um Geschäfte handelt, die über den Rahmen der laufenden Wirtschaftsführung hinausgehen, rechtzeitig die Entschließung der Aufsichtsperson einzuholen.**

1 Allgemeines zu § 150c

Zweck der Vorschrift: Beaufsichtigung des Schuldners als Verwalter. Der Schuldner-Zwangsverwalter (§ 150b) braucht eine Aufsichtsperson (Abs 1); er muß mit ihr zusammenarbeiten (Abs 4) und benötigt zu Verfügungen ihre Zustimmung (§ 150d).

2 Aufsichtsperson: Bestellung und Aufsicht (Absatz 1)

2.1 Eine **Aufsichtsperson muß** bestellt werden, wenn der Schuldner selbst als Zwangsverwalter bestellt ist, gleich ob er bei landwirtschaftlichen Grundstücken nach § 150b pflichtgemäß oder bei anderen Grundstücken nach Ermessen des Gerichts (für diesen Fall nicht nach[1]) bestimmt wurde: Abs 1 Satz 1. Die Bestellung der Aufsichtsperson muß alsbald erfolgen, nicht unbedingt gleichzeitig mit der Bestellung des Zwangsverwalters[2].

2.2 Die **Auswahl** der Aufsichtsperson liegt im Ermessen des Gerichts; dieses ist frei und nicht an Vorschläge der Beteiligten gebunden, auch nicht an Vorschläge der Institute aus § 150a[2]. Es kann die in § 150b Abs 2 genannten Beteiligten (betreibende Gläubiger, Bevorrechtigte aus § 150a) und die untere Verwaltungsbehörde vorher anhören (muß dies jedoch nicht)[2]. Es kann auch Vorschläge von ihnen erbitten[2].

2.3 Die auszuwählende Person muß **bereit** und fachlich, räumlich und zeitlich auch **geeignet** sein, den Betrieb zu überwachen. Sie sollte dem Schuldner nicht

---

[1] Dassler/Muth § 150c Rdn 1; Steiner/Hagemann §§ 150b–e Rdn 10.
[2] Jonas/Pohle, ZwVNotrecht, § 150c Anm 1a.

Aufsichtsperson für den Schuldner-Zwangsverwalter 3.4 § 150c

durch verwandtschaftliche Beziehungen zu nahe stehen[2]. Bedenken könnten auch bei Nachbarn bestehen. Brauchbar sind auch ein Gläubiger oder ein Bediensteter des Schuldners, vorzuziehen sind Gläubiger aus § 150a[2], ohne daß diese aber ein Recht auf Bestellung hätten[2].

2.4 Aufsichtsperson kann **auch eine Behörde** oder eine juristische Person sein: Abs 1 Satz 2; etwa der Bürgermeister, die Siedlungsaufsichtsbehörde, eine Landeskultur- (Meliorations-) Behörde, der Leiter der landwirtschaftlichen Schule, eine landwirtschaftliche Treuhandgesellschaft[2]. Keiner der Genannten ist zur Übernahme des Amtes verpflichtet[2]. Findet sich niemand bereit, insbesondere auch der Gläubiger nicht, so muß das Zwangsverwaltungsverfahren aufgehoben werden, weil eine zwingende Vorschrift (Abs 1) nicht erfüllt werden kann und die Zwangsverwaltung somit undurchführbar ist[3].

2.5 Bestellt wird die Aufsichtsperson **durch Beschluß,** der wie die Anordnung der Zwangsverwaltung oder die besondere Verwalterbestellung zugestellt wird, zusätzlich allen Angehörten. Bei der Behörde genügt Mitteilung. Zweckmäßig ist es, der Aufsichtsperson eine Bestallung auszuhändigen; vorgeschrieben ist dies nicht.

2.6 Rechtsbehelfe: a) Gegen die Bestellung der Aufsichtsperson können alle Beteiligten Vollstreckungserinnerung (ohne vorherige Anhörung) bzw sofortige Beschwerde (nach vorheriger Anhörung) einlegen.

b) Die Aufsichtsperson kann gegen Maßnahmen des Gerichts, auch gegen die Anweisungen an den Zwangsverwalter, Vollstreckungserinnerung (ohne vorherige Anhörung) bzw sofortige Beschwerde (nach vorheriger Anhörung) einlegen.

Aufsichtsperson: Rechte und Pflichten (Absätze 2–4)   3

3.1 Auch ein zum Zwangsverwalter bestellter **Schuldner** kann als Eigentümer nicht mehr über die von der Beschlagnahme erfaßten Gegenstände und Erzeugnisse verfügen (§ 23 mit § 146 Abs 1 und § 148); er kann insoweit nur noch als Zwangsverwalter handeln (§ 152).

3.2 Bestimmte **Verfügungen** über Nutzungen und Erlös sind jedoch von vornherein nur mit Zustimmung der Aufsichtsperson wirksam (§ 150d; dazu § 150d Rdn 2). Sonstige Geschäfte führt der Schuldner/Verwalter eigenverantwortlich; er muß aber, soweit sie über den Rahmen der laufenden Wirtschaft hinausgehen, rechtzeitig die Entschließung der Aufsichtsperson einholen: Abs 4 Satz 2; auch bei schuldrechtlichen Geschäften dieser Art[4].

3.3 Versagt die Aufsichtsperson ihre Zustimmung oder hat der Schuldner nicht rechtzeitig die Zustimmung eingeholt, so bleibt das **Rechtsgeschäft** doch **wirksam** (also anders als bei Verfügungen nach § 150d; dazu § 150d Rdn 2); ob aber der Zwangsverwalter zu seiner Erfüllung die Erträgnisse und deren Erlös verwenden darf, hängt davon ab, ob die Erfüllung eine notwendige Verwaltungsausgabe aus § 155 ist[4], außerdem kann das Gericht den Verwalter auf die Anzeige der Aufsichtsperson nach § 153 Abs 1 anweisen, die Erträgnisse nicht in der vorgesehenen Weise zu verwenden[4]. Wird der Verstoß nach Erfüllung entdeckt, so kann der Schuldner-Verwalter entlassen werden (§ 153 Abs 2), er kann auch wegen Untreue strafrechtlich verfolgt werden. Bei Düngemittelkauf oder ähnlich und bei den hierzu eingegangenen Kreditgeschäften ist der gesetzliche Vorrang aus § 10 Nr 1 davon abhängig, daß die Aufsichtsperson dem Rechtsgeschäft zugestimmt hat[4] (dazu § 10 Rdn 2).

3.4 Zur **Prozeßführung** bleibt der Schuldner-Zwangsverwalter wie sonst berechtigt; soweit er aber die Zustimmung der Aufsichtsperson bedarf, gilt das auch für Prozeßhandlungen wie Vergleich, Verzicht, Anerkenntnis[4].

---

[3] Drischler RpflJahrbuch 1969, 369 (VIII b).
[4] Jonas/Pohle, ZwVNotrecht, § 150c Anm 3.

§ 150c 3.5   Zwangsverwaltung

3.5 Im übrigen führt der Schuldner-Zwangsverwalter seine Verwaltung unter **Aufsicht der Aufsichtsperson:** Abs 4 Satz 1. Er ist auch verpflichtet, ihr jederzeit Auskunft über Grundstück, Betrieb, mit der Bewirtschaftung zusammenhängende Rechtsverhältnisse zu geben und Einsicht in die Aufzeichnungen zu gewähren: Abs 4 Satz 2. Dazu muß auch das Betreten des Grundstücks gestattet werden[5].

3.6 Dem Schuldner gegenüber ist die Aufsichtsperson aber nur zu **Ratschlägen,** nicht zu unmittelbaren Weisungen befugt[5]. Der Schuldner ist nicht ihr Untergebener[5]. Stellt die Aufsichtsperson Mängel fest, so hat sie das dem Gericht unverzüglich anzuzeigen: Abs 3. Das gilt natürlich auch, wenn sich der Schuldner gegen die Aufsicht zur Wehr setzt, etwa der Aufsichtsperson das Betreten des Grundstücks verweigert[5].

3.7 Die Aufsichtsperson hat eine aus dem öffentlichrechtlichen Bestellungsakt herrührende ähnliche **Amtsstellung** wie der Zwangsverwalter. Verletzt sie ihre Pflichten durch bewußt sachwidrige Genehmigungen und erwächst hieraus Schaden, so kann sie wegen Untreue strafrechtlich verfolgt werden. Gegenüber Dritten tritt sie nur in Erscheinung, soweit Verfügungen und Rechtsgeschäfte des Schuldner-Zwangsverwalters ihrer Zustimmung bedürfen[6]. Sie ist nicht gesetzlicher Vertreter, auch nicht Bevollmächtigter des Schuldner-Zwangsverwalters, kann nicht für diesen Verträge schließen und kann nicht in die von ihm geführten Prozesse eintreten[6]. Sie hat auch kein Recht zum Besitz des Grundstücks. Sie steht unter Aufsicht des Gerichts wie ein Zwangsverwalter (Abs 2 Satz 1) und haftet allen Beteiligten für den durch nachlässige Aufsicht entstandenen Schaden (Abs 2 Satz 1, § 154 Satz 1). Über den Umfang der Haftung § 154 Rdn 2.

3.8 Gerichtliche Anordnungen, die dem Zwangsverwalter zugestellt werden, sind auch der **Aufsichtsperson zuzustellen:** Abs 2 Satz 2 (Anordnung, Beitritt, Aufhebung, Einstellung, Terminsladung, Verfügungen)[7]. Bevor an den Schuldner-Zwangsverwalter Anweisungen aus 153 erteilt werden, ist auch die Aufsichtsperson zu hören: Abs 2 Satz 3.

3.9 Das Gericht kann der Aufsichtsperson eine **Sicherheitsleistung** auferlegen: Abs 2 Satz 1, § 153 Abs 2; dies gilt nicht gegenüber einer Behörde als Aufsichtsperson[7]. Das Gericht kann auch **Zwangsgeld** verhängen: Abs 2 Satz 1, § 153 Abs 2; das gilt nicht gegenüber einer Behörde[7]. Eine Behörde kann das Gericht bei Meinungsverschiedenheiten nur entlassen, wie es auch sonst die Aufsichtsperson aus dem Amt **entlassen** kann[7]: Abs 2 Satz 1, § 153 Abs 2. Anweisungen des Gerichts an die Aufsichtsperson, wie sie gegenüber dem Zwangsverwalter möglich sind (§ 153 Abs 1), sind nicht vorgesehen (anders[7]: sei möglich).

3.10 Für die Aufsichtsperson ist vom Gesetz **grundsätzlich keine Vergütung** vorgesehen. § 153 Abs 1 über die Vergütung für den Zwangsverwalter ist nicht für anwendbar erklärt, aber dennoch anwendbar[8]. Die Vergütung richtet sich also nach § 153. Wo sie gewährt wird, ist sie eine Auslage der Zwangsverwaltung. Sie wird in entsprechender Anwendung von § 153 Abs 1 festgesetzt, nach Art und Umfang der Tätigkeit und dem Maß der Verantwortung. Das Gericht kann aber schon bei der Auswahl eine Aufsichtsperson ausfindig machen, die keine Vergütung beansprucht. Gegen die Festsetzung der Vergütung sofortige Beschwerde für die Aufsichtsperson und den Vollstreckungsschuldner, für alle übrigen Beteiligten nur dann, wenn durch die Höhe der Vergütung die Verwaltungsüberschüsse beeinträchtigt werden.

---

[5] Jonas/Pohle, ZwVNotrecht, § 150c Anm 2b.
[6] Jonas/Pohle, ZwVNotrecht, § 150c Anm 2c.
[7] Jonas/Pohle, ZwVNotrecht, § 150c Anm 2a.
[8] Dassler/Muth § 150c Rdn 15; Mohrbutter, Handbuch des Vollstreckungsrechts, § 55; Mohrbutter/Drischler Muster 149 Anm 9; Drischler Rpfleger 1953, 549 (1) sowie JVBl 1964, 181.

[Beschränktes Verfügungsrecht des Schuldner-Verwalters]

150d Der Schuldner darf als Verwalter über die Nutzungen des Grundstücks und deren Erlös, unbeschadet der Vorschriften der §§ 155 bis 158, nur mit Zustimmung der Aufsichtsperson verfügen. Zur Einziehung von Ansprüchen, auf die sich die Beschlagnahme erstreckt, ist er ohne diese Zustimmung befugt; er ist jedoch verpflichtet, die Beträge, die zu notwendigen Zahlungen zur Zeit nicht erforderlich sind, nach näherer Anordnung des Gerichts unverzüglich anzulegen.

Allgemeines zu § 150 d   1

1.1 Zweck der Vorschrift: Einschränkung der Verfügungsbefugnis des Schuldners als Zwangsverwalter.

1.2 Auch wenn der Schuldner als Zwangsverwalter eingesetzt ist, richten sich die **Wirkungen** der Beschlagnahme nach den Vorschriften des ZVG (§§ 20, 21, 148; BGB §§ 1120–1131). Die dem Schuldner als Eigentümer mit Beschlagnahme entzogenen Befugnisse stehen auch hier dem Zwangsverwalter zu im Rahmen der §§ 152, 155–158. Für den Schuldner-Zwangsverwalter sind aber diese Befugnisse durch § 150c Abs 4 hinsichtlich der laufenden Geschäfte (§ 150c Rdn 3) und durch § 150 d für bestimmte Verfügungen eingeschränkt.

Beschränkungen des Schuldner-Zwangsverwalters   2

2.1 Der Schuldner darf als Zwangsverwalter unter Beachtung der §§ 155–158 (die jeder Zwangsverwalter einzuhalten hat) über die Nutzungen des Grundstücks und ihren Erlös abweichend von den sonst für den Zwangsverwalter geltenden Regeln (Rdn 1) nur **mit Zustimmung** der Aufsichtsperson **verfügen:** Satz 1.

2.2 Nutzungen sind Früchte (Erzeugnisse und sonstige Ausbeute, die aus dem Grundstück seiner Bestimmung gemäß gewonnen werden, auch die Erträge, die das Grundstück vermöge eines Rechtsverhältnisses gewährt, zB Miete und Pacht, Notweg- und Überbaurente) und Vorteile, die der Gebrauch des Grundstücks gewährt. Nutzungen des Grundstücks selbst und Nutzungen der Zubehörstücke gehören hierher. Erlös sind dabei die Forderungen aus Veräußerungsgeschäften und das eingenommene Geld (§ 20 Rdn 3, § 21 Rdn 3, § 152 Rdn 13). Der Erlös überflüssiger Zubehörstücke gehört als Surrogat dem Schuldner (§ 152 Rdn 13) (anders[1]: seien als Nutzungen zu behandeln).

2.3 Verfügungen sind Rechtshandlungen, durch welche die dingliche Rechtslage zuungunsten des Verfügenden verändert wird (Veräußerung, Abtretung, Verpfändung, Dereliktion, Verzicht, Vergleich usw), nicht dagegen das gerichtliche Geltendmachen als solches.

2.4 Von der notwendigen Zustimmung der Aufsichtsperson gibt es eine Reihe **Ausnahmen:**

a) Der Schuldner darf (und muß) selbständig aus den Nutzungen die **Auslagen der Verwaltung und die Kosten** des Verfahrens (nicht die durch Anordnung oder Beitritt entstandenen) vorweg bestreiten (§ 155 Abs 1).

b) Der Schuldner darf (und muß) die laufenden Beträge der **öffentlichen Lasten** ohne weiteres bezahlen (§ 155 Abs 1).

c) Der Schuldner darf (und muß) **nach Maßgabe des** gerichtlichen **Teilungsplanes,** soweit die Mittel jeweils reichen, an die Beteiligten ausschütten (§ 157 Abs 1 Satz 2), jedoch Kapitalbeträge auf Hypotheken usw nur in einem besonderen Termin (§ 158 Abs 1 Satz 1).

---

[1] Jonas/Pohle, ZwVNotrecht, § 150 d Anm 3.

§ 150d 2.4   Zwangsverwaltung

d) Der Schuldner darf (und muß nach § 152 Abs 1) Ansprüche, auf die sich die Beschlagnahme erstreckt, **einziehen** (Satz 2), also Miet- und Pachtforderungen und die Ansprüche aus der Veräußerung beschlagnahmter Erzeugnisse[2] ; er darf sie aber nur einziehen, nicht dagegen erlassen, aufrechnen, stunden usw.[2] Eingezogenes Geld, das zur Zeit nicht für notwendige Zahlungen nach §§ 155–158 erforderlich ist, muß er nach Anordnung des Gerichts unverzüglich anlegen (Satz 2); die sichere Anlegung ist sorgfältig zu überwachen.

2.5 Die **Zustimmung** der Aufsichtsperson kann vor oder nach der Verfügung erfolgen, sie kann ausdrücklich oder stillschweigend geschehen. Wenn die Aufsichtsperson ablehnt, muß der Schuldner-Zwangsverwalter von der beabsichtigten Verfügung absehen oder beim Gericht eine Anweisung aus § 153 für sich anregen. Diese Anweisung ersetzt die Zustimmung der Aufsichtsperson.

2.6 Zustimmungsbedürftige Verfügungen **ohne Zustimmung** sind **unwirksam:** BGB § 134. Gutgläubiger Erwerb eines Dritten ist aber möglich nach BGB § 135 Abs 2, ZVG § 23 Abs 2, § 146 Abs 1. Der Erwerber ist nur geschützt, wenn er hinsichtlich der Beschlagnahme in gutem Glauben war, wobei die Kenntnis des Zwangsverwaltungsantrags schon der Kenntnis von der Beschlagnahme gleichsteht (§ 23 Abs 2 Satz 1) (also den guten Glauben zerstört) und die Beschlagnahme der mithaftenden beweglichen Sachen mit der Eintragung des Verwaltungsvermerkes im Grundbuch als bekannt gilt (§ 23 Abs 2 Satz 2) (also auch den guten Glauben zerstört). Nach der Eintragung des Zwangsverwaltungsvermerks im Grundbuch ist gutgläubiger Erwerb somit bei den mithaftenden beweglichen Sachen ausgeschlossen. Auf einen guten Glauben hinsichtlich der Zustimmung der Aufsichtsperson kommt es nicht an.

[Vergütung des Schuldner-Zwangsverwalters]

150e Der Schuldner erhält als Verwalter keine Vergütung. Erforderlichenfalls bestimmt das Gericht nach Anhörung der Aufsichtsperson, in welchem Umfange der Schuldner Erträgnisse des Grundstücks oder deren Erlös zur Befriedigung seiner und seiner Familie notwendigen Bedürfnisse verwenden darf.

1 Allgemeines zu § 150 e

Zweck der Vorschrift: Einschränkung des Grundsatzes, daß jeder Zwangsverwalter für seine Tätigkeit eine Vergütung erhält (§ 153 Abs 1) für den Schuldner-Zwangsverwalter.

2 Keine Vergütung für Schuldner-Zwangsverwalter

2.1 Der Schuldner erhält als Zwangsverwalter keine Vergütung: Satz 1. Er muß sogar dort, wo das Vieh nach der Verkehrssitte nicht Zubehör des Grundstücks ist (die Nutzungen daraus also nicht der Zwangsverwaltung zufließen), für die Ernährung seines Viehs aus den Erträgnissen der Zwangsverwaltung an die Zwangsverwaltungsmasse eine Entschädigung zahlen (§ 153a). Es soll durch die Aufstellung des Schuldners als Zwangsverwalter das **Verfahren verbilligt** werden und es kann in der Regel dem Schuldner zugemutet werden, ohne Vergütung tätig zu sein, weil er dafür den eigenen Betrieb, wenn auch mit Einschränkungen, in der Hand behält[1].

2.2 Immerhin erscheint es **unbillig,** zwar die Arbeitskraft des Schuldners auf seinem Grundstück im bisherigen Umfang uneingeschränkt in Anspruch zu neh-

---

[2] Jonas/Pohle, ZwVNotrecht, § 150d Anm 5.
[1] Jonas/Pohle, ZwVNotrecht, § 150e Anm 1a.

Wirksamwerden der Beschlagnahme, Zahlungsverbot **1 § 151**

men, während ein Fremder dafür entschädigt würde und noch dazu einen anderen Beruf daneben ausüben könnte, dem Schuldner aber dabei völlig zu entziehen, wovon er bisher gelebt hat. Daher können doch dem Schuldner-Zwangsverwalter **Erträgnisse** oder ihr Erlös **zugestanden** werden: Satz 2.

2.3 Erträgnisse zu überlassen, kann „erforderlichenfalls" geschehen, also nur, wenn die sonstigen Einkünfte des Schuldners aus unselbständiger Arbeit, aus Kapitalvermögen, aus nicht zwangsverwalteten Grundstücken nicht ausreichend sind, um die notwendigen Bedürfnisse des Schuldner und seiner Familie zu befriedigen[2]. Diese Möglichkeit erweitert also diejenige nach ZPO § 811 Abs 1 Nr 2 (unpfändbar und damit auch nicht der Zwangsverwaltungsbeschlagnahme unterworfen Nahrungs-, Heizungs-, Beleuchtungsmittel für vier Wochen sowie die Kleintiere; § 149 Rdn 4), schränkt sie aber wieder durch den Begriff „notwendig" ein. Notwendig sind nur die Bedürfnisse, die angesichts der Vermögenslage des Schuldners lebenswichtig sind, allerdings nicht nur die notdürftigen[2]. Einschränkungen müssen der Schuldner und seine Familie hinnehmen; der Schuldner darf aber nicht für seine Gläubiger Sklavenarbeit leisten[2]. Einschlägig ist hier, was zu § 149 Abs 3 gesagt ist (§ 149 Rdn 4). Man muß auch im Interesse der Verwaltung und damit der Gläubiger die volle Arbeitskraft des Schuldners erhalten.

2.4 Zur Familie gehören hier wie in ZPO § 811 Abs 1 Nr 2 die in der Hausgemeinschaft des Schuldners lebenden Angehörigen, ohne Unterschied, ob sie nach dem Gesetz unterhaltsberechtigt sind, also auch die beim Schuldner lebenden nicht mehr erwerbsfähigen Eltern oder seine Pflegekinder[2].

2.5 Den **Umfang der Entnahmen** bestimmt das Gericht, nicht die Aufsichtsperson. Sie muß aber vorher angehört werden. Das Gericht entscheidet durch Beschluß. Die überlassenen Erträgnisse oder deren Erlös sind Ausgaben der Zwangsverwaltung[3] nach § 155 Abs 1. Es ist daher gemäß § 150d Satz 1 nicht zu jeder einzelnen Entnahme die Zustimmung der Aufsichtsperson nötig.

2.6 Die **Forderungen** aus den überlassenen Erträgnissen, soweit der Schuldner diese verkauft, sind **nicht pfändbar**: ZPO § 851a.

2.7 Rechtsbehelfe: Wird der Antrag des Schuldners auf Überlassung von Erträgnissen abgelehnt, so hat dieser sofortige Beschwerde. Einen stattgebenden Beschluß können betreibende Gläubiger ebenso anfechten und alle Beteiligten, die durch die Kürzung der Verwaltungsüberschüsse beeinträchtigt würden, nicht dagegen die Aufsichtsperson.

[Wirksamwerden der Beschlagnahme, Zahlungsverbot]

151 (1) **Die Beschlagnahme wird auch dadurch wirksam, daß der Verwalter nach § 150 den Besitz des Grundstücks erlangt.**

(2) **Der Beschluß, durch welchen der Beitritt eines Gläubigers zugelassen wird, soll dem Verwalter zugestellt werden; die Beschlagnahme wird zugunsten des Gläubigers auch mit dieser Zustellung wirksam, wenn der Verwalter sich bereits im Besitze des Grundstücks befindet.**

(3) **Das Zahlungsverbot an den Drittschuldner ist auch auf Antrag des Verwalters zu erlassen.**

Allgemeines zu § 151

Zweck der Vorschrift: Ergänzende Bestimmung für Wirksamwerden der Beschlagnahme bei Zwangsverwaltung.

---

[2] Jonas/Pohle, ZwVNotrecht, § 150c Anm 1b.
[3] Jonas/Pohle, ZwVNotrecht, § 150e Anm 3.

§ 151 2.1 Zwangsverwaltung

2 Beschlagnahmewirksamkeit in Zwangsverwaltung (Absätze 1 und 2)

2.1 Die Beschlagnahme des Grundstücks zugunsten des Gläubigers durch gerichtlichen Beschluß (§ 20 Abs 1, § 146 Abs 1) wird mit der Zustellung an den Schuldner wirksam: § 22 Abs 1, § 27 Abs 1 mit § 146 Abs 1. Der Anordnungsbeschluß wird auch durch Zugang des Eintragungsersuchens an das Grundbuchamt wirksam: § 22 Abs 1, § 146 Abs 1.

2.2 In der Zwangsverwaltung gibt es **zusätzliche Möglichkeiten** für das Wirksamwerden der Beschlagnahme, nämlich: der Zwangsverwalter **erlangt den Besitz** (Abs 1); der Beitrittsbeschluß der Zwangsverwaltung wird an den schon im Besitz des Grundstücks befindlichen Zwangsverwalter zugestellt (Abs 2).

2.3 Bei nur **mittelbarem Besitz** des Schuldners (Besitzmittlungsverhältnis, BGB § 868) erlangt der Zwangsverwalter den Besitz des Grundstücks, wenn die Einweisung in den mittelbaren Schuldnerbesitz (§ 146 Rdn 11, § 150 Rdn 5.5) wirksam erfolgt. Das ist mit „Übergabe" (§ 150 Abs 2) durch Besitzeinweisung des Zwangsverwalters für Beginn (Augnahme) seiner Tätigkeit der Fall (§ 150 Abs 2). Wenn der Verwalter ermächtigt ist, sich selbst den Besitz zu verschaffen (§ 150 Abs 2; praktische Regel) erlangt er mittelbaren Besitz ebenfalls mit (erkennbar gemachter) Aufnahme seiner Tätigkeit[1] nicht aber (ohne besondere Tätigkeit) bereits mit Entgegennahme der gerichtlichen Ermächtigung[2]. Besitzerwerbswillen setzt mittelbaren Besitz zwar nicht voraus. Doch schließt die gerichtliche Ermächtigung Einweisung in den mittelbaren Schuldnerbesitz nicht bereits ein. Sie kann für Übertragung des mittelbaren Besitzes (BGB § 870) auch nicht als Abtretung des Herausgabeanspruchs im Wege rechtlichen Zwangs gewertet werden; überdies würde Verfügungsvertrag dann auch Mitwirkung des Zwangsverwalters erfordern. Als vollstreckungsrechtlicher Vorgang gebietet vielmehr Erlangung des Besitzes durch den ermächtigten Zwangsverwalter Erkennbarkeit der Besitzänderung (Publizität), damit Besitzergreifung, ebenso wie Besitz„übergabe" mit Einweisung in den mittelbaren Schuldnerbesitz durch den Gerichtsvollzieher oder sonstigen Beamten. Hat der Schuldner an Teilen des Grundstücks, insbesondere an abgesonderten Wohnräumen oder sonstigen Räumen, die er selbst nutzt, unmittelbaren Besitz (Teilbesitz, BGB § 865), an weiteren, Mietern oder Pächtern überlassenen Grundstücksteilen hingegen mittelbaren Besitz und überdies an Gemeinschaftsflächen Mitbesitz (BGB § 866), so ist auf den Zeitpunkt abzustellen, an dem der Verwalter Besitz an Teilen des Grundstücks erstmals erlangt.

2.4 Insgesamt gibt es somit in der Zwangsverwaltung folgende Möglichkeiten, wie die Beschlagnahme zugunsten des betreibenden Gläubigers wirksam werden kann:

a) Bei Anordnungs- oder Beitrittsbeschluß der Zwangsverwaltung wird die Beschlagnahme durch **Zustellung des Beschlusses** an den Schuldner wirksam: § 22 Abs 1, § 27 Abs 1 mit § 146 Abs 1.

b) Beim Anordnungsbeschluß wird die Beschlagnahme durch **Zugang** des gerichtlichen Ersuchens um Eintragung des Zwangsverwaltungsvermerkes nach § 19 an das **Grundbuchamt** wirksam, falls dieser Zugangszeitpunkt vor dem aus Abs a liegt und falls die Eintragung des Vermerks auf das Ersuchen hin „demnächst erfolgt": § 22 Abs 1 mit § 146 Abs 1 (zur Frage nach „demnächst" § 22 Rdn 2).

c) Beim Anordnungsbeschluß der Zwangsverwaltung wird die Beschlagnahme auch dadurch wirksam, daß der Zwangsverwalter nach § 150 den **Besitz** des Objekts **erlangt,** falls dieser Zeitpunkt vor den in Abs a und b genannten liegt: Abs 1.

---

[1] So wohl auch Jaeckel/Güthe § 150 Rdn 5 und 7 sowie § 151 Rdn 1.
[2] Anders Steiner/Hagemann § 151 Rdn 8.

Aufgaben des Zwangsverwalters, Miet- und Pachtverträge **§ 152**

d) Bei Beitrittsbeschluß in der Zwangsverwaltung wird die Beschlagnahme auch durch **Zustellung an den Zwangsverwalter** wirksam, falls sich dieser schon im Besitz des Objekts befindet und wenn der Zustellungszeitpunkt vor dem in Abs a genannten liegt: Abs 2.

2.5 Dem Zwangsverwalter soll wegen der Möglichkeit in Rdn 2.4d jeder **Beitrittsbeschluß zugestellt** werden: Abs 2. Von dieser Zustellung soll man keinesfalls absehen, weil sonst vielleicht die Zustellung an den Vollstreckungsschuldner, die dann allein die Beitritts-Beschlagnahme wirksam machen kann, durch Auslandsaufenthalt, unbekannten Aufenthalt oder andere Hindernisse erheblich verzögert wird (Nachteil für den Gläubiger, Haftung des Gerichts).

2.6 Zu diesen Fragen im ZVG-Handbuch Rdn 591, 592.

Zahlungsverbot für die Zwangsverwaltung (Absatz 3) 3

3.1 Dem **Drittschuldner** einer beschlagnahmten **Forderung** gegenüber wird die Beschlagnahme wirksam, wenn diesem die Beschlagnahme bekannt wird oder wenn ihm auf Antrag ein **Zahlungsverbot** zugestellt wird: § 22 Abs 2 Satz 2 mit § 146 Abs 1. Das Zahlungsverbot ergeht auf Antrag des Gläubigers (§ 22 Abs 2 Satz 1). Es ist in der Zwangsverwaltung aber auch auf Antrag des Zwangsverwalters zuzustellen. Vorpfänden aus ZPO § 845 (mit ZVG § 22 Abs 2 Satz 3) kann nur der Gläubiger, nicht der Zwangsverwalter; er muß aber Mieter und Pächter sofort nach seiner Bestellung von der Beschlagnahme verständigen.

3.2 Das Zahlungsverbot an Drittschuldner bei mitbeschlagnahmten Forderungen (auf Antrag des betreibenden Gläubigers oder auch des Zwangsverwalters) ist an alle, die es betrifft, **zuzustellen** (zur Zustellung § 22 Rdn 3.3) und an den Vollstreckungsschuldner und den Zwangsverwalter mitzuteilen. Bei verwickelten Verhältnissen kann ein Hinweis, wie im letzten Satz des nachstehenden Musters vorgeschlagen, insbesondere Mieter vor Schaden bewahren. Bei der Zwangsverwaltung eines Grundstücksbruchteils ist ein Zahlungsverbot nicht möglich, weil ja der Zwangsverwalter hier nur die Rechte des Miteigentümers ausüben und die Forderung nur mit diesem zusammen einziehen kann. Zu Zahlungsverbot im übrigen § 22 (§ 22 Rdn 3).

3.3 Muster: „Zahlungsverbot im Zwangsverwaltungsverfahren über …: Auf Antrag eines Gläubigers ist die Zwangsverwaltung des Grundstücks angeordnet worden. Hierdurch ist dem Grundstückseigentümer die Verwaltung und Benutzung des Grundstücks entzogen. Miete und Pacht darf nur mehr an den Zwangsverwalter bezahlt werden, also an …, und zwar auf das von ihm für diesen Zweck errichtete Sonderkonto … Als Drittschuldner wird Ihnen daher verboten, die zu leistenden Miet- oder Pachtzinsforderungen an den Schuldner (Grundstückseigentümer) zu zahlen. Dieses Zahlungsverbot geht jeder Abtretung, Pfändung usw. unter gewissen Voraussetzungen vor; darüber wollen Sie sich bitte bei Zwangsverwalter oder Gericht vergewissern, auch über die Wirksamkeit schon geleisteter Vorauszahlungen oder Baukostenzuschüsse und über den Zeitpunkt, zu dem das Verbot wirksam wird."

3.4 Muster im ZVG-Handbuch Rdn 593.

[Aufgaben des Zwangsverwalters, Miet- und Pachtverträge]

152 (1) **Der Verwalter hat das Recht und die Pflicht, alle Handlungen vorzunehmen, die erforderlich sind, um das Grundstück in seinem wirtschaftlichen Bestande zu erhalten und ordnungsmäßig zu benutzen; er hat die Ansprüche, auf welche sich die Beschlagnahme erstreckt, geltend zu machen und die für die Verwaltung entbehrlichen Nutzungen in Geld umzusetzen.**

§ 152 Zwangsverwaltung

(2) Ist das Grundstück vor der Beschlagnahme einem Mieter oder Pächter überlassen, so ist der Miet- oder Pachtvertrag auch dem Verwalter gegenüber wirksam.

Übersicht

Allgemeines zu § 152	1	Gewerbliche Tätigkeit, Gewerbebetrieb	9
Amt des Zwangsverwalters	2	Grundstücksbruchteile	10
Aufgaben des Zwangsverwalters allgemein	3	Jagdrecht	11
Aufgaben des Zwangsverwalters: Erhaltung des Grundstücks	4	Miet- und Pachtverträge (Absatz 2)	12
		Nutzungen	13
Aufgaben des Zwangsverwalters: Benutzung des Grundstücks	5	Prozesse	14
		Steuern und Abgaben	15
Beschlagnahmte Ansprüche und Nutzungen	6	Versicherungen	16
Dienstverträge	7	Vollstreckung gegen den Zwangsverwalter	17
Energielieferungsverträge	8	Vorschuß	18
		Wohnungseigentum	19

Literatur: Deprè/Mayer, Die Praxis der Zwangsverwaltung, 2. Aufl 2004; Drischler, Stellung und Aufgaben des Zwangsverwalters, RpflJahrbuch 1959, 273; Nix, Grundsätze der Zwangsverwaltung (1992); Haarmeyer/Wutzke/Förster/Hintzen, Zwangsverwaltung (ZwangsversteigerungsG [§§ 146–161] und ZwangsverwalterVO), 3. Aufl 2004; Schmidt, Geschäftsführung des Zwangsverwalters, 3. Aufl 1953.

1 Allgemeines zu § 152

Zweck der Vorschrift: Regelung der Rechte und Pflichten des Zwangsverwalters. § 152 bietet die Grundlagen für die Geschäftsführung des Zwangsverwalters, ergänzt durch § 153 über Aufsicht und Eingriffsrechte des Gerichts, § 154 über Haftung und Rechnungslegung, §§ 155–158 über die Zahlungen laut Teilungsplan, und durch die ZwangsverwalterVO.

2 Amt des Zwangsverwalters

2.1 Über die **rechtliche Stellung** des Zwangsverwalters gab es schon in der Frühzeit des ZVG Auseinandersetzungen[1]. **Meinungsverschiedenheiten** bestehen auch heute noch, wenn sich auch allmählich eine gefestigte Ansicht herausgebildet hat.

2.2 Es gibt im wesentlichen folgende Ansichten über den Zwangsverwalter wie über die ähnlich gelagerte Tätigkeit des Konkurs/Insolvenzverwalters:

a) Die als herrschend anzusehende **Amtstheorie** besagt: Der Zwangsverwalter sei ein besonderes Rechtspflegeorgan, Vertrauensmann des Gerichts wie ein Sequester oder staatlicher Beauftragter, das selbständig, in eigenem Namen und aus eigenem Recht das beschlagnahmte Vermögen des Schuldners für dessen Rechnung verwalte und damit ein vom Gesetz übertragenes privates Amt ausübe; der Verwalter sei, wie der (vormalige) Konkursverwalter (zu diesem[2]), Testamentsvollstrecker, Nachlaßverwalter, Partei kraft Amtes (Begriff kommt in ZPO § 116 vor). In dieser oder ähnlicher Form, zum Teil ihn auch als Treuhänder kraft Gesetzes bezeichnend oder mit sonstigen Abwandlungen, äußern sich[3].

---

[1] Eckstein, Rechtsstellung des Versteigerungsrichters und Zwangsverwalters (1910); Heller, Stellung des Zwangsverwalters (1910), S 34–35.

[2] BGH 88, 331 = KTS 1984, 275 mit Anm Testke = MDR 1984, 201 = NJW 1984, 739.

[3] BGH 24, 393 = MDR 1957, 734 mit Anm Pohl = NJW 1957, 1361; BGH (14. 4. 2005, V ZB 10/05) Rpfleger 2005, 457; RG 24, 302 (304); RG 29, 29 (31); RG 80, 311 (315); RG 80, 416; RG 120, 189 (192); RG 121, 107 (109); OLG Celle NdsRpfl 1953, 84; OLG

b) Die ältere **Vertretertheorie** besagt: Der Zwangsverwalter sei der gesetzliche Vertreter des Vollstreckungsschuldners hinsichtlich des von der Beschlagnahme erfaßten Vermögens, nach Art eines Sondergutspflegers, oder aber auch der Vertreter der Gläubiger oder der parteifähigen Verwaltungsmasse. In dieser oder ähnlicher Form äußern sich[4].

c) Eine **Neutralitätstheorie** besagt: Der Zwangsverwalter (wie der vormalige Konkursverwalter) handle neutral, bezogen auf das Objekt, nicht einseitig im Interesse des Gläubigers oder des Schuldners, nicht im staatlichen Interesse, sondern zur Wahrung aller Interessen an dem Vermögen und für dieses Vermögen, er handle mehrseitig fremdbestimmt. So oder ähnlich, mit Abweichungen in Einzelheiten, äußern sich[5].

d) Die **Organtheorie** besagt: Der Zwangsverwalter sei das Organ einer als Rechtsträger zu behandelnden selbständigen Vermögensmasse. So oder ähnlich äußern sich[6].

e) Schließlich meint eine **Theorie „ohne Theorie"**: Die ganze Frage sei für die Praxis belanglos, sie sei von Fall zu Fall unterschiedlich zu behandeln; im Zweifel sei der Zwangsverwalter als Partei kraft Amtes zu behandeln.

2.3 Die letztgenannte Ansicht genügt für unseren Aufgabenbereich durchaus. Für die Zwecke des Zwangsverwaltungsverfahrens kann der theoretische **Streit unentschieden** bleiben (zur Bedeutungslosigkeit des Theorienstreits auch[7]). In der Regel wird man den Zwangsverwalter als Partei kraft Amtes behandeln. Er ist nicht Angestellter des Schuldners oder der betreibenden Gläubiger oder des Gerichts. Er unterliegt darum auch nicht den gesetzlichen Sozialversicherungen. Er ist auch kein Beamter, ist zwar kraft öffentlicher Gewalt bestellt, übt aber privatrechtliche Befugnisse aus.

Aufgaben des Zwangsverwalters allgemein 3

3.1 Der Zwangsverwalter ist zur Wahrnehmung der ihm gesetzlich obliegenden **Aufgaben** (insbesondere § 152) **verpflichtet.** Er ist für die Erfüllung seiner Verpflichtungen den Beteiligten gegenüber verantwortlich (§ 154 Satz 1). Bei Erfüllung seiner Aufgaben handelt der Zwangsverwalter **selbständig** (ZwVwV § 1 Abs 1 Satz 1); er hat die Verwaltung wirtschaftlich zu führen (Rdn 3.3). Er muß wie ein sorgsamer Eigentümer tätig sein, die Verwaltung damit so führen, wie sie ein sparsamer, ordentlicher wirtschaftlicher Eigentümer führen würde, der ständig bemüht bleibt, seine Gläubiger zu befriedigen[8]. An Wünsche und Anregungen

---

Düsseldorf AnwBl 1954, 217 = JurBüro 1954, 312; MünchKomm ZPO/Lindacher, vor § 50 Rdn 40; Wieczorek/Schütze/Hausmann, ZPO, vor § 50 Rdn 40, 46; Zöller/Vollkommer, ZPO, § 51 Rdn 7; Henle, ZVG, § 152 Anm 1; Jaeckel/Güthe § 152 Rdn 1; Korintenberg/Wenz § 152 Anm 2; Lupprian, ZVG, § 152 Anm 1; Nußbaum, Zwangsversteigerung, § 28 (IV a); Drischler RpflJahrbuch 1959, 273 (B I); Riggers JurBüro 1970, 621 (2); Weber KTS 1955, 102.

[4] Bernhardt, Zivilprozeßrecht, § 19 (I 3); Blomeyer, Zwangsvollstreckung, § 20 (IV); Wolff, ZPO, § 152 Anm 1; Lent KTS 1959, 63 (64); Papke KTS 1968, 49.

[5] Mohrbutter, Handbuch des Vollstreckungsrechts, § 54 (I); v Lübtow JZ 1960, 151; Worm KTS 1961, 119; Haarmeyer/Wutzke/Förster/Hintzen, Zwangsverwaltung, §§ 150, 150 a Rdn 18.

[6] Baumann, Konkurs, § 8 (II 2 b); Baumann/Brehm, Zwangsvollstreckung, § 7 (III 3 b), § 9 (II 2), § 25 (II 2 c); Brand/Baur, Zwangsversteigerungssachen, § 114 (I); Goldschmidt, Zivilprozeßrecht, 32 (3); Stein, Zwangsvollstreckung, § 3; Bötticher ZZP 1958, 314 (318), JZ 1963, 582 und JZ 1964, 55; Erdmann KTS 1967, 87.

[7] Mohrbutter/Drischler Muster 146 Anm 5; Steiner/Hagemann § 152 Rdn 16.

[8] OLG Nürnberg KTS 1966, 114 = OLGZ 1966, 317; Schiffhauer BlGrBW 1968, 205 (XXXI 5); Schmidt-Futterer WuM 1969, 1 (1).

von Beteiligten ist der Verwalter nicht gebunden[9]; bindend für ihn sind jedoch die vom Gericht erteilten Weisungen (§ 153 Abs 1 und Anm dort).

3.2 Der Zwangsverwalter wird **im eigenen Namen** und **aus eigenem Recht** tätig, erwirbt aber nicht die Rechte des Schuldners und wird nicht Eigentümer des Grundstücks. Seine (persönlichen) Gläubiger können sich nicht an die Zwangsverwaltungsmasse halten. Er haftet mit seinem eigenen Vermögen nicht für Zwangsverwaltungsverbindlichkeiten, unter Umständen aber gegenüber Beteiligten (§ 154 Rdn 2).

3.3 Die Verwaltung hat der Zwangsverwalter **wirtschaftlich** zu führen; unwirtschaftliche Maßnahmen muß er unterlassen, er darf keinen Raubbau treiben. Maßstab für sein wirtschaftliches Handeln ist das **„pflichtgemäße Ermessen"** (ZwVwV § 1 Abs 1). Er ist gehalten, unterschiedlichen Interessen von Gläubiger und Schuldner zu berücksichtigen (Begründung BT-Drucks 842/03 S 10). Vor wichtigen Maßnahmen hat er Gläubiger und Schuldner daher zu hören, soweit dies tunlich ist und wenn mit dem Aufschub keine Gefahr verbunden ist. Die Wirksamkeit einer Maßnahme des Zwangsverwalters wird jedoch nicht berührt, wenn Anhörung unterlassen wurde[9]; haftungsrechtlich kann eine unterbliebene Anhörung nach § 154 Bedeutung erlangen. Gibt der Verwalter der Anregung eines Beteiligten nicht statt, so kann sich dieser an das Gericht wenden, das nötigenfalls Anweisung erteilt (§ 153 Abs 1).

3.4 Aus besonderem Anlaß darf der Verwalter auch wirtschaftlich naheliegende, rechtlich nicht ohne weiteres zu begründende Maßnahmen ergreifen. Er darf etwa eine den Wohnbedürfnissen unserer Zeit nicht mehr entsprechende Wohnung umbauen oder aufteilen oder bei der Verwaltung eines Waldgrundstücks Brennholz für Minderbemittelte abgeben. Richtschnur ist für ihn das übereinstimmende Verhalten von nicht unter Zwangsverwaltung stehenden, ordentlich und sparsam wirtschaftenden Grundstückseigentümern in gleicher Lage. Der Verwalter sollte sich dabei aber mehr als andere zurückhalten und lieber um eine Anweisung des Gerichts nachsuchen.

3.5 Seine Aufgaben hat der Zwangsverwalter **persönlich** wahrzunehmen. Dritten Personen darf er die Verfahrensaufgaben insgesamt nicht übertragen (ZwVwV § 1 Abs 3 Satz 1); das schließt Erteilung einer Generalvollmacht aus (Begründung BR-Drucks 842/03 S 10). Bei nur vorübergehender Verhinderung wie durch Urlaub oder Erkrankung kann der Zwangsverwalter zur Besorgung einzelner (dringlicher) Geschäfte sich einer (zuverlässigen) anderen Person bedienen (ZwVwV § 1 Abs 3 Satz 3). Er kann Hilfskräfte zu unselbständigen Tätigkeiten unter seiner Verantwortung heranziehen (ZwVwV § 1 Abs 3 Satz 4). Unverzüglich anzuzeigen hat er dem Gericht eine Verhinderung, die die ordnungsgemäße Wahrnehmung der Verwaltungsaufgaben nicht mehr ermöglicht (ZwVwV § 1 Abs 3 Satz 2).

3.6 Das seiner Verwaltung unterliegenden **Vermögen** hat der Zwangsverwalter **festzustellen;** er hat es **sicherzustellen.** Dazu muß er schon bei der Inbesitznahme (§ 150 Rdn 8.1) umfangreiche Feststellungen treffen, in einem Bericht festlegen (zur Beweislast bei Verletzung der Dokumentationspflicht[10]) und diese sofort dem Gericht vorlegen, auch die Beschlagnahme von Forderungen feststellen und den Drittschuldner und dem Gericht mitteilen. Auch sonst soll und muß der Zwangsverwalter im Rahmen der gerichtlichen Aufsicht (§ 153) über alle bedeutsamen Vorkommnisse, über Abweichungen von einer Regel oder über Sonderfälle dem Gericht berichten (§ 153 Rdn 2).

3.7 Insolvenzverfahren: Gehört ein Grundstück, dessen Zwangsverwaltung angeordnet ist, gleichzeitig zur Masse eines Insolvenzverfahrens, so gibt es manche

---

[9] BGH MDR 1992, 871 = NJW 1992, 3041 = Rpfleger 1992, 403.
[10] BGH MDR 1985, 669 = NJW 1986, 59 = Rpfleger 1985, 161.

Aufgaben des Zwangsverwalters, Miet- und Pachtverträge   4.1 § 152

Streitpunkte. Regelmäßig gehen die Insolvenzvorschriften vor, so für den Unterhalt (§ 149 Rdn 4) oder für die Stillegung eines Gewerbebetriebes (Rdn 9). Bei Streit zwischen Insolvenzverwalter und Zwangsverwalter, zu welcher Masse eine Sache gehört, ist durch Prozeß zu entscheiden, ob etwa die Sache dem Absonderungsrecht des die Zwangsverwaltung betreibenden Gläubigers unterliegt oder nach InsO § 1 der gemeinschaftlichen Befriedigung aller Insolvenzgläubiger dienen muß; Vollstreckungserinnerung nach ZPO § 766 genügt hier nicht[11]. Die Verwaltung und Nutzung des Grundstücks und der Gegenstände (auch Zubehör), auf die sich die Beschlagnahme erstreckt, ist Aufgabe des Zwangsverwalters (Abs 1). Ihm ist das Grundstück zur Bewirtschaftung und Benutzung übergeben (§ 150 Abs 1). Dem Insolvenzverwalter, der das Verwaltungs- und Verfügungsrecht des Insolvenzschuldners über Massegegenstände ausübt (InsO § 80 Abs 1), ist durch die Zwangsverwaltungsbeschlagnahme die Verwaltung und Benutzung des Grundstücks entzogen (§ 148 Abs 2). Auch über einzelne Stücke kann er nicht mehr innerhalb der Grenzen einer ordnungsgemäßen Wirtschaft verfügen (§ 23 Abs 1 Satz 2 mit § 148 Abs 1 Satz 2). Der Zwangsverwalter hat nach Abs 1 daher auch das Recht und die Pflicht, Entfernung beschlagnahmter Zubehörstücke durch den Insolvenzverwalter (oder einen beauftragten Dritten) zu verhindern; hierfür kann er dem Insolvenzverwalter (einem beauftragten Dritten) auch den Zugang zu den Gebäuden auf dem Grundstück verwehren[12]. Gibt der Insolvenzverwalter das Grundstück aus der Insolvenzmasse frei, so erstreckt sich die Freigabe nicht auf ein Eigentümergrundpfandrecht (§ 15 Rdn 11); die Rechte hieraus übt der Insolvenzverwalter aus, nicht der Zwangsverwalter.

3.8 Rechtsbehelfe: Gegen Maßnahmen des Zwangsverwalters können Vollstreckungsschuldner, betreibende Gläubiger und andere Beteiligte das Gericht durch Vollstreckungserinnerung nach ZPO § 766 anrufen. Sie entscheidet der Richter (RPflG § 20 Nr 17); gegen ihn ist sofortige Beschwerde möglich (ZPO § 793). Die Genannten können sich aber auch an den für die Aufsicht zuständigen Rechtspfleger wenden und um eine entsprechende Anweisung ersuchen (§ 153). Im übrigen kann man sich im Wege einer Gegenvorstellung (wie bei gerichtlichen Maßnahmen) an den Zwangsverwalter wenden, ohne Anspruch auf Berücksichtigung (Höflichkeitspflicht zur Antwort). In manchen Fällen ist eine „Anrufung" des Gerichts vorgesehen, zB in § 149 Abs 3 über landwirtschaftlichen Unterhalt, die sich an den Rechtspfleger richtet (§ 149 Rdn 4.8).

Aufgaben des Zwangsverwalters: Erhaltung des Grundstücks 4

4.1 Der Zwangsverwalter hat das Recht und die Pflicht, alle Handlungen vorzunehmen, die erforderlich sind, um das Grundstück in seinem **wirtschaftlichen Bestande zu erhalten** (Abs 1). Das bedeutet nicht, daß das Grundstück in dem Zustand bleiben muß, in dem es der Zwangsverwalter vorgefunden hat. Ist es verwahrlost, muß der Verwalter es vielmehr in einen Zustand bringen, der die ordnungsmäßige Bewirtschaftung ermöglicht. Es bestehen keine Bedenken gegen eine entsprechende, allerdings vorsichtige Anwendung der für den Nießbrauch in BGB §§ 1034–1050 aufgestellten Vorschriften. Verschlechterungen des Objekts sind zu verhüten. Der Verwalter muß das Grundstück daher auch daraufhin überprüfen und erforderlichenfalls durch ein Fachunternehmen kontrollieren lassen, ob Maßnahmen der Instandsetzung und Instandhaltung notwendig sind. Für einen Schaden, der aus der Vernachlässigung solcher Pflichten entsteht, haftet der Verwalter und nicht etwa der Schuldner. **Verbesserungen** sind **zulässig**, soweit sie mit den vorhandenen Mitteln erreichbar und mit dem Zweck des Verfahrens (Befriedigung laufender Ansprüche der Gläubiger) vereinbar sind. Sie dürfen nicht

---

[11] OLG Neustadt BB 1953, 716 = Betrieb 1953, 821 = Rpfleger 1955, 163.
[12] OLG Köln VersR 1988, 1072.

§ 152   4.1   Zwangsverwaltung

dem alleinigen Ziel dienen, die Zwangsversteigerung vorzubereiten und dem Gläubiger einen umfassenden Erlös daraus zu sichern[13]. Zu Altlasten siehe Gesetz zum Schutz des Bodens vom 17. 3. 1998 (BGBl I 502; auch § 66 Rdn 6.2) und[14] (Duldungspflicht gegenüber notwendig werdenden Vorsorgeuntersuchungen bzw entgültigen Entsorgungsmaßnahmen öffentlicher Stellen; Pflicht zur Tragung der Sanierungskosten). Im Zweifel ist immer die Genehmigung des Gerichts vorher einzuholen. Eine wesentliche **Veränderung** des Objekts ist **nicht ratsam**, etwa die Umwandlung eines abgeholzten Waldgrundstückes in einen Acker. Bei der Verwaltung eines größeren Gutes muß allerdings der Verwalter mehr Freiheit (aber im Rahmen einer ordnungsmäßigen Wirtschaft) haben.

4.2 Zur Erhaltung gehört es auch, das **Grundstück instandzusetzen, Gebäude zu unterhalten, Baumängel zu beseitigen,** unter Umständen sogar angefangene Bauten zu vollenden[15] (notfalls mit Gläubigervorschuß über § 161 Abs 3; Zustimmung des Gerichts s ZwVwV § 10 Abs 1 Nr 1); nicht dazu gehört es, Bauvorhaben neu zu beginnen (ZwVwV § 5 Abs 3). Dabei macht es keinen Unterschied, ob das Gebäude nahezu vor der Vollendung steht, also nur noch geringfügige Restarbeiten auszuführen sind, oder ob zur Fertigstellung noch erhebliche Investitionen erforderlich sind[16]. Entscheidend ist allein, ob die erforderlichen Aufwendungen in einem angemessenen Verhältnis zu der Höhe der zu erwartenden Nutzungen und der Wertsteigerung des Grundstücks stehen[16]. Die Umgestaltung und Veränderung der Substanz des Gebäudes, bei der auch der Nutzungszweck geändert wird, gehört aber nicht zu den Aufgaben des Zwangsverwalters[17]. Nicht zulässig, damit auch durch das Vollstreckungsgericht nicht genehmigungsfähig ist es daher, ein Gebäude durch Umbau nachhaltig zu verändern oder in die Nutzung des Objekts in einer Weise einzugreifen, die dessen wirtschaftliche Beschaffenheit in seinem Gesamtcharakter berührt[18] (Umbau einer [nicht in Betrieb genommenen] Anlage für betreutes Wohnen zu einem Pflegeheim). Eine Instandsetzung darf auch nicht zu einer unverhältnismäßigen Belastung des Schuldners führen. Wertsteigernde Auslagen haben, falls auch die anderen Voraussetzungen erfüllt sind, Vorrang nach § 10 Rangklasse 1. Ausbesserungen und Erneuerungen, die nicht zu der gewöhnlichen Unterhaltung gehören, soll der Zwangsverwalter nur mit Einwilligung des Gerichts vornehmen. Dabei muß er das Objekt so instandsetzen, daß eine wirtschaftliche Nutzung möglich ist. Mietobjekte muß er immer im vertragsgemäßen Zustand erhalten. Zur Erhaltung des wirtschaftlichen Bestandes gehört es auch auf Einräumung eines Notweges zu klagen[19].

4.3 Eine **Verfügung** über das Grundstück (Veräußerung oder Belastung) und die mitbeschlagnahmten Gegenstände gehört nicht zur Verwaltung, ist somit dem Verwalter nicht gestattet (ausgenommen die über unbrauchbare Zubehörstücke und zur Umsetzung entbehrlicher Nutzungen in Geld). Zur Verfügung über das Grundstück ist auch weiterhin nur der Eigentümer befugt, wenn auch infolge der Beschlagnahme nicht mehr gegenüber dem betreibenden Gläubiger (§§ 20, 23). Der Zwangsverwalter kann daher die Grundbucheintragung einer Verfügung über das Grundstück weder beantragen (GBO § 13) noch bewilligen (GBO § 19)[20], desgleichen kann er Eintragung einer Grundbuchberichtigung auf dem Schuldnergrundstück nicht beantragen[20]. Der Zwangsverwalter eines Wohnungseigentums

---

[13] BGH MDR 2005, 653 = Rpfleger 2005, 210 (211).
[14] Dorn Rpfleger 1988, 298; Lwowski und Tetzlaff NZI 2004, 225 (229).
[15] RG 73, 397; BGH Rpfleger 2005, 210 = aaO (Fußn 13).
[16] OLG Schleswig KTS 1984, 320 mit Anm Morhbutter = ZIP 1983, 1133; LG Göttingen Rpfleger 2004, 113.
[17] BGH Rpfleger 2005, 210 = aaO (Fußn 13); LG Göttingen Rpfleger 2004, 113.
[18] BGH Rpfleger 2005, 210 = aaO (Fußn 13).
[19] LG Landau NJW 1968, 2013.
[20] LG Bonn Rpfleger 1983, 324.

kann somit auch Eintragung einer geänderten Teilungserklärung weder beantragen noch bewilligen[20].

4.4 Dem Schuldner zustehende Rechtsansprüche auf Herabsetzung von Grundstückslasten hat der Zwangsverwalter mit entsprechenden Rechtsbehelfen geltend zu machen[21]. Nicht Sache des Zwangsverwalters ist es aber, eine Umschuldung für den Schuldner durchzuführen.

Aufgaben des Zwangsverwalters: Benutzung des Grundstücks 5

5.1 Der Zwangsverwalter hat das Recht und die Pflicht, alle Handlungen vorzunehmen, die zur **ordnungsmäßigen Benutzung** des Grundstücks erforderlich sind (Abs 1). Die Art der Nutzung, die bis zur Anordnung der Zwangsverwaltung bestanden hat, soll der Verwalter beibehalten (ZwVwV § 5 Abs 1). Abgewichen werden kann in begründeten Einzelfällen (Begründung BT-Drucks 842/03 S 11).

5.2 Nutzung durch **Vermietung oder Verpachtung** gebietet Abs 1 ebenso wie die dem Verwalter obliegende Pflicht, die Verwaltung wie ein ordentlich wirtschaftender Eigentümer zu führen (Rdn 3.1); ZwVwV § 5 sieht Nutzung durch Vermietung oder Verpachtung gleichermaßen vor. Verpachtet werden sollten einzelne Äcker, Gärten und Wiesen auch, wenn sie das bisher nicht waren. Eigenbewirtschaftung landwirtschaftlicher Grundstücke kann für Beibehaltung der bisherigen Nutzungsart geboten sein, wenn von der Bestellung des Schuldners zum Verwalter (§ 150b) abzusehen war. Bei Eigenbewirtschaftung hat der Verwalter die Regeln der Land- oder Forstwirtschaft zu beachten; Raubbau darf er nicht betreiben[22]. Wohnräume des Schuldners werden nur in dem Umfang nicht durch Vermietung genutzt, als sie ihm für den Hausstand unentbehrlich zu belassen sind (§ 149 Abs 1). Bei unmittelbar bevorstehender Zwangsversteigerung kann von einer Vermietung oder Verpachtung abzusehen sein; Aufgabe des Zwangsverwalters ist dann im wesentlichen die Sicherung des Grundstücks und Bestanderhaltung des Gebäudes (Begründung BR-Drucks 842/03 S 11).

5.3 Für **wesentliche Änderungen** der nach ZwVwV § 5 gebotenen Nutzung hat der Verwalter die Anweisung (§ 153 Abs 1; Zustimmung) des Gerichts einzuholen (ZwVwV § 10 Abs 1 Nr 1).

5.4 Bei **Besitzstörung** oder Eingriffen Dritter in das Objekt, durch welche die wirtschaftliche Bestanderhaltung oder die ordnungsmäßige Benutzung gefährdet oder behindert wird, hat der Zwangsverwalter alle Rechte des Eigentümers; er muß sie durchsetzen.

5.5 Zur Benutzung und Bestanderhaltung gehört es auch die erforderlichen **Verträge** mit Bediensteten, Käufern von Erzeugnissen, Mietern, Pächtern usw abzuschließen oder in laufende Verträge einzutreten. Dazu im einzelnen Rdn 7 u 12. Grundsätzlich ist der Verwalter, abgesehen von Miete und Pacht, an die vom Schuldner geschlossenen Verträge nicht gebunden, ist nicht verpflichtet, in sie einzutreten; er hat dies nach pflichtgemäßem Ermessen zu entscheiden und holt dazu in der Regel die Entscheidung des Gerichts ein. Er ist nicht berechtigt, die vor der Beschlagnahme bereits aus solchen Verträgen an den Schuldner bewirkten Leistungen außerhalb des § 155 zu zahlen. Dies gilt (außer Miete und Pacht) für alle Verträge, gleich ob sie im Zusammenhang mit der Bestanderhaltung oder Benutzung stehen, auch für die vom Schuldner geschlossenen Lieferungsverträge, Werkverträge mit Handwerkern und Taglöhnern, selbst dann, wenn der Schuldner schon rechtskräftig zur Zahlung verurteilt ist. Die Berechtigten können mit dem Zwangsverwaltungsverfahren (mit Titel) beitreten.

---

[21] OLG Celle MDR 1964, 157 = NdsRpfl 1963, 282; Mohrbutter, Haftung des Zwangsverwalters (Festschrift Verlag Heymann, 1965), S 176.
[22] BFH WM 1965, 1199.

§ 152 5.6 — Zwangsverwaltung

5.6 Der Zwangsverwalter hat die **Verkehrssicherungspflichten** wahrzunehmen. Er ist, unter Ausschluß des Eigentümers (dem jede Einwirkung auf das Grundstück verwehrt ist), allein verantwortlich für die Beseitigung verkehrsgefährdender Mängel[23].

6 Beschlagnahmte Ansprüche und Nutzungen

6.1 Der Zwangsverwalter hat die Ansprüche, auf welche sich die Beschlagnahme erstreckt, geltend zu machen (Abs 1). Miet- und Pachtforderungen hat er einzuziehen, auch Versicherungsgelder (Rdn 16.5). Gegen einen zahlungsrückständigen Mieter oder Pächter hat der Verwalter die Rechtsverfolgung (im Rahmen des pflichtgemäßen Ermessens) einzuleiten (ZwVwV § 7). Miet- oder Pachtrückstände sind damit frühzeitig (zeitnah) geltend zu machen (Begründung BR-Drucks 842/03 S 12).

6.2 Der Verwalter hat die für die Verwaltung entbehrlichen Nutzungen (Naturalien) in Geld umzusetzen (Abs 1). Zu Nutzungen Rdn 13.

6.3 Wahrnehmung der Verwaltungspflichten berechtigt und verpflichtet auch dazu, die Unwirksamkeit aller gegen die Beschlagnahme verstoßenden Verfügungen des Schuldners geltend zu machen, wenn zB der Schuldner nach Beschlagnahme noch Miete kassiert, Ernte einbringt, Holz fällt. Geltend machen muß der Verwalter ebenso die Unzulässigkeit der Pfändung von Zubehörstücken durch Dritte, gleich ob vor oder nach der Beschlagnahme erfolgt (ZPO § 865 Abs 2). Nicht dagegen hat er für den Schuldner Rechtshandlungen anzufechten (BGB §§ 119, 123) oder Schadensersatzansprüche aus BGB § 826 zu erheben. Er darf nichts aus der Masse freigeben. Ein gegen den Schuldner ergangenes Herausgabeurteil wirkt nach Maßgabe von ZPO § 325 auch gegen den Verwalter. Ein mit dem Grundstück verbundenes Vorkaufsrecht könnte der Verwalter ausüben; ohne gerichtliche Genehmigung sollte er es jedoch keinesfalls geltend machen.

7 Dienstverträge

7.1 In die Rechtsstellung des Schuldners als **Vertragspartei** rückt der Zwangsverwalter nicht bereits durch Beschlagnahme ein; er ist **nicht Rechtsnachfolger** des Schuldners. Es steht in seinem pflichtgemäßen Ermessen, ob er in die vom Schuldner bestehenden Arbeitsverträge eintreten will (wegen BGB § 613a siehe aber Rdn 9.11), ob er also mit den alten oder mit neuen Leuten arbeiten will (Teil-Rechtsnachfolge[24]). Vertragspartner und Schuldner können ihn nicht an der Fortsetzung der Verträge hindern[24]. Das Gericht kann ihn aber anweisen, einen Bediensteten des Schuldners weiter zu beschäftigen[25]. Zu den übrigen Bediensteten des Schuldners hat der Verwalter, wenn er mit ihnen die Verträge nicht fortsetzt, keine Rechtsbeziehungen[26]. Lehnt er die Weiterbeschäftigung ab, so ist das keine fristlose Kündigung (anders[26]). Anspruch auf Fortsetzung des Vertragsverhältnisses durch den Zwangsverwalter haben Arbeitnehmer des Schuldners nicht[27]. Vorschriften des Arbeitsrechts sind nicht anwendbar[28], daher kann gegen ihn auch nicht auf Weiterbeschäftigung zum Verwalter nicht ihnen die Verträge nicht fortsetzt[28]; zuständig ist das Arbeitsgericht für Klagen aus dem Arbeitsverhältnis jedoch bei Betriebsfortführung (BGB § 613a)[29]. Ein nicht weiterbeschäftigter Arbeitnehmer, der keinen Anspruch auf Fortführung des Arbeitsverhältnisses durch den Zwangsverwalter hat,

---

[23] BGH 5, 378 (382) = NJW 1952, 1050 mit Anm Breetzke = VersR 1950, 240; RG 93, 1; OLG Hamm OLGRep 2004, 157.
[24] Papke BB 1968, 797 (IV 2).
[25] Jaeckel/Güthe § 152 Rdn 3; Papke BB 1968, 797 (III).
[26] Papke BB 1968, 797 (I).
[27] BArbG AP BGB § 613a Nr 19 mit Anm Vollkommer = NJW 1980, 2148.
[28] Papke BB 1968, 797 (II).
[29] BArbG AP BGB § 613a Nr 19 mit Anm Vollkommer = aaO.

kann wegen „Entlassung" nicht das Vollstreckungsgericht zur Entscheidung anrufen[29] (anders[30]).

7.2 Wenn ein **Hausmeister** weiter benötigt wird, kann der Zwangsverwalter in die Vertragsbeziehungen ab Beschlagnahme eintreten, ohne aber für frühere Verbindlichkeiten aufzukommen. Es wird in der Regel günstiger sein, eine bestehende Hausmeisterei zu belassen, als eine neue zu bestellen. Der Zwangsverwalter kann auch weiterhin den Mietzins, wo schon üblich, durch den Hausmeister einheben lassen, falls keine Bedenken gegen die Person des Hausmeisters insoweit bestehen, vorausgesetzt allerdings, daß der Hausmeister entweder hierfür keine besondere Vergütung erhält oder im Rahmen seiner übrigen Tätigkeit ohne wesentliche Einbuße für die Verfahrensbeteiligten entschädigt wird. Sonst muß der Zwangsverwalter den Mietzins selbst einheben und den Hausmeister auf die sonstige Tätigkeit beschränken. In den letzten Jahren taucht hier ein neues Problem auf: auch zwangsverwaltete Häuser sind vielfach von Ausländern bewohnt und haben einen der betreffenden Sprache mächtigen Hausmeister; es wäre unzweckmäßig und käme teuer, wenn der Zwangsverwalter diesen entlassen und bei jeder eigenen Tätigkeit einen Dolmetscher mitbringen würde.

7.3 Besteht eine **Hausverwaltung** schon bei der Anordnung der Zwangsverwaltung, so tritt der Zwangsverwalter grundsätzlich nicht in bestehende Verträge ein, er muß vielmehr selbst verwalten. Nur in Ausnahmefällen, etwa bei größeren Häuserblöcken mit vielen Mietern oder Objekten mit ausländischen Mietern und einer entsprechend sprachkundigen Hausverwaltung oder bei sonst verwickelten Verhältnissen (schwierige Heizkostenabrechnung zB) kann es für die Zwangsverwaltung vorteilhaft und daher angebracht sein, wenn eine seit Jahren eingeführte und allen Mietern bekannte Hausverwaltung ohne vielleicht nachteilige Unterbrechung tätig bleibt, vorausgesetzt, daß dies dem Verfahren keine wesentlichen Beträge entzieht, aber jedenfalls nur mit Genehmigung des Gerichts.

7.4 Litlohnansprüche der zur Grundstücksbewirtschaftung in einem Dienst- oder Arbeitsverhältnis stehenden Personen sind nach Maßgabe von § 10 Abs 1 Nr 2 bevorrechtigt. Der Zwangsverwalter handelt regelmäßig pflichtwidrig, wenn er, obwohl diese Personen erforderlich und geeignet sind, nicht in die mit ihnen bestehenden Dienstverträge eintritt, sondern andere Leute einstellt, da die bevorrechtigten Ansprüche doch erfüllt werden müssen, während für neue Bedienste Auslagen der Verwaltung entstehen. Die Litlohnberechtigten verlieren ihr Vorrecht, wenn sie dem Zwangsverwalter ihre Dienste verweigern (sie können sich nicht auf BGB § 613 Satz 2, § 399 berufen) oder wenn sie ihm nach arbeitsrechtlichen Grundsätzen berechtigten Anlaß geben, sie nicht zu übernehmen oder nachträglich zu entlassen.

Energielieferungsverträge 8

8.1 Ohne Strom, Gas, Wasser, Fernwärme geht es meist nicht. Doch ist der Zwangsverwalter auch hier **nicht Rechtsnachfolger** des Schuldners und daher nicht verpflichtet, in die vom Schuldner geschlossenen langfristigen Lieferverträge einzutreten[31] und gar Rückstände zu übernehmen.

8.2 Wenn das Versorgungsunternehmen (wie zumeist) eine Monopolstellung einnimmt, kann der Zwangsverwalter Versorgung mit Strom, Gas, Wasser (dazu[31]) oder Fernwärme über den bestehenden Anschluß verlangen (so[32] für Energiewirtschaftsgesetz § 6 Abs 1). Der Kontrahierungszwang schränkt aber die Befugnis des Versorgungsunternehmens nicht ein, vom Zwangsverwalter mit Vorauszahlungen

---

[30] Papke BB 1968, 797 (III).
[31] RG 142, 85 (93); allgemein auch BGH MDR 2005, 980 (981) = NJW-RR 2005, 1029 (1030) = Rpfleger 2005, 460 (462).
[32] LG Oldenburg NJW-RR 1992, 53.

Sicherstellung seiner Lieferforderungen während der Zwangsverwaltung (auch der Restforderungen über Abschlagszahlungen hinaus) zu verlangen, wenn ihm ungesicherte Versorgung aus wirtschaftlichen Gründen nicht zugemutet werden kann[33]. Durch Verweigerung der Belieferung kann das Versorgungsunternehmen den Zwangsverwalter jedoch nicht zwingen, in den Vertrag mit dem Schuldner einzutreten und dessen Verbindlichkeiten für die aus der Zeit vor der Beschlagnahme liegende Belieferung zu bezahlen oder doch anzuerkennen[34]. Seine Monopolstellung darf das Versorgungsunternehmen nicht dazu ausnutzen, sich entgegen der grundsätzlichen Verpflichtung des Zwangsverwalters, Verbindlichkeiten aus der Zeit vor der Beschlagnahme nur nach Maßgabe des § 155 in der vorgesehenen Rangfolge zu decken, mit der ihm im Verfahren nicht zukommenden vorrangigen Tilgung der Rückstände eine bevorzugte Stellung zu verschaffen[35]. Ein Versorgungsunternehmen mit Monopolstellung handelt vielmehr mit der Weigerung, einen Versorgungsvertrag mit dem Zwangsverwalter frei von den rückständigen Zahlungsverpflichtungen aus dem Vertragsverhältnis des Schuldners zu erfüllen, sittenwidrig[36] (verpflichtet insbesondere bei Abschalten der Versorgung zu Schadenersatz[36] nach BGB § 826).

8.3 Lieferanten für Heizöl, Kohle, Koks gibt es genügend, wenn nicht durch ungewöhnliche Witterungsverhältnisse, Streik oder behördliche Eingriffe Schwierigkeiten entstehen, so daß der Zwangsverwalter, der sonst das Grundstück nicht nutzen kann, gezwungen ist, die Rückstände zu zahlen, diese aber als Ausgaben der Verwaltung und nur mit Genehmigung des Gerichts. Gericht und Verwalter müssen hier beweglich genug sein, wie der Eigentümer zu handeln und größeren Schaden abzuwenden.

8.4 Vorsicht ist geboten, wenn der Zwangsverwalter es dem Schuldner ermöglicht, Heizmaterial selbst zu beschaffen. Wenn der Schuldner notwendiges Heizöl für beschlagnahmte Miethäuser bestellt und der Zwangsverwalter die Ölrechnungen ohne weiteres bezahlt, kann der Lieferant für in der Folgezeit eigenmächtig bestellte weitere Heizöllieferungen von einer konkludenten Zustimmung des Zwangsverwalters ausgehen (so für Vergleichsverwalter[37]). Der Lieferant ist daher darauf hinzuweisen, daß der Schuldner zu weiteren Bestellungen nicht ermächtigt ist.

8.5 Wartungsverträge für Heizanlagen sollten grundsätzlich weitergeführt werden. Auch hier können mit Monopolstellung ausgestattete Unternehmen bei komplizierten Anlagen die Zahlung ihrer Rückstände vor Abschluß eines neuen Vertrages verlangen. Es ist abzuwägen, ob eine Wartung durch Dritte, der Einbau einer neuen Anlage, die Vereinbarung mit den Mietern, diese sollten Öfen aufstellen, oder die Zahlung der alten Schuld für die Verwaltung günstiger ist. Abweichung von der Regel ist nur mit Genehmigung des Gerichts möglich.

9 Gewerbliche Tätigkeit; Gewerbebetrieb

9.1 Zu verwalten und zu benutzen hat der Zwangsverwalter **nur das** beschlagnahmte **Grundstück** mit allem, was der Beschlagnahme unterliegt. Wie steht es aber mit einem auf dem Grundstück ausgeübten Gewerbebetrieb des Schuldners (Gaststätte, Hotel, Kurheim, Werkstätte, Fabrik, Elektrizitätswerk usw)? Er soll **nach einer** (früher verbreiteten) **Ansicht** vom Zwangsverwalter für Rechnung der Masse weiter betrieben werden dürfen, und zwar zeitweise oder dau-

---

[33] OLG Düsseldorf NJW-RR 1989, 1457 und ZIP 1989, 1002.
[34] OLG Düsseldorf und LG Oldenburg je aaO (Fußn 32, 33); Dassler/Muth § 152 Rdn 23; Mohrbutter/Drischler Muster 154 Anm 7; Steiner/Hagemann § 152 Rdn 13.4.
[35] RG 132, 273 (274).
[36] LG Oldenburg NJW-RR 1992, 53.
[37] OLG Celle ZIP 1981, 1233.

Aufgaben des Zwangsverwalters, Miet- und Pachtverträge 9.3 § 152

ernd[38], oder auch durch Verpachtung genutzt werden können[39]. Einschränkend wird auch gesagt, der Zwangsverwalter dürfe den Gewerbebetrieb nur mit Gegenständen weiterführen, die von der Beschlagnahme ergriffen seien[40] oder wenn er über die nötigen Kenntnisse und Fähigkeiten verfüge, da er sonst aus schlechter Führung dem Schuldner haftet[41], oder nur mit Zustimmung des Schuldners und der Beteiligten, wenn die Nutzung des Grundstücks den Charakter eines Gewerbebetriebes habe (land- und forstwirtschaftlicher Betrieb) oder wenn mit dem Grundstück eine reale Gewerbeberechtigung (heute meist überholt) verbunden sei[42] oder wenn das Grundstück nur hierdurch möglichst günstig genutzt werden könne[43]. Es wird auch zugegeben, daß gegen die Betriebsführung des Zwangsverwalters öffentlichrechtliche Bedenken bestehen können, indem der Verwalter nicht immer die Rechte des Schuldners ausüben könne (zB bei einer Apotheke), so daß mindestens die öffentlichrechtlichen Voraussetzungen erfüllt sein müßten[44]. Aus einem gleichzeitig laufenden Insolvenzverfahren, so meint man, sei ein Beschluß der Gläubigerversammlung über die Schließung oder Fortführung des Betriebes auch für den Zwangsverwalter bindend und das Vollstreckungsgericht müsse diesen anweisen, sich daran zu halten[45].

9.2 Rechte und Pflichten des Zwangsverwalters bestimmen sich durch den **Zweck der Verwaltung** (so schon[46]). Als Vollstreckungsverfahren in ein **Grundstück** zielt Zwangsverwaltung auf Befriedigung des Gläubigers nach Wegfertigung der laufenden Ansprüche der Beteiligten aus den Nutzungen des Grundstücks (vgl § 155). Dem Schuldner wird daher durch die Beschlagnahme die Verwaltung und Benutzung des Grundstücks entzogen (§ 148 Abs 2). Der Zwangsverwalter hat demzufolge das Recht und die Pflicht, alle Handlungen vorzunehmen, wie erforderlich sind, um **das Grundstück** in seinem wirtschaftlichen Bestande zu erhalten und ordnungsgemäß **zu benutzen** (Abs 1). Solche Grundstücksnutzung des Zwangsverwalters kann ihm Einnahmen bringen, die gewerblichen Charakter haben. Gewerbliche Tätigkeit kann der Zwangsverwalter daher entfalten, wenn auf dem beschlagnahmte Grundstück dafür Betriebsgrundlage ist (Rdn 9.3 und 9.4). Einer Zwangsverwaltung als Vollstreckungsverfahren mit Zugriff auf das Grundstück und mithaftende Gegenstände, insbesondere Zubehör, sowie Grundstücksnutzungen (vgl § 148 Abs 1 mit § 21 Abs 2) jedoch nicht die Aufgabe gesetzt, einen Gewerbebetrieb einzurichten (Rdn 9.5). Gleichermaßen hat Zwangsverwaltung als Vollstreckungszugriff auf das Grundstück nicht die Fortführung vom Schuldner auf dem Grundstück geführten „ablösbaren", damit auch an einem anderen Ort ausübbaren Gewerbebetriebs zum Ziel (Rdn 9.6) Für zulässig gehalten wird jedoch die Fortführung eines „grundstücksbezogenen" Gewerbebetriebs (Rdn 9.7).

9.3 Der Zwangsverwalter hat **grundsätzlich** (nach dem Verfahrensziel, nur) das **Grundstück** mit denjenigen Gegenständen, auf die sich die Beschlagnahme er-

---

[38] RG 93, 1 und 135, 197; BArbG AP BGB § 613a Nr 19 mit Anm Vollkommer = NJW 1980, 2148; ArbG Lübeck BB 1979, 989 mit Anm Dauenheimer; Jaeckel/Güthe § 152 Rdn 4; Mohrbutter/Drischler Muster 154 Anm 8; Mohrbutter, Haftung des Zwangsverwalters (Festschrift Verlag Heymann, 1965), Seite 163; Mohrbutter, Handbuch des Vollstreckungsrechts, § 54 (II); Berges KTS 1956, 113 (115); Mohrbutter KTS 1956, 107 (5) und KTS 1963, 21. Neuerdings grundlegend BGH (14. 4. 2005, V ZB 16/05) NJW-RR 2005, 1175.
[39] LG Oldenburg DGVZ 1984, 90 = Rpfleger 1984, 195 = ZIP 1984, 888.
[40] Vollkommer AP BGB § 613a Nr 19 (Anmerkung); Söllner, Der Zwangsverwalter nach dem ZVG zwischen Unternehmer und Vollstreckungsorgan, 1992.
[41] Herold Betrieb 1958, 1063 (2).
[42] Nußbaum, Zwangsversteigerung, § 29 (VII).
[43] Brand/Baur, Zwangsversteigerungssachen, § 114 (V).
[44] Herold Betrieb 1958, 1063 (2).
[45] Mohrbutter/Drischler Muster 154 Anm 8.
[46] Motive zum ZVG S 239 (zu § 197).

streckt (§§ 20, 146) in seinem wirtschaftlichen Bestande zu erhalten und **ordnungsgemäß zu nutzen.** Er hat alle dazu erforderlichen Handlungen vorzunehmen. Zur Verwaltung und Benutzung des Grundstücks erforderliche Handlungen können **auch als gewerbliche Tätigkeit** zu werten sein; dann ist diese Verwalteraufgabe[47]. Dafür kann von der Begriffsbestimmung ausgegangen werden, die Einkommensteuergesetz § 15 Abs 1 Nr 1 für Gewerbebetrieb und gewerbliche Unternehmen gibt. Danach ist Vermietung und Verpachtung von Grundbesitz (auch bei Vermietung gewerblicher Räume) zwar grundsätzlich Vermögensverwaltung. Unter besonderen Umständen sprengt Vermietung aber diesen Rahmen, so wenn ständiger und schneller Wechsel der Mieter eine Tätigkeit erfordert, die über das bei langfristigen Vermietungen übliche Maß hinausgeht oder wenn der Vermieter Verpflichtungen über die bloße Vermietertätigkeit hinaus übernimmt (Reinigung der Räume, Herrichten eines Saales für Veranstaltungen). Ermöglichen und erfordern Verwaltung des Grundstücks und der beschlagnahmten beweglichen Gegenstände solche Tätigkeit (ist mithin das Grundstück Betriebsgrundlage gewerblicher Tätigkeit, so[48]), so hat sie der Zwangsverwalter im Rahmen seiner Aufgaben und Pflichten nach § 152 wahrzunehmen. Dafür kommt es nicht darauf an, ob der Schuldner das Grundstück schon in gleicher Weise gewerblich genutzt hat oder ob der Zwangsverwalter die gewerbliche Nutzungsart neu beginnt. Immer kann der Zwangsverwalter Hilfskräfte zu unselbständigen Tätigkeiten unter seiner Verantwortung heranziehen (ZwVwV § 1 Abs 3 Satz 4). Gehalten ist er nur, die Art der Benutzung des Grundstücks, die bis zur Anordnung der Verwaltung bestanden hat, in der Regel beizubehalten (ZwVwV § 5 Abs 1) und eine Entscheidung des Gerichts einzuholen, wenn er die wesentliche Änderung geboten ist (ZwVwV § 10 Abs 1 Nr 1). Gewerbliche Tätigkeit solcher Art, die zum Aufgabenkreis des Zwangsverwalters gehört und von ihm unter Heranziehung von Hilfskräften wahrzunehmen ist, kann sein

– kurzfristige Vermietung eines Grundstücks an wechselnde Besitzer (zu solchen Fällen auch[48]), zB durch Betrieb eines Parkhauses[49], Betrieb eines bewachten Parkplatzes durch Nutzung der Flächen eines unbebauten Grundstücks in der Innenstadt, Betrieb eines Campingplatzes[49] (zB an einem Seegrundstück) mit kurzfristiger Vermietung von Stellplätzen (nicht auch Unterhaltung eines Wirtschafts- und Kantinenbetriebs), Vermietung von Tennisplätzen und damit auch Betrieb einer Tennis-[49] oder Squashhalle.
– bei Übernahme von Verpflichtungen über bloße Verwaltertätigkeit hinaus die Vermietung eines Sitzungssaales oder ähnlicher Räume für regelmäßig kurze Zeit (für einzelne Tage oder auch Stunden), so für Konzerte und andere Veranstaltungen.

9.4 Mit ordnungsmäßiger Grundstücksnutzung kann es bei Grundstücken, deren Benutzung in der **Ausbeute von Bodenbestandteilen** besteht (Lehm, Kies, Torf, Sand, Steine), zu den Verwalteraufgaben gehören, die Gewinnung von Bodenbestandteilen aufzunehmen oder fortzusetzen. Gewonnene, für die Verwaltung aber entbehrliche Bodennutzungen hat der Verwalter dann in Geld umzusetzen (Abs 1). Bodenbewirtschaftung mit Gewinnung von Bodenbestandteilen kann in besonderen Fällen Gewerbetätigkeit sein (Einkommensteuergesetz § 15 Abs 1 Nr 1). Dann ist diese Verwalteraufgabe[50].

9.5 Merkmale gewerblicher Tätigkeit sind selbständige und nachhaltige Tätigkeit in der Absicht, durch Beteiligung am allgemeinen Wirtschaftsverkehr Gewinn zu erzielen; Land- und Forstwirtschaft sowie freiberufliche Tätigkeit gehören nicht

---

[47] BGH (14. 4. 2005, V ZB 16/05) NJW-RR 2005, 1175.
[48] OLG Celle NJW-RR 1989, 1200 = Rpfleger 1989, 519.
[49] BGH (14. 4. 2005, V ZB 16/05) NJW-RR 2005, 1175.
[50] OLG Hamm OLGZ 1994, 611 = Rpfleger 1994, 515; OLG Dresden JurBüro 1999, 497 = MDR 1999, 889 = KTS 1999, 411 = Rpfleger 1999, 410.

dazu. **Solche** (gewerbliche) **Tätigkeit** ist nicht Verwalteraufgabe, sofern sie nicht ausnahmsweise (Rdn 9.3 und 9.4) mit Grundstücksnutzung durch den Verwalter zu erfolgen hat. Der Zwangsverwalter hat in dieser Eigenschaft daher nicht das Recht und nicht die Pflicht, einen Gewerbebetrieb zu führen. **Gewerberäume,** die der Zwangsverwalter bei Übernahme des Grundstücks (Besitzverschaffung nach § 150 Abs 2) antrifft (einen Laden, Büroräume, eine Werkstätte[51], Fabrikhallen) kann er daher **durch Vermietung** (Verpachtung) **nutzbar** machen, nicht aber für einen erst einzurichtenden Gewerbebetrieb selbst nutzen. Das entspricht dem der Gläubigerbefriedigung aus den Nutzungen des Grundstücks gerichteten Verfahrensziel. Dieser Zweck der Verwaltung verbietet eine Tätigkeit des Zwangsverwalters, die darauf gerichtet ist, als Gewerbetreibender selbständige Einkünfte zu erstreben. Daher kann der Zwangsverwalter einen Gewerbebetrieb nicht neu organisieren[51], das Grundstück (oder Teile des Grundstücks) mithin auch nicht einem neu zu errichtenden eigenen Gewerbebetrieb widmen. Einrichtung, Aufnahme und Führung des Betriebs eines kaufmännischen Handelsgewerbes oder eines sonstigen gewerblichen Unternehmens ist nicht Verwaltung und Benutzung des Grundstücks, gehört sonach nicht zum Aufgabenkreis des Verwalters. Verfahrensziel und Beschlagnahmeumfang schließen daher eine gewerbliche Tätigkeit des Zwangsverwalters aus (Ausnahmen Rdn 9.3 und 9.4) und verbieten damit auch, daß der Verwalter das Grundstück dafür (ganz oder teilweise) einem Betriebsvermögen zuführt. Welche gewerbliche Tätigkeit in einem leerstehenden Laden sollte auch Nutzung des Grundstücks erfordern? Betrieb eines Lebensmittelgeschäfts, einer Textilhandlung, einer Eisenwarenhandlung oder eines Spielwarengeschäfts? Und wie sollte der Zwangsverwalter nach Aufhebung des Verfahrens über Grundstück samt Zubehör (§ 161 Rdn 5) hinaus andere zum Betriebsvermögen gehörende Wirtschaftsgüter dem Schuldner zurückgeben, wenn dieser zur Betriebsübernahme nicht bereit ist?

9.6 Gewerbliche Tätigkeit mit **Betriebsfortführung** gehört gleichermaßen nicht zu den Verwalteraufgaben[52]. Die Beschlagnahme sichert den Erfolg des Vollstreckungsverfahrens mit Zugriff auf das Grundstück und mithaftende Gegenstände. Nur dieses Schuldnervermögen kann nach gesetzlichen Vorschriften der Gläubigerbefriedigung dienen. Auf anderes Schuldnervermögen und demgemäß auf die zu einem Betriebsvermögen gehörenden beweglichen Sachen (die nicht Zubehör des Grundstücks sind), erstreckt sich die Beschlagnahme nicht; diese Vermögenswerte bleiben beschlagnahmefrei. Sie erfaßt daher einen auf dem Grundstück vom Schuldner ausgeübten Gewerbebetrieb als solchen nicht[53] (somit nicht einen vom Grundstück „ablösbaren" – auch an einem anderen Ort ausübbaren – Betrieb, so[54]). Zum Vermögen eines Gewerbebetriebs gehören nicht nur Betriebsgrundstücke, sondern alle Teile der wirtschaftlichen Einheit, die dem Betrieb des Gewerbes als Hauptzweck dienen (Bewertungsgesetz § 95 Abs 1), sonach auch der Warenbestand eines auf dem Grundstück betriebenen Einzel- oder Großhandelsgeschäfts, Rohstoffe, Halbfertig- und Fertigerzeugnisse eines Fabrikationsbetriebs, Maschinen, die nicht Zubehör des Grundstücks sind, Außenstände, Geschäftsbücher, Beziehungen zu Lieferanten und zum Kundenkreis usw. Gewerbebetrieb ist somit das Unternehmen des Schuldners mit allen seiner Tätigkeit gewidmeten Sachen und Rechten, Verhältnissen und Beziehungen. Gegenstand von Vollstrek-

---

[51] Steiner/Hagemann § 152 Rdn 89.
[52] LArbG Hamm ZIP 1987, 91 (99); Steiner/Hagemann § 152 Rdn 81–85; Knees ZIP 2001, 1568 (1575).
[53] BArbG AP BGB § 613a Nr 19 mit Anm Vollkommer = aaO (Fußn 38); BGH (14. 4. 2005, V ZB 16/05) NJW-RR 2005, 1175; LArbG Bremen Betrieb 1987, 1847 Leitsatz; LArbG Hamm ZIP 1987, 91; Dassler/Muth § 152 Rdn 18; Steiner/Hagemann § 152 Rdn 81–85.
[54] OLG Celle aaO (Fußn 48); OLG Hamm aaO (Fußn 50).

§ 152 9.6   Zwangsverwaltung

kungsmaßnahmen kann ein solches gewerbliches Unternehmen in seiner rechtlichen Gesamtheit überhaupt nicht sein[55]. Daher kann Vollstreckung in ein Betriebsgrundstück als Einzelgegenstand, der zu einem Betriebsvermögen gehört, den Schuldner auch nicht von der Führung seines gewerblichen Betriebs ausschließen. Vollstreckung nur in ein Betriebsgrundstück kann daher auch dem Verwalter den Besitz des Gewerbebetriebs nicht verschaffen, mithin auch eine Betriebsführung durch ihn weder ermöglichen noch rechtfertigen. Grundstück und Gewerbebetrieb sind verschiedene Rechtsgüter (so anschaulich für Entschädigung wegen Einbuße im Gewerbebetrieb[56]). Mit der Beschlagnahme verliert der Schuldner nur die Verwaltung und Benutzung des Grundstücks (§ 148 Abs 2), nicht auch Rechte an seinem Gewerbebetrieb. Nur soweit zum Zwecke der Erhaltung oder ordnungsmäßigen Nutzung eine dem Schuldner demnach untersagte tatsächliche oder rechtliche Verfügung über das Grundstück erforderlich ist, wird sie durch den Verwalter ausgeübt (Denkschrift S 62). Zum Eingriff in den Gewerbebetrieb des Schuldners hat der Zwangsverwalter aber keinerlei Befugnis. Zum Verkauf bestimmte Waren in einem Einzelhandelsgeschäft sind jedenfalls nicht Zubehör des Grundstücks; sie unterliegen daher nicht der Beschlagnahme, so daß der Zwangsverwalter mit ihnen keinesfalls den Gewerbebetrieb fortführen kann. Der Zwangsverwalter kann nur den Besitz des Betriebsgrundstücks (oder der Geschäftsräume des Schuldners im Beschlagnahmegrundstück) erlangen. Aufgaben und Rechte hat er nach § 152 nur für dessen Verwaltung. Deren Erfüllung könnte es erfordern, die Zugehörigkeit des Grundstücks zum Gewerbebetrieb des Schuldners zu lösen. Ob es sinnvoll ist, dem Schuldner ein Betriebsgrundstück (oder Geschäftsräume) wegzunehmen und ob erforderliche Zwangsmaßnahmen bei zu erwartender Dauer der Verwaltung durchführbar sein werden, kann sich nur aus den Umständen des Einzelfalls ergeben. Erweist sich Lösung des Betriebsgrundstücks (der Geschäftsräume) vom Gewerbebetrieb des Schuldners als nicht sachgerecht oder nur schwer durchführbar, so rechtfertigt das aber keinen Eingriff in den nicht beschlagnahmten Gewerbebetrieb (als selbständiges Rechtsgut) durch den Zwangsverwalter. Dann kann der Zwangsverwalter den nicht beschlagnahmten Gewerbebetrieb auch nicht im Einvernehmen mit dem Schuldner zur Weiterführung übernehmen (Rdn 9.8). Räume oder Grundstücksflächen, die vom Schuldner zu Geschäftszwecken benutzt werden, desgleichen (beschlagnahmte) Maschinen[57] und sonstiges Grundstückszubehör, könnten diesem dann jedoch gegen angemessenes Entgelt überlassen werden (siehe § 149 Rdn 2.6). Schuldnerschutz nach ZPO § 765a wäre zudem in Sonderfällen denkbar.

9.7   Die zu einem **gewerblichen Betrieb** des Schuldners gehörenden Wirtschaftsgüter können **im wesentlichen** aus dem **Grundstück** und den Gegenständen bestehen, auf die sich die Zwangsverwaltungsbeschlagnahme erstreckt. Insbesondere kann dann das Beschlagnahmegrundstück für den Betrieb eines bestimmten Gewerbes in besonderer Weise ausgebaut sein[58]. In solchen Fällen war umstritten (dazu hier in 17. Auflage), ob der Zwangsverwalter rechtlich gehindert ist, die bisherige gewerbliche Nutzung des Grundstücks aufrecht zu erhalten, den Geschäftsbetrieb des Schuldners somit „fortzuführen". Beispiele: Hotel (mit Restaurant[59]), Gaststätte, Gästehaus mit Gaststätte[60], Kurheim, Kurklinik, Fremdenheim, Freizeitpark (mit Läden und Gaststätten)[61] Altenheim, Pflegeheim, Tankstelle[62], Auto-

---

[55] RG 95, 235 (237) und 134, 91 (98); OLG Hamm aaO (Fußn 50); Stöber, Forderungspfändung, Rdn 1540.
[56] BGH BB 1972, 1031 = MDR 1972, 849 = NJW 1972, 1666.
[57] LArbG Hamm ZIP 1987, 91.
[58] OLG Celle aaO (Fußn 48); OLG Hamm aaO (Fußn 50).
[59] BGH (14. 4. 2005, V ZB 16/05) NJW-RR 2005, 1175.
[60] LArbG Bremen Betrieb 1987, 1847 Leitsatz.
[61] OLG Hamm aaO (Fußn 50).
[62] OLG Dresden MDR 1999, 889 = aaO (Fußn 50).

Aufgaben des Zwangsverwalters, Miet- und Pachtverträge   9.8   § 152

waschanlage[62], aber auch Konzertsaal und Theatergebäude. Die Fortführung eines solchen grundstücksbezogenen Gewerbebetriebs wird (nun) für zulässig angesehen, wenn der Zwangsverwalter damit die ihm durch § 152 gesetzlich zugewiesene Aufgabe erfüllt, die durch das beschlagnahmte Grundstück nebst Bestandteilen und Zubehör verkörperte wirtschaftliche Sachgesamtheit zu erhalten und im Rahmen ordnungsgemäßer Verwaltung zum Zwecke der Zwangsverwaltung zu nutzen[63]. Befugt ist demnach der Zwangsverwalter, einen auf dem beschlagnahmten Grundstück geführten grundstücksbezogenen Gewerbebetrieb des Schuldners fortzuführen, wenn dies zur ordnungsgemäßen Nutzung des Grundstücks erforderlich ist und er dabei nicht in Rechte des Schuldners an Betriebsmitteln eingreift, die unabhängig von ihrer Zugehörigkeit zu dem Gewerbebetrieb absolut geschützt sind[64] (für Schloßhotel mit zwei Restaurants). Gehindert an der Fortführung eines grundstücksbezogenen Unternehmens ist der Zwangsverwalter jedoch insoweit, als er damit in unzulässiger Weise in nicht beschlagnahmte Rechte des Schuldners eingreift[65]. Das ist nicht schon deshalb der Fall, weil der Zwangsverwalter bei Fortführung des schuldnerischen Gewerbebetriebs mittelbar auch dessen – nicht der Beschlagnahme unterliegenden – immaterielle Bestandteile nutzt[66]. Der Zwangsverwalter tritt jedoch bei Betriebsfortführung nicht in betriebliche Schuldverhältnisse ein (allgemeine Ansicht; s Rdn 9.10, auch Rdn 7). Ob es sinnvoll ist, daß der Verwalter ein Grundstück in solcher Weise nutzt oder ob die Räume vermietet[67] oder dem Schuldner zu Geschäftszwecken gegen angemessenes Entgelt überlassen werden sollen[67], müssen die Besonderheiten des Einzelfalls zeigen. Der Verwalter wird hierüber zumeist eine Weisung des Vollstreckungsgerichts (§ 153 Abs 1) herbeiführen. Auch Betrieb einer Kurklinik mit rund 80 Arbeitnehmern (darunter medizinische Fachkräfte; so der von[68] entschiedene Fall) könnte (im Einzelfall) zu den Handlungen gerechnet werden, die der Erhaltung und ordnungsgemäßen Benutzung des Grundstücks dienlich sind und daher durch den Aufgabenkreis des Verwalters (§ 152) noch gedeckt sind.

9.8 Verwaltung und Benutzung des Grundstücks und beschlagnahmter Gegenstände durch **gewerbliche Vermietung** (Rdn 9.3 und 9.7) oder Fortführung eines grundstücksbezogenen Gewerbebetriebs kann nicht nur Zuziehung (Beschäftigung) von Hilfspersonen (Rdn 9.3) und Eintritt in Verträge mit Dritten (Rdn 9.10, auch Rdn 5.5) erfordern, sondern auch vertragliche **Regelungen mit dem Schuldner**[69]. Beispiele: Übernahme des Warenbestands (Warenvorräte können aber Zubehör sein; dazu[70]), zB der Verpflegungsvorräte und des Getränkelagers einer Fremdenpension, des nicht als Zubehör geltenden Geschirrs, das in der Hotelküche verwendet wird, der Geschäftsbücher und des Schriftwechsels mit Gästen. Mit dem Recht und der Pflicht zur Vornahme aller für Grundstücksverwaltung erforderlichen Handlungen erstrecken sich die Befugnisse des Zwangsverwalters (§ 152) auch darauf, durch Verträge mit dem Schuldner Gegenstände, die nicht der Beschlagnahme unterliegen, in Anspruch zu nehmen. Auf Schuldnervermögen, das nicht Gegenstand eines Vollstreckungszugriffs ist, kann ein Vollstreckungsverfahren auch nicht durch vertragliches Einvernehmen mit dem Schuldner ausgedehnt werden. Betriebsfortführung, die nicht Verwalteraufgabe ist,

---

[63] BGH (14. 4. 2005, V ZB 16/05); NJW-RR 2005, 1175. RG 135, 197 (202); OLG Celle NJW-RR 1989, 1200 = aaO (Fußn 48); OLG Dresden MDR 1999, 989 = aaO (Fußn 50); LG Trier Rpfleger 1989, 76.
[64] BGH (14. 4. 2005, V ZB 16/05) NJW-RR 2005, 1175.
[65] BGH aaO (Fußn 64); Vollkommer AP BGB § 613 a Nr 19 (Anmerkung).
[66] BGH aaO (Fußn 64).
[67] OLG Hamm aaO (Fußn 50).
[68] BArbG AP BGB § 613 a Nr 19 mit Anm Vollkommer = aaO (Fußn 38).
[69] BGH (14. 4. 2005, V ZB 16/05) NJW-RR 2005, 1175.
[70] OLG Celle aaO (Fußn 48).

kann dieser daher auch nicht vertraglich übernehmen (so auch[71]; anders aber[72]: mit Zustimmung des Schuldners Fortführung des Gewerbebetriebs). Der in § 152 geregelte Aufgabenkreis des Verwalters legitimiert ihn dazu nicht. Auch mit Zustimmung des Schuldners darf der Zwangsverwalter dessen Gewerbebetrieb nicht fortführen, weil das gesetzlich nicht zu seinen Aufgaben gehört und diese Aufgaben weder vom Zwangsverwalter noch vom Schuldner noch vom Gericht erweitert werden können.

9.9 Wenn das Grundstück des Schuldners zum Betriebsvermögen des gewerblichen **Betriebs einer BGB-Gesellschaft** oder einer Personenhandelsgesellschaft (offene Handelsgesellschaft, Kommanditgesellschaft) gehört, an der der Schuldner als Gesellschafter beteiligt ist, kann die Betriebsführung nicht Verwalteraufgabe sein. Der Zwangsverwalter ist dann zur Führung des Gewerbebetriebs der Gesellschaft weder verpflichtet noch berechtigt. Grundstücksbesitz der Gesellschaft erfordert dann, daß der Verwalter vom Besitzer Herausgabe des Grundstücks verlangt oder die durch ein Besitzrecht von der Gesellschaft geschuldeten Ansprüche, auf welche sich die Beschlagnahme erstreckt, geltend macht.

9.10 Bedeutung erlangt die Frage der Betriebsfortführung durch den Zwangsverwalter auch für die den Gewerbebetrieb des Schuldners betreffenden **Schuldverhältnisse** des Schuldners mit Lieferanten, Abnehmern oder Arbeitnehmern (s bereits Rdn 7.1). Diese haben selbst zwar keinen Anspruch gegen den Zwangsverwalter auf Fortführung des Betriebs und Fortsetzung der Vertragsverhältnisse[73]. Wenn man Betriebsfortführung für zulässig erachtet und der Zwangsverwalter sich dazu entschließt, führt das allein auch noch nicht dazu, daß der Zwangsverwalter in betriebliche Schuldverhältnisse eintritt[73]: Der Zwangsverwalter muß daher in die der Fortführung des Gewerbebetriebs dienenden Verträge mit Dritten eintreten, das heißt mit diesen seinen Eintritt in das Vertragsverhältnis jeweils vereinbaren. Die Entscheidung, ob er zur ordnungsgemäßen Nutzung des Grundstücks in bestehende Verträge eintreten oder neue Verträge mit anderen Personen schließen will, ist der Zwangsverwalter frei[73].

9.11 In die Rechte und Pflichten aus den im Zeitpunkt der Betriebsübernahme bestehenden Arbeitsverhältnissen mit dem Schuldner soll der Zwangsverwalter mit Betriebsfortführung nach § 613a BGB automatisch eintreten[74] ([75]auch zur Vereinbarung, daß das Arbeitsverhältnis nur noch befristet fortgesetzt werde). Hierfür wird Betriebsübergang durch Rechtsgeschäft angenommen. Einer Einwilligung des Schuldners kann die dem Verwalter mögliche Betriebsfortführung vollstreckungsrechtlich nicht bedürfen (so[76]). Die Willensentschließung des Zwangsverwalters, an die Stelle des bisherigen Betriebsinhabers zu treten, begründet als solche bereits die rechtsgeschäftliche Betriebsübernahme im Sinne des BGB § 613. Soweit die ordnungsgemäße Nutzung des beschlagnahmten Grundstücks die Fortführung des Betriebs geboten erscheinen läßt, gleichzeitig aber eine Beschränkung oder Rationalisierung und damit verbunden auch eine Reduzierung der Belegschaft erforderlich macht, soll der Zwangsverwalter aus dringenden betrieblichen Erfordernissen Arbeitnehmer kündigen können[77].

9.12 Ein **Dritter** soll nach BGB § 613a in die Rechte und Pflichten aus den Arbeitsverhältnissen eintreten, wenn der Zwangsverwalter den Gewerbebetrieb des Schuldners nicht selbst fortführt, sondern das Schuldunternehmen zur Betriebs-

---

[71] Steiner/Hagemann § 152 Rdn 85.
[72] OLG Celle aaO (Fußn 47); LG Bamberg Rpfleger 1992, 309 mit abl Anm Hintzen.
[73] BArbG AP BGB § 613a Nr 19 mit Anm Vollkommer = aaO (Fußn 38).
[74] BArbG AP BGB § 613a Nr 19 mit Anm Vollkommer = aaO (Fußn 38); BArbG BB 1984, 1554 = Betrieb 1984, 1306 = WM 1984, 673.
[75] BArbG BB 1984, 1554 = Betrieb 1984, 1306 = WM 1984, 673.
[76] Vollkommer AP BGB § 613a Nr. 19 (Anmerkung).
[77] BArbG AP BGB § 613a Nr 19 mit Anm Vollkommer = aaO (Fußn 38).

fortführung **verpachtet**[78]. Dem sollte jedenfalls zu folgen sein, wenn die Betriebsverpachtung mit Einverständnis des Schuldners erfolgt. Dann ist Betriebsübergang durch Rechtsgeschäft mit Handeln des Schuldners als Betriebsinhaber gegeben.

9.13 Wenn die Fortführung des grundstücksbezogenen Gewerbebetriebs Nutzung des Grundstücks ist, der Zwangsverwalter damit sonach die ihm durch § 152 gesetzlich zugewiesene Aufgabe erfüllt, sind **die Einnahmen Nutzungen des Grundstücks** (so auch[79]). Aus ihnen sind sonach die Betriebskosten als Ausgaben der Verwaltung vorweg zu bestreiten. Überschüsse werden auf die in der Zwangsverwaltung zu berücksichtigenden Ansprüche verteilt (§ 155 Abs 2). Rechnung hat der Zwangsverwalter daher auch über diese Nutzungen des Grundstücks und Ausgaben der Verwaltung zu legen (§ 154 Satz 2).

Grundstücksbruchteile

10.1 Grundstücksbruchteile können Gegenstand der Zwangsverwaltung sein (ZPO § 864 Abs 2). Die Zwangsverwaltung eines Bruchteils ist aber **schwierig** und **meist nicht erfolgreich**. Der Verwalter darf ja nur die Rechte aus dem Bruchteil ausüben, wie sie dem Eigentümer zustehen, also das Objekt nur mit den anderen Miteigentümern zusammen verwalten (BGB §§ 743–745), Miet- und Pachtansprüche nur gemeinsam mit ihnen einziehen. Er muß sich auch, abgesehen von dringenden Fällen der laufenden Verwaltung (BGB § 744 Abs 2), mit ihnen über Verwaltung und Benutzung einigen (BGB § 744 Abs 1). An eine schon vor der Beschlagnahme beschlossene Regelung der Verwaltung und Benutzung ist er gebunden (BGB § 746). Dabei hat er gegenüber dem Schuldner noch den Nachteil, daß er nicht die Aufhebung der Gemeinschaft betreiben kann (es gibt keine Zwangsverwaltung zwecks Aufhebung einer Gemeinschaft).

10.2 Trotzdem **gehen** für den Zwangsverwalter die **Zwangsverwaltungsvorschriften vor**; er darf nicht einfach die bisherigen Zustände fortbestehen lassen, muß bisher ungenutzten Objekten für seinen Anteil Nutzung durchsetzen, darf nicht seine Befugnisse der bisherigen Hausverwaltung überlassen, die Einnahmen und Ausgaben nach ihren Grundsätzen behandeln, während der Zwangsverwalter an den Teilungsplan gebunden ist. Er darf aus den auf seinen Anteil fallenden Einnahmen, die er ohne Abzüge erhalten muß, nur nach Teilungsplan Ausgaben machen, auch wenn darunter Gesamtbelastungen sind und die Miteigentümer hierbei benachteiligt werden können. Der Zwangsverwalter ist nicht Gesamtrechtsnachfolger des Schuldners, er tritt nur in dessen Rechte und Pflichten als Miteigentümer hinsichtlich des verwalteten Anteils ein und hat mit den anderen Miteigentümern zusammen diese Rechte und Pflichten wahrzunehmen, vorbehaltlich der besonderen Zwangsverwaltungsvorschriften.

10.3 In der Praxis muß man so vorgehen, daß **Mieter und Pächter** nur mehr auf ein vom Zwangsverwalter und den Miteigentümern gemeinsam angelegtes Konto einzahlen, daß Verwalter und Miteigentümer hieraus zusammen die gemeinsamen Grundstückslasten (Grundsteuer, Kaminkehrer usw) zahlen, also die Lasten, die der Zwangsverwalter nach § 156 Abs 1 auch sonst schon ohne Teilungsplan zahlen darf, und daß der verbleibende Rest nach dem Verhältnis der Miteigentumsanteile aufgeteilt wird, worauf der Verwalter seinen Anteil genau nach Plan verwertet. Besser wäre es (aber wohl nur theoretisch durchführbar), wenn Mieter und Pächter veranlaßt würden, Miet- und Pachtzins schon verhältnismäßig aufgeteilt an Zwangsverwalter und sonstige Miteigentümer getrennt zu zahlen, woraus dann jede Seite ihren Ausgabenanteil entrichtet und den Rest getrennt verwertet.

---

[78] BGH Betrieb 1982, 2182 = NJW 1982, 2186; ArbG Lübeck BB 1979, 989 mit Anm Dauenheimer; MünchKomm/Müller-Glöge, BGB § 613a Rdn 70.
[79] LG Karlsruhe Rpfleger 1975, 175.

§ 152 11.1 Zwangsverwaltung

11 Jagdrecht

11.1 Dieses als **Teil des Eigentums** an Grund und Boden (Bundesjagdgesetz § 3 Abs 1 Satz 2) steht grundsätzlich dem Grundstückseigentümer zu (Gesetz § 3 Abs 1 Satz 1), falls der zusammenhängende Grundbesitz die vorschriftsmäßige Größe hat und damit einen Eigenjagdbezirk bildet (Gesetz § 7), während sonst das Grundstück zusammen mit anderen einen gemeinschaftlichen Jagdbezirk bildet (Gesetz § 8). Dazu § 57 Rdn 6.

11.2 Im Rahmen der ihm obliegenden ordnungsgemäßen Benutzung hat der Zwangsverwalter auch das **Jagdrecht auszuüben**. Er muß Wildschaden verhüten, in einem Eigenjagdbezirk durch Jäger oder Förster die Jagd ausüben lassen (er selbst sollte es nicht tun) oder den Bezirk verpachten. Bei Zugehörigkeit zu einem gemeinschaftlichen Jagdbezirk oder wenn der Eigenjagdbezirk schon verpachtet war, muß er in die bestehenden Pachtverträge eintreten (§ 152 Abs 2) und die daraus fließenden Nutzungen ziehen. Die von ihm geschlossenen Jagdpachtverträge sind auch über das Ende der Zwangsverwaltung hinaus für den Schuldner bindend[80].

12 Miet- und Pachtverträge (Absatz 2)

Literatur: Garczynski, Zwangsverwaltung und Aufrechnung von Mietzinsvorauszahlungen, JurBüro 1999, 61; Reismann, Die Mietwohnung in der Zwangsverwaltung – Rechte des Mieters – WuM 1998, 387.

12.1 Wenn das Grundstück vor der Beschlagnahme einem Mieter/Pächter **überlassen** war, so ist der **Vertrag** auch gegenüber dem Zwangsverwalter **wirksam:** Abs 2. Das Objekt muß nicht nur vermietet/verpachtet sein, sondern auch „überlassen" (dazu § 57 Rdn 3). Zur Überlassung ist nicht unbedingt der tatsächliche Besitz des Mieters/Pächters nötig; maßgebend ist, daß es zur Inbesitznahme bereitgestellt war (Mieter will zB vor seinem tatsächlichen Einzug die Räume renovieren lassen)[81], wenn bei Pacht dem Pächter die Möglichkeit des Gebrauchs eingeräumt war[82]. Eine bloße Feststellung in einem Protokoll hierüber reicht nicht aus, es müssen auch Schlüssel übergeben oder der Besitzübergang sonst kenntlich gemacht sein[82]. An der Überlassung dürfte es noch fehlen, wenn der Mieter die vor Einzug zu zahlende Kaution noch nicht geleistet hat.

12.2 Abs 2 gilt aber nicht, wenn der Mieter/Pächter das Grundstück nicht von dem Schuldner (oder auch Nießbraucher oder Eigenbesitzer, § 148 Rdn 2.3) gemietet/gepachtet hat[83].

12.3 Der Zwangsverwalter tritt in gültige Miet- und Pachtverträge **ein.** Das Miet/Pachtverhältnis bleibt bestehen. Der Zwangsverwalter hat die Rechte des Vermieters/Verpächters zu verfolgen und seine Pflichten (damit auch die Pflicht zur Gebrauchsgewährung, BGB § 535 Abs 1) zu erfüllen, weil diese Aufgaben vom Schuldner nicht mehr wahrgenommen werden können, dem durch die Beschlagnahme die Verwaltung und Benutzung entzogen ist (Änderung der Verwaltungsbefugnis[84]). Er kann daher alle Rechte aus dem fortbestehenden Vertragsverhältnis geltend machen[84]. Er muß die Mieter zur Zahlung an sich auffordern (Rundschreiben im Briefkasten des Mieters genügt; s § 150 Rdn 8.2).

12.4 Um das Objekt ordnungsgemäß zu nutzen (Abs 1), muß der Zwangsverwalter vermietbare/verpachtbare Grundstücke **vermieten/verpachten** (ZwVwV § 5 Abs 2). Die von ihm geschlossenen Verträge binden den Schuldner auch nach

---

[80] Jaeckel/Güthe § 152 Rdn 3.
[81] LG Osnabrück KTS 1977, 127; Schmidt/Futterer WuM 1969, 1.
[82] LG Osnabrück KTS 1977, 127.
[83] BGH 96, 61 = MDR 1986, 140 = NJW-RR 1986, 858 = Rpfleger 1986, 26.
[84] BGH MDR 2005, 980 = NJW-RR 2005, 1029 (1030) = Rpfleger 2005, 460 (462).

Aufgaben des Zwangsverwalters, Miet- und Pachtverträge 12.7 § 152

dem Ende der Zwangsverwaltung[85]. Der Verwalter hat darum die Verträge oder alle Änderungen dazu schriftlich abschließen (ZwVwV § 6 Abs 1). Jedoch führt Nichteinhaltung der Schriftform nicht zur Unwirksamkeit des Vertrags (der Änderungsvereinbarung[86]). Unberührt bleiben aber die Rechtsfolgen bei Verstoß gegen ein bürgerlich-rechtliches Schriftformerfordernis (für Mietvertrag über Wohnraum BGB § 550). Nichteinhaltung der Schriftform nach ZwVwV § 6 Abs 1 kann nach § 154 haftungsrechtlich Bedeutung erlangen. Mit dem Schuldner selbst sollte (nicht darf) der Zwangsverwalter Verträge nur mit Zustimmung des Vollstreckungsgerichts abschließen (§ 149 Rdn 2.6). Vereinbarung mit dem Schuldner über die fortwährende Nutzung gegen Entgelt (§ 149 Rdn 2.6) wird der Begründung mietvertraglicher Rechtsbeziehungen zumeist vorzuziehen sein. Vereinbarung, daß die Dauer eines Miet- oder Pachtvertrags mit Dritten ohne Zustimmung des Schuldners die Zeit von einem Jahr nicht übersteigen soll, ist nicht (mehr) verlangt. Grund: Einschränkung der Zeitmietverträge durch BGB § 575 nF. Im Einzelfall sind (wenn möglich) die Belange des Gläubigers an einer wirtschaftlichen Nutzung des Objekts mit den (vielfach vorrangigen) des Schuldners an einer möglichst freien Disposition nach Aufhebung der Zwangsverwaltung abzuwägen[87]. Als Makler kann der Zwangsverwalter einen Mietvertrag über das von ihm verwaltete Grundstück nicht vermitteln[88]. Anspruch auf Zahlung einer Maklerprovision steht ihm daher nicht zu[88] (mit Ausnahme für Sondervereinbarungen, an die strenge Anforderungen zu stellen sind).

12.5 In jedem neuen Vertrag hat (zwingend) der Zwangsverwalter **folgende Bedingungen** zu vereinbaren (ZwVwV § 6 Abs 2): a) Der Mieter/Pächter soll nicht berechtigt sein, Ansprüche aus dem Vertrag zu erheben, wenn das Objekt vor der Überlassung zwangsversteigert wird. b) Die gesetzliche Haftung des Vermieters/Verpächters für den vom Ersteher zu ersetzenden Schaden soll ausgeschlossen sein, wenn das Objekt nach der Überlassung zwangsversteigert wird und der Ersteher dann die sich aus dem Mietvertrag/Pachtvertrag ergebenden Verpflichtungen nicht erfüllt. c) Der Vermieter/Verpächter soll auch von einem bei Kündigung nach § 57a Satz 1 und InsO § 111 sich ergebenden Schadensersatzanspruch freigestellt sein. Wenn von dem Klauselkatalog von ZwVwV § 6 Abs 2 wesentlich abgewichen werden soll, ist die Anweisung des Gerichts (§ 153 Abs 1; vorherige Zustimmung) einzuholen (ZwVwV § 10 Abs 1 Nr 2).

12.6 Wo ausnahmsweise gegen Nebenleistungen oder mit **Wertsicherungsklausel** vermietet/verpachtet werden soll, sind auch die einschlägigen Sondervorschriften zu beachten und ist die Entscheidung des Gerichts einzuholen. Wo gesetzlicher **Mieterschutz/Pächterschutz** gilt oder eine sonstige Beschränkung, etwa nach dem Wohnungsbindungsgesetz (§ 57a Rdn 6), ist auch der Zwangsverwalter hieran gebunden.

12.7 Der Zwangsverwalter muß alle Ansprüche, die der Beschlagnahme unterliegen, also insbesondere **Miet-/Pachtforderungen,** zeitnah geltend machen (Rdn 6.1). Bleibt ein Mieter/Pächter im Rückstand, so kann (nicht muß) der Verwalter ein gesetzliches oder vertragliches Kündigungsrecht wahrnehmen, wenn nicht inzwischen die Rückstände getilgt sind. Unter besonderen Umständen, so wenn Räumungsklage unumgänglich ist und wegen anstehender Zwangsversteigerung keine Verbesserung des Ertrags des Grundstücks mehr erwirtschaftet werden kann, kann Nichtausübung des Kündigungsrechts sachlich geboten und hinzunehmen sein und daher nicht als Pflichtverletzung angesehen werden[89].

---

[85] BGH MDR 1992, 871 = NJW 1992, 3041 = Rpfleger 1992, 403.
[86] BGH NJW 1992, 3041 = aaO (Fußn 87); OLG Schleswig SchlHA 1991, 82.
[87] OLG Köln Rpfleger 1999, 502.
[88] OLG Oldenburg NdsRpfl 1981, 214; Steiner/Hagemann § 152 Rdn 149.
[89] OLG Düsseldorf NJW-RR 1997, 1100.

§ 152 12.8

12.8 Die gesetzlich zulässigen **Mietzinserhöhungen** muß der Zwangsverwalter durchführen[90], wie er alle rechtlich und tatsächlich möglichen Nutzungen aus dem Grundstück herauszuholen hat, soweit sich dies ohne Benachteiligung einer gleichzeitigen Zwangsversteigerung und der Gläubiger durchführen läßt[91] (anders[92]: Hypothekengläubiger können die Erhöhung nicht verlangen); er haftet sonst auf Schadensersatz[93].

12.9 Auf (umlagefähige) **Betriebskosten** (Mietnebenkosten) wie Kosten für Versorgung mit Wasser, Wärme und Warmwasser, Entwässerung usw erstreckt sich die Beschlagnahme (§ 148 Rdn 2.3; zur Betriebskostenvereinbarung bei Mietverhältnissen über Wohnraum BGB § 556). Der Verwalter ist daher verpflichtet, vereinbarte Vorauszahlungen auf Betriebskosten (rechtzeitig) geltend zu machen (wie Rdn 12.7). Ihm obliegt es für ordnungsgemäße Grundstücksnutzung, die Betriebskosten auf mehrere Mieter zu verteilen, über Vorauszahlungen abzurechnen[94], und Nachforderungen geltend zu machen oder einen Guthabenbetrag des Mieters zurückzuzahlen[94]. S hierzu Verordnung über die verbrauchsabhängige Abrechnung der Heiz- und Warmwasserkosten (Verordnung über Heizkostenabrechnung – HeizkostenV) vom 20. Jan 1989, BGB I 115. Bei Mietverhältnissen über Wohnraum sind Abrechnungszeitraum und Abrechnungsfrist zu wahren (BGB § 556 Abs 3). Zur Abrechnung verpflichtet ist der Zwangsverwalter für eine nach der Beschlagnahme beginnende Abrechnungsperiode und für den (gesamten) Abrechnungszeitraum, in den die Beschlagnahme fällt (keine Aufspaltung der Abrechnung in die Zeitspanne vor und nach Beschlagnahme). Er hat für diese Abrechnungszeiträume Nachforderungen geltend zu machen, ebenso aber ein Guthaben an den Mieter zurückzuzahlen, und zwar auch dann, wenn dieser die Vorauszahlung zulässigerweise noch an den Schuldner als Vermieter geleistet hat[95]. Für einen vor der Beschlagnahme liegenden (bei ihr bereits abgeschlossenen) Abrechnungszeitraum, für den eine Nebenkostenabrechnung noch nicht (ordnungsgemäß) erstellt ist, ist der Zwangsverwalter abrechnungspflichtig, wenn eine mögliche Nachforderung der Beschlagnahme unterliegen würde (dazu § 148 Rdn 2.3 zu b), damit nach § 152 Abs 1 vom Zwangsverwalter geltend zu machen wäre. Dann umfaßt die Abrechnungspflicht für den zurückliegenden Abrechnungszeitraum auch die Verpflichtung, den Ausgleich des Abrechnungssaldos vorzunehmen, ein Vorauszahlungsguthaben somit an den Mieter auszuzahlen[96]. Das gilt auch dann, wenn nun oder soweit der Mieter die Vorauszahlung vor der Beschlagnahme an den Schuldner als Vermieter (oder die von diesem beauftragte Hausverwaltung) geleistet und der Zwangsverwalter von diesem (dieser) die Nebenkostenvorauszahlung nicht erhalten hat[96].

Bei **Verwalterwechsel** trifft die Abrechnungspflicht für den laufenden Abrechnungszeitraum und noch nicht abgeschlossene zurückliegende Abrechnungsperioden den neuen Zwangsverwalter; er hat eine Nachzahlung geltend zu machen und ein Guthaben zu erstatten. Im Innenverhältnis ist der ausgeschiedene Zwangsverwalter zur Mitwirkung beider Abrechnung verpflichtet (folgt aus § 154 Satz 2).

Wenn die **Zwangsverwaltung aufgehoben** wird, hat der Zwangsverwalter die Abrechnungspflicht für zuvor abgeschlossene Abrechnungszeiträume, der

---

[90] BGH NJW-RR 2005, 1029 (1030) = aaO (Fußn 84); KG Berlin KTS 1978, 179 = MDR 1978, 586 = Rpfleger 1978, 335.
[91] OLG Nürnberg KTS 1966, 114 = OLGZ 1966, 317; Steiner/Hagemann § 152 Rdn 160.
[92] OLG Celle NdsRpfl 1952, 169.
[93] KG Berlin Rpfleger 1978, 335 = aaO (Fußn 90).
[94] BGH aaO (Fußn 90).
[95] BGH MDR 2003, 893 Leitsatz = NJW 2003, 2320 = Rpfleger 2003, 456 und 603 Leitsatz mit krit Anm Haut; OLG Hamburg MDR 1990, 248 = NJW-RR 1990, 151 = Rpfleger 1990, 219; Reismann WuM 1998, 387 (390).
[96] BGH und OLG Hamburg je aaO (Fußn 95).

Schuldner die für den laufenden Abrechnungszeitraum zu erfüllen (§ 161 Rdn 5.8). Wenn das Verfahren nach Erteilung des Zuschlags aufgehoben wird (§ 161 Rdn 3.11 und 6) müßte (wie beim Vermieterwechsel[97]) die Abrechnungspflicht für die laufende Abrechnungsperiode den Ersteher treffen (Folge von § 57 mit BGB §§ 566, 556 Abs 3), für den bei Erteilung des Zuschlags abgelaufenen Abrechnungszeitraum hingegen den Zwangsverwalter. Der Abrechnungspflichtige ist dann auch aus dem Abrechnungssaldo berechtigt und verpflichtet.

12.10 Prozesse wegen Miete/Pacht (wie auch andere, dazu Rdn 14) führt der Zwangsverwalter. Er vollstreckt auch. Zu Vollstreckungsschutzanträgen der Gegner muß er Stellung nehmen, nicht der Schuldner. Nimmt der Zwangsverwalter nach vertragswidrigem Verhalten des Mieters für die Kündigung des Mietvertrags und die Durchführung der Räumung die Dienste eines Rechtsanwalts in Anspruch, so stellen die dadurch (notwendig) entstehenden Kosten einen Schaden dar, für den der Mieter dem Zwangsverwalter aus Verzugsgründen (BGB § 286; ggfs auch nach BGB §§ 276, 249) einzustehen hat[98].

12.11 Das außerordentliche **Kündigungsrecht** nach § 57a für den Ersteher der Zwangsversteigerung hat nur dieser, nicht der Zwangsverwalter. Auch bei noch laufender Zwangsverwaltung kann nur der Ersteher dieses Recht ausüben, hieraus klagen und vollstrecken; hierüber und über neu zu schließende Verträge in solchem Falle und über die Folgen, wenn der Zuschlag aufgehoben wird, § 57a Rdn 2–5.

12.12 Baukostenzuschüsse und Mietvorauszahlungen: Grundsätzlich werden durch die Beschlagnahme Vorausverfügungen über die Miete für eine spätere Zeit als den laufenden (bei Beschlagnahme nach dem fünfzehnten Tag auch für den nächstfolgenden) Kalendermonat unwirksam; dazu § 148 Rdn 2, § 57b Rdn 2–4. Die vereinbarten und geleisteten Baukostenzuschüsse und Mietzinsvorauszahlungen sind darüber hinaus aber auch gegenüber dem Zwangsverwalter unter bestimmten Voraussetzungen wirksam, wie gegenüber Insolvenzverwalter und Ersteher; hierzu § 57b Rdn 7 und[99]. Eine vertragliche Vereinbarung, daß Mietvorauszahlungen entgegen dem Gesetz und der Rechtsprechung grundsätzlich nach der Anordnung der Zwangsverwaltung nicht mehr verrechnet werden dürften, wird als sittenwidrig angesehen[100]. Ein Mieter von Werkstatträumen kann sich wegen seiner Werklohnforderung für werterhöhende Werkleistungen an dem Grundstück, die er aufgrund selbständiger Aufträge des Vermieters erbracht hat, gegenüber dem die Zwangsverwaltung betreibenden Hypothekengläubiger nicht auf die erweiterte Aufrechnungsmöglichkeit nach den Grundsätzen zur Aufrechnung von Baukostenzuschüssen berufen[101]. Ist eine Vorausverfügung unwirksam, muß der Verwalter dies geltend machen und die volle Miete verlangen, sofern nicht die betreibenden Gläubiger darauf verzichten (ZwVwV § 8), wenn zB im Einzelfall das Prozeßrisiko für die Verwaltungsmasse zu groß ist.

12.13 Mietsicherheit (Kaution): a) Wenn der **Zwangsverwalter** bei Abschluß eines Miet- oder Pachtvertrags einen Geldbetrag als Mietsicherheit zur Sicherung des Vermieters für seine aus dem Vertragsverhältnis etwa erwachsenden Ansprüche verlangt und **erhält**, hat er über deren Anlegung und Verzinsung klare Vereinbarungen zu treffen. Für ein Wohnraummietverhältnis begrenzt BGB § 551 Abs 1 die Mietsicherheit auf das Dreifache der auf einen Monat entfallenden Miete ohne die als Pauschale oder als Vorauszahlung ausgewiesenen Betriebskosten. Die Mietsicherheit hat der Verwalter von den Erträgnissen des Grundstücks (dem beschlagnahmten Schuldnervermögen) getrennt zu halten (BGB § 551 Abs 3

---

[97] BGH Rpfleger 2003, 303; Palandt/Weidenkaff, BGB, § 535 Rdn 96.
[98] OLG Köln NJW-RR 1987, 593.
[99] OLG Düsseldorf MDR 1972, 148 = OLGZ 1972, 279; Ripfel DWW 1951, 38.
[100] AG Kassel Rpfleger 1969, 298; Steiner/Hagemann § 152 Rdn 163.
[101] OLG Frankfurt MDR 1983, 669 = KTS 1983, 489.

§ 152   12.13   Zwangsverwaltung

Satz 3). Sie ist bei einem Kreditinstitut zu dem für Spareinlagen mit dreimonatiger Kündigungsfrist üblichen Zinssatz (BGB § 551 Abs 3 Satz 1), ausnahmsweise in vereinbarter anderer Weise (BGB § 551 Abs 3 Satz 2), anzulegen. Die Erträge (Zinsen) stehen dem Mieter zu; sie erhöhen die Sicherheit (BGB § 551 Abs 3 Sätze 3 und 4). Besonderheit bei Wohnraum in einem Studenten- oder Jugendwohnheim: BGB § 551 Abs 3 Satz 5. Von den Erträgnissen des Grundstücks (dem beschlagnahmten Schuldnervermögen) getrennt zu halten hat der Zwangsverwalter ebenso eine aufgrund eines Mietvertrags über gewerbliche Räume erlangte Mietsicherheit. Das gebietet Regelung im Miet/Pachtvertrag, wie eine Barkaution nach ihrem Sicherungszweck anzulegen ist. Zu verzinsen ist auch die aufgrund eines Miet/Pachtvertrags über Gewerberäume geleistete bare Mietkaution (regelmäßig) zu dem für Spareinlagen mit dreimonatiger Kündigungsfrist üblichen Zinssatz[102].

b) Der Zwangsverwalter ist berechtigt (und verpflichtet) eine vom Mieter noch nicht erbrachte Mietsicherheit **anzufordern**[103] und anzulegen. Leistung der Mietsicherheit ist mietvertragliche Pflicht, so daß sich darauf die Beschlagnahme erstreckt (BGB § 1123 mit § 148 Abs 1, jedenfalls in entspr Anwendung), damit der Anspruch vom Zwangsverwalter geltend zu machen ist (§ 152 Abs 1).

c) Der Zwangsverwalter ist auch befugt, vom **Schuldner** (Grundstückseigentümer) **Überlassung** (Aushändigung) einer **vor Beschlagnahme geleisteten Mietsicherheit** zu fordern[104]. Die Mietkaution ist Sicherungsmittel für Erfüllung der Pflichten des Mieters. Nach Anordnung der Zwangsverwaltung sichert sie Vermieteransprüche, auf die sich die Beschlagnahme erstreckt (§ 148 Abs 1) und vom Zwangsverwalter geltend zu machen sind (§ 152 Abs 1). Verwaltung des Grundstücks als Aufgabe des Zwangsverwalters erfordert daher auch, daß dieser die Sicherheit erlangt, damit in die Lage versetzt wird, sie als Berechtigter oder Mitberechtigter anzulegen und über sie erforderlichenfalls bestimmungsgemäß zu verfügen. Dem Schuldner (Grundstückseigentümer) ist durch die Beschlagnahme die Verwaltung des Grundstücks entzogen (§ 148 Abs 2), damit auch die der Mietkaution. Er hat sie deshalb dem Zwangsverwalter zu überlassen. Wahrnehmung der für Erhaltung des Grundstücks in seinem wirtschaftlichen Bestand und ordnungsgemäße Benutzung erforderlichen Handlungen (§ 152 Abs 1) begründet daher zugleich die Pflicht des Verwalters, Mietsicherheiten in die Verwaltung einzubeziehen. Mit dem Grundstück sind dem Zwangsverwalter daher eine Kaution im Schuldnerbesitz (der gegenständlich noch vorhandene, gesondert aufbewahrte Geldbetrag) oder Unterlagen, die den Zugriff auf die angelegte Geldsumme ermöglichen (Sparbuch, ggf Bürgschaftsurkunde) zu übergeben[105]. Ist der Verwalter ermächtigt, sich selbst den Besitz des Grundstücks zu verschaffen, dann stellen Anordnungsbeschluß und Ermächtigung gem § 150 Abs 2 einen Vollstreckungstitel zur Durchsetzung dieses Anspruchs dar[105] (Herausgabevollstreckung nach ZPO § 883). Die Rückgabepflicht des Zwangsverwalters (Rdn 12, 14, insbes zu d) gebietet zeitnahe (ZwVwV § 17) und nachdrückliche Verfolgung des Anspruchs auf Herausgabe der Sicherheit.

12.14 a) Nach **Beendigung des Mietverhältnisses** hat der Zwangsverwalter die Mietersicherheit (Kaution) abzurechnen und zur Abdeckung der von ihm als Vermieter geltend zu machenden Ersatzansprüche zu verwenden (Befriedigung durch Aufrechnung gegen den Rückzahlungsanspruch des Mieters).

---

[102] BGH 127, 138 = NJW 1994, 3287.
[103] BGH NJW-RR 2005, 1029 (1030) = Rpfleger 2005, 460 (462); LG Köln MDR 1990, 1125 = NJW-RR 1991, 80 (81) = Rpfleger 1999, 173.
[104] BGH aaO (Fußn 103) und MDR 2005, 1012 = NJW-RR 2005, 1032 = Rpfleger 2005, 463 (464) mit Anm Schmidtberger.
[105] BGH NJW-RR 2005, 1032 = aaO (Fußn 104).

b) **Zurückzugeben** hat der Zwangsverwalter eine Mietersicherheit, wenn (soweit) nach Beendigung des Mietverhältnisses Ersatzansprüche nicht bestehen, wenn er das Grundstück nach Beschlagnahme vermietet und ihm als Vermieter der Mieter die Sicherheit geleistet hat.

c) Wenn dem **Schuldner** als Vermieter die **Mietersicherheit** vor Beschlagnahme **geleistet** wurde und dieser sie dem Zwangsverwalter ausgehändigt hat, hat dieser sie bei Wahrnehmung seiner Verwalteraufgaben (§ 152 Abs 1) erlangt. Sie ist dann nach dem Rdn 12.13 Gesagten zu verzinsen. Nach Beendigung des Mietverhältnisses hat der Zwangsverwalter die (treuhänderisch) zur Sicherung der von ihm als Vermieter geltend zu machenden Ersatzansprüche abzurechnen; er hat die nicht verbrauchte Mietersicherheit zurückzugeben. Daraus dürfte sich jedoch nicht schon ergeben, daß der Mieter Aushändigung der Kaution an den Zwangsverwalter fordern kann (das jedoch nimmt[106] an).

d) **Zur Herausgabe der Mietersicherheit** ist der Zwangsverwalter dem Mieter von Wohnraum nach verbreiteter Ansicht auch verpflichtet, wenn sie dem Schuldner als Vermieter vor Beschlagnahme geleistet wurde und dieser dem Zwangsverwalter die Kaution **nicht** ausgefolgt hat[107]. Dagegen wurden vielfach (auch hier in der 17. Auflage 2002, § 152 Rdn 9.14) Bedenken erhoben; zu diesen abweichenden Ansichten und den wesentlichen Gründen, die gegen die Rückzahlungspflicht des Zwangsverwalters in einem solchen Fall vorgebracht wurden, siehe 17. Auflage aaO). Der BGH[108] ist dem nicht gefolgt; er hat unter eingehender Würdigung der Gegenansicht an seiner Rechtsprechung festgehalten, daß der Zwangsverwalter (einer Mietwohnung) zur Herausgabe einer vom Mieter an den Vermieter geleisteten Kaution selbst dann verpflichtet ist, wenn der Vermieter dem Zwangsverwalter die Kaution nicht ausgefolgt hat. Der Zwangsverwalter ist somit nun gehalten, dieser Rechtsprechung des BGH Rechnung zu tragen, selbst wenn er sie (aus gewichtigem Grund) nicht für recht überzeugend hält. Der BGH stützt den Anspruch gegen den Zwangsverwalter auf Herausgabe der Mietkaution auf § 152 Abs 2 in Verbindung mit der zwischen dem (vormaligen) Vermieter und Mieter getroffenen Sicherungsabrede. Es gilt Gleiches daher auch bei einem Miet- oder Pachtverhältnis über Grundstücke (ein anderes Objekt) und Räume, die nicht als Wohnraum genutzt werden.

12.15 Ein Mietvertrag, der bei Beschlagnahme bereits **beendet** ist, fällt nicht unter Abs 2. Wenn der Mieter ausgezogen ist, trifft daher den späteren Zwangsverwalter nicht die Pflicht zur noch ausstehenden Abrechnung der Mietnebenkosten[109].

Nutzungen

13.1 Der Zwangsverwalter hat **alle Nutzungen zu ziehen** (Rdn 6), auch solche in Natur, die er, soweit entbehrlich, in Geld umzusetzen hat (Abs 1). Ob Nutzungen für die Verwaltung entbehrlich sind, richtet sich nach dem wirtschaftlichen Bedürfnis[110], ob zB bei einem landwirtschaftlichen Grundstück die Ernte zur Er-

---

[106] LG Köln WuM 1987, 351.
[107] BGH MDR 2003, 1409 = NJW 2003, 3342 = Rpfleger 2003, 678. So auch OLG Brandenburg OLGRep 2004, 114; OLG Hamburg WM 1990, 10 und NJW-RR 2002, 878 = Rpfleger 2002, 216 mit abl Anm Alff. Ausnahme: Wenn der Schuldner das Grundstück vor dem 1. 9. 2001 erworben und die Kaution nicht ausgehändigt erhalten sowie auch die Rückgewährpflicht nicht übernommen hat, BGH MDR 2005, 1044 = NJW-RR 2005, 962 = Rpfleger 2005, 459.
[108] BGH NJW-RR 2005, 1029 = aaO (Fußn 84).
[109] Bank JurBüro 1982, 1128.
[110] Jaeckel/Güthe § 152 Rdn 7; Steiner/Hagemann § 152 Rdn 189.

nährung des vorhandenen Viehs erforderlich ist oder verkauft werden kann. Der Schuldner-Zwangsverwalter hat abweichend, soweit solche Nutzungen nicht für notwendige Zahlungen erforderlich sind, diese nach Weisung des Gerichts anzulegen (§ 150 d Satz 2).

13.2 Früchte auf dem Halm unterliegen nach § 148 der Beschlagnahme, unbeschadet eines schon vorher entstandenen Früchtepfandrechts (ZPO § 810 Abs 1), das nur nach ZPO § 810 Abs 2 beseitigt werden kann. Bis dahin muß es auch der Zwangsverwalter beachten. Er darf nicht die Widerspruchsklage aus ZPO § 771 erheben. Wenn allerdings die Pfändung nach ZPO § 810 Abs 1 früher als einen Monat vor der gewöhnlichen Reifezeit erfolgt ist (ZPO § 810 Abs 1 Satz 2), kann der Zwangsverwalter die Unwirksamkeit geltend machen. Werden ungetrennte Früchte trotz bestehender Beschlagnahme zu Unrecht gepfändet, so haben Schuldner, Realgläubiger und Zwangsverwalter die Vollstreckungserinnerung nach ZPO § 766, die Realgläubiger außerdem die Widerspruchsklage nach ZPO § 771 oder auch Klage auf vorzugsweise Befriedigung nach ZPO § 805. Im übrigen § 10 Rdn 7, § 21 Rdn 2, § 148 Rdn 2, § 155 Rdn 6.

13.3 Entbehrliche Zubehörstücke darf der Zwangsverwalter veräußern[111]. Dazu berechtigt (und verpflichtet) ihn seine Aufgabe, das Grundstück ordnungsgemäß zu verwalten. Auch dem Schuldner ist nach Beschlagnahme durch Anordnung der Zwangsversteigerung die dem Gläubiger gegenüber wirksame Verfügung über einzelne mitbeschlagnahmte bewegliche Sachen ermöglicht (§ 22 Abs 1 S 2); das ist Ausfluß seiner Befugnis, das Grundstück innerhalb der Grenzen einer ordnungsgemäßen Wirtschaft zu verwalten (§ 24; dazu § 23 Rdn 3.1). Die weitergehende Beschlagnahmewirkung bei Zwangsverwaltung schließt diese Verwaltungsbefugnis des Schuldners aus. Alle Verwaltungshandlungen sind nun dem Zwangsverwalter aufgetragen (§ 152). Ihm obliegt als Verwaltungsaufgabe damit auch die dem Schuldner entzogene Verfügung über einzelne mitbeschlagnahmte Stücke innerhalb der Grenzen einer ordnungsgemäßen Wirtschaft. Der Erlös ist das Surrogat, das der Beschlagnahme weiter unterliegt und daher nach Aufhebung der Zwangsverwaltung dem Vollstreckungsschuldner zufließen muß bzw nach der Versteigerung dem Ersteher. Soweit nicht der Erlös für eine Ersatzbeschaffung benötigt wird, ist er verzinslich anzulegen und nur die Zinsen hieraus darf der Zwangsverwalter zur Masse ziehen[112] (zur Gegenmeinung § 150 d Rdn 2). Zurückhaltung ist geboten; der Verwalter kann schadensersatzpflichtig sein, wenn er etwa Maschinen als angeblich nicht mehr benötigt veräußert, der Betrieb aber später vom Schuldner fortgesetzt wird.

13.4 Kann ein zwangsverwaltetes Grundstück nicht genutzt werden, weil ein darauf stehendes Gebäude zu Wohn- oder Gewerbezwecken nicht fertiggebaut ist, so muß je nach Lage des Falles, wenn etwa nur noch geringe Arbeiten zur Fertigstellung nötig sind, mit einem Vorschuß des betreibenden Gläubigers das Gericht dem Zwangsverwalter gestatten können, das **Bauwerk** zu **vollenden** (Rdn 4.2).

14 Prozesse

Literatur: Wrobel, Umfang und Grenzen der Prozeßführung durch den Zwangsverwalter, KTS 1995, 19.

14.1 Der **Schuldner** bleibt auch nach Anordnung der Zwangsverwaltung voll **partei- und prozeßfähig**, soweit er es schon vorher war. Die Bestellung eines

---

[111] Dassler/Muth § 152 Rdn 32; Jaeckel/Güthe § 152 Rdn 7; Steiner/Hagemann § 152 Rdn 192.
[112] Dassler/Muth § 152 Rdn 32; Jaeckel/Güthe § 152 Rdn 7; Reinhard/Müller § 152 Anm II 8; Steiner/Hagemann § 152 Rdn 51 und 192.

Zwangsverwalters ist nicht etwa als Bestellung eines Betreuers oder Pflegers mit der Folge aus ZPO § 53 (Betreuter oder Pflegling prozeßunfähig) anzusehen. Das alleinige aktive und passive **Prozeßführungsrecht** hat aber hinsichtlich aller der Zwangsverwaltung unterliegenden Rechte, Verpflichtungen, Ansprüche der Zwangsverwalter[113], wobei er im eigenen Namen tätig wird[114]. Der Schuldner (Eigentümer) hat nach Anordnung der Zwangsverwaltung (für Mietforderungen) kein Prozeßführungsrecht mehr. Widerklage ist auch zulässig, wenn mit ihr Ansprüche gegen den Zwangsverwalter persönlich geltend gemacht werden, die ihren Grund in der Amtsführung des Zwangsverwalters haben (Schadensersatzansprüche)[115]. Für die dingliche Klage aus einer Hypothek ist nach wie vor der Grundstückseigentümer der Beklagte, der auch weiter verfügungsberechtigt ist, wobei nur die Verfügungen gegenüber dem die Zwangsverwaltung betreibenden Gläubiger unwirksam sind[116]. Über die Ausnahme bei Mietklage § 148 Rdn 3.

14.2 Prozesse führt der Zwangsverwalter: a) Soweit es sich darum handelt, das Grundstück im wirtschaftlichen Bestand zu erhalten oder ordnungsgemäß zu benutzen[117] (Abs 1 Halbsatz 1), insbesondere also aus Miet- und Pachtverhältnissen, auch in Mietaufhebungsklagen; in einem Vollstreckungsschutzverfahren eines Mieters kann nur der Verwalter gegen das Schutzbegehren auftreten, auch Beschwerden erheben[118]. Die Aufgabe des Zwangsverwalters, für eine ordnungsgemäße Nutzung des Grundstücks zu sorgen, schließt die Befugnis ein, Ansprüche (auch einen Ersatzanspruch als Nutzungsentschädigung) nach Beendigung des Miet/Pachtverhältnisses (§ 148 Rdn 2.3 g) oder aus einer rechtsgrundlosen (unberechtigten) Nutzung des Grundstücks[119] (eine sonst der Zwangsverwaltung unterliegende Sache) sowie aus der Verletzung von Besitzrechten gegen den Schuldner[120] (auch gegen seinen Insolvenzverwalter[120]) oder gegen Dritte[121] (anders[122]; durch[123] überholt) gerichtlich geltend zu machen[124] (auch zu Umfang und Höhe; für Klage gegen Schuldner verneint[125] Rechtsschutzbedürfnis).

b) Wenn Ansprüche geltend gemacht oder abgewehrt werden, auf welche sich die Beschlagnahme erstreckt (Abs 1 Halbsatz 2); das schließt die Prozeßführung in den Fällen ein, in denen der Umfang der Beschlagnahme streitig ist. Wenn jedoch nur für einen Teil einheitlich vermieteter oder verpachteter Grundstücke die Zwangsverwaltung angeordnet ist, kann der Zwangsverwalter die Ansprüche nicht in vollem Umfang geltend machen. Er ist somit auch für (anteiliges) Entgelt der Gebrauchsüberlassung (und Fruchtziehung) aus Grundstücken im Eigentum eines Dritten, die zusammen mit dem beschlagnahmten Grundbesitz des Schuldners zu einem einheitlichen Miet- oder Pachtzins vermietet oder verpachtet sind, nicht prozeßführungsbefugt[126].

---

[113] BGH MDR 1992, 1082 = NJW 1992, 2487 = Rpfleger 1992, 402; AG Osnabrück WuM 1988, 27.
[114] Wrobel KTS 1995, 19 (II).
[115] OLG Köln ZIP 1980, 102.
[116] RG 99, 199.
[117] Jaeckel/Güthe § 152 Rdn 7; Steiner/Hagemann § 152 Rdn 168.
[118] OLG Celle NdsRpfl 1953, 84.
[119] BGH MDR 2003, 1408 = NJW-RR 2003, 1308 = NZI 2003, 562 = Rpfleger 2003, 600.
[120] BGH NJW 1992, 2487 = aaO (Fußn 116); OLG Stuttgart Rfleger 1992, 124.
[121] OLG München OLGZ 1991, 492.
[122] OLG Düsseldorf NJW 1971, 2081; OLG Hamm ZMR 1993, 568.
[123] BGH NJW 1992, 2487 = aaO (Fußn 120).
[124] OLG Stuttgart Rpfleger 1994, 77.
[125] Wrobel KTS 1995, 19 (III 3).
[126] BGH MDR 2005, 474 = Rpfleger 2005, 271.

§ 152 14.2   Zwangsverwaltung

c) Wenn die Prozesse aus den vom Zwangsverwalter selbst geschlossenen Geschäften herrühren[127].

d) Zur Geltendmachung eines auf § 154 Satz 1 gegründeten Schadensersatzanspruchs gegen einen früheren Zwangsverwalter (Geltendmachung des Gemeinschaftsschadens)[128].

In den seiner Geschäftsführung unterliegenden Angelegenheiten nimmt der Zwangsverwalter das Prozeßführungsrecht auch wahr (dazu[129]) vor Arbeitsgerichten in arbeitsrechtlichen Streitigkeiten (so aus einem Dienstvertrag, Rdn 7.1), vor Sozialgerichten in sozialrechtlichen Streitigkeiten (zB aus Anlaß eines fortgeführten Dienstvertrags), vor Verwaltungsgerichten in öffentlich-rechtlichen Streitigkeiten und vor Finanzgerichten in steuerrechtlichen Streitigkeiten (soweit Steuern aus Verwaltungsmitteln zu entrichten sind, Rdn 15).

14.3 In den Prozessen des Zwangsverwalters kann der **Schuldner Zeuge** sein.

14.4 Sind bei Anordnung der Zwangsverwaltung (Beschlagnahme des Grundstücks) **Prozesse** des Schuldners (oder seines Insolvenzverwalters[130]) **schon anhängig**, für die jetzt der Zwangsverwalter zuständig wäre, so werden diese Prozesse nicht nach ZPO § 241 unterbrochen (anders[131]: Unterbrechung und Parteiwechsel analog ZPO § 240). In diese Prozesse kann der Zwangsverwalter nur mit Genehmigung des Prozeßgegners oder dann, wenn das Gericht dies für zweckdienlich erachtet (Parteiänderung nach ZPO § 263) an Stelle des Schuldners eintreten[132] (anders[133]: er könne nicht eintreten). Rügt der Prozeßgegner den Mangel des Prozeßführungsrechts des Schuldners, so muß der Klageantrag geändert, Leistung oder Herausgabe an den Zwangsverwalter beantragt werden[134] (anders[135]: Leistungsansprüche dürfe der Schuldner weiterbetreiben, Gestaltungsansprüche aber nicht). Für den Fall, daß der Klageantrag nicht in vorstehendem Sinne geändert wird (weil der Gegner nicht rügt), tut der Zwangsverwalter gut daran, dem Beklagten des Prozesses ein Zahlungsverbot (§ 22 Abs 2, § 151 Abs 3) zustellen zu lassen, um zu verhindern, daß an den Schuldner bezahlt wird.

14.5 Der Zwangsverwalter wird, soweit er nicht zur Prozeßführung verpflichtet ist, vor Einleitung eines Rechtsstreits zu seiner Deckung bei Gericht anfragen und Weisung (§ 153 Abs 1) einholen. Einen Rechtsstreit gegen einen vermögenslosen Beklagten wird der Zwangsverwalter unterlassen, weil er nur die Masse mit Kosten belasten wird, ohne etwas einzubringen. Über die Frage, ob Prozesse nach Aufhebung der Zwangsverwaltung noch **fortgeführt** werden können, bei § 161 Rdn 7.

14.6 Wechselt während eines vom Zwangsverwalter geführten Prozesses der **Zwangsverwalter,** so wird der Prozeß nicht nach ZPO §§ 241, 246 unterbrochen, weil diese Vorschriften hier nicht anwendbar sind (anders[136]; dazu Einl Rdn 27); das Vollstreckungsgericht muß sofort einen neuen Verwalter bestellen, wenn der bisherige wegfällt.

---

[127] Jaeckel/Güthe § 152 Rdn 8; Wrobel KTS 1995, 19 (III 2 a).
[128] BGH 109, 171 = MDR 1990, 335 = NJW 1990, 454 = Rpfleger 1990, 132; Wrobel KTS 1995, 19 (III 2 c).
[129] Wrobel KTS 1995, 19 (III 4).
[130] BGH MDR 1986, 750 = NJW 1986, 3206 = Rpfleger 1986, 274.
[131] Wrobel KTS 1995, 19 (IV 1).
[132] AG Köln WuM 1957, 187 = ZMR 1958, 164.
[133] Drischler RpflJahrbuch 1970, 365 (3).
[134] BGH NJW 1986, 3206 = aaO (Fußn 130).
[135] AG Köln WuM 1957, 187 = ZMR 1958, 164.
[136] Dassler/Muth § 152 Rdn 40; Steiner/Hagemann § 152 Rdn 174.

14.7 Aus Vollstreckungstiteln **gegen den Schuldner** kann auch während der Zwangsverwaltung **vollstreckt** werden[137]: durch Beitritt zur Zwangsverwaltung, durch Zwangsversteigerung, Zwangshypothek oder in sonstiges Vermögen des Schuldners, nicht dagegen in die Zwangsverwaltungsmasse (der Beschlagnahme unterliegende Forderungen, Früchte, Zubehörstücke usw oder Gelderlös daraus). Nur ein Gläubiger mit einem gegen den Schuldner oder gegen den Zwangsverwalter ergangenen Titel, der einen der Zwangsverwaltung unterliegenden Anspruch betrifft (zB Mietklage), kann in die Zwangsverwaltungsmasse vollstrecken; lautet der Titel noch gegen den Schuldner, so muß er erst gegen den Zwangsverwalter umgeschrieben und neu zugestellt werden (ZPO §§ 727, 750 Abs 2); das kann nur geschehen, wenn er gegen den Zwangsverwalter wirksam ist (also zB nicht, wenn jemand während der Zwangsverwaltung zu Unrecht über einen der Zwangsverwaltung unterliegenden Anspruch gegen den Schuldner einen Prozeß beginnt und gewinnt oder wenn in gleicher Lage der Schuldner zu Unrecht selbst prozessiert und verloren hat). Will umgekehrt der Zwangsverwalter aus einem Titel über einen der Zwangsverwaltung unterliegenden Anspruch vollstrecken, so muß entweder der Titel bereits von ihm erwirkt oder der noch für den Schuldner ergangene für ihn umgeschrieben[138] und neu zugestellt sein (ZPO §§ 727, 750 Abs 2). Der Schuldner darf während der Zwangsverwaltung aus einem Titel über einen der Zwangsverwaltung unterliegenden Anspruch nicht selbst vollstrecken. Gegen den Schuldner kann aus einem solchen Titel in sonstiges Vermögen beliebig vollstreckt werden, in die Zwangsverwaltungsmasse nur mit der angegebenen Beschränkung. Der Zwangsverwalter darf nur aus solchen Titel vollstrecken und tut das für die Masse.

14.8 Wenn der **Schuldner selbst Zwangsverwalter** ist (§ 150c), kann er durch seine Doppelstellung nicht mehr Rechte erhalten, als er vorher hatte. Alle Titel sind für und gegen ihn zu erwirken, in die Masse aber nur vollstreckbar, wenn sie einen der Zwangsverwaltung unterliegenden Anspruch betreffen.

Steuern und Abgaben 15

15.1 Steuern des Schuldners hat der Zwangsverwalter nur insoweit zu zahlen, als sie Ausgaben der Verwaltung oder öffentliche Lasten sind (§ 155 Abs 1, § 156 Abs 1). Im übrigen bleibt die Steuerpflicht des Schuldners unberührt; insbesondere hat dieser Einkommensteuer aus seinem beschlagnahmefreien Vermögen zu zahlen.

15.2 Nach Abgabenordnung §§ 34–36 haben Steuern und Abgaben auch Personen, die nach Gesetz oder behördlicher Anordnung eine Vermögensverwaltung haben, wie der Zwangsverwalter, vorschriftsmäßig **aus den Verwaltungsmitteln zu entrichten.** Der Zwangsverwalter hat Steuerpflichten zu erfüllen „**soweit seine Verwaltung reicht**" (Abgabenordnung § 34 Abs. 3). Eine weitergehende Verantwortlichkeit für Steuern und Abgaben trifft ihn nicht[139]. Er haftet also nur für Steuern und Abgaben (natürlich mit der Masse, nicht mit seinem eigenen Vermögen), die aus der Zwangsverwaltungsmasse zu entrichten sind, also Grundsteuer und andere öffentliche Grundstückslasten. Wenn ausnahmsweise Zwangsverwaltung sich auf einen Betrieb erstrecken sollte (Rdn 9), müßte er auch für die aus dem Betrieb sich ergebenden Betriebssteuern aufkommen, Lohnsteuer, Gewerbesteuer, Mehrwertsteuer usw.

---

[137] Dassler/Muth § 152 Rdn 42; Jaeckel/Güthe § 152 Rdn 8; Steiner/Hagemann § 152 Rdn 179.
[138] BGH NJW 1986, 3206 = aaO (Fußn 131).
[139] OLG Zweibrücken Betrieb 1967, 1129 = JurBüro 1967, 606 = KTS 1967, 175 mit Anm Schriftleit = Rpfleger 1967, 418.

§ 152   15.3

15.3 Einen **Steuererstattungsanspruch** (negativen Steueranspruch), der sich bei der Verwaltung des beschlagnahmten und der Verwaltung unterliegenden Grundbesitzes ergeben hat (zB Umsatzsteuer-Vorsteuerbeträge aus Instandsetzungsarbeiten am Grundstück) kann (und hat) der Zwangsverwalter dem Finanzamt gegenüber geltend zu machen[140].

15.4 **Umsatzsteuerpflichtig** (Steuerschuldner) für unternehmerische Tätigkeit des Zwangsverwalters (bei Vermietung und Verpachtung zB in den in Umsatzsteuergesetz § 4 Nr 12 genannten besonderen Fällen) bleibt der Schuldner (Abgabenordnung § 33 Abs 1). Ihm (nicht dem Zwangsverwalter) sind die Umsätze als Unternehmer zuzurechnen, die der Zwangsverwalter im Rahmen seiner Verwaltungstätigkeit nach § 152 Abs 1 bewirkt[141]. Als Vermögensverwalter hat der Zwangsverwalter nach Abgabenordnung § 34 Abs 3 aber die steuerlichen Pflichten des Schuldners zu erfüllen, soweit seine Verwaltung reicht. Das Vollstreckungsgericht kann die steuerliche Verwalterpflicht nicht durch Weisung an den Zwangsverwalter (§ 153 Abs 1) einschränken oder (teilweise) aufheben[142]. Die Umsatzsteuer, der die Lieferungen oder sonstigen Leistungen im Rahmen der Verwaltung durch den Zwangsverwalter unterliegen, hat dieser zu entrichten; sie gehört zu den Ausgaben der Verwaltung, die aus den Nutzungen des Grundstücks zu bestreiten sind (§ 155 Abs 1)[143]. Erstattungsansprüche aus solcher Umsatzsteuer gehören zur Zwangsverwaltungsmasse. Beschlagnahme des Grundstücks mit Anordnung der Zwangsverwaltung bewirkt daher getrennte Erfassung und Festsetzung des der Zwangsverwaltung unterliegenden Unternehmensbereichs des Schuldners[144] (kritisch dazu[145]). Die infolge der Verwaltungstätigkeit des Zwangsverwalters begründeten Umsatzsteuer- und Erstattungsansprüche sind gegen den Zwangsverwalter bzw von ihm geltend zu machen[146]. Dazu kann auch ein Vorsteuerberichtigungsbetrag nach § 15a UStG wegen steuerfreier Vermietung gehören[147]. Voranmeldungen und Steuererklärungen für diesen Unternehmensbereich des Schuldners hat daher der Zwangsverwalter abzugeben[148]. An ihn sind Steuerbescheide (auch Vorauszahlungsbescheide) über die Umsatzsteuer aus der Verwaltertätigkeit zu richten[149]. Aus ihnen muß hervorgehen, für wen als Schuldner der Zwangsverwalter in Anspruch genommen wird; sie müssen daher neben der Bezeichnung des der Zwangsverwaltung unterliegenden Grundstücks auch die Person des Schuldners angeben[150]. Für Umsätze aus Unternehmensbereichen des Schuldners außerhalb der Tätigkeit des Zwangsverwalters (auch für steuerpflichtig vermietete weitere Grundstücke, über die Zwangsverwaltung nicht angeordnet ist) ist Steuerschuldner allein der Schuldner[150] Hierfür hat nur er Voranmeldungen und Steuererklärungen abzugeben. Bei getrennter Zwangsverwaltung mehrerer Grundstücke sind diese Unternehmensbereiche getrennt zu behandeln[151]. Jeder Zwangsverwalter hat für das seiner Verwaltungstätigkeit unterliegende Grundstück die steuerlichen Pflich-

---

[140] BFH BStBl 1986 II 500 = BB 1986, 1349 = Betrieb 1986, 1756 = ZIP 1986, 991.
[141] BFH 154, 181 = BB 1988, 2092 = BStBl 1988 II 920 = Betrieb 1988, 2185.
[142] FG München ZIP 1990, 1606.
[143] BFH 154, 181 = aaO (Fußn 141); BFH 196, 372 = Rpfleger 2002, 165; FG Schleswig-Holstein EFG 1987, 151; FG Hamburg EFG 1986, 44 = (mitget) Betrieb 1986, 410; FG München ZIP 1990, 1606.
[144] BFH 154, 181 = aaO (Fußn 141).
[145] Klever Betrieb 1989, 599.
[146] BFH 154, 181 = aaO (Fußn 141); BFH 196, 372 = aaO (Fußn 143).
[147] FG Münster Rpfleger 1999, 555.
[148] FG Rheinland-Pfalz ZIP 1981, 1265; FG Schleswig-Holstein aaO (Fußn 143); Rödder Rpfleger 1990, 6.
[149] BFH 154, 181 = aaO (Fußn 141); FG Hamburg und FG Rheinland-Pfalz je aaO (Fußn 143).
[150] BFH 154, 181 = aaO (Fußn 141); BFH 196, 372 = aaO (Fußn 143).
[151] BFH 196, 372 = aaO (Fußn 143).

Aufgaben des Zwangsverwalters, Miet- und Pachtverträge 16.1 § 152

ten zu erfüllen und Erstattungsansprüche geltend zu machen; ebenso ist die Umsatzsteuer für jedes Grundstück gesondert zu ermitteln, wenn sie (jedenfalls in getrennten Verfahren) vom gleichen Zwangsverwalter verwaltet werden[151]. Zu diesen Fragen siehe auch BMF-Schreiben vom 8. 6. 1992 (IV A 3 – S 7340 – 63/92), BStBl I 397, abgedruckt auch Steuererlasse 500 § 17/2, Betrieb 1992, 1454 und KTS 1992, 379. Steuerbefreiung besteht bei Vermietung und Verpachtung von Grundstücken in den Grenzen von Umsatzsteuergesetz § 4 Nr 12, insbesondere daher nicht für Vermietung von Wohn- und Schlafräumen durch einen Unternehmer zur kurzfristigen Beherbergung von Fremden, nicht für die kurzfristige Vermietung von Plätzen für das Abstellen von Kraftfahrzeugen, nicht für die kurzfristige Vermietung auf Campingplätzen und nicht für die Vermietung und Verpachtung von Maschinen und sonstigen Vorrichtungen aller Art, die zu einer Betriebsanlage gehören. Zu Zwangsverwaltung (Zwangsverwalter) und Umsatzsteuer auch[152].

15.5 Unternehmer (UStG § 2) haben für **Bauleistungen** einen **Steuerabzug** in Höhe von 15 vH für Rechnung des Leistenden vorzunehmen, eine Steuererklärung abzugeben und den Abzugsbetrag an das Finanzamt abzuführen (EStG §§ 48, 48 a). Ausnahme: bei Vorlage einer Freistellungsbescheinigung oder geringer Gegenleistung im Kalenderjahr (EStG § 48 Abs 2). Als Vermögensverwalter hat der Zwangsverwalter im Rahmen seines Aufgabenbereichs auch diese Verpflichtungen des Eigentümers zu erfüllen (Abgabenordnung § 34 Abs 3).

15.6 Keinesfalls haftet der Zwangsverwalter für die **persönlichen Steuern** des Schuldners, wie Einkommensteuer, einen Vorsteuer-Berichtigungsbetrag nach § 15a UStG bei Veräußerung eines Grundstücks während der Zwangsverwaltung[153] usw. Allerdings muß der Zwangsverwalter dem Schuldner die dazu nötigen Unterlagen zB über die Grundstückseinnahmen für seine Einkommensteuererklärung zur Verfügung stellen[154]. Das geschieht dadurch, daß er seine regelmäßigen Abrechnungen bei Gericht einreicht[154]. Aus diesen hat der Schuldner selbst die erforderlichen Angaben zu entnehmen und, soweit diese nicht ausreichen sollten, vom Zwangsverwalter Auskünfte einzuholen. Der Zwangsverwalter aber hat nicht für ihn die Einkommensteuererklärung oder ähnliche **Steuerklärung** abzugeben oder daraus sich ergebende Verpflichtungen gegenüber den Steuerbehörden zu erfüllen[154].

15.7 Hierzu im ZVG-Handbuch Rdn 624.

Versicherungen 16

16.1 Der Zwangsverwalter hat bei Übernahme seines Amtes zu **prüfen, ob** der Grundbesitz in jeder Beziehung ausreichend **versichert** ist (ZwVwV § 9 Abs 3). Ist das nicht der Fall, hat er erforderliche Versicherungen abzuschließen, je nach Lage des Falles und nach der Art des Grundstücks gegen Feuer, Unfall, Hagel, Einbruch, Wasser, Haftpflicht, Diebstahl, Maschinenschäden usw, nicht aber eine Versicherung zur Absicherung des Mietausfallrisikos[155]. ZwVwV § 9 Abs 3 macht die Pflicht des Verwalters zum Abschluß einer Versicherung noch davon abhängig, daß der Schuldner oder der (betreibende) Gläubiger einen bestehenden Versicherungsschutz nicht innerhalb von 14 Tagen nach Zugang (gemeint sein kann damit nur die Zustellung) des Anordnungsbeschlusses schriftlich nachweisen (die Frist sollte das Gericht in den Anordnungsbeschluß aufnehmen, § 146 Rdn 5.1) und der Gläubiger die unbedingte Kostendeckung schriftlich mitteilen. Keine Ver-

---

[152] Forgách Betrieb 1986, 1037 und 1093; Milatz UStR 1984, 229.
[153] FG München (14. Senat) Rpfleger 1999, 555; anders (unzutreffend) FG München (3. Senat) JurBüro 1999, 160 = NJW 1999, 743 = Rpfleger 1999, 190.
[154] OLG Zweibrücken Rpfleger 1967, 418 = aaO (Fußn 139).
[155] LG Hamburg Rpfleger 1985, 314.

§ 152 16.1 Zwangsverwaltung

pflichtung zum Abschluß einer Versicherung kann aber ebenso bestehen, wenn der Zwangsverwalter selbst feststellt, daß ein ausreichender Versicherungsschutz besteht, wie zB durch Bestätigung des Versicherungsunternehmens. Gibt der Schuldner Nachricht oder erlangt der Zwangsverwalter sonst sichere Kenntnis davon, daß ein ausreichender Versicherungsschutz nicht besteht, dann muß (Kostendeckung vorausgesetzt) der Zwangsverwalter erforderliche Versicherungen sogleich (nicht erst nach Ablauf von 2 Wochen) abschließen.

16.2 Versicherungsverträge werden durch Anordnung der Zwangsverwaltung nicht beendet[156]. Dem Versicherer kann jedoch ein Kündigungsrecht ausbedungen sein (VVG § 14 Abs 2; § 146 Rdn 4.4t). Erstreckung der hypothekarischen Haftung (BGB §§ 1127, 1128) und Beschlagnahme (§ 20 Abs 2) auf Versicherungsforderungen: § 20 Rdn 3.6. Gegen den Zwangsverwalter wirken Versicherungsverträge nur, wenn er in sie eingetreten ist[156], dh Erfüllung mit dem von ihm verwalteten Zwangsverwaltungsvermögen zugesagt hat; eine persönliche Verwalterhaftung begründet der Eintritt in einen bestehenden Versicherungsvertrag nicht. Weil er nicht Rechtsnachfolger des Schuldners ist, ist er in dessen Verträge nicht schon gesetzlich als Erwerber eingetreten[156] (VVG § 69), an sie somit nicht gebunden[157]. Zumeist wird die Verwalterpflicht (§ 152 Abs 1) jedoch Fortführung vorhandener Versicherungsverträge gebieten. Für Versicherungsprämien aus der Zeit vor Beschlagnahme haftet der Zwangsverwalter jedoch nicht. Leistungsfreiheit des Versicherers (VG § 39 Abs 2) und das Recht des Versicherers zur fristlosen Kündigung (VVG § 39 Abs 3) können nach Abmahnung einer Folgeprämie Zahlung der vor Beschlagnahme entstandenen Rückstände aber gebieten[158]. Zur Entgegennahme der Fristbestimmung nach § 39 ist der Zwangsverwalter befugt[159]. Wenn der Zwangsverwalter einen selbständigen Versicherungsvertrag als Versicherungsnehmer begründet, besteht Doppelversicherung (VVG § 59). Er ist zur Kündigung des Versicherungsverhältnisses des Schuldners (VVG § 73 mit § 70 Abs 2) nicht befugt[160].

16.3 Dem Zwangsverwalter obliegt mit der Aufgabe, alle Handlungen zur Erhaltung des Grundstücks in seinem wirtschaftlichen Bestand wahrzunehmen, auch die Verpflichtung, dafür zu sorgen, daß ein für das Grundstück (auch für das Gebäude auf dem Grundstück usw) bestehender **Versicherungsschutz** (nach Möglichkeit) **erhalten bleibt**. Er hat dem Versicherer daher auch einen während der Zwangsverwaltung ein- oder zutage getretenen gefahrerhöhenden Umstand anzuzeigen[161] (zB § 23 Abs 2, § 27 Abs 2 VVG).

16.4 Bei Zwangsverwaltung von **Wohnungseigentum** (Teileigentum) gehört die Feuerversicherung des gemeinschaftlichen Eigentums sowie die angemessene Versicherung der Wohnungseigentümer gegen Haus- und Grundbesitzerhaftpflicht zur Verwaltung des gemeinschaftlichen Eigentums (WEG § 20) durch die Wohnungseigentümer (WEG § 21 Abs 5 Nr 3); erforderliche Maßnahmen hat deren Verwalter nach Ermächtigung durch die Wohnungseigentümer zu treffen (WEG § 27 Abs 1 Nr 2). Der Zwangsverwalter hat zur Verwaltung des gemeinschaftlichen Eigentums die Rechte und Pflichten des Schuldners wahrzunehmen (Rdn 19.1). Er hat daher festzustellen, ob die Wohnungseigentümer für das Gemeinschaftseigentum Versicherungsschutz ordnungsgemäß begründet (und gewahrt) haben. Das müßte durch Aufschluß des WE-Verwalters geklärt werden; ZwVwV § 9 Abs 3 allein kann hierfür keine geeignete Grundlage bieten. Ist das gemeinschaftliche Ei-

---

[156] OLG Hamm NJW-RR 2001, 394.
[157] OLG Hamm NJW-RR 2001, 394; Steiner/Hagemann § 152 Rdn 136; Drischler AIZ 1957, 75.
[158] Steiner/Hagemann § 152 Rdn 136.
[159] RG 170, 285 (289).
[160] OLG Hamm NJW-RR 2001, 394.
[161] BGH NJW 2003, 295 (296) = Rpfleger 2003, 93 (94) = VersR 2003, 218.

gentum nicht ordnungsgemäß versichert, muß der Zwangsverwalter mit den nach Wohnungseigentumsrecht gebotenen Maßnahmen Begründung ausreichenden Versicherungsschutzes durch die Wohnungseigentümer erwirken (WEG § 21 Abs 4) und im Verfahren nach WEG § 43 Abs 1 Nr 1 verfolgen. Versicherung der WE-Anlage insgesamt ist nicht Aufgabe des Zwangsverwalters eines Sondereigentums; sie ist ihm überdies nicht zumutbar und daher auch nicht geboten (Begründung BR-Drucks 842/03 S 13). Die Versicherung des Sondereigentums kann mit einer Versicherung des Gemeinschaftseigentums verbunden sein (kombinierte Versicherung) und so insgesamt der gemeinschaftlichen Verwaltung durch die Wohnungseigentümer unterliegen. Ist das nicht der Fall, ist Versicherung der durch das Sondereigentum begründeten Gefahren Aufgabe des Zwangsverwalters. Können einzelne Bereiche einer WE-Anlage gesondert versichert werden (das kann bei Reihen- und Doppelhäusern der Fall sein) hat der Zwangsverwalter vollen Versicherungsschutz für den Besitz des Schuldners zu wahren.

16.5 Fallen **Versicherungsgelder** an, so hat der Zwangsverwalter sie in Empfang zu nehmen. Diese gehören für zerstörte oder beschädigte Früchte zur Masse, für Gebäude und Zubehör zur Wiederherstellung oder Neuanschaffung aber dem Schuldner[162]. Soweit die Wiederherstellung und Neuanschaffung unterbleibt, sind diese Beträge (für Gebäude und Zubehör) verzinslich anzulegen, die Zinsen fallen dann als Nutzungen in die Masse, die Hauptsache gehört dem Schuldner[163] (diese bekommt der Schuldner allerdings erst nach dem Ende des Verfahrens). Wiederherstellung oder Neuanschaffung kann im Rahmen der Zwangsverwaltung nur nach Anhörung der betreibenden Gläubiger und nur auf Entscheidung des Gerichts erfolgen. Über die Frage, in welchem Umfang Versicherungsgelder der Beschlagnahme unterliegen, auch über die Frage des Wiederaufbaues mit solchen Geldern § 20 Rdn 3.

Vollstreckung gegen den Zwangsverwalter

17.1 Wenn der Anspruch des Schuldners gegen den Zwangsverwalter **auf Herausgabe des Überschusses** nach Aufhebung des Zwangsverwaltungsverfahrens gepfändet werden soll, ist der Zwangsverwalter Drittschuldner und der Pfändungsbeschluß wird durch Zustellung an ihn wirksam (ZPO § 829 Abs 3)[164]. Dinglich pfändende Gläubiger haben Vorrang vor den persönlich vollstreckenden Gläubigern und untereinander Rang nach Maßgabe des Grundbuchrangs ihrer Rechte[165]; ZPO § 804 Abs 3 findet insoweit keine Anwendung. Hierbei ist aber noch zu beachten: Es muß sich um den richtigen „Schuldner" handeln, dem der Überschuß zusteht; ist nämlich während des Zwangsverwaltungsverfahrens das Eigentum am Grundstück auf einen neuen Eigentümer übergegangen (das ist an sich ohne Einfluß auf das Verfahren selbst) und hat der neue Eigentümer seine Stellung als Eigentümer angemeldet (§ 9 Rdn 4), so ist er der Schuldner, dem der Überschuß zusteht, nicht mehr der frühere Eigentümer. Für einen absonderungsberechtigten Gläubiger kann auch der Anspruch des Insolvenzverwalters des Schuldners gegen den Zwangsverwalter auf Herausgabe des Überschusses nach Aufhebung des Verfahrens gepfändet werden (kein Verstoß gegen § 89 Abs 1 InsO)[166].

17.2 Wenn **Ansprüche eines Gläubigers** auf die ihm **aus der Masse zustehenden Beträge** gepfändet werden sollen, so wird häufig auch der Zwangsverwalter als Drittschuldner behandelt und gesagt, die Pfändung sei wirksam mit der

---

[162] Mohrbutter in Festschrift für Herbert Schmidt (1981), S 111 (II 1).
[163] Jaeckel/Güthe § 152 Rdn 6; Mohrbutter aaO (Fußn 162).
[164] Dassler/Muth § 152 Rdn 43; Jaeckel/Güthe § 152 Rdn 7; Stöber Rpfleger 1962, 397 (V); Stöber, Forderungspfändung, Rdn 438.
[165] LG Freiburg Rpfleger 1988, 422; Jaeckel/Güthe § 155 Rdn 8; Stöber, Forderungspfändung, Rdn 439.
[166] LG Freiburg Rpfleger 1988, 422.

§ 152   17.2   Zwangsverwaltung

Zustellung des Pfändungsbeschlusses an den Verwalter nach ZPO § 829 Abs 3[167]. Hier muß man aber richtig gemäß[168] wie folgt unterscheiden:

a) Betreibt ein Hypothekengläubiger nicht selbst die Zwangsverwaltung, so hat er Anspruch nur auf laufende Leistungen und dieser Anspruch kann nicht nach ZPO § 829 gepfändet werden, weil die Pfändung hypothekarischer Rechte ZPO §§ 830, 857 Abs 6 regelt; eine Ausnahme gilt nur für bereits rückständige Zinsen nach ZPO § 830 Abs 3.

b) So wie in a) ist es auch, wenn der Hypothekengläubiger die Zwangsverwaltung selbst betreibt.

c) Bei persönlichen Ansprüchen ist keine selbständige Pfändung möglich; der Auszahlungsanspruch ist nur ein Nebenrecht der vollstreckbaren Forderung; Nebenrechte sind für sich allein nicht pfändbar, werden nur durch die Pfändung der Hauptforderung erfaßt; Drittschuldner ist dafür der Grundstückseigentümer, es besteht kein Anspruch gegen den Zwangsverwalter, der nur nach dem Plan auszuschütten hat und bei einer trotzdem erfolgenden Pfändung nicht ohne Planänderung des Gerichts vom Plan abweichen darf.

d) Für die zu den Verwaltungsausgaben gehörenden Ansprüche (Verbindlichkeiten, die der Masse durch die Zwangsverwaltung entstehen, wie Verwaltervergütung, Prozeßkosten, Arbeits- und Dienstleistungen im Auftrag des Verwalters) haftet der Zwangsverwalter mit der Masse; insoweit besteht ein Anspruch gegen ihn, der in die Masse vollstreckt werden kann; hier ist der Verwalter Drittschuldner.

17.3 Lautet ein Vollstreckungstitel gegen den Schuldner auf **Herausgabe von Sachen,** die der Zwangsverwalter in Gewahrsam hat, so muß dieser sie an den Gerichtsvollzieher herausgeben, wenn die Vollstreckungsklausel auf den Zwangsverwalter umgeschrieben ist[169]. Er kann sich auch freiwillig zur Herausgabe bereitfinden.

17.4 Bei einer **Mobiliarvollstreckung gegen den Schuldner** ist der Zwangsverwalter nicht beteiligt. Der Schuldner muß auch selbst die Offenbarungsversicherung leisten[170].

Vorschuß

18.1 Die Ausgaben der Verwaltung sind aus den Nutzungen des Grundstücks zu bestreiten (§ 155 Abs 1). Der Zwangsverwalter haftet für sie nicht mit seinem eigenen Vermögen nicht (§ 152 Rdn 3); er hat eigenes Vermögen auch nicht vorschußweise für die Verwaltung zu verwenden. **Vorschußpflichtig** ist der Gläubiger (mehrere sind es samtverbindlich) wenn dem Verwalter für das Verfahren erforderliche Mittel aus den Nutzungen des Grundstücks nicht oder nicht ausreichend zur Verfügung stehen. Ein für die Verwaltung erforderlicher Kostenvorschuß (auch für Aufwendungen, die in der Zwangsversteigerung keinen Vorrang genießen) ist deshalb vom Zwangsverwalter in dem Übernahmebericht zu bezeichnen (ZwVwV § 3 Abs 1 Nr 8) oder im Laufe des Verfahrens über das Vollstreckungsgericht anzufordern. Dieses kann Vorschußzahlung auch von Amts wegen, ohne Anregung der Zwangsverwalters, anordnen. Prozeßkostenhilfe befreit nicht von der Vorschußpflicht.

18.2 Für den **Beschluß** wird vorgeschlagen: „Dem betreibenden Gläubiger ... wird auf Antrag des Zwangsverwalters unter Androhung der Verfahrensaufhebung aufgegeben, dem Zwangsverwalter bis spätestens ... einen Verfahrenskostenvorschuß in Höhe von ... zur Verfügung zu stellen. Gründe: Der Zwangsverwalter

---

[167] Jaeckel/Güthe § 152 Rdn 7; Bohn, Hypothekenpfändung, Rdn 234.
[168] Stöber Rpfleger 1962, 397 (VI); Zöller/Stöber, ZPO, § 829 Rdn 33 „Zwangsverwaltung"; Stöber, Forderungspfändung, Rdn 434–437.
[169] AG Köln DGVZ 1967, 92.
[170] LG Düsseldorf MDR 1958, 171.

hat Mieteinnahmen erst ... zu erwarten, da die Beschlagnahme nach dem 15. Tag des Monats ... erfolgt ist. Er muß aber sofort ... bezahlen, um nicht die Mieter in ihren Rechten zu beschränken, die sonst den Mietzins zurückbehalten können ... Dazu benötigt er den genannten Vorschuß. Falls dieser nicht bezahlt wird, ist das Verfahren nicht durchführbar und muß darum dann aufgehoben werden (ZVG § 161 Abs 3)." Der Beschluß ist an den betroffenen Gläubiger zuzustellen, an den Schuldner und Zwangsverwalter mitzuteilen. Sofortige Beschwerde (§ 146 Rdn 4.4 Buchst o) des Schuldners gegen die Anforderung des Vorschusses ist unzulässig[171].

18.3 Wenn der Gläubiger einen vorschußweise nötigen Geldbetrag nicht bezahlt, kann das Verfahren aufgehoben werden (§ 161 Abs 3; dort Rdn 4).

18.4 Der Vorschuß ist **Vorauszahlung** für Ausgaben der Verwaltung. Als solche begründet er **Anspruch auf Erstattung** (davon geht § 10 Abs 1 Nr 1 als selbstverständlich aus), wenn und sobald dafür Mittel aus Nutzungen (Bruttoeinnahmen) des Grundstücks entnommen werden können. Mit dem Erstattungsanspruch für Vorschuß, der für Ausgaben der Verwaltung verwendet worden ist, nimmt der Gläubiger deren Rechtsstellung ein. Die Rückzahlung hat der Zwangsverwalter daher nach § 155 Abs 1 vorweg zu bestreiten[172]. Das muß auch für die vom Zwangsverwalter selbst vorschußweise geleisteten Ausgaben gelten.

18.5 Einen (ganz oder teilweise) **nicht verbrauchten** Vorschuß hat der Zwangsverwalter dem Gläubiger zurückzugeben.

18.6 Vorschußbeträge für Ausgaben zur **Erhaltung** oder nötigen **Verbesserung** des Grundstücks kann der Gläubiger in **Rangklasse 1** des § 10 Abs 1 Nr 1 beanspruchen (§ 10 Rdn 2), wenn der Zwangsverwalter Erstattung als Verwaltungsausgaben ablehnt oder wenn Zwangsversteigerung erfolgt und für Erstattung in der Zwangsverwaltung Mittel nicht erwirtschaftet wurden. Nicht in dieser Rangklasse privilegiert ist jedoch ein Vorschuß oder der Teil eines Vorschusses, für den die weiteren Voraussetzungen dieser Rangklasse nicht gegeben sind, somit nicht für objekterhaltende oder -verbessernde Maßnahmen bestimmt war oder nicht zweckentsprechend verwendet worden ist.

Wohnungseigentum 19

Literatur: Barsties, „Wohngeld" als Kosten der Zwangsverwaltung, SchlHA 1986, 146; Steiger, Das „Hausgeld" in der Zwangsverwaltung des Wohnungseigentums, Rpfleger 1985, 474; Wolicki, Die Zwangsverwaltung von Sondereigentum, NZM 2000, 321.

19.1 Für die den Wohnungseigentümern obliegende **Verwaltung** des gemeinschaftlichen Eigentums (WEG §§ 20–25) hat der Zwangsverwalter die **Rechte und Pflichten des Schuldners** zur Erhaltung des Wohnungseigentums in seinem wirtschaftlichen Bestande und zu seiner ordnungsgemäßen Benutzung sowie zur Geltendmachung der beschlagnahmten Ansprüche und Ziehung der Nutzungen auszuüben. Die Befugnis des Zwangsverwalters zur Wahrnehmung der Mitgliedschaftsrechte des Schuldners als Wohnungseigentümer bestimmt sich somit nach seinem durch § 152 begrenzten Aufgabenkreis. Der Verwalter hat für die von ihm wahrzunehmenden Rechte des Schuldners als Wohnungseigentümer auch dessen **Stimmrecht**[173] (kritisch gegen Ausdehnung des Stimmrechts des Verwalters auf alle Miteigentümerrechte des Schuldners[174]); eine Vermutung spricht dafür, daß

---

[171] LG Heilbronn Rpfleger 2002, 326 Leitsatz.
[172] Jaeckel/Güthe § 155 Rdn 3; Korintenberg/Wenz § 155 Anm 2; Reinhard/Müller § 155 Anm III 3.
[173] BayObLG 1991, 93 = KTS 1991, 473 = NJW-RR 1991, 723 = Rpfleger 1991, 332; BayObLG 1998, 288 = KTS 1999, 154 = Rpfleger 1999, 189.
[174] KG Berlin MDR 1987, 143 = NJW-RR 1987, 77; BayObLG 1998, 288 (291) = aaO (Fußn 173).

§ 152 19.1 Zwangsverwaltung

Beschlußgegenstände die Zwangsverwaltung berühren[175]. Der Zwangsverwalter muß somit an Wohnungseigentümerversammlungen teilnehmen (pflichtwidrige Abwesenheit kann Schadenshaftung begründen). Der Verwalter übt das Stimmrecht aus insbesondere bei Beschlußfassung über Bestellung und Abberufung des WEG-Verwalters[175] sowie über den Wirtschaftsplan, die Abrechnung und Rechnungslegung. Wenn ein Wohnungseigentümer für mehrere Wohnungen nur eine Stimme hat und nicht für alle seine Wohnungen ein Zwangsverwalter eingesetzt ist, kann die Stimme nicht gezählt werden, wenn sich beide (Wohnungseigentümer und Zwangsverwalter) über die Stimmabgabe (Ja oder Nein) nicht einig sind[176]. Aus dem Stimmrecht des Zwangsverwalters bei der Beschlußfassung folgt sein Recht, den Eigentümerbeschluß durch Antrag zum Gericht auf Ungültigerklärung anzufechten (WEG § 43 Abs 1 Nr 4)[177] (jedenfalls für Beschlußfassung über die Jahresabrechnung). Wohnungseigentumsrechte außerhalb seines durch § 152 bestimmten Aufgabenkreises kann der Zwangsverwalter nicht wahrnehmen. Er kann zB ein noch vom Wohnungseigentümer selbst eingelegtes Rechtsmittel nicht wirksam zurücknehmen, wenn ein Beschluß der Eigentümerversammlung angefochten ist, durch die eine Genehmigung zur Vornahme baulicher Veränderungen erteilt oder versagt worden ist[178].

19.2 Die Verwaltung des gemeinschaftlichen Eigentums obliegt dem **Verwalter der Wohnungseigentümergemeinschaft** (WEG § 20) nach Maßgabe von WEG §§ 26–28. Dessen Aufgabe hat der Zwangsverwalter nicht wahrzunehmen (erlangt praktische Bedeutung, wenn die Zwangsverwaltung sämtlicher Sondereigentumseinheiten angeordnet ist und die Verfahren [unzweckmäßig, § 146 Rdn 4.4 s] verbunden sind[179]). Wenn jedoch, wie bei kleineren Einheiten, ein Verwalter der Wohnungseigentümergemeinschaft nicht bestellt ist, die Verwalteraufgabe damit von den Wohnungseigentümern selbst besorgt werden, sind diese Aufgaben, wenn das wirtschaftlich geboten ist, auch vom Zwangsverwalter (ebenso wie bisher vom Schuldner-Wohnungseigentümer) wahrzunehmen. Erforderlichenfalls kann der Zwangsverwalter Antrag auf Bestellung eines WE-Verwalters stellen (WEG § 26 Abs 3).

19.3 a) Mit **Wohngeld** (auch als Hausgeld bezeichnet) haben die Wohnungseigentümer entsprechend dem Wirtschaftsplan Vorschüsse zu leisten (WEG § 28 Abs 2). Die Wohngeldvorschüsse enthalten Beträge zu den voraussichtlichen Ausgaben der Verwaltung des gemeinschaftlichen Eigentums, zu anteiligen Lasten und Kosten sowie zur Instandhaltungsrückstellung (WEG § 28 Abs 1). Für Ausgaben der Verwaltung enthält das Wohngeld insbesondere die Vergütung des WE-Verwalters, für Lasten und Kosten enthält es Beiträge zu den Betriebs-, Heizungs-, Wasser- sowie Reparaturkosten usw, also allgemeine Hausunkosten. Für den Zwangsverwalter begründet die Aufgabe, das Wohnungseigentum in seinem wirtschaftlichen Bestande zu erhalten und ordnungsgemäße Benutzung aufrecht zu erhalten (Abs 1), die Verpflichtung, das für diese Ausgaben bestimmte Wohngeld mit den Ausgaben der Verwaltung aus den Nutzungen vorweg zu bestreiten[180] (§ 155 Abs 1). Das Wohngeld kann aber auch Aufwendungen für die Verzinsung und Tilgung von Gesamt- und Einzelbelastungen enthalten; diese darf der

---

[175] KG Berlin WuM 1990, 324 = ZMR 1990, 351.
[176] KG Berlin NJW-RR 1989, 1162 = OLGZ 1989, 423.
[177] BayObLG 1991, 93 = aaO (Fußn 173).
[178] KG Berlin MDR 1987, 143 = NJW-RR 1987, 77.
[179] AG Strausberg Rpfleger 2004, 115.
[180] BayObLG 1999, 99 = NJW-RR 1999, 1458 = Rpfleger 1999, 408; BayObLG 1991, 93 = aaO (Fußn 180); OLG Hamburg OLGZ 1993, 431 = WuM 1993, 300 = ZMR 1993, 342; OLG Stuttgart JurBüro 1976, 1396 = OLGZ 1977, 126; LG Darmstadt Rpfleger 1977, 332 = ZMR 1978, 248; LG Köln Rpfleger 1987, 325 mit Anm Meyer-Stolte; AG Dorsten NJW 1977, 1246 Leitsatz = ZMR 1977, 383; Steiger Rpfleger 1985, 474.

Zwangsverwalter nur im Rahmen seines Verteilungsplanes aus der von ihm verwalteten Masse zahlen, Kapitalbeträge sogar nur nach § 158. Das gilt auch für ein Grundpfandrecht zur Sicherung von Kreditkosten für laufende Bewirtschaftung (anders[181]), weil der dingliche Anspruch aus diesem Recht nicht zu den gemeinschaftlichen Lasten des WEG § 16 gehört. Den hierauf treffenden Teil des Wohngeldes muß der Zwangsverwalter daher zurückbehalten. Dazu auch § 155 Rdn 4, 6.

b) Die Verpflichtung den anderen Wohnungseigentümern gegenüber, das Wohngeld zu zahlen, hat der Zwangsverwalter **von der Beschlagnahme an** zu erfüllen. Er hat die Beiträge als Ausgaben der Verwaltung (§ 155 Abs 1) zu leisten, die von da an fällig werden[182]. Die nur eingeschränkte Bevorrechtigung des Vorschusses eines Gläubigers für Wohngeld (§ 10 Abs 1 Nr 1; dazu Rdn 19.5) schmälert die Verpflichtung des Zwangsverwalters zur Zahlung des gesamten Wohngeldes nicht[183]. **Keine** Zahlungsverpflichtung des Zwangsverwalters besteht für (zur Abgrenzung s auch § 56 Rdn 5.2 und 5.3)

- den Wohngeld**rückstand** für ein **früheres Wirtschaftsjahr** aus einer bereits vor der Beschlagnahme beschlossenen Jahresabrechnung,
- den Wohngeld**rückstand** für ein **früheres Wirtschaftsjahr** (vor der Beschlagnahme fällig gewordene Vorschüsse) aus einer erst nach der Beschlagnahme beschlossenen Jahresabrechnung[184],
- einen Wohngeld**rückstand** aus einem **früheren Wirtschaftsjahr**, auch wenn dieser Beitragsrückstand in der nach der Beschlagnahme beschlossenen Jahresabrechnung für Berechnung (Feststellung) des Endbetrags der insgesamt geschuldeten Leistungen nochmals ausgewiesen ist[184],
- **Vorschüsse,** die nach dem Wirtschaftsplan für das **laufende** Kalenderjahr **bis zur Beschlagnahme** fällig geworden sind, und zwar auch später nicht, wenn nach der Jahresabrechnung für Berechnung (Feststellung) des Endbetrags der dann insgesamt geschuldeten Leistungen diese Vorschüsse als Beitragsrückstand nochmals ausgewiesen sind[185],
- eine **vor Beschlagnahme** durch Beschluß der Wohnungseigentümer begründete (fortbestehende) vorschußweise **Sonderumlage** für Reparaturkosten usw, und zwar auch dann nicht, wenn diese in der nach Beschlagnahme beschlossenen Jahresabrechnung für Berechnung (Feststellung) des Endbetrags der insgesamt geschuldeten Leistungen nochmals ausgewiesen ist.

c) Für eine **Nachforderung** (einen durch Wohngeld nicht gedeckten Fehlbetrag), damit auch für eine Sonderumlage, die einen durch Wohngeldrückstand verursachten **Fehlbetrag** ausgleichen soll (Ausfallbetrag), werden die Wohnungseigentümer erst durch Beschluß der Eigentümergemeinschaft verpflichtet. Daher hat auch der Zwangsverwalter Nachforderungen (nicht aber solche für den Wohngeldrückstand des Schuldners selbst) aus Abrechnungen für frühere Jahre sowie für das laufende Jahr, nach § 155 Abs 2 aus den Nutzungen vorweg zu bestreiten, sofern nur der Beschluß der Eigentümergemeinschaft, durch den die Nachforderung begründet wurde (WEG § 28 Abs 2), erst nach der Beschlagnahme gefaßt worden ist. Nachforderungen für Kosten und Lasten des gemeinschaftlichen Eigentums, damit ebenso eine Sonderumlage für ein vor der Beschlagnahme abgeschlossenes Wirtschaftsjahr, hat der Zwangsverwalter nicht zu bestreiten, wenn auch der Beschluß der Eigentümergemeinschaft, durch den die Nachforderung

---

[181] Steiger Rpfleger 1985, 474.
[182] BayObLG 1999, 99 = aaO (Fußn 180); AG Heilbronn Rpfleger 2003, 606.
[183] OLG Hamm Rpfleger 2004, 369.
[184] BayObLG 1999, 99 = aaO (Fußn 180).
[185] BayObLG 1999, 99 = aaO (Fußn 180) in Abweichung von BayObLG 1991, 93 = aaO (Fußn 173); LG Rostock Rpfleger 2003, 680; anders früher auch OLG Düsseldorf NJW-RR 1991, 724 = Rpfleger 1991, 181; OLG Karlsruhe ZMR 1990. 189.

§ 152   19.3   Zwangsverwaltung

begründet wurde (WEG § 28 Abs 2), bereits vor der Beschlagnahme gefaßt worden ist.

19.4 Für Belassung der für den Hausstand unentbehrlichen Eigentumswohnung (**Wohnrecht,** § 149 Abs 1) braucht der Schuldner **kein Entgelt** an den Zwangsverwalter zu zahlen (§ 149 Rdn 2.3). Der Zwangsverwalter kann seiner Verpflichtung, Wohngeld zu leisten, dann vielfach nur nachkommen, wenn der Gläubiger den nötigen Betrag **vorschießt** (§ 161 Abs 3). Befreit ist der Schuldner von einer Zahlungsverpflichtung jedoch nur für die Raumüberlassung. Anspruch auf Freistellung auch von Betriebskosten hat er hingegen nicht. Der Schuldner muß daher für zentralgeheizte Räume zahlen (§ 149 Rdn 2.3) und auch andere ausscheidbare Betriebskosten, die im Wohngeld enthalten sind, erstatten, so die auf seine Wohnräume entfallenden (anteiligen) Kosten für Strom und Gas (§ 149 Rdn 2.3), Wasser, Müllabfuhr, Anschluß an eine Gemeinschaftsantenne usw. Der Zwangsverwalter hat solche Kosten, die mit Wohngeld für den Schuldner verauslagt sind, geltend zu machen. Im Einzelfall kann es ratsam sein, die Zahlungspflicht des Schuldners (mit Zustimmung des Gerichts) vertraglich zu regeln oder bei gefährdender Zahlungsverweigerung nach § 149 Abs 2 vorzugehen. Ein Kfz-Stellplatz wird kaum einmal zu den für den Hausstand unentbehrlichen Räumen gehören. Überlassung eines Kfz-Stellplatzes wird daher zumeist Abschluß eines Nutzungsvertrags mit dem Schuldner erfordern (§ 149 Rdn 2.6).

19.5 Wenn Mieteinnahmen nicht (oder nicht ausreichend) erzielt werden, kann der zur Deckung des Wohngeldes erforderliche Geldbetrag vom Gläubiger als **Vorschuß nach § 161 Abs 3** eingefordert werden[186]. Der Vorschuß des Gläubigers zur Aufbringung des Wohngeldes (auch für eine Sonderumlage[187]) hat in der Zwangsversteigerung (bei fortdauernder Zwangsverwaltung) Anspruch auf Befriedigung in **Rangklasse 1** des § 10 Abs 1 nur insoweit, als die Ausgabe zur Erhaltung und nötigen Verbesserung des Wohnungseigentums (Gemeinschaftseigentum oder Sondereigentum des Schuldners) aufgewendet wurde[188]. Dafür muß die Ausgabe objektiv bestimmt gewesen und auch tatsächlich verwendet worden sein (§ 10 Rdn 2.2). Es genügt nicht schon, daß die Ausgabe nur mittelbar für die WE-Einheiten bestimmt war[189]. Daher können Vorschüsse zur Deckung der im Wohngeld enthaltenen Betriebskosten (Rdn 19.3 Abs a und Rdn 19.4) das Vorrecht der Rangklasse 1 nicht erlangen[190]. Kein Vorrecht besteht somit auch für Vorschüsse zu Wohngeldzahlungen, soweit es für Grundsteuer, Gebäudehaftpflichtversicherung (bevorrechtigt ist Feuerversicherung), Instandhaltungsrückstellung und Straßenreinigung bestimmt ist[191].

19.6 Ein **Guthaben** aus der Jahresabrechnung wird als Überschuß der nach dem Wirtschaftsplan erbrachten Vorschüsse erstattet. Die Beschlagnahme erfaßt den Schuldneranteil an den gemeinschaftlichen Geldern nicht. Der Erstattungsbetrag wird jedoch erst durch den Beschluß der Eigentümergemeinschaft über die Jahresabrechnung des Verwalters herbeigeführt. Der Erstattungsbetrag aus einer schon vor der Beschlagnahme beschlossenen Jahresabrechnung ist daher dem Schuldner zu leisten. Der Erstattungsbetrag aus einer erst nach der Beschlagnahme beschlossenen Jahresabrechnung wird für Ausgaben der Verwaltung (§ 155 Abs 1) geleistet;

---

[186] OLG Hamm Rpfleger 2004, 369; LG Frankfurt NZM 1998, 635; LG Oldenburg Rpfleger 1987, 326; Wolicki NZM 2000, 321 (323).
[187] OLG Köln NZM 1999, 94 = Rpfleger 1998, 482.
[188] BGH 154, 387 = MDR 2003, 1074 = NJW 2003, 2162 = Rpfleger 2003, 454; OLG Köln NZM 1999, 94 = aaO; LG Augsburg Rpfleger 2001, 92; LG Mönchengladbach Rpfleger 2000, 80.
[189] LG Mönchengladbach Rpfleger 2000, 80.
[190] BGH 154, 387 = aaO; OLG Frankfurt NJW-RR 2002, 1304; dazu auch OLG Braunschweig NJW-RR 2002, 1305 = Rpfleger 2002, 580.
[191] BGH 154, 187 = aaO.

er ist dem Zwangsverwalter, der die Mitgliedsrechte des Schuldners wahrnimmt, daher zu den Ausgaben der Verwaltung auch dann zu zahlen, wenn der Schuldner im laufenden Wirtschaftsjahr vor Beschlagnahme noch selbst Wohngeld geleistet hat.

[Rechtsverordnung über Geschäftsführung und Vergütung]

152a Der Bundesminister der Justiz wird ermächtigt, Stellung, Aufgaben und Geschäftsführung des Zwangsverwalters sowie seine Vergütung (Gebühren und Auslagen) durch Rechtsverordnung mit Zustimmung des Bundesrates näher zu regeln. Die Höhe der Vergütung ist an der Art und dem Umfang der Aufgabe sowie an der Leistung der Zwangsverwalters auszurichten. Es sind Mindest- und Höchstsätze vorzusehen.

Übersicht

Allgemeines zu § 152a 1	Mindestvergütung (ZwVwV § 20) 6
Rechtsverordnung nach § 152a 2	Umsatzsteuer (ZwVwV § 17 Abs 2).......... 7
Grundsatz: Verwaltervergütung (ZwVwV § 17) 3	Unkostenersatz; Auslagenerstattung (ZwVwV § 21) 8
Höhe der Vergütung; Regelvergütung (ZwVwV § 18) 4	Versicherungskosten (ZwVwV § 21 Abs 3) 9
Leistungsentgelt nach abweichender Berechnung (ZwVwV § 19) 5	

Literatur: Eickmann, Die Neuregelung der Zwangsverwaltervergütung, ZIP 2004, 1736; Hasselblatt, Die neue Zwangsverwaltungsverordnung – besser als die alte?, InVo 2004, 81; Hintzen und Alff, Die neue Zwangsverwalterverordnung, Rpfleger 2004, 129; Pape, Die Vergütung nach der neuen Zwangsverwaltungsverordnung, NZI 2004, 187.

Allgemeines zu § 152a 1

Zweck ist Schaffung einer Ermächtigungsgrundlage (GrundG Art 80 Abs 1) für Regelung der Aufgaben, Geschäftsführung und Vergütung des Zwangsverwalters an Stelle des (seit 1. 4. 1991 aufgehobenen) früheren EGZVG § 14.

Rechtsverordnung nach § 152a 2

2.1 Regelung ist durch die **Zwangsverwalterverordnung** (ZwVwV; Begründung BR-Drucks 842/03) vom 19. Dez 2003 (BGBl I 2804) erfolgt. Zuvor hat die Verordnung über die Geschäftsführung und Vergütung des Zwangsverwalters vom 16. Febr 1970 (BGBl I 185), zuletzt geändert durch Art 9 des Gesetzes vom 13. Dez 2001 (BGBl I 3574) Bestimmung getroffen. Diese war mit Aufhebung von EGZVG § 14 nicht unwirksam geworden[1]; sie war verfassungsmäßig zustande gekommen, damit wirksam[2] und blieb bis zu ihrer Aufhebung in Kraft.

2.2 Die Zwangsverwalterverordnung (ZwVwV) ist am **1. Jan 2004** in Kraft getreten. Gleichzeitig ist die Verordnung vom 16. Febr 1970 außer Kraft getreten (ZwVwV § 26). Vergütung und Auslagen des Verwalters richten sich ab dem ersten auf den 31. Dez 2003 folgenden Abrechnungszeitraum nach dem §§ 17–22 der ZwVwV (dort § 25 Halbs 2). Sonst findet in Zwangsverwaltungen, die bis einschließlich **31. Dez 2003 angeordnet** worden sind, die Verordnung vom 16. Febr 1970 weiter Anwendung (ZwVwV § 25 Halbs 1). Diese Verordnung ist

---

[1] BVerfG NJW-RR 2001. 1203 = NZI 2001, 413.
[2] BVerfG NJW-RR 2001, 1203 = aaO; OLG Bamberg Rpfleger 2000, 464.

§ 152a 2.2 Zwangsverwaltung

zuletzt in der 17. Aufl 2002, Textanhang T 46 (Seiten 1552–1559) abgedruckt. Den Erläuterungen in dieser (18.) Auflage liegt die neue ZwVwV zugrunde.

2.3 Ob für nähere Regelung der Stellung des Zwangsverwalters durch Rechtsverordnung § 152a eine (ausreichende) Ermächtigungsgrundlage bietet ist zweifelhaft. Der Gesetzgeber hat die Rechtsstellung des Zwangsverwalters nicht bestimmt (§ 152 Rdn 2). Daher wird geltend gemacht[3], für eigenständige Festlegung durch Rechtsverordnung bietet § 152a keine Grundlage, weil er GrundG Art 80 Abs 1 Satz 2 nicht genüge. Die Aufgaben des Zwangsverwalters regelt bereits § 152. Eine weitere Regelung der Zwangsverwalteraufgaben kann daher (ebenso wie Aussagen zur Rechtsstellung des Zwangsverwalters) nur in diesem gesetzlichen Rahmen die vom Vollstreckungsgericht und Zwangsverwalter bei Verfahrensdurchführung zu wahrenden Sorgfalts- und Amtspflichten darstellen und Einzelpflichten des Zwangsverwalters beschreiben.

2.4 Die ZwVwV gilt nach ihrem § 24 nicht, wenn der Schuldner zum Verwalter bestellt ist (§§ 150 b–e) und nicht für die Zwangsverwaltung durch landschaftliche Kreditanstalten (§ 146 Rdn 7). Bei Institutsverwaltung findet sie Anwendung, soweit nicht § 150a als vorrangige gesetzliche Bestimmung maßgeblich ist.

2.5 Die **Zwangsverwalterverordnung** ist auf Seiten 1543–1549 abgedruckt. Ihre Bestimmungen sind in den Erläuterungen zu den ZVG-Vorschriften über die Zwangsverwaltung (insbesondere bei § 152) berücksichtigt.

3 Grundsatz: Verwaltervergütung (ZwVwV § 17)

3.1 Der Zwangsverwalter hat Anspruch auf eine angemessene **Vergütung** für seine Geschäftsführung sowie auf **Auslagenersatz** (§ 152a; ZwVwV § 17 Abs 1 Satz 1). Die Vergütung hat das Gericht festzusetzen (§ 153 Abs 1). Keine Vergütung erhalten der Institutsverwalter (§ 150a Abs 2 Satz 2) und der nach § 150b zum Zwangsverwalter bestellte Schuldner (§ 150e Satz 1; ZwVwV § 24). Auslagen werden auch dem Institutsverwalter ersetzt (§ 150a Rdn 3); der Schuldner kann nach Bestimmung des Gerichts Erträgnisse für eigene notwendige Bedürfnisse verwenden (§ 150e Satz 2).

3.2 Die Vergütung **für die Geschäftsführung** (Tätigkeit) des Zwangsverwalters ist erfolgsunabhängig. Die Qualität der Geschäftsführung ist somit für Entstehen und Bemessung der Vergütung nicht von Bedeutung[4]. Bei mangelhafter Geschäftsführung ist der Anspruch auf Vergütung daher nicht eingeschränkt und nicht ausgeschlossen[5]. Pflichtverletzung begründet Haftung nach § 154. Aufrechnung eines Erstattungsanspruchs (Schadensersatzanspruchs) gegen die Vergütung bestimmt sich nach allgemeinen Grundsätzen; bei Streit hat Entscheidung durch das Prozeßgericht zu erfolgen.

3.3 Ist der Zwangsverwalter **Rechtsanwalt** (auch Rechtsbeistand), so kann er für Wahrnehmung solcher gerichtlicher und außergerichtlicher Tätigkeiten, die ein nicht als Rechtsanwalt (Rechtsbeistand) zugelassener Verwalter (erfahrener Nichtjurist) seinem Rechtsanwalt (Rechtsbeistand) übertragen hätte, die gesetzliche Vergütung eines Rechtsanwalts (Rechtsbeistands) abrechnen (ZwVwV § 17 Abs 3). Dem Zwangsverwalter ist damit ein Wahlrecht zugestanden, ob er diese Auslagenerstattung nach ZwVwV § 17 Abs 3 oder (nicht zusätzlich[6]) eine erhöhte Vergütung nach ZwVwV § 18 Abs 2 beanspruchen will[7]. Für Verfahren ohne Anwaltszwang sind bei Prüfung der Frage, ob der Zwangsverwalter besondere

---

[3] Wrobel NJW 1993, 374 (IV).
[4] LG Frankenthal Rpfleger 1997, 399; LG Koblenz Rpfleger 1998, 257 (258); Garczynski JurBüro 1998, 452.
[5] LG Frankenthal Rpfleger 1997, 399.
[6] BGH JurBüro 2005, 205 = Rpfleger 2005, 152.
[7] BGH JurBüro 2005, 207 = NJW 2004, 3429.

Sachkunde eingebracht und daher Anspruch auf eine Sondervergütung nach ZwVwV § 17 Abs 3 hat, allerdings strenge Maßstäbe anzulegen[8]. Die Erledigung laufender (gewöhnlicher) Verwaltergeschäfte (zB Mahnschreiben, Kündigung, in der Regel auch Mahnantrag) begründet daher nicht schon den Ansatz einer Anwaltsvergütung, weil sie einen Gebührentatbestand des RVG-VergVerz erfüllt. Für Rechtsstreite, die er als Zwangsverwalter zu führen hat, erhält der Rechtsanwalt (Rechtsbeistand) die dafür anfallenden Gebühren und Auslagen (samt Umsatzsteuer[9]) gesondert[10], wenn vor dem Prozeßgericht Anwaltszwang bestand oder die Prozeßführung besonderer rechtlicher Fähigkeiten bedurfte. Das gilt auch, wenn er im Rahmen seiner Verwaltertätigkeit in einem Rechtsmittelverfahren tätig wird oder im eigenen Interesse gegen einen Streitwertbeschluß vorgeht. Hätte er, was ja zulässig ist, damit einen anderen Rechtsanwalt (Rechtsbeistand) beauftragt, so hätte dieser den Gebührenanspruch. Das gilt entsprechend, wenn der Verwalter Steuerberater ist oder sonst eine andere besondere Qualifikation besitzt (ZwVwV § 17 b Abs 3 Satz 2), wie zB als Architekt. Für Erstattung seiner Rechtsanwaltsvergütung in den Massebestand durch den an einem gerichtlichen Verfahren Beteiligten, der Verfahrenskosten zu tragen hat (ZPO §§ 91 ff, 788), hat der Zwangsverwalter zeitnah (ZwVwV § 7) Sorge zu tragen (§ 152 Abs 1).

Höhe der Vergütung; Regelvergütung (ZwVwV § 18) 4

4.1 Auszurichten ist die Vergütung im Einzelfall an dem Umfang der Aufgaben sowie an der Leistung des Zwangsverwalters (ZwVwV § 17 Abs 1 Satz 2). Regelung über die Bemessung dieser Vergütung trifft die (als Rechtsverordnung mit Grundlage in § 152 a vom Vollstreckungsgericht bei Festsetzung zu beachtende) ZwVwV in §§ 18, 19 und mit Festbeträgen in § 20.

4.2 Als **Regelvergütung** bei Zwangsverwaltung eines vermieteten oder/und verpachteten Grundstücks bemißt sich die Vergütung nach den **Einnahmen an Miete und Pacht** (ZwVwV § 18 Abs 1) unter Einschluß der Nutzungsentschädigung nach Beendigung des Mietverhältnisses[11] (BGB §§ 546 a, 571). Dazu gehören auch alle Betriebskosten (Heizung, Lift, Warmwasser, Kanalisation, Straßenreinigung usw), die nur ein gesondert ausgewiesener Teil der Miete sind[12], ebenso eine zur Nettomiete zu leistende Mehrwertsteuer[13] (maßgebend ist damit die Bruttomiete), nicht aber Zinserträge aus dem Girokonto des Verwalters[13]. Diese Regelvergütung beträgt

– **10 vH** des Bruttobetrags der tatsächlich **eingezogenen Miete und Pacht**,
– **zusätzlich** 20 vH der Vergütung, die der Zwangsverwalter für vertraglich geschuldete, damit auch fällige, aber nicht eingezogene Miete oder Pacht, erhalten hätte, wenn sie eingezogen worden wären. Das entspricht (von 10 vH aus dem Bruttobetrag 20 vH, das sind) **2 vH** der vertraglich **geschuldeten Miete oder Pacht.** Daß der Verwalter sich um die Erfüllung der rückständigen Miete oder Pacht gesondert bemüht, etwa den Mieter oder Pächter abgemahnt hat, setzt das nicht voraus.

Beispiel:
Eingezogene Miete	12000 €	
10 vH des Bruttobetrags		1200 €
Rückständige Miete	6000 €	
10 vH des Bruttobetrags daraus wären 600 €		
davon 20 vH als zusätzliche Verwaltervergütung		120 €
Verwaltervergütung zusammen		1320 €.

---

[8] BGH 139, 309 (313) = JurBüro 1999, 134 = MDR 1998, 1435 = Rpfleger 1999, 39.
[9] FG Köln ZIP 1983, 220.
[10] LG München II JVBl 1969, 11 Leitsatz = Rpfleger 1968, 293 mit Anm Schumann.
[11] BGH Rpfleger 2005, 152 = aaO (Fußn 6).
[12] LG Augsburg Rpfleger 1977, 78 (80); LG Mainz Rpfleger 2000, 288.
[13] LG Mainz Rpfleger 2000, 288.

§ 152a 4.2

Wenn die Regelvergütung im Einzelfall nach einem veränderten (verminderten oder angehobenen) Prozentsatz bestimmt wurde (ZwVwV § 18 Abs 2), ist die so bemessene Vergütung die „Vergütung, die ... [der Verwalter] erhalten hätte, wenn diese Mieten eingezogen worden wären". Der 20%-ige Vergütungszuschlag bestimmt sich dann nach der Höhe der so veränderten Grundvergütung. Nachzahlungen für Betriebskosten (§ 152 Rdn 12.9) rechnen in dem Verwaltungsjahr zu den Bruttoeinnahmen, in dem sie an den Verwalter gezahlt worden sind. Ein Guthabenbetrag des Mieters infolge zu hoher Vorauszahlungen auf Betriebskosten mindert den als Miete eingezogenen Bruttobetrag, ist somit in dem Verwaltungsjahr, in dem er an den Mieter zurückgezahlt wird, von den Brutto-Mieteinnahmen abzusetzen. Vertraglich geschuldete, aber noch nicht eingezogene Nachforderungen für Betriebskosten rechen für Bestimmung des Vergütungszuschlags nach ZwVwV § 18 Abs 1 Satz 2 nur dann zum Mietrückstand, wenn dem Mieter eine ordnungsgemäße Abrechnung zugegangen und eine angemessen Prüffrist verstrichen ist (bis dahin keine Fälligkeit).

Mit dieser Regelvergütung ist die gesamte Verwaltertätigkeit bei vollständiger, aber auch bei nur teilweiser Vermietung oder/und Verpachtung des Grundstücks abgegolten. Für eigengenutzte Räume des Schuldners (§ 149 Abs 1) oder leerstehende Räume wird kein fiktiver Mietbetrag berücksichtigt. Ist im Einzelfall mit der so bemessenen Regelvergütung die Verwaltertätigkeit nicht hinreichend entgolten, wie zB bei nur geringer Vermietung und wesentlicher Eigennutzung oder überwiegendem Leerstand mit je erheblichem Verwaltungsaufwand, hat ein Ausgleich nach ZwVwV § 18 Abs 2 zu erfolgen (Rdn 4.5).

In einem Verfahren über mehrere Grundstücke (verbunden nach § 18; s § 146 Rdn 4.4 m und s) bemißt sich die Vergütung einheitlich nach dem Gesamtbetrag der eingezogenen Mieten und/oder Pachten. Sie ist für die gesondert vorzunehmenden Abrechnungen auf die Grundstücke prozentual (nach dem Verhältnis der vereinnahmten Beträge) aufzuteilen.

4.3 Die Vergütung wird für **Abrechnungszeiträume** festgestellt und festgesetzt (ZwVwV § 22 Satz 1), damit kalenderjährlich (ZwVwV § 14 Abs 2) oder (bei Zustimmung des Gerichts) für abweichende Zeitabschnitte, zumeist dann verwaltungsjährlich nach Beschlagnahmeabschnitten. Der erste Vergütungsabschnitt umfaßt damit den Zeitraum vom Beginn der Verwaltertätigkeit bis zum Ende des laufenden Kalenderjahres (oder anderen Abrechnungszeitraums), der letzte Vergütungsabschnitt den Jahres- oder Abrechnungszeitraum ab Beginn bis zur Beendigung der Verwaltertätigkeit. Danach noch eingehende Mieteinnahmen bleiben nach Aufhebung wegen Antragsrücknahme unberücksichtigt[14]. Bei Übergang zu einem vom Kalenderjahr abweichenden Abrechnungszeitraum (ZwVwV § 14 Abs 2) oder umgekehrt ist die Vergütung für den beim Wechsel endenden Vergütungszeitraum (Rumpfjahr als Zeitraum der Verwaltung, ZwVwV § 18 Abs 1, § 22) zu bestimmen (festzustellen und festzusetzen). Bei Entlassung des Zwangsverwalters sind die Einnahmen bis zum Zugang des Beschlusses maßgeblich, wenn die Tätigkeit bis zur späteren Neubestellung eines anderen Verwalters fortgeführt wird die bis dahin eingezogenen Beträge[15].

4.4 Miet- oder Pacht**rückstände,** die in einem Vergütungszeitraum nicht eingezogen werden konnten, aber **später bezahlt** werden, werden für Bemessung der Regelvergütung als eingezogener Bruttobetrag in dem Vergütungsabschnitt erfaßt, in dem sie an den Zwangsverwalter bewirkt worden sind. Auf die damit für diesen (späteren) Zeitraum zu bemessene Verwaltervergütung wird die Zusatzvergütung angerechnet, die der Verwalter nach ZwVwV § 18 Abs 1 Satz 2 in einem früheren Abrechnungszeitraum für damals vertraglich geschuldete Miete oder Pacht bereits erhalten hat (ZwVwV § 18 Abs 1 Satz 3).

---

[14] AG Hannover Rpfleger 1991, 169.
[15] LG Göttingen Rpfleger 1999, 503.

4.5 Abweichend von dem Regelvergütungssatz nach ZwVwV § 18 Abs 1 Satz 1 (nicht aber Satz 2) wird die Vergütung nach ZwVwV § 18 Abs 2 bemessen, wenn sich im Einzelfall die Regelvergütung nicht als angemessene (ZwVwV § 18 Abs 1) Abgeltung der (gesamten) Geschäftsführung des Zwangsverwalters erweist. Vorausgesetzt ist ein **Mißverhältnis** zwischen der Tätigkeit des Zwangsverwalters und der generalisierend bemessenen, damit starren Regelvergütung. Diese ist angesichts der Vielfalt der Zwangsverwaltungsfälle und der Vielseitigkeit der Verwaltungsaufgaben und Verwaltertätigkeit auf einen weiten Anwendungsbereich zugeschnitten. Mißverhältnis erfordert daher, daß insgesamt besondere Umstände vorliegen und so **wesentlich** von den durchschnittlichen Anforderungen abweichen müssen, daß sie ein Abweichen für Bemessung des leistungsgerechten Entgelts im konkreten Einzelfall (ZwVwV § 17 Abs 1) notwendig machen. Das erfordert Abwägung aller Umstände; zu bemessen sind Arbeitsleistung, Arbeitsaufwand und das Maß der Verantwortung ebenso wie positive Erschwernisse sowie mindernde Merkmale im Einzelfall[16]. Zu berücksichtigen ist zudem, daß die vielfältige Verwaltertätigkeit durch überdurchschnittliche Tätigkeitsmerkmale, die sich erhöhend auswirken können, ebenso gekennzeichnet sein kann wie durch Umstände, denen ein nur unerhebliches Gewicht zukommt, verschiedenartige Abweichungen vom Durchschnitt somit aufheben können. Nicht erhebliche (betragsmäßig auch kaum bestimmbare) Abweichungen fallen somit nicht ins Gewicht; kleinliche Korrekturen und auch nur punktuelle Würdigung vereinzelter katalogmäßig aufgeschlüsselter Gesichtspunkte (vornehmlich einzelner „Erhöhungskriterien") verbietet sich damit. Unter den Voraussetzungen von ZwVwV § 18 Abs 2 hat abweichende Bemessung der Vergütung zu erfolgen; ein „Ermessen" des Vollstreckungsgerichts besteht dann nicht. Die besonderen Umstände, die ein Abweichen von der Regelvergütung notwendig machen, sind vom Zwangsverwalter substantiiert (genau[17]) darzulegen.

Abweichend kann der Vergütungsrahmen **bis auf 5 vH** des im Vergütungszeitraum eingezogenen (nicht geschuldeten) Bruttobetrags an Miete oder Pacht **vermindert** oder **bis auf 15 vH** dieses Bruttobetrags **angehoben** werden. Ob ein Mißverhältnis Anlaß für abweichende Feststellung der Vergütung gibt, ist für jeden Abrechnungszeitraum gesondert festzustellen. Abweichende Feststellung der Vergütung kann somit bei besonders umfangreicher oder aufwendiger Verwaltertätigkeit in einem Abrechnungszeitraum geboten, bei bereits einzelfallgerechter Regelvergütung in einem früheren oder folgenden Abrechnungszeitraum hingegen nicht veranlaßt sein. Eine Ermäßigung der normalen Vergütung kann etwa in Frage kommen, wenn der Verwalter kaum Arbeit hatte (er wird ja für die Mühewaltung entschädigt) oder wenn er bei einem großen Häuserblock mit hohen Einnahmen, aber eingespielter Hausmeisterei, praktisch nur in geringen Maße tätig werden und überwachen mußte[18]. Eine Erhöhung kann nötig sein, wenn der Verwalter wegen undurchsichtiger Rechtsverhältnisse, wegen unklarer Verträge und ähnlicher Umstände ungewöhnliche Mühe hatte wie zB bei Schwierigkeiten im Hinblick auf die Art der Vermietung und die Anzahl der Mieter[19].

4.6 Gehört zu den Aufgaben des Zwangsverwalters auch die **Fertigstellung** eines begonnenen **Bauvorhabens** (§ 152 Rdn 4.2; ZwVwV § 5 Abs 3), dann erhält er eine nach der von ihm verwalteten Bausumme bemessene Vergütung von 6 vH (ZwVwV § 18 Abs 3 mit Einzelheiten). Diese Fertigstellungsvergütung wird, wenn das verwaltete Objekt bereits teilweise vermietet oder verpachtet ist, neben der (Regel-)Vergütung für die Verwaltertätigkeit im übrigen gewährt; eine An-

---

[16] BGH 152, 18 (27) = NJW 2003, 212 (214) = NZI 2002, 683 = Rpfleger 2002, 632.
[17] BGH NJW 2004, 3429 = aaO (Fußn 7).
[18] LG Augsburg Rpfleger 1997, 78 (81).
[19] LG Frankenthal Rpfleger 1993, 416; LG Leipzig Rpfleger 2002, 166 (167; häufiger Mieterwechsel).

§ 152a 4.6　　　　　　　　　　　　　　　　　　　　　　Zwangsverwaltung

rechnung erfolgt nicht. Gleiches muß gelten, wenn vergleichbare Aus- oder Umbauarbeiten zu besorgen waren wie dann, wenn ein durch Brand zerstörter Gebäudeteil zu sanieren war.

5　Leistungsentgelt nach abweichender Berechnung (ZwVwV § 19)

5.1　Abweichend von ZwVwV § 18 wird die **Vergütung nach Zeitaufwand** bemessen, wenn
- das verwaltete Grundstück **nicht durch Vermietung oder/und Verpachtung** genutzt, Miete oder Pacht als Grundlage für Feststellung der Vergütung somit nicht vereinnahmt wird (ZwVwV § 19 Abs 1),
- ausnahmsweise in einem **ganz besonderen Einzelfall** eine **angemessene Vergütung** auch nicht mit abweichender einnahmeabhängiger Bemessung nach ZwVwV § 18 Abs 2 erreicht werden kann (ZwVwV § 19 Abs 2).

Berechnung nach dem Zeitaufwand (nicht nach fingierten weiterlaufenden Einnahmen) erfolgt auch für die Zeit eines (völligen; zur teilweisen Vermietung Rdn 4.2) Leerstandes bei Mieterwechsel wie nach Zwangsräumung bis zur Neuvermietung[20].

5.2　Die Vergütung nach dem Zeitaufwand beträgt **für jede Stunde** der für die Verwaltung (objektiv) erforderlichen Zeit mindestens 35 Euro und höchstens 95 Euro (ZwVwV § 19 Abs 1 Satz 2). Der (rechnerische) „mittlere Stundensatz beläuft sich damit auf 65 Euro. Im Einzelfall hat das Vollstreckungsgericht den Stundenbetrag der Vergütung nach pflichtgemäßem Ermessen zu bestimmen. Der Mindestbetrag von 35 Euro kommt für Tätigkeiten in Betracht, die ganz überwiegend aus einfachen Aufgaben bestehen und hauptsächlich von Mitarbeitern und Hilfskräften erledigt werden (können), für die der Verwalter keinen gesonderten Auslagenersatz erhalten kann (ZwVwV § 21 Abs 1). Der Höchstsatz von 95 Euro setzt dagegen einen Verwaltungsaufwand voraus, der ganz überwiegend das Tätigwerden des hochqualifizierten Verwalters oder gleich qualifizierter Mitarbeiter erfordert (Begründung BR-Drucks 842/03 S 17).

5.3　Der Stunden**aufwand** ist vom Verwalter „nachzuweisen" (Begründung BR-Drucks 842/03 S 17). Glaubhaftmachung (ZPO § 294) ist nicht erfordert, kann somit nicht verlangt werden. Genügen muß plausible[21], damit nachvollziehbare Darlegung des Zeitaufwands, die ihn bei freier Würdigung (ZPO § 286, entspr Anwendung) nach den besonderen Umständen des Einzelfalls wahrscheinlich erscheinen läßt. Der Stundensatz ist für den Abrechnungszeitraum (Rdn 4.3) einheitlich zu bemessen (ZwVwV § 19 Abs 1 Satz 3). Zu berücksichtigen ist damit, in welchem Umfang der Zwangsverwalter Aufgaben selbst wahrzunehmen hatte und in welchem Ausmaß für Erledigung einfacherer Aufgaben Mitarbeiter herangezogen werden konnten. Der einheitliche Stundensatz ist nach einem Mittelwert festzulegen, der sich aus dem sonach recht unterschiedlichen Verwaltungsaufwand bestimmt. Der einheitliche Stundensatz für den gesamten Abrechnungszeitraum soll die Vergütungsfestsetzung für die Gerichte vereinfachen (Begründung aaO). Abgesehen davon, daß das keine Grundlage für Bemessung einer angemessenen Vergütung für die Geschäftsführung des Verwalters (Rdn 3.1) sein kann, wird eher das Gegenteil der Fall sein.

5.4　Bemessung der Vergütung nach dem Stundensatz ist auch möglich, wenn der Verwalter den Einnahmen vorschußweise eine nach den Miet- oder Pachtzinsen bestimmte Vergütung (ZwVwV § 18) entnommen hat (ZwVwV § 22 Satz 2); gleiches gilt für den umgekehrten Fall. Die Bestimmung eines Vorschusses auf die Vergütung begründet keine Bindung für Antrag und Festsetzung der Verwaltervergütung.

---

[20] BGH Rpfleger 2005, 152 = aaO (Fußn 6).
[21] LG Cottbus Rpfleger 1991, 333; LG Heilbronn Rpfleger 2005, 465.

Rechtsverordnung über Geschäftsführung und Vergütung 8.1 **§ 152a**

Mindestvergütung (ZwVwV § 20) 6

6.1 Die Grundvergütung des Zwangsverwalters beträgt, wenn er das **Grundstück in Besitz genommen** hat (§ 150 Abs 2) (ungeachtet eingezogener Beträge) pauschal **mindestens 600 Euro** für das Kalender- oder Abrechnungsjahr, nicht mehr aber für anschließend folgende Verwaltungszeiträume[22]. Abrechnung nach einem Stundensatz erfolgt in diesem Fall nicht. Hat der Verwalter den Besitz gerade noch am 31. Dez übernommen, so erhält er für dieses Kalenderjahr die Mindestvergütung von 600 Euro. Wurde zwar noch Ende Dezember die Verwaltung angeordnet und wirksam, hat der Verwalter den Besitz aber erst Anfang Januar erlangt, so erhält er für das alte Kalenderjahr keine Vergütung. Die Mindestvergütung soll voraussetzen, daß der Verwalter den Bericht nach ZwVwV § 3 erstellt oder doch die Ermittlungen für die Fertigung dieses Berichts weitgehend abgeschlossen hat (Begründung BR-Drucks 842/03 S 17). Das kann indes nicht gefordert werden; ausreichend muß sein, daß der Verwalter den Besitz sich (tatsächlich) bereits verschafft hat oder daß ihm der Besitz übergeben worden ist (§ 150 Abs 2); für pauschale Bemessung der Vergütung können Feststellungen zur Fertigung eines Berichts über die Erlangung des Besitzes und Erstellung dieses Berichts keine Bedeutung erlangen. Wenn die Zwangsverwaltung in dem auf die Erlangung des Besitzes folgenden Kalender- (ggf Abrechnungs-)Jahr alsbald wieder aufgehoben wird (wie zB bei Anordnung und Besitznahme Mitte Dezember sowie Aufhebung in der zweiten Januarwoche), erhält der Verwalter der Vergütung nach ZwVwV § 20 Abs 1 von mindestens 600 Euro für das Beschlagnahmejahr und für das Folgejahr (in dem das Verfahren alsbald wieder aufgehoben wurde) eine Regelvergütung nach ZwVwV § 18 oder abweichend § 19, für die jedoch kein Mindestbetrag mehr bestimmt ist[22]. Das folgt aus ZwVwV § 22 Satz 1. Dem trägt die abweichende Ansicht nicht Rechnung[23], daß die Mindestvergütung die Vergütung für das gesamte Verfahren darstellt, wenn die für einzelne Kalenderjahre nach ZwVwV §§ 18, 19 zu bestimmenden Vergütungen (zusammen) geringer sind.

6.2 Die Grundvergütung des Zwangsverwalters beträgt **200 Euro,** wenn er tätig geworden, das Verfahren aber bereits **wieder aufgehoben** worden ist, bevor er den Besitz erlangt hat (ZwVwV § 20 Abs 2). Als Tätigkeit genügt hier nicht die Empfangnahme des Anordnungsbeschlusses; der Verwalter muß vielmehr eine Tätigkeit zur Wahrnehmung seiner Aufgaben bereits ausgeübt haben, etwa mündlich oder fernmündlich mit dem Gericht über das Objekt verhandelt, die Akten eingesehen, Erkundungen über das Objekt angestellt oder Beteiligte zur Wahrnehmung des Termins für Inbesitznahme verständigt haben.

Umsatzsteuer (ZwVwV § 17 Abs 2) 7

Die zu zahlende Umsatzsteuer erhält der Zwangsverwalter zusätzlich zur Vergütung und zum Auslagenersatz (ZwVwV § 17 Abs 2). Umsatzsteuerpflichtig ist der Zwangsverwalter mit seinem Entgelt für Leistungen aus unternehmerischer (selbständiger) Tätigkeit. Der Steuersatz beträgt **16 vH** (Umsatzsteuergesetz § 12 Abs 1). Keine Umsatzsteuer erhält der Zwangsverwalter, wenn sie von ihm nach Umsatzsteuergesetz § 19 Abs 1 als Kleinunternehmer nicht erhoben wird.

Unkostenersatz, Auslagenerstattung (ZwVwV § 21) 8

8.1 Anspruch hat der Zwangsverwalter außerdem auf **Auslagenerstattung** (ZwVwV § 17 Abs 1 Satz 1). Einzelheiten bestimmt ZwVwV § 21. Allgemeine Geschäftsunkosten, das sind Kosten, die beim Verwalter ohne Zusammenhang mit

---

[22] LG Stralsund Rpfleger 2004, 580.
[23] LG Essen Rpfleger 2005, 211; Haarmeyer/Wutzke/Förster/Hintzen ZwVwV § 20 Rdn 1 und 3.

§ 152a 8.1 Zwangsverwaltung

einem bestimmten Verfahren entstehen, werden danach nicht gesondert erstattet; sie sind mit der Vergütung abgegolten (ZwVwV § 21 Abs 1). Dazu gehören Büroaufwand, zu dem auch der Schreibaufwand rechnet (daher keine Schreibgebühren[24], keine Fotokopierkosten[24] [Ausnahme Rdn 8.2] und kein Kostenersatz für Vordrucke[24], Karteien[24] usw) und Gehälter der im Büro tätigen Angestellten (ZwVwV § 21 Abs 1 Satz 2). Auch die allgemeinen Kosten für Post- und Telekommunikationsdienstleistungen (mithin für Ortsgespräche) sind dem Büroaufwand zuzurechnen[24].

8.2 Als Auslagen erstattet werden **besondere Kosten,** die dem Zwangsverwalter im Einzelfall tatsächlich entstanden sind (ZwVwV § 21 Abs 2). Dazu gehören insbesondere Reisekosten (Rdn 8.3), Kosten für Ferngespräche[24] und Kosten für Einstellung von Hilfskräften für bestimmte Aufgaben im Rahmen der Zwangsverwaltung wie einer (in Großverfahren erforderlichen) besonderen Buchhaltungskraft oder eines Hausmeisters. Hilfskraft in diesem Sinne kann auch ein Angestellter oder Arbeiter des Schuldners (seines Insolvenzverwalters) sein, der im Rahmen seiner Tätigkeit ihm übertragene (zeitaufwendige[25]) Aufgaben der Zwangsverwaltung wahrnimmt[26]. Erstattet werden Auslagen jedoch nur bei Notwendigkeit. Was angemessen ist muß das Gericht nach pflichtgemäßem Ermessen entscheiden. Kosten für Fertigung von Fotokopien können den besonderen Geschäftsunkosten nur in Sonderfällen zugeordnet werden, so etwa, wenn der Zwangsverwalter den Schuldner zur Klärung verwickelter Verhältnisse zuzieht und ihn an der Verwaltung in gewissem Umfang beteiligt[27].

8.3 Für **Reisen** entstehen Kosten jedenfalls dann, wenn das Reiseziel außerhalb der Gemeinde liegt, in der sich die Geschäftsräume des Zwangsverwalters befinden (vgl RVG-VergVerz Vorbem 7 [2]). Für Wegstrecken in der Gemeinde, in der sich die Geschäftsräume des Verwalters befinden, erlangt Bedeutung, ob sie im Einzelfall objektbezogen veranlaßt waren, Kosten dafür dem Einzelverfahren somit konkret zugeordnet werden können. Das ist für Fahrten zur Übergabe oder Übernahme des Grundstücks (§ 150 Abs 2) ebenso der Fall wie für Wegstrecken zum Grundstück zur Wahrnehmung der Verwalteraufgaben, damit auch zu Besprechungen mit einem Mietinteressenten und für (notwendige) Rücksprache mit dem Schuldner, schließlich auch für Wahrnehmung eines Termins (insbesondere des Verteilungstermins) beim Vollstreckungsgericht. Nicht dazu gehören können Vorsprachen bei Gericht und bei Behörden zur Erledigung (laufender) allgemeiner Angelegenheiten, die nicht aus besonderem Anlaß im Einzelfall erfolgt sind und keinem konkreten Verfahren einzelfallbezogen nicht zugeordnet werden können. Bemessen lassen sich die Kosten für Reisen nach den steuerrechtlichen Sätzen. Für Benutzung eines Kraftwagens können damit (derzeit) –,30 € je Fahrtkilometer angesetzt werden.

8.4 Der Verwalter kann nach seiner Wahl anstelle der tatsächlich entstandenen Auslagen eine **Pauschale von 10 vH** seiner Vergütung, höchstens jedoch 40 Euro für jeden angefangenen Kalendermonat seiner Tätigkeit verlangen (Kappungsgrenze, ZwVwV § 21 Abs 2 Satz 2). Diese Pauschale kann nur einheitlich für einen Abrechnungszeitraum in Anspruch genommen werden. Der Verwalter kann somit nicht für einen Teil des Abrechnungsjahres eine Pauschale fordern und für andere Monate des Abrechnungszeitraums die tatsächlichen Auslagen geltend machen; Bemessung der Auslagen für Entnahme eines Vorschusses (ZwVwV § 22 Satz 2) ist aber für die spätere Festsetzung noch nicht bindend (wie Rdn 8.4). Wahl der Pauschalabgeltung für einen Abrechnungszeitraum bindet den Verwalter jedoch für folgende Abrechnungsjahre nicht, so daß er für diese weiteren Vergü-

---

[24] LG Frankfurt Rpfleger 1991, 333.
[25] LG Göttingen Rpfleger 1999, 456.
[26] LG Augsburg Rpfleger 1997, 78 (80).
[27] LG Hannover ZIP 1986, 1407.

tungsabschnitte wieder zur Einzelerstattung übergehen und in nachfolgenden Vergütungsabschnitten wieder die Pauschalierung verlangen kann. Wird von der jährlichen Rechnungslegung abgewichen (ZwVwV § 14 Abs 2), dann kann der Abrechnungszeitraum für die Übergangszeit erst mit dem späteren Ende des damit bestimmten Abrechnungsjahres enden. Beispiel: Im Mai (Beschlagnahmemonat) des der Beschlagnahme folgenden Jahres Übergang zur Abrechnung nach Beschlagnahmejahren. Abrechnungszeitraum nach vorangegangener Jahresabrechnung damit nicht im Mai des laufenden Jahres (auch nicht, wenn „Zwischen"-abrechnung erstellt wird), sondern auf Grund des verlängerten Abrechnungszeitraums erst im Mai des Folgejahres.

Versicherungskosten (ZwVwV § 21 Abs 3) 9

Die Kosten einer **Haftpflichtversicherung** (§ 153 Abs 2) sind mit der Vergütung abgegolten (ZwVwV § 21 Abs 3). Hat das Gericht im Einzelfall wegen eines höheren Haftungsrisikos eine besondere Versicherungssumme bestimmt (ZwVwV § 1 Abs 4), dann sind zusätzliche Kosten (nachgewiesene Mehrkosten) als Auslagen gesondert zu erstatten. Von der Auslagenpauschale nach ZwVwV § 21 Abs 2 Satz 2 werden diese Mehrkosten nicht erfaßt; sie sind somit auch neben dieser einzeln zu erstatten.

[Vollstreckungsgericht und Zwangsverwalter]

153 (1) **Das Gericht hat den Verwalter nach Anhörung des Gläubigers und des Schuldners mit der erforderlichen Anweisung für die Verwaltung zu versehen, die dem Verwalter zu gewährende Vergütung festzusetzen und die Geschäftsführung zu beaufsichtigen; in geeigneten Fällen ist ein Sachverständiger zuzuziehen.**

(2) **Das Gericht kann dem Verwalter die Leistung einer Sicherheit auferlegen, gegen ihn Zwangsgeld festsetzen und ihn entlassen. Das Zwangsgeld ist vorher anzudrohen.**

Übersicht

Allgemeines zu § 153 1	Sicherheitsleistung und Versicherung des Zwangsverwalters 5
Aufsicht über den Zwangsverwalter (Absatz 1) 2	Vergütung des Zwangsverwalters (Absatz 1) 6
Erteilung gerichtlicher Anweisungen (Absatz 1) 3	Zwangsgeld, Entlassung (Absatz 2) 7
Rechtsbehelfe bezüglich Vergütung und Anweisungen 4	

Allgemeines zu § 153 1

1.1 Zweck der Vorschrift: Wahrung der berechtigten Interessen von Gläubiger und Schuldner durch das Vollstreckungsgericht mit der Verpflichtung, die Geschäftsführung des Zwangsverwalters zu beaufsichtigen, ihn mit erforderlichen Anweisungen zu versehen und seine Vergütung festzusetzen[1].

1.2 Landschaftliche Kreditanstalten (§ 146 Rdn 7) üben bei von ihnen durchgeführten Zwangsverwaltungen die Befugnisse aus § 153 selbst aus. Die Vorschriften über die gerichtliche Aufsicht gelten hier nicht (s ZwVwV § 24 Abs 2).

Aufsicht über den Zwangsverwalter (Absatz 1) 2

2.1 Das Vollstreckungsgericht hat die Geschäftsführung des Zwangsverwalters zu **beaufsichtigen:** Abs 1.

---

[1] Motive zum ZVG S 330.

§ 153   2.2   Zwangsverwaltung

2.2 Das Gericht erhält vom Verwalter **Berichte**, fordert Berichte bei ihm an, kann jederzeit über § 154 hinaus von ihm **Rechnungslegung** verlangen, die Bücher und **Belege einsehen**, den Bestand der Konten und den **Bestand** an Bargeld **prüfen**. Zur Offenbarungsversicherung ist dabei der Zwangsverwalter gegenüber dem Gericht nicht verpflichtet. Er muß jedoch auf Verlangen dem Gericht oder einem von diesem mit der Prüfung beauftragten Sachverständigen seine Akten, Bücher und sonstigen Schriftstücke vorlegen, sowie jede Auskunft über seine Verwaltung erteilen (ZwVwV § 16). Beim Schuldner-Zwangsverwalter muß die Aufsichtsperson dem Gericht anzeigen, wenn der Schuldner gegen seine Pflichten verstößt (§ 150 c Abs 3).

2.3 Zu überwachen hat das Gericht die **Rechtmäßigkeit** der Verwaltertätigkeit. Stets zu beachten ist, daß der Verwalter bei Ausführung der Verwaltung **selbständig** ist (ZwVwV § 1 Abs 1 Satz 1). Damit ist in erster Linie der Verwalter für das Verfahren verantwortlich; seine **Handlungsfreiheit** ist daher zu wahren. Das schließt jedoch nicht aus, daß das Gericht gegen unzweckmäßige, insbesondere wirtschaftlich nicht vertretbare Handlungen des Zwangsverwalters einschreitet. Nicht hinnehmbare Maßnahmen des Verwalters sind auf jeden Fall abzustellen.

2.4 Die **Geldanlage** ist vom Gericht zu überwachen, damit nicht Beträge, die erst später benötigt werden, zinslos beim Verwalter liegen oder gar für verfahrensfremde Zwecke verwendet werden. Sie müssen ohnehin von den Geldern anderer Verfahren und von sonstigen Geldern getrennt sein (ZwVwV § 13 Abs 1 und 2).

2.5 Zu **Prüfungen** ist das Vollstreckungsgericht befugt, und zwar zu regelmäßigen und zu Prüfungen außer der Reihe. Die Prüfungen müssen sich darauf beschränken, den ordnungsgemäßen und wirtschaftlich vernünftigen Ablauf der Zwangsverwaltung zu gewährleisten. Eigene Verantwortung kann dem Zwangsverwalter hingegen nicht abgenommen werden. Das Gericht kann neben der regelmäßigen Rechnungslegung (§ 154 Rdn 3) Prüfungen durchführen, indem ein Prüfungsbeamter ohne vorherige Ankündigung zu wechselnden Zeitpunkten den Zwangsverwalter aufsucht, um Barbestand, Kontenstand, Kassenbücher, Belege einzusehen. Es muß dabei mit Takt vorgehen, um nicht bewährte Zwangsverwalter zu verärgern oder gar gegenüber ihren Angestellten bloßzustellen. Wenn in einer Abrechnung Unklarheiten auftreten oder von Beteiligten Bedenken gegen die Abrechnung vorgetragen werden, ist eine unvermutete Prüfung angezeigt. Sie ist nur dann ordnungsgemäß, wenn sie sich auf alle vom selben Verwalter geführte Zwangsverwaltungen erstreckt[2], um die Zugehörigkeit aller Beträge zu einer bestimmten Verwaltung zu klären. Dabei ist auch darauf zu achten, daß nicht unnötig Geldbeträge beim Zwangsverwalter herumliegen[2].

2.6 Einen Sachverhalt, der die Besorgnis rechtfertigt, daß er an der **Amtsführung verhindert** ist (insbesondere auch eine nicht unbedeutende Interessenkollision) hat der Zwangsverwalter dem Vollstreckungsgericht rechtzeitig (unmißverständlich) anzuzeigen ([3]für Anzeigepflicht des früheren Konkursverwalters). Eine Verletzung dieser Pflicht kann Schadensersatzanspruch nach § 154 begründen.

3 Erteilung gerichtlicher Anweisungen (Absatz 1)

3.1 Das Vollstreckungsgericht **muß** den Zwangsverwalter „mit den erforderlichen Anweisungen für die Verwaltung versehen": Abs 1.

3.2 Eine Anweisung muß **erforderlich** sein. Das ist sie nicht, wenn der Verwalter auch ohne sie die Verwaltung richtig führen kann. Er hat ja selbständig tätig

---

[2] BGH VersR 1964, 865 = WM 1964, 789.
[3] BGH 113, 262 = MDR 1991, 525 = NJW 1991, 982 = Rpfleger 1991, 334.

Vollstreckungsgericht und Zwangsverwalter 3.7 § 153

sein. Der Zwangsverwalter muß daher immer genügend Freiheit haben, er darf nicht einfach ausführendes Organ des Gerichts sein; die Verwaltung führt der Zwangsverwalter, nicht das Gericht. Trotzdem sind auch bei Verfahren ohne Besonderheiten im Interesse des Gerichts, des Verwalters, des Schuldners und der Gläubiger grundlegende Verfahrensregeln nötig.

3.3 Das Gericht kann für Verfahren aller Art **allgemeine Anweisungen** geben, es kann auch **Einzelanweisungen** erteilen. Für besonders bedeutsame Erklärungen und Handlungen des Zwangsverwalters nennt ZwVwV § 10 (abgedruckt S 1545) in Form eines **Zustimmungsvorbehalts** bedeutsame Einzelfälle, in denen die Zwangsverwaltertätigkeit vorheriger gerichtlicher Anweisung (als Zustimmung bezeichnet) bedarf. Die Bestimmung ist für den Zwangsverwalter bindend; dem Vollstreckungsgericht gibt sie jedoch nur Anhalt für Auslegung von Abs 1 mit Kennzeichnung von Verwaltertätigkeiten, für die eine Anweisung jedenfalls erforderlich sein wird. Der Katalog gerichtlicher Zustimmungsvorbehalte in ZwVwV § 10 ist überdies nur beispielhaft. Erforderlichkeit einer Anweisung für andere Geschäfte des Zwangsverwalters bestimmt sich stets nach den Besonderheiten des Einzelfalls. Als erforderlich kann eine Anweisung für alle weiteren folgeintensive und haftungsgefährdete Verwalterhandlungen angesehen werden sowie dann, wenn darüber (objektiv) Ungewißheit besteht, ob eine Handlung in den Aufgabenkreis des Zwangsverwalters (§ 152) fällt oder sachgerecht, wirtschaftlich geboten und zweckmäßig sein wird.xx

3.4 Gläubiger und Schuldner, aber auch sonst betroffene Beteiligte (§ 9), können **beantragen,** den Zwangsverwalter mit einer bestimmten Weisung zu versehen. Der Verwalter hat Weisung in den Fällen des Zustimmungsvorbehalts (ZwVwV § 10) einzuholen; er hat zu berichten, wenn Weisung für ein anderes Geschäft erforderlich ist. Das Gericht hat im Rahmen seiner Aufsichtspflicht den Zwangsverwalter nicht nur zu überwachen und gegen Pflichtwidrigkeiten einzuschreiten, sondern auch dann, wenn zwischen Gläubiger, Schuldner oder einem Beteiligten und dem Verwalter Meinungsverschiedenheit oder Streit über die Führung der Geschäfte besteht, erforderliche Anweisung für die Verwaltung zu erteilen. Beteiligte können daher nicht nur auf erhebliche Tatsachen (zB Zweckmäßigkeit einer Weisung, Pflichtwidrigkeit des Verwalters) hinweisen und anregen, Maßnahmen zu veranlassen, sondern erforderliche Anweisung auch beantragen. Hält das Gericht nach Prüfung eine Weisung nicht für erforderlich, dann ist seine ablehnende Verfügung Ablehnung einer Maßnahme der Zwangsvollstreckung (ZPO § 766); nach Anhörung der Beteiligten ist durch Beschluß zu entscheiden (ZPO § 764 Abs 3).

3.5 Schuldner und (betreibender) **Gläubiger** sind vor jeder Einzelanweisung mündlich oder schriftlich zu **hören** (Abs 2), ebenso die Aufsichtspersonen bei der Schuldner-Zwangsverwaltung (§ 150e Abs 2). Zweckmäßig ist auch der Zwangsverwalter vorher zu hören. Sachverständige können zugezogen werden (Abs 1); das wird nur ausnahmsweise in Frage kommen, etwa zur Bestimmung des angemessenen Mietzinses für neu zu vermietende Räume.

3.6 Bei Erteilung der Anweisung entscheidet das Vollstreckungsgericht nach **pflichtgemäßem Ermessen.** Zu erwägen hat es die rechtliche Zulässigkeit der anstehenden Verwalterhandlung ebenso wie wirtschaftliche (damit auch finanzielle und sonst materielle) Gesichtspunkte, aber auch, ob eine Maßnahme zweckmäßig und sachdienlich ist. Das Vollstreckungsgericht ist, weil die Weisung für den Verwalter bindend ist, nicht nur auf die Prüfung pflichtgemäßer Ermessensausübung durch den selbständig tätigen Zwangsverwalter beschränkt; es hat eigenverantwortlich Rechtmäßigkeit, Notwendigkeit und auch Zweckmäßigkeit der mit Anweisung zu bestimmenden Verwaltertätigkeit zu beurteilen.

3.7 Für den Zwangsverwalter ist die gerichtliche Anweisung **bindend** (ZwVwV § 1 Abs 1 Satz 2). Weicht er davon ab, so ist er schadensersatzpflichtig, kann mit

Zwangsgeld belegt oder gar entlassen werden. Die Wirksamkeit des Zwangsverwalterhandelns im Außenverhältnis (Gläubiger, Schuldner und Dritten gegenüber) wird nicht davon berührt, daß der Verwalter eine nach ZwVwV § 10 gebotene gerichtliche Zustimmung nicht eingeholt oder eine Anweisung unbeachtet gelassen oder gegen sie in Einzelheiten verstoßen hat. Aufgabenkreis und Handlungsfähigkeit des Zwangsverwalters sind durch eine gerichtliche Anweisung gesetzlich nicht beschränkt. Ein Dritter kann allenfalls nicht darauf vertrauen, daß der Zwangsverwalter ordnungsgemäß handelt, wenn er gewußt hat, daß der Verwalter anweisungswidrig handelt[4], gleich ob es sich um eine Einzelanweisung oder eine allgemeine Weisung handelt. Von einer Anweisung darf der Zwangsverwalter abweichen, wenn sie gesetzwidrig sein oder pflichtwidriges Handeln gebieten sollte, etwa weil sie gegen den Teilungsplan verstößt (bei ordnungsgemäßem Verfahren des Gerichts und Anhörung der Genannten kann dies nicht vorkommen) oder wenn ausnahmsweise anzunehmen ist, das Gericht hätte bei Kenntnis der Sachlage die Abweichung gebilligt (kann bei ordnungsgemäßer Anhörung des Verwalters nicht vorkommen). Zweckmäßig ist es immer, wenn der Verwalter wenigstens fernmündlich bei Gericht rückfragt, da ihm vielleicht dessen besondere Gründe nicht bekannt sind (diese sollte das Gericht aber bei der Anhörung gerade klarstellen).

3.8 Die Anweisung wird **mit Erteilung wirksam.** Ob der Zwangsverwalter bereits vor Rechtskraft (zu Rechtsbehelfen Rdn 4) nach der Anweisung handeln soll, obliegt seinem einzelfallbezogen auszuübenden pflichtgemäßem Ermessen. In einem besonderen Einzelfall kann bei Dringlichkeit sofortiges Handeln geboten sein. Das Gericht kann aber auch (und sollte) bei Erteilung der Weisung Bestimmung treffen; es kann insbesondere die Ausführung der Anweisung bis zur Rechtskraft des Beschlusses hinausschieben. Wenn der Beschluß angefochten ist, kann das Vollstreckungsgericht (Rechtspfleger) oder das Beschwerdegericht die Vollziehung der Anweisung aussetzen (ZPO § 570 Abs 2 und 3).

3.9 Das Gericht wird durch das Aufsichts- und Weisungsrecht nicht befugt, Maßnahmen aus dem Aufgabenbereich des Zwangsverwalters selbst vorzunehmen oder durch einen Dritten vornehmen zu lassen.

3.10 Anweisungen von Beteiligten hat der Zwangsverwalter nicht zu beachten (Ausnahme bei § 148 Rdn 2 wegen Teilverzichts der betreibenden Gläubiger auf einzelne Beschlagnahmewirkungen oder wegen Genehmigung sonst nicht zulässiger Ausgaben durch diese; besser Rückfrage bei Gericht). Wünsche der Beteiligten leitet der Zwangsverwalter dem Gericht zu.

3.11 Alle Anweisungen an den Zwangsverwalter **werden wirkungslos,** sobald der Verwalter aus seinem Amt ausscheidet, wobei dann auch Rechtsbehelfe unzulässig sind[5]. Weil die Aufsichtspflicht des Vollstreckungsgerichts nur während der Dauer der Zwangsverwaltung besteht, kann es den Verwalter mit Maßnahmen nach Abs 2 nicht mehr zur Erläuterung und Ergänzung seines Schlußberichts anhalten[6]; wohl aber ist der Verwalter verpflichtet, nach Beendigung der Verwaltung Rechnung zulegen (§ 154 Rdn 3).

4 Rechtsbehelfe bezüglich Vergütung und Anweisungen

4.1 Gegen die **Festsetzung der Vergütung** gibt es sofortige Beschwerde, aber nicht die Vollstreckungserinnerung[7] nach ZPO § 766. Für die Beschwerde muß

---

[4] OLG Celle DNotZ 1965, 246 = NdsRpfl 1965, 15; Drischler JurBüro 1965, 262.
[5] LG München II Rpfleger 1977, 455.
[6] LG Berlin Rpfleger 1979, 225.
[7] LG Lübeck JurBüro 1956, 146 = SchlHA 1956, 20 und Rpfleger 1962, 57 mit Anm Drischler; LG Traunstein MDR 1955, 239 Leitsatz; Jaeckel/Güthe § 153 Rdn 2; Drischler RpflJahrbuch 1970, 365 (3 a).

die Beschwerdesumme von 200 Euro überschritten werden (ZPO § 567 Abs 2)[8]. Bei geringerem Betrag findet befristete Rechtspflegeerinnerung nach RPflG § 11 Abs 2 statt. Anfechten kann der Zwangsverwalter, wenn ihm nicht voll stattgegeben wurde; anfechten können der (betreibende) Gläubiger, der Schuldner sowie alle, die durch die Festsetzung der Vergütung beeinträchtigt sind (Rdn 6).

4.2 Gegen **Verfahrensanweisungen,** etwa den Auftrag zu einem Prozeß, hat der Zwangsverwalter keinen Rechtsbehelf[9]. Die sich beschwert fühlenden (betreibenden) Gläubiger, der Schuldner und Beteiligte (§ 9) haben sofortige Beschwerde. Diesen Rechtsbehelf haben auch Zwangsverwalter, Schuldner und der (betreibende) Gläubiger gegen die **Entlassung** des Zwangsverwalters und der Zwangsverwalter gegen **Zwangsgeld.** Die Androhung eines Zwangsgeldes bedeutet, solange sie nicht gegenstandlos geworden ist, für den Zwangsverwalter eine Beschwer[10]; er hat daher sofortige Beschwerde (anders[11]: kein Rechtsmittel gegeben).

Sicherheitsleistung und Versicherung des Zwangsverwalters (Abs 2)

5.1 Das Vollstreckungsgericht **kann** dem Zwangsverwalter eine Sicherheitsleistung **auferlegen:** Abs 2. Dazu zwingen kann es ihn nicht, es kann bei Weigerung von der Ernennung absehen oder ihn wieder entlassen. Dabei entscheidet es nach pflichtgemäßem Ermessen, ob und welche Sicherheit geleistet werden soll. Die Sicherheit soll die Erfüllung der dem Zwangsverwalter gegenüber allen Beteiligten obliegenden Pflichten sichern, wird aber meist als Mißtrauen aufgefaßt. Eine Sicherheit wird für alle Beteiligten hinterlegt, die dann für ihre Ansprüche aus § 154 ein Pfandrecht haben. Sie kann daher nicht ohne ihre Zustimmung zurückgegeben werden.

5.2 a) Statt der Sicherheitsleistung, die dazu führen kann, daß niemand mehr das Amt eines Zwangsverwalters übernehmen will, wird eine **Versicherung** empfohlen.

b) Manchmal wird eine **Kautionsversicherung** verlangt, die gegen Veruntreuung des Verwalters schützen soll, aber bei sorgfältiger Auswahl und genügender Überwachung überflüssig ist.

c) Zweckmäßig ist es dagegen, daß die Zwangsverwalter gegen mögliche Schäden aus ihrer Tätigkeit im Hinblick auf ihre persönliche Verantwortlichkeit (§ 154) eine **Haftpflichtversicherung** abschließen. Es sollte dafür gesorgt werden, daß sie genügend hoch ist und daß die Versicherungsgesellschaft (auf Grund einer Ermächtigung des Versicherten) das Gericht über Prämienrückstand und Kündigung unterrichtet.

5.3 Der Abschluß einer **Vermögensschadenhaftpflichtversicherung** ist in ZwVwV § 1 Abs 4 als Verpflichtung des Zwangsverwalters ausgestaltet. Es ist aber (sehr) zweifelhaft, ob § 152a für diese Regelung durch Rechtsverordnung eine Ermächtigungsgrundlage gibt; mE ist das nicht der Fall. Die Bestimmung ist überdies nicht gesetzeskonform und nicht sachgerecht. Eine Verpflichtung zur Versicherung mit der vorgesehenen Mindestdeckungssumme von 500 000 Euro (wohl für jeden Versicherungsfall) geht über den Risikorahmen hinaus, der für die Berufshaftpflichtversicherung des Rechtsanwalts zur Deckung der sich aus seiner gesamten Berufstätigkeit ergebenden Haftungsgefahren bestimmt ist (BRAGO § 51); sie entspricht der Mindestdeckungssumme für Berufshaftpflichtversicherung des Notars (BNotO § 19 a). Die Bestimmung hat damit (in überzogenem Umfang) den Verwalter im Auge, dessen Berufstätigkeit vorwiegend oder doch zu einem

---

[8] LG Lübeck aaO; LG Lüneburg aaO (Fußn 11).
[9] Jaeckel/Güthe § 153 Rdn 1; Drischler JVBl 1964, 181 (182).
[10] Mohrbutter und Drischler KTS 1979, 129 (Anmerkung).
[11] LG Lüneburg KTS 1979, 128.

§ 153 5.3 Zwangsverwaltung

wesentlichen Teil in der Wahrnehmung gerichtlicher Zwangsverwaltungen besteht. Das entspricht nicht dem Leitbild des Vollstreckungsrechts und engt das Auswahlermessen des Vollstreckungsgerichts (§ 150 Rdn 2.3) unzulässig ein. Es kann beispielsweise für (ortsnahe) Verwaltung einer kleinen Eigentumswohnung als Einzelaufgabe des (befähigten, gewandten und geschäftskundigen) Zwangsverwalters nicht rundweg eine Haftpflichtversicherung mit dem Haftungsrahmen bedungen werden, der für Berufstätigkeit insgesamt geboten erscheint. Zudem verlangt Abs 2 des § 153 einzelfallbezogene Sicherungsleistung und dies nur dann, wenn das Gericht sie dem Verwalter auferlegt; dem entspricht eine Berufshaftpflichtversicherung gleich der des Rechtsanwalts und Notars nicht. Für die Verwalterauswahl durch das Vollstreckungsgericht nach gesetzlicher Regelung kann ZwVwV § 1 Abs 4 sonach keine Grundlage bieten. Naheliegend und sachgerecht ist, daß das (durch ZwVwV § 1 Abs 4 nicht gebundene) Vollstreckungsgericht im Einzelfall erforderlichenfalls dem Verwalter als Sicherheit den Abschluß einer Vermögensschadenhaftpflichtversicherung mit einem sachbezogenen Deckungskapital auferlegt. Das ermöglicht es auch, ggfs für außergewöhnliche Haftungsgefahren (wie in ZwVwV § 1 Abs 4 vorgesehen) eine noch höhere Versicherungssumme zu bestimmen (Auslagenersatz dann nach ZwVwV § 21 Abs 3). Zum Nachweis, daß die vom Vollstreckungsgericht auferlegte Haftpflichtversicherung besteht, ist der Zwangsverwalter infolge der Aufsichtspflicht des Vollstreckungsgericht (Abs 1) verpflichtet. Wenn eine vom Vollstreckungsgericht einzelfallbezogen bedungene Haftpflichtversicherung (als Sicherheit) nicht nachgewiesen wird, kann der Zwangsverwalter infolge Pflichtverletzung entlassen werden (Abs 2). Daß der Zwangsverwalter eine allgemeine Vermögensschadenshaftpflichtversicherung auf der Grundlage von ZwVwV § 1 Abs 4 nicht abschließt, kann hingegen Grundlage für Entlassung nicht bieten.

5.4 Auf den **Schuldner** als Zwangsverwalter (§§ 150 b–e) findet ZwVwV § 1 Abs 4 über den Abschluß einer Vermögenshaftpflichtversicherung keine Anwendung (ZwVwV § 24 Abs 1). Nicht ausgeschlossen ist damit, daß ihm Leistung einer Sicherheit nach § 153 Abs 2 auferlegt wird. Dafür, ob das veranlaßt ist, hat das Vollstreckungsgericht auch zu erwägen, daß von der Bestellung nach § 150 b Abs 1 Satz 2 nur aus besonderem Grund abzusehen ist, daß Erfahrung und Arbeitskraft des Schuldners für die Wirtschaftsführung ohne Vergütung genutzt werden und daß er seine Verwaltung unter Aufsicht der haftenden Aufsichtsperson (§ 150 c Abs 2 mit § 154 Satz 1), der ggf Sicherheitsleistung auferlegt werden kann (§ 150 c Rdn 3.9), zu führen hat. Der **Institutsverwalter** (§ 150 a) ist von der Verpflichtung zur Sicherheitsleistung nicht ausdrücklich ausgenommen. Übernahme der Haftung durch den Beteiligten (§ 150 a Abs 2) kann nochmalige Sicherheitsleistung durch den Verwalter jedoch nicht bedingen.

6 Vergütung des Zwangsverwalters (Absatz 1)

6.1 Das **Gericht setzt** die Vergütung des Zwangsverwalters fest: Abs 1. Zur Höhe der Vergütung § 152 a Rdn 4–6.

6.2 a) **Festgesetzt** werden Vergütung und Auslagen **auf Antrag** des Zwangsverwalters (ZwVwV § 22 Satz 1). Auslagen und Umsatzsteuer werden bei Festsetzung gesondert ausgewiesen.

6.3 Die Festsetzung erfolgt in **Jahresabschnitten** nach Kalenderjahren (oder abweichenden Verwaltungsjahren) sowie nach Aufhebung der Zwangsverwaltung jeweils im Anschluß an die Rechnungslegung (ZwVwV § 22 Satz 1, § 14 Abs 2 und 3), nicht somit im voraus und auch nicht insgesamt erst nach Beendigung des Verfahrens. Wenn der Zwangsverwalter Festsetzung für einen Zeitabschnitt nicht beantragt hat, kann sie später (auch nach Einreichung der Schlußrechnung) noch verlangt und für mehrere Jahreszeiträume zusammengefaßt vorgenommen werden.

Vollstreckungsgericht und Zwangsverwalter 6.7 § 153

6.4 Ob eine Tätigkeit des als **Rechtsanwalt** zugelassenen Zwangsverwalters nach dem Rechtsanwaltsvergütungsgesetz abgerechnet werden konnte (ZwVwV § 17 Abs 3) und zutreffend festgestellt ist, ist vom Vollstreckungsgericht im Festsetzungsverfahren zu prüfen. Ebenso hat, wenn ein Rechtsanwalt als Zwangverwalter die Vergütung eines von ihm beauftragten anderen Rechtsanwalts aus den Erträgnissen des Grundstücks gezahlt hat, das Vollstreckungsgericht im Vergütungsfestsetzungsverfahren zu überprüfen, ob die Beauftragung des Externen gerechtfertigt war[12]. Der Vergütungsfestsetzungsantrag muß daher die zur Überprüfung erforderlichen Angaben enthalten[12]. Wenn das Vollstreckungsgericht zu dem Ergebnis kommt, daß die (kostenträchtige) Einschaltung des Dritten (Externen) nicht erforderlich war, kann es die Verwaltervergütung um den zu Unrecht aus der Masse entnommenen Betrag kürzen[12]. Entsprechendes gilt, wenn der Verwalter Steuerberater ist oder über eine andere besondere berufliche Qualifikation verfügt oder wenn der Zwangsverwalter sonst Verwaltungsaufgaben, die er selbst wahrzunehmen hatte, einem Rechtsanwalt, Steuerberater oder sonst einem Dritten übertragen hat.

6.5 Vor der Festsetzung sind der Zwangsverwalter, der Schuldner und die (betreibenden) Gläubiger zu hören[13]. Der **Festsetzungsbeschluß** ist zu begründen (weil anfechtbar). Er ist dem Zwangsverwalter (auch dann, wenn seinem Antrag voll entsprochen ist; anders[13]), dem Schuldner und dem (betreibenden) Gläubiger (wenn es mehrere sind allen) zuzustellen, nicht aber den übrigen Beteiligten, die insoweit keinen Anspruch haben. Rechtsbehelfe = Rdn 4.

6.6 Vergütung und Auslagenersatz **entnimmt** der Zwangsverwalter nach der Festsetzung als Ausgaben der Verwaltung (§ 155 Abs 1) aus der Masse, soweit sie nicht bereits als Vorschuß erhoben sind. Reichen die Einnahmen der Masse nicht aus, so muß der Verwalter bei Gericht einen ausreichenden **Vorschuß** des Gläubigers (§ 161 Abs 3) **beantragen**. Reicht auch dieser nicht aus oder wurde der Gläubigervorschuß versäumt[14] und ist das Zwangsverwaltungsverfahren wieder aufgehoben, so hat der Verwalter insoweit einen Anspruch **gegen** den **betreibenden Gläubiger**[15]. Der Gläubiger schuldet dann auch die Vergütung für den Abwicklungszeitraum (§ 161 Rdn 6.4), wenn nach Erteilung des Zuschlags die Zwangsverwaltung aufgehoben wurde; wenn Deckung aus der Masse (§ 155 Abs 1) möglich war, vom Verwalter aber versäumt wurde, schließt jedoch die Verwalterhaftung (§ 154) Durchsetzung des Erstattungsanspruchs in diesem Fall aus (anders offenbar[16]). Gegen den Gläubiger kann der Zwangsverwalter nicht aus dem Festsetzungsbeschluß vorgehen, er muß vielmehr einen Vollstreckungstitel gegen ihn erwirken. Dabei ist das Prozeßgericht an die Tatsache und die Höhe der Festsetzung gebunden. Den Eigentümer (Schuldner) kann der Zwangsverwalter nicht in Anspruch nehmen[17]; er kann Befriedigung auch nicht in einer neben der Zwangsverwaltung betriebenen Zwangsversteigerung verlangen[17]. Der Staat haftet nicht für Vergütung und Auslagen[18], obwohl er den Verwalter eingesetzt hat. Auch wenn der Vergütungsanspruch gegen Schuldner und Gläubiger nicht durchgesetzt werden kann, besteht kein Ausfallanspruch gegen den Staat.

6.7 Vor der Festsetzung kann der Zwangsverwalter mit Einwilligung des Gerichts aus den Einnahmen (einmalig oder fortlaufend, zB monatlich) einen **Vor-**

---

[12] BGH MDR 2005, 593 = NJW 2005, 903 = NZI 2005, 103 mit Anm Bernsau = Rpfleger 2005, 155 (für Insolvenzverwalter).
[13] LG Augsburg Rpfleger 1997, 78 (79); Drischler JVBl 1964, 181 (182).
[14] BGH NJW-RR 2004, 1527 = MDR 2004, 1443 = Rpfleger 2004, 579; OLG Hamm MDR 1991, 358.
[15] BGH NJW-RR 2004, 1527 = aaO.
[16] OLG Hamm MDR 1991, 358.
[17] BGH NJW-RR 2004, 1527 = aaO.
[18] BGH NJW-RR 2004, 1527 = aaO; OLG Hamm MDR 1991, 538.

§ 153 6.7

schuß auf die Vergütung und die Auslagen entnehmen (ZwVwV § 22 Satz 2). Auf Ausnahmefälle ist die Entnahme eines Vorschusses nicht beschränkt; es kann aber auch nicht angenommen werden, zu prüfen sei lediglich die Höhe des Vorschusses, nicht aber auch die Notwendigkeit (so aber[19]). Die Entnahme des Vorschusses hat vielmehr angemessen zu sein. Das ist der Fall, wenn durch den Vorschuß eine bereits geleistete Verwaltertätigkeit abgegolten werden soll (vornehmlich sonach in periodischen Zeitabständen) und die ungefähre Höhe der Vergütung im Einzelfall bestimmbar ist oder wenn Auslagen in angemessener Höhe bereits entstanden sind oder notwendig anstehen (der Verwalter hat insbesondere höhere Aufwendungen nicht vorzuschießen). Die Einwilligung sollte Gläubiger und Schuldner bekannt gemacht werden. Sie ist jederzeit (nicht nur bei Änderung der Verhältnisse, somit insbesondere der Einnahmen) abänderbar, damit auch widerrufbar. Entnahme eines Vorschusses für Vergütung schon vor Aufnahme der Verwaltertätigkeit (Abhängigmachung der Tätigkeit vom Empfang des Vorschusses) und einer nur allgemeinen Auslagenpauschale kann nicht als angemessen angesehen werden. Wenn der Vorschuß die Vergütung überschreitet, hat der Verwalter den Mehrbetrag wieder dem Massebestand zuzuführen.

6.8 Der **Gläubiger**, der zahlen mußte (Rdn 6.5), **kann** seine Auslagen in einem folgenden Zwangsversteigerungsverfahren bei Vorschußzahlungen nach § 10 Rangklasse 1 **anmelden**, bei sonstiger Zahlung nach § 10 Abs 2 an der Rangstelle seines Rechts. Er kann aber auch seine Auslagen nach ZPO § 788 Abs 2 gegen den Vollstreckungsschuldner **festsetzen lassen** und dann beliebig gegen diesen vollstrecken. Mehrere Gläubiger haften immer samtverbindlich.

6.9 Wurde ein Verfahren, in dem der Verwalter bereits eine Vergütung entnommen hat, auf Abwehrklage hin wieder aufgehoben, so bleibt dem Verwalter die Vergütung; der Schuldner hat nur insoweit **Schadensersatzansprüche** gegen den betreibenden Gläubiger. Hat dabei der Zwangsverwalter seine Vergütung nicht mehr vor der Aufhebung des Verfahrens entnehmen können, so muß er sich an den Gläubiger halten.

6.10 Im Zusammenhang mit der Zwangsverwaltung darf der Verwalter weder vom Schuldner noch von anderen Beteiligten irgendwelche **Vermögensvorteile** annehmen. Er kann sonst entlassen werden.

6.11 **Vereinbarungen** des Zwangsverwalters mit dem Schuldner oder Gläubiger[20] über Vergütung und Auslagenersatz sind **unzulässig;** sie dürften, ebenso wie private Vergütungsvereinbarungen des Insolvenzverwalters[21], nichtig sein.

6.12 Wer den Zwangsverwalter entgegen der in diesem Buch vertretenen Ansicht einen **Gewerbebetrieb** führen läßt (§ 152 Rdn 9), hat sofort zu prüfen, wonach nun die Vergütung zu entrichten sei, etwa nach einem fiktiven Mietzins. Wieder ein Grund, Zwangsverwaltung des Grundstücks und Gewerbebetriebs streng getrennt zu halten.

6.13 Zur Vergütung des Zwangsverwalters im ZVG-Handbuch Rdn 618; Muster für Vergütungsbeschluß Rdn 619; über Auslagen Rdn 620, über Rechtsbehelfe Rdn 621, über die Vergütung für die Tätigkeit als Anwalt Rdn 622.

7 Zwangsgeld, Entlassung (Absatz 2)

7.1 a) **Zwangsgeld** verhängt das Gericht gegen den Zwangsverwalter (Abs 2), wenn er seinen Pflichten nicht nachkommt, falls Anweisungen oder eine Rüge nicht ausreichen, die Entlassung aber ein zu hartes Mittel wäre. Das Zwangsgeld,

---

[19] AG Ottweiler Rpfleger 1989, 471.
[20] LG Lüneburg Rpfleger 1999, 34.
[21] BGH NJW 1982, 185 = Rpfleger 1982, 34 Leitsatz.

Vollstreckungsgericht und Zwangsverwalter 7.2 **§ 153**

auf Antrag oder von Amts wegen verhängt, beträgt 5 bis 1000 Euro (EGStGB Art 6; anders[22]: nach ZPO § 888 zu bemessen; nicht richtig).

b) Die Maßnahme kann eine begangene **Pflichtwidrigkeit ahnden**[23] oder eine erst vorzunehmende **Handlung erzwingen**. Der Zwangsverwalter muß vorher angehört werden. Das Zwangsgeld muß angedroht werden (Abs 2 Satz 2). Es kann zur Erzwingung mehrmals verhängt werden, zur Ahndung einer begangenen Pflichtwidrigkeit nur einmal.

c) Der Zwangsgeldbeschluß ist an den Zwangsverwalter zuzustellen. Er ist Vollstreckungstitel nach ZPO § 794 Abs 1 Nr 3; vollstreckt wird er von Amts wegen. Das Vollstreckungsgericht fordert nach Rechtskraft den Zwangsverwalter auf, den Betrag an die Gerichtskasse/Amtskasse einzuzahlen; zahlt er nicht binnen einer Frist, erläßt es eine Vollstreckungsanordnung (VwVG § 3), die durch die Gerichtskasse/Amtskasse vollzogen wird (Justizbeitreibungsordnung §§ 1, 2).

d) Wenn mit Zwangsgeld eine Handlung erwirkt werden soll (zB Vorlage der Abrechnung, Einreichung eines Berichts) und der Zwangsverwalter nach Festsetzung des Zwangsgeldes die Handlung vornimmt, muß dieser Umstand auf Beschwerde als neue Tatsache berücksichtigt und die Zwangsgeldfestsetzung aufgehoben werden[24]. In der Erfüllung der Handlung kann auch der Aufhebungsantrag als Rechtsbehelf gegen den Festsetzungsbeschluß gesehen werden. Die Aufhebung des rechtskräftigen Zwangsgeldbeschlusses kann der Zwangsverwalter nicht mehr verlangen[25] (anders[26]; je für früheren Konkursverwalter); daß er der aufgegebenen Verpflichtung nachgekommen ist, kann als veränderter Umstand nicht zur Änderung (Aufhebung) des rechtskräftigen Beschlusses führen. Aufhebung des Zwangsgeldbeschlusses ist ebenso ausgeschlossen, wenn die Handlung erst nach Einziehung des Zwangsgeldes vorgenommen wurde.

7.2 a) **Entlassung** des Zwangsverwalters (Abs 2) sollte gegen seinen Willen wegen der damit verbundenen Gefährdung von Ansehen und Kredit des Verwalters nur im äußersten Notfall erfolgen[27], wenn weniger einschneidende Maßnahmen objektiv nicht ausreichend erscheinen oder bereits erfolglos geblieben sind[26], also bei schweren Pflichtwidrigkeiten, etwa Veruntreuung von Geldern, Eingriff in nicht beschlagnahmtes Schuldnervermögen mit Verpachtung des Gewerbebetriebs des Schuldners[28]. Verschulden ist aber zur Entlassung nicht nötig[28], es genügt auch offensichtliche Unfähigkeit oder Unverträglichkeit mit dem Schuldner, wenn durch sie das Verfahren ernsthaft beeinträchtigt wird. Die Verletzung der Rechnungslegungs- und Berichtspflicht (Rdn 2.2) kann die Entlassung nach erfolgloser Zwangsgeldfestsetzung rechtfertigen. Entlassung ist auch möglich, wenn nach Bestellung eines anderen Verwalters im Falle des § 150a verspätet ein Institutsverwalter vorgeschlagen wird oder wenn im Falle des § 150b der Schuldner erst nach zeitraubenden Verhandlungen aufgestellt werden kann. Der Zwangsverwalter kann im übrigen auch auf seinen Wunsch, aber nur aus dringenden Gründen (Krankheit, Wechsel des Aufenthaltsortes, starke Belastung), entlassen werden.

b) Falls auf einen Rechtsbehelf hin die **Entlassung rückgängig** gemacht wird, ist ein inzwischen neu bestellter Verwalter wieder zu entlassen. Ratsam ist es aber, Entlassungen gegen den Willen des Zwangsverwalters immer erst ab Rechtskraft des Beschlusses wirksam werden zu lassen.

---

[22] AG Mühldorf am Inn Rpfleger 2001, 562.
[23] AA LG Verden Rpfleger 2003, 39.
[24] Steiner/Hagemann § 153 Rdn 42.
[25] Uhlenbruck Rpfleger 1982, 351 (Anmerkung).
[26] LG Oldenburg Rpfleger 1982, 351.
[27] OLG Hamm OLGZ 1988, 76 = NJW-RR 1988, 60 = Rpfleger 1988, 36; LG Verden aaO (Fußn 22).
[28] OLG Hamm OLGZ 1994, 611 = Rpfleger 1994, 515.

§ 153   7.2

c) Mit Entlassung (Zugang des Beschlusses) enden die Aufgaben des Zwangsverwalters. Solange ein neuer Verwalter nicht bestellt ist, hat er jedoch Geschäfte noch zu besorgen, die nicht ohne Gefahr aufgeschoben werden können[29] (wie § 161 Rdn 5), sofern sich nicht aus dem Beschluß etwas anderes ergibt (wie zB bei Entlassung wegen Untreue).

[Entgelt für Ernährung der Tiere des Schuldners]

153a **Ist in einem Gebiet das zu dem landwirtschaftlichen Betriebe gehörende Vieh nach der Verkehrssitte nicht Zubehör des Grundstücks, so hat, wenn der Schuldner zum Zwangsverwalter bestellt wird, das Vollstreckungsgericht gemäß § 153 Anordnungen darüber zu erlassen, welche Beträge der Schuldner als Entgelt dafür, daß das Vieh aus den Erträgnissen des Grundstücks ernährt wird, der Teilungsmasse zuzuführen hat und wie die Erfüllung dieser Verpflichtung sicherzustellen ist.**

1 Allgemeines zu § 153 a

Zweck der Vorschrift: Regelung einer Besonderheit für Gebiete, in denen Vieh nicht Zubehör des Grundstücks ist, aber durch den Schuldner als Zwangsverwalter seines landwirtschaftlichen Grundstücks (§ 150b) aus dessen Erträgnissen ernährt wird.

2 Entgelt für Viehernährung des Schuldners

2.1 In einzelnen Gegenden war das zum Wirtschaftsbetrieb eines landwirtschaftlichen Betriebs gehörende Vieh nach der Verkehrsauffassung **nicht Grundstückszubehör** (BGB § 97). Von der Zwangsverwaltungs-Beschlagnahme ist Vieh in einem solchen Fall nicht erfaßt. Es fließen hieraus der Masse keine Nutzungen zu. Da aber die Tiere aus dem Grundstück ernährt werden, wenn der Schuldner selbst als Zwangsverwalter bestellt wird, muß er dafür zahlen. Diese **Verkehrsauffassung** galt früher in Oldenburg und im ostfriesischen Raum. Auch dort kann aber nicht mehr davon ausgegangen werden, daß das Vieh nach der Verkehrsauffassung nicht Zubehör sei (die Rechtslage hat sich geändert[1]).

2.2 Die Zahlung wird **von Amts wegen**, ohne irgendeinen Antrag, angeordnet. Die **Höhe** des Betrags bestimmt das Gericht nach freiem Ermessen. Es kann bei Bedarf dazu gemäß § 153 einen Sachverständigen hören. Schuldner und Gläubiger müssen angehört werden.

2.3 Das Gericht muß auch anordnen, wie die Erfüllung der Verpflichtungen **sicherzustellen** ist. Es hat zB zu bestimmen, daß diese Beträge an die Aufsichtsperson zur Anlegung gemäß § 150d abzuführen seien[2]. Erfüllt der Schuldner die Zahlungsverpflichtung nicht, ist er als Zwangsverwalter abzusetzen. Der neue Zwangsverwalter wird dann die Ansprüche für die Masse beitreiben. Das Gericht darf nicht von sich aus das Vieh des Schuldners versteigern lassen oder sonst gegen diesen vollstrecken[2].

2.4 Als **Rechtsbehelf** gibt es auch hier sofortige Beschwerde für Schuldner und Gläubiger.

---

[29] LG Göttingen Rpfleger 1999, 503 (großzügiger: „muß" die Verwaltung fortführen).
[1] OLG Oldenburg NdsRpfl 1976, 157 = Rpfleger 1976, 243.
[2] Jonas/Pohle, ZwVNotrecht, §153a Anm. 2.

Einstellung der Zwangsverwaltung auf Insolvenzverwalterantrag 2.3 **§ 153b**

[Einstellung der Zwangsverwaltung auf Insolvenzverwalterantrag]

153b (1) Ist über das Vermögen des Schuldners das Insolvenzverfahren eröffnet, so ist auf Antrag des Insolvenzverwalters die vollständige oder teilweise Einstellung der Zwangsverwaltung anzuordnen, wenn der Insolvenzverwalter glaubhaft macht, daß durch die Fortsetzung der Zwangsverwaltung eine wirtschaftlich sinnvolle Nutzung der Insolvenzmasse wesentlich erschwert wird.

(2) Die Einstellung ist mit der Auflage anzuordnen, daß die Nachteile, die dem betreibenden Gläubiger aus der Einstellung erwachsen, durch laufende Zahlungen aus der Insolvenzmasse ausgeglichen werden.

(3) Vor der Entscheidung des Gerichts sind der Zwangsverwalter und der betreibende Gläubiger zu hören.

Literatur: Vallender, Zwangsversteigerung und Zwangsverwaltung im Lichte des neuen Insolvenzrechts, Rpfleger 1997, 353.

Allgemeines zu § 153 b

Zweck der Vorschrift ist Regelung der Erschwernisse, die sich bei Zwangsverwaltung eines zur Insolvenzmasse gehörenden Grundstücks ergeben können. Verwaltungsrechte des Insolvenzverwalters sollen für sinnvolle Nutzung der Insolvenzmasse durch Zwangsverwaltung nicht wesentlich erschwert werden.

Einstellung während eines Insolvenzverfahrens (Absatz 1)

2.1 Einstellung der Zwangsverwaltung rechtfertigt sich nur in besonderen Ausnahmefällen (§ 146 Rdn 6). Abs 1 ermöglicht sie für sinnvolle Nutzung der Insolvenzmasse zur Lösung des Konflikts zwischen den Rechten des Insolvenzverwalters zur Verwaltung der Insolvenzmasse (InsO § 80 Abs 1) und der Befugnis des Zwangsverwalters zur Verwaltung des Grundstücks (§ 152 Abs 1).

2.2 Einstellungsvoraussetzung ist Eröffnung des Insolvenzverfahrens (damit auch eines vereinfachten Verfahrens, InsO § 311) über das Vermögen des Schuldners, das ist der Eigentümer (§ 17 Abs 1 mit § 146 Abs 1) oder der Eigenbesitzer (§ 147). Das Grundstück muß damit als Gegenstand des Schuldnervermögens zur Insolvenzmasse gehören (InsO § 35). Gleich ist, ob die Zwangsverwaltung bei Eröffnung des Insolvenzverfahrens bereits anhängig war oder ob sie erst nach Eröffnung des Insolvenzverfahrens angeordnet wurde.

2.3 Einzustellen ist die Zwangsverwaltung insoweit, als sie die Tätigkeit des Insolvenzverwalters (Treuhänders, InsO § 313) ernsthaft behindert[1]. Es muß die **wirtschaftlich sinnvolle Nutzung** des Grundstücks für die Insolvenzmasse wesentlich erschwert sein (Abs 1). Damit genügt nicht schon, daß dem Insolvenzverwalter als Schuldner durch die Zwangsverwaltungsbeschlagnahme die Verwaltung und Benutzung des Grundstücks entzogen (§ 148 Abs 2), seine Verwaltungsbefugnis (InsO § 80 Abs 1) damit geschmälert ist, und das Grundstück nicht in Besitz nehmen (InsO § 148 Abs 1) oder behalten kann. Nutzung für die Insolvenzmasse erfordert, daß Gebrauchsvorteile, die das Grundstück bietet, für die Verwaltung der Insolvenzmasse (InsO § 148 Abs 1) Verwendung finden müssen. Erschwert ist die Nutzung des Grundstücks für die Insolvenzmasse durch Fortsetzung der Zwangsverwaltung daher nicht schon, wenn sich die Beschlagnahme nur auf Miet- oder Pachtzinsen erstreckt, Nutzung des Grundstücks durch den Zwangsverwalter sich damit allein in der Verwaltung und Geltendmachung sowie Einziehung dieser Ansprüche zur planmäßigen Zahlung an die Berechtigten erschöpft (so

---

[1] Begründung BT-Drucks 12/2443, Seite 177.

auch[2]). Erschwert sein kann die Nutzung des Grundstücks für die Insolvenzmasse hingegen, wenn ihr Bodenerzeugnisse (§ 21 Rdn 2.4) oder Gebrauchsvorteile (zB Möglichkeit des Gebrauchs als Lagerhalle, Lager- oder Parkplatz) zugute kommen würden. Es muß jedoch vorrangige Grundstücksnutzung für Zwecke der Insolvenzmasse wirtschaftlich sinnvoll und die Beeinträchtigung mit Fortsetzung der Zwangsverwaltung wesentlich sein. Das ist zB der Fall, wenn das Grundstück für die Fortführung eines Unternehmens benötigt wird. Nur unbedeutende (nur unerhebliche) Schmälerung oder bloß lästige Auswirkungen der Zwangsverwaltung auf die Verwaltungsrechte des Insolvenzverwalters haben somit nicht allgemein Vorrang vor den Rechten des Zwangsverwalters. Abwägung der Interessen des die Zwangsverwaltung betreibenden Gläubigers gegen die Interessen der Insolvenzgläubiger insgesamt (wie im Falle von § 30 d Abs 1 Satz 2) gebietet und erfordert § 153 b nicht; Wahrung der Interessen des Zwangsverwaltungsgläubigers soll Zahlungsauflage nach Abs 2 gewährleisten.

2.4 Anzuordnen ist die **Einstellung** der Zwangsverwaltung **vollständig** oder **teilweise.** Teilweise Einstellung kann Verwaltungsbefugnisse des Zwangsverwalters für einzelne beschlagnahmte Gegenstände, deren Verwaltung und Benutzung dem Insolvenzverwalter entzogen ist (§ 148) einschränken. Sie kann damit auch reale Teile des Grundstücks, wie zB ein Fabrikgebäude oder gewerblich nutzbare Räume oder Grundstücksflächen, der Verwaltungsbefugnis des Zwangsverwalters entziehen, für andere Grundstücksteile oder -flächen, so für vermietete Gebäudeteile, hingegen die Zwangsverwalterbefugnisse fortbestehen lassen.

3 Einstellungsantrag des Insolvenzverwalters (Absatz 1)

3.1 Angeordnet wird die Einstellung nur auf **Antrag** des Insolvenzverwalters (Treuhänders): Abs 1. Ein vorläufiger Insolvenzverwalter (InsO § 21 Abs 2 Nr 1, § 22) ist nicht antragsberechtigt. Bei Eigenverwaltung (InsO § 270) ist der verwaltungsberechtigte Schuldner antragsberechtigt.

3.2 Der **Antrag** kann schriftlich oder zur Niederschrift des Urkundsbeamten der Geschäftsstelle gestellt werden; es besteht kein Anwaltszwang. Fristgebunden ist der Antrag nicht. Daher kann Einstellungsantrag auch gestellt werden, wenn die Zwangsverwaltung nach Eröffnung des Insolvenzverfahrens zunächst noch einige oder auch längere Zeit fortgeführt wurde. Dann ist jedoch für Prüfung, ob durch die Zwangsverwaltung eine wirtschaftlich sinnvolle Nutzung der Insolvenzmasse wesentlich erschwert wird, auch zu erwägen, welche Umstände die Befugnisse des Zwangsverwalters erst zu diesem späteren Zeitpunkt einschränken oder ausschließen sollen. Zulässig ist der Antrag, sobald die Zwangsverwaltung angeordnet ist; nicht erforderlich ist Beschlagnahmewirksamkeit. Wird der Antrag auf nur teilweise Einstellung der Zwangsverwaltung gestellt, sind die Gegenstände zu bezeichnen, für die Verwaltungsbefugnisse des Zwangsverwalters eingeschränkt werden sollen (Rdn 2.4). Weitergehende Einstellung darf dann nicht erfolgen (ZPO § 308 Abs 1).

4 Einstellungsverfahren (Absätze 1 und 3)

4.1 Der Insolvenzverwalter hat die seinen Einstellungsantrag nach Abs 1 rechtfertigenden **Tatsachen vorzutragen.** Dieser Darlegungspflicht kommt er nicht schon nach, wenn er verallgemeinernd nur den Gesetzeswortlaut von Abs 1 vorträgt. Die Tatsachen, die bei Fortsetzung der Zwangsverwaltung eine wirtschaftlich sinnvolle Nutzung der Insolvenzmasse wesentlich erschweren, hat der Insolvenzverwalter **glaubhaft zu machen** (Abs 1; ZPO § 294), ohne daß dies vom Gericht noch gesondert verlangt werden müßte. Anordnungs- und Beitrittsgläubiger und der Zwangsverwalter sind vor der Entscheidung zu **hören** (Abs 3; Ver-

---

[2] Knees ZIP 2001, 1568 (1576).

Einstellung der Zwangsverwaltung auf Insolvenzverwalterantrag 5.2 § 153b

fahrensgrundsatz des rechtlichen Gehörs, GrundG Art 103 Abs 1; dazu Einl Rdn 46). Mündliche Verhandlung ist nicht vorgeschrieben (ZPO § 764 Abs 3 mit § 869), wäre aber möglich. Zurücknehmen kann der Insolvenzverwalter den Antrag bis zur Wirksamkeit der Entscheidung, im Beschwerdeverfahren auch noch bis zur Beschwerdeentscheidung (Berücksichtigung als neue Tatsache nach ZPO § 571 Abs 1).

4.2 Die Entscheidung über den Einstellungsantrag ergeht durch **Beschluß**. Er ist zu begründen (Einl Rdn 28). Eine Kostenentscheidung ist nicht zu treffen. Die Kosten des Einstellungsverfahrens sind Kosten der Zwangsvollstreckung[3] nach ZPO § 788 Abs 1 (wie Einl Rdn 39.2). Der Insolvenzverwalter hat sie als Massekosten vorweg zu berichtigen (InsO §§ 53, 55 Abs 1). Zugestellt werden muß der Einstellungsbeschluß dem Gläubiger und Zwangsverwalter, dem Insolvenzverwalter nur, wenn dem Antrag nicht voll entsprochen oder wenn Einstellung mit Auflagen nach Abs 2 angeordnet ist; sonst wird er dem Insolvenzverwalter nur (formlos) mitgeteilt (keine „einstweilige" Einstellung nach § 32).

4.3 Eine **einstweilige Anordnung** kann das Vollstreckungsgericht vor der Entscheidung nach ZPO § 732 Abs 2 (entspr Anwendung) erlassen. Angeordnet werden kann insbesondere, daß der Zwangsverwalter sich Besitz des Grundstücks (ganz oder teilweise) zunächst nicht verschaffen soll (§ 150 Abs 2) oder daß das Grundstück dem Insolvenzverwalter ganz oder teilweise vorläufig (gegen laufende Zahlungen aus der Insolvenzmasse, Abs 2) zur Nutzung zu überlassen ist.

Laufende Zahlungen aus der Insolvenzmasse (Absatz 2)   5

5.1 Dem betreibenden Gläubiger darf aus der Einstellung der Zwangsverwaltung kein Nachteil erwachsen. Die Einstellung ist nach Abs 2 daher ohne dahingehenden gesonderten Antrag des Gläubigers mit der **Auflage** anzuordnen, daß an den **Gläubiger laufende Zahlungen** aus der Insolvenzmasse zum Ausgleich der Nachteile zu leisten sind, die aus der Einstellung erwachsen. Nachteile erwachsen dem Gläubiger, wenn der Zwangsverwalter durch Vermietung oder Verpachtung oder auf sonstige Weise Nutzungen des Grundstücks erzielen würde, die bei Fortführung der Zwangsverwaltung laufende Zahlungen aus den Überschüssen (§ 155 Abs 2, §§ 157, 158) an den Gläubiger ermöglichen würden. Für Zahlungen, die der Gläubiger bei Einstellung aus den Nutzungen des Grundstücks (ganz oder teilweise) nicht erlangen kann, ist er aus der Insolvenzmasse mit Zahlungsanordnung nach Abs 2 zu entschädigen. Anzuordnen ist der Ausgleich der Nachteile durch laufende Zahlungen von der Einstellung an, nicht erst nach dem Berichtstermin oder sonst von einem späteren Zeitpunkt an[4].

5.2 Nachteile erwachsen dem Gläubiger durch die Einstellung **nicht,** wenn – und solange – er auch bei Fortsetzung der Zwangsverwaltung planmäßige Zahlungen aus den Überschüssen der Grundstücksnutzungen (§ 155 Abs 2, §§ 157, 158) nicht erhalten könnte. Das ist der Fall, wenn – und solange – Nutzungen des Grundstücks nur zur Deckung der Verwaltungsausgaben (§ 155 Abs 1) und besserrangiger Gläubigeransprüche ausreichen würden. Es ist daher durch vorausschauende Beurteilung nach billigem Ermessen zu erwägen, zu welcher Zeit und in welchem Umfang der Gläubiger bei Fortführung der Zwangsverwaltung nach den Umständen des Einzelfalls Zahlungen erlangen könnte. Als Nachteile sind durch laufende Zahlungen aus der Insolvenzmasse planmäßige Zahlungen auszugleichen, die bei Fortsetzung der Zwangsverwaltung (vorausschauend) möglich gewesen wären, infolge der Einstellung jedoch unterbleiben. Zum Vorteil soll die Einstellung dem Gläubiger mit weitergehenden Zahlungsanordnungen nicht gereichen.

---

[3] LG Mühlhausen Rpfleger 2002, 374.
[4] Knees ZIP 2001, 1568 (1576).

§ 153b 5.3 — Zwangsverwaltung

5.3 Die dem Gläubiger zu leistenden Zahlungen und die Fälligkeitszeitpunkte hat das **Vollstreckungsgericht zu bestimmen,** somit der Einstellungsbeschluß zu bezeichnen. Festzulegen hat die Zahlungen, die bei Fortsetzung der Zwangsverwaltung möglich gewesen wären, das Vollstreckungsgericht nach seinem Ermessen auf Grund des durch den Aktenstand ausgewiesenen Sachverhalts. Grundlage für Bemessung der der Beschlagnahme unterliegenden Forderungen und voraussichtlichen Einnahmen sowie der Ausgaben der Verwaltung (§ 155 Abs 1) bietet der Verwalterbericht (ZwVwV § 3); die vor dem Gläubiger in Rangklasse 4 des § 10 wegzufertigenden wiederkehrenden Leistungen weist der Teilungsplan aus, wenn er noch nicht aufgestellt ist ermöglicht die Grundbuchblattabschrift Anhalt für Bemessung. Erforderlichenfalls sind Besonderheiten des Einzelfalls von den Beteiligten vorzutragen; dem Gläubiger obliegt die Darlegungspflicht für Tatsachen, die Zahlungsbestimmung gebieten und für die Zahlungsbeträge sowie -zeiten erheblich sind, der Insolvenzverwalter hat die Darlegungspflicht für Umstände, die einer Zahlungsanordnung entgegenstehen oder Minderung der zu zahlenden Beträge gebieten. Für Nachweis muß (wie für Einstellung nach Abs 1) Glaubhaftmachung (ZPO § 294) genügen. Das Vollstreckungsgericht hat keine Ermittlungspflicht für nicht aktenkundige Tatsachen (anders[5]). Es kann auch nicht die Frage, ob der Gläubiger tatsächlich Zahlungen in der Zwangsverwaltung erhalten hätte, der Klärung zwischen dem Zwangsverwalter und dem (zahlungspflichtigen) Insolvenzverwalter überlassen werden (anders[6]), nicht zutreffend; es sind bei Einstellung laufende Zahlungen anzuordnen, damit durch das Vollstreckungsgericht zu bestimmen.

5.4 Auszugleichen sind durch laufende Zahlungen aus der Insolvenzmasse nur Nachteile, die dem **beitreibenden Gläubiger** aus der Einstellung erwachsen (Abs 2). Anordnung laufender Zahlungen auch an Berechtigte anderer (vorrangiger) Ansprüche, die Zahlungen bei planmäßiger Verteilung der Zwangsverwaltungsüberschüsse zu erhalten hätten (§ 155 Abs 2 mit § 157), ermöglicht Abs 2 nicht. Sie erleiden durch die Einstellung keine Nachteile als vollstreckende Gläubiger; Zahlungen auch an sie sind daher nicht vorgesehen. Nicht zu den Nachteilen des vollstreckenden Gläubigers gehören auch Ansprüche aus seinem Recht am Grundstück (oder einem vorrangigen anderen Grundstücksrecht), für die Anordnung der Zwangsverwaltung oder Beitritt zu dem Verfahren nicht erfolgt ist, die aber als laufende wiederkehrende Leistungen nach § 155 Abs 2 in der Zwangsverwaltung aus den Überschüssen wegzufertigen gewesen wären. Daher können auch laufende Zahlungen zur Wegfertigung solcher Ansprüche nicht angeordnet werden.

5.5 Einem (absonderungsberechtigten) Gläubiger, der dem Verfahren erst **nach Einstellung** der Zwangsverwaltung **beitritt,** können durch die Einstellung Nachteile erwachsen, weil ihm Erträgnisse des Grundstücks infolge der wegen des Änderungsbeschlusses (§ 157 Abs 1) erforderlichen Berücksichtigung nicht ausgezahlt werden können. Auch diesem Beitrittsgläubiger gebühren daher nach Abs 2 laufende Zahlungen aus der Insolvenzmasse zum Ausgleich der Nachteile. Das erfordert Ergänzung der bei Einstellung angeordneten Zahlungsauflage (§ 157 Abs 1 entspr).

5.6 Zu leisten hat der Insolvenzverwalter die Zahlungen **unmittelbar an den Gläubiger,** nicht an den Zwangsverwalter. Dieser hat Zahlungen auch nicht zur Weiterleitung an den Gläubiger entgegenzunehmen.

---

[5] Vallender Rpfleger 1997, 350 (355).
[6] Haarmeyer/Wutzke/Förster/Hintzen, Zwangsverwaltung, § 153b Rdn 16; Knees ZIP 2001, 1568 (1576).

Einstellung der Zwangsverwaltung auf Insolvenzverwalterantrag 7.3 § 153b

Mehrere Gläubiger

6.1 Einzustellen ist die Zwangsverwaltung auf Antrag des Insolvenzverwalters einheitlich für **alle** betreibenden **Gläubiger,** wenn Anordnungs- und Beitrittsgläubiger oder nur (noch) mehrere Beitrittsgläubiger die Zwangsverwaltung betreiben. Einstellung nur des Verfahrens eines der mehreren betreibenden Gläubiger ist unzulässig; sie könnte eine wirtschaftlich sinnvolle Nutzung des Grundstücks für die Insolvenzmasse nicht ermöglichen, weil die Zwangsverwaltung für die übrigen Gläubiger fortzuführen wäre.

6.2 Einstellung der Zwangsverwaltung auf Antrag des Insolvenzverwalters nach Abs 1 hält nur den Verfahrensfortgang auf; die Beschlagnahme bleibt bestehen (Rdn 7.1). Das Verfahren ist damit nicht aufgehoben (§ 161). Auf Antrag eines weiteren (absonderungsberechtigten) Gläubigers hat daher auch dessen **Beitritt** zu dem Verfahren zugelassen zu werden (§ 27 mit § 146 Abs 1). Mit dem Beitritt erlangt der weitere Gläubiger jedoch nur die Rechte des (betreibenden) Gläubigers (§ 27 Abs 2 mit § 146 Abs 1) in dem nach § 153b eingestellten Verfahren. Auch für ihn nimmt die Zwangsverwaltung daher keinen Fortgang; es bewendet bei der bereits angeordneten Einstellung des Verfahrens. Neue (nochmalige) Einstellung auch gegenüber dem (neuen) Beitrittsgläubiger erfordert Abs 1 nicht, erfolgt somit nicht.

Verfahrensstillstand bei Einstellung

7.1 Einstellung **hält** den **Fortgang** des nach Anordnung auf Gläubigerantrag von Amts wegen durchzuführenden (Einl Rdn 9.2) Verfahrens **auf**. Die Beschlagnahme (§ 22 mit § 148) bleibt bestehen. Der Zwangsverwaltungsvermerk bleibt eingetragen. **Verfahrenshandlungen unterbleiben** jedoch. Es bleibt auch der Zwangsverwalter (§ 150 Abs 1) im Amt; Verwaltungsrechte des Zwangsverwalters sind jedoch nicht wahrzunehmen. Er hat Handlungen zur Erhaltung und ordnungsgemäßen Nutzung des Grundstücks und zur Geltendmachung beschlagnahmter Ansprüche (§ 152 Abs 1) daher nicht vorzunehmen und Nutzungen des Grundstücks nicht zu vereinnahmen. Wenn mit Einstellung auch Miet- und Pachtzinsforderungen (ausnahmsweise, Rdn 2.3) der Befugnis des Zwangsverwalters entzogen sind, erstreckt sich darauf die Beschlagnahme (wie bei Freigabe durch den Gläubiger) vorübergehend nicht. Die Verwaltung und Benutzung des Grundstücks obliegt (wieder) dem Insolvenzverwalter, dessen Verwaltungsrecht (InsO § 80 Abs 1) infolge der Einstellung Vorrang hat. Damit entfällt für die Zeit der Einstellung auch ein Anspruch des Zwangsverwalters auf Vergütung. Bei nur teilweiser Einstellung bemißt sich die Verwaltervergütung nach den geminderten Miet- oder Pachteinnahmen oder nach dem eingeschränkten Umfang der Verwaltertätigkeit.

7.2 **Nutzungen** des Grundstücks, die der Zwangsverwalter bis zur Einstellung bereits erwirtschaftet hat, sind nach § 155 Abs 1 zu verwenden, Überschüsse sind nach dem Teilungsplan zu zahlen (§ 157). Dem Insolvenzverwalter gebühren Überschüsse nicht, weil das Verfahren nicht aufgehoben ist. Mieter und Pächter hat der Zwangsverwalter von der Einstellung des Verfahrens und dem damit wieder herbeigeführten Verwaltungsrecht des Insolvenzverwalters zu benachrichtigen. Rechnung hat der Zwangsverwalter nach § 154 zu legen.

7.3 Ist nur **teilweise Einstellung** der Zwangsverwaltung angeordnet, bestehen mit den Verwaltungsbefugnissen Rechte und Pflichten des Zwangsverwalters und des Insolvenzverwalters nebeneinander. In dem Umfang der Teileinstellung haben die Verwaltungsrechte des Insolvenzverwalters Vorrang, hat der Zwangsverwalter somit nicht tätig zu werden. Soweit Einstellung nicht angeordnet ist, bestehen die Verwaltungsrechte, damit auch die Pflichten, des Zwangsverwalters fort.

§ 153b 8 Zwangsverwaltung

8 Rechtsbehelfe

Rechtsbehelf bei Einstellung für Gläubiger, bei Zurückweisung des Antrags für Insolvenzverwalter, bei nur teilweiser Einstellung für beide: sofortige Beschwerde (ZPO § 793); anders[7]: unanfechtbar, somit nur befristete Erinnerung nach RPflG § 10 Abs 2). Sofortige Beschwerde findet ebenso statt, wenn Einwendungen gegen Anordnung oder Unterlassung der Zahlungsauflage nach Abs 2 erhoben werden. Sofortige Beschwerde ermöglicht in diesen Fällen ZPO § 793 (keine Beschränkung durch § 95; dort Rdn 4.2). Daß das im Gesetzgebungsverfahren nicht erkannt wurde[8], schließt das Beschwerderecht nicht aus: Bestimmung, daß die Beschwerde ausgeschlossen ist, wurde nicht getroffen.

[Fortsetzung der Zwangsverwaltung]

153c (1) **Auf Antrag des betreibenden Gläubigers hebt das Gericht die Anordnung der einstweiligen Einstellung auf, wenn die Voraussetzungen für die Einstellung fortgefallen sind, wenn die Auflagen nach § 153b Abs 2 nicht beachtet werden oder wenn der Insolvenzverwalter der Aufhebung zustimmt.**

(2) **Vor der Entscheidung des Gerichts ist der Insolvenzverwalter zu hören. Wenn keine Aufhebung erfolgt, enden die Wirkungen der Anordnung mit der Beendigung des Insolvenzverfahrens.**

1 Allgemeines zu § 153c

Zweck der Vorschrift ist Regelung der zur Fortsetzung der Zwangsverwaltung erforderlichen Aufhebung und Beendigung der Verfahrenseinstellung infolge Eröffnung des Insolvenzverfahrens nach § 153b.

2 Aufhebung der Einstellung (Absatz 1)

2.1 Einstellung der Zwangsverwaltung nach Eröffnung des Insolvenzverfahrens kann nur Wirksamkeit behalten, solange die sachlichen Schutzvoraussetzungen dieses Sonderfalls bestehen. Wenn sie weggefallen sind, ist daher die Fortsetzung der Zwangsverwaltung zu ermöglichen.

2.2 Fortsetzung eines eingestellten Zwangsverwaltungsverfahrens erfolgt nur auf **Antrag** des Gläubigers. Sie erfordert Aufhebung der Einstellung (Abs 1) durch das Vollstreckungsgericht. Die Einstellung tritt somit nicht ohne weiteres außer Kraft. Wenn mehrere Gläubiger von der Einstellung betroffen sind (§ 153b Rdn 6.1) genügt für Aufhebung der Einstellung Antrag eines dieser Gläubiger. Zurückgenommen werden kann der Antrag bis zur (Wirksamkeit der) Aufhebung, im Beschwerdeverfahren auch noch bis zur Beschwerdeentscheidung (Berücksichtigung als neue Tatsache, ZPO § 571 Abs 2).

2.3 Aufzuheben ist die (vollständige oder teilweise) Einstellung der Zwangsverwaltung, wenn (Abs 1)
– die Voraussetzungen für die Einstellung fortgefallen sind,
– eine Auflage nach § 153b Abs 2 nicht beachtet wird,
– der Insolvenzverwalter zustimmt.

2.4 Fortgefallen sind die Voraussetzungen für die Einstellung, wenn durch die Fortsetzung der Zwangsverwaltung eine wirtschaftlich sinnvolle Nutzung der Insolvenzmasse nicht mehr wesentlich erschwert wird (hierzu § 153b Rdn 2.3). Al-

---

[7] Haarmeyer/Wutzke/Förster/Hintzen, Zwangsverwaltung, § 153b Rdn 10; nicht richtig, siehe § 95 Rdn 4.2.
[8] Siehe Bericht des Rechtsausschusses, BT-Drucks 12/7303, Seite 109.

Fortsetzung der Zwangsverwaltung **4.1 § 153c**

lein das Interesse des Insolvenzverwalters, der das Grundstück für die Insolvenzmasse nicht mehr (sinnvoll) nutzt, seine Verwaltungsrechte aufrechtzuerhalten, rechtfertigt Fortdauer der Einstellung nicht.

2.5 Auflagen nach § 153b Abs 2 sind **nicht beachtet,** wenn angeordnete laufende Zahlungen aus der Insolvenzmasse nicht geleistet sind. Das ist auch der Fall, wenn eine fällige Leistung nicht pünktlich oder nur teilweise gezahlt wurde. Gleich ist es, worauf die Nichterfüllung der Auflage beruht. Nichterfüllung der Auflage als Aufhebungsgrund wird durch nachträgliche Zahlung (Leistung vor Entscheidung über den Aufhebungsantrag des Gläubigers) nicht rückgängig gemacht; das Aufhebungsverfahren ist kein Druckmittel zur Herbeiführung der Zahlungen. Hat jedoch der Gläubiger eine verspätete Zahlung widerspruchslos angenommen, dann kann später ein Aufhebungsantrag auf diesen Zahlungsverzug nicht mehr gestützt werden.

2.6 Zustimmung des Insolvenzverwalters ermöglicht Aufhebung der Einstellung, weil sie auf seinen Antrag erfolgt ist und ihm daran gelegen sein kann, die zunächst eingestellte Grundstückszwangsverwaltung zur abgesonderten Gläubigerbefriedigung fortzuführen. Zurückgenommen werden kann die Zustimmung bis zur Wirksamkeit der aufhebenden Entscheidung, im Beschwerdeverfahren auch noch bis zur Beschwerdeentscheidung (Berücksichtigung als neue Tatsache; ZPO § 571).

2.7 Nur **teilweise Aufhebung** kann ebenso angeordnet werden wie teilweise Einstellung möglich ist (§ 153b Rdn 2.4).

Aufhebungsverfahren (Absatz 2 Satz 1) 3

3.1 Vor Entscheidung über den Gläubigerantrag auf Aufhebung des Verfahrens ist der **Insolvenzverwalter zu hören:** Abs 2 Satz 1. Die Zustimmung des Insolvenzverwalters ist dem Vollstreckungsgericht (schriftlich oder zur Niederschrift der Geschäftsstelle) zu erklären. Sonst ist der Gläubiger für den Fortfall der Voraussetzungen der Einstellung darlegungspflichtig. Daß er seinen Tatsachenvortrag, wenn er vom Insolvenzverwalter bestritten wird, glaubhaft macht (ZPO § 294), muß genügen (Folge von § 153b Abs 1).

3.2 Das Vollstreckungsgericht entscheidet durch **Beschluß.** Anzuordnen ist die Aufhebung der Einstellung. Bei nur teilweiser Aufhebung der Einstellung ist anzugeben, für welche beschlagnahmte Gegenstände (in welchem Umfang) die Einstellung fortbestehen soll. Der Beschluß ist zu begründen (Einl Rdn 28). Eine Kostenentscheidung ist nicht zu treffen. Zuzustellen ist der Aufhebungsbeschluß dem Insolvenzverwalter und dem Zwangsverwalter, dem Gläubiger nur, wenn dem Antrag nicht voll entsprochen ist; sonst wird er dem Gläubiger nur (formlos) mitgeteilt. Er wird auch weiteren Beschlagnahmegläubigern, die Aufhebungsantrag nicht gestellt haben, mitgeteilt.

Aufhebungswirkungen 4

4.1 Mit Aufhebung der Einstellung nimmt das Zwangsverwaltungsverfahren mit dem ursprünglichen Beschlagnahmezeitpunkt (§ 153b Rdn 7.1) seinen **Fortgang.** Der Zwangsverwalter, der noch im Amt ist (§ 153b Rdn 7.1), hat sich den Besitz des Grundstücks wieder zu verschaffen (§ 150 Abs 2); er hat seine Verwaltungsaufgaben (§ 152) wieder wahrzunehmen. Die Beschlagnahme erstreckt sich wieder auf Miet- und Pachtforderungen (§ 148 Abs 1 Satz 1; dort Rdn 2.3). Mietern und Pächtern gegenüber wird die mit Aufhebung der Einstellung wieder fortwirkende Beschlagnahme wirksam, wenn ihnen die Aufhebung der Einstellung bekannt wird oder wenn ihnen auf Antrag ein Zahlungsverbot zugestellt wird (§ 22 Abs 2 Satz 2 mit § 146 Abs 1). Ein bereits festgestellter Teilungsplan ist nach der Zahlungsanweisung des Gerichts auszuführen (§ 157 Abs 1). Wenn die Einstellung mit Zah-

§ 153c 4.1

lungsauflagen angeordnet war (§ 153b Abs 2), muß aber für Änderung der Zahlungsanordnung (§ 157 Abs 1 Satz 1 entspr) der Betrag der noch bestehenden Gläubigerforderung festgestellt werden.

4.2 Aufhebung der Einstellung nach Fortfall der Einstellungsvoraussetzungen oder infolge Nichtbeachtung der Auflage schließt nicht aus, daß auf neuerlichen Antrag des Insolvenzverwalters nach § 153b Abs 1 **erneut die Einstellung** der Zwangsverwaltung angeordnet wird. Es kann auch durch die Fortsetzung der Zwangsverwaltung nach Aufhebung der Einstellung eine wirtschaftlich sinnvolle Nutzung der Insolvenzmasse wesentlich erschwert werden. Daß dann nochmalige (wiederholte) Einstellung ausgeschlossen wäre, ist nicht bestimmt. Einstellung kann jedoch nur bei Änderung der Sachlage wieder erfolgen. Es müssen die Voraussetzungen für die Einstellung neuerlich entstanden sein oder infolge geänderter Umstände fortlaufende Zahlungen zum Ausgleich der Nachteile des betreibenden Gläubigers sicher gewährleistet sein. Solche Besonderheiten können, weil es sich um Ausnahmefälle handelt, nur bei Anlegung eines strengen Maßstabes angenommen werden.

5 Beendigung des Insolvenzverfahrens (Abs 2 Satz 1)

Die **Wirkungen** der Einstellung **enden,** wenn Aufhebung nach Abs 1 nicht erfolgt ist, **mit Beendigung des Insolvenzverfahrens:** Abs 2 Satz 2. Beendigung kann mit Aufhebung (InsO § 200 Abs 1, § 258 Abs 1) oder Einstellung (InsO § 207 Abs 1, §§ 212, 213) erfolgen. Das Zwangsverwaltungsverfahren nimmt damit seinen Fortgang. Dem Zwangsverwalter ist von der Beendigung des Insolvenzverfahrens Kenntnis zu geben; ist sie ihm vor Verständigung durch das Vollstreckungsgericht bekannt geworden, hat er diesem Nachricht zu geben. Der Zwangsverwalter hat seine Rechte und Pflichten (ohne gesonderte Anordnung des Vollstreckungsgerichts) wieder wahrzunehmen. Ihm kann aber auch Weisung zur Weiterführung seiner Aufgaben erteilt werden (§ 153 Abs 1). Einzelheiten: wie Rdn 4.1. In dem fortdauernden Zwangsverwaltungsverfahren ist der Schuldner wieder selbst Verfahrensbeteiligter. Mit Freigabe des Grundstücks aus der Insolvenzmasse durch den Insolvenzverwalter enden die Wirkungen der Einstellung wie bei Aufhebung des Insolvenzverfahrens (vgl auch § 30 f Rdn 2–6).

[Verantwortlichkeit und Rechnungslegung]

154 Der Verwalter ist für die Erfüllung der ihm obliegenden Verpflichtungen allen Beteiligten gegenüber verantwortlich. Er hat dem Gläubiger und dem Schuldner jährlich und nach der Beendigung der Verwaltung Rechnung zu legen. Die Rechnung ist dem Gericht einzureichen und von diesem dem Gläubiger und dem Schuldner vorzulegen.

Literatur: Mohrbutter, Zur Haftung des Zwangsverwalters, ZIP 1980, 169; Mohrbutter, Zum Beteiligtenbegriff der Zwangsverwalterhaftung, KTS 1987, 47; Mohrbutter, Anpassung des Haftungsrechts für den Zwangsverwalter an die Entwicklung im Konkursrecht, KTS 1988, 465.

1 Allgemeines zu § 154

1.1 Zweck der Vorschrift: Regelung der Verantwortlichkeit und Regelung der Rechnungslegungspflicht.

1.2 Die Haftungsvorschrift gilt im Rahmen ihrer Pflichten und Zuständigkeit auch für die **Aufsichtsperson,** die einem Schuldner-Zwangsverwalter bestellt wird (§ 150c).

Verantwortlichkeit und Rechnungslegung 2.3 **§ 154**

Haftung des Zwangsverwalters (Satz 1)

2.1 Der Zwangsverwalter – ob normal bestellt (§ 150), ob Institutsverwalter (§ 150 a), ob Schuldner-Zwangsverwalter (§ 150 b) – ist für die Erfüllung der ihm obliegenden Verpflichtungen **allen Beteiligten gegenüber** verantwortlich: Satz 1. Diese Verantwortlichkeit begründet eine **Eigenhaftung** des Zwangsverwalters für Pflichtverletzungen (persönliche Haftung mit seinem Vermögen). Als Haftungsbestimmung hat § 154 daher nichts damit zu tun, daß der Zwangsverwalter mit Wahrnehmung seiner Rechte und Pflichten Verwaltungsausgaben verursacht, die aus den Nutzungen des Grundstücks vorweg zu decken sind (§ 155 Abs 1). Die Haftung des Schuldners mit der verwalteten Masse für die Verwaltungsausgaben befreit den Zwangsverwalter nicht von seiner persönlichen Verantwortlichkeit nach § 154; für Beteiligte besteht die persönliche Verwalterhaftung neben der Berechtigung, Deckung aus den Nutzungen des Grundstücks zu beanspruchen. **Beamter** ist der Zwangsverwalter nicht; er untersteht daher nicht Vorschriften über Haftung des Staates an Stelle seines Beamten. Eine zusammenfassende Darstellung über die Haftung des Zwangsverwalters bringt[1].

2.2 Beteiligte, denen der Zwangsverwalter haftet, sind nur die nach § 9 am Verfahren Beteiligten[2]. Nach weitergehender Ansicht[3] (auch[4]) sollen in entsprechender Heranziehung der Grundsätze zu KO § 82 (nun InsO § 60 Abs 1 Satz 1) als „Beteiligte" alle einbezogen werden, zu denen der Verwalter kraft der Zwangsverwaltung in rechtliche Beziehungen tritt, die somit in irgend einer Weise mit dem Verfahren in Berührung kommen. Dem ist nicht zu folgen. Auch eine Eigenhaftung des (vormaligen) Konkursverwalters kam nur in Betracht, wenn er sich aus der (früheren) Konkursordnung ergebende Pflichten verletzt hat[5]. Weil er konkursspezifische Pflichten auch gegenüber Dritten zu erfüllen hatte, die sich nicht am Verfahren beteiligten, konnte er auch solchen Personen haften. Stellung, Aufgaben und damit Pflichten des Zwangsverwalters beziehen und beschränken sich auf das beschlagnahmte Grundstück (§ 152), sind somit von anderer Art. Ihm obliegen auf Grund seines Amtes keine Pflichten gegenüber Dritten, die am Grundstück nicht berechtigt und am Verfahren nicht beteiligt sind. Welche Pflichten dem Zwangsverwalter als Verhandlungs-, Vertrags- und Geschäftspartner gegenüber Dritten obliegen, ergeben nicht die Bestimmungen des ZVG, sondern die allgemeinen Vorschriften (so auch für den Konkursverwalter[5]). Das gilt auch für Pflichten gegenüber Mietern und Pächtern, die schuldrechtlicher Natur sind (§ 152 Abs 2); eine Haftung begründet § 154 daher auch bei Verletzung solcher Pflichten gegenüber einem (mit Anmeldung, § 9 Nr 2) am Verfahren beteiligten Mieter oder Pächter nicht (Vertragspflichten gegenüber dem Mieter/Pächter hat der Zwangsverwalter nicht auf Grund seines Amtes als verwalterspezifische Pflicht, sondern obligatorisch infolge der Wirksamkeit des Miet- oder Pachtvertrags[6], § 152 Abs 2). Haftung des Zwangsverwalters aus anderen Rechtsgründen, zB aufgrund unerlaubter Handlung, schließt § 154 nicht aus ([7]für Konkursverwalter).

2.3 Zunächst haftet der Zwangsverwalter dem **Vollstreckungsschuldner:** Satz 1. Es ist ein Grundsatz des deutschen Rechts, daß ein durch Hoheitsakt bestellter Verwalter fremden Vermögens, damit auch der Zwangsverwalter, vor allem gegen-

---

[1] Mohrbutter, Haftung des Zwangsverwalters (Festschrift Verlag Heymann, 1965).
[2] BGH 109, 171 = MDR 1990, 335 = NJW 1990, 454 = Rpfleger 1990, 132; OLG Köln ZIP 1980, 102 und NJW 1956, 835 = VersR 1956, 229; OLG Schleswig NJW-RR 1986, 1498.
[3] KG Berlin OLG 16, 344; Mohrbutter, Handbuch des Vollstreckungsrechts, § 54 (II); Mohrbutter ZIP 1980, 169 und KTS 1987, 47.
[4] OLG Hamm ZIP 1989, 1592.
[5] BGH 100, 346 = MDR 1987, 667 = NJW 1987, 3133 = Rpfleger 1987, 382; BGH MDR 1990, 621 = NJW-RR 1990, 411.
[6] LG Berlin NJW-RR 1991, 528.
[7] BGH NJW-RR 1988, 89 = Rpfleger 1987, 516.

über dem Inhaber des Vermögens zu einer ordnungsgemäßen Verwaltung verpflichtet ist und für schuldhafte Verletzung dieser Verpflichtungen dem Vermögensinhaber haftet[8]; zwischen dem Verwalter und dem Vermögensinhaber besteht ein gesetzliches Schuldverhältnis, das eine Geschäftsbesorgung zum Gegenstand hat[8]. Dem Schuldner haftet der Zwangsverwalter persönlich für Vorsatz und Fahrlässigkeit[9]: BGB § 276. Er haftet ihm aber auch aus unerlaubter Handlung: BGB §§ 823–826.

2.4 Der Zwangsverwalter haftet auch **allen übrigen Beteiligten**: Satz 1. Auch ihnen haftet er persönlich gemäß BGB § 276 für Vorsatz und Fahrlässigkeit[9], aber auch ihnen aus unerlaubter Handlung. Dabei haftet er für die im Verkehr erforderliche Sorgfalt, nicht für die verkehrsübliche. Gegenüber den Gläubigern haftet er nur für die Zeit, in der jeweils der Gläubiger das Verfahren betrieben hat. Er haftet auch den Beteiligten, die durch Nicht-Glaubhaftmachen ihre Rechte wieder verloren haben (§ 9 Rdn 4). Geltendmachung der Rechte der Beteiligten auf die der Zwangsverwaltungsmasse gehörende Ersatzleistung (sogen Gemeinschaftsschaden) durch den neuen Zwangsverwalter gegen den haftenden früheren Verwalter siehe § 152 Rdn 11.2.

2.5 a) Der Zwangsverwalter haftet nach allgemeinen Grundsätzen (nicht aus Satz 1; Rdn 2.2) gegenüber **Personen, die nicht am Verfahren beteiligt** sind, und zwar vertraglich oder aus unerlaubter Handlung. Er haftet allen, die in Rechtsbeziehungen zu ihm treten[10] (anders[11]). Schließt er einen durch Masseneinkünfte nicht erfüllbaren Vertrag, so haftet er für den Vertrauensschaden (BGB § 249). Er haftet gegenüber allen, denen gegenüber er Pflichten zu erfüllen hat. Bei einer nach dem Zuschlag noch fortgeführten Zwangsverwaltung haftet er auch gegenüber dem Ersteher[12], der nicht Beteiligter ist. Für die Zeit nach der Aufhebung der Zwangsverwaltung haftet er für die Abwicklungsgeschäfte aus unerlaubter Handlung.

b) Der Verwalter haftet insbesondere, wenn er einen **Betrieb** auf dem Grundstück fortführt, solchen Gläubigern, mit denen er zur Fortführung des Betriebes notwendige Geschäfte abgeschlossen hat, vertraglich[13]. Er haftet auch für die **Verkehrssicherheit** des Grundstücks, für die jeder Verwalter fremden Vermögens aus BGB § 838 einzustehen hat[13]. Er haftet auch für die Sozialversicherungsbeiträge der Arbeiter des Gewerbebetriebes eines zwangsverwalteten Grundstücks[14], falls er diesen Betrieb fortführt (anders[15]: nur dann, wenn der Versicherungsträger Beteiligter sei, also beigetreten oder grundbuchmäßig gesichert). Einleitung und Führung eines Rechtsstreits begründet hingegen gegenüber dem Prozeßgegner keine Verwalterpflicht zur Prüfung hinreichender Erfolgsaussichten von Klage (oder Rechtsmittel[16]); § 154 begründet daher keine Verwalterpflicht, zum Schutz des Kosteninteresses des Prozeßgegners bei unzulänglicher Masse von dem Rechtsstreit abzusehen. Eine (persönliche) Ersatzpflicht des Zwangsverwalters für einen gegnerischen Kostenschaden bei unzulänglicher Masse kann sich bei Hinzutreten besonderer Umstände aber aus BGB § 826 ergeben[16].

---

[8] BGH 24, 393 = MDR 1957, 734 mit Anm Pohl = NJW 1957, 1361.
[9] OLG Nürnberg KTS 1966, 114 = OLGZ 1966, 317.
[10] LG Itzehoe MDR 1956, 177; Jaeckel/Güthe § 154 Rdn 1; Drischler Rpfleger 1957, 212; Mohrbutter KTS 1956, 107; Simon MDR 1957, 203.
[11] RG 97, 11; OLG Köln NJW 1956, 835 = VersR 1956, 229.
[12] OLG Frankfurt OLG Rep 2002, 353.
[13] BGH 21, 285 = JZ 1956, 761 mit Anm Lent = MDR 1958, 329 mit Anm Bötticher = NJW 1956, 1598.
[14] Mohrbutter KTS 1956, 107.
[15] OLG Köln NJW 1956, 835 = aaO.
[16] BGH 148, 175 = MDR 2001, 1316 = NJW 2001, 3187 mit Nachw (für damaligen Konkursverwalter).

Verantwortlichkeit und Rechnungslegung　　　3.2　**§ 154**

c) Für **Hilfspersonen,** deren er sich zur Erfüllung seiner Verbindlichkeiten bedient, haftet der Zwangsverwalter nach BGB § 278. Er muß die Verwaltung an sich persönlich durchführen, darf sie nicht anderen Personen überlassen. Für andere Hilfskräfte (Hausverwalter, Gutsverwalter, Förster, landwirtschaftliche Arbeiter usw) haftet er nach BGB § 831. Alle Hilfskräfte muß er mit der erforderlichen Sorgfalt auswählen und überwachen.

2.6 Der Zwangsverwalter haftet aber nur für einen Schaden, der sich auf die Verletzung seiner Pflichten **adäquat** zurückführen läßt, zB wenn er einen Mietraum an einen Mieter überläßt, dessen Zahlungsunfähigkeit ihm bekannt ist, oder wenn er einen Anspruch auf Herabsetzung einer Grundstückslast nicht durchsetzt und hierdurch die nicht mehr zum Zuge kommenden Beteiligten oder den Vollstreckungsschuldner schädigt. Beweispflichtig ist, wer Schadensersatz begehrt.

2.7 Für **Klagen** gegen den Zwangsverwalter ist der Gerichtsstand nach ZPO § 31 gegeben.

2.8 Die **Haftung** des Zwangsverwalters **entfällt,** wenn er eine Anweisung des Vollstreckungsgerichts befolgen mußte, es sei denn, daß er deren Gesetz- oder Pflichtwidrigkeit erkannte oder erkennen mußte. Falls das Vollstreckungsgericht seine Aufsichtspflicht aus § 153 verletzt, haftet es seinerseits wegen Verletzung der Amtspflicht.

2.9 Rechtsirrtum entlastet den Zwangsverwalter nur, wenn er entschuldbar ist. Fahrlässig handelt der Verwalter, wenn er gesetzliche Vorschriften nicht beachtet oder eine klare Rechtslage falsch beurteilt oder wenn er in Zweifelsfällen keine Anweisung des Gerichts einholt.

2.10 Der Schadensersatzanspruch gegen den Zwangsverwalter aus Abs 1 **verjährt** (entsprechend BGB § 195) in drei Jahren[17]. Der Verwalter kann nach seiner Schlußabrechnung von den Gläubigern und dem Vollstreckungsschuldner eine Anerkennung seiner Rechnungslegung verlangen und damit die Ersatzansprüche, die sich aus der Abrechnung ergeben oder bis dahin geltend gemacht werden konnten, für die Zukunft ausschließen. Diese Anerkennung der Schlußabrechnung ist wohl auch durch schlüssiges Verhalten (Nichterklärung trotz ausdrücklicher Aufforderung) möglich. Allerdings genügt dafür nicht die bei jeder Rechnungslegung des Verwalters übliche Mitteilung des Gerichts an die Beteiligten, daß die Rechnungslegung eingesehen werden könne, auch nicht die gerichtliche Abnahme der Rechnung.

Masseverwaltung, Rechnungsunterlagen (ZwVwV §§ 13–15)　　　3

3.1 Bargeld soll der Zwangsverwalter nur in kleinen Beträgen vorrätig haben, schon wegen des Zinsverlustes und der Gefahr durch Feuer oder Einbruch. Er hat es und den unbaren Massebestand von anderen Geldern, eigenen wie fremden, getrennt zu halten (ZwVwV § 13 Abs 1). Ein Zwangsverwalter-Anwalt darf es also nicht in der allgemeinen Kanzleikasse verwahren. Vermengung der Verwaltungsgelder mit eigenen Beständen des Zwangsverwalters (auch Belassung der Verwaltungsgelder auf einem allgemeinen Geschäftskonto über längere Zeit) wäre pflichtwidrig. Es gibt Verwalter, die ohne Barbestand auskommen, indem sie auch kleinere Ausgaben durch Zahlungsanweisung aus dem Konto begleichen.

3.2 Für **jede** Zwangsverwaltung hat der Verwalter ein Girokonto bei einem Geldinstitut als **Treuhandkonto** einzurichten, über das der Zahlungsverkehr abzuwickeln ist (ZwVwV § 13 Abs 2). Größere Geldbestände, die voraussichtlich erst später benötigt werden (zB die eines Halbjahres- oder Jahresabschlags bei dinglichen Rechten), sind auf Treuhandkonto (ZwVwV § 13 Abs 2 Satz 1) bei einem Geldinstitut verzinslich anzulegen. Als sachgerechte Anlageform ist die Festgeldan-

---

[17] OLG Hamm ZIP 1989, 1592.

§ 154 3.2 Zwangsverwaltung

lage geboten (Begründung BR-Drucks 842/03 S 14). Vorteilhafte Zinskonditionen anderer Anlageformen, die rechtzeitige Verfügbarkeit gewährleisten, sind wahrzunehmen. Ein Kurs- oder Währungsrisiko darf bei Anlage nicht eingegangen werden.

3.3 Der Zwangsverwalter hat ordnungsgemäß **Buch** zu führen (ZwVwV § 13 Abs 3 Satz 1 mit Einzelheiten). Die Buchführung kann selbstverständlich auch im EDV-Weg eingerichtet sein. Die Buchführung ist eine um die Solleinnahmen ergänzte Einnahmenüberschußrechnung (ZwVwV § 14 Abs 1). Gliederung der Einnahmen und Ausgaben: ZwVwV § 15. Alle Einnahmen und Ausgaben sind **schriftlich zu belegen,** auch eigene Entnahmen für Vergütung und Auslagenersatz (Eigenbeleg).

3.4 Alle zu einer Zwangsverwaltung gehörenden **Schriftstücke** sind in Akten zu sammeln, für jede Verwaltung getrennt, Zahlungsbelege gesondert. Für nicht in Schriftstücken enthaltene Vorgänge sind Aktenvermerke anzulegen.

4 Rechnungslegung des Zwangsverwalters (Sätze 2 und 3); Auskunft

4.1 Der Zwangsverwalter hat Rechnung zu legen: Satz 2. Dies geschieht nicht gegenüber dem Gericht, sondern **gegenüber betreibenden Gläubigern und Vollstreckungsschuldner:** Satz 2. Andere Beteiligte haben kein Recht auf Rechnungslegung[18] (anders[19]), aber sie können Einsichtnahme in die Abrechnung verlangen. Gläubiger, die bereits befriedigt sind, haben kein Recht auf Rechnungslegung; doch verlangt hier das Gericht Schlußrechnung.

4.2 Die **Rechnungslegung** hat **jährlich** (Jahresrechnung) nach Kalenderjahren oder mit Zustimmung des Gerichts nach abweichenden Verwaltungsjahren zu erfolgen (ZwVwV § 14 Abs 2). Nach Beendigung des Verfahrens ist für den letzten Verwaltungsabschnitt Schlußrechnung zu legen (ZwVwV § 14 Abs 3); sie wird zweckmäßig mit der Endabrechnung nach vollständiger Beendigung der Verwaltertätigkeit (ZwVwV § 14 Abs 4) verbunden.

4.3 Der grundsätzliche **Inhalt** der Rechnungslegung ergibt sich aus BGB § 259: eine geordnete Zusammenstellung der Einnahmen und Ausgaben enthaltende Rechnung mit Belegen, soweit solche erteilt zu werden pflegen (BGB § 259 Abs 1). Wenn Grund zur Annahme besteht, daß die Angaben über die Einnahmen nicht mit der erforderlichen Sorgfalt gemacht sind, hat der Zwangsverwalter auf Verlangen der Gläubiger oder des Schuldners die Offenbarungsversicherung zu leisten (BGB § 259 Abs 2). Möglich ist dies, wenn er dazu bereit ist, vor dem Vollstreckungsgericht. Erzwingen läßt es sich nur im Prozeßweg, nicht durch Zwangsgeld im Zwangsverwaltungsverfahren selbst. Das Verfahren richtet sich nach ZPO § 889.

4.4 Die Abrechnung muß **dem Vollstreckungsgericht eingereicht** werden. Mit jeder Abrechnung sind dem Gericht die Kontoauszüge und (zur Überprüfung) die Rechnungsbelege einzureichen (ZwVwV § 13 Abs 3 Satz 4). Das Gericht hat die Abrechnung dem Schuldner und Gläubiger (nicht an anderen Beteiligten) vorzulegen (Satz 3). Das Gericht vermittelt also die Vorlage. Es muß den Zwangsverwalter notfalls durch Zwangsgeld zur fristgemäßen Vorlage anhalten. Das schließt Geltendmachung eines Anspruchs auf Rechnungslegung im Klageweg aus (hierzu[20]; anders[21]). Rechnerisch und sachlich durchgeprüft wird die Abrechnung vom Rechtspfleger. Er hat den Verwalter anzuhalten, Unvollständiges und Unklares zu beseitigen. Gegen Pflichtwidrigkeiten hat das Vollstreckungsgericht einzuschreiten; in die Handlungsfreiheit des Zwangsverwalters, der die Verwaltung

---

[18] OLG Hamburg KTS 1986, 513 = NJW-RR 1986, 1186.
[19] Dassler/Muth § 154 Rdn 11.
[20] OLG Hamburg KTS 1986, 513 = NJW-RR 1986, 1186.
[21] OLG Celle OLGRep 1996, 263 = NdsRpfl 1997, 25.

selbständig führt, darf bei Rechnungsprüfung jedoch nicht eingegriffen werden (vgl § 153 Rdn 2.3). Der Zwangsverwalter darf daher nicht unter Androhung von Zwangsgeld zum Schadensersatz aufgefordert werden ([22]für früheren Konkursverwalter). Zur Besprechung der Abrechnung kann auch ein Termin mit Verwalter, Schuldner und Gläubiger abgehalten werden, wobei alle Streitpunkte genau zu protokollieren sind.

4.5 Zu unterscheiden ist zwischen der **Abnahme** einer Rechnungslegung und der Anerkennung ihrer Richtigkeit. Abnahme ist die formelle Erklärung des Vollstreckungsgerichts, des Schuldners und der Gläubiger, daß die Rechnung im Sinne von BGB § 259 (rechnerisch richtig, vollständig) formell nicht zu beanstanden sei. Damit wird aber die sachliche Richtigkeit nicht anerkannt, der Verwalter nicht „entlastet". Bei Beanstandungen hat das Gericht vermittelnd einzugreifen und mit den Beteiligten zu klären, ob es im Aufsichtsweg einschreiten (bei Beanstandung Erinnerung[23], siehe § 152 Rdn 3.8) oder den Beteiligten nach Rechnungslegung den Prozeßweg zur Geltendmachung eines aus Pflichtverletzung des Zwangsverwalters herrührenden Anspruchs überlassen will. In der Regel geht es ohne Prozeß.

4.6 Das **Schweigen** von Gläubigern und Schuldner gilt nicht ohne weiteres als Anerkennung der Richtigkeit. Es ist aber anzunehmen, daß dem Recht von Gläubiger und Schuldner auf Rechnungslegung auch ein Recht des Zwangsverwalters auf klare Verhältnisse entspricht, daß also Gläubiger und Schuldner verpflichtet sind, sich darüber zu erklären, ob sie die Rechnung anerkennen oder was sie beanstanden (anders[24]). Äußern sich diese nicht binnen angemessener Frist, so wird man annehmen können, daß sie die Abrechnung anerkennen (anders[24]). Das Gericht wird zweckmäßig mit der Nachricht, daß die Abrechnung vorliege, eine Frist setzen[25] und auf Klärung hinwirken. Später, insbesondere wenn das Zwangsverwaltungsverfahren beendet ist, kann der Verwalter in der Regel nicht mehr nachweisen, daß eine beanstandete Handlung richtig und zweckmäßig gewesen sei. Eine ausdrückliche „Entlastung" durch das Gericht erfolgt nicht[25].

4.7 Das Gesagte gilt für die jährliche Abrechnung wie für die **Schlußrechnung.** Die Schlußrechnung kann auch nach dem offiziellen Verfahrensende das Gericht noch erzwingen, prüfen und an die Gläubiger sowie Schuldner übermitteln[26]; denn das ZVG sagt: „... und nach Beendigung der Verwaltung" (Satz 2). Das muß auch gelten, wenn der Zwangsverwalter entlassen wurde; führt das hier nicht zum Ziel, so müssen Gläubiger oder Schuldner gegen den entlassenen Verwalter auf Rechnungslegung klagen, da der neue Verwalter nicht die Rechnungslegung des früheren nachholen kann (dazu auch § 153 Rdn 3).

4.8 Die **Rechnungsunterlagen** werden, wenn oder soweit die Beteiligten keine Einwendungen gegen die Geschäftsführung und Rechnungslegung des Zwangsverwalters erheben, diesem **zurückgegeben.**

4.9 Auskunft über den Sachstand hat der Zwangsverwalter auf „Antrag" von Gläubiger oder Schuldner auch zwischen den Zeiten der Rechnungslegung zu erteilen (ZwVwV § 13 Abs 4). Diese Beteiligten sollen damit Gelegenheit erlangen, sich auch in kürzeren Zeitabständen einen Überblick über den Stand der Zwangsverwaltung zu verschaffen (Begründung BR-Drucks 842/03 S 14). Damit bringt die ZwVwV Selbstverständliches zum Ausdruck; sie begründet sonach keinen eigenständigen Auskunftsanspruch gegen den Zwangsverwalter. Erteilt werden kann eine verlangte Auskunft mündlich (auch fernmündlich) oder schriftlich. Das Aus-

---

[22] LG Freiburg BB 1980, 909 = Rpfleger 1980, 354.
[23] OLG Celle OLGRep 1996, 263 = NdsRpfl 1997, 25.
[24] Dassler/Muth § 154 Rdn 18.
[25] Drischler RpflJahrbuch 1970, 365 (8).
[26] Jaeckel/Güthe § 154 Rdn 5.

§ 154 4.9 Zwangsverwaltung

kunftsbegehren muß sachdienlich und geboten sein; rechtsmißbräuchlichem Auskunftsverlangen braucht der Zwangsverwalter nicht zu entsprechen. Erteilt er eine verlangte Auskunft nicht, dann können Gläubiger oder Schuldner sich nur an das Gericht zur Einforderung der Auskunft im Rahmen der allgemeinen Beaufsichtigungspflicht (§ 153 Abs 1) wenden.

[Die zu berücksichtigenden Ansprüche]

155 (1) Aus den Nutzungen des Grundstücks sind die Ausgaben der Verwaltung sowie die Kosten des Verfahrens mit Ausnahme derjenigen, welche durch die Anordnung des Verfahrens oder den Beitritt eines Gläubigers entstehen, vorweg zu bestreiten.

(2) Die Überschüsse werden auf die in § 10 Abs 1 Nr 1 bis 5 bezeichneten Ansprüche verteilt. Hierbei werden in der zweiten, dritten und vierten Rangklasse jedoch nur Ansprüche auf laufende wiederkehrende Leistungen, einschließlich der Rentenleistungen, sowie auf diejenigen Beträge berücksichtigt, die zur allmählichen Tilgung einer Schuld als Zuschlag zu den Zinsen zu entrichten sind. Abzahlungsbeträge auf eine unverzinsliche Schuld sind wie laufende wiederkehrende Leistungen zu berücksichtigen, soweit sie fünf vom Hundert des ursprünglichen Schuldbetrages nicht übersteigen.

(3) Hat der eine Zwangsverwaltung betreibende Gläubiger für Instandsetzungs-, Ergänzungs- oder Umbauarbeiten an Gebäuden Vorschüsse gewährt, so sind diese zum Satze von einhalb vom Hundert über dem Zinssatz der Spitzenrefinanzierungsfazilität der Europäischen Zentralbank (SFR-Zinssatz) zu verzinsen. Die Zinsen genießen bei der Zwangsverwaltung und der Zwangsversteigerung dasselbe Vorrecht wie die Vorschüsse selbst.

(4) Hat der Zwangsverwalter oder, wenn der Schuldner zum Verwalter bestellt ist, der Schuldner mit Zustimmung der Aufsichtsperson Düngemittel, Saatgut oder Futtermittel angeschafft, die im Rahmen der bisherigen Wirtschaftsweise zur ordnungsmäßigen Aufrechterhaltung des Betriebs benötigt werden, so haben Ansprüche aus diesen Lieferungen den in § 10 Abs 1 Nr 1 bezeichneten Rang. Das gleiche gilt von Krediten, die zur Bezahlung dieser Lieferungen in der für derartige Geschäfte üblichen weise aufgenommen sind.

Übersicht

Allgemeines zu § 155 1	Laufende Leistungen in Rangklassen 1–4 (Absatz 2) 6
Allgemeine Ausgangsgedanken für Erlösverwendung 2	Vollstreckungsgläubiger in Rangklasse 5 (Absatz 2) 7
Allgemeine Rangordnung in der Zwangsverwaltung 3	Vorschuß-Zinsen (Absatz 3) 8
Ausgaben der Verwaltung (Absatz 1) 4	Zwangsverwalter-Anschaffungen usw (Absatz 4) 9
Kosten des Verfahrens (Absatz 1) 5	

1 Allgemeines zu § 155

Zweck der Vorschrift: Regelung der Verwendung und Verteilung der Einnahmen.

2 Allgemeine Ausgangsgedanken für Erlösverwendung

2.1 Die Zwangsverwaltung **verwertet** im Gegensatz zur Zwangsversteigerung nicht die Substanz eines Grundstücks, sondern seine **Nutzungen.** Das regelt § 155. Auch diese Vorschrift geht von der für alle ZVG-Verfahren maßgebenden grund-

Die zu berücksichtigenden Ansprüche 3.2 § 155

sätzlichen Rangfolge des § 10 aus, kennt aber eine Reihe Besonderheiten. Einige Ansprüche werden schon ohne Teilungsplan gedeckt (Abs 1, § 156 Abs 1), alle anderen dürfen nur nach dem Plan bezahlt werden (§ 157 Abs 1), der bei Bedarf aufgestellt wird (§ 156 Abs 2), mit einer Besonderheit für bestimmte Kapitalzahlungen (§ 158). Es könnte auch außergerichtlich verteilt werden (§ 160).

2.2 Zwangsverwaltungsmasse sind die der Beschlagnahme unterliegenden **Nutzungen** des Objekts. Das sind alle **Bruttoeinnahmen**[1], also die Früchte oder der Gelderlös dafür und Mieten sowie Pacht. Nicht zur Masse gehört das Objekt selbst. Nicht zur Masse gehört der Erlös für verwertete **Zubehörstücke**, der dem Vollstreckungsschuldner verbleibt und von dem nur die Zinsen des anzulegenden Geldbetrags zur Masse fließen (§ 152 Rdn 10). Nicht zur Masse gehören die **Betriebseinnahmen** eines durch den Zwangsverwalter (regelwidrig) fortgeführten Betriebes (§ 152 Rdn 9), sie sind ein Sondervermögen[2].

2.3 Die Zwangsverwaltungsmasse darf **nur nach § 155 verwendet** werden, nämlich für Ausgaben der Verwaltung, für Kosten des Verfahrens und zur Verteilung der „Überschüsse" an die Berechtigten.

2.4 In die Zwangsverwaltungsmasse darf von Dritten nur aus einem gegen den damit haftenden Zwangsverwalter wirksamen Vollstreckungstitel **vollstreckt** werden (§ 152 Rdn 17); nur Massegläubiger können in die Zwangsverwaltungsmasse vollstrecken und insoweit auch den Zwangsverwalter zur Offenbarungsversicherung zwingen[3].

Allgemeine Rangordnung in der Zwangsverwaltung 3

3.1 Nach der **Grundregel** des § 155 werden von den „Nutzungen" des Objekts zuerst die „Ausgaben der Verwaltung" und die „Kosten des Verfahrens" gedeckt: Abs 1. Erst was dann verbleibt, die sogenannten „Überschüsse", werden nach der durch § 10 festgelegten Rangordnung und unter Beachtung der Besonderheiten in Abs 2–4 und § 158 verteilt. Das Zwangsverwaltungsobjekt soll sich zuerst selbst erhalten und nur, was darüber hinaus bleibt, darf verwendet werden, um die Gläubiger zu befriedigen (dies mit Einschränkungen).

3.2 Nutzungen sind alle Bruttoeinnahmen (Rdn 2.2). Überschüsse sind die hieraus nach Entnahme der Ausgaben der Verwaltung und der Kosten des Verfahrens noch bleibenden Beträge. Den **Begriff des Überschusses** erklärt das ZVG weder hier noch in den §§ 109, 112, sondern setzt ihn einfach voraus, zu verstehen aus dem Zusammenhang der Vorschriften. Mit dem bürgerlichrechtlichen oder steuerrechtlichen Begriff des Überschusses oder Gewinns hat er nichts zu tun. Dort versteht man im Gegensatz zum ZVG darunter, daß aus einem bestimmten Vorgang oder Vermögensteil von den Bruttoeinnahmen nach Abzug aller damit zusammenhängenden Ausgaben ein Nettoerlös verbleibt. Im ZVG ist der Begriff des Überschusses verfahrensrechtlich nach dem jeweiligen Zweck der Vorschrift zu verstehen, hier nach § 155, wie Rdn 3.1 gesagt, nämlich: Nutzungen des Objekts brutto, abzüglich der Ausgaben der Verwaltung und abzüglich der Kosten des Verfahrens. Er darf nicht mit dem Betrag verwechselt werden, der nach der Aufhebung der Zwangsverwaltung etwa noch an den Schuldner fällt (bei Aufhebung wegen Antragsrücknahme) oder an den Ersteher (bei Aufhebung wegen Zuschlags) (dazu § 161 Rdn 5, 6), der manchmal auch als Überschuß bezeichnet wird, vom ZVG aber nicht geregelt ist. Er ist auch wesensverschieden von dem „Überschuß" in § 109 Abs 2 und in § 112 Abs 2. Die Überschüsse des § 155 sind keine einmaligen, zu einem bestimmten Zeitpunkt errechneten, sie ergeben sich im Zwangsverwaltungsverfahren laufend, ändern sich mit jeder Einnahme oder Ausgabe und

---

[1] Dassler/Muth § 155 Rdn 4; Jaeckel/Güthe § 155 Rdn 2; Drischler Rpfleger 1957, 212.
[2] LG Lübeck DGVZ 1976, 89.
[3] OLG Hamm DGVZ 1956, 169 = NJW 1956, 125.

§ 155 3.2 Zwangsverwaltung

sind auch laufend zu verwenden (Rdn 6). Was nach der laufenden Verwendung noch verbleibt, fällt nicht, wie der Übererlös in der Zwangsversteigerung, an den Vollstreckungsschuldner, sondern ist für die weiteren Ausgaben der in § 155 genannten Arten zurückzuhalten und dafür unter Umständen verzinslich anzulegen (§ 154 Rdn 3, § 155 Rdn 6). Die Zwangsverwaltung ist ein **Dauerverfahren** und kennt nicht ein nur einmaliges Verteilen der Masse wie die Versteigerung.

3.3 Hierzu im ZVG-Handbuch Rdn 630.

4 Ausgaben der Verwaltung (Absatz 1)

4.1 Sie sind zusammen mit den Kosten des Verfahrens (Rdn 5) aus der Zwangsverwaltungsmasse **vorweg** zu zahlen: Abs 1. Zu diesem Zweck hat der Zwangsverwalter aus den Bruttoeinnahmen die hierfür erforderlichen Beträge zurückzubehalten, bis sie fällig sind.

4.2 Ausgaben der Verwaltung sind:

a) zunächst die **Verwaltungskosten**, die der Zwangsverwalter aufwenden muß, um seine Verpflichtungen als Zwangsverwalter nach § 152 zu erfüllen, also die laufenden Kosten für Gebäudeinstandhaltung, Viehfutter, Löhne und Sozialabgaben von Bediensteten, Versicherungsprämien usw (dazu auch Rdn 9 über Düngemittel usw);

b) dann die **Vergütung** des Zwangsverwalters und seine Auslagen (§ 153 Abs 1);

c) auch die Ansprüche der **Massegläubiger**, die gegen die Masse als solche vollstrecken können (Rdn 2), insbesondere aus Prozessen[4] oder aus den vom Zwangsverwalter für die Masse abgeschlossenen Miet-, Pacht-, Lieferungs-, Dienst-, Werkverträgen (§ 152 Rdn 7 ff);

d) außerdem die aus landwirtschaftlichen Grundstücken dem Schuldner zufließenden **Unterhaltsleistungen** nach § 149 Abs 3, § 150 e;

e) weiter **Litlohnzahlungen** ab Beschlagnahme[5]. Sie werden in Rangklasse 2 des § 10 aber befriedigt (also aus den Überschüssen nach § 155 Abs 2), wenn sie der Zwangsverwalter nicht zahlt oder wenn er weniger zahlt als verlangt sowie wegen der nach § 13 Abs 1 zwar als „laufend" geltenden, aber nicht vom Zwangsverwalter vorweg zu zahlenden Beträge, die alle nach § 10 Abs 1 Nr 2 anzumelden sind;

f) bei der Zwangsverwaltung von Wohnungseigentumseinheiten die Beträge an **„Wohngeld"**, aber ohne die Anteile für Verzinsung und Tilgung von Gesamt- und Einzelbelastungen (hierzu § 152 Rdn 19.3).

4.3 a) Ein **Vorschuß** des Gläubigers für Verfahrensaufwendungen (s § 161 Abs 3) ist Vorauszahlung für Ausgaben der Verwaltung. Rückzahlung (mit den Zinsen daraus nach Abs 3; anders[6]) hat der Verwalter daher nach Abs 1 vorweg zu bestreiten (dazu und zur Abgrenzung von § 10 Abs 1 Nr 1 siehe § 152 Rdn 18.4).

b) **Keine Ausgaben der Verwaltung** sind die in Abs 4 genannten Ansprüche aus Lieferung von **Düngemitteln**, Saatgut, Futtermitteln, die vom Zwangsverwalter im Rahmen der bisherigen Wirtschaftsweise beschafft werden und nach dem Gesetzeswortlaut von Abs 4 Satz 1 ausdrücklich in Rangklasse 1 gehören, ebenso wie die Kredite zu ihrer Beschaffung (anders[7]). Wenn der Zwangsverwalter sie sofort aus vorhandenen Mitteln der Masse zahlt, sind dies Ausgaben der Verwaltung (Rdn 4.2 a); andernfalls haben ihre Gläubiger nur Anspruch in Rangklasse 1[8], also aus den Überschüssen.

---

[4] OLG Hamm NJW 1956, 125.
[5] Drischler RpflJahrbuch 1970, 365 (10 c).
[6] Dassler/Muth § 155 Rdn 10; Jaeckle/Güthe § 155 Rdn 3; Steiner/Hagemann § 155 Rdn 20; Jonas/Pohle, ZwVNotrecht, § 155 Anm 2; Mohrbutter, Handbuch des Vollstreckungsrechts, §56 (II); Drischler Rpfleger 1957, 212.
[7] Jonas/Pohle, ZwVNotrecht, § 155 Anm 2; Drischler Rpfleger 1957, 212.
[8] Dassler/Muth § 155 Rdn 9.

Die zu berücksichtigenden Ansprüche 6.1 **§ 155**

c) **Einkommensteuer** und andere persönliche Steuern des Schuldners sind vom Zwangsverwalter nicht zu bezahlen. Derentwegen kann der Steuergläubiger nur dem Verfahren beitreten (§ 152 Rdn 15). Zur Umsatzsteuer aus Tätigkeit des Zwangsverwalters § 152 Rdn 15.

4.4 Der Zwangsverwalter muß dafür sorgen, daß die für die Ausgaben der Verwaltung (und die Kosten des Verfahrens) laufend erforderlichen **Mittel** stets bei Fälligkeit der Ausgaben **vorhanden** sind; andernfalls muß er dafür **Vorschüsse** über das Gericht anfordern. Er darf auch, abgesehen von den ihn bindenden Anweisungen des Gerichts, keine Verträge schließen, von denen er nicht bestimmt weiß, daß er sie bei Fälligkeit aus vorhandenen Mitteln erfüllen werde können (ZwVwV § 9 Abs 2, § 10 Abs 1 Nr 3). Arbeiten und Lieferungen und andere Verbindlichkeiten aus der Zeit vor der Beschlagnahme darf er grundsätzlich nicht zahlen (anders[9]) (§ 152 Rdn 7 ff); es kann auch wegen dieser Ansprüche nicht in die Masse als solche vollstreckt werden.

4.5 Die Ausgaben der Verwaltung haben zu den Kosten des Verfahrens kein **Rangverhältnis.** Beide Kostenarten sind als gleichrangig anzusehen[10]; anders[11]: wenn die Mittel nicht für beide voll ausreichen, sind die Ausgaben vor den Kosten zu zahlen; außerdem[12]: Vergütung an letzter Stelle zu zahlen sowie[13]: Vergütung ist zuerst zu begleichen.

4.6 Vom **Schuldner-Zwangsverwalter** sind die Ausgaben der Verwaltung ohne Genehmigung der Aufsichtsperson des § 150 c zu leisten.

Kosten des Verfahrens (Absatz 1) 5

5.1 Diese hat der Zwangsverwalter zusammen mit den Ausgaben der Verwaltung zu zahlen: Abs 1. Rangverhältnis Rdn 4.5.

5.2 **Kosten** des Verfahrens **sind** nur Gerichtskosten, auch diese nicht, soweit sie durch Anordnung oder Beitritt entstanden sind (Abs 1, also wie in § 109 bei der Zwangsversteigerung). Nicht hierher gehören die Kosten, die im Falle einer vorausgehenden ergebnislosen Zwangsversteigerung mit Überleitung in die Zwangsverwaltung nach § 77 für das Versteigerungsverfahren entstanden sind. Hier gehören also nur die Zwangsverwaltungsverfahrensgebühren (Einl Rdn 86), die das Gericht als Jahresgebühren erhebt, samt etwaigen Auslagen dazu. Was die Gläubiger an Kosten tragen müssen, insbesondere auch die Gerichtsgebühren für die Anordnung des Verfahrens oder den Beitritt dazu, können sie an der Rangstelle ihres Anspruchs (§ 10 Abs 2) verlangen, also erst aus den Überschüssen.

5.3 Bei Zwangsverwaltung durch eine **landschaftliche Kreditanstalt** selbst (§ 146 Rdn 7) hat diese keine Gebühr an das Gericht zu zahlen. Ihre eigenen Kosten und Auslagen für das Verfahren (ausgenommen für die Anordnung) entnimmt die Anstalt ebenfalls hier vorweg.

Laufende Leistungen in Rangklassen 1–4 (Absatz 2) 6

6.1 Die während des Zwangsverwaltungsverfahrens **laufend anfallenden** Überschüsse (zum Begriff Rdn 3) muß der Zwangsverwalter auch **laufend** gemäß §§ 155, 156 **verwenden,** teils unmittelbar nach dem Gesetz, teils nach dem gerichtlichen Teilungsplan (hierzu auch ZwVwV § 11 Abs 2). Zahlungen muß der Zwangsverwalter nach dem Zweck der Zwangsverwaltung (§ 146 Rdn 2), an Stelle des unfähigen oder unwilligen Schuldners durch den vom Gericht bestellten

---

[9] Jaeckel/Güthe § 155 Rdn 2.
[10] Dassler/Muth § 155 Rdn 13; Steiner/Hagemann § 155 Rdn 33.
[11] Drischler Rpfleger 1957, 212 und RpflJahrbuch 1969, 369 (VIII d 2); dafür auch Dassler/Muth und Steiner/Hagemann je aaO.
[12] Jaeckel/Güthe § 155 Rdn 6.
[13] Haarmeyer/Wutzke/Förster/Hintzen, Zwangsverwaltung, § 155 Rdn 3.

§ 155   6.1   Zwangsverwaltung

Zwangsverwalter alle laufenden Verpflichtungen aus den laufenden Nutzungen zu erfüllen, an ihrer Rangstelle **zum frühestmöglichen Zeitpunkt** bewirken. Kann eine termingemäß fällige Leistung nicht voll aufgebracht werden, so muß der Zwangsverwalter wenigstens den Teil zahlen, für den die Mittel der Masse ausreichen. Im übrigen hat er hierfür die Mittel rechtzeitig anzusammeln; er darf diese nicht für schlechterrangige Ansprüche ausgeben, wenn er dann die nächste Fälligkeit der besserrangigen nicht begleichen kann. Keinesfalls darf er aber die Mittel unter Zurückstellung fälliger Voll- oder Teilzahlungen zusammenkommen lassen, eine Art Sparguthaben anlegen, so daß bei Aufhebung der Verwaltung eine größere Summe vorhanden ist, während die vorher fälligen Zahlungen noch rückständig sind. Das Zwangsverwaltungsverfahren ist ein **Dauerverfahren,** bei dem der Zwangsverwalter fortlaufend wie ein sorgfältiger und verantwortungsbewußter Grundstückseigentümer handeln muß, der ständig bemüht ist, anfallende Zahlungen unverzüglich zu bewirken. Das muß durch den Zwangsverwalter fortlaufend nach Maßgabe der ihm verfügbaren Mittel geschehen. Ob er es tut, ergibt sich aus seinen periodischen Abrechnungen. Bei Verstoß ist er vom Gericht zu rügen, anzuweisen oder durch Zwangsgeld zu zwingen, notfalls auch abzusetzen. Die Überschüsse ändern sich mit jeder Einnahme oder Ausgabe. Nur wenn der Zwangsverwalter die ihm obliegenden Pflichten gewissenhaft beachtet und auch Überschüsse unverzüglich zu Auszahlungen nach Planfolge verwendet, handelt er nach seiner Aufgabe.

6.2   a) Die Überschüsse werden auf die Ansprüche der Berechtigten **verteilt:** Abs 2.

b) Ein Recht auf Befriedigung bei Verteilung der Überschüsse haben in der Zwangsverwaltung nicht alle Rangklassen des § 10 Abs 1. Verteilt werden Überschüsse hier **nur** auf Ansprüche der **Rangklassen 1–5:** Abs 2 Satz 1 (die Rangklassen 6–8 fehlen hier). Außerdem werden hier in der 2.–4. Rangklasse **nur** Ansprüche auf **wiederkehrende Leistungen** befriedigt, grundsätzlich keine Hauptsacheansprüche: Abs 2 Satz 2. Kapitalansprüche der Rangklassen 2–4 können nur in der 5. Rangklasse berücksichtigt werden, wenn also aus ihnen das Verfahren betrieben wird (Denkschrift S 63) und dies nur in einem besonderen Termin und unter den besonderen Voraussetzungen des § 158.

c) **Rangklasse 1 a** sieht vorrangigen Ersatz von Feststellungskosten nur im Falle einer Zwangsversteigerung vor. In einer Zwangsverwaltung besteht dieser Anspruch **nicht** (§ 10 Rdn 3.9), erlangt Rangklasse 1 a damit keine Bedeutung.

d) Auch von den wiederkehrenden Leistungen der Rangklassen 2–4 werden nur die **laufenden** hier berücksichtigt (was laufend ist, sagt § 13 Abs 1), keine rückständigen: Abs 2 Satz 2. Rückständige können nur in Rangklasse 5 zum Zuge kommen, wenn aus ihnen das Verfahren betrieben wird. Für die laufenden wiederkehrenden Leistungen gelten auch noch die Bedingungen, wie sie in § 10 Abs 1 Nr 2–4 aufgestellt sind (unter Beachtung der erwähnten besonderen Zwangsverwaltungsbedingungen).

e) Der **Grundgedanke** von Abs 2 ist: es soll all das, aber auch nur das aus den Überschüssen der Zwangsverwaltung gedeckt werden, was bei ordnungsgemäßer Bewirtschaftung des Objekts aus den laufenden Erträgnissen gedeckt wird. Dabei werden private und öffentliche Gläubiger gleich behandelt, die Rangklassen 3 und 4 unterschiedslos behandelt (abgesehen von der Rangfolge). An Mieter wird nichts zugeteilt.

6.3   Rangklasse 1: a) Hierher gehören die Ansprüche der die Zwangsverwaltung betreibenden Gläubiger auf **Ersatz ihrer Auslagen** zur Erhaltung oder nötigen Verbesserung des Grundstücks (oder sonstigen Zwangsverwaltungsobjekts), gleich ob freiwillig geleistet oder auf Verlangen des Gerichts nach § 161 Abs. 3. Hierzu § 10 Rdn 2 und § 152 Rdn 19.5.

Die zu berücksichtigenden Ansprüche   6.7   § 155

b) **Zinsen** für Vorschüsse Rdn 8; Vorrang auch für Ansprüche aus Lieferung von Düngemitteln usw Rdn 9.

c) Alle Ansprüche der Rangklasse 1 haben untereinander gleichen **Rang:** § 10 Abs 1 Satz 1. Sie sind also bei unzureichenden Mitteln nach dem Verhältnis ihrer Beträge zueinander zu befriedigen. Dazu § 11 Rdn 2.

6.4 Rangklasse 2: a) Hierher gehören **Litlohnansprüche** (§ 10 Rdn 4). In der Zwangsverwaltung werden bei ihnen aber nur laufende Ansprüche (was laufend ist, sagt § 13 Abs 1) berücksichtigt: Abs 2 Satz 2. Auch dies gilt nicht, soweit sie der Zwangsverwalter ab Beschlagnahme schon als Ausgaben der Verwaltung (Rdn 4) aus vorhandenen Mitteln vorweg bezahlt hat. Was sonst vom Litlohn nicht in Klasse 2 berücksichtigt wird, kann nur in Klasse 5 betreiben.

b) **Landesrechtlich** sind hier gewisse Ansprüche von Bergwerksarbeitern als bevorrechtigt eingefügt (§ 10 Rdn 5). Auch sie sind nur mit laufenden Beträgen (§ 13 Abs 1) zu berücksichtigen.

c) Alle Ansprüche der Rangklasse 2 haben untereinander gleichen **Rang:** § 10 Abs 1 Satz 1. Sie sind bei unzureichenden Mitteln nach dem Verhältnis ihrer Beträge zueinander zu befriedigen. Dazu § 11 Rdn 2.

6.5 Rangklasse 3: a) Hierher gehören alle **öffentlichen Lasten** des Grundstücks (oder sonstigen Zwangsverwaltungsobjekts). Über diese Lasten § 10 Rdn 6. Auch auf sie darf der Zwangsverwalter nur laufende Beträge (§ 13 Abs 1) der wiederkehrenden Leistungen zahlen: Abs 2 Satz 2. Diese laufenden Beträge darf er ohne Teilungsplan bezahlen: § 156 Abs 1; ZwangsverwalterVO § 11 Abs 1.

b) **Hierher gehören nicht** einmalige öffentliche Lasten, zB die Erschließungskosten (§ 10 Rdn 6), die während einer Zwangsverwaltung fällig werden[14]. Sie sind keine wiederkehrenden Leistungen, die das Gesetz an dieser Rangstelle nur zuläßt: Abs 2 Satz 2; eine Ausnahme gilt, wenn die Erschließungskosten in eine Rente umgewandelt sind (BauGB § 135 Abs 3). Wiederkehrende Leistungen waren dabei auch die in Renten umgewandelten früheren Anliegerbeträge nach Landesrecht (die Vorgänger der jetzigen Erschließungskosten).

c) Hierher gehören bei öffentlichen Lasten auch Beträge, die zur allmählichen Tilgung der Hauptsacheschuld als Zuschlag zu den Zinsen zu entrichten sind: Abs 2 Satz 2.

d) Alle Ansprüche der Rangklasse 3 untereinander haben gleichen **Rang:** § 10 Abs 1 Nr 3. Bei unzureichenden Mitteln sind sie nach dem Verhältnis der Beträge zueinander zu befriedigen. Dazu § 11 Rdn 2. Ausnahme uU für Geldleistungen nach Umlegungsplan (§ 10 Rdn 6.19).

e) Was an öffentlichen Lasten nicht in Klasse 3 fällt, kann nur in Klasse 5 betreiben.

6.6 Rangklasse 3/4: In dieser Zwischenklasse steht bei landwirtschaftlichen Grundstücken das gesetzliche **Früchtepfandrecht** nach dem Düngemittelgesetz. Dazu § 10 Rdn 7. Es konkurriert mit den Düngemittelbeschaffungskosten des Zwangsverwalters als Ausgaben der Verwaltung und mit den Vorschüssen der Gläubiger hierzu als Ansprüche der Rangklasse 1 sowie mit den auch in Rangklasse 1 eingeordneten Verbindlichkeiten der Masse aus Beschaffungen solcher Art (dazu Rdn 4 und Rdn 9.3).

6.7 Rangklasse 4: a) Hierher gehören alle dinglichen **Rechte am Grundstück** (bzw sonstigen Objekt), die nicht durch eine Beschlagnahme einem betreibenden Gläubiger gegenüber unwirksam sind (§ 23; dazu § 10 Rdn 8). Rangklassen 6 und 8 kommen für die Zwangsverwaltung nicht in Frage: Abs 2 Satz 1.

b) In Rangklasse 4 werden bei der Zwangsverwaltung nur **laufende wiederkehrende Leistungen** (§ 13 Abs 1) berücksichtigt: Abs 2 Satz 2. Dazu gehören hier (im

---

[14] Jaeckel/Güthe § 155 Rdn 9.

§ 155 6.7

Gegensatz zur Zwangsversteigerung, § 10 Rdn 8) auch Rentenleistungen: Abs 2 Satz 2. Dazu gehören hier auch die Beträge, die zur allmählichen **Tilgung** der Hauptschuld als Zuschlag zu den Zinsen zu zahlen sind: Abs 2 Satz 2 (Amortisationshypothek; § 10 Rdn 8). Abzahlungsbeträge auf eine unverzinsliche Schuld (es gibt wohl in der Praxis keine unverzinslichen Hypotheken oder Grundschulden, wohl aber andere dingliche Rechte ohne Zinsen) werden hier nur bis zu 5% als wiederkehrende Leistung behandelt: Abs 2 Satz 3. Es ist für diese Vorschrift gleich, ob die einzelnen Raten summenmäßig oder in Prozenten festgelegt sind.

c) Tilgungsraten einer **Abzahlungshypothek** (§ 10 Rdn 8), die nach den Bedingungen nicht als Zuschlag zu den Zinsen, sondern als ein fester Betrag gefordert werden, gehören hier nicht zu den wiederkehrenden Leistungen nach § 10 Abs 1 Nr 4 und § 155 Abs 2, sie sind kein Zuschlag zu den Zinsen und dürfen daher nicht in der Zwangsverwaltung berücksichtigt werden[15].

d) Tilgungsbeträge als **Zuschläge zu den Zinsen** (vorher Abs b) sind hier entgegen § 158 nicht als Kapitalbeträge zu behandeln, sondern als **wiederkehrende Leistungen,** die ohne besonderen Kapitalzahlungstermin regelmäßig bezahlt werden dürfen. In Höhe der einzelnen Tilgungsbeträge aber hat das Gericht dann doch um Löschung des Rechts beim Grundbuchamt zu ersuchen, also insoweit in entsprechender Anwendung von § 158 Abs 2. Bei den Abzahlungshypotheken dagegen (vorher Abs c) können die Tilgungsbeträge nur, wenn aus diesen die Zwangsverwaltung betrieben wird, in den Teilungsplan aufgenommen (= Rangklasse 5) und nur nach § 158 in dem besonderen Kapitalzahlungstermin bezahlt werden. Wenn Gläubiger auf Tilgung **verzichten,** kann dies ein Verzicht oder Teilverzicht auf das Recht sein und so ein Eigentümerrecht oder Teileigentümerrecht entstehen lassen; es kann sich aber auch nur um eine Stundung handeln, eine vorübergehende Aussetzung der Tilgung, so daß der Gläubiger inzwischen nur die reinen Zinsen erhält.

e) Zinsen einer **Grundschuld** kommen mit dem (eingetragenen, BGB § 1115) Zinssatz aus dem Nennbetrag des Rechts zum Zuge. Ein Sicherungsvertrag erlangt für den (dinglichen) Anspruch auf wiederkehrende Leistungen aus dem Grundstücksrecht (§ 10 Abs 1 Nr 4) keine Bedeutung. Die Grundschuldzinsen gebühren dem Gläubiger auch dann, wenn er sie für Forderungszinsen oder eine nach schuldrechtlicher Abrede gesicherte (persönliche) Forderung nicht benötigt (§ 114 Rdn 7.6 zu e). Einwendungen gegen diese (materielle) Berechtigung des Grundschuldgläubigers, die sich auf die Sicherungsabrede stützen, sind mit Widerspruch gegen den Teilungsplan geltend zu machen (§ 156 Rdn 5.1). Eine Minderanmeldung begrenzt den Umfang der zu deckenden Grundschuldzinsen (§ 156 Rdn 4.2 mit § 45 Rdn 7).

f) Zinsen aus **Eigentümerrechten** werden hier ab Beschlagnahmewirksamkeit bezahlt: BGB § 1197 Abs 2. Dies ist Ausgleich dafür, daß dem Schuldner die Nutzungen des Objekts entzogen sind. Wenn ein berechtigter Gläubiger den Löschungsanspruch geltend macht, sind die Beträge zu hinterlegen. Betreibt ein **Pfändungsgläubiger** aus dem Eigentümerrecht, so erhält er hier in Klasse 4 die laufenden Beträge der wiederkehrenden Leistungen, in Klasse 5 auch die Kapitalforderung samt Kosten und weiteren Zinsen (Kapital nur nach § 158). Betreibt er nicht, erhält er nur in Klasse 4 die laufenden wiederkehrenden Leistungen. Hat in einem gleichzeitigen Insolvenzverfahren der **Insolvenzverwalter** das Grundstück aus der Masse freigegeben, so bezieht sich diese Freigabe nicht auf das Eigentümerrecht, aus dem die laufenden wiederkehrenden Leistungen dann ab Beschlagnahmewirksamkeit dem Insolvenzverwalter zustehen (§ 15 Rdn 11).

g) Bei **Gesamtrechten** wird nur bezahlt, soweit nicht Befriedigung aus dem mithaftenden Grundstück erfolgt. Der Zwangsverwalter wird sich, soweit möglich, hierüber informieren. In den Teilungsplan wird das Gericht den vorher genannten

---

[15] LG Duisburg RpflJahrbuch 1959, 269 Leits.

Die zu berücksichtigenden Ansprüche 6.9 § **155**

Vorbehalt einsetzen. Falls die gesamthaftenden Objekte alle der Zwangsverwaltung unterliegen (die Verwaltung wird getrennt geführt), kann zwischen den verschiedenen Verfahren entsprechend ausgeglichen werden (zweckmäßig hier nicht nach dem Verhältnis der Grundstückswerte, sondern nach dem Verhältnis der Grundstückseinnahmen).

h) Auf eine **Höchstbetragshypothek** werden keine Zinsen bezahlt, weil bei ihr die Zinsen in den Kapitalbetrag eingerechnet sind (BGB § 1190 Abs 2), also unter § 158 fallen. Ebenso werden Zinsen aus der für eine Kontokorrentschuld unverzinslich eingetragenen Grundschuld hier nicht berücksichtigt.

i) **Verwaltungskosten** sind in Abs 2 im Gegensatz zu § 10 Abs 1 Nr 4 nicht erwähnt. Dies besagt aber nicht, daß sie in der Zwangsverwaltung nicht berücksichtigt werden dürfen. Sie sind Nebenleistungen und als laufende wiederkehrende (nicht nur einmalige) auch aus den Überschüssen zu decken[16].

k) **Kosten** (§ 10 Abs 2) erhält der Gläubiger in der Zwangsverwaltung, wenn sie durch Rechtsverfolgung wegen zu berücksichtigender laufender Beträge entstanden sind. Für die Kostenberechnung sind also betreibende Beträge, die in Rangklasse 4 befriedigt werden, und diejenigen, die nur in Rangklasse 5 befriedigt werden, in Verhältnis zu setzen und die Gesamtkosten entsprechend zu teilen, auf jeden Fall aber die Mindestgebühren anzusetzen. Die in Klasse 4 befriedigten Beträge sind dann bei Klasse 5 abzurechnen, so daß insgesamt nicht mehr als zustehend bezahlt wird.

l) Alle Rechte der Rangklasse 4 haben untereinander den **Grundbuchrang:** § 11 Abs 1. Nichteingetragene Rechte richten sich nach dem Zeitpunkt der Entstehung. Dazu § 11 Rdn 3.

m) Was von den dinglichen Rechten nicht in Klasse 4 fällt, kann nur in Klasse 5 betreiben.

6.8 Relativer Rang 4–6: a) Ein dingliches Recht kann einem betreibenden Gläubiger gegenüber Rangklasse 6 haben, einem anderen gegenüber (relativer Rang) Rangklasse 4, weil es der Beschlagnahme für den Anordnungsgläubiger zwar nachgeht, aber der für den Beitrittsgläubiger (es ist zwischen Anordnung und Beitritt eingetragen) vorgeht; dazu § 10 Rdn 10, § 23 Rdn 2. In der Zwangsverwaltung darf ein solches Recht nicht berücksichtigt werden, wenn es auch nur gegenüber einem betreibenden Gläubiger Rangklasse 6 hat. Erst wenn dann dieser wegfällt (zB durch Rücknahme seines Antrags oder durch seine Befriedigung in der Zwangsverwaltung) und wenn dann das Zwangsverwaltungsverfahren nur noch von den dem dinglichen Recht nachgehenden Beschlagnahmegläubigern betrieben wird (denen gegenüber es Rangklasse 4 hat), darf das Recht, jetzt voll in Rangklasse 4 stehend, in der Zwangsverwaltung berücksichtigt werden und es muß dann der Teilungsplan entsprechend geändert werden.

b) Beispiel: Hypothek A eingetragen 2002 (Klasse 4), Anordnung für persönliche Forderungen ergangen 2003 (Klasse 5), Hypothek B eingetragen 2004 (Klasse 6 gegenüber dem Anordnungsgläubiger, Klasse 4 gegenüber jetzt folgenden Beitrittsgläubigern), Beitritt für persönliche Forderung ergangen 2005. Solange der Anordnungsgläubiger die Zwangsverwaltung betreibt, wird B nicht berücksichtigt; wenn er wegfällt, wird es in Klasse 4 berücksichtigt.

6.9 Zu einzelnen Rechten: a) **Ausländische Währung:** Beträge sind in der eingetragenen Währung in dem Teilungsplan einzusetzen, aber in deutscher Währung, somit Euro, bei Fälligkeit auszuzahlen, wobei wiederkehrende Leistungen der Zwangsverwalter nach dem Kurswert des Zahlungstages bezahlt. Dazu 9. Auflage § 155 Anmerk 5 und an anderen Stellen dort; künftig dazu § 158a.

---

[16] Jonas/Pohle, ZwVNotrecht, § 155 Anm 2.

b) **Beitrittsgebiet:** Umstellung der noch auf Mark der ehem DDR eingetragenen Grundpfandrechte sowie der Reichsmark- und Goldmarkhypotheken auf Grundstücken im Beitrittsgebiet: Einl Rdn 51.3.

c) **Erbbauzins:** Ihn darf der Zwangsverwalter eines Erbbaurechts erst nach Aufstellung des Teilungsplanes und gemäß der Reihenfolge dieses Planes aus den Überschüssen leisten.

d) **Landschaftliche Kreditanstalt** (§ 146 Rdn 7): Gläubiger und Zwangsverwalter sind identisch. Daher sind keine Verfahrensvorschüsse der Gläubiger an den Verwalter möglich. Was die Anstalt zur Verbesserung und Fortführung des Betriebs aufwendet, sind Ausgaben mit Vorrang der Rangklasse 1[17]. Zu den Kosten § 155 Rdn 5.

e) **Naturalleistungen:** Diese Ansprüche zB aus einem Altenteil sind nur in Natur zu erfüllen. Sie werden nicht gemäß § 46 in Geld umgerechnet; § 46 gilt für die Zwangsverwaltung nicht[18]. Auch solche Ansprüche werden aber nur an ihrer Rangstelle nach Maßgabe des Teilungsplanes erfüllt, also erst, wenn nicht ihr Gelderlös für die im Rang vorausgehenden Ansprüche benötigt wird[19]. Dazu auch § 146 Rdn 10, 11.

f) **Überbaurente** und **Notwegrente** gehören mit laufenden wiederkehrenden Leistungen auch hier in Rangklasse 4, ebenso nichteingetragene dingliche Rechte usw (§ 10 Rdn 8).

7 Vollstreckungsgläubiger in Rangklasse 5 (Absatz 2)

7.1 Alle betreibenden Ansprüche werden in Rangklasse 5 berücksichtigt, auch solche aus Rangklasse 6–8, wenn aus ihnen betrieben wird (sie rücken dann in Klasse 5 auf und unterliegen dann nicht mehr dem Verbot in Abs 2), soweit sie nicht schon an einer früheren Rangstelle (wenn zB aus Rechten der Klasse 3 betrieben wird) berücksichtigt werden müssen. Hier werden auch Kapitalbeträge berücksichtigt, wenn aus ihnen betrieben wird (nur dann), bei Hypotheken, Grundschulden, Rentenschulden aber nur im besonderen Kapitalzahlungstermin nach § 158, alle anderen Kapitalbeträge dagegen ohne diesen Termin. In diese Klasse 5 gehören auch Abzahlungsbeträge von Abzahlungshypotheken, die keine Zinszuschläge sind, sowie die Kosten der betreibenden Rechte und auch rückständige wiederkehrende Leistungen (falls aus den genannten Abzahlungsbeträgen und den rückständigen Leistungen das Verfahren betrieben wird).

7.2 Mehrere betreibende Gläubiger haben unter sich nicht gleichen Rang.

a) Sie werden **nicht nach der Herkunft** der Ansprüche, ob aus Rangklasse 1–4 oder nur persönlich betreibend, **unterschieden** (so auch[20] und ZVG-Handbuch Rdn 635).

b) **Solche Unterschiede werden im Schrifttum** leider weitgehend gemacht. Koehne[21] will hier für die Rangklasse 5 die Unterklassen 5 II, 5 III, 5 IV, 5 V, je nach der früheren Rangklasse der Ansprüche, bilden. Andere meinen, daß durch einen persönlichen Beitritt ein Gläubiger der Klassen 2–4 nicht zurückgedrängt werden könne, daß nur dessen Kapitalanspruch hinter die laufenden Beträge der betreibenden Gläubiger zurücktreten müsse oder daß gar ein dinglich betreibender Gläubiger (insbesondere im Falle seines späteren Beitritts, zeitlich also hinter den

---

[17] Jonas/Pohle, ZwVNotrecht, § 155 Anm 6.
[18] Jaeckel/Güthe § 156 Rdn 4; Drischler RpflJahrbuch 1970, 365 (14); Haegele DNotZ 1976, 5 (III 2).
[19] Korintenberg/Wenz § 156 Anm 4.
[20] Jaeckel/Güthe § 155 Rdn 10 und 12; Haarmeyer/Wutzke/Förster/Hintzen, Zwangsverwaltung, § 155 Rdn 24.
[21] Koehne HuW 1954, 405 (2).

persönlich betreibenden Gläubiger liegend) auch mit dem Kapitalbetrag den persönlich betreibenden Gläubigern vorgehen müssen[22].

c) Für diese in Abs b erwähnten Meinungen spricht (entgegen der Auslegung von[23] hierzu) nicht der Standpunkt der ZVG-Denkschrift (Seite 63). Diese besagt nur, daß durch einen Beitritt der dingliche Gläubiger erreichen könne, daß er auch seine Kapitalbeträge aus seiner Rangklasse 4 erhalten dürfe, nicht aber, daß betreibende dingliche Gläubiger den betreibenden persönlichen Gläubigern vorgehen würden.

d) Die hier erwähnten Meinungen, auch das Reichsgericht[24], **verstoßen gegen** den insoweit ganz eindeutigen **Wortlaut** des ZVG. Dieses sagt in § 155 Abs 2 Satz 2: „... werden in der zweiten, dritten und vierten Rangklasse nur Ansprüche auf laufende wiederkehrende Leistungen ... berücksichtigt". Die Folge davon ist, daß Kapitalbeträge nur in der 5. Klasse berücksichtigt werden dürfen. Das ZVG, sehr logisch aufgebaut, sagt nicht, daß Kapitalbeträge zwar in ihrer Rangklasse, aber erst in einem besonderen Termin (§ 158) berücksichtigt werden dürften; es sagt auch nicht, daß in der Rangklasse 5 eine bestimmte Reihenfolge der betreibenden Ansprüche zu gelten habe; es läßt die Grundregel des § 11 Abs 2 unberührt; die aber richtet sich nur nach der Reihenfolge der Beschlagnahmen.

e) Die gegenteiligen Meinungen übersehen auch, daß in der Zwangsverwaltung eben **grundsätzlich laufende Leistungen** aus laufenden Einnahmen zu decken sind, in der Versteigerung dagegen aus der Substanz auch Kapitalien. Der entgegengesetzte (hier abgelehnte) Standpunkt hätte zur Folge, daß durch den Beitritt eines dinglichen Gläubigers (nur durch Betreiben erhält er Kapitalbeträge) die gesamten laufenden Forderungen der persönlich oder nicht betreibenden dinglichen Gläubiger vereitelt würden.

f) Mehrere betreibende Gläubiger haben also in der Zwangsverwaltung ganz normal, wie in der Zwangsversteigerung auch, untereinander den **Rang nach dem Zeitpunkt** des Wirksamwerdens **ihrer Beschlagnahme**[25]: § 11 Abs 2. Dabei hat der einzelne Gläubiger an seiner Rangstelle wieder die Unterteilung in der Rangfolge: Kosten der Rechtsverfolgung, wiederkehrende Leistungen, Hauptanspruch: § 12. Für den Hauptanspruch dinglicher Rechte ist dabei zusätzlich § 158 zu beachten; denn die Zwangsverwaltung berücksichtigt folgerichtig gemäß ihrem Verfahrenszweck im Gegensatz zur Zwangsversteigerung die aus Rangklasse 4 stammenden Kapitalbeträge nur, wenn aus ihnen betrieben wird. In Rangklasse 5 werden alle Ansprüche, die betreiben, gleich welcher Herkunft sie sind, ob sie also aus den Rangklassen 2, 3 oder 4 stammen oder nur persönliche der Klasse 5 sind, nur nach ihrem Beschlagnahmezeitpunkt beurteilt; soweit sie nicht an der früheren Rangstelle in der Zwangsverwaltung berücksichtigt werden dürfen, sondern nur als betreibende der Klasse 5, gehören sie nicht mehr in ihre frühere Rangklasse, sondern eben in Klasse 5; wo sie an der früheren Rangstelle berücksichtigt werden dürfen, werden sie, auch wenn sie gleichzeitig betreiben, nur dort, an der früheren Stelle berücksichtigt und nur wegen des dort nicht zulässigen Restes (zB Kosten des Betreibens, rückständige Beträge, Hauptsachebeträge dinglicher Art) in Klasse 5; alle kommen nur einmal zum Zuge, und zwar an der jeweils besseren Rangstelle. Nur dieser Standpunkt stimmt mit dem ZVG wirklich überein.

7.3 Über Fragen des Ranges auch[26]. Zur Rangklasse 5 im ZVG-Handbuch Rdn 635.

---

[22] RG 89, 147; Dassler/Muth § 157 Rdn 24; Korintenberg/Wenz § 155 Anm 4; Mohrbutter/Drischler Muster 160 Anm 2 b; Steiner/Hagemann § 155 Rdn 89 und 90; Reinhard/Müller § 155 Anm VI 4.
[23] Reinhard/Müller § 155 Anm VI 4.
[24] RG 89, 147.
[25] Jaeckel/Güthe und Haarmeyer/Wutzke/Förster/Hintzen je aaO (Fußn 20).
[26] Drischler Rpfleger 1957, 212.

§ 155   8   Zwangsverwaltung

8 Vorschuß-Zinsen (Absatz 3)

Vorschüsse, die der Gläubiger für Instandsetzungs-, Ergänzungs- oder Umbauarbeiten an Gebäuden gewährt hat (nicht für andere Aufwendungen), mußten in Rangklasse 1 bis 31. Dez 1998 mit einhalb vom Hundert über dem jeweiligen Lombardsatz der Bundesbank **verzinst** werden (Abs 3 aF). Ab 1. Jan 1999 ist an die Stelle des Lombardsatzes der Zinssatz der Spitzenrefinanzierungsfazilität der Europ Zentralbank (SRF-Satz) getreten (EuroG § 3 Abs 2 Nr 1; Lombardsatz-Überleitungsverordnung vom 18. 12. 1998, BGBl I 3819); er ist jetzt in Abs 3 bezeichnet (Verordnung vom 5. 4. 2002, BGBl I 1250 [1251] Art 2 Nr 1). Die Arbeiten, zu denen die Vorschüsse geleistet sind, durften erst nach Beschlagnahme des Objekts bestellt worden sein. Die Zinsen haben in Zwangsversteigerung und Zwangsverwaltung den Vorrang des Anspruchs: Abs 3. Der Grundgedanke des Gesetzes hierfür ist: bei bebauten Grundstücken müssen vielfach die Gläubiger Vorschüsse für die genannten Arbeiten geben, um Einnahmen durch Nutzung des Objekts zu ermöglichen. Diese Vorschüsse genießen mit ihrem Kapitalanspruch, aber nicht hinsichtlich der vom Gläubiger selbst für die Beschaffung der Mittel aufgewendeten Zinsen, den Vorrang der Rangklasse 1; es wäre unbillig, dem Gläubiger hierbei neben dem Risiko (er bekommt vielleicht mangels Verwaltungsüberschusses keinen Rückersatz) auch noch die Zinsen aufzubürden; daher erhält er hier Zinsen. Die Zinsen werden ohne Rücksicht darauf gewährt, ob für die Geldbeschaffung Zinsaufwendungen entstanden sind, gleich also, ob die Vorschüsse aus eigenen Mitteln oder aus aufgenommenen Krediten stammen. Die Beteiligten können mit dem Zwangsverwalter auch höhere als die gesetzlich vorgesehenen Zinsen vereinbaren; aber den übersteigenden Betrag nicht mit dem Vorrecht dieser Rangklasse. Weitergehende Unkosten des Gläubigers für Beschaffung von Geldern begründen Anspruch in dieser Rangklasse nicht (anders[27]).

9 Zwangsverwalter-Anschaffungen usw (Absatz 4)

9.1 Kosten, die der Zwangsverwalter aufwenden muß, um seine Verpflichtungen nach § 152 zu erfüllen und die Viehfutter usw betreffen, können **Ausgaben der Verwaltung** sein (Rdn 4), soweit sie dort bezahlt werden können.

9.2 Ansprüche der **Lieferanten** von Düngemitteln, Saatgut oder Futtermitteln für landwirtschaftliche Grundstücke, die der Zwangsverwalter (der Schuldner-Zwangsverwalter mit Zustimmung der Aufsichtsperson) im Rahmen der bisherigen Wirtschaftsweise als zur ordnungsgemäßen Aufrechterhaltung eines landwirtschaftlichen Betriebs (auf dem zwangsverwalteten Objekt) benötigt anschafft, ebenso die Kredite (von Geldinstituten oder sonstigen Geldgebern), die der Zwangsverwalter zur Bezahlung solcher Lieferungen in der für derartige Geschäfte gewöhnlichen Weise aufgenommen hat, haben Rangklasse 1: Abs 4. Diese Waren mußten zur Aufrechterhaltung des Betriebes benötigt werden (Abs 4 Satz 1), nicht zu seiner Verbesserung, und die Kredite dazu durften nur von Stellen gegeben sein, die sich mit der Kreditgewährung für solche Lieferungen befassen (Abs 4 Satz 2), nicht von beliebigen privaten Geldgebern. Soweit der Verwalter die Beträge im Rahmen der Ausgaben der Verwaltung zahlen konnte, gehören sie schon dorthin. Nur wenn der Zwangsverwalter mangels Mitteln nicht zahlen konnte und auch nicht die Gläubiger dafür Vorschüsse aufbrachten, stehen die Ansprüche der Lieferanten und Kreditgeber an dieser Rangstelle 1, nicht zu verwechseln mit dem in Rangklasse 3/4 (§ 10 Rdn 7) stehenden Früchtepfandrecht. Die von dem die Zwangsverwaltung betreibenden Gläubiger für solche Zwecke geleisteten Vorschüsse sind schon Rdn 6.3 als in Rangklasse 1 berechtigt genannt worden. Die in Rangklasse 1 zu befriedigenden Ansprüche müssen angemeldet werden.

---

[27] Steiner/Hagemann § 10 Rdn 26.

Öffentliche Lasten; Verteilungstermin; Teilungsplan   2.2 § **156**

9.3 Dieses Vollstreckungsvorrecht der Klasse 1 konkurriert mit dem **Früchtepfandrecht** nach dem Düngemittelgesetz für die Lieferung von Düngemitteln und anerkanntem Saatgut und Kredite daraus (§ 10 Rdn 3, 7 und § 155 Rdn 6.6). Beide Rechte bestehen nebeneinander. Fällt eines aus, kann man es auf dem anderen Wege versuchen. Jedoch besteht bei Futtermitteln und nicht anerkanntem Saatgut nur das Vorrecht der Klasse 1. Es umfaßt also Klasse 1 des § 155 Düngemittel, Futtermittel und Saatgut jeder Art, das Düngemittelgesetz nur Düngemittel und anerkanntes Saatgut.

9.4 Über Düngemittelansprüche usw auch[28].

[Öffentliche Lasten; Verteilungstermin; Teilungsplan]

156 (1) **Die laufenden Beträge der öffentlichen Lasten sind von dem Verwalter ohne weiteres Verfahren zu berichtigen.**

(2) **Ist zu erwarten, daß auch auf andere Ansprüche Zahlungen geleistet werden können, so wird nach dem Eingange der im § 19 Abs 2 bezeichneten Mitteilungen des Grundbuchamts der Verteilungstermin bestimmt. In dem Termine wird der Teilungsplan für die ganze Dauer des Verfahrens aufgestellt. Die Terminsbestimmung ist den Beteiligten sowie dem Verwalter zuzustellen. Die Vorschriften des § 105 Abs 2 Satz 2, des § 113 Abs 1 und der §§ 114, 115, 124, 126 finden entsprechende Anwendung.**

Allgemeines zu § 156   1

Zweck der Vorschrift: Regelung des Verfahrens bei Erlösverteilung. Ausgaben der Verwaltung und Kosten des Verfahrens sind vorweg aus den Einnahmen zu berichtigen (§ 155 Rdn 1); aus den dann verbleibenden Überschüssen sind alle anderen Zahlungen nach Maßgabe des Teilungsplanes zu leisten. Für öffentliche Lasten bringt Abs 1 eine **Ausnahme** für die Zahlung ohne Plan.

Öffentliche Lasten in der Zwangsverwaltung (Absatz 1)   2

2.1 Die **laufenden Beträge der öffentlichen Lasten** (Begriff § 10 Rdn 6) sind „ohne weiteres Verfahren" zu zahlen (Abs 1; auch ZwVwV § 11 Abs 1). Das bedeutet: sie dürfen ohne Mitwirkung des Gerichts und ohne vorherige Aufstellung des Teilungsplanes bezahlt werden (vom Schuldner-Zwangsverwalter aus § 150b auch ohne Genehmigung der dort bestellten Aufsichtsperson[1]). Sie sind somit auch nicht (zum Teilungsplan) anzumelden; der Zwangsverwalter hat sie bei Übernahme des Amtes selbst aus festzustellen; von den Gläubigern sind sie beim Zwangsverwalter geltend zu machen. Was laufende Beträge sind, bestimmt § 13. Rückständige öffentliche Lasten kommen in der Zwangsverwaltung in der Rangklasse 3 nicht zum Zuge (§ 155 Abs 2); sie dürfen vom Zwangsverwalter nicht bezahlt werden.

2.2 Die laufenden Beträge der öffentlichen Lasten dürfen **erst nach den Ausgaben der Verwaltung** und nach den Kosten des Verfahrens bezahlt werden, wenn also diese beglichen sind und bei weiteren Fälligkeiten aus den vorhandenen Mitteln beglichen werden können. Die Rangfolge des § 10 ist durch die Ausnahme des Abs 1 nicht geändert (anders[2], der [nicht nachvollziehbar] Grundsteuer nicht der Rangklasse 3 zurechnen, sondern wie die Ausgaben der Verwaltung [§ 155 Abs 1] bezahlen lassen will). Vor den laufenden Beträgen der öffentlichen Lasten

---

[28] Drischler Rpfleger 1948/1949, 499 (500–501).
[1] Drischler RpflJahrbuch 1969, 369 (VIII d 2); Dassler/Muth § 156 Rdn 3.
[2] Mayer Rpfleger 2000, 260 (262).

§ 156 2.2   Zwangsverwaltung

(Rangklasse 3) müssen daher (wenn vorhanden) die Ansprüche aus Rangklasse 1 und 2 aus den Überschüssen gedeckt sein, die erst nach Aufstellung des Teilungsplanes zum Zuge kommen dürfen. Auch dann sind die öffentlichen Lasten von dem Verwalter ohne weiteres Verfahren zu berichtigen (Abs 1); Zahlung erfordert nun aber, daß Leistungen an die vorgehenden Berechtigten der Rangklasse 1 und 2 nach Planaufstellung gewährleistet sind.

2.3 Rückstände der öffentlichen Lasten kommen nur zum Zug, wenn aus ihnen betrieben wird, dann in Rangklasse 5.

2.4 Die Pfändung eines **Miet-/Pachtzinses** wegen öffentlicher Lasten ruht während der Beschlagnahme[3]. Die laufenden Beträge der öffentlichen Last werden daher vom Verwalter nach Abs 1 berichtigt.

3 Verteilungstermin (Absatz 2 Sätze 1 und 3)

3.1 Auf die **anderen** aus den Nutzungen des Grundstücks wegzufertigenden **Ansprüche** (§ 155 Abs 2) darf der Zwangsverwalter **Zahlungen aus der Masse** nur bewirken, wenn ein Teilungsplan aufgestellt (Abs 2) und eine Auszahlungsanordnung des Gerichts ergangen ist (§ 157 Abs 1; ZwVwV § 11 Abs 2).

3.2 Einen **Verteilungstermin** muß das Gericht daher **bestimmen,** wenn nach der Mitteilung des Zwangsverwalters oder nach der eigenen Kenntnis des Gerichts zu erwarten ist, daß sich „Überschüsse" (§ 155 Rdn 3) in der Zwangsverwaltung ergeben, sobald die Grundbuchmitteilungen nach § 19 eingetroffen sind: Abs 2 Satz 1. Zur Mitteilung an das Gericht, daß nach Deckung der Ausgaben der Verwaltung und der Kosten des Verfahrens sowie der laufenden wiederkehrenden öffentlichen Lasten aus den Nutzungen des Objekts Zahlungen an Berechtigte möglich sind, ist der Zwangsverwalter verpflichtet (ZwVwV § 11 Abs 2). Der Plan muß unverzüglich aufgestellt, Termin somit umgehend bestimmt werden, sobald Überschüsse vorhanden oder auch nur zu erwarten sind. Daher sind auch noch ausstehende Mitteilungen des Grundbuchamts erforderlichenfalls einzufordern (abzumahnen).

3.3 Über den **Inhalt der Terminsbestimmung** trifft das Gesetz keine Bestimmung. Erforderlich sind nach dem Zweck Bezeichnung des Gerichts und des Verfahrens (am besten sachbezogen, Einl Rdn 42), Terminsbezeichnung als Verteilungstermin zur Aufstellung des Teilungsplans für die ganze Dauer des Zwangsverwaltungsverfahrens sowie Angabe von Terminszeit (Tag und Stunde) und Terminsort. Eine ausdrückliche Vorladung (im sonst bei Gericht üblichen Sinn) erfolgt nicht. Es genügt etwa: „Im Zwangsverwaltungsverfahren über ... wird zur Aufstellung des Teilungsplanes für die ganze Dauer des Verfahrens gemäß § 156 Abs 2 ZVG **Termin** bestimmt auf ..., ... Uhr, in ... Es wird gebeten, alle Ansprüche an die Teilungsmasse mindestens eine Woche vor dem Termin bei Gericht anzumelden."
Zweckmäßig erfolgen ein Hinweis darauf, daß in Rangklassen 2–4 nur Ansprüche auf laufende wiederkehrende Leistungen nach Maßgabe von § 155 Abs 2 berücksichtigt werden können, und ein Hinweis auf § 114 (Anmeldungen). Muster im ZVG-Handbuch Rdn 638.

3.4 Die Terminsbestimmung wird nur den Beteiligten (auch dem Schuldner) und dem Zwangsverwalter **zugestellt:** Abs 2 Satz 3. Die Zustellung erfolgt nach §§ 3–7. Eine Ladungsfrist ist nicht vorgesehen. Öffentliche Bekanntmachung und Aushang an der Gerichtstafel unterbleiben. Als Beteiligte, denen die Terminsbestimmung zuzustellen ist, gelten auch diejenigen, die erst ihr Recht glaubhaft zu machen haben: § 105 Abs 2 Satz 2 mit § 156 Abs 2 Satz 4.

3.5 Der Verteilungstermin kann aus erheblichen Gründen **verlegt** (ZPO § 227 Abs 1) werden. Er kann **vertagt** und **unterbrochen** werden (zu diesen Begriffen

---

[3] Stöber, Forderungspfändung, Rdn 246.

Öffentliche Lasten; Verteilungstermin; Teilungsplan   4.2   **§ 156**

§ 43 Rdn 8). Erhebliche Gründe für Verlegung des Verteilungstermins müssen mit Rücksicht auf das Interesse der Verfahrensbeteiligten an der Befriedigung ihrer Ansprüche mit Auszahlung der Grundstücksnutzungen besonders zwingender Natur sein (vgl § 43 Rdn 8.1). Anspruch auf Verlegung des in der Zeit vom 1. Juli bis 31. August anberaumten Verteilungstermins ohne Begründung nach ZPO § 227 Abs 3 besteht nach dessen Nummer 7 nicht.

3.6 Der Verteilungstermin ist **nicht öffentlich** (§ 105 Rdn 2.5).

3.7 Im Verteilungstermin wird der **Teilungsplan** nach Anhörung der anwesenden Beteiligten aufgestellt (§ 113 Abs 1 mit § 156 Abs 2 Sätze 2 und 4). Im Termin **aufgestellt** wird der Plan auch dann, wenn vor dem Termin schon ein Entwurf gefertigt ist. Nach der Aufhebung des Verfahrens kann kein Plan mehr aufgestellt werden, ausgenommen bei Aufhebung nach Zuschlag (§ 161 Rdn 5.13).

3.8 Ein **Rechnungsbeamter** darf auch hier zur Aufstellung des Teilungsplanes „nötigenfalls" zugezogen werden: § 113 Abs 1 mit § 156 Abs 2 Satz 4. Hierzu Einl Rdn 84.6, § 66 Rdn 7.8.

3.9 Der Plan wird am besten als **Anlage zum Terminsprotokoll** genommen (Muster Rdn 6). **Protokollinhalt:** ZPO § 160 (das ZVG gibt dafür keine Anweisungen); es enthält die mitwirkenden Gerichtspersonen, die erschienenen Beteiligten und ihre Bevollmächtigten oder gesetzlichen Vertreter, alle Anträge, Erklärungen, Entscheidungen, den Plan selbst und die Auszahlungsanweisung.

3.10 Über den Teilungsplan wird in dem Verteilungstermin sofort **verhandelt** (§ 115 Abs 1 Satz 1 mit § 156 Abs 2 Satz 4). Auf diese Verhandlung sind die Vorschriften in ZPO §§ 876–882 entsprechend anzuwenden: § 115 Abs 1 Satz 2 mit § 156 Abs 2 Satz 4. Muster für die Verhandlung im ZVG-Handbuch Rdn 645; über Widerspruch als Rechtsbehelf Rdn 5.

3.11 Zwangsversteigerungs- und **Zwangsverwaltungsverfahren** müssen getrennt durchgeführt, die Verteilungstermine getrennt abgehalten, die Teilungspläne getrennt aufgestellt werden. Sobald in der Zwangsversteigerung der Zuschlag erteilt ist, sollte man in der Zwangsverwaltung unverzüglich den Verteilungstermin abhalten, um noch vor der Verteilung des Versteigerungserlöses die Zwangsverwaltungsverteilung durchzuführen und in der Versteigerungsverteilung entsprechend zu berücksichtigen.

Zwangsverwaltungs-Teilungsplan (Absatz 2 Sätze 2 und 4)   **4**

4.1 Der Teilungsplan wird für die **ganze Dauer des Verfahrens** aufgestellt (Abs 2 Satz 2), gleich wie lange dieses dauern wird, für alle künftigen Verteilungsmöglichkeiten. Eine zu verteilende Masse wird in ihm nicht festgestellt; weil der zu verteilenden Überschüsse (§ 105 Abs 1) für diese (unbekannte) Verfahrensdauer ohnedies nicht feststehen, ist § 107 Abs 1 nicht für anwendbar erklärt. Es werden keine „bestehenbleibenden Rechte" aufgenommen (hier erlöschen keine Rechte; § 113 Abs 2 ist daher nicht für anwendbar erklärt). Eine Zuteilung der Masse auf die Ansprüche (§ 113 Rdn 3.2) erfolgt nicht; Auszahlungen erfolgen vielmehr nach der gerichtlichen Zahlungsanweisung durch den Verwalter (§ 157 Abs 1), sobald und soweit Verwaltungsüberschüsse vorhanden sind. Der Teilungsplan hat nach Abs 2 Satz 4 mit § 114 daher nur die **Schuldenmasse** für die ganze Dauer des Verfahrens darzustellen. Dabei ist gleich, ob Ansprüche Aussicht auf eine Zuteilung haben. Der Plan ist so aufzustellen, als ob der Zwangsverwalter genügend Mittel hätte, um alle aus dem Grundstück in der Zwangsverwaltung zu befriedigenden Ansprüche wegzufertigen. Spätere Planänderung sehen § 157 Abs 1 Satz 1 und § 159 vor.

4.2 Ansprüche sind in den Teilungsplan **aufzunehmen,** wenn ihr Betrag zur Zeit der Eintragung des Zwangsverwaltungsvermerks aus dem **Grundbuch ersichtlich** war, nach dem Inhalt des Grundbuchs, andernfalls nur, wenn sie späte-

§ 156 4.2 Zwangsverwaltung

stens im Verteilungstermin selbst **angemeldet** werden: § 114 Abs 1 Satz 1 mit § 156 Abs 2 Satz 4. Dabei gelten auch hier die Ansprüche der betreibenden Gläubiger als angemeldet, soweit sie sich aus dem Verfahrensantrag ergeben: § 114 Abs 1 Satz 2 mit § 156 Abs 2 Satz 4. Laufende Beträge der (grundbuchersichtlichen) wiederkehrenden Leistungen brauchen nicht angemeldet zu werden: § 114 Abs 2 mit § 156 Abs 2 Satz 4; Rechtsverfolgungskosten (§ 10 Abs 2 sind immer anzumelden. § 37 Nr 4 und § 110 sind hier nicht anwendbar. Die Anmeldung in einem gleichzeitigen Versteigerungsverfahren wirkt nicht für das Zwangsverwaltungsverfahren. Eine dem Zwangsverwalter zugegangene Anmeldung hat dieser dem Gericht zu übergeben; Bedeutung für Planaufstellung erlangt sie erst mit Eingang bei Gericht. Minderanmeldung: § 45 Rdn 7.

4.3 Der Plan wird nach der **Rangfolge** des § 10 Abs 1 mit den Besonderheiten aus § 155 aufgestellt. Nicht aufgenommen werden die nach § 155 Abs 1 auch ohne Plan zu erfüllenden Ansprüche (Auslagen der Verwaltung und Kosten des Verfahrens). Üblich (und zulässig) ist die allgemeine Angabe im Plan (ohne betragsmäßige Einzelbezeichnung von Ansprüchen und ohne Bezeichnung von Zahlungsempfängern), daß aus den Nutzungen des Grundstücks die Ausgaben der Verwaltung sowie die Kosten des Verfahrens (ausgenommen Anordnungs- und Beitrittskosten) nach § 155 Abs 1 vorweg zu bestreiten sind. Die zu berücksichtigenden Ansprüche sind im Plan mit ihrem **Betrag**, laufende wiederkehrende Leistungen auch mit ihren **Fälligkeitszeitpunkten** zu bezeichnen. Der **Berechtigte** jedes Anspruchs (im Zeitpunkt der Planaufstellung), wenn er unbekannt ist diese Tatsache, ist im Teilungsplan zu benennen. Berechtigter ist der Gläubiger des Anspruchs, dem nach § 10 ein Recht auf Befriedigung aus dem Grundstück gewährt (§ 117 Rdn 2.1). **Naturalleistungen** sind nicht in Geld, sondern in Natur einzusetzen (§ 155 Rdn 6.9).

4.4 Laufende Beträge **öffentlicher Lasten** (§ 10 Abs 1 Nr 3) sind nicht in den Teilungsplan aufzunehmen. Üblich (und zulässig) ist die allgemeine Angabe (ohne betragsmäßige Einzelbezeichnung und ohne Nennung der Abgabeart und des Gläubigers), daß sie (nach § 156 Abs 1) vom Verwalter ohne weiteres Verfahren zu berichtigen sind. Es wird zwar auch ihre Aufnahme in den Plan für erforderlich erachtet[4], sogar ohne Anmeldung[5] (gegen das Gesetz); nach älterer Ansicht[6] (auch[7]) genügt, wenn der Betrag einer Last nicht festgestellt ist, ihre Bezeichnung mit der Angabe, von welchem Zeitpunkt ab sie zu entrichten ist. Das ist nicht richtig. Aus § 156 ergibt sich vielmehr, daß der Plan nur für „andere Ansprüche" aufgestellt wird (eingehend dazu ZVG-Handbuch Rdn 642). Für Aufnahme in den Plan bedürften öffentliche Lasten der Anmeldung; Zahlung durch den Zwangsverwalter ohne weiteres Verfahren (Abs 1) ist aber unabhängig von der Anmeldung bei Gericht. Vielfach sind Beträge öffentlicher Lasten bei Planaufstellung schon (wiederholt) bezahlt; dann besteht für Berücksichtigung getilgter Beträge keine Grundlage; der Berechtigte ist auch weder verpflichtet noch gehalten, bereits getilgte Beträge noch anzumelden (dazu näher ZVG-Handbuch Rdn 642).

4.5 a) Der Berechtigte eines **Briefgrundpfandrechts** muß für Berücksichtigung seines Anspruchs auf Kapitalzahlung und künftige Zinsen den Hypotheken-, Grundschuld- oder Rentenschuld**brief vorlegen** (ähnlich[8]: Briefvorlage zur Zahlung; anders[9]: Zinsen können ohne Briefvorlage gezahlt werden; verwechselt Feststellung des Berechtigten im Plan und Planausführung durch den Verwalter). Der nicht eingetragene Briefrechtsgläubiger muß außer dem Brief die **Urkunden nach**

---

[4] Jaeckel/Güthe § 156 Rdn 4; Steiner/Hagemann § 156 Rdn 33.
[5] Steiner/Hagemann § 156 Rdn 34.
[6] Korintenberg/Wenz § 156 Anm 4.
[7] Steiner/Hagemann § 156 Rdn 35.
[8] Mohrbutter/Drischler Muster 159 Anm 8.
[9] Steiner/Hagemann § 156 Rdn 48.

BGB § 1155 vorlegen (BGB § 1160 Abs 1; dazu § 126 Rdn 2.1). Kapitalansprüche, für die Brief (und Urkunden) vorzuliegen hat, sind auch Tilgungsbeträge, die in der Zwangsverwaltung als wiederkehrende Leistungen Berücksichtigung finden (§ 155 Rdn 6.7); eine Berechtigung für Tilgungszuschläge darf nicht ohne Briefvorlage festgestellt werden. Allein für Berücksichtigung rückständiger (bei Planaufstellung bereits fälliger) Zinsen wäre Briefvorlage nicht nötig (BGB §§ 1159, 1160 Abs 3). Wenn jedoch bei Vorlagepflicht infolge Berücksichtigung auch künftiger Zinsen oder eines Kapitalbetrags der Brief nicht vorliegt, ist für die gesamte Zuteilung der Berechtigte als unbekannt zu behandeln, nicht nur für Berücksichtigung des Anspruchs auf bereits fällige Zinsen. Feststellung des Berechtigten hat im Plan durch das Vollstreckungsgericht zu erfolgen; spätere Briefvorlage (auch Urkundenvorlage) an den Zwangsverwalter bei Planausführung (§ 157 Abs 1) kann daher nicht vorbehalten werden.

b) Wenn für eine Hypothek, Grundschuld oder Rentenschuld der Brief nicht vorgelegt wird, desgleichen wenn nach BGB § 1155 erforderliche Urkunden nicht vorliegen, ist der **Berechtigte** bei Planaufstellung **unbekannt** (§ 126 Abs 1 mit § 156 Abs 2 Satz 4). Dann ist nach § 126 Abs 1 (mit § 156 Abs 2 Satz 4) durch den Teilungsplan festzustellen, wie der Betrag verteilt werden soll, wenn der Berechtigte nicht ermittelt wird. Unbekanntsein des Berechtigten aus anderen Gründen: § 126 Rdn 2.2. **Hilfsberechtigte** sind die ausfallenden Beteiligten in der Rangfolge ihres Ausfalls. Da sie bei Planaufstellung nicht feststehen, kann die Hilfsverteilung bestimmen, daß, wenn der Berechtigte nicht ermittelt wird, für die Verteilung der Grundstücksertragnisse an die ausfallenden folgenden Gläubiger der für den Unbekannten in den Plan aufgenommene Anspruch unberücksichtigt bleibt (übergangen wird).

4.6 a) Ein **auflösend bedingter** Anspruch wird im Teilungsplan mit seiner gegenwärtigen Berechtigung berücksichtigt. Durch den Teilungsplan ist festzustellen, wie der Betrag verteilt werden soll, wenn der Anspruch wegfällt (§ 119, der in § 156 nicht genannt, aber entsprechend anzuwenden ist[10]). Zahlung erfolgt an den auflösend bedingt Berechtigten bis zum Eintritt der Bedingung (BGB § 158 Abs 2); dann ist die Zahlungsanweisung zu ändern. Ein **aufschiebend bedingter** Anspruch wird als solcher im Teilungsplan festgestellt. Er bleibt jedoch bis zum Eintritt der Bedingung bei Planausführung unberücksichtigt. Daher erfolgt auch keine Hilfsverteilung (§ 119 findet keine Anwendung). Nach Eintritt der Bedingung ist die gerichtliche Zahlungsanordnung zu ergänzen (§ 157 Abs 1) und Zahlung durch den Zwangsverwalter auf den Anspruch an seiner Rangstelle zu leisten (ZVG-Handbuch Rdn 655).

b) Der Anspruch aus einer **Gesamthypothek**, -grundschuld oder -rentenschuld wird als solcher unter Bezeichnung des mithaftenden Grundstücks berücksichtigt. Der Anspruch des Berechtigten ist voll in den Teilungsplan einzustellen und aus den Grundstücksertragnissen zu befriedigen (siehe aber auch § 155 Rdn 6.7). Plan und Zahlungsanordnung sind jedoch zu ändern (§ 157 Abs 1), wenn Zahlung von Zinsen (auch Befriedigung eines Hauptanspruchs in Rangklasse 5) aus einem mithaftenden Grundstück erfolgt und bekannt wird. Prüfung und Verständigung des Vollstreckungsgerichts kann die Sorgfaltspflicht des Zwangsverwalters bedingen (ZVG-Handbuch Rdn 656). Wenn auch über das mithaftende Grundstück Zwangsverwaltung angeordnet ist, gehört die Überwachung und Feststellung, daß mit Zahlung aus den Erträgnissen eines Grundstücks ein Gesamtrechtsanspruch im Verfahren über das mithaftende Grundstück entfallen und daher Planänderung erforderlich ist, zu den Sorgfaltspflichten des Vollstreckungsgerichts. Zahlungsmitteilung durch den Zwangsverwalter ist im Rahmen der allgemeinen Aufsichtspflicht (§ 153 Abs 1) sicherzustellen.

---

[10] Jaeckel/Güthe § 156 Rdn 7; Steiner/Hagemann § 156 Rdn 45.

§ 156 4.6 Zwangsverwaltung

c) **Beschränkungen** eines Berechtigten in der Verfügungsbefugnis über sein Recht, zB durch Eröffnung des Insolvenzverfahrens (InsO § 80 Abs 1), Veräußerungsverbot (BGB §§ 135, 136, insbesondere Pfändung, ZPO §§ 829, 830, 857, und Verpfändung (BGB §§ 1273–1291) aber auch bei Sicherungsvollstreckung (ZPO § 720a) müssen ebenso wie die Einziehungsbefugnis eines Dritten (zB des Pfandgläubigers nach Pfandreife, BGB § 1282, oder nach Überweisung zur Einziehung, ZPO § 835) oder die Einziehungsbefugnis eines Testamentsvollstreckers (BGB § 2205) im Teilungsplan festgestellt werden.

5 Zwangsverwaltungs-Verteilung: Rechtsbehelfe

5.1 Widerspruch gegen den Teilungsplan (§ 115 Abs 1 Satz 2 mit § 156 Abs 2 Satz 4; ZPO § 876) ist für materiell-rechtliche Einwendungen ausschließlicher Rechtsbehelf. Ist ein vor dem Termin angemeldeter Anspruch nicht nach Antrag in den Plan aufgenommen, so gilt die Anmeldung als Widerspruch: § 115 Abs 2 mit § 156 Abs 2 Satz 4 (dazu § 115 Rdn 4). Kein Widerspruch liegt jedoch in der Anmeldung eines Anspruchs, der in der Zwangsverwaltung überhaupt nicht geltend gemacht werden kann, so einer persönlichen Forderung, die kein Recht auf Befriedigung aus dem Grundstück gewährt, oder eines nach § 155 Abs 2 nicht zu berücksichtigenden Hauptanspruchs eines dinglichen Gläubigers (§ 155 Rdn 6)[11]. Zum Widerspruch mit Einzelheiten: § 115 Rdn 3. Verhandlung über den Widerspruch und Erledigung: ZPO § 876. Wenn der Widerspruch sich nicht erledigt, ist durch den Teilungsplan eine **Hilfsverteilung** festzustellen (§ 124 Abs 1 mit § 156 Abs 2 Satz 4). Hilfsberechtigter ist, wenn sich der Widerspruch gegen die Person des Berechtigten richtet, der widersprechende Beteiligte. Wenn der Widerspruch den Wegfall eines vorrangigen Anspruchs verfolgt, bewirkt er im Erfolgsfall, daß der Widersprechende so zum Zuge kommt, wie wenn der bestrittene Anspruch nicht in den Teilungsplan aufgenommen worden wäre. Es erfolgt daher keine Hilfszuteilung unmittelbar an den Widersprechenden (unter Übergehung von Zwischenansprüchen), sondern weitere Verteilung unter Streichung des nach dem Widerspruch unbegründeten Anspruchs[12].

5.2 Widerspruchsklage muß der Widersprechende binnen eines Monats ab Verteilungstermin erheben: § 115 Abs 1 Satz 2 mit § 156 Abs 2 Satz 4; ZPO §§ 876–882. Zur Klage § 115 Rdn 5.

5.3 Der Widerspruch des Schuldners gegen einen **vollstreckbaren Anspruch** kann nur nach ZPO §§ 767, 769, 770 (Vollstreckungsabwehrklage mit prozeßgerichtlicher, auch ausnahmsweise vollstreckungsgerichtlicher befristeter Einstellung) erledigt werden: Abs 2 Satz 4, § 115 Abs 3.

5.4 Der Zwangsverwalter kann keinen Widerspruch erheben.

5.5 Wenn der Schuldner durch Sicherheitsleistung oder Hinterlegung die Befriedigung eines vollstreckbaren Anspruchs abwenden darf, unterbleibt zwar nicht die Aufstellung, aber die Ausführung des Planes, falls Sicherheit geleistet oder hinterlegt ist: Abs 2 Satz 4, § 155 Abs 4.

5.6 Sofortige Beschwerde gegen den Teilungsplan ist auch in der Zwangsverwaltung Rechtsbehelf für formelle Beanstandung, somit die Rüge, daß bei Planaufstellung verfahrensrechtliche Vorschriften verletzt wurden. Zu Einzelheiten § 115 Rdn 3.1 (auch 3.3).

5.7 Über Verteilungstermin und Teilungsplan im ZVG-Handbuch: Muster für die Terminsbestimmung Rdn 638, Zustellung der Terminsbestimmung Rdn 639, Anmeldungen zum Termin Rdn 640, Ausführung zu den Anmeldungen Rdn 641,

---

[11] Stöber, ZVG-Handbuch, Rdn 646.
[12] Korintenberg/Wenz § 156 Anm 5; Steiner/Hagemann § 156 Rdn 57; Stöber, ZVG-Handbuch, Rdn 647.

Öffentliche Lasten; Verteilungstermin; Teilungsplan 6.2 **§ 156**

Rechtsbehelfe und Widerspruch Rdn 646, Folgen des Widerspruchs Rdn 647, Widerspruchsklage Rdn 648.

Zwangsverwaltungs-Verteilungstermin: Muster 6

6.1 Das **Protokoll** könnte ungefähr wie folgt gefaßt werden:
„... Der Rechtspfleger machte Anordnungs- und Beitrittsbeschlüsse und Anmeldungen sowie Grundbuchblatt bekannt und verlas sodann anliegenden Entwurf des Teilungsplanes. Mit den anwesenden Beteiligten wurde darüber verhandelt. Widerspruch wurde nicht erhoben, schriftliche Widersprüche lagen nicht vor. Der Rechtspfleger erließ und verkündete folgenden **Beschluß:** 1. Der Teilungsplan wird gemäß dem verlesenen Entwurf für die ganze Dauer des Verfahrens aufgestellt. 2. Der Zwangsverwalter wird ermächtigt und angewiesen, nach Maßgabe der vorhandenen Mittel nur gemäß dem Teilungsplan auszuzahlen. Wenn durch Abtretung, Erbfolge oder andere Rechtsgründe sich ein Gläubiger ändert, hat der Zwangsverwalter dies dem Gericht zur Planänderung anzuzeigen. 3. Zu den Abschnitten ... des Planes darf auf das Kapital der Hypotheken und Grundschulden zunächst nichts bezahlt werden, ausgenommen die im Plan aufgeführten Tilgungszahlungen. Falls darüber hinaus Kapitalzahlungen möglich sind, hat der Zwangsverwalter hierfür besonderen Termin zu beantragen. 4. a) Aus Abschnitt ... des Planes sind bei den Briefrechten die angegebenen Beträge an fälligen Zinsen und Nebenleistungen an die im Plan Genannten auszuzahlen. Falls ein anderer sich durch Vorlage von Brief und Abtretungserklärungen als berechtigt ausweist oder im Grundbuch eingetragen wird oder wenn ein Erbfall eintritt, hat dies der Zwangsverwalter zwecks Planänderung dem Gericht anzuzeigen. b) Bei Tilgungsrechten (Abschnitt ... des Planes) dürfen die als Zuschläge zu den Zinsen zu zahlenden Tilgungsbeträge ohne Briefvorlage mit den Zinsen an den im Plan angegebenen Gläubiger bezahlt werden. c) Für Rechte, die keine Tilgungshypotheken sind (Abschnitt ... des Planes) gilt: Die besonderen Tilgungsraten dürfen nur an die durch Brief und Eintragung oder Brief und Abtretungen als berechtigt ausgewiesenen Gläubiger bezahlt werden. Der Zwangsverwalter hat daher die Aufteilung nach Zinsen und Tilgungsraten zu ermitteln und vor jeder Zahlung zu prüfen, ob der Brief vorliegt. Andernfalls hat er dem Gericht zu berichten, damit dieses den Berechtigten als unbekannt feststellt und ihm einen Vertreter bestellt. Der Betrag ist vom Zwangsverwalter wegen Unbekanntseins des Berechtigten zur Verfügung des Gerichts bei der Hinterlegungsstelle zu hinterlegen. Wird der Berechtigte ermittelt, verfügt das Gericht Auszahlung an ihn, andernfalls fällt der Betrag an den Nächstberechtigten des Planes und, wenn keine Gläubiger mehr vorhanden sind, an den Schuldner; Auszahlungen verfügt das Gericht. 5. Wegen Nichtvorlage des Briefes zu Abschnitt ... gilt der Berechtigte als unbekannt. Für ihn wird als Ermittlungsvertreter Herr ... bestellt. Die hier anfallenden Beträge hat der Zwangsverwalter zur Verfügung des Gerichts wegen Unbekanntseins des Berechtigten zu hinterlegen. Wird der Berechtigte ermittelt, verfügt das Gericht Auszahlung an ihn, andernfalls fällt der Betrag an den Nächstberechtigten des Planes und, wenn keine Gläubiger mehr vorhanden sind, an den Schuldner; Auszahlungen verfügt das Gericht."

6.2 Dem Protokoll wird als **Anlage der Planentwurf** angefügt, der etwa wie folgt lauten kann:
„**Teilungsplan** im Zwangsverwaltungsverfahren über ... I. Allgemeines: Die Beschlagnahme ist erstmals wirksam geworden am ... durch ... Laufende Beträge wiederkehrender Leistungen sind damit jeweils der letzte vor dem genannten Zeitpunkt fällig gewordene Betrag und die später fällig werdenden. Die Rangordnung ist genau einzuhalten. Bevor nicht die fälligen Ansprüche des jeweils vorausgehenden Abschnitts voll bezahlt sind, darf auf nachfolgende Abschnitte nichts bezahlt werden. II. Im einzelnen: 1. Aus den Nutzungen sind vorweg die Ausgaben der Verwaltung einschließlich der Vergütung des Zwangsverwalters, sowie die

§ 156 6.2   Zwangsverwaltung

Kosten des Verfahrens (ausgenommen die durch Anordnung oder Beitritt entstandenen) zu zahlen. Soweit der betreibende Gläubiger die Kosten vorgeschossen hat, sind sie ihm an dieser Rangstelle zu ersetzen. 2. Aus den verbleibenden Überschüssen sind in folgender Rangordnung, bei gleichem Rang nach dem Verhältnis der Beträge zu zahlen: a) Die Ansprüche eines betreibenden Gläubigers aus § 10 Abs 1 Nr 1 wegen der dort genannten Vorschüsse; b) die laufenden Beträge der öffentlichen Lasten, unter sich im Gleichrang. c) in folgender Rangfolge die nachgenannten Ansprüche: ..."

6.3 Es empfiehlt sich, Protokoll und Planentwurf so **ausführlich** wie möglich zu halten, um keinerlei Zweifel aufkommen zu lassen, insbesondere immer wieder zu betonen, daß vom Plan nicht abgewichen werden darf. Es wird auch auf § 113 Rdn 3 verwiesen.

6.4 Hierzu im ZVG-Handbuch: Muster eines Planes Rdn 643, Muster für das Protokoll Rdn 645, Muster für Protokoll bei Widerspruch Rdn 649, Änderung des Planes Rdn 650.

[Planungsausführung und Ergänzung; unbekannte Berechtigte]

157 **(1) Nach der Feststellung des Teilungsplans hat das Gericht die planmäßige Zahlung der Beträge an die Berechtigten anzuordnen; die Anordnung ist zu ergänzen, wenn nachträglich der Beitritt eines Gläubigers zugelassen wird. Die Auszahlungen erfolgen zur Zeit ihrer Fälligkeit durch den Verwalter, soweit die Bestände hinreichen.**

(2) Im Falle der Hinterlegung eines zugeteilten Betrags für den unbekannten Berechtigten ist nach den Vorschriften der §§ 135 bis 141 zu verfahren. Die Vorschriften des § 142 finden Anwendung.

1 **Allgemeines zu § 157**

Zweck der Vorschrift: Regelung der Ausführung des Teilungsplans. Kapitalbeträge werden bei dinglichen Rechten nach § 158 bezahlt. Auf Planänderung kann nach § 159 geklagt werden.

2 **Ausführung des Teilungsplans der Zwangsverwaltung** (Absatz 1)

2.1 Die **Planausführung** erfolgt durch den **Zwangsverwalter** nach Anordnung des Gerichts: Abs 1.

2.2 Das **Gericht** hat nach Feststellung des Teilungsplans „die planmäßige Zahlung der Beträge an die Berechtigten **anzuordnen**": Abs 1 Satz 1. Die Zahlungsanordnung ergeht durch Beschluß. Kapitalzahlungen auf Grundpfandrechte sind von der Anordnung über fortlaufende Auszahlung auszunehmen; dem Verwalter ist aufzugeben, Terminsbestimmung zu beantragen, sobald Kapitalzahlung geleistet werden kann (§ 158 Abs 1), Besonderheiten der Planausführung (Erfüllung von Naturalien, Hinterlegung für Unbekannte oder bei Widerspruch) hat der Plan darzustellen; die Auszahlungsanordnung hat sie nicht neuerlich wiederzugeben. Die aus den Anmeldungen bekannten Bankverbindungen der Berechtigten (Bank Sparkasse, Bankleitzahl, Kontonummer) sind dem Verwalter mitzuteilen (erfolgt am besten durch Überlassung einer Zweitschrift oder Ablichtung der Anmeldung oder Bezeichnung im Plan).

2.3 Die **Auszahlungen** erfolgen zur Zeit der Fälligkeit **durch den Verwalter,** soweit die Bestände jeweils reichen: Abs 1 Satz 2. Der Zwangsverwalter leistet dann ohne weitere Mitwirkung des Gerichts **nach Plan** in der dort festgestellten Rangfolge **und Anordnung.** Er richtet sich nach den verfügbaren Mitteln. Die Fälligkeit des einzelnen Anspruchs und die Rangfolge hat er zu beachten. Er muß somit alle zur Masse fließenden Einnahmen so einteilen, daß er in der vorgeschriebenen Rangfolge stets die fälligen Ansprüche leisten kann. Er muß also jederzeit genügend Mittel für die Ausgaben der Verwaltung und die Kosten des Verfahrens haben und darf auf nachrangige Rechte nur dann leisten, wenn für die vorrangigen zum nächsten Fälligkeitstermin entweder die Mittel schon vorhanden sind oder als sicher und rechtzeitig hereinkommend erwartet werden können.

2.4 Den **Berechtigten**, an den Zahlung jeweils zu leisten ist (auch seine Anschrift) hat der Teilungsplan (die Zahlungsanweisung des Gerichts) zu bestimmen; der Zwangsverwalter hat ihn nicht zu ermitteln. Änderungen, die bekannt werden, hat er jedoch dem Vollstreckungsgericht anzuzeigen; dann ist die Auszahlung auch bis zur Beschlußfassung des Gerichts über die Planänderung (Änderung der Auszahlungsanordnung) zurückzustellen. Die **persönliche Berechtigung** (§ 117 Rdn 3) hat der Zwangsverwalter zu prüfen. Ihm obliegt es somit, die Bestallung eines gesetzlichen Vertreters oder einen Handelsregisterauszug einzusehen, eine Geldempfangsvollmacht zu prüfen sowie eine Familien- oder Vormundschaftsgerichts-Genehmigung festzustellen.

2.5 Für Zahlung der Zinsen (anderen Nebenleistungen) an den nach dem Plan berechtigten Gläubiger eines **Briefrechts** ist dem Verwalter der Hypotheken-, Grundschuld- oder Rentenschuldbrief nicht (auch nicht neuerlich bei jeder späteren Fälligkeit) vorzulegen. Der Verwalter hat vielmehr an den im Plan bezeichneten Gläubiger (ebenso wie es der Schuldner könnte) so lange zu zahlen, bis er von dem Übergang des Rechts (sonst einem Gläubigerwechsel) Kenntnis erlangt[1]; dann ist dem Vollstreckungsgericht zur Änderung der Zahlungsanweisung Anzeige zu erstatten (Rdn 2.4). Entsprechendes gilt für die Zahlung der Tilgungsbeträge, die als echter Zuschlag zu den Zinsen wie laufende wiederkehrende Leistungen (§ 156 Abs 2) geleistet werden. Feste Tilgungsraten sind jedoch wie Kapital in einem besonderen Termin (§ 158) zu zahlen; dabei muß der Brief vorliegen. Es ist auch nicht Sache des Verwalters, vor jeder Auszahlung an einen betreibenden Gläubiger zu prüfen, ob sich der Vollstreckungs**titel** noch bei den Akten befindet. Das Gericht muß dies überwachen und den Verwalter verständigen. Der Verwalter hält sich an Plan und Anordnung.

2.6 Nur bei **Fälligkeit** darf der Zwangsverwalter im Teilungsplan samt Auszahlungsanordnung berücksichtigte Ansprüche leisten: Abs 1 Satz 2. Er darf dies auch dann nicht früher, wenn er genügend Mittel hierfür hätte. Es könnte ja das Verfahren vor der Fälligkeit aufgehoben oder der Anspruch anderweitig befriedigt sein oder eine Zahlung für einen vorausgehenden Anspruch nötig werden.

2.7 Der Zwangsverwalter muß etwaige **Devisenvorschriften** beachten und etwa nötige Genehmigungen besorgen. Zu Rechten in ausländischer Währung § 158 a sowie § 155 Rdn 6.9.

2.8 Der Schuldner-Zwangsverwalter bedarf zur planmäßigen Auszahlung nicht der Genehmigung der Aufsichtsperson.

2.9 Ein **Rechtsbehelf** gegen die (erfolgte) Auszahlung ist nicht gegeben, weil die Zwangsvollstreckung für die (geleistete) Fälligkeit mit Auszahlung beendet ist. Zahlt der Zwangsverwalter pflichtwidrig aus, obwohl er ohne Gefährdung der vorausgehenden Ansprüche leisten könnte, so hat der davon Betroffene Vollstreckungserinnerung (ZPO § 766). Vorausgehende, die infolge Leistung an ihnen Nachrangige mit ihren nächsten fälligen Ansprüchen nicht zum Zuge kommen, können nach (der nicht mehr anfechtbaren Leistung) beantragen, für künftige Zahlungen dem Verwalter Weisung nach § 153 Abs 1 zu erteilen. Das Gericht hat auf Grund der Berichte und Abrechnungen zu überwachen, daß alle Leistungen in der richtigen Reihenfolge und zum richtigen Zeitpunkt erfolgen.

---

[1] Jaeckel/Güthe § 156 Rdn 6.

§ 157 2.10 Zwangsverwaltung

2.10 Zur Auszahlung/Leistung im ZVG-Handbuch: allgemein Rdn 651, Briefvorlage Rdn 652, Tilgungszuschläge Rdn 653, Gesamtrechte Rdn 656.

3 Ergänzung des Teilungsplans (Absatz 1 Satz 1)

3.1 Tritt ein weiterer Gläubiger dem Verfahren **bei,** so ist die Auszahlungsanordnung zu ergänzen: Abs 1 Satz 1. Richtig gesagt ist der Plan samt der Anordnung zu ergänzen; die beiden würden sonst voneinander abweichen; die Anordnung ergänzt nur den Plan.

3.2 Plan und Anordnung müssen, obwohl das ZVG darüber nichts sagt, auch immer ergänzt werden, wenn nach Planaufstellung **neue dingliche Rechte** eingetragen (und angemeldet, § 114 Abs 1 Satz 1) werden und diese gegenüber Beitrittsgläubigern in Klasse 4 berücksichtigt werden müssen. Weil die Zwangsverwaltung ein Dauerverfahren ist und der vorausgehende betreibende Gläubiger (dem gegenüber solche Rechte die nicht zu berücksichtigende Rangklasse 6 haben) wegfallen kann, muß die Planergänzung ausweisen, daß diese Rechte dann zu Rangklasse 4 gehören. Diese Planänderung hat zu erfolgen, sobald Beitrittsgläubiger zu berücksichtigen sind, denen die nacheingetragenen Rechte in Rangklasse 4 vorgehen, nicht erst, wenn der vorausgehende betreibende Gläubiger wegfällt.

3.3 Ebenso sind zu berücksichtigen **Rangänderungen** der im Plan berücksichtigten Rechte, der **Tod** eines Berechtigten, **Verzicht** auf ein Recht, **Löschung** eines Rechts oder **Abtretung** eines Rechts, Erledigung eines **Widerspruchs, Pfändungen** und Überweisungen, **Änderungen** des Zinssatzes, **Urteile** aus Klagen nach § 159.

3.4 Bei Streit über eine Änderung verweist das Gericht die daran Beteiligten auf den Weg des § 159.

3.5 Zur Änderung ist **mündliche Verhandlung** nicht vorgeschrieben; sie kann aber zweckmäßig sein, soweit es sich nicht um eine geringfügige oder klar zu übersehende handelt. Änderungen sind an Verwalter und Schuldner **zuzustellen,** auch an alle Beteiligte, deren Rechte von der Änderung betroffen werden, die zB dadurch an eine andere Stelle kommen. Eine Verschlechterung wäre wohl nur möglich, wenn ein Rangklasse-6-Anspruch durch Wegfall des vorausgehenden betreibenden Gläubigers zum Rangklasse-4-Anspruch wird und nun in den Plan vor die persönlich betreibenden Ansprüche eingesetzt werden muß. Andere Änderungen lassen entweder die anderen Beteiligten unberührt (Gläubigerwechsel, Pfändung; Zinserhöhung, weil der Erhöhungsbetrag den bisherigen Beteiligten nachgehen muß) oder sie verbessern ihre Stellung (Rangrücktritt, Befriedigung, Rücknahme des Antrags eines persönlich betreibenden Gläubigers). Der genaue Rang ist bei der Änderung festzustellen.

3.6 Tritt ein Gläubiger wegen eines Anspruchs aus einem **Recht an dem Grundstück** (Rangklasse 4 des § 10 Abs 1) bei, so bleibt er mit den auch in die Zwangsverwaltung in Klasse 4 fallenden Ansprüchen an der Stelle, die er schon im Plan hat, also mit seinen Kosten der Rechtsverfolgung, soweit sie sich auf die betreibenden laufenden Zinsen beziehen (insoweit nach § 10 Abs 2 dinglich) und mit seinen betreibenden **laufenden wiederkehrenden Leistungen** (laufend nach § 13 Abs 4 ab der ersten Beschlagnahme gerechnet). Dagegen nehmen seine sonstigen betreibenden Ansprüche (Prozeßkosten und frühere Vollstreckungskosten, falls ihretwegen betrieben wird, und Kosten der Rechtsverfolgung, die sich auf diese Kosten oder auf rückständige Zinsen oder auf die Hauptsache beziehen, und die **rückständigen Zinsen** selbst sowie die **Hauptsache)** Rangklasse 5 hinter dem letzten bisher betreibenden Gläubiger ein und treten nicht etwa in dieser Rangklasse 5 vor die betreibenden persönlichen Gläubiger (§ 155 Rdn 7). Es kommt bei jedem betreibenden Gläubiger, auch einem dinglichen, auf den Zeitpunkt des Beitritts an, wie in § 11 Abs 2 bestimmt. Die Zwangsverwaltung läßt ja grundsätzlich nur laufende wiederkehrende Leistungen an der dinglichen Rangstelle befriedigen, während die anderen Ansprüche nur durch Betreiben zum Zuge kommen, dann eben in Rangklasse 5. Wenn ein dinglicher Gläubiger beitritt, müssen seine Ansprüche in der genannten Art auf Klasse 4 und 5 aufgeteilt werden.

3.7 Einschlägig im ZVG-Handbuch: spätere Planergänzung Rdn 666, Muster für Änderungsbeschluß Rdn 667, ebenso nach einem Beitritt Rdn 668.

Hinterlegung für unbekannten Berechtigten (Absatz 2) 4

4.1 Für einen unbekannten Berechtigten hat der Zwangsverwalter auszuzahlende Beträge zu **hinterlegen** (Abs 1, § 126 Abs 2 Satz 1 mit § 156 Abs 2 Satz 4). Die Hinterlegung erfolgt nach der HinterlO; zu beachten sind insbesondere deren §§ 6, 8, 11–13, 15, 20. Der hinterlegte Betrag verfällt nach dreißig Jahren zugunsten des Grundstückseigentümers (§ 142 mit § 157 Abs 2 Satz 2) und nach einunddreißig Jahren zugunsten des Staates (HinterlO § 20).

4.2 Die **Ermittlung** des unbekannt gebliebenen Berechtigten ist nicht Aufgabe des Zwangsverwalters (Wissen hat er gleichwohl dem Gericht mitzuteilen). Das weitere Verfahren richtet sich, wie bei der Zwangsversteigerung, nach §§ 135 bis 141: Abs 2 Satz 1. Das Gericht hat einen Ermittlungsvertreter zu bestellen (§ 135). Ein Hypothekenbrief kann auch nach Löschung des Rechts aufgeboten werden (§ 136). Bei nachträglicher Ermittlung wird der Plan ausgeführt (§ 137). Wenn nicht binnen drei Monaten ab Verteilungsplan ermittelt ist, kann der Hilfsberechtigte sich zum Aufgebotsverfahren ermächtigen lassen (§ 138). Bei nachträglicher Ermittlung wird Termin für die Planausführung angesetzt (§ 139). Das Aufgebotsverfahren erfolgt durch das Vollstreckungsgericht (§ 140). Nach dem Ausschlußurteil wird der Plan im besonderen Termin ausgeführt (§ 141).

[Termin für Zahlungen auf das Kapital von Grundpfandrechten]

158 (1) **Zur Leistung von Zahlungen auf das Kapital einer Hypothek oder Grundschuld oder auf die Ablösungssumme einer Rentenschuld hat das Gericht einen Termin zu bestimmen. Die Terminsbestimmung ist von dem Verwalter zu beantragen.**

(2) Soweit der Berechtigte Befriedigung erlangt hat, ist das Grundbuchamt von dem Gericht um die Löschung des Rechtes zu ersuchen. Eine Ausfertigung des Protokolls ist beizufügen; die Vorlegung des über das Recht erteilten Briefes ist zur Löschung nicht erforderlich.

(3) Im übrigen finden die Vorschriften der §§ 117, 127 entsprechende Anwendung.

Allgemeines zu § 158 1

Zweck der Vorschrift: Ansetzung eines Termins für Kapitalzahlung mit Rücksicht auf deren Folgen (BGB § 1181) und die notwendige Grundbuchberichtigung.

Kapitalzahlungstermin in der Zwangsverwaltung (Absätze 1 und 3) 2

2.1 Grundpfandrechtsgläubiger erhalten in Rangklasse 4 des § 10 Abs 1 nur laufende Beträge wiederkehrender Leistungen (§ 155 Abs 2). **Zahlungen auf das Kapital** einer Hypothek oder Grundschuld erfolgt nur in Rangklasse 5, wenn der Gläubiger seinen (dinglichen) Hauptsacheanspruch in das Grundstück mit Zwangsverwaltung vollstreckt (§ 155 Rdn 6.7). Kapitalzahlung durch den Zwangsverwalter kann nur in einem **gerichtlichen Termin** erfolgen: Abs 1 Satz 1. Grund: Bei Bezahlung der Hauptsache erlischt das Grundpfandrecht; das Grundbuch wird damit unrichtig: BGB § 1181 Abs 1, § 1192 Abs 1. Nicht als Kapitalzahlungen werden die Tilgungszahlungen behandelt, die als Zuschläge zu den Zinsen berechnet und bezahlt und daher wie Zinsen behandelt werden (§ 155 Abs 2 Satz 2).

§ 158 2.2 — Zwangsverwaltung

2.2 Betreibende Gläubiger **mit persönlichem Anspruch** erhalten auch die Hauptsacheforderung ohne Besonderheiten an der Rangstelle des Anspruchs, und zwar in der Reihenfolge Kosten, Zinsen, Hauptsache (§ 12). Gleiches gilt für Gläubiger der Rangklassen 2 und 3.

2.3 Der Kapitalzahlungsanspruch des dinglichen Gläubigers muß zur Auszahlung **an der Reihe** sein. Es müssen also alle vorausgehenden zur Zeit fälligen Beträge an wiederkehrenden Leistungen befriedigt sein (auch die in Rangklasse 4 des § 10 Abs 1 zu befriedigenden wiederkehrenden Leistungen aus nachrangigen Rechten), auch die Kosten und die betreibenden wiederkehrenden (laufenden und rückständigen) Leistungen des Rechts selbst (wegen § 12), und es müssen dann noch Mittel zur Auszahlung zur Verfügung stehen.

2.4 Kapitalzahlung für Grundpfandrechte darf **nur in einem besonderen Termin** erfolgen: Abs 1 Satz 1. Diesen Termin muß der Zwangsverwalter beantragen: Abs 1 Satz 2, ZwVwV § 11 Abs 3; nur er weiß ja, wann eine solche Zahlung möglich ist. Für diesen Termin ist keine Ladungsfrist vorgesehen. Die **Terminsladung** erhalten der Zwangsverwalter, die betreibenden Gläubiger und der Vollstreckungsschuldner; dieser ist zu laden, weil es sich um sein Objekt und seine Schulden handelt; er kann ja auch nachweisen, daß der fragliche Anspruch schon anderweitig bezahlt sei.

2.5 a) Es wird **im Termin** an den Berechtigten **bezahlt:** Abs 3 mit § 117 Abs 1. Der Zwangsverwalter zahlt, wenn der Zahlungsempfänger im Termin erscheint, nach den entsprechenden Feststellungen des Gerichts den Betrag im Termin **an das Gericht** oder unmittelbar auf dessen Weisung an den Gläubiger[1], also nie unmittelbar und ohne gerichtliches Wissen an den Gläubiger.

b) **Erscheint der Zahlungsempfänger nicht** im Termin, auch nicht ein zum Geldempfang ermächtigter Vertreter, so wird der vom Zwangsverwalter an das Gericht übergebene Betrag an den Gläubiger unbar ausgezahlt: Abs 3 mit § 117 Abs 1 Satz 2. Dazu auch § 117 Rdn 4.

c) Kann der Zwangsverwalter zum Termin nicht erscheinen, so liefert er den Betrag vorher an die Gerichtskasse/Amtskasse zur Verfügung des Vollstreckungsgerichts ab (als Verwahrgeld oder als Hinterlegung).

d) Ist die Auszahlung auch über die Gerichtskasse/Amtskasse nicht möglich (Berechtigter unbekannt nach § 126; Anschrift des Berechtigten zur Zeit unbekannt; Devisenrechtsschwierigkeiten usw), so wird der Betrag hinterlegt: Abs 3 mit § 117 Abs 2 Satz 3.

2.6 Für **Briefrechte** muß, wie auch sonst zur Auszahlung des Kapitals, der Brief vorgelegt werden, da sonst der Berechtigte als unbekannt gilt: § 126 Abs 1[2], Betrag wird dann hinterlegt: Abs 3 mit § 126 Abs 2, § 117 Abs 2 Satz 3.

2.7 Alle Terminsvorgänge sind im **Protokoll** genau festzuhalten. Die bezahlten Beträge werden (wie in der Versteigerung) auf dem Vollstreckungstitel **abquittiert:** Abs 3 mit § 127 Abs 3. Der Wortlaut des Vermerks ist im Protokoll festzuhalten: Abs 3 mit § 127 Abs 3. Wurde der **Brief** nicht vorgelegt, so kann ihn das Gericht vom Gläubiger anfordern: Abs 3 mit § 127 Abs 1 Satz 3. Wird der Brief nicht vorgelegt, so wird hinterlegt (Berechtigter unbekannt). Wird der Brief vorgelegt, wird er bei voller Zahlung unbrauchbar gemacht und erhält bei Teilzahlung einen Vermerk: Abs 3 mit § 127 Abs 1 Satz 1 und 2. Alle Vermerke sind ins Protokoll aufzunehmen: Abs 3 mit § 127 Abs 3.

2.8 Zu einschlägigen Fragen im ZVG-Handbuch: Grundsätze Rdn 658, Terminsbestimmung Rdn 659, Ladungen Rdn 660, Protokoll Rdn 661, Vorgänge im

---

[1] Dassler/Muth § 158 Rdn 6; Mohrbutter/Drischler Muster 161 Anm 3.
[2] Dassler/Muth § 158 Rdn 7; Steiner/Hagemann § 158 Rdn 15; Mohrbutter/Drischler Muster 161 Anm 3.

Klage auf Abänderung des Teilungsplans **§ 159**

Termin Rdn 662, Brief- und Titelbehandlung Rdn 663, Grundbuchfragen Rdn 664, Löschungsersuchen Rdn 665.

Löschungsersuchen nach Kapitalzahlung (Absatz 2) 3

3.1 Soweit das Recht durch teilweise oder vollständige Zahlung erloschen ist, muß das Vollstreckungsgericht anschließend das Grundbuchamt um entsprechende **Löschung ersuchen:** Abs 2 Satz 1. Dabei muß es eine Ausfertigung des Protokolls beifügen, nicht aber den Brief: Abs 2 Satz 2. Wenn der Brief vorgelegt wurde, wird das Gericht auch diesen beifügen. Das Grundbuchamt kann ihn nicht verlangen, es löscht, wie beantragt, auch ohne Brief.

3.2 Das Grundbuchamt darf das Ersuchen nicht sachlich **prüfen,** sondern muß ein formell richtiges Ersuchen vollziehen, es hat eine formelle Prüfungspflicht wie bei § 130. Bei Bedenken sollte es aber beim Gericht rückfragen.

3.3 Bei **Gesamtrechten** wird nur um Löschung an dem zwangsverwalteten Grundstück ersucht.

3.4 Tilgungsraten fallen nicht unter § 158, wenn sie nur Zuschläge zu den Zinsen sind und als wiederkehrende Leistungen behandelt werden. Doch ist auch ihretwegen von Zeit zu Zeit oder mindestens bei Aufhebung des Zwangsverwaltungsverfahrens ein Löschungsersuchen an das Grundbuchamt zu richten.

[Ausländische Währung bei Zwangsverwaltung]

158a Für die Zwangsverwaltung eines Grundstücks, das mit einer Hypothek, Grundschuld oder Rentenschuld in einer nach § 28 Satz 2 der Grundbuchordnung zugelassenen Währung belastet ist, gelten folgende Sonderbestimmungen:

1. **Die Beträge, die auf ein in der Fremdwährung eingetragenes Recht entfallen, sind im Teilungsplan in der eingetragenen Währung festzustellen.**
2. **Die Auszahlung erfolgt in Euro.**
3. **Der Verwalter zahlt wiederkehrende Leistungen nach dem Kurswert des Fälligkeitstages aus. Zahlungen auf das Kapital setzt das Gericht in dem zur Leistung bestimmten Termin nach dem amtlich ermittelten letzten Kurswert fest.**

Grundpfandrechte in ausländischer Währung 1

§ 158a regelt für die Zwangsverwaltung (zur Zwangsversteigerung § 145a) die vollstreckungsrechtliche Folge der mit GBO § 28 Satz 2 ermöglichten Grundbucheintragung ausländischer Währungen. Zu den zugelassenen Währungen § 145a Rdn 1.2. Zahlungen auf das Kapital (Nr 3) sind nur die Kapitalzahlungen des § 158 Abs 2.

[Klage auf Abänderung des Teilungsplans]

159 (1) **Jeder Beteiligte kann eine Änderung des Teilungsplans im Wege der Klage erwirken, auch wenn er Widerspruch gegen den Plan nicht erhoben hat.**

(2) **Eine planmäßig geleistete Zahlung kann auf Grund einer späteren Änderung des Planes nicht zurückgefordert werden.**

§ 159

1 Allgemeines zu § 159

Zweck der Vorschrift: Zulassung einer Planänderung unabhängig von der Erhebung eines Widerspruchs im Verteilungstermin. Weil der Teilungsplan für die ganze Dauer des Verfahrens aufgestellt wird (§ 156 Abs 2), somit auch für die Zukunft maßgebend ist, steht es jedem Beteiligten frei, im Wege des Prozesses eine Abänderung zu erwirken[1].

2 Änderungsklage zum Teilungsplan der Zwangsverwaltung

2.1 Eine Änderung des Teilungsplans kann durch **Klage** auch erzwingen, wer keinen Widerspruch erhoben hat: Abs 1. Wie der Kläger sich im bisherigen Verteilungsverfahren verhalten hat, ist gleich. Hat er insbesondere keinen Widerspruch erhoben, so bedeutet das keinen Verzicht auf seine Ansprüche. Er braucht damals ja auch noch nicht beteiligt gewesen zu sein[2]. Eine Frist für die Klage ist nicht vorgesehen, insbesondere gelten nicht die Vorschriften für die Widerspruchsklage in ZPO § 878 Abs 1[3]. Klagen kann jeder Beteiligte: Abs 1. Die Klage richtet sich gegen alle Beteiligte, die im Plan nunmehr schlechter gestellt, deren bisherige Rechte also ganz oder teilweise beseitigt werden sollen, weil sie ganz oder teilweise zum Nachteil des Klägers im Plan berücksichtigt sind[4]. Der Gerichtsstand hierfür ist der allgemeine des Beklagten, er richtet sich nicht nach ZPO § 879[5].

2.2 Der **Teilungsplan** wird trotz der Klage **weiter ausgeführt,** bis ein rechtskräftiges Urteil vorgelegt ist. Durch eine Einstweilige Verfügung kann aber erreicht werden, daß die Ausführung einstweilen ausgesetzt wird[6].

2.3 Nach Vorlage des **rechtskräftigen Urteils** entscheidet dieses über den Inhalt des Planes. Das Vollstreckungsgericht muß daraufhin eine neue Auszahlungsanordnung erlassen. Die Änderung wirkt aber nur **für die Zukunft.** Was bisher planmäßig geleistet wurde, kann auf Grund der Änderung nicht mehr zurückgefordert werden: Abs 2. Unberührt bleibt das Recht, nach ZPO § 878 Abs 2 ein besseres Recht durch Klage geltend zu machen.

2.4 Hierzu im ZVG-Handbuch über die Planänderung Rdn 650.

2.5 Im Einverständnis der (aller betroffenen) Beteiligten kann der Teilungsplan auch ohne Widerspruch nachträglich geändert werden[7]; das Einvernehmen der Beteiligten erübrigt einen Rechtsstreit über die Planänderung.

[Außergerichtliche Verteilung]

160 Die Vorschriften der §§ 143 bis 145 über die außergerichtliche Verteilung finden entsprechende Anwendung.

1 Allgemeines zu § 160

1.1 Zweck der Vorschrift: Zulassung außergerichtlicher Erlösverteilung und Anerkennung außergerichtlicher Befriedigung der Berechtigten als vermeintlich einfachere, billigere und schnellere Erlösverteilung.

1.2 Die Vorschrift ist praktisch ohne Bedeutung; sie ist als verfehlt anzusehen. Außergerichtliche Einigung ist in der Zwangsverwaltung nur theoretisch möglich,

---

[1] Motive zum ZVG S 335.
[2] Jaeckel/Güthe § 159 Rdn 1.
[3] Dassler/Muth § 159 Rdn 2; Drischler RpflJahrbuch 1974, 371 (4).
[4] Drischler RpflJahrbuch 1974, 371 (4).
[5] Dassler/Muth § 159 Rdn 4; Drischler RpflJahrbuch 1974, 371 (4).
[6] Dassler/Muth § 159 Rdn 3; Drischler RpflJahrbuch 1970, 365 (12 c 3).
[7] Bruhn Rpfleger 1953, 67 (II F).

Aufhebung der Zwangsverwaltung § 161

praktisch aber nicht durchführbar. § 144 ist überhaupt nicht anwendbar, § 143 anzuwenden ist viel zu schwierig. Außergerichtliche Verteilung ist „untunlich, unvorteilhaft und insbesondere in manchen Beziehungen gefährlich"[1].

Durchführung der außergerichtlichen Verteilung 2

2.1 §§ 143–145 über die außergerichtliche Einigung könnten auch in der Zwangsverwaltung entsprechend angewendet werden. In Frage kämen damit zwei Möglichkeiten.

2.2 a) Die **außergerichtliche Einigung** über die Erlösverteilung nach §§ 143, 145. Es müßte hiernach dem Vollstreckungsgericht durch öffentliche oder öffentlich beglaubigte Urkunden nachgewiesen werden, daß sich alle Beteiligte über die Verteilung des Erlöses geeinigt haben (Näheres zur Einigung bei § 143). Die Einigung müßte sich hier auf alle Verwaltungsüberschüsse beziehen. Dabei können aber die Beteiligten nicht in die Rechte und Pflichten des Zwangsverwalters nach § 155 Abs 1 eingreifen. Dieser muß auf jeden Fall die Auslagen der Verwaltung und die Kosten des Verfahrens selbst aus den Einnahmen begleichen. Nur die Überschußverteilung aus § 155 Abs 2 könnte durch die Einigung ersetzt werden, nur dieser Abschnitt des Teilungsplanes. Die Auszahlungsanordnung des Gerichts an den Zwangsverwalter ist trotzdem nötig. Auch ist ein Kapitalzahlungstermin nach § 158 nicht entbehrlich.

b) Die **außergerichtliche Befriedigung** der Beteiligten nach §§ 144, 145. Sie würde verlangen, daß eine dem Ersteher der Zwangsversteigerung gleichstehende Person auch in der Zwangsverwaltung vorhanden wäre. Diese fehlt aber gerade. Es ist das insbesondere nicht der Zwangsverwalter, der neutral über dem Verfahren steht und nicht einseitig Rechte wahrzunehmen hat. Auch eine gleichzeitige Zwangsversteigerung hat hier keinen Einfluß, weil beide Verfahren völlig voneinander getrennt sein müssen. Alle Lösungsversuche zu dieser theoretischen Möglichkeit sind bisher gescheitert.

[Aufhebung der Zwangsverwaltung]

161 (1) **Die Aufhebung des Verfahrens erfolgt durch Beschluß des Gerichts.**

(2) **Das Verfahren ist aufzuheben, wenn der Gläubiger befriedigt ist.**

(3) **Das Gericht kann die Aufhebung anordnen, wenn die Fortsetzung des Verfahrens besondere Aufwendungen erfordert und der Gläubiger den nötigen Geldbetrag nicht vorschießt.**

(4) **Im übrigen finden auf die Aufhebung des Verfahrens die Vorschriften der §§ 28, 29, 32, 34 entsprechende Anwendung.**

Übersicht

Allgemeines zu § 161 1	Folgen der Aufhebung der Zwangsverwaltung 5
Aufhebung der Zwangsverwaltung (Absatz 1, auch Absatz 4) 2	Folgen der Aufhebung nach Erteilung des Zuschlags 6
Aufhebungsgründe (Absatz 2, auch Absatz 4) 3	Gerichtliche Verfahren (Prozesse) bei Aufhebung 7
Aufhebung mangels Vorschußzahlung (Absatz 3) 4	Muster für Aufhebung der Zwangsverwaltung 8

---

[1] Vd Pfordten, ZVG, § 160 Anm 3.

§ 161 1.1

Literatur: Mayer, Zwangsverwaltung zwischen Zuschlag und Aufhebung, Rpfleger 1994, 101; Vonnemann, Die Abwicklung des Zwangsverwaltungsverfahrens durch den Zwangsverwalter nach Aufhebung der Zwangsverwaltung, Rpfleger 2002, 415.

1 Allgemeines zu § 161

1.1 Zweck der Vorschrift: Regelung der Aufhebungsgründe für Verfahrensbeendigung.

1.2 Die Aufhebung des Zwangsverwaltungsverfahrens wird vom ZVG nur unzureichend behandelt. Es erwähnt insbesondere den häufigen Fall der Aufhebung wegen Zuschlags in der Zwangsversteigerung nicht. Es befaßt sich auch mit den Folgen der Aufhebung nicht, obwohl gerade diese Fragen für die Beteiligten von großer Bedeutung sind. Auch ohne gesetzliche Regelung sind aber die notwendigen Maßnahmen und die Folgen aus dem sachlichen Zweck heraus zu klären.

2 Aufhebung der Zwangsverwaltung (Absatz 1, auch Absatz 4)

2.1 Aufgehoben wird das Zwangsverwaltungsverfahren, gleich aus welchem Grund, durch **Beschluß** des Gerichts: Abs 1. Der Beschluß muß an betreibende Gläubiger (die jeweils von der Aufhebung betroffen werden) und Schuldner zugestellt werden: Abs 4 mit § 32. An den Zwangsverwalter wird er (formlos) mitgeteilt. Zustellung an weitere Beteiligte ist nicht vorgeschrieben, (formlose) Mitteilung an die sonstigen Beteiligten ist aber zu empfehlen, auch an die Empfänger eines Zahlungsverbots, bei Aufhebung nach Erteilung des Zuschlags auch an Ersteher.

2.2 Aufgehoben wird das Verfahren immer gegenüber demjenigen **Gläubiger,** der vom Aufhebungsgrund **betroffen** wird, bei Zuschlag und bestimmten anderen Umständen, die alle betreibende Gläubiger betreffen, also gegenüber allen Gläubigern.

2.3 a) Die Aufhebung kann **deklaratorisch** sein (zB nach Zurücknahme des Antrags[1]) oder auch **konstitutiv** (zB nach einem Zuschlag in der Zwangsversteigerung).

b) Bei **Rücknahme** des Verfahrensantrags endet die Beschlagnahme mit dem Eingang der Rücknahmeerklärung bei Gericht (§ 29 Rdn 2.5).

c) Bei Aufhebung der Zwangsverwaltung **wegen Zuschlags** endet mit Erlaß des Aufhebungsbeschlusses die Beschlagnahme rückwirkend auf den Zeitpunkt, in dem der Zuschlag wirksam geworden ist (§§ 89, 104).

d) In allen **übrigen Fällen** der Verfahrensaufhebung endet die Beschlagnahme mit der Zustellung des Aufhebungsbeschlusses an (betreibende) Gläubiger und Vollstreckungsschuldner (es entscheidet die letzte von mehreren Zustellungen), nicht erst mit der Rechtskraft des Beschlusses.

2.4 Nach Aufhebung der Zwangsverwaltung (gegenüber allen Gläubigern) hat das Vollstreckungsgericht sofort (nicht erst nach der tatsächlichen Abwicklung) das Grundbuchamt um **Löschung** des Zwangsverwaltungsvermerks zu **ersuchen:** Abs 4 mit § 34. Dies geschieht bei Aufhebung wegen Rücknahme des Antrags sogleich nach Erlaß des Beschlusses, in den anderen Fällen erst nach Rechtskraft des Aufhebungsbeschlusses.

2.5 Gegen den Aufhebungsbeschluß gibt es sofortige Beschwerde (ZPO § 793). Sie hat keine aufschiebende Wirkung. Daher sollte man, wenn nicht wegen Zuschlags oder Antragsrücknahme aufgehoben wird, die Wirkung erst ab Rechtskraft des Aufhebungsbeschlusses eintreten lassen.

---

[1] OLG Köln VersR 1994, 113 (114); LG Heilbronn Rpfleger 1996, 37.

Aufhebung der Zwangsverwaltung 3.5 **§ 161**

2.6 Wird ein **neues Zwangsverwaltungsverfahren** angeordnet, so beginnt dieses völlig neu, unabhängig von dem vorausgegangenen. Die beiden Verfahren dürfen nicht als ein nur unterbrochenes Verfahren behandelt werden.

2.7 Zu den Folgen der Aufhebung einer Zwangsverwaltung im ZVG-Handbuch Rdn 672, über weitergeltende Befugnisse Rdn 674, über Nutzungen und Lasten Rdn 675, über Vergütung Rdn 676.

Aufhebungsgründe (Absatz 2, auch Absatz 4) 3

3.1 Befriedigung des Gläubigers: Das Zwangsverwaltungsverfahren muß aufgehoben werden, wenn der betreibende Gläubiger befriedigt ist: Abs 2. Er muß natürlich vollständig, auch wegen der Zinsen und Kosten befriedigt sein. Ermöglicht ist die Befriedigung der Vollstreckungsforderung des Gläubigers erst nach Berücksichtigung der vorweg zu bestreitenden Ausgaben der Verwaltung (§ 155); dem Gläubiger muß daher auch ein dafür geleisteter Vorschuß erstattet sein (§ 152 Rdn 18.4). Die Befriedigung des Gläubigers muß innerhalb des Zwangsverwaltungsverfahrens erfolgt sein. Eine Befriedigung außerhalb dieses Verfahrens führt zur Antragsrücknahme des Gläubigers oder berechtigt andernfalls den Schuldner zur Vollstreckungsabwehrklage gegen den Gläubiger. Die Befriedigung in der Zwangsverwaltung muß der Zwangsverwalter dem Vollstreckungsgericht anzeigen, und zwar unverzüglich (ZwVwV § 12 Abs 4 Satz 1); er muß sie auch durch Vorlage der Belege nachweisen. Der Verwalter muß es dem Gericht auch unverzüglich anzeigen, wenn ihm der Gläubiger mitteilt, er sei befriedigt (ZwVwV § 12 Abs 4 Satz 2). Das Gericht wird dies dann nachprüfen, falls die Erklärung des Gläubigers nicht als Antragsrücknahme (Rdn 3.6) zu behandeln ist. Aufgehoben wird das Verfahren hier nur gegenüber dem Gläubiger, der befriedigt ist, während die übrigen Verfahren weiterlaufen. Erst wenn alle Gläubiger befriedigt sind (oder der einzige betreibende), ist das Verfahren vollständig aufzuheben. § 75 ist nicht anwendbar.

3.2 Entgegenstehende Rechte: Das Verfahren muß aufgehoben werden, wenn ihm ein Recht nach § 28 Abs 1 dauernd entgegensteht und auch durch eine Zwischenverfügung das Hindernis nicht beseitigt werden kann: Abs 4 mit § 28. Es sind nicht unbedingt dieselben Rechte, die der Zwangsversteigerung entgegenstehen, weil zB Veräußerungsverbote die Zwangsverwaltung nicht behindern. Rechte, die nicht aus dem Grundbuch ersichtlich sind, können nur durch Widerspruchsklage nach ZPO § 771 durchgesetzt werden. Als entgegenstehendes Recht ist hier (im Gegensatz zur Zwangsversteigerung) ausnahmsweise auch der Besitz eines Dritten anzusehen, gegen den kein Vollstreckungstitel vorliegt und der nicht nur Mieter/Pächter des Objekts ist, weil der Zwangsverwalter hier nicht den Besitz erlangen kann (es kann hier nur nach § 147 vollstreckt werden). Aufhebung bei Vollstreckungsmangel: Abs 4 mit § 28 Abs 2.

3.3 Hinterlegung: Das Zwangsverwaltungsverfahren muß aufgehoben werden, wenn eine öffentliche Urkunde vorgelegt wird, aus der sich ergibt, daß die zur Abwendung der Vollstreckung gestattete Hinterlegung erfolgt ist: ZPO § 775 Nr 3, § 776.

3.4 Insolvenzverfahren: Das Zwangsverwaltungsverfahren muß aufgehoben werden, wenn vor der Beschlagnahme das Insolvenzverfahren schon eröffnet war und wenn dabei das Zwangsverwaltungsverfahren nur wegen eines persönlichen Anspruchs angeordnet war: InsO § 89 Abs 1 mit § 28 Abs 2 und § 161 Abs 4. Es muß aufgehoben werden, wenn die im letzten Monat (InsO § 88; im vereinfachten Insolvenzverfahren in den letzten 3 Monaten, InsO § 312 Abs 1) vor dem Antrag auf Eröffnung des Insolvenzverfahrens erfolgte Beschlagnahme mit Verfahrenseröffnung unwirksam geworden ist (§ 28 Abs 2; dort Rdn 8.3).

3.5 Prozeßvoraussetzungen: Das Zwangsverwaltungsverfahren muß aufgehoben werden, wenn prozessuale Voraussetzungen des Verfahrens fehlen, etwa der

§ 161   3.5   Zwangsverwaltung

Vollstreckungstitel, die Zustellung des Titels, die Prozeßfähigkeit des betreibenden Gläubigers: Abs 4 mit § 28 Abs 2. Ein **Rechtsschutzbedürfnis** ist sachliche allgemeine Prozeßvoraussetzung[2]; es ist von Amts wegen zu prüfen[3]. Fehlt es, so ist das Zwangsverwaltungsverfahren aufzuheben[4]. Im Einzelfall gebietet das sorgsame Prüfung. Daß zunächst Einnahmen zur Gläubigerbefriedigung nicht zu erzielen sind, kann allein nicht genügen. Die Verhältnisse können sich ändern, ein unentgeltliches Wohnrecht des Schuldners kann entfallen, das Objekt kann vielleicht in einen guten Zustand gebracht werden oder in überschaubarer Zeit möglicherweise doch einer entgeltlichen Nutzung zugeführt werden[5]. Deshalb kann sich das Rechtsschutzinteresse bereits aus der angestrebten ordnungsgemäßen Bewirtschaftung des Objekts ergeben[5]. Fehlenden Einnahmen zur Deckung der Aufwendungen für Fortsetzung des Verfahrens ist mit Vorschußanforderung (Abs 3) zu begegnen. Es müssen daher besondere Umstände des Einzelfalls sichere Feststellung ermöglichen, daß zwangsweise Nutzung des Objekts auf Dauer nicht dem Verfahrensziel (dazu Einl Rdn 18.2) dienen kann, laufende Verbindlichkeiten zu befriedigen und betreibende Ansprüche wegzufertigen. Nicht unbeachtet sollte zudem bleiben dürfen, daß mit Aufhebung die Beschlagnahmewirkungen auch für eine gleichzeitige Zwangsversteigerung (§ 13 Abs 4 Satz 2) entfallen und laufende Leistungen des vollstreckenden Gläubigers daher aus Rangklasse 3 oder 4 in Rangklasse 7 oder 8 des § 10 Abs 1 zurückfallen können. Für erkennbar aussichtslose Fortsetzung des Verfahrens sind Aufwendungen des Gläubigers (Abs 3) nicht als (notwendige) Zwangsvollstreckungskosten erstattungsfähig[6].

3.6 Rücknahme des Antrags: Das Zwangsverwaltungsverfahren muß aufgehoben werden, wenn der Gläubiger seinen Verfahrensantrag zurücknimmt: Abs 4 mit § 29. Das Verfahren wird nur gegenüber dem Gläubiger aufgehoben, der seinen Antrag zurückgenommen hat, das gesamte Verfahren, wenn alle ihre Anträge (oder der einzig betreibende seinen) zurückgenommen haben. Die Rücknahme ist unwiderruflich. Geht sie dem Zwangsverwalter zu, so hat dieser dies dem Gericht unverzüglich anzuzeigen (ZwVwV § 12 Abs 4 Satz 2), indem er sie dem Gericht zuleitet.

3.7 Sicherheitsleistung: Das Zwangsverwaltungsverfahren muß aufgehoben werden, wenn eine öffentliche Urkunde vorgelegt wird, aus der sich ergibt, daß die zur Abwendung der Vollstreckung gestattete Sicherheitsleistung erfolgt ist: ZPO § 775 Nr 3, § 776.

3.8 Sittenwidrigkeit: Eine Aufhebung des Zwangsverwaltungsverfahrens kann ausnahmsweise auch nach ZPO § 765 a in Frage kommen (§ 146 Rdn 6.4).

3.9 Untergang: Das Zwangsverwaltungsverfahren muß aufgehoben werden, wenn das Grundstück durch Flurbereinigung oder Enteignung völlig untergeht, ebenso bei Untergang durch Meereseinbruch (Abreißen des Ufergrundstücks) oder wenn das Grundstück durch Bruch oder Zerstörung eines Staubeckens oder durch Dauerüberschwemmung anläßlich einer Flußregulierung oder eines Staubeckenanlage unzugänglich wird oder wenn ein zwangsverwaltetes Erbbaurecht erlischt. Wenn in der Flurbereinigung dagegen Ersatzgrundstücke zugewiesen werden, so geht die Beschlagnahme und das Verfahren auf dieses oder diese über (§ 15 Rdn 17) (anders[7]: auch dies sei ein Untergang; widerspricht aber der dafür getroffenen gesetzlichen Regelung des Flurbereinigungsgesetzes). Brennt ein Gebäude ab oder wird es durch Erdbeben oder ähnlich zerstört, so kann das Grundstück

---

[2] BGH 151, 384 (388) = MDR 2002, 1213 = NJW 2002, 3178 = Rpfleger 2002, 578.
[3] Zöller/Stöber, ZPO, § 765 a Rdn 30.
[4] LG Hechingen Rpfleger 1991, 430.
[5] BGH 151, 384 (389) = aaO (Fußn 2).
[6] BGH MDR 2005, 951 (952) = NJW 2005, 2460 (2462).
[7] Drischler JurBüro 1964, 471 (A III 9).

Aufhebung der Zwangsverwaltung 3.14 § 161

immer noch anderweitig genutzt werden, zB als Lagerplatz; Zwangsverwaltungsverfahren ist hier nicht aufzuheben.

3.10 Diese Randnummer ist nicht belegt.

3.11 Zuschlag: Das Zwangsverwaltungsverfahren muß aufgehoben werden (obwohl im ZVG nicht erwähnt), wenn im gleichzeitig laufenden Zwangsversteigerungsverfahren der Zuschlag erteilt wurde (siehe auch ZwVwV § 12 Abs 1 Satz 2), selbst wenn der Zuschlag an den bisherigen Schuldner erteilt ist (der hierdurch originär ein Dritter Eigentum erworben hat). Mit dem Zuschlag endet die Zwangsverwaltung nicht von selbst. Der Zwangsverwalter hat seine Rechte und Pflichten daher weiter wahrzunehmen, die Verwaltung somit noch fortzusetzen. Aus seinen Handlungen nach dem Zeitpunkt der Zuschlagswirksamkeit bis zur Aufhebung der Zwangsverwaltung wird dann der Ersteher berechtigt und verpflichtet; der Verwalter ist diesem für die Erfüllung aller ihm obliegenden Verpflichtung verantwortlich[8]. Es ist ein Aufhebungsbeschluß nötig, der hier konstitutiv ist (anders[9]: nur deklaratorisch). Diese Aufhebung darf aber zur Vorsicht erst nach Rechtskraft des Zuschlags erfolgen[10], nicht sofort nach Wirksamkeit des Zuschlags gemäß §§ 89, 104 (anders[11]), weil ja der Zuschlag im Rechtsmittelverfahren wieder aufgehoben werden kann. Es gibt sonst in diesem Falle erhebliche Schwierigkeiten; es müßte die Zwangsverwaltung neu angeordnet werden und rückwirkend ist dies nicht möglich. Die Aufhebung wirkt bei Zuschlag auf den Zeitpunkt der Zuschlags-Wirksamkeit zurück[12] (dazu über die Folgen Rdn 6; anders[13]: Aufhebung bewirkt „Entstrickung"). Mißverständlich ist die Ansicht von[14], die Zwangsverwaltung dürfe nach einem Zuschlag erst aufgehoben werden, wenn alle vor dem Zuschlag gezogenen Nutzungen verteilt seien. Mit Aufhebung der Zwangsverwaltung wegen Zuschlags enden die Beschlagnahmewirkungen nur für das Grundstück im Eigentum des Erstehers (§ 90 Abs 1). Nutzungen aus der Zeit vor Wirksamkeit des Zuschlags bleiben beschlagnahmt; sie sind nach Maßgabe des Teilungsplans auszukehren (dazu Rdn 6). Aufhebung der Zwangsverwaltung berührt diese weiterdauernde Verfahrenswirkung nicht; sie kann daher auch nicht bis zur Abwicklung aller Nutzungen (das kann jahrelang dauern) zurückgestellt werden. Zur Aufhebung nach Zuschlag im ZVG-Handbuch Rdn 673.

3.12 Zuständigkeit: Das Zwangsverwaltungsverfahren muß aufgehoben werden, wenn sich nach seiner Anordnung die örtliche Unzuständigkeit des Gerichts nach § 1 ergibt.

3.13 Zwangsvollstreckungsmaßnahmen: Das Zwangsverwaltungsverfahren muß aufgehoben werden, wenn die Ausfertigung einer vollstreckbaren Entscheidung vorgelegt wird, aus der sich ergibt, daß der Vollstreckungstitel oder seine vorläufige Vollstreckbarkeit aufgehoben oder die Zwangsvollstreckung für unzulässig erklärt oder die Einstellung der Zwangsvollstreckung angeordnet ist: ZPO § 775 Nr 1, § 776; oder wenn die Ausfertigung einer gerichtlichen Entscheidung vorgelegt wird, aus der sich ergibt, daß die einstweilige Einstellung der Vollstreckung oder einer Maßnahme angeordnet ist und daß auch die Aufhebung der bisherigen Maßnahmen angeordnet ist: ZPO § 775 Nr 2, § 776.

3.14 Nicht aufgehoben werden darf das Zwangsverwaltungsverfahren in bestimmten Fällen:

---

[8] BGH 39, 235 = MDR 1963, 580 = NJW 1963, 1499 = Rpfleger 1963, 285.
[9] RG 64, 415.
[10] LG Berlin NJW 1958, 1544; Dassler/Muth § 161 Rdn 20.
[11] Jaeckel/Güthe § 161 Rdn 7; Mohrbutter/Drischler Muster 166 Anm 2.
[12] LG Berlin und Dassler/Muth je aaO (Fußn 10).
[13] Mayer Rpfleger 1994, 101 (III).
[14] Denkschrift zum ZVG S 63; Henle, ZVG, § 161 Anm 1; auch Wrobel KTS 1995, 19 (IV 2 c bb (2)).

§ 161 3.14 Zwangsverwaltung

a) **Außergerichtliche Befriedigung:** Hier darf das Zwangverwaltungsverfahren nicht aufgehoben werden. Es ist ohne Einfluß auf das Verfahren, wenn durch eine öffentliche oder eine vom Gläubiger ausgestellte Privaturkunde nachgewiesen wird, daß der betreibende Gläubiger nach Erlaß des Titels außergerichtlich befriedigt sei oder daß er gestundet habe, auch dann nicht, wenn ein Bank- oder Sparkassenbeleg über die Einzahlung des Betrags an den Gläubiger vorgelegt wird (ZPO § 775 Nr 4, 5, § 776). In diesem Fall darf nur ausnahmsweise eingestellt werden; im übrigen ist der Vollstreckungsschuldner auf Vollstreckungsabwehrklage angewiesen.

b) **Gläubigerwechsel:** Hier darf die Zwangsverwaltung nicht aufgehoben werden. Es ist ohne Einfluß auf das Verfahren, wenn der Gläubiger seine Forderung abtritt und sich der neue Gläubiger im Verfahren nicht meldet. Zurücknahme des Zwangsverwaltungsantrags durch den (bisherigen) Gläubiger, der weiterhin durch Vollstreckungstitel und -klausel (formell) ausgewiesen ist, gebietet jedoch Verfahrensaufhebung nach Abs 4 mit § 29. Einzelheiten: § 15 Rdn 29.

c) **Schuldner(Eigentümer-)Wechsel:** Er ist nach der Anordnung des Zwangsverwaltungsverfahrens ohne Einfluß auf dieses. Gegen den bisherigen Vollstreckungsschuldner sind aber mit Vollstreckungstiteln, die gegen ihn gerichtet sind, nach dem Eigentümerwechsel keine neuen Beitritte mehr möglich.

d) **Zwangsverwalter fehlt:** Daß kein geeigneter und übernahmebereiter Zwangsverwalter gefunden wird, ist jedenfalls dann kein Aufhebungsgrund, wenn das Vollstreckungsgericht nicht alle erdenklichen Anstrengungen zur Auswahl und Bestellung eines Verwalters unternommen und den Gläubiger auch nicht zur Benennung geeigneter Personen unter Hinweis auf die Folgen der Nichtermittlung eines Verwalters aufgefordert hat[15].

4 Aufhebung mangels Vorschußzahlung (Absatz 3)

Das Zwangsverwaltungsverfahren **kann** aufgehoben werden, wenn der vom Zwangsverwalter angeforderte und vom Gericht beschlossene **Vorschuß** für die Verfahrensaufwendungen vom Gläubiger, dem er auferlegt ist, **nicht** fristgemäß **bezahlt** wird: Abs 3. Zur Frage des Vorschusses § 152 Rdn 18. Des Vollstreckungsgericht kann nach seinem Ermessen aber auch von der Aufhebung des Verfahrens absehen[16]. Vor der Aufhebung müssen hier der Gläubiger und der Zwangsverwalter gehört werden. Auch durch nachträgliche Zahlung nach Fristablauf kann der Gläubiger die noch nicht beschlossene Aufhebung gerade nicht abwenden. Prozeßkostenhilfe befreit ihn nicht von der Vorschußpflicht. Wenn in der Zwangsverwaltung § 25 über Maßnahmen zur Sicherung der ordnungsgemäßen Bewirtschaftung angewendet wird (was zulässig ist, § 146 Rdn 4.3 u 4.4q), so wird der dort vorgesehene Vorschuß (§ 25 Satz 2) bei Nichtzahlung zwar zur Aufhebung jener Maßnahmen führen, nicht aber zur Aufhebung des Zwangsverwaltungsverfahrens, wenigstens nicht über § 25, höchstens dann, wenn dies als gleichzeitige Vorschußverweigerung nach § 161 Abs 3 anzusehen ist.

5 Folgen der Aufhebung der Zwangsverwaltung

5.1 Mit Aufhebung der Zwangsverwaltung insgesamt (gegenüber allen Gläubigern) wegen Antragsrücknahme (§ 29) oder aus anderem Grund (dazu Rdn 3) – nicht aber bei Aufhebung nach Zwangsversteigerung (hierzu Rdn 6) – **enden die Rechte und Pflichten des Zwangsverwalters.** Bis er durch Zustellung des Aufhebungsbeschlusses oder Mitteilung des Gerichts von der Aufhebung des Verfahrens Kenntnis erlangt, hat der Zwangsverwalter seine Aufgaben jedoch wahrzunehmen[17]. Mitteilungen des Schuldners, eines Mieters oder gar eines am Verfahren

---

[15] LG Tübingen Rpfleger 1982, 33.
[16] BGH NJW-RR 2004, 1527 = Rpfleger 2004, 579 (580).
[17] LG Rostock Rpfleger 2001, 40.

nicht beteiligten Dritten kommt keine Bedeutung zu; sie können aber ebenso wie eine Nachricht des Gläubigers, dem Verwalter Anlaß geben, Rückfrage beim Gericht zu nehmen. Wenn er die Aufhebung kennt, hat der Zwangsverwalter das Verfahren mit etwa noch von ihm vorher eingeleiteten Verwaltungsmaßnahmen abzuwickeln[18]. Er hat das Grundstück (mit Zubehör usw) und die nicht mehr benötigten Nutzungen (den Verfahrensüberschuß) an den Schuldner herauszugeben[19], das ist der Grundstückseigentümer[20] ggfs sein Insolvenzverwalter. Hat während des Zwangsverwaltungsverfahrens das Eigentum gewechselt und der neue Eigentümer sich gemeldet (§ 9 Rdn 3), so ist er an die Stelle des früheren Eigentümers als Schuldner getreten und hat jetzt das Grundstück (den Überschuß usw) zu beanspruchen. Aus Haftungsgründen ist es allerdings besser, wenn der Zwangsverwalter hier nur im Einvernehmen mit dem Vollstreckungsgericht tätig wird. Zur Pfändung des Überschusses § 152 Rdn 17. Mieter und Pächter sollte der Zwangsverwalter verständigen. Zu den Verwalteraufgaben im Abwicklungsstadium gehören auch die Bezahlung der (restigen) Gerichtskosten des Verfahrens (§ 155 Abs 1) und die Wegfertigung noch nicht erfüllter Ausgaben der Verwaltung (§ 155 Abs 1), damit auch die Befriedigung der vom Zwangsverwalter begründeten Verbindlichkeiten, aus dem dafür einzubehaltenden Kassenbestand. Das stellte ZwVwV § 12 Abs 3 noch ausdrücklich heraus. Berichtigung öffentlicher Lasten (§ 156 Abs 1) und planmäßige Zahlung an Berechtigte (§ 157 Abs 1) darf der Verwalter nicht mehr vornehmen. Ein Teilungsplan wird dafür nicht mehr aufgestellt. Nach Beendigung des Verfahrens hat der Verwalter Rechnung zu legen (§ 154 Satz 2).

5.2 Unaufschiebbare Geschäfte, insbesondere solche, mit deren Aufschub Gefahr verbunden ist, hat der Zwangsverwalter wahrzunehmen und fortzusetzen, bis der Schuldner den Besitz des Grundstücks erlangt und die Verwaltung übernommen hat. Der Verwalter muß also zB eine fällige Versicherungsprämie zur Aufrechterhaltung des Versicherungsschutzes noch aus der Masse zahlen oder etwa im Winter für die Verkehrssicherungspflicht und Heizung besorgt sein. Die Vornahme solcher Abwicklungsgeschäfte dient dem Interesse des Schuldners (Eigentümers); sie erfordert daher keine Billigung des Gläubigers und keinen Vorbehalt im Aufhebungsbeschluß. Aus Handlungen des Zwangsverwalters für unaufschiebbare Geschäfte wird der Schuldner verpflichtet.

5.3 Ansprüche, auf welche die Beschlagnahme sich erstreckt hat, kann der Zwangsverwalter nach Aufhebung des Verfahrens **nicht mehr geltend machen** (zum Erlöschen der Prozeßführungsbefugnis Rdn 7.1). Er kann Zahlungen somit nicht mehr entgegennehmen. Eine fortdauernde Tätigkeit zur Bestandserhaltung und Benutzung des Grundstücks kann er im Außenverhältnis nicht mehr ausüben (zur Ausnahme bis zur Kenntnis der Aufhebung und für unaufschiebbare Geschäfte Rdn 5.1 und 5.2).

5.4 Der Gläubiger, der die Zwangsvollstreckung fortsetzen kann (sonst ZPO § 767) kann seine **Rücknahmeerklärung mit der Einschränkung versehen,** daß bestimmte bezeichnete Vermögensrechte bis zu ihrer Durchsetzung weiter beschlagnahmt bleiben sollen (Rdn 7.1 zu b). Das Vollstreckungsgericht hat den Aufhebungsbeschluß dann in der Weise einzuschränken, daß der Verwalter Abwicklungsgeschäfte zur Durchsetzung dieser Vermögensrechte wahrzunehmen hat (Rdn 7.1 zu b). Nachträglich durch besonderen Beschluß kann das Vollstreckungsgericht den Verwalter nicht mehr zu Abwicklungsmaßnahmen ermächtigen (wie Rdn 7.1 zu b).

---

[18] BGH 155, 38 (43) = MDR 2003, 1378 = NJW-RR 2003, 1419 (1420) = Rpfleger 2003, 457.
[19] BGH 71, 216 (220) = MDR 1978, 915 = NJW 1978, 1529 = Rpfleger 1978, 305.
[20] OLG Köln VersR 1994, 113; LG Heilbronn JurBüro 1995, 608 = Rpfleger 1996, 37.

§ 161 5.5 Zwangsverwaltung

5.5 Nach Aufhebung der Zwangsverwaltung muß der Zwangsverwalter eine **Schlußabrechnung** erstellen (§ 154 Satz 2). Sie hat die Zeit vom Ende der letzten Jahresabrechnung (ZwVwV § 14 Abs 2) bis zur Beendigung der Verwaltertätigkeit zu umfassen (ZwVwV § 14 Abs 3). Wenn die Ablieferung des Erlöses an den Berechtigten in der Schlußrechnung noch nicht nachgewiesen werden konnte oder wenn nachwirkende Verwalterhandlungen vorzunehmen waren (Rdn 5.1) ist noch eine Endabrechnung zu erstellen, wenn alle Zahlungsvorgänge beendet sind und das Verwalterkonto auf Null gebracht ist (ZwVwV § 14 Abs 4). Die Abrechnungen sind dem Gericht einzureichen, das sie dem Schuldner (bei Aufhebung wegen Zuschlags auch dem Gläubiger und Ersteher) vorzulegen hat (§ 154 Satz 3).

5.6 Einreichung der Schluß- und Endabrechnung können durch Zwangsgeld erzwungen werden (§ 153 Rdn 7). Sogar zur Offenbarungsversicherung ist der Verwalter dabei verpflichtet (BGB § 259). Ist er dazu bereit, nimmt sie das Vollstreckungsgericht (als Versteigerungsgericht) selbst ab (BGB § 261); bestreitet er die Verpflichtung, so müssen Vollstreckungsschuldner oder Gläubiger auf Rechnungslegung klagen und das Urteil nach ZPO § 889 vollstrecken lassen.

5.7 Den Anordnungs- und die Beitrittsbeschlüsse sowie die **Bestallungsurkunde** hat der Zwangsverwalter mit der Schluß- oder Endabrechnung nach Beendigung seiner Tätigkeit dem Vollstreckungsgericht zurückzugeben (ZwVwV § 12 Abs 2 Satz 2).

5.8 a) Die Wirksamkeit eines **Miet- oder Pachtvertrags** dem Zwangsverwalter gegenüber (§ 152 Abs 2) endet mit Aufhebung der Verwaltung. Mit der Verwaltung und Benutzung des Grundstücks erlangt der Schuldner auch wieder die Befugnis zur Wahrnehmung der Rechte und Erfüllung der Pflichten des Vermieters/Verpächters. Ein vom Zwangsverwalter geschlossener Miet-/Pachtvertrag bindet den Schuldner auch nach dem Ende der Zwangsverwaltung (§ 152 Rdn 12.4). Die Vertragspflicht zur Abrechnung von Mietnebenkosten (zB Heizungs- und Betriebskostenvorauszahlungen) und Erstattung nicht verbrauchter Vorauszahlungen des Mieters/Pächters hat der Zwangsverwalter für bereits abgeschlossene Abrechnungszeiträume, der Schuldner für den laufenden Abrechnungszeitraum zu erfüllen[21] (s auch § 152 Rdn 12.9).

b) **Zugunsten der Mieter** und Pächter dauern die Beschlagnahmewirkungen an, bis ihnen die Aufhebung der Zwangsverwaltung zur **Kenntnis gelangt** ist (ZPO § 836 Abs 2; auch BGB § 407 Abs 1 [so[22]], entspr Anwendung). Als Schuldner der Forderungen, auf die sich die Beschlagnahme erstreckt hat, sind sie danach bei Leistung (sonstiger Erfüllung) an den Zwangsverwalter nicht geschützt. Anspruch aus ungerechtfertigter Bereicherung oder Pflichtverletzung hat ein Mieter oder Pächter gegen den Zwangsverwalter jedoch nicht, wenn dieser die dennoch empfangene Miete oder Pacht bestimmungsgemäß verwendet hat (damit Kosten bezahlt und den Rest dem Schuldner ausgekehrt hat)[22].

5.9 Bei Abschluß der zur Verwaltung und Benutzung des Grundstücks erforderlich gewesenen **Verträge mit Versorgungsunternehmen** (Strom, Wasser, Gas, Fernwärme, auch Wartungsverträge) oder Eintritt in sie hat der Zwangsverwalter im eigenen Namen aus eigenem Recht gehandelt (§ 152 Rdn 8.1). Berechtigt und verpflichtet hat er jedoch nicht sich mit seinem Vermögen, sondern das beschlagnahmte Vermögen für **Rechnung des Schuldners.** Die durch solche Verträge begründeten Verbindlichkeiten waren daher als Ausgaben der Verwaltung aus den Nutzungen des (beschlagnahmten) Grundstücks zu bestreiten (§ 155 Abs 1). Das hat zur Folge, daß aus solchen Verträgen nach Aufhebung der Zwangsver-

---

[21] AG Bergisch Gladbach ZIP 1990, 531.
[22] OLG Koblenz OLGRep 1999, 115.

waltung der **Schuldner berechtigt und verpflichtet bleibt** (anders[23]: Zwangsverwalter hat Dauerschuldverhältnisse zum nächstmöglichen Termin zu kündigen). Die bis zur Aufhebung des Verfahrens zahlbaren Forderungen der Gläubiger aus diesen Verträgen hat der Zwangsverwalter selbst noch aus den Nutzungen des Grundstücks zu begleichen (ZwVwV § 12 Abs 3 Satz 1). Verbindlichkeiten, die demnach nicht weggefertigt werden können und fortdauernde Verpflichtungen treffen den Schuldner. Sind Abschlagszahlungen geleistet, dann kann der Zwangsverwalter Guthaben aus Jahres- oder Endabrechnungen nur bei vorbehaltener Abwicklungstätigkeit (Rdn 5.4) noch in Empfang nehmen; sie gebühren nach dem Erlöschen der Verwalteraufgaben dem Schuldner. Er haftet dann auch für Nachforderungen. Dem Verwalter obliegt es daher auch, den Vertragspartnern von der Aufhebung der Zwangsverwaltung und dem Abschluß seiner Tätigkeit Kenntnis zu geben.

5.10 Das gilt für **Dienstverträge** des Zwangsverwalters (§ 152 Rdn 7) entsprechend, so bei Anstellung eines Hausmeisters (aA[24]; fordert fristlose Kündigung). Keinen den Schuldner verpflichteten Dienstvertrag begründet der Zwangsverwalter, wenn er sich bei seiner Verhinderung einer anderen Person bedient oder Hilfskräfte zu unselbständigen Verwaltertätigkeiten heranzieht (ZwVwV § 1 Abs 3). Solche Mitarbeiter sind Dienstpflichtige des Zwangsverwalters, der als Dienstberechtigter Vergütung schuldet (BGB § 611) und dafür Auslagenersatz erhält (ZwVwV § 17 Abs 1, § 21 Abs 2). Dienstvertragliche Beziehungen dieser Personen und Hilfskräfte mit dem Zwangsverwalter für Rechnung des Schuldners bestehen damit nicht.

5.11 An **Versicherungsverträge** des Zwangsverwalters bleiben Versicherer und Schuldner nach Aufhebung der Zwangsverwaltung gebunden (wie Rdn 5.9). Unter Umständen liegt dann eine Doppelversicherung vor. Ob der Schuldner kündigen kann, ist nicht geklärt. Das wird verneint von [25]; § 70 VVG sollte aber doch zumindest ensprechend anwendbar sein, damit ein Kündigungsrecht wie bei Veräußerung für Versicherer und Schuldner begründen. Von einem Wegfall des versicherten Interesses nach VVG § 68 mit Prämienanspruch des Versicherers nur bis dahin kann allgemein nicht ausgegangen werden (anders[26]); eine Ausnahme wird gelten, wenn die Versicherung (ausdrücklich) für das eigene Interesse des Verwalters begründet war. Für Prämienzahlung und -erstattung gilt das Rdn 5.9 Gesagte.

Folgen der Aufhebung nach Erteilung des Zuschlags

6.1 Wenn die Zwangsverwaltung nach Erteilung des Zuschlags aufgehoben wird (Rdn 3.11), hat der Zwangsverwalter das **Grundstück an den Ersteher,** der Eigentümer ist (§ 90 Abs 1), herauszugeben. Diesem gebühren vom Zuschlag an die Nutzungen des Grundstücks und er trägt von da an die Grundstückslasten (§ 56 Satz 2). Rechte des Erstehers ab Zuschlagswirksamkeit kann der Zwangsverwalter nach Aufhebung des Verfahrens nicht mehr geltend machen[27].

6.2 Grundstücksnutzungen bis zum Zuschlag unterliegen weiterhin der Beschlagnahme (§§ 20, 21, 146 Abs 1, § 148 Abs 1). Sie geltend zu machen ist fortdauernde Aufgabe des Zwangsverwalters (dazu Rdn 7.2). Die Aufhebung erfolgt stets mit der Maßgabe, daß die Verwaltung für die Abwicklung der laufenden

---

[23] Vonnemann Rpfleger 2002, 415 (416).
[24] Vonnemann Rpfleger 2002, 415 (417).
[25] LG Berlin VersR 1956, 446.
[26] Vonnemann Rpfleger 2002, 415 (416).
[27] BGH BB 1954, 391 = Betrieb 1954, 412 Leitsatz = LM LASG § 3a Nr 2 Leitsatz; OLG Celle NdsRpfl 1959, 241.

§ 161 6.2   Zwangsverwaltung

Geschäfte noch fortbesteht[28]. Weiter beschlagnahmte Nutzungen aus der Zeit bis zum Zuschlag hat der Zwangsverwalter daher auch dann geltend zu machen (§ 152 Abs 1), einzuziehen und nach dem Teilungsplan zu verteilen[29] (zum Endzeitpunkt für laufende Leistungen Rdn 6.3), wenn der Aufhebungsbeschluß keinen entsprechenden (klarstellenden) Vorbehalt enthält (wie Rdn 7.2).

6.3 Ist ein **Teilungsplan** noch nicht vorhanden, ist Verteilungstermin auch nach Aufhebung des Verfahrens im Abwicklungsstadium noch zu bestimmen (§ 156 Abs 2). In den Teilungsplan aufzunehmen sind Ansprüche dann nur noch, soweit sie aus den noch vorhandenen Nutzungen gedeckt werden können. Ansprüche aus bestehen bleibenden Rechten sind bis zum Zuschlag zu berücksichtigen (von da an trägt sie der Ersteher, § 56 Satz 2), Ansprüche aus erlöschenden Rechten weitergehend; diese sind vom Zwangsverwalter bis zur Verteilung des Resterlöses wegzufertigen. Planaufstellung kommt nicht mehr in Betracht, wenn keine Nutzungen aus der Zeit bis zum Zuschlag vorhanden sind[30].

6.4 Der Verwalter erhält **Vergütung** und Auslagen auch für den Abwicklungszeitraum[31]. Deren Höhe bestimmt sich nach ZwVwV §§ 18, 19. Auch die gerichtliche Verfahrensgebühr wird für den Abwicklungszeitraum weiter erhoben. Wegzufertigen sind die Verwaltervergütung und die Kosten des Verfahrens aus den Erträgnissen des Grundstücks zu Lasten des Schuldners, nicht (auch nicht anteilig) zu Lasten des Erstehers[32]; anders[33]: der Ersteher hat anteilige Kosten zu tragen.

6.5 Rechnung zu legen hat der Zwangsverwalter
– dem Schuldner und dem Gläubiger (§ 154) bis zur Erteilung des Zuschlags, dann weitergehend für das Verwaltungsvermögen des Schuldners bis zur Aufhebung des Verfahrens und sodann für die Verwaltungstätigkeit im Abwicklungszeitraum oder nach vollständiger Beendigung seiner Tätigkeit mit Endabrechnung;
– dem Ersteher über die Verwaltertätigkeit vom Zuschlag bis zur Aufhebung des Verfahrens und Beendigung aller hierbei angefallenen Zahlungsvorgänge.

Die Rechnungen sind dem Gericht einzureichen und von diesem dem Schuldner und dem Ersteher vorzulegen (§ 154 Satz 3).

6.6 Rückgabe des Anordnungs- und der Beitrittsbeschlüsse und der **Bestallungs**urkunde wie Rdn 5.7.

6.7 Der Ersteher ist **nicht Rechtsnachfolger** des Schuldners (§ 90 Rdn 7.1), damit auch nicht des Zwangsverwalters. Verträge mit Versorgungsunternehmen und Dienstverträge berechtigen und verpflichten ihn daher nicht. Er kann aber in solche Verträge rechtsgeschäftlich (mit Übernahmevertrag) eintreten. Erfolgt Vertragsübernahme durch den Ersteher nicht, muß der Zwangsverwalter die Verträge auflösen, ggfs mit Kündigung aus wichtigem Grund. Eintritt des Erstehers in die Rechte und Pflichten des Vermieters, auch für die vom Zwangsverwalter abgeschlossenen Mietverträge, bestimmt sich nach § 57 mit BGB § 566 Abs 1. Zu Versicherungsverträgen § 56 Rdn 3.9 und § 90 Rdn 8.2.

7 Gerichtliche Verfahren (Prozesse) bei Aufhebung

7.1 a) Wenn die Zwangsverwaltung wegen **Antragsrücknahme** (§ 29) aufgehoben wurde, kann der Zwangsverwalter Ansprüche, auf welche die Beschlag-

---

[28] OLG Frankfurt MDR 1971, 226; OLG Hamm NJW 1956, 125.
[29] RG 59, 87; BGH BB 1954, 391 = aaO (Fußn 27); OLG Stuttgart NJW 1975, 265; LG Berlin NJW 1958, 1544.
[30] LG Chemnitz Rpfleger 2002, 91.
[31] LG Berlin NJW 1958, 1544.
[32] LG Berlin Rpfleger, 1990, 267.
[33] Steiner/Hagemann, § 161 Rdn 97; Mayer Rpfleger 1994, 101.

nahme sich erstreckt hat, neu nicht gerichtlich geltend machen[34]. Mit dem Aufhebungsbeschluß ist aber auch seine Prozeßführungsbefugnis für anhängige Rechtsstreite über beschlagnahmt gewesene Ansprüche erloschen[35]. Es wird mit Verfahrensaufhebung der anhängige Rechtsstreit nicht unterbrochen (ZPO §§ 239 ff). Fortgeführt wird er bei freiwilligem Eintritt des Eigentümers (bisherigen Schuldners) als materiell Berechtigter in das Verfahren, der zulässig sein muß (dem zuneigend[36]); zum (vormals) ermöglichten Parteiwechsel vom Zwangsverwalter auf den Schuldner[37].

b) Der **Gläubiger,** der die Zwangsvollstreckung fortsetzen kann (sonst ZPO § 767), kann seine **Rücknahmeerklärung mit der Einschränkung versehen,** daß einzelne, bestimmt bezeichnete Vermögensrechte bis zu ihrer Durchsetzung weiter beschlagnahmt bleiben sollen[38]. Das Vollstreckungsgericht kann den Aufhebungsbeschluß in diesem Umfang einschränken[38]. Wenn es den Fortdauer der Verwalterbefugnis für Prozeßführung (§ 152 Abs 1 Halbsatz 2) bestimmt, kann der Zwangsverwalter von ihm eingeleitete Zahlungsprozesse wegen beschlagnahmter Ansprüche fortführen[38]. Bei entsprechender Ermächtigung im Aufhebungsbeschluß nach eingeschränkter Antragsrücknahme kann der Zwangsverwalter in gleicher Weise beschlagnahmte Ansprüche auch neu einklagen. Auslegung, daß der Aufhebungsbeschluß nur mit diesem Vorbehalt gemeint und verstanden sein kann, ist nicht ausgeschlossen[39], zumeist aber nicht gerechtfertigt[40]. Nachträgliche Ermächtigung durch gesonderten Beschuß (ZwVwV § 12 Abs 2 Satz 1) ist nicht möglich, weil die Rechte des Zwangsverwalters (§ 152 Abs 1) bereits mit der uneingeschränkten Verfahrensaufhebung beendet worden sind.

c) Die Prozeßführungsbefugnis des Zwangsverwalters erlischt mit Aufhebung des Verfahrens nach Antragsrücknahme auch für Rechtsstreite über Angelegenheiten, die sich aus der beendeten Aufgabe des Verwalters ergeben haben, für Erhaltung und Benutzung des Grundstücks besorgt zu sein (§ 152 Abs 1). Er kann daher einen Räumungsprozeß gegen einen Mieter nicht neu beginnen oder fortsetzen und ein einstw Verfügungsverfahren auf Unterlassung künftiger Störungen nicht betreiben (anders[41]: wenn sichergestellt sein muß, daß das Verfügungsverfahren keine Verzögerung erleidet).

7.2 Wenn die Zwangsverwaltung nach **Erteilung des Zuschlags** aufgehoben wird (Rdn 3.11), gehört die Geltendmachung der beschlagnahmten Ansprüche für die Zeit bis zum Zuschlag (s Rdn 6.2) zu den fortdauernden Aufgaben des Zwangsverwalters[42]. Ansprüche, auf welche sich die Beschlagnahme erstreckt, sind mit Erteilung des Zuschlags nicht beschlagnahmefrei an den Schuldner zurückgefallen. Dem Ersteher gebühren die Nutzungen des Grundstücks erst vom Zuschlag an (§ 56 Satz 2). Der Zwangsverwalter kann die weiter beschlagnahmten Ansprüche des Schuldners daher neu gerichtlich geltend machen (anders[43]) und ebenso einen von ihm eingeleiteten Zahlungsprozeß wegen solcher An-

---

[34] BGH 155, 38 = aaO (Fußn 18); OLG Hamm NJW-RR 1989, 1467 = VersR 1990, 67 (für Anspruch aus Gebäudeversicherung wegen eines Feuerschadens).
[35] BGH 155, 38 = aaO (Fußn 18); OLG Frankfurt OLGRep 2002, 151; Vonnemann Rpfleger 2002, 415 (418); Wrobel KTS 1995, 19 (IV 2).
[36] BGH 155, 38 (45) = aaO (Fußn 18).
[37] BGH 71, 216 = MDR 1978, 915 = NJW 1978, 1529 = Rpfleger 1978, 305.
[38] BGH 155, 38 (44) = aaO (Fußn 18).
[39] RG 53, 263 (265).
[40] BGH 155, 38 (44) = aaO (Fußn 18).
[41] LG Bonn WuM 1990, 538.
[42] BGH MDR 2003, 1408 = NJW-RR 2003, 1308 = NZI 2003, 562 = Rpfleger 2003, 600; LG Frankfurt Rpfleger 2000, 30; auch Vonnemann Rpfleger 2002, 415 (148).
[43] LG Frankfurt aaO; Haarmeyer Rpfleger 2000, 30; Vonnemann Rpfleger 2002, 415 (419).

§ 161 7.2   Zwangsverwaltung

sprüche fortführen[44]. Das Vollstreckungsgericht kann auch in diesem Fall den Aufhebungsbeschluß in diesem Umfang einschränken. Das dient der Rechtsklarheit. Die Prozeßführungsbefugnis des Zwangsverwalters dauert aber auch fort (nach[45] Auslegung), wenn der Aufhebungsbeschluß nach Erteilung des Zuschlags keinen entsprechenden Vorbehalt ausspricht. Beendigung des Vollstreckungsverfahrens über das mit dem Zuschlag erworbene Grundstück (§ 90 Abs 1) hat Wahrung des Eigentumsrechts des Erstehers geboten (GrundG Art 14 Abs 1); Freistellung der dem Schuldner gebührenden Nutzungen des Grundstücks aus der Zeit bis zum Zuschlag ist damit nicht erfolgt. Der Aufhebungsbeschluß hat daher die Beschlagnahmewirkungen auch nur für das Grundstück im Eigentum des Erstehers beendet; für Nutzungen aus der Zeit vor Wirksamkeit des Zuschlags dauern die Beschlagnahme- und Verfahrenswirkungen an (Rdn 3.11), auch wenn das klarstellend nicht zum Ausdruck gebracht ist. Daher kann das Vollstreckungsgericht in diesem Fall auch nachträglich durch gesonderten Beschluß klarstellend Bestimmung über die fortdauernde Aufgabe des Zwangsverwalters treffen (insoweit zutreffend ZwVwV § 12 Abs 2 Satz 1).

7.3 Den Räumungsprozeß gegen einen Mieter fortzuführen kann nach Erteilung des Zuschlags nicht fortdauernde Aufgabe des Zwangsverwalters sein (aA[46]; er hat aber Herausgabe an den Ersteher zu verlangen). Gleiches hat für das einstw Verfügungsverfahren über einen Unterlassungsanspruch (Abwehr von Störungen; aA[47]) und für Geltendmachung eines Gestaltungsrechts[47] zu gelten.

7.4 Für eine Klage auf Feststellung, daß zwischen dem Kläger und dem beklagten Zwangsverwalter ein Arbeitsverhältnis bestanden hat, hat das BArbG[48] ein Feststellungsinteresse auch nach Aufhebung der Zwangsverwaltung bejaht. Fortdauernde Beklagtenstellung des Zwangsverwalters kann nach BGH[49] unter dem Gesichtspunkt naheliegen, daß der gegen den Zwangsverwalter klagenden Partei nicht durch Betreiben des (vollstreckenden) Gläubigers der Prozeßgegner entzogen werden kann. Fortsetzung eines Wohnungseigentumsverfahrens (Zahlung von Wohngeld) gegen den Zwangsverwalter nach Aufhebung der Zwangsverwaltung hat das KG Berlin[50] für zulässig angesehen. Wenn die Zwangsverwaltung bei Verfahrenseinleitung bereits aufgehoben ist, kann gegen den (vormaligen) Zwangsverwalter rückständiges Wohngeld aus der Zeit der Zwangsverwaltung jedoch gerichtlich nicht mehr geltend gemacht werden. Zur Führung des Rechtsstreits um Rückgabe einer Mietsicherheit ist der (bisherige) Zwangsverwalter nicht mehr befugt, wenn die Zwangsverwaltung vor Rechtshängigkeit der Streitsache aufgehoben worden ist.[51]

7.5 Mit Aufhebung der Zwangsverwaltung **aus anderen Gründen** (zu diesen Rdn 3) enden die Rechte und Pflichten des Zwangsverwalters, erlischt damit seine Prozeßführungsbefugnis wie bei Aufhebung nach Antragsrücknahme (Rdn 7.1).

7.6 Wo der Zwangsverwalter noch selbst **vollstrecken** muß, wie bei Aufhebung wegen Zuschlags hinsichtlich der zurückliegenden Nutzungen, lautet auch die Vollstreckungsklausel auf ihn. Sonst kann nach dem Ende des Verfahrens der von

---

[44] BGH MDR 1993, 476 = NJW-RR 1993, 442 = Rpfleger 1993, 211; BGH 155, 38 (42) = aaO (Fußn 18).
[45] BGH 155, 38 (44) = aaO (Fußn 18).
[46] OLG Frankfurt Rpfleger 1960, 409.
[47] OLG Düsseldorf MDR 1990, 883 = OLGZ 1990, 481 = Rpfleger 1990, 387.
[48] BArbG AP BGB § 613a Nr 19 mit Anm Vollkommer = NJW 1980, 2148.
[49] BGH 155, 38 (46) = aaO (Fußn 18); aA KG Berlin NJW-RR 2004, 1457 .
[50] KG Berlin NJW-RR 2004, 1457; s auch BGH 155, 38 (42 ff) = aaO (Fußn 18).
[51] BGH (25. 5. 2005, VII ZR 301/03).

Aufhebung der Zwangsverwaltung 8 § 161

ihm erwirkte Vollstreckungstitel auf den Schuldner bzw Ersteher nach ZPO § 727 umgeschrieben werden[52] (auf den Schuldner bei Aufhebung wegen Antragsrücknahme[53] oder wegen Sittenwidrigkeit).

Muster für Aufhebung der Zwangsverwaltung 8

Es können ungefähr folgende Fassungen verwendet werden:
a) Bei Aufhebung wegen **Zuschlags:** „1. Das Zwangsverwaltungsverfahren wird auf Grund des jetzt rechtskräftigen Zuschlagsbeschlusses vom 5. 10. 2005 im Verfahren ... aufgehoben. 2. Einnahmen und Ausgaben bis einschließlich 4. 10. 2005 gehen zugunsten und zu Lasten der Masse, für die spätere Zeit zugunsten und zu Lasten des Erstehers. 3. Der Zwangsverwalter ist ermächtigt, Rückstände aus der Zeit vor dem 5. 10. 2005 gerichtlich geltend zu machen und erforderlichenfalls beizutreiben. 4. Aus den bis 4. 10. 2005 erzielten Nutzungen des Grundstücks sind die Ausgaben der Verwaltung sowie die Kosten des Verfahrens (ausgenommen die durch Anordnung oder Beitritt entstandenen) vorweg zu bestreiten. Einen Überschuß hat der Zwangsverwalter unter Berücksichtigung der Verteilung im Versteigerungsverfahren nach dem Teilungsplan der Verwaltung auzuschütten. 5. Rechnung zu legen hat der Zwangsverwalter
– dem Schuldner und dem Gläubiger für die Zeit bis 4. 10. 2005 (Tag vor dem Zuschlag),
– dem Ersteher vom 5. 10. 2005 (Zuschlag) an bis zur Aufhebung des Verfahrens.
Die Rechnungen sind – zusammen mit der Endabrechnung (ZwVwV § 14 Abs 4) – dem Vollstreckungsgericht bis ... einzureichen. 6. Der Verwalter hat unverzüglich alle Mieter über den Eigentumswechsel und das Ende der Verwaltung zu unterrichten, unter Angabe der von ihnen noch zur Masse geschuldeten Beträge. Gründe: ..."

b) Bei Aufhebung wegen **nicht bezahlten Vorschusses:** „1. Das Zwangsverwaltungsverfahren wird aufgehoben, weil der Gläubiger ... den ihm auferlegten Vorschuß nicht bezahlt hat. 2. Die Beschlagnahme endet mit der Rechtskraft dieses Beschlusses. 3. Der Verwalter hat nach Rechtskraft alle Mieter ... 4. Der Verwalter hat ab Rechtskraft die Entgegennahme von Zahlungen und die Begleichung von Ausgaben zu unterlassen, soweit nicht Ausnahmen nötig sind, um Schäden abzuwenden. 5. Der Verwalter hat Mittel zurückzuhalten für seine Vergütung und Auslagen sowie für die voraussichtlichen Gerichtskosten. Den Restbestand hat er nach Rechtskraft an den Schuldner herauszugeben und dem Gericht dies nachzuweisen, den Rest aus den zurückbehaltenen Mitteln nach dessen Weisung. 6. „Bis ... hat der Verwalter Schlußabrechnung vorzulegen. Er hat nach Beendigung seiner Tätigkeit Endabrechnung einzureichen (ZwVwV § 14 Abs 4). Gründe: ..."

c) Je nach Lage des Falles können weitere Weisungen nötig oder eine Ermächtigung zur Fortsetzung der Tätigkeit für Abwicklungsaufgaben (ZwVwV § 12 Abs 1 Satz 2) erforderlich sein. Zwar hat der Verwalter auch den Abschluß selbständig zu erledigen, doch ist es auch in seinem Interesse gut, wenn der den Beteiligten zugehende Beschluß Einzelheiten enthält, um so Widerstände und unbegründete Anträge von ihm fernzuhalten und auch dem Gericht Anfragen zu ersparen. Erfahrungsgemäß wollen insbesondere Schuldner nicht einsehen, daß auch nach Aufhebung noch gewisse Übergangsmaßnahmen nötig sind.

---

[52] OLG Düsseldorf OLGZ 1977, 250; Steiner/Hagemann § 161 Rdn 73.
[53] OLG Düsseldorf OLGZ 1977, 250.

§ 162　Zwangsversteigerung von Schiffen und Schiffsbauwerken

Zweiter Abschnitt. Zwangsversteigerung von Schiffen, Schiffsbauwerken und Luftfahrzeugen im Wege der Zwangsvollstreckung

Erster Titel. Zwangsversteigerung von Schiffen und Schiffsbauwerken

[Anzuwendende Vorschriften]

162 Auf die Zwangsversteigerung eines im Schiffsregister eingetragenen Schiffs oder eines Schiffsbauwerks, das im Schiffsbauregister eingetragen ist oder in dieses Register eingetragen werden kann, sind die Vorschriften des Ersten Abschnitts entsprechend anzuwenden, soweit sich nicht aus den §§ 163 bis 170a etwas anderes ergibt.

Literatur: Hornung, Das Schwimmdock in der Register- und Vollstreckungspraxis, Rpfleger 2003, 232.

1　Allgemeine Übersicht zu §§ 162–171

Die Zwangsversteigerung von Schiffen, Schiffsbauwerken und Luftfahrzeugen regelt das ZVG in seinem zweiten Abschnitt (§§ 162–171 n). Dessen erster Titel (§§ 162–171) behandelt die Zwangsversteigerung von Schiffen und Schiffsbauwerken. Die Vorschriften waren früher vielfach verteilt. Seit dem Schiffsrechtegesetz (SchiffsRG) werden eingetragene See- und Binnenschiffe und eingetragene oder eintragungsfähige Schiffsbauwerke und Schwimmdocks einheitlich im allgemeinen **den Grundstücken gleichbehandelt.** Nicht eingetragene und nicht eintragungsfähige Objekte richten sich nach Fahrnisrecht.

2　Allgemeines zu § 162

2.1 Für die **Zwangsversteigerung** von Schiffen und Schiffsbauwerken nimmt § 162 im wesentlichen auf die Vorschriften über die Zwangsversteigerung von Grundstücken im ersten Gesetzesabschnitt (§§ 1–145) **Bezug.** Besonderheiten dazu regeln §§ 163–171 über Zuständigkeit und Beteiligte (§ 163), Antragsvoraussetzungen (§ 164), Bewachung und Verwahrung (§§ 165, 170), Vollstreckung gegen den Schiffer (§ 166), Terminsansetzung und Terminsbekanntmachung (§§ 167–168), Anmeldungen (§ 168b), Rechte in ausländischer Währung (§ 168c), Mieter und Pächter (§ 169 Abs 1), unterlassene Barzahlung des Meistgebots (§ 169 Abs 2), Wert und Bietersicherheit (§ 169a), Schiffsbauwerke (§ 170a) und ausländische Schiffe (§ 171).

2.2 Auch für Schiffe und Schiffsbauwerke gibt es die Insolvenzverwalterversteigerung (§§ 172–174), die Nachlaßversteigerung (§§ 175–179) und die Versteigerung zur Aufhebung einer Gemeinschaft (§§ 180–184; § 185 gilt hier nicht). Zwangsverwaltung gibt es hier nicht. Über Besonderheiten bei der Reederei § 180 Rdn 2.2.

2.3 Über Einstellungs- und Aufhebungsfälle in den Verfahren über Schiffe und Schiffsbauwerke Einl Rdn 31.

2.4 Im Rahmen des vorliegenden Buches, das sich in erster Linie der Grundstücksvollstreckung widmet, werden die Vorgänge der Schiffsversteigerung in ihren Grundzügen behandelt. Interessenten werden auf[1] und die Abschnitte in den Großkommentaren verwiesen.

2.5 Die **zwangsweise** Eintragung der **Schiffshypothek** ist in ZPO § 870a geregelt (dazu Rdn 5.4). Die **Arrest**vollziehung wird durch Pfändung nach den Vorschriften über die Pfändung beweglicher Sachen vollzogen (ZPO § 931

---

[1] Röder, Schuldner bei Schiffsversteigerung, 1919.

Abs 1); sie begründet Rechte wie eine Schiffshypothek (ZPO § 931 Abs 2) und wird durch Eintragung einer Vormerkung im Register gesichert (ZPO § 931 Abs 3). Spätere Anordnung der Zwangsversteigerung wegen eines persönlichen Anspruchs geht ihr also nach; war schon die Versteigerung vorher angeordnet, so gilt deren Beschlagnahme als „erste Pfändung" nach ZPO § 826, der Arrestvollzug als zweite oder „Anschlußpfändung" nach ZPO §§ 808, 826.

Eingetragene Schiffe und Schiffsbauwerke als Gegenstand der Zwangsversteigerung 3

3.1 Gegenstände der Immobiliarvollstreckung (Einl Rdn 15) sind die im Schiffsregister eingetragenen **Schiffe** und **Schiffsbauwerke**, die im Schiffsbauregister eingetragen sind oder in dieses Register eingetragen werden können (ZPO § 864 Abs 1), und deren Miteigentumsbruchteile (ZPO § 864 Abs 2). Schwimmdocks werden wie Schiffsbauwerke behandelt, auch im Schiffsbauregister eingetragen (SchiffsRG § 81 a; Schiffsregisterordnung §§ 73 a, b). Herrenlose Schiffe sind wie herrenlose Grundstücke zu behandeln (§ 15 Rdn 22). Ausländische Schiffe: § 171.

3.2 Schiff ist „jedes schwimmfähige mit Hohlraum versehene Fahrzeug von nicht ganz unbedeutender Größe, dessen Zweckbestimmung es mit sich bringt, daß es sich auf dem Wasser bewegt"[2], also auch Schwimmbagger und Schiffskräne. Nicht hierher gehören aber schwimmende Badeanstalten, Wohnboote, schwimmende Gaststätten, Schiffsbrücken.

3.3 Schiffsbauwerke sind noch in Bau befindliche Schiffe, bei denen zwar schon der Kiel gelegt und das Bauwerk durch Name und Nummer gekennzeichnet ist, die aber noch nicht vom Stapel gelaufen sind[3]. Mit dem Stapellauf werden sie zum Schiff[3]. **Schwimmdocks** (zum Begriff[4]) **sind** schwimmende Behälter, in denen Schiffe trockengestellt werden. In Bau befindliche und fertiggestellte werden wie Schiffsbauwerke behandelt.

3.4 Der Versteigerung unterliegen nur im Schiffsregister **eingetragene** Schiffe und im Schiffsbauregister **eingetragene oder eintragungsfähige** Schiffsbauwerke (dazu auch Schwimmdocks gehörend), ausländische Schiffe aber nur dann, wenn sie als deutsche Schiffe im Schiffsregister eingetragen sein müßten (§ 171 Abs 1). Nach **Löschung** eines Schiffes im Schiffsregister ist eine Zwangsversteigerung nicht mehr möglich, nur noch die Mobiliarvollstreckung[5].

3.5 Nicht angeordnet werden darf die Zwangsversteigerung eines Schiffs im Wege der Zwangsvollstreckung, wenn es sich **auf der Reise** befindet und nicht in einem Hafen liegt: HGB § 482. Zwangsversteigerung eines „segelfertigen" Schiffs (wenn der Lotse an Bord ist und die zum Auslaufen nötigen Papiere vorhanden sind) kann demnach angeordnet werden[6], dazu auch[7] (es hat die Reise noch nicht angetreten).

3.6 Beantragt ein Schiffshypothekengläubiger die Zwangsversteigerung, so verhindert er damit die **Abwrackung** des Schiffes durch den Eigentümer, weil diesem durch die gerichtliche Verwaltung (§ 165) jede Einwirkungsmöglichkeit genommen ist[8].

---

[2] BGH LM BinSchG § 4 Nr 3 Leitsatz mit Anm Lindenmaier = NJW 1952, 1135 Leitsatz.
[3] Mohrbutter, Handbuch des Vollstreckungsrechts, § 50 (vor I).
[4] Hornung Rpfleger 2003, 232.
[5] Hornung Rpfleger 1970, 117 (I 6 e).
[6] Dassler/Muth § 162 Rdn 4; Steiner/Hagemann § 162 Rdn 46; Mohrbutter/Drischler Einl vor Muster 167 Anm 6.
[7] Mohrbutter KTS 1974, 88 (I).
[8] Mohrbutter/Drischler Einl vor Muster 167 Anm 8 a; Hornung Rpfleger 1970, 117 (III 1 b).

§ 162 3.7 Zwangsversteigerung von Schiffen und Schiffsbauwerken

3.7 a) Bei **befristetem Flaggenwechsel** (Flaggenrechtsgesetz, BGBl 1994 I 1341, § 7) ist genehmigt, daß das an einen Ausländer vercharterte (vermietete) Schiff an Stelle der Bundesflagge eine andere Nationalflagge führt. Löschung des Schiffs im Seeschiffsregister ist damit nicht verbunden. Das Schiff bleibt ein deutsches Schiff; es unterliegt weiterhin der Zwangsversteigerung nach den für deutsche Schiffe geltenden Vorschriften[9].

b) Bei **Ausflaggung** durch Veränderung in den Eigentumsverhältnissen geht die Eigenschaft als deutsches Schiff verloren. Das Schiff wird im Schiffsregister gelöscht. Es kann nur noch als ausländisches Schiff (§ 171) versteigert werden. Wenn sich die Eigentumsverhältnisse jedoch nach Wirksamwerden der Beschlagnahme geändert haben, wird das Verfahren des beschlagnahmten deutschen Schiffs nach Maßgabe der §§ 162–170 fortgesetzt[9].

3.8 In eine **Schiffspart** (HGB § 489) wird nur durch Pfändung gemäß ZPO §§ 857, 858 vollstreckt.

4 Gegenstände der Haftung und Zwangsversteigerung

4.1 Die Immobiliarvollstreckung umfaßt bei Schiffen und Schiffsbauwerken auch die **Gegenstände,** auf die sich die Schiffshypothek erstreckt: ZPO § 865 Abs 1. Beschlagnahme (§ 20 Abs 2 mit § 162) und Zwangsversteigerung (§ 55 mit § 162) erstrecken sich damit auch auf diese Gegenstände.

4.2 Die Schiffshypothek und damit die Versteigerung erstrecken sich auch auf
– das **Zubehör** des Schiffs mit Ausnahme der Zubehörstücke, die nicht in das Eigentum des Schiffseigentümers gelangt sind (SchiffsRG § 31 Abs 1),
– **Bestandteile** (siehe SchiffsRG § 31 Abs 3),
– **Versicherungsforderungen** (SchiffsRG § 32; hierzu[10]).
Zubehörstücke werden von der Haftung frei, wenn ihre Zubehöreigenschaft in den Grenzen einer ordnungsmäßigen Wirtschaft aufgehoben wird oder die Stücke veräußert und vor der Beschlagnahme vom Schiff entfernt sind (SchiffsRG § 31 Abs 2); nach der Beschlagnahme ist das auch nicht innerhalb der Grenzen einer ordnungsmäßigen Wirtschaft möglich (wegen § 165)[11]. Auch Bestandteile werden von der Haftung frei, wenn sie vom Schiff getrennt und vor der Beschlagnahme entfernt sind, und zwar nicht nur vorübergehend (SchiffsRG § 31 Abs 3). Zum Zubehör gehören: Pumpen, Lot, Kompaß, Signalapparate, Taue und Trossen als lose Reserve, Seekarten, Schiffspapiere, Schiffsapotheke, Kajüteninventar (das nicht zum persönlichen Gebrauch der einzelnen Besatzungsmitglieder bestimmt ist), Fanggeräte, Reservemotor, Radar- und Funkanlage[12]. Bestandteil dagegen sind zB eingebaute Motore.

4.3 Auf **Miet-** und **Pachtforderungen** erstreckt sich die Schiffshypothek **nicht.** Sie werden auch von der Beschlagnahme nicht erfaßt (§ 162 mit § 21 Abs 2).

4.4 Bei **Schiffsbauwerken** erstreckt sich die Beschlagnahme auf das **Werk in** seinem **jeweiligen Bauzustand** und auf die Bauteile, die sich auf der Bauwerft befinden, zum Einbau bestimmt und als solche gekennzeichnet sind (SchiffsRG § 79), entsprechend auch bei Schwimmdocks (SchiffsRG § 81 a). Auf eine Versicherungsforderung (SchiffsRG § 32) erstreckt sich die Schiffshypothek an Schiffsbauwerken, damit auch deren Beschlagnahme, nur wenn der Eigentümer für das Schiffsbauwerk eine besondere Versicherung genommen hat (SchiffsRG § 80).

---

[9] Drischler KTS 1980, 111.
[10] Drischler AIZ 1957, 75; Dobberahn MittRhNotK 1998, 145 (1. Teil C II 4).
[11] Jaeckel/Güthe § 165 Rdn 4; Korintenberg/Wenz § 165 Anm 4; Hornung Rpfleger 1970, 117 (Fußn 102).
[12] Weimar WM 1963, 154.

Anzuwendende Vorschriften 6.4 **§ 162**

Hypothek an Schiff und Schiffsbauwerk 5

5.1 Belastet werden kann mit einer **Schiffshypothek** ein im See- oder Binnenschiffsregister eines deutschen Gerichts eingetragenes Schiff (SchiffsRG § 8 Abs 1). Der Bruchteil eines Schiffs kann mit einer Schiffshypothek belastet werden, wenn er in dem Anteil eines Miteigentümers besteht (SchiffsRG § 8 Abs 3). Gesamtschiffshypothek: SchiffsRG § 28. Die Schiffshypothek ist **Buchhypothek**. Das Recht des Gläubigers aus der Schiffshypothek bestimmt sich nur nach der Forderung (SchiffsRG § 8 Abs 1 Satz 3); die Schiffshypothek ist damit stets Sicherungshypothek. Bestellt werden kann sie auch als Höchstbetragssicherungshypothek (SchiffsRG § 75). Als Sicherungshypothek erlischt die Schiffshypothek stets mit der Forderung (SchiffsRG § 57 Abs 1 Satz 1), desgleichen, wenn der Gläubiger auf sie verzichtet (SchiffsRG § 57 Abs 2 Satz 1); es entsteht keine Eigentümergrundschuld (SchiffsRG § 64 mit Ausnahme in Abs 2). Gesetzlichen Übergang auf den befriedigenden Gläubiger regelt § 59. Befriedigung aus dem Schiff und den haftenden Gegenständen kann der Gläubiger nur im Wege der Zwangsvollstreckung suchen (SchiffsRG § 47).

5.2 Bestellt werden kann eine Schiffshypothek auch an einem auf einer Schiffswerft im Bau befindlichen Schiff (**Schiffsbauwerk;** SchiffsRG § 76 Abs 1). Die an dem Schiffsbauwerk bestellte Sicherungshypothek bleibt nach der Fertigstellung des Schiffs mit ihrem bisherigen Rang an dem Schiff bestehen (SchiffsRG § 81).

5.3 Das **Rangverhältnis** unter mehreren Schiffshypotheken bestimmt sich nach der Reihenfolge der Eintragungen im Schiffs- bzw Schiffsbauregister (SchiffsRG § 25 Abs 1) oder nach eingetragener abweichender Bestimmung (SchiffsRG § 25 Abs 2). Rangänderung: SchiffsRG § 26.

5.4 Zwangshypothek: ZPO § 870a mit § 866 Abs 2, 3 und § 867.

Pfandrechte der Schiffsgläubiger 6

6.1 Ein **gesetzliches Pfandrecht** in Form des **Schiffsgläubigerrechts** besteht an Schiffen nach HGB § 755 sowie BinSchG § 103. Es erfordert Besitz des Schiffes nicht. Das Schiffspfandrecht geht den Schiffshypotheken zumeist im Rang vor (dazu Rdn 7), kann deren Wert damit schmälern.

6.2 Schiffsgläubigerforderungen nach **Seehandelsrecht** sind nach HGB § 754
– Heuerforderungen des Kapitäns und der übrigen Personen der Schiffsbesatzung,
– öffentliche Schiffs-, Schiffahrts- und Hafenabgaben sowie Lotsengelder,
– Schadensersatzforderungen wegen der Tötung oder Verletzung von Menschen sowie wegen des Verlustes oder der Beschädigung von Sachen (wie näher bezeichnet und geregelt),
– Bergungs- und Hilfskosten; Beiträge des Schiffes und Fracht zur großen Haverei und Forderungen wegen der Beseitigung des Wracks,
– Forderungen der Träger der Sozialversicherung einschl der Arbeitslosenversicherung gegen den Reeder.

6.3 Schiffsgläubiger nach Seehandelsrecht haben für ihre Forderungen ein gesetzliches **Pfandrecht** an dem Schiff (HGB § 755 Abs 1 Satz 1). Das Pfandrecht erstreckt sich auch auf Zubehör und einen Ersatzanspruch des Reeders (HGB § 756 Abs 1 und 2 mit Einzelheiten), nicht jedoch auf eine Forderung aus einer Versicherung, die der Reeder für das Schiff genommen hat (HGB § 756 Abs 3). Die Befriedigung eines Schiffsgläubigers aus dem Schiff erfolgt nach den Vorschriften über die Zwangsvollstreckung (HGB § 760 Abs 1).

6.4 Schiffsgläubigerforderungen nach **BinSchG § 102** sind
– die öffentlichen Schiffs- und Schiffahrtsabgaben, insbes die Brücken-, Schleusen-, Kanal- und Hafengelder,
– die aus den Dienstverträgen herrührenden Forderungen der Schiffsbesatzung (mit Einschränkung für die Vergangenheit),

§ 162 6.4 Zwangsversteigerung von Schiffen und Schiffsbauwerken

- die Lotsengelder sowie die Bergungs- und Hilfskosten einschl des Berge- und Hilfslohnes sowie die Beiträge des Schiffes zur großen Haverei,
- die Forderungen wegen Personenschäden (BinSchG § 4 Abs 2) und wegen Sachschäden (BinSchG § 4 Abs 3), die an Bord oder in unmittelbarem Zusammenhang mit dem Betrieb des Schiffes eingetreten sind,
- weitere Forderungen aus Rechtsgeschäften, die der Schiffer als solcher kraft seiner gesetzlichen Befugnis (BinSchG §§ 15, 16) und nicht mit Bezug auf eine Vollmacht geschlossen hat,
- die Forderungen der Träger der Sozialversicherung einschl der Arbeitslosenversicherung gegen den Schiffseigner.

6.5 Diese Schiffsgläubiger haben an den Schiffen nebst Zubehör ein **Pfandrecht** (BinSchG § 103 Abs 1). Es erfordert Besitz des Schiffes nicht. Die Befriedigung aus dem Pfande erfolgt nach den Vorschriften über die Zwangsvollstreckung (BinSchG § 103 Abs 3).

6.6 Es liegen vier **wichtige Entscheidungen** des Bundesgerichtshofs vor:

a) [13]sagt: Der arbeitsrechtliche Freistellungsanspruch des Schiffsführers gegen den Arbeitgeber (er hatte ein Schleusentor angefahren und hierfür verlangte die Bundesrepublik Deutschland hohen Schadensersatz) gewährt ein Schiffsgläubigerrecht nach BinSchG § 102 Nr 2, das allen Schiffshypotheken im Range vorgeht, auch wenn es mehr als sechs Monate vor der Versteigerung entstanden ist, weil § 102 Nr 2 des genannten Gesetzes nur Gehälter und Löhne auf sechs Monate beschränkt.

b) [14]sagt: Dem Schiffshypothekengläubiger wird durch einen rechtskräftigen, auf Duldung der Zwangsvollstreckung in das Schiff lautenden Vollstreckungstitel, den ein anderer Gläubiger wegen eines behaupteten Schiffsgläubigerrechts gegen den Reeder erwirkt hatte, nicht das Recht genommen, das Vorrecht dieses anderen Gläubigers im Widerspruchsprozeß mit der Behauptung zu bestreiten, das Schiffsgläubigerrecht sei vor Einleitung des Prozesses schon erloschen gewesen.

c) [15]sagt: Das Schiffsgläubigerrecht, das die Forderung aus dem Verschulden der Besatzung dem Geschädigten gegen den Schiffseigner gewährt, wird auch dann begründet, wenn die Forderung – wegen des zeitlichen Auseinanderfallens von Schadenshandlung und Schadenseintritt – erst zu einem Zeitpunkt entsteht, in dem sich das Schiffsvermögen nicht mehr in den Händen des haftenden Schiffseigners befindet.

d) Kein Schiffsgläubigerrecht (BinSchG § 102) begründet nach[16] die Forderung des Eigentümers einer dem öffentlichen Verkehr gewidmeten Wasserstraße auf Ersatz seiner Aufwendungen für (auftragslose) Suche und Bergung beim Untergang eines Schiffes über Bord gegangener Ladungsteile oder für (auftragslose) Wahrschaumaßnahmen für ein gesunkenes Schiff.

7 Rangordnung bei Schiffsversteigerung

7.1 Verfahrenskosten, dabei Kosten besonderer Maßnahmen nach § 165, sind auch bei Schiffsversteigerung dem Versteigerungserlös nach § 109 vorweg zu entnehmen. Auch hier richtet sich die **Rangfolge** sodann grundsätzlich nach **§ 10.** Als eingetragene Rechte an Schiffen und Schiffsbauwerken gibt es jedoch nur Nießbrauch und Schiffshypothek (SchiffsRG §§ 8–9).

7.2 Besonderheiten für **Seeschiffe** begründet der **Vorrang der Pfandrechte** der Schiffsgläubiger vor allen anderen Pfandrechten am Schiff (regelt HGB § 761) und die Rangordnung der Pfandrechte der Schiffsgläubiger, über die HGB §§ 762–764 Bestimmung treffen.

---

[13] BGH 66, 1 = MDR 1976, 646 = NJW 1976, 1402.
[14] BGH 63, 61 = MDR 1975, 39 = NJW 1974, 2284 = Rpfleger 1975, 17.
[15] BGH MDR 1983, 911 = VersR 1983, 685.
[16] BGH 96, 332 = MDR 1986, 476 = NJW 1987, 131.

Anzuwendende Vorschriften 9.1 § 162

7.3 Besonderheiten für **Binnenschiffe** ergeben sich mit dem (absoluten) **Vorrang der Pfandrechte** bestimmter Schiffsgläubiger (der BinSchG § 102 Nrn 1–3 Genannten) vor den sonstigen Pfandrechten am Schiff (regelt BinSchG § 109 Abs 1) und dem teilweisen Vorrang der früher entstandenen übrigen Pfandrechte nach näherer Regelung von BinSchG § 109, und die Rangordnung der Pfandrechte mehrerer Schiffsgläubiger untereinander, über die BinSchG §§ 107, 108 Bestimmung treffen.

Schiffsversteigerung und Ausland   8

8.1 Für **ausländische Schiffe,** die in der Bundesrepublik Deutschland vollstreckungsversteigert werden sollen, bringt § 171 Besonderheiten.

8.2 Wird dagegen ein **deutsches Schiff im Ausland** versteigert, so ist deutsches Recht für die Bereicherungsansprüche von Schiffsgläubigern und Schiffshypothekengläubigern maßgebend, die darauf gestützt werden, daß bei der Verteilung des Erlöses die sich aus dem deutschen Recht ergebenden Rangverhältnisse dieser Rechte nicht beachtet worden sind[17]; Rangverlust nach §§ 162, 110 wegen Nichtanmeldung aus dem Schiffsregister nicht ersichtlicher Rechte tritt dabei nicht ein; er tritt nur ein, wenn die Terminsbestimmung von einem deutschen Vollstreckungsgericht mit der Aufforderung nach § 37 Nr 4 und § 167 Abs 2 bekanntgemacht worden ist[16].

Vorschriften des ersten Abschnitts (allgemein)   9

9.1 In der **Vollstreckungsversteigerung** sind aus dem ersten Abschnitt des ZVG (§§ 1–161) gemäß § 162 **anwendbar** bzw **nicht anwendbar** oder nur **beschränkt anwendbar** (wobei an Stelle des Grundbuchs überall das Schiffs- oder Schiffsbauregister zu setzen ist) folgende Vorschriften (die §§ ohne Erklärung sind ohne weiteres anwendbar):
§§ 1–2 ersetzt durch §§ 163, 170 a, 171 Abs 2; §§ 3–8; § 9 ergänzt durch § 163 Abs 3, § 166 Abs 2 und § 168 b; §§ 10–13 nur beschränkt wegen der Sondervorschriften in HGB §§ 754–764 für Seeschiffe und in BinSchG §§ 102, 107–109 für Binnenschiffe; §§ 14–16; § 17 eingeschränkt durch § 164 (soweit nämlich Ausnahmen durch HGB und BinSchG vorgesehen sind), durch § 163 Abs 2 (Schiffsregister statt Grundbuch) und § 170 a (Schiffsbauregister statt Grundbuch), für ausländische ersetzt durch § 171 Abs 2; § 18; § 19 richtet sich hier an das Registergericht und ist ergänzt durch §§ 168 b und 170 a Abs 2, gilt nicht für ausländische Schiffe; §§ 20 und 21 Abs 2; § 22 ergänzt durch § 165 Abs 1, § 170 a Abs 2 und § 171 Abs 5; § 23; §§ 24–25 ersetzt durch §§ 165, 170 a Abs 2, § 171 Abs 5; §§ 26–35; §§ 36–40 geändert oder eingeschränkt für Seeschiffe durch §§ 167, 168, 168 c, 170 a Abs 2, § 171 Abs 3, ohne Fristverkürzung nach § 36 Abs 2; §§ 41–42; § 43 wie §§ 36–40; §§ 44–52 beschränkt durch § 171 Abs 4 und ergänzt durch § 168 c; §§ 53–57; §§ 53a–57 d sinngemäß nach § 169 mit Abweichungen aus BGB § 580 a; § 57 b ersetzt durch BGB § 580 a und ZVG § 169 Abs 1; §§ 58–65; § 66 ergänzt durch § 168 c und Binnenschiffahrtsvollstreckungsschutzgesetz § 15 Abs 2; §§ 67–74; §§ 74 a–74 b auch für Schiffsbauwerke, aber nicht für Binnenschiffe (für diese Binnenschiffahrtsvollstreckungsschutzgesetz § 13) und nicht für Seeschiffe (= § 169 a), auch nicht für ausländische Seeschiffe (= § 171 Abs 5, § 169 a); §§ 75–93; § 94 ersetzt durch § 170, 170 a Abs 2, § 171 Abs 5; §§ 95–114 (zu § 110 auch Rdn 6.2); § 114 a wie §§ 74 a–74 b, aber für Seeschiffe nicht ausgeschlossen (= § 169 a); §§ 115–117; § 118; §§ 119–127 (ohne § 125); §§ 128–129 ersetzt durch § 169 Abs 2, § 170 a Abs 2, § 171 Abs 4, § 168 c; §§ 130–145 (ohne §§ 130 a, 131, 136); §§ 146–161 nicht anwendbar, weil keine Zwangsverwaltung möglich. Dazu auch § 162 Rdn 4 und im Sachverzeichnis.

---

[17] BGH 35, 267 = MDR 1961, 831 und 1003 Leitsatz mit Anmerk Sieg = NJW 1961, 1672.

§ 162 9.2 Zwangsversteigerung von Schiffen und Schiffsbauwerken

9.2 Über die Anwendung des Dritten Abschnitts des ZVG (§§ 172–185) oben Rdn 2.2 sowie bei § 172 Rdn 4, § 176 Rdn 2 und § 180 Rdn 7.

10 Zwangsversteigerung: Besonderheiten für Schiffe

10.1 Anmeldungen erfolgen wie bei Grundstücken, mit der Besonderheit aus § 168b (Näheres dort). Es gelten also entsprechend (an Stelle des Grundbuchs steht das Schiffs- oder Schiffsbauregister) § 9 Nr 2, § 37 Nr 4 und 5, §§ 45, 110, 114 Abs 1.

10.2 Anordnung des Verfahrens erfolgt auch hier grundsätzlich nach §§ 15–17, beschränkt durch § 164 (Näheres dort). Der Anordnungsbeschluß ist auch hier auf Antrag bei Vorlage eines Vollstreckungstitels zu erlassen und an Gläubiger und Schuldner zuzustellen bzw mitzuteilen. Der Beschluß muß aber hier immer gleichzeitig eine Maßnahme nach § 165 Abs 1 über die Bewachung und Verwahrung enthalten.

10.3 Beitritt (§ 27) erfolgt unter den Voraussetzungen von § 17, beeinflußt durch § 164. Eine nochmalige Maßnahme nach § 165 entfällt hier, sonst ist alles wie bei der Anordnung.

10.4 Beteiligte wie in § 9, außerdem wie in § 163 Abs 3 (Träger der Sozialversicherung) und § 166 Abs 2 (Schiffer, solange er das Schiff führt).

10.5 Einstellung: Auf Schiffe und Schiffsbauwerke sind die Einstellungsvorschriften der §§ 30–31 voll anwendbar: § 162[18]. Außerdem gibt es auch hier die Möglichkeiten aus ZPO § 765a (Rdn 10.9).

10.6 Geringstes Gebot gibt es auch hier bei der Zwangsversteigerung von inländischen Schiffen und von Schiffsbauwerken, aufgestellt nach §§ 44, 49, 52 (§ 162). Für ausländische Schiffe gilt das geringste Gebot nicht und das Meistgebot ist dort bar zu zahlen: § 171 Abs 4. Im übrigen ist zu beachten, daß die berechtigten Ansprüche hier zum Teil andere sind. Hierzu Rdn 2.

10.7 Handelsschiffe: Ein Gebot bedurfte früher nach dem Handelsschiffdarlehensgesetz der Genehmigung des Bundesministers für Verkehr. Das Gesetz ist aufgehoben.

10.8 Kosten für die Zwangsversteigerung von Schiffen und Schiffsbauwerken entstehen wie bei Grundstücken. Dazu Einl Rdn 76 ff.

10.9 Sittenwidrigkeit: ZPO § 765a ist auch auf die Versteigerung von Schiffen und Schiffsbauwerken anwendbar[19].

10.10 Versteigerungstermin: Die Terminsbestimmung erfolgt normal mit Abweichungen nach §§ 167, 170a Abs 2, § 171 Abs 3. Die Terminsbekanntmachung erfolgt normal mit Abweichungen in §§ 168, 170a Abs 2, § 171 Abs 3. Die in § 168 genannten Schiffahrtsfachblätter sind jetzt meist landesrechtlich bestimmt. Dazu Hinweis auf alten Text im Textanhang T 38.

10.11 Verteilungstermin: Zur Rangfolge Rdn 7. Gemäß § 162 sind anwendbar: §§ 105–111, 114–124, 135, 137–145; nicht anwendbar sind: §§ 125, 128, 129, 130a, 131, 136; mit Abweichungen nur anwendbar sind: §§ 112, 113, 126, 127, 130, 132, 133, 134. Besonderheiten bieten § 163 Abs 3, § 169 Abs 2, §§ 170, 170a Abs 2, § 171 Abs 5. Hierzu auch Rdn 3. Kein Widerspruchsrecht gegen eine Zuteilung begründet (auch wenn der Beteiligte noch selbst Gläubiger einer Schiffshypothek ist) ein vertragliches Zurückbehaltungsrecht für Liegegebühren[20].

10.12 Wertfestsetzung: Sie erfolgt nach § 74a bei Schiffsbauwerken (§ 74a Rdn 2), damit auch Schwimmdocks, nicht bei Seeschiffen (§ 169a). Für Binnen-

---

[18] Jonas/Pohle, ZwVNotrecht, Vorbem 1 vor § 162.
[19] Jonas/Pohle, ZwVNotrecht, Vorbem 2 vor § 162.
[20] LG Rostock Rpfleger 1999, 35.

Zuständiges Vollstreckungsgericht, weitere Beteiligte 2.3 **§ 163**

schiffe gelten die inhaltlich übereinstimmenden Sondervorschriften in BinSch-VollstrG §§ 13–15.

10.13 Zuschlag: Ihn kann auch ein ausländischer Staatsangehöriger erhalten. Seeschiffe dürfen aber dann nicht mehr die Bundesflagge führen und werden auch im deutschen Seeschiffsregister gestrichen[21]. Im übrigen gelten gemäß § 162 die normalen Vorschriften für den Zuschlag.

[Zuständiges Vollstreckungsgericht, weitere Beteiligte]

163 (1) **Für die Zwangsversteigerung eines eingetragenen Schiffs ist als Vollstreckungsgericht das Amtsgericht zuständig, in dessen Bezirk sich das Schiff befindet;** § 1 Abs 2 gilt entsprechend.

(2) **Für das Verfahren tritt an die Stelle des Grundbuchs das Schiffsregister.**

(3) **Die Träger der Sozialversicherung einschließlich der Arbeitslosenversicherung gelten als Beteiligte, auch wenn sie eine Forderung nicht angemeldet haben. Bei der Zwangsversteigerung eines Seeschiffes vertritt die Seeberufsgenossenschaft, bei der Zwangsversteigerung eines Binnenschiffes die Binnenschiffahrts-Berufsgenossenschaft die übrigen Versicherungsträger gegenüber dem Vollstreckungsgericht.**

Allgemeines zu § 163   1

Die Vorschrift befaßt sich mit der Zuständigkeit für die Zwangsversteigerung, mit dem Schiffsregister und zusätzlichen Verfahrensbeteiligten.

Amtsgericht als Vollstreckungsgericht (Absatz 1)   2

2.1 Sachlich zuständig für die Zwangsversteigerung eines eingetragenen Schiffs oder Schiffsbauwerks ist das Amtsgericht (GVG § 22) als **Vollstreckungsgericht** (Abs 1).

2.2 Örtlich zuständig ist das Amtsgericht, in dessen Bezirk sich das Schiff oder Schiffsbauwerk befindet (Abs 1). Das gilt auch für ein ausländisches Schiff: § 171 Abs 2 Satz 1.

2.3 Die Landesregierungen oder die ermächtigten Landesjustizverwaltungen können die Versteigerungsverfahren **einem Amtsgericht** für den **Bezirk mehrerer** Amtsgerichte zuweisen (§ 1 Abs 2 mit § 163 Abs 1 Halbs 2), die aber nicht Schiffsregistergerichte sein müssen. Neufassung dieser Konzentrationsermächtigung ist ab 1. 7. 1979 durch das Gesetz vom 1. 2. 1979 (BGBl 1979 I 127) erfolgt. Die für die Zwangsversteigerung und -verwaltung von Grundstücken nach § 1 Abs 2 ergangenen landesrechtlichen Vorschriften gelten nicht ohne weiteres („entsprechend") auch für Schiffe. § 163 Abs 1 bestimmt eine eigenständige Ermächtigungsgrundlage, nicht die entsprechende Anwendung der für Grundstücke erlassenen landesrechtlichen Vorschriften. Gründe, die für die Zusammenfassung der Grundstücksverfahren Anlaß gegeben haben, sprechen nicht zugleich für Zuständigkeit eines so bestimmten Gerichts für Verfahren zur Versteigerung von Schiffen und Schiffsbauwerken bei dem gleichen Gericht. **Landesrechtliche** Vorschriften:
Baden-Württemberg: Verordnung über gerichtliche Zuständigkeiten (Zuständigkeitsverordnung Justiz – ZuVOJu) vom 20. 11. 1998 (GBl 680): § 8 Abs 2 – Amtsgerichte Konstanz, Mannheim und Heilbronn.
Hamburg: Verordnung über die Zuständigkeit des Amtsgerichts Hamburg in Zivil- und Handelssachen usw vom 1. 9. 1987, GVBl 1987, 172 (= Slg Hmb Landesrecht Nr 300–6) (zuletzt geändert am 4. 7. 1995, GVBl 154).

---

[21] Mohrbutter/Drischler Muster 170 Anm 8.

§ 163 2.4 Zwangsversteigerung von Schiffen und Schiffsbauwerken

2.4 In **Nordrhein-Westfalen** regelt die Zusammenfassung der Schiffs-Zwangsversteigerungsverfahren bei zentralen Amtsgerichten die Verordnung über die Zuständigkeit der Amtsgerichte für die Zwangsversteigerung von Schiffen und Schiffsbauwerken vom 10. Jan 1972 (GV S 18), geändert durch Art 125 des Gesetzes vom 5. 4. 2005 (GV S 274 [289]). Übertragen ist die Zwangsversteigerung von Schiffen und Schiffsbauwerken danach den Amtsgerichten Duisburg-Ruhrort, Köln, Dortmund und Minden. Diese Verordnung ist durch die Neufassung der Ermächtigungsgrundlage (ZVG § 163 Abs 1 Halbs 2; Verweisung darauf § 170a Abs 2) nicht ungültig geworden (hierzu[1]; auch[2]). Die nachträgliche Änderung der Ermächtigungsgrundlage ist ohne Einfluß auf den Rechtsbestand der zuvor ordnungsgemäß erlassenen Rechtsverordnung[3].

2.5 Die Zuständigkeit ist eine **ausschließliche**. Daß das Schiff seinen Standort im Gerichtsbezirk hat, ist glaubhaft zu machen. Stellt sich nachträglich heraus, daß dies nicht richtig war, so ist das Verfahren aufzuheben (§ 28 Abs 2). Maßgebend ist also nicht das Gericht des Heimathafens. Maßgebend ist auch nicht der Standort bei Antragstellung und nicht bei Wirksamwerden der Anordnung, sondern bei Erlaß des Anordnungsbeschlusses. Der Anordnungsbeschluß ist also in Ordnung, wenn das Schiff vor seinem Erlaß in den Bezirk des Gerichts eingelaufen und bis zum Erlaß des Beschlusses nicht wieder ausgelaufen ist. Alle späteren Änderungen sind ohne Bedeutung.

3 Beteiligte der Schiffsversteigerung (Absatz 3)

3.1 Wer Beteiligter ist, richtet sich zunächst grundsätzlich **nach § 9. Beteiligte sind außerdem:** die Träger der Sozialversicherung nach Abs 3; der Schiffer im Falle von § 166 Abs 2; alle Schiffsgläubiger (§ 162 Rdn 6).

3.2 Alle Beteiligten, die nicht im Schiffsregister eingetragen sind, müssen ihre Rechte **anmelden,** ausgenommen die Träger der Sozialversicherung (Abs 3 Satz 1). Diese werden kraft Gesetzes vertreten (Abs 3 Satz 2), nämlich: bei der Versteigerung eines Seeschiffes durch die Seeberufsgenossenschaft und bei der Versteigerung eines Binnenschiffes durch die Binnenschiffahrts-Berufsgenossenschaft (Duisburg, Düsseldorfer Straße 193). Zur Anmeldung § 168b.

[Antragsvoraussetzungen]

164 **Die Beschränkung des § 17 gilt für die Zwangsversteigerung eines eingetragenen Schiffs nicht, soweit sich aus den Vorschriften des Handelsgesetzbuchs oder des Gesetzes, betreffend die privatrechtlichen Verhältnisse der Binnenschiffahrt, etwas anderes ergibt; die hiernach zur Begründung des Antrags auf Zwangsversteigerung erforderlichen Tatsachen sind durch Urkunden glaubhaft zu machen, soweit sie nicht dem Gericht offenkundig sind; dem Antrag auf Zwangsversteigerung ist ein Zeugnis der Registerbehörde über die Einragung des Schiffs im Schiffsregister beizufügen.**

1 Allgemeines zu § 164

Die Vorschrift befaßt sich mit den Voraussetzungen für den Versteigerungsantrag bei Schiffen und Schiffsbauwerken.

---

[1] BVerfG NJW-RR 2001, 1203 = NZI 2001, 413 mit Nachw; so auch Rellermeyer Rpfleger 1995, 492 (2).
[2] Hornung Rpfleger 1979, 365 (VIII 2); Dassler/Muth § 163 Rdn 3; Steiner/Hagemann § 163 Rdn 11.
[3] BVerfG aaO.

Bewachung und Verwahrung des Schiffes, Beschlagnahme § 165

Schuldner bei Vollstreckungsversteigerung

Schuldner des Vollstreckungs-Versteigerungsverfahrens ist auch bei Schiffen und Schiffsbauwerken der **Eigentümer** (wie beim Grundstück): § 166. Die Beschlagnahme kann hier aber auch gegen den **Schiffer** erfolgen: § 166 Abs 1 (Schiffer = HGB § 511); bei Binnenschiffen ist sie gegen den **Schiffseigner** möglich: BinSchG § 6 Abs 1. Schiffsgläubigerrechte können gegen jeden Besitzer des Schiffes verfolgt werden: HGB § 755 Abs 1 Satz 2; BinSchG § 103 Abs 2. Bei ausländischen Schiffen ist das Verfahren nur gegen den Eigenbesitzer möglich: § 171 Abs 2 Satz 2.

Voraussetzungen der Anordnung

3.1 Es gelten die Voraussetzungen für den Antrag wie bei Grundstücken **in § 17**, aber zum Teil ohne die dort genannten Beschränkungen.

3.2 Die erforderlichen Tatsachen sind durch **Urkunden** glaubhaft zu machen, soweit sie nicht bei Gericht offenkundig sind. Außerdem ist dem Antrag ein **Zeugnis** der Registerbehörde beizufügen, wenn sich der Antrag gegen den eingetragenen Eigentümer richtet (§ 17 Abs 2); insoweit genügt nicht die Glaubhaftmachung[1].

3.3 Für **Eigentumswechsel** nach der Beschlagnahme sind § 23 Abs 2 und § 26 anzuwenden[2]. Das Verfahren wird also fortgesetzt, wenn es wegen eines eingetragenen Rechtes angeordnet war; sonst kann der Erwerber der Fortsetzung des Verfahrens widersprechen, wenn sein Erwerb vor der Eintragung des Versteigerungsvermerks im Schiffsregister und ohne Kenntnis des Versteigerungsantrags erfolgt ist[3].

[Bewachung und Verwahrung des Schiffes, Treuhandschaft, zusätzliches Wirksamwerden der Beschlagnahme]

165 (1) **Bei der Anordnung der Zwangsversteigerung hat das Gericht zugleich die Bewachung und Verwahrung des Schiffes anzuordnen. Die Beschlagnahme wird auch mit der Vollziehung dieser Anordnung wirksam.**

(2) Das Gericht kann zugleich mit der einstweiligen Einstellung des Verfahrens im Einverständnis mit dem betreibenden Gläubiger anordnen, daß die Bewachung und Verwahrung einem Treuhänder übertragen wird, den das Gericht auswählt. Der Treuhänder untersteht der Aufsicht des Gerichts und ist an die ihm erteilten Weisungen des Gerichts gebunden. Das Gericht kann ihn im Einverständnis des Gläubigers auch ermächtigen, das Schiff für Rechnung und im Namen des Schuldners zu nutzen. Über die Verwendung des Reinertrages entscheidet das Gericht. In der Regel soll er nach den Grundsätzen des § 155 verteilt werden.

Allgemeines zu § 165

Ein Schiff wird wie unbewegliches Vermögen behandelt, es kann sich aber dem gerichtlichen Verfahren leicht entziehen. Daher sind hier Sicherungsmaßnahmen vorgesehen. Sie sind den Sicherungsmaßnahmen bei Grundstücken nach § 25 verwandt und sollen einen Ausgleich dafür bieten, daß es bei Schiffen und Schiffsbauwerken keine Zwangsverwaltung gibt. Die Maßnahmen sollen außerdem ver-

---

[1] Röder, Schuldner bei Schiffsversteigerung (1919), Seite 13.
[2] Mohrbutter/Drischler Muster 167 Anm 9.
[3] Dassler/Muth § 164 Rdn 12; Steiner/Hagemann § 164 Rdn 17; Mohrbutter/Drischler aaO.

§ 165 1 Zwangsversteigerung von Schiffen und Schiffsbauwerken

hindern, daß das Schiff ungenutzt liegenbleibt (wofür unter Umständen hohe Gebühren entstehen); sie sollen erreichen, daß es im Interesse aller Beteiligten genutzt wird.

2 Anordnung der Bewachung und Verwahrung des Schiffes (Absatz 1 Satz 1)

2.1 Zugleich mit der Anordnung der Zwangsversteigerung **muß** auch die Bewachung und Verwahrung **beschlossen werden:** Abs 1 Satz 1. Dies geschieht ohne Antrag, von Amts wegen (also anders als in § 25). Die Anordnung ist zwingend. Sie ist ein Bestandteil des Anordnungsbeschlusses.

2.2 Durchgeführt wird die Bewachung und Verwahrung vom Gerichtsvollzieher oder der Polizei oder der Hafenbehörde. Das Gericht kann den Gerichtsvollzieher beauftragen, das Schiff „an die Kette zu legen"[1], die Beschlagnahme kenntlich zu machen, ein Inventar aufzunehmen, die Schiffspapiere wegzunehmen und das Schiff zur Bewachung und Verwahrung der Hafenbehörde oder einer anderen Person zu übergeben[1]. Es kann ihn auch beauftragen, das Schiff selbst zu bewachen und zu verwahren[1]. Der Gerichtsvollzieher kann hierzu als Privatperson bestellt werden und erhält dann eine angemessene Vergütung[2] (hierzu auch § 171 c Rdn 3); er kann aber auch in amtlicher Eigenschaft betraut werden und erhält dann eine Vergütung nach GVKG. Dazu meint aber[3], die Tätigkeit sei von nicht geringer Verantwortung, dafür genüge nicht die Entschädigung nach GVKG, es sei besser der erstgenannte Weg, Bezahlung als Privatmann.

2.3 Der Schuldner darf **auf dem Schiff wohnen,** soweit er das Verfahren dadurch nicht gefährdet; doch ist § 25 anwendbar[4]. Eine Entschädigung muß der Schuldner für die Unterkunft nicht zahlen. Er kann, wenn er dazu bereit ist, selbst zum Hüter des Schiffes bestellt werden[5]. Das Schiff darf während der Bewachung den **Hafen nicht verlassen.**

2.4 Alle **Maßnahmen enden** mit dem Zuschlag[6].

2.5 Bei Anordnung der Bewachung und Verwahrung ist, im Gegensatz zur Bestellung eines Treuhänders bei Verfahrenseinstellung nach Abs 2, **nicht** vorgesehen, das Schiff auch **zu nutzen** und die Nutzungen zu verwenden.

3 Beschlagnahmewirksamkeit bei Schiffen (Absatz 1 Satz 2)

Die **Beschlagnahme** wird zunächst wie bei Grundstücken wirksam, nämlich durch Zustellung des Anordnungs- oder Beitrittsbeschlusses oder mit Zugang des Eintragungsersuchens an das Registergericht: §§ 22, 162 Abs 1, § 163 Abs 2. **Zusätzlich** kann hier die Beschlagnahme auch dadurch wirksam werden (falls dies vor den vorher genannten Zeitpunkt liegt), daß die Anordnung über die Bewachung und Verwahrung (die mit dem Anordnungsbeschluß verbunden ist) vollzogen wird: Abs 1 Satz 2.

4 Einstellung mit Treuhandschaft bei Schiffen usw (Absatz 2)

4.1 Das Gericht **kann** nach Abs 2 zugleich mit einer einstweiligen Einstellung des Verfahrens die Bewachung und Verwahrung **einem Treuhänder** übergeben. Es soll hierdurch der unerwünschte Zustand vermieden werden, daß ein Schiff längere Zeit hindurch ungenutzt festliegt[7], obwohl das Versteigerungsverfahren infolge der Einstellung nicht vorankommt. Ein Treuhänder kann bei **See- und**

---

[1] Mohrbutter KTS 1963, 21 (I).
[2] LG Osnabrück DGVZ 1965, 210 mit zust Anm Mohrbutter.
[3] Mohrbutter DGVZ 1965, 210.
[4] Jaeckel/Güthe § 165 Rdn 1; Mohrbutter, Handbuch des Vollstreckungsrechts, § 50 (II g).
[5] Mohrbutter KTS 1963, 21 (1).
[6] Mohrbutter, Handbuch des Vollstreckungsrechts, § 50 (II c).
[7] Jonas/Pohle, ZwVNotrecht, § 165 Anm 1.

Bewachung und Verwahrung des Schiffes, Beschlagnahme   4.7 **§ 165**

Binnenschiffen und auch bei **Schiffsbauwerken** bestellt werden (Abs 2, § 170a Abs 2 Satz 1), auch bei **ausländischen** Schiffen (§ 171 Abs 1 und 5).

4.2 Diese Anordnung kann **nur** erfolgen, **wenn** das Zwangsversteigerungsverfahren einstweilen **eingestellt** wird, und zwar gleich aus welchem Grund[8]. Es genügen hier also Einstellungen aus §§ 30, 30a–f, 77, 86, aus ZPO §§ 707, 719, 765a, 775. Die Anordnung kann zugleich mit der Einstellung erfolgen (Abs 2 Satz 1), muß aber nicht. Die Einstellung und die Anordnung der Treuhandschaft sind **nicht gekoppelt**[9]. Die Entscheidung ergeht **von Amts wegen**[10]. Anträge der Beteiligten sind nur als Anregung anzusehen[11]. An Anträge und Vorschläge ist das Gericht nicht gebunden[12].

4.3 Sind **mehrere betreibende Gläubiger** zur Zeit der Entscheidung vorhanden, so kann die Treuhandschaft nur angeordnet werden, wenn gegenüber allen Gläubigern eingestellt ist oder wird[13]. Über den Beitritt eines neuen Gläubigers Rdn 4.8.

4.4 Die Treuhandschaft kann das Gericht **nur mit Einverständnis** des betreibenden Gläubigers anordnen (Abs 2 Satz 1), bei mehreren Gläubigern also nur mit Einverständnis aller[14]. Dieses Einverständnis kann nicht widerrufen werden[15]. Es kann auch nicht durch eine andere Stelle ersetzt werden[16]. Wurde es mit Einschränkungen erteilt, so ist der Treuhänder an diese Einschränkungen gebunden[16]. An die Zustimmung ist aber das Gericht nicht gebunden, es kann also auch dann noch frei entscheiden[17].

4.5 Das Gericht entscheidet hier nach **pflichtgemäßem Ermessen**[17]. Auch die Auswahl des Treuhänders ist allein seine Sache; es gibt hier kein Vorschlagsrecht, auch nicht für Institute aus § 150a[18]. Das Gericht hat die persönliche Zuverlässigkeit und die sachliche Eignung zu beachten. Der Treuhänder erhält zweckmäßig eine **Bestallung.**

4.6 Der Treuhänder hat die Bewachung und Verwahrung wahrzunehmen (Abs 2 Satz 1). Er untersteht dabei der **Aufsicht** des Gerichts und ist an dessen **Weisungen** gebunden (Abs 2 Satz 2). Er haftet für seine Tätigkeit nach § 154[19]. Er kann vom Gericht, wieder mit Einverständnis der betreibenden Gläubiger (anders[20]: für Entlassung Einverständnis nicht erforderlich), auch ausgewechselt werden[21].

4.7 a) Der Treuhänder **kann** vom Gericht, mit Einverständnis der betreibenden Gläubiger nur, auch **ermächtigt werden,** das Schiff für Rechnung und im Namen des Schuldners **zu nutzen:** Abs 2 Satz 3. Für das Einverständnis gilt hier, was vorher gesagt wurde. **Nur bei** der **Einstellung** des Verfahrens kann gemäß Abs 2 die Nutzung erfolgen, nicht dagegen im Falle von Abs 1.

---

[8] Steiner/Hagemann § 165 Rdn 32; Mohrbutter/Drischler Muster 168 Anm 2; Jonas/Pohle, ZwVNotrecht, § 165 Anm 2a; Mohrbutter KTS 1963, 21.
[9] Jonas/Pohle, ZwVNotrecht, § 165 Anm 2c.
[10] Jonas/Pohle, ZwVNotrecht, § 165 Anm 2a.
[11] Steiner/Hagemann § 165 Rdn 35; Mohrbutter KTS 1963, 21.
[12] Mohrbutter/Drischler Muster 168 Anm 3.
[13] Steiner/Hagemann § 165 Rdn 34; Jonas/Pohle, ZwVNotrecht, § 165 Anm 2a.
[14] Steiner/Hagemann § 165 Rdn 34; Jonas/Pohle, ZwVNotrecht, § 165 Anm 2a; Mohrbutter KTS 1963, 21.
[15] Steiner/Hagemann § 165 Rdn 33; Jonas/Pohle, ZwVNotrecht, § 165 Anm 2a; Mohrbutter KTS 1963, 21.
[16] Mohrbutter KTS 1963, 21.
[17] Jonas/Pohle, ZwVNotrecht, § 165 Anm 2a.
[18] Steiner/Hagemann § 165 Rdn 36; Jonas/Pohle, ZwVNotrecht, § 165 Anm 2c.
[19] Steiner/Hagemann § 165 Rdn 41; Jonas/Pohle, ZwVNotrecht, § 165 Anm 2e; Mohrbutter KTS 1963, 21.
[20] Steiner/Hagemann § 165 Rdn 50.
[21] Jonas/Pohle, ZwVNotrecht, § 165 Anm 3e; Mohrbutter KTS 1963, 21.

§ 165 4.7 Zwangsversteigerung von Schiffen und Schiffsbauwerken

b) Die Nutzung ist **besonders anzuordnen**. Mit der Anordnung der Treuhandschaft selbst erfolgt noch keine Nutzung, nur die Bewachung und Verwahrung[22]. Anlaß zur reinen Bewachung kann etwa sein, daß man Arbeiten am Schiff ausführen oder über die Frage der Nutzung vorverhandeln will[22].

c) Die **Art der Nutzung** ist, abgesehen von (ihn bindenden) Weisungen des Gerichts, dem ermächtigten Treuhänder überlassen[23]. Er handelt hierbei für Rechnung und im Namen des Schuldners; für diesen darf er alles unternehmen, was nach den Umständen des Falles zur sachgemäßen Nutzung gehört, allerdings immer erkennbar als Treuhänder; er darf dabei sogar Prozesse wie ein Zwangsverwalter führen[24].

d) Aus den Nutzungen sind die **Bewachungs- und Verwahrungskosten** vorweg zu entnehmen[25] (dazu Rdn 5), nicht aber die Kosten des Zwangsversteigerungsverfahrens[25].

e) Der **Reinertrag** wird nach Entscheidung des Gerichts verwendet: Abs 2 Satz 4. Ein besonderes Verteilungsverfahren, etwa nach § 156 Abs 2, findet nicht statt[26]. In der Regel soll der Reinertrag nach den Grundsätzen des § 155 verteilt werden: Abs 2 Satz 5. Es ist aber zulässig, hiervon abzuweichen; das Gericht ist also nicht an § 155 gebunden[27]. Das Gericht „hat innerhalb der gesteckten Rahmens nach allgemein gültigen Rechtssätzen, aus dem Wesen der Treuhandschaft jedoch mit gewisser Anlehnung an die Vorschriften des Zwangsverwaltungsrechts sowie unter Beachtung der Rangordnung des Zwangsversteigerungsrechts seine Entscheidung zu treffen"[28].

f) Die gerichtliche Entscheidung ist hierbei endgültig, sobald sie rechtskräftig ist; es gibt **keinen Widerspruch** nach § 115, auch keine Widerspruchsklage[29]. Natürlich muß das Gericht die Beteiligten vorher unbedingt **anhören**[30], schriftlich oder mündlich, zweckmäßig mündlich. Die **Entscheidung** wird verkündet oder zugestellt (ZPO § 329)[31]. Sie ergeht in der Form eines Verteilungsplanes oder eines Beschlusses, sei es für das gesamte Verfahren oder auch nur für einen bestimmten Zeitabschnitt. Bei streitigen Forderungen kann das Gericht auch eine Hilfsverteilung vornehmen und die Beteiligten auf den Prozeßweg verweisen (aber keine Widerspruchsklage), kann auch den Betrag hinterlegen.

g) Für die **Rangfolge** können nur die Grundzüge aus § 155 entnommen werden, weil sich Abweichungen aus den Besonderheiten des Schiffsversteigerungsrechts (andere Rangfolge) ergeben[32]. Dabei können auch Kapitalbeträge zugeteilt werden[32]. In der Regel besteht kein Anlaß, den Vollstreckungsschuldner selbst am Reinertrag teilnehmen zu lassen[32]. Der Reinertrag soll auf ein Treuhandkonto genommen werden[33].

h) Wegen der Einzelheiten und Besonderheiten wird auf die ausführliche Darstellung von[33] verwiesen.

---

[22] Mohrbutter KTS 1963, 21.
[23] Jonas/Pohle, ZwVNotrecht, § 165 Anm 3 b.
[24] Jonas/Pohle, ZwVNotrecht, § 165 Anm 3 b; Mohrbutter KTS 1963, 21.
[25] Jonas/Pohle, ZwVNotrecht, § 165 Anm 3 c.
[26] Steiner/Hagemann § 165 Rdn 75; Mohrbutter/Drischler Muster 168 Anm 11; Jonas/Pohle, ZwVNotrecht, § 165 Anm 3 c; Mohrbutter KTS 1963, 21.
[27] Jonas/Pohle, ZwVNotrecht, § 165 Anm 3 c.
[28] Mohrbutter KTS 1963, 21.
[29] Jonas/Pohle, ZwVNotrecht, § 165 Anm 2; Mohrbutter KTS 1963, 21.
[30] Jonas/Pohle, ZwVNotrecht, § 165 Anm 2; Mohrbutter/Drischler Muster 168 Anm 11; Mohrbutter KTS 1963, 21.
[31] Jonas/Pohle, ZwVNotrecht, § 165 Anm 3 f; Mohrbutter KTS 1963, 21.
[32] Jonas/Pohle, ZwVNotrecht, § 165 Anm 3 c.
[33] Mohrbutter KTS 1963, 21.

4.8 Tritt nach der Anordnung der Treuhandschaft ein weiterer **Gläubiger bei,** so hat er dieselben Rechte, wie wenn mit seinem Einverständnis angeordnet worden wäre; er muß aber den Verfahrensstand so hinnehmen, wie er im Zeitpunkt seines Beitritts ist[33]. Es ist nicht nötig, daß er nachträglich der Treuhandschaft ausdrücklich zustimmt[34]. Damit aber die für die treuhänderische Nutzung vorausgesetzte Einstellung des Verfahrens vorliegt, muß auch das Versteigerungsverfahren des neuen Beitrittsgläubigers sofort wieder eingestellt werden, mindestens alsbald.

4.9 Die treuhänderische **Nutzung** ist **aufzuheben,** wenn ihre Anordnung sich als unzulässig erweist[35]. Das kann nur nach Lage des Falles entschieden werden. Auf jeden Fall muß das Gericht die Treuhandschaft aufheben, wenn das Versteigerungsverfahren aufgehoben wird oder wenn der Zuschlag erteilt wird, nicht jedoch, wenn die einstweilige Einstellung außer Kraft tritt[35] (nur Anordnung ist an die Einstellung gebunden, nicht unbedingt auch ihre Fortsetzung) (anders[36]).

4.10 Nach Aufhebung der treuhänderischen Nutzung hat der Treuhänder das Schiff zurückzubringen, falls es unterwegs ist, hat es dem Berechtigten (Schuldner oder Ersteher) zu übergeben, hat alle schwebenden Geschäfte (wie ein Zwangsverwalter) abzuwickeln, unaufschiebbare noch fortzusetzen und den Kassenbestand unter Schlußabrechnung an den Berechtigten auszuhändigen, wobei die Treuhandkosten einzubehalten sind. Im Falle des Zuschlags sind die Ansprüche von Vollstreckungsschuldner und Ersteher wie bei der Zwangsverwaltung auszugleichen.

Kosten der besonderen Maßnahmen bei Schiffen

5.1 Mit dem Stilliegen eines Schiffes sind nicht unerhebliche Kosten verbunden; Hafengebühren, Entschädigung für das Bewachen, Pflege des Schiffes und der Maschinen, Versicherungen usw[37]. Diese Kosten gehören zu den nach § 109 vorweg aus dem Versteigerungserlös **zu entnehmenden** Verfahrenskosten[38]. Sie sind hier vom Antragsteller des Verfahrens **nicht vorzuschießen;** es kann auch nicht die Nichtbezahlung eines Vorschusses zur Aufhebung der Bewachungs- und Verwahrungsmaßnahmen führen, weil ja diese bei einer Schiffsversteigerung immer von Amts wegen angeordnet werden müssen (Abs 1 Satz 1) und nicht verzichtbar sind (so auch[39], ähnlich[40], anders aber[41]; anders auch[42]: sogar das ganze Zwangsversteigerungsverfahren sei bei dieser Nichtzahlung aufzuheben).

5.2 Ein Treuhänder kann eine **Vergütung** erhalten, die samt den **Auslagen** durch das Vollstreckungsgericht festgesetzt wird (§ 153 entspr)[43] und aus den Nutzungen zu decken ist[44] (anders[45]: es sei zunächst jemand zu suchen, der die Aufgabe ehrenamtlich übernehme, weil vom Gesetz keine Vergütung vorgesehen sei, und nur dann, wenn dies nicht möglich sei, eine Vergütung entsprechend § 153). Rechtsmittel: sofortige Beschwerde.

---

[34] Mohrbutter/Drischler Muster 168 Anm 6; Jonas/Pohle, ZwVNotrecht, § 165 Anm 2 g; Mohrbutter KTS 1963, 21.
[35] Mohrbutter/Drischler Muster 168 Anm 9; Jonas/Pohle, ZwVNotrecht, § 165 Anm 2 g.
[36] Dassler/Muth § 165 Rdn 10.
[37] Mohrbutter KTS 1963, 21.
[38] RG 97, 61; Steiner/Hagemann § 165 Rdn 29; Jonas/Pohle, ZwVNotrecht, § 165 Anm 2; Mohrbutter/Drischler Muster 167 Anm 7.
[39] Mohrbutter/Drischler Muster 167 Anm 7.
[40] Steiner/Hagemann § 165 Rdn 27.
[41] LG Lübeck SchlHA 1964, 23; Dassler/Muth § 165 Rdn 6; Jaeckel/Güthe § 165 Rdn 1.
[42] Korintenberg/Wenz § 165 Anm 1.
[43] LG Rostock Rpfleger 2001, 193.
[44] Dassler/Muth § 165 Rdn 13; Mohrbutter/Drischler Muster 168 Anm 10.
[45] Jonas/Pohle, ZwVNotrecht, § 165 Anm 2.

§ 165 5.3 Zwangsversteigerung von Schiffen und Schiffsbauwerken

5.3 Für die Anordnung aus Abs 1 fällt keine besondere **Gerichtsgebühr** an; die Maßnahme ist Bestandteil der Verfahrensanordnung. Für die Anordnung aus Abs 2 fällt ebenfalls keine besondere Gerichtsgebühr an; es wird aber die Versteigerungsverfahrensgebühr hierdurch ausgelöst, wenn dies nicht schon durch eine andere Tätigkeit des Gerichts geschehen ist.

5.4 Der **Gerichtsvollzieher** erhält für seine Mitwirkung nach GVKG-KostVerz Nr 400 eine Gebühr von 75 Euro, bei Nichtdurchführung eine Gebühr von 12,50 Euro (GVKG-KostVerz Nr 604); nachts oder an Sonn- und Feiertagen erhält er die doppelten Gebühren (GVKG § 11); er erhält außerdem Auslagen nach GVKG-KostVerz Nrn 700 ff.

6 Rechtsbehelfe für und gegen besondere Maßnahmen

Gegen die Rechtspflegerentscheidung gibt es hier sofortige Beschwerde, so gegen die Ablehnung der Anordnung[45], gegen die Entscheidung über die Verwendung der Nutzungen. Vollstreckungserinnerung nach ZPO § 766 dagegen gibt es gegen die Anordnung aus Abs 2 als solche, gegen die Auswahl des Treuhänders, auch gegen ein Unterlassen der Anordnung. Wird bei „Nichtzahlung eines Vorschusses" das Verfahren nicht aufgehoben, so hat der Gläubiger kein Rechtsmittel[46] (Vorschuß gibt es hier nicht, Rdn 5).

[Beschlagnahme gegen Schiffer, Schiffer als Beteiligter]

166 (1) **Ist gegen den Schiffer auf Grund eines vollstreckbaren Titels, der auch gegenüber dem Eigentümer wirksam ist, das Verfahren angeordnet, so wirkt die Beschlagnahme zugleich gegen den Eigentümer.**
(2) **Der Schiffer gilt in diesem Falle als Beteiligter nur so lange, als er das Schiff führt; ein neuer Schiffer gilt als Beteiligter, wenn er sich bei dem Gerichte meldet und seine Angabe auf Verlangen des Gerichts oder eines Beteiligten glaubhaft macht.**

1 Allgemeines zu § 166

Die Zwangsversteigerung eines Schiffes wird grundsätzlich gegen den Schiffseigentümer als Schuldner betrieben (§ 164 Rdn 2). Ausnahmsweise ist dies aber auch gegen den Schiffer möglich, wobei sich Besonderheiten ergeben.

2 Anordnung gegen den Schiffer (Absatz 1)

2.1 Das Zwangsversteigerungsverfahren über Schiffe wird normal gegen den Schiffseigentümer als Schuldner angeordnet und durchgeführt (§ 164 Rdn 2). Das gesetzliche Pfandrecht eines Schiffsgläubigers kann gegen jeden Besitzer des Schiffes verfolgt werden (für Seeschiffe: HGB § 755 und 760 Abs 2; für Binnenschiffe BinSchG § 103 Abs 2). Ist demnach das Zwangsversteigerungsverfahren gegen den Schiffer (= Führer des Schiffes, Kapitän) auf Grund eines vollstreckbaren Titels angeordnet worden, der auch gegenüber dem Schiffseigentümer wirksam ist (also vollstreckbar, indem er den Schiffer nur als vom Schiffseigentümer bestellten Führer des Schiffes ausweist), so wirkt die Beschlagnahme zugleich gegen den Eigentümer des Schiffes: Abs 1. Hat der Schiffer noch vor Erlaß des Anordnungsbeschlusses gewechselt, so ist die Vollstreckungsklausel nach ZPO §§ 727, 730 umzuschreiben (vorausgesetzt, daß der Titel gegen den Schiffer als solchen ergangen ist)[1]; bei Wechsel nach der Beschlagnahme ist diese Umschreibung nicht nötig.

---

[45] Joas/Pohle, ZwVNotRecht, § 165 Anm 2.
[46] LG Lübeck SchlHA 1964, 23.
[1] Mohrbutter/Drischler Muster 167 Anm 11.

2.2 Wurde das Verfahren gegen den Eigentümer angeordnet, so kann ihm mit Titel gegen den Schiffer **beigetreten** werden, ebenso umgekehrt; im Verfahren gegen den Schiffer kann also auch gegen den Eigentümer beigetreten werden.

Schiffer als Beteiligter (Absatz 2)

3.1 Der „Schiffer" gilt als **Beteiligter** nur, solange er das Schiff tatsächlich führt: Abs 2. Ein neuer Schiffer gilt als Beteiligter, sobald er sich bei Gericht meldet und seine Angaben auf Verlangen glaubhaft macht: Abs 2.

3.2 Wenn der Schiffer Beteiligter ist, wird ihm die **Terminsbestimmung** zugestellt, einem neuen Schiffer erst, sobald er angemeldet und glaubhaft gemacht hat (Abs 2). Dem neuen ist sie aber vor der Glaubhaftmachung zusätzlich zuzustellen (gemäß § 41 Abs 3).

[Besonderheiten zur Terminsbestimmung]

167 (1) **Die Bezeichnung des Schiffes in der Bestimmung des Versteigerungstermins soll nach dem Schiffsregister erfolgen.**

(2) **Die im § 37 Nr 4 bestimmte Aufforderung muß ausdrücklich auch auf die Rechte der Schiffsgläubiger hinweisen.**

Allgemeines zu § 167

Die Vorschrift regelt weitere Erfordernisse der Terminsbestimmung, die sich nach der Natur der Sache ergeben.

Terminsbestimmung bei Schiffen usw

2.1 a) Für die Terminsbestimmung gelten zunächst §§ 37, 38 (§ 162 Rdn 9).

b) In der Terminsbestimmung ist das Schiff zu bezeichnen (§ 37 Nr 1 mit § 162), und zwar nach dem Schiffsregister: Abs 1. Letzteres ist (wie § 38) nur eine Ordnungsvorschrift. Genaue Bezeichnung des Schiffes nach § 37 Nr 1 hingegen ist notwendiges Erfordernis der Terminsbestimmung. Dazu gibt die alte Reichs-Verfügung über Schiffsversteigerungstermine (Textanhang T 38) Hinweise, auch das Landesrecht (§ 168 Rdn 2).

2.2 Die Aufforderung gemäß § 37 Nr 4 in der Terminsbestimmung (bestimmte Rechte anzumelden) muß hier ausdrücklich **auf die Rechte** der Schiffsgläubiger **hinweisen;** auch sie müssen spätestens im Versteigerungstermin vor der Aufforderung zur Abgabe von Geboten anmelden: Abs 2, § 37 Nr 4, § 45 Abs 1. Erleichtert wird diese Anmeldeverpflichtung durch § 168 Abs 2, weil die Terminsbestimmung im Schiffahrtsfachblatt weiteren Kreisen zugänglich wird, und durch § 168 b, weil die Anmeldungen bei dem Registergericht auch für das Vollstreckungsgericht gelten.

[Bekanntmachung der Terminsbestimmung]

168 (1) **Die Terminsbestimmung soll auch durch ein geeignetes Schiffahrtsfachblatt bekanntgemacht werden; der** *[Reichsminister der Justiz]* **Bundesminister der Justiz kann hierüber nähere Bestimmungen erlassen.**

(2) **Befindet sich der Heimatshafen oder Heimatsort des Schiffes in dem Bezirk eines anderen Gerichts, so soll die Terminsbestimmung auch durch das für Bekanntmachungen dieses Gerichts bestimmte Blatt oder elektronische Informations- und Kommunikationssystem bekanntgemacht werden.**

(3) **Die im § 39 Abs 2 vorgesehene Anordnung ist unzulässig.**

§ 168   1   Zwangsversteigerung von Schiffen und Schiffsbauwerken

1 Allgemeines zu § 168
Ergänzende Vorschriften für Bekanntmachung der Terminsbestimmung.

2 Bekanntmachung durch Schiffahrtsfachblatt (Absatz 1)

2.1 a) Jeder Versteigerungstermin muß im **Amtsblatt** oder in einem für das Gericht bestimmten elektronischen Informations- und Kommunikationssystem bekanntgemacht werden (§ 39 Abs 1, § 162 Abs 1). Bei Veröffentlichung im Amtsblatt soll die Terminsbestimmung stets auch an der **Gerichtstafel** angeheftet werden (§ 40 Abs 1, § 162 Abs 1). Das Gericht ist auch zu weiteren Veröffentlichungen befugt (§ 40 Abs 2, § 162 Abs 1). Diese Vorschriften ergänzt der § 168.

b) Die Amtsblätter des Gerichts werden in Schiffahrtsfachkreisen nur selten gelesen und beachtet. Daher soll (nicht muß) die Terminsbestimmung auch durch ein Schiffahrtsfachblatt bekanntgemacht werden (Abs 1). Die Veröffentlichung in einem Schiffahrtsfachblatt ist trotz der Möglichkeit der elektronischen Bekanntmachung der Terminsbestimmung (Rdn 2.1 zu a) nicht entfallen[1]. Die Blätter sind landesrechtlich bestimmt. Die Art des Blattes und der Inhalt der Ausschreibung richtet sich nach landesrechtlicher Vorschrift, sonst nach der alten Reichsverfügung vom 7. 3. 1941 (Textanhang T 38).

c) Landesrechtliche Allgemeine Verfügungen ua: Bayern vom 24. 4. 1985 (BayJMBl Seite 63); Niedersachsen vom 15. 1. 1990 (NdsRpfl Seite 37); Nordrhein-Westfalen vom 18. 3. 1985 (JMBl NW Seite 88); Schleswig-Holstein vom 7. 3. 1983 (SchlHA Seite 53).

2.2 Als **Bekanntmachungsfrist** ist in § 43 Abs 1 für Grundstücke ein Zeitraum von sechs Wochen zwischen der Bekanntmachung des Termins im Amtsblatt oder Internet und dem Termin vorgeschrieben. Durch § 168a (aufgehoben durch Gesetz vom 4. 12. 1968, BGBl I 1968, 1295) war diese Frist für Seeschiffe auf drei Monate verlängert; auch für diese gilt jetzt aber die Frist von sechs Wochen (nach vorausgehender Verfahrenseinstellung nur zwei Wochen). Für Binnenschiffe gilt auch weiterhin die normale Frist (sechs bzw zwei Wochen). Für Schiffsbauwerke dagegen (einschließlich der als Bauwerk zu behandelnden Schwimmdocks) ist diese Frist durch § 170a Abs 2 abweichend festgesetzt (siehe dort).

3 Bekanntmachung bei Schiffsversteigerung sonst (Absätze 2 und 3)
Befindet sich der Heimathafen oder Heimatort des Schiffes in dem Bezirk eines anderen Gerichts, so soll die Terminsbestimmung auch im Amtsblatt oder Informations- und Kommunikationssystem dieses anderen Gerichts bekanntgemacht werden: Abs 2; dies ist nur eine Ordnungsvorschrift, deren Verletzung unschädlich ist. Die Ausschreibung im Amtsblatt oder Internet darf entgegen § 39 Abs 2 niemals unterbleiben: Abs 3; diese Vorschrift ist zwingend.

168a [aufgehoben]

[Anmeldung beim Registergericht vor Terminsbekanntmachung]

168b Hat ein Schiffsgläubiger sein Recht innerhalb der letzten sechs Monate vor der Bekanntmachung der Terminsbestimmung bei dem Registergericht angemeldet, so gilt die Anmeldung als bei dem Versteigerungsgericht bewirkt. Das Registergericht hat bei der Übersendung der im § 19 Abs 2 bezeichneten Urkunden und Mitteilungen die innerhalb der letzten sechs Monate bei ihm eingegangenen Anmeldungen an das Versteigerungsgericht weiterzugeben.

---

[1] Begründung in Stellungnahme des Bundesrats zum JKomG, BT-Drucks 15/4067, S. 62.

Schiffshypothek in ausländischer Währung § 168 c

Allgemeines zu § 168 b

1

Anmeldungen beim Vollstreckungsgericht richten sich nach den normalen Vorschriften (§ 162 Rdn 10), hier aber mit einer Besonderheit.

Anmeldungen beim Registergericht

2

2.1 § 168 b bringt, zusätzlich zur normalen Anmeldung von Ansprüchen beim zuständigen Vollstreckungsgericht, eine vorsorgliche **Möglichkeit.** Die Schiffsgläubiger können sich vor überraschenden Versteigerungen (etwa während einer Auslandsreise) schützen und ihre Rechte wahren, indem sie ihre Forderungen beim Registergericht anmelden. Dadurch werden die Gläubiger beim Vollstreckungsgericht als Beteiligte bekannt und müssen eine Terminsbestimmung zugeteilt erhalten. Es handelt sich hierbei um die Anmeldung von Rechten aus HGB § 754, BinSchG § 102. Sie gelten als beim zuständigen Gericht erfolgt, wenn sie innerhalb der letzten sechs Monate vor der Bekanntmachung der Terminsbestimmung (§ 39 Abs 1) beim Registergericht angemeldet sind: Satz 1.

2.2 Maßgebend ist nur das für das Schiff **zuständige Registergericht.**

2.3 Die Anmeldung hat die angegebene **Wirkung nur für sechs Monate.** Danach muß sie wiederholt werden, wenn nicht inzwischen die Terminsbestimmung des Versteigerungsverfahrens bekanntgemacht ist. Beim Registergericht braucht das Recht nicht glaubhaft gemacht zu werden (§ 41 Abs 3). Dies muß aber dann im Versteigerungsverfahren geschehen, da sonst Rangverlust nach § 37 Nr 4 eintritt.

2.4 Das Registergericht muß bei der Übersendung der in § 19 Abs 2 genannten **Mitteilungen** und Urkunden dem Vollstreckungsgericht auch die innerhalb der letzten sechs Monate bei ihm eingegangenen Anmeldungen zuleiten: Satz 2.

[Schiffshypothek in ausländischer Währung]

168 c Für die Zwangsversteigerung eines Schiffes, das mit einer Schiffshypothek in ausländischer Währung belastet ist, gelten folgende Sonderbestimmungen:

1. **Die Terminbestimmung muß die Angabe, daß das Schiff mit einer Schiffshypothek in ausländischer Währung belastet ist, und die Bezeichnung dieser Währung enthalten.**
2. In dem Zwangsversteigerungstermin wird vor der Aufforderung zur Abgabe von Geboten festgestellt und bekanntgemacht, welchen Wert die in ausländischer Währung eingetragene Schiffshypothek nach dem amtlich ermittelten letzten Kurs in Euro hat. Dieser Kurswert bleibt für das weitere Verfahren maßgebend.
3. Die Höhe des Bargebots wird in Euro festgestellt. Die Gebote sind in Euro abzugeben.
4. Der Teilungsplan wird in Euro aufgestellt.
5. Wird ein Gläubiger einer in ausländischer Währung eingetragenen Schiffshypothek nicht vollständig befriedigt, so ist der verbleibende Teil seiner Forderung in der ausländischen Währung festzustellen. Die Feststellung ist für die Haftung mitbelasteter Gegenstände, für die Verbindlichkeit des persönlichen Schuldners und für die Geltendmachung des Ausfalls im Insolvenzverfahren maßgebend.

Allgemeines zu § 168 c

1

Es gibt noch Hypotheken und Schiffshypotheken in ausländischer Währung (9. Aufl § 1 Anm 384 und Texte 220, 221, 280, 381). Für Schiffshypotheken sind die alten Texte nur noch auf alte Rechte anzuwenden, wobei für neue § 168 c im

§ 168c Zwangsversteigerung von Schiffen und Schiffsbauwerken

Jahre 1963 in das ZVG aufgenommen wurde (dazu auch 9. Aufl, bei Text 220). Neue Eintragung in einer ausländischen Währung gestattet Schiffsregisterordnung § 36, soweit sie gesetzlich zugelassen ist.

2 Ausländische Währung bei Schiffshypotheken

Die Regelung entspricht inhaltlich dem für Grundpfandrecht in ausländischer Währung geltenden § 145 a. Näher dazu die Erläuterungen zu dieser Vorschrift.

3 Schiffshypotheken in Euro

Zu Schiffshypotheken in Euro § 145 a Rdn 4.

[Miete und Pacht, Schiffshypothek gegen Ersteher]

169 (1) Ist das Schiff einem Mieter oder Pächter überlassen, so gelten die Vorschriften des § 578 a des Bürgerlichen Gesetzbuchs entsprechend. Soweit nach § 578 a Abs 2 für die Wirkung von Verfügungen und Rechtsgeschäften über die Miete oder Pacht der Übergang des Eigentums in Betracht kommt, ist an dessen Stelle die Beschlagnahme des Schiffs maßgebend; ist der Beschluß, durch den die Zwangsversteigerung angeordnet wird, auf Antrag des Gläubigers dem Mieter oder Pächter zugestellt, so gilt mit der Zustellung die Beschlagnahme als dem Mieter oder Pächter bekannt.

(2) Soweit das Bargebot im Verteilungstermin nicht berichtigt wird, ist für die Forderung gegen den Ersteher eine Schiffshypothek an dem Schiff in das Schiffsregister einzutragen. Die Schiffshypothek entsteht mit der Eintragung, auch wenn der Ersteher das Schiff inzwischen veräußert hat. Im übrigen gelten die Vorschriften des Gesetzes über Rechte an eingetragenen Schiffen und Schiffsbauwerken vom 15. November 1940 (Reichsgesetzbl I S 1499) über die durch Rechtsgeschäft bestellte Schiffshypothek.

1 Allgemeines zu § 169

Die Vorschrift befaßt sich mit der Miete und Pacht bei Schiffsversteigerungen und mit der entsprechend § 128 einzutragenden Sicherungshypothek bei Nichtzahlung des baren Meistgebots.

2 Mieter und Pächter bei Schiffen usw (Absatz 1)

2.1 Grundsätzlich sind auch hier bei der Zwangsversteigerung von Schiffen die §§ 57–57 b **anzuwenden,** soweit hier nicht Ausnahmen bestimmt werden. Statt der in §§ 57 und 57 b erwähnten Vorschriften in BGB §§ 566 b–d gilt hier BGB § 578 a, BGB §§ 566, 566 a gelten auch hier: Abs 1 Satz 1.

2.2 Auch hier bleiben **Miet- und Pachtverträge** in der Zwangsversteigerung bestehen (BGB § 566, ZVG §§ 162, 57, 169). **Vorausverfügungen** über den Mietzins sind nur nach Maßgabe von BGB § 578 a Abs 2 wirksam; maßgebend ist jedoch an Stelle des Übergangs des Eigentums die Beschlagnahme des Schiffs: Abs 1. Für die Unwirksamkeit eines Rechtsgeschäfts infolge Kenntnis des Mieters von der Beschlagnahme (BGB § 578 a Abs 2 Satz 2) besteht Kenntnis auch hier unwiderlegbar, wenn der Anordnungs- oder Beitrittsbeschluß zugestellt ist[1] (Abs 1 Satz 2). BGB § 566 d gilt sinngemäß.

2.3 Für **Schiffsbauwerke** gelten die bisher behandelten Vorschriften nicht: § 170 a Abs 2 Satz 1. Ein erst im Bau befindliches Schiff kann man ohnehin nicht vermieten.

1386

Nichtbezahlung des Bargebots bei Schiffen usw (Absatz 2) 3

3.1 Statt der für Grundstücke bestimmten Vorschriften des § 128 gilt hier Abs 2. Wenn das Bargebot im Verteilungstermin nicht bezahlt wird, ist für die Forderung gegen den Ersteher, die auch hier nach § 118 übertragen wird, eine **Schiffshypothek** an dem Schiff in das Schiffsregister **einzutragen** (Abs 2 Satz 1), bei Schiffsbauwerken in das Schiffsbauregister (§ 170a Abs 2 Satz 1). Die Hypothek entsteht mit der Eintragung, sogar dann, wenn das Schiff inzwischen weiter veräußert wurde: Abs 2 Satz 2 (bei Grundstücken wäre dies nicht möglich, weil der Ersteher sie erst weiterveräußern kann, wenn er als Eigentümer eingetragen ist, wobei die Sicherungshypothek zugleich mit seiner Eintragung eingetragen wird).

3.2 Auf die einzutragende Schiffshypothek ist im übrigen das **Schiffsrechtegesetz** hinsichtlich der Vorschriften für die rechtsgeschäftlich bestellte Schiffshypothek **anzuwenden**: Abs 2 Satz 3.

3.3 Der **Rang** ergibt sich für die aus dem Bargebot zu befriedigenden Gläubiger auch hinsichtlich der Schiffshypotheken nach Vorwegnahme der Kosten aus § 109 bei Seeschiffen nach HGB §§ 754–764, BGB § 1261, bei Binnenschiffen nach BinSchG §§ 108, 106–109, BGB § 1261. Dazu auch § 162 Rdn 7.

[Wertfestsetzung und Zuschlagsversagung bei Seeschiff]

169a (1) **Auf die Zwangsversteigerung eines Seeschiffes sind die Vorschriften der §§ 74a, 74b und 85a nicht anzuwenden; § 38 Satz 1 findet hinsichtlich der Angabe des Verkehrswerts keine Anwendung.**

(2) **§ 68 findet mit der Maßgabe Anwendung, daß Sicherheit für ein Zehntel des Bargebots zu leisten ist.**

Wert bei Seeschiffen 1

Auf die Zwangsversteigerung von Seeschiffen (auch ausländische, § 171 Abs 5) sind die **Wertvorschriften** der §§ 74a, 74b, 85a **nicht anwendbar**. Damit gibt es hier keine Zuschlagsversagung wegen Nichterreichung der $5/_{10}$- oder $7/_{10}$-Grenze. Es ist ein Wert nicht festzusetzen[1*] (entgegen dem Gesetz meint zu Unrecht[2], der Wert müsse wegen § 66 und § 114a trotzdem festgesetzt werden). Für Binnenschiffe gelten Sondervorschriften über die Wertfestsetzung. Zum Wert auch § 74a Rdn 2, § 162 Rdn 10.

[Bewachung und Verwahrung des versteigerten Schiffes]

170 (1) **An die Stelle der nach § 94 Abs 1 zulässigen Verwaltung tritt die gerichtliche Bewachung und Verwahrung des versteigerten Schiffes.**

(2) **Das Gericht hat die getroffenen Maßregeln aufzuheben, wenn der zu ihrer Fortsetzung erforderliche Geldbetrag nicht vorgeschossen wird.**

Allgemeines zu § 170 1

Die Vorschrift regelt die Bewachung und Verwahrung versteigerter Schiffe.

---

[1] Mohrbutter/Drischler Muster 170 Anm 5; Steiner/Hagemann § 169 Rdn 2.
[1*] Schiffhauer KTS 1969, 167 (IV 2); Dassler/Muth § 169a Anm; Steiner/Hagemann § 162 Rdn 79 und § 169a Rdn 2.
[2] Mohrbutter KTS 1969, 77 (II 2).

§ 170 2.1 Zwangsversteigerung von Schiffen und Schiffsbauwerken

2 Sicherungsmaßnahmen gegen Ersteher von Schiffen (Absatz 1)

2.1 Wie schon bei Schiffen eine besondere Bewachung und Verwahrung (statt der nicht möglichen Zwangsverwaltung) geschaffen ist (§ 165), so ist auch für die Zeit **nach dem Zuschlag** eine besondere Bewachung und Verwahrung (statt der gerichtlichen Verwaltung des § 94) vorgesehen: Abs 1. Auf diese sind die Vorschriften des § 94, des § 165 und der Zwangsverwaltung entsprechend anzuwenden, soweit sich nicht aus der Sache Unterschiede ergeben. Die Vorschriften gelten auch für ausländische Schiffe (§ 171 Abs 5 Satz 1, hier mit einer Besonderheit) und für Schiffsbauwerke (§ 170a Abs 2 Satz 1).

2.2 Die Bewachung und Verwahrung gegen den Ersteher nach § 170 kann (im Gegensatz zu der nach § 165) nur **auf Antrag** eines Beteiligten, der voraussichtlich aus dem Bargebot befriedigt werden wird (§ 94 Abs 1 Satz 1), angeordnet werden. Sie erfolgt **für Rechnung** des Erstehers und nur, solange das bare Meistgebot nicht bezahlt oder hinterlegt ist (§ 94 Abs 1 Satz 1). Der Antrag kann schon im Versteigerungstermin gestellt werden (§ 94 Abs 1 Satz 2).

2.3 Es ist möglich, hier Maßnahmen nach § 165 zu treffen. Dabei ist immer zu beachten, daß diese Bewachung voraussichtlich **nur kurze Zeit** dauern wird. Maßnahmen sind hier nicht angebracht, soweit sie auf längere Dauer abgestellt sind. Das Schiff soll nur gegen Verfügungen des Erstehers geschützt sein, solange dieser nicht bezahlt. Die Maßnahmen richten sich gegen den Ersteher, nicht gegen den Vollstreckungsschuldner. Sie enden nicht mit dem Zuschlag, sondern beginnen erst nach ihm.

3 Vorschuß und Aufhebung der Maßnahme (Absatz 2)

3.1 Die gerichtliche Bewachung und Verwahrung wird zunächst ohne Vorschuß angeordnet. Die Fortsetzung der Maßnahme kann aber (anders als im Fall von § 165) von einer **Vorschußzahlung** (des erforderlichen Geldbetrags) abhängig gemacht werden[1]: Abs 2. Zahlungspflichtig ist, wer die Maßnahme beantragt hat.

3.2 Alle angeordneten Maßnahmen müssen (zwingend im Gegensatz zu § 161 Abs 3) **aufgehoben** werden, wenn der zu ihrer Fortsetzung nötige Geldbetrag nicht vorgeschossen wird: Abs 2. Der Ersteher kann die Maßnahmen jederzeit durch Zahlung oder Hinterlegung des baren Meistgebots abwenden.

[Zwangsversteigerung eines Schiffsbauwerks]

170a (1) Die Zwangsversteigerung eines Schiffsbauwerks darf erst angeordnet werden, nachdem es in das Schiffsbauregister eingetragen ist. Der Antrag auf Anordnung der Zwangsversteigerung kann jedoch schon vor der Eintragung gestellt werden.

(2) § 163 Abs 1, §§ 165, 167 Abs 1, §§ 168c, 169 Abs 2, § 170 gelten sinngemäß. An die Stelle des Grundbuchs tritt das Schiffsbauregister. Wird das Schiffsbauregister von einem anderen Gericht als dem Vollstreckungsgericht geführt, so soll die Terminsbestimmung auch durch das für Bekanntmachungen dieses Gerichts bestimmte Blatt bekanntgemacht werden. An Stelle der im § 43 Abs 1 bestimmten Frist tritt eine Frist von zwei Wochen, an Stelle der im § 43 Abs 2 bestimmten Frist eine solche von einer Woche.

1 Allgemeines zu § 170a

Die Bestimmung regelt für Schiffsbauwerke, damit auch für ein Schwimmdock, einige Abweichungen in den Verfahrensvorschriften der Zwangsversteigerung, die

---

[1] Steiner/Hagemann § 170 Rdn 7.

Zwangsversteigerung ausländischer Schiffe § 171

durch deren besondere Natur und wegen ihres anderen Registers bedingt sind. Über den Begriff des Schiffsbauwerks § 162 Rdn 3.

Anordnung der Zwangsversteigerung eines Schiffsbauwerkes (Absatz 1) 2

2.1 Die Zwangsversteigerung eines Schiffsbauwerks kann nur angeordnet werden, wenn es im Schiffsbauregister eingetragen ist: Abs 1 Satz 1. Der Antrag dazu kann allerdings schon vorher gestellt werden: Abs 1 Satz 2. Das Schiffsbauwerk muß also (für den Antrag) eintragungsfähig sein.

2.2 Schwimmdocks werden wie Schiffsbauwerke behandelt (§ 162 Rdn 3.3); Antrag ist daher schon vor Registereintragung möglich; Anordnung darf erst nach Registereintragung erfolgen: Abs 1. In Bau befindliche Schiffsbauwerke werden auf den Versteigerungsantrag hin eingetragen[1], dann ist die Anordnung möglich.

Anzuwendende Vorschriften und Besonderheiten (Absatz 2) 3

3.1 Aus der Schiffsversteigerung sind gemäß Abs 2 Satz 1 anzuwenden: § 163 Abs 1 (zuständiges Gericht mit der Möglichkeit der Zuweisung an ein zentrales Gericht); § 165 (besondere Bewachung und Verwahrung und Treuhandschaft vor dem Zuschlag); § 167 Abs 1 (Bezeichnung in der Terminsbestimmung); § 168 c (Schiffshypotheken in ausländischer Währung); § 169 Abs 2 (Nichtzahlung des baren Meistgebots); § 170 (Bewachung und Verwahrung nach dem Zuschlag). An die Stelle des Grundbuchs oder Schiffsregisters tritt hier das Schiffsbauregister: Abs 2 Satz 2. Mit der Anordnung der Versteigerung muß auch hier die besondere Bewachung und Verwahrung angeordnet werden (§ 165 Abs 1 Satz 1). Mit deren Vollzug wird auch hier die Beschlagnahme zusätzlich wirksam (§ 165 Abs 1 Satz 2). § 169 Abs 1 ist nicht anwendbar, weil eine Vermietung oder Verpachtung von Schiffsbauwerken (Schwimmdocks im Bau) nicht in Betracht kommt. Für vermietete fertiggestellte Schwimmdocks gilt § 169 Abs 1 sinngemäß[2] (§ 162).

3.2 Fristen: Die Frist für die Terminsbekanntmachung im Amtsblatt oder gerichtlichen Informations- und Kommunikationssystem nach § 43 Abs 1 (dort sechs Wochen) ist auf zwei Wochen abgekürzt: Abs 2 Satz 4. Die Frist für die Zustellung des Beschlagnahmebeschlusses nach § 43 Abs 2 und für die Zustellung der Terminsladung ebenda (dort vier Wochen) ist auf eine Woche abgekürzt: Abs 2 Satz 4. Dadurch soll das Verfahren beschleunigt werden. Es handelt sich aber um Mindestfristen; das Gericht kann darum auch längere Fristen in beiden Fällen einhalten. Höchstfristen sind hierfür nicht vorgesehen.

3.3 Terminsbekanntmachung: Die Bekanntmachung des § 39 soll dann, wenn das Schiffsbauregister von einem anderen Gericht als dem für die Versteigerung zuständigen Vollstreckungsgericht geführt wird, zusätzlich auch in dem Amtsblatt dieses Gerichts erfolgen: Abs 2 Satz 3. Alternativ (nicht zusätzlich) muß (die in § 170a nicht ausdrücklich vorgesehene) Bekanntmachung im Informations- und Kommunikationssystem dieses Gerichts für zulässig erachtet werden können (entsprechende Anwendung von § 168 Abs 2). Es handelt sich nur um eine Ordnungsvorschrift. Zusätzliche Bekanntgabe in einem Schiffahrtsfachblatt ist hier nicht vorgeschrieben, aber zu empfehlen (§ 168 Rdn 2).

[Zwangsversteigerung ausländischer Schiffe]

171 (1) **Auf die Zwangsversteigerung eines ausländischen Schiffs, das, wenn es ein deutsches Schiff wäre, in das Schiffsregister eingetragen werden müßte, sind die Vorschriften des Ersten Abschnitts entsprechend anzuwenden, soweit sie nicht die Eintragung im Schiffsregister**

---

[1] Mohrbutter KTS 1969, 77 (I); Hornung Rpfleger 2003, 232 (237).
[2] Steiner/Hagemann § 170a Rdn 8; Hornung Rpfleger 2003, 232 (238).

§ 171 Zwangsversteigerung von Schiffen und Schiffsbauwerken

voraussetzen und sich nicht aus den folgenden Vorschriften etwas anderes ergibt.

(2) Als Vollstreckungsgericht ist das Amtsgericht zuständig in dessen Bezirk sich das Schiff befindet; § 1 Abs 2 gilt entsprechend. Die Zwangsversteigerung darf, soweit sich nicht aus den Vorschriften des Handelsgesetzbuchs oder des Gesetzes, betreffend die privatrechtlichen Verhältnisse der Binnenschiffahrt, etwas anderes ergibt, nur angeordnet werden, wenn der Schuldner das Schiff im Eigenbesitz hat; die hiernach zur Begründung des Antrags auf Zwangsversteigerung erforderlichen Tatsachen sind durch Urkunden glaubhaft zu machen, soweit sie nicht beim Gericht offenkundig sind.

(3) Die Terminsbestimmung muß die Aufforderung an alle Berechtigten, insbesondere an die Schiffsgläubiger, enthalten, ihre Rechte spätestens im Versteigerungstermin vor der Aufforderung zur Abgabe von Geboten anzumelden und, wenn der Gläubiger widerspricht, glaubhaft zu machen, widrigenfalls die Rechte bei der Verteilung des Versteigerungserlöses dem Anspruch des Gläubigers und den übrigen Rechten nachgesetzt werden würden. Die Terminsbestimmung soll, soweit es ohne erhebliche Verzögerung des Verfahrens tunlich ist, auch den aus den Schiffspapieren ersichtlichen Schiffsgläubigern und sonstigen Beteiligten zugestellt und, wenn das Schiff im Schiffsregister eines fremden Staates eingetragen ist, der Registerbehörde mitgeteilt werden.

(4) Die Vorschriften über das geringste Gebot sind nicht anzuwenden. Das Meistgebot ist in seinem ganzen Betrag durch Zahlung zu berichtigen.

(5) Die Vorschriften der §§ 165, 166, 168 Abs 1 und 3, §§ 169a, 170 Abs 1 sind anzuwenden. Die vom Gericht angeordnete Überwachung und Verwahrung des Schiffs darf erst aufgehoben und das Schiff dem Ersteher erst übergeben werden, wenn die Berichtigung des Meistgebots oder die Einwilligung der Beteiligten nachgewiesen wird.

1 Allgemeines zu § 171

Wird das Schiff in Deutschland versteigert, findet deutsches Recht Anwendung[1]. Auch die Erlösverteilung wird nach Inlandsrecht vorgenommen[1]. Sonderbestimmungen für ausländische Schiffe sind jedoch nötig, weil sie nicht im deutschen Schiffsregister eingetragen sind. Ausländisch ist ein Seeschiff, wenn es nicht im ausschließlichen Eigentum von deutschen Staatsangehörigen steht[2], und ein Binnenschiff, wenn es keinen inländischen Heimatort hat, von dem aus die Schiffahrt betrieben wird[3]. Ein deutsches Zwangsversteigerungsverfahren über ein ausländisches Schiff ist nur möglich, wenn das Schiff sich in einem Hafen der Bundesrepublik Deutschland befindet.

2 Auf ausländische Schiffe anzuwendende Vorschriften (Absätze 1 und 5)

2.1 **Anzuwenden** sind für Anordnung (damit auch Zulässigkeit) und Durchführung der Zwangsversteigerung eines **ausländischen Schiffs** die Vorschriften über die Zwangsversteigerung von Grundstücken im ersten Gesetzesabschnitt (§§ 1–145), wenn das Schiff als deutsches im Schiffsregister eingetragen werden müßte: Abs 1. Ob es im Ausland eingetragen ist, macht nichts aus.

2.2 Grundsätzlich **anzuwenden** sind die Vorschriften über die Grundstücksversteigerung wie bei deutschen Schiffen, also §§ 1–145, und die Sondervorschriften

---

[1] BGH NJW-RR 1991, 1211 (1213).
[2] Steiner/Hagemann § 171 Rdn 18.
[3] Mohrbutter/Drischler Muster 170 Anm 9.

für deutsche Schiffe, also §§ 162–170, soweit nicht die Schiffsregistereintragung an jenen Vorschriften vorausgesetzt ist und soweit nicht etwas Abweichendes bestimmt ist: Abs 1 (hierzu auch § 162 Rdn 9).

2.3 Ausdrücklich gemäß Abs 5 Satz 1 **anzuwenden** sind: § 165 (Bewachung und Verwahrung, auch Treuhandschaft), § 166 (Beschlagnahme auch gegen den Schiffer), § 168 Abs 1 und 3 (Schiffahrtsfachblatt und zwingende Bekanntmachung), § 169 a (keine Anwendung von §§ 74 a, 74 b und § 85 a bei ausländischem Seeschiff, Anwendung aber bei ausländischem Binnenschiff[3]), § 170 Abs 1 (Bewachung nach dem Zuschlag). Dabei darf die angeordnete Bewachung und Verwahrung (nach § 165 und § 170) erst aufgehoben und das Schiff dem Ersteher erst übergeben werden, wenn das Meistgebot bezahlt ist oder die Beteiligten laut Nachweis eingewilligt haben: Abs 5 Satz 2. Es ist ohne Bedeutung, daß das Gesetz hier statt „Bewachung" den Ausdruck „Überwachung" gebraucht.

2.4 Die **Beschlagnahme** kann nur dadurch wirksam werden, daß der Anordnungsbeschluß an den Vollstreckungsschuldner zugestellt wird (§ 22 Abs 1) oder daß die Bewachung und Verwahrung vollzogen wird (§ 165 Abs 1 Satz 2)[5].

2.5 Nicht anwendbar sind aus den §§ 162 ff folgende: § 163 (Zuständigkeit), ersetzt durch Abs 2 Satz 1; § 164 (Antragsvoraussetzungen), ersetzt durch Abs 2 Satz 2; § 167 (Besonderheiten zur Terminsbestimmung), ersetzt durch Abs 3; § 168 b (Anmeldung beim Registergericht); § 168 c (ausländische Währung); § 169 (Mieter, Pächter, nichtbezahltes Bargebot).

2.6 Versteigerung eines ausländischen Seeschiffes mit Erlöshinterlegung im Arrestverfahren bei Gefahr beträchtlicher Wertverringerung[6].

Eigenbesitz und Zuständigkeit (Absatz 2)

3.1 Zuständig ist ein deutsches Gericht für die Zwangsversteigerung eines ausländischen Schiffes nur, wenn sich das Schiff in einem Hafen der Bundesrepublik Deutschland befindet. Vollstreckungsgericht ist dabei dasjenige Amtsgericht, in dessen Bezirk sich das Schiff befindet: Abs 2 Satz 1. Die Landesregierungen bzw Landesjustizverwaltungen, können diese Versteigerungsverfahren bestimmten Amtsgerichten zuweisen, die aber nicht Schiffsregistergerichte sein müssen: Abs 2 Satz 1, der jetzt auf § 1 Abs 2 verweist. In Nordrhein-Westfalen erfaßt die Verordnung vom 18. Jan 1972 (§ 163 Rdn 2.4) nicht die Zwangsversteigerung ausländischer Schiffe[7].

3.2 Nur bei **Eigenbesitz** des Schuldners kann (mangels Eintragung in ein deutsches Register) die Zwangsversteigerung angeordnet werden: Abs 2 Satz 2. Zum Begriff Eigenbesitz: § 147 Rdn 2.3. Dies gilt nicht nur gegenüber Schiffsgläubigern aus HGB § 755 Abs 1, aus BinSchG § 103 Abs 2, sondern gegenüber allen Gläubigern. Der Eigenbesitz ist durch Urkunden glaubhaft zu machen, wenn er nicht bei Gericht offenkundig ist: Abs 2 Satz 2. Schuldner kann wegen entsprechender Anwendbarkeit der Vorschriften hier aber auch der Schiffer sein: Abs 5 Satz 1, § 166 Abs 1.

Schiffspfandrechte

Sachenrechtliche Kollisionsnorm für Rechte an Schiffen: EGBGB Art 45 Abs 1 Nr 2. Die Entstehung gesetzlicher Sicherungsrechte unterliegt dem Recht, das auf die zu sichernde Forderung anzuwenden ist (EGBGB Art 45 Abs 2 Satz 1). Ein im

---

[4] Steiner/Hagemann § 171 Rdn 41 und 53.
[5] Dassler/Muth § 171 Rdn 11; Mohrbutter/Drischler Muster 170 Anm 9.
[6] LG Hamburg KKZ 1979, 114.
[7] Rellermeyer Rpfleger 1995, 492 (2).

§ 171 4 Zwangsversteigerung von Schiffen und Schiffsbauwerken

Ausland wirksam an einem ausländischen Schiff begründetes Schiffspfandrecht ist auch dann anzuerkennen, wenn es weder in einem Register eingetragen ist noch nach dem maßgeblichen Auslandsrecht einen bestimmten Rang hat[8]. Rangfolge der Sicherungsrechte: EGBGB Art 45 Abs 2 Satz 2 mit Art 43 Abs 1 (zu früherem Recht[8]).

5 Terminsbestimmung (Absatz 3)

5.1 Alle Berechtigte, insbesondere die Schiffsgläubiger, müssen darin **aufgefordert** werden, spätestens im Versteigerungstermin vor der Aufforderung zur Abgabe von Geboten ihre Rechte **anzumelden** und, wenn der betreibende Gläubiger der Anmeldung widerspricht, auch glaubhaft zu machen, da sonst ihre Rechte bei der Verteilung des Erlöses hinter alle anderen zurücktreten: Abs 3 Satz 1. Es handelt sich hier um den Rangverlust wie in § 37 Nr 4, § 110.

5.2 Die Terminsbestimmung muß normal allen Beteiligten **zugestellt** werden. Sie soll aber, wenn dies ohne erhebliche Verzögerung des Verfahrens möglich ist, auch allen aus den Schiffspapieren ersichtlichen Schiffsgläubigern und sonstigen Beteiligten zugestellt werden und, falls das Schiff in einem ausländischen Register eingetragen ist, auch der ausländischen Registerbehörde: Abs 3 Satz 2. Es handelt sich um eine Ordnungsvorschrift; deren Nichtbeachtung kann Haftungsansprüche auslösen. An den für Schiffe geltenden Fristen (§ 168 Rdn 2) ist nichts geändert.

6 Weitere Besonderheiten: Geringstes Gebot und Meistgebot (Absatz 4)

6.1 Ein **geringstes Gebot** gibt es hier nicht: Abs 4 Satz 1. Das **Meistgebot** ist in voller Höhe bar zu zahlen: Abs 4 Satz 2 (es gibt also keine bestehenbleibenden Rechte, auch keine wegen Nichtzahlung des Bargebots einzutragende Schiffshypothek). Durch den Zuschlag erlöschen alle Rechte, wenn nicht Änderungen nach § 59 vereinbart werden[9]; eingetragene Rechte gibt es dabei nicht.

6.2 Erhält ein deutscher Staatsangehöriger den **Zuschlag,** dann muß das Schiff in das Schiffsregister eingetragen werden; dies ist aber nicht mehr Sache des Vollstreckungsgerichts.

Zweiter Titel. Zwangsversteigerung von Luftfahrzeugen

[Anzuwendende Vorschriften]

171 a Auf die Zwangsversteigerung eines in der Luftfahrzeugrolle eingetragenen Luftfahrzeugs sind die Vorschriften des Ersten Abschnitts entsprechend anzuwenden, soweit sich nicht aus den §§ 171 b bis 171 g etwas anderes ergibt. Das gleiche gilt für die Zwangsversteigerung eines in dem Register für Pfandrechte an Luftfahrzeugen eingetragenen Luftfahrzeugs, dessen Eintragung in der Luftfahrzeugrolle gelöscht ist.

1 Allgemeine Übersicht zu §§ 171 a–171 n

1.1 In **Luftfahrzeuge** wurde bis zum Inkrafttreten des Gesetzes über Rechte an Luftfahrzeugen (= LuftfzRG; Textanhang T 33) am 1. 4. 1959 wie in bewegliche Sachen vollstreckt. Grundsätzlich unterliegen sie auch weiterhin dem **Fahrnisrecht,** zB beim Eigentumsübergang, werden dabei also wie bewegliche Sachen

---

[8] BGH MDR 1991, 1151 = NJW-RR 1991, 1211 (1212, 1213).
[9] Dassler/Muth § 171 Rdn 5; Mohrbutter/Drischler Muster 170 Anm 9; Steiner/Hagemann § 171 Rdn 7 (2).

Anzuwendende Vorschriften 3.1 § 171a

behandelt[1]. Unter bestimmten Voraussetzungen unterliegen sie aber **der Immobiliarvollstreckung:** LuftfzRG § 88 Abs 1; ZPO § 864, 865, 870a; ZVG §§ 171a–171n. Die nach dem Absturz eines Luftfahrzeugs und nach seiner Löschung in der Luftfahrzeugrolle noch vorhandenen Wrackteile unterliegen der Mobiliarvollstreckung, weil kein eingetragenes Luftfahrzeug mehr vorhanden ist; die im Pfandrechtsregister eingetragenen Gläubiger können dann nur noch nach ZPO § 805 vorgehen[2].

1.2 Die Sondervorschriften über **Immobiliarvollstreckung** gelten:

a) für Luftfahrzeuge, die in die Luftfahrzeugrolle eingetragen sind: Satz 1;

b) für Luftfahrzeuge, die in der Luftfahrzeugrolle gelöscht, aber im Register für Pfandrechte an Luftfahrzeugen eingetragen sind: Satz 2;

c) sinngemäß auch für ausländische Luftfahrzeuge, aber für diese nur, soweit nicht die Vorschriften über die Eintragung in der Luftfahrzeugrolle oder im Register für Pfandrechte an Luftfahrzeugen voraussetzen: § 171 l.

1.3 Luftfahrzeuge sind: Flugzeuge, Drehflügler (= Hubschrauber), Luftschiffe, Segelflugzeuge, Motorsegler, Frei- und Fesselballone, Drachen, Flugmodelle und sonstige für die Benutzung des Luftraums bestimmte Geräte, auch Raumfahrzeuge, Raketen und ähnliche Flugkörper: Luftverkehrsgesetz § 1 Abs 2. Sie werden in die Luftfahrzeugrolle eingetragen, wenn sie im ausschließlichen Eigentum deutscher Staatsangehöriger stehen (Luftverkehrsgesetz § 3 Abs 1 Satz 1); bei juristischen Personen oder Handelsgesellschaften muß das überwiegende Vermögen oder Kapital sowie die tatsächliche Kontrolle darüber deutschen Staatsangehörigen zustehen (Luftverkehrsgesetz § 3 Abs 1 Satz 2). Die Luftfahrzeugrolle führt das Luftfahrtbundesamt in Braunschweig (Gesetz vom 30. 11. 1954, BGBl 1954 I 354, § 2 Abs 1 Nr 3).

1.4 Die übernationalen Beziehungen der Luftfahrt machen eine internationale Verständigung auch über die Behandlung von Rechten an Luftfahrzeugen nötig. Dem **Genfer Abkommen** vom 19. 6. 1946 ist die Bundesrepublik Deutschland durch Gesetz vom 26. 2. 1959 (BGBl 1959 I 127) beigetreten. Die in dem Abkommen begründeten Verpflichtungen werden durch das deutsche Recht erfüllt.

1.5 Darlegungen zu diesem Abschnitt des ZVG, der in diesem Kommentar nur in Grundzügen behandelt werden kann, bieten außer dem Großkommentar von[3] die Abhandlungen[4].

Allgemeines zu § 171 a 2

Die Vorschrift befaßt sich mit den auf die Zwangsversteigerung eines Luftfahrzeugs anzuwendenden Bestimmungen. Es gibt bei ihnen nur die **Zwangsversteigerung** (ZPO §§ 864, 865, LuftfzRG § 99, ZVG § 171a) und die zwangsweise Eintragung eines **Registerpfandrechts** (ZPO §§ 864, 865, 870a, LuftfzRG § 99). Eine Zwangsverwaltung für Luftfahrzeuge gibt es nicht (nur die besondere Bewachung und Verwahrung, wie bei Schiffen, § 171c Abs 3).

Anzuwendende Vorschriften für Luftfahrzeugversteigerung 3

3.1 §§ 1–145 über die Zwangsversteigerung von Grundstücken sind **entsprechend anzuwenden,** soweit sich nicht aus §§ 171b–g etwas anderes ergibt: § 171a. Statt „Grundbuch" ist dabei „Register für Pfandrechte an Luftfahrzeugen"

---

[1] Haupt NJW 1974, 1457.
[2] LG Braunschweig DGVZ 1972, 72.
[3] Steiner/Hagemann, ZVG, 9. Aufl 1986.
[4] Bauer JurBüro 1974, 1; Haupt NJW 1974, 1457; Mümmler DGVZ 1962, 1; Rehm NJW 1959, 709; Wendt MDR 1963, 448.

§ 171a 3.1 Zwangsversteigerung von Schiffen und Schiffsbauwerken

zu lesen: § 171b Abs 2; statt „Hypothek" ist „Registerpfandrecht" zu lesen: LuftfzRG § 99 Abs 1.

3.2 Das gilt jedoch mit den **Besonderheiten** aus §§ 171b–171n. Ausnahmen gelten für die Zuständigkeit (§ 171b), dafür, daß statt der Zwangsverwaltung die Bewachung und Verwahrung eintritt und auch ein Treuhänder bestellt werden kann (§ 171c), dafür, daß das Fahrzeug nach dem Register bezeichnet werden soll und die Ausschreibung im Amtsblatt oder Veröffentlichung im gerichtlichen Informations- und Kommunikationssystem nicht unterbleiben darf (§ 171d), wie Registerpfandrechte in ausländischer Währung zu behandeln sind (§ 171e), daß Mieter und Pächter eine besondere Behandlung erfahren (§ 169, 171f), daß bei nicht bezahltem barem Meistgebot für die Forderung ein Registerpfandrecht einzutragen ist (§§ 169, 171f), daß das Fahrzeug auch nach der Versteigerung entsprechend § 94 zu verwahren ist (§ 171g), welche Rechte und Ansprüche in der 3. und 4. Rangklasse zu befriedigen sind (§ 171i), weiter über unwirksame Verfügungen (§ 171k), über Nachrichten (§ 171l), über die Beschwerdefrist (§ 171m) und ausländische Mieterrechte (§ 171n).

3.3 Anwendungen **aus dem Grundstücksrecht** gemäß § 171a: §§ 3–9; § 10 ergänzt durch § 171i; § 17 mit Änderung; § 18; § 19 richtet sich an das Registergericht; § 20; § 21 Abs 2; §§ 22, 23; §§ 24, 25 ersetzt durch Sondervorschriften; §§ 26–35; § 36 ergänzt durch § 171l; §§ 37–39 (ergänzt durch § 171d Abs 2); §§ 40, 43 ergänzt durch § 171d, 171e, 171l; §§ 41–42; §§ 44–52 ergänzt durch § 171e; §§ 53–57; §§ 57a–d sinngemäß nach § 171f; §§ 58–65; § 66 ergänzt durch § 171e; §§ 67–93; § 94 ersetzt durch § 171g; § 95; § 96 ergänzt durch § 171a; §§ 97, 98 ergänzt durch § 171m; § 99; § 100 ergänzt durch § 171m; §§ 101–114; §§ 115–145 ergänzt durch § 171e. Hierzu auch an den einzelnen Kommentarstellen und im Sachverzeichnis.

3.4 Anzuwenden **aus dem Schiffsrecht** gemäß § 171f: § 169 (Mieter, Pächter, Nichtzahlung des baren Meistgebots); doch ist statt „Schiffshypothek" zu lesen „Registerpfandrecht", statt „Schiffsregister" zu lesen „Register für Pfandrechte an Luftfahrzeugen".

3.5 Kosten für die Zwangsversteigerung von Luftfahrzeugen entstehen wie bei Grundstücken (GKG § 56). Dazu Einl Rdn 76 ff.

4 Registerpfandrecht bei Luftfahrzeugen

4.1 Behandelt wird es rechtlich wie eine Schiffshypothek, ist aber nicht als Hypothek benannt. Das Luftfahrzeug ist ein verhältnismäßig **kurzlebiges Pfandobjekt**. Das Registerpfandrecht an ihm unterscheidet sich von der Schiffshypothek dadurch, daß es sich auch auf Ersatzteile erstreckt werden kann, die an einer örtlich bezeichneten Stelle (Ersatzteillager) im Inland oder Ausland lagern (LuftfzRG § 68).

4.2 Der **Rang** des Rechts richtet sich nach der Reihenfolge der Eintragung: LuftfzRG § 25 Abs 1. Dabei können Rangabweichungen eingetragen werden: LuftfzRG § 25 Abs 2. Auf Grund des Registerpfandrechts haftet das Luftfahrzeug auch für die gesetzlichen Zinsen und die Kosten: LuftfzRG § 29.

4.3 Registergericht ist das Amtsgericht, in dessen Bezirk das Luftfahrtbundesamt seinen Sitz hat, also das AG Braunschweig.

4.4 Zwangs-Registerpfandrecht: Wie bei Grundstücken und Schiffen ist seine Eintragung nicht durch das ZVG geregelt. Die Zwangseintragung auf Grund eines ordnungsgemäßen und zugestellten Vollstreckungstitels (alle Vollstreckungsvoraussetzungen sind wie bei Grundstücken und Schiffen) oder im Verwaltungszwangsverfahren auf Grund eines ordnungsgemäßen Vollstreckungsantrags erfolgt in das Register für Pfandrechte an Luftfahrzeugen, wenn die zu sichernde Forderung mehr als 750 Euro beträgt: LuftfzRG § 99 Abs 1, ZPO § 870a Abs 2, § 866 Abs 3. Das Registerpfandrecht ist ein besitzloses Pfandrecht nach dem Vorbild der Schiffshypothek.

Anordnung, Bewachung und Verwahrung 2.3 **§ 171c**

[Zuständiges Amtsgericht – Vollstreckungsgericht]

171b (1) Für die Zwangsversteigerung des Luftfahrzeugs ist als Vollstreckungsgericht das Amtsgericht zuständig, in dessen Bezirk das Luftfahrt-Bundesamt seinen Sitz hat.

(2) Für das Verfahren tritt an die Stelle des Grundbuchs das Register für Pfandrechte an Luftfahrzeugen.

Gericht für Luftfahrzeugversteigerungen 1

Registergericht ist das Amtsgericht am Sitz des Luftfahrtbundesamts (s § 171a Rdn 1.3), also **Braunschweig**: LuftfzRG § 78. Vollstreckungsgericht ist dasselbe Amtsgericht: Abs 1.

[Antrag und Anordnung, Bewachung und Verwahrung, Treuhandschaft, Beschlagnahme]

171c (1) Die Zwangsversteigerung darf erst angeordnet werden, nachdem das Luftfahrzeug in das Register für Pfandrechte an Luftfahrzeugen eingetragen ist. Der Antrag auf Anordnung der Zwangsversteigerung kann jedoch schon vor der Eintragung gestellt werden.

(2) Bei der Anordnung der Zwangsversteigerung hat das Gericht zugleich die Bewachung und Verwahrung des Luftfahrzeugs anzuordnen. Die Beschlagnahme wird auch mit der Vollziehung dieser Anordnung wirksam.

(3) Das Gericht kann zugleich mit der einstweiligen Einstellung des Verfahrens im Einverständnis mit dem betreibenden Gläubiger anordnen, daß die Bewachung und Verwahrung einem Treuhänder übertragen wird, den das Gericht auswählt. Der Treuhänder untersteht der Aufsicht des Gerichts und ist an die ihm erteilten Weisungen des Gerichts gebunden. Das Gericht kann ihn im Einverständnis mit dem Gläubiger auch ermächtigen, das Luftfahrzeug für Rechnung und im Namen des Schuldners zu nutzen. Über die Verwendung des Reinertrages entscheidet das Gericht. In der Regel soll er nach den Grundsätzen des § 155 verteilt werden.

Allgemeines zu § 171c 1

Die Vorschrift behandelt die besonderen Voraussetzungen für Anordnung, Beschlagnahme, Bewachung usw bei Luftfahrzeugen.

Anordnung und Beitritt bei Luftfahrzeugversteigerung (Absatz 1) 2

2.1 Der **Antrag** auf Zwangsversteigerung ist bereits zulässig, bevor das Luftfahrzeug in das Register für Pfandrechte an Luftfahrzeugen eingetragen ist: Abs 1 Satz 2. Der **Anordnungsbeschluß** darf aber erst nach der Eintragung ergehen: Abs 1 Satz 1.

2.2 Eintragung in diesem Register erfolgt auf Antrag. Antragsberechtigt ist der Eigentümer und derjenige, der auf Grund eines vollstreckbaren Titels die Eintragung verlangen kann, sowie derjenige, zu dessen Gunsten ein Schutzvermerk eingetragen ist: LuftfzRG § 79. Der Vollstreckungstitel berechtigt zur Eintragung nach LuftfzRG § 99 Abs 1, ZPO §§ 870a, 867.

2.3 Bei der **Anmeldung zum Register** sind nach LuftfzRG § 80 anzugeben: Nr des Blattes der Luftfahrzeugrolle, Staatsangehörigkeits- und Eintragungszeichen, Art und Muster des Fahrzeugs, Werk-Nr der Zelle, Name und Wohnsitz oder Sitz

§ 171c 2.3 Zwangsversteigerung von Schiffen und Schiffsbauwerken

des Eigentümers. Es ist nachzuweisen, daß die Angaben mit den Eintragungen in der Rolle übereinstimmen. Macht der anmeldende Gläubiger nicht glaubhaft, daß der in der Rolle eingetragene Eigentümer der wirkliche Eigentümer ist, so wird von Amts wegen ein Widerspruch gegen die Eigentumseintragung eingetragen (LuftfzRG § 82). Für die Eintragung in das Register sind laut LuftfzRG § 86 die Vorschriften der Schiffsregisterordnung sinngemäß anzuwenden. Anmeldungen nach LuftfzRG §§ 79, 89 und Anträge nach § 93 bedürfen aber nicht der in Schiffsregisterordnung § 37 vorgeschriebenen Form.

2.4 Für Anordnungs- und Beitrittsantrag sind die erforderlichen Tatsachen durch Urkunden **glaubhaft zu machen,** soweit sie nicht bei Gericht offenkundig sind: § 164 mit § 171a Satz 1.

2.5 Der **Verkäufer** eines dem Käufer noch nicht übereigneten Luftfahrzeugs kann aus einem Vollstreckungstitel wegen der Kaufpreisforderung nicht in das verkaufte Luftfahrzeug **vollstrecken,** solange dieses nicht im Register für Pfandrechte an Luftfahrzeugen und dazu in der Luftfahrzeugrolle auf den im Titel genannten Vollstreckungsschuldner eingetragen ist, der Eigentümer sein muß (§§ 171c, 17 für die Versteigerung, ZPO §§ 870a, 866, 867 für das Zwangsregisterpfandrecht). Anders als bei der Mobiliarvollstreckung kann hier nicht gegen einen anderen als den Eingetragenen „wegen Offenkundigkeit der Eigentumsverhältnisse" vollstreckt werden[1].

3 Bewachung und Verwahrung von Luftfahrzeugen (Absatz 2)

Bei Anordnung der Zwangsversteigerung eines Luftfahrzeugs muß das Gericht (wie bei Schiffen und Schiffsbauwerken) zugleich die Bewachung und Verwahrung anordnen: Abs 2 Satz 1. Wie dort wird die Beschlagnahme (neben der Wirksamkeit durch Zustellung des Beschlusses an den Vollstreckungsschuldner oder durch Zugang des Eintragungsersuchens an das Registergericht) durch den Vollzug der Bewachungsanordnung wirksam: Abs 2 Satz 2. Wenn mit der Flughafengesellschaft die sichere Unterbringung des Luftfahrzeugs in einer Halle vereinbart, eine Stillegungskaskoversicherung abgeschlossen und Sicherungsmaßnahmen zur Einhaltung des Startverbots getroffen sind, sind tägliche Kontrollgänge nicht mehr erforderlich[1] (für stichprobenweise Flugplatzbesuche zweimal in der Woche). Der als Privatperson bestellte Gerichtsvollzieher hat Anspruch auf eine angemessene Vergütung „wie ein Zwangsverwalter"[1]. Die Festsetzung erfolgt durch das Vollstreckungsgericht (Rechtspfleger)[1]. Rechtsbehelf: sofortige Beschwerde[2]. Einzelheiten zum Verfahren im übrigen wie in § 165 Rdn 3, 6.

4 Einstellung mit Treuhandschaft bei Luftfahrzeugen (Absatz 3)

4.1 Zugleich mit einer einstweiligen Einstellung des Zwangsversteigerungsverfahrens kann das Gericht (wie bei Schiffen) einen **Treuhänder** bestellen: Abs 3 Satz 1. Auch der untersteht der Aufsicht des Gerichts und ist an erteilte Weisungen gebunden: Abs 3 Satz 2. Das Gericht kann ihn im Einvernehmen mit dem Gläubiger ermächtigen, das Luftfahrzeug zu nutzen: Abs 3 Satz 3. Auch hier entscheidet das Gericht über die Verwendung des Reinertrags, in der Regel nach den Grundsätzen über die Aufstellung eines Teilungsplans in § 155: Abs 3 Satz 4 und 5. Einzelheiten zum Verfahren wie in § 165 Rdn 4, 6.

4.2 Kosten: Der Gerichtsvollzieher erhält hier eine angemessene Vergütung für Bewachung und Verwahrung eines Luftfahrzeugs[3]. Im übrigen wie in § 165 Rdn 5.

---

[1] LG Braunschweig NdsRpfl 1974, 105.
[2] LG Braunschweig DGVZ 1990, 121.
[3] AG Braunschweig DGVZ 1973, 47.

[Besonderheiten zur Terminsbestimmung]

171d (1) In der Bestimmung des Versteigerungstermins soll das Luftfahrzeug nach dem Register für Pfandrechte an Luftfahrzeugen bezeichnet werden.

(2) Die in § 39 Abs 2 vorgesehene Anordnung ist unzulässig.

Termin für Luftfahrzeugversteigerung

1.1 Die Vorschrift bringt Besonderheiten für die Terminbestimmung bei der Zwangsversteigerung von Luftfahrzeugen.

1.2 Das Luftfahrzeug soll nach der Registereintragung bezeichnet werden: Abs 1. Auf jeden Fall muß es eindeutig gekennzeichnet werden. Im übrigen gelten die Vorschriften wie bei Grundstücken, also §§ 35–43, insbesondere auch hinsichtlich der Ladungsfristen.

1.3 Von der Veröffentlichung im Amtsblatt oder im gerichtlichen Informations- und Kommunikationssystem darf hier entgegen § 39 Abs 2 nicht abgesehen werden: Abs 2. Sie muß also normal erfolgen, auch mit den Fristen wie bei Grundstücken; dazu bei §§ 39, 43. Besonderheiten für ausländische Luftfahrzeuge: § 171l.

[Registerpfandrechte in ausländischer Währung]

171e Für die Zwangsversteigerung eines Luftfahrzeugs, das mit einem Registerpfandrecht in ausländischer Währung belastet ist, gelten folgende Sonderbestimmungen:

1. Die Terminbestimmung muß die Angabe, daß das Luftfahrzeug mit einem Registerpfandrecht in ausländischer Währung belastet ist, und die Bezeichnung dieser Währung enthalten.

2. In dem Zwangsversteigerungstermin wird vor der Aufforderung zur Abgabe von Geboten festgestellt und bekanntgemacht, welchen Wert das in ausländischer Währung eingetragene Registerpfandrecht nach dem amtlich ermittelten letzten Kurs in Euro hat. Dieser Kurswert bleibt für das weitere Verfahren maßgebend.

3. Die Höhe des Bargebots wird in Euro festgestellt. Die Gebote sind in Euro abzugeben.

4. Der Verteilungsplan wird in Euro aufgestellt.

5. Wird ein Gläubiger eines in ausländischer Währung eingetragenen Registerpfandrechts nicht vollständig befriedigt, so ist der verbleibende Teil seiner Forderung in der ausländischen Währung festzustellen. Die Feststellung ist für die Haftung mitbelasteter Gegenstände, für die Verbindlichkeit des persönlichen Schuldners und für die Geltendmachung des Ausfalls im Insolvenzverfahren maßgebend.

Ausländische Währung bei Registerpfandrecht

Die Regelung entspricht inhaltlich dem für Grundpfandrechte in ausländischer Währung geltenden § 145a und dem für die Schiffshypothek in ausländischer Währung geltenden § 168c. Näher dazu daher die Erläuterungen zu § 145a.

§ 171f   Zwangsversteigerung von Schiffen und Schiffsbauwerken

[Miete und Pacht, Registerpfandrecht gegen Ersteher]

171f § 169 gilt für das Luftfahrzeug entsprechend.

1 Allgemeines zu § 171f

Die Vorschrift befaßt sich (durch Verweisung) mit der Vorausverfügung über Miete und Pacht und der Nichtzahlung des Bargebots.

2 Mieter und Pächter bei Luftfahrzeugen

§ 169 Abs 1 ist hier **entsprechend anzuwenden,** wobei statt des Schiffsrechtegesetzes natürlich das Luftfahrzeugrechtegesetz in Frage kommt. Auch hier gelten also die §§ 57–57b; jedoch ist statt der in § 57b erwähnten Vorschriften in BGB §§ 566b–d auch hier BGB § 578a anzuwenden. Dazu im einzelnen bei § 169 Rdn 2.

3 Nichtbezahlung des Bargebots bei Luftfahrzeugen

§ 169 Abs 2 ist **entsprechend anzuwenden,** wobei an Stelle der Schiffshypothek hier das Registerpfandrecht, an Stelle des Schiffsrechtegesetzes hier das Luftfahrzeugrechtegesetz steht. Bei Nichtzahlung des baren Meistgebots ist daher für die insoweit zu übertragende Forderung (§ 118) ein Registerpfandrecht einzutragen, das mit der Eintragung entsteht, selbst wenn der Ersteher inzwischen das Luftfahrzeug wieder veräußert hat. Dazu § 169 Rdn 3.

[Bewachung und Verwahrung des versteigerten Luftfahrzeugs]

171g (1) An die Stelle der nach § 94 Abs 1 zulässigen Verwaltung tritt die gerichtliche Bewachung und Verwahrung des versteigerten Luftfahrzeugs.
(2) Das Gericht hat die getroffenen Maßregeln aufzuheben, wenn der zu ihrer Fortsetzung erforderliche Geldbetrag nicht vorgeschossen wird.

1 Sicherungsmaßnahmen gegen Ersteher

1.1 Für die Zeit nach dem Zuschlag kann (wie bei den versteigerten Schiffen) die **gerichtliche Bewachung und Verwahrung** des Luftfahrzeuges angeordnet werden: Abs 1 (statt der nach § 94 bei Grundstücken vorgesehenen gerichtlichen Verwaltung). Dabei gilt alles, was bei den Schiffen hierzu gesagt ist (§ 170). Auch hier müssen (im Gegensatz zu § 161 Abs 3) die Maßregeln aufgehoben werden, wenn der zu ihrer Fortführung nötige Vorschuß nicht bezahlt wird: Abs 2.

1.2 Kosten des mitwirkenden Gerichtsvollziehers § 171c Rdn 4.

[Zwangsversteigerung ausländischer Luftfahrzeuge]

171h Auf die Zwangsversteigerung eines ausländischen Luftfahrzeugs sind die Vorschriften in §§ 171a bis 171g entsprechend anzuwenden, soweit sich nicht aus den §§ 171i bis 171n anderes ergibt.

1 Allgemeines zu § 171h

1.1 Für ausländische Luftfahrzeuge bringt das ZVG im Abschnitt über die Zwangsversteigerung von Luftfahrzeugen in den §§ 171h bis 171n eine Reihe Sondervorschriften. § 171h befaßt sich mit den anzuwendenden Vorschriften.

1.2 Ausländische Luftfahrzeuge sind alle, die nicht als Eigentum deutscher Staatsangehöriger in die Luftfahrzeugrolle bzw in das Register für Pfandrechte für

Veräußerung und Belastung ausländischer Luftfahrzeuge **§ 171k**

Luftfahrzeuge eingetragen (damit nicht inländische) sind (§ 171a). Sachenrechtliche Kollisionsnorm: EGBGB Art 45 Abs 1 Nr 1.

Besonderheiten für ausländische Luftfahrzeuge 2

2.1 Die Vorschriften für inländische Luftfahrzeuge (§§ 171a–171g) sind **entsprechend anzuwenden**, soweit sich nicht aus §§ 171i–171n etwas anderes ergibt (§ 171h). Unanwendbar sind alle Vorschriften, die sich auf die Eintragung in das Register gründen.

2.2 Anwendung finden also: § 171a (Verweisung auf das Recht der Schiffe und Grundstücke; dazu: § 171 Rdn 2); § 171b (zuständiges Gericht); § 171c Abs 2 und 3 (Bewachung und Verwahrung, sowie Treuhänder); § 171d Abs 2 (Bekanntmachung immer im Amtsblatt oder Internet); § 171f (Mieter und Pächter), ergänzt durch § 171n; § 171g (Bewachung und Verwahrung).

[Rangklasse 3 und 4 bei ausländischen Luftfahrzeugen]

171i (1) In der dritten Klasse (§ 10 Abs 1 Nr 3) werden nur befriedigt Gebühren, Zölle, Bußen und Geldstrafen auf Grund von Vorschriften über Luftfahrt, Zölle und Einwanderung.

(2) **In der vierten Klasse (§ 10 Abs 1 Nr 4) genießen Ansprüche auf Zinsen aus Rechten nach § 103 des Gesetzes über Rechte an Luftfahrzeugen vom 26. Februar 1959 (Bundesgesetzbl I S 57) das Vorrecht dieser Klasse wegen der laufenden und der aus den letzten drei Geschäftsjahren rückständigen Beträge.**

Besonderheiten für Rangklassen 3 und 4 1

1.1 Rangfolge für Sicherungsrechte an ausländischen Luftfahrzeugen: EGBGB Art 45 Abs 2 Satz 2 mit Art 43 Abs 1. Die normale Rangordnung des § 10 kann nicht angewendet werden (anders[1]: entsprechend anzuwenden). § 171i bietet eine Sonderregelung.

1.2 Hier fehlen die Rangklassen 1–3 des § 10. In der **Rangklasse 3** stehen hier auf Grund des verbindlichen Luftrechtsabkommens (§ 171a Rdn 1) Gebühren, Zölle, Bußen und Geldstrafen auf Grund von Vorschriften über Luftfahrt, Zölle und Einwanderung: Abs 1.

1.3 In der **Rangklasse 4** des § 10 haben gemäß dem Luftrechtsabkommen Zinsansprüche aus Rechten nach Luftrechtegesetz § 103 das Vorrecht dieser Rangklasse wegen der laufenden Beträge (§ 13 Abs 1) und wegen der aus den letzten drei Geschäftsjahren (des Flugzeugbetriebs) rückständigen Beträge (§ 10 kennt nur Rückstände für zwei Jahre und bezieht sich auf Beschlagnahmejahre). Ein in das amerikanische Luftfahrtregister eingetragenes Pfandrecht ("mortgage") an einem Privatflugzeug ist im Inland anzuerkennen und wie ein nach deutschem Recht bestelltes Registerpfandrecht zu behandeln[2].

[Veräußerung und Belastung ausländischer Luftfahrzeuge nach der Beschlagnahme]

171k Wird das Luftfahrzeug nach der Beschlagnahme veräußert oder mit einem Recht nach § 103 des Gesetzes über Rechte an Luftfahrzeugen belastet und ist die Veräußerung oder Belastung nach Artikel VI des Genfer Abkommens vom 19. Juni 1948 (Bundesgesetzbl 1959 II S 129) anzuerkennen, so ist die Verfügung dem Gläubiger gegen-

---

[1] Steiner/Hagemann § 171i Rdn 2.
[2] BGH MDR 1991, 1208 = NJW 1992, 362.

§ 171k Zwangsversteigerung von Schiffen und Schiffsbauwerken

über wirksam, es sei denn, daß der Schuldner im Zeitpunkt der Verfügung Kenntnis von der Beschlagnahme hatte.

1 Allgemeines zu § 171k

Die Vorschrift befaßt sich mit der Veräußerung und Belastung ausländischer Luftfahrzeuge nach der Beschlagnahme.

2 Gutgläubige Verfügungen bei ausländischen Luftfahrzeugen

2.1 Die Vorschrift nimmt Bezug einerseits auf das Luftverkehrsabkommen (§ 171 a Rdn 1), andererseits auf LuftfzRG § 103.

2.2 Eine **Verfügung des Schuldners** in Unkenntnis der Beschlagnahme ist dem betreibenden Gläubiger gegenüber wirksam, wenn das Luftfahrzeug veräußert oder mit einem bestimmten Recht belastet wird, falls dieser Vorgang nach dem Luftrechtsabkommen anzuerkennen ist.

2.3 Bei den **bestimmten Rechten** nach LuftfzRG § 103 handelt es sich um:
a) das Recht des Besitzers des Luftfahrzeugs, Eigentum durch Kauf zu erwerben,
b) das Recht zum Besitz des Luftfahrzeugs auf Grund eines für sechs Monate oder mehr geschlossenen Mietvertrags, c) ein besitzloses Pfandrecht, eine Hypothek oder ein ähnliches Recht, das vertraglich zur Sicherung einer Forderung bestellt ist. Die Rechte a) und b) gewähren dem Käufer ein dinglich gesichertes Recht auf Eigentumsübertragung und dem Mieter ein dinglich gesichertes Recht auf Gebrauchsüberlassung; beides dem deutschen Recht fremd.

2.4 Läßt das **Heimatrecht** des Luftfahrzeugs eine Verfügung über das beschlagnahmte Luftfahrzeug zu, so ist diese Verfügung nach dem Luftrechtsabkommen anzuerkennen, außer wenn nachgewiesen wird, daß der Schuldner in Kenntnis des Verfahrens gehandelt hat. Nach dem jeweils maßgebenden nationalen Recht kann auch noch die Kenntnis oder Unkenntnis des Erwerbers bedeutsam sein.

[Benachrichtigung der ausländischen Registerbehörde und Beteiligten, öffentliche Bekanntmachung im Ausland]

171l (1) Das Vollstreckungsgericht teilt die Anordnung der Zwangsversteigerung tunlichst durch Luftpost der Behörde mit, die das Register führt, in dem die Rechte an dem Luftfahrzeug eingetragen sind.

(2) Der Zeitraum zwischen der Anberaumung des Termins und dem Termin muß mindestens sechs Wochen betragen. Die Zustellung der Terminsbestimmung an Beteiligte, die im Ausland wohnen, wird durch Aufgabe zur Post bewirkt. Die Postsendung muß mit der Bezeichnung „Einschreiben" versehen werden. Sie soll tunlichst durch Luftpost befördert werden. Der betreffende Gläubiger hat die bevorstehende Versteigerung mindestens einen Monat vor dem Termin an dem Ort, an dem das Luftfahrzeug eingetragen ist, nach den dort geltenden Bestimmungen öffentlich bekanntzumachen.

1 Allgemeines zu § 171l

Die Vorschrift regelt Bekanntmachung und Benachrichtigung über Versteigerungstermine für ausländische Luftfahrzeuge, sowie Fristen.

2 Bekanntmachungen, Nachrichten und Fristen

2.1 Außer den allgemein vorgeschriebenen Bekanntmachungen wie bei Grundstücken und Schiffen sind hier **Besonderheiten für** den **Anordnungsbeschluß** (nicht für Beitrittsbeschlüsse) geboten. Damit das ausländische Register für Luft-

Beschwerde gegen Zuschlag ausländischer Luftfahrzeuge 2.2 § 171m

fahrzeuge nach den dort geltenden Vorschriften rasch gesperrt werden kann, ist die ausländische Registerbehörde von der Anordnung der Zwangsversteigerung eines Luftfahrzeugs umgehend zu benachrichtigen, tunlichst durch Luftpost: Abs 1. Dieser unmittelbare Briefverkehr vermeidet den sonst für Auslandsmitteilungen vorgeschriebenen Weg über den Rechts- und Rechtshilfeverkehr mit dem Ausland. Der abgekürzte Weg ist durch das Luftrechtsabkommen (§ 171a Rdn 1) ausdrücklich zugelassen.

2.2 Die Versteigerungs-**Terminsbestimmung** wird an im Ausland wohnende Beteiligte durch Aufgabe zur Post per Einschreiben (also wie in § 4) zugestellt, auch tunlichst mit Luftpost: Abs 2 Sätze 2–4.

2.3 Zusätzlich nötig (zwingend) ist eine öffentliche **Terminsbekanntmachung** durch den betreibenden Gläubiger des Zwangsversteigerungsverfahrens (nicht durch das Gericht) an dem Ort, an dem das zu versteigernde Luftfahrzeug im Ausland registriert ist, und zwar nach den dort geltenden ausländischen Bestimmungen und mindestens einen vollen Monat vor dem Versteigerungstermin: Abs 2 Satz 5.

2.4 Zwischen der Anberaumung des Versteigerungstermins durch das deutsche Vollstreckungsgericht und dem Termin müssen **mindestens sechs Wochen** liegen: Abs 2 Satz 1; hier muß außerdem aber die Frist, wie Rdn 2.3 behandelt, eingehalten sein. Das Gericht darf darum nicht zu knapp ansetzen, damit der betreibende Gläubiger seine Verpflichtung fristgerecht erfüllen kann.

[Beschwerde gegen Zuschlag ausländischer Luftfahrzeuge]

171m Die Beschwerde gegen die Erteilung des Zuschlags ist binnen sechs Monaten einzulegen. Sie kann auf die Gründe des § 100 nur binnen einer Notfrist von zwei Wochen, danach nur noch darauf gestützt werden, daß die Vorschriften des § 171l Abs 2 verletzt sind.

Allgemeines zu § 171m 1

Die Vorschrift befaßt sich mit Frist und Gründen bei Beschwerden gegen den Zuschlag ausländischer Luftfahrzeuge.

Zuschlagsanfechtung bei ausländischen Luftfahrzeugen 2

2.1 § 171m berücksichtigt eine entsprechende Vorschrift im Luftverkehrsabkommen (§ 171a Rdn 1).

2.2 Ein Zuschlagsbeschluß kann **normal** nur binnen der Notfrist von **zwei Wochen** angefochten werden, und zwar mit sofortiger Beschwerde (§ 96, ZPO § 569, RPflG § 11), Fristbeginn nach § 98. Begründet werden kann die Anfechtung nur nach § 100. Die Frist von zwei Wochen ist eine Notfrist, gegen deren Versäumung die Wiedereinsetzung möglich ist. Wegen der Besonderheiten bei ausländischen Luftfahrzeugen kann hier die Anfechtung der Zuschlagserteilung **ausnahmsweise** auch noch binnen **sechs Monaten** erfolgen (Fristbeginn auch nach § 98), aber nur mit der Begründung, daß die Fristen-, Zustellungs- und Bekanntmachungsvorschriften des § 171l Abs 2 (dazu § 171l Rdn 2) verletzt seien. Sätze 1 und 2. Diese Frist von sechs Monaten ist keine Notfrist, gegen Versäumung ist keine Wiedereinsetzung möglich. Diese zusätzliche Anfechtung kann also nur erfolgen, wenn der Zeitraum zwischen Terminsansetzung und Termin nicht mindestens sechs Wochen betragen hat (§ 171l Abs 2 Satz 1) oder wenn die Zustellung an im Ausland wohnhafte Beteiligte nicht durch Aufgabe zur Post per Einschreiben erfolgt ist (§ 171l Abs 2 Sätze 2–3) oder wenn der betreibende Gläubiger nicht den Versteigerungstermin nach den im Ausland (Ort, wo das Luftfahrzeug registriert ist) geltenden Vorschriften mindestens einen Monat vor dem Termin öffentlich bekanntgemacht hat (§ 171l Abs 2 Satz 5).

§ 171n [Wertersatz für Mietrecht an ausländischem Luftfahrzeug]

171n Erlischt durch den Zuschlag das Recht zum Besitz eines Luftfahrzeugs auf Grund eines für einen Zeitraum von sechs oder mehr Monaten abgeschlossenen Mietvertrages, so gelten die Vorschriften über den Ersatz für einen Nießbrauch entsprechend.

1 Mietverträge bei ausländischen Luftfahrzeugen

1.1 Die Vorschrift bestimmt einen Wertersatz für gewisse durch die Versteigerung eines ausländischen Luftfahrzeugs erlöschende Mietrechte.

1.2 Zuschlagserteilung kann bewirken, daß das Besitzrecht eines Mieters an einem ausländischen Luftfahrzeug erlischt. Wenn er einen Mietvertrag über sechs oder mehr Monate geschlossen hatte, der ihn zum Besitz berechtigte, ist er für den Verlust wie ein Nießbraucher zu entschädigen: § 171n. Das bedeutet, daß hier der Wertersatz nach § 92 Abs 2 in Frage kommt (Geldrente für jeweils drei Monate aus dem Jahreswert des kapitalisierten Rechts, § 92 Abs 2, § 121 Abs 1) (§ 92 Rdn 4, § 121 Rdn 2). Für sonstige Verluste gilt § 92 Abs 1 (§ 92 Rdn 2, 3).

Dritter Abschnitt. Zwangsversteigerung und Zwangsverwaltung in besonderen Fällen

[Versteigerung und Verwaltung auf Insolvenzverwalterantrag]

172 Wird die Zwangsversteigerung oder die Zwangsverwaltung von dem Insolvenzverwalter beantragt, so finden die Vorschriften des ersten und zweiten Abschnitts entsprechende Anwendung, soweit sich nicht aus den §§ 173, 174 ein anderes ergibt.

Übersicht

Allgemeine Übersicht zu §§ 172–185 1	Anzuwendende Vorschriften (Einzelheiten) 5
Allgemeines zu § 172 2	Eigenverwaltung 6
Antrag des Insolvenzverwalters, Verfahren 3	Insolvenzverwalterversteigerung und Vollstreckungsversteigerung 7
Anzuwendende Vorschriften (allgemein) 4	Zwangsverwaltung 8

1 Allgemeine Übersicht zu §§ 172–185

1.1 In seinem letzten (dritten) Abschnitt (§§ 172–185) regelt das ZVG die Zwangsversteigerung und Zwangsverwaltung in solchen Fällen, in denen bundesrechtlich die Versteigerung oder die Verwaltung eines Grundstücks (desgleichen eines grundstücksgleichen Rechtes, Schiffs, Schiffsbauwerks oder Luftfahrzeugs) im Wege des **rechtlichen Zwanges** zugelassen ist, ohne daß eine Zwangsvollstreckung (wegen einer Geldforderung) in Frage steht (Denkschrift S 66). Es handelt sich um drei verschiedene Verfahren: die Insolvenzverwalter-Zwangsversteigerung und -Zwangsverwaltung (§§ 172–174), die Nachlaß-Zwangsversteigerung (§§ 175–179) und die Teilungsversteigerung (§§ 180–185).

1.2 Die Vorschriften der beiden ersten Abschnitte des ZVG (§§ 1–161 und §§ 162 ff) kommen auch in diesen Verfahren grundsätzlich zur Anwendung (Denkschrift S 66). Abweichungen in der Verfahrensgestaltung sind daher selbständig nur vorgesehen, soweit der besondere Zweck, dem in diesen Fällen die Anwendung des rechtlichen Zwangs dient, sie jeweils erforderlich macht (Denkschrift S 66).

1.3 a) Geregelt sind auch die Zwangsversteigerungen in den Verfahrensarten der besonderen Fälle und die Zwangsverwaltung auf Insolvenzverwalterantrag im ZVG **nach ZPO § 869** als Teil ihres 8. Buchs über „**Zwangsvollstreckung**" (Einl Rdn 19). Zwangsvollstreckungs**verfahren** als Verfahren zur Rechtsverwirklichung sind die Zwangsversteigerung und Zwangsverwaltung in diesen besonderen Fällen auch ihrem Wesen nach[1]. In den als Zwangsvollstreckung geregelten Rechtsschutzverfahren wird mit staatlichem Zwang auf Insolvenzverwalterantrag sein Verfügungs- und Verwaltungsrecht verwirklicht (§§ 172–175; so auch[2]) oder dem Erben auf Antrag Kenntnis vom Schuldenstand und damit eine Grundlage für seine Entschließung verschafft, ob er seine beschränkte Haftung geltend machen will (§§ 175–179). Den mit Rechten am Grundstück Beteiligten (§ 10 Abs 1 Nr 4) kann der Verfahrenszwang in diesen Fällen mit abweichender Feststellung des geringsten Gebots Erlöschen und (vollen) Ausfall ihrer Rechte am Grundstück bringen[3] (§§ 174, 174a, 176). Bei Zwangsversteigerung zur Aufhebung einer Gemeinschaft (§§ 180–185) wird der schuldrechtliche Anspruch auf Auseinandersetzung (zu diesem § 180 Rdn 2) mit rechtlichem Zwang durchgesetzt[4]. Zwangsvollstreckung regelt nicht nur das Verfahren zur Geldvollstreckung; Verfahrensregelung und Verfahrensgestaltung als Zwangsvollstreckung schließt alle Verfahren zur Rechtsverwirklichung (= Durchsetzung eines materiellen Anspruchs mit staatlichem Zwang) ein.

b) Mitversteigerung von Zubehörstücken im „Eigentümer"-Besitz (§ 55 Abs 2) bewirkt auch in den Zwangsversteigerungsverfahren nach §§ 172–185 – gleichermaßen wie Versteigerung eines nicht dem Schuldner des Insolvenzverfahrens, § 172, nicht zum Nachlaß, § 175, oder nicht den Gemeinschaftern, § 180, sondern einem Dritten gehörenden Grundstücks (siehe § 28 Rdn 4) – mit Eigentumserwerb des Erstehers **Eigentumsverlust des Dritten**. Solcher Eingriff in das durch GrundG Art 14 Abs 1 Satz 1 geschützte Fremdeigentum rechtfertigt überhaupt nur das Zwangsvollstreckungsrecht als Verfahrensrecht zur Durchsetzung eines materiellen Anspruchs mit staatlichem Zwang. Gegenüber Dritten als Zubehöreigentümer wie überhaupt gegenüber dem infolge Grundbuchunrichtigkeit nicht grundbuchersichtlichen (wirklichen) Eigentümer des Grundstücks handelt der Staat auch in den Zwangsversteigerungsverfahren nach §§ 172–185 als Inhaber des Zwangsmonopols durch das Vollstreckungsgericht hoheitlich. Dritte haben daher auch Rechtsschutz gegen die aus materiellen Gründen unzulässige Ausdehnung des Vollstreckungshandelns mit Widerspruchsklage nach ZPO § 771 (ZVG § 37 Nr 5), somit auf dem Klageweg zu suchen, der für Rechtsschutz gegen unberechtigte Vollstreckungsmaßnahmen eröffnet ist.

c) Abweichendes läßt sich nicht deshalb annehmen, weil (nur) für die Abgrenzung eines Vorkaufsfalls nach BGB § 471 [= § 512 aF] die Veräußerung „im Wege der Zwangsversteigerung zum Zwecke der Aufhebung einer Gemeinschaft gemäß ZVG § 180" dem „Erwerb nach der einhelligen Ansicht im Schrifttum einem freihändigen Kauf gleich" ist (so[5]). Diese schon nach den Motiven zum BGB[6] auf dem Gebiet des Schuldrechts für den engen Bereich des obligatorischen Vorkaufsrechts sowie (infolge Verweisung in BGB § 1098 Abs 1 Satz 1 auf § 471) für das dingliche Vorkaufsrecht gebotene Beschränkung des Vorkaufsfalls bietet keine Handhabe für Bewertung des Vollstreckungsverfahrensrechts. **Zwangsvollstreckung als Verfahren zur Rechtsverwirklichung** unterscheidet nicht zwischen Geldvollstreckung als „echter" Zwangsvollstreckung

---

[1] Stöber MDR 1989, 12 (III); so auch Muth ZIP 1999, 945 (III 1).
[2] LG Krefeld NJW-RR 1992, 1535 = ZIP 1992, 1407.
[3] Stöber MDR 1989, 12 (III).
[4] Stöber Rpfleger 1960, 238 (II).
[5] BGH 13, 133 = DNotZ 1954, 385 = NJW 1954, 1035.
[6] Motive zum BGB, Band II, S 350.

§ 172 1.3   Zwangsversteigerung auf Antrag des Insolvenzverwalters

und anderen Maßnahmen rechtlichen Zwangs durch ein staatliches Vollstrekkungsorgan nach Vollstreckungsverfahrensrecht. Verfehlt ist daher die Annahme, es handle sich bei Zwangsversteigerung und Zwangsverwaltung in den besonderen Fällen des dritten Abschnitts des ZVG (oder auch nur bei der Teilungsversteigerung) um keine[7] oder doch keine echte[8] (um unechte[9]) oder jedenfalls um keine „eigentliche"[10] Zwangsvollstreckung oder auch, die Versteigerung sei „kein Akt der Zwangsvollstreckung", aber „in den Formen der Vollstreckungsversteigerung durchzuführen"[11] sowie, das Verfahren nach § 172 stehe dem Vollstreckungsversteigerungsverfahren nahe[12] (zum Begriffswirrwarr siehe den Hinweis bei[13]).

d) Unbedachte Abgrenzung der Verfahren zur Zwangsversteigerung in den besonderen Fällen des 3. Abschnitts des ZVG (§§ 172–185) von Grundstücksveräußerung im Wege der Zwangsvollstreckung verkennt zudem Bedeutung (dazu § 79 Rdn 3) und Wirkungen des Zuschlags als konstitutiv wirkender Staatshoheitsakt und übersieht noch dazu, daß Bestimmungen des materiellen Rechts Grundstücksveräußerung auch bei solcher Zwangsversteigerung stets als „Verfügung **im Wege der Zwangsvollstreckung**" behandeln. Sie tragen damit der Selbstverständlichkeit Rechnung, daß insbesondere bei Zwangsversteigerung zur Aufhebung einer Gemeinschaft (§§ 180–185) nicht vertragliche und damit einvernehmliche Veräußerung erfolgt, sondern gerade die Unstimmigkeit der Miteigentümer zur unfreiwilligen Veräußerung in dem staatlichen Zwangsverfahren mit Ungewißheit über den Erwerber führt[14]. Weil in keinem Fall durch den oder die Miteigentümer rechtsgeschäftlich (so auch[15]; hierfür BGB § 883 Abs 2 Satz 1), sondern immer durch das Vollstreckungsgericht „im Wege der Zwangsvollstreckung" verfügt wird, gewährleistet daher BGB § 883 Abs 2 **Satz 2** Schutz eines durch Vormerkung gesicherten Anspruchs (zur „vorrangigen" Auflassungsvormerkung zB § 28 Rdn 4.8) vor Rechtsverlust mit Zuschlag in der Insolvenzverwalter-, Nachlaß- und Teilungsversteigerung ebenso wie in der Forderungsversteigerung. Befriedigung des Gläubigers einer durch Zuschlag bei Insolvenzverwalter-, Nachlaß- oder Teilungsversteigerung erloschenen Gesamthypothek aus dem Erlös hat daher ebenso wie bei Forderungsversteigerung zur Folge, daß auch die (nicht versteigerten) mitbelasteten Grundstücke frei werden, weil in allen Fällen die „Befriedigung des Gläubigers ... im Wege der Zwangsvollstreckung" erfolgt (BGB § 1181 Abs 2 mit § 1147). Ebenso bewirkt Berücksichtigung von Tilgungsleistungen einer Annuitätenhypothek im geringsten Gebot als bar zu zahlende Leistung (§ 49 Rdn 6) und Barzahlung bei Erlösverteilung in allen Versteigerungsverfahren gleichermaßen, daß in Höhe dieser Beträge das Recht nach BGB § 1181 Abs 1 durch Befriedigung des Gläubigers aus dem Grundstück „im Wege der Zwangsvollstreckung" (BGB § 1147) erlischt. Für materiellrechtliche Zuschlagswirkungen ist es damit ebenso wie für Verfahrensgestaltung (dazu[16]) gleichgültig, ob es sich um eine Versteigerung im Wege der Forderungsvollstreckung oder um ein Ver-

---

[7] Steiner/Eickmann § 172 Rdn 1 mit Fußn 2; Mohrbutter, Handbuch des Vollstreckungsrechts, Einleitung vor § 61; Mohrbutter KTS 1961, 103 (I); OLG Karlsruhe KTS 1984, 159 = OLGZ 1983, 333; BFH BB 1960, 1127 = Betrieb 1960, 1202 = BStBl 1960 III 426.
[8] OLG Celle NdsRpfl 1958, 90; LG Berlin MDR 1959, 47; Dassler/Schiffhauer Vorbem vor § 172; Mohrbutter/Drischler Einführung vor Muster 176.
[9] Drischler JurBüro 1964, 471 (II) und 1981, 1441 (I 2).
[10] Schiffhauer ZIP 1982, 526 (II).
[11] Steiner/Teufel § 180 Rdn 6, 7.
[12] Worm KTS 1961, 119.
[13] Stöber MDR 1989, 12 (I Fußn 6).
[14] OLG Celle NJW 1962, 1869.
[15] LG Berlin MDR 1989, 466 = NJW-RR 1989, 1151.
[16] BVerfG 51, 150 (156) = KTS 1979, 275 = Rpfleger 1979, 296.

fahren zur Zwangsversteigerung in besonderen Fällen des 3. Abschnitts des ZVG (§§ 172–185) handelt. Die Versteigerung ist in allen Fällen **Zwangsvollstreckungsverfahren** (so auch[17]).

Allgemeines zu § 172

Literatur: Drischler, Das Grundstück im Konkurs, RpflJahrbuch 1985, 331; Muth, Die Zwangsversteigerung auf Antrag des Insolvenzverwalters, ZIP 1999, 945; Rellermeyer, Anordnung der Zwangsversteigerung „in besonderen Fällen" bei Auslandsberührung, Rpfleger 1997, 509; Vallender, Zwangsversteigerung und Zwangsverwaltung im Lichte des neuen Insolvenzrechts, Rpfleger 1997, 353.

Zweck der Vorschrift: Regelung des Verfahrens in der Weise, daß auch auf Antrag des Insolvenzverwalters die Gegenstände der Immobiliarvollstreckung in der Form der Vollstreckung (§§ 1–171 n) zwangsversteigert und zwangsverwaltet werden und daß Abweichungen bestimmt sind in § 173 (Beschlagnahmewirkung) und §§ 174, 174 a (geringstes Gebot und Doppelausgebot).

Antrag des Insolvenzverwalters, Verfahren

3.1 a) Der Insolvenzverwalter hat das zur Insolvenzmasse gehörenden Vermögen des Schuldners des Insolvenzverfahrens zu verwalten und **zu verwerten:** InsO § 148 Abs 1, § 159. Er kann daher die Zwangsverwaltung beantragen; Verwertung der unbeweglichen Gegenstände kann durch Freiverkauf oder durch Zwangsversteigerung erfolgen: InsO § 165, ZVG § 172. Welche Art der Verwertung der Verwalter wählt, steht in seinem pflichtgemäßen Ermessen.

b) Im **vereinfachten Insolvenzverfahren** (InsO §§ 311–314) ist der **Treuhänder,** von dem die Aufgaben des Insolvenzverwalters wahrgenommen werden (InsO § 313 Abs 1), nicht zur Verwertung von Gegenständen der Immobiliarvollstreckung berechtigt, an denen ein Absonderungsrecht besteht (InsO § 313 Abs 3 Satz 1; zum Absonderungsrecht InsO § 49; § 15 Rdn 23.4). Das Verwertungsrecht steht für abgesonderte Befriedigung dem Gläubiger zu (InsO § 313 Abs 3 Satz 2). Es ist damit die Grundstücksverwertung dem Gläubiger aufgetragen; diese Aufgabenverlagerung beschränkt den Aufgabenbereich des Treuhänders. Der Gläubiger kann zur abgesonderten Verwertung die Vollstreckungs-Zwangsversteigerung betreiben (InsO § 49; § 15 Rdn 23.4); zur freihändigen Veräußerung des Grundstücks ist er nicht berechtigt[18]. Das Insolvenzgericht kann dem Gläubiger eine Frist bestimmen, innerhalb welcher er das Grundstück (andere Objekt) zu verwerten hat (InsO § 173 Abs 2 Satz 1 mit § 313 Abs 3 Satz 3). Die Frist kann bei erheblichem Grund verlängert (sie könnte ebenso abgekürzt) werden (ZPO § 224 Abs 2). Nach (fruchtlosem) Ablauf dieser Frist, wenn sonach der gesicherte Gläubiger kein Interesse an der Verwertung bewiesen hat, ist der Treuhänder zur Verwertung berechtigt (InsO § 173 Abs 2 Satz 2 mit § 313 Abs 3 Satz 3). Für Wahrung der Frist muß genügen, daß der Gläubiger (rechtzeitig) Versteigerungsantrag stellt. Die Frist kann jedoch nicht als gewahrt gelten, wenn dem Antrag nicht stattgegeben oder das Verfahren aufgehoben wird. Einstellung des Verfahrens auf Bewilligung des Gläubigers (§ 30) hat auf die Fristwahrung keine Auswirkung; Verfahrensstillstand durch Einstellung ist nach § 30 Abs 1 Satz 3, § 31, zeitlich begrenzt. Übergang des Verwertungsrechts auf den Treuhänder bei Fristablauf schließt das Recht des Gläubigers zur abgesonderten Befriedigung nicht aus; zum Zusammentreffen von Vollstreckungs- und Insolvenzverwalterversteigerung Rdn 7. Nicht beschränkt ist der Aufgabenbereich des Treuhänders, wenn kein absonderungsbe-

---

[17] AG Göttingen NdsRpfl 1995, 41.
[18] Vallender NZI 2001, 561 (565); Marotzke KTS 2001, 67 (72); anders (nicht zutreffend) LG Hamburg MittRhNotK 2000, 31 mit abl Anm Vallender = NZI 1999, 504 = Rpfleger 2000, 37 mit abl Anm Alff.

rechtigter Gläubiger vorhanden ist; dann hat der Treuhänder zu verwerten, er kann dann auch (sogleich) die Zwangsversteigerung beantragen. Die Zwangsverwaltung kann der Treuhänder stets auch beantragen, wenn ein Absonderungsrecht besteht (InsO § 65).

c) Zur **Insolvenzmasse gehören** als Gegenstände eines Verfahrens nach § 172 alle Grundstücke, grundstücksgleichen Rechte (alle, nicht nur das Erbbaurecht), Schiffe und Schiffsbauwerke (beide aber ohne Zwangsverwaltung) sowie auch Luftfahrzeuge (keine Zwangsverwaltung) des Schuldners des Insolvenzverfahrens (InsO § 35), soweit diese nicht der Insolvenzverwalter aus der Insolvenzmasse freigibt. Auch Bruchteile von Grundstücken (anderen Objekten) unterliegen dem Verfahren nach § 172, nicht jedoch Schiffsparten (deren Versteigerung sich nach Mobiliarrecht richtet).

d) Die **Zwangsversteigerung** hat für den Insolvenzverwalter gewisse **Vorteile:** Die beim Freiverkauf bestehenden Gewährleistungsansprüche sind ausgeschlossen (§ 56); Vorkaufsrechte können nicht ausgeübt werden (§ 81 Rdn 10); mit Sonderfeststellung des geringsten Gebots nach § 174a läßt sich auch ein hoch belastetes Grundstück verwerten; Schadensersatzansprüche gegen den Insolvenzverwalter wegen zu niedrigen Erlöses sind nicht möglich[19]. In der Regel bringt die Versteigerung auch einen höheren Erlös.

e) Auch wenn schon ein Verfahren nach § 172 anhängig ist, **kann** der Insolvenzverwalter immer **noch** freihändig **veräußern;** ebenso kann er das Objekt noch belasten; beides kann er nur bis unmittelbar vor Zuschlagsverkündung, wobei er den Verfahrensantrag zurücknehmen muß.

3.2 In einem Verfahren nach § 172 nimmt der Insolvenzverwalter gleichzeitig die Stellung des **betreibenden Gläubigers und** des **Vollstreckungsschuldners** ein[20]. Er wird verfahrensrechtlich als „betreibender Gläubiger" behandelt. Seine Tätigkeit ist mehrseitig, sein Handeln ist neutral, bezogen auf das ihm anvertraute Objekt[21].

3.3 Der **Schuldner** des Insolvenzverfahrens ist in den Verfahren nach § 172 nicht Beteiligter (Ausnahme bei Eigenverwaltung); Zustellungen müssen nicht an ihn, sondern an den Insolvenzverwalter erfolgen. Rechtsbehelfe kann nicht er, sondern nur der Insolvenzverwalter einlegen[22], Verfassungsbeschwerde kann er nicht erheben (§ 9 Rdn 3.15). Es empfiehlt sich allerdings, Zustellungen vorsorglich auch an den Schuldner des Insolvenzverfahrens ergehen zu lassen (mit Zusatz „Zustellung trotz des Insolvenzverfahrens")[23]. Während des Insolvenzverfahrens aber und solange das Objekt nicht freigegeben ist, werden alle Rechte des Eigentümers nur vom Insolvenzverwalter wahrgenommen (InsO § 80 Abs 1).

3.4 Das Verfahren nach § 172 ist nicht mehr möglich, sobald der Insolvenzverwalter das Objekt aus der Insolvenzmasse freigegeben hat. Die **Freigabe** erfolgt durch eine an den Schuldner des Insolvenzverfahrens gerichtete empfangsbedürftige, unwiderrufliche Willenserklärung. Nach Freigabe hat das Vollstreckungsgericht ein laufendes Verfahren nach § 172 nicht von Amts wegen gemäß § 28 aufzuheben; es muß vielmehr hier der Schuldner des Insolvenzverfahrens (falls der Insolvenzverwalter nicht von sich aus den Verfahrensantrag zurücknimmt, wozu ihn das Vollstreckungsgericht anregen kann) nach ZVG § 37 Nr 5, ZPO § 771 geltend machen, daß das Objekt nicht mehr zur Insolvenzmasse gehöre.

---

[19] Mohrbutter, Handbuch des Vollstreckungsrechts, § 61 (I); Worm KTS 1961, 119.
[20] Mohrbutter JurBüro 1956, 355 (3) und KTS 1958, 81.
[21] Mohrbutter, Handbuch des Vollstreckungsrechts, § 61 (II).
[22] Jaeckel/Güthe § 172 Rdn 2; Mohrbutter KTS 1961, 103 (II) und aaO (Fußn 21); Muth ZIP 1999, 945 (III 2).
[23] Mohrbutter KTS 1958, 81.

Versteigerung und Verwaltung auf Verwalterantrag   5.2 § 172

Anzuwendende Vorschriften (allgemein) 4

4.1 Die Vorschriften des ersten und zweiten Abschnitts des ZVG (§§ 1–171 n) sind **entsprechend anzuwenden,** soweit nicht §§ 173, 174 oder § 174 a etwas anderes bestimmen. Auch die Vorschriften der ZPO über die Immobiliarvollstreckung gelten entsprechend.

4.2 Entsprechend **gelten also:** ZPO § 864 Abs 2, §§ 865, 866 Abs 2, §§ 870, 870 a Abs 1; ZVG §§ 1–12; § 13 ergänzt durch § 173; §§ 14–19 (dabei § 16 mit Besonderheiten), 28–30 (dabei § 28 mit Einschränkungen), 31–36; § 37 ergänzt; §§ 38–43; §§ 44–52 ergänzt durch § 174 und § 174 a; §§ 53–54; § 55 ergänzt durch § 173; §§ 56–74 b, 77–146, 149, 150, 152–161 Abs 1 und 3.

4.3 Über die Frage, ob der Insolvenzverwalter **Versagungsantrag** nach § 74 a stellen kann: § 74 a Rdn 3.

4.4 Hierzu auch an verschiedenen Kommentarstellen und im Sachverzeichnis.

Anzuwendende Vorschriften (Einzelheiten) 5

5.1 Antrag und **Beschluß:** a) Für das Verfahren nach § 172 benötigt der Insolvenzverwalter **keinen Vollstreckungstitel,** auch nicht den Insolvenzverfahren-Eröffnungsbeschluß, aber zum Nachweis des Antragsrechts seine Bestallung[24]. Die Zustimmung des Gläubigerausschusses (oder der Gläubigerversammlung) erfordert der Versteigerungsantrag nicht (siehe InsO § 160 Abs 2 Nr 1). Der Treuhänder im vereinfachten Insolvenzverfahren hat die weiteren besonderen Voraussetzungen seines Verwertungsrechts (Rdn 3.1 zu b) nachzuweisen.

b) Nötig ist, daß das Objekt als **zur Insolvenzmasse gehörend** nachgewiesen wird. Zum Nachweis genügt der Insolvenzvermerk im Grundbuch oder Register[25]. Der Insolvenzverwalter darf aber das Objekt nicht aus der Masse freigegeben haben (s § 15 Rdn 23.15; in diesem Falle würde nicht genügen, daß der Insolvenzvermerk noch eingetragen ist). Die Freigabe des Objekts vor Verfahrensanordnung (sonst Rdn 3.4) kann der Eigentümer im Erinnerungswege durch Vorlage der Freigabeerklärung des Insolvenzverwalters nachweisen, worauf wieder aufgehoben werden muß.

c) Nötig ist, daß der **Schuldner** des **Insolvenzverfahrens** als Grundstückseigentümer **eingetragen** oder Erbe des Eingetragenen ist (§ 17 Abs 1)[26]. Die Eintragung eines Dritten genügt nur dann, wenn der Insolvenzverwalter die Übertragung an diesen Dritten erfolgreich angefochten hat, gegen den Dritten also einen Titel auf Duldung der Zwangsvollstreckung in das Objekt hat; in diesem Falle muß der Schuldner des Insolvenzverfahrens nicht vorher wieder eingetragen werden[27].

d) Der Anordnungsbeschluß ist an den **Insolvenzverwalter zuzustellen.** Ratsam ist außerdem Zustellung an den Schuldner des Insolvenzverfahrens; dazu Rdn 3.3.

e) Beschlagnahmewirkung des Anordnungsbeschlusses: § 173. Der Anordnungsbeschluß hat diese nur eingeschränkte Beschlagnahme ersehen zu lassen.

f) Zum Anordnungsbeschluß im ZVG-Handbuch: Muster für Anordnungsbeschluß Rdn 680, Ausführungen dazu Rdn 681.

5.2 **Beendet wird das Verfahren** nach § 172 durch Rücknahme des Antrags (§ 29), durch Nichteinhaltung der Fortsetzungsfrist (§ 31), durch Aufhebung des

---

[24] Mohrbutter KTS 1958, 81; Worm KTS 1961, 119.
[25] Worm KTS 1961, 119.
[26] Mohrbutter und Worm je aaO (Fußn 24).
[27] RG 56, 142 (143); Steiner/Eickmann § 172 Rdn 14; Mohrbutter und Worm je aaO (Fußn 24).

§ 172 5.2 Zwangsversteigerung auf Antrag des Insolvenzverwalters

Insolvenzverfahrens, durch freihändige Veräußerung des Objekts seitens des Insolvenzverwalters oder durch Freigabe des Objekts aus der Insolvenzmasse[28] (dazu Rdn 5.1), wobei in diesen drei Fällen der Insolvenzverwalter seinen Antrag zurücknehmen muß.

5.3 Eigentümergrundpfandrecht: Betreibt der Insolvenzverwalter aus ihm, handelt es sich um eine Vollstreckungsversteigerung, nicht um ein Verfahren aus § 172. Bei § 172 betreibt der Insolvenzverwalter, auch wenn ein Eigentümergrundpfandrecht vorhanden ist, nicht aus diesem[29]. Dazu § 15 Rdn 11.3.

5.4 Einstellung: a) Der Insolvenzverwalter kann als Antragsteller die einstweilige **Einstellung** seines Verfahrens nach § 30 **bewilligen,** ist dann nach § 31 zu belehren und muß nach § 31 fortsetzen.

b) §§ 30a–c, d–f sind nicht anwendbar, weil der Insolvenzverwalter das Verfahren betreibt und **nicht** gegen sich selbst einen **Einstellungsantrag** stellen kann[30].

c) Der **Schuldner des Insolvenzverfahrens** selbst kann keinen Einstellungsantrag stellen[31], auch nicht aus ZPO § 765a[32]. Dazu Einl Rdn 52.4.

5.5 Auch auf ein **Erbbaurecht** kann sich das Verfahren aus § 172 beziehen. Die Beschränkungen aus ErbbauVO § 5 gelten auch hier[33]. Auch hier muß also, wo dies nötig ist, die Zustimmung des Grundstückseigentümers zum Zuschlag vorliegen[34] und es kann die verweigerte Zustimmung auch hier ersetzt werden, und zwar auf Antrag des Insolvenzverwalters[35].

5.6 Ein **Gebot** kann in der Insolvenzverwalterversteigerung auch der Schuldner des Insolvenzverfahrens abgeben[36] (Zuschlag bewirkt aber Erwerb zur Insolvenzmasse, InsO § 35). Auch der Insolvenzverwalter kann dies, und zwar persönlich oder auch für die Insolvenzmasse, hier ohne Nachweis der Zustimmung der Gläubigerversammlung. Über die Sicherheitsleistung hierbei Rdn 5.12. Wo nicht geboten wird, ist § 77 anzuwenden[37].

5.7 Grundbuchvermerk: Ein Zwangsversteigerungs- oder Zwangsverwaltungsvermerk muß auch hier eingetragen werden (§ 19). Läuft gleichzeitig eine Vollstreckungsversteigerung oder ein Verfahren nach § 175 oder § 180, so wird für jedes ein gesonderter Vermerk eingetragen. Zweckmäßig erfolgt bei § 172 der Zusatz „auf Antrag des Insolvenzverwalters", da sich das Verfahren von den anderen unterscheidet und als solches aus dem Grundbuchvermerk ersichtlich sein soll.

5.8 Kosten: Sie sind normal wie für jede Zwangsversteigerung oder Zwangsverwaltung (Einl Rdn 76 ff). Der Insolvenzverwalter erhält für seine Mitwirkung keine besondere Vergütung, er wird im Rahmen des Insolvenzverfahrens entlohnt.

5.9 Mieter, Pächter: Die Vorschriften aus §§ 57–57d gelten auch für die Versteigerung aus § 172[38]. Ihre Anwendung ist im Gegensatz zur Teilungsversteigerung hier nicht ausgeschlossen.

5.10 Nachlaßinsolvenzverfahren: Er ist wie ein anderes Insolvenzverfahren zu behandeln; Besonderheit bei § 178.

---

[28] Drischler JurBüro 1964, 713 (B 6).
[29] Jaeckel/Güthe § 172 Rdn 3; Lorenz KTS 1962, 28 (A); Mohrbutter KTS 1958, 81.
[30] Steiner/Eickmann § 172 Rdn 20; Jonas/Pohle, ZwVNotrecht, § 30c Anm 1a; Mohrbutter KTS 1961, 103; Worm KTS 1961, 119.
[31] Jonas/Pohl, ZwVNotrecht, § 30c Anm. 1a; Mohrbutter KTS 1961, 103.
[32] Dassler/Schiffhauer § 172 Rdn 18.
[33] Mohrbutter KTS 1958, 81.
[34] Kalter KTS 1966, 137 (145); Mohrbutter KTS 1958, 81.
[35] Mohrbutter KTS 1958, 81.
[36] Steiner/Eickmann § 172 Rdn 21; Mohrbutter KTS 1958, 81.
[37] Mohrbutter KTS 1958, 81.
[38] Mohrbutter KTS 1965, 107 (9) und ZMR 1954, 161.

Versteigerung und Verwaltung auf Verwalterantrag   5.16   § 172

5.11 Rechtsbehelfe: Sie gelten wie in jeder Zwangsversteigerung und Zwangsverwaltung, stehen hier aber dem Insolvenzverwalter an Stelle des Schuldners des Insolvenzverfahrens zu. Gegen die Bestellung des Insolvenzverwalters als Zwangsverwalter hat der Schuldner des Insolvenzverfahrens ein Anfechtungsrecht.

5.12 Sicherheitsleistung: a) Bei **Geboten des Schuldners des Insolvenzverfahrens** kann (wie bei der Vollstreckungsversteigerung) Sicherheit verlangt werden; es gilt dann auch § 68 Abs 3 über die erhöhte Sicherheitsleistung. Sicherheit kann auch der Insolvenzverwalter verlangen, und zwar die erhöhte[39].

b) Bei **Geboten des Insolvenzverwalters** für die Insolvenzmasse, nicht im eigenen Namen, gelten ebenfalls die normalen Vorschriften über die Sicherheitsleistung des „Schuldners", einschließlich § 68 Abs 3[40]; Schuldner ist hier der Insolvenzverwalter.

5.13 Teilungsversteigerung: a) Der Insolvenzverwalter **kann** an Stelle des Schuldners des Insolvenzverfahrens für diesen auch die Teilungsversteigerung aus § 180 **betreiben,** weil er dessen Rechte ausübt. Dazu § 180 Rdn 15.

b) Im übrigen muß man hier unterscheiden:

I. Nur ein **Grundstücksbruchteil** gehört zur Insolvenzmasse: Teilungsversteigerung ist noch nicht anhängig, Insolvenzverwalter kann sie betreiben. Teilungsversteigerung war bei Eröffnung des Insolvenzverfahrens schon anhängig; nun tritt der Insolvenzverwalter an die Stelle des Schuldners des Insolvenzverfahrens als Antragsteller oder Antragsgegner, stellt für ihn Anträge, erhält alle Zustellungen, kann dem Verfahren beitreten als Antragsteller, kann als Antragsgegner Einstellungsanträge stellen und kann eingestellte Verfahren fortsetzen lassen.

II. Das **gesamte Grundstück** gehört zur Insolvenzmasse (zB bei einem Nachlaßinsolvenzverfahren): Die Teilungsversteigerung ist bei Eröffnung des Insolvenzverfahrens noch nicht anhängig, der Insolvenzverwalter kann nur das Verfahren nach § 172 betreiben, die Teilhaber haben kein Antragsrecht. Die Teilungsversteigerung war bei Eröffnung des Insolvenzverfahrens schon anhängig; das Verfahren ist auf Antrag des Insolvenzverwalters aufzuheben, er betreibt dann nach § 172; nur wenn er das Objekt aus der Masse freigibt, kann die Teilungsversteigerung fortgeführt werden.

5.14 Terminsbestimmung: Anzugeben ist in ihr nach § 37 Nr 3, daß die Zwangsversteigerung „auf Antrag des Insolvenzverwalters" erfolgt. Auch ist in der Terminbestimmung bei der Aufforderung nach § 37 Nr 4 zu sagen: „... Rechte anzumelden und glaubhaft zu machen, wenn der Insolvenzverwalter widerspricht"[41]. Mitteilung der Terminsbestimmung erfolgt nach MiZi XI 1 an Gemeindeverwaltung und Stellen, die öffentliche Lasten einziehen, nicht aber an Finanzamt, Hauptzollamt und Gemeindesteuerstelle zur Bekanntgabe etwaiger Rückstände an Betriebssteuern (§ 15 Rdn 34.8).

5.15 Übererlös: Diesen erhält bei einem Verfahren aus § 172 der Insolvenzverwalter für die Insolvenzmasse[42], nicht der Schuldner des Insolvenzverfahrens.

5.16 Verlegung, Vertagung und Unterbrechung **des Versteigerungstermins:** § 43 Rdn 8. Anspruch auf Verlegung eines Zwangsversteigerungstermins, der in der Zeit vom 1. Juli bis 31. August anberaumt ist, auf Antrag ohne Begründung nach ZPO § 227 Abs 3 besteht nicht. Versteigerung auf Insolvenzverwalterantrag ist als Zwangsvollstreckungsverfahren (Rdn 1.3) typischerweise eilbedürftig;

---

[39] Steiner/Eickmann § 172 Rdn 25; Mohrbutter KTS 1958, 81.
[40] Jaeckel/Güthe § 68 Rdn 11; Mohrbutter KTS 1958, 81.
[41] Steiner/Eickmann § 172 Rdn 26; Mohrbutter KTS 1958, 81.
[42] Mohrbutter KTS 1958, 81.

§ 172 5.16   Zwangsversteigerung auf Antrag des Insolvenzverwalters

Abs 3 von ZPO § 227 findet daher nach dessen Nummer 7 in diesen Verfahren keine Anwendung.

5.17 Wertfestsetzung: a) Der Grundstückswert (Verkehrswert) ist nach § 74a Abs 5 jetzt in allen Verfahren rechtzeitig vor dem Versteigerungstermin festzusetzen. Auch im Verfahren nach § 172 ist (wie bei der Vollstreckungsversteigerung) Wertfestsetzung wegen § 85a nötig (§ 74a Rdn 2.1). An Stelle des Schuldners muß hier der Insolvenzverwalter zum Wert gehört werden; er kann auch Rechtsmittel einlegen. Der Insolvenzverwalter kann Versagungsantrag aus § 74a hinsichtlich eines von der $^7/_{10}$-Grenze betroffenen Eigentümerrechts stellen (§ 74a Rdn 3.12) (anders[43], er könne dies als „Betreibender" ebenso nicht wie der Gläubiger in der Vollstreckungsversteigerung; diese Ansicht ist wie dort abzulehnen, weil sie vom Gesetz nicht gedeckt wird).

b) Bei Insolvenzverwalterversteigerung wurde Wertfestsetzung früher nicht für erforderlich erachtet, weil alle Belastungen des Objekts bestehenblieben und darum eine Entscheidung nach § 74a Abs 1 nicht anfiel. Diese Ansicht ist (wegen § 85a und wegen §§ 174, 174a) überholt.

5.18 Die **Zuständigkeit** des Vollstreckungsgerichts richtet sich nach den normalen Vorschriften für jede Zwangsversteigerung oder Zwangsverwaltung (§§ 1, 2 mit § 172). Landesrechtliche Zusammenfassung der Verfahren bei einem zentralen Amtsgericht (§ 1 Abs 2, § 163 Abs 1) gilt auch für die Zwangsversteigerung und Zwangsverwaltung auf Insolvenzverwalterantrag[44].

6 Eigenverwaltung

Bei Eigenverwaltung (InsO § 270) ist der Schuldner berechtigt, die Insolvenzmasse zu verwalten und über sie zu verfügen. Ihm steht das Recht zu, Gegenstände, an denen Absonderungsrechte bestehen, zu verwerten (InsO § 282 Abs 1 Satz 1). Er kann daher auch die Zwangsversteigerung und Zwangsverwaltung eines unbeweglichen Gegenstandes der Insolvenzmasse betreiben (InsO § 165, der nach § 270 Abs 1 Satz 2 auch hier gilt). Die Zwangsversteigerung und Zwangsverwaltung kann bei Eigenverwaltung daher vom Schuldner beantragt werden. Er soll das Verwertungsrecht zwar nur im Einvernehmen mit dem Sachwalter ausüben (InsO § 282 Abs 2). Dessen Einvernehmen ist dem Vollstreckungsgericht jedoch nicht nachzuweisen und vom Vollstreckungsgericht nicht zu prüfen. Beteiligter (§ 9) ist der Sachwalter nicht; ihm obliegt nur die Überwachung des Schuldners (InsO § 274 Abs 2). Das schließt aber nicht aus, daß auch dem Sachwalter vom Verfahren Kenntnis gegeben wird und ihm Beschlüsse sowie Verfügungen mitgeteilt werden, die dem Schuldner zuzustellen sind. Hebt das Insolvenzgericht die Anordnung der Eigenverwaltung auf (InsO § 272), dann nimmt fortan der Insolvenzverwalter die Rechtsstellung des Antragstellers ein.

7 Insolvenzverwalterversteigerung und Vollstreckungsversteigerung

7.1 Der **Beitritt** des Insolvenzverwalters mit Antrag nach § 172 zu einer Vollstreckungsversteigerung ist **nicht möglich** (so auch[45]; anders[46]), desgleichen nicht der Beitritt eines Vollstreckungsgläubigers (vorausgesetzt, daß er während des In-

---

[43] LG Göttingen NdsRpfl 1957, 135 = NJW 1956, 428; Mohrbutter KTS 1958, 81; Worm KTS 1961, 119.

[44] Rellermeyer Rpfleger 1995, 492 (3.).

[45] Steiner/Eickmann § 172 Rdn 31; Mohrbutter/Drischler Muster 24 Anm 6 und Muster 176 Anm 10.

[46] Dassler/Schiffhauer § 172 Rdn 15; Jaeckel/Güthe § 172 Rdn 3; Korintenberg/Wenz § 172–174 Vorbem 2; Drischler Rpfl Jahrbuch 1967, 275 (VIII); Mohrbutter KTS 1956, 107 (1).

Versteigerung und Verwaltung auf Verwalterantrag   7.4   § **172**

solvenzverfahrens überhaupt vollstrecken darf) zu einem Insolvenzverwalterverfahren nach § 172 (so auch[47]; anders[48]). Vollstreckungsversteigerung und Verfahren nach § 172 sind völlig voneinander getrennt; es handelt sich um zwei ganz verschiedene Verfahrensarten; diese können und müssen unabhängig voneinander laufen.

7.2 Das Insolvenzverwalterverfahren des § 172 kann mit einem Vollstreckungsversteigerungsverfahren oder mit einem Nachlaßversteigerungsverfahren des § 175 oder mit einer Teilungsversteigerung des § 180 wie folgt **zusammentreffen:**

a) Schon vor der Eröffnung des Insolvenzverfahrens war die Zwangsversteigerung oder Zwangsverwaltung für dingliche oder persönliche Gläubiger angeordnet. Der Insolvenzverwalter läßt dann daneben ein Verfahren nach § 172 einleiten und durchführen.

b) Nach der Eröffnung des Insolvenzverfahrens und nach der Anordnung eines Verfahrens aus § 172 betreibt ein absonderungsberechtigter dinglicher Gläubiger auf Grund eines gegen den Insolvenzverwalter gerichteten Vollstreckungstitels die Vollstreckungsversteigerung oder die Zwangsverwaltung.

c) Nach Eröffnung des Insolvenzverfahrens und Anordnung eines Verfahrens aus § 172 betreibt ein Massegläubiger auf Grund eines Titels gegen den Insolvenzverwalter.

d) Vor oder nach der Eröffnung des Insolvenzverfahrens und Anordnung eines Verfahrens aus § 172 wird ein Verfahren aus § 175 oder § 180 angeordnet.

7.3 Die Verfahren stören sich gegenseitig nicht, sie laufen **unabhängig nebeneinander.** Es steht keines der Verfahren den anderen nach § 28 im Wege (Besonderheit bei § 178). Sie können nicht miteinander verbunden werden; weil zwei verschiedene Verfahrensarten vorliegen, ist Verbindung ebenso wie gegenseitiger Beitritt (Rdn 7.1; § 175 Rdn 4 und § 180 Rdn 15.6) ausgeschlossen; § 18 ermöglicht Verbindung nicht, weil nicht die Zwangsversteigerung mehrerer Grundstücke unter den dort genannten Voraussetzungen betrieben wird. In jedem der Verfahren wird ein besonderer Grundbuchvermerk eingetragen. In den Vollstreckungsverfahren und in den Verfahren nach § 175 und § 180 tritt aber ab Eröffnung des Insolvenzverfahrens der Insolvenzverwalter als Schuldner, Antragsteller, Antragsgegner in die Verfahren ein, stellt Anträge, erhebt Rechtsbehelfe und erhält alle Ladungen und Zustellungen (ratsam ist es, Zustellungen und Ladungen auch dem Schuldner des Insolvenzverfahrens zukommen zu lassen, Rdn 3.3).

7.4 Laufen Vollstreckungsversteigerung und Insolvenzverwalterversteigerung gleichzeitig, so empfiehlt es sich, **erst die Vollstreckungsversteigerung** durchzuführen und erst, wenn diese nicht zum Erfolg führt, die Insolvenzverwalterversteigerung[49]. Von einer gemeinsamen Durchführung in einem Termin ist abzuraten, weil Beteiligte und Bietinteressenten sonst keine Übersicht mehr haben (anders[50]: im Termin getrennte geringste Gebote aufzustellen, dann zunächst die Vollstreckungsversteigerung durchzuführen und, wenn hierbei kein Erfolg, im selben Termin die Insolvenzverwalterversteigerung).

---

[47] Steiner/Eickmann § 172 Rdn 31; Mohrbutter/Drischler aaO (Fußn 47); Hess BWNotZ 1975, 140.

[48] Dassler/Schiffhauer, Jaeckel/Güthe, Korintenberg/Wenz und Mohrbutter je aaO (Fußn 46); Drischler RpflJahrbuch 1967, 275 (VIII); Mohrbutter, Handbuch des Vollstreckungsrechts § 61 (IV); Mohrbutter KTS 1961, 103 (II) und JurBüro 1956, 355 (3); Nußbaum, Zwangsversteigerung, § 37 III; Muth ZIP 1999, 945 (III 6).

[49] Steiner/Eickmann § 172, Rdn 33; Mohrbutter, Handbuch des Vollstreckungsrechts, § 61 (IV); Mohrbutter KTS 1958, 81.

[50] Drischler RpflJahrbuch 1967, 275 (VIII).

§ 172 8.1 Zwangsversteigerung auf Antrag des Insolvenzverwalters

8 Zwangsverwaltung

8.1 Der Insolvenzverwalter kann nach § 172 **auch die Zwangsverwaltung** betreiben (InsO § 165). Ihre Voraussetzungen sind ebenso wie bei der Versteigerung (Rdn 5). Zur Zwangsverwaltung bei Eigenverwaltung Rdn 6.

8.2 Der Insolvenzverwalter kann aber hier die Zwangsverwaltung **nicht** gemäß § 147 **gegen den Eigenbesitzer** betreiben; dieses besondere Verfahren ist nur für Gläubiger dinglicher Rechte zum Zwecke der Vollstreckung vorgesehen. Es muß aber ausnahmsweise zulässig sein, wenn der Insolvenzverwalter aus einem Eigentümerrecht die Zwangsverwaltung betreiben will, vorausgesetzt ist, daß insoweit ein Titel gegen den Eigenbesitzer vorliegt.

8.3 Zwangsverwaltung eines zur Insolvenzmasse gehörenden Objekts kommt in Frage, wo etwa der Insolvenzverwalter der eigenen Insolvenzverwaltung nicht gewachsen ist (dann sollte er aber dort gewechselt werden). Sie soll auch in Betracht kommen, wenn auf dem Grundstück ein Gewerbebetrieb ist, dessen Verwaltung in der Zwangsverwaltung zweckmäßig erscheint, weil der Insolvenzverwalter für die Insolvenzmasse durch diese Vorteile erwarten kann; eine Zwangsverwaltung mit Gewerbebetrieb ist aber nicht zulässig (§ 152 Rdn 9).

8.4 Der Insolvenzverwalter kann auch selbst **zum Zwangsverwalter bestellt** werden; doch ist das wegen des Interessenwiderstreits nicht ratsam (siehe bereits § 150 Rdn 2.6).

8.5 Auf jeden Fall bleiben die **Massen** der beiden Verfahren (Insolvenzverwaltung und Zwangsverwaltung) **getrennt**. Alle anfallenden Grundstückslasten gehen zu Lasten der Zwangsverwaltungsmasse, nicht der Insolvenzmasse.

8.6 Auch in einem Zwangsverwaltungsverfahren nach § 172 hat der Schuldner des Insolvenzverfahrens ein **Wohnrecht** aus § 149, allerdings dann eingeschränkt, wenn schon im Insolvenzverfahren darüber entschieden ist (§ 149 Rdn 2).

8.7 Der Insolvenzverwalter, der die Zwangsverwaltung des zur Insolvenzmasse gehörenden Grundstücks betreibt, kann **nicht** selbst **die Einstellung** des Verfahrens nach § 153b **beantragen**. Diese Einstellung soll Lösung des Konflikts zwischen den Rechten des Insolvenzverwalters zur Verwaltung der Insolvenzmasse (InsO § 80 Abs 1) und der Befugnis des Zwangsverwalters zur Verwaltung des Grundstücks (§ 152 Abs 1) bewirken (§ 153b Rdn 2.1). Für den Insolvenzverwalter, der selbst das Verfahren betreibt, ergibt sich keine Erfordernis, eigenen Verwaltungsrechten mit Einstellung Vorrang zu verschaffen: er kann nicht gegen sich selbst Einstellungsantrag stellen. Interessen an wirtschaftlich sinnvoller Nutzung von Teilen des Grundstücks wie zB eines Lagerraums oder einer Fabrikhalle, kann mit Einschränkung des Antrags Rechnung getragen werden. Diese entspricht dem Verzicht eines die Vollstreckung betreibenden Gläubigers auf einzelne Wirkungen der Beschlagnahme (§ 148 Rdn 2.4). Als Beschlagnahme gilt der Anordnungsbeschluß hier zwar nicht (§ 173 Satz 1). Einschränkung der Wirkungen der Verfahrensanordnung durch Bestimmung des Insolvenzverwalters als Antragsteller, in dessen Interesse allein das Verfahren eingeleitet ist und durchgeführt wird, muß aber ebenso für zulässig angesehen werden wie im Vollstreckungsverfahren der Verzicht auf einzelne.

[Beschlagnahmewirkung nur im Sinne von ZVG §§ 13, 55]

173 Der Beschluß, durch welchen das Verfahren angeordnet wird, gilt nicht als Beschlagnahme. Im Sinne der §§ 13, 55 ist jedoch die Zustellung des Beschlusses an den Insolvenzverwalter als Beschlagnahme anzusehen.

Beschlagnahmewirkung nur im Sinne von ZVG §§ 13, 55   2.5   **§ 173**

Allgemeines zu § 173

Zweck der Vorschrift: Klarstellung der nur beschränkten Beschlagnahmewirkung des Anordnungsbeschlusses bei Zwangsversteigerung und Zwangsverwaltung auf Antrag des Insolvenzverwalters (Einschränkung des § 20).

Beschlagnahme im Insolvenzverwalterverfahren

2.1 Dem Eigentümer ist mit der Eröffnung des Insolvenzverfahrens als Schuldner bereits die Verfügung über sein Vermögen entzogen (InsO § 80 Abs 1). Infolge der Tragweite dieser insolvenzrechtlichen Beschlagnahme bleibt für die mit Anordnung der Zwangsversteigerung oder Zwangsverwaltung eintretende Beschlagnahme nur noch ein geringes Anwendungsgebiet (Denkschrift S 66). Diese gilt daher im Grundsatz nicht als Beschlagnahme des Grundstücks: Satz 1. Wie eine Beschlagnahme des Grundstücks wirkt die Zustellung des Anordnungsbeschlusses an den Insolvenzverwalter nur für die Abgrenzung der laufend wiederkehrenden Leistungen von den Rückständen (§ 13) und für die Bestimmung der von der Versteigerung erfaßten Gegenstände (§ 55): Satz 2.

2.2 Bei der Zwangsverwaltung besteht hier allerdings ein **Widerspruch** mit § 148 Abs 2[1]. Bei ihr wird nämlich die Verwaltung des Objekts dem Insolvenzverwalter entzogen und dem Zwangsverwalter übertragen.

2.3 Der Anordnungsbeschluß enthält **kein Veräußerungsverbot** nach § 23. Der Insolvenzverwalter ist ja weiterhin zu Verfügungen berechtigt; er kann das ganze Objekt veräußern (dann wird das Verfahren nach § 28 aufgehoben) oder belasten[1] (die Belastung muß dann nach § 45 Abs 1 vom Gläubiger angemeldet werden); er kann auch über Zubehör, Erzeugnisse und Bestandteile auch außerhalb der Grenzen einer ordnungsgemäßen Wirtschaft verfügen (Absonderungsberechtigte müssen ihre Rechte nach BGB §§ 1133–1135 geltend machen); er kann in der Versteigerung Miete und Pacht einziehen und abtreten. Gegen ihn ist § 25 (Maßnahmen der Sicherung) nicht anwendbar.

2.4 Bei Zwangsverwaltung aus § 172 geht das Recht, die **Nutzungen** zu ziehen und über Miete und Pacht zu verfügen, wie bei jeder Zwangsverwaltung auf den **Zwangsverwalter** über. Der Insolvenzverwalter darf die Befugnis, die nicht beschlagnahmten Miete und Pacht (ganz oder teilweise) einzuziehen, selbst nicht mehr ausüben, weil sonst die von ihm beantragte Tätigkeit des Zwangsverwalters erschwert oder vereitelt würde. Es muß ihm aber möglich sein, Bestimmung zu treffen, daß einzelne Wirkungen der Verfahrensanordnung eingeschränkt werden (§ 172 Rdn 8.7).

2.5 Eine **Ausnahme** davon, daß der Anordnungsbeschluß nicht als Beschlagnahme gilt, ist für die Anwendung der §§ 13 und 55 bestimmt: Satz 2. Für die Berechnung der laufenden oder rückständigen Beträge der wiederkehrenden Leistungen nach § 13 nämlich gilt als Zeitpunkt der Beschlagnahme die Zustellung des Anordnungsbeschlusses an den Insolvenzverwalter selbst (nicht der Eingang des Eintragungsersuchens beim Grundbuchamt). Auch für § 55 Abs 1, der von der Beschlagnahme ausgeht, gilt das. Damit erstreckt sich die Versteigerung (ebenso wie der Eigentumserwerb des Erstehers, § 90 Abs 2) auf alle Gegenstände, „auf die sich die Beschlagnahme erstreckt haben würde, wenn das Verfahren auf Antrag eines Gläubigers angeordnet worden wäre, mit Ausnahme derjenigen, welche der Insolvenzverwalter in der Zwischenzeit bis zum Versteigerungstermine kraft seiner gesetzlichen Befugnisse anderweit veräußert hat"

---

[1] Drischler RpflJahrbuch 1967, 275 (IV 3a und Fußnote 30).

§ 173 2.5 Zwangsversteigerung auf Antrag des Insolvenzverwalters

(Denkschrift S 66). Eine Verfügungsbeschränkung des Insolvenzverwalters bewirkt Satz 2 somit nicht[2]; er kann über Zubehör und sonst mithaftende Gegenstände (wie dargelegt) frei verfügen. Für Mitversteigerung der Gegenstände nach § 55 Abs 1 wirkt die Zustellung des Anordnungsbeschlusses an den Insolvenzverwalter wie eine Beschlagnahme jedoch bis zur Enthaftung mit Veräußerung und Entfernung (§ 20 Abs 2 mit BGB § 1121) (so wohl auch[3]) oder Enthaftung nur mit Entfernung nach BGB § 1122 Abs 1 bzw Aufhebung der Zubehöreigenschaft nach BGB § 1122 Abs 2. Betriebsstillegung allein beendet Zubehöreigenschaft jedoch nicht (erfolgt nicht in den Grenzen einer ordnungsgemäßen Wirtschaft)[4].
§ 55 Abs 2 (Versteigerung erstreckt sich auf Zubehörstücke, die im Besitz, nicht im Eigentum des Schuldners stehen) gilt mit der Maßgabe, daß es auf den Besitz des Insolvenzverwalters ankommt[5] (anders[6]: auch Schuldnerbesitz muß genügen).

[Abweichendes geringstes Gebot, Doppelausgebot]

174 Hat ein Gläubiger für seine Forderung gegen den Schuldner des Insolvenzverfahrens ein von dem Insolvenzverwalter anerkanntes Recht auf Befriedigung aus dem Grundstücke, so kann er bis zum Schlusse der Verhandlung im Versteigerungstermine verlangen, daß bei der Feststellung des geringsten Gebots nur die seinem Anspruche vorgehenden Rechte berücksichtigt werden; in diesem Falle ist das Grundstück auch mit der verlangten Abweichung auszubieten.

1 Allgemeines zu § 174

Zweck der Vorschrift: Besonderheit bei Feststellung des geringsten Gebots für den Fall, daß der Schuldner des Insolvenzverfahrens für einen Anspruch, der dem Gläubiger ein Recht auf Befriedigung aus dem Grundstück gewährt, persönlich haftet.

2 Geringstes Gebot in der Insolvenzverwalterversteigerung

2.1 Ein geringstes Gebot ist auch bei der Insolvenzverwalterversteigerung aufzustellen. Es besteht auch hier aus den **bestehen bleibenden Rechten** (§ 52) und dem **bar zu zahlenden Teil** (= geringstes Bargebot) nach § 49 Abs 1. Das geringste Bargebot deckt die Kosten des Verfahrens (§ 109), die in § 10 Abs 1 Nrn 1 bis 3 und Nr 7 bezeichneten Ansprüche, und die Kosten (§ 10 Abs 2) sowie die wiederkehrenden Leistungen und anderen Nebenleistungen (§ 12 Nrn 1 und 2) der bestehenbleibenden Rechte, und zwar auch die in § 10 Abs 1 Nr 8 bezeichneten älteren Rückstände.

2.2 In der vom **Deckungsgrundsatz** beherrschten Zwangsversteigerung (§ 44 Rdn 4.1) sind in das geringste Gebot **sämtliche** an dem Grundstück bestehenden **Rechte** aufzunehmen, die durch das Verwertungsrecht des Insolvenzverwalters (InsO § 159) nicht beeinträchtigt werden können. Grundstücksverwertung auf Antrag des Insolvenzverwalters hat nur den Zweck, dasjenige zur Insolvenzmasse einzuziehen, was nach Berichtigung der aus dem Grundstück zu befriedigenden

---

[2] Steiner/Eickmann § 173 Rdn 8.
[3] Jaeckel/Güthe § 173 Rdn 4; Reinhard/Müller § 173 Anm III 3; Steiner/Eickmann § 173 Rdn 6.
[4] Steiner/Eickmann § 173 Rdn 6.
[5] Korintenberg/Wenz § 173 Anm 2 b.
[6] Steiner/Eickmann § 173 Rdn 11.

Ansprüche von dem Erlös übrigbleibt[1]. Für die entsprechende Anwendung (§ 172) der Vorschriften über das geringste Gebot hat der Insolvenzverwalter daher die Stellung eines betreibenden Gläubigers (§ 44). Das geringste Gebot wird in einer Versteigerung aus § 172 mithin **so aufgestellt,** als ob das Verfahren von einem persönlich vollstreckenden Gläubiger betrieben würde[2] mit der Besonderheit, daß auch die älteren Rückstände aus Rangklassen 7 und 8 in das geringste Gebot aufgenommen werden[3].

2.3 Aufgenommen werden in das geringste Gebot alle bei Eintragung des Versteigerungsvermerkes bestehenden **Belastungen** als **bestehenbleibend.** Es dürfen an sich nur Belastungen aufgenommen werden, die schon vor der Eröffnung des Insolvenzverfahrens bestanden hatten[4]; doch geht das Vollstreckungsgericht (weil es im Verfahren nach § 172 keine Beschlagnahme gibt) von dem formellen Inhalt des Grundbuchs bei Eintragung des Vermerks aus und überläßt es dem Insolvenzverwalter, gegen verspätete Eintragungen anzugehen.

Geringstes Gebot nach Gläubigerantrag; Doppelausgebot

3.1 Dem Interesse eines Gläubigers, dem der Schuldner des Insolvenzverfahrens auch persönlich haftet, mit baldiger Feststellung seines Ausfalls Klarheit für verhältnismäßige Befriedigung aus der Insolvenzmasse zu erlangen (InsO § 52), trägt § 174 Rechnung (Denkschrift S 76, 77). Der Berechtigte ist befugt, im Versteigerungstermin zu verlangen, daß bei der Feststellung des geringsten Gebotes nur die seinem Anspruch **vorgehenden Rechte** berücksichtigt, somit auch solche Gebote zugelassen werden, die sein Recht nicht decken. Auf Antrag eines Berechtigten werden daher bei der Feststellung des geringsten Gebots nur die diesem Antragsteller vorgehenden Rechte berücksichtigt, also in dieses bar oder bestehenbleibend aufgenommen, wie wenn der Antragsteller bestrangig betreibender Gläubiger in der Vollstreckungsversteigerung wäre. Mittelbar ist damit zugleich der Tatsache Rechnung getragen, daß in der Regel bei Insolvenzverfahren der Grundbesitz so hoch belastet ist, daß mit **normalem** geringsten Gebot **kein Versteigerungsergebnis** zu erzielen wäre.

3.2 Antragsberechtigt ist nur, wer für seine Forderung gegen den Schuldner des Insolvenzverfahrens ein Recht auf Befriedigung aus dem Grundstück hat. Er muß also eine persönliche und eine dingliche Forderung haben. Hierzu gehören auch Ansprüche der Rangklasse 2–4, die Grundschuld, wenn sie eine Forderung gegen den Schuldner des Insolvenzverfahrens sichert. Haftet der Insolvenzschuldner nur dinglich, nicht auch persönlich, so hat der Gläubiger **kein** solches **Antragsrecht**[5], weil § 174 ausdrücklich von einer Forderung spricht. Daß sie auch dinglich sein muß, ergibt sich daraus, daß sie ein Recht auf Befriedigung aus dem Objekt nach § 174 gewähren muß. Der Anspruch muß nach § 174 vom Insolvenzverwalter anerkannt sein; nicht nötig ist das ausdrückliche Anerkenntnis zur Insolvenztabelle[6]; es genügt auch ein stillschweigendes oder ein teilweises Anerkenntnis.

3.3 Der Antrag kann sich auf einen **letztrangigen Teil** des Anspruchs oder einen anderen bestimmten Teilanspruch daraus beschränken, so daß dann der diesem Teil vorgehende Teil des Rechts des Antragstellers (wenn es ein im Grundbuch

---

[1] Jaeckel/Güthe § 174 Rdn 1.
[2] Mohrbutter/Drischler Muster 176 Anm 7 A; Mohrbutter JurBüro 1956, 355 (3) und KTS 1958, 81; Worm KTS 1961, 119.
[3] Dassler/Schiffhauer § 174 Rdn 2; Muth ZIP 1999, 945 (III 4).
[4] Jaeckel/Güthe § 174 Rdn 1; Mohrbutter KTS 1958, 81.
[5] Dassler/Schiffhauer § 174 Rdn 4; Steiner/Eickmann § 174 Rdn 5; Mohrbutter/Drischler Muster 176 Anm 7B; Worm KTS 1961, 119.
[6] Steiner/Eickmann § 174 Rdn 8; Mohrbutter/Drischler Muster 176 Anm 7 B.

§ 174 3.3 Zwangsversteigerung auf Antrg des Insolvenzverwalters

eingetragenes ist) als bestehenbleibend ins geringste Gebot kommt, oder (wenn es nicht im Grundbuch eingetragen ist, etwa aus Rangklasse 3 stammt) ins geringste Bargebot aufgenommen wird.

3.4 Zustimmung der beeinträchtigten Beteiligten ist hier – entgegen dem Verfahren bei Änderung der Versteigerungsbedingungen nach § 59 – **nicht nötig.** Ist aber das Recht des Antragstellers mit dem Recht eines Dritten belastet, so ist dessen Zustimmung nötig.

3.5 Für den Antrag ist kein Vollstreckungstitel nötig (es gibt ja hier keinen betreibenden Gläubiger), nicht einmal eine Anmeldung zum Insolvenzverfahren (die Voraussetzungen sind in beiden Verfahren unterschiedlich). Das **Antragsrecht erlischt,** sobald der Insolvenzverwalter seinen Verfahrensantrag aus § 172 zurücknimmt[7].

3.6 Gestellt werden kann der Antrag im Versteigerungstermin (dann ist er durch das Protokoll festzustellen, § 78), aber auch bereits vor dem Versteigerungstermin schriftlich oder zu Protokoll der Geschäftsstelle und auch schon in einem Vortermin (§ 62). Zurückgenommen werden kann er als Verfahrenshandlung bis zur Erteilung des Zuschlags. Zeitlich eingeschränkt sein könnte die Rücknahme des Antrags nur, wenn sie Interessen anderer Beteiligter verletzen würde. Das aber ist nicht der Fall, weil mit Rücknahme des Antrags nur das Ausgebot mit der verlangten Abweichung entfällt (Rdn 3.11), die Versteigerung mit dem geringsten Gebot nach dem Deckungsgrundsatz (Rdn 2.2 und 2.3) hingegen nicht davon berührt wird.

3.7 Möglich ist der Antrag aus § 174 **bis zum Schluß der Verhandlung** im Versteigerungstermin (§ 74), wie § 174 festlegt (anders[8]: nur bis zum Schluß der Versteigerung, § 73 Abs 2). Möglich ist er also zwar noch nach dem Schluß der Versteigerung (§ 73), aber nicht mehr nach der Zuschlagsentscheidung. Wird er erst nach dem Schluß der Versteigerung bei Verhandlung über den Zuschlag (§ 74) gestellt, so ist hier ausnahmsweise erneut zur Abgabe von Geboten aufzufordern und wiederum die Mindestbietzeit (§ 73 Abs 1) einzuhalten.

3.8 Der Antragsteller **wird** durch seinen Antrag **nicht betreibender Gläubiger**[9]. Er hat also nicht dessen Rechte, kann nicht das Widerspruchsrecht nach § 37 Nr 4 ausüben, kann keine Sicherheitsleistung nach § 67 Abs 2 verlangen und kann sich auch nicht gegen eine Rücknahme des Verfahrensantrags durch den Insolvenzverwalter wehren.

3.9 a) Wenn der Antrag zulässig ist, führt er zwingend nach § 174 zu einem **Doppelausgebot:** das Objekt muß einerseits normal ausgeboten werden (alle zu berücksichtigenden Rechte bar oder bestehenbleibend ins geringste Gebot aufzunehmen), andererseits mit der verlangten Abweichung (nur die dem Antragsteller vorgehenden Rechte werden bar oder bestehenbleibend ins geringste Gebot aufgenommen). Das gilt auch dann, wenn die normale Versteigerung vorher schon geschlossen war, die Bietzeit hierfür also vorbei ist (weil ja der Antrag bis zum Ende der Verhandlung möglich ist). Entgegen den sonstigen Grundsätzen muß hier die Versteigerung erneut durchgeführt werden, weil sonst ein normales Ausbieten neben dem abweichenden, also ein Doppelausgebot nicht mehr möglich wäre[10]. Für das (bisherige) Ausgebot auf Antrag des Insolvenzverwalters wird ein geringstes Gebot nicht neu festgestellt; rangwahrende Anmeldungen sind daher (auch für das Doppelausgebot auf Gläubigerantrag) weiterhin nicht mehr möglich. Der Antrag

---

[7] RG 75, 138.
[8] Muth ZIP 1999, 945 (III 5).
[9] Dassler/Schiffhauer § 174 Rdn 5; Mohrbutter/Drischler Muster 176 Hinweis; Mohrbutter KTS 1961, 103 (I); Worm KTS 1961, 119.
[10] Steiner/Eickmann § 174 Rdn 19; Schmidt, Grundpfandrechte und geringstes Gebot, Seite 58.[11]

Abweichendes geringstes Gebot, Doppelausgebot   3.11   § 174

ist für das in der früheren Bietzeit abgegebene Meistgebot kein Erlöschensgrund nach § 72 (vgl § 59 Rdn 3). Das Gebot bleibt deshalb wirksam (so auch[11]). Für das Ausgebot zu den gesetzlichen Bedingungen kann daher nur die Bietstunde wieder aufgenommen und fortgesetzt werden. Erst mit einem Gebot über dem bisherigen Meistgebot hinaus erlischt dieses (§ 72 Abs 1).

b) Bei Doppelausgebot ist die **Reihenfolge der Ausgebotsmöglichkeiten** gleich. Dem Verfahrensziel, ein möglichst hohes Gebot zu erreichen, wird am besten die gleichzeitige Versteigerung mit einheitlicher Aufforderung zur Abgabe von Geboten für beide Ausgebotsmöglichkeiten entsprechen. Stets sind alle Ausgebotsarten den Bietern bis zum Schluß der Versteigerung offen zu halten; das gebietet gemeinsamen Schluß der Versteigerung, schließt damit den vorzeitigen Versteigerungsschluß für eine der Ausgebotsarten aus (wie § 73 Rdn 2.7, auch § 59 Rdn 4.4).

3.10 Steht das **Antragsrecht mehreren** zu, so kann jeder den Antrag allein stellen. Miterben in ungeteilter Erbengemeinschaft können dies allerdings nur gemeinsam (BGB § 2039). Bei mehreren Anträgen aus § 174 richtet sich das Verfahren nach dem **weitergehenden Antrag** (der natürlich nach dem Gesetz alle Voraussetzungen erfüllen muß), also nach demjenigen, bei dem das geringste Gebot am niedrigsten wird[12]. Den Vorzug hat so der im Rang Bestberechtigte[13]. Nach anderer Ansicht[14] soll für jeden Absonderungsberechtigten eine gesonderte Ausgebotsart zu ermitteln und dann eine Doppelausgebot vorzunehmen sein. Entsprechende Anwendung des § 44 Abs 2 (§ 172) ermöglicht das aber nicht; für Feststellung des Forderungsausfalls eines nachrangigen Antragstellers ist Wahrung der Rechte des Vorrangigen überdies nicht geboten.

3.11 **Entscheidung** über den Zuschlag bei Doppelausgebot

a) Gebote auf **beide Ausgebotsarten:**

I. Wird bei Doppelausgebot auf beide Möglichkeiten geboten, so wird (abweichend von § 81) grundsätzlich **auf das abweichende** des § 174 zugeschlagen[15]. Nur dann ist (im Insolvenzverfahren) feststellbar, ob der Antragsteller einen Ausfall erleidet.

II. Wenn hierbei der Antragsteller des § 174 seinen Abweichungsantrag nach dem Schluß der Versteigerung wieder **zurücknimmt** (dies ist in § 174 nicht verboten, somit möglich Rdn 3.6), kann nur auf das normale Gebot zugeschlagen werden (so auch[16]).

III. Alle hiervon abweichenden Ansichten sind überholt und **abzulehnen,** nämlich: daß der Zuschlag immer auf das höhere Gebot zu erteilen sei[17]; oder daß er sich nach der Wahl des Antragstellers richtet[18].

b) Wird nur auf **eine der beiden** Ausgebotsarten geboten, auf die normale oder die abweichende, so kann nur dieses Meistgebot den Zuschlag erhalten[19].

---

[11] Steiner/Eickmann § 174 Rdn 19.
[12] Steiner/Eickmann § 174 Rdn 15; Mohrbutter/Drischler Muster 176 Hinweis.[14]
[13] Jaeckel/Güthe § 174 Rdn 8; Schmidt, Grundpfandrechte und geringstes Gebot, S 56.
[14] Muth ZIP 1999, 945 (III 4).
[15] RG 75, 138; Dassler/Schiffhauer § 174 Rdn 8; Jaeckel/Güthe § 174 Rdn 10; Korintenberg/Wenz § 174 Anm 5; Steiner/Eickmann § 174 Rdn 23; Mohrbutter/Drischler Muster 176 Anm 8; auch Muth ZIP 1999, 945 (IV 3).
[16] Dassler/Schiffhauer § 174 Rdn 8; Steiner/Eickmann § 174 Rdn 24.
[17] Henle, ZVG, § 174 Anm 5; Reinhard/Müller § 174 Anm III 5; Wolff, ZVG, § 174 Anm 6.
[18] vd Pfordten, ZVG, § 174 Anm III 6; Schmidt Grundpfandrechte und geringstes Gebot, Seite 580.
[19] Dassler/Schiffhauer § 174 Rdn 8; Steiner/Eickmann § 174 Rdn 25; Mohrbutter/Drischler Muster 176 Anm 8.

§ 174 3.11 Zwangsversteigerung auf Antrg des Insolvenzverwalters

c) Wird auf **keine der beiden** Ausgebotsarten ein zulässiges Gebot abgegeben, so wird ganz normal nach § 77 bzw § 33 verfahren, also: wenn kein Gebot, § 77[20]; wenn nur ein unwirksames Gebot, falls nicht schon nach § 71 zurückgewiesen, dann § 33 (mit § 86). In beiden Fällen ist der Versteigerungstermin ergebnislos geblieben und es kann ein Ausfall der Insolvenzgläubiger nicht festgestellt werden.

3.12 Dingliche Gläubiger, deren Rechte auf Grund eines Abweichungsantrags aus § 174 nicht in das geringste Gebot aufgenommen werden, stehen in der Gefahr des Rechtsverlustes und sind daher zur **Ablösung** nach BGB § 268 berechtigt (§ 15 Rdn 20). Abzulösen haben sie wohl den Antragsteller, der sie bedroht.

3.13 Die Vorschrift aus InsO § 41 Abs 2, daß bei betagten Forderungen ein **Zinsabzug** erfolgen müsse, gilt im Verfahren des § 174 nicht.

[Abweichendes geringstes Gebot auf Antrag des Insolvenzverwalters]

174a Der Insolvenzverwalter kann bis zum Schluß der Verhandlung im Versteigerungstermin verlangen, daß bei der Feststellung des geringsten Gebots nur die den Ansprüchen aus § 10 Abs 1 Nr 1a vorgehenden Rechte berücksichtigt werden; in diesem Fall ist das Grundstück auch mit der verlangten Abweichung auszubieten.

Literatur: Stöber, Erlöschen der Auflassungsvormerkung und Erbbauzins-Reallast bei der Insolvenzverwalterversteigerung, NJW 2000, 3600.

1 Allgemeines zu § 174a

Zweck der Vorschrift ist Bestimmung einer Besonderheit für Feststellung des geringsten Gebots auf Antrag des Insolvenzverwalters, wenn zur Insolvenzmasse ein Anspruch auf Ersatz der Feststellungskosten nach § 10 Abs 1 Nr 1a gehört.

2 Geringstes Gebot bei Insolvenzverwalterantrag

2.1 Antragsberechtigt für Feststellung des geringsten Gebots nur mit vorgehenden Ansprüchen ist in dem Verfahren nach § 172 auch der Insolvenzverwalter. Vorausgesetzt ist, daß zur Insolvenzmasse ein Anspruch nach § 10 Abs 1 Nr 1a auf Ersatz der Kosten für Feststellung beweglicher Gegenstände, auf die sich die Versteigerung erstreckt, gehört. Zu diesem Anspruch § 10 Rdn 3. Nicht von Bedeutung ist, wie hoch dieser Kostenersatzanspruch ist; der Insolvenzverwalter kann somit auch bei nur geringem Kostenersatzanspruch Feststellung des geringsten Gebots nach § 174a verlangen. Kein Antragsrecht hat der Insolvenzverwalter jedoch, wenn ein Kostenerstattungsanspruch nach § 10 Abs 1 Nr 1a überhaupt nicht besteht. Nicht antragsberechtigt ist somit auch der Schuldner bei Eigenverwaltung.

2.2 Antrag des Insolvenzverwalters auf besondere Feststellung des geringsten Gebots nach § 174a setzt rechtzeitige **Anmeldung** des Anspruchs voraus (§ 10 Rdn 3.6). Er muß nach Grund und Betrag schlüssig dargetan sein. Nachweis oder Glaubhaftmachung sind nicht verlangt. Anmeldung erst nach Aufforderung zur Abgabe von Geboten schließt Antrag nach § 174a zwar nicht aus; der Kostensatzanspruch der Insolvenzmasse steht dann jedoch nach § 110 den übrigen Rechten nach, so daß diese als nun vorausgehende Ansprüche im geringsten Gebot zu berücksichtigen sind.

---

[20] Dassler/Schiffhauer § 174 Rdn 8; Steiner/Eickmann § 174 Rdn 28.

Abweichendes geringstes Gebot auf Insolvenzverwalterantrag   2.6   § 174a

2.3 Möglich ist der **Antrag** nach § 174a bis zum Schluß der Verhandlung im Versteigerungstermin (wie § 174 Rdn 3.7; anders[1]: bis zum Schluß der Versteigerung, § 73 Abs 2). Form und Zurücknahme des Antrags: wie § 174 Rdn 3.6.

2.4 Wenn der Antrag zulässig ist, führt er zwingend nach § 174a zu einem **Doppelausgebot:** das Objekt muß einerseits normal ausgeboten werden (alle zu berücksichtigenden Rechte bar oder bestehenbleibend sind ins geringste Gebot aufzunehmen), andererseits mit der verlangten Abweichung; im geringsten Gebot werden dann nur die Kosten des Verfahrens (§ 109) und die Ansprüche aus § 10 Abs 1 Nr 1 berücksichtigt. Reihenfolge der Ausgebotsmöglichkeiten: wie § 174 Rdn 3.9 und 3.11. Wurde nur unter der normalen Versteigerungsbedingung geboten (§ 174 Rdn 2.2), dann wird auch so zugeschlagen; wurde nur zur abweichenden Bedingung für Insolvenzverwalterantrag (§ 174a) geboten, dann wird ebenfalls so zugeschlagen. Wurde sowohl unter der normalen Bedingung (§ 174 Rdn 2.2) als auch unter der auf Insolvenzverwalterantrag abweichenden Bedingung (§ 174a) geboten, dann wird unter der normalen Bedingung zugeschlagen (gewährleistet zugleich Versteigerung auf Insolvenzverwalterantrag, die § 174a ermöglichen soll; daher kein Rechtsschutzinteresse des Insolvenzverwalters für Zuschlag mit Erlöschen der Rechte[1]). Wenn der Insolvenzverwalter seinen Antrag nach dem Schluß der Versteigerung (§ 73 Abs 2) wieder zurücknimmt, kann nur auf das normale Gebot zugeschlagen werden (wie § 174 Rdn 3.11). Verfahren, wenn auf keine der beiden Ausgebotsarten ein zulässiges Gebot abgegeben wurde, wie § 174 Rdn 3.11.

2.5 Mit dem Antrag des Insolvenzverwalters kann der **Antrag** eines **nach § 174** am Grundstück (dinglich) Berechtigten **zusammentreffen.** Das Verfahren richtet sich dann nach dem Insolvenzverwalterantrag, der als weitestgehender Antrag das niedrigste geringste Gebot ergibt (wie § 174 Rdn 3.10; anders[2]: Doppelausgebot).

2.6 Nützlichkeit und Zweckmäßigkeit der Regelung sind äußerst fraglich (dazu[3]). Vornehmlich kann der Insolvenzverwalter mit Antrag nach § 174a bewirken, daß sich das Grundstück durch Zwangsversteigerung auch dann verwerten läßt, wenn es hoch belastet ist und sich deswegen sonst kein Bieter findet. Dem Anspruch auf Ersatz von Feststellungskosten zur Insolvenzmasse kommt damit eine Bedeutung zu, die ihm nicht gebührt. Sonderfeststellung des geringsten Gebots nach § 174 rechtfertigt sich mit dem Interesse eines zur abgesonderten Befriedigung und damit zur Vollstreckung in das Grundstück Berechtigten an baldiger Feststellung seines Ausfalls zur Klarstellung für verhältnismäßige Befriedigung aus der Insolvenzmasse (§ 174 Rdn 3.1). Der Insolvenzverwalter kann wegen des Anspruchs auf Ersatz von Feststellungskosten indes nicht selbst in das Grundstück vollstrecken (§ 10 Rdn 3.7). Feststellung eines (an Rangstelle 1a ohnedies nicht zu erwartenden) Ausfalls erlangt für Verteilung der Insolvenzmasse keine Bedeutung. Das Antragsrecht des Insolvenzverwalters trägt damit nur dem Interesse Rechnung, ein hoch belastetes Grundstück durch Insolvenzverwalterversteigerung verwertbar zu machen. Ein Antrag des Insolvenzverwalters auf abweichende Feststellung des geringsten Gebots dient somit im Grund nicht der Befriedigung des Anspruchs auf Ersatz von Feststellungskosten, den § 10 Abs 1 Nr 1a gewährt; Feststellungskosten sind nur noch zur Verfolgung des nicht anspruchsgemäßen Verfahrensziels vorgeschoben und eingesetzt, Verwertung des Grundstücks ohne Wahrung der an ihm lastenden Rechte zu gewährleisten. Unbedachte Folge ist, daß nicht einmal mehr der Bestand eines erstrangigen Grundstücksrechts (so einer Grunddienstbarkeit), damit vornehmlich der sichernden erstrangigen Auflassungsvormerkung, gewährleistet ist und selbst die „versteigerungsfeste" Erbbauzinsreallast (§ 52 Abs 2 Satz 2 mit ErbbauVO § 9 Abs 3 Nr 1)

---

[1] Muth ZIP 1999, 945 (IV 5).
[2] Muth ZIP 1999, 945 (IV 6).
[3] Stöber NJW 2000, 3600.

§ 174a 2.6   Zwangsversteigerung auf Antrg des Insolvenzverwalters

die Insolvenzverwalterversteigerung nicht überdauern wird (es betreibt nicht der Grundstückseigentümer oder ein der Reallast im Rang vorgehender Berechtigter, wie das ErbbauVO § 9 Abs 3 Nr 1 verlangt). Die Regelung ist daher im Ansatz, noch mehr wegen ihrer Auswirkungen, grundlegend verfehlt[3].

3   Gläubiger der Rechte am Grundstück

3.1   Für Gläubiger der Rechte am Grundstück (§ 10 Abs 1 Nr 4) verbindet sich mit dem Antragsrecht des Insolvenzverwalters die dem Deckungsgrundsatz (§ 44 Rdn 4.1) widerstrebende **Gefahr des Rechtsverlustes.** Dem können sie mit Antrag auf Versagung des Zuschlags bei einem Gebot unter $7/10$ des Grundstückswertes im ersten Versteigerungstermin und mit Ablösung des Anspruchs der Insolvenzmasse, letztlich auch noch dadurch, daß sie bei Versteigerung bis zur Deckung ihres Rechtes mitbieten, nur unzulänglich begegnen. Daher kann das Antragsrecht des Insolvenzverwalters nach § 174a, das auch bei nur geringem Ersatzanspruch eingesetzt werden kann, letztlich nur eine (möglicherweise grundlegende) Schädigung des Realkredits bewirken.

3.2   Gläubiger, deren Rechte auf Grund eines Abweichungsantrags nach § 174a nicht in das geringste Gebot aufgenommen werden, sind zur **Ablösung** des zur Insolvenzmasse gehörenden Anspruchs auf Ersatz der Feststellungskosten berechtigt (BGB § 268 Abs 1) (wie § 174 Rdn 3.12). Folge der Ablösung: Die Forderung auf Ersatz der Feststellungskosten geht auf den ablösenden Gläubiger über (BGB § 268 Abs 3 Satz 1). Der Gläubiger hat damit im Falle der Zwangsversteigerung das Recht auf Befriedigung aus dem Grundstück in Rangklasse 1a des § 10 Abs 1. Er kann jedoch – ebenso wie der Insolvenzverwalter, § 10 Rdn 3.7 – wegen dieses Anspruchs nicht selbst die Vollstreckungsversteigerung des Grundstücks betreiben. Ihm kann auch bei Insolvenzverwalterversteigerung nicht das Recht zustehen, selbst Antrag nach § 174a auf Feststellung des geringsten Gebots nur unter Berücksichtigung vorgehender Ansprüche zu stellen. Antragsberechtigt nach § 174a ist der Insolvenzverwalter. Für den Gläubiger besteht auch nicht das dem Insolvenzverwalter mittelbar zugestandene Interesse, ein hoch belastetes Insolvenzgrundstück verwertbar zu machen. Ein Gläubiger, der den Anspruch ablösen will, hat überdies zu erwägen, daß der Anspruch auf Kostenersatz erlischt, wenn das Insolvenzverfahren aufgehoben, das Grundstück aus der Insolvenzmasse freigegeben oder freihändig an einen Dritten veräußert wird.

3.3   Wenn das Insolvenzverwalterverfahren mit einer **Vollstreckungsversteigerung zusammentrifft** (§ 172 Rdn 7.2), hat der ablösende Gläubiger Anspruch auf Ersatz der Kosten für Feststellung der beweglichen Gegenstände auch nach Aufhebung der Insolvenzverwalterversteigerung in dem fortzuführenden Vollstreckungsversteigerungsverfahren. Erfahrungen dazu, wie er sonst mit Einleitung der Vollstreckungsversteigerung vor Ablösung seine Interessen sicher wahren kann, fehlen jedoch. Wenn dann auch die Vollstreckungsversteigerung (gleich aus welchem Grunde) aufgehoben oder das Grundstück aus der Insolvenzmasse freigegeben wird, ist Befriedigung des übergegangenen Kostenersatzanspruchs jedenfalls nicht mehr gewährleistet.

[Zwangsversteigerung auf Antrag des Erben]

175   (1) Hat ein Nachlaßgläubiger für seine Forderung ein Recht auf Befriedigung aus einem zum Nachlasse gehörenden Grundstücke, so kann der Erbe nach der Annahme der Erbschaft die Zwangsversteigerung des Grundstücks beantragen. Zu dem Antrag ist auch jeder andere berechtigt, welcher das Aufgebot der Nachlaßgläubiger beantragen kann.

Zwangsversteigerung auf Antrag des Erben 2.5 **§ 175**

(2) **Diese Vorschriften finden keine Anwendung, wenn der Erbe für die Nachlaßverbindlichkeiten unbeschränkt haftet oder wenn der Nachlaßgläubiger im Aufgebotsverfahren ausgeschlossen ist oder nach den §§ 1974, 1989 des Bürgerlichen Gesetzbuchs einem ausgeschlossenen Gläubiger gleichsteht.**

Allgemeines zu § 175

1

Zweck der Vorschrift: Regelung des Antragsrechts für Zwangsversteigerung eines zum Nachlaß gehörenden Grundstücks. Das Aufgebot der Nachlaßgläubiger versagt nach BGB § 1971 gegenüber solchen Gläubigern, die für ihre Forderungen einen dinglichen Anspruch an einem Nachlaßgrundstück haben. Der Erbe kann daher den Umfang seiner persönlichen Haftung erst dann bestimmen, wenn feststeht, ob und in welcher Höhe ein Gläubiger einen Ausfall erleidet. Dies festzustellen ist in erster Linie **Zweck des Verfahrens** aus § 175. Es ergänzt das Aufgebot der Nachlaßgläubiger nach ZPO §§ 991–1000 und ist darum grundsätzlich an dieselben Voraussetzungen geknüpft[1]. Eine Zwangsverwaltung gibt es nach § 175 nicht.

Antragsrecht zur Nachlaßversteigerung

2

2.1 Voraussetzungen für dieses Verfahren sind: Es muß eine Nachlaßverbindlichkeit vorliegen, für die der Erbe nach BGB § 1967 haftet; der Gläubiger muß ein Recht auf Befriedigung aus dem Nachlaßgrundstück haben; die Erbschaft muß vom Erben angenommen sein; ein Berechtigter muß das Verfahren beantragen.

2.2 Antragsberechtigte:

I. der Erbe, bei Miterben jeder von ihnen allein;

II. der Testamentsvollstrecker, wenn ihm die Verwaltung des Nachlaßgrundstücks zusteht (ZPO § 991 Abs 2), wobei er nicht das Antragsrecht der Erben ausschließt;

III. der Nachlaßpfleger, falls ihm die Verwaltung des Nachlaßgrundstücks zusteht (ZPO § 991 Abs 2);

IV. der Nachlaßverwalter;

V. wenn das Nachlaßgrundstück zum Gesamtgut einer Gütergemeinschaft gehört, der Ehegatte, der nicht Erbe ist, aber das Gesamtgut allein oder mitverwaltet, und der andere Ehegatte, der Erbe ist, jeweils ohne Zustimmung des Partners (ZPO § 999);

VI. der Erbschaftskäufer (ZPO § 1000).

2.3 Das Verfahren aus § 175 ist aber **nicht zulässig** (Abs 2), wenn der Erbe bereits unbeschränkt (also unbeschränkbar) haftet, weil ihm dann eine Entscheidung darüber, ob er beschränkt haften will, nicht mehr zusteht, oder wenn die Nachlaßgläubiger schon im Aufgebotsverfahren ausgeschlossen sind (BGB § 1970, ZPO §§ 989–1000) oder wenn diese nach BGB §§ 1974, 1989 einem ausgeschlossenen Gläubiger gleichstehen oder wenn der Nachlaßkonkurs durchgeführt und durch Zwangsvergleich oder Ausschüttung der Masse beendet ist.

2.4 Fallen die bisher genannten **Voraussetzungen** nachträglich **weg,** so ist das Verfahren aufzuheben, nicht etwa nur einzustellen.

2.5 Hierzu im ZVG-Handbuch: Muster für Anordnungsbeschluß Rdn 687 und Ausführungen dazu Rdn 688–691.

---

[1] Mohrbutter, Handbuch des Vollstreckungsrechts, § 62.

§ 176 Zwangsversteigerung auf Antrag des Erben

[Anzuwendende Vorschriften nach Antrag des Erben]

176 Wird die Zwangsversteigerung nach § 175 beantragt, so finden die Vorschriften des ersten und zweiten Abschnitts sowie der §§ 173, 174 entsprechende Anwendung, soweit sich nicht aus den §§ 177, 178 ein anderes ergibt.

1 Allgemeines zu § 176

1.1 Zweck der Vorschrift: Regelung des Verfahrens auf Antrag des Erben in der Weise, daß die Gegenstände der Immobiliarvollstreckung in der Form der Vollstreckung (§§ 1–171 n) zwangsversteigert werden und daß Abweichungen sich ergeben aus der entsprechenden Anwendung der § 173 (Beschlagnahmewirkung) und § 174 (geringstes Gebot und Doppelausgebot) sowie § 177 (Glaubhaftmachung des Antragsrechts) und § 178 (Einfluß des Nachlaßinsolvenzverfahren).

1.2 Das Verfahren nach § 175 gleicht somit weitgehend demjenigen nach §§ 172–174, jedoch mit Abweichungen hinsichtlich der nötigen Glaubhaftmachung (§ 177); hinsichtlich des Einflusses eines Nachlaßinsolvenzverfahrens (§ 178) und hinsichtlich des Ausschlusses des Nachlaßgläubigers bei unterlassenem Antrag (§ 179). Es gibt keinen betreibenden Gläubiger und keinen Schuldner. Soweit ein Erbe den Antrag stellt, wird er, wo dies verfahrensrechtlich nötig ist, als Vollstreckungsschuldner behandelt.

2 Anzuwendende Vorschriften (allgemein für Nachlaßverfahren)

Soweit sich nicht aus §§ 177, 178 etwas anderes ergibt, sind entsprechend anzuwenden: die Vorschriften des ersten ZVG-Abschnitts (§§ 1–145) über die Zwangsversteigerung von Grundstücken, des zweiten ZVG-Abschnitts (§§ 162–171 n) über die Zwangsversteigerung von Schiffen, Schiffsbauwerken, Luftfahrzeugen und die §§ 173, 174 aus der Insolvenzverwalterversteigerung. Entsprechend anzuwenden sind somit: ZPO § 864 Abs 2, §§ 865, 870, 870 a; ZVG §§ 1–12; § 13 ergänzt durch § 173; §§ 14–15; § 16 mit Besonderheiten; § 17 ergänzt durch § 177; §§ 18–19, 28–30 (dabei § 28 mit Einschränkungen), 31–43 (dabei § 37 mit Besonderheit); §§ 44–52 ergänzt durch § 174; §§ 53–74 b, 77–145 (dabei § 55 ergänzt durch § 176), 173, 174. Hierzu auch an verschiedenen Kommentarstellen und im Sachverzeichnis.

3 Im Nachlaßverfahren anzuwendende Vorschriften (Einzelheiten)

3.1 Anordnungsbeschluß: Er ist an den Antragsteller des Verfahrens unter Beachtung von § 8 zuzustellen, weil dieser insoweit als Vollstreckungsschuldner zu behandeln ist, soweit er Erbe ist (Rdn 1). Er ist außerdem an etwaige Miterben zuzustellen.

3.2 Beitritt: Ein Miterbe oder ein anderer nach § 175 Antragsberechtigter kann dem schon auf Antrag eines anderen Berechtigten angeordneten Verfahren beitreten. Nicht beitreten kann ein Vollstreckungsgläubiger; dazu Rdn 4.

3.3 Beschlagnahme: Der Anordnungsbeschluß wirkt nicht als Beschlagnahme, weil die Rechte denen des Insolvenzverwalters nach § 172 entsprechen (dazu § 173 Rdn 2).

3.4 Beteiligte: Außer den in § 9 Genannten sind auch die nicht den Verfahrensantrag stellenden Erben und Miterben Beteiligte. Sie müssen ihr Erbrecht anmelden und gegebenenfalls glaubhaft machen.

3.5 Bruchteile von Grundstücken, grundstücksgleichen Rechten, Schiffen, Schiffsbauwerken unterliegen ebenfalls dem Verfahren aus § 175, nicht jedoch Schiffsparten, deren Versteigerung der Mobiliarvollstreckung unterliegt.

Anzuwendende Vorschriften nach Antrag des Erben 3.11 § **176**

3.6 Einstellung: §§ 30 a–f sind nicht anwendbar (wie bei der Insolvenzverwalterversteigerung des § 172), weil der Antragsteller nach § 30 die Einstellung bewilligen kann und bei Antrag eines anderen Antragsberechtigten der Erbe in dem Verfahren keinen Vollstreckungsschutz beanspruchen kann. Auch ZPO § 765 a scheidet aus, wie auch bei den Verfahren nach § 172.

3.7 Erbbaurecht: Es unterliegt wie andere grundstücksgleiche Rechte (§ 176 Rdn 3.11) dem Verfahren nach § 175. Die Veräußerungsbeschränkung aus ErbbauVO § 5 gilt auch hier. Der Zuschlag darf, wo einschlägig, nur mit Zustimmung des Grundstückseigentümers erfolgen; die Zustimmung kann auch hier ersetzt werden (§ 15 Rdn 13).

3.8 Gebot: Auch der Antragsteller des Verfahrens kann bieten, ebenso jeder sonst Antragsberechtigte.

3.9 Geringstes Gebot a) Es wird **grundsätzlich** so **berechnet,** als ob ein persönlicher Gläubiger das Verfahren betreiben würde, es bleiben also (wie bei der Insolvenzverwalterversteigerung) alle dinglichen Belastungen bestehen, und zwar diejenigen, die vor Eintragung des Versteigerungsvermerks eingetragen waren, ohne Anmeldung, die später eingetragenen nur auf Anmeldung (§ 9 Nr 2, § 37 Nr 4, § 45) (dazu: § 174 Rdn 2).

b) Der **Ersteher haftet** nach § 53 für die eingetragenen Nachlaßverbindlichkeiten. Die Nachlaßgläubiger brauchen die Schuldübernahme nicht zu genehmigen, jedoch ist hier § 179 zu beachten.

c) Auch hier kann aber ein Antrag aus § 174 gestellt werden, mit der Folge des **Doppelausgebots,** weil unter Umständen durch zu hohe Belastungen sonst nicht versteigert werden könnte. Auch hier darum die Abweichung von § 44. Auf Antrag werden nur die dem Antragsteller vorgehenden Rechte im geringsten Gebot berücksichtigt.

d) **Antragsberechtigt** ist, wer für seine Forderung gegen den Erben ein von allen Erben und von dem das Verfahren Betreibenden anerkanntes Recht auf Befriedigung aus dem Grundstück hat. Er muß also eine persönliche und dingliche Forderung haben, der Erbe muß persönlich, das Grundstück dinglich haften, beide Rechte müssen anerkannt sein. Es genügt ein stillschweigendes oder ein Teilanerkenntnis. Zustimmung anderer Beteiligter ist entgegen § 59 nicht nötig. Ist das Recht des Antragstellers mit dem Recht eines Dritten belastet, so muß der Dritte zustimmen. Steht das Antragsrecht aus § 174 mehreren zu, so kann jeder für sich den Antrag stellen, Miterben in ungeteilter Erbengemeinschaft allerdings nur gemeinsam. Bei mehreren berechtigten Anträgen richtet sich das Verfahren nach dem weitergehenden, bei dem das geringste Gebot am niedrigsten ist. Der Antrag kann auch auf einen Teilanspruch beschränkt werden, so daß ein Teil des Rechts des Antragstellers bestehenbleibt. Vollstreckungstitel ist nicht nötig. Der Antragsteller wird auch nicht betreibender Gläubiger. Das Antragsrecht entfällt, wenn der Verfahrensantrag aus § 175 zurückgenommen wird. Hierzu und zu weiteren Fragen: § 174 Rdn 3.

e) Wird auf beide Möglichkeiten geboten, so erfolgt der **Zuschlag** auf das Gebot, das dem Antrag des Nachlaßgläubigers entspricht[1]. Beispiele hierzu bietet[2].

f) Zu einschlägigen Fragen im ZVG-Handbuch Rdn 690.

3.10 Grundbuchvermerk: Er ist auch hier nach § 19 einzutragen, zweckmäßig mit dem Zusatz: „... auf Antrag des Erben" oder „auf Antrag des Miterben ..."

3.11 Grundstücksgleiche Rechte: Sie unterliegen ebenfalls diesem Verfahren (dazu auch Rdn 3.7).

---

[1] Mohrbutter, Handbuch des Vollstreckungsrechts, § 62.
[2] Schmidt, Grundpfandrechte und geringstes Gebot, S 59–60.

§ 176 3.12

3.12 Kosten Sie sind ebenso wie bei der Vollstreckungsversteigerung (Einl Rdn 76 ff).

3.13 Luftfahrzeuge: Sie unterliegen, auch wenn hier nicht besonders genannt, dem Verfahren aus § 175.

3.14 Mieter, Pächter: Es gelten hier die Vorschriften §§ 57–57d, weil sie im Gegensatz zur Teilungsversteigerung (§ 183) nicht ausgeschlossen sind.

3.15 Nachlaßverwaltung: Sie hat keinen Einfluß auf Verfahren nach § 175. Antragsrecht des Nachlaßverwalters § 175 Rdn 2.

3.16 Rechtsbehelfe: Sie gelten wie in den anderen Versteigerungsverfahren, also sofortige Beschwerde bzw Vollstreckungserinnerung.

3.17 Schiffe, Schiffsbauwerke: Sie unterliegen diesem Verfahren.

3.18 Sicherheitsleistung: Sie erfolgt hier auch bei Geboten des das Verfahren Betreibenden nach § 67, nicht nach § 68 Abs 3, weil der Erbe insoweit nicht als Vollstreckungsschuldner gilt, also anders als bei der Insolvenzverwalterversteigerung.

3.19 Terminbestimmung: Sie muß die besondere Verfahrensart erkennen lassen, daß nämlich die Versteigerung „auf Antrag des Erben" (bzw des Nachlaßpflegers usw) erfolge. In der Anmeldungsaufforderung aus § 37 Nr 4 ist zu sagen: „... falls der Antragsteller widerspricht ..." Mitteilung der Terminsbestimmung erfolgt nach MiZi XI an Gemeindeverwaltung und Stellen, die öffentliche Lasten einziehen, nicht mehr aber an Finanzamt, Hauptzollamt und Gemeindesteuerstelle zur Bekanntgabe etwaiger Rückstände an Betriebssteuern (§ 15 Rdn 34.8 und § 180 Rdn 7.25 f).

3.20 Verbindung: Mehrere nach § 175 stattfindende Verfahren können nach § 18 verbunden werden, auch wenn die Grundstücke unterschiedlich belastet sind.

3.21 Verlegung: Vertagung und Unterbrechung des Versteigerungstermins: § 43 Rdn 8: Anspruch auf Verlegung eines Zwangsversteigerungstermins, der in der Zeit vom 1. Juli bis 31. August anberaumt ist, auf Antrag aus Begründung nach ZPO § 227 Abs 3 besteht nicht. Versteigerung auf Erbenantrag ist als Zwangsvollstreckungsverfahren (§ 172 Rdn 1.3) typischerweise eilbedürftig; Abs 3 von ZPO § 227 findet daher nach dessen Nummer 7 in diesen Verfahren keine Anwendung.

3.22 Vorkaufsrecht: § 81 Rdn 10.

3.23 Wertfestsetzung: In allen Verfahren ist jetzt vor dem Versteigerungstermin der Wert nach § 74a Abs 5 (wie in der Vollstreckungsversteigerung) festzusetzen. An Stelle des Vollstreckungsschuldners ist ein Antragsgegner zu hören, der auch Rechtsbehelfe einlegen kann. Dies gilt ebenso für etwaige Miterben. Der Antragsteller des Verfahrens kann nach § 74a Versagung beantragen, wie bei der Insolvenzverwalterversteigerung der Insolvenzverwalter (entgegen der in diesem Buch abgelehnten Ansicht, daß der nur im Verfahren Betreibende nicht Zuschlagsversagung verlangen könne, § 172 Rdn 5.17). Früher kam Wertfestsetzung aus § 74a bei einem Verfahren nach § 175 ohne ausdrücklichen Antrag aus § 174 nicht in Frage, weil dann alle Belastungen bestehenblieben.

3.24 Zuständigkeit des Vollstreckungsgerichts. Sie richtet sich nach den normalen Vorschriften jeder Zwangsversteigerung. Landesrechtliche Zuständigkeitskonzentration (§ 1 Abs 2): wie § 172 Rdn 5.18.

4 Nachlaßversteigerung und Vollstreckungsversteigerung

Verfahren aus § 175 und andere können zusammentreffen, indem etwa vor oder nach der Anordnung aus § 175 bereits eine Vollstreckungsversteigerung oder Insolvenzverwalterversteigerung oder Teilungsversteigerung angeordnet wird. Die Verfahren laufen unabhängig nebeneinander. Es ist kein gegenseitiger Beitritt

Einfluß des Nachlaßinsolvenzverfahrens bei Antrag des Erben 2.2 **§ 178**

möglich; ausgeschlossen ist der Beitritt eines nach § 175 Antragsberechtigten zu einer Vollstreckungsversteigerung ebenso wie der Beitritt eines Vollstreckungsgläubigers zu einem Verfahren nach § 175 (hierzu § 172 Rdn 7). Keines der Verfahren steht dem anderen im Sinne von § 28 Abs 1 im Wege. Es ist hier wie beim Zusammentreffen von Insolvenzverwalterversteigerung und Teilungsversteigerung (§ 172 Rdn 7). Auch die Verbindung solcher Verfahren ist nicht möglich.

[Glaubhaftmachung bei Versteigerung auf Erbenantrag]

177 Der Antragsteller hat die Tatsachen, welche sein Recht zur Stellung des Antrags begründen, durch Urkunden glaubhaft zu machen, soweit sie nicht bei dem Gericht offenkundig sind.

Allgemeines zu § 177 1
Zweck der Vorschrift: Erfordernis für Darlegung des Antragsrechts. Jeder Verfahrensantrag im ZVG, auch der nach § 175, soll grundsätzlich das Grundstück, den Eigentümer, den Anspruch und den Vollstreckungstitel bezeichnen: § 16 Abs 1. Titel und Anspruch entfallen hier und statt des Eigentümers ist der Erblasser zu bezeichnen. Im übrigen ist durch § 177 eine Ergänzung vorgesehen.

Glaubhaftmachen des Antragsrechts zur Nachlaßversteigerung 2
2.1 Der **Antragsteller** (Erbe oder sonstige Antragsberechtigte) **muß** alle Tatsachen, die sein Antragsrecht begründen, durch Urkunden **glaubhaft machen,** soweit sie nicht bei Gericht offenkundig sind. Dazu gehören: Die Eigenschaft als Erbe (Erbschein), als Nachlaßpfleger (Bestallung) oder Testamentsvollstrecker (Zeugnis), der Tod des Erblassers und die Erbfolge (Testament, Erbschein), die persönliche Haftung der Erben (Grundakten), die Annahme der Erbschaft (Ablauf der Ausschlagungsfrist).

2.2 Ergibt sich nach der Anordnung des Verfahrens aus § 175, daß die glaubhaft gemachten **Tatsachen nicht zutreffen,** so können alle Beteiligten beantragen, das Verfahren aufzuheben. Stellt das Gericht von sich aus fest, daß die Tatsachen nicht zutreffen, so muß es von Amts wegen das Verfahren aufheben.

[Einfluß des Nachlaßinsolvenzverfahrens bei Antrag des Erben]

178 (1) **Die Zwangsversteigerung soll nicht angeordnet werden, wenn die Eröffnung des Nachlaßinsolvenzverfahrens beantragt ist.**
(2) **Durch die Eröffnung des Nachlaßinsolvenzverfahrens wird die Zwangsversteigerung nicht beendigt; für das weitere Verfahren gilt der Insolvenzverwalter als Antragsteller.**

Allgemeines zu § 178 1
Zweck der Vorschrift: Regelung des Einflusses des Nachlaßinsolvenzverfahrens.

Nachlaßinsolvenzverfahren und Nachlaßversteigerung 2
2.1 Nach Eröffnung des Nachlaßinsolvenzverfahren **kann der Erbe verlangen,** daß die Vollstreckungsmaßnahmen eines Nachlaßgläubigers in das nicht zum Nachlaß gehörende Vermögen aufgehoben werden: ZPO § 784 Abs 1.

2.2 Nach Eröffnung des Nachlaßinsolvenzverfahren kann ein **persönlicher Gläubiger,** der die Vollstreckungsversteigerung in ein Nachlaßgrundstück betreibt, keine abgesonderte Befriedigung mehr verlangen, wenn die Versteigerungsbeschlagnahme erst nach dem Erbfall erfolgt ist: InsO § 321; das gilt auch dann, wenn der persönliche Gläubiger nach dem Erbfall eine Sicherungszwangshypothek hat eintragen lassen.

2.3 Nach Eröffnung des Nachlaßinsolvenzverfahren wird ein vorher angeordnetes Versteigerungsverfahren aus § 175 fortgeführt, doch gilt für das weitere Verfahren der **Insolvenzverwalter als Antragsteller:** Abs 2. Der bisherige Antragsteller des Verfahrens aus § 175 scheidet aus und das Verfahren wird durchgeführt, als ob der Insolvenzverwalter Antragsteller nach § 172 wäre. Das Verfahren aus § 175 wird also in ein Verfahren nach § 172 übergeleitet. Umschreibung des Grundbuchvermerks erscheint nicht nötig. Die bisherigen Beteiligten sind aber zweckmäßig durch Zustellung einer gerichtlichen Feststellung hierüber von der Veränderung des Verfahrens zu verständigen. Der Insolvenzverwalter kann den Verfahrensantrag nun auch zurücknehmen[1].

2.4 Nach Eröffnung des Nachlaßinsolvenzverfahrens **darf** ein Verfahren aus § 175 **nicht mehr angeordnet** werden, weil es überflüssig und unzulässig ist, indem die Nachlaßverbindlichkeiten nun im Insolvenzverfahren festgestellt werden und der Insolvenzverwalter nach § 172 vorgehen kann[1]. Hat das Gericht trotz Eröffnung des Insolvenzverfahrens angeordnet, so muß es nach § 28 aufheben; es wird aber am besten vorher beim Insolvenzverwalter anfragen, ob er etwa das Grundstück aus der Masse freigeben wolle. Der Insolvenzverwalter kann durch Erinnerung nach ZPO § 766 (anschließend sofortige Beschwerde) Aufhebung des Verfahrens aus § 175 verlangen.

2.5 Sobald ein Antrag auf Eröffnung des Nachlaßinsolvenzverfahrens gestellt ist, **soll** die Versteigerung aus § 175 **nicht mehr angeordnet** werden: Abs 1. Man muß dann bis zur Entscheidung über die Eröffnung des Nachlaßinsolvenzverfahrens die Entscheidung über das Nachlaßversteigerungsverfahren aus § 175 zurückstellen[1] (vorausgesetzt daß das Gericht von dem anderen Antrag weiß).

2.6 Wird das Nachlaßinsolvenzverfahren vor Abschluß des Verfahrens aus § 175 durch Verteilung der Masse oder durch einen Insolvenzplan beendet, so muß das **Verfahren** des § 175 von Amts wegen nach § 175 Abs 2 **aufgehoben** werden, weil für die Haftung des Erben dann BGB § 1973 gilt und die Nachlaßgläubiger den im Wege des Aufgebotsverfahrens ausgeschlossenen Gläubigern gleichstehen (BGB § 1989). Das gilt auch, wenn das Insolvenzverfahren in diesem Falle nach InsO § 207 Abs 1 mangels Masse eingestellt wurde.

[Ausschluß des Nachlaßgläubigers vom übrigen Nachlaß]

179 Ist ein Nachlaßgläubiger, der verlangen konnte, daß das geringste Gebot nach Maßgabe des § 174 ohne Berücksichtigung seines Anspruchs festgestellt werde, bei der Feststellung des geringsten Gebots berücksichtigt, so kann ihm die Befriedigung aus dem übrigen Nachlasse verweigert werden.

1 Allgemeines zu § 179

Zweck der Vorschrift: Ausschluß der Befriedigung bestimmter Gläubiger aus dem sonstigen Nachlaß.

2 Sonstiger Nachlaß bei Nachlaßversteigerung

2.1 Einem Nachlaßgläubiger, der den Antrag aus § 174 stellen konnte (nämlich auf Berücksichtigung nur der ihm vorgehenden Ansprüche im geringsten Gebot), es aber nicht tat und daher im geringsten Gebot berücksichtigt wird, kann die Befrie-

---

[1] Mohrbutter, Handbuch des Vollstreckungsrechts, § 62.

digung aus dem übrigen Nachlaß vom Erben verweigert werden: **Einrede des Erben.**

2.2 Den **Antrag** aus § 174 **konnte** der Nachlaßgläubiger nicht stellen, wenn ein Verfahren aus § 175 anhängig war oder wenn der Anspruch des Gläubigers nicht anerkannt wurde oder wenn in der Terminsbestimmung nicht gemäß § 37 Nr 3 gesagt war, daß die Versteigerung auf Antrag des Erben usw stattfinde.

2.3 Berücksichtigt im geringsten Gebot ist der Gläubiger auch dann, wenn das geringste Gebot nicht erreicht wird und es deshalb nicht zum Zuschlag kommt. Das gilt sogar dann, wenn zwar ein Antrag aus § 174 gestellt war, aber ein zulässiges Gebot nicht abgegeben wurde[1]. Wenn der Erbe durch Zurücknahme des Antrags aus § 174 einen Zuschlag vereitelte, muß er sich den Einwand der allgemeinen Arglist entgegenhalten lassen.

2.4 Die persönliche **Forderung** des Nachlaßgläubigers **geht** durch § 179 **nicht unter,** seine Hypothek wird auch nicht zur Grundschuld; die Forderung ist nur mit der Einrede behaftet und auf diese kann sich neben dem Erben auch der Bürge oder der Pfandschuldner berufen (BGB § 768 Abs 1, § 1211 Abs 1)[2].

[Teilungsversteigerung; anzuwendende Vorschriften; Einstellung]

180 (1) **Soll die Zwangsversteigerung zum Zwecke der Aufhebung einer Gemeinschaft erfolgen, so finden die Vorschriften des Ersten und Zweiten Abschnitts entsprechende Anwendung, soweit sich nicht aus den §§ 181 bis 185 ein anderes ergibt.**

(2) **Die einstweilige Einstellung des Verfahrens ist auf Antrag eines Miteigentümers auf die Dauer von längstens sechs Monaten anzuordnen, wenn dies bei Abwägung der widerstreitenden Interessen der mehreren Miteigentümer angemessen erscheint. Die einmalige Wiederholung der Einstellung ist zulässig. § 30 b gilt entsprechend.**

(3) **Betreibt ein Miteigentümer die Zwangsversteigerung zur Aufhebung einer Gemeinschaft, der außer ihm nur sein Ehegatte oder sein früherer Ehegatte angehört, so ist auf Antrag dieses Ehegatten oder früheren Ehegatten die einstweilige Einstellung des Verfahrens anzuordnen, wenn dies zur Abwendung einer ernsthaften Gefährdung des Wohls eines gemeinschaftlichen Kindes erforderlich ist. Die mehrfache Wiederholung der Einstellung ist zulässig. § 30 b gilt entsprechend. Das Gericht hebt seinen Beschluß auf Antrag auf oder ändert ihn, wenn dies mit Rücksicht auf eine Änderung der Sachlage geboten ist.**

(4) **Durch Anordnungen nach Absatz 2, 3 darf das Verfahren nicht auf mehr als fünf Jahre insgesamt einstweilen eingestellt werden.**

Übersicht

Allgemeines zu § 180 1	Aufhebungsversteigerung: Allgemeine Verfahrensgrundsätze 6
Allgemeines zur Aufhebung einer Gemeinschaft 2	Aufhebungsversteigerung: Anzuwendende Vorschriften 7
Antragsberechtigung 3	Beitritt (§ 27 mit § 180 Abs 1) 8
Antragsinhalt 4	Entgegenstehende Rechte; Ausschluß der Auseinandersetzung 9
Antrag: Entscheidung; Anordnungsbeschluß 5	

---

[1] Jaeckel/Güthe § 179 Rdn 2.
[2] Mohrbutter, Handbuch des Vollstreckungsrechts, § 62.

§ 180 Aufhebung einer Gemeinschaft

Muster für Anordnung und Beitritt in der Teilungsversteigerung	10	Teilungsversteigerung und Nachlaßversteigerung	16
Pfändung und Verpfändung	11	Verteilung des Erlöses in der Teilungsversteigerung	17
Schutz des Antragsgegners (Absatz 2)	12		
Schutz im Interesse des Kindeswohls (Absätze 3 und 4)	13	Verteilung des Erlösüberschusses durch Auseinandersetzung der Gemeinschafter	18
Teilungsversteigerung und Forderungsversteigerung	14		
Teilungsversteigerung und Insolvenzverwalterversteigerung	15	Zwangsversteigerung und Rückübertragungsanspruch (Restitutionsanspruch)	19

Literatur: *(Allgemein)* Drescher, Die Zwangsversteigerung zum Zwecke der Aufhebung der Gemeinschaft an einem Grundstück, Dissertation, 1908; Drischler, Die Zwangsversteigerung zum Zwecke der Aufhebung der Gemeinschaft, RpflJahrbuch 1966, 325; Drischler, Die Aufhebung der ungeteilten Erbengemeinschaft durch Zwangsversteigerung des Nachlaßgrundstücks, JurBüro 1963, 241 und 501; Drischler, Die Zwangsversteigerung zum Zwecke der Aufhebung der Gemeinschaft, JurBüro 1981, 1441, 1601 und 1765; Hamme, Das Zusammentreffen von Teilungs- und Forderungsversteigerung, Rpfleger 2002, 248; Schiffhauer, Soziale Aspekte im Zwangsversteigerungsverfahren, Rpfleger 1978, 397; Schiffhauer, Besonderheiten der Teilungsversteigerung, ZIP 1982, 526 und 660; Stöber, Das Verteilungsverfahren bei der Teilungsversteigerung und die Auseinandersetzung unter den Grundstückseigentümern, Rpfleger 1958, 73.

(Zu Einzelfragen) Brudermüller, Das Familienheim in der Teilungsversteigerung, FamRZ 1996, 1516; Drischler, Voreintragung der Erben bei der Teilungsversteigerung, MDR 1960, 466; Drischler, Neuerungen zum Vollstreckungsschutz in den Verfahren der Zwangsversteigerung zum Zwecke der Aufhebung der Gemeinschaft, NJW 1986, 1853; Drischler, Der Einfluß familienrechtlicher Bestimmungen in der Teilungsversteigerung, RpflJahrbuch 1987, 359; Ebeling, Teilungs- und Vollstreckungsversteigerung, Rpfleger 1991, 349; Hill, Kann ein Miterbe, dessen Miterbenanteil gepfändet ist, im Zwangsversteigerungsverfahren zum Zwecke der Aufhebung der Gemeinschaft einen Einstellungsantrag gemäß § 180 Abs 2 ZVG stellen?, MDR 1959, 92; Jansen, Zwei Fragen zur Teilungsversteigerung, Rpfleger 1954, 435; Metzger, Rechtliches Gehör bei der Teilungsversteigerung?, NJW 1966, 2000; Mohrbutter, Zur Auslegung des § 180 Abs 2 ZVG neuer Fassung, Rpfleger 1954, 235; Quardt, Kann der Schuldner, dessen Miterbenanteil an einem Grundstück gepfändet worden ist, die Teilungsversteigerung gemäß § 180 ZVG betreiben?, JurBüro 1963, 262; Rellermeyer, DDR-Güterstand und Teilungsversteigerung, Rpfleger 1995, 321; Rellermeyer, Anordnung der Zwangsversteigerung „in besonderen Fällen" bei Auslandsberührung, Rpfleger 1997, 509; Schalhorn, Gibt es im Verfahren der Teilungs- (Auseinandersetzungs-) Versteigerung nach den §§ 180 ff ZVG eine Kostenerstattung? Gegebenenfalls nach welchem Wert?, JurBüro 1970, 137; Schiffhauer, Ist § 1365 Abs 1 BGB n. F. auf den Teilungsversteigerungsantrag anwendbar?, FamRZ 1960, 185; Schneider, Zur Kostenerstattung bei der Teilungsversteigerung nach §§ 180 ff ZVG, JurBüro 1966, 730; Schneider, Zwangsversteigerung auf Antrag eines Miterben ohne Beteiligung des Testamentsvollstreckers, Rpfleger 1976, 384; Stöber, Ist § 765 a ZPO bei der Zwangsversteigerung zur Aufhebung einer Gemeinschaft anwendbar?, Rpfleger 1960, 237; Stöber, Antrag auf Teilungsversteigerung nach Pfändung eines Miterbenanteils und Einstellungsantrag nach § 180 Abs 2 ZVG des Pfändungsschuldners, Rpfleger 1963, 337; Teufel, § 765 a ZPO in der Teilungsversteigerung, Rpfleger 1976, 86.

1 Allgemeines zu § 180

Zweck der Vorschrift: Regelung des Verfahrens in der Weise, daß auch zum Zwecke der Aufhebung einer Gemeinschaft die Gegenstände der Immobiliarvollstreckung in der Form der Vollstreckung (§§ 1–145 mit Besonderheiten für Schiffe, Schiffsbauwerke und Luftfahrzeuge nach §§ 162 ff) zwangsversteigert werden und daß Abweichungen bestimmt sind in § 181 (Anordnungsvoraussetzungen), § 182 (geringstes Gebot) sowie §§ 183–185 (kein Ausnahmekündigungsrecht, Sicherheitsleistung und Besonderheit für landwirtschaftlichen Betrieb). Sodann auch selbständige Regelung des zeitweiligen Verfahrensaufschubs zur Wahrung berechtigter Interessen des Antragsgegners (Abs 2) und im Interesse gemeinschaftlicher Kinder von Ehegatten (Abs 3).

Anzuwendende Vorschriften, Einstellung 2.4 **§ 180**

Allgemeines zur Aufhebung einer Gemeinschaft

2.1 Zum Zwecke der **Aufhebung der Gemeinschaft** erfolgt die Zwangsversteigerung, wenn die Teilung eines mehreren Miteigentümern gehörenden Grundstücks (anderen Objekts) in Natur nicht möglich ist[1]. Zwangsversteigerung zur Teilung eines gemeinschaftlichen Gegenstandes der Immobiliarvollstreckung findet bei **Bruchteils-** und bei **Gesamthandsgemeinschaft** statt.

2.2 Der Zwangsversteigerung zum Zwecke der Aufhebung einer Gemeinschaft unterliegen als **Gegenstände** der Immobiliarvollstreckung Grundstücke, Gebäudeeigentum, grundstücksgleiche Rechte (insbesondere Erbbaurecht, Rdn 7.9), Schiffe, Schiffsbauwerke und Luftfahrzeuge (zu ausländischen Rdn 4.4). **Bruchteile** von Grundstücken, Gebäudeeigentum und grundstücksgleichen Rechten unterliegen dem Teilungsversteigerungsverfahren, auch von Schiffen, Schiffsbauwerken, Luftfahrzeugen, nicht aber Schiffsparten, deren Teilung und Versteigerung sich nach der Mobiliarvollstreckung richtet. Bei Bruchteilen ist natürlich vorausgesetzt, daß an ihnen wieder eine Gemeinschaft besteht, daß zB ein Hälfteanteil seinerseits in Erbengemeinschaft steht. Bei der **Reederei** ist (Kündigung und) Teilungsversteigerung ausgeschlossen: HGB § 505 Abs 3. Reederei liegt vor, wenn mehrere Personen ein ihnen gemeinschaftlich zustehendes Schiff zum Erwerb durch die Seefahrt für gemeinschaftliche Rechnung verwenden: HGB § 489 Abs. 1; das müssen aber nicht unbedingt die Eigentümer sein: HGB § 510. Die Reederei kann nur durch Mehrheitsbeschluß aufgelöst werden, worauf das Schiff öffentlich verkauft werden muß: HGB § 506.

2.3 Die Aufhebung einer Bruchteilsgemeinschaft an einem Grundstück (anderen Objekt der Immobiliarvollstreckung) und Aufhebung der Gemeinschaft an dem Miteigentümern in Gesamthandsgemeinschaft gehörenden Grundstück bei deren Auseinandersetzung erfolgen durch

– **Einigung** der Miteigentümer (erfordert Auflassung, BGB § 925),
– **Teilung in Natur** (BGB § 752; kommt bei Grundstücken in der Regel nicht in Frage) **oder** durch
– **Zwangsversteigerung** „zum Zwecke der Aufhebung der Gemeinschaft" und Teilung des Versteigerungserlöses (siehe BGB §§ 752, 753 Abs 1).

Das Recht auf Aufhebung und Auseinandersetzung umfaßt also immer das Recht auf Teilungsversteigerung[2] (wie das Verfahren genannt wird). Verfahrensziel der Teilungsversteigerung ist, an die Stelle des in Natur nicht teilbaren Gegenstandes eine unter die Miteigentümer aufteilbare Geldsumme treten zu lassen[3]. Die Teilungsversteigerung unterscheidet sich von der **Nachlaßauseinandersetzung** vor dem Nachlaßgericht gemäß FGG §§ 86–99, die über den gesamten Nachlaß unter Einschluß von Grundstücken auf freiwilliger Grundlage erfolgt, ebenso von dem **Zuweisungsverfahren** vor dem Landwirtschaftsgericht, das bei landwirtschaftlichen Anwesen Vorrang vor der Teilungsversteigerung hat (§ 185). Durch Umwandlung in Wohnungseigentum (auch in Teileigentum) (WEG § 1) kann eine Gemeinschaft an einem bebauten (oder bebaubaren) Grundstück nur durch Vertrag aller Miteigentümer (WEG § 3; auch § 8) geändert, nicht aber aufgehoben[4] werden. Zur nicht mehr auseinandersetzbaren Wohnungseigentümergemeinschaft Rdn 2.9.

2.4 Durch Zwangsversteigerung des Grundstücks (anderen Objekts) und Teilung des Erlöses werden aufgehoben

---

[1] BVerfG 42, 64 = FamRZ 1976, 436 = MDR 1976, 820 = NJW 1976, 1391 = Rpfleger 1976, 389.
[2] LG Tübingen NJW 1958, 1303 mit krit Anm Riedel.
[3] BVerfG aaO (Fußn 1); BGH 4, 84 = NJW 1952, 263 = Rpfleger 1952, 415.
[4] OLG München DNotZ 1953, 147 = JZ 1953, 148 mit zust Anm Raiser = NJW 1952, 1297; Haegele Rpfleger 1955, 175 (176).

§ 180   2.4   Aufhebung einer Gemeinschaft

a) die **Gemeinschaft nach Bruchteilen** (BGB §§ 741–758), früher auch „schlichte Gemeinschaft" genannt (BGB § 753 Abs 1). Bei ihr kann Miteigentum zu gleichen oder zu ungleichen Anteilen bestehen; sie sind ziffernmäßig oder prozentual bestimmt. Teilhaber einer Bruchteilsgemeinschaft können natürliche und juristische Personen (auch eine Offene Handelsgesellschaft oder Kommanditgesellschaft als Personenhandelsgesellschaft, HGB § 124 Abs 1, eine Partnerschaft oder EWIV) sein. Vielfach besteht Bruchteilsgemeinschaft zwischen Eheleuten, die ein Grundstück gemeinschaftlich als Eigentümer haben und nicht in Gütergemeinschaft leben. Sie kann auch zwischen Lebenspartnern bestehen. Jeder Teilhaber der Bruchteilsgemeinschaft kann deren Aufhebung jederzeit verlangen (BGB § 749 Abs 1). Auf die Größe des Anteils kommt es dabei nicht an[5].

b) die **Erbengemeinschaft** (BGB §§ 2032–2063; Aufhebungsanspruch BGB § 2042 Abs 1; Zwangsversteigerung BGB § 2042 Abs 2 mit § 753 Abs 1). Deren Auseinandersetzung kann jeder Miterbe jederzeit verlangen (BGB § 2042 Abs 1), sofern nicht ein Fall der §§ 2043–2045 gegeben ist (dazu Rdn 9.3). Wenn ein Testamentsvollstrecker ernannt ist, kann von ihm die Auseinandersetzung unter mehreren Erben zu bewirken sein (BGB § 2204 Abs 1; dazu Rdn 3.15 und 9.3).

c) die **Gesellschaft des bürgerlichen Rechts** (BGB §§ 705–740) nach ihrer Auflösung (BGB § 730 Abs 1, § 731), sofern nicht anders nach einer Vereinbarung der Gesellschafter oder nach BGB §§ 732, 733 zu verfahren ist. Vor Auflösung der Gesellschaft kann Teilung nicht verlangt werden (BGB § 719 Abs 1). Für Auseinandersetzung gibt es einige Sondervorschriften (BGB §§ 732–735); im übrigen sind die Vorschriften der Bruchteilsgemeinschaft (BGB §§ 741–758) anzuwenden (BGB § 731 Satz 2).

d) die **eheliche Gütergemeinschaft** (BGB §§ 1415–1482) nach Beendigung des Güterstandes (BGB § 1471 Abs 1), soweit nichts anderes vereinbart (BGB § 1474) oder gesetzlich bestimmt ist (BGB § 1475–1481); siehe BGB § 1477 Abs 1.

e) die **fortgesetzte Gütergemeinschaft** (BGB §§ 1483–1518) nach Beendigung (BGB § 1497); siehe BGB § 1477 Abs 1 mit § 1498.

f) nur ausnahmsweise eine **Offene Handelsgesellschaft** und eine **Kommanditgesellschaft**. Nach Auflösung findet bei diesen Gesellschaften die Liquidation statt (HGB § 145 Abs 1, § 161 Abs 2), die durch Liquidatoren erfolgt (HGB § 146 Abs 1); eine Teilungsversteigerung findet daher nicht statt. Jedoch kann Teilungsversteigerung als andere Art der Auseinandersetzung von den Gesellschaftern vereinbart sein (HGB § 145 Abs 1, § 161 Abs 2); sie kann dann von einem der Gesellschafter (oder von allen) betrieben werden. Teilungsversteigerung kann außerdem auch von den (allen) Liquidatoren gemeinschaftlich beantragt werden[6].

g) nur ausnahmsweise auch eine **Partnerschaft** sowie eine **Europ wirtschaftliche Interessenvereinigung**. Auf die Liquidation der Partnerschaft nach Auflösung sind die Vorschriften über die Liquidation einer Offenen Handelsgesellschaft entsprechend anwendbar (PartGG § 10 Abs 1). Abwicklung einer Europ wirtschaftlichen Interessenvereinigung nach Auflösung (VO [EWG] über die Schaffung einer EWIV Art 35) erfolgt durch die Geschäftsführer, wenn sie nicht durch den Gründungsvertrag oder durch Beschluß der Mitglieder anderen Personen übertragen ist (EWIV-AusfG § 10). Anwendung findet im übrigen über EWIV-AusfG § 1 OHG-Recht, somit HGB § 145 ff. Teilungsversteigerung ermöglicht das in beiden Fällen ausnahmsweise ebenso wie bei der Offenen Handelsgesellschaft (vorst f). Zu den vertraglichen und gesetzlichen Ausschlußgründen Rdn 9.

---

[5] OLG Schleswig MDR 1959, 46.
[6] LG Kaiserslautern Rpfleger 1985, 121; Jackel/Güthe § 180 Rdn 3; Korintenberg/Wenz Vorbem zu §§ 180–184; Reinhard/Müller § 180 Anm II 4 c.

Anzuwendende Vorschriften, Einstellung 2.7 § **180**

2.5 Wenn der Eigentümer eines ideellen Miteigentumsanteils (zum Beispiel eines Hälftebruchteils) den anderen Miteigentumsanteil nur als **Vorerbe** hinzuerwirbt, ist er rechtlich (bis zum Eintritt des Nacherbfalls; BGB § 2139) zwar Alleineigentümer. Der Nachlaß bildet in der Hand des Vorerben jedoch in gewisser Hinsicht ein Sondervermögen. In seiner Hand als Alleineigentümer dauert mit verschieden stark ausgestalteter Verfügungsmacht doch die bisher geteilte Zuordnung des Eigentums in abgeschwächter Erscheinungsform an; eine Verfügung über den zum Nachlaß gehörenden Grundstücksmiteigentumsanteil ist bei Eintritt des Nacherbfalls nach Maßgabe von BGB §§ 2113, 2115 unwirksam. Das Grundstück ist daher dem Alleineigentümer in einem solchen Fall doch nicht ungeteilt zugeordnet. Das ermöglicht Einzelbelastung des dem Eigentümer schon vor dem Vorerbfall gehörenden ideellen Grundstücksmiteigentumsanteils[7]; ebenso ist auch Teilungsversteigerung (unter Zuziehung des Nacherben) zulässig[8].

2.6 Mögliche **Teilung in Natur** zur Aufhebung einer Gemeinschaft (BGB § 752) schließt Zwangsversteigerung und Erlösteilung als Verfahren zur Gemeinschaftsaufhebung aus (BGB §§ 752, 753). Teilung in Natur erfolgt, wenn der gemeinschaftliche Gegenstand sich **ohne Verminderung des Wertes in gleichartige,** den Anteilen der Teilhaber entsprechende Teile zerlegen läßt: BGB § 752 Satz 1. Die Teile müssen also von gleicher Art sein; gleichartig sind sie aber auch nur, wenn sie auch gleichwertig sind und die Summe der Einzelwerte den Gesamtwert erreicht[9]. Bei Anteilen zu je 1/2 müssen sich also zwei gleichgroße und gleichwertige Flächen ergeben oder bei Aufteilung in kleinere Parzellen wertmäßig gleiche Teilungsposten, die auch gleichartig sind, also gleiche Verwendungsmöglichkeit aufweisen. Nur wenn alle Voraussetzungen erfüllt sind, ist das Objekt in Natur teilbar. Bei Beurteilung der Zulässigkeit der Realteilung sind hohe Anforderungen zu stellen[10]. Durch Teilung kann sich der Wert eines Grundstücks vermindern. Teilung in Natur ist darum auch bei einem als Bauplatz geeigneten Grundstück nur beschränkt möglich, bei einem zur Bebauung vorgesehenen nicht, wenn die neuen Teilgrundstücke nicht mehr bebaubar wären[11]. Dabei müssen bei Bauland auch vor der Teilung die Straßenflächen ausgeschieden sein. Ungleichartige Teile sind selbst dann nicht zulässig, wenn derjenige, der die Teilung in Natur verlangt, sich mit dem kleineren oder geringerwertigen Teil zufriedengeben will, falls der andere Partner nicht zustimmt. Da die Voraussetzungen für **Teilung in Natur** sehr streng sind, ist diese bei Grundstücken entgegen der gesetzlichen Regel **Ausnahme** und die **Teilungsversteigerung die Regel**[12]. Teilung eines bebauten Grundstücks in der Weise, daß die bebaute Grundstücksfläche herausgemessen und versteigert und die restliche Grundstücksfläche in Natur geteilt wird, ist als Form der Auseinandersetzung nicht vorgesehen[13].

2.7 Eine **Gesamthandsgemeinschaft** (Erbengemeinschaft, BGB-Gesellschaft, eheliche und fortgesetzte Gütergemeinschaft, Offene Handelsgesellschaft und Kommanditgesellschaft) muß grundsätzlich im ganzen aufgehoben werden. Die Auseinandersetzung muß sich somit auf das gesamte gemeinsame Vermögen erstrecken, bei mehreren zu einer Gemeinschaft gehörenden Grundstücken auf alle (auch eine persönlich beschränkte Teilauseinandersetzung nur in bezug auf ihn

---

[7] BayObLG 1968, 104 = DNotZ 1968, 626 = MDR 1968, 842 = NJW 1968, 1431 = Rpfleger 1968, 221.
[8] BGH DNotZ 2005, 123 = FamRZ 2004, 1719 = MDR 2005, 112 = NJW-RR 2004, 1513 = Rpfleger 2004, 721.
[9] OLG Nürnberg BWNotZ 1960, 147 Leits = RdL 1960, 22; OLG Stuttgart BWNotZ 1984, 172.
[10] OLG Stuttgart BWNotZ 1984, 172.
[11] OLG Stuttgart BWNotZ 1955, 74 Leitsatz.
[12] OLG Hamm JMBlNW 1963, 237 = Rpfleger 1964, 341 mit zust Anm Haegele.
[13] OLG München NJW-RR 1991, 1097.

kann einer von mehreren Miterben nicht mit der Maßgabe verlangen, daß die Erbengemeinschaft im übrigen fortbestehen soll[14]. Teilungsversteigerung eines Nachlaßgrundstücks (anderen Objekts einer Gesamthandsgemeinschaft) muß aber nicht erst eingeleitet werden, wenn der übrige Nachlaß auseinandergesetzt ist[15]. Im Zweifel gibt der Antragsteller mit seinem Versteigerungsantrag den Willen kund, die Auseinandersetzung bezüglich des ganzen Vermögens herbeizuführen[16]. In der Regel ist daher anzunehmen, daß volle Auseinandersetzung erstrebt wird[17]. Das Vollstreckungsgericht hat aber die Gesamtauseinandersetzung als Voraussetzung der Verfahrensanordnung nicht zu prüfen; es muß auch dann das Verfahren anordnen (und durchführen), wenn zu seiner Kenntnis sich die Teilungsversteigerung nur auf eines oder einige von mehreren Grundstücken erstreckt. Abhilfe ist nur durch Widerspruchsklage möglich. Zur Frage einer Teilauseinandersetzung[18].

2.8 Auch nach Zuschlag in **freiwilliger Versteigerung** gemäß Landesrecht ist noch Teilungsversteigerung möglich. Einwendungen sind durch Widerspruchsklage geltend zu machen[19].

2.9 a) **Wohnungseigentum** ist Gemeinschaft nach Bruchteilen am gemeinsamen Grundstück. Es **kann** aber **kein Wohnungseigentümer** (nicht einmal aus wichtigem Grunde) die **Aufhebung** dieser Gemeinschaft **verlangen:** WEG § 11 Abs 1. Teilungsversteigerung ist daher unzulässig. Das gilt auch für Pfändungsgläubiger und Insolvenzverwalter (die bei normalen Grundstücken sonst nach BGB § 751 und InsO § 84 Abs 2 selbst bei Ausschluß der Auseinandersetzung berechtigt sind)[20]: WEG § 11 Abs 2. Dieser gesetzliche Ausschluß in § 11 ist unabdingbar.

b) Von diesem Verbot wird aber nicht berührt die **mögliche** Teilungsversteigerung eines einzelnen **Wohnungseigentumsanteils,** wenn an ihm eine Untergemeinschaft (Bruchteilsgemeinschaft, Erbengemeinschaft, andere Gesamthandgemeinschaft) besteht, die aufgehoben werden soll[21]. **Beispiel** hierzu: Eine Eigentumswohnung (zB 20/100 Anteil am Grundstück verbunden mit dem Sondereigentum an der Wohnung Nr ...) steht Ehegatten zu je $1/2$ oder einer Erbengemeinschaft unverteilt zu. Die Teilungsversteigerung dieser einzelnen Einheit ist zulässig. Die Wohnungseigentümergemeinschaft am Gesamtobjekt wird dadurch nicht anders berührt als durch einen rechtsgeschäftlichen Wechsel im einzelnen Anteil.

2.10 Zwangsverwaltung zur Aufhebung einer Gemeinschaft gibt es nicht. Zwangsverwaltung kann auch nicht zur gemeinschaftlichen Verwaltung des den Miteigentümern gehörenden Grundstücks (BGB § 744 Abs 1) verlangt werden[22].

2.11 Von einem Alleineigentümer als **Anfechtungsgegner,** dem der Schuldner seinen Miteigentumsanteil an einem Grundstück anfechtbar übertragen hat, kann der Gläubiger auch ohne vorherige Pfändung und Überweisung der Ansprüche auf Aufhebung der Gemeinschaft sowie auf Teilung und Auskehrung des Erlöses verlangen, allerdings nur zwecks Befriedigung aus dem Teil des Versteigerungserlöses, der dem Schuldner ohne die anfechtbare Rechtshandlung zugestanden hätte[23] (ebenso[24] auch für den Fall, daß das Grundstück mit wertausschöpfenden, aber nur teilweise valutier-

---

[14] BGH FamRZ 1984, 688 = MDR 1984, 917 = NJW 1985, 51.
[15] Drischler JurBüro 1963, 241.
[16] Jaeckel/Güthe § 180 Rdn 2; Drischler JurBüro 1963, 241.
[17] Petzold, Teilauseinandersetzung bei Miterbengemeinschaft (1973), 1. Teil A I 2 b.
[18] Maidl MittBayNot 1960, 53.
[19] LG Osnabrück Rpfleger 1956, 102 mit Anm Mohrbutter.
[20] Weimar KTS 1978, 82 (83).
[21] LG Berlin Rpfleger 1976, 149.
[22] Schiffhauer ZIP 1982, 526 (I 2).
[23] BGH 90, 207 = MDR 1984, 485 = NJW 1984, 1968 = Rpfleger 1984, 283.
[24] BGH DNotZ 1985, 669 = MDR 1985, 841 = NJW 1985, 2031 Leitsatz = Rpfleger 1985, 205.

ten Grundschulden belastet ist; so auch[25] für Übertragung des Miterbenanteils an den einzigen anderen Miterben jedenfalls dann, wenn der Nachlaß nur aus einem Grundstück besteht). Weil die Anfechtung im Wege der Klage zu erfolgen hat, ist für die Zwangsversteigerung des im Alleineigentum des Anfechtungsgegners stehenden Grundstücks jedoch erforderlich, daß dieser als (nunmehriger) Alleineigentümer zur Duldung dieser Versteigerung verurteilt ist (somit kein Fall des § 181 Abs 1). Dem Anfechtungsgegner, der den Wert des anfechtbar erworbenen Gegenstandes unter Einsatz eigener Mittel wesentlich erhöht hat, steht bei der Verteilung des Erlöses nach der von ihm zu duldenden Zwangsvollstreckung ein Anspruch auf Ersatz seiner Aufwendungen zu[26].

2.12 a) Der Güterstand der **Eigentums- und Vermögensgemeinschaft** des Familiengesetzbuchs der ehem DDR (§§ 13–16 FGB-DDR) wurde am 3. 10. 1992 in den gesetzlichen Güterstand der Zugewinngemeinschaft übergeleitet (EGBGB Art 234 § 4 Abs 1; Ausnahme nach f b). Grundstückseigentum der Ehegatten als bisher gemeinschaftliches Eigentum (FGB-DDR § 13 Abs 1) ist nun Eigentum zu gleichen Bruchteilen (EGBGB Art 234 § 4a Abs 1 Satz 1; Besonderheit für Anteile in Abs 1 Satz 2). Die Auseinandersetzung erfolgt mithin nach BGB §§ 749 ff (Rdn 2.3 und 2.4). Es besteht damit ein mit Teilungsversteigerung verfolgbarer Auseinandersetzungsanspruch (enger[27]: auf Verlangen eines Ehegatten erfolgt bei „Altvermögen" wegen EGBGB Art 234 § 4 Abs 4 vorrangig reale Verteilung nach FGB-DDR § 39).

b) Der Güterstand der Eigentums- und Vermögensgemeinschaft besteht weiter, wenn bis 2. 10. 1992 (einschließlich) ein Ehegatte dem (damaligen) Kreisgericht gegenüber erklärt hat, daß für die Ehe der bisherige Güterstand fortgelten soll (EGBGB Art 234 § 4 Abs 2). Auf das gemeinschaftliche Eigentum finden die Vorschriften über das durch beide Ehegatten verwaltete Gesamtgut einer Gütergemeinschaft entsprechende Anwendung (EGBGB Art 234 § 4a Abs 2 Satz 1). Für die Auflösung der Gemeinschaft im Falle der Scheidung (auch Nichtigerklärung[28]) sind die Vorschriften des FGB-DDR anzuwenden (EGBGB Art 234 § 4a Abs 2 Satz 2). Verteilung des gemeinschaftlichen Eigentums erfolgt damit nach FGB-DDR § 39. Ein mit Teilungsversteigerung verfolgbarer Auseinandersetzungsanspruch besteht daher nicht (anders[28]: Teilungsversteigerung ausnahmsweise, wenn Ehegatten sich auf dieses Auseinandersetzungsverfahren einigen). Das wird auch bei Beendigung der Ehe durch Tod eines Ehegatten[29] und bei vorzeitiger Aufhebung der Eigentums- und Vermögensgemeinschaft gelten müssen (Aufhebung durch Urteil FGB-DDR § 41) (anders[30]: Teilungsversteigerung während bestehender Ehe nach Aufhebung des Güterstands durch Ehevertrag oder Urteil).

c) Sind die Ehegatten vor dem Wirksamwerden des Beitritts geschieden worden, bleibt für die Auseinandersetzung das bisherige Recht maßgebend (EGBGB Art 234 § 4 Abs 5). Teilungsversteigerung ist damit in diesem Fall ausgeschlossen[31].

2.13 Die Aufhebung einer nach **ausländischem Recht** bestehenden Gemeinschaft (für Erbengemeinschaft siehe EGBGB Art 25), auch zwischen Ehegatten auf Grund eines ausländischen Güterstandes (siehe EGBGB Art 15), unterliegt den Regeln des materiellen ausländischen Rechts. Wenn das anzuwendende Rechts eine (gerichtliche) Zwangsversteigerung zum Zwecke der Aufhebung der Ge-

---

[25] BGH DNotZ 1993, 119 = FamRZ 1992, 659 = MDR 1992, 880 = NJW-RR 1992, 733 = Rpfleger 1992, 361.
[26] BGH KTS 1984, 469 = MDR 1984, 1020.
[27] Rellermeyer Rpfleger 1995, 321 (3 c).
[28] Rellermeyer Rpfleger 1995, 321 (3 a).
[29] Peters FamRZ 1994, 673 (III 4); Rellermeyer Rpfleger 1995, 321 (3 a).
[30] Rellermeyer Rpfleger 1995, 321 (3 a).
[31] OLG Brandenburg DtZ 1995, 449 = FamRZ 1995, 1429 = Rpfleger 1995, 373; LG Erfurt FamRZ 2000, 1172 = Rpfleger 2000, 174.

§ 180   2.13   Aufhebung einer Gemeinschaft

meinschaft zuläßt[32], erfolgt sie für Grundstücke im Inland (Zuständigkeit § 1) nach deutschen Verfahrensvorschriften[32] (Einl Rdn 25.2), damit nach §§ 180 ff.

3   Antragsberechtigung

3.1   Angeordnet wird die Teilungsversteigerung nur auf **Antrag** (Abs 1 mit § 15).

3.2   Die Teilungsversteigerung zu betreiben sind berechtigt: a) Die Beteiligten einer Bruchteilsgemeinschaft, Erbengemeinschaft, aufgelösten Gesellschaft, aufgelösten Gütergemeinschaft; b) Eltern, Vormund, Pfleger, Betreuer; c) Nießbraucher; d) Erbteilserwerber; e) Insolvenzverwalter, Nachlaßverwalter, Testamentsvollstrekker; f) Liquidator einer Offenen Handelsgesellschaft oder Kommanditgesellschaft; g) Liquidator einer Partnerschaft sowie Abwickler einer Europ wirtschaftlichen Interessenvereinigung; h) Pfandgläubiger und Pfändungsgläubiger. Über Voraussetzungen, Beschränkungen und sonstige Einzelheiten bei den betreffenden Stichworten.

3.3   Von **mehreren Miteigentümern,** Erben oder sonstigen Antragsberechtigten kann jeder allein den Verfahrensantrag stellen. Zum Antragsrecht des Miterben nach Erbteilspfändung Rdn 11.

3.4   Antrag auf Zwangsversteigerung zum Zwecke der Aufhebung einer **Gemeinschaft nach Bruchteilen** (BGB § 741) kann jeder Miteigentümer (auch ein Ehegatte; dazu auch Rdn 3.13) **jederzeit** stellen: BGB § 749 Abs 1. Er kann dies, ohne daß er Gründe für sein Verlangen, die Aufhebung der Gemeinschaft herbeizuführen, angeben müßte. Vorherige Klage auf Zustimmung zur Aufhebung der Gemeinschaft ist grundsätzlich nicht nötig (§ 181 Abs 1). Jeder Bruchteils-Miteigentümer kann also gegen die anderen grundsätzlich die Teilungsversteigerung betreiben.

3.5   Der Auseinandersetzungsanspruch der Teilhaber einer Bruchteilsgemeinschaft kann **ausnahmsweise beschränkt** sein. Dazu Rdn 9.

3.6   Antrag auf Zwangsversteigerung eines zu einer **Erbengemeinschaft** gehörenden Grundstücks kann jeder Miterbe **jederzeit** stellen (BGB § 2042 Abs 1). Ein Verfahren nach FGG §§ 86 ff muß nicht vorausgegangen sein; ein solches Verfahren kann aber auch nicht abgelehnt werden, weil bereits die Teilungsversteigerung des Nachlaßgrundstücks angeordnet ist[33]. Ein Erbschaftskäufer (BGB §§ 2371 ff) ist mit **Erbteilsübertragung** (BGB § 2033 Abs 1) außerhalb des Grundbuchs (oder anderen Registers) durch notariellen Vertrag in die Rechte des Miterben eingetreten, der seinen Nachlaßanteil veräußert hat. Er kann daher auch die Teilungsversteigerung betreiben, weil er die Rechte dieses Miterben ausübt (§ 181 Abs 2 Satz 1). Zu den gesetzlichen Hinderungsgründen Rdn 9. Zum Nachlaßpfleger und Nachlaßverwalter § 181 Rdn 6; zum Testamentsvollstrecker Rdn 3.15.

3.7   a) Großes und kleines Antragsrecht: Besteht an einem Grundstück eine **Bruchteilsgemeinschaft** und an einem der Bruchteile wieder eine Erbengemeinschaft (zB $^1/_2$ Miteigentum A, $^1/_2$ Miteigentum A und B in Erbengemeinschaft), so kann jeder am erbengemeinschaftlichen Bruchteil beteiligte Miterbe **nicht nur** die Teilungsversteigerung dieses erbengemeinschaftlichen **Bruchteils** verlangen (= kleines Antragsrecht), **sondern auch** allein und ohne Zustimmung aller anderen Miterben die des **gesamten Grundstücks** (= großes Antragsrecht). Dieses Verlangen stellt keine durch BGB § 2040 Abs 1 für den einzelnen Miterben verbotene Verfügung dar, sondern verfolgt nur die Umwandlung des Objekts in den Erlös (über den dann erst die Auseinandersetzung stattfinden muß), ist also nur das Geltendmachen eines Anspruchs nach BGB § 2039. Das Recht auf Auseinandersetzung ist kein Gestaltungsrecht, sondern schuldrechtlicher Anspruch, der vorher dem Erblasser zustand und dann auf die Erbengemeinschaft übergegangen ist und jetzt von jedem zu ihr gehörenden Miterben als gesamthänderischer Anspruch

---

[32] Siehe Rellermeyer Rpfleger 1997, 509 (II).
[33] OLG Frankfurt Rpfleger 1993, 505.

1434

geltend gemacht werden kann. Man würde sonst den Antragsteller zwingen, zum Schaden seiner Miterben und zu seinem eigenen Schaden nur den erbengemeinschaftlichen Hälfteanteil versteigern zu lassen, für den sich in der Regel, falls überhaupt ein Erfolg erzielt wird, nur ein geringer Erlös ergibt. Man würde weiter die Erben zwingen, in einem zweiten Verfahren die Aufhebung der Bruchteilsgemeinschaft am ganzen Objekt durchzusetzen.

b) **Für das große Antragsrecht** sind[34] (hierzu im ZVG-Handbuch Rdn 699). Manche von ihnen zitieren dabei zu Unrecht das Reichsgericht[35], das sich aber nur mit prozessualer Durchsetzung des Anspruchs durch einen Miterben befaßt hat. **Für das kleine Antragsrecht** sind[36].

c) Besteht an einem Grundstück eine Erbengemeinschaft (zB A, B und [vormals] C in Erbengemeinschaft) und an **einem der Miterbenanteile eine Bruchteilsgemeinschaft,** weil ein Miterbe seinen Erbanteil an mehrere (andere) Personen zu Bruchteilen oder weil er ihn nur teilweise – nur zu einem Bruchteil – abgetreten hat (zB D und E in Bruchteilsgemeinschaft für den [vormaligen] Miterbenanteil C), so kann jeder am Miterbenanteil mitberechtigte Bruchteils„eigentümer" (im Beispiel D und E) allein und ohne die Zustimmung der anderen Bruchteilsmitberechtigten und ohne Zustimmung der Miterben die Teilungsversteigerung des gesamten Grundstücks verlangen[37]. Grund: Er kann Leistung (Erfüllung) des Anspruchs auf Auseinandersetzung (BGB § 2042) an alle Mitberechtigte des Bruchteils nach BGB § 432 Abs 1 Satz 1 und an alle Erben gemeinschaftlich (BGB § 2039 Satz 1) fordern. Er kann jedoch nicht die Teilungsversteigerung nur des erbengemeinschaftlichen „Grundstücks"anteils der Bruchteilsberechtigten (im Beispiel D und E an Stelle des C) beantragen (unklar[37]). Der Miterbenanteil, an dem der Bruchteils„eigentümer" mitberechtigt ist, ist als Vermögensrecht nicht Gegenstand des unbeweglichen Vermögens und damit nicht Gegenstand der Immobiliarvollstreckung (ZPO § 864), somit auch nicht Gegenstand der Zwangsversteigerung zur Aufhebung einer Gemeinschaft (Rdn 2.2). Als anderes Vermögensrecht unterliegt der Miterbenanteil der Gemeinschafter zu Bruchteilen der Zwangsvollstreckung nach ZPO § 857 Abs 1; für Aufhebung der Gemeinschaft ist er demzufolge als Recht nach den Vorschriften über den Pfandverkauf zu veräußern (BGB § 753 Abs 1).

3.8 a) Die Teilungsversteigerung ist **auch** dann möglich, **wenn** nach (rechtsgeschäftlicher) Auseinandersetzung einer Erbengemeinschaft die früheren Miterben nun als Bruchteilseigentümer im Grundbuch eingetragen sind. Auf Verlangen eines der Beteiligten erfolgt dann die Teilungsversteigerung zur Aufhebung dieser jetzt bestehenden Bruchteilsgemeinschaft.

b) Hat bei der Miterbengemeinschaft einer der **Miterben** einen **Mietvertrag** über das Objekt (mit den anderen Miterben) und hat er ein Bauwerk (zB eine Werkstätte) darauf errichtet, so sind, wenn nun der Mietvertrag gekündigt wird, die vorübergehend angebrachten Einrichtungen des Mieters nicht wesentliche Bestandteile (BGB § 95 Abs 1); das gilt allerdings nicht für massive Gebäude, deren Wiederbe-

---

[34] OLG Hamm JMBlNW 1958, 69 = Rpfleger 1958, 269 mit zust Anm Haegele; OLG Hamm JMBlNW 1963, 237 = Rpfleger 1964, 351 mit zust Anm Haegele; OLG Schleswig MDR 1959, 46; OLG Stuttgart WürttNotV 1951, 116 Leitsatz; LG Aachen DNotZ 1952, 36; LG Lübeck SchlHA 1965, 66; Dassler/Schiffhauer § 181 Rdn 8; Korintenbert/Wenz § 181 Anm 2; Steiner/Teufel § 180 Rdn 63; Bartholomeyczik NJW 1955, 1558 (Anmerkung); Drischler JurBüro 1963, 241; Rpfleger 1967, 357 (14) und JurBüro 1981, 1441 (I 3 e); Jansen Rpfleger 1954, 435 (III) und NJW 1956, 1061 (Buchbesprechung); Schiffhauer ZIP 1982, 526 (IV 11).
[35] RG 108, 422 (424).
[36] OLG Hamburg MDR 1958, 45; LG Darmstadt NJW 1955, 1558 mit abl Am Bartholomeyczik; Jaeckel/Güthe § 181 Rdn 6; Drescher, Teilungsversteigerung (1908), § 2 (III 1 a).
[37] LG Berlin Rpfleger 1996, 472 mit zust Anm Bestelmeyer.

seitigung nicht beabsichtigt war (zu entscheiden hat das Prozeßgericht). Dabei hält sich das Versteigerungsgericht an den Antrag des Antragstellers, kann also nach seinem Antrag im Anordnungsbeschluß oder nachträglich in einer Teileinstellung die Gebäude von der Versteigerung ausnehmen und dies als Versteigerungsbedingung verkünden, während es bei Nichtfreigabe sie mitversteigert; dazu § 55 Rdn 3.

3.9 Die Teilungsversteigerung eines **zum Gesamtgut** der (ehelichen) **Gütergemeinschaft** gehörenden Objektes kann gegen den anderen Ehegatten erst nach rechtskräftiger Scheidung der Ehe oder nach Aufhebung der Gütergemeinschaft (durch rechtskräftiges Urteil oder durch notariellen Vertrag) betrieben werden. Während bestehender Gütergemeinschaft kann keiner der Ehegatten Teilung verlangen (BGB § 1419 Abs 1). Die Auseinandersetzung darf **erst nach dem Ende** der Gütergemeinschaft erfolgen (BGB § 1471 Abs 1).

3.10 Antrag auf Zwangsversteigerung eines zum Gesamtgut einer **fortgesetzten Gütergemeinschaft** gehörenden Grundstücks kann erst nach Beendigung des Güterstandes gestellt werden (BGB § 1497). Für Teilung des Überschusses nach den Vorschriften über die Gemeinschaft (BGB § 1498 mit § 1477 Abs 1) kann nach BGB § 753 Abs 1 Zwangsversteigerung vom überlebenden Ehegatten und von jedem gemeinschaftlichen Abkömmling beantragt werden.

3.11 Bei **Gütergemeinschaft** werden Rechte des Gesamtguts von dem Ehegatten gerichtlich geltend gemacht, der das Gesamtgut verwaltet (BGB § 1422). Wenn zum Gesamtgut ein **Bruchteilsanteil** oder eine **Gesamthandsbeteiligung** an einem Objekt gehört, so ist der Antrag auf Teilungsversteigerung dieses Objekts, weil es sich dabei um keine Verfügung (= Rechtsgeschäft, dessen Rechtswirkungen auf eine Sache oder ein Recht unmittelbar gerichtet sind) handelt, durch den das Gesamtgut verwaltenden Ehegatten **im Rahmen der Gesamtgutsverwaltung** möglich (BGB § 1422; anders[38]: Ehegattenzustimmung entsprechend BGB § 1424 erforderlich), bei gemeinschaftlicher Verwaltung durch beide Ehegatten gemeinsam (BGB § 1450). Es wird hier (im Gegensatz zur Teilungsversteigerung der Ehegatten gegeneinander) nur ein Vermögensbestandteil in Geld umgewandelt, das dann seinerseits Bestandteil des Gesamtguts ist.

3.12 Der Güterstand der **Gütertrennung** (BGB § 1414) bringt für Ehegatten keine Beschränkung des Auseinandersetzungsanspruchs und damit des Antragsrechts. Jeder Ehegatte kann jederzeit die Teilungsversteigerung durchführen, weil das Vermögen keiner gegenseitigen Einwilligungspflicht unterliegt.

3.13 Für Ehegatten, die im (gesetzlichen) Güterstand der **Zugewinngemeinschaft** leben (BGB §§ 1363–1390) gilt folgendes:

a) Jeder Ehegatte kann Antrag auf Teilungsversteigerung stellen, weil das Vermögen des Mannes und das Vermögen der Frau nicht gemeinschaftliches Vermögen der Eheleute sind (BGB § 1363 Abs 2) und jeder Ehegatte sein Vermögen selbständig verwaltet (BGB § 1364).

b) Über sein **Vermögen im ganzen** kann ein Ehegatte jedoch nur mit **Einwilligung** des anderen Ehegatten verfügen (BGB § 1365 Abs 1). Die Zustimmung kann unter den weiteren Voraussetzungen des BGB § 1365 Abs 2 durch das Vormundschaftsgericht für Geschäfte, die den Grundsätzen einer ordnungsmäßigen Verwaltung entsprechen, ersetzt werden. Zweck dieser Vorschrift ist es zu verhindern, daß das gesamte Vermögen eines Ehegatten, das die Lebensgrundlage der ehelichen Gemeinschaft bildet und damit auch dem anderen Ehegatten dient, ohne dessen Zustimmung der ehelichen Gemeinschaft entzogen wird und daß die möglichen Zugewinnausgleichsansprüche durch solche Verfügungen gefährdet werden[39]. Vermögen im ganzen ist Grundstücksmiteigentum des Mannes oder der Frau,

---

[38] Steiner/Teufel § 180 Rdn 102.
[39] OLG Hamm DNotZ 1979, 98 = FamRZ 1979, 128 = MDR 1979, 229 = OLGZ 1979, 81 = Rpfleger 1979, 20; Schöner/Stöber, Grundbuchrecht, Rdn 3352.

wenn der Bruchteils- oder Gesamthands-Miteigentumsanteil des Ehegatten an dem Grundstück objektiv sein ganzes oder nahezu sein ganzes Vermögen darstellt. Wegen der Einzelheiten wird auf die einschlägigen BGB-Kommentare verwiesen.

c) Wenn ein Antrag auf Zwangsversteigerung zum Zwecke der Aufhebung einer Gemeinschaft demnach **nicht** das Vermögen des antragstellenden Ehegatten im ganzen erfaßt, ergeben sich keine Besonderheiten. Der in Zugewinngemeinschaft lebende Ehegatte kann dann jederzeit die Teilungsversteigerung durchführen; er benötigt keine Einwilligung des anderen Ehegatten.

d) Ob die **Zustimmung des anderen Ehegatten** zu dem Antrag auf Anordnung der Zwangsversteigerung zur Aufhebung der Gemeinschaft vorliegen oder hierfür nach BGB § 1365 Abs 2 vom Vormundschaftsgericht ersetzt sein muß ist jedoch bedeutsam, wenn der Miteigentumsanteil des Antragstellers an einem Grundstück, das beiden Ehegatten allein oder zusammen mit einem (oder mehreren) Dritten gehört oder das Eigentum des Antragstellers und eines Dritten ist, sein **ganzes Vermögen** im Sinne von BGB § 1365 Abs 1 ist. Das war lange sehr umstritten. **Gegen** die Annahme, daß bereits der Antrag auf Teilungsversteigerung als eine zustimmungspflichtige Verfügung anzusehen sei (Einzelheiten 12. Auflage § 180 Rdn 3.13 zu d), haben sich u. a. ausgesprochen[40] (zum früheren Eherecht, daß keine Verfügung vorliegt[41]). Zustimmungspflichtig wäre demnach der Zuschlag. Diese Meinung, die Zustimmung (die sie ersetzende Verfügung des Vormundschaftsgerichts) habe erst spätestens zum Zeitpunkt des Zuschlags vorzuliegen, wird vereinzelt[42] noch vertreten.

e) Nach **nun** einhelliger obergerichtlicher Rechtsprechung bedarf **bereits der Antrag** eines Ehegatten auf Anordnung der Zwangsversteigerung zum Zweck der Aufhebung einer Gemeinschaft nach BGB § 1365 Abs 1 **der Zustimmung** des anderen Ehegatten[43] (auch[44]; zum alten Recht ebenso[45]). Dafür ist unerheblich, ob

---

[40] KG Berlin NJW 1971, 711; OLG Hamburg MDR 1965, 748; LG Karlsruhe FamRZ 1966, 355; LG Konstanz NJW 1966, 2115; LG München I FamRZ 1965, 511; LG Wuppertal FamRZ 1960, 500 Leitsatz = NJW 1960, 1468 = Rpfleger 1960, 291 mit Anm Haegele; Haegele Rpfleger 1966, 232 (D I 6), Rpfleger 1967, 200 (V 2) und Rpfleger 1969, 69; Schiffhauer FamRZ 1960, 185 (II, IV) und FamRZ 1966, 338; Schippel DNotZ 1961, 24 (2).

[41] RG 67, 396; RG 136, 353; Korintenberg/Wenz § 181 Anm 3.

[42] OLG Frankfurt (26. ZS) FamRZ 1997, 1490 = NJW-RR 1997, 1274 = Rpfleger 1997, 490.

[43] BGH 35, 135 = BB 1961, 654 mit Anm Tiefenbacher = FamRZ 1961, 302 und 1961, 363 Leitsatz mit Anm Meyer-Stolte = JR 1961, 339 mit Anm Beitzke = MDR 1961, 673 = NJW 1961, 1301 = Rpfleger 1961, 233 mit Anm Haegele; BayObLG 1979, 8 = FamRZ 1979, 290 = MDR 1979, 494 = Rpfleger 1979, 135, FamRZ 1981, 46 = MDR 1981, 53 = Rpfleger 1980, 470 und FamRZ 1985, 1040 sowie NJW-RR 1996, 962 = Rpfleger 1996, 361; OLG Bremen FamRZ 1984, 272 = Rpfleger 1984, 156 mit Anm Meyer-Stolte; OLG Celle DNotZ 1961, 526 Leitsatz = FamRZ 1961, 30 = MDR 1961, 242 und Rpfleger 1981, 69; OLG Düsseldorf FamRZ 1981, 879 = NJW 1982, 1543 = Rpfleger 1981, 408 und FamRZ 1995, 309; OLG Frankfurt (20. ZS) FamRZ 1976, 152 = Rpfleger 1975, 330 und (14. ZS) FamRZ 1999, 524 = NJW-RR 1999, 731; OLG Hamburg FamRZ 1970, 407 = MDR 1970, 419 = NJW 1970, 952 und MDR 1982, 330 Leitsatz; OLG Hamm Rpfleger 1979, 20 = aaO (Fußn 43); OLG Karlsruhe FamRZ 1964, 573 Leitsatz und FamRZ 1970, 194; OLG Koblenz NJW 1967, 1139 = Rpfleger 1979, 202 sowie 203; OLG Köln FamRZ 1968, 603 Leitsatz = NJW 1968, 2250 = OLGZ 1968, 353 und FamRZ 1972, 136 Leitsatz = MDR 1971, 1013 = NJW 1971, 2312 sowie NJW-RR 2005, 4; OLG Schleswig FamRZ 1973, 32 Leitsatz = SchlHA 1972, 184; OLG Zweibrücken OLGZ 1976, 455; LG Augsburg Rpfleger 1965, 15; LG Bielefeld Rpfleger 1986, 271 mit Anm Böttcher; LG Hildesheim MDR 1961, 63; LG Hildesheim MDR 1961, 64; LG Köln MDR 1970, 418 und FamRZ 1995, 1144; LG Krefeld MDR 1976, 843 = Rpfleger 1976, 330 und Rpfleger 1987, 472; LG Lüneburg FamRZ 1996, 1489; LG Saarbrücken Rpfleger 1974, 275; LG Stuttgart FamRZ 1968, 311 = Justiz 1967, 31; AG Freiburg FamRZ 1988, 950; AG Neustadt BWNotZ 1963, 82 und 220; Lange JZ 1965, 425 (V 7); Riedel MDR 1962, 4 (II); Weimar NJW 1959, 1478.

[44] Dassler/Schiffhauer § 181 Rdn 41; Steiner/Teufel § 180 Rdn 20.

[45] Jaeckel/Güthe § 181 Rdn 6.

die Eheleute überhaupt nicht, vorübergehend oder dauernd getrennt leben. Auch wenn die Scheidung der Ehe bereits ausgesprochen, das Urteil aber noch nicht rechtskräftig ist, muß eine nach BGB § 1365 Abs 1 nötige Zustimmung des anderen Ehegatten erteilt sein[46]. Diese Rechtsprechung erachtet übereinstimmend als nicht entscheidend, daß der Antrag auf Anordnung der Teilungsversteigerung verfahrensrechtlicher Natur ist, er mithin weder den Begriff einer Verfügung über das Grundstück (und damit den Miteigentumsanteil des Antragstellers hieran) erfüllt noch eine rechtsgeschäftliche Verpflichtung dazu begründet. Abgestellt wird vielmehr darauf, daß der Zweck des BGB § 1365, die wirtschaftliche Grundlage der Familie gegenüber einseitigen Maßnahmen eines Ehegatten zu schützen, auf andere Weise nicht zu erreichen wäre und daher die Vorschrift entsprechend angewendet werden muß. Dafür wird herausgestellt, daß der Antrag auf Anordnung der Teilungsversteigerung auf die Veräußerung des Grundstücks zielt. Der Antrag wird als der für BGB § 1365 Abs 1 maßgebliche Bezugspunkt angesehen, weil er einzige erforderliche Rechtshandlung des Ehegatten innerhalb des Verfahrens ist, das mit dem Zuschlag zur Rechtsänderung führt. Deshalb wird er als einer vertraglichen Verpflichtung zur Veräußerung wirtschaftlich vergleichbar und rechtlich ähnlich angesehen. Es wird hervorgehoben, daß dann, wenn ein Ehegatte auf dem Umweg über die Versteigerung sein ganzes Vermögen zustimmungsfrei veräußern könnte, darin eine Umgehung der vom Gesetz aus guten Gründen angeordneten Zustimmungsbedürftigkeit solcher Rechtsgeschäfte liegen würde. Die daher angenommene Gesetzeslücke wird durch entsprechende Anwendung des BGB § 1365 ausgefüllt.

f) Dieser in der Rechtsprechung gefestigten Ansicht ist zu folgen. Damit wird der Antrag auf Teilungsversteigerung nicht als Verfügung (unmittelbare Rechtsänderung durch Rechtsgeschäft) verstanden, sondern der vorrangigen gesetzgeberischen Schutzfunktion des BGB § 1365 insgesamt sinnvoll und in prozeßökonomisch zweckmäßiger Weise Rechnung getragen. Nach der Schutzfunktion des BGB § 1365 (oben b) kommt es für das Zustimmungserfordernis und die Entschließung des anderen Ehegatten oder Ersetzung seiner Zustimmung grundsätzlich nicht auf das Versteigerungsergebnis an; es ist dafür auch allgemein nicht von Bedeutung, wer als Meistbietender Anspruch auf den Zuschlag haben, mithin das Grundstück erwerben wird. Für Zustimmung des Grundstückseigentümers bei Versteigerung eines Erbbaurechts ist nach dem Schutzzweck von ErbbauVO §§ 5, 8 aber gerade wesentlich, daß ein bestimmter Erwerber feststeht. Gründe, die bei Versteigerung eines Erbbaurechts Zustimmung erst für Erteilung des Zuschlags gebieten (§ 15 Rdn 13), können daher angesichts des ganz anders gearteten Gesetzeszwecks des BGB § 1365 nicht in gleichem Maße Bedeutung erlangen und bewirken, daß die Zustimmung erst für Erteilung des Zuschlags vorliegen müsse.

g) Die Zustimmung des anderen Ehegatten ist **formlos** gültig. Sie muß nur unzweideutig sein und dem Versteigerungsgericht zugehen (schriftlich oder zu Protokoll der Geschäftsstelle). Die Verfügung des Vormundschaftsgerichts, die Einwilligung ersetzt (BGB § 1365 Abs 2), muß rechtskräftig sein oder die Anordnung der sofortigen Wirksamkeit enthalten (FGG § 53).

h) Zumeist wird die Zustimmung des anderen Ehegatten für einen Antrag auf Teilungsversteigerung **nicht** erteilt und nicht oder noch nicht durch das Vormundschaftsgericht ersetzt sein. Das Vollstreckungsgericht hat dann **nicht zu ermitteln,** ob der Antrag etwa der Zustimmung des anderen Ehegatten nach BGB § 1365 Abs 1 deshalb bedarf, weil der Grundstücksanteil des Antragstellers dessen ganzes Vermögen darstellt (so auch[47]). Das Verfahren des Vollstreckungsgerichts knüpft an die formale Grundbuchlage an (§ 17 Abs 1 mit § 180 Abs 1 und § 181

---

[46] BayObLG FamRZ 1981, 46 = MDR 1981, 53 = Rpfleger 1980, 470.
[47] LG Hannover Rpfleger 1995, 308; LG Kassel JurBüro 1995, 498 = Rpfleger 1993, 473; LG Köln FamRZ 1995, 1144; LG Krefeld Rpfleger 1990, 523; AG Nordhorn Rpfleger 1995, 224; Steiner/Teufel § 180 Rdn 25.

Abs 2). Die Versteigerung ist auch auf Antrag eines in Zugewinngemeinschaft lebenden Ehegatten daher anzuordnen, wenn die verfahrensmäßigen Antragsvoraussetzungen für die Teilungsversteigerung (§ 181 Rdn 2–6) gegeben sind (so auch[48]). Es gibt keinen vom Versteigerungsgericht zu beachtenden Erfahrungssatz, wonach der Miteigentumsanteil eines Ehegatten an einem Grundstück sein gesamtes Vermögen darstellt und demgemäß bei einem Antrag auf Teilungsversteigerung stets mit Einwendungen aus BGB § 1365 Abs 1 zu rechnen wäre[49]. Nur wenn das Versteigerungsgericht bei Entscheidung über den Anordnungsantrag das Vorliegen der **Voraussetzungen** des BGB § 1365 Abs 1 **kennt** (wenn sie offen zutage liegen[50]) oder doch nach Lage des Falles begründete Zweifel in dieser Richtung hat[51], kann es dem Antrag nicht entsprechen. Dabei kann seine Prüfungspflicht nicht über Prüfungspflicht und -recht des Grundbuchamts hinausgehen[52]. Wie dieses (hierzu[53]) hat das Vollstreckungsgericht eine Verfügungs- und damit Antragsbeschränkung nach BGB § 1365 Abs 1 daher nur zu berücksichtigen, wenn es vom Vorliegen der Voraussetzungen dieser Vorschriften Kenntnis hat (oder sie zwischen den Miteigentümern unstreitig sind[54]), oder wenn es nach Lage des Falles begründeten Anlaß zu der auf konkrete Tatsachen gestützten Vermutung hat, daß ein Fall des BGB § 1365 Abs 1 gegeben ist[55]. Kann sich das Vollstreckungsgericht trotz begründeter Zweifel im Antragsverfahren (Aufklärung nach ZPO § 139) Kenntnis vom Vorliegen der Voraussetzungen des BGB § 1365 Abs 1 nicht verschaffen, dann hat es davon auszugehen, daß dem Ehegatten die freie Verfügungsgewalt zusteht[56], mithin das Verfahren nach Antrag anzuordnen; Einwendungen müssen dann auf dem Prozeßweg (unten i) geltend gemacht werden. Wäre in einem solchen Fall oder gar für jeden Antrag auf Teilungsversteigerung vom Antragsteller der Nachweis zu erbringen, daß die Voraussetzungen des BGB § 1365 Abs 1 nicht gegeben sind, dann würde der Grundsatz der Verfügungsfreiheit des BGB § 1365 in sein Gegenteil verkehrt[57].

i) Das **Fehlen der Einwilligung** des Ehegatten nach BGB § 1365 Abs 1 kann als materiell-rechtliche Einwendung grundsätzlich nur mit **Drittwiderspruchsklage** geltend gemacht werden[58] (das Verfahren ist Familiensache)[59] (s auch Rdn 9.9). Nur wenn das Vollstreckungsgericht ausnahmsweise die fehlende Einwilligung bereits als Antragsmangel hätte beachten müssen (oben Abs h) oder wenn es be-

---

[48] LG Krefeld Rpfleger 1990, 523.
[49] OLG Hamm Rpfleger 1979, 20 = aaO (Fußn 39); OLG Karlsruhe FamRZ 1970, 194; LG Kassel JurBüro 1995, 498 = Rpfleger 1993, 473; LG Krefeld Rpfleger 1990, 523; AG Nordhorn Rpfleger 1995, 224.
[50] OLG Bremen FamRZ 1984, 272 = Rpfleger 1984, 156 mit Anm Meyer-Stolte; OLG Karlsruhe FamRZ 1964, 573 Leitsatz.
[51] LG Krefeld Rpfleger 1990, 523.
[52] OLG Hamm Rpfleger 1979, 20 = aaO (Fußn 39).
[53] OLG Koblenz NJW 1967, 1139; Schöner/Stöber, Grundbuchrecht, Rdn 3394.
[54] OLG Düsseldorf FamRZ 1981, 879 = NJW 1982, 1543 = Rpfleger 1981, 408; OLG Frankfurt FamRZ 1976, 152 = JurBüro 1975, 1242 = Rpfleger 1975, 330; OLG Hamburg MDR 1982, 330 Leitsatz; OLG Koblenz Rpfleger 1979, 203.
[55] OLG Hamm Rpfleger 1979, 20 = aaO (Fußn 39); LG Krefeld Rpfleger 1987, 472.
[56] OLG Koblenz Rpfleger 1979, 203.
[57] OLG Hamm Rpfleger 1979, 20 = aaO (Fußn 39); OLG Koblenz Rpfleger 1979, 202.
[58] OLG Celle Rpfleger 1981, 69; OLG Köln FamRZ 2000, 1167 Leitsatz; OLG Hamburg MDR 1982, 330 Leitsatz; OLG Hamm Rpfleger 1979, 20 = aaO (Fußn 39); OLG Karlsruhe FamRZ 1970, 194; OLG Koblenz Rpfleger 1979, 202 und 203; LG Braunschweig Rpfleger 1985, 76.
[59] OLG Bamberg FamRZ 2000, 1167 Leitsatz = OLGRep 2000, 206; OLG Hamburg FamRZ 2000, 1290; OLG Hamm FamRZ 1995, 1072; KG Berlin OLGRep 1997, 161; OLG Köln FamRZ 2000, 1167 Leitsatz; OLG München FamRZ 2000, 365; OLG Naumburg OLGRep 1999, 369; **anders** OLG Zweibrücken FamRZ 1979, 839.

gründete Zweifel in dieser Richtung unbeachtet gelassen hat, die sich auf bestimmte Anhaltspunkte stützen (nicht aber bereits, wenn das Erfordernis der Einwilligung zwischen den Ehegatten streitig ist[60]), liegt zugleich ein Verfahrensmangel vor, der auch mit Erinnerung/sofortiger Beschwerde (ZPO §§ 766, 793; § 180 Rdn 7.20; anwendbar dann neben ZPO § 771[61]; anders[62]: für Klage kein Rechtsschutzbedürfnis) geltend gemacht werden kann[63] (anders[64]: Erinnerung ist zulässig; die nicht grundbuchersichtlichen Voraussetzungen von BGB § 1365 bleiben aber auch bei neuem Tatsachenvortrag, ZPO § 571 Abs 2, nicht grundbuchersichtliche materielle Einwendung gegen das Verfahren, dessen formelle Anordnungsvoraussetzungen fortbestehen). Für zulässig gehalten wird Erinnerung (sofortige Beschwerde) auch, wenn Anhaltspunkte für das Vorliegen der Verfügungsbeschränkung von BGB § 1365 zwar bei Anordnung der Teilungsversteigerung noch nicht vorgelegen haben, ihre Voraussetzungen aber dann im weiteren Verfahren zutage getreten und bei Entscheidung unstreitig sind[65].

k) Das Vormundschaftsgericht kann die **Zustimmung ersetzen**[66] (das Verfahren ist keine Familiensache[67]). Der Ersetzungsantrag kann auch vor Einleitung des Zwangsversteigerungsverfahrens gestellt werden[68]. Ersetzt werden kann die Zustimmung aber nur, wenn die Teilungsversteigerung den Grundsätzen einer ordnungsgemäßen Vermögensverwaltung entspricht[69] und wenn der andere Ehegatte die Zustimmung ohne ausreichenden Grund verweigert. Das Interesse am Besitz der Ehewohnung allein gibt noch keinen ausreichenden Grund zur Verweigerung der Zustimmung[70]. Den Grundsätzen ordnungsgemäßer Verwaltung entspricht die Teilungsversteigerung nur dann, wenn ein sorgfältiger Wirtschafter mit rechter ehelicher Gesinnung sie vornehmen würde[71]. Maßgebend sind also wirtschaftliche Zweckmäßigkeitserwägungen[72] unter Berücksichtigung des Wesens der Ehe[73] (des Familieninteresses[74]). Die Vermögensgrundlage der Familie muß gesichert und die Familie davor bewahrt werden, daß ihre finanzielle und wirtschaftliche Grundlage gefährdet werde. Es ist unter Berücksichtigung aller Umstände und unter Abwägung der beiderseitigen Interessen zu entscheiden[75]. Wirksamkeit der Verfügung des Vormundschaftsgerichts: FGG § 53.

---

[60] OLG Koblenz Rpfleger 1979, 202.
[61] OLG Frankfurt FamRZ 1999, 524 = NJW-RR 1999, 731; OLG Hamm Rpfleger 1979, 20 = aaO (Fußn39).
[62] Sudhof FamRZ 1994, 1152 (I 2).
[63] OLG Hamm Rpfleger 1979, 20 = aaO (Fußn39); OLG Koblenz Rpfleger 1979, 203.
[64] LG Bielefeld Rpfleger 1986, 271 mit Anm Böttcher.
[65] OLG Frankfurt NJW-RR 1997, 1274 = aaO (Fußn 42); ähnlich LG Lüneburg FamRZ 1996, 1489.
[66] BayObLG FamRZ 1972, 643 = Rpfleger 1972, 368 und BayObLGZ 1979, 8 = aaO (Fußn 43).
[67] BGH FamRZ 1982, 785 = JurBüro 1982, 1664 = NJW 1982, 2556 = Rpfleger 1982, 344.
[68] BayObLG FamRZ 1985, 1040.
[69] BayObLG 1979, 8 = FamRZ 1979, 290 = MDR 1979, 494 = Rpfleger 1979, 135 und FamRZ 1985, 1040 sowie NJW-RR 1996, 962 = Rpfleger 1996, 361.
[70] OLG Stuttgart OLGZ 1982, 180 = NJW 1983, 634.
[71] BayObLG 1979, 8 = aaO (Fußn 69) und BayObLGZ 1968, 97 = FamRZ 1968, 315 = MDR 1968, 586 = NJW 1968, 1335.
[72] OLG Köln FamRZ 1972, 136 Leitsatz = MDR 1971, 1013 = NJW 1971, 2312; AG Karlsruhe BWNotZ 1963, 220.
[73] OLG Hamm FamRZ 1967, 752 = JMBlNW 1967, 231 = MittBayNot 1967, 371.
[74] BayObLG NJW-RR 1996, 962 = aaO (Fußn 69).
[75] BGH FamRZ 1972, 363 = MDR 1973, 124; BayObLG 1979, 8 = aaO (Fußn 69) und FamRZ 1985, 1040; OLG Schleswig FamRZ 1973, 32 Leitsatz = SchlHA 1972, 184; OLG Stuttgart OLGZ 1982, 180 = NJW 1983, 634.

l) Nach rechtskräftiger **Scheidung** der Ehe oder nach **Beendigung des Güterstands** der Zugewinngemeinschaft auf andere Weise (BGB § 1372) genießt ein Ehegatte, auch wenn er Anspruch auf Zugewinnausgleich hat, nicht mehr den weitgehenden Schutz des BGB § 1365 Abs 1. Zustimmung des früheren (anderen) Ehegatten zu einem neuen Antrag auf Zwangsversteigerung zum Zwecke der Aufhebung einer Gemeinschaft ist daher nach BGB § 1365 Abs 1 nicht mehr erforderlich. Wenn die Zwangsversteigerung zum Zwecke der Aufhebung der Gemeinschaft während der Ehe ohne eine nach BGB § 1365 Abs 1 nötige Zustimmung des anderen Ehegatten angeordnet wurde, entfällt das Zustimmungserfordernis mit Eintritt der Rechtskraft der zwischenzeitlich ausgesprochenen Ehescheidung oder mit sonstiger Beendigung des Güterstandes. Die Versteigerung kann dann unbehindert durchgeführt werden[76]; Klage nach ZPO § 771 kann den Verfahrensfortgang nicht mehr hindern. Der gegenteiligen Ansicht von[77], die Zustimmungsbedürftigkeit entfalle nicht, sie bestehe grundsätzlich auch nach der Scheidung fort, ist nicht zu folgen. Insbesondere ergibt sich nicht aus Sinn und Zweck des BGB § 1365, daß die Zustimmungsbedürftigkeit fortbestehe. Vielmehr besteht ein grundlegender Unterschied zu dem ohne Zustimmung abgeschlossenen und bei Beendigung des Güterstands schwebend unwirksamen Rechtsgeschäft. Für dieses hat[78] nach dem Gesetzeszweck angenommen, daß mit Scheidung die Zustimmungsbedürftigkeit nicht entfällt, weil der ausgleichsberechtigte Ehegatte nun für Durchsetzung seines Ausgleichsanspruchs sorgen muß und Voraussetzung hierfür ist, daß für ihn wenigstens die Möglichkeit besteht, nach Beendigung seines gesetzlichen Güterstandes seinen Ausgleichsanspruch durchzusetzen. Diese Möglichkeit wäre ihm genommen, wenn mit Rechtskraft der Scheidung die Zustimmungsbedürftigkeit entfiele, weil dann Entstehung des Ausgleichsanspruchs und Wirksamwerden der rechtsgeschäftlichen Vermögensverfügung nicht in einer zeitlichen Aufeinanderfolge stehen, sondern unmittelbar zusammenfallen würden. Das aber ist gerade bei Teilungsversteigerung infolge Veräußerung erst mit dem Zuschlag in dem fortzuführenden und durchweg noch längere Zeit andauernden Verfahren grundlegend anders. Für den ausgleichsberechtigten Ehegatten besteht infolge der Dauer dieses Verfahrens noch immer die Möglichkeit, nach Beendigung des gesetzlichen Güterstands den Ausgleichsanspruch durch Zugriff auf den Miteigentumsanteil am Grundstück und sodann am Versteigerungserlös durchzusetzen. So wenig wie BGB § 1365 Abs 1 gegen alsbaldige Neuverfügung nach Beendigung des Güterstandes schützt, kann der Bestimmung weiteren Schutz eines ausgleichsberechtigten Ehegatten in dem andauernden und fortzuführenden Versteigerungsverfahren gewähren. Schon auf den Verfahrensantrag findet BGB § 1365 Abs 1 nur deshalb entsprechende Anwendung, weil für den wirtschaftlich vergleichbaren und rechtlich ähnlichen Fall verhindert werden soll, daß ein Ehegatte auf dem Umweg über die Versteigerung sein ganzes Vermögen zustimmungsfrei veräußert (oben Abs e). Wenn ihm dies mit Beendigung des Güterstandes wieder möglich ist, ist daher auch eine entsprechende Anwendung des BGB § 1365 ausgeschlossen; der Verfahrensfortsetzung steht dann die frühere Zustimmungsbedürftigkeit des Antrags nicht mehr im Wege. Zustimmung kann dann auch nicht erforderlich sein, wenn der Anspruch auf Zugewinnausgleich im Verbund rechtzeitig geltend gemacht worden und dem Scheidungsantrag durch Vorabentscheidung (rechtskräftig) stattgegeben ist (anders[79]).

---

[76] OLG Celle FamRZ 1983, 591; Reinicke NJW 1973, 305 (I); LG Braunschweig Rpfleger 1985, 76.

[77] BayObLG Rpfleger 1980, 470 = aaO (Fußn 46); Steiner/Teufel § 180 Rdn 21; Schiffhauer ZIP 1982, 526 (IV 8).

[78] BGH FamRZ 1978, 396 = MDR 1978, 649 = NJW 1978, 1380 = Rpfleger 1978, 207.

[79] OLG Celle FamRZ 2004, 625 = NJW-RR 2003, 1661; OLG Köln FamRZ 2001, 176; LG Lüneburg FamRZ 1996, 1489.

m) Wenn die Zwangsversteigerung ohne eine nach BGB § 1365 Abs 1 nötige Zustimmung des anderen Ehegatten angeordnet wurde, entfällt das Zustimmungserfordernis auch mit dem **Tod** des zustimmungsberechtigten Ehegatten, unabhängig davon, ob der Zugewinnausgleich nach der sogenannten erbrechtlichen oder der sogenannten güterrechtlichen Lösung durchzuführen ist (so auch bereits für schwebend unwirksames Gesamtvermögensgeschäft[80]).

n) Durch die Teilungsversteigerung könnte allerdings ein **Druck** hinsichtlich einer Ehescheidung **auf den anderen** Ehegatten ausgeübt werden, indem diesem die Wohnung oder die Grundlage seines Gewerbebetriebes entzogen wird. Hier ist unter Umständen schon die sofortige Versteigerung als „zur Unzeit" gefordert anzusehen und daher durch eine **Einstellung** nach § 180 Abs 2 abzuhelfen (zur Einstellung Rdn 12). So könnte auch der Antrag eines Ehegatten während bestehender Ehe seiner Verpflichtung zur ehelichen Lebensgemeinschaft (BGB § 1353 Abs 1) zuwiderlaufen (und so die Verweigerung der Zustimmung rechtfertigen). Aus **besonderen Gründen** kann auch nach der Scheidung eine Teilungsversteigerung unzulässig und einer der Ehegatten berechtigt sein, die Übereignung des Anteils des anderen zu verlangen[81] (weil etwa die während der Ehe erfolgte Zuwendung dieses Grundstücksanteils an den anderen Teil wegen Wegfalls der Grundlage für die Zuwendung den Versteigerungsantrag des anderen als unzulässige Rechtsausübung nach BGB § 242 erscheinen ließe), es muß sich aber dabei um Ausnahmefälle handeln, wenn also die Versteigerung dem anderen schlechthin unzumutbar ist[82]. Dies zu beurteilen (sei es im Zustimmungsersetzungsverfahren, sei es auf eine Widerspruchsklage des anderen Teils hin), ist eine Tatfrage, etwa unter den Umständen, daß ein Teil alle Kosten des Hauses getragen habe, alle Arbeiten geleistet habe, vielleicht gar das Haus als Altersversorgung geschaffen habe[83] (hierzu auch[84]).

o) Sind Ehegatten, die im gesetzlichen Güterstand leben, im Grundbuch als **Gesellschafter** des bürgerlichen Rechts eingetragen, so steht BGB § 1365 nicht entgegen[85], weil sie hier nicht als Eheleute Miteigentümer sind[85]. Dem Widerstrebenden bleibt hier nur die Widerspruchsklage aus ZPO § 771[85]. Eine weitere Frage ist, ob ein Ehegatte im gesetzlichen Güterstand auf das zu seinem Vermögen gehörende **zugrunde liegende Rechtsverhältnis** (aus dem heraus er am Grundstück beteiligt ist) ohne Zustimmung des anderen Ehegatten einwirken kann, wenn dieses sein ganzes Vermögen ist; ob er also etwa eine Gesellschaft, der er mit einem Dritten oder dem anderen Ehegatten angehört, kündigen kann. Zu solchen Verfügungen braucht er natürlich nach der Regel von BGB § 1365 und unter deren Voraussetzungen die Zustimmung des anderen Ehegatten. Bei einer Bruchteils- oder Erbengemeinschaft ist diese Kündigung oder eine ähnliche Verfügung nicht nötig, hier kann jederzeit jeder Teil die Auseinandersetzung verlangen (BGB § 749 Abs 1, § 2042 Abs 1).

p) Hat ein Gläubiger den Auseinandersetzungsanspruch eines Ehegatten **pfänden** und sich überweisen lassen, so soll er ohne Zustimmung des anderen Ehegatten die Teilungsversteigerung betreiben können, auch wenn der gepfändete Ehegatte sie benötigen würde, weil für den Gläubiger der Schutzzweck nicht mehr zutrifft[86].

---

[80] BGH FamRZ 1982, 249 = MDR 1982, 470 = NJW 1982, 1099 = Rpfleger 1982, 144.
[81] BGH 68, 299 = FamRZ 1977, 458 = MDR 1977, 823 = NJW 1977, 1234 = Rpfleger 1977, 245; BGH JR 1982, 235 mit Anm Kühne = NJW 1982, 1093.
[82] BGH 68, 299 und NJW 1982, 1093 = je aaO (Fußn 81 und 80).
[83] BGH 68, 299 = aaO (Fußn 81).
[84] OLG München FamRZ 1989, 980 = NJW-RR 1989, 715; Riggers JurBüro 1977, 1669 (2).
[85] OLG Hamburg MDR 1965, 748.
[86] OLG Düsseldorf MDR 1991, 251 = NJW 1991, 851 = Rpfleger 1991, 215; KG Berlin FamRZ 1992, 846 = MDR 1992, 679 = OLGZ 1992, 241 = Rpfleger 1992, 211; OLG

Der widersprechende Ehegatte soll hier nicht mit einer Widerspruchsklage verhindern können, daß der Gläubiger die Teilungsversteigerung betreibt, weil BGB § 1365 nicht einschlägig ist[87]. Dem kann nicht gefolgt werden (so auch[88]). Der Pfandgläubiger macht den ihm zur Einziehung überwiesenen Auseinandersetzungsanspruch des in Zugewinngemeinschaft lebenden Ehegatten geltend. Er unterliegt damit allen dem Pfandschuldner selbst gesetzten gesetzlichen Beschränkungen. Der güterrechtliche Schutz des anderen Ehegatten nach BGB § 1365 Abs 1 geht nicht dadurch verloren, daß an Stelle des in Zugewinngemeinschaft lebenden Ehegatten sein Antragsrecht durch einen seiner dazu ermächtigten Gläubiger verfolgt wird. Prüfung durch das Vollstreckungsgericht erfolgt aber auch in diesem Fall regelmäßig nicht[89] (wie vorst h). Als höchstpersönliches, unvererbliches Recht kann das Zustimmungsrecht selbst nicht gepfändet werden (ZPO § 851).

q) Im **Ehescheidungsverfahren** (früher nachher im Hausratsverfahren) kann die Ehewohnung einem der Ehegatten gegen Zahlung einer Nutzungsentschädigung an den anderen Teil **zugewiesen** werden. Hierdurch wird die Teilungsversteigerung aber nicht verhindert.

r) Veräußerung des Miteigentumsanteils durch einen Ehegatten während des Scheidungsverfahrens an den neuen Lebensgefährten zur Umgehung von BGB § 1365 (Erleichterung der Teilungsversteigerung) kann als sittenwidrig nichtig sein[90].

3.14 Für **Lebenspartner,** die in Zugewinngemeinschaft leben (LPartG § 6 Satz 1; siehe § 15 Rdn 10.7), gilt BGB § 1365. Erforderlich ist Zustimmung des Lebenspartners oder Ersetzung durch das Vormundschaftsgericht daher zu dem Antrag auf Anordnung der Zwangsversteigerung zur Aufhebung einer Gemeinschaft (Rdn 3.13 zu d), falls der Miteigentumsanteil des Antragstellers sein ganzes Vermögen im Sinne von BGB § 1365 ist.

3.15 a) **Eltern** benötigen für den Antrag auf Teilungsversteigerung eines Grundstücks, an dem ein ihrer Vermögensverwaltung unterstehendes Kind beteiligt ist, **keine Genehmigung** des Familiengerichts.

b) Für Kinder ist ein **Pfleger** nach BGB § 1909 zu bestellen, wenn die Eltern an ihrer gesetzlichen Vertretung behindert sind. Sind Eltern und Kinder Miterben und wird der Erbanteil der Eltern gepfändet, so ist der **Pfändungsbeschluß** den Drittschuldnern zuzustellen; Drittschuldner sind die Kinder, gesetzlich vertreten durch die Eltern; der Zustellungsempfang durch die Eltern ist nur eine tatsächliche Annahme, keine Willenserklärung, Eltern sind hierbei nicht behindert. Betreibt der Pfändungsgläubiger sodann die Teilungsversteigerung, so ist er Antragsteller, Antragsgegner sind die Kinder, gesetzlich vertreten durch die Eltern und diese selbst; im Verfahren keine Interessenkollision, die Eltern sind nicht behindert, erst zur Erlösverteilung ist ein Pfleger nötig.

c) Wenn sonst Eltern und Kinder Beteiligte sind und bei der Auseinandersetzung, ohne daß Ausgleichsansprüche bestehen, sich über die **Teilung des Erlöses** gemäß einer gesetzlichen Erbfolge einig sind, sind die Eltern nicht durch BGB § 181 gehindert, weil es sich um die Erfüllung einer gesetzlichen Verpflichtung handelt (BGB § 181 letzter Halbsatz). Auch ist die Erlösverteilung keine genehmigungsbedürftige Verfügung nach BGB § 1821 Abs 1 Nr 1, § 1643 Abs 1. Trotzdem kann

---

Karlsruhe FamRZ 2004, 629 = Rpfleger 2004, 235; OLG Köln NJW-RR 1989, 325; LG Bielefeld Rpfleger 1989, 518; LG Braunschweig NJW 1969, 1675; AG Schwäbisch-Hall Rpfleger 1991, 520.

[87] OLG Hamburg MDR 1982, 330 Leitsatz; LG Braunschweig NJW 1969, 1675; Schiffhauer ZIP 1982, 526 (IV 14).

[88] Steiner/Teufel § 180 Rdn 22.

[89] LG Kassel JurBüro 1995, 498 = Rpfleger 1993, 473.

[90] OLG Schleswig FamRZ 1995, 735 und NJW-RR 1995, 900.

hier, insbesondere wenn mehrere Kinder zu vertreten sind, eine Interessenkollision und damit ein Bedürfnis für eine Pflegschaft bestehen.

3.16 a) Der **Testamentsvollstrecker übt die Rechte des Erben aus** (BGB §§ 2203–2206). Bei einem zum Nachlaß gehörenden Grundstück entscheidet er, ob er frei verkaufen oder die Teilungsversteigerung betreiben will (ebenso bei anderen Objekten der Immobiliarvollstreckung), selbst wenn die Erben dem Freiverkauf widersprechen[91]. Er muß den höchstmöglichen Erlös erzielen. Seine Pflicht verletzt er jedenfalls dann, wenn er es zur Versteigerung für die Hälfte des Verkehrswerts kommen läßt, ohne sich zuvor um eine bessere Verwertung durch freihändige Veräußerung zu bemühen[92]. Bei landwirtschaftlichen Grundstücken kann auch Bedeutung erlangen, daß bei Versteigerung keine behördliche Genehmigung wie beim Freiverkauf nötig ist; sie kann daher vorzuziehen sein.

b) Die **Teilungsversteigerung** betreibt er als Antragsteller[93]; auch die Rücknahme des Verfahrensantrags ist seine Sache. Er ist Antragsteller, alle Erben sind Antragsgegner[94].

c) Ob der Testamentsvollstrecker nach **pflichtgemäßem Ermessen** tätig ist, berührt nicht den Verfahrensantrag und die Antragsrücknahme, kann nur Schadensersatzansprüche auslösen oder zu seiner Entlassung führen.

d) **Mehrere** Testamentsvollstrecker können den Teilungsversteigerungsantrag nur **gemeinsam** stellen[95].

e) Die **Erben können** hier das Teilungsversteigerungsverfahren **nicht betreiben.** Ihr Antrag ist abzulehnen, wenn das Hindernis aus dem Grundbuch (oder anderen Register) ersichtlich ist. Zwar ist der Antrag keine Verfügung, wie beim ehelichen Güterrecht und beim Erbbaurecht klargestellt (Rdn 3.13 und § 15 Rdn 13); doch stehen auch alle Verwaltungsrechte hier nur dem Testamentsvollstrecker zu. Der Erbe hat hier keine Verwaltungsrechte. Betreibt ein Erbe trotzdem (weil das Gericht von der Testamentsvollstreckung keine Kenntnis hatte), so kann der Testamentsvollstrecker Vollstreckungserinnerung aus ZPO § 766 gegen die Anordnung erheben, anschließend sofortige Beschwerde, aber auch Widerspruchsklage nach ZPO § 771.

f) Der Testamentsvollstrecker muß die ihm zustehenden **Aufgaben selbst erledigen**[96], mindestens soweit es sich um ausschließliche Aufgaben des Testamentsvollstreckers handelt. Jedoch kann er auch zustimmen, daß ein Miterbe die Teilungsversteigerung selbst betreibe[96], mithin auch eine fehlerhaft auf Antrag eines Miterben angeordnete Teilungsversteigerung genehmigen, auch in diesem Verfahren muß er aber Antragsteller sein, er kann nicht Antragsgegner sein.

g) Fall aus der Praxis: Auf Antrag von Miterben wurde mit Zustimmung des Testamentsvollstreckers die Teilungsversteigerung angeordnet. Der Testamentsvollstrecker nahm dann trotz Protestes der Erben den Verfahrensantrag zurück. Das Verfahren mußte aufgehoben werden. Die Zustimmung des Testamentsvollstreckers war rechtlich ein Verfahrensantrag und diesen kann er zurücknehmen.

3.17 Einer Genehmigung bedürfen zum Antrag auf Teilungsversteigerung Vormund, Pfleger, Betreuer, Nachlaßpfleger und Nachlaßverwalter (§ 181 Abs 2 Satz 2).

---

[91] Schiffhauer ZIP 1982, 526 (IV 14); Klingenstein BWNotZ 1965, 25.
[92] BGH FamRZ 2001, 1299 = NJW-RR 2001, 1369.
[93] Haegele/Winkler, Testamentsvollstrecker, Fußnote 4 zu Rdn 512; Schneider Rpfleger 1976, 384.
[94] Schneider Rpfleger 1976, 384; Schiffhauer ZIP 1982, 526 (IV 4).
[95] Haegele/Winkler aaO (Fußn 93).
[96] LG Lübeck SchlHA 1970, 231.

Anzuwendende Vorschriften, Einstellung   5.4 § 180

Antragsinhalt 4

4.1 Der **Antrag** kann **schriftlich** oder zu Protokoll der Geschäftsstelle gestellt werden.

4.2 Der Antrag muß sich **gegen alle anderen** Miteigentümer oder die Erben eines Antragsgegners richten (zur Anteilsveräußerung siehe Rdn 6.5). Es müssen ihre **Anschriften** angegeben werden. Erben usw müssen angegeben werden. Wenn Erben eines Miteigentümers unbekannt sind, muß der Nachlaßpfleger angegeben werden; dessen Bestellung kann der Antragsteller für Geltendmachung seines Auseinandersetzungsanspruchs beantragen (BGB § 1961)[97].

4.3 Während sonst der Verfahrensantrag das Grundstück, den Eigentümer, den Anspruch und den Vollstreckungstitel bezeichnen soll (§ 16 Abs 1), kommt das hier nur zum Teil in Frage: Titel und vollstreckbaren Anspruch gibt es nicht; dafür ist das **Gemeinschaftsverhältnis** genau zu bezeichnen (Bruchteils-, Erbengemeinschaft, aufgelöste Gesellschaft, beendete Gütergemeinschaft usw). Die für den Verfahrensbeginn nötigen **Urkunden** (zB Erbschein) sind auch hier dem Antrag beizufügen (§ 16 Abs 2).

4.4 Der Antragsteller **muß nicht nachweisen,** daß die Aufhebung der Gemeinschaft oder die Versteigerung zulässig ist; er muß auch nicht durch Klage sein Recht feststellen lassen[98] (§ 181 Abs 1). Nur gesetzliche oder aus dem Grundbuch ersichtliche Gründe behindern ihn (Rdn 9). Der Antragsteller muß auch nicht nachweisen, daß Teilung in Natur ausgeschlossen ist[99]. Vollstreckungsgericht hat diese Fragen nicht zu prüfen[100].

4.5 Zu diesen Fragen im ZVG-Handbuch; Muster für einen Anordnungsantrag Rdn 693.

Antrag: Entscheidung; Anordnungsbeschluß 5

5.1 Angeordnet wird die Zwangsversteigerung eines Grundstücks (anderen Objekts) zum Zwecke der Aufhebung einer Gemeinschaft vom Vollstreckungsgericht (Abs 1 mit § 15) durch **Beschluß** (ZPO § 764 Abs 3). Der Beschluß muß Antragsteller und Antragsgegner als Parteien des Zwangsversteigerungsverfahrens bezeichnen. Er muß die Zwangsversteigerung unter Bezeichnung des Grundstücks (sonstigen Objekts) als Gegenstand des Verfahrens (Gemarkung, Grundbuchstelle, Flurstücknummer, Wirtschaftsart und Lage, Größe) anordnen und mit Angabe des Gemeinschaftsverhältnisses den Auseinandersetzungsanspruch des Antragstellers kennzeichnen (§ 15 mit § 16 und § 180 Abs 1). Zum Inhalt des Anordnungsbeschlusses allgemein § 15 Rdn 4; Muster § 180 Rdn 10.

5.2 Im Anordnungsbeschluß kann der Kreis der Bieter noch nicht auf einen bestimmten Personenkreis beschränkt werden (Rdn 7.11).

5.3 Zum Anordnungsbeschluß Muster auch im ZVG-Handbuch Rdn 694.

5.4 a) **Zugestellt** werden muß der Anordnungsbeschluß an den/die Antragsgegner (die ja wie Vollstreckungsschuldner behandelt werden); an den/die Antragsteller (als betreibende Gläubiger zu behandeln) wird der Beschluß nur mitgeteilt, wenn ihrem Antrag voll stattgegeben ist. **Verzicht** auf Zustellung ist unzulässig (§ 3 Rdn 2, § 15 Rdn 47.1).

b) Als Einzelproblem aus der Praxis sei hier erwähnt: Wenn der Anordnungsbeschluß einen **im Ausland** wohnenden Miteigentümer nicht auf dem ordnungsgemäßen Weg zugestellt wurde (§ 3 Rdn 1.3, § 8 Rdn 2), sondern etwa durch Einschreibebrief gegen Rückschein, ohne daß völkerrechtliche Vereinbarung diese Übersendung des Schriftstücks ermöglicht (ZPO § 183 Abs 1 Nr 1), so handelt es

---

[97] KG Berlin OLGZ 1981, 151.
[98] OLG Hamm JMBlNW 1963, 237 = Rpfleger 1964, 341 mit zust Anm Haegele.
[99] Drescher, Teilungsversteigerung (1908), § 2 (I).
[100] OLG Hamm aaO (Fußn 98).

sich hierbei um einen Zustellungsmangel und das Verfahren ist nicht wirksam angeordnet[101]. Heilung nach ZPO § 189 wäre aber möglich.

c) Zustellung des Anordnungsbeschlusses hat an den Berechtigten eines vermögensrechtlichen **Rückerstattungsanspruchs** nach Vermögensgesetz § 3 b Abs 2 und an einen Gebäudeeigentümer (Nutzer, EGZVG § 9 a Abs 3; dort Rdn 7) zu erfolgen.

5.5 Mitteilung des Anordnungsbeschlusses an weitere Personen und Stellen: § 15 Rdn 47.

5.6 Wenn der Antrag **Mängel** oder Lücken aufweist, also berichtigt oder ergänzt werden muß, ist auf sachdienliche Antragstellung mit **Aufklärungsverfügung** nach ZPO § 139 hinzuwirken. Gelegenheit zur Äußerung vor Entscheidung ist dem Antragsteller ebenso zu geben, wenn er einen rechtlichen Gesichtspunkt übersehen oder für unerheblich gehalten hat. Dazu § 15 Rdn 3.

5.7 Bei einem aus dem Grundbuch ersichtlichen Antragshindernis ist schon die Anordnung des Verfahrens abzulehnen. Zu Hinderungsgründen im übrigen Rdn 9.

5.8 Rechtliches Gehör: a) Es wurde vertreten, **vor der Anordnung** der Teilungsversteigerung müsse der Antragsgegner gehört werden, und zwar durch Mitteilung des Antrags, weil sonst das rechtliche Gehör aus GrundG Art 103 Abs 1 verletzt sei[102]. Das ist nicht zu billigen (so auch[103]). Es stellt keinen Verfahrensfehler dar, wenn der Antragsgegner vor Anordnung der Versteigerung nicht (durch Übersendung einer Abschrift des Antrags) gehört wird[104]. Gewährung rechtlichen Gehörs (GrundG Art 103 Abs 1) mit vorheriger Anhörung ist in den Regelfällen der (normalen) gerichtlichen Verfahren geboten und sinnvoll, damit der Betroffene Gelegenheit wahrnehmen kann, auf eine bevorstehende gerichtliche Entscheidung Einfluß zu nehmen[105]. Dem Antragsgegner eines Teilungsversteigerungsverfahrens bietet sich aber schon praktisch kaum einmal die Möglichkeit, auf den beantragten Verfahrensbeginn Einfluß zu nehmen, weil die Teilungsversteigerung Folge der Gemeinschaft mit gesetzlichem Auseinandersetzungsanspruch ist[106] und das Verfahren an die formale Grundbuchlage anknüpft (Abs 1 mit § 17 Abs 1 und § 181 Abs 2). Gerichtliche Prüfung des Anordnungsantrags ist aber für den Miteigentümer, der als Antragsgegner an der erst anzuordnenden Zwangsversteigerung beteiligt sein wird, auch noch kein gerichtliches Verfahren mit Recht auf Gehör. Anspruch auf rechtliches Gehör hat nicht schon **vor** Verfahrensbeginn wie in dem späteren Verfahren Beteiligter, sondern derjenige, der nach der maßgeblichen Verfahrensordnung an einem gerichtlichen Verfahren als Partei (oder in ähnlicher Stellung) beteiligt ist[107]. Das jedoch ist der Antragsgegner der Teilungsversteigerung erst von der Verfahrensanordnung an. Die Teilungsversteigerung beginnt, wie jedes Immobiliarvollstreckungsverfahren, erst mit Erlaß der das Verfahren einleitenden Maßnahme (Einl Rdn 20); damit erst beginnt für den Antragsgegner das Verfahren vor Gericht mit Recht auf Gehör nach GrundG Art 103 Abs 1. Das rechtliche Gehör muß in diesem Verfahren gewährt werden. GrundG Art 103 Abs 1 verlangt rechtliches Gehör vor Gericht, nicht aber vor Beginn des gerichtlichen Verfahrens. Daher wird auch im Rechtsstreit rechtliches Gehör nicht vor (und für) Zustellung der Klage (ZPO § 253 Abs 1) gewährt, die Rechtshängigkeit begründet (ZPO

[101] LG Koblenz Rpfleger 1972, 183.
[102] Eickmann Rpfleger 1982, 449 (VI 4.3); Dassler/Schiffhauer § 181 Rdn 27; Steiner/Teufel § 180 Rdn 87; Kunz ZZP 94 (1981) 358 (IV; Buchbesprechung); Metzger NJW 1966, 2000 (2001); Schiffhauer ZIP 1982, 526 (IV 12).
[103] LG Frankenthal Rpfleger 1985, 250; Drischler JurBüro 1981, 1441 (I 6).
[104] OLG Hamm FamRZ 1979, 128 = JurBüro 1979, 1221 = OLGZ 1979, 81 = Rpfleger 1979, 20.
[105] BVerfG 57, 346 (359) = DGVZ 1981, 149 = NJW 1981, 2111.
[106] OLG Hamm aaO (Fußn 104).
[107] BVerfG 13, 132 (140) und 17, 356 (361) = NJW 1964, 1412.

§ 261 Abs 1), sondern erst in dem damit eingeleiteten gerichtlichen Verfahren. Ebenso ist rechtliches Gehör nicht vor Zustellung des die Teilungsversteigerung anordnenden Beschlagnahmebeschlusses, sondern erst in dem mit diesem eingeleiteten Verfahren zu gewähren. Ebenso wie Erfordernis der Klagezustellung, die Rechtshängigkeit begründet, nur die Klageschrift mit vorgeschriebenem Inhalt ist (ZPO § 253 Abs 2), erfordert Einleitung des Versteigerungsverfahrens nur, daß die formalisierten Verfahrensvoraussetzungen (für Teilungsversteigerung §§ 15–17 mit § 180 Abs 1 und § 181) erfüllt sind. Materielle Einwendungen können im Anordnungsverfahren nicht berücksichtigt und mit Widerspruchsklage erst nach Verfahrensanordnung geltend gemacht werden (Rdn 3 und 9). Daß das beantragte Verfahren ohne Verzug eingeleitet wird, wenn alle für seinen Beginn erforderten Voraussetzungen erfüllt sind, kann der Antragsteller ebenso erwarten, wie eine Klage unverzügliche Zustellung der Klageschrift gebietet (ZPO § 271 Abs 1). Die Verfahrensanordnung stellt zudem für den Miteigentümer, der Antragsgegner wird, keine gerichtliche Entscheidung dar, vor der er rechtliches Gehör erhalten müßte. Anordnung der Teilungsversteigerung ist ebenso eine dem Vollstreckungsgericht zugewiesene Maßnahme rechtlichen Zwangs, die nach den Verfahrensgrundsätzen des Vollstreckungsrechts vorgenommen wird, wie Anordnung der Vollstreckungsversteigerung (einseitige) Vollstreckungsmaßregel ist. Durch Anordnung des Verfahrens geschieht damit nichts Endgültiges; der das Verfahren einleitende Beschluß hat insbesondere nicht Entscheidungscharakter. Er bringt nur zum Ausdruck, daß die formellen Verfahrensvoraussetzungen erfüllt sind und hat Beginn des beantragten Verfahrens zur Folge (Denkschrift S 38). Dem trägt das Verfahrensrecht unmittelbar mit der Regelung sinnvoll Rechnung, daß formelle Einwendungen gegen die Anordnung der Teilungsversteigerung (wie gegen Vollstreckungsmaßnahmen überhaupt) mit Erinnerung nach ZPO § 766 geltend zu machen sind. Diese sollen sonach nicht schon in das nur einseitige Anordnungsverfahren einbezogen, sondern erst nach Verfahrensbeginn mit Rechtsbehelf gegen die Anordnungsmaßnahme geltend gemacht werden. Das Vollstreckungsgericht soll mithin Einwendungen gegen die Zulässigkeit seiner das Verfahren einleitenden Maßnahme selbst erst prüfen und damit nach Anhörung der Beteiligten über die Rechtmäßigkeit dieser Maßnahme entscheiden[108], wenn das nach Verfahrensanordnung mit Rechtsbehelf verlangt wird. Dem entspricht § 28 Abs 1, der den Besonderheiten des nur einseitigen Anordnungsverfahrens dem Grundsatz nach mit der Bestimmung Rechnung trägt, daß selbst grundbuchersichtliche entgegenstehende Rechte nicht zu ermitteln, sondern nach Verfahrensanordnung zu berücksichtigen sind. Anhörung der Miteigentümers sogleich noch vor Verfahrensanordnung würde zudem seine prozessuale Lage verschlechtern, weil er mit Einwendungen durch die kurze Rechtsmittelfrist für sofortige Beschwerde (Rdn 7.20) zeitlich eingeschränkt würde. Das aber kann nicht Zweck des rechtlichen Gehörs vor Verfahrensanordnung sein. Rechtliches Gehör müßte zudem zu jedem Beitrittsantrag eines Miteigentümers gewährt werden. Es würde sich auch in solchen Fällen überhaupt nicht als verfahrensdienlich und nicht als interessengerecht erweisen. Darüber hinaus verbietet Dringlichkeit der Beschlagnahmeanordnung Anhörung der Miteigentümer zu einem Beitrittsantrag, wenn bereits Versteigerungstermin anberaumt ist (Fristenwahrung; §§ 43, 44). Desgleichen verbietet Dringlichkeit der Beschlagnahme vorherige Anhörung der Miteigentümer, wenn ein im Grundbuch nicht eingetragener Pfandgläubiger die Teilungsversteigerung (oder Beitrittszulassung) beantragt hat (Risiko der Grundstücksveräußerung durch die Miteigentümer, die für den Pfandgläubiger zu Rechtsverlust mit gutgläubigem Erwerb führen kann).

b) Miteigentümer sind sonach vor Verfahrensanordnung zu dem Antrag auf Teilungsversteigerung nicht zu hören. Das schließt nicht aus, daß das Vollstreckungs-

---

[108] Stöber, Forderungspfändung, Rdn 715.

§ 180   5.8   Aufhebung einer Gemeinschaft

gericht ihnen zur Sachaufklärung (ZPO § 139, soweit erforderlich) Gelegenheit gibt, sich schon vor Verfahrensbeginn zu den tatsächlichen Angaben des Antragstellers zu äußern und Rechtsausführungen vorzutragen. Das Gesetz verbietet Anhörung nicht. Anhörung der Miteigentümer darf jedoch nicht zu ungerechtfertigter Verzögerung der Entscheidung über den Anordnungsantrag führen.

6 Aufhebungsversteigerung: Allgemeine Verfahrensgrundsätze

6.1 Die Zwangsversteigerung erfolgt „zum Zwecke der Aufhebung einer Gemeinschaft". Sie ist noch nicht die Auseinandersetzung; sie erfolgt zur **Vorbereitung der Auseinandersetzung** (Rdn 2.3). Die Gemeinschaft setzt sich nach Versteigerung am Erlös fort (Rdn 17.5). Zweck des Verfahrens ist es, an die Stelle des (in Natur nicht teilbaren) Grundstücks (anderen Objekts) eine Geldsumme treten zu lassen (Rdn 2.3). Die Auseinandersetzung über den Erlös durch Verteilung ist nicht Sache des Vollstreckungsgerichts, sondern der Miteigentümer (dazu Rdn 17 und 18).

6.2 Art des Verfahrens: Die Teilungsversteigerung ist Zwangsvollstreckung zur **Durchsetzung** des (schuldrechtlichen) **Anspruchs** auf „Aufhebung der Gemeinschaft". Sie wird nach den Regeln der für Beitreibung einer Geldforderung bestimmten Zwangsversteigerung durchgeführt, deren Verfahrensvorschriften entsprechend anzuwenden sind. Dazu § 172 Rdn 1.3.

6.3 Bezeichnet wird das Verfahren aus § 180 allgemein **als „Teilungsversteigerung",** obwohl an sich nichts geteilt, sondern die Teilung des Objekts in Anteile beseitigt werden soll. Zweckmäßig würde man es Aufhebungs- oder Auseinandersetzungsversteigerung nennen. Der Begriff der Teilungsversteigerung hat sich aber so durchgesetzt, daß er nicht mehr verdrängt werden kann. Der Gesetzgeber nennt das Verfahren in VermG § 3 b Abs 3 Satz 1 so.

6.4 Anordnung des Verfahrens (Zulassung des Beitritts): § 181 mit Anm.

6.5 Antragsteller ist der (sind die) Miteigentümer (sonstige Antragsberechtigten), der das Verfahren anordnen läßt (oder ihm beigetreten) ist, alle anderen Miteigentümer sind **Antragsgegner,** auch wenn sie das Verfahren nicht mißbilligen. Der Antragsteller übernimmt (für die entsprechende Anwendung der Vorschriften des ersten und zweiten Abschnitts des ZVG, Abs 1) in diesem Verfahren des § 180 die **Rolle des betreibenden Gläubigers** aus der Vollstreckungsversteigerung, der Antragsgegner die **Rolle des Vollstreckungsschuldners** aus jenem Verfahren[109], wenn auch mit Besonderheiten. Antragsgegner ist jeder Miteigentümer, der nicht Antragsteller ist[110], auch wenn er nichts gegen das Verfahren unternimmt. Betreibende „Gläubiger" sind die Antragsteller nicht; sie haben nur die Rolle des betreibenden Gläubigers[111]. Die Antragsgegner sind nicht „Schuldner"; sie haben nur die Rolle des Vollstreckungsschuldners[112]. Stellen alle Miteigentümer den Verfahrensantrag gemeinsam, so sind sie alle Antragsteller, Antragsgegner sind dann keine vorhanden. Betreiben zunächst nur einige von ihnen als Antragsteller und treten dann die anderen bei, so sind alle gleichzeitig Antragsteller und Antragsgegner[113]. Ein Miterbe, der seinen Erbanteil veräußert hat (BGB § 2033 Abs 1), ist aus der Erbengemeinschaft ausgeschieden; er ist daher nicht mehr Antragsgegner (und nicht mehr Beteiligter nach § 9). Mit Erbteilsübertragung ist der Erwerber an

---

[109] BGH 51, 301 = DNotZ 1969, 503 = MDR 1969, 572 = NJW 1969, 929; BGH 79, 249 = JurBüro 1981, 1176 mit Anm Mümmler = MDR 1981, 482 = NJW 1981, 2065 = Rpfleger 1981, 187; OLG Stuttgart OLGZ 1970, 361 = Rpfleger 1970, 102.
[110] BGH 51, 301 und 79, 249 = je aaO (Fußn 109).
[111] BGH 79, 249 = aaO (Fußn 109); OLG Celle NdsRpfl 1958, 90.
[112] BGH 79, 249 = aaO (Fußn 109); BGH 64, 170 = JR 1975, 377 mit krit Anm Kaehler = JurBüro 1975, 899 = MDR 1975, 566 = NJW 1975, 1126 = Rpfleger 1975, 220; OLG Hamm JMBlNW 1963, 237 = Rpfleger 1964, 341 mit zust Anm Haegele.
[113] BGH 79, 249 = aaO (Fußn 109).

Stelle des veräußernden Miterben in die Mitberechtigung am Nachlaß getreten; er ist somit Antragsgegner (und Beteiligter). Solange die Erbteilsübertragung nicht offengelegt ist (zB mit Grundbucheintragung, Anzeige an das Nachlaßgericht BGB § 2384) und die Miterben sowie das Vollstreckungsgericht sie nicht kennen, kann (auch im Hinblich auf BGB § 2365) jedoch nur der veräußernde Miterbe als Antragsgegner und Beteiligter angesehen werden.

6.6 a) Als **Beschlagnahme** des Grundstücks gilt der Beschluß, durch welchen die Zwangsversteigerung zum Zwecke der Aufhebung der Gemeinschaft angeordnet wird (Abs 1 mit § 20 Abs 1), desgleichen zugunsten eines beitretenden Miteigentümers der Beschluß, mit dem der Beitritt zugelassen wird (Abs 1 mit § 27). Die Beschlagnahme hat hier jedoch nicht dieselbe Wirkung wie bei der Vollstreckungsversteigerung[114]. Die Beschlagnahmewirkung ist zwar nicht ausdrücklich eingeschränkt (wie nach §§ 173, 176, die hier nicht gelten). Das Grundstück (und später die Forderung gegen den Ersteher) ergreift die Beschlagnahme aber nur, soweit das für Durchführung des Verfahrens erforderlich ist[115]. Beschlagnahme mit Anordnung der Zwangsversteigerung zum Zwecke der Aufhebung der Gemeinschaft gibt dem Antragsteller nicht, wie einem betreibenden Gläubiger, ein Recht auf abgesonderte Befriedigung; sie bewirkt auch keine Beschlagnahme nach BGB §§ 1121, 1122. Zur Verfügung über das Grundstück als ganzes und über beschlagnahmte mithaftende Gegenstände waren schon vor dem Teilungsversteigerungsverfahren nur alle Miteigentümer gemeinschaftlich berechtigt. Sie bleiben auch während der Teilungsversteigerung zur gemeinsamen Verfügung über das Grundstück und mitbeschlagnahmte Gegenstände sowie zur Veräußerung ihrer Miteigentumsanteile befugt[116]. Die Veräußerung des Miteigentumsanteils des Antragstellers oder eines Antragsgegners hat keinen Einfluß auf das Verfahren; der Erwerber tritt durch seine Anmeldung an die Stelle des Veräußerers und nimmt dann wie dieser am Verfahren teil. Die Belastung des Miteigentumsanteils des Antragstellers schließt die Beschlagnahme nicht aus, eine Belastung des Miteigentumsanteils des Antragsgegners wird im geringsten Gebot nicht berücksichtigt (§ 182 Abs 1), ist somit dem Antragsteller nicht nachteilig.

b) Diese Grundsätze gelten auch, wenn ein **Pfändungsgläubiger** die Teilungsversteigerung betreibt, weil er nicht mehr Rechte haben kann als der Miteigentümer, dessen Anspruch er gepfändet hat. Betreibt der Gläubiger, der einen Miterbenanteil gepfändet hat, die Zwangsversteigerung zum Zwecke der Aufhebung der Erbengemeinschaft, dann kommt der Beschlagnahme jedoch insofern Bedeutung zu, als folgende Grundstücksbelastungen ihm gegenüber unwirksam bleiben und daher nicht in das geringste Gebot kommen (§ 182 Rdn 2).

c) Beschlagnahmewirkungen, die mit Aufhebung des Anordnungsbeschlusses (Beitrittsbeschlusses) **weggefallen** sind, können auch in der Teilungsversteigerung nicht rückwirkend wieder hergestellt werden (dazu § 15 Rdn 5.4), sondern nur durch neuerliche Verfahrensanordnung (Zulassung des Beitritts) wieder neu begründet werden[117].

6.7 Das **Grundbuchamt** ist auch bei Anordnung der Zwangsversteigerung zum Zwecke der Aufhebung einer Gemeinschaft **um Eintragung** der Anordnung in das Grundbuch zu **ersuchen** (Abs 1 mit § 19 Abs 1). Es wird empfohlen, in dem Ersuchen und bei Grundbucheintragung mit einem Zusatz zu kennzeichnen, daß die Versteigerung erfolgt „... zum Zwecke der Aufhebung der Gemeinschaft". Damit wird hervorgehoben, daß es sich nicht um die Kreditwürdigkeit schmälernde Vollstreckungsversteigerung handelt.

---

[114] Schiffhauer ZIP 1982, 526 (VI 2); Drischler JurBüro 1981, 1441 (I 4).
[115] BGH 4, 84 = NJW 1952, 263 = Rpfleger 1952, 415; Schiffhauer Rpfleger 1985, 248 (Anmerkung).
[116] BGH 4, 84 = aaO (Fußn 115).
[117] LG Frankenthal Rpfleger 1983, 120.

§ 180   6.8   Aufhebung einer Gemeinschaft

6.8 Beteiligte der Teilungsversteigerung sind unter den in § 9 Nr 1 und 2 genannten Antragsteller und Antragsgegner, somit alle Teilhaber der Gemeinschaft[118] (zur Anteilsveräußerung siehe Rdn 6.5). Antragsteller ist, wer den Verfahrensantrag gestellt hat. Antragsgegner sind alle, die nicht den Verfahrensantrag gestellt haben, aber an der Gemeinschaft teilnehmen[119]. Betreibt ein Miterbe die Teilungsversteigerung eines erbengemeinschaftlichen Bruchteils (Rdn 3.7), dann sind auch die Miteigentümer der anderen Bruchteile Beteiligte (dazu § 9 Rdn 3.19). Betreibt ein Pfändungsgläubiger als Antragsteller, so ist auch er Beteiligter, ebenso aber auch der Miteigentümer, dessen Anteil gepfändet ist.

6.9 Eigentumswechsel: a) Wird nach Anordnung des Verfahrens an Stelle eines **Antragsgegners** ein **anderer** als **Miteigentümer** im Grundbuch eingetragen oder veräußert ein nicht eingetragener Antragsgegner (als Miterbe) seinen Erbanteil, so wird die Teilungsversteigerung fortgeführt. Von der neuen Eintragung an steht der neue Miteigentümer an der Stelle des bisherigen (bei Rechtsveränderung außerhalb des Grundbuchs ab dem Zeitpunkt des Vorgangs) und erhält alle Ladungen und sonstigen Zustellungen.

b) Wird an Stelle des **Antragstellers** ein **anderer** als **Miteigentümer** im Grundbuch eingetragen oder veräußert der nicht eingetragene Antragsteller (Miterbe) seinen Erbanteil oder tritt der die Rechte des Antragstellers Ausübende (zB Pfändungsgläubiger) die ihm zustehenden Rechte ab (zB aus dem Vollstreckungstitel), so tritt von der Grundbucheintragung oder von der Wirksamkeit des Ereignisses an der neue Miteigentümer oder Miterbe an Stelle des bisherigen und übernimmt auch seine Verfahrensstellung als Antragsteller. Auch für ihn besteht ja der Auseinandersetzungsanspruch unverändert fort.

c) In beiden Fällen ist ein besonderer **Zulassungsbeschluß** nicht nötig, ebenso nicht eine Belehrung des neuen Beteiligten, es gibt auch keinen neuen Einstellungsantrag aus Abs 2.

d) **Meldet sich** bei Wechsel des Antragstellers der neue **nicht** bei Gericht, so wird man wie beim Gläubigerwechsel der Vollstreckungsversteigerung verfahren müssen (dazu § 15 Rdn 29). Man wird hier die Untätigkeit des bisherigen Antragstellers als Einstellungsbewilligung aus § 30 ansehen können.

e) Die bisher behandelten Regeln können nicht gelten, wenn der bisherige **Antragsteller** sein **Antragsrecht durch** einen **Zuschlag** (in einer gleichzeitig laufenden, aber terminlich vorausgehenden Vollstreckungsversteigerung) **verliert.** Hier ist der Ersteher dann nicht Rechtsnachfolger des bisherigen Antragstellers; hier muß das Teilungsversteigerungsverfahren nach § 28 Abs 2 aufgehoben werden. Der Ersteher kann dann, sobald er im Grundbuch als Eigentümer eingetragen ist, neuen Antrag aus § 180 stellen.

6.10 Rücknahme des Antrags: a) Das Teilungsversteigerungsverfahren wird nach § 29 für den zurücknehmenden Antragsteller nach Maßgabe seiner Rücknahme **aufgehoben.** Er kann seinen vollen Versteigerungsantrag zurücknehmen, also über das ganze etwa in Bruchteils- und Erbengemeinschaft stehende Grundstück, aber auch unter bestimmten Umständen den Antrag über einen Teil des Verfahrens.

b) **Beispiele:** a) $^1/_2$ Miteigentum allein des A, $^1/_2$ Erbengemeinschaft BC; Antragsteller A als Alleineigentümer zu $^1/_2$ kann das gesamte Grundstück versteigern lassen (Aufhebung der Bruchteilsgemeinschaft); er kann auch seinen gesamten Verfahrensantrag zurücknehmen, nicht aber wegen einer Grundstückshälfte, weil für ihn nur eine Gemeinschaft am ganzen Grundstück besteht. b) $^1/_2$ Miteigentum allein des A, $^1/_2$ Erbengemeinschaft BC; Antragsteller B als erbengemeinschaftlicher Miteigentümer an $^1/_2$ kann das gesamte Grundstück (Aufhebung der

---

[118] OLG Hamm JMBlNW 1953, 175 = RpflJahrbuch 1959, 265 Leitsatz.
[119] LG Frankenthal Rpfleger 1983, 120.

Anzuwendende Vorschriften, Einstellung   7.3 § 180

Bruchteils- und Erbengemeinschaft) oder nur seine erbengemeinschaftliche Hälfte (Aufhebung der Erbengemeinschaft) versteigern lassen; er kann seinen Verfahrensantrag ganz zurücknehmen oder bezüglich der nicht erbengemeinschaftlichen Hälfte, so daß nur die erbengemeinschaftliche versteigert wird. c) $^1/_2$ Miteigentum allein des A, $^1/_2$ Erbengemeinschaft AB; Antragsteller A kann das ganze Grundstück (Aufhebung der Bruchteils- und Erbengemeinschaft) oder die erbengemeinschaftliche Hälfte (Aufhebung der Erbengemeinschaft) versteigern lassen; er kann seinen Verfahrensantrag ganz zurücknehmen oder bezüglich der nicht erbengemeinschaftlichen Hälfte, so daß nur die erbengemeinschaftliche versteigert wird. d) $^1/_2$ Erbengemeinschaft AB; $^1/_2$ Erbengemeinschaft AC; Antragsteller A kann eine der beiden erbengemeinschaftlichen Hälften (Aufhebung der Erbengemeinschaft) oder das ganze Grundstück (Aufhebung der Bruchteils- und Erbengemeinschaft) versteigern lassen; er kann seinen Verfahrensantrag ganz zurücknehmen oder bezüglich einer der beiden erbengemeinschaftlichen Hälften, so daß dann nur die andere versteigert wird. e) $^1/_2$ Erbengemeinschaft AB, $^1/_2$ Erbengemeinschaft AC; Antragsteller C wie A in Beispiel d zu behandeln.

c) Wenn ein Antragsteller durch Rücknahme seines Verfahrensantrags zum Antragsgegner wird, muß ihm nicht jetzt der Anordnungsbeschluß mit Einstellungsbelehrung **zugestellt** werden (er hat ja die Anordnung als Antragsteller mitbewirkt), erst ein etwaiger **Fortsetzungsbeschluß,** weil er dabei Antragsgegner ist. Es ist kein Beschluß nötig, daß der Antragsteller wegen Antragsrücknahme nun als Antragsgegner gelte.

d) Nimmt der Antragsteller im **Versteigerungstermin** den Antrag zurück und Antragsgegner nicht rechtzeitig (§ 43 Abs 2) beigetreten, so ist kein Zuschlag möglich (Rdn 7.10 und 8.4).

Aufhebungsversteigerung: Anzuwendende Vorschriften   7

7.1 a) Die Vorschriften des ersten und zweiten Abschnitts des ZVG (§§ 1–145 a, 162–171 n) sind **entsprechend** anzuwenden, soweit sich nicht durch §§ 181–185 etwas anderes ergibt: § 180 Abs 1.

b) Weil bei Teilungsversteigerung keine Geldforderung vollstreckt wird (§ 172 Rdn 1.3), **scheiden** für die entsprechende Anwendung des ersten und zweiten Abschnitts des ZVG alle diejenigen Vorschriften **aus,** die eine zwangsweise Beitreibung einer Gläubigerforderung voraussetzen.

7.2 Bei den Einzelvorschriften ist in diesem Kommentar regelmäßig angegeben, ob eine Vorschrift der Vollstreckungsversteigerung auch auf die Versteigerungsverfahren des dritten Abschnitts des ZVG (§§ 172–185), anzuwenden ist. **Zusammenfassend** kann hier gesagt werden, daß in der Teilungsversteigerung anzuwenden sind: ZPO § 864; ZVG §§ 1–9; § 10 Abs 1 Nr 1–4, 7–8 und Abs 2; § 11 Abs 1; §§ 12–15; §§ 16, 17 nur mit Einschränkungen; §§ 18, 19; §§ 20–22 nur mit Einschränkungen; § 24 nicht; §§ 27–30, 30b, 31–43, 44 Abs 2, §§ 45–57 (dabei §§ 28, 37 mit Einschränkungen); nicht § 57a, b, außer Kraft durch § 183; §§ 58–66; § 67 mit Besonderheit in § 184; § 68 Abs 1 und Abs 2; nicht § 68 Abs 3, ersetzt durch § 184; §§ 69–74 b, 77 Abs 1; § 77 Abs 2 ohne die Überleitungsmöglichkeit in die Zwangsverwaltung; §§ 78–113, 114 Abs 1 Satz 1 und Abs 2, §§ 115–126, 127 Abs 1 und Abs 3; §§ 128–145 a, 162–165, 167–170 a, 171–171 g. Einzelheiten finden sich bei den einzelnen Stichworten, auch an den verschiedenen Kommentarstellen und im Sachverzeichnis.

7.3 Altenteil a) Es bietet bei Aufhebung einer **Gesamthandsgemeinschaft** (Rdn 2) keine Besonderheiten. Es bleibt wie die anderen dinglichen Rechte immer im geringsten Gebot bestehen.

b) Bei Aufhebung einer **Bruchteilsgemeinschaft** ist auch darauf § 182 Abs 1 anzuwenden. Das Altenteil bleibt also, wenn es den Anteil des Antragstellers belastet,

1451

mitbelastet oder vorgehend belastet, normal bestehen, während es andernfalls erlischt und dabei mit Ausgleichsbeträgen nach Abs 2 bedacht wird[120] oder Wertersatz (§ 92) aus dem Erlösanteil des belasteten Bruchteils erhält.

c) EGZVG § 9 ist auch in der Teilungsversteigerung anzuwenden[121]. Diese Vorschrift hat für die Teilungsversteigerung keine Ausnahme vorgesehen. Wo das Landesrecht das **Bestehenbleiben des Altenteils** anordnet, bleibt auch in der Teilungsversteigerung das sonst erlöschende bestehen (EGZVG § 9 Abs 1); andererseits kann der Antragsteller des Verfahrens (als betreibender Gläubiger behandelt) beantragen, daß das Altenteil ausnahmsweise erlöschen soll, wenn durch sein Fortbestehen der Anspruch (also hier der Auseinandersetzungsanspruch) des Antragstellers vereitelt würde[121]. Dazu EGZVG § 9 Rdn 3.8.

7.4 Aussetzung des Verfahrens: Auch die Teilungsversteigerung kann nicht nach den allgemeinen Vorschriften der ZPO ausgesetzt oder unterbrochen werden, weil auch hier Sondervorschriften über Einstellung und Aufhebung des Verfahrens vorhanden sind (Einl Rdn 27). Nicht einmal beim Tode des Antragsgegners ist eine Aussetzung (aus ZPO § 246) zulässig; der Tod eines Beteiligten berührt den Fortgang des Verfahrens nicht, weil es nicht auf die Person, sondern auf das Grundstück ankommt. Das Gericht hat dann für notwendige Zustellungen durch Bestellung eines Zustellungsvertreters (§ 6) zu sorgen, falls nicht ein Bevollmächtigter vorhanden ist, dessen Vollmacht durch den Tod nicht endet.

7.5 Baugesetzbuch: Während eines Enteignungs-, Sanierungs- (hierzu[122]) oder Umlegungsverfahrens (BauGB §§ 45 ff) ist für die Teilungsversteigerung keine Genehmigung nötig (§ 15 Rdn 6).

7.6 Belehrungs- und Aufklärungspflicht des Gerichts: Diese Pflichten gelten für alle ZVG-Verfahren, auch für die Teilungsversteigerung. Anlaß zu den verschärften Forderungen war gerade ein Fall der Teilungsversteigerung, der zu der Entscheidung des BVerfG[123] führte (Einl Rdn 7 und 8). Die Entscheidung verlangt, daß bei Wahrung der Unparteilichkeit des Gerichts für ein faires Gerichtsverfahren zu sorgen ist, daß nicht ein Teil (im Fall die Antragstellerin) durch das Verfahren überfahren werden darf; sie fordert, daß Entscheidungen des Vollstreckungsgerichts nicht willkürlich sein dürfen. Das Willkürverbot ist hier objektiviert[124]. Um diesen Anforderungen gerecht zu werden, genügt es nicht, wenn in der den Beteiligten oft fremden juristischen „Fachsprache" die Versteigerungsbedingungen einfach verlesen werden[124]. Das Gericht muß seiner prozessualen Fürsorgepflicht auch hier genügen[124] und prüfen, ob die rechtlichen Gesichtspunkte von den Beteiligten erkannt worden sind[124]. Die Neutralität des Gerichts darf nicht so weit gehen, daß ein Beteiligter sich bei Unkenntnis wirtschaftlich ruiniert[124]. Den Beteiligten muß das angewendete Recht erklärt werden, damit sie wissen, welche rechtliche Bedeutung ihr Verhalten überhaupt hat[124]. Hierzu Einl Rdn 7.

7.7 Benutzungsregelung der bisherigen Miteigentümer, eingetragen in Abteilung II des Grundbuchs (BGB § 1010), steht in einem Rangverhältnis zu den Eintragungen in Abteilung III[125]. Wo sie bestehenbleibt, ist sie, falls auch nach der Versteigerung noch Miteigentum besteht (weil zB nur ein erbengemeinschaftlicher Bruchteil versteigert wurde), auch für die Ersteher bindend.

---

[120] Drischler KTS 1971, 145 (XIII).
[121] Haegele DNotZ 1976, 5 (IV 1).
[122] LG Berlin MDR 1989, 466 = NJW-RR 1989, 1151.
[123] BVerfG 42, 64 = FamRZ 1976, 436 mit richtigstellender Anm Schriftl = MDR 1976, 820 = NJW 1976, 1391 = Rpfleger 1976, 389 mit zust, den Sachverhalt ergänzender Anm Stöber und verfassungsrechtl Anm Vollkommer.
[124] Schneider MDR 1977, 353.
[125] LG Zweibrücken Rpfleger 1965, 56 mit zust Anm Haegele.

7.8 Bundesversorgungsgesetz: Der nach dem BVersG § 75 im Grundbuch eingetragene Sperrvermerk (§ 15 Rdn 7) macht die Vollstreckungsversteigerung von einer behördlichen Genehmigung abhängig. Für die Teilungsversteigerung kann das nur gelten, wenn der Sperrvermerk auf dem ganzen Grundstück ruht. Liegt er nur auf einem Bruchteil, so kann er sich nicht gegen den anderen Bruchteilseigentümer richten, der nicht der Sperre unterliegt, und kann diesen nicht hindern, die Teilungsversteigerung zu betreiben (gilt auch für seine Pfändungsgläubiger), wie ja seine Gläubiger auch unbehindert in seinen (nicht von der Sperre betroffenen) Bruchteil vollstrecken können.

7.9 Erbbaurecht: Als grundstücksgleiches Recht kann es Gegenstand der Teilungsversteigerung sein (Rdn 2.2). Der Grundstückseigentümer ist Verfahrensbeteiligter (ErbbauVO § 24). Die Zustimmung des Grundstückseigentümers nach ErbbauVO § 5 ist erst zum Zuschlag nötig. Der Ersteher erwirbt das Erbbaurecht mit seinem gesetzlichen oder gesetzlich zulässigen vertraglichen Inhalt. Dazu § 15 Rdn 13.

7.10 Fristen: Die Fristen aus der Vollstreckungsversteigerung sind auch hier einzuhalten, insbesondere die Fristen des § 43 (§ 180 Abs 1), um Überraschungen des Antragsgegners auszuschließen. Dazu auch Rdn 6.10 zu d und Rdn 8.4.

7.11 Gebote

a) Jeder **Miteigentümer** kann bieten. Über Sicherheitsleistung § 184.

b) Bleibt der Versteigerungstermin **ergebnislos,** so wird das Verfahren der Antragsteller, für die der Termin durchgeführt wurde (§ 44 Abs 2), eingestellt: § 77 Abs 1. Bleibt auch ein zweiter Versteigerungstermin ergebnislos, so wird das Verfahren diesen Antragstellern gegenüber aufgehoben: § 77 Abs 2 Satz 1. Eine Überleitung in die Zwangsverwaltung gibt es hier nicht. Wurde das Verfahren aufgehoben, so kann es jeder Miteigentümer neu beantragen, bis ein Erfolg eintritt (BGB § 753 Abs 2), muß allerdings die Kosten eines erfolglosen Wiederholungsversuchs tragen (BGB § 753 Abs 2; Rdn 7.14 zu c). Bedeutsam ist das nur im Innenverhältnis gegenüber den Miteigentümern, weil im Verhältnis zum Gericht immer der Antragsteller die Kosten zu tragen hat.

c) Bei Teilungsversteigerung zur Aufhebung einer **Bruchteils**gemeinschaft an **einem** Grundstück kann nur dieses als Gegenstand des Verfahrens ausgeboten werden. Versteigert zum Zwecke der Aufhebung der Gemeinschaft wird das Grundstück als gemeinschaftlicher Gegenstand (BGB § 753 Abs 1). Es wird die Gemeinschaft nicht am Bruchteil, sondern am ganzen Grundstück aufgehoben; es handelt sich also nicht um mehrere verbundene Verfahren, wie bei Vollstreckungsversteigerung von Bruchteils-Grundstücken, sondern um ein Verfahren. Ein Einzelausgebot der Miteigentumsbruchteile kommt daher nicht in Betracht (so auch[126]). Bei Teilungsversteigerung zur Aufhebung einer Gesamthandsgemeinschaft an mehreren Grundstücken gibt es für jedes Grundstück Einzelausgebot, auf Antrag auch Gruppen- und Gesamtausgebot, bei einheitlichem Bauwerk auch gemeinsames Ausgebot (§ 63 Abs 1 Satz 2).

d) Wenn die **Veräußerung an einen Dritten** unstatthaft ist, ist das Grundstück (andere Objekt) nur unter den Teilhabern der Gemeinschaft zu versteigern (BGB § 753 Abs 1 Satz 2). Die Unzulässigkeit der Veräußerung an einen Dritten kann auf einer Vereinbarung der Gemeinschafter beruhen (BGB §§ 749 Abs 2, § 751 und § 2042 Abs 2), für die Erbengemeinschaft auch auf einer letztwilligen Anordnung der Erblassers (BGB § 2044). Es kann in dieser Weise auch statt der (vollen) Unzulässigkeit der Veräußerung an Dritte nur der Kreis der Bieter auf bestimmte Personen (zB Familienangehörige) beschränkt werden. Diese Beschränkung des

---

[126] Dassler/Schiffhauer § 180 Rdn 84; Steiner/Storz/Teufel § 63 Rdn 7 und § 180 Rdn 162; Schiffhauer ZIP 1982, 526 und 660 (XIV 4.2); Drischler JurBüro 1981, 1441 und 1765 (III 20).

§ 180 7.11   Aufhebung einer Gemeinschaft

Bieterkreises auf die Teilhaber der Gemeinschaft oder auch auf einen sonst bestimmten Personenkreis (somit Ausschluß Dritter vom Bieten) ist gesetzliche Versteigerungsbedingung nach BGB § 753 Abs 1 Satz 2; diese ist im Versteigerungstermin festzustellen[127] (§ 66 Abs 1). Es handelt sich um keine Abweichung, die nach § 59 verlangt werden müßte und bestimmt werden könnte (§ 59 Rdn 5.2). Zu berücksichtigen bei Feststellung der Versteigerungsbedingungen ist die Beschränkung des Kreises der Erwerbsinteressenten von Amts wegen, wenn sie sich aus dem Grundbuch ergibt oder wenn alle Miteigentümer Einvernehmen über die Unzulässigkeit der Veräußerung an einen Dritten (oder an Dritte außerhalb eines bestimmten Personenkreises) erklären (hat jedenfalls die Wirkung einer Vereinbarung der Gemeinschafter), sonst auf prozeßrechtliche Entscheidung über eine Widerspruchsklage (Rdn 9). Gebote von Dritten sind dann unwirksam und zurückzuweisen (§ 71 Abs 1). Lehnt es das Gericht ab, Dritte auszuschließen, so können die Miterben den Zuschlag anfechten. Abweichend nach § 59 kann der Kreis der Bieter nicht beschränkt werden (§ 59 Rdn 5.2).

e) **Fall** aus der Praxis: Eheleute sind Bruchteilseigentümer, Frau betreibt die Teilungsversteigerung, Anteil des Mannes ist stark belastet, daher Ausgleich auf dem Anteil der Frau nötig (§ 182 Abs 2). Das Recht eines Dritten auf dem Bruchteil des Mannes erlischt durch die Versteigerung; dieser will nun selbst bieten, um sein Recht zu retten, soll aber durch Änderungsantrag aus § 59 (Beschränkung des Bieterkreises) gehindert werden. Das ist unzulässig; zur Änderung nach § 59 wäre zudem die Zustimmung des Dritten (als Gläubiger des Grundstücksrechts) nötig (§ 59 Abs 1 Satz 2). Einvernehmen der Miteigentümer über den Ausschluß des Dritten erst nach Anteilsbelastung in der Versteigerung kann nicht als zulässig erachtet werden.

7.12 Gerichtliche Verwaltung für Rechnung des Erstehers nach § 94 ist auch bei Teilungsversteigerung möglich (§ 94 Rdn 1.2).

7.13 Diese Randnummer ist nicht belegt.

7.14 Kosten

a) Sie sind bei der Teilungsversteigerung für Gericht und Rechtsanwalt **wie** in der **Vollstreckungsversteigerung** (Einl Rdn 76–85 und 89–99). Zur Prozeßkostenhilfe Einl Rdn 45.

b) Die Anordnungs- und Beitrittsgebühren werden im Teilungsversteigerungsverfahren unter den Miteigentümern **nicht ausgeglichen**[128], sie sind anteilmäßig nach BGB § 753 Abs 2, § 756[129] außerhalb des Verfahrens zu erstatten[130], außer wenn sich die Beteiligten darüber einigen. Die eigentlichen Verfahrenskosten (§ 109 Rdn 2) werden wie sonst aus dem Versteigerungserlös vorweg entnommen (§ 109 Abs 1).

c) Die (außergerichtlichen) **Kosten der Miteigentümer** (dabei auch die Anordnungs- und Beitrittsgebühren, vorst b) sind Kosten des Verkaufs, die (soweit sie notwendig waren) die Teilhaber gemeinschaftlich zu tragen haben (BGB § 748), damit anteilig treffen. Sie sind bei Auseinandersetzung (Rdn 18) vorab aus dem Erlösüberschuß zu berichtigen (BGB §§ 755, 756). Eine Kostenentscheidung ergeht nicht; Kostenfestsetzung kann nicht erfolgen. Auch (notwendige) Kosten eines erfolglosen Versteigerungsversuchs sind gemeinschaftliche Kosten der Teilhaber (folgt aus BGB § 753 Abs 2). Erstattung hat daher ebenfalls nach Gemeinschaftsrecht zu erfolgen. Kosten eines erfolglosen wiederholten Versteigerungsversuchs hat der Antragsteller zu tragen (BGB § 753 Abs 2).

---

[127] RG 52, 174; Steiner/Teufel § 180 Rdn 51 und 59; Drischler JurBüro 1963, 241.
[128] Schneider JurBüro 1966, 730 (2).
[129] LG Düsseldorf JurBüro 1981, 1415 mit zust Anm Mümmler; Drischler RpflJahrbuch 1966, 325 (C f 3).
[130] Schalhorn JurBüro 1970, 137; Schneider JurBüro 1966, 730 (2).

d) Bei **Rücknahme des Antrags** können Kosten dem Antragsteller nicht nach ZPO § 269 Abs 4 auferlegt werden[131], weil es sich dabei nicht um Prozeßkosten handelt. Kostenausgleich bzw Kostenerstattung erfolgen hier nach Gemeinschaftsrecht außerhalb des Verfahrens. Das muß auch für die Kosten bei Aufhebung des Verfahrens aus anderem Grund (zB nach § 28) gelten[132].

e) Bei **Zurückweisung des Antrags** treffen die Kosten (wenn sie sich nicht ausnahmsweise als notwendig erweisen) den Antragsteller. Auch Erstattung dieser Kosten hat nach Gemeinschaftsrecht zu erfolgen. Eine Kostenentscheidung ergeht nicht, Kostenfestsetzung ist nicht möglich.

f) Kosten eines **Erinnerungs- und Beschwerdeverfahrens** sind Kosten eines eigenständigen Rechtsbehelfs, damit eines selbständigen Zwischenstreits im Rahmen des Auseinandersetzungsverfahrens. Es ist daher über die Kosten des Erinnerungs- und Beschwerdeverfahrens zu entscheiden (Einl Rdn 39.9 und 39.10). Die Kostenentscheidung gibt Grundlage für Festsetzung der Kosten dieser Verfahren (ZPO § 794 Abs 1 Nr 3). Als Teilhaberschuld kann bei Aufhebung der Gemeinschaft auch Berichtigung dieser Kosten verlangt werden (BGB § 756).

g) **Kosten eines Beteiligten** begründen mit seinem Anspruch ein Recht auf Befriedigung aus dem Grundstück nach § 10 Abs 2. Bei Zurückweisung oder Zurücknahme des Antrags oder Aufhebung des Verfahrens aus anderem Grund haftet das Grundstück für diese Kosten (für Hypothek siehe BGB § 1118). Eine Kostenentscheidung ergeht nicht; Kostenfestsetzung ist daher nicht möglich.

h) Ein bisheriger Miteigentümer als Ersteher hat für die **Grundbucheintragung** als Eigentümer keine Gebührenbefreiung wie sonst die Erben sie nach KostO § 60 Abs 4 haben[133].

7.15 Mehrere Grundstücke: Sie können in einem Verfahren versteigert werden (Verbindung nach § 18), wenn die Eigentümer dieselben sind und wenn für jedes Grundstück alle Voraussetzungen erfüllt sind[134]; dabei ist ohne Bedeutung, ob die Anteile gleich groß sind[134] oder ob dieselbe Gemeinschaftsform vorliegt[134] (es kann also ein Grundstück in Bruchteilsgemeinschaft stehen, ein anderes in Erbengemeinschaft, wenn nur die Miteigentümer dieselben sind). Mehrere Grundstücke, die in demselben Verfahren zu versteigern sind, sind einzeln auszubieten (§ 63 Abs 1). Gesamt- und Gruppenausgebot: Rdn 7.11.

7.16 Nacherbschaft

a) Der im Grundbuch eingetragene Nacherbenvermerk ist **kein Hindernis** für die Teilungsversteigerung, weil auch der Nacherbe diese gegen sich ergehen lassen muß und für die oder den Vorerben betriebene gegen sich gelten lassen muß; die Teilungsversteigerung ist keine durch BGB §§ 2113, 2115 verbotene Verfügung[135].

b) BGB § 2115 Satz 1 trifft nicht die Teilungsversteigerung[136], weil es sich bei ihr **nicht** um eine Zwangsvollstreckung wegen einer Geldforderung handelt. Diese Vorschrift schützt den Nacherben nur davor, daß Schulden des Vorerben, die den Nacherben nicht treffen, aus dem Nachlaß beglichen werden (daher keine Teilungsversteigerung durch Gläubiger des Vorerben zulässig[137]), aber sie schützt ihn nicht gegen Verpflichtungen, die Nachlaß als solchem eigentümlich und in

---

[131] LG Düsseldorf aaO (Fußn 129).
[132] Dassler/Schiffhauer § 180 Rdn 74.
[133] Schalhorn JurBüro 1970, 137.
[134] Drescher, Teilungsversteigerung (1908), § 2 (II 4).
[135] BayObLG 1965, 212 = MDR 1965, 749 = NJW 1965, 1966; OLG Celle MDR 1968, 249 = NJW 1968, 801; OLG Hamm JurBüro 1968, 1021 = MDR 1969, 56 = NJW 1969, 516 = OLGZ 1969, 63 = Rpfleger 1968, 403: Klawikowski Rpfleger 1998, 199 (V).
[136] BayObLG 1965, 212 = aaO (Fußn 135).
[137] OLG Celle MDR 1968, 249 = NJW 1968, 801.

der Stellung eines Miterben begründet sind[138], also auch nicht gegen den Auseinandersetzungsanspruch[138].

c) Der Nacherbenvermerk ist eine Verfügungsbeschränkung des Vorerben, fällt nicht ins geringste Gebot und ist auf Grund des **Zuschlags zu löschen**[139]. Dazu § 44 Rdn 5.

d) Der dem Vorerben verbleibende **Erlösüberschuß** (Rdn 17.5) fällt als Surrogat (BGB § 2111 Abs 1) in den Nachlaß[140] (auch § 114 Rdn 10.2 und § 128 Rdn 4.2).

e) In den Nachlaß fällt auch eine **Eigentümergrundschuld,** die durch Tilgung einer hypothekengesicherten Gläubigerforderung durch den Vorerben aus Mitteln der Erbschaft entstanden ist[141]. Eine Eigentümergrundschuld, die dadurch entstanden ist, daß der Vorerbe mit freien Mitteln ein schon beim Erbfall bestehendes Fremdgrundpfandrecht getilgt hat, fällt in sein freies, nicht der Nacherbfolge unterliegendes Vermögen[141].

7.17 Nießbrauch

a) Besteht der Nießbrauch **am ganzen Grundstück**, das einer Bruchteils- oder Gesamthandsgemeinschaft gehört, dann wird er durch eine Teilungsversteigerung des Objekts nicht berührt, sondern bleibt gemäß § 182 bestehen. Die Teilungsversteigerung kann daher ohne Mitwirkung des Nießbrauchers beantragt werden[142] (anders anscheinend[143]). Der Nießbraucher ist als Grundbuchberechtigter Verfahrensbeteiligter.

b) Besteht der Nießbrauch dagegen **am Miteigentumsbruchteil** eines Miteigentümers, so kann dieser Bruchteilsmiteigentümer nur mit dem Nießbraucher gemeinsam und umgekehrt der Nießbraucher nur mit dem Bruchteilsmiteigentümer gemeinsam die Teilungsversteigerung des ganzen Objekts betreiben, weil durch den Zuschlag in der Teilungsversteigerung der Bruchteil und damit auch der Nießbrauch daran untergeht (BGB § 1066 Abs 2[144]) (anders[145]). Für die anderen Miteigentümer (deren Anteile nicht vom Nießbrauch belastet sind) ist die Teilungsversteigerung hierdurch nicht beschränkt[146]; dabei sind der Nießbraucher und der betroffene Bruchteilsmiteigentümer zusammen Antragsgegner und Beteiligte (anders[147]).

c) Wo der Nießbrauch an einem Bruchteil (weil dieser durch die Teilungsversteigerung nicht mehr besteht) nicht bestehenbleibt, **überträgt er sich auf den Erlösanteil**[148]. Hierzu auch § 182 Rdn 2.

d) Wo Nießbraucher und Miteigentümer zusammenwirken müssen (sei es als Antragsteller, sei es als Antragsgegner), können sie **Anträge und Erklärungen nur gemeinsam** abgeben; jedoch kann jeder unabhängig vom anderen Sicherheit nach § 67 verlangen oder eine den anderen Teil nicht berührende Abänderung der Versteigerungsbedingungen nach § 59[149].

---

[138] BayObLG 1965, 212 = aaO (Fußn 135).
[139] OLG Hamm NJW 1969, 516 = aaO (Fußn 135).
[140] BGH 40, 115 = NJW 1963, 2320; BGH DNotZ 1995, 699 = FamRZ 1993, 1311 = MittRhNotK 1993, 257.
[141] BGH DNotZ 1995, 699 = FamRZ 1993, 1311 = MDR 1993, 985 = NJW 1993, 3198.
[142] Steiner/Teufel § 180 Rdn 112.
[143] Haegele DNotZ 1976, 5 (II 1).
[144] Dassler/Schiffhauer § 181 Rdn 25; Jaeckel/Güthe § 181 Rdn 9; Korintenberg/Wenz § 181 Anm 4 g; Reinhard/Müller § 181 Anm VIII; Schiffhauer ZIP 1982, 526 und 660 (IV 7).
[145] Steiner/Teufel § 180 Rdn 112.
[146] Haegele DNotZ 1976, 5 (II 1).
[147] Steiner/Teufel § 180 Rdn 112.
[148] Haegele DNotZ 1976, 5 (II 1).
[149] Jaeckel/Güthe § 181 Rdn 9.

7.18 Rangfolge: Sie ist hier wie in der Vollstreckungsversteigerung nach § 10 bestimmt. Jedoch entfallen hier die Rangklasse 5 (es gibt ja keine betreibenden Ansprüche) und 6 (dingliche Rechte können nicht durch Beschlagnahme gegenüber dem Antragsteller, der ja keinen „Anspruch" hat, unwirksam werden). Hierzu § 182 Rdn 2.

7.19 Räumungsvollstreckung aus § 93: Sie ist auch für den Ersteher der Teilungsversteigerung möglich, allerdings dann nicht, wenn er nur einen Bruchteilsanteil ersteigert hat[150].

7.20 Rechtsbehelfe
a) Sie gelten **wie** in der **Vollstreckungsversteigerung** (siehe § 15 Rdn 5). Der Antragsgegner hat gegen den Anordnungs- und Beitrittsbeschluß, wenn er vorher (wie regelmäßig) **nicht gehört** wurde, die Vollstreckungserinnerung nach ZPO § 766. Die Entscheidung über diese Erinnerung ist mit sofortiger Beschwerde nach ZPO § 793 anfechtbar (dazu § 95 Rdn 2 und 5). Wenn Anordnungs- oder Beitrittsbeschluß **nach vorheriger Anhörung** des (der) Antragsgegner ergehen, ist der Beschluß Entscheidung (§ 95 Rdn 2.1). Anfechtung durch einen Miteigentümer hat dann mit sofortiger Beschwerde zu erfolgen (nicht mit unbefristeter Erinnerung nach ZPO § 766). Erinnerung/Beschwerde findet statt, wenn geltend gemacht wird, daß eine Verfahrensvoraussetzung für Anordnung der Zwangsversteigerung oder Zulassung des Beitritts nicht bestehe, auch etwa, daß Ausschluß der Auseinandersetzung im Grundbuch eingetragen ist[151] oder ein sonstiges aus dem Grundbuch ersichtliches Hindernis vorliegt[152]. Die **Zwischenverfügung** (zur Behebung von Hindernissen durch den Antragsteller) ist mit befristeter sofortiger Beschwerde anfechtbar (§ 95 Rdn 5.1). Gegen die **Ablehnung** des Versteigerungsantrags hat der Antragsteller die sofortige Beschwerde (§ 95 Rdn 5.1), keine Vollstreckungserinnerung. Rechtsbeschwerde: ZPO § 574 Abs 1 Nr 2. Die mit Aufhebung eines Anordnungs- oder Beitrittsbeschlusses weggefallene Beschlagnahme kann in der Beschwerdeinstanz nicht rückwirkend wieder hergestellt werden; es kann nur das Verfahren neu angeordnet oder der Beitritt wieder zugelassen werden. Mit der Beschwerde ist diese neue Beschlagnahme (nicht Aufhebung des angefochtenen Beschlusses) zu begehren (siehe § 15 Rdn 5.4).

b) Sofortige Beschwerde gegen die Entscheidung über einen **Einstellungsantrag:** § 30b Abs 3 mit § 180 Abs 2 Satz 3 und Abs 3 Satz 3.

c) Materielle Einwendungen gegen die Teilungsversteigerung (damit gegen den Auseinandersetzungsanspruch) sind mit Widerspruchsklage nach ZPO § 771 geltend zu machen (Rdn 9; anders[153]: auch Erinnerung zulässig).

7.21 (Vormalige) Reichsheimstätte: a) Für die **Erbfolge** war bei der Reichsheimstätte als Sonderregelung die Heimstättenervfolge bestimmt (RHeimstG-AusfVO § 25). Diese Sonderregelung ist auf Erbfälle aus der Zeit vor dem 1. 10. 1993 weiter anzuwenden (Gesetz vom 17. 6. 1993, BGBl I 912, Art 6 § 4). Die Teilungsversteigerung ist nicht verboten, jedoch erst zulässig, wenn feststeht, daß eine Heimstättenfolge nach Verordnung § 26 nicht stattfindet und daher Veräußerung nach Verordnung § 35 erfolgen kann.

b) Für Erbfälle ab 1. 10. 1993 sind mit Aufhebung des RHeimstG (§ 15 Rdn 31) diese besonderen erbrechtlichen Vorschriften entfallen.

7.22 Schuldübernahme: Sie tritt auch in der Teilungsversteigerung nach § 53 ein[154]. Diese Vorschrift setzt keine zwangsweise Beitreibung einer Forderung

---

[150] LG München II NJW 1955, 189.
[151] LG Darmstadt MDR 1958, 928.
[152] LG Tübingen NJW 1958, 1303 mit krit Anm Riedel.
[153] Jaeckel/Güthe § 181 Rdn 4.
[154] BGH 133, 51 (53) = DNotZ 1997, 715 = MDR 1996, 1178 = NJW 1996, 2310 = Rpfleger 1996, 520; Korintenberg/Wenz § 180 Anm 1; Steiner/Teufel § 181 Rdn 18.

§ 180 7.22   Aufhebung einer Gemeinschaft

durch einen Gläubiger voraus; Sinn der §§ 53, 54 ist es vielmehr, eine ähnliche Regelung wie in BGB §§ 414 ff für den Grundstückskauf zutreffen, weil sonst das persönliche Schuldverhältnis durch die Zwangsversteigerung nicht berührt würde. Die Vorschrift gilt daher für alle Versteigerungsverfahren des ZVG. Der Schuldner des dinglichen Rechts soll aus Billigkeitsgründen gegen den Fortbestand der persönlichen Verpflichtung geschützt werden. Auch in der Teilungsversteigerung werden bestehenbleibende Rechte vom Ersteher übernommen; folgerichtig regelt die persönliche Schuldverpflichtung auch hier § 53.

7.23 Sicherungsmaßregeln nach § 25: Solche, insbesondere die Bestellung eines Sequesters, sind auch hier möglich, und zwar auf Antrag des Antragstellers, wenn der Antragsgegner durch sein Verhalten die ordnungsgemäße Bewirtschaftung (und damit den Bestand des Grundstücks) gefährdet. Zwangsverwaltung gibt es ja hier nicht. Es muß für die Maßnahme ein schutzwürdiges Interesse bestehen. Dieses fehlt, wenn der Antragsteller als Miteigentümer selbst die Maßnahmen treffen kann, die zur Abwendung der Gefährdung nötig sind. Zulässig sind nur echte Sicherungsmaßnahmen, wie Verhindern von Gebäudeschäden, Sorge für die Versicherung; nicht dagegen zulässig sind auf diesem Wege Nutzungsmaßnahmen, wie Vermieten oder Kassieren des Mietzinses, weil dies allein den Miteigentümern obliegt und der Mietzins nicht der Versteigerungsbeschlagnahme unterliegt (hier bei fehlender Einigung Prozeßentscheidung nötig).

7.24 Stockwerkeigentum: a) Dies gibt es noch (Einl Rdn 12.9).

b) In **Bayern** gilt es seit 1900 als Miteigentum an dem Grundstück in der Weise, daß jeder Miteigentümer die ausschließliche Nutzung seiner Gebäudeteile hat und diese zu unterhalten hat, wobei der Anspruch auf Aufhebung der Gemeinschaft ausgeschlossen ist (AGBGB, BayRS 400–1–J, Artikel 62).

c) Im früheren Landesteil **Baden** von Baden-Württemberg war Teilungsversteigerung bei Stockwerkeigentum nicht zulässig, das Grundstück war unteilbar; allerdings erlischt das Stockwerkeigentum mit der Zerstörung des Gebäudes und dann ist Teilungsversteigerung zulässig[155]. Nunmehr gelten für das nach badischem Landesrecht begründete Stockwerkeigentum die Bestimmungen des ehemaligen württembergischen Landesrechts[156]. Auch danach kann ein Mitberechtigter nicht jederzeit, sondern nur unter besonderen Voraussetzungen nach württ AGBGB Art 230, 231 die Aufhebung des Stockwerkeigentums im Wege der Zwangsversteigerung verlangen. Dazu[156]. Davon zu unterscheiden ist die (zulässige) Teilungsversteigerung eines (veräußerlichen) Stockwerkeigentums zur Aufhebung der an ihm bestehenden (Unter-)Gemeinschaft (Bruchteilsgemeinschaft, Erbengemeinschaft, andere Gesamthandsgemeinschaft); s hierzu die entsprechende Rechtslage bei Wohnungseigentum Rdn 2.9 Buchst b. Möglich ist auch ein Kellerrecht (Stockwerkeigentum ohne Miteigentum am Grundstück), das durch Teilungsversteigerung aufgehoben werden kann[157].

7.25 Terminsbestimmung

a) Es muß nach § 37 Nr 3 (mit § 180 Abs 1) angegeben werden, daß die Versteigerung **„zwecks Aufhebung der Gemeinschaft"** erfolgt[158]. Ein Verstoß führt zur Zuschlagsversagung nach § 83 Nr 7 (richtige Terminsbestimmung fehlt). Darüber hinaus kann dieser Fehler Ruf und Kredit der Miteigentümer schädigen. Abzuraten ist von der (irreführenden) Ausdrucksweise „im Wege der Zwangsvollstreckung und zwecks Aufhebung der Gemeinschaft". Vertretbar ist höchstens noch „Zwangsweise zwecks Aufhebung der Gemeinschaft".

---

[155] OLG Karlsruhe BWNotZ 1957, 334.
[156] OLG Karlsruhe KTS 1984, 159 = OLGZ 1983, 333.
[157] Hammer BWNotZ 1967, 20 (II, III).
[158] OLG Koblenz NJW 1959, 1833; OLG Schleswig SchlHA 1958, 10.

Anzuwendende Vorschriften, Einstellung   7.29 § 180

b) In der **Anmeldungsaufforderung** nach § 37 Nr 4 ist zu sagen: „... Rechte ... anzumelden und wenn der Antragsteller widerspricht, glaubhaft zu machen ..."

c) Eine **Mitteilung** nach § 41 Abs 2 ist hier nötig; sie ist nicht entbehrlich[159]; auch in der Teilungsversteigerung hat sie den Beteiligten die Vorbereitung auf den Termin zu ermöglichen. Von besonderer Bedeutung ist sie für Berechtigte, deren Rechte nur einzelne Miteigentumsanteile belasten oder wenn Pfandgläubiger das Verfahren betreiben für Feststellung, ob ein Recht in das geringste Gebot fällt.

d) Für die **Fristen** gelten die normalen Vorschriften der §§ 43, 44, für die Bekanntmachung auch §§ 39, 40.

e) Hierzu im ZVG-Handbuch Rdn 727; Aufforderung zur Anmeldung von Rechten Rdn 728; Muster für die Mitteilung des § 41 Rdn 729.

f) Die Terminbestimmung ist der Gemeindeverwaltung und sonstigen Stellen, die öffentliche Lasten einziehen, **mitzuteilen** (MiZi XI 1; wie in der Vollstreckungsversteigerung; § 41 Rdn 4.5). Für Betriebssteuerrückstände haftet der Ersteher nicht (§ 15 Rdn 34.8; näher dazu hier in 15. Aufl). MiZi XI 1 (in der ab 1. Juni 1998 geltenden Fassung) sieht Mitteilung der Terminbestimmung an die Steuerbehörden zur Bekanntgabe etwaiger Rückstände an Betriebssteuern daher nicht (mehr) vor.

7.26 Veräußerungsverbot nach BVersG § 75: Es hindert die Teilungsversteigerung nur, wenn es auf dem Anteil des Antragstellers lastet (Rdn 7.8).

7.27 Verbindung

a) **Mehrere Teilungsversteigerungsverfahren** über verschiedene Grundstücke oder Grundstücksbruchteile können bei gleichen Antragstellern und Antragsgegnern verbunden werden, ohne Unterschied, welches von ihnen früher angeordnet war. Die Verfahren sollen nur gleichweit gediehen sein, um nicht durch Zuwarten bei dem einen Verfahren das andere, das schon terminreif ist, zu verzögern. Siehe auch Rdn 7.15.

b) Verbindung von **Teilungsversteigerung und Forderungs-,** Insolvenzverwalter oder Nachlaßversteigerung ist nicht möglich (Rdn 14–16).

7.28 Verlegung, Vertagung und Unterbrechung des Versteigerungstermins: § 43 Rdn 8. Anspruch auf Verlegung eines Zwangsversteigerungstermins, der in der Zeit vom 1. Juli bis 31. August anberaumt ist, auf Antrag ohne Begründung nach ZPO § 227 Abs 3 besteht nicht (so auch[160]). Zwangsversteigerung zum Zwecke der Aufhebung einer Gemeinschaft ist als Zwangsvollstreckungsverfahren (§ 172 Rdn 1.3) typischerweise eilbedürftig; Abs 3 von ZPO § 227 findet daher nach dessen Nummer 7 in diesen Verfahren keine Anwendung. Einem Verlegungsantrag könnte überdies nach ZPO § 227 Abs 3 Satz 3 wegen des besonderen Beschleunigungsbedürfnisses des Verfahrens mit zahlreichen Beteiligten nach Bestimmung des Termins zur bestmöglichen Veräußerung des Grundstücks zu möglichst günstiger Zeit (§ 36 Rdn 3.9) nicht entsprochen werden.

7.29 Vorkaufsrechte

a) Vertragliches oder dingliches Vorkaufsrecht: § 81 Rdn 10.

b) Auch bei der Teilungsversteigerung besteht aber **kein Vorkaufsrecht,** wenn der Zuschlag einem bisherigen Miteigentümer erteilt wird, weil dieser nicht Dritter im Sinne von BGB § 463 (= § 504 aF) ist[161] (anders[162]: er sei Dritter, weil er ja

---

[159] Dassler/Schiffhauer § 180 Rdn 77; Schiffhauer ZIP 1982, 526 und 660 (XI 2).
[160] Zöller/Stöber, ZPO, § 227 Rdn 18; Stein/Jonas/Roth, ZPO, § 227 Rdn 32.
[161] BGH 13, 133 = DNotZ 1954, 385 = NJW 1954, 1035; BGH BB 1957, 731 = DNotZ 1957, 654; BGH 48, 1 = DNotZ 1968, 25 = MDR 1967, 662 = NJW 1967, 1607.
[162] Schmid MDR 1975, 191 (III 1, 4) und (V).

§ 180 7.29 Aufhebung einer Gemeinschaft

nicht Verpflichteter und nicht Berechtigter sei, daher Vorkaufsrecht möglich). Das Vorkaufsrecht gilt sogar dann nicht, wenn dieser erstehende Miteigentümer erst durch Erwerb eines Nachlaßanteils in die Erbengemeinschaft eingetreten ist, ausgenommen, wenn diese Veräußerung nur den Zweck hatte, das Vorkaufsrecht zu vereiteln[163] (dies kann, wenn überhaupt, nur das Prozeßgericht feststellen). Belastet das Vorkaufsrecht nur einen Bruchteil, so ist es nicht ausübbar, wenn einem Miteigentümer, dessen Anteil nicht dem Vorkaufsrecht unterliegt, das ganze Grundstück zugeschlagen wird[164].

c) Eine Siedlungsgenossenschaft (nach dem **Reichssiedlungsgesetz**), die ein Wiederkaufsrecht am Grundstück eines Genossen hat, kann nicht die Teilungsversteigerung durch den Miterben eines Genossen verhindern[165]. Nach dem Reichssiedlungsgesetz besteht für die Zwangsversteigerung kein Vorkaufsrecht mehr, auch nicht für die Teilungsversteigerung.

d) Vorkaufsrecht nach **Baugesetzbuch:** § 81 Rdn 10.

e) Das gesetzliche **Vorkaufsrecht der Miterben** am Nachlaß gemäß BGB § 2034 (nicht aber nach Erbteilsveräußerung[166]) erstreckt sich nicht auf die Miteigentumsanteile nach Auseinandersetzung der Erbengemeinschaft und kann dem Versteigerungsantrag eines Erwerbers eines Miteigentumsanteils nicht entgegengesetzt werden[167].

f) Zum Vorkaufsrecht auch im ZVG-Handbuch Rdn 744–744b.

7.30 Wertfestsetzung Wie § 176 Rdn 3.23.

7.31 Zubehör das nicht allen Miteigentümern in der an dem Grundstück bestehenden Gemeinschaft gehört, erfaßt die Teilungsversteigerung als fremdes Zubehör. Darauf erstrecken sich Versteigerung nach § 55 Abs 2 und Zuschlag nach § 90 Abs 2. Will einer (wollen mehrere) der Grundstückseigentümer als Eigentümer des Zubehörs dessen Mitversteigerung abwenden, so muß er sein der Versteigerung entgegenstehendes Recht nach § 37 Nr 5 rechtzeitig geltend machen.

7.32 Zuschlag: Nur an einen Miteigentümer darf zugeschlagen werden wenn die Veräußerung an einen Dritten nicht gestattet ist: BGB § 753 Abs 1 Satz 2. In den Versteigerungsbedingungen ist dies festzulegen (Rdn 7.11). Zuschlag an einen Dritten ist anfechtbar. Ein Negativzeugnis nach BauGB ist nicht nötig (§ 81 Rdn 10.5). § 85 über Versagung des Zuschlags auf Antrag ist auch für die Teilungsversteigerung anwendbar (§ 85 Rdn 1.2).

7.33 Die **Zuständigkeit** des Vollstreckungsgerichts richtet sich nach den allgemeinen Vorschriften des ersten Titels des ersten Abschnitts (§§ 1, 2).

8 Beitritt (§ 27 mit § 180 Abs 1)

8.1 Beitreten kann dem Teilungsversteigerungsverfahren jeder bisherige Antragsgegner (§ 27 mit § 180 Abs 1). Er wird damit ebenfalls Antragsteller. Als solcher ist er nicht mehr allein von den Verfahrensanträgen des (bisherigen) Antragstellers abhängig, sondern kann selbst entscheidend in das Verfahren eingreifen, etwa wenn der ursprüngliche Antragsteller einstellt oder seinen Antrag zurücknimmt, um dann seinerseits versteigern zu lassen. Betreibt nur ein Antragsteller, so kann dieser, wenn der Antragsgegner oder ein Dritter so hoch bietet, daß er ihn nicht überbieten kann oder will, einfach die Einstellung bewilligen (§ 30 mit § 180 Abs 1) und so den Zuschlag verhindern. Betreiben aber beide, so kann der

---

[163] BGH BB 1957, 731 = DNotZ 1957, 654.
[164] BGH DNotZ 1968, 25 = aaO (Fußn 161); Schmid MDR 1975, 191 (V und I C 2c).
[165] OLG Hamburg MDR 1963, 509.
[166] BGH FamRZ 1993, 420 = MDR 1993, 356.
[167] BGH MDR 1972, 765 = NJW 1972, 1199 = Rpfleger 1972, 250; OLG Hamm RdL 1953, 52 Leitsatz.

andere Teil oder ein Dritter, weil der Termin dann durchgeführt werden muß, bieten, wie er will.

8.2 a) Zu beachten ist beim Beitritt (wie in der Vollstreckungsversteigerung), daß er sich auf **dasselbe Grundstück** oder denselben Bruchteil beziehen muß wie die Anordnung. Beispiel: $^1/_2$ Anteil des X, $^1/_2$ Anteil des X und des Y in Erbengemeinschaft; betreibt X nur in die erbengemeinschaftliche Hälfte und verlangt Y dann die Versteigerung des ganzen Grundstücks, so ist denkbar Beitritt zur angeordneten Hälfte, neue Anordnung zur anderen; richtig ist in diesem Falle Neuanordnung über das gesamte Grundstück, weil die Teilungsversteigerung des ganzen Grundstücks von der Versteigerung der erbengemeinschaftlichen Hälfte völlig verschieden ist und an der Bruchteilshälfte des X keine Gemeinschaft bestehen würde, die für sich durch Neuanordnung erfaßt und aufgehoben werden könnte. Das ursprüngliche Verfahren ist eine Teilungsversteigerung über den erbengemeinschaftlichen Hälfteanteil XY zur Aufhebung der Erbengemeinschaft, das neue Verfahren aber eine Teilungsversteigerung über das ganze Grundstück zur Aufhebung der Bruchteilsgemeinschaft. Das muß auch gelten, wenn der Antragsteller des ersten Verfahrens später das ganze Grundstück versteigern lassen will; auch hier Neuanordnung über das ganze Grundstück. In solchen Fällen sind auch zwei Versteigerungsvermerke nötig.

b) Umgekehrt möglich wäre, wenn in dem Beispiel erst X über das ganze Grundstück anordnen hätte lassen, ein Beitritt des Y hinsichtlich des erbengemeinschaftlichen Hälfteanteils. Richtiger ist es auch hier, wie im vorigen Abs die beiden Verfahren getrennt zu halten.

8.3 Wenn ein Antragsgegner beitritt, sind beide Seiten Antragsteller und Antragsgegner (siehe Rdn 6.5).

8.4 **Zugestellt** sein muß der Beitrittsbeschluß auch hier 4 Wochen vor dem Versteigerungstermin (§ 44 Abs 2, § 180 Abs 1), wenn er dem Termin noch zugrunde gelegt werden soll (anders[168]: § 44 Abs 2 sei nicht anwendbar, weil er ein Rangverhältnis voraussetze, das es hier nicht gebe). Über die Berechnung des geringsten Gebots in diesem Falle § 182 Rdn 2, 3. Tritt der bisherige Antragsgegner **nach** dem Versteigerungstermin, aber vor der Zuschlagsverkündung bei und **nimmt** der bisherige Antragsteller seinen Verfahrensantrag **zurück** (oder bewilligt er die Einstellung seines Verfahrens), so ist kein Zuschlag möglich, sondern es muß ein neuer Termin für den neuen Antragsteller angesetzt und durchgeführt werden, weil der Beitretende im ersten Termin noch nicht „Betreibender" war[169].

8.5 Zum Beitritt im ZVG-Handbuch Rdn 709, 711, Muster Rdn 710.

8.6 **Nicht möglich** ist wegen der völlig verschiedenen Verfahrensarten ein **Vollstreckungsbeitritt** zur Teilungsversteigerung (Rdn 14).

Entgegenstehende Rechte; Ausschluß der Auseinandersetzung 9

9.1 Der grundsätzliche Auseinandersetzungsanspruch kann im Einzelfall durch **Vereinbarung** der Miteigentümer oder aus anderen **Gründen des materiellen Rechts** auf Zeit (auch für immer) **ausgeschlossen** sein (darüber bereits Rdn 2). Es kann für die Geltendmachung des Aufhebungsanspruchs auch eine Kündigungsfrist bestimmt sein (BGB § 751).

9.2 Durch **Vereinbarung** können die Teilhaber einer **Bruchteilsgemeinschaft** ihr Recht, die Aufhebung der Gemeinschaft zu verlangen, für immer oder auf Zeit **ausgeschlossen** oder auch von einer **Kündigungsfrist** abhängig gemacht haben: BGB § 751 Satz 1. Entsprechendes gilt für die **Erbengemeinschaft**

---

[168] Jaeckel/Güthe § 180 Rdn 6.
[169] BGH 79, 249 = JurBüro 1981, 1176 mit Anm Mümmler = MDR 1981, 482 = NJW 1981, 2065 = Rpfleger 1981, 187; OLG Stuttgart OLGZ 1970, 361 = Rpfleger 1970, 102.

§ 180   9.2   Aufhebung einer Gemeinschaft

(BGB § 2044 Abs 1). Solange diese Vereinbarung wirksam ist, kann Teilungsversteigerung nicht betrieben werden; sie ist unzulässig. Wo Kündigung vorgesehen ist (BGB § 751 Satz 1), muß die Frist vor der Anordnung des Verfahrens abgelaufen sein. Aus einem wichtigen Grund aber wiederum kann sie dennoch auch hier gefordert werden (Rdn 9.10). Eine Vereinbarung auf Zeit tritt im Zweifel immer mit dem Tod eines der Teilhaber außer Kraft: BGB § 750. Die Vereinbarung über den Ausschluß wirkt auch für und gegen die **Sondernachfolger:** BGB § 751 Satz 1. Sie wirkt nicht gegen die Pfändungsgläubiger (Rdn 11). Auch gegen die Sondernachfolger wirkt sie nur, wenn sie im Grundbuch eingetragen ist (BGB § 1010 Abs 1; bzw in den entsprechenden anderen Register). Die Vereinbarung kann auch dahin lauten, daß die Veräußerung an Außenstehende (Personen, die bisher nicht Miteigentümer sind) nicht erfolgen darf: BGB § 753 Abs 1 Satz 2; hier kann bei Teilungsversteigerung nur ein Miteigentümer bieten; dies muß in den Versteigerungsbedingungen festgelegt werden (Rdn 7.11).

9.3   Die Auseinandersetzung einer **Erbengemeinschaft** ist in weiteren vier Fällen ausgeschlossen:

a) Ausgeschlossen ist sie, wenn die Erbanteile wegen **familienrechtlicher** Ereignisse noch unbestimmt sind: BGB § 2043.

b) Ausgeschlossen ist sie bis das **Aufgebotsverfahren** zur Ermittlung von Gläubigern durchgeführt ist: BGB § 2045.

c) Ausgeschlossen ist sie, wenn die Auseinandersetzung durch **letztwillige Verfügung** des Erblassers ausgeschlossen oder beschränkt ist: BGB § 2044; in der Regel höchstens bis zu dreißig Jahren nach dem Erbfall: BGB § 2044 Abs 2 Satz 1. Dabei kann auch der Verkauf an Außenstehende verboten sein (Versteigerungsbedingungen dann: Rdn 7.11). Wer entgegen dieser Anordnung des Erblassers die Teilungsversteigerung betreibt, um Miterben zu schädigen, ist schadensersatzpflichtig nach BGB § 826, und zwar in der Weise (Ersatz in Natur), daß er die Teilungsversteigerung zu unterlassen hat[170]. Eine Bestimmung des Erblassers aber, daß das Grundstück nicht gegen den Willen der Mehrheit der Erben verkauft werden dürfe, genügt nicht als Verbot und steht der Teilungsversteigerung nicht entgegen[171].

d) Ausgeschlossen ist die Auseinandersetzung der Erbengemeinschaft, wenn sie sich **nicht auf den gesamten Nachlaß** erstreckt (Rdn 2.7), sondern nur auf das Grundstück oder eines von mehreren Grundstücken. In dem Antrag auf Teilungsversteigerung liegt aber regelmäßig die Absicht zur vollständigen Auseinandersetzung der Erbengemeinschaft. Für die Gesamtauseinandersetzung ist keine Reihenfolge vorgesehen, so daß mit der Teilungsversteigerung auch dann begonnen werden kann, wenn noch andere Nachlaßgegenstände vorhanden sind[172]. Jeder Miterbe kann zur Vorbereitung der Auseinandersetzung die Versteigerung eines Grundstücks verlangen: dabei kommt es auf den Umfang der Beteiligung nicht an[173]. Das Nachlaßteilungsverfahren nach FGG § 86 kommt dann nicht in Frage, wenn auch nur einer der Miterben daran nicht mitwirken will und das zu erkennen gibt, indem er die Teilungsversteigerung betreibt. Dieses Nachlaßteilungsverfahren muß nicht vor der Teilungsversteigerung versucht werden. Auch eine Auseinandersetzungsklage ist (mit Ausnahmen, wie Rdn 9.10 behandelt) nicht vorher nötig.

e) Wenn ein **Testamentsvollstrecker** die Auseinandersetzung zu bewirken hat kann durch die Erben, somit auf Antrag eines von ihnen, die Teilungsversteigerung eines Nachlaßgrundstücks nicht betrieben werden (Rdn 3.15).

---

[170] BGH Betrieb 1966, 817 = FamRZ 1966, 348 = MDR 1966, 652 = WM 1966, 620.
[171] OLG Hamm RdL 1953, 52 Leitsatz.
[172] Schiffhauer ZIP 1982, 526 (IV 13).
[173] OLG Köln MDR 1958, 517.

Anzuwendende Vorschriften, Einstellung 9.5 § 180

9.4 Der Zwangsversteigerung eines **Gesamtgutsgrundstücks** steht das Übernahmerecht eines Ehegatten gemäß BGB § 1477 Abs 2 entgegen[174].

9.5 a) Der Auseinandersetzungsanspruch kann in besonderen Ausnahmefällen nach BGB § 242 aus **Treu und Glauben** als rechtsmißbräuchlich ausgeschlossen, seine Geltendmachung als Verstoß gegen Ehepflichten sittenwidrig und daher unzulässig sein ([175]für in Gütertrennung lebenden Ehegatten). Verstoß gegen Treu und Glauben erfordert, daß durch die Teilungsversteigerung dem Miteigentümer bewußt Nachteile zugefügt werden, ohne daß der Antragsteller durch seine Rechtsausübung einen rechtlichen oder wirtschaftlichen Vorteil erlangen könnte, daß sie demnach schlechthin unzumutbar ist[176]. Bejaht wurde das von[177] für den Antrag des geschiedenen Ehemanns auf Versteigerung des ehemaligen Familienwohnhauses, in dem die querschnittsgelähmte frühere Ehefrau (Antragsgegnerin) lebt, von[178] für den Antrag eines Ehegatten als Miteigentümer zur Hälfte auf Versteigerung eines Wohnungserbbaurechts, das der Antragsteller wegen des Heimfallanspruchs des Ausgebers nicht selbst erwerben konnte und an dem wegen einer vorzuziehenden Vollstreckungsversteigerung ohnedies die Veräußerung des belasteten Miteigentumsanteils des Antragstellers anstand, sowie von[179] für den Antrag eines Kindes gegen den 83jährigen kranken (und gefährdeten) Vater. Billigkeitserwägungen allein rechtfertigen es nicht, einem Miteigentümer sein Recht auf Aufhebung der Gemeinschaft zu versagen[180], desgleichen nicht Interessen eines Dritten ([181]für den Vater des Miteigentümers).

b) Ein Gemeinschafter, der die Aufhebung der Gemeinschaft betreibt, kann unter besonderen Umständen nach **Treu und Glauben** auch gehalten sein, auf die Teilungsversteigerung zu verzichten und sich mit einem auch seinen Interessen gerecht werdenden und zumutbaren Realteilungsvorschlag der anderen Teilhaber abzufinden[182] (zu berücksichtigen nur nach Entscheidung in einem Widerspruchsprozeß). Gerichtliche Teilung (die gesetzlich nicht vorgesehen ist) kann jedoch nur in (ganz besonderen) Ausnahmefällen möglich sein; in aller Regel kommt sie nicht in Betracht[183]. Aus bloßen Billigkeitserwägungen kann einem Miteigentümer jedoch nicht durch Richterspruch sein Recht auf Aufhebung der Gemeinschaft zugunsten einer anderen Teilungsart versagt werden[184]. Siehe hierzu auch Rdn 3.13 n.

c) Einwendungen gegen die Teilungsversteigerung können auch aus einem anläßlich der Ehescheidung zwischen Ehegatten geschlossenen Vertrag hergeleitet werden, gemeinschaftlichen Grundbesitz nicht für sich selbst zu verwerten, sondern Kindern zu übereignen, um das Wohngrundstück als deren häuslichen Mittelpunkt zu erhalten[185].

---

[174] BGH FamRZ 1985, 903 = MDR 1985, 1010 = NJW 1985, 3066 = Rpfleger 1985, 360; BGH DNotZ 1987, 304 = FamRZ 1987, 43 = MDR 1987, 215 = NJW-RR 1987, 69; BayObLG 1971, 293 = FamRZ 1972, 137 Leitsatz = MDR 1972, 53 Leitsatz = NJW 1971, 2314 = Rpfleger 1971, 430.
[175] BGH 37, 38 = FamRZ 1962, 295 = MDR 1962, 551 = NJW 1962, 1244.
[176] OLG Köln Rpfleger 1998, 168.
[177] OLG Frankfurt FamRZ 1998, 641.
[178] LG Essen FamRZ 1981, 457.
[179] AG Meppen Rpfleger 1992, 266.
[180] OLG Karlsruhe Justiz 1993, 224 = Rpfleger 1992, 266.
[181] OLG Köln Rpfleger 1998, 168.
[182] BGH 58, 146 = FamRZ 1972, 446 Leitsatz = MDR 1972, 487 = NJW 1972, 818 = Rpfleger 1972, 212; BGH DNotZ 2005, 205 mit Anm Wolfsteiner = NJW-RR 2005, 308.
[183] OLG Oldenburg FamRZ 1996, 1437.
[184] OLG München FamRZ 1989, 980 = NJW-RR 1990, 715.
[185] BGH FamRZ 1984, 563.

§ 180 9.6   Aufhebung einer Gemeinschaft

9.6 Ausgeschlossen ist die Auseinandersetzung durch Teilungsversteigerung und Teilung des Erlöses auch dann, wenn die Gemeinschafter bereits rechtswirksam eine **andere Art** der Auseinandersetzung **vereinbart** haben. Berücksichtigung erfolgt aber nur auf Widerspruchsklage (ZPO § 771); das Verfahren wird durch eine solche Vereinbarung formell nicht behindert (siehe Rdn 9.8).

9.7 Von Amts wegen wird der Ausschluß des Rechts, die Aufhebung der Gemeinschaft zu verlangen, vom Vollstreckungsgericht berücksichtigt, wenn er sich als Belastung des Anteils eines (antragstellenden) Miteigentümers (BGB § 1010) **aus dem Grundbuch ergibt** (§ 28 Abs 1)[186]. Es ist erforderlichenfalls durch Aufklärungsverfügung (ZPO § 139; nach Verfahrensanordnung § 28 Abs 1) eine Frist zu setzen, damit der Antragsteller eine prozeßgerichtliche Entscheidung über die dennoch zulässige Geltendmachung des Auseinandersetzungsanspruchs (Rdn 9.10) vorlegen kann. Zu grundbuchersichtlichen Hindernissen gehört auch die Beendigung der Gemeinschaft mit Veräußerung des Grundstücks an einen Dritten oder an einen Miteigentümer, der infolge Auflassung bei rechtsgeschäftlicher Auseinandersetzung während des Verfahrens als Alleineigentümer eingetragen wird[187]. **Rechtsbehelf** bei Nichtbeachtung der grundbuchersichtlichen Unzulässigkeit des Teilungsverlangens, somit bei Verstoß gegen § 28: Erinnerung[188] nach ZPO § 766, dann sofortige Beschwerde nach ZPO § 793.

9.8 Ist der (zeitweilige oder dauernde) Ausschluß des Aufhebungsrechts **nicht** im Grundbuch eingetragen, so besteht für das Vollstreckungsgericht kein Verfahrenshindernis. Der Antragsgegner, der den Ausschluß des Auseinandersetzungsanspruchs aus materiellrechtlichen Gründen geltend macht, muß das aus dem Grundbuch nicht ersichtliche, der Versteigerung entgegenstehende materielle Recht im Wege der **Klage nach ZPO § 771** verfolgen (Denkschrift S 68 sowie[189]; Einstellung durch das Prozeßgericht Einl Rdn 31.2 zu E). Die Drittwiderspruchsklage ist Rechtsbehelf für diese sachlichen Einwendungen gegen die Zulässigkeit der Teilungsversteigerung, obwohl diese keine (Geld-)Vollstreckung und der widersprechende Miteigentümer nicht Dritter ist; weil die Teilungsversteigerung in prozeßrechtlicher Beziehung wie eine Vollstreckungsversteigerung zu behandeln ist und sich die in § 37 Nr 5 vorgeschriebene Aufforderung auch auf das entgegenstehende Recht eines Teilhabers bezieht (entsprechende Anwendung der Vorschriften über die Vollstreckungsversteigerung nach Abs 1), wird der widersprechende Teilhaber mit seinen Einwendungen wie ein Dritter behandelt, der ein die Veräußerung hinderndes Recht am Gegenstand der Vollstreckung beansprucht. Mit Vollstreckungserinnerung (ZPO § 766; dann sofortige Beschwerde nach ZPO § 793) kann der Miteigentümer den nicht grundbuchersichtlichen Ausschluß des Auseinandersetzungsanspruchs nicht geltend machen[190]; das Vollstreckungsgericht kann ihn nicht prüfen und nicht beachten (anders[191]: Erinnerung sei in zweifellosen Fällen möglich; das Vollstreckungsgericht habe aber nicht materiell zu entscheiden). Die Nichtbeachtung etwaiger materiellrechtlicher Einwendungen gegen die Teilungsversteigerung in diesem Verfahren steht mit rechtsstaatlicher Verfahrensführung (Einl

---

[186] OLG Hamm Rpfleger 1964, 341 mit zust Anm Haegele.
[187] Schiffhauer ZIP 1982, 526 (IV 2).
[188] OLG Hamm Rpfleger 1964, 341 mit zust Anm Haegele.
[189] BGH FamRZ 1972, 363 = MDR 1973, 124; BGH FamRZ 1984, 563; BGH FamRZ 1985, 278; BGH NJW 1985, 3066 = aaO (Fußn 174); BayObLG 1971, 293 = aaO (Fußn 174); OLG Hamm Rpfleger 1964, 341 mit zust Anm Haegele; OLG Hamburg NJW 1961, 610; KG OLG 40, 405; OLG Karlsruhe KTS 1984, 159 = OLGZ 1983, 333; OLG Nürnberg RdL 1960, 22; OLG Schleswig Rpfleger 1979, 471 und SchlHA 1989, 44; LG Darmstadt MDR 1958, 928; LG Osnabrück Rpfleger 1956, 102 mit Anm Mohrbutter; LG Tübingen NJW 1958, 1303 mit krit Anm Riedel.
[190] OLG Hamm aaO (Fußn 189); OLG Schleswig Rpfleger 1979, 471.
[191] Jaeckel/Güthe § 181 Rdn 4.

Anzuwendende Vorschriften, Einstellung 9.11 § 180

Rdn 7) in Einklang[192]. Die mit Geltendmachung der nach materiellem Recht einer Aufhebungsversteigerung entgegenstehenden Gründe durch Drittwiderspruchsklage (ZPO § 771) gegebene Rechtsschutzmöglichkeit gewährleistet ein faires Verfahren, das den Interessen aller Beteiligten gerecht wird[192]. Einstellung sowie ggfs Aufhebung des Versteigerungsverfahrens nach prozeßgerichtlicher Entscheidung erfolgen nach ZPO § 775, 776 (Einl Rdn 31.2; zu deren Anwendung[193]). Aufzuheben ist das Verfahren nach Vorlage einer Ausfertigung der (vollstreckbaren Entscheidung die die Teilungsversteigerung für unzulässig erklärt (§ 775 Nr 1, § 776), wenn nicht die Aussetzung der Vollziehung der Entscheidung bis zum Eintritt der Rechtskraft angeordnet ist[194].

9.9 Familiensache ist die Widerspruchsklage, mit der die Teilungsversteigerung verhindert werden soll, wenn das der Versteigerung entgegengehaltene Recht im ehelichen Güterrecht wurzelt[195] (zB das Übernahmerecht nach BGB § 1477 Abs 2; s auch Rdn 3.13 i). Keine Familiensache ist der Streit zwischen geschiedenen Eheleuten, die in Zugewinngemeinschaft gelebt haben, gegen Zulässigkeit der Teilungsversteigerung, weil die Auseinandersetzung anläßlich der Ehescheidung durch Vereinbarung auf Zeit ausgeschlossen worden sein soll[196].

9.10 Aus **wichtigem Grund** kann trotz des Ausschlusses des Rechts auf Auseinandersetzung die Aufhebung einer Gemeinschaft doch **verlangt** (BGB § 749 Abs 2, § 2044 Abs 1) und damit die Zwangsversteigerung zum Zwecke der Aufhebung einer Gemeinschaft betrieben werden, und zwar auch dann, wenn der Ausschluß des Aufhebungsrechts im Grundbuch als Anteilsbelastung (BGB § 1010 Abs 1) eingetragen ist. Ein wichtiger Grund liegt vor, wenn einem Teilhaber das Verbleiben in der Gemeinschaft nicht zuzumuten ist[197]. Was wichtiger Grund ist, ist Tatfrage (praktischer Fall[198]). Zerstörung des Vertrauensverhältnisses oder persönliche Verfeindung allein begründen im allgemeinen nicht schon einen wichtigen Grund, insbesondere dann nicht, wenn sich das Grundstück weiterhin ordnungsgemäß verwalten und nutzen läßt (zB durch das Zwischenschalten eines neutralen Dritten)[199]. Ausschlaggebend kann sein, daß zwischen zerstrittenen Miteigentümern, die ein Zweifamilienhaus selbst nutzen, Absprachen schlechthin nicht mehr möglich sind, die bei der Art der Nutzung des Grundstücks im Interesse einer ordnungsgemäßen Verwaltung und eines gemeinschaftlichen Gebrauchs des Grundstücks unumgänglich sind[199]. Das vermögensrechtliche Interesse des Gläubigers eines Teilhabers (Miterben[200]), der sich an den Anteil halten will, das Interesse, sein Geld zu erhalten, ist kein wichtiger Grund. Wer den wichtigen Grund behauptet, muß, wenn der Ausschluß im Grundbuch eingetragen ist, vor der Teilungsversteigerung klagen und dabei obsiegen. Ob die Auseinandersetzung ausgeschlossen ist oder ausnahmsweise ein wichtiger Grund vorliegt, entscheidet also nicht das Vollstreckungsgericht, sondern das Prozeßgericht. Das Vollstreckungsgericht hält sich an die Grundbucheintragung oder das Urteil des Prozeßgerichts (dazu auch § 181 Rdn 2.3).

9.11 Der in Abteilung II des Grundbuchs **eingetragene Ausschluß** der Auseinandersetzung hat zu den Eintragungen in Abteilung III ein **Rangverhältnis**[201].

---

[192] OLG Schleswig Rpfleger 1979, 471.
[193] LG Hannover Rpfleger 1993, 505.
[194] BGH FamRZ 2003, 92 Leitsatz.
[195] BGH NJW 1985, 3066 = aaO (Fußn 174).
[196] BayObLG FamRZ 1981, 376 = MDR 1981, 506.
[197] BGH BB 1962, 427; OLG Bamberg MDR 2004, 24.
[198] OLG Bamberg aaO.
[199] BGH DNotZ 1986, 143 = WM 1984, 873.
[200] OLG Hamburg NJW 1961, 610; LG Saarbrücken RpflJahrbuch 1959, 271 Leitsatz = SRZ 1951, 16.
[201] LG Zweibrücken Rpfleger 1965, 56 mit zust Anm Haegele.

1465

§ 180 9.11 Aufhebung einer Gemeinschaft

Über sein Bestehenbleiben als Belastung bei der Vollstreckungsversteigerung § 52 Rdn 2.

9.12 Zu einschlägigen Fragen im ZVG-Handbuch Rdn 708.

9.13 Unter Berufung auf ein **Zurückbehaltungsrecht** nach BGB § 273 kann der Teilhaber einer Gemeinschaft der Teilungsversteigerung nicht widersprechen[202]. Das aber schließt nicht aus, daß im Einzelfall aus besonderen Gründen die Teilungsversteigerung eine unzulässige Rechtsausübung sein kann[202].

9.14 Im **Ehescheidungsverfahren** (früher nachher im Hausratsverfahren) kann die Ehewohnung einem der Ehegatten gegen Zahlung einer Nutzungsentschädigung an den anderen Teil zugewiesen werden. Hierdurch wird die Teilungsversteigerung aber nicht verhindert.

9.15 Mögliche **Teilung in Natur** zur Aufhebung der Gemeinschaft (BGB § 752) als Ausschluß der Zwangsversteigerung zur Gemeinschaftsaufhebung (Rdn 2.6) muß von Miteigentümern als entgegenstehendes Recht mit Widerspruchsklage (ZPO § 771) geltend gemacht werden[203]. Anordnung und Durchführung der Teilungsversteigerung sind also nicht unzulässig, wenn Teilung in Natur möglich ist, weil sich das der Versteigerung entgegenstehende Recht nicht aus dem Grundbuch ergibt[204]. Der Widerspruchkläger muß dann im Prozeß beweisen, daß in Natur teilbar ist[205]. Mit Vollstreckungserinnerung gegen den Anordnungsbeschluß kann dies nicht geltend gemacht werden[206], weil durch Erinnerung nur Verfahrensverstöße oder aus dem Grundbuch ersichtliche Hindernisse gerügt werden können.

10 Muster für Anordnung und Beitritt in der Teilungsversteigerung

10.1 Die Muster sind hier verwendbar **wie in der Vollstreckungsversteigerung** (§ 15 Rdn 4, § 27 Rdn 4.2), aber mit entsprechenden Abweichungen, also: „Auf Antrag wird zwecks Aufhebung der Gemeinschaft die Zwangsversteigerung ... angeordnet ... (... der Beitritt zur Zwangsversteigerung ... zugelassen ...). Dieser Beschluß gilt zugunsten des genannten Antragstellers als Beschlagnahme des Grundstücks."

10.2 Belehrung des Antragsgegners = § 30b Rdn 2; Belehrung des Antragstellers bei Einstellung über die Fortsetzung = § 31 Rdn 2.

10.3 Hierzu im ZVG-Handuch: Muster für Belehrung der Antragsgegner Rdn 714; Muster für Einstellungsbeschluß Rdn 717; Muster für Beitrittsbeschluß Rdn 710; Muster für Anordnungsbeschluß Rdn 694.

11 Pfändung und Verpfändung

11.1 Bei Miteigentums**bruchteilen** kommt als Vollstreckungsmaßnahme die Pfändung des Miteigentumsbruchteils nicht in Frage; Miteigentum ist Eigentum am unbeweglichen Vermögen; in solches kann **nur nach ZPO §§ 864, 866** (Zwangsversteigerung, Zwangsverwaltung, Zwangshypothek) vollstreckt werden; eine Rechtspfändung nach ZPO § 857 ist nicht möglich; diese würde ein Recht voraussetzen, das nicht Gegenstand der Immobiliarvollstreckung ist.

11.2 Möglich sind bei Miteigentumsbruchteilen des unbeweglichen Vermögens folgende Vollstreckungsmaßnahmen:

a) Der **Miteigentumsbruchteil** kann wie ein Grundstück vollstreckungsversteigert oder zwangsverwaltet werden (ZPO § 864 Abs 2, § 866 Abs 1).

---

[202] BGH 63, 348 = NJW 1975, 687 = Rpfleger 1975, 150.
[203] OLG Stuttgart BWNotZ 1984, 172.
[204] OLG Hamm aaO (Fußn 189); OLG Nürnberg RdL 1960, 22.
[205] Krönig MDR 1951, 602 (I).
[206] Steiner/Teufel § 180 Rdn 33.

11.4 § 180

b) Es kann eine **Zwangshypothek** an dem Bruchteil eingetragen werden (ZPO § 864 Abs 2, § 866 Abs 1 und 3). Aus dieser kann dann die Vollstreckungsversteigerung in den Bruchteil betrieben werden (Einl Rdn 69). Es kann aber nicht unmittelbar aus ihr die Teilungsversteigerung betrieben werden.

c) Es kann der **Anteil an den Früchten** der gemeinsamen Sache (BGB § 743 Abs 1) gepfändet werden[207]:

d) Das **Recht auf Aufhebung** der Gemeinschaft aus BGB § 749 Abs 1 sowie Teilung und Auszahlung des Erlöses kann **gepfändet** und zur Einziehung überwiesen werden[208].

11.3 Die Vollstreckungsmöglichkeit Rdn 11.2 zu d ist im Rahmen der Teilungsversteigerung allein interessant. Das Recht auf Aufhebung der Gemeinschaft umfaßt zwar **nicht** einen **selbständigen Anspruch,** der für sich allein, losgelöst vom Eigentum, übertragen werden könnte; der Anspruch steht mit anderen Teilansprüchen zusammen in unlösbarem Zusammenhang mit dem Miteigentum, so daß an sich ZPO § 851 entgegenstehen würde (ein Recht ist nicht pfändbar, wenn es nicht übertragbar ist). Die Pfändbarkeit ergibt sich aber aus ZPO § 857 Abs 3 (ein unveräußerliches Recht ist pfändbar, soweit seine **Ausübung einem anderen überlassen werden kann**). Zwar ist das Miteigentum als solches übertragbar, nicht aber der bloße Aufhebungsanspruch aus ihm; dieser ist Bestandteil des ihn begründenden dinglichen Rechts und daher nicht selbständig pfändbar, jedoch wird durch die Pfändung der Gläubiger ermächtigt, neben dem Inhaber des Rechts dessen Einzelrechte auszuüben. Es macht dabei nichts aus, daß der Aufhebungsanspruch ein schuldrechtlicher ist, weil auch hierbei ein anderer zur Ausübung ermächtigt werden kann (anders auch[209]: zu pfänden sei nur der Anteil an einer Gemeinschaft; gerade dies ist aber hier nicht möglich).

11.4 a) Die Pfändung des Auseinandersetzungsanspruchs wird **nicht** dadurch **gehindert,** daß zwischen den Miteigentümern durch Vereinbarung der Anspruch auf Auseinandersetzung gemäß BGB § 749 Abs 2, §§ 750, 751 **ausgeschlossen oder** von einer **Kündigung** abhängig ist und daß dies im Grundbuch eingetragen ist (BGB § 1010). BGB § 751 Satz 2 bestimmt ja, daß ein Gläubiger, der „die Pfändung des Anteils des Teilhabers erwirkt" habe, trotzdem die Aufhebung verlangen könne, wenn er einen nicht nur vorläufig vollstreckbaren Vollstreckungstitel habe. Das gilt auch für den Gläubiger, der den Anspruch auf Auseinandersetzung und Teilung gepfändet hat[210].

b) Das muß auf jeden Fall gelten, wenn die Aufhebung an eine **Kündigungsfrist** gebunden ist, weil hier der Aufhebungsanspruch besteht, nur erst nach Ablauf einer Frist geltend gemacht werden kann, wobei das Recht auf Aufschub wegen BGB § 751 Satz 2 nicht gegenüber pfändenden Gläubigern gilt[211].

c) Das muß aber auch gelten, wenn der Aufhebungsanspruch auf Zeit **ausgeschlossen ist**[212]. Hier kann mindestens der künftige Auseinandersetzungsanspruch gepfändet werden[213]. Darauf ist BGB § 751 Satz 2 anwendbar. Es besteht der Aus-

---

[207] Furtner NJW 1957, 1620.
[208] BGH 90, 207 = MDR 1984, 485 = NJW 1984, 1968 = Rpfleger 1984, 283; BGH DNotZ 1986, 699 = Rpfleger 1985, 205; OLG Hamm NJW-RR 1992, 665; OLG Köln OLGZ 1969, 338 = Rpfleger 1969, 170; LG Aurich Rpfleger 1962, 412 mit zust Anm Berner; LG Bremen Rpfleger 1955, 107 mit krit Anm Berner; Stöber, Forderungspfändung, Rdn 1545; Schiffhauer ZIP 1982, 526 (IV 14.1).
[209] KG Berlin NJW 1953, 1832.
[210] OLG Hamm NJW-RR 1992, 665; LG Mainz JurBüro 2001, 157.
[211] Furtner NJW 1957, 1620.
[212] LG Braunschweig NJW 1969, 1675; Stöber, Forderungspfändung, Rdn 1545; Furtner NJW 1969, 871 (1 und 3).
[213] Furtner NJW 1957, 1620.

einandersetzungsanspruch auch hier, er ist nur vorübergehend gehemmt. Diese Hemmung aber wirkt nicht gegenüber dem Pfändungsgläubiger (anders noch[213]).

d) BGB § 751 Satz 2 muß aber **auch** dann anwendbar sein, **wenn** der Ausschluß der Auseinandersetzung für **dauernd** bestimmt ist, weil auch hier die Hemmung den Anspruch selbst nicht berührt und gegenüber dem Pfändungsgläubiger nicht gilt.

e) Daß es sich **nur** um die **Hemmung** eines an sich bestehenden Anspruchs handelt, ergibt BGB § 749 Abs 2, weil ja trotz des Ausschlusses bei wichtigem Grund die Auseinandersetzung verlangt werden kann (anders[213]).

11.5 a) Bei einer **Erbengemeinschaft** unterliegt nur der Anteil des Erben am Nachlaß der Pfändung und Überweisung, nicht der Anteil an dem einzelnen Nachlaßgegenstand: ZPO § 859 Abs 2. Der Gläubiger, der den Nachlaßanteil seines Schuldners gegenüber den Miterben pfänden und sich zur Einziehung überweisen hat lassen, muß allerdings die Auseinandersetzung des ganzen Nachlasses betreiben[214], dies hat das Vollstreckungsgericht nicht zu prüfen.

b) Es genügt dabei die **Pfändung des Miterbenanteils** als solchem; die besondere Pfändung des Auseinandersetzungsanspruchs ist nicht nötig[215]. Die Pfändung muß auch nicht im Grundbuch eingetragen sein[216].

c) **Drittschuldner** bei dieser Pfändung sind die übrigen Miterben; wirksam wird die Pfändung mit der Zustellung an den letzten der Miterben (ZPO § 829 Abs 3)[217].

d) **Zustellung** an die Miterben ist auch im Ausland möglich. Als Drittschuldner ist der Miterbe „Person", an die Zustellung in der in ZPO §§ 166 ff bestimmten Form erfolgt, im Ausland somit nach ZPO § 183. Öffentliche Zustellung an einen Miterben als Drittschuldner ermöglicht (ab 1. 7. 2002) ZPO § 185[218].

e) Diese Pfändung und Einziehungsüberweisung des Nachlaßanteils eines Miterben ist die einzige Möglichkeit der „Immobiliarvollstreckung", wenn der Schuldner an einer **nicht auseinandergesetzten Erbengemeinschaft** beteiligt ist. Es kann nicht in das Grundstück oder einen Grundstücksbruchteil vollstreckt werden, auch wenn diese den ganzen Nachlaß darstellen sollten. Nachlaßanteil und Grundstücksanteil sind nicht identisch. Ein Recht an einem entsprechenden Teil des Erlöses oder an der Forderung gegen die Hinterlegungsstelle hat der Pfändungsgläubiger vor der Auseinandersetzung über den Erlös nicht; beides steht allen Miterben und dem Pfändungsgläubiger zur gesamten Hand zu[219].

11.6 Entstand erst ein **Vertragspfandrecht**, dann ein **Pfändungspfandrecht** an einem Miterbenanteil, so gehört der Erlös vorrangig dem Vertragspfandrecht[220] (anders[221]; kritisch hierzu[222]).

11.7 Bei einer **BGB-Gesellschaft** kann der Gesellschaftsanteil gepfändet werden, nicht aber der Anteil an den einzelnen Gegenständen des Gesellschaftsvermögens: ZPO § 859 Abs 1. Der Gläubiger kann dann nach BGB § 725 die Ge-

---

[214] AG Nürtingen MDR 1961, 606.
[215] KG Berlin NJW 1953, 1832.
[216] RG 40, 230 (232).
[217] Stöber, Forderungspfändung, Rdn 1670.
[218] Zöller/Geimer, ZPO, § 183 Rdn 35; Stöber, Forderungspfändung, Rdn 531; Geimer, IZPR, Rdn 2143.
[219] BGH JurBüro 1967, 51 = MDR 1967, 209 = NJW 1967, 200 = Rpfleger 1967, 171.
[220] BGH 52, 99 = DNotZ 1969, 673 = MDR 1969, 750 = NJW 1969, 1347 und 1969, 1903 Leitsatz mit krit Anm Wellmann; Rpfleger 1969, 290.
[221] RG 84, 395 (397).
[222] Wellmann NJW 1969, 1903 (Anmerkung).

sellschaft kündigen und sie damit zur Auflösung bringen, sofern nicht der Gesellschaftsvertrag eine Fortsetzungsklausel enthält (BGB § 736 Abs 1). Hat die Kündigung Auflösung der Gesellschaft bewirkt, dann kann der Gläubiger (nach Überweisung zur Einziehung) auch das Recht des Schuldners als Gesellschafter auf Durchführung der (aus Gesetz oder Gesellschaftsvertrag abzuleitenden) Auseinandersetzung ausüben[223] (in Abweichung von[224]). Daher muß er auch (sofern der Schuldtitel nicht bloß vorläufig vollstreckbar ist, BGB § 725 Abs 1) befugt sein, das Recht seines Schuldners als Gesellschafter auf Anordnung der Teilungsversteigerung auszuüben (so auch[225]; schon bisher so[226]; anders früher[227]; dazu auch[228]: nicht als Gläubiger eines rechtskräftigen Wechsel-Vorbehaltsurteils). Die Auflösung der Gesellschaft muß hierfür nachgewiesen werden (§ 181 Rdn 2.5). Daß im Einzelfall das Aufhebungsverlangen und damit das Antragsrecht des Schuldners ausgeschlossen ist, müssen die Mitglieder der aufgelösten BGB-Gesellschaft im Prozeßweg mit Widerspruchsklage geltend machen (§ 181 Rdn 2.5). Ein Gesellschaftsgläubiger, der einen Miterbenanteil des Gesellschafters einer Offenen Handelsgesellschaft gepfändet hat, kann die Teilungsversteigerung über ein Nachlaßgrundstück des Gesellschafters betreiben[229].

11.8 Bei der **Gütergemeinschaft** kann der Anteil am Gesamtgut erst nach dem Ende der Gütergemeinschaft gepfändet werden: ZPO § 860 Abs 2. Der Gläubiger kann dann nach BGB § 1471 Abs 2 die Auseinandersetzung des Gesamtguts verlangen.

11.9 a) Die **Verpfändung** ist bei einem **Miteigentumsbruchteil** nur in der Weise möglich, daß eine Hypothek oder Grundschuld an dem Bruchteil bestellt wird (BGB § 1114). Aus diesem Recht kann dann der Gläubiger die Vollstreckungsversteigerung oder Zwangsverwaltung betreiben, nicht aber die Teilungsversteigerung.

b) Ein **Nachlaßanteil** kann **verpfändet** werden: BGB § 2033 Abs 1. Dies muß öffentlich beurkundet werden (BGB §§ 1274, 2371), muß aber nicht im Grundbuch eingetragen sein.

c) Die Teilungsversteigerung betreiben können bei Verpfändung **vor der Pfandreife** der Schuldner und der Pfandgläubiger gemeinsam (BGB § 1258 Abs 2 mit § 1273 Abs 2) oder der Gläubiger mit Zustimmung des Schuldners, **nach der Pfandreife** der Pfandgläubiger allein[230]. Verwertung nach Pfandreife (damit auch Antrag auf Teilungsversteigerung) erfordert vollstreckbaren (dinglichen) Titel (BGB § 1277) gegen den Schuldner als den Berechtigten des verpfändeten Nachlaßanteils (vgl BGB § 1233 Abs 2) und erfolgt nach den für die Zwangsvollstreckung geltenden Vorschriften (BGB § 1277). Für nötig erachtet wird daher Beginn der Zwangsvollstreckung mit Pfändung[231] (ZPO § 859 Abs 2) (Rang aber nach BGB § 1209) und Überweisung (ZPO § 835). Ein vertraglicher Ausschluß der Auseinandersetzung steht nicht entgegen (BGB § 1273 Abs 2, § 1258).

---

[223] BGH 116, 222 = MDR 1992, 294 = NJW 1992, 830 = Rpfleger 1992, 260 mit Anm Hintzen; ZZP 105 (1992) 487 mit Anm Brehm.
[224] RG 95, 231 (233).
[225] Stöber, Forderungspfändung, Rdn 1572; Hintzen Rpfleger 1992, 262 (6 c) (Anmerkung).
[226] LG Konstanz NJW-RR 1987, 1023 = Rpfleger 1987, 427; Dassler/Schiffhauer § 181 Rdn 53.
[227] LG Hamburg JurBüro 1983, 304 = MDR 1982, 1028 = Rpfleger 1983, 35 mit abl Anm Behr; LG Hamburg Rpfleger 1989, 519; an dieser Ansicht hat das LG Hamburg nicht festgehalten, dazu Rpfleger 2002, 532.
[228] LG Lübeck Rpfleger 1986, 315.
[229] LG Aschaffenburg MDR 1959, 135.
[230] Jaeckel/Güthe § 181 Rdn 8; Stöber Rpfleger 1963, 337 (III 1).
[231] RG 103, 137 (139); BGB-RGRK/Kregel § 1277 Rdn 1; MünchKomm-BGB/Damrau § 1277 Rdn 4.

§ 180   11.10   Aufhebung einer Gemeinschaft

11.10   a) Durch Pfändung und Überweisung **tritt** der Pfändungsgläubiger **in die Rechte** desjenigen ein, dessen Ansprüche er gepfändet hat; er tritt nicht an die Stelle des Pfändungsschuldners, sondern erlangt neben diesem die Rechtsstellung, daß zu seinem Nachteil nicht mehr verfügt werden kann.

b) Der Pfändungs- und Überweisungs-Gläubiger **kann** die **Teilungsversteigerung** beantragen, weil dies Ausfluß seines Einziehungsrechtes ist[232]. Der Vertreter des Gläubigers, der im Pfändungs- und Überweisungsbeschluß (auch in dem zugrundeliegenden Vollstreckungstitel) bezeichnet ist, hat für den Antrag auf Teilungsversteigerung seine Bevollmächtigung durch schriftliche Vollmacht nachzuweisen und diese zu den Akten abzugeben (ZPO § 80 Abs 1)[233]; wenn ein Rechtsanwalt (auch Rechtsbeistand, der Kammermitglied ist, EGZPO § 25) als Bevollmächtigter auftritt, wird ein Vollmachtsmangel aber auch hier nicht von Amts wegen, sondern nur auf Rüge eines Antragsgegners geprüft (ZPO § 88)[234]. Der Antrag auf Teilungsversteigerung und die Vertretung in diesem Verfahren sind Prozeßhandlungen in einem neuen gerichtlichen Verfahren (auch mit anderen Parteien), nicht aber Prozeßhandlungen in der mit Rechtspfändung erfolgten Zwangsvollstreckung; die für das Pfändungsverfahren erteilte Vollmacht ermächtigt daher nicht auch noch zur Vertretung im Teilungsversteigerungsverfahren (kein Fall von ZPO § 81).

c) **Solange nur gepfändet,** nicht auch überwiesen ist, kann der Pfändungspfandgläubiger (wie der Vertragspfandgläubiger vor der Pfandreife) nur gemeinschaftlich mit dem Vollstreckungsschuldner oder mit dessen Zustimmung die Teilungsversteigerung beantragen[235].

d) Haben **mehrere** den Erbanteil und den Auseinandersetzungsanspruch **gepfändet,** so kann jeder von ihnen ohne Mitwirkung der anderen Pfändungsgläubiger die Teilungsversteigerung betreiben, nur mit der Einschränkung, daß sie sich aus dem Erlös nur in der Reihenfolge der Pfändungen befriedigen dürfen.

e) Der Pfandgläubiger betreibt dabei eine Teilungsversteigerung, nicht eine Vollstreckungsversteigerung. Er muß dazu einen wirksamen **Pfändungsbeschluß** mit Zustellungsnachweis vorlegen.

f) Derjenige, dessen Anspruch gepfändet ist, ist noch Inhaber seines Anteils geblieben, er ist nur **durch** dessen **Pfändung beschränkt.** Das gegen ihn gemäß ZPO § 859 Abs 2, §§ 857, 829 erlassene Gebot, sich jeder Verfügung über das gepfändete Recht zu enthalten, hat zur Folge, daß er keine Maßnahmen ergreifen darf, die das Pfandrecht beeinträchtigen oder die Einziehungsbefugnis des Pfändungsgläubigers verletzen[236]. Der Pfändungsgläubiger steht also nicht einem Zessionar gleich; er erhält aus ZPO § 836 Abs 1 durch die Überweisung das ausschließliche Recht auf Befriedigung; aber der Anteilseigentümer behält alle Rechte, die von dem Befriedigungsanspruch des Gläubigers nicht berührt werden[237].

g) Der Anteilseigentümer wird **nicht völlig ausgeschaltet;** trotz Pfändung seines Anteils bleibt er Rechtsinhaber (oben Absatz a). Als Miteigentümer ist er daher auch Antragsgegner in dem von seinem Pfändungsgläubiger beantragten Teilungsversteigerungsverfahren. Als Inhaber seines Miteigentumsanteils ist er Beteilig-

---

[232] OLG Hamm Rpfleger 1961, 201 mit Anm Haegele; LG Braunschweig NJW 1965, 1675; LG Wuppertal NJW 1961, 785; Stöber Rpfleger 1963, 337 (III 2); auch BGH FamRZ 1999, 433 = NJW-RR 1999, 504 = Rpfleger 1999, 140.
[233] LG Saarbrücken Rpfleger 1987, 211 mit Anm Mayer.
[234] Mayer Rpfleger 1987, 211 (Anmerkung).
[235] Stöber Rpfleger 1963, 337 (III 1).
[236] OLG Hamm JMBlNW 1958, 69 = Rpfleger 1958, 269 mit zust Anm Haegele; OLG Köln JR 1955, 225; LG Wuppertal NJW 1961, 785.
[237] RG 65, 414 (416); RG 73, 306 (308); RG 77, 141 (146); RG 83, 116 (118).

ter[238] nach § 9. Er kann als Beteiligter auch ohne Zustimmung des Pfändungsgläubigers Anträge stellen und Rechtsmittel einlegen, ausgenommen solche, die das Recht des Pfändungspfandgläubigers vereiteln würden[239]. Er erhält auch alle Zustellungen[240].

h) Der Pfändungsgläubiger hat das Recht zur **Ausübung aller nicht höchstpersönlichen Rechte,** die dem Pfändungsschuldner zustehen, und zwar neben diesem[241]. Der Pfändungsschuldner behält seine Rechte, darf aber nicht zum Nachteil des Pfändungsgläubigers verfügen, er ist relativ verfügungsbeschränkt[242]. Die Befugnisse des Anteilseigentümers auf Grund seiner ihm verbliebenen Rechtsinhaberschaft und die des Pfändungsgläubigers schließen sich nur dann aus, wenn durch irgendwelche Maßnahmen des Pfändungsschuldners das Pfandrecht des Pfändungsgläubigers benachteiligt oder seine Einziehungsbefugnis verletzt würde[243].

i) Folgerichtig muß man dem Anteilseigentümer das Recht, selbst die Teilungsversteigerung zu beantragen, versagen[244] (anders[245]). Den Verfahrensantrag kann der **Anteilseigentümer** höchstens **gemeinsam mit dem Pfändungsgläubiger** oder mit dessen ausdrücklicher Zustimmung stellen[246]. Eine vor der Pfändung schon laufende Teilungsversteigerung bleibt durch die Pfändung unberührt; der Pfändungsgläubiger kann den Teilungsversteigerungsantrag seines Schuldners nicht zurücknehmen[247]; auch der Schuldner selbst kann dies nicht mehr, weil dadurch sein Pfändungsgläubiger benachteiligt würde. Der Gläubiger muß zum Verfahren hinzugezogen werden[248]. Alle Beitritte und sonstigen Entscheidungen, auch die Terminsbestimmung, müssen dem Pfändungsgläubiger zugestellt werden.

k) Ein **Ablösungsrecht** (BGB §§ 1249, 1273 mit § 268) wird den anderen **Miterben** nicht zugestanden, wenn nach Verpfändung[249] oder Pfändung eines Miterbenanteils der Gläubiger die Teilungsversteigerung betreibt. Ein Recht der Miterben, die Gläubigerforderung abzulösen, wird jedoch für den Fall angenommen, daß die Auseinandersetzung ausgeschlossen ist (so[250] für vertraglichen Ausschluß der Aufhebung auf Dauer). Dann geht mit Ablösung auf den leistenden Miterben die Gläubigerforderung[252] und damit auch die Rechtsstellung des Gläubigers als Antragsteller der Teilungsversteigerung über (§ 15 Rdn 20.22), so daß er die Einstellung bewilligen (§ 30) oder den Versteigerungsantrag zurücknehmen (§ 29) kann (§ 15 Rdn 20.23).

l) Ein **Ablösungsrecht** (BGB §§ 1249, 1273 mit § 268) der (Bruchteils-)**Miteigentümer** kann nicht angenommen werden, wenn nach Verpfändung oder Pfän-

---

[238] LG Osnabrück Rpfleger 1956, 102 mit Anm Mohrbutter; LG Wuppertal NJW 1961, 785; Schiffhauer ZIP 1982, 526 (IV 15.1); Stöber Rpfleger 1963, 337 (III 2).
[239] RG 158, 40 (43); LG Osnabrück und LG Wuppertal je aaO (Fußn 240); Hill MDR 1959, 92.
[240] AG Bad Kreuznach RpflBlatt 1966, 42 = RpflJahrbuch 1967, 200 Leitsatz.
[241] BayObLG 1982, 459 (462); LG Osnabrück aaO (Fußn 240); Stöber Rpfleger 1963, 337 (I).
[242] OLG Hamm Rpfleger 1961, 201 mit Anm Haegele.
[243] Hill MDR 1959, 92.
[244] OLG Hamburg MDR 1958, 45; LG Frankenthal Rpfleger 1985, 500; Stöber, Forderungspfändung, Rdn 1545, 1670 und 1696; Hill MDR 1959, 92; Stöber Rpfleger 1963, 337 (II 1).
[245] OLG Hamm aaO (Fußn 238); OLG Jena Rpfleger 2001, 445; LG Wuppertal NJW 1961, 785; Schiffhauer ZIP 1982, 526 (IV 15.2).
[246] Stöber Rpfleger 1963, 337 (II 8); Haegele BWNotZ 1975, 129 (III 3).
[247] LG Wuppertal NJW 1961, 785.
[248] OLG Hamm Rpfleger 1961, 201 mit Anm Haegele.
[249] RG 167, 298.
[250] OLG Karlsruhe MDR 1992, 588 = NJW-RR 1992, 713.

dung des Aufhebungsanspruchs der Gläubiger die Teilungsversteigerung betreibt (dazu [und zum Sonderfall] auch vorst k; anders[251]). Gegenüber dem Schuldner-Miteigentümer und bei Anteilsveräußerung (BGB § 747 Satz 1) gegenüber dem Erwerber besteht kein Ablösungsrecht; etwas anderes kann daher auch nicht gelten, wenn der Pfandgläubiger den Auseinandersetzungsanspruch des Schuldners verfolgt. Das gemeinschaftliche Grundstück ist nicht „Pfand" (BGB § 1249), die Teilungsversteigerung nicht „Zwangsvollstreckung in den Gegenstand" (BGB § 268 Abs 1). Schutz der Miteigentümer vor jederzeitiger Aufhebung der Gemeinschaft (BGB § 749 Abs 1) bietet das rechtsgeschäftliche Teilungsverbot (BGB § 749 Abs 2). Gegenüber dem trotz Ausschluß der Auseinandersetzung gleichwohl bestehenden Sonderaufhebungsrecht eines Vollstreckungsgläubigers (BGB § 751 Satz 2) ist ein Ablösungsrecht der Miteigentümer anzunehmen (vorst k; so wohl auch[252]). Leistung durch die Miteigentümer nach BGB § 267 Abs 1 (Ausnahme Abs 2) bleibt stets zulässig.

m) Gesellschafter einer **BGB-Gesellschaft** laufen Gefahr, mit Kündigung durch einen Pfandgläubiger ihre Gesellschafterrechte zu verlieren. Sie werden daher für berechtigt angesehen, durch Befriedigung des Gläubigers (BGB § 268) die Auflösung der Gesellschaft (nicht lediglich die Teilungsversteigerung des Grundstücks) abzuwenden[253].

11.11 Eine **Verfügungsbeschränkung** nach § 28 Abs 2 liegt vor, wenn der Anteil eines Miterben gepfändet oder verpfändet ist. Ein **Dritter,** der in das Grundstück vollstrecken will, braucht nun einen **Duldungstitel** gegen den Pfändungsgläubiger oder dessen Zustimmung (dazu § 15 Rdn 27). Die (nicht gepfändeten) Miterben aber benötigen hier für ihren Teilungsversteigerungsantrag beides nicht[254]; ebensowenig die Gläubiger solcher Miterben; beide Gruppen aber benötigen die Zustimmung des Pfändungsgläubigers zur Auseinandersetzung über den Erlös[255]; für beide Gruppen ist der Pfändungsgläubiger Antragsgegner.

11.12 Einstellungsantrag aus § 180 Abs 2: a) Ob ihn der **Pfändungsschuldner** (= Anteilseigentümer) in dem vom Pfändungsgläubiger betriebenen Teilungsversteigerungsverfahren stellen darf, ist bestritten. Wegen ZPO §§ 829, 857, 859 soll er das **nicht** dürfen, weil er damit das Pfandrecht verletzen und die Befriedigung des Gläubigers mindestens hinausschieben würde[256]. Im Gegensatz hierzu meinen[257]: er könne den Einstellungsantrag stellen, weil das Verfahren für ihn eine Vollstreckung sei, allerdings seien dabei die Belange des Pfändungsgläubigers besonders zu berücksichtigen. Vermittelnd meinen[258]: der Pfändungsschuldner nehme nur mittelbar am Teilungsversteigerungsverfahren teil und habe, wenn der Einstellungsantrag eines anderen Miteigentümers abgelehnt werde, ein Rechtsmittel. Richtig ist der Pfändungsschuldner weiterhin Miteigentümer (Miterbe), weil er noch Inhaber seines Anteils geblieben und nur durch dessen Pfändung be-

---
[251] Storz, Praxis der Teilungsversteigerung, Rdn B 1.6.2.1.
[252] MünchKomm/K. Schmidt, BGB, § 751 Rdn 6.
[253] Clasen NJW 1965, 2141 (2142); Furtner MDR 1965, 613 (615).
[254] AG Bad Kreuznach aaO (Fußn 240).
[255] BayObLG 1959, 50 = NJW 1959, 1780 = Rpfleger 1960, 157; AG Bad Kreuznach aaO (Fußn 240).
[256] RG 65, 414 (416); OLG Hamburg MDR 1958, 45; LG Berlin Rpfleger 1991, 107; LG Osnabrück Rpfleger 1960, 409 mit zust Anm Mohrbutter; Drischler JurBüro 1964, 471 (II 2); Hill MDR 1959, 52; Mohrbutter, Handbuch des Vollstreckungsrechts, § 63 (II).
[257] OLG Hamm JMBlNW 1958, 69 = Rpfleger 1958, 269 mit zust Anm Haegele; LG Braunschweig NdsRpfl 1956, 74 = WM 1956, 475; LG Kempten NJW 1976, 299; LG Standal Rpfleger 1998, 122; Dassler/Schiffhauer § 180 Rdn 53; Steiner/Teufel § 180 Rdn 135; Schiffhauer ZIP 1982, 526 (IV 15.37 und VIII 1); Stöber Rpfleger 1963, 337 (IV 2 und 7).
[258] Jonas/Pohle, ZwVNotrecht, § 180 Anm 2b; Mohrbutter Rpfleger 1960, 409 (Anmerkung).

schränkt ist. Als Miteigentümer aber ist er nach Wortlaut und Zweck des Abs 2 berechtigt, die einstweilige Verfahrenseinstellung zu beantragen. Abwägung der widerstreitenden Interessen gebietet Berücksichtigung auch seiner Miteigentümerinteressen an der zeitweiligen Zurückstellung der Auseinandersetzungsversteigerung.

b) Bei (zulässigem) Einstellungsantrag eines anderen (nicht gepfändeten) Miteigentümers aus Abs 2 sind **nicht** die gegen die Versteigerung sprechenden wirtschaftlichen **Belange des Pfändungsschuldners** zu berücksichtigen (sie sind ja nur im Verhältnis zu seinem Pfändungsgläubiger bedeutsam), sondern die Interessen der anderen Miteigentümer, wie wenn der Pfändungsschuldner das Verfahren betreiben würde[259].

c) **Schutz** kann dem Pfändungsschuldner gegenüber seinem Pfändungsgläubiger auch über ZPO § 765a gewährt werden, und zwar durch Einstellung der Vollstreckungsmaßnahmen des Pfändungsgläubigers gegen ihn, aus denen sich der Teilungsversteigerungsantrag des Pfändungsgläubigers erst ergeben hat, weil nach Einstellung der Vollstreckung dieser das Recht des Pfändungsschuldners auf Auseinandersetzung nicht mehr ausüben kann[260]. Diese Einstellung hat das Vollstreckungsgericht nicht als Versteigerungsgericht, also in einem besonderen Verfahren außerhalb der Teilungsversteigerung, zu bearbeiten.

d) Fall aus der Praxis: Eheleute sind Miteigentümer. Die Frau hat Geldansprüche gegen den Mann und befürchtet, daß er zu ihren Lasten über seinen künftigen Erlösanteil verfüge. Sie pfändet den ihrem Mann gegen sie zustehenden Auseinandersetzungsanspruch (samt Anspruch auf Erlösanteil), läßt den Pfändungs- und Überweisungsbeschluß hierüber an sich selbst als Drittschuldnerin zustellen, kann dann die Teilungsversteigerung hieraus betreiben und kann in der Erlösverteilung dann für sich und trotz BGB § 181 auch für den Mann die Einigung über die Erlösauseinandersetzung erklären, allerdings nur bis zur Höhe ihrer Forderungspfändung; Mitwirkung des Mannes ist dabei nicht nötig. Sie kann hier auch aus dem eigenen Anteil das Verfahren betreiben (dann ist der Mann normal beteiligt, kann auch Einstellungsanträge stellen) und auf Grund der Pfändung bei der Erlösverteilung die Einigungserklärung für sich und den Mann abgeben, wie dargelegt.

11.13 Zur Frage der Pfändung im ZVG-Handbuch Rdn 700–701.

Schutz des Antragsgegners (Absatz 2)

12.1 Einstweilige Einstellung des Verfahrens ist auf **Antrag** eines Miteigentümers auf die Dauer von längstens sechs Monaten anzuordnen, wenn dies bei Abwägung der widerstreitenden Interessen der mehreren Miteigentümer angemessen erscheint: Abs 2 Satz 1. Wiederholung der Einstellung ist einmal zulässig: Abs 2 Satz 2. Die Höchstdauer der Einstellung ist also bei zwei Einstellungen ein Jahr. Auf mehr als fünf Jahre insgesamt darf das Verfahren auch bei Verbindung mit Einstellungen nach Abs 3 zur Abwendung einer Kindesgefährdung nicht ausgedehnt werden: Abs 4.

12.2 a) **Voraussetzung** für die Einstellung nach Abs 2 ist, daß diese bei Abwägung der widerstreitenden Interessen der mehreren Miteigentümer **angemessen** erscheint: Abs 2 Satz 1. Es handelt sich um eine **Ermessensentscheidung** des Gerichts.

b) Die Einstellung des Teilungsversteigerungsverfahrens soll nach ihrem Grundgedanken durch Abwägung der widerstreitenden Interessen verhindern, daß ein wirtschaftlich Stärkerer unter Ausnutzung vorübergehender Umstände die Verstei-

---

[259] Jonas/Pohle aaO (Fußn 258).
[260] Mohrbutter, Handbuch des Vollstreckungsrechts, § 63 (II).

gerung „zur Unzeit" durchsetzt, um den wirtschaftlich Schwächeren zu ungünstigen Bedingungen aus dem Grundstück zu drängen[261]. Gegenüber dem grundsätzlichen Auseinandersetzungsanspruch kann der Wunsch eines Beteiligten nach Aufschub nur **in Ausnahmefällen** zu einer Einstellung führen[262]. Es muß sich um besondere Umstände handeln, die einen befristeten Aufschub angemessen erscheinen lassen. Das ist der Fall, wenn die sofortige oder alsbaldige Versteigerung **„zur Unzeit"** erfolgen würde[263], weil in der Einstellungszeit mit einer Veränderung wichtiger Umstände gerechnet werden kann. Ob die Versteigerung zur Unzeit wäre, kann nur unter Berücksichtigung der besonderen Umstände des Einzelfalles gesagt werden.

c) Bei der **Abwägung der widerstreitenden Interessen** ist ohne Bedeutung, ob die Erben auf den Versteigerungserlös angewiesen sind oder ob ein Erbe mit dem Erblasser verfeindet war und jetzt den Grundbesitz in die Hand eines bestimmten Interessenten bringen will. Ohne Bedeutung ist auch der allgemeine Hinweis auf steigende Grundstückspreise, weil das bei der Entwicklung des Grundstücksmarktes auf nicht absehbare Zeit jede Teilungsversteigerung verhindern würde.

d) Für die vorübergehende Einstellung können nur **Umstände** Berücksichtigung finden, die sich auf die Zeit des Aufschubs beziehen, die nicht für einen dauernden Ausschluß der Versteigerung sprechen würden, also nur solche Umstände, **die** in sechs, höchstens zwölf Monaten voraussichtlich **behebbar sind**[264], die das Versteigerungsergebnis nur zur Zeit ungünstig beeinflussen, wobei es auf alle Umstände des Einzelfalles ankommt[265], oder die eine Versteigerung unnötig machen. Es können Umstände nicht verwertet werden, die gegen die Teilung als solche sprechen, zB drohender Verlust der Existenz bei Versteigerung des Hauses oder die über das gemeinsame Objekt abgeschlossenen Mietverträge.

e) Es **genügt nicht,** wenn entgegen der Grundbuchlage die Antragsberechtigung des Antragstellers abgestritten wird (auch mit Verstoß gegen Treu und Glauben[266]); dies ist nur mit Widerspruchsklage geltend zu machen (Rdn 9.8). Es genügt nicht, daß ein Prozeß dieser Art angekündigt wird; es genügt nicht einmal, daß er schon anhängig ist, wenn sein Ende noch gar nicht abzusehen ist, wenn also die gesetzlich höchstmögliche Einstellungszeit von insgesamt einem Jahr auf jeden Fall überschritten werden wird. Es genügt auch nicht, wenn der Antragsgegner etwa ein Erbrecht für sich allein beansprucht oder behauptet, daß er Forderungen gegen Miterben oder Nachlaß habe. All dies darf im Einstellungsverfahren nicht berücksichtigt werden, es ist in einem Widerspruchsprozeß zu prüfen.

12.3 Einstellung kann angemessen sein:

a) wenn eine **Werterhöhung** durch Ausführung von Reparaturen oder Renovierung **bevorsteht**[267];

b) wenn ein aus besonderen Gründen nur **vorübergehend gesunkener Wert** sich voraussichtlich in Kürze wieder erhöhen wird, etwa bei plötzlichem Auftreten von ungewissen, preisdrückenden Ereignissen[267] (drohende Enteignung für öffentliche Zwecke, die dann doch nicht erfolgt; Nachbarschaft eines geplanten, dann nicht gebauten Flughafens oder Industrieprojekts);

---

[261] BGH 79, 249 = JurBüro 1981, 1176 mit Anm Mümmler = MDR 1981, 482 = NJW 1981, 2065 = Rpfleger 1981, 187; BGH MDR 2005, 55 = NJW 2004, 3635 = Rpfleger 2004, 722.
[262] LG Berlin Rpfleger 1993, 297.
[263] LG Braunschweig Rpfleger 1985, 76; LG Düsseldorf FamRZ 1955, 303; Jonas/Pohle, ZwVNotrecht, § 180 Anm 1.
[264] BGH NJW 2004, 3635 = aaO (Fußn 261); LG Frankenthal Rpfleger 1985, 315.
[265] Jonas/Pohle, ZwVNotrecht, § 180 Anm 2 a.
[266] LG Berlin Rpfleger 1993, 297.
[267] BGH 79, 249 = aaO (Fußn 261).

Anzuwendende Vorschriften, Einstellung   12.4 § 180

c) wenn zur **Erhaltung alten Familienbesitzes** sich der Antragsgegner in Kürze glaubhaft die Mittel verschaffen kann, um den Antragsteller wegen seiner der Höhe nach ungefähr schon feststehenden oder in der Einstellungszeit feststellbaren Ansprüche abzufinden[268];

d) wenn bei Verwandten vorübergehende sich aus dem **Verwandtschaftsverhältnis** ergebende Gesichtspunkte auftreten;

e) wenn die **Klage** eines geschiedenen Ehegatten aus ungerechtfertigter Bereicherung gegen Antragsteller auf Herausgabe eines diesem geschenkten Grundstücksanteils voraussichtlich zum Erfolg führt, nicht dagegen, wenn es sich um bloße Geldansprüche der Geschiedenen gegeneinander handelt;

f) wenn der Antragsgegner glaubhaft in Kürze einen **Kredit** erhält, mit dem er den Miteigentumsanteil des Antragstellers erwerben kann und wenn dieser gar damit einverstanden ist, daß der Versteigerungstermin nicht rasch angesetzt werden solle;

g) wenn der Antragsgegner glaubhaft in Kürze die Ansprüche eines die Teilungsversteigerung betreibenden Pfändungsgläubigers (ausnahmsweise, Rdn 11.10k) **ablösen** kann, um so den gemeinsamen Besitz zu erhalten;

h) wenn ernsthafte **Vergleichsverhandlungen** zwischen den Beteiligten schweben, etwa in einem schon abhängigen Prozeß, und wenn dabei gar noch der Antragsteller dem Antragsgegner eine Frist zur Entscheidung über einen Zahlungsvorschlag einräumt oder sonst ein Zuwarten billigt oder wegen Vergleichsverhandlungen nichts gegen die Verfahrenseinstellung hat[269], wegen bereits zweimaliger Einstellung nach § 30 eine erneute Einstellung aber nicht bewilligt[269].

i) wenn der Antragsgegner mit diesem **Verfahren überrascht** worden ist, ohne vorausgehende Verhandlungen oder Ankündigung, und wenn er nun eine gewisse Zeit benötigt, um sich auf die Auseinandersetzung einzustellen[270], insbesondere auf die eigene Übernahme des fremden Anteils.

12.4 Es gibt andererseits zahlreiche Umstände, die **gegen eine Einstellung** sprechen:

a) Einstellung ist nicht angemessen, wenn der gemeinschaftliche Besitz die **Lasten nicht mehr trägt** und dem Antragsteller die auf ihn treffenden Zuschüsse nicht mehr zugemutet werden können[271].

b) Nicht angemessen ist eine Einstellung, wenn der Antragsteller zur Erhaltung seiner Existenz **dringend Geldmittel benötigt**, die er sich auf andere Weise nicht beschaffen kann[271].

c) Einstellung ist nicht angemessen, wenn der Antragsgegner zwar in dem **Grundstück wohnt**, aber noch eine andere Wohnung hat, oder wenn er geltend macht, die Räumung seiner Wohnung werde wegen seines Alters zu ernsthaften Gesundheitsschäden führen[272] (in Einstellungsfrist nicht behebbar).

d) **Dauerhafte gesundheitliche Beeinträchtigung** des Miteigentümers (Antragsgegners) rechtfertigt die Einstellung nicht (Schutz für dauerhafte Besserung des Gesundheitszustandes ist durch nur vorübergehende Einstellung nicht gewährleistet)[273].

e) Nicht angemessen ist die Einstellung, wenn der Antragsgegner jetzt eine **freiwillige Teilung** anbietet, die aber aussichtslos ist, weil der Antragsgegner die Mittel zur Abfindung der Miteigentümer weder hat noch sich verschaffen kann

---

[268] Mohrbutter, Handbuch des Vollstreckungsrechts, § 63 (II).
[269] LG Nürnberg-Fürth JurBüro 1980, 1906.
[270] LG Koblenz KTS 1965, 47.
[271] Jonas/Pohle, ZwVnotrecht, § 180 Anm 2 a.
[272] LG Frankenthal Rpfleger 1985, 315.
[273] BGH NJW 2004, 3635 = aaO (Fußn 261).

§ 180   12.4   Aufhebung einer Gemeinschaft

oder weil die Vorstellungen der Miteigentümer über die Höhe des Ausgleichsbetrags nicht übereinstimmen[274].

f) Das Verfahren kann nicht schon deshalb eingestellt werden, weil die Beteiligten **Ehegatten** im gesetzlichen Güterstand sind. Es ist zwar auf Erhaltung des Familienbesitzes zu achten, doch müssen zusätzliche Gesichtspunkte gegeben sein, etwa ein zur Zeit besonders ungünstiger Grundstückswert oder die bald mögliche Beschaffung eines Kredits zur Ablösung oder zum Mitbieten. Diese Verhältnisse dürfen dabei nicht über die mögliche Einstellungszeit hinaus unverändert fortbestehen. Die Ehewohnung als solche genießt keinen besonderen Schutz. Gegen die Einstellung spricht bei Ehegatten insbesondere, wenn sie die Ehe nicht mehr erhalten wollen, sie beide als zerrüttet ansehen, nur jeder das Alleineigentum erwerben will, um den anderen hinauszubringen.

g) Einstellung ist nicht angemessen, wenn zwischen Antragsteller und Antragsgegner **Streitigkeiten** über ein Auseinandersetzungsguthaben bestehen.

h) Einstellung kann nicht schon deshalb verlangt werden, weil zwischen der Antragsgegnerin und ihrem geschiedenen Ehemann (Antragsteller) ein Unterhaltsrechtsstreit anhängig ist[275].

i) Einstellung kommt nicht in Frage, wenn überhaupt **keine „widerstreitenden Interessen"** vorliegen, weil die fraglichen Umstände sowohl den Antragsteller wie den Antragsgegner treffen, indem etwa unklar ist, ob das Objekt wegen bestehender Baubeschränkungen überhaupt verwertbar ist.

k) Einstellung hat keinen Sinn, wenn die Beteiligten schon **Jahre** hindurch **vergebens versucht** haben, eine Einigung zu erzielen.

l) Für Einstellung genügt nicht, daß der Antragsgegner, der sein **Geschäft im Hause** betreibt, durch Auszug in der Existenz gefährdet wird, weil dies ein Dauerumstand ist.

m) Einstellung ist nicht geboten bei **Tod** eines der Beteiligten, insbesondere des Antragsgegners, weil der Tod den Fortgang des Verfahrens nicht berührt. Es geht nicht um die Person, sondern um das Grundstück dabei. Allerdings kann es bei Tod des Antragsgegners geboten sein, ausnahmsweise einzustellen, wenn seinen überraschten Erben eine gewisse Zeit der Überlegung gewährt werden muß.

12.5 a) **Fall aus der Praxis:** Eheleute sind Miteigentümer zu je $1/2$. Mann betreibt die Teilungsversteigerung. Er hat seine Hälfte von den Eltern der Frau geschenkt erhalten. Diese klagen wegen Widerrufs auf Rückauflassung. Einstellungsgrund ist dies nur, wenn der Prozeß gute Aussichten bietet (zB erfolgreiche Beweisaufnahme durchgeführt) und wenn der Anspruch nahe vor der Verwirklichung steht (nur noch einige Schriftsätze zu wechseln sind), weil dann der Mann bald sein Antragsrecht verlieren würde, nicht wenn der Prozeß noch für längere Zeit völlig offen ist, weil der Mann den Grundstückswert durch Einbauten erheblich erhöht hat und weil die Entscheidung des Gerichts nach Prozeßlage nicht in zweimal sechs Monaten ergehen wird (ähnlich auch der Fall von[276]). Das Prozeßgericht könnte hier ja eine Einstweilige Verfügung gegen die Fortsetzung der Teilungsversteigerung erlassen (so auch im Fall[276]).

b) **Fall aus der Praxis:** Antragsteller und Antragsgegner sind zu je $1/2$ eingetragen. Antragsteller hat seinen Anteil von einer angeblichen Miterbin erworben, über deren Erbrecht ein Prozeß kurz vor dem Abschluß steht, wobei schon ein Widerspruch gegen ihr Eigentum im Grundbuch eingetragen wurde, so daß der Antragsteller, trotzdem eingetragen, nicht berechtigt erworben hätte und das

---

[274] LG Berlin Rpfleger 1993, 297.
[275] LG Braunschweig Rpfleger 1985, 76.
[276] LG Bonn NJW 1970, 2303.

Grundbuch berichtigen lassen müßte. Die Einwände sind aber sachenrechtlich nur mit Widerspruchsklage durchsetzbar. Selbst wenn der jetzige Prozeß erfolgreich ausgeht, muß dann erst noch ein Prozeß gegen den Antragsteller geführt werden, was mehr als ein Jahr benötigt. Die Umstände genügen nicht für eine Einstellung.

12.6 Wenn mehrere oder alle Miteigentümer das Verfahren als Antragsteller **betreiben,** und zwar nicht aus einem Anordnungsbeschluß, sondern aus Anordnungsbeschluß für einen oder einige von ihnen, aus Beitritten der anderen, so ist ein Einstellungsantrag der einen Seite zum Verfahren der anderen Seite durchaus möglich[277], weil die Verfahren voneinander unabhängig sind. Der Miteigentümer, der das Verfahren selbst betreibt, kann einstweilige Einstellung zwar nach § 30 mit § 180 Abs 1 bewilligen; er ist für sein eigenes Verfahren daher nicht auf einen Antrag nach Abs 2 angewiesen[278]. Da also die Befugnis, eine Einstellung zu bewilligen, aber auf das Verfahren beschränkt ist, in dem der Miteigentümer die Rolle des Gläubigers hat, ergibt sich die Notwendigkeit, ihm das Antragsrecht nach Abs 2 für alle von anderen Miteigentümern betriebenen Verfahren zuzuerkennen, in denen er die Rolle des Antragsgegners hat[278]. Aussicht auf Erfolg wird er mit seinem Einstellungsantrag nach Abs 2 allerdings nur dann haben, wenn er auch in seinem eigenen Verfahren die Einstellung (nach § 30 mit § 180 Abs 1) bewilligt[278], denn ein Miteigentümer kann nicht gleichzeitig sein Verfahren betreiben, das des Gegners jedoch aufhalten.

12.7 Betreibt der **Insolvenzverwalter** eines Miteigentümers die Teilungsversteigerung, so sind auf der Seite des Betreibenden nicht die Interessen des Schuldners des Insolvenzverfahrens, sondern die des Insolvenzverwalters an einer zügigen Abwicklung abzuwägen[279].

12.8 Der Antrag, den **Versteigerungstermin** wegen einer möglichen Einigung **abzusetzen,** ist beim Antragsteller des Verfahrens eine Einstellungsbewilligung (§ 30 Abs 2); vom Antragsgegner gestellt ist es ein Einstellungsantrag, vorausgesetzt, daß die dafür geltende Frist noch läuft, wenn der Antragsgegner nicht zur den Termin, sondern die ganze Versteigerung vermeiden will.

12.9 Über die Frage, ob derjenige, dessen Auseinandersetzungsanspruch von seinem Gläubiger gepfändet ist, noch einen Einstellungsantrag stellen kann, Rdn 11.12.

12.10 a) Für das Verfahren ist § 30 b anzuwenden: Abs 2 Satz 3.

b) Die einstweilige Einstellung ist demnach binnen einer **Notfrist von zwei Wochen** zu beantragen, die mit Zustellung der Verfügung beginnt, in welcher der Antragsgegner auf das Recht zur Stellung des Einstellungsantrags, den Fristbeginn und die Rechtsfolgen eines fruchtlosen Fristablaufs hingewiesen wird[280] (§ 30 b Abs 1 mit Abs 2 Satz 3). Dieser Hinweis ist möglichst zugleich mit dem Beschluß, durch den die Zwangsversteigerung angeordnet oder der Beitritt zugelassen wird, zuzustellen (§ 30 b Abs 1 mit Abs 2 Satz 3). Das Antragsrecht wird für jeden Anordnungs- und Beitrittsbeschluß für den (die) jeweiligen Antragsgegner des damit eingeleiteten Beschlagnahmeverfahrens mit Zustellung der auf das Antragsrecht hinweisenden Verfügung gesondert begründet. Es muß daher bei jedem Anordnungs- und Beitrittsbeschluß[281] der jeweilige Antragsgegner über die Möglichkeit des Einstellungsantrags und die Notfrist hingewiesen werden[282]. Der Antrag kann jeweils nur in der für ihn laufenden Notfrist gestellt werden, nicht nach deren Ablauf[283], wenn etwa die Frist zu einem anderen Beitrittsbeschluß noch läuft. Die

---

[277] BGH 79, 249 = aaO (Fußn 261); Steiner/Teufel § 180 Rdn 133.
[278] BGH 79, 249 = aaO (Fußn 261).
[279] LG Koblenz KTS 1965, 47.
[280] BGH 79, 249 = aaO (Fußn 261).
[281] Drischler Rpfleger 1956, 91; Jonas/Pohle, ZwVNotrecht, § 30 b Anm 3.
[282] BGH 79, 249 = aaO (Fußn 261).
[283] Mümmler JurBüro 1973, 689 (II A 1 b).

Notfrist gilt auch bereits für den ersten Antrag auf einstweilige Einstellung nach § 180 Abs 2[284]. Die Gründe, die bereits im Zeitpunkt der Zustellung des Anordnungs- oder Beitrittsbeschlusses bekannt oder voraussehbar sind, sollen innerhalb der kurzen Frist von zwei Wochen geltend gemacht werden, damit das Verfahren gestrafft und nicht unnötig verzögert wird[284]. Auch für einen Miteigentümer, der selbst bereits als Antragsteller die Teilungsversteigerung betreibt, beginnt bei Zulassung des Beitritts eines anderen Miteigentümers in seiner Eigenschaft als Antragsgegner in dem nun von dem anderen Miteigentümer betriebenen Verfahren die Antragsfrist mit der Zustellung der auf das Antragsrecht hinweisenden Verfügung (die nach § 30 b Abs 1 mit § 30 a Satz 3 möglichst zugleich mit dem Beitrittsbeschluß erfolgen soll). Dieser Zeitraum für die Stellung eines zulässigen Einstellungsantrags wird für den Miteigentümer, der als Antragsteller selbst die Teilungsversteigerung betreibt, bei Zulassung des Beitritts eines anderen Miteigentümers nicht dadurch hinausgeschoben, daß er zunächst sein Verfahren weiter betreibt[284]. Wenn der Miteigentümer später erst seinen Versteigerungsantrag zurücknimmt oder die einstweilige Einstellung seines Verfahrens beantragt, kann er daher nach Ablauf der Antragsfrist, die für ihn bereits mit Zustellung des durch den Beitrittsbeschluß veranlaßten Hinweises auf das Einstellungsrecht zu laufen begonnen hat, nicht mehr Antrag auf einstweilige Einstellung nach Abs 2 gegen den Beitrittsgläubiger stellen[284].

c) **Anzuhören** sind vor der Entscheidung als Antragsteller der Miteigentümer, der die Teilungsversteigerung betreibt (der sonstige Antragsteller) und als Antragsgegner der Miteigentümer, der die Einstellung beantragt hat (§ 30 b Abs 2 Satz 2 mit § 180 Abs 2 Satz 3), nicht auch die anderen Antragsgegner der Teilungsversteigerung (auch deren Anhörung ist aber nicht verboten; sie ist nicht unzweckmäßig, weil durch ihren Vortrag vielleicht wichtige Umstände bekanntwerden können). Es kann auch eine mündliche Verhandlung darüber angesetzt werden (§ 30 b Abs 2 Satz 2). Dabei kann auch das persönliche Erscheinen angeordnet werden (ZPO § 141). Häufig gibt es dann Vergleiche. Hierzu Einl Rdn 23, 49, § 30 b Rdn 4. Angaben sind auf Verlangen des Gerichts glaubhaft zu machen (dazu § 30 b Rdn 4.1). Zur Rücknahme des Antrags: § 30 b Rdn 4.7.

d) Angeordnet werden darf die Einstellung bei jedem Einstellungsfall bis zu **höchstens sechs Monaten:** Abs 2 Satz 1. Diese Frist beginnt mit Erlaß (nicht erst mit Rechtskraft) des Einstellungsbeschlusses. Die Einstellung darf nur einmal wiederholt werden: Abs 2 Satz 2. Diese Vorschriften beziehen sich auf das Verfahren zu jedem einzelnen Anordnungs- oder Beitrittsbeschluß; diese Verfahren sind selbständig.

e) Zur **Form** der Entscheidung § 30 b Rdn 5, aber mit anderer Parteibezeichnung und anderen Gründen. Eine **Kostenentscheidung** erfolgt bei der Einstellungsentscheidung nicht (s Einl Rdn 39). Die Tätigkeit des Gerichts wie des Rechtsanwalts sind durch die Verfahrensgebühr abgegolten.

f) Der Einstellungsbeschluß muß wegen § 32 auch den anderen Miteigentümern (Antragsgegner des Verfahrens, die selbst Einstellungsantrag nicht gestellt haben) **zugestellt** werden (auch sie sind dadurch begünstigt), nicht allerdings der die Einstellung ablehnende Beschluß.

g) Die **Belehrung** des Antragstellers im Falle der Einstellung **über die Fortsetzung** des Verfahrens gemäß § 31 gilt auch hier. Zwar ist in Abs 2 nur auf § 30 b Bezug genommen, nicht auf § 31, doch ergibt sich die Anwendung des § 31 aus Abs 1[285]. Die Antragsfrist des § 31 Abs 1 Satz 2 beginnt entsprechend § 31 Abs 2 b mit dem Zeitpunkt, bis zu dem die Einstellung aus § 180 Abs 2 angeordnet ist[286].

---

[284] BGH 79, 249 = aaO (Fußn 261).
[285] Mohrbutter BlGrBW 1953, 324 (IV).
[286] LG Lübeck SchlHA 1960, 178.

Zustimmung des Miteigentümers, auf dessen Antrag das Verfahren eingestellt wurde, zu vorzeitiger Fortsetzung des Verfahrens (Fortsetzung vor Ablauf der Einstellungsfrist) ist nicht vorgesehen (dazu § 30a Rdn 8).

h) Die Einstellungsentscheidung des Rechtspflegers, positive wie negative, ist wie sonst **anfechtbar**. Dazu § 30b Rdn 9.

i) Nach **Fristablauf** oder nach rechtskräftiger Ablehnung des ersten Antrags kann (etwa bei einem unzureichenden Meistgebot) ein Einstellungsantrag nicht „aus einem neuen Grund" gestellt werden (anders[287]: bei drohender Verschleuderung als eine Art Generalklausel; verstößt gegen den eindeutigen Gesetzeswortlaut).

12.11 Für das **Verhältnis** einer Einstellungsbewilligung des Antragstellers nach § 30 zu einem Einstellungsantrag des Antragsgegners aus § 180 Abs 2 gilt das, was für das Verhältnis von § 30 zu § 30a gesagt ist; hierzu § 30 Rdn 6. Einstellungen anderer Art als aus Abs 2 werden auf die zwei mögliche Fälle somit **nicht angerechnet**, auch nicht eine Einstellung durch das Prozeßgericht aus ZPO §§ 771, 769 oder im Wege einer Einstweiligen Verfügung, auch nicht eine Einstellung (oder zwei[288]) auf Bewilligung des Antragstellers nach § 30 (die in der Teilungsversteigerung möglich ist). Der Antragsteller des Verfahrens kann (wie der betreibende Gläubiger der Vollstreckungsversteigerung) nach § 30 **zweimal** die Einstellung **bewilligen**, ohne daß dies aber auf Einstellungsanträge nach § 180 Abs 2 angerechnet wird[289]. Es können also zwei Einstellungen nach § 30 und zwei Einstellungen aus Abs 2 zusammentreffen[290], immer aber vorausgesetzt, daß bei Verfahrensfortsetzung nach bewilligter Einstellung Antrag auf Einstellung nach Abs 2 in der dafür bestimmten Zweiwochenfrist noch gestellt werden kann (dazu § 30b Rdn 10).

12.12 Bei den vom Antragsteller bewilligten Einstellungen gilt auch hier die **dritte Bewilligung** als Rücknahme des Antrags[291].

12.13 Zu **ZPO** § 765a Einl Rdn 52.6.

12.14 Zur Einstellungsfrage im ZVG-Handbuch: Grundsätze Rdn 715, Muster für die Belehrung der Antragsgegner Rdn 714, Interessenabwägung Rdn 716, Muster für Einstellungsbeschluß Rdn 717.

Schutz im Interesse des Kindeswohls (Absätze 3 und 4)

13.1 Im Interesse eines gemeinschaftlichen Kindes ist auf Antrag die Zwangsversteigerung zur Aufhebung einer Gemeinschaft an einem Grundstück (anderen Objekt), die zwischen Ehegatten oder früheren Ehegatten besteht, einstweilen einzustellen, wenn dies zur **Abwendung einer ernsthaften Gefährdung des Kindeswohls** erforderlich ist: Abs 3 Satz 1. Die Bestimmung beruht auf der Erwägung, daß Ehegatten und geschiedene Ehegatten bei der Durchsetzung ihrer Ansprüche, somit auch bei Verfolgung eines Anspruchs auf Aufhebung einer Gemeinschaft im Wege der Zwangsversteigerung, in besonderer Weise auf die Interessen gemeinschaftlicher Kinder Rücksicht nehmen müssen[292].

13.2 Längere Einstellung im Kindesinteresse erfordert, daß **Miteigentümer** des Grundstücks (anderen Objekts) nur der **Ehegatte** oder **frühere Ehegatte** des Antragstellers des Teilungsversteigerungsverfahrens ist. Gleichgültig ist, ob Mitei-

---

[287] OLG Hamm KTS 1973, 143 = OLGZ 1972, 316; OLG Oldenburg KTS 1974, 240 mit krit Anm Mohrbutter; LG Augsburg MDR 1976, 231; LG Bielefeld Rpfleger 1983, 168; Mohrbutter DRiZ 1977, 39 (II 3).
[288] LG Nürnberg-Fürth JurBüro 1980, 1906.
[289] Mohrbutter Rpfleger 1954, 235 (a); Schiffhauer BlGrBW 1961, 65 (III).
[290] Mohrbutter Rpfleger 1954, 235 (a).
[291] LG Kassel Rpfleger 1950, 564.
[292] Begründung des Gesetzentwurfs, BT-Drucksache 10/2888, vom 21. 2. 1985, Seiten 12, 35 und 36.

gentum nach Bruchteilen oder in Gesamthandsgemeinschaft (insbesondere Erbengemeinschaft) besteht. Einstellung im Kindesinteresse kann jedoch nicht erfolgen, wenn der Gemeinschaft noch weitere Miteigentümer angehören, auch wenn das weitere (insbesondere volljährige) gemeinschaftliche Kinder der Ehegatten oder Angehörige (Eltern, Geschwister) eines der Ehegatten sind. Auf die Größe des Anteils des Dritten kommt es dabei nicht an. Daß das gemeinschaftliche Kind selbst neben den Ehegatten einziger weiterer Miteigentümer ist, kann Einstellung aus dem Grund des Abs 3 jedoch nicht ausschließen. Maßgeblich ist das Miteigentum zur Zeit des Verfahrensbeginns mit Anordnung der Zwangsversteigerung (oder Zulassung des Beitritts). Wenn danach ein neuer Miteigentümer die Verfahrensstellung als Antragsteller übernimmt (Rdn 6.9) bleibt Einstellung nach Abs 3 möglich. Bei Eigentumswechsel vor Verfahrensanordnung (Ehegatte veräußert seinen Miteigentumsanteil; Erwerber betreibt die Zwangsversteigerung) ist Miteigentum von Eheleuten als Einstellungsvoraussetzung nicht gegeben, Einstellung im Kindesinteresse somit nicht möglich. Jedoch kann Berufung eines Antragstellers, der den Anteil eines Ehegatten erworben hat, darauf, daß es für Einstellung nach Abs 3 am Ehegatteneigentum fehlt, aus besonderen Gründen nach Treu und Glauben unzulässig sein. Das ist der Fall, wenn Anteilserwerb nur (oder im wesentlichen nur) erfolgt ist, um die Voraussetzungen einer längerdauernden Verfahrenseinstellung auszuschließen. Erwerb des Miteigentumsanteils eines Dritten nach Verfahrensanordnung durch den Ehegatten, der Antragsgegner ist, kann, wenn damit nur noch Grundstückseigentum der Ehegatten besteht, den Einstellungsgrund des Abs 3 nicht neu schaffen. Für zulässig muß Einstellung im Interesse des Kindeswohls nach Abs 3 jedoch auch erachtet werden, wenn die Gemeinschaft zwischen Ehegatten oder früheren Ehegatten bestanden hat, Miteigentümer bei Anordnung der Zwangsversteigerung nach dem Tod eines Ehegatten aber sein Erbe ist (seine Erben sind). Das gebietet der Normzweck der Bestimmung, die sicherstellen will, daß Kindern das Familienheim, das oft Ehegatten zu Miteigentum gehört, nicht sogleich verloren geht und sich nicht damit ihre Wohnverhältnisse oder sonstigen Lebensverhältnisse nachhaltig verschlechtern[292].

13.3 Zur Abwendung einer Kindesgefährdung sieht Abs 3 die Einstellung der Zwangsversteigerung zur Aufhebung der Gemeinschaft vor, die ein Ehegatte oder früherer Ehegatte betreibt. Dem stehen aber Antragsteller gleich, die das **Recht des Ehegatten** oder früheren Ehegatten auf Aufhebung der Gemeinschaft **ausüben** (so auch[293]). Sie können nicht mehr Rechte haben als der Miteigentümer, dessen Recht auf Aufhebung der Gemeinschaft sie verfolgen, müssen somit wie dieser den Auseinandersetzungsanspruch dem Kindesinteresse unterordnen. Längere Einstellung nach Abs 3 kann daher auch in dem auf Antrag eines Pfandgläubigers (nach Pfändung oder Verpfändung) eines Ehegatten-Miteigentümers betriebenen Verfahrens erfolgen, desgleichen in dem Verfahren auf Antrag des Erben eines Ehegatten, der Miteigentümer war (auch auf Testamentsvollstreckerantrag), in dem Verfahren auf Antrag des Insolvenzverwalters eines Ehegatten und in vergleichbaren Fällen.

13.4 Längere Einstellung nach Abs 3 setzt voraus, daß sie „zur **Abwendung** einer ernsthaften **Gefährdung des Wohls** eines gemeinschaftlichen Kindes **erforderlich** ist". Mit Durchsetzung seines Auseinandersetzungsanspruchs hat ein Ehegatte damit in besonderer Weise auf die Interessen gemeinschaftlicher Kinder Rücksicht zu nehmen[294]. Veräußerung des Familienheims, die bewirken würde, daß sich die Wohn- oder sonstigen Lebensverhältnisse eines gemeinschaftlichen Kindes **nachhaltig** verschlechtern, ist zurückzustellen. Das Interesse eines Ehegatten oder früheren Ehegatten an der alsbaldigen Aufhebung der Gemeinschaft an

---

[293] Dassler/Schiffhauer § 180 Rdn 56.
[294] Begründung aaO (Fußn 292).

dem Grundstück muß bei ernsthafter Gefährdung des Kindeswohls zurückstehen. Ernsthafte Gefährdung des Wohls eines gemeinschaftlichen Kindes erfordert, daß das Kind durch die Zwangsversteigerung in seinen Lebensverhältnissen erheblich benachteiligt wird und damit in seiner Entwicklung erheblich beeinträchtigt zu werden droht[295]. Es müssen besondere Umstände eine begründete gegenwärtige Besorgnis der Gefährdung des körperlichen, geistigen oder seelischen Kindeswohls nahelegen[296]. Das kann etwa der Fall sein, wenn die anderweitige Unterbringung einer kinderreichen Familie mit zumutbarem Aufwand nicht möglich erscheint[297], wenn das Haus nach den Bedürfnissen eines behinderten Kindes gebaut ist[297], wenn noch Ungewißheit über den späteren Aufenthalt eines (8jährigen) Kindes (oder auch mehrerer Kinder) besteht, weil die Eltern über die elterliche Sorge streiten, und wiederholter Wechsel der ihm anvertrauten Umgebung seine gedeihliche Entwicklung stören könnte[298]. Auch Gefährdung der schulischen Entwicklung kann genügen[299] (kein Einstellungsgrund daher bei günstiger schulischer Entwicklung eines 17jährigen Kindes)[300]. Unbeachtlich ist, ob der die Einstellung beantragende Ehegatte (Antragsgegner des Verfahrens) die Gefährdung des Kindeswohls (mit) zu verantworten hat[301] Eine nur allgemeine, nicht wesentliche Beeinträchtigung des Kindesinteresses, auch die mit dem Verlust des bisherigen Familienheims notwendig verbundenen Unzuträglichkeiten (auch Schulwechsel, Verlust der Spielgefährten oder einer Betreuungsperson in der Nachbarschaft[302]; Ortswechsel für 13jährige Tochter[303]) oder nur der Wunsch nach Beibehaltung des bisherigen Lebensstandards (eines eigenen Zimmers für jedes Kind) rechtfertigen Einstellung nicht[304] (aA[305]: Abs 3 ist weit auszulegen; wesentliche Beeinträchtigung durch Verlust des Familienheims kann genügen). Einbuße einer nur vermögensrechtlichen Erwartung (Verlust des Grundstücks als künftigen Nachlaßgegenstand) genügt nicht, desgleichen auch nicht die mit einem Umzug oder Ortswechsel verbundene Unzuträglichkeit[306] und nicht bereits ein Schulwechsel. Nur das Interesse eines **gemeinschaftlichen Kindes** kann Berücksichtigung finden, nicht auch das Interesse anderer Kinder des Ehegatten, denn den die Teilungsversteigerung betrieben wird, und auch nicht das Interesse eines leiblichen (erstehelichen) Kindes nur des Ehegatten, der die Teilungsversteigerung betreibt (ZVG-Handbuch Rdn 721a gegen[307]). Auch hier gilt, daß das Nichtbestehen der Vaterschaft nur nach rechtskräftiger Feststellung geltend gemacht werden kann (BGB § 1599 Abs 1). Gemeinschaftliches Kind ist auch das von Ehegatten gemeinschaftlich angenommene Kind (BGB § 1741 Abs 2). Auf das Alter des Kindes ist nicht abgestellt. Abs 3 dient auch dem Schutz eines gemeinschaftlichen volljährigen Kindes (so auch[308]). Sein Interesse kann etwa Einstellung rechtfertigen, wenn es noch in Ausbildung steht oder gebrechlich ist (Gefährdung eines geistig behinderten Kin-

---

[295] LG Berlin Rpfleger 1992, 170 mit Anm Meyer-Stolte.
[296] LG Berlin FamRZ 1987, 1066 = Rpfleger 1987, 514; LG Frankenthal Rpfleger 1987, 124; LG Heidelberg FamRZ 1991, 588 = Rpfleger 1991, 215 mit Anm Meyer-Stolte; LG Limburg a. d. Lahn FamRZ 1987, 1065.
[297] Diederichsen NJW 1986, 1283 (II 2 c).
[298] LG Berlin aaO (Fußn 296).
[299] LG Heidelberg aaO (Fußn 296).
[300] LG Frankenthal aaO (Fußn 296).
[301] LG Offenburg FamRZ 1994, 1274 = Rpfleger 1994, 177.
[302] LG Berlin aaO (Fußn 295).
[303] AG Braunschweig JurBüro 2001, 661.
[304] LG Essen FamRZ 1988, 1191.
[305] LG Offenburg FamRZ 1994, 1274 = Rpfleger 1994, 177.
[306] LG Berlin FamRZ 1987, 1067 = NJW-RR 1988, 253 = Rpfleger 1987, 515 und FamRZ 1987, 1066 = Rpfleger 1987, 514; LG Frankenthal Rpfleger 1987, 124.
[307] AG Hamburg Rpfleger 1990, 523 mit Anm Meyer-Stolte.
[308] LG Berlin NJW-RR 1988, 253 = aaO (Fußn 306); Diederichsen aaO (Fußn 297).

§ 180 13.4 Aufhebung einer Gemeinschaft

des[309]). Nur noch wirtschaftliche Interessen eines volljährigen, selbständigen Kindes (so wenn der 40jährige Sohn im elterlichen Anwesen seinen Gewerbebetrieb hat oder seine freie Berufstätigkeit ausübt) können ernsthafte Gefährdung des Kindeswohls nicht rechtfertigen. Darauf, daß der Ehegatte, der Einstellung beantragt, gesetzlicher Vertreter des Kindes oder doch personensorgeberechtigt ist, ist nicht abgestellt. Ernsthafte Gefährdung des Kindeswohls genügt. Erfordert es Einstellung, dann sind (anders als im Falle des Abs 2) widerstreitende Interessen des Miteigentümers, der die Versteigerung betreibt, nicht abzuwägen. Wirtschaftliche und persönliche Interessen der Eheleute erlangen für den Einstellungsgrund des Abs 3 keine Bedeutung[310]. Außer Betracht muß somit auch bleiben, daß die Eltern wegen der Belastungen das Haus (vielleicht) ohnedies nicht halten können (anders[311]).

13.5 Die Einstellung erfolgt nur auf **Antrag**. Antragsberechtigt ist nur der Ehegatte, gegen den als Antragsgegner die Teilungsversteigerung betrieben wird. Kinder sind nicht antragsberechtigt. Auch der Pfändungsschuldner (= Anteilseigentümer) kann in dem von seinem Pfändungsgläubiger betriebenen Teilungsversteigerungsverfahren Einstellungsantrag nicht stellen (anders[312], ist aber schon durch den Wortlaut von Abs 3 nicht gedeckt).

13.6 Beantragt werden muß auch die Einstellung nach Abs 3 binnen einer **Notfrist von zwei Wochen**[313] (Abs 3 Satz 3 mit § 30b Abs 1 Satz 1). Diese beginnt mit Zustellung der Verfügung, in welcher der Antragsgegner auf dieses Einstellungsrecht, den Fristbeginn und die Rechtsfolgen eines fruchtlosen Fristablaufs hingewiesen wird (Abs 3 Satz 3 mit § 30b Abs 1 Satz 2). Dieser Hinweis ist möglichst zugleich mit dem Beschluß, durch den die Zwangsversteigerung angeordnet (oder der Beitritt zugelassen) wird, zuzustellen. Das Antragsrecht wird für jeden Anordnungs- und Beitrittsbeschluß für den jeweiligen Antragsgegner des damit eingeleiteten Beschlagnahmeverfahrens gesondert begründet. Dazu Rdn 12.10.

13.7 Einstellungsmöglichkeiten regeln **Abs 2** und **Abs 3** unter verschiedenen Voraussetzungen **selbständig**. Die beiden Vorschriften sind somit **gleichzeitig** anwendbar, nicht nacheinander. Beantragt werden muß in der Antragsfrist von zwei Wochen daher sogleich auch Einstellung aus dem Grund des Abs 3. Antrag aus diesem Grund kann auch nach dem Vorbringen des Ehegatten-Miteigentümers gewollt sein. Wenn jedoch Antrag (ausdrücklich oder nach dem eindeutigen Vorbringen des Miteigentümers, der Vorhandensein eines gemeinschaftlichen Kindes oder dessen Interessen nicht geltend macht) nur aus den Gründen des Abs 2 gestellt ist, kann nach Ablauf der Notfrist Einstellung nach Abs 3 nicht mehr verlangt, somit nicht neu beantragt werden. Einstellung nach Abs 3 kann daher auch nicht erst im Anschluß an eine Einstellung nach Abs 2 verlangt werden, desgleichen nicht (in anderer Reihenfolge) Einstellung nach Abs 3 erstmals im Anschluß an eine Einstellung nach Abs 3. Einstellungsantrag aus den Gründen des Abs 2 und ebenso längere Einstellung nach Abs 3 muß jeweils in der Notfrist von zwei Wochen (§ 30b Abs 1 Satz 1) gestellt werden.

13.8 Verfahren im übrigen: § 30b Abs 2, der entsprechend gilt (Abs 3 Satz 3; dazu Rdn 12.10). Form der Entscheidung und Zustellung: Rdn 12.10. Auch bei längerer Einstellung nach Abs 3 muß im Einstellungsbeschluß die **Einstellungsdauer** bezeichnet werden. Sie ist Ermessenssache. Einzustellen ist für die voraussichtliche Dauer der ernsthaften Gefährdung des Wohls des gemeinschaftlichen Kindes, längstens aber auf die Dauer von fünf Jahren (Abs 4).

---

[309] LG Berlin NJW-RR 1988, 253 = aaO (Fußn 306).
[310] LG Berlin NJW-RR 1988, 253 = aaO (Fußn 306); LG Frankenthal aaO (Fußn 306).
[311] Diederichsen aaO (Fußn 298); Gerhardt JZ 1987, 1074 (Buchbesprechung).
[312] Griziwotz FamRZ 2002, 1669 (1679).
[313] LG Essen FamRZ 1988, 1191.

Anzuwendende Vorschriften, Einstellung   13.13   § 180

13.9 Über den Antrag auf einstweilige Einstellung des Verfahrens **sowohl nach Abs 2 als auch nach Abs 3** ist gleichzeitig zu entscheiden. Wenn in einem solchen Fall nur die Einstellungsvoraussetzungen des Abs 2 erfüllt sind, ist aus diesem Grund einstweilen einzustellen und der weitergehende Antrag als unbegründet zurückzuweisen. In gleicher Weise ist die Entscheidung zu fassen, wenn nur die Voraussetzungen der längeren Einstellung erfüllt sind, der Antrag auf Einstellung aus den Gründen des Abs 2 (zB wegen der widerstreitenden Interessen des Antragsteller-Miteigentümers) jedoch unbegründet ist. Es kann aber einstweilige Einstellung auch aus den Gründen des Abs 2 und **zugleich** aus den Gründen des Abs 3 zum Schutz des Kindeswohls anzuordnen sein. Dann ist aus beiden Gründen einzustellen. Als **Zeit der Einstellung** kann dann jedoch nur die Höchstdauer bestimmt, nicht aber für jeden Einstellungsgrund eine Einstellungszeit gesondert festgelegt werden. Abs 3 erweitert die Möglichkeit zur Verfahrenseinstellung im Interesse eines gemeinschaftlichen Kindes, setzt der Verfahrenseinstellung somit nicht die zeitliche Grenze von sechs Monaten nach Abs 2. Daß gleichwohl die Einstellung (zutreffendenfalls) nicht nur nach Abs 3, sondern auch nach Abs 2 angeordnet wird, gebieten die unterschiedlichen Wirkungen der selbständigen Einstellungsgründe: die auch nach Abs 2 angeordnete Einstellung kann nur einmal wiederholt werden, die Einstellung nach Abs 3 kann aufgehoben oder abgeändert werden.

13.10 Der Antragsteller der Teilungsversteigerung ist auch bei Verfahrenseinstellung nach Abs 3 über den Fristbeginn für den Fortsetzungsantrag und die Rechtsfolgen eines fruchtlosen Fristablaufs zu **belehren** (§ 31 Abs 3; dazu Rdn 12.10). **Rechtsbehelf:** Rdn 12.10. Vorrang der **Einstellungsbewilligung** nach § 30: Rdn 12.11. Versteigerungstermin erst nach Rechtskraft des die einstweilige Einstellung ablehnenden Beschlusses: Abs 3 Satz 3 mit § 30 b Abs 4.

13.11 **Fortgesetzt** werden darf auch das nach Abs 3 eingestellte Verfahren nur auf Antrag (Abs 1 mit § 31 Abs 1 Satz 1). Der Antrag ist binnen sechs Monaten zu stellen; die Frist beginnt, auch wenn die Einstellung zugleich aus den Gründen des Abs 2 erfolgt war, einheitlich mit dem Zeitpunkt, bis zu dem die Einstellung angeordnet war (§ 31 Abs 2 Buchst b), frühestens aber mit Zustellung des Hinweises auf das Antragsrecht (§ 31 Abs 3).

13.12 Nach Fortsetzung eines **nur** oder auch **nach Abs 3** eingestellt gewesenen Verfahrens ist die **Wiederholung der Einstellung** mehrfach zulässig (Abs 3 Satz 2). Auch die erneute Einstellung muß in einer Notfrist von zwei Wochen beantragt werden (mit § 30b Abs 3 Satz 3); nach fruchtlosem Ablauf dieser Frist kann erneute Einstellung aus dem Grund des Abs 3 nicht mehr verlangt und nicht mehr angeordnet werden. **Höchstdauer** der Einstellung: 5 Jahre (Abs 4). Diese Höchstdauer bestimmt sich nach der Summe der Einstellungszeiten, rechnet somit nicht ab Verfahrensbeginn. Die Verfahren zur Entscheidung über einen Einstellungsantrag und die Zeit vom Ende der zunächst angeordneten Einstellung bis zur Verfahrensfortsetzung auf Antrag und Entscheidung über den neuen Einstellungsantrag rechnen somit nicht mit.

13.13 Nach Fortsetzung eines **nur** aus den Gründen des **Abs 2** eingestellt gewesenen Verfahrens kann einstweilige Einstellung nach Abs 3 zur Abwendung einer ernsthaften Gefährdung des Kindeswohls nicht neu beantragt werden (Antragsfrist des § 30b ist für diesen Einstellungsfall bereits abgelaufen; dazu auch Rdn 13.7). Zulässig ist nur Wiederholung der Einstellung nach Abs 2, nicht aber erstmalige Einstellung im Interesse des Kindeswohls im Anschluß an eine Verfahrenseinstellung aus anderem Grund. Begrenzung der Einstellungsdauer auf höchstens 5 Jahre in Abs 4 eröffnet kein neues Antragsrecht aus dem Grund des Abs 3 erst nach Ablauf eines aus Abs 2 eingestellten Verfahrens. Einstellungsantrag muß vielmehr erstmals immer in der Notfrist von zwei Wochen (§ 30b Abs 1 S 1) bei Verfahrensbeginn gestellt werden (Zustellung des Hinweises mit dem Anord-

1483

nungsbeschluß vorausgesetzt). Zulässig ist Einstellung aus dem Grund des Abs 3 neu jedoch, wenn der Einstellungsgrund mit Geburt eines gemeinsamen Kindes erst nach Ablauf der ursprünglichen Antragsfrist oder Zurückweisung des ersten Antrags entstanden ist.

13.14 Nach Fortsetzung eines aus den Gründen des **Abs 2** und zugleich zur Abwendung einer ernsthaften Gefährdung des Kindeswohls nach Abs 3 eingestellten Verfahrens kann auch die einmalige **Wiederholung der Einstellung** nach Abs 2 beantragt und angeordnet werden. Das gilt auch, wenn Einstellung mit gemeinsamer Höchstdauer (Rdn 13.9) bereits längere Zeit (zB drei Jahre) erfolgt war. Es darf nur das Verfahren insgesamt nicht auf mehr als fünf Jahre einstweilen eingestellt werden (Abs 4). Nochmalige Wiederholung der Einstellung nach Abs 2 kann Bedeutung erlangen, wenn bei Verfahrensfortsetzung der Einstellungsgrund aus Abs 3 nicht mehr fortbesteht (Kindeswohl ist nicht mehr gefährdet; Kind ist gestorben usw).

13.15 Änderungen der Sachlage nach Einstellung im Interesse des Kindeswohls (nicht aber aus den Gründen des Abs 2) kann mit **Aufhebung** oder **Änderung des Einstellungsbeschlusses** Rechnung getragen werden (Abs 3 Satz 4). Die Regelung ist der Vorschrift von ZPO § 765 a Abs 4 nachgebildet. Die Aufhebung oder Änderung des Beschlusses erfolgt nur auf Antrag. Antragsberechtigt ist der Antragsteller der Teilungsversteigerung, aber auch der Antragsgegner. Änderung der Sachlage ist gegeben, wenn sich die der abzuändernden Entscheidung zugrunde liegenden Tatsachen geändert haben, nicht jedoch bei anderer Beurteilung der unveränderten Tatsachen. Mit der Möglichkeit der Aufhebung (Änderung) entfällt die Bindung des Vollstreckungsgerichts an eine Beschwerdeentscheidung des übergeordneten Landgerichts. Zuständig für die Aufhebung (Änderung) ist der Rechtspfleger (kein Fall von ZPO § 766). Verfahren über den Antrag auf Aufhebung oder Änderung der Entscheidung: § 30 f Rdn 3. Aufhebung der Einstellungsentscheidung nach Abs 3 enthält bereits eine Entscheidung, daß ein Einstellungsgrund nicht mehr besteht. Es kann daher bei Verfahrensfortsetzung nicht Antrag auf Wiederholung der Einstellung nach Abs 3 beantragt werden (daher auch keine Belehrung über ein Antragsrecht nach § 30 b). Nochmalige Wiederholung der Einstellung kann dann aber einmal unter Umständen nach Abs 2 beantragt und angeordnet werden (Rdn 13.14).

13.16 Wahrung der Interessen eines gemeinschaftlichen Kindes ermöglicht Abs 3 auf Antrag eines Elternteils als **Schutzvorschrift des Versteigerungsverfahrensrechts.** Das Einstellungsverfahren ist daher (wie alle Schutzverfahren des ZVG) im Rahmen des Versteigerungsverfahrens als besonderes Verfahren mit eigenem Rechtsmittelzug ausgestaltet. Verfahrensbeteiligte sind nur Antragsteller und Antragsgegner als Parteien der Teilungsversteigerung. Über Einstellung oder Fortgang des Teilungsversteigerungsverfahrens trifft das Vollstreckungsgericht (Rechtspfleger) „Zwischen"entscheidung durch Beschluß. Ein der Gemeinschaftsaufhebung zeitweilig entgegenstehendes Recht (es kann daneben bestehen, vgl Rdn 9.5) oder gar ein (materieller) Einstellungsanspruch des Kindes als an der Teilungsversteigerung nicht beteiligter Dritter ist nicht Gegenstand dieser Entscheidung. Seltene Bedenken[314] (in steter Wiederholung, so noch[315]) und[316] gegen dieses prozessuale und ebenso zweckdienlich wie sachgerecht geregelte Einstellungsverfahren erweisen sich als nicht erwägenswert. Sie sind mit dem Bestreben, die Rechtspflegerzuständigkeit für Entscheidungen nach Abs 3 in Frage zu stellen (so[316]) oder auf eine abgespaltene Verfahrensregelung als Familiensache durch Ge-

---

[314] Meyer-Stolte Rpfleger 1987, 515 (Anmerkung).
[315] Meyer-Stolte Rpfleger 1992, 171 (Anmerkung); Meyer-Stolte Rpfleger 1990, 524, sowie Rpfleger 1991, 216 (Anmerkung).
[316] Maurer FamRZ 1991, 1141; auch Brudermüller FamRZ 1996, 1516 (II 1 b).

setzesänderung hinzuwirken[317] sachlich nicht fundiert. Gesetzwidrig wäre es, den Einstellungsantrag nach Abs 3 als Hausratssache zu betrachten und an das Familiengericht abzugeben (so aber unrichtig[318]).

Teilungsversteigerung und Forderungsversteigerung   14

14.1 Die beiden Verfahren können **nebeneinander** über dasselbe Grundstück (andere Objekt) **laufen**[319]. Sie sind voneinander ganz unabhängig (Gegenansicht Rdn 14.2). Es handelt sich um eine **grundverschiedene rechtliche Struktur**[320]. Schon § 27 über den Beitritt läßt nur gleichartige Verfahren zu[321], und auch die Vorschriften der Teilungsversteigerung über den Anordnungsbeschluß (§ 181), über das geringste Gebot (§ 182), über Mieter/Pächter (§ 183) und über die Sicherheitsleistung (§ 184) sind ganz anders als bei der Vollstreckungsversteigerung.

14.2 a) Weil es sich um verschiedenartige Verfahren handelt, ist **kein Vollstreckungsbeitritt** zur Teilungsversteigerung möglich[322] (anders[323]).

b) Es ist auch umgekehrt **kein Teilungsversteigerungsbeitritt** zur Vollstreckungsversteigerung möglich[324] (anders[325]).

c) Es sind für beide Verfahren **verschiedene Grundbuchvermerke** nötig[326].

d) Die beiden Verfahren **behindern sich** gegenseitig **nicht**[327] gemäß § 28 Abs 1 (anders[328]). Wenn Vollstreckungsversteigerung angeordnet ist, ist auch Teilungsversteigerung noch möglich, daher nicht aufzuheben; sie kann noch angeordnet und auch fortgesetzt werden; während der Vollstreckungsversteigerung ruht sie nicht.

e) Ein Beschluß des Gerichts über die **Reihenfolge** der beiden Verfahren ist nicht nötig[329]. Es gibt keinen Vorrang der Vollstreckungsversteigerung vor der Teilungsversteigerung oder umgekehrt[330].

f) Es wird zum Teil empfohlen, die Teilungsversteigerung nach ZPO § 251 zum **Ruhen** zu bringen oder nach ZPO §§ 148 ff **auszusetzen**[331]. Beides ist nicht möglich (Einl Rdn 27). Beides ist auch ganz unnötig, weil das Gericht im Rahmen seines Ermessens etwa die einen Termin ganz knapp ansetzen kann, wie es die Fristen gerade zulassen, den anderen aber so weit hinaussetzen, daß für ihn Ausschreibung, Ladungen usw erst nach dem Zeitpunkt des anderen Termins anfallen würden, falls dieser wirklich ergebnislos verlaufen sollte.

---

[317] Meyer-Stolte aaO (Fußn 314 und 315).
[318] Meyer-Stolte Rpfleger 1992, 171 (Anmerkung).
[319] Mohrbutter, Handbuch des Vollstreckungsrechts, § 63 (VIII); Schmidt, Grundpfandrechte und geringstes Gebot (1953), S 65; Hamme Rpfleger 2002, 248.
[320] LG Berlin MDR 1959, 47.
[321] LG Hamburg KTS 1970, 235.
[322] LG Berlin MDR 1959, 47; Jaeckel/Güthe § 180 Rdn 16–18; Steiner/Teufel § 180 Rdn 95, 96; vd Pfordten, ZVG, § 180 Anm 4 d; Mohrbutter/Drischler Muster 179 Anm 18; Ebeling Rpfleger 1991, 349 (II 2); Hamme Rpfleger 2002, 248.
[323] LG Hamburg KTS 1970, 235; Dassler/Schiffhauer § 180 Rdn 113; Nußbaum, Zwangsversteigerung, § 39 (II b); Kretzschmar, ZVG, § 86 (II); Drischler JVBl 1965, 153 (155) und JurBüro 1981, 1765 (III 24 A); Muth ZIP 1999, 945 (III 6); Pfaff JR 1961, 209 (4 e); Schiffhauer ZIP 1982, 526 (VII 2).
[324] Jaeckel/Güthe, Steiner/Teufel und vd Pfordten je aaO (Fußn 322); Hamme Rpfleger 2002, 248.
[325] Dassler/Schiffhauer § 180 Rdn 113; Schiffhauer ZIP 1982, 526 (VII 2).
[326] Jaeckel/Güthe § 180 Rdn 16–17; Mohrbutter/Drischler Muster 179 Anm 18.
[327] Drischler JurBüro 1963, 501; Hamme Rpfleger 2002, 248.
[328] LG Berlin MDR 1959, 47.
[329] OLG Schleswig SchlHA 1963, 280.
[330] LG Frankenthal Rpfleger 2002, 219.
[331] LG Berlin MDR 1959, 47.

§ 180 14.3 Aufhebung einer Gemeinschaft

14.3 a) Die beiden Verfahren sollen und können **nicht gemeinsam** bis zum Versteigerungstermin **geführt** werden[332] (anders[333]). Ein gemeinsamer Versteigerungstermin ist nicht möglich[334]. Die Verfahren sollen daher schon gar nicht miteinander verbunden werden[334] (§ 18 Rdn 2).

b) In München wurde, entgegen der wohlbegründeten Ansicht von[334], etwa 1956 **einmal versucht,** in einem verbundenen Termin beide Verfahren durchzuführen. Es mußten zwei verschiedene geringste Gebote aufgestellt werden mit unterschiedlichen bestehenbleibenden Rechten. Bieter und Beteiligte gerieten hierdurch in Verwirrung. Eine Lösung ergab sich nur, als der Vollstreckungsversteigerungsgläubiger in der Teilungsversteigerung einsteigerte und die bisherigen Miteigentümer ausdrücklich billigten, daß er sich aus dem Erlös wegen seiner Forderung vorweg durch teilweise Nichtzahlung des Bargebots befriedige. Es wird dringend von solchen Versuchen abgeraten (so auch[335]).

14.4 a) Grundsätzlich soll dasjenige Verfahren, das **zuerst terminsreif** ist, auch zuerst mit seinem Versteigerungstermin durchgeführt werden (so auch[336]).

b) Wenn beide Verfahren **zur selben Zeit terminsreif** sind, ist zu überlegen:

I. Es ist je **nach Sachlage** zu entscheiden, bestimmte Regeln lassen sich nicht allgemein aufstellen.

II. Die **Vollstreckungsversteigerung** ist **vorzuziehen,** wenn durch sie die Teilungsversteigerung gegenstandslos wird[337] (anders[338]: dies sei immer der Fall; das stimmt nicht; anders auch[339]: „Forderungsversteigerung wird zweckmäßig zunächst durchgeführt").

III. Die **Teilungsversteigerung** wird auf solche Weise **gegenstandslos,** wenn die Vollstreckungsversteigerung sich auf das ganze Objekt richtet (also in das Grundstück einer Gesamthandsgemeinschaft oder aus einem dinglichen Gesamtrecht in das Objekt einer Bruchteilsgemeinschaft) und die Teilungsversteigerung ebenso. Bei erfolgreichem Termin wird das Objekt in der Vollstreckungsversteigerung als ganzes zugeschlagen und es besteht keine aufzulösende Gemeinschaft mehr (höchstens, wenn mehrere zusammen einsteigern, eine neu begründete, die mit der bisherigen aber nicht identisch ist, selbst wenn die bisherigen Miteigentümer theoretisch einsteigern sollten); die Teilungsversteigerung aus der bisherigen Gemeinschaft ist gegenstandslos. Nur theoretisch auch bei dieser Vollstreckungsversteigerung in ein Bruchteilsobjekt getrennter Zuschlag der verschiedenen Bruchteile an verschiedene Ersteher möglich, wegen der hohen Gesamtbelastungen, die an jedem Bruchteil voll bestehenbleiben, ist das praktisch unmöglich.

IV. Was zu III gesagt ist, gilt genau so, wenn sich beide Verfahren auf einen seinerseits in Gemeinschaft stehenden Bruchteil erstrecken.

V. Richtet sich dagegen die Vollstreckungsversteigerung nur gegen einen **Grundstücksbruchteil** (gleich ob dieser in Alleineigentum oder seinerseits wieder in Gemeinschaftseigentum steht), die Teilungsversteigerung aber gegen das ganze (aus mehreren Bruchteilen bestehende) Gesamtgrundstück, so kann man je nach Sachlage das eine oder andere Verfahren vorziehen. Besteht etwa die begründete Aussicht, daß in der Vollstreckungsversteigerung der andere Miteigentümer den Teil

---

[332] Jaeckel/Güthe § 180 Rdn 16–17.
[333] Kretzschmar, ZVG, § 86 (II); Drischler RpflJahrbuch 1960, 347 (B III).
[334] Jaeckel/Güthe § 180 Rdn 16–17.
[335] Schiffhauer ZIP 1982, 526 (VII 2).
[336] Ebeling Rpfleger 1991, 349 (II 3); Hamme Rpfleger 2002, 248.
[337] Mohrbutter/Drischler Muster 179 Anm 18.
[338] Drischler JurBüro 1963, 501; Ebeling Rpfleger 1991, 349 (II 2); Siegelmann AIZ 1955, 153 = BlGrBW 1961, 67 = GrundE 1962, 153.
[339] Schiffhauer ZIP 1982, 526 (VII 2).

einsteigere, wird man die Vollstreckungsversteigerung vorziehen, weil dann die Teilungsversteigerung entbehrlich ist[340]. Ersteht wider Erwarten ein Dritter den Teil, muß eben die Teilungsversteigerung mit dem neuen Beteiligten weiterlaufen.

VI. Die **Vollstreckungsversteigerung wird** von[341] **vorgezogen,** weil sie in der Regel, wenn auch nicht immer, die Teilungsversteigerung überflüssig mache.

VII. Wer die **Teilungsversteigerung vorzieht,** muß den Vollstreckungsversteigerungsvermerk im geringsten Gebot bestehenlassen, so daß der Ersteher das Objekt mit dieser Beschränkung erwirbt[342]. Auch dies gilt aber nicht immer, sondern hängt ganz vom Einzelfall ab und läßt sich nur an Hand von Beispielen beurteilen.

14.5 Beispiele: a) A und B Miteigentümer zu je ¹/₂; Anteil des A unbelastet, Anteil des B mit 50 000 Euro Grundschuld belastet. Grundschuldgläubiger betreibt die VollstrV, die TeilV betreiben beide Miteigentümer oder der belastete B allein.

I. Wird nun die TeilV vorweg erledigt, bleibt die Grundschuld auf dem früheren Bruchteil bestehen (§ 182 Abs 1). Aus ihr wird vom Grundschuldgläubiger dann nur in den früheren Bruchteil weiter vollstreckungsversteigert, der Vermerk mußte bestehenbleiben.

II. Wird bei Vollstreckung des Grundschuldgläubigers in den Bruchteil die VollstrV vorgezogen: falls Bruchteil überbelastet, kein Gebot, Verfahren erst eingestellt, dann aufgehoben (§ 77), TeilV normal fortzusetzen; falls Bruchteil zugeschlagen, tritt der Ersteher an Stelle des bisherigen Miteigentümers in die Gemeinschaft und die TeilV ein, die normal weiterläuft.

b) Die TeilV betreibt der nicht belastete A allein:

I. TeilV wird vorgezogen, die Grundschuld auf dem Anteil B erlischt, aus ihr kann nicht mehr vollstreckungsversteigert werden, dieses Verfahren ist nach § 28 Abs 1 aufzuheben.

II. Hat in diesem Fall ein hinter der Grundschuld stehender persönlicher Gläubiger betrieben, so kann er, der erst durch die Beschlagnahme ein Recht auf dingliche Befriedigung aus dem Grundstück hat (§ 20 Rdn 2), nicht gegenüber einem dinglichen Gläubiger bevorzugt werden; es muß daher die dingliche Recht sein Befriedigungsrecht im Falle I durch die Teilungsversteigerung erlöschen.

III. Erlöschende dingliche und erlöschende betreibende persönliche Ansprüche können sich nur an den an die Stelle des Bruchteils als Surrogat getretenen Erlösanteil halten, das VollstrV-Verfahren als solches kann nicht mehr fortgesetzt werden[343]. Der VollstrV-Vermerk bleibt hier in der TeilV also nicht bestehen.

IV. Wird hier die VollstrV vorgezogen, so gilt, was oben zu a II gesagt ist.

14.6 Dem Gläubiger der Forderungsversteigerung oder dem Antragsteller der Teilungsversteigerung kann im Einzelfall daran gelegen sein, das Ergebnis des Versteigerungstermins in einem dieser Verfahren, dessen zeitlich frühere Durchführung aus verfahrensrechtlichen Erwägungen (dazu[344]) vorteilhafter erscheint, und den Ausgang dieses Verfahrens abzuwarten. Er kann dann (soweit noch möglich, § 30 Abs 1 Satz 3) die Einstellung seines Verfahrens, dessen Zurückstellung er

---

[340] LG Frankenthal Rfleger 2002, 219.
[341] OLG Schleswig SchlHA 1963, 280; LG Berlin MDR 1959, 47; Dassler/Schiffhauer § 180 Rdn 114; Korintenberg/Wenz § 180 Anm 1 und 3; Mohrbutter, Handbuch des Vollstreckungsrechts, § 63 (VIII); Mohrbutter/Drischler Muster 179 Anm 18; vd Pfordten, ZVG, § 180 Anm 4 d; Drischler RpflJahrbuch 1960, 347 (B III).
[342] Jaeckel/Güthe § 180 Rdn 16–17; Schmidt aaO (Fußn 319); Drischler RpflJahrbuch 1960, 347 (B III); anders Streuer Rpfleger 2000, 357 (359).
[343] Reinhard/Müller § 180 Anm IV 2 b.
[344] Hamme Rpfleger 2002, 248 (252, 253).

§ 180 14.6   Aufhebung einer Gemeinschaft

wünscht, bewilligen (§§ 30, 180 Abs 1), damit vorweg die Versteigerung in der anderen Verfahrensart durchgeführt wird. Er kann auch Zurückstellung der Terminbestimmung in dem vorweg terminsreifen Verfahren (formlos) anregen. Das Gericht wird dieser Anregung infolge seines Ermessens für Festlegung des Terminstags (dazu Rdn 14.2 f und § 36 Rdn 38) zumeist zu entsprechen haben, wenn mehrere Gläubiger oder Antragsteller das Verfahren betreiben jedenfalls dann, wenn alle Zurückstellung der Terminsbestimmung in einem der Verfahren verlangen. Ihm müßte zudem die Verpflichtung obliegen, den Gläubiger oder Antagsteller über die unterschiedlichen Verfahrensarten mit ihren jeweilige Besonderheiten aufzuklären (ZPO § 139) und auf die Möglichkeit hinzuweisen, die sich bieten, um auf die Reihenfolge der Versteigerungstermine Einfluß zu nehmen (hierzu anschaulich[345]).

15 Teilungsversteigerung und Insolvenzverwalterversteigerung

15.1 Gehört ein **Grundstücksanteil zur Insolvenzmasse,** so erfolgt die Auseinandersetzung mit den anderen Teilhabern außerhalb des Insolvenzverfahrens: InsO § 84. Sowohl der Insolvenzverwalter wie auch die anderen Teilhaber können die Teilungsversteigerung durchführen oder fortsetzen. In diesem Fall gilt ein von den Teilhabern vereinbarter oder vom Erblasser verfügter Ausschluß nicht: InsO § 84 Abs 2.

15.2 War bei Eröffnung des Insolvenzverfahrens die **Teilungsversteigerung schon anhängig,** so kann der Insolvenzverwalter das Verfahren fortsetzen[346]. Er tritt ab der Eröffnung des Insolvenzverfahrens in dem anhängigen Versteigerungsverfahren an die Stelle des Schuldners als Antragsteller oder Antragsgegner, stellt die Anträge, erhebt die Rechtsbehelfe und erhält die Ladungen und Zustellungen (§ 172 Rdn 5.13); er kann den Antrag auch zurücknehmen.

15.3 War bei Eröffnung des Insolvenzverfahrens Teilungsversteigerung **noch nicht anhängig,** so kann der Insolvenzverwalter an Stelle des Schuldners des Insolvenzverfahrens die Teilungsversteigerung betreiben (§ 172 Rdn 5.13). Er kann, wenn ein Grundstücksanteil zur Insolvenzmasse gehört, die Teilungsversteigerung des ganzen Objekts oder die Insolvenzverwalterversteigerung des zur Insolvenzmasse gehörenden Bruchteils nach § 172 betreiben[347]. Er kann sie auch fortsetzen, wenn der Schuldner des Insolvenzverfahrens später den anderen Anteil beschlagnahmefrei erwirbt[348].

15.4 Gehört das ganze **Grundstück zur Insolvenzmasse** (zB bei Nachlaßinsolvenzverfahren) und war bei Insolvenzeröffnung schon eine Teilungsversteigerung anhängig, so kann diese nur fortgesetzt werden, wenn der Insolvenzverwalter das Objekt aus der Masse freigibt; andernfalls ist sie aufzuheben, weil nach InsO § 80 Abs 2 Satz 1 gegenüber den Insolvenzgläubigern der Insolvenzverwalter kann dann (wenn er nicht frei verwertet) die Versteigerung nach § 172 betreiben[349].

15.5 Sind unabhängig voneinander die **mehreren** Miteigentümer eines Grundstücks in **getrennten Insolvenzverfahren,** so kann für jeden sein Insolvenzverwalter für den zu seiner Masse gehörenden Anteil die Teilungsversteigerung betreiben oder fortsetzen.

15.6 Teilungs- und Insolvenzverwalterversteigerung können **nicht** miteinander **verbunden** werden (§ 172 Rdn 7.3).

---

[345] Hamme Rpfleger 2002, 248 (253, 254).
[346] Drischler JurBüro 1981, 1765 (III 24 B); Mohrbutter KTS 1958, 81.
[347] Drischler und Mohrbutter je aaO (Fußn 346); Mohrbutter, Handbuch des Vollstreckungsrechts, § 63 (VII); Worm KTS 1961, 119 (126).
[348] LG Bayreuth KTS 1977, 188.
[349] Jaeckel/Güthe § 180 Rdn 14; Mohrbutter, Handbuch des Vollstreckungsrechts, (§ 63 (VII); Drischler RpflJahrbuch 1967, 275 (XIII. b); Mohrbutter KTS 1958, 81.

Teilungsversteigerung und Nachlaßversteigerung 16
Die Verfahren laufen **unabhängig nebeneinander.** Gegenseitiger Beitritt ist nicht möglich (anders[350]), weil es sich um zwei völlig verschiedene Verfahren handelt und insbesondere das geringste Gebot unterschiedlich aufzustellen ist (§ 176 Rdn 4). Die beiden Verfahrensarten können **nicht** miteinander **verbunden** werden.

Verteilung des Erlöses in der Teilungsversteigerung 17

17.1 Mit dem **Zuschlag** ist der **Zweck** der Teilungsversteigerung **erreicht,** nämlich die Auseinandersetzung durch Umwandlung des Versteigerungsobjektes in den teilbaren Erlös vorzubereiten[351] (Rdn 2.3).

17.2 Auch in der Teilungsversteigerung muß ein **Verteilungstermin angesetzt** werden (§ 105 mit Abs 1)[352]. Dies ist sogar dann nötig, wenn sich ein Überschuß für die bisherigen Eigentümer nicht ergeben sollte. Nur im Verteilungstermin können ja bestimmte Vorgänge erfolgen. Im Termin ist das Meistgebot spätestens zu zahlen[353], auch dann in voller Höhe, wenn einer der Miterben Ersteher ist[354]. Im Termin wird festgestellt, welche Bargebotszinsen nach § 49 Abs 2 zu zahlen sind und wieviel die zu verteilende Masse beträgt (§ 107 Abs 1). Im Termin werden die Verfahrenskosten festgestellt und vorweg aus dem Erlös entnommen (§ 109 mit Abs 1)[355]. Im Termin wird festgestellt, welche Ansprüche der Rangklassen 1–4 zu befriedigen sind[356], und zwar Rangklasse 1–3, wie in § 10 vorgesehen, aus Rangklasse 4 nur die wiederkehrenden Leistungen und die Kosten aus bestehenbleibenden und erlöschenden Rechten sowie die Hauptsachebeträge aus erlöschenden Rechten. Der Termin ist für alle genannten Vorgänge Ausgangspunkt.

17.3 In den **Teilungsplan** (§ 113 mit Abs 1) sind aufzunehmen: das bare Meistgebot samt Zinsen aus § 49 Abs 2 als Teilungsmasse (§ 107 Abs 1); alle bestehenbleibenden Rechte (§ 113 Abs 2); die Schuldmasse (Verfahrenskosten und Rangklasse 1–4) (§ 109 Abs 1, § 114); der Betrag des Überschusses. Die Zinsen aus § 49 Abs 2 sind dabei auch dann in voller Höhe einzusetzen, wenn durch die Einigung der Miteigentümer der einsteigernde Miteigentümer das Bargebot in dem auf ihn selbst treffenden Teil nicht bezahlen muß.

17.4 Bei **Bruchteilseigentum** ist § 112 zu beachten. Bei unterschiedlicher Belastung der Bruchteile muß nämlich zur Auszahlung der auf die einzelnen Bruchteile treffenden Leistungen der Rangklasse 1–4 der Erlös erst rechnerisch auf diese Bruchteile aufgeteilt werden, weil die genannten Leistungen nur jeweils aus dem Erlös des für sie haftenden Bruchteils gedeckt werden können[357]. Es ist also nach §§ 112, 122 zu verteilen, soweit die genannten Belastungen zu decken sind[357]. Bei Gesamthandseigentum werden die zu deckenden Kosten, Zinsen usw einfach aus der Gesamtmasse genommen und befriedigt.

17.5 Der ganze dann verbleibende Rest des Erlöses ist **Überschuß.** Dieser bleibt grundsätzlich **unverteilt**[358]. Der Überschuß tritt als Surrogat an die Stelle des ver-

---

[350] Dassler/Schiffhauer § 180 Rdn 119.
[351] Stöber Rpfleger 1958, 73 (II).
[352] OLG Hamm OLGZ 1970, 491 = Rpfleger 1970, 215; Schiffhauer ZIP 1982, 660 (XVIII 1); Stöber aaO (Fußn 351).
[353] Drischler JurBüro 1963, 241.
[354] RG 136, 19; Drischler JurBüro 1963, 241.
[355] LG Hamburg MDR 1963, 320; Stöber aaO (Fußn 351); Drischler aaO (Fußn 354).
[356] LG Hamburg MDR 1963, 320; Drischler aaO (Fußn 354).
[357] Stöber Rpfleger 1958, 73 (V).
[358] OLG Hamm OLGZ 1970, 491 = Rpfleger 1970, 215; Stöber Rpfleger 1958, 73 (II); Drischler JurBüro 1963, 241 und RpflJahrbuch 1966, 325 (C d 2–3); Schiffhauer ZIP 1982, 660 (XVIII 2).

§ 180   17.5   Aufhebung einer Gemeinschaft

steigerten Objekts, an die Stelle der Beteiligung an diesem. An diesem Surrogat setzt sich die bisherige Gemeinschaft fort, selbst dann, wenn der rechnerische Anteil durch die Belastungen aufgebracht sein sollte[359] und auch dann, wenn in ihm ein Ausgleichsbetrag nach § 182 Abs 2 enthalten ist (§ 182 Rdn 4).

17.6 Bezüglich der Ansprüche aus den Rangklassen 1–4 ist **Widerspruch** wie sonst nach § 115 möglich. Bezüglich des Überschusses ist kein Widerspruch nach § 115 und keine Klage nach ZPO § 878 möglich[360]. Erhebt der frühere Miteigentümer gleichwohl Widerspruch mit dem Ziel, den Erlösüberschuß ihm zuzuteilen, dann ist dieser Widerspruch als unzulässig zurückzuweisen[361]. Dazu auch § 115 Rdn 1.

17.7 Der Überschuß darf nur an alle bisherigen Miteigentümer **gemeinsam ausbezahlt** werden[362]. Das gilt nicht nur bei einer bisherigen Gesamthandsgemeinschaft, sondern auch bei einer bisherigen Bruchteilsgemeinschaft, bei der entgegen BGB § 420 die Leistung als unteilbar zu behandeln ist, so daß hier BGB § 432 gilt[363] (anders[364]: hier sei nach Bruchteilen zu verteilen; verstößt gegen das Verteilungsverbot).

18   Verteilung des Erlösüberschusses durch Auseinandersetzung der Gemeinschafter

18.1 Das Vollstreckungsgericht hat sich grundsätzlich nur auf die **Ermittlung des Erlösüberschusses** in seiner Gesamthöhe zu beschränken. Die **Verteilung** dieses Erlösüberschusses ist nicht seine Sache[365]. Dies gilt auch, wenn einer der bisherigen Miteigentümer selbst einsteigert[366].

18.2 Die Überschußverteilung ist Sache der **Auseinandersetzung** unter den bisherigen **Teilhabern** (BGB § 753 Abs 1), und zwar außerhalb des Versteigerungsverfahrens[367]. Rechtsgeschäftliche Auseinandersetzung erfordert Vereinbarung (Willensübereinstimmung) aller Teilhaber der Gemeinschaft. Ist unter den Teilhabern ein Ehegatte aus einer Zugewinngemeinschaft, so bedarf die Auseinandersetzungseinigung als Verfügung der Zustimmung des anderen Ehegatten nach BGB § 1365 unter den Voraussetzungen dieser Vorschrift. Bei Erben- oder Gütergemeinschaft ist Auseinandersetzung auch nach FGG §§ 86–99 möglich[368]. Kommt eine Einigung zwischen den Miteigentümern nicht zustande, muß auf Erlösteilung (in Natur, BGB § 752) geklagt werden. Dann handelt es sich bei

---

[359] BGH BB 1966, 601 = WM 1966, 577; BayObLG 1956, 363 = NJW 1957, 386; OLG Hamm OLGZ 1970, 491 = Rpfleger 1970, 215; Stöber Rpfleger 1958, 73 (II und V); Drischler Jurbüro 1963, 241; Jansen Rpfleger 1954, 435 (II).

[360] LG Hamburg MDR 1963, 320; Drischler RpflJahrbuch 1966, 325 (C d 6).

[361] LG Lüneburg ZIP 1981, 914.

[362] Stöber Rpfleger 1958, 73 (IV); Schiffhauer FamRZ 1960, 185 (V).

[363] BGH BB 1966, 601 = WM 1966, 577; Steiner/Teufel § 180 Rdn 189; Stöber Rpfleger 1958, 73 (II).

[364] Kretzschmar, ZVG, § 86 (V).

[365] RG 119, 321; BayObLG 1956, 363 = NJW 1957, 386; BayObLG 1959, 50 = NJW 1959, 1780 = Rpfleger 1960, 157; OLG Köln FamRZ 1991, 1334; OLG Neustadt JR 1952, 212; LG Hamburg MDR 1963, 320; Dassler/Schiffhauer § 180 Rdn 98; Jaeckel/Güthe § 180 Rdn 9; Steiner/Teufel § 180 Rdn 179; Mohrbutter/Drischler Muster 183 Anm 1; Drischler JurBüro 1963, 241; Jansen Rpfleger 1954, 435 (II); Pikart WM 1955, 506 (6); Stöber Rpfleger 1958, 73 (II), Rpfleger 1962, 113 und Forderungspfändung Rdn 1698.

[366] Stöber Rpfleger 1958, 73 (II).

[367] BGH 4, 84 = NJW 1952, 263 = Rpfleger 1952, 415; OLG Köln MDR 1958, 517 und MDR 1974, 240; Schiffhauer FamRZ 1960, 185 (V); Stöber Rpfleger 1958, 73 (II) und Forderungspfändung Rdn 1698.

[368] BGH 4, 84 = aaO (Fußn 367); BayObLG 1956, 363 = aaO (Fußn 365); Stöber Rpfleger 1958, 73 (II).

Streit zwischen Eheleuten um die Verteilung des Erlöses für das gemeinsame Hausgrundstück um keine Familiensache[369].

18.3 a) Es ist allerdings **Anstandspflicht** des Vollstreckungsgerichts, den Beteiligten bei einer Einigung zur Verteilung (Auseinandersetzung der Gemeinschaft mit Überschußverteilung) behilflich zu sein und eine Einigung herbeizuführen[370].

b) Auf jeden Fall ist das Vollstreckungsgericht **berechtigt,** in solcher Weise bei der Überschußverteilung **mitzuwirken**[371]. Dann erfolgt Mitwirkung bei Überschußverteilung jedoch nur für Planausführung zur Zahlung an die Berechtigten (§ 117); auch dann darf die Auseinandersetzung nicht in den Teilungsplan hereingenommen werden[372]. Dabei müssen aber übereinstimmende Erklärungen aller bisherigen Teilhaber vorliegen, wie ausbezahlt werden soll[373]. Es müssen daher entweder alle im Verteilungstermin anwesend sein oder sich vorher schriftlich einverstanden erklärt haben (öffentliche oder öffentlich beglaubigte Urkunde ist dazu nicht nötig); dabei genügt es, wenn sie erklären, es solle nach Maßgabe der bisherigen Anteile verteilt werden.

c) Wenn auch nur einer der bisherigen Teilhaber nicht einverstanden ist, muß der Erlös nach § 117 Abs 2 Satz 3 in ungeteilter Gemeinschaft hinterlegt werden[374]. Es bleibt dann zwischen ihnen nur der Prozeßweg[375]. Verteilung ohne Zuziehung sämtlicher Teilhaber ist unwirksam[376].

d) Verteilt das Vollstreckungsgericht zu Unrecht, so kann jeder dadurch Benachteiligte in entsprechender Anwendung der für die Vollstreckungsversteigerung geltenden Grundsätze **Bereicherungsansprüche** erheben[377].

18.4 Der den bisherigen Miteigentümern gemeinschaftlich zustehende **Überschuß** wird nach § 117 Abs 2 Satz 3 **hinterlegt,** wenn nicht alle gemeinsam Berechtigte Überschußverteilung mit Auseinandersetzung erklärt haben und auch eine Einigung über die gemeinsame Empfangsberechtigung (§ 117 Rdn 3) dem Vollstreckungsgericht nicht bekanntgemacht ist. Der hinterlegte Betrag ist gemeinschaftlicher Gegenstand; über ihn können die Teilhaber der Gemeinschaft zusammen verfügen (HinterlO § 13) oder die Auseinandersetzung (mit Berichtigung der Verbindlichkeiten nach BGB §§ 755, 756; dabei auch ein Befreiungsanspruch wegen Anteilsmitbelastung zur Absicherung einer allein von einem der Miteigentümer geschuldeten Forderung[378]) als Ausgleich nach der materiellen Rechtslage durch rechtskräftige Verurteilung herbeiführen[379]. Wenn aus dem hinterlegten (gemeinsamen) Erlös **keine Verbindlichkeiten zu berichtigen** sind, steht die Forderung gegen die Hinterlegungsstelle auf Herausgabe des Erlöses jedem Teilhaber anteilig gemäß seiner Beteiligungsquote an der Grundstücksge-

---

[369] BayObLG FamRZ 1980, 275 Leitsatz und 468 = NJW 1979, 194 = Rpfleger 1980, 23; OLG München FamRZ 1982, 942.

[370] RG 119, 321; BayObLG 1956, 363 = NJW 1957, 386; OLG Hamm OLGZ 1970, 491 = Rpfleger 1970, 215; Stöber Rpfleger 1958, 73 (IV).

[371] BGH 4, 84 = aaO (Fußn 367); RG 119, 321; Drischler JurBüro 1963, 241; Schiffhauer FamRZ 1960, 185 (V).

[372] Stöber Rpfleger 1958, 73 (III).

[373] BGH 4, 84 = aaO (Fußn 367); LG Hamburg MDR 1963, 320; Brand/Baur, Zwangsversteigerungssachen, § 129 (II 11); vd Pfordten, ZVG, § 180 Anm 8; Drischler JurBüro 1963, 241.

[374] OLG Köln MDR 1974, 240; Jaeckel/Güthe § 180 Rdn 9; Drischler JurBüro 1963, 241; Jansen Rpfleger 1954, 435 (II); Schiffhauer FamRZ 1960, 185 (V); Stöber Rpfleger 1958, 73 (IV).

[375] Stöber Rpfleger 1958, 73 (V); Drischler JurBüro 1963, 241.

[376] Jansen Rpfleger 1954, 435 (II).

[377] BGH 4, 84 = aaO (Fußn 367); Pikart WM 1955, 506 (6).

[378] OLG Köln FamRZ 1991, 1334.

[379] BGH MDR 1987, 842 = NJW-RR 1987, 890 = Rpfleger 1987, 426.

§ 180   18.4   Aufhebung einer Gemeinschaft

meinschaft zu[380]. Zur Teilung bedarf es dann nicht erst gemeinsamer Einziehung der Forderung gegen die Hinterlegungsstelle und der anschließenden Auseinandersetzung hinsichtlich des herausgegebenen Erlöses[380]. Jeder Teilhaber hat vielmehr gemäß seiner Beteiligungsquote an der (bisherigen) Grundstücksgemeinschaft anteilmäßig Anspruch an die Hinterlegungsstelle auf Herausgabe des Erlöses und gegen die übrigen Gemeinschafter Anspruch auf Einwilligung in diese Abwicklung des hinterlegten Erlöses (HinterlO § 13 Abs 2)[380]. Wenn ein Teilhaber der Gemeinschaft von einem anderen Mitberechtigten Einwilligung in die Auszahlung seines Erlösanteils durch die Hinterlegungsstelle verlangt, es aber selbst ablehnt, der Auszahlung des Erlösanteils an diesen anderen Teilhaber zuzustimmen, so hat dieser an der von ihm abzugebenden Einwilligungserklärung ein Zurückbehaltungsrecht[380]. Dieses bewirkt Verurteilung zur Abgabe der verlangten Einwilligung Zug um Zug gegen die Zustimmungserklärung (BGB § 274 Abs 1)[380]. Dem Anspruch eines Teilhabers der Gemeinschaft auf Einwilligung in die Auszahlung seines Erlösanteils kann jedoch nicht entgegengehalten werden, der Anspruchsteller schulde aus einem anderen Rechtsverhältnis ebenfalls eine Leistung[381]. Ein Zurückbehaltungsrecht gegenüber dem Anspruch auf Zustimmung zur Auszahlung des hinterlegten Erlöses hat ein Teilhaber der Gemeinschaft auch dann nicht, wenn er nur Ansprüche geltend machen kann, die keine Zuteilung aus dem Versteigerungserlös rechtfertigen[382]. Doch muß ein Ehegatte die Zustimmung zur Erlösauszahlung an den anderen Ehegatten (gem BGB § 273) insoweit verweigern können, wie sein fälliger Anspruch auf Zugewinnausgleich noch nicht erfüllt ist[383] (Erlöshinterlegung beendet das Versteigerungsverfahren und ist der von[383] behandelten einvernehmlichen treuhänderischen Verwaltung oder Verwahrung auf Notaranderkonto gleich; anders scheinbar[384]). Ist die Auszahlungsforderung des mitberechtigten Teilhabers der Gemeinschaft an die Hinterlegungsstelle gepfändet, dann braucht in die Auszahlung des Erlösanteils an ihn nur vorbehaltlich der Rechte aus der Pfändung eingewilligt zu werden[385]. Pfändung (und Überweisung) des Herausgabeanspruchs durch einen der bisherigen Miteigentümer kann für Nachweis der Empfangsberechtigung genügen[386].

18.5   Wird das **Meistgebot nicht bezahlt,** so wird der Erlösüberschuß nach § 118 als Forderung gegen den Ersteher den Grundstückseigentümern zur Zeit des Zuschlags zugewiesen (freigegeben, § 118 Rdn 3.2) und nach § 128 Abs 2 für sie eine Sicherungshypothek eingetragen[387]. An der übertragenen Forderung und der Sicherungshypothek setzt sich die ungeteilte Gemeinschaft fort[387]. **Einigen sich** die Teilhaber über die Art ihrer Beteiligung, so kann die übertragene Forderung (und die Hypothek) ihnen zu entsprechenden Teilen (untereinander aber im gleichen Rang) übertragen werden.

18.6   Aus der **Sicherungshypothek** kann jeder daran Beteiligte ohne Mitwirkung der anderen die Wiederversteigerung verlangen[388] (anders[389]: nur gemeinschaftlich). Hierzu § 133 Rdn 2.

---

[380] BGH 90, 194 = MDR 1984, 736 = NJW 1984, 2526 = Rpfleger 1984, 284.
[381] BGH 90, 194 = aaO (Fußn 380); BGH FamRZ 1990, 254 = NJW-RR 1990, 133; BGH NJW-RR 1990, 1202; auch BGH FamRZ 1990, 433 = MDR 1999, 376 = NJW-RR 1999, 504 = Rpfleger 1999, 140.
[382] BGH NJW-RR 1987, 890 = aaO (Fußn 379).
[383] BGH FamRZ 1990, 254 = NJW-RR 1990, 133.
[384] BGH NJW-RR 1990, 1202.
[385] BGH 90, 194 = aaO (Fußn 380).
[386] OLG Frankfurt MDR 1993, 799 = OLGZ 1993, 468 = Rpfleger 1993, 360.
[387] RG 119, 321 und 136, 19; OLG Neustadt JR 1952, 212; Jaeckel/Güthe § 180 Rdn 9; Drischler JurBüro 1963, 241 und RpflJahrbuch 1962, 322 (G) sowie 1966, 325 (C d 4).
[388] OLG Frankfurt NJW 1953, 1877.
[389] Jaeckel/Güthe § 180 Rdn 9.

1492

18.7 An dem Überschuß setzen sich auch die **Pfandrechte** fort, die vorher an den Anteilen bestanden[390], und mit dem Rang des früheren Pfandrechts[390]. Die Pfandgläubiger können sich aus dem Überschuß befriedigen, aber nur außerhalb des Versteigerungsverfahrens[391].

18.8 Soweit die **Forderung** gegen den **Ersteher** als Erlösüberschuß unverteilt den Eigentümern gebührt, ist sie von der Beschlagnahme nicht erfaßt (Rdn 6.6). Daher kann der Ersteher gegen den Überschußanspruch mit Forderungen gegen die Gemeinschaft **aufrechnen,** sobald ihm der Zuschlag erteilt ist[392].

18.9 Eine bestehen gebliebene **Eigentümergrundschuld** ist als Grundstücksbelastung ein vom (bisherigen) Eigentum am Grundstück und damit von dem an seine Stelle getretenen Erlösüberschuß verschiedenes Vermögensrecht. Als selbständiges Vermögensrecht besteht sie für die Gemeinschafter (unverändert) fort. Der vom Ersteher zu zahlende Verwertungserlös ist nur an die Stelle des in die Natur nicht teilbaren Grundstücks (unter Wahrung der daran lastenden Rechte Dritter) getreten[393]. Die bestehenbleibende Eigentümergrundschuld[393] besteht für ihre bisherigen Berechtigten an dem versteigerten Grundstück im Eigentum des Erstehers fort. Die mehreren Gläubiger bleiben mit ihren Anteilen in Bruchteilen oder mit dem für ihre Gemeinschaft maßgebenden Rechtsverhältnis wie bisher berechtigt. Aufhebung der Gemeinschaft an diesem Grundpfandrecht als (selbständiger) Gegenstand der gemeinschaftlichen Berechtigung hat wiederum (gesondert) nach BGB § 752 zu erfolgen[393]. Bei Gesamthandsgemeinschaft ist das Grundpfandrecht Gegenstand des Gesamthandsvermögens, das insgesamt nach den Vorschriften über die Gesamthandsgemeinschaft (zB Erbengemeinschaft, BGB §§ 2042 ff) aufzuteilen ist (siehe Rdn 2.7). Dafür macht es keinen Unterschied, ob ein Miteigentümer oder ein Dritter das Grundstück ersteigert hat[394]. Eine Aufteilung der Gemeinschaft an dem Grundpfandrecht (Grundschuld) derart, daß ein Gemeinschafter als Ersteher und nunmehriger Alleineigentümer des Grundstücks gegen Zahlung des Wertes den Grundschuldanteil des bisherigen Miteigentümers übernehmen muß, sieht das Gesetz nicht vor.

18.10 Hat ein (Bruchteils-)Miteigentümer das gemeinschaftliche Grundstück ersteigert und wurde eine **Grundschuld als Gesamtrecht** auf den Anteilen beider (oder mehrerer) Miteigentümer als bestehenbleibend festgestellt, kann sich (in Einzelfällen) nach Erteilung des Zuschlags herausstellen, daß sie als **Eigentümergrundschuld** nur noch am **Anteil des Ersteigerers** lastet, am Anteil des (oder der) weiteren Miteigentümers jedoch bereits vor dem Zuschlag nach den Vorschriften über die Gesamthypothek erloschen ist. Berücksichtigung eines Ausgleichsbetrags im geringsten Gebot (§ 182 Abs 2) sind dann unterblieben. Zuzahlung (§ 50 Abs 2 Nr 2) ist dann nicht zu leisten, weil der Ersteher noch immer mit dem vollen Betrag des Rechts belastet ist. Für diesen Ausnahmefall[395] wurde zu dem für Aufhebung der Gemeinschaft nach BGB § 753 Abs 1 Satz 1 zu teilenden Erlös die nur den Miteigentumsanteil des Erstehers belastende Eigentümergrundschuld gerechnet[396] und bei der Teilung auf den Erlösanteil des Ersteigerers angerechnet[396]. Die unterschiedliche Belastung der Miteigentumsanteile ist bei Erlösverteilung in einem solchen Fall auszugleichen[397]. Das hat nicht durch Erweiterung des

---

[390] OLG Saarbrücken JBlSaar 1962, 138.
[391] BayObLG 1959, 50 = NJW 1959, 1780 = Rpfleger 1960, 157.
[392] BGH 4.84 = aaO (Fußn 367); Pikart WM 1955, 506 (6).
[393] BGH NJW-RR 1986, 233 = aaO (Fußn 395); BGH FamRZ 1990, 975.
[394] BGH FamRZ 1990, 975.
[395] BGH DNotZ 1986, 476 = MDR 1986, 315 = NJW-RR 1986, 233 = Rpfleger 1986, 58.
[396] BGH MDR 1984, 656 = NJW 1984, 2527 = Rpfleger 1984, 244; BGH Fam RZ 1990, 975.
[397] BGH NJW 1984, 2527 und NJW-RR 1986, 233 = je aaO (Fußn 396 und 395).

Verwertungserlöses um den Betrag des bestehengebliebenen Grundpfandrechts zu erfolgen. Vielmehr ist der bare Verwertungserlös in einem solchen Fall der bei Versteigerung des nur anteilig belasteten Grundstücks erzielte Gesamterlös. Dessen Verteilung hat somit auf die Miteigentümer entsprechend ihrer Miteigentumsanteile unter Berücksichtigung ihrer unterschiedlichen Belastung zu erfolgen[398]. Die demnach erforderliche Verteilung auf die Miteigentumsanteile kann nach § 112 (entsprechende Anwendung) vorgenommen werden. Das ermöglicht die erforderliche Ausgleichung bei Teilung des Erlöses auch dann, wenn ein Dritter Ersteher ist, und ebenso, wenn Gläubiger des einseitig bestehengebliebenen Grundpfandrechts ein Dritter ist. Zum Ausgleich unterschiedlicher Belastungen erst bei Auseinandersetzung des Erlösüberschusses auch § 182 Rdn 4.11.

18.11 Eine bestehenbleibende **Grundschuld** besteht für ihren bisherigen Berechtigten an dem versteigerten Grundstück im Eigentum des Erstehers auch dann fort (wie Rdn 18.9), wenn (soweit) die nach schuldrechtlicher Abrede gesicherte Forderung nicht entstanden oder wieder erloschen ist (dazu § 114 Rdn 7.2). Der schuldrechtliche **Rückgewähranspruch** des Sicherungsgebers (seines Rechtsnachfolgers; zu diesem Anspruch § 114 Rdn 7.7; zur Abtretung § 114 Rdn 7.8) wird durch die Zwangsversteigerung und den Zuschlag nicht berührt (aber keine Erfüllung mehr durch Verzicht oder Aufhebung). Als selbständiges Vermögensrecht besteht er auch dann fort, wenn Gläubiger des Rückgewähranspruchs die bisherigen Grundstückseigentümer gemeinschaftlich sind[399]; ihr Verhältnis als Sicherungsgeber (oder Rechtsnachfolger oder auch als Gläubiger nach BGB § 812) zu dem Grundschuldgläubiger (durchweg zugleich Darlehensgeber) berührt und verändert der Zuschlag nicht. Auch dafür macht es keinen Unterschied, ob ein Miteigentümer[400] (gegen den Miteigentümer als Ersteher daher kein Anspruch des/der anderen bisherigen Miteigentümer aus BGB §§ 812 ff[400]) oder ein Dritter das Grundstück ersteigert hat. Der Rückgewähranspruch kann weiterhin von den gemeinschaftlich Berechtigten bisherigen Grundstücksgläubigern realisiert werden[401]. Auch Aufhebung der Gemeinschaft an dem Rückgewähranspruch als (selbständiger) Gegenstand gemeinschaftlicher Berechtigung hat wiederum (gesondert) nach BGB § 752 zu erfolgen.

18.12 Ein Anspruch der (bisherigen) Grundstückseigentümer als Besteller einer bestehen gebliebenen Grundschuld (Sicherungsgeber) auf Rückgewähr der Grundschuld (§ 114 Rdn 7.7) ist nicht entfallen, **wenn** deren **Gläubiger** unter Verstoß gegen den Rückgewähranspruch dem Ersteher **Löschungsbewilligung** erteilt (oder als vormaligem Miteigentümer vor dem Zuschlag bereits ausgehändigt hat) und dieser damit die Löschung herbeiführt. Es besteht dann zwar keine Zuzahlungspflicht des Erstehers nach § 50[402] (§ 50 Rdn 2.3 und 3.2; anders[403]: Zuzahlungsanspruch der früheren Eigentümer entsprechend § 50 Abs 2 Nr 1). Der Ersteher hat jedoch mit Löschung Lastenfreistellung des Grundstücks ohne rechtlichen Grund auf Kosten der gemeinschaftlich Berechtigten des Rückgewähranspruchs (der vormaligen Miteigentümer als Besteller der Grundschuld) erlangt. Er ist diesen daher bereicherungsrechtlich verpflichtet (BGB § 816 Abs 2, § 818 Abs 2). Einziehung dieses bereicherungsrechtlichen Zahlungsanspruchs als (selbständiger) Gegenstand gemeinschaftlicher Berechtigung und Auseinandersetzung unter den (vormaligen) Miteigentümern hat durch diese außerhalb des Versteige-

---

[398] BGH NJW 1984, 2527 = aaO (Fußn 396).
[399] BGH NJW-RR 1990, 1202.
[400] OLG Bamberg FamRZ 1996, 1477 = NJW-RR 1997, 81.
[401] BGH NJW-RR 1990, 1202.
[402] BGH 106, 375 (Gründe nicht vollständig abgedruckt) = DNotZ 1989, 618 = MDR 1989, 630 = NJW 1989, 1349 = Rpfleger 1989, 295.
[403] OLG Hamm MDR 2002, 1273 = OLGRep 2002, 276 (dagegen aber bereits BGH aaO).

rungsverfahrens zu erfolgen (wie Rdn 18.11). Das Vollstreckungsgericht ist im Erlösverteilungsverfahren damit nicht befaßt.

18.13 Zu den einschlägigen Fragen im ZVG-Handbuch: allgemeine Ausführungen Rdn 745–755; Muster für die Aufforderung in der Terminbestimmung, sich zu einigen, Rdn 748; Muster für die Erklärung über die Einigung zu Protokoll Rdn 750; Auszahlung an alle gemeinsam Rdn 752; Ersteher und Zahlungspflicht Rdn 753; Auszahlung bei Pfändung Rdn 755.

Zwangsversteigerung und Rückübertragungsanspruch (Restitutionsanspruch) 19

19.1 Der **Rückübertragungsanspruch** nach dem Gesetz zur Regelung offener Vermögensfragen (Vermögensgesetz – VermG) idF vom 9. 2. 2005 (BGBl I 206) steht der Anordnung und Durchführung der Teilungsversteigerung nicht entgegen (zur Vollstreckungsversteigerung § 28 Rdn. 11.2). VermG § 3 Abs 3 verpflichtet den Verfügungsberechtigten (Begriff VermG § 2 Abs 3), damit die Miteigentümer, lediglich schuldrechtlich, dingliche Rechtsgeschäfte (ohne Zustimmung des berechtigten Alteigentümers) zu unterlassen, wenn ein Rückübertragungsantrag (VermG § 30) vorliegt, begründet damit aber kein nach § 28 Abs 1 entgegenstehendes Recht (das überdies grundbuchersichtlich sein müßte).

19.2 Untersagt ist mit der (schuldrechtlichen) Verpflichtung, den Abschluß dinglicher Rechtsgeschäfte zu unterlassen (VermG § 3 Abs 3), dem verfügungsberechtigten Miteigentümer auch die **Veräußerung** des Grundstücks im Wege der Teilungsversteigerung (§ 180)[404]. Jedoch schützt den restitutionsberechtigten Alteigentümer die Grundstücksverkehrsordnung vor Teilungsversteigerung nicht; sie verhindert lediglich pflichtwidrige rechtsgeschäftliche Veräußerung. Die in der (früheren) Grundstücksverkehrsordnung enthaltenen Genehmigungstatbestände „Erwerb eines Grundstücks im Wege des gerichtlichen Verkaufs" und „Teilung des Nachlasses durch Entscheidung des staatlichen Notariats" wurden bereits durch das Hemmnisbeseitigungsgesetz aufgehoben (dazu § 28 Rdn. 11.2).

19.3 Schutz des Berechtigten des Rückübertragungsanspruchs gegen Teilungsversteigerung sieht VermG § 3b Abs 3 (Textanhang T 41) mit **einstweiliger Einstellung** vor. Auf Antrag des Berechtigten (Alteigentümer sowie Rechtsnachfolger; VermG § 2 Abs 1) ist danach der von einem Verfügungsberechtigten (VermG § 2 Abs 3) beantragte Zwangsversteigerung zur Aufhebung einer Gemeinschaft einstweilen einzustellen. Zu erfolgen hat die Einstellung bis zum Eintritt der Bestandskraft der Entscheidung über den Rückübertragungsanspruch (VermG § 30).

19.4 Der **Antrag** auf einstweilige Einstellung der Versteigerung kann schriftlich oder zu Protokoll der Geschäftsstelle gestellt werden; Anwaltszwang besteht nicht. Er kann auch in einem Vortermin (§ 62) und noch im Versteigerungstermin gestellt werden; dann ist er durch das Protokoll festzustellen (§ 78). Der Antrag ist an keine Frist gebunden; er kann auch noch im Schluß der Versteigerung, damit auch noch im Verkündungstermin (§ 87 Abs 1) gestellt werden. Nach Erteilung des Zuschlags (erstmals im Beschwerdeverfahren) kann Einstellung jedoch nicht mehr verlangt werden. Grund: § 100 Rdn 2.4. Antragsbelehrung (wie nach § 30b Abs 1 Satz 2) ist nicht vorgesehen. Die Entscheidung ergeht durch Beschluß. Er ist zu begründen (Einl Rdn 28). Nach Schluß der Versteigerung hat Entscheidung durch Versagung des Zuschlags zu erfolgen (§ 33).

19.5 Zu **versagen** ist die einstweilige Einstellung nach VermG § 3b Abs 3 Satz 2, wenn im Falle einer rechtsgeschäftlichen Veräußerung eine Grundstücksverkehrsgenehmigung nach Grundstücksverkehrsordnung § 2 Abs 1 Satz 2 Nr 2 oder 3 nicht erforderlich wäre. Das ist der Fall (Einzelheiten und Abgrenzung

---

[404] Beschlußempfehlung und Bericht des Rechtsausschusses, BT-Drucks 13/1593, Seite 11.

1495

§ 180   19.5   Aufhebung einer Gemeinschaft

siehe diese Vorschriften) nach Nr 2 bei Rechtserwerb des Miteigentümers auf Grund einer Entscheidung nach dem Vermögensgesetz, sowie nach Nr 3 bei seit 29. Jan 1933 nicht unterbrochenem Eigentum der Miteigentümer (oder ihrer Rechtsvorgänger bei Erbfolge). Versagt werden kann die einstweilige Einstellung nach VermG § 3b Abs 2 Satz 3, wenn bei rechtsgeschäftlicher Veräußerung eine Grundstücksverkehrsgenehmigung nach Grundstücksverkehrsordnung § 1 Abs 2 Satz 2 erteilt werden könnte (Einzelheiten dort).

19.6 Beschränkt ist die Möglichkeit der einstweiligen Einstellung auf die Teilungsversteigerung, die von einem **Verfügungsberechtigten** (VermG § 2 Abs 3) **betrieben** wird. Ihm stehen gleich sein Insolvenzverwalter, Nießbraucher, Erbteilserwerber, Nachlaßverwalter, Testamentsvollstrecker oder Liquidator, die Rechte des Verfügungsberechtigten wahrnehmen oder von ihm ableiten. **Nicht** dazu gehört der **Gläubiger** eines Verfügungsberechtigten, der **nach Pfändung** und Überweisung eines Miterben- oder sonstigen Gesamthandsanteils oder des Aufhebungs- und Erlösauszahlungsanspruchs eines Bruchteilsmiteigentümers die Teilungsversteigerung betreibt[404]. Einstweilige Einstellung der von dem Pfändungsgläubiger nach Überweisung zur Einziehung betriebenen Teilungsversteigerung ermöglicht VermG § 3b Abs 3 nicht. Wenn nur Pfändung erfolgt, nicht aber auch überwiesen ist, kann der Pfändungsgläubiger nur gemeinschaftlich mit dem Vollsteckungsschuldner oder mit dessen Zustimmung die Teilungsversteigerung betreiben (§ 180 Rdn 11.10 zu c). Teilungsversteigerung zur Veräußerung des Grundstücks ist dann auch von dem Verfügungsberechtigten (VermG § 2 Abs 3) veranlaßt; wie bei der von ihm (allein) betriebenen Versteigerung muß nach Sinn und Zweck der Schutzvorschrift daher auch in einem solchen Fall die Einstellung möglich sein. Sie muß dann allerdings zur Durchführung der (dann möglichen) Veräußerung aufgehoben werden, wenn später auch Überweisung des gepfändeten Anteils oder Anspruchs erfolgt. Entsprechendes muß für Verpfändung des Anspruchs eines Verfügungsberechtigten gelten.

19.7 Fortgesetzt werden darf das nach VermG § 3 Abs 3 einstweilige eingestellte Verfahren nur auf Antrag (§ 31 Abs 1 Satz 1). Eine Frist, in der der Fortsetzungsantrag gestellt werden müßte, ist für diesen Fall der Einstellung nicht bestimmt. Entsprechende Anwendung von § 31 scheidet aus; Rechtsähnlichkeit besteht nicht. Hinweis des Antragstellers auf Fristbeginn und Folgen eines fruchtlosen Fristablaufs (§ 31 Abs 3 entspr) erfolgt daher nicht.

19.8 Zahlungsanspruch des Alteigentümers (Restitutionsberechtigten) an den (bisherigen) Verfügungsberechtigten **nach Zwangsversteigerung,** die den Rückübertragungsanspruch ausschließt, VermG § 3b Abs 4.

[Voraussetzungen für Antrag auf Teilungsversteigerung]

181 (1) Ein vollstreckbarer Titel ist nicht erforderlich.

(2) **Die Zwangsversteigerung eines Grundstücks, Schiffes, Schiffsbauwerkes oder Luftfahrzeugs darf nur angeordnet werden, wenn der Antragsteller als Eigentümer im Grundbuch, im Schiffsregister, im Schiffsbauregister oder im Register für Pfandrechte an Luftfahrzeugen eingetragen oder Erbe eines eingetragenen Eigentümers ist oder wenn er das Recht des Eigentümers oder des Erben auf Aufhebung der Gemeinschaft ausübt. Von dem Vormund oder dem Betreuer eines Miteigentümers kann der Antrag nur mit Genehmigung des Vormundschaftsgerichts gestellt werden.**

(3) *[Aufgehoben]*

(4) **Die Vorschrift des § 17 Abs 3 findet auch auf die Erbfolge des Antragstellers Anwendung.**

Allgemeines zu § 181
Zweck der Vorschrift: Bestimmung der besonderen Voraussetzungen für Anordnung des Verfahrens.

Antragstellung ohne Vollstreckungstitel (Absatz 1)

2.1 Das Recht auf Teilungsversteigerung ist **nicht** durch einen **vollstreckbaren Titel** über die Verpflichtung der anderen Miteigentümer, die Teilung im Wege der Zwangsvollstreckung zu dulden, nachzuweisen: Abs 1. Grund (Denkschrift S 68): Die Frage, ob die Teilung zulässig ist, wird zwischen den Beteiligten kaum einmal streitig sein, so daß Verweisung des Antragstellers zunächst auf den Prozeßweg in den weitaus meisten Fällen auf eine überflüssige und für die Beteiligten kostspielige Formvorschrift hinausgelaufen wäre. Damit ist es dem Miteigentümer, der eine (nicht grundbuchersichtliche; hierzu § 180 Rdn 9) Unzulässigkeit der Teilung behauptet, überlassen, die Unzulässigkeit eines Teilungsverlangens mit Klage gegen den Antragsteller geltend zu machen (Denkschrift S 68).

2.2 Für eine **Klage** auf Aufhebung der Gemeinschaft fehlt in der Regel das Rechtsschutzbedürfnis, weil der Erfolg ohne Vollstreckungstitel (Abs 1) durch Teilungsversteigerungsantrag erreichbar ist[1]. Das Rechtsschutzbedürfnis fehlt damit auch einer Klage, die zur Vorbereitung der Auseinandersetzung lediglich die Zustimmung des anderen Teilhabers zur Durchführung der Versteigerung erreichen will[2]; es liegt aber dann vor, wenn bestimmt vorauszusehen ist, daß gegen die Anordnung der Versteigerung Widerspruch erhoben werden wird oder wenn von vornherein erhebliche Zweifel am Antragsrecht gegeben sind[3] oder wenn jemand trotz Ausschlusses der Auseinandersetzung einen wichtigen Grund zu haben glaubt. Unnötige Prozesse trifft das Kostenrisiko in ZPO § 93.

2.3 Durch Vorlage einer **Entscheidung** des Prozeßgerichts muß **ausnahmsweise** aber doch nachgewiesen werden, daß die Aufhebung der Gemeinschaft verlangt werden kann. Das ist Antragserfordernis, wenn die Aufhebung der Gemeinschaft aus wichtigem Grund verlangt wird, obwohl das Aufhebungsrecht (für immer oder auf Zeit) ausgeschlossen ist und dies als Belastung des Miteigentumsanteils des Antragstellers im Grundbuch eingetragen ist (BGB § 1010). Dieser grundbuchsichtliche Hinderungsgrund wird von Amts wegen berücksichtigt (§ 28 Abs 1) und zwar auch bereits im Anordnungsverfahren (§ 180 Rdn 5.7). Daß die Auseinandersetzung aus wichtigem Grund dennoch möglich ist, entscheidet das Prozeßgericht (§ 180 Rdn 9.10). Für Anordnung des Verfahrens ist dem Vollstreckungsgericht durch Vorlage der Entscheidung des Prozeßgerichts daher das Antragsrecht nachzuweisen. Die Entscheidung des Prozeßgerichts ist Duldungstitel: sie muß rechtskräftig (vorläufig vollstreckbar) sein, in vollstreckbarer Ausfertigung (ZPO § 724) vorgelegt werden und dem duldungspflichtigen Antragsgegner zugestellt sein.

2.4 Ist für Geltendmachung des Auseinandersetzungsrechts eine **Kündigungsfrist** bestimmt und dieses Hindernis als grundbuchersichtlich (BGB § 1010) von Amts wegen zu berücksichtigen, dann genügt für Antragstellung Nachweis, daß Kündigung erfolgt und die Kündigungsfrist abgelaufen ist. Glaubhaftmachung ist nicht vorgesehen und daher auch nicht ausreichend. Erforderlich ist daher Urkundennachweis (Vorlage des Zustellungsnachweises des Gerichtsvollziehers für Zugang der Kündigung). Der Nachweis entfällt, wenn die Kündigung bei dem Gericht offenkundig oder von dem Antragsgegner (von allen Miteigentümern) zugestanden ist (ZPO § 288).

2.5 Auseinandersetzung des Gesellschaftsvermögens einer **BGB-Gesellschaft** findet nur nach Auflösung der Gesellschaft statt (BGB § 730), nicht damit, wenn

---

[1] LG Münster FamRZ 1960, 117; Steiner/Teufel § 181 Rdn 73.
[2] BGH NJW-RR 1988, 1156 (1157 reSp unten).
[3] Drescher, Teilungsversteigerung (1908), § 2 (I).

der Gesellschaftsvertrag eine Fortsetzungsklausel enthält (§ 180 Rdn 11.7). Auseinandersetzung des Gesamtguts einer ehelichen oder fortgesetzten **Gütergemeinschaft** erfolgt nur nach Beendigung des Güterstandes (§ 180 Rdn 3). Auflösung der Gesellschaft oder Beendigung der Gütergemeinschaft sind somit gesetzliche Erfordernisse der Gemeinschaftsaufhebung und damit der Teilungsversteigerung. Mit Eintragung der Gemeinschaft im Grundbuch (sonstigen Register) sind sie als Antragserfordernis grundbuchersichtlich, bereits bei Entscheidung über den Antrag auf Verfahrensanordnung daher von Amts wegen zu berücksichtigen[4] (§ 180 Rdn 5.7). Es muß deshalb für Anordnung der Teilungsversteigerung die Auflösung der Gesellschaft oder die Beendigung der Gütergemeinschaft durch Urteil, Ehevertrag, Handelsregisterauszug, Güterrechtsregisterauszug usw nachgewiesen werden. Nachweis hat durch öffentliche (oder öffentlich beglaubigte) Urkunde zu erfolgen[5] weil Glaubhaftmachung nicht vorgesehen ist und daher auch nicht genügt. Ein vollstreckbarer Titel gegen die Miteigentümer über den Auseinandersetzungsanspruch ist auch in diesen Fällen nicht erforderlich (Abs 1). Daß das Grundstück nach Berichtigung der gemeinschaftlichen Schulden und sonstigen Leistungen den BGB-Gesellschaftern (BGB § 734), Ehegatten (BGB § 1476 Abs 1, § 1477) oder Mitgliedern der fortgesetzten Gütergemeinschaft (BGB § 1498) als Überschuß zur Teilung verblieben und damit Zwangsversteigerung zum Zwecke der Aufhebung der Gemeinschaft zulässig ist, wird im Anordnungsverfahren nicht geprüft. Als Grundstücksmiteigentümer müssen die Mitglieder einer aufgelösten BGB-Gesellschaft oder beendeten Gütergemeinschaft vielmehr im Prozeßweg mit Widerspruchsklage (ZPO § 771) als der Versteigerung entgegenstehendes Recht geltend machen, daß Aufhebungsverlangen und damit Antragsrecht des Antragstellers ausgeschlossen sind, wenn Auseinandersetzung zur Feststellung des nach den Vorschriften über die Gemeinschaft zu teilenden Überschusses noch nicht erfolgt oder noch nicht abgeschlossen ist (§ 180 Rdn 9). Daß der Gesellschaftsvertrag keine Fortsetzungsklausel enthält, ein Auflösungsgrund somit Teilungsversteigerung ermöglicht, kann ebenfalls im Anordnungsverfahren nicht geprüft werden. Daher muß Glaubhaftmachung genügen. Die Fortsetzungsklausel als der Versteigerung entgegenstehendes Recht ist deshalb von den Mitgliedern der BGB-Gesellschaft ebenfalls mit Widerspruchsklage (ZPO § 771) geltend zu machen. Ebenso sind Einwendungen gegen die urkundlich nachgewiesene Auflösung der Gesellschaft zu verfolgen.

3 Antragsteller als eingetragener Miteigentümer (Absatz 2 Satz 1)

3.1 Der **Antragsteller** des Verfahrens muß als Eigentümer **im Grundbuch** (Schiffsregister, Schiffsbauregister, Luftfahrzeugpfandrechtsregister) mit seinem Anteil in Bruchteilen oder dem für die Gemeinschaft maßgebenden Rechtsverhältnis (GBO § 47) **eingetragen** sein **oder** er muß der Erbe eines Eingetragenen sein oder er muß das Recht des Eigentümers des Erben auf Aufhebung der Gemeinschaft ausüben: Abs 2 Satz 1. Eingetragen sein als Bruchteilsmiteigentümer muß auch der Antragsteller, dessen Güterstand der Eigentums- und Vermögensgemeinschaft in den gesetzlichen Güterstand der Zugewinngemeinschaft übergeleitet wurde (§ 180 Rdn 2.12). Fortbestehende Eintragung in Eigentums- und Vermögensgemeinschaft genügt nicht (anders[6] wegen der Vermutung von EGBGB Art 234 § 4a Abs 3; aber die widerlegliche gesetzliche Vermutung halbseitigen Bruchteilseigentums ersetzt die nach Abs 2 erforderliche Eintragung nicht). Das **Recht des Eingetragenen oder Erben** übt der Antragsteller aus als sein Insolvenzverwalter, als Nachlaßverwalter, Erbteilserwerber (BGB § 2033 Abs 1), Testamentsvollstrecker, Liquidator einer Handelsgesellschaft, Nießbraucher, Vertragspfandrechtsgläubiger, Pfändungspfandgläubiger.

---

[4] LG Kaiserslautern Rpfleger 1985, 121.
[5] LG Flensburg JurBüro 2004, 47.
[6] Rellermeyer Rpfleger 1995, 321 (5).

Voraussetzungen für Antrag auf Teilungsversteigerung 5.1 § 181

3.2 **Übt** der Antragsteller das **Recht des Eigentümers** oder des Erben auf Aufhebung der Gemeinschaft **aus**, dann darf die Zwangsversteigerung nur angeordnet werden, wenn der Eigentümer oder der Erbe, dessen Antragsrecht der Antragsteller verfolgt, im Grundbuch (Schiffsregister, Schiffsbauregister oder im Register für Pfandrechte an Luftfahrzeugen) eingetragen oder als Erbe eines eingetragenen Eigentümers ausgewiesen ist (Abs 2 Satz 1). Für Eintragung der Antragsgegner als Miteigentümer gilt auch in diesem Fall § 17 Abs 1 (Rdn 4).

3.3 Die **Berechtigung** des Antragstellers zur Ausübung des Rechts des Eigentümers oder Erben, die Aufhebung der Gemeinschaft zu verlangen, ist, wenn sie nicht bei dem Gericht offenkundig ist, durch öffentliche Urkunden **nachzuweisen**. Glaubhaftmachung ist nicht vorgesehen und daher auch nicht ausreichend. Erforderlich ist daher Urkundennachweis durch Vorlage des Testamentsvollstreckerzeugnisses, der Ausfertigung des Pfändungsbeschlusses mit Zustellungsnachweisen usw.

3.4 Die Eintragung des Antragstellers oder des Erblassers als Eigentümer im Grundbuch (sonstigen Register) ist durch ein **Zeugnis** des Grundbuchamts (der Registerbehörde) nachzuweisen (§ 17 Abs 2 Satz 1 mit § 180 Abs 1). Gehören Vollstreckungsgericht und Grundbuchamt demselben Amtsgericht an, dann genügt die **Bezugnahme** auf das Grundbuch (§ 17 Abs 2 Satz 2 mit § 180 Abs 1). Hierzu Anmerkungen zu § 17.

3.5 Für **Beitritt** gelten dieselben Voraussetzungen wie für die Anordnung.

3.6 Einschlägig im ZVG-Handbuch Rdn 703, 704.

Eintragung des Antragsgegners (§ 17 Absatz 1 mit § 180 Absatz 1) 4

4.1 Angeordnet werden darf die Aufhebungs-Zwangsversteigerung außerdem nur dann, wenn **alle Miteigentümer,** die Antragsgegner sind (§ 180 Rdn 4.2), als Eigentümer des Grundstücks (sonstigen Objekts) **im Grundbuch** (Schiffsregister, Schiffsbauregister oder im Register für Pfandrechte an Luftfahrzeugen) mit ihren Anteilen in Bruchteilen oder dem für die Gemeinschaft maßgebenden Rechtsverhältnis (GBO § 47) **eingetragen** oder wenn sie **Erben** des eingetragenen Eigentümers sind. Das bestimmt § 17 Abs 1 mit § 180 Abs 1, weil für die entsprechende Anwendung des § 17 Abs 1 der (jeder) Antragsgegner die Rolle des Vollstreckungsschuldners aus der Vollstreckungsversteigerung hat (§ 180 Rdn 6.5). Eingetragen sein als Bruchteilseigentümer muß auch der Antragsgegner, dessen Güterstand der Eigentums- und Vermögensgemeinschaft in den gesetzlichen Güterstand der Zugewinngemeinschaft übergeleitet wurde (wie Rdn 3.1). Der Erwerber eines Erbanteils ist durch Verfügung des Miterben über seinen Nachlaßanteil (BGB § 2033 Abs 1) an Stelle des veräußernden Miterben in die Mitberechtigung am Nachlaß getreten, nicht jedoch als Erbe des eingetragenen Erblassers; er hat deshalb als Antragsgegner eingetragen zu sein.

4.2 **Nachweis** der Eintragung der Antragsgegner als Miteigentümer durch Bezugnahme auf das Grundbuch (sonstige Register) desselben Amtsgerichts oder durch ein Zeugnis des Grundbuchamts (der Registerbehörde): § 17 Abs 2 mit § 180 Abs 1.

4.3 Das Vollstreckungsgericht darf hier nicht prüfen, ob das Grundbuch unrichtig ist. Es ist an die formelle Grundbuchlage gebunden (§ 28 Rdn 3).

4.4 Nicht möglich ist mangels Eintragung die Teilungsversteigerung bei **ausländischen** Schiffen oder Luftfahrzeugen (§ 171 Abs 1, § 171 l).

Glaubhaftmachung der Erbfolge (Absatz 4) 5

5.1 Jede im Grundbuch (anderen Register) nicht eingetragene **Erbfolge** ist sowohl bezüglich der Antragsteller (Abs 4) wie bezüglich der Antragsgegner (§ 17 Abs 3) durch Urkunden glaubhaft zu machen, soweit sie nicht schon bei Gericht offenkundig sind.

5.2 Die **Urkunden** müssen dem Verfahrensantrag **beigefügt** werden: § 16 Abs 2 mit § 180 Abs 1. Als Urkunden genügen Erbschein, Testament, notarielles Zeugnis, nicht aber eine eidesstattliche Versicherung[7]. Reine Privaturkunden hat das Gericht in ihrem Beweiswert dabei frei zu würdigen (ZPO §§ 286, 294). Das gilt auch für ein privatschriftliches Testament[7].

5.3 Die nötigen **Urkunden** kann der Antragsteller in entsprechender Anwendung von ZPO § 792 sich **ausstellen lassen**, ohne daß er aber den für diese Vorschrift sonst vorausgesetzten Vollstreckungstitel haben müßte (§ 181 Abs 1)[8]. Der Miterbe kann sogar, weil er dies für die Teilungsversteigerung zum Nachweis der beteiligten Antragsgegner benötigt, auch einen Erbschein nach kaum einem anderen Miterben (hinter dem er nicht selbst Erbe ist) ausstellen lassen[9]. Beispiel: A, B, C sind Miteigentümer; C ist gestorben; A will Teilungsversteigerung gegen B und die Erben des C betreiben und muß durch Urkunden nachweisen, wer die Erben des C sind (§ 17 Abs 1 und 3).

6 Genehmigung des Vormundschaftsgerichts (Absatz 2 Satz 2)

6.1 Der **Vormund** eines Miteigentümers benötigt zu einem Antrag auf Teilungsversteigerung für sein Mündel eine Genehmigung des Vormundschaftsgerichts: Abs 2 Satz 2. Gleiches gilt für den **Pfleger** (BGB § 1915) und für den Betreuer (BGB § 1896; kein Beschwerderecht des Ehegatten des Betreuten[10]). Diese Genehmigung kann vom Vormundschaftsgericht nur dem Vormund (Pfleger, Betreuer) gegenüber erklärt werden (BGB § 1828 entsprechend), muß somit von diesem eingereicht sein (ungenügend wäre unmittelbare Zuleitung der Genehmigung durch das Vormundschaftsgericht zu den Versteigerungsakten).

6.2 Das Vormundschaftsgericht entscheidet nach pflichtgemäßem Ermessen, hat nur das Wohl und die Interessen des Mündels zu wahren, nicht die Belange Dritter[11]. Die Genehmigung kann vom Vormundschaftsgericht vor der Verkündung der Zuschlagsentscheidung wieder zurückgenommen werden.

6.3 Mehrere Vormünder (Pfleger) müssen den Versteigerungsantrag gemeinsam stellen.

6.4 Die Genehmigung zum Versteigerungsantrag schließt eine Bietgenehmigung (zu ihr § 71 Rdn 7) nicht mit ein.

6.5 Der **Nachlaßpfleger** (BGB § 1961) unterliegt als Pfleger den für den Vormund geltenden Vorschriften (BGB § 1915 Abs 1), benötigt also zum Teilungsversteigerungsantrag, falls der Pflegschaft ein Grundstücksbruchteil oder Gesamthandsanteil unterliegt, die **Genehmigung** des Nachlaßgerichts (das insoweit an Stelle des Vormundschaftsgerichts steht, BGB § 1962): Abs 2 Satz 2. Allerdings ist es nicht Aufgabe des Nachlaßpflegers, die Auseinandersetzung zu betreiben, sondern den Nachlaß zu sichern oder bei der gerichtlichen Geltendmachung eines Anspruchs gegen den Nachlaß diejenigen, welche Erben werden (BGB § 1960 Abs 2), gesetzlich zu vertreten. Eine Teilungsversteigerung durch ihn kann nur in besonderen Fällen in Frage kommen, gegen ihn (zB Hälfteanteil Eigentum A, Hälfteanteil Eigentum der unbekannten Erben des B, gesetzlich vertreten durch den Nachlaßpfleger) ist sie ohne weiteres möglich.

6.6 Der **Nachlaßverwalter** (BGB §§ 1975–1980) hat in einer der Tätigkeit des Insolvenzverwalters angenäherten Weise (BGB § 1984 Abs 1 Satz 2) den Nachlaß zu verwalten und die Verbindlichkeiten aus dem Nachlaß zu berichtigen (BGB

---

[7] Schiffhauer ZIP 1982, 526 (IV 10).
[8] OLG Hamm MDR 1960, 1018; LG Marburg NJW 1952, 149.
[9] BayObLG 1994, 158 = FamRZ 1995, 119 = NJW-RR 1995, 272 = Rpfleger 1995, 103; LG Essen Rpfleger 1986, 387; LG Marburg NJW 1952, 149.
[10] LG Münster Rpfleger 2003, 256.
[11] BayObLG 1971, 293 = MDR 1972, 53 = NJW 1971, 2314 = Rpfleger 1971, 430.

§ 1985 Abs 1). Dabei muß er, wenn zum Nachlaß ein Grundstücksbruchteil oder ein Gesamthandsanteil gehört, entweder freihändig verwerten oder insoweit die Teilungsversteigerung betreiben. Es handelt sich bei der Nachlaßverwaltung um eine Nachlaßpflegschaft mit bestimmtem Zweck (BGB § 1975); daher unterliegt der Nachlaßverwalter auch den Pflegschaftsvorschriften (BGB §§ 1909 ff) und damit den Vorschriften über die Vormundschaft (BGB § 1915 Abs 1). Er benötigt darum zu einem Teilungsversteigerungsantrag die **Genehmigung** des Nachlaßgerichts, das für die Nachlaßpflegschaft (und damit auch für die Nachlaßverwaltung) an Stelle des Vormundschaftsgerichts steht (BGB § 1962), wie der Vormund (Abs 2 Satz 2).

[Geringstes Gebot und Ausgleichsbetrag]

182 (1) **Bei der Feststellung des geringsten Gebots sind die den Anteil des Antragstellers belastenden oder mitbelastenden Rechte an dem Grundstücke sowie alle Rechte zu berücksichtigen, die einem dieser Rechte vorgehen oder gleichstehen.**

(2) **Ist hiernach bei einem Anteil ein größerer Betrag zu berücksichtigen als bei einem anderen Anteile, so erhöht sich das geringste Gebot um den zur Ausgleichung unter den Miteigentümern erforderlichen Betrag.**

(3) *[Aufgehoben]*

Literatur: Alff, Geringstes Gebot und Zuschlagsprobleme in der Teilungsversteigerung bei mehreren Antragstellern, Rpfleger 2004, 673; Drischler, Der Ausgleichsbetrag nach § 182 Abs 2 ZVG in der Teilungsversteigerung, ZIP 1982, 921; Niederée, Das „Räumungsprinzip" des § 182 I ZVG, DRpflZ 1984, 94; Otto und Seyffert, Blockade der Teilungsversteigerung durch Beitritt eines bestimmten Miteigentümers?, Rpfleger 1979, 1; Schiffhauer, Der Ausgleichsbetrag des § 182 Abs 2 ZVG, Rpfleger 1984, 81; Streuer, Geringstes Gebot in der Teilungsversteigerung bei mehreren Antragstellern, Rpfleger 2001, 119.

Allgemeines zu § 182   1
Zweck der Vorschrift: Klarstellung, welche Rechte als dem Auseinandersetzungsanspruch des Antragstellers vorgehend anzusehen und demgemäß durch das geringste Gebot zu decken sind (Denkschrift S 68), und Berücksichtigung der Ausgleichung bei ungleicher Anteilsbelastung.

Geringstes Gebot in der Teilungsversteigerung (Absatz 1)   2
2.1 Ein **geringstes Gebot** (§ 44) ist auch bei der Zwangsversteigerung zur Aufhebung einer Gemeinschaft aufzustellen. Auch die Teilungsversteigerung wird vom **Deckungsgrundsatz** (§ 44 Rdn 4.1) beherrscht. Sie darf nur unter Sicherung der Verfahrenskosten (§ 109 Abs 1) und Wahrung derjenigen Rechte am Grundstück (anderen Objekt) erfolgen, die dem Auseinandersetzungsanspruch des antragstellenden Miteigentümers vorgehen. Das geringste Gebot besteht auch hier aus den **bestehenbleibenden Rechten** (§ 52) und[1] dem **zu zahlenden Teil** (= geringstes Bargebot) nach § 49 Abs 1. Das geringste Bargebot deckt die Kosten des Verfahrens (§ 109), die in § 10 Abs 1 Nrn 1 bis 3 bezeichneten Ansprüche, und die Kosten (§ 10 Abs 2) sowie die wiederkehrenden Leistungen und anderen Nebenleistungen (§ 12 Nrn 1 und 2) der bestehenbleibenden Rechte.

2.2 Ein Grundstückseigentümer und damit auch jeder Miteigentümer kann sein Grundstück und damit auch seinen Miteigentumsanteil „nur unbeschadet der darauf haftenden Rechte veräußern" (Denkschrift S 68, 69). Solche Rechte müssen daher auch in der Teilungsversteigerung „als dem Auseinandersetzungsanspruch des Antragstellers vorgehend" (Denkschrift aaO) mit Feststellung im geringsten

---

[1] BGH FamRZ 1999, 433 = NJW-RR 1999, 504 = Rpfleger 1999, 140.

§ 182   2.2   Aufhebung einer Gemeinschaft

Gebot gegen Beeinträchtigung bei Zwangsversteigerung Schutz finden. Durch Aufnahme in das geringste Gebot zu decken als dem „nachrangigen Auseinandersetzungsanspruch" vorgehend sind nach der Klarstellung des Abs 1:

a) die den **Anteil des Antragstellers belastenden Rechte** an dem Grundstück. Es sind dies alle Rechte, die nur den Antragstelleranteil belasten (BGB § 1114; ZPO § 864 Abs 2). Sie müssen bestehenbleiben, weil der antragstellende Miteigentümer seinen Grundstücksanteil nur belastet mit diesen Rechten veräußern kann.

b) die den **Anteil des Antragstellers mitbelastenden Rechte** an dem Grundstück. Es sind dies alle Rechte, die das ganze Grundstück belasten oder die den Antragstelleranteil und weitere – nicht aber alle – Miteigentumsanteile als Gesamtrechte belasten. Auch Rechte gehören hierher (Ausnahmefall), die einen den Antragstelleranteil mitumfassenden Teil des Grundstücks belasten (Denkschrift S 68, 69).

c) alle **Rechte** an dem Grundstück, die einem den Anteil des Antragstellers belastenden oder mitbelastenden Recht im Rang **vorgehen oder gleichstehen**. Die Notwendigkeit ihrer Berücksichtigung ergibt sich daraus, daß ihre Deckung eine unerläßliche Vorbedingung für die Deckung der nach- oder gleichstehenden Rechte am Antragstelleranteil ist (Denkschrift aaO).

2.3 Sonstige, **ausschließlich einen fremden Anteil** belastende Rechte bleiben unberücksichtigt. Grund (Denkschrift aaO): Das Recht eines jeden Miteigentümers auf Aufhebung der Gemeinschaft entsteht zugleich mit der Begründung des Miteigentums; es darf somit durch spätere Belastung eines einzelnen Anteils eines anderen Miteigentümers nicht beeinträchtigt werden.

2.4 Berücksichtigt werden bei Feststellung des geringsten Gebots auch in der Teilungsversteigerung Ansprüche, die nach § **10 ein Recht** auf Befriedigung aus dem Grundstück gewähren. Den Anteil des Antragstellers belasten oder mitbelasten oder andere Anteile vor- oder gleichrangig belasten können Ansprüche mit Recht auf Befriedigung **in Rangklassen 1-4** sowie 7 und 8 des § 10 Abs 1. Die Rangklassen 5 und 6 des § 10 Abs 1 können nicht vorkommen. Die Zurücksetzung älterer Rückstände in Rangklassen 7 und 8 kann regelmäßig keine Bedeutung erlangen.

2.5 Berücksichtigt wird auch in der Teilungsversteigerung ein Recht bei der Feststellung des geringsten Gebots nur, wenn es zur Zeit der Eintragung des Versteigerungsvermerks **aus dem Grundbuch ersichtlich** war, nach dem Inhalt des Grundbuchs, im übrigen nur dann, wenn es **rechtzeitig angemeldet** und erforderlichenfalls glaubhaft gemacht ist (§ 45 Abs 1 mit § 180 Abs 1). Von den nach dem Inhalt des Grundbuchs (nach dem Stand zur Zeit der Eintragung des Versteigerungsvermerks) zu entrichtenden wiederkehrenden Leistungen brauchen die laufenden nicht angemeldet, die rückständigen nicht glaubhaft gemacht zu werden (§ 45 Abs 2 mit § 180 Abs 1). Einzelheiten zur Anmeldung: § 45 Rdn 2. Nicht rechtzeitig angemeldete oder glaubhaft gemachte Rechte stehen auch hier bei der Erlösverteilung im Rang nach (§ 110 mit § 180 Abs 1). Ein den Anteil des Antragstellers belastendes oder mitbelastendes oder das einem solchen Recht vorgehende (gleichstehende) Recht ist (bei Anmeldung) in das geringste Gebot voll auch dann aufzunehmen, wenn es erst nach dem Zwangsversteigerungsvermerk in das Grundbuch eingetragen worden ist[2]. Das Gesetz unterscheidet hier nicht zwischen den vor und nach dem Versteigerungsvermerk eingetragenen Grundstücksrechten. Auszugehen ist vom Stand des Grundbuchs und der Anmeldungen bei Aufstellung des geringsten Gebots im Versteigerungstermin. Besonderheit, wenn ein Erbteilspfandgläubiger die Teilungsversteigerung betreibt: Rdn 2.12.

---

[2] Schiffhauer ZIP 1982, 660 (XIV 1) und (XIV 2).

2.6 Bei Zwangsversteigerung des Grundstücks zum Zwecke der Aufhebung einer **Gesamthandsgemeinschaft** (Erbengemeinschaft, BGB-Gesellschaft, Handelsgesellschaft, Gütergemeinschaft) bestehen unterschiedlich belastete Miteigentumsanteile nicht (Ausnahme nur bei Einzelbelastung von Bruchteilen vor Übergang in die Gesamthandsgemeinschaft und für einen Teil des Grundstücks bei Einzelbelastung vor Vereinigung oder Bestandteilszuschreibung, BGB § 890; aber auch BGB § 1131). Es sind alle auf dem Grundstück lastenden Ansprüche in das geringste Gebot aufzunehmen[3] (auch Vormerkungen, nicht aber Pfandvermerke an den Eigentumsanteilen). Sie müssen nur entweder bei Eintragung des Versteigerungsvermerks eingetragen gewesen oder rechtzeitig angemeldet worden sein. Ausnahmsweise kann die Berechnung nach § 182 in Frage kommen, wenn bei der Pfändung eines Miterbenanteils eine spätere Belastung gegenüber dem Pfändungsgläubiger nach BGB § 136, ZPO § 829 Abs 1 Satz 1, § 857 nicht wirksam ist (§ 182 nicht unmittelbar, sondern entsprechend anzuwenden) (Rdn 2.12).

2.7 Gleiches gilt bei der **Bruchteilsgemeinschaft**, wenn bei ihr alle Anteile gleich hoch belastet sind[4]. § 182 ist ja nur für den Fall unterschiedlicher Belastung der Bruchteile gedacht. Versteigert zur Aufhebung der Bruchteilsgemeinschaft wird das Grundstück als gemeinschaftlicher Gegenstand (BGB § 753 Abs 1). Einzelausgebote der Miteigentumsbruchteile kommen deshalb nicht in Betracht (§ 180 Rdn 7.11 zu c).

2.8 Wenn bei einer Bruchteilsgemeinschaft die einzelnen **Anteile unterschiedlich belastet** sind, ist für die Aufstellung des geringsten Gebots von dem **Anteil des Antragstellers** auszugehen: Abs 1 (über den dabei vielleicht nötigen Ausgleich Rdn 4). In das geringste Gebot sind (als bar zu zahlen oder als bestehenbleibend, §§ 49, 52) alle Ansprüche aufzunehmen, die nur den Anteil des Antragstellers belasten; ferner alle, die einen Anteil eines Antragsgegners belasten, aber wegen samtverbindlicher Haftung auch den Anteil des Antragstellers mitbelasten; schließlich noch alle, die einem der beiden eben genannten vorgehen oder gleichstehen, also solche, die einem nur den Anteil des Antragstellers belastenden Recht vorgehen und gleichstehen, und auch solche, die einem den Anteil des Antragstellers mitbelastenden Recht vorgehen oder gleichstehen.

2.9 Beispiel: A ½, B ½; A betreibt.

a) Auf A: Hypothek X; auf B: Hypothek Y; keine Gesamtbelastung. Ins geringste Gebot kommt nur X auf A. Y auf B hat dazu kein Rangverhältnis, kann also nicht vorgehen oder gleichstehen, gleich in welcher zeitlicher Folge beide Hypotheken eingetragen sind. Die beiden Bruchteile sind wie gesonderte Grundstücke hierfür anzusehen:

A:	B:
X	Y

b) Auf A: Hypothek X, Gesamthypothek Z; auf B: Hypothek Y, Gesamthypothek Z. War auf B die Hypothek Y vor Z eingetragen, dann geht sie dem Gesamtrecht vor und es bleiben bestehen: auf A die Rechte X und Z, auf B Y und Z, weil A von X belastet, von Z mitbelastet wird und weil auf B dem mitbelastenden Z das Recht Y vorgeht:

A:	B:	oder	A:	B:
–	Y		X	–
X	–		–	Y
Z	Z		Z	Z

c) War aber auf B das Recht Y nach Z eingetragen, so bleiben nur auf A die Rechte X und Z, auf B nur Z, weil A von X belastet, von Z mitbelastet wird und auf B das Recht Y dem mitbelastenden Z nicht vorgeht:

---

[3] Schiffhauer ZIP 1982, 660 (XIV 1).
[4] Schiffhauer ZIP 1982, 660 (XIV 2).

§ 182   2.9   Aufhebung einer Gemeinschaft

A:	B:	oder	A:	B:
X	–		Z	Z
Z	Z		X	Y
–	Y		–	–

2.10 Sind es mehr als zwei Bruchteile, so müssen auch Rechte berücksichtigt werden, die zwar nur auf dem Anteil eines nicht betreibenden Miteigentümers ruhen, aber auf diesem einem Recht vorgehen oder gleichstehen, das wieder auf einem anderen Anteil einem den Anteil des Antragstellers mitbelastenden Recht vorgeht oder gleichsteht.

Beispiel 2: A $^1/_3$, B $^1/_3$, C $^1/_3$; A betreibt.

a) Auf A: Hypothek X; auf B: Hypothek Y; auf C: Hypothek Z, keine Gesamtbelastung. Ins geringste Gebot kommt nur X auf A (wie Beispiel 2.9 Fall a)

A:	B:	C:
X	Y	Z

b) Auf A: Hypothek X, Gesamthypothek Y; auf B Gesamthypothek Y und Gesamthypothek Z; auf C: Hypothek W und Gesamthypothek Z, eingetragen in der zeitlichen Folge: X, W (oder W, X; auch beide gleichzeitig), Z, Y. Ins geringste Gebot kommen: Auf A als belastend X, als mitbelastend Y; auf B als mitbelastend Y, als vorgehend Z, auf C als einem mitbelastenden vorgehend Z, als diesem wieder vorgehend W:

A:	B:	C:	oder	A:	B:	C:	oder	A:	B:	C:
X	–	–		–	–	W		X	–	W
–	–	W		X	–	–		–	Z	Z
–	Z	Z		–	Z	Z		Y	Y	–
Y	Y	–		Y	Y	–				

2.11 Unter „vorausgehend" ist also hier gemeint: im rechtlichen Sinne (BGB § 879) vorgehend, es muß ein echtes **Rangverhältnis** bestehen. Das ist nicht der Fall, wenn die Bruchteile völlig verschieden belastet sind, weil die Belastungen, gleich in welcher zeitlichen Reihenfolge eingetragen, nur jeweils an ihrem Anteil lasten, mit dem anderen nichts zu tun haben (Beispiel a). Vorgehen bedeutet hier also nicht: in zeitlicher Reihenfolge der Eintragung. Ein Rangverhältnis können nur die Rechte haben, die auf dem gleichen Grundstück oder dem gleichen Grundstücksbruchteil eingetragen sind. Zwischen den Rechten, die nur den Anteil des Antragstellers bei der Bruchteilsgemeinschaft belasten, und den Rechten, die einen nur anderen Bruchteil belasten, gibt es kein Rangverhältnis.

2.12 Von dem Grundsatz, daß alle bei Aufstellung des geringsten Gebots aus Grundbuch oder Anmeldung sich ergebenden Rechte zu berücksichtigen seien, gibt es eine Ausnahme: betreibt ein **Erbteilspfandgläubiger** die Teilungsversteigerung (zur Aufhebung einer Erbengemeinschaft), so sind nachträglich eingetragene, ihm gegenüber unwirksame Zwangshypotheken im geringen Gebot nicht zu berücksichtigen, weil auch bei der Teilungsversteigerung aus dem Deckungsgrundsatz des § 44 nur Rechte berücksichtigt werden dürfen, die stärker sind als der Auseinandersetzungsanspruch der Betreibenden[5]. Gleiches gilt für andere nachrangige Belastungen des Grundstücks, die dem Erbteilspfandgläubiger gegenüber unwirksam sind.

2.13 Nießbrauch: a) Ruht er auf dem **gesamten Grundstück,** so bleibt er von der Teilungsversteigerung unberührt und bleibt bestehen (§ 180 Rdn 7.17).

b) Ruht der Nießbrauch nur auf dem **Anteil des Antragsgegners,** so erlischt er nach der Regel des Abs 1 (wie andere Sonderbelastungen dieses Anteils; so

---

[5] BayObLG 1959, 50 = NJW 1959, 1780 = Rpfleger 1960, 157; Drischler JurBüro 1981, 1601 (II 16 a); Ebeling Rpfleger 1991, 349 (IV 3); Schiffhauer ZIP 1982, 660 (XIV 1).

Geringstes Gebot und Ausgleichsbetrag 3.1 **§ 182**

auch[6]) und wird durch Wertersatz abgefunden, und zwar durch eine aus einem Deckungskapital zu entnehmende laufende Geldrente nach § 92 Abs 2, § 121 Abs 1.

c) Ruht der Nießbrauch nur auf dem Miteigentumsanteil des Antragstellers, so kann er entgegen der allgemeinen Regel des Abs 1 nicht bestehenbleiben (anders[6]). Er erlischt zwar nicht nach § 91 Abs 1 mit Wertersatz, aber er überträgt sich auf den an die Stelle des Grundstücks bzw Grundstücksanteils durch Zuschlag tretenden Erlösanteil; denn bei Aufhebung einer Gemeinschaft „gebührt dem Nießbraucher der Nießbrauch an den Gegenständen, welche an die Stelle des Anteils treten": BGB § 1066 Abs 3. Er muß dazu nicht erst an dem Versteigerungserlösanteil neu bestellt werden; denn der Erlösanteil besteht ja in Geld und Geld ist eine verbrauchbare Sache (BGB § 92 Abs 1) und an dieser erwirbt der Nießbraucher sogar Eigentum: BGB § 1067 Abs 1 Satz 1. Der Nießbraucher wird also mit der Umwandlung des belastet gewesenen Anteils in den Erlös dessen Eigentümer, natürlich nach Vorwegnahme der Verfahrenskosten und der sonst laut Teilungsplan als dem Nießbrauch vorgehend vor ihm aus dem Erlös zu deckenden Ansprüche (so auch[7]; anders[8]: es seien auch hier §§ 92, 121 anzuwenden, also Rente aus Deckungskapital zu zahlen).

d) War das mit Nießbrauch belastete Grundstück oder der mit dem Nießbrauch belastete Anteil hinter dem Nießbrauch **noch mit weiteren Rechten belastet,** so müssen die das Erlöschen dieser Belastungen an ihre Stelle als Surrogat tretenden Ansprüche auf Befriedigung aus dem Erlös in der richtigen Rangfolge und unter Beachtung des ihnen vorgehenden Nießbrauchs weiterbestehen, können allerdings erst nach dem Ende des Nießbrauchs aus dem restlichen Erlös befriedigt werden. Man muß dies im Teilungsplan festlegen und auch bestimmen, daß in diesem Falle der Nießbraucher nach dem Ende seines Rechts den etwaigen Resterlös an die Befriedigungsberechtigten je bis zur Höhe ihrer festgelegten Ansprüche und in der festgelegten Rangfolge herauszugeben habe, den etwaigen Überschuß an die früheren Eigentümer (soweit nicht der Nießbraucher ohnehin nur eine Rente erhält, wobei dann der Rest des Deckungskapitals in dieser Weise an die genannten Berechtigten geht).

2.14 **Versteigerungsbedingungen, abweichende,** nach § 59: Sie sind hier auf Antrag möglich[9]; insbesondere wenn bei gesetzlicher Berechnung der bestehenbleibenden Belastungen nach Abs 1 und bei Einsetzung eines Ausgleichsbetrags nach Abs 2 das geringste Gebot so hoch wird, daß niemand mehr bieten kann oder will. Die Voraussetzungen des § 59 sind aber zu beachten.

2.15 Einschlägig im ZVG-Handbuch Rdn 731–736.

Mehrere Miteigentümer als Antragsteller 3

3.1 Wenn das Verfahren zur Aufhebung einer Gemeinschaft **von mehreren** (auch allen) Miteigentümern betrieben wird − entweder, weil sie gleichzeitig haben anordnen lassen oder weil Miteigentümer später beigetreten sind − sind alle betreibende Miteigentümer (soweit nicht ein Verfahren eingestellt ist) Antragsteller nach Abs 1. Jeder dieser Antragsteller kann jedoch der Feststellung des geringsten Gebots nur dann gelegt werden, wenn der wegen seines Auseinandersetzungsanspruchs ergangene Beschluß **vier Wochen** vor dem Versteigerungstermin **zugestellt** worden ist (§ 44 Abs 2 mit § 180 Abs 1). Zugestellt sein muß der Anordnungs- oder Beitrittsbeschluß oder ein Fortsetzungsbeschluß (§ 44 Rdn 7.4) vier Wochen vor dem Termin den (allen) übrigen Gemeinschaftern, also jeweils

---

[6] Steiner/Teufel § 180 Rdn 112.
[7] Jaeckel/Güthe § 181 Rdn 9.
[8] Dassler/Schiffhauer § 181 Rdn 25.
[9] Drischler RpflJahrbuch 1973, 335 (C).

§ 182 3.1 Aufhebung einer Gemeinschaft

auch den anderen Miteigentümern, die selbst als Antragsteller die Teilungsversteigerung betreiben. Rechtzeitige Zustellung nur an einen Teil der Miteigentümer genügt nicht. Antragsteller, nach dessen Anteilsbelastung das geringste Gebot festzustellen ist (§ 182 Abs 1), ist ein Miteigentümer daher nicht, wenn sein Beschlagnahme- oder Fortsetzungsbeschluß auch nur einem der übrigen Miteigentümer verspätet zugestellt ist.

3.2 Daß mehrere Miteigentümer die Teilungsversteigerung betreiben, erlangt bei der Zwangsversteigerung zur Aufhebung einer **Gesamthandsgemeinschaft** für Feststellung des geringsten Gebots keine Bedeutung, wenn unterschiedlich belastete Anteile nicht bestehen. Es sind dann (ohnedies) alle auf dem Grundstück lastenden Ansprüche in das geringste Gebot aufzunehmen (Rdn 2.6).

3.3 Bei Zwangsversteigerung zur Aufhebung einer **Gemeinschaft nach Bruchteilen** (BGB § 741) auf Antrag mehrerer oder aller Miteigentümer bereitet die Feststellung des geringsten Gebots nur dann keine Besonderheiten, wenn das Grundstück lastenfrei oder lediglich mit Gesamtrechten oder auch nach einem an den Anteilen aller Antragsteller lastenden Gesamtrecht nicht mehr einzeln belastet ist. Dann sind in Rangklasse 4 des § 10 Abs 1 keine oder alle auf dem Grundstück lastenden Ansprüche in das geringste Gebot aufzunehmen (Rdn 2), nämlich das Gesamtrecht (alle Gesamtrechte) und die dem ranglezten Gesamtrecht auf den Anteilen aller Miteigentümer vorgehenden Rechte.

3.4 Die Feststellung des geringsten Gebots bei Zwangsversteigerung zur Aufhebung einer **Gemeinschaft nach Bruchteilen** (BGB § 741) auf Antrag mehrerer oder aller Miteigentümer bereitet Schwierigkeiten, wenn die **Anteile nicht gleich** (nicht alle mit den gleichen Rechten) und auch nicht mit einem ranglezten Gesamtrecht belastet sind. Es gibt fünf verschiedene Ansichten:
a) Aus dem Deckungsgrundsatz seien (erste Ansicht) alle Rechte zu berücksichtigen, die den Anteil irgendeines Antragstellers belasten, mitbelasten usw, also alle diese Rechte auf den Anteilen aller Antragsteller[10] (hier könnte der einzelne Teilhaber durch Überbelastung seines Anteils, indem er dann betreibt, die Versteigerung verhindern, weil niemand das hohe geringste Gebot überbieten kann[11]).

Beispiel 1:	A:	B:	C:
	X	Y	Z

Betreiben A und B, so bleiben X auf A und Y auf B bestehen.

b) Zu berücksichtigen seien (zweite Ansicht) nur die Rechte, die gleichzeitig die Anteile aller betreibenden Miteigentümer belasten usw, also nur die Gesamtbelastungen bzw die ihnen vorgehenden[12]. Das soll zumindest dann gelten, wenn ein Miteigentümer in Kenntnis des Versteigerungsantrags seinen Miteigentumsanteil weit über den Grundstückswert hinaus belastet hat und sodann dem Verfahren beigetreten ist[13].

Beispiel 2:	A:	B:	C:
	X	–	–
	–	Y	–
	–	Z	Z
	W	–	W

---

[10] Jaeckel/Güthe § 182 Rdn 6; Lupprian, ZVG, § 182 Anm 4; Wolff, ZVG, § 182 Anm 2.
[11] Mohrbutter, Handbuch des Vollstreckungsrechts, § 63 (IV); Schmidt, Grundpfandrechte und geringstes Gebot (1953), Seite 63–64.
[12] Mohrbutter/Drischler Muster 183 Vorbem II; Mohrbutter und Schmidt je aaO (Fußn 11); Drischler JurBüro 1981, 1761 (2) und JurBüro 1981, 1765 (III 21).
[13] LG Heidelberg Rpfleger 1979, 472.

Geringstes Gebot und Ausgleichsbetrag 3.5 § 182

Betreiben hier A und B so bleibt nichts bestehen, weil weder X noch Y noch Z noch W auf beiden Anteilen (A und B) ruhen.

c) Für jeden Betreibenden (dritte Ansicht) werde das geringste Gebot gesondert berechnet; dabei werde entweder das niedrigste dann ausgewählt (so[14]) oder Doppelausgebot beider vorgenommen (so[15]) oder erst das hohe ausgeboten und bei Erfolglosigkeit nach § 59 das niedrige[16], oder doch der Zuschlag erteilt, wenn doppelt ausgeboten wurde und zu den Versteigerungsbedingungen unter Berücksichtigung aller Einzelbelastungen nicht geboten, aber auf ein (ohne Zustimmung erfolgtes) Ausgebot ohne Berücksichtigung der übermäßigen Einzelbelastung geboten wurde, mithin nur dieses Ausgebot die Verwirklichung des Auseinandersetzungsanspruchs des Miteigentümers des gering belasteten Anteils gewährleistet[17].

d) Es seien zwar (vierte Ansicht) alle Rechte zu berücksichtigen (Ansicht a), aber bei übermäßiger Belastung eines Anteils nach § 59 auf Antrag eines anderen Betreibenden so auszubieten, wie wenn der andere nicht betreiben würde, wobei die Zustimmung eines Beigetretenen zur Abweichung nicht nötig sei (so dieses Buch in 5. Aufl 1959, § 182 Anm 4).

e) Es verdränge (Ansicht fünf) das für jeden Antragsteller begründete Räumungsprinzip den Deckungsgrundsatz der Gegenseite (so[18]). Dieses Räumungsprinzip ergebe sich aus der Bestimmung, daß die auf dem Anteil eines Antragsgegners eingetragenen „Fremdrechte" zugunsten des Antragstellers zu weichen haben. Der Deckungsgrundsatz könne nur so lange Geltung beanspruchen, wie er von der Gegenseite nicht durch Antragstellung beseitigt (nach dem Räumungsprinzip damit verdrängt) werde. Wenn am Anteil des A das Recht III 1, am Anteil des B das Recht III 2 (einzeln) eingetragen sei, so gelte: Wenn A Antragsteller ist, erlischt das Recht III 2, wenn B den Versteigerungsantrag stellt, erlischt das Recht III 1. Stellen A und B einen Versteigerungsantrag, so erlöschen Folglich auf Grund des Räumungsprinzips die Rechte III 1 und III 2.

3.5 a) Bis zur 11. Aufl (1983) wurde in diesem Buch die Ansicht Rdn 3.4 zu a vertreten, weil das Gesetz zwischen Anordnung und Beitritt bei der Teilungsversteigerung nicht unterscheidet und die Grundsätze in § 182 ohne Zulassung einer Ausnahme aufstellt. Folge: Ins geringste Gebot müßten alle Rechte kommen, die den Anteil irgendeines Betreibenden belasten, mitbelasten oder einem belastenden oder mitbelastenden Recht vorgehen oder gleichstehen.

b) Hierfür **Beispiel 3:** Auf vier verschiedenen Bruchteilsanteilen sind eingetragen:

A:	B:	C:	D:
X	–	–	–
–	Y	–	–
–	–	–	W
–	Z	–	Z
V	V	–	V
–	–	T	–
S	–	S	–
–	R	–	–
–	–	Q	–
–	–	–	P

---

[14] Dassler/Schiffhauer § 182 Rdn 14; Freund, Zwangsvollstreckung in Grundstücke, § 102; Reinhard/Müller § 182 Anm III 3–4; Steiner/Teufel § 182 Rdn 12, 13; Schiffhauer ZIP 1982, 660 (XIV) und Rpfleger 1984, 81 (II).
[15] Drischler RpflJahrbuch 1960, 347, (B II 3).
[16] Otto und Seyffert Rpfleger 1979, 1.
[17] LG Düsseldorf Rpfleger 1987, 29.
[18] Niederée DRpflZ 1984, 94; Streuer Rpfleger 2001, 119.

5 a) A betreibt, bestehenbleiben: auf A: SVX, auf B: VZY; auf C: ST; auf D: VZW.
5 b) A und B betreiben, bestehenbleiben: auf A: SVX; auf B: RVZY; auf C: ST; auf D: VZW.
5 c) A und C betreiben, bestehenbleiben: auf A: SVX; auf B: VZY; auf C: QST; auf D: VZW.
5 d) A und D betreiben, bestehenbleiben: auf A: SVX; auf B: VZY; auf C: ST; auf D: PVZW.
5 e) B und C betreiben, bestehenbleiben: auf A: SVX; auf B: RVZY; auf C: QST; auf D: VZW.
5 f) B und D betreiben, bestehenbleiben: auf A: VX; auf B: RVZY; auf C: –; auf D: PVZW.
5 g) C und D betreiben, bestehenbleiben: auf A: SVX; auf B: VZY; auf C: QST; auf D: PVZW.

c) Hat ein Miteigentümer hier seinen Anteil hoch belastet und ist dann beigetreten, würde die Versteigerung ergebnislos bleiben; in einem solchen Fall sollte mit § 59 abgeholfen[19], die Regel aber nicht aufgegeben werden.

3.6 Richtig muß sich das geringste Gebot nach dem von mehreren antragstellenden Miteigentümern bestimmen, für den es **am niedrigsten** ist (so auch[20] und ZVG-Handbuch Rdn 736). Zu erwägen ist:

a) Der Anspruch auf Teilung ist Miteigentümerrecht. Mit seinem Anspruch auf Aufhebung der Gemeinschaft verwirklicht jeder Miteigentümer gegenüber den anderen Teilhabern der Gemeinschaft sein mit Begründung des Miteigentums entstehendes Auseinandersetzungsrecht. Als Inhalt des Miteigentums ist der Anspruch auf Teilung dinglicher Natur. Er kann daher durch die Belastung eines anderen, einzelnen Anteils nicht beeinträchtigt werden (Denkschrift S 68). Der Verwirklichung dieses materiellen Teilungsrechts dient die Immobiliarvollstreckung als Verfahrensrecht (Einl Rdn 3). Eine nach materiellem Recht ausgeschlossene Beeinträchtigung des Auseinandersetzungsanspruchs können daher auch Verfahrensregeln der Zwangsversteigerung nicht bewirken. Weil der Anteil eines antragstellenden Miteigentümers nur unbeschadet der darauf haftenden Rechte veräußert werden kann (Rdn 2.2), sind sie nach dem Deckungsgrundsatz mit Feststellung des geringsten Gebots zu wahren. Weitergehender Einschränkung unterliegt ein Miteigentümer bei Verwirklichung seines Auseinandersetzungsanspruchs nicht, somit auch nicht deshalb, weil zugleich (in einem gemeinsamen Verfahren) auch ein anderer (oder mehrere) Teilhaber der Gemeinschaft mit Geltendmachung des seinem Miteigentumsanteil selbständig entspringenden Auseinandersetzungsrechts die Grundstücksversteigerung zur Aufhebung der Gemeinschaft betreibt. Daher kann durch Berücksichtigung der Belastung eines anderen, einzelnen Anteils im geringsten Gebot der Auseinandersetzungsanspruch eines Miteigentümers auch nicht deshalb geschmälert werden, weil der weitere (oder mehrere) Miteigentümer zugleich die Teilungsversteigerung betreibt. Das entspricht dem für Bildung des geringsten Gebots in der Vollstreckungsversteigerung geltenden Grundsatz, daß dann, wenn mehrere Gläubiger das Verfahren betreiben, das geringste Gebot sich nach dem bestbetreibenden von ihnen richtet (§ 44 Rdn 7). Mit entsprechender Anwendung (§ 180 Abs 1) der Vorschriften über die Bildung des geringsten Gebots (§ 44) gilt das auch, wenn das Teilungsversteigerungsverfahren wegen mehrerer Auseinandersetzungsansprüche betrieben wird. Entsprechende Anwendung erfordert nicht, daß die mehreren Ansprüche, wegen der das Verfahren betrieben wird, verschiedenen Rang (nach materiellem Recht, BGB § 879) haben. Entspre-

---

[19] Otto und Seyffert Rpfleger 1979, 1; hierzu auch Alff Rpfleger 2004, 673.
[20] LG Braunschweig Rpfleger 1998, 256; LG Frankfurt Rpfleger 2000, 173; LG Hamburg Rpfleger 2004, 723; Dassler/Schiffhauer, Reinhard/Müller, Freund und Schiffhauer je aaO (Fußn 14); Ebeling Rpfleger 1991, 349 (II 4).

Geringstes Gebot und Ausgleichsbetrag 3.7 § 182

chende Anwendung des § 44 über die Bildung des geringsten Gebots bedeutet vielmehr, daß Durchführung des Verfahrens und Grundstücksveräußerung nach dem Anspruch eines Antragstellers von mehreren, für den sich das niedrigste geringste Gebot ergibt, nicht deshalb erschwert und beeinträchtigt sein kann, weil die Versteigerung auch wegen des Anspruchs eines anderen Antragstellers betrieben wird, der durch selbständige Einzelbelastung in der Grundstücksveräußerung umfassender beschränkt ist.

b) Das **geringste Gebot** in dem von mehreren Miteigentümern betriebenen Verfahren ist daher immer **nach dem Miteigentümer** als Antragsteller festzustellen, dessen Anteilsbelastungen **das niedrigste geringste Gebot** ergeben.

c) Hierfür **Beispiel 4:**   A   B
                            lastenfrei 100 000 DM

Betrieben wird das Verfahren von A und B. Es bleibt nichts bestehen (geringstes Gebot nach Antragsteller A); Ansprüche aus dem Recht zu 100 000 DM sind nicht in das geringste Gebot aufzunehmen (auch nicht in das bare geringste Gebot). Der Auseinandersetzungsanspruch des A wird durch die Einzelbelastung des Anteils B auch nicht deshalb beeinträchtigt, weil dieser Miteigentümer das Verfahren gleichfalls betreibt.

d) Hierfür **Beispiel 5:**   A   B
                             50 000 DM 20 000 DM

Betrieben wird das Verfahren von A und B. Bestehen bleibt das Recht zu 20 000 DM auf Anteil B; in den bar zu zahlenden Teil des geringsten Gebots sind Kosten und Zinsen sowie andere wiederkehrende Leistungen aus diesem Recht aufzunehmen. Ansprüche aus dem Recht zu 50 000 DM auf dem Anteil A sind nicht in das geringste Gebot aufzunehmen. Ausgleichsbetrag: § 180 Abs 2.

e) Nicht zutreffend sind die Rdn 3.4 bezeichneten Ansichten a (Überbelastung durch nur einen Teilhaber kann Versteigerung insgesamt verhindern), b (verletzt die Rechte der Einzelbelastungen bei allen Antragstellern, trägt dem Deckungsgrundsatz somit nicht Rechnung), und c (soweit das höchste Gebot angewendet wird). Die vierte Ansicht ist bereits in früheren Auflagen dieses Buches aufgegeben worden. Das Räumungsprinzip (Ansicht e) verkehrt den Deckungsgrundsatz (ohne Gesetzesgrundlage) in sein Gegenteil. Miteigentümer eines belasteten Grundstücks zusammen könnten dieses lastenfrei versteigern lassen; kein einem Auseinandersetzungsanspruch vorgehendes Recht wird mit Feststellung des geringsten Gebots gewahrt.

3.7 a) Durch Einzelbelastungen der Anteile kann sich eine **gleich umfassende Beschränkung** der Miteigentümer in der Grundstücksveräußerung zur Gemeinschaftsaufhebung ergeben.

Beispiel 6:   A   B
                       $1/2$ $1/2$
Hypothek I   100 000 DM   –
Grundschuld II   –   100 000 DM

A und B betreiben. Würde **nur A** das Verfahren betreiben, dann müßte als Belastung seines Antragstelleranteils die Hypothek I zu 100 000 DM bestehenbleiben. Er könnte seinen Anteil nur unbeschadet dieser darauf lastenden Hypothek veräußern. Die Grundschuld II auf dem Anteil B würde erlöschen (dafür aber Ausgleichsbetrag nach § 180 Abs 2). Würde **nur B** das Verfahren betreiben, dann müßte als Belastung seines Antragstelleranteils die Grundschuld II zu 100 000 DM bestehenbleiben. Er könnte seinen Anteil nur unbeschadet dieser darauf lastenden Grundschuld veräußern. Die Hypothek I auf dem Anteil A würde erlöschen (dafür aber Ausgleichsbetrag nach § 180 Abs 2). Jeder Miteigentümer ist mit seinem Aus-

§ 182 3.7 — Aufhebung einer Gemeinschaft

einandersetzungsanspruch durch eine Einzelbelastung von 100 000 DM und einem daraus folgenden Ausgleichsbetrag in gleicher Höhe (§ 182 Abs 2) beschränkt. Diese Beschränkungen entfallen nicht, wenn alle Miteigentümer die Versteigerung des Grundstücks zur Aufhebung der Gemeinschaft betreiben (sonst könnten sie gemeinsam das Grundstück lastenfrei veräußern). Daß **beide** Miteigentümer das Verfahren betreiben, hat somit nicht zur Folge, daß kein Recht bestehenbleibt (alle Belastungen erlöschen).

b) Für **jeden** der Miteigentümer **gilt** vielmehr, daß er zum Zwecke der Aufhebung der Gemeinschaft Veräußerung des Grundstücks **nur unbeschadet** der auf seinem Miteigentumsanteil haftenden Rechte betreiben und durch Belastung des anderen einzelnen Anteils **nicht beeinträchtigt** werden kann. Einzelbelastungen bleiben bei Feststellung des geringsten Gebots nach dem Grundgedanken des Abs 1 nur unberücksichtigt, wenn sie das Recht des (somit eines) Antragstellers auf Aufhebung der Gemeinschaft beeinträchtigen Rdn 2.3). Wenn das nicht der Fall ist, brauchen sie dem Auseinandersetzungsanspruch des anderen Miteigentümers nicht weichen. Das gilt auch, wenn der Teilungsanspruch eines Miteigentümers durch die Belastung des anderen Anteils **nicht stärker** als bereits durch die eigene Anteilsbelastung beeinträchtigt ist. Die gleich hohen Einzelbelastungen der Anteile finden bei Versteigerung auf Antrag (hier) beider Miteigentümer somit Aufnahme in das geringste Gebot. Das entspricht auch dem Grundgedanken des Abs 2, nach dem auf jeden Miteigentumsanteil ein seiner Größe entsprechender Bruchteil des Versteigerungserlöses zu entfallen hat (Denkschrift S 68). Wahrung dieses Grundsatzes gebietet hier nicht, daß für eine bare Ausgleichung gesorgt werden muß; weil keiner der gleichzeitig verfolgten Auseinandersetzungsansprüche durch Einzelbelastungen eines anderen Anteils beeinträchtigt wird, brauchen solche vielmehr nicht zu weichen. Nach dem Deckungsgrundsatz haben somit in diesem Fall alle Rechte in das geringste Gebot Aufnahme zu finden. Das muß hier nach Abs 1 für die Belastungen der Anteile der Antragsteller auch gelten, wenn unterschiedlich hohe Zinsen oder andere Nebenleistungen der einzelnen Rechte zu (dann meist geringen) Abweichungen bei Berechnung des baren geringsten Gebots führen (dafür Ausgleichung nach Abs 2).

3.8 Die Beeinträchtigung des Rechts eines Antragstellers (von mehreren) auf Aufhebung der Gemeinschaft durch Belastung eines anderen einzelnen Anteils kann (wie bei Feststellung des Ausgleichsbetrags nach Abs 2; dazu Rdn 4) nur nach dem **Verhältnis der Anteilsgrößen** der mehreren antragstellenden Miteigentümer bemessen werden.

Beispiel 7:

	A	B
	⅓	⅔
	100 000 DM	–
	–	100 000 DM

Betrieben wird das Verfahren von A und B. Geringstes Gebot als das niedrigste (nach den Grundsätzen Rdn 3.6): Recht auf Anteil B mit 100 000 DM bleibt bestehen (ein Drittel ist nur mit 50 000 DM belastet), Recht auf Anteil A kommt nicht in das geringste Gebot (dafür Ausgleichsbetrag nach § 180 Abs 2).

Beispiel 8:

	A	B
	⅓	⅔
	50 000 DM	–
	–	100 000 DM

Betrieben wird das Verfahren von A und B. Gleich umfassende Beschränkung der Auseinandersetzungsansprüche. Geringstes Gebot (nach den Grundsätzen Rdn 3.7) daher: Keine Einzelbelastung muß weichen. Somit Aufnahme der Einzelbelastung A mit 50 000 DM und der Einzelbelastung B mit 100 000 DM in das geringste Gebot.

Geringstes Gebot und Ausgleichsbetrag   **4.5**   **§ 182**

3.9 Folge der Niedrigstgebotetheorie ist, daß dem geringsten Gebot nach dem von mehreren Miteigentümern, für den es am niedrigsten ist, die Grundlage entzogen wird, wenn dieser Miteigentümer seinen Versteigerungs**antrag zurücknimmt** oder die **Einstellung** des Verfahrens **bewilligt** (wie § 66 Rdn 7.4). Es muß daher, wenn sich bei einem geringsten Gebot nach einem anderen Miteigentümer die bestehen bleibenden Rechte ändern oder das geringste Bargebot erhöht (und durch bereits abgegebene Gebote noch nicht gedeckt ist) die Versteigerung abgebrochen, nach Schluß der Versteigerung der Zuschlag versagt werden[21] (§ 33). Gebote erlöschen damit. Für den Fortgang der abgebrochenen Versteigerung in dem noch von einem anderen Miteigentümer betriebenen Verfahren sind geringstes Gebot und Versteigerungsbedingungen neu festzustellen. Dann muß wieder auf die bevorstehende Ausschließung weiterer Anmeldungen hingewiesen und neu zur Abgabe von Geboten aufgefordert (§ 66 Abs 2) sowie von jetzt an wieder die Bietzeit von vollen 30 Minuten (§ 73) eingehalten werden. Rechtsmißbräuchliche Einstellungsbewilligung oder Antragrücknahme halten jedoch den Fortgang des Verfahrens, damit auch die Erteilung des Zuschlags, zu dem festgestellten niedrigen geringsten Gebot nicht mehr auf[22].

Ungleiche Anteilsbelastung: Ausgleichsbetrag (Absatz 2)   4

4.1 Abs 2 verlangt für die Teilungsversteigerung **Erhöhung** des geringsten Gebots um **bare** Ausgleichsbeträge, wenn die nach Abs 1 im geringsten Gebot zu berücksichtigenden Beträge bei einem Anteil höher sind als bei anderen. Berücksichtigung dieser Ausgleichung beruht auf der Erwägung, daß auch dann, wenn die bei Feststellung des geringsten Gebots berücksichtigten Rechte die Miteigentumsanteile ungleichmäßig belasten, auf jeden Anteil ein seiner Größe entsprechender Bruchteil des Versteigerungserlöses zu entfallen hat (Denkschrift S 68).

4.2 Auszugleichen ist ein bei Feststellung des geringsten Gebots „bei einem Anteil" berücksichtigter größerer Betrag. Im geringsten Gebot als Ausgleichung zu berücksichtigen sind daher die Beträge, um welche die **bestehenbleibenden Rechte** (§ 52) und die **bar zu zahlenden Beträge** (§ 49) als Belastungen des am stärksten belasteten Anteils die Belastungen des anderen Anteils (der anderen Anteile) (verhältnismäßig) übersteigen.

4.3 Für den Ausgleichsbetrag gilt die gesetzliche Versteigerungsbedingung der **Barzahlung** (§ 49 Abs 1 mit § 180 Abs 1) (Denkschrift S 68). In das geringste Gebot ist der Ausgleichsbetrag somit als weiterer bar zu zahlender Teil aufzunehmen.

4.4 Bei **Gesamthandsgemeinschaften** fällt ein Ausgleichsbetrag (durchweg) nicht an, weil hier keine unterschiedlich beteiligten Grundstücksanteile vorhanden sind; Ausnahme: Rdn 2.6.

4.5 a) Bei einer **Bruchteilsgemeinschaft** können auf die einzelnen Grundstücksanteile **gleiche Beträge** des geringsten Gebots entfallen, wenn etwa zwei Hälfteanteile je gleich hoch am geringsten Gebot beteiligt sind, mit gleich hohen bestehen bleibenden Rechten, mit gleich hohen Anteilen an Verfahrenskosten, öffentlichen Lasten, Zinsen und Kosten der bestehenbleibenden Rechte. Ein Ausgleich ist dann **nicht nötig**.

b) **Beispiel 1:**

	Hälfteanteil A	Hälfteanteil B
Verfahrenskosten	1000	1000
Öffentliche Lasten	1000	1000
Gesamthypothekenanteil	5000	5000
Zinsen und Kosten daraus	500	500
	7500	7500

---

[21] LG Braunschweig Rpfleger 1998, 256.
[22] LG Braunschweig Rpfleger 1998, 482.

§ 182 4.5   Aufhebung einer Gemeinschaft

Wenn A und B betreiben, werden im geringsten Gebot alle aufgeführten Ansprüche berücksichtigt; dabei sind beide gleich hohen Anteile (je $^1/_2$) absolut (in der tatsächlichen Höhe der Belastung) und relativ (Belastung im Verhältnis zur Höhe des Anteils) gleich hoch beteiligt. Ausgleich ist nicht nötig. Würde hier A oder B betreiben, wäre die Lage ebenso, weil ein Gesamtrecht und auch sonst Gesamtansprüche gegeben sind.

c) **Beispiel 2:**

	Hälfteanteil A	Hälfteanteil B
Verfahrenskosten	1000	1000
Öffentliche Lasten	1000	1000
Hypothek auf A	5000	–
Hypothek auf B	–	5000
Zinsen daraus	500	500
	7500	7500

Die Beträge sind wie vorher, die Lage ist anders. Betreiben A und B, so werden alle Posten berücksichtigt (Rdn 3.7), wie vorher sind dann beide Anteile absolut und relativ gleich hoch belastet.

4.6 a) **Beispiel 3:** Wie vorher, es betreibt aber nur A oder nur B: es kommt dann nur die eine Hypothek ins geringste Gebot (samt Zinsen), aus dem anderen Anteil nur Kosten, öffentliche Lasten; wenn zB A betreibt:

	Hälfteanteil A	Hälfteanteil B
Verfahrenskosten	1000	1000
Öffentliche Lasten	1000	1000
Hypothek auf A	5000	–
Zinsen daraus	500	–
	7500	2000

b) Hier sind die gleich hohen Anteile absolut und relativ **ungleich belastet**. Es muß ein Ausgleich erfolgen. Es würde nämlich normal von dem Erlös bei gleichen Eigentumsanteilen auf jeden Teilnehmer der gleiche Erlösanteil treffen; dabei würde B benachteiligt, weil sein Anteil geringer belastet wäre, trotzdem aber nur den gleichen Betrag bekäme wie A. Bei einem Erlös von zB 20 000 (bar und bestehenbleibend) würden auf A entfallen als bestehenbleibend 5000, in bar 2500, auf B in bar 2000, zusammen 9500; vom Rest zu 10 500 würden dann A und B je 5250 erhalten. So könnte ein Miteigentümer durch hohe Belastung seines Anteils die anderen benachteiligen. Darum ist Ausgleich nötig.

4.7 Durch den Ausgleich müssen alle Anteile **auf gleiche Höhe** gebracht werden[23]. Das gilt aber nur für die bei jedem Anteil im geringsten Gebot gemäß Abs 1 berücksichtigten Beträge, für die bestehenbleibenden Belastungen wie für die bar zu zahlenden Teile; also Kapitalbetrag, Zinsen und Kosten der bestehenbleibenden dinglichen Rechte aus Rangklassen 4 und 8, Verfahrenskosten und Ansprüche der Rangklassen 1–3, 7. Zwischen den Rangklassen selbst wird dabei nicht unterschieden.

4.8 a) Den im geringsten Gebot gemäß Abs 1 schon berücksichtigen Beträgen müssen **diejenigen Beträge** als Ausgleich hinzugerechnet werden, um welche der Anteil des **am höchsten** im geringsten Gebot berücksichtigten Grundstücksanteils an diesem geringsten Gebot jeweils die im geringsten Gebot berücksichtigten Beträge jedes einzelnen anderen Grundstücksanteils überschreitet[24]. Dabei ist bei jedem Grundstücksanteil nicht die Höhe seiner Berücksichtigung (der tatsächliche

---

[23] Jaeckel/Güthe § 182 Rdn 3; Schmidt, Grundpfandrechte und geringstes Gebot (1953), S 62.
[24] Schmidt, Grundpfandrechte und geringstes Gebot (1953), S 62.

Geringstes Gebot und Ausgleichsbetrag   4.9 **§ 182**

Betrag, der im geringsten Gebot steht) für die Ausgleichsrechnung zugrundezulegen, sondern der Betrag seiner **relativen Berücksichtigung**, also die Höhe im Verhältnis zur Größe des Grundstücksanteils[25].

b) **Beispiel 4:** $2/3$-Anteil A $1/3$-Anteil B
im geringsten Gebot   6000   3000

Absolut berücksichtigt sind also bei A hier 6000, bei B 3000, relativ aber je $1/3$-Anteil bei A mit 3000, bei B mit 3000. Ausgleich wäre hier nicht nötig.

c) Die Grundstücksanteile müssen daher zunächst auf gleichen Nenner der Grundstücksbruchteile gebracht werden, weil der Ausgleich nur unter gleich hohen Grundstücksanteilen erfolgen kann:

Beispiel 5: $1/2$ A $1/4$ B $1/8$ C $1/8$ D
auf gleichen Nenner $4/8$ A $2/8$ B $1/8$ C $1/8$ D

d) Für jeden Grundstücksanteil ist dann die Höhe der Berücksichtigung im geringsten Gebot festzustellen, zunächst absolut, dann relativ:

Beispiel 6: ausgehend von Beispiel 5 seien als absolut berücksichtigt angenommen:

A 5000   B 10000   C 1000   D 1000.

Relativ, dh je $1/8$ Grundstücksanteil, ergeben sich dann:
A 5000 : 4 = 1250, B 10000 : 2 = 5000, C 1000 : 1 = 1000, D 1000 : 1 = 1000
Relativ am höchsten belastet ist also B, bei dem auf je $1/8$ 5000 treffen. Von ihm aus ist gegenüber den anderen auszugleichen.

e) Dabei wird allgemein nach der **Freund'schen Formel** verfahren (Freund war Amtsrichter in Breslau und hat für diesen Ausgleich eine abgekürzte Berechnung geschaffen) ([26]mit Beispielen, erläutert zB von[27]): der am stärksten belastete Anteil vervielfacht mit dem gemeinsamen Nenner ergibt nach Abzug der bestehenbleibenden Rechte und des Bargebots den Ausgleichsbetrag.
Dieser Gesamtausgleichsbetrag verteilt sich (bei der späteren Auseinandersetzung auf die einzelnen Grundstücksbruchteile) wie folgt: der je Grundstückseinheit (in unseren Beispielen: $1/8$) am höchsten im geringsten Gebot berücksichtigte Betrag wird bei den anderen Grundstücksanteilen je mit der Zahl ihrer Einheiten (zB 4 oder 2 oder 1 in Beispiel 5) vervielfacht; davon wird dann bei jedem der Betrag der bestehenbleibenden Rechte und der bar zu zahlende Betrag abgezogen; das Ergebnis ist der Anteil jedes Grundstücksanteils am Gesamtausgleich; die zusammengezählten Einzelbeträge müssen wieder den Gesamtausgleich ergeben.

4.9 Beispiel 7: Miteigentümer A $1/4$, B $1/2$, C $1/8$, D $1/8$; A und C betreiben; Kosten 3200; Rangklassen 1–3 1600; Hypotheken: Nr 1 auf B 3000 (300 Kosten und Zinsen), Nr 2 auf B und C gesamt 5000 (500 Kosten und Zinsen), Nr 3 auf A bis D gesamt 16000 (2400 Kosten und Zinsen), Nr 4 auf A 5000 (500 Kosten und Zinsen), Nr 5 auf A bis D gesamt 8000 (800 Kosten und Zinsen), Nr 6 auf D 4000 (500 Kosten und Zinsen).
Bestehen bleiben Nr 1–5, es erlischt Nr 6; bestehenbleiben dabei 1 auf B, 2 auf B und C, 3 auf A bis D, 4 auf A, 5 auf A bis D. Es ergibt sich folgende Berechnung:

---

[25] Drischler RpflJahrbuch 1960, 347 (B I).
[26] Freund, Zwangsvollstreckung im Grundstücke (1901), Seite 226–228.
[27] Dassler/Schiffhauer § 182 Rdn 9; Jaeckel/Güthe § 182 Rdn 3; Mohrbutter/Drischler Muster 183 Vorbem I.

§ 182 4.9   Aufhebung einer Gemeinschaft

Grundstücksanteile	A $1/4 = 2/8$	B $1/2 = 4/8$	C $1/8$	D $1/8$
bar zu zahlen:				
Kosten: 3200 (2:4:1:1)	800	1600	400	400
Rang 1–3: 1600 (2:4:1:1)	400	800	200	200
Zinsen Nr 1: 300	–	300	–	–
Zinsen Nr 2: 500 (4:1)	–	400	100	–
Zinsen Nr 3: 2400 (2:4:1:1)	600	1200	300	300
Zinsen Nr 4: 500	500	–	–	–
Zinsen Nr. 5: 800 (2:4:1:1)	200	400	100	100
Zinsen Nr 6: –	–	–	–	–
bar zusammen: 9300	2500	4700	1100	1000
bestehenbleibend:				
Nr 1: 3000	–	3000	–	–
Nr 2: 5000 (4:1)	–	4000	1000	–
Nr 3: 16000 (2:4:1:1)	4000	8000	2000	2000
Nr 4: 5000	5000	–	–	–
Nr 5: 8000 (2:4:1:1)	2000	4000	1000	1000
Nr 6: –	–	–	–	–
bestehenbleibend: 37000	11000	19000	4000	3000
bar wie oben: 9300	2500	4700	1100	1000
berücksichtigt absolut	13500	23700	5100	4000
relativ je $1/8$	6750	5925	5100	4000

Höchster berücksichtigter Betrag relativ auf $1/8$ also bei A der Betrag von 6750.
Der Gesamtausgleich errechnet sich also:

```
      6750 × 8 =                    54000
      ab bestehendbleibend  37000
      ab bar zu zahlen       9300   46300
      Gesamtausgleich                7700
```

Der Gesamtausgleich verteilt sich bei der späteren Verteilung auf die einzelnen Grundstücksanteile wie folgt:

```
A (2 × 6750) − 13500 = 13500 − 13500 =     0
B (4 × 6750) − 23700 = 27000 − 23700 =  3300
C (1 × 6750) −  5100 =  6750 −  5100 =  1650
D (1 × 6750) −  4000 =  6750 −  4000 =  2750
                                        7700.
```

Man hätte den Gesamtausgleich und seine Teile auch wie folgt berechnen können: berücksichtigt wurden je $1/8$ bei A 6750, bei B 5925, bei C 5100, bei D 4000; zum Ausgleich sind daher nötig:

```
A 2 × (6750−6750) = 2 × 0    =    0
B 4 × (6750−5925) = 4 × 825  = 3300
C 1 × (6750−5100) = 1 × 1650 = 1650
D 1 × (6750−4000) = 1 × 2750 = 2750
                                7700.
```

Das geringste Gebot wird also nunmehr endgültig wie folgt berechnet:

```
      bar zu zahlen          9300
      Ausgleichsbetrag bar   7700
      bar insgesamt         17000
      bestehenbleibend      37000
      insgesamt             54000.
```

Geringstes Gebot und Ausgleichsbetrag 4.11 **§ 182**

4.10 Die Ausgleichsbeträge sind nur **Rechnungsposten** für das geringste Gebot[28]. Sie werden **nicht an den Anteilseigentümer** vorweg ausbezahlt[29], sie müssen nur rechnerisch das geringste Gebot erhöhen, damit bei der späteren Verteilung des Überschusses (die das Vollstreckungsgericht nicht durchführt, nur vorbereitet; dazu: § 180 Rdn 17) die einzelnen Anteile in der ihnen wirklich zustehenden Höhe zum Zuge kommen können. Ein früherer Miteigentümer kann nicht Widerspruch gegen den Teilungsplan mit dem Ziel erheben, ihm den Ausgleichsbetrag zuzuteilen[29]. Zu Unrecht meinen hier[30], die Ausgleichsbeträge seien den Ausgleichsberechtigten zuzuteilen, der Rest den bisherigen Miteigentümern nach dem Verhältnis ihrer Anteile. Aus der Bestimmung eines rechnerischen Ausgleichsbetrags zur Gleichstellung der Anteile am Grundstück folgt noch nicht, daß die Teilhaber anteilig am Grundstückserlös berechtigt sind. Ebenso wie bei gleicher Belastung der Anteile das Vollstreckungsgericht nicht durch Teilung des Erlöses die Auseinandersetzung der Grundstücksmiteigentümer herbeiführen kann (§ 180 Rdn 17) ist das bei ungleicher Belastung nicht gestattet. Das ist nicht deshalb anders, weil bei Versteigerung für die Anteile barer Erlös nicht in gleicher Weise erzielt worden ist. Insbesondere schließt die bei Aufhebung der Gemeinschaft notwendige Berücksichtigung der Forderung eines Teilhabers gegen einen anderen, die sich auf die Gemeinschaft gründet (BGB § 756), es aus, daß das Vollstreckungsgericht Erlösüberschuß einzeln an einen Teilhaber auszahlt. Auch der Ausgleichsbetrag ist Grundstückssurrogat, an dem sich die Gemeinschaft der Grundstückseigentümer fortsetzt, dessen Teilung und Auszahlung in Teilbeträgen an die einzelnen Gemeinschafter Auseinandersetzung der am Versteigerungserlös fortbestehenden Gemeinschaft erfordert, die durch die Teilhaber rechtsgeschäftlich (oder durch das Prozeßgericht) zu erfolgen hat, nicht aber durch das Vollstreckungsgericht im Versteigerungsverfahren vorgenommen werden kann.

4.11 Bei Auseinandersetzung des Erlösüberschusses und auch noch im Rechtsstreit der Miteigentümer um die Verteilung des Erlöses ist auch dann zu berücksichtigen, daß Miteigentumsanteile ungleich belastet waren, wenn entgegen Abs 2 in das geringste Gebot kein Ausgleichsbetrag aufgenommen worden ist[31] (dazu auch[32]). Das erlangt Bedeutung, wenn ein Grundpfandrecht als Gesamtrecht im geringsten Gebot berücksichtigt ist, sich dann aber (nach dem Zuschlag) ergibt, daß es nur noch an dem Anteil eines Miteigentümers lastet, an dem Anteil des anderen (oder der weiteren) Miteigentümer aber schon vor dem Zuschlag nach den Vorschriften über die Gesamthypothek erloschen ist. Dazu auch § 180 Rdn 18.10.

4.12 Falls der Ausgleichsbetrag allein oder zusammen mit dem vollständigen oder teilweisen geringsten Bargebot und Mehrgebot nicht bezahlt wird, muß auch hier die **Forderung** gegen den Ersteher **übertragen** (§ 118) und eine Sicherungshypothek eingetragen werden (§ 128). Als Grundstückssurrogat gebührt die unverteilt bleibende Forderung gegen den Ersteher den Grundstückseigentümern als Teilhaber der fortbestehenden Gemeinschaft (Rdn 4.10), auch soweit mit dem baren Meistgebot der Ausgleichsbetrag nicht bezahlt wurde. Es wird daher eine Sicherungshypothek an dem versteigerten Grundstück (insgesamt, nicht nur an dem minderbelasteten Anteil, für den sich ein Ausgleichsbetrag ergab) eingetragen, und zwar mit Rang nach den für Gläubigeransprüche einzutragenden Sicherungshypotheken (§ 128 Abs 2). Über den (nicht bezahlten) Ausgleichsbetrag darf

---

[28] LG Lüneburg ZIP 1981, 914; Dassler/Schiffhauer § 182 Rdn 10; Steiner/Teufel § 182 Rdn 19; Schiffhauer ZIP 1982, 660 (XIV 2) und Rpfleger 1984, 81 (III 4).
[29] LG Lüneburg ZIP 1981, 914; Schiffhauer aaO (Fußn 28).
[30] Nußbaum, Zwangsversteigerung, § 39 (IV c); Drischler ZIP 1982, 921.
[31] BGH FamRZ 1983, 797 = MDR 1983, 1020 = NJW 1983, 2449 = Rpfleger 1984, 109.
[32] Schiffhauer aaO (Fußn 28).

§ 182 4.12 Aufhebung einer Gemeinschaft

nicht gesondert (von den anderen Teilen des Meistgebots) zugunsten des bisherigen Eigentümers des minder belastet gewesenen Anteils verfügt werden. Eine Aufteilung wäre eine unzulässige Vorwegnahme der Auseinandersetzung über den Erlös.

4.13 Die Berechnung des geringsten Gebots mit Ausgleichsbeträgen kann in Einzelfällen außerordentlich kompliziert werden. Es wird daher empfohlen, im Falle von Schwierigkeiten sich **auch** noch **mit anderen Beispielen** zu befassen, so in[33].

4.14 Zu einschlägigen Fragen im ZVG-Handbuch: allgemein Rdn 737, Beispiele für Ausgleich Rdn 738–739.

[Kein Kündigungsrecht für Miet- und Pachtverträge]

183 Im Falle der Vermietung oder Verpachtung des Grundstücks finden die in den §§ 57a und 57b vorgesehenen Maßgaben keine Anwendung.

1 Allgemeines zu § 183

Zweck der Vorschrift: Sonderregelung für das Verhältnis des Erstehers zu Mietern/Pächtern.

2 Mieter und Pächter in der Teilungsversteigerung

2.1 Der Ersteher tritt auch bei Teilungsversteigerung nach Maßgabe von BGB § 566 Abs 1 (§ 578 Abs 1) in die sich während der Dauer seines Eigentums aus dem **Mietverhältnis/Pachtverhältnis** ergebenden Rechte und Verpflichtungen ein: § 57 mit § 180 Abs 1 (Versteigerung bricht nicht Miete). Ein außerordentliches Kündigungsrecht für den ersten zulässigen Termin nach § 57a hat der Ersteher aber nicht (§ 183). In der Teilungsversteigerung bleibt es bei den vertraglichen und den sonstigen gesetzlichen Kündigungsbestimmungen. Nicht anwendbar sind in der Teilungsversteigerung auch die zu § 57a für die Vollstreckungsversteigerung erlassenen Besonderheiten in §§ 57c–57d (sie beziehen sich ja nur auf das hier nicht geltende Kündigungsrecht).

2.2 Eine **Verfügung** über die Miete oder Pacht vor dem Übergang des Eigentums muß auch der Ersteher in der Teilungsversteigerung nur in den Grenzen von BGB § 566b Abs 1 gegen sich gelten lassen. Auch wenn der Ersteher die Verfügung über die Miete oder Pacht für eine spätere Zeit bei Abgabe des Meistgebots gekannt hat, ist sie ihm gegenüber nicht wirksam (BGB § 566b Abs 2 findet nach § 57 mit § 180 Abs 1 keine Anwendung).

2.3 Für die entsprechende Anwendung von BGB § 566b Abs 1, §§ 566c, 566d über die Wirkung von Verfügungen und Rechtsgeschäften über den Miet- oder Pachtzins kommt in der Teilungsversteigerung der Beschlagnahme des Grundstücks keine Bedeutung zu (§ 57b gilt nicht). Dem Ersteher gegenüber finden diese Vorschriften des Bürgerlichen Gesetzbuchs somit in gleicher Weise Anwendung, wie sie bei freihändigem Erwerb des Grundstücks gegenüber dem Erwerber gelten. Maßgeblich bleibt somit als Übergang des Eigentums (§ 90 Abs 1) der Zeitpunkt der Zuschlagswirksamkeit (§§ 89, 104) oder der Kenntnis davon.

2.4 § 183 gilt auch dann, wenn ein Dritter die Teilungsversteigerung betrieben hat, der das Recht eines Miteigentümers auf Aufhebung der Gemeinschaft ausgeübt hat (zB ein Pfandgläubiger, der Testamentsvollstrecker).

---

[33] Jaeckel/Güthe § 182 Rdn 3; Steiner/Teufel § 182 Rdn 22; Brand/Baur, Zwangsversteigerungssachen, Seite 523; vd Pforden, ZVG, § 182 Anm 2; Reinhard/Müller § 182 Anm II; Schmidt aaO (Fußn 23).

Sicherheitsleistung der Miteigentümer 3.1 **§ 184**

2.5 Vollstreckung: Die Vollstreckung aus dem Zuschlagsbeschluß nach § 93 gegen frühere Miteigentümer, die ohne besonderen Mietvertrag in dem versteigerten Grundstück wohnen, wird durch § 183 nicht berührt.

[Sicherheitsleistung der Miteigentümer]

184 Ein Miteigentümer braucht für sein Gebot keine Sicherheit zu leisten, wenn ihm eine durch das Gebot ganz oder teilweise gedeckte Hypothek, Grundschuld oder Rentenschuld zusteht.

Allgemeines zu § 184   1

Zweck der Vorschrift: Einschränkung der Verpflichtung zur Sicherheitsleistung für Miteigentümer mit Ausschluß des § 67 Abs 2 Satz 2, weil der Grund, auf dem diese für den Schuldner geltende Vorschrift beruht, hier nicht zutrifft.

Bietersicherheit in der Teilungsversteigerung   2

2.1 Auch in der Teilungsversteigerung **kann jeder,** dessen Recht durch Nichterfüllung eines Gebots beeinträchtigt würde, der also aus dem Gebot (falls es Meistgebot bleibt und den Zuschlag erhält) etwas zu erhalten hätte, sofort nach Abgabe des Gebots **Sicherheitsleistung verlangen:** § 67 Abs 1 Satz 1 mit § 180 Abs 1.

2.2 Auch hier braucht ein Bieter, dem eine durch das Gebot ganz oder zum Teil gedeckte Hypothek usw zusteht, nur **auf Verlangen des Antragstellers** Sicherheit zu leisten: § 67 Abs 2 Satz 1 mit § 180 Abs 1. Die Ausnahme in § 67 Abs 2 Satz 2 ist aber hier durch eine Sonderregelung ersetzt (Rdn 3).

2.3 Auch hier sind Bund, Länder usw von **Sicherheitsleistung** immer **befreit:** § 67 Abs 3 mit § 180 Abs 1.

2.4 Auch hier wird **Sicherheit in Höhe** von $^1/_{10}$ des Verkehrswertes geleistet, mindestens in Höhe der Verfahrenskosten: § 68 Abs 1 mit § 180 Abs 1. Auch hier kann ein Beteiligter, dessen Recht nach § 52 bestehenbleibt, erhöhte Sicherheit verlangen: § 68 Abs 2 mit § 180 Abs 1. Der im geringsten Gebot bar berücksichtigte Ausgleichsbetrag (§ 182 Abs 2) kann für die erhöhte Sicherheitsleistung keine Bedeutung erlangen. Er gehört als Teil des Erlösüberschusses der Miteigentümer (§ 182 Rdn 4.10) nicht zu den dem Recht des Beteiligten vorgehenden Ansprüchen, die mit erhöhter Sicherheit nach § 68 Abs 2 Satz 2 zu decken sind. Die Ausnahmevorschrift des § 68 Abs 3 ist hier aber durch die Sonderregelung ersetzt.

2.5 Auch hier erfolgt **Sicherheitsleistung durch Bargeld,** Bundesbankscheck, Verrechnung eines Kreditinstituts oder durch selbstschuldnerische Bürgschaft eines Kreditinstituts § 69 mit § 180 Abs 1, EGZVG § 10.

Sicherheitsleistung in der Teilungsversteigerung   3

3.1 Auch ein **Miteigentümer** hat als Bieter auf Antrag eines Beteiligten, dessen Recht durch Nichterfüllung des Gebots beeinträchtigt würde (§ 67 Abs 1), wie jeder andere Bieter Sicherheit zu leisten. Antragsberechtigt ist demnach auch jeder weitere Miteigentümer, für den das Gebot einen Erlösüberschuß ergeben würde (§ 67 Rdn 2). Daß ein (selbst mitbietender) Miteigentümer von einem anderen Miteigentümer Sicherheit verlangt, verstößt nicht gegen Treu und Glauben[1]. Besonderheiten ergeben sich für Anwendung der Vorschriften über Sicherheitsleistung (§§ 67, 68 mit 180 Abs 1), weil ein antragstellender Miteigentümer nicht Gläubiger ist, der einen durch Zahlung zu deckenden Anspruch verfolgt, und weil die übrigen Miteigentümer nicht Schuldner sind, sondern diese Rolle nur für die entsprechende Anwendung der Vorschriften der Vollstreckungsversteigerung über-

---
[1] OLG Düsseldorf Rpfleger 1989, 167.

§ 184 3.1   Aufhebung einer Gemeinschaft

nehmen (§ 180 Rdn 6.5). In der Teilungsversteigerung keine Anwendung findet daher § 68 Abs 3 über erhöhte Sicherheitsleistung des Schuldners (oder eines neu eintretenden Eigentümers)[2]. Der Antragsteller des Verfahrens kann von Miteigentümern erhöhte Sicherheit nach § 68 Abs 3 nicht verlangen; die **Miteigentümer** sind **für** die Verpflichtung zur **Sicherheitsleistung** einander oder **gleichgestellt**[3]. Sicherheit hat somit auch ein Miteigentümer zu leisten für ein Zehntel des Verkehrswertes, mindestens aber für die Kosten (§ 68 Abs 1) oder auf Antrag eines Beteiligten, dessen Recht nach § 52 bestehen bleibt, darüber hinausgehend bis zur Höhe des Betrags, welcher zur Deckung der seinem Recht vorgehenden Ansprüche durch Zahlung zu berichtigen ist (§ 68 Abs 2).

3.2 Ein Miteigentümer kann die Sicherheit **nicht** entsprechend seiner Beteiligung am Grundstück **kürzen**[4]. Die Höhe der Sicherheitsleistung ermäßigt sich nicht etwa auf zB die Hälfte, wenn der Bieter, der Sicherheit leisten muß, schon Miterbe zur Hälfte des Objekts ist[5].

3.3 **Keine Sicherheit** braucht ein Miteigentümer jedoch für ein Gebot zu leisten, wenn ihm eine durch das Gebot ganz oder teilweise gedeckte Hypothek, Grundschuld oder Rentenschuld zusteht (§ 184). In diesem Fall entfällt für den Miteigentümer, der Antragsteller des Verfahrens ist, die Verpflichtung zur Sicherheitsleistung schon nach § 67 Abs 2 Satz 1 mit § 180 Abs 1, weil (außer ihm selbst) dann niemand berechtigt ist, Sicherheit von ihm zu verlangen. Die ergänzende Bestimmung des § 184 erstreckt die damit für das Gebot des Antragstellers, der zugleich Realberechtigter ist, sich ergebende Ausnahme von der Verpflichtung zur Sicherheitsleistung auch auf den Realberechtigten, der Antragsgegner ist und daher im Verfahren die Rolle des Schuldners einnimmt[6]; **§ 67 Abs 2 Satz 2 findet** sonach hier **keine Anwendung**[7].

3.4 § 184 gilt für Teilungsversteigerung bei Bruchteilseigentum ebenso wie bei Gesamthandseigentum. Gleichgültig ist, ob die durch das Gebot gedeckte Hypothek (auch Sicherungshypothek, § 67 Rdn 3), Grundschuld oder Rentenschuld auf dem Anteil des Bieters oder auf dem Anteil eines anderen Miteigentümers oder auf dem gesamten Grundstück lastet[8]. Als **Ausnahme** von § 67 Abs 2 Satz 2 soll § 184 es dem Miteigentümer auch als Antragsgegner (in der Rolle des Schuldners) erleichtern, das Grundstück mit Rücksicht auf seinen zu deckenden Anspruch zu ersteigern. **Voraussetzung** für die Befreiung des Miteigentümers (des Antragstellers nach § 67 Abs 2 Satz 1; des Antragsgegners nach § 184) von der Verpflichtung zur Sicherheitsleistung ist (wie für den Grundpfandgläubiger im Falle des § 67 Abs 2 Satz 1; dazu § 67 Rdn 3), daß durch das Bargebot des Miteigentümers mindestens wiederkehrende Leistungen zu decken sind[9] (dazu § 67 Rdn 3.4); auf die Höhe der Forderung kommt es nicht an[9]. Die Ausnahme des § 184 gilt dagegen nicht (ebenso wie keine Befreiung nach § 67 Abs 2 Satz 1 besteht), wenn das Grundpfandrecht in das geringste Gebot als bestehenbleibend aufgenommen ist[10] (anders[11]), weil ihm dann ja aus dem gebotenen Betrag nichts zufließt

---

[2] Dassler/Schiffhauer § 184 Rdn 3; Jaeckel/Güthe § 184 Rdn 2; Steiner/Teufel § 184 Rdn 6; Schiffhauer ZIP 1982, 660 (XV 3).
[3] Korintenberg/Wenz § 184 Anm 1.
[4] Steiner/Teufel § 184 Rdn 9; Schiffhauer ZIP 1982, 660 (XV 4).
[5] LG Mannheim Justiz 1973, 23 = ZMR 1973, 331.
[6] Schiffhauer ZIP 1982, 660 (XV 2).
[7] Steiner/Teufel § 184 Rdn 6; Ripfel BWNotZ 1968, 49 (I).
[8] Jaeckel/Güthe §§ 67–70 Rdn 7; Mohrbutter, Handbuch des Vollstreckungsrechts, § 64 (IV Fußn 3).
[9] Ripfel BWNotZ 1968, 49 (I).
[10] Jaeckel/Güthe § 184 Rdn 2.
[11] Dassler/Schiffhauer § 184 Rdn 4; Korintenberg/Wenz § 184 Anm 2; Steiner/Teufel § 184 Rdn 7; Mohrbutter aaO (Fußn 8).

(wenn nicht, wie erwähnt, Zinsen). Demnach befreit nur eine nicht im geringsten Gebot stehende Eigentümergrundschuld (Eintragung der Eigentümer als Gläubiger nicht erforderlich; Nachweis genügt, insbesondere daß bei Hypothek Forderung nicht entstanden oder wieder erloschen ist) von der Verpflichtung zur Sicherheitsleistung, weil Zinsen aus einer Eigentümergrundschuld im geringsten Gebot bar nicht berücksichtigt werden (BGB §§ 1178, 1197 Abs 2). Dann kann es jedoch nicht darauf ankommen, ob die Eigentümergrundschuld dem Miteigentümer, der bietet, allein oder zusammen mit den weiteren Miteigentümern (gleich in welchem Gemeinschaftsverhältnis) zusteht. Die Ausnahme des § 184 gilt auch wenn das Recht nur vorgemerkt[12] oder durch einen Widerspruch gesichert ist[13], auch wenn das Recht des Bieters mit einem Pfandrecht oder Nießbrauch belastet ist[14], auch wenn das Recht außerhalb des Grundbuchs übergegangen ist, so durch Erbschaft, Abtretung oder Pfändung (eines Briefrechts)[15], auch wenn das Recht nur am eigenen Grundstücksbruchteil des Sicherheit Verlangenden zusteht[16], und auch, wenn das Gebot über den Anspruch des Bieters (Miteigentümers) hinausgeht[17] (er kann nach voller Deckung seines Anspruchs aus der Hypothek, Grundschuld oder Rentenschuld ohne Sicherheitsleistung weiter bieten[17]).

[Zuweisung eines landwirtschaftlichen Betriebs]

185 (1) **Ist ein Verfahren über einen Antrag auf Zuweisung eines landwirtschaftlichen Betriebes nach § 13 Abs 1 des Grundstücksverkehrsgesetzes vom 28. Juli 1961 (Bundesgesetzbl I S 1091) anhängig und erstreckt sich der Antrag auf ein Grundstück, dessen Zwangsversteigerung nach § 180 angeordnet ist, so ist das Zwangsversteigerungsverfahren wegen dieses Grundstücks auf Antrag einzustellen, bis über den Antrag auf Zuweisung rechtskräftig entschieden ist.**

(2) **Ist die Zwangsversteigerung mehrerer Grundstücke angeordnet und bezieht sich der Zuweisungsantrag nur auf eines oder einzelne dieser Grundstücke, so kann das Vollstreckungsgericht anordnen, daß das Zwangsversteigerungsverfahren auch wegen der nicht vom Zuweisungsverfahren erfaßten Grundstücke eingestellt wird.**

(3) **Wird dem Zuweisungsantrag stattgegeben, so ist das Zwangsversteigerungsverfahren, soweit es die zugewiesenen Grundstücke betrifft, aufzuheben und im übrigen fortzusetzen.**

(4) **Die Voraussetzungen für die Einstellung und die Aufhebung des Zwangsversteigerungsverfahrens sind vom Antragsteller nachzuweisen.**

Allgemeines zu § 185   1

Zweck der Vorschrift: Regelung des Verhältnisses der Teilungsversteigerung zum landwirtschaftlichen Zuweisungsverfahren.

Zuweisungsverfahren landwirtschaftlicher Grundstücke   2

2.1 Gehört **ein landwirtschaftlicher** (nicht forstwirtschaftlicher[18]) **Betrieb** einer durch gesetzliche Erbfolge (nicht durch letztwillige Verfügung) entstandenen **Erbengemeinschaft, so kann jeder Miterbe beantragen,** daß die ganzen Be-

---

[12] Dassler/Schiffhauer § 184 Rdn 4; Jaeckel/Güthe, §§ 67–70 Rdn 7.
[13] Dassler/Schiffhauer § 184 Rdn 4; Drischler JurBüro 1965, 329 (Jb).
[14] Jaeckel/Güthe § 184 Rdn 2; Drischler aaO (Fußn 13).
[15] Jaeckel/Güthe § 184 Rdn 2; Ripfel BWNotZ 1968, 49 (II).
[16] Ripfel BWNotZ 1968, 49 (III).
[17] Jaeckel/Güthe §§ 67–70 Rdn 7.
[1] Dassler/Schiffhauer § 185 Rdn 2; 2 Steiner/Teufel § 185 Rdn 1.

§ 185 2.1

triebsgrundstücke **ungeteilt** vom Landwirtschaftsgericht (in Bayern Bauerngericht) einem Miterben **zugewiesen werden:** Grundstücksverkehrsgesetz § 13 Abs 1 Satz 1 (mit Einzelheiten). Die Zuweisung erstreckt sich auch auf erbengemeinschaftliche Zubehörstücke, Miteigentums-, Kapitals- und Geschäftsanteile, dingliche Nutzungsrechte und ähnliche Rechte, die zur ordnungsgemäßen Bewirtschaftung des Betriebs nötig sind: Gesetz § 13 Abs 1 Satz 3. Die Miterben, denen nicht zugewiesen wird, erhalten eine Abfindung in Geld: Gesetz § 16 Abs 1 Satz 1. Das weitere Verfahren richtet sich nach Gesetz §§ 13–17.

2.2 Sobald ein Zuweisungsverfahren anhängig ist, muß (zwingend[19]) das **Teilungsversteigerungsverfahren** bis zur rechtskräftigen Entscheidung über den Zuweisungsantrag **eingestellt** werden: Abs 1. Die Einstellung ist aber nur auf **Antrag** möglich: Abs 1; nie von Amts wegen durch das Vollstreckungsgericht[20]. Sie erfolgt erst nach Anordnung der Teilungsversteigerung, die Anordnung wird also nicht behindert[21]. Nach früherem Landesrecht war dagegen ein Zuweisungsantrag nach § 28 Abs 1 ein Verfahrenshindernis[22].

2.3 Erstreckt sich die Teilungsversteigerung auf **mehrere Grundstücke,** der Zuweisungsantrag aber nur auf eines oder einzelne von ihnen, so kann (muß aber nicht) das Vollstreckungsgericht auf den Einstellungsantrag hin auch wegen der nicht vom Zuweisungsverfahren erfaßten Grundstücke einstellen: Abs 2.

2.4 Einstellungsantrag können Antragsteller und Antragsgegner des Teilungsverfahrens stellen, andere Beteiligte wohl nicht, da die Vorschrift im Interesse der Miteigentümer geschaffen ist. Wer die Einstellung beantragt, muß deren Voraussetzungen nachweisen: Abs 4.

2.5 Wenn die Grundstücke nicht zugewiesen werden (Antrag wird zurückgenommen, ganz oder zum Teil abgelehnt, Zuweisung wird in der Beschwerde aufgehoben), ist das Teilungsversteigerungsverfahren **fortzusetzen.** Hierzu ist kein Antrag nötig[23]. Daher entfällt auch bei Einstellung eine Belehrung über die Fortsetzung[24]. Zulässig ist der Antrag.

2.6 Wiederholte Einstellung ist zulässig[8], wenn nach Erledigung eines Zuweisungsverfahrens erneut Antrag auf Zuweisung des landwirtschaftlichen Betriebs nach Grundstücksverkehrsgesetz § 13 Abs 1 gestellt wird[25]. Der wiederholte Antrag auf Einstellung der Zwangsversteigerung ist jedoch als unzulässige Rechtsausübung zu beurteilen, wenn Zuweisungsanträge bereits erfolglos geblieben sind und bleiben werden, weil gesetzliche Hinderungsgründe (zB Gesetz § 33 Abs 3) entgegenstehen[8].

2.7 Aufgehoben werden muß das Teilungsversteigerungsverfahren, sobald und soweit dem Zuweisungsantrag stattgegeben ist: Abs 3. Dazu ist kein Antrag nötig. Das Gesetz sagt zwar auch, der Antragsteller habe auch die Voraussetzungen der Aufhebung nachzuweisen (Abs 4); doch ist zur Aufhebung kein Antrag nötig: diese Voraussetzungen sind also von Amts wegen (Anfrage beim Landwirtschaftsgericht, Beiziehung der Akten) zu überprüfen.

2.8 Wenn kein Berechtigter einen Antrag stellt, wird das Teilungsversteigerungsverfahren ungehindert durchgeführt. Es ist nur aufzuheben, sobald und soweit zugewiesen ist. Nach dem Zuschlag ist eine Zuweisung nicht mehr möglich.

---

[2] OLG München Rpfleger 1984, 363.
[20] Drischler RpflJahrbuch 1966, 325 (L).
[4] Mohrbutter, Handbuch des Vollstreckungsrechts, § 63 (VII).
[5] LG Bielefeld RdL 1959, 319 = RpflJahrbuch 1961, 259 Leitsatz.
[6] Drischler aaO (Fußn 3).
[7] Dassler/Schiffhauer § 185 Rdn 5.
[8] OLG München Rpfleger 1984, 363.

Einführungsgesetz zu dem Gesetz über die Zwangsversteigerung und die Zwangsverwaltung

BGBl III Gliederungsnummer 310–13,
zuletzt geändert durch Artikel 1 Absatz 2
des Gesetzes vom 20. Dez 1999 (BGBl I 2493)

[Inkrafttreten des ZVG; allgemeine Vorschriften]

EG 1 (1) **Das Gesetz über die Zwangsversteigerung und die Zwangsverwaltung tritt, soweit es die Schiffe betrifft, gleichzeitig mit dem Bürgerlichen Gesetzbuch, im übrigen für jeden Grundbuchbezirk mit dem Zeitpunkt in Kraft, in welchem das Grundbuch als angelegt anzusehen ist.**

(2) **Die Artikel 1 Abs 2, Artikel 2, 50, 55 des Einführungsgesetzes zum Bürgerlichen Gesetzbuche finden entsprechende Anwendung.**

Inkrafttreten des ZVG (Absatz 1)   1

Das ZVG ist in Kraft getreten: Für **Schiffe** mit dem BGB am 1. Jan 1900 (Abs 1 mit EGBGB Art 1 Abs 1). Sonst: Mit **Erstanlegung des Grundbuchs** (Abs 1); der Zeitpunkt wurde nach EGBGB Art 186 Abs 1 durch landesrechtliche Verordnung bestimmt. Im **Beitrittsgebiet** (Einl Rdn 14.1) ist das ZVG mit dem Bundesrecht am 3. Okt 1990 (Beitritt gemäß GrundG Art 23; Einigungsvertrag [BGBl 1990 II 889] Art 1) wieder in Kraft getreten (Einigungsvertrag Art 8 als Generalklausel für die Überleitung des Bundesrechts). Maßgaben zum Bundesrecht waren zunächst bestimmt in Anlage I Kapitel III Sachgebiet A Abschnitt III Nr 15 (iVm Nr 28 und – für Berlin – Abschnitt IV Nr 4). Buchst a dieser Maßgaben (Beschränkung der [vormaligen] weiteren Beschwerde) war nicht mehr anzuwenden (BGBl 1992 I 1150); Buchst b (vor dem Beitritt anhängig gewordene Vollstreckungen nach der GrundstücksvollstreckungsVO) ist überholt.

Landesrecht im Beitrittsgebiet bis 3. Okt 1990   2

Im Beitrittsgebiet war die Vollstreckung von Zahlungsansprüchen in Grundstücke durch die Verordnung über die Vollstreckung in Grundstücke (Grundstücksvollstreckungsverordnung) vom 6. Juni 1990 (GBl-DDR S 288) geregelt. Diese Verordnung ist auf Grund von Einigungsvertrag Art 8 (Rdn 1) außer Kraft getreten. Eine bereits vor dem Wirksamwerden des Beitritts anhängig gewordene Vollstreckung in Grundstücke war noch nach dieser Grundstücksvollstreckungsverordnung zu erledigen (Maßgabe des Einigungsvertrags s Rdn 1). Bestimmung, daß (altes) Landesrecht und Rechtsvorschriften der (ehem) DDR außer Kraft getreten sind, haben inzwischen landesrechtliche Rechtsbereinigungsgesetze getroffen.

Vorschriften des EGBGB (Absatz 2)   3

EGBGB Art 1 Abs 2: Vorbehalt für Landesgesetze, bedeutet, daß bestehende landesgesetzliche Vorschriften in Kraft blieben und neue landesgesetzliche Vorschriften erlassen werden können. **EGBGB Art 2:** Gesetz ist jede Rechtsnorm. **EGBGB Art 50:** Vorschriften der Reichsgesetze bleiben in Kraft, sind jedoch außer Kraft getreten, soweit sich aus dem ZVG und dem EGZVG die Aufhebung ergibt. **EGBGB Art 55:** Entsprechendes gilt für die privatrechtlichen Vorschriften der Landesgesetze.

EG 2

[Fortgeltung des Landesrechts allgemein]

EG 2 (1) Soweit in dem Einführungsgesetze zum Bürgerlichen Gesetzbuche zugunsten der Landesgesetze Vorbehalte gemacht sind, gelten sie auch für die Vorschriften der Landesgesetze über die Zwangsversteigerung und die Zwangsverwaltung.

(2) Es treten jedoch die landesgesetzlichen Vorschriften außer Kraft, nach welchen den landschaftlichen und ritterschaftlichen Kreditanstalten für den Anspruch auf ältere als zweijährige Rückstände wiederkehrender Leistungen ein Vorrecht vor den in § 10 Abs 1 Nr 1 bis 6 des Gesetzes über die Zwangsversteigerung und die Zwangsverwaltung bezeichneten Ansprüchen beigelegt ist.

1 **Landesgesetzliche Vorbehalte des EGBGB** (Absatz 1)

Vorbehalte zugunsten der Landesgesetzgebung über Zwangsversteigerung und Zwangsverwaltung blieben nur für solche Gegenstände des unbeweglichen Vermögens bestehen, für die das EGBGB die privatrechtlichen Vorschriften der Landesgesetze aufrecht erhalten hat. Das bestimmte EGBGB Art 59 für Familienfideikommisse (aufgehoben) und regelt noch EGBGB Art 67 für Bergrechte (soweit sie nicht unter das BBergG [Einl Rdn 13.2] fallen).

2 **Landschaftliche und ritterschaftliche Kreditanstalten** (Abs 2)

Landesgesetzliche Vorschriften sind nach EGBGB Art 167 in Kraft geblieben. Einschränkung haben sie durch Abs 2 erfahren. Zu solchen Vorschriften Textanhang T 60.

[Landesgesetzliche Entschädigungsansprüche]

EG 3 Die im Artikel 113 des Einführungsgesetzes zum Bürgerlichen Gesetzbuche bezeichneten Vorschriften bleiben auch insoweit unberührt, als sie für den Anspruch des Entschädigungsberechtigten oder des Dritten, welcher die Entschädigung geleistet hat, ein Recht auf Befriedigung aus dem Grundstück gewähren und den Rang dieses Rechtes bestimmen. Jedoch kann dem Anspruch auf Rückstände wiederkehrender Leistungen ein Vorrecht nur mit der im § 2 Abs 2 bezeichneten Einschränkung beigelegt werden.

1 Landesgesetzliche Vorschriften über einen **Entschädigungsanspruch** auf Grund eines Verfahrens der EGBGB Art 113 bezeichneten Art blieben in Kraft (sind durch das FlurbG jedoch weitgehend überholt), auch insoweit, als sie ein Recht auf Befriedigung aus dem Grundstück gewähren und dessen Rang bestimmen (Satz 1). Einschränkung für rückständige wiederkehrende Leistungen nach Satz 2.

[Rang öffentlicher Lasten]

EG 4 (1) Durch Landesgesetz kann bestimmt werden, daß gewisse öffentliche Lasten anderen im Range vorgehen.

(2) [überholt]

1 Ist durch ZVG § 10 Abs 1 Nr 3 überholt.

[Katasteranszug]

EG 5 Durch Landesgesetz kann bestimmt werden, daß dem Antrag auf Zwangsversteigerung ein Auszug aus einem Steuerbuche beigefügt werden soll.

Landesrechtliche Vorbehalte in Textanhang T 48 ff. Praktische Bedeutung hat die Vorschrift nicht mehr. Dazu ZVG § 16 Rdn 4.5.   **1**

[Zusätzlicher Inhalt der Terminsbestimmung]

EG 6 Durch die Landesjustizverwaltung kann angeordnet werden, daß die Bestimmung des Versteigerungstermins noch andere als die im § 38 des Gesetzes über die Zwangsversteigerung und die Zwangsverwaltung vorgeschriebenen Angaben über das Grundstück enthalten soll.

Landesrechtliche Vorbehalte in Textanhang T 48 ff. Dazu § 38 Rdn 6.   **1**

[Weitere Terminsveröffentlichungen]

EG 7 Unberührt bleiben die bestehenden landesgesetzlichen Vorschriften, nach welchen noch andere als die in den §§ 39, 40 des Gesetzes über die Zwangsversteigerung und die Zwangsverwaltung bezeichneten Veröffentlichungen der Terminsbestimmung zu erfolgen haben.

Landesrechtliche Vorbehalte in Textanhang T 48 ff. Dazu § 40 Rdn 3.5.   **1**

[Anmeldung alter Hypotheken]

EG 8 (1) Durch Landesgesetze kann für die Zwangsversteigerung bestimmt werden, daß die vor dem Inkrafttreten des Bürgerlichen Gesetzbuchs eingetragenen Hypotheken bei der Feststellung des geringsten Gebots und bei der Aufstellung des Teilungsplans nur auf Grund einer Anmeldung zu berücksichtigen sind.

(2) In einem solchen Falle muß die in § 37 Nr 4 des Gesetzes über die Zwangsversteigerung und die Zwangsverwaltung vorgeschriebene Aufforderung auf die Anmeldung der Ansprüche aus den bezeichneten Hypotheken ausgedehnt werden.

Ist als vormalige Übergangsvorschrift nicht mehr von Bedeutung.   **1**

[Nicht eintragungspflichtige Rechte, Altenteil]

EG 9 (1) Soweit ein nach Landesgesetz begründetes Recht an einem Grundstücke, das nicht in einer Hypothek besteht, zur Wirksamkeit gegen Dritte der Eintragung nicht bedarf oder soweit eine Dienstbarkeit oder eine Reallast als Leibgedinge, Leibzucht, Altenteil oder Auszug eingetragen ist, bleibt das Recht nach Maßgabe des Landesgesetzes von der Zwangsversteigerung unberührt, auch wenn es bei der Feststellung des geringsten Gebots nicht berücksichtigt ist.

EG 9

(2) Das Erlöschen eines solchen Rechtes ist auf Verlangen eines Beteiligten als Versteigerungsbedingung zu bestimmen, wenn durch das Fortbestehen ein dem Rechte vorgehendes oder gleichstehendes Recht des Beteiligten beeinträchtigt werden würde; die Zustimmung eines anderen Beteiligten ist nicht erforderlich.

Literatur: Bengel, Das Leibgeding in der Zwangsversteigerung, MittBayNot 1970, 133; Böhringer, Die Wohnungsgewährung als Leibgeding, BWNotZ 1987, 129; Drischler, Altenteil und Zwangsversteigerung, KTS 1971, 145; Drischler, Das Altenteil in der Zwangsversteigerung, Rpfleger 1983, 229; Haegele, Wohnungsrecht, Leibgeding und ähnliche Rechte in Zwangsvollstreckung, Konkurs und Vergleich, DNotZ 1976, 5; Hagena, Das Leibgeding und sein Schutz in der Zwangsversteigerung, BWNotZ 1975, 73; Hagena, Probleme des Doppelausgebots nach § 9 Abs 2 EGZVG, Rpfleger 1975, 73; Kahlke, Erlöschen des Altenteils in der Zwangsversteigerung?, Rpfleger 1990, 233; Schiffhauer, Die Grunddienstbarkeit in der Zwangsversteigerung, Rpfleger 1975, 187 (Abschn VI).

1 Allgemeines zu § 9

1.1 Zweck: Schonung alter, nicht buchungspflichtiger landesrechtlicher Dienstbarkeiten und der als Leibgeding, Altenteil usw eingetragenen Versorgungsrechte. Geschützt sind diese Rechte wegen Abs 2 allerdings nur in beschränktem Umfang

1.2 Anwendungsbereich: Die Vorschrift gilt für alle Versteigerungsverfahren, für Schiffe und Luftfahrzeuge ihrer Natur nach jedoch nicht.

2 Altrechtliche Dienstbarkeiten (Absatz 1)

Zur Wirksamkeit gegenüber Dritten bedürfen altrechtliche **Grunddienstbarkeiten,** die zur Zeit der Anlegung des Grundbuchs bestanden, nicht der Eintragung (EGBGB Art 187 Abs 1 Satz 1). Ihre Feststellung kann (noch immer) erhebliche Zeit in Anspruch nehmen. Den Realkredit und Interessen des Erstehers gefährden sie im Grunde nicht. Sie unterliegen nach dem Vorbild früherer landesrechtlicher Regelung daher nicht dem Anmeldezwang nach ZVG § 45 Abs. 1; ebenso finden sie Schonung mit Bestandswahrung bei Zwangsversteigerung. Unerheblich ist, ob das Recht dem betreibenden Gläubiger im Rang vorgeht, gleichsteht oder nachfolgt. Ausnahme: Abs. 2. Anwendung findet § 9 aber auch, wenn Eintragung verlangt war und erfolgt ist (EGBGB Art 187 Abs 1 Satz 2). Ist ein Recht demnach eingetragen oder auch ein nicht eingetragenes Recht angemeldet und ggfs glaubhaft gemacht (ZVG § 45 Abs 1), kommt es bei **Rang vor** dem bestbetreibenden Gläubiger nach ZVG § 44 ins geringste Gebot ([1]für das angemeldete vorrangige Recht) und bleibt nach ZVG § 52 Abs 1 Satz 1 bestehen (Zuzahlungspflicht[1] nach ZVG § 51). Es bleibt aber auch dann nach Abs 1 **gesetzlich bestehen,** wenn es dem bestbetreibenden Gläubiger im Rang gleichsteht oder nachgeht, und ebenso, wenn es vorrangig angemeldet, aber bei der Versteigerung übersehen oder nicht erwähnt[1] wird (daher keine Rechtsbeeinträchtigung des Rechtsinhabers im Sinne von ZVG § 84[1]). Wenn das Recht erlöschen soll, muß das ausdrücklich in den Versteigerungsbedingungen festgestellt sein. Das Erlöschen eines nach ZVG §§ 44, 45 bestehenbleibenden (dem bestrangig betreibenden Gläubiger vorgehenden) Rechts kann nur nach ZVG § 59 mit Einwilligung des Berechtigten zur abgeänderten Versteigerungsbedingung gemacht werden. Nicht zu den nach Abs 1 schonungsbedürftigen Rechten gehört eine Dienstbarkeit jedoch, wenn durch Landesgesetz nach EGBGB Art 187 Abs 2 bestimmt wird, daß sie zur Wirksamkeit gegenüber dem öffentlichen Glauben des Grundbuchs eingetragen werden muß (und die Frist für die Eintragung abgelaufen ist). Ein solches Recht bleibt nicht mehr nach dem Vorbehalt des Abs 1 unberücksichtigt bestehen[2]. Landesrecht: siehe die BGB-

---

[1] OLG Hamm OLGRep 1995, 132.
[2] Reinhard/Müller Anm I 2 b zu EGZVG § 9.

Nicht eintragungspflichtige Rechte, Altenteil 3.2 **EG 9**

Kommentare zu EGBGB Art 187. Erlöschen nicht eingetragener altrechtlicher Dienstbarkeiten im Beitrittsgebiet (oder auf Grund landesrechtlicher Rechtsverordnung): Grundbuchbereinigungsgesetz § 8 Abs 1 (Abs 3 Sätze 2 und 3).

Leibgeding (Altenteil, Leibzucht oder Auszug) (Absatz 1)   3

3.1 Schonung des Altenteils (Leibgedings usw) bestimmt Abs 1 als Ausnahmeregelung mit Rücksicht auf den Versorgungscharakter des Rechts, dessen Herkommen und seine Bedeutung vorwiegend in Gebieten mit bäuerlichem Grundbesitz.

3.2 Die als **Leibgeding,** Leibzucht, Altenteil oder Auszug (es handelt sich nur um verschiedene Begriffe derselben Berechtigung) eingetragene (beschränkte persönliche) Dienstbarkeit und Reallast schützt Abs 1 nach Maßgabe der Landesgesetze (Anhang T 49 ff) vor Beeinträchtigung durch Zwangsversteigerung. Maßgeblich ist damit allein der Inhalt des Rechts; unerheblich ist, ob für den (schuldrechtlichen) Leibgedingvertrag des EGBGB Art 96 und das sich aus ihm ergebende Schuldverhältnis engere Anforderungen zu stellen sind. Als Leibgeding enthalten Dienstbarkeit und Reallast Ansprüche auf Sach- und Dienstleistungen, die aus und auf einem Grundstück zu gewähren sind, der allgemeinen und persönlichen (zumindest teilweisen[3], etwa als Ergänzung zu einer Sozialversicherungsrente) Versorgung des Berechtigten dienen und – regelmäßig lebenslängliche[4] – Verknüpfung des Berechtigten mit dem belasteten Grundstück bezwecken[5] (für den gleichartigen Leibgedingbegriff von GBO § 49). Diese Ansprüche ruhen als Reallast und Dienstbarkeit auf dem Grundstück, aus dem sie zu befriedigen sind[5]. In der Verknüpfung miteinander bilden sie das Leibgeding[6] (Altenteil usw). Zusammenfassung der durch Dienstbarkeit und Reallast zu gewährenden Leistungen mit Eintragung als Leibgeding (Altenteil usw) rechtfertigt der wegen seines durch den Versorgungszweck bedingte und damit typisierte Inhalt der dinglichen Rechte[7]. Erheblich ist damit, daß es sich um Rechte (eine Bündelung von Dienstbarkeit und Reallast) handelt, die typischerweise zu Versorgungszwecken als Leibgeding (Altenteil usw) bestellt werden[7] (Versorgungszweck des Leibgedings mit örtlicher Bindung des Berechtigten an das Grundstück[8]). Der Rechtsgrund, dem das Altenteil im Einzelfall seine Entstehung verdankt, ist für seine Begriffsbestimmung damit nicht wesentlich[9]. Überlassung eines Grundstücks ist nicht Begriffsmerkmal, regelmäßig aber doch Anlaß für die Bestellung eines Leibgedings (Altenteils usw). Erfordernisse sind daher auch nicht die Zweckbestimmung des überlassenen Grundstücks und seine Eignung zur Sicherung wenigstens eines Teils der wirtschaftlichen Existenz des Übernehmers[9]. Möglich ist ein Leibgeding auch an einem städtischen Grundstück[10] (Wohnrecht bei Übergabe eines Gaststättenbetriebs als Altenteil[11]). Verwandtschaftliche Beziehungen zwischen dem Berechtigten und

---

[3] BGH BGHWarn 1964, 431 = MDR 1964, 741 = MittRhNotK 1965, 1 = RdL 1964, 299; BayObLG 1964, 344 = MittBayNot 1965, 303 = RdL 1965, 51.
[4] BGH 125, 69 = DNotZ 1994, 881 = NJW 1994, 1158 = Rpfleger 1994, 347; RG 162, 52; BayObLG 1964, 344 = aaO (Fußn 3) und BayObLG 1975, 132 = JurBüro 1976, 524 = Rpfleger 1975, 314.
[5] BGH 125, 69 = aaO (Fußn 4).
[6] BGH 125, 69 = aaO (Fußn 4); BayObLG 1964, 344 = aaO (Fußn 3); OLG Zweibrücken MittBayNot 1994, 334.
[7] BGH 125, 69 = aaO (Fußn 4).
[8] BayObLG 1975, 132 = aaO (Fußn 4).
[9] BGH 125, 69 = aaO; OLG Zweibrücken aaO (Fußn 6).
[10] BGH FamRZ 1963, 37 Leitsatz = MDR 1963, 38 = NJW 1962, 2249; BGH MDR 1964, 741 = aaO (Fußn 3); RG 152, 104 (106) und 162, 52; BayObLG 1964, 344 = aaO (Fußn 3); BayObLG 1975, 132 = aaO (Fußn 4); LG Kiel SchlHA 1957, 307; LG Köln NJW-RR 1997, 594.
[11] OLG Hamm Rpfleger 1986, 270 und 1987, 76 Leitsatz mit Anm Fuchs.

dem Verpflichteten bestehen vielfach, sind jedoch nicht nötig[12]. Auch zugunsten eines an einem Überlassungsvertrag nicht Beteiligten kann ein Leibgeding ausbedungen sein[13]; Bestellung kann unter Umständen auch ohne Verbindung mit einem Grundstücksüberlassungsvertrag (erst später) erfolgt sein[14]. Bloße Verrentung des Grundstückskaufpreises begründet jedoch kein Leibgeding[15]. Tritt somit in einer schuldrechtlichen Vereinbarung der Charakter eines gegenseitigen Vertrages mit beiderseits gleichwertigen Leistungen in den Vordergrund, so kann im allgemeinen nicht angenommen werden, es handle sich um eine Leibgedingsvereinbarung[16].

3.3 Dienstbarkeit zur dinglichen Sicherung der Einzelleistungen eines Leibgedingsvertrags ist insbesondere das **Wohnungsrecht** (BGB § 1093); es kann auch allein Gegenstand eines Leibgedings sein[17]. Ein **Nießbrauch** kann Leibgedingsbestandteil sein, wenn er nur auf einem (auf einzelnen) Grundstück(en) des übergebenen Grundbesitzes bestellt ist und damit dem Berechtigten lediglich einen Restbestand eigenwirtschaftlicher Betätigung (zB Gartenbau, landwirtschaftliche Nutzung) beläßt[18]. Ein Nießbrauch an dem gesamten übergebenen Grundbesitz (Totalnießbrauch) widerspricht dem Wesen des Leibgedingvertrags[18] (verwehrt das Nachrükken in eine die Existenz begründende Wirtschaftseinheit). Inhalt einer Leibgedings**reallast** können neben wiederkehrenden Leistungen (Naturalleistungen, Rente, Dienste; zur Rentenreallast als Altenteil[19]) auch ergänzende einmalige Verpflichtungen sein[20] (zB Ausstattung der Geschwister, Begräbniskosten).

3.4 Für Dienstbarkeit und/oder Reallast regelt **§ 9 Besonderheiten,** wenn sie **als Leibgeding eingetragen** sind. Weil das Leibgeding kein dingliches Recht ist, ist Verwendung des Wortes Leibgeding bei Eintragung jedoch nicht Wirksamkeitserfordernis. GBO § 49 ermöglicht als Verfahrensvorschrift Eintragung als Leibgeding nur für erweiterte Bezugnahme auf die Eintragungsbewilligung auch zur Bezeichnung des Rechts selbst. Eintragung als Leibgeding im Sinne von § 9 kann daher nur erfordern, daß den Altenteilscharakter von Dienstbarkeit und/oder Reallast der Inhalt der Grundbucheintragung und der zulässig (BGB § 874; GBO § 49) in Bezug genommenen Urkunden ausweisen müssen. Das ist der Fall, wenn Eintragung als Leibgeding nach GBO § 49 unter Bezugnahme auf die Eintragungsbewilligung erfolgt ist, und ebenso, wenn sich sonst aus der Eintragung oder der in Bezug genommenen Bewilligung der rechtliche Charakter als Leibgeding mit hinreichender Deutlichkeit ergibt[21]. Dafür ist ausreichend, daß eingetragene Rechte charakteristischerweise den Inhalt eines Leibgedings ausmachen[22].

3.5 Das **Landesrecht bestimmt, ob** Rechte nach Maßgabe von § 9 von der Zwangsversteigerung unberührt bleiben und welche Rechte hierunter fallen, ob

---

[12] OLG Köln DNotZ 1990, 513.
[13] BGH NJW 1962, 2249 = aaO (Fußn 10).
[14] RG 162, 52.
[15] KG Berlin MDR 1960, 234; OLG Hamm DNotZ 1970, 659 = MittBayNot 1969, 301 = Rpfleger 1969, 396.
[16] BGH MDR 1964, 741 = aaO (Fußn 3); BGH 53, 41 = MDR 1970, 128 = NJW 1970, 282 = Rpfleger 1970, 59; BGH MittBayNot 1989, 81 = NJW-RR 1989, 451; LG Mainz RNotZ 2001, 113 mit abl Anm Keim.
[17] OLG Hamm Rpfleger 1986, 270 = aaO (Fußn 11); LG Frankenthal Rpfleger 1989, 324; LG Köln NJW-RR 1997, 594; anders (für EGBGB Art 96): BGH MittBayNot 2000, 223 = MittRhNotK 2000, 203; OLG Düsseldorf Rpfleger 2001, 542.
[18] BayObLG 1975, 132 = aaO (Fußn 4).
[19] BGH KTS 1984, 720 = MDR 1984, 1021 = Rpfleger 1984, 364.
[20] BayObLG 1970, 100 = DNotZ 1970, 415 = Rpfleger 1970, 202.
[21] BGH FamRZ 1963, 37 Leitsatz = MDR 1963, 38 = NJW 1962, 2249; RG 152, 104 (106); RG 162, 52; OLG Hamm DNotZ 1970, 37 = OLGZ 1969, 380; LG Frankenthal Rpfleger 1989, 324.
[22] OLG Hamm DNotZ 1970, 37 = OLGZ 1969, 380.

sie immer bestehenbleiben oder nur auf Anmeldung hin. Zu den landesrechtlichen Bestimmungen Textanhang T 48 ff. Ein Verstoß gegen diese Landesgesetze ist ein Zuschlagsversagungsgrund nach § 83 Nr 1.

3.6 Bei **Rang vor** dem bestbetreibenden Gläubiger kommt das Leibgeding nach ZVG § 44 ins geringste Gebot und bleibt nach ZVG § 52 Abs 1 Satz 1 bestehen (Zuzahlungspflicht nach § 51). Nach Abs 1 gesetzlich bleibt es bestehen, wenn es dem bestbetreibenden Gläubiger im Rang gleichsteht oder nachgeht (oder die Reallast selbst das Verfahren betreibt[23]; s zur Aufnahme in das geringste Gebot auf Antrag in diesem Fall § 44 Rdn 4.12) und ebenso, wenn es bei der Versteigerung übersehen oder nicht erwähnt wurde. Wenn das Recht erlöschen soll, muß das ausdrücklich in den Versteigerungsbedingungen festgestellt sein (dazu Rdn 4).

3.7 Nicht unter die Ausnahmeregelung des Abs 1 (Bestehenbleiben) **fallen** Rechte, die erst nach dem Versteigerungsvermerk in das Grundbuch eingetragen worden sind[24], weil sonst der Schuldner durch nachträgliche Eintragungen dieser Art die Versteigerung behindern könnte (anders aber[25]: auch bei ihnen Ausnahmeregelung anwendbar). Wenn der Anordnungsgläubiger die Versteigerung nicht mehr betreibt fallen Rechte nicht unter die Ausnahmeregelung des Abs 1, die erst nach dem Beitritt (Wirksamwerden mit Beschlußzustellung) eines Gläubigers, der das Verfahren bei Versteigerung noch betreibt, in das Grundbuch eingetragen worden sind[26].

3.8 Die Ausnahmeregelung von Abs 1 ist auch auf die **Teilungsversteigerung** anwendbar[27] (auch § 180 Rdn 7.3). Wenn der Miteigentumsanteil des nicht betreibenden Miteigentümers (Antragsgegners) mit einem solchen Recht belastet ist, so kann durch dessen Fortbestehen das Recht des Antragstellers auf Auseinandersetzung beeinträchtigt sein. Kommt das fragliche Recht nicht nach ZVG § 182 ins geringste Gebot (weil der Anteil des Antragstellers nicht damit belastet ist), so muß man es als „nachgehendes Recht" behandeln (obwohl in der Teilungsversteigerung ja kein Rangverhältnis zwischen den Belastungen an den verschiedenen Miteigentumsanteilen vorliegt) und muß dann dem Antragsteller die Möglichkeit nach § 9 zugestehen[27].

Versteigerungsbedingung: Erlöschen des Rechts (Absatz 2)   4

4.1 Ein Recht soll nicht zum Nachteil eines am Grundstück im Rang gleichstehenden oder vorgehenden Berechtigten bestehenbleiben[28] Jeder gleich oder besser Berechtigte, der durch das Bestehenbleiben eines Rechts nach Abs 1 (Rdn 2 und 3) benachteiligt werden würde, darf daher verlangen, daß das Grundstück bei der Versteigerung frei von dem Recht ausgeboten wird[28].

4.2 Das **Erlöschen** des Rechts kann nach Abs 2 (entgegen dem grundsätzlichen gesetzlichen Wunsch, es bestehenzulassen) ausnahmsweise auf Verlangen eines Verfahrensbeteiligten (also auch des betreibenden Gläubigers[29]) als besondere Versteigerungsbedingung festgesetzt werden. Dies ist aber nur möglich, wenn durch das Fortbestehen eines Rechts ein ihm vorgehendes oder gleichstehendes Recht des Beteiligten (Antragstellers) beeinträchtigt werden würde. Zustimmung eines anderen Beteiligten ist zu dem Abweichungsantrag (anders als bei ZVG § 59) nicht nötig (auch nicht die Zustimmung des Inhabers des betroffenen Rechts[30]): Abs 2.

---

[23] BGH Rpfleger 1984, 364 = aaO (Fußn 19).
[24] OLG Hamm Rpfleger 2001, 254; Steiner/Eickmann § 52 Rdn 23.
[25] Krezschmer, ZVG, § 29 (Seite 100).
[26] OLG Hamm Rpfleger 2001, 254; AG Dülmen Rpfleger 1999, 343 (als Vorinstanz).
[27] Haegele DNotZ 1976, 5 (IV 1).
[28] Motive zum ZVG S 372.
[29] Hagena Rpfleger 1975, 73 (II 3 a).
[30] LG Arnsberg Rpfleger 1984, 427.

Der Antrag auf Erlöschen kann bis zum Schluß der Versteigerung (Ende der Bietzeit) gestellt werden. Geschieht dies während der Bietzeit, so ist ein neues geringstes Gebot aufzustellen. Der Berechtigte aus dem bevorzugten Recht kann Antrag auf Erlöschen nicht selbst stellen (offen gelassen von[31]). Erlischt das Recht auf solche Weise, so wandelt es sich in ein Befriedigungsrecht am Erlös nach ZVG § 92 Abs 2 an der grundbuchmäßigen Rangstelle um (Surrogationsgrundsatz, § 92 Rdn 2).

4.3 Das Vollstreckungsgericht trifft die Amtspflicht gegenüber beteiligten Gläubigern und den Bietern, darauf **hinzuweisen,** daß das Altenteilsrecht nur dann erlischt, wenn dies ausdrücklich in den Versteigerungsbedingungen und im Zuschlagsbeschluß festgehalten ist[32]. Die nach Abs 2 Antragsberechtigten müssen damit auf ihr Antragsrecht aufmerksam gemacht werden[32]. Einem Bieter hat der Hinweis Schutz vor der Gefahr zu gewähren, daß er aus Unkenntnis der gesetzlichen Bestimmungen entgegen seinen Ansichten das mit dem Altenteilsrecht belastete Grundstück erwirbt[32].

4.4 Nötig für den Antrag ist eine **Beeinträchtigung** durch das Fortbestehen des bevorzugten Rechts, und zwar (anders als bei ZVG § 59) eine Beeinträchtigung des dem Recht vorgehenden oder gleichstehenden Antragstellers, nicht eine Beeinträchtigung anderer Beteiligter. Der Antrag ist somit nicht möglich (das bevorzugte Recht muß vielmehr bestehenbleiben, wie gesetzlich vorgesehen), wenn der Antragsteller entweder voll gedeckt wird oder weder mit Erlöschen noch mit Bestehenbleiben aus dem Erlös etwas erhalten würde. Nicht beeinträchtigt wird auch ein im geringsten Gebot aufgenommener Beteiligter; nicht beeinträchtigt wird der Schuldner. Beeinträchtigt ist aber, wer aus dem Meistgebot mit Erlöschen des Rechts zum Zuge kommt, aus dem Meistgebot mit Bestehenbleiben des Rechts aber nichts oder weniger erhalten würde. Nicht beeinträchtigt sein kann, wem der Recht nachgeht, da nur der vorgehende oder gleichstehende Berechtigte das Antragsrecht hat. Die Ansprüche des Beeinträchtigten sind dabei nur mit dem Nominal- oder Effektivbetrag zur Zeit des Zuschlags zu berechnen, nicht mit dem im Grundbuch eingetragenen. Zessionare und Ablösungsberechtigte werden nur bei eigener Beeinträchtigung in Rechnung gesetzt.

4.5 Weitergehend fordert[33] „materielle Abwägung" der widerstreitenden Interessen des Altenteilers und des beeinträchtigten Gläubigers; demnach soll das Erlöschen eines Altenteils nur bestimmt werden dürfen, wenn sein Bestehenbleiben nach der Regelung von § 9 für den betroffenen Gläubiger vergleichbar existentiell einschneidend und daher nicht zumutbar sei. Dem ist nicht zu folgen (so auch[34]), weil dabei Selbstverständlichkeiten des Sachenrechts und des Rechtsschutzes unberücksichtigt bleiben und die Berufung auf verfassungsrechtliche Garantien für „ranglosen Schutz" des Altenteilers bereits im Ansatz verfehlt ist. Ein Grundstücksrecht mit besserem (jeweils auch für gleichen) Rang (BGB § 879) wirkt absolut auch gegenüber dem nachrangigen Altenteil. Schutzinteressen des Altenteilers wahrt § 9 Abs 1 mit Bestehenbleiben des Rechts auch bei Nichtaufnahme in das geringste Gebot, wenn der rangbessere Gläubiger unbeeinträchtigt bleibt. Schonung des nachrangigen Altenteilers auch noch bei Beeinträchtigung des rangbesseren Gläubigers würde dessen gleichermaßen verfassungsrechtlich (GrundG Art 14 Abs 1) geschütztes Grundpfandrecht schutzlos stellen. Der Nachrang des Altenteilsrechts ist von seinem Bestehenden bei Rechtserwerb erstrebt (BGB § 873 mit § 879) oder später mit Rangänderung herbeigeführt (BGB § 880). Ein rangbesserer Gläubiger wirkt an späterer und damit nachrangiger Belastung des Grundstücks mit dem Altenteil nicht mit; er wird dazu nicht einmal gehört. Rangände-

---

[31] BGH Rpfleger 1984, 364 = aaO (Fußn 19).
[32] BGH FamRZ 1991, 929 = MDR 1991, 1171 = NJW 1991, 2759 = Rpfleger 1991, 329.
[33] Kahlke Rpfleger 1990, 233.
[34] Dassler/Schiffhauer Rdn 18 zu § 9 EGZVG.

rung ist für ihn Grundlage der Bonität seines Grundstücksrechts und damit Voraussetzung für Beleihung des Grundstücks (des sonstigen Grundgeschäfts und seiner wirtschaftlichen Auswirkungen). Das schließt nachträgliche Rechtsbeeinträchtigung und damit auch aus, daß später Abwägung sozialer Interessen des Altenteilers gegen solche des Gläubigers erfolgt (bei der für einen „begünstigten" Altenteiler auch noch Tatsachen berücksichtigt werden könnten, die erst nach Grundstücksbelastung eingetreten sind).

4.6 Weil die Beeinträchtigung in der Regel nicht voraussehbar ist, muß **regelmäßig ein Doppelausgebot** stattfinden[35], also unter der gesetzlichen Bedingung, daß das bevorzugte Recht bestehenbleibe, und unter der entgegengesetzten beantragten, daß es erlösche. Hierzu meint[36]: wenn schon bei gesetzlichem Ausgebot so viel geboten werde, daß der Antragsteller voll zum Zuge komme, könne er keinen Änderungsantrag mehr stellen; dies läßt sich kaum voraussehen.

4.7 Der **Zuschlag** erfolgt auch im Falle des Doppelausgebots grundsätzlich auf das gesetzliche Ausgebot, also mit Bestehenbleiben des bevorzugten Rechts. Hierbei ist aber vorausgesetzt, daß der Antragsteller durch dieses Ausgebot entweder voll gedeckt wird oder mindestens nicht weniger (äußerstens also gleichviel) erhält als bei dem von ihm beantragten abweichenden Ausgebot mit Erlöschen des bevorzugten Rechts[37] (anders[38]). Das Gesetz bevorzugt ja das gesetzliche Ausgebot. Aber es ist ohne Bedeutung für die Zuschlagsentscheidung, ob das abweichende Ausgebot mit Erlöschen ein höheres Ergebnis hätte. Es kommt also nicht auf das höhere Versteigerungsergebnis an, sondern nur darauf, ob der Antragsteller bei gesetzlichem Ausgebot mit Bestehenbleiben beeinträchtigt würde. Nur dann, wenn er aus dem gesetzlichen Ausgebot nicht voll gedeckt würde oder weniger bekäme (mindestens nicht gleichviel) oder auch dann, wenn auf das gesetzliche Ausgebot mit Bestehenbleiben des Rechts überhaupt nicht geboten wird[39], darf der Zuschlag (und muß er) auf das beantragte abweichende Ausgebot mit Erlöschen des Rechts erfolgen[40].

4.8 Die **beiden Arten** des Ausgebots müssen (wenn die Abweichung beantragt ist, sonst nur die gesetzliche) **gleichzeitig** erfolgen. Dazu meint[41]: zunächst erfolge Doppelausgebot, sobald aber der Antragsteller durch das normale gedeckt sei, nur noch dieses; ist abzulehnen, weil durch Einstellungen oder Antragsrücknahmen sich die Verhältnisse immer noch ändern könnten; [42]meint: erst nur normales Ausgebot und erst, wenn dies erfolglos sei, dann das abweichende; abzulehnen, weil dies die Beteiligten und Interessenten verwirren und das Ergebnis drücken kann.

4.9 Wenn ein Recht des betreibenden Gläubigers nach Abs 1 unberührt bleibt und deshalb für jeden anderen Interessenten die Abgabe eines Gebots nicht in Betracht kommt, verstößt der Gläubiger, wenn er das Grundstück zum geringsten Gebot ersteigert, um es sogleich lastenfrei zu einem höheren Preis zu veräußern, jedenfalls dann nicht gegen Treu und Glauben, wenn dessen Erträge nicht ausreichen, seine Forderung zu erfüllen, und er keine Aussicht hat, diese in absehbarer Zeit gegen den persönlichen Schuldner durchzusetzen[43].

---

[35] Nußbaum, Zwangsversteigerung, § 15 (III b).
[36] LG Arnsberg Rpfleger 1984, 427; Dassler/Schiffhauer Rdn 21 zu § 9 EGZVG.
[37] RG 148, 310; Bengel MittBayNot 1970, 133 (II b); Haegele DNotZ 1976, 5 (IV 1); Hagena Rpfleger 1975, 73 (II 2); Scheyhing SchlHA 1965, 122; Schiffhauer Rpfleger 1975, 187 (IV 6).
[38] AG Dülmen Rpfleger 1999, 434.
[39] LG Arnsberg Rpfleger 1984, 427.
[40] LG Flensburg SchlHA 1964, 146.
[41] Wolff, ZVG, Anm 5 zu § 9 EG.
[42] Hagena Rpfleger 1975, 73 (II 2).
[43] BGH Rpfleger 1984, 364 = aaO (Fußn 19).

EG 9a — [Bebaute Grundstücke im Beitrittsgebiet]

EG 9a (1) In dem in Artikel 3 des Einigungsvertrages genannten Gebiet umfaßt die nach dem 31. Dezember 2000 angeordnete Beschlagnahme des Grundstücks auch das in Artikel 233 §§ 2 b, 4 und 8 des Einführungsgesetzes zum Bürgerlichen Gesetzbuche bezeichnete Gebäudeeigentum. Nach Ablauf der in Satz 1 bezeichneten Frist erlöschen durch den Zuschlag auch die in Artikel 233 § 2 c Abs 2 des Einführungsgesetzes zum Bürgerlichen Gesetzbuche bezeichneten Ansprüche, es sei denn, daß für diese ein Vermerk im Grundbuch eingetragen ist oder diese im Verfahren nach Absatz 2 angemeldet worden sind. Satz 2 gilt für Ansprüche auf Rückübertragung nach dem Vermögensgesetz sinngemäß.

(2) Dem Inhaber des Gebäudeeigentums stehen die in § 28 des Gesetzes über die Zwangsversteigerung und die Zwangsverwaltung bezeichneten Rechte zu. Die in Artikel 233 § 2 c Abs 2 des Einführungsgesetzes zum Bürgerlichen Gesetzbuche bezeichneten Ansprüche sind, sofern sie nicht in dem für das Grundstück angelegten Grundbuch vermerkt sind, spätestens im Versteigerungstermin vor der Aufforderung zur Abgabe von Angeboten anzumelden. § 3 b Abs 2 des Vermögensgesetzes bleibt unberührt.

(3) Der Beschluß, durch den die Zwangsversteigerung angeordnet wird, ist dem Nutzer zuzustellen. Ist dieser nicht bekannt, so ist, wenn nicht ein Pfleger bestellt wird, auf Ersuchen des Gerichts in entsprechender Anwendung des Artikels 233 § 2 Abs 3 des Einführungsgesetzes zum Bürgerlichen Gesetzbuche ein Vertreter zu bestellen. Ein Zwangsversteigerungsvermerk ist auch in ein bestehendes Gebäudegrundbuch für Gebäudeeigentum auf dem Grundstück einzutragen.

Übersicht

Allgemeines zu § 9 a 1	Vermögensgesetz-Rückübertragungsanspruch (Abs 1 Satz 3 und Abs 2 Satz 3) 6
Beschlagnahme auch des Gebäudeeigentums (Absatz 1 Satz 1) 2	Zustellung des Anordnungsbeschlusses (Absatz 3 Sätze 1 und 2) 7
Entgegenstehendes Gebäudeeigentum (Absatz 2 Satz 1) 3	
Mitbenutzungsrecht 4	Zwangsversteigerungsvermerk auch im Gebäudegrundbuch (Absatz 3 Satz 3) 8
Sachenrechtsbereinigungs-Ansprüche (Abs 1 Satz 2 und Abs 2 Satz 2) 5	

Literatur: Cremer, Wiederherstellung des öffentlichen Glaubens des Grundbuchs und Beseitigung sonstiger spezifischer Rechtsunsicherheiten im Grundstücksrecht des Beitrittsgebiets, NotBZ 2000 Sonderheft (9) 13; Grund, Zwangsversteigerung und Restitution – der mißverstandene § 9 a EGZVG, ZIP 1999, 1617; Keller, Gebäudeeigentum und Grundstücksversteigerung, Rpfleger 1994, 194.

1 Allgemeines zu § 9 a

1.1 Zweck: Sicherstellung der Zwangsversteigerungsfähigkeit bebauter Grundstücke im Beitrittsgebiet

1.2 § 9 a gilt für alle Verfahren des ZVG zur Versteigerung eines bebauten Grundstücks im Beitrittsgebiet, auch für die Insolvenzverwalter-, Nachlaß- und Teilungsversteigerung. Für die Zwangsverwaltung gilt die Vorschrift nicht (§ 146 Rdn 4.5).

1.3 Den 31. Dezember 2000 als Zeitpunkt, nach dem die Neuregelung der Beschlagnahme- und Zuschlagswirkungen sich nach EGZVG § 9 a Abs 1 bestimmt, hat das Zweite Eigentumsfristengesetz (2. EFG) vom 20. Dez 1999 (BGBl I 2493) festgelegt.

Bebaute Grundstücke im Beitrittsgebiet 2.5 **EG 9a**

Beschlagnahme auch des Gebäudeeigentums (Absatz 1 Satz 1) 2

2.1 Gebäudeeigentum, Anlegung und Führung von Gebäudegrundbüchern sowie Eintragung des Nutzungsrechts im Grundbuch des belasteten Grundstücks und des Gebäudeeigentums ohne Nutzungsrecht im Grundbuch des betroffenen Grundstücks: Einl Rdn 14.

2.2 Bis 31. Dez 2000 gilt EGBGB Art 233 § 4 Abs 4, der lautet:

(4) Besteht am Gebäude selbständiges Eigentum nach § 288 Abs 4 und § 292 Abs 3 des Zivilgesetzbuchs der Deutschen Demokratischen Republik, so bleibt bei bis zum Ablauf des 31. Dezember 2000 angeordneten Zwangsversteigerungen ein nach jenem Recht begründetes Nutzungsrecht am Grundstück bei dessen Versteigerung auch dann bestehen, wenn es bei der Feststellung des geringsten Gebots nicht berücksichtigt ist.

2.3 Das **Nutzungsrecht** an dem Grundstück gilt als wesentlicher Bestandteil des Gebäudes (EGBGB Art 231 § 5 Abs 2). Das Gebäudeeigentum als Hauptsache ist persönliches Eigentum des Nutzungsberechtigten (Einl Rdn 14.1). Als Eigentum des unbeweglichen Vermögens unterliegt es selbständig der Immobiliarvollstreckung. Es ist weder Bestandteil noch Zubehör des Grundstücks. Beschlagnahme (ZVG § 20) und Versteigerung (ZVG § 55) des Grundstücks erstrecken sich daher nicht auf das Gebäudeeigentum; der Ersteher des Grundstücks erwirbt mit dem Zuschlag (ZVG § 90) das Gebäudeeigentum daher nicht. Ob ein auf dem Grundstück errichtetes Gebäude Bestandteil des Grundstücks ist oder Gegenstand besonderen Gebäudeeigentums, war oft jedoch nicht hinreichend festzustellen. Die Zwangsversteigerung bebauter Grundstücke nach dem bis 31. 12. 2000 geltenden Recht hat daher Schwierigkeiten bereitet. Durch folgende Maßnahmen (hierzu[1]) hat das Registerverfahrensbeschleunigungsgesetz vom 20. 12. 1993 (BGBl I 2182) die Zwangsversteigerungsfähigkeit bebauter Grundstücke wieder gewährleistet:
– Dingliche Nutzungsrechte, Mitbenutzungsrechte und Gebäudeeigentum haben aus dem Grundbuch des Grundstücks ersichtlich zu sein (regelt insbesondere EGBGB Art 233 § 2 b);
– Der Zuschlag in der Zwangsversteigerung des Grundstücks führt zum Erlöschen der im geringsten Gebot nicht berücksichtigten dinglichen Nutzungsrechte, Mitbenutzungsrechte und von Gebäudeeigentum (regelt § 9 a);
– Gutgläubiger Erwerb von dinglichen Nutzungsrechten, Mitbenutzungsrechten und Gebäudeeigentum ist davon abhängig, daß diese im Grundbuch des Grundstücks eingetragen sind (bestimmt insbesondere EGBGB Art 231 § 5 Abs 3–5).

2.4 Ab 1. Jan 2001 regelt § 9 a Abs 1 und 2 die Zwangsversteigerungsfähigkeit bebauter Grundstücke im Beitrittsgebiet. Die Bestimmung beruht auf der Erwägung (dazu[1]), daß Versteigerungsgericht und Beteiligte, vor allem aber Bieter, wissen müssen, ob das Gebäude auf dem zu versteigernden Grundstück mit versteigert wird oder nicht. Das wird auf folgendem Weg gewährleistet:
– Die Beschlagnahme des Grundstücks umfaßt im Interesse einer erleichterten Verfahrensdurchführung zunächst auch das Gebäudeeigentum (Abs 1);
– Schuldnerfremdes Gebäudeeigentum wird aus dieser weit reichenden Beschlagnahme entlassen, wenn es grundbuchersichtlich ist (dazu Rdn 2.1) nach ZVG § 28 Abs 1 (Abs 2);
– Der Nutzer wird von der Versteigerungsanordnung durch Zustellung in Kenntnis gesetzt (Abs 3).

2.5 Nach Abs 1 Satz 1 bestimmen sich Beschlagnahmeumfang und Versteigerungsfolgen in Verfahren, wenn die **Beschlagnahme** des Grundstücks im Beitrittsgebiet (nach EGBGB Art 233 § 4 Abs 4 die „Zwangsversteigerung") **nach**

---

[1] Begründung zum RegVBG BT-Drucks 12/5553, Seiten 49 und 123–124 sowie Seite 125.

dem 31. Dez 2000 angeordnet ist. Die Sondervorschrift von EGBGB Art 233 § 4 Abs 4 läuft damit aus; sie gilt noch für Verfahren, in denen die Zwangsversteigerung bis zu diesem Zeitpunkt angeordnet worden ist. Weil auf die Anordnung abgestellt ist (nicht auf den Zeitpunkt des Wirksamwerdens der Beschlagnahme), ist das Datum des Anordnungsbeschlusses maßgeblich. Zulassung eines Beitritts erfolgt zu einem schon und noch anhängigen Verfahren (ZVG § 27 Rdn 2.2), so daß für die zeitliche Abgrenzung unerheblich bleibt, daß zu einem bereits bis zum 31. Dez 2000 angeordneten Verfahren der Beitritt eines oder mehrerer Gläubiger (auch des später bestbetreibenden Gläubigers) erst danach zugelassen wurde. Versteigerungs- und Zuschlagswirkungen bestimmen sich daher auch dann nach dem bei Verfahrensanordnung bis 31. Dez 2000 geltenden Recht, wenn danach das Verfahren für den Anordnungsgläubiger wieder aufgehoben wurde und die Versteigerung nur noch von einem (mehreren) Beitrittsgläubiger betrieben wird, der dem Verfahren nach dem 31. Dez 2000 beigetreten ist.

3 Entgegenstehendes Gebäudeeigentum (Absatz 2 Satz 1)

3.1 Als persönliches Eigentum seines Inhabers (Einl Rdn 14.1) steht **fremdes Gebäudeeigentum,** das (zunächst) in die Beschlagnahme einbezogen ist (Rdn 2.4), der Zwangsversteigerung zusammen mit dem Schuldnergrundstück **entgegen.** Wahrung dieses das Verfahren hindernden Rechts erfolgt, wenn es grundbuchersichtlich ist (Rdn 2.3), nach **ZVG § 28** Abs 1 (Abs 2 Satz 1). Das ist der Fall, wenn in der zweiten Abteilung des für das beschlagnahmte belastete oder betroffene Grundstück bestehenden Grundbuchblatts
– das dem Gebäudeeigentum zugrunde liegende Nutzungsrecht (EGBGB Art 233 § 4 Abs 1 Satz 2) oder
– das Gebäudeeigentum ohne dingliches Nutzungsrecht gemäß EGBGB Art 233 § 2 b oder § 8
eingetragen ist. Nach Eingang der Grundbuchblattabschrift (ZVG § 19 Abs 2) hat das Vollstreckungsgericht daher von Amts wegen die Verfahrensanordnung **aufzuheben,** soweit die Beschlagnahmewirkungen nach Abs 1 Satz 1 auch das Gebäudeeigentum erfaßt haben (dürfte die Regel sein; einstweilige Einstellung unter Fristbestimmung ist kaum denkbar; Anhörung des Gläubigers ist gleichwohl nicht ausgeschlossen). Zum Beschluß § 28 Rdn 7.3. Zustellung des Aufhebungsbeschlusses erfolgt (ZVG § 32 entsprechend) an Gläubiger, an Schuldner und an den Nutzer (Folge von Abs 3 Satz 1). Das weitere Verfahren, damit insbesondere auch Versteigerung (ZVG § 55 Abs 1) und Zuschlag (ZVG § 90) erstrecken sich nach Aufhebung auf das Gebäudeeigentum nicht mehr. Wenn um Eintragung des Zwangsversteigerungsvermerks auch in das Gebäudegrundbuch ersucht worden ist (Abs 3 Satz 3), ist um Löschung dieses Vermerks zu ersuchen (ZVG § 34 entsprechend).

3.2 Das Verfahren kann vereinfacht werden, wenn dem Vollstreckungsgericht bereits bei Entscheidung über den Anordnungsantrag das der Mitversteigerung entgegenstehende fremde Gebäudeeigentum und seine Grundbucheintragung in Abteilung II des Grundstücksgrundbuchs bekannt sind (Einsicht in das Grundbuch oder Inhalt des Grundzeugnisses, ZVG § 17 Abs 2). Dann ist das entgegenstehende fremde Gebäudeeigentum von Amts wegen bereits bei Entscheidung über den Anordnungsantrag zu berücksichtigen. Anordnung des Verfahrens mit der weitgehenden Beschlagnahmewirkung des Abs 1 und Verfahrensaufhebung, soweit die Beschlagnahme auch das Gebäudeeigentum erfaßt, können daher in einem (einheitlichen) Beschluß zusammengefaßt werden. Er kann diese Anordnungen in der Weise zusammengefaßt zum Ausdruck bringen, daß von der Verfahrensanordnung die Beschlagnahme des (zu bezeichnenden) Gebäudeeigentums ausgeschlossen ist. Diese eingeschränkte Anordnung ist zu begründen.

3.3 Der Gläubiger kann durch **Einschränkung seines Antrags nicht** erwirken, daß die Beschlagnahme nur des Grundstücks unter Ausschluß von Gebäudeeigentum angeordnet oder im Anordnungsbeschluß bestimmt wird, daß die Beschlagnahme nicht eingetragenes Gebäudeeigentum nicht umfaßt. Erstreckung der Beschlagnahme auf das Gebäudeeigentum (Abs 1 Satz 1) ist gesetzliche Beschlagnahmefolge im öffentlichen Interesse[2]. Sie steht daher nicht zur Disposition des Gläubigers. Verfahrensaufhebung erfordert, daß das Recht des Inhabers des Gebäudeeigentums aus dem Grundbuch ersichtlich ist (Rdn 3.1). Auch mit Drittwiderspruchsklage wird der Gebäudeeigentümer sein entgegenstehendes Recht erfolgreich nur geltend machen können, wenn Grundbucheintragung möglich ist und erfolgen wird. Ist Gebäudeeigentum als vom Grundstückseigentum unabhängiges Eigentum nicht im Grundbuch eingetragen, hat das Vollstreckungsgericht davon auszugehen, daß Gebäude und Baulichkeiten wesentliche Bestandteile des Grundstücks sind (BGB § 94). Diese durch Freigabe, Antragsbeschränkung oder auf sonstige Weise von einer Zwangsversteigerungsbeschlagnahme auszunehmen, steht nicht in der Gestaltungsbefugnis des Gläubigers. Doch kann der Gläubiger schon in seinem Antrag auf bestehendes Gebäudeeigentum hinweisen, damit das Vollstreckungsgericht bei Anordnung nach dem Rdn 3.2 Gesagten verfahren kann.

3.4 Mit **gutgläubigem Erwerb des Grundstücksrechts** des (dinglich) vollstreckenden Gläubigers ab 1. Jan 2001 (Eintragungsantrag) gilt für den Inhaber des Rechts das Gebäude als Bestandteil des Grundstücks (EGBGB Art 231 § 5 Abs 4; Regel von BGB § 94 Abs 1). Dann ist das Gebäudeeigentum mitbelastet. Es ist dann somit kein der Zwangsversteigerung auf Antrag des Gläubigers des gutgläubig erlangten Grundpfandrechts entgegenstehendes Recht. Eintragung des Nutzungsrechts oder des Gebäudeeigentums ohne Nutzungsrecht erst nach dem 31. Dez 2000 und nach dem Grundpfandrecht schließt Verfahrensaufhebung nach § 28 Abs 1 daher aus. Gegenüber dem Gläubiger des gutgläubig erlangten Rechts kann daher auch ein nicht aus dem Grundbuch ersichtliches Gebäudeeigentum nicht mit Drittwiderspruchsklage durchgesetzt werden.

3.5 Für einen **Beitrittsgläubiger** erfaßt die nach dem 31. Dez 2000 angeordnete Beschlagnahme des Grundstücks (wie Rdn 2.5) auch wieder das Gebäudeeigentum (Abs 1 Satz 1; vergleichbarer Beschlagnahmeumfang § 27 Rdn 10.2). Diese Beschlagnahme des Gebäudeeigentums muß im Beitrittsbeschluß nicht gesondert zum Ausdruck gebracht werden; sie folgt aus § 27 Abs 2. Es begründet die Anordnung, daß der Beitritt zu dem Versteigerungsverfahren über ein Grundstück zugelassen wird, dem Gläubiger die gleichen Rechte, damit Beschlagnahme im gleichen Umfang wie eine Versteigerungsanordnung; sie umfaßt somit nach EGZVG § 9a Abs 1 auch das Gebäudeeigentum. Für (fremdes) Gebäudeeigentum, das als grundbuchersichtlich der Zwangsversteigerung mit dem Schuldnergrundstück entgegensteht, ist diese Beschlagnahmewirkung (wieder) von Amts wegen auszuschließen (§ 28 Abs 1; wie Rdn 3.2). **Beispiel:**

Die Beschlagnahme umfaßt nicht das Gebäudeeigentum auf Grund des in Abt II Nr 1 des Grundstücksgrundbuchs eingetragenen dinglichen Nutzungsrechte (eingetragen im Gebäudegrundbuch ...), für das Verfahrensaufhebung bereits mit Beschluß vom ... erfolgt ist.

Einschränkung der Beitrittsbeschlagnahme mit Teilaufhebungsbeschluß muß aber unterbleiben, wenn der Gläubiger eines ab 1. Jan 2001 gutgläubig erlangten Grundpfandrechts (Rdn 3.4) dinglich vollstreckt. Die Versteigerung erstreckt sich in diesem Fall auf das als Bestandteil des Grundstücks mitbelastete Gebäude. Das erfordert auch Eintragung eines Zwangsversteigerungsvermerks im Gebäudegrundbuchblatt, der zunächst gelöscht wurde oder unterblieben ist (Rdn 8.1); darum hat das Vollstreckungsgericht zu ersuchen (§ 19 Abs 1, entspr Anwendung).

---

[2] Begründung aaO (Fußn 1) S 125.

EG 9a 3.6

3.6 Ist (fremdes) Gebäudeeigentum **nicht aus dem Grundbuch ersichtlich**, dann muß es vom Gebäudeeigentümer als entgegenstehendes Recht mit Drittwiderspruchsklage (ZPO § 771) geltend gemacht werden. Einstellung der Zwangsvollstreckung mit einstweiliger Anordnung: ZPO § 769.

3.7 Gebäudeeigentum, das sich mit dem Grundstückseigentum **in einer Person vereinigt** hat, ist kein der Versteigerung nach ZVG § 28 Abs 1 entgegenstehendes Recht (ZVG § 28 Rdn 11). Besonderheit jedoch: Veräußerung im Wege der Zwangsversteigerung oder zu deren Abwendung (SachenRBerG § 78 Abs 1 Satz 1), mit der Eigentum am Grundstück und Eigentum am Gebäude wieder auseinanderfallen (ZVG § 28 Rdn 11). Fraglich ist jedoch, wie verfahren werden soll, wenn nach Vereinigung Gläubiger dinglicher Rechte am Gebäudeeigentum vorhanden sind, deren Befugnis zur Veräußerung im Wege der Zwangsversteigerung unberührt bleibt und die damit auch die Schuldnerbefugnis zur Veräußerung zur Abwendung der Zwangsvollstreckung unberührt lassen (SachenRBerG § 78 Abs 1 Satz 2), Veräußerung aber noch nicht erfolgt ist. Das Gebäudeeigentum des Schuldners wird auch in einem solchen Fall nicht als nach ZVG § 28 entgegenstehendes Recht angesehen werden können.

3.8 Auf Gebäudeeigentum, dessen Beschlagnahme (Zwangsversteigerung) **nicht aufgehoben** oder einstweilen eingestellt worden ist, erstrecken sich Zwangsversteigerung (ZVG § 55 Abs 1) und Zuschlag (ZVG § 90). Der Ersteher erwirbt damit mit dem Grundstück auch das Gebäudeeigentum. Er kann es dann aufgeben; das Gebäude wird damit Bestandteil des Grundstücks.

3.9 Wenn Gebäudeeigentum von der Zwangsversteigerung des Grundstücks ausgeschlossen ist (Rdn 2.2 und 3), muß das im **Zuschlagsbeschluß** nicht notwendig erwähnt werden (ZVG § 55 Rdn 3.9). Zu empfehlen ist Angabe auf jeden Fall jedoch, daß sich Versteigerung und Zuschlag nicht auf das Gebäudeeigentum erstrecken. Wesentlicher Inhalt des Zuschlagsbeschlusses ist zudem Bezeichnung des Grundstücks (ZVG § 82). Für diese Bezeichnung ist Angabe für geboten zu erachten, daß das Grundstück ohne das Gebäudeeigentum Verfahrensgegenstand ist und dem Ersteher zugeschlagen wird.

3.10 In das **geringste Gebot** ist das Nutzungsrecht (Rdn 2.3) bei Versteigerung des Grundstücks aufzunehmen, wenn es zur Zeit der Eintragung des Versteigerungsvermerks aus dem Grundbuch ersichtlich war oder rechtzeitig angemeldet und erforderlichenfalls glaubhaft gemacht wurde (ZVG § 44 Rdn 5.18). Das nicht in das geringste Gebot aufgenommene Nutzungsrecht erlischt.

4 Mitbenutzungsrecht

4.1 Ein Mitbenutzungsrecht kann als Recht an einem Grundstück im Beitrittsgebiet bestehen (EGBGB § 233 § 5 Abs 1) nach
- **ZGB-DDR § 321 Abs. 1–3** als Recht zur vorübergehenden oder dauernden Mitbenutzung in bestimmter Weise (wie Lagerung von Baumaterial, Aufstellen von Gerüsten, aber auch Unterlassung bestimmter Handlungen)
- **ZGB-DDR § 322** als Wege- oder Überfahrtsrecht.

4.2 Bis **31. Dez 2000** galt **EGBGB Art 233 § 5 Abs 2 Satz 3**, der lautet:

(2) ... [3] In der Zwangsversteigerung des Grundstücks ist bei bis zum Ablauf des 31. Dezember 2000 angeordneten Zwangsversteigerungen auf die in Absatz 1 bezeichneten Rechte § 9 des Einführungsgesetzes zu dem Gesetz über die Zwangsversteigerung und die Zwangsverwaltung in der ... Fassung ... entsprechend anzuwenden.

Auch ein Mitbenutzungsrecht kommt als Grundstücksrecht bei **Rang vor** dem bestbetreibenden Gläubiger ins geringste Gebot (ZVG § 44) und bleibt nach ZVG § 52 Abs 1 Satz 1 bestehen, wenn es grundbuchersichtlich oder rechtzeitig angemeldet ist (ZVG § 45 Abs 1; dazu § 9 Rdn 2). Es bleibt in einem „Alt"verfahren nach **§ 9 Abs 1** aber auch dann bestehen, wenn es bei der Feststellung des gering-

Bebaute Grundstücke im Beitrittsgebiet 6.2 **EG 9a**

sten Gebots nicht berücksichtigt ist; dann ist es wegen EGZVG § 9 Abs 2 jedoch nur in beschränktem Umfang geschützt. Die entsprechende Anwendung von EGZVG § 9 beruht unmittelbar auf EGBGB Art 233 § 5 Abs 2 Satz 3; besonderer landesrechtlicher Anordnung bedarf es daher nicht.

4.3 Diese Sondervorschrift über die Wirkung des Zuschlags auf ein nicht eingetragenes Mitbenutzungsrecht ist mit der Übergangszeit ausgelaufen. Ein nicht im Grundbuch eingetragenes Mitbenutzungsrecht kann nach Grundbuchbereinigungsgesetz § 8 Abs 1 erloschen sein. Berücksichtigung findet es dann nicht mehr. Besteht das Mitbenutzungsrecht noch, wird es in einem ab **1. Jan 2001 angeordneten** Verfahren (zu diesem Zeitpunkt Rdn 2.5) wie jedes andere Recht am Grundstück behandelt. Es bleibt somit nur bestehen, wenn es bei der Feststellung des geringsten Gebots als bestehenbleibend berücksichtigt ist (ZVG § 52 Abs 1 Satz 1) und erlischt im übrigen (ZVG § 52 Abs 1 Satz 2) mit Anspruch auf Wertersatz (ZVG § 92).

Sachenrechtsbereinigungsgesetz-Ansprüche (Abs 1 Satz 2 und Abs 2 Satz 2)   5

5.1 Der Nutzer (Begriff: SachenRBerG § 9) hat zur **Bereinigung der Rechtsverhältnisse** an einem Grundstück im Beitrittsgebiet **Anspruch** auf Bestellung eines Erbbaurechts (SachenRBerG § 32; auch als Wohnungserbbaurecht, SachenRBerG § 40) oder auf Ankauf des Grundstücks (SachenRBerG § 61; auch Begründung von Wohnungs- oder Teileigentum, SachenRBerG § 67) (SachenRBerG § 3 Abs 1). Zur Sicherung dieser Ansprüche wird auf Antrag des Nutzers bei Besitzrecht ein **Vermerk** in Abteilung II des Grundbuchs für das betroffene Grundstück eingetragen (EGBGB Art 233 § 2c Abs 2 Satz 1). Der Vermerk hat nach Satz 3 von EGBGB Art 233 § 2c Abs 2 die Wirkung einer Vormerkung, Berücksichtigung bei Feststellung des geringsten Gebots erfolgt daher bei Rang vor dem Gläubiger (ZVG §§ 44, 48), wenn der Vermerk bei Eintragung des Versteigerungsvermerks grundbuchersichtlich war oder angemeldet ist (ZVG § 45).

5.2 Gewahrt bleiben Ansprüche aus dem Sachenrechtsbereinigungsgesetz bei Erteilung des Zuschlags (hier nicht: Anordnung der Zwangsversteigerung) **vom 1. Jan 2001 an** nur, wenn der Vermerk nach EGBGB Art 233 § 2c Abs 2 Satz 1 im Grundbuch eingetragen ist oder Anmeldung der Ansprüche im Verfahren erfolgt ist (Abs 1 Satz 2). Abzustellen ist nach den Grundsätzen des Versteigerungsrechts auf den Grundbuchinhalt zur Zeit der Eintragung des Versteigerungsvermerks (ZVG § 19 Abs. 1). Wenn der Vermerk nach EGBGB Art 233 § 2c erst danach eingetragen wurde, muß er oder müssen die Ansprüche zur Rechtswahrung (rechtzeitig) angemeldet werden (Abs 2 Satz 2). Die Anmeldung hat spätestens im Versteigerungstermin vor der Aufforderung zur Abgabe von Geboten zu erfolgen. Sie ist zur Wahrung der Rechte ausreichend, auch wenn für die Ansprüche kein Vermerk in das Grundbuch eingetragen wurde.

Vermögensgesetz-Rückübertragungsanspruch (Abs 1 Satz 3 und Abs 2 Satz 3)   6

6.1 Vermögenswerte, die schädigenden Maßnahmen unterlagen und in Volkseigentum überführt oder an Dritte veräußert wurden, sind auf Antrag an die Berechtigten (Begriff VermG § 2 Abs 1: Anmeldung und Ausschlußfrist VermG §§ 30, 30a) **zurückzuübertragen** (VermG § 3 Abs 1 Satz 1 mit Ausnahme). Der Rückübertragungsanspruch steht der Versteigerung nicht entgegen (ZVG § 28 Rdn 11.2 und § 180 Rdn 19).

6.2 Ein **Anspruch auf Rückübertragung** nach Vermögensgesetz § 3 Abs 1 Satz 1 **erlischt** bei Zuschlag **nach dem 31. Dez 2000** (wie Rdn 5.2) nach Abs 1 Satz 3 mit Satz 2 jedenfalls dann, wenn er **nicht** spätestens im Versteigerungstermin vor der Aufforderung zur Abgabe von Geboten **angemeldet** worden ist. Eine Vorschrift, die auf Behördenersuchen Eintragung eines Vermerks im Grundbuch (wie nach Abs 1 Satz 2) für den Rückerstattungsanspruch vorsehen würde, besteht nicht[3]; ob ein Vermerk auf Bewilligung des Grundstückseigentümers oder auf Grund einstweiliger Verfügung eingetragen werden kann, ist nicht geklärt[3], dies wird eher zu verneinen sein.

6.3 Für den Anspruch auf Rückübertragung nach dem Vermögensgesetz bei Erteilung des Zuschlags **bis 31. Dez 2000** und von da an, wenn er (rechtzeitig) **angemeldet** wurde, ist die Bedeutung von Abs 1 Satz 3 nicht eindeutig. Der Wortlaut der Vorschrift spricht dafür, daß der Anspruch auf Rückübertragung nach dem Vermögensgesetz in diesen Fällen gewahrt bleibt. Das entspricht auch der Gesetzesbegründung[4], in der es heißt

„Mit ... wird klargestellt, daß vermögensrechtliche Ansprüche mit dem Zuschlag erlöschen, wenn sie nicht im Zwangsversteigerungsverfahren angemeldet werden. Damit die Anmelder auch Gelegenheit hierzu haben, sieht § 3 b Abs 2 des Vermögensgesetzes eine Pflicht vor, sie von der Einleitung des Verfahrens zu unterrichten. Diese Regelung entspricht dem geltenden Recht, ergibt sich aber nur aus einem Umkehrschluß aus § 3 b Abs 1 des Vermögensgesetzes. Sie soll hier klargestellt werden."

Demgegenüber geht der Rechtsausschuß später in dem Bericht zu seiner Beschlußempfehlung für das Gesetz zur Änderung des Vermögensgesetzes[5] davon aus, daß ein Anspruch auf Eigentumsübertragung mit dem Zuschlag hinfällig wird. § 9 a Abs 1 Satz 3 hat der Rechtsausschuß in seine Erwägung allerdings nicht einbezogen. Er führt nur aus

„Jede Zwangsversteigerung ist grundsätzlich restitutionsschädlich (vgl die Begründung des Regierungs- bzw Fraktionsentwurfs zum 2. VermRÄndG zu § 3 Abs 2, Bundesrats-Drucksache 227/92 S 121 f = Drucksache 12/2480 S 43). Der Restitutionsgläubiger (Alteigentümer) hat lediglich die Möglichkeit, im Zwangsversteigerungsverfahren mitzubieten und das Grundstück selbst zu ersteigern. Er muß in diesem Falle die durch den Zuschlag festgesetzte Versteigerungssumme bezahlen, ohne daß irgendein Surrogat an die Stelle des untergegangenen Restitutionsanspruchs tritt. Auch wenn ein Dritter das Grundstück ersteigert, geht der Alteigentümer in restitutionsrechtlicher Hinsicht völlig leer aus. Der Vollstreckungsschuldner (dh der Verfügungsberechtigte) wird, soweit seine Gläubiger durch den Versteigerungserlös befriedigt werden, dagegen von eigenen Verbindlichkeiten frei, und zwar auf Kosten des Alteigentümers, dem der wirtschaftliche Wert des in der Versteigerung verwerteten Grundstücks restitutionsrechtlich zugewiesen war. Das entspricht nicht der Billigkeit. In Übereinstimmung mit der Wertung des § 3 Abs 4 Satz 3 ist es daher geboten, dem bisherigen Verfügungsberechtigten (Vollstreckungsschuldner) die Verpflichtung zur Zahlung eines dem Versteigerungserlös entsprechenden Geldbetrages an den Alteigentümer aufzuerlegen. ... "

6.4 Die Zweifelsfrage kann nicht weiter geklärt werden. Entscheidung kann letztlich nur im Rechtsweg erfolgen, sofern der Gesetzgeber sich nicht doch noch entschließt, Klarheit zu schaffen. Näher liegt meines Erachtens die durch den Gesetzeswortlaut von § 9 a Abs 1 Satz 3 gedeckte Meinung, daß mit dem Zuschlag bis 31. Dez 2000 und sodann, wenn Anmeldung (rechtzeitig) erfolgt ist, der **Anspruch auf Rückübertragung** nach dem Vermögensgesetz **nicht entfällt**[6]. Dafür spricht schon, daß für den Bereich der öffentlich-rechtlichen Restitution die Rückübertragung nach Zuschlag in der Zwangsversteigerung ausdrücklich ausgeschlossen (Vermögenszuordnungsgesetz – VZOG § 11 Abs 1 Satz 3 Nr 5), demgegenüber für den Rückübertragungsanspruch nach dem Vermögensgesetz eine

---

[3] KG NJW-RR 1998, 800 = Rpfleger 1998, 239.

[4] Gesetzentwurf der Bundesregierung zum Registerverfahrensbeschleunigungsgesetz – RegVBG, vom 12. 8. 1993, BT-Drucks 12/5553, Seite 125.

[5] Beschlußempfehlung und Bericht des Rechtsausschusses zum Entwurf eines Gesetzes zur Änderung des Vermögensgesetzes vom 1. 6. 1995, BT-Drucks 13/1593, Seite 11.

[6] **Anders** (mit Ausnahme für Zwangsversteigerung aus Aufbauhypotheken und anderen Altrechten) Cremer NotBZ 2000 Sonderheft (9) 13 (26–28) und Grund ZIP 1999, 1617 (Anwendungsbereich beschränkt sich auf den Sonderfall der Zwangsvollstreckung in ein Grundstück, auf dem sich restitutionsbelastetes selbständiges Gebäudeeigentum befindet).

solche Regelung aber gerade nicht getroffen ist. Redlichen Erwerb, der Rückübertragung nach VermG § 4 Abs 2 ausschließt, bewirkt Zuschlag bis 31. Dez 2000 und danach bei Anmeldung des Anspruchs nicht. Für die andere Meinung des Rechtsausschusses bietet demgegenüber das Gesetz keinen Anhalt; im Gesetzeswortlaut kommt sie nicht zum Ausdruck. VermG § 3b Abs 4 kann (auch im Hinblick auf VermG § 3 Abs 4) ohne weiteres auch so verstanden werden, daß dem Alteigentümer ein Anspruch auf Zahlung eines dem Versteigerungserlös entsprechenden Geldbetrags verbleibt, wenn Rückübertragung des Grundstücks nach Zwangsversteigerung deshalb nicht mehr möglich ist, weil der Alteigentümer sein Recht nicht mit Anmeldung nach Abs 1 Satz 3 gewahrt hat. Sicherung des Rückübertragungsanspruchs wäre andernfalls jedenfalls bei Vollstreckungsversteigerung völlig ausgeschlossen. Für Wahrung des Restitutionsanspruchs ist jedoch allenthalben Sorge getragen. Sie erschöpft sich nicht in der (schuldrechtlichen) Unterlassungspflicht von VermG § 3 Abs 3 Satz 1. Im rechtsgeschäftlichen Grundstücksverkehr verhindert die Genehmigungspflicht nach der Grundstücksverkehrsordnung (GVO) pflichtwidrige Veräußerung durch den Verfügungsberechtigten, die den Rückübertragungsanspruch beeinträchtigen könnte. Bei Teilungsversteigerung ermöglicht VermG § 3b Abs 3 dem Alteigentümer, einstweilige Einstellung des Verfahrens zu erwirken (§ 180 Rdn 19). Für Vollstreckungsversteigerung gewährleistet § 9a Abs 1 Satz 3 Sicherung des geltend gemachten Restitutionsanspruchs ebenso. Anmeldung, die demnach ab 1. Jan 2001 erforderlich ist, überläßt nicht nur dem berechtigten Alteigentümer die Entscheidung, ob er von der Schutzmöglichkeit Gebrauch machen oder davon absehen will, sondern gewährleistet vor allem auch, daß Bieter wissen, ob die Rückübertragung verlangt ist und der Anspruch auch mit Erteilung des Zuschlags nicht erlöschen kann. Dem steht nicht entgegen, daß die Regelung schon deshalb unzulänglich ist, weil auch ein unbegründeter Antrag auf Rückerstattung bis Eintritt der Bestandskraft der Entscheidung oder Zurücknahme den Zuschlag überdauern kann, damit Ungewißheit und Unsicherheit bei Zwangsversteigerung begründet.

6.5 Damit bewirkt ein Rückerstattungsanspruch, der der Durchführung der Zwangsversteigerung nicht entgegensteht (§ 28 Rdn 11), bis 31. Dez 2000 und dann nach § 9a Abs 1 Satz 3 aber doch gewahrt bleibt, im Versteigerungstermin Erschwernis und unter Umständen ganz erhebliche Unsicherheiten. Erwerbsinteressenten müssen erwägen, ob sie Gebote für Grundstückserwerb abgeben wollen, obwohl ein Rückübertragungsanspruch angemeldet ist, insbesondere deshalb, weil sie davon ausgehen, daß der Anspruch nicht begründet ist, damit den Eigentumserwerb mit Zuschlag unberührt lassen wird, oder ob sie wegen der im Einzelfall noch bestehenden Unsicherheit Gebote doch unterlassen wollen. Weil ein Rückübertragungsanspruch damit auch bewirken kann, daß sich Interessenten von Geboten abhalten lassen oder bei Bemessung der Gebote Zurückhaltung auferlegen, kann das auch Grund für einstweilige Einstellung auf Antrag des Schuldners nach § 30a (sofern die Frist noch nicht abgelaufen ist) oder ZPO § 765a bieten (aA[7]: Einstellung nach § 30a kommt nicht in Betracht).

6.6 Bei **Teilungsversteigerung** ermöglicht bereits einstweilige Einstellung des Verfahrens nach VermG § 3b Abs 3 Sicherung der (schuldrechtlichen) Verpflichtung der verfügungsbefugten Miteigentümer, die Veräußerung des Grundstücks zu unterlassen (VermG § 3 Abs 3 Satz 1). Damit indes ist § 9a Abs 1 Satz 3 nicht außer Kraft gesetzt. Erfolgt Teilungsversteigerung, dann kann auch bei Erteilung des Zuschlags in diesem Verfahren bis 31. Dez 2000 und dann nach (rechtzeitiger) Anmeldung ein Rückübertragungsanspruch keine Beeinträchtigung erfahren. Das muß auch gelten, wenn die Teilungsversteigerung auf Antrag eines Pfändungsgläubigers erfolgt.

---

[7] LG Halle WM 2000, 1606.

6.7 Durch Eröffnung des Insolvenzverfahrens, vordem auch des Gesamtvollstreckungsverfahrens, wird der Rückübertragungsanspruch nicht berührt (VermG § 3b Abs 1). Er kann daher auch durch **Insolvenzverwaltervollstreckung** (§ 172) unter den Voraussetzungen § 9a Abs 1 Satz 3 keine Beeinträchtigung erfahren. Auch bei **Nachlaßversteigerung** (§ 175) beeinträchtigt Erteilung des Zuschlags im Falle von § 9a Abs 1 Satz 3 nicht.

6.8 Zahlungsanspruch für den Berechtigten begründet VermG § 3 Abs 4, wenn Versteigerung erfolgt und Rückübertragung des Grundstücks nicht mehr möglich ist, (nach hier vertretener Ansicht) insbesondere deshalb, weil der Rückübertragungsanspruch vom 1. Jan 2001 an nicht rechtzeitig angemeldet, damit im Versteigerungsverfahren nicht geltend gemacht wurde.

6.9 Dem Berechtigten des Rückübertragungsanspruchs (Alteigentümer) sind der **Anordnungsbeschluß** und die **Terminsbestimmungen zuzustellen** (VermG § 3b Abs 2; bleibt unberührt nach Abs 2 Satz 3). Die Zustellung dient seiner Unterrichtung; ihm soll damit ermöglicht werden, mitzubieten und seine Chancen wahrzunehmen[8], damit auch seine Ansprüche (rechtzeitig) anzumelden. Nach Entscheidung über die Rückübertragung geht das Eigenheim auf den Berechtigten mit Unanfechtbarkeit der Entscheidung und Hinterlegung des Ablösungsbetrags über (VermG § 18a mit Einzelheiten). Um Grundbuchberichtigung ersucht die Rückübertragungsbehörde (VermG § 34 Abs 2). Dingliche Belastungen können bestehen bleiben (Regel, VermG § 16) oder erlöschen (Besonderheit, VermG § 16 Abs 9 Satz 1). Folge des Eigentumswechsels während des Zwangsversteigerungsverfahrens: § 28 Abs 1.

7 Zustellung des Anordnungsbeschlusses (Absatz 3 Sätze 1 und 2)

Dem Gebäudeeigentümer als **Nutzer** (Begriff: SachenRBerG § 9), somit auch dem Eigentümer eines Gebäudeeigentums ohne Nutzungsrecht, ist der **Anordnungsbeschluß zuzustellen** (Abs 3 Satz 1). Er soll von der angeordneten Zwangsversteigerung erfahren[9]. Wenn ein Nutzungsrecht an dem Grundstück nicht im Grundbuch eingetragen ist, hat der Nutzer sein Recht nach ZPO § 771 geltend zu machen (Rdn 3.6). Zustellung des Anordnungsbeschlusses an ihn kann dann nicht erfolgen. Ist der Nutzer nicht bekannt und ihm auch ein Pfleger nicht bestellt (dem dann zuzustellen ist), so hat das Vollstreckungsgericht um Bestellung eines Vertreters in entsprechender Anwendung von EGBGB Art 233 § 2 Abs 3 zu ersuchen. Zustellung erfolgt dann an den bestellten Vertreter. Ein Beitrittsbeschluß wird dem Nutzer nicht mehr (gesondert) zugestellt.

8 Zwangsversteigerungsvermerk auch im Gebäudegrundbuch (Absatz 3 Satz 3)

8.1 Beschlagnahme eines Grundstücks im Beitrittsgebiet umfaßt (bei Anordnung vom 1. Jan 2001 an) auch das Gebäudeeigentum (Abs 1 Satz 1). Ein Zwangsversteigerungs**vermerk** ist daher (von da an) auch in ein bestehendes **Gebäudegrundbuch** für Gebäudeeigentum auf dem Grundstück **einzutragen** (Abs 3 Satz 3). Diese Eintragung erfordert kein besonderes darauf gerichtetes Ersuchen (daher auch kein Wirksamwerden der Beschlagnahme mit Eingang eines dennoch an das Gebäudegrundbuchblatt gerichtetes Ersuchen nach ZVG § 22 Abs 1 Satz 2); sie hat das Grundbuchamt vorzunehmen, wenn die Zwangsversteigerung des Grundstücks angeordnet und „um Eintragung dieser Anordnung in das Grundbuch" (Wortlaut von § 19 Abs 1) ersucht worden ist. Das folgt aus Abs 1 Satz 1, wonach die Beschlagnahme des Grundstücks auch das Gebäudeeigentum umfaßt, und Abs 3 Satz 3, wonach der Vermerk auch in ein bestehendes Gebäudegrund-

---

[8] Begründung BT-Drucks 12/2480, S 43.
[9] Begründung aaO (Fußn 1) S 125.

buch einzutragen ist (nicht, wie ZVG § 19 Abs 1, um Eintragung dort zu ersuchen ist). **Löschung** des im Gebäudegrundbuchblatt eingetragenen Vermerks erfolgt stets auf Ersuchen des Vollstreckungsgerichts, und zwar nach Aufhebung des Verfahrens zur Versteigerung des Grundstücks (ZVG § 34) oder nach Versteigerung (ZVG § 130 Abs 1), aber auch bereits vorzeitig, wenn nur die Beschlagnahme des Gebäudeeigentums auf Grund des entgegenstehenden Rechts des Gebäudeeigentümers (§ 28 Abs 1) aufgehoben ist (Rdn 3). Wenn die Beschlagnahme des Grundstücks unter Ausschluß des Gebäudeeigentums angeordnet ist (Rdn 3.2), hat das Eintragungsersuchen das zum Ausdruck zu bringen; Eintragung eines Zwangsversteigerungsvermerks im Gebäudegrundbuch unterbleibt dann. Nach Zulassung eines Beitritts kann um Eintragung eines Zwangsversteigerungsvermerks in das Gebäudegrundbuchblatt aber wieder zu ersuchen sein (Rdn 3.5).

8.2 Das **Grundbuchamt** hat nach der Eintragung des Vermerks (auch) in das Gebäudegrundbuch dem Vollstreckungsgericht auch **beglaubigte Abschrift** dieses Grundblattes zu übersenden (ZVG § 19 Abs 2 Satz 1), Zustellungsbevollmächtigte zu bezeichnen und Nachricht über Wohnort und Wohnung der eingetragenen Beteiligten und deren Vertreter zu geben (ZVG § 19 Abs 2 Satz 1); Grund: Beschlagnahme und Versteigerung erstrecken sich auch auf das Gebäudeeigentum. Für Erteilung beglaubigter Urkundenabschriften genügt auch hier Beifügung der Grundakten (ZVG § 19 Abs 2 Satz 2), die besser erst auf ausdrückliche Anforderungen des Vollstreckungsgerichts übersandt werden (ZVG § 19 Rdn 5.5).

[Landesrecht zur Sicherheitsleistung]

EG 10 Unberührt bleiben die landesgesetzlichen Vorschriften, nach welchen bei der Zwangsversteigerung für Gebote kommunaler Körperschaften sowie bestimmter Kreditanstalten und Sparkassen Sicherheitsleistung nicht verlangt werden kann.

Abweichung von ZVG § 67 Abs 1 und Erweiterung von § 67 Abs 3. Siehe hierzu ZVG § 67 Rdn 4.4 Die Erweiterung gilt auch für die Sicherheit zum Antrag auf Versagung des Zuschlags nach ZVG § 85 Abs 1 (§ 85 Rdn 2.3 zu c). 1

[Landesrecht zur Feststellung des Grundstückswertes]

EG 11 Durch Landesgesetz kann für die Zwangsversteigerung, unbeschadet des § 112 Abs 2 Satz 4 des Gesetzes über die Zwangsversteigerung und die Zwangsverwaltung bestimmt werden, daß und nach welchen Grundsätzen der Wert des Grundstücks festgestellt werden soll.

Überholt durch ZVG § 74a; siehe dort Rdn 2.6 und 7.2 sowie § 112 Rdn 4.5. 1

[Landesrecht zum Aufgebotsverfahren]

EG 12 Die Landesgesetze können für die Fälle, in welchen bei der Zwangsversteigerung oder der Zwangsverwaltung ein Aufgebotsverfahren erforderlich wird, die Art der Bekanntmachung des Aufgebots und die Aufgebotsfristen abweichend von den Vorschriften der §§ 948, 950 der Zivilprozeßordnung bestimmen.

Ein Aufgebotsverfahren wird erforderlich nach ZVG § 136 zur Kraftloserklärung von Grundpfandrechtsbriefen (zu Landesrecht ZVG § 136 Rdn 2.4) und nach 1

EG 12

§§ 136–141 zum Ausschluß unbekannter Berechtigter (zu Landesrecht § 140 Rdn 2.6).

[Übertragung der Verfahrensdurchführung auf andere Stellen]

EG 13 Aufgehoben, ausgenommen für Baden-Württemberg; seit 1. Jan 1972 auch dort außer Kraft.

[Anordnungen für Zwangsverwalter]

EG 14 Aufgehoben

[Übergangsvorschriften]

EG 15 Gegenstandslos

Anhang

A. Textanhang

I. Bundesrecht

T 1. Zwangsversteigerungsgesetz

Gesetz über die Zwangsversteigerung und die Zwangsverwaltung vom 24. 3. 1897, RGBl 1897, 97

[Neufassung durch Bek vom 20. 5. 1898, RGBl 1898, 713; zahlreiche Änderungen, wie beim Textabdruck in Schönfelder Nr 108 angegeben]
[Der Text ist im Kommentarteil S. 159 ff abgedruckt]

T 2. ZVG-Einführungsgesetz

Einführungsgesetz zu dem Gesetz über die Zwangsversteigerung und die Zwangsverwaltung idF vom 20. 5. 1898, BGBl III, Sachgebiet 310–13
[Der Text ist mit Änderungen im Kommentarteil Seite 1523 ff abgedruckt]

T 3. Zwangsverwalterverordnung (ZwVwV)

Vom 19. 12. 2003, BGBl I 2804

Auf Grund des § 152a des Gesetzes über die Zwangsversteigerung und die Zwangsverwaltung..., verordnet das Bundesministerium der Justiz:

§ 1 Stellung. (1) Zwangsverwalter und Zwangsverwalterinnen führen die Verwaltung selbständig und wirtschaftlich nach pflichtgemäßem Ermessen aus. Sie sind jedoch an die vom Gericht erteilten Weisungen gebunden.

(2) Als Verwalter ist eine geschäftskundige natürliche Person zu bestellen, die nach Qualifikation und vorhandener Büroausstattung die Gewähr für die ordnungsgemäße Gestaltung und Durchführung der Zwangsverwaltung bietet.

(3) Der Verwalter darf die Verwaltung nicht einem anderen übertragen. Ist er verhindert, die Verwaltung zu führen, so hat er dies dem Gericht unverzüglich anzuzeigen. Zur Besorgung einzelner Geschäfte, die keinen Aufschub dulden, kann sich jedoch der Verwalter im Fall seiner Verhinderung anderer Personen bedienen. Ihm ist auch gestattet, Hilfskräfte zu unselbständigen Tätigkeiten unter seiner Verantwortung heranzuziehen.

(4) Der Verwalter ist zum Abschluß einer Vermögensschadenshaftpflichtversicherung für seine Tätigkeit mit einer Deckung von mindestens 500 000 Euro verpflichtet. Durch Anordnung des Gerichts kann, soweit der Einzelfall dies erfordert, eine höhere Versicherungssumme bestimmt werden. Auf Verlangen der Verfahrensbeteiligten oder des Gerichts hat der Verwalter das Bestehen der erforderlichen Haftpflichtversicherung nachzuweisen.

§ 2 Ausweis. Der Verwalter erhält als Ausweis eine Bestallungsurkunde, aus der sich das Objekt der Zwangsverwaltung, der Name des Schuldners, das Datum der Anordnung sowie die Person des Verwalters ergeben.

Anh T 3 — Zwangsverwalterverordnung

§ 3 Besitzerlangung über das Zwangsverwaltungsobjekt, Bericht. (1) Der Verwalter hat das Zwangsverwaltungsobjekt in Besitz zu nehmen und darüber einen Bericht zu fertigen. Im Bericht sind festzuhalten:
1. Zeitpunkt und Umstände der Besitzerlangung;
2. eine Objektbeschreibung einschließlich der Nutzungsart und der bekannten Drittrechte;
3. alle der Beschlagnahme unterfallenden Mobilien, insbesondere das Zubehör;
4. alle der Beschlagnahme unterfallenden Forderungen und Rechte, insbesondere Miet- und Pachtforderungen, mit dem Eigentum verbundene Rechte auf wiederkehrende Leistungen sowie Forderungen gegen Versicherungen unter Beachtung von Beitragsrückständen;
5. die öffentlichen Lasten des Grundstücks unter Angabe der laufenden Beträge;
6. die Räume, die dem Schuldner für seinen Hausstand belassen werden;
7. die voraussichtlichen Ausgaben der Verwaltung, insbesondere aus Dienst- oder Arbeitsverhältnissen;
8. die voraussichtlichen Einnahmen und die Höhe des für die Verwaltung erforderlichen Kostenvorschusses;
9. alle sonstigen für die Verwaltung wesentlichen Verhältnisse.

(2) Den Bericht über die Besitzerlangung hat der Verwalter bei Gericht einzureichen. Soweit die in Absatz 1 bezeichneten Verhältnisse nicht schon bei Besitzübergang festgestellt werden können, hat der Verwalter dies unverzüglich nachzuholen und dem Gericht anzuzeigen.

§ 4 Mitteilungspflicht. Der Verwalter hat alle betroffenen Mieter und Pächter sowie alle von der Verwaltung betroffenen Dritten unverzüglich über die Zwangsverwaltung zu informieren. Außerdem kann der Verwalter den Erlass von Zahlungsverboten an die Drittschuldner bei dem Gericht beantragen.

§ 5 Nutzungen des Zwangsverwaltungsobjektes. (1) Der Verwalter soll die Art der Nutzung, die bis zur Anordnung der Zwangsverwaltung bestand, beibehalten.

(2) Die Nutzung erfolgt grundsätzlich durch Vermietung oder Verpachtung. Hiervon ausgenommen sind:
1. landwirtschaftlich oder forstwirtschaftlich genutzte Objekte in Eigenverwaltung des Schuldners gemäß § 150 b des Gesetzes über die Zwangsversteigerung und die Zwangsverwaltung;
2. die Wohnräume des Schuldners, die ihm gemäß § 149 des Gesetzes über die Zwangsversteigerung und die Zwangsverwaltung unentgeltlich zu belassen sind.

(3) Der Verwalter ist berechtigt, begonnene Bauvorhaben fertig zu stellen.

§ 6 Miet- und Pachtverträge. (1) Miet- oder Pachtverträge sowie Änderungen solcher Verträge sind vom Verwalter schriftlich abzuschließen.

(2) Der Verwalter hat in Miet- oder Pachtverträgen zu vereinbaren,
1. daß der Mieter oder Pächter nicht berechtigt sein soll, Ansprüche aus dem Vertrag zu erheben, wenn das Zwangsverwaltungsobjekt vor der Überlassung an den Mieter oder Pächter im Wege der Zwangsversteigerung veräußert wird;
2. daß die gesetzliche Haftung des Vermieters oder Verpächters für den vom Ersteher zu ersetzenden Schaden ausgeschlossen sein soll, wenn das Grundstück nach der Überlassung an den Mieter oder Pächter im Wege der Zwangsversteigerung veräußert wird und der an die Stelle des Vermieters oder Verpächters tretende Ersteher die sich aus dem Miet- oder Pachtverhältnis ergebenden Verpflichtungen nicht erfüllt;

3. daß der Vermieter oder Verpächter auch von einem sich im Fall einer Kündigung (§ 57a Satz 1 des Gesetzes über die Zwangsversteigerung und die Zwangsverwaltung, § 111 der Insolvenzordnung) möglicherweise ergebenden Schadensersatzanspruch freigestellt sein soll.

§ 7 Rechtsverfolgung. Der Verwalter hat die Rechtsverfolgung seiner Ansprüche im Rahmen des pflichtgemäßen Ermessens zeitnah einzuleiten.

§ 8 Rückstände, Vorausverfügungen. Die Rechtsverfolgung durch den Verwalter erstreckt sich auch auf Rückstände nach § 1123 Abs. 1 und 2 des Bürgerlichen Gesetzbuchs und unterbrochene Vorausverfügungen nach § 1123 Abs. 1, §§ 1124 und 1126 des Bürgerlichen Gesetzbuchs, sofern nicht der Gläubiger auf die Rechtsverfolgung verzichtet.

§ 9 Ausgaben der Zwangsverwaltung. (1) Der Verwalter hat von den Einnahmen die Liquidität zurückzubehalten, die für Ausgaben der Verwaltung einschließlich der Verwaltervergütung und der Kosten des Verfahrens vorgehalten werden muß.

(2) Der Verwalter soll nur Verpflichtungen eingehen, die aus bereits vorhandenen Mitteln erfüllt werden können.

(3) Der Verwalter ist verpflichtet, das Zwangsverwaltungsobjekt insbesondere gegen Feuer-, Sturm-, Leitungswasserschäden und Haftpflichtgefahren, die vom Grundstück und Gebäude ausgehen, zu versichern, soweit dies durch eine ordnungsgemäße Verwaltung geboten erscheint. Er hat diese Versicherung unverzüglich abzuschließen, sofern

1. Schuldner oder Gläubiger einen bestehenden Versicherungsschutz nicht innerhalb von 14 Tagen nach Zugang des Anordnungsbeschlusses schriftlich nachweisen und
2. der Gläubiger die unbedingte Kostendeckung schriftlich mitteilt.

§ 10 Zustimmungsvorbehalte. (1) Der Verwalter hat zu folgenden Maßnahmen die vorherige Zustimmung des Gerichts einzuholen:
1. wesentliche Änderungen zu der nach § 5 gebotenen Nutzung; dies gilt auch für die Fertigstellung begonnener Bauvorhaben;
2. vertragliche Abweichungen von dem Klauselkatalog des § 6 Abs. 2;
3. Ausgaben, die entgegen dem Gebot des § 9 Abs. 2 aus bereits vorhandenen Mitteln nicht gedeckt sind;
4. Zahlung von Vorschüssen an Auftragnehmer im Zusammenhang insbesondere mit der Erbringung handwerklicher Leistungen;
5. Ausbesserungen und Erneuerungen am Zwangsverwaltungsobjekt, die nicht zu der gewöhnlichen Instandhaltung gehören, insbesondere wenn der Aufwand der jeweiligen Maßnahme 15 Prozent des vom Verwalter nach pflichtgemäßem Ermessen geschätzten Verkehrswertes des Zwangsverwaltungsobjektes überschreitet;
6. Durchsetzung von Gewährleistungsansprüchen im Zusammenhang mit Baumaßnahmen nach § 5 Abs. 3.

(2) Das Gericht hat den Gläubiger und den Schuldner vor seiner Entscheidung anzuhören.

§ 11 Auszahlungen. (1) Aus den nach Bestreiten der Ausgaben der Verwaltung sowie der Kosten des Verfahrens (§ 155 Abs. 1 des Gesetzes über die Zwangsversteigerung und die Zwangsverwaltung) verbleibenden Überschüssen der Einnahmen darf der Verwalter ohne weiteres Verfahren nur Vorschüsse sowie die laufenden Beträge der öffentlichen Lasten nach der gesetzlichen Rangfolge berichtigen.

(2) Sonstige Zahlungen an die Berechtigten darf der Verwalter nur aufgrund der von dem Gericht nach Feststellung des Teilungsplans getroffenen Anordnung leisten. Ist zu erwarten, daß solche Zahlungen geleistet werden können, so hat dies der Verwalter dem Gericht unter Angabe des voraussichtlichen Betrages der Überschüsse und der Zeit ihres Einganges anzuzeigen.

(3) Sollen Auszahlungen auf das Kapital einer Hypothek oder Grundschuld oder auf die Ablösesumme einer Rentenschuld geleistet werden, so hat der Verwalter zu diesem Zweck die Anberaumung eines Termins bei dem Gericht zu beantragen.

§ 12 Beendigung der Zwangsverwaltung. (1) Die Beendigung der Zwangsverwaltung erfolgt mit dem gerichtlichen Aufhebungsbeschluß. Dies gilt auch für den Fall der Erteilung des Zuschlags in der Zwangsversteigerung.

(2) Das Gericht kann den Verwalter nach dessen Anhörung im Aufhebungsbeschluß oder auf Antrag durch gesonderten Beschluß ermächtigen, seine Tätigkeit in Teilbereichen fortzusetzen, soweit dies für den ordnungsgemäßen Abschluß der Zwangsverwaltung erforderlich ist. Hat der Verwalter weiterführende Arbeiten nicht zu erledigen, sind der Anordnungsbeschluß und die Bestallungsurkunde mit der Schlußrechnung zurückzugeben, ansonsten mit der Beendigung seiner Tätigkeit.

(3) Unabhängig von der Aufhebung der Zwangsverwaltung bleibt der Verwalter berechtigt, von ihm begründete Verbindlichkeiten aus der vorhandenen Liquidität zu begleichen und bis zum Eintritt der Fälligkeit Rücklagen zu bilden. Ein weitergehender Rückgriff gegen den Gläubiger bleibt unberührt. Dies gilt auch für den Fall der Antragsrücknahme.

(4) Hat der Verwalter die Forderung des Gläubigers einschließlich der Kosten der Zwangsvollstreckung bezahlt, so hat er dies dem Gericht unverzüglich anzuzeigen. Dasselbe gilt, wenn der Gläubiger ihm mitteilt, daß er befriedigt ist.

§ 13 Masseverwaltung. (1) Der Massebestand ist von eigenen Beständen des Verwalters getrennt zu halten.

(2) Der Verwalter hat für jede Zwangsverwaltung ein gesondertes Treuhandkonto einzurichten, über das er den Zahlungsverkehr führt. Das Treuhandkonto kann auch als Rechtsanwaltsanderkonto geführt werden.

(3) Der Verwalter hat die allgemeinen Grundsätze einer ordnungsgemäßen Buchführung zu beachten. Die Rechnungslegung muß den Abgleich der Solleinnahmen mit den tatsächlichen Einnahmen ermöglichen. Die Einzelbuchungen sind auszuweisen. Mit der Rechnungslegung sind die Kontoauszüge und Belege bei Gericht einzureichen.

(4) Auf Antrag von Gläubiger oder Schuldner hat der Verwalter Auskunft über den Sachstand zu erteilen.

§ 14 Buchführung der Zwangsverwaltung. (1) Die Buchführung der Zwangsverwaltung ist eine um die Solleinnahmen ergänzte Einnahmenüberschußrechnung.

(2) Die Rechnungslegung erfolgt jährlich (Jahresrechnung) nach Kalenderjahren. Mit Zustimmung des Gerichts kann hiervon abgewichen werden.

(3) Bei Aufhebung der Zwangsverwaltung legt der Verwalter Schlußrechnung in Form einer abgebrochenen Jahresrechnung.

(4) Nach vollständiger Beendigung seiner Amtstätigkeit reicht der Verwalter eine Endabrechnung ein, nachdem alle Zahlungsvorgänge beendet sind und das Konto auf Null gebracht worden ist.

§ 15 Gliederung der Einnahmen und Ausgaben. (1) Die Soll- und Isteinnahmen sind nach folgenden Konten zu gliedern:
1. Mieten und Pachten nach Verwaltungseinheiten,
2. andere Einnahmen.

(2) Der Saldo der vorigen Rechnung ist als jeweiliger Anfangsbestand vorzutragen.

(3) Die Gliederung der Ausgaben erfolgt nach folgenden Konten:
1. Aufwendungen zur Unterhaltung des Objektes;
2. öffentliche Lasten;
3. Zahlungen an die Gläubiger;
4. Gerichtskosten der Verwaltung;
5. Vergütung des Verwalters;
6. andere Ausgaben.

(4) Ist zur Umsatzsteuer optiert worden, so sind Umsatzsteueranteile und Vorsteuerbeträge gesondert darzustellen.

§ 16 Auskunftspflicht. Der Verwalter hat jederzeit dem Gericht oder einem mit der Prüfung beauftragten Sachverständigen Buchführungsunterlagen, die Akten und sonstige Schriftstücke vorzulegen und alle weiteren Auskünfte im Zusammenhang mit seiner Verwaltung zu erteilen.

§ 17 Vergütung und Auslagenersatz. (1) Der Verwalter hat Anspruch auf eine angemessene Vergütung für seine Geschäftsführung sowie auf Erstattung seiner Auslagen nach Maßgabe des § 21. Die Höhe der Vergütung ist an der Art und dem Umfang der Aufgabe sowie an der Leistung des Zwangsverwalters auszurichten.

(2) Zusätzlich zur Vergütung und zur Erstattung der Auslagen wird ein Betrag in Höhe der vom Verwalter zu zahlenden Umsatzsteuer festgesetzt.

(3) Ist der Verwalter als Rechtsanwalt zugelassen, so kann er für Tätigkeiten, die ein nicht als Rechtsanwalt zugelassener Verwalter einem Rechtsanwalt übertragen hätte, die gesetzliche Vergütung eines Rechtsanwalts abrechnen. Ist der Verwalter Steuerberater oder besitzt er eine andere besondere Qualifikation, gilt Satz 1 sinngemäß.

§ 18 Regelvergütung. (1) Bei der Zwangsverwaltung von Grundstücken, die durch Vermieten oder Verpachten genutzt werden, erhält der Verwalter als Vergütung in der Regel 10 Prozent des für den Zeitraum der Verwaltung an Mieten oder Pachten eingezogenen Bruttobetrags. Für vertraglich geschuldete, nicht eingezogene Mieten oder Pachten erhält er 20 Prozent der Vergütung, die er erhalten hätte, wenn diese Mieten eingezogen worden wären. Soweit Mietrückstände eingezogen werden, für die der Verwalter bereits eine Vergütung nach Satz 2 erhalten hat, ist diese anzurechnen.

(2) Ergibt sich im Einzelfall ein Mißverhältnis zwischen der Tätigkeit des Verwalters und der Vergütung nach Absatz 1, so kann der in Absatz 1 Satz 1 genannte Prozentsatz bis auf 5 vermindert oder bis auf 15 angehoben werden.

(3) Für die Fertigstellung von Bauvorhaben erhält der Verwalter 6 Prozent der von ihm verwalteten Bausumme. Planungs-, Ausführungs- und Abnahmekosten sind Bestandteil der Bausumme und finden keine Anrechnung auf die Vergütung des Verwalters.

§ 19 Abweichende Berechnung der Vergütung. (1) Wenn dem Verwalter eine Vergütung nach § 18 nicht zusteht, bemißt sich die Vergütung nach Zeitaufwand. In diesem Fall erhält er für jede Stunde der für die Verwaltung erforderlichen Zeit, die er oder einer seiner Mitarbeiter aufgewendet hat, eine Vergütung von mindestens 35 Euro und höchstens 95 Euro. Der Stundensatz ist für den jeweiligen Abrechnungszeitraum einheitlich zu bemessen.

(2) Der Verwalter kann für den Abrechnungszeitraum einheitlich nach Absatz 1 abrechnen, wenn die Vergütung nach § 18 Abs. 1 und 2 offensichtlich unangemessen ist.

§ 20 Mindestvergütung. (1) Ist das Zwangsverwaltungsobjekt von dem Verwalter in Besitz genommen, so beträgt die Vergütung des Verwalters mindestens 600 Euro.

(2) Ist das Verfahren der Zwangsverwaltung aufgehoben worden, bevor der Verwalter das Grundstück in Besitz genommen hat, so erhält er eine Vergütung von 200 Euro, sofern er bereits tätig geworden ist.

§ 21 Auslagen. (1) Mit der Vergütung sind die allgemeinen Geschäftskosten abgegolten. Zu den allgemeinen Geschäftskosten gehört der Büroaufwand des Verwalters einschließlich der Gehälter seiner Angestellten.

(2) Besondere Kosten, die dem Verwalter im Einzelfall, zum Beispiel durch Reisen oder die Einstellung von Hilfskräften für bestimmte Aufgaben im Rahmen der Zwangsverwaltung, tatsächlich entstehen, sind als Auslagen zu erstatten, soweit sie angemessen sind. Anstelle der tatsächlich entstandenen Auslagen kann der Verwalter nach seiner Wahl für den jeweiligen Abrechnungszeitraum eine Pauschale von 10 Prozent seiner Vergütung, höchstens jedoch 40 Euro für jeden angefangenen Monat seiner Tätigkeit, fordern.

(3) Mit der Vergütung sind auch die Kosten einer Haftpflichtversicherung abgegolten. Ist die Verwaltung jedoch mit einem besonderen Haftungsrisiko verbunden, so sind die durch eine Höherversicherung nach § 1 Abs. 4 begründeten zusätzlichen Kosten als Auslagen zu erstatten.

§ 22 Festsetzung. Die Vergütung und die dem Verwalter zu erstattenden Auslagen werden im Anschluß an die Rechnungslegung nach § 14 Abs. 2 oder die Schlußrechnung nach § 14 Abs. 3 für den entsprechenden Zeitraum auf seinen Antrag vom Gericht festgesetzt. Vor der Festsetzung kann der Verwalter mit Einwilligung des Gerichts aus den Einnahmen einen Vorschuß auf die Vergütung und die Auslagen entnehmen.

§ 23 Grundstücksgleiche Rechte. Die vorstehenden Bestimmungen sind auf die Zwangsverwaltung von Berechtigungen, für welche die Vorschriften über die Zwangsverwaltung von Grundstücken gelten, entsprechend anzuwenden.

§ 24 Nichtanwendbarkeit der Verordnung. (1) Die Vorschriften dieser Verordnung gelten nicht, falls der Schuldner zum Verwalter bestellt ist (§§ 150 b bis 150 e des Gesetzes über die Zwangsversteigerung und die Zwangsverwaltung).

(2) Die Vorschriften dieser Verordnung gelten ferner nicht, falls die durch die §§ 150, 153, 154 des Gesetzes über die Zwangsversteigerung und die Zwangsverwaltung dem Gericht zugewiesene Tätigkeit nach landesgesetzlichen Vorschriften von einer landschaftlichen oder ritterschaftlichen Kreditanstalt übernommen worden ist.

§ 25 Übergangsvorschrift. In Zwangsverwaltungen, die bis einschließlich zum 31. Dezember 2003 angeordnet worden sind, findet die Verordnung über die Geschäftsführung und die Vergütung des Zwangsverwalters* vom 16. Februar 1970 (BGBl. I S. 185), zuletzt geändert durch Artikel 9 des Gesetzes vom

---

* Diese Verordnung ist in der 17. Auflage (2002) **Anh T 46** (Seiten 1552–1559) abgedruckt.

Abgabenordnung **Anh T 4**

13. Dezember 2001 (BGBl. I S. 3574), weiter Anwendung; jedoch richten sich die Vergütung des Verwalters und der Auslagenersatz ab dem ersten auf den 31. Dezember 2003 folgenden Abrechnungszeitraum nach den §§ 17 bis 22 dieser Verordnung.

§ 26 Inkrafttreten, Außerkrafttreten. Diese Verordnung tritt am 1. Januar 2004 in Kraft. Gleichzeitig tritt die Verordnung über die Geschäftsführung und die Vergütung des Zwangsverwalters vom 16. Februar 1970 (BGBl. I S. 185), zuletzt geändert durch Artikel 9 des Gesetzes vom 13. Dezember 2001 (BGBl. I S. 3574), außer Kraft.

T 4. Abgabenordnung (AO)

Abgabenordnung idF vom 1. 10. 2002, BGBl I 3869 (ber 2003 I 61), zuletzt geändert durch Art 2 Abs 13 des Gesetzes vom 12. 8. 2005, BGBl I 2354 (2357)
Abgedruckt in: Steuergesetze Nr 800
[Auszug]

§ 1 Anwendungsbereich. (1) Dieses Gesetz gilt für alle Steuern einschließlich der Steuervergütungen, die durch Bundesrecht oder Recht der Europäischen Gemeinschaften geregelt sind, soweit sie durch Bundesfinanzbehörden oder durch Landesfinanzbehörden verwaltet werden. Es ist nur vorbehaltlich des Rechts der Europäischen Gemeinschaften anwendbar.

(2) Für die Realsteuern gelten, soweit ihre Verwaltung den Gemeinden übertragen worden ist, die folgenden Vorschriften dieses Gesetzes entsprechend: ...

(3) Auf steuerliche Nebenleistungen sind die Vorschriften dieses Gesetzes vorbehaltlich des Rechts der Europäischen Gemeinschaften sinngemäß anwendbar. Der Dritte bis Sechste Abschnitt des Vierten Teils gilt jedoch nur, soweit dies besonders bestimmt wird.

§ 3 Steuern, steuerliche Nebenleistungen. (1) Steuern sind Geldleistungen, die nicht eine Gegenleistung für eine besondere Leistung darstellen und von einem öffentlich-rechtlichen Gemeinwesen zur Erzielung von Einnahmen allen auferlegt werden, bei denen der Tatbestand zutrifft, an den das Gesetz die Leistungspflicht knüpft; die Erzielung von Einnahmen kann Nebenzweck sein.

(2) Realsteuern sind die Grundsteuer und die Gewerbesteuer.

(3) Einfuhr- und Ausfuhrabgaben nach Artikel 4 Nr 10 und 11 des Zollkodexes sind Steuern im Sinne dieses Gesetzes.

(4) Steuerliche Nebenleistungen sind Verspätungszuschläge (§ 152), Zuschläge gemäß § 162 Abs 4, Zinsen (§§ 233 bis 237), Säumniszuschläge (§ 240), Zwangsgelder (§ 329) und Kosten (§ 178, §§ 337 bis 345) sowie Zinsen im Sinne des Zollkodexes.

(5) Das Aufkommen der Zinsen steht den jeweils steuerberechtigten Körperschaften zu. Das gilt nicht für Zinsen auf Einfuhr- und Ausfuhrabgaben im Sinne des Artikels 4 Nr 10 und 11 des Zollkodexes. Diese Zinsen und die übrigen steuerlichen Nebenleistungen fließen den verwaltenden Körperschaften zu.

§ 30 Steuergeheimnis. (1) Amtsträger haben das Steuergeheimnis zu wahren.
(4) Die Offenbarung der nach Absatz 2 erlangten Kenntnisse ist zulässig, soweit
2. sie durch Gesetz ausdrücklich zugelassen ist,
3. der Betroffene zustimmt,
5. für sie ein zwingendes öffentliches Interesse besteht; ...

§ 34 Pflichten der gesetzlichen Vertreter und der Vermögensverwalter.
(1) Die gesetzlichen Vertreter natürlicher und juristischer Personen ... haben deren steuerliche Pflichten zu erfüllen. Sie haben insbesondere dafür zu sorgen, daß die Steuern aus den Mitteln entrichtet werden, die sie verwalten.

(3) Steht eine Vermögensverwaltung anderen Personen als den Eigentümern des Vermögens oder deren gesetzlichen Vertretern zu, so haben die Vermögensverwalter die in Absatz 1 bezeichneten Pflichten, soweit ihre Verwaltung reicht.

§ 37 Ansprüche aus dem Steuerschuldverhältnis. (1) Ansprüche aus dem Steuerschuldverhältnis sind der Steueranspruch, der Steuervergütungsanspruch, der Haftungsanspruch, der Anspruch auf eine steuerliche Nebenleistung, der Erstattungsanspruch nach Absatz 2 sowie die in Einzelsteuergesetzen geregelten Steuererstattungsansprüche.

§ 75 Haftung des Betriebsübernehmers. (1) Wird ein Unternehmen oder ein in der Gliederung eines Unternehmens gesondert geführter Betrieb im Ganzen übereignet, so haftet der Erwerber für Steuern, bei denen sich die Steuerpflicht auf den Betrieb des Unternehmens gründet, und für Steuerabzugsbeträge, vorausgesetzt, daß die Steuern seit dem Beginn des letzten, vor der Übereignung liegenden Kalenderjahres entstanden sind und bis zum Ablauf von einem Jahr nach Anmeldung des Betriebes durch den Erwerber festgesetzt oder angemeldet werden. Die Haftung beschränkt sich auf den Bestand des übernommenen Vermögens. ...

(2) Absatz 1 gilt nicht für ... Erwerbe im Vollstreckungsverfahren.

§ 77 Duldungspflicht. (1) Wer kraft Gesetzes verpflichtet ist, eine Steuer aus Mitteln, die seiner Verwaltung unterliegen, zu entrichten, ist insoweit verpflichtet, die Vollstreckung in dieses Vermögen zu dulden.

(2) Wegen einer Steuer, die als öffentliche Last auf Grundbesitz ruht, hat der Eigentümer die Zwangsvollstreckung in den Grundbesitz zu dulden. Zugunsten der Finanzbehörde gilt als Eigentümer, wer als solcher im Grundbuch eingetragen ist. ...

§ 152 Verspätungszuschlag. (1) Gegen denjenigen, der seiner Verpflichtung zur Abgabe einer Steuererklärung nicht oder nicht fristgemäß nachkommt, kann ein Verspätungszuschlag festgesetzt werden ...

§ 191 Haftungsbescheide, Duldungsbescheide. (1) Wer kraft Gesetzes für eine Steuer haftet (Haftungsschuldner), kann durch Haftungsbescheid, wer kraft Gesetzes verpflichtet ist, die Vollstreckung zu dulden, kann durch Duldungsbescheid in Anspruch genommen werden. ... Die Bescheide sind schriftlich zu erteilen.

§ 225 Reihenfolge der Tilgung. (3) Wird die Zahlung im Verwaltungswege erzwungen (§ 249) und reicht der verfügbare Betrag nicht zur Tilgung aller Schulden aus, derentwegen die Vollstreckung ... erfolgt ist, so bestimmt die Finanzbehörde die Reihenfolge der Tilgung.

§ 228 Gegenstand der Verjährung, Verjährungsfrist. Ansprüche aus dem Steuerschuldverhältnis unterliegen einer besonderen Zahlungsverjährung. Die Verjährungsfrist beträgt fünf Jahre.

§ 232 Wirkung der Verjährung. Durch die Verjährung erlöschen der Anspruch aus dem Steuerschuldverhältnis und die von ihm abhängigen Zinsen.

Abgabenordnung Anh T 4

§ 233 Grundsatz. Ansprüche aus dem Steuerschuldverhältnis (§ 37) werden nur verzinst, soweit dies gesetzlich vorgeschrieben ist. Ansprüche auf steuerliche Nebenleistungen (§ 3 Abs. 4) und die entsprechenden Erstattungsansprüche werden nicht verzinst.

§ 233 a Verzinsung von Steuernachforderungen und Steuererstattungen. (1) Führt die Festsetzung der Einkommen-, Körperschaft-, Vermögen-, Umsatz- oder Gewerbesteuer zu einem Unterschiedsbetrag im Sinne des Absatzes 3, ist dieser zu verzinsen. ...

§ 234 Stundungszinsen. (1) Für die Dauer einer gewährten Stundung von Ansprüchen aus dem Steuerschuldverhältnis werden Zinsen erhoben. ...

§ 235 Verzinsung von hinterzogenen Steuern. (1) Hinterzogene Steuern sind zu verzinsen. ...

§ 238 Höhe und Berechnung der Zinsen. (1) Die Zinsen betragen für jeden Monat einhalb vom Hundert. Sie sind von dem Tag an, an dem der Zinslauf beginnt, nur für volle Monate zu zahlen; angefangene Monate bleiben außer Ansatz. Erlischt der zu verzinsende Anspruch durch Aufrechnung, gilt der Tag, an dem die Schuld des Aufrechnenden fällig wird, als Tag der Zahlung.

(2) Für die Berechnung der Zinsen wird der zu verzinsende Betrag jeder Steuerart auf den nächsten durch 50 Euro teilbaren Betrag abgerundet.

§ 240 Säumniszuschläge. (1) Wird eine Steuer nicht bis zum Ablauf des Fälligkeitstages entrichtet, so ist für jeden angefangenen Monat der Säumnis ein Säumniszuschlag von eins vom Hundert des abgerundeten rückständigen Steuerbetrages zu entrichten. ...

(2) Säumniszuschläge entstehen nicht bei steuerlichen Nebenleistungen.

§ 249 Vollstreckungsbehörden. (1) Die Finanzbehörden können Verwaltungsakte, mit denen eine Geldleistung, eine sonstige Handlung, eine Duldung oder Unterlassung gefordert wird, im Verwaltungsweg vollstrecken. Dies gilt auch für Steueranmeldungen (§ 168). Vollstreckungsbehörden sind die Finanzämter und die Hauptzollämter; § 328 Abs 1 Satz 3 bleibt unberührt.

§ 251 Vollstreckbare Verwaltungsakte. (1) Verwaltungsakte können vollstreckt werden, soweit nicht ihre Vollziehung ausgesetzt oder die Vollziehung durch Einlegung eines Rechtsbehelfs gehemmt ist (§ 361; § 69 der Finanzgerichtsordnung). ...

§ 252 Vollstreckungsgläubiger. Im Vollstreckungsverfahren gilt die Körperschaft als Gläubigerin der zu vollstreckenden Ansprüche, der die Vollstreckungsbehörde angehört.

§ 253 Vollstreckungsschuldner. Vollstreckungsschuldner ist derjenige, gegen den sich ein Vollstreckungsverfahren nach § 249 richtet.

§ 254 Voraussetzungen für den Beginn der Vollstreckung. (1) Soweit nichts anderes bestimmt ist, darf die Vollstreckung erst beginnen, wenn die Leistung fällig ist und der Vollstreckungsschuldner zur Leistung oder Duldung oder Unterlassung aufgefordert worden ist (Leistungsgebot) und seit der Aufforderung mindestens eine Woche verstrichen ist. ...

(2) Eines Leistungsgebotes wegen der Säumniszuschläge und Zinsen bedarf es nicht, wenn sie zusammen mit der Steuer beigetrieben werden. Dies gilt sinnge-

mäß für die Vollstreckungskosten, wenn sie zusammen mit dem Hauptanspruch beigetrieben werden.

§ 256 Einwendungen gegen die Vollstreckung. Einwendungen gegen den zu vollstreckenden Verwaltungsakt sind außerhalb des Vollstreckungsverfahrens mit den hierfür zugelassenen Rechtsbehelfen zu verfolgen.

§ 322 Verfahren. (1) Der Vollstreckung in das unbewegliche Vermögen unterliegen außer den Grundstücken die Berechtigungen, für welche die sich auf Grundstücke beziehenden Vorschriften gelten, die im Schiffsregister eingetragenen Schiffe, die Schiffsbauwerke und Schwimmdocks, die im Schiffbauregister eingetragen sind oder in dieses Register eingetragen werden können, sowie die Luftfahrzeuge, die in der Luftfahrzeugrolle eingetragen sind oder nach Löschung in der Luftfahrzeugrolle noch in dem Register für Pfandrechte an Luftfahrzeugen eingetragen sind. Auf die Vollstreckung sind die für die gerichtliche Zwangsvollstreckung geltenden Vorschriften, namentlich die §§ 864 bis 871 der Zivilprozeßordnung und das Gesetz über die Zwangsversteigerung und die Zwangsverwaltung anzuwenden. Bei Stundung und Aussetzung der Vollziehung geht eine im Wege der Vollstreckung eingetragene Sicherungshypothek jedoch nur dann nach § 868 der Zivilprozeßordnung auf den Eigentümer über und erlischt eine Schiffshypothek oder ein Registerpfandrecht an einem Luftfahrzeug jedoch nur dann nach § 870a Abs 3 der Zivilprozeßordnung sowie § 99 Abs 1 des Gesetzes über Rechte an Luftfahrzeugen, wenn zugleich die Aufhebung der Vollstreckungsmaßnahme angeordnet wird.

(2) Für die Vollstreckung in ausländische Schiffe gilt § 171 des Gesetzes über die Zwangsversteigerung und die Zwangsverwaltung, für die Vollstreckung in ausländische Luftfahrzeuge § 106 Abs 1, 2 des Gesetzes über Rechte an Luftfahrzeugen sowie die §§ 171h bis 171n des Gesetzes über die Zwangsversteigerung und die Zwangsverwaltung.

(3) Die für die Vollstreckung in das unbewegliche Vermögen erforderlichen Anträge des Gläubigers stellt die Vollstreckungsbehörde. Sie hat hierbei zu bestätigen, daß die gesetzlichen Voraussetzungen für die Vollstreckung vorliegen. Diese Fragen unterliegen nicht der Beurteilung des Vollstreckungsgerichts oder des Grundbuchamts. Anträge auf Eintragung einer Sicherungshypothek, einer Schiffshypothek oder eines Registerpfandrechts an einem Luftfahrzeug sind Ersuchen im Sinne des § 38 der Grundbuchordnung und des § 45 der Schiffsregisterordnung.

(4) Zwangsversteigerung und Zwangsverwaltung soll die Vollstreckungsbehörde nur beantragen, wenn festgestellt ist, daß der Geldbetrag durch Vollstreckung in das bewegliche Vermögen nicht beigetrieben werden kann.

(5) Soweit der zu vollstreckende Anspruch gemäß § 10 Abs 1 Nr 3 des Gesetzes über die Zwangsversteigerung und die Zwangsverwaltung den Rechten am Grundstück im Rang vorgeht, kann eine Sicherungshypothek unter der aufschiebenden Bedingung in das Grundbuch eingetragen werden, daß das Vorrecht wegfällt.

§ 323 Vollstreckung gegen den Rechtsnachfolger. Ist nach § 322 eine Sicherungshypothek, eine Schiffshypothek oder ein Registerpfandrecht an einem Luftfahrzeug eingetragen worden, so bedarf es zur Zwangsversteigerung aus diesem Recht nur dann eines Duldungsbescheids, wenn nach der Eintragung dieses Rechts ein Eigentumswechsel eingetreten ist. Satz 1 gilt sinngemäß für die Zwangsverwaltung aus einer nach § 322 eingetragenen Sicherungshypothek.

§ 337 Kosten der Vollstreckung. (1) Die Kosten der Vollstreckung (Gebühren und Auslagen) fallen dem Vollstreckungsschuldner zur Last. ...

T 5. Abgabenordnung-Einführungsgesetz (EGAO)

Einführungsgesetz zur Abgabenordnung vom 14. 12. 1976, BGBl I 3341
(ber 1977 I 667)
zuletzt geändert durch Art 9 des Gesetzes vom 15. 12. 2003, BGBl I 2645
Abgedruckt in: Steuergesetze Nr 800a
[Auszug]

Artikel 97 Übergangsvorschriften

§ 1 Begonnene Verfahren. (1) Verfahren, die am 1. Januar 1977 anhängig sind, werden nach den Vorschriften der Abgabenordnung zu Ende geführt, soweit in den nachfolgenden Vorschriften nichts anderes bestimmt ist.

§ 3 Grunderwerbsteuer, Feuerschutzsteuer. (1) Die Abgabenordnung und ... gelten auch für die Grunderwerbsteuer und die Feuerschutzsteuer; abweichende landesrechtliche Vorschriften bleiben unberührt. Soweit die Grunderwerbsteuer nicht von Landesfinanzbehörden verwaltet wird, gilt § 1 Abs 2 der Abgabenordnung sinngemäß.

T 6. Apothekengesetz (ApoG)

Gesetz über das Apothekenwesen i. d. F. vom 15. 10. 1980, BGBl I 1993
zuletzt geändert durch Art 2a Gesetz vom 29. 8. 2005, BGBl I 2570 (2600)
Abgedruckt in: Sartorius, Band I Nr 275
[Auszug]

§ 1 [Betriebserlaubnis] (2) Wer eine Apotheke und bis zu drei Filialapotheken betreiben will, bedarf der Erlaubnis der zuständigen Behörde.

§ 26 [Alte Apothekenrechte] (1) Personalkonzessionen, Realkonzessionen und sonstige persönliche Betriebserlaubnisse, die vor dem Inkrafttreten dieses Gesetzes erteilt worden sind, gelten als Erlaubnisse im Sinne des § 1 ...

§ 27 [Alte Apothekenrechte] (1) Inhaber von anderen als den in § 26 bezeichneten Apothekenbetriebsberechtigungen bedürfen zum Betreiben der Apotheke einer Erlaubnis nach § 1. Soweit sie beim Inkrafttreten dieses Gesetzes eine Apotheke auf Grund einer solchen Berechtigung betreiben, gilt die Erlaubnis als erteilt.
(2) Soweit eine solche Berechtigung nach Maßgabe der Verleihungsurkunde und der bis zum Inkrafttreten dieses Gesetzes geltenden landesrechtlichen Bestimmungen von einer Person, die nicht einer der Voraussetzungen des § 2 Nr 3 erfüllt, genutzt werden durfte, verbleibt es dabei. Die Nutzung hat durch Verpachtung zu erfolgen; ...

T 7. Aufgaben-des-Vollstreckungsgerichts-Verfügung

(Vormalige) Allgemeine Verfügung des Reichsjustizmin über die Aufgaben der Vollstreckungsgerichte bei der Zwangsvollstreckung in das unbewegliche Vermögen vom 3. 1. 1935, Deutsche Justiz 1935, 45.

Die Zwangsvollstreckung in das unbewegliche Vermögen stellt die Vollstreckungsgerichte gegenwärtig vor weit schwierigere und verantwortungsvollere Aufgaben als früher. Der Vollstreckungsrichter *darf sich nicht,* wie es ehedem die Regel war, darauf beschränken, die Verfahren formell zu leiten und die jeweils an ihn herantretenden Einzelentscheidungen zu treffen. *Er muß sich,* wenn er den ihm vom Gesetz zugewiesenen Aufgaben voll gerecht werden will, vor allem auch der wirtschaftlichen Seite der Verfahren zuwenden, und in dieser Hinsicht selbständige Anregungen geben, um als Führer und Berater der Beteiligten auf eine wirtschaftlich zweckvolle und gerechte Abwicklung der Verfahren hinzuwirken. Besonders bedeutsam ist die Stellung des *Vollstreckungsrichters* bei der Zwangsverwaltung. Die Zwangsverwaltung kann nur dann zielbewußt und nutzbringend geführt werden, wenn sowohl die Beteiligten wie der Zwangsverwalter und vor allem auch der *Richter* sich über das mit dem Verfahren Erstrebte und das in ihm Erreichbare sobald als möglich Klarheit verschaffen. Dazu ist notwendig, daß nach Anordnung der Verwaltung, sobald irgend angängig, die Rentabilitätsverhältnisse des zwangsverwalteten Besitzes geklärt werden. Der *Richter* muß hierüber von dem Zwangsverwalter beschleunigt einen gutachtlichen Bericht einholen. Dieser wird in der Regel zweckmäßig alsbald zum Gegenstande einer mündlichen Aussprache mit den beteiligten Gläubigern, dem Schuldner und dem Verwalter zu machen sein. Es sind dabei insbesondere die Möglichkeiten zu erörtern, in welcher Weise die Erträgnisse zu heben und die Lasten zu senken sind, und ob etwa durch eine Umstellung des Betriebes, Umbauten, Wohnungsteilungen u. ä. eine Besserung der Rentabilität erreicht werden kann. *Weiter ist besonders zu erörtern, inwieweit durch zeitweiligen Zinsnachlaß, Aussetzung von Tilgungsraten oder sonstiges Entgegenkommen einzelner Gläubiger Aussicht besteht, dem notleidenden Grundbesitz über die Krisenzeit hinwegzuhelfen.*

Der *Richter* muß sich dessen bewußt sein, daß sich die verschiedenen Gläubiger, der Schuldner und der Verwalter zumeist völlig fremd und nicht selten mißtrauisch gegenüberstehen und zu einer erfolgversprechenden Zusammenarbeit erst zusammengeführt werden müssen. *Die Erfahrung hat gezeigt, daß zB Gläubiger sehr wohl zum Nachgeben bereit sind, wenn sie sehen, daß das, was sie tun, im Rahmen einer planvollen Zusammenarbeit mit den anderen Beteiligten unter der Obhut und sachkundigen Leitung des Richters geschieht. Gerade hier eröffnet sich für den Vollstreckungsrichter ein Feld besonders nutzbringender Betätigung. Erforderlichenfalls sind derartige Aussprachen von Zeit zu Zeit zu wiederholen.*

Ebenso werden die Entscheidungen über die Fortsetzung oder Einstellung der Zwangsversteigerungsverfahren ..... am zweckmäßigsten im Wege mündlicher Verhandlung unter Zuziehung sämtlicher beteiligter Gläubiger vorzubereiten sein. Läuft neben dem Zwangsversteigerungsverfahren eine Zwangsverwaltung, so werden die in diesem Verfahren angestellten Ermittlungen in aller Regel wertvolle Unterlagen für die dort zu treffenden Entschließungen der Beteiligten und die gerichtliche Entscheidung geben. *Gelangt das Gericht zu dem Ergebnis, daß Sanierungsmöglichkeiten nicht bestehen, so wird die Aussprache mit den Beteiligten zweckmäßig auch darauf zu erstrecken sein, welcher der dinglichen Gläubiger gegebenenfalls zur Übernahme des Grundstücks bereit ist und welche Möglichkeiten sich für ein Stehenlassen vorgehender Kapitalien, Nachlaß oder Festschreibung rückständiger Zinsen usw. ergeben. Auch hier hat die Erfahrung gezeigt, daß die offene Aussprache der beteiligten Gläubiger unter sachkundiger Leitung des Richters uU Möglichkeiten eröffnet, die ohne eine derartige Aussprache überhaupt nicht erwogen worden wären.*

T 8. Außenwirtschaftsgesetz

Außenwirtschaftsgesetz vom 28. 4. 1961, BGBl I 481 (BGBl III Sachgebiet 7400–1), zuletzt geändert durch Art 36 des Gesetzes vom 21. 6. 2005,
BGBl I 1818 (1826)
[Auszug]

§ 1 Grundsatz. (1) Der Waren-, Dienstleistungs-, Kapital-, Zahlungs- und sonstige Wirtschaftsverkehr mit fremden Wirtschaftsgebieten sowie der Verkehr mit Auslandswerten und Gold zwischen Gebietsansässigen (Außenwirtschaftsverkehr)

Baugesetzbuch **Anh T 10**

ist grundsätzlich frei. Er unterliegt den Einschränkungen, die dieses Gesetz enthält oder die durch Rechtsverordnung auf Grund dieses Gesetzes vorgeschrieben werden.

§ 4 Begriffsbestimmungen. (1) Im Sinne dieses Gesetzes sind:
1. Wirtschaftsgebiet: der Geltungsbereich dieses Gesetzes; die österreichischen Gebiete Jungholz und Mittelberg gelten als Teil des Wirtschaftsgebiets; ...
5. Gebietsansässige: natürliche Personen mit Wohnsitz oder gewöhnlichem Aufenthalt im Wirtschaftsgebiet, juristische Personen und Personenhandelsgesellschaften mit Sitz oder Ort der Leitung im Wirtschaftsgebiet; ...
7. Gebietsfremde: natürliche Personen mit Wohnsitz oder gewöhnlichem Aufenthalt in fremden Wirtschaftsgebieten, juristische Personen und Personenhandelsgesellschaften mit Sitz oder Ort der Leitung in fremden Wirtschaftsgebieten; ...

T 9. Bahnunternehmengesetz

Gesetz über Maßnahmen zur Aufrechterhaltung des Betriebs von Bahnunternehmen des öffentlichen Verkehrs vom 7. 3. 1934 (BGBl III Sachgebiet 932–1), geändert durch Art 100 des Gesetzes vom 5. 10. 1994, BGBl I 2911 (2951)

[Auszug]

§ 3 [Zwangsversteigerung, Zustimmung der Aufsichtsbehörde] (1) Die Zwangsversteigerung unbeweglicher Gegenstände, die dem Betrieb eines Bahnunternehmens des öffentlichen Verkehrs gewidmet sind, darf bis zum Erlöschen der für das Bahnunternehmen erteilten Betriebsgenehmigung nur mit Zustimmung der Aufsichtsbehörde durchgeführt werden. Bis zum Erlöschen der Betriebsgenehmigung oder bis zur Erteilung der Zustimmung ist die Zwangsversteigerung, auch wenn sie nach Inkrafttreten dieses Gesetzes angeordnet wird, einstweilen eingestellt.

(2) Als dem Betrieb eines Bahnunternehmens gewidmete unbewegliche Gegenstände gelten der Bahnkörper und die übrigen Grundstücke, die dauernd unmittelbar oder mittelbar den Zwecken des Bahnunternehmens zu dienen bestimmt sind.

(3) Ist eine Zwangsversteigerung gemäß Abs 1 einstweilen eingestellt, so beginnt die im § 31 Abs 2 des Zwangsversteigerungsgesetzes vorgesehene Frist mit dem Zeitpunkt, in dem die Einstellung nach Abs 1 dieses Paragraphen endet.

(4) Enthalten landesgesetzliche Vorschriften über die Behandlung der einem Bahnunternehmen des öffentlichen Verkehrs gewidmeten Grundstücke und sonstiger Vermögensgegenstände als Bahneinheit besondere Bestimmungen für die Befriedigung aus dieser Bahneinheit, so richtet sich die Vollstreckung in unbewegliche Gegenstände, die dem Betrieb eines Bahnunternehmens gewidmet sind, nach diesen landesgesetzlichen Vorschriften.

§ 5 [Aufsichtsbehörde] Aufsichtsbehörde ist die für die Aufsicht zuständige Landesbehörde. Wenn die Bahn mehrere Länder berührt, so bestimmt sich die Aufsichtsbehörde nach § 5 des allgemeinen Eisenbahngesetzes.

T 10. Baugesetzbuch (BauGB)

Baugesetzbuch (BauGB) i. d. F. vom 23. 9. 2004 (BGBl I 2415)
zuletzt geändert durch Art 21 des Gesetzes vom 21. 6. 2005, BGBl I 1818 (1824)
Abgedruckt in: Sartorius, Band I Nr 300
[Auszug]

§ 24 Allgemeines Vorkaufsrecht. (1) Der Gemeinde steht ein Vorkaufsrecht zu beim Kauf von Grundstücken

Anh T 10 Baugesetzbuch

1. im Geltungsbereich eines Bebauungsplans, soweit es sich um Flächen handelt, für die nach dem Bebauungsplan eine Nutzung für öffentliche Zwecke oder für Flächen oder Maßnahmen zum Ausgleich im Sinne des § 1 a Abs 3 festgesetzt ist,
2. in einem Umlegungsgebiet,
3. in einem förmlich festgelegten Sanierungsgebiet und städtebaulichen Entwicklungsbereich,
4. im Geltungsbereich einer Satzung zur Sicherung von Durchführungsmaßnahmen des Städteumbaus und einer Erhaltungssatzung,
5. im Geltungsbereich eines Flächennutzungsplans, soweit es sich um unbebaute Flächen im Außenbereich handelt, für die nach dem Flächennutzungsplan eine Nutzung als Wohnbaufläche oder Wohngebiet dargestellt ist, sowie,
6. in Gebieten, die nach §§ 30, 33 oder 34 Abs 2 vorwiegend mit Wohngebäuden bebaut werden können, soweit die Grundstücke unbebaut sind.

Im Falle der Nummer 1 kann ...

(2) Das Vorkaufsrecht steht der Gemeinde nicht zu beim Kauf von Rechten nach dem Wohnungseigentumsgesetz und von Erbbaurechten.

(3) Das Vorkaufsrecht darf nur ausgeübt werden, wenn das Wohl der Allgemeinheit dies rechtfertigt. Bei der Ausübung des Vorkaufsrechts hat die Gemeinde den Verwendungszweck des Grundstücks anzugeben.

§ 25 Besonderes Vorkaufsrecht. (1) Die Gemeinde kann

1. im Geltungsbereich eines Bebauungsplans durch Satzung ihr Vorkaufsrecht an unbebauten Grundstücken begründen;
2. in Gebieten, in denen sie städtebauliche Maßnahmen in Betracht zieht, zur Sicherung einer geordneten städtebaulichen Entwicklung durch Satzung Flächen bezeichnen, an denen ihr ein Vorkaufsrecht an den Grundstücken zusteht.

Auf die Satzung ist § 16 Abs 2 entsprechend anzuwenden.

(2) § 24 Abs 2 und 3 Satz 1 ist anzuwenden. ...

§ 26 Ausschluß des Vorkaufsrechts. ...

§ 27 Anwendung des Vorkaufsrechts. ...

§ 27 a Ausübung des Vorkaufsrechts zugunsten Dritter. ...

§ 28 Verfahren und Entschädigung. (1) ... (2) Das Vorkaufsrecht kann nur binnen zwei Monaten nach Mitteilung des Kaufvertrags durch Verwaltungsakt gegenüber dem Verkäufer ausgeübt werden. Die §§ 463, 464 Abs 2, §§ 465 bis 468 und 471 des Bürgerlichen Gesetzbuchs sind anzuwenden. ...

§ 45 Zweck und Anwendungsbereich. (1) Zur Erschließung oder Neugestaltung von Gebieten können bebaute und unbebaute Grundstücke durch Umlegung in der Weise neugeordnet werden, daß nach Lage, Form und Größe für die bauliche oder sonstige Nutzung zweckmäßig gestaltete Grundstücke entstehen. Die Umlegung kann

1. im Geltungsbereich eines Bebauungsplans im Sinne des § 30 oder
2. innerhalb eines im Zusammenhang bebauten Ortsteils im Sinne des § 34, wenn ...

durchgeführt werden.

§ 51 Verfügungs- und Veränderungssperre. (1) Von der Bekanntmachung des Umlegungsbeschlusses bis zur Bekanntmachung nach § 71 dürfen im Umlegungsgebiet nur mit schriftlicher Genehmigung der Umlegungsstelle

Baugesetzbuch **Anh T 10**

1. ein Grundstück geteilt oder Verfügungen über ein Grundstück und über Rechte an einem Grundstück getroffen oder Vereinbarungen abgeschlossen werden, durch die einem anderen ein Recht zum Erwerb, zur Nutzung oder Bebauung eines Grundstücks oder Grundstücksteils eingeräumt wird, oder Baulasten neu begründet, geändert oder aufgehoben werden;
2.–4. ...

Einer Genehmigung nach Satz 1 bedarf es im förmlich festgelegten Sanierungsgebiet nur, wenn und soweit eine Genehmigungspflicht nach § 144 nicht besteht.

§ 54 Benachrichtigungen und Umlegungsvermerk. (1) Die Umlegungsstelle teilt dem Grundbuchamt und ... die Einleitung (§ 47) des Umlegungsverfahrens und die nachträglichen Änderungen des Umlegungsgebiets (§ 52) mit. Das Grundbuchamt hat in die Grundbücher der umzulegenden Grundstücke einzutragen, daß das Umlegungsverfahren eingeleitet ist (Umlegungsvermerk).

(3) Ist im Grundbuch die Anordnung der Zwangsversteigerung oder Zwangsverwaltung eingetragen, so gibt die Umlegungsstelle dem Vollstreckungsgericht von dem Umlegungsbeschluß Kenntnis, soweit dieser das Grundstück betrifft, das Gegenstand des Vollstreckungsverfahrens ist.

§ 61 Aufhebung, Änderung und Begründung von Rechten. (1) Grundstücksgleiche Rechte sowie andere Rechte an einem im Umlegungsgebiet gelegenen Grundstück oder an einem das Grundstück belastenden Recht ... können nur durch den Umlegungsplan aufgehoben, geändert oder neu begründet werden. ...

§ 63 Übergang von Rechtsverhältnissen auf die Abfindung. (1) Die zugeteilten Grundstücke treten hinsichtlich der Rechte an den alten Grundstücken und der diese Grundstücke betreffenden Rechtsverhältnisse, die nicht aufgehoben werden, an die Stelle der alten Grundstücke. ...

§ 64 Geldleistungen. (1) Die Gemeinde ist Gläubigerin und Schuldnerin der im Umlegungsplan festgesetzten Geldleistungen.

(3) Die Verpflichtungen des Eigentümers oder des Erbbauberechtigten zu Geldleistungen nach den §§ 57 bis 61 gelten als Beitrag und ruhen als öffentliche Last auf dem Grundstück oder dem Erbbaurecht.

(4) Wird zur Sicherung eines Kredits, der
1. der Errichtung von Neubauten, dem Wiederaufbau zerstörter Gebäude oder dem Ausbau oder der Erweiterung bestehender Gebäude oder
2. der Durchführung notwendiger außerordentlicher Instandsetzungen an Gebäuden

auf dem belasteten Grundstück dient, ein Grundpfandrecht bestellt, so kann für dieses auf Antrag ein Befriedigungsvorrecht vor der öffentlichen Last nach Absatz 3 oder einem Teil derselben für den Fall der Zwangsvollstreckung in das Grundstück bewilligt werden, wenn dadurch die Sicherheit der öffentlichen Last nicht gefährdet wird und die Zins- und Tilgungssätze für das Grundpfandrecht den üblichen Jahresleistungen für erstrangige Tilgungshypotheken entsprechen. Die Bewilligung kann von der Erfüllung von Bedingungen abhängig gemacht werden.

(6) Die öffentlichen Lasten (Absatz 3) sind im Grundbuch zu vermerken.

§ 70 Zustellung des Umlegungsplans. (3) Ist im Grundbuch die Anordnung der Zwangsversteigerung oder Zwangsverwaltung eingetragen, so gibt die Umlegungsstelle dem Vollstreckungsgericht von dem Umlegungsverzeichnis Kenntnis, soweit dieses das Grundstück, das Gegenstand des Vollstreckungsverfahrens ist, und die daran bestehenden Rechte betrifft.

§ 72 Wirkungen der Bekanntmachung. (1) Mit der Bekanntmachung nach § 71 wird der bisherige Rechtszustand durch den in dem Umlegungsplan vorgesehenen neuen Rechtszustand ersetzt. ...

§ 74 Berichtigung der öffentlichen Bücher. (1) Die Umlegungsstelle übersendet dem Grundbuchamt und ... eine beglaubigte Abschrift der Bekanntmachung nach § 71 sowie eine beglaubigte Ausfertigung des Umlegungsplans und ersucht diese, die Rechtsänderungen in das Grundbuch ... einzutragen sowie den Umlegungsvermerk im Grundbuch zu löschen. ...

(2) Bis zur Berichtigung des Liegenschaftskatasters dienen die Umlegungskarte und das Umlegungsverzeichnis als amtliches Verzeichnis der Grundstücke im Sinne des § 2 Abs 2 der Grundbuchordnung, wenn die für die Führung des Liegenschaftskatasters zuständige Stelle auf diesen Urkunden bescheinigt hat, daß sie nach Form und Inhalt zur Übernahme in das Liegenschaftskataster geeignet sind. ...

§ 80 Zweck, Anwendungsbereich, Zuständigkeit. (1) Die Gemeinde kann eine Umlegung im Sinne des § 45 als vereinfachte Umlegung durchführen, wenn die in § 46 Abs 1 bezeichneten Voraussetzungen vorliegen und wenn mit der Umlegung lediglich
1. unmittelbar aneinander grenzende oder in enger Nachbarschaft liegende Grundstücke oder Teile von Grundstücken untereinander getauscht oder
2. Grundstücke, insbesondere Splittergrundstücke oder Teile von Grundstücken, einseitig zugeteilt
werden. ...

(2) Auf die vereinfachte Umlegung sind die Vorschriften des Ersten Abschnitts nur anzuwenden, soweit die Vorschriften dieses Abschnitts dies bestimmen. ...

§ 81 Geldleistungen. (1) Vorteile, die durch die vereinfachte Umlegung bewirkt werden, sind von den Eigentümern in Geld auszugleichen. Die Vorschriften über die Entschädigung im Zweiten Abschnitt des Fünften Teils sind entsprechend anzuwenden.

(2) Gläubigerin und Schuldnerin der Geldleistungen ist die Gemeinde. ... Die Geldleistungen werden mit der Bekanntmachung nach § 83 Abs 1 fällig. § 64 Abs 3, 4 und 6 über Beitrag und öffentliche Last ist entsprechend anzuwenden, wenn die Gemeinde Gläubigerin der Geldleistung ist.

§ 84 Berichtigung der öffentlichen Bücher. (1) Die Gemeinde übersendet dem Grundbuchamt und ... eine beglaubigte Abschrift des Beschlusses über die vereinfachte Umlegung, ... und ersucht diese, die Rechtsänderungen in das Grundbuch ... einzutragen. § 74 Abs 2 gilt entsprechend.

§ 85 Enteignungszweck. (1) Nach diesem Gesetzbuch kann nur enteignet werden, um ...

§ 108 Einleitung ...; Enteignungsvermerk. (6) Die Enteignungsbehörde teilt dem Grundbuchamt die Einleitung des Enteignungsverfahrens mit. Sie ersucht das Grundbuchamt, in das Grundbuch des betroffenen Grundstücks einzutragen, daß das Enteignungsverfahren eingeleitet ist (Enteignungsvermerk); ist das Enteignungsverfahren beendigt, ersucht die Enteignungsbehörde das Grundbuchamt, den Enteignungsvermerk zu löschen. ...

(7) Ist im Grundbuch die Anordnung der Zwangsversteigerung oder Zwangsverwaltung eingetragen, gibt die Enteignungsbehörde dem Vollstreckungsgericht von der Einleitung des Enteignungsverfahrens Kenntnis, soweit dieses das Grundstück betrifft, das Gegenstand des Vollstreckungsverfahren ist.

Baugesetzbuch **Anh T 10**

§ 113 Enteignungsbeschluß. (5) Ist im Grundbuch die Anordnung der Zwangsversteigerung oder der Zwangsverwaltung eingetragen, gibt die Enteignungsbehörde dem Vollstreckungsgericht von dem Enteignungsbeschluß Kenntnis, wenn dem Enteignungsantrag stattgegeben worden ist.

§ 117 Ausführung des Enteignungsbeschlusses. (5) Mit dem in der Ausführungsanordnung festzusetzenden Tag wird der bisherige Rechtszustand durch den im Enteignungsbeschluß geregelten neuen Rechtszustand ersetzt. ...

(7) Die Enteignungsbehörde übersendet dem Grundbuchamt eine beglaubigte Abschrift des Enteignungsbeschlusses und der Ausführungsanordnung und ersucht es, die Rechtsänderungen in das Grundbuch einzutragen.

§ 122 Vollstreckbarer Titel. (1) Die Zwangsvollstreckung nach den Vorschriften der Zivilprozeßordnung über die Vollstreckung von Urteilen in bürgerlichen Rechtsstreitigkeiten findet statt
1. aus der Niederschrift über eine Einigung wegen der in ihr bezeichneten Leistungen;
2. aus nicht mehr anfechtbarem Enteignungsbeschluß wegen der zu zahlenden Geldentschädigung oder einer Ausgleichszahlung;
3. aus einem Beschluß über die vorzeitige Besitzeinweisung oder deren Aufhebung wegen der darin festgesetzten Leistungen.

Die Zwangsvollstreckung wegen einer Ausgleichszahlung ist erst zulässig, wenn die Ausführungsanordnung wirksam und unanfechtbar geworden ist.

(2) Die vollstreckbare Ausfertigung ...

§ 123 Erschließungslast. (1) Die Erschließung ist Aufgabe der Gemeinde, soweit sie nicht nach anderen gesetzlichen Vorschriften oder öffentlich-rechtlichen Verpflichtungen einem anderen obliegt.

(2) Die Erschließungsanlagen sollen entsprechend den Erfordernissen der Bebauung und des Verkehrs hergestellt werden und spätestens bis zur Fertigstellung der anzuschließenden baulichen Anlagen benutzbar sein.

§ 127 Erhebung des Erschließungsbeitrags. (1) Die Gemeinden erheben zur Deckung ihres anderweitig nicht gedeckten Aufwands für Erschließungsanlagen einen Erschließungsbeitrag nach Maßgabe der folgenden Vorschriften.

(2) Erschließungsanlagen im Sinne dieses Abschnitts sind
1. die öffentlichen zum Anbau bestimmten Straßen, Wege und Plätze;
2. die öffentlichen aus rechtlichen oder tatsächlichen Gründen mit Kraftfahrzeugen nicht befahrbaren Verkehrsanlagen innerhalb der Baugebiete (z.B. Fußwege, Wohnwege);
3. Sammelstraßen innerhalb der Baugebiete; ...
4. Parkflächen und Grünanlagen mit Ausnahme von Kinderspielplätzen, ...;
5. Anlagen zum Schutz von Baugebieten gegen schädliche Umwelteinwirkungen im Sinne des Bundes-Immissionsschutzgesetzes, auch wenn sie nicht Bestandteil der Erschließungsanlagen sind.

(4) Das Recht, Abgaben für Anlagen zu erheben, die nicht Erschließungsanlagen im Sinne dieses Abschnitts sind, bleibt unberührt. Das gilt insbesondere für Anlagen zur Ableitung von Abwasser sowie zur Versorgung mit Elektrizität, Gas, Wärme und Wasser.

§ 133 Gegenstand und Entstehung der Beitragspflicht. (1) Der Beitragspflicht unterliegen Grundstücke, für die eine bauliche oder gewerbliche Nutzung festgesetzt ist, sobald sie bebaut oder gewerblich genutzt werden dürfen. Erschlossene Grundstücke, für die eine bauliche oder gewerbliche Nutzung nicht festge-

1557

setzt ist, unterliegen der Beitragspflicht, wenn sie nach der Verkehrsauffassung Bauland sind und nach der geordneten baulichen Entwicklung der Gemeinde zur Bebauung anstehen. Die Gemeinde gibt bekannt, welche Grundstücke nach Satz 2 der Beitragspflicht unterliegen; die Bekanntmachung hat keine rechtsbegründende Wirkung.

(2) Die Beitragspflicht entsteht mit der endgültigen Herstellung der Erschließungsanlagen, für Teilbeträge, sobald die Maßnahmen, deren Aufwand durch die Teilbeträge gedeckt werden soll, abgeschlossen sind. Im Falle des § 128 Abs 1 Nr 3 entsteht die Beitragspflicht mit der Übernahme durch die Gemeinde.

(3) Für ein Grundstück, für das eine Beitragspflicht noch nicht oder nicht in vollem Umfang entstanden ist, können Vorausleistungen auf den Erschließungsbeitrag bis zur Höhe des voraussichtlichen endgültigen Erschließungsbeitrags verlangt werden, wenn ein Bauvorhaben auf diesem Grundstück genehmigt wird. ...

§ 134 Beitragspflichtiger. (1) Beitragspflichtig ist derjenige, der im Zeitpunkt der Bekanntgabe des Beitragsbescheids Eigentümer des Grundstücks ist. Ist das Grundstück mit einem Erbbaurecht belastet, so ist der Erbbauberechtigte anstelle des Eigentümers beitragspflichtig. Ist das Grundstück mit einem dinglichen Nutzungsrecht nach Artikel 233 § 4 des Einführungsgesetzes zum Bürgerlichen Gesetzbuche belastet, so ist der Inhaber dieses Rechts anstelle des Eigentümers beitragspflichtig. Mehrere Beitragspflichtige haften als Gesamtschuldner; bei Wohnungs- und Teileigentum sind die einzelnen Wohnungs- und Teileigentümer nur entsprechend ihrem Miteigentumsanteil beitragspflichtig.

(2) Der Beitrag ruht als öffentliche Last auf dem Grundstück, im Falle des Absatzes 1 Satz 2 auf dem Erbbaurecht, im Falle des Absatzes 1 Satz 3 auf dem dinglichen Nutzungsrecht, im Falle des Absatzes 1 Satz 4 auf dem Wohnungs- oder Teileigentum.

§ 135 Fälligkeit und Zahlung des Beitrags. (1) Der Beitrag wird einen Monat nach der Bekanntgabe des Beitragsbescheids fällig.

(2) Die Gemeinde kann zur Vermeidung unbilliger Härten im Einzelfall, ..., zulassen, daß der Erschließungsbeitrag in Raten oder in Form einer Rente gezahlt wird. ...

(3) Läßt die Gemeinde nach Absatz 2 eine Verrentung zu, so ist der Erschließungsbeitrag durch Bescheid in eine Schuld umzuwandeln, die in höchstens zehn Jahresleistungen zu entrichten ist. In dem Bescheid sind Höhe und Zeitpunkt der Fälligkeit der Jahresleistungen zu bestimmen. Der jeweilige Restbetrag ist mit höchstens 2 vom Hundert über dem Diskontsatz der Deutschen Bundesbank jährlich zu verzinsen. Die Jahresleistungen stehen wiederkehrenden Leistungen im Sinne des § 10 Abs 1 Nr 3 des Zwangsversteigerungsgesetzes gleich.

(4)–(6) ...

§ 136 Städtebauliche Sanierungsmaßnahmen. (1) Städtebauliche Sanierungsmaßnahmen in Stadt und Land, deren einheitliche Vorbereitung und zügige Durchführung im öffentlichen Interesse liegen, werden nach den Vorschriften dieses Teils vorbereitet und durchgeführt.

§ 143 Bekanntmachung der Sanierungssatzung, Sanierungsvermerk. (2) Die Gemeinde teilt dem Grundbuchamt die rechtsverbindliche Sanierungssatzung mit und hat hierbei die von der Sanierungssatzung betroffenen Grundstücke einzeln aufzuführen. Das Grundbuchamt hat in die Grundbücher dieser Grundstücke einzutragen, daß eine Sanierung durchgeführt wird (Sanierungsvermerk). § 54 Abs 2 und 3 ist entsprechend anzuwenden. Die Sätze 1 bis 3 sind nicht anzuwenden, wenn in der Sanierungssatzung die Genehmigungspflicht nach § 144 Abs 2 ausgeschlossen ist.

Baugesetzbuch **Anh T 10**

§ 144 Genehmigungspflichtige Vorhaben, Teilungen und Rechtsvorgänge. (1) Im förmlich festgelegten Sanierungsgebiet bedürfen der schriftlichen Genehmigung der Gemeinde
1. ...

§ 154 Ausgleichsbetrag des Eigentümers. (4) Die Gemeinde fordert den Ausgleichsbetrag durch Bescheid an; ... Der Ausgleichsbetrag ruht nicht als öffentliche Last auf dem Grundstück.

§ 169 Besondere Vorschriften ... (1) Im städtebaulichen Entwicklungsbereich sind entsprechend anzuwenden
1. ... 2. ...
3. die §§ 144 und 145 (Genehmigungspflichtige Vorhaben und Rechtsvorgänge; Genehmigung),
4.–10. ...

§ 192 Gutachterausschuß. (1) Zur Ermittlung von Grundstückswerten und für sonstige Wertermittlungen werden selbständige, unabhängige Gutachterausschüsse gebildet.

§ 193 Aufgaben des Gutachterausschusses. (1) Der Gutachterausschuß erstattet Gutachten über den Verkehrswert von bebauten und unbebauten Grundstücken sowie Rechten an Grundstücken, wenn
1. ... 2. ...
3. die Eigentümer, ihnen gleichstehende Berechtigte, Inhaber anderer Rechte am Grundstück und Pflichtteilsberechtigte, für deren Pflichtteil der Wert des Grundstücks von Bedeutung ist, oder
4. Gerichte und Justizbehörden

es beantragen. ...

(3) Der Gutachterausschuß führt eine Kaufpreissammlung, wertet sie aus und ermittelt Bodenrichtwerte und sonstige zur Wertermittlung erforderliche Daten.

(4) Die Gutachten haben keine bindende Wirkung, soweit nichts anderes bestimmt ist.

§ 194 Verkehrswert. Der Verkehrswert (Marktwert) wird durch den Preis bestimmt, der in dem Zeitpunkt, auf den sich die Ermittlung bezieht, im gewöhnlichen Geschäftsverkehr nach den rechtlichen Gegebenheiten und tatsächlichen Eigenschaften, der sonstigen Beschaffenheit und der Lage des Grundstücks oder des sonstigen Gegenstands der Wertermittlung ohne Rücksicht auf ungewöhnliche oder persönliche Verhältnisse zu erzielen wäre.

§ 195 Kaufpreissammlung. (1) Zur Führung der Kaufpreissammlung ist jeder Vertrag, durch den es jemand verpflichtet, Eigentum an einem Grundstück gegen Entgelt, auch im Wege des Tausches, zu übertragen oder ein Erbbaurecht zu begründen, von der beurkundenden Stelle in Abschrift dem Gutachterausschuß zu übersenden. Dies gilt auch für ... sowie entsprechend für ... und für den Zuschlag in einem Zwangsversteigerungsverfahren.

T 11.

Ist derzeit nicht belegt

T 12. Binnenschiffahrtsgesetz (BinSchG)

Gesetz betreffend die privatrechtlichen Verhältnisse der Binnenschiffahrt in der Fassung vom 20. 5. 1898, BGBl III Sachgebiet 4103–1, zuletzt geändert durch Art 3 des Gesetzes vom 16. 5. 2001, BGBl I 898

[Auszug]

§ 2 [Schiffseigner] (1) Wer ein ihm nicht gehöriges Schiff zur Binnenschiffahrt verwendet und es entweder selbst führt oder die Führung einem Schiffer anvertraut, wird Dritten gegenüber als Schiffseigner im Sinne dieses Gesetzes angesehen.

(2) Der Eigentümer kann denjenigen, welcher aus der Verwendung des Schiffes einen Anspruch als Schiffsgläubiger (§§ 102 bis 115) herleitet, an der Durchführung des Anspruchs nicht hindern, sofern er nicht beweist, daß die Verwendung ihm gegenüber eine widerrechtliche und der Gläubiger nicht in gutem Glauben war.

§ 6 [Gerichtsstand des Heimatorts] (1) Das Gericht des Ortes, von dem aus die Schiffahrt mit dem Schiffe betrieben wird (Heimatort), ist vorbehaltlich des § 3 Abs 1 des Gesetzes über das gerichtliche Verfahren in Binnenschiffahrtssachen vom 27. September 1952 (Bundesgesetzbl I S 641), für alle gegen den Schiffseigner als solchen zu erhebenden Klagen zuständig ohne Unterschied, ob er persönlich oder nur mit dem Schiff haftet.

(2) Unter mehreren hiernach in Betracht kommenden Orten gilt als Heimatort der Ort, wo die Geschäftsniederlassung, bei mehreren Niederlassungen die Hauptniederlassung und in Ermangelung einer Geschäftsniederlassung der Wohnsitz des Schiffseigners sich befindet.

(3) Ist ein Heimatort nicht festzustellen, so gilt als solcher der Ort, wo der Schiffseigner zur Gewerbesteuer oder Einkommensteuer veranlagt wird.

§ 102 [Forderungen der Schiffsgläubiger] Die nachstehenden Forderungen gewähren die Rechte eines Schiffsgläubigers:

1. die öffentlichen Schiffs- und Schiffahrtsabgaben, insbesondere die Brücken-, Schleusen-, Kanal- und Hafengelder;
2. die aus den Dienstverträgen herrührenden Forderungen der Schiffsbesatzung, Gehalts- und Lohnforderungen für die Vergangenheit, jedoch höchstens für den Zeitraum von sechs Monaten, gerechnet von der im Zwangsversteigerungsverfahren erfolgenden Beschlagnahme des Schiffes ab;
3. die Lotsengelder sowie Bergelohn oder Sondervergütung einschließlich Bergungskosten; die Beiträge des Schiffes zur großen Haverei;
4. die Forderungen wegen Personenschäden (§ 4 Abs 2) und wegen Sachschäden (§ 4 Abs 3), die an Bord oder in unmittelbarem Zusammenhang mit dem Betrieb des Schiffes eingetreten sind;
5. die nicht unter eine der vorigen Nummern fallenden Forderungen aus Rechtsgeschäften, die der Schiffer als solcher kraft seiner gesetzlichen Befugnisse (§§ 15, 16) und nicht mit Bezug auf eine Vollmacht geschlossen hat;
6. die Forderungen der Träger der Sozialversicherung einschließlich der Arbeitslosenversicherung gegen den Schiffseigner.

§ 103 [Pfandrecht der Schiffsgläubiger] (1) Die Schiffsgläubiger haben an den Schiffen nebst Zubehör ein Pfandrecht.

(2) Das Pfandrecht ist gegen jeden dritten Besitzer des Schiffes verfolgbar.

(3) Die Befriedigung aus dem Pfande erfolgt auf Grund eines vollstreckbaren Titels nach den Vorschriften über die Zwangsvollstreckung.

§ 104 [Mehrere Schiffe] Sind mehrere Schiffe in einem Schleppzug, einem Schubverband oder einem Verband von fest gekoppelten Schiffen mit eigener Antriebskraft vereinigt, so erstreckt sich das Pfandrecht des Schiffsgläubigers nur auf dasjenige Schiff, welches den Schaden verursacht hat.

§ 105 [Pfandrecht für Kapital, Zinsen, Kosten] Das einem Schiffsgläubiger zustehende Pfandrecht gilt in gleichem Maße für Kapital, Zinsen und Kosten.

§ 106 *(aufgehoben)*

§ 107 [Grundsätzliche Rangordnung der Forderungen] Die Rangordnung der Pfandrechte der Schiffsgläubiger bestimmt sich nach der Reihenfolge der Nummern, unter denen die Forderungen in § 102 aufgeführt sind.

§ 108 [Nachrangige Forderungen] (1) Die Pfandrechte für die unter derselben Nummer genannten Forderungen haben, soweit sich aus den Absätzen 2 und 3 nicht ein anderes ergibt, ohne Rücksicht auf den Zeitpunkt ihrer Entstehung den gleichen Rang.

(2) Von den Pfandrechten für die in § 102 Nr 3 aufgeführten Forderungen geht das für die später entstandene Forderung dem für die früher entstandene Forderung vor; Pfandrechte wegen gleichzeitig entstandener Forderungen sind gleichberechtigt. Forderungen, welche aus Anlaß eines und desselben Notfalles entstanden sind, gelten als gleichzeitig entstanden.

(3) Pfandrechte für die in § 102 Nr 4 aufgeführten Forderungen wegen Personenschäden gehen Pfandrechten für die unter derselben Nummer aufgeführten Forderungen wegen Sachschäden vor.

§ 109 [Vorrangige Pfandrechte] (1) Das Pfandrecht des Schiffsgläubigers hat den Vorrang vor den sonstigen Pfandrechten am Schiff, für die in § 102 unter Nummer 4 bis 6 aufgeführten Forderungen jedoch hinsichtlich des Schiffes nur insoweit, als jene Pfandrechte nicht früher entstanden sind.

(2) Soweit hiernach die sonstigen Pfandrechte an dem Schiffe der Forderung eines Schiffsgläubigers vorgehen, haben sie zugleich den Vorrang vor den dieser Forderung nachstehenden Forderungen anderer Schiffsgläubiger.

(3) Erleidet ein Schiffsgläubiger, welchem der Schiffseigner nur mit dem Schiff haftet, dadurch einen Ausfall an seiner Forderung, daß seinem Pfandrecht an dem Schiffe das Pfandrecht eines Gläubigers vorgeht, der nicht Schiffsgläubiger ist, so wird der Schiffseigner in Höhe dieses Ausfalles persönlich verpflichtet.

§ 113 [Haftung des Schiffseigners für erloschene Rechte]. Soweit der Schiffseigner bei der Zwangsversteigerung oder bei einer sonstigen Veräußerung des Schiffes den Erlös eingezogen hat, haftet er jedem Schiffsgläubiger, dessen Pfandrecht infolge der Zwangsversteigerung oder infolge eines nach § 110 eingeleiteten Aufgebotsverfahrens erloschen ist, in Höhe desjenigen Betrages persönlich, der sich bei einer Verteilung des eingezogenen Betrages nach der gesetzlichen Rangordnung ergibt.

§ 115 [Ersatzanspruch, Versicherungsforderung]. (1) Das Pfandrecht erstreckt sich auch auf einen Ersatzanspruch, der dem Schiffseigner wegen des Verlustes oder der Beschädigung des Schiffes gegen einen Dritten zusteht. Das gleiche gilt hinsichtlich der Vergütung für Schäden an dem Schiff in Fällen der großen Haverei.

(2) Das Pfandrecht erstreckt sich nicht auf eine Forderung aus einer Versicherung, die der Schiffseigner für das Schiff genommen hat.

(3) Soweit der Schiffseigner die Entschädigung oder Vergütung eingezogen hat, haftet er in Höhe des eingezogenen Betrages den Schiffsgläubigern persönlich in gleicher Weise wie bei Einziehung eines Erlöses (§ 113).

T 13. Binnenschiffahrt-Vollstreckungsschutzgesetz

Gesetz über Vollstreckungsschutz für die Binnenschiffahrt
vom 24. 5. 1933, BGBl III Sachgebiet 310–15,
zuletzt geändert durch Art 3 des Gesetzes vom 1. 2. 1979, BGBl I 127
[Auszug]

§ 13 [Mindestgebot bei der Zwangsversteigerung] (1) Bleibt bei der Zwangsversteigerung eines im Register für Binnenschiffe eingetragenen Schiffes das abgegebene Meistgebot einschließlich des Kapitalwerts der nach den Versteigerungsbedingungen etwa bestehenbleibenden Rechte hinter sieben Zehnteilen des Schiffswertes zurück, so kann ein Berechtigter, dessen Anspruch ganz oder teilweise durch das Meistgebot nicht gedeckt wird, aber bei einem Gebote in der vorbezeichneten Höhe voraussichtlich gedeckt sein würde, die Versagung des Zuschlags beantragen. Der Antrag ist abzulehnen, wenn der betreibende Gläubiger widerspricht und glaubhaft macht, daß ihm durch die Versagung des Zuschlags ein unverhältnismäßiger Nachteil erwachsen würde.

(2) Der Antrag auf Versagung des Zuschlags kann nur bis zum Schluß der Verhandlung über den Zuschlag (§§ 74, 162 des Zwangsversteigerungsgesetzes) gestellt werden; das gleiche gilt von der Erklärung des Widerspruchs.

(3) Wird der Zuschlag auf Grund des Absatzes 1 versagt, so ist von Amts wegen ein neuer Versteigerungstermin anzusetzen. Sofern nicht besondere Verhältnisse ein anderes zweckmäßig erscheinen lassen, soll der Zeitraum zwischen den beiden Terminen mindestens zwei Monate betragen, aber drei Monate nicht übersteigen.

(4) In dem neuen Versteigerungstermin kann der Zuschlag weder auf Grund der Vorschrift des Absatzes 1 noch auf Grund der Vorschrift des § 13 a Abs 1 versagt werden.

§ 13 a [Zuschlagsversagung bei Meistgebot unter 50%] (1) Der Zuschlag ist zu versagen, wenn das abgegebene Meistgebot einschließlich des Kapitalwerts der nach den Versteigerungsbedingungen etwa bestehenbleibenden Rechte die Hälfte des Schiffswerts nicht erreicht.

(2) § 13 Abs 3 ist entsprechend anzuwenden. In dem neuen Versteigerungstermin kann der Zuschlag weder auf Grund der Vorschrift des Absatzes 1 noch auf Grund der Vorschrift des § 13 Abs 1 versagt werden.

(3) Ist das Meistgebot von einem zur Befriedigung aus dem Schiff Berechtigten abgegeben worden, so ist Absatz 1 nicht anzuwenden, wenn das Gebot einschließlich des Kapitalwerts der nach den Versteigerungsbedingungen bestehenbleibenden Rechte zusammen mit dem Betrage, mit dem der Meistbietende bei der Verteilung des Erlöses ausfallen würde, die Hälfte des Schiffswerts erreicht.

§ 14 [Erweiterte Befriedigung des Erstehers] Ist der Zuschlag einem zur Befriedigung aus dem Schiff Berechtigten zu einem Gebot erteilt, das einschließlich des Kapitalwerts der nach den Versteigerungsbedingungen etwa bestehenbleibenden Rechte hinter sieben Zehnteilen des Schiffswerts zurückbleibt, so gilt der Ersteher auch insoweit als aus dem Schiff befriedigt, als sein Anspruch durch das abgegebene Meistgebot nicht gedeckt ist, aber bei einem Gebot in der vorbezeichneten Höhe gedeckt sein würde. Hierbei sind dem Anspruch des Erstehers vorgehende oder gleichstehende Rechte, die erlöschen, nicht zu berücksichtigen.

Bundesbankgesetz **Anh T 16**

§ 15 [Wertfestsetzung] (1) Als Schiffswert im Sinne der §§ 13, 13a ist der Verkehrswert anzusehen, den das Gericht nach Anhörung eines Sachverständigen festsetzt.

(2) Der festgesetzte Wert ist im Versteigerungstermin vor der Aufforderung zur Abgabe von Geboten bekanntzugeben. Der Zuschlag oder die Versagung des Zuschlags kann nicht mit der Begründung angefochten werden, daß der Wert unrichtig festgesetzt worden sei.

......

T 14. Brennrechte-Verfügung

(Vormalige) Allgemeine Verfügung des Reichsjustizmin über Berücksichtigung des Brennrechts bei der Zwangsversteigerung von Brennereigrundstücken vom 16. 1. 1940, Deutsche Justiz 1940, 123

Mit zahlreichen – insbesondere gutswirtschaftlichen – Betrieben sind Brennereien verbunden, für die die Reichsfinanzverwaltung „Brennereirechte" festgesetzt hat. Bei diesen Brennrechten handelt es sich ... nicht um dingliche Berechtigungen, sondern lediglich um eine steuerliche Bevorzugung des jeweiligen Inhabers des Brennereibetriebes. Für eine bestimmte Menge des Branntweines (ausgedrückt in Litern Weingeists), der im Lauf eines Betriebsjahres in der Brennerei hergestellt wird, erhält er von der Reichsmonopolverwaltung für Branntwein einen höheren Preis als für die über das Brennrecht hinaus hergestellte Weingeistmenge (sog „Überbrand"). Das Brennrecht wird hiernach von der Zwangsversteigerung des Brennereigrundstücks nicht umfaßt; sein wirtschaftlicher Wert kann bei der Aufstellung des geringsten Gebots nicht berücksichtigt werden und kann sich somit auch nicht ohne weiteres auf die Höhe der auf das Grundstück abgegebenen Gebote auswirken. Um der damit verbundenen wirtschaftlichen Benachteiligung des Eigentümers des Brennereigrundstücks entgegenzutreten, ordne ich im Einvernehmen mit dem Herrn Reichsminister der Finanzen folgendes an:
Ist in einem Versteigerungsverfahren aus den dem Versteigerungsgericht vorliegenden Urkunden ersichtlich, daß auf dem zur Versteigerung gelangenden Grundstück eine Brennerei betrieben wurde oder noch betrieben wird, so hat das Versteigerungsgericht unverzüglich durch unmittelbare Rückfrage beim örtlich zuständigen Hauptzollamt festzustellen, ob mit dieser Brennerei ein Brennrecht, bejahendenfalls in welcher Höhe verbunden ist. Ferner hat das Versteigerungsgericht durch Anfrage bei der *Wirtschaftsgruppe Spiritusindustrie in Berlin* ... den ungefähren Marktwert des Brennrechts zu ermitteln. Im Versteigerungstermin selbst hat der Versteigerungsrichter bei Bekanntgabe der Versteigerungsbedingungen auf das Vorhandensein eines Brennrechts hinzuweisen und hierbei die Höhe sowie den ungefähren Marktwert des Brennrechts bekanntzugeben; in die gerichtliche Niederschrift über den Versteigerungstermin sind entsprechende Vermerke aufzunehmen.

T 15.

Ist derzeit nicht belegt

T 16. Bundesbankgesetz

Gesetz über die Deutsche Bundesbank i. d. F. vom 22. 10. 1992, BGBl I 1783, zuletzt geändert durch Art 2 des Gesetzes vom 25. 6. 2004, BGBl I 1383
Abgedruckt in: Sartorius, Band 1 Nr 855
[Auszug]

§ 23 Bestätigung von Schecks. (1) Die Deutsche Bundesbank darf Schecks, die auf sie gezogen sind, nur nach Deckung bestätigen. Aus dem Bestätigungsvermerk wird sie dem Inhaber zur Einlösung verpflichtet; für die Einlösung haftet sie auch dem Aussteller und dem Indossanten.

(2) Die Einlösung des bestätigten Schecks darf auch dann nicht verweigert werden, wenn inzwischen über das Vermögen des Ausstellers das Insolvenzverfahren eröffnet worden ist.

(3) Die Verpflichtung aus der Bestätigung erlischt, wenn der Scheck nicht binnen acht Tagen nach der Ausstellung zur Zahlung vorgelegt wird. Für den Nachweis der Vorlegung gilt Artikel 40 des Scheckgesetzes.

(4) Der Anspruch aus der Bestätigung verjährt in zwei Jahren vom Ablauf der Vorlegungsfrist an.

(5) Auf die gerichtliche Geltendmachung von Ansprüchen auf Grund der Bestätigung sind die für Wechselsachen geltenden Zuständigkeits- und Verfahrensvorschriften entsprechend anzuwenden.

T 17. Bundesversorgungsgesetz (BVG)

Gesetz über die Versorgung der Opfer des Krieges i. d. F. vom 22. 1. 1982, BGBl 1982 I 21, zuletzt geändert durch Art 42 des Gesetzes vom 21. 6. 2005, BGBl I 1818 (1827)
[Auszug]

§ 72 [Kapitalabfindung] (1) Beschädigten, die Rente erhalten, kann zum Erwerb oder zur wirtschaftlichen Stärkung eigenen Grundbesitzes eine Kapitalabfindung gewährt werden.

§ 75 [Sperrvermerk] (1) Die bestimmungsmäßige Verwendung des Kapitals ist durch die Form der Auszahlung und in der Regel durch Maßnahmen zur Verhinderung alsbaldiger Veräußerung des Grundstücks, Erbbaurechts, Wohnungseigentums, Wohnungserbbaurechts oder Dauerwohnrechts zu sichern. Zu diesem Zweck kann insbesondere angeordnet werden, daß die Veräußerung und Belastung des mit der Kapitalabfindung erworbenen oder wirtschaftlich gestärkten Grundstücks, Erbbaurechts, Wohnungseigentums oder Wohnungserbbaurechts innerhalb einer Frist bis zu fünf Jahren nur mit Genehmigung der zuständigen Verwaltungsbehörde zulässig sind. Diese Anordnung wird mit der Eintragung in das Grundbuch wirksam. Die Eintragung erfolgt auf Ersuchen der zuständigen Verwaltungsbehörde.

T 18. Flurbereinigungsgesetz (FlurbG)

Flurbereinigungsgesetz i. d. F. vom 16. 3. 1976, BGBl 1976 I 546, zuletzt geändert durch Art 5 des Gesetzes vom 20. 12. 2001, BGBl I 3987
Abgedruckt in: Sartorius, Band I Nr 860
[Auszug]

§ 2 [Durchführung der Flurbereinigung] (1) Die Flurbereinigung wird in einem behördlich geleiteten Verfahren innerhalb eines bestimmten Gebietes (Flurbereinigungsgebiet) unter Mitwirkung der Gesamtheit der beteiligten Grundeigentümer und der Träger öffentlicher Belange sowie der landwirtschaftlichen Berufsvertretung ... durchgeführt.

§ 10 [Beteiligte] Am Flurbereinigungsverfahren sind beteiligt (Beteiligte)
1. als Teilnehmer die Eigentümer der zum Flurbereinigungsgebiet gehörenden Grundstücke sowie die den Eigentümern gleichstehenden Erbbauberechtigten;
2. als Nebenbeteiligte:

Flurbereinigungsgesetz **Anh T 18**

a) ... d) Inhaber von Rechten an den zum Flurbereinigungsgebiet gehörenden Grundstücken oder von Rechten an solchen Rechten

f) Eigentümer von nicht zum Flurbereinigungsgebiet gehörenden Grundstücken, denen ein Beitrag zu den Unterhaltungs- oder Ausführungskosten auferlegt wird (§ 42 Abs 3 und § 106) ...

§ 15 [Erwerb eines Grundstücks im Flurbereinigungsgebiet] Wer ein Grundstück erwirbt, das im Flurbereinigungsgebiet liegt, muß das bis zu seiner Eintragung im Grundbuch oder bis zur Anmeldung des Erwerbs durchgeführte Verfahren gegen sich gelten lassen. Das gilt entsprechend für denjenigen, der durch Erwerb eines Rechts Beteiligter wird.

§ 16 [Teilnehmergemeinschaft] Die Beteiligten nach § 10 Nr 1 bilden die Teilnehmergemeinschaft. Sie entsteht mit dem Flurbereinigungsbeschluß und ist eine Körperschaft des öffentlichen Rechtes.

§ 19 [Beiträge zur Teilnehmergemeinschaft] (1) Die Teilnehmergemeinschaft kann die Teilnehmer nur zu Beiträgen in Geld (Geldbeträge) oder in Sachen, Werken, Diensten oder in anderen Leistungen (Sachbeiträge) heranziehen ...

§ 20 [Öffentliche Last der Grundstücke] Die Beitrags- und Vorschußpflicht ruht als öffentliche Last auf den im Flurbereinigungsgebiet liegenden Grundstücken. Die einzelnen Grundstücke haften jedoch nur in der Höhe der auf sie entfallenden Anteile der berechneten Beiträge und Vorschüsse ...

§ 42 [Gemeinschaftliche Anlagen] (1) ... (3) Eigentümern von Grundstücken, die nicht zum Flurbereinigungsgebiet gehören, aber durch Anlagen wesentliche Vorteile haben, kann durch den Flurbereinigungsplan ein den Vorteilen entsprechender Anteil an den Kosten der Unterhaltung solcher Anlagen auferlegt werden. Der Kostenanteil ist an den Unterhaltspflichtigen zu zahlen. Er haftet als öffentliche Last auf den Grundstücken, für die er festgesetzt ist.

§ 61 [Rechtskraft des Flurbereinigungsplans] ... Zu dem in der Ausführungsanordnung zu bestimmenden Zeitpunkt tritt der im Flurbereinigungsplan vorgesehene neue Rechtszustand an die Stelle des bisherigen.

§ 62 [Ausführungsanordnung] (1) Die Ausführungsanordnung und der Zeitpunkt des Eintritts des neuen Rechtszustandes (§ 61 Satz 2) sind öffentlich bekanntzumachen.

§ 65 [Vorläufige Besitzeinweisung] (1) Die Beteiligten können in den Besitz der neuen Grundstücke vorläufig eingewiesen werden ...

§ 68 [Übergang von Grundstücksrechten] (1) Die Landabfindung tritt hinsichtlich der Rechte an den alten Grundstücken und der diese Grundstücke betreffenden Rechtsverhältnisse, ... an die Stelle der alten Grundstücke. Die örtlich gebundenen öffentlichen Lasten, die auf den alten Grundstücken ruhen, gehen auf die in deren örtlicher Lage ausgewiesenen neuen Grundstücke über.

§ 72 [Geldabfindung] (1) Wird ein Teilnehmer nur in Geld abgefunden, so sind die Inhaber von Hypotheken, Grundschulden, Rentenschulden und Reallasten an den alten Grundstücken sowie die Gläubiger von Rückständen öffentlicher Lasten oder als öffentliche Last auf den alten Grundstücken ruhender Renten auf die Geldabfindung angewiesen.

§ 74 [Geldabfindung und Grundstücksrechte] Wird ein Teilnehmer nur in Geld abgefunden, so sind die Rechte nach § 72 Abs 1, soweit sie aus dem Grundbuch ersichtlich oder sonst bekannt sind, nach folgenden Bestimmungen zu wahren: ...

§ 75 [Verteilungsverfahren] (1) Nach Eintritt des neuen Rechtszustandes kann jeder Hinterlegungsbeteiligte sein Recht an der hinterlegten Summe gegen einen Mitbeteiligten, der dieses Recht bestreitet, vor den ordentlichen Gerichten geltend machen oder die Einleitung eines gerichtlichen Verteilungsverfahrens beantragen.
(2) Auf das Verteilungsverfahren sind die Vorschriften über die Verteilung des Erlöses im Falle der Zwangsversteigerung mit folgenden Abweichungen sinngemäß anzuwenden: ...

§ 81 [Grundstücksverzeichnis] (1) Bis zur Berichtigung des Liegenschaftskatasters dient der Flurbereinigungsplan als amtliches Verzeichnis der Grundstücke (§ 2 Abs 2 der Grundbuchordnung).

§ 91 [Zusammenlegung] Um ... kann ... eine Zusammenlegung nach Maßgabe der folgenden Vorschriften stattfinden.

§ 100 [Zusammenlegungsplan] An die Stelle des Flurbereinigungsplanes tritt der Zusammenlegungsplan. ...

§ 106 [Beitragspflicht Nichtbeteiligter] Eigentümern von Grundstücken, die nicht zum Flurbereinigungsgebiet gehören, aber von der Flurbereinigung wesentliche Vorteile haben, ist durch den Flurbereinigungsplan ein den Vorteilen entsprechender Beitrag zu den Ausführungskosten aufzuerlegen. Der Beitrag haftet als öffentliche Last auf den Grundstücken, für die er festgesetzt ist.

§ 135 [Rechts- und Amtshilfe] (1) Die Gerichte und die Behörden des Bundes, der Länder ... gewähren den Flurbereinigungsbehörden die erforderliche Rechts- und Amtshilfe, insbesondere bei der Vollstreckung ...

§ 136 [Vollstreckung von Geldforderungen] (1) Für die Vollstreckung von Geldforderungen sind die §§ 1 bis 5 des Verwaltungs-Vollstreckungsgesetzes ... vom 27. April 1953 ... sinngemäß anzuwenden. Geldforderungen der Teilnehmergemeinschaft werden im Verwaltungszwangsverfahren wie Gemeindeabgaben vollstreckt.
(2) Vollstreckungsbehörde ... ist die Flurbereinigungsbehörde.

T 19. Grundbücher-Wiederherstellungs-Verordnung

Verordnung über die Wiederherstellung zerstörter oder abhanden gekommener Grundbücher und Urkunden vom 26. 7. 1940, BGBl III Sachgebiet 315–11–4
[Auszug]

§ 16 [Zwangsversteigerung] (1) Die Zwangsversteigerung eines Grundstücks, dessen Grundbuch ganz oder teilweise zerstört oder abhanden gekommen ist, kann vor der Wiederherstellung des Grundbuchs angeordnet werden, wenn durch Urkunden glaubhaft gemacht wird, daß der Schuldner als Eigentümer des Grundstücks eingetragen war oder daß er Erbe des eingetragenen Eigentümers ist.
(2) Im Falle des § 22 Abs 1 Satz 2 des Gesetzes über die Zwangsversteigerung und die Zwangsverwaltung genügt es, wenn die Eintragung des Versteigerungsvermerks nach der Wiederherstellung des Grundbuchs erfolgt.
(3) Der Versteigerungstermin darf erst nach der Wiederherstellung des Grundbuchblatts bestimmt werden.

T 20. Grunderwerbsteuergesetz (GrEStG)

I. d. F. vom 26. 2. 1997, BGBl I 419 (ber S. 1804)
zuletzt geändert durch Art 5 des Gesetzes vom 1. 9. 2005, BGBl I 2676 (2680)
[Auszug]

Erster Abschnitt. Gegenstand der Steuer

§ 1 Erwerbsvorgänge. (1) Der Grunderwerbsteuer unterliegen die folgenden Rechtsvorgänge, soweit sie sich auf inländische Grundstücke beziehen:
1. ein Kaufvertrag oder ein anderes Rechtsgeschäft, das den Anspruch auf Übereignung begründet;
2. die Auflassung, wenn kein Rechtsgeschäft vorausgegangen ist, das den Anspruch auf Übereignung begründet;
3. der Übergang des Eigentums, wenn kein den Anspruch auf Übereignung begründendes Rechtsgeschäft vorausgegangen ist und es auch keiner Auflassung bedarf. Ausgenommen sind
   a) ... b) ...
   c) der Übergang des Eigentums im Zwangsversteigerungsverfahren;
4. das Meistgebot im Zwangsversteigerungsverfahren;
5. ein Rechtsgeschäft, das den Anspruch auf Abtretung eines Übereignungsanspruchs oder der Rechte aus einem Meistgebot begründet;
7. die Abtretung eines der in den Nummern 5 und 6 bezeichneten Rechte, wenn kein Rechtsgeschäft vorausgegangen ist, das den Anspruch auf Abtretung der Rechte begründet.

(6) Ein in Absatz 1, 2 oder 3 bezeichneter Rechtsvorgang unterliegt der Steuer auch dann, wenn ihm ein in einem anderen dieser Absätze bezeichneter Rechtsvorgang vorausgegangen ist. Die Steuer wird jedoch nur insoweit erhoben, als die Bemessungsgrundlage für den späteren Rechtsvorgang den Betrag übersteigt, von dem beim vorausgegangenen Rechtsvorgang die Steuer berechnet worden ist.

§ 2 Grundstücke. (1) Unter Grundstücken im Sinne dieses Gesetzes sind Grundstücke im Sinne des bürgerlichen Rechts zu verstehen. Jedoch werden nicht zu den Grundstücken gerechnet:
1. Maschinen und sonstige Vorrichtungen aller Art, die zu einer Betriebsanlage gehören,
2. Mineralgewinnungsrechte und sonstige Gewerbeberechtigungen,
3. das Recht des Grundstückseigentümers auf den Erbbauzins.

(2) Den Grundstücken stehen gleich
1. Erbbaurechte,
2. Gebäude auf fremdem Boden;
3. dinglich gesicherte Sondernutzungsrechte im Sinne des § 15 des Wohneigentumsgesetzes und des § 1010 des Bürgerlichen Gesetzbuchs.

(3) Bezieht sich ein Rechtsvorgang auf mehrere Grundstücke, die zu einer wirtschaftlichen Einheit gehören, so werden diese Grundstücke als ein Grundstück behandelt. Bezieht sich ein Rechtsvorgang auf einen oder mehrere Teile eines Grundstücks, so werden diese Teile als ein Grundstück behandelt.

Zweiter Abschnitt. Steuervergünstigungen ...

Dritter Abschnitt. Bemessungsgrundlage

§ 8 Grundsatz. (1) Die Steuer bemißt sich nach dem Wert der Gegenleistung.
(2) Die Steuer wird nach den Werten im Sinne des § 138 Abs 2 oder 3 des Bewertungsgesetzes bemessen:

Anh T 20 — Grunderwerbsteuergesetz

1. wenn eine Gegenleistung nicht vorhanden oder nicht zu ermitteln ist;
2. ...
3. in den Fällen des § 1 Abs 2a und 3.

§ 9 Gegenleistung. (1) Als Gegenleistung gelten

4. beim Meistgebot im Zwangsversteigerungsverfahren:
   das Meistgebot einschließlich der Rechte, die nach den Versteigerungsbedingungen bestehen bleiben;
5. bei der Abtretung der Rechte aus dem Meistgebot:
   die Übernahme der Verpflichtung aus dem Meistgebot. Zusätzliche Leistungen, zu denen sich der Erwerber gegenüber dem Meistbietenden verpflichtet, sind dem Meistgebot hinzuzurechnen. Leistungen, die der Meistbietende dem Erwerber gegenüber übernimmt, sind abzusetzen;

(2) Zur Gegenleistung gehören auch ...

Vierter Abschnitt. Steuerberechnung

§ 11 Steuersatz, Abrundung. (1) Die Steuer beträgt 3,5 vom Hundert.

(2) Die Steuer ist auf volle Euro nach unten abzurunden.

Fünfter Abschnitt. Steuerschuld

§ 13 Steuerschuldner. Steuerschuldner sind

1. regelmäßig:
   die an einem Erwerbsvorgang als Vertragsteile beteiligten Personen;
4. beim Meistgebot im Zwangsversteigerungsverfahren: der Meistbietende;

Siebenter Abschnitt. Örtliche Zuständigkeit, Feststellung von Besteuerungsgrundlagen, Anzeigepflichten und Erteilung der Unbedenklichkeitsbescheinigung

§ 18 Anzeigepflicht der Gerichte, Behörden und Notare. (1) Gerichte, Behörden und Notare haben dem zuständigen Finanzamt schriftlich Anzeige nach amtlich vorgeschriebenem Vordruck zu erstatten über

1. Rechtsvorgänge, die sie beurkundet oder über die sie eine Urkunde entworfen und darauf eine Unterschrift beglaubigt haben, wenn die Rechtsvorgänge ein Grundstück im Geltungsbereich dieses Gesetzes betreffen;
3. Zuschlagsbeschlüsse im Zwangsversteigerungsverfahren, Enteignungsbeschlüsse und andere Entscheidungen, durch die ein Wechsel im Grundstückseigentum bewirkt wird. ...;
4. nachträgliche Änderungen oder Berichtigungen eines der unter Nummer 1 bis 3 aufgeführten Vorgänge.

Der Anzeige ist eine Abschrift der Urkunde über den Rechtsvorgang, den Antrag, den Beschluß oder die Entscheidung beizufügen. Eine elektronische Übermittlung der Anzeige ist ausgeschlossen.

(2) Die Anzeigepflicht bezieht sich auch auf Vorgänge, die ein Erbbaurecht oder ein Gebäude auf fremden Boden betreffen ...

(3) Die Anzeigen sind innerhalb von zwei Wochen nach der Beurkundung oder der Unterschriftsbeglaubigung oder der Bekanntgabe der Entscheidung zu erstatten, und zwar auch dann, wenn die Wirksamkeit des Rechtsvorgangs vom Eintritt einer Bedingung, vom Ablauf einer Frist oder von einer Genehmigung abhängig ist. Sie sind auch dann zu erstatten, wenn der Rechtsvorgang von der Besteuerung ausgenommen ist.

Grundsteuergesetz Anh T 21

(4) Die Absendung der Anzeige ist auf der Urschrift der Urkunde, in den Fällen, in denen eine Urkunde entworfen und darauf eine Unterschrift beglaubigt worden ist, auf der zurückbehaltenen beglaubigten Abschrift zu vermerken.
(5) Die Anzeigen sind an das für die Besteuerung, in den Fällen des § 17 Abs 2 und 3 an das für die gesonderte Feststellung zuständige Finanzamt zu richten.

§ 20 Inhalt der Anzeigen. (1) Die Anzeigen müssen enthalten:
1. Vorname, Zuname und Anschrift des Veräußerers und des Erwerbers, gegebenenfalls auch, ob und um welche begünstigte Person im Sinne des § 3 Nr 3 bis 7 es sich bei dem Erwerber handelt;
2. die Bezeichnung des Grundstücks nach Grundbuch, Kataster, Straße und Hausnummer;
3. die Größe des Grundstücks und bei bebauten Grundstücken die Art der Bebauung;
4. die Bezeichnung des anzeigepflichtigen Vorgangs und den Tag der Beurkundung, bei einem Vorgang, der einer Genehmigung bedarf, auch die Bezeichnung desjenigen, dessen Genehmigung erforderlich ist;
5. den Kaufpreis oder die sonstige Gegenleistung (§ 9);
6. den Namen der Urkundsperson.

(2) Die Anzeigen, die sich auf Anteile an einer Gesellschaft beziehen, müssen außerdem enthalten:
1. die Firma und den Ort der Geschäftsleitung der Gesellschaft,
2. die Bezeichnung des oder der Gesellschaftsanteile.

§ 21 Urkundenaushändigung. Die Gerichte, Behörden und Notare dürfen Urkunden, die einen anzeigepflichtigen Vorgang betreffen, den Beteiligten erst aushändigen und Ausfertigungen oder beglaubigte Abschriften den Beteiligten erst erteilen, wenn sie die Anzeigen an das Finanzamt abgesandt haben.

§ 22 Unbedenklichkeitsbescheinigung. (1) Der Erwerber eines Grundstücks darf in das Grundbuch erst dann eingetragen werden, wenn eine Bescheinigung des für die Besteuerung zuständigen Finanzamts vorgelegt wird (§ 17 Abs 1 Satz 1) oder Bescheinigungen der für die Besteuerung zuständigen Finanzämter (§ 17 Abs 1 Satz 2) vorgelegt werden, daß der Eintragung steuerliche Bedenken nicht entgegenstehen. Die obersten Finanzbehörden der Länder können im Einvernehmen mit den Landesjustizverwaltungen Ausnahmen hiervon vorsehen.

(2) Das Finanzamt hat die Bescheinigung zu erteilen, wenn die Grunderwerbsteuer entrichtet, sichergestellt oder gestundet worden ist oder wenn Steuerfreiheit gegeben ist. Es darf die Bescheinigung auch in anderen Fällen erteilen, wenn nach seinem Ermessen die Steuerforderung nicht gefährdet ist. Das Finanzamt hat die Bescheinigung schriftlich zu erteilen. Eine elektronische Übermittlung der Bescheinigung ist ausgeschlossen.

T 21. Grundsteuergesetz (GrStG)

Grundsteuergesetz vom 7. 8. 1973, BGBl 1973 I 965, zuletzt geändert durch
Art 6 des Gesetzes vom 1. 9. 2005, BGBl I 2676 (2681)
Abgedruckt in: Steuergesetze Nr 420
[Auszug]

§ 1 Heberecht (1) Die Gemeinde bestimmt, ob von dem in ihrem Gebiet liegenden Grundbesitz Grundsteuer zu erheben ist.

§ 10 Steuerschuldner. (1) Schuldner der Grundsteuer ist derjenige, dem der Steuergegenstand bei der Feststellung des Einheitswertes zugerechnet ist.

(2) Derjenige, dem ein Erbbaurecht, ein Wohnungserbbaurecht oder ein Teilerbbaurecht zugerechnet ist, ist auch Schuldner der Grundsteuer für die wirtschaftliche Einheit des belasteten Grundstücks.

(3) Ist der Steuergegenstand mehreren Personen zugerechnet, so sind sie Gesamtschuldner.

§ 11 Persönliche Haftung. (2) Wird ein Steuergegenstand ganz oder zu einem Teil einer anderen Person übereignet, so haftet der Erwerber neben dem früheren Eigentümer für die auf dem Steuergegenstand oder Teil des Steuergegenstandes entfallende Grundsteuer, die für die Zeit seit dem Beginn des letzten vor der Übereignung liegenden Kalenderjahres zu entrichten ist. Das gilt nicht ... für Erwerbe im Vollstreckungsverfahren.

§ 12 Dingliche Haftung. Die Grundsteuer ruht auf dem Steuergegenstand als öffentliche Last.

§ 28 Fälligkeit. (1) Die Grundsteuer wird zu je einem Viertel ihres Jahresbetrags am 15. Februar, 15. Mai, 15. August und 15. November fällig.

(2) Die Gemeinden können bestimmen, daß Kleinbeträge wie folgt fällig werden:
1. am 15. August mit ihrem Jahresbetrag, wenn dieser fünfzehn Euro nicht übersteigt;
2. am 15. Februar und 15. August zu je einer Hälfte ihres Jahresbetrags, wenn dieser dreißig Euro nicht übersteigt.

(3) Auf Antrag des Steuerschuldners kann die Grundsteuer abweichend ... am 1. Juli in einem Jahresbetrag entrichtet werden. ...

T 22. Handelsgesetzbuch (Seerecht)

Handelsgesetzbuch vom 10. 5. 1897, BGBl III Sachgebiet 4100–1
zuletzt geändert durch das Gesetz vom 3. 8. 2005,
BGBl. I 2267
§§ 1–460 abgedruckt in Schönfelder Nr 50;
§§ 476–905 = Seehandel als Sonderdruck hierzu
[Auszug]

§ 478 [Zubehör eines Schiffes] (1) Zubehör eines Schiffs sind auch die Schiffsboote.

(2) Im Zweifel werden Gegenstände, die in das Schiffsinventar eingetragen sind, als Zubehör des Schiffes angesehen.

§ 482 [Unzulässigkeit der Zwangsversteigerung] Die Anordnung der Zwangsversteigerung eines Schiffes im Wege der Zwangsvollstreckung ... ist nicht zulässig, wenn sich das Schiff auf der Reise befindet und nicht in einem Hafen liegt.

§ 751 [Pfandrecht, Zurückbehaltungsrecht] (1) Der Gläubiger hat für seine Forderung auf Bergelohn oder Sondervergütung einschließlich Bergungskosten die Rechte eines Schiffsgläubigers an dem geborgenen Schiff.

§ 754 [Schiffsgläubigerrechte] (1) Folgende Forderungen gewähren die Rechte eines Schiffsgläubigers:

Handelsgesetzbuch

1. Heuerforderungen des Kapitäns und der übrigen Personen der Schiffsbesatzung;
2. öffentliche Schiffs-, Schiffahrts- und Hafenabgaben sowie Lotsengelder;
3. Schadensersatzforderungen wegen der Tötung oder Verletzung von Menschen sowie wegen des Verlustes oder der Beschädigung von Sachen, sofern diese Forderungen aus der Verwendung des Schiffes entstanden sind, ausgenommen sind jedoch Forderungen wegen des Verlustes oder der Beschädigung von Sachen, die aus einem Vertrag hergeleitet werden oder auch aus einem Vertrag hergeleitet werden können;
4. Forderungen auf Bergelohn oder auf Sondervergütung einschließlich Bergungskosten; Beiträge des Schiffes und der Fracht zur großen Haverei; Forderungen wegen der Beseitigung des Wracks;
5. Forderungen der Träger der Sozialversicherung einschließlich der Arbeitslosenversicherung gegen den Reeder.

(2) Absatz 1 Nr 3 findet keine Anwendung auf Ansprüche, die auf die radioaktiven Eigenschaften oder eine Verbindung der radioaktiven Eigenschaften mit giftigen, explosiven oder sonstigen gefährlichen Eigenschaften von Kernbrennstoffen oder radioaktiven Erzeugnissen oder Abfällen zurückzuführen sind.

§ 755 [Pfandrecht der Schiffsgläubiger] (1) Die Schiffsgläubiger haben für ihre Forderungen ein gesetzliches Pfandrecht an dem Schiff. Das Pfandrecht kann gegen jeden Besitzer des Schiffs verfolgt werden.

(2) Das Schiff haftet auch für die gesetzlichen Zinsen der Forderungen sowie für die Kosten der die Befriedigung aus dem Schiff bezweckenden Rechtsverfolgung.

§ 756 [Mithaftende Gegenstände] (1) Das Pfandrecht der Schiffsgläubiger erstreckt sich auf das Zubehör des Schiffes mit Ausnahme der Zubehörstücke, die nicht in das Eigentum des Schiffseigentümers gelangt sind.

(2) Das Pfandrecht erstreckt sich auch auf einen Ersatzanspruch, der dem Reeder wegen des Verlustes oder der Beschädigung des Schiffes gegen einen Dritten zusteht. Das gleiche gilt hinsichtlich der Vergütung für Schäden am Schiff in Fällen der großen Haverei.

(3) Das Pfandrecht erstreckt sich nicht auf eine Forderung aus einer Versicherung, die der Reeder für das Schiff genommen hat.

§ 757 [Haftung einer Reederei] Gehört das Schiff einer Reederei, so haftet es den Schiffsgläubigern in gleicher Weise, als wenn es nur einem Reeder gehörte.

§ 758 [Erlöschen des Pfandrechts bei Erlöschen der Forderung] Erlischt die durch das Pfandrecht eines Schiffsgläubigers gesicherte Forderung, so erlischt auch das Pfandrecht.

§ 759 [Erlöschen des Pfandrechts durch Zeitablauf] (1) Das Pfandrecht eines Schiffsgläubigers erlischt nach Ablauf eines Jahres seit der Entstehung der Forderung.

(2) Das Pfandrecht erlischt nicht, wenn der Gläubiger innerhalb der Frist des Absatzes 1 die Beschlagnahme des Schiffes wegen des Pfandrechts erwirkt, sofern das Schiff später im Wege der Zwangsvollstreckung veräußert wird, ohne daß das Schiff in der Zwischenzeit von einer Beschlagnahme zugunsten dieses Gläubigers frei geworden ist. Das gleiche gilt für das Pfandrecht eines Gläubigers, der wegen seines Pfandrechts dem Zwangsvollstreckungsverfahren innerhalb dieser Frist beitritt.

(3) Ein Zeitraum, während dessen ein Gläubiger rechtlich daran gehindert ist, sich aus dem Schiff zu befriedigen, wird in die Frist nicht eingerechnet. Eine Hemmung, eine Ablaufhemmung oder ein Neubeginn der Frist aus anderen Gründen findet nicht statt.

§ 760 [Zwangsvollstreckung] (1) Die Befriedigung des Schiffsgläubigers aus dem Schiff erfolgt nach den Vorschriften über die Zwangsvollstreckung.

(2) Die Klage auf Duldung der Zwangsvollstreckung kann außer gegen den Eigentümer des Schiffes auch gegen den Ausrüster oder gegen den Kapitän gerichtet werden. Das gegen den Ausrüster oder gegen den Kapitän gerichtete Urteil ist auch gegenüber dem Eigentümer wirksam.

(3) Bei der Verfolgung des Pfandrechts des Schiffsgläubigers gilt zugunsten des Gläubigers als Eigentümer, wer im Schiffsregister als Eigentümer eingetragen ist. Das Recht des nicht eingetragenen Eigentümers, die ihm gegen das Pfandrecht zustehenden Einwendungen geltend zu machen, bleibt unberührt.

§ 761 [Vorrang der Schiffsgläubiger] Die Pfandrechte der Schiffsgläubiger haben den Vorrang vor allen anderen Pfandrechten am Schiff. Sie haben Vorrang auch insoweit, als zoll- und steuerpflichtige Sachen nach gesetzlichen Vorschriften als Sicherheit für öffentliche Abgaben dienen.

§ 762 [Rangordnung der Pfandrechte] (1) Die Rangordnung der Pfandrechte der Schiffsgläubiger bestimmt sich nach der Reihenfolge der Nummern, unter denen die Forderungen in § 754 aufgeführt sind.

(2) Die Pfandrechte für die in § 754 Abs 1 Nr 4 aufgeführten Forderungen haben jedoch den Vorrang vor den Pfandrechten aller anderen Schiffsgläubiger, deren Forderungen früher entstanden sind.

(3) Beitragsforderungen zur großen Haverei gelten als im Zeitpunkt des Havereifalles, Forderungen auf Bergelohn oder Sondervergütung einschließlich Bergungskosten als im Zeitpunkt der Beendigung der Bergungsmaßnahmen und Forderungen wegen der Beseitigung des Wracks als im Zeitpunkt der Beendigung der Wrackbeseitigung entstanden.

§ 763 [Rang der Pfandrechte] (1) Von den Pfandrechten für die in § 754 Abs 1 Nr 1 bis 3, 5 aufgeführten Forderungen haben die Pfandrechte für die unter derselben Nummer genannten Forderungen ohne Rücksicht auf den Zeitpunkt ihrer Entstehung den gleichen Rang.

(2) Pfandrechte für die in § 754 Abs 1 Nr 3 aufgeführten Forderungen wegen Personenschäden gehen jedoch Pfandrechten für die unter derselben Nummer aufgeführten Forderungen wegen Sachschäden vor.

§ 764. Von den Pfandrechten für die in § 754 Abs 1 Nr 4 aufgeführten Forderungen geht das für die später entstandene Forderung dem für die früher entstandene Forderung vor. Pfandrechte wegen gleichzeitig entstandener Forderungen sind gleichberechtigt.

§ 901 [Verjährung] Folgende Forderungen verjähren in einem Jahr:
1. öffentliche Schiffs-, Schiffahrts- und Hafenabgaben;
2. Lotsengelder;
3. Beiträge zur großen Haverei;
4. ...

§ 902 [Zweijährige Verjährung] (1) Folgende Forderungen verjähren in zwei Jahren:

Handwerksordnung **Anh T 24**

3. Forderungen auf Bergelohn oder Sondervergütung einschließlich Bergungskosten;
4. Forderungen wegen der Beseitigung eines Wracks.

(2) Während des Laufs der Verjährungsfrist kann derjenige, der wegen einer in Absatz 1 Nr 3 genannten Forderung in Anspruch genommen wird, die Verjährungsfrist durch eine Erklärung gegenüber dem Gläubiger verlängern. Eine weitere Verlängerung der Frist ist zulässig.

§ 903 [Beginn der Verjährung] (1) Die Verjährung beginnt mit dem Schluß des Jahres, in welchem die Forderung fällig geworden ist.

(3) Die Verjährung der in § 902 Abs 1 Nr 3 und 4 genannten Forderungen beginnt mit dem Ablauf des Tages, an welchem die Bergungs- oder Wrackbeseitigungsmaßnahmen beendet worden sind. ...

T 23.

Ist derzeit nicht belegt

T 24. Handwerksordnung

Gesetz zur Ordnung des Handwerks i. d. F. vom 24. 9. 1998, BGBl 1998 I 3075
geändert durch Art 35 b des Gesetzes vom 24. 12. 2003, BGBl I 2954 (2992)
Abgedruckt in: Sartorius, Band I Nr 815
[Auszug]

§ 52 [Handwerksinnung] (1) Inhaber von Betrieben des gleichen zulassungspflichtigen Handwerks oder des gleichen zulassungsfreien Handwerks oder des gleichen handwerksähnlichen Gewerbes oder solcher Handwerke oder handwerksähnlicher Gewerbe, die sich fachlich oder wirtschaftlich nahe stehen, können zur Förderung ihrer gemeinsamen gewerblichen Interessen innerhalb eines bestimmten Bezirks zu einer Handwerksinnung zusammentreten. ...

§ 61 [Grundstückserwerb der Handwerksinnung] (1) Die Innungsversammlung beschließt über alle Angelegenheiten der Handwerksinnung, ... Die Innungsversammlung besteht aus den Mitgliedern der Handwerksinnung ...

(2) Der Innungsversammlung obliegt im besonderen
7. Die Beschlußfassung über
   a) den Erwerb, die Veräußerung oder die dingliche Belastung von Grundeigentum.

(3) Die nach Absatz 2 Nr ... 7 ... gefaßten Beschlüsse bedürfen der Genehmigung durch die Handwerkskammer.

§ 79 [Landesinnungsverband] (1) Der Landesinnungsverband ist der Zusammenschluß von Handwerksinnungen des gleichen Handwerks oder sich fachlich oder wirtschaftlich nahestehender Handwerke im Bezirk eines Landes. Für mehrere Bundesländer kann ein gemeinsamer Landesinnungsverband gebildet werden.

§ 83 [Grundstückserwerb durch den Landesinnungsverband] (1) Auf den Landesinnungsverband finden entsprechende Anwendung:
2. §§ ... 61 Abs 1 und Abs 2 ... Nummern ... 7 ...

§ 85 [Bundesinnungsverband, Grundstückserwerb] (1) Der Bundesinnungsverband ist der Zusammenschluß von Landesinnungsverbänden des gleichen

Handwerks oder sich fachlich oder wirtschaftlich nahestehender Handwerke im Bundesgebiet.

(2) Auf den Bundesinnungsverband finden die Vorschriften dieses Abschnitts sinngemäß Anwendung. ...

§ 86 [Kreishandwerkerschaft] Die Handwerksinnungen, die in einem Stadt- oder Landkreis ihren Sitz haben, bildet die Kreishandwerkerschaft ...

§ 89 [Grundstückserwerb der Kreishandwerkerschaft] (1) Auf die Kreishandwerkerschaft finden entsprechende Anwendung:
3. ... § 61 Abs 1, Abs 2 Nr ... 7 ...; die nach § 61 Abs 2 Nr ... 7 ... gefaßten Beschlüsse bedürfen der Genehmigung der Handwerkskammer.

§ 90 [Handwerkskammer] (1) Zur Vertretung der Interessen des Handwerks werden Handwerkskammern errichtet; sie sind Körperschaften des öffentlichen Rechts.

§ 106 [Grundstückserwerb der Handwerkskammer] (1) Der Beschlußfassung der Vollversammlung bleibt vorbehalten
9. der Erwerb und die Veräußerung von Grundeigentum.
(2) Die nach Absatz 1 Nr ... 7 ... gefaßten Beschlüsse bedürfen der Genehmigung der obersten Landesbehörde. ...

T 25.–27.

Sind derzeit nicht belegt

T 28. Hypothekenbankgesetz

Hypothekenbankgesetz i. d. F. vom 9. 9. 1998, BGBl I 2675
zuletzt geändert durch Art 8 des Gesetzes vom 5. 4. 2004, BGBl I 502
Abgedruckt in: Sartorius, Band I Nr 857
[Auszug]

§ 1 [Begriff der Hypothekenbanken] Hypothekenbanken sind privatrechtliche Kreditinstitute, deren Geschäftsbetrieb darauf gerichtet ist,
1. inländische Grundstücke zu beleihen und auf Grund der erworbenen Hypotheken Schuldverschreibungen (Hypothekenpfandbriefe) auszugeben,
2. ...

§ 5 [Erwerb von Grundstücken] (4) Der Erwerb von Grundstücken ist den Hypothekenbanken nur zur Verhütung von Verlusten an Hypotheken und zur Beschaffung von Geschäftsräumen sowie von Wohnräumen für ihre Betriebsangehörigen gestattet.

T 29. Kabelpfandgesetz

Kabelpfandgesetz vom 31. 3. 1925, BGBl III Sachgeb 403–10

Das Gesetz ist außer Kraft getreten (Art 13 § 1 Nr 1 des Gesetzes vom 14. 9. 1994, BGBl I 2323 (2396)

T 30.

Ist derzeit nicht belegt

T 31. Landesrechtliche-Schuldtitel-Verordnung

Verordnung über die Vollstreckung landesrechtlicher Schuldtitel vom 15. 4. 1937, BGBl III Sachgebiet 310–9
[Auszug]

Aus Schuldtiteln, die nach Landesrecht im Gebiet eines deutschen Landes nach den Vorschriften der Zivilprozeßordnung vollstreckbar sind, kann auch im übrigen *Reichs*gebiet vollstreckt werden.

T 32.

Ist derzeit nicht belegt

T 33. Luftfahrzeugrechtegesetz

Gesetz über Rechte an Luftfahrzeugen vom 26. 2. 1959, BGBl III 403–9, zuletzt geändert durch Art 3 Abs 2 des Gesetzes vom 6. 4. 2004, BGBl I 550
[Auszug]

§ 1 [Registerpfandrecht] Ein in der Luftfahrzeugrolle eingetragenes Luftfahrzeug kann zur Sicherung einer Forderung in der Weise belastet werden, daß der Gläubiger berechtigt ist, wegen einer bestimmten Geldsumme Befriedigung aus dem Luftfahrzeug zu suchen (Registerpfandrecht).

§ 4 [Forderung] Das Recht des Gläubigers aus dem Registerpfandrecht bestimmt sich nur nach der Forderung.

§ 25 [Rangverhältnisse] (1) Ist ein Luftfahrzeug mit mehreren Registerpfandrechten belastet, so bestimmt sich ihr Rangverhältnis nach der Reihenfolge der Eintragungen. Die Eintragung ist für das Rangverhältnis auch dann maßgebend, wenn die nach § 5 zur Bestellung des Registerpfandrechts erforderliche Einigung erst nach der Eintragung zustande gekommen ist.

(2) Eine abweichende Bestimmung des Rangverhältnisses muß in das Register eingetragen werden.

§ 29 [Zinsen und Kosten] Kraft des Registerpfandrechts haftet das Luftfahrzeug auch für die gesetzlichen Zinsen der Forderung sowie für die Kosten der Kündigung und der Befriedigung aus dem Luftfahrzeug bezweckenden Rechtsverfolgung.

§ 31 [Haftung des Zubehörs] (1) Das Registerpfandrecht erstreckt sich auf das Zubehör des Luftfahrzeugs mit Ausnahme der Zubehörstücke, die nicht in das Eigentum des Eigentümers des Luftfahrzeugs gelangt sind. Die Zubehöreigenschaft einer Sache wird dadurch nicht ausgeschlossen, daß diese nur vorübergehend für den Betrieb des Luftfahrzeugs benutzt wird.

(2) Zubehörstücke werden von der Haftung frei, wenn sie veräußert und von dem Luftfahrzeug entfernt werden, bevor sie zugunsten des Gläubigers in Beschlag genommen worden sind. § 1121 Abs 2 des Bürgerlichen Gesetzbuchs gilt sinngemäß.

(3) Zubehörstücke werden von der Haftung frei, wenn ihre Zubehöreigenschaft in den Grenzen einer ordnungsmäßigen Wirtschaft aufgehoben wird oder wenn sie in ein Ersatzteillager eingebracht werden.

(4) Die Vorschriften der Absätze 2 und 3 gelten für die Bestandteile des Luftfahrzeugs sinngemäß mit der Maßgabe, daß an Stelle der Aufhebung der Zubehöreigenschaft die Trennung und Entfernung von dem Luftfahrzeug tritt, sofern nicht die Entfernung nur zu einem vorübergehenden Zweck erfolgt.

§ 47 [Zwangsvollstreckung] (1) Der Gläubiger kann seine Befriedigung aus dem Luftfahrzeug und den Gegenständen, auf die sich das Registerpfandrecht erstreckt, nur im Wege der Zwangsvollstreckung suchen.

(2) Bei einem Gesamtregisterpfandrecht kann der Gläubiger die Befriedigung aus jedem der Luftfahrzeuge ganz oder zu einem Teil suchen.

§ 68 [Haftung der Ersatzteile] (1) Das Registerpfandrecht an einem in der Luftfahrzeugrolle eingetragenen Luftfahrzeug kann auf die Ersatzteile erweitert werden, die an einer örtlich bezeichneten bestimmten Stelle (Ersatzteillager) im Inland oder im Ausland jeweils lagern. Als Ersatzteile gelten alle zu einem Luftfahrzeug gehörenden Teile, Triebwerke, Luftschrauben, Funkgeräte, Ausrüstungen und Ausstattungsgegenstände sowie Teile dieser Gegenstände, ferner allgemein alle sonstigen Gegenstände irgendwelcher Art, die zum Einbau in ein Luftfahrzeug als Ersatz entfernter Teile bereitgehalten werden.

(2) Zu der Erweiterung ist die Einigung des Eigentümers und des Gläubigers sowie die Eintragung der Erweiterung in das Register für Pfandrechte an Luftfahrzeugen erforderlich. § 5 Abs 2, 3 gilt sinngemäß.

§ 75 [Rechte aus Bergungs- und Erhaltungsmaßnahmen] Begründet ein Anspruch wegen Entschädigung für die Bergung eines in der Luftfahrzeugrolle eingetragenen Luftfahrzeugs oder wegen außerordentlicher, zur Erhaltung eines solchen Luftfahrzeugs erforderlichen Aufwendungen nach den Gesetzen des Staates, in dem diese Maßnahmen zum Abschluß gekommen sind, ein mit Vorrang ausgestattetes dingliches Recht an dem Luftfahrzeug, so gelten die Vorschriften der §§ 76, 77, sofern der Vorrang des Rechtes nach Artikel IV des Genfer Abkommens vom 19. Juni 1948 (Bundesgesetzbl 1959 II S 129) anzuerkennen ist.

§ 76 [Rangverhältnis des Rechtes aus § 75] Das Recht gewährt dem Berechtigten im Verhältnis zu anderen Rechten an dem Luftfahrzeug dieselben Rechte wie ein Registerpfandrecht. Es geht jedoch allen anderen Rechten an dem Luftfahrzeug im Range vor. Bestehen mehrere Rechte der in § 75 genannten Art an demselben Luftfahrzeug, so bestimmt sich ihr Rangverhältnis untereinander nach der umgekehrten Reihenfolge der Ereignisse, durch die sie entstanden sind; sind sie durch dasselbe Ereignis entstanden, so haben sie untereinander den gleichen Rang.

§ 78 [Registergericht] Das Register für Pfandrechte an Luftfahrzeugen wird von dem Amtsgericht, in dessen Bezirk das Luftfahrt-Bundesamt seinen Sitz hat, als Registergericht geführt.

§ 79 [Anmeldung] Ein in der Luftfahrzeugrolle eingetragenes Luftfahrzeug wird in das Register eingetragen, wenn es ordnungsmäßig zur Eintragung angemeldet wird. Anmeldeberechtigt ist, wer als Eigentümer des Luftfahrzeugs in der Luftfahrzeugrolle eingetragen ist oder auf Grund eines vollstreckbaren Titels eine Eintragung in das Register verlangen kann, sowie der, zu dessen Gunsten ein Schutzvermerk nach § 77 einzutragen ist.

§ 87 [Ausländische Währung] Wird für eine Forderung, die auf ausländische Währung lautet und deren Gläubiger seinen Wohnsitz oder Sitz außerhalb des Geltungsbereichs dieses Gesetzes hat, ein Registerpfandrecht in das Register ein-

Luftfahrzeugrechtegesetz

getragen, so kann der Geldbetrag der Forderung und etwaiger Nebenleistungen oder der Höchstbetrag, bis zu dem das Luftfahrzeug haften soll, in ausländischer Währung angegeben werden.

§ 99 [Anzuwendende Vorschriften] (1) Die Vorschriften in §§ ... 720a, 787, 794 Abs 1 Nr 5, §§ 800a, 830a, 837a, 847a, 855a, 864, 865, 870a, ausgenommen dessen Absatz 3 Satz 1 zweiter Halbsatz, und in §§ 895, 938, 941 der Zivilprozeßordnung gelten sinngemäß mit der Maßgabe, daß an die Stelle des eingetragenen Schiffes das in der Luftfahrzeugrolle eingetragene Luftfahrzeug und an die Stelle der Schiffshypothek das Registerpfandrecht an einem Luftfahrzeug tritt; § 98 Abs 2 Satz 2 gilt auch hierbei[1]. Die Zwangsvollstreckung in das Luftfahrzeug umfaßt nicht Ersatzteile, auf die sich ein Registerpfandrecht an dem Luftfahrzeug nach § 71 erstreckt.

§ 103 [Ausländische Luftfahrzeuge, Besitz und Pfandrecht] Besteht an einem ausländischen Luftfahrzeug
1. ein Recht des Besitzers dieses Luftfahrzeugs, Eigentum durch Kauf zu erwerben,
2. ein Recht zum Besitz dieses Luftfahrzeugs auf Grund eines für einen Zeitraum von sechs oder mehr Monaten abgeschlossenen Mietvertrages oder
3. ein besitzloses Pfandrecht, eine Hypothek oder ein ähnliches Recht, das vertraglich zur Sicherung einer Forderung bestellt ist,

so geht es allen anderen Rechten an dem Luftfahrzeug vor, sofern es nach dem Recht des Staates, in dem das Luftfahrzeug zur Zeit der Begründung des Rechtes als staatszugehörig eingetragen war, gültig entstanden und in einem öffentlichen Register dieses Staates eingetragen ist.

§ 104 [Ausländische Luftfahrzeuge, Bergungs- und Erhaltungskosten] Besteht an einem ausländischen Luftfahrzeug ein Recht wegen Entschädigung für dessen Bergung oder wegen außerordentlicher, zur Erhaltung des Luftfahrzeugs erforderlicher Aufwendungen, so geht das Recht allen anderen Rechten, auch den Rechten nach § 103, vor, sofern der Vorrang des Rechtes nach Artikel IV des Genfer Abkommens vom 19. Juni 1948 ... anzuerkennen ist. Bestehen mehrere solcher Rechte an demselben Luftfahrzeug, so bestimmt sich ihr Rangverhältnis untereinander nach der umgekehrten Reihenfolge der Ereignisse, durch die sie entstanden sind; sind sie durch dasselbe Ereignis entstanden, so haben sie untereinander den gleichen Rang.

§ 106 [Ausländische Luftfahrzeuge, anzuwendende Vorschriften] (1) Es sind sinngemäß anzuwenden
1. auf die Zwangsvollstreckung in ausländische Luftfahrzeuge die Vorschriften für Luftfahrzeuge, die in der Luftfahrzeugrolle eingetragen sind,
2. auf die Zwangsvollstreckung in Ersatzteile, auf die sich das Recht an einem ausländischen Luftfahrzeug erstreckt, die Vorschriften für Ersatzteile, auf die sich das Registerpfandrecht an einem inländischen Luftfahrzeug nach § 71 erstreckt,
3. auf die Zwangsvollstreckung in eine Forderung, für die ein Recht an einem ausländischen Luftfahrzeug besteht, die Vorschriften über die Zwangsvollstreckung in eine Forderung, für die ein Registerpfandrecht im Register für Pfandrechte an Luftfahrzeugen eingetragen ist,

soweit sie nicht die Eintragung in der Luftfahrzeugrolle oder im Register für Pfandrechte an Luftfahrzeugen voraussetzen.

---

[1] § 98 Abs 2 Satz 2 lautet: Hierbei steht ein im Register für Pfandrechte an Luftfahrzeugen eingetragenes Luftfahrzeug, dessen Eintragung in der Luftfahrzeugrolle gelöscht ist, einem in der Luftfahrzeugrolle eingetragenen Luftfahrzeug gleich.

(2) Die Zwangsvollstreckung durch Eintragung eines Registerpfandrechts für die Forderung ist ausgeschlossen.
(3) Wird über ein Recht im Sinne des § 103 nach der Beschlagnahme verfügt und ist die Verfügung nach Artikel IV des Genfer Abkommens vom 19. Juni 1948 ... anzuerkennen, so ist sie dem Gläubiger gegenüber wirksam, es sei denn, daß der Schuldner im Zeitpunkt der Verfügung Kenntnis von der Beschlagnahme hatte.

T 34. Mitteilungen-in-Zivilsache-(MiZi)-Anordnung

Bundeseinheitliche Anordnung über Mitteilungen in Zivilsachen
in der ab 1. Juni 1998 geltenden Fassung
[Auszug]

[In den Amtsblättern der Bundesländer, meist unter Anfügung landesrechtlicher Sonderbestimmungen, bekanntgemacht.]

XI. Mitteilungen in Zwangsversteigerungssachen

1 Mitteilungen über die Bestimmung des Versteigerungstermins.

(1) Mitzuteilen ist bei der Zwangsversteigerung von Grundstücken und grundstücksgleichen Rechten die Bestimmung des Versteigerungstermins (§ 39 ZVG, § 13 Abs 1 Nr 4 EGGVG).
(2) Die Mitteilungen müssen den Namen und die Anschrift des Vollstreckungsschuldners enthalten, soweit diese Angaben nicht schon aus der zu übersendenden Abschrift der Terminbestimmung hervorgehen.
(3) Die Mitteilungen sind zu richten an
1. die Gemeindeverwaltung (§ 77 Abs 2 AO, § 134 Abs 2 BauGB, § 12 GrStG, Beiträge nach Kommunalabgabenrecht);
2. die Stellen, die öffentliche Lasten einziehen, soweit feststeht, daß derartige Abgaben nach landesrechtlichen Bestimmungen in Betracht kommen; zu diesen Lasten gehören insbesondere
   a) Kirchspielsumlagen sowie Abgaben und Leistungen, die aus dem Kirchen- und Pfarrverband entspringen oder an Kirchen, Pfarreien oder Kirchenbedienstete zu entrichten sind;
   b) Beiträge, die an Stiftungen, Anstalten und Körperschaften des öffentlichen Rechts, die einen gemeinnützigen Zweck verfolgen, sowie an öffentlich-rechtliche Brandversicherungsanstalten zu entrichten sind;
   c) Beiträge, die an öffentlich-rechtliche Genossenschaften, deren Zweck in der Verbesserung der Bodenverhältnisse besteht, zu entrichten sind;
   d) Beiträge und Gebühren zu öffentlichen Wege-, Siel-, Wasser- und Uferbauten.

2 Mitteilungen über den Zuschlag zu steuerlichen Zwecken.

(1) Mitzuteilen sind Zuschlagsbeschlüsse in Zwangsversteigerungsverfahren über Grundstücke und grundstücksgleiche Rechte, zB Erbbaurecht und Wohnungseigentum, ohne Rücksicht darauf, ob der Rechtsübergang grunderwerbsteuerpflichtig ist (§ 18 Abs 1 S 1 Nr 3 und Abs 3 Satz 2 GrEStG).
(2) Die Mitteilungen sind nach amtlich vorgeschriebenem Vordruck (§ 18 Abs. 1 Satz 1 GrEStG) binnen zwei Wochen nach der Verkündung des Zuschlagsbeschlusses zu bewirken. Ihnen ist eine Abschrift des Zuschlagsbeschlusses beizufügen (§ 18 Abs 1 Satz 2 GrEStG). Die Absendung der Mitteilung ist auf der Urschrift des Zuschlagsbeschlusses zu vermerken (§ 18 Abs 4 GrEStG).
(3) Die Mitteilungen sind schriftlich zu richten

Mitteilungen-in-Zivilsache-Anordnung **Anh T 34**

1. bei einem Zuschlagsbeschluß, der sich auf ein Grundstück (Erbbaurecht) bezieht, an das Finanzamt, in dessen Bezirk das Grundstück (Erbbaurecht) oder der wertvollste Teil des Grundstücks (Erbbaurechts) liegt (§ 17 Abs 1, § 18 Abs 5 GrEStG);
2. bei einem Zuschlagsbeschluß, der sich auf mehrere Grundstücke (Erbbaurechte) bezieht,
   a) die im Bezirk eines Finanzamts liegen, an dieses Finanzamt,
   b) die in den Bezirken verschiedener Finanzämter liegen, an das Finanzamt, in dessen Bezirk der wertvollste Grundstücksteil (Erbbaurecht) oder das wertvollste Grundstück (Erbbaurecht) oder der wertvollste Bestand an Grundstücksteilen (Erbaurechten) oder Grundstücken (Erbbaurechten liegt (§ 17 Abs 2 GrEStG).
Eine elektronische Übermittlung der Mitteilungen ist ausgeschlossen.

Anmerkungen:
In Baden-Württemberg wird abweichend von Absatz 2 von der Verwendung des amtlichen Vordrucks abgesehen und statt dessen die Anzeige durch Übersendung von zwei Abschriften des Zuschlagsbeschlusses vorgenommen.
In Nordrhein-Westfalen kann aufgrund einer Vereinbarung mit dem Finanzministerium abweichend von Absatz 2 von der Verwendung des amtlichen Vordrucks abgesehen und statt dessen eine Abschrift des Zuschlagsbeschlusses mit einem kurzen Anschreiben übersandt werden.
In Rheinland-Pfalz ... Im Saarland ... In Sachsen ...

3 Mitteilungen über den Zuschlag zu Wertermittlungszwecken des Gutachterausschusses.

(1) Mitzuteilen sind alle Zuschlagsbeschlüsse in Zwangsversteigerungsverfahren (§ 195 Abs 1, § 200 BBauG).

(2) Die Mitteilungen sind an den zuständigen Gutachterausschuß zu richten.

Anmerkungen:
Die Gutachterausschüsse (Absatz 2) sind in der Anmerkung zu III/3 aufgeführt.

XVIII. Mitteilungen in Grundbuchsachen

6 Mitteilungen über die Grundbucheintragungen während eines Zwangsversteigerungs- oder Zwangsverwaltungsverfahrens.

(1) Mitzuteilen ist jede Eintragung in das Grundbuch, die nach der Eintragung des Vermerks über die Anordnung der Zwangsverkehrsteigerung oder der Zwangsverwaltung erfolgt (§ 19 Abs 3, § 146 Abs 1 ZVG).

(2) Die Mitteilungen sind an das für die Zwangsversteigerung oder Zwangsverwaltung zuständige Vollstreckungsgericht zu richten.

XXIII. Mitteilungen betreffend Angehörige rechtsberatender Berufe

(nicht abgedruckt)

Sondervorschriften für Bayern

XI. Mitteilungen in Zwangsversteigerungssachen

1. Mitteilungen über die Bestimmung des Versteigerungstermins.

(1) Mitzuteilen ist bei der Zwangsversteigerung eines Grundstücks oder grundstücksgleichen Rechts die Bestimmung des Versteigerungstermins, wenn nicht ausgeschlossen erscheint, daß das Grundstück in ein Verfahren nach dem Flurbereinigungsgesetz einbezogen ist (§ 13 Abs 1 Nr 4 EGGVG iVm § 39 ZVG).

(2) Die Mitteilungen sind an die zuständige Direktion für Ländliche Entwicklung zu richten.

(3) Mit der Mitteilung ist die Anfrage zu verbinden, ob das Grundstück in ein Flurbereinigungsverfahren einbezogen ist.

T 35. Reichssiedlungsgesetz

Reichssiedlungsgesetz vom 11. 8. 1919, BGBl III Sachgebiet 2331–1,
zuletzt geändert durch Art 7 Abs 14 des Gesetzes vom 19. 6. 2001,
BGBl I 1149 (1169)
Abgedruckt in Sartorius, Band I Nr 370
[Auszug]

§ 4 [Vorkaufsrecht des Siedlungsunternehmens] (1) Wird ein landwirtschaftliches Grundstück oder Moor- und Ödland, das in landwirtschaftliche Kultur gebracht werden kann, in Größe von zwei Hektar aufwärts durch Kaufvertrag veräußert, so hat das gemeinnützige Siedlungsunternehmen, in dessen Bezirk die Hofstelle des Betriebes liegt, das Vorkaufsrecht, wenn die Veräußerung einer Genehmigung nach dem Grundstückverkehrsgesetz vom 28. Juli 1961 ... bedarf und die Genehmigung nach § 9 des Grundstücksverkehrsgesetzes nach Auffassung der Genehmigungsbehörde zu versagen wäre; ist keine Hofstelle vorhanden, so steht das Vorkaufsrecht dem Siedlungsunternehmen zu, in dessen Bezirk das Grundstück ganz oder zum größten Teil liegt.

§ 20 [Wiederkaufsrecht des Siedlungsunternehmens] (1) Das gemeinnützige Siedlungsunternehmen hat ein Wiederkaufsrecht für die von ihm begründete Ansiedlerstelle, wenn der Ansiedler sie ganz oder teilweise veräußert oder aufgibt, oder wenn er sie nicht dauernd bewohnt oder bewirtschaftet. ...

(2) Die Dauer des Wiederkaufsrechts, der Preis und die näheren Bedingungen sind in dem Ansiedlungsvertrage festzusetzen. Das Recht ist als Belastung des Grundstücks im Grundbuch einzutragen. ...

§ 29 [Gebührenfreiheit] (1) Alle Geschäfte und Verhandlungen, die zur Durchführung von Siedlungsverfahren im Sinne dieses Gesetzes dienen, sind soweit sie nicht im Wege des ordentlichen Rechtsstreits vorgenommen werden, von allen Gebühren ... befreit. ...

(2) Die Gebühren- ... freiheit ist durch die zuständigen Behörden ohne weitere Nachprüfung zuzugestehen, wenn das gemeinnützige Siedlungsunternehmen ... versichert, daß ein Siedlungsverfahren ... vorliegt und daß der Antrag oder die Handlung zur Durchführung eines solchen Verfahrens erfolgt. Die Versicherung unterliegt nicht der Nachprüfung ...

T 36.

Ist derzeit nicht belegt

T 37. Schiffsbankgesetz

Schiffsbankgesetz in der Fassung vom 8. 5. 1963, BGBl III Sachgebiet 7628–2,
zuletzt geändert durch Art 8 b des Gesetz vom 5. 4. 2004, BGBl I 502
[Auszug]

§ 5 Geschäftskreis der Bank. (4) Der Erwerb von Schiffen oder Schiffsbauwerken ist der Schiffspfandbriefbank nur zur Verhütung von Verlusten an Schiffshypotheken gestattet.

(5) Der Erwerb von Grundstücken ist der Bank nur zur Beschaffung von Geschäftsräumen sowie von Wohnräumen für ihre Betriebsangehörigen oder zur Verhütung von Verlusten an Hypotheken gestattet, welche die Bank aus besonderen Gründen neben der Schiffshypothek als Sicherung für ihre Darlehensforderung hat bestellen lassen.

§ 6 Deckung der Schiffspfandbriefe. (2) Hat die Bank ein Schiff oder ein Schiffsbauwerk zur Verhütung eines Verlustes an einer ihr daran zustehenden Schiffshypothek erworben, so kann sie, sofern die Schiffshypothek nach den allgemeinen Vorschriften erlöschen würde, ... beim Erwerb in der Zwangsversteigerung durch Erklärung gegenüber dem Vollstreckungsgericht bestimmen, daß die Schiffshypothek bestehen bleiben soll; die Erklärung muß ... abgegeben werden, im Falle des Erwerbs in der Zwangsversteigerung spätestens, bevor das Registergericht um die Berichtigung des Schiffsregisters ersucht wird. Die Erklärung bedarf, wenn sie nicht vor dem zuständigen Gericht zur Niederschrift des Richters abgegeben wird, der öffentlichen Beglaubigung; ihr Inhalt ist im Schiffsregister einzutragen. Soweit die Bank das Bestehenbleiben der Schiffshypothek bestimmt, gilt diese als nicht erloschen; § 64 Ab 2 Satz 2 des Gesetzes über Rechte an eingetragenen Schiffen und Schiffsbauwerken vom 15. November 1940 ... [Schiffsrechtegesetz] gilt sinngemäß ...

T 38. Schiffsversteigerungstermine-Verfügung

(Vormalige) Allgemeine Verfügung des Reichsjustizmin betreffend
Bekanntmachung der Termine der Zwangsversteigerung von Schiffen
vom 7. 3. 1941, Deutsche Justiz 1941, 335

Diese Allgemeine Verfügung ist noch in der 11. Auflage (1983) abgedruckt. In den Bundesländern wurde sie inzwischen durchweg aufgehoben so in
Bayern durch Bekanntmachung vom 24. 4. 1985, BayJMBl Seite 63;
Schleswig-Holstein durch Bekanntmachung vom 7. 3. 1983 SchlHA Seite 53.

T 39. Schornsteinfegergesetz (SchfG)

Gesetz über das Schornsteinfegerwesen (Schornsteinfegergesetz – SchfG)
i. d. F. vom 10. 8. 1998, BGBl I 2071,
zuletzt geändert durch Art 3 des Gesetzes vom 24. 12. 2003, BGBl I 2934 (2949)
[Auszug]

§ 25 Einziehung der Gebühren. (2) Den Gebühren ist die Umsatzsteuer hinzuzurechnen, die nach § 12 des Umsatzsteuergesetzes auf die Tätigkeit entfällt. Das gilt nicht, wenn die Umsatzsteuer nach § 19 Abs 1 des Umsatzsteuergesetzes unerhoben bleibt.

(4) Die Gebühr nach der Kehr- und Überprüfungsgebührenordnung ist eine öffentliche Last des Grundstücks und ist vom Grundstückseigentümer oder im Falle von Wohnungseigentum von der Gemeinschaft der Wohnungseigentümer zu tragen. Sie verjährt in drei Jahren. Privatrechtliche Verhältnisse zwischen dem Grundstückseigentümer oder Wohnungseigentümer und Dritten sowie zwischen der Gemeinschaft der Wohnungseigentümer und dem einzelnen Wohnungseigentümer werden dadurch nicht berührt. Rückständige Gebühren und Auslagen, die trotz Mahnung nicht entrichtet worden sind, werden von der zuständigen Verwaltungsbehörde auf Antrag des Bezirksschornsteinfegermeisters durch Bescheid festgestellt und nach den für sie geltenden Vorschriften der Verwaltungsvollstreckung beigetrieben; der Schuldner ist vorher zu hören. Soweit die Kosten der Zwangsvollstreckung aus den eingegangenen Geldern nicht gedeckt werden,

sind sie von demjenigen zu tragen, für dessen Rechnung die Zwangsvollstreckung erfolgt.

(5) Mehrere Eigentümer eines Grundstücks haften für die Gebühren nach der Kehr- und Überprüfungsgebührenordnung und für die Auslagen als Gesamtschuldner.

T 40. Sozialgesetzbuch (SGB) – Verwaltungsverfahren –

Vom 18. 8. 1980, BGBl 1980 I 1469, vielfach geändert
[Auszug]

Zehntes Buch (X)

§ 66 Vollstreckung. (1) Für die Vollstreckung zugunsten der Behörden des Bundes, der bundesunmittelbaren Körperschaften, Anstalten und Stiftungen des öffentlichen Rechts gilt das Verwaltungs-Vollstreckungsgesetz in der im Bundesgesetzblatt Teil III, Gliederungsnummer 201–4, veröffentlichten bereinigten Fassung, zuletzt geändert durch ... In Angelegenheiten des § 51 des Sozialgerichtsgesetzes ist für die Anordnung der Ersatzzwangshaft das Sozialgericht zuständig. Die oberste Verwaltungsbehörde kann bestimmen, daß die Aufsichtsbehörde nach Anhören der in Satz 1 genannten Behörden die geschäftsleitenden Bediensteten als Vollstreckungsbeamte und sonstige Bedienstete dieser Behörde als Vollziehungsbeamte bestellen darf.

(2) Absatz 1 gilt auch für die Vollstreckung durch Verwaltungsbehörden der Kriegsopferversorgung; das Land bestimmt die Vollstreckungsbehörde.

(3) Für die Vollstreckung zugunsten der übrigen Behörden gelten die jeweiligen landesrechtlichen Vorschriften über das Verwaltungsvollstreckungsverfahren. Absatz 1 Satz 2 und 3 gilt entsprechend.

(4) Aus einem Verwaltungsakt kann auch die Zwangsvollstreckung in entsprechender Anwendung der Zivilprozeßordnung stattfinden. Der Vollstreckungsschuldner soll vor Beginn der Vollstreckung mit einer Zahlungsfrist von einer Woche gemahnt werden. Die vollstreckbare Ausfertigung erteilt der Behördenleiter, sein allgemeiner Vertreter oder ein anderer auf Antrag eines Versicherungsträgers von der Aufsichtsbehörde ermächtigter Angehöriger des öffentlichen Dienstes. Bei den Versicherungsträgern und der Bundesanstalt für Arbeit tritt in Satz 3 an die Stelle der Aufsichtsbehörden der Vorstand.

T 41. Vermögensgesetz
Gesetz zur Regelung offener Vermögensfragen (Vermögensgesetz – VermG)

In der Fassung vom 9. 2. 2005, BGBl I 206,
[Auszug]

§ 3 b Gesamtvollstreckungsverfahren, Zwangsversteigerungsverfahren.
(1) Der Anspruch nach § 3 Abs 1 Satz 1 wird durch die Eröffnung des Insolvenzverfahrens über das Vermögen des Verfügungsberechtigten nicht berührt. Dies gilt, außer in den Fällen des § 6 Abs 6a, nicht, wenn ein Unternehmen Gegenstand eines Rückübertragungsanspruchs nach § 6 Abs 1 Satz 1 ist.

(2) Beschlüsse, durch die die Zwangsversteigerung eines Grundstücks oder Gebäudes angeordnet wird, sowie Ladungen zu Terminen in einem Zwangsversteigerungsverfahren sind dem Berechtigten zuzustellen.

(3) Soll ein Grundstück oder ein Gebäude, für das ein Antrag nach § 30 vorliegt, im Wege der von einem Verfügungsberechtigten (§ 2 Abs 3) beantragten Teilungsversteigerung nach § 180 des Gesetzes über die Zwangsversteigerung und die Zwangsverwaltung versteigert werden, ist das Zwangsversteigerungsverfahren auf Antrag des Berechtigten (§ 2 Abs 1) bis zum Eintritt der Bestandskraft der Entscheidung über den Rückübertragungsantrag einstweilen einzustellen. Die einstweilige Einstellung ist zu versagen, wenn im Falle einer rechtsgeschäftlichen Veräußerung eine Grundstücksverkehrsgenehmigung nach § 2 Abs 1 Satz 2 Nr 2 oder 3 der Grundstücksverkehrsordnung nicht erforderlich wäre. Sie kann versagt werden, wenn eine Grundstücksverkehrsgenehmigung nach § 1 Abs 2 Satz 2 der Grundstücksverkehrsordnung erteilt werden könnte.

(4) Ist die Rückübertragung eines Grundstücks oder Gebäudes nicht mehr möglich, weil es im Wege der Zwangsversteigerung veräußert wurde, kann der Berechtigte vom bisherigen Verfügungsberechtigten die Zahlung eines Geldbetrages in Höhe des Versteigerungserlöses verlangen. Der bisherige Verfügungsberechtigte kann mit Ansprüchen nach § 7 Abs 2 und § 7a Abs 2 aufrechnen. Die Zahlung nach Satz 1 steht dem Erlös aus einer Veräußerung des Grundstücks gleich. Dies gilt auch in Ansehung von Ansprüchen des Entschädigungsfonds nach § 7a Abs 2 Satz 4.

T 42. Versteigerungsterminsvordrucke-Verfügung

(Vormalige) Allgemeine Verfügung des Reichsjustizmin betreffend Vordrucke für die Bestimmung des Versteigerungstermins in Zwangsversteigerungssachen vom 16. 8. 1938, Deutsche Justiz 1938, 1294

Bei der Zwangsversteigerung von Grundstücken haben sich Unzuträglichkeiten daraus ergeben, daß die Aufforderung nach § 37 Nr 5 ZVG nicht deutlich genug erkennen ließ, daß auch ein an Zubehörstücken bestehendes Recht besonders geltend gemacht werden muß.
Ich bestimme deshalb, daß in den Vordrucken für die Anberaumung des Versteigerungstermins (§§ 36 ff ZVG) die Aufforderung, der Versteigerung entgegenstehende Rechte geltend zu machen (§ 37 Nr 5 ZVG), folgendermaßen gefaßt wird: Wer ein Recht hat, das der Versteigerung des Grundstücks oder des nach § 55 ZVG mithaftenden Zubehörs entgegensteht, wird aufgefordert, vor der Erteilung des Zuschlags die Aufhebung oder einstweilige Einstellung des Verfahrens herbeizuführen, widrigenfalls für das Recht der Versteigerungserlös an die Stelle des versteigerten Gegenstandes tritt.

T 43. Verwaltungsvollstreckungsgesetz

Verwaltungsvollstreckungsgesetz vom 27. 4. 1953, BGBl III Sachgebiet 201–4, zuletzt geändert durch Art 2 Abs 1 des Gesetzes vom 17. 12. 1997, BGBl I 3039
Abgedruckt in: Sartorius, Band I Nr 112
[Auszug]

§ 1 Vollstreckbare Geldforderungen. (1) Die öffentlich-rechtlichen Geldforderungen des Bundes und der bundesunmittelbaren juristischen Personen des öffentlichen Rechts werden nach den Bestimmungen dieses Gesetzes im Verwaltungswege vollstreckt.

(2) Ausgenommen sind solche öffentlich-rechtlichen Geldforderungen, die im Wege des Parteistreites vor den Verwaltungsgerichten verfolgt werden oder für die ein anderer Rechtsweg als der Verwaltungsrechtsweg begründet ist.

(3) Die Vorschriften der Abgabenordnung, des Sozialversicherungsrechts einschließlich der Arbeitslosenversicherung und der Justizbeitreibungsordnung bleiben unberührt.

§ 3 Vollstreckungsanordnung. (1) Die Vollstreckung wird gegen den Vollstreckungsschuldner durch Vollstreckungsanordnung eingeleitet; eines vollstreckbaren Titels bedarf es nicht.

(2) Voraussetzungen für die Einleitung der Vollstreckung sind:
a) der Leistungsbescheid, durch den der Schuldner zur Leistung aufgefordert worden ist;
b) die Fälligkeit der Leistung;
c) der Ablauf einer Frist von einer Woche seit Bekanntgabe des Leistungsbescheides oder, wenn die Leistung erst danach fällig wird, der Ablauf einer Frist von einer Woche nach Eintritt der Fälligkeit.

(3) Vor Anordnung der Vollstreckung soll der Schuldner ferner mit einer Zahlungsfrist von einer weiteren Woche besonders gemahnt werden.

(4) Die Vollstreckungsanordnung wird von der Behörde erlassen, die den Anspruch geltend machen darf.

§ 4 Vollstreckungsbehörden. Vollstreckungsbehörden sind:
a) die von einer obersten Bundesbehörde im Einvernehmen mit dem Bundesminister des Innern bestimmten Behörden des betreffenden Verwaltungszweiges;
b) die Vollstreckungsbehörden der Bundesfinanzverwaltung, wenn eine Bestimmung nach Buchstabe a nicht getroffen worden ist.

§ 5 Anzuwendende Vollstreckungsvorschriften. (1) Das Verwaltungszwangsverfahren und der Vollstreckungsschutz richten sich im Falle des § 4 nach den Vorschriften der Abgabenordnung (§§ 77, 249 bis 258, 260, 262 bis 267, 281 bis 317, 318 Abs 1 bis 4, §§ 319 bis 327).

(2) Wird die Vollstreckung im Wege der Amtshilfe von Organen der Länder vorgenommen, so ist sie nach landesrechtlichen Bestimmungen durchzuführen.

§ 20 Außerkrafttreten früherer Bestimmungen. Soweit die Vollstreckung in Bundesgesetzen abweichend von diesem Gesetz geregelt ist, sind für Bundesbehörden und bundesunmittelbare juristische Personen des öffentlichen Rechts die Bestimmungen dieses Gesetzes anzuwenden; § 1 Abs 3 bleibt unberührt.

T 44. Wasserverbandsgesetz
Gesetz über Wasser- und Bodenverbände (WVG)

Vom 12. 2. 1991, BGBl I 405
geändert durch Gesetz vom 15. 5. 2002, BGBl I 1578
[Auszug]

§ 29 Öffentliche Last. Verbandsbeiträge sind öffentliche Abgaben. Die Beitragspflicht der dinglichen Verbandsmitglieder ruht als öffentliche Last auf den Grundstücken, Bergwerken und Anlagen, mit denen die dinglichen Verbandsmitglieder am Verband teilnehmen.

T 45. Wohnungsbindungsgesetz (WoBindG)

Gesetz zur Sicherung der Zweckbestimmung von Sozialwohnungen
(Wohnungsbindungsgesetz – WoBindG) i. d. F. vom 13. 9. 2001, BGBl I 2405
Abgedruckt in: Sartorius, Band I Nr 387
[Auszug]

§ 1 Anwendungsbereich. Dieses Gesetz gilt nach Maßgabe des § 50 des Wohnraumförderungsgesetzes für den in dessen Absatz 1 genannten Wohnraum, der öffentlich gefördert ist oder als öffentlich gefördert gilt.

Wohnungsbindungsgesetz **Anh T 45**

§§ 2 a und 2 b (weggefallen)

§ 4 Überlassung an Wohnberechtigte. (2) Der Verfügungsberechtigte darf die Wohnung einem Wohnungssuchenden nur zum Gebrauch überlassen, wenn dieser ihm vor der Überlassung eine Bescheinigung über die Wohnberechtigung im öffentlich geförderten sozialen Wohnungsbau (§ 5) übergibt ...

§ 5 a Sondervorschriften für Gebiete mit erhöhtem Wohnungsbedarf. Die Landesregierungen werden ermächtigt, für Gebiete mit erhöhtem Wohnungsbedarf Rechtsverordnungen zu erlassen, die befristet oder unbefristet bestimmen, daß der Verfügungsberechtigte eine frei- oder bezugsfertig werdende Wohnung nur einem von der zuständigen Stelle benannten Wohnungssuchenden zum Gebrauch überlassen darf. ...

§ 15 Ende der Eigenschaft „öffentlich gefördert". (1) Eine Wohnung, für die die öffentlichen Mittel als Darlehen bewilligt worden sind, gilt, soweit sich aus dem § 16 oder § 17 nichts anderes ergibt, als öffentlich gefördert

a) im Falle einer Rückzahlung der Darlehen nach Maßgabe der Tilgungsbedingungen bis zum Ablauf des Kalenderjahres, in dem die Darlehen vollständig zurückgezahlt worden sind,

b) im Falle einer vorzeitigen Rückzahlung auf Grund einer Kündigung wegen Verstoßes gegen Bestimmungen des Bewilligungsbescheides oder des Darlehensvertrages bis zum Ablauf des Kalenderjahres, in dem die Darlehen nach Maßgabe der Tilgungsbedingungen vollständig zurückgezahlt worden wären, längstens jedoch bis zum Ablauf des zwölften Kalenderjahres nach dem Jahr der Rückzahlung.

Sind neben den Darlehen Zuschüsse zur Deckung der laufenden Aufwendungen oder Zinszuschüsse aus öffentlichen Mitteln bewilligt worden, so gilt die Wohnung mindestens bis zum Ablauf des Kalenderjahres als öffentlich gefördert, in dem der Zeitraum endet, für den sich die laufenden Aufwendungen durch die Gewährung der Zuschüsse vermindern (Förderungszeitraum).

(2) ...

(3) Sind die öffentlichen Mittel für eine Wohnung lediglich als Zuschuß zur Deckung der für den Bau der Wohnung entstandenen Gesamtkosten bewilligt worden, so gilt die Wohnung als öffentlich gefördert bis zum Ablauf des zehnten Kalenderjahres nach dem Jahr der Bezugsfertigkeit.

(4) ...

§ 16 Ende der Eigenschaft „öffentlich gefördert" bei freiwilliger vorzeitiger Rückzahlung. (1) – (7) ...

§ 17 Ende der Eigenschaft „öffentlich gefördert" bei Zwangsversteigerung. (1) Bei einer Zwangsversteigerung des Grundstücks gelten die Wohnungen, für die öffentliche Mittel als Darlehen bewilligt worden sind, bis zum Ablauf des dritten Kalenderjahres nach dem Kalenderjahr, in dem der Zuschlag erteilt worden ist, als öffentlich gefördert, sofern die wegen der öffentlichen Mittel begründeten Grundpfandrechte mit dem Zuschlag erlöschen; abweichend hiervon gilt ein Eigenheim, eine Eigensiedlung oder eine eigengenutzte Eigentumswohnung im Sinne des § 16 Abs 5 nur bis zum Zuschlag als öffentlich gefördert, sofern die wegen der öffentlichen Mittel begründeten Grundpfandrechte mit dem Zuschlag erlöschen. Sind die öffentlichen Mittel lediglich als Zuschüsse bewilligt worden, so gelten die Wohnungen bis zum Zuschlag als öffentlich gefördert. Soweit nach den Vorschriften des § 15 oder des § 16 die Wohnungen nur bis zu einem früheren Zeitpunkt als öffentlich gefördert gelten, ist dieser Zeitpunkt maßgebend.

(2) Sind die wegen der öffentlichen Mittel begründeten Grundpfandrechte mit dem Zuschlag nicht erloschen, so gelten die Wohnungen bis zu dem sich aus § 15 oder § 16 ergebenden Zeitpunkt als öffentlich gefördert.

T 46. Zahlungen-aus-öffentlichen-Kassen-Gesetz

Gesetz über Zahlungen aus öffentlichen Kassen vom 21. 12. 1938
BGBl III Sachgebiet 402–1
[Auszug]

Das Gesetz ist abgedruckt in der 12. Auflage 1987, T 45. Als Bundesrecht ist das Gesetz aufgehoben; Artikel 18 des Gesetzes vom 16. 12. 1986, BGBl I 2441 (2444). Es ist aufgehoben außerdem u. a. in
- Bremen durch Gesetz vom 13. 6. 1989 (GBl S 231)
- Hamburg durch Gesetz vom 16. 1. 1989 (GBl S 5) Art 1 Nr 13
- Rheinland-Pfalz durch Rechtsbereinigungsgesetz vom 16. 2. 1987 (GVBl S 39) § 1 Abs 3.

T 47.
Ist derzeit nicht belegt

II. Landesrecht

T 48. [Bad]Württ BGB-Ausführungsgesetz

Württ Ausführungsgesetz zum BGB und zu anderen Reichsjustizgesetzen vom 29. 12. 1931 Regierungsblatt 1931, 545
[Auszug]

Seit 1. 1. 1975 gilt nur noch ein Teil des Artikels 293, wie hier abgedruckt, sowie der Abschnitt über Stockwerkseigentum, der auch für den ehemals bad Landesteil gilt (Ba.Wü BGB-Ausführungsgesetz vom 26. 11. 1974, Gesetzblatt 1974, 498, § 36 mit Anlage, § 51 Abs 1 Nr 6)

[I. Für Baden-Württemberg]

Art 226 Rechte und Pflichten der Stockwerkseigentümer. (1) Die mit dem Sondereigentum an einzelnen Gebäudeteilen (Stockwerkseigentum) verbundene Gemeinschaft umfaßt im Zweifel die zum gemeinsamen Gebrauch bestimmten Bestandteile und Rechte.

(2) Der Anteil an den gemeinschaftlichen Rechten und Lasten bemißt sich, soweit nichts anderes bestimmt ist, nach dem Verhältnis des Werts der Stockwerksrechte.

(3) Auf das Gemeinschaftsverhältnis finden die §§ 743, 744, 745 Abs 2 und 3, 746, 748 und auf die sonstigen Beziehungen unter den Stockwerkseigentümern die §§ 745 Abs 2, 746 BGB entsprechende Anwendung. Im Falle des § 744 Abs 2 zweiter Halbsatz ist jeder Teilhaber zur Sicherheitsleistung in Höhe des auf ihn entfallenden Anteils an den Kosten verpflichtet.

Art 227 Vereinigung von Stockwerksrechten. Beim Zusammentreffen mehrerer Stockwerksrechte in einer Hand vereinigen sich diese zu einem einheitlichen Recht unbeschadet der an den bisher getrennten Eigentumsrechten begründeten besonderen Rechte.

Art 228 Vorkaufsrecht. (1) Wird ein Stockwerkseigentum an andere Personen als an Ehegatten, Abkömmlinge, angenommene Kinder oder Mitstockwerkseigentümer verkauft, so sind die anderen Stockwerkseigentümer nach den Verhältnissen ihrer Stockwerksrechte zum Vorkauf berechtigt. Handelt es sich um eine Bruchteils- oder sonstige Gemeinschaft an einem Stockwerkseigentum, so steht das Vorkaufsrecht zunächst den Teilhabern an der Gemeinschaft zu.

(2) Auf das Vorkaufsrecht finden die Vorschriften der §§ 1096, 1098 bis 1102 BGB entsprechende Anwendung. Die Frist zur Ausübung des Vorkaufsrechts beträgt drei Wochen.

(3) Das Vorkaufsrecht erstreckt sich auch auf einen Verkauf im Weg der Zwangsversteigerung oder durch den Konkursverwalter. Im Falle der Zwangsversteigerung darf der Zuschlag nicht vor Ablauf der für die Ausübung des Vorkaufsrechts geltenden Frist erteilt werden, es sei denn, daß der Vorkaufsberechtigte sein Recht vorher ausgeübt oder dem Vollstreckungsgericht gegenüber erklärt hat, es nicht ausüben zu wollen.

(4) Das Vorkaufsrecht und die daraus sich ergebenden Befugnisse gehen auf den Rechtsnachfolger im Stockwerkseigentum über.

Art 229 Untergang des Gebäudes. Beim Untergang des Gebäudes verwandelt sich das bisherige Sondereigentum an den einzelnen Gebäudeteilen in Miteigentum an der Grundfläche. Dasselbe gilt bei teilweisem Untergang, sofern eine Wiederherstellung des früheren Zustandes untunlich ist.

Art 230 Voraussetzung der Aufhebung. Ein Stockwerkseigentümer kann die Aufhebung des Stockwerkseigentums verlangen, wenn die Verhältnisse in dem Gebäude so unhaltbar geworden sind, daß ihm die Weiterführung des Stockwerkseigentums nicht mehr zugemutet werden kann.

Art 231 Durchführung der Aufhebung. (1) Die Aufhebung des Stockwerkseigentums erfolgt durch Verkauf des ganzen Gebäudes im Wege der Zwangsversteigerung und durch Teilung des Erlöses im Verhältnis des Werts der Stockwerksrechte. Bei der Feststellung des geringsten Gebots sind außer den aus dem Versteigerungserlös zu entnehmenden Kosten des Verfahrens alle die einzelnen Stockwerksrechte belastenden Rechte zu berücksichtigen. In jedem Fall wird bei der Versteigerung nur ein Gebot zugelassen, durch das der amtliche Schätzungswert sämtlicher an dem Gebäude bestehender Stockwerksrechte gedeckt wird.

(2) Geht auf Grund einer Versteigerung das Eigentum an dem ganzen Gebäude auf einen Erwerber über, so verwandeln sich die bisher auf den einzelnen Stockwerksrechten ruhenden Hypotheken, Grundschulden, Rentenschulden, Reallasten, Nießbrauchs- und Vorkaufsrechte in solche Rechte an einem dem Wertverhältnis der belasteten Stockwerksrechte entsprechenden Bruchteil des Eigentums am ganzen Grundstück.

(3) Das Wertverhältnis der bisherigen Stockwerksrechte für die Fälle des Absatzes 1 Satz 1 und des Absatzes 2 ist im Zwangsversteigerungsverfahren durch einen vor dem Versteigerungstermin den Beteiligten zuzustellenden Beschluß festzustellen. Der Beschluß unterliegt der Anfechtung, die sich nach den Vorschriften des Zwangsversteigerungsverfahrens bestimmt.

[II. Für den ehemaligen württembergischen Landesteil von Baden-Württemberg]

Art 293 Fortbestehen von Rechten außerhalb des geringsten Gebots. Eine als Leibgeding, Leibzucht, Altenteil oder Auszug eingetragene persönliche Dienstbarkeit oder Reallast bleibt von der Zwangsversteigerung unberührt, auch wenn sie bei der Feststellung des geringsten Gebots nicht berücksichtigt ist.

T 49. BadWürtt GVG-Ausführungsgesetz

Bad Württ Gesetz zur Ausführung des Gerichtsverfassungsgesetzes und von Verfahrensgesetzen der ordentlichen Gerichtsbarkeit vom 16. 12. 1975, Gesetzbl 868, mit Änderungen
[Auszug]

Zweiter Teil. Ausführung der ZPO

§ 25 Aufgebot von Grundpfandbriefen. (1) Bei Aufgeboten auf Grund des § 1162 des Bürgerlichen Gesetzbuches und des § 136 ZVG gelten für die Veröffentlichung des Aufgebots und für die Aufgebotsfrist abweichend von § 1009 Abs 1 und 2 und § 1015 Satz 1 ZPO die Vorschriften des § 30.

(2) Abweichend von § 1014 ZPO ist der Aufgebotstermin so zu bestimmen, daß seit dem Verfalltag drei Monate abgelaufen sind.

(3) Das Ausschlußurteil sowie das in § 1017 Abs 3 ZPO bezeichnete Urteil ist seinem wesentlichen Inhalt nach abweichend von § 1017 Abs 2 Satz 1 ZPO gemäß § 18 Abs 1 bekanntzumachen.

§ 28 Aufgebot im Zwangsversteigerungsverfahren. Bei Aufgeboten zum Zwecke der Ausschließung eines unbekannten Berechtigten von der Befriedigung aus dem zugeteilten Betrag (§ 140 ZVG) gelten für die Veröffentlichung des Aufgebots und für die Aufgebotsfrist abweichend von den §§ 948 und 950 ZPO die Vorschriften des § 30.

§ 30 Veröffentlichung des Aufgebots, Aufgebotsfrist. Soweit hierauf verwiesen ist, gelten für das Aufgebotsverfahren die folgenden Vorschriften:
1. Das Aufgebot wird durch Anschlag an der Gerichtstafel und durch einmalige Veröffentlichung gemäß § 18 Abs 1 öffentlich bekanntgemacht.
2. Zwischen dem Tag der ersten Veröffentlichung gemäß § 18 Abs 1 und dem Aufgebotstermin muß ein Zeitraum (Aufgebotsfrist) von mindestens drei Monaten liegen.

Dritter Teil. Ausführung des ZVG

§ 31 Vorrang öffentlicher Grundstückslasten. (1) Öffentliche Lasten eines Grundstücks im Sinne des § 10 Abs 1 Nr 3 und des § 156 Abs 1 ZVG sind die Abgaben und Leistungen, die auf dem Grundstück lasten und nicht auf einer privatrechtlichen Verpflichtung beruhen.

(2) Zu den öffentlichen Lasten im Sinne des Absatzes 1 gehören insbesondere:
1. Beiträge im Sinne des § 10 des Kommunalabgabengesetzes;
2. Kirchensteuern, die aus den Grundsteuermeßbeträgen erhoben werden.

§ 32 Veröffentlichung der Terminsbestimmung. (1) Die Bestimmung des Versteigerungstermins soll neben der Bekanntmachung nach den §§ 39 Abs 1, 40 ZVG in der Gemeinde, in deren Bezirk das Grundstück gelegen ist, in der für öffentliche Bekanntmachungen der Gemeinde bestimmten Form bekanntgemacht werden, soweit diese
1. durch Einrücken in das eigene Amtsblatt oder
2. durch Anschlag an einer hierfür bestimmten Stelle
durchgeführt werden.

(2) Auf Ersuchen des Gerichts hat die Gemeinde die Terminsbestimmung

1. im Falle des Absatzes 1 Nr 1 einmal in das Amtsblatt einzurücken und dem Gericht die Einrückung nachzuweisen;
2. im Falle des Absatzes 1 Nr 2 bis zur Versteigerung anzuschlagen, auf der Terminsbestimmung den Zeitpunkt des Anschlags und der Abnahme zu vermerken und die Terminsbestimmung nach der Abnahme dem Gericht zurückzugeben.

(3) Absatz 2 Nr 2 gilt im Falle des § 39 Abs 2 ZVG entsprechend.

§ 33 Unberührt bleibende Altenteile. Eine Reallast oder eine beschränkte persönliche Dienstbarkeit, die zur Sicherung eines Anspruchs oder eines Rechts aus einem Vertrag nach Artikel 96 des Einführungsgesetzes zum Bürgerlichen Gesetzbuch im Grundbuch eingetragen ist, bleibt, unbeschadet der Vorschrift des § 9 Abs 2 des Einführungsgesetzes zu dem Gesetz über die Zwangsversteigerung und die Zwangsverwaltung, von der Zwangsversteigerung unberührt, auch wenn sie bei der Feststellung des geringsten Gebotes nicht berücksichtigt ist.

§ 34 Feststellung des Grundstückswerts. (1) Nach Anordnung der Zwangsversteigerung hat das Gericht den Verkehrswert des Grundstücks durch eine amtliche Schätzung ermitteln zu lassen. Mehrere Grundstücke, die in demselben Verfahren versteigert werden, sind einzeln, bei wirtschaftlichem Zusammenhang auch als Einheit zu schätzen.

(2) Von der amtlichen Schätzung kann das Gericht absehen, wenn das Grundstück innerhalb der letzten zwei Jahre amtlich geschätzt worden ist und weder ein Gläubiger noch der Schuldner eine neue Schätzung beantragen.

(3) Für die Ermittlung des Verkehrswertes von grundstücksgleichen Rechten gelten die Absätze 1 und 2 entsprechend.

(4) Das Gericht kann auch den Wert eines Rechts an dem Grundstück und von Nutzungen aus dem Grundstück sowie des Grundstückszubehörs durch eine amtliche Schätzung ermitteln und dabei die Zubehörstücke aufzeichnen lassen.

(5) Für die amtliche Schätzung gelten die §§ 44 und 45 des Landesgesetzes über die freiwillige Gerichtsbarkeit entsprechend. Die für die Wertermittlung maßgeblichen Gesichtspunkte sind dem Gericht mitzuteilen.

(6) Mit der Ermittlung des Verkehrswertes kann das Gericht auch einen öffentlich bestellten Sachverständigen beauftragen.

§ 35 [Außer Kraft]

§ 36 Befreiung von der Sicherheitsleistung. Für Gebote einer Gemeinde, eines Gemeindeverbandes oder einer Kreditanstalt oder Sparkasse des öffentlichen Rechts kann Sicherheitsleistung nicht verlangt werden.

T 50. Bay BGB-Ausführungsgesetz

Bay Gesetz zur Ausführung des Bürgerlichen Gesetzbuchs und anderer Gesetze (AGBGB) vom 20. 9. 1982, BayRS 400–1-J
[Auszug]

Elfter Abschnitt. Öffentlich-rechtliche Ansprüche

Art 70 Haftung des Grundstücks. (1) Für öffentliche Lasten eines Grundstücks haftet das Grundstück.

(2) Die Haftung des Grundstücks für fällige wiederkehrende Leistungen erlischt mit dem Ablauf von zwei, für fällige einmalige Leistungen mit dem Ablauf von vier Jahren nach dem Eintritt des Zeitpunkts, von dem an die Leistung gefordert werden kann, sofern das Grundstück nicht vorher beschlagnahmt worden ist. Das

Grundstück haftet jedoch nicht über den Zeitpunkt hinaus, in dem die persönliche Schuld erlischt.

T 51. Bay GVG-Ausführungsgesetz

Bay Gesetz zur Ausführung des Gerichtsverfassungsgesetzes und von Verfahrensgesetzen des Bundes (AGGVG) vom 23. 6. 1981, BayRS 300–1–1-J, zuletzt geändert durch Gesetz vom 25. 10. 2004, BayGVBl 400

[Auszug]

Zweiter Teil, Abschnitt II. Ausführung des Gesetzes über die Zwangsversteigerung und die Zwangsverwaltung

Art 29 Öffentliche Lasten. Öffentliche Lasten des Grundstücks sind bei einem landwirtschaftlichen Grundstück auch die Beiträge für Tierlebensversicherung und Schlachtviehversicherung, die für die Versicherung des zum Zubehör gehörenden Viehes an die Bayerische Landestierversicherungsanstalt zu entrichten sind.

Art 30 Leibgedingsrechte und nicht eingetragene Rechte. (1) Ist eine Dienstbarkeit oder eine Reallast als Leibgeding (Leibzucht, Altenteil, Auszug) eingetragen, so bleibt das Recht, unbeschadet der Vorschrift des § 9 Abs 2 des Einführungsgesetzes zu dem Gesetz über die Zwangsversteigerung und die Zwangsverwaltung, von der Zwangsversteigerung unberührt, auch wenn es bei der Feststellung des geringsten Gebots nicht berücksichtigt ist.

(2) Das gleiche gilt für Grunddienstbarkeiten, die zur Erhaltung der Wirksamkeit gegenüber dem öffentlichen Glauben des Grundbuchs der Eintragung nicht bedürfen.

Art 31 Veröffentlichung der Terminsbestimmung. Die Terminsbestimmung soll stets auch in der Gemeinde, in deren Bezirk das Grundstück liegt, an der für amtliche Bekanntmachungen bestimmten Stelle angeheftet werden. § 39 Abs 2 des Gesetzes über die Zwangsversteigerung und die Zwangsverwaltung bleibt unberührt.

Art 32 Sicherheitsleistung. Für Gebote der Bayerischen Landesbank Girozentrale, der Bayerischen Landesanstalt für Aufbaufinanzierung, der Gebietskörperschaften sowie der öffentlichen Sparkassen kann Sicherheitsleistung nicht verlangt werden.

Art 33 Aufgebotsverfahren. Das in § 138 des Gesetzes über die Zwangsversteigerung und die Zwangsverwaltung bezeichnete Aufgebot wird durch Anheftung an die Gerichtstafel und einmalige Veröffentlichung in dem für die Bekanntmachungen des Gerichts bestimmten Blatt öffentlich bekanntgemacht. Die Aufgebotsfrist beginnt mit der Veröffentlichung in diesem Blatt.

Siebenter Teil. Übergangs-, Änderungs- und Schlußvorschriften

Art 55 Übergangsvorschriften. (4) Ist ein Grundstück vor dem Inkrafttreten des Bürgerlichen Gesetzbuchs einem Mieter oder Pächter überlassen worden, so finden die Vorschriften des § 57 des Gesetzes über die Zwangsversteigerung und die Zwangsverwaltung Anwendung.

(5) Für die vor Inkrafttreten des Bundesberggesetzes vom 13. August 1980 (BGBl I S 1310) entstandenen Bergwerke und unbeweglichen Kuxe, die nach dem Bundesberggesetz noch für eine Übergangszeit fortbestehen, gelten bis zu ihrem Erlöschen oder ihrer Aufhebung die Art 17 Abs 1, Art 18, Art 37 bis 51 des Ausführungsge-

Berlin **Anh T 53**

setzes zur Grundbuchordnung und zum Gesetz über die Zwangsversteigerung und die Zwangsverwaltung vom 9. Juni 1899 (BayBS III S 127) fort. Die Gebrauchs- und Nutzungsrechte nach den §§ 8 und 160 des coburgischen Berggesetzes vom 23. Oktober 1899 (Gesetzessammlung für das Herzogtum Coburg Nr 1299) und die Hülfsbaue nach § 54 desselben Gesetzes bleiben auch dann bestehen, wenn sie bei der Feststellung des geringsten Gebots nicht berücksichtigt sind.

T 52. Bay Geschäftsstellen-Geschäftsanweisung

Bay Bekanntmachung über die Geschäftsanweisung für die Geschäftsstellen der Gerichte in Zivilsachen (GAnwZ) vom 23. 1. 1980, BayJMBl 1980, 17 (Änderung vom 30. 4. 1992, BayJMBl 1992, 94)
[Auszug]

Zweiter Teil. Zwangsvollstreckungsverfahren

3. Abschnitt. Zwangsversteigerung und Zwangsverwaltung

§ 86 Einholung eines Zeugnisses des Grundbuchamts über die Eintragung des Schuldners im Grundbuch. Legt der Antragsteller ein Zeugnis des Grundbuchamts, daß der Schuldner als Eigentümer im Grundbuch eingetragen ist, nicht vor, so ist das Zeugnis oder eine Grundbuchblattabschrift vom Urkundsbeamten der Geschäftsstelle einzuholen.

§ 87 Öffentliche Bekanntmachungen. (1) Der Urkundsbeamte hat für die unverzügliche Ausführung der angeordneten öffentlichen Bekanntmachungen einschließlich der Anheftung an die Gemeinde- oder Gerichtstafel zu sorgen.

(2) Bei Erteilung eines Auftrags zu einer Veröffentlichung in einem Blatt soll, sofern entsprechende Vereinbarungen nicht bereits allgemein getroffen wurden, vereinbart werden, daß

1. alsbald nach der Ausgabe des die Veröffentlichung enthaltenden Blattes dem Gericht ein Belegstück zuzusenden ist,
2. der Anspruch auf Zahlung der Veröffentlichungskosten erlischt, wenn sie dem Gericht nicht bis zu einem zu bestimmenden Termin mitgeteilt werden.

T 53. Berl ZVG-Ausführungsgesetz

Berl [früheres Preuß] Ausführungsgesetz zum Gesetz über die Zwangsversteigerung und die Zwangsverwaltung vom 23. 9. 1899, GVBl für Berlin, Sonderband I Nr 3210–2, geändert durch Gesetz vom 1. 2. 1979 (BGBl I 127 [351]; Übernahmegesetz GVBl für Berlin 1979, 346)

Erster Abschnitt. Zwangsversteigerung und Zwangsverwaltung von Grundstücken im Wege der Zwangsvollstreckung

Art 1 [Öffentliche Lasten] (1) Öffentliche Lasten eines Grundstücks im Sinne des § 10 Abs 1 Nr 3 und des § 156 Abs 1 des ... [ZVG] sind:
1. die zur Erfüllung der Deichpflicht erforderlichen Beiträge und Leistungen, ohne Unterschied, ob sie von der zuständigen Staatsbehörde ausgeschrieben sind oder aus der auf einem Deichverbande beruhenden Deichpflicht entspringen;
2. die auf einem nicht privatrechtlichen Titel beruhenden Abgaben und Leistungen, die auf dem Grundstücke nach Gesetz oder Verfassung haften (gemeine Lasten).

(2) [gegenstandslos]

Art 2 [Gemeine Lasten]. Zu den gemeinen Lasten gehören namentlich:
1. Abgaben und Leistungen, die aus dem Kommunal-, Kirchen-, Pfarr- oder Schulverband entspringen oder an Kirchen, Pfarren, Schulen, Kirchen- oder Schulbediente zu entrichten sind;
2. Beiträge, die aus der Verpflichtung zu öffentlichen Wege-, Wasser- oder Uferbauten entstehen;
3. Beiträge, die an öffentliche Meliorationsgenossenschaften [Flurbereinigungsgenossenschaften] oder andere einen gemeinnützigen Zweck verfolgende Körperschaften des öffentlichen Rechtes, insbesondere an Verbände, welche die Versicherung ihrer Mitglieder gegen den durch Brand, Hagelschlag oder Viehsterben entstehenden Schaden bezwecken, zu entrichten sind.

Art 3 [Öffentlichen Lasten gleichstehend] (1) In Ansehung des Rechtes auf Befriedigung aus dem Grundstücke stehen den öffentlichen Lasten gleich:
1. die an die Rentenbanken oder die Tilgungskassen abgetretenen Renten, die Landesrentenbankrenten der *Preußischen Landesrentenbank* [jetzt: Deutschen Landesrentenbank] sowie die an die Staatskasse zu entrichtenden Ablösungsrenten;
2. wenn das Grundstück bei einer Auseinandersetzung beteiligt ist, die im § 7 Nr 6 des Gesetzes über das Kostenwesen in Auseinandersetzungssachen vom 24. Juni 1875 bezeichneten Kosten und Terminalvorschüsse auch außerhalb des ursprünglichen Geltungsbereichs des genannten Gesetzes.

(2) [gegenstandslos]

Art 4 [Vorlage von Katasterauszügen] (1) Dem Antrag auf Zwangsversteigerung soll ein das Grundstück betreffender neuester Auszug aus der Grundsteuermutterrolle und der Gebäudesteuerrolle beigefügt werden, soweit er nach Lage der Rollen erteilt werden kann.

(2) [gegenstandslos]

Art 5 [Bekanntmachung der Terminsbestimmung] Für die Bekanntmachung der Terminsbestimmung wird der *Anzeiger des Amtsblatts* bestimmt.

Art 6 [Nicht eingetragene Grundbuchrechte, Altenteil] (1) Die Rechte an dem Grundstücke, die nach ... landesgesetzlichen Vorschriften zur Wirksamkeit gegenüber dem öffentlichen Glauben des Grundbuchs der Eintragung nicht bedürfen, bleiben auch dann bestehen, wenn sie bei der Feststellung des geringsten Gebots nicht berücksichtigt sind.

(2) Das gleiche gilt, unbeschadet der Vorschrift des § 9 Abs 2 des Einführungsgesetzes zum Reichsgesetze, sowie den im Grundbuch als Leibgedinge, Leibzucht, Altenteil oder Auszug eingetragenen Dienstbarkeiten und Reallasten sowie von Grunddienstbarkeiten, die zur Wirksamkeit gegenüber dem öffentlichen Glauben des Grundbuchs der Eintragung nicht bedürfen.

Art 7 [aufgehoben]

Art 8 [Grundstückswert] (1) In den Fällen der §§ 64, 112 des Gesetzes ... ist der Wert der Grundstücke auf den vierzigfachen Betrag des staatlich ermittelten Grundstücksreinertrages und den fünfundzwanzigfachen Betrag des staatlich ermittelten Gebäudesteuernutzungswerts zu bestimmen. Ergeben sich begründete Bedenken gegen die Richtigkeit dieser Bestimmung oder sind die Grundstücke nicht zur Grundsteuer oder zur Gebäudesteuer staatlich, veranlagt so hat das Gericht den Wert nach freiem Ermessen, nötigenfalls unter Zuziehung eines Sachverständigen, zu bestimmen.

(2) [aufgehoben]

Berlin

Art 9 [Befreiung von Sicherheitsleistung] Für ein Gebot einer Gemeinde oder eines Gemeindeverbandes, der *Preußischen* Staatsbank *(Seehandlung),* der *Preußischen* [Deutschen] Zentralgenossenschaftskasse, der *Preußischen Landesrentenbank* [Deutschen Landesrentenbank], der *Preußischen* [Deutschen] Landespfandbriefanstalt, einer landschaftlichen, *ritterschaftlichen,* städtischen, stadtschaftlichen, *provinzialen* oder sonstigen öffentlich-rechtlichen Kreditanstalt oder einer öffentlichen Sparkasse kann Sicherheitsleistung nicht verlangt werden.

Art 10 [Außer Kraft]

Art 11 [Auszahlung des Versteigerungserlöses] (1) [aufgehoben]

(2) Auf Antrag des Berechtigten ist die Auszahlung durch ein ersuchtes Gericht zu bewirken ... [Rest aufgehoben].

Art 12 [Vollstreckung landschaftlicher Kreditanstalten] (1) Im Falle des § 6 Abs 2 des Gesetzes, betreffend die Zwangsvollstreckung aus Forderungen landschaftlicher *(ritterschaftlicher)* Kreditanstalten ... findet die Vorschrift des § 155 Abs 1 des ... [ZVG] auch auf die Ausgaben und Kosten der durch die Kreditanstalt eingeleiteten Zwangsverwaltung Anwendung.

(2) Der Kreditanstalt steht wegen ihrer Ausgaben zur Erhaltung oder nötigen Verbesserung des Grundstückes ein Recht auf Befriedigung nach § 10 Abs 1 Nr 1 des ... [ZVG] auch insoweit zu, als sie die Ausgaben während der von ihr eingeleiteten Zwangsverwaltung aufgewendet hat. Im Falle der Zwangsversteigerung gilt dies auch dann, wenn die von der Kreditanstalt eingeleitete Zwangsverwaltung bis zum Zuschlage fortdauert.

(3) Die Kreditanstalt ist berechtigt, von den im Abs 2 bezeichneten Ausgaben seit der Zeit der Aufwendung Zinsen mit dem Range des Anspruches auf Ersatz der Ausgaben in Ansatz zu bringen.

Art 13 [Zwangsverwaltungs-Verteilung] Ist bei der Verteilung eines im Zwangsverwaltungsverfahren erzielten Überschusses ein Anspruch aus einem eingetragenen Rechte zu berücksichtigen, wegen dessen der Berechtigte Befriedigung aus dem Grundstücke lediglich im Wege der Zwangsverwaltung suchen kann, so ist in den Teilungsplan der ganze Betrag des Anspruchs aufzunehmen.

Art 14 [Aufgebotsverfahren] (1) In dem Aufgebotsverfahren zum Zwecke der Ausschließung eines unbekannten Berechtigten von der Befriedigung aus einem zugeteilten Betrag erfolgt die öffentliche Bekanntmachung des Aufgebots nach den für die öffentliche Bekanntmachung eines Versteigerungstermins geltenden Vorschriften. Die Befugnis des Gerichts zu einer Anordnung gemäß § 39 Abs 2 des ... [ZVG] besteht jedoch in diesem Falle ohne Rücksicht auf den Wert des Grundstücks.

(2) Die Aufgebotsfrist muß mindestens drei Monate betragen.

Zweiter Abschnitt. Zwangsversteigerung und Zwangsverwaltung von Bergwerkseigentum, unbeweglichen Bergwerksanteilen und selbständigen Kohlenabbaugerechtigkeiten im Wege der Zwangsvollstreckung

Art 15–21 [aufgehoben]

Dritter Abschnitt. Zwangsversteigerung und Zwangsverwaltung in besonderen Fällen

Art 22–27 [aufgehoben]

Art 28 [Zwangsverkauf eines Grundstücks] Auf den Verkauf eines Grundstücks nach den §§ 40, 58, 60 Teil I Titel 8 des Allgemeinen Landrechts finden die Vorschriften, die für die Zwangsversteigerung im Wege der Zwangsvollstreckung gelten, entsprechende Anwendung, soweit sich nicht aus den Artikeln 29 bis 32 ein anderes ergibt.

Art 28 [Antrag zu Art 28] (1) Antragsberechtigt ist die *Ortspolizeibehörde*.
(2) Der Antrag soll das Grundstück, den Eigentümer und die Tatsachen bezeichnen, welche das Recht zur Stellung des Antrags begründen. Die Vorschriften des Artikel 24 finden entsprechende Anwendung.

Art 30 [Befriedigungsrang bei Aufwendungen] Der Anspruch auf Ersatz der im § 43 Teil I Titel 8 des Allgemeinen Landrechts bezeichneten Verwendungen gewährt ein Recht auf Befriedigung aus dem Grundstücke vor allen anderen Ansprüchen.

Anmerkung: 1) Art 30 erweitert den in ZVG §§ 9, 10 festgesetzten Kreis der Beteiligten und Berechtigten (OLG Kiel JW 1930, 725; LG Berlin Rpfleger 1991, 519). Die berechtigte Behörde kann ihren Anspruch daher in jedem schon laufenden Versteigerungsverfahren geltend machen (OLG Kiel und LG Berlin je aaO). Das Recht auf Befriedigung aus dem Grundstück vor allen anderen Ansprüchen (vor Rangklasse 1 von ZVG § 10 Abs 1) kann daher auch geltend gemacht werden, wenn schon ein von einem anderen Gläubiger betriebenes allgemeines Zwangsversteigerungsverfahren läuft (LG Berlin aaO). Der Behörde, der ein vorrangig zu befriedigender Anspruch zusteht, muß kein weiteres („besonderes") Zwangsversteigerungsverfahren (Zwangsverkauf) einleiten, um eine vorrangige Befriedigung zu erreichen (LG Berlin aaO). Berücksichtigung des Rechts auf Befriedigung vor allen anderen Ansprüchen erfordert (rechtzeitige, ZVG § 110) Anmeldung (ZVG §§ 9, 37 Nr. 4, §§ 45, 114); Beitritt (ZVG § 27) ist deswegen nicht erforderlich (offen gelassen von LG Berlin aaO).
2) Teil I Titel 8 § 43 PreußALR begründet für den Staat ein Recht auf vorrangige Befriedigung aus dem Versteigerungserlös nur für solche Verwendungen, die zur Abwendung dringender Gefahr aufgewendet sind, weil der Eigentümer eines Gebäudes seine Pflicht zur Unterhaltung und Wiederherstellung versäumt hat und eine Einsturzgefahr oder eine Gefahr für das Publikum bestanden hat. Eine analoge Anwendung auf Kosten für die behördliche Beseitigung sonstiger Gefahren, die von einem Grundstück ausgehen, wird nicht für möglich erachtet (LG Berlin aaO). Ein Recht auf vorrangige Befriedigung für Sanierungskosten beim Bodenaustausch eines ölverseuchten Geländes (Boden- und Grundwassersanierung) besteht daher nicht (LG Berlin aaO).

Art 31 [Kein geringstes Gebot, Versteigerungsbedingung] (1) Die Vorschriften über das geringste Gebot finden keine Anwendung.
(2) Das Gericht hat die Übernahme der Wiederherstellung des Gebäudes von Amts wegen als Versteigerungsbedingung zu bestimmen.

Art 32 [Angebote, ergebnislose Versteigerung] (1) Angebote nach den §§ 45 bis 47 Teil I Titel 8 des Allgemeinen Landrechts sind nur zu berücksichtigen, wenn sie im Versteigerungstermine geltend gemacht werden.
(2) Bleibt die Versteigerung ergebnislos, so ist der Zuschlag nach Maßgabe der §§ 45 bis 48 des bezeichneten Titels zu erteilen. Die Beschwerde gegen die Entscheidung über den Zuschlag kann auch auf die Verletzung einer dieser Vorschriften gestützt werden.

Vierter Abschnitt. Schluß- und Übergangsbestimmungen

Art 33 [gegenstandslos]

Art 34 [Satzungen der Kreditanstalten] Die Verfassungen und Satzungen der landschaftlichen *(ritterschaftlichen)* Kreditanstalten und der ... werden, auch soweit

Hamburg **Anh T 56**

sie den Anstalten weitergehende Befugnisse gewähren, durch die Vorschriften dieses Gesetzes nicht berührt.

Art 35 [Verteilungsverfahren bei Zwangsenteignung] [... (Hier nicht abgedruckt)]

Art 36–Art 41 [... (Die Vorschriften über das Verteilungs- und Vermittlungsverfahren sind hier nicht abgedruckt)]

Art 42–47 [gegenstandslos]

T 54. Brandenburg

Landesgesetze über die Zwangsversteigerung und die Zwangsverwaltung wurden bislang nicht erlassen.

T 55. Brem ZVG-Ausführungsgesetz

Brem Gesetz zur Ausführung der Zivilprozeßordnung, der Insolvenzordnung und des Zwangsversteigerungsgesetzes vom 19. 3. 1963.
Brem GBl S 51 = Sammlung des Brem Rechts Nr 310–a–1
[Auszug]

Dritter Teil. Ausführung des Gesetzes über die Zwangsversteigerung und die Zwangsverwaltung

§ 5 [Öffentliche Lasten] (1) Öffentliche Lasten eines Grundstücks im Sinne des § 10 Absatz 1 Nr 3 und des § 156 Absatz 1 des ... [ZVG] sind die Abgaben und Leistungen, die auf einem Grundstück ruhen und nicht auf einer privatrechtlichen Verpflichtung beruhen.

(2) Zu den öffentlichen Lasten gehören insbesondere die Leistungen zur Erfüllung der Deichpflicht, die Reallasten, welche den Grundbesitzern als Mitgliedern politischer oder kirchlicher Gemeinden zu den gemeinschaftlichen Anstalten und Einrichtungen obliegen, sowie die Verbindlichkeiten in Beziehung auf Straßen, Wege, Leinpfade, Flüsse, Gräben, Fleete, Brücken, Siele, Kanalisationsanlagen und dergleichen, die nach Gesetz, Satzung oder Herkommen zugunsten des Staates oder einer Gemeinde auf einem Grundstück ruhen.

§ 6 [Keine Sicherheitsleistung] Für Gebote von kommunalen Körperschaften, von Kreditanstalten des öffentlichen Rechts, von öffentlichen Sparkassen und für Gebote der Sparkasse in Bremen kann keine Sicherheitsleistung verlangt werden.

§ 7 [Aufgehoben]

T 56. Hamb ZVG-Ausführungsgesetz

Hamb Gesetz zur Ausführung des Gesetzes über die Zwangsversteigerung und die Zwangsverwaltung (HmbAGZVG) vom 17. 3. 1969.
Hmb GVBl S 33 = Sammlung des Hmb Landesrechts Nr 3101–1

§ 1 [Grunddienstbarkeit] Eine Grunddienstbarkeit, die am 1. Februar 1900 bestanden hat, bleibt von der Zwangsversteigerung unberührt, auch wenn sie bei der Feststellung des geringsten Gebots nicht berücksichtigt ist. Für eine zur Zeit der Eintragung des Versteigerungsvermerks aus dem Grundbuch nicht ersichtliche Grunddienstbarkeit gilt diese Bestimmung nur dann, wenn entweder die Grunddienstbarkeit spätestens im Versteigerungstermin vor der Aufforderung zur Abgabe von Geboten angemeldet ist oder wenn mit der Grunddienstbarkeit das Halten einer dauernden Anlage verbunden ist.

§ 2 [Aufgehoben]

§ 3 [Wasserkosten] Die für die Wasserversorgung durch die Hamburger Wasserwerke Gesellschaft mit beschränkter Haftung zu entrichtenden Beträge sind öffentliche Lasten der Grundstücke. Solange an einem Grundstück ein Erbbaurecht besteht, ruht die öffentliche Last auf diesem.

§ 4 [Marschentwässerung] § 10 des Gesetzes über die Ent- und Bewässerung im Marschgebiet vom 7. März 1936 (Sammlung des bereinigten hamburgischen Landesrechts 232–q) erhält folgende Fassung:
„§ 10 Öffentliche Lasten der Grundstücke
Die Verpflichtungen der Grundeigentümer (§§ 3 bis 7) und die von ihnen zu erstattenden Kosten (§ 9) sind öffentliche Lasten der Grundstücke."

T 57. Hess ZVG-Ausführungsgesetz

Hess Ausführungsgesetz zur Zivilprozeßordnung und zum Gesetz über die Zwangsversteigerung und die Zwangsverwaltung vom 20. 12. 1960.
GVBl S 238 = Teil II Nr 210–15
zuletzt geändert durch Art 3 des Gesetzes vom 27. 2. 1998, GVBl I 34
[Auszug]

Zweiter Teil. Ausführung des Gesetzes über die Zwangsversteigerung und die Zwangsverwaltung

Erster Abschnitt. Zwangsversteigerung und Zwangsverwaltung von Grundstücken im Wege der Zwangsvollstreckung

Art 2 [Öffentliche Lasten] (1) Öffentliche Lasten eines Grundstücks im Sinne des § 10 Abs 1 Nr 3 und des § 156 Abs 1 des ... [ZVG] sind die Abgaben und Leistungen, die auf dem Grundstück lasten und nicht auf einer privatrechtlichen Verpflichtung beruhen.

(2) Zu den öffentlichen Lasten gehören insbesondere:
1. Abgaben und Leistungen, die auf der Zugehörigkeit zu einer Gemeinde oder einem Gemeindeverband beruhen;
2. Kirchspielsumlagen sowie Abgaben und Leistungen, die aus dem Kirchen- und Pfarrverband entspringen oder an Kirchen, Pfarreien oder Kirchendienste zu entrichten sind;
3. Beiträge, die an Stiftungen, Anstalten und Körperschaften des öffentlichen Rechts, die einen gemeinnützigen Zweck verfolgen, zu entrichten sind;
4. Beiträge, die an öffentlich-rechtliche Genossenschaften, deren Zweck in der Verbesserung der Bodenverhältnisse besteht, zu entrichten sind;
5. Beiträge und Gebühren zu öffentlichen Wege-, Wasser- und Uferbauten.

Art 3 [Vorlegung der Flurkarte] Dem Antrag auf Zwangsversteigerung soll für das betreffende Grundstück eine Abzeichnung der Flurkarte nach dem neuesten Stande beigefügt werden.

Art 4 [Nicht eingetragene Grundstücksrechte, Altenteil] (1) Die Rechte an dem Grundstück, die nach landesrechtlichen Vorschriften zur Wirksamkeit gegenüber dem öffentlichen Glauben des Grundbuchs der Eintragung nicht bedürfen,

Hessen   Anh T 57

bleiben auch dann bestehen, wenn sie bei der Feststellung des geringsten Gebotes nicht berücksichtigt sind.

(2) Das gleiche gilt unbeschadet der Vorschrift des § 9 Abs 2 des Einführungsgesetzes zu dem ... [ZVG] für die im Grundbuch als Leibgedinge, Leibzucht, Altenteil oder Auszug eingetragenen Dienstbarkeiten und Reallasten sowie für Grunddienstbarkeiten, die zur Wirksamkeit gegenüber dem öffentlichen Glauben des Grundbuchs der Eintragung nicht bedürfen.

Art 5 [Befreiung von der Sicherheitsleistung] Für ein Gebot einer Gemeinde, eines Gemeindeverbandes, des Landeswohlfahrtsverbandes Hessen, einer öffentlich-rechtlichen Kreditanstalt oder einer inländischen öffentlichen Sparkasse, die zur Anlegung von Mündelgeldern für geeignet erklärt ist, kann keine Sicherheitsleistung verlangt werden.

Art 6 [Außer Kraft]

Art 7 [Auszahlung des Erlöses] Ist in dem Termin zur Verteilung des Versteigerungserlöses oder eines im Zwangsversteigerungsverfahren erzielten Überschusses ein Berechtigter, dem nach dem Teilungsplan ein Betrag zugeteilt ist, nicht erschienen, so wird ihm der Betrag auf seine Kosten und Gefahr durch die Post an seinen Wohnsitz übersandt oder auf ein auf seinen Namen lautendes Postscheck- oder Bankkonto überwiesen.

Art 8 [Verteilung im Zwangsverwaltungsverfahren] Ist bei der Verteilung eines im Zwangsverwaltungsverfahren erzielten Überschusses ein Anspruch aus einem eingetragenen Recht zu berücksichtigen, wegen dessen der Berechtigte Befriedigung aus dem Grundstück lediglich im Wege der Zwangsverwaltung suchen kann, so ist in den Teilungsplan der ganze Betrag des Anspruchs aufzunehmen.

Art 9 [Aufgebotsverfahren] (1) In dem Aufgebotsverfahren zum Zwecke der Ausschließung eines unbekannten Berechtigten von der Befriedigung aus einem zugeteilten Betrag gelten für die öffentliche Bekanntmachung des Aufgebots die gleichen Vorschriften wie für die öffentliche Bekanntmachung eines Versteigerungstermins. Ist der zugeteilte Betrag gering, so kann das Gericht anordnen, daß das Einrücken unterbleibt und das Aufgebot lediglich an der Gerichtstafel angeheftet und in der Gemeinde, in deren Bezirk das Grundstück gelegen ist, ortsüblich bekanntgemacht wird.

(2) Die Aufgebotsfrist beträgt sechs Wochen. Die Frist beginnt mit dem ersten Einrücken in das Blatt, das der Minister der Justiz im Verwaltungswege bestimmt. Ordnet das Gericht an, daß das Einrücken unterbleibt, beginnt die Frist mit dem Anheften an die Gerichtstafel.

Zweiter Abschnitt. Zwangsversteigerung und Zwangsverwaltung von Bergwerkseigentum und unbeweglichen Bergwerksanteilen

Erster Titel. Zwangsversteigerung und Zwangsverwaltung
im Wege der Zwangsvollstreckung

Art 10 [Besondere Vorschriften] Für die Zwangsversteigerung und Zwangsverwaltung eines Bergwerkseigentums oder eines unbeweglichen Bergwerksanteils gelten die besonderen Vorschriften des Artikel 11 bis 15.

Art 11 [Beteiligte] Zu den Beteiligten gehört der Repräsentant oder Grubenvorstand.

Art 12 [Lohnansprüche] Die Ansprüche der im Bergbau Beschäftigten auf Lohn und andere Bezüge gewähren wegen der laufenden und der aus dem letzten Jahre rückständigen Beträge ein Recht auf Befriedigung in der zweiten Klasse.

Art 13 [Vorlage der Verleihungsurkunde] Dem Antrag auf Zwangsversteigerung oder Zwangsverwaltung ist eine bergbehördlich, gerichtlich oder notariell beglaubigte Abschrift der Verleihungsurkunde des Bergwerkseigentums beizufügen, sofern der Beibringung nicht unüberwindliche Hindernisse entgegenstehen.

Art 14 [Umfang der Beschlagnahme] Die Beschlagnahme im Zwangsversteigerungsverfahren umfaßt nicht die bereits gewonnenen Mineralien.

Art 15 [Inhalt der Terminsbestimmung] Ist ein Bergwerkseigentum oder ein unbeweglicher Bergwerksanteil zu versteigern, so soll die Terminsbestimmung außer dem Grundbuchblatt den Namen des Bergwerks sowie die Mineralien, auf die das Bergwerkseigentum verliehen ist, bezeichnen und im Falle der Versteigerung eines unbeweglichen Bergwerksanteils auch die Zahl der Kuxen angeben, in die das Bergwerk geteilt ist. Außerdem soll die Terminsbestimmung die Größe des Feldes angeben und seine Lage näher bezeichnen.

Zweiter Titel. Zwangsversteigerung in besonderen Fällen

Art 16 [Anzuwendende Vorschriften] Auf die Zwangsversteigerung eines Bergwerks oder eines unbeweglichen Bergwerksanteils nach den §§ 234 und 235 g des Allgemeinen Berggesetzes für das Land Hessen finden die Vorschriften, die für die Zwangsversteigerung von Grundstücken im Wege der Zwangsvollstreckung gelten, entsprechende Anwendung, soweit sich nicht aus den Art 17 bis 20 ein anderes ergibt.

Art 17 [Glaubhaftmachung, Zustellungen] (1) Der Antragsteller hat die Tatsachen, die sein Recht zur Stellung des Antrags begründen, durch Urkunden glaubhaft zu machen, soweit diese Tatsachen nicht bei dem Gericht offenkundig sind.
(2) Ist der Antrag von einem nach § 20 Abs 3 des Bundesberggesetzes. Berechtigten gestellt, so sind mit dem Beschluß, durch den die Zwangsversteigerung angeordnet wird, der Antrag und, wenn der Berechtigte nicht im Grundbuch eingetragen ist, die im Abs 1 bezeichneten Urkunden dem Bergwerkseigentümer zuzustellen.

Art 18 [Antrag des Bergwerkseigentümers] Auf Antrag des Bergwerkseigentümers darf die Zwangsversteigerung nur angeordnet werden, wenn der Antragsteller als Eigentümer im Grundbuch eingetragen oder wenn er der Erbe des eingetragenen Eigentümers ist.

Art 19 [Keine Beschlagnahmewirkung] Ist die Zwangsversteigerung eines Bergwerks auf Antrag des Bergwerkseigentümers oder die Zwangsversteigerung eines unbeweglichen Bergwerksanteils auf Antrag der Gewerkschaft angeordnet, so gilt der Beschluß, durch den das Verfahren angeordnet wird, nicht als Beschlagnahme. Im Sinne der §§ 13 und 55 des Gesetzes über die Zwangsversteigerung und die Zwangsverwaltung ist jedoch die Zustellung des Beschlusses an den Antragsteller als Beschlagnahme anzusehen.

Art 20 [Kein geringstes Gebot, Barzahlung des Meistgebots] Die Vorschriften über das geringste Gebot finden keine Anwendung. Das Meistgebot ist in seinem ganzen Betrag durch Zahlung zu berichten.

Niedersachsen Anh T 59

T 58. Mecklenburg-Vorpommern

Landesgesetze über die Zwangsversteigerung und Zwangsverwaltung wurden bislang nicht erlassen.

T 59. Niedersächs ZVG-Ausführungsgesetz

Niedersächs [früheres Preuß] Ausführungsgesetz zum Gesetz über die Zwangsversteigerung und die Zwangsverwaltung vom 23. 9. 1899. NdsGVBl Sonderband III S 172.

[In Teilgebieten von Niedersachsen gelten außerdem noch andere Gesetze weiter, nämlich: für ehem braunschweigische Gebiete: Ausführungsgesetz zum Reichsgesetz über die Zwangsversteigerung und Zwangsverwaltung, vom 12. 6. 1899, NdsGVBl Sonderband III S 182 (mit Änderungen), für ehem oldenburgische Gebiete Gesetz für das Herzogthum Oldenburg zur Ausführung der Civilprozeßordnung und des Gesetzes über die Zwangsversteigerung und die Zwangsverwaltung, vom 15. 5. 1899, NdsGVBl Sonderband III S 183, sowie für ehem hamburgische Gebiete Gesetz betr Ausführung des Reichsgesetzes über die Zwangsversteigerung und die Zwangsverwaltung, vom 14. 7. 1899, NdsGVBl Sonderband III S 184]

Erster Abschnitt. Zwangsversteigerung und Zwangsverwaltung von Grundstücken im Wege der Zwangsvollstreckung

Art 1 [Öffentliche Lasten] (1) Öffentliche Lasten eines Grundstücks im Sinne des § 10 Abs 1 Nr 3 und des § 156 Abs 1 des ... [ZVG] sind:
1. die zur Erfüllung der Deichpflicht erforderlichen Beiträge und Leistungen, ohne Unterschied, ob sie von der zuständigen Staatsbehörde ausgeschrieben sind oder aus der auf einem Deichverbande beruhenden Deichpflicht entspringen;
2. die auf einem nicht privatrechtlichen Titel beruhenden Abgaben und Leistungen, die auf dem Grundstücke nach Gesetz oder Verfassung haften (gemeine Lasten).

(2) [gegenstandslos]

Art 2 [Gemeine Lasten] Zu den gemeinen Lasten gehören namentlich:
1. Abgaben und Leistungen, die aus dem Kommunal-, Kirchen-, Pfarr- oder Schulverband entspringen oder an Kirchen, Pfarren, Schulen, Kirchen- oder Schulbediente zu entrichten sind;
2. Beiträge, die aus der Verpflichtung zu öffentlichen Wege-, Wasser- oder Uferbauten entstehen;
3. Beiträge, die an öffentliche Meliorationsgenossenschaften [Flurbereinigungsgenossenschaften] oder andere einen gemeinnützigen Zweck verfolgende Körperschaften des öffentlichen Rechts, insbesondere an Verbände, welche die Versicherung ihrer Mitglieder gegen den durch Brand, Hagelschlag oder Viehsterben entstehenden Schaden bezwecken, zu entrichten sind;
4. diejenigen Beiträge zur Entschädigung oder zu den Kosten der Schutzanlagen, welche nach Maßgabe des Gesetzes, betreffend Schutzwaldungen und Waldgenossenschaften[2], vom 6. Juli 1875 den Eigentümern gefährdeter oder gefahrbringender Grundstücke auferlegt sind.

---

[2] Dieses Gesetz ist aufgehoben. Jetzt Landeswaldgesetz vom 19. 7. 1978, NdsGVBl Seite 595.

Anh T 59

Art 3 [Öffentlichen Lasten gleichstehend] (1) In Ansehung des Rechtes auf Befriedigung aus dem Grundstücke stehen den öffentlichen Lasten gleich:
1. die an die Rentenbanken oder die Tilgungskassen abgetretenen Renten, die Landesrentenbankrenten der *Preußischen Landesrentenbank* [jetzt: Deutschen Landesrentenbank] sowie die an die Staatskasse zu entrichtenden Ablösungsrenten;
2. wenn das Grundstück bei einer Auseinandersetzung beteiligt ist, die im § 7 Nr 6 des Gesetzes über das Kostenwesen in Auseinandersetzungssachen vom 24. Juni 1875 bezeichneten Kosten und Terminalvorschüsse auch außerhalb des ursprünglichen Geltungsbereichs des genannten Gesetzes.

(2) [gegenstandslos]

Art 4 [Vorlage von Katasterauszügen] (1) Dem Antrag auf Zwangsversteigerung soll ein das Grundstück betreffender neuester Auszug aus der Grundsteuermutterrolle und der Gebäudesteuerrolle beigefügt werden, soweit er nach Lage der Rollen erteilt werden kann.

(2) [gegenstandslos]

Art 5 [Bekanntmachung der Terminsbestimmung] Für die Bekanntmachung der Terminsbestimmung wird der Anzeiger des Amtsblatts bestimmt.

Art 6 [Nicht eingetragene Grundbuchrechte, Altenteil] (1) Die Rechte an dem Grundstücke, die nach ... landesgesetzlichen Vorschriften zur Wirksamkeit gegenüber dem öffentlichen Glauben des Grundbuchs der Eintragung nicht bedürfen, bleiben auch dann bestehen, wenn sie bei der Feststellung des geringsten Gebots nicht berücksichtigt sind.

(2) Das gleiche gilt, unbeschadet der Vorschrift des § 9 Abs 2 des Einführungsgesetzes zum Reichsgesetze, von dem im Grundbuch als Leibgedinge, Leibzucht, Altenteil oder Auszug eingetragenen Dienstbarkeiten und Reallasten sowie von Grunddienstbarkeiten, die zur Wirksamkeit gegenüber dem öffentlichen Glauben des Grundbuchs der Eintragung nicht bedürfen.

Art 7 [Mieter, Pächter] (1) Ist das Grundstück vor dem Inkrafttreten des Bürgerlichen Gesetzbuchs einem Mieter oder Pächter überlassen, so finden die Vorschriften des § 57 des ... [ZVG] Anwendung.

(2) Weitergehende Rechte eines Mieters oder Pächters, die sich aus den bisherigen Gesetzen ergeben, bleiben unberührt.

Art 8 [gegenstandslos]

Art 9 [Befreiung von Sicherheitsleistung] Für ein Gebot einer Gemeinde oder eines Gemeindeverbandes, der *Preußischen* Staatsbank *(Seehandlung),* der *Preußischen* [Deutschen] Zentralgenossenschaftskasse, der *Preußischen Landesrentenbank* [Deutschen Landesrentenbank], der *Preußischen* [Deutschen] Landespfandbriefanstalt, einer landschaftlichen, *ritterschaftlichen,* städtischen, stadtschaftlichen, *provinzialen* oder sonstigen öffentlich-rechtlichen Kreditanstalt oder einer öffentlichen Sparkasse kann Sicherheitsleistung nicht verlangt werden.

Art 10 [Außer Kraft]

Art 11 [Auszahlung des Versteigerungserlöses] (1) [aufgehoben]
(2) Auf Antrag des Berechtigten ist die Auszahlung durch ein ersuchtes Gericht zu bewirken ... [Rest aufgehoben].

Niedersachsen Anh T 59

Art 12 [Vollstreckung landschaftlicher Kreditanstalten] (1) Im Falle des § 6 Abs 2 des Gesetzes, betreffend die Zwangsvollstreckung aus Forderungen landschaftlicher *(ritterschaftlicher)* Kreditanstalten ... findet die Vorschrift des § 155 Abs 1 des ... [ZVG] auch auf die Ausgaben und Kosten der durch die Kreditanstalt eingeleiteten Zwangsverwaltung Anwendung.

(2) Der Kreditanstalt steht wegen ihrer Ausgaben zur Erhaltung oder nötigen Verbesserung des Grundstücks ein Recht auf Befriedigung nach § 10 Abs 1 Nr 1 des ... [ZVG] auch insoweit zu, als sie die Ausgaben während der von ihr eingeleiteten Zwangsverwaltung aufgewendet hat. Im Falle der Zwangsversteigerung gilt dies auch dann, wenn die von der Kreditanstalt eingeleitete Zwangsverwaltung bis zum Zuschlage fortdauert.

(3) Die Kreditanstalt ist berechtigt, von den im Abs 2 bezeichneten Ausgaben seit der Zeit der Aufwendung Zinsen mit dem Range des Anspruchs auf Ersatz der Ausgaben in Ansatz zu bringen.

Art 13 [Zwangsverwaltungs-Verteilung] Ist bei der Verteilung eines im Zwangsverwaltungsverfahren erzielten Überschusses ein Anspruch aus einem eingetragenen Rechte zu berücksichtigen, wegen dessen der Berechtigte Befriedigung aus dem Grundstücke lediglich im Wege der Zwangsverwaltung suchen kann, so ist in den Teilungsplan der ganze Betrag des Anspruchs aufzunehmen.

Art 14 [außer Kraft]

Zweiter Abschnitt. Zwangsversteigerung und Zwangsverwaltung von Bergwerkseigentum, unbeweglichen Bergwerksanteilen und *selbständigen Kohlenabbaugerechtigkeiten* im Wege der Zwangsvollstreckung

Art 15 [Besondere Vorschriften] Für die Zwangsversteigerung und die Zwangsverwaltung eines Bergwerkseigentums, eines unbeweglichen Bergwerksanteils ... [sonst gegenstandslos] gelten die besonderen Vorschriften der Artikel 16 bis 21.

Art 16 [Zusätzliche Beteiligte] Zu den Beteiligten gehört in jedem Falle der Repräsentant oder Grubenvorstand.

Art 17 [Lohnansprüche, Knappschafts-, Krankenkassenbeiträge] (1) Die Ansprüche der zum Betriebe des Bergbaues angenommenen, in einem Dienst- oder Arbeitsverhältnis stehenden Personen, insbesondere der Bergleute und der Betriebsbeamten, auf Lohn und andere Bezüge gewähren wegen der laufenden und der aus dem letzten Jahre rückständigen Beträge ein Recht auf Befriedigung in der zweiten Klasse.

(2) [aufgehoben]

Art 18 [Vorlage der Verleihungsurkunde] Dem Antrag auf Zwangsversteigerung oder Zwangsverwaltung ist eine oberbergamtlich, gerichtlich oder notariell beglaubigte Abschrift der Verleihungsurkunde des Bergwerkes ... [Rest gegenstandslos] beizufügen ... [Rest gegenstandslos].

Art 19 [Umfang der Beschlagnahme] Die Beschlagnahme im Zwangsversteigerungsverfahren umfaßt nicht die bereits gewonnenen Mineralien.

Art 20 [Inhalt der Terminsbestimmung] (1) Ist ein Bergwerkseigentum oder ein unbeweglicher Bergwerksanteil zu versteigern, so soll die Terminsbestimmung außer dem Grundbuchblatte den Namen des Bergwerkes sowie die Mineralien, auf die das Bergwerkseigentum verliehen ist, bezeichnen und im Falle der Versteigerung eines Bergwerksanteils auch die Zahl der Kuxe angeben, in welche das Bergwerk geteilt ist.

(2) Außerdem soll die Terminsbestimmung eine Angabe der Feldgröße, des Kreises, in welchem das Feld liegt, und der dem Werke zunächst gelegenen Stadt enthalten ... [Rest gegenstandslos]

Art 21 [Wert des Verfahrensgegenstands] Ist der Wert des Gegenstandes des Verfahrens festzustellen, so erfolgt die Feststellung durch das Gericht nach freiem Ermessen, nötigenfalls unter Zuziehung des zuständigen Revierbeamten.

Dritter Abschnitt.
Zwangsversteigerung und Zwangsverwaltung in besonderen Fällen

Art 22 [Anzuwendende Vorschriften] Die Vorschriften der §§ 172 bis 184 des ... [ZVG] gelten mit den Änderungen, die sich aus dem ersten und zweiten Abschnitte dieses Gesetzes ergeben, auch für Bergwerkseigentum, unbewegliche Bergwerksanteile *und selbständige Gerechtigkeiten*.

Art 23 [Besondere Versteigerungen] Auf die Zwangsversteigerung eines Bergwerks oder eines Bergwerksanteils nach den *§§ 159, 161, 162, 234, 235g des Allgemeinen Berggesetzes* finden die Vorschriften, die für die Zwangsversteigerung im Wege der Zwangsvollstreckung gelten, entsprechende Anwendung, soweit sich nicht aus den Artikel 24 bis 27 ein anderes ergibt.

Art 24 [Glaubhaftmachung, Zustellung von Urkunden] (1) Der Antragsteller hat die Tatsachen, welche sein Recht zur Stellung dieses Antrags begründen, soweit sie nicht bei dem Gericht offenkundig sind, durch Urkunden glaubhaft zu machen.

(2) Ist der Antrag von einem nach *§ 159 Abs 1 des Allgemeinen Berggesetzes* Berechtigten gestellt, so sind mit dem Beschlusse, durch den die Zwangsversteigerung angeordnet wird, der Antrag und, wenn der Berechtigte nicht im Grundbuch eingetragen ist, die im Abs 1 bezeichneten Urkunden dem Bergwerkseigentümer zuzustellen.

Art 25 [Versteigerung auf Antrag des Eigentümers] Auf Antrag des Bergwerkseigentümers darf die Zwangsversteigerung nur angeordnet werden, wenn der Antragsteller als Eigentümer im Grundbuch eingetragen oder wenn er Erbe des eingetragenen Eigentümers ist.

Art 26 [Keine Beschlagnahmewirkung] Ist die Zwangsversteigerung eines Bergwerkes auf Antrag des Bergwerkseigentümers oder die Zwangsversteigerung eines Bergwerksanteils auf Antrag der Gewerkschaft angeordnet oder hat der Bergwerkseigentümer nach *§§ 161, 162 des Allgemeinen Berggesetzes* auf das Bergwerkseigentum verzichtet, so gilt der Beschluß, durch den das Verfahren angeordnet wird, nicht als Beschlagnahme. Im Sinne der §§ 13, 55 des ... [ZVG] ist jedoch die Zustellung des Beschlusses an den Antragsteller als Beschlagnahme anzusehen.

Art 27 [Kein geringstes Gebot, Barzahlung des Meistgebots] Die Vorschriften über das geringste Gebot finden keine Anwendung. Das Meistgebot ist in seinem ganzen Betrage durch Zahlung zu berichtigen.

Art 28 [Zwangsverkauf eines Grundstücks] Auf den Verkauf eines Grundstücks nach den §§ 40, 58, 60 Teil I Titel 8 des Allgemeinen Landrechts finden die Vorschriften, die für die Zwangsversteigerung im Wege der Zwangsvollstreckung

Nordrhein-Westfalen **Anh T 60**

gelten, entsprechende Anwendung, soweit sich nicht aus den Artikeln 29 bis 32 ein anderes ergibt.

Art 29 [Antrag zu Art 28] (1) Antragsberechtigt ist die *Ortspolizeibehörde*.
(2) Der Antrag soll das Grundstück, den Eigentümer und die Tatsachen bezeichnen, welche das Recht zur Stellung des Antrags begründen. Die Vorschriften des Artikel 24 finden entsprechende Anwendung.

Art 30 [Befriedigungsrang bei Aufwendungen] Der Anspruch auf Ersatz der im § 43 Teil I Titel 8 des Allgemeinen Landrechts bezeichneten Verwendungen gewährt ein Recht auf Befriedigung aus dem Grundstücke vor allen anderen Ansprüchen.

Art 31 [Kein geringstes Gebot, Versteigerungsbedingung] (1) Die Vorschriften über das geringste Gebot finden keine Anwendung.
(2) Das Gericht hat die Übernahme der Wiederherstellung des Gebäudes von Amts wegen als Versteigerungsbedingung zu bestimmen.

Art 32 [Angebote, ergebnislose Versteigerung] (1) Angebote nach den §§ 45 bis 47 Teil I Titel 8 des Allgemeinen Landrechts sind nur zu berücksichtigen, wenn sie im Versteigerungstermine geltend gemacht werden.
(2) Bleibt die Versteigerung ergebnislos, so ist der Zuschlag nach Maßgabe der §§ 45 bis 48 des bezeichneten Titels zu erteilen. Die Beschwerde gegen die Entscheidung über den Zuschlag kann auch auf die Verletzung einer dieser Vorschriften gestützt werden.

Vierter Abschnitt. Schluß- und Übergangsbestimmungen

Art 33 [gegenstandslos]

Art 34 [Satzungen der Kreditanstalten] Die Verfassungen und Satzungen der landschaftlichen *(ritterschaftlichen)* Kreditanstalten und der ... werden, auch soweit sie den Anstalten weitergehende Befugnisse gewähren, durch die Vorschriften dieses Gesetzes nicht berührt.

Art 35 [Verteilungsverfahren bei Zwangsenteignung] [... (Hier nicht abgedruckt)]

Art 36–Art 41 [... (Die Vorschriften über das Verteilungs- und Vermittlungsverfahren sind hier nicht abgedruckt)]

Art 42–47 [gegenstandslos]

Art 48 [Inkrafttreten] (1) Dieses Gesetz tritt zugleich mit dem ... [ZVG] in Kraft.
(2) [gegenstandslos]

T 60. Nordrhein Westfäl Landschaftliche-Kreditanstalten–Gesetz

Nordrhein Westfäl [früheres Preuß] Gesetz, betreffend die Zwangsvollstreckung aus Forderungen landschaftlicher ... Kreditanstalten vom 3. 8. 1897
Sammlung des in Nordrhein-Westfalen geltenden preußischen Rechts – PrGS. NW. – Nr 760.

Anh T 60 Nordrhein-Westfalen

[Gilt entsprechend in **Schleswig-Holstein,** Sammlung des SchleswHolst Landesrechts Nr B 762][3]

§ 1 [Vollstreckungsrecht] (1) Für öffentliche landschaftliche ... Kreditanstalten kann mit Genehmigung der Landesregierung durch Satzung bestimmt werden:
1. daß der Anstalt als Vollstreckungsbehörde ein Zwangsvollstreckungsrecht nach Maßgabe dieses Gesetzes zustehen soll;
2. [Aufgehoben]
(2) ...
(3) Beruht die Verfassung der Anstalt unmittelbar auf Gesetz, so können die im Absatz 1 erwähnten Bestimmungen durch Verordnung der Landesregierung getroffen werden.

§ 2 [Beschränkung des Vollstreckungsrechts] Das Zwangsvollstreckungsrecht ist auf die Beitreibung fälliger Forderungen an Darlehenskapitalien und Zinsen, an Tilgungsbeiträgen und auf sonstige durch die Satzung vorgesehene Leistungen beschränkt. Es kann nur gegen Schuldner, welche Eigentümer des beliehenen Grundstückes sind, geltend gemacht werden.

§ 3 [Befugnisse] (1) Kraft des Zwangsvollstreckungsrechtes ist die Anstalt befugt, die Zwangsvollstreckung in das bewegliche Vermögen des Schuldners zu betreiben.
(2) Der Anstalt kann auch die Befugnis beigelegt werden, das beliehene Grundstück in Zwangsverwaltung zu nehmen. In diesem Falle ist die Anstalt befugt, die Zwangsvollstreckung in das bewegliche Vermögen und die Zwangsverwaltung zusammen oder einzeln zur Ausführung zu bringen.

§ 4 [Gerichtliche Zwangsversteigerung] Gleichzeitig mit den im § 3 bezeichneten Maßregeln kann die Anstalt die gerichtliche Zwangsversteigerung des beliehenen Grundstückes betreiben. Der vollstreckbare Schuldtitel wird durch den Antrag auf Zwangsversteigerung ersetzt. Der Antrag soll das Grundstück, den Eigentümer und den Anspruch bezeichnen.

§ 5 [Anzuwendende Vorschriften] (1) Die Zwangsvollstreckung in das bewegliche Vermögen des Schuldners erfolgt nach den Vorschriften des Verwaltungsvollstreckungsgesetzes für das Land Nordrhein-Westfalen [jetzt] vom 13. 5. 1980 ...
(2) Das Verfahren der Zwangsverwaltung ist, soweit nicht hierüber in diesem Gesetz Bestimmungen getroffen sind, durch Satzung zu regeln. Die Regelung soll im Anschluß an die Vorschriften des ... [ZVG] erfolgen.
(3) Bestreitet der Schuldner die Verbindlichkeit zur Entrichtung der geforderten Geldbeträge, so bleibt ihm überlassen, seine Rechte im Wege der Klage geltend zu machen.

§ 6 [Einleitung und Ende der Zwangsverwaltung] (1) Die Einleitung einer Zwangsverwaltung durch die Anstalt ist ausgeschlossen, solange eine gerichtliche Zwangsverwaltung anhängig ist.
(2) Eine durch die Anstalt eingeleitete Zwangsverwaltung endigt, wenn wegen des Anspruchs eines anderen Gläubigers die gerichtliche Zwangsverwaltung angeordnet wird.
(3) [Gegenstandslos]

---

[3] Aufgehoben in Niedersachsen durch das NVwVG vom 2. Juni 1982, Nieders. GVBl 139.

Nordrhein-Westfalen **Anh T 60**

(4) Die Anstalt kann auf Ersuchen des Gerichts die dem letzteren durch §§ 150, 153, 154 des ... [ZVG] zugewiesene Tätigkeit bezüglich land- oder forstwirtschaftlicher Grundstücke übernehmen; bezüglich der von ihr beliehenen Grundstücke kann ihr mit Genehmigung der Landesregierung durch Satzung ein Recht auf Überweisung dieser Tätigkeit beigelegt werden.

§ 7 [Arrest] (1) Liegen die Voraussetzungen vor, unter denen nach §§ 1134 und 1135 des Bürgerlichen Gesetzbuches das Gericht gegen den Schuldner einzuschreiten haben würde, so ist die Anstalt befugt, unter entsprechender Anwendung der Vorschriften des Verwaltungsvollstreckungsgesetzes für das Land Nordrhein-Westfalen ... den Arrest in das bewegliche Vermögen des Schuldners vollziehen zu lassen. Steht der Anstalt die Befugnis zu, das beliehene Grundstück in Zwangsverwaltung zu nehmen, so kann sie auch diese Maßregel im Wege des Arrestes zur Ausführung bringen.

(2) Wird von dem Schuldner die Rechtmäßigkeit des Arrestes bestritten, so ist der Widerspruch im Wege der Klage geltend zu machen.

§ 8 [Keine Anmeldepflicht für die Anstaltsansprüche] (1) Bei einer Zwangsverwaltung oder Zwangsversteigerung, bei welcher eine landschaftliche ... Kreditanstalt beteiligt ist, brauchen Ansprüche, welche nach § 2 dem Zwangsvollstreckungsrechte der Anstalt unterliegen, auch insoweit, als sie aus dem Grundbuche nicht hervorgehen, weder zum Zwecke ihrer Berücksichtigung bei Feststellung des geringsten Gebotes, noch zum Zwecke ihrer Aufnahme in den Teilungsplan glaubhaft gemacht zu werden.

(2) Durch den Widerspruch, welchen bei der Verhandlung über den Teilungsplan ein anderer Beteiligter gegen einen Anspruch der bezeichneten Art erhebt, wird die Ausführung des Planes nicht aufgehalten. Dem widersprechenden Beteiligten bleibt es überlassen, seine Rechte nach erfolgter Auszahlung im Wege der Klage geltend zu machen.

§ 9 [Anwendung des § 8 auf § 5] Führt die von einer landschaftlichen ... Kreditanstalt in Gemäßheit des § 5 Abs 1 betriebene Zwangsvollstreckung zu einem Verteilungsverfahren, so finden die Vorschriften des § 8 entsprechende Anwendung.

§ 10 [Gerichtliche Zwangsvollstreckung aus § 1] (1) Auf die gerichtliche Zwangsvollstreckung aus den im § 1 Absatz 1 Ziffer 2 vorgesehenen Urkunden finden die Vorschriften über die Zwangsvollstreckung aus notariellen Urkunden entsprechende Anwendung.

(2) In den Fällen des § 726 Abs 1, der §§ 727 bis 729, 738, 742, 744, des 745 Abs 2 und des § 749 der Zivilprozeßordnung ist die vollstreckbare Ausfertigung nur auf Anordnung des Amtsgerichts zu erteilen, in dessen Bezirk die Anstalt ihren Sitz hat.

§ 11 [Altes Vollstreckungsrecht] Die Vorschriften der §§ 7 bis 9 können mit Genehmigung der Landesregierung durch Satzung auch für solche landschaftliche ... Kreditanstalten eingeführt werden, denen schon vor dem Inkrafttreten dieses Gesetzes ein Zwangsvollstreckungsrecht im Sinne des § 1 Ziffer 1 zustand.

§ 12 [Alte Satzungen] Die beim Inkrafttreten dieses Gesetzes geltenden Verfassungen und Satzungen der landschaftlichen ... Kreditanstalten werden, auch soweit sie den Anstalten weitergehende Befugnisse gewähren, durch die Vorschriften dieses Gesetzes nicht berührt.

§ 13 [Alte Kreditanstalten] Die Vorschriften dieses Gesetzes über die Zwangsversteigerung und die gerichtliche Zwangsverwaltung von Grundstücken gelten nach dem Inkrafttreten des Bürgerlichen Gesetzbuches nur für die zur Zeit dieses Inkrafttretens bestehenden Kreditanstalten.

T 61. Nordrhein Westfäl ZVG-Ausführungsgesetz

Nordrhein Westfäl [früheres Preuß] Ausführungsgesetz zum Reichsgesetz über die Zwangsversteigerung und die Zwangsverwaltung vom 23. 9. 1899. Sammlung des in Nordrhein-Westfalen geltenden preußischen Rechts – PrGS. NW. – Nr 321 geändert durch Art 1 des RBG 1984 vom 18. 12. 1984 (GV. NW. 806)

Erster Abschnitt. Zwangsversteigerung und Zwangsverwaltung von Grundstücken im Wege der Zwangsvollstreckung

Art 1 [Öffentliche Lasten] (1) Öffentliche Lasten eines Grundstücks im Sinne des § 10 Abs 1 Nr 3 und des § 156 Abs 1 des ... [ZVG] sind:
1. die zur Erfüllung der Deichpflicht erforderlichen Beiträge und Leistungen, ohne Unterschied, ob sie von der zuständigen Staatsbehörde ausgeschrieben sind oder aus der auf einem Deichverbande beruhenden Deichpflicht entspringen;
2. die auf einem nicht privatrechtlichen Titel beruhenden Abgaben und Leistungen, die auf dem Grundstücke nach Gesetz oder Verfassung haften (gemeine Lasten).

(2) [Gegenstandslos]

Art 2 [Gemeine Lasten] Zu den gemeinen Lasten gehören namentlich:
1. Abgaben und Leistungen, die aus dem Kommunal-, Kirchen-, Pfarr- oder Schulverband entspringen oder an Kirchen, Pfarren, Schulen, Kirchen- oder Schulbediente zu entrichten sind;
2. Beiträge, die aus der Verpflichtung zu öffentlichen Wege-, Wasser- oder Uferbauten entstehen;
3. Beiträge, die an öffentliche Meliorationsgenossenschaften oder andere einen gemeinnützigen Zweck verfolgende Körperschaften des öffentlichen Rechtes, insbesondere an Verbände, welche der Versicherung ihrer Mitglieder gegen den durch Brand, Hagelschlag oder Viehsterben entstehenden Schaden bezwecken, zu entrichten sind;
4. diejenigen Beiträge zur Entschädigung oder zu den Kosten der Schutzanlagen, welche nach Maßgabe des Gesetzes, betreffend Schutzwaldungen und Waldgenossenschaften, vom 6. Juli 1875 den Eigentümern gefährdeter oder gefahrbringender Grundstücke auferlegt sind.

Art 3 [Öffentlichen Lasten gleichstehend] (1) In Ansehung des Rechtes auf Befriedigung aus dem Grundstücke stehen den öffentlichen Lasten gleich:
1. die an die Rentenbanken oder die Tilgungskassen abgetretenen Renten, die Landesrentenbankrenten der *Preußischen Landesrentenbank* [jetzt: Deutschen Landesrentenbank] sowie die an die Staatskasse zu entrichtenden Ablösungsrenten;
2. wenn das Grundstück bei einer Auseinandersetzung beteiligt ist, die im § 7 Nr 6 des Gesetzes über das Kostenwesen in Auseinandersetzungssachen vom 24. Juni 1875 bezeichneten Kosten und Terminalvorschüsse auch außerhalb des ursprünglichen Geltungsbereichs des genannten Gesetzes.

(2) [Gegenstandslos]

Art 4 [Vorlage von Katasterauszügen] (1) Dem Antrag auf Zwangsversteigerung soll ein das Grundstück betreffender neuester Auszug aus der Grundsteuer-

Nordrhein-Westfalen

mutterrolle und der Gebäudesteuerrolle beigefügt werden, soweit er nach Lage der Rollen erteilt werden kann.

(2) [Gegenstandslos]

Art 5 [Bekanntmachung der Terminsbestimmung] Für die Bekanntmachung der Terminsbestimmung wird der Anzeiger des Amtsblatts bestimmt.

Art 6 [Nicht eingetragene Grundbuchrechte, Altenteil] (1) Die Rechte an dem Grundstücke, die nach Artikel 22 des Ausführungsgesetzes zum Bürgerlichen Gesetzbuch [Bereinigte Sammlung des Nordrhein Westfäl Landesrechts Nr 40] oder nach sonstigen landesgesetzlichen Vorschriften zur Wirksamkeit gegenüber dem öffentlichen Glauben des Grundbuchs der Eintragung nicht bedürfen, bleiben auch dann bestehen, wenn sie bei der Feststellung des geringsten Gebots nicht berücksichtigt sind.

(2) Das gleiche gilt, unbeschadet der Vorschrift des § 9 Abs 2 des Einführungsgesetzes zum Reichsgesetze, von den im Grundbuch als Leibgedinge, Leibzucht, Altenteil oder Auszug eingetragenen Dienstbarkeiten und Reallasten sowie von Grunddienstbarkeiten, die zur Wirksamkeit gegenüber dem öffentlichen Glauben des Grundbuchs der Eintragung nicht bedürfen.

Art 7 [Mieter, Pächter] (1) Ist das Grundstück vor dem Inkrafttreten des Bürgerlichen Gesetzbuchs einem Mieter oder Pächter überlassen, so finden die Vorschriften des § 57 des Reichsgesetzes Anwendung.

(2) Weitergehende Rechte eines Mieters oder Pächters, die sich aus den bisherigen Gesetzen ergeben, bleiben unberührt.

Art 8 [Gegenstandslos]

Art 9 [Befreiung von Sicherheitsleistung] Für ein Gebot einer Gemeinde oder eines Gemeindeverbandes, der *Preußischen* Staatsbank *(Seehandlung)*, der *Preußischen* [Deutschen] Zentralgenossenschaftskasse, der *Preußischen Landesrentenbank* [Deutschen Landesrentenbank], der *Preußischen* [Deutschen] Landespfandbriefanstalt, einer landschaftlichen, *ritterschaftlichen,* stadtschaftlichen, städtischen, *provinzialen* oder sonstigen öffentlich-rechtlichen Kreditanstalt oder einer öffentlichen Sparkasse kann Sicherheitsleistung nicht verlangt werden.

Art 10 [Gestrichen]

Art 11 [Auszahlung des Versteigerungserlöses] (1) [aufgehoben]

(2) Auf Antrag des Berechtigten ist die Auszahlung durch ein ersuchtes Gericht zu bewirken ... [Rest aufgehoben].

Art 12 [Vollstreckung landschaftlicher Kreditanstalten] (1) Im Falle des § 6 Abs 2 des Gesetzes, betreffend die Zwangsvollstreckung aus Forderungen landschaftlicher *(ritterschaftlicher)* Kreditanstalten ... findet die Vorschrift des § 155 Abs 1 des ... [ZVG] auch auf die Ausgaben und Kosten der durch die Kreditanstalt eingeleiteten Zwangsverwaltung Anwendung.

(2) Der Kreditanstalt steht wegen ihrer Ausgaben zur Erhaltung oder nötigen Verbesserung des Grundstücks ein Recht auf Befriedigung nach § 10 Abs 1 Nr 1 des Reichsgesetzes auch insoweit zu, als sie die Ausgaben während der von ihr eingeleiteten Zwangsverwaltung aufgewendet hat. Im Falle der Zwangsversteigerung gilt dies auch dann, wenn die von der Kreditanstalt eingeleitete Zwangsverwaltung bis zum Zuschlage fortdauert.

(3) Die Kreditanstalt ist berechtigt, von den im Abs 2 bezeichneten Ausgaben seit der Zeit der Aufwendung Zinsen mit dem Range des Anspruchs auf Ersatz der Ausgaben in Ansatz zu bringen.

Art 13 [Zwangsverwaltungs-Verteilung] Ist bei der Verteilung eines im Zwangsverwaltungsverfahren erzielten Überschusses ein Anspruch aus einem eingetragenen Rechte zu berücksichtigen, wegen dessen der Berechtigte Befriedigung aus dem Grundstücke lediglich im Wege der Zwangsverwaltung suchen kann, so ist in den Teilungsplan der ganze Betrag des Anspruchs aufzunehmen.

Art 14 [Aufgebotsverfahren] (1) In dem Aufgebotsverfahren zum Zwecke der Ausschließung eines unbekannten Berechtigten von der Befriedigung aus einem zugeteilten Betrag erfolgt die öffentliche Bekanntmachung des Aufgebots nach den für die öffentliche Bekanntmachung eines Versteigerungstermins geltenden Vorschriften. Die Befugnis des Gerichts zu einer Anordnung gemäß § 39 Abs 2 des ... [ZVG] besteht jedoch in diesem Falle ohne Rücksicht auf den Wert des Grundstücks.

(2) Die Aufgebotsfrist muß mindestens drei Monate betragen.

Zweiter Abschnitt. Zwangsversteigerung und Zwangsverwaltung von Bergwerkseigentum, unbeweglichen Bergwerksanteilen und *selbständigen Kohlenabbaugerechtigkeiten* im Wege der Zwangsvollstreckung

Art 15 [Besondere Vorschriften] Für die Zwangsversteigerung und die Zwangsverwaltung eines Bergwerkseigentums, eines unbeweglichen Bergwerksanteils ... [sonst gegenstandslos] gelten die besonderen Vorschriften der Artikel 16 bis 21.

Art 16 [Zusätzliche Beteiligte] Zu den Beteiligten gehört in jedem Falle der Repräsentant oder Grubenvorstand.

Art 17 [Lohnansprüche, Knappschafts-, Krankenkassenbeiträge] (1) Die Ansprüche der zum Betriebe des Bergbaues angenommenen, in einem Dienst- oder Arbeitsverhältnis stehenden Personen, insbesondere der Bergleute und der Betriebsbeamten, auf Lohn und andere Bezüge gewähren wegen der laufenden und der aus dem letzten Jahre rückständigen Beträge ein Recht auf Befriedigung in der zweiten Klasse.

(2) Die Beiträge, die der Werksbesitzer nach ... [Knappschaftsgesetz §§ 117, 127] zu den Knappschafts- und Krankenkassen zu leisten hat, gelten als gemeine Lasten im Sinne des Artikels 1 Abs 1 Nr 2 dieses Gesetzes.

Art 18 [Vorlage der Verleihungsurkunde] Dem Antrag auf Zwangsversteigerung oder Zwangsverwaltung ist eine oberbergamtlich, gerichtlich oder notariell beglaubigte Abschrift der Verleihungsurkunde des Bergwerkes ... [Rest gegenstandslos] beizufügen ... [Rest gegenstandslos].

Art 19 [Umfang der Beschlagnahme] Die Beschlagnahme im Zwangsversteigerungsverfahren umfaßt nicht die bereits gewonnenen Mineralien.

Art 20 [Inhalt der Terminsbestimmung] (1) Ist ein Bergwerkseigentum oder ein unbeweglicher Bergwerksanteil zu versteigern, so soll die Terminsbestimmung außer dem Grundbuchblatte den Namen des Bergwerkes sowie die Mineralien, auf die das Bergwerkseigentum verliehen ist, bezeichnen und im Falle der Versteigerung eines Bergwerksanteils auch die Zahl der Kuxe angeben, in welche das Bergwerk geteilt ist.

Nordrhein-Westfalen **Anh T 61**

(2) Außerdem soll die Terminsbestimmung eine Angabe der Feldgröße, des Kreises, in welchem das Feld liegt, und der dem Werke zunächst gelegenen Stadt enthalten ... [Rest gegenstandslos]

Art 21 [Wert des Verfahrensgegenstands] Ist der Wert des Gegenstandes des Verfahrens festzustellen, so erfolgt die Feststellung durch das Gericht nach freiem Ermessen, nötigenfalls unter Zuziehung des zuständigen Bergamts.

Dritter Abschnitt. Zwangsversteigerung und Zwangsverwaltung in besonderen Fällen

Art 22 [Anzuwendende Vorschriften] Die Vorschriften der §§ 172 bis 184 des ... [ZVG] gelten mit den Änderungen, die sich aus dem ersten und zweiten Abschnitte dieses Gesetzes ergeben, auch für Bergwerkseigentum, unbewegliche Bergwerksanteile *und selbständige Gerechtigkeiten.*

Art 23 [Besondere Versteigerungen] Auf die Zwangsversteigerung eines Bergwerkes oder eines Bergwerksanteils nach den *§§ 159, 161, 162, 234, 235g des Allgemeinen Berggesetzes* [Bereinigte Sammlung des NordrheinWestfäl Landesrechts Nr 75] finden die Vorschriften, die für die Zwangsversteigerung im Wege der Zwangsvollstreckung gelten, entsprechende Anwendung, soweit sich nicht aus den Artikeln 24 bis 27 ein anderes ergibt.

Art 24 [Glaubhaftmachung, Zustellung von Urkunden] (1) Der Antragsteller hat die Tatsachen, welche sein Recht zur Stellung dieses Antrags begründen, soweit sie nicht bei dem Gericht offenkundig sind, durch Urkunden glaubhaft zu machen.

(2) Ist der Antrag von einem nach *§ 159 Abs 1 des Allgemeinen Berggesetzes* Berechtigten gestellt, so sind mit dem Beschlusse, durch den die Zwangsversteigerung angeordnet wird, der Antrag und, wenn der Berechtigte nicht im Grundbuch eingetragen ist, die im Abs 1 bezeichneten Urkunden dem Bergwerkseigentümer zuzustellen.

Art 25 [Versteigerung auf Antrag des Eigentümers] Auf Antrag des Bergwerkseigentümers darf die Zwangsversteigerung nur angeordnet werden, wenn der Antragsteller als Eigentümer im Grundbuch eingetragen oder wenn er Erbe des eingetragenen Eigentümers ist.

Art 26 [Keine Beschlagnahmewirkung] Ist die Zwangsversteigerung eines Bergwerkes auf Antrag des Bergwerkseigentümers oder die Zwangsversteigerung eines Bergwerksanteils auf Antrag der Gewerkschaft angeordnet oder hat der Bergwerkseigentümer nach den *§§ 161, 162 des Allgemeinen Berggesetzes* auf das Bergwerkseigentum verzichtet, so gilt der Beschluß, durch den das Verfahren angeordnet wird, nicht als Beschlagnahme. Im Sinne der §§ 13, 55 des ... [ZVG] ist jedoch die Zustellung des Beschlusses an den Antragsteller als Beschlagnahme anzusehen.

Art 27 [Kein geringstes Gebot, Barzahlung des Meistgebots] Die Vorschriften über das geringste Gebot finden keine Anwendung. Das Meistgebot ist in seinem ganzen Betrage durch Zahlung zu berichtigen.

Art 28 [Zwangsverkauf eines Grundstücks] Auf den Verkauf eines Grundstücks nach den §§ 40, 58, 60 Teil I Titel 8 des Allgemeinen Landrechts finden die Vorschriften, die für die Zwangsversteigerung im Wege der Zwangsvollstreckung gelten, entsprechende Anwendung, soweit sich nicht aus den Artikeln 29 bis 32 ein anderes ergibt.

Anh T 61   Nordrhein-Westfalen

Art 29 [Antrag zu Art 28] (1) Antragsberechtigt ist die *Ortspolizeibehörde*.
(2) Der Antrag soll das Grundstück, den Eigentümer und die Tatsachen bezeichnen, welche das Recht zur Stellung des Antrags begründen. Die Vorschriften des Artikel 24 finden entsprechende Anwendung.

Art 30 [Befriedigungsrang bei Aufwendungen] Der Anspruch auf Ersatz der im § 43 Teil I Titel 8 des Allgemeinen Landrechts bezeichneten Verwendungen gewährt ein Recht auf Befriedigung aus dem Grundstücke vor allen anderen Ansprüchen.

Art 31 [Kein geringstes Gebot, Versteigerungsbedingung] (1) Die Vorschriften über das geringste Gebot finden keine Anwendung.
(2) Das Gericht hat die Übernahme der Wiederherstellung des Gebäudes von Amts wegen als Versteigerungsbedingung zu bestimmen.

Art 32 [Angebote, ergebnislose Versteigerung] (1) Angebote nach den §§ 45 bis 47 Teil I Titel 8 des Allgemeinen Landrechts sind nur zu berücksichtigen, wenn sie im Versteigerungstermine geltend gemacht werden.
(2) Bleibt die Versteigerung ergebnislos, so ist der Zuschlag nach Maßgabe der §§ 45 bis 48 des bezeichneten Titels zu erteilen. Die Beschwerde gegen die Entscheidung über den Zuschlag kann auch auf die Verletzung einer dieser Vorschriften gestützt werden.

Vierter Abschnitt. Schluß- und Übergangsbestimmungen

Art 33 [gegenstandslos]

Art 34 [Satzungen der Kreditanstalten] Die Verfassungen und Satzungen der landschaftlichen *(ritterschaftlichen)* Kreditanstalten und der ... werden, auch soweit sie den Anstalten weitergehende Befugnisse gewähren, durch die Vorschriften dieses Gesetzes nicht berührt.

Art 35 [Verteilungsverfahren bei Zwangsenteignung] [... (Hier nicht abgedruckt)]

Art 36–Art 41 [... (Die Vorschriften über das Verteilungs- und Vermittlungsverfahren sind hier nicht abgedruckt)]

Art 42–48 [gegenstandslos]

T 62. RheinlPfälz ZVG-Ausführungsgesetz

Landesgesetz zur Ausführung der Zivilprozeßordnung, des Gesetzes über die Zwangsversteigerung und die Zwangsverwaltung und der Konkursordnung vom 30. 8. 1974, GVBl S 371 = BS Nr 3210–2
[Auszug]

Zweiter Teil: Ausführung des Gesetzes über die Zwangsversteigerung und die Zwangsverwaltung

§ 4 Öffentliche Lasten. Öffentliche Lasten eines Grundstücks im Sinne des § 10 Abs 1 Nr 3 und des § 156 Abs 1 des ... [ZVG] sind, soweit sie nicht bereits in anderen Rechtsvorschriften als solche bestimmt sind, Abgaben und Leistungen, die auf dem Grundstück lasten und nicht auf einer privatrechtlichen Verpflichtung beruhen.

Saarland

§ 5 Bestehenbleibende Rechte. (1) Die Rechte an dem Grundstück, die nach landesrechtlichen Vorschriften zur Wirksamkeit gegenüber dem öffentlichen Glauben des Grundbuches der Eintragung nicht bedürfen, bleiben auch dann bestehen, wenn sie bei der Feststellung des geringsten Gebots nicht berücksichtigt sind.

(2) Das gleiche gilt, unbeschadet der Vorschrift des § 9 Abs 2 des Einführungsgesetzes zu dem ... [ZVG], für die im Grundbuch als Leibgeding, Leibzucht, Altenteil oder Auszug eingetragenen Dienstbarkeiten und Reallasten sowie für Grunddienstbarkeiten, die zur Wirksamkeit gegenüber dem öffentlichen Glauben des Grundbuches der Eintragung nicht bedürfen.

§ 6 Befreiung von der Sicherheitsleistung. Für ein Gebot einer Gemeinde, eines Gemeindeverbandes, einer öffentlich-rechtlichen Kreditanstalt oder einer öffentlich-rechtlichen Sparkasse kann keine Sicherheitsleistung verlangt werden.

§ 7 [Aufgehoben]

§ 8 Aufgebot eines unbekannten Berechtigten. (1) In dem Aufgebotsverfahren zum Zwecke der Ausschließung eines unbekannten Berechtigten von der Befriedigung aus einem zugeteilten Betrag erfolgt die öffentliche Bekanntmachung des Aufgebots durch Anheften an die Gerichtstafel und einmalige Einrückung in das für Bekanntmachungen des Gerichts bestimmte Blatt. Das Gericht ist befugt, noch andere und wiederholte Veröffentlichungen zu veranlassen. Ist der zugeteilte Betrag gering, so kann das Gericht anordnen, daß die Einrückung unterbleibt; in diesem Fall muß die Bekanntmachung dadurch erfolgen, daß das Aufgebot an die Gerichtstafel angeheftet und in der Gemeinde, in deren Gebiet das Grundstück belegen ist, nach den für öffentliche Bekanntmachungen der Gemeinde geltenden Vorschriften veröffentlicht wird.

(2) Die Aufgebotsfrist muß mindestens sechs Wochen betragen. Sie beginnt mit der ersten Einrückung in das für Bekanntmachungen des Gerichts bestimmte Blatt. Ordnet das Gericht an, daß die Einrückung unterbleibt, so beginnt die Frist mit dem Anheften an die Gerichtstafel.

T 63. Saarl Justizausführungsgesetz (AGJusG)

Saarl Gesetz zur Ausführung bundesrechtlicher Justizgesetze (AGJusG)
vom 5. 2. 1997, Amtsbl 258

Zweiter Teil. Ausführung von Verfahrensrecht
Kapitel 2. Ausführungsvorschriften zum Gesetz über die Zwangsversteigerung und die Zwangsverwaltung

Erster Abschnitt. Allgemeine Vorschriften

§ 41 Auszug aus dem Liegenschaftskataster. Dem Antrag auf Zwangsversteigerung soll ein das Grundstück betreffender neuester Auszug aus dem Liegenschaftskataster beigefügt werden, soweit er nach den Vorschriften der §§ 12 bis 14 des Katastergesetzes, derzeit in der Fassung der Bekanntmachung vom 12. Dezember 1983 (Amtsbl S. 825), zuletzt geändert durch das Gesetz vom 26. Januar 1994 (Amtsbl S 509), in der jeweils geltenden Fassung erteilt werden kann.

§ 42 Öffentliche Lasten. Öffentliche Lasten eines Grundstücks im Sinne des § 10 Abs 1 Nr 3 und des § 156 Abs 1 sind, soweit sie nicht bereits in anderen Rechtsvorschriften als solche bestimmt sind, Abgaben und Leistungen, die auf dem Grundstück lasten und nicht auf einer privatrechtlichen Verpflichtung beruhen.

§ 43 Bestehenbleibende Rechte. (1) Die Rechte an dem Grundstück, die nach landesrechtlichen Vorschriften zur Wirksamkeit gegenüber dem öffentlichen Glauben des Grundbuchs der Eintragung nicht bedürfen, bleiben auch dann bestehen, wenn sie bei der Feststellung des geringsten Gebots nicht berücksichtigt sind.

(2) Das gleiche gilt, unbeschadet der Vorschrift des § 9 Abs 2 des Einführungsgesetzes zu dem Gesetz über die Zwangsversteigerung und die Zwangsverwaltung in der im Bundesgesetzblatt Teil III, Gliederungsnummer 310–13, veröffentlichten bereinigten Fassung, zuletzt geändert durch Artikel 1 Abs 2 Nr 1 des Gesetzes vom 20. Dezember 1996 (BGBl I S 2028), für die im Grundbuch als Leibgeding, Leibzucht, Altenteil oder Auszug eingetragenen Dienstbarkeiten und Reallasten sowie für Grunddienstbarkeiten, die zur Wirksamkeit gegenüber dem öffentlichen Glauben des Grundbuchs der Eintragung nicht bedürfen.

§ 44 Befreiung von der Sicherheitsleistung. Für das Gebot einer Gemeinde, eines Gemeindeverbandes, einer öffentlichrechtlichen Kreditanstalt oder einer öffentlich-rechtlichen Sparkasse kann eine Sicherheitsleistung nicht verlangt werden.

§ 45 Aufgebot eines unbekannten Berechtigten. (1) In dem Aufgebotsverfahren zum Zwecke der Ausschließung eines unbekannten Berechtigten von der Befriedigung aus einem zugeteilten Betrag erfolgt die öffentliche Bekanntmachung des Aufgebots durch Anheften an die Gerichtstafel und einmalige Veröffentlichung im Amtsblatt des Saarlandes. Das Gericht ist befugt, noch andere und wiederholte Veröffentlichungen zu veranlassen. Ist der zugeteilte Betrag gering, kann das Gericht anordnen, daß die Veröffentlichung unterbleibt; in diesem Fall muß die Bekanntmachung dadurch erfolgen, daß das Aufgebot an die Gerichtstafel angeheftet und in der Gemeinde, in deren Gebiet das Grundstück belegen ist, nach den für die öffentlichen Bekanntmachungen der Gemeinde geltenden Vorschriften veröffentlicht wird.

(2) Die Aufgebotsfrist muß mindestens sechs Wochen betragen. Sie beginnt mit der Veröffentlichung im Amtsblatt. Ordnet das Gericht an, daß die Veröffentlichung unterbleibt, beginnt die Frist mit dem Anheften an die Gerichtstafel.

§ 46 Inhalt der Terminsbestimmung. Die Bestimmung des Versteigerungstermins nach §§ 37, 38 des Gesetzes über die Zwangsversteigerung und die Zwangsverwaltung soll auch die Angabe des Verkehrswertes sowie der postalischen Anschrift des zu versteigernden Grundstücks enthalten.

Zweiter Abschnitt. Sondervorschriften für Bergwerkseigentum

§ 47 Rangordnung von Rechten. Die Ansprüche der in einem Dienst- oder Arbeitsverhältnis zu dem Bergbauunternehmen stehenden Personen, insbesondere der Bergleute, auf Lohn oder andere Bezüge stehen wegen der laufenden und der aus dem letzten Jahr rückständigen Beträge den in § 10 Abs 1 Nr 2 bezeichneten Ansprüchen gleich.

§ 48 Vorlage der Verleihungsurkunde. Dem Antrag auf Zwangsversteigerung oder Zwangsverwaltung ist eine vom Oberbergamt oder notariell beglaubigte Abschrift der Berechtsamsurkunde beizufügen.

§ 49 Umfang der Beschlagnahme. Die Beschlagnahme im Zwangsversteigerungsverfahren umfaßt nicht die bereits gewonnenen Mineralien.

Schleswig-Holstein **Anh T 66**

§ 50 Mitteilungspflicht. (1) Das Vollstreckungsgericht hat dem Oberbergamt die Anordnung der Zwangsversteigerung oder der Zwangsverwaltung und die Aufhebung des Verfahrens mitzuteilen. Gleiches gilt von der Anordnung von Maßregeln, durch die der Schuldner in der Verwaltung des Bergwerks beschränkt wird, und vom rechtskräftigen Zuschlag.

(2) Im Falle der Bestellung eines Verwalters hat das Vollstreckungsgericht dem Oberbergamt auch die Person des Verwalters mitzuteilen.

T 64. Sachsen
Sächsisches Justizausführungsgesetz – JustizAG

Sächs Gesetz zur Ausführung verfahrensrechtlicher und grundstücksrechtlicher Vorschriften im Geschäftsbereich des Staatsministeriums der Justiz (Justizausführungsgesetz – JustAG) vom 12. 12. 1997 GVBl S 638 = BS Freistaat Sachsen Nr 300–6)
[Auszug]

§ 10 Aufgebotsverfahren. (1) Soweit die Bestimmungen der Zivilprozeßordnung ... und des Gesetzes über die Zwangsversteigerung und die Zwangsverwaltung ... dies zulassen und sonstige bundesrechtliche Vorschriften dem nicht entgegenstehen, werden Aufgebote, vorgeschriebene Bekanntmachungen und, soweit angeordnet, der wesentliche Inhalt von Ausschlußurteilen durch Anheftung an die Gerichtstafel und durch Veröffentlichung in dem für die Bekanntmachungen des Gerichts bestimmten Blatt öffentlich bekanntgemacht. Wenn dies dem Zweck des Aufgebots dienlich ist, kann das Gericht eine Einrückung in den Bundesanzeiger oder die Bekanntmachung in weiteren Blättern anordnen.

(2) Die Aufgebotsfrist in den Fällen des Absatzes 1 muß mindestens drei Monate betragen. Die Frist beginnt mit dem Tag der ersten Veröffentlichung.

T 65. Sachsen-Anhalt

Landesgesetze über die Zwangsversteigerung und die Zwangsverwaltung wurden bislang nicht erlassen.

T 66. SchleswHolst ZVG-Ausführungsgesetz

SchleswHolst ZVG-Ausführungsgesetz vom 23. 9. 1899.
Sammlung des SchleswHolst Landesrechts Nr B 310–2

[In einigen Landesteilen gelten noch abweichende Fassungen, das Gesetz vom 18. 12. 1899 der Freien und Hansestadt Lübeck und das Oldenburgische Gesetz vom 15. 5. 1899]

Erster Abschnitt. Zwangsversteigerung und Zwangsverwaltung von Grundstücken im Wege der Zwangsvollstreckung

Art 1 [Öffentliche Lasten] (1) Öffentliche Lasten eines Grundstücks im Sinne des § 10 Abs 1 Nr 3 und des § 156 Abs 1 des ... [ZVG] sind:
1. die zur Erfüllung der Deichpflicht erforderlichen Beiträge und Leistungen, ohne Unterschied, ob sie von der zuständigen Staatsbehörde ausgeschrieben sind oder aus der auf einem Deichverbande beruhenden Deichpflicht entspringen;
2. die auf einem nicht privatrechtlichen Titel beruhenden Abgaben und Leistungen, die auf dem Grundstücke nach Gesetz oder Verfassung haften (gemeine Lasten).

(2) [Gegenstandslos]

Art 2 [Gemeine Lasten] Zu den gemeinen Lasten gehören namentlich:
1. Abgaben und Leistungen, die aus dem Kommunal-, Kirchen-, Pfarr- oder Schulverband entspringen oder an Kirchen, Pfarren, Schulen, Kirchen- oder Schulbediente zu entrichten sind;
2. Beiträge, die aus der Verpflichtung zu öffentlichen Wege-, Wasser- oder Uferbauten entstehen;
3. Beiträge, die an öffentliche Meliorationsgenossenschaften [Flurbereinigungsgenossenschaften] oder andere einen gemeinnützigen Zweck verfolgende Körperschaften des öffentlichen Rechtes, insbesondere an Verbände, welche die Versicherung ihrer Mitglieder gegen den durch Brand, Hagelschlag oder Viehsterben entstehenden Schaden bezwecken, zu entrichten sind;
4. diejenigen Beiträge zur Entschädigung oder zu den Kosten der Schutzanlagen, welche nach Maßgabe des Gesetzes, betreffend Schutzwaldungen und Waldgenossenschaften, vom 6. Juli 1875 den Eigentümern gefährdeter oder gefahrbringender Grundstücke auferlegt sind.

Art 3 [Öffentlichen Lasten gleichstehend] (1) In Ansehung des Rechtes auf Befriedigung aus dem Grundstücke stehen den öffentlichen Lasten gleich:
1. die an die Rentenbanken oder die Tilgungskassen abgetretenen Renten, die Landesrentenbankrenten der *Preußischen Landesrentenbank* [jetzt: Deutschen Landesrentenbank] sowie die an die Staatskasse zu entrichtenden Ablösungsrenten;
2. wenn das Grundstück bei einer Auseinandersetzung beteiligt ist, die im § 7 Nr 6 des Gesetzes über das Kostenwesen in Auseinandersetzungssachen vom 24. Juni 1875 bezeichneten Kosten und Terminalvorschüsse auch außerhalb des ursprünglichen Geltungsbereichs des genannten Gesetzes.

(2) [Gegenstandslos]

Art 4 [Vorlage von Katasterauszügen] (1) Dem Antrag auf Zwangsversteigerung soll ein das Grundstück betreffender neuester Auszug aus der Grundsteuermutterrolle und der Gebäudesteuerrolle beigefügt werden, soweit er nach Lage der Rollen erteilt werden kann.

(2) [Gegenstandslos]

Art 5 [Bekanntmachung der Terminsbestimmung] Für die Bekanntmachung der Terminsbestimmung wird der Anzeiger des Amtsblatts bestimmt.

Art 6 [Nicht eingetragene Grundbuchrechte, Altenteil] (1) Die Rechte an dem Grundstücke, die nach *Artikel 22* des Ausführungsgesetzes zum Bürgerlichen Gesetzbuch oder nach sonstigen landesgesetzlichen Vorschriften zur Wirksamkeit gegenüber dem öffentlichen Glauben des Grundbuchs der Eintragung nicht bedürfen, bleiben auch dann bestehen, wenn sie bei der Feststellung des geringsten Gebots nicht berücksichtigt sind.

(2) Das gleiche gilt, unbeschadet der Vorschrift des § 9 Abs 2 des Einführungsgesetzes zum Reichsgesetze, von dem im Grundbuch als Leibgedinge, Leibzucht, Altenteil oder Auszug eingetragenen Dienstbarkeiten und Reallasten sowie von Grunddienstbarkeiten, die zur Wirksamkeit gegenüber dem öffentlichen Glauben des Grundbuchs der Eintragung nicht bedürfen.

Art 7, 8 [Gegenstandslos]

Art 9 [Befreiung von Sicherheitsleistung] Für ein Gebot einer Gemeinde oder eines Gemeindeverbandes, der *Preußischen* Staatsbank *(Seehandlung),* der *Preußischen* [Deutschen] Zentralgenossenschaftskasse, der *Preußischen Landesrentenbank*

Schleswig-Holstein **Anh T 66**

[Deutschen Landesrentenbank], der *Preußischen* [Deutschen] Landespfandbriefanstalt, einer landschaftlichen, *ritterschaftlichen,* städtischen, stadtschaftlichen, *provinzialen* oder sonstigen öffentlich-rechtlichen Kreditanstalt oder einer öffentlichen Sparkasse kann Sicherheitsleistung nicht verlangt werden.

Art 10 [Außer Kraft]

Art 11 [Aufgehoben]

Art 12 [Vollstreckung landschaftlicher Kreditanstalten] (1) Im Falle des § 6 Abs 2 des Gesetzes, betreffend die Zwangsvollstreckung aus Forderungen landschaftlicher *(ritterschaftlicher)* Kreditanstalten ... findet die Vorschrift des § 155 Abs 1 des ... [ZVG] auch auf die Ausgaben und Kosten der durch die Kreditanstalt eingeleiteten Zwangsverwaltung Anwendung.

(2) Der Kreditanstalt steht wegen ihrer Ausgaben zur Erhaltung oder nötigen Verbesserung des Grundstücks ein Recht auf Befriedigung nach § 10 Abs 1 Nr 1 des ... [ZVG] auch insoweit zu, als sie die Ausgaben während der von ihr eingeleiteten Zwangsverwaltung aufgewendet hat. Im Falle der Zwangsversteigerung gilt dies auch dann, wenn die von der Kreditanstalt eingeleitete Zwangsverwaltung bis zum Zuschlage fortdauert.

(3) Die Kreditanstalt ist berechtigt, von den im Abs 2 bezeichneten Ausgaben seit der Zeit der Aufwendung Zinsen mit dem Range des Anspruchs auf Ersatz der Ausgaben in Ansatz zu bringen.

Art 13 [Zwangsverwaltungs-Verteilung] Ist bei der Verteilung eines im Zwangsverwaltungsverfahren erzielten Überschusses ein Anspruch aus einem eingetragenen Rechte zu berücksichtigen, wegen dessen der Berechtigte Befriedigung aus dem Grundstücke lediglich im Wege der Zwangsverwaltung suchen kann, so ist in den Teilungsplan der ganze Betrag des Anspruchs aufzunehmen.

Art 14 [Aufgebotsverfahren] (1) In dem Aufgebotsverfahren zum Zwecke der Ausschließung eines unbekannten Berechtigten von der Befriedigung aus einem zugeteilten Betrag erfolgt die öffentliche Bekanntmachung des Aufgebots nach den für die öffentliche Bekanntmachung eines Versteigerungstermins geltenden Vorschriften. Die Befugnis des Gerichts zu einer Anordnung gemäß § 39 Abs 2 des ... [ZVG] besteht jedoch in diesem Falle ohne Rücksicht auf den Wert des Grundstücks.

(2) Die Aufgebotsfrist muß mindestens drei Monate betragen.

Zweiter Abschnitt. Zwangsversteigerung und Zwangsverwaltung von Bergwerkseigentum, unbeweglichen Bergwerksanteilen und *selbständigen Kohlenabbaugerechtigkeiten* im Wege der Zwangsvollstreckung

Art 15–21 [Aufgehoben]

Dritter Abschnitt. Zwangsversteigerung und Zwangsverwaltung in besonderen Fällen

Art 22 [Anzuwendende Vorschriften] Die Vorschriften der §§ 172 bis 184 des Reichsgesetzes [ZVG] gelten mit den Änderungen, die sich aus dem ersten ... Abschnitte dieses Gesetzes ergeben, auch für Bergwerkseigentum, unbewegliche Bergwerksanteile und selbständige Gerechtigkeiten.

Art 23 [Besondere Versteigerungen] Auf die Zwangsversteigerung eines Bergwerks oder eines Bergwerksanteils nach den §§ *159, 161, 162, 234, 235g des*

1615

Allgemeinen Berggesetzes finden die Vorschriften, die für die Zwangsversteigerung im Wege der Zwangsvollstreckung gelten, entsprechende Anwendung, soweit sich nicht aus den Artikeln 24 bis 27 ein anderes ergibt.

Art 24 [Glaubhaftmachung, Zustellung von Urkunden] (1) Der Antragsteller hat die Tatsachen, welche sein Recht zur Stellung dieses Antrags begründen, soweit sie nicht bei dem Gericht offenkundig sind, durch Urkunden glaubhaft zu machen.

(2) Ist der Antrag von einem nach § 159 Abs 1 des *Allgemeinen Berggesetzes* Berechtigten gestellt, so sind mit dem Beschlusse, durch den die Zwangsversteigerung angeordnet wird, der Antrag und, wenn der Berechtigte nicht im Grundbuch eingetragen ist, die im Abs 1 bezeichneten Urkunden dem Bergwerkseigentümer zuzustellen.

Art 25 [Versteigerung auf Antrag des Eigentümers] Auf Antrag des Bergwerkseigentümers darf die Zwangsversteigerung nur angeordnet werden, wenn der Antragsteller als Eigentümer im Grundbuch eingetragen oder wenn er Erbe des eingetragenen Eigentümers ist.

Art 26 [Keine Beschlagnahmewirkung] Ist die Zwangsversteigerung eines Bergwerkes auf Antrag des Bergwerkeigentümers oder die Zwangsversteigerung eines Bergwerksanteils auf Antrag der Gewerkschaft angeordnet oder hat der Bergwerkseigentümer nach den §§ 161, 162 des *Allgemeinen Berggesetzes* auf das Bergwerkseigentum verzichtet, so gilt der Beschluß, durch den das Verfahren angeordnet wird, nicht als Beschlagnahme. Im Sinne der §§ 13, 55 des ..... [ZVG] ist jedoch die Zustellung des Beschlusses an den Antragsteller als Beschlagnahme anzusehen.

Art 27 [Kein geringstes Gebot, Barzahlung des Meistgebots] Die Vorschriften über das geringste Gebot finden keine Anwendung. Das Meistgebot ist in seinem ganzen Betrage durch Zahlung zu berichten.

Art 28–32 [Aufgehoben]

Vierter Abschnitt. Schluß- und Übergangsbestimmungen

Art 33 [Gegenstandslos]

Art 34 [Satzungen der Kreditanstalten] Die Verfassungen und Satzungen der landschaftlichen *(ritterschaftlichen)* Kreditanstalten und der ... werden, auch soweit sie den Anstalten weitergehende Befugnisse gewähren, durch die Vorschriften dieses Gesetzes nicht berührt.

Art 35 [Verteilungsverfahren bei Zwangsenteignung] [... (Hier nicht abgedruckt)]

Art 36–41 [... (Die Vorschriften über das Verteilungs- und Vermittlungsverfahren sind hier nicht abgedruckt)]

Art 42–47 [Gegenstandslos]

Art 48 [Inkrafttreten] (1) Dieses Gesetz tritt zugleich mit dem ... [ZVG] in Kraft.

(2) [Gegenstandslos]

T 67. Thüringer Gesetz zur Ausführung des Gesetzes über die Zwangsversteigerung und die Zwangsverwaltung (ThürAGZVG)

vom 3. 12. 2002 GVBl 424 (428)

Erster Abschnitt. Allgemeine Bestimmungen

§ 1 Öffentliche Lasten. Öffentliche Lasten eines Grundstücks im Sinne des § 10 Abs. 1 Nr. 3 und des § 156 Abs. 1 des Gesetzes über die Zwangsversteigerung und die Zwangsverwaltung in der Fassung vom 20. Mai 1898 (RGBl S 369, 713) in der jeweils geltenden Fassung sind, soweit sie nicht bereits in anderen Rechtsvorschriften als solche bestimmt sind, Abgaben und Leistungen, die auf dem Grundstück lasten und nicht auf einer privatrechtlichen Verpflichtung beruhen.

§ 2 Veröffentlichung der Terminsbestimmung. (1) Die Terminsbestimmung soll auch in der Gemeinde, in deren Bezirk das Grundstück liegt, nach den für die öffentlichen Bekanntmachungen der Gemeinde geltenden Vorschriften veröffentlicht werden.

(2) § 39 Abs. 2 des Gesetzes über die Zwangsversteigerung und die Zwangsverwaltung bleibt unberührt.

§ 3 Nicht eingetragene Grundbuchrechte, Altenteil. (1) Die Rechte an dem Grundstück, die nach landesrechtlichen Vorschriften zur Wirksamkeit gegenüber dem öffentlichen Glauben des Grundbuchs der Eintragung nicht bedürfen, bleiben auch dann bestehen, wenn sie bei der Feststellung des geringsten Gebots nicht berücksichtigt sind.

(2) Das gleiche gilt, unbeschadet des § 9 Abs. 2 des Einführungsgesetzes zu dem Gesetz über die Zwangsversteigerung und die Zwangsverwaltung in der Fassung vom 20. Mai 1898 (RGBl S 369, 750) in der jeweils geltenden Fassung, für die im Grundbuch als Leibgedinge, Leibzucht, Altenteil oder Auszug eingetragenen Dienstbarkeiten und Reallasten sowie für Grunddienstbarkeiten, die zur Wirksamkeit gegenüber dem öffentlichen Glauben des Grundbuchs der Eintragung nicht bedürfen.

§ 4 Befreiung von der Sicherheitsleistung. Für das Gebot einer Gemeinde, eines Gemeindeverbands, einer öffentlich-rechtlichen Kreditanstalt oder einer öffentlich-rechtlichen Sparkasse kann eine Sicherheitsleistung nicht verlangt werden.

§ 5 Aufgebot eines unbekannten Berechtigen. (1) In dem Aufgebotsverfahren zum Zwecke der Ausschließung eines unbekannten Berechtigen von der Befriedigung aus einem zugeteilten Betrag erfolgt die öffentliche Bekanntmachung des Aufgebots durch Anheften an die Gerichtstafel und einmalige Veröffentlichung im Thüringer Staatsanzeiger. Das Gericht ist befugt, noch andere und wiederholte Veröffentlichungen zu veranlassen. Ist der zugeteilte Betrag gering, kann das Gericht anordnen, daß die Veröffentlichung unterbleibt; in diesem Fall muß die Bekanntmachung dadurch erfolgen, daß das Aufgebot an die Gerichtstafel angeheftet und in der Gemeinde, in deren Gebiet das Grundstück gelegen ist, nach den für die öffentlichen Bekanntmachungen der Gemeinde geltenden Vorschriften veröffentlicht wird.

(2) Die Aufgebotsfrist muß mindestens sechs Wochen betragen. Sie beginnt mit der Veröffentlichung im Thüringer Staatsanzeiger. Ordnet das Gericht an, daß die Veröffentlichung unterbleibt beginnt die Frist mit dem Anheften an die Gerichtstafel.

Zweiter Abschnitt. Sonderbestimmungen für Bergwerkseigentum

§ 6 ...

B. Tabellenanhang

1. Basiszinssatz ab 1. Januar 1999

Die Zuständigkeit für die Geldpolitik ist am 1. Januar 1999 auf das Europ System der Zentralbanken (ESZB) übergegangen. Festsetzung eines Diskont- und Lombardsatzes durch die Deutsche Bundesbank erfolgte nicht mehr.

An die Stelle dieses **Diskontsatzes** war der jeweilige **Basiszinssatz** getreten (§ 1 Abs 1 Satz 1 Diskontsatz-Überleitungs-Gesetz [DÜG] vom 9. Juni 1998, BGBl I 1242). Dieser konnte sich nach § 1 Abs 1 Sätze 2–6 DÜG verändern. Zinsen für einen Zeitraum vor dem 1. Januar 1999 konnten als Basiszinssatz geltend gemacht werden (DÜG § 2). Für sie bezeichnete die Bezugnahme auf den Basiszinssatz („x % über dem Basiszinssatz") den Diskontsatz der Deutschen Bundesbank in der für den genannten Zeitraum maßgebenden Höhe. Vermieden war damit gestaffelte Bezugnahme auf den Diskontsatz für die Zeit vor dem 1. Jan 1999 und auf den Basiszinssatz für die Zeit danach.

Das Diskontsatz-Überleitungs-Gesetz ist aufgehoben (Art 4 § 1 des Gesetzes vom 26. März 2002, BGBl I 1219 [1220]). Als neuer Zinssatz ist der **Basiszinssatz nach § 247 des Bürgerlichen Gesetzbuchs** eingeführt, der ersetzt
– den (vormaligen) Diskontsatz der Deutschen Bundesbank oder der Bank Deutscher Länder,
– den (vorgehenden) Basiszinssatz
(Art 4 § 2 Abs 1 Nrn 1 und 2 des Gesetzes sowie [mit Wirkung ab 1. Jan 2002] Überleitungsvorschrift EGBGB Art 229 § 7).

Der **Basiszinssatz** hat betragen:

	Basis-zinssatz	Kal.-Tage	Bank-Tage
1. 1. 1999–30. 4. 1999	2,50%	120	120
1. 5. 1999–31. 12. 1999	1,95%	245	240
1. 1. 2000–30. 4. 2000	2,68%	121	120
1. 5. 2000–31. 8. 2000	3,42%	123	120
1. 9. 2000–31. 8. 2001	4,26%	365	360
1. 9. 2001–31. 12. 2001	3,62%	122	120
1. 1. 2002–30. 6. 2002	2,57%	181	180
1. 7. 2002–31. 12. 2002	2,47%	184	180
1. 1. 2003–30. 6. 2003	1,97%	181	180
1. 7. 2003–31. 12. 2003	1,22%	184	180
1. 1. 2004–30. 6. 2004	1,14%	182	180
1. 7. 2004–31. 12. 2004	1,13%	184	180
1. 1. 2005–30. 6. 2005	1,21%	181	180
1. 7. 2005–	1,17%		

Durch den Zinssatz der **Spitzenrefinanzierungsfazilität der Europ Zentralbank** (SFR-Zinssatz) ist der Lombardsatz der Deutschen Bundesbank ersetzt (Art 4 § 2 Abs 1 Nr 4 Ges vom 26. März 2002 und EGBGB Art 229 § 7 Abs 1 Nr 4; zuvor § 1 Lombardsatz-Überleitungs-Verordnung [LombardV] vom 18. Dez 1998, BGBl I 3819). Die LombardV war auf Zinsperioden, die auf den Lombardsatz der Deutschen Bundesbank zu einem vor dem 1. Jan 1999 liegenden Zeitpunkt Bezug nahmen, nicht anzuwenden (§ 2 LombardV).

2. Lebenserwartung

Für die Berechnung des Wertes wiederkehrender Leistungen, die einer Person auf Lebenszeit zustehen, ist deren Lebenserwartung von Bedeutung.
Die zuletzt festgestellten Werte ergeben sich aus der Abgekürzten „Sterbetafel **2002/2004**" (Deutschland) des Statistischen Bundesamts in Wiesbaden. Sie sind nachstehend wiedergegeben. Für die Überlassung danke ich dem Statistischen Bundesamt.

Durchschnittliche Lebenserwartung

vollendetes Alter	Männlich	Weiblich	vollendetes Alter	Männlich	Weiblich
0	75,89	81,55	50	28,32	33,04
1	75,24	80,86	51	27,46	32,12
2	74,27	79,89	52	26,60	31,21
3	73,29	78,90	53	25,75	30,30
4	72,30	77,92	54	24,91	29,40
5	71,31	76,93	55	24,08	28,50
6	70,32	75,94	56	23,26	27,60
7	69,33	74,94	57	22,44	26,71
8	68,34	73,95	58	21,63	25,83
9	67,34	72,96	59	20,83	24,95
10	66,35	71,96	60	20,05	24,08
11	65,36	70,97	61	19,27	23,21
12	64,37	69,97	62	18,50	22,34
13	63,37	68,98	63	17,75	21,47
14	62,38	67,99	64	17,00	20,62
15	61,39	66,99	65	26,26	19,77
16	60,41	66,01	66	15,54	18,92
17	59,43	65,02	67	14,84	18,09
18	58,46	64,03	68	14,15	17,27
19	57,50	63,05	69	13,48	16,47
20	56,55	62,07	70	12,83	15,67
21	55,59	61,09	71	12,19	14,89
22	54,64	60,10	72	11,57	14,13
23	53,68	59,12	73	10,97	13,38
24	52,72	58,13	74	10,39	12,65
25	51,75	57,15	75	9,83	11,93
26	50,79	56,16	76	9,29	11,24
27	49,83	55,18	77	8,75	10,56
28	48,86	54,20	78	8,22	9,89
29	47,90	53,21	79	7,72	9,26
30	46,93	52,23	80	7,24	8,64
31	45,97	51,24	81	6,78	8,06
32	45,00	50,26	82	6,34	7,50
33	44,04	49,28	83	5,95	6,99
34	43,08	48,30	84	5,56	6,49
35	42,12	47,32	85	5,19	6,01
36	41,16	46,35	86	4,81	5,53
37	40,21	45,37	87	4,47	5,10
38	39,26	44,40	88	4,17	4,71
39	38,31	43,43	89	3,89	4,35
40	37,37	42,46	90	3,64	4,02
41	36,43	41,50	91	3,39	3,71
42	35,50	40,54	92	3,18	3,45
43	34,58	39,59	93	2,97	3,21
44	33,66	38,64	94	2,79	2,99
45	32,75	37,69	95	2,62	2,80
46	31,85	36,75	96	2,46	2,61
47	30,96	35,81	97	2,32	2,45
48	30,07	34,88	98	2,18	2,30
49	29,19	33,96	99	2,06	2,16

3. Zins- und Diskontierungsformeln

Zins- und Diskontierungsformeln zur Errechnung von Zwischenzinsabzügen und zur Kapitalisierung von wiederkehrenden Leistungen.

a) Zwischenzinsabzug (Abzinsung) bei Kapitalbeträgen

Einführung

In der Zwangsversteigerung gelten nach ZVG § 111 bestimmte Ansprüche als vorzeitig fällig; falls sie unverzinslich sind, wird dem Berechtigten bei vorzeitiger Fälligkeit das Kapital im Verteilungstermin nur unter Abzug von Zwischenzinsen ausgezahlt, wobei Zinseszinsen vom Gesetz nicht vorgesehen sind.
Für die Berechnung dieser Zwischenzinsen gibt es mathematisch verschiedene Möglichkeiten, hier die Hoffmannsche Methode (dazu: § 111 Rdn 2 und Handbuch Rdn 500).

Gebrauchsanweisung

Gesuchtes um die Zwischenzinsen verringertes (abgezinstes) Kapital	= K
Ursprünglicher Nennbetrag des Kapitals ohne Zinsabzug	= N
Zahl der Jahre zwischen dem Tag der ursprünglichen Fälligkeit (dieser einschließlich) und dem Tag der vorzeitigen Auszahlung (dieser ausschließlich)	= J
Zahl der Tage zwischen dem Tag der ursprünglichen Fälligkeit (dieser einschließlich) und dem Tag der vorzeitigen Auszahlung (dieser ausschließlich)	= T
Zinsfuß in %	= Z

Formel für Berechnung nach Jahren:

Die Zahl der Jahre muß keine ganze Zahl sein, sie kann auch mit Brüchen oder Dezimalstellen zusammengesetzt sein, zB $1\tfrac{1}{4}$ oder 1,25 Jahre usw. Das Jahr kann bei dieser Berechnung mit 360 oder 365 Tagen zugrundegelegt werden. Der Zinssatz kann nach Belieben sein, 4%, 5% usw.

$$K = \frac{100 \times N}{100 + (Z \times J)}$$

Beispiel:

Nennbetrag 1200 Euro
ursprüngliche Fälligkeit 1. 10. 2008,
vorzeitige Auszahlung 1. 10. 2003,
Zahl der Jahre somit 5,
Zinsfuß 4%:

$$K = \frac{100 \times 1200}{100 + (4 \times 5)} = \frac{120\,000}{100 + 20} = \frac{120\,000}{120} = 1000 \text{ Euro}$$

Formel für die Berechnung nach Tagen:

Zinssatz nach Belieben. Eingesetzt ist das Jahr zunächst mit 365 Tagen. Wer 360 vorzieht, muß die damit zusammengesetzte Zahl entsprechend ändern (also statt 36 500: 36 000).

$$K = \frac{36\,500 \times N}{36\,500 + (Z \times T)}$$

Beispiel:

Nennbetrag 1000 Euro,
ursprüngliche Fälligkeit 26. Oktober,
vorzeitige Auszahlung 1. Oktober,
Zahl der Tage vom 1. 10. einschließlich bis 26. 10. ausschließlich somit 25 Tage,
Zinssatz 4%:

$$K = \frac{36\,500 \times 1000}{36\,500 + (4 \times 25)} = \frac{36\,500\,000}{36\,600} = 997{,}267 = 997{,}27 \text{ Euro.}$$

Zwischenzinsabzug **Tab 3**

b) Zwischenzinsabzug (Abzinsung) bei kapitalisierten wiederkehrenden Leistungen

Einführung

Erlischt durch den Zuschlag in der Zwangsversteigerung ein auf Kapitalzahlung gerichtetes Recht (Hypothek, Grundschuld), so wird aus dem Versteigerungserlös, soweit er ausreicht, der Betrag des Kapitals bezahlt, bei ablösbaren Rechten die Ablösungssumme (ZVG § 92 Abs 3).

Erlischt durch den Zuschlag ein Recht, das nicht auf Zahlung eines Kapitals gerichtet ist und für das auch keine Ablösungssumme bestimmt ist, so ist aus dem Versteigerungserlös, soweit er ausreicht, der Wert des Rechts zu ersetzen (ZVG § 92 Abs 1). Solche nicht auf Zahlung eines Kapitals gerichtete Rechte können Ansprüche auf wiederkehrende Leistungen sein (Nießbrauch, Reallast usw) oder andere (Vorkaufsrechte, Auflassungsvormerkungen usw).

Wir befassen uns hier nur mit den Ansprüchen auf wiederkehrende Leistungen.

Für einige von ihnen, die in ZVG § 92 Abs 2 genannt sind (Nießbrauch, beschränkte persönliche Dienstbarkeit, Reallast von unbestimmter Dauer) schreibt ZVG § 121 Abs 1 die Art der Wertberechnung vor: Zusammenrechnung aller künftigen Leistungen (wobei gegebenenfalls die Lebenserwartungstabelle anzuwenden ist) unter Beschränkung auf eine Höchstdauer von 25 Jahren. Ein Abzug von Zwischenzinsen ist hier im Gesetz nicht vorgesehen.

Für die übrigen Ansprüche auf wiederkehrende Leistungen (zB Erbbauzins, Reallast von bestimmter Dauer) ist die Art der Wertberechnung vom Gesetz nicht geregelt. Bei ihnen muß man, um den gegenwärtigen im Verteilungstermin als Kapital auszuzahlenden Wert (ZVG § 92 Abs 1) zu erhalten, die wiederkehrenden Leistungen nach finanzmathematischen Grundsätzen kapitalisieren, also unter Abzug von Zwischenzinsen samt Zinseszinsen (die hier im Gegensatz zu ZVG § 111 nicht verboten sind) errechnen.

Dabei ist die Berechnung unterschiedlich, je nachdem, ob die wiederkehrenden Leistungen jeweils am Anfang einer Zahlungsperiode (im voraus) fällig geworden wären oder am Ende der Zahlungsperiode (nachträglich); die Berechnung ist ferner unterschiedlich, je nachdem, ob die wiederkehrenden Leistungen nach Jahren, Halbjahren, Vierteljahren oder Monaten zu zahlen gewesen wären. Wir verstehen: es muß ein anderer Zwischenzins abgezogen werden, wenn die einzelnen Leistungen immer am 1. Januar voraus für 1 Jahr gezahlt worden wären oder immer am 31. Dezember nachträglich oder gar nicht in Jahresbeträgen, sondern etwa an jedem Monatsanfang voraus oder an jedem Monatsende nachträglich. Der Zwischenzins soll ja eine Entschädigung dafür sein, daß der Berechtigte einen Betrag früher bekommt, als er ihn bei Abwarten der vorgesehenen Fälligkeitstermine bekommen hätte. Diese Vorverlegung der Fälligkeit heißt **Diskontierung**, im Gegensatz zum Hinausschieben einer Fälligkeit (= **Prolongation**).

Bei vorzeitig fälligen (= diskontierten) unverzinslichen Kapitalbeträgen erfolgt der Zwischenzinsabzug verhältnismäßig einfach nach der Hoffmannschen Formel in Abschnitt a) (bei vorzeitig fälligen verzinslichen Kapitalbeträgen erfolgt kein Zwischenzinsabzug, weil der Berechtigte ohnehin die Zinsen vom Zeitpunkt der vorzeitigen Auszahlung an verliert). Bei vorzeitig fälligen wiederkehrenden Leistungen ist die Berechnung des Zwischenzinsabzuges schon wesentlich schwieriger. Es gibt dafür zahlreiche umfangreiche Tabellensammlungen (August Schlimbach, Simon Spitzer, Heinrich Murai, G. Schinkenberger usw). Sie weisen unterschiedliche Methoden auf, stellen zumeist erhebliche mathematische Anforderungen und sind für die meisten Leser dieses Buches kaum greifbar. Uns kann nur eine erhebliche Vereinfachung für unsere Zwecke helfen: wir begnügen uns mit Zinsen zu 4% und 5%; wir setzen voraus, daß die wiederkehrenden Leistungen in ihren Einzelbeträgen immer gleichhoch gewesen wären, sich also nicht während ihrer Laufzeit allmählich erhöhen oder verringern; wir begnügen uns mit einer Laufzeit bis zu 100 Jahren; wir berechnen weniger Dezimalstellen. Wer größere Anforderungen stellt, bedarf der Hilfe eines Versicherungs- oder Bankmathematikers, wenn er nicht einen Elektronenrechner verwendet.

Tab 3 Zins- und Diskontierungsformeln

Gebrauchsanweisung

Begriffe:
Die einzelne vom Tag des Verteilungstermins an (also im Sinn des Gesetzes „künftig") fällig werdende, ihrer Höhe nach gleichbleibende, in Geld ausgedrückte **„wiederkehrende Leistung"** (in den mathematischen Tabellen „Rente" genannt) = Rate (im Teilungsplan werden wiederkehrende Leistungen bis zum Tag vor dem Verteilungstermin einschließlich als schon fällig in voller Höhe aus dem Versteigerungserlös entnommen, als künftige, durch Wertersatz mit Abzinsung zu berechnende werden die am Tag des Verteilungstermins oder später fällig werdenden behandelt), je nach dem Zeitpunkt, zu dem sie „wiederkehren": Jahresrate, Halbjahresrate, Vierteljahresrate, Monatsrate (diese Abschnitte müssen nicht mit dem Kalender-Jahr, -Halbjahr, -Vierteljahr, -Monat übereinstimmen).
Zahl der vom Verteilungsterminstag an (diesen eingeschlossen) in Jahresabständen wiederkehrenden Raten (Laufzeit) = n
Im Verteilungstermin zu berechnender und auszuzahlender abgezinster (diskontierter) **Kapitalwert** aller künftigen wiederkehrenden Leistungen (Raten) = K

Grundregel (Tabelle A):
Um für den Verteilungstermin den nach ZVG § 92 Abs 1 auszuzahlenden (also abgezinsten = diskontierten) Kapitalwert K einer immer in ihren Einzelbeträgen gleichbleibenden Reihe von künftig (ab dem Tag des Verteilungstermins, diesen eingeschlossen) fällig werdenden wiederkehrenden Leistungen (Raten), und zwar von Jahresraten (ursprünglichen oder erst durch besondere Berechnung aus Monats- usw Raten zurückgeführten), bei einer Laufzeit (Zahl der Jahresraten) von 1–100 Jahren und bei wahlweise 4% oder 5% Zinsen (mit entsprechenden Zinseszinsen) zu berechnen, muß man den Betrag einer Jahresrate mit dem Diskontierungsfaktor aus Tabelle A vervielfältigen:

$$K = 1 \text{ Jahresrate} \times \text{Diskontierungsfaktor}.$$

Formel „nachträglich" und Formel „voraus" (Tabelle A):
Der Diskontierungsfaktor ist unterschiedlich, je nachdem ob die einzelne Rate nachträglich oder im voraus zahlbar ist. Diese Einteilung bezieht sich nicht auf den Zeitabschnitt, für den die Rate bestimmt war, sondern auf den Zeitpunkt des Verteilungstermins: 1. Rate am Tag des Verteilungstermins fällig = voraus zahlbar; wenn erst 1 Jahr nach dem Verteilungstermin fällig = nachträglich zahlbar. Die voraus zahlbare 1. Rate wird im Verteilungstermin zum Zeitpunkt ihrer Fälligkeit bezahlt und wird darum nicht abgezinst; die nachträglich zahlbare wird 1 Jahr vor ihrer Fälligkeit bezahlt und wird darum abgezinst. Die **Tabelle** der Diskontierungsfaktoren ist grundsätzlich **für nachträgliche Fälligkeit** aufgestellt; bei Vorausfälligkeit muß daher 1 Jahr der Laufzeit (= n) abgezogen werden (also: n–1).
Nach der Berechnung dieser Abzinsung darf natürlich nicht übersehen werden, die nicht abzuzinsende 1. Rate dem Ergebnis hinzuzurechnen (siehe nachstehendes Beispiel).
Diskontierungsformel „nachträglich": Die 1. Rate wäre 1 Jahr nach dem Verteilungstermin fällig geworden.
Diskontierungsformel „voraus": Die 1. Rate ist am Tag des Verteilungstermins selbst fällig.
1. Rate: nicht die nach dem Vertrag erste, sondern die auf den Verteilungstermin bezogene erste.

Beispiel: Bei einer Laufzeit n = 14 Jahre und einem Jahresbetrag von 35 Euro ist bei einem Zinssatz von 4% zu rechnen:
Formel nachträglich: n = 14, Diskontierungsfaktor laut Tabelle 10,563, multipliziert mit dem Jahresbetrag ergibt 369,71 Euro.
Formel voraus: n–1 = 14–1 = 13, Diskontierungsfaktor laut Tabelle 9,986, multipliziert mit dem Jahresbetrag ergibt 349,51 Euro; dazu die 1. Rate unabgezinst zu 35 Euro ergibt 384,51 Euro. Man kann auch gleich so rechnen, daß man dem hier festgestellten Diskontierungsfaktor 9,986 den Faktor 1 für die nicht abgezinste 1. Rate zurechnet, also damit den Diskontierungsfaktor 10,986 erhält und hiermit den Jahresbetrag multipliziert, was ebenfalls 384,51 DM ergibt. Wichtig ist nur, daß die sogenannte 1. Rate nicht vergessen wird.

Zwischenzinsabzug **Tab 3**

Ausgleich der Berechnungszeitabschnitte (Tabelle B):

Den Idealfall (1. Rate am Tag des Verteilungstermins oder genau 1 Jahr nachher) wird man selten haben. Fast immer wird die 1. Rate im Laufe eines Jahres nach dem Verteilungstermin fällig werden.

Beispiel: Verteilungstermin 1. 4. 2002, 1. Jahresrate fällig am 1. 1. 2003. Hier ist unser Diskontierungs-Jahr um 3 Monate zu kurz. Es muß erst auf die volle Länge gebracht werden: der Fälligkeitszeitpunkt 1. 1. 2003 muß entweder auf den 1. 4. 2002 vorverlegt (diskontiert) oder auf den 1. 4. 2003 hinausgeschoben (prolongiert) werden.

Wählen wir zunächst den 1. Weg: Fälligkeit vorverlegen. Weil auf diese Weise die Rate um $^9/_{12}$ Jahr oder $^3/_4$ Jahr zu früh bezahlt wird, muß ein Zinsabzug in Form der Diskontierungszahl erfolgen, und zwar für Vorauszahlung, weil ja die Rate jetzt am Verteilungsterminstag fällig sein soll: Tabelle B „voraus". Wir finden dort bei 5% Zinsen (die wir diesmal nehmen wollen; wenn wir uns an die gesetzlichen Zinsen halten, BGB § 246, müssen wir immer 4% nehmen) in Spalte $^9/_{12}$ oder $^3/_4$ die Ausgleichszahl 0,9641. Vervielfältigen wir mit ihr unsere Jahresrate, zB 100 Euro, so erhalten wir eine um die Zeitverschiebung ausgeglichene, diskontierte (zum 1. 4. 2002 fällige Rate von) 96,41 DM. Mit diesem berichtigten Betrag müssen wir also die Jahresrate in unsere vorher geschilderte Diskontierungsrechnung einsetzen, mit der Diskontierungsformel „voraus" und mit der entsprechenden Laufzeit, zB bei 10 Jahresfälligkeiten:

K = 96,41 × Diskontierungsfaktor (n–1) [= 10–1 = 9]
K = 96,41 × 7,108 [bei 5%], K = 685,28 Euro.

Wählen wir jetzt den 2. Weg: Fälligkeit hinausschieben. Weil auf diese Weise die Rate um $^3/_{12}$ Jahr oder $^1/_4$ Jahr verspätet bezahlt würde, muß eine Zinsvergütung erfolgen. Wir entnehmen aus der Tabelle B „nachträglich" die Ausgleichszahl für $^3/_{12}$ oder $^1/_4$: bei 5% = 1,0123. Unsere Rate von 100,– Euro beträgt somit zum 1. 4. 2003 (und alle folgenden Jahre) 101,23 DM. Dieser Betrag wird nun in unsere Diskontierungsrechnung eingesetzt, mit der Diskontierungsformel „nachträglich" (weil 1 Jahr nach dem Verteilungstermin) und mit der entsprechenden Laufzeit, zB bei 10 Jahresfälligkeiten:

K = 101,23 × Diskontierungsfaktor n [= 10]
K = 101,23 × 7,722 [bei 5%], K = 781,70 Euro.

Laufzeit ist in beiden Fällen die Zahl der in Jahresabständen fälligen Raten, aber bei der Formel „voraus" gemindert um 1 Fälligkeit, also hier der Diskontierungsfaktor nicht „n", sondern „n–1".

Zurückführung der Monatsraten, Vierteljahresraten, Halbjahresraten auf Jahresraten (Tabelle B):

Die Diskontierungsrechnung ist auf Jahresraten aufgebaut. Sind aber die Raten nicht als Jahresraten bestimmt, sondern als Monats-, Vierteljahrs-, Halbjahresraten, so müssen sie auf einen Jahresraten-Termin prolongiert oder diskontiert werden, um in die Berechnung zu passen: vorauszahlbare müssen, jede einzelne für sich, auf den vorhergehenden Jahresratentermin vorverlegt (diskontiert), nachträglich zahlbare müssen, wieder jede einzelne für sich, auf den nächstfolgenden Jahresratentermin hinausgeschoben (prolongiert) werden. Erst die hierdurch gefundene Jahresrate kann ihrerseits diskontiert werden. Bei Monatsraten muß man also die 12 einzelnen Monatsraten je mit der zugehörigen Ausgleichszahl aus Tabelle B vervielfachen und die 12 Ergebnisse je für sich diskontieren: die zusammengezählten Ergebnisse bilden dann den gesuchten Wert K. Bei Vierteljahresraten sind also je 4, bei Halbjahresraten je 2 Zurückführungen und Diskontierungen auszuführen und die 4 oder 2 Ergebnisse zusammenzuzählen. Man könnte natürlich auch die Monats- usw Raten je auf die Jahresrate zurückführen, zusammenzählen und dieses Ergebnis als Jahresrate diskontieren. Das geht aber nur, wenn die ganze Laufzeit hindurch alle Monatsraten gleichmäßig anfallen. Es ist aber durchaus möglich, ja sogar wahrscheinlich, daß die Laufzeit nicht gerade am Ende eines Jahres endet, sondern mitten im Jahr, so daß die einen Monate um 1 × weniger vorkommen als die anderen.

Beispiel: Beginn 1. 1. 2002, Ende 1. 7. 2007; hier kommen die Monatsraten für Januar bis Juli 6 ×, aber die für August bis Dezember nur je 5 × vor. Daher ist die erstgenannte Art der Berechnung immer vorzuziehen, weil man dabei nicht versehentlich zu viele Raten berechnet.

1623

Tab 3

Zins- und Diskontierungsformeln

Beachten Sie bitte: unter Jahresratentermin verstehen wir natürlich den Zeitpunkt des Verteilungstermins oder von 1 Jahr nach dem Verteilungstermin, je nachdem, ob wir die einzelne Monats- usw- Rate vorverlegt oder hinausgeschoben haben, wie wir es schon beim Ausgleich der Berechnungszeitabschnitte gelernt haben.

Beispiel:

Verteilungstermin: 1. 6. 2002
Monatsraten 100 Euro, nachträglich zahlbar 1. 7., 1. 8. usw.
Laufzeitende: (letzte Rate): 1. 12. 2004, Zinsen nehmen wir 4%.
Lösungshinweis:
Raten nachträglich zahlbar, also alle prolongieren auf 1. 6. 2003 (Tag 1 Jahr nach Verteilungstermin), und zwar aus Tabelle B „nachträglich": es müssen immer so viele $^1/_{12}$ Ausgleichszahlen gerechnet werden, als die zu verschiebende Monatsrate vom neuen Termin entfernt ist, also: Monatsrate vom 1. 7. 2002: verschiebt sich um $^{11}/_{12}$ Jahr, also aus Tabelle B „nachträglich" Ausgleichszahl für $^{11}/_{12}$ entnehmen: 1,0366; mit unserem Ratenbetrag von 100 vervielfachen, gibt für diese Monatsrate den zurückgeführten Wert von: 103,66. So werden alle anderen Monatsraten auch behandelt, jede immer um $^1/_{12}$ weniger; die letzte vom 1. 6. 2003 braucht keinen Ausgleich (Tabelle B „nachträglich" = 1), weil sie ja nicht mehr verschoben wird, sondern schon auf den maßgebenden Termin trifft. Nun wird jedes einzelne zurückgeführte Monatsergebnis, auch das unveränderte Ergebnis des letzten Monats (Sie müssen wieder 12 Monate zusammenbringen!), je für sich diskontiert, unter Beachtung, wieviele Jahresraten für den betreffenden Monat gegeben sind: die bisherigen Monatsraten vom 1. 7. bis 1. 12. wären vom 1. 7. 2002 bis 1. 12. 2004 je 3 × angefallen, die bisherigen Monatsraten vom 1. 1. bis 1. 6. wären in den gleichen Zeit nur je 2 × angefallen. Daher bei den erstgenannten aus Tabelle A Formel „nachträglich" Diskontierungsfaktor n = 3, für die anderen n = 2. Also:
Rate vom 1. 7. 2002 (die sich wiederholt am 1. 7. 2003 und 1. 7. 2004), zurückgeführt auf 103,66 Euro, zu vervielfachen mit dem Diskontierungsfaktor 2,775, ergibt als diskontierten Kapitalwert K dieser Monatsrate: 287,66 Euro. So machen Sie es mit allen zurückgeführten Monatsraten und zählen dann alle gefundenen K-Werte zusammen und haben damit den für den Verteilungstermin benötigten Kapitalwert K der ganzen Ratenreihe, den Sie auszahlen müssen.

Ausgleich der Tagesunterschiede:

Wir haben unsere Berechnungen bisher darauf aufgebaut, daß die Tagesdaten des Verteilungstermins (oder von 1 Jahr nach ihm) mit den Tagesdaten der Raten-Fälligkeiten übereinstimmen: Raten immer am 1. des Monats fällig, Verteilungstermin auch am 1. Sie sollten also vorsorglich, wenn ein solcher Berechnungsfall heransteht, den Verteilungstermin entsprechend ansetzen. Falls das nicht möglich ist oder übersehen wurde, müßte man an sich auch noch diesen Zeitunterschied ausgleichen, zB: Raten am 1. fällig, Verteilungstermin am 10. des Monats; auszugleichen 10 Tage bzw 20 (je nach Zurückverlegung oder Hinausschiebung). Es würde aber unser Buch zu sehr belasten, wollten wir auch diese Ausgleichszahlen noch aufnehmen. Da die Beträge, um die unser Ergebnis zu hoch oder zu niedrig wird, auch nicht sehr bedeutend sein werden, lassen wir einfach diesen Fehler unberücksichtigt. Sind die Raten am 1. fällig, der Verteilungstermin aber in der Zeit vom 2. bis zum 15., so gehen wir auf den 1. zurück, andernfalls auf den nächsten 1. und berechnen alles so, als ob der Verteilungstermin an diesem 1. stattfinden würde. Wer es aber ganz genau ausrechnen will, benütze die mathematischen Tabellen oder setze eben den Verteilungstermin auf den Tag der Ratenfälligkeit an.

Zwischenzinsabzug **Tab 3**

Tabelle A

Diskontierungsformeln:

Formel „nachträglich": K = 1 Rate × Diskontierungsfaktor n;
Formel „voraus": K = 1 Rate × Diskontierungsfaktor (n−1) zuzüglich der 1. Rate.

Diskontierungsfaktoren:

Laufzeit (Zahl der in Jahresabständen fälligen Raten) = n	bei 4%	bei 5%
n = 100	24,505	19,848
n = 99	24,485	19,840
n = 98	24,465	19,832
n = 97	24,443	19,824
n = 96	24,421	19,815
n = 95	24,398	19,806
n = 94	24,374	19,796
n = 93	24,349	19,786
n = 92	24,323	19,775
n = 91	24,295	19,764
n = 90	24,267	19,752
n = 89	24,238	19,740
n = 88	24,207	19,727
n = 87	24,176	19,713
n = 86	24,143	19,699
n = 85	24,109	19,684
n = 84	24,073	19,668
n = 83	24,036	19,651
n = 82	23,997	19,634
n = 81	23,957	19,616
n = 80	23,915	19,596
n = 79	23,872	19,576
n = 78	23,827	19,555
n = 77	23,780	19,533
n = 76	23,731	19,509
n = 75	23,680	19,485
n = 74	23,628	19,459
n = 73	23,573	19,432
n = 72	23,516	19,404
n = 71	23,456	19,374
n = 70	23,395	19,343
n = 69	23,330	19,310
n = 68	23,264	19,275
n = 67	23,194	19,239
n = 66	23,122	19,201
n = 65	23,047	19,161
n = 64	22,969	19,119
n = 63	22,887	19,075
n = 62	22,803	19,029
n = 61	22,715	18,980
n = 60	22,623	18,929
n = 59	22,528	18,876
n = 58	22,430	18,820
n = 57	22,327	18,761
n = 56	22,220	18,699
n = 55	22,109	18,633
n = 54	21,993	18,565

Tab 3 — Zins- und Diskontierungsformeln

Laufzeit (Zahl der in Jahresabständen fälligen Raten) = n	bei 4 %	bei 5 %
n = 53	21,873	18,493
n = 52	21,748	18,418
n = 51	21,617	18,339
n = 50	21,482	18,256
n = 49	21,341	18,169
n = 48	21,195	18,077
n = 47	21,043	17,981
n = 46	20,885	17,880
n = 45	20,720	17,774
n = 44	20,549	17,663
n = 43	20,371	17,546
n = 42	20,186	17,423
n = 41	19,993	17,294
n = 40	19,793	17,159
n = 39	19,584	17,017
n = 38	19,368	16,868
n = 37	19,143	16,711
n = 36	18,908	16,547
n = 35	18,665	16,374
n = 34	18,411	16,193
n = 33	18,148	16,003
n = 32	17,874	15,803
n = 31	17,588	15,593
n = 30	17,292	15,372
n = 29	16,984	15,141
n = 28	16,663	14,898
n = 27	16,330	14,643
n = 26	15,983	14,375
n = 25	15,622	14,094
n = 24	15,247	13,799
n = 23	14,857	13,489
n = 22	14,451	13,163
n = 21	14,029	12,821
n = 20	13,590	12,462
n = 19	13,134	12,085
n = 18	12,659	11,690
n = 17	12,166	11,274
n = 16	11,652	10,838
n = 15	11,118	10,380
n = 14	10,563	9,899
n = 13	9,986	9,394
n = 12	9,385	8,863
n = 11	8,760	8,306
n = 10	8,111	7,722
n = 9	7,435	7,108
n = 8	6,733	6,463
n = 7	6,002	5,786
n = 6	5,242	5,076
n = 5	4,452	4,329
n = 4	3,630	3,546
n = 3	2,775	2,723
n = 2	1,886	1,859
n = 1	0,962	0,952

Zwischenzinsabzug **Tab 3**

Tabelle B

Ausgleichsfaktoren (Prolongierungs- und Diskontierungszahlen zur Ausgleichung der Berechnungs-Zeitabschnitte)

Tabelle B „nachträglich":
Berechnet wird der Wert im Verteilungstermin, genau 1 Jahr vor der 1. Fälligkeit

Monate nach dem Verteilungstermin	Ausgleich um ..... Jahr	Ausgleichsfaktor 4%	5%
1	11/12	1,0366	1,0457
2	10/12	1,0332	1,0415
3	9/12 = 3/4	1,0299	1,0373
4	8/12	1,0265	1,0331
5	7/12	1,0231	1,0289
6	6/12 = 2/4 = 1/2	1,0198	1,0247
7	5/12	1,0165	1,0205
8	4/12	1,0132	1,0164
9	3/12 = 1/4	1,0099	1,0123
10	2/12	1,0066	1,0082
11	1/12	1,0033	1,0001
12	0/12	1,0000	1,0000

Tabelle B „voraus":
Berechnet wird der Wert im Verteilungstermin, genau im Zeitpunkt der 1. Fälligkeit

Monate nach dem Verteilungstermin	Ausgleich um ..... Jahr	Ausgleichsfaktor 4%	5%
0	0/12	1,0000	1,0000
1	1/12	0,9967	0,9959
2	2/12	0,9935	0,9919
3	3/12 = 1/4	0,9902	0,9879
4	4/12	0,9870	0,9839
5	5/12	0,9838	0,9799
6	6/12 = 2/4 = 1/2	0,9806	0,9759
7	7/12	0,9774	0,9719
8	8/12	0,9742	0,9680
9	9/12 = 3/4	0,9710	0,9641
10	10/12	0,9678	0,9602
11	11/12	0,9647	0,9563

Sachregister

Vorbemerkung

Die Zahl vor der Klammer bezieht sich auf den Paragraphen des ZVG, die Zahl in der Klammer bezeichnet die Randnummer.
Einl. = Einleitung, EG = Einführungsgesetz zum ZVG.

I. Einl 11.1 = Einleitung (Buchseiten 1–157) Rdn 11.1
II. 15 (4.8) = ZVG § 15 Rdn 4.8
III. EG 9 (4) = Einführungsgesetz zum ZVG § 9 Rdn 4
IV. Die Angaben beziehen sich auf den Kommentarteil des Buches.
V. Soweit nichts anderes angegeben ist beziehen sich die Angaben auf die Vollstreckungsversteigerung von Grundstücken (anderen Objekten). Über die Anwendbarkeit der Vorschriften auf die Vollstreckungsversteigerung von Schiffen und Luftfahrzeugen, auf die Insolvenzverwalterversteigerung, Insolvenzverwalterzwangsverwaltung, Nachlaßversteigerung und Teilungsversteigerung geben die allgemeinen Bemerkungen zu den einzelnen Paragraphen Auskunft.

Abdeckereigerechtigkeit Einl 13.4
Abgabe bei Unzuständigkeit 1 (3.7)
Abgaben und Nebenleistungen: als öffentliche Last 10 (6.14) – Übergang der Verpflichtung auf Ersteher 56 (3.8) – auch: Steuern
Abgaben und Steuern bei Zwangsverwaltung 152 (15)
Abgabenordnung 1977: 15 (34.1) – Allgemeine Verwaltungsvorschrift über Durchführung der Vollstreckung 15 (34.11)
Abgeltungshypothek bzw Abgeltungslast 10 (6.2)
Abgesonderte Befriedigung 15 (23.4)
Abgesonderte Versteigerung bzw anderweitige Verwertung 65 (1–5)
Ablehnung von Gerichtspersonen Einl 26 – von Sachverständigen 74 a (10.8)
Ablösung des Gläubigers 15 (20) – nach Verpfändung/Pfändung eines Miterbenanteils 180 (11.10 k und 12.3 g) – nach Verpfändung/Pfändung eines Miteigentümer-Aufhebungsanspruchs 180 (11.10 l)
Ablösungssumme bei erlöschenden Rechten 92 (5)
Abschlußprovision als Nebenleistung 12 (3.3)
Abschriften aus den Akten 42 (2.6)
Absolutes Mindestgebot: Zuschlagsversagung 85 a (1–2) – Besonderheit bei Meistgebot eines am Grundstück Berechtigten 85 a (4)
Abtrennung eines versteigerten Grundstücksteils Einl 11.7
Abtretung von Ansprüchen: Anmeldung zum geringsten Gebot 45 (3.4) – der Eigentümergrundschuld und Erlösverteilung 114 (6.12) – von Grundpfandrechten 114 (5.1) – des Grundschuld-Erlösanspruchs

114 (7) – des Meistgebots 81 (4) – sonstiger Grundstücksrechte 114 (5.2) – des Rückübertragungsanspruchs 114 (7.8)
Abtretungsurkunde: Zustellung zum Vollstreckungstitel 15 (40.25)
Abweichende Rangfolge, Vereinbarung 12 (4)
Abweichendes geringstes Gebot siehe abweichende Versteigerungsbedingungen
Abweichende Versteigerungsbedingungen: Abweichung von gesetzlichen Vorschriften 59 (2) – Allgemein 59 (1) – Antrag auf abweichende Feststellung 59 (3) – Beeinträchtigung 59 (4) – Bestehenbleiben eines Rechts 59 (7) – Doppelausgebot 59 (4) – Einzelne Abweichungen 59 (5) – Feststellung 59 (3) – Zuschlag bei Abweichungsanträgen 59 (6)
Abzahlungshypothek: Begriff 10 (8.8)
Ackerschlepper als Zubehör 20 (3.4)
Akteneinsicht 42 (1–2)
Aktenvermerk über die Zustellung durch Aufgabe der Post 4 (2.4)
Aktiengesellschaft: Vollstreckung gegen sie 15 (19.3) – Vertretung beim Bieten 71 (6.4)
Aktienkommanditgesellschaft: Vollstreckung gegen sie 15 (19.3) – Vertretung beim Bieten 71 (6.4)
Alarmanlage als Zubehör 20 (3.4)
Allgemeine wirtschaftliche Verhältnisse: bei Antrag des Schuldners auf Einstellung 30 (3.1)
Allgemeinkundige Tatsachen: Begriff 17 (4.4)
Altenheimvertrag 57 (3.14)
Altenteil: Bestehenbleiben EG 9 (1, 3) – Erlöschen auf Antrag EG 9 (4) – Ersatzanspruch für erlöschendes 92 (6.1) – im

1629

Register

geringsten Gebot 44 (5.1) – in der Zwangsverwaltung 146 (11)
Altersheimeinrichtung: als Zubehör 20 (3.4)
Altlasten 66 (6.2)
Altlastensanierung, Wertausgleich als öffentliche Last 10 (6.3)
Altrechtliche Grunddienstbarkeit: Bestehenbleiben kraft Gesetzes EG 9 (2) – Berechtigter = Beteiligter 9 (2.7) – Rangklasse vier 10 (8.1)
Altrechtliche Hypothek: Anmeldepflicht 37 (7.1)
Amortisationsfälligkeit: Beitritt hierwegen 27 (3.5)
Amortisationshypothek 10 (8.7)
Amt des Zwangsverwalters: Theorien hierüber 152 (2)
Amtsbetrieb in der Immobiliarvollstrekkung: Einl 9.2
Amtsblatt für die Versteigerung: Art des Blattes 39 (2.2) – Belegstücke 39 (2.7) – geringwertige Grundstücke 39 (3) – Inhalt der Veröffentlichung 39 (2.5) – bei Terminsaufhebung 39 (2.9) – Zeit der Veröffentlichung 39 (2.8)
Amtskasse = Gerichtskasse
Amtstheorie beim Zwangsverwalter: 152 (2)
Anbau an Kommunmauer: 55 (5.2–3)
Anderweitige Verwertung 65 (1–5)
Anfang des ZVG-Verfahrens: Einl 20
Anfechtung: von Geboten 71 (3) – des Zuschlags = Zuschlagsanfechtung – der Zwangshypothek bei Vollstreckungsmängeln Einl 71.3 – auch: Rechtsbehelfe
Anfechtungsgläubiger: Beteiligter 9 (2.9) – antragsberechtigt für Abänderung der Versteigerungsbedingungen 59 (3.2) – Widerspruchsberechtigter 115 (3.4 e)
Anhörung: der Beteiligten = Rechtliches Gehör
Anhörungsrüge 95 (2.6)
Ankaufsrecht: kein Anordnungshindernis 15 (42.2) – außerdem unter Vorkaufsrecht, Zuschlag
Anmeldepflichtigkeit 37 (5.4)
Anmeldung: Begriff 9 (4.1); 37 (5.1 und 5.3) – betreibende Ansprüche 10 (9.6) – der Beteiligten 9 (4) – dingliche Rechte 10 (8.6) – entgegenstehende Rechte 37 (6) – Erforderlichkeit 37 (5.2) – Form 37 (5.12) – Glaubhaftmachung dazu 9 (4.3), 45 (4) – durch Gerichtskasse/Amtskasse Einl 41.2 – nicht grundbuchersichtlicher Rechte 37 (5) – der Kosten 10 (15.8–9) – der Mieter zum Versteigerungstermin 57 d (3) – Minderanmeldung 45 (7) – als Prozeßhandlung 37 (5.10) – Rangverlust bei nicht rechtzeitiger 110 (1–2) – Rechtsverfolgungskosten 10 (15.8–15.9) – der Schiffsgläubiger beim Registergericht 168 b (1–2) – zum Versteigerungstermin für Aufnahme in das geringste Gebot 45 (2 und 3) – durch Vertreter 37 (5.14) – vorbereitende zum Verteilungstermin 106 (2) – des einmaligen Wertersatzes 92 (3) – des Wertersatzes mit Geldrente 92 (4) – Zurücknahme 37 (5.17) – auch: Versteigerungstermin
Anmeldungsausschluß: Hinweis 66 (8)
Anmeldungsbeteiligte: 9 (2.5–2.6)
Annuitätenhypothek im geringsten Gebot 44 (5.25) und 49 (6)
Anordnung der Teilungsversteigerung 180 (5) – Muster 180 (10)
Anordnungsantrag in der Zwangsversteigerung 15 (3) – Bezeichnung des Anspruchs und Titels 16 (3.4–3.7) – Bezeichnung des Eigentümers 16 (3.2) – Bezeichnung des Grundstücks 16 (3.1) – Form 16 (2.1) – Hypothekenbrief 16 4.4 – mehrere gleichzeitig zu entscheidende Anträge 15 (4.13) – Prüfung 15 (3.5) – Urkunden zum Antrag 16 (4)
Anordnungsbeschluß in der Zwangsversteigerung 15 (4) – Muster dafür 15 (4.2) – Unterzeichnung 15 (4.12) – Zustellung an Schuldner 8 (1–2) und 15 (47.1) – in der Zwangsverwaltung 146 (9)
Anordnungsentscheidung, Einzelheiten: Baugesetzbuch 15 (6) – Bundesversorgungsgesetz 15 (7) – Dinglicher Titel, Duldungstitel 15 (9) – Eheliches Güterrecht 15 (10) – Eigenschaft als Erbe 17 (4) – Eigentum des Schuldners 17 (2) – Eintragung im Grundbuch 17 (3) – Eigentümergrundpfandrecht 15 (11) – Eisenbahnrecht 15 (12) – Erbbaurecht 15 (13) – Fälligkeit der Ansprüche 15 (15) – Fiskus 15 (16) – Flurbereinigung 15 (17) – Gerichtskasse/Amtskasse 15 (18) – Gesellschaften 15 (19) – Gläubigerablösung 15 (20) – Grundstücksbruchteile, Gemeinderechte, Straßenflächen 15 (21) – Handelsgesellschaften 15 (19) – Herrenlose Immobilien 15 (22) – Insolvenzverfahren 15 (23) – Körperschaften, Anstalten, Stiftungen 15 (16) – Landwirtschaft 15 (24) – Name und Firma 15 (25) – Nießbrauch 15 (26) – Pfandrecht 15 (27) – Rechtliches Gehör 15 (28) – Rechtsbehelfe 15 (7) – Rechtsnachfolge 15 (29–30) – Reichssiedlungsgesetz 15 (31.2) – Sozialleistungsansprüche 15 (33) – Steuerforderungen 15 (34) – Tod des Gläubigers oder Schuldners 15 (29–30) – Truppenstatut 15 (35) – Veräußerungsverbot 15

1630

Register

(36) – Verwaltungszwangsverfahren 15 (38) – Vollstreckungshindernisse, Vollstreckungsmängel 15 (39) – Vollstreckungstitel, Vollstreckungsklausel 15 (40) – Vorkaufsrecht 15 (42) – Vormundschaftsgerichtliche Genehmigung 15 (41.3–6) – Wartefrist 15 (43) – Wechselurteil 15 (44) – Wiederkaufsrecht 15 (42.3) – Wohnungseigentum 15 (45) – Zug-um-Zug-Leistung 15 (46) – Zustellung an Gebäudeeigentümer EG 9a (7) – Zwangsverwaltung gleichzeitig 15 (36.2)

Anordnungsgebühr Einl 76

Anspruch auf Befriedigung aus dem Grundstück 10 (1 ff)

Anspruch von unbestimmtem Betrag: Art 14 (2) – Berücksichtigung 14 (1) – Berücksichtigung als „aufschiebend bedingter Anspruch" 14 (3)

Antrag: Allgemeines Einl 21 – auf Eintragung einer Zwangshypothek Einl 63 – auf Zwangsversteigerung 16 (2 ff) – im Verwaltungszwangsverfahren 16 (2.2) – auf Schiffsversteigerung 164 (1–3) – auf Teilungsversteigerung 180 (4) – Abgabe 1 (3.7) – Behandlung unverzüglich (Einl 23.2) – Grundsätze Einl 21 – zu Protokoll Einl 21.6 – auf Verteilung eines Gesamtgrundpfandrechts 64 (3) – auf abgesonderte Versteigerung 65 (2) – zur Zuschlagsentscheidung 74 (2) – auf Versagung des Zuschlags nach § 74a ZVG 74a (4) – auf Zuschlagsversagung außerhalb des § 74a ZVG 85 (1–3)

Antragsberechtigung für Teilungsversteigerung: Stellung 180 (3)

Antragsform 16 (2)

Antragsgegner in Teilungsversteigerung 180 (6.5)

Antragsgrundsatz Einl 21.1

Antragsrecht, großes oder kleines bei Erbengemeinschaft in der Teilungsversteigerung: 180 (3.7)

Antragsrücknahme s Rücknahme usw

Antragsteller: Herr des Verfahrens Einl 9.1 – in der Teilungsversteigerung 180 (6.5)

Anwalt = Rechtsanwälte

Anwaltszwang: allgemein Einl 22

Anwartschaft des Auflassungsempfängers als entgegenstehendes Recht 28 (5.5) – auf Eigentum an Zubehör, Beschlagnahme 20 (3.5) – in der Versteigerung 55 (3.12)

Anweisungen des Gerichts an den Zwangsverwalter 153 (3)

Anzuwendende Vorschriften: unter Teilungsversteigerung, Zwangsverwaltung usw

Apothekenrealrecht Einl 13.5

Arrest in Schiffe 162 (2.5)

Arresthypothek: Teilungsplan der Zwangsversteigerung 114 (5.3) – als Zwangshypothek Einl 74

Arten der Immobiliarvollstreckung Einl 18

Aufbauhypothek in 4. Rangklasse 10 (8.1)

Aufenthalt unbekannt: Zustellungsvertreter 6 (2)

Aufforderung: zu Geboten im Versteigerungstermin 66 (8) – an Mieter/Pächter zur Anmeldung 57d (2) – zur Verteilungsterminanmeldung 106 (2)

Aufgaben des Vollstreckungsgerichts: Einl 23; des Zwangsverwalters 152 (3–6)

Aufgabe zur Post zwecks Zustellung 4 (1–2)

Aufgebotsverfahren: zum Ausschluß unbekannter Zuteilungsberechtigter: 138 (2); 140 (2); 141 (2) – zur Kraftloserklärung von Grundpfandrechtsbriefen – Kraftloserklärung – Landesrecht dazu EG 12 (1)

Aufhebung (Ende): von ZVG-Verfahren Einl 20 – Fälle der Aufhebung Einl 20.4 – nach Rücknahme des Versteigerungsantrags 29 (1.1); 29 (2.6) – nach Schluß der Versteigerung 33 (1–2) – durch Versagung des Zuschlags 86 (1–2) – Wirkung der Aufhebung Einl 20.4–20.6 – Zwangsverwaltung 161 (2–4) – Folgen der Aufhebung der Zwangsverwaltung 161 (5, 6)

Aufhebung einer Gemeinschaft: Allgemein 180 (2) – einer Gemeinschaft nach ausländischem Recht 180 (2.13) – Pfändung des Rechts bei Bruchteilsgemeinschaft 180 (11) – im übrigen siehe Teilungsversteigerung

Aufhebung: des Versteigerungstermins 43 (7) – Auswirkung auf Gebote 72 (4)

Aufhebungsbeschluß: Zustellung 32 (1–2)

Aufklärungspflicht = Prozeßleitungspflicht

Aufklärungsverfügung 15 (3.6)

Auflagen: nicht bei Einstellungsbewilligung des Gläubigers 30 (2.11) – möglich bei Einstellungsantrag des Schuldners 30a (6)

Auflassungsvormerkung: kein entgegenstehendes Recht 28 (5.1) – nach Eigentumsübergang in Erfüllung des Anspruchs 28 (4.8) – Ersatzanspruch 92 (7) – geringstes Gebot 48 (3.2) – Wiederverwendung 48 (3.4) – und Wirksamkeitsvermerk 48 (3.3)

Auflösend bedingte Rechte: Zuzahlungspflicht 50 (3) – auch: Bedingte Rechte

Aufrechnung: bei Forderungsübertragung 118 (4.10) – des Mieters/Pächters 57b (4) – des Schuldners 95 (3)

Aufruf des Versteigerungstermins 66 (4)

1631

Register

Aufschiebend bedingte Rechte: Zuzahlungspflicht 50 (3) – auch: Bedingte Rechte
Aufschiebende Wirkung des Aufhebungsbeschlusses 15 (5.5)
Aufsicht über Zwangsverwalter = Zwangsverwalter
Aufsichtsbehörde: Zustellung für eine Körperschaft 6 (4)
Aufsichtsperson: für Schuldner-Zwangsverwalter 150 c (2–3) – als Sicherungsmaßregel in der Versteigerung 25 (4.2)
Auftrag für Grundstückserwerb 71 (6.8)
Aufwertung 1924: Einl 51.1
Aufzüge: wesentlicher Bestandteil 20 (3.2)
Ausbietungsgarantie 71 (8)
Ausbietungsvertrag 71 (8.7)
Auseinandersetzung: Ausschlußgründe 180 (9) – Pfändung des Anspruchs 180 (11) – Überschußauseinandersetzung in der Teilungsversteigerung 180 (8)
Ausflaggung 162 (3.7)
Ausführung des Teilungsplans bei Nichtzahlung des Bargebots: Allgemein 118 (1) – Forderungsübertragung (Anlaß und Grund) 118 (2) – Forderungsübertragung bei Nichtzahlung des Bargebots 118 (3) – Übertragungswirkung 118 (4)
Ausführung des Teilungsplans bei Zahlung des Bargebots: Allgemein 117 (1) – Auszahlung an Zahlungsempfänger 117 (3) – Befriedigungserklärung 117 (4) – Berechtigter 117 (2) – Hinterlegung der Teilungsmasse 117 (6) – Hinterlegungsanweisung 117 (7) – Zahlung an abwesenden Empfangsberechtigten 117 (4)
Ausführungsbeschluß zur prozeßgerichtlichen Einstellung: Einl 31.8
Ausgaben der Verwaltung in der Zwangsverwaltung: 155 (4)
Ausgleichsbetrag bei der Teilungsversteigerung: 182 (4)
Auskunftspflicht des Zwangsverwalters: 153 (2.2), 154 (4.9)
Ausländer in ZVG-Verfahren Einl 25 – Abgabe eines Gebots 71 (7.1) – Güterstand Einl 25.3
Ausländische Schuldtitel 15 (41.2)
Ausländisches Luftfahrzeug: Versteigerung 171 h (1–2) – Benachrichtigung der ausländischen Registerbehörde 1711 (1–2) – Beschwerde gegen Zuschlag 171 m (1–2) – Rangklasse 3 und 4 bei ihm 171 i (1) – Veräußerung und Belastung 171 k (1–2)
Ausländisches Schiff: Versteigerung 162 (8); 171 (1–2)
Ausländische Währung: Grundpfandrechte 145 a (1–3) – Registerpfandrecht an Luftfahrzeug 171 e (1–2) – bei Schiffshypothek 168 c (2) – im Teilungsplan 114 (5.4) – bei Zwangshypothek Einl 67.5 – in Zwangsverwaltung 155 (6.9) und 158 a
Auslagen des Gerichts Einl 84 – des Rechtsanwalts: Einl 99 – des Zustellungsvertreters: 7 (3) – des Zwangsverwalters: 152 a (3.1 und 8)
Ausland und Schiffsversteigerung 162 (8)
Auslandszustellung: Kosten des Gerichts Einl 84.2
Auslegung des Vollstreckungstitels: 15 (40.6–8) – des Zuschlagsbeschlusses 82 (4.5)
Ausnahmekündigungsrecht des Erstehers siehe außerordentliches Kündigungsrecht
Ausnützung gesetzlicher Möglichkeiten: Einl 21.5
Ausschließung von Gerichtspersonen Einl 26
Ausschluß der Auseinandersetzung 180 (9)
Ausschluß von Anmeldungen im Versteigerungstermin: 66 (8)
Ausschlußurteil: Aufgebotsverfahren zwecks Ausschließung unbekannter Berechtigter 140 (2.7) – auch: Verteilungstermin
Außenwirtschaftsgesetz Einl 30
Außergerichtliche Befriedigung des Berechtigten 144 (1–2) – anzuwendende Vorschriften 145 (1–2)
Außergerichtliche Einigung über Erlösverteilung 143 (1–2) – anzuwendende Vorschriften 145 (1–2)
Außergerichtliche Tätigkeit des Rechtsanwalts, Gebühr Einl 98.3
Außergerichtliche Verteilung in der Zwangsverwaltung 160 (1–2)
Außerordentliche Anfechtung (Beschwerde) des Zuschlag 96 (3) – auch: Zuschlagsanfechtung
Außerordentliches Kündigungsrecht gegenüber Mietern/Pächtern 57 a (1–8) – Aufschub wegen Mieterleistungen 57 c (1–2) – Aufschub bei Mietvorauszahlung 57 b (3) – Aufschub wegen Mieterdarlehen 57 c (5) – Aufschub wegen verlorenem Baukostenzuschuß 57 c (4) – entfällt in Teilversteigerung 183 (1–2)
Aussetzung des Verfahrens: Allgemein Einl 27 – auch: Ruhen, Unterbrechung
Aussichtslose Ansprüche: Allgemein Einl 48.8 – Beitritt hierfür 27 (3.4) – Härtefall (ZPO § 765 a) Einl 55.2
Ausweis des Zwangsverwalters 150 (4)
Auszahlungsanweisung: Teilungsplan der Zwangsversteigerung 117 (3.1) – Teilungsplan der Zwangsverwaltung 157 (2)

Beispiel: § 15 (4.8) =

1632

Register

Badeeinrichtung als Zubehör: 55 (3.2)
Baden-Württemberg: Zuständigkeit für ZVG-Verfahren 1 (3.3); für Schiffsversteigerung 163 (2.3)
Bagatellforderung: Rechtsschutzbedürfnis Einl 48.4
Bahneinheiten: Vollstreckung nach Landesrecht Einl 15.1
Bahnunternehmengesetz: Beschränkung der Vollstreckung 15 (12)
Bankbürgschaft als Gebotesicherheit = Bürgschaft
Bankeinzahlungs- und Überweisungsnachweis als Einstellungsunterlage Einl 31.11
Banken: Terminskosten 10 (15.7) – Vollstreckung gegen sie 15 (16) – Vorschlagsrecht für Institutsverwalter 150 a (2.2)
Bankschecks als Gebotesicherheit 69 (2)
Bankzinstage für Verzinsung des Bargebots: 49 (3.4)
Bannrechte: Einl 13.4
Bares Meistgebot: Begriff 44 (3.2 g) – im Verteilungstermin 107 (2.2 a)
Bargebot: Allgemeiner Begriff 44 (3.2 f) – Allgemeines 49 (1) – Entrichtung 49 (4) – gesetzliche Zinsen von ihm 49 (3) – Hinterlegung als Zahlung 49 (5) – Leistung im Verteilungstermin 107 (3) – Nichtzahlung bei Luftfahrzeugen 171 f (3) – Nichtzahlung bei Schiffen 169 (3) – Verwendung des Sicherheitsbetrags 49 (4.3) und 70 (6)
Bargeld zur Sicherheitsleistung 69 (2)
Baubehördliche Beschränkungen: Ermittlung durch Sachverständigen 74 a (8.2) – Sollinhalt der Terminsbestimmung des Versteigerungstermins 38 (7.1)
Baudarlehen: Begriff, Behandlung 57 b (7)
Baugeräte als Zubehör: 20 (3.4)
Baugesetzbuch und Anordnungsentscheidung: 15 (6) – Vorkaufsrecht 81 (10.5)
Bauhütten nicht wesentliche Bestandteile: 20 (3.2)
Baukostenzuschüsse: Begriff, Behandlung 57 b (7) – als Kündigungsaufschub 57 c (3) – in der Zwangsverwaltung 152 (12.12)
Baulast 66 (6.5)
Bauleistungen: Steuerabzug dafür 152 (15.5)
Baumaterialien als Zubehör: 20 (3.4)
Baumschulpflanzen nicht wesentliche Bestandteile: 20 (3.2)
Bausparkassen: Abgabe von Geboten 71 (7.23 b) – Terminskosten 10 (15.7) – Vorschlagsrecht für Institutsverwalter 150 a (2.2)

Bauten des Mieters nicht wesentliche Bestandteile: 20 (3.2)
Bauunternehmer: Sicherungshypothek Einl 62.5
Bauvollendung in der Zwangsverwaltung: 152 (4.2)
Bayern: Zuständigkeit für ZVG-Verfahren 1 (3.3)
Bedingte Rechte und Ansprüche: Im geringsten Gebot [allgemeiner Grundsatz 48 (2.1–2.2) – betagte Ansprüche als Gegensatz 48 (2.3) – Höchstbetragshypothek 48 (2.4) – Vormerkung 48 (3) – Widerspruch 48 (4)] – im Teilungsplan der Zwangsversteigerung 111 (2); 119 (1–3); 120 (2, 3) – im Teilungsplan der Zwangsverwaltung 156 (4.6) – auch: Hilfszuteilung
Bedingungen: Keine bei Einstellungsbewilligung des Gläubigers 30 (2.11)
Beerdigungskosten bei Leibgeding 92 (6.1)
Beeren: Früchtepfändung 21 (2.4)
Befangenheit des Rechtspflegers: Einl 26
Befriedigung des Ersteher = erweiterte Befriedigung
Befriedigungsberechtigte: Beteiligte 9 (2.7)
Befriedigungserklärung zum Teilungsplan 117 (5)
Befriedigungskosten: Kosten der Rechtsverfolgung 10 (15)
Befriedigungswirkung: Forderungsübertragung 118 (2) – Liegenbelassung 91 (5)
Befristete Rechte: Zuzahlungspflicht 50 (3); 51 (2.2)
Beginn des ZVG-Verfahrens Einl 20
Begriffe in der Zwangsversteigerung: 44 (3); 105 (2.9)
Begründung: gerichtlicher Beschlüsse Einl 28 – Anordnungsbeschluß 15 (4.9) – Beschwerde 95 (5.5) – Einstellungsantrag des Schuldners 30 b (3.2) – Einstellungsbeschluß auf Bewilligung des Gläubigers 30 (2.9) – Einstellungsbewilligung des Gläubigers 30 (2.3) – Einstellungsentscheidung nach Antrag des Schuldners 30 b (5.1) – Grundstückswert 74 a (7.17) – Verbindung von Verfahren 18 (3.2) – Zuschlag 82 (3) – Zuschlagsanfechtung 98 (2.6); 100 (2.2)
Begründungspflicht Einl 28
Behelfsheime nicht wesentliche Bestandteile: 20 (3.2)
Behörden: Beteiligte 9 (3.1)
Beispiele und Muster für ZVG-Verfahren Einl 42
Beitritt: Allgemein 27 (2.1) – zu anhängigem Verfahren 27 (2.3) – nach Anord-

1633

nung der Zwangsversteigerung 27 (2.2) – Antrag 27 (3.1) – aussichtslose Forderung 27 (3.4) – Belehrung des Schuldners/Antragsgegners und Einstellung 27 (7.3); 30 b (2) – Beschlagnahmewirkung 27 (8.2) – Grundbuchersuchen 27 (5) – Grundstücke 27 (4.8) – Hindernisse 27 (3.6) – Insolvenzverwalterverfahren 172 (7) – Kosten Einl 76 – mehrere Gläubiger 27 (6) – Muster 27 (4.2) – Nachlaßverfahren 176 (3.2) – Rechtsbehelf 27 (4.4) – nicht mehr nach Rechtskraft 27 (2.5) – nach Schluß der Versteigerung 27 (2.4) – Teilungsversteigerung 180 (8, 10, 14–16) – Termin und Grundstückswert 27 (9.2) – Verfahren muß anhängig sein 27 (2.2) – Versteigerungstermin und Wertfestsetzung 27 (9) – wiederkehrende Leistungen 27 (3.5) – Wirksamwerden 27 (8.1) – Zeitpunkt des Beitritts 27 (2.3–2.5) – Zubehör und sonst mithaftende Gegenstände 27 (10) – Zubehörfreigabe 27 (10) – Zuständigkeit 27 (4.3) – Zustellungsfragen 8 (1–2); 27 (7); – auch: Anordnung
Beitrittsgebiet Einl 14.1 – Altrechte Einl 51.3 – Beteiligte 9 (3.38) – Erbrecht 17 (4.3) – Umfang der Beschlagnahme 20 (5) – Zwangsversteigerungsfähigkeit bebauter Grundstücke EG 9 a (1) – s auch Gebäudeeigentum und Rückübertragungsanspruch
Beitrittsgebühr Einl 76
Bekanntgabe der Mieter-/Pächter-Anmeldungen im Versteigerungstermin 57 d (4)
Bekanntmachung: Kosten der Bekanntmachung Einl 84.3 – der Terminsbestimmung zum Versteigerungstermin 39 (2) – Fristen vor dem Termin 43 (3) – geringwertige Grundstücke 39 (3) – Terminsaufhebung 39 (2.6) – auch: Versteigerungstermin
Bekanntmachungsfrist 43 (3)
Belehrung: des Schuldners zur Einstellung 30 b (2) – nach Beendigung des Insolvenzverfahrens 30 d (10.3) – in der Teilungsversteigerung 180 (12.10) – über die Fortsetzung durch Gläubiger/Antragsteller 31 (2) – über Fristen allgemein Einl 32.7 – der Mieter/Pächter 57 d (2)
Belehrungspflicht = Prozeßleitungspflicht
Beliehener Unternehmer 10 (6.9)
Benutzungsrecht des Schuldners in der Zwangsversteigerung 24 (2) – in der Zwangsverwaltung 148 (3)
Benutzungsregelung der Eigentümer in der Teilungsversteigerung 180 (7.7)
Beratungsgebühr des Rechtsanwalts Einl 98.3

Beratungspflicht des Gerichts = Prozeßleitungspflicht
Berechnungsformel für nicht rechtzeitig freigegebene mithaftende Gegenstände 92 (8.2)
Berechnungszeitraum wiederkehrender Leistungen = wiederkehrende Leistungen
Berechtigter: im Teilungsplan 114 (3) – bei Ausführung des Teilungsplans 117 (2) – des Grundschulderlöses 114 (7.5) – nachträgliche Ermittlung 137 (1–3) – Termin bei nachträglicher Ermittlung 139 (1–2) – auch unbekannte Berechtigte
Bereicherungsansprüche, Bereicherungsklage: bei bestehenbleibender Grundschuld, Rentenschuld 125 (4) – bei mithaftenden Gegenständen ohne rechtzeitige Freigabe 92 (8.5) – zum Teilungsplan der Zwangsversteigerung 115 (5.19)
Bereitstellungsgebühr als Nebenleistung: 12 (3.3)
Bergbauschäden, Schadensersatzforderung 20 (3.7)
Bergwerke: Beteiligte 9 (3.1) – landesrechtliche Ansprüche der Beschäftigten 10 (5) – Zwangsvollstreckung in Bergwerke Einl 13.2
Bergwerkseigentum als Verfahrensgegenstand Einl 13.2 – altes Einl 13.4
Berichte des Zwangsverwalters 150 (8); 153 (2.2)
Berichtigung: Amtsblattbekanntmachung 43 (3.5) – Anordnungsbeschluß 15 (4.15) – gerichtliche Beschlüsse Einl 29 – Grundbuchersuchen 130 (2.16) – Protokoll des Versteigerungstermins 78 (3) – Vollstreckungstitel 15 (40.9) – Zuschlag 82 (4)
Berlin: Befreiung von Kosten Einl 87.2 – Befreiung von Sicherheitsleistung für Gebote 67 (4.2)
Berufshaftpflichtversicherung für Richter/Rechtspfleger Einl 37.5
Beschlagnahme: Bedeutung (Wirkung) 23 (1–7) – Besonderheiten des Beschlagnahmeumfangs 21 (1) – Erlöschen mit Aufhebung 15 (5.4) – Gegenstand 20 (3) – eines Grundstücks (Gebäudeeigentum) im Beitrittsgebiet 20 (5) – bei Insolvenzverwalterverfahren 173 (1–2) – landwirtschaftlicher Erzeugnisse 21 (2) – Miete 21 (3) – Pacht 21 (3) – in der Teilungsversteigerung 180 (6.6) – Umfang 20 (3) – als Veräußerungsverbot 23 (2) – Veräußerung nach Beschlagnahme 26 (1–3) – mit Verfahrensanordnung 15 (1.4); 20 (1) – Verfahrensbehandlung der Verfügungen bei Beschlagnahme 23 (7) – Zeitpunkt der

1634

= § 15 Rdn 4.8

Beschlagnahme gegenüber Mieter/Pächter 57b (5) – Beschlagnahme bei Zwangsverwaltung 146 (5); 148 (2) – Wirksamwerden der Zwangsverwaltungsbeschlagnahme 151 (1–2) – auch Wirksamwerden der Beschlagnahme
Beschlagnahmeansprüche in der 5. Rangklasse 10 (9)
Beschlagnahmebeschluß: grundsätzliche Wirkung 20 (2)
Beschlagnahmeende: 22 (2.7); 29 (2.5)
Beschlagnahmekenntnis: 23 (4)
Beschlagnahmeumfang 20 (3, 4)
Beschlagnahmewegfall: Unwiderruflichkeit 15 (5.4)
Beschlagnahmewirksamkeit 22 (2) – gegenüber Mieter/Pächter 22 (3.2); 57b (5) – bei Schiffen 165 (3) – in Zwangsverwaltung 151 (2)
Beschlagnahmewirkung: Allgemein [Begriff 23 (2) – getrennt nach Gläubigern 20 (2.1) und 23 (2.6)] – bei Anordnung 20 (2) – bei Beitritt 27 (8)
Beschlagnahmezeit 22 (2) – Bekanntmachung im Versteigerungstermin 66 (5.2c)
Beschluß: Allgemeiner Kopf, Muster Einl 42 – Begründung Einl 28 – Berichtigung Einl 29 – als Entscheidung des Vollstreckungsgerichts Einl 23.4
Beschlußzustellungsfrist 43 (4)
Beschränkte Geschäftsfähigkeit, Abgabe von Geboten: 71 (7.2)
Beschränkte persönliche Dienstbarkeit: im geringsten Gebot 44 (5.3) – Gläubiger als Beteiligter 9 (2.3) – Rangklasse vier 10 (8.1) – bei Versteigerung eines Bruchteils und Wohnungseigentums 91 (2.4) – Wertersatz mit Geldrente 92 (4 und 6.2) – Zuzahlung 51 (4.3) – in Zwangsverwaltung, Beschränkungen 146 (11.13) – auch Deckungskapital
Beschränkte Zwangsverwaltung bei Nießbrauch 146 (11)
Beschwerde: Anwaltszwang (mit Ausnahmen) Einl 22.1 – Gerichtskosten Einl 83.3 – Gründe bei Zuschlagsanfechtung 100 (1–4) – rechtliches Gehör Einl 46.6 – sofortige 95 (5) – bei § 765a Einl 59.1 – Verbindung mehrerer 99 (3) – vor Zuschlagsentscheidung 95 (1–2) – gegen Zuschlagsentscheidung 96 (1–2) – Zuschlagsentscheidung auf Beschwerde 101 (1–3) – gegen ZVG-Entscheidungen 95 (2) – zusätzliche weitere nach Erlösverteilung 102 (1–2) – auch: Rechtsbeschwerde; Zuschlagsanfechtung
Beschwerdeberechtigte bei Zuschlagsentscheidung 97 (1–2)

Register

Beschwerdeentscheidung: Zustellung 103 (1–2)
Beschwerdefrist bei Zuschlagsentscheidung 98 (1–2)
Beschwerdegegner, Zuziehung bei Zuschlagsanfechtung 99 (1–2)
Beschwerdegebühr des Gerichts Einl 83 – des Rechtsanwalts Einl 97
Beschwerdegründe: Beschränkung 100 (1–2) – rechtliches Interesse des Beschwerdeführers 100 (3) – von Amts wegen zu berücksichtigende Versagungsgründe 100 (4)
Beschwerdewert Einl 83.10
Besichtigung des Grundstücks: 42 (3)
Besitzberechtigter aus Sachenrechtsbereinigung, Beteiligter 9 (3.38)
Besitzeinweisung: Flurbereinigung 15 (17.6)
Besitzer: Beteiligter 9 (3.2) – Vollstreckung aus Zuschlag 93 (2.2) – Dritter als Besitzer und Zwangsverwaltung 146 (10) – Recht zum Besitz 92 (3) – auch: Zwangsverwaltung gegen Eigenbesitzer
Besitzstörung und Zwangsverwaltung: 152 (3.11)
Besitzübertragung durch Gerichtsvollzieher: Kosten Einl 88.4
Besitzverschaffung an Zwangsverwalter: 150 (5, 6)
Bestallungsurkunde des Zwangsverwalters 150 (4) – Rückgabe 161 (5.7 und 6.6)
Bestanderhaltung in der Zwangsverwaltung: 152 (3.7)
Bestandteile: Beschlagnahme 20 (3) – als Gegenstand der Versteigerung 55 (3) – Pfändung Einl 17.2
Bestandteilszuschreibung von Grundstücken Einl 11.4 – nach Beschlagnahme Einl 11.5
Bestehenbleiben von Rechten und Belastungen: Allgemeiner Begriff 44 (3.2c) – außerhalb des geringsten Gebots [allgemein 52.7 und EG 9, 9a – Landesrecht hierzu EG 9] – im geringsten Gebot [allgemeiner Übernahmegrundsatz 52 (2.1) – Auflassungsvormerkung 52 (2.6) – Dauerwohnrecht 52 (2.7) – Eigentümergrundpfandrecht 52 (2.8) – Erbbaurecht 52 (2.9) – Früchtepfandrecht 52 (2.10) – Gesamtrechte 52 (2.11) – Grundstücksbruchteile 52 (2.12) – Rangvorbehalt 52 (2.13) – Tilgungshypothek 52 (2.14) – Vorkaufsrecht 52 (2.15)] – Teilungsplanfeststellung 113 (4)
Bestimmung des zuständigen Gerichts 2 (1–4)
Betagte Ansprüche: im geringsten Gebot 48 (2.3) – im Verteilungstermin 111 (1–2)

1635

Register

Beispiel: § 15 (4.8) =

Beteiligte: Allgemeiner Begriff 9 (1.1) – Anmeldung 9 (4) – Aufklärungspflicht ihnen gegenüber Einl 2 – Beteiligte bei Eigentumswechsel 9 (3.5) – Grundfälle 9 (2) – bei Rückgewähranspruch 9 (2.8) – Sonderfälle 9 (3) – Teilungsversteigerung 180 (6.8) – Verzeichnis der Beteiligten 9 (5) – Zustellung der Terminsbestimmung 41 (2.2) – Zuziehung Einl 9.3 – in der Zwangsverwaltung 9 (3.37); 146 (4.4)
Beteiligtenkosten 10 (15.2)
Beteiligtenverzeichnis 9 (5)
Beteiligtenzuziehung als Verfahrensgrundsatz Einl 9.3
Betreibende Gläubiger: Begriff 9 (2.1) – sind Beteiligte 9 (3.10)
Betreuer, Betreute: Gebote 71 (7.2 b) – Prozeßfähigkeit/Vertretung Einl 44.4 – Teilungsversteigerungsantrag 181 (6.1)
Betriebsführung durch Zwangsverwalter 152 (9)
Betriebskosten siehe Mietnebenkosten
Betriebssteuerrückstände: 15 (34.8)
Beurteilungsspielraum: Einl 7.2 – bei Aufklärung Einl 24.5
Bevollmächtigte: Protokoll des Versteigerungstermins 78 (2.2) – Zustellungen an sie 3 (3.1)
Bewachung bei Luftfahrzeugen 171 c (3) – nach Versteigerung 171 g (1)
Bewachung und Verwahrung von Schiffen und Schiffsbauwerken 165 (2) – nach Versteigerung 170 (1–2)
Beweiskraft des Protokolls = Protokoll
Bewilligte Eintragung durch Ersteher vor Vollzug des Grundbuchersuchens 130 (6)
Bewilligung des Gläubigers siehe einstweilige Einstellung
Bewirtschaftung (Sicherung) 25 (2)
Bezirksschornsteinfegermeister: Mitteilung der Terminsbestimmung zum Versteigerungstermin 41 (4.4) – Mitteilung des Zuschlags 88 (2.4)
Bezugnahme auf Grundbuch statt Grundbuchzeugnis bei Anordnungsantrag 17 (5.5)
BGB-Gesellschaft als Bieterin 71 (7.14 g) – Vollstreckung gegen sie 15 (19.1) – Teilungsversteigerung 180 (2.4)
Bierschankanlage als Zubehör 20 (3.2; 3.4)
Biersteuer: Keine öffentliche Last 10 (6.25)
Bietabkommen: 71 (8)
Bietergemeinschaft: 71 (4)
Bieterkonkurrenz Einl 10
Bietsicherheit: im Verteilungstermin 107 (4) – in der Teilungsversteigerung 184 (1–3) – sonst: Sicherheitsleistung

Bietervertretung: Kosten des Rechtsanwalts Einl 89.1, 90.1, 92
Bietervollmacht: Abgabe von Geboten 71 (6.3)
Bietstunde: Allgemeines 73 (1)
Bietzeit: Anfang 73 (2) – Dauer 73 (2) – Schluß der Versteigerung 73 (3) – Unterbrechung 73 (2) – Ende 73 (2)
Bindung an Gebote 71 (2.4) – an Bestimmung des zuständigen Gerichts 2 (5) – an Anordnungsantrag 15 (3.4)
Binnenschiffahrtsberufsgenossenschaft: Vertreter der Sozialversicherungsträger 163 (3.2)
Bodenerzeugnisse: Wesentliche Bestandteile 20 (3.2)
Bodensanierung: Wertausgleich als öffentliche Last 10 (6.3)
Bodenschutzlastvermerk 9 (3.3)
Bodenverbände: Beiträge als öffentliche Last 10 (6.16)
Boote: Zubehör 20 (3.2)
Bootshäuser: nicht wesentliche Bestandteil 20 (3.2)
Bootstege: wesentliche Bestandteile 20 (3.2)
Brandmauer in Versteigerung 55 (5)
Brandversicherungsbeitrag keine öffentliche Last 10 (6.25)
Brandversicherungsurkunde: Bekanntmachung im Versteigerungstermin 66 (5.2 a und 6.7)
Branntweinbrennerei als landwirtschaftlicher Nebenbetrieb: 10 (4.2)
Brauerei als landwirtschaftlicher Nebenbetrieb: 10 (4.2)
Brauereigerechtsame: Einl 13.4
Brennrechte: Begriff und Behandlung 55 (4.1) – Mitteilung im Versteigerungstermin 66 (6.7)
Briefmarken: Sicherheit für Gebote 69 (5.2)
Bruchteile: Grundstücke, grundstücksgleiche Rechte usw = Grundstücksbruchteile
Bruchteilsgemeinschaft: Aufhebung 180 (2.1)
Bruchteilszwangsverwaltung = Grundstücksbruchteile
Bruttolohnurteil Einl 66.5
Büdnerrecht: Landesrecht Einl 13.3
Bürge: Sicherheitsleistung 69 (3)
Bürgermeister: Abgabe von Geboten 71 (7.7)
Bürgschaft: Sicherheitsleistung für und gegen die Zwangsvollstreckung 15 (32.5; 32.8)
Büroeinrichtung: Zubehör 20 (3.4)
Bundesbank: Befreiung von Sicherheitsleistung 67 (4.2) – Schecks als Sicherheitsleistung für Gebote 69 (2)

= § 15 Rdn 4.8

Register

Bundesrepublik Deutschland: Befreiung von Sicherheitsleistung für Gebote 67 (4.2) – Vollstreckung gegen sie 15 (16) – Vorschlagsrecht für Institutszwangsverwalter 150 a (2.2)
Bundesverfassungsgericht: Vorlage nicht Rechtspflegeraufgabe Einl 47.4
Bundesversorgungsgesetz: Sperrvermerk bei Kapitalabfindung 15 (7)
Bundeswehrangehörige: Vollstreckung gegen sie 15 (35.2)

Carpzow: Zwischenzinsberechnung 111 (2.11)

Damnum: Nebenleistung 10 (8.9); 12 (3.3)
Datum des Zuschlags: 82 (2.12)
Dauerdienstverhältnis nach § 10 Rangklasse 1: 10 (4.3)
Dauernutzungsrecht: Beteiligte 9 (3.4) – geringstes Gebot 44 (5.29 e) – Rangklasse vier 10 (8.1)
Dauerwohnrecht: Beteiligte 9 (3.4) – geringstes Gebot 44 (5.29 e) – Rangklasse vier 10 (8.1) – beim Zuschlag 57 (5)
DDR-Schuldtitel 15 (8)
Deckung des Gläubigers aus einem Grundstück als Einstellungsgrund 76 (2)
Deckungsgrundsatz in der Versteigerung: 44 (4) bei Teilungsversteigerung 182 (2) – als Verfahrensgrundsatz Einl 9.4
Deckungskapital für Nießbrauch, beschränkte persönliche Dienstbarkeit sowie Reallast von unbestimmter Dauer: Allgemein 121 (1) – Aufnahme in Teilungsplan 121 (2) – Hilfsverteilung 121 (3) – Kapitalanlegung 121 (3)
Deichlasten: Öffentliche Last 10 (6.10)
Deutsche Genossenschaftsbank: Befreiung von Sicherheit für Gebote 67 (4.2)
Deutsche Girozentrale: Befreiung von Sicherheit für Gebote 67 (4.2)
Deutsches Verfahrensrecht: Einl 25.2
Devisenrecht Einl 30
Dienendes Grundstück Buchung nach § 3 Abs 6 GBO Einl 12.2
Dienstbarkeit: bei Versteigerung eines Bruchteils und Wohnungseigentums 91 (2.4) – Wertersatz mit Geldrente 92 (4) – altrechtliche EG 9 (2)
Dienstleistungsentschädigung des Schuldners in der Zwangsverwaltung: 149 (4.4)
Dienstsiegel: Anordnungsantrag 16 (2.2) – Grundbuchersuchen 19 (2.2); 130 (2.3)
Dienstverträge in der Zwangsverwaltung: 152 (7)
Difformitätsgrundsatz: 95 (6.1)
Dinglich Anmeldende = Beteiligte: 9 (2.6)
Dinglich Berechtigte = Beteiligte: 9 (2.3)

Dingliche Rechte: Begriff 9 (2.3) – Rangklasse vier 10 (8) – relativ unwirksam = Rangklasse sechs 10 (10) – Rückstände; ältere = Rangklasse acht 10 (12)
Dinglicher Titel: bei Anordnung 15 (9) – Besonderheiten bei Zwangshypothek Einl 69
Disagio als Nebenleistung: 12 (3.3)
Dokumentenpauschale: Gericht Einl 84.1 – Rechtsanwalt Einl 99.1 und 99.4
Dolmetscher: Rechtliches Gehör Einl 46.6 – Vereidigung Einl 47.1
Doppelausgebot: Abweichende Versteigerungsbedingungen 59 (4) – Bietzeit 73 (2.7) – Insolvenzverwalterverfahren 174 (3) – Nachlaßverfahren 176 (3.10) auch: abweichende Versteigerungsbedingungen
Doppelbuchung von Grundstücken im Grundbuch: 37 (6.10)
Drachen = Luftfahrzeuge: 171 a (1.3)
Drehflügler = Luftfahrzeuge: 171 a (1.3)
Drei-Monatsbetrag der Geldrente 92 (4.6)
Dreschmaschinenverleiher: Kein Vorrecht 10 (4.3)
Dritteigentum: entgegenstehendes Recht 28 (4) – Recht am Versteigerungserlös 92 (8)
Dritter: Zwangsverwaltung bei Besitz eines Dritten 146 (10)
Drittrechte als Hinderungsgrund 28 (3)
Drittwiderspruchsklage: Allgemein 95 (3) – entgegenstehende Rechte 37 (6.3) – Teilungsversteigerung 180 (9.8) – auch: Widerspruchsklage
Düngemittel: Ausgaben der Verwaltung in der Zwangsverwaltung 155 (4.3) – Früchtepfandrecht 10 (7) – Vorschüsse und Kredite als Zwangsverwaltungsvorschüsse 10 (2.4) – Zuteilung in der Zwangsverwaltung 155 (9.2)
Duldungsbescheid bei Steuern: 15 (34.5)
Duldungstitel aus Anfechtungsprozeß 15 (9.9) und 17 (3.2) – sonst siehe dinglicher Titel

Ehegatten: Antrag auf Teilungsversteigerung bei Zugewinngemeinschaft 180 (3.13) – Geboteabgabe 71 (7.3)
Eheliches Güterrecht: Allgemein in der Vollstreckung 15 (10) – Teilungsversteigerung 180 (3.9–3.13)
Eidesstattliche Versicherung: Glaubhaftmachen bei Anordnung des Verfahrens 17 (4.2)
Eigenbesitz: kein entgegenstehendes Recht für die Versteigerung 28 (5.4), für die Zwangsverwaltung 146 (10.6), 147 (2) – auch: Zwangsverwaltung
Eigengrenzüberbau 55 (6.3)
Eigentliche Fristen Einl 32.5

1637

Register

Beispiel: § 15 (4.8) =

Eigentümer: Bezeichnung im Antrag 16 (3.2) – keine Bezeichnung in der Terminsbestimmung 38 (5) – des Erbbaugrundstücks als Beteiligter 9 (3.7) – des Grundstücks (nicht) Beteiligter bei Gebäudeeigentumsversteigerung 9 (3.38 zu b) – neuer als Beteiligter 9 (3.5)

Eigentümergrundpfandrechte: geringstes Gebot 44 (5.4) – Zwangsvollstreckung 15 (11) – Zwangsvollstreckung durch Insolvenzverwalter 15 (11.3) – Zwangsvollstreckung durch Pfand- und Pfändungsgläubiger 15 (11.2) – Zwangsvollstreckung nach Zession 15 (11.4)

Eigentümergrundschuld (-hypothek) im Teilungsplan 114 (6) – Zinsen 114 (6.9)

Eigentümerrecht aus Zwangshypothek Einl 73 – in Rangklasse 4, 10 (8.2)

Eigentum: Anordnungsvoraussetzung 17 (2) – Entgegenstehendes Recht 28 (4) – Garantie durch Grundgesetz Einl 10 – auch Dritteigentum

Eigentums- und Vermögensgemeinschaft: Auseinandersetzung 180 (2.12) – Vollstreckung 15 (10.5) – Zwangshypothek Einl 64.7

Eigentumserwerb durch Zuschlag 90 (2)

Eigentumsverschaffungsvormerkung = Auflassungsvormerkung

Eigentumsvormerkung = Auflassungsvormerkung

Eigentumswechsel: Auswirkung auf Beteiligtenstellung 9 (3.5) – nach Beschlagnahme 26 (1–3) – während Teilungsversteigerung 180 (6.9)

Eigenverwaltung: Einstellungsantrag des Schuldners 30 d (8) – Insolvenzverwalterversteigerung 172 (6)

Einbauküche als wesentlicher Bestandteil oder Zubehör 20 (3.2)

Eingang: Rücknahme des Verfahrensantrags damit wirksam 29 (2.5)

Einheitswert: Gegenstandswert für Versteigerungsverfahrensgebühr des Gerichts Einl 77.7–8 – keine Bekanntmachung im Versteigerungstermin 66 (5.2)

Einigungsgebühr des Rechtsanwalts Einl 98.1

Einkommensteuer: Keine öffentliche Last 10 (6.25)

Einleitende Verfügung als Anfang des Verfahrens: Einl 20.1

Einmalige Leistungen einer öffentlichen Last Einl 10 (6.17)

Einmaligkeit des Antrags: aus § 74 a 74 a (6.3) – aus § 85 85 (5) – aus § 85 a 85 a (3.3)

Einschreibebrief: Aufgabe zur Post 4 (2.1)

Einstellung bei Luftfahrzeugen mit Treuhandschaft 171 c (4); bei Schiffen mit Treuhandschaft 165 (4)

Einstellung der Vollstreckung und Erlösverteilung 114 (5.5)

Einstellung: Begriff Einl 31.1 – der Zwangsverwaltung 146 (6) – in ZVG-Verfahren Einl 31

Einstellung des Verfahrens (Auswirkung auf Gebote): 72 (4)

Einstellung nach Schluß der Versteigerung: 33 (1–2)

Einstellungsantrag: Rechtzeitige Entscheidung über ihn Einl 8.4 – Schuldnerantrag 30 b (3)

Einstellungsbeschluß: Zustellung 32 (1–2)

Einstellungsfälle Einl 31.2

Einstellungsgebühr des Gerichts Einl 77.6

Einstellungsverfahrensgebühr des Rechtsanwalts Einl 91

Einstweilige Anordnung: bei Einstellungsanträgen 30 b (4.6)

Einstweilige Einstellung des Verfahrens: Allgemeiner Begriff Einl 31 – durch Versagung des Zuschlags 33 (2); 86 (1–2) – auch erneute Einstellung

Einstweilige Einstellung auf Antrag des Schuldners: Allgemeines 30 a (1) – Antragsbelehrung des Schuldners 30 b (2) – Antrag nach Beendigung des Insolvenzverfahrens 30 d (10) – Antragsrecht bei Vorlage eines Insolvenzplans 30 d (4) – Befristung des Antragsrechts 30 b (1) – Berücksichtigung der Gläubigerinteressen 30 a (5) – Einstellungsantrag des Schuldners 30 b (3) – Einstellungsverfahren 30 b (4) – Einstellungsvoraussetzungen 30 a (3) – Entscheidung über den Antrag 30 b (5) – Frist für Einstellung 30 a (4) – Grundsätze 30 a (2) – Mehrere Gläubiger und mehrere Verfahren eines Gläubigers 30 b (6) – Mehrere Grundstücke 30 b (7) – Muster für Entscheidung 30 b (8) – Rechtsbehelfe 30 b (9) – Schuldnerantrag nach bewilligter (anderer) Einstellung 30 b (10) – Schuldneranzahlungen und Auflagen 30 a (6) – Verhältnis von § 30 a zu anderen Einstellungen 30 a (7) – Verzicht des Schuldners auf Vollstreckungsschutz 30 a (8) – Wiederholung eines abgelehnten Antrags 30 b (12)

Einstweilige Einstellung auf Bewilligung des Gläubigers: Allgemeines 30 (1) – Bewilligung der Einstellung 30 (2) – erneute und dritte Einstellungsbewilligung 30 (3) – Muster für Einstellungsbeschluß 30 (4) – Teileinstellung 30 (5) – Verhältnis von § 30 zu anderen Einstellungen 30 (6)

= § 15 Rdn 4.8

Einstweilige Einstellung auf Insolvenzverwalterantrag: Allgemeines 30 d (1) – Aufhebung 30 f (1–5) – Auflagen 30 e (1–5) – Einstellungsvoraussetzungen 30 d (2) – Gläubigerinteressen gegen Einstellung 30 d (3) – Insolvenzverwalter-Einstellungsantrag 30 d (5.1–5.3) – Insolvenzverwalter-Einstellungsverfahren 30 d (5) – Schuldnerantrag nach Insolvenzbeendigung des Insolvenzverfahrens 30 d (10) – Antrag des vorläufigen Insolvenzverwalters 30 d (6) – Zulässige Verfahrensfortsetzung 30 d (8) – Verhältnis von § 30 d zu anderen Einstellungen 30 d (9)
Einstweilige Einstellung der Teilungsversteigerung auf Antrag eines Miteigentümers: 180 (12) – im Interesse eines gemeinschaftlichen Kindes 180 (13) – Verfahren 180 (12.10) – Voraussetzung 180 (12.2–12.7)
Einstweilige Einstellung der Zwangsverwaltung nach Eröffnung des Insolvenzverfahrens 153 b (1–8) – Aufhebung der Einstellung 153 c (1–5)
Einstweilige Einstellung bei ergebnisloser Versteigerung: 77 (1–2)
Einstweilige Einstellung nach Zahlung: im Termin 75 (1–2) – bei Deckung aus Einzelausgebot 76 (1–3)
Einstweilige Verfügung: entgegenstehendes Recht 28 (5.6 und 7)
Eintragung des Grundstücks: Anordnungsvoraussetzung 17 (3.1)
Eintragung des Schuldners als Eigentümer als Voraussetzung der Verfahrensanordnung 17 (3)
Eintragungsersuchen = Grundbuchersuchen
Einzelausgebot: 63 (2) – Deckung aus ihm als Einstellungsgrund 76 (1–2)
Einzelgebot: Begriff 44 (3.2 h)
Einzelversteigerung 63 (1.3)
Elektronisches Informations- und Kommunikationssystem siehe Amtsblatt
Eltern: Abgabe von Geboten 71 (7.4) – Teilungsversteigerung 180 (3.15)
Ende und Aufhebung Einl 20
Energielieferungsverträge in der Zwangsverwaltung: 152 (8)
Enteignungsbehörde: nicht Beteiligte 9 (3.6)
Enteignungsverfahren: 15 (6.1)
Enteignungsvermerk 44 (5.5)
Entgegenstehende grundbuchmäßige Rechte: Allgemein 28 (3) – Aufforderung zur Geltendmachung in Terminsbestimmung 37 (6) – Eigentum eines Dritten 28 (4) – sonstige 28 (5) – Maßnahmen 28 (6) – in Teilungsversteigerung 180 (9)
Entgelt für Viehernährung: 153 a (1–2)
Entlassung des Zwangsverwalters 153 (7.2)
Entschädigungsansprüche, landesgesetzliche EG 3 (1)
Entscheidung: Begriff 95 (2.1) – Existenz Einl 20.2 – über Kosten Einl 39 – Versteigerungsterminsprotokoll 78 (2.2)
Entschuldung, landwirtschaftliche 44 (5.6)
Entwicklungsmaßnahmen nach BauGB: 15 (6.3)
Entwicklungsvermerk 15 (6.3)
Erbbaurecht: als Verfahrensgegenstand Einl 13.2 – altes 15 (13.2–13.15) – im Beitrittsgebiet 15 (13.15) – Beteiligte 9 (3.7) – geringstes Gebot 15 (14) – Heimfallanspruch 15 (13.17) – nichtiges 15 (13.14) – Wertersatz für erlöschendes 92 (6.4) – Zustimmung des Grundstückseigentümers 15 (13.5)
Erbbaurechtsbauwerk in der Versteigerung: 15 (14.3)
Erbbaurechtsgrundstück: 15 (14)
Erbbaurechtsversteigerung: Grundstückseigentümer Beteiligter 9 (3.7)
Erbbauzins: Vollstreckung 15 (13.16) – Bestehenbleiben bei Berücksichtigung im geringsten Gebot 52 (5) – Bestehenbleiben bei Vereinbarung 52 (6) – mit automatischer Anpassung 52 (5.4) – Vormerkung auf Erhöhung 52 (5.5 u 6.8) – Wertersatz 82 (6.4)
Erbe: Antrag auf Zwangsversteigerung 175 (1–2) – anzuwendende Vorschriften 176 (1–3) – Art des Verfahrens 172 (1.3) – Einfluß des Nachlaßinsolvenzverfahrens 178 (1–2)
Erbe bei Anordnung des Verfahrens: Allgemeiner Grundsatz 17 (4.1) – Glaubhaftmachung 17 (4.2) – Nachweis 17 (4.2) – Offenkundigkeit 17 (4.3) – Vollstreckung gegen ihn 15 (30)
Erbengemeinschaft: Aufhebung 180 (2.4) – Glaubhaftmachung der Erbfolge 181 (5)
Erbpachtrecht, landesrechtliches Einl 13.3
Erbrecht im Beitrittsgebiet 17 (4.3)
Erbschaft als Anordnungsvoraussetzung: 17 (4)
Erfüllungsanspruch nach SachenRBerG 28 (11.1 zu f)
Ergebnisloser Versteigerungstermin: 77 (1–2) – Überleitung in Zwangsverwaltung 77 (3)
Erhöhung des geringsten Gebots um Mehrbetrag 63 (6) – bei verteiltem Grundpfandrecht 64 (6)
Erinnerung: siehe Gerichtskosten (Kostenerinnerung), Vollstreckungserinnerung

1639

Register

Erinnerungsgebühr des Rechtsanwalts Einl 97
Erklärungen im Versteigerungstermin: zu Protokoll 78 (2.2; 2.3)
Erledigung des Verfahrens; Kostenentscheidung Einl 39.6
Erlöschen der Beschlagnahme mit Beschlußaufhebung 15 (5.4) – Aufschub bis Rechtskraft 15 (5.5) – des Vollstreckungsanspruchs 28 (5.18)
Erlöschen der Rechte auf einen hinterlegten Betrag: 142 (1–2)
Erlöschen eines Gebots: 72 (1–4)
Erlöschen und Bestehenbleiben von Rechten im Zuschlag: 91 (1–2) – auch Liegenbelassungsvereinbarung
Erlöschen von Rechten: 52 (3)
Erlöschende Rechte: Allgemeine Behandlung 92 (1–2); Anspruch auf Wertersatz 92 (3) – Ersatzanspruch für einzelne Rechte 92 (6) – Wertersatz mit Geldrente 92 (4)
Erlösüberschuß in Teilungsversteigerung 180 (18)
Erlösverteilung: allgemeine Übersicht 105 (1) – Allgemeines zum Verteilungstermin 105 (2) – außergerichtliche Befriedigung 144 (1–2) – außergerichtliche Einigung 143 (1–2) – auf ein Gesamtrecht 122 (1–2) – beim Gesamtausgebot siehe Gesamterlösverteilung – in Teilungsversteigerung 180 (17) – Verteilung der Masse im Verteilungstermin 109 (3)
Erlösverwendung in Zwangsverwaltung 155 (1–2)
Erloschene Rechte im geringsten Gebot 45 (6)
Ermahnung des Schuldners: Maßnahme zur Sicherung ordnungsmäßiger Bewirtschaftung 25 (4.2)
Ermessens- und Beurteilungsspielraum Einl 7.2 – bei Aufklärung Einl 24.5
Ermittlungsvertreter: bei Kraftloserklärung von Grundpfandbriefen 136 (2) – bei unbekannten Berechtigten 135 (2)
Ernährungsmittel in der Zwangsverwaltung für Schuldner: 149 (4)
Erneute Einstellung auf Antrag des Schuldners: Antragsmöglichkeit 30 c (2) – Belehrung 30 c (4) – Einstellungsvoraussetzungen 30 c (3) – Muster 30 c (6) – Sittenwidrigkeit 30 c (7) – Verfahren 30 c (5)
Ernte: Früchtepfandrecht 10 (7)
Erörterungen: vorbereitende 62 (2)
Ersatzansprüche im Teilungsplan: 121 (2) – Behandlung in der Schwebezeit 121 (3.7)
Ersatzbeschaffung bei versicherten Gegenständen: 20 (3.6)

Beispiel: § 15 (4.8) =

Ersatzgrundstücke der Flurbereinigung: 15 (17.5; 17.6)
Ersatzwert bei erlöschenden Rechten: 92 (2)
Erschließungskosten: Öffentliche Last 10 (6.4)
Ersteher: nicht Beteiligter 9 (3.8) – Bezeichnung im Zuschlag 82 (2.3–4) – Eintragungskosten Einl 79.7 – Forderungsübertragung 118 (2) – Grundbucheintragung 130 (2.8) – Zuschlagsanfechtung 97 (2.7) – Zuschlagszustellung 88 (2.1 a)
Ertragswert bei Grundstückswert: 74 a (7.4)
Erweiterte Befriedigung des Erstehers: Auswirkung von Zwischenrechten 114 a (5); Besonderheit bei Schiffen 114 a (4) – materiellrechtliche Zuschlagsfolge 114 a (2) – Wirkung 114 a (3)
Erzeugnisse: Beschlagnahme 20 (3.3) – Pfändung Einl 17.2
Essigherstellung als landwirtschaftlicher Nebenbetrieb: 10 (4.2)
Euro als Währung Einl 51.5 – Gebote 71 (2.2) – geringstes Gebot 66 (7.2) – Schiffshypothek 168 c – Zwangshypothek in Euro Einl 64.4 – bei Zwangsversteigerung 145 a (4)
Europäische Gemeinschaft: Abgabe von Geboten 71 (7.1 und 7.13)
Europäische wirtschaftliche Interessenvereinigung (EWIV): Abgabe von Geboten 71 (7.14 d) – Teilungsversteigerung 180 (2.4 g) – Vollstreckung gegen sie 15 (19.7)
Europäische Zentralbank: SFR-Satz 155 (8)
Euroschecks 69 (5.4)
Existenz einer Entscheidung: Einl 20.2
Exterritoriale: Einl 25.2

Fachverbandszeitschriften: Veröffentlichung der Terminsbestimmung 40 (3.2)
Fährrecht: Einl 13.4
Fälligkeit: bestehenbleibender Grundpfandrechte 54 (1–3) – Vollstreckung nur wegen fälliger Ansprüche 15 (15) – Zuzahlungspflicht 50 (5.2); 51 (6.2) – auch: Kalendertagsfälligkeit
Fälligkeitszeitpunkt: 13 (2.5)
Faires Verfahren als „allgemeines Prozeßgrundrecht" Einl 7.3
Fair play: Einl 24.6
Faksimile bei Anordnungsantrag: 16 (2.1)
Familienangehörige: Vollstreckung aus Zuschlag 93 (2.2)
Feiertage: Allgemein bei Fristen Einl 32.2 – Besitzergreifung durch Zwangsverwalter 150 (3.5)

1640

= § 15 Rdn 4.8

Register

Fenster als wesentliche Bestandteile: 20 (3.2)
Fernseh-Rundfunkaufnahmen 66 (3.1)
Fernwärme: Anschluß-, Benützungs-, Bezugskosten 10 (6.9) – Ersteher 56 (3.8) – Zwangsverwaltung 152 (8)
Fertiggarage als wesentlicher Bestandteil 20 (3.2)
Fesselballon: Luftfahrzeug 171 a (1.3)
Festsetzung: Kostenfestsetzung Einl 40 – Vergütung des Zustellungsvertreters 7 (3) – Vergütung des Zwangsverwalters 153 (7)
Feststellung des Betrags der unbestimmten Geldrente 92 (4.12 ff)
Feststellungskosten: Anspruch der Insolvenzmasse 10 (3.1)
Feuerungsmittel des Schuldners in der Zwangsverwaltung: 149 (2.3)
Feuerversicherungsforderung: Beschlagnahme 20 (3.6)
Feuerwehrbeiträge: keine öffentliche Last 10 (6.25)
Fiktives Meistgebot: 44 (3.2 p)
Filmaufnahmen 66 (3.1)
Finanzamt: Vollstreckungsbehörde 15 (34.4) – Zuschlag mitteilen 81 (7.9) – Zwangshypothek Einl 75
Firma: Bedeutung und Begriff 15 (25) – bei Zwangshypothek Einl 67.2 – auch: Name
Fischereigerechtsame: Einl 13.4
Fiskus: Vollstreckung gegen 15 (16) – Zustellung an Aufsichtsbehörde 6 (4) – Zwangshypothek Einl 75.4
Flaggenwechsel: 162 (3.7)
Flugmodell = Luftfahrzeug: 171 a (1.3)
Flurbereinigung: Allgemeine Grundlagen (Zweck, Begriff, Verfahrensträger) 15 (17) – entgegenstehendes Recht, keines 15 (17.4) – Geldbeiträge der Teilnehmer öffentliche Last 10 (6.5) – Staat nicht Beteiligter 9 (3.8) – Teilnehmergemeinschaft: Beteiligte 9 (3.9) – Vollstreckungshindernis, keines 15 (17.4) – Zuschlag 90 (4)
Flurstücknummer: Einl 11.2
Flußregulierung: Zwangsverwaltung 161 (3.9)
Forderungen: Einzug in der Schuldner-Zwangsverwaltung 150 d (2.4 d) – Sicherheit für Gebote 69 (5.2) – Vollstreckung aus Zuschlag 132 (2) – Zwangshypothek Einl 66
Forderungsbeschlagnahme: nur bei Zwangsverwaltung 22 (3.1) – Zahlungsverbot 22 (3)
Forderungsübertragung: siehe Ausführung des Teilungsplans bei Nichtzahlung des Bargebots

Forderungsversteigerung und Teilungsversteigerung 180 (14) – im übrigen Vollstreckungsversteigerung
Form: Anmeldung zum Versteigerungstermin 37 (5.12) – Anordnungsantrag 16 (2) – Anordnungsbeschluß 15 (4) – Einstellungsbewilligung des Gläubigers 30 (2.3) – Gebote 71 (2.2) – Rücknahme des Versteigerungsantrags 29 (2.2)
Formaler Charakter der Immobiliarvollstreckung Einl 4
Forstwirtschaftliche Grundstücke: Ansprüche der Bediensteten 10 (4.1) – und Zwangsvollstreckung 15 (24)
Fortgesetzte Gütergemeinschaft, Aufhebung 180 (2.4)
Fortsetzung: allgemein für eingestellte Verfahren [Art der Fortsetzung 31 (5) – Antrag 31 (4) – Belehrung über Fortsetzung 31 (2) – Frist für Antrag 31 (3); mehrere Gläubiger 31 (6); mehrere Grundstücke 31 (7); Muster 31 (8) – Rechtsbehelfe 31 (9) – Voraussetzungen der Fortsetzung 31 (3)] – Belehrung des Schuldners/Antragsgegners über erneuten Einstellungsantrag 30 c (4) – Beschluß 31 (5.5) – nach Fortsetzung infolge Insolvenzverfahren 30 f (1–5)
Fortsetzungsantrag nach § 76 Abs 2: 76 (3)
Fortsetzungsbeschluß: 31 (5.4; 5.5) – Muster 31 (8)
Freiballone = Luftfahrzeuge: 171 a (1.3)
Freigabe: aus Insolvenzmasse 15 (23.15); 172 (5.1) – mithaftende Gegenstände 37 (6) – Ersatz aus dem Versteigerungserlös 6.6–11) auch: Zubehör, Freigabe
Freiwillige Gerichtsbarkeit bei Zwangshypothek: Einl 62.2
Fristen: Allgemein in ZVG-Verfahren Einl 32 – für Bekanntmachung der Terminsbestimmung = Bekanntmachungsfrist – Berechnung vor dem Versteigerungstermin 43 (2) – auch: Beschlußzustellungsfrist – für Einstellungsantrag des Schuldners 30 b (3.4) – vor dem Versteigerungstermin 36 (3) – für die Zustellung der Terminsbekanntmachung = Terminsladungsfrist
Früchte: Begriff 21 (2.4) – Pfändung 21 (2.4) – Pfändung auf Halm Einl 17.3 – auf Halm und Zwangsverwaltung 152 (13.2)
Früchtepfandrecht: Beteiligte = Berechtigte 9 (2.7) – Rangklasse drei/vier 10 (7) – Teilungsplan der Zwangsversteigerung 114 (5.8) – in Zwangsverwaltung 148 (2.9)

1641

Register

Beispiel: § 15 (4.8) =

Früchtepfändung: Anmeldung der Ansprüche, Rechtsbehelfe 21 (2.4–6) – Art der Früchte, Verfahren 21 (2.4)
Fünf-Zehntel-Grenze: Wie Sieben-Zehntel-Grenze und § 85 a (1–2)
Fürsorgepflicht = Prozeßleitungspflicht
Futtermittel: für Tiere des Schuldners in der Zwangsverwaltung 153 a (2) – Vorschüsse und Kredite als Zwangsverwaltungsvorschüsse 10 (2.4)

Gärtnereipflanzen: nicht wesentliche Bestandteile 20 (3.2)
Gärtnerisch genutzte Grundstücke und Zwangsvollstreckung: 15 (24)
Garantiefunktionen des Grundgesetzes Einl 7.1
Gartenerzeugnisse, Gewinnung als landwirtschaftlicher Nebenbetrieb 10 (4.2)
Gas: Anlagen als wesentlicher Bestandteil 20 (3.2) – Anschluß-, Benützungs-, Bezugskosten als öffentliche last 10 (6.9) – Lieferung in der Zwangsverwaltung 152 (8)
Gaststätteneinrichtung: Zubehör 20 (3.4)
Gastwirtschaftsgerechtsame: Einl 13.4
Gebäude als wesentliche Bestandteile: 20 (3.2)
Gebäudeeigentümer, Beteiligter 9 (3.38); Zustellung des Anordnungsbeschlusses EG 9 a (7)
Gebäudeeigentum: Begriff Einl 14.1 und 14.2; als Gegenstand der Immobiliarvollstreckung Einl 14.1 und 14.2 – als Gegenstand der Zwangsverwaltung 146 (3.3); ist nicht Grundstücksbestandteil Einl 14.3 – Umfang der Beschlagnahme 20 (5) – Entgegenstehendes Recht EG 9 a (3) – Grundstückseigentümer bei Versteigerung nicht Beteiligter 9 (3.38) – Beschlagnahme bei Versteigerung des Grundstücks 20 (5.1) und EG 9 a (2) – keine Beschlagnahme bei Zwangsverwaltung des Grundstücks 146 (4.5) – Vereinigung mit Grundstückseigentum 28 (11) – Zwangshypothek nach Vereinigung mit Grundstückseigentum Einl 64.8
Gebäudeentschuldungssteuerabgeltungshypothek: Allgemein 10 (6.2) – geringstes Gebot 44 (5.8)
Gebäudegrundbuchblatt Einl 14.4 – Eintragung des Zwangsversteigerungsvermerks EG 9 a (8)
Gebäudeversicherungsforderung: Beschlagnahme 20 (3.6)
Gebietsansässige laut Außenwirtschaftsgesetz: Einl 30
Gebietsfremde laut Außenwirtschaftsgesetz: Einl 30

Gebot von Handlungen: Maßnahmen zur Sicherung der ordnungsmäßigen Bewirtschaftung 25 (4.2)
Gebote in der Versteigerung: Abgabe im Versteigerungstermin 71 (2.2) – Allgemeiner Grundsatz 71 (2.1) – Anfechtung 71 (3) – Ausbietungsgarantie 71 (8) – Begriff 71 (2) – Bietabkommen 71 (8) – Bietergemeinschaft 71 (4) – Bindung 71 (2.4) – in Euro 71 (2.2) – Einzelfragen 71 (7) – Erlöschen grundsätzlich 72 (1.3) – Erlöschen durch Übergebot 72 (2) – Erlöschen durch Zurückweisung 72 (3) – Form der Gebote 71 (2.2) – gleichhohe Gebote 72 (2.3) – Höhe des Gebots 71 (2.2) – letztes Gebot 73 (3) – Nachlaßversteigerung 176 (3.8) – Nachweis der Vertretung durch Registerzeugnis 71 (6.4) – Personalien 71 (2.3) – Protokollfragen 78 (2.2); 78 (2.8) – Prüfung des Gebots durch das Gericht 71 (2.8) – Rechtsmißbrauch 71 (2.10) – Schiffe mit ausländischer Währung 168 c – keine schriftlichen 71 (2.2) – aus Spaß 71 (2.5) – Strohmann 71 (2.9) – unwirksame Gebote 71 (2.6); – durch Vertreter 71 (6) – Vollmacht 71 (6.3) – Widerspruch für und gegen Gebote 72 (5) – Zulassung 71 (2.5) – Zurückweisung unzulässiger 71 (2.7 und 6.5)
Gebührenfreiheit: Einl 87
Geburtsdatum: Bieter bei Personalienfeststellung 71 (2.3) – Ersteher im Grundbuchersuchen 130 (2.11)
Gefährdung des Grundstücks: Versteigerung, Sicherungsmaßregeln 25 (2) – Zwangsverwaltung 149 (3)
Gefahrübergang bei Zuschlag: Allgemein 56 (2)
Gegenantrag des Gesamtgrundpfandrechtsgläubigers: 64 (5)
Gegenleistung bei Auflassungsvormerkung: 51 (4.2); 52 (2.6)
Gegenstände der Immobiliarvollstreckung Einl 11–15 – Grundstücke Einl 11 – Grundstücksbruchteile Einl 12 – grundstücksgleiche Rechte Einl 13
Gegenstand der Versteigerung: Allgemeine Übersicht Einl 11–15 und 55.2 – Bestandteile und Zubehör 55 (3)
Gegenstandswert für RA-Gebühren Einl 94
Gegenvorstellung: Allgemeiner Rechtsbehelf 95 (2.7) – Zuschlagsanfechtung 101 (2.9)
Geld: als Sicherheit für Gebote 69 (4)
Geldbeschaffungskosten als Nebenforderungen: 12 (3.3)
Geldbetrag im Anordnungsantrag: 16 (3.4)

Geldempfangsvollmacht bei Ausführung des Teilungsplanes: 117 (3.2)
Geldrente als Wertersatz 92 (4)
Geldwert wiederkehrender Naturalleistungen: 46 (2)
Gelöschte Rechte im Teilungsplan der Zwangsversteigerung: 114 (5.10)
Gemarkung: Begriff Einl 11.2
Gemeinden: Abgabe von Geboten 71 (7.7) – Anmeldungen öffentlicher Lasten für vierzehn Tage nach Versteigerung 10 (6.22) – Liegenbelassung 91 (3.9) – Mitteilung der Terminsbestimmung 41 (4.5) – Mitteilung des Zuschlags 88 (2.4) – Nutzungsrechte = Gemeinderechte – Vollstreckung gegen 15 (16) – Vorschlagsrecht für Institutszwangsverwalter 150 a (2.2)
Gemeinderechte: Anordnung der Versteigerung 15 (21.2)
Gemeindeverbände: Vollstreckung gegen 15 (16) – Vorschlagsrecht für Institutsverwalter 150 a (2.2)
Gemeinsame Gerichte für Versteigerung und Zwangsverwaltung: Allgemein 1 (3.2–3.3) – Bezugnahme auf Grundbuch statt Grundbuchzeugnis 17 (5.5)
Gemeinsames höheres Gericht bei Zuständigkeitsbestimmung: 2 (4.1)
Gemeinschaften an Grundstücken: Arten 180 (2.4)
Gemüse: Früchtepfändung 21 (2.4)
Genehmigung: Gebote 71 (6–7) – eines Verfahrensmangels 84 (3) – auch: Zuschlagsversagung
Generalklausel: ZPO § 765 a Einl 52.1
Genossenschaften: als Schuldner 15 (19.3) – Vertretung beim Bieten 71 (6.4)
Gerechtes Verfahren: Einl 24.2
Gerichtliche Aufforderung in der Terminsbestimmung zur Anmeldung 37 (5) – zur Geltendmachung entgegenstehender und nicht grundbuchersichtlicher Rechte: 37 (6)
Gerichtliche Pflichten in ZVG-Verfahren: Einl 37
Gerichtliche Verwaltung gegen den Ersteher: 94 (1–3) – Teilungsversteigerung 94 (1.2) u 180 (7.12)
Gerichtskasse/Amtskasse: Anmeldung, Beitritt, Kostenentnahme: Einl 41 – Verteilungstermin 109 (2.4) – Vollstreckung durch sie 15 (18) – Zwangshypothek Einl 75
Gerichtskosten: Einl 76–87 – Gebühr für Anordnung Einl 76 – Gebühr für Beitritt Einl 76 – Fälligkeit Einl 76.11 – Kostenschuldner Einl 76.11
Gebühr für Eintragung des Erstehers und der Sicherungshypotheken Einl 79.7
Gebühr für Erteilung des Zuschlags Einl 79 – Fälligkeit Einl 79.6 – Geschäftswert Einl 79.3–5 – Kostenschuldner Einl 79.6
Gebühr für Rechtsbeschwerdeverfahren Einl 83.7 und 84.9
Gebühr für Versteigerungstermin Einl 78 – Fälligkeit Einl 78.4 – Geschäftswert Einl 78.3 – Kostenschuldner Einl 78.4
Gebühr für Versteigerungsverfahren Einl 77 – Fälligkeit Einl 77.11 – Geschäftswert Einl 77.7–77.9 – Kostenschuldner Einl 77.11
Gebühr für Verteilungsverfahren Einl 80 – Fälligkeit Einl 80.5 – Geschäftswert Einl 80.3 – Kostenschuldner Einl 80.5
Gebühr für Vergleichsabschluß Einl 81.1
Kostenbeschwerde Einl 85.1 – Kostenerinnerung Einl 85.1 – mehrere betreibende Gläubiger (gesamtschuldnerische Kostenhaftung) Einl 82 – Nichterhebung von Gerichtskosten Einl 85.2 – Rechtsbehelfe gegen Kostenansatz Einl 85.1 – Verfahrensauslagen des Gerichts Einl 84 – Zwangsverwaltungskosten Einl 86
Gerichtskundige Tatsachen: Begriff 17 (4.4)
Gerichtsstand im ZVG-Verfahren: 1 (3)
Gerichtstafelanheftung: allgemein bei Terminsbestimmung 40 (2) – bei Schiffen 168 (2.1) – Verteilungstermin 105 (6)
Gerichtsvollzieher: Beiziehung bei Maßnahmen zur Sicherung der ordnungsgemäßen Bewirtschaftung 25 (4.2) – Grundstücksübergabe an Zwangsverwalter 150 (3.5) – Kosten Einl 88
Gerichtswachtmeister: Zustellung 4 (2.3)
Geringstes Gebot: Allgemeine Grundsätze 44 (4.1) – Altenteil 44 (5.1) – Annuitätenhypothek 44 (4.25); 49 (5) – Auflassungsvormerkung 48 (3) – bedingte Rechte 48 (1–2) – Begriffe 44 (3.2) – beschränkte persönliche Dienstbarkeit 44 (5.3) – betreibender Gläubiger 44 (4.1) – Deckungsgrundsatz 44 (4.1) – dinglich und persönlich betreibende Besserrangige 44 (4.5) – Eigentümergrundpfandrechte 44 (5.4) – Enteignungsvermerk 44 (5.5) – Entschuldung landwirtschaftliche 44 (5.6) – Erbbaurecht 15 (14) – Erhöhung bei Gesamt- und Gruppenausgebot 63 (6) – erloschene Rechte 44 (5.2) – Feststellung und Verlesung 66 (7) – Gesamtrechte 44 (5.9) – Grunddienstbarkeit 44 (5.10) – Höchstbetragshypothek 44 (5.12) – Hypothek 44 (5.13) – Hypothek im Beitrittsgebiet 44 (5.14) – Insolvenzverwalterverfahren 174 (2) – auf Insolvenzverwalterantrag 174 (1–3) – Kosten 45 (5) – löschungsreife Rechte 45 (6) – Lö-

1643

Register

Beispiel: § 15 (4.8) =

schungsvormerkung 44 (5.15) – mehrere Gläubiger betreiben 44 (7) – mehrere Grundstücke 44 (8) – Mitbenutzungsrecht 44 (5.15 a) – Muster 44 (9) – Nacherbenvermerk 44 (5.16) – Nachlaßversteigerung 176 (3.10) – Nebenrechte 44 (5.17) – nichtige Rechte 45 (6) – Nießbrauch 44 (5.18) – Nutzungsrecht 44 (5.19) – Rang, Rangänderung 44 (6) – Rangtausch 44 (6.2) – Rangvorbehalt 44 (6.5) – Reallast 44 (5.20) – Rechnungsbeamter 66 (7.8) – Rechtsbehelfe 44 (10) – relative Unwirksamkeit 44 (5.21) – Rentenschuld 44 (5.22) – Sanierungsvermerk 44 (5.23) – Schiffe ausländische 171 (6.1) – Schiffe mit ausländischer Währung 168 c (2) – Sicherungsgrundschuld 44 (5.24) – Teilungsversteigerung 182 (1–4) – Tilgungshypothek 44 (5.25); 49 (5) – Umlegungsvermerk 44 (5.26) – Verlesen im Termin 66 (7.1) – vorbereitende Erörterungen 62 (2) – Vorbereitung und Rechnungsarbeiten 44 (13) – Vorkaufsrechte 44 (5.27) – Vormerkung 44 (5.28) – Widerspruch 44 (5.28) – Wohnungseigentum (Dauerwohnrecht, Dauernutzungsrecht) 44 (5.29) – Zinsen 44 (5.30) – Zwangshypothek 44 (5.31)

Geringwertige Grundstücke: keine Amtsblattveröffentlichung 39 (3)

Gesamtausgebot: 63 (4)

Gesamtbelastung und geringstes Gebot: 44 (5.9)

Gesamterlösverteilung: Anlaß für Verteilung 112 (2) – Entnahme für gemeinsame Belastungen 112 (3) – Fehlbetrags-Ausgleichung 112 (5) – Grundsätze für Verteilung 112 (2) – Überschuß für Einzelgrundstücke 112 (4)

Gesamtgebot: Begriff 44 (3.2 k) – Erlöschen 72 (4.2)

Gesamtgrundpfandrechte: Allgemein 64 (1) – Anlaß für Verteilung 64 (2) – Antrag auf Verteilung 64 (3) – Gegenantrag des Gesamtgrundpfandgläubigers 64 (5) – Gläubiger-Wahlrecht 64 (7) – Mehrbetrag bei Einzelausgebot 64 (6) – Verteilung nach § 64 ZVG 64 (4) – Verteiltes Gesamtgrundpfandrecht nach Zuschlag 64 (8) – Verteilung nach § 1132 Abs 2 BGB 64 (9)

Gesamthandsgemeinschaft: Aufhebung 180 (2.1)

Gesamthypothek: Bestehenbleibendes Recht 52 (2.11) – bei Grundstücksvereinigung 15 (3.9)

Gesamtrecht: bei Forderungsübertragung 122 (4) – geringstes Gebot 44 (5.9) – Hilfsverteilung bei Forderungsübertragung 123 (1–3) – Verteilung des Erlöses auf ein erlöschendes Gesamtrecht 122 (1–2) – Gesamtrecht bei Zwangshypothek Einl 68

Gesamtrechtsbefriedigung aus den Erlösen mehrerer Grundstücke: 122 (1–2)

Gesamtrechtsgläubiger: Gegenantrag 64 (5) – Wahlrecht 64 (7)

Gesamtschuldnerische Haftung des Meistbietenden und Erstehers 81 (6) – im Vollstreckungstitel 15 (40.8)

Gesamtvollstreckungsordnung 15 (23.19)

Geschäftsfähigkeit: wird vermutet Einl 44.6 – bei Schuldnerzwangsverwalter 150 b (2.8)

Geschäftsführung des Zwangsverwalters 152 a (1–2)

Geschäftsstelle und Zustellung: 3 (1.4)

Geschäftsunfähigkeit: Abgabe von Geboten 71 (7.8) – Meistbietender nach Bietzeit 81 (3.4)

Geschäftswert für Gerichtskosten: Beschwerdegebühr Einl 83.10 – Versteigerungsverfahrensgebühr Einl 77.7–8 – Versteigerungsterminsgebühr Einl 78.3 – Verteilungsverfahrensgebühr Einl 80.3 – Zuschlagsgebühr Einl 79.3–5 – Zwangsverwaltungsverfahrensgebühr Einl 86.2

Gesellschaft des bürgerlichen Rechts: Abgabe von Geboten 71 (7.14) – Auseinandersetzung, Teilungsversteigerung 180 (2.4) – Vollstreckung gegen 15 (19) – Vollstreckung durch Anteilspfändung 180 (11.7)

Gesellschaft mbH siehe GmbH

Gesetzesänderung und Zuschlagsanfechtung: 100 (2.8)

Gesetzlicher Güterstand und Teilungsversteigerung: 180 (3.13)

Gesetzlicher Richter/Rechtspfleger: Einl Rdn 47.2

Gesetzlicher Vertreter: Allgemein in ZVG-Verfahren Einl 34 mit Einl 44.2–44.8 – rechtliches Gehör Einl 46.4 – Schuldnerzwangsverwalter 150 b (2.8) – Zustellungen Einl 44.4; 3 (3.2)

Gesindelohn 10 (4.3)

Gesuch für Bestimmung des zuständigen Gerichts 2 (3)

Getreide: Früchtepfändung 21 (2.4)

Getränkesteuer: keine öffentliche Last 10 (6.25)

Gewährleistungsausschluß: 56 (4)

Gewerbebetrieb: Grundsatz für Zwangsverwaltung 152 (9)

Gewerbefreiheit: Einl 13.4

Gewerbegerechtsame: Einl 13.4

Gewerberäume in der Zwangsverwaltung: 149 (2.8)

1644

= § 15 Rdn 4.8

Register

Gewerbesteuer: Begriff und Verfahren 15 (34.7) – Haftung für Rückstände 15 (34.8) – keine öffentliche Last 10 (6.25)
Giebelmauer in der Versteigerung: 55 (5)
Gläubiger: Ablösung 15 (20) – Begriff 9 (2.1) – betreibender Gläubiger 9 (3.10) – Beteiligter 9 (2.1 und 3.10) – Haftung Einl 35 – Herr des Verfahrens Einl 21.2 – Rechtsnachfolge bei Vollstreckung 15 (29) – Wahrung seiner schutzwürdigen Belange Einl 8.4 – auch: Tod des Gläubigers
Gläubigeranspruch: Bezeichnung im Antrag 16 (3.4) – Bezeichnung im Anordnungsbeschluß 15 (4.4)
Gläubigerinteressen als Ablehnungsgrund bei Einstellungsantrag des Schuldners 30 a (5)
Glaubhaftmachen: Anmeldung allgemein 9 (4.3) – Anmeldung zum geringsten Gebot 45 (4) – Einstellungsantrag des Schuldners 30 b (4.1) – der Erbfolge 17 (4.2) – bei Widerspruch gegen Versagungsantrag nach § 74 a 74 a (5.4)
Gleichrangige Rechte: Teilungsplan der Zwangsversteigerung 114 (5.11)
GmbH: Vollstreckung 15 (19.3 u 19.4) – Vertretung beim Bieten 71 (6.4) Überlassung eines Grundstücks als Eigenkapital 146 (10.8)
Gobelins als Zubehör: 20 (3.4)
Gold als Sicherheit für Gebote: 69 (5.2)
Goldmarkhypothek im Beitrittsgebiet Einl 51.4
Gondeln im Gasthausteich als Zubehör: 20 (3.4)
Gras: Früchtepfändung 21 (2.4)
Grenzmauer in der Versteigerung: 55 (5)
Grenzregelungsverfahren (nun vereinfachte Umlegung): Geldleistungen als öffentliche Lasten 10 (6.15) – Gemeinde als Beteiligte 9 (3.11) – kein Verfahrenshindernis 15 (6.2)
Großes Antragsrecht bei Erbengemeinschaft in der Teilungsversteigerung: 180 (3.7)
Gründe = Begründung
Gründungsgesellschaft: Abgabe von Geboten 71 (7.14) – Vollstreckung gegen sie 15 (19.4)
Grundakten: Übersendung 19 (5.5)
Grundbuchamt als Vollstreckungsbehörde Einl 62 (2) und 64 (1)
Grundbuchamtliche Prüfung: Eintragungsersuchen § 19 19 (3) – Eintragungsersuchen § 130 130 (2.15) – Zwangshypothek Einl 64
Grundbuchauszug: Kosten 10 (15.4)

Grundbuchbeschwerde: bei Ersuchen § 19 19 (6) – bei Zwangshypothek Einl 72
Grundbuchblattabschrift bei Mitteilung § 19: 19 (5.4) – Bekanntmachung im Versteigerungstermin 66 (6.12)
Grundbucheingetragene als Beteiligte 9 (3.12)
Grundbucheintragung: Anordnungsvoraussetzung 17 (3) – des Antragsgegners bei Teilungsversteigerung 181 (4) – des Antragstellers bei Teilungsversteigerung 181 (3)
Grundbuchersichtliche entgegenstehende Rechte: 28 (6)
Grundbuchersuchen § 19: Allgemeiner Grundsatz 19 (1) – Beschlagnahmewirksamkeitszeitpunkt 22 (2.5) – Form 19 (2.2–2.3) – getrennte Vermerke für Versteigerung und Zwangsverwaltung 19 (3.4) – Grundakten 19 (2.4) – mehrere Eintragungen 19 (4) – Mitteilung an das Vollstreckungsgericht 19 (3) – Prüfung 19 (3) – Rangverhältnis 19 (4.8) – Rechtsbehelfe 19 (6) – Reihenfolge 19 (4) – Teilungsversteigerung 180 (6.7) – Überwachung des Vollzugs mit Rechtsbehelfen 19 (2.7) – Wiedervollstreckung 133 (2.6) – Zwangsverwaltung 146 (5.4) – in Zwangsverwaltung nach Kapitalzahlung 158 (3) – Zwischenverfügung 19 (4.5)
Grundbuchersuchen § 130: Allgemeiner Grundsatz 130 (1) – Inhalt 130 (2) – bewilligte Eintragung 130 (6) – Löschung eines nichtigen und erloschenen Rechts 130 (3) – Muster 130 (5) – Rechtsbehelfe 130 (5) – durch das Vollstreckungsgericht 130 (2)
Grundbuchgesicherte = Beteiligte: 9 (2.4)
Grundbuchhindernisse: bei Zwangshypothek Einl 64.4 – auch: Entgegenstehende Rechte
Grundbuchinhalt: Grundstücksnachweis im Versteigerungstermin 66 (5.2 a)
Grundbuchmitteilungen § 19: Allgemeiner Grundsatz 19 (5.1) – Bestätigung des Eingangs 19 (5.3) – Blattabschrift 19 (5.4) – Mitteilung von Anschriften 19 (5.6) – spätere Eintragungen 19 (5.7) – Urkundenübersendung 19 (5.5) – Zwangsverwaltung 146 (5.5)
Grundbuchsperre: keine durch Beschlagnahme 23 (2.5)
Grundbuchvermerk: Insolvenzverwalterverfahren 172 (5.7) – Nachlaßversteigerung 176 (3.11) – Teilungsversteigerung 180 (6.7) – Vollstreckungsversteigerung 19 (2) – Wiederversteigerung 133 (2.6) – Zwangsverwaltung 146 (5.4)

1645

Register

Beispiel: § 15 (4.8) =

Grundbuchwiederherstellung: Einl 11.1
Grundbuchzeugnis: Allgemeiner Grundsatz, Anordnung 17 (5.1) – Beitritt 27 (3.2) – Bezugnahme statt Zeugnis 17 (5.5) – Inhalt 17 (5.1–5.2) – Zwangsverwaltung 17 (5.9)
Grundbuch-Zustellungsvertreter: 5 (2)
Grunddienstbarkeit: im geringsten Gebot 44 (5.10) – Gläubiger = Beteiligter 9 (2.3) – Rangklasse vier 10 (8.1) – bei Versteigerung eines Bruchteils und von Wohnungseigentum 91 (2.4) – Wertersatz 92 (3.1 und 6.5) – Zuzahlung 51 (4.9) – altrechtliche EG 9 (2)
Grunderwerbsteuer: Anzeige des Zuschlags an Finanzamt 81 (7.9) – Grunderwerbsteuer beim Zuschlag 81 (7) – Hinweis im Versteigerungstermin 66 (6.13) – keine öffentliche Last 10 (6.25)
Grundgesetz: Garantiefunktionen Einl 7.1 – und Verfahrensrecht Einl 7.1
Grundpfandrechte siehe Fälligkeit, Schuldübernahme, Verteilung von Grundpfandrechten – auch: Grundschuld, Hypothek, Zuzahlung usw.
Grundpfandrechtsbriefe zum Grundbuchersuchen bei Verfahrensende nicht nötig: 131 (1–2) – Kraftloserklärung 136 (1–2) – auch Hypotheken-, Grundschuld-, Rentenschuldbrief
Grundpfandrechtszessionar: Beteiligter 9 (3.13)
Grundrechte nach dem Grundgesetz: Einl 46.1 – Garantien des Grundgesetzes Einl 7
Grundschuld: Dinglicher Titel 15 (9.1) – im geringsten Gebot 44 (5.24) – des Meistbietenden 85 a (4.3) – Nebenleistungen im geringsten Bargebot 49 (2.5) – Nebenleistungen bei Liegenbelassung 91 (4.4) – Rangklasse vier 10 (8.1) – Rückgewähranspruch 114 (7.7) – Schuldübernahme bei bestehenbleibender 53 (3) – Teilungsplan der Zwangsversteigerung 114 (7) – Verjährung der Zinsen 15 (37.3)
Grundschuldbrief: Behandlung der vorgelegten 127 (1–2) – Verwahrung 16 4.4) – Vorlage im Verteilungsverfahren 126 (2)
Grundschuldgläubiger: Beteiligte 9 (2.3) – Pflicht zur Rücksichtnahme auf Sicherungsgeber bei Verwertung des Grundstücks Einl 35.4
Grundsteuer: öffentliche Last 10 (6.6)
Grundstücke: als Verfahrensgegenstand Einl 11 – Begriff Einl 11.1 – Bestandteilszuschreibung Einl 11.4 und 11.5 – Bezeichnung in Anordnungsantrag 16 (3.1) – Bezeichnung im Anordnungsbeschluß 15 (4.3) – Bezeichnung in Terminsbestimmung 37 (2) – Vereinigung Einl 11.3 und 11.5 – Zwangsverwaltung 146 (3.3)
Grundstücksbruchteile: als Verfahrensgegenstand Einl 12 – Anordnung 15 (21.1) – Gegenstand der Immobiliarvollstreckung Einl 12 – als Gegenstand der Zwangsverwaltung 146 (3.3); 152 (10)
Grundstückseigentümer siehe Eigentümer
Grundstückserträgnisse, Grundstückserzeugnisse: Schuldnerzwangsverwaltung 150 e (2) – auch: Bodenerzeugnisse
Grundstücksgleiche Rechte: Als Verfahrensgegenstand Einl 13 – Gegenstand der Immobiliarvollstreckung Einl 13 – Insolvenzverwalterverfahren 172 (5.5) – Nachlaßversteigerung 176 (3.12) – Teilungsversteigerung 180 (2.2) – Zwangsverwaltung 146 (3.3)
Grundstücksgröße: Bezeichnung in Terminsbestimmung 38 (3)
Grundstückslasten: 10.6 – Anmeldung für vierzehn Tage nach Versteigerung 10 (6.22) – landesrechtliche 10 (6.10) – Zwangsverwaltung 152 (3.13) – auch: öffentliche Grundstückslasten
Grundstücksnachweise im Versteigerungstermin: 66 (5.2)
Grundstücksteile, reale: Einl 11.8
Grundstücksvereinigung: Einl 11.3 – nach Beschlagnahme Einl 11.5
Grundstücksverkehrsrecht: Kein entgegenstehendes Recht 15 (24.2)
Grundstückswert: Allgemeiner Grundsatz 74 a (7) – Angabe in Terminsbestimmung 38 (3.2) – Bekanntmachung im Versteigerungstermin 66 (6.14) – Ermittlung 74 (7.9) – bei Verteilung eines Gesamtgrundpfandrechts 64 (4.8) – Sachverständige zur Ermittlung 74 a (10) – Verhältnis des § 74 a bzw 85 a zu anderen Vorschriften 74 a (11) – Wertänderung 74 a (7.20) – Zeitpunkt der Ermittlung und Festsetzung 74 a 7.11 ff) – auch Wertfestsetzung
Gruppenausgebot 63 (4) – Erhöhung des geringsten Gebots dabei 63 (6)
Gütergemeinschaft: Abgabe von Geboten 71 (7.3) – Teilungsversteigerung 180 (2.4) – Vollstreckung 15 (10.2)
Güterrecht = eheliches Güterrecht
Güterstand, gesetzlicher: Abgabe von Geboten 71 (7.3) – früherer und Vollstreckung 15 (10.4) – eines Ausländers Einl 25.3
Gütertrennung: Vollstreckung 15 (10.3)
Gütliche Einigung, Güteversuch: Einl 23.5
Gutachterausschuß nach Baugesetzbuch: als Sachverständige 74 a (10.4) – Zuschlag mitteilen 88 (2.4)

= § 15 Rdn 4.8

Gutachtergebühr des Rechtsanwalts Einl 98 (3)
Gute Sitten: Begriff Einl 54
Gutgläubiger Erwerb nach Beschlagnahme: 23 (4, 6)

Härte und Sittenwidrigkeit: Einl 54
Häufung der Vollstreckungsmöglichkeiten: Einl 18.3 und 48.4
Häuslerrecht: Landesrecht Einl 13.3
Haftpflichtversicherung: für Rechtspfleger/Richter = Berufshaftpflichtversicherung – für Zwangsverwalter 153 (5.2, 5.3)
Haftung: Gläubiger bei ZVG-Verfahren Einl 35 – gesamtschuldnerische des Meistbietenden und Erstehers 81 (6) – Institutszwangsverwalter 150 a (3.1 e) – Prozeßbevollmächtigte in ZVG-Verfahren Einl 36 – Rechtspfleger und Richter in ZVG-Verfahren Einl 37 – Zwangsverwalter 154 (2)
Hagelversicherung: Beschlagnahme 20 (3.6)
Hamburg: Zuständigkeit für Schiffsversteigerung 163 (2.3)
Handelsgesellschaften: Abgabe von Geboten 71 (7.14 b) – Auseinandersetzung und Teilungsversteigerung 180 (2.4) – Vollstreckung gegen 15 (19)
Handelsregisterauszug: Abgabe von Geboten 71 (6.4) – zum Teilungsplan 117 (3.2)
Handelsschiffe: Gebote 71 (7.9)
Handwerksinnung: Abgabe von Geboten 71 (7.12)
Handwerkskammern: Abgabe von Geboten 71 (7.10)
Harzgewinnung als landwirtschaftlicher Nebenbetrieb: 10 (4.2)
Hauptzollamt: Vollstreckungsbehörde 15 (34.4)
Hauptsache erledigt, Kosten: Einl 39.6
Hausanschluß 56 (3.10)
Hausmeister in der Zwangsverwaltung: 152 (7.2)
Haus-Nummer im Versteigerungstermin: 66 (6.15)
Hausverwaltung in der Zwangsverwaltung: 152 (7.3)
Hebegebühr des Rechtsanwalts Einl 98.2
Heilung von Verfahrensmängeln 84 (1–2)
Heimfallanspruch: bei Erbbaurecht 15 (13.17)
Heizanlagen, Heizkessel als wesentliche Bestandteile: 20 (3.2)
Heizkörper, Heizöl als Zubehör: 20 (3.4)
Heizung der vom Schuldner bewohnten Räume in der Zwangsverwaltung 149 (2.3)

Register

Herausgabevollstreckung: aus Zuschlagsbeschluß 93 (2) – Besitzrecht Dritter 93 (3) – Rechtsbehelfe dabei 93 (4) – Vollstreckungsschutz des Schuldners 93 (5)
Herr des Verfahrens: Gläubiger, Antragsteller Einl 21.2
Herrenlose Immobilien: früherer Eigentümer nicht Beteiligter 9 (3.14) – Zwangsvollstreckung in sie 15 (22)
Herrenloses Schiff 162 (3.1)
Heuerlingsrecht: 15 (24.3)
Hilfskräfte: Haftung des Zwangsverwalters 154 (2.5)
Hilfsverteilung, Hilfszuteilung: Bedingte Ansprüche 119 (2) – Deckungskapital 121 (3) – Gesamtrechte, Forderungsübertragung 123 (2) – Rechte aus § 92 121 (3) – Unbekanntsein des Berechtigten 126 (1–4) – bei Widerspruch 124 (1–3)
Hinausgabe von Beschlüssen, Verfügungen als Anfang: Einl 20.2
Hinterlegung: Bargebot 49 (5.1) – Frist für Erlöschen des Anspruchs 142 (2) – als Sicherheit zur Vollstreckung oder Abwendung 15 (32.5) – Teilungsmasse in der Zwangsversteigerung 117 (6) – bei Unbekanntsein des Berechtigten = Hilfsverteilung – in der Zwangsverwaltung bei unbekanntem Berechtigten 157 (4) – bei Kapitalzahlungstermin 158 (2.5)
Hinterlegungsstelle: örtliche Zuständigkeit 49 (5.1 b), 69 (4.3)
Hinweise: Allgemein laut ZVG und gemäß Aufklärungspflicht Einl 33.7 – Ausschluß weiterer Anmeldungen im Versteigerungstermin 66 (8.1) – Unterbrechung der Bietzeit 73 (2.6) – im Versteigerungstermin 78 (2.2) – auch: Versteigerungstermin
Höchstbetrag: Dienstbarkeit, Reallast, Vorkaufsrecht, Dauerwohnrecht, Dauernutzungsrecht 92 (3.3; 4.8) – Teilungsplan der Zwangsversteigerung 114 (5.12)
Höchstbetragshypothek: Geringstes Gebot 44 (5.12) – nach ZGB-DDR 44 (5.14); 48 (2.5) – Teilungsplan 114 (5.13) – Zwangsverwaltung 155 (6.7 g)
Höchstgebot: Begriff 44 (3.2 o)
Höchstpersönliche Rechte: Zuzahlungspflicht 51 (4.10)
Höfeordnung: Vollstreckung 15 (24.2)
Hoffmannsche Methode für Zwischenzinsabzug: 111 (2.11–12)
Holz, keine Früchtepfändung: 21 (2.4)
Holzfertighaus als wesentlicher Bestandteil 20 (3.2)
Holzkohleherstellung als landwirtschaftlicher Nebenbetrieb 10 (4.2)

1647

Register

Beispiel: § 15 (4.8) =

Holzlager der Möbelfabrik: kein Zubehör 20 (3.4)
Hopfen: Früchtepfändung 21 (2.4)
Hotel: Auto als Zubehör 20 (3.4) – Einrichtung als Zubehör 20 (3.4)
Hubschrauber: Luftfahrzeuge 171 a (1.3)
Hufschmiedsgerechtsame: Einl 13.4
Hypothek: in ausländischer Währung 14 (2.3) u 145 a – dinglicher Titel 15 (9.1) – geringstes Gebot 44 (5.13) – Rangklasse vier 10 (8.1) – Schuldübernahme bei Bestehenbleiben 53 (2) – Teilungsplan 114 (5.14)
Hypothekenbank: Abgabe von Geboten 71 (7.11) – Vorschlagsrecht für Institutsverwalter 150 a (2.2)
Hypothekenbriefe: Behandlung des vorgelegten 127 (1–2) – Verwahrung 16 (4.4) – Vorlage im Verteilungsverfahren 126 (2) – Unbekanntsein des Berechtigten 126 (1) – auch: Urkundenbehandlung
Hypothekengewinnabgabe allgemein Einl 51.2
Hypothekengläubiger: Beteiligte 9 (2.3)

Ideelle Grundstücksteile als Verfahrensgegenstand: Einl 12.1
Immobiliarvollstreckung: Arten Einl 18 – Begriff Einl 1 – Liegenschaftsrecht Einl 2 – formaler Charakter Einl 4 – Probleme und Schwierigkeiten Einl 5, 6 – Gegenstände Einl 11–15 – Möglichkeiten Einl 18 – Umfang Einl 16 – Verfahrensregeln Einl 10 – Verhältnis zur Vollstreckung in bewegliches Vermögen Einl 17 – Zweck Einl 1, 3
Inflation 1923: Einl 51.1
Inkrafttreten des ZVG EG 1 (1)
Innung: Abgabe von Geboten 71 (7.12)
Insolvenzgläubiger: Vollstreckungsverbot 15 (23.3)
Insolvenzmasse: Anspruch auf Feststellungskosten 10 (3)
Insolvenzordnung: Inkrafttreten 15 (23.16)
Insolvenzplan: Einstellungsantrag des Insolvenzverwalters 30 d (2.3) – Einstellungsantrag des Schuldners 30 d (4)
Insolvenzschuldner: nicht Beteiligter 9 (31.5) – Einstellungsverfahren 30 d (5.2) – Zustellungen 3 (3.5)
Insolvenzverfahren: abgesonderte Befriedigung 15 (23.4) – Einfluß auf die Anordnung 15 (23.1–23.16) – Einstellung der Zwangsversteigerung 30 d–f – Einstellung der Zwangsverwaltung 153 b–c – entgegenstehendes Recht 15 (23) – keine Einstellung im Eröffnungsverfahren 15 (23.1) – des Meistbietenden 81 (3.4) – Teilungsplan 114 (5.6) – Zuschlag 82 (2.10) – Zustellung der Terminbestimmung 41 (2.5) – Zwangsverwaltung 14.6 (4.4 i); 152 (3.7)
Insolvenzverwalter: Beteiligter 9 (2.7 und 3.15) – Bieter 71 (7.13) – Verfahren gegen ihn 15 (23.9); 17 (3.5); aus Eigentümergrundpfandrecht 15 (11.3) – Einstellungen = einstweilige Einstellung auf Antrag des Insolvenzverwalters – Geboteabgabe 71 (7.13) – Schuldner 15 (23.9) – Sittenwidrigkeit Einl 53.1 – Verfügungsbefugnis 15 (23.2)
Insolvenzverwalterverfahren §§ 172–174: Antrag 172 (3) – anzuwendende Vorschriften 172 (4–5) – Art des Verfahrens 172 (1.3) – Beschlagnahmewirkung 173 (1–2) – Eigentumsgebot 174 (1–3) – geringstes Gebot auf Insolvenzverwalterantrag 174 a (1–3) – und Teilungsversteigerung 180 (15) – und Vollstreckungsversteigerung 172 (7) – vereinfachtes Insolvenzverfahren 172 (3.1 b)
Insolvenzverwalter–Zwangsverwaltung: §§ 172–174 – Anwendung der anderen Vorschriften, allgemeine Übersicht 172 (8) – Einstellung auf Insolvenzverwalterantrag 153 b–c
Instandsetzung von Gebäuden durch Zwangsverwalter 152 (4.2)
Institute: Vorschlagsrecht für Institutszwangsverwalter 150 a (2.2)
Institutsverwalter: 150 a (1–5)
Interesse, rechtliches, bei Zuschlagsanfechtung 100 (3.1)
Interessenabwägung: Sittenwidrigkeit Einl 54.6
Internet: Bekanntmachung der Terminsbestimmung 40 (3.2)
Interventionsklage = Widerspruchsklage
Irrtum: Ausnützung Einl 35.3 – bei Geboteabgabe 71 (3.1)
Isolierter Miteigentumsanteil 15 (45.11)

Jagdgerechtsame: Einl 13.4
Jagdrecht: Zuschlag 57 (6) – Zwangsverwaltung 152 (11)
Jahresfrist: Einl 32.3
Jahresrechnung des Zwangsverwalters: 154 (4.2)
Jahreswert bei Ersatzwert nach § 92: 121 (2.2)
Juristische Personen: Schuldnerzwangsverwaltung 150 b (2.8) – Vollmacht Einl 50.2 – kein Wohnrecht in der Zwangsverwaltung 149 (2.7)
Justizbeitreibungsordnung: 15 (18) und 15 (38.3)

1648

Register

Kabelpfandrecht: Einl 15.2
Kähne im Gasthausteich als Zubehör: 20 (3.4)
Käserei als landwirtschaftlicher Nebenbetrieb: 10 (4.2)
Kalendertagsfälligkeit: Anordnung des Verfahrens 15 (15) – Vollstreckungsklausel 15 (40.16)
Kalenderzinstage für Bargebotszinsen: 49 (3.4)
Kalkgewinnung als landwirtschaftlicher Nebenbetrieb: 10 (4.2)
Kaminkehrgebühren: Berechnungszeitraum im geringsten Gebot 47 (3) – öffentliche Last 10 (6.13)
Kaminkehrrechte: Einl 13.4
Kapitalisierung bei erlöschenden Rechten: 92 (3)
Kapitalmarktlage: Einstellungsantrag des Schuldners 30 a (3.3)
Kapitalzahlung in der Zwangsverwaltung 158 (1–2)
Kartellgesetz und Bietabkommen: 71 (8.8)
Kartoffeln: Früchtepfändung 21 (2.4)
Kassatorische Klausel: Begriff 15 (40.15)
– zum Versteigerungstermin anmelden 54 (3.2)
Kauf bricht nicht Miete: 57 (1.2); 57 (3.1); 57 a (2.2)
Kaufmann: Abgabe von Geboten 71 (7.14)
– Firmierung 15 (25.10)
Kaution des Mieters = Mietkaution
Kautionsversicherung des Zwangsverwalters: 153 (5.2)
Kenntnis der Beschlagnahme: 23 (4–6)
Kies: Gewinnung als landwirtschaftlicher Nebenbetrieb 10 (4.2) – keine Früchtepfändung 21 (2.4)
Kinder: Dienstleistung gegenüber Eltern 10 (4.3)
Kinderspielplatz: 15 (21.3)
Kindeswohl: Einstellungsgrund bei Teilungsversteigerung 180 (13)
Kirchen: Abgabe von Geboten 71 (7.15) – Vorschlagsrecht für Institutszwangsverwalter 150 a (2.2)
Kirchenlasten: Öffentliche Lasten 10 (6.10)
– Umrechnung in Geld 46 (2.1)
Klage: bei Teilungsversteigerung 181 (2) – gegen Teilungsversteigerung 180 (9.8) – auf Abänderung des Teilungsplans in der Zwangsverwaltung 159 (1–2) – bei Zuzahlung 50 (4); 125 (4)
Klavier im Gasthaus als Zubehör: 20 (3.4)
Klee: Früchtepfändung 21 (2.4)
Kleines Antragsrecht bei Erbengemeinschaft, Teilungsversteigerung 180 (3.7)
Kleingärtner: Kündigungsschutz 57 a (6.6)

Knappschaftsbeiträge: Öffentliche Last 10 (6.8)
Körperschaften: an Aufsichtsbehörde zustellen 6 (4.2) – Vollstreckung gegen 15 (16)
Körperschaftssteuer: keine öffentliche Last 10 (6.25)
Kohle: keine Früchtepfändung 21 (2.4)
Kohlenabbaugerechtigkeit: Einl 13.4
Kohlenvorräte einer Fabrik als Zubehör: 20 (3.4)
Kommanditgesellschaft: Abgabe von Geboten 71 (7.14 b) – Auseinandersetzung, Teilungsversteigerung 180 (2.4) – Vertretung beim Bieten 71 (6.4) – Vollstreckung gegen 15 (19.2)
Kommunalabgaben: Bay Gesetz 10 (6.9) – öffentliche Last 10 (6.9)
Kommunale Körperschaften und Kreditanstalten: Befreiung von Sicherheit für Gebote 67 (4.4)
Kommunmauer in der Versteigerung: 55 (5)
Kongreßhallen, nicht wesentliche Bestandteile: 20 (3.2)
Konkurrenz der Bieter: Einl 10
Konkursverfahren vor 1. 1. 1999: 15 (23.17)
Kontinuität des Rechts bei Liegenbelassen: 91 (3.5)
Kontrollteilungsplan bei außergerichtlicher Befriedigung: 144 (2.5)
Kosten: Einl 76–100 – abgesonderte Versteigerung oder anderweitige Verwertung 65 (4) – Anmeldung 10 (15.8–15.9) – Aufnahme in das geringste Gebot 45 (5) – im Anordnungsbeschluß 15 (4.6) – Aufforderung zur Anmeldung 37 (5.4) – Beitreibung Einl 39.1 und 40.1 – besonderer Versteigerung/Verwertung 65 (4) – betreibender Gläubiger = Rechtsverfolgungskosten 10 (15) – Einstellungsbewilligung des Gläubigers 30 (2.18) – Entnahme aus der Masse 109 (2) – Entscheidung Einl 39 – Gerichtskasse/Amtskasse bei ZVG-Verfahren Einl 41 – Gerichtsvollzieher Einl 88 – geringstes Gebot 44 (12) – Insolvenzverwalterverfahren 172 (5.8) – Luftfahrzeuge 171 a (3.5); 171 c (4.2) – Nachlaßversteigerungsverfahren 176 (3.13) – Nichterhebung (früher Niederschlagung) Einl 85.2 – notwendige Kosten 10 (15) – Rang 12 (2) – Rechtsanwalt = Rechtsanwaltskosten – Rechtsbeistände Einl 99 – Rechtsverfolgung 10 (15) – Sachverständige Einl 101 (5) – Schiffe [besondere Maßnahmen 165 (5) – Sicherungsmaßnahmen 170 (2.2) – treuhänderische Nutzung 165 (4.7)] – Sicherungs-

1649

Register

maßnahmen § 25 (5) – zu Steuern und Abgaben 10 (6.14) – Teilungsversteigerung 180 (7.14) – Terminskosten von Banken usw 10 (15.7) – unbekannte Berechtigte 135 (2.4); 137 (2.4) – Verbindung und Trennung von Verfahren 18 (3.9) – Verfahrenskosten 109 (2) – vollmachtlose Vertreter Einl 50.7 – Vortermin 62 (3.3) – Wiedervollstreckung 133 (2.20) – Zuschlag 58 (2) – Zuständigkeitsbestimmung 2 (4.10) – für Zustellungen Einl 84.5 – Zwangshypothek Einl 70 – in der Zwangsverwaltung 155 (5) – siehe auch Gerichtskosten und Rechtsverfolgungskosten

Kostenbefreiung: Einl 87

Kostenentscheidung in ZVG-Verfahren: Einl 39 – im Beschwerdeverfahren Einl 39.10 – im Einstellungsverfahren nach §§ 30 a Einl 39.2 – in der Erbenversteigerung Einl 39.8 – bei Erledigung Einl 39.6 – im Insolvenzverwalterverfahren Einl 39.8 – „Kosten fallen nicht an" Einl 39.7 – im Schutzverfahren nach ZPO § 765 a Einl 60 – bei Vollstreckungserinnerung Einl 39.9 – bei Zurücknahme/ Zurückweisung eines Anordnungs/Beitrittsantrags Einl 39.4–39.5

Kostenfestsetzung in ZVG-Verfahren Einl 40

Kostgeldansprüche landwirtschaftlicher Bediensteter: 10 (4.4)

Kraftfahrzeuge eines Betriebes als Zubehör: 20 (3.4)

Kraftloserklärung von Grundpfandrechtsbriefen: 136 (1–2)

Krankheit: Einstellungsantrag des Schuldners 30 a (3.3)

Kredite für Düngemittel, Saatgut, landwirtschaftliche Geräte, Vieh, Lohn in Zwangsverwaltung 10 (2.4); 155 (6.3)

Kreditanstalten = Landschaftliche Kreditanstalten

Kreditanstalten, öffentlich-rechtliche: Vollstreckung gegen 15 (16)

Kreditbeschränkungen: Einstellungsantrag des Schuldners 30 a (3.3)

Kreditgebühren als Nebenleistungen: 12 (3.3)

Kreditinstitute: Vorschlagsrecht für Institutszwangsverwalter 150 a (2.2)

Kühlmaschinen als Zubehör: 20 (3.4)

Kündigung: Anmeldung bei bestehenbleibenden Rechten zum Versteigerungstermin 54 (2) – Behandlung und Nachweis vor Vollstreckungsbeginn 15 (15) – Kosten als Kosten der Rechtsverfolgung 10 (15.3–4) – gegenüber Mietern/Pächtern durch Ersteher = außerordentliche Kündigung – während Zwangsverwaltung 152 (12.11) – bei Zuzahlungspflicht 50 (5.2); 51 (6.2)

Kündigungsaufschub: bei verlorenem Baukostenzuschuß 57 c (4) – wegen Mieterleistungen 57 c (2) – bei Mietvorauszahlung 57 c (3) – Verzicht des Mieters/Pächters darauf 57 c (9)

Kündigungsberechtigung des Erstehers: 57 a (2)

Kündigungsfrist für Auseinandersetzungsanspruch: 181 (2.4) – für Ersteher 57 a (4)

Künftige Leistungen: Vollstreckung allgemein 15 (15) – Zwangshypothek Einl 67.3

Kundendienstfahrzeuge als Zubehör: 20 (3.4)

Kurzausschreibung der Terminsbestimmung: 40 (3.3)

Länder: Befreiung von Sicherheitsleistung 67 (4.2) – Vollstreckung gegen 15 (16) – Vorschlagsrecht für Institutszwangsverwalter 150 a (2.2)

Lagerkosten für freigegebenes Zubehör nach Zuschlag: 81 (11.2)

Landbeschaffungsgesetz: nicht Beteiligte 9 (3.23) – Entschädigung im Verleihungsverfahren 105 (1.5)

Landesgesetzliche Vorbehalte EG 2 (1, 2)

Landesrecht: über Bestehenbleiben von Rechten EG 9 – über Mitteilung der Terminsbestimmung 41 (4.4) – über Mußinhalt der Terminsbestimmung 37 (7) – über Sollinhalt der Terminsbestimmung 38 (6) – Zuständigkeit 1 (3.3) – Zwangsverwaltung 146 (4.4 l)

Landesrechtliche Grundstückslasten: Öffentliche Lasten 10 (6.10)

Landesrechtliche Schuldtitel: Vollstreckung aus ihnen 15 (41.1)

Landesrentenbankrente: außerhalb des geringsten Gebots bestehenbleibend 52 (7.2 e) – öffentliche Last 10 (6.11)

Landschaftliche Kreditanstalten: Allgemein zum Vollstreckungsrecht 15 (38.12); 146 (7)

Landwirtschaft: kein Einfluß auf Verfahren 15 (24); 71 (7.18) – Hinweis in der Terminsbestimmung 37 (9.3)

Landwirtschaftliche Entschuldung = Entschuldung

Landwirtschaftliche (und forstwirtschaftliche) **Erzeugnisse** = Beschlagnahme

Landwirtschaftliche Geräte, Kredite = Kredite

Landwirtschaftliche Grundstücke: Anordnung 15 (24) – Ansprüche der Be-

= § 15 Rdn 4.8

diensteten 10 (4) – Geboteabgabe 71 (7.16) – Unterhalt des Schuldners in der Zwangsverwaltung 149 (4) – Zuweisungsverfahren 185 (1–2) – auch Schuldnerzwangsverwalter
Landwirtschaftliche Nebenbetriebe: Litlohnansprüche 10 (4)
Landwirtschaftliche Rentenbank: Anordnung 15 (24.2) – Beteiligte 9 (3.26) – Reallast als öffentliche Last 10 (6.12)
Landwirtschaftliches Vieh: Zubehör 20 (3.4) – in der Zwangsverwaltung Ernährung 153 a (2)
Landwirtschaftliches Zuweisungsverfahren und Teilungsversteigerung: 185 (2)
Landwirtschaftsbehörde: nicht beteiligt 9 (3.16)
Lasten bei Zuschlag: 56 (3)
Lastenaufzüge als wesentliche Bestandteile: 20 (3.2)
Lastenausgleich Einl 51.2
Lastfahrzeuge als Zubehör: 20 (3.4)
Laufende Beträge wiederkehrender Leistungen: Begriff 13 (2) – mehrere Beschlagnahmen 13 (3) – Stundung 13 (2.7–8) – Zwangsverwaltung 13 (3)
Lebensdauer bei erlöschenden Rechten: 92 (4.4)
Lebenserwartung: Erlöschende Rechte 92 (4.4) – auch: statistische Lebenserwartung
Lebenspartner: Teilungsversteigerung 180 (2.4; 3.14) – Vermögensstand 15 (10.7)
Lebensversicherungsprämie als Nebenleistung: 12 (3.3)
Leibgedinge = Altenteil
Leibnitz, Zwischenzinsberechnung: 111 (2.11)
Leistungsbescheid: Verwaltungszwangsverfahren 15 (38.4)
Leistungsgebot bei Steuern und Abgaben: 15 (38.4)
Letztes Gebot im Versteigerungstermin: Aufruf 73 (3) – Protokoll 78 (2.8)
Lieferanten: Kein Vorrecht 10 (4.3)
Lieferrecht 55 (4.3)
Lieferwagen als Zubehör: 20 (3.4)
Liegenbelassungsvereinbarung: Allgemeiner Grundsatz 91 (3) – Minderung 91 (4) – Schiffshypothek 91 (7) – Teilungsplan 114 (8) – Verminderung der Zahlung 91 (4) – Wirkung als Befriedigung 91 (5)
Liegenschaftskatasterauszug: 16 (4.5)
Liegenschaftsrecht und Immobiliarvollstreckung Einl 2
Litlohn: Allgemein 10 (4.1) – Berechtigte = Beteiligte 9 (2.7) – Rangklasse zwei 10 (4) – Umrechnung in Geld 46 (2.1) – in der Zwangsverwaltung 155 (4.2)

Register

Löschung: Handelsgesellschaften und Genossenschaften 15 (19.2) – Vollstreckungsvermerk bei Verfahrensaufhebung 34 (2); 161 (2.4) – auch: Grundbuchersuchen, Kapitalzahlung
Löschungsanspruch/Löschungsvormerkung: Allgemeiner Begriff 114 (9.1) – Arresthypothek Einl 74.1 – erlöschendes Recht 91 (2.3); 91 (6) – geltend machen = anmelden 114 (9.15–16) – geringstes Gebot 44 (5.15) – bei bestehenbleibendem Recht 125 (5) – Erlöschen der Vormerkungswirkungen 130 a (2) – Grundbuchersuchen § 130 130 a (3) – Sicherungshypothek § 128 128 (2.19) – Teilungsplan 114 (9) – zusätzliche Eintragung 130 a (3) – Zwangshypothek Einl 62.1
Löschungsreife Rechte: im geringsten Gebot 45 (6) – im Teilungsplan 114 (2.4)
Lösungssumme bei Arresthypothek: Einl 74.3
Lohn landwirtschaftlicher Bediensteter: Allgemein 10 (4.1)
Losenscheid bei Geboten: 72 (2.3)
Luftfahrzeuge: Allgemeiner Begriff 171 a (1.3) – Abkommen, internationales 171 a (1.4) – Anordnung und Beitritt 171 c (2) – anzuwendende Vorschriften 171 a (3) – Bewachung und Verwaltung 171 c (3) – Gegenstand der Immobiliarvollstreckung Einl 15.1 – Registerpfandrecht 171 a (4) – Rolle für 171 a (1.3) – Teilungsversteigerung 180 (2.2) – Treuhänder 171 c (4) – zuständiges Gericht 171 b (1) – Zwangsregisterpfandrecht Einl 62.4; 171 a (4.4) – Zwangsverwaltung keine 146 (3.3 e); 171 a (2)
Luftschiffe als Luftfahrzeuge: 171 a (1.3)

Mängel: Anordnungsantrag 15 (3.6) – Begründung fehlt Einl 28.5 – Beschädigung des Grundstücks durch den Schuldner 56 (4.3) – Haftung gegenüber dem Ersteher 56 (4.1–2) – Rückerstattung 56 (4.4) – Zustellungsmängel 3 (2.2–4) – Zwangssicherungshypothek Einl Rdn 71
Mahngebühren: Nebenleistungen 12 (3.3)
Maklerprovision 10 (15.4); 90 (2.6)
Mark der (ehem) DDR: Einl 51.3
Maschinen: als wesentliche Bestandteile 20 (3.2) – als Zubehör 20 (3.4)
Massegläubiger: Ansprüche als Ausgaben der Verwaltung in der Zwangsverwaltung 155 (4.2 c)
Maßnahmen gegen Zwangsverwalter 153 (1–2)
Meereseinbruch: Aufhebung der Zwangsverwaltung 161 (3.9)

1651

Register

Beispiel: § 15 (4.8) =

Mehrere Anordnungsanträge 15 (4.13)
Mehrere Gläubiger: Beitritt 27 (6) – Einstellungsbewilligung 30 (2.14) – Einstellungsverfahren 30 b (6) – Rücknahme des Verfahrensantrags 29 (2.9) – Deckung aus Einzelausgebot 76 (2.5) – Kostenhaftung Einl 82
Mehrere Grundstücke: Deckung aus einem von ihnen 76 (2) – Einstellungsverfahren 30 b (7) – Einzel-, Gruppen- und Gesamtausgebot 63 (1–5) – bei Aufstellung des geringsten Gebots 44 (8) – keine Gesamtzwangshypothek Einl Rdn 68 – Reihenfolge der Ausgebote 73 (2.7) – Schluß der Versteigerung 73 (2.7)
Mehrere Verfahren: Termine hierfür 66 (10)
Mehrgebot: Begriff 44 (3.2 n)
Mehrwertsteuer siehe Umsatzsteuer
Meistbietender: nicht Beteiligter 81 (3.8) – Pfändung, Verpfändung seines Anspruchs 81 (3.7) – Recht auf Zuschlag 81 (3.1–3.3) – Tod, Geschäftsunfähigkeit, Insolvenzverfahren 81 (3.4) – Zustellung des Zuschlags 88 (2.1) – auch: Zuschlag
Meistgebot: Abtretung 81 (4) – Anfechtung 71 (3) – Aufruf 73 (3.1) – Begriff 44 (3.2 e) und 81 (3.2) – fingiertes 85 (4.2) – unter halbem Grundstückswert (Zuschlagversagung) 85 a (1–2) – Zuschlag 81 (2)
Meliorationsanlagen-Dienstbarkeit 52 (7.2)
Merkzettel für die Vorbereitung des Versteigerungstermins: 35 (3.2)
Miete: Beschlagnahme 21 (3); 22 (3.1); 148 (2) – Einziehung in der Schuldnerzwangsverwaltung 150 d (2.4 d) – Pfändung für öffentliche Lasten 156 (2.4) – Schiffe 162 (2.4) – Zwangsverwaltung 148 (2.3) – auch: Vorausverfügung, Rechtsgeschäfte usw
Mieter/Pächter: Ablösungsrecht 15 (20.5) – abweichende Versteigerungsbedingungen 57 a (8) und 57 c (8) sowie 59 (5.11) – Anmeldungen zum Versteigerungstermin 57 d (3) – Aufforderung und Belehrung 57 d (2) – bei Beitritt 27 (7.4) – Beschlagnahmewirksamkeit 22 (3) – Beteiligte 9 (2.10) – Darlehen 57 b (7) – Erklärungen im Versteigerungstermin 66 (6.17) – für Ersteher anzuwendende Vorschriften 57 b (1.2) – Feststellung, Gerichtsvollzieher 57 b (6.4) und 57 d (2.2) – Insolvenzverwalterverfahren 172 (5.9) – Luftfahrzeuge 171 f (2) – als Miteigentümer 13 (3.12) – Nachlaßversteigerung 176 (3.14) – Rechte und Pflichten gegenüber Ersteher 57 (3.6) – Sachen kein Zubehör 55 (3.2) – bei Schiffen 169 (2) – Sicherheitsleistung (Kaution) 57 (4) und 152 (12.13) – Teilungsversteigerung, keine Ausnahmekündigung 183 (2) – Vollstreckung aus Zuschlag 93 (3.2) – Wegnahmerecht 57 (3.6) – Zubehör 55 (3.2) – Zustellung des Beschlagnahmebeschlusses 57 b (6) – auch: Anmeldung, Aufforderung, Bauten, Belehrung, Vorausverfügung
Mieterschutz: gesetzlicher gegenüber Kündigungsrecht des Erstehers 57 a (6) – für den Schuldner bei Vollstreckung aus Zuschlag 93 (5) – in der Zwangsverwaltung 152 (12.6)
Mietkaution 57 (4) – in der Zwangsverwaltung 152 (12.13)
Mietnebenkosten 152 (12.9)
Mietverträge § 57 (3) – Herausgabe an Zwangsverwalter 150 (7) – bei Zwangsverwaltung (alte und neue Verträge, Mietzins, Kündigung, Prozesse, Vorauszahlung, Baukostenzuschuß, Kaution) 152 (12) – des Zwangsverwalters mit dem Schuldner 149 2.6) – auch: Ersteher usw
Mietvorauszahlung: Begriff, Behandlung 57 b (2) – Zwangsverwaltung 152 (12.12)
Mietwohnräume: Mieterschutz 57 a (6)
Milchkontingent 55 (4.2) – Aufgabe der Milcherzeugung 25 (2.2) – Begriff 55 (4.2) – in Versteigerung 55 (4.2) – in Zwangsverwaltung 148 (2.7)
Milchkuh des Schuldners in der Zwangsverwaltung: 149 (4.5)
Minderanmeldung 45 (7); – und Rangverlust 110 (2.7)
Minderjährige: gesetzliche Vertretung Einl 44.8 – Schuldnerzwangsverwaltung 150 b (2.8) – Zustellung 3 (3.2)
Minderung der Ersteherzahlungspflicht bei Liegenbelassungsvereinbarung 91 (4)
Mindestgebot: Begriff 74 a (1.3); 85 a (1.3) – Allgemeines 74 a (1) – 7/10-Antrag 74 a (3) – Antragsberechtigung 74 a (3) – Antragstellung 74 a (4) – Einschränkung des Versagungsgrundes bei Gleichrangrecht 74 b (1–2) – Entscheidung über den Versagungsantrag 74 a (6) – Versagung des Zuschlags 74 a (3) – Widerspruch des betreibenden Gläubigers 74 a (5)
Mineralien: Früchtepfändung nicht 21 (2.4) – landesrechtliches Gewinnungsrecht Einl 13.4
Mitbenutzungsrecht im Beitrittsgebiet EG 9 a (4) – Berechtigter als Beteiligter 9 (3.38 zu e) – Rangklasse 4 10 (8.1)
Miteigentümervereinbarung (BGB § 1010): Wertersatz 92 (6.6)
Miteigentum, Miteigentümer: Beteiligte 9 (3.19) – zur gesamten Hand Einl 12.6 –

1652

= § 15 Rdn 4.8

Vollstreckung aus Zuschlag 93 (2.7) – auch: Grundstücksbruchteil
Miteigentumsanteil ohne Sondereigentum (isolierter MitE-Anteil) 15 (45.11)
Miterbenanteil: Pfändung 180 (11)
Mithaftende Gegenstände: Allgemein 20 (3.3, 3.4) – gutgläubiger Erwerb 23 (6) – Kenntnis der Beschlagnahme 23 (5) – erlaubte Verfügung 23 (3) – auch: Mitversteigerte Gegenstände
Mitteilungen: Allgemein 3 (2.1) – im Anordnungsverfahren 15 (47) – bei Beitritt 27 (7) – über die Betreibenden nach § 41 41 (3) – bei Einstellungsbewilligung des Gläubigers 30 (2.17) – Grundbuchamt an Vollstreckungsgericht 19 (5) – Terminsbestimmung zum Versteigerungstermin 41 (4) – des Zuschlags 88 (2) – über Anordnung der Zwangsverwaltung 146 (8)
Mitversteigerte Gegenstände: 55 (3); 90 (5)
MiZi = Mitteilungen
Mobiliarpfändung Einl 17
Molkerei als landwirtschaftlicher Nebenbetrieb: 10 (4.2)
Monatsfrist: Begriff Einl 32.3
Mühle: Landwirtschaftlicher Nebenbetrieb 10 (4.2) – nicht wesentlicher Bestandteil die Einrichtung 20 (3.2)
Müllereigerechtsame: Einl 13.4
Mündliche Verhandlung: Allgemeiner Grundsatz Einl 23.4 – bei Einstellungsantrag des Insolvenzverwalters 30 d (5.7) – bei Einstellungsantrag des Schuldners 30 b (4.4) – bei Antrag wegen Sittenwidrigkeit Einl 58.2 – bei Teilungsplanänderung in der Zwangsverwaltung 157 (3.5)
Münzen als Sicherheit für Gebote: 69 (5.2)
Mußinhalt der Terminsbestimmung = Versteigerungstermin
Muster und Beispiele für ZVG-Verfahren: Einl 42 – für Anordnungsbeschluß 15 (4.2) – für Aufhebungsbeschluß 29 (3) – für Einstellungsbeschluß 30 (4) und 30 b (8) – für Erbbaurechts-Anordnung 15 (13.3) – für Grundbuchersuchen 130 (4) – für Teilungsversteigerung 180 (10) – für Versteigerungstermin 66 (9) – für Verteilungstermin 113 (5) – für Wertermittlung und -festsetzung 74 a (8) – für Zuschlagsbeschluß 82 (5) – für Zwangsverwaltungs-Anordnung 146 (9) – für Zwangsverwaltungs-Aufhebung 161 (8) – für Zwangsverwaltungs-Verteilung 156 (6)

Nacherbe: 15 (30.9) – Beteiligter 9 (3.20)
Nacherbschaft: entgegenstehende Rechte 15 (30.8); 28 (8.3) – geringstes Gebot 44 (5.16) – und Teilungsversteigerung: 180

Register

(7.16) – Zwangsverwaltung 146 (4.4 n) – auch: Vorerbschaft
Nachforschungen des Gerichts bei unbekanntem Aufenthalt: 6 (2.3–4)
Nachlaßgerichtliche Genehmigung in der Teilungsversteigerung 181 (6.5–6.6)
Nachlaßinsolvenzverfahren und Nachlaßversteigerung 178 (2)
Nachlaßinsolvenzverwalter: Partei kraft Amtes 15 (30.7)
Nachlaßpfleger: Begriff 15 (30.2) – Teilungsversteigerung 181 (6.5)
Nachlaßversteigerung §§ 175–179: Allgemeines Einl 3 – Antragsberechtigte 175 (2) – Einfluß des Nachlaßinsolvenzverfahrens 178 (1–2) – Glaubhaftmachung des Antragsrechts 177 (2.1) – sonstiger Nachlaß 179 (1–2) – und Teilungsversteigerung 180 (16) – und Vollstreckungsversteigerung 176 (4)
Nachlaßverwalter: Partei kraft Amtes 15 (30.7) – Teilungsversteigerung 181 (6.6) – Verhältnis zur Nachlaßversteigerung 176 (3.15) – Zustellung des Zuschlags 88 (2.2)
Nachlaßvollstreckung: Fortsetzung, wenn begonnen 15 (30.4)
Nachtragsverteilung: keine in der Versteigerung allgemein 113 (2.6) – keine bei Zuzahlung 50 (6); 125 (4.4)
Name und Firma in der Vollstreckung: 15 (25)
Nato-Truppen = Truppenstatut
Naturalleistungen: Altenteil in Zwangsverwaltung 146 (11) – im geringsten Gebot 46 (1) – Teilungsplan der Zwangsversteigerung 114 (5.17) – Teilungsplan der Zwangsverwaltung 156 (4.3) – auch Geldwert
Nebenbetriebe, land- und forstwirtschaftliche: 10 (4.2)
Nebenleistungen: Anmeldung zum geringsten Gebot 45 (3.5 c) – Begriff 12 (3.2) – geringstes Gebot 44 (5.13) – geringstes Bargebot 49 (2.4) – Grundschuld 49 (2.5) – Grundschuld bei Liegenbelassung 91 (4.4) – Hypothek 10 (8.9) – Rang 12 (3.4) – zu Steuern und Abgaben als öffentliche Last 10 (6.14) – Zwangshypothek Einl 67.3 – auch: Steuern
Nebenrechte im geringsten Gebot 44 (5.17)
Neubaukosten als Zwangsverwaltungsvorschüsse: 150 (3.1)
Neutralitätstheorie für das Amt des Zwangsverwalters: 152 (2.2 c)
Nichtbeteiligten-Vertretungsgebühr des Rechtsanwalts Einl 89.1
Nichterhebung von Kosten: Einl 85.2

1653

Register

Nicht-grundbuchersichtliche Tatsachen: Anmeldung 54 (3)
Nichtige Rechte bei Aufstellung des geringsten Gebots 45 (6)
Nichtigkeit von Staatsakten: Allgemein 15 (39.2–3) Zwangshypothek Einl 71
Nichtigkeitsbeschwerde = außerordentliche Anfechtung
Nichtigkeitsklage und Zuschlag: 96 (2.6); 96 (3.1)
Nichtöffentlicher Termin: Verteilungstermin 105 (2.5) – Verteilungstermin Zwangsverwaltung 156 (3.5) – Vortermin 62 (3.3)
Nichtzahlung des Bargebots, bedingungswidrige: Allgemeiner Grundsatz 118 (2.2) – Forderungsübertragung 118 (3) – Luftfahrzeuge 171 f (3) – Schiffe 169 (3) – Verzicht auf die Rechte bzw Versteigerungsantrag 118 (4) – Zinsen 118 (3.3)
Niederschlagung von Kosten = Nichterhebung
Nießbrauch: Anordnung 15 (26) – entgegenstehendes Recht, nicht 15 (26) – erlöschendes Recht 92 (4) – Ersatzwert und Deckungskapital 92 (4 und 6.7) – geringstes Gebot 44 (5.18) – geringstes Gebot der Teilungsversteigerung 182 (2.13) – Gläubiger = Beteiligter 9 (2.3) – Rangklasse vier 10 (8.1) – Teilungsplan 114 (5.18) mit 92 (4) – Teilungsversteigerung 180 (7.17) – Wertersatz mit Geldrente 92 (4) – Zuschlag 57 (7) – Zuzahlung 51 (4.11) – Zwangsverwaltung 146 (11) – auch: Ersatzansprüche
Nordrhein-Westfalen: Zuständigkeit für ZVG-Verfahren 1 (3.3) – für Schiffsversteigerung 163 (2.4) – für Versteigerung ausländischer Schiffe 171 (3.1)
Notar, Vollmacht zu Verfahren: Einl 50.2
Notarielle Urkunde: Dinglicher Titel 15 (9.4) – Unterwerfung durch Vertreter 15 (40.18) – Vollstreckungsklausel 15 (40.19) – Wartefrist 15 (43.1 a)
Notarkammern: Zustellung der Anordnung 15 (47.5)
Notarkostenrechnung: Wartefrist 15 (43.1 a)
Notfristen Einl 32.4
Notwegrente: Anmeldepflicht, keine 37 (5.7) – außerhalb des geringsten Gebots 52 (4) – Beteiligte 9 (3.21) – Rangklasse vier 10 (8.1) – Zwangsverwaltung 155 (6.9 f)
Notwendige Kosten: 10 (15.5)
Nutzer als Beteiligter 9 (3.38)
Nutzungen: Schiffe durch Treuhänder 165 (4) – bei Zuschlag 56 (3) – Zwangsverwaltung 152 (13)

Beispiel: § 15 (4.8) =

Nutzungsberechtigter als Beteiligter 9 (3.38)
Nutzungsentschädigung, Beschlagnahme 148 (2.3 g) Geltendmachung durch Zwangsverwalter 152 (14.2)
Nutzungsrecht an Grundstücken im Beitrittsgebiet bei Beschlagnahme 20 (5) – Bestehenbleiben EG 9 a (2) – Eintragung im Grundstücksgrundbuch Einl 14.4 – Rangklasse vier 10 (8.1)
Nutzungsrechte, erbliche: Einl 13.4; an Grundstücken in Rangklasse vier 10 (8.1)
Nutzungsvereinbarung des Zwangsverwalters mit dem Schuldner 149 (2.6)

Obst: Früchtepfändung 21 (2.4)
Obstweinbereitung als landwirtschaftlicher Nebenbetrieb: 10 (4.2)
Öfen: Wesentlicher Bestandteil 20 (3.2) – Zubehör 55 (3.2)
Öffentliche Grundstückslasten: Allgemeiner Begriff 10 (6.1) – Anmeldung 10 (6.21); 45 (3.5 b) – Beteiligte 9 (3.22) – einmalige Leistungen 10 (6.17) – Rangklasse drei 10 (6) – Rückstände 10 (6.17) – Rangklasse sieben 10 (15) – Schuldnerzwangsverwaltung 150 d (2.4 b) – wiederkehrende Leistungen 10 (6.18) – Zwangshypothek Einl 75.7 – Zwangsverwaltung 156 (2)
Öffentliche Körperschaften: Vorschlagsrecht für Institutszwangsverwalter 150 a (2.2)
Öffentliche Lasten: Pfändung des Mietzinses/Pachtzinses für sie in der Zwangsverwaltung 156 (2.4) – auch: öffentliche Grundstückslasten
Öffentliche Verhandlung: zu Protokoll des Versteigerungstermins 78 (2.2)
Öffentliche Zustellung: Anordnung, Beitritt 8 (2.3) – Zustellungsvertreter 6 (2.5)
Öffentlicher Termin: Versteigerungstermin 66 (3) – Zuschlagsverkündungstermin 87 (3.6)
Öffentlich-rechtliche Forderungen: Begriff und Verwaltungszwangsverfahren 15 (38.2)
Öffentlich-rechtliche Inanspruchnahme: Beteiligte (9 (3.22)
Offene Handelsgesellschaft: Abgabe von Geboten 71 (7.14 b) – Auseinandersetzung und Teilungsversteigerung 180 (2.4) – Vertretung beim Bieten 71 (6.4) – Vollstreckung 15 (19.2)
Offenkundigkeit bei Anordnung: 17 (4.4) – auch: Vollmacht
Ordnungsgeld: Versteigerungstermin 66 (3.1)

1654

= § 15 Rdn 4.8

Ordnungsgemäße Wirtschaft: Verfügung während der Versteigerung 23 (3) – auch: Sicherung
Organtheorie für das Amt des Zwangsverwalters: 152 (2.2 d)
Ort der Versteigerung: Bestimmung 36 (4) – Bezeichnung 37 (3) – im Termin 66 (3.2)
Pacht, Pächter: Ablösungsrecht 15 (20.5) – abweichende Versteigerungsbedingungen 59 (5.11) – Aufforderung und Belehrung 57 d (2) – Beschlagnahme 21 (3) – Beschlagnahmewirksamkeit 22 (3) – Beteiligte 9 (2.10) – Beschränkung des Kündigungsrechts 57 c (7) – bei Luftfahrzeugen 171 f (2) – des Nießbrauchers 21 (4) – bei Schiffen 169 (1–2) – in der Teilungsversteigerung 183 (2) – Zuschlagsvollstreckung nicht 93 (3.2) – bei Zwangsverwaltung 148 (2) – auch: Mieter
Pachtrecht bei Beschlagnahme 21 (4)
Pachtvertrag: in der Zwangsverwaltung 152 (12)
Partei kraft Amtes: Begriff, Zustellung 3 (3.1) – Vollstreckung 15 (40.22) – Zwangsverwalter 152 (2.2 b)
Parteibezeichnung im Vollstreckungstitel, auch Berichtigung: 15 (25)
Parteifähigkeit in ZVG-Verfahren: Einl 44 – eines Ausländers Einl 25.1
Parteiherrschaft Einl 9.1
Partnerschaft: Abgabe von Geboten 71 (7.14 c) – Teilungsversteigerung 180 (2.4 g) – Vollstreckung gegen sie 15 (19.6)
Patronatslasten: Öffentliche Lasten 10 (6.10)
Pauschalbeträge für Kosten: Rechtsverfolgungskosten allgemein 10 (15.9) – Teilungsplan 114 (4.1 g) – Zwangshypothek Einl 70 (3)
Pavillonbau als wesentlicher Bestandteil 20 (3.2)
Pechgewinnung als landwirtschaftlicher Nebenbetrieb: 10 (4.2)
Persönlich betreibende Gläubiger: Ablösungsrecht 15 (20.9) – geringstes Bargebot 49 (2.7) – Rangklasse fünf 10 (9)
Persönliche Kostenbefreiung: Einl 87.2
Personalangaben bei Geboten: 71 (2.3)
Personalausweis: bei Geboten 71 (2.3) – bei Teilungsplanausführung 117 (3.2 c) – im Versteigerungstermin 66 (3.4)
Personenaufzüge als wesentliche Bestandteile: 20 (3.2)
Personengesellschaften: Umwandlung, Vollstreckung 15 (19.1; 19.2)
Pfändungen: Allgemein in ZVG-Verfahren Einl 43 – sonstiger Bestandteile Einl 17.2

Register

– der Erzeugnisse Einl 17.2; der Früchte auf dem Halm Einl 17.3 – Meistbietenden-Anspruch 81 (3.7) – Mietervorausverfügung 57 b (2) – Mietzins für öffentliche Lasten bei Zwangsverwaltung 156 (2.4) – Teilungsplan 114 (5.20) – Teilungsplanausführung 117 (3.5) – Teilungsversteigerung 180 (11) – keine des Zubehörs Einl 17.1 – Zwangsverwaltung 157 (3.3)
Pfändungspfandgläubiger: Beteiligter 9 (3.24) – Eigentümergrundpfandrechte 15 (11.2) – Teilungsversteigerung 180 (11)
Pfändungsvermerk: Berechtigter = Beteiligter 9 (2.4)
Pfandgläubiger: Aufklärung Einl 33.12 – Beteiligte 9 (3.25) – Eigentümergrundpfandrechte 15 (11.2) – Teilungsversteigerung 180 (11) – Widerspruch gegen Teilungsplan 115 (3.4 d)
Pfandrechte: 15 (27) – der Schiffsgläubiger 162 (6)
Pferde als Zubehör: 20 (3.4)
Pflanzen als wesentliche Bestandteile: 20 (3.2)
Pfleger, Geboteabgabe 71 (7.19)
Pflichten des Gerichts in ZVG-Verfahren: Einl Rdn 37
Postgebühren: siehe Telekommunikationsdienstleistungen
Postzustellgebühr: Einl 84.5
Preisrecht ohne Einfluß: 66 (6.18)
PreußALR Teil I Titel 8 § 43: Anlage T 53 Art 30 Anm
Privattestament zum Glaubhaftmachen bei Anordnung: 17 (4.2)
Prokurist 71 (7.17)
Protokoll: Aufnahme aufklärender Hinweise Einl 24.11 – Beweiskraft bei Zuschlagsentscheidung 80 (1–2) – Kapitalzahlungstermin 158 (2.8) – Verkündungstermin 87 (3.9) – Versteigerungstermin 78 (2) – Verteilungstermin 105 (2.6); 113 (5); 127 (4) – Vortermin 62 (3.3) – Zuschlagsverkündung 82 (2.13) – Zwangsverwaltung 156 (3.8)
Protokollberichtigung 78 (3)
Protokollführer: Ausschluß von Geboten 71 (5.1) – im Versteigerungstermin 66 (9.1); 78 (2.2)
Prozeßbevollmächtigte: Haftung Einl 36 – Zustellung allgemein 3 (3.1) – Zustellung Anordnung 15 (47.2) – Zustellung Beitritt 27 (7.1–2) – Zustellung Titel 15 (40.30)
Prozesse und Zwangsverwaltung: Allgemein 152 (14) – gegen Zwangsverwalter 154 (2.7) – nach Verfahrensaufhebung

1655

Register

161 (7) – auch: Prozeßführung, Prozeßgebühren
Prozeßfähigkeit in ZVG-Verfahren: Einl 44 – eines Ausländers Einl 25.1
Prozeßführung des Schuldners bei Schuldnerzwangsverwaltung 150 c (3.4)
Prozeßgebühren des Zwangsverwalters: 152 a (3.3)
Prozeßgerichtliche Einstellung: Allgemein Einl 31 – nach Zuschlagsverkündung 100 (2.9)
Prozeßkosten: Haftung des Zwangsverwalters 154 (2.5 b) – bei Zwangshypothek Einl 67.3
Prozeßkostenhilfe: – Kosten für Gerichtskasse/Amtskasse Einl 41.2 – in ZVG-Verfahren Einl 45 – in Zwangsverwaltung Einl 45.7 – in Teilungsversteigerung Einl 45.7
Prozeßleitungspflicht Einl 9.5; im einzelnen Einl 33
Prozeßstandschaft bei Zwangshypothek Einl 67.2
Prozeßvollmacht = Vollmacht
Prozeßzinsen: Teilungsplan 114 (5.30)
Prüfung: des Anordnungsantrags 15 (3.5) – Grundbuchersuchens bei Verfahrensschluß durch das Grundbuchamt 130 (2.15) – der Rechtsverfolgungskosten 10 (15.10) – bei Zwangshypothek Einl 64
Prüfungen beim Zwangsverwalter: 153 (2.2); 153 (2.5)

Querulatorische Verfahrensverzögerung Einl 8.5

Radaranlage bei Schiffen als Zubehör: 20 (3.2)
Räumung: des Grundstücks durch Schuldner bei Gefährdung der Zwangsverwaltung 149 (3)
Räumungsvollstreckung aus Zuschlag 93 (2) – Recht zum Besitz 93 (3) – Teilungsversteigerung 180 (7.19) – Vollstreckungsschutz des Schuldners 93 (5)
Raketen als Luftfahrzeuge: 171 a (1.3)
Rang: Ablösung 12 (1.4) – Abtretung 12 (1.3) – ausländische Schiffe 171 (4) – Eigentümerrechte 11 (3.5) – geringstes Gebot 44 (6) – Kosten 12 (2) – Nebenleistungen 12 (3) – persönlich betreibende Ansprüche 10 (9.5) – Rangklasse eins 10 (3.1) – Rangklasse drei 11 (2.2) – Rangklassen vier, sechs, acht 11 (3) – Rangklasse fünf 11 (4) – nach Verbraucherkreditgesetz 12 (1.5) – Versteigerungsbedingungen abweichende 12 (4)
Rangänderung: 11 (5) – bei geringstem Gebot 44 (6)

Beispiel: § 15 (4.8) =

Rangfolge: in derselben Rangklasse 11 (1–4) – von Haupt- und Nebenansprüchen 12 (1–4) – Vereinbarung abweichender 12 (4)
Rangklassen in Zwangsversteigerung: Allgemein § 10 10 (1–14) – null 10 (1.7) – eins 10 (2) – eins „a" 10 (3) – zwei 10 (4) – zwei/drei 10 (5) – drei 10 (6) – drei/vier 10 (7) – vier 10 (8) – fünf 10 (9) – sechs 10 (10) – sieben 10 (11) – acht 10 (12)
Rangklassen in Zwangsverwaltung: eins 155 (6.3) – zwei 155 (6.4) – drei 155 (6.5) – drei/vier 155 (6.6) – vier 155 (6.7) – fünf 155 (7)
Rangordnung der Ansprüche 10 (1 ff) – bei Binnenschiffen 162 (7.3) – bei Seeschiffen 162 (7.2) – in der Zwangsverwaltung 155 (3)
Rangtausch: Allgemein 11 (5)
Rangverhältnis: in 4., 6. und 8. Rangklasse 11 (3) – in der 5. Rangklasse 11 (4)
Rangverlust bei nicht rechtzeitiger Anmeldung 110 (1–2)
Rangvorbehalt: Allgemein 11 (5) – bestehenbleibende Rechte 52 (2.13) – bei geringstem Gebot 44 (6.5) – Teilungsplan 114 (5.22) – Zwangshypothek Einl 67.6
Raumfahrzeuge als Luftfahrzeuge: 171 a (1.3)
Realberechtigte, Realbeteiligte: Begriff, Beteiligte 9 (2.4)
Reale Grundstücksteile Einl 11.8
Realgemeindeanteile: Grundstücksgleiche Rechte Einl 13.2
Realgewerbeberechtigungen, landesrechtliche Einl 13.4
Reallast: Dinglicher Titel 15 (9.1) – Ersatzwert und Deckungskapital 92 (4 und 6.9) – geringstes Gebot 44 (5.20) – Gläubiger = Beteiligte 9 (2.3) – Rangklasse vier 10 (8.1) – Stammrecht: Bestehenbleiben mit Antrag auf abweichende Verstbedingungen 44 (4.12) – Umrechnung in Geld 46 (2) – Vereinbarung abweichender Befriedigungsreihenfolge 12 (4.3) – wiederkehrende Leistungen 56 (3.6)
Realsteuern: Begriff und Verfahren 15 (34.7)
Rechenfehler: Berichtigung allgemein Einl 29
Rechnungsbeamter: Geringstes Gebot und Versteigerungstermin 44 (13.2) – Teilungsplan und Verteilungstermin 113 (2.4) – Zwangsverwaltung 156 (3.7)
Rechnungsgebühren des Gerichts: Einl 84.6
Rechnungslegung des Zwangsverwalters: 154 (4)

Register

Recht auf Befriedigung aus dem Grundstück: 10 (1 ff)
Rechtliches Gehör: Allgemeine Bedeutung Einl 9.5 – in ZVG-Verfahren Einl 46 – als Verfahrensgrundsatz Einl 9.5 – Anordnung des Verfahrens 15 (28) – Einstellungsantrag des Schuldners 30 b (4.2) – Grundstückswert 74 a (7.15) – Maßnahmen zur Sicherung der ordnungsmäßigen Bewirtschaftung 25 (3.2) – Sitzungsleitung 66 (3.1) – Teilungsversteigerung 180 (5.8) – Verfahrensverbindung 18 (3.2) – Verkündungstermin 87 (3.7–8) – Zuständigkeitsbestimmung 2 (4.3)
Rechtsanwälte: Allgemein in ZVG-Verfahren Einl 22 – Aufklärungspflicht ihm gegenüber Einl 33.5 – Haftung Einl 36 – Pflichten allgemein Einl 22.2 – Pflichten in ZVG-Verfahren Einl 36 – Vollmacht Einl 50
Rechtsanwaltsgesellschaft als Prozeßbevollmächtigte Einl 50.2
Rechtsanwaltskosten: Einl 89–99
Rechtsauskünfte des Gerichts: Einl 33.12
Rechtsbehelfe: Allgemein in ZVG-Verfahren 95 (1) – Anordnung und Beitritt 15 (5) – Aufhebung der Zwangsverwaltung 161 (2.5) – Beitritt 27 (4.4) – Beschwerde 95 (2) – Einstellung oder Aufhebung durch Zuschlagsversagung 33 (4) – Eintragungsersuchen $ 130 130 (5) – entgegenstehende Rechte 28 (6.8) – Entscheidung über Einstellungsantrag des Schuldners oder Antragsgegners 30 b (9) – bei Insolvenzverfahren 15 (23.13) – bei Insolvenzverwalterverfahren 172 (5.11) – Kosten Einl 83 – gegen Kostenansatz Einl 85.1 – Nachlaßversteigerung 176 (3.17) – Rechtspflegererinnerung 95 (2.4) – Sittenwidrigkeit Einl 59 – Sitzungsleitung 66 (3.1) – sofortige Beschwerde 95 (5) – Rechtsbeschwerde 95 (6) – Teilungsplan der Zwangsversteigerung 113 (6) – Teilungsplan der Zwangsverwaltung 156 (5) – Teilungsversteigerung 180 (7.20) – Verfahrensverbindung und -Trennung 18 (3.10) – Wertfestsetzung und Zuschlagsentscheidung 74 a (9) – Widerspruch gegen den Teilungsplan 115 (2.3) – Zwangshypothek Einl 72 – Zwangsverwaltung 146 (4.4 o) – Zwischenverfügung 15 (5.2) – auch: Rechtsmittel
Rechtsbeistände: Kosten Einl 100
Rechtsbeschwerde: Anwaltszwang Einl 22.1, 95 (6) – gegen Anordnungsbeschluß 15 (5.3) – gegen Einstellungsentscheidungen 30 b (9.3) – bei § 765 a Einl 59.1 – Gerichtskosten Einl 83.7 – Zulässigkeit 95 (6)

Rechtsgeschäfte über Mietzins = Vorausverfügungen
Rechtshängigkeit von Ansprüchen aus Grundpfandrechten und Reallasten: Anmeldung zum Versteigerungstermin 54 (4) – Mitteilung im Termin 66 (6.19)
Rechtsirrtum des Zwangsverwalters: 154 (2.9)
Rechtskraft: absolute, relative bei Grundstückswert 74 a (7.12) – Beschlüsse ab Rechtskraft erst wirksam 15 (5.5) – eines Urteils, Anmeldung zum Versteigerungstermin 54 (4) – auch: Zuschlag
Rechtsmißbrauch: bei Einstellungsbewilligung vorrangiger Gläubiger 30 (2.15) – durch Schuldneranträge Einl 8.5
Rechtsmittel: Allgemein in ZVG-Verfahren 95 (1) – rechtliches Gehör Einl 46.6 – Gebühr Rechtsanwalt für Prüfung der Erfolgsaussichten Einl 98.3 – auch: Rechtsbehelfe, Rechtspflegererinnerung
Rechtsnachfolge: Gläubiger bei Anordnung 15 (29) – Schuldner bei Vollstreckung 15 (30)
Rechtspfleger: Ausschluß von Geboten 71 (5.1) – Befangenheit Einl 26 – Haftung in ZVG-Verfahren Einl 37 – im Protokoll 78 (2.2) – Unabhängigkeit Einl 47.4 – Verantwortung Einl 6 – Vergleichsabschluß Einl 49.4 – Verhältnis zum Richter Einl 47 – Zuständigkeit Einl 47.1 – auch: Zwischenentscheidung
Rechtspflegererinnerung (befristete): 95 (2.4)
Rechtsschutzbedürfnis im ZVG-Verfahren: Einl 48 – für Zwangsverwaltung 161 (3.5)
Rechtsstaatliche Verfahrensgestaltung: Einl 7.1 und 8.1
Rechtsverfolgungskosten: Allgemein 10 (15) – Berücksichtigung erfordert Anmeldung 10 (15.8–9) – Glaubhaftmachung 10 (15.10) – Kostenpflicht bei Verfahrensaufhebung 10 (15.12) – Kündigungskosten 10 (15.2–15.3) – Notwendigkeit 10 (15.5) – Prüfung 10 (15.10) – Reisekosten 10 (15.7) – Terminsteilnahmekosten 10 (15.6)
Reederei: Begriff 180 (2.2)
Registergericht: Luftfahrzeuge 171 a (4.3) – für Schiffe Anmeldungen 168 b (2) – bei Schiffen Zeugnis 164 (2.2)
Registerpfandrecht bei Luftfahrzeugen 171 a (4)
Reichsheimstätte: 15 (31)
Reichsmarkhypothek im Beitrittsgebiet Einl 51.3

1657

Register

Beispiel: § 15 (4.8) =

Reichssiedlungsgesetz: Anordnung 15 (31) – Vorkaufsrecht 81 (10.4) – auch: Wiederkaufsrecht
Reinertrag bei treuhänderischer Nutzung von Schiffen: 165 (4.7 e)
Reisespesen: Beteiligte 10 (15.7) – Gericht Einl 84.7 – Rechtsanwalt Einl 99.5
Relative Unwirksamkeit und geringstes Gebot: 44 (5.21) – Rechte in Rangklasse sechs 10 (10)
Religionsgesellschaft: Vollstreckung gegen 15 (16)
Rentenbank, landwirtschaftliche = Landwirtschaftliche Rentenbank
Rentenbankreallast: Außerhalb des geringsten Gebots bestehenbleibend 52 (7.2 k) – öffentliche Last 10 (6.12) – Zwangsverwaltung 146 (4.4 p)
Rentenschuld: geringstes Gebot 44 (5.22) – Rangklasse vier 10 (8.1) – Schuldübernahme 53 (3) – Teilungsplan der Zwangsversteigerung 114 (5.23)
Rentenschuldbrief: Vorlage im Verteilungsverfahren 126 (2) – Behandlung des vorgelegten 127 (1–2)
Restitutionsklage bei Zuschlag: 96 (3.1)
Rheinland-Pfalz: Zuständigkeit für ZVG-Verfahren 1 (3.3)
Richter: Ausschluß von Geboten 71 (5.1) – Haftung in ZVG-Verfahren Einl 37 – Verantwortung Einl 6 – Verhältnis zum Rechtspfleger Einl 47 – Zuständigkeit in ZVG-Verfahren Einl 47.1
Rolläden als wesentliche Bestandteile: 20 (3.2)
Rubrum: Berichtigung 15 (40.9)
Rüben: Früchtpfändung 21 (2.4)
Rückfragen bei Gericht: Einl 21.3
Rückgabe von Urkunden zum Anordnungsantrag 16 (4.3) – der Sicherheit 70 (5)
Rückgewähranspruch = Rückübertragungsanspruch
Rücknahme: Abtretung der Rechte aus dem Meistgebot 81 (4.5) – Einstellungsbewilligung durch den Gläubiger 30 (2.7) – Versagungsantrag § 74 a 74 a (4.5) – Teilungsversteigerung 180 (6.10) – Versteigerungsantrag [Aufhebung: 29 (2.6) – Begriff der Rücknahme 29 (2.2) – nach der Bietzeit 29 (2.7) – mehrere Gläubiger 29 (2.9) – Muster 29 (3) – Rechtsbehelfe 29 (2.10) – Teilrücknahme 29 (4) – unwiderruflich 29 (2.3) – wirksam mit Eingang 29 (2.5)] – Zwangsverwaltung 161 (2.3); 161 (3.6)
Rückschlagsperre: im Insolvenzverfahren 15 (23.5)

Rückstände: Anmeldung bei dinglichen Rechten 10 (8.6) – Begriff 10 (8.3); 13 (1.2) – wiederkehrenden Leistungen 13 (2)
Rückübertragungsanspruch: Beteiligter 9 (2.8) – Geringstes Gebot 48 (3.3) – Teilungsplan 114 (7.7 ff) – Verjährung 15 (37.5)
Rückübertragungsanspruch nach VermG: kein entgegenstehendes Recht 28 (11.2) – bei Teilungsversteigerung 180 (19) – Wahrung mit Anmeldung EG 9 a (6)
Rückübertragungsberechtigter: als Beteiligter 9 (3.38) – Zustellung des Anordnungsbeschlusses an ihn 15 (47.5)
Ruhen des Verfahrens: Einl 27.2 – auch: Aussetzung, Unterbrechung

Saatgut: Früchtepfandrecht 10 (7) – Vorschüsse und Kredite als Zwangsverwaltungsvorschüsse 10 (2.4) – Zwangsverwaltungszuteilung 155 (4.3)
Sachenrechtsbereinigung und Zwangsversteigerung: 15 (48), 28 (4.11) und EG 9 a (5)
Sachsen, Zuständigkeit für ZVG-Verfahren 1 (3.3)
Sachverständige: Zur Ermittlung des Grundstückswerts 74 a (10) – Kosten Einl 101 – Mitteilung des Zuschlags 88 (2.4)
Sachwalter: nicht Beteiligter 9 (3.15)
Sägewerk als landwirtschaftlicher Nebenbetrieb: 10 (4.2)
Säumniszuschläge bei Steuern und Abgaben: 10 (6.14); 15 (34.3)
Saftherstellung als landwirtschaftlicher Nebenbetrieb: 10 (4.2)
Samen als wesentliche Bestandteile: 20 (3.2)
Samstag: (Sonnabend) bei Fristen: Einl 32
Sand: keine Früchtepfändung 21 (2.4) – Gewinnung als landwirtschaftlicher Nebenbetrieb 10 (4.2)
Sanierungsmaßnahmen nach BauGB: 15 (6.3)
Sanierungsfähigkeit des Schuldners bei Einstellungsantrag 30 a (3.2)
Sanierungsvermerk 15 (6.3) und 44 (5.23)
Schadensersatzansprüche: Arbeitsverhältnis 10 (4.4) – Beschlagnahmeumfang 20 (3.7) – nach Erlösverteilung 115 (5.20) – auch: Haftung
Schecks: als Vollstreckungsunterlage 15 (44) – Sicherheitsleistung für Gebote 69 (2)
Scheckurteil: Vollstreckung 15 (44)
Scheinbestandteile: 20 (3.2)

1658

= § 15 Rdn 4.8

Schiefergewinnung als landwirtschaftlicher Nebenbetrieb: 10 (4.2)
Schiffahrtsfachblätter: 168 (2.1)
Schiffe: Allgemeiner Begriff 162 (3.2) – Anmeldungen 162 (10.1) – Anmeldungen beim Registergericht 168b (2) – Anordnung des Verfahrens 162 (10.2) – Antragsvoraussetzungen 164 (3) – anzuwendende Vorschriften 162 (9) – Arrest, dinglicher 162 (2.5) – Ausflaggung 162 (3.7) – im Ausland 162 (8) – Beitritt 162 (10.3) – Beschlagnahmeumfang 162 (4) – Beteiligte 162 (10); 163 (3) – eingetragene 162 (3.4) – Einstellung 162 (10.5) – Flaggenwechsel 162 (3.7) – Gegenstand der Immobiliarvollstreckung Einl 15.1 und 162 (3.1) – geringstes Gebot 162 (10.6) – Rangordnung 162 (7) – auf Reise 162 (3.5) – segelfertig 162 (3.5) – Sittenwidrigkeit 162 (10.9) – Sozialversicherungsträger als Beteiligte 163 (3) – Teilungsversteigerung 180 (2.2) – Terminsbestimmung 167 (2) – Versteigerungstermin 162 (10.10) – Verteilungstermin 162 (10.11) – Wertfestsetzung 162 (10.12) – Zuschlag 162 (10.13) – zuständiges Gericht 163 (2) – Zwangsschiffshypothek Einl 16.4
Schiffer: Beteiligte 9 (3.27); 166 (3) – Verfahren gegen sie 164 (2); 166 (2)
Schiffsanker als Zubehör: 20 (3.2)
Schiffsbanken: Abgabe von Geboten 71 (7.18)
Schiffsbauregister: 162 (2.2 e)
Schiffsbauwerke: Allgemeiner Begriff 162 (3.3) – Anordnung 170a (2.1) – anzuwendende Vorschriften 170a (3) – Bekanntmachungsfrist vor Versteigerungstermin 43 (3) – Beschlagnahmeumfang 162 (2.4) – Beschlußzustellungsfrist vor Versteigerungstermin 43 (4) – Fristen 170a (3) – Gegenstand der Immobiliarvollstreckung Einl 15.1 und 162 (3.1) – Schwimmdocks 170a (2.2) – Teilungsversteigerung 180 (2.2) – Terminsbekanntmachung 170a (3) – Zwangsverwaltung keine 162 (1.2)
Schiffsbrücke: kein Schiff 162 (2.2b)
Schiffsgläubiger: Begriff 162 (6) – Beteiligte 9 (3.27)
Schiffsglocke als Zubehör: 20 (3.2)
Schiffshypothek: als Recht an Schiffen 162 (5) – ausländische Währung 168c – Bestellung freiwillig 162 (5) – Eigentümerrechte 162 (5) – Haftung 162 (4) – Widerspruch gegen Teilungsplan 115 (3.4h) – zwangsweise Eintragung 162 (2.5); 169 (3.1)
Schiffskessel als wesentliche Bestandteile: 20 (3.2)

Register

Schiffskran = Schiff: 162 (2.2b)
Schiffsmotor als wesentlicher Bestandteil: 20 (3.2)
Schiffsmühlenrechte: Einl 13.4
Schiffspart: Vollstreckung 162 (3.8)
Schiffsruder als wesentlicher Bestandteil: 20 (3.2)
Schiffsschraube als wesentlicher Bestandteil: 20 (3.2)
Schiffswinde als wesentlicher Bestandteil: 20 (3.2)
Schikane: Sittenwidrigkeit Einl 55.1
Schleswig-Holstein: Zuständigkeit ZVG-Verfahren 1 (3.3)
Schluß der Versteigerung: Grundsatz 73 (3) – bei Versteigerung mehrerer Grundstücke 73 (2.7) – Verkündung im Termin, Protokoll 78 (2.2)
Schlußabrechnung des Zwangsverwalters: 154 (4.7); 161 (5.5 und 6.5)
Schmuck als Sicherheit für Gebote: 69 (5.2)
Schornsteinfeger: Gebühren als öffentliche Last 10 (6.13)
Schreibauslagen: siehe Dokumentenpauschale
Schreibfehler: Berichtigung allgemein Einl 29.1
Schreibmaschine im Betrieb als Zubehör: 20 (3.4)
Schuldenmasse im Teilungsplan der Zwangsversteigerung: Alle Schulden aufzunehmen 114 (2.3) – Anmeldung 114 (2) – Kenntnis des Gerichts 114 (2.6) – mit Anmeldung aufzunehmen 114 (2.1) – ohne Anmeldung aufzunehmen 114 (2.2); 114 (4)
Schuldner: Begriff (= Vollstreckungsschuldner) 9 (2.2); 9 (3.28) – Beteiligter 9 (3.28) – Bezeichnung im Vollstreckungstitel 15 (25) – Eigentum als Anordnungsvoraussetzung 17 (2) – Eintragung als Anordnungsvoraussetzung 17 (3) – Parteifähigkeit, Prozeßfähigkeit Einl 44 – Rechtsnachfolge (Tod) bei Vollstreckung 15 (30) – bei Schiffen 162 (2.6) – im Versteigerungstermin 66 (4.5)
Schuldnerschutz nach ZPO § 765a: Einl 52–61 – Ablehnung als Schutzmaßnahme Einl 56.4 – Änderung/Aufhebung einer Schutzmaßnahme Einl 58.8 – Antrag des Schuldners Einl 53 und Einl 57 – Antrag als Schutzvoraussetzung Einl 53.2 – Antragsberechtigung Einl 53.1 – Anwendungsbereich Einl 52.2 – bei Gemeinschaftlichung einer Gemeinschaft Einl 52.6 – Aufhebung der Schutzmaßnahme Einl 56.3 – Aufhebung erst nach Rechtskraft Einl 58.6 – Beschwerdeverfahrenskosten

1659

Register

Einl 60.2 – Einstellung als Schutzmaßnahme Einl 56.1–56.2 – einstweilige Anordnung Einl 58.7 – Entscheidung Einl 58.3–58.4 – Generalklausel zur Vollstreckungsschutzes Einl 52.1 – Härte als Schutzvoraussetzung Einl 54 – Härtefälle im einzelnen Einl 55 – in Insolvenzverwalterversteigerung Einl 52.4 – Kosten Einl 60 – Maßregeln des Schuldnerschutzes Einl 56 – bei Nachlaßversteigerung Einl 52.5 – Schuldnerantrag Einl 53.2 und Einl 57 – Schuldnerantrag nicht mehr nach Erteilung des Zuschlags Einl 59.10 – Sittenwidrigkeit der Härte Einl 54.1, 54.4–54.6 – sofortige Beschwerde Einl 59 – bei Teilungsversteigerung Einl 52.6 – Untersagung des Verfahrens als Schutzmaßnahme Einl 56.4 – Verfahren nach Antragstellung Einl 58 – Verfahrenskosten Einl 60 – Verhältnis zu anderen Vorschriften Einl 61 – bei drohender Verschleuderung des Grundstücks Einl 55.3 – bei Zwangsverwaltung Einl 52.3

Schuldner-Zwangsverwalter: Bestellung 150 b (1–3) – Aufsichtsperson 150 c (2–3) – Beschränkungen 150 d (1–2) – Vergütung 150 e (1–2)

Schuldübernahme: bei bestehenbleibenden Grundpfandrechten: Allgemeines 53 (1) – bei Hypothek 53 (2) – bei Grundschuld 53 (3) – bei Rentenschuld 53 (3) – in Teilungsversteigerung 180 (7.22)

Schuldurkunde = Urkundenbehandlung

Schullasten: Öffentliche Last 10 (6.10) – Umrechnung in Geld 46 (2.1)

Schwimmbagger als Schiff: 162 (2.2 b)

Schwimmdocks: Allgemeiner Begriff (wie Schiffsbauwerk) 162 (3.1 und 3.3) – Versteigerung 170 a (2.2) – auch: Schiffsbauwerke

Seeberufsgenossenschaft: Sozialversicherungsträger und Vertretung bei Seeschiffen 163 (3)

Seeschiffe: Rangordnung 162 (7.1) – Wert 169 a (2) – Zuschlagsversagung 169 a (2)

Segelflugzeuge als Luftfahrzeuge: 171 a (1.3)

Sequestration: Maßnahme zur Sicherung der ordnungsmäßigen Bewirtschaftung 25 (4.2) – Verhältnis zur Versteigerung 15 (36.3)

Sicherheit: als Bargebotszahlung 107 (4) – Verwertung im Verteilungstermin 108 (1–2)

Sicherheitsleistung in ZVG-Verfahren: durch Bürgschaft 15 (32.8) – für und gegen die Zwangsvollstreckung 15 (32) – des Mieters 57 (4)

Beispiel: § 15 (4.8) =

Sicherheitsleistung für Gebote (Art): Allgemeines 69 (1) – durch Bankbürgschaft 69 (3) – Bundesbankscheck 69 (2) – Geld 69 (4) – durch Hinterlegung 69 (4) – sonstige Werte 69 (5) – Verrechnungsscheck 69 (2)

Sicherheitsleistung für Gebote (Entscheidung über sie): 70 (2) – Rückgabe der Sicherheit 70 (5) – sofortige Leistung 70 (3) – Widerspruch gegen Gebot ohne Sicherheitsleistung 70 (4) – als Zahlung des Bargebots 49 (4.3) und 70 (6)

Sicherheitsleistung für Gebote (Höhe): Allgemeines 68 (1) – „ein Zehntel des Verkehrswerts" 68 (2) – mindestens Verfahrenskosten 68 (2) – Höhe auf Sonderantrag 68 (3) – Gebote des Schuldners (neuen Eigentümers) 68 (4)

Sicherheitsleistung für Gebote (Teilungsversteigerung): Besonderheit für Miteigentümer 184 (1–3)

Sicherheitsleistung für Gebote (Verlangen): Allgemeines 67 (1) – Antrag 67 (2) – Grundpfandgläubiger als Bieter 67 (3) – Befreite Bieter 67 (4) – Landesrecht dazu EG 10 (1)

Sicherheitsleistung des Zwangsverwalters: 153 (5.1)

Sicherung ordnungsgemäßer Bewirtschaftung nach Beschlagnahme 25 (1–6)

Sicherungsgrundschuld: bestehenbleibende, Schuldübernahme 53 (3) – geringstes Gebot 44 (5.24) – Teilungsplan der Zwangsversteigerung 114 (7)

Sicherungshöchstbetragshypothek: Arresthypothek Einl 74.1 – Hilfszuteilung 119 (2.8) – Rangklasse vier 10 (8.1) – im Teilungsplan 114 (5.13)

Sicherungshypothek: Rangklasse vier 10 (8.1) – Teilungsplan 114 (5.24)

Sicherungshypothek für Forderungen und Übererlös: Allgemeines 128 (1) – bei bedingter Forderungsübertragung 128 (6) – keine Benachteiligung durch Eigentümerrecht 128 (5) – Beschränkte Geltendmachung 129 (1–2) – Eintragung 128 (2) – des Grundstückseigentümers für Überschuß 128 (4) – Miteintragung des Rechts eines Dritten 128 (3) – „Rang" für bestimmte Ansprüche 129 (2) – bei Wiederversteigerung 128 (7)

Sicherungsmaßnahmen zur ordnungsmäßigen Bewirtschaftung während der Versteigerung: Grundsätze, Maßnahmen, Verfahren 25 (1–6) – bei Luftfahrzeugen 171 g (1) – bei Schiffen 170 (2) – Teilungsversteigerung 180 (7.23) – in der Zwangsverwaltung 146 (4.4 q)

1660

= § 15 Rdn 4.8

Sicherungsvertrag bei Grundschuld 114 (7.6)
Sicherungsvollstreckung bei Zwangshypothek Einl 64.3 – Besonderheit bei Erlösverteilung 114 (5.31)
Sieben-Zehntel-Grenze (Mindestgebot): Allgemeiner Begriff 44 (3.2 d) – Ausnahmen 74 b (2) – Versagungsantrag 74 a (3) – auch: Grundstückswert, Mindestgebot, Vers-Antrag, Fünf-Zehntel-Grenze
Siedlerstelle nach Reichssiedlungsgesetz: kein entgegenstehendes Recht 15 (31.5)
Siedlungsunternehmen: Vorschlagerecht für Institutszwangsverwalter 150 a (2.2)
Siegel, Stempel für Grundbuchersuchen 19 (2.2); 130 (2.3)
Sittenwidrigkeit: Sittenwidrige Härte siehe Schuldnerschutz nach ZPO § 765 a – Bietabkommen 71 (8.8) – Erschleichung des Zuschlags Einl 10 – Finanzamt 15 (34.10) – bei unlauterem Verhalten allgemein Einl 10 – Unterhalt des Schuldners in der Zwangsverwaltung 149 (4.6)
Sitzungsleitung: Versteigerungstermin 66 (3.1) – Verteilungstermin 105 (2.7) – Vortermin 62 (3.3)
Sofortige Beschwerde siehe Beschwerde
Soldaten, Vollstreckung 15 (35.2)
Soldatenversorgungsgesetz: Veräußerungsverbot 15 (7.6)
Sollinhalt der Terminsbestimmung = Versteigerungstermin
Sonderkündigungsrecht = außerordentliches Kündigungsrecht
Sondernutzungsrecht 15 (45.3); 20 (3.1); 90 (4.3)
Sonderzuwendungen bei Geboten: 71 (8.8)
Sonnabend (Samstag) bei Fristen: Einl 32.2
Sonnenkollektoren als wesentlicher Bestandteil oder Zubehör 20 (3.2)
Sonntag: bei Fristen Einl 32.2 – keine Besitzergreifung durch Zwangsverwalter 150 (3.5)
Sonstige Veröffentlichung der Terminsbestimmung: 40 (3)
Sozialleistungsansprüche: Vollstreckung 15 (33)
Sozialversicherungsbeiträge: Haftung des Zwangsverwalters 154 (2.5 b) – keine öffentliche Last 10 (6.25) – Vorrecht nach Rangklasse zwei 10 (4.4)
Sozialversicherungsträger: Beteiligte bei Schiffen 163 (3) – Geboteabgabe 71 (7.19) – Vollstreckung durch sie 15 (33) – Vollstreckung gegen sie 15 (16) – Vorschlagsrecht für Institutszwangsverwalter 150 a (2.2)

Register

Sparguthaben, Sparkassenbücher: Sicherheit für Gebote 69 (5.2–3)
Sparkassen: Befreiung von Sicherheitsleistung 67 (4.4) – Einzahlungs- oder Überweisungsnachweis als Einstellungsunterlage Einl 31.11 – Vorschlagsrecht für Institutszwangsverwalter 150 a (2.2)
Spaß beim Bieten: 71 (2.6)
Speiseeismaschine als Zubehör: 20 (3.4)
Sperrvermerk zur Sicherung einer Kapitalabfindung 15 (7)
Staatshoheitsakt: Zuschlag 90 (2.1)
Staatsrechtliche Beschränkungen: Zuschlag 90 (1.2)
Staatsrechtliche Inanspruchnahme: nicht Beteiligte 9 (3.22)
Staatsschuldbuchforderung als Sicherheit für Gebote: 69 (5.2)
Städtebauliche Entwicklungs- oder Sanierungsmaßnahmen: Gemeinde nicht Beteiligte 9 (3.29)
Statistische Lebenserwartung: Erlöschende Rechte 92 (4.4) – Zuzahlung 51 (4.1)
Staubecken: Aufhebung der Zwangsverwaltung 161 (3.9)
Steine: Keine Früchtepfändung 21 (2.4)
Stellvertreter siehe Vertretung
Steuerabzug vom Arbeitslohn: nicht Rangklasse zwei 10 (4.4)
Steuerberater: Kein Vorrang nach Klasse zwei 10 (4.4)
Steuerbuchauszug zum Anordnungsantrag: 16 (4.5)
Steuergläubiger: 15 (34.4)
Steuerliche Nebenleistungen: 15 (34.2 und 9)
Steuern und Abgaben: Abgabenordnung 15 (34.1) – Begriff 15 (34.2) – öffentliche Last 10 (6.14) – Realsteuern, Grundsteuer, Gewerbesteuer 15 (34.7) – Säumnis 15 (34.3) – Übergang der Verpflichtung auf Ersteher 56 (3.8) – Vollstreckungsbehörde 15 (34.4) – Vollstreckungsvoraussetzungen 15 (34.6) – Zuschläge 15 (34.3) – Zwangshypothek Einl 75 – Zwangsverwaltung 152 (15) – auch: Betriebssteuerrückstände
Steuerrückstände und Ersteher: 15 (34.8)
Stiftungen: Vollstreckung gegen sie 15 (16) – Zustellung an Aufsichtsbehörde 6 (4.2)
Stimmrecht bei Wohnungseigentum in der Zwangsverwaltung: 152 (19.1)
Stockwerkseigentum: Allgemein Einl 12.9 – als grundstücksgleiches Recht Einl 13.2 – Teilungsversteigerung 180 (7.24)
Störungen: Bietzeit 83 (4.2 b) – Versteigerungstermin 71 (8.10)
Strafzinsen als Nebenleistungen: 12 (3.3)

1661

Register

Straßenbaukosten siehe Erschließungskostenbeitrag
Straßenreinigungsgebühren als öffentliche Last: 10 (6.9)
Straßen- und Wegeflächen: Anordnung des Verfahrens 15 (21.3)
Streitkräfte, fremde: Vollstreckung gegen sie Einl 25.2
Strohmann: beim Bieten 71 (2.9) − beim Zuschlag 81 (5.1)
Strom: Anlagen als wesentliche Bestandteile 20 (3.2) − Anschluß-, Benutzungs-, Bezugskosten als öffentliche Lasten 10 (6.9) − Lieferung in der Zwangsverwaltung 152 (8) − Übergang der Verpflichtung auf Ersteher 56 (3.8)
Stundung: Vorausverfügung des Mieters 57 b (3.3) − wiederkehrende Leistungen 13 (2.7–8) − Zinsen bei Steuern 15 (34.3)
Sturmversicherungsforderung: Beschlagnahme 20 (3.6)
Subhastat = Schuldner: 9 (3.28)
Surrogat: Allgemeiner Grundsatz bei erlöschenden Rechten Einl 9.6; 92 (2.1) − Teilungsmasse 114 (1.4) − Zuschlag 91 (2.5)
Surrogationsgrundsatz als Verfahrensgrundsatz Einl 9.6

Tabak: Früchtepfändung 21 (2.4)
Tabaksteuer: keine öffentliche Last 10 (6.25)
Täuschung des Gerichts und Zuschlag: 83 (2.3)
Tafelwasser: Herstellung als landwirtschaftlichen Nebenbetrieb 10 (4.2)
Tagelöhner: Vorrang 10 (4.3)
Tagesfrist: Einl 32.3
Tageszeit: Besitzergreifung durch Zwangsverwalter 150 (3.5)
Tankstellendienstbarkeit: Zuzahlung 51 (4.3)
Teile = reale Grundstücksteile
Teilaufhebung: Teilrücknahme 29 (4) − Zuschlagsversagung 33 (5)
Teileigentum: als Grundstücksbruchteil Verfahrensgegenstand Einl 12.8 − Beteiligte 9 (3.35) − Vollstreckung 15 (45)
Teileinstellung: auf Bewilligung des Gläubigers 30 (5) − Zuschlagsversagung 33 (5)
Teilerbbaurecht nach WEG: als Verfahrensgegenstand Einl 13.2 − Beteiligte 9 (3.35) − Rangklasse vier 10 (8.1)
Teilrücknahme: Versteigerungsantrag 29 (4) − Vollstreckungsforderung 29 (4.4)
Teilschuldner im Vollstreckungstitel: 15 (40.8)

Beispiel: § 15 (4.8) =

Teilung des Grundstücks: 16 (3.8) − Begründung von Wohnungseigentum 16 (3.11) − mit Versteigerung eines Grundstücksteils Einl 11.7
Teilung in Natur und Teilungsversteigerung: 180 (2.6)
Teilungsmasse: Begriff, Verfügung darüber 114 (1.4) − Feststellung im Verteilungstermin 107 (2); 113 (3.3) − Liegenbelassung und Befriedigungserklärung 107 (2.3) − Rechtsbehelfe 107 (2.5) − Überschüsse der Zwangsverwaltung 107 (2.4) − Umfang 107 (2)
Teilungsplan Zwangsversteigerung: Allgemeine Grundsätze zu ihm 113 (2) − Anmeldung und Grundbucheintragung 114 (2) − Ansprüche und Berechtigte 114 (3) − Anzumeldende/nicht anzumeldende Ansprüche 114 (4) − Aufnahme der Ansprüche 114 (1) − und Aufrechnung 117 (5) − Aufstellung im Verteilungstermin 113 (3) − Ausführung unterbleibt bei Sicherheitsleistung oder Hinterlegung durch Schuldner 115 (7) − Aussetzung der Ausführung bis zur Rechtskraft des Zuschlags 116 (1–2) − und Befriedigungserklärung 117 (5) − Berechtigte und Ansprüche 114 (3) − bestehenbleibende Rechte, Bezeichnung 113 (4) − Einzelheiten zur Aufnahme der Ansprüche 114 (5) − als Grundlage der Erlösverteilung 113 (1) − Protokoll-Muster 113 (5) − Rechtsbehelfe 113 (6) − in Teilungsversteigerung 180 (17.3) − Verhandlung über ihn 115 (1–2) − Widerspruch und andere Rechtsbehelfe 115 (3) − außerdem Ausführung des Teilungsplans und Widerspruch
Teilungsplan Zwangsverwaltung: 156 (4) − Klage auf Abänderung 159 (1–2) − Planausführung 157 (1–2) − Planergänzung 157 (3)
Teilungsversteigerung: §§ 180–185 Allgemeines zu § 180: 180 (1) − Allgemeines zur Aufhebung einer Gemeinschaft 180 (2) − Allgemeine Verfahrensgrundsätze 180 (6) − Antragsberechtigte 180 (3) − Antragsgegner als eingetragener Miteigentümer 181 (4) − Antragsinhalt 180 (4) − Antragsteller als eingetragener Miteigentümer 181 (3) − Antragstellung ohne Vollstreckungstitel 181 (2) − Anzuwendende Vorschriften 180 (7) − Anordnungsbeschluß 180 (5) − Art des Verfahrens 172 (1.3) − Aufhebung der Gemeinschaft am Erlösüberschuß 180 (18) − Ausschluß 180 (9) − Beitritt 180 (8) − Beschlagnahme 180 (6.6) − entgegenstehende Rechte 180 (9) − Entscheidung über den Antrag 180 (5) − Erlösüber-

1662

= § 15 Rdn 4.8

schuß, Aufteilung 180 (18) – Erlösverteilung 180 (17) – und Forderungsversteigerung 180 (14) – geringstes Gebot 182 (1–4) – Genehmigung des Vormundschaftsgerichts 181 (6) – und Insolvenzverwalterversteigerung 180 (15) – Kosten 180 (7.14) – Mieter und Pächter 183 (1–3) – Muster für Anordnung und Beitritt 180 (10) – und Nachlaßversteigerung 180 (16) – Pfändung und Verpfändung 180 (11) – und Rückübertragungsanspruch nach VermG 180 (19) – Schutz des Antragsgegners 180 (12) – Schutz im Interesse des Kindeswohls 180 (13) – Sicherheitsleistung der Miteigentümer 184 (1–3) – und Zuweisungsverfahren 185 (1–2)
Telegramme, Auslagen des Gerichts Einl 84.4
Telekommunikationsanlage (eines Hotels) als Zubehör 20 (3.4)
Telekommunikationsdienstleistungen, Auslagenersatz des Rechtsanwalts Einl 99.3 – des Gerichts Einl 84.4
Teppichboden als wesentlicher Bestandteil oder Zubehör 20 (3.2)
Termin für Zahlungen auf Kapital von Grundpfandrechten in Zwangsverwaltung 158 (1–2)
Terminsaufhebung: Auswirkung auf Gebote 72 (4)
Terminsbestimmung: Allgemeines zum Muß-Inhalt 37 (1) – Amtsblattveröffentlichung 39 (2) – Bekanntmachung bei geringem Grundstückswert 39 (3) – Bekanntmachung bei Schiffsversteigerung 168 (1–2) – Bezeichnung des Grundstücks 37 (2) – Bezeichnung von Ort und Zeit 37 (3) – Gerichtliche Aufforderung zur Anmeldung 37 (5) – Gerichtliche Aufforderung zur Geltendmachung entgegenstehender Rechte 37 (6) – Gerichtstafelanheftung 40 (1–2) – Hinweise in der Terminsbestimmung 37 (9) – Luftfahrzeugversteigerung 171 d (1–2) – Mitteilungen 41 (3, 4) – Rechtsbehelfe bei mangelhafter Terminsbestimmung 37 (8) – Schiffsversteigerung 167 (1–2) – Sollinhalt 38 (1–7) – Sonstige Veröffentlichungen 40 (3) – bei Teilungsversteigerung 180 (7.25) – Veröffentlichung allgemein 39 (1) – Vordrucke 37 (10) – Zustellung 41 (1–2) – auch: Amtsblatt, Bekanntmachung, Gerichtstafelanheftung, sonstige Veröffentlichung, Zustellungen
Terminsbestimmung, Verteilungstermin: 105 (4)
Terminzustellungsfrist 43 (5)
Terrassenplatten als wesentliche Bestandteile: 20 (3.2)

Register

Testamentsvollstrecker: Geboteabgabe 71 (7.20) – Partei kraft Amtes 15 (30.7) – Teilungsversteigerung 180 (3.16)
Thüringen: Zuständigkeit für ZVG-Verfahren 1 (3.3)
Tierärzte: kein Vorrang 10 (4.3)
Tilgungshypotheken: Begriff 10 (8.7) – geringstes Gebot 44 (5.25) und 49 (6) – Teilungsplan 114 (5.14 e)
Tilgungsraten und Löschungsersuchen bei Kapitalzahlung in Zwangsverwaltung: 158 (3.4)
Tilgungsrechte: in Rangklasse vier der Zwangsverwaltung 155 (6.7)
Tilgungszuschläge bei dinglichen Rechten: 10 (8.7)
Tod: Gläubiger 15 (29) – des Schuldners 15 (30) – des Meistbietenden 81 (3.4) – Vertreter nach ZPO § 779 15 (30.4) – Zwangsverwaltung, Teilungsplan 157 (3.3)
Tonaufnahme 66 (3.1)
Tongewinnung als landwirtschaftlicher Nebenbetrieb: 10 (4.2)
Tonwarenfabrikation als landwirtschaftlicher Nebenbetrieb (4.2)
Torf: keine Früchtepfändung 21 (2.4) – Gewinnung als landwirtschaftlicher Nebenbetrieb 10 (4.2)
Torferzeugnisse-Herstellung als landwirtschaftlicher Nebenbetrieb: 10 (4.2)
Trennung von Verfahren: 18 (3.8)
Treuhänder, Geboteabgabe 71 (7.21) – im Verbraucherinsolvenzverfahren 15 (23.13); 172 (3.1 b)
Treuhandschaft: Luftfahrzeuge 171 c (4) – Schiffe 165 (4)
Truppenstatut: Allgemein Einl 25.2 – Beteiligte 9 (3.23) – Vollstreckung 15 (35.1)
Türen als wesentliche Bestandteile: 20 (3.2)

Überbau: Berechtigter nach Anmeldung Beteiligter 9 (3.30) – in der Versteigerung 55 (6)
Überbaurente 52 (4) – s auch Notwegrente
Übererlös im Teilungsplan 114 (10)
Übergabe des Grundstücks an Zwangsverwalter: 150 (3)
Übergebot: Abweichende Versteigerungsbedingung 59 (5.14) – Begriff 44 (3.2 l) – Erlöschen von Geboten 72 (2)
Überleitung aus Zwangsversteigerung in Zwangsverwaltung: 146 (3.2 a); 77 (3)
Übermaßverbot: Einl 7.1 – und Bagatellforderung Einl 48.6
Übernahmegrundsatz: 52 (2.1)
Überschuß: Gerichtliche Verwaltung gegen den Ersteher 94 (3.3) – Teilungsversteigerung 180 (17–18) – Verteilungstermin 109 (3.1) – Zwangsverwaltung 155 (3)

1663

Register

Übersicht über das ZVG 1 (1)
Überziehungsgebühren als Nebenleistungen: 12 (3.3)
Uhrzeit für Bietzeit: Beginn und Ende im Protokoll 78 (2.2) – bei falscher Zuschlagsversagung 83 (4.1 k)
Umbaukosten als Zwangsverwaltungsvorschüsse: 10 (3.1)
Umlegung, vereinfachte nach Baugesetzbuch: Allgemeines 15 (6.2) – Beteiligte 9 (3.11 und 3.31) – Geldleistung als öffentliche Lasten 10 (6.15)
Umlegungsverfahren nach Baugesetzbuch: Allgemein 15 (6.4) – Beteiligte 9 (3.31) – Geldleistungen als öffentliche Lasten 10 (6.15) – Teilungsversteigerung 180 (7.5)
Umlegungsvermerk 15 (6.4) und 44 (5.26)
Umrechnungskurs bei Vollstreckung aus DDR-Titeln: 15 (8)
Umrechnungswert = Geldwert wiederkehrender Nebenleistungen: 46 (2.3)
Umsatzprovision als Nebenleistung: 12 (3.3)
Umsatzsteuer des Rechtsanwalts Einl 99.1 – bei Zuschlag 81 (7.10–13) – keine öffentliche Last 10 (6.25) – zu Kosten 10 (15.11) – Zustellungsvertreter 7 (3.3) – Zwangsverwalter 152 a (7) – bei Zwangsverwaltung § 152 (15.4)
Umstellungsgrundschuld: Einl 51.2
Umwandlung: Arresthypothek in Zwangshypothek Einl 74.5 – eines Grundpfandrechts in ein Verwertungsrecht anderer Art 15 (9.2) – Sicherungshypothek § 128 in Briefhypothek 128 (2.22) – Zwangshypothek in Hypothek oder Grundschuld Einl 67.7
Unabhängigkeit des Zwangsverwalters: 150 (2.6)
Unbedenklichkeitsbescheinigung: Grundbuchersuchen § 130 130 (2.4) – Hinweis im Versteigerungstermin 66 (6.13) – Wiedervollstreckung 133 (2.11)
Unbekannte Berechtigte: im Verteilungsverfahren 126 (1–4) – Aufgebotsverfahren zur Ausschließung 140 (1–2) – Ermittlungsvertreter 135 (1–2 – nachträgliche Ermittlung 137 (1–2) – Zwangsverwaltung 157 (4) – auch Hilfsverteilung
Unbestimmte Ansprüche: Allgemeiner Begriff 14 (2) – Art der Ansprüche 14 (2) – erlöschende Rechte 92 (3.3; 4.8) – Feststellung der unbestimmten Geldrente 92 (4.12 ff) – im geringsten Gebot 45 (3.6) – grundsätzliche Behandlung 14 (3)
Unbewegliches Vermögen: Gegenstand Einl 11 ff

Beispiel: § 15 (4.8) =

Unbrauchbarmachen von Briefen = Urkundenbehandlung
Uneigentliche Fristen: Einl 32.6
Ungerechtfertigte Bereicherung = Bereicherungsansprüche
Unmöglichkeit der Leistung beim Zuschlag: 81 (9.1)
Unparteilichkeit des Gerichts: Einl 33.15 – als Ablehnungsgrund Einl 26.2
Unterbrechung: Allgemein Verfahren Einl 27 – Bietzeit 73 (2.6) – Versteigerungstermin Einl 8.3 und 43 (8.4); 66 (11) – Verteilungstermin 105 (4.6) – des ZwVerwaltungs-Verteilungstermins 156 (3.5) – auch: Aussetzung, Ruhen
Untergang des Grundstücks: Zuschlag versagen 83 (4.1 h) – Zwangsverwaltung aufheben 161 (3.9)
Untergebot: Begriff 44 (3.2 m)
Unterhalt des Schuldners in der Zwangsverwaltung: 149 (4)
Unterhaltsansprüche: keine unbestimmten Ansprüche 14 (2.3)
Unterhaltsbeschlüsse: Wartefrist für Vollstreckung 15 (43.1)
Unterhaltstiteländerung mit Kostenfestsetzungsbeschluß: Wartefrist für Vollstreckung 15 (43.1)
Unterlagen zu: Grundbuchersuchen § 130 130 (2.4–6)
Untermieter: Kündigungsrecht des Erstehers 57 a (7) – Beteiligte 9 (2.10)
Unternehmensbeteiligungsgesellschaft, Geboteabgabe 71 (7.22)
Unterpächter = Untermieter
Unterschrift: Anordnungsantrag 16 (2.1) – Anordnungsbeschluß 15 (4.12) – Grundbuchersuchen § 19 19 (2.2) – Grundbuchersuchen § 130 130 (2.3) – Protokoll des Versteigerungstermins 78 (2.2) – Protokoll des Verteilungstermins 113 (5) – Zuschlag 82 (2.12)
Unverzinsliche Ansprüche: Bargebot 49 (3.2) – Verteilung 111 (2.8)
Unzuständigkeit des Gerichts: Verfahren allgemein 1 (3.7) – Zuschlag versagen 83 (4.1 b) – Zwangsverwaltung aufheben 161 (3.12)
Urkunden: zum Anordnungsantrag 16 (4) – vom Grundbuchamt zu übersenden 19 (5) – Schiffe 164 (2.2) – Teilungsversteigerung 181 (5) – Behandlung im Verteilungstermin 127 (2–3) – Wegnahme aus Zuschlag 93 (2.5) – Zustellung zum Titel 15 (40.23–30) – Herausgabe an Zwangsverwalter 150 (7)
Urkundsbeamter und Rechtspfleger: Einl 47.3
Urteil: Wirksam gegen Ersteher 53 (2.6)

= § 15 Rdn 4.8

Veräußerung nach der Beschlagnahme 26 (2.1)
Veräußerungsbeschränkung als Inhalt des Erbbaurechts 15 (13.5)
Veräußerungsverbot: Allgemein in der Vollstreckung 15 (36) – Beschlagnahmewirkung 23 (2.1); 146 (5.3 a) – nach BVG/SVG 15 (7) – Verhältnis Versteigerung/Zwangsverwaltung 15 (36.2)
Verantwortung des Richters/Rechtspflegers Einl 6
Verbesserung des Grundstücks in der Zwangsverwaltung 152 (3.7)
Verbindung von Verfahren: Allgemeiner Grundsatz 18 (1) – Aktenführung 18 (3.6–3.7) – Antrag von Amts wegen 18 (3.1) – Entscheidung 18 (3.1) – Gesamtschuldner 18 (2.3) – Identität des Rechts 18 (2.2) – Identität des Schuldners 18 (2.1) – Kosten 18 (3.9) – Möglichkeiten 18 (2) – Rechtliches Gehör 18 (3.2) – Rechtsbehelfe 18 (3.10) – Teilungsversteigerung 180 (7.27) – Trennung 18 (3.8) – Voraussetzungen 18 (2) – Zuständigkeitsbestimmung 2 (5.1) – Zwangsverwaltung 146 (4.4 s)
Verbote von Handlungen: Maßnahmen zur Sicherung der ordnungsmäßigen Bewirtschaftung 25 (4.2)
Verbraucherinsolvenzverfahren 15 (23.13)
Verbraucherkredit, Rang der Ansprüche 12 (1.5); Tilgungsreihenfolge im Anordnungsbeschluß 15 (4.4)
Verbrauchsteuern: keine öffentliche Last 10 (6.25)
Verdeckte Vollmacht = Zuschlag
Verein: Abgabe von Geboten 71 (7.14 f) – an Aufsichtsbehörde zustellen 6 (4.2) – Vertretung beim Bieten 71 (6.4) – Vollstreckung gegen 15 (19.8)
Vereinigung von Grundstücken: Einl 11.3 – nach Beschlagnahme Einl 11.5; 16 (3.9) – von Gebäude- und Grundstückseigentum 28 (5.10) – Vollstreckungstitel 16 (3.9)
Verfahrensbeginn: Einl 20
Verfahrensende: Einl 20.6
Verfahrensgrundsätze: Einl 1 – allgemeine Einl 9, 10
Verfahrenshindernisse = entgegenstehende Rechte
Verfahrenskosten: Entnahme aus der Masse 109 (2) – im geringsten Gebot 44 (12) – Rangklasse Null 10 (1.7) – nicht die Vergütung des Zustellungsvertreters 7 (3.7) – Verteilungstermin 109 (2) – Vorwegnahme Einl 41.1 – Vorwegbefriedigung in Zwangsverwaltung 155 (5) – auch: Kosten

Register

Verfahrensrecht: Grundstücksvollstreckung als – Einl 1–10, 19
Verfahrensregeln der Zwangsversteigerung Einl 10 – Heilung 84 (1–3)
Verfahrensverbindung siehe Verbindung
Verfahrensziel der Zwangsversteigerung/ Zwangsverwaltung Einl 1, 3
Verfall von hinterlegten Beträgen: 142 (2.4)
Verfallklausel und Fälligkeit wiederkehrender Leistungen 13 (2.6)
Verfassungsbeschwerde: bei Aufklärungspflicht Einl 33.14 – bei rechtlichem Gehör Einl 46.1 – gegen Zuschlag 81 (9.5)
Verfügung: Begriff 23 (2.2 und 2.4) – bei Beschlagnahme (Verfahrensbehandlung) 23 (7) – Schuldner-Zwangsverwalter 150 d (2.3) – von Todes wegen zum Glaubhaftmachen bei Anordnung 17 (4.2) – zulässige über mithaftende einzelne bewegliche Sachen 23 (3)
Verfügungsbeschränkung als Verfahrenshindernis 28 (8)
Verfügungsverbote: Berechtigte = Beteiligte 9 (3.32) – Beschlagnahmewirkung 23 (2.1)
Vergleich: Allgemein in ZVG-Verfahren Einl 49 – Gebühr des Gerichts Einl 81 – Protokoll des Gerichts 78 (2.2); 96 (2.8) – vor Rechtspfleger Einl 49.4 – nach schriftlichem Vergleichsvorschlag Einl 49.4 – Teilungsversteigerung 180 (7.28) – im Versteigerungsterminsprotokoll 78 (2.2) – im Verteilungstermin 113 (2.5)
Vergleichsverfahren bis 1. 1. 1999: 15 (23.18)
Vergütung: Aufsichtsperson bei Schuldner-Zwangsverwaltung 150 c (3.10) – Ermittlungsvertreter für unbekannte Zuteilungsberechtigte 135 (2.4) – keine für Institutsverwalter 150 a (3.1) – keine für Schuldner als Zwangsverwalter 150 e (2) – Treuhänder bei Schiffen 165 (5.2) – Zustellungsvertreter 7 (3) – Zwangsverwalter 152 a (3–9); 153 (6)
Verhältnismäßigkeitsgrundsatz Einl 7.1 – und Bagatellforderung Einl 48.6 – gebietet Eigentumsschutz Einl 10
Verhandlung: über den Teilungsplan 115 (2) – über den Zuschlag 74 (1–2)
Verjährung: von Grundschuldzinsen 15 (37.3) – Rückgewähranspruch 15 (37.5) – Schadensersatzansprüche gegen Zwangsverwalter 154 (2.10) – Vollstreckung 15 (37)
Verkaufsverbot: in der Teilungsversteigerung 180 (7.11)
Verkehrsgefährdender Zustand in der Zwangsverwaltung: 152 (5.6); 154 (2.5 b)

1665

Register

Verkehrswert bei Grundstückswert 74 a (7)
Verkündungstermin für Zuschlagsentscheidung: 87 (3) – für Maßnahmen zum Eigentumsschutz Einl 8.2
Verlegung des Versteigerungstermins: 43 (8) – bei Teilungsversteigerung 180 (7.28) – des Verteilungstermins 105 (4.6) – des ZwVerwaltungs-Verteilungstermins 156 (3.6)
Verlesen von Feststellungen im Versteigerungstermin: 66 (12); 78 (2.2)
Vermögensgesetz siehe Rückübertragungsanspruch
Vermögensschadenhaftpflichtversicherung des Zwangsverwalters 153 (5.3)
Vermögensstand von Lebenspartnern 15 (10.7)
Vermögenssteuer: keine öffentliche Last 10 (6.25)
Veröffentlichung: der Terminsbestimmung 39 (2) – durch Schuldner 40 (3.4) – sonstige 40 (3)
Verpfändungen: Anmeldung zum geringsten Gebot 45 (3.5 c) – Ausführung des Teilungsplans 117 (2.1) – Teilungsversteigerung 180 (11) – auch andere Stichworte
Versäumnisurteil: Vollstreckung 15 (40.2)
Versagung des Zuschlags nach Schluß der Versteigerung 33 (2) – bei Meistgebot unter halbem Grundstückswert 85 a (1–2) – Wirkung 86 (1–2)
Versagungsantrag § 74 a: Allgemeines 74 a (1.1); 85 a (1.4) – Ablehnung des Antrags wegen Widerspruchs 74 a (5) – Antragsberechtigte 74 a (3) – betreibende Gläubiger 74 a (3.7; 5.1) – Binnenschiffe 74 a (2.4) – Entscheidung 74 a (6) – Folgen der Versagung 74 a (6.2) – Grundsatz der Einmaligkeit 74 a (6.3) – Insolvenzverwalter 74 a (3.12) – Kosten 74 a (6.4) – mehrere Grundstücke 74 a (3.4) – Meistbietender 74 a (3.9) – Mieter/Pächter 74 a (3.13) – Miteigentümer 74 a (3.11) – neuer Termin 74 a (6.2) – persönlicher Gläubiger 74 a (3.10) – Pfandgläubiger, Pfändungsgläubiger, Zessionar 74 a (3.15) – Rücknahme des Antrags 74 a (4.5) – Schuldner 74 a (3.6) – Verhältnis zu § 77 74 a (11.1) – Verhältnis zu § 85 74 a (11.2) – Verhältnis zu § 85 a 85 a (2.10) – Verhältnis zu ZPO § 765 a 74 (11.4) – Versteigerungsbedingungen abweichende 74 a (12)
Versagungsantrag § 85: Antrag = Gebot 85 (4.2) – Antragsberechtigter 85 (2.1) – Binnenschiffe 85 (2.6) – Entscheidung über den Antrag 85 (3) – Form des Antrags, Vollmacht 85 (2.2) – neuer Termin 85 (4) – Verhältnis zu § 74 a 74 a (11.2) – Voraussetzungen des Antrags 85 (2)

Beispiel: § 15 (4.8) =

Verschleuderung und Sittenwidrigkeit: Einl 55.3
Versicherungen: Beschlagnahme der Forderungen 20 (3.6) – Kündigung der Verträge bei Zuschlag 90 (8) – keine öffentliche Last, Beiträge 10 (6.25) – Seeschiffe 90 (8.3); 162 (4.2) – in abweichenden Versteigerungsbedingungen 59 (5.15) – Übergang auf Ersteher 56 (3.9) – Gelder im Verteilungstermin 107 (2.2 e) – bei Zuschlag Entschädigungs- und Wiederherstellungsansprüche 90 (8) – Zwangsverwalter 153 (6.2) – Zwangsverwaltung (Verwaltungsvorschüsse) 10 (3.1) – bei Zwangsverwaltung (sonst) 152 (16)
Versicherungsgesellschaften: Abgabe von Geboten 71 (7.23 a) – Vorschlagsrecht für Institutszwangsverwalter 150 a (2.2) – auch: Versicherungen
Versicherungsverein auf Gegenseitigkeit: Zustellung an Aufsichtsbehörde 6 (4.2)
Verspätungszuschläge zu Steuern: 10 (6.14); 15 (34.3)
Versteigerung durch das Vollstreckungsgericht 35 (1–2) – auch Gegenstand der Versteigerung
Versteigerungsantrag, Kenntnis 23 (5) – s im übrigen Antrag
Versteigerungsbedingungen allgemein: Begriff 59 (2.2) – in der Bietzeit geändert 73 (2.9) – Feststellung im Versteigerungstermin 66 (7) – Muster zum geringsten Gebot 44 (9) – im Zuschlag 82 (2.5)
Versteigerungsbedingungen, abweichende = abweichende Versteigerungsbedingungen
Versteigerungsbezirk: 2 (2.2)
Versteigerungsschluß 73 (3)
Versteigerungstermin: Abschnitte 66 (3.6) – Absetzung bei Einstellungsbewilligung 30 (2.10) – Allgemeines zur Terminsbestimmung 36 (1) – Allgemeines zum Versteigerungstermin 66 (3) – Anmeldungen 66 (5.2) – Anmeldungsschluß 66 (8) – Anwesenheit des Schuldners 66 (4.5) – Aufforderung zur Abgabe von Geboten 66 (8) – Aufhebung 43 (7) – Aufruf 66 (10) – Bekanntmachungen, Hinweise, Anmeldungen 66 (5) – Bestimmung des Versteigerungstermins 36 (2) – Fristen vor dem Termin 36 (3) – ohne Ergebnis 77 (2) – Hinausschiebung auf Wunsch des betreibenden Gläubigers 30 (2.6) – mehrere Termine gleichzeitig 66 (10) – Merkzettel für Termin 35 (3) – Mußinhalt der Terminsbestimmung 37 (1–6) – Muster für Terminprotokoll 66 (9) – nach der Einstellungsentscheidung Termin ansetzen 30 b (11) – Neubestimmung nach Aufhe-

1666

= § 15 Rdn 4.8

bung 43 (7) – neuer Termin bei Versagung des Zuschlags auf Antrag 85 (3, 4) – neuer Termin bei Versagung des Zuschlags nach § 85 a 85 a (3) – neuer Termin nach Zuschlagsversagung gemäß § 74 a 74 a (6.2; 6.3) – Ort des Termins 36 (4); 66 (3.2) – Protokoll 66 (9) und 78 (2) – Sollinhalt der Terminsbestimmung 38 (1–7) – Unterbrechung 43 (8.4); 66 (11) – Verlegung 43 (8) – Vertagung 43 (8) – Vorbereitung des Termins 35 (3) – Zahlung in ihn als Einstellungsgrund 75 (1–2) – Zuschlagsverkündung 87 (2) – auch Terminsbestimmung
Versteigerungstermin bis zur Aufforderung zu Geboten: Abschnitte 66 (3.6) – Allgemeines 66 (1, 2) – Allgemeines zum Versteigerungstermin 66 (3) – Aufforderung zu Geboten 66 (3) – Aufruf 66 (4) – Bekanntmachungen 66 (5) – einzelne Bekanntmachungen 66 (6) – Feststellung des geringsten Gebots 66 (7) – Feststellung der Versteigerungsbedingungen 66 (7) – für mehrere Verfahren 66 (10) – Hinweis auf Anmeldungsausschluß 66 (8) – Muster für Durchführung 66 (9) – Unterbrechung 66 (11) – Verlesen von Feststellungen 66 (12)
Versteigerungsterminsgebühr: des Gerichts Einl 78 – des Rechtsanwalts Einl 92
Versteigerungsterminsprotokoll 78 (2)
Versteigerungsumfang: 55 (3)
Versteigerungsverfahrensgebühr: Einl 77 – des Rechtsanwalts Einl 90
Versteigerungsvermerk = Vollstreckungsvermerk
Vertagung: Versteigerungstermin 43 (8) – bei Teilungsversteigerung 180 (7.28) – im Interesse eines nach § 74 a Antragsberechtigten 74 a (13) – Verteilungsgermin 105 (4.6) – des ZwVerwaltungs-Verteilungstermins 156 (3.5)
Verteilung: des Erlöses bei Gesamtangebot 112 (1–5) – der Forderung bei Zwangshypothek Einl 68 – der Einnahmen in der Zwangsverwaltung 155 (1–2)
Verteilung von Grundpfandrechten: nach BGB 64 (9) – nach ZVG 64 (1–7)
Verteilungstermin: Ansetzung des Termins 105 (4.1) – nach Ausschließung im Aufgebotsverfahren 141 (2) – Bekanntmachung 105 (5) – Inhalt der Terminsbestimmung 105 (4.4) – Ladung 105 (5) – Ladungsfrist 105 (7) – Masseverteilung 109 (3) – nachträgliche Ermittlung unbekannter Berechtigter 139 (2) – nichtöffentlich 105 (2.5) – Protokoll 105 (2.6) – Protokollmuster 113 (5) – Rechtsbehelfe 105 (4.5) – Rechtskraft des Zuschlags

Register

nicht nötig 105 (4.1) – Teilungsversteigerung 180 (17.2) – Terminsort 105 (4.3) – Vertagung 105 (7.4) – vorbereitende Anmeldungen 106 (1–2) – Zwangsverwaltung 156 (3) – Zweck des Termins 105 (2.2) – auch: Erlösverteilung, Masseverteilung, Verlegung, Vertagung, Unterbrechung, wiederkehrende Leistungen
Verteilungsverfahren: Begriffe 105 (3) – Gerichtskosten Einl 80
Verteilungsverfahrensgebühr: des Gerichts Einl 80 – des Rechtsanwalts Einl 93
Verträge in der Zwangsverwaltung: Übernahme, Neuabschluß 152 (7)
Vertreter: zur Ermittlung des unbekannten Berechtigten 135 (1–2) – siehe auch gesetzlicher Vertreter
Vertretertheorie für das Amt des Zwangsverwalters: 152 (2.2 b)
Vertretung: bei Abgabe von Geboten 71 (6) – bei Anmeldungen 37 (5.14) – Erteilung des Zuschlags bei Vertretung 81 (5) – bei ZwV-Unterwerfung 15 (40.18)
Verwahrung: Schiffe, Schiffsbauwerke, Luftfahrzeuge = Bewachung – Urkunden zum Anordnungsantrag 16 (4.1–4.4)
Verwaltereinsetzung als Maßnahme zur Sicherung der ordnungsmäßigen Bewirtschaftung 25 (4.2)
Verwaltung des beschlagnahmten Grundstücks durch den Schuldner 24 (1–2) – auch gerichtliche Verwaltung
Verwaltungsakte in Sozialleistungsbereichen: Vollstreckung 15 (33.3)
Verwaltungsausgaben: Vorwegbefriedigung in Zwangsverwaltung 155 (4)
Verwaltungsentziehung als Maßnahme zur Sicherung der ordnungsmäßigen Bewirtschaftung 25 (4.2)
Verwaltungskostenbeiträge und -Zuschläge als Nebenleistungen: 12 (3.3)
Verwaltungsrecht des Schuldners während der Versteigerung: 24 (2)
Verwaltungs- und Benutzungsrecht des Schuldners in der Zwangsverwaltung 148 (3)
Verwaltungsvollstreckung: 15 (38) – nach AO 15 (34) – auch: Verwaltungszwangsverfahren
Verwaltungsvorschrift: Allgemeine über Vollstreckung nach Abgabenordnung 15 (34.11)
Verwaltungszwangsverfahren: Allgemeiner Grundsatz 15 (38.1) – Art der Forderung 15 (38.2) – Bundes- und Landesrecht 15 (38.3) – dinglicher Anspruch 15 (9.6) – bei Steuern 15 (34) – Verfahren 15 (38) – Zwangshypothek Einl 75

1667

# Register

Verweisung bei Unzuständigkeit: 1 (3.7)
Verwendungsersatz 93 (6)
Verwertungsmoratorium bei Einstellung: 30 a (2.1)
Verzeichnis der Beteiligten (Beteiligtenverzeichnis): 9 (5)
Verzicht: betreibender Gläubiger auf einzelne Beschlagnahmewirkungen in der Zwangsverwaltung 148 (2.4) – auf Einzelausgebot 63 (2) – Erlöszuteilung im Teilungsplan 114 (11) – Forderungsübertragung 118 (4) – auf Grundschuld-Erlösanspruch 114 (7.4) – Mieter/Pächter auf Anrechnung von Vorausleistungen 57 b (7.9) – Mieter/Pächter auf Kündigungsschutz gegenüber Ersteherkündigungsrecht 57 c (9) – Schuldner auf Vollstreckungsschutz 30 a (8) – Schuldner bei Sittenwidrigkeit Einl 57.3 – Schuldner auf Einhaltung der Wartefrist 15 (43.2) – Schuldner auf Zustellung 15 (40.28) – Schuldner auf Zustellung der Anordnung 15 (47.1) – im Teilungsplan der Zwangsverwaltung 157 (3.3) – im Versteigerungstermin zu Protokoll 78 (2.2) – auch: Rechtsmittel
Verzugsgebühren als Nebenleistungen: 12 (3.3)
Verzugszinsen im Teilungsplan 114 (5.30)
Vieh: Ernährung des Schuldner-Viehs in der Zwangsverwaltung 153 a (2) – als Grundstückszubehör 153 a (2) – Vorschüsse und Kredite dafür als Zwangsverwaltungsvorschüsse 10 (3.4)
Völkerrechtliche Beschränkungen und Zuschlag: 90 (1.2)
Völkerrechtliche Inanspruchnahme: nicht Beteiligte 9 (3.22)
Vollmacht: Allgemein in ZVG-Verfahren Einl 50 – für Anmeldungen 37 (5.14) – beifügen zum Anordnungsantrag 16 (4.2) – zum Beitritt 27 (7.2) – bei Geboten 71 (6.3) – Urkunde darüber Einl 50.4 – verdeckte Vollmacht und Zuschlag 81 (5) – im Versteigerungstermin 66 (4.1) – für Zwangshypothek Einl 63.2 – für ZwV-Unterwerfung 15 (40.18)
Vollmachtloser Vertreter: Allgemein Einl 50.6 – Kosten dabei Einl 50.7
Vollstreckbarer Titel: bei Teilungsversteigerung nicht erforderlich 181 (2)
Vollstreckung: aus Arresthypothek Einl 74.4 – in Grundstücksmiteigentum Einl 12 – in mitversteigerte Sachen aus Zuschlag 93 (2.5) – Name und Firma 15 (25) – von Sozialleistungsansprüchen 15 (33) – der übertragenen Forderung 132 (1–3) – auf Räumung/Herausgabe aus Zuschlag 93 (1–2) – aus Zwangshypothek Einl 69 – gegen den Zwangsverwalter 152

Beispiel: § 15 (4.8) =

(17) – in der Zwangsverwaltung für und gegen den Schuldner 152 (14.7)
Vollstreckungsabwehrklage: materielle Einwendungen 95 (3) – gegen Zuschlag 81 (9.9) – bei Zuschlagsvollstreckung 132 (2.5)
Vollstreckungsantrag: Finanzamt, Hauptzollamt 15 (34.4–6) – Gerichtskasse/Amtskasse 15 (18.2) – Verwaltungszwangsverfahren allgemein 15 (38.5)
Vollstreckungsanweisung (VollstrA) 15 (34.11)
Vollstreckungsausschluß durch Vertrag: 95 (3)
Vollstreckungsbehörde: Allgemein Verwaltungszwangsverfahren 15 (38.5) – Steuern 15 (34.4)
Vollstreckungserinnerung: 95 (2) – Kostenfreiheit Einl 83.1 – Teilungsversteigerung 180 (7.20) – auch: Erinnerung, Rechtsbehelfe
Vollstreckungsgegenklage = Vollstreckungsabwehrklage
Vollstreckungsgericht: Aufgaben Einl 23 – als Versteigerungsgericht 35 (1–3)
Vollstreckungshindernisse: bei Anordnung 15 (39) – beim Beitritt 27 (3.6) – auch: Entgegenstehende Rechte
Vollstreckungsklausel: Allgemeiner Grundsatz und Ausnahmen 15 (40.11) – Anordnung des Verfahrens 15 (40) – Einwendungen gegen die Erteilung bei Zuschlag 132 (3.6) – gesetzlicher Vertreter 15 (40.20) – Kalendertagsfälligkeit 15 (40.16) – Kündigung vorher 15 (40.14) – mehrere Entscheidungen 15 (40.19) – Prüfung 15 (40.13) – Rechtsnachfolge 15 (40.22) – Sinn der Klausel 15 (40.12) – uneingeschränkt und eingeschränkt 15 (40.19) – Unterwerfung unter Vollstreckung 15 (40.17) – Wiedervollstreckung aus Zuschlag 132 (3) – Zustellung 15 (40.24)
Vollstreckungsmangel: Anordnung 15 (39) – Beitritt 27 (4.5) – Erinnerung 95 (2.2) – als Verfahrenshindernis 28 (9) – Zwangshypothek Einl 71
Vollstreckungsmaßnahmen: Begriff 95 (2.1) – bei Miteigentumsbruchteilen mögliche 180 (11.1–11.4)
Vollstreckungsreife bezeugt durch Klausel: 15 (40.12)
Vollstreckungsschuldner = Schuldner
Vollstreckungsschutz: Wiedervollstreckung 133 (2.9) – Zuschlagsvollstreckung 93 (5) – auch: Einstweilige Einstellung, Sittenwidrigkeit usw
Vollstreckungstitel: bei Ablösung 15 (20.24) – bei Anordnung 15 (40) – Aufhebung 15 (40.3) – ausländische 15 (41.2)

1668

= § 15 Rdn 4.8

– beifügen zum Anordnungsantrag 16 (4.2) – Berichtigung 15 (40.9) – Bezeichnung im Anordnungsantrag 16 (3.5) – gegen Eigenbesitzer 157 (2.6) – bei Insolvenzverfahren 15 (23.9) – materielle Berechtigung 15 (40.4) – für und gegen mehrere 15 (40.8) – Name und Firma 15 (25) – Sittenwidrigkeit (erschlichen, fehlerhaft, unrichtig) Einl 55.7 – Sonderfälle 15 (41) – Teilungsversteigerung 181 (2) – übertragene Forderung 132 (3) – im Verteilungstermin behandeln 127 (3) – vorläufig vollstreckbare 15 (40.2–3) – Zustellung 15 (40.22–29) – Zwangsverwaltung [Auszahlung 157 (2.5) – Kapitalzahlungstermin 158 (2.8)]
Vollstreckungsverbot für Insolvenzgläubiger 15 (23.8)
Vollstreckungsvermerk: Anordnung 19 (2) – Beitritt 27 (5) – Eintragung in Gebäudegrundbuchblatt EG 9a (8) – Insolvenzverwalterverfahren 172 (5.7) – Löschung bei Aufhebung des Verfahrens 34 (2) – Löschung auf Grundbuchersuchen § 130 nach Zuschlag 130 (2.12) – Nachlaßversteigerung 176 (3.11) – Teilungsversteigerung 180 (6.7) – Überleitung aus Zwangsversteigerung in Zwangsverwaltung 77 (3.6) – Wiedervollstreckung 133 (2.6) – Zwangsverwaltung 146 (5.4) – auch: Löschung
Vollstreckungsversteigerung: Allgemein §§ 1–145 – allgemeine Übersicht 15 (1) – Bezeichnung der Versteigerungsart in der Terminsbestimmung 37 (4) – und Teilungsversteigerung 180 (14) – Zweck Einl 18.1 – auch: Insolvenzverwalterversteigerung, Nachlaßversteigerung, Teilungsversteigerung
Vollstreckungsversteigerung Luftfahrzeuge: §§ 171 a–171 n – Anwendung der anderen Vorschriften, allgemeine Übersicht: 171 a (3) – Anwendung im einzelnen: bei den allgemeinen Bemerkungen zu den einzelnen Paragraphen
Vollstreckungsversteigerung Schiffe, Schiffsbauwerke: §§ 161–171 – Anwendung der anderen Vorschriften, allgemeine Übersicht 162 (9) – Anwendung im einzelnen: bei den allgemeinen Bemerkungen zu den einzelnen Paragraphen
Vollstreckungsverträge: Einwendungen aus ihnen 95 (3)
Vollstreckungsvoraussetzungen: Anordnung 15 (3.5); 15 (40) – Prüfung durch den Gläubiger 15 (3.2)
Vorausverfügungen und Rechtsgeschäfte über Mietzins: 57 b (1–4)

Register

Vorbereitende Erörterungen zum geringsten Gebot und zu den Versteigerungsbedingungen: 62 (2)
Vorbereitung: des Versteigerungstermins 35 (3) – zum Versteigerungstermin 66 (3.4) – des Verteilungstermins 106 (1–2)
Vordruck für Terminsbestimmung des Versteigerungstermins: 37 (10)
Vorentscheidungen zum Zuschlag: Anfechtung 95 (4) – Bindung oder keine Bindung 79 (4)
Vorerbschaft: Vollstreckung gegen Vorerben 15 (30.8 ff) – auch Nacherbschaft
Vorfälligkeitsentschädigung: Allgemeiner Begriff 49 (2.6) – Liegenbelassen 91 (3.4) – Nebenleistungen 12 (3.3)
Vorführung des Schuldners zum Versteigerungstermin: 66 (4.5)
Vorgesellschaft (Vor-GmbH) als Schuldnerin 15 (19.4) – als Bieterin 71 (7.14)
Vorkaufsrechte: kein Anordnungshindernis 15 (42) – bestehenbleibend 52 (2.15) – Baugesetzbuch 81 (10.5) – dingliche in Rangklasse vier 10 (8.1) – deren Wirkung 81 (10.2) – entgegenstehende Rechte 15 (42) – geringstes Gebot 44 (5.27) – Rangklasse vier 10 (8.1) – schuldrechtliches 81 (10.1) – des Nutzers 81 (10.7) – Reichssiedlungsgesetz 81 (10.4) – sonstige 81 (10.8) – Teilungsversteigerung 180 (7.29) – Wertersatz 92 (6.10) – bei Wohnungseigentum 81 (10.6) – und Zuschlag 81 (10)
Vorläufige Vollstreckbarkeit: Allgemein 15 (40.2–3) – Zwangshypothek Einl 64.3
Vorlage des Rechtspflegers an den Richter: Einl 47.4
Vormerkung: Berechtigte = Beteiligte 9 (3.33) – erlöschendes Recht 92 (6.11) – geringstes Gebot 44 (5.28); 48 (3) – für gesetzlichen Löschungsanspruch 130 a (3) – Rückübertragungsvormerkung 114 (7.8 c) – Teilungsplan 114 (5.27) – Wertersatz 92 (6.11) – Zwangshypothek Einl 67.8
Vormund: Abgabe von Geboten 71 (7.26) – Liegenbelassen 91 (3.7) – Rücknahme des Verfahrensantrags 29 (2.4) – Teilungsversteigerung 181 (6.1)
Vormundschaftsbehörde: Zustellung 6 (4)
Vormundschaftsgerichtliche Genehmigung: Allgemein 15 (41.3–41.6) – Liegenbelassung 91 (3.7) – zu Teilungsplan 117 (3.2) – Teilungsversteigerung 181 (6) – Zwangshypothek Einl 64.6
Vorpfändung gegenüber Mietern/Pächtern: 22 (3.4)

1669

Register

Beispiel: § 15 (4.8) =

Vorrangige Befriedigung nach Preuß-ALR: Anhang T 53 Art 30 Anm
Vorschüsse: Düngemittel, Saatgut, Vieh, Löhne 10 (3.4) – Zwangsverwaltung 152 (18)
Vortermin 62 (1–3)

Währung siehe ausländische Währung
Währungsreform 1948: Einl 51.2
Wahlrecht des Gesamtgrundpfandrechtsgläubigers bei Verteilung auf mehrere Grundstücke 64 (7)
Warmwasserbereiter als wesentliche Bestandteile: 20 (3.2)
Wartefrist 15 (43) – Heilung von Mängeln 15 (43.3) – Verzicht 15 (43.2) – Zwangshypothek oder Schiffshypothek aus vorläufig vollstreckbarem Titel ohne Sicherheit 15 (32.1)
Wartungsverträge in der Zwangsverwaltung: 152 (8.5)
Waschmaschine als Zubehör: 20 (3.4)
Wasser: Anschluß-, Bezugs-, Benutzungskosten 10 (6.9) – Lieferung in der Zwangsverwaltung 152 (8)
Wasserverbände: Beiträge als öffentliche Last 10 (6.16)
Wechselurteil: Vollstreckung 15 (44)
Wegebaulasten: Umrechnung in Geld 46 (2.1)
Wegeflächen = Straßen- und Wegeflächen
Wegnahmerecht des Mieters 57 (3.6)
Wegnahmevollstreckung aus Zuschlag: 93 (2)
Weisungen: Institutszwangsverwalter 150 a (3.5) – Treuhänder für Schiffe 165 (4.6) – Zwangsverwalter allgemein 153 (3)
Wert = Beschwerdewert, Grundstückswert, Wertfestsetzung
Wertausgleich bei Boden- oder Altlastensanierung 10 (6.3)
Wertbeständige Hypothek Einl 51.4
Wertbeständige Rechte: Teilungsplan 114 (5.28) – nicht unbestimmte Ansprüche 14 (2.3)
Wertermittlungsverordnung 74 a (7.4)
Wertersatz: durch Ablösungssumme 92 (5) – für Eigentumsvormerkung 92 (7) – einmaliger für erlöschende Rechte 92 (3) – Geldrente für Dienstbarkeit-, Nießbrauch-, Reallast 92 (4) – für Mietrechte 171 n (1)
Wertfestsetzung: in ZVG-Verfahren 74 a (7.8 ff) – Beitritt 27 (9) – für Binnenschiffe 74 a (2.4) – Einstellung § 30 a 30 a (6.3) – Insolvenzverwalterversteigerung 74 a (2.1); 172 (5.17) – für Luftfahrzeuge 74 a (2.4) – Muster 74 a (8) – Nachlaßversteigerung 74 a (2.2); 176 (3.23) –

Rechtsbehelfe 74 a (9) – Seeschiffe 74 a (2.4); 169 a (2) – Sollinhalt der Terminsbestimmung 38 (7.4) – in Teilungsversteigerung 74 a (2.3) – Zeitpunkt 74 a (7.11 ff)
Wertpapiere: Sicherheit zur Vollstreckung oder Abwehr 15 (32.5)
Wertsicherungsklausel: Teilungsplan 114 (5.27) – unbestimmte Ansprüche 14 (2.3)
Wertverlust bei Einstellung auf Insolvenzverwalterantrag 30 e (3)
Wesentliche Bestandteile = Bestandteile
Widerruf: Abtretung der Rechte aus Meistgebot 81 (4.5)
Widerspruch im geringsten Gebot: 44 (5.28); 48 (4)
Widerspruch: Berechtigte – Beteiligte 9 (3.34) – des betreibenden Gläubigers als Ablehnungsgrund 74 a (5) – entgegenstehendes Recht, keines 28 (5.15) – für/gegen Gebote im Versteigerungstermin 72 (5) – bei Sicherheitsleistung für Gebote 70 (4) – gegen Versagungsantrag 74 a (5)
Widerspruch gegen Teilungsplan: Allgemein 115 (3) – bei abweichender Anmeldung 115 (4) – Hilfsverteilung 124 (1–3) – Klage 115 (5) – bei Rückgewähranspruch 115 (3.4) – des Schuldners gegen vollstreckbaren Anspruch 115 (6)
Widerspruchsklage 115 (5) – gegen Auseinandersetzung 180 (7.20 c); 180 (9) – bei materiellen Einwendungen Dritter 95 (3.4) – Teilungsversteigerung 180 (7.20 c); 180 (9)
Wiederaufnahmeverfahren und Zuschlag: 81 (9.4)
Wiederbepflanzungsrecht 66 (6.16)
Wiedereinsetzung bei Fristversäumung: Allgemein Einl 32.2
Wiederherstellung versicherter Gegenstände: 20 (3.6)
Wiederkaufsrecht: Entgegenstehendes Recht 15 (42.3) – erlöschendes 92 (6.12) – nach RSiedlG 48 (3.4)
Wiederkehrende Leistungen: Anmeldung zum geringsten Gebot 45 (3) – Berechnungszeit im geringsten Gebot 47 (2–4) – Berechnungszeit im Verteilungstermin 47 (2.4) – Beschlagnahme 22 (3.1) – laufende und rückständige Beträge 13 (1–3) – in Naturalien, Umrechnung 46 (2) – Rang 12 (3) – Teilungsplan 114 (4.1 e) – Wert für geringstes Gebot 46 (1–2) – Zwangsverwaltung 148 (2.1 c)
Wiedervollstreckung: Allgemeine 133 (1) – Grundsätze 133 (2) – Muster und praktische Hinweise 133 (3)

1670

= § 15 Rdn 4.8

Wirksamkeitsvermerk bei Auflassungsvormerkung 48 (3.3) – bei Erlösverteilung 114 (5.29)
Wirksamwerden der Beschlagnahme 22 (1–3) – als Anfang des Verfahrens Einl 20.2 – einer Verfügung gegenüber der Auflassungsvormerkung 48 (3.3) – auch: Beschlagnahme, Beschlagnahmewirksamkeit
Wirksamwerden des Zuschlags 89 (2) – Beschwerdegericht mit Zustellung 104 (1–2)
Wirkung der Beschlagnahme = Beschlagnahmewirkung
Wirtschaftliche Beweggründe beachten: Einl 23.7
Wochenendhäuser im Beitrittsgebiet Einl 14.6 und 20 (5.3) – bei Beschlagnahme 20 (5)
Wochenfrist: Einl 32.3
Wohnboot: kein Schiff 162 (2.2 b)
Wohngeld in der Zwangsversteigerung 56 (5) – in der Zwangsverwaltung 152 (19) – Vorschuß (Rangklasse 1) 10 (2.2)
Wohnlauben: nicht wesentliche Bestandteile 20 (3.2)
Wohnrecht des Schuldner in Zwangsverwaltung 149 (1–2) – auch: Wohnungsrecht
Wohnungsbindung: Abweichende Versteigerungsbedingungen 59 (5.16) – Beschränkung gegenüber Ausnahmekündigungsrecht des Erstehers 57 a (6.7) – keine öffentliche Last 10 (6.25)
Wohnungseigentum: als Grundstücksbruchteil Verfahrensgegenstand Einl 12.8 – Aufteilung in Einheiten, Zuschlagsversagung 83 (4.1 h) – Beteiligte 9 (3.35) – Bezeichnung in Terminsbestimmung 37 (2.8) – Bildung nach Beschlagnahme 23 (2.2 b) – geringstes Gebot 44 (5.29) – Lasten und Nutzungen 56 (5) – Sondernutzungsrecht 15 (45.3); 20 (3.1); 90 (4.3) – Teilungsversteigerung 180 (2.9) – Terminsbestimmung zustellen 41 (2.8) – Übergabe oder Besitzverschaffung an Zwangsverwalter 150 (3.12) – Umwandlung in Wohnungseigentum oder Teileigentum 180 (2.3) – Versteigerungstermin, Erörterungen 66 (6.24) – Vollstreckung in Anteil 15 (45.1) – Zuschlagswirkung 56 (5) – Zustimmung 15 (45.5) – Zwangsverwalter, Mitgliedschaftsrecht, Stimmrecht, Wohngeld 152 (19) – Zwangsverwaltung 146 (4.4 u); 152 (19)
Wohnungserbbaurecht: als Verfahrensgegenstand Einl 13.2 – Beteiligte 9 (2.3); 9 (3.35) – Rangklasse vier 10 (8.1) – Vollstreckung 15 (45.9)

Register

Wohnungsrecht und Miete in der Zwangsversteigerung 57 (3.13) – und Zwangsverwaltung 146 (4.4 v); 146 (10.10)
Wohnwagen nicht wesentliche Bestandteile: 20 (3.2)
Zahlung: des Bargebots im Verteilungstermin 107 (3) – bei Einstellung auf Schuldnerantrag 30 a (6) – im Termin 75 (2.2) – im Versteigerungsterminsprotokoll 78 (2.3)
Zahlungstag: bei Hinterlegung für das Gericht 49 (4.1)
Zahlungsverbot: für Forderungsbeschlagnahme 22 (3) – in Zwangsverwaltung 22 (3); 151 (3)
Zeit der Versteigerung: Beachtung im Versteigerungstermin 66 (3.3) – Bezeichnung in der Terminsbestimmung 37 (3)
Zeitungen: Veröffentlichung der Terminsbestimmung 40 (3)
Zentralheizungsanlage als wesentlicher Bestandteil: 20 (3.2)
Zession: Eigentümergrundpfandrechte 15 (11.4) – Teilungsplan 114 (5.1); 117 (2.5) – Vorausverfügung über Mieten 57 b (2)
Zeugnis über Grundbucheintragung: 17 (5)
Ziegelei als landwirtschaftlicher Nebenbetrieb: 10 (4.2)
Zinsen: Abweichende Versteigerungsbedingungen für Bargebot 59 (5.19) – abweichende Versteigerungsbedingungen bei Sicherungshypothek nach § 128 59 (5.20) – Änderung und Teilungsplan Zwangsverwaltung 157 (3.3) – Bargebot allgemein 49 (3) – Berechnungszeit im geringsten Gebot 47 (2) – Eigentümergrundpfandrechte 114 (6.9); 155 (6.7) – der Eigentümergrundschuld bei Rechtsverteilung 114 (6.8–6.12) – Forderungsübertragung 118 (3.9–3.10) – geringstes Gebot 44 (5.30) – Grundschuld 114 (7.6 e–g); 155 (6.7) – als Nebenleistungen 12 (3.2) – Sicherungshypothek für übertragene Forderung 128 (2.3) – der übertragenen Forderung 118 (3.8 und 5) – Teilungsplan 114 (5.30) – Verjährung bei Grundschuld 15 (37.3) – Vollstreckung wegen 15 (15.2) – Vollstreckungstitel 12 (40.5) – wiederkehrende Leistungen 12 (3.2) – Zahlungsauflage bei Insolvenzverwalter-Einstellung 30 e (2) – Zuzahlung 50 (5.2); 51 (6.1) – Zwangshypothek Einl 66.2; 67.3 – für Zwangsverwaltungsvorschüsse 155 (8)
Zinseszinsen: Forderungsübertragung 118 (3.10) – Nebenleistungen 12 (3.3)

1671

Register

ZPO: Anwendung in ZVG-Verfahren Einl 19 – Einstellung in ZVG-Verfahren Einl 31 – Einstellungsfälle Einl 31 – ZPO § 765 a = Schuldnerschutz
ZPO und ZVG: Einl 19
Zubehör: Arten, Beschlagnahmeumfang 20 (3.4) – auf Bewilligung des Gläubigers teileingestellt 30 (5.2) – unter Eigentumsvorbehalt 55 (3.11) – Erlösanspruch nach Zuschlag 92 (8) – Freigabe vor Beitritt 27 (10.2) – Freigabe = Teilrücknahme 29 (4.2) – Gegenstand der Immobiliarvollstreckung Einl 17.1 – Gegenstand der Versteigerung 55 (3) – Mobiliarvollstreckung Einl 17.1 – bei Schiffen 162 (4.2) – im Zuschlag 81 (11) – Zwangsverwaltungs-Beschlagnahme 148 (2.2); 150 (3.9)
Zuchthengst als Zubehör 20 (3.4)
Zuflurstück: Einl 11.5 und 11.7
Zugewinngemeinschaft: Abgabe von Geboten 71 (7.3) – Teilungsversteigerung 180 (3.13) – Vollstreckung 15 (10.1)
Zug-um-Zug-Titel: 15 (46)
Zumutbarkeit für Gläubiger: bei Einstellungsantrag des Insolvenzverwalters 30 d (3) – des Schuldners 30 a (5) – bei erneuter Einstellung 30 c (3.3)
Zurückbehaltungsrecht kein entgegenstehendes Recht 28 (5.17)
Zurücknahme des Versteigerungsantrags = Rücknahme
Zurücksetzung nicht rechtzeitig angemeldeter Ansprüche 110 (1–2)
Zurückverweisung an das Vorgericht: keine bei Zuschlagsanfechtung 101 (2.2)
Zurückweisung eines Gebots: Erlöschensgrund 72 (3)
Zuschlag: Allgemeiner Begriff und Bedeutung 79 (3) – nach Abtretung des Meistgebots 81 (4) – Begründung 82 (3) – Berichtigung 82 (4) – bei Beschlußfassung keine Bindung an Vorentscheidungen 79 (4) – Eigentumserwerb durch Zuschlag 90 (1–2) – Erfordernisse der Erteilung 81 (2) – auf Gesamtmeistgebot 63 (7) – hoheitlicher Vollstreckungsakt 79 (3) – Inhalt 82 (1–2) – an Meistbietenden 81 (3) – Muster für Beschluß 82 (5) – Rechtskraft 81 (9) – bei verdeckter Vertretung 81 (5) – Verhandlung über ihn 74 (1–2) – Versagung auf Antrag nach § 74 a 74 a (6) – Versagung bei Meistgebot unter halbem Grundstückswert 85 a (1–2) – Wirksamwerden 89 (1–2) – Wirksamwerden des vom Beschwerdegericht erteilten 104 (1–2)

Beispiel: § 15 (4.8) =

Zuschlagsanfechtung: bei ausländischen Luftfahrzeugen 171 m (2) – außerordentliche 96 (3) – regelmäßige 96 (2) – nach AnfG 81 (9.8)
Zuschlagsberechtigte: 81 (1–5)
Zuschlagsbeschluß: Anzeige an Finanzamt nach GrEStG 81 (7.9) – Auslegung 82 (4.5) – als Vollstreckungstitel 93 (1–2) – als Vollstreckungstitel für Forderung gegen Ersteher und Anspruch aus Sicherungshypothek 132 (2) – Zustellung 88 (1–2)
Zuschlagsentscheidung: auf Beschwerde 101 (1–3) – Verkündung 87 (1–3)
Zuschlagserteilungsgebühr des Gerichts: Einl 79
Zuschlagskosten: trägt Ersteher 58 (1–3)
Zuschlagsversagung: zur Aufhebung und Einstellung nach Schluß der Versteigerung 33 (1–2) – mehrere Gläubiger dabei 33 (3) – Rechtsbehelfe dabei 33 (4) – Bezeichnung in der Terminbestimmung 38 (4) – Teilaufhebung 33 (5) – Teileinstellung 33 (5) – Zustellung bei Versagung 33 (6) – außerhalb des § 74 a: 85 (2) – bei Meistgebot unter 50% 85 a (2) – Entscheidung über den Antrag 85 (3) – Wirkung 86 (2)
Zuschlagsversagungsgründe: 83 (1–4) – Heilung 84 (1–2)
Zuschreibung eines Grundstücks: 16 (3.10)
Zuständigkeit: in ZVG-Verfahren 1 (3) – Anordnungsentscheidung 15 (3.3) – Beitrittsentscheidung 27 (4.3) – Bestimmung durch das höhere Gericht 2 (1–4) – Bindung an Bestimmung 2 (5) – Insolvenzverwalterverfahren 172 (5.18) – Landesrecht 1 (3.3) – Luftfahrzeuge 171 b (1) – Nachlaßversteigerung 176 (3.24) – örtliche 1 (3.2) – sachliche 1 (3.1) – Schiffe, Schiffsbauwerke 163 (2); 171 (3.1) – Teilungsversteigerung 180 (7.33) – Zwangsverwaltung 146 (3.4)
Zustellungen: Allgemein 3 (1.1) – von Amts wegen 3 (1) – Anordnungsbeschluß 8 (1–2) – Anordnungsbeschluß an Gebäudeeigentümer EG 9 a (8) – Anordnungsverfahren 15 (47) – Aufgabe zur Post per Einschreiben 4 (1–2) – Aufsichtsbehörde für Körperschaften 6 (4) – Aufsichtsperson in Schuldnerzwangsverwaltung 150 c (3.8) – Ausland 1 (1.5) – Begriff 3 (1.3) – Beitrittsbeschluß 8 (1–2); 27 (7) – Belehrung des Schuldners oder Antragsgegners über Einstellungsmöglichkeit 30 b (2.1) – Beschlagnahmewirksamkeitszeitpunkt 22 (2) – der Beschwerdeentscheidung 103 (1–2) – an Bevollmächtigten 5 – Einstellungs- und Aufhebungsbeschlüsse 32 (2) – Einstellung oder Aufhebung durch Zu-

1672